U0416517

最高人民法院研究室
北京大学刑事法治研究中心

组织编写

人民法院刑事指导案例裁判要旨通纂

上卷·第三版

陈兴良 张军 胡云腾 主编

北京大学出版社
PEKING UNIVERSITY PRESS

图书在版编目(CIP)数据

人民法院刑事指导案例裁判要旨通纂：上下卷/陈兴良，张军，胡云腾主编. —3版. —北京：北京大学出版社，2024.2

ISBN 978-7-301-31104-2

Ⅰ. ①人… Ⅱ. ①陈… ②张… ③胡… Ⅲ. ①刑事诉讼—判决—研究—中国 Ⅳ. ①D925.204

中国国家版本馆 CIP 数据核字(2023)第 203999 号

书　　名	人民法院刑事指导案例裁判要旨通纂（上下卷·第三版） RENMIN FAYUAN XINGSHI ZHIDAO ANLI CAIPAN YAOZHI TONGZUAN （SHANG XIA JUAN · DI-SAN BAN）
著作责任者	陈兴良　张　军　胡云腾　主编
责任编辑	陆建华　费　悦
特约编辑	刘树德
标准书号	ISBN 978-7-301-31104-2
出版发行	北京大学出版社
地　　址	北京市海淀区成府路 205 号　100871
网　　址	http://www.pup.cn　http://www.yandayuanzhao.com
电子邮箱	编辑部 yandayuanzhao@pup. cn　总编室 zpup@pup. cn
新浪微博	@北京大学出版社　@北大出版社燕大元照法律图书
电　　话	邮购部 62752015　发行部 62750672　编辑部 62117788
印 刷 者	南京爱德印刷有限公司
经 销 者	新华书店 720 毫米×1020 毫米　16 开本　167.5 印张　4970 千字 2013 年 1 月第 1 版　2018 年 4 月第 2 版 2024 年 2 月第 3 版　2024 年 2 月第 1 次印刷
定　　价	698.00 元(上下卷)

凡　例

一、本书结构

1. 章节设置:本书的章节与《中华人民共和国刑法》(以下简称《刑法》)分则对应(其中第十章“军人违反职责罪”因无案例而暂未列出)。

2. 罪名排列:本书各章节下罪名,按《刑法》条文顺序排列。

3. 案例结构:本书收录的案例由“基本案情”和“裁判要旨”两部分构成。

二、本书案例来源

1. 最高人民法院发布的指导性案例。

2.《刑事审判参考》(最高人民法院刑事审判第一、二、三、四、五庭主办)。

3.《人民法院案例选》(最高人民法院中国应用法学研究所编)。

4.《中华人民共和国最高人民法院公报》(简称《最高人民法院公报》,最高人民法院办公厅主办)。

三、裁判要旨编号

收入本书的裁判要旨以法条及罪名为依据进行编排,以便读者查找。现示范如下:

编号	编号含义
NO. 4-232-1	《刑法》分则第四章第二百三十二条(故意杀人罪)下第一个裁判要旨。
NO. 3-8-225-1	《刑法》分则第三章第八节第二百二十五条(非法经营罪)下第一个裁判要旨。
NO. 3-5-194(1)-1	《刑法》分则第三章第五节第一百九十四条第一款(票据诈骗罪)下第一个裁判要旨。
NO. 2-114、115(1)-1-1	《刑法》分则第二章第一百一十四条、第一百一十五条第一款第一个罪名(放火罪)下第一个裁判要旨。

四、最高人民法院发布的指导性案例的处理

1. 将最高人民法院发布的刑事指导性案例按本书体例进行整理,编入相应罪名下。

2. 在本书详目中,以“ * ”标注出最高人民法院发布的刑事指导性案例,以便读者查找。

五、案例索引

为方便读者查询案例,本书设置了案例索引。

六、主题词索引

为方便读者查询相关主题,本书设置了主题词索引。

总目录

第三版序

陈兴良*

《人民法院刑事指导案例裁判要旨通纂》一书2013年出版第一版、2018年出版第二版、2024年出版第三版。本书追随着我国案例指导制度的发展与成熟,以约每五年一版的速度更新再版,成为刑事指导案例编纂性出版物的一个具有影响力的品牌,这是令人欣慰的。

2010年最高人民法院发布《关于案例指导工作的规定》(以下简称《规定》),正式确立具有中国特色的案例指导制度。此后,2015年最高人民法院发布《〈关于案例指导工作的规定〉实施细则》(以下简称《实施细则》),进一步规范和完善了案例指导工作制度。尤其值得关注的是,2020年7月31日施行的最高人民法院《关于统一法律适用加强类案检索的指导意见(试行)》(以下简称《指导意见》)。如果说,《规定》和《实施细则》是我国人民法院案例指导制度的规范性根据;那么,《指导意见》所确立的类案检索制度则表明我国人民法院的案例指导制度进入了一个全面实施的阶段,这就为案例指导制度融入我国司法制度奠定了基础。正如我国学者指出:《指导意见》在坚持我国现行法律制度体系框架的前提下,将我国的类案检索制度定位为中国特色的、成文法体系下的具体制度,强调人民法院在依照法律裁判案件的基础上充分发挥指导性案例的参照作用和其他类案的参考作用,促进法律的统一适用这一司法正义的实现,不断增强法律的稳定性和可预见性。①

类案检索制度是指导案例适用于司法裁判找法活动过程中的一种方式,它要求法官在办理刑事案件或者其他案件时,不仅要找法,即从规范性文件中寻找适用于待决案件的法律规则,还要进行类案检索,通过指导案例进一步明确办案的规范根据。尤其是在法律规范具有抽象性和兜底性的情况下,更需要参照指导案例的裁判要旨。

在进行类案检索时,首先应当明确类案的概念。这里的类案,顾名思义,是指同类案件。在对类案的理解上,我国学界存在一定的争议,主要有以下三种观点:第一种观点认为,类似案例是指与待决案件具有类似因素的案例,包括案件事实相类似、法律关系相类似、案件的争议点相类似、案件所争议的法律问题相类似。第二种观点认为,案件类似是指比对先例与待决案件诉讼争点所陈述的事实特征,并加以相同或相似性判断,而不是笼统地认定全案事实类似。第三种观点认为,同案不同判中的"同案",实质是以案件事实的法律特性为线索来确定案件事实在整体上是否属于同样法律性质。② 在上述争议中,核心问题还是在于类案与同案的区分。如前所述,类案是指同类案件。那么,这里的同类案件是指一类案件还是分为两类案件,即同种案件还是类似案件?我认为,同类案件应该是指同一类案件,即类似案件。至于同案不同判中的"同案",我认为就是指类似案件。因为完全相同的案件是不存在的,类案是指基本相同,也就是相似的。因此,我们完全没有必要纠缠于类案还是同案的概念之争,而应深入待决案件与指导案例的内容比对,以此考察两者之间是否具有类似关系。这里需要认真对待的是类似的范围,在

---

* 北京大学博雅讲席教授。

① 参见刘树德、胡继先:《〈关于统一法律适用加强类案检索的指导意见(试行)〉的理解与适用》,载《人民司法》2020年第25期。

② 同上。

上述各种观点的表述中,对于类似点作了具体陈述,包括事实类似和法律类似这两个方面。但我认为,所谓类似只能是指案件事实的类似,并不包括法律的类似,例如法律关系类似和法律争议类似。应当指出,《指导意见》第一条对类案的概念作了明确规定,“类案,是指与待决案件在基本事实、争议焦点、法律适用问题等方面具有相似性,且已经人民法院裁判生效的案件”。在此,对类案的类似点归纳为案件事实、争议焦点和法律适用这三个方面。但从逻辑上来说,争议焦点和法律适用能否作为类似点,是一个值得商榷的问题。

这里涉及事实问题与法律问题的区分:事实是法律适用的前提,事实不同所适用的法律亦应不同。因此,类案只能从案件事实是否类似进行判断。只要案件事实类似,则争议焦点和法律适用必然可以参照。

需要指出,并不是任何案件都可以成为类案,只有具有权威性的案件才能成为可以参照的类案。对于类案的范围,《指导意见》第四条第一款作了具体规定:“类案检索范围一般包括:(一)最高人民法院发布的指导性案例;(二)最高人民法院发布的典型案例及裁判生效的案件;(三)本省(自治区、直辖市)高级人民法院发布的参考性案例及裁判生效的案件;(四)上一级人民法院及本院裁判生效的案件。”在以上四种案例中,最高人民法院发布的指导性案例当然是最权威的,因而是主要的类案来源,其对全国法院的审判工作都发挥着十分重要的指导作用。从某种意义上来说,最高人民法院发布的指导性案例具有判例性质。其实,不仅指导性案例,所有最高人民法院裁判生效的案例,对各级人民法院的审判工作都具有指导作用,因而属于类案的性质。在指导性案例以外,最高人民法院还发布典型案例,典型案例往往针对一个主题发布若干案例,具有对某类案件的针对性,因而具有现实意义。除了最高人民法院发布的案例和裁判生效的案件,根据《指导意见》的规定,高级人民法院、上一级人民法院和本院裁判生效的案件,也可以成为类案。由此可见,我国司法实践中类案的范围是较为广泛的。这里应当指出,虽然类案的种类较多,但并不是所有类案的效力都是相同的。首先,不同级别的类案在对待决案件的影响力上是不同的。例如最高人民法院的指导性案例,具有参照性。这里的参照性的效力仅低于依照性。而其他类案则具有参考性,这里的参考性的效力明显低于参照性。其次,不同级别人民法院裁判生效的案件的效力,应当与人民法院的级别相对应。也就是说,级别越高的人民法院裁判生效的案件的效力等级也越高,反之亦然。例如高级人民法院裁判生效的案件的参考价值要高于中级人民法院裁判生效的案件;中级人民法院裁判生效的案件的参考价值要高于基层人民法院裁判生效的案件,如此等等,都使得各种类案的效力形成一个有序的等级,由此消除这些类案之间的效力抵触。我国学者采用将最高人民法院发布的指导性案例称为具有显性拘束力的案例;将《最高人民法院公报》发布的案例、其他典型案例及裁判生效的案件,本省(自治区、直辖市)高级人民法院发布的参考性案例及裁判生效的案件称为具有强隐性拘束力的案例或案件;将上一级人民法院及本院裁判生效的案件称为具有弱隐性拘束力的案件,这是适当的。① 应当指出,法官在审理案件时,往往存在一定的前见,容易受到自己裁判先例的影响。因此,当经过类案检索以后,在发现自己裁判生效的案件处理结果与最高人民法院、高级人民法院、中级人民法院的类案处理结果相异的情况下,就应当遵循具有拘束力的类案,改变自己习惯的案件处理结果。

类案检索制度的建立,极大地刺激了各级人民法院对类案的需求。从目前的情况来看,最高人民法院的指导性案例和典型案例都采取公开发布的方式,使得各级司法机关能够迅速了解,因而检索起来较为容易。其他裁判生效的案件虽然也通过各种途径公布,例如中国裁判文书网等,但是检索起来难度稍大。在这种情况下,最高人民法院还通过《最高人民法院公报》《刑事审判参考》和《人民法院案例选》等出版物公开一些具有重要参考价值的案例,并且对这些案例进行了加工,提炼出争议焦点和裁判理由等内容,为法官检索类案和参考适用带来了便利,这

---

① 参见刘树德、胡继先:《〈关于统一法律适用加强类案检索的指导意见(试行)〉的理解与适用》,载《人民司法》2020年第25期。

是值得肯定的。与此同时,坊间还出版了各种案例编纂的出版物,对上述案例进行二度加工,编辑成册,为法官的案例检索提供资料。随着类案检索制度的推行,可以想见,司法机关对案例汇纂型作品的需求量也会增加。因此,及时补充和修订《人民法院刑事指导案例裁判要旨通纂》一书可谓正当其时。

《人民法院刑事指导案例裁判要旨通纂》根据刑法修正案及相关司法解释,依照第二版的体例和方式,补充、增添合适的案例,并撰写裁判要旨及说明。随着司法解释的颁布,有关案例的裁判要旨等内容也随之修订。本书资料的截止时间是2023年6月底。需要说明的是,本书第三版的增补写作是由南京大学法学院徐凌波副教授独自一人完成的,共计增补98万余字;她的辛苦付出使得本书第三版能够及时出版,在此对其表示感谢。

谨识于昆明滨江俊园寓所
2023年9月13日

第二版序

陈兴良*

《人民法院刑事指导案例裁判要旨通纂》一书是我和张军、胡云腾共同主编的大型案例编纂作品，自2013年出版以来，受到司法工作人员和刑事辩护律师的好评。转眼之间5年过去了，在这期间，张军和胡云腾的工作岗位和职务都发生了重大的变化：张军从最高人民法院调任中纪委副书记，前不久转任司法部部长；胡云腾从最高人民法院研究室主任改任最高人民法院审判委员会专职委员，并兼任最高人民法院第二巡回法庭庭长。虽然张军和胡云腾的岗位和职务发生了变化，但他们对本书第二版的编写一如既往地给予了重要的鼓励和支持。现在，本书第二版正式面世，我感到由衷的欣慰。

自从2010年我国案例指导制度建立以来，指导性案例对于司法办案起到了越来越重要的作用。尽管最高人民法院和最高人民检察院正式颁布的指导性案例还很有限，例如截至2017年11月1日，最高人民法院颁布了十六批共计87个，其中刑事指导性案例共计15个。我们可以看到，刑事指导性案例虽然数量并不多，但质量不断提高。在初期的刑事指导性案例中，较多涉及刑事政策的把握以及对原有司法解释的重复。但在新近的刑事指导性案例中，涉及某些刑法教义学的知识点，对于刑法理论研究具有较大的参考价值。例如，关于盗窃罪与诈骗罪的区分问题，这两种犯罪都是占有转移型的财产犯罪。区分在于：盗窃罪是取得型的财产犯罪，而诈骗罪是交付型的财产犯罪。在这种情况下，取得与交付如何界定，对于盗窃罪与诈骗罪的区分具有重要意义。这里的取得是指违反他人的意愿而取得他人财物，而这里的交付是指他人自愿地将财产交付给行为人，其中交付是对财产的一种处分行为。关键在于：他人处分财产的时候，是否应当具有处分的意识？对此，在刑法理论上存在处分意识必要说与处分意识不要说之争，而这一争论涉及盗窃罪与诈骗罪的界限。对于这种财产处分是否需要处分意识，当犯罪发生在网络空间的情况下，判断会变得更加复杂。最高人民法院颁布的臧进泉等盗窃、诈骗案，对于盗窃罪与诈骗罪的区分给出了判断规则。

指导案例27号　臧进泉等盗窃、诈骗案

（最高人民法院审判委员会讨论通过　2014年6月23日发布）

【关键词】

刑事　盗窃　诈骗　利用信息网络

【裁判要点】

行为人利用信息网络，诱骗他人点击虚假链接而实际通过预先植入的计算机程序窃取财物构成犯罪的，以盗窃罪定罪处罚；虚构可供交易的商品或者服务，欺骗他人点击付款链接而骗取财物构成犯罪的，以诈骗罪定罪处罚。

【相关法条】

《中华人民共和国刑法》第二百六十四条、第二百六十六条

---

* 北京大学博雅讲席教授。

【基本案情】

一、盗窃事实

2010年6月1日,被告人郑必玲骗取被害人金某195元后,获悉金某的建设银行网银账户内有305000余元存款且无每日支付限额,遂电话告知被告人臧进泉,预谋合伙作案。臧进泉赶至网吧后,以尚未看到金某付款成功的记录为由,发送给金某一个交易金额标注为1元而实际植入了支付305000元的计算机程序的虚假链接,谎称金某点击该1元支付链接后,其即可查看到付款成功的记录。金某在诱导下点击了该虚假链接,其建设银行网银账户中的305000元随即通过臧进泉预设的计算机程序,经上海快钱信息服务有限公司的平台支付到臧进泉提前在福州海都阳光信息科技有限公司注册的"kissa123"账户中。臧进泉使用其中的116863元购买大量游戏点卡,并在"小泉先生哦"的淘宝网店上出售套现。案发后,公安机关追回赃款187126.31元发还被害人。

二、诈骗事实

2010年5月至6月间,被告人臧进泉、郑必玲、刘涛分别以虚假身份开设无货可供的淘宝网店铺,并以低价吸引买家。三被告人事先在网游网站注册一账户,并对该账户预设充值程序,充值金额为买家欲支付的金额,后将该充值程序代码植入一个虚假淘宝网链接中。与买家商谈好商品价格后,三被告人各自以方便买家购物为由,将该虚假淘宝网链接通过阿里旺旺聊天工具发送给买家。买家误以为是淘宝网链接而点击该链接进行购物、付款,并认为所付货款会汇入支付宝公司为担保交易而设立的公用账户,但该货款实际通过预设程序转入网游网站在支付宝公司的私人账户,再转入被告人事先在网游网站注册的充值账户中。三被告人获取买家货款后,在网游网站购买游戏点卡、腾讯Q币等,然后将其按事先约定统一放在臧进泉的"小泉先生哦"的淘宝网店铺上出售套现,所得款均汇入臧进泉的工商银行卡中,由臧进泉按照获利额以约定方式分配。

被告人臧进泉、郑必玲、刘涛经预谋后,先后到江苏省苏州市、无锡市、昆山市等地网吧采用上述手段作案。臧进泉诈骗22000元,获利5000余元,郑必玲诈骗获利5000余元,刘涛诈骗获利12000余元。

【裁判结果】

浙江省杭州市中级人民法院于2011年6月1日作出(2011)浙杭刑初字第91号刑事判决:一、被告人臧进泉犯盗窃罪,判处有期徒刑十三年,剥夺政治权利一年,并处罚金人民币三万元;犯诈骗罪,判处有期徒刑二年,并处罚金人民币五千元,决定执行有期徒刑十四年六个月,剥夺政治权利一年,并处罚金人民币三万五千元。二、被告人郑必玲犯盗窃罪,判处有期徒刑十年,剥夺政治权利一年,并处罚金人民币一万元;犯诈骗罪,判处有期徒刑六个月,并处罚金人民币二千元,决定执行有期徒刑十年三个月,剥夺政治权利一年,并处罚金人民币一万二千元。三、被告人刘涛犯诈骗罪,判处有期徒刑一年六个月,并处罚金人民币五千元。宣判后,臧进泉提出上诉。浙江省高级人民法院于2011年8月9日作出(2011)浙刑三终字第132号刑事裁定,驳回上诉,维持原判。

【裁判理由】

法院生效裁判认为:盗窃是指以非法占有为目的,秘密窃取公私财物的行为;诈骗是指以非法占有为目的,采用虚构事实或者隐瞒真相的方法,骗取公私财物的行为。对既采取秘密窃取手段又采取欺骗手段非法占有财物行为的定性,应从行为人采取主要手段和被害人有无处分财物意识方面区分盗窃与诈骗。如果行为人获取财物时起决定性作用的手段是秘密窃取,诈骗行为只是为盗窃创造条件或作掩护,被害人也没有"自愿"交付财物的,就应当认定为盗窃;如果行为人获取财物时起决定性作用的手段是诈骗,被害人基于错误认识而"自愿"交付财物,盗窃行为只是辅助手段的,就应当认定为诈骗。在信息网络情形下,行为人利用信息网络,诱骗他人点击虚假链接而实际上通过预先植入的计算机程序窃取他人财物构成犯罪的,应当以盗窃罪定罪处罚;行为人虚构可供交易的商品或者服务,欺骗他

> 人为支付货款点击付款链接而获取财物构成犯罪的,应当以诈骗罪定罪处罚。本案中,被告人臧进泉、郑必玲使用预设计算机程序并植入的方法,秘密窃取他人网上银行账户内巨额钱款,其行为均已构成盗窃罪。臧进泉、郑必玲和被告人刘涛以非法占有为目的,通过开设虚假的网络店铺和利用伪造的购物链接骗取他人数额较大的货款,其行为均已构成诈骗罪。对臧进泉、郑必玲所犯数罪,应依法并罚。
>
> 关于被告人臧进泉及其辩护人所提非法获取被害人金某的网银账户内305000元的行为,不构成盗窃罪而是诈骗罪的辩解与辩护意见,经查,臧进泉和被告人郑必玲在得知金某网银账户内有款后,即产生了通过植入计算机程序非法占有目的;随后在网络聊天中诱导金某同意支付1元钱,而实际上制作了一个表面付款"1元"却支付305000元的假淘宝网链接,致使金某点击后,其网银账户内305000元即被非法转移到臧进泉的注册账户中,对此金某既不知情,也非自愿。可见,臧进泉、郑必玲获取财物时起决定性作用的手段是秘密窃取,诱骗被害人点击"1元"的虚假链接系实施盗窃的辅助手段,只是为盗窃创造条件或作掩护,被害人也没有"自愿"交付巨额财物,获取银行存款实际上是通过隐藏的事先植入的计算机程序来窃取的,符合盗窃罪的犯罪构成要件,依照《刑法》第二百六十四条、第二百八十七条的规定,应当以盗窃罪定罪处罚。故臧进泉及其辩护人所提上述辩解和辩护意见与事实和法律规定不符,不予采纳。

在以上刑事指导性案例中,涉及利用网络信息实施的盗窃罪与诈骗罪的区分问题。结合具体案件,主观上如何判断处分意识对于本案的认定具有决定性的意义。就第一起盗窃事实而言,被告人植入了支付305000元的计算机程序的虚假链接,并且欺骗被害人只要点击该1元支付链接后,其即可查看到付款成功的记录。被害人在诱导下点击了该虚假链接,导致其网银账户中的305000元通过被告人预设的计算机程序,支付到被告人的账户。在上述犯罪行为中,被告人确实实施了欺骗行为,而且被害人也是受到欺骗而点击链接并且导致丧失对自己财物的控制。但被害人在点击链接时,并没有认识到这是在支付305000元,因此并没有处分财产的意识。从这个意义上说,305000元的财产转移并不是被害人自愿处分的结果,实质上是被告人取得他人财物。由此,本案确立了我国司法实践中在盗窃罪与诈骗罪区分上的有意识处分说,这是具有积极意义的。正如吴光侠指出:

> 我们认为,处分意识必要说值得肯定,它抓住了诈骗的本质特征,符合主客观相统一原则的要求,有利于把诈骗与其他侵犯财产犯罪区别开来,也是我国刑法理论界多数人的观点。诈骗罪中的处分意识与民法上的处分意识存在明显差别,只要对所要处分财物的外形和范围有概括认识,据此可以确定所要处分财物的范围并能排除其他财物即可。至于处分意识的有无,应当结合被骗者的年龄、精神状态、知识状况、处分权限以及被骗时的主客观情形,进行综合分析判断。对于行为人采用调包或其他隐蔽方法,被害人没有认识到交出的是自己控制下的财物,或者被害人虽然外形上将财物暂时转移给行为人,如允许试驾车辆、试穿衣服,但根据社会一般观念,该财物仍然由被害人占有时,行为人通过进一步的违法行为占有该财物的,均不能认定被害人有处分财物的意识。①

在没有处分意识的情况下,被害人的交付是一种不知情的交付。在这种不知情的交付情况下,如何进一步界定盗窃罪中的财物取得行为,这是一个在刑法教义学上值得讨论的问题。因为通常的盗窃,行为人都有秘密窃取行为,这里的窃取就是指取得。但在不知情交付的情况下,这种常态的取得行为并不具备,那么如何完善盗窃罪的构成要件呢?对此,我国学者认为不知情交付是一种利用他人的自害行为,这是一种特殊类型的间接正犯。在不知情交付案件中,被

---

① 吴光侠:《〈臧进泉等盗窃、诈骗案〉的理解与参照——利用信息网络进行盗窃与诈骗的区分》,载《人民司法·案例》2015年第12期。

告人通过使用各种欺骗手段,使被害人在无法正确理解事实真相的情况下实施了交付财物的行为,这种行为使被害人自己遭受财产损失,因而是一种自害行为。在这种案件中,被告人对被害人具备压制性的意思支配能力,被害人已经彻底沦为被告人任意操作的工具,因而可以归之于"利用他人的自害行为"类型的间接正犯。在这些不知情交付的案件中,被告人在主观上具有优越性认知的意思支配,客观上也具备了支配案件操作流程的主导性地位,其欺诈性的指使行为对被害人在不知情的状态中交付财物的行为起到了决定性作用,因此就形成了间接正犯中的"幕后操作者与被利用工具"的事实支配关系。因此,在被害人不具有处分意识的前提下,应当将不知情交付财物的案件视为间接正犯形式的盗窃罪。① 应该说,这种观点是能够成立的,对于间接正犯的类型具有拓展性的认知,对于不知情交付而构成盗窃罪也具有较强的解释功能。

指导性案例的颁布无论是对于司法实践还是对于刑法教义学的理论研究都具有积极意义,这是不能否定的。随着指导性案例的不断累积,这种积极意义还会进一步显现。当然,在指导性案例累积到一定程度之前,我们不能仅仅依赖指导性案例,还要大量参考其他具有价值的司法案例。事实上,目前在案例指导制度的带动下,各种案例对于司法活动都产生了大小不同的影响。包括本书所收集的这些案例,我们把这些案例称为指导案例,但它与最高人民法院经过专门方式挑选并按照特定程序公布的指导性案例是有区别的,而且这种区别也是显而易见的。对此,胡云腾作了十分准确的阐述,指出了指导性案例不同于具有指导作用的案例。根据胡云腾的观点,就人民法院而言,指导性案例专指依据最高人民法院发布的《关于案例指导工作的规定》编选的并经最高人民法院审判委员会讨论决定后公开发布的案例。所谓具有指导作用的案例,是指单位或个人编选的对于理论研究或者司法实践具有指导价值的案例,也可以称之为民间版的指导性案例。这些案例有的是法院或法官编写的,如最高人民法院各业务部门为指导执法办案需要编选的《刑事审判参考》《民商审判指导与参考》和《知识产权审判指导与参考》等系列案例作品,地方各级人民法院为总结司法审判经验、指导本辖区审判工作编选并发布的"参考案例""示范案例"和"典型案例"等案例文件;还有的是专家学者、执业律师为服务教学科研、繁荣法学理论或者指导办案实践而编选的,如《刑事法判解》《商事案例判解》和《刑事辩护名案选》等案例出版物。胡云腾揭示了指导性案例与具有指导作用的案例之间的五大差别:(1)指导性案例是适用法律的模范案例,具有指导作用的案例是适用法律的特色案例。(2)指导性案例是有权解释法律的案例,具有指导作用的案例是自由解释法律的案例。(3)指导性案例是形式内容都依法限定的案例,而具有指导作用的案例是内容形式没有限定的案例。(4)指导性案例是具有强制指导作用的案例,而具有指导作用的案例是具有灵活指导作用的案例。(5)指导性案例可以在裁判文书中引用,而具有指导作用的案例不宜在裁判文书中引用。② 胡云腾强调了指导性案例与具有指导作用的案例之间的区别,这是完全正确的。当然,在具有对司法活动的指导意义这一点上,两者之间还是存在共同之处的,只不过这种指导的性质和价值存在差异。收入本书的既包括指导性案例,又包括具有指导作用的案例。由于指导性案例的数量有限,主要还是具有指导作用的案例。

就司法案例而言,各级司法机关生效的判决不再是需要保密的资料,而是应当向社会公开的文书。最高人民法院开通的"中国裁判文书网",为社会各界提供了大量鲜活的司法案例。2016年8月29日,最高人民法院公布了《关于人民法院在互联网公布裁判文书的规定》,裁判文书在互联网上的公布,对于贯彻落实审判公开原则,促进司法公正,提升司法公信力具有十分重要的意义。随着裁判文书在互联网上的公布,越来越多的司法案例进入社会的视野,它不仅给社会公众了解司法工作带来了便利,而且还给学者研究以及案例的分类整理带来了便利。在这种情况下,司法案例成为一种社会资源,在此基础上进行深度加工和开发成为可能。事实上,收

① 参见王立志:《认定诈骗罪必需"处分意识"——以"不知情交付"类型的欺诈性取财案件为例》,载《政法论坛》2015年第1期。

② 参见胡云腾:《一个大法官与案例的38年情缘》,载《民主与法制》2017年第20期(2017年6月19日)。

入本书的刑事案例也是在最高人民法院相关部门挑选、整理和分析基础上进行再加工的成果。如果没有前面相关部门的同志所做的大量工作，本书也是不可能编成的，对此深表谢意。

《人民法院刑事指导案例裁判要旨通纂》第二版是在第一版的基础上，增加了相关案例资料。这些案例资料主要来源于最高人民法院公布的指导性案例、《最高人民法院公报》《刑事审判参考》和《人民法院案例选》等刊物。资料的截止时间是 2017 年 6 月底。值得说明的是，本书第二版的案例增选和编撰工作是由南京大学法学院徐凌波博士完成的，她对案例资料做了精心选裁，对裁判要旨做了完美提炼，圆满地完成了本书第二版编写任务，特此表示感谢。

是为序。

谨识于北京海淀锦秋知春寓所

2017 年 11 月 1 日

第一版序一

张军 *

案例是人民法院审理案件后形成的司法产品，是总结审判经验、诠释法律精神的重要载体，具有宣传法治、教育群众和指导审判的重要作用。为了建设公正高效权威的社会主义司法制度，必须充分认识中国特色案例指导制度的意义，积极健全相关配套制度和保障机制，推进案例指导制度稳步、健康发展。在《人民法院刑事指导案例裁判要旨通纂》一书即将付梓之际，谨就人民法院案例指导制度相关问题谈三点认识。

一、人民法院案例指导工作的实践和发展

案例指导制度是我国社会主义司法制度的重要组成部分。自人民司法制度建立以来，人民法院就一直重视案例指导，通过编发典型案例的方式指导审判工作。无疑，案例指导工作及其制度是随着国家法制建设发展历程逐步受到重视和发展起来的，大体可以分为以下三个发展阶段：

第一阶段是案例工作探索起步阶段，从 1949 年 10 月中华人民共和国成立至 1985 年《最高人民法院公报》创刊。其主要特点是以法院文件内部印发案例。1956 年在全国司法审判工作会议上，最高人民法院明确提出分类分批汇编案例以适应“比照援用”的要求。1954 年年初最高人民法院起草《关于处理奸淫幼女案件的经验总结和对奸淫幼女罪犯的处刑意见》，发各地法院参照执行，1957 年经充实完善和审判委员会通过后，修订为《1955 年以来奸淫幼女案件检查总结》，以内部文件的形式印发各地法院执行，开启了用案例指导审判工作的实践。1962 年 12 月，最高人民法院颁发《关于人民法院工作若干问题的规定》，其中之七为“总结审判工作经验，选择案例，指导工作”，并对案例选发程序等作了具体规定。1966 年至 1976 年“文化大革命”，法制被破坏，案例工作也停滞。1978 年 10 月，最高人民法院继续以法院内部文件的方式，印发了刘殿清“反革命”案等 9 个典型案例，具体指导全国各级法院纠正“文化大革命”期间形成的冤错案件。20 世纪 80 年代，随着《刑法》《刑事诉讼法》等重要法律的颁布施行，案例工作有了新进展。为适应 1983 年开始的“严打”斗争需要，1984 年 5 月、12 月最高人民法院以文件形式印发了《刑事犯罪案例选编（一）》和《刑事犯罪案例选编（二）》，共印发 34 个案例，对当时的刑事审判、“严打”斗争加强指导，发挥了重要作用。

第二阶段是案例工作繁荣发展阶段，从 1985 年《最高人民法院公报》创刊至 2010 年 11 月最高人民法院发布《关于案例指导工作的规定》。其主要特点是开始公开向社会发布案例。1985 年 5 月《最高人民法院公报》开始向社会公布经特定程序编选、审查确定的各类典型案例，既以此形式宣传国家法制，又作为总结审判经验的特定形式供各级人民法院在审判工作中学习、参照。1985 年 7 月 18 日，最高人民法院印发《关于破坏军人婚姻罪的四个案件》的通知，公开发布了徐某某、宋某某、熊某某、赵某某破坏军人婚姻罪的 4 个案例，更是起到了规范、指导具体案件审判的特殊作用。1988 年 4 月 1 日，最高人民法院在向第七届全国人大第一次会议所作的工作报告中指出，5 年来，最高人民法院发布了 293 个案例，主要是对审理改革开放中新出现

---

* 时任中华人民共和国司法部部长。2023 年 3 月当选为最高人民法院院长。

的案件提供范例。1992年起,最高人民法院中国应用法学研究所编辑《人民法院案例选》,国家法官学院和中国人民大学法学院联合编辑《中国审判案例要览》,向海内外发行。1999年起,最高人民法院各审判庭相继编辑以案例研究为主要内容的审判参考和指导丛书。2005年,《人民法院报》开设"案例指导"专栏。2007年,《人民司法》杂志社开始编辑《人民司法·案例》。2009年9月11日,最高人民法院以文件形式印发了黎景全、孙伟铭醉酒驾车以危险方法危害公共安全两个案例,要求人民法院审理类似案件应当参照执行。与此同时,各地法院也积极进行案例编选,提供审判工作参考,编辑出版了大量案例参阅刊物,进一步丰富了人民法院案例编选的内容和形式。

在案例工作空前繁荣发展的同时,最高人民法院重视并开始着手案例工作的制度建设。根据党的十五大推进司法改革的要求,1999年最高人民法院制定《人民法院五年改革纲要》,提出编选典型案例,供下级法院审判类似案件时参考。2005年,根据党的十六大积极、稳妥地推进司法体制改革的要求,制定《人民法院第二个五年改革纲要(2004—2008)》,第一次正式提出"建立和完善案例指导制度"。2008年12月,根据中央关于深化司法体制和工作机制改革工作部署,案例指导制度成为党和国家司法改革的一项内容。

第三阶段是案例工作规范发展阶段,2010年11月最高人民法院出台了《关于案例指导工作的规定》,形成以指导性案例为统领、参考性案例为基础的案例工作规范化、制度化发展新局面。2011年12月20日,最高人民法院依照规定公开发布第一批指导性案例,标志着中国特色案例指导制度的确立,案例指导制度成为中国特色社会主义司法制度的重要组成部分,案例工作进入新的重要发展阶段。

二、充分认识案例指导制度的重要意义

案例指导制度的建立,是推进依法治国方略的必然要求,是满足人民群众对司法新需求、新期待的重要举措,是推动法律文化大发展、大繁荣的重要载体,是建设公正高效权威社会主义司法制度的重要方面。

(一)案例指导制度的建立,是建设公正高效权威的社会主义司法制度的重要方面

随着建设社会主义法治国家的不断推进,特别是中国特色社会主义法律体系形成后,"有法必依、执法必严"的任务更为艰巨,司法机关确保法律实施的任务更重,确保公正司法的要求更高,维护社会公平正义的责任更大。法律的实施有赖于公正高效权威司法的保障,而案例指导制度正是确保司法公正、提高司法效率、提升司法权威的重要路径。案例指导制度用已决案例指导待决类似案件的裁判,在"抽象到具体"的法律适用中,增加一个"具体到具体"的参照,有利于统一裁判尺度,促进司法公正;通过案例总结、积累和运用案例中的司法智慧,有助于及时解决疑难复杂案件,提高司法效率;通过案例宣传和弘扬法治,还有助于引导和规范公众的行为,教育当事人和公众自觉服从、认同和支持生效裁判,同时案例本身及其指导下产生的新案例也成为司法公正的生动证明和"形象代言",增强人民群众对司法公平与正义的认同感和信任感,从而维护和提升司法权威性,促进公正高效权威的社会主义司法制度建设,推进依法治国方略实施。

(二)案例指导制度的建立,是满足人民群众司法新需求、新期待的重要举措

随着我国经济社会的发展和法治建设的推进,人民群众对通过司法解决纠纷的要求也越来越高:既要公正司法,又要以看得见的方式实现;既要处理好个案,又要平衡好类似案件处理。近年来一些个案的裁判公正性问题,引起社会各界的广泛关注,建立案例指导制度的呼声很高。深化司法改革,建立案例指导制度,进一步健全确保法律适用统一的工作机制,有利于司法机关积极回应人民群众司法新需求、新关切,应对新时期出现的新问题、新挑战。

(三)案例指导制度的建立,是创新社会管理、促进社会和谐的重要机制

案例指导制度是创新社会管理的有效手段。通过发布案例,弘扬法治,惩恶扬善,为人们的行为提供指引,促使人们自觉地调整自己的行为,自觉遵守法律法规;案例所确立的同类案件的处理规则,为人们树立了依法办事的标杆,促使诉讼当事人理性诉讼,自行和解或自愿接受调

整,避免司法资源的浪费;案例通过确立裁判规则,引导、促进相关社会管理主体依法创新和完善社会管理机制,改进管理工作,堵塞管理漏洞,完善管理制度和方法,提升管理能力和水平,从而从根本上有效化解和消除社会管理中的矛盾和纠纷,最大限度地促进社会和谐。

（四）案例指导制度的建立,是统一法律适用、促进司法公正的有效手段

当前我国正处于经济迅猛发展、社会结构深刻调整和变革的转型期,司法领域不断拓展,案件数量及其复杂疑难程度与日俱增。特别是中国特色社会主义法律体系形成后,有法必依、执法必严、违法必究的问题受到更多关注。由于我国各地的经济社会发展水平不平衡、司法人员司法能力差异等多种原因,司法实践中类似案件处理结果大相径庭的现象仍然存在,影响司法的统一性和公信力。案例指导制度要求对类似案件的法律适用基本统一,处理结果相对一致,由此通过创新和完善司法业务指导方式,不仅可以培养司法人员正确统一的法律思维模式和裁判方法,而且能够对自由裁量权予以必要规范和限制。

（五）案例指导制度的建立,是发扬和借鉴古今中外法律文化与经验的重要成果

在中国古代司法传统中,秦有“廷行事”,汉有“决事比”,宋、元有“断例”,清有“律例、条例、则例、会典”等案例编撰形式。比照成例断案,是中国法律文化与司法传统的有机组成部分。中华人民共和国成立后,最高人民法院一直以不同方式印发案例,指导和规范办案工作。当今世界,大陆法系和英美法系在司法制度和工作机制层面,亦呈现出相互借鉴、相互学习和相互融合的发展趋势,“判例制”早已不是英美法系国家的“专利”。案例指导制度的建立,是对中华优秀法律文化的继承和发展,也是对其他国家有益法治建设经验的合理借鉴。

（六）案例指导制度的建立,是宣传法治、提升司法公信力的重要载体

案例是向公众进行法制宣传教育的“活教材”,可以给人以启示和教育,使公众从案例中直观领悟法律的原则和精神,自觉学法、知法、守法、用法。案例为法学理论研究提供了良好的素材,其本身所蕴含的法治信息,所提出的司法理念,往往成为法学研究创新和理论发展的重要源泉。反过来,理论界关于案例的逻辑推理和法理诠释又为立法和司法解释提供新的思路和视角,从而形成实践丰富理论,理论指导实践的良性互动局面。案例的公布,也使得法律的确定性和可预见性大大增强,司法人员和当事人在相当程度上可以预期案件的处理结果,案件办理变得更为顺畅,司法环境为之改善,人民群众对法律和司法机关的评价进一步提高,从而增强了司法的公信力。

三、积极推进案例指导制度健康发展

制度贵在落实。为了保障案例指导制度规范有序运行,充分发挥案例指导作用,我们应当在以下几个方面作出进一步努力。

（一）坚持案例指导工作原则,确保工作健康开展

根据案例指导制度的性质和特点,开展案例指导工作,应当注意把握以下原则:一是坚持社会主义法治理念指导原则,确保正确司法理念。社会主义法治理念,是中国特色社会主义理论体系的重要组成部分,是确保案例指导制度科学发展的重要指南。我们必须坚持社会主义法治理念不动摇,用社会主义法治理念武装头脑,指导案例工作健康开展。二是坚持维护法律权威原则,确保宪法和法律的正确实施。成文法是我国的法律渊源,是处理案件的依据,必须维护法律的权威性。案例,包括指导性案例,不是法律渊源,不能突破和违反法律的规定。必须时刻牢记,只有尊重法律、遵从法律、遵照法律,案例指导制度才有广阔的舞台和发展空间;只有坚守法律底线、恪守法律原则、遵守法律规定,案例指导制度才有旺盛的生命力和权威性。三是坚持客观性原则,确保案例运用的准确和权威。案例来源于生效裁判,应当客观真实地反映案件实际情况,而不能脱离原生效裁判文书进行主观分析和评价,更不能“无中生有”,从而确保案例运用能够得到法官等法律工作者的信赖,得到当事人的信服,赢得人民群众的信任。四是坚持指导性原则,确保案例指导的良好效果。应当以确保司法公正高效权威为目的,通过对案例的认真研究和深入发掘,在尊重原裁判的基础上进行必要整理和适当完善,对法律问题在现行法律框架内提出合法、合理、明确和具体的裁判规则,并将政策、道德、社情民意等因素融入其中,而不

能机械地照抄照搬原裁判文书,从而真正展现案例中的司法智慧和法律贡献,确保案例符合社会和谐、发展和稳定大局的需要,得到人民群众和社会各界普遍赞同,取得良好的法律效果和社会效果。五是坚持必要性原则,确保案例指导的质量。编发案例应当以解决社会经济发展中的疑难法律适用问题为重点,积极回应人民群众的司法需求,认真解决群众关切的亟待解决又缺乏明确具体法律规范调整的问题。编发案例,必须坚持质量第一,走“精品”路线,精益求精,宁缺毋滥,确保每一个案例都能经得起法律、历史和人民群众的检验。

(二)要准确把握编选标准,增强案例指导价值

从浩如烟海的案例中挑选具有指导性的案例,可谓沙里淘金,准确把握编选标准尤为重要。要坚持围绕和服务经济社会发展的要求,把维护社会主义市场经济秩序、服务和保障民生作为编选案例的出发点,把深化社会矛盾化解、社会管理创新、公正廉洁执法三项重点工作作为编选案例的结合点,把维护社会公平正义作为编选案例的落脚点,关注人民群众关心的权益保障、公平正义、社会治安、反对腐败等突出问题,积极着眼于回应群众关切,着眼于明确裁判尺度,着眼于司法实践中的新情况新问题,选择具有普遍指导意义的案例,从而切实提高案例的典型性、可用性和权威性。

(三)要注重参照借鉴,切实发挥案例的作用

法律的生命力在于实施,案例的生命力在于应用。要注重案例的实际应用,采取切实可行的有效措施,让大家学习借鉴案例,并参照指导性案例,公正高效地审理相关案件,从而切实发挥它对司法工作的指导作用,对法制宣传的教育作用,对矛盾纠纷的预防作用。各级法院要切实维护指导性案例的权威性,建立回应当事人采纳指导性案例与否的说明、背离指导性案例的报告和说理等监督机制,以统一裁判尺度,实现审理案件法律效果和社会效果的有机统一。

(四)要完善保障性机制,促进案例指导顺利开展

要从提高司法人员职业素质、增强裁判文书说理等方面,为案例指导工作的开展提供保障。要加强案例指导的组织建设,配备和培养一支“观察敏锐、认识深透、严谨细致、精益求精”的案例工作队伍,并建立激励机制,组织动员办案人员,把所办案件升华为案例精品,以此为契机提高制作、编选和应用案例的司法能力。要注重裁判说理,注重对法律条文的实质内涵以及如何适用作出充分阐释和说明,展现裁判文书的逻辑分析、推理过程和裁判依据,充分体现裁判的公正性和合理性,使之既符合法律规定,又符合人民群众的公正观和正义感,努力做到典型、争议性案件处理中天理、国法、人情的统一,从而让当事人和群众发自内心地认同裁判结果,真正实现案结事了人和。

(五)要加强制度建设,推进案例指导工作规范化

制度建设是工作规范化的前提和基础。要建立案例尤其是指导性案例的发现、遴选、推荐、审查、讨论、发布、编纂等相关配套工作制度,科学确定案例的编选标准,统一规范编写体例和工作程序,使每一个步骤和环节都有可供遵循的标准和规范。要建立案例的发现、培育和推荐机制,对典型案件、影响性案件进行跟踪,对具有指导作用的,要更加精心认真审理,制作精品裁判文书。要通过建章立制,以更加健全的制度、更加完善的机制,确保广泛选择、充分论证、精心编写、审慎公布、严格参照指导性案例,使案例指导工作逐步走上规范化和制度化轨道。

(六)要加强调研和学习,不断提升案例指导水平

胡锦涛总书记指出:“只有善于科学总结经验、注重认真学习经验,才能把中国特色社会主义道路坚持好、发展好。”要把案例研究作为应用法学研究的重点,围绕如何贯彻落实案例指导制度、如何保证案例指导符合我国司法实践的需要和司法规律,加强调查研究和经验总结,为案例指导工作提供理论指引、经验支撑和智力支持,并研究和总结出先进的司法理念、公正的裁判规则、科学的裁判方法,不断提高案例指导工作水平。要面向案例指导实践,注重加强学习和培训,强化社会主义法治理念,准确把握政策要求和立法原意,了解社会经济文化发展需要,培养以广阔的视野、高远的境界和敏锐的政治眼光分析研究案例的素养,善于学习、发现、培养、编选和应用案例,切实提高司法人员适用法律、把握政策、应用案例的技能,提升公正司法、促进社会

和谐的能力。

案例指导制度作为中国特色社会主义司法制度的重要组成部分,有赖于全体法律人的共同支持和精心呵护。由最高人民法院研究室、北京大学刑事法治研究中心组织编写,北京大学法学院陈兴良教授领衔的团队为主编纂的《人民法院刑事指导案例裁判要旨通纂》,是专家与法官携手研究案例指导制度的有益尝试,对于增加法学理论和司法实务工作者共同话语、减少歧见,进而促进案例指导制度的不断发展和完善,创新有利于维护法制统一的法的解释体制和适用机制,促进公正高效权威的社会主义司法制度建设,都将发挥重要作用!

2012 年 10 月

第一版序二

胡云腾*

案例，通常是指法院处理过的案件。① 除了特别制作的情形，案例的主要载体是法院作出的生效裁判文书。② 一般来讲，人们对案例的看法和态度，或者说案例的价值和命运，因其所在社会的治理模式而异，就像法律的价值和命运一样。在不重视法治的社会中，案例所能发挥的作用十分有限，只有极少数案例，能够通过老百姓的口耳相传演绎为侦探故事和戏文的题材，反映人民群众崇尚正义、鞭挞邪恶的善良愿望，如《窦娥冤》《铡美案》等。而绝大多数案例，都只能成为历史学家的研究史料，用以评价特定时代统治阶级的社会管理能力和治理业绩，或者揭示统治阶级处理社会矛盾纠纷的方法和态度。但在重视法治的社会中，案例则变成了社会发展建设的成果和资源，其价值和作用会不断增大。政府、学者和公众对案例的兴趣，也不再局限于文学艺术、宣传教育或历史研究的层面，而是把它们当作实践法治甚而推进法治进程活生生的载体，人们更加关注案例的解决规则或者裁判结果对公众利益和法治进步的积极价值。

当今社会，可以说是我国历史上最重视法治的时代，所以也是案例大放异彩的时代。我认为，当下的案例对于社会生活和法治建设的作用非常重要，我们对案例的发掘与研究应有更广阔的视野和更深入的思考。打几个比方：如果说法治社会是一条长河，那么人民法院每年审理的上千万件案例，就是铺垫这条大河的河床，对案例的研究就是淘出最具价值的金子；如果说法治社会是一维长空，那么案例就是散落的星辰，对案例的研究就是找出那些发亮的星星；如果说法治社会是一条大路，那么案例就是公民和法人长途跋涉的脚印，对案例的研究就是追寻指引前行的启迪；如果说法治社会是一台大戏，那么案例就是精彩纷呈的剧情，对案例的研究就是分享演职员们的智慧、欢乐与悲伤。总之，不论你是干什么的，你从哪个角度观察，案例都可能成为你关注或感兴趣的对象，因为案例往往是一个发人深省的故事，或者是一个与你的切身利益密切相关的事件。

由于时代的原因，我与案例结缘较早。我上的大学当年还没有法律系，只有一位老师教法律常识。这位老师名叫刘志正，20 世纪 50 年代毕业于华东政法学院，大学期间就被打成右派，尔后回到河南老家当了 22 年农民。1979 年右派改正后，刘老师已经 53 岁了，依然被当作法律人才引进到安徽师范大学教授法律常识课。在当时没有统编教材又缺乏法学著述的情况下，他便编选了一本《刑事疑难案例分析》权作课本，上课就给我们讲刑事案例和法律知识。正是通过对一些疑难案例或著名案例的学习与研究，我逐渐了解了法律并对之产生了浓厚的兴趣。我至

---

* 时任最高人民法院审判委员会专职委员，并兼任最高人民法院第二巡回法庭庭长。

① 根据最高人民检察院和公安部关于案例指导工作的规定，最高人民检察院可以发布对全国的检察工作具有普遍指导意义的案例，公安机关也可以发布对办案具有指导意义的案例。这与其他国家的案例仅指法院的案例有所区别。

② 案例与裁判文书的关系似乎难以说清楚，在我看来，案例来自裁判文书，但不同于裁判文书。从广义上讲，案例包括一个案件的所有裁判文书和证据资料，它们都可以成为案例研究的对象；但从狭义上讲，案例是指法院生效的裁判文书，如其他国家和我国的台湾、香港和澳门地区，案例都是指生效的裁判文书，至于生效的裁判文书是哪一级法院作出的，可以不论。根据最高人民法院发布的《关于案例指导工作的规定》，指导性案例不是裁判文书，而是根据裁判文书编写的类似于案例分析的文稿。

今仍清晰地记得,通过关注举世瞩目的林彪、江青反革命集团案的审判,知道了什么是反革命罪以及怎样认定反革命罪的目的等;通过关注当年影响巨大的蒋爱珍杀人案,知道了什么是正当防卫,什么不是正当防卫,以及被害人过错对定罪量刑的影响等法律问题①;再如通过对当时轰动全国的王守信贪污案的关注研究,了解了贪污罪的构成要件和相关规定等②。现在,每当我回忆起大学期间学习法律知识的岁月,就会想起很多这样的案例,就像每当我们回忆童年的学习生活,就会想到小学课本中的童话故事一样。这些案例的启蒙教育,成为我后来选择刑法专业并始终喜欢研习刑事案例的初始原因,更是我至今还乐于从事刑事司法实务工作的兴趣源泉。

或许也是出于对刑事案例和司法实务问题的研究兴趣,2002 年我从中国社会科学院法学研究所调入最高人民法院研究室工作。从此,研究案例特别是研究刑事案例成为我工作的重要内容。每天看的材料多是案例,研究的问题多为案例引起,研究的意见也多与案例有关。所不同的是,我在研究室研究的案例多数不是已决的案例,而是正在人民法院处理过程中因法律适用有疑难问题的案件。这些疑难案件,有的是下级法院请示上来的,有的是最高人民法院相关业务庭对如何适用法律有分歧意见来征求研究室意见的。可以说它们都是鲜活的、待决的案例。对这些案例的分析、研究,使我对法律、法理和司法有了更加深入的理解和感悟。

2004 年,我担任最高人民法院中国应用法学研究所所长,与案例打交道的机会更多了。因为当时中国应用法学研究所的主要工作,就是负责编辑《人民法院案例选》。这部系列案例集自 1992 年起编辑出版,是我国目前连续出版时间最长的案例出版物。先是每月出 1 本薄薄的小册子,一年出版 12 集。到我接手担任编辑部主要负责人时已经改为每年出版 4 集,每集约有 30 万字,此后,每个季度出版一集的做法成为定制,一直延续至今。我在这里必须提及的是,在中国应用法学研究所的几任所长和王观强、张憋、杨洪逵等著名专家型法官的辛勤努力下,《人民法院案例选》一度成为最受法学理论界和司法实务界欢迎的案例出版物,著名学者冯象先生曾经给予人民法院案例选特别是杨洪逵法官撰写的案例评语以高度评价。③ 按照惯例,中国应用法学研究所所长是《人民法院案例选》当然的编辑部主任,所以我便自 2005 年起主持了《人民法院案例选》的编务工作。当时我主要关切的就是,如何顺利地把《人民法院案例选》编下去且保证它的品质不继续下降。因为随着案例读物越来越多,尤其是最高人民法院各业务庭编辑的审判参考系列纷纷出版,加上中国应用法学研究所的编写人员缺少等原因,《人民法院案例选》的社会影响和发行市场都在萎缩。为了重振这本案例集的名气和影响,我和我的同事蒋惠岭副所长等带领全国法院的通讯编辑们对案例的编选格式和流程进行了一系列改革探索,其中最突出的改革就是借鉴境内外案例或判例的编选经验,对案例的内容提炼出一个"裁判要旨",以告诉读者该案例的价值和亮点所在。现在,对案例提炼裁判要点或者裁判要旨的做法已成通例,这种做法对于读者了解一个案例的价值和作用颇有帮助。就我的阅读习惯而言,读一个案例往往先看作者归纳的裁判要旨,如果我对裁判要旨不感兴趣或者不认同,那么对整个案例就不会感兴趣了。因此,提炼裁判要旨不仅是吸引读者眼球的需要,也是一项衡量编写者编选案例的眼光、能力和水平的基本功。

在主持编辑《人民法院案例选》以后,我们感到有必要借鉴西方国家判例制度的经验,建立

---

① 蒋爱珍杀人案发生于 1978 年,由于受到单位某些帮派成员的诬陷和迫害,蒋爱珍忿而持枪杀死其中 3 人,因此一审被判处死刑立即执行。但具体案情被披露后,舆论普遍同情蒋爱珍,认为她杀人是由于名节受到极大侮辱且忍无可忍,强烈要求对其轻判。最终蒋被新疆高级人民法院从轻判处 15 年有期徒刑。

② 王守信贪污案发生于 1972 年,王守信是哈尔滨市一个国有企业的负责人,从报道看,她从 1972 年起,伙同他人先后贪污了 53 万余元,这在当时是难以想象的天文数字。该案是中华人民共和国成立后继刘青山、张子善贪污案之后发生的影响最大的贪污案。在刘宾雁撰写的报告文学《人妖之间》的影响下,社会舆论一边倒地要求判处其死刑,王守信的下场也就不难预料了。

③ 冯象先生原话的大意是:最高人民法院中国应用法学研究所编辑的《人民法院案例选》,是富矿,极有挖掘潜力。其中杨洪逵先生倾注了大量心血,当得上中国案例编纂评析的第一人。杨先生英年早逝,是人民法院(也是中国法学)的巨大损失。起码要四五位学识一流的法官全力以赴,才能顶得起杨洪逵先生一人的工作。

中国特色的案例指导制度。我和蒋惠岭同志组织中国应用法学研究所的同事们和全国法院的案例通讯编辑们,较早地对这个问题进行了探索。蒋惠岭同志是研究这个问题的专家,他当时的雄心很大,想建立一个类似于西方判例制度的案例指导制度,为此做了很多比较研究,提出了一些有价值的意见和建议。与此同时,理论界和实务界也有很多同志倡导或者研究案例指导制度问题,相关论文发表得越来越多。① 党的十六大召开以后,中央政法委为了落实十六大提出的推进司法体制和工作机制改革的要求,组织研究并统一部署国家的司法体制和工作机制改革工作。最高人民法院也根据十六大的要求,组织人员研究如何推进法院系统的司法体制与工作机制改革问题。当时最高人民法院司法改革办公室还没有单独成立,也没有专门从事司法改革的人员,只有一块牌子,从各个业务庭室及下级法院抽调若干法官权作研究人员,司法改革办公室设在中国应用法学研究所,由法学研究所负责办公室的具体事务工作。当时的做法是,各业务部门提出的研究意见和改革建议统一送到司法改革办公室,供我们起草建议文件和司法改革纲要之用。我当时兼任司法改革办公室副主任,除了负责司法改革办公室的日常工作,主要任务是与蒋惠岭同志一道起草《人民法院第二个五年改革纲要(2004—2008)》,即通常所说的"二五改革纲要"。在"二五改革纲要"的建议稿中,我们写上了建立案例指导制度的内容。② "二五改革纲要"发布后,建立案例指导制度的实践运作正式启动。根据最高人民法院确定的任务分工,由研究室具体负责案例指导制度这一改革项目的研究实施问题。这项改革的主要任务就是起草并发布一个关于开展案例指导工作的文件,以便从制度上正式建立案例指导制度。但在当时情况下,对于案例指导制度如何构建,如何看待和使用案例指导制度,法院内外并没有明确、统一的认识,我们自己也没有成熟、统一的意见。与此同时,还有一些专家、法官甚至个别部门不赞成建立案例指导制度。主要争议是案例指导制度的法律地位如何界定,指导性案例的效力如何确定,案例指导制度与西方国家判例制度如何区别,以及案例指导制度与立法和司法解释的关系等。平心而论,这些问题争论一百年也是不会有统一结论的,关键是有关部门和最高人民法院如何选择和下决心的问题。

在此期间,最高人民法院研究室还在联合国开发计划署的支持下,承担了案例指导制度的项目研究,这是个跨度很长、活动很多的项目,在我担任研究室主任之前就召开了很多次会议,起草了很多个稿子和调研报告,但由于大家对案例指导制度的基本构想不明确,同时在一些重大问题上无法达成共识,所以这项改革一直没有取得突破性进展,文件起草也一直处于难产阶段。2008 年以后,为贯彻党的十七大精神,中央政法委开始部署新的一轮司法改革,同时对于上一次改革没有完成的改革项目开始实行督办制度,建立案例指导制度的改革项目被作为尚未完成的改革任务纳入督办的范围,这大大加快了该项改革的实施进程。在新的形势下,法学理论界和司法实务界对于建立案例指导制度的意见更加迫切和统一,有关部门对于建立案例指导制度的意见也渐趋统一,中央领导同志还多次明确要求公安机关、检察机关和审判机关适时建立案例指导制度,以统一司法标准,指导执法办案,促进司法公正,维护群众利益。在这种情况下,构建中国特色案例指导制度自然瓜熟蒂落。先是最高人民检察院于 2010 年 7 月 30 日率先发布了《关于案例指导工作的规定》;继而在 2010 年 9 月 10 日,公安部发布了《关于建立案例指导制度有关问题的通知》;最后,最高人民法院也于 2010 年 11 月 26 日发布了《关于案例指导工作的规定》。这三个文件的发布,标志着 2010 年成为中国特色案例指导制度的创建之年。③

也是在案例指导制度课题研究和研究案例指导制度改革的过程中,我逐渐对案例价值和案

---

① 就我接触的范围而言,北京大学的张骐教授、中国人民大学的范愉教授、中国社会科学院法学研究所的刘作翔教授等关于案例制度的观点或文章,给我的印象最为深刻。

② "二五改革纲要"第 13 条规定:建立和完善案例指导制度,重视指导性案例在统一法律适用标准、指导下级法院审判工作、丰富和发展法学理论等方面的作用。最高人民法院制定关于案例指导制度的规范性文件,规定指导性案例的编选标准、编选程序、发布方式、指导规则等。

③ 这是从制度构建的意义上而言的。实际情况是,公检法机关虽然在同一年出台了各自的规定,但有的并没有在该年度发布指导性案例。如最高人民法院首次发布指导性案例,已经是 2011 年年底的事情了。

例指导制度形成了一些观点和成果。2008年,我和我的学生于同志法官合写了一篇案例研究的文章,发表在《法学研究》2008年第6期上,论文一共探讨了10个有争议的问题并论述了我们自己的见解,这些问题都是我们在改革的实践中看到或者听到的,所以比较具体和务实。此后,我协助当时分管研究室和中国应用法学研究所工作的最高人民法院常务副院长,编写了《中国特色案例指导制度研究》一书,该书由人民法院出版社2009年5月出版,主要汇集了广大法官关于构建案例指导制度的观点与思考。最高人民法院关于案例指导制度的规定出台后,我因职责和兴趣的原因,又撰写了一些宣传或解读案例指导制度的理解与适用文章,对于如何看待中国特色的案例指导制度、如何编选指导性案例、如何使用指导性案例等,作了一些初步解读。我的基本观点是,已经建立的案例指导制度,尽管还有不能令人满意之处,同时最高人民法院据此发布的两批指导性案例,尽管诚如有的学者所言是"放了一个哑炮",但不可否认的是,案例指导制度的构建无疑是近年来我国司法体制改革的一大成果,它是继司法解释制度产生以来司法机关解释和适用法律的一次重大机制创新,不仅对于公正高效权威的司法制度建设至关重要,而且对于中国特色社会主义法治国家建设也具有重大而深远的意义。

交代了我与案例打交道以及参与案例指导制度建设的过程以后,我想应当谈谈对案例特别是指导性案例的观点与看法。我觉得理论界和实务界编选的所有案例,包括本书编选的案例,从应用价值上都可以分为两类,一类可以称之为"指导性案例",另一类可以称之为"具有指导作用的案例"。在公检法三机关建立案例指导制度以后,"指导性案例"已经成为一个法定的或者特定的概念。就人民法院而言,指导性案例专指依据最高人民法院发布的《关于案例指导工作的规定》程序编选的、并经最高人民法院审判委员会讨论决定后公开发布的案例。至今为止,最高人民法院一共发布了三批共12个指导性案例①,其中刑事指导性案例只有4个。

本书收选的绝大多数是"具有指导作用的案例"。所谓"具有指导作用的案例",就是单位或个人编选的对于理论研究或者司法实践具有指导价值的案例,也可以称之为民间版的指导性案例。这些案例有的是法院或法官编写的,如最高人民法院各业务部门为指导执法办案需要编选的《刑事审判参考》《民商审判指导与参考》和《知识产权审判指导与参考》等系列案例作品,地方各级人民法院为总结司法审判经验、指导本辖区审判工作编选并发布的"参考案例""示范案例"和"典型案例"等案例文件;还有的是专家学者、执业律师为服务教学科研、繁荣法学理论或者指导办案实践而编选的,如《刑事法判解》《商事案例判解》等案例出版物。这些案例及其解读分析不仅对司法人员、律师办理案件具有重要的指导作用,而且对于法学教学科研人员研习法律、对于社会公众学习法律知识也有很大的参考价值。不过,由于其编选者的非权威性和编选机制的非法定性,所以,这些案例的指导作用只类似于法学理论著作的指导作用,即理论上或者实践上的软指导作用,而不具备指导性案例所特有的即全国各级人民法院在执法办案过程中必须参照的强制指导作用。因此,我们在学习、研究案例作品的时候,应当注意指导性案例与"具有指导作用的案例"的特色和区别,借此机会,我想讲以下五点个人意见,供读者鉴别。

一、指导性案例是适用法律的模范案例,具有指导作用的案例是适用法律的特色案例

一个案例之所以能够成为指导性案例,并像规范性文件一样发挥指导法官办案的作用,根本原因是法官对案件纠纷裁决得好,法律适用选择得好以及裁判说理论述得好。我过去也多次讲过,指导性案例是认定事实证据的模范,是正确适用法律的模范,是法官正确行使自由裁量权的模范。打一个或许不甚恭敬的比方,指导性案例就像案例中的尚秀云、陈燕萍、詹红荔等模范法官,所以,这类案例才十分罕见,最高人民法院对指导性的编选才慎之又慎。而具有指导作用的案例,则是在适用法律方面具有独到特色的案例,这个特色既可能表现在公正适用法律方面,也可能表现在填补法律空白方面,还可能是论证了一个法学理论观点,或者弘扬了一个司法理

① 但是,根据最高人民法院审判委员会的决定,对于《最高人民法院公报》自1985年以来发布的典型案例,如果符合指导性案例条件的,也可以被确定为指导性案例。目前,对这些案例的确认工作正在进行之中,但最终能够确认多少,还是一个未知数。

念,等等。其典型性、权威性尽管可能与指导性案例无法比拟,但其具有范围广泛和丰富多彩的优势。

二、指导性案例是有权解释法律的案例,具有指导作用的案例是自由解释法律的案例

以指导性案例为载体的案例指导制度,是中国特色社会主义司法制度的一个方面、一项内容。具体来讲,它是人民法院实施法律的一项重要机制,也是人民法院解释法律的一个重要形式。最高人民法院发布指导性案例,就是用案例来推进法律统一、公正、高效地实施,用案例来解释法律的条文和精神。因此,我国的指导性案例只能是释法机制而不是造法机制,这与西方国家的判例制度有本质区别。而单位或者个人编发的具有指导作用的案例,属于专家学者或者法官法院理解和解释法律的观点或见解,不具有法定的制度性安排,所以编发者的解读不具有强制约束的效力。编发者对于案例的分析解读,属于从理论上解释法律或者从实践中总结审判经验。

三、指导性案例是形式内容都依法限定的案例,而具有指导作用的案例是内容形式没有限定的案例

指导性案例的依法限定有三层意思:一是指导性案例的文书样式由司法解释规定。指导性案例的文书样式系由裁判要点、相关法条、基本案情、裁判结果和裁判理由等五个部分构成,这些法定的样式要求必须具备,不得缺失;而具有指导作用的案例的编选形式则可以丰富多样。二是指导性案例的编选和发布程序由司法解释规定。所有指导性案例都必须经过推荐程序、编审程序、征求意见程序和最高人民法院审判委员会讨论程序等四大程序,这些程序缺一不可;而具有指导作用的案例则没有这样严格的选编和审核程序。三是指导性案例的指导范围和指导作用由裁判要点限定,只有最高人民法院归纳的裁判要点对全国法院才有强制或者普遍的指导作用,指导性案例中超出裁判要点的其他指导价值,就不具有普遍指导作用。而具有指导作用的案例,其指导价值往往是不可限定的,比如对同一个案例,张三可以认为确立了甲规则,李四可以认为解决了乙问题,若干年后,王五还可以说该案例确立了丙理念,等等。因此,任何人在不同时期都可以从同一个案例中分析、发掘出自己认为有价值的东西。所以,为了避免人们对指导性案例的无限的、不确定的解读,最高人民法院对于发布的每一个指导性案例,都将其指导范围加以限定。具体来说,只有指导性案例的“裁判要点”所列举的内容,才可以成为指导全国法院审理类似案件时的参照。如果一个指导性案例中有若干个指导要点,但裁判要点中只归纳一个,那就说明最高人民法院只认可这一个裁判要点具有普遍指导意义,其他不具有普遍指导意义。所以,指导性案例的指导意义,仅以裁判要点的归纳为限。

四、指导性案例是具有强制指导作用的案例,而具有指导作用的案例是具有灵活指导作用的案例

根据最高人民法院《关于案例指导工作的规定》,全国法院在审理与指导性案例类似的案件时,应当参照指导性案例。所谓参照,就是参考、遵照的意思。所谓应当参照,就是必须参照的意思。我认为,最高人民法院的司法解释能够写上“应当参照”,是案例指导制度的最大亮点,也是我们极力争取写上的内容,因为如果不写上“应当参照”,案例指导制度的价值就会大打折扣。在办理案件的过程中,如果法官在审理与指导性案例类似的案件时,其裁判违背了指导性案例确立的原则或精神,就可能被上级法院推翻。前已指出,指导性案例是适用法律的模范案例,一个裁判违反了指导性案例,就一定会违反指导性案例所适用的法律规则或原则精神。因此,这个裁判本质上不是因为违背指导性案例被推翻,而是由于其违背指导性案例所适用的法律而被推翻。而具有指导作用的案例,由于没有赋予其强制指导的效力,所以对任何案件都没有强制指导作用,当然也就不存在后来的判决违背具有指导作用的案例而被推翻的问题。

五、指导性案例可以在裁判文书中引用,而具有指导作用的案例不宜在裁判文书中引用

对于指导性案例能否在裁判文书中引用,如果当事人在诉讼中要求法官参照某个指导性案例,法官在审判中是否必须参照,这些都是在起草司法解释时争议很大,所以没有明确规定的问

题。随着案例指导工作的实施,指导性案例的不断发布,这个问题到了非回答不可,甚至非解决不可的时刻。我以前多次讲过,指导性案例可以在裁判文书中引用,不过不宜作为裁判的依据引用,而是可以作为说理的依据引用。因为指导性案例虽然是解释法律的机制,但毕竟不是司法解释,如果在裁判文书中作为裁判的依据引用,既无法律依据,也容易引起争议。但是,由于指导性案例是公正适用法律的模范案例,所以用它来补充裁判说理、加强裁判说理有利于论证裁判的公正,说服当事人接受裁判。同时,如果在诉讼活动中,当事人提出要求人民法院参照某个指导性案例,人民法院在诉讼活动或者裁判文书中一般要加以回应并说明是否参照的理由,这是实现司法公正、打造司法公信的要求,也是司法活动讲理的必然要求。相反,对于具有指导作用的案例,尽管法官在审判案件时可以参照甚至直接借用,但在制作裁判文书时,既不得作为裁判的依据引用,也不得作为说理的依据引用。如果当事人要求人民法院审判本案时参照某个具有指导作用的案例,人民法院可以根据情况决定是否采纳其诉求,即使实践中注意到了,也不得在裁判文书中加以引用。①

在此需要特别说明的是,指导性案例与具有指导作用的案例存在的上述区别,丝毫不意味着案例指导制度出台以后,具有指导作用的案例就不重要了,人们可以不编或者少编了。相反,指导性案例出台以后,法学理论界和司法实务界研究案例作品的意义更大了。因为只有价值被充分探讨、认识的案例,才更容易被上升为指导性案例,从而更有利于形成从“具有指导作用的案例”到“指导性案例”的良性互动机制。从一定意义上讲,案例的理论与应用研究也像商品买卖一样,卖东西的商场越大,商品的品种越多、品质越高,欣赏或购买的人就会越来越多,市场就会越来越兴旺。我完全相信,各级人民法院和专家学者编写的具有指导作用的案例,有的因符合指导性案例的品质和条件,将来完全有可能上升为指导性案例,就像科学的学理解释可能上升为司法解释一样。同样,最高人民法院发布的指导性案例,又可以成为学术研究的对象,从而对发展和丰富法学理论发挥作用。我记得在研究案例指导制度的过程中,一度有人担心,最高人民法院实行案例指导制度以后,会影响理论界或者法院研究、编写具有指导作用的案例,所以反对搞案例指导制度,实践证明这是不必要的担忧。几十年来的案例研究还证明,法学理论界和司法实务界俨然已经形成了两股研究案例的洪流,这两股洪流共同为推动案例研究和案例指导制度的诞生发挥了巨大作用,做出了突出贡献,今后,这两股洪流仍将滚滚向前,势不可当,功业将不可限量。

最后,我要代表最高人民法院研究室的同志感谢北京大学出版社的蒋浩先生,他率先策划最高人民法院研究室的法官团队与北京大学法学院陈兴良教授领衔的学者团队联手合作,共同淘取最高人民法院及有关业务部门编发的刑事司法案例中的金子。在此,我还要特别感谢陈兴良教授领导的高水平的学术团队对本书的独特贡献,是他们承担了本书的绝大部分编纂任务,对本书注入了法官难以发现或者言传的理性和智慧,可以说是点石成金,使本书升级为一本全新的案例著作。当然,我更要感谢多年来主管研究室工作的张军副院长,他的正确领导和率先垂范,推动了案例指导制度的出台,推动了《刑事审判参考》等案例研究作品的繁荣,并批准、主导了这次合作。

是为序。

2012 年 10 月于北京

① 理由主要在于,如果允许法官在裁判文书中引用非指导性案例,就可能导致司法裁判出现混乱,违背规范司法的要求。同时,一个案例的指导作用往往是复杂的、多方面的,如果不加以限制,诉讼当事人各持己见,不利于服判息诉。

第一版前言

陈兴良*

2010年最高人民法院和最高人民检察院分别出台了《关于案例指导工作的规定》,标志着我国案例指导制度的正式建立。建立案例指导制度的初衷,是为人民法院的审判活动和人民检察院的检察活动提供司法规则,从而弥补法律与司法解释的不足。因此,案例指导制度是一种规则提供方式,它对于我国法律规则体系的完善具有重要意义。

应当指出,在最高人民法院案例指导制度建立以前,最高人民法院的各业务庭室就曾经编纂出版了大量的案例,这些案例和案例指导制度与最高人民法院正式颁布的指导性案例当然是有所不同的,但这些案例本身同样也具有指导意义,因而亦被称为指导案例。例如刘树德著《刑事指导案例汇览》(中国法制出版社2010年版),把《最高人民法院公报》刊载的案例称为指导案例,并对其进行了学理与法理的研究。此外,最高人民法院刑事审判第一、二、三、四、五庭主办的《刑事审判参考》,刊登了大量对于刑事审判具有指导性的刑事案件。《刑事审判参考》1999年至2008年所有各集的合订精编本以《中国刑事审判指导案例》(法律出版社2009年版)为书名正式出版,该书也把《刑事审判参考》刊载的案例称为指导案例。本书延续了上述出版物关于指导案例的名称,以此强调本书案例不同于一般性案例,这些指导案例对于刑事审判具有指导意义。

《人民法院刑事指导案例裁判要旨通纂》一书,在对既有的刑事指导案例进行遴选的基础上,提炼出对于刑事审判具有指导意义的裁判要旨。因而,本书不同于以往的指导案例汇编性著作,它更突出了从指导案例中提炼出来的裁判要旨。可以说,裁判要旨是本书的关键词。

本书选编的案例,来自最高人民法院发布的指导性案例,最高人民法院刑事审判第一、二、三、四、五庭主办的《刑事审判参考》,最高人民法院中国应用法学研究所编的《人民法院案例选》和最高人民法院办公厅主办的《最高人民法院公报》。应当指出,这些案例虽然不是最高人民法院审结的,而是由各级地方人民法院审理的案例,但这些案例也已经不是原生态的案件,而是经过了最高人民法院相关业务庭室的加工提炼,有些案例甚至经最高人民法院审判委员会讨论。当然,这些案例与经过法定程序遴选、确定并颁布的指导性案例还是有所不同的。本书对所收录的最高人民法院刑事指导案例存在的争议问题展开了讨论,并对其中的裁判理由进行了论证。例如,《刑事审判参考》第3辑刊登的白俊峰强奸案,围绕丈夫强奸妻子的行为应如何定罪这一争议问题展开讨论,得出了如下结论:丈夫违背妻子的意志,在婚姻关系存续期间,采用暴力手段与妻子发生性行为,不构成强奸罪。作者提出了以下两点裁判理由:(1)婚姻状况是确定是否构成强奸罪中违背妇女意志的法律依据。(2)被告人白俊峰与姚某的婚姻关系合法有效。此后,《刑事审判参考》第7辑又刊登了王卫明强奸案,进一步对丈夫可否成为强奸罪的主体这一争议问题进行了讨论,得出了以下结论:在婚姻关系非正常存续期间,如离婚诉讼期间,婚姻关系已进入法定的解除程序,虽然婚姻关系仍然存在,但已不能再推定女方对性行为是一种同意的承诺,也就没有理由从婚姻关系出发否定强奸罪的成立。以上两个案件在一定程度上解

---

* 北京大学博雅讲席教授。

决了婚内强奸能否定罪的一般与例外的不同司法规则。我曾经对上述案例进行研究,认为白俊峰案和王卫明案确立了在婚内强奸问题上的以下规则:

> 在婚姻关系正常存续期间,丈夫不能成为强奸罪的主体;在婚姻关系非正常存续期间,丈夫可以成为强奸罪的主体。①

值得注意的是,上述案例中的裁判理由其实并非审理原案的法官在判决书中提出的裁判理由,而是在上述案例编写过程中,由最高人民法院有关业务庭室的编撰人员执笔所写的法理分析。例如白俊峰案的执笔人张辛陶时任最高人民法院刑一庭副庭长,王卫明案的执笔人张军时任最高人民法院刑一庭庭长,他们都是专家型法官,既具有丰富的司法实践经验,又具有较高的理论造诣。通过对原生态案例的编写,凸显其中的争议问题,并表明执笔人对相关法律问题的立场,从而使这些案例对于刑事审判具有指导性。正如《刑事审判参考》的"发刊词"指出:

> 通过主要由最高人民法院审理的典型案例,加强对全国法院刑事审判工作的指导,以便更加准确、严格地执行国家法律、法规和司法解释,进一步提高刑事审判质量,促进依法治国方略的实施,为社会主义法制建设作出新的更大的贡献。②

应该说,《刑事审判参考》刊登的案例绝大部分都不是最高人民法院审理的案例,但这些案例都经过了最高人民法院有关业务庭室执笔人员的改写,因而同样能够反映最高人民法院的立场,对于全国刑事审判工作能够发挥指导作用。相比较之下,《人民法院案例选》中的案例都来自各级人民法院,因而从较为宽阔的视野反映全国刑事审判的经验。《人民法院案例选》的"说明"指出:

> 《人民法院案例选》所选的案例,都是各个时期全国各级人民法院、专门法院审结的刑事、民事、商事、行政、海事等各类案件中的大案、要案、疑难案以及反映新情况、新问题的具有代表性的典型案件。每个案例包括案情、审判、评析三部分,除了如实介绍案件事实和审判情况外,着重从适用法律和运用法学理论的角度评价办案得失,突出了真实、全面、及时、说理的编辑特色,力求案例能给人以启迪,收到举一反三的效果。③

在《人民法院案例选》刊登的案例中,评析是其说理部分。案情和审判一般由原审法官提供,而评析则往往由应用法学研究所的研究人员执笔,从而较好地将实践素材与理论分析结合起来。例如岳仕群利用其不满十四周岁的女儿投毒杀人案,该案判决指出:

> 依照我国《刑法》第二十五条的规定,共同犯罪是指:"两人以上共同故意犯罪",犯罪主体都是达到刑事责任年龄的人。许某某不满十四周岁,未达到刑事责任年龄,故本案不构成共同犯罪。虽然实施投毒是岳仕群的女儿许某某所为,但许某某为不满十四周岁的未成年人,对事物尚缺乏辨别能力,她的行为取决于其母是否准许。岳仕群亲眼目睹其女儿投毒至被害人食用的面条中,此时岳仕群是希望毒死许桂祥结果的发生。因此,被告人岳仕群有杀人的犯罪故意,且在犯罪过程中起主要作用,许某某的行为应视为被告人岳仕群指使、利用而实施的行为,故被告人岳仕群对本案应负全部刑事责任。④

以上判决对被告人岳仕群利用其不满十四周岁的女儿投毒杀人案作出了正确的裁判:岳仕群构成单独犯罪,应对杀人犯罪承担全部刑事责任。"评析"引入刑法理论上的间接正犯概念,对本案判决的结论提供了法理依据。"评析"指出:

---

① 陈兴良:《判例刑法学》(下卷),中国人民大学出版社 2009 年版,第 194 页。

② 最高人民法院刑事审判第一庭:《刑事审判参考》(总第 1 期),法律出版社 1999 年版,第 1 页。

③ 最高人民法院中国应用法学研究所编:《人民法院案例选》(2004 年刑事专辑),人民法院出版社 2005 年版,第 1 页。

④ 同上书,第 3 页。

> 有刑事责任能力的人指使、利用未达到刑事责任年龄的人实施犯罪,在刑法理论上称之为“间接正犯”或“间接实行犯”。“间接正犯”不属于共同犯罪的范畴。本案中,许某某不负刑事责任,其实施的犯罪行为应视为指使、利用者岳仕群自己实施的行为。岳仕群应对许某某所实施的行为承担全部刑事责任,即应以故意杀人罪对被告人岳仕群定罪量刑。①

可以说,以上经过编辑加工的案例本身已经具有重要的实践意义与理论意义。本书在此基础上,又作了进一步的加工,主要工作就是对案件进行精选并改写,从中提炼出裁判要旨,并对裁判要旨结合案例进行了必要的论证与阐述。

本书所称裁判要旨,亦被我国学者称为指导规则。例如刘树德在评述《最高人民法院公报》刊登案例的“裁判摘要”时指出:

> 案例的组成成分增加了“裁判摘要”,这既是对2005年公布的人民法院第二个五年改革纲要有关案例指导制度改革内容的落实,也为今后指导性案例的“指导规则”的拟定提供了样式和经验。②

从内容上看,裁判摘要来源于具体案例,又因作了适当加工,因而已经脱离了案例,具有某种法律规则的外在特征。例如,在上海市黄浦区人民检察院诉陈祥国绑架案中,共提炼了三个裁判摘要,其中裁判摘要之三指出:

> 行为人以暴力、胁迫的方法要求被害人交出自己的财产,由于被害人的财产不在身边,行为人不得不同意被害人通知其他人送来财产,也不得不与被害人一起等待财产的到来。这种行为不是以被害人为人质向被害人以外的第三人勒索财物,而是符合“使用暴力、胁迫方法当场强行劫取财物”的抢劫罪特征,应当按照刑法第二百六十三条的规定定罪处罚。③

上述裁判摘要是从陈祥国绑架案中提炼出来的,它对于区分绑架罪与抢劫罪具有指导意义。但将该规则称为裁判摘要不足以反映其内容所具有的规范意义。因而,刘树德将其称为指导规则。就裁判摘要与指导规则这两个概念而言,我以为指导规则这一概念更好一些,尤其是其中“规则”一词更能反映内容的性质。当然,“指导”一词虽能表明规则所具有的功能,但又失之一般。就此而言,裁判规则也许是一个较好的称谓。本书采用的是裁判要旨一词,应当指出,这里的裁判要旨实质上是一种司法规则:它不仅对其所由来的案件具有规范性效力,而且在一定程度上超越了具体案例,对处理同类型的案件具有参照性。值得注意的是,最高人民法院颁布的第一批指导性案例,将这种司法规则称为裁判要点,最高人民检察院颁布的第一批指导性案例则称为要旨。本书综合以上两种称谓,概括为裁判要旨。

本书在提炼裁判要旨时,注重对应于案情及裁判理由,同时又具有一定程度的抽象,从而做到“源于案例,高于案例”。在同一个案例中,如果存在数个规则的,则分别加以标示。在裁判要旨的提炼中,度的拿捏是一个难题。如果裁判要旨过于抽象,则其等同于法律、等同于司法解释,这就丧失了裁判要旨的独立存在价值。反之,如果裁判要旨过于具体,则又不足以成为一个规则,限制其适用范围。例如在赵志刚伪造有价票证案中,被告人赵志刚伪造本单位内部适用的洗澡票,如果把裁判要旨概况为:“以牟利为目的,伪造有价票证的,应以伪造有价票证罪论处”,则与《刑法》第227条规定相差不大,只不过是对法律规定的重复而已。但如果将裁判要旨概括为:“以牟利为目的,伪造洗澡票的,应以伪造有价票证罪论处”,则又过于具体,只能适用于伪造洗澡票这一种情形。为此,我将上述裁判要旨确定为:“以牟利为目的,伪造单位内部通用、具有一定经济价值的票证的,应以伪造有价票证罪论处。”这样裁判要旨不仅可以适用于单位内

---

① 最高人民法院中国应用法学研究所编:《人民法院案例选》(2004年刑事专辑),人民法院出版社2005年版,第5页。

② 刘树德:《刑事指导案例汇览》,中国法制出版社2010年版,第4页。

③ 最高人民法院办公厅:《中华人民共和国最高人民法院公报》(2007年卷),人民法院出版社2008年版,第421页。

部通用的洗澡票,而且可以适用于单位内部通用的饭票等其他票证。当然,由于我们的水平所限,在裁判要旨的提炼上还存在不足之处,希望读者不吝指教,在此后的版次中加以改进。为方便使用,本项目成果以两种版本出版:一种是包括刑事指导案例与裁判要旨的完整版;另一种是不包括刑事指导案例,将裁判要旨与刑法条文合编的集成版,以便适应于不同的需求。

值得注意的是,在建立案例指导制度以后,最高人民法院和最高人民检察院先后发布了几批指导性案例。最高人民检察院在2010年12月31日颁布了三个指导性案例;最高人民法院自2011年12月20日起至今,共颁布了三批共十二个指导性案例。这些案例为我们考察案例指导制度提供了依据。从形式上来看,最高人民法院的指导性案例在结构上分为裁判要点、相关法条、基本案情、裁判结果和裁判理由这五个部分。在此,引人关注的是裁判要点和裁判理由这两部分。其中,裁判要点是指导性案例所创制的司法规则,而裁判理由是司法规则赖以成立的根据。最高人民检察院颁布的指导性案例,从体例上来看,分为三个部分,这就是要旨、基本案情和诉讼过程。其中,要旨是案例制度所创制的司法规则,也是指导性案例的精髓之所在。

从两高的指导性案例的结构上来看,要旨或者要点、基本案情是都具备的,只是最高人民法院的指导性案例多了裁判理由一项,这是由两高的不同性质所决定的。尤其值得注意的是,最高人民法院在颁布第一批指导性案例的同时,还颁布了《关于发布第一批指导性案例的通知》,在通知中,专门对案例的指导精神进行了叙述,其内容与指导性案例的裁判要点基本相同。例如,王志才故意杀人案的指导精神是:

> 王志才故意杀人案旨在明确判处死缓并限制减刑的具体条件。该案例确认:刑法修正案(八)规定的限制减刑制度,可以适用于2011年4月30日之前发生的犯罪行为;对于罪行极其严重,应当判处死刑立即执行,被害方反应强烈,但被告人具有法定或酌定从轻处罚情节,判处死刑缓期执行,同时依法决定限制减刑能够实现罪刑相适应的,可以判处死缓并限制减刑。这有利于切实贯彻宽严相济刑事政策,既依法严惩严重刑事犯罪,又进一步严格限制死刑,最大限度地增加和谐因素,最大限度地减少不和谐因素,促进和谐社会建设。

而王志才故意杀人案的裁判要点是:

> 因恋爱、婚姻矛盾激化引发的故意杀人案件,被告人犯罪手段残忍,论罪应当判处死刑,但被告人具有坦白悔罪、积极赔偿等从轻处罚情节,同时被害人亲属要求严惩的,人民法院根据案件性质、犯罪情节、危害后果和被告人的主观恶性及人身危险性,可以依法判处被告人死刑,缓期二年执行,同时决定限制减刑,以有效化解社会矛盾,促进社会和谐。

比较案例指导精神和裁判要点,我们发现两者对案例所具有的指导意义的归纳重点并不完全相同。王志才故意杀人案,涉及两个法律问题:一是适用死缓的条件,即因恋爱、婚姻矛盾激化引发的故意杀人案件,在被告人具有坦白悔罪、积极赔偿等从轻处罚情节的情况下,可以判处死缓。如果被告人亲属要求严惩的,可以同时适用限制减刑制度。这一内容对于死缓的适用具有重要意义,可以在更大限度上减少死刑立即执行的适用。对于因恋爱、婚姻矛盾激化引发的故意杀人案件,在被告人具有坦白悔罪、积极赔偿等从轻处罚情节,并且被害人亲属表示谅解的情况下,可以判处死缓,这是没有问题的。但如果被害人亲属仍然要求严惩,如何处理?对此,可以适用《刑法修正案(八)》所规定的限制减刑制度。这是这一案例的指导意义之所在。二是限制减刑制度的适用。因为限制减刑制度实施不久,在司法实践中如何正确适用限制减刑制度还存在疑惑。例如对于2011年4月30日[《刑法修正案(八)》实施]之前发生的犯罪行为能否适用限制减刑制度?对此,2011年5月1日施行的最高人民法院《关于〈中华人民共和国刑法修正案(八)〉时间效力问题的解释》明确规定,2011年4月30日以前犯罪,判处死刑缓期执行的,适用修正前《刑法》第50条的规定;被告人具有累犯情节,或者所犯之罪是故意杀人、强奸、抢劫、绑架、放火、爆炸、投放危险物质或者有组织的暴力性犯罪,罪行极其严重,根据修正前《刑法》判处死刑缓期执行不能体现罪刑相适应原则,而根据修正后《刑法》判处死刑缓期执行同时决定限制减刑可以罚当其罪的,适用修正后《刑法》第50条第2款的规定。按照以上司法解释的规定,对于2011年4月30日[《刑法修正案(八)》实施]之前发生的犯罪行为是可以适用限制减刑制度的。而王志才故意杀人案就是2011年4月30日[《刑法修正案(八)》实施]之前发生的犯罪行为适用限制减刑制度的一个司法实例,对于正确适用《刑法修正案(八)》规定的死缓限制减刑制度就有参考价值。对比案例指导精神和裁判要点,我们发现案例指导精神更强调明确判处死缓并限制减刑的具体条件,而裁判要点则强调了因恋爱、婚姻矛盾激化引发的故意杀人案件的死缓适用,两者的重点各有偏重。当然,由于是第一批颁布的指导性案例,最高人民法院专门发布通知并对案例的指导精神进行叙述。以后未必每一批指导性案例的颁布,都会发布通知,因此上述指导精神与裁判要点之间的差异也就不会存在。但以上分析还是反映了在如何归纳裁判要旨上需要进一步完善。

至于最高人民检察院颁布的指导性案例,在其体例上,具有特点的是对诉讼过程的较为详尽的描述。例如忻元龙绑架案(检例第2号),从宁波市中级人民法院一审到浙江省高级人民法院二审,再到最高人民检察院向最高人民法院提出抗诉,最高人民法院指令浙江省高级人民法院另行组成合议庭对忻元龙案件进行再审,再审以后又经最高人民法院死刑复核,最终判决生效。这个诉讼过程展示了该案经过的诉讼环节,以及在各个诉讼环节各级司法机关对该案作出的各种程序性和实体性的裁决和判决。综述,两高颁布的第一批指导性案例在形式上都各具特色,对于以后的指导性案例提供了样板。

从内容上说,两高的第一批指导性案例在创制司法规则和为司法工作提供指导精神方面具有重要意义。根据我们分析,两高的第一批指导性案例主要有以下类型:

(一)规则创制性案例

对于案例指导制度来说,创制规则是其根本职责之所在。没有规则的创制,也就没有指导性案例存在的必要性。案例指导制度通过创制司法规则,发挥其对司法活动的指导作用,以弥补立法与司法解释的不足。最高人民法院颁布的第一批指导性案例,在创制规则方面是值得我们肯定的。例如潘玉梅、陈宁受贿案就针对受贿案件的新类型,创制了相关的司法规则。这就是潘玉梅、陈宁受贿案的裁判要点所确立的以下司法规则:

> (1)国家工作人员利用职务上的便利为请托人谋取利益,并与请托人以"合办"公司的名义获取"利润",没有实际出资和参与经营管理的,以受贿论处。
>
> (2)国家工作人员明知他人有请托事项而收受其财物,视为承诺"为他人谋取利益",是否已实际为他人谋取利益或谋取到利益,不影响受贿的认定。
>
> (3)国家工作人员利用职务上的便利为请托人谋取利益,以明显低于市场的价格向请托人购买房屋等物品的,以受贿论处,受贿数额按照交易时当地市场价格与实际支付价格的差额计算。
>
> (4)国家工作人员收受财物后,因与其受贿有关联的人、事被查处,为掩饰犯罪而退还的,不影响认定受贿罪。

这些司法规则对于正确处理同类受贿案件具有重要的参考价值。尤其是这些司法规则以抽象的规范形式呈现出来,它在一定程度上已经与具体案例分离,从而为此后处理同类案件提供了规范根据,实现案例指导制度建立的目的。当然,我们还必须指出,最高人民法院第一批指导性案例创制的司法规则尚缺乏原创性,它只是对已有的司法解释的一种重申。例如,潘玉梅、陈宁受贿案所创制的以上司法规则在两高有关受贿罪的司法解释中都已经有明文规定。例如,上述司法规则之一,与2007年7月8日两高《关于办理受贿刑事案件适用法律若干问题的意见》(以下简称《受贿案件意见》)第3条第2款的内容相同。司法规则之二,与2003年11月13日最高人民法院《全国法院审理经济犯罪案件工作座谈会纪要》关于"为他人谋取利益"的认定的规定精神是相同的,只是在文字表述上有所不同。司法规则之三,与前引《受贿案件意见》第1条的规定内容相同。司法规则之四,与前引《受贿案件意见》第9条第2款的内容相同。在这种情况下,将来在具体案件中到底是援引司法解释的规定还是指导性案例的规则,这还是一个值得研究的问题。考虑到这是两高颁布的第一批指导性案例,在规则的创制上采取较为稳妥的方法,这是可以理解的。但其后陆续颁布的其他批次的指导性案例如果不能在具有填补空白性的司法规则的创制上有所作为,则必将影响案例指导制度功能的发挥。

(二) 政策宣示型案例

在最高人民检察院颁布的第一批指导性案例中,某些指导性案例主要起到一种刑事政策的宣示作用。例如施某某等 17 人聚众斗殴案(检例第 1 号)的要旨是:

> 检察机关办理群体性事件引发的犯罪案件,要从促进社会矛盾化解的角度,深入了解案件背后的各种复杂因素,依法慎重处理,积极参与调处矛盾纠纷,以促进社会和谐,实现法律效果与社会效果的有机统一。

这一要旨从内容上来说并不是司法规则,而是一种刑事政策的宣示,对于处理同类案件也是具有指导意义的。以上要旨体现的是宽严相济的刑事政策,主要体现了检察机关在办理群体性事件引发的犯罪案件时,应当掌握的政策界限。关于在检察工作中贯彻宽严相济的刑事政策问题,最高人民检察院曾经在 2006 年 12 月 28 日通过了《关于在检察工作中贯彻宽严相济刑事司法政策的若干意见》(以下简称《意见》),《意见》对在检察工作中如何贯彻宽严相济刑事政策作了较为具体的规定。但由于篇幅所限,《意见》的规定不可能面面俱到。例如,关于群体性事件引发的犯罪案件的处理问题,前引《意见》作了以下规定:

> 处理群体性事件中的犯罪案件,应当坚持惩治少数,争取、团结、教育大多数的原则。对极少数插手群体性事件,策划、组织、指挥闹事的严重犯罪分子以及进行打砸抢等犯罪活动的首要分子或者骨干分子,要依法严厉打击。对一般参与者,要慎重适用强制措施和提起公诉;确需提起公诉的,可以依法向人民法院提出从宽处理的意见。

应该说,这一规定还是较为笼统的,在处理具体的群体性事件引起的犯罪案件时,还需要更为明确的政策指导。施某某等 17 人聚众斗殴案(检例第 1 号)以一起群体性事件引发的聚众斗殴案为例,对如何贯彻宽严相济刑事政策进行了具体的示范,因而具有刑事政策的宣示性。

(三) 工作指导型案例

在最高人民检察院颁布的第一批指导性案例中,某些指导性案例具有对检察工作的指导性。检察工作与审判工作在性质上有所不同,审判工作主要是依法从事裁判,因此在指导性案例的类型上,人民法院的指导性案例都是规则创制型的案例。而检察工作除了批准逮捕和提起公诉等活动具有裁量性,还有一些其他检察工作,例如监所检察、反贪和渎侦等。通过颁布指导性案例可以对这些检察工作进行指导。例如林志斌徇私舞弊暂予监外执行案(检例第 3 号),该案的要旨是:

> 司法工作人员收受贿赂,对不符合减刑、假释、暂予监外执行条件的罪犯,予以减刑、假释或者暂予监外执行的,应根据案件的具体情况,依法追究刑事责任。

在此,只是重申了刑法规定,似乎没有解决相关的法律问题。但之所以颁布这一指导性案例,就是要求各级检察机关加强对不符合减刑、假释、暂予监外执行条件的罪犯,予以减刑、假释或者暂予监外执行的案件的查处工作。

应该说,两高颁布第一批指导性案例只是一个开始,它标志着我国案例指导制度正式启程,案例指导制度对我国法治建设的影响还有待于进一步的评估。但我对案例指导制度的前景持一种积极的、乐观的态度,期待着案例指导制度通过创制司法规则,在更大程度上满足司法机关对规则的需求,并使案例指导制度成为一种行政性以外的司法工作指导方法。

《人民法院刑事指导案例裁判要旨通纂》一书是我担任首席专家的 2010 年度国家社会科学基金重大招标项目“以司法判例制度建设维护司法公正研究”(项目批准号:10&ZD044)的阶段性研究成果。上述课题的承担者不仅包括北京大学法学院等院校的理论工作者,还包括最高人民法院的实务工作者。在本书编纂过程中,原最高人民法院张军副院长亲自为本书写序,作为课题组成员的最高人民法院研究室主任胡云腾给予了大力支持,并以最高人民法院研究室的名义授权组织编纂本书,对此表示衷心感谢。参与本书编写的有北京大学法学院 2009 级刑法专业博士生马寅翔、黑静洁、高仕银、刘灿华、周明、曹斐和 2011 级博士生徐凌波。上述博士生为本书的编写付出了辛勤的劳动,尤其是我的博士生马寅翔做了大量事务性工作,对此表示感谢。此外,最高人民法院的刘树德博士、北京大学法学院的车浩博士也为本书的出版作出了贡献,对此表示感谢。最后,我还要感谢北京大学出版社的蒋浩副总编辑,是他敏锐地发现了本书编纂的意义,并坚持不懈地促成本书的出版;感谢常秀娇、刘笑岑、王林林三位刑法博士生和陆建华、陈晓洁编辑一起为稿件做了许多细致的工作。

是为前言。

谨识于北京海淀锦秋知春寓所

2012 年 10 月 28 日

要　目

（上下卷）

详　目

（上　卷）

第一章　危害国家安全罪

第二章 危害公共安全罪

* 最高人民法院2013年1月31日第四批指导性案例第13号。

第三章 破坏社会主义市场经济秩序罪

No. 3-4-176-9 非法吸收公众存款罪中“数额巨大”与“其他严重情节”在社会危害性、法益侵害与犯罪后果的可救济方面存在明显区别，二者适用缓刑的可能性应予区别对待：一般情况下，“数额巨大”可能适用缓刑，而“其他严重情节”不适用缓刑。 …… 0298

No. 3-4-176-10 非法吸收公众存款罪“数额巨大”能否适用“从轻处罚”应当考察集资目的与清退资金两个要素。 …… 0298

51 伪造、变造金融票证罪(《刑法》第一百七十七条)

案例：王昌和变造金融票证案 …… 0299

一、基本案情 …… 0299

二、裁判要旨 …… 0299

No. 3-4-177-1 变造金融凭证后进行金融凭证诈骗活动的，应以金融凭证诈骗罪论处。 …… 0299

52 妨害信用卡管理罪(《刑法》第一百七十七条之一第一款)

案例：张炯等妨害信用卡管理案 …… 0300

一、基本案情 …… 0300

二、裁判要旨 …… 0300

No. 3-4-177 之一(1)-1 《刑法修正案》施行后，应直接援引修改后的刑法条文，而不得援引《刑法修正案》的条文。 …… 0300

No. 3-4-177 之一(1)-2 审判时司法解释没有确定罪名的，应当根据准确、简明的原则确定罪名。 …… 0301

53 窃取、收买、非法提供信用卡信息罪(《刑法》第一百七十七条之一第二款)

案例：邵鑫窃取、收买、非法提供信用卡信息案 …… 0301

一、基本案情 …… 0301

二、裁判要旨 …… 0301

No. 3-4-177 之一-(2)-1 以营利为目的，通过互联网窃取、收买他人信用卡信息资料，并非法转卖给他人，且数量巨大，应以窃取、收买、非法提供信用卡信息罪定罪处罚。 …… 0301

54 内幕交易、泄露内幕信息罪(《刑法》第一百八十条第一款)

案例：李启红等内幕交易、泄露内幕信息案 …… 0302

一、基本案情 …… 0302

二、裁判要旨 …… 0304

No. 3-4-180(1)-1 内幕信息敏感期应自内幕信息形成之时起至内幕信息公开时止计算，对于内幕信息形成的决策者、筹划者、推动者或执行者，内幕信息形成的时间应以上述人员决意、决策、动议或执行之时为准。 …… 0304

No. 3-4-180(1)-2 内幕信息知情人员建议他人买卖与内幕信息有关的证券，本人没有获利的，构成内幕交易罪。 …… 0304

No. 3-4-180(1)-3 明知是内幕交易犯罪所得而予以掩饰、隐瞒的，应以洗钱罪论处。 …… 0305

案例：肖时庆受贿、内幕交易案 …… 0305

一、基本案情 …… 0305

二、裁判要旨 …… 0306

* 最高人民法院 2016 年 6 月 30 日第 13 批指导性案例第 61 号。

* 最高人民法院 2016 年 6 月 30 日第 13 批指导性案例第 62 号。

* 最高人民法院 2018 年 12 月 19 日第 19 批指导性案例第 97 号。

第四章 侵犯公民人身权利、民主权利罪

---

* 最高人民法院 2011 年 12 月 20 日第一批指导性案例第 4 号

** 最高人民法院 2012 年 9 月 18 日第三批指导性案例第 12 号。

---

* 最高人民法院 2018 年 6 月 27 日第 18 批指导性案例第 93 号。

** 最高人民法院 2021 年 1 月 12 日第 26 批指导性案例 144 号。

(下 卷)

第五章 侵犯财产罪

* 最高人民法院2013年1月31日第四批指导性案例第14号。

排除妨碍而实施暴力致人伤亡的,不构成转化型抢劫罪,应认定为故意杀人罪或者故意伤害罪。 …… 1262
案例:何弦、汪顺太非法处置扣押的财产案 …… 1263
一、基本案情 …… 1263
二、裁判要旨 …… 1263
No.5-264-39 本人所有的财物在他人合法占有、控制期间,能够成为本人盗窃的对象,盗取自己被公安机关扣押的车辆的行为,因缺少非法占有目的而不成立盗窃罪,应以非法处置扣押的财产罪论处。 …… 1263
案例:孔庆涛盗窃案 …… 1264
一、基本案情 …… 1264
二、裁判要旨 …… 1265
No.5-264-40 窃取他人股票账户账号、密码后侵入该账户,利用该账户与自己或第三人的股票账户进行交易并从中牟利的,应以盗窃罪论处。 …… 1265
No.5-264-41 盗取他人股票账户账号、密码并利用该账户与第三人交易非法牟利的,其交易数额应以行为人在股票交易中获利的金额认定,被害单位被盗用的资金数额及其损失金额可作为量刑情节考虑。 …… 1265
案例:郝景文等盗窃案 …… 1266
一、基本案情 …… 1266
二、裁判要旨 …… 1267
No.5-264-42 非法侵入银行计算机系统,将银行资金划入自己或他人账户,而后到储蓄所提取现金的,应以盗窃罪论处。 …… 1267
案例:赵宏铃等盗窃案 …… 1268
一、基本案情 …… 1268
二、裁判要旨 …… 1268
No.5-264-43 非法侵入景点检售系统修改门票的行为,构成破坏计算机信息系统罪,由此窃取数额巨大的景点门票收益行为,又构成盗窃罪,根据《刑法》第二百八十七条之规定应当以盗窃罪定罪处罚。 …… 1268
案例:许霆盗窃案 …… 1269
一、基本案情 …… 1269
二、裁判要旨 …… 1270
No.5-264-44 利用自动取款机故障,取出超过账户余额的钱款而不如实扣账的,成立盗窃罪。 …… 1270
案例:范军盗窃案 …… 1270
一、基本案情 …… 1270
二、裁判要旨 …… 1271
No.5-264-45 秘密窃取他人财物,事后留言表明自己身份并表示日后归还的,应以盗窃罪论处。 …… 1271
No.5-264-46 利用担任私营企业财务人员的工作便利,窃取企业财物的,不构成职务侵占罪,应以盗窃罪论处。 …… 1271
案例:韦国权盗窃案 …… 1272
一、基本案情 …… 1272
二、裁判要旨 …… 1273

* 最高人民法院 2014 年 6 月 23 日第七批指导性案例第 27 号。

第六章 妨害社会管理秩序罪

* 最高人民法院 2014 年 6 月 23 日第七批指导性案例第 28 号。

No. 6-1-280(1)-1-2 通过伪造公司印章的手段,为他人引存放贷获取报酬的,其行为同时构成伪造公司印章罪和诈骗罪的,按牵连犯的处理原则从一重罪处断;其行为不构成诈骗罪的,应以伪造公司印章罪论处。 …… 1520

121 非法出售、提供试题、答案罪(《刑法》第二百八十四条之一第三款)

案例:王学军等非法获取国家秘密、非法出售、提供试题、答案案 …… 1520

一、基本案情 …… 1520

二、裁判要旨 …… 1521

No. 6-1-284 之一(3)-1 《刑法》第二百八十四条之一非法出售、提供试题、答案罪中"法律规定的国家考试"范围包括法律作出隐含式原则性规定、行政法规和部门规章进行明确细化的考试。 …… 1521

No. 6-1-284 之一(3)-2 非法出售、提供的试题、答案即使与原题、标准答案有所出入,也不影响非法出售提供试题、答案罪的成立。 …… 1522

No. 6-1-284 之一(3)-3 非法获取属于国家秘密的试题、答案后又非法出售、提供的,同时成立非法获取国家秘密罪与非法出售、提供试题、答案罪,应实行数罪并罚。 …… 1522

122 非法获取计算机信息系统数据、非法控制计算机信息系统罪(《刑法》第二百八十五条第二款)

案例:董勇、李文章非法获取计算机信息系统数据案 …… 1523

一、基本案情 …… 1523

二、裁判要旨 …… 1524

No. 6-1-285(2)-1 利用木马程序获取他人账号信息将账号内的虚拟财产转移至自己账号出售牟利的行为,应当以非法获取计算机信息系统罪定罪处罚。 …… 1524

案例:岳曾伟等人非法获取计算机信息系统数据案 …… 1524

一、基本案情 …… 1524

二、裁判要旨 …… 1525

No. 6-1-285(2)-2 购买网络游戏账号及密码侵入他人游戏空间窃取游戏金币并出售的行为,构成非法获取计算机信息系统数据罪。 …… 1525

案例:吴冰非法获取计算机信息系统数据案 …… 1525

一、基本案情 …… 1525

二、裁判要旨 …… 1526

No. 6-1-285(2)-3 利用充值系统漏洞篡改系统数据非法获取游戏币,没有损害信息系统功能的,不成立破坏计算机信息系统罪,仅成立非法获取计算机信息系统罪。 …… 1526

案例:张竣杰等非法控制计算机信息系统案 …… 1526

一、基本案情 …… 1526

二、裁判要旨 …… 1526

No. 6-1-285(2)-4 应通过是否对计算机信息系统功能进行实质性破坏、是否造成信息系统不能正常运行以及是否对信息系统内有价值的数据进行增加或删改,来区分破坏计算机信息系统罪和非法控制计算机系统罪。 …… 1526

123 破坏计算机信息系统罪(《刑法》第二百八十六条)

案例:吕薛文破坏计算机信息系统案 …… 1527

一、基本案情 …… 1527

一、基本案情 …… 1536
二、裁判要旨 …… 1537
No. 6-1-290(1)-1　我国公民在国外犯罪,法定最高刑为三年以下有期徒刑,但犯罪情节严重的,应当追究刑事责任。 …… 1537
No. 6-1-290(1)-2　我国公民在国外犯罪,法定最高刑为三年以上有期徒刑的,无论被告人实际判处的刑罚高于或者低于三年有期徒刑,均应追究刑事责任。 …… 1537
No. 6-1-290(1)-3　我国公民在国外犯罪的,应由被告人离境前的居住地或者户籍所在地的人民法院管辖。 …… 1537
125 聚众扰乱公共场所秩序、交通秩序罪(《刑法》第二百九十一条)
案例:余胜利、尤庆波聚众扰乱交通秩序案 …… 1538
一、基本案情 …… 1538
二、裁判要旨 …… 1538
No. 6-1-291-1　聚众扰乱交通秩序罪的成立,要求行为人同时实施了"聚众堵塞交通或破坏交通秩序"与"抗拒、阻碍国家治安管理工作人员依法执行职务"的行为,但并不要求后者必须达到情节严重的程度。 …… 1538
126 编造、故意传播虚假恐怖信息罪(《刑法》第二百九十一条之一第一款)
案例:袁才彦编造虚假恐怖信息案 …… 1540
一、基本案情 …… 1540
二、裁判要旨 …… 1540
No. 6-1-291 之一(1)-2-1　以编造虚假恐怖信息的方式进行敲诈勒索的,属于想象竞合犯,应以一重罪处断。 …… 1540
No. 6-1-291 之一(1)-2-2　编造虚假恐怖信息,造成有关部门实施人员疏散的,应当认定为编造虚假恐怖信息造成严重后果。 …… 1540
案例:熊毅编造虚假恐怖信息案 …… 1541
一、基本案情 …… 1541
二、裁判要旨 …… 1542
No. 6-1-291 之一(1)-2-3　编造虚假恐怖信息,严重扰乱社会秩序,但未造成人员伤亡,也未在公众中引起极度恐慌并造成重大经济损失的,不应认定为"造成严重后果"。 …… 1542
127 编造、故意传播虚假信息罪(《刑法》第二百九十一条之一第二款)
案例:刘星星编造、传播虚假信息案 …… 1543
一、基本案情 …… 1543
二、裁判要旨 …… 1543
No. 6-1-291 之一(2)-1　编造、故意传播虚假信息罪是情节犯,编造、传播虚假信息行为必须达到严重扰乱社会秩序的程度才构成犯罪。 …… 1543
No. 6-1-291 之一(2)-2　相关职能部门采取紧急应对措施是严重扰乱社会秩序的形式标准之一;但职能部门采取紧急应对措施避免危害结果扩大,不能成为阻却犯罪成立的理由。 …… 1543
128 高空抛物罪(《刑法》第二百九十一条之二)
案例:廖善香过失致人死亡案 …… 1544
一、基本案情 …… 1544

* 最高人民法院 2021 年 1 月 12 日第 26 批指导性案例第 146 号。

第七章 危害国防利益罪

第八章 贪污贿赂罪

* 最高人民法院2012年9月18日第三批指导性案例第11号。

---

* 最高人民法院 2011 年 12 月 20 日第一批指导性案例第 3 号。

第九章 渎职罪

第一章 危害国家安全罪

1 分裂国家罪(《刑法》第一百零三条第一款)

案例:伊力哈木·土赫提分裂国家案

案例来源:《刑事审判参考》总第 119 集

主题词:分裂国家罪 煽动民族仇恨

一、基本案情

2006 年 1 月,伊力哈木·土赫提在北京创建“维吾尔在线”网站并任网站站长。2008 年 7 月,伊力哈木·土赫提成立北京图兰在线咨询有限公司并任法定代表人,“维吾尔在线”网站为该公司下属门户网站。之后,伊力哈木·土赫提以“维吾尔在线”网站为平台,利用其中央民族大学讲师的身份,蛊惑、拉拢、胁迫部分少数民族学生加入该网站,形成以其本人为首要分子的分裂国家犯罪集团。长期以来,伊力哈木·土赫提以分裂国家为目的,利用其中央民族大学讲师的身份,通过授课活动,传播民族分裂思想,诋毁、攻击我国涉疆政策,煽动以暴力手段对抗政府。伊力哈木·土赫提及其他成员以“维吾尔在线”网站为平台,有组织、有计划地撰写、编辑、翻译、转载含有煽动分裂国家内容的文章。伊力哈木·土赫提负责“维吾尔在线”网站文章的审核与发表,其撰写或直接操纵、指使集团成员撰写、翻译、转载一百余篇煽动性文章。2009 年以来,伊力哈木·土赫提及其犯罪集团成员与境外有关机构和个人相勾连,大肆攻击我国政府,图谋使新疆问题国际化,以实现分裂国家的目的。为逃避监管,伊力哈木·土赫提指使他人将“维吾尔在线”网站服务器由中国境内迁往境外;通过接受境外媒体采访等方式炒作涉疆问题及热点事件;指使他人从境外媒体网站上翻译、转载攻击中国政府涉疆政策的文章和报道。同时,境外媒体也通过转发、使用“维吾尔在线”的文章、报道、新闻或数据来攻击中国政府的涉疆政策,炒作涉疆问题。2009 年以来,伊力哈木·土赫提及其成员恶意杜撰、歪曲事实真相,煽动民族仇视,鼓动维吾尔群众对抗政府,为暴力恐怖活动制造借口。“4·23”等暴力恐怖案件发生后,伊力哈木·土赫提指使集团成员在“维吾尔在线”网站撰写、转载文章,歪曲暴恐案的起因等事实。2013 年 4 月 24 日,中央民族大学校内发生一起普通的民汉两学生互殴案件,伊力哈木·土赫提知悉该案件后,指使集团成员歪曲事实真相,撰写《中央民族大学发生汉族学生群殴维吾尔学生事件》等文章,恶意制造民族矛盾。2010 年以来,伊力哈木·土赫提在“维吾尔在线”网站以虚假数据公开发表社会问卷调查报告,伪造支持“新疆独立”和“高度自治”的虚假民意。2013 年年初,伊力哈木·土赫提安排集团成员收集新疆宗教情况的材料,由其本人撰写《新疆维吾尔族宗教信仰自由权利被剥夺、遭侵犯典型案例概述》,污蔑中国政府长期对新疆宗教自由高压压制,限制合法宗教权利。为使新疆问题国际化,同年 3 月,伊力哈木·土赫提指派集团成员出境参加国际会议,提交并宣讲了《新疆维吾尔族宗教信仰自由权利被剥夺、遭侵犯典型案例概述》,大肆攻击我国民族宗教政策。2009 年“6·26”韶关事件后,伊力哈木·土赫提利用互联网炒作该事件,于“维吾尔在线”网站发表《“6·26”事件和多民族和谐共处的神话》等文章,攻击政府,歪曲事实真相,煽动民族仇恨。在“维吾尔在线”煽动性文章和伊力哈木·土赫提煽动性言论的影响之下,买某、艾某等人策划、实施了非法聚集,对乌鲁木齐“7·5”打砸抢烧严重暴力犯罪活动的发生起到了一定作用。2014 年 9 月 23 日,乌鲁木齐市中级人民法院认定伊力哈木·土赫提犯分裂国家罪,判处无期徒刑,剥夺政治权利终身,并处没收个人全部财产。2014 年 11 月 21 日,新疆维吾尔自治区高级人民法院经审理驳回上诉,维持原判。

二、裁判要旨

No. 1-103(1)-1 以言论自由、学术批评之名编造谣言,歪曲事实,勾结境内外势力,煽动民族仇恨,推动暴力恐怖活动的实施,是组织、策划、实施分裂国家、破坏国家统一的行为,构成分裂国家罪。

《刑法》第二十六条第二款规定:“三人以上为共同实施犯罪而组成的较为固定的犯罪组

织,是犯罪集团。"伊力哈木·土赫提以分裂国家为目的,以"维吾尔在线"网站为平台,利用其大学教师身份,蛊惑、拉拢、胁迫部分少数民族学生加入该网站,逐渐形成较为稳定的组织。该组织以伊力哈木·土赫提为首要分子,组织、策划、实施了一系列以分裂国家为目的的犯罪活动,内部分工明确,骨干成员较为固定,长期实施分裂国家活动,符合刑法关于犯罪集团的规定。《刑法》第一百零三条第一款的规定,分裂国家罪是指组织、策划、实施分裂国家、破坏国家统一的行为。本案中,伊力哈木·土赫提组织、领导分裂国家犯罪集团,通过授课、网络传播民族分裂思想,攻击我国民族宗教政策;与境外有关机构和个人相勾连,图谋使新疆问题国际化;杜撰社会问卷调查报告,伪造支持"新疆独立"和"高度自治"的虚假民意;为涉疆暴力恐怖案件制造借口,声援和支持暴恐行为,煽动暴力及民族仇恨,制造民族对立。伊力哈木·土赫提主观上具有分裂国家、破坏国家统一的犯罪故意,客观上组织、领导犯罪集团策划、实施了一系列分裂国家的犯罪活动,已构成分裂国家罪。我国《宪法》赋予公民言论自由和对国家机关及其工作人员批评、建议、控告等权利的同时,规定公民在行使权利和自由的时候不得损害国家的、社会的、集体的利益和其他公民合法的自由和权利,并规定公民有维护国家统一和全国各民族团结的义务。伊力哈木·土赫提编造谣言、歪曲事实、撰写、传播多篇破坏民族团结、影响国家统一的文章,已经超越了正当行使权利和言论自由的法律界限,是以言论自由、学术批评之名行分裂国家、破坏统一之实,必须坚决依法严惩。

2 颠覆国家政权罪(《刑法》第一百零五条第一款)

案例:黄金秋颠覆国家政权案

案例来源:《人民法院案例选》2005 年第 2 辑

主题词:颠覆国家政权罪　煽动颠覆国家政权罪

一、基本案情

被告人黄金秋,又名"清水君",男,1974 年 10 月出生,汉族,山东省临沂市人,大学文化,住山东省临沂市,无业。2004 年 1 月 9 日因本案被逮捕。

江苏省常州市中级人民法院经审理查明:被告人黄金秋于 2003 年 1 月,在境外"博讯"新闻网站上以"清水君"之名组织、策划成立所谓"中华爱国民主党",并在互联网上发表由其亲自制定的《中华爱国民主党党章》(征求意见稿),该党章在总则中确定:"中华爱国民主党"的短、中、长期目标是"意志坚决地反对和揭露××独裁集团的黑暗势力和垄断制度""深刻批判和反思独裁集团祸国殃民的罪行"、最终"建立大中华民主联盟"。并以"中华爱国民主党"筹委会负责人"清水君"的名义,在"博讯"新闻网上发表由其撰写的《颠覆无罪、民主有理》《珍惜经济成就,共建伟大中华——CPDP 中华爱国民主党成立宣言》等大量文章,攻击我国的政治制度是"××独裁政权",提出"三权分立,双重首长制",建立"强大的政治替代组织"及"爱民"根据地,最终实现"大中华民主联盟"的政治目标。另外在互联网上还发布《中华爱国民主党入党申请书》,招募了多名预备党员,发表了《爱国民主工作指南》《我们的爱国民主行动纲领》《关于建立地方机构深化组织工作的通知》等大量文章,具体指导如何开展所谓"中华爱国民主党"工作的方法,唆使他们成立"中华爱国民主党"支部,发展党员,扩大组织,散发传单,以达到其颠覆国家政权、推翻社会主义制度的目的。2003 年 8 月,被告人黄金秋归国后先后在昆明、绵竹、连云港等地上网发表文章或发放印有"中华爱国民主党"创办人"清水君"的名片,宣传"中华爱国民主党"的"思想",为颠覆国家政权积极进行组织活动。

江苏省常州市中级人民法院认为,被告人黄金秋无视国法,以所谓"中华爱国民主党"筹委会负责人的身份,在互联网发表文章号召并积极组织、策划、实施颠覆我国国家政权,推翻我国社会主义制度,其行为已构成颠覆国家政权罪,且罪行重大,依法应予惩处。

据此,该院依照《中华人民共和国刑法》第一百零五条第一款、第五十五条第一款、第五十六条第一款、第六十四条之规定,于 2004 年 9 月 20 日判决如下:

1. 被告人黄金秋犯颠覆国家政权罪,判处有期徒刑十二年,剥夺政治权利四年。

2. 查获供犯罪使用的名片等物品,予以没收。

宣判后,被告人黄金秋不服提出上诉。江苏省高级人民法院经二审审理后认为,原判决定性准确,适用法律正确,审判程序合法,遂依据《中华人民共和国刑事诉讼法》第一百八十九条第(一)项之规定,于2004年12月9日裁定:驳回上诉,维持原判。

二、裁判要旨

No. 1-105(1)-1 通过互联网攻击我国政治制度,宣传煽动颠覆国家政权,并组织、策划成立反动党派的,不构成煽动颠覆国家政权罪,应以颠覆国家政权罪论处。

在本案中,被告人黄金秋主观上具有颠覆国家政权、推翻社会主义制度的目的,这一点没有争议,关键是其客观行为的性质。经法院审理查明,被告人黄金秋于2003年1月,在境外“博讯”新闻网站上以“清水君”之名组织、策划成立所谓“中华爱国民主党”,并在互联网上发表由其亲自制定的《中华爱国民主党党章》(征求意见稿),该党章在总则中确定:“中华爱国民主党”的短、中、长期目标是“意志坚决地反对和揭露××独裁集团的黑暗势力和垄断制度”“深刻批判和反思独裁集团祸国殃民的罪行”、最终“建立大中华民主联盟”。并在“博讯”新闻网上发表由其撰写的《颠覆无罪、民主有理》《珍惜经济成就,共建伟大中华——CPDP中华爱国民主党成立宣言》等大量文章,攻击我国的政治制度是“独裁政权”,提出“三权分立,双重首长制”,建立“强大的政治替代组织”及“爱民”根据地,最终实现“大中华民主联盟”的政治目标。另外在互联网上还发布《中华爱国民主党入党申请书》,招募了多名预备党员,发表了《爱国民主工作指南》《我们的爱国民主行动纲领》《关于建立地方机构深化组织工作的通知》等大量文章,具体指导如何开展“中华爱国民主党”工作的方法,唆使他们成立“中华爱国民主党”支部,发展党员,扩大组织,散发传单,以达到其颠覆国家政权,推翻社会主义制度的目的。2003年8月,被告人黄金秋归国后先后在昆明、绵竹、连云港等地上网发表文章或发放印有“中华爱国民主党”创办人“清水君”的名片,宣传“中华爱国民主党”的“思想”,为颠覆国家政权积极进行组织活动。从被告人实施的客观行为看,既有组织、策划、实施颠覆国家政权的行为,也有发表文章煽动颠覆国家政权的行为,两种行为交织在一起,同时触犯了颠覆国家政权罪和煽动颠覆国家政权罪。根据刑法中想象竞合犯的理论,从一重罪处断,故对被告人黄金秋应以颠覆国家政权罪论处。

案例:周世锋颠覆国家政权案

案例来源:《刑事审判参考》总第119集

主题词:颠覆国家政权罪 危害国家安全

一、基本案情

周世锋在律师执业过程中,因对国家政治制度和司法体制不满,逐渐产生对抗、颠覆国家政权的思想。2011年以来,周世锋多次在网上网下发表言论,攻击社会主义制度,煽动对抗国家政权;以锋锐律师事务所为平台,网罗并指使一些具有颠覆国家政权思想的律师、律师事务所行政人员,通过代理案件,炒作热点案事件,抹黑司法机关,攻击宪法所确立的制度,煽动仇视国家政权;勾结一些地下教会成员、非法上访人员、少数律师和其他人员,共同策划颠覆国家政权,提出颠覆国家政权的策略、方法、步骤,实施了一系列颠覆国家政权、推翻社会主义制度的犯罪活动,危害国家安全和社会稳定。2016年8月4日,天津市第二中级人民法院以颠覆国家政权罪,判处周世锋有期徒刑七年,剥夺政治权利五年。

二、裁判要旨

No. 1-105(1)-2 编造、散布虚假事实,煽动不明真相的人对国家体制产生不满,策划、煽动、组织有关利益群体,干扰正常社会秩序,冲击国家政权的,应认定为颠覆国家政权罪;该罪为行为犯,不要求有颠覆国家政权的实际结果,只要行为人进行了组织、策划、实施颠覆国家政权、推翻社会主义制度的行为,即构成本罪。

《刑法》第一百零五条第一款规定:“组织、策划、实施颠覆国家政权、推翻社会主义制度的,对首要分子或者罪行重大的,处无期徒刑或者十年以上有期徒刑;对积极参加的,处三年以上十年以下有期徒刑;对其他参加的,处三年以下有期徒刑、拘役、管制或者剥夺政治权利。”根据本款规定,颠覆国家政权罪的构成不要求有颠覆国家政权、推翻社会主义制度的实际危害结果的发生,只要行为人进行了组织、策划、实施颠覆国家政权、推翻社会主义制度的行为,即构成本罪。本案中,周世锋积极参加他人组织的聚会,围绕设定的议题具体讨论了律师介入“劳工运动”直接冲击国家政权,借炒作热点案事件分化、瓦解国家政治体制的必要性、可行性,以及具体的操作方法、手段,共同策划通过上述途径,推动中国进行“颜色革命”,实现颠覆国家政权、推翻社会主义制度的目标。该聚会表现出较强的组织性,聚会的主要参与人也表现出在主题、观点上的一致性,因而该聚会实质是一次颠覆国家政权的具体策划活动。周世锋以北京锋锐律师事务所为平台代理案件,网罗并指使一些具有颠覆国家政权思想的律师、律师事务所行政人员,通过代理案件,炒作热点事件,编造、散布虚假事实,抹黑地方党委和司法机关形象,矛头指向党的领导和司法体制、国家制度,煽动不明真相的人对国家体制产生不满;周世峰还在接受境外媒体采访时恶意攻击我国国家体制,煽动他人对国家政权的仇恨。周世峰主观上具有颠覆国家政权、推翻社会主义制度的目的。其行为的实质是借炒作热点案事件,挑战司法体制,攻击国家政权,是周世峰对聚会策划的颠覆国家政权方案的具体实践,性质恶劣,情节严重,应当认定为颠覆国家政权的犯罪行为。

3 间谍罪(《刑法》第一百一十条)

案例:黄宇间谍案

案例来源:《刑事审判参考》总第 119 集

主题词:间谍罪 危害国家安全

一、基本案情

1997 年 7 月,黄宇大学毕业后进入某研究所工作,后因违反劳动纪律受到单位处理,于 2003 年 2 月起待岗,2004 年 2 月自动离职。其间,黄宇对单位心生不满,且为获取非法金钱利益,产生了向境外间谍组织出卖国家秘密以换取金钱的念头。2002 年春节后,黄宇通过网络主动联络某国间谍组织,与之建立情报关系。2002 年 6 月至 2011 年 9 月,黄宇先后多次与该间谍组织代理人会面,并接受任务和指示,向该间谍组织提供其非法收集、窃取的我国国家秘密。经鉴定、评估,黄宇提供绝密级国家秘密 90 项、机密级国家秘密 292 项、秘密级国家秘密 1674 项。2011 年 12 月 20 日,黄宇被抓获归案,侦查机关在其家中查获其存储非法收集、窃取的国家秘密资料的光盘若干、间谍专用器材 2 个以及大量外币。2014 年 4 月 22 日,成都市中级人民法院认定黄宇犯间谍罪,判处死刑,剥夺政治权利终身,并处没收个人全部财产。2014 年 9 月 9 日,四川省高级人民法院经依法复核,同意原判,并依法报请最高人民法院核准死刑。2016 年 2 月 18 日,最高人民法院裁定核准黄宇死刑。

二、裁判要旨

No. 1-110-1 行为人实施了参加间谍组织、虽未参加却接受间谍组织及其代理人的任务、为敌人指示轰击目标其中一项行为,危害国家安全的,应构成间谍罪;其中接受间谍组织及其代理人的任务,是指虽然没有参加间谍组织成为其正式成员,但是一次或多次接受间谍组织及其代理人的指示,为其进行收集、刺探、窃取、提供我国情报的间谍活动;间谍犯罪作为严重危害国家安全的犯罪之一,对于情节特别严重的犯罪分子,应依法从严惩处。

根据《刑法》第一百一十条的规定,有下列间谍行为之一,危害国家安全的,构成间谍罪:(1)参加间谍组织或者接受间谍组织及其代理人的任务的;(2)为敌人指示轰击目标的。根据《刑法》第一百一十三条的规定,犯间谍罪,对国家和人民危害特别严重、情节特别恶劣的,可以判处死刑。本案中,黄宇由于受到研究所处理而心生不满,因而通过网络主动联络某国间谍组织,投靠该间谍组织,并与该国间谍组织代理人多次见面,接受任务和指示,长期提供我国国家秘密,危害我国国家安全,其行为符合刑法规定的参加间谍组织、接受间谍组织及其代理人的任务的情形,依法应以间谍罪定罪处罚。《最高人民法院关于贯彻宽严相济刑事政策的若干意见》明确指出,对于危害国家安全犯罪、恐怖组织犯罪、邪教组织犯罪、黑社会性质组织犯罪、恶势力犯罪、故意危害公共安全犯罪等严重危害国家政权稳固和社会治安的犯罪,要作为严惩的重点,依法从重处罚。间谍犯罪作为严重危害国家安全的犯罪之一,应当体现依法从严的政策要求,对所犯罪行特别严重的犯罪分子,该重判的要坚决依法重判,该判处死刑的要坚决依法判处死刑。本案中,经有关部门依法鉴定和评估,黄宇作案时间长达近十年,出卖的国家秘密数量大、范围广、密级高,极大地危害了我国国家安全,给国家财产造成严重损失,属于"对国家和人民危害特别严重、情节特别恶劣"的情形。因此,对黄宇以间谍罪判处死刑符合罪责刑相适应的原则,同时体现我国坚持依法严惩严重危害国家安全犯罪。坚决捍卫我国国家安全的决心。

4 为境外窃取、刺探、收买、非法提供国家秘密、情报罪(《刑法》第一百一十一条)

案例:林旭亮为境外刺探国家秘密案

案例来源:《人民法院案例选》2015 年第 1 辑

主题词:为境外刺探国家秘密罪　保密性对定罪的影响

一、基本案情

2012 年 8 月,被告人林旭亮在互联网上发布求职信息后,被境外人员"丹"许以经济报酬诱惑勾连。2012 年 11 月至 2014 年 2 月期间,被告人林旭亮按照"丹"的要求,以兼职做市场调查、项目调查的名义,以厦门水警区码头为主要目标,每月数次到码头周边,采取观察、绘图、记录、拍照、编制等方式,搜集获取码头周边及内部布局图、工程建设进展、军舰停泊动态等军事信息,并整理制作成电子资料,通过互联网以发送邮件、共用邮箱等方式提供给"丹",先后收受对方支付的报酬共计 56837 元。经鉴定,上述资料涉及三项军事秘密,具体如下:

1. 2012 年 12 月,被告人林旭亮按照"丹"的要求,到本市和平码头用手机对码头修建项目和船只进行拍照,在军港外围观察建筑物布局,到演武大桥拍摄军舰等照片,将照片、绘制的布局图及搜集情况一并发给了对方。其中,被告人林旭亮绘制的某猎潜艇大队内部及周边布局图经鉴定为"机密级"军事秘密。

2. 2013 年 9 月,被告人林旭亮按照"丹"的要求,将其在上述码头观测到的舰艇数量、舷号及停泊变动情况予以记录,与之前所拍照片编制成四十余条记录发给了对方。其中,该观测记录反映了厦门水警区某船参加反袭扰演练、训练等情况,经鉴定为"机密级"军事秘密。

3. 在被告人林旭亮另所拍摄并发给"丹"的照片中,有关营区门岗、厦门港码头、军用船舰的照片,为某猎潜艇大队门岗、码头、舰船靠泊情况,经鉴定为"秘密级"军事秘密。

福建省厦门市中级人民法院于 2014 年 12 月 5 日作出(2014)厦刑初字第 134 号刑事判决:

1. 被告人林旭亮犯为境外刺探国家秘密罪,判处有期徒刑五年,剥夺政治权利一年。

2. 追缴被告人林旭亮违法犯罪所得人民币五万六千八百三十七元。

3. 随案移送的被告人林旭亮的建设银行储蓄卡用于执行第二项判决,笔记本电脑 1 台予以没收。

宣判后,林旭亮未提起上诉,判决已生效。

二、裁判要旨

No. 1-111-1　涉案国家秘密获取的难易程度不影响为境外刺探国家秘密罪的认定。

国家秘密是指关系国家的安全和利益,依法定程序确定,在一定时间内只限一定范围的人员知悉的事项,包括国防建设和武装力量活动中的秘密事项。国家秘密一旦被泄露就可能会使国家安全和利益遭受损失,因此为境外窃取、刺探、收买、非法提供国家秘密、情报罪系行为犯,而非结果犯。从量刑情节看,其行为危害程度与保密程度、获取难易程度无关,而取决于鉴定得出的国家秘密的数量、级别以及对国家安全和利益造成的损害后果。本案中,虽然被告人并未使用专业的间谍器材或高科技手段便探听获取了相关军事秘密,涉案单位也可能存在保密性上的疏漏欠缺,但不能以此来衡量其行为的社会危害性及情节严重,不能成为其无罪或罪轻的抗辩理由。

第二章 危害公共安全罪

5 放火罪(《刑法》第一百一十四条、第一百一十五条第一款)

案例:王新生等放火案

案例来源:《刑事审判参考》总第 24 辑[第 150 号]

主题词:放火罪

一、基本案情

被告人王新生,男,29 岁,汉族,原系河南省篙县汽车站合同制工人。因涉嫌犯放火罪,于 1998 年 12 月 9 日被逮捕。

被告人赵红钦,男,26 岁,汉族,农民。因涉嫌犯放火罪,于 1998 年 12 月 9 日被逮捕。

河南省篙县人民法院经公开审理查明:1998 年 5 月份的一天,被告人王新生为骗取保险金与被告人赵红钦合谋,由赵将王承包的篙县汽车站的豫 C-19222 号客车烧掉(客车所有权属于篙县汽车站,投保人也为该汽车站),事后付给赵 1500 元酬金。1998 年 6 月 4 日凌晨 3 时左右,赵红钦携带汽油到篙县汽车站,将王新生停放在车站院内的豫 C-19222 号客车烧毁,造成直接经济损失 14400 元。当时车站内停有其他车辆十余辆,燃烧地点距家属楼 16 米,距加油站 25 米,距气象站 7 米。事后,王新生付给赵红钦酬金 1500 元。中保财产公司篙县支公司当时未能查明起火原因,遂向投保人篙县汽车站支付赔偿款 34400 元。案发后,篙县汽车站已将该款返还保险公司。

被告人王新生辩称,所烧车辆是自己的,应从轻处罚。被告人赵红钦及其辩护人辩称,本案应定故意毁坏财物罪,赵红钦是从犯,应从轻处罚。

篙县人民法院经审理认为,被告人王新生、赵红钦共同预谋并由赵红钦在公共场所实施放火,足以使公共安全处于危险状态,且造成一定经济损失,其行为均已构成放火罪。篙县人民检察院指控两被告人犯放火罪事实清楚,定性准确,应予认定。被告人赵红钦的辩护人辩称本案应定故意毁坏财物罪,以及两被告人均辩解自己系从犯,理由均不足,不予支持。被告人赵红钦所得的酬金 1500 元系非法所得,依法应予没收。依照《中华人民共和国刑法》第一百一十四条、第二十五条第一款、第七十二条、第七十三条、第六十四条的规定,于 1999 年 5 月 20 日作出刑事判决如下:

1. 被告人王新生犯放火罪,判处有期徒刑三年,缓刑五年;
2. 被告人赵红钦犯放火罪,判处有期徒刑三年,缓刑四年;
3. 被告人赵红钦非法所得一千五百元予以没收,上缴国库。

一审宣判后,在法定期间内,被告人王新生、赵红钦均未提出上诉,人民检察院也未提出抗诉。

二、裁判要旨

No. 2-114、115(1)-1-1 意图放火烧毁特定财物,但客观上危及公共安全且行为人主观上对危害公共安全的后果持放任态度的,以放火罪论处。

毁坏财物的方式是多种多样的,当然也包括纵火的方法。以放火等危险方法实施的危害公共安全罪,也往往会造成数额较大的公私财物的损失。但放火罪和故意毁坏财物罪毕竟是有别的。放火罪属于危害公共安全的犯罪,侵犯的客体是公共安全,而故意毁坏财物罪,属于侵犯财产的犯罪,其侵犯的客体是公私财产。放火罪和故意毁坏财物罪的区别之一,就在于行为人的放火行为客观上是否足以危及公共安全。也就是说,如果行为人实施的放火行为,本身没有危害公共安全,也不可能危及公共安全,就只能属于故意毁坏财物行为,反之,如果已危害或足以危及公共安全,就只能是放火罪。判断行为人的放火行为,是否足以危及公共安全,就要结合放火的地点以及放火时周围的具体环境等因素来分析。本案中,教唆他人放火的被告人王新生、实施放火的被告人赵红钦,他们实行共同放火行为的地点是车站,放火时周围停有十多辆其他汽车,邻近是家属楼、加油站等,且两被告人对此是明知的。两被告人的共同放火行为,客观上足以危及公共安全,主观上明知放火行为会危及公共安全,但为实现骗取保险金的目的,仍放任这种危险的发生,符合放火罪的主客观构成要件,已构成放火罪。

No.2-114、115(1)-1-2 放火造成自己的财产损失以及自己的人身损害的,不能认定为放火罪加重构成要件中的致人重伤、死亡或者使公私财产遭受重大损失。

根据《刑法》第一百一十四条和第一百一十五条的规定,放火罪有两种不同形态,分别适用不同的法定刑幅度:一是尚未造成严重后果的,处三年以上十年以下有期徒刑;二是已致人重伤、死亡或者使公私财产遭受重大损失的,处十年以上有期徒刑、无期徒刑或者死刑。这就是刑法理论上通常讲的放火罪的危险犯与实害犯,二者的区别就在于放火行为有无造成严重的后果。未造成严重后果的是危险犯,已造成严重后果的是实害犯。这里所谓的是否造成严重后果,一般是指对公共安全即不特定多数人的人身安全或公私财产是否已造成实际的损害,且损害是否达到严重的程度。如放火烧毁自己的财产,虽经济损失巨大,但没有造成其他公私财产损失的,或者放火已将自己或同伙烧死,但没有造成其他公民死亡或重伤的,都不属于本罪所要求的严重后果。

案例:杨某某、杜某某放火案

案例来源:《刑事审判参考》总第105集[第1117号]

主题词:放火罪　刑法上的因果关系

一、基本案情

被告人杨某某,女,1972年8月21日出生。2012年3月14日被逮捕。

被告人杜某某,男,1967年4月10日出生。2012年3月14日被逮捕。

河北省承德市人民检察院以被告人杨某某、杜某某犯放火罪,向承德市中级人民法院提起公诉。承德市中级人民法院于2012年10月24日以放火罪分别判处被告人杨某某死刑,剥夺政治权利终身;判处被告人杜某某死刑,缓期二年执行,剥夺政治权利终身。宣判后,二被告人均提出上诉。河北省高级人民法院经审理,裁定发回重审。

被告人杨某某供认起诉指控的犯罪事实,其辩护人提出,此案应定故意杀人罪或故意伤害罪,杨某某到现场只是放风,且火不是杜某某点燃的,属于犯罪预备。此案事出有因,被害人的儿子有过错,请依法从轻判处。

被告人杜某某供认起诉指控的犯罪事实,其辩护人提出,本案的起火原因是被害人高某开手电而引起,杜某某没有点火,其行为应认定为犯罪预备,且杜某某认罪态度好,有悔罪表现,请依法从轻判处。

承德市中级人民法院经重审查明:被告人杨某某因高某某与其断绝不正当男女关系,产生了报复高某某的想法,找到被告人杜某某要求其去高某某家放火实施报复。杜某某驾驶一辆面包车拉着杨某某,经预谋踩点后于2012年2月6日晚携带汽油、稻草、爆竹、盆子、打火机等放火工具到高某某家院墙外蹲守。当晚凌晨1时许,二被告人见高某某家东屋居住的人已熄灯入睡后,杨某某在院墙外放风,杜某某携带汽油、稻草、爆竹、盆子、打火机等放火工具进入院内,先断了高某某家的电源开关,将汽油泼洒在东、西屋窗台及外屋门上后,用木棍击碎有人居住的东屋玻璃窗,向屋内泼洒汽油。东屋内居住的高某某的父母高某、卢某某被惊醒后,使用警用手电照明后开启电击功能击打出电火花,引发大火将高某、卢某某烧伤,房屋烧坏。卢某某因大面积烧伤,导致休克、毒血症以及多脏器功能衰竭,经抢救无效死亡;高某损伤程度为重伤;高某某家被烧坏房屋的物品价值为4672元。

承德市中级人民法院认为,被告人杨某某为报复高某某,与被告人杜某某共同预谋,准备放火工具、助燃材料并踩点后,趁高某某家人在屋内熟睡之际,向屋外门窗泼洒汽油并敲碎玻璃向屋内泼洒汽油的行为,必然引起屋内的人使用照明设备,进而引发火灾,且客观上已经由此引发了火灾,可以认定杨某某、杜某某的犯罪行为与高某某家火灾的发生之间有必然的因果关系,即刑法上的因果关系,被告人杨某某、杜某某的行为构成放火罪(既遂)。高某某家房院在村庄内,与邻居家房子仅距离15.4米,且其间堆放有柴草,二被告人准备了干草、汽油、鞭炮等助燃材料,且当时处在火灾高发期,高某某家着火,足以危及其邻居的生命、财产安全,二被告人的行为构成放火罪。本案是由感情纠葛等民间矛盾引发的,量刑时予以考虑。依照《中华人民共和国刑法》第一百一十五条、第六十四条、第五十七条第一款、第四十八条第一款、第二十五条第一款之规定,以放火罪分别判处被告人杨某某死刑,缓期二年执行,剥夺政治权利终身;判处被告人杜某某死刑,缓期二年执行,剥夺政治权利终身。

一审宣判后,承德市人民检察院以对被告人杨某某量刑畸轻为由提出抗诉,河北省人民检察院支持抗诉。

河北省高级人民法院经审理认为,被告人杨某某为报复高某某,与被告人杜某某共同预谋,在村民聚居区准备放火作案工具,向被害人所住房屋门窗及屋内泼洒汽油的行为,引起屋内被害人使用照明设施产生高压电弧引发火灾,造成一死一重伤的后果,杨某某、杜某某的行为均已构成放火罪。应依法惩处。鉴于本案是感情纠纷引发,起火原因不排除是被害人自己使用照明设施所致。原判决针对杨某某、杜某某在犯罪中的作用及相关量刑情节,依法量刑,并无不当,抗诉机关关于对杨某某量刑不当的理由不能成立。依法驳回抗诉,维持对被告人杨某某、杜某某的定罪量刑。

二、裁判要旨

No.2-114、115(1)-1-3　行为人为实施放火行为而向被害人房屋内泼洒汽油,引起屋内的被害人使用照明设备进而引发火灾的行为,其行为与火灾发生之间存在刑法上的因果关系,构成放火罪。

刑法上的因果关系是指危害行为与危害结果之间引起与被引起的合乎规律的联系。在认定因果关系时应当注意以下几点:(1)因果关系研究的是行为与结果之间的引起与被引起的关系,而不是对行为与结果本身的研究。(2)因果关系是一种客观联系,并且是一种特定条件下的客观联系,不能离开客观条件认定因果关系。(3)一个危害结果完全可能由数个危害行为造成,在认定某种行为造成了某一危害结果时,不能轻易否认该危害结果可能同时由其他行为造成。(4)在行为人的行为介入其他因素时,要根据具体情况综合判断行为人的行为与结果之间的关系,具体应当考察四个方面的因素:一是行为人的行为导致结果发生的可能性的大小;二是介入因素的异常性大小;三是介入因素对结果发生作用的大小;四是介入因素是否属于行为人的管辖范围。当被告人实施行为后,介入了被害人行为,导致结果的发生时,应根据案件具体情况判断被害人实施的行为是否具有通常性。如果被告人实施的行为,导致被害人不得不或者在通常情况下会实施介入行为,则该介入行为对被告人的行为与结果之间的因果关系没有影响;如果被害人的介入行为属于通常情况下不会实施的行为,即异常行为,该行为对结果又起到决定性作用,则不能将结果归责于被告人的行为。

本案中,应当肯定二被告人的行为与本案危害结果之间存在刑法上的因果关系的结论。(1)被害人开启警用手电电击功能的行为虽系偶然介入因素,但却是由被告人先前切断电源行为引起的通常行为。(2)被害人打开警用手电电击功能的行为没有中断被告人泼洒汽油行为与着火结果之间的因果关系。应当说,从刑法的意义看,着火的结果仍是被告人泼洒汽油的行为造成的,只是由于被害人的举动,着火的结果比被告人预想的时间提前发生,但丝毫不改变被告人泼洒汽油的行为对着火结果的原因力。被害人使用手电电击功能的介入行为对二被告人的行为与结果之间的因果关系没有影响。如果被害人打开警用手电在被告人的犯罪设计之中,那么被告人放火的实行行为在泼洒完汽油后就全部完成了,着火的结果当然要全部归责于被告人。但是,本案被害人打开警用手电显然是出乎被告人的犯罪计划之外的一个事实因素,而被害人的行为本身不仅是毫无危险性的行为,而且是因为听到有人敲碎自家窗户,看见有棍子之类的东西伸进来,感受到了威胁所作出的自然反应,并最终合乎逻辑地引燃大火。只是被害人使用手电电击功能的行为让被告人省却了自己点火的这一步,从被告人一方来看,整个犯罪进程没有发生根本性的变化,本案的结果应全部归责于被告人。(3)即使没有被害人的照明行为,被告人已经着手实施的放火行为依然会继续,直到危害结果发生。被告人在被害人的照明行为之前,已经实施了一系列作为放火组成部分的行为,特别是携带打火机并泼洒汽油。之所以被告人未最终使用打火机点燃汽油,并非由于被告人主观上的原因,也不是意志以外的原因使其无法使用打火机,而是因为被害人照明行为的介入,偶然地成了被告人点燃汽油的替代行为,此时被告人点燃打火机已经变得没有必要。(4)被害人照明行为致使危害结果的发生符合被告人犯罪意志的内容。

案例:落牙、刚组、达瓦桑布放火案——西藏"3·14"事件

案例来源:《刑事审判参考》总第119集

主题词:放火罪 死刑

一、基本案情

2008年3月15日晚,西藏自治区拉萨市达孜县发生打砸抢烧严重暴力事件。位于达孜县德庆镇318国道德庆村路段北侧的"五羊本田、嘉陵摩托车专卖店"店主梁某甲及其妻吴某某、儿子梁某乙一家三口和员工茹某某、张某某将店门反锁后躲在二楼。当日22时许,落牙、刚组、达瓦桑布等人来到店外。达瓦桑布用斧头砸坏店门,并与落牙、刚组等人一起将卷帘门撕开。刚组、落牙等人先后进入店内,落牙将店内的电视机、电瓶充电机扔到店外,刚组用扳手砸店内的摩托车并用达瓦桑布提供的打火机点燃装有易燃物清洗剂的铁罐,引燃摩托车店内的胶垫等物。落牙将店内装有衣物的编织袋、伞、拖把等易燃物堆放到一起,让刚组放火点燃,并将燃烧的胶垫等物扔到该店通往二楼的楼梯处,向火堆喷洒清洗剂助燃。当火势蔓延时,落牙又从达瓦桑布砸开的"溢香馒头、压面店"搬来两个煤气罐扔进火堆中助燃,致使"五羊本田、嘉陵摩托车专卖店"被完全焚毁,梁某甲、吴某某、梁某乙、茹某某、张某某五人被烧死。2009年4月8日,拉萨市中级人民法院认定落牙、刚组、达瓦桑布犯放火罪,分别判处死刑,剥夺政治权利终身;死刑缓期二年执行,剥夺政治权利终身;无期徒刑,剥夺政治权利终身。2009年5月12日,西藏自治区高级人民法院驳回上诉,维持原判。2009年6月2日,最高人民法院以故意杀人罪核准落牙死刑。

二、裁判要旨

No.2-114、115(1)-1-4 在"打砸抢烧"严重暴力事件中,行为人大肆打砸,围攻无辜群众,放火焚烧商铺、民宅、机关、学校等,聚众冲击国家机关,严重危害公共安全和社会秩序,侵害了群众的生命、人身、财产安全,对于犯罪手段残忍,犯罪情节恶劣,犯罪后果严重的犯罪分子,应当依法判处死刑。

2008年3月中旬,西藏自治区拉萨市发生严重打砸抢烧暴力事件,有充分证据表明,是达赖集团有组织、有预谋、精心策划,妄图把西藏从祖国分裂出去的活动。本案中,落牙、刚组、达瓦桑布共同故意纵火烧毁摩托车专卖店,造成重大财产损失及五人被当场烧死的严重后果,其行为均已构成放火罪。落牙、刚组积极实施放火行为,达瓦桑布砸开地安门,并为落牙、刚组放火提供打火机,三人在共同犯罪中均系主犯,应按照其所参与的全部犯罪处罚。落牙直接实施放火行为,将燃烧的胶垫扔到该店通往二楼的楼梯处,又搬来煤气罐助燃,致火势加大,其行为与被害人死亡结果存在更为直接的联系,在共同犯罪中的作用更为突出,罪责相对刚组、达瓦桑布更为严重。最终导致了店主一家三口和两名员工被活活烧死,其中一名小孩还不足周岁,犯罪情节特别恶劣,后果特别严重,社会危害极大,均应依法判处。《刑法》第五条规定,刑罚的轻重,应当与犯罪分子所犯罪行和承担的刑事责任相适应。最高人民法院《关于贯彻宽严相济刑事政策的若干意见》规定,要根据犯罪的具体情况,实行区别对待,做到该宽则宽,当严则严,宽严相济,罚当其罪,打击和孤立极少数,教育、感化和挽救大多数,最大限度地减少社会对立面,促进社会和谐稳定,维护国家长治久安。根据犯罪事实、情节和对社会的危害程度,考虑共同犯罪中各行为人的地位和作用,依法判处罪责最严重的落牙死刑,对罪责相对较轻的刚组、达瓦桑布分别判处死缓、无期徒刑,体现了罪责刑相适应的刑法原则。

案例:陈俊伟放火案

案例来源:《刑事审判参考》总第 130 辑[第 1448 号]

主题词:放火罪　寻衅滋事罪

一、基本案情

2019 年 11 月 21 日 1 时许,被告人陈俊伟酒后途经台州市椒江区葭沚街道某超市南面一街面房时,为寻求刺激,用打火机欲点燃停放在一楼门外的电动车未果,后又点燃电动车上的手套,将打火机投入着火的手套中离开。路过的群众发现火情后报警,消防人员赶到现场将火扑灭。着火导致电动车一辆烧毁,停放在此路边的小型客车车漆、车轮轮眉等多处受损,上述街面房房门和墙壁被熏黑、街面房墙边(重力墙)堆放的木板过火,致财物损失 3370 元。同月 27 日,被告人陈俊伟被公安民警抓获。案发后,陈俊伟的亲属已进行赔偿,均取得谅解。

二、裁判要旨

No. 2-114、115(1)-1-5　放火罪与其他以放火方式实施的犯罪之间的区别在于,放火罪的成立以客观上足以危害公共安全且主观上具有放火的故意为要件。

具体可以从以下方面区分:

1. 对象是否特定

所谓公共安全,是指不特定多数人的生命、健康或重大公私财产的安全。一般而言,如果行为人采取放火方法,侵害的是特定对象,并有意识地把损害限制在特定对象范围内,则不宜认定放火罪。如果行为人使用放火的方法,尽管动机上追求的是侵害特定对象和目标,而实际损害对象范围是不特定的,则属放火罪。

2. 危险是否具体

一般认为,危险犯是指以发生某种危险状态作为构成要件的犯罪,分为具体危险犯和抽象危险犯。在区分具体危险犯与抽象危险犯时,主要考虑两个因素:一是危险是否属于行为之外的独立构成要件要素,如果属于,系具体危险犯,反之则是抽象危险犯;二是危险的存在与否是需要由司法者根据个案事实进行具体的判断,还是立法者基于对相关类型化行为的一般判断作出推定,具体危险犯需要司法者进行个别化判断,抽象危险犯仅需立法者进行类型化判断。由此可知,放火罪属于具体危险犯。一是因为《刑法》第一百一十四条在规定了放火的实行行为后还专门规定了危害公共安全的要件;二是不是任何放火的行为都会造成公共危险,而是要结合案件情况具体分析。

3. 后果是否可控

放火行为一经实施,就可能造成不特定多数人的伤亡或者使不特定的公私财产遭受难以预料的重大损失。这种犯罪后果的严重性和广泛性往往是难以预料的,甚至是行为人自己也难以控制的,这也是放火罪与以放火方法实施的故意杀人罪、故意毁坏财物罪、寻衅滋事罪的本质区别。如果行为人实施放火行为,而将火势有效地控制在较小范围内,没有危害也不足以危害不特定多数人的生命、健康和重大公私财产安全,就不构成放火罪,而应根据案件具体事实情节,认定相应的犯罪。

4. 是否追求或放任后果发生

认定是否存在故意,不能以被告人的供述作为唯一或者最重要的证据,关键还是要结合案件的客观情况认定。具体而言:一是被告人主观上对行为在客观上导致结果发生的可能性的认识程度;二是被告人对结果发生的追求程度。如果行为在客观上导致公共安全危害结果发生的可能性很高,而被告人主观上也清楚地认识到这一点,却放任甚至积极追求该结果,则应认定成立放火的故意;如果行为在客观上导致公共安全危害结果发生的可能性很高,而被告人没有认识到行为会导致结果的发生,或虽认识到但轻信可以避免,则更可能成立过失;如果行为导致危害公共安全结果发生的概率较低,且被告人也不追求、未放任该结果,则不构成放火的故意,根据案件具体情况构成相应其他犯罪。

6 爆炸罪(《刑法》第一百一十四条、第一百一十五条第一款)

案例:于光平爆炸案

案例来源:《刑事审判参考》总第4辑[第24号]

主题词:过于自信的过失 受害人过错

一、基本案情

被告人于光平,男,30岁,农民。因涉嫌犯爆炸罪,于1997年3月5日被逮捕。

山东省济南市人民检察院以被告人于光平犯有爆炸罪,向济南市中级人民法院提起公诉。

济南市中级人民法院经审理查明:1997年2月7日,被告人于光平的儿子(8岁)和侄子(10岁)在玩自行车钢圈时,碰到本村村民张洪庆的堂侄媳妇身上。张洪庆、史桂荣夫妇因此与于光平、于光胜发生口角,继而发生厮打。厮打中张洪庆的头部被打破,后张洪庆被送往乡医院治疗。于光平的父母多次到医院看望,向张洪庆及其父亲赔礼道歉,并找人调解。但未得到张洪庆的谅解。同年2月9日,史桂荣要求于光平、于光胜向其公爹及其夫妇下跪赔礼,于家未答应。2月10日上午8时许,史桂荣同张家及娘家亲戚约二三十人破门闯入被告人于光平家院中,叫骂达半小时左右,并投掷石块。被告人于光平气急之下,从屋内拿出一枚私藏的手榴弹,拧开后盖掖在腰间,手持点燃的鞭炮从屋内冲出,想以此吓退对方,但未奏效,还遭到张洪春等人的围攻。于光平见状,在大门处掏出手榴弹拉响,造成张洪春等三人死亡、二人重伤、五人轻伤、一人轻微伤的严重后果。于光平右眼也被炸瞎,右手拇指被炸断一节。

济南市中级人民法院认为:被告人于光平在人群中拉爆手榴弹,致使三人死亡、二人重伤、五人轻伤、一人轻微伤,其行为严重危害了公共安全,已构成爆炸罪,应依法惩处。依照《中华人民共和国刑法》第一百一十五条第一款、第五十七条第一款的规定,于1997年10月8日判决如下:

被告人于光平犯爆炸罪,判处死刑,剥夺政治权利终身。

一审宣判后,被告人于光平不服,以手榴弹是他人拉响的、自己是正当防卫为由,向山东省高级人民法院提出上诉。

山东省高级人民法院在二审中邀请了有关专家对手榴弹爆炸时的高度、位置以及爆炸的原因作了鉴定,鉴定结论为:手榴弹是在上诉人于光平与死者张洪春双方争抢过程中于双方手中爆炸的,爆炸的高度在170cm左右,双方争抢过程中意外引爆的可能性最大。

山东省高级人民法院认为:上诉人于光平事先拧下手榴弹后盖,在争抢中致手榴弹爆炸,造成三人死亡、二人重伤、五人轻伤、一人轻微伤,后果特别严重,应依法严惩,但在案件起因上被害方有明显过错,依法可对上诉人于光平从轻处罚。原审判决定罪准确,审判程序合法,但量刑不当。依照《中华人民共和国刑法》第十二条、1979年《中华人民共和国刑法》第一百零六条第一款、第四十三条第一款、第五十三条第一款和《中华人民共和国刑事诉讼法》第一百八十九条第(二)项的规定,于1999年4月30日判决如下:

1. 维持济南中院一审判决中对于光平的定罪部分,撤销该判决的量刑部分;
2. 判处于光平死刑,缓期二年执行,剥夺政治权利终身。

二、裁判要旨

No.2-114、115(1)-3-1 客观上具有一定的现实依据时,才能认定行为人主观上自信其行为不会造成危害后果。

根据《刑法》第十五条规定,过于自信的过失是指行为人对危害结果有一定的预见,但轻信可以避免,以致发生危害社会的结果的心理态度。行为人对危害结果有认识的情况下,仍坚持实施其行为,是因为其"轻信可以避免"发生危害社会的后果。但是,这种"轻信"绝不是毫无根据的主观臆想,而应是行为人依据一定的条件相信自己可以避免危害社会结果的发生。即过于自信过失的行为人主观上自信危害结果不会发生,其认识应有一定的现实依据,这样才能证明行为人有"自信"的合理性,才能对"轻信"产生的结果负过失责任。本案中,于光平对手榴弹可能爆炸的危险性是有认识的,但他没打算采取避免手榴弹爆炸的防范措施,反而拧开后盖,使手榴弹处于待引爆的危险状态,并冲入人群,以手榴弹相威胁,以致造成爆炸的危害结果。因此,不能证明于光平"自信"可避免危害结果,其心理态度不属于自信的过失心态。

No. 2-114、115(1)-3-2 受害人具有明显过错的,可对被告人从轻处罚。

本案被告人于光平的犯罪行为造成了三人死亡、二人重伤、五人轻伤、一人轻微伤的严重后果,论罪应判处其死刑,但是,本案亦有从轻处罚的情节:首先,被害方有明显过错,本案是因民事纠纷引起,被告人家属做了赔礼、找人调解等工作,但被害方仍不满足,又不通过正当渠道解决纠纷,而是提出过分的要求,并组织亲友几十人闯入被告人家中叫骂、掷石块,使矛盾激化,在案件的起因上负有一定的责任;其次,手榴弹是在于光平和张洪春争抢中爆炸的,有一定的偶然性,可以减轻于光平的罪责。

案例:胡国东爆炸案

案例来源:《人民法院案例选》2010 年第 1 辑

主题词:爆炸罪 犯罪预备

一、基本案情

被告人胡国东。

安徽省绩溪县人民法院经审理查明:2008 年 3 月以来,被告人胡国东为让父母担保借钱一事与家人产生矛盾。5 月 9 日晚七时许,被告人为此事又与母亲发生争吵,便声称要用液化气罐炸掉房子,并拔掉了罐上的皮管。其母见状去喊来村干部做调解工作。等村干部离开,其父进房间睡觉后,被告人怒气仍未消,遂支走妻子孩子去本村叔叔家住,而后将有液化气的罐(内约有 9 公斤气)从厨房搬至客厅,又取来雪碧瓶装的汽油洒在地面上。被告人扬言要炸掉房子,与父母同归于尽,但并未开阀点火。父母见状连忙跑出门去报了警,后被告人被公安局民警控制并被传唤到派出所。被告人的房子系砖小结构的旧民居,坐落村中,前后左右均有民宅,案发时被告人身上带有一只铁壳充气可用的打火机。

安徽省绩溪县人民法院经审理认为:被告人胡国东为泄愤而准备用液化气罐、汽油制造爆炸,已经危害公共安全,但尚未造成严重后果,其行为显已构成爆炸罪,绩溪县人民检察院指控的罪名成立。被告人的辩护人关于被告人不具有犯罪的主观故意和客观行为,而应宣告无罪的辩护意见,与本案审理查明的事实不符,因此不予采纳。被告人胡国东为爆炸准备工具、制造条件,但未实施爆炸,属犯罪预备,依法可以比照既遂犯减轻处罚。案发后,被告人认罪态度较好,且系初犯、偶犯,可酌情从轻处罚。遂依照《中华人民共和国刑法》第一百一十四条、第二十二条、第七十二条第一款之规定,作出如下判决:

被告人胡国东犯爆炸罪,判处有期徒刑六个月,缓刑一年。

一审宣判后,被告人未提起上诉,一审判决已经发生法律效力。

二、裁判要旨

No. 2-114、115(1)-3-3 设置引爆装置,公开扬言制造爆炸,尚未实施引爆行为的,应以爆炸罪(预备)论处。

1. 被告人的行为构成爆炸罪

首先,就犯罪客体而言,爆炸罪侵犯的客体是公共安全,即不特定多数人的生命、健康或者重人公私财产的安全。本案被告人虽然在自家房屋内安放足以引起爆炸的装置,但被告人的房子系砖木结构的旧民居,坐落村中,前后左右均有民宅。如果一旦发生爆炸,客观上必然会危害小特定多数人的生命、健康或者重大公私财产的安全。因此,被告人的行为已经对公共安全构成了现实威胁。

其次,就犯罪的主观方面而言,爆炸罪在主观方面为故意犯罪,包括直接故意和间接故意,即行为人明知其行为会引起爆炸,危害不特定多数人的生命、健康或重大公私财产的安全,并且希望或放任这种危害结果的发生。案发时,被告人的具体行为和语言都很明确地证明其具有“将房子炸了,和父母同归于尽”的犯罪意图,被告人在此后的多次供述中也证实了这一点。虽然其犯罪动机是出于对父母的怨恨和对生活的无望,但动机并不影响本罪的成立。

最后,就犯罪的客观方面而言,爆炸罪的客观方面表现为行为人具有引发爆炸物或者其他方法制造爆炸的行为,不论使用何种爆炸物,也不论采取什么方式或者在什么地方,只要爆炸行为足以危害公共安全,即构成爆炸罪。根据生活常识,本案被告人应当明知液化气罐在高温下会有爆炸危险,仍然将液化气罐从厨房搬到客厅,并在周围浇上汽油,积极实施了这一行为,此时即使被告人未实施点火行为,也已经产生了很大的危险。虽然被告人没有积极实施点火行为,也没有发生爆炸的实际危害后果,但并不影响犯罪的成立,只是影响犯罪的停止形态。

2. 被告人的行为属于犯罪预备

犯罪预备、犯罪未遂、犯罪中止虽然都属于犯罪的未完成形态,即犯罪行为都没有实现既遂,但三者之间具有一定的区别:首先,就犯罪预备与犯罪未遂而言,虽然二者都是因为行为人意志以外的因素而被迫停止犯罪行为,但二者主要的区别在于客观上是否着手实施犯罪行为。其次,就犯罪预备与犯罪中止而言,虽然在犯罪预备阶段也可以存在犯罪中止,但犯罪预备与预备阶段的犯罪中止最主要的区别在于二者停止犯罪的原因不同:前者是基于行为人意志以外的因素被迫停止,后者是基于行为人的意志自动放弃犯罪。

就本案而言,首先,被告人的行为不构成犯罪未遂。犯罪未遂的成立前提是行为人已经着手实施犯罪行为。刑法理论通说认为,“着手”的判断应以行为是否开始实施刑法分则某一具体犯罪的客观构成要件为标准。因此,爆炸罪中的着手认定应以行为人是否开始实施爆炸行为为标准。但本案被告人虽然实施了拔掉液化气罐皮管、将汽油浇在地面上等一系列行为,但其最终没有实施开阀点火这一关键性的行为,其实施的一系列行为只是为实施爆炸作准备、创造有利条件,对公共安全还只是一种间接危险。因此,被告人的行为并不是已经“着手”爆炸行为,从而不符合犯罪未遂的构成要件。

其次,被告人的行为不属于犯罪中止。如前所述,虽然在犯罪的预备阶段也可能出现犯罪中止,但犯罪中止与犯罪预备最主要的区别就在于行为人停止犯罪的原因不同。在本案中,被告人虽然在警察赶到之前有充分的时间和条件实施爆炸这一着手行为,但是一直也没有自动放弃犯罪,因此,其行为不符合犯罪中止的主观性要件。被告人最终还是被赶到现场的公安干警控制,可见,其犯罪行为的停止最后还是基于被告人自己意志以外的因素造成的。因此,被告人的行为完全符合犯罪预备的特征。

案例:靳如超、王玉顺、郝凤琴、胡晓洪爆炸,故意杀人,非法制造、买卖爆炸物案——石家庄“3·16”特大爆炸案

案例来源:《刑事审判参考》总第119集

主题词:爆炸罪 故意杀人罪

一、基本案情

2000年8月,靳如超与韦某某相识并开始同居生活,后二人因婚姻问题产生矛盾,韦某某偷拿了靳如超6000元并于2000年11月14日跑回老家云南省马关县。2001年2月18日,靳如超携带6000余元及韦某某与其写的结婚协议书找到韦某某老家,因结婚问题遭拒绝后,便产生杀害韦某某的念头。2001年3月9日,靳如超与韦某某发生争吵,将韦拉至厨房内,用砍柴刀砍韦左头顶部及后枕部数刀,致韦某某颅脑开放性损伤、脑组织破碎当场死亡。靳如超将韦某某的尸体拖至韦居住的房间,藏于木床底下,将砍柴刀藏于草木灰中,用草木灰掩盖了地上的血迹,锁住韦家大门后逃离现场。

靳如超因家庭琐事分别与邻居张某某夫妇、继母苑某某、前妻尚某某、儿子靳某某、姐姐靳某1等人产生矛盾,欲采用爆炸的方法,以泄私愤。2000年5月至6月间,靳如超找到鹿泉市北白砂村的王玉顺、郝凤琴,二人表示能做炸药,三人采用文字协议的方式协商了炸药的价格、使用方法,王玉顺向靳如超提供了炸药的样品及雷管、导火索,靳如超进行了试验。靳如超又到鹿泉市石井采石一厂,以33元人民币向爆破员胡晓洪购买了50枚雷管及20余根导火索,藏于石家庄电热厂一暖气沟内。2001年3月12日,靳如超找到之前藏放的雷管及导火索,又找到王玉顺、郝凤琴欲购买炸药。当晚,王、郝生产出600公斤硝铵炸药。3月13日,靳如超再次向二人以40元购买了25公斤炸药,并进行了爆炸试验。3月14日,靳如超找到王、郝非法制造炸药的废弃水泥厂,以950元购买了575公斤炸药并分装成14袋。3月15日上午,靳如超以拉货为名,先后租用张军涛、刘学海、王向东的机动车,将炸药运至石家庄市郊区赵陵铺乡前太保新村东南的一间废弃房内藏匿。当晚7时许,靳如超又以拉货为名从平山县城租用刘志华的摩托三轮车,到前太保新村,分两趟将炸药依次运至:石家庄市电大街13号市五金公司宿舍楼1单元门口西侧2袋(100公斤);民进街12号院1袋(50公斤);建设北大街石建一公司宿舍楼旁4袋(100公斤);育才街棉三宿舍19号楼便道花池边7袋(325公斤)。当晚,被告人靳如超到石家庄热电厂附近的热气管道处,将从被告人胡晓洪处购买的雷管和导火索取出并连接成引爆装置。3月16日2时30分许,靳如超乘出租车先到建设北大街石建一公司宿舍楼旁将事先放置于此的4袋(100公斤)炸药分别放在该楼3单元的二层、四层平台处,后又乘出租车到石家庄市火车站,以搬货为名租乘王新停驾驶的摩托三轮车到育才街棉三宿舍19号楼便道花池藏放炸药处,分两次将325公斤炸药运至与其有矛盾的邻居张某某夫妇等人及其居住的16号楼2单元门口西侧,并将该炸药分放于16号楼1单元楼楼道内(100公斤)、2单元楼楼道内(100公斤)、2单元门口西侧(100公斤)、其继母苑某某居住的15号楼西侧(25公斤);而后用随身携带的剪刀分别在炸药上扎洞插入引爆装置,按16号楼1单元、2单元、2单元门口西侧、15号楼西侧的顺序依次用打火机将引爆装置点燃;之后,其又连续换乘出租车依次到建设北大街石建一公司宿舍、电大街13号市五金公司宿舍、民进街12号院,用同样的方法将事先放好的炸药一一引爆,后乘出租车逃离。3月16日4时16分,育才街棉三宿舍16号楼发生爆炸,致使16号楼整体坍塌;4时30分,建设北大街市石建一公司宿舍楼发生爆炸,致使该楼3单元坍塌;4时45分,电大街13号市五金公司宿舍楼发生爆炸,致使该楼1单元坍塌;5时,民进街12号院发生爆炸,致使该院部分房屋坍塌。共造成108人死亡,多人受伤,其中重伤5人,轻伤8人。3月23日,靳如超在广西壮族自治区北海市被抓获归案。

2000年5月,王玉顺、郝凤琴曾与张贤增、张吉山合伙生产硝铵炸药,同年5月月底,张贤增、张吉山相继退股,后二人又在鹿泉北白砂村一废弃的厂院内继续非法制造硝铵炸药,并将上述生产的硝铵炸药以每吨1300元到1700元的价格分别卖给葛庆昌、高振庆、封国山、侯军法、孙明全、杜海庭、杜建龙等人,共计20750公斤。

2001年4月18日,河北省石家庄市中级人民法院认定靳如超犯爆炸罪、故意杀人罪,决定执行死刑,剥夺政治权利终身;王玉顺、郝凤琴犯非法制造、买卖爆炸物罪,判处死刑,剥夺政治权利终身;胡晓洪犯非法买卖爆炸物罪,判处死刑,剥夺政治权利终身。2001年4月29日,河北省高级人民法院维持并核准靳如超、王玉顺、郝凤琴死刑,改判胡晓洪死缓。

二、裁判要旨

No.2-114、115(1)-3-4 虽有具体的杀人目标,但行为人购买大量炸药,并安放于不同居民楼,能够预见足以对不特定多数人的生命、财产安全造成危险仍实施爆炸行为的,应认定为爆炸罪。

1997年《刑法》第一百一十五条第一款规定,放火、决水、爆炸、投毒或者以其他危险方法致人重伤、死亡或者使公私财产遭受重大损失的,处十年以上有期徒刑、无期徒刑或者死刑。爆炸罪,是指故意引起爆炸物或其他设备、装置爆炸,危害公共安全的行为。引起爆炸物爆炸,主要是指引起炸弹、炸药包、手榴弹、雷管及各种易爆的固体、液体、气体物品爆炸。爆炸罪和以爆炸方法所实施的故意杀人罪的主要区别在于:第一,爆炸罪侵犯的是不特定多数人的生命、健康和公私财产安全,故意杀人罪侵犯的是特定人的生命权。第二,爆炸罪是危险犯,行为人只要实施了爆炸行为,该行为足以危害不特定人的人身安全和财产安全,就构成犯罪既遂;而故意杀人罪是结果犯,只有发生了他人死亡的结果,才能成立犯罪既遂。第三,爆炸罪的行为人对爆炸的结果持有间接故意的心态,即其能预见该爆炸会使不特定多数人的生命安全受到威胁,却仍然放任该结果的发生;故意杀人罪的行为人仅对具体的目标持有直接故意的心态,即具有积极追求其死亡结果的发生。本案中,虽然靳如超有着具体的杀人目标,由于其先前分别与邻居张某某夫妇、继母苑某某、前妻尚某某、儿子靳某某、姐姐靳某1等人产生矛盾,欲采用爆炸的方法,进行报仇,但其购买了600公斤的硝铵炸药,并于4栋居民楼安放了50公斤至325公斤不等的炸药,可见其不仅直接追求特定对象的死亡,而且也预见到了不特定多数人的生命、健康安全将受到侵犯却仍然放任该结果的发生,主观上对侵犯公共安全持间接故意的心态。最终爆炸导致4栋居民楼坍塌,108人死亡,多人受伤,对公共的生命安全、财产安全造成严重侵犯,其行为应构成爆炸罪。

No.2-114、115(1)-3-5 非法制造、买卖炸药、发射药、黑火药5千克以上,或者烟火药15千克以上,雷管150枚以上或者导火索、导爆索150米以上的,属于非法制造、买卖炸药罪的"情节严重",若未达到构罪的最低数量标准,但具有造成严重后果等其他恶劣情节的,亦应认定"情节严重"。

1984年国务院发布《中华人民共和国民用爆炸物品管理条例》(已失效)第二条规定,爆破器材包括各类炸药、雷管、导火索、导爆索、非电导爆系统,起爆药和爆破剂。显然,王玉顺、郝凤琴所制造的硝铵炸药及胡晓洪所售雷管、导火索均属此范围。关于本罪构罪标准和"情节严重"的标准,最高人民法院2001年5月15日公布并于2009年11月16日修正后的《关于审理非法制造、买卖、运输枪支、弹药、爆炸物等刑事案件具体应用法律若干问题的解释》(以下简称《解释》)对此有明确规定,非法制造、买卖、运输、邮寄、储存炸药、发射药、黑火药1千克以上或者烟火药3千克以上、雷管30枚以上或者导火索、导爆索30米以上的,以非法制造、买卖、运输、邮寄、储存枪支、弹药、爆炸物罪定罪处罚;非法制造、买卖、运输、邮寄、储存枪支、弹药、爆炸物的数量达到上述最低数量标准5倍以上的,属于《刑法》第一百二十五条第一款规定的"情节严重"。《解释》同时规定了兜底条款,即未达到上述构罪的最低数量标准,但具有造成严重后果等其他恶劣情节的,亦应当认定构成本罪;达到构罪的最低数量标准,并具有造成严重后果等其他恶劣情节的亦应当认定"情节严重"。但此《解释》公布于"靳如超爆炸案"之后,在此之前并未有相关法律及解释对《刑法》第一百二十五条第一款的构罪标准和"情节严重"作出释明。本案中,王玉顺、郝凤琴多次制造硝铵炸药多达600公斤,胡晓洪售卖雷管50枚及导火索20余根,与百余人死亡爆炸惨案的发生具有直接的因果关系,危害后果极大,社会影响恶劣,综合考虑制造、贩卖炸药的数量、情节和危害后果,应属于非法制造、买卖炸药的情节严重。

7 投放危险物质罪①(《刑法》第一百一十四条、第一百一十五条第一款)

案例:古计明等投放危险物质案

案例来源:《刑事审判参考》总第46集[第358号]

主题词:危害公共安全罪 死刑

一、基本案情

被告人古计明,化名马东宁、徐向军,男,1963年6月6日出生,汉族,河北省石家庄市人,硕士研究生,系广州古今科技发展有限公司法定代表人,住广东省广州市流花路111号109栋402房。2002年8月30日因涉嫌犯投放危险物质罪被逮捕。

被告人方振华,男,1974年6月3日出生,汉族,湖北省监利县人,小学文化,住湖北省监利县白螺镇石码头7号。2002年8月30日因涉嫌犯投放危险物质罪被逮捕。

---

① 根据法释[2002]7号《最高人民法院、最高人民检察院关于执行〈中华人民共和国刑法〉确定罪名的补充规定》(以下简称《刑法罪名补充规定》)取消投毒罪罪名。

广东省广州市中级人民法院经公开审理查明:1997 年 6 月 28 日,以被告人古计明为法定代表人的广州古今科技发展有限公司与广州军区广州总医院合作建立广州军区广州总医院激光医疗中心。在合作经营期间,古计明与广州军区广州总医院负责该中心的整形外科主任刘春利在内部管理和奖金发放、经济效益等问题上产生矛盾,古计明对刘怀恨在心,伺机报复。2002 年 3 月,古计明了解到采用放射性物质照射人体造成伤害的信息,产生采用这一方法伤害刘春利的犯意。

2002 年 4 月下旬,古计明打电话到辽宁省丹东射线仪器集团有限公司核仪器厂,查询了购买铱(放射性同位素)射线工业探伤机的价格和手续。随后,古计明化名为马东宁,伪造了一份宁夏回族自治区泾源地区卫生防疫站为宁夏建邦建筑安装公司购买铱射线工业探伤机的准购证,并自行填写了宁夏建邦建筑安装公司的介绍信。同年 5 月 9 日下午,古计明到辽宁省丹东射线仪器集团公司核仪器厂,使用上述伪造的准购证和介绍信,以人民币 5.5 万元购买了一台铱射线工业探伤机,并于次日携带该探伤机到北京市中国原子能科学研究院反应堆工程研究设计所安装了铱放射源(源强为 95 居里)。同日,古计明为便于将该机带回广州市,遂打电话通知被告人方振华当晚乘坐飞机到北京市与其会合。在两被告人携带该机乘火车回广州市途中,古计明将该机对人体的危害性以及准备使用该机照射被害人刘春利的情况告知了方振华。同月 11 日,两被告人携带该机回到广州军区广州总医院激光医疗中心古计明的办公室。随后,古计明叫方振华购买了安装探伤机所需的三角铁架、塑料管等材料、工具,古计明、方振华利用该中心晚上无人上班之机,共同将该机的装源铅罐安装在古计明的办公室内天花板上,将连接主机的前端管道从天花板上拉到刘春利的办公桌上方的天花板上。同年 5 月 15 日,古计明为防止探伤机的辐射伤害自己,又到广州市美安健医疗用品有限公司,以人民币 5600 元的价格购买了 X 光防护衣一套,存放在其办公室内。

2002 年 5 月中旬至 2002 年 7 月 19 日期间,古计明、方振华多次共同或单独趁被害人刘春利在办公室工作及中午休息之机,在古计明的办公室内的暗室通过驱动探伤机施源器,将铅罐内的铱放射源输送到刘春利的办公室天花板,使用铱源直接对刘春利的身体进行照射,致使刘春利及在该中心工作的 70 多名医护人员受到放射源的辐射伤害。经法医鉴定,被害人刘春利的损伤构成重伤;被害人江萨、曾东等 13 人的损伤构成轻伤;被害人李玉莲等 61 人的损伤构成轻微伤。被告人古计明、方振华的犯罪行为给被害人及广州军区广州总医院造成一定的经济损失。

广州市中级人民法院认为:被告人古计明、方振华为泄私愤而蓄意报复他人,采用投放放射性物质的方法,致 1 人重伤,13 人轻伤,61 人轻微伤,其行为均已构成投放危险物质罪。在共同犯罪中,古计明起策划、指挥作用,是主犯;方振华起次要作用,是从犯,依法应当比照主犯从轻处罚。依照《中华人民共和国刑法修正案(三)》第二条和《中华人民共和国刑法》第二十六条第一款、第二十七条、第四十八条、第五十七条第一款、第五十六条第一款、第六十四条的规定,于 2003 年 6 月 25 日判决如下:

被告人古计明犯投放危险物质罪,判处死刑,缓期二年执行,剥夺政治权利终身。

被告人方振华犯投放危险物质罪,判处有期徒刑十五年,剥夺政治权利五年。

一审宣判后,多名被害人不服,请求广州市人民检察院提出抗诉,广州市人民检察院以被告人古计明的犯罪行为社会危害性极大,犯罪后果极其严重,依法应当判处其死刑立即执行为由,提起抗诉。

广东省高级人民法院经开庭审理认为:被告人古计明、方振华的犯罪事实清楚,证据确实、充分,一审判决适用法律正确,定罪准确,量刑适当,审判程序合法。依照《中华人民共和国刑事诉讼法》第一百八十九条第(一)项的规定,于 2005 年 3 月 27 日裁定驳回抗诉,维持原判。

二、裁判要旨

No.2-114、115(1)-4-1　在危害公共安全罪中,没有造成一人以上死亡或多人以上重伤后果的,一般可不判处死刑立即执行。

本案被告人古计明的犯罪行为的危害结果极其严重,致 1 人重伤,13 人轻伤,61 人轻微伤。

其中两名女性被害人在怀孕期间受照射。此外,核辐射损伤还有远后效应和遗传效应两大显著特点,受害群体历经若干年后一部分人会出现癌症等恶性疾病。案中受害人大部分是未婚未育者,案发后部分被害人体检出现染色体异常,他们的生育能力受到破坏,他们的下一代出现畸形、智障、白血病的几率远高于常人。他们的生理、心理创伤极大,他们的正常工作、生活蒙受极大影响。因此,对这种严重危害社会公共安全的犯罪行为应予以严厉的刑罚制裁。

核辐射损伤确有远后效应和遗传效应两大显著特点。对被辐射的群体而言,远后效应和遗传效应必然在某些人身上出现。但对于被辐射的某个人而言,远后效应和遗传效应未必会出现。这既与被照射的剂量有关,也与个体身体差异有关。就现在的医疗水平而言,放射性损伤可以引起致畸、致癌、致突变等远后效应,尚无法对此进行确切评价。

鉴于本案目前尚无人死亡;放射性损伤可以引起致畸、致癌、致突变等远后效应,目前医学科学水平尚无法对此进行确切评价,量刑应留有余地。综上,广东省高级人民法院二审核准广州市中级人民法院以投放危险物质罪判处被告人古计明死刑,缓期二年执行,剥夺政治权利终身的刑事判决是正确的。

案例:方金青惠投毒案

案例来源:《刑事审判参考》总第 16 辑[第 98 号]

主题词:投放危险物质罪　剥夺政治权利　从旧兼从轻原则

一、基本案情

被告人方金青惠,又名方氏县、蔡容妹,女,23 岁,文盲,越南社会主义共和国人。因涉嫌犯投毒罪,于 1997 年 3 月 11 日被逮捕。

广东省云浮市中级人民法院经公开审理查明:方金青惠于 1993 年从越南到中国广西做工,1994 年底与广东省罗定市金鸡镇大岗管理区官塘村村民周继华结婚。方金青惠与周继华共同生活一段时间后,周继华之母简梅芳对方金青惠没有生育不满。一天,周继华打方金青惠,简梅芳在一旁帮周,后方金青惠流产。方金青惠认为其流产是简梅芳殴打所致,遂产生用老鼠药毒杀简梅芳的恶念。1996 年 6 月至 8 月间,方金青惠先后 4 次购买含有氟乙酰胺的毒鼠药,毒害简梅芳。

1996 年 6 月 19 日 19 时许,方金青惠乘周继华不备,将毒鼠药放入周继华为其父周木新、其母简梅芳煲的中药内。但简梅芳让周木新先喝。周木新喝时,方金青惠因怕事情败露未予制止。次日凌晨 1 时许,周木新因中毒死亡。

1996 年 6 月 24 日上午,方金青惠在家煲好瘦肉粥后,把鼠药放入碗中并添上瘦肉粥请简梅芳吃。简梅芳吃了几口,然后把粥搅混喂其孙女周木莲(3 岁,简梅芳次子周荣林的女儿)吃。周木莲因中毒抢救无效死亡,简梅芳中毒受轻微伤。

1996 年 6 月 29 日,方金青惠乘简梅芳不备进入简梅芳住房,将毒鼠药放入简梅芳使用的茶壶中。简梅芳及其孙子周家发、周锦昌因饮用壶内水中毒,后经医院抢救脱险。

1996 年 8 月 28 日上午,方金青惠乘简梅芳不备进入简的住房,将一包毒鼠药放入简梅芳使用的一白色磁茶壶中。当天到简家聊天、做客的邻居、亲戚等 10 人喝了壶内的水后中毒。其中,周金南经医院抢救无效死亡,简梅芳、周家发、周锦昌、李兰花、周天社、何大呀、王世华受轻伤,何拾、黄锦受轻微伤。

云浮市中级人民法院认为,被告人方金青惠因与婆婆简梅芳有矛盾而采用投毒的手段杀人,其行为已构成故意杀人罪,其犯罪行为次数多,并造成三人死亡、九人中毒受伤的严重后果,手段残忍,罪行极其严重。依照《中华人民共和国刑法》第十二条第一款、第二百三十二条和第五十七条第一款的规定,于 1999 年 9 月 14 日判决如下:

被告人方金青惠犯故意杀人罪,判处死刑,剥夺政治权利终身。

一审宣判后,方金青惠不服,向广东省高级人民法院提出上诉。

广东省高级人民法院经二审审理认为,上诉人方金青惠因与婆婆简梅芳有矛盾而产生杀人的恶念,以简梅芳为特定侵害对象,先后四次投毒鼠药毒害简梅芳,其行为已构成故意杀人罪,其对投毒行为可能造成他人伤亡的后果持放任态度,致死致伤多人,手段恶劣,后果严重,应依法严惩。原判认定事实清楚,定罪准确,量刑适当,审判程序合法。依照《中华人民共和国刑事诉讼法》第一百八十九条第(一)项的规定,于 2000 年 4 月 4 日裁定如下:

驳回上诉,维持原判。

广东省高级人民法院依法将此案报请最高人民法院核准。

最高人民法院经复核确认:一审判决、二审裁定认定方金青惠因与婆婆简梅芳有矛盾而产生杀人恶念,于 1996 年 6 月至 8 月间先后四次投放含有氟乙酰胺的剧毒鼠药毒杀简梅芳的事实清楚,证据确实、充分。

最高人民法院认为,方金青惠因与被害人简梅芳有矛盾而多次采取向简梅芳使用的器皿内投毒的手段杀害简梅芳,并对其投毒行为造成他人伤亡的后果持放任态度,其行为已构成故意杀人罪,且情节特别恶劣,后果特别严重,应依法惩处。一审判决、二审裁定认定的事实清楚,证据确实、充分,定罪准确,审判程序合法。但对方金青惠附加剥夺政治权利终身不当,应予纠正。依照《中华人民共和国刑事诉讼法》第一百九十九条和《中华人民共和国刑法》第十二条第一款、1979 年《中华人民共和国刑法》第一百三十二条的规定,于 2000 年 9 月 19 日裁定如下:

1. 撤销广东省高级人民法院(1999)粤高法刑终字第 1071 号刑事裁定和广东省云浮市中级人民法院(1997)云中法刑初字第 38 号刑事判决中对被告人方金青惠量刑的附加刑部分。

2. 核准广东省高级人民法院(1999)粤高法刑终字第 1071 号维持一审以故意杀人罪判处被告人方金青惠死刑的刑事裁定。

二、裁判要旨

No. 2-114、115(1)-4-2 投毒致人死亡没有危及公共安全的,不构成投放危险物质罪,应以故意杀人罪论处。

投放危险物质罪与以投毒为手段的故意杀人罪在手段、后果上相类似,司法实践中二者容易混淆。投放危险物质罪与故意杀人罪分属不同的犯罪种类,区别二者主要看犯罪的客体与主观故意内容。

从犯罪客体上看,作为危害公共安全罪的一种,投放危险物质罪侵犯的是公共安全,也就是不特定多数人的生命、健康、财产的安全;故意杀人罪属于侵犯公民人身权利的犯罪,其侵犯的客体是公民的人身权利,即特定公民的人身权利。简而言之,投放危险物质罪指向不特定多数人。而故意杀人罪以特定的人为对象。从主观故意内容看,投放危险物质罪的主体须具有危害公共安全即不特定多数人生命、健康、财产安全的故意,而故意杀人罪的主体则具有剥夺特定人生命的故意。在实践中,当某人投放毒物目的在于剥夺特定人的生命而不危及公共安全时,应认定为故意杀人罪。在本案中,方金青惠主观上是想致特定人——简梅芳死亡;方金青惠数次投放毒鼠药均是在简梅芳家中,非公共场所;毒鼠药投在被害人简梅芳所用的食具、茶具、药煲内,非公共所用器具内。尽管实际上有多人误食、误饮了方金青惠投有鼠药的食物、饮品,但这些被害人并非是方金青惠追求杀害的不特定对象,故方金青惠采用投毒的手段非法剥夺他人生命的行为构成故意杀人罪。

No. 2-114、115(1)-4-3 对外国人,不能判处剥夺政治权利。

对犯罪的外国人能否判处剥夺政治权利,以往实践中做法不一。我国《刑法》第五十四条规定,剥夺政治权利是剥夺下列权利:(1)选举权、被选举权;(2)言论、出版、集合、结社、游行、示威自由的权利;(3)担任国家机关职务的权利;(4)担任国有公司、企业、事业单位和人民团体领导职务的权利。上述权利是我国公民依法享有的参与国家管理和政治活动的权利,是宪法赋予中国公民的权利,外国籍被告人并不享有,也就不存在剥夺的问题。本案中方金青惠虽然已与中国公民结婚,但并未加入中国国籍,所以,对其不能附加剥夺政治权利。

案例:陈美娟投放危险物质案

案例来源:《刑事审判参考》总第36集[第276号]

主题词:因果关系 介入因素 投放危险物质罪

一、基本案情

被告人陈美娟,女,1966年6月9日出生,汉族,初中文化,农民。2002年8月15日被逮捕。

江苏省南通市中级人民法院经公开审理查明:被告人陈美娟与被害人陆兰英两家东西相邻。2002年7月下旬,两人因修路及其他琐事多次发生口角并相互谩骂,陈美娟遂怀恨在心,决意报复。2002年7月25日晚9时许,陈美娟从自家水池边找来一支一次性注射器,再从家中柴房内的甲胺磷农药瓶中抽取半针筒甲胺磷农药后,潜行至陆兰英家门前丝瓜棚处,将农药打入瓜藤上所结的多条丝瓜中。次日晚,陆兰英及其外孙女黄金花食用了被注射有甲胺磷农药的丝瓜后,出现上吐下泻等中毒症状。其中,黄金花经抢救后脱险;陆兰英在被送往医院抢救后,因甲胺磷农药中毒引发糖尿病高渗性昏迷低钾血症,医院对此诊断不当,而仅以糖尿病和高血压症进行救治,陆兰英因抢救无效于次日早晨死亡。

陆兰英死后,其亲属邻里在门前瓜棚下为其办理丧事中,发现未采摘的丝瓜中有的有小黑斑,遂怀疑他人投毒,故向公安机关报案。经侦查,陈美娟被抓获。

南通市中级人民法院认为,被告人陈美娟因与被害人发生口角而心怀不满,故意在被害人所种植的丝瓜中投放甲胺磷农药,危害公共安全,造成二人中毒、其中一人死亡的严重后果,其行为已构成投放危险物质罪。陈美娟归案后,认罪态度较好,可酌情从轻处罚。陈美娟对其犯罪行为给附带民事诉讼原告人所造成的经济损失,合理的部分应予赔偿。对被告人及其辩护人关于被害人的死因并非被告人投放甲胺磷必然导致的辩解及辩护理由,经庭审查明,被害人系因有机磷中毒诱发糖尿病高渗性昏迷低钾血症,在两种因素共同作用下死亡,没有被告人的投毒行为在前,就不会有被害人死亡结果的发生,故对该辩解和辩护理由不予采纳。根据《中华人民共和国刑法修正案(三)》第二条、《中华人民共和国刑法》第一百一十五条第一款、第四十八条第一款、第五十七条第二款、第三十六条第一款,《中华人民共和国民法通则》第一百一十九条的规定,于2002年12月24日判决如下:

1. 被告人陈美娟犯投放危险物质罪,判处死刑,缓期二年执行,剥夺政治权利终身。

2. 被告人陈美娟赔偿附带民事诉讼原告人黄金花医药费及交通费人民币269.20元、被害人陆兰英抢救费及交通费人民币1535.20元、丧葬费人民币3000元,合计人民币4804.40元。

3. 驳回附带民事诉讼原告人的其他诉讼请求。

一审判决宣告后,被告人陈美娟及附带民事诉讼原告人没有上诉,检察机关没有抗诉。南通市中级人民法院依法将本案报送江苏省高级人民法院核准。

江苏省高级人民法院经复核认为:被告人陈美娟与被害人陆兰英因修路等邻里琐事发生口角而心怀不满,故意在被害人所种植的丝瓜中投放甲胺磷农药,危害公共安全,其行为已构成投放危险物质罪。南通市中级人民法院对被告人陈美娟的定罪量刑正确,审判程序合法。根据《中华人民共和国刑事诉讼法》第二百零一条和最高人民法院《关于执行〈中华人民共和国刑事诉讼法〉若干问题的解释》第二百七十八条第二款第(一)项的规定,于2003年5月7日裁定如下:

核准江苏省南通市中级人民法院以投放危险物质罪判处被告人陈美娟死刑,缓期二年执行,剥夺政治权利终身的刑事判决。

二、裁判要旨

No.2-114、115(1)-4-4 介入因素并非异常,而且对结果的作用力较小的,介入因素不能断绝行为与结果之间的因果关系。

从本案的具体案情看,医院在抢救被害人陆兰英过程中所存在的诊治失误这一介入因素,并不足以切断被告人的投毒行为与被害人死亡结果之间的因果关系。在刑法理论上,一般认为,在因果关系发展进程中,如果介入了第三者的行为、被害人的行为或特殊自然事实等其他因素,则应当考察介入情况的异常性大小、对结果发生的作用力大小、行为人的行为导致结果发生的可能性大小等情形,进而判断前行为与结果之间是否存在因果关系。其中,如果介入情况并非异常、对结果发生的作用力较小、行为人的行为本身具有导致结果发生的较大可能性的,则应当肯定前行为与结果之间存在刑法上的因果关系;反之,则应当认为前行为与结果之间不存在刑法上的因果关系,或者说因果关系已经断绝。据此分析,应当认为,在本案中,尽管有医院诊治失误这一介入因素,但被告人的投毒行为与被害人的死亡结果之间仍存在刑法上的因果关系。主要理由是:首先,被害人因被告人投毒行为所诱发的糖尿病高渗性昏迷低钾血症是一种较为罕见的疾病,这种疾病通常都是基于某种外在诱因而引发,一旦患有后,往往就很难正确诊断。这说明,医院在抢救被害人的过程中,出现诊治错误,是较难避免的。其次,在本案中,被告人共投放了半针筒甲胺磷农药,剂量不大,而且是向数条丝瓜中分别注射的。被害人在食用有毒丝瓜后,并未出现非常强烈的中毒症状,这就加大医院准确诊断其病因的难度。此外,本案被害人中毒后,对其进行施救的是当地的镇医院。由于该医院的医疗条件和医疗水平有限,在遇有这样一个罕见病症时,容易出现诊治失误。综上可见,本案被告人的投毒行为与被害人的死亡结果之间出现医院诊治失误这一介入情况并非异常,该介入情况对死亡结果发生的作用力较小,被告人本身的投毒行为具有导致被害人死亡的较大可能性,因此,仍然应当认定被告人的投毒行为与被害人的死亡结果之间存在刑法上的因果关系。

No. 2-114、115(1)-4-5 以杀害特定人为目的的投放危险物质行为,客观上危害公共安全,主观上对不特定多人的伤亡后果持放任的态度的,应以投放危险物质罪论处。

在司法实践中,对一些以杀害特定少数人为目的而实施投放危险物质行为的案件的定性常常会产生争议,本案即是如此。对这类案件的定性,关键在于要对下列事实形成准确判断,即行为人所实施的投放危险物质行为,是否具有同时威胁或危害其他不特定人生命、健康或者财产安全,即危害公共安全的危险性质。具体而言,如果行为人所实施的投放危险物质的行为,除了可能造成其意图杀害的特定少数人死亡的结果外,还可能威胁或危害到其他不特定人的生命、健康或者财产安全,且行为人对此又有认识,则说明行为人在积极追求特定少数人死亡结果发生的同时,还存在放任危害公共安全结果发生的心态,此时,行为人的行为属于(间接故意)投放危险物质罪与(直接故意)故意杀人罪的想象竞合犯,依照想象竞合犯之"从一重处断"原则,应当对其以投放危险物质罪论处;反之,如果行为人的投放危险物质行为在客观上并不具有威胁或危害其他不特定人生命、健康或者财产安全的性质,或者虽具有这种性质,但行为人对此没有认识,则其行为不符合投放危险物质罪的构成,应当认定其构成故意杀人罪。

8 以危险方法危害公共安全罪(《刑法》第一百一十四条、第一百一十五条第一款)

案例:康兆永等危险物品肇事案

案例来源:《人民法院案例选》2006 年第 2 辑(总第 56 辑)

主题词:以危险方法危害公共安全罪　危险物品肇事罪

一、基本案情

被告人康兆永、王刚。

江苏省淮安市人民法院经审理查明:2005 年 3 月 29 日,山东济宁远达石化有限公司的驾驶员兼押运员被告人康兆永和王刚,受公司安排驾驶鲁 H00099 号槽罐车从山东临沂沂州化工有限公司托运 40.44 吨液氯到南京。18 时 40 分左右,当该车由康兆永驾驶、王刚押运行驶到京沪高速公路沂淮段 103K+525 米处(江苏淮安境内),因该车严重超载及使用不符合法定安全标准的报废轮胎,导致左前轮所用的报废轮胎突然爆裂,车辆方向失控,撞断中间隔离栏并冲入对面车道,罐车与牵引车脱离后左侧翻在道路上。事发时,相向正常行驶的山东临沂籍驾驶员马建军驾驶鲁 Q08477 号半挂车紧急避让未成功,半挂车将侧翻的罐车顶部阀门撞脱,导致罐内液氯泄漏。康兆永、王刚下车发现槽罐内的液氯正在气化外泄,害怕中毒,没有救助已经冲下道路护坡的半挂车上驾乘人员,而是立即向事故现场的逆风方向逃跑。半挂车上的马建军被夹在驾驶室内,副驾驶马宇被摔出驾驶室,后在马宇的帮助下,马建军被转移到路中间的隔离带。

康、王二被告人离开事故现场后,迅速越过高速公路的西边护网逃至麦田内。王刚于18点44分用手机打通"110"报警电话,以山东方言报称:一辆拉危险品的车子在高速公路淮阴北收费站南边15公里处翻了,是液路(氯)。但是没有进一步讲明液氯的数量和危害性、可能造成的严重后果以及与对面车辆相撞等情况。之后,二被告人潜伏在麦田里观看到警车、救护车、消防车赶来抢险,但一直没有露面向警方说明情况和参与救助,二人又将事故发生情况电话报告其公司负责人马建国等人(另案处理)以及各自的家人。康、王二被告人在观望约两三个小时后,逃到淮安市区住宿,次日乘车赶到远达公司在南京临时住处,下午共同向南京警方投案自首。

液氯泄漏事故发生后,马建军在被"120"救护车送往医院途中死亡,经法医鉴定马建军的身体表面只有一些轻微外伤,死亡的直接原因是氯气中毒。此外,现场周边的淮安市淮阴区、涟水县的大量群众因吸入泄漏的氯气中毒,其中张周氏、杨秀英等28人死亡,马宇、王凯、严海浪、冯梅英等400余人住院治疗,陈兵等1800余人到医院门诊留治,10000余名村民被迫疏散转移,并造成数千头(只)家畜、家禽死亡,大面积农作物绝收或受损,大量树木、鱼塘和村民的食用粮、家用电器受污染、腐蚀的巨额经济损失。

淮安市中级人民法院认为,被告人康兆永、王刚系经过国家交通运输管理机关特别许可,从事危险品运输的专业驾驶员和押运员,明知违反国家安全规定运输高度危险的剧毒化学品液氯,有可能引发事故,危害公共安全,二被告人却轻信能够避免,驾驶、押运具有安全隐患的车辆超载、超限运输液氯,致使在行车过程中发生交通事故并引起液氯泄漏,造成不特定多数人中毒伤亡和公私财产的巨额损失,被告人康兆永、王刚的行为均构成危险物品肇事罪,且属于后果特别严重,依法应予严惩。本案二名被告人违反国家安全规定运输剧毒化学品液氯,发生交通事故后引起泄漏,并在极短时间内衍化成重大突发性公共灾难事件,造成事故现场周边众多人员中毒和巨额财产受损,29名被害人的尸体经法医鉴定证实死亡原因均为氯气中毒,虽然未作死亡时间认定,但基于本案的特定前因事件,足以证实是由于二名被告人运输液氯肇事行为所致。在本案液氯泄漏事故发生后,事故发生地的淮安市人民政府依法履行指挥和领导职责,立即采取必要措施营救受害人员,迅速控制危害源,并对事故受害群众的人身及财产受损情况进行调查,组织相关方面的专业人员进行损失情况评估,作出"情况说明"是依法定职责对事故损失情况进行调查的结果,且据法庭核实,"情况说明"所反映的众多人员中毒和巨额财产损失的事实是客观存在的。但对事故直接经济损失的具体数额,由于公诉机关未能提供足以证明的相关证据,故对指控认定的具体数额不予确认。对辩护人所提的辩护意见予以部分采纳,但被告人康兆永的辩护人提出被告人犯罪行为造成特别严重后果证据不足的辩护意见不能成立,不予采纳。辩护人没有提供此相关证据,所提警方在接警时未能向报警人王刚问清楚事故的具体原因,以及由于事故处理措施存在不当扩大危害后果的辩护意见没有事实依据,不予采信。被告人康兆永、王刚均供认其为了逃避法律处罚,在事故发生后迅速逃离现场,此行为属于逃逸性质,故辩护人认为不构成逃逸的辩护意见亦不能成立。

被告人康兆永驾驶不符合安全标准的车辆超载运输,被告人王刚未尽押运职责,对使用不合安全标准车辆超载运输行为予以纵容,二人共同违反保障危险物品运输安全的法定职责,从而导致所运输的危险物品肇事,对犯罪后果的发生作用相当,依法均应在三年以上、七年以下有期徒刑的幅度内量刑。二被告人在事故发生后害怕承担法律责任,迅速弃车逃离现场,虽然被告人王刚能够及时通过电话报警求助,期望通过警方的处置避免严重后果的发生,但是其报警时既未说明泄漏液氯的数量、危害及发生交通事故现场对方车辆的相关情况,也未设置现场警示标志和采取救助措施,故二被告人逃离现场、不全面履行法定义务的行为,是造成本案特别严重后果的重要原因,对二被告人应酌情从重处罚。二被告人在事故发生的次日向公安机关投案自首,归案后对所犯罪行亦能坦白认罪,可对二被告人予以从轻处罚。对被告人王刚的辩护人所提王刚具有自首、报警和认罪态度较好等量刑情节的辩护意见,予以采纳。但鉴于二被告人故意违反危险物品运输安全的规定,在危险物品肇事行为发生后不全面履行法定义务,最终造成本案特别严重的危害后果和极其恶劣的社会影响,故对被告人王刚的辩护人所提请求对被告人王刚减轻处罚和被告人康兆永的辩护人所提应判处三年以下有期徒刑的辩护意见,均不予采纳。据此,依照《中华人民共和国刑法》第一百三十六条、第二十五条第二款之规定,作出如下判决:

被告人康兆永犯危险物品肇事罪,判处有期徒刑六年六个月。

被告人王刚犯危险物品肇事罪,判处有期徒刑六年六个月。

宣判后,被告人康兆永、王刚服判不上诉,检察机关未抗诉,本案已发生法律效力。

二、裁判要旨

No. 2-114、115(1)-5-1 主观上不具有放任危害公共安全的故意,即使客观上存在危害公共安全的现实危险性的,也不能认定为以危险方法危害公共安全罪。

对于以危险方法危害公共安全罪的认定,关键在于两点:一是犯罪行为在客观上须具有危害公共安全的现实危险性,即行为客观上须对不特定的多数人的生命、健康或者重大公私财产的安全产生了威胁,具有发生危险后果的现实可能性。而且该危险方法在危险程度上还必须具备与放火、投放危险物质、爆炸和决水等危险行为相当或者超过上述行为的危险性方法。二是主观上必须为故意,即行为人主观上对于自己实施其他危险方法造成危害公共安全的后果存在希望或者放任的态度。本案被告人违规运输危险品的行为,尽管一旦发生泄漏事故,具有高度的毒害危险性,与放火、爆炸、决水、投放危险物质等行为的危险性相当甚至要超过,而且客观上也造成了对社会公共安全的严重危害,但是被告人在违规运输时主观上显然没有希望借液氯泄漏这种高度危险的方法来毒害不特定的人和公私财产;同时在液氯泄漏后,虽然两名被告人没有实施堵漏控制,客观上他们也没有能力进行堵漏控制,但是毕竟他们打电话报警求助,是希望借助官方的力量来排除液氯泄漏造成的危害性,不能因为他们在发生事故后逃离现场、不参与抢险就推定他们主观上具有放任危害公共安全意志。本案之所以不成立以危险方法危害公共安全罪除了行为人主观方面以外,主要在于行为人未实施以危险方法危害公共安全的实行行为,“超载”“逃离现场”等都不是分则规定的该罪的实行行为,因而不构成以危险方法危害公共安全罪。司法机关最终没有确定二被告人以危险方法危害公共安全罪,是符合主客观相一致的定罪原则的。

No. 2-114、115(1)-5-2 违反国家关于危险物品运输安全的规定,因而发生交通事故导致危险物品泄漏,造成重大人员伤亡和财产损失的,应以危险物品肇事罪论处。

根据《刑法》第一百三十六条规定,危险物品肇事罪是指违反爆炸性、易燃性、放射性、毒害性、腐蚀物品的管理规定,在生产、储存、运输、使用中发生重大事故,造成严重后果的行为。本案康、王二名被告人是负责运输危险品液氯的驾驶员和押运员,严重违反《道路交通安全法》、1993年《道路危险货物运输管理规定》、2002年《危险化学安全管理条例》等规定,导致危险品运输过程中发生交通事故,事故造成的后果是由于液氯泄漏导致的人员中毒、财物被腐蚀,该危害后果不能为交通运输肇事行为所造成的危害后果所包容。在适用法律时,由于该案的危害后果是在交通运输过程的肇事行为所致,因而刑法中交通肇事罪与危险物品肇事罪两个法条都可以对二人的行为进行适用。本案若运用交通肇事罪,对象则限于被撞车辆的司机,事后查明该司机仅受轻微皮外伤,导致死亡的原因是吸入氯气中毒。交通肇事罪的危害结果应当仅限于与交通肇事这一物理外力所造成的损害有直接因果关系的身体损伤(在此暂不讨论公私财产的损失),死亡司机因单纯肇事行为导致的轻微伤并不构成交通肇事罪的成立之结果要件,因此本案中二被告并未成立交通肇事罪,而只应以危险物品肇事罪论处。

案例:李跃等人以危险方法危害公共安全案

案例来源:《人民法院案例选》2008 年第 3 辑

主题词:以危险方法危害公共安全罪 危险方法 危险的判断

一、基本案情

被告人李跃,男,1982 年 2 月 17 日出生,无业。因涉嫌犯敲诈勒索罪于 2006 年 6 月 30 日被逮捕。(其他 30 名被告人略)

北京市朝阳区人民法院经审理查明:自 2004 年 4 月以来,31 名被告人纠集在一起,先后组成以北京无业人员李跃、顾荣玉、英大庆和辽宁省无业人员卜新岩等人为首的两个团伙,在北京市二环路、三环路、四环路等城市主干道以及部分高速公路上多次故意制造交通事故,并以此向事故的另一方当事人索要钱财。其采用的作案方法主要是,由被告人李跃等人驾车在道路上寻找外省市进京的中、高档小轿车并尾随其后,当前车正常变更车道时,突然加速撞向前车侧后方,造成前车变更车道时未让所借车道内行驶的车辆先行的假象;事故发生后,其他被告人轮流冒充驾驶人,待到达事故现场的交通民警作出前车负全部责任的认定后,以此要挟甚至采用威胁的方法,向被害人索要钱财。31 名被告人先后制造对方负全部责任的事故 220 余次,非法获利共计人民币 51 万余元。

北京市朝阳区人民法院认为,被告人李跃、顾荣玉、英大庆等 31 人为达到非法占有的犯罪目的,竟在城市道路上故意制造了大量的交通事故。其所采用的驾车突然加速撞向正在正常变更车道的其他车辆的方法,有可能使受到撞击的车辆失去控制,进而危及其他不特定多数人的人身、财产安全,按照牵连犯择一重罪处断的原则,本案 31 名被告人的行为均已构成以危险方法危害公共安全罪,依法应予惩处。关于被告人李跃、英大庆、秦岭、卜新岩、满超、王燕江、刘诗军的辩护人所提被告人的犯罪行为侵害的是特定对象,不足以危害公共安全,因此不构成以危险方法危害公共安全罪的辩护意见,本院认为,被告人李跃等人所采用的是危险的犯罪方法。这种方法之所以危险是由该方法本身及犯罪行为发生时所处的环境决定的。受到撞击的车辆在城市道路上失去控制进而造成不特定多数人的死伤或者公私财产遭受重大损失,是具有现实的可能性的。辩护人只是片面地强调直接侵害对象的特定性,而忽视了被告人主观上对上述可能发生的危险所采取的是一种放任的态度。因此,对以上辩护人提出的关于本案定性的辩护意见,不予采纳。被告人李跃、顾荣玉、英大庆、卜新岩、孙宁为犯罪团伙的组织者、纠集者及犯罪行为的主要实施者,在所参与的共同犯罪中起主要作用,系主犯,应按照其参与的或者组织、指挥的全部犯罪处罚;本案的其他被告人在"事故"发生后,或提供驾照冒充驾驶人,或在向被害人索要钱财时在一旁站脚助威,在共同犯罪中起次要作用,系从犯,依法应当从轻或者减轻处罚;被告人吕帅系限制行为能力人,被告人李跃、英大庆、满超有立功表现,被告人张峥有自首情节,故依法分别予以从轻处罚;被告人卜新岩、刁萌在刑满释放后五年以内又犯应当判处有期徒刑刑罚之罪,均系累犯,依法应当从重处罚;鉴于本案的 31 名被告人均能在庭审中自愿认罪,故对其所犯以危险方法危害公共安全罪分别酌予从轻处罚;被告人王鸿涛、张峥、海滨在缓刑考验期限内又犯罪,依法应当撤销缓刑,执行原判刑罚。据此,依照《中华人民共和国刑法》第一百一十四条、第二十五条第一款、第二十六条第一款、第二十七条、第十八条第三款、第六十七条第一款、第六十八条第一款、第六十五条第一款、第七十七条第一款、第六十九条、第五十六条第一款、第五十五条第一款、第五十二条、第五十三条、第七十二条第一款、第七十三条第二款、第三款、第六十四条及最高人民法院《关于处理自首和立功具体应用法律若干问题的解释》第五条的规定,判决如下:

1. 被告人顾荣玉犯以危险方法危害公共安全罪,判处有期徒刑九年六个月,剥夺政治权利二年。

2. 被告人英大庆犯以危险方法危害公共安全罪,判处有期徒刑九年,剥夺政治权利一年。

3. 被告人李跃犯以危险方法危害公共安全罪,判处有期徒刑八年六个月,剥夺政治权利一年。

4. 被告人卜新岩犯以危险方法危害公共安全罪,判处有期徒刑七年六个月,剥夺政治权利一年。

5. 被告人秦岭犯以危险方法危害公共安全罪,判处有期徒刑七年,剥夺政治权利一年。

6. 被告人闫立杰犯以危险方法危害公共安全罪,判处有期徒刑六年六个月。

7. 被告人刘踪犯以危险方法危害公共安全罪,判处有期徒刑五年。

8. 被告人孙宁犯以危险方法危害公共安全罪,判处有期徒刑五年。

9. 被告人徐浩犯以危险方法危害公共安全罪,判处有期徒刑四年六个月。

10. 被告人孟凯犯以危险方法危害公共安全罪,判处有期徒刑四年六个月。

11. 被告人甄勇犯以危险方法危害公共安全罪,判处有期徒刑四年六个月。

12. 被告人陈培军犯以危险方法危害公共安全罪,判处有期徒刑四年六个月。

13. 撤销北京市海淀区人民法院(2005)海刑初字第2809号刑事判决书对被告人王鸿涛宣告的缓刑,决定执行有期徒刑六个月。

14. 被告人王鸿涛犯以危险方法危害公共安全罪,判处有期徒刑四年。与前罪所判处的有期徒刑六个月并罚,决定执行有期徒刑四年三个月。

15. 被告人吕帅犯以危险方法危害公共安全罪,判处有期徒刑四年。

16. 被告人满超犯以危险方法危害公共安全罪,判处有期徒刑四年。

17. 被告人刘健犯以危险方法危害公共安全罪,判处有期徒刑四年。

18. 被告人王燕江犯以危险方法危害公共安全罪,判处有期徒刑三年六个月。

19. 被告人呼爱承犯以危险方法危害公共安全罪,判处有期徒刑三年六个月。

20. 被告人保世如犯以危险方法危害公共安全罪,判处有期徒刑三年六个月。

21. 被告人韩文国犯以危险方法危害公共安全罪,判处有期徒刑三年六个月。

22. 撤销北京市西城区人民法院(2005)西刑初字第460号刑事判决书第一项对被告人张峥宣告的缓刑,决定执行有期徒刑一年。

23. 被告人张峥犯以危险方法危害公共安全罪,判处有期徒刑三年。与前罪所判处的有期徒刑一年并罚,决定执行有期徒刑三年六个月。

24. 撤销北京市西城区人民法院(2005)西刑初字第460号刑事判决书第二项对被告人海滨宣告的缓刑,决定执行有期徒刑一年。

25. 被告人海滨犯以危险方法危害公共安全罪,判处有期徒刑三年。与前罪所判处的有期徒刑一年并罚,决定执行有期徒刑三年六个月。

26. 被告人杨雨良犯以危险方法危害公共安全罪,判处有期徒刑三年。

27. 被告人顾荣军犯以危险方法危害公共安全罪,判处有期徒刑三年。

28. 被告人刘诗军犯以危险方法危害公共安全罪,判处有期徒刑三年。

29. 被告人刁萌犯以危险方法危害公共安全罪,判处有期徒刑三年。

30. 被告人周娟犯以危险方法危害公共安全罪,判处有期徒刑三年,缓刑三年。

31. 被告人王利平犯以危险方法危害公共安全罪,判处有期徒刑二年,缓刑二年。

32. 被告人张立康犯以危险方法危害公共安全罪,判处有期徒刑二年,缓刑二年。

33. 被告人张玉明犯以危险方法危害公共安全罪,判处有期徒刑一年六个月。

34. 被告人张辉犯以危险方法危害公共安全罪,判处有期徒刑一年六个月,缓刑二年。

35. 在案的人民币75640元,分别退赔被害人;在案的别克牌、奥迪牌、帕萨特牌小轿车各一辆,予以没收。在案的其他小轿车4辆,退回北京市朝阳区人民检察院。

36. 责令被告人李跃、顾荣玉、英大庆、秦岭、卜新岩、吕帅、刘踪、闫立杰、孙宁、孟凯、满超、甄勇、陈培军、徐浩、王燕江、王鸿涛、张峥、保世如、刘诗军、顾荣军、杨雨良、刁萌、张玉明、海滨、刘健、呼爱承、韩文国、王利平、张辉、周娟、张立康退赔被害人的经济损失,分别予以发还。

一审宣判后,李跃、顾荣玉等13人不服,分别提出上诉。在二审审理过程中,13名上诉人又申请撤回上诉。

北京市第二中级人民法院经审理认为,上诉人李跃、顾荣玉等人在本院审理期间表示服从原判,申请撤回上诉的要求符合法律规定,应予准许。依照最高人民法院《关于执行〈中华人民共和国刑事诉讼法〉若干问题的解释》第二百三十九条之规定,裁定准许上诉人李跃、顾荣玉、英大庆、秦岭、卜新岩、吕帅、闫立杰、孙宁、孟凯、甄勇、徐浩、王鸿涛、顾荣军撤回上诉,维持原判。

二、裁判要旨

No.2-114、115(1)-5-3 实质上具有导致不特定或者多数人重伤、死亡的现实可能性的方法,应当认定为以危险方法危害公共安全罪的其他危险方法。

我国《刑法》第一百一十四、一百一十五条未对以危险方法危害公共安全罪的罪状作出明确的规定,如何判定此罪中"其他危险方法"的范围,有时成为困扰司法实践的疑难问题。从刑法规定看,"其他危险方法"是与"放火、决水、爆炸"等并列的行为方式,同属一个法条,适用同一档法定刑,所以,基于罪责刑相适应原则的限制,对其应参照放火等罪的可罚性来理解,即在危险性上应当与放火、爆炸等行为具有可罚的相当性。既然第一百一十五条已明确规定了第一百一十四条发展后的结果是"致人重伤、死亡",那么,作为可以直接转化为犯罪结果的具体危险犯,这里的"其他危险方法",在性质上就必须能够导致不特定或者多数人重伤、死亡的结果,即实质上具有致不特定或者多数人重伤、死亡的现实可能性。既如此,从贯彻罪刑法定原则的角度,应排除仅能导致轻伤的危险方法。

No.2-114、115(1)-5-4 行为造成高概率危险的,应以以危险方法危害公共安全罪论处。

现代风险社会使很多危害行为都凸现出危害公共安全的性质,不可能任何危害公共安全的行为在刑法分则第二章没有明文规定的情况下,均按以危险方法危害公共安全罪认定和处罚。具有可罚性的危险应当是一种被筛选后的高概率危险,即具有高度盖然性。所谓高度盖然性,是指危险已被现实化,客观存在且有确定的指向对象,如果允许其继续发展,就会导致法益损害。

No.2-114、115(1)-5-5 在认定具体危险犯时,应当以事后查明的行为时所存在的各种客观事实为基础,以行为时为标准,从一般人的立场出发判断是否存在具体危险。

在对具体危险进行主观判断,即在解决应以什么样的事实作为危险判断的基础、由谁来判断、在什么时刻进行判断这三个关键性问题时,目前刑法理论和审判实践宜采"客观说",即应当以事后查明的行为时所存在的各种客观事实为基础,以行为时为标准,从一般人的立场出发来判断。具体而言,如果就事后查明的行为时存在的情况以及以一般人的观念来看,在侵犯特定对象安全的同时,发生危及不特定或多数人安全这一结果的可能性极大,即具有上述的高度盖然性时,就可以以危险方法危害公共安全罪论处;反之,如果该行为完全没有发生危及不特定或多数人安全这一结果的可能或者可能性极小时,就不能认定为以危险方法危害公共安全罪。

案例:袁鸣晓等以危险方法危害公共安全案

案例来源:《人民法院案例选》2009年第6辑

主题词:以危险方法危害公共安全罪　诈骗罪

一、基本案情

被告人袁鸣晓。

被告人吴苛青。

上海市虹口区人民法院经审理查明:被告人袁鸣晓、吴苛青经事先预谋,单独或共同驾驶车辆在本市主干路及高速路,采用突然加速撞击前方违反让行规定、违反交通标志而变道、转弯车辆的侧后方,通过制造由对方承担全部责任的交通事故等方法,向对方索赔钱款人民币几百元至几千元不等,并造成对方经济损失。从2006年1月至2007年4月间,袁、吴先后驾驶牌号分别为苏DJK387、沪BF8662、苏DJK820的轿车,采用上述方法单独或共同制造类似交通事故共计 178 起,其中袁单独向对方驾驶员索赔金额 75733 元(人民币,下同),吴单独向对方驾驶员索赔金额 72281 元,共同向对方驾驶员索赔金额 17210 元,同时给对方造成财产损失计 23479 元。

上海市虹口区人民法院认为,被告人袁鸣晓、吴苛青以非法占有为目的,单独或者结伙驾驶机动车在城市主干路及高速路上故意制造大量交通事故,其所采用的驾车突然加速撞向正在正常或违章变更车道的其他车辆的方法,有可能使受到撞击的车辆失去控制,进而危及其他不特定多数人的人身、财产安全,尚未造成严重后果,其行为均已构成以危险方法危害公共安全罪。袁鸣晓、吴苛青提出没有共谋的辩解,与事实不符,且为被告人吴苛青在公安机关的供述所否定。两名被告人"碰瓷"的行为均发生在交通主干道或高速路上,而在交通主干道或高速路上故意快速撞向前面变更车道的车辆,极可能造成前车驾驶员操作失措进而危及不特定多数人的人身、财产安全,是一般人都能够预见的常识,在此情况下,两名被告人仍然实施该行为,足以认定其有危害公共安全的故意;至于尚没有产生危害公共安全的结果,并不影响其行为的性质,仅影响对其犯罪行为的量刑幅度,故被告人及其辩护人的相关辩护意见不予采纳。据此,依照《中华人民共和国刑法》第一百一十四条、第二十五条第一款、第六十四条之规定,应以危险方法危害公共安全罪,判处袁鸣晓有期徒刑八年,判处吴苛青有期徒刑七年。非法所得予以追缴。

一审宣判后,被告人袁鸣晓不服,提出上诉。袁鸣晓及其辩护人认为本案中涉及袁鸣晓的相关道路交通事故均系对方当事人违章而引起,并非袁鸣晓故意制造,相关的事故亦非属于重大交通事故等为由,认为原审判决适用法律错误,定性不当,袁鸣晓的行为不构成以危险方法危害公共安全罪。被告人吴苛青在二审中亦提出其行为仅构成诈骗罪。

上海市第二中级人民法院经审理查明的事实与一审相同,并认为,上诉人袁鸣晓、原审被告人吴苛青为牟取非法利益,单独或结伙驾驶车辆在本市主要交通干道及高速路上故意撞向前方违章变道、转弯等的车辆,形成由对方承担全部责任的道路交通事故,进而向对方索赔。其中,袁鸣晓单独或共同实施 100 起,向对方索赔得金额计 92943 元,并造成对方财产损失计 14109 元,吴苛青单独或共同实施 94 起,向对方索赔得金额计 89491 元,并造成对方财产损失计 13970 元。袁、吴两人的行为均已构成以危险方法危害公共安全罪,依法应予惩处。原审法院根据袁鸣晓、吴苛青犯罪的事实、性质、情节和对社会的危害程度依法所作的判决并无不当,且审判程序合法。根据本案相关的证据及袁鸣晓、吴苛青驾车发生道路交通事故的频率等事实,足以认定袁、吴对相关道路交通事故的发生,主观上具有故意追求的心理状态。而袁、吴驾车在本市主要交通干道及高速路上故意制造道路交通事故的行为,完全符合以危险方法危害公共安全罪的特征。因此,袁鸣晓及其辩护人、吴苛青关于袁、吴两人的行为不构成以危险方法危害公共安全罪的辩解及辩护理由不能成立。上海市人民检察院第二分院的意见正确。据此,依照《中华人民共和国刑事诉讼法》第一百八十九条第(一)项之规定,裁定驳回上诉,维持原判。

二、裁判要旨

No. 2-114、115(1)-5-6 以骗取被害人财物为目的,在城市交通干道及高速路上,故意制造交通事故的,构成以危险方法危害公共安全罪与诈骗罪的牵连犯,应以以危险方法危害公共安全罪论处。

1. 被告人的行为同时触犯了诈骗罪和以危险方法危害公共安全罪

其一,本案中,被告人袁某等的主观目的是诈骗被害人的财物,侵犯了被害人的财物所有权,在客观方面表现为故意制造交通事故,使被害人承担事故全责,并使被害人自愿向被告人交付钱款,其行为符合诈骗罪的犯罪构成要件。

其二,袁、吴单独或共同驾车在本市主干路及高速路上故意制造道路交通事故的行为,亦符合以危险方法危害公共安全罪的特征。以危险方法危害公共安全罪所侵犯的客体是不特定多数人的生命、健康或者重大公私财产的安全,客观方面表现为以放火、决水、爆炸、投放危险物质及以其他危险方法危害公共安全的行为。所谓其他危险方法,是指与放火、决水、爆炸、投放危险物质的危险性相当、足以危害公共安全的其他方法。这些危险方法一经实施就可能危及不特定多数人的生命、健康或者重大公私财产的安全。在主观方面既可以由直接故意构成,也可以由间接故意构成。至于所造成的危害结果是否超出行为人的预料和控制,不影响犯罪的成立。袁某、吴某驾车在15个月的时间发生将近200起道路交通事故,该频率绝非正常,两名被告人均系驾龄长,驾驶经验丰富者,但是在如此短的时间内发生上百起交通事故,且均系对方负全责,足以认定袁、吴二人对相关道路交通事故的发生,主观上具有故意追求的心理状态,对其行为危害公共安全的结果持放任的态度,构成以危险方法危害公共安全罪的间接故意犯罪。由于城市主干道路或者高速路具有车流量大、行车速度快以及行人多等特点,一旦在某路段出现突发性事件,极有可能在短时间内造成重大交通事故,因此两名被告人的行为符合以危险方法危害公共安全罪的犯罪构成要件。

2. 本案被告人制造交通事故的犯罪方法与诈取钱财目的之间存在牵连关系

我国1979年颁布的第一部《刑法》以及1997年颁布的现行《刑法》对牵连犯的概念和处罚未作明文规定,但理论上和司法实践中一般均加以认可和适用。牵连犯是指犯罪人以实施某一犯罪为目的,而其犯罪方法或结果行为触犯其他罪名的犯罪,具体说,行为人的目的仅意图犯某一罪,实施的方法或实施的结果行为却另外触犯了其他不同罪名,其方法行为与目的行为,原因行为与结果行为之间具有牵连关系,数个独立犯罪之间存在牵连关系,这种犯罪现象就是牵连犯罪。

本案被告人袁某等的主观目的是诈骗被害人的财物,采用的方法是碰撞被害人车辆造成被害人承担全责的交通事故,进而向被害人索赔来达到诈取被害人钱财的犯罪目的,其犯罪方法与目的之间存在牵连关系。被告人在城市主干道及高速路驾驶机动车,采用突然变速冲撞前车的做法,很可能使正常快速行驶的被害人车辆因突然受到撞击或紧急避让而失去控制,进而危及其他不特定的多数人的人身、财产安全,即危害了公共安全。因而被告人的行为触犯了诈骗罪与以危险方法危害公共安全罪,构成牵连犯。

3. 本案被告人构成以危险方法危害公共安全罪

目前刑法理论以及司法实践认为,牵连犯虽然实际上构成了数罪,但因其追求的目的只有一个,同追求几个目的的数罪比较起来,社会危害性比较小,因此,对牵连犯原则上不适用数罪并罚,而是择一重罪处罚。最后认定的罪名也只有一个,因而成为裁判上的一罪。

被告人袁某等的行为构成牵连犯罪,则应择一重罪处罚。比较其行为构成诈骗罪与以危险方法危害公共安全罪的处罚孰轻孰重,按照相关的法律规定,个人诈骗公私财物不满十万元,应当处三年以上十年以下有期徒刑,并处罚金。以危险方法危害公共安全罪,尚未造成严重后果的,处三年以上十年以下有期徒刑。在量刑上两罪区别不大,但是危害公共安全犯罪的社会危害性明显重于侵犯财产犯罪,因此,本案认定被告人构成以危险方法危害公共安全罪。

案例:孙伟铭以危险方法危害公共安全案

案例来源:《刑事审判参考》总第71集[第586号]

主题词:醉酒驾车　以危险方法危害公共安全罪

一、基本案情

被告人孙伟铭,男,1979年5月9日出生,成都奔腾电子信息技术有限公司员工。因涉嫌犯以危险方法危害公共安全罪于2008年12月26日被逮捕。

四川省成都市中级人民法院经公开审理查明:2008年5月,被告人孙伟铭购买一辆车牌号为“川A43K66”的别克轿车。之后,孙伟铭在未取得驾驶证的情况下长期驾驶该车,并多次违反交通法规。同年12月14日中午,孙伟铭与其父母为亲属祝寿,大量饮酒。当日17时许,孙伟铭驾驶其别克轿车行至成都市成龙路“蓝谷地”路口时,从后面撞向与其同向行驶的一辆比亚迪轿车尾部。肇事后,孙伟铭继续驾车以超过限定的速度(60公里/小时)行驶。行至成龙路“卓锦城”路段时,越过中心黄色双实线,先后与对面车道正常行驶的4辆轿车相撞,造成其中一辆长安奔奔轿车上的张景全、尹国辉夫妇和金亚民、张成秀夫妇死亡,代玉秀重伤,以及公私财产损失5万余元。经鉴定,孙伟铭驾驶的车辆碰撞前瞬间的行驶速度为134～138公里/小时;孙伟铭案发时血液中的乙醇含量为135.8毫克/100毫升。案发后,孙伟铭的亲属代为赔偿被害人经济损失11.4万元。

成都市中级人民法院认为,被告人孙伟铭在未领取驾驶证的情况下,长期违法驾驶机动车辆并多次违反交通法规,其醉酒后驾车行驶于车辆和人群密集之处,对公共安全构成直接威胁,且在发生追尾事故后,置不特定多数人的生命、财产安全于不顾,继续驾车超速行驶,跨过道路上禁止超越的中心黄色双实线,与对方正常行驶的多辆车辆相撞,造成4人死亡、1人重伤及公私财产损失数万元的严重后果,其行为已构成以危险方法危害公共安全罪。孙伟铭犯罪情节特别恶劣,后果特别严重,应依法严惩。依照《中华人民共和国刑法》第一百一十五条第一款、第五十七条第一款之规定,判决如下:

被告人孙伟铭犯以危险方法危害公共安全罪,判处死刑,剥夺政治权利终身。

一审宣判后,被告人孙伟铭以其主观上不具有以危险方法危害公共安全的故意,一审判决定罪不准,适用法律错误,量刑过重为由,提出上诉。其辩护人提出,孙伟铭主观上对危害结果的发生是过于自信的过失,其行为构成交通肇事罪;孙伟铭真诚悔罪,积极赔偿被害人的经济损失,并获得被害方谅解,可酌情从轻处罚。

二审期间,孙伟铭之父孙林表示愿意代为赔偿被害人的经济损失。经法院主持调解,孙林代表孙伟铭与被害方达成民事赔偿协议,积极筹款赔偿被害方经济损失100万元(不含先前赔偿的11.4万元),取得被害方一定程度的谅解。

四川省高级人民法院经审理认为,被告人孙伟铭无视交通法规和公共安全,在未取得驾驶证的情况下,长期驾驶机动车辆,多次违反交通法规,且在醉酒驾车发生交通事故后,不计后果,继续驾车超限速行驶,冲撞多辆车辆,造成数人伤亡的严重后果,主观上对危害结果的发生持放任态度,具有危害公共安全的间接故意,其行为已构成以危险方法危害公共安全罪。孙伟铭犯罪情节恶劣,后果严重。但鉴于孙伟铭是间接故意犯罪,与直接故意驾车撞击车辆、行人的犯罪相比,主观恶性不是很深,人身危险性不是很大;其犯罪时处于严重醉酒状态,对自己行为的辨认和控制能力有所减弱;案发后真诚悔罪,并通过亲属积极筹款赔偿被害人的经济损失,依法可从轻处罚。原判认定的事实和定罪正确,审判程序合法,但量刑不当。依照《中华人民共和国刑事诉讼法》第一百八十九条第(二)项和《中华人民共和国刑法》第一百一十五条第一款、第五十七条第一款之规定,判决如下:

1. 维持一审判决对被告人孙伟铭的定罪部分;
2. 撤销一审判决对被告人孙伟铭的量刑部分;
3. 被告人孙伟铭犯以危险方法危害公共安全罪,判处无期徒刑,剥夺政治权利终身。

二、裁判要旨

No.2-114、115(1)-5-7 醉酒驾车连续冲撞致多人伤亡的,应以以危险方法危害公共安全罪论处。

原因有以下三方面:第一,要严格按照主客观相统一的定罪原则来认定醉酒驾车肇事行为的性质。醉酒驾车肇事客观上表现为醉酒驾车,造成他人伤亡或者重大财产损失,危害了公共交通安全,这同时符合交通肇事罪和以危险方法危害公共安全罪的特征,故从客观方面很难进行区分。对此类行为的准确定罪,更为重要的是分析行为人肇事时的主观心态。如果是故意,则以以危险方法危害公共安全罪定罪;如果是出于过失,则以交通肇事罪定罪。实践中,醉酒驾车犯罪行为人往往不希望也不积极追求伤亡结果的发生,其罪过形式系放任的间接故意还是过于自信的过失,较难把握。一般而言,应结合行为人是否具有驾驶能力、是否正常行驶、行驶速度快慢、所驾车辆的车况如何、路况和能见度如何、案发地点车辆及行人多少、肇事后的表现,以及行为人关于主观心态的供述等方面,进行综合分析认定。在不同的个案中,行为人对醉酒驾车造成的危害结果所持的心态不同,故不能认为醉酒驾车犯罪行为人主观上对危害结果的发生一概是故意或过失,进而一律认定为以危险方法危害公共安全罪或交通肇事罪。

第二,要从立法目的角度正确理解交通肇事罪与以危险方法危害公共安全罪条文之间的关系。虽然《刑法》第一百三十三条规定的交通肇事罪和《刑法》第一百一十四条、第一百一十五条规定的以危险方法危害公共安全罪都属于刑法第二章规定的危害公共安全犯罪,但“以其他危险方法危害公共安全”行为是对“放火、决水、爆炸以及投放毒害性、放射性、传染病病原体等物质”等行为的兜底,而不是对整个刑法第二章所有条款的兜底。故从立法目的看,不能得出《刑法》第一百一十四条和第一百一十五条完全适用于醉酒驾车犯罪行为的结论。司法实践中,不能将这两个条款无限制地扩大适用于所有醉酒驾车犯罪。从刑法规定看,构成以危险方法危害公共安全罪的行为,是指那些与“放火、决水、爆炸以及投放毒害性、放射性、传染病病原体等物质”具有同等严重破坏性的危害公共安全的行为,而不是泛指所有危害公共安全的行为。一般情况下,醉酒驾车肇事和采用放火、决水、爆炸等危险方法危害公共安全的行为在危害公共安全性质上有差异,不能把醉酒驾车肇事简单地一律认定为以危险方法危害公共安全罪。醉酒驾车肇事行为在何种情况下与放火、决水、爆炸等危害公共安全行为在性质上相当,要在具体案件中根据行为的时间、地点、方式、环境等情况来具体分析判断,不能单纯以危害后果来判断醉酒驾车肇事行为是否构成以危险方法危害公共安全罪。

第三,要重视把握量刑平衡与准确定罪的关系。由于刑法没有将醉酒驾车行为本身规定为犯罪①,对于醉酒驾车造成人员伤亡的犯罪,如果一律按照以危险方法危害公共安全罪处罚,则会出现这样的现象:醉酒驾车未肇事,或者虽然肇事但未造成人员伤亡及重大财产损失的,不能定罪;而醉酒驾车造成人员伤亡的,哪怕只是造成一人重伤,按照《刑法》第一百一十五条第一款的规定,至少都要判处十年有期徒刑。显然,对后一种情形的处罚明显过重,有违罪刑均衡原则。同时,行为人在醉酒驾车肇事后,继续驾车撞击车辆或行人,造成严重后果的,其主观上对危害结果的发生明显持放任态度,具有危害公共安全的故意,如果按照交通肇事罪处理,一般情况下,最多只能判处七年有期徒刑,处罚明显偏轻,不仅罪刑不相适应,而且也起不到有效的警示和预防作用,不足以遏制当前日趋严重的醉酒驾车犯罪现象。

案例:金复生以危险方法危害公共安全、故意杀人案

案例来源:《刑事审判参考》总第 113 集[第 1236 号]

主题词:以危险方法危害公共安全　行为数

一、基本案情

被告人金复生与北京市朝阳区三里屯经济管理中心因民事纠纷产生矛盾,遂意图以驾驶机动车撞死三里屯经济管理中心工作人员的方式泄愤。2014 年 12 月 26 日 10 时许,金复生为实施报复行为,驾驶别克牌轿车在北京市朝阳区工体东路 5 号楼东侧辅路,故意撞击三里屯经济管理中心司机康某,将康某撞倒后逃跑,造成被害人康某头部受伤,经鉴定为轻微伤。

被告人金复生驾车逃跑至朝外大街故意高速撞击在人行横道内正常行走的行人,致被害人吴某轻伤(二级)。后金复生驾车由北京工人体育场南门进入体育场院内,又连续撞击了十名行人致三人死亡,两人重伤,五人轻伤。之后,因所驾车辆与停放在 20 号看台附近的一辆金杯牌汽车发生碰撞而停下,导致该金杯牌汽车和相邻停放的现代途胜牌汽车、雪佛兰乐风牌汽车损坏,经鉴定上述三辆汽车经济损失价值共计人民币 43517 元。经现场群众报案后,民警赶赴现场,在金复生所驾车辆驾驶室内将其抓获。

---

① 《刑法修正案(八)》在《刑法》第一百三十三条增加一条,作为第一百三十三条之一,该规定设立了危险驾驶罪:“在道路上驾驶机动车追逐竞驶,情节恶劣的,或者在道路上醉酒驾驶机动车的,处拘役,并处罚金。”本案发生在《刑法修正案(八)》颁布之前,特请注意。

二、裁判要旨

No.2-114、115(1)-5-8 基于不同犯意的驾车连续冲撞行为,应分别评价为数罪。

犯罪构成要件具有犯罪个别化机能,使一罪与其他犯罪相区别。根据刑法理论通说,犯罪主观方面是犯罪主体对其所实施的危害行为及危害后果所持的心理态度,包括故意、过失、动机、目的等。犯罪主体在不同主观故意支配下的行为构成不同的犯罪。因此,对不同犯意支配下行为人实施的具体行为应结合全案证据综合考量才能予以正确评价。综观本案,被告人金复生的行为可分为三个现场,分别是朝阳区工体东路5号楼东侧辅路(三单屯经济管理中心附近)、朝外大街,以及北京工人体育场院内(以下简称"工体院内")。虽然案发在不同的地点且金复生针对不同对象实施了驾车撞击行为,但从在案证据来看,金复生的相关行为不宜分开,而应从其行为发生、发展的全过程分析其行为的性质。

首先,金复生撞击第一现场被害人康某的行为构成故意杀人罪(未遂)。从客观行为方面来看,金复生的作案目标具有针对性,表明其犯罪行为侵害的客体是康某的人身权利,并非公共安全。从犯罪主观方面来看,据金复生的供述,他与三里屯经济管理中心因民事纠纷产生矛盾,遂意图驾驶机动车撞死该中心的人员以泄愤。可见,金复生在本案第一现场驾车撞人是有预谋实施的故意杀人行为。只是该行为没有达到其犯罪目的,即"开车撞死他们"的危害结果并没有发生,而仅造成被害人康某轻微伤,故属于犯罪未遂。

其次,被告人金复生撞击吴某等十一人的行为应综合评价为以危险方法危害公共安全罪。对金复生在离开第一现场之后实施的行为应结合具体案情综合认定。根据第二现场受害人吴某的陈述及现场监控录像,金复生所驾驶的车辆从东向西直接朝吴某等行人冲来,且在接近行人时车辆有明显加速。金复生也供称:"撞完司机后我慌忙逃跑……我的车速约每小时六七十公里,我也没踩刹车就撞了对方(吴某)。撞人后我继续驾车逃跑……从南门进入工人体育场。我从北门开往东门,在路上见人就撞,印象中撞了六七个人,具体数字不记得了……我撞的人与我打官司的事没有关系。我这么做的目的就是想多撞人,制造影响。"可见,金复生在第一现场的行为结束后,先是为逃跑而在繁华地段高速行驶以致撞人,后为制造影响在工体院内连续对不特定的无辜行人进行冲撞,其故意或放任危害结果发生的主观心态是贯穿始终的。故对其后续行为可以进行整体评价,即金复生在本案第二现场和第三现场的行为是连续的整体行为,构成以危险方法危害公共安全罪。

案例:田军祥等以危险方法危害公共安全、妨害公务案

案例来源:《刑事审判参考》总第92集[第856号]

主题词:以危险方法危害公共安全罪 死刑立即执行的适用

一、基本案情

被告人田军祥,男,汉族,1984年12月10日出生,农民。2009年9月21日因涉嫌妨害公务罪、以危险方法危害公共安全罪被逮捕。

被告人周猛,男,汉族,1983年7月22日出生,农民。2009年9月21日因涉嫌妨害公务罪、以危险方法危害公共安全罪被逮捕。

被告人祝加永,男,汉族,1986年7月8日出生,农民。2009年9月21日因涉嫌妨害公务罪、以危险方法危害公共安全罪被逮捕。

山东省临沂市人民检察院以田军祥、周猛、祝加永犯妨害公务罪、以危险方法危害公共安全罪,向法院提起公诉。

被告人田军祥辩称,其不是故意驾车与小客车相撞。其辩护人提出,田军祥的行为不构成妨害公务罪、以危险方法危害公共安全罪。

临沂市中级人民法院经审理查明:2009年4月,田军祥、周猛、祝加永合资购得东风陆霸牌大型自卸工程车一辆(无手续),田军祥、周猛在无相关驾驶资质的情况下驾驶该车非法营运。同年9月1日19时许,田军祥、周猛驾驶该车行至临沂市兰山区沂蒙路半程段与汶泗路交会处时,被临沂市交通局兰山分局工作人员查获,田军祥弃车逃离,周猛按照指令将该车停放于临沂市交通局兰山分局在半程镇12路公交车总站设立的临时停车点。当日20时许,田军祥、周猛、祝加永伙同蒋金涛等十余人(均另案处理)赶到临时停车点,手持铁锤、铁锨,采用语言威胁等手段,由田军祥将被查扣的自卸工程车强行开走,祝加永、周猛驾驶车牌号鲁QU8380的奥拓汽车紧随其后。临沂市公安局兰山分局半程派出所民警接警后驾车出警,并在汶泗公路与金锣二路交会处附近追上田军祥驾驶的自卸工程车。当民警向田军祥示意停车接受检查并试图用警车堵截自卸工程车时,周猛向田军祥大声呼喊,督促田军祥加速逃跑。田军祥即驾车多次撞击警车,致警车受损(损失价值3380元)。民警为防止出现意外情况,遂放慢警车速度,拉大与自卸工程车的距离。为逃避查处,田军祥驾驶载有60余吨黄沙的自卸工程车在公路上高速逃逸,当行驶至山东省费县汪沟镇驻地十字路口西侧时,因强行占道超车,与对向行驶的一辆小型普通客车相撞,致小客车上的三人死亡、一重伤、三轻伤。之后,田军祥、周猛、祝加永三人逃离现场。

临沂市中级人民法院审理认为,田军祥、周猛、祝加永以暴力、威胁方法阻碍国家机关工作人员依法执行职务,其行为均构成妨害公务罪;田军祥明知自己无驾驶工程车的资质,还驾驶工程车在车辆、人流密集的公路上高速逃逸。当公安人员向田军祥示意停车接受检查之后,田军祥置他人的人身、财产安全于不顾,先是驾驶工程车连续撞击警车,后又强行占道超车并与对向行驶的小型客车相撞,最终造成三人死亡、一人重伤、三人轻伤以及财物损毁的严重后果,其行为构成以危险方法危害公共安全罪。周猛、祝加永与田军祥构成以危险方法危害公共安全罪的共同犯罪,在以危险方法危害公共安全罪的共同犯罪中,周猛、祝加永系从犯,可依法从轻处罚。据此,依照《中华人民共和国刑法》第二百七十七条第一款、第一百一十五条第一款、第二十五条第一款、第二十六条第一款、第二十七条、第四十八条第一款、第五十七条第一款、第六十九条之规定,判决如下:

1. 被告人田军祥犯以危险方法危害公共安全罪,判处死刑,剥夺政治权利终身;犯妨害公务罪,判处有期徒刑三年;决定执行死刑,剥夺政治权利终身。

2. 被告人周猛犯以危险方法危害公共安全罪,判处无期徒刑,剥夺政治权利终身;犯妨害公务罪,判处有期徒刑三年;决定执行无期徒刑,剥夺政治权利终身。

3. 被告人祝加永犯以危险方法危害公共安全罪,判处有期徒刑十三年;犯妨害公务罪,判处有期徒刑三年;决定执行有期徒刑十五年。

一审宣判后,田军祥以其"不构成妨害公务罪和以危险方法危害公共安全罪"提出上诉。周猛、祝加永亦提起上诉。

山东省高级人民法院经审理认为,原判认定的犯罪事实清楚,证据确实、充分,定罪准确,审判程序合法。因二审查明周猛、祝加永有重大立功情节,且在以危险方法危害公共安全罪的共同犯罪中均系从犯,二上诉人的亲属在二审期间代为缴纳部分赔偿金,故依法可对上诉人周猛、祝加永减轻处罚。据此,依照《中华人民共和国刑事诉讼法》(1996年)第一百八十九条第(一)项、第(二)项和《中华人民共和国刑法》第二百七十七条第一款、第一百一十五条第一款、第二十五条第一款、第二十六条第一款、第二十七条、第五十七条第一款、第六十八条、第六十九条之规定,山东省高级人民法院判决如下:

依法驳回上诉人田军祥的上诉,维持原判,并依法报请最高人民法院核准。

上诉人周猛犯以危险方法危害公共安全罪,判处有期徒刑九年;犯妨害公务罪,判处有期徒刑三年;决定执行有期徒刑十一年。

上诉人祝加永犯以危险方法危害公共安全罪,判处有期徒刑七年;犯妨害公务罪,判处有期徒刑三年;决定执行有期徒刑九年。

最高法院经复核认为,田军祥伙同他人采用持械威胁的手段将被依法扣押的车辆强行开走,严重妨害了交通运输管理机关查扣、处置违章车辆的公务活动,其行为构成妨害公务罪;田军祥为逃避查处,明知驾驶严重超限的大型车辆高速行驶难以控制,极有可能发生危害公共安全的后果,仍无证驾驶大型车辆连续撞击警车,并在车辆、人流相对密集的城镇路段高速行驶、强行占道超车,放任危害后果的发生,最终造成三人死亡、一人重伤、三人轻伤以及财物损毁的严重后果,其行为构成以危险方法危害公共安全罪,依法应当实行数罪并罚。田军祥所犯以危险方法危害公共安全罪的性质、情节和后果特别严重,罪行极其严重,应当依法严惩。一审、二审判决认定的事实清楚,证据确实、充分,定罪准确,量刑适当,审判程序合法。

据此,依照《中华人民共和国刑事诉讼法》(1996 年)第一百九十九条、最高人民法院《关于复核死刑案件若干问题的规定》第二条第一款之规定,裁定如下:

核准山东省高级人民法院(2010)鲁刑一终字第 174 号维持第一审对田军祥以以危险方法危害公共安全罪判处死刑,剥夺政治权利终身;以妨害公务罪判处有期徒刑三年;决定执行死刑,剥夺政治权利终身的刑事附带民事判决。

二、裁判要旨

No. 2-114、115(1)-5-9 行为人为逃避法律制裁暴力抗法,在神志清醒控制力正常的状态下实施危害公共安全的行为,在量刑上应当重于因醉酒引起的以危险方法危害公共安全行为。

若仅从案件定性和犯罪后果分析,本案与黎景全、孙伟铭、张明宝等人醉驾案确实有一定相似之处。然而,随着刑法理论与实践的发展,确定罪刑关系越发重视和强调客观危害与主观恶性的统一。根据罪责刑相适应原则以及刑罚个别化原则,法官在对被告人裁量刑罚时,既要充分考虑其所犯罪行的性质、后果的严重程度,又要充分考虑被告人的个人经历、犯罪原因以及其他具体情况,以准确认定被告人的主观恶性和人身危险性的大小,通过主客观两个方面的考察判处轻重相适应的刑罚。唯其如此,刑罚才能实现个别公正。

认为判处田军祥死刑立即执行量刑失衡的观点,症结在于比较不同案件的量刑时只关注犯罪的性质和后果的相似性,而忽视了案件中不同的量刑情节。量刑情节既包括刑法中规定的各类法定情节,也包括刑法未明确规定的犯罪动机、起因、手段、故意程度等酌定量刑情节。量刑情节的轻重与刑罚裁量的宽严呈正比关系,被告人所具有的量刑情节对于最终的宣告刑具有决定性影响。因此,综合分析、把握案中的各项量刑情节是准确裁量刑罚的关键所在。本案与前述三起案件在犯罪情节、行为人主观恶性与人身危险性方面存在显著差异:

首先,从案件起因看,前述三起案件是因醉酒驾车而引发,而本案的起因则是暴力抗法。田军祥在伙同他人实施妨害公务犯罪后,为逃避法律制裁继而又以危险方法危害公共安全,这一情节能够充分反映出田军祥对于国家法律和公共安全利益的藐视,此中体现的主观恶性与前述醉驾案件存在明显区别。其次,田军祥这种为抗法又实施犯罪的行为所造成的社会影响更为恶劣,对社会秩序和人民群众安全感的破坏明显大于前述醉酒驾车案件。最后,与前述醉驾案件中行为人因醉酒而控制力减弱的情形不同,田军祥犯罪时神志清醒、控制力正常,其对自己行为的性质、后果均有清楚的认识。因此,虽然本案与前述醉驾案件均属于间接故意犯罪,但在行为人的认识因素和意志因素等方面存在明显差异。此外,田军祥在公安人员已经表明身份并向其示意停车接受检查的情况下,无视对方安危,驾驶大型工程车辆连续撞击警车,此行为充分表明田军祥的人身危险性大于前述醉驾案件中的行为人。

因此田军祥所犯以危险方法危害公共安全罪的性质、情节和后果特别严重,罪行极其严重,本案一审、二审法院依法判处其死刑立即执行,定罪正确,量刑适当。

案例:黎景全以危险方法危害公共安全案

案例来源:《刑事审判参考》总第 94 集[第 908 号]

主题词:以危险方法危害公共安全罪 与交通肇事罪的区别

一、基本案情

被告人黎景全,男,1964 年 4 月 30 日出生,个体工商户。1981 年 12 月 11 日因犯抢劫罪、故意伤害罪被判处有期徒刑四年六个月,1985 年 4 月 9 日刑满释放,2006 年 9 月 28 日因涉嫌犯以危险方法危害公共安全罪被逮捕。

广东省佛山市人民检察院以被告人黎景全犯以危险方法危害公共安全罪,向佛山市中级人民法院提起公诉。

被告人黎景全对起诉书指控的事实无异议,但辩称其在作案当天喝了酒,并非故意撞人;鉴定意见显示在车后轮上找到被害人的皮肤,被害人不是被其车前轮所撞,其行为属于过失犯罪。其辩护人提出,黎景全对社会没有仇视,与被害人没有纠葛,不具有以危险方法危害公共安全的故意,其行为构成过失以危险方法危害公共安全罪。

佛山市中级人民法院经公开审理查明:2006年9月16日18时50分许,被告人黎景全大量饮酒后驾驶车牌号为粤A1J374的面包车由南向北行驶,行至佛山市南海区盐步碧华村新路治安亭附近路段时,蹭倒骑摩托车的被害人梁锡全(系黎景全的好友),其随即下车查看,见未造成严重后果,便再次上车发动引擎,继续快速前行,从后面将骑自行车的被害人李洁霞及其搭乘的儿子陈柏宇撞倒,致陈柏宇轻伤。黎景全继续开车前行,撞坏治安亭前的铁闸及旁边的柱子,又掉头由北往南向穗盐路方向快速行驶,车轮被卡在路边花地上。梁锡全及其他村民上前救助伤者并劝阻黎景全,黎景全加大油门驾车冲出花地,碾过李洁霞后撞倒梁锡全,致李洁霞、梁锡全死亡。黎景全驾车驶出路面外被抓获。经鉴定,黎景全血液酒精含量为369.9毫克/100毫升,案发时处于急性醉酒状态。

佛山市中级人民法院认为,被告人黎景全在交通肇事逃逸过程中,驾驶车辆冲撞人群,危害公共安全,致二人死亡,其行为构成以危险方法危害公共安全罪。黎景全驾车伤人的过程有多名目击证人证实,肇事车辆具体哪一部位碰撞被害人,不影响其犯罪事实的成立;黎景全肇事后驾车向人群冲撞,体现出其具有明显的以危险方法危害公共安全的故意。故对相关被告人的辩解及其辩护人的意见不予采纳。据此,依照《中华人民共和国刑法》第一百一十五条第一款、第四十八条第一款、第五十七条第一款之规定,佛山市中级人民法院以被告人黎景全犯以危险方法危害公共安全罪,判处死刑,剥夺政治权利终身。

被告人黎景全不服,基于以下理由向广东省高级人民法院提出上诉:原判认定事实及定性错误,其与被害人梁锡全是世交,不可能去撞他;其因饮酒过量导致精神障碍无法控制自己的行为,撞人后车撞到钢闸门,车轮打滑改变方向,其是在无法分清方向的情形下继续往前开,而非掉头再冲撞人群,应当认定过失以危险方法危害公共安全罪。其辩护人提出,黎景全不具有以危险方法危害公共安全的主观要件;梁锡全死亡的责任不应完全由黎景全承担。

广东省高级人民法院经公开审理认为,被告人黎景全案发时处于急性醉酒状态,应当依法承担刑事责任,且醉酒不意味着其主观罪过是过失,故被告人的上诉理由及其辩护人的相关意见无事实依据,不予采纳。原判认定事实清楚,证据确实、充分,定罪准确,量刑适当,审判程序合法。据此,依照《中华人民共和国刑事诉讼法》(1996年)第一百八十九条第(一)项、第一百九十九条之规定,广东省高级人民法院于2008年9月17日裁定驳回上诉,维持原判,并依法报请最高人民法院核准。

最高人民法院经复核认为,被告人黎景全酒后驾车冲撞人群,其行为构成以危险方法危害公共安全罪。黎景全酒后驾车撞人,致二人死亡、一人轻伤,犯罪情节恶劣,后果特别严重,依法应当惩处。鉴于黎景全是在严重醉酒状态下作案,属于间接故意犯罪,与蓄意危害公共安全的直接故意犯罪应当有所区别;其归案后认罪、悔罪态度较好,依法可以不判处死刑。第一审判决、第二审裁定认定的事实清楚,证据确实、充分,定罪准确,审判程序合法,但量刑不当。依照《中华人民共和国刑事诉讼法》(1996年)第一百九十九条和最高人民法院《关于复核死刑案件若干问题的规定》第四条的规定,于2009年7月27日裁定如下:

1. 不核准广东省高级人民法院(2009)粤高法刑一终字第131号维持第一审以以危险方法危害公共安全罪判处被告人黎景全死刑,剥夺政治权利终身的刑事裁定。

2. 撤销广东省高级人民法院(2007)粤高法刑一终字第131号维持第一审以以危险方法危害公共安全罪判处被告人黎景全死刑,剥夺政治权利终身的刑事裁定。

3. 发回广东省高级人民法院重新审判。

广东省高级人民法院于 2009 年 8 月 26 日以(2009)粤高法刑一终字第 131-1 号刑事判决,认定被告人黎景全犯以危险方法危害公共安全罪,判处无期徒刑,剥夺政治权利终身。

二、裁判要旨

No. 2-114、115(1)-5-10 醉酒驾驶肇事后,继续驾车行驶以致再次肇事造成更为严重后果的,行为人主观上对他人伤亡的危害后果持放任态度,应当认定为以危险方法危害公共安全罪。

司法实践中,认定行为人的主观罪过是一个非常复杂的问题,对过于自信的过失和放任的间接故意作出区分尤为困难。醉酒驾驶肇事的犯罪行为人主观罪过形式到底是放任危害结果的间接故意还是过于自信的过失,具有一定的模糊性,难以准确认定。一般情况下,醉酒驾车肇事,大致具有以下三种情形:第一种情形是醉酒驾驶肇事后,立即停止行驶,即所谓一次碰撞;第二种情形是醉酒驾车肇事后,为避免造成其他危害后果采取紧急制动措施,但因惊慌失措,而发生二次碰撞;第三种情形是醉酒驾车肇事后,继续驾车行驶,以致再次肇事,造成更为严重的后果,即也发生二次碰撞。第一种情形下,对于行为人对危害结果的发生持希望或者放任态度的认定,在证据上要从严把握,除非有确实、充分的证据,一般情况下都是认定行为人对危害结果持过失态度,进而以交通肇事罪论处。第二种情形与第三种情形都发生二次碰撞,但行为人对危害结果的主观意志是迥然不同的。第二种情形下,行为人是为了避免发生危害结果而做出相应行为,对危害结果持绝对否定态度,但因为惊慌失措,导致没有控制危害结果的发生,其主观罪过为过失。第三种情形下,行为人醉酒驾车发生一次碰撞后,完全能够认识到其醉酒驾驶行为具有高度的危险性,极有可能再次发生安全事故,危及他人的生命安全,但对此全然不顾,仍然继续驾车行驶,以致再次冲撞车辆或行人,造成更为严重的后果。这种情形明显反映出行为人不计醉酒驾驶后果,对他人伤亡的危害结果持放任态度,主观上具有危害公共安全的间接故意,应当构成以危险方法危害公共安全罪。

就本案而言,我们赞同被告人黎景全的行为构成以危险方法危害公共安全罪的意见。对黎景全酒后驾车冲撞的行为进行分析,大致可以将其分为两个阶段:在第一个阶段,黎景全驾车行驶过程中,先是蹭倒骑摩托车的梁锡全,其随即下车查看,见未造成严重后果,便再次上车发动引擎,继续快速前行。后又从后面撞倒同向行驶以正常速度骑自行车的李洁霞、陈柏宇母子,致陈柏宇轻伤,黎景全随即踩下刹车。从黎景全撞上梁锡全后下车查看,以及撞上李洁霞母子后立即采取制动措施的行为看,其在事故发生时虽然处于严重醉酒状态,但仍有一定的辨认和控制能力,其并不希望或者放任危害结果的发生,对碰撞持过失心态,且此时造成的后果均不严重。故其行为仅属于一般的交通肇事行为。在第二个阶段,黎景全撞倒李洁霞母子后,多名群众见其已经刹车即上前劝阻、包围车辆,此时黎景全所驾驶车辆的车窗是打开的,其并不是处于封闭的环境中,而是具备感知、认识周围环境和人员的条件。从事后勘查发现主要是右后车轮碾压被害人的情况看,黎景全撞人时正在掉头转弯,说明其对外界事物有认识,知道自己被众人围堵并急于离开现场,其对自己的行为仍具备一定的辨认和控制能力。黎景全出于逃离现场的动机,不顾站在车旁群众的生命安危,锁闭车门、打转方向、加大油门继续行驶,导致未及躲避的李洁霞和在车旁劝其停止驾驶的梁锡全被车撞倒死亡。此时黎景全对可能发生致人死亡的结果持放任心态,其主观罪过已转化为间接故意。综上,我们认为,黎景全作案时对外界情况和事物具有认知能力,主观上具有放任危害结果发生的故意,客观上实施了危害公共安全的行为,其行为构成以危险方法危害公共安全罪。

案例:任寒青以危险方法危害公共安全案

案例来源:《刑事审判参考》总第 94 集[第 911 号]

主题词:以危险方法危害公共安全罪　为逃避检查驾车冲撞警察与他人车辆的行为

一、基本案情

被告人任寒青,男,1966 年 12 月 2 日出生,上海涵青策划有限公司法定代表人。2010 年 9

月14日因涉嫌犯故意杀人罪被逮捕。

上海市静安区人民检察院以被告人任寒青犯故意杀人罪,向上海市静安区人民法院提起公诉。

被告人任寒青及其辩护人提出,根据任寒青所实施的一系列行为,不足以推定任寒青具有杀人的直接故意,其不构成故意杀人罪。任寒青采用暴力方法阻碍人民警察依法执行公务,应当以妨害公务罪对其定罪处罚。

上海市静安区人民法院经公开审理查明:2010年9月6日23时20分许,被告人任寒青酒后驾车,行驶至上海市延安路高架茂名北路下匝道北侧时,上海市公安局静安分局交警大队正在开展执法整治行动。任寒青见状,向斜后方倒车企图逃避检查,交警张之宇示意任寒青停车接受检查。任寒青不顾交警的指令继续倒车,车尾撞上他人汽车后,突然加速向前,将正前方相向走来的张之宇撞倒在凯迪拉克汽车引擎盖上。之后,任寒青不顾张之宇一直在引擎盖上要求停车的呼喊,仍然紧急倒车并再次撞击上道路隔离栏,后又沿延安中路由东向西逆向行驶,至陕西南路口驶入顺向车道。途中,任寒青驾车速度达108.63公里/每小时,在华山路口违反红色信号灯行驶,致华山路南北向多辆汽车紧急刹车,任寒青还驾车呈"S"形行驶,影响了其他车辆的正常行驶。当行驶至延安西路358号附近时,任寒青突然紧急刹车,将张之宇从引擎盖上甩下后逃逸,致张之宇轻伤。法院审理期间,任寒青与张之宇和另一车主李小霞达成民事赔偿和解,一次性赔偿张之宇经济损失人民币40万元,一次性赔偿李小霞经济损失人民币1.8万元。

上海市静安区人民法院认为,被告人任寒青为逃避酒驾检查,采取暴力手段阻碍人民警察依法执行职务,触犯了妨害公务罪、故意伤害罪和以危险方法危害公共安全罪等数个罪名,依法应当惩处。鉴于任寒青系初犯,犯罪后果尚不严重,案发后能坦白交代罪行,积极赔偿被害人张之宇、李小霞的全部经济损失,且具有认罪、悔罪表现,可以酌情从轻处罚。据此,依照《中华人民共和国刑法》第一百一十四条之规定,上海市静安区人民法院以被告人任寒青犯以危险方法危害公共安全罪,判处有期徒刑五年。

一审宣判后,被告人任寒青提出上诉,称其停车将被害人张之宇放下后再逃离现场,其行为对公共安全未造成危害,请求减轻处罚。其辩护人提出应当以妨害公务罪对任寒青进行定罪处罚。

上海市第二中级人民法院经公开审理认为,被害人张之宇的陈述和目击证人证言及监控录像相印证,能够证实任寒青突然紧急刹车,将张之宇从车引擎盖上甩至机动车道上后逃逸的事实,故任寒青所提其停车将张之宇放下的辩解不能成立。任寒青酒后驾车,为逃避公安机关执法检查,倒车冲撞他人车辆,并连续实施逆向行驶、"S"形行驶、违反交通信号灯行驶、违反限速规定高速在市区道路行驶等高度危险行为,后为将被其撞击后趴在车头的执勤警察甩下而突然紧急刹车,最终造成他人车辆和隔离栏被撞坏、警察受轻伤的后果,而且对行驶沿途经过的不特定的行人、车辆和财产安全构成严重威胁,故任寒青的行为构成以危险方法危害公共安全罪。任寒青上诉提出的辩解及其辩护人提出的辩护意见与事实不符,不予采纳。据此,依照《中华人民共和国刑事诉讼法》(1996年)第一百八十九条第(一)项之规定,上海市第二中级人民法院裁定驳回上诉,维持原判。

二、裁判要旨

No.2-114、115(1)-5-11 行为人为逃避酒驾检查驾车冲撞警察与他人,同时符合妨害公务罪、故意伤害罪与以危险方法危害公共安全罪,应当以以危险方法危害公共安全罪定罪处罚。

现有证据不能证实任寒青有杀害被害人张之宇的直接故意。本案中,被告人任寒青在驾车冲撞时,并没有非法剥夺执勤警察生命的言语表示。任寒青到案后供称,其看见有警察盘查就掉转车头,听到后面有人喊停下来,其猛踩油门拼命向前开,逆行并闯了好几个红灯。途中,其突然看见有个警察趴在引擎盖上,不知道警察怎么上去的,就一脚急刹车,警察摔下车后,其没有下车,直接开车逃走了。根据任寒青的上述供述,其在行驶过程中并无杀害张之宇的直接故意。任寒青虽然实施了用车辆撞击张之宇的行为,且明知张之宇趴在引擎盖上仍继续行驶1.9公里,途中车速曾高达108.63公里/小时,最后突然紧急刹车,将张之宇甩至车道上,但这些行为尚不足以造成张之宇必然死亡的结果。因此,现有证据难以证实任寒青主观上具有杀人的直接故意。

任寒青实施的行为危及不特定多数人的人身、财产安全,而非特定对象的人身、财产安全。本案发生在上海市商业中心城区静安区的延安中路、延安西路等繁华路段。虽然从实际发生的危害结果看,任寒青驾车冲撞的对象是具体的人和物,但这些对象的选择具有随机性,而非其刻意针对。当时在案发路段执行检查任务的除了张之宇外,还有交警牟某、严某以及潘某等三名交通协管员,只不过任寒青试图倒车逃避检查时,其车离张之宇最近。如果其倒车时离其他交警或者协警更近,受到伤害的可能就是其他人。同样,无论是谁行驶在任寒青车后,均可能在其倒车时被撞损车头。此外,任寒青驾车闯红灯的行为致华山路南北向行驶的多辆汽车紧急刹车,严重威胁到这些车辆及车上驾驶员、乘客的安全。因此,任寒青酒后驾车超速、逆向行驶等行为,对其途经路段的不特定对象,包括车辆、行人、交警和公私财产安全均构成了现实的威胁。

任寒青实施的行为具有与放火、决水、爆炸、投放危险物质等行为相当的危险性。汽车是危险性较大的交通工具,为降低这种危险性,驾驶者必须严格遵守交通运输管理法规的规定,做到谨慎驾驶,在道路上违章驾驶无疑会增加这种危险转化为现实危害结果的可能性。一般的违反道路交通安全法规的驾驶行为虽然对公共安全造成一定威胁,但其危险程度小于放火、决水、爆炸、投放危险物质等行为,因此不构成以危险方法危害公共安全罪。只有当驾驶行为具有与放火、决水、爆炸、投放危险物质相当的危险,且行为人明知其行为可能会导致该类危险的发生时,才构成以危险方法危害公共安全罪。本案中,任寒青酒后驾车,驾驶能力受到酒精影响,本身就是高度危险的驾驶行为,不仅如此,其还实施了超速行驶、逆向行驶、闯红灯等多个严重违章行为,其行为的危险性已达到与放火、决水、爆炸、投放危险物质相当的程度。同时,任寒青驾车冲撞交警、车辆、隔离栏,属于故意伤害、故意毁损公私财物行为,在性质上可作一次法律评价,涵括在以危险方法危害公共安全罪这一罪名之中。

任寒青实施的一系列行为所造成的后果未超出公共安全的范围。刑法规定的以危险方法危害公共安全罪的严重后果包括致人重伤、死亡或者公私财产遭受重大损失。本案中,任寒青的违规驾驶行为致被害人张之宇健康受损,致被害人李某某的汽车及道路隔离栏受损,这些危害结果均在公共安全范围之内。

任寒青对危害后果的发生持放任心态。行为人为了追求某种目的而实施一定行为时,明知该行为可能会发生某种危害后果,但为实现其意图而放任危害后果的发生,是一种典型的间接故意。本案中,任寒青明确供述,其因驾驶前饮酒,在看到有交警检查过往车辆时,为逃避检查而掉转车头,倒车时感觉撞到什么东西,可能是别人车辆、路墩或者隔离栏,并听到后面有人在喊停车,但其只知道要逃跑,故猛踩油门拼命往前开,发现有警察趴在引擎盖上后,便急刹车将警察甩下,直接开车逃走。该供述反映出任寒青明知其驾驶的车辆发生了碰撞,但为了逃避处罚,仍不管不顾继续违章行驶,并在明知趴在其汽车引擎盖上的警察面临高度危险的情况下,不顾该警察生命安全,急刹车将警察甩下车后逃逸。这些情节足以表明其对其驾驶行为所可能导致的危害后果在意志上持放任态度,属于间接故意罪过形式。

案例:黄世华以危险方法危害公共安全案

案例来源:《刑事审判参考》总第94集[第912号]

主题词:以危险方法危害公共安全罪　不特定多数人　死刑适用

一、基本案情

被告人黄世华,男,1966年4月25日出生。2000年6月27日因犯故意杀人罪被判处有期徒刑七年,2005年7月1日刑满释放;2012年2月24日因涉嫌犯以危险方法危害公共安全罪被逮捕。

上海市人民检察院第一分院以被告人黄世华犯以危险方法危害公共安全罪,向上海市第一中级人民法院提起公诉。

被告人黄世华对指控的事实及罪名无异议。其辩护人提出,黄世华的行为应当定性为过失以危险方法危害公共安全罪,且黄世华认罪态度好,请求法庭对其从轻处罚。

上海市第一中级人民法院经公开审理查明:2012 年 2 月 11 日,被告人黄世华与朋友刘红丽等人到黄世华的妹夫王文合位于上海市浦东新区孙桥镇前塘村的家中吃午饭。其间,黄世华大量饮酒。当日 15 时许,刘红丽驾驶黄世华的车牌号为豫 SD8871 的比亚迪汽车送黄世华等人回家。途中,黄世华认为刘红丽开车不熟练,强行要求刘红丽停车换由自己驾驶。当黄世华驾车行驶至浦东新区川展路附近时,与被害人沈建国(男,殁年 43 岁)驾驶的车牌号为沪 FV9073 的桑塔纳出租车发生追尾。黄世华担心醉酒驾车行为被查处,即驾车逃逸,沈建国遂驾车追赶。黄世华驾车行驶至浦东新区南六公路、周祝公路路口时,因遇红色信号灯且前方有车辆阻挡而停车,追至此处的沈建国下车后拦在黄世华汽车前方欲与其理论,刘红丽见状下车查看。当信号灯转为绿色时,黄世华强行启动汽车,将沈建国顶于汽车引擎盖上沿南六公路加速行驶。当其驾车行驶约 1 公里至南六公路、鹿达路路口时,撞上前方的车牌号为苏 K7A400 的奇瑞汽车尾部,致使该车的油箱破裂并连环撞击其前方待转的车牌号为浙 A2621G 的悦达起亚汽车。奇瑞汽车当场起火,车内的被害人闵正荣(男,殁年 50 岁)、谈桂芳(女,殁年 42 岁)被烧身亡,沈建国因被机动车撞击挤压致创伤性休克死亡,悦达起亚汽车内的被害人郭天军、张利敏、严月芳三人受伤,另造成财产损失约合人民币 5 万余元。经鉴定,黄世华血液酒精含量为 212 毫克/100 毫升。

上海市第一中级人民法院认为,被告人黄世华醉酒驾驶机动车肇事后,继续驾车随意冲撞他人及车辆,造成数人伤亡和公私财产损失等严重后果,其行为构成以危险方法危害公共安全罪,依法应当惩处。依照《中华人民共和国刑法》第一百一十五条第一款、第四十八条第一款、第五十四条、第五十七条第一款之规定,上海市第一中级人民法院以被告人黄世华犯以危险方法危害公共安全罪,判处死刑,剥夺政治权利终身。

被告人黄世华上诉提出,当时是刘红丽驾车与出租车发生碰擦,之后其驾车时突然发现引擎盖上有人,误将油门当刹车踩,导致伤亡事故发生,其主观上没有放任危害后果发生的故意,原判量刑过重。其辩护人提出同车的刘红丽、被害人沈建国对引发本案有过错,且黄世华具有自首情节,请求法庭对其从轻处罚。

上海市高级人民法院经审理认为,上诉人黄世华醉酒驾车肇事后逃逸,冲撞他人及车辆,致三人死亡、三人受伤,并造成约合人民币五万余元的财产损失,其行为构成以危险方法危害公共安全罪。根据已查明的事实和证据,黄世华关于其未醉驾肇事,且并非为逃逸而冲撞他人及车辆,其主观上没有放任危害公共安全后果发生的上诉理由,其辩护人提出的刘红丽、沈建国的行为对引发本案有过错,黄世华具有自首情节的辩护意见与事实不符,不予采纳。黄世华犯罪情节特别恶劣、犯罪后果特别严重,依法应当严惩。原判认定的事实清楚,证据确实、充分,适用法律正确,量刑适当,审判程序合法。据此,依照《中华人民共和国刑事诉讼法》第二百二十五条第一款第(一)项之规定,裁定驳回上诉,维持原判,并依法报请最高人民法院核准。

最高人民法院复核认为,被告人黄世华醉酒驾驶机动车肇事后,为逃避处罚而驾车随意冲撞他人及其他车辆,造成多人伤亡及财产损失等严重后果,其行为构成以危险方法危害公共安全罪。黄世华在明知被害人沈建国在其车前的情况下,将沈建国顶在其车引擎盖上加速行驶,并冲撞其他车辆,致沈建国被撞身亡、被撞车辆内的二人被烧死、三人受伤,犯罪情节特别恶劣,犯罪后果特别严重,罪行极其严重,且其有持枪故意杀人的犯罪前科,依法应当严惩。第一审判决、第二审裁定认定的事实清楚,证据确实、充分,定罪准确,量刑适当,审判程序合法。据此,依照《中华人民共和国刑事诉讼法》第二百三十五条、第二百三十九条和最高人民法院《关于适用〈中华人民共和国刑事诉讼法〉的解释》第三百五十条第(一)项的规定,最高人民法院裁定核准上海市高级人民法院(2012)沪高刑终字第 196 号维持第一审以以危险方法危害公共安全罪判处被告人黄世华死刑,剥夺政治权利终身的刑事裁定。

二、裁判要旨

No. 2-114、115(1)-5-12 危害公共安全犯罪中的“不特定多数人”的判断不以行为人主观认识为准,客观上行为在一定条件下形成了对不特定公众人身财产安全的重大威胁,就应当认定构成危害公共安全犯罪。

“不特定多数人”是指不特定并且多数的人,它排斥“特定的多数人”“特定的少数人”“不特定的少数人”等情形。“不特定”是一种客观的判断,它包含两个方面的内容:一是犯罪对象的不确定性,二是危害后果的不确定性。司法实践中,被认定为危害公共安全犯罪的通常有两种情形:一种情形是行为针对的对象是不特定的,并且行为人事先也没预料到危害后果,危害后果也是不特定的;另一种情形是行为针对的对象是特定的,但实际造成的后果却是行为人没有预料,也不能控制的。从危害公共安全犯罪的这两种情形分析,“不特定多数人”中的“不特定”,是相对于其他犯罪对象的“特定”而言的,而“多数”则是相对于其他犯罪只能危害到个别少数对象而言的。侵害不特定多数人,并不是说行为人没有特定的侵犯对象或者目标。实施危害公共安全犯罪的行为人,虽然其在某一特定阶段可能指向特定的目标,但行为最终造成或者可能造成的危害后果是行为人难以控制的,从而危害到之前特定人之外的人身或者财产安全。因此,不能将危害公共安全犯罪中的“不特定多数人”理解为没有特定的侵犯对象或者目标。不能仅以行为人的主观认识为标准,而应当采取客观主义的立场,即犯罪行为一经实施,不论行为人主观上是否针对特定的对象,只要在一定条件下造成了众多人员伤亡或者公私财产的广泛损失,或者形成对公众人身、财产安全的重大威胁,就应当认定其构成危害公共安全犯罪。

本案中,被告人黄世华醉酒驾车追尾被害人沈建国的出租车后,为逃避处罚而驾车逃逸,在路口遇红灯停车后,沈建国赶上并拦在黄世华的汽车前与其理论,但黄世华不顾沈建国的人身安危,强行启动汽车,将沈建国顶在引擎盖上高速行驶,此时,沈建国对于黄世华来说是特定的行为对象,黄世华将特定对象顶在引擎盖上高速行驶,至少有放任被害人伤亡的故意,因此,此行为符合故意伤害罪或者故意杀人罪的构成特征。但结合案发的时空环境,黄世华系白天在车流人流密集的城市主干道醉酒驾车,将沈建国顶在车辆引擎盖上高速行驶,其主观目的虽然是想摆脱被害人,但客观上对该路段不特定多数人的生命、健康及财产安全构成重大威胁,且其行为的后果不仅导致了沈建国被撞身亡,还造成被撞车辆内多人死伤和重大财产损失。黄世华虽然看似针对沈建国这一特定的对象实施犯罪行为,但其在实施针对特定对象的犯罪过程中,无视不特定多数人的生命、健康和财产安全,并实际造成了不特定多数人的伤亡和重大财产损失。故其之前针对特定对象和之后造成不特定对象伤亡的行为应当从整体上评价为一个法律行为,以以危险方法危害公共安全罪一罪论处。

No. 2-114、115(1)-5-13 醉酒驾车造成严重后果,构成以危险方法危害公共安全罪,犯罪性质极其恶劣的可以适用死刑。

一般而言,行为人醉酒驾车构成以危险方法危害公共安全罪的,犯罪情节往往比较恶劣,犯罪后果严重,社会危害性大,但因此类犯罪一般系间接故意犯罪,行为人主观上不希望也不追求危害结果发生,与以制造事端为目的而恶意驾车撞人并造成重大伤亡后果的直接故意犯罪相比,行为人的主观恶性和人身危险性相对较小,因此,综合考察醉酒驾车犯罪行为人的主观恶性、人身危险性及犯罪行为的社会危害性,其一般不属于“罪行极其严重的犯罪分子”,从严格控制和慎重适用死刑出发,一般不适用死刑。2009年发布的最高人民法院《关于醉酒驾车犯罪法律适用问题的意见》所配发的两起醉驾典型案例的处理(四川孙伟铭案、广东黎景全案)都体现了这一原则。但是,这一原则的适用在实践中必须保留例外。在具体案件中,深入贯彻宽严相济刑事政策要求必须结合犯罪的具体情况,实行区别对待,做到罚当其罪,实现刑罚的个别化。对醉酒驾车构成以危险方法危害公共安全罪的案件,如果造成的后果特别严重,行为人的主观恶性很深,人身危险性极大的,也可以依法适用死刑。

本案中,被告人黄世华醉酒驾车造成三人死亡、三人受伤的严重后果,与《关于醉酒驾车犯罪法律适用问题的意见》公布的孙伟铭、黎景全案造成的后果严重程度大致相当,基于孙伟铭、黎景全最终被改判无期徒刑的结果,故有意见认为不宜判处黄世华死刑。但综合比较,本案犯罪性质更为恶劣,社会危害性更大。黄世华醉酒驾车追尾沈建国驾驶的出租车后,为逃避处罚,不顾同车人的劝阻,在城市主干道驾车高速逃逸,且在明知沈建国在其车前阻拦的情况下,将沈建国顶在其车引擎盖上高速行驶约1公里并冲撞其他车辆,造成沈建国被撞身亡,被撞车辆内的二人被烧死、三人受伤的严重结果。黄世华有持枪杀人的暴力犯罪前科,其归案后对其犯罪事实避重就轻,认罪态度差,而孙伟铭、黎景全无前科劣迹,归案后认罪、悔罪,故黄世华的主观恶性更深、人身危险性更大。黄世华也没有赔偿被害方,不能取得被害方的谅解,未能通过积极赔偿来缓和其犯罪行为所带来的社会矛盾,不具有酌定从宽处罚情节。故对黄世华的量刑不能机械参照孙伟铭、黎景全两案的判决结果。综合上述情节,本案以以危险方法危害公共安全罪判处黄世华死刑是妥当的。值得注意的是,本案的裁判结果并不是对《关于醉酒驾车犯罪法律适用问题的意见》的突破,而恰恰是根据《关于醉酒驾车犯罪法律适用问题的意见》精神,结合本案具体情况作出的裁判。实践中,对于醉酒驾车构成以危险方法危害公共安全罪的案件判处死刑应当限制在极少数情形。

案例:孙福成以危险方法危害公共安全案

案例来源:《刑事审判参考》总第94集[第913号]

主题词:以危险方法危害公共安全罪 宽严相济刑事政策

一、基本案情

被告人孙福成,男,1963年3月1日出生,江苏省扬州大洋造船有限公司安保部部长。2010年2月20日因涉嫌犯以危险方法危害公共安全罪被逮捕。

江苏省扬州市人民检察院以被告人孙福成犯以危险方法危害公共安全罪,向扬州市中级人民法院提起公诉。

扬州市中级人民法院经公开审理查明:2010年2月10日20时许,被告人孙福成在扬州市泰州路田园肥牛饭店与朋友大量饮酒后,独自驾驶车牌号为苏KU6001的汽车离开饭店。当孙福成驾车行驶至扬州市江都路东园饭店路口时,撞倒了车牌号为苏K28644的摩托车,随即又撞上了车牌号分别为苏MT6833、苏K00328的两辆汽车。孙福成驾车右转逃离现场,行驶至文昌路曲江公园附近路口时,又撞上了车牌号为苏K0E681的汽车。但孙福成仍未停车,驾车折返继续逃跑,行驶至解放北路与花园路交叉路口时,又撞上了车牌号为苏KAJ505的小型客车,造成客车内田正福、田鑫、陈学会、李莉、朱文捷等人受伤,客车被撞后失控撞倒路边的路灯杆。此后,孙福成驾驶的汽车冲向道路北侧的人行道,撞上了停放于路边的车牌号为苏KAG455的汽车及电瓶车等车辆,直至撞上路边的顺云日杂商店的墙面才停住。公安人员接到报案后赶至现场将孙福成抓获。经鉴定,孙福成血液酒精含量为272.6毫克/100毫升。被害人田正福经抢救无效于当日死亡。被害人田鑫构成轻伤。案发后,孙福成的亲属对孙福成造成的经济损失已全部赔偿,被害人田正福、田鑫的亲属以及被害人陈学会、朱佩林出具书面材料表示谅解,请求对孙福成从宽处罚。

扬州市中级人民法院认为,被告人孙福成无视国家交通安全法规和公共安全,醉酒后驾车行驶于车辆密集的城市道路上,对公共安全构成直接威胁。在发生追尾交通事故后,孙福成仍置不特定多数人的生命、财产安全于不顾,继续驾车行驶,在较长的行驶路途中多次撞上同向车道正常行驶的机动车,最终造成一人死亡、多人受伤以及公私财产遭受重大损失的严重后果,其行为构成以危险方法危害公共安全罪。孙福成曾在部队受教育多年,转业到地方工作亦有数年,未发现有违法犯罪行为,属于初犯,且事发后认罪、悔罪态度良好,全部赔偿了其所造成的经济损失,并取得被害方的谅解,在一定程度上降低了其犯罪行为所带来的社会危害,可以酌情从轻处罚。据此,依照《中华人民共和国刑法》第一百一十五条第一款、第六十一条、第五十六条第一款、第五十五条第一款之规定,扬州市中级人民法院以被告人孙福成犯以危险方法危害公共安全罪,判处有期徒刑十一年,剥夺政治权利一年。

一审宣判后,被告人孙福成没有提出上诉,公诉机关亦未抗诉,该判决已发生法律效力。

二、裁判要旨

No.2-114、115(1)-5-14 对于醉酒驾车构成以危险方法危害公共安全罪的,在量刑上应当综合考虑醉驾行为造成的危害后果、行为人的主观恶性,注意把握民事赔偿与量刑的关系、法律效果与社会效果的统一,贯彻宽严相济的刑事政策。

最高人民法院于2009年9月出台了《关于醉酒驾车犯罪法律适用问题的意见》,并公布了两起醉酒驾车犯罪典型案例。根据《关于醉酒驾车犯罪法律适用问题的意见》的相关规定,行为人明知酒后驾车违法、醉酒驾车会危害公共安全,却无视法律醉酒驾车,特别是在肇事后继续驾车冲撞,造成重大伤亡,说明行为人主观上对持续发生的危害结果持放任态度,具有危害公共安全的故意。对此类醉酒驾车造成重大伤亡的,依法应当以以危险方法危害公共安全罪定罪。根据《关于醉酒驾车犯罪法律适用问题的意见》的相关规定,在此类案件中,决定对被告人的刑罚时,要综合考虑此类犯罪的性质、被告人的犯罪情节、危害后果及其主观恶性、人身危险性等因素。具体可以着重考虑以下四个方面:

一是醉驾行为造成的危害后果,《关于醉酒驾车犯罪法律适用问题的意见》规定醉酒驾车放任危害结果的发生,造成重大伤亡的,以以危险方法危害公共安全罪定罪处罚,但未对重大伤亡的认定标准予以明确。但从《关于醉酒驾车犯罪法律适用问题的意见》配发的典型案例、交通肇事犯罪相关司法解释规定分析,可以对重大伤亡的认定标准形成一个大致的认识。笔者认为,可以将以危险方法危害公共安全犯罪(醉驾)造成的重大伤亡大体分为以下三档:第一档是死亡一人或者重伤三人以上,负事故全部或者主要责任的,一般可以判处十年以上有期徒刑;第二档是死亡二人以上或者重伤五人以上,负事故全部或者主要责任的,一般可以判处十五年以上有期徒刑或者无期徒刑;第三档是死亡三人以上,负事故全部或者主要责任的,一般可以判处无期徒刑或者死刑。本案中,被告人孙福成醉酒驾车致一人死亡、一人轻伤,对其量刑大致在十年以上有期徒刑的幅度内。

二是行为人的主观恶性。一般情况下,行为人醉酒驾车构成以危险方法危害公共安全罪的,其主观上并不希望、追求危害结果的发生,属于间接故意犯罪,与以制造事端为目的恶意驾车撞人并造成重大伤亡的直接故意犯罪相比,此类行为人的主观恶性相对较小。故在适用刑罚时,应当与直接故意犯罪有所区别。行为人犯罪时的辨认和控制能力状况,一定程度上可以体现行为人的主观恶性和人身危险程度。行为人在醉酒状态下驾车,辨认和控制能力实际上都有所减弱,正因为如此,一方在醉酒后所实施的一些行为,更容易获取另一方的谅解。虽然刑法规定醉酒的人犯罪应当负刑事责任,但从其主观恶性的考虑,一般可以酌情从宽处罚。但如果行为人具有无证驾驶、超速驾驶,逃避、阻碍公安机关执法检查或者曾因酒驾被处罚等情形的,说明行为人对他人生命健康安全漠不关心,认罪、悔罪态度较差,可以对其酌情从重处罚。本案中,孙福成血液酒精含量高达272.6毫克/100毫升,表明其驾车前大量饮酒,醉酒程度极高,在此种状态下驾车的风险极大,但其置这种高度危险性于不顾,执意酒后驾驶,且在第一次冲撞之后又连续发生4次冲撞,直至撞到路边墙面才被迫停住,体现出其主观恶性很深,故不宜对其在起点刑上判处刑罚。

三是要注意把握民事赔偿与量刑的关系。根据《刑法》第三十六条的规定,犯罪分子应当赔偿其犯罪行为致使被害人遭受的经济损失。由此规范层面分析,醉酒驾车犯罪行为人依法向被害方作出赔偿是其法定义务,行为人履行赔偿义务,不应影响对其刑事责任的追究。然而,在实践层面,即使法有明文规定,是否对被害方作出赔偿也在很大程度上依赖于行为人的意志抉择。因此,行为人积极赔偿被害方经济损失的,可以体现出行为人认罪、悔罪的诚意,缓和了社会矛盾,也在一定程度上减轻了其犯罪行为所造成的社会危害,量刑时可以酌情从轻处罚。本案中,孙福成的亲属对事故造成的经济损失已全部代为赔偿,被害人田正福、田鑫的亲属以及被害人陈学会、朱佩林出具书面材料表示谅解,请求对孙福成从宽处罚。据此,对孙福成可在法定量刑幅度内从轻处罚。

四是要注意把握法律效果与社会效果的统一。醉酒驾车犯罪严重威胁公共安全,社会关注度高,要使裁判获得人民群众的认同,适度考虑民意是有必要的。由于民意具有多面性,司法裁判既要尊重民意,也要注意甄别个案反映出的民意的真实性,要注意对新媒体形势下个别媒体发声替代民意的甄别,要注重对舆论的引导,注意舆论的盲动性,避免被媒体牵着鼻子走。针对本案社会关注度较高的情况,一审法院在判决前以多种方式广泛了解民意。一是在公安机关的配合下,拟定调查提纲并释明法律规定,到案发地段附近的社区了解居民对本案的看法;二是到被告人的工作单位了解情况,听取单位对案件处理的意见;三是借助电视台对庭审进行全程录播,扬州政府网亦对该案进行网上同步直播;四是邀请部分人大代表旁听庭审。从上述渠道反馈的民意看,多数人要求对被告人孙福成从严惩处,但对其案发后的悔罪表现亦予以认可,建议给其重新做人的机会,部分人大代表明确表示十至十一年的量刑建议较为合理。

案例:叶丹以危险方法危害公共安全案

案例来源:《刑事审判参考》总第 94 集[第 918 号]

主题词:以危险方法危害公共安全罪　毒驾者的刑事责任能力认定

一、基本案情

被告人叶丹,男,1974 年 11 月 26 日出生,个体经营者。2011 年 1 月 21 日因涉嫌犯以危险方法危害公共安全罪被逮捕。

湖北省武汉市蔡甸区人民检察院以被告人叶丹犯以危险方法危害公共安全罪,向武汉市蔡甸区人民法院提起公诉。

被告人叶丹对指控的事实及罪名无异议。

武汉市蔡甸区人民法院经公开审理查明:2010 年 12 月 28 日 20 时许,被告人叶丹在武汉市蔡甸区蔡甸街呈祥旅社内吸食毒品甲基苯丙胺片剂(俗称“麻果”)后,独自驾驶无牌奔驰汽车离开。叶丹在驾车途中产生幻觉,怀疑有车跟踪并谋害自己,遂将汽车停放在该区文正街与蔡张二路的交叉路口,不让过往车辆通行。民警接警后赶到现场处理,叶丹拒不听从民警的劝阻和指挥,突然发动车辆,驾车至蔡甸村村委会附近,并先后与正常行驶的一辆公交车(车牌号鄂AZU712)、两辆东风雪铁龙汽车(车牌号分别为鄂 A29H92、鄂 AR3Q46)、一辆五菱汽车(车牌号鄂 AP9Q91)发生碰撞。随后,叶丹继续驾车行驶至蔡甸街益康面粉厂附近,又先后与正常行驶的两辆吉利汽车(车牌号分别为鄂 A9J557、鄂 AL3Q56)、一辆东风雪铁龙汽车(车牌号鄂AR6X28)发生碰撞,并将拦截的凯美瑞警车(车牌号鄂 0A2101)、依维柯警车(车牌号鄂 A2126警)撞损。叶丹撞开警车后,行驶至蔡江路又先后与正常行驶的雪佛兰汽车(车牌号鄂AM2869)、尼桑货车(车牌号鄂 A9M669)发生碰撞。叶丹驾车行至蔡甸街江滩公园 1 号门附近,撞上一辆助动自行车后,被警车截停。民警将叶丹当场抓获。经鉴定,被撞车辆损失共计人民币(以下币种同)38367 元。案发后,叶丹的亲属已代为全部赔付。

武汉市蔡甸区人民法院认为,被告人叶丹因吸食毒品产生幻觉后,驾车在城区道路上任意冲撞正常行驶的车辆,危害公共安全,并造成财产损失约合 38367 元,其行为构成以危险方法危害公共安全罪。公诉机关指控的事实及罪名成立。鉴于叶丹已赔偿受害车主全部经济损失,且当庭认罪,可以酌情从轻处罚。据此,依照《中华人民共和国刑法》第一百一十四条之规定,武汉市蔡甸区人民法院以被告人叶丹犯以危险方法危害公共安全罪,判处有期徒刑四年零六个月。

一审宣判后,被告人叶丹未提出上诉,公诉机关亦未抗诉,该判决已发生法律效力。

二、裁判要旨

No. 2-114、115(1)-5-15　因吸毒长期处于精神障碍状态,病情缓解期间再次吸毒陷入精神障碍状态驾驶机动车的,应当认定为限制责任能力。

目前,供临床、科研和鉴定使用的诊断标准《中国精神障碍分类与诊断标准第三版》将精神障碍(精神病)分为十大类,其中,第二类是精神活性物质或者非成瘾物质所致的精神障碍。常见的精神活性物质有酒精、鸦片类、大麻类、催眠药、抗焦虑药、兴奋剂、致幻剂和烟草等。反复使用精神活性物质,会引起以精神病性症状为主的精神障碍,如幻觉、妄想、严重的情感障碍,或者明显精神运动性兴奋或者抑制。从医学角度看,上述精神活性物质所致的精神障碍均属于精神病,但在司法精神病鉴定实践中,基于社会利益原则,将之作为特殊精神障碍者区别对待,适用不同的认定标准。因《刑法》第十八条第四款明确规定,醉酒的人犯罪,应当负刑事责任,故实践中认定醉酒者刑事责任能力的标准比较统一。按照酒中毒种类,对普通(急性)醉酒者评定为完全刑事责任能力,对复杂性醉酒者、病理性醉酒者区分情形认定为限定刑事责任能力或者无刑事责任能力。但对于毒品所致精神障碍者的责任认定问题,因刑法未作特别规定,加之理论界对此存在较大争议,实践中评定意见并不统一,同一案件在不同的鉴定机构可能被评定为完全、限定及无责任能力三种等级。

2011年3月17日司法部发布的《精神障碍者刑事责任能力评定指南》(SF/ZJD0104002-2011)规定,对毒品所致精神障碍者,非自愿摄入者按照一般精神障碍者评定其刑事责任能力;对自愿摄入者,暂不宜评定其刑事责任能力,可进行医学诊断并说明其案发时精神状态。笔者认为,在评定毒品所致精神障碍者的刑事责任能力时,应当注意以下两个方面:一是毒品对人体生理和心理的危害性远远大于酒精,因吸毒导致的杀人、抢劫、强奸等恶性犯罪案件屡见不鲜,虽然刑法未明确规定吸毒的人应当负刑事责任,但基于社会利益原则,吸毒的人也应负刑事责任。二是尽管毒品所致精神障碍者属于特殊情形,对吸毒者刑事责任能力的评定也必须坚持医学标准(医学诊断)与法学标准(辨认能力和控制能力)两个要件缺一不可的原则。在这两个评定要件中,医学标准是评定责任能力的基础,不能因为吸毒行为是违法行为,吸毒行为引发的危害后果严重就脱离医学诊断,为求从严惩处而将吸毒者一律评定为完全刑事责任能力。综上,对自愿摄入毒品者进行刑事责任能力评定时,应当以社会利益原则为主要导向,参考相关精神病鉴定意见,在此基础上判断该精神障碍是否影响其实施危害行为时的辨认和控制能力以及影响程度,最终评定其责任能力等级。

本案中,相关司法精神病鉴定意见认为,叶丹的表现符合《中国精神障碍分类与诊断标准第三版》中"精神活性物质所致精神障碍"的诊断标准,作案时由于存在吸食"麻果"所致幻觉妄想影响,辨认能力受损,但是考虑吸毒属自陷行为,宜从严处理,故评定为完全责任能力。目前其仍处于疾病期,宜积极治疗。我们认为,上述鉴定意见的结论有待商榷。行为人因饮酒、吸毒等行为使自己一时陷入丧失或者尚未完全丧失责任能力的状态,并在该状态下实施了符合犯罪构成要件特征的行为的,根据刑法规定和原因自由行为理论,应当负刑事责任。然而,这一认定原则并未解决行为人实施自陷行为时已经处于辨认或者控制能力减弱甚至完全丧失情形下刑事责任的认定问题。本案的特殊之处在于被告人叶丹吸毒时恰恰属于此种情形。在案证据显示,叶丹有长达5年的精神病史,经多次强制戒毒和治疗均无效,即便在病情缓解期,辨认和控制能力也较正常人有所削弱,其对毒品的依赖性也高于一般吸毒人员。质言之,其在最后一次吸食毒品之时,其辨认能力和控制能力就异于正常人,即处于限制能力状态。根据原因自由行为理论分析,即使对自陷行为人按照吸食毒品时的责任能力认定其刑事责任能力,叶丹也应被认定为限制责任能力人。

No.2-114、115(1)-5-16 对于自陷于精神障碍的行为人,其主观罪过应当根据其自陷于精神障碍时对危害结果的认识与意志状态进行认定。

对行为人实施自陷行为时已经处于辨认或者控制能力减弱甚至完全丧失情形的,既然刑事责任能力应当从自陷行为时的状态进行评定,那么其对自陷后实施的犯罪行为后果所持的意志也应当从自陷行为时的状态进行分析评定,即根据行为人实施原因行为时对危害结果的意识和意志状态进行判断。如果行为人已经认识到一旦自己陷于精神障碍状态,可能会引起危害结果发生的紧迫危险,仍然希望或者放任自己陷于精神障碍状态的,其主观罪过为故意;如果行为人对自己陷入精神障碍状态后引发危害结果发生的危险没有预见,或者虽有预见但轻信可以避免的,那么其主观罪过为过失。当原因行为是吸毒行为时,判断行为人对危害结果是持希望、放任还是反对、否定态度,有必要对行为人是否存在吸毒史进行重点考察。

本案中,被告人叶丹多次接受精神病院治疗,其对自己吸食“麻果”后会陷入精神障碍的状态是有充分认识的,对自己在精神障碍状态下行为失控,可能实施放火、持刀乱砍、打人等危害行为亦有一定认识,但因毒瘾难以戒断而多次复吸,而全然不顾可能出现的危害结果。因此,叶丹对其自愿吸食毒品,陷入精神障碍状态下实施的行为应当负故意责任。

案例:郑小教以危险方法危害公共安全案

案例来源:《刑事审判参考》总第 103 集[第 1072 号]

主题词:以危险方法危害公共安全罪 不特定多数人

一、基本案情

被告人郑小教,男,1980 年 8 月 24 日生。2013 年 1 月 29 日因涉嫌犯以危险方法危害公共安全罪被逮捕。

浙江省江山市人民检察院以被告人郑小教犯故意杀人罪,向江山市人民法院提起公诉。

被告人郑小教及其辩护人辩称:郑小教并无杀人故意,只想阻止工作人员拆房子,其行为应构成以危险方法危害公共安全罪。

江山市人民法院经审理查明:2011 年 12 月,被告人郑小教在未获得相关部门批准的情况下,违法占用江山市中部开发办公室管理的位于江山市莲华山工业园区内的国有土地建房。2012 年 2 月 24 日,江山市国土资源局作出江土资停字〔2012〕000088 号《责令停止国土资源违法行为通知书》并送达郑小教,责令其立即停止违法行为,听候处理。同年 4 月 11 日,市国土资源管理局作出江土资改〔2012〕11 号《责令改正违法行为通知书》并送达郑小教,责令其自接到通知书后 6 个月内自行拆除已浇筑的地梁,逾期不改正的,依法追究法律责任。同年 10 月 15 日,市国土资源管理局国土资源执法监察人员在巡查中发现,郑小教不仅没有自行拆除违章建筑,反而继续违法建房,遂当场依法予以制止,但郑小教事后并未停止其违法建房行为。2013 年 1 月 16 日,贺村镇人民政府、市中部开发办公室、市国土资源局共同商定,以市国土资源局为执法主体,贺村镇人民政府、市中部开发办公室协助,于 1 月 18 日上午共同对郑小教的违章建筑实施强制拆除,并于当天下午电话通知郑小教自行拆除违章建筑。

2013 年 1 月 18 日上午,郑小教会同家人和同事,先行拆除部分违章建筑,欲以此达到阻止执法人员拆除其违章建筑目的。当日上午 10 时许,市国土资源管理局执法大队工作人员会同贺村镇人民政府、市中部开发办公室工作人员共 50 余人来到郑小教违章建筑所在地。在工作人员的劝说下,郑小教将原停放在违章建筑前阻挡了铲车行进道路的浙 HP7259 私家小轿车倒驶至该道路的坡顶,工作人员遂开始拆除郑小教的违章建筑,郑小教则坐在驾驶室内远观。当看到房子被拆的场面后,郑小教越想越气,产生了驾车去撞工作人员与其拼命的念头。随后,郑小教加速驾驶小轿车沿着带有一定坡度的道路直冲下去,撞到了站在道路上维持外围秩序的多名工作人员,其中李鸿寿被车头撞飞滚在引擎盖上后又被甩在地上。郑小教在撞到人后,仍然驾驶汽车继续右转向行驶,并朝工作人员密集的地方冲撞而去,直至撞上其父亲房屋南侧小门,在此过程中,又撞到多名工作人员和其母亲,房屋的小门及门边墙体被撞破损。后在郑小教驾车加速后退撞上砖堆时才被工作人员制服。郑小教在驾车撞人过程中致 11 名工作人员受伤,经鉴定,其中吴开兴等 5 人的损伤程度为轻伤,夏津津等 2 人为轻微伤,刘达飞等 4 人未达到轻微伤程度。

江山市人民法院认为,被告人郑小教为泄愤,采用驾驶车辆连续冲撞的方式,故意剥夺他人生命的行为已构成故意杀人罪。被告人郑小教已经着手实行犯罪,由于意志以外的原因而未得逞,系犯罪未遂,依法可以比照既遂犯从轻处罚。被告人犯罪系临时起意,主观恶性较小,可酌情从轻处罚。辩护人的相关辩护意见予以采纳。综合被告人的犯罪性质、情节以及对社会的危害程度,依照《中华人民共和国刑法》第二百三十二条、第二十三条之规定,以故意杀人罪判处被告人郑小教有期徒刑十年。

一审宣判后,被告人郑小教以主观上没有杀人故意,其行为应构成故意伤害罪为由提出上诉。

衢州市中级人民法院经审理认为,案发时现场共有拆违工作人员、郑小教家人及邻居等50余人,郑小教采用驾车撞人的危险方法冲向不特定多数人,对危害不特定多数人的生命、健康安全持放任态度,主客观上符合以危险方法危害公共安全罪的犯罪构成,而故意杀人罪或故意伤害罪所侵害的客体均为普通公民个人的人身权利,不能涵盖本案侵害客体所具有的社会性。故对构成故意伤害罪的上诉意见不予采纳。原判定性错误,致量刑不当,据此,判决如下:

1. 撤销浙江省江山市人民法院(2013)衢江刑初字第78号刑事判决。
2. 上诉人(原审被告人)郑小教犯以危险方法危害公共安全罪,判处有期徒刑七年。

二、裁判要旨

No.2-114、115(1)-5-17 在相对封闭的场所内驾车撞人导致多人受伤的损害结果,应认定为以危险方法危害公共安全罪。

危害公共安全罪设立的目的在于将生命、健康等个人法益抽象为社会利益作为保护对象,故危害公共安全罪最突出的特点是其"社会性"。对于以危险方法危害公共安全罪的犯罪对象"不特定多数人"的含义,应当从其"社会性"的特点出发进行理解。以危险方法危害公共安全罪保护的是公众的生命、健康,而"公众"与"社会性"均要求重视量的"多数"。换言之,"多数"是"公共"概念的核心。"不特定"也意味着随时有向"多数"发展的现实可能性,会使社会多数成员遭受危害和侵害。司法实践中,一般有两种情况会认定为"不特定多数人",从而构成危害公共安全犯罪:第一种情形是行为针对的对象是不特定的,且行为人事先也没有预料到具体的危害后果;第二种情形是行为人针对的对象是相对特定的,但实际造成的后果是行为人没有预料的,不能控制的。侵害"不特定多数人",并不是说行为人没有特定的侵犯对象或目标,而是行为人主观上有一定的侵害对象,对损害的可能范围也有一定的预判,但对最终造成或者可能造成的危害后果难以控制,从而危害特定人之外的人身或者财产安全。本案中,被告人郑小教意图驾驶小汽车撞向拆迁人员,虽然现场的拆迁人员是相对特定的,但是一方面现场拆迁人员本身就人数众多;另一方面除了拆迁人员外,现场还有郑小教的邻居和亲属,用小汽车撞人时是很难控制具体的侵害对象以及所造成的侵害后果的。事实证明,本案就因郑小教的行为导致多名拆迁人员及郑小教母亲受伤的后果,因此郑小教的行为虽然针对的是相对特定的对象,但是对于最终侵害的对象及造成的后果均无法控制和预料,应当认定其侵犯的对象是"不特定多数人"。

"公共安全"的词义应解释为多数人的生命、健康和公私财产的安全。公共安全包括信息安全、食品安全、公共卫生安全等,是一个抽象的概念。虽然在公共场所更容易发生侵犯公共安全的案件,但是公共安全不等同于公共场所的安全。其次,公共安全的核心在于"多数",而不论是封闭的场所还是开放的公共场所,即使是在相对封闭的场所发生了多数人的损害后果,也有可能属于侵犯公共安全的行为。本案中,首先,案发现场道路并非被告人家庭所有或单独使用,而只是由于特殊的地理位置,被告人家庭使用的频率较高,但这并不能排斥他人行走或使用,故案发现场并不属于封闭的场所;其次,即使案发现场属于封闭的场所,但由于郑小教驾车冲撞的行为危害到"不特定多数人"的健康、生命安全,其行为就具有了危害公共安全的性质。

案例:支玖龙以危险方法危害公共安全案

案例来源:《刑事审判参考》总第121集[第1314号]
主题词:以危险方法危害公共安全罪　冲撞防疫人员

一、基本案情

2020年2月,北京市昌平区北七家镇人民政府按照上级统一部署,落实新冠肺炎防控措施,在该镇柏林在线小区西门设立防疫帐篷作为疫情防控工作站,严格核实登记小区出入人员、车辆。被害人刘井平、邢佳伟均系疫情防控工作人员。

2020年2月17日上午8时30分许,被告人支玖龙在该工作站办理进入小区手续时,认为登记时间过长,与刘井平发生言语冲突。为发泄不满情绪,支玖龙驾驶白色雷诺汽车加速冲撞疫情防控工作人员、办证群众所在人群及防疫帐篷,致刘井平、邢佳伟被车辆撞入帐篷,车辆被坍塌的帐篷覆盖。支玖龙在视线被遮挡的情况下,倒车后再次加速冲撞。两次冲撞致使刘井平、邢佳伟受伤,防疫帐篷、办公电脑、执法仪、体温计等防疫物资损坏。经鉴定,邢佳伟伤情为面部擦伤、右侧鼻骨骨折以及体表擦、挫伤,上述三处损伤均为轻微伤,刘井平手部、左膝部及左膝下方均有擦、挫伤,损伤程度为轻微伤;被损坏的防疫物资价值人民币6580元。

作案后,被告人支玖龙被工作人员当场控制,后被民警抓获。

2020年3月4日,被告人支玖龙的家属主动向法院预交纳赔偿款人民币4万元。

二、裁判要旨

No.2-114、115(1)-5-18 以危险方法危害公共安全罪是具体危险犯,疫情防控期间因对人员、车辆进入小区需要核实、登记并办理证件不满而驾车冲撞不特定多人的行为,不应被评价为妨害公务罪、寻衅滋事罪、故意杀人罪,而应以危险方法危害公共安全罪追究被告人的刑事责任。

将被告人支玖龙的行为评价为寻衅滋事罪,无法全面评价支玖龙行为的客观表现及社会危害,因而难以实现罪责刑相适应原则。一是从行为客观表现看,寻衅滋事罪罪状中的"随意殴打他人"一般指的是行为人无事生非或者借故生非,在殴打对象的选择上具有不特定性和随意性,而本案中支玖龙行为目标明确,直接针对防疫工作人员;而行为人驾车冲撞这一高度危险的行为也很难评价为"殴打",因而其行为不属于"随意殴打他人"。二是从行为社会危害性看,寻衅滋事罪对被害人人身的危害性有限,因而更多体现的是对社会管理秩序的妨害。

综合全案证据来看本案认定被告人支玖龙犯故意杀人罪并不妥当。首先,现有证据不能证明支玖龙主观上存在剥夺他人生命的直接故意。支玖龙与被害人发生矛盾的起因在于认为防疫人员登记检查速度太慢而有意刁难,但该矛盾起因尚不足以让支玖龙产生剥夺对方生命的故意。有意见认为,支玖龙驾车冲撞系对被害人存在间接故意,但本案最终犯罪结果为二被害人轻微伤,认定故意杀人未遂与间接故意的主观罪过相矛盾。其次,故意杀人罪无法全面评价支玖龙行为方式社会危害性。无视不特定多名防疫人员、现场群众生命健康及公共财物的安全,冲撞行为不仅直接导致二被害人受伤,更重要的是对上述人员生命健康及公私财物的安全造成现实直接危险,而这些危险却是故意杀人罪的罪状所无法涵盖的。

被告人支玖龙的行为构成以危险方法危害公共安全罪。被告人的行为在暴力程度、危险程度等方面与爆炸、放火等危害公共安全的犯罪行为具有相当性,在客观上危害了不特定多人的生命健康和重大公私财产的安全。并且,被告人主观上明知并放任其行为对公共安全的危险。被告人对于造成刘井平、邢佳伟二人伤害的结果是持积极追求的态度,对于行驶中的汽车具有高度危险性是明知的,对于现场还有其他防疫工作人员及等待办理出入登记的小区居民等10多人在场亦是明知的,对于帐篷内是否还有其他人员及财物是不明确的,但其因一己之愤,不管不顾执意驾车两次冲撞,对于自身行为可能置现场不特定多人的生命健康和财产安全于危险状态这一点是明知并且放任的。无论最终出现何种后果,都未超出其心理预期,因而其主观上完全符合以危险方法危害公共安全罪的主观罪过形式。

No.2-114、115(1)-5-19 疫情防控期间针对疫情防控措施实施犯罪的,应予从重处罚。

疫情防控措施能否得到严格执行,不仅关系到本次疫情能否及时得以控制,还关系到社会正常生活秩序能否得以恢复,更关系到广大社会公众的生命健康能否得以保障。虽然疫情防控措施的执行,限制了公民的部分权利自由,但是保障了人民群众的生命安全和身体健康。正因如此,最高人民法院、最高人民检察院、公安部和司法部在《关于依法惩治妨害新型冠状病毒感染肺炎疫情防控违法犯罪的意见》中明确要求,对于在疫情防控期间实施有关违法犯罪的,要作为从重情节予以考量,依法体现从严的政策要求,有力惩治震慑违法犯罪,维护法律权威,维护社会秩序,维护人民群众生命安全和身体健康。

9 过失以危险方法危害公共安全罪(《刑法》第一百一十五条第二款)

案例:许小渠过失以危险方法危害公共安全案

案例来源:《刑事审判参考》总第 101 集[第 1041 号]

主题词:过失以危险方法危害公共安全 食品销售人员的注意义务

一、基本案情

被告人许小渠,男,1969 年 11 月 5 日出生,个体经营户。2013 年 9 月 18 日因涉嫌犯过失以危险方法危害公共安全罪被逮捕。

江苏省宿迁市宿豫区人民检察院以被告人许小渠犯过失以危险方法危害公共安全罪,向宿豫区人民法院提起公诉。

被告人许小渠对指控的犯罪事实无异议,但辩称自己并非故意,属于意外事件,请求从轻处罚。

宿迁市宿豫区人民法院经公开审理查明:被告人许小渠在江苏省宿迁市湖滨新区某农贸市场从事预包装、散装食品销售。2012 年 12 月 30 日上午,许小渠在店内准备用亚硝酸盐(俗称硝卤精)调配硝卤水,因忙于其他事务而将亚硝酸盐遗留在经营区域。店内其他销售人员误将亚硝酸盐混入白糖销售箱,销售给张某忠、蔡某珍等人。当日下午,被害人唐某兰在食用张某忠所购买的混有亚硝酸盐的白糖后,发生亚硝酸盐中毒,经抢救无效死亡。2013 年 1 月 8 日,被害人蔡某珍食用先前购买的混有亚硝酸盐的白糖后,发生亚硝酸盐中毒。经鉴定,被害人唐某兰系亚硝酸盐中毒死亡;被害人蔡某珍的损伤构成轻微伤。案发后,许小渠主动到公安机关投案,并如实供述了上述事实,并赔偿被害人唐某兰亲属人民币(以下币种同)16.6 万元,赔偿被害人蔡某珍 4.4 万元,且获得了唐某兰亲属及蔡某珍的谅解。

宿迁市宿豫区人民法院认为,被告人许小渠作为食品经销商,对其购进的亚硝酸盐未尽到妥善保管义务,以至于其店内员工误作白糖向多人销售,致一人死亡、一人轻微伤,其行为构成过失以危险方法危害公共安全罪。公诉机关指控其犯过失以危险方法危害公共安全罪的罪名成立。许小渠主动向公安机关投案,并如实供述自己的罪行,系自首,可以从轻或者减轻处罚。许小渠积极向被害人或者被害人亲属赔偿经济损失,并获得了谅解,酌情可以从轻处罚。根据被告人许小渠的犯罪情节、悔罪表现,结合所在社区意见,依照《中华人民共和国刑法》第一百一十五条第二款,第六十七条第一款,第七十二条第一款,第七十三条第二款、第三款之规定,宿豫区人民法院以被告人许小渠犯过失以危险方法危害公共安全罪,判处有期徒刑二年,缓刑三年。

宣判后,被告人许小渠未提出上诉,检察机关亦未抗诉,该判决已发生法律效力。

二、裁判要旨

No. 2-115(2)-5-1 食品销售人员未尽妥善保管义务,致使所销售的食品中混入有毒有害物质的,成立过失以危险方法危害公共安全罪。

本案中,被告人许小渠所保管的亚硝酸盐属于剧毒物质,食入 0.2～0.5 克即可引起中毒甚至死亡,许小渠作为一名长期从事预包装、散装食品销售的人员,特别是经常从事用亚硝酸盐调配硝卤水的工作,对亚硝酸盐的危害性应当是明知的。根据相关法律、法规的规定,妥善保管是许小渠应尽的法定义务。同时,亚硝酸盐在外观上与食盐、白糖相似,容易造成混淆,而许小渠销售的食品中恰恰有散装白糖,根据许小渠的认知能力和经营情况,特别是基于其对危险物品的保管和监督店内人员所产生的义务,其应当预见到将亚硝酸盐放在食品销售区,可能造成亚硝酸盐与白糖混淆的危险后果,却没有预见到,最终导致亚硝酸盐被当做白糖对外销售,产生了危害后果。因此,许小渠对自己行为的危害性是应当能够预见的,不属于意外事件,主观罪过形式应为过失。

过失投放危险物质罪,要求被告人有过失投放的行为,即行为人主动实施了一定的行为,导致危险物质混入食物中,他人进食后中毒,产生危害后果,如在日常生活中将农药与饮用水放在一起,做饭时误将农药当做水,造成多人中毒伤亡的后果等。本案被告人只是在调配硝卤水的过程中拿出亚硝酸盐后,没有及时将这种危险物质放回、保管好,客观上并没有实施投放的行为,是其他店员在不知情的情况下将亚硝酸盐混入白糖中出售的,投放的行为并非许小渠所实施,故不能构成过失投放危险物质罪。

过失致人死亡罪侵犯的客体是公民个人生命健康,危害的对象具有特定性,本案被告人的未妥善保管行为发生在食品销售流通领域,其食品向不特定的公众进行销售,一旦将危险物质混入食品中,会对社会公共安全造成威胁,这种威胁针对不特定多数人,而非特定的个人,故不能构成过失致人死亡罪。

许小渠对危害结果的发生在主观上具有过失,客观上实施了对亚硝酸盐未尽到妥善保管义务,将其遗留在食品销售区域的行为。许小渠的未妥善保管行为发生在食品销售流通领域,对社会公共安全造成了潜在的和现实的威胁,该行为构成以危险方法危害公共安全罪中的"其他危险方法"。该行为危害到不特定多数人的生命健康,并最终导致一死一轻微伤的严重后果,符合过失以危险方法危害公共安全罪的构成要件。

10 破坏交通设施罪(《刑法》第一百一十七条、第一百一十九条第一款)

案例:王仁兴破坏交通设施案

案例来源:《刑事审判参考》总第38集[第295号]

主题词:先行行为 作为义务

一、基本案情

被告人王仁兴,男,1968年12月5日出生,农民。因涉嫌犯破坏交通设施罪,于2003年9月16日被逮捕。

重庆市江北区人民法院经审理查明:位于江北区五宝镇段长江红花碛水域的"红花碛2号"航标船,标示出该处的水下深度和暗碛的概貌及船只航行的侧面界限,系国家交通部门为保障过往船只的航行安全而设置的交通设施。2003年7月28日16时许,被告人王仁兴驾驶机动渔船至该航标船附近时,见本村渔民王云等人从渔船上撒网致使"网爬子"(浮于水面的网上浮标)挂住了固定该航标船的钢缆绳,即驾船前往帮助摘取。当王仁兴驾驶的渔船靠近航标船时,其渔船的螺旋桨被该航标船的钢缆绳缠住。王仁兴为使渔船及本人摆脱困境,持刀砍钢缆绳未果,又登上该航标船将钢缆绳解开后驾船驶离现场,致使脱离钢缆绳的"红花碛2号"航标船顺江漂流至下游两公里的锦滩回水沱。17时许,重庆航道局木洞航标站接到群众报案后,巡查到漂流的航标船,并于当日18时许将航标船复位,造成直接经济损失人民币1555.50元。同年8月19日,公安机关将王仁兴捉获归案。

江北区人民法院认为:被告人王仁兴为自身利益,竟不顾公共航行安全,故意破坏交通设施航标船,致其漂离原定位置,其行为已构成破坏交通设施罪。公诉机关指控的罪名成立。鉴于被告人认罪态度较好,未造成严重后果,可从轻处罚。依照《中华人民共和国刑法》第一百一十七条的规定,判决:被告人王仁兴犯破坏交通设施罪,判处有期徒刑三年。

一审宣判后,王仁兴不服,以其行为属紧急避险,不负刑事责任为由,提出上诉。其辩护人亦提出相同的辩护意见。

重庆市第一中级人民法院经审理查明:上诉人王仁兴驾驶的机动渔船上除王外还有王的妻子胡美及帮工王仁书,王仁兴是在渔船存在翻沉危险的情况下,才解开航标船的钢缆绳。上诉人王仁兴在其渔船存在翻沉的现实危险下,不得已解开航标船钢缆绳来保护其与他人人身及渔船财产的行为,虽系紧急避险,但在危险消除后,明知航标船漂离会造成船舶发生倾覆、毁坏危险,应负有采取相应积极救济措施消除危险状态的义务,王仁兴能够履行该义务而未履行,属不作为,其行为构成了破坏交通设施罪,应负刑事责任。原判认定事实清楚,审判程序合法。鉴于本案未发生严重后果,上诉人王仁兴认罪态度较好,对其适用缓刑不致再危害社会,可适用缓刑。依照《中华人民共和国刑事诉讼法》第一百八十九条第(一)项和《中华人民共和国刑法》第一百一十七条、第七十二条、第七十三条的规定,于2004年4月1日判决如下:上诉人王仁兴犯破坏交通设施罪,判处有期徒刑三年,宣告缓刑三年。

二、裁判要旨

No.2-117、119(1)-2-1 因合法行为使某种合法权益处于危险状态的,行为人负有采取积极救助措施消除该危险状态的作为义务。若不履行这一义务的,构成不作为犯罪。

刑法上的不作为,是指行为人应当履行某种特定的法律义务且有能力履行而不去履行。构成不作为犯必须以行为人负有履行特定的法律义务为前提,即负有作为义务。实践中,行为人的作为义务主要来自于三个方面:一是法律明文规定的义务;二是职务上或者业务上所要求必须承担的义务;三是行为人先行行为引起的义务。所谓先行行为引起的义务,是指由于行为人先前实施的行为,使某种合法权益处于危险状态时,该行为人负有采取有效措施积极防止危害结果发生的义务。就本案而言,被告人王仁兴解开航标船钢缆绳的行为即是先行行为,该先行行为在消除其自身危险的同时又造成了对交通安全设施的破坏,从而使其他船舶航行处于危险状态,此时该先行行为就引起了被告人王仁兴在其正当权益得以保全的情况下,负有采取积极救济措施消除危险状态的作为义务。

行为人因实施紧急避险行为造成交通设施被损坏,在紧急避险结束后,行为人有义务采取积极的救济措施消除危险;如果行为人有条件能够履行而不履行,应构成不作为的破坏交通设施罪。

案例:陈勇破坏交通设施案

案例来源:《人民法院案例选》2016年第5辑

主题词:破坏交通设施罪　严重后果

一、基本案情

公诉机关福州铁路运输检察院诉称:被告人陈勇连续实施破坏运营中的高速铁路轨道及信号装置的行为,阻断高速铁路正常运行5小时左右,致使17趟列车晚点,大量旅客滞留,构成破坏交通设施罪,并属于严重后果。

江西省人民检察院南昌铁路运输检察分院支持抗诉意见,认为被告人陈勇破坏交通设施的犯罪行为,属于《刑法》第一百一十九条第一款的严重后果,应依照此法条量刑,一审适用第一百一十七条量刑属于法律适用错误。

被告人陈勇辩称:自愿认罪,希望法院从轻处罚。

法院经审理查明:2015年6月6日12时30分许,被告人陈勇从昌福线K540公里处一临时板房内盗出铁锤1把、断线钳1把、扳手2把、螺丝刀1把、柴油发动机油1桶及机械用润滑黄油5管,随后窜至昌福线福州站至杜坞站区间K539+820M处下行线栅栏边,用铁锤将栅栏水泥栏条砸断,进入昌福线路。陈勇用铁锤将昌福线下行线K539+820M处的21个铁轨扣件砸坏,把黄油涂抹在该段铁轨上再浇上机油。随后又窜至昌福线福州至杜坞区间K540+020M处上行线左侧,用铁锤砸、脚踹等方式,强行打开该处铁轨旁的信号控制箱,破坏了箱内的电路板、电线等设施,之后把附近的电缆槽盖板翻开,用断线钳剪断电缆槽内的8根通信光缆。当日14时26分,福州工务段安全生产调度中心发现昌福线福州至杜坞区间出现红网报警,福州车站发出调度命令,于14时41分封锁该区间,经抢修,至19时36分区间线路恢复正常。2015年6月7日,陈勇被抓获,到案后如实供述,自愿认罪。

福州铁路运输法院认为,被告人陈勇破坏正在使用中的高速铁路设施,足以使火车发生倾覆、毁坏危险,尚未造成严重后果,其行为已构成破坏交通设施罪,依照《刑法》第一百一十七条、第六十七条第三款的规定,以破坏交通设施罪判处被告人陈勇有期徒刑七年。

一审宣判后,陈勇提出上诉,认为原判量刑过重。

福州铁路运输检察院提出抗诉,认为陈勇连续实施破坏运营中的高速铁路轨道及信号装置的行为,阻断高速铁路正常运行5小时左右,致使17趟列车晚点,大量旅客滞留,并造成直接经济损失 15 万余元,属于严重后果,应当适用《刑法》第一百一十九条第一款对其定罪量刑。原判适用法律错误,导致量刑不当。

南昌铁路运输中级法院经二审审理认为:上诉人陈勇持铁锤砸断昌福铁路线水泥护栏,砸坏轨道扣件,在铁轨上涂抹黄油、浇机油,破坏铁路信号控制装置,剪断通信光缆,影响昌福铁路线福州至杜坞区间正常通行约 5 小时,多趟列车晚点,大量旅客滞留,造成严重后果,其行为已构成破坏交通设施罪,应依照《刑法》第一百一十九条第一款的规定量刑。陈勇归案后如实供述,可予从轻处罚。经审判委员会讨论决定,依照《中华人民共和国刑事诉讼法》第二百二十五条第一款第(二)项,《中华人民共和国刑法》第一百一十九条第一款、第六十七条第三款的规定,判决撤销福州铁路运输法院(2015)福铁刑初字第 22 号刑事判决,上诉人陈勇犯破坏交通设施罪,判处有期徒刑十年。

二、裁判要旨

No.2-117、119(1)-2-2 铁路运输领域破坏交通设施罪的入罪标准是足以使火车发生倾覆、毁坏的危险;“严重后果”的量刑应当从火车倾覆、人员伤亡、重大的直接经济损失、中断行车时长等方面分别考量。

根据《刑法》第一百一十七条的规定,破坏交通设施罪是具体危险犯,只要破坏行为足以使火车发生倾覆、毁坏危险的,即可成立本罪。构成破坏交通设施罪的“危险”的判断标准和作为量刑情节的“后果”的判断标准,既有关联,又有不同。火车等交通工具足以发生倾覆或毁坏是“危险”的唯一判断标准,而中断行车等因素则显然不在此列。而作为该罪量刑情节的后果,则既包括危险结果,又包括实害结果,即破坏交通设施行为对公共安全法益造成的现实侵害事实,包括火车等交通工具的倾覆、毁坏以及人员的伤亡、财产的损毁,中断行车对铁路运营安全和运营秩序的危害、对旅客公共安全感的影响等。火车实际倾覆危害性很大,应当认定为严重后果,但这并不是本罪法定刑升格的唯一标准。从我国刑法分则来看,严重后果通常是致人重伤、死亡或使公私财产遭受重大损失以及使其他重大法益遭受严重损害。铁路运输领域破坏交通设施罪“严重后果”也应参照这一标准。在公共安全法益受到侵害的前提下,应综合较长的中断行车时间、重大的直接经济损失以及人员伤亡来认定严重后果。

11 破坏电力设备罪(《刑法》第一百一十八条、第一百一十九条第一款)

案例:侯飞、谢延海等破坏电力设备、盗窃案

案例来源:《人民法院案例选》2005 年第 3 辑

主题词:累犯的认定

一、基本案情

被告人侯飞,又名侯永福,男,25 岁,四川省古蔺县人,苗族,小学肄业,农民。2001 年 7 月 30 日因故意毁坏财物罪,被河南省陕县人民法院判处有期徒刑六个月,同年 10 月 13 日刑满释放。2003 年 5 月 9 日因涉嫌破坏电力设备罪,被刑事拘留,同年 6 月 10 日被依法逮捕。

被告人李勇、张明国、何世民(略)。

被告人谢延海,男,27 岁,云南省威信县人,汉族,小学毕业,农民。2001 年 8 月 3 日因犯盗窃罪,被河南省渑池县人民法院判处有期徒刑六个月,缓刑一年,并处罚金 2000 元。2003 年 5 月 9 日,因涉嫌破坏电力设备罪被刑事拘留,同年 6 月 10 日被依法逮捕。

河南省三门峡市中级人民法院经审理查明:2003 年 3 至 5 月,被告人侯飞、李勇、张明国、何世民、谢延海流窜于渑池、义马一带,分别结伙,携带扳手、老虎钳等作案工具将正在使用中的变压器铜芯拆掉,销赃后分赃。其中,被告人侯飞参与 7 场 9 台,造成直接经济损失 41100 元;被告人李勇参与 6 场 8 台,造成直接经济损失 37200 元;被告人张明国参与 6 场 8 台,造成直接经济损失 37100 元;被告人何世民参与 4 场 6 台,造成直接经济损失 24200 元。被告人谢延海参与 2 场 2 台,造成直接经济损失 7900 元。

2003 年 3 月 24 日晚,被告人侯飞、何世民、张明国、李勇将一石料厂废弃不用的变压器铜芯盗走,销赃后分赃。该变压器价值 6000 元。

三门峡市中级人民法院认为,被告人侯飞、李勇、张明国、何世民、谢延海分别结伙,多次盗拆正在使用的变压器铜芯,其行为已构成破坏电力设备罪。被告人侯飞、何世民、张明国、李勇以非法占有为目的,盗窃他人的一台闲置的变压器铜芯,其行为又构成盗窃罪,应对其数罪并罚。被告人侯飞、李勇辩称没有参与破坏电力设备第 3、4 场,被告人何世民辩称没有参与破坏电力设备第 2 场,被告人谢延海辩称没有参与破坏电力设备第 6、7 场,经查,上述各场次的犯罪事实有同案各被告人的供述相互印证,本院不予支持。被告人侯飞原被判处有期徒刑,在刑罚执行完毕后五年内又犯罪,应判处有期徒刑以上刑罚之罪,系累犯,应当从重处罚。依照《中华人民共和国刑法》第一百一十八条、第一百一十九条、第二百六十四条、第五十六条、第六十九条、第六十五条之规定,作出如下判决:

1. 被告人侯飞犯破坏电力设备罪,判处无期徒刑,剥夺政治权利终身;犯盗窃罪,判处有期徒刑两年,并处罚金三千元,决定执行无期徒刑,剥夺政治权利终身,并处罚金三千元。

2. 被告人李勇犯破坏电力设备罪,判处有期徒刑十五年,剥夺政治权利三年;犯盗窃罪,判处有期徒刑一年六个月,并处罚金三千元,决定执行有期徒刑十六年,剥夺政治权利三年,并处罚金三千元。

3. 被告人张明国犯破坏电力设备罪,判处有期徒刑十三年,剥夺政治权利二年;犯盗窃罪,判处有期徒刑一年六个月,并处罚金三千元,决定执行有期徒刑十四年,剥夺政治权利二年,并处罚金三千元。

4. 被告人何世民犯破坏电力设备罪,判处有期徒刑十一年,剥夺政治权利一年;犯盗窃罪,判处有期徒刑一年六个月,并处罚金三千元,决定执行有期徒刑十二年,剥夺政治权利一年,并处罚金三千元。

5. 被告人谢延海犯破坏电力设备罪,判处有期徒刑六年。

一审宣判后,各被告人均未提起上诉,人民检察院也未提出抗诉,判决已发生法律效力。

二、裁判要旨

No. 2-118、119(1)-3-1　因故意犯罪被判处有期徒刑缓刑的,在缓刑考验期满五年内又犯应判处有期徒刑以上刑罚之故意犯罪的,不构成累犯。

缓刑是附条件地不执行原判刑罚的制度。缓刑考验期满没有发生法定应当撤销缓刑的情形,原判刑罚即不再执行,而不是已经执行完毕,因此,行为人在缓刑考验期满后故意犯罪的,不构成累犯。

案例:冯留民破坏电力设备、盗窃案

案例来源:《刑事审判参考》总第 64 集[第 504 号]

主题词:破坏电力设备罪　盗窃罪　想象竞合

一、基本案情

被告人冯留民,男,1973 年 3 月 8 日出生,初中文化,农民。1995 年 8 月因犯盗窃罪被北京市怀柔区人民法院判处有期徒刑六年,1999 年 11 月 21 日刑满释放。因涉嫌犯盗窃罪于 2007 年 3 月 2 日被逮捕。

北京市密云县人民法院经审理查明:

(一)被告人冯留民于 2002 年 11 月至 2003 年 2 月间,多次伙同范远飞、杨显坤、王志永(均已判刑)、王东、"羊羔子"(均另案处理)等人,雇用康德贵(已判刑)的面包车,在北京市怀柔区宰相庄、北京市顺义区板桥养殖场、北京市密云县十里堡镇王各庄村、河北省滦平县虎什哈镇马圈子等地,盗剪正在使用中的光铝线 6700 余米,造成直接经济损失 2 万余元。

(二)被告人冯留民于 2002 年 11 月至 2003 年 3 月间,多次伙同范远飞、杨显坤、刘冰、康德贵、杨宝强(均已判刑)、王东(另案处理)等人,在北京市密云县统军庄小学、东邵渠中心小学、十里堡镇清水潭村、北京市怀柔区大屯村、小罗山村、梨园庄村、张各长小学、雁栖工业开发区等地,盗窃电脑、变压器铜芯、铜板、烟花爆竹、轮胎、花生、大米、生猪等物总价值29万余元。

北京市密云县人民法院认为,被告人冯留民以非法占有为目的,结伙盗窃正在使用中的电力设备,危害公共安全,其行为已构成破坏电力设备罪;被告人冯留民还以非法占有为目的,结伙秘密窃取公私财物,数额特别巨大,其行为已构成盗窃罪,应与破坏电力设备罪并罚。被告人冯留民曾因犯罪受过刑事处罚,刑罚执行完毕五年内,又犯应当判处有期徒刑以上刑罚之罪,是累犯,应当从重处罚。据此,依照《中华人民共和国刑法》第一百一十八条、第二百六十四条、第五十二条、第五十三条、第五十五条第一款、第五十六条第一款、第二十五条第一款、第六十五条第一款、第六十九条、第六十四条的规定,判决如下:

被告人冯留民犯破坏电力设备罪,判处有期徒刑七年,剥夺政治权利一年;犯盗窃罪,判处有期徒刑十三年,剥夺政治权利三年,罚金13000元,决定执行有期徒刑十九年,剥夺政治权利四年,罚金13000元。继续追缴被告人冯留民非法所得,发还被盗单位及个人。

一审宣判后,被告人冯留民向北京市第二中级人民法院提出上诉。其上诉称,其只参与了部分盗窃事实,本案事实不清,证据不足。

北京市第二中级人民法院经审理认为,上诉人冯留民以非法占有为目的,结伙盗窃正在使用中的电力设备,危害了公共安全,其行为已构成破坏电力设备罪,根据最高人民法院有关司法解释,应当以破坏电力设备罪追究其刑事责任;冯留民还结伙采用秘密窃取的手段盗窃公私财物,其行为又构成盗窃罪,依法应予数罪并罚。冯留民系累犯,依法应当从重处罚。关于冯留民所提其只参与部分盗窃犯罪事实,没有参与其他犯罪的上诉意见,经查,根据多名已被判处刑罚的同案犯的供述及其他证人证言、书证,足以证实冯留民参与了破坏电力设备及其他盗窃的犯罪事实,故冯留民的上诉理由不予采纳。一审判决定罪及适用法律正确,量刑适当,审判程序合法,应予维持。依照《中华人民共和国刑事诉讼法》第一百八十九条第(一)项之规定,裁定驳回上诉,维持原判。

二、裁判要旨

No.2-118、119(1)-3-2 以非法占有为目的盗剪正在使用中的电缆,系一行为触犯两罪名,属于想象竞合犯,应当择一重罪处断。

本案被告人冯留民伙同他人盗剪正在使用中的光铝线,其行为同时触犯了《刑法》第一百一十八条规定的破坏电力设备罪和《刑法》第二百六十四条规定的盗窃罪,产生了破坏电力设备罪与盗窃罪的想象竞合问题。根据刑法理论,对想象竞合犯的处断原则是"择一重罪处罚",即应当结合犯罪的具体情节来考虑应该在哪一个量刑幅度内对其量刑,进而确定哪一罪为"重罪",从而选择哪一罪名定性。

No.2-118、119(1)-3-3 想象竞合犯涉及的两个罪名的法定刑相同的,应当通过比较两种犯罪的社会危害性及犯罪行为本身的性质确定罪名的轻重。

根据《刑法》规定,构成破坏电力设备罪不要求犯罪数额,只要实施了危害公共安全的破坏电力设备行为,即便没有造成严重后果,也应当依法追究刑事责任,并处以三年以上十年以下有期徒刑;造成严重后果的,处以十年以上有期徒刑、无期徒刑或者死刑。而构成盗窃罪,是以一定的数额为要件的,以北京地区为例,盗窃数额在一千元以上一万元以下的属于"数额较大";盗窃数额在一万元以上六万元以下的,属于"数额巨大";盗窃数额在六万元以上的,属于"数额特别巨大"。因此,如果偷盗电力设备的数额在一万元以下,依破坏电力设备罪追究其刑事责任是比较重的;而如果偷盗电力设备的数额在六万元以上,同时又没有造成严重危害公共安全后果的,那么依照盗窃罪来追究被告人的刑事责任是比较重的。但是,如果像本案这样,偷盗电力设备的数额介于一万元至六万元之间,相对应的两个罪名的法定刑是一样的,都是三至十年有期徒刑,那么究竟应该如何"择一重罪处罚"呢?

对此,一种观点认为,在主刑相同的情况下比较附加刑的轻重,依照盗窃罪定罪处罚还要并处罚金,因此盗窃罪相对更重;另一种观点则认为,通过比较两种犯罪的社会危害性及犯罪行为本身的性质来确定罪名的轻重。我们认为,第二种意见比较妥当。破坏电力设备罪属于危害公共安全的犯罪,其所侵犯的犯罪客体不仅包括财产权,而且涵盖不特定多数人的人身、财产权利,无疑其罪责更重,依照罪责刑相适应的原理,即便量刑相当也应该以破坏电力设备罪追究其刑事责任。而且,破坏电力设备罪是行为犯,不论犯罪数额多少、是否出现危害结果都依法追究其刑事责任。因此,刑法对于破坏电力设备行为的制裁一般比盗窃行为严厉。除非能够证明盗割电线的行为没有对公共安全造成危害,否则当破坏电力设备罪与盗窃罪发生竞合时,如果相对应的法定刑幅度相当,还是应当以破坏电力设备罪依法追究其刑事责任。

具体到本案,被告人冯留民在明知被盗剪的光铝线是正在使用中的电力设备,仍然以非法占有为目的而予以剪断并销赃,其主观上对于光铝线本身是持非法占有的直接故意,但是对于因盗剪行为对社会公共安全所造成的危害其是持间接故意的。在犯罪客体方面,累计 6.7 公里的正在使用中的光铝线被盗,给当地居民的生产、生活安全所带来的危害绝对不仅仅是价值 2 万余元的光铝线能够衡量的。因此,在其行为同时符合破坏电力设备罪与盗窃罪的犯罪构成,量刑幅度均为三至十年有期徒刑时,从准确评价其行为的社会危害角度出发,依照破坏电力设备罪对其定罪处罚无疑是比较合适的。

12 组织、领导、参加恐怖组织罪(《刑法》第一百二十条)

案例:玉山江·吾许尔等组织、领导、参加恐怖组织,以危险方法危害公共安全案——天安门广场“10·28”暴恐案

案例来源:《刑事审判参考》总第 119 集

主题词:组织、领导、参加恐怖组织罪　犯罪中止

一、基本案情

玉山江·吾许尔、玉苏甫·吾买尔尼亚孜、玉苏普·艾合麦提先后与吾斯曼·艾山(已死亡)相识,并就“迁徙”“圣战”达成共识。2012 年 12 月,玉山江·吾许尔与吾斯曼·艾山等人为寻找枪支、发展成员前往新疆维吾尔自治区伊犁哈萨克自治州,怂恿库尔班江·达吾提、买乌兰·努尔买买提、于苏付江·白克力(均另案处理)等加入他们,并寻求制造爆炸物的方法,但未果。同月,玉山江·吾许尔与吾斯曼·艾山、古丽娜尔·托乎提尼亚孜(玉山江·吾许尔之妻)、艾力·阿布力米提(另案处理)前往新疆维吾尔自治区和静县向艾合买提·吾买尔(另案处理)学习制造爆炸物,但未能找到制造爆炸物所需的材料。2013 年 1 月至 9 月,玉山江·吾许尔、玉苏甫·吾买尔尼亚孜、玉苏普·艾合麦提、吾斯曼·艾山、古丽娜尔·托乎提尼亚孜以及布坚乃提·阿卜杜喀迪尔(玉苏普·艾合麦提之妻)、吐逊江·阿不力孜、古力克孜·艾尼(吾斯曼·艾山之妻,已死亡)等人先后到新疆维吾尔自治区乌鲁木齐市乌拉泊、红雁池附近的山上,手持自制旗帜宣誓进行“圣战”,部分人员还多次观看“迁徙”“圣战”内容的视频。2013 年 9 月,玉山江·吾许尔与吾斯曼·艾山、古力克孜·艾尼、古丽娜尔·托乎提尼亚孜、吐逊江·阿不力孜再次到和静县向艾合买提·吾买尔学习制造爆炸物,但仍未能找到所需材料。同月,玉山江·吾许尔、玉苏甫·吾买尔尼亚孜、玉苏普·艾合麦提、吾斯曼·艾山等人预谋到北京进行“圣战”。为此,玉山江·吾许尔、古丽娜尔·托乎提尼亚孜出资 2.7 万元,玉苏普·艾合麦提、布坚乃提·阿卜杜喀迪尔出资 1 万元,玉苏甫·吾买尔尼亚孜出资 3 万元,作为“圣战”经费。其间,玉苏甫·吾买尔尼亚孜怂恿吾某某、斯某某、阿某某加入他们的“圣战”队伍,遭到拒绝。2013 年 10 月月初,玉山江·吾许尔、玉苏普·艾合麦提、吾斯曼·艾山认识了托合提·麦合麦提、艾买提·卡迪尔(另案处理),并拉拢二人加入了他们的“圣战”队伍,授意二人寻找人员到北京参加“圣战”。2013 年 10 月 7 日,玉山江·吾许尔、玉苏普·艾合麦提与古丽娜尔·托乎提尼亚孜、布坚乃提·阿卜杜喀迪尔、吾斯曼·艾山、古力克孜·艾尼、库完汗·热依木(吾斯曼·艾山之母,已死亡)驾驶双龙越野车抵达北京,玉苏甫·吾买尔尼亚孜乘坐火车随后赶到北京。托合提·麦合麦提、艾买提·卡迪尔组织阿布拉·尼牙孜和阿布拉·麦合麦提、阿里木·阿不都然合曼、阿迪力·托合提、阿不都克尤木·如斯坦木、木合普力·亚森、艾合买提·卡哈尔、艾力·依玛木尼

亚孜、穆萨·努如拉(均另案处理)等人先后赶到北京,后又因资金等问题相继离开北京。在北京期间,玉山江·吾许尔、玉苏甫·吾买尔尼亚孜、玉苏普·艾合麦提与吾斯曼·艾山、古丽娜尔·托乎提尼亚孜、布坚乃提·阿卜杜喀迪尔、古力克孜·艾尼、库完汗·热依木等人共同策划在天安门广场采用汽车冲撞、汽油爆炸、持刀砍杀等方式进行"圣战",并先后购买了1辆吉普越野车、30个汽油桶、400升汽油以及刀、打火机、防毒面罩、抽油器等作案工具,还到天安门广场进行了踩点。后玉山江·吾许尔、玉苏甫·吾买尔尼亚孜、玉苏普·艾合麦提与古丽娜尔·托乎提尼亚孜、布坚乃提·阿卜杜喀迪尔驾驶吉普越野车返回新疆。2013年10月28日12时许,吾斯曼·艾山、古力克孜·艾尼、库完汗·热依木驾驶装载有400升汽油的双龙越野车,连续冲撞天安门广场前人行道上的行人,造成被害人朱某某等39人受伤。越野车撞上金水桥后燃烧,车内的吾斯曼·艾山、古力克孜·艾尼、库完汗·热依木当场死亡。2014年6月15日,乌鲁木齐市中级人民法院认定玉山江·吾许尔、玉苏甫·吾买尔尼亚孜、玉苏普·艾合麦提犯组织、领导恐怖组织罪,以危险方法危害公共安全罪,决定执行死刑,剥夺政治权利终身;古丽娜尔·托乎提尼亚孜、布坚乃提·阿卜杜喀迪尔犯参加恐怖组织罪、以危险方法危害公共安全罪,分别决定执行无期徒刑,剥夺政治权利终身、有期徒刑二十年,剥夺政治权利五年;托合提·麦合麦提、吐逊江·阿不力孜、阿布拉·尼牙孜犯参加恐怖组织罪,分别判处有期徒刑十年,剥夺政治权利二年、有期徒刑五年,剥夺政治权利一年。2014年7月18日,新疆维吾尔自治区高级人民法院裁定驳回上诉,维持原判。2014年8月14日,最高人民法院依法核准被告人玉山江·吾许尔、玉苏甫·吾买尔尼亚孜、玉苏普·艾合麦提死刑。

二、裁判要旨

No.2-120-1 在共同犯罪中,因各共犯的行为相互联系形成统一的犯罪活动整体,即便部分共犯中止了自己的行为,如果其他共犯的行为导致结果发生,则并不成立犯罪中止,而成立既遂,且各共犯均应对整体的犯罪行为承担刑事责任。

我国《刑法》第二十六条第三款规定,对组织、领导犯罪集团的首要分子,按照集团所犯的全部罪行处罚。因而恐怖活动组织的组织者、领导者,应当对恐怖活动组织的全部罪行承担刑事责任。本案中,玉山江·吾许尔、玉苏甫·吾买尔尼亚孜、玉苏普·艾合麦提伙同吾斯曼·艾山,鼓动、召集人员共同建立恐怖活动组织,恐怖活动组织成立后,共同策划、预谋实施恐怖活动,是恐怖活动组织的组织者、领导者,应当按照组织所犯的全部罪行处罚。玉山江·吾许尔、玉苏甫·吾买尔尼亚孜、玉苏普·艾合麦提与最终实施暴恐活动致人伤亡的吾斯曼·艾山等人属于共同犯罪,三人虽因琐事与吾斯曼·艾山产生分歧而离京返疆,未参与天安门金水桥暴恐活动实施,但并未有效阻止吾斯曼·艾山等人实施暴恐活动,且三人的出资、准备犯罪工具等行为为吾斯曼·艾山等人实施暴恐活动提供了条件、帮助,故依法应对整体的犯罪行为及后果承担刑事责任。在共同犯罪中,各共犯形成了犯意联络,各行为人的实行行为均是整体行为的一部分,即使部分成员中途退出,但若无打消集体犯罪的决意,并积极有效地阻碍犯罪的发生,则不成立中止,当其他共犯继续实施犯罪导致结果发生时,各共犯均应对该结果负责。玉山江·吾许尔、玉苏甫·吾买尔尼亚孜、玉苏普·艾合麦提组织、领导的恐怖活动组织成员驾驶装载有400升汽油的汽车在天安门广场前冲撞无辜群众,造成3人死亡、39人受伤的严重后果,依法构成组织、领导恐怖组织罪,以危险方法危害公共安全罪。

案例:依斯坎达尔·艾海提等组织、领导、参加恐怖组织,故意杀人案

案例来源:《刑事审判参考》总第112集[第1220号]

主题词:组织、领导、参加恐怖组织罪 死刑

一、基本案情

2013年12月以来,被告人依斯坎达尔·艾海提、吐尔洪·托合尼亚孜、玉山·买买提、帕提古丽·托合提和阿卜杜热伊木·库尔班、艾合买提·阿比提、阿尔米亚·吐尔逊、盲沙尔·沙塔尔8人伙同依明·毛拉、玉苏甫·牙森、巴拉提·阿卜杜赛麦提、艾力·伊敏、萨拉木·马木提

(该5人另案处理),为非法出境、实施暴力恐怖活动,相互纠集,先后在广东省广州市、珠海市,河南省南阳市,甘肃省兰州市,云南省景洪市、个旧市沙甸区等地,进行推选头目、训练体能、准备凶器等活动,逐渐形成了以依斯坎达尔·艾海提为首、以实施暴力恐怖活动为目的的暴力恐怖组织。依斯坎达尔·艾海提等人多次向组织成员播放暴恐音视频,宣扬宗教极端思想,传授杀人方法;吐尔洪·托合尼亚孜多次为组织提供资金支持;玉山·买买提邀约吐尔洪·托合尼亚孜、玉苏甫·牙森加入组织。2014 年 2 月 24 日至 26 日,依斯坎达尔·艾海提、吐尔洪·托合尼亚孜、玉山·买买提、阿尔米亚·吐尔逊、艾合买提·阿比提、盲沙尔·沙塔尔和阿卜杜热伊木·库尔班、帕提古丽·托合提在云南省个旧市沙甸区热孜曼理发店,多次共谋、组织策划在人员密集的昆明火车站或者个旧火车站采用持刀杀人的方式实施暴力恐怖活动,吐尔洪·托合尼亚孜出资购买了十余把长、短刀,依斯坎达尔·艾海提、吐尔洪·托合尼亚孜、玉山·买买提等人验看了刀具,帕提古丽·托合提等人制作了两面暴恐旗帜。2014 年 2 月 27 日,依斯坎达尔·艾海提、吐尔洪·托合尼亚孜、玉山·买买提因涉嫌偷越国境在沙甸被抓获。3 月 1 日中午,因联系不上依斯坎达尔·艾海提等人,阿卜杜热伊木·库尔班、艾合买提·阿比提、帕提古丽·托合提、阿尔米亚·吐尔逊、盲沙尔·沙塔尔商定即日按原计划在昆明火车站实施暴力恐怖活动。17 时 30 分许,5 人携带作案工具,租车从沙甸出发,20 时 30 分许到达昆明火车站。21 时 12 分许,5 人持刀从火车站临时候车区开始,经站前广场、第二售票区、售票大厅、小件寄存处等地,打出暴恐旗帜,肆意砍杀无辜群众,致 31 人死亡,141 人受伤,其中 40 人系重伤。因抗拒抓捕,帕提古丽·托合提被民警开枪击伤并抓获,其余 4 人被民警当场击毙。

二、裁判要旨

No. 2-120-2　恐怖活动组织成员的罪责认定应正确区分行为人所属的成员类别,而后根据法律规定确定各行为人应当承担的刑事责任。

一般认为,组织者、领导者,是指发起、创建恐怖活动组织的人员以及对组织的运转、活动起策划、指挥、决定作用的人员;积极参加者,是指在恐怖活动组织中行为积极并起重要作用的成员,如"自愿多次参加恐怖活动组织实施的恐怖活动,或者虽然是偶尔参加恐怖组织的活动,但在其参加的恐怖活动中起主要作用"的成员;其他参加者,是指除组织者、领导者、积极参加者之外的恐怖活动组织成员。被告人依斯坎达尔·艾海提多次邀约、纠集他人,宣扬宗教极端、暴力恐怖思想,参与策划昆明火车站暴力恐怖活动;吐尔洪·托合尼亚孜多次为组织提供资金支持,参与策划昆明火车站暴力恐怖活动,并提供购买作案刀具的资金;玉山·买买提邀约他人加入组织,并提供活动经费,参与策划昆明火车站暴力恐怖活动。3 人在恐怖活动组织中均起到组织、领导作用,均应认定为组织者、领导者。被告人帕提古丽·托合提作为组织成员,积极参与实施昆明火车站恐怖杀人行为且作用突出,应认定为积极参加者。《刑法》第二十六条第三款、第四款规定:"对组织、领导犯罪集团的首要分子,按照集团所犯的全部罪行处罚。对于第三款规定以外的主犯,应当按照其所参与的或者组织、指挥的全部犯罪处罚。"根据上述规定,作为犯罪集团的恐怖活动组织的组织者、领导者,应当按照组织所犯的全部罪行承担刑事责任;恐怖活动组织的积极参加者和其他参加者,应当按照其所参与的犯罪承担刑事责任。被告人依斯坎达尔·艾海提、吐尔洪·托合尼亚孜、玉山·买买提虽未参与实施昆明火车站恐怖杀人行为,但 3 人是恐怖活动组织的组织者、领导者,故均应当按照组织所犯的全部罪行处罚,对昆明火车站恐怖袭击造成的严重后果承担刑事责任。被告人帕提古丽·托合提作为恐怖活动组织的积极参加者,应当按照其所参与的犯罪承担刑事责任,其为实施昆明火车站暴力恐怖活动制作暴恐旗帜,并直接参与实施恐怖杀人行为,在昆明火车站恐怖杀人犯罪活动中起主要作用,应当对昆明火车站恐怖袭击造成的严重后果承担刑事责任。

No. 2-120-3　恐怖活动犯罪死刑的适用应当严格依照《刑法》第四十八条第一款关于"死刑只适用于罪行极其严重的犯罪分子"的规定,坚持罪刑法定、罪刑相适应等刑法基本原则,综合考虑犯罪情节、犯罪后果以及被告人的主观恶性和人身危险性等因素,依法准确裁量判断。

恐怖活动组织成员在昆明火车站采用持刀杀人的方式实施恐怖袭击,致 31 人死亡、141 人受伤,被告人依斯坎达尔·艾海提、吐尔洪·托合尼亚孜、玉山·买买提作为恐怖活动组织的组织者、领导者,又系昆明火车站恐怖袭击活动的策划者,被抓获后隐瞒组织成员即将实施恐怖袭击的情况,造成极其严重的犯罪后果,充分说明了3被告人主观恶性深,社会危害性大,所犯罪行极其严重,符合死刑适用的条件。

《刑法》第四十九条第一款规定:"犯罪的时候不满十八周岁的人和审判的时候怀孕的妇女,不适用死刑。""审判的时候怀孕的妇女"应理解为在审判的时候被告人是怀孕的妇女,包括审判前在羁押时已经怀孕的妇女,也包括在羁押期间已怀孕但自然流产或人工流产的妇女。具体到本案,被告人帕提古丽·托合提属于恐怖活动组织的积极参加者和恐怖杀人行为的直接实施者,罪行极其严重,但鉴于其作案时系怀孕的妇女,依法不适用死刑(包括死刑缓期二年执行),人民法院最终判处其无期徒刑。

13 劫持船只、汽车罪(《刑法》第一百二十二条)

案例:陈志故意杀人、劫持汽车案

案例来源:《刑事审判参考》总第92集[第866号]

主题词:劫持汽车罪　杀人后劫持汽车逃跑行为的定性

一、基本案情

被告人陈志,男,1977年6月30日出生,农民。1998年因犯寻衅滋事罪被判处有期徒刑二年,2001年因犯寻衅滋事罪被判处有期徒刑二年,2003年因犯寻衅滋事罪被判处有期徒刑二年六个月,2006年3月22日刑满释放,2011年8月19日因涉嫌犯故意杀人罪、劫持汽车罪被逮捕。

江苏省扬州市人民检察院以被告人陈志犯故意杀人罪、劫持汽车罪,向扬州市中级人民法院提起公诉。

扬州市中级人民法院经公开审理查明:2011年8月3日20时许,被告人陈志与被害人王志航在江苏省江都市邵伯镇"飞毛腿食坊"103包厢吃饭。喝酒期间,二人因积怨发生争吵。陈志持随身携带的单刃折叠刀捅刺被害人王志航数刀。服务员见状呼喊,陈志持刀追至饭店门口殴打服务员。随后,陈志又返回103包厢继续捅刺王志航,致王志航左心室破裂、急性心包填塞合并大出血死亡。之后,陈志闯入104包厢,持刀威胁在此就餐的被害人王修峰拨打"120"电话。被人劝说离开后,陈志到店外追赶并威胁正在打电话报警的店主何运菊。当王修峰准备驾驶牌号为苏K93M19轿车离开时,陈志闯入车内,持刀胁迫王修峰将其送走。途中,陈志自行驾驶该车。当行至扬溧高速公路润扬大桥收费站时,王修峰跳车逃跑并向民警呼救。陈志随即掉转车头沿高速公路逆向行驶,在距收费站500米处与其他车辆发生碰擦,最终撞上高速公路的中间护栏后,陈志遂弃车逃离。

扬州市中级人民法院认为,被告人陈志故意非法剥夺他人生命,致被害人王志航死亡,其行为构成故意杀人罪;在实施故意杀人犯罪后,陈志持刀劫持汽车逃跑,其行为构成劫持汽车罪,依法应当数罪并罚。陈志为泄愤而持刀捅刺王志航十余刀,犯罪手段残忍,罪行极其严重;陈志多次被判刑,屡教不改,主观恶性较深,杀人后又劫持汽车在高速公路上逃窜并发生事故,人身危险性及社会危害性极大,依法应当判处死刑。据此,依照《中华人民共和国刑法》第二百三十二条、第一百二十二条、第六十一条、第四十八条第一款、第五十六条第一款、第五十七条第一款、第六十九条第一款及第六十四条之规定,扬州市中级人民法院判决如下:

被告人陈志犯故意杀人罪,判处死刑,剥夺政治权利终身;犯劫持汽车罪,判处有期徒刑八年;决定执行死刑,剥夺政治权利终身。

一审宣判后,被告人陈志不服,提出上诉,并基于以下理由提请法庭对其从轻处罚:其不是劫持汽车,而是让被害人王修峰开车送其离开;其系酒后失控间接故意杀人,被害人死亡与医护人员抢救不及时有关;其归案后认罪态度较好,愿意补偿被害人家属。陈志的辩护人还提出被害人有过错的辩护意见。

江苏省高级人民法院经审理认为,一审认定的事实清楚,证据确实、充分,定罪准确。上诉人陈志故意杀人犯罪手段特别残忍,情节特别恶劣,后果特别严重,其归案后虽然如实供述犯罪事实,但根据其罪行,不足以对其从轻处罚。陈志提出的相关上诉理由及辩护人所提辩护意见不能成立,不予采纳,遂裁定驳回上诉,维持原判,并依法报请最高人民法院核准。

最高人民法院经复核认为,被告人陈志故意非法剥夺他人生命,并于杀人后持刀劫持汽车逃跑,其行为构成故意杀人罪、劫持汽车罪,依法应当数罪并罚。陈志先后两次持刀捅刺被害人达十余刀,致被害人死亡,犯罪手段特别残忍,后果严重,所犯故意杀人罪罪行极其严重。陈志杀人后劫持汽车在高速公路上逃窜并发生事故,且曾三次因犯寻衅滋事罪被判刑,主观恶性极深,人身危险性及社会危害性极大,依法应当严惩。第一审判决、第二审裁定认定的事实清楚,证据确实、充分,定罪准确,量刑适当,审判程序合法。据此,依照《中华人民共和国刑事诉讼法》第二百三十五条、第二百三十九条和最高人民法院《关于适用〈中华人民共和国刑事诉讼法〉的解释》第三百五十条第(一)项之规定,裁定核准江苏省高级人民法院维持第一审以故意杀人罪判处被告人陈志死刑,剥夺政治权利终身;以劫持汽车罪,判处有期徒刑八年;决定执行死刑,剥夺政治权利终身的刑事裁定。

二、裁判要旨

No.2-122-1 杀人后出于逃跑的目的而劫持汽车的,不成立抢劫罪,应认定为劫持汽车罪。

最高人民法院《关于审理抢劫、抢夺刑事案件适用法律若干问题的意见》第六条之所以将为实施抢劫或其他犯罪而劫车的行为定性为抢劫罪,主要是基于行为人以暴力或者胁迫的方法劫取机动车辆的行为并不是出于法律意义上的"使用"目的,而是将其作为实施犯罪的工具非法占有,一般用后即予抛弃,基本上不存在返还的情形,本质上具有非法占有的目的,客观上侵犯了他人的人身、财产权利,符合抢劫罪的特征。虽然《关于审理抢劫、抢夺刑事案件适用法律若干问题的意见》第六条没有像盗窃罪司法解释那样明确表述"非法占有车辆,或者将车辆遗弃导致丢失"的前提条件,但《关于审理抢劫、抢夺刑事案件适用法律若干问题的意见》是针对抢劫罪、抢夺罪所制定,"非法占有目的"是这两罪的主观构成要件内容,《关于审理抢劫、抢夺刑事案件适用法律若干问题的意见》没有明确表述该主观构成要件,并不意味着该情形下构成抢劫罪无须具备"非法占有目的"这一主观构成要件。据此,《关于审理抢劫、抢夺刑事案件适用法律若干问题的意见》将两种劫车情形均定性为抢劫罪的根本原因在于,在这两种情形下,行为人对所劫车辆在本质上具有非法占有的目的。如果行为人对所劫车辆没有非法占有的目的,则不能认定构成抢劫罪。

首先,《关于审理抢劫、抢夺刑事案件适用法律若干问题的意见》第六条是针对劫取机动车辆当做犯罪工具或者逃跑工具使用的行为如何定性作出的专门规定,从时间顺序看,劫车行为在前,实施其他犯罪行为在后,劫车的目的是实施抢劫或者其他犯罪活动。而本案中,陈志是杀人犯罪在前,劫车行为在后,其劫车目的是为了逃跑,而不是为了实施其他犯罪活动;其次,非为实施犯罪而劫车逃跑的,一般仅是将所劫车辆作为逃跑工具使用,通常情况下,行为人是胁迫驾车人按照其指使的线路行驶,或者虽然是自己直接驾驶所劫车辆,但并不将原驾车人赶下车辆,在到达目的地后就弃车而去,往往不具有非法占有所劫车辆的主观目的。本案中,陈志在实施杀人行为后,持刀胁迫车主驾车带其逃离现场,既没有非法占有汽车的目的,也未实际占有该车辆,因此,其对汽车实施的行为属于劫持,而非劫取。《关于审理抢劫、抢夺刑事案件适用法律若干问题的意见》中所规定的情形是为实施其他犯罪而劫取机动车辆,而非劫持机动车辆,因此陈志的行为不符合《关于审理抢劫、抢夺刑事案件适用法律若干问题的意见》规定的情形,不构成抢劫罪。

具体到本案,被告人陈志的劫车行为构成劫持汽车罪,而非抢劫罪:

首先,被告人劫持的车辆符合劫持汽车罪的对象特征。劫持汽车罪的犯罪对象是汽车,但通常情况下应当限定为出租车以外的汽车。理由在于出租车本身具有开放性,任何人都有权利乘坐。无论行为人持何种主观态度(搭乘或者劫持),就乘坐这一行为而言,都是合法的,而且出租车原则应当按照乘客的要求行驶,他人要求出租车司机行驶到任何地点都不违法,因此一般情况下出租车不能成为劫持汽车罪的犯罪对象。但是,如果行为人使用暴力、胁迫等方法迫使出租车司机驾车在道路上横冲直撞,或者强行亲自驾驶出租车的,也可以构成劫持汽车罪,因为此种行为已经明显超出了搭乘出租车的行为模式,改变了出租车的合法用途,且危及公共安全,故应当认定属于劫持汽车的行为。本案中,被告人陈志劫持的是私家车,符合劫持汽车罪的对象特征。

其次,被告人采取暴力、胁迫方法劫持汽车的行为危及公共安全。劫持汽车罪要求行为人故意使用暴力、胁迫等行为劫持汽车,行为人在明知驾驶员不同意其搭乘的情况下,仍对驾驶员实施暴力、胁迫等行为,从而非法控制汽车。只要行为人实施了劫持汽车的行为,足以对公共安全造成威胁,即可构成本罪。如果行为人认为驾驶员同意其搭乘汽车,也未实施暴力、胁迫行为,且驾驶员未有反抗行为,则不应认定为劫持。如果行为人将驾驶员赶走,自行驾驶汽车离开,且非法占有汽车或者造成车辆失踪无法找到的,则可以认定行为人具有非法占有汽车的故意。因为在这种情况下驾驶员已失去对汽车的控制,行为人的主观意图已经不只是暂时的劫持,而是对汽车的非法占有,故应当认定为抢劫罪。本案中,被告人陈志持刀闯入车内,胁迫车主开车送其离开现场,并在高速公路上违章行驶,已经危及公共安全,符合劫持汽车罪的客观特征。

14 破坏广播电视设施、公用电信设施罪(《刑法》第一百二十四条第一款)

案例:李雄剑等扰乱无线电通讯管理秩序案

案例来源:《刑事审判参考》总第 112 集[第 1227 号]

主题词:破坏广播电视设施、公用电信设施罪　扰乱无线电通讯管理秩序罪　伪基站

一、基本案情

2016 年 4 月 2 日,被告人李雄剑以每天工资 200 元受雇用,利用“伪基站”设备,冒充工商银行的 95588 号发送虚假的兑换积分短信与招聘司机短信。后李雄剑邀约被告人谢增光、王历飞驾驶尼桑轩逸小汽车,在湖北省咸宁市、仙桃市,武汉市的闹市区,非法利用移动公司频段,强行向有效范围内的 46109 名用户发送短信,迫使用户与移动通信网络中断。

二、裁判要旨

No. 2-124(1)-1　利用“伪基站”群发短信的行为不符合破坏广播电视设施、公用电信设施罪的破坏行为要件,也没有达到危害公共安全的程度,不宜以破坏广播电视设施、公用电信设施罪定罪处罚,应认定为扰乱无线电通讯管理秩序罪。

利用伪基站群发短信的行为不适用破坏广播电视设施、公用电信设施罪的理由包括:(1)利用伪基站群发短信的行为不构成“破坏”行为。第一,以“伪基站”作为工具占用移动等合法基站的频率的行为并没有截断通信线路。向不特定用户大批量发送垃圾短信、广告等行为,在完成发送信息的行为之后,正基站就自动恢复通信功能,因此并没有破坏有形的传输媒介,仅是干扰了电磁波信号的传递,不符合“截断通信线路、毁损通信设备”这一特征,不符合“破坏”这一构成要件。此处所指的“破坏”,应是对通信线路、通信设备等有形通信设施的破坏、入侵而非对通信信号、信道的占用。第二,利用“伪基站”占用移动等正规基站的频率也不符合“删除、修改、增加电信网计算机信息系统中存储、处理或者传输的数据和应用程序”这一行为特征。如果行为人使用了黑客技术通过“伪基站”设备对合法无线电台信息系统中的数据和程序加以删改,则构成破坏计算机信息系统罪。(2)从侵害的法益看,使用“伪基站”行为对相关法益是干扰而非破坏。一方面,大多数“伪基站”发送的信息内容涉及房产、股票推销等商业推广,更多的是对无线电通讯秩序和居民的生活安定造成了一定的干扰,达不到危害公共安全的程度。另一方面,此类案件中对于危害公共安全的认定和取证也存在一定困难。

适用《刑法》第二百八十八条扰乱无线电通讯管理秩序罪的理由包括:(1)擅自设置"伪基站"发垃圾短信,其主观意图是对电信用户实施诈骗,并非针对公用电信设施进行破坏;(2)其侵犯的客体是无线电通讯秩序,并非公共安全;(3)扰乱无线电通讯管理秩序罪的刑期设置较破坏公用电信设施罪更轻一些,按此罪名处理案件符合罪责刑相适应原则;(4)立法机关修改《刑法》第二百八十八条,意图就是为司法机关准确适用该条清除障碍,避免司法实践中继续将此类行为认定为破坏公用电信设施罪。

2015年《刑法修正案(九)》通过之前,1997年《刑法》第二百八十八条规定:"违反国家规定,擅自设置、使用无线电台(站),或者擅自占用频率,经责令停止使用后拒不停止使用,干扰无线电通讯正常进行,造成严重后果的,处三年以下有期徒刑、拘役或者管制并处或者单处罚金。"该罪成立以"经责令停止使用后拒不停止使用"的行政前置程序为前提,给本罪的适用造成了较大的困扰。因此,最高人民法院、最高人民检察院、公安部、国家安全部于2014年3月14日发布的《关于依法办理非法生产销售使用"伪基站"设备案件的意见》(以下简称《"伪基站"意见》)规定,非法使用"伪基站"设备干扰公用电信网络信号,危害公共安全的,依照《刑法》第一百二十四条第一款的规定,以破坏公用电信设施罪追究刑事责任;同时构成虚假广告罪、非法获取公民个人信息罪、破坏计算机信息系统罪、扰乱无线电通讯管理秩序罪的,依照处罚较重的规定追究刑事责任。2015年8月29日通过的《刑法修正案(九)》,对《刑法》第二百八十八条的规定作了修改。修改后的扰乱无线电通讯管理秩序罪,是指违反国家规定,擅自设置、使用无线电台(站),或者擅自使用无线电频率,干扰无线电通讯秩序,情节严重的行为,其中删去了前置行政程序的要求,放宽了本罪的入罪门槛。但由于2014年《"伪基站"意见》尚未失效,实践中对于利用伪基站群发短信的行为定性仍存在分歧。

2016年最高人民法院、最高人民检察院、公安部《关于办理电信网络诈骗等刑事案件适用法律若干问题的意见》(法发〔2016〕32号)规定:"在实施电信网络诈骗活动中,非法使用'伪基站''黑广播',干扰无线电通讯秩序,符合刑法第二百八十八条规定的,以扰乱无线电通讯管理秩序罪追究刑事责任。同时构成诈骗罪的,依照处罚较重的规定定罪处罚。"2017年7月1日起施行的《最高人民法院、最高人民检察院关于办理扰乱无线电通讯管理秩序等刑事案件适用法律若干问题的解释》(以下简称《无线电通讯解释》)第一条明确规定:"具有下列情形之一的,应当认定为刑法第二百八十八条第一款规定的'擅自设置、使用无线电台(站),或者擅自使用无线电频率,干扰无线电通讯秩序':(一)未经批准设置无线电广播电台(以下简称'黑广播'),非法使用广播电视专用频段的频率的;(二)未经批准设置通信基站(以下简称'伪基站'),强行向不特定用户发送信息,非法使用公众移动通信频率的;(三)未经批准使用卫星无线电频率的;(四)非法设置、使用无线电干扰器的;(五)其他擅自设置、使用无线电台(站),或者擅自使用无线电频率,干扰无线电通讯秩序的情形。"至此,司法实践中的困惑和社会各界的有关争议,通过《无线电通讯解释》得到了统一。

15 非法制造、买卖、运输、邮寄、储存枪支、弹药、爆炸物罪(《刑法》第一百二十五条第一款)

案例:朱香海等非法买卖枪支、贪污案

案例来源:《刑事审判参考》总第42集[第328号]

主题词:单位犯罪　劳动教养　折抵刑期

一、基本案情

被告人朱香海,男,1954年7月18日出生,湖北省当阳市人,高中文化,原系当阳市水产供销公司经理。因涉嫌贪污犯罪,于2000年1月8日被逮捕。

被告人左正红,男,1968年9月9日出生,湖北省老河口市人,小学文化,无业。1990年11月12日老河口市人民法院以其犯流氓罪判处有期徒刑四年,1994年2月6日释放。因涉嫌非法买卖枪支犯罪,于2000年1月29日被丹江口市公安局抓获,次日被刑事拘留,同年3月7日被逮捕。2000年6月8日释放,移交襄樊市公安局樊城区分局侦查,襄樊市公安局樊城区分局以其涉嫌非法买卖枪支犯罪,于同月 12 日将其刑事拘留,同年 8 月 22 日将其执行逮捕。

被告人郜清忠,男,1966 年 9 月 13 日出生,湖北省襄樊市人,初中文化程度,工人。因涉嫌非法买卖枪支犯罪,于 2000 年 8 月 12 日被逮捕。

被告人张少波,男,1966 年 10 月 15 日出生,湖北省老河口市人,小学文化,无业。1991 年 4 月 29 日保康县人民法院以其犯抢劫罪判处有期徒刑四年,1994 年 11 月 8 日释放。因涉嫌非法买卖枪支犯罪,于 1999 年 3 月 1 日被抓获羁押,后于 1999 年 5 月 19 日被老河口市人民政府决定劳动教养三年,又因涉嫌非法买卖枪支犯罪,于 2001 年 3 月 1 日被逮捕。

被告人李国富,男,1971 年 4 月 8 日出生,湖北省老河口市人,高中文化,无业。因涉嫌非法买卖枪支犯罪,于 1999 年 9 月 20 日被老河口市公安局刑事拘留,同年 12 月 6 日被释放。又因涉嫌非法买卖枪支犯罪,2000 年 8 月 29 日被襄樊市公安局樊城区分局抓获,后于同年 9 月 1 日被襄樊市公安局樊城区分局刑事拘留,2001 年 1 月 12 日被监视居住,同月 22 日被逮捕。

被告人李前勇,男,1973 年 7 月 7 日出生,湖北省老河口市人,高中文化,原系老河口市工商局光化分局协管员。因涉嫌非法买卖枪支犯罪,于 1999 年 9 月 20 日被老河口市公安局刑事拘留,同年 10 月 10 日被释放。又因涉嫌非法买卖枪支犯罪,于 2000 年 8 月 23 日被襄樊市公安局樊城区分局抓获,同月 25 日被襄樊市公安局樊城区分局刑事拘留,2001 年 1 月 12 日被监视居住,同月 22 日被逮捕。

湖北省襄樊市中级人民法院经审理查明:1991 年 6 月,湖北省当阳市水产供销公司(以下简称“当阳水产公司”)经有关部门的批准,取得经营猎枪及其弹药的营业执照,系《中华人民共和国枪支管理法》实施前的湖北省猎枪定点销售单位。《中华人民共和国枪支管理法》于 1996 年 10 月 1 日实施后,当阳水产公司虽向有关部门提出申请,但未取得继续经营猎枪的资格。

1994 年 5 月,当阳水产公司收到山西省临汾地区农业生产资料公司 63 万元的购买猎枪款,被告人朱香海以需给他人回扣为由,将其中的 5 万元在账外核销予以侵吞。

1995 年 5 月,被告人朱香海随同当阳市人民法院工作人员执行本公司与内蒙古满洲里市供销合作公司购销合同纠纷一案时,被执行人共支付现金 5 万元,朱香海在公司报账 4. 5 万元,侵吞 5000 元。

1998 年,当阳水产公司保卫科职工王作明在当阳市公安局乘工作人员不备,窃取了盖有公章但已作废的“枪支、弹药运输许可证”及“射击运动枪、猎枪、注射枪购买证”各一份。同年 9 月,被告人朱香海从王作明处要走上述购枪手续,准备做猎枪生意。

1998 年 9 月 29 日至 1999 年 12 月 14 日,被告人朱香海持“射击运动枪、猎枪、注射枪购买证”,以当阳水产公司的名义,先后 11 次到湖南资江机械厂(当阳水产公司原业务关系单位)购买猎枪 166 支。除在运输途中被湖北省松滋市公安局查获 14 支外,均通过当阳水产公司渔猎用品商店卖给被告人左正红和胡梗生(已死亡)等人。

1998 年到 1999 年间,被告人左正红多次到当阳水产公司渔猎用品商店非法购买猎枪共计 22 支后非法销售。其中,卖给被告人李元平 6 支,卖给被告人郜清忠 6 支,卖给被告人李国富 1 支,卖给罗开慧(另案处理)1 支,卖给李志刚(已判刑)8 支。同时,左正红还卖给朱延辉(另案处理)自制左轮手枪 1 支。

1999 年 5 月,被告人郜清忠经人介绍,从左正红处购买了 1 支五连发猎枪和 5 支猎枪,先后出售给郑昌国 1 支,刘铁链(已判刑)2 支,赵从才(已判刑)2 支。

1998 年 9 月,被告人张少波找被告人李前勇帮忙购买 1 支猎枪。李前勇找被告人李国富帮忙购买,李国富遂联系被告人左正红。谈定价格后,李国富即通知李前勇,李前勇将钱交给李国富,李国富又将钱交给左正红,购得五连发猎枪 1 支。尔后,李国富将枪交给了被告人李前勇,李前勇又交给被告人张少波。

襄樊市中级人民法院认为:

被告人朱香海、左正红、郜清忠、张少波、李国富、李前勇违反枪支管理规定买卖枪支,严重危害了公共安全,其行为均已构成非法买卖枪支罪。被告人朱香海身为国家工作人员,利用职务之便贪污公款,其行为还构成贪污罪。公诉机关指控被告人朱香海、左正红、郐清忠、张少波、李国富、李前勇犯非法买卖枪支罪及朱香海还犯贪污罪的罪名成立。

被告人朱香海非法买卖枪支 166 支,被告人左正红非法买卖枪支 23 支,被告人郐清忠非法买卖枪支 6 支,根据最高人民法院《关于审理非法制造、买卖、运输枪支、弹药、爆炸物等刑事案件具体应用法律若干问题的解释》第二条第(一)项的规定,均属情节严重。

被告人左正红、张少波在刑满释放后五年内重新犯罪,系累犯,应当从重处罚。

被告人李国富揭发他人犯罪行为,有立功表现,可以减轻处罚。

被告人朱香海的辩护人提出被告人朱香海非法买卖枪支的行为属职务行为,对其应当适用《中华人民共和国刑法》第一百二十六条的规定定罪量刑。经查,1996 年 4 月 29 日以后,被告人朱香海所在单位已没有经销枪支的资格,同时,被告人朱香海非法买卖枪支的行为未经集体讨论决定,其也未将非法买卖枪支所得利润上交单位,属被告人朱香海为谋取私利的个人行为,应当依照《中华人民共和国刑法》第一百二十五条第一款的规定定罪量刑,故该辩护意见不能成立,不予采纳。

被告人左正红的辩护人提出起诉书指控被告人左正红构成累犯的证据不足,不能认定。经查,1990 年 11 月 12 日老河口市人民法院以被告人左正红犯流氓罪判处其有期徒刑四年,1994 年 2 月 6 日被告人左正红被释放后,从 1998 年 9 月起,多次从被告人朱香海处非法购买猎枪,并转卖给被告人李元平,足以认定被告人左正红是累犯,故该辩护意见不能成立,不予采纳。

被告人左正红、郐清忠、李国富、李前勇的辩护人均提出对左正红、李元平、郐清忠、李国富、李前勇应当适用最高人民法院在 1995 年 9 月 20 日颁布的《关于办理非法制造、买卖、运输非军用枪支、弹药刑事案件适用法律问题的解释》中的数量规定处罚。根据最高人民法院、最高人民检察院在 2001 年 12 月 17 日颁布实施的《关于适用刑事司法解释时间效力问题的规定》第一条、第二条的规定,对被告人左正红、郐清忠、李国富、李前勇均应当适用最高人民法院在 2001 年 5 月 10 日公布实施的《关于审理非法制造、买卖、运输枪支、弹药、爆炸物等刑事案件具体应用法律若干问题的解释》中的数量规定处罚,故上述辩护人的辩护意见均不能成立,不予采纳。

被告人张少波辩解称自己因该案已被劳动教养,应当折抵刑期。经查属实,该辩解意见本院予以采纳。被告人张少波还辩解称其不构成累犯。经查,1991 年 4 月 29 日保康县人民法院以被告人张少波犯抢劫罪判处有期徒刑四年,1994 年 11 月 8 日被释放,其涉嫌非法买卖枪支的时间为 1998 年 9 月,足以认定被告人张少波是累犯,故该辩解意见不能成立,不予采纳。

被告人李国富辩解称自己因该案已被处理过,且有立功表现,应当从轻或减轻处罚,经查属实,予以采纳。

被告人李前勇辩解称自己有自首情节,应当从轻处罚。经查,李前勇非法买卖枪支的行为已被公安机关掌握,且李前勇在明知公安人员找他后,未能主动、直接向公安机关或司法机关投案,直至被公安人员抓获,其行为不符合自首的条件。故该辩解不能成立,不予采纳,但被告人李前勇在归案后认罪态度尚好,可以酌情从轻处罚。

2002 年 10 月 25 日,襄樊市中级人民法院依照《中华人民共和国刑法》第一百二十五条第一款、第三百八十二条第一款、第三百八十三条第一款第(二)项、第四十八条第一款、第五十七条第一款、第五十六条第一款、第五十五条第一款、第六十五条第一款、第六十九条的规定,判决如下:

1. 被告人朱香海犯非法买卖枪支罪,判处死刑,剥夺政治权利终身;犯贪污罪,判处有期徒刑五年。决定执行死刑,剥夺政治权利终身。

2. 被告人左正红犯非法买卖枪支罪,判处死刑,缓期二年执行,剥夺政治权利终身。

3. 被告人郐清忠犯非法买卖枪支罪,判处有期徒刑十二年,剥夺政治权利二年。

4. 被告人张少波犯非法买卖枪支罪,判处有期徒刑四年。

5. 被告人李前勇犯非法买卖枪支罪,判处有期徒刑三年。

6. 被告人李国富犯非法买卖枪支罪,判处有期徒刑二年零六个月。

一审判决宣告后,朱香海、左正红、郜清忠、李前勇不服,上诉于湖北省高级人民法院。

朱香海上诉称,经营猎枪是为本公司创收,并非为个人牟利,其违法经营枪支的行为应属单位犯罪;原判量刑过重。

左正红上诉提出,其不构成累犯,原判量刑过重。

郜清忠上诉提出,原判量刑过重。

李前勇上诉称,其不构成非法买卖枪支罪。

湖北省高级人民法院经审理认为:

上诉人朱香海所在单位曾合法经营猎枪,在《中华人民共和国枪支管理法》实施后,朱香海曾就经营猎枪一事向其主管上级汇报请求过,这一事实有时任当阳市水产局局长阮心泉的证言证明:1998 年初,朱香海曾向他口头汇报想经销猎枪,他基本上是同意的,只是要求朱香海要把公安部门的审批手续办全后才能经营。朱香海经营猎枪虽无合法手续,但其凭此手续确实从湖南资江机械厂购买了枪支,且从湖南资江机械厂提取的猎枪销售备查登记表、猎枪销售管理登记表、猎枪销售发票等书证均可证明朱香海是以当阳水产公司的名义购买的。朱香海向外卖枪的地点为当阳水产公司渔猎用品商店,其对外公开营业,且在卖枪过程中也不止朱香海一个人经手,这一事实有当阳水产公司副经理兼会计郑耀凤证明。关于经营猎枪的账目问题,郑耀凤证明,朱香海在 1998 年和 1999 年经营猎枪时,公司虽没有有关枪支经营的账目,但有往来账,大体可以反映出枪支经营的款项。现有证据不能证明朱香海将犯罪所得据为己有。故朱香海上诉提出其非法买卖枪支的行为是单位犯罪的理由成立,予以确认。

上诉人朱香海、左正红、郜清忠、李前勇和原审被告人张少波、李国富违反枪支管理规定非法买卖枪支,严重危害了公共安全,其行为均已构成非法买卖枪支罪。上诉人朱香海系当阳水产公司非法买卖枪支犯罪的直接负责的主管人员,依法应承担刑事责任。上诉人朱香海身为国家工作人员,利用职务之便贪污公款,其行为还构成贪污罪。上诉人左正红和原审被告人张少波在刑满后五年内重新犯罪,均系累犯,依法应当从重处罚。原审被告人李国富检举揭发他人犯罪行为,并经查证属实,有立功表现,依法可以从轻或者减轻处罚。上诉人左正红、李元平、郜清忠上诉提出原判量刑过重的上诉理由和上诉人李前勇上诉提出其不构成非法买卖枪支罪的上诉理由均不能成立。原判决定罪准确,对上诉人左正红、郜清忠、李前勇和原审被告人张少波、李国富量刑适当,审判程序合法。

湖北省高级人民法院依照《中华人民共和国刑事诉讼法》第一百八十九条第(一)、(二)项和《中华人民共和国刑法》第一百二十五条第一、三款、第三百八十二条、第三百八十三条第一款第(二)项、第四十八条第一款、第五十七条第一款、第五十六条第一款、第五十五条第一款、第六十五条第一款、第六十九条的规定,判决如下:

1. 维持湖北省襄樊市中级人民法院刑事判决中对上诉人左正红、郜清忠、李前勇和原审被告人张少波、李国富犯非法买卖枪支罪以及上诉人朱香海犯贪污罪的判决。

2. 撤销湖北省襄樊市中级人民法院刑事判决中对上诉人朱香海犯非法买卖枪支罪的判决。

3. 上诉人朱香海犯非法买卖枪支罪,判处死刑,缓期二年执行,剥夺政治权利终身;犯贪污罪,判处有期徒刑五年。决定执行死刑,缓期二年执行,剥夺政治权利终身。

二、裁判要旨

No. 2-125(1)-1 单位负责人员个人决定,以单位名义实施,没有证据证实犯罪所得归个人占有的,应当认定为单位犯罪。

据从湖南资江机械厂提取的猎枪销售备查登记表、猎枪销售管理登记表、猎枪销售发票等证据证实,被告人朱香海是以当阳水产公司的名义购买了 166 支猎枪;当阳水产公司副经理兼会计郑耀凤证实,出售猎枪的地点为当阳水产公司渔猎用品商店,其对外公开营业,且在卖枪过程中也不止朱香海一个人经手。虽然当阳水产公司没有经营枪支的全部账目,无法证实非法经营枪支的经营所得全部用于单位的经营活动,但当阳水产公司的部分财务账目证实,朱香海曾将 28 万元的非法经营枪支利润用于为单位职工购房,在没有证据证实朱香海个人占有了非法经营枪支利润的情况下,不能否定朱香海关于经营猎枪是为单位创收、没有牟取个人利益的辩解。因此,朱香海在当阳水产公司已经丧失经营猎枪的资格后,未经集体讨论擅自决定继续经营猎枪的行为,属于单位领导个人决定,以单位名义实施的单位犯罪行为。

No. 2-125(1)-2 被判处刑罚的犯罪行为和被劳动教养的行为系同一行为的,劳动教养的日期应当折抵刑期。

1999 年 5 月 19 日,被告人张少波由于非法买卖枪支,被老河口市人民政府决定劳动教养三年。2002 年 10 月 25 日,张少波又因同一行为已构成非法买卖枪支罪,被人民法院判处有期徒刑四年。对于此类行为,应当参照执行 1981 年 7 月 6 日最高人民法院《关于劳动教养日期可否折抵刑期问题的批复》的规定,即:"如果被告人被判处刑罚的犯罪行为和被劳动教养的行为系同一行为,其被劳动教养的日期可以折抵刑期;至于折抵办法,应以劳动教养一日折抵有期徒刑或拘役的刑期一日,折抵管制的刑期二日。"因此,被告人张少波在劳动教养前被羁押的期间、劳动教养的期间以及本案判决前的羁押期间,均应折抵刑期,其刑期应自 1999 年 3 月 1 日起至 2003 年 2 月 28 日止。

案例:吴芝桥非法制造、买卖枪支、弹药案

案例来源:《刑事审判参考》总第 75 集[第 631 号]

主题词:非法制造、买卖枪支、弹药罪　死刑适用

一、基本案情

被告人吴芝桥,男,1978 年 3 月 28 日出生,农民。因涉嫌犯非法制造、买卖枪支、弹药罪于 2007 年 12 月 28 日被逮捕。

浙江省宁波市人民检察院以被告人吴芝桥犯非法制造、买卖枪支、弹药罪,向宁波市中级人民法院提起公诉。

被告人吴芝桥对指控的大部分事实无异议。被害人对指控的事实和罪名均无异议。但提出吴芝桥非法制造、买卖枪支、弹药的行为没有造成严重后果,其认罪态度较好,主观恶性较小等,并以此为由请求对吴从轻处罚。

宁波市中级人民法院经公开审理查明:2006 年 5 月,同案被告人周鎏弘、许利军(均已判刑)在广东省肇庆市商议非法制造枪支出售、后许利军欲介绍被告人吴芝桥加入,吴表示同意。同年 7 月,吴芝桥到肇庆市与周鎏弘、许利军商议,由吴芝桥、许利军制造枪支,周鎏弘提供枪弹并贩卖,利润平分。随后,吴芝桥出资租房作为制造枪支场所并购买制造枪支所用的电焊机、车床、锉刀等设备、工具,在周鎏弘提供枪样后又与许利军制作枪械部件图纸,并与周鎏弘联系了制造枪械部件的四家加工点。吴芝桥与许利军对加工店生产出的枪械部件再行加工、组装,制造出猎枪及仿六四式手枪。这一年度,共制造枪支 10 余支,大部分枪支被吴芝桥销往浙江省慈溪市,少量枪支由周鎏弘出售。2007 年年初,许利军因故退出,吴芝桥雇佣同案被告人杨骏和(已判刑)及杨效袭(在逃)继续非法制造猎枪及仿六四式手枪销售,并从周鎏弘处购买枪弹。

被告人吴芝桥在广东省肇庆市非法制造出枪支后,到浙江省慈溪市周巷镇找到同案被告人吴洪有、燕子桥(均已判刑),商定将枪支、子弹卖给吴、燕二人。自 2006 年 9 月开始,吴芝桥将非法制造的枪支配上周鎏弘提供或从周处购得的枪弹,通过周鎏弘介绍的肇庆市全通货运服务公司托运至慈溪市。吴洪有、燕子桥提货后,分别伙同同案被告人余勇、杨雪令(均已判刑)将枪支非法出售给同案被告人胡向伟、陈高万、王东祈、王贤刚(均已判刑)、"阿辉"(在逃)等人,或通过同案被告人周杰、万强华(均已判刑)介绍,再非法出售给同案被告人鲁华赞、许奔奔、金永芳(均已判刑)及另案处理的徐强、饶天中、柳力、张建军、陈祖庚、张清双(均已判刑)、赵艳红(在逃)等人,或由同案被告人田杰、叶文根、杨满香、袁静安、王镇江、黄立(均已判刑)等人非法持有。2007 年 9 月 6 日,陈祖庚、张清双、张建军等人在浙江省永康市为争夺赌客与他人发生冲突,携带从陈高万处购买的吴芝桥所制 3 支猎枪并开枪射击,致三人重伤、一人轻伤。

被告人吴芝桥非法制造、买卖猎枪、仿六四手枪共计50余支、弹药约200发。其中,公安机关在吴芝桥、周鎏弘的租房查获猎枪6支及猎枪弹77发,手枪9支,查获已售出的猎枪16支及猎枪弹68发、手枪9支及手枪弹18发。经鉴定,查获的22支猎枪均系唧筒式猎枪,18支手枪均系仿六四手枪,均以火药为动力发射弹丸,有杀伤力;查获的145发猎枪弹均系12号标准猎枪弹,18发手枪弹均为制式六四式手枪弹,均有杀伤力。

宁波市中级人民法院认为,被告人吴芝桥违反枪支管理规定,非法制造、买卖枪支、弹药,情节严重,其行为构成非法制造、买卖枪支、弹药罪。其所制造的枪支大部分流入社会,给社会安全带来极大隐患,且已造成三人重伤、一人轻伤的严重后果,依法应予严惩。依照《中华人民共和国刑法》第一百二十五条第一款、第二十五条第一款、第二十六条第一款、第五十七条第一款、第六十四条和最高人民法院《关于审理非法制造、买卖、运输枪支、弹药、爆炸物等刑事案件具体应用法律若干问题的解释》第一条第(二)项、第(三)项、第二条第(一)项、第(四)项之规定,判决如下:

被告人吴芝桥犯非法制造、买卖枪支、弹药罪,判处死刑,剥夺政治权利终身。

一审宣判后,被告人吴芝桥及其辩护人上诉提出:原判部分事实不清,部分缴获在案的枪支与其制造的枪支有区别,所制造的枪支杀伤力有限,且在制造枪支共同犯罪中的作用较小等,请求从轻处罚。

浙江省高级人民法院经二审审理认为,原判认定事实清楚,证据确实、充分。经鉴定,缴获的枪支枪身标识均为加工点查获的模板标识一致,且均有杀伤力。吴芝桥在共同犯罪中的作用大于同案被告人。被告人吴芝桥违反枪支管理规定,非法制造、买卖枪支弹药,其行为构成非法制造、买卖枪支、弹药罪,且犯罪后果特别严重,情节特别恶劣,应认定构成情节严重。原判定罪及适用法律正确,量刑适当,审判程序合法。依照《中华人民共和国刑事诉讼法》第一百八十九条第(一)项之规定,裁定驳回上诉,维持原判,并依法报请最高人民法院核准。

最高人民法院经复核认为,被告人吴芝桥违反国家枪支管理规定,结伙非法制造、买卖枪支、弹药,其行为构成非法制造、买卖枪支、弹药罪。吴芝桥非法制造、买卖枪支、弹药数量大,大部分流入社会,有部分枪支被不法分子购买后用于违法犯罪,已造成多人受伤的严重后果,犯罪性质恶劣,情节严重,对公共安全危害极大,且在共同犯罪中起主要作用,系主犯,应当依法严惩。第一审判决、第二审裁定认定的事实清楚、证据确实充分,定罪准确,量刑适当,审判程序合法。依照《中华人民共和国刑事诉讼法》第一百九十九条和最高人民法院《关于复核死刑案件若干问题的规定》第二条第一款之规定,裁定核准浙江省高级人民法院维持第一审对被告人吴芝桥以非法制造、买卖枪支、弹药罪判处死刑,剥夺政治权利终身的刑事裁定。

二、裁判要旨

No.2-125(1)-3 非法制造、买卖枪支、弹药罪情节特别严重的,才能适用死刑。

非法制造、买卖枪支、弹药"情节严重"的,是判处十年以上有期徒刑至死刑的前提条件,而要判处死刑,除了数量达到"情节严重"的标准外,还要达到情节特别严重,把握情节特别严重,要根据非法制造、买卖枪支、弹药的数量、犯罪情节、危害后果,被告人的主观恶性、人身危险性,在共同犯罪中的地位,作用以及当地社会治安形势等因素综合考虑。只有对罪行极其严重、社会危害极大,依法应当判处死刑的,才能判处死刑。本案中,应当综合非法制造、买卖枪支、弹药的数量、规模,造成危害后果的严重程度等几方面因素考虑被告人的量刑问题。

本案被告人吴芝桥等人非法制造、买卖猎枪、仿六四手枪多达50余支,枪弹约200发,为近年来全国涉枪案件所罕见,远高于"情节严重"的数量标准。需要强调的是本案核准死刑的枪支数量是50支,并不意味着该数量就是判处死刑的量刑标准,枪支弹药的数量是量刑的重要情节但不是唯一情节,是否判处死刑还需要考虑数量以外的其他严重情节。本案被告人吴芝桥与同案被告人在制售枪支弹药的过程中,形成了相对固定的制售枪支弹药的犯罪团伙,涉案人数达20余人,人数之多,规模之大在全国并不多见。

从本案来看,非法制造、买卖枪支、弹药行为的危害后果主要体现在两个方面:一是非法制造买卖枪支弹药流入社会对社会造成潜在的威胁。二是行为人非法制造买卖的枪支弹药被用于违法犯罪并已造成严重后果。行为人所制造买卖的枪支弹药可能成为实施暴力犯罪的工具,行为人在非法制造、买卖枪支弹药时,对其行为可能造成枪支、弹药在社会上流散,从而可能引发其他严重后果在主观上应当明知,因此这种相关联的严重后果也要纳入犯罪的危害后果予以评价。本案被告人吴芝桥共出售枪支37支、枪弹110余发,大部分枪支、弹药被社会闲散人员购买,除依法收缴的外,尚有10余支枪、30余发子弹流入社会、下落不明,对社会治安构成潜在的威胁。同时,还查明,他人携带吴芝桥所制造的3支猎枪参与械斗并开枪射击,已经造成三人重伤一人轻伤的严重后果,故其实施的犯罪行为危害后果特别严重。

本案属于共同犯罪,还需要考虑被告人在共同犯罪中所起的地位作用,本案被告人在2006年的第一阶段,与周鎏弘相比,其作用并不最为突出,但自2007年开始,吴芝桥表现出继续实施犯罪的积极态度和坚决犯意,许利军退出后又主动向周鎏弘提出从周处购买子弹而不再分给周"利润",并雇佣他人继续制造枪支,又积极联系买家将所制造枪支直接卖给吴洪有、燕子桥,且涉案大部分枪支均系在此阶段制造、出售。综合全案,被告人吴芝桥在共同犯罪中起主要作用,系主犯,且作用大于其他同案被告人。

案例:税启忠非法制造爆炸物案

案例来源:《人民法院案例选》2007年第2辑

主题词:非法制造爆炸物罪

一、基本案情

被告人税启忠。

四川省成都市温江区人民法院经审理查明:被告人税启忠世代均系农村中从事殡葬服务的人员(当地俗称放"铁铳子",即将黑火药放入小铁筒内用引线点燃后发出巨响,是当地农村的一种殡葬习俗)。2002年8月至12月期间,税启忠在自己家里,用私自购买的机器和原材料木炭、硝酸钾、硫黄非法制造黑火药100余公斤,用于当地村民办丧事。同年12月11日,公安机关在税启忠家查缴出其非法制造的黑火药,并予以当场销毁。

四川省成都市温江区人民法院认为,被告人税启忠违反法律规定,非法制造黑火药达100余公斤,其行为已构成非法制造爆炸物罪,根据《中华人民共和国刑法》(以下简称《刑法》)第一百二十五条的规定和最高人民法院《关于审理非法制造、买卖、运输枪支、弹药、爆炸物等刑事案件具体应用法律若干问题的解释》第一条第一款第(六)项、第二条第(一)项之规定,属情节严重,应依法惩罚。成都市温江区人民检察院指控罪名成立。对被告人提出其制造黑火药是用于办丧事中放"铁铳子"的辩解,与审理查明的事实相符,予以采纳,但对其提出不知道该行为是犯罪行为的辩解,不影响本案的成立,不予采纳。鉴于被告人税启忠确因当地民间生活中丧葬时所需,且其为维持生计而非法制造黑火药,也仅作为当地丧葬时所用,尚未造成严重的社会危害,经教育确有悔改表现,符合最高人民法院《对执行〈关于审理非法制造、买卖、运输枪支、弹药、爆炸物等刑事案件具体应用法律若干问题的解释〉有关问题的通知》第二条第二款中关于"行为人确因生产、生活所需而非法制造、买卖、运输枪支、弹药、爆炸物,没有造成严重社会危害,经教育确有悔改表现的,可依法免除或者从轻处罚"的规定。根据本案的事实、情节以及对社会的危害程度,依照《刑法》第一百二十五条第一款以及最高人民法院《关于审理非法制造、买卖、运输枪支、弹药、爆炸物等刑事案件具体应用法律若干问题的解释》第一条第(六)项、第二条第(一)项、最高人民法院《对执行〈关于审理非法制造、买卖、运输枪支、弹药、爆炸物等刑事案件具体应用法律若干问题的解释〉有关问题的通知》第二条第二款之规定,该院于2005年7月19日判决:

被告人税启忠犯非法制造爆炸物罪,判处免予刑事处罚。

宣判后,在法定期限内被告人未提出上诉,检察机关也未提出抗诉,判决已发生法律效力。

二、裁判要旨

No.2-125(1)-4 非法制造、买卖、运输、邮寄、储存枪支、弹药爆炸物罪中的爆炸物,包括炸药、发射药、黑火药、烟火药、雷管、导火索、导爆索等,但烟花爆竹等娱乐用品不应认定为爆炸物。

关于爆炸物的范围问题,目前法律及司法解释对此尚无明确规定。按照通常理解,一般将其分为军用爆炸物和民用爆炸物两类,前者包括地雷、炸弹、手榴弹等,后者包括炸药和雷管等。根据《中华人民共和国民用爆炸物品管理条例》的规定,民用爆炸物主要分为三类:一是爆破器材,包括各种炸药、雷管、爆破器等;二是黑火药、民用信号弹、烟花爆竹等;三是公安部门认为需要管理的其他爆炸物品。可见,民用爆炸物的范围相当广泛,其爆破、杀伤力亦大小不同。《刑法》第一百二十五条规定的"爆炸物",一般认为爆破、杀伤力应较大,因此,烟花爆竹等娱乐用品不宜包括在其中。结合上述条例及最高人民法院《关于审理非法制造、买卖、运输枪支、弹药、爆炸物等刑事案件具体应用法律若干问题的解释》的规定,实践中一般认为,爆炸物应包括炸药、发射药、黑火药、烟火药、雷管、导火索、导爆索等。本案被告人税启忠犯罪的对象是黑火药,属于民用爆炸物,其爆破、杀伤力亦较大,符合非法制造爆炸物的对象范围。

No.2-125(1)-5 民情风俗中涉及爆炸物的生产使用,且未造成严重社会危害的,可以认定为确因生产、生活所需而非法制造、买卖、运输枪支、弹药、爆炸物,应当依法免除处罚或从轻处罚。

结合本案分析,在当地农村办丧事放"铁铳子"是一种习俗,且源远流长,即使这种习俗属于陋习,要予以破除也必须经过漫长的过程。法律的规定应考虑民情风俗。被告人税启忠作为当地农村中从事殡葬服务的人员,在丧事中用黑火药放"铁铳子"已成为其的一份职业,其之所以生产黑火药也是为了自己能在当地村民办丧事时使用。从被告人税启忠的犯罪动机和目的来看,其主观恶性相对于其他非法制造爆炸物的行为人要小得多。被告人税启忠非法制造爆炸物属于"确因生产、生活所需",因此,对其量刑应该与其他非法制造爆炸物的行为人有所区别。

案例:王挺等走私武器、弹药,非法买卖枪支、弹药,非法持有枪支、弹药案

案例来源:《刑事审判参考》总第103集[第1075号]

主题词:非法买卖枪支、弹药罪 以收藏为目的购买枪支、弹药

一、基本案情

被告人王挺,男,1979年9月25日出生,无业。因涉嫌犯走私武器、弹药罪,非法买卖弹药罪,非法持有枪支、弹药罪于2011年9月29日被逮捕。

被告人薛风,男,1981年9月4日出生,原系山西省某煤业公司财务总监。因涉嫌犯非法买卖枪支罪,非法持有枪支、弹药罪于2011年10月21日被逮捕。

被告人陈俊建,男,1989年6月1日出生,无业。因涉嫌犯非法买卖枪支罪于2011年10月14日被逮捕。

被告人刘正东,男,1970年7月5日出生,原系辽宁省大连市某海产品养殖公司法定代表人。因涉嫌犯非法买卖枪支、弹药罪,非法持有枪支罪于2011年10月28日被逮捕。

被告人周伟,男,1988年12月11日出生,无业。因涉嫌犯非法买卖枪支罪、非法持有枪支罪于2011年10月14日被逮捕。

被告人张鹏飞,男,1979年8月3日出生,原系江苏省宜兴市华太竹木业有限公司法定代表人。因涉嫌犯非法买卖枪支、弹药罪于2011年10月14日被逮捕。

(其余11名被告人略)

被告人王挺的辩护人提出,王挺协助林志富进行走私,系从犯,参与本案系出于对枪支的爱好,主观恶性较小。被告人薛风的辩护人提出,薛风具有自首情节和立功表现。被告人刘正东及其辩护人提出,刘正东只是非法买进枪支、弹药,并没有卖出,其行为应认定为非法持有枪支、

弹药罪,不构成非法买卖枪支、弹药罪。

上海市第一中级人民法院经公开审理查明:2010 年至 2011 年间,被告人周伟、陈俊建通过网络结识了身在美国的华人林志富(在逃)以及被告人王挺、薛风、韩伟、朱伟宁等人。后林志富通过王挺、周伟、陈俊建在境内出售枪弹,并将枪弹快递给王挺,再由王挺转寄给买家薛风、韩伟、朱伟宁等人,周伟、陈俊建从中获利。王挺伙同林志富采用上述方式走私进口枪支 48 支、子弹 4500 余发。其中,薛风通过周伟、陈俊建从林志富处购买各类步枪共 8 支,另持有各类枪支 6 支、弹药 3 万余发;被告人韩伟、刘欢、张鹏飞、刘正东、张凌华、朱伟宁等亦从林志富等人处购买各类枪支共 14 支,弹药万余发。被告人林梅根据林志富的要求,从王挺等人处收取货款并汇给林志富。此外,薛风等人还通过其他渠道买卖、获取大量各类枪支、弹药。

上海市第一中级人民法院认为,被告人王挺、薛风、陈俊建、刘正东、周伟、张鹏飞、韩伟、张贞、林梅、徐立闯、刘欢、张凌华、朱伟宁、韩强、林寿周、林剑候、肖美连等 17 人走私武器、弹药,或者非法买卖、持有枪支、弹药,应分别以走私武器、弹药罪,非法买卖枪支、弹药罪以及非法持有枪支、弹药罪追究刑事责任。其中被告人王挺走私枪支 48 支、弹药 4500 余发,情节特别严重;非法买卖弹药 360 余发;非法持有枪支 5 支、弹药 270 余发,情节严重;其行为已构成走私武器、弹药罪,非法买卖弹药罪,非法持有枪支、弹药罪。被告人林梅参与走私,其行为已构成走私武器、弹药罪,且情节特别严重。被告人陈俊建非法买卖枪支 10 支;其行为已构成非法买卖枪支罪,且情节严重。被告人薛风非法买卖枪支 8 支;非法持有枪支 6 支、弹药 3 万余发;其行为已构成非法买卖枪支罪,非法持有枪支、弹药罪,且均属情节严重。被告人韩伟非法买卖枪支 2 支、弹药 4000 发;非法持有枪支 6 支、弹药 6000 余发;其行为已构成非法买卖枪支、弹药罪,非法持有枪支、弹药罪,且均属情节严重。被告人徐立闯非法买卖枪支 5 支、弹药 340 余发;非法持有枪支 3 支、弹药 1900 余发;其行为已构成非法买卖枪支、弹药罪,非法持有枪支、弹药罪,且均属情节严重。被告人刘欢非法买卖枪支 2 支、弹药 3600 余发;非法持有枪支 1 支、弹药 1800 余发;其行为已构成非法买卖枪支、弹药罪,非法持有枪支、弹药罪,且均属情节严重。被告人张贞非法买卖枪支 1 支、弹药 3900 余发;非法持有枪支 6 支;其行为已构成非法买卖枪支、弹药罪,非法持有枪支罪,且均属情节严重。被告人张鹏飞非法买卖枪支 2 支、弹药 500 发;其行为已构成非法买卖枪支、弹药罪,且情节严重。被告人刘正东非法买卖枪支 4 支、弹药 340 余发;非法持有枪支 5 支;其行为已构成非法买卖枪支、弹药罪,非法持有枪支罪,且非法持有枪支情节严重。被告人周伟非法买卖枪支 3 支;非法持有枪支 2 支;其行为已构成非法买卖枪支罪、非法持有枪支罪。被告人张凌华非法买卖枪支 3 支;非法持有枪支 1 支;其行为已构成非法买卖枪支罪、非法持有枪支罪。被告人朱伟宁非法买卖枪支 1 支、弹药 260 余发,其行为已构成非法买卖枪支、弹药罪。被告人韩强非法持有枪支 3 支、弹药 1700 发,其行为已构成非法持有枪支、弹药罪,且情节严重。被告人林寿周非法持有枪支 1 支、弹药 1000 余发,其行为已构成非法持有枪支、弹药罪,且情节严重。被告人林剑候非法持有枪支 2 支,被告人肖美连非法持有枪支 1 支,其行为均已构成非法持有枪支罪。王挺、薛风、韩伟、徐立闯、刘欢、张贞、刘正东、周伟、张凌华犯有数罪,应当数罪并罚。林梅系从犯,应当从轻、减轻或者免除处罚。韩伟、韩强、徐立闯、薛风、张凌华具有自首情节,依法可以从轻或者减轻处罚。被告人韩伟、薛风有立功表现,可以从轻或者减轻处罚。各被告人到案后均能如实供述主要犯罪事实,可以从轻处罚。被告人王挺涉及枪支、弹药数量众多,应当依法予以严惩,论罪应当判处死刑。鉴于没有证据证明所涉枪弹造成了人员伤亡、财产损失等实际危害后果,且综合考虑王挺到案后能如实供述主要犯罪事实等情节,对王挺可不判处死刑立即执行。综合考虑被告人韩强犯罪事实、具有自首情节以及韩强本人的身体状况,决定对其适用缓刑。据此,依照《中华人民共和国刑法》第一百五十一条第一款、第一百二十五条第一款、第一百二十八条第一款、第一百五十六条、第六十九条、第二十五条第一款、第二十六条第一款及第四款、第二十七条、第六十七条、第六十八条、第七十二条第一款、第七十三条第二款及第三款、第五十五条第一款、第五十六条第一款、第五十七条第一款、第五十三条,最高人民法院《关于审理走私刑事案件具体应用法律若干问题的解释》(已废止)第一条,最高人民法院《关于审理非法制造、买卖、运输枪支、弹药、爆炸物等刑事案件具体应用法律若干问题的解释》第一条之规定,判决如下:

1. 被告人王挺犯走私武器、弹药罪,判处死刑,缓期二年执行,剥夺政治权利终身,并处没收个人全部财产;犯非法买卖弹药罪,判处有期徒刑三年六个月;犯非法持有枪支、弹药罪,判处有期徒刑四年,决定执行死刑,缓期二年执行,剥夺政治权利终身,并处没收个人全部财产。

2. 被告人薛风犯非法买卖枪支罪,判处有期徒刑八年,剥夺政治权利一年;犯非法持有枪支、弹药罪,判处有期徒刑三年六个月,决定执行有期徒刑十年,剥夺政治权利一年。

3. 被告人陈俊建犯非法买卖枪支罪,判处有期徒刑十五年,剥夺政治权利四年。

4. 被告人刘正东犯非法买卖枪支、弹药罪,判处有期徒刑九年,剥夺政治权利二年;犯非法持有枪支罪,判处有期徒刑四年,决定执行有期徒刑十二年,剥夺政治权利二年。

5. 被告人周伟犯非法买卖枪支罪,判处有期徒刑六年;犯非法持有枪支罪,判处有期徒刑一年九个月,决定执行有期徒刑六年六个月。

6. 被告人张鹏飞犯非法买卖枪支、弹药罪,判处有期徒刑十年,剥夺政治权利二年。

(其余 11 名被告人韩伟、张贞、林梅、徐立闯、刘欢、张凌华、朱伟宁、韩强、林寿周、林剑候、肖美连分别被判处有期徒刑一年七个月至有期徒刑十四年不等的刑罚)

一审宣判后,被告人王挺、薛风、刘正东、张鹏飞、韩伟、张贞等 6 人提出上诉。

被告人薛风、刘正东、张鹏飞、刘欢提出,因爱好、收藏而单纯买枪的行为,应认定为非法持有枪支罪,原判适用法律错误。被告人王挺、张鹏飞、刘正东提出,其三人有立功表现;被告人薛风、韩伟提出,除一审认定的立功表现外,其二人另有立功表现。刘正东提出,其有自首情节。

上海市高级人民法院经二审审理认为,行为人明知是枪支、弹药而违反规定私自购买或者出售,触犯《刑法》第一百二十五条第一款规定的,即构成非法买卖枪支、弹药罪,购买枪支、弹药是否具有出售牟利的目的以及最终出售与否均不影响该罪的成立。对因个人爱好、收藏而购买枪支、弹药的行为依法应当以非法买卖枪支、弹药罪论处。被告人薛风等 4 人所提因爱好、收藏而单纯买枪的行为构成非法持有枪支罪的上诉理由不成立。张鹏飞最先发现某外籍在押人员自勒的情况,并进行解救,要求值班人员报警,其行为避免了该自杀行为可能导致的死亡结果的发生,依法应认定为立功。但发现自杀情况和协助解救的不止张鹏飞一人,故不宜认定为重大立功。薛风揭发"阿军"系贩毒人员,但未揭发具体犯罪事实,且被检举人被查实的犯罪事实发生于薛风到案一年半之后,与薛风的揭发不具有实质关联性,依法不能认定为立功。韩伟提供其他案件犯罪嫌疑人的藏匿区域线索并非具体藏匿地址,对于公安机关最终抓获犯罪嫌疑人并未起到实际作用,依法也不能认定为立功。王挺、刘正东到案后检举揭发的对象均系各自实施买卖、持有枪支、弹药等违法犯罪行为的对应关系人,公安机关依据正常的讯问、搜查等工作程序必然会发现相关涉枪事实,因此二人均不构成立功。刘正东系被抓获到案,到案后供述的主要犯罪事实侦查机关事先已掌握,且其供述的非法买卖枪支、弹药事实与非法持有枪支、弹药事实在法律上、事实上有密切关联,不应认定为自首。依照《中华人民共和国刑事诉讼法》第二百二十五条第一款第(二)项、《中华人民共和国刑法》第六十八条之规定,判决如下:

1. 驳回被告人王挺、薛风、韩伟、张贞、刘正东的上诉。

2. 维持一审对被告人王挺、林梅、陈俊建、薛风、韩伟、徐立闯、刘欢、张贞、刘正东、周伟、张凌华、朱伟宁、韩强、林寿周、林剑候、肖美连等 16 人的定罪量刑。

3. 撤销一审判决"被告人张鹏飞犯非法买卖枪支、弹药罪,判处有期徒刑十年,剥夺政治权利二年"的部分。

4. 被告人张鹏飞犯非法买卖枪支、弹药罪,判处有期徒刑八年六个月,剥夺政治权利一年。

二、裁判要旨

No. 2-125(1)-6 非法买卖枪支弹药罪不以牟利目的为成立要件,行为人出于收藏目的而购买枪支弹药的行为,应以非法买卖枪支、弹药罪定罪处罚。

刑法分则在规定涉枪犯罪时使用"买卖"一词,而没有使用"贩卖""倒卖"等用语,显然是刻意与后者作了区分,将"买卖"理解为买进或者卖出的行为,既是对立法本意的尊重,也符合从严打击涉枪犯罪的立法精神。对刑法分则规定非法买卖违禁品犯罪时使用的"买卖"一词的含义,应作相对统一的理解和把握,实施非法购买或者出售枪支、弹药行为之一的,均属于非法买卖枪支、弹药行为。

涉枪犯罪属于严重危害公共安全的犯罪,不是经济犯罪,要求构成此类犯罪具有牟利目的也不具有犯罪构成上的正当性。我国历来严格控制枪支、弹药的流转,禁止个人买卖、持有。非法买卖的行为人对获取枪支、弹药具有较强的主动性,往往根据其需要通过非法渠道购买,这种非法交易既刺激了枪支、弹药的非法流转,也使其持有规模随意扩大,一旦枪支、弹药因被盗等原因流入社会,后果不堪设想,对公共安全具有极大的潜在风险,必须依法以非法买卖枪支、弹药罪予以惩处。本案中,被告人薛风非法购买各类枪支 8 支,另非法持有各类枪支 6 支、弹药 3 万余发。如果不是非法购买,其不可能持有数量巨大、种类多样的枪支、弹药。刑法规定非法买卖枪支、弹药罪,是基于此类行为对公共安全造成的抽象危险,并不要求造成实际损害,因此不能因为未发生实际损害,不具有牟利目的,就转而认定为较轻罪名,对此类犯罪蕴藏的巨大潜在危害,必须给予充分的刑法评价。考虑到薛风等人买枪的目的不是实施违法犯罪活动或转卖牟利,客观上枪弹也没有流入社会用于其他违法犯罪活动,其行为的危害性相对较小,量刑时可以比照司法解释的有关规定适当从宽。二审法院在法定量刑幅度内对薛风等人从宽处罚。

案例:张玉良、方俊强非法买卖枪支案

案例来源:《刑事审判参考》总第 105 集[第 1116 号]

主题词:非法买卖枪支罪 追诉时效计算

一、基本案情

被告人张玉良,男,1963 年 9 月 19 日出生。2013 年 7 月 30 日被逮捕。

被告人方俊强,男,1970 年 9 月 27 日出生。2013 年 7 月 30 日被逮捕。

上海市人民检察院第二分院以被告人张玉良、方俊强犯非法买卖枪支罪,向上海市第二中级人民法院提起公诉。

上海市第二中级人民法院经公开审理查明:被告人张玉良与范杰明(另案被告人)系原上海混凝土制品六厂的同事,张玉良在单位食堂工作,范杰明任单位保卫科科长。被告人方俊强与张玉良系朋友。1997 年前后,范杰明向张玉良提到组织单位民兵训练需要枪支,张玉良遂从方俊强处拿取一把猎枪借给范杰明试用。随后,范杰明以单位组织民兵训练为由,个人出资约人民币 1 万元通过张玉良购买该猎枪,张玉良将购枪款付给方俊强。2013 年 6 月 22 日晚,范杰明使用该猎枪,在上海市浦东新区、宝山地区杀害 5 人并致 3 人重伤。同年 6 月 24 日,张玉良、方俊强到案,均如实供述自己的罪行。

上海市第二中级人民法院认为,被告人张玉良、方俊强非法买卖枪支的行为已过追诉时效期限,且不属于必须追诉的情形。公诉机关提出适用最高人民法院《关于办理非法制造、买卖、运输非军用枪支、弹药刑事案件适用法律问题的解释》第三条对二被告人定罪并在七年以上有期徒刑或者无期徒刑的幅度内量刑的主张,不予采纳。据此,依照《中华人民共和国刑法》第八十七条、《中华人民共和国刑事诉讼法》第十五条第(二)项和最高人民法院《关于适用〈中华人民共和国刑事诉讼法〉的解释》第二百四十一条第一款第(八)项之规定,裁定终止审理。

二、裁判要旨

No. 2-125(1)-7 发生在 1997 年 10 月 1 日以前的非法买卖枪支行为,应适用 1979 年《刑法》和 1995 年最高人民法院《关于办理非法制造、买卖、运输非军用枪支、弹药刑事案件适用法律若干问题的解释》。

本案中,现有证据可以认定被告人张玉良、方俊强非法买卖枪支的行为发生在 1997 年前后,但无法确认该行为发生于1997年10月1日之前还是之后。鉴于1997年《刑法》对非法买卖枪支罪设置的法定刑重于1979年《刑法》,根据刑法从旧兼从轻原则,应当适用1979年《刑法》和1995年最高人民法院《关于办理非法制造、买卖、运输非军用枪支、弹药刑事案件适用法律问题的解释》。比较而言,1979年《刑法》和1997年《刑法》对非法买卖枪支罪犯罪构成要件的规定并无大的变化,但1997年《刑法》对该罪设定的法定刑更重;同时,2001年最高人民法院《关于审理非法制造、买卖、运输枪支、弹药、爆炸物等刑事案件具体应用法律若干问题的解释》比《关于办理非法制造、买卖、运输非军用枪支、弹药刑事案件适用法律问题的解释》规定的定量因素减少,犯罪构成要件由"制造非军用枪支一支或者买卖、运输二支以上"变成"非法制造、买卖、运输、邮寄、储存以火药为动力发射枪弹的非军用枪支一支以上或者以压缩气体等为动力的其他非军用枪支二支以上",对买卖、运输以火药为动力发射枪弹的非军用枪支的行为规定的入罪门槛降低,刑罚整体上更加严厉。

依照1979年《刑法》及《关于办理非法制造、买卖、运输非军用枪支、弹药刑事案件适用法律问题的解释》,非法买卖非军用枪支的行为构成非法买卖枪支罪,客观上需要买卖非军用枪支2支以上,或虽未达到该最低数量标准,但同时"具有其他情形",这里所谓的"其他情形",通常是指买卖枪支行为造成了严重后果,即他人利用所买卖的枪支实施了犯罪行为。

本案中,虽然被告人张玉良、方俊强出售的枪支仅有1支,但购买该枪的范杰明利用该枪杀害5人并致3人重伤,无疑属于"其他情形"。在非法买卖枪支罪的客观构成要件中,在行为人仅出售1支枪支的情况下,不具有"其他情形"的不构成犯罪。"其他情形"是犯罪成立条件,但属于客观超过要素。出售枪支的行为人对作为"其他情形"的严重后果无须存在故意或过失,其出售枪支的行为与购买枪支者利用枪支实施犯罪行为所造成的严重后果之间也不要求存在刑法上的因果关系。本案中,范杰明购买枪支后,时隔16年后使用该枪支实施严重犯罪,该后果仅仅是被告人张玉良、方俊强非法买卖枪支行为构成犯罪的要件中的客观超过要素,二被告人主观上对该后果无须具有故意或者过失,客观上与该后果也不存在刑法上的因果关系。简言之,范杰明使用该枪支实施的后续犯罪行为,仅仅是对二被告人发动刑罚权的一个客观条件。有意见认为,范杰明购买枪支后,时隔16年才使用该枪支实施后续犯罪,据此追究张玉良、方俊强出售枪支行为的刑事责任,可能有违社会公众对公正的认知观念,但该问题与犯罪成立与否无关,而是涉及追诉时效问题。

No.2-125(1)-8 非法买卖枪支罪的追诉时效应从犯罪行为完成之日起计算。

基于立法原意及设立追诉时效制度的设立目的考虑,追诉时效应从犯罪行为完成之日起计算。首先,从法律用语来看,虽然前文采用"犯罪之日"的措辞,但后文明确指向"犯罪行为终了",犯罪行为有连续状态的,也不排除可能以某种结果作为构成要件,对此种情形,追诉期限应当自犯罪行为终了之日起计算。其次,追诉时效消灭是行为的法律后果,行为的性质并不会因为时间的流逝而发生变化,只是基于自然法的观念认为行为人实施犯罪行为后,经过长时间一直遵纪守法,对其进行处罚已无必要。所以,从各国立法例来看,追诉时效从来不是绝对的制度,某些特别严重的犯罪不存在追诉时效。最后,从犯罪行为完成之日起计算追诉时效,符合追诉时效制度设立的目的。关于时效制度的设立目的,理论上有多种观点。"推测改善说"认为,既然行为人在犯罪后长时间没有再犯罪,可认为其已经改过自新,没有处刑与行刑的必要。"证据湮灭说"认为,犯罪证据因时间流逝而消灭,难以达到正确处理案件的目的。"准受刑说"认为,行为人犯罪后虽然没有受到刑事追究,但因长时期的逃避和恐惧所造成的痛苦也等同于执行刑罚。还有观点认为,随着时间流逝,社会对犯罪的规范感情已经得到缓和,无须再进行现实处罚。我们认为,追诉时效制度关注的是犯罪行为,考虑的是行为人在该次犯罪之后遵纪守法的表现,所以,对于追诉时效的计算而言,有意义的仅仅是行为人在犯罪后的表现,至于犯罪结果何时出现,并不影响诉讼时效的起算。

对非法买卖枪支罪而言,该罪的客观行为仅指行为人买卖枪支的交易行为,该交易行为宣告完成,则追诉时效开始计算。本案中,如前所述,司法解释有关非法买卖枪支罪所规定的"其他情形"仅仅属于客观超过要素,与行为人的主观心态无关,也非行为人可控状态,该要素虽然是犯罪成立条件之一,但与追诉时效的计算无关。本案中,被告人张玉良、方俊强的行为已经构成非法买卖枪支罪,应在七年以下有期徒刑的法定刑幅度内量刑,从二被告人的犯罪行为完成之日起计算追诉时效,该案的追诉时效应为 10 年,因现已超出追诉时效期限,故不应追究二被告人的刑事责任。

16 非法制造、买卖、运输、储存危险物质罪(《刑法》第一百二十五条第二款)

案例:王召成等非法买卖、储存危险物质案

案例来源:《刑事审判参考》总第 85 集[第 759 号];《人民法院案例选》2016 年第 2 辑;最高人民法院 2013 年 1 月 31 日第四批指导性案例第 13 号

主题词:买卖危险物质罪　危险物质的认定

一、基本案情

被告人王召成,男,1959 年 3 月 17 日出生,浙江省绍兴市南洋五金有限公司车间承包商。因涉嫌犯非法买卖危险物质罪于 2010 年 3 月 18 日被取保候审。

被告人金国森,男,1964 年 10 月 13 日出生,浙江省绍兴市南洋五金有限公司车间承包商。因涉嫌犯非法买卖危险物质罪于 2010 年 3 月 23 日被取保候审。

被告人孙永法,男,1963 年 11 月 26 日出生,系浙江省绍兴市南洋五金有限公司车间承包商。因涉嫌犯非法买卖危险物质罪于 2010 年 3 月 24 日被取保候审。

被告人钟伟东,男,1971 年 3 月 21 日出生,系浙江省越光工艺品有限公司员工。因涉嫌犯非法买卖危险物质罪于 2010 年 3 月 24 日被取保候审。

被告人周智明,男,1969 年 4 月 14 日出生,系浙江省绍兴市南洋五金有限公司车间承包商。因涉嫌犯非法买卖危险物质罪于 2010 年 3 月 24 日被取保候审。

浙江省绍兴市越城区人民检察院认为,被告人王召成、金国森、孙永法、钟伟东、周智明违反国家规定,非法买卖剧毒化学品氰化钠,危害公共安全,其行为均构成非法买卖危险物质罪,且系共同犯罪。越城区人民检察院遂以被告人王召成、金国森、孙永法、钟伟东、周智明犯非法买卖危险物质罪,向越城区人民法院提起公诉。

被告人王召成、金国森、孙永法、钟伟东、周智明对起诉书指控的犯罪事实和罪名均无异议,王召成、钟伟东、周智明请求对其从轻处罚。王召成的辩护人对起诉指控的事实无异议,但认为王召成等人的行为不构成犯罪。

越城区人民法院经公开审理查明:被告人王召成、金国森因生产需要,在未依法取得剧毒化学品购买、使用许可的情况下,约定由王召成出面购买氰化钠。2006 年 10 月至 2007 年年底,王召成先后 3 次以每桶人民币(以下币种均为人民币)1000 元(每桶 50000 克)的价格向倪荣华(另案处理)购买氰化钠约 2 吨,共计支付给倪荣华 40000 元。2008 年 8 月至 2009 年 9 月,王召成先后 3 次以每袋 975 元(每袋 50000 克)的价格向李光明(另案处理)购买氰化钠约 6 吨,共计支付给李光明 117000 元。王召成、金国森将上述氰化钠储存于绍兴市南洋五金有限公司各自承包车间的带锁仓库内,用于电镀生产。其中,王召成占用总量的三分之一,金国森占用总量的三分之二。2008 年 5 月和 2009 年 7 月,被告人孙永法先后共用 2000 元向王召成分别购买氰化钠 1 桶和 1 袋。2008 年七八月间,被告人钟伟东以每袋 1000 元的价格向王召成购买氰化钠 5 袋。2009 年 9 月,被告人周智明以每袋 1000 元的价格向王召成购买氰化钠 3 袋。孙永法、钟伟东、周智明购得氰化钠后,均储存于各自车间的带锁仓库或水槽内,用于电镀生产。

越城区人民法院认为,被告人王召成、金国森、孙永法、钟伟东、周智明在未取得剧毒化学品使用许可证的情况下,明知氰化钠是剧毒化学品,仍违反国家规定,非法买卖、储存氰化钠,危害公共安全,其行为均构成非法买卖、储存危险物质罪,且系共同犯罪。公诉机关仅以非法买卖危险物质罪指控有误,应予纠正。依照《中华人民共和国刑法》第一百二十五条第一款、第二款,第二十五条第一款,第六十七条第三款,第七十二条第一款之规定,越城区人民法院遂以被告人王召成犯非法买卖、储存危险物质罪,判处有期徒刑三年,缓刑五年;被告人金国淼犯非法买卖、储存危险物质罪,判处有期徒刑三年,缓刑四年六个月;被告人钟伟东犯非法买卖、储存危险物质罪,判处有期徒刑三年,缓刑四年;被告人周智明犯非法买卖、储存危险物质罪,判处有期徒刑三年,缓刑三年六个月;被告人孙永法犯非法买卖、储存危险物质罪,判处有期徒刑三年,缓刑三年。

一审宣判以后,被告人王召成、金国淼、孙永法、钟伟东、周智明均未提出上诉,检察机关也未提出抗诉。

二、裁判要旨

No.2-125(2)-1 《刑法》第一百二十五条第二款规定的毒害性物质不限于国家明令禁止的有毒物质,也包括其他国家剧毒化学品名录中的、毒害性足以危害公共安全的物质。

最高人民法院、最高人民检察院《关于办理非法制造、买卖、运输、储存毒鼠强等禁用剧毒化学品刑事案件具体应用法律若干问题的解释》明确了毒鼠强等五种禁用剧毒化学品系"毒害性物质",但这并不意味着《刑法》第一百二十五条第二款中的毒害性物质仅限于《关于办理非法制造、买卖、运输、储存毒鼠强等禁用剧毒化学品刑事案件具体应用法律若干问题的解释》列举的五种禁用剧毒化学品。"毒害性物质"包括化学性毒害物质、生物性毒害物质、微生物类毒害物质。对毒害性物质的理解,不能完全等同于"国家明令禁止的物质"。有些物质,虽然国家没有明令禁止,但是,如果加以买卖,其毒害性足以危害公共安全,也应属于"毒害性物质"。在剧毒化学品目录中,还存在大量和"毒鼠强、氟乙酰胺、氟乙酸钠、甘氟"处于同一限制级别、高于该限制级别,且毒害性更大的剧毒化学品。如果将《刑法》第一百二十五条第二款规定的毒害性物质仅限定在《关于办理非法制造、买卖、运输、储存毒鼠强等禁用剧毒化学品刑事案件具体应用法律若干问题的解释》列举的五种剧毒杀鼠剂,那么对买卖、运输在毒害性上、限制级别上高于或者等于五种杀鼠剂的剧毒化学品行为就难以通过刑法进行调整,这显然不符合立法原意。另外,我国禁止生产、流通、使用斯德哥尔摩公约要求禁止的 21 种有机污染物。如果从是否禁止生产、流通、使用的角度确定毒害性物质的范围,那么该国际公约要求禁止生产、流通、使用的 21 种有机污染物也当然属于毒害性物质。因此,从国家明令禁止这一角度认定涉案物品是否属于毒害性物质值得商榷。

从文义角度解释,毒害性物质是指有严重毒害的物质。氰化钠属于剧毒物质,人只要与之一接触,马上就会死亡,可见其毒性极高。氰化钠系国家严格监督管理的剧毒化学品,易致人中毒或者死亡,对人体、环境具有相当大的毒害性和极度危险性,极易对环境和人的生命健康造成重大威胁。从体系角度解释,同一部刑法中的同一固定名词应当作统一理解。《刑法》第一百二十五条、第一百四十四条、第一百一十五条、第一百二十七条、第二百九十一条之一都使用了"毒害性物质"的表述。司法实践中,除了对第一百二十五条中的"毒害性物质"的理解存在争议外,对于其他条文中的"毒害性物质"应当包括剧毒化学品目录中的化学品并无争议。因此,从体系角度解释,《刑法》第一百二十五条中的"毒害性物质"包括氰化钠等剧毒化学品目录中的化学品。

No.2-125(2)-2 只要存在买入或卖出危险物质的行为之一即可构成买卖危险物质罪。

第一,买卖毒害性等危险物质的社会危害,主要是体现在买进或者卖出危险物质对公共安全构成的危险。对该类行为是否定罪,关键在于行为是否足以危及公共安全,而不在于毒害性物质买进后行为人有否卖出意图或者卖出行为。

第二,"买卖"既可以是名词,表示买进再卖出的商业经营活动,又可以是并列表示"买"和"卖"两个行为的词,表示单一的买进或者卖出行为,这一点与"毒害性物质"等固定名词的用法不同。因立法背景、立法技术等多方面的原因,"买卖"在具体罪名中的含义可能存在一定的区别,对其理解不能过于绝对化。如诱使投资者买卖证券、期货合约罪中的"买卖",其含义包括投资者单一的买进行为或者卖出行为,而不要求必须是买进再卖出的经营活动。因此,对《刑法》中"买卖"一词的理解不应囿于兼具买进和卖出的行为。

第三,买进或者卖出氰化钠等危险物质的过程中,都可能发生严重的环境污染事件或者人身伤亡后果,如果水源受到污染,甚至会诱发大面积的人民群众中毒伤亡后果。特别是在缺乏相关资质、管理经验或者防范措施的情况下,如果遇到台风、暴雨等意外天气或者在运输途中发生交通事故,则这种危害公共安全的可能性会大大增加。因此,单一的买进或者卖出行为均可能危害公共安全,符合非法买卖危险物质罪的客体特征。

No. 2-125(2)-3　《刑法》第一百二十五条第二款规定的"毒害性"物质不仅包括禁用剧毒化学品,也包括纳入危险化学品名录的,易致人中毒或死亡,对人体、环境具有极大毒害性与危险性的剧毒化学品。

氰化钠虽不属于禁用剧毒化学品,但系列入危险化学品名录中严格监督管理的限用的剧毒化学品,易致人中毒或者死亡,对人体、环境具有极大的毒害性和极度危险性,极易对环境和人的生命健康造成重大威胁和危害,属于《刑法》第一百二十五条第二款规定的"毒害性"物质。

No. 2-125(2)-4　"非法买卖"毒害性物质,是指违反法律和国家主管部门规定,未经有关主管部门批准许可,擅自购买或者出售毒害性物质的行为,并不需要兼有买进和卖出的行为。

"非法买卖"毒害性物质,是指违反法律和国家主管部门规定,未经有关主管部门批准许可,擅自购买或者出售毒害性物质的行为,并不需要兼有买进和卖出的行为;王召成等人不具备购买、储存氰化钠的资格和条件,违反国家有关监管规定,非法买卖、储存大量剧毒化学品,逃避有关主管部门的安全监督管理,破坏危险化学品管理秩序,已对人民群众的生命、健康和财产安全产生现实威胁,足以危害公共安全,故王召成等人的行为已构成非法买卖、储存危险物质罪。

案例:于学伟等非法储存危险物质、非法经营、危险物品肇事、单位行贿案——天津港"8·12"特大火灾爆炸事故案

案例来源:《刑事审判参考》总第 119 集

主题词:非法储存危险物质罪　数罪并罚

一、基本案情

2012 年 11 月 28 日,天津东疆保税港区瑞海国际物流有限公司(以下简称"瑞海公司")由天津市滨海新区工商行政管理局(以下简称"滨海新区工商局")准予注册登记,李亮代于学伟持股 55%,舒铮代董社轩持股 45%,法定代表人为李亮。瑞海公司危险品仓库位于天津市滨海新区天津港国际物流中心吉运二道 95 号,占地 46226 平方米。2013 年 1 月 24 日,瑞海公司办理工商营业执照变更登记,将经营范围由"仓储业务经营(危化品除外、港区内除外)"变更为"在港区内从事仓储业务经营(危化品除外)"。2015 年 1 月 29 日,滨海新区工商局准予瑞海公司法定代表人变更为只峰。于学伟、董社轩系瑞海公司的实际出资人、实际控制人,只峰任总经理、法定代表人。2013 年 1 月 18 日至 2014 年 5 月 4 日,于学伟等人以贿赂手段非法取得多份临时港口危险化学品经营批复,此后通过伪造环境影响评价公众参与调查表、提供虚假公示证明材料、低报危险化学品实际仓储面积等方式骗取通过环境影响评价验收,采取编造防爆叉车购买合同、临时码放集装箱充当防火墙、验收当天暂停作业等违法手段,通过消防验收审核及安全验收评价,最终于 2015 年 6 月 23 日违法取得《港口经营许可证》和《港口危险货物作业附证》(以下简称"两证")。2016 年 3 月 21 日,瑞海公司被天津市滨海新区市场和质量监督管理局吊销营业执照。2016 年 7 月 1 日,"两证"被依法吊销。经查,2013 年 5 月 20 日至 2015 年 8 月 12 日,瑞海公司非法储存氰化钠、甲基磺酰氯等剧毒化学品 7 种,总计 49332.97 吨。此外,瑞海公司还违法违规经营和储存烧碱、电石、硝酸铵等其他危险化学品,数额达 47805252.64 元。于学伟等人在瑞海公司的日常经营过程中,存在违规存放硝酸铵,严重超负荷经营、超量存储,违规混存、超高堆码危险货物,违规开展拆箱、搬运、装卸等严重违反安全生产管理规定的问题。2015 年 8 月 12 日 22 时许,瑞海公司危险品仓库运抵区南侧集装箱内的硝化棉由于湿润剂散失出现局部干燥,在高温等因素的作用下加速分解放热,积热自燃,引起相邻集装箱内的硝化棉和其他危险化学品长时间大面积燃烧,导致堆放于运抵区的硝酸铵等危险化学品发生爆炸。事故造成165人遇难,8人失踪,798人受伤住院治疗;304幢建筑物、12428辆商品汽车、7533个集装箱受损。截至2015年12月10日,已核定直接经济损失人民币68.66亿元。案发当晚,周志刚作为瑞海公司值班负责人,未履行职责,对瑞海公司发生爆炸事故亦负有直接责任。于学伟归案后主动供述其为瑞海公司违规办理港口危险货物经营资质,多次向时任市交港局副局长李志刚、港口管理处处长冯刚请托,送给李志刚高尔夫球杆1套、贵州茅台酒1箱等财物共计折合98250元;送给冯刚高尔夫测距仪1台、贵州茅台酒1箱等财物共计折合59250元。上述财物共计折合157500元。2015年8月13日至9月9日,于学伟等13名人分别被查获归案。2016年11月9日,天津市第二中级人民法院认定于学伟犯非法储存危险物质罪、非法经营罪、危险物品肇事罪,决定执行死刑,缓期二年执行,剥夺政治权利终身,并处罚金人民币70万元;董社轩、只峰等5人犯非法储存危险物质罪、非法经营罪、危险物品肇事罪,分别判处有期徒刑15年至无期徒刑不等的刑罚;刘振国等7人犯非法储存危险物质罪、非法经营罪,分别判处有期徒刑3年至有期徒刑10年不等的刑罚。2016年12月13日,天津市高级人民法院核准对于学伟判处死刑,缓期二年执行,剥夺政治权利终身,并处罚金人民币70万元的刑事判决。

二、裁判要旨

No. 2-125(2)-5 行为人采取违法手段获取经营资质,非法储存危险化学品发生爆炸,根据犯罪事实的不同以及危险化学品种类、性质的不同,分别触犯了非法储存危险物质罪、非法经营罪、危险物品肇事罪,应当实施数罪并罚。

首先,《刑法》第一百二十五条第二款规定,非法制造、买卖、运输、储存毒害性、放射性、传染病病原体等物质,危害公共安全的,构成非法制造、买卖、运输、储存危险物质罪。按照《危险化学品名录》(2015年版),瑞海公司储存的氰化钠等7种危险化学品是剧毒化学品,易致人中毒或者死亡,对人体、环境具有极大的毒害性和危险性,属于《刑法》第一百二十五条第二款规定的"毒害性物质"。依照《港口法》《港口危险货物安全管理规定》等法律规章,在港区内从事危险化学品经营的企业必须获得"两证"。于学伟等人采取伪造环境评价公众参与调查表、提供虚假公示证明材料、低报危险化学品实际仓储面积等违法手段,通过环境影响评价验收;采取编造防爆叉车购买合同、临时码放集装箱充当防火墙、验收当天暂停作业等违法手段,通过消防验收审核及安全验收评价,最终使瑞海公司获得"两证"。因此,瑞海公司实质上不具备储存毒害性物质的资质与条件,属于"非法储存"。因而,于学伟等非法储存氰化钠等毒害性物质,危害公共安全,依法应当认定为非法储存危险物质罪。此外,瑞海公司相关人员除了非法储存氰化钠等毒害性物质,还非法从事烧碱、电石等其他危化品的储存业务,按照我国制定的《危险化学品名录》,这些属于剧毒化学品之外的其他危险化学品,不属于毒害性、放射性、传染病病原体等危险物质,因而不构成非法储存危险物质罪,应当另行评价。《刑法》第二百二十五条非法经营罪中的"经营行为",应包括以营利为目的的生产、运输、仓储、买卖等行为,并不仅限于购买和销售行为。瑞海公司实质上并不具备港口危险货物经营资质,属于无证违法经营,因而非法储存其他危化品的行为,依法应当认定为非法经营罪。再则,《刑法》第一百三十六条规定,违反爆炸性、易燃性、放射性、毒害性、腐蚀性物品的管理规定,在生产、储存、运输、使用中发生重大事故,造成严重后果的,构成危险物品肇事罪。瑞海公司相关人员违反安全生产规定,进行违规操作,致使硝酸铵等危险化学品发生爆炸,造成特别严重后果,依法应当认定为危险物品肇事罪。

No. 2-125(2)-6 非法储存危险物质,危害公共安全,情节严重的,处十年以上有期徒刑、无期徒刑或者死刑。对于死刑的适用,应当慎重考察"情节严重"的程度,综合社会危害性、犯罪性质、危害后果、人身危险性等方面综合考量,使量刑符合罪责刑相适应原则。

根据《刑法》第一百二十五条第一款、第二款的规定,非法储存危险物质,危害公共安全的,处三年以上十年以下有期徒刑;情节严重的,处十年以上有期徒刑、无期徒刑或者死刑。本案中,于学伟等人非法存储氰化钠等毒害性物质共计4.9万余吨,数量特别巨大;同时,于学伟等人为谋取私利,采用贿赂、欺骗等非法手段获取经营资质,置周边人民群众的生命、财产安全于不顾,严重危害公共安全,犯罪手段卑劣,主观恶性深,社会危害性大。综合全案的事实情节,于学伟等人的行为属于《刑法》第一百二十五条规定的非法储存危险物质犯罪中"情节严重"的情形,应当在"十年以上有期徒刑、无期徒刑或者死刑"这一幅度内量刑。但是,本案引发爆炸的直接原因是硝酸铵爆炸,而不是氰化钠等危险物质,事故中的遇难者经鉴定均系遭燃烧、爆炸造成伤亡,瑞海公司非法储存氰化钠等毒害性危险物质并未直接造成严重人身伤亡后果。综合全案事实、犯罪情节及犯罪后果,法院在裁量刑罚时,对于学伟犯危险物品肇事罪顶格判处七年有期徒刑,对其所犯非法储存危险物质罪,认定其属"情节严重",判处死刑缓期二年执行。

17 非法持有、私藏枪支、弹药罪(《刑法》第一百二十八条第一款)

案例:姜方平非法持有枪支、故意伤害案

案例来源:《刑事审判参考》总第 30 辑[第 221 号]

主题词:非法持有枪支罪　正当防卫　斗殴　自首　翻供

一、基本案情

被告人姜方平,男,1978 年 1 月 6 日出生,汉族,初中文化,无业。因涉嫌犯故意伤害罪于 2001 年 7 月 21 日被取保候审,同年 12 月 19 日又因涉嫌犯私藏枪支罪被逮捕。

浙江省衢州市柯城区人民法院经审理查明:1997 年 6 月 21 日晚 6 时许,被告人姜方平与叶小明、叶春古(均在逃)在航埠镇姚家村姚水良供销店门口遇到与其有宿怨的姜志清,双方发生争执。姜方平即拔出随身携带的刀朝姜志清左腿、右腿、腹部等处连刺数刀。经法医鉴定,姜志清所受损伤属轻伤。

2001 年 7 月 15 日晚,被告人姜方平得知与其有过纠纷的郑水良当日曾持铁棍在航埠镇莫家村姜金木家向其父姜良新挑衅后,便前往郑水良家滋事。因郑水良不在家,姜方平便返回,并从路过的叶小飞家的厨房内取了一把菜刀藏于身后。当姜方平行至该村柳根根门前路上时,郑水良赶至并持铁棍打姜方平,姜方平即持菜刀与郑水良对打,并用菜刀砍郑左手腕关节,姜方平也被随后赶至的郑水良之女郑华仙砍伤。经法医鉴定,郑水良所受损伤属轻伤。2001 年 7 月 17 日,被告人姜方平在医院治疗期间,委托其姐姜素芳代为向公安机关投案。

2001 年 11 月初,被告人姜方平从其朋友处拿了一把自制左轮手枪及改装的子弹 6 发,并将之藏于其借住的衢州市区崔家巷 2 号 305 室的厨房内。同月 11 日夜 11 时许,柯城公安分局下街派出所民警在检查出租私房过程中,将该手枪及房内的大量自制刀具等查获。经鉴定,该枪支系发射弹药的枪支。

一审庭审中,被告人姜方平对公诉机关指控其私藏枪支和伤害姜志清的事实没有异议,但辩解其伤害郑水良是在受到被害人郑水良一家围攻殴打时才拔刀还击的,属正当防卫。

柯城区人民法院认为:被告人姜方平违反枪支管理规定私藏枪支,其行为已构成私藏枪支罪。姜方平故意非法损害他人健康,致两人轻伤,其行为已构成故意伤害罪。公诉机关指控成立。因被害人郑水良在本案中亦有较大过错,可相应减轻姜方平的罪责。姜方平虽然在航埠莫家村伤害案件中能投案,并如实供述自己的罪行,但在庭审时翻供,不能认定为自首。姜方平犯有数罪,应数罪并罚,根据《中华人民共和国刑法》第一百二十八条第一款、第二百三十四条第一款、第六十九条第一款,以及最高人民法院《关于处理自首和立功具体应用法律若干问题的解释》第一条第二款第(四)项之规定,于 2002 年 4 月 22 日判决:被告人姜方平犯私藏枪支罪,判处有期徒刑一年,犯故意伤害罪,判处有期徒刑二年八个月,决定执行有期徒刑三年六个月。

一审宣判后,姜方平不服,向衢州市中级人民法院提出上诉,称原判认定事实有误,其是在被郑水良、郑华仙等人围打时,出于自卫才用菜刀砍郑水良的。辩护人认为上诉人姜方平是在郑水良先用铁棍打其时,为避免自己遭受进一步伤害才用菜刀砍伤郑水良的,其行为应属正当防卫,具有自首情节,请求对其从轻处罚。出庭二审的衢州市人民检察院检察员认为,原判认定事实清楚,证据确实、充分,但原判对上诉人姜方平非法持有枪支的犯罪行为的定性有误,建议依法判处。

衢州市中级人民法院经审理后认为:上诉人姜方平为报复而持械故意伤害他人身体,致两人轻伤,其行为已构成故意伤害罪。辩护人认为上诉人姜方平 2001 年 7 月 15 日的伤害行为属正当防卫,根据本案的事实,上诉人姜方平在得知原与其父有过纠纷的郑水良对其父亲实施挑衅后,即四处寻找郑水良并准备菜刀蓄意报复,其事先就存在着斗殴故意,之后亦积极实施伤害行为,故上诉人及辩护人就此所提的辩解、辩护意见与法律规定的正当防卫不符,不予采纳。但被害人郑水良在本案起因上有较大过错,可据此对上诉人姜方平的故意伤害犯罪酌情从轻处罚。上诉人姜方平违反枪支管理法律、法规的规定,擅自持有枪支,其行为又已构成非法持有枪支罪。原判对上诉人姜方平的该犯罪行为定性不当,应予改判。上诉人姜方平犯有数罪,应依法并罚。上诉人姜方平在委托其姐就 2001 年 7 月 15 日的故意伤害事实代为向公安机关投案后,如实供述自己的两次故意伤害犯罪,在一审庭审时,虽对 2001 年 7 月 15 日故意伤害他人的原因有不同供述,但其对实施伤害的时间、地点、手段、后果等犯罪构成要件的事实仍予供认,可认定其系自首。上诉人姜方平及其辩护人关于此的辩解、辩护意见成立,予以采纳。上诉人姜方平在 1997 年 10 月 1 日修订后的《中华人民共和国刑法》实行前后分别实施故意伤害犯罪,系连续犯罪,应适用修订后的《中华人民共和国刑法》对其一并处罚。原判认定事实清楚,审判程序合法。据此,依照《中华人民共和国刑事诉讼法》第一百八十九条第(二)项,《中华人民共和国刑法》第十二条第一款、第二百三十四条第一款、第一百二十八条第一款、第六十九条第一款、第六十七条第一款以及最高人民法院《关于审理非法制造、买卖、运输枪支、弹药、爆炸物等刑事案件具体应用法律若干问题的解释》第五条第一款第(一)项、第八条第二款,最高人民法院《关于处理自首和立功具体应用法律若干问题的解释》第一条第一款第(一)项之规定,于 2002 年 7 月 8 日判决如下:

1. 维持柯城区人民法院(2002)衢柯刑初字第 101 号刑事判决的第一项中对上诉人姜方平故意伤害罪的定罪部分;

2. 撤销柯城区人民法院(2002)衢柯刑初字第 101 号刑事判决的第一项中对上诉人姜方平私藏枪支罪的定罪及量刑,对上诉人姜方平故意伤害罪的量刑以及对上诉人姜方平的决定执行刑罚部分;

3. 上诉人姜方平犯故意伤害罪,判处有期徒刑二年六个月;犯非法持有枪支罪,判处有期徒刑一年,决定执行有期徒刑三年。

二、裁判要旨

No.2-128(1)-1 事前并没有配备、配置枪支资格而擅自持有枪支的,不构成私藏枪支罪,应以非法持有枪支罪论处。

在《刑法》第一百二十八条规定中,非法持有枪支与私藏枪支是选择罪名,两种罪名既有相同点又有区别。相同之处是:(1)两者都是违反枪支管理法律、法规的行为;(2)行为人都是没有资格配备、配置枪支的人员;(3)行为人都持有枪支。但两者之间的区别也是明显的,主要是主体资格不同。根据最高人民法院《关于审理非法制造、买卖、运输枪支、弹药、爆炸物等刑事案件具体应用法律若干问题的解释》第八条第二、三款的规定,非法持有枪支指不符合配备、配置枪支条件的人员,违反枪支管理法律、法规的规定,擅自持有枪支的行为;私藏枪支指依法配备、配置枪支的人员,在配备、配置枪支的条件消除后,违反枪支管理法律、法规的规定,私自藏匿所配备、配置的枪支且拒不交出的行为。可见,私藏枪支罪的主体是特殊主体,即行为人先前具有配备、配置枪支的资格,而非法持有枪支罪的主体是一般主体。两者的区别还在于,根据司法解释的精神,私自藏匿枪支者如果事后能主动交出或经教育后即主动交出的,一般不定罪,而非法持有枪支者无论是否主动交出均构成犯罪。

No.2-128(1)-2 基于斗殴故意实施的反击行为,不能认定为正当防卫。

根据《刑法》第二十条第一款的规定,正当防卫是指为了国家、公共利益、本人或者他人的人身、财产和其他权利免受正在进行的不法侵害,而采取的制止不法侵害的行为。正当防卫是合法行为,防卫人在实行防卫行为时主观上必须具有正当防卫的目的,即必须是为了国家、公共利益、本人或者他人的人身、财产和其他权利免受正在进行的不法侵害而实施。防卫目的的正当性是确保防卫行为合法性的要件之一。理论上,根据行为人是否具有正当防卫的目的,一般都将防卫挑拨、互相斗殴等情形排除在正当防卫行为之外。所谓互相斗殴,是指双方都有非法侵犯对方的意图而发生的相互侵害行为。由于互相斗殴的双方主观上都有加害对方的故意,都是不法侵害,所以不存在侵害者和防卫者之分。同时,由于双方都不具有正当防卫的目的,因而无论谁先谁后动手,都不能认定为防卫行为。应当指出,在斗殴明确放弃攻击行为逃跑而另一方继续侵害的,或斗殴一方明显加重杀伤强度、使用杀伤性明显升级的武器时,仍可认定另一方可以进行正当防卫。

No. 2-128(1)-3　被告人对不影响犯罪成立的次要事实先后作不同供述的,不影响自首的成立。

归案后,本案被告人姜方平在侦查阶段、审查起诉阶段对于案件的事实均作了与指控一致的供述,而在一审庭审中,却辩称,其用刀砍伤郑水良,是在受到被害人郑水良一家围攻殴打时才拔刀还击的。而在此之前,其一直供称是在受到郑水良一人的殴打时就拔刀还击的,郑水良家人郑华仙是在其砍伤郑水良后才赶到的。据此,一审法院认定被告人姜方平的行为系翻供,因而不能认定为自首。

但是,姜方平的供述变化并不影响对案件主要事实的认定,也不影响对姜方平行为性质的认定。而所谓翻供,应当是就犯罪构成的主要事实先前作了承认而后进行否认的行为,对不影响犯罪构成的次要事实先后作不同的供述不能认定为翻供。本案中,姜方平砍击郑水良是因郑水良一人殴打姜方平还是郑水良一家殴打姜方平,并不影响对姜方平故意伤害罪事实的认定,姜方平对此作不同供述,是非根本性的,不能认定为翻供。

本案被告人姜方平自归案后到二审庭审结束,对其于 2001 年 7 月 15 日在航埠镇莫家村用菜刀砍伤郑水良的事实,一直没有否认。而这一事实则是确认其行为是否构成故意伤害罪的基本事实、主要事实。不能因其对非重要案件事实的供述有变化就否定其如实供述主要案件事实的实质。

No. 2-128(1)-4　在投案自首以后,被告人对行为性质的辩解,不能视为翻供。

对行为性质的辩解,不能认定为翻供。在现代诉讼注重程序公正的前提下,赋予和保护被告人的辩解权,既是各国的普遍做法,也是我国刑事司法工作的重要内容之一。应当认识到,现代诉讼文明中,如实供述与被告人行使辩解权并没有根本的冲突。那种将两者对立起来的认识,乃是观念上的缘由,也是认识上的一个误区。最高人民法院《关于处理自首和立功具体应用法律若干问题的解释》第一条在解释何为“如实供述自己的罪行”时指出:“如实供述自己的罪行,是指犯罪嫌疑人自动投案后,如实交代自己的主要犯罪事实”。这里之所以规定是主要犯罪事实而非行为性质,其原因在于对行为性质乃至对法律的认识是因人而异的,不同的人有不同的理解。无论被告人将其犯罪行为辩解为无罪(认识上的无罪而非事实上的无罪)或将此罪辩为彼罪,还是将其行为辩解为正当防卫、紧急避险等,都属于对行为性质的不同认识和理解,不能因此而轻易地认定其翻供。

案例:郭继东私藏枪支、弹药案

案例来源:《刑事审判参考》总第 46 集[第 359 号]

主题词:私藏枪支、弹药

一、基本案情

被告人郭继东,男,1960 年 7 月 2 日出生,汉族,大学文化,住河南省南阳市工业路 303 号。捕前系南阳市公安局刑警支队大案大队副大队长。2004 年 1 月 13 日因涉嫌犯私藏弹药罪被逮捕。

河南省唐河县人民法院经审理查明:1980 年至 2001 年,被告人郭继东在社旗县公安局任刑警队长和在南阳市公安局刑警支队大案大队任副大队长期间,以执行任务、打靶为名,先后在社旗县公安局和南阳市公安局多次领取"7.62"毫米军用子弹达千余发,除已用去的之外,截至公安部2001年4月18日《关于严厉打击违反爆炸物品、枪支弹药管理违法犯罪活动的通知》下发后,仍有630发在家中藏匿,拒不交出。2001年8月2日被南阳市人民检察院予以扣押。

上述事实,有被告人供述、证人证言、扣押清单、书证、物证等经庭审质证的证据证实。

被告人郭继东辩称:自己作为刑警依法配备枪支弹药的条件没有消除,在执行任务时要带领侦查人员携带"五四"手枪或数支微型冲锋枪,使用通用的7.62口径的子弹。日常工作中不仅要备足自己使用的弹药,还要兼管其他参战人员使用子弹的分发。为了保证工作需要,就把这些常用的子弹、弹夹、枪套、手铐等装备一起存放在一个皮箱内,经常随车、随身携带。郭继东的辩护人认为:没有证据证明郭继东配备枪支的条件消除,其持有弹药为合法拥有且为工作需要。

唐河县人民法院认为:被告人郭继东身为南阳市公安局刑警支队大案大队副大队长,系依法配备枪支弹药的人员,在配备、配置枪支弹药的条件消除后,违反枪支弹药管理法律、法规的规定,私自将630发军用子弹藏匿在家中拒不交出,其行为已构成私藏弹药罪,且系情节严重,唐河县人民检察院指控被告人郭继东犯私藏弹药罪的罪名成立,予以支持。被告人郭继东虽系依法配备、配置枪支弹药的人员,多次领取子弹的理由均系打靶、执行任务所用,但在打靶、执行任务结束后,也就是配备、配置枪支弹药的条件已经消除,本应按规定将剩余的子弹及时上交入库,直到公安部《关于严厉打击违反爆炸物品、枪支弹药管理违法犯罪活动的通知》下发后,仍将630发军用子弹藏匿在家中拒不交出,其行为符合私藏弹药罪的构成要件,故被告人及其辩护人辩称被告人郭继东属于依法配备枪支弹药人员,其配备枪支弹药的条件并未消除,其行为不构成私藏弹药罪之理由不能成立,不予采纳。依照《中华人民共和国刑事诉讼法》第一百二十八条第一款、第七十二条第一款、第七十三条第二、三款之规定,判决如下:

被告人郭继东犯私藏弹药罪,判处有期徒刑三年,缓刑三年。

一审宣判后,被告人郭继东向河南省南阳市中级人民法院提出上诉,唐河县人民检察院亦提出抗诉。

郭继东上诉认为:

1. 原判认定上诉人郭继东配置、配备枪支弹药的条件已消除的事实不清。(1)上诉人郭继东配置、配备枪支弹药的条件是否已经消除应当系一个客观状态,该状态作为一个既定事实,不因时间不同及认定机关的不同而发生变化。同一公诉机关在2003年5月6日的不起诉决定书中认定:"郭继东作为一线的公安干警,其配置、配备枪支弹药的条件没有消除",原判对此的认定完全是一种推测和分析,没有相关证据予以证实。(2)郭继东作为一线公安干警,其配置、配备枪支弹药是公安机关依照法律规定进行的,其配置、配备枪支弹药的条件是否消除,只有为其发放、配备枪支弹药的管理机关南阳市公安局才有权认定,不应由公诉机关或审判机关行使认定。(3)原审判决遗漏了最重要的证据——南阳市公安局的证明。南阳市公安局的证明经庭审质证,公诉人明确表示予以认可,应当作为认定案件事实的依据。该证明可证明郭继东是合法配置、配备枪支弹药的人员,长期处于备勤状态,其被捕前仍负责涉黑案件的侦破工作,尚有具体任务未完成。因此其配备、配置枪支弹药的条件并未消除。另外郭继东20余年没有休息、休假,经办、侦破的案件数以百计,长期案压案、案套案,原审法院认定任务结束没有任何证据支持。据此得出的结论必然是错误的。

2. 原判适用法律不当。一审法院依据公安部2001年4月18日的《关于严厉打击违反爆炸物品、枪支弹药管理违法犯罪活动的通知》作为判决依据错误。该通知并未说明合法持枪的军、警、安全等工作人员均需将持有的枪支弹药上缴。

3. 原审法院客观归罪。原审法院仅凭上诉人郭继东的手提箱中存在弹药的客观情况就认定其构成犯罪,违背了主客观一致的定罪原则。首先,上诉人郭继东作为刑警和领导的特殊职责身份,可以随时领取弹药,没有私藏的必要。其次,客观上与该弹药放在一起的均是上诉人办案必备的物品。如对讲机、手铐等,明显证明上诉人没有私藏的故意。

辩护人的意见除与上诉人理由相同外,另提出:(1)公诉人征求公安部、公安厅部分领导的意见没有个人签名,不具有证据效力。(2)关于私藏弹药一案的立案表、侦查报告、起诉意见书等均非公安机关制作,申请对上述文书中的字迹和签名进行鉴定。

唐河县人民检察院的抗诉意见是:根据最高人民法院《关于审理非法制造、买卖、运输枪支弹药、爆炸物等案件具体应用法律若干问题的解释》,私藏军用子弹100发以上属于《刑法》第一百二十八条第一款规定的情节严重,应当在三年以上七年以下量刑。《刑法》第七十二条规定,适用缓刑的条件是被判处拘役、三年以下有期徒刑的犯罪分子,且有悔罪表现,郭继东本人自始至终不认罪,更没有悔罪表现。因此不符合宣告缓刑的条件,原审法院适用缓刑不当。

河南省南阳市中级人民法院经二审审理查明:

上诉人郭继东及其辩护人提供下列证据,以证实配置、配备枪支弹药的条件没有消除及私藏弹药案件的侦查程序违法。

(1)郭继东的同事毕永志、刘志斌、胡楠的证言均证实:与郭继东一起在刑警支队大案大队工作期间,经常执行设卡堵截、抓捕重大逃犯等紧急任务,因工作需要,经常携带手枪或微型冲锋枪去执行任务。当时,微型冲锋枪及弹药都是由郭继东队长负责领取及分发使用和日常保管。

(2)参与侦查的公安干警爨天雁的证言,证实2001年11月的一天上午,受组织委派与丰雪军一起到邓州市看守所讯问郭继东,但讯问笔录不是其亲笔制作,其上的签名也不是其本人亲笔签名,卷内立案表上的签名也不是其本人亲笔签名。

(3)律师调查丰雪军的笔录,证明2001年到邓州市看守所给郭继东作一份讯问笔录,其本人只负责记录,讯问由检察院同志进行。另经辨认,否认立案表中的签名为其本人所签,否认侦查报告及起诉意见书由其制作,并证明除这次讯问以外,再也没有参与任何侦查工作。

(4)南阳市公安局统计科的证明:经查南阳市公安局宛城分局在2001年10月至12月所上报的《涉枪及盗枪危险物品刑事案件统计月报表》中没有"非法私藏枪支弹药"刑事案件的数据。用以证明宛城区公安分局并未立案。

庭审中,出庭检察员对上述前三项证据,没有提出实质性异议,予以确认。关于第四项证据,检察院认为是公安局内部管理问题不能证明没有立案。

其他事实与一审认定的事实一致。

河南省南阳市中级人民法院认为:郭继东自1980年至2001年一直从事公安刑警工作,其间虽有工作调动,但在被刑事拘留前,尚未脱离依法使用枪支、弹药的公安刑警岗位,其配备枪支、弹药的条件亦未消除,其在需要合法使用枪支弹药的任务完成后,包括备警状态结束后,未将枪支、弹药及时入库,是一般的违反枪支管理法律、法规的行为,不属于刑法意义上的私藏枪支、弹药行为,因而其行为不符合刑法规定的私藏弹药罪的构成要件,故被告人郭继东不构成私藏弹药罪,抗诉机关的抗诉理由不能成立。上诉人的上诉理由及辩护人的无罪辩护意见成立,予以采纳。原判认定事实清楚,适用法律错误,处理失当,予以纠正。依照《中华人民共和国刑事诉讼法》第一百八十九条第(二)项和《中华人民共和国刑法》第一百二十八条的规定,判决如下:

1. 撤销唐河县人民法院(2004)唐刑初字第101号刑事判决。
2. 被告人郭继东无罪。

二、裁判要旨

No. 2-128(1)-5 在需要合法使用枪支、弹药的任务完成后,其配备枪支、弹药的条件并不自动消除,未主动交出枪支的,不构成私藏枪支罪。

根据最高人民法院《关于审理非法制造、买卖、运输枪支、弹药、爆炸物等刑事案件具体应用法律若干问题的解释》,私藏是指依法配备、配置枪支、弹药的人员在配备、配置枪支、弹药的条件消除后,违反枪支管理法律、法规的规定,私自藏匿所配备、配置的枪支、弹药,且拒不交出的行为。根据司法解释,私藏弹药必须具备四个特征:第一个是依法配备、配置枪支弹药的人员配备、配置枪支弹药的条件消除;第二个特征是违反了有关枪支弹药管理的规定;第三个特征是私自藏匿;第四个特征是拒不交出。本案中,郭继东在家中存放弹药的行为违反了枪支、弹药管理规定,其本人也承认;但认为自己不是私自藏匿,拒不交出,且其配备枪支弹药的条件并未消除。

本案争议的焦点是郭继东配备枪支弹药的条件是否消除。

在本案中,应当根据《枪支管理法》等法律、法规的规定来理解并认定郭继东配备、配置枪支的条件是否消除。《枪支管理法》第二十六条"配备公务用枪的人员不再符合持枪条件时,由所在单位收回枪支和持枪证件"。公安部《公安机关公务用枪管理使用规定》第十七条规定了佩带、使用枪支的人民警察应当具备的条件,第二十条、第二十一条规定了收回持枪证件和枪支的条件。根据上述规定,配备枪支条件的消除应当是指出现法律、法规规定的情形,经相关部门审查,取消其配枪资格,收回其持枪证件。

因此,以执行完具体任务或工作调动时即为配备、配置枪支条件消除的理解是不可取的。《枪支管理法》第二十三条规定:"配备、配置枪支的单位和个人必须妥善保管枪支,确保枪支安全……对交由个人使用的枪支,必须建立严格的枪支登记、交接、检查、保养等管理制度,使用完毕,及时收回。"上述规定说明枪支使用完毕及时交回是在依法配备、配置枪支期间,对枪支使用的规定,不涉及配备、配置枪支条件消除的问题。将枪支使用过程中的管理规定理解为配备、配置枪支条件的消除不符合法律、法规的精神。简而言之,若将用后及时交回作为条件消除理解的话,那么按照枪支使用管理的规定,执行任务结束后将枪支交回,即为配备、配置枪支条件消除,再接受任务时需要重新具备配备、配置枪支的条件,这种理解显然不符合法律、法规的规定。

案例:叶燕兵非法持有枪支案

案例来源:《刑事审判参考》总第 76 集[第 644 号]

主题词:非法持有枪支罪 非法持有枪支的共犯

一、基本案情

被告人叶燕兵,男,1977 年 5 月 7 日出生,工人。

四川省成都市高新技术产业开发区人民检察院以被告人叶燕兵犯非法持有枪支罪,向成都市高新技术产业开发区人民法院提起公诉。

被告人叶燕兵及其辩护人基于下述理由提请法院从轻处罚:叶燕兵对持有枪支的数量不清楚;对枪支的控制有限;本案犯罪情节轻微,且未造成严重后果;叶燕兵系初犯,且具有认罪、悔罪情节。

成都高新技术产业开发区人民法院经公开审理查明:同案被告人韩勇杰(已判刑)于 2008 年 12 月 8 日因犯非法持有枪支罪被四川省仁寿县人民法院判处有期徒刑二年,缓刑三年,其在缓刑考验期内仍然继续非法持有枪支。2009 年 9 月 4 日 22 时许,被告人叶燕兵因朋友在成都发生纠纷,邀约韩勇杰以及陈伟、胡洪刚帮忙并告诉韩勇杰要带枪,韩勇杰遂将两只防制式手枪、散发子弹放入随身携带的挎包内,上了叶燕兵驾驶的轿车。上车时叶燕兵要求韩勇杰将枪支交由自己保管,被韩勇杰拒绝。该车应叶燕兵要求改由韩勇杰驾驶,途中接上受邀帮忙的陈伟、胡洪刚后,四人一同从仁寿县前往成都市。途径成雅高速公路成都收费站时被巡警盘查,韩勇杰、叶燕兵被当场抓获,两支仿制式手枪、三发子弹被缴获。经鉴定,所缴两支手枪均属《中华人民共和国枪支管理法》所规定的枪支。

成都高新技术产业开发区人民法院认为,被告人叶燕兵违反枪支管理规定,非法持有枪支,其行为构成非法持有枪支罪,且与韩勇杰系共同犯罪。叶燕兵非法持有两支枪支,属情节严重。鉴于其认罪态度较好,有悔罪表现,且系初犯,可酌定从轻处罚。依照《中华人民共和国刑法》第一百二十八条第一款、第二十五条第一款、第七十七条第一款、第六十九条第一款之规定,判决如下:

被告人叶燕兵犯非法持有枪支罪,判处有期徒刑三年。

一审宣判后,被告人叶燕兵提出上诉。其辩护人提出,韩勇杰事先已触犯非法持有枪支罪,叶燕兵只是向韩勇杰借枪而没有实际有效控制枪支,二人并非共同犯罪,叶燕兵不构成非法持有枪支罪,请求改判叶燕兵无罪。

四川省成都市中级人民法院经审理认为,被告人叶燕兵因他人纠纷主动邀约韩勇杰携带枪支,后共同携枪乘车前往成都,其行为构成非法持有枪支罪,且系共同犯罪。叶燕兵与韩勇杰共同持有仿制式枪支两支及子弹三发,情节严重,应当依法承担相应的刑事责任。叶燕兵的上诉理由及其辩护人的辩护意见不予采纳。原判认定事实清楚、证据确实充分,适用法律正确,量刑适当。据此,裁定驳回上诉,维持原判。

二、裁判要旨

No. 2-128(1)-6 邀约非法持有枪支者携枪帮忙的,应当以非法持有枪支的共犯论处。

共同犯罪的成立要件之一是各行为人主观上具有共同故意,共同故意包括两方面的内容:一是各行为人都明知共同犯罪行为的性质、危害社会的结果,并希望或放任该结果发生;二是各行为人在主观上的意思联络,认识到自己是和他人在一起共同犯罪。非法持有枪支罪的共同犯罪,要求各行为人主观上明知所持有的枪支为管制物品,而自己缺乏持枪的合法资格,行为人之间对持有枪支具有意思联络。

本案被告人叶燕兵明知枪支属于管制物品而自己和韩勇杰都不具有合法的持枪资格,却在韩勇杰非法持有枪支期间邀约韩携枪帮忙,自韩勇杰同意携枪与叶燕兵一道前去帮助时,二人就已就非法持有枪支达成合意,形成非法持有枪支的共同犯罪故意。

"持有"是一种事实上或法律上的支配,无论持有的具体形态如何,其根本特征是行为人对物的支配,表现为行为人与物品之间的支配与被支配关系。持有需要具备两个要素,一是行为人在主观上对该物品的支配意思,二是行为人在客观上对该物品具有支配力。持有无需特定物品必须处于行为人对特定物品的物理力控制之下,即使物品与行为人的人身、住所相分离,根据事实,只要物品实际上归行为人所支配、控制即可构成持有。

在本案中,被告人叶燕兵明知被告人韩勇杰非法持有枪支,还让其携带枪支上自己的车前去帮忙,目的是利用韩勇杰的枪支,二人互相配合、协助,使叶燕兵通过韩勇杰实现了对枪支的间接控制。枪支究竟由谁具体持有的状态,并不影响共同犯罪的构成。因此在共同犯意支配下对枪支的间接控制也应认定为对枪支的非法持有。

案例:谭永艮非法持有枪支案

案例来源:《刑事审判参考》总第 99 集[第 1003 号]

主题词:非法持有枪支罪　情节加重犯的缓刑适用

一、基本案情

被告人谭永艮,男,1948 年 12 月 20 日出生。2013 年 9 月 16 日因涉嫌犯非法持有枪支罪被取保候审。

安徽省岳西县人民检察院以被告人谭永艮犯非法持有枪支罪,向岳西县人民法院提起公诉。

被告人谭永艮对公诉机关指控的犯罪事实无异议。其辩护人基于以下理由提请法庭对谭永艮减轻处罚并适用缓刑:谭永艮具有自首情节,庭审中具有认罪、悔罪表现;之前无前科劣迹,仅是由于法律意识淡薄才实施犯罪;谭永艮已 65 周岁,身患多种疾病,是生活在敬老院中的五保老人,对其适用缓刑不致再危害社会。

岳西县人民法院经公开审理查明:20 世纪 90 年代,被告人谭永艮为看护山场从同村村民王建来处借得土枪 1 支,一直保管,未办理持枪证。十余年前,谭永艮又从同村村民吴传炉处借来 1 支土枪保管至案发,也未办理持枪证。2012 年,谭永艮因年迈体弱住进当地敬老院,考虑自己长期不在家居住,2 支枪放在家中不安全,于是在 2013 年 4 月 1 日王建来到其家做客时,向王建来提出欲将两支枪存放至王建来住处,王建来表示同意。当日 20 时许,二人将枪支带至王建来住处。次日,岳西县公安局来榜派出所接群众举报称王建来私藏枪支,立即到王建来处调查,王建来及谭永艮主动交出 2 支土枪并如实供述了事实经过。经鉴定,谭永艮持有的 2 支土枪均是以火药为动力的自制火药枪,能有效发射,属于法律规定的枪支。2013年9月13日,谭永良接来榜派出所电话通知后主动投案。

岳西县人民法院认为,被告人谭永良违反枪支管理规定,非法持有以火药为动力发射枪弹的非军用枪支2支,其行为构成非法持有枪支罪,且属情节严重。谭永良借枪是为了看护山场,主观恶性不大,且未引起其他犯罪后果,在接受公安机关调查时即主动上交2支枪支,并主动投案,如实供述犯罪事实,系自首,依法可以减轻处罚。据此,依照《中华人民共和国刑法》第一百二十八条第一款、第六十七条第一款以及最高人民法院《关于审理非法制造、买卖、运输枪支、弹药、爆炸物等刑事案件具体应用法律若干问题的解释》第五条第二款第(二)项之规定,岳西县人民法院以被告人谭永良犯非法持有枪支罪,判处有期徒刑一年。

一审宣判后,被告人谭永良以原判量刑过重、应当适用缓刑为由向安庆市中级人民法院提起上诉。

安庆市中级人民法院经审理认为,上诉人谭永良违反枪支管理规定,非法持有以火药为动力发射枪弹的非军用枪支2支,其行为构成非法持有枪支罪,且属情节严重。谭永良借枪是为了看护山场,主观恶性不深,且未引起其他危害后果;在接受公安机关调查时即主动上交所有枪支,并主动投案,如实供述犯罪事实,系自首,依法可以从轻或者减轻处罚;在庭审中上诉人自愿认罪、悔罪,可以酌情从轻处罚。原判定罪准确,且对谭永良减轻处罚并无不当。二审期间,上诉人谭永良对其犯罪事实供认不讳,并表示自己年事已高,不会再危害社会;其所居住的敬老院及当地乡民政办均表示愿意对其进行监管和帮教,当地司法局建议对谭永良进行社区矫正。综合谭永良的具体犯罪事实、性质、情节和对社会的危害程度以及其悔罪态度,可以对其适用缓刑,相关上诉理由成立。据此,依照《中华人民共和国刑法》第一百二十八条第一款、第六十七条第一款、第七十二条、第七十三条,最高人民法院《关于审理非法制造、买卖、运输枪支、弹药、爆炸物等刑事案件具体应用法律若干问题的解释》第五条第二款第(二)项以及《中华人民共和国刑事诉讼法》第二百二十五条第一款第(二)项之规定,安庆市中级人民法院判决如下:

1. 撤销安徽省岳西县人民法院(2014)岳刑初字第00011号刑事判决。
2. 上诉人谭永良犯非法持有枪支罪,判处有期徒刑一年,缓刑一年。

二、裁判要旨

No.2-128(1)-7 情节加重犯与缓刑适用条件中的“犯罪情节较轻”并不冲突,可以根据案情适用缓刑。

认定缓刑适用条件中的“犯罪情节较轻”与作为情节加重犯的“情节严重”,在评价目的、参照标准和评价内容等方面有所不同。情节加重犯中的“情节严重”是与该罪的基本构成相比较而言的,即以某个犯罪的基本构成特征作为参照,来认定某个犯罪行为在具备该罪基本构成特征的基础上,是否还具有更加严重的情节,从而决定对被告人是否适用加重法定刑,本质上属于量刑层面的问题,一般情况下,与刑罚的执行方式(即应判处实刑还是缓刑)关联不大。作为缓刑适用条件的“犯罪情节较轻”,是一种能够综合反映犯罪分子所犯罪行的社会危害程度和主观恶性大小,并影响到刑罚执行方式的条件,是在确定行为人已构成犯罪并应判处刑罚和确定具体刑种、刑度基础上,对刑罚执行方式的评价,因此,有别于刑法分则规定的加重量刑情节。评价犯罪分子是否符合缓刑适用条件的“犯罪情节较轻”,要综合评价犯罪分子的主观和客观方面,既要考虑刑法分则或者司法解释规定的量刑情节,又要在评价犯罪行为本身情节轻重的基础上,考察个案中是否还存在支撑对其选择较为轻缓的刑罚执行方式的特殊事实依据和理由。对量刑情节的判断,要严格限定在法律和个案事实的框架内,而是否选择缓刑的刑罚执行方式,还要考虑一般公众的认知和刑事政策。认定缓刑适用条件的“犯罪情节较轻”所考虑的因素通常比认定情节加重犯所考虑的因素更为广泛,不能认为情节加重犯就必然是一种具有严重社会危害性的犯罪行为,就必然不符合缓刑适用条件。特别是在非法持有枪支犯罪中,认定非法持有枪支犯罪是否“情节严重”,对照司法解释的列举式规定,标准十分清晰,对于应当判处实刑的案件来说,如何量刑不存在争议。但如果要判断对行为人应当判处实刑还是缓刑,只考虑司法解释列举的枪支性能和数量这些客观情节,显然会失之片面。虽然通常来说,具备加重情节的非法持有枪支犯罪,相对于只符合基本构成要件的犯罪,对公共安全的潜在危害更加严重,在是否适用缓刑时要更加慎重把握,但不排除在一些特殊个案中,存在其他可以被考虑为"犯罪情节较轻"的因素。

本案中,被告人谭永艮非法持有以火药为动力发射枪弹的非军用枪支 2 支,依照《关于审理非法制造、买卖、运输枪支、弹药、爆炸物等刑事案件具体应用法律若干问题的解释》的规定,无疑属于非法持有枪支"情节严重"。谭永艮又具有如下法定、酌定从宽处罚情节:(1)谭永艮在公安机关调查时主动上交枪支,后经公安机关通知主动到案,如实供述罪行,构成自首,依法可从轻、减轻处罚。(2)谭永艮是为了看护山场而先后从同村村民处借来 2 支土枪,保管时间已分别持续二十多年和十多年,枪支来源清楚、用途也很明确,其担心自己去敬老院生活后枪支放在家中不安全,将其转交给村民王建来保管,且其中一支"土枪"本来也属于王建来所有,由此反映出该枪支不会流入社会,客观危害相对较小。(3)从犯罪主体来看,谭永艮非法持有土枪主要是因为法制意识淡漠,且审判时年事已高,身患多种疾病,长年生活在敬老院中,没有再犯罪的危险,宣告缓刑对所居住社区没有重大不良影响。因此,二审法院依法改判并宣告缓刑是正确的。

案例:包云、刘阳明非法持有枪支案

案例来源:《人民法院案例选》2016 年第 12 辑

主题词:非法持有枪支罪　罪数

一、基本案情

被告人包云因热衷玩仿真枪,遂通过网络论坛交友的方式于 2013 年 2 月购得仿真枪 16 支,用于平时玩真人户外 CS 游戏。包云将所有枪支藏匿于被告人刘阳明租用的宜昌市伍家岗区合益村 5 组的仓库内,由刘阳明保管、支配,并将其中 1 支仿真枪送给刘阳明所有。2014 年 3 月 26 日,刘阳明邀约包云等"宜昌户外联盟自驾群"成员于次日上午 9 时在宜昌市伍家岗区桔城路加油站集合,到猇亭参加真人 CS 游戏户外活动。3 月 27 日上午 8 时许,包云驾驶丰田锐志轿车到宜昌市伍家岗区合益村 5 组刘阳明租用的仓库处,与刘阳明一起将 16 支仿真枪搬到包云驾驶的轿车后备箱处。上午 11 时许,包云驾车行至楚天高速猇亭收费站时被民警拦截,并从车内查获 16 支仿真枪。经鉴定,查获 16 支仿真枪是以压缩气体为动力发射弹丸,枪口比动能均大于 1. 8j/cm^2,应认定为枪支。

湖北省宜昌市西陵区人民法院于 2014 年 12 月 8 日作出(2014)鄂西陵刑初字第 00204 号刑事判决:

1. 被告人包云犯非法持有枪支罪,判处有期徒刑三年六个月,与前罪犯非法持有枪支罪,判处有期徒刑六个月并罚,决定执行有期徒刑三年九个月。

2. 被告人刘阳明犯非法持有枪支罪,判处有期徒刑三年六个月。

宣判后,包云提出上诉。

经二审审理,宜昌市中级人民法院于 2015 年 3 月 6 日作出(2015)鄂宜昌中刑终字第 0058 号刑事判决:

1. 撤销宜昌市西陵区人民法院(2014)鄂西陵刑初字第 00204 号刑事判决。

2. 上诉人(原审被告人)包云犯非法持有枪支罪,判处有期徒刑三年,与前罪犯非法持有枪支罪,判处有期徒刑六个月并罚,决定执行有期徒刑三年。

3. 原审被告人刘阳明犯非法持有枪支罪,判处有期徒刑二年。

二、裁判要旨

No. 2-128(1)-8　本应按照连续犯作一罪处理的数个犯罪行为,由于侦查、起诉、审判阶段的割裂,导致数个行为被分别立案起诉,且某些行为已经审理并执行完毕,而某些行为刚进入审理阶段时,对这些犯罪行为实行数罪并罚,但在量刑中应进行合理调整。

被告人包云两次非法持有枪支的行为具有同一的犯罪故意、实施了数个相同的独立犯罪行为,且该数个行为具有时间上的连续性、触犯了同一罪名,故应该属于连续犯作一罪处理。持有枪支的数量仅对犯罪情节有影响,直接影响量刑幅度。但考虑到本案的实际情况,由于侦查、起诉、审判阶段的割裂,导致数个犯罪行为被分别立案起诉,且后罪进入审理阶段时,前罪所涉案件已经结案生效,并实际执行完毕,审判实践中已经不具备将前后两罪合并审理并作一罪处理的条件,故二审法院在考虑量刑适应性问题后仅对刑期进行调整,而没有对事实认定法律适用进行改判。

18 交通肇事罪(《刑法》第一百三十三条)

案例:陈全安交通肇事罪

案例来源:《人民法院案例选》2008 年第 3 辑

主题词:交通肇事　主要责任　因果关系

一、基本案情

上诉人(原审被告人)陈全安。

广东省佛山市南海区人民法院经审理查明:2005 年 6 月 27 日 23 时许,被告人陈全安驾驶悬挂鄂 A/17734 号牌(假号牌)的大货车从佛山市南海区丹灶镇往西樵镇方向行驶,至樵丹路北西科技园路口时靠边停车等人。期间张伯海驾驶粤 Y/B9357 号小型客车(车上搭载关志明)同向行驶,追尾碰撞陈全安驾驶的大货车尾部,导致粤 Y/B9357 号车损坏、关志明受伤和张伯海当场死亡。事故发生后,陈全安驾车逃逸。2005 年 7 月 29 日,陈全安及其肇事货车被公安机关缉获。经交警部门认定,被告人陈全安发生交通事故后逃逸,负事故的主要责任;张伯海酒后驾驶机动车,负事故的次要责任。

佛山市南海区人民法院认为,被告人陈全安驾车发生交通事故,造成一人死亡,肇事后逃逸,违反了《中华人民共和国道路交通安全法》第七十条第一款的规定,根据《中华人民共和国道路交通安全法实施条例》第九十二条第一款的规定,负事故的主要责任,其行为已构成交通肇事罪。以交通肇事罪判处被告人陈全安有期徒刑一年六个月。

被告人陈全安不服,以其事后逃逸行为与交通事故的发生不存在法律上的因果关系,其行为不构成交通肇事罪为由,提起上诉。

佛山市中级人民法院经审理认为,交通事故发生在前,陈全安的逃逸行为发生在后,其逃逸行为并非引发本次交通事故的原因。至于陈全安有无其他与本次事故发生有因果关系的违反交通运输管理法规的行为,如陈全安是否在禁止停车路段停车、其停车是否阻碍其他车辆的正常通行?陈全安的其他违反交通运输管理法规的行为应否对事故负全部或者主要责任?一审没有查明,在事实不能查明的情况下,应按照“疑罪从无”的原则处理。如果陈全安有在禁止停车的路段停放车辆从而妨碍其他车辆正常通行的违规行为,结合本案事实,陈全安也只应负同等责任以下的事故责任。而公诉机关仅指控陈全安有逃逸的违规行为。因此,本案现有证据尚不足以认定陈全安的行为构成交通肇事罪。原判认定的事实不清,证据不足,适用法律错误。依照《中华人民共和国刑事诉讼法》第一百八十九条第(三)项之规定,裁定:

1. 撤销佛山市南海区人民法院(2005)南刑初字第 1964 号刑事判决;
2. 发回佛山市南海区人民法院重新审判。

二、裁判要旨

No. 2-133-1　违章行为与重大事故之间没有因果关系的,不构成交通肇事罪。

根据最高人民法院《关于审理交通肇事刑事案件具体应用法律若干问题的解释》第二条第一款第(一)项的规定,交通肇事致死亡 1 人或者重伤 3 人以上,负事故全部或者主要责任的,处 3 年以下有期徒刑或者拘役。本案发生了造成一人死亡、一人受伤、车辆一定程度的损坏的重大交通事故,交警部门认定被告人陈全安负事故主要责任。从表面看,陈全安的行为,符合最高法院司法解释的规定,似乎可认定其行为构成交通肇事罪。但按照犯罪构成理论来分析,则得不出这样的结论。

《刑法》第一百三十三条规定:“违反交通运输管理法规,因而发生重大事故,致人重伤、死亡或者使公私财产遭受重大损失的,”构成交通肇事罪。运用犯罪构成理论分析,交通肇事罪的客观要件为:(1)行为人违反交通运输管理法规的行为;(2)发生了致人重伤、死亡或者使公私财产遭受重大损失的事故;(3)行为人违反交通运输管理法规的行为与所发生的重大事故之间有因果关系。本案被告人陈全安有发生交通事故后逃逸的违反交通运输管理法规的行为,交警部门亦据此认定陈全安负事故主要责任。但交通事故发生在前,陈全安的逃逸行为发生在后,本案事故发生的主要原因是被害人张伯海酒后驾驶、没有与前车保持足以采取紧急制动措施的安全距离等。陈全安的逃逸行为并非引发本案交通事故的原因。因此陈全安的行为不具备交通肇事罪的犯罪构成,不构成交通肇事罪。

案例:钱竹平交通肇事案

案例来源:《刑事审判参考》总第 44 集[第 342 号]

主题词:交通肇事后逃逸　逃避法律追究

一、基本案情

被告人钱竹平,男,1979 年 2 月 11 日出生,汉族,驾驶员。因涉嫌犯交通肇事罪于 2002 年 8 月 7 日被逮捕。

江苏省溧阳市人民法院经审理查明:2002 年 7 月 24 日凌晨 6 时许,被告人钱竹平持证驾驶苏 DL3308 中型自卸货车,沿 241 线由溧阳市平桥镇梅岭石矿往溧阳水泥厂运石头,当车行至 241 线 127KM+310M 处,因遇情况采取措施不当而撞到前方公路上的一名行人(身份不明),致该人受伤。被告人钱竹平下车察看并将被害人扶至路边,经与其交谈后,被告人钱竹平认为被害人没有大的伤害,故驾车离开现场。后被告人钱竹平再次路过此处,看到被害人仍然坐在路边。当天下午,被害人因腹膜后出血引起失血性休克死亡(经了解,被害人若及时抢救可避免死亡)。经交警部门认定,被告人钱竹平负该起事故的全部责任。

溧阳市人民法院认为:被告人钱竹平身为从事交通运输的人员,因违反交通运输法规,发生交通事故,因逃逸致一人死亡,且负事故的全部责任,其行为已构成交通肇事罪。关于被告人钱竹平提出的“当时被害人身体并无异常、其没有逃逸”的辩解意见及辩护人提出的“被告人钱竹平主观上不具有逃逸故意、不构成逃逸致人死亡”的辩护意见,法院认为被告人钱竹平发生交通事故后,应当保护现场,积极抢救伤者,但被告人钱竹平并未履行上述义务,反而驾车逃离现场,导致伤者因未得到及时救治而死亡,符合刑法规定的“因逃逸致人死亡”的情形,故未采纳被告人及其辩护人的意见。依照《中华人民共和国刑法》第一百三十三条和最高人民法院《关于审理交通肇事刑事案件具体应用法律若干问题的解释》第五条第一款的规定,于 2002 年 11 月 12 日作出一审判决:被告人钱竹平犯交通肇事罪,判处有期徒刑八年。

一审宣判后,被告人钱竹平以“其主观上没有逃逸的故意、一审认定受害人死亡系交通肇事所致证据不足”为由提出上诉。

江苏省常州市中级人民法院经审理认为:被告人钱竹平的行为已经构成交通肇事罪。上诉人及其辩护人提出“没有逃逸故意”的意见,经查,上诉人钱竹平在发生交通事故后,仅看到被害人背部有皮肤擦伤,看不出有其他受伤,且伤者当时能够讲话、在他人搀扶下能够行走,上诉人认为被害人不需要抢救治疗及保护现场而驾车离开。上诉人钱竹平交通肇事后驾车离开现场的行为,虽然没有履行法定义务,但其主观上没有为逃避法律追究而逃跑的故意,上诉人的行为不属于交通肇事后逃逸。原审判决定性正确,但适用法律不当。依照《中华人民共和国刑事诉讼法》第一百八十九条第(二)项、《中华人民共和国刑法》第一百三十三条的规定,作出判决:

1. 维持溧阳市人民法院(2002)溧刑初字第 240 号刑事判决对上诉人钱竹平的定罪部分;撤销溧阳市人民法院(2002)溧刑初字第 240 号刑事判决对上诉人钱竹平的量刑部分;

2. 上诉人钱竹平犯交通肇事罪,判处有期徒刑二年六个月。

二、裁判要旨

No. 2-133-2　交通肇事后,主观上基于逃避法律追究的目的而逃跑的,应当认定为肇事后逃逸。

逃逸是指行为人主观上基于逃避法律追究的目的而逃跑。交通肇事后的逃逸行为绝不是单纯客观的离开肇事现场行为,它之所以成为法定加重事由,其根本理由在于逃逸行为会造成法律规定的行为人在肇事后应当承担的对伤者和财产的抢救义务未能及时有效地履行及事故责任认定的困难,使肇事责任的归结无法落实。

在本案中,被告人钱竹平交通肇事后因过于自信导致对后果认识错误,离开事故现场,致被害人未能得到及时救助而死亡;但其主观上没有逃避法律追究的故意,其行为不属于交通肇事后逃逸行为。

No. 2-133-3　交通肇事逃逸中的逃避法律追究,是指逃避抢救义务和逃避责任追究。

从行为人的动机考察,逃避抢救义务和其后逃避责任追究是逃逸者的两个根本动机。所谓逃避抢救义务的动机,是指不予保护现场、进行救护、迅速报案等;所谓逃避责任追究的动机,是指意图从根本上希望自己的肇事行为不被发现,从而逃脱责任追究,而不包括在肇事者和肇事行为清楚的前提下试图混淆责任认定、避免责任追究的情形。在一般情况下,逃逸者同时具有逃避抢救和肇事责任归结的动机。但特殊情况下,可能存在并不逃避抢救义务但尽可能逃避肇事责任归结这种单一动机的情况。如行为人驾车将被害人撞成重伤后将被害人送至医院落,后乘机逃走。在这种情况下,仍应认定为交通肇事后逃逸。

案例:孙贤玉交通肇事案

案例来源:《刑事审判参考》总第53集[第415号]

主题词:交通肇事后逃逸　立即投案

一、基本案情

被告人孙贤玉,男,1972年1月17日出生,汉族,小学文化,系个体运输户。因涉嫌犯交通肇事罪,于2006年6月24日被逮捕。

上海市青浦区人民法院经审理查明:被告人孙贤玉于2006年5月20日16时15分许,驾驶牌号为苏F-AC193重型货车,沿上海市嘉松中路由南向北行驶至青浦区华新镇朱长村附近华卫路路口处时,因违反交通信号灯规定行驶,与由西向东横穿嘉松中路的骑自行车行驶的被害人张某某(该自行车后载被害人徐某某)相撞,造成被害人徐某某当场死亡、张某某受重伤的重大交通事故。经公安机关事故责任认定,被告人孙贤玉驾驶制动性能不符合要求,亦未定期进行安全技术检验的机动车,违反交通信号灯规定行驶,且遇情况采取措施不当导致事故发生,是本起交通事故的全部过错方,负事故的全部责任。被告人孙贤玉肇事后,曾拨打电话报警,并将被害人张某某扶至路边,后弃车离开现场。次日下午,被告人孙贤玉向公安机关投案自首。

上海市青浦区人民法院认为,被告人孙贤玉在从事交通运输过程中,因违反道路交通运输管理规定而造成一人死亡、一人重伤的重大交通事故,且负事故的全部责任,其行为已构成交通肇事罪。被告人孙贤玉在肇事后虽有立即停车、保护现场、报警的行为,但随后即弃车逃离现场,且没有及时向有关部门进行报告,应当认定其有交通肇事后逃逸的行为。鉴于孙贤玉系自首,依法可予减轻处罚。依照《中华人民共和国刑法》第一百三十三条、第六十七条第一款的规定,于2006年9月18日判决如下:

被告人孙贤玉犯交通肇事罪,判处有期徒刑二年。

一审宣判后,被告人孙贤玉不服,向上海市第二中级人民法院提出上诉。

孙贤玉上诉提出,其向公安机关报警后因害怕遭被害人一方殴打而离开事故现场的行为不属"逃逸"行为,原判量刑过重。

上海市第二中级人民法院经审理认为,原判认定的事实清楚,证据确实、充分,定罪准确,量刑适当,审判程序合法。上诉人孙贤玉关于其离开肇事现场原因的辩解无相关证据予以佐证,原审法院认定其具有逃逸情节并无不当,故其上诉理由不能成立。依照《中华人民共和国刑事诉讼法》第一百八十九条第(一)项的规定,于2006年11月7日裁定驳回上诉,维持原判。

二、裁判要旨

No.2-133-4 交通肇事逃离现场后,立即投案的,不以肇事后逃逸论处。

在交通肇事案件中,由于司法解释明确规定了“逃逸”是指“为逃避法律追究而逃跑的行为”,因而,肇事人离开肇事现场后是否“立即投案”,能够反映出肇事人是否具有“接受法律追究”的主观故意,如果肇事人“立即投案”,说明肇事人离开现场与“主动投案”两个行为之间具有密切的不可分割的连续性,反映出肇事人在主观上具有“接受法律追究”的意向,客观上也已经开始实施“接受法律追究”的行为,不应认定其“逃逸”;如果肇事人“逃离现场”后没有立即投案,而是经过一段时间后“事后投案”,则说明肇事人的“逃离”与“投案”分属两个独立的行为,这种“事后投案”不能成为否定其肇事后“逃逸”的理由,应认定为“逃逸”。至于是“立即投案”还是“事后投案”,应当根据投案路途远近、投案时间间隔长短等案件当时的客观情况,结合日常生活经验来认定。

本案交通事故发生在通信发达、交通便捷的上海市,孙贤玉于下午四点多离开现场后,有充裕的时间投案,且投案路途也很近,可他没有立即投案,而是整整过了一天,才在亲属的劝说陪同下于第二天下午到公安机关投案自首,说明其当时离开现场的目的不是其所称为了躲避被害人一方的殴打,而是为了逃避法律追究。因此,孙贤玉投案自首时,其“交通肇事后逃逸”的事实已经成立,不能因后来的自首而否认他当时的逃逸事实。

案例:梁应金等交通肇事案

案例来源:《刑事审判参考》总第13辑[第84号]

主题词:营运安全责任 交通肇事罪

一、基本案情

被告人梁应金,男,1944年10月20日出生,原系四川省合江县榕山建筑公司经理,“榕建”号船舶所有人的法定代表人。因涉嫌犯交通肇事罪,于2000年7月11日被逮捕。

被告人周守金,男,1947年2月16日出生,原系“榕建”号客船四等二副。因涉嫌犯交通肇事罪,于2000年6月26日被逮捕。

被告人梁如兵,男,1974年12月15日出生,原系“榕建”号客船五等驾驶。因涉嫌犯交通肇事罪,于2000年6月26日被逮捕。

被告人石萍,女,1975年7月15日出生,原系“榕建”号客船五等司机。因涉嫌犯交通肇事罪,于2000年6月26日被逮捕。

四川省合江县人民法院经审理查明:被告人梁应金以榕山建筑公司名义经批准建造短途客船“榕建”号。该船于1996年7月经合江县港航监督所船舶所有权登记,合江县榕山建筑公司为船舶所有人,法定代表人为梁应金。1997年7月11日,经船舶检验,核定该船乘客散席101人,每年5月1日至9月30日洪水期准载70人;除大客舱允许载客外,其余部位严禁载客;应配备船员6人。梁应金聘请只有四等二副资格的周守金驾驶,安排其子梁如兵、儿媳石萍及周良全任船员。“榕建”号在1996年7月16日试航时,就因未办航运证和严重超载等违章行为被港监部门责令停止试航,但梁应金不听制止,仍坚持试航,事后受到港监部门通报处理。在“榕建”号营运期间,梁应金为多载客,决定将驾驶室升高80厘米,顶棚甲板上重新焊接栏杆。该船改装后没有向船舶检验机构申请附加检验。梁应金长期不重视营运安全,对该船超载问题过问很少,使该船长期超载运输,埋下了事故隐患。

2000年6月22日晨5时40分左右,被告人周守金、梁如兵驾驶“榕建”号客船从合江县榕山镇境内的长江河段徐家沱码头出发,上行驶往榕山镇,由本应负责轮机工作的石萍负责售票。该船在下浩口码头接乘客后,船舱、顶棚甲板及驾驶室周围都站了人,堆满了菜篮等物,载客218

名,已属严重超载。客船行至流水岩处时河面起大雾,能见度不良,周守金仍冒雾继续航行。船至银窝子时,河雾越来越大,已经不能看到长江河岸。周守金迷失了方向,急忙叫被告人梁如兵到驾驶室操舵,自己则离开驾驶室到船头观察水势,因指挥操作不当,被告人梁如兵错开"鸳鸯"车(双螺旋桨左进右退),致使客船随即倾翻于江中,船上人员全部落水,造成130人溺水死亡,公私财物遭受重大损失。

四川省合江县人民法院认为:被告人梁应金身为"榕建"号客船所有人,即椿山建筑公司的法定代表人,对客船有管理职责。但梁应金不吸取违章试航被处罚的教训,又决定对该船驾驶室等进行改造,未经船舶检验机构检验就投入营运,违反了《中华人民共和国船舶检验规则》,并为该船顶棚甲板非法载客创造了条件;被告人梁应金不为客船配足船员,所聘驾驶员只具有四等二副资格(应具备四等大副资格),使之长期违章作业;被告人梁应金不履行安全管理职责,使该船长期超载运输,均违反了《中华人民共和国内河交通安全管理条例》第十条和第十六条的规定。被告人梁应金违反交通运输管理法规的行为与造成"榕建"号客船翻沉的严重后果有直接的因果关系。被告人周守金不具备四等大副资格而受聘驾驶"榕建"号客船,在"6·22"翻船事故中,冒雾超载航行,迷失方向后指挥操作失误,是造成翻船的主要原因。被告人梁如兵盲目追求经济利益,使该船严重超载,操舵时错误使用左进右退"鸳鸯"车,造成客船急速右旋翻沉。被告人石萍不履行轮机职责而售票,未限制上船人数,造成严重超载。上述被告人的行为均违反了《中华人民共和国内河交通安全管理条例》等交通运输管理法规。被告人梁应金、周守金、梁如兵、石萍违反交通运输管理法规,造成水上交通事故,致130人死亡,后果严重,情节特别恶劣,已构成交通肇事罪,应予依法从重处罚。依照《中华人民共和国刑法》第一百三十三条之规定,于2000年10月7日判决如下:

1. 被告人梁应金犯交通肇事罪,判处有期徒刑七年;
2. 被告人周守金犯交通肇事罪,判处有期徒刑七年;
3. 被告人梁如兵犯交通肇事罪,判处有期徒刑七年;
4. 被告人石萍犯交通肇事罪,判处有期徒刑五年。

一审宣判后,各被告人均未上诉,检察机关亦未抗诉,判决已发生法律效力。

二、裁判要旨

No.2-133-5 对交通工具的营运安全负有管理职责的人员,指使或强令交通工具的直接经营人违章驾驶,造成重大交通事故的,以交通肇事罪论处。

船舶所有人属于对船舶的营运安全负有管理职责的人员。根据《中华人民共和国内河交通安全管理条例》第十条的规定,船舶的"所有人或者经营人必须对其所有或者经营的船舶、排筏、设施的安全负责,并且应当做到下列各项:一、加强对船舶、排筏、设施的安全技术管理,使之处于适航状态或者保持良好技术状况;二、配备的船员、排工或者人员必须符合国家有关规定,不得任用无合格职务证书或者合格证件的人员担任船长、轮机长、驾驶员、轮机员、报务员、话务员、驾长、渡头和排头工;三、加强对船员、排工和其他人员的技术培训和安全教育,不得强令所属人员违章操作;四、根据船舶的技本性能、船员条件、限定航区和水文气象条件;合理调度船舶;五、接受主管机关的监督检查和管理"。无论船舶的所有人是否亲自、直接经营交通运输业,都应当对船舶的营运安全负责。船舶的所有人不履行或者不正确履行自己的职责,指使或者强令船舱的经营人违章驾驶;造成重大交通事故的,应当以交通肇事罪定罪处罚。

案例:赵双江故意杀人、赵文齐交通肇事案

案例来源:《刑事审判参考》总第108集[第1169号]

主题词:交通肇事罪 肇事后逃逸 故意杀人罪

一、基本案情

2013年10月29日,被告人赵文齐驾驶被告人赵双江所购二手摩托车(并搭载赵双江)行驶,途中撞倒行人徐占齐,摩托车倒地,赵文齐亦当场昏迷。赵双江拨打120急救电话后,将徐占齐拽入路边沟中,后驾驶该摩托车载着赵文齐逃离现场。后抢救人员到达现场,因没发现被害人而拨打赵双江报警时所用手机号码,赵双江明知可能是医生所打电话却不接听。经鉴定,徐占齐因交通事故所致颅脑损伤死亡。案发后,被告人赵双江亲属、赵文齐亲属分别与被害人亲属达成调解协议,被害人亲属对二被告人的犯罪行为予以谅解。

二、裁判要旨

No.2-133-6 "交通运输肇事后逃逸",应当定位于"为逃避法律追究而逃跑",且"逃跑"并不限于"当即从现场逃跑"。

根据《刑法》第一百三十三条以及《最高人民法院关于审理交通肇事刑事案件具体应用法律若干问题的解释》(以下简称《交通肇事解释》)第三条的规定,构成交通肇事后逃逸的条件包括以下几方面:一是有交通肇事行为的发生,且符合《交通肇事解释》第二条第一款规定和第二款第一至五项规定的情形之一。二是为逃避法律追究而逃逸。这里的法律追究包括刑事追究、民事追究和行政追究。实践中,有肇事人逃跑的原因是怕受害方或者其他围观群众因激愤而对其进行报复、殴打等。在逃离现场后,通常能够通过报告单位领导或者报警等方式,自愿接受法律处理。因此,不能推定所有逃离现场的行为都是为逃避法律追究。对逃跑行为作出上述必要的限制,是为了保证准确适用法律,不枉不纵。三是《交通肇事解释》规定的"逃跑",并没有固定时间和场所的限定。有的肇事人并未在肇事后立即逃离现场,而是在将伤者送到医院后或者在等待交通管理部门处理的时候逃跑。如果仅将逃逸界定为当即逃离现场,那么性质同样恶劣的逃避法律追究的行为就得不到相应的追责,可能会影响对这类犯罪行为的惩处。因此,只要是在肇事后为逃避法律追究而逃跑的行为,都应视为"交通肇事后逃逸"。

就本案而言,被告人赵文齐无证驾驶摩托车并载人,发生交通事故,致行人徐占齐被撞倒而造成颅脑损伤死亡,应负事故的全部责任,其行为构成交通肇事罪。赵文齐在医院醒来才知道撞了人。其离开现场不具有主动性,而是被动的。但在醒来后也应当在知情后立即报警,但其醒来后有条件报警却未选择报警,而是选择继续在医院接受治疗,其治疗所在的医院系同案被告人赵双江供述后公安机关才掌握。因此,应当认定赵文齐在肇事后实施了"为逃避法律追究而逃逸"的行为。

按照《交通肇事解释》第五条第一款的规定,"因逃逸致人死亡",是指行为人在交通肇事后为逃避法律追究而逃逸,致使被害人因得不到救助而死亡的情形。本案中,被害人徐占齐即使得到及时救治,被救活的可能性也很小,其死亡原因主要是交通肇事所致。特别是赵文齐逃逸行为在前期不具有主动性,而是被赵双江搭载离开现场。其在医院醒来后,即使报了警,也已经无法救活被害人。赵文齐的逃逸行为与被害人的死亡结果之间没有因果关系,因而对赵文齐不能认定"因逃逸致人死亡",而只能就低认定为"交通运输肇事后逃逸"。也就是说,认定赵文齐构成"交通肇事逃逸"是因为其在醒来后有条件报警而不报警,但其醒来后的报警对已经死亡的被害人徐占齐而言没有"救助"的意义,不属于"因逃逸致人死亡"的情形。

No.2-133-7 车辆所有人在交通肇事后将被害人隐藏致使被害人无法得到救助而死亡的,应当以故意杀人罪论处。

首先,赵双江的行为应当认定为交通肇事罪的共犯。《交通肇事解释》第五条对单位主管人员、机动车辆所有人、承包人或者乘车人(以下简称"主管人员等")设置了一项特别义务,即不得指使肇事人逃逸,否则,致使被害人因得不到救助而死亡的,以交通肇事论。这里,对主管人员等构成交通肇事罪规定了两个前因条件:(1)指使肇事人逃逸。本案中,赵双江实施了主动搭载赵文齐逃离现场的行为。举轻以明重,既然指使逃逸的行为都可认定为共犯,那么,比指使逃逸性质更严重的搭载肇事人逃逸的行为,更应以交通肇事的共犯论处。(2)致使被害人因得不到救助而死亡。如前所述,虽然本案中,被害人死亡的原因主要是交通事故,被害人即使得到救助也可能死亡,但是被害人得不到救助是肯定存在的,而且,即使徐占齐因得到救助而没有死亡的概率极低,也不等于绝对没有。赵双江在明知徐占齐还有呼吸的情况下,将徐占齐拽入沟中从而使其完全失去了被抢救的可能。因此,对赵双江而言,可以认定为“致使被害人因得不到救助而死亡”。

其次,对赵双江可以适用《交通肇事解释》第六条的规定,以“交通肇事”转化为“故意杀人”论,主要原因是在构成交通肇事罪的共犯后,必然随之附随义务,主要是抢救的义务。《交通肇事解释》第六条也是针对这一附随义务而作出禁止性规定的,即行为人不得将被害人带离事故现场隐藏或者遗弃,否则,就要转化为故意杀人罪或者故意伤害罪(转化为何罪以结果论)。但赵双江将徐占齐拽入沟中,致救护人员到事故现场后找不到被害人。更为恶劣的是,在救护人员因找不到被害人而打赵双江电话时,赵双江明知可能是救护人员的电话,却不接听。

综上,赵文齐的行为构成交通肇事逃逸,并考虑到其逃离肇事现场是被赵双江搭载离开,具有一定的被动性,其逃逸行为与被害人徐占齐的死亡结果之间没有必然因果关系,因而不认定其具有“逃逸致人死亡”情节;赵双江的行为构成交通肇事共犯,并且因为其实施了将被害人拽入路边沟中,致被害人得不到救助,因而依法转化为故意杀人罪。在量刑上,考虑到被害人的死亡原因主要不是两被告人的逃逸行为所致,而是交通事故所致,且被害人亲属分别与赵双江亲属、赵文齐亲属达成调解协议,被害人亲属对二被告人的犯罪行为予以谅解;赵双江在交通肇事后曾打过120急救电话,客观上有利于案件的侦破,因而均予以从轻处罚,是适当的。

案例:冯广山交通肇事逃逸案

案例来源:《人民法院案例选》2006年第4辑(总第58辑)

主题词:交通肇事后逃逸 交通肇事罪

一、基本案情

被告人冯广山,男,驾驶员。因本案于2005年4月15日被刑事拘留,5月20日被宣布逮捕。

安徽省阜阳市颍东区人民法院经审理查明:2005年2月20日19时许,被告人冯广山驾驶皖KB0516号富康牌轿车,沿颍东区幸福路由东向西行驶至铁四局立交桥路口时,将由北向南骑自行车的訾秀兰撞伤。被告人驾车逃逸至幸福路青峰机械厂门口西侧,又与正常行驶的兰小鹏驾驶的皖KB7551号面包车相撞,继而撞倒路旁行人林嵩,并将路北停放的王宗保的一辆机动三轮车撞坏,闯入路边简易房中,被告人冯广山弃车逃逸。林嵩经抢救无效于当晚21时死亡。2005年4月11日,冯广山被上海市公安局洋桥检查站抓获。经阜阳市公安局交通警察支队第四大队〔2005〕206号交通事故认定书认定:冯广山承担事故的全部责任;訾秀兰、林嵩、兰小鹏、王宗保无责任。

阜阳市颍东区人民法院认为,被告人冯广山违反交通运输管理法规,发生一死一伤、两车受损的重大交通事故,负此事故的全部责任,且肇事后逃逸,其行为已构成交通肇事罪。公诉机关指控的犯罪罪名成立。对于公诉机关指控被告人因逃逸致一人死亡,经查:事故发生后,路旁行人及巡警及时拨打了120,将被害人訾秀兰、林嵩送往医院救治,后林嵩因伤势过重抢救无效死亡。因此,被害人林嵩的死亡系被告人冯广山驾车肇事所致,而非逃逸延误其治疗所致。被告人虽然存在逃逸的情节,但不符合逃逸致人死亡的特征,故公诉机关的该节指控不予支持。对辩护人的该项辩护意见予以采纳。考虑到被告人连续肇事的情节,依照《中华人民共和国刑法》第一百三十三条的规定,判决如下:

被告人冯广山犯交通肇事罪,判处有期徒刑六年。

一审宣判后,被告人冯广山服判不上诉,检察院未提出抗诉,一审判决生效。

二、裁判要旨

No.2-133-8 交通肇事案件的被害人伤情严重,即便及时送往医院也不能避免死亡,或者交通肇事行为发生时被害人已经死亡,即使肇事者逃逸,仍属于交通肇事后逃逸,不能认定为交通肇事后因逃逸致人死亡。

《刑法》第一百三十三条规定:“违反交通运输管理法规,因而发生重大事故,致人重伤、死亡或者使公私财产遭受重大损失的,处三年以下有期徒刑或者拘役;肇事后逃逸或者有其他特别恶劣情节的,处三年以上七年以下有期徒刑;因逃逸致人死亡的,处七年以上有期徒刑。”交通肇事的行为人在肇事后负有保护现场、抢救伤者、积极报案接受交警部门处理的义务,但现实中一些肇事者为了逃避法律责任而选择逃逸,致使现场被破坏,伤者得不到及时的救治甚至因此而死亡,故刑法将“肇事后逃逸”以及“因逃逸致人死亡”作为交通的肇事基本犯的加重情节,在立法上规定了较重的法定刑。

最高人民法院《关于审理交通肇事刑事案件具体应用法律若干问题的解释》第五条进一步规定:“因逃逸致人死亡是指行为人在交通肇事后为逃避法律追究而逃跑,致使被害人因得不到救助而死亡的情形”。这一规定明确了“因逃逸致人死亡”的主、客观条件,即被告人逃逸的目的是逃避法律追究,同时客观上造成“被害人因得不到救助而死亡”的结果。因此,认定“因逃逸致人死亡”应从以下几个步骤入手:(1)行为人构成交通肇事罪的基本犯;(2)肇事者出于逃避法律追究的目的逃逸;(3)肇事者的逃逸行为与被害人的死亡结果之间具有刑法意义上的因果关系。即被害人如果得到及时的救治,本来可以避免死亡的后果,但由于肇事者逃逸,被害人得不到及时的救助,导致死亡结果的发生。这是区分“因逃逸致人死亡”成立与否的关键。因此,要着重考察救助行为能否阻止死亡结果的发生。如果从被害人的伤情看,即便及时送往医院也不能避免被害人死亡的,或者交通肇事行为发生时被害人已经死亡的,即使肇事者逃逸,仍然属于“交通肇事后逃逸”,而不能认定为“因逃逸致人死亡”。同时,需要指出的是,司法解释中的“救助”,并没有特定的指向,既可以是肇事者的救助,也可以是他人的救助。及时的“救助”是确定逃逸与死亡之间是否存在刑法上的因果关系的一个中介。本案中,犯罪人连续肇事后弃车逃逸,没有对被害人实施救助,构成交通肇事及肇事后逃逸。但事发时正是傍晚交通高峰期,又位于人流较多的居民区,被害人林嵩遇害后即被群众及闻讯赶来的巡警送往医院抢救,但因伤势过重抢救无效而死亡。因此,导致被害人死亡的直接原因是肇事者的肇事行为,而非其逃逸行为。肇事者不构成“因逃逸致人死亡”。

案例:李金宝交通肇事案

案例来源:《人民法院案例选》2006 年第 2 辑(总第 56 辑)

主题词:交通肇事罪　交通肇事后逃逸

一、基本案情

被告人李金宝。

河南省长葛市人民法院经审理查明:2005 年 4 月 8 日晚 10 时 25 分,被告人李金宝无证驾驶豫 K35867(车牌未悬挂)面包车沿长葛市区八一路由西向东行驶至宇龙公司附近时,与步行过马路的被害人查建设相撞,致查建设死亡。事故发生后,被告人李金宝逃离现场。同年 4 月 10 日,被告人李金宝到长葛市公安局交警队投案自首。经长葛市公安局交警大队交通事故责任认定,被告人李金宝负事故的全部责任,被害人查建设不负事故责任。

长葛市人民法院认为,被告人李金宝交通肇事后逃逸,其行为已构成交通肇事罪。被告人李金宝犯罪后主动投案,系自首,可以从轻处罚。依照《中华人民共和国刑法》第一百三十三条、第六十七条之规定,判决如下:

被告人李金宝犯交通肇事罪,判处有期徒刑六年。

一审宣判后,李金宝不服,上诉于河南省许昌市中级人民法院。

李金宝上诉称,肇事后,离开现场是去打 122 电话报警;报警后未回现场是因为害怕被害人家人报复;第二天让家人给交警队事故科送去丧葬费 5000 元、主动投案;没有逃避法律追究的故意,不应认定逃逸。

许昌市中级人民法院经审理查明:上诉人李金宝肇事后,即弃车离开现场打 122 电话报警,报警后害怕被害人家人报复故未返回现场,而直接到长葛市公安局交通警察大队门口意欲投案;再次拨打 122 电话后,被告知警察已出警并让其在大门外等候。第二天李金宝让家人给事故科送去丧葬费 5000 元。第三天李金宝到长葛市公安局交通警察大队投案自首。

许昌市中级人民法院认为,上诉人李金宝违反道路运输管理法规,发生交通事故,致一人死亡,其行为已构成交通肇事罪,应依法惩处。上诉人李金宝犯罪以后,主动到公安机关投案自首,可以从轻处罚。原判审判程序合法,但认定犯罪事实、定罪及适用法律不准,量刑不当,应予纠正。上诉人李金宝的上诉理由成立,予以支持。依照《中华人民共和国刑事诉讼法》第一百八十九条第(二)、(三)项,《中华人民共和国刑法》第一百三十三条、第六十七条、第七十二条第一款的规定,判决如下:

1. 撤销长葛市人民法院〔2005〕长刑初字第 265 号刑事附带民事判决书。
2. 上诉人(原审被告人)李金宝犯交通肇事罪,判处有期徒刑二年,缓刑二年。

二、裁判要旨

No. 2-133-9 交通肇事后,为逃避法律追究而逃逸的,应当认定为交通肇事后逃逸。

所谓交通运输肇事后逃逸,根据最高人民法院《关于审理交通肇事刑事案件具体应用法律若干问题的解释》第三条规定,是指行为人在发生交通事故后,为逃避法律追究而逃跑的行为。交通运输肇事后逃逸是行为人逃避法律追究和逃跑的有机结合,二者的有机统一即构成该罪,这也是刑法的主客观相一致原则。主观上,行为人逃跑的目的是为了逃避法律追究;客观上,行为人在发生交通肇事后实施了逃跑的行为。但是,行为人在发生交通肇事后逃离现场的目的多种多样:有的是怕受害方或者其他围观群众对其进行报复、殴打;有的是惧怕现场惨状;有的是为了报警;有的是为了把伤者送往医院;有的是为了逃避法律追究。同样是逃离现场,目的不同,其外在表现也截然相反。

逃跑行为与逃离现场的行为,虽看交叉,但并不完全相同,不能把二者等同视之。现实生活中,逃离现场的行为很多,但逃离现场的行为,并非都是刑法意义上的逃逸。还需要说明的是,肇事者对被害人的救助行为,是其对自己肇事行为的事后补救措施,也是其在肇事后的应尽义务,肇事者在实施该行为时,也离开了现场,但它对于及时抢救被害人、尽快处理事故起着积极的推动作用,也为法律所倡导,对该行为不但不应加重处理,量刑时还应酌情予以从轻处罚。总之,只有当逃离现场后既不抢救伤者,也不及时接受法律处理的,才是逃跑行为,才构成交通运输肇事后逃逸;只有实施了该行为,才能在量刑时予以加重处罚。

No. 2-133-10 交通肇事弃车逃离现场后,主动报警并不逃避法律追究的,不能认定为交通肇事后逃逸。

在司法实践中,交通肇事后的逃逸行为往往导致被害人无法得到及时救助,而导致损失的扩大,其后果不堪设想。由于责任人的逃逸,造成受害人损失无法得到赔偿,往往使受害人的生活陷入困境而加重了受害人的痛苦,其行为具有严重的社会危害性;交通运输肇事本身的特点,在行为人逃逸后,导致案件查处难度增大。因此交通肇事后逃逸行为的社会危害性远远大于普通的交通肇事犯罪行为,属《刑法》确定的加重打击情节。本案中,李金宝在肇事后,即弃车离开现场打 122 电话报警。其积极报警的行为属于对被害人的救助,有助于减少受害人损失。李金宝肇事后,虽然离开了现场,但其是为了主动报警从而救助被害人。李金宝报警后害怕被害人家人报复未返回现场,而直接到长葛市公安局交通警察大队门口意欲投案;再次拨打 122 电话后,被告知警察已出警并让其在门外等候。其行为不属于逃避责任的情况,不会造成受害人的损失无法得到赔偿,社会危害性远远小于交通运输肇事后逃逸的社会危害性,故不应属于《刑法》加重打击的对象。

案例:宋良虎等故意杀人案

案例来源:《人民法院案例选》2006 年第 2 辑(总第 56 辑)
主题词:住宅小区 交通肇事罪 故意杀人罪

一、基本案情

被告人宋良虎,男,26 岁,农民。

被告人殷海军,男,27 岁,农民。

北京市第一中级人民法院经审理查明:2002年9月3日7时许,由被告人宋良虎驾驶、被告人殷海军乘坐的松花江牌微型车,在北京市昌平区天通苑小区内由南向北行驶时,将横过道路的行人吴培英撞伤。宋良虎与吴培英的丈夫董建叶将被害人吴培英抬上肇事汽车送往医院,途中,宋良虎与殷海军预谋将被害人抛弃。当汽车行驶至该市顺义区后沙峪北京市丽光打火机厂(以下简称"打火机厂")门口时,宋良虎谎称医院到了,殷海军与董建叶将吴培英抬下车,放在打火机厂门口后,殷海军趁机返回肇事车,宋良虎驾车与殷海军逃逸。被害人吴培英后因创伤失血性休克合并颅脑损伤死亡。

另查,被害人吴培英被遗弃时生命处于垂危状态,当地派出所民警在接到报警后虽及时赶到现场,但因被害人之夫董建叶提出要回家取钱,民警才未直接将被害人送往医院抢救,故延误救治时间约两小时。

北京市第一中级人民法院认为,被告人宋良虎在发生交通事故,撞伤他人后,为逃避法律追究,伙同殷海军将被害人带离现场并遗弃,致人死亡,两被告人的行为均已构成故意杀人罪。宋良虎所犯故意杀人罪,性质恶劣,后果严重,依法应予惩处。殷海军所犯故意杀人罪,依法亦应惩处。依照《中华人民共和国刑法》第二百三十二条、第五十七条第一款、第五十六条第一款、第二十五条第一款之规定,以故意杀人罪,判处被告人宋良虎无期徒刑,剥夺政治权利终身;判处被告人殷海军有期徒刑十三年,剥夺政治权利二年。

一审宣判后,宋良虎、殷海军不服,提出上诉。

二审法院经审理认为,上诉人宋良虎、殷海军在小区内驾驶机动车撞伤他人后,为逃避法律追究,将被害人遗弃,致人死亡,其行为均已构成故意杀人罪,依法均应予惩处。一审法院所作的判决,定罪正确,审判程序合法,应予确定;唯考虑本案具体情节及二上诉人各自应承担的罪责,一审判决对宋良虎、殷海军量刑不当,应予以改判。据此,依照《中华人民共和国刑事诉讼法》第一百八十九条第(二)项及《中华人民共和国刑法》第二百三十二条、第五十六条第一款、第五十五条第一款、第二十五条第一款的规定,以故意杀人罪,改判宋良虎有期徒刑十五年,剥夺政治权利三年;改判殷海军有期徒刑十二年,剥夺政治权利二年。

二、裁判要旨

No.2-133-11 在居民住宅小区内驾驶机动车肇事的,因事故并非发生在公共交通道路上,其肇事行为不构成交通肇事罪。对肇事行为造成他人重伤或者死亡的,应以过失伤害罪或者过失致人死亡罪论处。

交通肇事罪在客观方面表现为违反交通管理法规,因而发生重大交通事故,致人重伤、死亡或者使公私财产遭受重大损失。"违反交通管理法规",是指违反国家有关交通运输管理的法律、法规和国家有关主管部门制定的交通运输安全的规章等。1988年3月9日国务院发布的《中华人民共和国道路交通管理条例》(以下简称《道路交通管理条例》)第二条明确规定:"本条例所称的道路,是指公路、城市街道和胡同(里巷),以及公共广场、公共停车场等供车辆、行人通行的地方。"而《道路交通事故处理办法》第二条规定:"本办法所称道路交通事故,是指车辆驾驶人员、行人、乘车人以及其他在道路上进行与交通有关活动的人员,因违反《中华人民共和国道路交通管理条例》和其他道路交通管理法规、规章的行为,过失造成人身伤亡或者财产损失的事故。"根据该办法第四十八条规定,本办法中的"道路"是指《道路交通管理条例》第二条所称的道路。

2003年10月28日公布、自2004年5月1日起施行的《中华人民共和国道路交通安全法》(以下简称《道路交通安全法》)第二条规定:"中华人民共和国境内的车辆驾驶人、行人、乘车人以及与道路交通活动有关的单位和个人,都应当遵守本法。"该法第一百一十九条第一款又明确规定为:本法中"道路",是指公路、城市道路和虽在单位管辖范围但允许社会机动车通行的地方,包括广场、公共停车场等用于公众通行的场所。

虽然本案被告人实施危害行为时,《道路交通安全法》尚未生效,不能适用。但是,《道路交通安全法》所体现的原则与《道路交通事故处理办法》《道路交通管理条例》是一致的,即道路交通管理法规的适用对象是与道路交通活动有关的单位和个人。对"道路"的定义也仅限于公路、城市道路和广场、公共停车场等用于公众通行,包括允许社会机动车通行的地方,而在道路以外的其他地点发生的活动不属于道路交通管理法规调整的范围。

本案被告人宋良虎驾驶松花江牌微型车,在天通苑小区内由南向北行驶时,将横过道路的行人吴培英撞伤。根据北京市昌平区市政管理委员会和北京市公路局昌平分局路政大队出具的证明证实,天通苑小区内道路不属于公路、城市道路,同时,小区内用于居民通行的道路,也不属于用于社会公众通行场所和社会机动车通行的地方。因此,本案被告人宋良虎驾车将被害人撞伤的行为,不属于违反交通管理法规的行为,不构成刑法所规定的交通肇事罪。

No. 2-133-12 在住宅小区内驾驶机动车致人受伤,不构成交通肇事罪,但将生命处于危险状态的被害人遗弃的,构成故意杀人罪。

首先,在客观上,被告人宋良虎已经具备了故意杀人罪的行为要件。根据刑法理论,犯罪行为主要表现为作为和不作为两种基本形式。不作为是指行为人有义务实施特定的行为,但是没有实施,从而造成了危害结果的发生。构成刑法上的不作为必须以具有作为义务为前提,这种作为义务,既可以来自法律的规定,也可以来自职务和业务上的要求,还可以来自自己的先行行为。所谓来自自己的先行行为,是指自己前边的某个行为使他人的人身安全处于一种严重的危险状态,自己就有义务消除这种危险状态,使他人恢复安全。如果不履行这种义务,致使他人的生命、健康遭受严重危害,就构成刑法上的不作为。

本案被告人宋良虎由于本人的过失行为,而使受害者生命陷于危险状态,其有义务采取有效措施来排除这种危险,将受伤者送往医院抢救治疗,这种义务来自他自己的先行行为。本案被告人不但没有救助伤者,将被害人送往医院,履行应当作为的义务,反而欺骗被害人亲属,将被害人抛弃在郊区一工厂门外,延误被害人的治疗,导致了被害人死亡结果的发生,构成刑法上的不作为,符合故意杀人罪的行为要件。

其次,在主观方面,被告人宋良虎应当明知因自己的过失致被害人重伤后若不及时救助,伤者就有死亡的可能。然而,宋良虎非但不救助伤者,反而将伤者抛弃在远离肇事地点的一工厂门外,使被害人难以及时得到救治,因而造成被害人死亡结果发生。宋良虎虽不是追求被害人死亡结果发生,但对被害人的死亡采取了放任的态度,从而符合故意杀人罪的主观要件,构成间接故意杀人犯罪。

被告人殷海军对宋良虎因过失使被害人生命陷于危险状态的行为,原本不应负刑事责任,但其目击宋良虎造成被害人危险状态后,与宋良虎商议并达成了将被害人遗弃的一致意见,对被害人死亡结果的发生,采取了放任的态度。在主观上与宋良虎有放任被害人死亡的共同故意,并在客观上实施了将被害人移至一工厂门外的抛弃行为,导致了被害人死亡结果的发生,符合间接故意杀人罪的构成要件,与宋良虎构成共同故意犯罪。

No. 2-133-13 介入因素对危害结果的发生有一定作用的,可以在一定程度上酌情减轻被告人的刑事责任。

在现实生活中,某一危害结果往往并不是单纯地由一个原因所致。在行为人的在先行为之后,可能会有他人的行为介入,包括第三人的行为或被害人个人的行为等。这时,往往会对在先行为人的责任产生一定影响。一般来说,一个有完全责任能力的行为人,在非常清楚其正在做什么,并在没有遭受强制、胁迫或认识错误的情况下所实施的新的介入行为,如果不能中断先前行为与特定结果之间的因果链,那么,一般会减轻先前行为人对后来结果的刑事责任。

本案被告人在撞伤被害人后,将生命处于危险状态的被害人弃置于一工厂门外,其行为是造成被害人死亡结果的一个关键性因素,两被告人的行为与被害人的死亡结果之间存在着因果关系。但是,在被害人及其丈夫被弃置,派出所民警接到报警赶到后,被害人的丈夫和民警并没有及时将被害人送往医院救治,而是应被害人丈夫的要求回家取钱后,才将被害人送到医院,将救治时间再次延误了两个小时,致被害人因创伤性失血性休克合并颅脑损伤死亡的结果发生,这种第三人的不作为是导致结果发生的介入因素。尽管该介入因素不能中断原有的因果链,但是,根据当时的条件,如果被害人家属与民警将被害人及时送至医院救治,有可能挽救被害人的生命,减轻危害后果。介入因素对结果的发生也起了一定作用。因而,介入因素可以在一定程度上酌减被告人的刑事责任。

案例:李心德交通肇事案

案例来源:《人民法院案例选》2005 年第 2 辑

主题词:交通肇事罪　量刑

一、基本案情

被告人李心德,男,1969 年 12 月 15 日出生,河南省桐柏县人,汉族,小学毕业,农民,住桐柏县大河镇田口村。因涉嫌交通肇事犯罪于 2005 年 5 月 10 日被刑事拘留,5 月 24 日被逮捕。

河南省桐柏县人民法院经审理查明:2005 年 3 月 27 日 9 时 30 分左右,被告人李心德驾驶豫 Q95656 牌机动三轮车沿大河至安棚公路自东向西行驶至安棚乡左湾路段时,将同向骑自行车行驶的王宗仁撞倒。李心德将王宗仁送到埠江油田二医院,并交 400 元医疗费后因怕承担法律责任而逃跑。王宗仁经抢救无效死亡。桐柏县公安局交通警察大队责任认定书认定,李心德负事故的全部责任。案发后,被告人李心德与被害人亲属达成损害赔偿协议,并已按协议支付了 30000 元赔偿款。

河南省桐柏县人民法院认为,被告人李心德违反交通运输管理法规,发生重大交通事故,致使一人死亡,负事故全部责任,且在肇事后逃逸,其行为已构成交通肇事罪,应依法惩处。鉴于被告人李心德肇事后积极抢救受害人,赔偿受害人亲属经济损失,应酌情从轻或减轻处罚。被告人李心德及其辩护人认为其行为构不成逃逸,与事实不符,有悖法律规定,不予采信。桐柏县人民检察院指控的罪名成立。桐柏县人民法院于 2005 年 7 月 5 日依照《中华人民共和国刑法》第一百三十三条、第七十二条第一款之规定,判决如下:

被告人李心德犯交通肇事罪,判处有期徒刑三年,缓刑三年。

一审宣判后,被告人李心德没有上诉,检察院没有抗诉。原审判决已经发生法律效力。

二、裁判要旨

No. 2-133-14　交通肇事后没有立即逃离现场,但将被害人送医院救治后,为了逃避法律责任而逃逸的,属于交通肇事后逃逸,应以交通肇事罪论处,但一般应当酌情从轻处罚。

1. 被告人的行为已经构成交通肇事罪,且其行为构成逃逸

首先,被告人李心德违反交通运输管理法规,发生了重大交通事故,致使一人死亡,并负事故全部责任,构成交通肇事罪毫无异议。其次,根据最高人民法院《关于审理交通肇事刑事案件具体应用法律若干问题的解释》,将交通肇事后逃逸界定为"为逃避法律追究而逃跑",这里所指的"逃跑"没有时间和场所的限定,不能仅理解为"逃离事故现场"。实践中,交通肇事后的"逃逸"情节复杂多样。像本案中,肇事者李心德在事发后并未逃离现场,而是积极救治伤者,从表面上看似乎肇事者并未打算一跑了之。在交通肇事案件中,肇事后是否逃逸是事关定罪量刑的关键情节,必须予以正确无误地认定,才能实现罚当其罪。要正确认定是否构成逃逸,应按照主客观相统一的原则,综合考察肇事者逃跑时的主观心态及客观情形,关键考察是否"为逃避法律追究而逃跑"。本案中,李心德供述自己将伤者送到医院抢救后,因见伤者伤势严重,担心承担相应的法律责任而决定逃跑,在主观上其符合"为逃避法律追究而逃跑"的要件;在客观方面,李心德逃跑近两个月的时间,既符合逃逸的客观要件,又进一步印证了其逃避法律追究的主观目的。因此,本案中虽然李心德在肇事后未逃离现场,且积极主动救治伤者,但仍应认定为逃逸。

2. 根据本案具体情况,对被告人李心德适用缓刑适当

该案认定为交通肇事后逃逸,应判处三年以上七年以下有期徒刑。虽然本案无法定的减轻、从轻处罚情节,但存在以下酌定从轻处罚情节:一是案发后被告人主动送受害人去医院,并支付了医疗费 400 元,在整个施救过程中比较积极,其主观恶性相对较小;二是交通肇事罪属于

典型的过失犯罪,在司法实践中适用缓刑较多。因此,对被告人李心德适用缓刑既对其违法犯罪行为进行了依法惩处,又适当照顾了被告人、受害人双方家庭的实际情况,能够实现法律效果与社会效果的有机统一。

案例:俞耀交通肇事案

案例来源:《刑事审判参考》总第 79 集[第 681 号]

主题词:交通肇事罪　妨害作证罪

一、基本案情

被告人俞耀,男,1989 年 11 月 13 日出生,农民。因涉嫌犯交通肇事罪、妨害作证罪于 2009 年 11 月 12 日被逮捕。

被告人雷荣庆,男,1967 年 3 月 6 日出生,农民。因涉嫌犯包庇罪于 2009 年 11 月 12 日被逮捕。

被告人周慧,女,1990 年 1 月 12 日出生,农民,因涉嫌犯伪证罪于 2009 年 11 月 30 日被取保候审。

被告人蒋森火,男,1968 年 11 月 21 日出生,农民。因涉嫌犯伪证罪于 2009 年 12 月 16 日被刑事拘留,2010 年 1 月 5 日变更强制措施为监视居住。

被告人金团新,男,1971 年 7 月 13 日出生,农民。因涉嫌犯包庇罪于 2009 年 11 月 24 日被刑事拘留,同年 11 月 27 日变更强制措施为取保候审。

被告人徐惠琴,女,1970 年 9 月 4 日出生,农民。因涉嫌犯包庇罪于 2010 年 1 月 6 日被取保候审。

浙江省武义县人民检察院以被告人俞耀犯交通肇事罪、妨害作证罪,雷荣庆、徐惠琴、金团新犯包庇罪,被告人周慧、蒋森火犯伪证罪,向武义县人民法院提起公诉。

武义县人民法院经公开审理查明:2009 年 10 月 3 日晚,被告人俞耀在无机动车驾驶证的情况下,驾驶牌照为浙 K0110G 的黑色丰田轿车,沿武义县高速公路连接线从牛背金驶往武义。当日 20 时许,行经武义县高速公路互通连接线白溪路口时,与横过公路的邱惠旺驾驶的牌号为 00377 的三轮黄包车相撞,造成车辆损坏、邱惠旺受伤及三轮车上的乘客缪旭花经抢救无效于当日死亡。事故发生后,俞耀及该轿车上的乘客周慧、蒋森火等人逃离现场。经武公交认字[2009]第 131 号道路交通事故认定书认定:俞耀负事故主要责任,邱惠旺负事故次要责任。

事发当晚,被告人俞耀因无证驾驶害怕承担法律责任,要求雷荣庆为其顶嘴,并答应支付雷人民币(以下币种均为人民币)40 万元,如雷荣庆判刑坐牢,再支付 10 万元。商议妥当后,雷荣庆叫来其妻徐惠琴,从俞耀处拿到现金 10 万余元和 20 万元的欠条一张,并由徐惠琴带回家中。第二天,俞耀又唆使蒋森火到武义县交警大队作伪证,并将金团新从丽水叫到武义。周慧、蒋森火、徐惠琴、金团新等人商议后,周慧、蒋森火、金团新三人便一同前往武义县交警队,作了事发当时轿车的驾驶员是雷荣庆的伪证。事后,徐惠琴陆续从俞耀处拿到财物共计 36 万余元。经查,徐惠琴将其中 15 万元交到交警大队作为交通事故预付款,5 万元支付给被害人缪旭花的家属作为赔偿款。徐惠琴还到武义县交警大队作了雷荣庆发生交通事故的虚假证言。

2009 年 11 月 24 日,被告人金团新主动到武义县公安局投案。11 月 30 日被告人周慧主动到武义县公安局投案。

武义县人民法院认为,被告人俞耀违反交通运输管理法律,在无机动车驾驶证的情况下,驾驶机动车辆,以致发生交通事故,造成一人死亡;且在肇事后逃逸,负事故的主要责任,其行为构成交通肇事罪。被告人俞耀在事故发生以后以贿买方式指使他人作伪证,其行为还构成妨害作证罪。被告人雷荣庆、徐惠琴、金团新明知他人犯了交通肇事罪,而共同作假证明包庇,三被告人的行为均构成包庇罪。被告人周慧、蒋森火作为证人,对与案件有重要关系的情节故意作虚假证明,意图帮助他人隐匿罪证,两被告人的行为均构成伪证罪。公诉机关指控的事实及罪名成立,本院予以支持。被告人俞耀一人犯数罪,应予数罪并罚。其辩护人提出俞耀在案发后通过徐惠琴已预交20万元,有积极赔偿表现,且庭审中自愿认罪的辩护意见属实,本院予以采信,对俞耀的交通肇事行为酌情从轻处罚。被告人金团新、周慧在案发后主动到公安机关投案,如实供述自己的犯罪事实,系自首,依法可以从轻处罚。被告人雷荣庆、蒋森火、徐惠琴在庭审中自愿认罪,可以酌情从轻处罚。为严肃法纪,维护正常的交通秩序和司法机关的正常活动,保护公民的人身权利不受非法侵害,依照《中华人民共和国刑法》第一百三十三条、第三百零七条第一款、第三百零五条、第三百一十条、第七十二条第一款、第七十三条、第六十七条第一款、第六十九条第一款之规定,判决如下:

1. 被告人俞耀犯交通肇事罪,判处有期徒刑三年十个月;犯妨害作证罪,判处有期徒刑十个月;数罪并罚,决定执行有期徒刑四年。

2. 被告人雷荣庆犯包庇罪,判处有期徒刑八个月。

3. 被告人蒋森火犯伪证罪,判处有期徒刑八个月,缓刑一年二个月。

4. 被告人徐惠琴犯包庇罪,判处有期徒刑八个月,缓刑一年二个月。

5. 被告人周慧犯伪证罪,判处有期徒刑六个月,缓刑一年。

6. 被告人金团新犯包庇罪,判处拘役四个月,缓刑八个月。

一审宣判后,在法定期限内,上述六被告人均未提出上诉,检察机关亦未提起抗诉,判决已发生法律效力。

二、裁判要旨

No. 2-133-15 交通肇事后指使他人冒名顶替的,应以妨害作证罪定罪处罚,并与交通肇事罪实行数罪并罚。

根据2011年修正的《道路交通安全法》第七十条第一款的规定,发生交通事故后,肇事者必须立即停车,保护现场,抢救伤者和财产,报警,听候处理,这是肇事者的法定义务。肇事者在肇事后逃逸的行为意味着不履行上述法定义务,从本质上说,交通肇事后的逃逸行为是不作为,是行为人对应该履行且能够履行的法定义务的不履行。而以贿买方式指使他人冒名顶替的行为是一种积极的作为,且与抢救伤者和财产的关联性不大,故不用将其性质等同于刑法意义上的逃逸行为,不能作为交通肇事罪的量刑情节加以认定。

妨害作证罪,是指以暴力、威胁、贿买等方式阻止证人作证或指使他人作伪证。本罪所保护的法益是司法活动的客观公正性。本案被告人俞耀以贿买方式指使他人定罪、作伪证的行为,妨害司法活动的公正性,符合妨害作证的构成要件。

根据罪刑法定原则,本案被告人俞耀为了逃避法律追究所事实的逃离现场的行为以依据最高人民法院《关于审理交通肇事刑事案件具体应用法律若干问题的解释》第三条的规定认定为交通肇事中的"逃逸",以贿买方式指使他人定罪、作伪证的行为应依据《刑法》第三百零七条第一款的规定,认定为妨害作证罪。因此,法院以交通肇事罪与妨害作证罪两罪并罚追究被告人俞耀的刑事责任是正确的。

案例:谭继伟交通肇事案

案例来源:《刑事审判参考》总第80集[第696号]

主题词:交通肇事罪　自动投案的认定

一、基本案情

被告人谭继伟,男,1973年9月13日出生,汽车驾驶员。因涉嫌犯交通肇事罪于2007年5月9日被取保候审,2007年9月4日被逮捕。

重庆市垫江县人民检察院以被告人谭继伟犯交通肇事罪,向垫江县人民法院提起公诉。

垫江县人民法院经公开审理查明:2007年5月5日23时30分许,被告人谭继伟持C1照驾驶证驾驶渝F90752号面包车在垫江县渝巫路石岭收费亭前撞到行人许武权,致其颅脑损伤而当场死亡。公安机关交通事故认定书认定谭继伟对本次事故负主要责任。

垫江县人民法院认为,被告人谭继伟驾车行驶中,违反道路交通管理法规,造成一人死亡的重大交通事故,负事故主要责任,其行为已构成交通肇事罪,应依法惩处。依照《中华人民共和国刑法》第一百三十三条的规定,判决如下:

被告人谭继伟犯交通肇事罪,判处有期徒刑一年零六个月。

一审宣判后,被告人谭继伟提出上诉称:(1)一审未认定其自首情节;(2)积极赔偿被害方经济损失,请求对其宣告缓刑。

重庆市第三中级人民法院经公开审理查明:2007年5月5日23时30分,被告人谭继伟持C1照驾驶证驾驶渝F90752号面包车由重庆市垫江县城向新民方向行驶,当车行驶至城北小学路口处,会车时发生交通事故,致行人许武权当场死亡。经法医鉴定,许武权系外力所致颅脑损伤死亡。公安机关交通事故认定书认定,谭继伟负本次事故的主要责任。谭继伟在发生交通事故后,立即拨打了120急救电话及122交通事故报警电话,留在现场等候处理,后随交警到公安机关如实交代了犯罪事实。案发后,谭继伟亲属积极赔偿被害人亲属的经济损失,并取得被害人亲属的谅解。

重庆市第三中级人民法院认为,被告人谭继伟的行为已构成交通肇事罪。谭继伟在发生交通事故后,立即拨打了120急救电话及122交通事故报警电话,留在现场等候处理,后随交警到公安机关如实交代犯罪事实,系自首,依法可予从轻处罚。谭继伟认罪态度好,其亲属积极赔偿被害人亲属的经济损失,并取得被害人亲属的谅解,可酌情予以从轻处罚。据此,依照《中华人民共和国刑事诉讼法》第一百八十九条第(三)项,《中华人民共和国刑法》第一百三十三条、第六十七条第一款、第七十二条第一款之规定,判决如下:

1. 撤销垫江县人民法院(2007)垫刑初字第157号刑事判决,即被告人谭继伟犯交通肇事罪,判处有期徒刑一年零六个月。

2. 被告人谭继伟犯交通肇事罪,判处有期徒刑一年,缓刑一年零六个月。

二、裁判要旨

No.2-133-16 交通肇事后报警并留在现场等候处理,向警方如实交代犯罪事实的,应当认定为自首。

罪刑法定原则要求对行为人定罪处罚要以刑法的明确规定为依据,刑法没有明确规定的,不得定罪处刑。认定自首、立功等法定量刑情节也必须以法律的明文规定作为依据。根据《刑法》第一百零一条的规定,刑法总则适用于刑法分则,除非刑法分则有特殊规定。因此刑法总则关于自首的规定完全适用于刑法分则第一百三十三条交通肇事罪。

虽然《道路交通安全法》明确规定,肇事后停车报警、抢救伤员和财产、保护现场是肇事者的法定义务,但这并不能成为成立刑法上自首的阻却理由,更不能因为多数肇事者履行法定义务而否认其成立自首。履行法定义务与自首并非等同关系,行为人虽然保护现场抢救伤者并报警,但并不承认自己是肇事者即不如实供述自己的罪刑,纵然履行了法定义务,也不符合自首的条件。

就交通肇事罪者而言,对其量刑,其一,要考虑其交通肇事本身的危害程度;其二,要考虑肇事者是否履行《道路交通安全法》规定的法定义务,在接受处理时是否如实供述等,肇事者的事后行为如果符合了自首的一般规定,说明其人身危险性有所减轻,就应对其予以正面评价,认定为具有自首情节。只有将履行了法定义务与不履行法定义务的情况区别对待,才能体现罪刑相适应原则,如此还能确立良好的价值导向,鼓励肇事者事后积极施救,积极配合有关机关的处理,从而有效地防止危害后果的进一步扩大,节约司法成本。

2010年12月22日最高人民法院《关于处理自首和立功若干具体问题的意见》中也明确规定,交通肇事后保护现场、抢救伤者并向公安机关报告的,应认定为自动投案,到案后如实供述自己犯罪行为时,应认定为自首,只是在量刑时应当考虑到上述行为同时系犯罪嫌疑人的法定义务,对其是否从宽、从宽幅度要适当从严掌握。

被告人谭继伟在交通肇事后,没有逃逸,而是留在现场立即拨打120急救电话及122交通事故报警电话,保护现场,抢救伤者和财产,主动向公安机关报案,并如实供述自己的罪行,其行为符合自首的成立条件,应依法认定为自首。

No.2-133-17　在交通肇事后自首,且事后通过亲属积极赔偿被害人,取得被害人谅解的,一般应当从宽处罚。

最高人民法院《关于贯彻宽严相济刑事政策的若干意见》第十七条和第二十三条进一步规定,对自首的被告人,除了罪行极其严重、主观恶性极深,人身危险性极大,或者恶意地利用自首规避法律制裁者除外,一般应当依法从宽处罚;被告人案发后对被害人积极进行赔偿,并认罪悔罪的,依法可以作为酌定量刑情节予以处理,犯罪情节轻微,取得被害人谅解的,可以依法从宽处理。

被告人谭继伟在驾驶过程中,违反道路交通管理法律法规,造成致一人死亡的重大交通事故,负事故主要责任,其行为已构成交通肇事罪。二审法院经审理认定被告人在交通肇事后积极施救并接受处理的行为构成自首,二审过程中,谭继伟的亲属与被害人亲属达成和解协议,赔偿了被害人经济损失,取得了被害人亲属的谅解,在庭审过程中认罪态度好,并真诚悔罪,综合本案的犯罪性质、情节、危害后果及行为人的主观恶性、人身危险性以及犯罪后的悔罪表现,根据宽严相济的刑事政策,一般应予从宽处理。

案例:王友彬交通肇事案

案例来源:《刑事审判参考》总第80集[第697号]

主题词:交通肇事罪　自首的认定

一、基本案情

被告人王友彬,男,1975年10月30日出生。因涉嫌犯交通肇事罪于2009年4月17日被逮捕。

福建省厦门市集美区人民检察院以被告人王友彬犯交通肇事罪且肇事后逃逸,向集美区人民法院提起公诉。

被告人王友彬对指控其犯交通肇事罪无异议,但否认肇事后逃逸,其辩称:肇事后离开医院是为了到海边散心。其辩护人提出:被告人不构成交通肇事后逃逸,且具有自首情节。

集美区人民法院经公开审理查明:2009年3月13日21时25分许,被告人王友彬驾驶闽DBV098轿车附载王建设、王志远沿厦门市集美区403县道由西往东行驶至5km+800m集美区后溪镇港头路段时,碰撞因故障停在同向南侧慢车道上由陈世新驾驶的闽D20309重型半挂牵引车牵引的闽D0196挂重型集装箱半挂车左后部,后撞到403县道北侧隔离带上的214号路灯杆,造成附载人员王建设当场死亡、王志远轻伤的重大交通事故。

事故发生后,被告人王友彬因昏迷被送往厦门市中山医院治疗。同时14日10时许,王友彬擅自离开医院,后经交警部门多方工作及多次电话通知,于当日21时许到集美区交警大队接受调查,如实供述了其交通肇事的犯罪事实。经现场勘查、调查取证、技术鉴定,交警部门认定王友彬对本起事故负主要责任,闽D20309重型半挂牵引车驾驶员陈世新负次要责任,另经调解,王建设的亲属与王友彬达成调解协议,对王友彬表示谅解。

集美区人民法院认为,被告人王友彬违反交通管理法规,造成一人死亡,一人轻伤的重大交通肇事事故,负事故主要责任,其行为已构成交通肇事罪,且肇事后逃逸,应依法惩处。王友彬在犯罪后能自动投案,如实供述自己的罪行,构成自首,依法可予减轻处罚。鉴于王友彬对被害人亲属积极进行赔偿,已取得被害人亲属的谅解,可酌情予以从轻处罚,且其已认罪、悔罪,适用缓刑不致再危害社会,依法可适用缓刑。关于辩护人所提王友彬不构成交通肇事后逃逸的辩护意见,经查与事实不符,不予采纳;所提王友彬有自首情节的辩护意见,理由充分,予以采纳。据此,依照《中华人民共和国刑法》第一百三十三条、第六十七条、第七十二条、第七十三条的规定,判决如下:

被告人王友彬犯交通肇事罪,判处有期徒刑二年,缓刑三年。

宣判后,被告人王友彬没有上诉,公诉机关也未提出抗诉。

二、裁判要旨

No. 2-133-18　交通肇事后逃逸,后又自动投案,如实供述罪行的,构成自首,但应以交通肇事后逃逸的法定刑为基准,视情况决定对其是否从宽处罚以及从宽处罚的幅度。

交通肇事后逃逸和投案自首是两种主观故意支配下实施的两个独立行为,应分别进行法律评价。逃逸是行为人为逃避法律追究而实施的逃跑行为,自首是行为人出于本人意愿自动投案、如实供述罪行的行为,两者相互独立,互不影响。不能因为行为人肇事后逃逸而否定其事后投案自首,也不能因为其事后自首而推翻对其先前逃逸行为的认定。对于自动投案如实供述罪行的交通肇事逃逸者适用自首,有利于鼓励肇事者主动投案,悔过自新,同时有利于在最短时间内查清事实、分清责任、及时赔偿被害方,使案件得以及时侦破、审结,节约司法资源。

基于此,2010 年最高人民法院《关于处理自首和立功若干具体问题的意见》第一条第三款规定,交通肇事逃逸后自动投案,如实供述自己罪行的应当认定为自首,但应依法以较重法定性为基准,视情况决定对其是否从宽处罚以及从宽处罚的幅度。

本案中,被告人王友彬交通肇事后逃逸,后又主动到交警部门接受调查处理,如实供述其交通肇事罪行,应认定位自首。需要指出的是王友彬否认肇事后逃逸,不影响成立自首。根据 2004 年最高人民法院《关于被告人对行为性质的辩解是否影响自首成立问题的批复》,行为人对行为性质的辩解不影响自首。王友彬归案后对自己交通肇事始终供认,只是对离开医院的目的、性质进行辩解,仍属如实供述自己罪行,不影响成立自首。

案例:陶明华交通肇事案

案例来源:《人民法院案例选》2013 年第 2 辑

主题词:交通肇事罪　肇事后逃逸

一、基本案情

经审理查明:2011 年 10 月 14 日 19 时许,被告人陶明华无证驾驶陶定奎的无号牌三轮农用车,沿道路行驶至西狼村时与他人停放在路边的无号牌三轮农用车发生碰撞,造成乘车人陶定奎受伤、两车不同程度损坏的严重后果。案发后,被告人陶明华及时向公安机关报案,并在现场等候公安机关处理,后将被害人陶定奎送至医院治疗,护理被害人陶定奎多天。2011 年 10 月 17 日,公安机关对被告人陶明华进行了讯问,被告人陶明华如实向公安机关供述事实,留下了真实的个人信息及居住地址。2011 年 10 月 18 日,陶明华见被害人伤势较重,因无钱给被害人治病,即放弃治疗回到原籍地。2011 年 10 月 25 日经中牟县交通巡警大队事故中队认定,被告人陶明华负事故的主要责任。2011 年 11 月 15 日,经中牟县公安局法医鉴定中心鉴定,陶定奎受外力作用致右下肢受伤,自大腿远端截肢,已构成重伤。2012 年 3 月 23 日,陶明华所在地公安机关将其抓获。

另查明,本案被害人、附带民事诉讼原告人陶定奎在中国人民解放军一五三医院住院治疗 42 天,共花去医疗费 19268.20 元、交通费 1543 元,陶明华已支付医疗费 5000 元。

河南省中牟县人民法院于 2012 年 10 月 15 日作出(2012)牟刑初字第 308 号刑事附带民事判决:

1. 被告人陶明华犯交通肇事罪,判处有期徒刑二年。
2. 被告人陶明华赔偿附带民事诉讼原告人陶定奎各种经济损失 27981.20 元,扣除已付的 5000 元,剩余 22981.20 元于判决生效之日起一个月内支付。

判决作出后,被告人未上诉,检察院未抗诉,本判决已发生法律效力。

二、裁判要旨

No. 2-133-19　交通肇事后及时抢救伤者、保护现场、报告公安机关并等候处理的,后因无经济能力治疗被害人而逃跑的,不构成交通肇事后逃逸。

交通肇事逃逸所逃避的法律义务首先应当是对被害人的救助义务,其次是配合侦查的义务,最后是弥补被害人损失的义务。本案中,被告人陶明华发生交通肇事后,及时向公安机关报案,等候公安机关处理,接受了讯问,如实供述了犯罪事实,已经履行完毕了《道路交通安全法》规定的保护现场义务以及报告公安机关并听候处理的义务。公安机关经调查讯问未对被告人陶明华采取任何强制措施,在其人身和行为未被依法限制的情况下,应当视为仍然有权利离开公安机关的监控而去向其他地方,因此,其后来回到原籍地的行为不足以导致其明显违反接受刑罚惩罚的义务。陶明华在事故发生后及时将被害人送往医院治疗,并支付了 5000 元治疗费,后来逃回原籍地系因无经济能力为被害人继续治疗,而不是有能力继续救助而不予救助,表明其已经履行了及时抢救伤者的义务。陶明华发生交通肇事后,是在已经充分履行了法定强制性义务的情况下回到原籍地的,与交通肇事后放任死伤或财产损失于不顾,逃避公安侦查和追捕而逃离事故现场的行为有着本质区别,其社会危害性明显要小,不属于刑法意义上的逃避法律追究,不应当认定为“肇事后逃逸”。

案例:张宪国交通肇事案

案例来源:《人民法院案例选》2014 年第 4 辑

主题词:交通肇事罪　肇事后逃逸

一、基本案情

山东省东营市东营区人民检察院指控称:2010 年 10 月 31 日 14 时 35 分许,被告人张宪国无证驾驶车牌号码为鲁 EM3579 的厢式货车在东营市经济开发区运河路与泉州路交叉路口与徐好武驾驶的车牌号码为鲁 EL5376 的中华轿车相撞,致厢式货车乘车人岳学信死亡。经交警部门认定,被告人张宪国负事故的主要责任。

被告人的辩护人提出:被告人张宪国有以下量刑情节:(1)在交通事故中承担的是主要责任而非全部责任;(2)系初犯、偶犯,归案后认罪态度好;(3)积极赔偿被害人家属的经济损失,取得了被害人家属的谅解;(4)案发后曾两次到交警部门自首,交警以先治伤为由没有受理,后来发生的逃跑的事实不属于为逃避法律追究而逃离现场的交通肇事逃逸。

法院经审理查明:2010 年 10 月 31 日 14 时 35 分许,被告人张宪国无证驾驶车牌号码为鲁 EM3579 的厢式货车在东营市运河路与泉州路交叉路口与徐好武驾驶的车牌号码为鲁 EL5376 的中华轿车相撞,致徐好武及鲁 EL5376 号车乘车人徐逸丽、鲁 EM3579 号车乘车人岳学信、刘军受伤,岳学信经抢救无效于 2010 年 11 月 4 日死亡。经交警部门认定,被告人张宪国负事故的主要责任。被告人张宪国肇事后逃逸,2013 年 3 月 15 日被商河县公安局抓获。被告人归案后如实供述了犯罪事实。被告人张宪国逃逸期间,徐逸丽、徐好武及岳学信亲属王红、岳龙飞以张宪国、鲁 EM3579 号车车主郝海霞及相关保险公司为被告分别向法院提起诉讼,法院分别作出民事判决并已生效。案件审理过程中,被告人张宪国家属与被害人岳学信家属达成民事赔偿协议,岳学信家属出具了谅解书对被告人张宪国的行为表示谅解。

山东省东营市东营区人民法院于 2013 年 7 月 4 日作出(2013)东刑初字第 256 号刑事判决,依照《中华人民共和国刑法》第一百三十三条、第六十七条第三款之规定,判决:被告人张宪国犯交通肇事罪,判处有期徒刑三年。一审宣判后,张宪国向山东省东营市中级人民法院提出上诉。

东营市中级人民法院于 2013 年 12 月 17 日作出(2013)东刑一终字第 30 号刑事判决,依照《中华人民共和国刑法》第一百三十三条、第六十一条、第六十七条第三款、第七十二条第一款,《中华人民共和国刑事诉讼法》第二百二十五条第一款第(二)项之规定,判决:

1. 维持东营市东营区人民法院(2013)东刑初字第 256 号刑事判决的定罪部分,即被告人张宪国犯交通肇事罪。

2. 撤销东营市东营区人民法院(2013)东刑初字第 256 号刑事判决的量刑部分,即判处有期徒刑三年。

3. 上诉人张宪国犯交通肇事罪,判处有期徒刑二年,缓刑三年。

二、裁判要旨

No. 2-133-20 交通肇事后履行了保护现场、抢救伤者与迅速报案等法定义务后,为逃避法律责任而潜逃的,不构成交通肇事后逃逸。

肇事人在肇事后有保护现场、抢救伤者和财产、迅速报案的法定义务。刑法禁止交通肇事后的逃逸主要目的是为了最大限度保护被害人的利益,维护交通管理秩序。本案中,被告人也在交通肇事中受伤,第二天便去交警队讲明情况,协助交警部门作出责任认定,其后基于某些原因不配合后续的刑事诉讼的行为,属于犯罪后潜逃,不构成肇事后逃逸。

案例:刘本露交通肇事案

案例来源:《刑事审判参考》总第 87 集[第 788 号]

主题词:交通肇事罪 肇事后逃逸

一、基本案情

被告人刘本露,男,1990 年 10 月 1 日出生,农民。2012 年 4 月 24 日因涉嫌犯交通肇事罪被逮捕。

浙江省台州市黄岩区人民检察院以被告人刘本露犯交通肇事罪,向台州市黄岩区人民法院提起公诉。后又以被告人有逃逸情节向本院补充起诉。

被告人刘本露对公诉机关指控的犯罪事实及罪名没有异议。

黄岩区人民法院经审理查明:

2012 年 4 月 8 日 6 时 40 分许,被告人刘本露在未取得机动车驾驶证的情况下,驾驶浙CJE535 号越野轿车,行驶至 G15W 常台高速公路往江苏方向 293km+222m 处时,超速行驶,导致其驾驶的越野轿车与刘中州驾驶的豫 HA8552——豫 HN910 挂车发生碰撞,造成越野车上的乘客郭明亮受伤并经医院抢救无效而死亡。经鉴定,刘本露在此事故中负主要责任。

另查明,2012 年 4 月 8 日事故发生后,刘本露即被送往医院接受治疗,其在交警向其询问时,谎称自己姓名为刘路,并编造了虚假的家庭成员情况,且拒不交代肇事经过。当日中午 12 时许,刘本露离开医院。次日,刘本露主动联系公安交警部门,表示愿意到公安机关交代犯罪事实。同月 10 日,刘本露到公安机关投案,如实交代了自己的肇事经过。其亲属与被害方达成了赔偿和解协议,赔偿给被害方经济损失共计人民币(以下币种同)93000 元,并取得被害人方的谅解:

台州市黄岩区人民法院经审理认为,被告人刘本露违反道路交通运输管理法规,在未取得机动车驾驶证的情况下,驾驶机动车在高速公路上超速行驶,并有其他妨碍安全驾驶的行为,导致发生一人死亡的重大交通事故,负事故的主要责任。且在交通肇事后逃逸,其行为构成交通肇事罪,公诉机关指控的罪名成立。辩护人提出的刘本露有自首情节,认罪态度较好,且已与被害人亲属达成赔偿协议,取得谅解等辩护意见,予以采纳,依法可对刘本露减轻处罚。据此,依照《中华人民共和国刑法》第一百三十三条、第六十七条第一款之规定,台州市黄岩区人民法院以交通肇事罪判处被告人有期徒刑二年。

一审宣判后,被告人刘本露在法定期限内未提起上诉,公诉机关亦未提起抗诉,一审判决已经发生法律效力。

二、裁判要旨

No. 2-133-21 交通肇事逃逸行为不限于在事故现场实施,为逃避法律追究而从医院逃离的行为也应当认定为交通肇事后逃逸。

"交通肇事后逃逸"的基本含义是指发生交通事故后,肇事者不履行保护现场、积极抢救、迅速报案等义务而逃跑的行为。根据最高人民法院《关于审理交通肇事刑事案件具体应用法律若干问题的解释》第三条的规定,要认定逃逸,行为人主观上必须具有"为了逃避法律追究"的目的,客观上实施了逃跑行为,且这里的逃跑不应限定为仅从事故现场逃跑。只要是在交通肇事后为逃避法律追究而逃离的行为,都应当认定为"交通肇事后逃逸"。

将逃逸行为仅限定在事故现场值得商榷。一是法律、法规及相关规范性文件均未对逃逸的时间和地点作限制规定。如果仅将逃逸行为限定在事故现场,那么性质同样恶劣的逃避法律追究的行为就得不到有效规制,如此势必会影响此类犯罪的惩处力度,也与相关立法精神不符。二是在司法实践中,肇事者往往在事故现场无法逃离,如肇事者自己受伤或者被卡在车内、遭被害人亲属围堵或者公安人员及时赶到现场等情形。但在调查取证或者医院治疗期间,肇事者往往借对其人身约束相对放松的机会而逃离。因此,对事后逃逸行为有必要与事故现场逃逸行为一样予以打击。将交通肇事逃逸场所限制理解为事故现场是机械套用公安部的《道路交通事故处理程序规定》,忽略了《刑法》第一百三十三条及最高人民法院《关于审理交通肇事刑事案件具体应用法律若干问题的解释》所体现的立法和政策精神。

对于交通肇事后逃离行为,也不能一概认定为交通肇事逃逸。实践中,在交通事故发生后,肇事者在事故现场遭到被害人亲属等围攻,被害人亲属等由于悲愤情绪对肇事者实施殴打报复的情形并不少见。这种在事故现场肇事者因害怕被殴打报复而暂时躲避,或者在将被害人送到医院抢救后,因害怕被殴打报复而暂时躲避,事后又主动归案的,不应认定为交通肇事逃逸。对于在事故现场,肇事者因害怕遭到被害人亲属等的殴打而逃离现场所涉及的主观认定,必须从严,必须是在被害人亲属等可能及时赶到事故现场的情形。在该情形下,肇事者逃离现场一般不会严重影响到对被害人的抢救治疗,更何况肇事者事后又主动归案,表明其并未有逃避相关法律责任的主观心理和客观表现。如果肇事者明知被害人亲属等不可能及时赶到现场,则表明肇事者并非因害怕遭到殴打而逃离现场,其对被害人的生死具有置之不理的心理,因此对其逃离事故现场行为应当认定为交通肇事逃逸。对于肇事者将被害人送到医院抢救的情形,肇事者因害怕家属殴打报复,暂时躲避,事后又主动归案的,表明肇事者已履行了抢救义务,客观上又未逃避法律责任,亦不能认定为交通肇事逃逸。

被告人刘本露的行为构成交通肇事罪毋庸置疑,但其选择在交通肇事后逃逸的行为能否体现出其在主观上具有逃避法律追究的故意,需要结合具体案情以及有关附随情状综合认定。基于以下几个方面的分析,我们认为,刘本露在交通肇事后主观上具有逃避法律追究的故意:(1)刘本露不具备现场逃离的条件,其自己在事故中也受伤;(2)刘本露离开时未受到任何束缚,并非因害怕殴打、报复一类的原因而暂时躲避;(3)刘本露未承担任何救助、赔付义务,对被害人不闻不问即逃离;(4)刘本露在医院时未向询问情况的公安人员如实交代事故经过,即逃离前已经暴露有逃避法律追究的客观行为表现。

案例:龚某交通肇事案

案例来源:《刑事审判参考》总第 92 集[第 857 号]

主题词:交通肇事罪　肇事后逃逸

一、基本案情

被告人龚某,男,1986 年 3 月 10 日出生。2011 年 5 月 17 日因涉嫌犯交通肇事罪被逮捕。

佛山市顺德区人民检察院指控被告人龚某无视国家法律,违反交通运输管理法规,发生重大事故,造成被害人一死一轻伤,且肇事后逃逸,犯罪事实清楚,证据确实、充分,以被告人龚某犯交通肇事罪,向佛山市顺德区人民法院提起公诉。

被告人龚某及其辩护人对公诉机关指控的犯罪事实和据以证明犯罪的证据均无异议,但提出龚某不构成逃逸情节。辩护人还提出,龚某具有自首情节,已向被害人家属赔偿部分经济损失,提请法庭对龚某从轻处罚。

佛山市顺德区人民法院经审理查明:

2011 年 1 月 11 日 14 时 30 分许,被告人龚某驾驶粤 XV6431 号轿车沿佛山市顺德区金沙大道由德胜路往金桔咀桥方向逆向行驶,行至顺德区大良街道金沙大道 105 国道旱底桥路段时,遇吴某军驾驶粤 XUM823 号轿车沿金沙大道由金桔咀桥往德胜路方向行进,双方发生碰撞,造成吴某龙、吴某怡等人受伤,且两车均遭受不同程度损坏。吴某怡在 40 日后死亡。事故发生后,龚某在交警部门出警勘查完毕并将被害人送至医院治疗期间逃逸,后于 2011 年 5 月 3 日到佛山市顺德区公安局交通警察大队投案自首。

另经查明,2011 年 1 月 11 日 14 时 30 分许案发后,龚某留在事故现场,民警接到报案后立即赶赴现场进行勘查,对龚某抽血做酒精测试,乙醇含量为 169.85mg/100ml,认定龚某负事故主要以上责任。在被害人被送往佛山市顺德区中医院抢救过程中,龚某向被害人家属支付医疗费人民币(以下币种同)10000 元,之后又分别于 1 月 13 日、1 月 17 日和 1 月 23 日共支付 11800 元。被害人住院医疗期间,龚某因事到深圳,但在其得知被害人医治无效死亡后于 2011 年 5 月 3 日主动向公安机关投案。

经法医检查鉴定,被害人吴某怡系因头部碰撞钝物致颅脑损伤死亡,吴某龙左尺骨骨折,构成轻伤,吴某军驾驶的粤 XUM823 号车损失合计人民币 105000 元。经公安机关交警部门调查取证证实,龚某驾驶机动车违反右侧通行规定,违反《中华人民共和国道路交通安全法》第二十二条第二款、第三十五条规定,其过错行为是造成此事故的直接原因,且发生交通事故后逃逸。根据《道路交通事故处理程序规定》第三十六条第(一)款第一项和《中华人民共和国道路交通安全法实施条例》第九十二条以及《广东省道路交通安全条例》第四十六条之规定,龚某承担此次事故的全部责任。

佛山市顺德区人民法院认为,被告人龚某无视国家法律,违反交通管理法规,因而发生重大交通事故,造成被害人一死、一轻伤,同时致使被害人吴某驾驶的粤 XUM823 号车损失 105000 元,且负事故的全部责任,其行为构成交通肇事罪。佛山市顺德区人民检察院指控龚某犯交通肇事罪的事实清楚,罪名成立。但公诉机关指控龚某"交通肇事后逃逸",属于定性错误,本院不予支持。龚某案发后有自首情节,依法可以从轻处罚。龚某已部分赔偿被害人家属的经济损失,可以酌情从轻处罚。据此,依照《中华人民共和国刑法》第一百三十三条、第六十七条第一款之规定,佛山市顺德区人民法院以被告人龚某犯交通肇事罪,判处有期徒刑一年零七个月。

宣判后被告人龚某未提出上诉,公诉机关亦未提出抗诉,现一审判决已生效。

二、裁判要旨

No. 2-133-22 交通肇事后在被害人住院期间离开案发地,未影响对被害人的及时救助、未妨碍警方对事故的调查处理也没有导致事故损失扩大的,不成立"肇事后逃逸"。

根据最高人民法院《关于审理交通肇事刑事案件具体应用法律若干问题的解释》的规定,"交通肇事后逃逸",是指发生交通事故后,行为人具有该解释第二条第一款和第二款第(一)至(五)项规定的情形之一,为逃避法律追究而逃跑的行为。交通肇事后逃逸的行为往往造成被害人不能得到及时救治,经济损失无法得到赔偿,同时严重影响民警对案件的查处,因此具有很大的社会危害性。正因如此,1997 年《刑法》在修改时增加了对交通肇事后逃逸行为加重处罚的规定。这一立法目的主要体现在两点:一是为了及时抢救伤者,防止事故损失的扩大;二是查清事故责任,便于事故处理及法律责任的承担。

构成"交通肇事后逃逸"应当同时具备以下三个条件:(1)行为必须齐备交通肇事罪的基本犯罪构成要件,这是认定"交通肇事后逃逸"情节的基础条件。(2)行为人主观上具有"逃避法律追究"的目的,这是认定"交通肇事后逃逸"的主观条件。(3)客观上有逃离的行为,且逃离行为可能影响到对被害人的救助、导致事故损失的扩大、妨害民警对事故的查处。如果行为人的"逃离"没有影响其对道路交通安全法规定之法定义务的履行,则不应认定其"逃离"行为构成"交通肇事后逃逸"情节,从而不应承担交通肇事罪加重之刑罚。

本案中,被告人龚某案发后留在现场,积极配合交通警察查处,且及时救助受伤人员,已经履行了道路交通安全法规定的肇事者必须履行的法定义务。龚某离开案发地的行为客观上没有影响到案发时对被害人的及时救助,没有导致事故损失的扩大。龚某离开案发地的时间是在交通警察已经对事故现场勘查后,被害人在医院治疗期间。在此期间,事故的危害结果处于待定状态,龚某的法律责任也处于待定状态,公安机关也未对其采取任何强制措施。更为主要的是,龚某在得知被害人医治无效死亡后,主动向公安机关投案,接受处罚。由此可见,龚某的行为并没有妨害民警对事故的查处。综上,被告人龚某的行为不符合“交通肇事后逃逸”情节的认定条件,不能认定为“交通肇事后逃逸”。

案例:马国旺交通肇事案

案例来源:《刑事审判参考》总第 92 集[第 858 号]
主题词:交通肇事罪 致人重伤后逃逸行为的评价

一、基本案情

被告人马国旺,男,1981 年 10 月 17 日出生,农民。2011 年 12 月 23 日因涉嫌犯交通肇事罪被取保候审。

北京市大兴区人民检察院以被告人马国旺犯交通肇事罪,向大兴区人民法院提起公诉。

被告人马国旺对指控的事实无异议。

北京市大兴区人民法院经公开审理查明:2011 年 11 月 16 日 0 时 10 分,被告人马国旺无证驾驶冀 J37438 解放牌重型卡车至北京市经济技术开发区同济北路可口可乐公司,并将车临时停放于该公司东门处。被害人刘大喜驾驶京 BU1880 铃木牌摩托车由北向南正常行驶,因马国旺的车辆尾部挤占道路,影响其他车辆通行,刘大喜撞上该车右后部,造成重伤。事故发生后,马国旺弃车逃逸,后于同月 18 日投案。经认定,马国旺负本次事故全部责任,刘大喜无责任。马国旺已赔偿刘大喜损失人民币(以下币种同)76600 元。

北京市大兴区人民法院认为,被告人马国旺违反道路交通安全法的相关规定,无驾驶资格驾驶机动车,因而发生重大事故,致人重伤,并在肇事后逃逸,负事故的全部责任,其行为构成交通肇事罪。鉴于其案发后自动投案,如实供述自己的罪行,系自首,依法可以从轻处罚。马国旺积极赔偿被害人的经济损失,且获取被害人的谅解,可以酌情从轻处罚。据此,依照《中华人民共和国刑法》第一百三十三条、第六十七条第一款、第六十一条及最高人民法院《关于审理交通肇事刑事案件具体应用法律若干问题的解释》第二条第二款第(二)项、第(六)项之规定,北京市大兴区人民法院以被告人马国旺犯交通肇事罪,判处拘役六个月。

一审宣判后,被告人马国旺以原判量刑过重为由提出上诉,请求改判免予刑事处罚。

北京市大兴区人民检察院亦提出抗诉,主要理由是:第一,原审法院适用最高人民法院《关于审理交通肇事刑事案件具体应用法律若干问题的解释》第二条第二款第(二)项、第(六)项之规定,而未依据该解释第三条的要求适用《刑法》第一百三十三条关于“交通肇事后逃逸”的规定,系适用法律错误。第二,依照《刑法》第一百三十三条之规定,马国旺交通肇事后逃逸,应当在三年以上七年以下有期徒刑的法定刑幅度内量刑,而原审法院仅依据被告人具有自首和积极赔偿被害人损失等情节,从轻处罚判处拘役六个月,属量刑不当。北京市人民检察院第一分院支持上述抗诉意见,同时鉴于马国旺案发后投案自首,积极赔偿被害人,且认罪悔罪,建议对其减轻处罚,在三年以下有期徒刑幅度内量刑,并适用缓刑。

北京市第一中级人民法院经审理认为,被告人马国旺违反道路交通安全法的相关规定,无驾驶资格驾驶机动车,因而发生重大事故,致人重伤,并在肇事后逃逸,负事故的全部责任,其行为构成交通肇事罪。马国旺案发后自动投案,并能如实供述自己的罪行,系自首,同时,其在犯罪后积极赔偿被害人的经济损失,依法可以减轻处罚。鉴于马国旺本次犯罪情节相对较轻,且有悔罪表现,对其适用缓刑不致再危害社会,可依法对其适用缓刑。关于北京市人民检察院第一分院所提对马国旺应当在三年以下有期徒刑幅度内量刑的意见,经查,依据《刑法》第一百三十三条之规定,三年以下有期徒刑、拘役属于同一法定刑幅度,减轻处罚时可以对被告人判处拘役,故对该项意见不予采纳。北京市人民检察院第一分院的其他支持抗诉意见及大兴区人民检察院的抗诉意见,经查成立,予以采纳。原审人民法院根据马国旺犯罪的事实,犯罪的性质、情节和社会危害程度作出的判决,定罪正确,审判程序合法,但适用法律错误,且量刑不当,应予改判。据此,依照《中华人民共和国刑事诉讼法》(1996 年)第一百八十九条第(二)项和《中华人民共和国刑法》第一百三十三条,第六十七条第一款,第四十二条,第七十二条第一款,第七十三条第一款、第三款以及最高人民法院《关于审理交通肇事刑事案件具体应用法律若干问题的解释》第二条第二款第(二)项、第三条,最高人民法院《关于刑事附带民事诉讼范围问题的规定》第四条之规定,北京市第一中级人民法院以上诉人马国旺犯交通肇事罪,判处拘役六个月,缓刑一年。

二、裁判要旨

No.2-133-23 交通肇事致一人重伤,负事故全部责任,其肇事后逃逸的行为应当作为加重处罚情节。

肇事后的逃逸行为违反了《道路交通安全法》中规定的在肇事后的保护现场、抢救伤员、等候处理的法定义务,是对他人生命与健康的漠视,使被害人得不到及时救助,生命健康受到威胁,经济损失无法弥补,同时还增加公安机关侦破案件的难度,增加司法资源的消耗,故法律对这种行为应当给予否定评价。具体分为两个层次:一是逃逸作为构成交通肇事罪的入罪条件。最高人民法院《关于审理交通肇事刑事案件具体应用法律若干问题的解释》第二条第二款规定,交通肇事致一人以上重伤,负事故全部或者主要责任,并具有下列情形之一的,以交通肇事罪定罪处罚,其中第(六)项情形是"为逃避法律追究逃离事故现场"。显然,在交通肇事致人重伤的情形下,如果不具备最高人民法院《关于审理交通肇事刑事案件具体应用法律若干问题的解释》第二条第二款前五项情形,则逃逸行为应当作为定罪情节使用。二是逃逸作为交通肇事罪的加重处罚情节。根据《刑法》第一百三十三条的规定,交通运输肇事后逃逸或者有其他特别恶劣情节的,处三年以上七年以下有期徒刑;因逃逸致人死亡的,处七年以上有期徒刑。该条为交通肇事罪设定了三个法定刑幅度,在已构成基本犯的前提下,如另有逃逸情节,则可依法升档量刑。

逃逸情节作为入罪条件,又可分为两种情形:第一,逃逸作为事故责任认定的依据。交通肇事罪的认定以分清事故责任为基础,要求行为人承担同等以上(包括同等、主要或者全部)责任,如仅承担次要责任或者无责任,就不构成交通肇事罪。而逃逸行为与责任认定密切相关。根据《道路交通安全法实施条例》第九十二条,发生交通事故后当事人逃逸的,逃逸的当事人承担全部责任,但有证据证明对方当事人也有过错的,可以减轻责任。根据《关于审理交通肇事刑事案件具体应用法律若干问题的解释》第二条第一款的规定,因逃逸被认定承担同等以上责任,造成的人员伤亡情况或财产损失情况达到该款规定标准的,可能构成交通肇事罪。第二,逃逸行为与其他条件结合作为入罪条件。《关于审理交通肇事刑事案件具体应用法律若干问题的解释》第二条第二款规定了交通肇事致人重伤构成犯罪的情形。在此情况下,逃逸与致一人以上重伤,负事故全部或者主要责任相结合作为入罪条件。根据《关于审理交通肇事刑事案件具体应用法律若干问题的解释》第二条第二款认定犯罪时,如在责任认定环节已经考虑了逃逸情节,则只能根据该款规定的前五种情节判断行为人是否构成犯罪,不能依据该款第(六)项"为逃避法律追究逃离事故现场"认定行为人构成交通肇事罪,否则就是对逃逸行为的重复评价。同理,根据禁止重复评价原则,在上述两种情形下,逃逸行为都不能再作为加重处罚情节使用。根据《刑法》第一百三十三条的规定,逃逸行为作为加重处罚情节的条件是,行为人逃逸之前的肇事行为从损害后果和应负的责任,已构成交通肇事罪的基本犯。在此基础上,行为人又有逃逸行为,该逃逸行为才可作为加重处罚情节。最高人民法院《关于审理交通肇事刑事案件具体应用法律若干问题的解释》第三条对此种情形作了专门界定。

本案中,被告人马国旺有多个违反交通运输管理法规的行为,如无证驾驶、违章停车、肇事后逃逸,但结合案情看,无证驾驶和逃逸本身并不直接导致交通事故的发生,责任认定的主要依据是马国旺的车辆尾部挤占道路通行,致使被害人刘大喜骑摩托车撞到该车辆右侧后部,造成刘大喜重伤。因此,在认定马国旺是否负有事故责任时,主要考虑的是其违章停车行为,逃逸行为并未作为认定依据。马国旺无证驾驶机动车,且违章停车,致一人重伤,负事故的全部责任,根据《关于审理交通肇事刑事案件具体应用法律若干问题的解释》第二条第二款第(二)项,已构成交通肇事罪的基本犯。在此基础上,马国旺又有逃逸情节,则应当将逃逸作为加重处罚情节对待,对马国旺应当在三年以上七年以下有期徒刑范围内量刑。

案例:李启铭交通肇事案

案例来源:《刑事审判参考》总第94集[第892号]

主题词:交通肇事罪　道路的范围

一、基本案情

被告人李启铭,曾用名李一帆,男,1988年12月1日出生,无业。2010年10月24日因涉嫌犯交通肇事罪被逮捕。

河北省望都县人民检察院以被告人李启铭犯交通肇事罪,向望都县人民法院提起公诉。

被告人李启铭对公诉机关指控的犯罪事实供认不讳。其辩护人提出,李启铭认罪态度好,其亲属积极赔偿被害方经济损失,取得了被害方的谅解,且其一贯表现良好,无前科劣迹,请求法庭对其从轻处罚,并适用缓刑。

望都县人民法院经公开审理查明:2010年10月16日晚,被告人李启铭在河北省保定市富海酒楼宴请孟令超、盖余龙等人时大量饮酒,后李启铭驾驶车牌号为冀FWE420的黑色大众迈腾汽车前往河北大学新校区接人,并顺路将盖余龙等人送回该校。李启铭驾车驶入该校生活区南门后,停车让盖余龙等人下车。因李启铭酒后驾驶,随后驾车到达的孟令超提醒其慢速行驶,盖余龙下车后又坐回到副驾驶位置,亦提醒其慢行。李启铭称没事,继续驾车超速行驶(该校生活区内限速5公里/小时)。当日21时30分许,李启铭驾车行至该校生活区易百超市门前时,将前面正在练习轮滑的陈晓凤撞到车前机盖上后落地,亦将扶助陈晓凤练习轮滑的张晶晶撞倒在地。肇事后,李启铭继续驾车行至该校馨清楼宿舍,接上其朋友杜欣宇,并催促盖余龙下车。李启铭驾车返回,途经事发地点仍未停车,行至生活区南门时被校保安人员拦停,后被带至公安机关。陈晓凤因颅脑损伤,经抢救无效死亡;张晶晶受轻伤。经鉴定,李启铭所驾汽车碰撞前的行驶速度为45～59公里/小时,李启铭血液酒精含量为151毫克/100毫升,系醉酒超速驾驶。经交通管理部门认定,李启铭负事故全部责任。

望都县人民法院认为,被告人李启铭违反交通运输管理法规,在校园内醉酒驾车、超速行驶,发生重大交通事故,致一人死亡、一人轻伤,负事故全部责任,且在交通肇事后逃逸,其行为构成交通肇事罪,且犯罪情节恶劣,后果严重,依法应当惩处。案发后,李启铭的近亲属积极代为赔偿被害方的经济损失,取得了被害方的谅解,且李启铭当庭自愿认罪,悔罪态度较好,对其可酌情从轻处罚。对辩护人提出的对李启铭从轻处罚的辩护意见,予以采纳。

依照《中华人民共和国刑法》第一百三十三条和最高人民法院《关于审理交通肇事刑事案件具体应用法律若干问题的解释》第二条第一款、第三条之规定,望都县人民法院以被告人李启铭犯交通肇事罪,判处有期徒刑六年。

一审宣判后,被告人李启铭在法定期限内没有上诉,检察机关亦未提起抗诉,判决已发生法律效力。

二、裁判要旨

No. 2-133-24　允许社会车辆通行的校园道路属于《道路交通安全法》意义上的道路,违反交通运输管理法规,在校园道路内醉驾导致重大交通事故的,应成立交通肇事罪。

从相关法律文件对“道路”规定的内容分析,“道路”的范围呈扩大趋势。最高人民法院2000年制定的《关于审理交通肇事刑事案件具体应用法律若干问题的解释》将“道路”明确为实行公共交通管理的范围,将机关、企事业单位、校园、厂矿等单位内部管辖的路段排除在“道路”的范围之外。但实践中,不少企事业单位、校园、厂矿的厂区、园区不断扩大,且系开放式管理,社会车辆、行人经常借道通行,在该路段发生人车相撞的事故越来越多,当事人常报警要求交通管理部门出警认定事故责任,以便于事故的后续处理。但受《道路交通管理条例》限制,对在这些路段驾驶交通工具发生的事故不能认定为交通事故,相关保险公司也不愿意承担赔付责任,致使肇事者和受害者的权益均难以得到有效保障。因此,《道路交通管理条例》关于“道路”的规定越来越不符合实践中不断出现的新情况。有鉴于此,2004年公布施行的《道路交通安全法》修改了“道路”的含义,扩大了公共交通管理的范围,将“道路”的范围明确为“公路、城市道路和虽在单位管辖范围但允许社会机动车通行的地方,包括广场、公共停车场等用于公众通行的场所"。这样,就把单位管辖范围内允许社会车辆通行的路段纳入"道路"范围,以更好地维护这些路段的交通秩序,保护肇事者和受害者的合法权益。

本案肇事地点位于河北大学新校区生活区,属于典型的单位管辖范围。该生活区虽设有围墙、大门,相对封闭,但系开放式园区,具有比较完善的社会服务功能,社会车辆只需登记车号就可以进出生活区南门,门口也设有限速5公里的交通标志,说明河北大学对其新校区生活区的路段是按照"道路"进行管理的。故该生活区内的道路属于《道路交通安全法》规定的"虽在单位管辖范围但允许社会机动车通行的地方"。被告人李启铭违反交通运输管理法规,在校园道路醉驾并发生重大交通事故,致一人死亡、一人轻伤,负事故全部责任,其行为构成交通肇事罪。

案例:杜军交通肇事案

案例来源:《刑事审判参考》总第94集[第909号]

主题词:交通肇事罪 与以危险方法危害公共安全罪的区分

一、基本案情

被告人杜军,男,1968年3月19日出生,个体户。2009年11月14日因涉嫌犯交通肇事罪被逮捕。

江苏省淮安市楚州区人民检察院以被告人杜军犯交通肇事罪,向淮安市楚州区人民法院提起公诉。

淮安市楚州区人民法院经公开审理查明:2009年10月31日中午,被告人杜军在淮安市楚州区淮城镇豪城大酒店宴请他人,酒后与他人同到浴室洗浴休息。同日17时许,杜军经休息,认为驾车已无碍,遂驾驶车牌号为苏HBU790的小型普通客车回楚州区流均镇。约17时40分,杜军驾车沿306县道(楚流路)由西向东行驶到27km+550m处时,因对路面情况疏于观察,撞击到同向在路边靠右行走的被害人苏广泽(男,殁年15岁)、张义(男,殁年16岁)、徐洋(男,殁年13岁)、苏锐(男,时年12岁),致苏广泽、张义、徐洋当场死亡,苏锐受伤。杜军随即停车,拨打110电话报警。经鉴定,杜军血液酒精含量为88毫克/100毫升。交通管理部门认定,杜军负事故的全部责任。

淮安市楚州区人民法院认为,被告人杜军具有14年驾龄,肇事时天色已晚,且是阴雨天气,能见度较低,且肇事后杜军立即采取刹车措施,并拨打报警电话,由此体现出其未对危害后果持希望或者放任态度,不能认定其行为构成以危险方法危害公共安全罪。杜军违反交通运输管理法规,因而发生重大事故,致三人死亡、一人受伤,其行为构成交通肇事罪。虽然杜军具有当庭自愿认罪、赔偿被害人部分经济损失等酌情从轻处罚情节;但其醉酒驾车造成严重后果,社会影响恶劣,不足以从轻处罚。据此,依照《中华人民共和国刑法》第一百三十三条以及最高人民法院《关于审理交通肇事刑事案件具体应用法律若干问题的解释》第四条第(一)项之规定,淮安市楚州区人民法院以被告人杜军犯交通肇事罪,判处有期徒刑七年。

一审宣判后,被告人杜军未提出上诉,检察机关亦未抗诉,该判决已发生法律效力。

二、裁判要旨

No.2-133-25 醉酒驾驶仅发生一次碰撞,并为避免危害后果采取了一定的措施的,主观上仅对事故后果持过于自信的过失,应认定为交通肇事罪。

根据刑法理论界和实务界的通说观点,对此醉酒驾驶导致交通事故行为的罪过形式,应当根据"主观支配客观,客观反映主观"的原理,结合案件具体情况进行认定。具体而言,应当结合行为人是否具有驾驶资质、是否正常行驶、行驶速度、车况路况、能见度、案发地点车辆及行人多少、肇事后的表现以及行为人关于主观心态的供述、相关证人的证言等情况,进行综合认定。

本案中,认定被告人杜军在主观上没有放任危害结果发生的间接故意,其对三死一伤的后果系过于自信的过失,主要是基于以下三点理由:(1)杜军为避免危害后果发生采取了一定的措施。杜军饮酒后并未立即开车,而是休息数小时后才开车,表明其已经认识到酒后开车对公共安全有较大的危险,并为避免发生这种危险而采取了一定的措施。虽然这项措施客观上没有完全消除醉酒状态,但反映出行为人主观上既不希望也不放任危害后果发生的心态。(2)当杜军意识到其驾驶的汽车撞人后立即采取了制动措施,并下车查看情况,发现确实撞到人后立即报警,表明其并非不顾危害结果的发生,而是对危害后果的发生持反对、否定的态度。(3)杜军的行车速度比较正常,从现场刹车印迹分析,肇事时车速为68～71公里/小时,不属于超速行驶,表明杜军不具有因醉酒后过于兴奋而超速驾车放任危害后果发生的故意。

2009年下发的最高人民法院《关于醉酒驾车犯罪法律适用问题的意见》第一条规定:“行为人明知酒后驾车违法、醉酒驾车会危害公共安全,却无视法律醉酒驾车,特别是在肇事后继续驾车冲撞,造成重大伤亡,说明行为人主观上对持续发生的危害结果持放任态度,具有危害公共安全的故意。对此类醉酒驾车造成重大伤亡的,应依法以以危险方法危害公共安全罪定罪。”从最高人民法院《关于醉酒驾车犯罪法律适用问题的意见》规定的精神分析,行为人发生二次或者二次以上冲撞的,行为人对其行为造成的后果持放任态度的可能性大(在惊慌失措情形下为避免后果发生二次碰撞的除外),倾向认定为以危险方法危害公共安全罪。而行为人仅发生一次冲撞、造成严重后果的,行为人对其造成的后果持反对、否定的可能性大,故倾向认定为交通肇事罪。

需要说明的是,仅发生一次冲撞行为还是有二次或者二次以上冲撞行为,只是体现行为人对危害后果所持意志状态的一个方面,不能将此作为划分交通肇事罪与以危险方法危害公共安全罪的唯一标准。对于仅发生一次冲撞行为的情形,并非绝对排除构成以危险方法危害公共安全罪的可能。对于具有以下情形之一,确有证据证实行为人明知酒后驾车可能发生交通事故,仍执意驾车,导致一次冲撞发生重大伤亡的,仍然可能依法构成以危险方法危害公共安全罪:(1)行为人曾有酒后驾车交通肇事经历的;(2)在车辆密集的繁华地段故意实施超速50%以上驾驶、违反交通信号灯驾驶、逆向行驶等严重威胁道路交通安全的行为;(3)驾车前遭到他人竭力劝阻,仍执意醉驾的;等等。这些情节一定程度上反映出行为人对危害后果可能持放任心态。

案例:陆华故意杀人案

案例来源:《刑事审判参考》总第94集[第910号]

主题词:交通肇事罪　与故意杀人罪的区分

一、基本案情

被告人陆华,男,1963年8月24日出生,被捕前系江苏省如东县东信典当行有限责任公司董事长。2010年4月24日因涉嫌犯交通肇事罪被逮捕。

江苏省南通市人民检察院以被告人陆华犯故意杀人罪,向南通市中级人民法院提起公诉。

被告人陆华及其辩护人提出,陆华的行为不构成故意杀人罪,其主观上是过失而不是间接故意,应当定性为交通肇事罪;陆华具有自首情节,且积极赔偿被害人亲属损失,请求从轻或者减轻处罚。

南通市中级人民法院经公开审理查明:2010年4月17日20时40分许,被告人陆华酒后驾车,由南向北行驶至南通市如东县掘港镇人民路南闸桥北尾时,撞击到同向骑自行车的被害人申某(女,殁年45岁),致申某跌坐于汽车前方。陆华停车后,因害怕酒后驾车被查处,不顾多名路人的呼叫和制止,又启动汽车前行,将跌坐于车前的申某及其所骑自行车拖拽于汽车车身之下。陆华在明显感觉到车下有阻力并伴有金属摩擦声,意识到车下可能有人的情况下仍未停车,将申某及其自行车拖行150余米,直至汽车右轮冲上路边隔离带时,才将申某及自行车甩离车体。后陆华继续驾车逃离现场。被害人申某因严重颅脑损伤合并创伤性休克,经抢救无效于次日死亡。经鉴定,陆华血液酒精含量为163毫克/100毫升,属醉酒状态。案发后,陆华向公安机关投案,并赔偿被害方经济损失人民币53万元,被害方出具了谅解书。

南通市中级人民法院认为,被告人陆华在第一次撞击被害人后经制动刹车,但其为逃避醉酒驾车的处罚,强行驾车逃跑。陆华在逃跑时明知汽车有可能再次撞击被害人,且在汽车起步后感觉汽车遇有明显阻力,听到刺耳的金属摩擦声音,并有多名路人向其叫喊,此时其完全能够意识到被害人可能在其车下,却不计后果,驾车前行100余米,最终导致被害人被拖拽、挤压致死。陆华对被害人死亡后果的发生持放任的态度十分明显,应当认定其罪过形式为间接故意。据此,依照《中华人民共和国刑法》第二百三十二条、第五十七条第一款之规定,南通市中级人民法院以被告人陆华犯故意杀人罪,判处无期徒刑,剥夺政治权利终身。

一审宣判后,被告人陆华不服,向江苏省高级人民法院提出上诉。

江苏省高级人民法院经审理认为,上诉人陆华醉酒驾车发生交通事故,为逃避处罚,强行驾车逃逸,将被害人轧入车底拖行致死,其非法剥夺他人生命的行为已构成故意杀人罪,依法应予严惩。案发后,陆华有投案行为,且积极赔偿被害方经济损失,依法可以酌情从轻处罚。原判对陆华定罪准确,量刑适当,审判程序合法。据此,江苏省高级人民法院裁定驳回上诉,维持原判。

二、裁判要旨

No.2-133-26 行为人醉酒驾驶肇事后继续驾车拖拽被害人,导致被害人死亡的,主观上对死亡结果持放任态度,应认定为(间接)故意杀人罪。

行为人酒后驾驶致人死亡,其行为构成交通肇事罪还是故意杀人罪,从理论上较容易区分,总的原则是:行为人对被害人死亡结果在意志上持放任态度的,构成故意杀人罪;在意志上持反对、否定态度的,构成交通肇事罪。

对于行为人过失发生交通事故后,为逃避法律追究,将被害人带离事故现场后隐藏或者遗弃,致使被害人无法得到救助而死亡的,因其先后实施了交通肇事行为和将被害人带离事故现场隐藏或者遗弃的行为,明显反映出其主观罪过由过失发生交通事故转化到希望或者放任被害人死亡,因而构成故意杀人罪没有异议。但对于行为人将被害人撞倒后,为逃离现场,而驾车冲撞、碾压、拖拽被害人,致被害人死亡的,因其行为具有连续性,是在继续驾车前进过程中发生的,加之行为人系酒后驾驶,辨认能力和控制能力在不同程度上受到酒精的影响,其是否能够认识到发生交通事故以及继续驾车时冲撞、碾压、拖拽了被害人,实践中认定起来比较难,进而影响到对其行为的定性。对于此种情形,需要结合发生交通事故的具体情形、行为人的醉酒程度、现场的环境等因素综合分析行为人的主观意志状态。

区分交通肇事罪和故意杀人罪的要点之一在于判断行为人实施了交通肇事一个行为还是交通肇事和故意杀人两个行为(将交通工具作为故意杀人的工具,实施了一个杀人行为的除外)。本案中,现场多名目击证人证实,陆华驾车冲撞到同向骑自行车的被害人后,被害人因戴着头盔,受伤不严重,倒地后便坐了起来。陆华停驶片刻后突然发车,向被害人撞去,将被害人及其所骑的自行车拽在汽车下并拖行了150余米,直至汽车右轮冲上路边隔离带时,才将被害人及自行车甩离汽车体。后陆华继续驾车逃离现场。尸体鉴定意见证实,被害人系严重颅脑损伤合并创伤性休克死亡,左侧头面部损伤系与路面摩擦过程中形成。上述情况说明,陆华醉酒后驾车撞倒被害人的行为,仅是一般的交通肇事,被害人并未严重受伤。发生交通肇事后,陆华踩刹车停止行驶,此时交通肇事这一行为已经完成。如果陆华就此停止驾驶,在被害人未受重伤的情况下,其行为性质仅是违反行政法的交通肇事行为,即使被害人受重伤,其行为也只构成交通肇事罪。但此后陆华又实施了启动汽车向前行驶,拖行被害人的行为,该后行为独立于前行为,且直接导致被害人死亡,应当从刑法上单独评价。

对于酒后驾驶者,需要判断其辨认能力和控制能力受到酒精的影响程度,特别是行为人实施了交通肇事和杀人两个行为的,需要判断行为人对其杀人行为是否有认识。本案中,被告人陆华驾车时处于醉酒状态,经鉴定其血液酒精含量为163毫克/100毫升,但从其行为和供述看,其辨认能力和控制能力并未受到酒精的严重影响,能够认识到其行为的性质,且其后行为是在对前行为分析、判断的基础上作出的。具体体现在以下情节:(1)陆华冲撞到被害人时,其采取了紧急刹车措施,并作了片刻停留,其自己亦供述听到车外有人说撞了人,因害怕酒后开车撞人处罚严重而想驾车逃逸,没有下车查看,亦没有挂倒挡,就在原地向右打方向盘朝前开,说明其已经认识到自己醉酒驾驶行为已经发生肇事后果。(2)陆华在对醉酒驾驶发生肇事后果具有一定认识的基础上,对其继续驾车前行拖拽被害人可能导致被害人死亡的危害后果亦具有一定认识。陆华根据汽车的行驶状态和群众的呼喊声,能够认识到被拖拽于汽车底下的"东西"极有可能就是被害人及其自行车,但其为尽快逃离现场而不去求证,放任危害后果的发生,甚至为将"东西"甩掉,将车开上路边隔离带。这种不顾被害人死活的意志状态,符合间接故意的心理特征。

综上,被告人陆华在实施交通肇事行为后,为逃避法律追究,明知有异物被拖拽于汽车底下,继续驾车行驶可能会导致被害人死亡结果的发生,而继续驾车逃逸,放任这种危害结果的发生,并最终导致被害人死亡,其后行为属于间接故意杀人,其行为构成故意杀人罪。同时,根据后行为吸收先行为、重行为吸收轻行为的刑法原理,可以对陆华以一罪论处,南通市中级人民法院对其以故意杀人罪论处是正确的。

案例:张超泽交通肇事案

案例来源:《刑事审判参考》总第 94 集[第 918 号]

主题词:交通肇事罪　毒驾行为的处理

一、基本案情

被告人张超泽,男,1990 年 6 月 19 日出生,个体户。2007 年 10 月 25 日因犯抢劫罪被判处有期徒刑一年,2008 年 6 月 26 日刑满释放;2011 年 12 月 1 日因涉嫌犯以危险方法危害公共安全罪被逮捕。

广东省深圳市人民检察院以被告人张超泽犯以危险方法危害公共安全罪,向深圳市中级人民法院提起公诉。

被告人张超泽当庭认罪,辩称不知道吸毒后开车会有什么结果,未想到途中会发生事故。其辩护人提出,张超泽吸毒后驾驶汽车并造成严重后果,其行为构成交通肇事罪而非构成以危险方法危害公共安全罪。

深圳市中级人民法院经公开审理查明:2011 年 11 月 21 日 20 时许,被告人张超泽驾驶车牌号为粤 BH4T80 的汽车外出。途中,张超泽停车吸食毒品氯胺酮,随即驾车沿深圳市布沙路由北向南行驶。途经南湾街道玉岭花园路段时,张超泽因吸毒失去意识,无法控制车辆,其驾驶的汽车先后与车牌号为粤 B11G52 的出租车、自行车相撞,并冲至南岭村公交站台前,将黄应鑫、杨俊荣、张元芝等 13 人撞倒,又撞上停在路边的车牌号为粤 B26702 的汽车,致该车与前方停放的车牌号为粤 B18311 的汽车相撞。事发后,张超泽留在车内,被前来处理事故的民警抓获。黄应鑫于次日死亡,杨俊荣等 5 人受轻伤,张元芝等 7 人受轻微伤。粤 B26702 汽车与粤 B18311 汽车的维修费用共计人民币(以下币种同)13079 元。

深圳市中级人民法院认为,被告人张超泽吸毒后驾驶机动车发生重大事故,致 1 人死亡、5 人轻伤、7 人轻微伤,负事故全部责任;其行为构成交通肇事罪。张超泽交通肇事后果特别严重,属于"其他特别恶劣情节"的情形,应当判处三年以上七年以下有期徒刑。据此,依照《中华人民共和国刑法》第一百三十三条、第六十五条第一款、第六十七条第三款、第六十一条、第三十六条之规定,深圳市中级人民法院以被告人张超泽犯交通肇事罪,判处有期徒刑七年。

一审宣判后,被告人张超泽没有提出上诉,检察机关亦未抗诉,该判决已发生法律效力。

二、裁判要旨

No. 2-133-27　吸毒后驾驶机动车交通肇事造成特别严重后果的,属于《刑法》第一百三十三条意义上的"其他特别恶劣情节"。

对于吸食毒品后驾驶机动车发生重大交通事故的行为,应当结合具体案情进行定性分析。本案争议的焦点在于,被告人张超泽的行为是构成交通肇事罪还是以危险方法危害公共安全罪。我们认为,根据本案的事实和证据,并结合相关刑法理论和司法实践,张超泽对交通事故的发生在意志状态上系反对、否定态度,即罪过形式为过失,其行为构成交通肇事罪。

第一,在认识因素方面,张超泽仅认识到交通事故有发生的可能性而非高度盖然性。过于自信的过失有以下三种情况:一是过高估计自己的能力;二是不当地估计了现实存在的客观条件对避免危害结果的作用;三是误以为结果发生的可能性很小,因而可以避免发生。因个体对毒品的耐受力存在较大差异,分析毒驾者对发生交通事故可能性的认识程度时,既要考察一般人的认知和感受,又要具体考察行为人的认知和感受,即需要结合行为人的吸毒史、吸食毒品的种类、吸毒后的不良反应、驾驶经验以及当时的路况等因素进行综合判断。本案中,现有证据证实张超泽只有两三次吸食氯胺酮的经历,其仅有一次供述称知道吸毒后会失去知觉和自我控制,其余供述均称"没想到会造成这么严重的后果",说明其对自己吸毒后的不良反应认识尚浅,只是模糊、隐约认识到吸毒后驾驶可能会有危险,但过于相信自己的驾驶技术,误以为发生这种危险的可能性较小,即便发生事故,充其量也只是车辆刮擦的小事故。且从常理分析,如果张超泽明知其吸毒后会失去知觉,为何还会驾车去接怀孕的女友,将自己和女友陷入高度危险的境地,这种不符合情理的做法也反证其供述是可信的。因此,张超泽对毒驾发生交通事故的认知程度符合过于自信的过失的认识情况。

第二,在意志因素方面,张超泽对交通事故的发生持反对态度。就毒驾者而言,判断其对危害后果的发生持何种态度,需要综合分析其在何种状态下吸毒,吸毒距驾驶的间隔时间,是否采取避免措施,在驾驶途中是否具有超速、逆向行驶、闯红灯等其他违反道路交通安全法的驾驶行为,肇事后是积极救援还是逃匿等情节。本案中,张超泽系毒品初吸者,对毒品的依赖性一般,并非处于毒瘾发作期为了吸毒而不管不顾肇事危险的情况。张超泽较短的吸毒经历让其误以为发生交通事故的可能性很小,故其未采取避免措施,其在驾驶途中发生严重意识障碍导致行为失控在其意料之外;同时也无证据显示其还实施了其他违反道路交通安全法的驾驶行为。张超泽驾车冲撞行人和车辆的碰撞点有 4 处,但这些碰撞是一次性连续冲撞形成的,并非其意识到第一次冲撞之后为逃离现场而不管不顾继续冲撞的结果。此外,张超泽在事故发生后也未逃离。综上,可认定张超泽对危害结果的发生持否定态度。

吸毒后驾驶机动车交通肇事造成特别严重后果的,属于《刑法》第一百三十三条规定的"其他特别恶劣情节"。

《刑法》第一百三十三条对交通肇事罪规定了三个不同的量刑幅度,其中交通运输肇事后逃逸或者有其他特别恶劣情节的,处三年以上七年以下有期徒刑。最高人民法院《关于审理交通肇事刑事案件具体应用法律若干问题的解释》第四条对"其他特别恶劣情节"列举了三种情形:一是死亡 2 人以上或者重伤 5 人以上,负事故全部或者主要责任的;二是死亡 6 人以上,负事故同等责任的;三是造成公共财产或者他人财产直接损失,负事故全部或者主要责任,无能力赔偿数额在 60 万元以上的。本案中,被告人张超泽吸毒后在繁华路段驾车冲撞多车、多人,造成了 1 人死亡、5 人轻伤、7 人轻微伤的严重后果,社会影响恶劣,但并不在最高人民法院《关于审理交通肇事刑事案件具体应用法律若干问题的解释》规定的上述三种情形之列。在此情况下,能否认定张超泽的行为属于"其他特别恶劣情节",存在一定争议。我们认为,对"其他特别恶劣情节"的把握,要采取原则性与灵活性相统一的原则。

第一,从最高人民法院《关于审理交通肇事刑事案件具体应用法律若干问题的解释》第四条的规定看,并未绝对排除该条规定之外的其他情形属于"其他特别恶劣情节"。最高人民法院《关于审理交通肇事刑事案件具体应用法律若干问题的解释》第四条规定"交通肇事具有下列情形之一的,属于有其他特别恶劣情节"。这种列举式的表述方式则相对灵活,对于符合最高人民法院《关于审理交通肇事刑事案件具体应用法律若干问题的解释》列举的三种情形之一的,应当认定为"有其他特别恶劣情节",而对其他情形是否属于"其他特别恶劣情节",最高人民法院《关于审理交通肇事刑事案件具体应用法律若干问题的解释》则未作出排除性或者禁止性规定。故判断其他情形是否属于"其他特别恶劣情节",可以依照刑法和最高人民法院《关于审理交通肇事刑事案件具体应用法律若干问题的解释》规定的精神,结合具体案情作出判断。

第二,从最高人民法院《关于审理交通肇事刑事案件具体应用法律若干问题的解释》第二条规定的精神看,应当将吸毒后驾驶致多人死伤的行为认定为“其他特别恶劣情节”。最高人民法院《关于审理交通肇事刑事案件具体应用法律若干问题的解释》第二条第一款规定,致1人死亡或者3人以上重伤,负事故全部或者主要责任的,构成交通肇事罪。同时,该条第二款规定,交通肇事致1人以上重伤,负事故全部或者主要责任,并具有该款列举的六种情形之一的,亦构成交通肇事罪。其中,第一项即是“酒后、吸食毒品后驾驶机动车辆的”,说明最高人民法院《关于审理交通肇事刑事案件具体应用法律若干问题的解释》在交通肇事罪的入罪标准上,区分了一般情形和毒驾等特殊情形。根据这一规定精神,在量刑上也应区分不同情形确定从严处罚的尺度。一般情况下“死亡二人以上或者重伤五人以上,负事故全部或者主要责任的”属于“其他特别恶劣情节”,那么,对于具有毒驾情节的,可比照该项规定适当降低致人伤亡的程度。如果毒驾肇事致一人以上死亡、多人受伤的,就可以考虑认定为“其他特别恶劣情节”。本案中,张超泽交通肇事致1人死亡、5人轻伤、7人轻微伤,后果特别严重,结合其吸毒后驾车的情节,可以认定为“其他特别恶劣情节”,在三年以上七年以下有期徒刑幅度内判处刑罚。鉴于本案社会影响恶劣,一审法院顶格判处张超泽有期徒刑七年,准确贯彻体现了宽严相济刑事政策依法从严的精神。

案例:汪庆樟交通肇事案

案例来源:《刑事审判参考》总第124集[第1364号]

主题词:交通肇事罪　逃逸致死

一、基本案情

2018年7月5日20时23分,被告人汪庆樟驾驶二轮电动车与靠道路右侧行走的被害人陈蒙根发生碰撞,致使二人摔倒。汪庆樟起来后,发现了倒在车道中的陈蒙根,但并未报警和实施救助。20时26分,许坚洁驾驶小型轿车行驶至事故发生地,碾轧到倒地的陈蒙根。许坚洁下车查看并询问汪庆樟。汪庆樟谎称没有东西,并于20时26分47秒驾驶肇事车辆逃离现场。20时27分—20时29分,许坚洁发现车子仍然开不动,倒车后发现倒地的陈蒙根,随即报警、报医。警察和医生赶到时陈蒙根已经死亡。三门县公安局交通警察大队认定,汪庆樟承担此事故的主要责任,许坚洁承担次要责任,陈蒙根无责任。被告人汪庆樟已预缴赔偿款人民币6.1万元。

一审法院认为被告人汪庆樟违反交通运输管理法规发生重大事故后逃逸致人死亡,构成交通肇事罪。但其如实供述犯罪事实,予以从轻处罚;已预缴部分赔偿款,酌情从轻处罚。最终判处被告人汪庆樟有期徒刑七年。

一审宣判后被告人汪庆樟上诉,提出被害人陈蒙根是因后车碾轧致死而并非其逃逸造成,原判认定其行为系逃逸致人死亡错误,量刑过重,请求依法改判。

二审认为原判定罪和适用法律正确,量刑适当,审判程序合法,裁定驳回上诉,维持原判。

二、裁判要旨

No.2-133-28　肇事者交通事故后滞留现场不履行救助义务,后车发生二次碰撞造成被害人死亡的,成立逃逸致死。

根据《最高人民法院关于审理交通肇事刑事案件具体应用法律若干问题的解释》(以下简称《交通刑事解释》)第五条规定,“因逃逸致人死亡”是指行为人在交通肇事后为逃避法律追究而逃跑,致使被害人得不到救助而死亡的情形。“因逃逸致人死亡”需要符合以下四个条件:

第一,被告人交通事故后有救助义务及救助能力。根据《道路交通安全法》第七十条的规定,肇事者发生交通事故后必须立即停车,保护现场;造成人身伤亡的,应当立即抢救受伤人员,并迅速报告执勤的交通警察或者公安机关交通管理部门。除了法律的明文规定,基于交通肇事的先行行为,交通肇事者在肇事后也负有救助义务。肇事者是否具有救助能力应当根据肇事者所在现场的时空条件来认定。一是肇事者本人处于清醒状态并具有活动能力;二是肇事者明确知晓被害人受伤;三是当时现场有充分的条件允许肇事者进行救助。本案中,有相关证据证明发生事故后被告人明知自己交通肇事,并且在当时现场的时空条件下有救助能力,但并未采取任何救助措施。

第二,被告人交通事故发生后逃逸,未履行救助义务。交通肇事后逃逸行为的本质特征就是为了逃避法律追究不履行法定义务,因而正确认定"逃逸"也应当围绕肇事者在肇事后是否履行了法定义务去考察。"因逃逸致人死亡"中的"逃逸",应着重于审查肇事者在有救助能力的情况下是否履行了救助义务。本案中,首先,被告人在后车肇事者问询时隐瞒自己的肇事者身份,具有肇事后逃避法律追究的主观故意。其次,两次事故是一个整体的延续状态,被告人神志清醒、行动自如、未受到任何威胁,具有救助能力和条件,但未采取任何救助措施,而是在短时间内逃离事故现场。最后,二次碰撞后,后车肇事者下车查看并且询问被告人,但被告人在此期间既没有表明受害人的存在,也没有表明自己是肇事者,而是将自己隐匿在现场。因此,被告人在有救助能力的情况下未履行救助义务,可以认定其属于"因逃逸致人死亡"中的"逃逸"。

第三,被告人的逃逸行为与被害人死亡之间存在因果关系。本案中存在介入因素,即后车的第二次碰撞。要判断第二次碰撞是否阻断前车碰撞、逃逸行为与被害人死亡之间的因果关系需要考虑:(1)逃逸行为导致被害人死亡结果发生的危险性大小;(2)后车第二次碰撞行为的异常性大小;(3)后车第二次碰撞行为对结果的发生的作用大小;(4)后车第二次碰撞行为是否为逃逸行为的可控范围。最重要的是判断哪个行为对结果的发生起到决定作用,也要考虑后车行为的可能性。

本案中,在晚上来往车辆较多的公路上,正常人都会合理预见被害人若得不到救助,随时有被后车碾轧的可能。被告人的先行肇事行为使受害人面临生命安全的紧迫危险,负有采取有效措施排除危险或防止结果发生的特定义务。如果被告人履行救助义务或者保护了现场,就可以避免危害结果的发生。后车事故行为的发生和介入在被告人合理预见的能力范围之内,被告人的逃逸行为导致被害人再次被碾轧的危险性增大。因此,后车事故行为虽然介入了被告人肇事、逃逸与被害人死亡的因果进程,但不属于异常介入因素,不能阻断被告人肇事、逃逸与被害人死亡之间的因果关系。

第四,被告人的逃逸行为与故意杀人行为不具有相当性。《交通刑事解释》第六条规定行为人将被害人带离事故现场后隐藏或者遗弃的,可以以故意杀人罪定罪。除了从形式上是否有积极移置行为来加以判断,还应考虑逃逸行为对结果的客观归责程度以及肇事者不履行义务对结果的原因力大小。如果第二次碰撞的肇事者被认定不负责任,则说明第二次事故发生具有较大可能性,那么逃逸行为与故意杀人行为具有相当性,死亡结果完全归责于逃逸行为,应根据案件的具体情况判断是否构成故意杀人罪;如果第二次碰撞肇事者被认定负有责任,则说明第二次事故发生存在偶然性,不能将危害结果完全归责于逃逸行为,因此认定为"因逃逸致人死亡"。

本案中,被告人不存在积极移置性行为,同时事故认定第二次碰撞肇事者负次要责任,存在一定过错,被告人的逃逸行为与故意杀人行为不相当。

综上,被告人撞倒被害人后,具备救助条件,但故意隐瞒肇事者身份,不履行作为肇事者应该履行的法定义务,意图逃避法律追究,致使被害人被后车碾轧致死,应当认定被告人的行为属交通肇事后逃逸致人死亡。

案例:王爱华、陈玉华交通肇事案

案例来源:《刑事审判参考》总第 130 辑[第 1450 号]

主题词:交通肇事罪　逃逸致死

一、基本案情

2019 年 7 月 12 日 4 时 6 分许,被告人王爱华指使被告人陈玉华驾驶一辆重型货车,车上装载 50 吨水泥,沿 311 国道亳州市谯城区十八里镇路段自西向东行驶至城西交警中队东侧时,碾轧到行人刘某后驾车逃逸;4 时 7 分许,樊红居驾驶一辆重型半挂牵引车牵引一辆重型仓栅式半挂车,自西向东行驶至事发路段时,又碾轧到已经倒地的行人刘某后驾车驶离。该事故致刘某当场死亡,该重型货车受损。经安徽龙鑫司法鉴定所鉴定,该重型货车安全技术性能不合格。经交警支队二大队认定,陈玉华负此次事故的主要责任,樊红居负此次事故的次要责任,刘某无责任。

二、裁判要旨

No. 2-133-29 交通肇事逃逸后发生二次碾压时,若无法确定被害人具体死亡时间的,不宜认定为逃逸致人死亡,仅构成交通肇事后逃逸。

事故责任认定书作出的是一种综合性的判断,并不能明确证明被害人死亡的具体原因。结合案发的时间以及各行为人对现场的描述,后车撞击时被害人没有呼救行为,事故责任认定书只能说明被害人死亡是多因一果,结合案发当时的具体情况,并不能确定被害人在被本案被告人第一次碾轧时是否已经死亡。本案判决认可事故责任认定书中被告人对事故承担主要责任的结论,同时对被害人的死因根据客观情况进行认定,在证据无法还原客观事实时,作有利于被告人的理解。本案中,由于不能确定被害人在遭到第一次碾轧时是否死亡,根据刑法谦抑性原则,从有利于被告人角度出发,不认定逃逸致人死亡,而认定陈玉华交通肇事后逃逸,适用升格法定刑更加符合社会的认知,也是罪责刑相适应原则的体现。

案例:李彬交通肇事案

案例来源:《刑事审判参考》总第 115 集[第 1271 号]

主题词:交通肇事罪 罪过形式

一、基本案情

2013 年 9 月 23 日晚,被告人李彬与李某一起饮酒后,李某驾驶李彬的速腾轿车送李彬回家。到家后李彬不听劝阻,又驾车接上他人向延庆县第七中学方向行驶。21 时 10 分许,李彬超速行驶到该中学门口处时未避让行人,在人行横道处将步行通过路口的中学生张某撞飞。李彬发现自己肇事后,驾车从道路前方断口处返回,停车后拨打“120”,公安人员赶到现场后李彬承认系其酒后驾车撞人。张某因闭合性颅脑损伤经抢救无效于当日死亡。经鉴定,李彬案发时血液酒精含量为 227.1mg/100ml,负此次交通事故的全部责任。

二、裁判要旨

No. 2-133-30 区分交通肇事罪和以危险方法危害公共安全罪,关键在于准确认定行为人的罪过形式。

从理论上来看,区分交通肇事罪和以危险方法危害公共安全罪,关键在于准确认定行为人的罪过形式,即属于间接故意还是过于自信的过失。审判实践中,考虑到行为人犯罪时的主观心态只存在于其意志中,要证明其主观心态只能通过其认知水平、行为时间、地点、对象、力度、使用的工具以及事发后表现等外在表象,根据主客观相一致的原则,运用经验与逻辑形成判断,以此来认定行为人的主观心态。因此,只要有证据证明行为人事前并没有明显的危害社会意图,事后有尽量避免危害结果发生的补救举动,一般就应当认为其主观心态属于过于自信的过失。从另一个角度分析,如果有充分的证据证明行为人为了实施某些偏离交通目的的高度危险行为而放任危害结果发生,可以认定其具有危害公共安全的间接故意,可能构成以危险方法危害公共安全罪。至于醉酒,只是反映行为人违反交通法规严重程度的情节,可在量刑时予以考虑,一般不能作为认定行为人具有危害公共安全间接故意的关键因素。

最高人民法院 2009 年发布的《关于醉酒驾车犯罪法律适用问题的意见》指出,行为人明知酒后驾车违法、醉酒驾车会危害公共安全,却无视法律醉酒驾车,特别是在肇事后继续驾车冲撞,造成重大伤亡,说明行为人主观上对持续发生的危害结果持放任态度,具有危害公共安全的故意。对此类醉酒驾车造成重大伤亡的,应依法以以危险方法危害公共安全罪定罪。根据上述文件的精神,在司法实践中可大体遵循以下标准区分交通肇事罪和以危险方法危害公共安全罪:(1)仅有一次碰撞行为的,除非有充分的证据证明行为人对危害结果的发生持希望或放任态度,否则不能认定其具有危害公共安全的直接或间接故意,只能认定为过失,以交通肇事罪论处。其中,对造成特别重大伤亡后果的案件,不能仅因后果极其严重就认定行为人当时出于故意心态,即不能仅凭结果认定主观心态,还要综合案件的具体情节来认定。(2)有两次以上碰撞行为的,说明行为人出于逃逸等目的,将他人的生命置于高度危险之中,其本人已没有能力对这种危险进行有效控制,但依然不管不顾,为逃脱罪责放任危害结果的发生,一般可认定具有危害公共安全的间接故意,可以以危险方法危害公共安全罪论处。

本案中,被告人李彬案发前大量饮酒,处于醉酒状态,且驾车过程中超速行驶,但不能仅以其大量饮酒、有超速行为就认定其主观上具有危害公共安全的故意。综合其事前、事中、事后的表现来看,其主观上仍属于过于自信的过失,构成交通肇事罪。具体理由有三点:(1)李彬在醉酒超速驾车时虽意识到有发生事故的可能性,但显然并不希望发生事故。(2)醉酒、超速驾车行为严重违反交通法规,但此种行为是否属于危害公共安全的高度危险行为,需要结合具体案情评估行为人操纵车辆、保证交通安全的能力。根据李彬的供述,其驾车通过事发路段时按了喇叭,并认为行人会避让所以没有减速,发现被害人时来不及躲闪因而发生相撞。上述情节反映其事发时具有一定避险能力和避险意识,并且也有相应的避险举动,其行为尚不属于危害公共安全的高度危险行为。(3)虽然不能单纯以事后行为判断行为人事发时的主观心态,但行为人事发后的即时表现对认定其主观心态也是重要的参考因素。李彬发现自己肇事后,及时返回现场拨打"120",并主动承认自己醉酒驾车撞人,这些事后表现反映出其对危害后果的发生是持反对态度的,并无放任危害结果发生的心态。

案例:黄文鑫交通肇事案

案例来源:《人民法院案例选》2016 年第 9 辑

主题词:交通肇事罪 肇事后逃逸

一、基本案情

法院经审理查明:2015 年 7 月 23 日 5 时许,被告人黄文鑫持"C1"型机动车驾驶证驾驶与准驾车型不符且超载的豫 G×××××(苏 H×××××挂)重型半挂牵引车,沿 S230 线由南向北行驶至宜兴市周铁镇郑渎路口时,追尾撞到同向行驶的徐南兴驾驶的苏 B×××××正三轮载货摩托车,致徐南兴受伤、车辆受损。肇事后,被告人黄文鑫用手机报警,同时指使随车驾驶员王守会(另案处理)顶包。随后,其陪同徐南兴亲属将徐南兴送至医院抢救,让王守会在事故现场等候交警处理。当日,被告人黄文鑫和王守会均向公安机关交代王守会为肇事驾驶员,被告人黄文鑫为车主。2015 年 8 月 16 日,徐南兴因颅脑损伤经医院抢救无效死亡。2015 年 8 月 19 日,王守会涉嫌犯交通肇事罪被刑事拘留,期间如实交代了其为被告人黄文鑫顶包的事实。2015 年 9 月 3 日,宜兴市交通巡逻警察大队作出道路交通事故认定书,认定被告人黄文鑫负事故的全部责任。

案发后,被告人黄文鑫支付赔偿款人民币(下同)6 万元。

2015 年 8 月 29 日,被告人黄文鑫经电话通知,主动至公安机关接受调查,期间如实供述了上述事实。

江苏省宜兴市人民法院经审理认为:根据《道路交通安全法》和《道路交通事故处理办法》规定,发生交通事故后肇事者必须立即停车,保护现场、抢救伤者和财产,并迅速报告公安机关和执勤的交通警察,听候处理;同时,应当如实向公安机关陈述交通事故发生的经过,不得隐瞒交通事故真实情况。因此,保护事故现场、抢救伤者、报警并如实陈述事实经过,接受公安机关处理,是肇事者必须履行的法定义务。本案中,被告人黄文鑫在肇事后,因害怕承担法律责任而不履行法定义务,指使王守会作假证,主观上具有逃避承担相应法律责任的故意,客观上实施了为隐瞒肇事者真实身份而指使他人顶包的行为,逃避公安机关的侦查,即便人当时未离开事故现场,也掩盖不了交通肇事后"逃跑"的本质。根据最高人民法院《关于审理交通肇事刑事案件具体应用法律若干问题的解释》第三条的规定,其行为属于交通肇事后逃逸情形。案发后,被告人黄文鑫接电话通知主动至公安机关接受调查,应视为主动投案,归案后如实供述了自己的犯罪事实,是自首,依法可从轻处罚。据此,依照《中华人民共和国刑法》第一百三十三条、第六十七条第一款的规定,认定被告人黄文鑫犯交通肇事罪,判处有期徒刑四年。

宣判后,原审被告人黄文鑫不服,向江苏省无锡市中级人民法院提出上诉。上诉人及其辩护人提出的主要上诉理由和辩护意见是:黄文鑫指使他人顶包的目的是意图获取肇事车辆的保险理赔而非逃避刑事责任,客观上也积极救治被害人并未逃离现场,故不属于肇事后逃逸的情形,原审判决适用法律错误,量刑不当,请求二审依法改判。

无锡市中级人民法院认为:原审判决认定事实清楚,定罪正确,量刑适当,审判程序合法,应予维持,遂于2016年2月1日作出(2015)锡刑终字第00183号刑事裁定:驳回上诉,维持原判。

二、裁判要旨

No. 2-133-31 交通肇事后被告人虽然报警并积极救治伤员,但在协助调查时隐瞒真相安排他人顶包的行为,构成交通肇事后逃逸。

刑法关于肇事逃逸之规定所试图保护的法益,是事故被害人得到及时救治以免因耽搁致伤致死的权益和相关机关对事故进行顺利调查和处理以划分落实责任、平复纠纷的正常工作秩序。从对该条文内容的理解应当以此法益保护为出发点,只要侵害了该法益的行为都可以涵盖相关的罪名和量刑情节。因此,交通肇事罪中的逃逸,是指逃避法律追究,即以任何作为或不作为的方式试图规避应当承担的法律责任的行为。其立法原因上的外延显然比逃跑要更加广阔,将肇事后虽留在现场但安排他人顶包的行为界定为"逃逸"的类型之一,契合社会生活事实,具有生活经验上的合理性。

案例:胡伦霞交通肇事案

案例来源:《刑事审判参考》总第120集[第1297号]

主题词:交通肇事罪 行人

一、基本案情

2017年5月27日20时许,被告人胡伦霞步行至中山市火炬开发区中山六路上坡头对开路段,未按交通信号灯指示而穿越马路,并在穿越马路时使用手机;过程中与机动车道内正常行驶的由缪渊源驾驶的普通二轮摩托车发生碰撞,致乘坐摩托车的被害人张小清受伤,后经送医院抢救无效死亡,经法医鉴定,张小清符合钝性暴力作用于头面部致重型颅脑损伤而死亡。胡伦霞也受伤并被送医救治。经公安交警部门现场勘查和调查取证认定,胡伦霞通过有交通信号灯的人行道,未按交通信号灯指示通行,违反《道路交通安全法》第六十二条规定,是导致此事故的主要过错方;根据2008年《道路交通事故处理程序规定》(已失效)第四十六条第一款第二项规定,胡伦霞承担此事故的主要责任。

二、裁判要旨

No. 2-133-32 行人是交通肇事罪的适格主体。

根据《道路交通安全法》,车辆是交通事故中不可缺少的一环,但我们不能就此得出结论,认为交通肇事刑事案件(交通肇事罪)只追究机动车及其驾驶人的责任。《刑法》第一百三十三条规定,违反交通运输管理法规,因而发生重大事故,致人重伤、死亡或者使公私财产遭受重大损失的,处三年以下有期徒刑或者拘役。可以看出,自1997年《刑法》修订之后,交通肇事罪的主体扩大为一般主体(注:1979年《刑法》规定交通肇事罪的主体为"从事交通运输的人员")。而最高人民法院《关于审理交通肇事刑事案件具体应用法律若干问题的解释》(以下简称《交通肇事解释》)第一条规定:"从事交通运输人员或者非交通运输人员,违反交通运输管理法规发生重大交通事故,在分清事故责任的基础上,对于构成犯罪的,依照刑法第一百三十三条的规定定罪处罚。"《交通肇事解释》进一步明确了交通肇事罪的主体包括非交通运输人员,即包括行人及非机动车的驾驶人。从实际发生的交通肇事案件看,因行人和非机动车驾驶人违章造成交通事故的情形也时有发生,给公民的生命、健康和公私财产安全造成了危害。因此,虽然行人和非机动车驾驶人在道路交通中相对是弱者,应给予特别的关照,但其违反交通法规发生交通事故,也危及了交通安全,理应依法按照交通肇事罪处罚。

案例:黄来珠交通肇事案

案例来源:《刑事审判参考》总第127辑[第1403号]

主题词:交通肇事罪 认罪认罚制度

一、基本案情

厦门市集美区人民法院依法适用普通程序公开开庭审理本案。被告人庭审对指控事实无异议,自愿认罪认罚。经审理查明:2017年4月8日10时许,被告人黄来珠驾驶小型汽车(附载杨翠鸣),与在人行横道上横过马路的行人傅细妹、廖海华、廖梓烨发生碰撞,后冲到南侧机动车道内,与该车道内的由魏华义驾驶的两轮摩托车、彭培坤驾驶的小型汽车和徐林兵驾驶的出租车(附载高强)连续发生碰撞,造成四车车损及被害人傅细妹、廖海华当场死亡,被害人廖梓烨受伤经送医院抢救无效死亡,被告人黄来珠及被害人魏华义、彭培坤、徐林兵、高强、杨翠鸣受伤的重大交通事故。交警部门经对事故现场勘查、调查取证及技术鉴定后认定,黄来珠驾车行驶时,因操作失误,误踩油门致车辆加速,在转弯时失控,造成车辆发生连续碰撞,负事故全部责任。

事故发生之后,被告人黄来珠明知他人报警但因受伤被120救护车送往医院治疗,并在医院治疗期间接受公安机关调查。归案后,黄来珠如实供述了上列犯罪事实,愿意接受处罚。黄来珠家属已代为赔偿被害人杨翠鸣、魏华义、彭培坤、徐林兵、高强的所有经济损失,取得被害人杨翠鸣、魏华义、彭培坤、徐林兵、高强的谅解,并赔偿死者家属丘梅英部分经济损失人民币55万元(50万元赔偿款、5万元慰问金)。另查明,本案在审理期间,黄来珠的家属就本案的民事赔偿问题与死者家属达成赔偿协议,共赔偿死者家属合计人民币450万元(含之前支付的50万元赔偿款、2017年10月18日支付的339万元赔偿款及精神抚慰金、保险公司应当支付的商业险和交强险61万元)。死者家属对黄来珠表示谅解。

法院认为,被告人黄来珠违反交通运输管理法规致发生交通事故,造成三人死亡、三人轻伤,其应负事故的全部责任,情节特别恶劣,其行为已构成交通肇事罪。其犯罪后自动投案,如实供述自己的罪行,系自首,依法可以从轻处罚。其家属能积极赔偿各被害人及被害人家属的经济损失并取得谅解,对黄来珠可酌情从轻处罚,对其适用缓刑不致再危害社会,可适用缓刑。判决被告人黄来珠犯交通肇事罪,判处有期徒刑三年,缓刑四年。

一审宣判后,被告人黄来珠未上诉,检察机关未抗诉。判决已发生法律效力。

二、裁判要旨

No. 2-133-33 被告人确有认罪认罚表现,程序上未按认罪认罚模式从简处理的,不影响实体从宽处罚。

根据《刑事诉讼法》第十五条的规定,犯罪嫌疑人、被告人认罪认罚的,可以依法从宽处理。这里的"从宽处理"包括实体从宽与程序从简两个方面,二者之间是相互独立的关系。基于案件本身情况,例如案件涉及复杂因素,社会影响大,部分被告人不认罪认罚等,犯罪嫌疑人、被告人虽有认罪认罚表现,但程序上未按认罪认罚模式从简处理的,并不影响实体上对被告人从宽处罚。《刑事诉讼法》第十五条的规定是在程序法层面对宽严相济刑事政策的制度化和深化发展,是公安司法机关对认罪认罚犯罪嫌疑人、被告人可以"实体从宽、程序从简"的原则性依据,目的是鼓励真正的犯罪嫌疑人、被告人尽早向司法机关坦白罪行,获得从宽处理,多层次实现认罪认罚从宽制度的应有功能。

本案系交通肇事案,造成三人死亡、三人轻伤和多辆车辆受损的严重后果。虽被告人具有自首情节,愿意接受处罚,并自审查起诉阶段起积极赔偿被害人损失,检察机关也提出自首减轻、赔偿酌情从轻处罚的意见,并建议在三至四年间判处刑罚,但是一审法院作为认罪认罚从宽制度试点法院,考虑到该案后果严重,在当地影响较大,并未适用认罪认罚从宽制度简单处理,而是依法组成合议庭,适用普通程序公开审理此案,并把附带民事赔偿与刑事责任一体化解决,把妥善处理善后工作作为本案的重点。本案死亡被害人提出500余万元的巨额赔偿请求,被告人及其亲属无能力全额赔偿或者代赔,为避免附带民事判决无法执行,给被害人家属造成二次伤害,也避免矛盾的扩大化,一审法院对附带民事诉讼没有简单下判,合议庭成员努力做被告人家属工作,动员被告人家属向家族筹款。经过多方努力,附带民事诉讼双方当事人在人民法院主持下达成调解协议:被告人共赔偿死者家属合计人民币450万元,以现金的方式打入附带民事诉讼各原告指定的银行账户,各原告对被告人表示谅解,同意对被告人予以从轻处罚并适用缓刑。一审法院综合本案性质、情节、后果等因素,结合被告人具有自首、积极赔偿并获得谅解等法定从宽处罚情节,采纳辩护人提出的判处被告人缓刑的意见,判处被告人有期徒刑三年,缓刑四年。一审宣判后,被告人不上诉,检察机关不抗诉,被告人受到惩罚和教育,被害人身心得到慰藉,因犯罪破坏的社会秩序及时得到恢复,案件办理取得了好的法律效果和社会效果。

19 危险驾驶罪(《刑法》第一百三十三条之一)

案例:杨飞、高永贵危险驾驶案

案例来源:《人民法院案例选》2013年第4辑

主题词:危险驾驶　教练的刑事责任

一、基本案情

被告人:杨飞。

被告人:高永贵。

经法院审理查明:2012年9月11日,被告人杨飞在其驾校教练被告人高永贵的指导下,在新都区石板滩镇附近路段练习机动车驾驶技术。当日14时许,被告人杨飞、高永贵和杨某某(杨飞的朋友)在石板滩镇街区就餐。就餐过程中,三人先共同分饮了一斤白酒,后又每人加喝一瓶啤酒。饭后被告人杨飞、高永贵和杨某某三人在同一教练车上休息。当晚19时30分许,被告人杨飞酒后在被告人高永贵的指导下驾驶川A9844学教车从新都区石板滩镇沿新石路往新都方向行驶,行至成青快速通道路口时,因操作不当与前方等待交通灯放行信号的川AR5W65小轿车发生碰撞,致使川AR5W65轿车又与前方等待交通灯放行信号的川A128M4、川ARJ989两车发生追尾,四车受损。经提取被告人杨飞血液进行鉴定,其血液中乙醇浓度为116.6毫克/100毫升。

成都市新都区人民法院于2013年5月31日作出(2013)新都刑初字第289号判决:1.被告人杨飞犯危险驾驶罪,判处拘役二个月,并处罚金一千元。(刑期从收监执行之日起计算。罚金于本判决书发生法律效力后三个月内缴纳,期满不缴纳的,强制缴纳)。2.被告人高永贵犯危险驾驶罪,判处拘役二个月,并处罚金一千元。(刑期从收监执行之日起计算。罚金于本判决书发生法律效力后三个月内缴纳,期满不缴纳的,强制缴纳)。

宣判后,被告人未提出上诉,公诉机关也未抗诉,本判决已发生法律效力。

法院生效裁判认为:被告人高永贵身为机动车驾驶教练员,在明知其学员被告人杨飞喝了酒的情况下,仍然伙同其醉酒驾驶机动车,危害公共安全,二被告人的行为均已构成危险驾驶罪。成都市新都区人民检察院指控被告人杨飞、高永贵犯危险驾驶罪,事实清楚,证据确实、充分,指控罪名成立,本院予以支持。二被告人共同故意犯罪,属共同犯罪。鉴于二被告人系初犯,归案后能够如实供述犯罪事实,认罪态度较好,且已赔偿被害人经济损失,并取得谅解,具有一定的悔罪表现,本院酌定对其均从轻处罚。综合全案的犯罪情节、犯罪后果及被告人的认罪态度、悔罪表现等因素,依法作出判决。

二、裁判要旨

No.2-133之一-1　教练明知学员醉酒而放任其驾驶教练车的,成立危险驾驶罪。

本案的涉案车辆系教练车,涉案人员系驾校的学员和教练。《道路交通安全法实施条例》第二十条明确规定:"在道路上学习机动车驾驶技能应当使用教练车,在教练员随车指导下进行,与教学无关的人员不得乘坐教练车。”故教练车系专用于机动车驾驶教学所用的车辆,学员应在教练员的随车指导下进行驾驶训练。学员作为尚未取得驾驶资格的人,因其身份的特殊性决定了其本身对车辆并不具有完全的掌控能力。其在驾驶教练车的过程中,教练员必须在教练车上通过语言或行为指导、辅助学员驾驶。由此可见,教练车的控制权实际更多的是掌握在教练员手上,这也使得教练车的驾驶主体出现了复合性。不仅在主驾驶位实际驾车的学员系驾驶主体,指导学员驾车并对教练车具有实际控制权的教练员也是驾驶主体。

根据《道路交通安全法实施条例》第二十条的明确规定,学员在正常的学习驾车过程中,因交通违法或造成交通事故产生的行政责任或民事责任由教练承担。这是立法对学员驾车技术并未达到独立驾车水平的一种必要免责考量,只要学员不是违反指导,故意为之,那么就可以得到法定范围内的免责。而该条款的另一重要立法目的还是,通过加重教练的责任来充分保障教练车的安全行驶。

综上,对教练车具有实际控制权并对其安全行使负有直接责任的教练可以成为危险驾驶的犯罪主体。教练有义务在教学过程中对学员的违规驾驶行为予以及时地纠正和制止。对教练车具有实际掌控能力并对安全驾驶负有保障义务的教练,明知学员酒后驾车而不予以制止,属于以不作为方式实施的危险驾驶行为,与醉酒驾驶的学员成立危险驾驶的共犯。

案例:谢忠德危险驾驶案

案例来源:《刑事审判参考》总第85集[第760号]

主题词:危险驾驶罪 道路的范围认定

一、基本案情

被告人谢忠德,男,1988年1月7日出生,农民。因涉嫌犯危险驾驶罪于2011年7月11日被刑事拘留。

北京市顺义区人民检察院以被告人谢忠德犯危险驾驶罪,向北京市顺义区人民法院提起公诉。

被告人谢忠德对指控其犯危险驾驶罪的事实没有异议。

北京市顺义区人民法院经审理查明:被告人谢忠德于2011年7月11日零时许,在北京市顺义区仁和镇河南村西口处,醉酒驾驶一辆红色金陵无牌照摩托车,后被查获。经法医鉴定,谢忠德血液检材中的酒精含量为144.7毫克/100毫升。

北京市顺义区人民法院认为,被告人谢忠德在道路上无证醉酒驾驶机动车,其行为侵犯了公共交通安全,构成危险驾驶罪。谢忠德案发后明知他人报警而在现场等候,到案后能如实供述犯罪事实,系自首,且当庭认罪、悔罪,依法可对其从轻处罚。依照《中华人民共和国刑法》第一百三十三条之一、第六十七条第一款、第五十二条、第五十三条之规定,判决如下:

被告人谢忠德犯危险驾驶罪,判处拘役二个月,并处罚金人民币一千元。

一审宣判后,谢忠德未上诉,检察院未抗诉,判决已生效。

二、裁判要旨

No.2-133之一-2 《刑法》第一百三十三条之一危险驾驶罪中的道路不限于1992年最高人民法院、公安部联合发布的《关于处理道路交通事故案件有关问题的通知》第二条中所规定的“《中华人民共和国公路管理条例》规定的,经公路主管部门验收认定的城间、城乡间、乡间能行驶汽车的公共道路(国道、省道、县道和乡道)”,也包括农村中具有一定规模和较强公共性的农村道路。

随着“汽车社会”的到来,危险驾驶行为数量直线上升,这一现象带来的潜在危险和现实危害迫使立法者对危险驾驶行为的社会危害性重新作出评价。2011年《刑法修正案(八)》将危险驾驶行为纳入刑法调整范围。危险驾驶罪的直接法益是交通安全,危害的是不特定的多数人的生命、健康或者重大公私财产的安全。危险驾驶以一定危险状态的产生作为构成犯罪的基本要件,危险驾驶罪是危险犯,无论是否实际发生了损害后果,都可以构成危险驾驶罪。惟其如此,立法将危险驾驶行为限定发生在“道路”这一特定的空间场域,其保护的不仅是特定事故的受损害方(在发生交通事故的情况下),而且包括不特定的多数人的生命、健康或者重大公私财产的安全。

在明确这一立法意图的基础上,我们认为,对危险驾驶罪中“道路”的理解应重点把握驾驶行为发生地是否具有“公共性”,只要具有“公共性”,就应当认定为“道路”。近年来,随着经济的发展,农村的一些道路出现了明显的公路化演变,行驶的机动车数量大量增多,机动车在农村道路上发生的交通事故也大幅增加。因此,将农村中具有一定规模和较强公共性的农村道路纳入“道路”范畴不仅符合立法的价值取向,而且也顺应了司法实践发展的需要。

本案发生在北京市顺义区仁和镇河南村西口处,为了慎重起见,北京市公安局顺义分局交通支队在经过实地调查后,为此地的“公共性”出具了相关证明:“谢忠德危险驾驶案发地为空旷地,可以通行社会车辆,根据《道路交通安全法》第一百一十九条第(一)项的规定,符合道路范畴。”因此,将被告人谢忠德在此地发生的醉驾行为定性为危险驾驶罪,是符合立法规定的。

案例:廖开田危险驾驶案

案例来源:《刑事审判参考》总第 94 集[第 893 号]

主题词:危险驾驶罪　小区道路内醉驾

一、基本案情

被告人廖开田,男,1966 年 12 月 24 日出生。2010 年 10 月 25 日曾因醉酒驾车被行政拘留 15 日,2011 年 6 月 12 日因涉嫌犯危险驾驶罪被取保候审。

广西壮族自治区上思县人民检察院以被告人廖开田犯危险驾驶罪,向上思县人民法院提起公诉。

被告人廖开田对公诉机关指控的犯罪事实及罪名没有异议,但请求法庭对其从轻处罚。廖开田的辩护人基于以下理由提请法庭对廖开田免予刑事处罚:(1)廖开田酒后在小区内道路移车换位,主观动机是为保护单位车辆安全,犯罪情节轻微;(2)廖开田平时工作表现良好,案发后积极配合交警调查并主动赔偿被刮车辆损失,具有悔罪表现,且其患有严重疾病,急需手术治疗。

上思县人民法院经公开审理查明:被告人廖开田系广西壮族自治区上思县水利局司机。2011 年 6 月 11 日 18 时许,廖开田下班后将其单位车牌号为桂 P30722 的三菱汽车开回其居住的上思县思阳镇龙江半岛花园小区内停放,然后坐三轮车外出与同事吃饭。当日 21 时许,廖开田酒后坐三轮车回到小区,发现三菱汽车停放的位置离其居住单元楼有一段距离,决定将车开到其居住的 6～7 栋楼下停放。廖开田驾车行驶约 50 米到其楼下,在倒车入库时汽车尾部与停放在旁边的车牌号为桂 ASJ301 的汽车前部发生碰撞。发生事故后,被撞汽车车主报警,公安人员即赶到现场将廖开田抓获,并认定廖开田负事故全部责任。经鉴定,廖开田血液酒精含量大于 300 毫克/100 毫升。案发后,廖开田赔偿被害人经济损失人民币 800 元。

上思县人民法院认为,被告人廖开田违反道路交通安全法规,在道路上醉酒驾驶机动车,其行为构成危险驾驶罪。公诉机关指控廖开田犯危险驾驶罪事实清楚,证据充分,指控罪名成立。廖开田醉酒驾驶机动车,血液中酒精含量远超出醉酒驾驶标准,达到 300 毫克/100 毫升以上,且在驾驶中与他人车辆发生碰撞,负事故全部责任,应当酌情从重处罚。鉴于廖开田是为了挪车而在小区内醉酒驾驶机动车,到案后能如实供述自己的罪行,且积极主动赔偿被刮车辆车主损失,认罪态度较好,依法可以从轻处罚。关于廖开田的辩护人提出廖开田患有严重疾病的意见,与本案判罚没有直接关联性,不属于刑罚适用情节范围,故该项辩护意见不予采纳。据此,依照《中华人民共和国刑法》第一百三十三条之一、第六十七条第三款、第五十二条、第五十三条之规定,上思县人民法院以被告人廖开田犯危险驾驶罪,判处拘役三个月,并处罚金人民币二千元。

一审宣判后,被告人廖开田不服,以犯罪情节轻微且真诚悔罪,请求对其宣告缓刑为由向防城港市中级人民法院提出上诉。其辩护人亦提出相同的辩护意见。

广西壮族自治区防城港市中级人民法院经公开审理认为,一审法院综合廖开田犯罪事实、悔罪表现和认罪态度以及积极赔偿被撞车辆损失等情节,对其判处拘役三个月,并处罚金人民币二千元,并无不当,遂依照《中华人民共和国刑事诉讼法》第二百二十五条第一款第(一)项之规定,裁定驳回上诉,维持原判。

二、裁判要旨

No.2-133之一-3 允许不特定的社会车辆自由通行的小区道路属于《道路交通安全法》意义上的道路,在小区道路内醉酒驾驶成立危险驾驶罪。

对道路的认定关键在于对道路"公共性"的理解。而何谓"公共",其最本质的特征在于对象的不特定性。无论单位对其管辖范围内的路段、停车场采取的管理方式是收费还是免费、车辆进出是否需要登记,只要允许不特定的社会车辆自由通行,就属于道路;如果仅允许与管辖单位、人员有业务往来、亲友关系等特定事由的来访者的车辆通行,则不属于允许社会车辆通行。就小区而言,如果来访车辆经业主同意后可停放的,因其进出小区的条件建立在来访者与受访业主的亲友关系之上,故对象相对特定,范围相对较小,此种管理方式下的小区不具有公共性,不属于允许社会车辆通行的地方。若社会车辆只要登记车牌号或者交纳一定费用,即可进出小区、在小区内停放的,则其通行条件并无特定的人身依附关系,对象不特定,范围面向社会大众,在该管理模式下的小区道路、停车场与公共道路、停车场无异,属于允许社会车辆通行的地方。特别是有的地方公共停车场车位有限,为充分利用社会资源,当地政府出台政策鼓励企事业单位、小区将内部停车场面向公众,实行错时收费停车,社会车辆在单位管辖区域内通行的情况将越来越普遍。如果不将这些停车场认定为道路,将不利于保障这些地方的交通安全。

本案中,在案证据证实,案发地龙江半岛花园物业服务中心与开发商签订的合同约定的是非封闭式管理,实际执行的也是开放式管理,小区非住户车辆可以自由出入小区、在小区内停放,因此,该小区道路具有公共性,属于《道路交通安全法》规定的"道路"。被告人廖开田在该小区内醉酒驾驶机动车,属于在道路上醉酒驾驶,其行为构成危险驾驶罪。

案例:林某危险驾驶案

案例来源:《刑事审判参考》总第94集[第894号]

主题词:危险驾驶罪 醉酒驾驶电动自行车

一、基本案情

被告人林某,男,1966年10月14日出生。2012年10月4日因涉嫌犯危险驾驶罪被刑事拘留。

某省某市人民检察院以被告人林某犯危险驾驶罪,向某市人民法院提起公诉。

某市人民法院经公开审理查明:2012年10月3日19时许,被告人林某醉酒驾驶一辆"台铃"牌电动自行车,行至某村路口时被当场查获。经鉴定,林某血液酒精含量为179.04毫克/100毫升。

某市人民法院认为,被告人林某在道路上醉酒驾驶机动车,其行为构成危险驾驶罪。公诉机关指控的罪名成立。林某归案后如实供述自己的罪行,认罪态度较好,可以从轻处罚。据此,依照《中华人民共和国刑法》第一百三十三条之一第一款、第六十七条第三款之规定,某市人民法院以被告人林某犯危险驾驶罪,判处拘役二个月,并处罚金人民币二千元。

一审宣判后,被告人林某未提出上诉,公诉机关亦未抗诉,该判决已发生法律效力。

二、裁判要旨

No.2-133之一-4 超标电动自行车虽然符合摩托车的技术条件,但不宜认定为机动车,醉酒驾驶超标电动自行车不成立危险驾驶罪。

2012年9月1日施行的《机动车运行安全技术条件》(强制性国家标准GB7258-2012)从其设置的权利义务和效力等实质要件判断,强制性国家标准与部门规章并无实质差异,但从其制定与发布的程序、体系结构、名称内容等形式要件判断,其不属于部门规章,只是接近于行政规范性文件。因此,国家标准对人民法院审理案件有一定的参考价值,但不具有法律规范意义上的约束力。只有行政法规或者部门规章明确规定超标电动自行车属于机动车之后,人民法院才能据此认定超标电动自行车属于法律意义上的机动车。在此之前,不应片面地以超标电动自行车符合《机动车运行安全技术条件》的规定,或者以《道路交通安全法》未排除超标电动自行车属于机动车为由,认定醉酒驾驶超标电动自行车或者驾驶超标电动自行车追逐竞驶情节恶劣的行为构成危险驾驶罪。这种认定,属于不合理的扩大解释,违反了罪刑法定原则,在实践层面还会造成行政执法的困境。

将超标电动自行车作为机动车进行规定和管理存在较多困难。一是当前尚不具备将超标电动自行车规定为机动车的现实条件。2009 年 6 月 25 日制定的《电动摩托车和轻便摩托车通用技术条件》(强制性国家标准 GB24157-2009)本拟于 2010 年 1 月 1 日施行,但其关于最大设计车速为 20～50 公里/小时的属于轻便摩托车的规定,遭到电动自行车生产厂商和消费者的抵制。超标车的性质仍需留待电动自行车国标修订完善时予以明确。二是将超标电动自行车作为机动车进行管理难度较大,且超标电动自行车在机动车道上行驶存在较大安全隐患。

公众普遍认为超标电动自行车不属于机动车,此类醉酒驾驶或者追逐竞驶的行为人往往不具有相关违法性认识。从该罪防范社会危险的罪质特征考虑,判断行为人是否认识到其驾驶的车辆属于法律意义上的机动车,需要根据一般人的生活经验、认识水平和理解能力进行综合评价。如前所述,国家既未对超标电动自行车的法律属性作出明确规定,又未对其按照机动车进行管理,在此情况下要求普通公众认识到超标电动自行车属于机动车,既不现实,也不妥当,甚至有些强人所难。

将醉驾超标车等行为以危险驾驶罪定罪处罚,打击面过大,社会效果不好。由于大部分电动自行车都存在超标现象,如果将醉酒驾驶超标电动自行车等行为一律作为犯罪处理,将会大大扩大刑法的打击面。这样的效果并不好,毕竟驾驶电动自行车的绝大多数行为人都是没有前科劣迹的普通公民,一旦被贴上“犯罪人”的标签,对其工作、生活和家庭影响较大,甚至会出现影响社会稳定的不和谐因素。从这个角度考虑,对醉酒驾驶超标电动自行车等行为也不宜作为犯罪处理。行为人驾驶超标电动自行车超速行驶的(超过 15 公里/小时),可以对其处以警告、罚款或者扣留车辆的行政处罚。如果发生轻微交通事故,可以通过民事赔偿予以补救。如果发生重大交通事故,符合交通肇事罪构成要件的,可以依法处理。

一些地方醉酒驾驶超标电动自行车的现象较为严重,发生多起交通事故,也确实需要高度重视超标电动自行车存在的安全隐患。必要时,可以考虑将其中一部分符合摩托车技术条件的超标电动自行车作为机动车进行管理。但在有关部门明确将超标电动自行车纳入机动车产品目录进行规范之前,公安、司法机关不宜因醉酒驾驶超标电动自行车的行为对道路交通安全构成较大威胁,就将其认定为犯罪。综上考虑,类似本案情形,作无罪处理更为妥当。

案例:唐浩彬危险驾驶案

案例来源:《刑事审判参考》总第 94 集[第 895 号]

主题词:危险驾驶罪　醉酒后挪动车位的行为认定

一、基本案情

被告人唐浩彬,男,1987 年 7 月 27 日出生,公司员工。2012 年 11 月 8 日因涉嫌犯危险驾驶罪被取保候审。

重庆市南岸区人民检察院以被告人唐浩彬犯危险驾驶罪,向重庆市南岸区人民法院提起公诉。

被告人唐浩彬及其辩护人提出,唐浩彬归案后如实交代自己的犯罪事实,且在发生碰撞事故后积极主动赔偿,请求法庭对其从轻处罚且适用缓刑。

重庆市南岸区人民法院经公开审理查明:2012 年 10 月 28 日晚,被告人唐浩彬和朋友赵俊等人在重庆市南岸区福利社大河口鱼庄吃饭时饮酒。当日 21 时许,唐浩彬的女友郑会驾驶车牌号为渝 A68B58 的双环牌越野车载唐浩彬、赵俊等人回家,行驶至南坪东路现代女子医院附近时,与车牌号为渝 A1T230 的出租车发生刮擦。郑会将车开至福红路交巡警平台接受处理。郑会停车时挡住了阳光华庭小区的后门车库,民警催促其挪车。唐浩彬因郑会驾驶技术不好,便亲自驾车挪动位置(车上另有一人)。在此过程中,其驾驶车辆撞上停靠在路边的车牌号为渝 AYY297 的起亚汽车。民警立即将唐浩彬抓获。经鉴定,唐浩彬血液酒精含量为 206.7 毫克/100 毫升。案发后,唐浩彬赔偿起亚汽车车主车辆维修费人民币 2600 余元。

重庆市南岸区人民法院认为,被告人唐浩彬违反道路交通安全法规,醉酒后驾驶机动车辆在道路上行驶,其行为构成危险驾驶罪。唐浩彬血液酒精含量为 206.7 毫克/100 毫升,醉酒程度特别严重,且具有发生事故、搭载他人的酌定从重处罚情节。案发后,唐浩彬如实交代犯罪事实,且积极主动赔偿,可从轻处罚。综合考虑本案具体情节,唐浩彬不具备适用缓刑的相关条件,不宜适用缓刑。据此,依照《中华人民共和国刑法》第一百三十三条之一第一款、第五十二条、第五十三条、第六十七条第三款之规定,重庆市南岸区人民法院以被告人唐浩彬犯危险驾驶罪,判处拘役四个月,并处罚金人民币二万元。

一审宣判后,被告人唐浩彬提出上诉,基于以下理由请求二审改判缓刑并降低罚金数额:(1)其撞车后没有逃跑,配合民警查处,如实供述了犯罪事实,应当认定为自首;(2)其挪车行为情节轻微,社会危害不大,且已积极赔偿被害人经济损失,取得谅解;(3)原判量刑过重,罚金数额过高。其辩护人提出相同辩护意见。

重庆市第五中级人民法院经审理认为,原判认定事实不清,证据不足,遂依照《中华人民共和国刑事诉讼法》第二百二十五条第一款第(三)项之规定,裁定撤销重庆市南岸区人民法院(2012)南法刑初字第 1316 号刑事判决,发回重新审判。后重庆市南岸区人民检察院撤回起诉。

二、裁判要旨

No.2-133 之一-5 醉酒后在道路上挪动车位的行为,符合危险驾驶罪的构成要件,但属于情节显著轻微,可不起诉或免予刑事处罚。

根据《刑法》第一百三十三条之一第一款规定,在道路上醉酒驾驶机动车的,处拘役,并处罚金”。根据该规定,危险驾驶罪不以发生具体危害后果为构成要件,理论上属于抽象危险犯,即立法上根据一般人的社会生活经验,将在道路上醉酒驾驶机动车的行为类型化为具有发生危害结果的紧迫(高度)危险。该危险不需要司法上的具体判断,只要行为人实施了在道路上醉酒驾驶机动车的行为,就推定其具有该类型化的紧迫危险,符合危险驾驶罪的客观要件。除非根据一般人的社会生活经验,认为具体案件中的特别情况导致该醉驾行为根本不存在任何危险时,司法上才需要进行判断,但这种例外情形在生活中极其罕见。即便是未醉酒情形下的简单倒车行为,因控制不好车速、车距而与其他车辆发生碰撞,甚至将油门当做刹车猛踩,造成他人重伤、死亡的个案也非常普遍,更不用说醉酒状态下的倒车行为。故以驾驶距离较短、速度较慢为由主张醉酒驾驶没有危险,理由上难以成立。本案中,虽然唐浩彬的驾驶目的是将车挪动到几米外的路对面停放,并慢速倒车,但从其行为最终发生与其他车辆碰撞的结果分析,其驾驶能力已受到酒精的严重影响,其醉酒后挪动车位的行为不仅具有发生危害结果的高度危险,而且已发生了实害结果,符合危险驾驶罪的客观要件。

对于行为人出于符合情理的驾驶目的,在道路上醉酒驾驶机动车的,在定罪处罚时应当深入贯彻宽严相济刑事政策,该从宽的,一定要体现从宽政策。就为挪车而短距离醉驾的案件而言,如果没有发生实际危害结果或者仅发生轻微碰、擦后果的,可以根据具体情节,认定犯罪情节显著轻微,适用“但书”条款,不作为犯罪处理或者作免予刑事处罚处理。如果仅发生轻微的交通事故,致使车辆刮擦、致人轻微伤等,且行为人认罪、悔罪,积极赔偿被害人损失并取得谅解的,也可以不作为犯罪处理或者作免予刑事处罚处理。如果发生致人轻伤以上的交通事故,一般不宜认为犯罪情节显著轻微,但结合具体案情,行为人的认罪、悔罪表现和赔偿情况,为体现从宽处罚精神,可以对被告人适用缓刑。

本案中,唐浩彬一开始并无醉酒驾驶机动车的主观故意,而是在其女朋友驾车发生事故,妨碍其他车辆通行,民警要求挪车的特殊情况下,才产生醉驾犯意,故其主观恶性明显小于其他主动醉酒驾驶机动车的行为人。从唐浩彬实施的行为看,其发动汽车后并未快速行驶,而是控制车速缓慢倒车,准备将车停放在几米外的道路对面,该行为的危险性明显小于醉酒驾驶机动车高速行驶、长距离行驶的情形。虽然唐浩彬的醉驾行为发生了实际危害结果,但只是轻微的车辆碰撞,且其积极赔偿车主修车费用,具有认罪、悔罪表现。故综合考虑上述情节,对唐浩彬的行为不作为犯罪处理或者作不起诉处理或者定罪免刑处理均符合法律规定。

案例:吴晓明危险驾驶案

案例来源:《刑事审判参考》总第 94 集[第 896 号]

主题词:危险驾驶罪 “犯罪情节轻微”

一、基本案情

吴晓明,男,1972 年 11 月 15 日出生。2011 年 7 月 29 日因涉嫌犯危险驾驶罪被取保候审。

广东省深圳市龙岗区人民检察院以被告人吴晓明犯危险驾驶罪,向深圳市龙岗区人民法院提起公诉。

吴晓明及其辩护人对指控的犯罪事实和罪名无异议,但基于以下理由请求法庭对其免予刑事处罚:吴晓明醉驾的原因特殊,情有可原。案发当晚聚会结束后,吴安排专职司机驾车送参加聚会的同学回家,后接到家人电话,得知其未满周岁的女儿发烧,情急之下才自行驾车回家;吴血液中的酒精含量不高;吴驾车时段为行人稀少的凌晨,驾车距离和时间较短;未发生交通事故;犯罪情节轻微,且吴归案后认罪态度好。

深圳市龙岗区人民法院经公开审理查明:2011 年 7 月 27 日 1 时 35 分许,被告人吴晓明驾驶车牌号为粤 BM386V 的汽车途经深圳市龙岗区龙园路龙园大门路段时,被交通警察当场查获。经鉴定,吴晓明血液中的酒精含量为 89.4 毫克/100 毫升。另查明,吴晓明的女儿吴某绮于 2010 年 12 月 1 日出生,病历材料显示 2011 年 7 月 27 日至 28 日其因发热在龙岗区中心医院就诊。

深圳市龙岗区人民法院认为,被告人吴晓明在道路上醉酒驾驶机动车,其行为构成危险驾驶罪。吴晓明血液中的酒精含量不高,其醉驾的距离和时间较短,且未造成实际危害后果。经查,案发当晚吴晓明系因听到未满周岁的女儿生病,心里着急而自行驾车回家,故其体现的主观恶性不深。吴晓明归案后积极配合司法机关办案,庭审中对自己的错误亦有深刻认识。综合这些情节,吴晓明的犯罪情节轻微,不需要判处刑罚,故相关辩解和辩护意见予以采纳。据此,依照《中华人民共和国刑法》第一百三十三条之一第一款、第三十七条之规定,深圳市龙岗区人民法院以被告人吴晓明犯危险驾驶罪,免予刑事处罚。

一审宣判后,被告人吴晓明未上诉,公诉机关亦未抗诉,该判决已发生法律效力。

二、裁判要旨

No. 2-133 之一-6 醉驾行为人具有多项法定从轻或减轻情节,血液酒精含量低于 160 毫克/100 毫升且具有符合情理的醉驾理由时,应认定为犯罪情节轻微,可免予刑事处罚。

在醉驾型危险驾驶案件中,以行为和行为人为视角,可将量刑情节分为两类:在行为方面,主要有以下几种情节:(1)醉驾的时空环境,即时间、路段、距离等。(2)醉驾的机动车车况。(3)是否还有其他违反道路交通安全法的行为。(4)醉驾的后果,即是否发生交通事故以及造成后果的严重程度。

在行为人方面,主要有以下几种情节:(1)醉酒程度,即行为人的血液酒精含量是刚超过认定醉酒驾驶的标准 80 毫克/100 毫升,还是超出很高。(2)犯罪态度。(3)犯罪动机或者对醉驾行为本身的认识。(4)行为人的一贯表现。

上述情形,基本能够准确反映出醉驾行为的社会危害程度以及行为人的人身危险大小,这是决定对行为人从重或者从轻处罚的重要参考因素。就从宽处罚而言,由于危险驾驶罪是刑法分则中唯一一个主刑设置为拘役的罪名,其轻罪的罪质特点决定了对行为人从宽处罚时,往往需要在缓刑、免予刑事处罚、不作为犯罪处理三者中权衡,为此就有必要准确区分何种情形属于犯罪情节较轻、犯罪情节轻微、犯罪情节显著轻微。

笔者认为,审判实践中,可以尝试从醉驾行为的社会危害程度和行为人的人身危险性大小入手,以"定性+定量"的方式明确以下区分原则:

一是对于没有发生交通事故,行为人认罪、悔罪,且无其他法定或者酌定从轻、从重处罚情节的,一般可以认定为醉驾情节较轻;对于虽然发生交通事故,但只造成轻微人身伤害或者财产损失,且被告人积极赔偿取得谅解,无其他从重处罚情节的,也可以认定为醉驾情节较轻;对于既有从轻处罚情节又有从重处罚情节的,是否整体上认定为醉驾情节较轻,应当从严掌握。根据《刑法》第七十二条的规定,对醉驾情节较轻的,依法可以适用缓刑。

二是犯罪情节轻微可以免予刑事处罚的,除不低于缓刑的适用条件外,还应当同时具备以下条件:(1)被告人无从重处罚情节,原则上没有发生交通事故,即便发生交通事故,也仅造成轻微财产损失或者轻微人身伤害,且被告人积极赔偿,取得被害人谅解;(2)至少具备一项法定或者酌定从宽处罚情节,如自首、坦白、立功、自动停止醉驾等;(3)醉酒程度一般,血液酒精含量在160毫克/100毫升以下;(4)有符合情理的醉驾理由,如为救治病人而醉驾、在休息较长时间后误以为醒酒而醉驾、为挪动车位而短距离醉驾等。

三是犯罪情节显著轻微可以不认为是犯罪的,除不低于免予刑事处罚的适用条件外,在"量"上应当更加严格把握,要求同时具备:(1)没有发生交通事故或者仅造成特别轻微财产损失或者人身伤害;(2)血液酒精含量在100毫克/100毫升以下;(3)醉驾的时间和距离极短,根据一般人的经验判断,几乎没有发生交通事故的可能性。

本案中,被告人吴晓明具备多个法定或者酌定从轻处罚的量刑情节:一是未发生实害后果,社会危害性较小。吴晓明血液酒精含量为89.4毫克/100毫升,刚达到醉驾标准,且其醉驾时间在凌晨1时许,行驶路线非城市主干道,路上车辆行人稀少,相比于醉酒程度高或者在交通繁忙时段和路段的醉驾行为,发生交通事故的风险较低,对道路公共安全造成的威胁很小。二是主观恶性较小。聚会结束后,吴晓明派司机去送同学回家,在此期间突然得知未满周岁的女儿发高烧,情急之下没有选择打车或者乘坐其他交通工具回家,而是选择自己醉驾,其救女心切可以得到社会公众广泛理解和宽容,亦是人之常情,故其主观恶性与其他持侥幸心理的醉驾行为人相比要小。三是行为人的人身危险性较小。吴晓明具有正当职业,以往表现较好,无犯罪前科,是初犯,且到案后如实供述罪行,庭审中具有认罪、悔罪表现。四是本案不存在从重处罚量刑情节。综合考虑,可以认定吴晓明的醉驾行为属于"犯罪情节轻微"而非"显著轻微"情形。故依照《刑法》第三十七条的规定,依法对吴晓明宣告有罪,但免予刑事处罚,既深入贯彻了宽严相济刑事政策依法从宽精神,也体现了罪责刑相适应原则。

案例:魏海涛危险驾驶案

案例来源:《刑事审判参考》总第94集[第897号]

主题词:危险驾驶罪 缓刑适用

一、基本案情

被告人魏海涛,男,1976年9月6日出生,个体工商户。2011年7月4日因涉嫌危险驾驶罪被取保候审。

河北省秦皇岛市北戴河区人民检察院以被告人魏海涛犯危险驾驶罪,向秦皇岛市北戴河区人民法院提起公诉。

被告人魏海涛及其辩护人对指控的犯罪事实和罪名无异议,但基于以下理由请求法庭对魏海涛从轻处罚:其是在案发前夜喝酒,次日早晨出车;由于雾大其将车停在路边,未意识到自己系醉驾。

秦皇岛市北戴河区人民法院经公开审理查明:2011年6月18日夜间,被告人魏海涛与同事喝酒至次日1时许。19日5时20分许,魏海涛驾驶车牌号为冀CD1903的汽车行至秦皇岛市北戴河区滨海大道万腾路段,后停在公交车道内(未靠边),被从后面驶来的车牌号为冀

C15278 的 34 路公交车追尾。交警部门认定双方负事故同等责任。经鉴定,魏海涛血液酒精含量为 96.06 毫克/100 毫升,处于醉酒状态。案发后,魏海涛积极赔偿对方 3253.5 元,并取得对方谅解。

秦皇岛市北戴河区人民法院认为,被告人魏海涛在道路上醉酒驾驶机动车,其行为构成危险驾驶罪。魏海涛驾驶的机动车与其他机动车发生交通事故,并负事故同等责任。案发时,魏海涛血液酒精含量为 96.06 毫克/100 毫升,醉酒程度不高,犯罪情节较轻;魏海涛能够如实供述罪行,且已积极赔偿对方经济损失并取得谅解,依法可以从轻处罚。据此,依照《中华人民共和国刑法》第一百三十三条之一、第六十七条第三款、第四十二条、第四十四条、第五十二条、第五十三条之规定,法院以魏海涛犯危险驾驶罪,判处拘役一个月,并处罚金一千元。

一审宣判后,被告人魏海涛提出上诉,认为其血液酒精含量不高,危险驾驶社会危害性小,没有造成严重后果,且其主动认罪并积极赔偿另一肇事方经济损失,主观恶性不大,请求二审对其从轻处罚。

秦皇岛市中级人民法院审理查明的事实与一审认定的事实一致。另查明,秦皇岛市公安交通警察支队五大队交通事故认定书反映,事发当天天气状况为"雾"。

秦皇岛市中级人民法院认为,上诉人魏海涛犯危险驾驶罪的事实清楚,证据充分。魏海涛饮酒后经过约 4 小时才驾车,在有雾看不清道路的情况下将车停在公交车道内,体现出其具有防止发生交通事故的主观意愿;客观上,发生追尾事故时其驾驶的汽车处于停止状态,且案发于清晨,路上行人车辆较少。事故对双方均未造成较大经济损失和重大人身伤害,社会危害性较小。案发后,魏海涛能够如实供述罪行,认罪态度好,且积极赔偿另一肇事方经济损失并取得谅解。综合上述情节,对魏海涛依法可以从轻处罚。据此,依照《中华人民共和国刑事诉讼法》(1996 年)第一百八十九条第(二)项、《中华人民共和国刑法》第一百三十三条之一,第六十七条第三款,第四十二条,第四十四条,第五十二条,第五十三条,第七十二条第一款、第三款,第七十三条第一款、第三款之规定,法院判决如下:

1. 撤销北戴河区人民法院(2011)北刑初字第 18 号刑事判决。
2. 上诉人魏海涛犯危险驾驶罪,判处拘役一个月,缓刑二个月,并处罚金人民币一千元。

二、裁判要旨

No.2-133 之一-7 醉驾型危险驾驶案件中,被告人系初犯、偶犯,未曾因酒后驾驶受过行政处罚或刑事追究的,虽发生交通事故,但后果并不严重的,可以适用缓刑。

危险驾驶罪的犯罪情节较轻,不以是否发生交通事故为划分标准。对于虽然发生交通事故,但事故后果并不严重,且被告人积极赔偿、认罪、悔罪的,综合考虑全案情节,仍可以认定为犯罪情节较轻,对被告人依法可以宣告缓刑。

醉驾入刑后,每年全国有数万人因醉酒驾驶机动车而成为犯罪分子。这些人绝大部分是遵纪守法、没有前科劣迹的普通公民,年龄主要集中在 20 岁至 45 岁,高中以下文化程度者居多,大部分有稳定工作,是家庭主要收入来源。对这部分人动用刑罚虽然能够获得一定的威慑效果,但同时也会对社会产生一定的负面影响。这部分人不仅在羁押服刑期间容易被"交叉感染",刑满释放后可能成为无业人员,增加家庭和社会负担,还有可能变成社会不稳定、不和谐因素,甚至走向社会的对立面。因此,在危险驾驶案件中,一定要贯彻落实好宽严相济刑事政策,不能把醉驾的社会危害过于放大而片面强调从严惩处。缓刑是我国从宽处理法律制度的关键组成部分,是贯彻宽严相济刑事政策的重要体现。缓刑的适用对象是被判处拘役、三年以下有期徒刑的犯罪分子,这表明被判处缓刑的犯罪分子所犯罪行并不十分严重,情节也不恶劣,故法院在考虑对犯罪分子是否适用缓刑时,要特别注重考虑其有无再犯罪的可能性,重点分析通过缓刑能否实现对其教育改造的刑罚目的。具体到醉驾型危险驾驶案件,只要被告人系初犯、偶犯,没有曾因酒后驾驶受过行政处罚或者刑事追究,且符合法律规定其他条件时,就有适用缓刑的余地。不过,为达到有效遏制、预防醉驾犯罪的目的,对缓刑的适用也不能失之过宽。对具有发生交通事故、肇事后逃逸、严重超速超载、无证驾驶、逃避或者阻碍公安机关依法检查等从重处罚情节的被告人,适用缓刑时应当从严掌握,一般不适用缓刑。

本案中虽然发生了交通事故,但魏海涛的汽车被公交车追尾时处于停止状态,且案发时间是在凌晨5时,路上车少人稀,事故双方均未受到较大财产损失和人身伤害,也未殃及他人,社会危害性较小。魏海涛在驾车之前已休息约4小时属于"隔夜醉驾",尽管该情节不能成为其"出罪"的理由,但反映出其醉酒驾驶的意愿并不强烈,其之所以醉驾与其对自己体内酒精尚未完全代谢、仍处于醉酒状态的认识不够存在重大关系。同时,魏海涛在发现雾大能见度较低时,为防止发生交通事故而主动停车,体现出其具有防范交通事故危险的主观意愿;魏海涛案发后如实供述自己的罪行,积极赔偿另一肇事方经济损失并取得谅解。综合上述情节,魏海涛犯罪情节较轻,主观恶性较小,有悔罪表现,没有再犯危险,对其宣告缓刑对所居住社区没有重大不良影响,依法可以适用《刑法》第七十二条第一款的规定,对其宣告缓刑。

案例:罗代智危险驾驶案

案例来源:《刑事审判参考》总第94集[第898号]

主题词:危险驾驶罪　量刑情节

一、基本案情

被告人罗代智,男,1965年12月3日出生,原系广西壮族自治区北海市森林公安局办公室副主任。2011年5月17日因涉嫌犯危险驾驶罪被刑事拘留。

广西壮族自治区北海市海城区人民检察院以被告人罗代智犯危险驾驶罪,向北海市海城区人民法院提起公诉。

北海市海城区人民法院经公开审理查明:2011年5月15日晚,被告人罗代智进餐时饮酒。当日20时50分许,罗代智酒后驾驶车牌号为桂05890警的警车,沿北海市长青路由西向东行驶,至广东路路口右转弯向南继续行驶时,与前方驾驶电动车同向行驶的苏耿利(被害人,女)发生碰撞,致苏耿利倒地受轻微伤。罗代智下车查看后,驾车逃离现场。谢有雄(苏耿利丈夫)即用手机打电话报警。交通警察根据群众提供的线索,在北海市林业局内找到上述肇事车辆,并将罗代智抓获。经鉴定,罗代智血液酒精含量为193.2毫克/100毫升,属于醉酒状态。交通管理部门认定,罗代智负事故全部责任。

北海市海城区人民法院认为,被告人罗代智在道路上醉酒驾驶机动车,其行为构成危险驾驶罪。罗代智血液酒精含量为193.2毫克/100毫升,远远超过80毫克/100毫升的醉酒标准,其于交通晚高峰时间在市区相对热闹的路段醉酒驾驶,并发生交通事故。罗代智身为人民警察知法犯法,醉酒驾驶警车,肇事后逃逸,社会影响恶劣。罗代智到案后如实供述自己的罪行,可以依法从轻处罚。据此,依照《中华人民共和国刑法》第一百三十三条之一、第四十二条、第四十四条、第六十七条第三款、第五十二条之规定,北海市海城区人民法院以被告人罗代智犯危险驾驶罪,判处拘役五个月,并处罚金人民币五千元。

一审宣判后,被告人罗代智未提出上诉,公诉机关亦未抗诉,该判决已发生法律效力。

二、裁判要旨

No.2-133之一-8　醉驾型危险驾驶案件中,应当综合考虑醉酒驾驶对他人人身财产和公共安全所造成的危险程度以及行为人的人身危险性和主观恶性大小进行量刑。

从刑法关于危险驾驶罪的规定分析,只要行为符合醉酒驾驶的行为特征,即被认为具有危险性。这种危险是法律拟制的危险,而非现实的、具体的危险,理论上称之为抽象危险。醉酒驾驶对他人人身财产和公共安全造成的危险程度是本罪处罚的依据。考察危险程度的主要参考要素有:(1)行为人是否造成现实的危害,即是否发生交通事故及事故的严重程度,具体包括财产损失和人员受伤情况。(2)行为人案发时的驾驶能力如何,主要以血液酒精含量为判断标准。《车辆驾驶人员血液、呼气酒精含量阈值与检验》(强制性国家标准GB19522-2010)根据一般人体质,规定驾驶人血液酒精含量大于或者等于80毫克/100毫升的,属于醉酒后驾驶。如果行为人血液酒精含量远远超过该标准,就应当认定其醉酒程度较高,驾驶能力受到较大影响,危险程度也较大,应当从重处罚。如果行为人血液酒精含量刚超过醉驾标准,且未发生交通事故,说明酒精对其驾驶能力的影响不大,现实危险性相对较小,可以酌情从轻处罚。判断驾驶能力的另一个参考因素是行为人有无驾驶资格,即是否属于无证驾驶或者与准驾车型不符。如果行为人系无证驾驶,即认定其不具备驾驶能力,即使其实际掌握一定的驾驶技能,从严控风险的角度,原则上也应视为其不具备驾驶能力。特别是汽车、货车、客车等对驾驶技术要求较高的机动车,如系无证驾驶,一般可以考虑从重处罚。对于驾驶的车型系对驾驶技术要求相对较低的摩托车,没有发生交通事故的,可以根据案情适当考虑不予从重处罚。(3)行为人是否实施了严重违反道路交通安全法的其他行为。判断是否严重违反《道路交通安全法》行为的标准,是看该违章行为是否对道路交通安全构成现实的严重威胁。(4)醉驾行为严重威胁到不特定多数人的生命安全,一旦发生交通事故,后果会特别严重。

行为人的主观恶性与人身危险性可以从以下三方面来判断:(1)实施醉驾行为前的表现。如是否曾因酒后驾驶受过行政处罚或者刑事处罚,是否有多次严重违反道路交通安全法的行为,是否不顾他人劝阻坚持醉驾;是否故意遮挡、污损或者不按照规定安装号牌,或者明知是伪造、变造或者其他机动车号牌而使用的,等等。(2)被查获时的表现,是配合公安机关依法执行检查,还是实施了当场饮酒、锁车门不下车、抵制呼气酒精含量检测或者抗拒抽血检验等不配合检查,甚至冲卡逃避检查、暴力抗拒检查的行为;发生交通事故的,是否积极救援伤者,主动打电话报警,或者明知他人报警而在现场等候警方处理;等等。(3)归案后的认罪悔罪态度。如是否如实供述罪行,当庭表示认罪;是否积极赔偿被害人的经济损失,取得被害人的谅解;等等。

本案中,被告人罗代智具有多项从重处罚情节。一是发生了实际的危害后果。罗代智驾驶的汽车与被害人苏耿利的电动车发生碰撞,致苏耿利倒地受轻微伤。二是醉酒程度较高。其血液酒精含量为 193.2 毫克/100 毫升,远远超过 80 毫克/100 毫升的醉驾标准。三是在肇事后试图逃避法律追究。交通事故发生后,罗代智下车稍作查看,随即驾车逃逸,而未对被害人进行救助。四是案发后罗代智试图让下属顶罪,在公安机关对其第一次讯问时拒不承认酒后驾车及肇事的事实,企图逃避处罚。五是本案社会影响恶劣。罗代智身为警察知法犯法,醉酒驾驶警车,在市区繁华路段发生交通事故后驾车逃逸,现场多名群众围观,社会影响恶劣。同时,罗代智也有可以酌情从轻处罚的情节。罗代智在庭审中如实供述犯罪事实,悔罪态度较好,且在一审法院主持下与被害人达成民事赔偿调解协议,支付苏耿利赔偿款人民币 3500 元,取得苏耿利的谅解,对其可以酌情从轻处罚。综合考虑以上从重、从轻处罚情节,一审法院对被告人罗代智判处拘役五个月,并处罚金人民币五千元,量刑适当,体现了宽严相济刑事政策的精神。

案例:黄建忠危险驾驶案

案例来源:《刑事审判参考》总第 94 集[第 899 号]

主题词:危险驾驶罪　自首

一、基本案情

被告人黄建忠,男,汉族,1972 年 11 月 9 日出生,私营企业老板。

江苏省苏州市相城区人民检察院以被告人黄建忠犯危险驾驶罪,向苏州市相城区人民法院提起公诉。

被告人黄建忠及其辩护人对公诉机关指控的事实及罪名无异议。

苏州市相城区人民法院经公开审理查明:2011 年 5 月 1 日晚,被告人黄建忠酒后驾驶未经检验合格的苏 ERS873 二轮摩托车,行驶至苏州市相城区黄桥街道旺盛路与兴旺路交叉路口由北向西右转弯时,与由西向北左转弯骑电动自行车的王春雷相撞。经鉴定,黄建忠血液酒精含量为 143 毫克/100 毫升。交通管理部门认定,黄建忠负事故主要责任。案发后,黄建忠在明知对方当事人报警的情况下,留在现场等候处理,归案后如实供述犯罪事实。

苏州市相城区人民法院认为,被告人黄建忠违反交通运输管理法规,在道路上醉酒驾驶机动车,其行为构成危险驾驶罪。公诉机关指控的罪名成立。黄建忠在明知他人报警后,留在现场等候处理,归案后如实供述犯罪事实,系自首,依法可以从轻处罚。黄建忠在发生轻微交通事故后积极主动赔偿被害人的经济损失,可以酌情从轻处罚。据此,依照《中华人民共和国刑法》第一百三十三条之一第一款、第六十七条第一款、第六十四条之规定,苏州市相城区人民法院以被告人黄建忠犯危险驾驶罪,判处拘役一个月,并处罚金人民币一千元。

一审宣判后,被告人黄建忠未提出上诉,公诉机关未抗诉,该判决已发生法律效力。

二、裁判要旨

No.2-133之一-9 醉酒驾驶导致交通事故后,经他人报警后留在现场等候,积极配合警方处理事故,主动供述饮酒事实的,应当认定为自首,可以从轻处罚。

实践中,醉酒驾驶案件中自动投案的情形与其他刑事案件中的常见情形有一定区别。通常情况下,"自动投案"是被告人在其犯罪事实或者其本人未被司法机关发觉,或者虽被发觉但尚未受到讯问、未被采取强制措施时,主动、直接向司法机关或者所在单位等投案,或者经亲友规劝陪同投案、送其投案。由于醉驾案件一般在公安机关交通管理部门例行检查时案发,或者在发生交通事故后因当事人、群众报警而案发,故被告人主动、直接到司法机关投案自首的情形极少。对于公安机关例行检查的,即使犯罪嫌疑人在被公安人员询问、呼气酒精检查之前主动交代醉酒驾驶的,也不构成自首。因为在此种情形下,虽然犯罪嫌疑人交代具有一定的主动性,但其归案具有被动性,即使其不主动交代,公安人员通过检查也能发现其醉驾的犯罪事实,故应当认定为坦白。对于报警后案发的,具体区分为两种情况:一种情况是发生交通事故后,犯罪嫌疑人主动报警,这属于典型的自动投案。另一种情况是他人报警。对于他人报警的,犯罪嫌疑人在明知他人报警的情况下,仍自愿留在现场等候警方处理,即"能逃而不逃",且无拒捕行为的,才能视为自动投案。如果犯罪嫌疑人根本不知道他人已经报警而留在现场,或者在得知他人报警后欲逃离现场,但因对方当事人控制或者群众围堵而被动留在现场的,则不能认定为自动投案。犯罪嫌疑人得知他人报警后逃离现场,事后迫于压力又主动到公安机关交代犯罪事实的,可以认定为自动投案。本案中,被告人黄建忠在得知对方当事人报警后,在人身未受到控制情况下选择了未逃离现场,自愿留在现场等候警方处理,属于典型的"能逃而不逃"情形,应当认定为"自动投案"。

所谓主要犯罪事实,是指对认定犯罪嫌疑人的行为性质有决定意义的事实、情节(即基本犯罪构成事实)以及对量刑有重大影响的事实、情节(即重大量刑事实)。对于醉驾型危险驾驶案件,基本构成要件事实包括:在驾车之前是否饮酒;是否驾车上路行驶;驾驶何种车型。其中,是否饮酒是最基本的构成事实,不管犯罪嫌疑人是在见到公安人员后主动交代饮酒事实,还是在公安人员根据其精神状态怀疑其饮酒并对其进行讯问时承认饮酒事实,均属于如实供述自己的罪行。如果犯罪嫌疑人虽然承认饮酒的事实,但不配合甚至采取暴力手段抗拒对其进行呼气酒精含量测试或者血样收集的,不能成立"如实供述自己的罪行"。还有的犯罪嫌疑人在交通肇事后逃逸,待血液中酒精含量极低或者检不出酒精含量后才投案,并否认醉酒驾驶,只承认自己是肇事者,亦不属于"如实供述自己的罪行"。本案中,被告人黄建忠在公安人员到来后,主动交代其在驾车前饮酒的事实,并配合公安人员对其进行呼气酒精含量测试和抽取血样,应当认定其如实供述自己的罪行。

案例:郑帮巧危险驾驶案

案例来源:《刑事审判参考》总第94集[第900号]

主题词:危险驾驶罪 危险驾驶致本人重伤

一、基本案情

被告人郑帮巧,男,1994年4月6日出生,农民。2012年10月11日因涉嫌犯危险驾驶罪被取保候审。

重庆市长寿区人民检察院以被告人郑帮巧犯交通肇事罪,向重庆市长寿区人民法院提起公诉。

重庆市长寿区人民法院经公开审理查明:2012年8月17日0时30分许,被告人郑帮巧饮酒后驾驶无牌照的二轮摩托车搭载朱兵由重庆市长寿区葛兰镇往城区方向行驶。当行至长大路清风桥路段时,由于郑帮巧操作不当,其驾驶的摩托车撞到树上,致郑帮巧、朱兵受伤,车辆受损。后郑帮巧、朱兵被送往医院治疗。同日4时6分,公安人员在医院对郑帮巧提取血液样本。经鉴定,郑帮巧的损伤程度为重伤,朱兵的损伤程度为轻伤,郑帮巧血液酒精含量为105.5毫克/100毫升。郑帮巧未取得机动车驾驶证,其到案后如实供述了犯罪事实。

重庆市长寿区人民法院认为,被告人郑帮巧酒后驾驶机动车致本人重伤,不符合交通肇事罪的构成要件,不构成交通肇事罪。

重庆市长寿区人民检察院随即变更起诉,指控郑帮巧犯危险驾驶罪。重庆市长寿区人民法院认为,郑帮巧未取得机动车驾驶证,醉酒后驾驶无牌照机动车并发生交通事故,其行为构成危险驾驶罪。郑帮巧到案后如实供述自己的罪行,且其血液酒精含量较低,情节轻微,可以免予刑事处罚。据此,依照《中华人民共和国刑法》第一百三十三条之一第一款、第六十七条第三款、第三十七条之规定,重庆市长寿区人民法院以被告人郑帮巧犯危险驾驶罪,判处免予刑事处罚。

一审宣判后,被告人郑帮巧未提出上诉,检察机关亦未抗诉,该判决已发生法律效力。

二、裁判要旨

No.2-133之一-10 危险驾驶致本人重伤,不构成交通肇事罪,应以危险驾驶罪定罪处罚。

自损行为是指行为人侵害自己法益的行为,这种行为原则上没有违法性,因为在不危及国家、公共安全的前提下,自然人有权在不侵害他人权益的前提下处分自己的权益(对生命权的处分除外)。我国刑法及司法解释中以人的伤亡作为定罪量刑条件的,一般不包含对本人造成的伤亡。例如《刑法》第二百三十三条规定的"过失致人死亡的",此处的人显然不包括本人。再如故意伤害罪、过失致人重伤罪,刑法更是直接明确规定为"故意伤害他人身体,过失伤害他人致人重伤"。例外的情形是,如果这种自损行为同时侵害他人的权益,危及国家和公共安全,则应当依法定罪处罚。如军人战时自伤、在自己身上绑上炸弹并在公共场所实施爆炸等。

最高人民法院《关于审理交通肇事刑事案件具体应用法律若干问题的解释》第二条第一款第(一)项规定交通肇事罪的定罪条件之一为"死亡一人或者重伤三人以上,负事故全部或者主要责任的"。很显然,此处的"死亡一人"不包括本人,因为如果本人已死亡,再规定其行为构成犯罪既无法律上的必要,也没有实际意义。从刑法的体系解释来看,同一法条或者关联法条中相同文字的内涵与外延应当是一致的。既然"死亡一人"的"人"不包括本人,那么"重伤三人"的"人"也不应包括本人。同理,该法条第二款中的酒后驾驶"致一人以上重伤"中的"人"也不应当包括本人。

本案被告人郑帮巧醉驾致本人重伤的结果,不应作为交通肇事罪的构成要件进行评价,但其在道路上醉酒驾驶机动车的行为本身已齐备危险驾驶罪的构成要件,依法应当予以惩处。根据最高人民法院、最高人民检察院、公安部2013年12月18日印发的《关于办理醉酒驾驶机动车刑事案件适用法律若干问题的意见》第二条第(一)项的规定,对造成交通事故且负事故全部或者主要责任的醉驾行为,应从重处罚。郑帮巧醉酒驾驶无牌照的二轮摩托车,搭载他人并发生交通事故致他人轻伤,本应适用从重处罚原则,但鉴于郑帮巧刚刚成年不久,又因其醉驾行为受了重伤,给其家庭已添加重大负担,如果再施以严厉的刑罚,有违刑罚人道、谦抑之精神,故可对其酌情从宽处罚,判处缓刑更为妥当。

案例:于岗危险驾驶、妨害公务案

案例来源:《刑事审判参考》总第94集[第901号]

主题词:危险驾驶罪 数罪

一、基本案情

被告人于岗,男,1972年12月12日出生,无业。

江苏省无锡市北塘区人民检察院以被告人于岗犯妨害公务罪、危险驾驶罪,向无锡市北塘区人民法院提起公诉。

被告人于岗及其辩护人对起诉书指控的犯罪事实及罪名均无异议。

无锡市北塘区人民法院经公开审理查明:2012年12月8日23时许,被告人于岗酒后驾驶车牌号为苏BG695F的汽车行驶至无锡市江海西路会岸路口的公安局交通治安分局山北治安查报站(以下简称"山北查报站")时遇民警检查。于岗拒不配合检查,欲弃车逃离,被民警带至山北查报站内进行检查。在山北查报站内,于岗推搡、拉扯民警,阻碍民警对其检查,将民警俞剑飚警服撕破,致俞剑飚受轻微伤。经鉴定,于岗血液酒精含量为206毫克/100毫升。案发后于岗赔偿俞剑飚人民币2900元。

无锡市北塘区人民法院认为,被告人于岗以暴力方法阻碍国家机关工作人员依法执行职务,其行为构成妨害公务罪。于岗醉酒驾驶机动车,其行为又构成危险驾驶罪。对其所犯数罪依法应当并罚。于岗到案后如实供述罪行,且赔偿被害人经济损失,可以酌情从轻处罚。据此,依照《中华人民共和国刑法》第二百七十七条第一款、第一百三十三条之一第一款、第六十九条、第六十七条第三款之规定,无锡市北塘区人民法院以被告人于岗犯妨害公务罪,判处拘役五个月;以犯危险驾驶罪,判处拘役二个月,并处罚金人民币二千元;决定执行拘役六个月,并处罚金人民币二千元。

一审宣判后,被告人于岗未提出上诉,公诉机关未抗诉,该判决已发生法律效力。

二、裁判要旨

No.2-133之一-11 醉酒驾驶后以暴力抗拒检查的,应当以危险驾驶罪与妨害公务罪数罪并罚。

《刑法》第一百三十三条之一第一款(《刑法修正案(九)》之前)规定:"在道路上驾驶机动车追逐竞驶,情节恶劣的,或者在道路上醉酒驾驶机动车的,处拘役,并处罚金。"该条第二款(《刑法修正案(九)》之前)规定:"有前款行为,同时构成其他犯罪的,依照处罚较重的规定定罪处罚。"笔者认为,只有当被告人实施的危险驾驶行为符合危险驾驶罪构成要件的同时,又符合"其他犯罪"构成要件的,才属于第二款规定的"同时构成其他犯罪"的情形。本案中,于岗在醉酒后仅出于驾驶机动车的目的在道路上驾驶汽车,没有发生重大事故,该行为仅符合危险驾驶罪的构成要件,不符合其他犯罪的构成要件,故不能适用《刑法》第一百三十三条之一第二款(《刑法修正案(九)》之前)的规定。

醉酒驾驶并抗拒检查的行为在刑法上应当评价为两个独立的行为,而非一个行为。通常情况下,行为人实施的行为是单一行为还是数个行为,是决定从一重处还是数罪并罚的根据。我们认为,判断某行为是否属于单一行为,主要考察该行为的客观事实情状是否具有一致性特征,同时兼顾对行为动机的考察,而行为动机只能作为参考因素而非决定因素。通常认为,符合构成要件的各个自然行为至少在其主要部分互相重合时才能认定是一个行为。本案中,于岗的行为不具有单一行为的一致性特征。于岗的醉酒驾驶行为和抗拒检查行为相继发生,其下车后抗拒检查时醉酒驾驶行为已经终结,相互间不存在任何的重合。同时,于岗醉酒驾驶和抗拒检查的行为系出于不同的犯罪动机。于岗在道路上醉酒驾驶汽车只是为了实现其从甲地到乙地的交通运输目的;而其抗拒公安机关执法人员检查,则是因为害怕醉驾行为受到处罚,而采取积极对抗的方式逃避法律追究。两者的动机明显不同。可见,于岗醉酒驾驶行为和抗拒检查行为虽然有一定关联,但在性质上是相互独立的两个行为,并非单一行为。

本案中,于岗明知在道路上醉酒驾驶机动车具有危险性,仍在醉酒状态下驾驶汽车在城市高速路上行驶,置公共安全于不顾,其行为构成危险驾驶罪。此后于岗弃车逃跑,被民警抓获并带至检查站依法检查时,其推搡、拉扯民警,阻碍检查,并将民警打成轻微伤,这一系列举动已经超出危险驾驶罪的行为范畴,属于妨害公务罪中阻碍国家机关工作人员依法执行职务的行为,扰乱了国家管理秩序。于岗在不同故意的支配下,先后实施了两个不同行为,分别符合危险驾驶罪和妨害公务罪的构成特征,应当按照数罪并罚的原则予以处罚。

案例:吴升旭危险驾驶案

案例来源:《刑事审判参考》总第 94 集[第 902 号]

主题词:危险驾驶罪 刑罚适用

一、基本案情

被告人吴升旭,男,1982 年 8 月 12 日出生,无业。2010 年 5 月 20 日因犯聚众斗殴罪被判处有期徒刑一年六个月,缓刑一年六个月,考验期至 2011 年 11 月 30 日;2011 年 5 月 25 日因涉嫌犯危险驾驶罪被刑事拘留。

吉林省珲春市人民检察院以被告人吴升旭犯危险驾驶罪,向珲春市人民法院提起公诉。

被告人吴升旭及其辩护人对指控的事实及罪名无异议。

珲春市人民法院经公开审理查明:2011 年 5 月 24 日 20 时 53 分,被告人吴升旭酒后驾驶车牌号为吉 HF8540 的汽车,由珲春市区向珲春市八棵树方向行驶,行至 201 省道 123 公里珲春市城北桥西头处时,被交通警察当场查获。经鉴定,吴升旭血液酒精含量为 83 毫克/100 毫升,属醉酒状态。

珲春市人民法院认为,被告人吴升旭在道路上醉酒驾驶机动车,其行为构成危险驾驶罪。吴升旭曾因犯聚众斗殴罪,被判处有期徒刑一年六个月,缓刑一年六个月,在缓刑考验期限内犯危险驾驶罪;应当撤销缓刑,对危险驾驶罪作出判决,与聚众斗殴罪判处的刑罚数罪并罚。据此,依照《中华人民共和国刑法》第一百三十三条之一、第六十七条第三款、第六十九条、第七十七条之规定,珲春市人民法院判决如下:

1. 撤销本院(2009)珲刑初字第 209 号判决书中对被告人吴升旭宣告缓刑的执行部分。

2. 被告人吴升旭犯危险驾驶罪,判处拘役一个月,并处罚金人民币一千元;与聚众斗殴罪判处有期徒刑一年六个月并罚,决定执行有期徒刑一年六个月,拘役一个月,并处罚金人民币一千元。

一审宣判后,在法定期限内被告人吴升旭未提出上诉,检察机关亦未抗诉,该判决已发生法律效力。

二、裁判要旨

No. 2-133 之一-12 被告人在判处有期徒刑缓刑考验期内犯危险驾驶罪的,前罪的有期徒刑与危险驾驶罪的拘役应当并科,先执行有期徒刑再执行拘役。

由于缓刑的适用条件之一是犯罪分子被判处拘役或三年以下有期徒刑,而危险驾驶罪的主刑是拘役,这就涉及前罪被判处有期徒刑时,如何对不同刑种的主刑并罚的问题。对于有期徒刑与拘役如何并罚,刑法及相关司法解释均未规定明确、具体的原则,实践中做法不一。我们认为,应当并科,分别执行,按照从重到轻的顺序,先执行有期徒刑,再执行拘役。

第一,数罪并罚时将拘役折抵为有期徒刑的做法缺乏法律根据。根据《刑法》第四十四条、第四十七条的规定,被判处拘役、有期徒刑,判决执行以前先行羁押的,羁押一日折抵刑期一日。但该规定是针对犯罪分子在判决执行前已经先行羁押的情况,为充分保护犯罪分子权益,在不得不折抵的前提下经权衡而作出的刑期折抵规定,而数罪并罚情形不属于必须折抵的情形,因此,不能由《刑法》第四十四条、第四十七条的规定得出在数罪并罚过程中有期徒刑与拘役之间可进行同值换算的结论。

第二,拘役与有期徒刑之间不宜相互折抵。虽然拘役与有期徒刑在执行上有相似之处,即均实行关押,剥夺犯罪分子自由,并予以劳动改造,从而具有一定的折抵换算基础。然而,拘役与有期徒刑在服刑处遇、执行场所、法律后果等方面依然区别明显,故不宜进行相互折抵。最高人民法院研究室在其 1984 年 9 月 17 日发布的《关于对拘役犯在缓刑期间发现其隐瞒余罪判处有期徒刑应如何执行问题的电话答复》中强调,不能"将有限制的剥夺人身自由的刑罚拘役一日,换算为完全剥夺人身自由的刑罚有期徒刑一日"。

第三,有期徒刑不宜吸收拘役。吸收原则仅适用于两种以上刑罚不能同时或者不能相继执行的情形,如死刑与其他主刑并罚、无期徒刑与有期徒刑并罚的情况。当两种以上刑罚能够同时或相继执行时,如采用吸收原则,有轻纵犯罪之虞。因此,拘役与有期徒刑并罚时不宜采用吸收原则。

第四,拘役与有期徒刑之间应当按照先重后轻的顺序分别执行。这样的执行顺序,使刑罚的严厉性呈梯度递减,犯罪分子的处遇逐步趋好,其因重罪而受重罚,因轻罪而受轻罚的体验明显,有利于对犯罪分子的教育改造。

虽然我们赞成分别执行的做法,但并不代表这一做法就不存在问题。如犯罪分子前罪被判处有期徒刑,当其再犯被判处有期徒刑之罪时,刑法规定并罚时采取对犯罪分子有利的限制加重原则,而当其再犯被判处刑罚相对较轻的拘役之罪时,却要并科执行,逻辑上似有矛盾,客观上可能加重对犯罪分子的惩罚。因此,对于不同种自由刑如何并罚的问题,须司法解释予以明确或者立法予以完善。

案例:张纪伟、金鑫危险驾驶案

案例来源:《刑事审判参考》总第 94 集[第 906 号];《人民法院案例选》2016 年第 1 辑、第 2 辑

主题词:危险驾驶罪 “追逐竞驶情节恶劣”

一、基本案情

被告人张纪伟,男,1989 年 3 月 14 日出生。2012 年 2 月 6 日因涉嫌犯危险驾驶罪被取保候审。

被告人金鑫,男,1983 年 11 月 8 日出生。2012 年 2 月 7 日因涉嫌犯危险驾驶罪被取保候审。

上海市浦东新区人民检察院以被告人张纪伟、金鑫犯危险驾驶罪,向上海市浦东新区人民法院提起公诉。

被告人张纪伟、金鑫及其辩护人对起诉书指控的犯罪事实及罪名无异议。

上海市浦东新区人民法院经公开审理查明:2012 年 2 月 3 日 20 时 20 分许,被告人张纪伟、金鑫相约到上海市浦东新区乐园路 99 号铭心赛车服务部会合。张纪伟驾驶无牌本田摩托车,金鑫驾驶套用粤 NL8406 号车牌的雅马哈摩托车,一同自该服务部出发,行至杨高路、巨峰路路口掉头后,沿杨高路由北向南行驶,经南浦大桥至陆家浜路接人。二人约定出发后谁先到谁就在目的地等待。行驶途中,二人为寻求刺激,在多处路段超速行驶,部分路段甚至超速逾 50%,且在多个路口闯红灯,曲折变道超越其他车辆,并相互超越,以显示其驾车技能。二人行驶至陆家浜路、河南南路路口时,见有执勤民警检查,遂驾车沿河南南路经复兴东路隧道、张杨路逃离。民警接群众举报后,于同月 5 日将张纪伟抓获;张纪伟如实交代其与金鑫追逐竞驶的事实,并提供了金鑫的手机号。同月 6 日,金鑫接公安机关电话后投案自首,如实供述上述事实。

上海浦东新区人民法院认为,被告人张纪伟、金鑫在道路上驾驶机动车追逐竞驶,情节恶劣,其行为均构成危险驾驶罪。公诉机关指控的罪名成立。张纪伟到案后如实供述其所犯罪行,依法可以从轻处罚。金鑫接公安机关电话后主动投案,应当认定具有自首情节,依法可以从轻处罚。二被告人在审理过程中已认识到自己行为的违法性、社会危害性,均承诺不再实施危险驾驶行为,并多次表示认罪、悔罪。综合上述情节,考虑到二被告人的行为未造成实际危害后果,符合缓刑适用条件,故依法可以对二被告人适用缓刑。据此,依照《中华人民共和国刑法》第一百三十三条之一、第二十五条、第五十三条、第六十七条、第七十二条、第七十三条之规定,判决如下:

1. 被告人张纪伟犯危险驾驶罪,判处拘役四个月,缓刑四个月,并处罚金人民币四千元。
2. 被告人金鑫犯危险驾驶罪,判处拘役三个月,缓刑三个月,并处罚金人民币三千元。

一审宣判后,二被告人未提出上诉,公诉机关亦未抗诉,该判决已发生法律效力。

二、裁判要旨

No. 2-133 之一-13 追逐竞驶情节恶劣应当根据行为对道路交通安全造成的危险程度进行认定。

对“追逐竞驶”的认定,应当坚持主客观相统一原则,结合行为人的主观心态和客观行为综

合判断。就主观方面而言,虽然刑法未将行为人的动机和目的作为该罪的构成要件,但"追逐竞驶"的行为特征决定了实践中行为人多出于竞技、寻求刺激、挑衅泄愤等动机,或者基于赌博牟利等目的,而在道路上驾驶机动车追逐竞驶,对行为人动机和目的的考察有助于对其行为性质的判断,就客观行为而言,通常表现为以一辆或者多辆机动车为追逐目标,伴有超速行驶、连续违反交通信号灯、曲折变道超车等违章驾驶行为。

本案中,被告人张纪伟、金鑫为寻求刺激,相约在城市道路上比拼车技,并实施了超速行驶、违反交通信号灯、曲折变道超车等行为,符合《刑法》第一百三十三条之一规定的"追逐竞驶"的主客观特征。具体理由如下:一是张纪伟、金鑫到案后,均交代其为寻求刺激而开快车比拼车技的作案动机。二是道路监控视频、测速鉴定意见等证据证实,张纪伟、金鑫均驾驶依法不具有上牌资格的大功率摩托车,在城市主干道严重超速行驶,且相互超越、反复并线、"逢车必超",并伴有多次闯红灯等违章行为具有"你追我赶"、竞相行驶的行为特征,符合"追逐竞驶"的客观要件。

既然危险驾驶罪保护的法益是道路交通安全,那么对追逐竞驶型危险驾驶行为"情节恶劣"的认定,就应当重点考察追逐竞驶行为对交通安全造成的危险程度。我们认为,追逐竞驶的"情节恶劣"具体表现为以下情形:(1)追逐竞驶行为造成交通事故,尚不构成交通肇事罪等其他犯罪的。虽然追逐竞驶属于情节犯,不以发生人员伤亡、财产损失等具体后果为要件,但交通事故的发生说明该追逐竞驶行为已经从刑法拟制的抽象危险转化为现实危害结果,自然应当认定为情节恶劣。(2)伴有多项违反道路交通安全法的行为。追逐竞驶行为本身具有高度危险性,如果还实施了其他违反道路交通安全法的驾驶行为,会进一步提升该行为的危险程度。常见的情形包括:驾驶改装、拼装的机动车,违规超车,严重超速行驶,违反交通信号以及实施其他违反道路安全通行规定的行为。(3)追逐竞驶主观恶性较大的。如曾因追逐竞驶受过行政处罚或者刑事追究的,多人多次追逐竞驶的,酒后、吸食毒品后追逐竞驶的,无驾驶资格驾驶机动车的。(4)在特殊时段、路段追逐竞驶,或者驾驶特殊车型追逐竞驶的,如交通高峰期在城市繁华路段追逐竞驶,造成交通堵塞或者引起公共恐慌的。(5)驾驶载有乘客的营运机动车追逐竞驶的。

本案中,被告人张纪伟、金鑫在道路上驾驶机动车追逐竞驶,具有以下情节:一是驾驶的机动车系无牌、套牌的大功率改装摩托车;二是高速驾驶,在多处路段超速 50%以上;三是具有多次闯红灯、曲折变道穿插前车的违章驾驶行为;四是驾驶路段为市区主干道,沿途有多处学校、公交地铁站点、居民小区等人员密集区域,且事发于周五晚上,车流、人流密集;五是在民警设卡拦截盘查时驾车高速逃离。综合上述情节,可以认定二被告人追逐竞驶行为对道路交通安全造成了紧迫的危险,属于《刑法》第一百三十三条之一规定的"情节恶劣"。

No. 2-133 之一-14　行为人出于竞技、追求刺激、斗气或其他动机,在道路上曲折穿行、快速追赶行驶,虽未造成人员伤亡,但综合考虑限速、闯红灯、强行超车、抗拒交通执法等严重违反《道路交通安全法》的行为,足以威胁他人生命、财产安全的,属于危险驾驶情节恶劣的情形。

本案被告人的行为是否属于"情节恶劣",应从其追逐竞驶行为的具体表现、危害程度、造成的危害后果等方面,综合分析其对道路交通秩序、不特定多人生命、财产安全威胁的程度是否"恶劣"。本案中,二被告人追逐竞驶行为,虽未造成人员伤亡和财产损失,但从以下情形分析,属于危险驾驶罪中的"情节恶劣":第一,从驾驶的车辆看,二被告人驾驶的系无牌和套牌的大功率改装摩托车;第二,从行驶速度看,总体驾驶速度很快,多处路段超速达 50%以上;第三,从驾驶方式看,反复并线、穿插前车、多次闯红灯行驶;第四,从对待执法的态度看,二被告人在民警盘查时驾车逃离;第五,从行驶路段看,途经的杨高路、张杨路、南浦大桥、复兴东路隧道等均系城市主干道,沿途还有多处学校、公交和地铁站点、居民小区、大型超市等路段,交通流量较大,行驶距离较长,在高速驾驶的刺激心态下和躲避民警盘查的紧张心态下,极易引发重大恶性交通事故。上述行为,给公共交通安全造成一定危险,足以威胁他人生命、财产安全,故可以认定二被告人追逐竞驶的行为属于危险驾驶罪中的"情节恶劣"。

案例:彭建伟危险驾驶案

案例来源:《刑事审判参考》总第94集[第907号]

主题词:危险驾驶罪　与以危险方法危害公共安全罪的区分

一、基本案情

被告人彭建伟,男,1979年5月20日出生。1995年12月因犯盗窃罪被判处有期徒刑八年,2011年8月12日因涉嫌犯危险驾驶罪被取保候审。

北京市密云县人民检察院以被告人彭建伟犯危险驾驶罪,向密云县人民法院提起公诉。

被告人彭建伟对指控的犯罪事实无异议,但以其已积极赔偿被害人的经济损失为由,提请法庭对其从轻处罚。

密云县人民法院经公开审理查明:2011年5月11日12时许,被告人彭建伟驾驶车牌号为京PH1Q86的桑塔纳汽车行驶至北京市密云县密溪路阳光大桥红绿灯处时,被侯墨宣(另案处理)驾驶的车牌号为京N919M1的宝来汽车别挡。后二人驾车在密溪路上高速追逐、相互别挡,驶入该县溪翁庄镇溪翁庄村后仍然相互追逐。二人在别挡过程中,同时撞上溪翁庄镇中学路边停放的车牌号为京GPV987的帕萨特汽车,致使三车均遭到不同程度的损坏。彭建伟下车后持砖头砸坏侯墨宣驾驶的宝来汽车的前挡风玻璃。经鉴定,帕萨特、桑塔纳、宝来汽车损坏修复价格分别为人民币28000元、4800余元、6300元。

密云县人民法院认为,被告人彭建伟在道路上驾驶机动车追逐竞驶,情节恶劣,危害公共安全,其行为构成危险驾驶罪。鉴于彭建伟认罪态度较好,对其依法可以从轻处罚。据此,依据《中华人民共和国刑法》第一百三十三条之一第一款、第四十二条、第四十四条、第五十二条、第五十三条、第六十七条第三款、第六十一条之规定,密云县人民法院以被告人彭建伟犯危险驾驶罪,判处拘役四个月,并处罚金人民币二千元。

一审宣判后,被告人彭建伟未提出上诉,检察机关亦未抗诉,判决已发生法律效力。

二、裁判要旨

No.2-133之一-15　追逐竞驶造成交通事故尚不构成交通肇事罪的,行为人主观上对事故结果持过于自信的态度,追逐竞驶行为客观上尚未达到与放火、决水等行为相当的危险程度的,应认定为危险驾驶罪。

危险驾驶罪是抽象危险犯,只要行为人实施了刑法规定的危险驾驶行为,即认为其行为对交通安全造成了社会一般人均能认识到的危险。因此,行为人在实施危险驾驶行为时一般都明知存在潜在的危险(但不明知必然发生),正因为如此,就危险驾驶行为本身而言,行为人都是持故意的意志。然而,值得注意的是,行为人对危险驾驶行为持希望或者放任的意志,并不意味着行为人对危险驾驶行为造成的危害结果也持希望或者放任的意志。作为一个理性的人,通常不会拿自己的生命安全去冒险,除非有值得其去冒险的动机或者理由。故行为人虽然明知其追逐竞驶行为存在潜在的危险,但轻信自己的驾驶能力,认为该危险不会转化为现实危害。从这个意义上说,危险驾驶罪的行为人对发生交通事故的意志与交通肇事罪一样。而以危险方法危害公共安全罪要求行为人不但明知其实施的危险行为存在潜在的危险,而且希望或者放任这种潜在的危险向现实损害转化。实践中,以以危险方法危害公共安全罪定罪处罚的追逐竞驶行为人在多数情况下也不希望潜在的危险向现实危害转化,只不过为达到某种目的、出于某种动机而最终放任危害后果的发生。例如,行为人出于泄愤目的在道路上追逐竞驶特定车辆,即便在追逐过程中碰撞上其他正常行驶的车辆,但为实现追赶特定车辆的目的,不顾其对道路交通安全造成的现实危害而继续追逐竞驶,从而导致更为严重的交通事故发生。这种是典型的构成以危险方法危害公共安全罪的情形。反观本案,被告人彭建伟在驾驶途中因与侯墨宣驾驶的宝来汽车发生别挡,出于争强好胜的斗气心理,临时起意追逐对方车辆,其碰撞上停放在路边的其他车辆后即停止驾驶行为,并下车持砖头砸坏宝来汽车的前挡风玻璃,由此体现出其主观上并不希望或者放任其危险驾驶行为对他人人身财产造成损害,因此,不符合以危险方法危害公共安全罪的主观构成特征。

追逐竞驶行为构成以危险方法危害公共安全罪的,要求该行为具有与放火、决水、爆炸、投放危险物质等行为相当的危险程度。所谓相当的危险程度,既可以体现在该行为对不特定多数人的人身财产安全所带来的潜在危险相当,也可以体现在所造成的现实危害后果相当。行为人实施追逐竞驶行为,仅发生轻微交通事故(尚未达到构成交通肇事罪的严重事故),侵害对象、范围有限的,说明该行为尚未达到严重危害公共安全的程度,行为人对其驾驶的车辆仍有一定的控制性,故认定为危险驾驶罪更为妥当。本案中,彭建伟在车流量相对不大的城镇道路上与他人追逐竞驶,导致双方车辆共同撞上路边停放的其他车辆,仅是一般的交通事故,其危险驾驶行为尚不具有与放火、决水、爆炸及投放危险物质相当的危险程度,因此不符合以危险方法危害公共安全罪的客观特征。

案例:徐光明危险驾驶案

案例来源:《刑事审判参考》总第 94 集[第 916 号]

主题词:危险驾驶罪　行政拘留期间折抵刑期

一、基本案情

被告人徐光明,男,1980 年 7 月 7 日出生。2013 年 8 月 31 日因无证驾驶机动车、使用伪造的机动车号牌被行政拘留 20 日,同年 9 月 19 日因涉嫌犯危险驾驶罪被刑事拘留。

北京市朝阳区人民检察院以被告人徐光明犯危险驾驶罪,向北京市朝阳区人民法院提起公诉。

北京市朝阳区人民法院经审理查明:被告人徐光明在未取得机动车驾驶证的情况下,于 2013 年 8 月 31 日零时许,酒后驾驶二轮摩托车(摩托车号牌系伪造)行驶至北京市朝阳区安立路与科荟路交叉口处,与孙麒驾驶的别克牌小型汽车发生碰撞。经鉴定,徐光明血液酒精含量为 138 毫克/100 毫升。

北京市朝阳区人民法院认为,被告人徐光明在道路上醉酒驾驶机动车,发生交通事故,其行为构成危险驾驶罪。鉴于被告人徐光明能够如实供述犯罪事实,当庭自愿认罪,且已赔偿事故相对方的部分经济损失,对其依法可以从轻处罚。据此,依照《中华人民共和国刑法》第一百三十三条之一第一款、第六十七条第三款、第五十二条、第五十三条之规定,北京市朝阳区人民法院以被告人徐光明犯危险驾驶罪,判处拘役三个月,并处罚金人民币二千元(刑期从判决执行之日起计算。判决执行以前先行羁押的,羁押一日折抵刑期一日。即自 2013 年 8 月 31 日起至 2013 年 11 月 30 日止。罚金于本判决生效后三个月内缴纳)。

一审宣判后,被告人徐光明未提起上诉,北京市朝阳区人民检察院向北京市第三中级人民法院提起抗诉。抗诉理由是:被告人徐光明受行政处罚的违法行为与受刑事处罚的犯罪行为不属于同一行为,且其受行政处罚的违法行为未构成犯罪,不应折抵刑期。北京市人民检察院第三分院出庭意见为:原判认定徐光明"在道路上醉酒驾驶机动车",并未将无证驾驶和使用伪造的机动车号码两项违法行为作为犯罪事实的一部分予以认定,不符合行政处罚法的相关规定,建议二审法院依法改判。

北京市第三中级人民法院经公开审理认为,被告人徐光明在未取得机动车驾驶证的情况下,在道路上醉酒驾驶悬挂伪造号牌的机动车,致使发生交通事故,其行为构成危险驾驶罪。关于抗诉意见,经查,原审对徐光明量刑时,已将其无证驾驶机动车和使用伪造的机动车号牌行为作为危险驾驶罪的量刑情节予以考虑,将基于上述行为所处的行政拘留期限折抵危险驾驶罪的刑期并无不当,故上述抗诉意见不予采纳。原审认定的事实清楚,证据确实、充分,定罪准确,量刑适当,审判程序合法。据此,依照《中华人民共和国刑事诉讼法》第二百二十五条第一款第(一)项之规定,北京市第三中级人民法院裁定驳回抗诉,维持原判。

二、裁判要旨

No. 2-133 之一-16　在危险驾驶罪中将无证驾驶与使用伪造号牌作为量刑情节考虑时,行为人因此所受的行政拘留期间可以折抵刑期。

危险驾驶罪属于行政犯,是违反道路交通安全法,且被刑法规定为犯罪的行为。行为人在实施醉酒驾驶、追逐竞驶等犯罪行为的同时,常常伴随着其他违反道路交通安全法应受行政处罚的行为,如严重超速驾驶、违反交通信号灯、无证驾驶等。故在实践中往往需要处理危险驾驶罪刑罚与行政处罚之间的关系,即行为人因其他违反道路交通安全法的行为受到拘留、罚款等行政处罚的,能否折抵其因危险驾驶行为被判处的拘役、罚金等刑罚。1988 年最高人民法院研究室《关于行政拘留日期折抵刑期问题的电话答复》明确规定,如果被告人被判处刑罚的犯罪行为和以前受行政拘留处分的行为系同一行为,被拘留的日期应予折抵刑期。该答复对"同一行为"进行了具体解释:"既可以是判决认定同一性质的全部犯罪行为,也可以是同一性质的部分犯罪行为。只要是以前受行政拘留处分的行为,后又作为犯罪事实的全部或者一部分加以认定,其行政拘留的日期即应予折抵刑期。"1996 年 10 月 1 日起施行的《行政处罚法》第二十八条明确规定:"违法行为构成犯罪,人民法院判处拘役或者有期徒刑时,行政机关已经给予当事人行政拘留的,应当依法折抵相应刑期。违法行为构成犯罪,人民法院判处罚金时,行政机关已经给予当事人罚款的,应当折抵相应罚金。"该规定体现了"一事不二罚"的原则。结合上述答复内容,这一原则的基础在于"同一行为",即被告人被行政拘留的行为与其被判处刑罚的行为是同一行为,或者说是该犯罪行为的全部或者一部分。但对何为"同一行为",实践中存在不同认识。

我们认为,徐光明无证驾驶、使用伪造的机动车号牌等行为与醉驾行为均以驾驶行为为基础,系"同一行为",可以作为危险驾驶罪的量刑情节,其被行政拘留的 20 日应当折抵危险驾驶罪的刑期。具体分析如下:

第一,行为人在道路上醉酒驾驶机动车的行为与其他违反道路交通安全法的行政违法行为均基于同一个驾驶行为的,在客观上属于"同一行为",是醉酒驾驶犯罪事实的一部分。对于依附于驾驶行为的行政违法行为,行为人在实施这些行为的同时也在实施醉驾行为,故行政违法行为在物理状态上与醉驾犯罪行为是"同一行为",不宜区分为两种性质的行为分别作出法律评价。

第二,在法律评价上,其他违反道路交通安全法的行为加大了醉驾行为的危险性,不宜单独评价为行政违法行为,而应当作为危险驾驶罪的从重处罚情节一并进行刑事责任上的评价。行为人因这些行为被先行行政拘留、罚款的,可以折抵其犯危险驾驶罪被判处的拘役刑期和罚金。最高人民法院、最高人民检察院、公安部 2013 年 12 月 18 日印发的《关于办理醉酒驾驶机动车刑事案件适用法律若干问题的意见》第二条规定的从重处罚情节中,就包括"有严重超员、超载或者超速驾驶,无驾驶资格驾驶机动车,使用伪造或者变造的机动车牌证等严重违反道路交通安全法的行为"。从《关于办理醉酒驾驶机动车刑事案件适用法律若干问题的意见》的规定分析,违反道路交通安全法的行为可以作为从重处罚情节。

本案审理在《关于办理醉酒驾驶机动车刑事案件适用法律若干问题的意见》出台之前。一审判决书对被告人徐光明无证驾驶、使用伪造的机动车号牌的行为是否作为量刑情节予以考虑,写得不够明确,只是在事实认定部分表述了这一情节,在判决主文部分直接表述为"判决执行以前先行羁押的,羁押一日折抵刑期一日",但在"本院认为"说理部分并未专门对此进行评价。我们认为,处理此类案件妥当的做法是,在裁判文书事实部分认定被告人实施的其他违反道路交通安全法的行为,同时在"本院认为"说理部分对这些行为作出相应说明,如被告人某某醉酒驾驶情节恶劣,可以酌情从重处罚,因行政机关已对被告人予以行政拘留或者罚款,依法应当折抵相应刑期或者罚金等,之后再在判决主文部分具体表述如何折抵刑期。

案例:杨某危险驾驶案

案例来源:《刑事审判参考》总第 94 集[第 917 号]

主题词:危险驾驶罪　醉驾致本人受伤的处理

一、基本案情

被告人杨某,男,1971 年 10 月 6 日出生,工人。

H 省 S 市某区人民检察院以被告人杨某犯危险驾驶罪,向 S 市某区人民法院提起公诉。

被告人杨某对指控的事实及罪名无异议。

S市某区人民法院经公开审理查明:2011年10月14日22时许,杨某酒后驾驶车牌号为豫MD9179的二轮摩托车沿S市某路自南向北行驶至交叉口北约100米处时摔倒。路人报警后,交通警察将杨某送往医院救治,随后对其抽血送检。经鉴定,杨某血液酒精含量为224.06毫克/100毫升,属于醉酒驾驶机动车。

S市某区人民法院认为,被告人杨某在道路上醉酒驾驶机动车,其行为构成危险驾驶罪。杨某归案后能如实供述犯罪事实,认罪态度较好,且系初犯,对其可以酌情从宽处罚。据此,依照《中华人民共和国刑法》第一百三十三条之一第一款、第五十二条、第五十三条之规定,法院以被告人杨某犯危险驾驶罪,判处拘役一个月十五日,并处罚金一千五百元。

宣判后,被告人杨某不服,基于以下理由提起上诉:其系酒后推摩托车行走,推行时摔倒才导致自己锁骨骨折,且摩托车未损坏,其行为不构成犯罪。

S市中级人民法院认为,上诉人杨某醉酒驾驶摩托车,其行为构成危险驾驶罪。杨某提出的其系酒后推摩托车行走的上诉理由与查明的事实不符,不予采纳。虽然杨某血液酒精含量偏高,醉酒状态严重,但鉴于杨某系初犯,除自身摔伤外,未造成其他后果,犯罪情节轻微,可对其免予刑事处罚。据此,依照《中华人民共和国刑事诉讼法》(1996年)第一百八十九条第(三)项和《中华人民共和国刑法》第一百三十三条之一第一款、第三十七条之规定,法院判决如下:

1. 撤销某区人民法院(2012)湖刑初字第57号刑事判决。
2. 被告人杨某犯危险驾驶罪,免予刑事处罚。

二、裁判要旨

No.2-133之一-17 醉酒驾驶仅致本人受伤的,仍然成立危险驾驶罪,但本人伤害结果不宜作为从重处罚情节。

危险驾驶罪系抽象危险犯,刑法并未以发生实际危害后果作为该罪构成要件。对于抽象危险犯,只要实施了刑法所类型化的危险行为,即该行为只要具有发生危害结果的高度危险,就达到了纳入刑法评价的严重程度。故通常情况下,只要行为人在道路上醉酒驾驶机动车,就可认定其对道路交通安全和他人人身财产安全构成一种紧迫危险的状态,即符合醉驾型危险驾驶罪的构成特征。

在醉驾型危险驾驶案件中,交通事故这一后果往往只是作为衡量醉酒程度的指标之一。一般而言,发生交通事故比未发生交通事故体现的醉酒程度要更为严重,从而可以在法定刑幅度内从重处罚。当然,血液酒精含量高的,因个体差异也未必发生交通事故,故还应当结合具体案情对交通事故这一后果所带来的量刑影响进行综合评定。危险驾驶行为入刑主要因其侵害了公共安全,即侵害了不特定多数人的人身、财产安全。危险驾驶仅造成本人死亡的,失去了刑法评价的意义;危险驾驶仅造成本人伤害或者财产损失的,也宜将这一后果视为行为人为自己犯罪行为付出的代价,而不宜作为从重处罚情节。

以本案为例,杨某在城市道路上醉酒驾驶摩托车,其血液酒精含量已高达224.06毫克/100毫升,醉酒程度严重,其倒地自伤的结果也说明其驾驶能力受到酒精的严重影响,其驾驶行为具有高度的危险性。考虑到本案没有发生致他人受伤、公私财产损失的交通事故,犯罪情节较轻,故可以对其从轻处罚。这样处理,既以本案具体情节为基础,又适当考虑了被告人自伤的情况,对宽严相济程度的把握更为妥当。

案例:包武伟危险驾驶案

案例来源:《刑事审判参考》总第103集[第1073号]

主题词:数罪并罚 缓期判决生效前再犯新罪

一、基本案情

被告人包武伟,男,1968年1月18日生,个体经商。2013年9月27日因犯故意伤害罪被判处有期徒刑九个月,缓刑一年。同年11月22日因涉嫌犯危险驾驶罪被逮捕。

江苏省江阴市人民检察院以被告人包武伟犯危险驾驶罪向江阴市人民法院提起公诉。

被告人包武伟对起诉书指控的犯罪事实未提出异议,但辩称应当对所犯危险驾驶罪判处刑罚后,对其之前所犯故意伤害罪继续适用缓刑。

江阴市人民法院经审理查明:2013年3月24日21时许,被告人包武伟在江阴市澄山路600号阿妹便民超市内与被害人苏才玉发生口角,随即与苏才玉及其丈夫李建忠发生扭打,致两人轻伤。案发后,被告人包武伟赔偿两被害人人民币90000元,并取得对方谅解。2013年9月27日,被告人包武伟被江阴市人民法院以故意伤害罪判处有期徒刑九个月,缓刑一年。

2013年10月1日22时许,被告人包武伟在前罪缓刑判决尚未生效时,醉酒后驾驶号牌为苏BDM869的小型轿车沿江阴市绮山路由南向北行驶至人民东路叉口地段左转弯处,车辆前部追尾撞击前方由沈晓炯驾驶,同向行驶的苏BF9755小型轿车尾部,后包武伟驾驶苏BDM869的小型轿车继续向前行驶,车辆前部又与沿天鹤路由北向南行驶的杨建华驾驶的苏BDB720小型轿车前部相撞,造成三车损坏的交通事故。经江阴市公安局物证鉴定室鉴定,包武伟血液中乙醇含量为2.30毫克/毫升。经江阴市公安局交通巡逻警察大队认定,包武伟负此事故的全部责任。案发后,包武伟分别与被害人沈晓炯、杨建华就本案民事赔偿问题达成协议,已由包武伟赔偿沈晓炯经济损失共计11931元;赔偿杨建华经济损失9086元,并补偿杨建华10000元。

江阴市人民法院认为,被告人包武伟违反交通运输管理法规,在道路上醉酒驾驶机动车,因而发生交通事故,对公共安全具有一定危害,其行为已构成危险驾驶罪。鉴于其归案后如实供述自己的罪行,当庭自愿认罪,并赔偿被害人经济损失,予以从轻处罚。关于与前罪的并罚问题,就实质层面而言,包武伟在缓刑确定前又犯新罪,其主观恶性明显深于缓刑考验期内又犯新罪时的情形。我国相关法律虽未明确规定本案情形的处罚方式,但结合《中华人民共和国刑法》第七十七条关于缓刑撤销的规定及两种情形间危害性的比较,应当撤销包武伟的缓刑,与本罪数罪并罚。据此,判决如下:

1. 撤销本院(2013)澄刑初字第1641号刑事判决中对被告人包武伟宣告缓刑一年的执行部分。

2. 被告人包武伟犯危险驾驶罪,判处拘役四个月,并处罚金人民币四千元;连同前罪判处的有期徒刑九个月,决定执行拘役四个月并有期徒刑九个月,并处罚金人民币四千元。

一审宣判后,被告人包武伟未提出上诉,检察机关未提出抗诉,判决已发生法律效力。

二、裁判要旨

No.2-133之一-18 缓刑判决生效前再犯新罪的,应撤销缓刑后数罪并罚。

缓刑制度能否充分发挥其功能,实现其价值,在很大程度上取决于整个运作机制之成败,其中关键在于是否正确把握缓刑适用的实质条件。缓刑适用的实质条件是缓刑适用的标准,是指据以判断对行为人不实际执行刑罚也不至于再危害社会或再犯罪的条件。行为人没有再犯罪的危险是宣告缓刑所期待的重要目标宗旨。判定"没有再犯罪的危险"所解决的问题实质是再犯预测问题,即行为人没有再犯罪的动机或可能性。再犯预测不能主观臆断,应当依据客观事实进行综合论证,即应当综合案件的各种情况和行为人的主客观因素,作一个整体性的观察与评价。行为人在原审判决尚未生效时又犯危险驾驶罪,说明其并未从前罪的刑罚中汲取教训,对法律心存藐视,不符合适用缓刑的条件。缓刑作为一种刑罚执行方式,当然具有刑罚的威慑和教育功能。缓刑虽然是"附条件地不执行原判刑罚",但是行为人已经被实际追诉和被宣告了刑罚,被宣告的刑罚是否能够免除执行并不能当即最终确定。缓刑的适用如同给行为人带上一个"紧箍咒",促使其自我约束和良好改造,避免收监执行成为现实。然而本案行为人在缓刑判决尚未生效时又犯新罪,足以说明初判缓刑已失去威慑和教育功能,应予以撤销以资补救。

《刑法》第七十七条规定了撤销缓刑的两个要件:一是时间要件,即缓刑考验期内或者判决宣告之前;二是事实要件,即新罪、漏罪或者有情节严重但尚不构成犯罪的违法行为。对于缓刑判决宣告后生效前又犯新罪的,适用哪条法律规定,在刑法上找不到直接依据。因为本案的情况虽然符合《刑法》第七十七条规定的事实要件,但与时间要件并不吻合。我们认为,应当参照《刑法》第七十七条的规定作出撤销缓刑的判决。理由主要是:本案情形符合撤销缓刑的实质要件。事实要件和时间要件相比较,事实要件是实质要件,是撤销缓刑的根本理由。虽然《刑法》第七十七条规定的时间要件没有明确包括本案的情况,缓刑判决仍然应当撤销。在这种情形下,只有参照适用《刑法》第七十七条是比较科学的。需要明确的是,参照适用完全不同于传统刑法中的类推。类推指的是法条没有明文规定为犯罪,但行为具有社会危害性,因而比照最相类似的刑法条文确定行为构成犯罪。而参照适用《刑法》第七十七条指的是,缓刑判决必须撤销,但又找不到撤销的直接条文依据。其前提是行为人的几个行为均构成犯罪且均需要判处刑罚。因此,适用《刑法》第七十七条撤销缓刑,符合适用法律的正当性原则。

案例:高晓松危险驾驶案

案例来源:《刑事审判参考》总第 119 集

主题词:危险驾驶罪　醉驾

一、基本案情

2011 年 5 月 9 日 22 时许,高晓松醉酒后驾驶英菲尼迪牌小型越野客车,行驶至北京市东城区东直门外大街十字坡路口东 50 米处时发生交通事故,致四车追尾、三人受伤。他人报警后,高晓松在案发现场等候处理,后民警赶至现场将其查获。经司法鉴定,高晓松血液内酒精含量为 243.04mg/100ml。2011 年 5 月 17 日,北京市东城区人民法院认定高晓松犯危险驾驶罪,判处拘役六个月,并处罚金人民币 4000 元。

二、裁判要旨

No. 2-133 之一-19　血液酒精含量超过 80mg/100ml 即为醉酒驾驶,对于在道路上醉酒驾驶机动车,严重危害道路安全,对其他车辆、行人的安全造成危险的,应构成危险驾驶罪,如同时构成其他犯罪的,依照处罚较重的规定定罪处罚。

《刑法修正案(八)》自 2011 年 5 月 1 日起施行,根据《刑法修正案(八)》第二十二条、《刑法》第一百三十三条之一:"在道路上驾驶机动车追逐竞驶,情节恶劣的,或者在道路上醉酒驾驶机动车的,处拘役,并处罚金。有前款行为,同时构成其他犯罪的,依照处罚较重的规定定罪处罚。"对于醉酒驾驶机动车情节较轻、情节轻微或者显著轻微的情形,可以适用刑法总则的规定,依法判处缓刑、免予刑事处罚,或者不作为犯罪处理。对于具有从重处罚情节的行为人,应当依法从重处罚,做到宽严相济,罚当其罪。本案中,高晓松在北京市区繁华地段醉酒驾驶,路上车辆、行人不断,高晓松因醉驾发生交通事故,致四车追尾、三人受伤,当时其血液内酒精含量经鉴定为 243.04mg/100ml,已达到醉酒认定标准的 3 倍以上,其行为不属于情节较轻的情形,因此不能依法判处缓刑、免予刑事处罚,或者不作为犯罪处理。综合行为情节、实际危害后果,应该依法以危险驾驶罪判处拘役六个月。2013 年 12 月 18 日,最高人民法院、最高人民检察院、公安部发布了《关于办理醉酒驾驶机动车刑事案件适用法律若干问题的意见》,据其规定:(1)在道路上驾驶机动车,血液酒精含量达到 80mg/100ml 以上的,属于醉酒驾驶机动车,依照《刑法》第一百三十三条之一第一款的规定,以危险驾驶罪定罪处罚。(2)醉酒驾驶机动车,具有下列情形之一的,依照《刑法》第一百三十三条之一第一款的规定,从重处罚:①造成交通事故且负事故全部或者主要责任,或者造成交通事故后逃逸,尚未构成其他犯罪的;②血液酒精含量达到 200mg/100ml 以上的。(3)对醉酒驾驶机动车的被告人判处罚金,应当根据被告人的醉酒程度、是否造成实际损害、认罪悔罪态度等情况,确定与主刑相适应的罚金数额。虽然本案审理时上述规定尚未实施,但判决时考虑高晓松造成交通事故且血液酒精含量达到醉酒认定标准的 3 倍以上等情节,判处 6 个月拘役符合该罪名的价值追求和内在精神。

20 重大责任事故罪(《刑法》第一百三十四条第一款)

案例:李卫东过失致人死亡案

案例来源:《人民法院案例选》2006年第3辑

主题词:重大责任事故罪　交通肇事罪　过失致人死亡罪

一、基本案情

被告人李卫东。

河南省登封市人民法院经审理查明:2005年6月16日18时许,被告人李卫东驾驶自己的豫A13099号川路牌农用车,在少洛高速公路上施工下班回家途中,由西向东行驶至登封市君召乡水磨湾村大桥东100米处,因该公路未正常开通通行,在变更车道时,与相反方向行驶的王小红驾驶的二轮摩托车相撞,致王小红和乘车人王海娃当场死亡,王占杰受伤。登封市公安局交巡警大队事故责任书认定被告人李卫东负此事故的主要责任。

另据法院查明,案发时少林寺至洛阳的高速公路未有通行车运行;案发后李卫东系自己主动到公安机关投案自首。登封市人民检察院以被告人李卫东犯交通肇事罪向登封市人民法院提起公诉。

登封市人民法院认为,被告人李卫东驾驶施工车辆,在处于施工阶段尚未开通运行的少洛高速公路上行驶,当与相反方向行驶的摩托车相遇时因疏忽大意致二车相撞而发生事故,造成二人死亡、一人重伤的严重后果。根据最高人民法院《关于审理交通肇事刑事案件具体应用法律若干问题的解释》第八条第二款的规定,"在公共交通管理的范围外,驾驶机动车辆或者使用其他交通工具致人伤亡或者致使公共财产遭受重大损失,构成犯罪的,分别依照《刑法》第一百三十四条、第一百三十五条、第二百三十三条等规定,定罪处罚"。故对被告人应以过失致人死亡罪定性。登封市人民检察院指控其犯罪的事实成立,本院予以支持。但所指控犯交通肇事罪的罪名不妥,本院不予支持。被告人的辩护人辩称的"被告人的行为在客观上虽然造成了损害结果,但不是出于故意或者过失,而是由于不能抗拒和不能预见的原因所引起的,不是犯罪,应宣告李卫东无罪",与本案的事实不相符,被告人的行为很明显是疏忽大意,对造成被害人死亡的结果存在过失。故对该辩护主张,本院不予采纳。"过失致人死亡的,处三年以上七年以下有期徒刑,情节较轻的处三年以下有期徒刑。"被告人李卫东过失致二人死亡,另有一人重伤,不宜认定为情节较轻,应在三年以上七年以下有期徒刑的幅度内量刑。被告人在案发后主动投案自首,依法可从轻或者减轻处罚;鉴于被告人自愿认罪,案发后主动与死者家属和伤者达成赔偿协议,并已履行,得到死者家属和伤者的谅解,具有酌情从轻情节,确有悔罪表现。依照《中华人民共和国刑法》第二百三十三条、第六十七条、第七十二条、第七十三条之规定,判决如下:

被告人李卫东犯过失致人死亡罪,判处有期徒刑三年,缓刑四年。

二、裁判要旨

No.2-134(1)-1　在公共交通管理的范围外,驾驶机动车辆或者其他交通工具致人伤亡或者致使公共财产遭受重大损失的,不构成交通肇事罪。发生在生产、作业过程中的,以重大责任事故罪论处;并非发生在生产、作业过程中的,以过失致人死亡罪论处。

首先,本案若以交通肇事罪定性,无疑是1979年刑法类推制度的再现。1997年刑法较之1979年刑法的重要进步,就是类推制度的废除。《道路交通安全法》第七十七条尽管规定:"车辆在道路以外通行时发生的事故,公安机关交通管理部门接到报案的,参照本法有关规定办理",由于案发地点是施工现场而非已经开通的公路,故而进行事故责任认定时,可以参照《道路交通安全法》进行处理,但由于《道路交通安全法》并非特别刑法,且该条款并未参照《道路交通安全法》进行定罪量刑,故不必比照交通肇事罪进行定罪量刑。

其次,《刑法》第一百三十四条重大责任事故罪,其发生的范围限于生产作业过程中。而本案是发生在李卫东完工后的回家途中,并非是生产作业过程中不服管理,违反规章制度,且事故的发生主要是李卫东的疏忽大意造成的,故不应以重大责任事故罪追究李卫东的刑事责任。

最后,本案李卫东的行为符合过失致人死亡罪的构成要件,应以过失致人死亡罪定罪处罚。本案中事发地点在未开通使用的高速路上,在严格意义上,它不属于交通肇事所要求的道路范畴。因此认定在这种路上发生的驾车过失致人死亡不能作交通肇事处理。

综上,法院认定被告人李卫东的行为构成过失致人死亡罪是正确的。

21 危险物品肇事罪(《刑法》第一百三十六条)

案例:朱平书等危险物品肇事案

案例来源:《人民法院案例选》2006 年第 3 辑

主题词:危险物品肇事罪

一、基本案情

被告人朱平书,原系山东省临沂市沂州化工有限责任公司副总经理。

被告人刘超,原系山东省临沂市沂州化工有限责任公司经营二部经理。

江苏省淮安市清浦区人民法院经审理查明:被告人朱平书、刘超分别担任山东省临沂市沂州化工有限责任公司(以下简称"沂化公司")副总经理和经营二部经理,负责本公司生产的剧毒化学品液氯的销售与审批工作,并负责核查外来购买液氯车辆的有关安全证件。

2005 年 3 月 29 日,山东济宁远达石化有限公司安排驾驶员兼押运员康兆永和王刚(另案处理)驾驶鲁 H00099 号罐式半挂车到沂化公司购买液氯。该车行驶证核定载重为 15 吨,山东省质量技术监督局锅炉压力容器安全监察处核准该槽罐安全技术要求为最大充装量 30 吨。然而,二被告人却未审查该车任何证件。被告人刘超制定销售液氯 40 吨计划单,报经被告人朱平书审批后对鲁 H00099 号车充装液氯,最终为该车严重超限充装液氯 40. 44 吨。2005 年 3 月 29 日 18 时 40 分许,当该车行驶至京沪高速公路沂淮江段 103KM+525M 处时,汽车左前轮胎爆裂,车辆方向失控后撞毁道路中间护栏冲入对向车道,罐车侧翻在行车道内。马建军驾驶的鲁 Q08477 号解放牌半挂车因避让不及,与鲁 H00099 号罐车碰剐,导致鲁 H00099 号车槽罐顶部的阀门被撞脱落,发生液氯泄漏。

事故发生后,周边 29 人因氯气中毒死亡,400 余人中毒住院治疗,1800 余人门诊留观,10000 余名村民被迫疏散转移,数千头(只)家畜、家禽死亡,大面积农作物绝收或受损,同时还造成大量的树木、鱼塘、村民的食用粮、家用电器受污染、腐蚀等巨大经济损失。

另查明:自 2004 年 3 月起至事故发生之日,鲁 H00099 号罐式半挂车从沂化公司共拖装液氯 60 余次,其中绝大部分都超过 30 吨。

淮安市清浦区人民法院认为,我国《刑法》规定构成危险物品肇事罪的犯罪主体为一般主体,即只要达到刑事责任年龄,具有刑事责任能力的自然人即符合主体要件。被告人刘超系负责液氯销售工作的部门经理,具有完全刑事责任能力,所提主体不符的辩护意见不能成立。肇事的鲁 H00099 号罐车行驶证核载为 15 吨,液化气体罐车使用证上槽罐核载为 30 吨,交警部门的车管所和质量技术监督局均是国家法定的对车辆载重和槽罐车载重的审核机关,并且二机关也是根据车主马建国提供的该车出厂合格证及相关资料进行审核的,且该车的制造商武汉船用机械厂出具的合格证上也载明槽罐车核定载重为 30 吨,辩护人依设计计算书对鲁 H00099 号罐车的核定载重量进行主观推断,无证据印证,所提鲁 H00099 号罐车所装液氯没有超装超载的辩护意见不能成立。我国的《氯气安全规程》和《液化气体汽车罐车安全监察规程》明确规定充装单位要审核装运车辆的安全证件,严禁超装超载车辆驶离充装单位。被告人朱平书、刘超作为生产企业中分管和主管剧毒化学品液氯销售、审批工作的直接责任人员,违反国家有关液氯充装应审查危险品运输车辆的安全证件及不准超装超载的规定,为鲁 H00099 号车超装液氯,使该车超载行驶,引发交通事故后造成液氯泄漏,29 人因氯气中毒死亡。根据交通事故认定书认定,鲁 H00099 号罐车发生特大交通事故的直接原因之一是该车严重超载,因此,二被告的行为均构成危险物品肇事罪,且属于后果特别严重。公诉机关指控罪名正确,本院予以支持。被告人朱平书、刘超归案后能认罪、悔罪,依法可以对其酌情从轻处罚。据此,为维护社会公共安全,惩治生产领域违反国家安全规定的犯罪行为,依据《中华人民共和国刑法》第一百三十六条、第二十五条第二款之规定,判决如下:

1. 被告人朱平书犯危险物品肇事罪,判处有期徒刑三年零六个月。

2. 被告人刘超犯危险物品肇事罪,判处有期徒刑三年零六个月。

一审判决后,被告人朱平书、刘超不服,向淮安市中级人民法院提起上诉。

上诉人朱平书及其辩护人对原判认定的事实不表异议。

朱平书上诉称:他只是一个无经营资质的副总经理,对液氯的经营、销售只负责签字并上报总经理,液氯的最终发放及发放数量均由总经理决定,其并非液氯销售的直接责任人,因此不应承担直接责任。其辩护人认为:(1)鲁 H00099 号车发生事故的直接原因是使用的报废轮胎爆裂,超载不是该起事故发生的直接或主要原因。(2)肇事车没有依法配备防范施救设施,以及事故发生后肇事人没有明示报警是造成本案严重后果的直接原因,上诉人与后果的发生没有直接关系。上诉人作为危险品生产企业的副总经理,工作中未能履行对危险品购买运输单位告诫、阻止义务,职务履行上有过失,理应承担一定的行政责任,但不应承担刑事责任。因此,建议法庭依法宣告朱平书无罪。

上诉人刘超及其辩护人对原判认定的事实亦不表异议。刘超上诉称,鲁 H00099 号车合格证中载明该车槽罐容积为 38 立方米,根据液氯装载系数为 1.2 吨/立方米的国家规定计算,该车液氯的最大装载量应为 45.6 吨,事发当天实际充装 40.44 吨,并未超装,不能以行驶证核载 15 吨和液化气体罐车使用证上核准 30 吨作为该车是否超载的标准。为证明该辩解,刘超向法庭申请有关权威部门对鲁 H00099 号车的最大载重量和槽罐最大允装量进行鉴定。其辩护人提出,刘超系负责销售的工作人员,无审查车辆是否超载的法定义务,且销售也不属于危险物品肇事罪规定生产、储存、运输、使用中的任一环节,不构成危险物品肇事罪。

检察机关认为,上诉人朱平书、刘超的行为构成危险物品肇事罪,后果特别严重。一审判决认定事实清楚、定罪准确、量刑适当、程序合法。建议驳回上诉,维持原判。

二审双方争议的焦点是肇事车是否超载、超载与事故的发生有无因果关系、二上诉人是否负有审核义务及二人的行为是否构成犯罪。淮安市中级人民法院经审理认为,根据《中华人民共和国国家标准工业用液氯》及国家劳动部颁发的《液化气体汽车罐车安全监察规程》的规定,汽车罐车的液氯充装量不得超过 1.2 吨/立方米。据此,上诉人刘超及其辩护人根据汽车罐体容积 38 立方米推算出该罐车的承载量为 45.6 吨而认为未超载。本院认为,核载量是界定车辆是否超载的唯一标准。该车制造商的产品合格证及设计计算书中所载内容是经过科学手段检测后并经精确计算所得出的数字,该核载量小于 1.2 吨/立方米,符合上述国家规定。上诉人认为液氯罐车的核载量必须等于罐体容积与规定的液氯充装系数之积的计算方式,缺乏科学依据。根据公安部交通管理科学研究所对肇事车的全面检测,明确认定该车因长期超载引起胎冠中央过度磨损,胎冠轮胎及花纹底部开裂,形成众多裂纹;由于超载,引起轮胎过度变形和气压升高,在行驶中,随着轮胎内部温度的升高,轮胎帘线过度伸张,橡胶复合材料的物理特性连续裂坏,加上轮胎胎冠原有裂纹处应力集中,在交变载荷的重复作用下,应力超过材料的强度极限,导致胎冠和胎肩爆裂。这一鉴定内容科学地阐明了该车超载的事实。该研究所是我国交通管理科学鉴定的权威部门,其鉴定内容客观、全面、科学,并与已查明该车自 2004 年 3 月起至事故发生之日,拖装液氯 60 余次,其中绝大部分超过 30 吨及事故发生之日仍超装 40.44 吨液氮的事实相印证,应作为本案定案证据。该车由于长期超载运输致使轮胎处于超标状态,案发当天又因超载行驶,加重、加速了轮胎爆裂现象的发生,该车超载与事故的发生具有直接的因果关系,是该起事故发生的直接原因之一。故对上诉人所提所装液氯没有超载、后果与其行为无因果关系及要求鉴定的申请不予采纳。

根据沂化公司的文件及经营部岗位职责规定,朱平书系副总经理兼经营部经理,职责是具体负责安排控制客户和运输车辆危险品手续的检查、登记、审核工作,全面执行落实危化管理制度。刘超系经营二部经理,具体负责来厂客户登记、审查和考核;在分管副总安排下,制定本部门工作计划,上报副总审批。这些规定表明,二上诉人均负有危险品运输车辆的核查义务。从公司的具体实施过程看,二上诉人对液氯的充装数量也具有绝对的决定权。沂化公司总经理刘元领证明,公司液氯的销售是朱平书负责,具体由朱平书、刘超商量后,由刘超编写,朱平书审检、把关后报车间主任和其各一份。经营部的开票员王艳红证明,危险品运输车辆应在车辆进厂后开充装单之前核查,具体由朱平书、刘超二人负责,其根据朱平书、刘超二人的安排给车辆开液氯包装单,驾驶员凭包装单即可到车间充装。充装工人陈子启、相子强证明,他们掌握的充装数量是根据经营部报给车间的计划单和经营部开给客户的液氯包装单核对后进行充装。对于上述证人所证工作流程,二上诉人均不否认,故上述证据足以证明在液氯的经营、销售中,二上诉人对液氯的充装数量享有决定权。根据我国劳动部颁发的《液化气体汽车罐车安全监察规程》第五十条第(七)项规定,液化气体汽车罐车严禁超装,否则严禁驶离充装单位。二上诉人却违反国家有关液氯充装不准超装超载的规定,向充装工人下达超装指令,引发交通事故后致液氯泄漏,造成了 29 人死亡的特别严重后果,二人是致车辆超装的直接责任人员,其行为已严重危害了国家公共安全,且该行为与危害后果之间具有刑法上的因果关系,依法应受刑事处罚,不属于行政处罚范畴。对刑法条文中关于危险物品肇事罪表述的"在生产、储存、运输、使用中"的理解,不能狭义理解为在危险物品生产、作业活动中的四种行为,而应理解为危险物品生产、作业活动中的四个阶段,充装是运输的必然程序,不是国家危险品管理规定的独立阶段,显然应包含在危险物品肇事罪的运输阶段。故对辩护人提出的销售不属于生产、储存、运输、使用中的任一环节,上诉人的行为不构成危险物品肇事罪的辩护意见不予采纳。

综上所述,上诉人朱平书、刘超的行为均构成危险物品肇事罪,且属情节特别严重,依法应对二人判处三年以上七年以下有期徒刑。原审法院根据已经查明的事实、证据和法律规定,结合二上诉人所犯罪行的性质、情节和对社会的危害程度作出的判决并无不当,且审判程序合法。依照《中华人民共和国刑事诉讼法》第一百八十九条第(一)项之规定,裁定如下:驳回上诉,维持原判决。

二、裁判要旨

No. 2-136-1　对危险物品的装卸负有管理职责的人员,违反有关管理规定,因而发生重大事故的,应以危险物品肇事罪论处。

本案是一起危险物品肇事事故系列案件之一。作为事故直接肇事者的两名驾驶员、押运员因犯危险物品肇事罪被判处有期徒刑六年六个月;对事故车辆及人员负实际管理责任的山东省济宁市远达石化有限公司经理马建国因犯危险物品肇事罪被判处有期徒刑六年;而本案被告人则是负责销售、审批液氯工作的部门经理和公司副总经理。危险物品肇事罪是我国刑法中的危害公共安全罪名之一,其立法本意就是规范危险物品的管理秩序,保护公共安全。从整个事故的发生看,驾驶员、押运员超载驾驶危险品运输车辆,最终酿成重大事故,其应当承担责任应无别议。但是,作为对危险物品负有直接管理责任的人也应当依法承担管理者责任。因为,他们的管理责任涉及危险品的各个环节。本案中,如果生产企业负责审批液氯销售的经理严格把关,如果负责事故车辆管理的经理能够尽到车辆安全维护义务,那么本案事故的发生完全可以避免。正因为管理者的责任对于危险物品的管理具有重要意义,且事关广大人民群众生命财产的安全,因此决不能忽视管理者对于危险物品肇事的法律责任。法院最终根据刑法的规定,认定管理者构成危险物品肇事罪是正确的。

22 消防责任事故罪(《刑法》第一百三十九条)

案例:王华伟消防责任事故案

案例来源:《人民法院案例选》2005 年第 2 辑

主题词:消防责任事故罪　直接责任人员的认定

一、基本案情

被告人王华伟、孙志军。

江苏省徐州市鼓楼区人民法院经审理查明:被告人王华伟于2002年4月与徐州古彭地下商场签订合同,租赁该商场人防工事东大厅改建永乐门酒吧(又名雅帝酒吧),后被告人王华伟、孙志军(系王华伟妻哥)在未取得徐州市公安局消防支队审核批准的情况下,擅自进行改建施工,在装潢上使用了可燃材料。2002年9月3日,市消防支队消防监督员李厚强在孙志军等人陪同下,对永乐门酒吧改造工程进行检查,发现该工程未经审批擅自施工且施工内容不符合消防要求,李厚强即责令停工整改。并于2002年9月6日向永乐门酒吧送达了《责令限期改正通知书》,指出:"该改造工程擅自施工,经消防机构审核不合格,责令永乐门酒吧在2002年9月18日前改正。"永乐门酒吧于2002年9月17日向市消防支队报送了整改报告,称"已全面停工,待审核后按规定施工"。2002年10月份,被告人王华伟、孙志军在未得到市消防支队审核批准的情况下,再次施工,使用大量可燃材料对酒吧顶部、墙面进行装修,并多次拆除设置在永乐门酒吧与清秀佳人休闲屋之间通道上的石膏挡板。2002年12月28日21时许,王华伟安排施工人员再次拆除石膏挡板,将制作好的吧台搬入清秀佳人休闲屋过道中。当日23时后,清秀佳人休闲屋富士厅起火,继而蔓延至永乐门酒吧施工现场,火势迅速扩展,造成民工谭建峰死亡,徐严、董月胜重伤,李会侠轻伤,直接经济损失人民币221970元的严重后果。经徐州市公安消防支队认定,火灾原因不明;王华伟、孙志军负间接责任。本案在审理期间,被告人王华伟赔偿谭建峰之父母谭树庆、苏世兰经济损失人民币50000元,支付谭建峰尸体存放费人民币10000元。

徐州市鼓楼区人民法院认为,被告人王华伟、孙志军在进行建筑内部装修工程中违反消防管理法规,经消防监督机构通知采取改正措施而拒绝执行,造成严重后果,已构成消防责任事故罪。公诉机关指控的事实清楚,证据确实、充分,罪名成立,适用法律正确,予以采纳。鉴于被告人王华伟积极赔偿被害人谭建峰亲属的经济损失,系初犯,酌情予以从轻处罚。依据《中华人民共和国刑法》第一百三十九条、第六十九条、第七十条之规定,于2004年4月19日判决如下:

1. 被告人王华伟犯消防责任事故罪,判处拘役四个月。

2. 被告人孙志军犯消防责任事故罪,判处有期徒刑六个月。

宣判后,鼓楼区人民检察院以原审人民法院量刑不当为由提起抗诉。二审期间,徐州市人民检察院认为鼓楼区人民检察院抗诉不当,向徐州市中级人民法院申请撤回抗诉,二审法院经审查后裁定准许撤回抗诉,判决现已生效。

二、裁判要旨

No.2-139-1 违反消防法规,经消防监督机构通知采取改正措施而拒绝执行,致火灾发生、扩大、蔓延的,即使事后确定行为人对于火灾事故的发生仅负有间接责任,也可以认定为直接责任人员,应以消防责任事故罪论处。

重大责任事故发生后,如何认定《刑法》第一百三十九条规定的直接责任人员是认定是否构成消防责任事故罪的关键。消防责任事故罪中的直接责任人员与火灾事故责任认定中的直接责任人员并非完全一致。前者对后者负直接责任,后者虽然在火灾事故中认定行为人负有间接责任,但是,只要能认定行为人的确实施了违反消防法规的行为而拒绝改正,并且火灾的发生、扩大、蔓延与行为人的违规行为之间具有因果关系,就可以认定行为人就符合消防责任事故罪中的直接责任人员。

从《刑法》关于直接责任人员的认定来看,确定消防责任事故罪中的直接责任人员应当具备两个基本条件,其一是对"违反消防管理法规,经消防监督机构通知采取改正措施而拒绝执行"行为起主要作用的人员,具体地说就是对消防违规行为起决定、批准、授意、纵容、指挥等作用的人员,一般是实施消防违规行为的主管负责人,包括在具体实施过程中起较大作用的人员。上述人员既可以是单位的经营管理人员,也可以是单位的职工,包括聘任、雇佣的人员。应当注意的是,对于受负责人指派或命令而参与实施了一定行为的人员,一般不宜作为直接责任人员追究刑事责任。因此,具备这一条件的前提必须是在实施违规行为过程中掌有实际领导权限。其二在直接责任人员决定、批准、授意、纵容、指挥下所实施的消防违规行为必须造成严重后果。也就是说,消防违规行为和危害后果之间有直接因果关系。这两个条件缺一不可。如果不是实施消防违规行为的负责人,他就算不上责任人员;如果负责人的消防违规行为和严重后果没有直接因果关系,就不可能对犯罪负有直接责任。因此,根据上述两个条件,在具体案件承担直接负责的人员既可能是一人,也可能是多人,本案即是后一种情形。

第三章　破坏社会主义市场经济秩序罪

23 生产、销售伪劣产品罪(《刑法》第一百四十条)

案例:韩俊杰等生产伪劣产品案

案例来源:《刑事审判参考》总第23辑[第143号]

主题词:生产、销售伪劣产品罪

一、基本案情

被告人韩俊杰,男,1942年9月28日出生,小学文化,河南省尉氏县公安局退休干部。因涉嫌犯非法经营罪,于2000年11月29日被逮捕。

被告人付安生(被告人韩俊杰之婿),男,1973年5月19日出生,初中文化,待业。因涉嫌犯生产伪劣产品罪,于2000年12月25日被逮捕。

被告人韩军生(被告人韩俊杰之子),男,1970年2月10日出生,高中文化,原系河南省尉氏县公安局临时工。因涉嫌犯非法经营罪,于2000年11月29日被逮捕。

河南省尉氏县人民法院经审理查明:2000年春,被告人韩俊杰在河南省尉氏县大桥乡大苏村筹建棉花加工厂,并指派被告人付安生、韩军生从外地购回一套棉花加工设备。在为崔建标、于水等人(均在逃)加工棉花的过程中,应崔建标、于水等人的要求,韩俊杰从他人处借得一台打麦机专门用于加工回收棉,并同意在籽棉中掺入回收棉,共计加工劣质棉163.445吨,价值170余万元,全部由崔建标、于水等人销出。韩俊杰获取加工费7.24万元。在共同生产经营过程中,韩俊杰负责全面工作;付安生负责维修机器,并购买了部分生产用品;韩军生购买了部分生产用品。

2000年12月3日,被告人付安生到尉氏县公安局投案。

尉氏县人民法院认为:被告人韩俊杰、付安生、韩军生违反国家规定从事棉花加工业务,在生产过程中,向籽棉中掺入回收棉,以次充好,销售金额达170余万元,三被告人的行为均已构成生产伪劣产品罪。公诉机关指控三被告人犯罪的事实清楚,证据确实、充分,但对被告人韩军生的定性不当。被告人付安生虽在犯罪后向公安机关投案,但未能如实供述自己的犯罪事实,因此,其自首情节不能认定。在共同犯罪中,各被告人只是分工不同,对被告人付安生不能认定为从犯。三被告人及其辩护人无罪的辩护理由不能成立。依照《中华人民共和国刑法》第一百四十条、第二十五条第一款、第六十四条的规定,于2001年3月2日判决如下:

1. 被告人韩俊杰犯生产伪劣产品罪,判处有期徒刑十五年,并处罚金一百万元;被告人付安生犯生产伪劣产品罪,判处有期徒刑十一年,并处罚金九十万元;被告人韩军生犯生产伪劣产品罪,判处有期徒刑十年,并处罚金九十万元;

2. 违法所得七万二千四百元予以追缴,作案工具棉花加工设备一套予以没收。

宣判后,韩俊杰、付安生、韩军生均不服,以"不构成生产伪劣产品罪,应宣告无罪"为由,向河南省开封市中级人民法院提出上诉。

开封市中级人民法院经审理认为:上诉人韩俊杰、付安生、韩军生在共同经营棉花加工厂从事棉花加工业务过程中,向籽棉中掺入回收棉,以次充好,共加工劣质皮棉163.445吨,销售金额170余万元。三上诉人的行为均已构成生产伪劣产品罪。上诉人韩俊杰对筹资建厂、为加工回收棉向亲戚借打麦机、共加工160余吨劣质皮棉的事实供认不讳。上诉人付安生对购买棉花加工设备、负责维修机器并购买部分生产用品、明知加工厂生产的是掺了回收棉的劣质皮棉的事实供认不讳。上诉人韩军生对购买棉花加工设备和部分生产用品的事实亦有供认。并且三上诉人的供述与本案的其他证据能够相互印证。原判认定的事实清楚,证据确实、充分,定性准确,量刑适当,审判程序合法。三上诉人的上诉理由不能成立。依照《中华人民共和国刑事诉讼法》第一百八十九条第(一)项的规定,于2001年4月10日裁定驳回上诉,维持原判。

二、裁判要旨

No. 3-1-140-1 为他人加工伪劣产品的,应以生产、销售伪劣产品罪论处。

根据刑法规定,生产伪劣产品行为的具体表现形式有 4 种,即在产品中掺杂掺假、以假充真、以次充好、以不合格产品冒充合格产品,其中,根据最高人民法院、最高人民检察院《关于办理生产、销售伪劣商品刑事案件具体应用法律若干问题的解释》的规定,掺杂掺假指的是在产品的生产过程中掺入杂质或者异物,致使产品质量不符合国家法律、法规或者产品明示标准规定的质量要求,降低、失去应有使用性能的行为。可见,半假半真是掺杂掺假行为的基本特征。根据本案查明的事实,在为崔建标、于水等人加工棉花的过程中,应崔建标、于水等人的要求,韩俊杰从他人处借得一台打麦机专门用于加工回收棉,并在籽棉中掺入回收棉,共计加工劣质棉 163.445 吨,价值 170 余万元。在具体的加工生产过程中,三被告人尽管各自分工不同,但构成了生产伪劣产品的整体行为应属无疑。至于为他人加工,还是为自己加工,并不影响其行为的生产伪劣产品这一性质的认定。

No. 3-1-140-2 仅有伪劣产品的加工行为,尚未销售,伪劣产品货值金额达到 15 万元以上的,以生产、销售伪劣产品罪(未遂)论处。

从《刑法》第一百四十条的罪状表述来看,生产、销售伪劣产品罪属于选择性罪名。选择性罪名既可概括使用,也可分解拆开使用,这一点已为我们所熟知。因此,从理论上说,本罪的具体罪名应有 3 个,即生产伪劣产品罪、销售伪劣产品罪和生产、销售伪劣产品罪。如果行为人只生产伪劣产品的,构成生产伪劣产品罪;只销售伪劣产品的,构成销售伪劣产品罪;既生产又销售伪劣产品的,构成生产、销售伪劣产品罪,不实行数罪并罚。但是,根据本罪的立法规定,单纯的生产伪劣产品罪是无从成立的。因为如果生产者只是生产了伪劣产品,而并没有推向市场,就谈不上销售金额较大,因而不符合本罪的客观要件。只有当生产者生产了伪劣产品,同时又推向市场时,才可能销售金额较大。然而在这种情况下,行为人已经不是单纯地生产伪劣产品,而是既生产又销售了伪劣产品。最高人民法院、最高人民检察院《关于办理生产、销售伪劣商品刑事案件具体应用法律若干问题的解释》正是基于这一考虑,规定生产伪劣产品尚未销售的,以生产、销售伪劣产品罪(未遂)定罪处罚。

案例:陈建明等销售伪劣产品案

案例来源:《刑事审判参考》总第 19 辑[第 115 号]

主题词:生产、销售伪劣产品罪　未遂

一、基本案情

被告人陈建明,男,1965 年 7 月 21 日出生,无业。因涉嫌销售伪劣产品犯罪,于 1999 年 6 月 15 日被逮捕。

被告人吴松希,男,1971 年 2 月 8 日出生。因涉嫌销售伪劣产品犯罪,于 1999 年 7 月 8 日被逮捕。

被告人马丹辉,男,1965 年 8 月 12 日出生,无业。因涉嫌销售伪劣产品犯罪,于 1999 年 6 月 15 日被逮捕。

被告人李延广,男,1965 年 9 月 26 日出生,农民。因涉嫌销售伪劣产品犯罪,于 1999 年 6 月 15 日被逮捕。

被告人张文振,男,1975 年 6 月 3 日出生,农民。因涉嫌销售伪劣产品犯罪,于 1999 年 6 月 15 日被逮捕。

被告人方文魁,男,1965 年 6 月 18 日出生,农民。因涉嫌销售伪劣产品犯罪,于 1999 年 6 月 15 日被逮捕。

北京市第二中级人民法院经审理查明:被告人陈建明与景巨良(另案处理)预谋销售假冒卷烟,景巨良在北京市朝阳区高碑店花园闸村、半壁店方家村分别设立办公室及两个烟库,用于销售假冒卷烟。1999年2月至5月间,陈建明和景巨良又与吴松希、方文魁、马丹辉等人预谋由广州、福建等地,购买假冒卷烟并贩运来京销售。后吴松希、方文魁等人将假冒的“三五”“万宝路”“红塔山”“中华”等卷烟装入集装箱,经铁路、公路运输至北京市。马丹辉负责接收假冒卷烟,并在北京广安门火车站货场调度王建华(另案处理)的配合下将吴松希等人用火车运到北京的假冒卷烟提出后,再用汽车运送到陈建明及景巨良所指定的地点,由陈建明和景巨良负责联系烟摊予以销售。其中,被告人陈建明伙同他人共销售假冒卷烟金额661.5854万元;吴松希销售假冒卷烟金额284.618万元;方文魁销售假冒卷烟金额19.26万元。马丹辉帮助被告人吴松希、方文魁等人将假冒卷烟运至被告人陈建明、李延广处,运送的假冒卷烟价值人民币603.8783万元。

1999年5月间,被告人李延广、张文振欲将被告人马丹辉从铁路非法贩运至北京市的假冒“石林”“金健”等卷烟716箱进行销售时,被查获。经北京市价格事务所鉴定,从李延广、张文振处收缴假冒卷烟,共计价值人民币34.511万元。

经对案发后从陈建明、马丹辉、李延广、张文振等人处查获的卷烟进行鉴定,证实均为假冒他人注册商标的劣质卷烟。

北京市第二中级人民法院认为:被告人陈建明、吴松希、马丹辉、李延广、张文振、方文魁分别结伙,违反国家产品质量法规,以假充真,大量销售假冒劣质卷烟,严重地破坏市场经济秩序,其行为均已构成销售伪劣产品罪。在共同犯罪中,陈建明、吴松希、李延广、方文魁均起主要作用,系主犯,均应依法惩处。被告人张文振帮助他人销售假冒劣质卷烟,系本案从犯,依法对其从轻处罚。马丹辉亦系本案从犯,其在被公安机关羁押后,能协助公安机关抓获同案犯,有立功表现,故依法对其减轻处罚。鉴于李延广、张文振犯罪未遂,故依法对其从轻处罚。北京市人民检察院第二分院指控上列被告人犯销售伪劣产品罪的事实清楚,证据确实、充分,惟在认定的部分数额上有误。陈建明的辩护人的辩护意见,经查,陈建明被羁押后,虽能帮助公安机关做一定工作,但不属于立功,故其辩护意见不予采纳。吴松希、方文魁的辩解及二被告人的辩护人的辩护意见,经查,二被告人积极参与销售伪劣产品的犯罪事实,有书证及同案犯的供述在案证实,二被告人在公安机关亦多次供述,足以认定,现其否认,显系狡辩,故二被告人的辩解及其辩护人的辩护意见,不予采信和采纳。马丹辉的辩护人的辩护意见,经查,马丹辉明知是假冒劣质卷烟,仍帮助他人予以销售的事实,不仅有同案犯的供述,起获的书证在案证实,且马丹辉在法庭审理中亦供述,故其辩护人的辩护意见不予采纳。李延广的辩护人的辩护意见,经查,李延广纠集他人积极实施销售假冒劣质卷烟,并非起次要作用,系主犯,故其辩护意见不予采纳,但所提系犯罪未遂的辩护意见,经查属实,予以采纳。张文振的辩解及其辩护人的辩护意见,经查,张文振伙同他人销售假冒劣质卷烟的犯罪事实,有同案犯的供述、指证,且其在公安机关亦曾供述,现其翻供,显系推卸罪责,故其辩解及辩护人的辩护意见不予采信和采纳。根据各被告人犯罪的事实、犯罪的性质、情节和对于社会的危害程度,依照《中华人民共和国刑法》第一百四十条、第五十七条第一款、第二十五条第一款、第二十六条第一款、第四款、第二十七条第一款、第二款、第二十三条、第七十二条、第七十三条第三款、第六十八条第一款、第六十一条、第六十四条及最高人民法院《关于处理自首和立功具体应用法律若干问题的解释》第五条之规定,于2000年12月14日判决如下:

1. 被告人陈建明犯销售伪劣产品罪,判处无期徒刑,剥夺政治权利终身,并处没收个人全部财产。

2. 被告人吴松希犯销售伪劣产品罪,判处有期徒刑十五年,并处罚金人民币二百八十五万元。

3. 被告人马丹辉犯销售伪劣产品罪,判处有期徒刑六年,并处罚金人民币一百五十万元。

4. 被告人李延广犯销售伪劣产品罪,判处有期徒刑四年,并处罚金人民币三十五万元。

5. 被告人张文振犯销售伪劣产品罪,判处有期徒刑三年,并处罚金人民币十三万元。

6. 被告人方文魁犯销售伪劣产品罪,判处有期徒刑二年,并处罚金人民币十九万元。

7. 继续追缴上述被告人的违法所得。

8. 随案移送的物品予以没收,上缴国库。

一审宣判后,陈建明、吴松希、李延广、张文振不服,提出上诉。

北京市高级人民法院经审理认为:一审判决认定的事实清楚,证据确实、充分,定罪及适用法律正确,量刑适当,审判程序合法,应予维持。依照《中华人民共和国刑事诉讼法》第一百八十九条第(一)项之规定,2001 年 3 月 8 日裁定驳回上诉,维持原判。

二、裁判要旨

No. 3-1-140-3 伪劣产品尚未销售,货值金额达到 15 万元以上的,应以生产、销售伪劣产品罪(未遂)论处。

最高人民法院、最高人民检察院《关于办理生产、销售伪劣商品刑事案件具体应用法律若干问题的解释》考虑到伪劣产品尚未销售,社会危害性小于已销售出去的实际情况,在第二条第二款规定:"伪劣产品尚未销售,货值金额达到刑法第一百四十条规定的销售金额三倍以上的,以生产、销售伪劣产品罪(未遂)定罪处罚。"从而对尚未销售行为的认定不仅从行为的犯罪形态的质上作出了明确规定,而且从销售金额的量上进行了规范,为司法实践中解决类似问题提供了明确的标准和依据。

案例:王洪成生产、销售伪劣产品案

案例来源:《刑事审判参考》总第 2 辑[第 8 号]

主题词:生产、销售伪劣产品罪

一、基本案情

被告人王洪成,男,44 岁,原系哈尔滨市洪成新能源膨化剂有限公司经理。因涉嫌犯生产、销售伪劣商品罪,于 1996 年 4 月 12 日被逮捕。

某市中级人民法院经审理查明:1992 年末,被告人王洪成组建哈尔滨市洪成新能源膨化剂有限公司,先后在哈尔滨市道里区霞曼街 25 号、通达街 120 号等地组织生产重油膨化剂、重柴油膨化剂。由于王洪成将其开发的所谓"技术成果"——"水变油"技术不断推出演示,加之当时的部分新闻媒介的宣传、报道,使"水变油"技术当时在社会各界引起广泛关注。

1993 年 2 月,沈阳冶炼厂曾某到哈尔滨找王洪成,要求购买"水变油"技术。王称加密问题没有解决,可以卖膨化剂,并许诺可以节油 30%。曾某信以为真,于同月 23 日,用 40 万元从王洪成处购买重油膨化剂 15 吨。后该厂按王提供的工艺流程兑制使用,发现热值不够,发热量随掺水量增加而成比例下降,满足不了基本使用要求,遂要求退货,王称待新的膨化剂出来后给兑换,不同意退货。

1993 年 2 月,沈阳市国社实业发展公司经理佟某通过新闻媒介得知王洪成的"水变油"技术,便到哈尔滨与王洽谈,王向其许诺使用膨化剂可节油 50%,佟便花 50 万元购得重油膨化剂 20 吨。后因不能使用,找王退货,王洪成拒绝。

1993 年 2 月,江苏省淮阴市科技经济信息中心从王洪成处购买重油膨化剂 5 吨,付款 20 万元。之后,王派其公司职员去淮阴指导试验并更换了燃烧设备,但经多次试烧,均发生熄火现象,无法正常运行。

1993 年 2 月,海口洪成新能源实业有限公司从王洪成处购买重柴油膨化剂 1.5 吨,付款 20 万元。经海口电厂多次试烧,均未达到正常效果,无法正常燃烧。该公司多次找王要求退货,被王拒绝。

1993 年 12 月至 1994 年 7 月间,浙江省杭州市桐庐洪风新燃料开发公司共从王洪成处购买重油膨化剂、重柴油膨化剂 6 吨,付款 90 万元。经多次试烧,均出现油水分层、热值低的现象,不能使用。

1994 年 1 月,广东省新以太科技发展公司从王洪成处购买重柴油膨化剂 5 吨,付款 100 万元。该公司按王提供的方法混兑试烧,出现油水分层、炉温降低并经常熄火现象。多次找王退货,王以无钱为由拒绝。

1994年11月,上海赢得实业总公司从王洪成处购买重油膨化剂、重柴油膨化剂7吨,付款73万元。因试烧过程中出现油水分层、燃烧不稳的现象,不能使用,找王退货,被王拒绝。

被告人王洪成及其辩护人均以被告人生产、销售的重油膨化剂、重柴油膨化剂不是伪劣产品为由,作无罪辩护。

某市中级人民法院认为:1992年末,被告人王洪成先后在哈尔滨市道里区霞曼街等地组织生产了不具备基本使用性能的劣质产品——重油膨化剂、重柴油膨化剂。为获取非法利润,被告人王洪成以其生产的重油膨化剂、重柴油膨化剂在使用时可节油20%～30%为名,骗取购货方的信任,销售其伪劣产品。自1993年2月至1994年11月间,先后向沈阳冶炼厂等七家单位,销售伪劣重油膨化剂、重柴油膨化剂60余吨,违法所得人民币393万元,其行为已构成生产、销售伪劣商品罪。依照《中华人民共和国刑法》第十二条、1979年《中华人民共和国刑法》第五十二条、第五十九条和全国人大常委会《关于惩治生产、销售伪劣商品犯罪的决定》第一条的规定,于1997年10月23日判决如下:

1. 被告人王洪成犯生产、销售伪劣商品罪,判处有期徒刑十年,剥夺政治权利二年;
2. 没收被告人王洪成私产住宅房七处、轿车二辆,上缴国库。

一审宣判后,被告人王洪成不服,以生产、销售的膨化剂不是伪劣商品为由,向某高级人民法院提出上诉。

某高级人民法院经审理认为:被告人王洪成生产、销售的重油膨化剂、重柴油膨化剂不具有节油的性能,属不合格产品。被告人及其辩护人的辩护理由不能成立。被告人王洪成在生产、销售重油膨化剂、重柴油膨化剂过程中,以不合格产品冒充合格产品,违法所得数额在数百万元以上,其行为已构成生产、销售伪劣商品罪。一审判决认定被告人王洪成犯生产、销售伪劣商品罪的事实清楚,证据确实、充分,定罪准确,量刑适当。依照《中华人民共和国刑事诉讼法》第一百八十九条第(一)项的规定,于1997年11月14日裁定如下:驳回上诉,维持原判。

二、裁判要旨

No.3-1-140-4 生产、销售不具有生产者、销售者所承诺的使用性能的产品的,应以生产、销售伪劣产品罪论处。

所谓伪劣产品,是指产品质量没有达到国家产品质量标准的产品。1989年6月27日,国务院办公厅转发国家技术监督局《关于严厉惩处经销伪劣商品责任者意见的通知》明确规定,下列产品为伪劣产品:失效、变质的;危及安全和人身健康的;所标明的指标与实际不符的;冒用优质或认证标志和伪造许可证标志的;掺杂掺假、以假充真或以旧充新的;国家有关法律、法规明令禁止生产、销售的;无检验合格证或无有关单位允许销售证明的;未用中文标明商品名称的产地(重要工业品未标明厂址)的;限时使用而未标明失效时间的;实施生产(制造)许可证管理而未标明许可证编号和有效期的;按有关规定应用中文标明规格、等级、主要技术指标或成分、含量等而未标明的;高档耐用消费品无中文使用说明的;属处理品(含次品、等外品)而未在商品或者包装的显著部位标明"处理品"字样的;剧毒、易燃、易爆等危险品而未标明有关标志和使用说明的。凡属上述情形之一的产品,都是伪劣产品。

案例:官松志、张寒林、张海芬销售伪劣产品案

案例来源:《人民法院案例选》2012年第3辑

主题词:销售伪劣产品罪　销售金额计算

一、基本案情

原审被告人:官松志、张寒林、张海芬。

宁波市鄞区人民法院经公开审理查明:2008年6月中旬,被告人官松志受占海兵雇用帮助经营假冒香烟。6月26日下午,公安机关会同烟草专卖局有关人员抓获被告人官松志,并查获占海兵等人存放的假冒中华、利群、黄鹤楼等伪劣卷烟15622条,货值金额共计6895700元。

同年3月至6月,被告人张寒林、张海芬租用车库,购置电脑、激光雕刻机等工具,为占海兵、官松志及王福胜(在逃)等人的假冒中华、雄狮等伪劣卷烟上打印"某某(地名)烟草"等字样的条码,以便他人出售,共打码假冒伪劣卷烟至少7000条,货值金额至少1393000元,非法获利1万元。6月26日下午,该加工窝点被公安机关和烟草专卖局工作人员查获,并起获假冒中华、利群等伪劣卷烟335条。

宁波市鄞州区人民检察院以被告人官松志、张寒林、张海芬犯销售伪劣产品罪,向宁波市鄞州区人民法院提起公诉。

被告人官松志对起诉书指控的罪名和事实均无异议,并自愿认罪。其辩护人认为被告人官松志属犯罪未遂、在共同犯罪中系从犯,只应当对直接参与运输的50箱假烟的销售承担责任;官松志参与部分假烟的销售,在计算货值金额时应按实际销售价格认定。案发后认罪态度好,请求对其减轻处罚。

被告人张寒林对起诉书指控的事实无异议。其辩护人认为被告人张寒林的行为不构成销售伪劣产品罪,应当以非法经营追究其责任,且非法经营的数额为1万元。

被告人张海芬对起诉书指控的事实无异议。

一审法院认为,被告人官松志、张寒林、张海芬违反国家对于产品质量的监督管理制度,明知是假冒注册商标且为伪劣卷烟而帮助他人非法销售,被告人官松志销售金额为6895700元,被告人张寒林、张海芬销售金额均为1393000元,其行为均已构成销售伪劣产品罪。公诉机关指控的罪名成立,对三被告人应当依法惩处。被告人官松志帮助占海兵销售假冒伪劣卷烟,与占海兵成立共同犯罪,应当对共同犯罪的全部结果承担刑事责任。被告人官松志被抓获时掌控着藏放假冒伪劣卷烟的三个仓库和两辆运输假冒伪劣卷烟车辆的钥匙,应当对查获的全部假冒伪劣卷烟承担刑事责任。辩护人提出的官松志应对直接参与运输的50箱假烟承担责任,不应对查获的全部假烟负责的辩护意见与法律规定不符,不予采纳。

被告人张寒林、张海芬合伙为谋取非法利益,为他人销售假冒伪劣卷烟提供技术服务,积极帮助他人达到销售假冒伪劣卷烟的犯罪目的,应当以销售伪劣产品罪的共犯论处。再之,被告人张寒林为他人提供技术服务涉及的假冒伪劣卷烟货值金额为1393000元,依法同时构成销售伪劣产品罪、销售假冒注册商标的商品罪、非法经营罪,应依照处罚较重的销售伪劣产品罪追究其刑事责任。辩护人提出的张寒林的行为不构成销售伪劣产品罪,应以非法经营追究其责任的辩护意见与法律规定不符,不予采纳。被告人官松志、张寒林、张海芬对涉案假冒伪劣卷烟的销售价格均不清楚,故没有证据证明其有确定的标价,因此,本案涉及的假冒伪劣卷烟的销售金额应当以同类合格产品的市场中间价格计算确定。辩护人提出的官松志参与部分假烟的销售,在计算货值金额时应当按照实际销售的价格认定的辩护意见与法律规定不符,也不予采纳。

被告人官松志在销售伪劣产品犯罪过程中,因意志以外的原因而未得逞,是犯罪未遂;无证据证明被告人张寒林、张海芬为他人提供技术服务的假冒伪劣卷烟已经销售,二人也应认定犯罪未遂。对于未遂犯依法可以比照既遂犯减轻处罚。三被告人在分别与他人实施的共同犯罪中均起次要作用,是从犯,依法应当减轻或者从轻处罚,对被告人官松志减轻处罚,对被告人张寒林、张海芬从轻处罚。辩护人对此提出的辩护意见均予以采纳。在本院审理期间,三被告人能如实坦白自己的罪行,均可酌情从轻处罚,其中被告人张海芬确有悔罪表现,对其可适用缓刑。据此,根据三被告人犯罪的事实、犯罪的性质、情节和对于社会的危害程度,依照《中华人民共和国刑法》第一百四十条、第二十五条第一款、第二十七条、第二十三条、第六十一条、第六十四条,对被告人张海芬还应适用《中华人民共和国刑法》第七十二条,第七十三条第二款、第三款的规定,判决:

1. 被告人官松志犯销售伪劣产品罪,判处有期徒刑五年,并处罚金人民币三百四十五万元。

2. 被告人张寒林犯销售伪劣产品罪,判处有期徒刑二年六个月,并处罚金人民币七十万元。

3. 被告人张海芬犯销售伪劣产品罪,判处有期徒刑二年六个月,缓刑三年,并处罚金人民币七十万元。

4. 涉案的假冒伪劣卷烟共计一万五千九百五十七条,均予以没收。追缴被告人张寒林、张海芬违法所得一万元,上缴国库。

一审判决发生法律效力。2010 年 11 月 19 日,官松志的妻子彭卫丽以原审判决存在认定事实错误,导致对官松志量刑畸重为由,向宁波市鄞州区人民法院申请再审。经鄞州区人民法院院长提交审判委员会讨论决定再审。

宁波市鄞州区人民法院再审认为,对涉案的伪劣卷烟的价格,原审根据当时的证据认定查获的 15622 条假烟为 6895700 元并无不妥。现王永强、占海兵等其他同案犯均已归案,供述了他们已出售的假烟价格,上述 15622 条假烟王永强、占海兵也准备按假烟价格出售,宁波市江东区人民法院作出了(2010)甬东刑初字第 388 号刑事判决,认定 15622 条假冒卷烟的价格为 100 余万元(同类假冒卷烟销售价)是有依据的,属于有新的证据出现,故原审对涉案假烟的价格认定有误,应予纠正。应认定查获的 15622 条假烟货值 100 余万元,张寒林、张海芬加工的假烟货值为 20 余万元。本案由院审判委员会讨论决定,依照《中华人民共和国刑法》第一百四十条,第二十五条第一款,第二十七条,第二十三条,第六十一条,第六十四条,第七十二条,第七十三条第二款、第三款的规定,作出如下判决:

1. 维持本院(2008)甬鄞刑初字第 1114 号刑事判决第四项。
2. 撤销本院(2008)甬鄞刑初字第 1114 号刑事判决第一、二、三项。
3. 原审被告人官松志犯销售伪劣产品罪,判处有期徒刑三年,并处罚金人民币五十万元。
4. 原审被告人张寒林犯销售伪劣产品罪,判处有期徒刑二年六个月,并处罚金人民币十万元。
5. 原审被告人张海芬犯销售伪劣产品罪,判处有期徒刑二年六个月,缓刑三年,并处罚金人民币十万元。

二、裁判要旨

No. 3-1-140-5 伪劣产品尚未销售,没有标价的,按照同类合格产品的市场中间价格计算;有标价的,货值金额以违法生产、销售的伪劣产品的标价计算。

司法实践中,在伪劣产品还未卖出之前,由于伪劣商品本身无价值的属性,而不具备普通商品的价值与价格,一般来说,可以根据已经销售出去的伪劣产品的价格或洽谈价,或同类合格产品的市场中间价来确定其销售伪劣产品的销售金额。2010 年最高人民法院、最高人民检察院《关于办理生产、销售伪劣商品刑事案件具体应用法律若干问题的解释》第二条规定,未出售的伪劣产品的货值金额以违法生产销售的伪劣产品的标价计算;没有标价的,按照同类合格产品的市场中间价格计算。本案中,原审在没有证据证明本案涉及的假冒伪劣卷烟有确定的标价的情况下将涉案的假冒伪劣卷烟视为没有标价,并按照同类合格产品的市场中间价计算被告人的销售金额,并无不当。

案例:朱海林、周汝胜、谢从军非法经营案

案例来源:《刑事审判参考》总第 111 集[第 1210 号]

主题词:生产、销售伪劣产品罪 非法经营罪

一、基本案情

被告人朱海林任法定代表人的浙江省台州市豪门经贸有限公司(以下简称“豪门公司”),于 2006 年 6 月成立,经营范围为摩托车、电瓶车、助力车及其零部件销售。2008 年年初,豪门公司未经行政主管部门批准,与拥有摩托车生产资质的台州市凯通摩托车制造有限公司(以下简称“凯通公司”)签订协议,约定豪门公司为凯通公司第三生产车间,豪门公司独立核算、独立经营、自负盈亏,自行采购、销售,协议有效期为 2008 年 1 月 1 日至 2009 年 1 月 1 日,朱海林向凯通公司支付管理费 15 万元。协议到期后,朱海林继续以凯通公司第三生产车间的名义生产摩托车,并向凯通公司缴纳了 2009 年的管理费。2009 年年底,豪门公司与重庆广益摩托车有限公司(以下简称“广益公司”)签订协议,约定合作生产“新阳光”牌摩托车,合作期限自

2009年12月1日至2013年11月30日。豪门公司在销售生产的摩托车时,附随了伪造的排气量为48cc的"新阳光"牌燃油助力车小合格证,并向消费者承诺如需上牌,补交150元即可换取广益公司的大合格证(即摩托车正规合格证),凭大合格证可到交管部门上牌。

二、裁判要旨

No.3-1-140-6 生产、销售伪劣产品罪中的"伪劣产品"为不合格产品,非质量问题产品不属于不合格产品。

本案中的涉案车辆不属于刑法意义上的伪劣产品,被告人的行为不构成生产、销售伪劣产品罪。

(1)认定某一产品是否系伪劣产品的关键在于该产品的质量是否存在问题。根据《最高人民法院、最高人民检察院关于办理生产、销售伪劣商品刑事案件具体应用法律若干问题的解释》(以下简称《办理生产、销售伪劣商品的解释》)第一条第四项的规定,《刑法》第一百四十条规定的"不合格产品",是指不符合《中华人民共和国产品质量法》第二十六条第二款规定的质量要求的产品。本案中的涉案车辆经鉴定符合国家关于摩托车技术规范和安全标准的规定,就其质量本身而言,并不属于"不合格产品"。本案中的涉案车辆之所以成为道路安全隐患,是因为朱海林等人将其以燃油助力车的名义销售,导致车辆脱离了应有的监管。简言之,是朱海林等人规避管理的销售方式而非产品质量问题导致涉案车辆存在安全隐患。

(2)不能简单地以实际产品与标注不一致就认定质量有问题。产品质量主要是由生产过程决定,单纯的销售方式无法影响产品质量。本案中的涉案车辆虽然是以燃油助力车的名义对外销售,附随的合格证上标注的也是助力车,但是其各项技术指标是按照摩托车的标准进行配置,经鉴定在属性上为摩托车,符合国家关于摩托车技术规范和安全标准的规定,不属于"以次充好"的情形。此外,根据《办理生产、销售伪劣商品的解释》第一条第二项规定,《刑法》第一百四十条规定的"以假充真",是指以不具有某种使用性能的产品冒充具有该种适用性能的产品的行为。涉案车辆具有正常的道路行驶功能和使用性能,也不属于"以假充真"的情形。

(3)本案中三被告人的行为也不符合生产、销售伪劣产品罪的一般行为特征。从司法实践来看,生产、销售伪劣产品罪的犯罪分子对消费者往往具有欺骗行为,侵害了消费者的知情权,但在本案中,朱海林等人在销售时不仅对涉案车辆的排量等真实情况作了说明,而且还以"大牌小标"这一特征作为吸引消费者的噱头加以宣传,消费者对车辆的真实属性有明确的认识,其知情权并未受到侵犯。

综上,被告人朱海林等人的行为不构成生产、销售伪劣产品罪。

No.3-1-140-7 未经许可从事摩托车生产,严重扰乱市场秩序,成立非法经营罪。

(1)朱海林非法生产摩托车的行为违反了国家规定。我国对摩托车生产实行生产准入制度,个人和企业必须获得国家行政主管部门的许可才能从事摩托车的生产。2004年《国务院对确需保留的行政审批项目设定行政许可的决定》附件表格第4项对"道路机动车辆生产企业及产品公告"设定了行政许可,原国家经济贸易委员会2002年发布的《摩托车生产准入管理办法》强调摩托车生产企业本身必须获得行政许可,异地生产行为也应获得行政主管部门的批准。本案中,朱海林的豪门公司本身无摩托车生产资质,其通过与其他企业签订挂靠协议的方式异地生产摩托车的行为未获得行政主管部门的批准,且其挂靠行为也不能使其获得生产摩托车的合法资格。综上,朱海林在没有生产资质的情况下生产摩托车的行为应属于无证生产,违反了国家规定。被告人周汝胜、谢从军只有销售摩托车的行为,未参与生产摩托车,应认定周汝胜、谢从军的销售行为未违反国家规定,不构成犯罪。

(2)朱海林违法生产摩托车的行为不同于一般的扰乱市场秩序的行为,已达到"情节严重"的程度。①朱海林的豪门公司违法生产的时间跨度长、销售数量和金额巨大。②朱海林违法生产摩托车的行为对公共安全造成了很大隐患。朱海林在销售过程中伪造合格证,以摩托车冒充燃油助力车,规避国家对机动车与非机动车分类管理的监管措施,使本应登记上牌、驾驶者须取得驾照才能上路行驶的摩托车,无须满足前述条件即可上路行驶,不仅破坏交通秩序,降低通行效率,这些本应在机动车道路上行驶的车辆得以在非机动车道路上行驶,更增加了交通事故隐患,严重危及公共安全。

(3)朱海林无证生产摩托车的行为严重扰乱了市场秩序。因超标燃油助力车相对于摩托车具有很高的替代性,但又未如摩托车那样按机动车管理,不少商家为牟取暴利,违法生产摩托车并以燃油助力车的名义对外销售,对摩托车产销市场造成了很大冲击。本案车辆具备摩托车的属性,但又以燃油助力车的名义以相对较低的价格对外销售,又不用按机动车管理,兼具摩托车的速度优势和助力车不受严格管理的便利,对消费者而言具有很强的吸引力,大量超标燃油助力车流入市场,必将严重扰乱正常的摩托车和助力车生产和销售秩序。

案例:福喜公司生产、销售伪劣产品案

案例来源:《刑事审判参考》总第118集

主题词:生产、销售伪劣产品罪　伪劣产品

一、基本案情

被告单位上海福喜公司、河北福喜公司均系食品生产经营企业。2013年5月至6月间,两被告单位生产、销售的部分食品因不符合百胜公司的工艺和原料要求,被退货或终止订单,造成相关产品大量积压。同年下半年,欧喜投资(中国)有限公司(系上海福喜公司、河北福喜公司的母公司,以下简称"欧喜公司")深加工事业部为挽回经济损失,经被告人贺业政等相关管理人员商议,决定将上述产品继续销售或作为原料进行生产。同年12月,被告人杨立群担任欧喜公司深加工事业部总经理,召集被告人贺业政等人商议,决定继续执行原处理方案。嗣后,被告人杨立群通过会议、电子邮件等方式,指令两被告单位继续执行用回收食品或超过保质期的食品作为原料生产的方案;被告人贺业政传达指令并安排被告人陆秋艳等人协调相关产品的再加工等生产活动;被告人杜平根据授意,为两被告单位寻找客户,销售用回收食品、超过保质期的食品作为原料再生产的食品。被告人胡骏、刘立杰、张晖分别作为上海福喜公司的厂长、计划主管、质量经理,被告人李亚军、张广喜、薛洪萍分别作为河北福喜公司的厂长、仓储物流经理质量经理,采用会议等方式,根据杨立群等人的指令,并按各自的职责参与相关产品的再加工等生产活动。

1. 2014年1月,上海福喜公司将百胜公司退回的3200余箱烟熏风味肉饼,连同库存的1300余箱烟熏风味肉饼,采用拆除原包装、喷盐水等方式,再加工成风味肉饼4400余箱,重新标注生产日期和12个月保质期。其中,3000余箱销售给北京鸿瀚天源商贸有限公司等客户,销售金额21.4万余元,库存1300余箱,库存货值7.8万余元。

2. 2014年2月至3月间,河北福喜公司将百胜公司退回的900余箱冷冻香煎鸡排,连同库存的2000余箱冷冻香煎鸡排(均已超过保质期),采用更换包装等方式,再加工成香煎鸡排3000余箱,重新标注生产日期和12个月保质期。其中1600余箱销售给北京百胜益昌食品有限公司等客户,销售金额16.7万余元,库存1300余箱,库存货值13.8万余元。

3. 2013年3月至5月间,河北福喜公司按照百胜公司的订购,用小牛排原料生产冷冻腌制小牛排,并已完成解冻、注射、滚揉等主要生产加工程序,后因百胜公司突然终止订单,上述冷冻腌制小牛排经包装后放入冷库储存并在管理系统中设定了180天的保质期。2014年2月至3月间,河北福喜公司将上述超过保质期的冷冻腌制小牛排,再加工成黑胡椒牛排3100余箱,并重新标注生产日期和12个月保质期。其中,2300余箱销售给北京鸿瀚天源商贸有限公司,销售金额55.5万余元,库存800余箱,库存货值19万余元。

4. 2014年4月,河北福喜公司将百胜公司退回且超过保质期的1000余箱灯影牛肉丝,再加工成香辣牛肉丝1000余箱,重新标注生产日期和365天保质期。其中,200箱销售给北京公明莅昌商贸有限公司,销售金额3.8万余元,库存800余箱,库存货值15.9万余元。

5. 2013年5月,上海福喜公司按照百胜公司的订购,用小牛排原料生产冷冻腌制小牛排,并已完成解冻、注射、滚揉等主要生产加工程序,后因百胜公司突然终止订单,上述冷冻腌制小牛排经装箱后放入冷库储存,并在管理系统中设定了180天的保质期。2014年6月,上海福喜公司将上述超过保质期的冷冻腌制小牛排,再加工成迷你小牛排900余箱,并重新标注生产日期和365天保质期。上述迷你小牛排销售给北京公明莅昌商贸有限公司,销售金额12.7万余元。

此外,2014年5月下旬,上海福喜公司向福建欧圣农牧发展有限公司(以下简称"欧圣公司")采购冰鲜鸡皮、鸡胸肉,同年6月2日因生产计划变化,经胡骏默许,遂沿用冰鲜转冰冻的方式,将欧圣公司于2014年5月30日、31日生产、标注贮存条件0℃～4℃、保质期为6天的冰鲜鸡皮、鸡胸肉放入公司冷冻库保存,并将冰鲜原料代码改为冻品代码,更改保质期为1至3个月不等。同年6月中旬至7月中旬,由刘立杰安排制订生产计划,上海福喜公司将上述超过冰鲜保质期的鸡皮、鸡胸肉,加工成麦乐鸡、麦香鸡排、烟熏风味肉饼、美式鸡排等4种食品共计5200余箱,销售金额38.3万余元,库存货值83.1万余元。

二、裁判要旨

No.3-1-140-8 用回收食品或超过保质期的食品作为原料生产的食品具有食品安全风险,存在《产品质量法》意义上的危及人身安全的不合理危险,属于"不合格产品"。

该案辩护人认为,涉案产品未检出有毒、有害的非食品原料,也未检出超出标准限量的致病性微生物等危害人体健康的物质,未指控被告单位、被告人构成生产、销售有毒、有害食品罪或生产、销售不符合安全标准的食品罪,故涉案产品没有食品安全问题,且未经鉴定不能认定为不合格产品。

首先,判断涉案产品是否具有食品安全风险,需从两被告单位在生产经营过程中是否遵守了《食品安全法》的相关规定进行分析。《食品安全法》是为保证食品安全,保障公众身体健康和生命安全而制定的,该法阐明食品是指"各种供人食用或者饮用的成品和原料以及按照传统既是食品又是中药材的物品,但是不包括以治疗为目的的物品"。该法将用回收食品作为原料生产的食品和超过保质期的食品,均规定为不符合食品安全标准或者要求的食品,并明令禁止生产经营。涉案产品系两被告单位出于销售给消费者食用的目的而生产,但原料使用了回收食品、超过保质期的食品。两被告单位的生产经营行为,违反了《食品安全法》的禁止性规定,涉案产品属于"不符合食品安全标准或者要求的食品",具有食品安全风险。《食品安全法》作出上述禁止性规定,是由于回收食品经过储存、运输、销售等多个环节,极易受到外来不明物质的污染,而超过保质期的食品容易腐败、变质,故使用回收食品、超过保质期的食品作为原料生产的食品具有较高的健康风险。

其次,食品是否检出危害身体健康的物质,仅是食品是否安全的一个方面。《食品安全法》第三十四条规定禁止生产经营下列食品:"用非食品原料生产的食品或者添加食品添加剂以外的化学物质和其他可能危害人体健康物质的食品,或者用回收食品作为原料生产的食品""致病性微生物、农药残留、兽药残留、毛物毒素、重金属等污染物质以及其他危害人体健康的物质含量超过食品安全标准限量的食品""营养成分不符合食品安全标准的专供婴幼儿和其他特定人群的主辅食品""腐败变质、油脂酸败、霉变生虫、污秽不洁、混有异物、掺假掺杂或者感官性状异常的食品""病死、毒死或者死因不明的禽、畜、兽、水产动物肉类及其制品""未按规定进行检疫或者检疫不合格的肉类,或者未经检验或者检验不合格的肉类制品""被包装材料、容器、运输工具等污染的食品、食品添加剂""超过保质期的食品""无标签的预包装食品""国家为防病等特殊需要明令禁止生产经营的食品""其他不符合食品安全标准或者要求的食品"。可见,食品有无安全风险不仅涉及食品是否存在危害人体健康的物质,还包括食品原料的来源及检疫、食品添加剂、食品包装材料、运输、保质期等多方面。对照《刑法》及相关司法解释,《食品安全法》禁止生产经营的食品涵盖但不限于《刑法》第一百四十三条中的"不符合食品安全标准的食品",第一百四十四条中的"有毒、有害食品"。同时,《最高人民法院、最高人民检察院关于办理危害食品安全刑事案件适用法律若干问题的解释》第十三条规定,生产、销售不符合食品安全标准的食品,无证据证明足以造成严重食物中毒事故或者其他严重食源性疾病,不构成生产、销售不符合安全标准的食品罪,但构成生产、销售伪劣产品罪等其他犯罪的,依照该其他犯罪定罪处罚。故辩护人以涉案产品不符合《刑法》第一百四十三条、第一百四十四条的规定,认为涉案产品不具有食品安全问题,不能认定为不合格产品的结论,与法律及司法解释不符。

最后,涉案产品所具有食品安全风险系由其使用原料所决定,根据《食品安全法》和国家质量监督检验检疫总局发布的《关于严禁在食品生产加工中使用回收食品作为生产原料等有关问题的通知》,涉案产品不属于能够采取补救措施的范围。

涉案产品属于"不符合食品安全标准或者要求的食品",但能否认定为不合格产品,还需从《产品质量法》的角度分析。《产品质量法》是为了加强对产品质量的监督管理,提高产品质量水平,明确产品质量责任,保护消费者的合法权益,维护社会经济秩序而制定,该法的产品是指"经过加工、制作,用于销售的产品",产品质量应当符合"不存在危及人身、财产安全的不合理的危险"等要求。涉案产品系两被告单位生产并用于销售给客户供消费者食用,且部分已实际流入市场,故属于《产品质量法》中的"产品",两被告单位对涉案产品的生产经营行为应遵守上述两法的规定。涉案产品具有食品安全风险,且属于食品原料违法,故不符合《产品质量法》"不存在危及人身、财产安全的不合理的危险"的要求,依照《最高人民法院、最高人民检察院关于办理生产、销售伪劣商品刑事案件具体应用法律若干问题的解释》(以下简称《伪劣商品刑案解释》)的规定,应认定为"不合格产品"。

对于本案的涉案产品是否具有鉴定问题。根据《伪劣商品刑案解释》第一条的规定,对不合格产品难以确定的,应当委托法律、行政法规规定的产品质量检验机构进行鉴定。因涉案产品所具有的食品安全风险,系由其使用了回收食品、超过保质期的食品作为原料,该部分事实的证据确实、充分,不属于难以确定应当委托鉴定的情形。

案例:方永胜销售伪劣产品案

案例来源:《刑事审判参考》总第121集[第1315号]

主题词:销售伪劣产品罪　销售"三无"口罩

一、基本案情

在新型冠状病毒肺炎疫情防控期间,市场急需大量口罩用于防控疫情,为谋取利益,被告人方永胜于2020年1月月底至2月月初,从江苏省苏州市相城区如元路128号批量采购白色二层、三层口罩,在明知该类口罩属于"三无"劣质产品的情况下,仍以非医用口罩的名义向下线柯旭锋、蒋松君(均另案处理)等人及其他不特定人员进行销售。其间,方永胜共销售该类口罩25万余只,销售金额达24万元左右,非法获利7万余元。经鉴定,方永胜销售的白色二层、三层口罩的过滤效率均不符合标准要求,系不合格产品。案发后,方永胜采用返回货款共计1.63万元的方式向部分买家召回了部分口罩,该部分口罩已由仙居县市场监督管理局扣押。到案后,其还退缴了部分违法所得。

二、裁判要旨

No.3-1-140-9　疫情防控期间,以出售非医用口罩的名义销售"三无"劣质口罩的,应认定为销售伪劣产品罪,而非诈骗罪。

根据《刑法》第一百四十条之规定,销售伪劣产品罪的客观表现形式为掺杂掺假、以假充真、以次充好、以不合格冒充合格,其行为存在一定的假冒、欺骗成分,与诈骗罪的虚构事实、隐瞒真相、欺骗他人等手段存在一定交叉,因而实践中较容易混淆,要对二者进行准确区分,应当注意从以下几点入手:

第一,考察交易是否实际完成。

在销售伪劣产品罪中,销售伪劣产品的行为人隐瞒或者虚构产品的真实质量,只是为了引诱对方与其订立合同并进行交易,但客观上确实发生了交易行为,本质上仍属于货物买卖关系,只是交付的货物质量不符合标准;而在诈骗犯罪中,行为人隐瞒真相或者虚构事实的目的在于直接占有对方财物,并没有真实的交易意图,因此通常不会交付货物甚至没有标的物存在,也不排除进行部分交易的可能,本质上没有完成全部交易,只是以“交易”或“部分交易”为名虚构骗局、诱人上当,进而骗取他人财物。

第二,判断实际交付的财物与对方所支付财物价值差距是否较大。

在诈骗罪中,也有行为人实际或部分交付财物的情形,但可能是以交付少量财物骗取对方信任后进而诈骗更多财物或者交付的财物与真实产品质量或规格相去甚远甚至毫无关联,在成本上可以忽略不计或价值不大,如以玻璃冒充钻石、以普通石头冒充玉石进行销售;而在销售伪劣产品罪中行为人主观上具有履行合同的意图,尽管其所交付的产品价值通常低于真实合格的产品,但也并非毫无价值,而是含有一定成本,即行为人谋取的是伪劣产品与真实产品的差价,追求的是非法利润,而不是为了骗取对方钱款。

第三,从二者的侵犯客体进行区分、把握。

诈骗罪所侵犯的客体是公私财物所有权,而销售伪劣产品罪所侵犯的客体是国家产品质量管理制度和市场秩序。当前,全国人民正齐心协力众志成城地打一场新型冠状病毒肺炎疫情的防控阻击战,而个别无良商家却见利忘义,违法违规销售疫情防控用品,虽然消费者的财物在一定程度上也是有损失的,但更严重的危害后果是损害了广大消费者的合法利益,对使用者的身心健康造成不良影响,严重扰乱了市场秩序,妨碍了疫情防控工作的开展。因此,从犯罪客体的角度进行区分,本案中被告人方永胜的行为也更符合销售伪劣产品罪。

No. 3-1-140-10 《刑法》第一百四十条意义上的伪劣产品,是指《产品质量法》意义上的不合格产品,“三无产品”并不必然是“伪劣产品”。对产品是否为“不合格产品”难以确定的,应当委托法律、行政法规规定的产品质量检验机构进行鉴定。

本案中,公诉机关指控被告人方永胜销售的口罩属于“三无”产品。所谓“三无”产品,指的是不符合《产品质量法》第二十七条规定,无产品质量检验合格证明、无产品名称、生产厂厂名和厂址以及无产品规格、等级、所含主要成分的名称和含量等标识的产品。而根据《产品质量法》第二十六条第二款的规定,合格产品应当满足以下质量要求:(1)不存在危及人身、财产安全的不合理的危险,有保障人体健康和人身、财产安全的国家标准、行业标准的,应当符合该标准;(2)具备产品应当具备的使用性能,但对产品存在使用性能的瑕疵作出说明的除外;(3)符合在产品或者其包装上注明采用的产品标准,符合以产品说明、实物样品等方式表明的质量状况,即具有生产者、销售者所许诺的性能。

可见,“三无”产品并不必然等同于销售伪劣产品罪中的“伪劣产品”。在判断被告人销售的货物是否属于“伪劣产品”时,应当严格按照罪刑法定原则的要求,结合相关法律和司法解释的规定进行认定。《刑法》第一百四十条对于销售伪劣产品罪的表现形式规定了四种情形,即“掺杂、掺假,以假充真,以次充好,以不合格产品冒充合格产品”。根据《最高人民法院、最高人民检察院关于办理生产、销售伪劣商品刑事案件具体应用法律若干问题的解释》(以下简称《销售伪劣商品解释》)第一条规定,在产品中“掺杂、掺假”,是指在产品中掺入杂质或者异物,致使产品质量不符合国家法律、法规或者产品明示质量标准规定的质量要求,降低、失去应有使用性能的行为;“以假充真”,是指以不具有某种使用性能的产品冒充具有该种使用性能的产品的行为;“以次充好”,是指以低等级、低档次产品冒充高等级、高档次产品,或者以残次、废旧零配件组合、拼装后冒充正品或者新产品的行为;而“不合格产品”,是指不符合《产品质量法》第二十六条第二款规定的质量要求的产品。产品是否合格,有时可以通过外观、生活常识或直接验证使用效果等方式进行判断,《销售伪劣商品解释》第一条第五款同时规定,对是否为“不合格产品”等难以确定的,应当委托法律、行政法规规定的产品质量检验机构进行鉴定。

本案中,被告人方永胜批量采购、销售的口罩,经浙江省轻工业品质量检验研究院检验、鉴定,涉案的一次性白色两层耳戴式口罩的过滤效率不符合 GB 2626—2006、GB/T32610—2016 国家标准的要求,达不到一般非医用口罩的正常使用标准,属于《产品质量法》第二十六条第二款规定的“不合格产品”,应当依法认定为“伪劣产品”。

案例:王丽莉、陈鹏销售伪劣产品案

案例来源:《刑事审判参考》总第121集[第1316号]

主题词:销售伪劣产品罪 销售不符合标准的医用器材罪

一、基本案情

被告人王丽莉、陈鹏原系夫妻关系。2020年1月28日至1月31日,二人明知在郝某某(另案处理)处以每只5元的价格购买的口罩无产品合格证、无产品说明书、无标识的情况下,仍通过微信以"KN95"口罩对外销售。其间,吴某某、张某某(均另案处理)通过微信联系到王丽莉购买口罩,王丽莉以每只10元的价格向二人销售共计9800只,通过对方微信转账和汇款的方式收取货款98000元。被告人陈鹏按照王丽莉提供的销售信息,于2020年1月29日、1月31日在哈尔滨市南岗区复旦路275号的顺丰速递分三次向黑龙江省黑河市北安市、嫩江县邮寄口罩共计8300只,在哈尔滨市南岗区复旦路和哈尔滨大街交口将1500只口罩交给张某某、吴某某指定的接货人。经浙江省轻工业品质量检验研究院鉴定,该口罩过滤效率不符合标准要求,为不合格产品。案发后,公安机关将涉案的9800只口罩查获扣押。2020年2月3日,侦查人员在王丽莉、陈鹏家中将二人抓获。

二、裁判要旨

No.3-1-140-11 明知是"三无"产品仍冒充"KN95"口罩对外销售的行为,且销售金额5万元以上的,构成销售伪劣产品罪。冒充"KN95"口罩的"三无"产品如果从执行标准等方面确属于医用产品,足以严重危害人体健康的,同时构成销售不符合标准的医用器材罪。

销售伪劣产品罪与销售不符合标准的医用器材罪的主要区别包括:

一是侵犯客体不同。销售伪劣产品罪主要侵犯了国家对产品质量的管理制度和消费者的合法权益。而医用器材安全关乎人民生命健康,销售不符合标准的医用器材罪不仅侵犯了国家医疗用品管理制度,还对公民的生命权、健康权构成严重威胁。因此,销售伪劣产品罪和销售不符合标准的医用器材罪是一般与特殊的关系,即后者除了威胁最普通、最基础的国家产品质量保障制度,还会直接威胁国家医用器材的安全保障制度。

二是犯罪对象不同。所谓伪劣产品,主要包括两类产品:一类是以假充真,即冒用商标、模仿外观,引发消费者误解;另一类是伪造劣质,即在安全标准、性能指标、成分含量、实用价值等质量方面以及生产经营主体资质上未能达到应有要求。因此,销售伪劣产品罪所囊括的范围较为广泛。而所谓医用器材,则主要是指直接或者间接用于人体的仪器、设备、器具、体外诊断试剂及校准物、材料以及其他类似或者相关的物品。因此,销售不符合标准的医用器材罪的犯罪对象仅限于不符合国家标准、行业标准的医疗器械、医用卫生材料。

三是构成犯罪的标准不同。生产、销售不符合标准的医用器材罪是危险犯,即只要"足以严重危害人体健康",就构成本罪。刑法规范意义中的"足以严重危害人体健康",是指行为人实施的生产、销售不合标准的医用器材行为,客观上具有对这些医用器材的使用者、消费者的人体健康造成严重危害的危险,这种危险的性质是现实的、直接的,但这种危险尚未转化为实际的危害后果。而销售伪劣产品罪是较为典型的结果犯,即要求销售金额达到5万元以上才构成本罪。依据《刑法》第一百四十九条的规定,销售不符合健康标准的医疗器械、医用卫生材料,但不具有严重危及人体健康危害的,不构成销售不符合标准的医用器材罪;若其销售金额在5万元以上的,既构成销售伪劣产品罪,同时又构成销售不符合标准的医用器材罪时,依照处罚较重的规定定罪处罚。

四是犯罪的客观方面不同。销售伪劣产品罪的表现形式,主要有"掺杂、掺假,以假充真,以次充好,以不合格产品冒充合格产品"等四种情形。对于是否为"不合格产品"难以确定的,应当委托法律、行政法规规定的产品质量检验机构进行鉴定。因此,最高人民法院、最高人民检察院、公安部、司法部《关于依法惩治妨害新型冠状病毒感染肺炎疫情防控违法犯罪的意见》(以下简称《疫情意见》)明确规定,在疫情防控期间,生产、销售伪劣的防治、防护产品、物资,符合《刑法》第一百四十条规定的,以生产、销售伪劣产品罪定罪处罚;而销售不符合标准的医用器材罪要求行为人明知是不符合保障人体健康的国家标准、行业标准的医疗器械、医用卫生材料,但仍以医用器械、医用材料的名义对外销售。在判断其主观明知方面,可结合其供述、购买产品时的价格、名称、种类以及向购买者展示的产品及其证明文件等证据予以认定。因此,《疫情意见》明确规定,疫情防控期间,生产不符合保障人体健康的国家标准、行业标准的医用口罩、护目镜、防护服等医用器材,或者销售明知是不符合标准的医用器材,足以严重危害人体健康的,依照《刑法》第一百四十五条的规定,以生产、销售不符合标准的医用器材罪定罪处罚。

市场中有部分 N95、KN95 口罩执行的是原国家质量监督检验和检疫局、国家标准化管理委员会公布的呼吸防护用品标准 GB 2626-2006,该标准不属于医用标准的范畴。因此,只有医用防护口罩、外科口罩、医用口罩(一次性使用医用口罩),才属于销售不符合标准的医用器材犯罪中的医用器材。

对于 N95 或者 KN95 口罩,应针对案件证据情况具体分析。如假冒的 N95 或者 KN95 口罩从执行标准等方面确属于医用产品的,可根据案件具体情况认定构成生产、销售不符合标准的医用器材罪。反之,如无明确标示或标注为防尘口罩的,则可能构成生产、销售伪劣产品罪。

案例:徐云、桑林华等非法经营案

案例来源:《刑事审判参考》总第 130 辑[第 1453 号]

主题词:销售伪劣产品罪　伪劣产品

一、基本案情

2013 年 3 月,被告人桑林华、汪志国共同投资注册成立上海牧实饲料有限公司(以下简称"上海牧实公司"),汪志国担任法定代表人,公司经营范围为销售饲料原料、饲料添加剂等。2014 年 5 月,经营范围增加货物及技术的进出口业务,同年 9 月,变更法定代表人为桑林华。2016 年 11 月,被告人徐云注册成立上海仁牛生物科技有限公司(以下简称"上海仁牛公司"),担任法定代表人、执行董事兼总经理,公司经营范围为销售饲料原料、饲料添加剂、食用农产品(生猪肉产品除外)等,从事货物及技术的进出口业务等。2010 年 6 月,厦门建发公司注册成立,行业门类为批发和零售业,经营范围包括谷物、豆及薯类等批发零售,贸易代理,各类商品进出口,但国家限定经营或禁止进出口的商品除外。

2017 年 11 月月初,被告人徐云、桑林华、汪志国、刘宏远、郭伟鸿及境外供应商美国普雷西迪奥在北京召开会议,经过共同商议,由厦门建发公司从美国进口杏仁果皮,作为饲料销售给上海仁牛公司、上海牧实公司,再分销给境内各大牧场,后签订《战略合作框架协议》《产品购销合同》等。刘宏远、郭伟鸿明知杏仁果皮未列入我国农业部公布的《饲料原料目录》,不能作为饲料进口,仍违反《进出口商品检验法》的规定,多次采用向海关等监管部门谎报商品用途为牛棚垫床的方法,将属于法定检验商品的植物性饲料(H. S. 编码 1214900090)的进口商品谎报为非法定检验商品的其他植物产品(H. S. 编码 1404909090),以此逃避商检并骗取海关通关文件。徐云、桑林华、汪志国在明知杏仁果皮未列入《饲料原料目录》、之前曾经尝试进口但未能成功且美国杏仁果皮未完成饲料检疫准入程序、普雷西迪奥未在中国境内注册登记的情形下,明知厦门建发公司采用谎报用途的方法进口美国杏仁果皮作为饲料销售,仍然从厦门建发公司购买杏仁果皮再销售至多家牧场用于奶牛喂食。其间,为应对海关对杏仁果皮实际用途、国内流向的监管与核查,刘宏远、郭伟鸿主动提供杏仁果皮用于牛棚垫床使用的多份情况说明,徐云、桑林华等人提供境内牧场名称及相关照片。经审计,厦门建发公司先后从美国进口 6 批杏仁果皮,共计 1000 余吨,合计 19.449816 万美元。

被告人徐云、桑林华、汪志国为销售美国杏仁果皮,委托相关单位进行过黄曲霉毒素等指标的检测,经商议安排人工对杏仁果皮进行简单分拣、包装,并指使他人印制有"1. 本产品符合进口卫生标准;2. 产品成分分析保证值,蛋白≥3%,粗纤维≤20%,黄曲霉毒素≤20ppb,灰分<12,水分≤15%,含杂≤5%;3. 原料组成,本品是杏仁制作过程中,物理压制过筛后的中果肉果皮晒干后产品等,本产品检验合格"等虚假内容的商品标签,贴附在杏仁果皮的包装袋上。案发

后,公安机关查获各类型号的杏仁果皮商品标签3000余份。经审计,上海仁牛公司、上海牧实公司从厦门建发公司指定仓库内提取502.63吨杏仁果皮作为奶牛饲料,分别销售给现代牧业(集团)有限公司、徐州永浩公司、上海振华公司等单位,共计487.493吨,销售合计100余万元。案发后,公安机关依法查获杏仁果皮500余吨。

二、裁判要旨

No.3-1-140-12 生产、销售伪劣产品罪中的伪劣产品认定,应采实质判断说,即从产品本身质量、使用性能及性能高低来判定,对于无关产品性能及质量的行为,不能仅凭伪造或冒用生产商、产地、认证标志,张贴含有虚假内容标签推定构成"伪劣产品"。

《刑法》第一百四十条规定,生产、销售伪劣产品罪是指在产品中掺杂、掺假、以假充真、以次充好或者以不合格产品冒充合格产品的行为。"不合格产品"是指不符合《产品质量法》第二十六条第二款规定的质量要求的产品。对上述行为难以确定的,应当委托法律、行政法规规定的产品质量检验机构进行鉴定。从上述规定看,伪劣产品的界定采用实质判断说,即从产品本身质量、使用性能及性能高低来判定,对于无关产品性能及质量的行为,如仅有伪造或冒用生产商、产地、认证标志,张贴含有虚假内容标签等,则排除在伪劣产品的范围之外。被告人委托进行4次检测中有3次检测结果为黄曲霉毒素ND即合格,仅有1次检测黄曲霉毒素B1超标,某一次检测中某一项指标不达标,仅说明该批次产品质量存在一定程度的瑕疵,但不能据此推定出"全部产品不合格、属于伪劣产品"的结论。本案中,因国家禁止作为饲料进口杏仁果皮,故国内暂时没有针对杏仁果皮的质量检验标准,但仍可以对饲料成分进行检测。国家质检总局、国家标准委《饲料卫生标准》(GB13078—2017)对饲料卫生标准及试验方法等有明确规定。据此,认定构成销售伪劣产品罪,必须有产品质量检验机构依据上述国家标准对杏仁果皮作出系不合格产品的鉴定结论。由于上海实验室的鉴定资质存在明显瑕疵,导致《检验报告》不能作为证据采信。同时,我们在走访海关、质检部门时了解到,因杏仁果皮在仓库中存放较长时间,相关指标会随着时间推移发生重大变化,目前已不能重新鉴定,无法还原案发时的产品质量情况。

综上,在无法对产品质量进行实质性检测的情况下,仅凭非法入境、印制张贴虚假内容标签等行为,不能推定产品系伪劣产品,故本案不能认定构成销售伪劣产品罪。根据《最高人民法院、最高人民检察院关于办理危害食品安全刑事案件适用法律若干问题的解释》(2013年版,现已失效)第十一条第二款,违反国家规定,生产、销售国家禁止生产、销售、使用的农药、兽药、饲料、饲料添加剂,或者饲料原料、饲料添加剂原料,情节严重的,依照非法经营罪定罪处罚。一、二审法院认定被告人徐云、桑林华、汪志国向国内牧场销售国家禁止销售的进口杏仁果皮作为饲料使用的行为,构成(单位)非法经营罪,是正确的。

24 生产、销售、提供假药罪(《刑法》第一百四十一条)

案例:熊漓斌等生产、销售假药案

案例来源:《刑事审判参考》总第18辑[第112号]

主题词:生产、销售假药罪 诈骗

一、基本案情

被告人熊漓斌,男,1970年8月15日出生,壮族,无职业。因涉嫌犯销售假药罪,于1999年8月6日被逮捕。

被告人谢庆庄,男,1959年5月20日出生,汉族,个体户。因涉嫌犯生产假药罪,于1999年8月6日被逮捕。

被告人莫忠明,男,1963年4月16日出生,汉族,捕前系来宾县榭丽宾馆副经理。因涉嫌犯生产假药罪,于1999年8月6日被逮捕。

被告人唐荣付,男,1972年8月8日出生,汉族,农民。因涉嫌犯销售假药罪,于1999年8月6日被逮捕。

被告人兰忠灵,男,1968 年 11 月 7 日出生,汉族,农民。因涉嫌犯销售假药罪,于 1999 年 8 月 6 日被逮捕。

广西壮族自治区桂林市七星区人民法院经审理查明:1998 年 10 月的一天,被告人熊漓斌找到被告人兰忠灵、唐荣付,与兰、唐在桂林商量做三金片(药品名)的生意,兰忠灵找到被告人谢庆庄让其出资做三金片的内包装,谢庆庄同意后找到被告人莫忠明共同出资做三金片的内包装,莫忠明表示同意。1999 年 5 月 1 日,被告人兰忠灵与谢庆庄、莫忠明到桂林找到被告人熊漓斌商量制作三金片的具体事宜后,决定由熊漓斌负责提供药片、塑料瓶并负责销售,由谢庆庄和莫忠明负责所有的内包装以及生产、包装,并谈好获利后由熊漓斌与兰忠灵、谢庆庄、莫忠明四六分成。5 月至 6 月间,被告人熊漓斌提供穿心莲片(药品名),被告人兰忠灵、谢庆庄、莫忠明在柳州租房请工人将熊漓斌提供的穿心莲片用三金片的包装瓶进行分瓶包装。因兰忠灵与谢庆庄等人发生矛盾,谢庆庄与熊漓斌将包装工作转到广西来宾县莫忠明提供的房间内进行,共计包装好 264 件假三金片。6 月 27 日,被告人谢庆庄、莫忠明租车将造好的假三金片从来宾县运到桂林交给熊漓斌存放。当天熊漓斌将假三金片已运到桂林的情况告诉了唐荣付,并让唐一起找客户。6 月 28 日 8 时许,被告人熊漓斌用电话与柳州地区医药工业公司的莫明新联系,向莫谎称该批药是唐荣付的亲戚从桂林三金药业集团公司内部得到的正宗三金片,被告人唐荣付也在电话里向莫明新证实了熊漓斌的说法,莫明新表示要货,被告人唐荣付将假三金片运到桂林市国际贸易中心停车场停放。11 时 30 分左右,莫明新与妻子邱雪松应约到桂林三金药业集团公司门口。被告人熊漓斌和唐荣付在此等候。熊漓斌假装让唐荣付到厂里提货,唐荣付把预先已装在货车上的 180 件假三金片从国际贸易中心停车场运到三金药业集团公司门前的路口,称这批货是从公司里提出来的,事先已交代好的司机也做同样的回答。莫明新夫妇信以为真。之后,莫明新夫妇在本市平山停车场验货后以每件 1200 元的价格购得该 180 件假三金片,共付货款人民币 216000 元。被告人熊漓斌分得赃款 57150 元,谢庆庄分得赃款 67850 元,莫忠明分得赃款 55000 元,唐荣付分得赃款 36000 元。案发后分别从被告人熊漓斌、唐荣付、谢庆庄、莫忠明追缴赃款 5700 元、9050 元、20209. 10 元、36000 元;被告人莫忠明的亲属已主动为莫忠明退出赃款 19000 元,以上共计人民币 899591. 10 元,已退还被害人莫明新夫妇。

桂林市七星区人民法院认为:被告人熊漓斌、谢庆庄、莫忠明、兰忠灵、唐荣付明知是假药而非法生产、销售,足以严重危害他人身体健康,五被告人的行为均已构成生产、销售假药罪。依照《中华人民共和国刑法》第一百四十一条、第二十五条第一款、第七十二条、第七十三条第二款、第三款的规定,于 1999 年 11 月 12 日以生产、销售假药罪分别判处熊漓斌、谢庆庄、唐荣付、莫忠明、兰忠灵有期徒刑三年;有期徒刑三年;有期徒刑二年六个月,缓刑三年;有期徒刑二年,缓刑三年;有期徒刑一年,缓刑二年。

判决宣判后,上述被告人均未提起上诉。

二、裁判要旨

No. 3-1-141-1 以他种药品冒充此种药品而生产、销售的,应以生产、销售假药罪论处。

生产、销售假药罪,是指违反药品管理法规,生产、销售假药,足以严重危害人体健康的行为。根据《中华人民共和国药品管理法》第 33 条的规定,典型的假药有两种:一种是药品所含成分的名称与国家药品标准或者省、自治区、直辖市药品标准规定不符合;另一种是以非药品冒充药品或者以他种药品冒充此种药品。穿心莲片与三金片从成分、效用以及国家药品的标准规定均不符,属于假药的第二种情况,即以彼药品冒充此药品,这是认定生产、销售假药罪的基本依据。

案例:王明等销售假药案

案例来源:《刑事审判参考》总第 128 辑[第 1415 号]

主题词:销售假药罪　未遂

一、基本案情

2015 年 5 月至 9 月期间,被告人王明在明知其销售的无商标肉毒毒素系假药,仍以“保妥适”(BOTOX)牌、“衡力”牌注射用A型肉毒毒素的名义,通过快递邮寄的方式,销售给被告人郑凯文、董蕊共10758瓶,已得销售金额451130元。2015年10月14日,公安机关将王明抓获,王明归案后如实供述了犯罪事实。

2015年7月至9月期间,被告人郑凯文在明知其从被告人王明处所购肉毒毒素系假药,仍以“保妥适”牌、“衡力”牌注射用A型肉毒毒素的名义,通过快递邮寄的方式,销售给被告人董蕊及袁丹丹、刘燊燊、杨蕊萍等15人共2282瓶,已得销售金额129579元。其中,出售给董蕊的“衡力”牌肉毒毒素价格为60元/瓶、“保妥适”牌肉毒毒素价格为59元/瓶。同年9月14日,公安机关将郑凯文抓获,并从其汽车内和住处查获其为销售而购买、存储的6170瓶假“保妥适”牌肉毒毒素、4712瓶假“衡力”牌肉毒毒素。当场查获的假药按照上述出售单价结算,合计可得销售金额为648208元。

2015年7月至8月期间,被告人董蕊在明知其从被告人王明、郑凯文处所购肉毒毒素系假药,仍以“保妥适”牌、“衡力”牌注射用A型肉毒毒素的名义,通过快递邮寄的方式,销售给刘研、施舒涵共19瓶,已得销售金额2100元。同年8月27日,公安机关将董蕊抓获,并在其住处及地下车库内查获其为销售而购入或存储的2912瓶“保妥适”牌、“衡力”牌肉毒毒素,当日董蕊正以60元/瓶的价格进行出售。按该售价计算,查获的2912瓶肉毒毒素的可得销售金额为174720元。董蕊归案后如实供述了自己罪行。

经北京捷鼎知识产权代理有限责任公司鉴定及苏州市食品药品监督管理局认定,上述查扣的“保妥适”牌、“衡力”牌肉毒毒素均应按照假药论处。案发后,公安机关还从被告人王明、郑凯文、董蕊处扣押“保妥适”牌、“衡力”牌包装盒、不干胶商标、说明书、手机及快递单等物品。

二、裁判要旨

No.3-1-141-2　为出售而购入假药,已经着手实行销售假药行为,尚未出售的,成立销售假药罪的未遂。

为惩治生产、销售假药、劣药犯罪,保障人民群众生命健康安全,维护药品市场秩序,《刑法修正案(八)》将销售假药罪从具体危险犯修改为行为犯,即只要实施了生产、销售假药的行为,即构成犯罪,并不要求一定要有实际的危险结果发生。故假药未及销售时是成立犯罪既遂、未遂还是预备,争议点在于行为犯是否存在犯罪未遂。我国刑法理论的传统观点认为,行为犯是指只要实施《刑法》分则所规定的实行行为就成立既遂的犯罪。行为犯以法定的犯罪行为是否完成作为犯罪是否既遂的标志。而行为完成与否的判断,应紧密结合犯罪构成要件,以对法益的侵害是否实现为标准。这种法益侵害的实现具有一定的过程(当然,过程的长短有异),且要达到一定的程度,才能过渡到既遂状态,并非一着手即能完成。在这个过程中,完全可能出现因各种主客观原因而停止的情形,因此,行为犯也存在预备、未遂、中止的停止形态。

销售假药罪的构成要件行为或者实行行为是销售行为。但是,准确把握实行行为的起点与终点并不容易。实际上,销售行为是一个过程,卖出或者成交是一种最终既遂的体现,但并不是销售行为的全部。一般意义上来说,产品销售可以分为准备产品、寻找客户、接待客户、咨询需求、推荐产品、处理异议、签订协议、产品成交、收货付款等多个环节。在刑法规范中,出售、有偿提供给他人使用或者为出售而购买、储存都是销售的实行行为。因此,准确判断哪个环节是实行行为着手,哪个环节是实行行为的完成,是认定销售假药罪既未遂的关键。《刑法》第二十三条第一款规定:“已经着手实行犯罪,由于犯罪分子意志以外的原因而未得逞的,是犯罪未遂。”着手本质上是造成侵害法益的紧迫危险的行为。在销售他人生产的假药案件中,为出售而购入假药即意味着随时可以上架进行销售,此时已经对国家药品监管制度产生了现实的严重侵害危险,只要该行为进一步实施即可造成侵害结果,所以,购入假药的行为应当认定为着手实行犯罪。当然,购入假药只是手段,对外出售才是目的。将假药置入销售环节进行销售则是直接造成法益侵害结果、最充分地实现构成要件的行为,标志着实行行为的完成,构成犯罪既遂。

No. 3-1-141-3 销售假药罪中,已购入但尚未销售的假药应计入销售金额。

判定现场查获的假药是否计入销售金额,关键在于如何认定“销售”。至于何为“销售”,《刑法》没有作出明确规定。一般意义上的“销售”即指售出的行为。但是,法定的犯罪行为往往不同于生活行为。《最高人民法院、最高人民检察院关于办理生产、销售伪劣商品刑事案件具体应用法律若干问题的解释》(以下简称《伪劣商品解释》)第二第一款规定:“刑法第一百四十条、第一百四十九条规定的‘销售金额’,是指生产者、销售者出售伪劣产品后所得和应得的全部违法收入。”据此,销售假药,是指将自己生产或者他人生产的假药非法出售(批发或零售)的行为。然而,《最高人民法院、最高人民检察院关于办理危害药品安全刑事案件适用法律若干问题的解释》(2014年版,已失效,以下简称《2014年药品解释》)第六条第二款规定:“医疗机构、医疗机构工作人员明知是假药、劣药而有偿提供给他人使用,或者为出售而购买、储存的行为,应当认定为刑法第一百四十一条、第一百四十二条规定的‘销售’。”因此,刑法语境下的“销售”,除了具有一般意义上的出售含义,还应包括“有偿提供”以及“为出售而购买、储存”的中间环节行为。

关于销售金额的认定,根据《伪劣商品解释》第二条第一款的规定,生产、销售伪劣产品罪中的销售金额,是指生产者、销售者出售伪劣产品后所得和应得的全部违法收入,对于未售出的产品,通常计算在“货值金额”中。然而,生产、销售假(劣)药罪与生产、销售伪劣产品罪不同,并未以销售金额作入罪标准。但从《2014年药品解释》可以看出,销售金额仍然是生产、销售假(劣)药罪量刑的重要考量因素。实践中,在多数情况下,要准确查明生产、销售假药、劣药者已实际销售的金额,往往存在很大困难;仅依据销售金额定罪量刑,还存在轻纵犯罪问题,因此,对“销售金额”作广义理解,将货值金额也计入其中,是合理的、必要的。故《2014年药品解释》对销售金额作出了不同于《伪劣商品解释》等相关司法解释或规范性文件的认定,《2014年药品解释》第十五条规定:“本解释所称‘生产、销售金额’,是指生产、销售假药、劣药所得和可得的全部违法收入。”即将可得违法收入也纳入销售金额,具体包括:生产、销售后已实际得到的金额、已生产或者已购进但尚未销售的金额、已售出但尚未收到的金额。据此,现场查获的行为人已购进但尚未销售的假药的可得销售金额应当计入销售金额,否则会影响打击销售假药犯罪的力度,放纵犯罪,甚至会使犯罪分子想方设法销毁交易记录等证据,增加案件的查处难度。本案中,一审法院根据对被告人郑凯文、董蕊有利的原则,按照其对外销售的最低单价认定标价计算可得销售金额,并计入销售数额的做法符合法律规定。

案例:杨智勇销售假药案

案例来源:《刑事审判参考》总第103集[第1074号]

主题词:销售假药罪　共犯

一、基本案情

被告人杨占强,男,1955年11月12日出生。2012年6月15日因涉嫌犯生产、销售假药罪被逮捕。

被告人杨智勇,男,1982年9月1日出生。2012年9月20日因涉嫌犯生产、销售假药罪被逮捕。系被告人杨占强之子。

被告人杨喜平,女,1980年9月4日出生。2012年6月15日因涉嫌犯生产、销售假药罪被逮捕。系被告人杨占强之女。

被告人马耐烦,女,1957年9月15日出生。2012年6月15日因涉嫌犯生产、销售假药罪被逮捕。系被告人杨占强之妻。

河南省渑池县人民检察院以被告人杨占强、杨智勇、杨喜平、马耐烦犯生产、销售假药罪,向渑池县人民法院提起公诉。

被告人杨智勇辩称,其于2008年根据杨占强提供的公司资质和产品包装图而联系他人制作了销售网站,网站建成后其没有参与对网站宣传内容的修改,也没有参与公司生产经营活动,对杨占强在产品中添加西药成分并不知情。

(其他被告人的辩护理由略)

渑池县人民法院经公开审理查明:2008 年 6 月,被告人杨占强在河南省渑池县城关镇一里河村注册成立渑池县立康生物技术有限公司(以下简称"立康公司")。2010 年至 2012 年,立康公司使用豫卫食新字(2008)第 0247 号的食品批准文号,采用私自在生产的中药中添加治疗糖尿病的格列苯脲、苯乙双瓜等西药的方法,大量生产胰复康、消糖康、百草清糖等黄精苦瓜胶囊系列产品,并利用网络虚假宣传药品疗效,在全国范围内招聘代理商,将生产的假药通过物流快递等方式销往 20 多个省的代理商及糖尿病患者,通过银行转账、汇款等方式结算货款,销售金额达人民币 1834753 元。公司经营期间,杨占强指挥生产、销售假药,负责提供生产假药的配方;被告人杨喜平按照杨占强提供的假药配方配置原料进行生产;被告人马耐烦帮助照看门市,协助销售假药;被告人杨智勇联系制作销售宣传网站。

另查明,河南省卫生厅协查情况复函证实,该厅从未批准过豫卫食新字(2008)第 0247 号批文,该批文系虚假批准文号。

渑池县人民法院认为,被告人杨占强、杨智勇、杨喜平、马耐烦违反国家药品管理法律规定,生产、销售假药,销售范围广,销售金额达 183 万余元,其中杨占强的行为已构成生产、销售假药罪;杨智勇的行为已构成销售假药罪;杨喜平的行为已构成生产假药罪;马耐烦的行为已构成生产假药罪。在共同犯罪中,杨占强指挥生产、销售假药,系主犯;杨智勇明知杨占强生产、销售假药仍负责联系制作销售宣传网站,帮助销售假药,杨喜平明知杨占强生产假药仍帮助配制生产,马耐烦明知杨占强生产、销售假药仍协助销售,均系从犯,依法应对杨智勇从轻处罚,对杨喜平、马耐烦减轻处罚。各被告人均有坦白情节,均依法可以从轻处罚。据此,依照《中华人民共和国刑法》第一百四十一条,第二十五条第一款,第二十六条第一款、第四款,第二十七条,第五十二条,第五十三条,第六十四条,第六十七条第三款之规定,判决如下:被告人杨占强犯生产、销售假药罪,判处有期徒刑八年,并处罚金人民币十万元;被告人杨智勇犯销售假药罪,判处有期徒刑三年六个月,并处罚金人民币五万元;被告人杨喜平犯生产假药罪,判处有期徒刑二年六个月,并处罚金人民币二万元;被告人马耐烦犯销售假药罪,判处有期徒刑二年六个月,并处罚金人民币二万元。

一审宣判后,被告人杨智勇提出上诉。理由如下:其帮助立康公司建立宣传网站并无过错,不存在违法犯罪事实;其没有参与过立康公司的生产、经营活动;原判对其量刑不当。

三门峡市中级人民法院经审理认为,被告人杨智勇明知杨占强在药品中非法添加西药成分仍负责联系制作销售宣传网站,帮助销售假药,其行为已构成销售假药罪,原判根据犯罪事实及其在共同犯罪中的地位、作用,已予从轻处罚、量刑并无不当,故其上诉理由不能成立,不予采纳。原判认定的事实清楚,证据确实、充分,定罪准确,量刑适当,审判程序合法。据此,三门峡市中级人民法院裁定驳回杨智勇的上诉,维持原判。

二、裁判要旨

No. 3-1-141-4 明知他人销售假药而联系制作销售宣传网站的,构成销售假药罪的共犯。

本案中,在杨占强等人的授意下,被告人杨智勇明知杨占强等人制作假药,仍然联系制作企业宣传网站,应当认定为借助互联网为销售假药提供广告宣传的行为。主要理由如下:一是杨智勇联系制作宣传网站的目的是宣传和展销立康公司所生产的假药;二是从网站的内容方面来看,该网站除提供了大量关于立康公司"药品"功效的文字说明和实物图片等宣传内容外,还提供了联系人、联系电话、QQ 号等多种联系方式;三是从营销结果方面来看,一些消费者正是通过该网站了解立康公司的"药品",并最终购买了该"药品"。综上,被告人杨智勇主观上明知立康公司生产的黄精苦瓜胶囊等产品系假药,仍负责联系制作销售宣传网站,帮助销售假药,与杨占强等人构成销售假药罪的共同犯罪。一、二审法院对杨智勇行为的定性是准确的。

25 妨害药品管理罪(《刑法》第一百四十二条之一)

案例:上海赛诺克医药科技有限公司、张奇能等妨害药品管理案

案例来源:《刑事审判参考》总第 133 辑[第 1493 号]

主题词:妨害药品管理罪　足以危害人体健康

一、基本案情

2011 年 8 月 10 日,被告人张奇能、王玉斌成立被告单位赛诺克公司。2015 年 1 月 28 日,张奇能出资成立被告单位珀法姆公司。二被告单位的主要经营范围均为医药科技领域的技术咨询、技术开发,化工原料及产品的销售等。二被告单位在经营过程中,先后聘用被告人姜益龙、张水龙、侯从伟、赵国栋、党明辉、黄科、余慧仓、朱鑫、张春雷、吴颖朗、徐婷婷从事生产、销售活动。

2015 年至案发,被告单位赛诺克公司在未取得药品相关批准证明文件,且不具备从事药品生产活动所必备的技术、卫生、设施等条件下,通过化学合成的方式生产抗艾滋病药物甲磺酸沙奎拉韦的化学原料药(CAS 号 149845-06-7)、抗癌药物 AZD-9291 的化学原料药(CAS 号 1421373-66-1)、抗癌药物 ACP-196 的化学原料药(CAS 号 1420477-60-6)、抗癌药物 LOXO-101 的化学原料药(CAS 号 1223405-08-0)。其中,被告人张奇能、王玉斌系被告单位赛诺克公司的实际控制经营人,负责该公司的全面经营业务;被告人姜益龙负责采购生产原料;被告人张水龙负责研发生产 AZD-9291、ACP-196 的原料药;被告人侯从伟负责研发生产 LOXO-101 的原料药;被告人赵国栋负责研发生产甲磺酸沙奎拉韦的原料药;被告人党明辉、黄科、余慧仓负责生产原料药的具体操作;被告人朱鑫负责检测原料药的成分、含量。

2015 年至案发,被告单位珀法姆公司明知被告单位赛诺克公司未取得药品相关批准证明文件生产上述药品,在未获得药品经营资质、不具备从事药品经营活动所必备条件的情况下,由被告人张奇能、张春雷、徐婷婷、吴颖朗等人通过网络向李江涛(另案处理)、苏州某生物科技有限公司等销售赛诺克公司生产的上述四种化学原料药金额共计人民币(以下币种相同)147.3156 万元。其中,张奇能向李江涛销售 AZD-9291、ACP-196 原料药共计 110.322 万元,张春雷销售的上述四种原料药共计 24.2273 万元,徐婷婷销售的上述四种原料药共计 11.8488 万元,吴颖朗销售的 ACP-196 原料药共计 3650 元。上述销售的四种原料药中由被告人张水龙研发生产的 AZD-9291、ACP-196 原料药销售金额为 140.3003 万元,由被告人侯从伟研发生产的 LOXO-101 原料药销售金额为 4.27 万元,由被告人赵国栋研发生产的甲磺酸沙奎拉韦原料药销售金额为 2.7453 万元。

二、裁判要旨

No.3-1-142 之一-1　原料药具有明确的适应症和功能主治,能够治疗人的疾病,符合《药品管理法》关于药品的规定。

法律意义上的药品具有双重属性,即自然属性和法律属性。《药品管理法》第二条规定,药品是指用于预防、治疗、诊断人的疾病,有目的地调节人的生理机能并规定有适应症或者功能主治、用法和用量的物质。该条规定强调的是药品的自然属性。药品还具有法律属性,即药品作为一种物质,法律要求其应具备的资格或条件。药品作为特殊的商品,需要经过国家药品监督管理部门审评审批才能生产,否则其安全性和有效性就难以得到保障。药品管理法以质量功效为标准对假药、劣药重新作出界定,删除按假药、劣药论处的情形,强化了药品的自然属性,弱化了法律属性。根据《药品管理法》的规定,某种物质具备药品的自然属性,能够用于预防、治疗、诊断人的疾病,具有明确适应症或功能主治,虽未取得药品注册证书或批准证明文件,其仍属于法律意义上的药品。本案中,被告单位赛诺克公司研发生产的原料药具有明确的适应症或功能主治,针对人的癌症等疾病,同时,被告单位赛诺克公司将原料药作为药品进行生产并销售,通过广告宣传该原料药的适应症和功能主治,且该原料药最终实际流向病患并被用于治疗人的疾病。因此,涉案的原料药应属于法律意义上的药品。

No. 3-1-142 之一-2 妨害药品管理罪是具体危险犯,要求行为达到足以严重危害人体健康的程度。应当从涉案药品的安全性、有效性和药品的适应症、使用对象两方面综合判断行为是否足以严重危害人体健康。

(1)从药品的安全性、有效性方面分析

药品研发生产应坚持安全性和有效性并重,《药品管理法》将安全性和有效性作为药品生产、经营和药品管理的核心贯穿于整部法律条文。“足以严重危害人体健康”一般是指可能对药品使用人的人身健康造成较大危害,所以只有药品不具有相应的安全性,才可能产生此种危害。药品不具有安全性和有效性主要表现为两方面:一是药品本身缺乏安全性和有效性。行为人未取得药品相关批准证明文件生产、销售药品,由于无法提供真实、充分、可靠的数据、资料和样品来证明药品的安全性、有效性和质量可控性,故难以保障药品本身的安全性和有效性。根据《最高人民法院、最高人民检察院关于办理危害药品安全刑事案件适用法律若干问题的解释》(以下简称《危害药品安全案件解释》)第七条规定,下列四种情形涉及的药品本身缺乏安全性、有效性:①药品的适应症、功能主治或成分不明;②涉案药品没有国家药品标准且无核准的药品质量标准,但检出化学药成分;③进口或销售的药品在境外也未合法上市;④生产、销售国家禁止使用的药品。二是生产药品的客观环境和条件无法保障药品的安全性和有效性。《药品管理法》规定从事药品生产,应当具备与药品生产相适应的厂房、设施和卫生环境;国家禁止使用未按照规定审评、审批的原料药、包装材料和容器生产药品。之所以如此规定,是因为生产药品的环境、条件以及包装、容器等客观因素均会影响药品的安全性和有效性。如实践中的“黑作坊”往往生产条件、卫生条件简陋、不达标,生产出的药品存在巨大安全隐患。因此,行为人未经批准擅自研发生产药品,研发生产药品的环境、条件、设备等客观因素无法保障药品的安全性、有效性,监管部门难以有效监管,人体用药安全即无法得到保障,进而容易危害人体健康。

(2)从药品的适应症和使用对象方面分析

药品具有明确的适应症和不同的使用对象。根据药品适应症和使用对象可以将药品分为普通药品和特殊药品。普通药品用于诊断、治疗一般疾病,适用于一般病患或轻微疾病。特殊药品具有特殊适应症和使用对象,用于诊断、治疗危重疾病或属于国家重点管控、监管或适用于特殊人群的药品。特殊药品的使用涉及特殊人群利益、社会公共利益或社会伦理秩序,法律对此类药品的生产、销售和使用规定了更高的标准和要求。例如,麻醉药品、精神药品或放射性药品等属于国家重点管控的药品,涉及社会公共利益;又如,以孕产妇、儿童或患有癌症等危重疾病的病患为使用对象的药品涉及特殊群体利益。对于未取得药品相关批准证明文件生产上述特殊药品或明知是上述特殊药品而销售的行为,相较于生产、销售普通药品的行为,更容易严重危害人体健康,具有更大的社会危害性,属于刑法重点打击的对象。因此,行为人未取得药品批准证明文件生产以孕产妇、儿童或患有危重疾病的病患为使用对象的药品或生产麻醉药品、精神药品、急救药品等国家重点管控的药品,应认定其行为足以严重危害人体健康。

本案中,被告单位赛诺克公司未取得药品相关批准证明文件,擅自研发生产药品,其研发生产药品未被纳入国家药品监管部门的监管,药品的安全性和有效性无法得到保障,进而容易危害人体健康;赛诺克公司生产的药品具有明确的功能主治,用于治疗癌症、艾滋病等重大疾病,以危重病人为主要使用对象。因此,应认定赛诺克公司的行为足以严重危害人体健康。本案审理过程中,《危害药品安全案件解释》尚未施行,关于如何认定“足以严重危害人体健康”无明确规定,本案根据涉案药品的安全性、有效性和药品的适应症、使用对象综合认定被告单位赛诺克公司的行为足以严重危害人体健康,这一裁判观点与《危害药品安全案件解释》的精神相契合。

26 生产、销售不符合安全标准的食品罪(《刑法》第一百四十三条)

案例:田井伟、谭亚琼生产、销售不符合安全标准的食品案

案例来源:《刑事审判参考》总第 111 集[第 1205 号]

主题词:生产、销售不符合安全标准的食品罪　超量使用食品添加剂

一、基本案情

被告人田井伟系摆设流动烧烤摊的小贩,经常在被告人谭亚琼开设的调味品店内购买调味品。2014 年 9 月,田井伟在谭亚琼店内购买调味品时,谭亚琼向其推荐亚硝酸钠,称此调料可以增色,并建议田井伟在烧烤中使用此调料,田井伟遂向谭亚琼购买了一包亚硝酸钠。2014 年 10 月 4 日,田井伟在腌制烧烤备用的鸡腿时将购得的亚硝酸钠取出部分,用水稀释后加入腌制的鸡腿中,并于次日将腌制过的鸡腿进行烧烤后出售。被害人马宇涵等 8 人食用后,先后出现中毒症状并被送往医院救治。马宇涵经遵义医学院附属医院抢救无效于 2014 年 10 月 31 日死亡,经法医学鉴定,马宇涵系亚硝酸盐中毒致多器官损害死亡。经贵州省疾病预防控制中心检验,田井伟自行腌制并烤制的鸡腿中,亚硝酸盐含量达 85. 2mg/kg;经相关医院确诊,马宇涵等 8 名食用者均为亚硝酸盐中毒。

二、裁判要旨

No. 3-1-143-1　食品添加剂不属于有毒有害的非食品原料,在食品生产中超量使用食品添加剂的行为,不成立生产、销售有毒有害食品罪。

(1)生产、销售不符合安全标准的食品罪与生产、销售有毒、有害食品罪区分的关键在于行为人在食品中加入的添加剂是否属于禁止作为食品添加剂使用的有毒、有害物质。

生产、销售有毒、有害食品罪,是指在生产、销售的食品中掺入有毒、有害的非食品原料,或者销售明知掺有有毒、有害非食品原料的食品的行为。生产、销售不符合安全标准的食品罪,是指生产、销售不符合食品安全标准的食品,足以造成严重食物中毒事故或者其他严重食源性疾病的行为。两罪均系危害食品安全的犯罪,在司法实践中容易混淆,但存在本质区别:第一,犯罪客观方面不同。生产、销售有毒、有害食品罪往食品中掺入的必须是有毒、有害的非食品原料;而生产、销售不符合安全标准的食品罪在食品中掺入的原料也可能有毒有害,但其本身是食品原料。两罪在客观方面属于包含关系,即后罪包含前罪。第二,构成犯罪的条件不同。前罪只要实施《刑法》第一百四十四条所规定的行为就构成犯罪;而后罪只有"足以造成严重食物中毒事故或者其他严重食源性疾病"的,才构成本罪。因此,两罪区分的关键在于,行为人往食品中掺入的是否属于"有毒、有害的非食品原料",只有行为人往食品中掺入的是有毒、有害的非食品原料才可以构成生产、销售有毒、有害食品罪;否则,不能构成生产、销售有毒、有害食品罪,如果"足以造成严重食物中毒事故或者其他严重食源性疾病",可以构成生产、销售不符合安全标准的食品罪。

(2)被告人田井伟的行为不构成生产、销售有毒、有害食品罪。

本案关键在于判断亚硝酸钠是否属于"有毒、有害的非食品原料"。根据 2013 年《最高人民法院、最高人民检察院关于办理危害食品安全刑事案件适用法律若干问题的解释》(以下简称《危害食品安全刑案解释》)第二十条的规定,下列物质应当认定为"有毒、有害的非食品原料":(1)法律、法规禁止在食品生产经营活动中添加、使用的物质;(2)国务院有关部门公布的《食品中可能违法添加的非食用物质名单》《保健食品中可能非法添加的物质名单》上的物质;(3)国务院有关部门公告禁止使用的农药、兽药以及其他有毒、有害物质;(4)其他危害人体健康的物质。

亚硝酸钠不属于前述法律、法规禁止在食品生产经营活动中添加、使用的物质,也不是《食品中可能违法添加的非食用物质名单》上的物质,故亚硝酸钠不属于《刑法》第一百四十四条所规定"有毒、有害的非食品原料"。虽然卫生部、国家食品药品监督管理局公告明令禁止餐饮服务单位采购、贮存、使用食品添加剂亚硝酸盐(亚硝酸钠、亚硝酸钾),但根据《食品安全国家标准食品添加剂使用标准》(GB2760-2014)的规定,亚硝酸钠属于国家允许使用的食品添加剂。本案中,根据相关规定,田井伟在食品中添加的亚硝酸钠不属于"有毒、有害的非食品原料",故田井伟的行为不能构成生产、销售有毒、有害食品罪。

(3)被告人田井伟的行为构成生产、销售不符合安全标准的食品罪。

根据《食品安全法》和《食品安全国家标准食品添加剂使用标准》(GB2760-2014)的规定,食品添加剂的限量规定均属于食品安全标准的内容。在生产、销售的食品中加入的食品添加剂超出该标准允许使用的品种,或者在生产、销售的食品中加入的食品添加剂超过了使用范围或使用限量,就应认定为不符合食品安全标准的食品。根据《食品安全国家标准食品添加剂使用标准》(GB2760-2014),亚硝酸钠的确属于国家允许使用的食品添加剂,用于熏、烧、烤肉类时,其最大使用量为0.15g/kg,残留量要求≤30mg/kg。本案中,被告人田井伟所销售的鸡腿中的亚硝酸钠含量达到了85.2mg/g,属于显著超过限量使用食品添加剂,根据《危害食品安全刑案解释》第一条的规定,含有严重超出标准限量的致病性微生物、农药残留、兽药残留、重金属、染物质以及其他危害人体健康的物质的属于"足以造成严重食物中毒事故或者其他严重食源性疾病",且造成一人死亡、多人中毒住院治疗的特别严重后果,其行为符合《刑法》第一百四十三条关于生产、销售不符合安全标准的食品罪的构成要件。

根据《危害食品安全刑案解释》第四条第一项的规定,田井伟的行为导致人员死亡,应认定为《刑法》第一百四十三条规定的"后果特别严重",处七年以上有期徒刑或者无期徒刑,并处罚金或者没收财产。被告人谭亚琼长期经营食品调味品,对于亚硝酸钠的使用方法与限量较为清楚,其在明知田井伟生产、销售不符合安全标准的食品的情况下,向田井伟推荐和提供食品添加剂亚硝酸钠,根据《危害食品安全刑案解释》第十四条第三项、第十八条之规定,谭亚琼构成生产、销售不符合安全标准的食品罪的共犯。

27 生产、销售有毒、有害食品罪(《刑法》第一百四十四条)

案例:林烈群、何华平等销售有害食品案

案例来源:《刑事审判参考》总第15辑[第91号]

主题词:销售有毒、有害食品 以危险方法危害公共安全 销售不符合卫生标准的食品

一、基本案情

被告人林烈群,男,1958年8月10日出生,原系广东省深圳市龙岗区沙湾深安贸易部经理,法定代表人。因涉嫌犯以危险方法危害公共安全罪,于1999年5月31日被逮捕。

被告人林少坤,男,1979年9月7日出生,原系广东省深圳市龙岗区沙湾深安贸易部职员。因涉嫌犯以危险方法危害公共安全罪,于1999年2月1日被逮捕。

被告人何华平,男,1963年5月1日出生,个体工商户。因涉嫌犯销售不符合卫生标准的食品罪,于1999年2月1日被逮捕。

被告人黄华香,女,1964年6月1日出生,农民。因涉嫌犯销售不符合卫生标准的食品罪,于1999年2月2日被逮捕。

被告人吴赣池,男,1963年9月17日出生,个体工商户。因涉嫌犯销售不符合卫生标准的食品罪,于1999年2月1日被逮捕。

被告人罗伟华,男,1968年10月28日出生,个体工商户。因涉嫌犯销售不符合卫生标准的食品罪,于1999年2月1日被逮捕。

被告人黄俊海,男,1972年9月20日出生,个体工商户。因涉嫌犯销售不符合卫生标准的食品罪,于1999年2月2日被逮捕。

江西省赣州市中级人民法院经审理查明:1998年12月,被告人林烈群、林少坤连续几次将其以每吨1400港币从香港进口的工业用猪油(其中部分被有机锡污染)冒充食用猪油,以每吨7600元批发给江西省定南县的食油经销商被告人何华平。何华平加价后再批发给被告人黄华香、吴赣池、罗伟华、黄俊海等人销售。同年12月16日之后,定南县龙塘、月子、老城等乡镇和龙南县的文龙镇等地相继出现大批群众食用猪油后中毒现象。林烈群等人的行为共造成1002人中毒,其中3人中毒死亡,57人重度中毒。同时,造成定南县附带民事诉讼原告医疗费共计1273407.2元(包括发病初期中毒人员自行现金治疗的848153.9元),误工费638223元,营养费99180元,交通费81040元,伙食补助65736元,死者邓石发死亡补偿费、丧葬费等23760元,黄雪红的死亡补偿费、埋葬费及抚养费等23760元,护理费302880元,共计2510686.2元。造成龙南

县附带民事诉讼原告医疗费436856.42元,误工费74393元,营养费15240元,交通费22166.50元,伙食补助10296元,死者黄福秀死亡补偿、丧葬费及被抚养人生活费等24597元,护理费76240元,共计659788.92元。

赣州市中级人民法院认为:被告人林烈群多年经营工业用猪油,明知工业用猪油是一种工业原料而非食用猪油,被人食用后会危害人体健康,却为了牟取暴利,将大量工业用猪油冒充食用猪油批发给何华平等人销售,致使3人死亡,1000余人中毒,其行为触犯了《中华人民共和国刑法》第一百四十四条之规定,构成销售有害食品罪。被告人林少坤明知林烈群销售的是不能食用的猪油,并明知被告人何华平等人到林烈群处购买猪油是为了再销售给人食用,而仍然帮助林烈群批发销售,其行为触犯了《中华人民共和国刑法》第一百四十四条之规定,构成销售有害食品罪。两被告人在主观上有共同的故意,在客观上互相配合,是共同犯罪。其中,林烈群积极组织实施,起了主要作用,系主犯,情节特别恶劣,后果极其严重,应依法严惩。但鉴于林烈群并不知道其以食用猪油出售的这批进口的工业用猪油已被包装桶上的有机锡污染,案发后能够投案,并有一定的悔罪表现,对其可酌情从轻处罚。林少坤在共同犯罪中起了次要和辅助作用,是从犯,可对其减轻处罚。被告人何华平、黄华香、吴赣池、罗伟华、黄俊海销售没有食品卫生检验合格证的猪油,造成严重后果,其行为均已触犯了《中华人民共和国刑法》第一百四十三条之规定,构成销售不符合卫生标准的食品罪。何华平直接从林烈群处购销猪油,对本案的发生及后果应承担主要刑事责任。黄华香、吴赣池、罗伟华、黄俊海从何华平处购进猪油,并主要用于零售,其主观罪过及危害结果均明显轻于何华平,对该4名被告人可减轻处罚。由被告人的犯罪行为所造成的附带民事诉讼原告人的经济损失,各被告人均应承担相应的民事责任。各被告人承担的赔偿金额,应根据其在本案中的责任、作用及赔偿能力等情况予以判处。依照《中华人民共和国刑法》第一百四十四条、第一百四十一条、第一百四十三条、第二十五条第一款、第二十六条第一款、第二十七条、第四十八条第一款、第七十二条、第七十三条第二款、第五十二条、第五十三条、第五十六条第一款、第五十七条第一款、第三十六条第一款和《中华人民共和国民法通则》第一百一十九条之规定,于2001年1月19日判决如下:

1. 被告人林烈群犯销售有害食品罪,判处死刑,缓期二年执行,剥夺政治权利终身,并处罚金五十万元。

2. 被告人林少坤犯销售有害食品罪,判处有期徒刑三年,缓刑四年,并处罚金六万元。

3. 被告人何华平犯销售不符合卫生标准的食品罪,判处有期徒刑十五年,剥夺政治权利五年,并处罚金五万元。

4. 被告人黄华香犯销售不符合卫生标准的食品罪,判处有期徒刑二年六个月,并处罚金三千元。

5. 被告人吴赣池犯销售不符合卫生标准的食品罪,判处有期徒刑二年六个月,并处罚金三千元。

6. 被告人罗伟华犯销售不符合卫生标准的食品罪,判处有期徒刑二年,并处罚金八千元。

7. 被告人黄俊海犯销售不符合卫生标准的食品罪,判处有期徒刑二年,并处罚金一万元。

8. 附带民事诉讼原告人经济损失共计人民币三百一十七万零四百七十五元,由被告人林烈群赔偿三百万元,被告人林少坤赔偿三万零四百七十五元,被告人何华平赔偿四万元,被告人黄华香、吴赣池、罗伟华、黄俊海各赔偿二万五千元。

9. 存放在广东省深圳市公物仓的被告人林烈群的3922桶工业用猪油变卖后用于赔偿附带民事诉讼原告人的经济损失。

宣判后,各被告人均未上诉,检察机关亦未抗诉。

赣州市中级人民法院依法将此案报请江两省高级人民法院核准。江西省高级人民法院依照《中华人民共和国刑事诉讼法》第二百零一条的规定,于2001年3月14日裁定核准江西省赣州市中级人民法院以销售有害食品罪,判处被告人林烈群死刑,缓期二年执行,剥夺政治权利终身,罚金五十万元的刑事判决。

二、裁判要旨

No.3-1-144-1 以工业原料冒充食品予以销售致人死亡的,应以生产、销售有毒、有害食品罪论处。

生产、销售有毒、有害食品罪是指在生产、销售的食品中掺入有毒、有害的非食品原料或者销售明知是掺有有毒、有害的非食品原料的食品的行为。本罪不仅侵犯国家对食品卫生的管理制度,同时也危害广大消费者的生命、健康安全。依照《中华人民共和国食品卫生法》的规定,严禁生产、经营下列食品:(1)腐败变质、油脂酸败、霉变、生虫、污秽不洁、混有异物或者其他感官形状异常,可能对人体健康有害;(2)含有毒、有害物质或者被有毒、有害物质污染,可能对人体健康有害的;(3)含有致病的寄生虫、微生物的,或者微生物毒素含量超过国家限定标准的;(4)未经兽医卫生检验或者检验不合格的肉类及其制品;(5)病死、毒死或者死因不明的禽、畜、兽、水产动物及其制品;(6)容器包装污秽不洁、严重破损或者运输工具不洁造成污染的;(7)掺杂、掺假、伪造,影响营养、卫生的;(8)用非食品原料加工的,加入非食品用化学物质的或者将非食品当做食品的;(9)超过保质期限的;(10)为防病等特殊需要,国务院卫生行政部门或者省、自治区、直辖市人民政府专门规定禁止出售的;(11)含有未经国务院卫生行政部门批准使用的添加剂的或者农药残留超过国家规定容许量的。由此可见,立法者在设置生产、销售不符合卫生标准的食品罪和生产、销售有毒、有害食品罪两个罪名时,不是简单地将有毒、有害的食品视为不符合卫生标准的食品,而是考虑到有毒、有害的食品会比不符合卫生标准的食品给消费者造成更为严重的人身健康和生命安全的危害,因此有必要规定更高的法定刑(前者的最高法定刑为七年以上有期徒刑或者无期徒刑,后者的最高法定刑为十年以上有期徒刑、无期徒刑或者死刑)。

在处理生产、销售有毒、有害食品造成严重危害后果的案件时,应着重分析行为人的主观目的并以此确定罪名。若行为人销售有毒、有害食品的主观目的是为了牟利,但同时又放任严重危害后果发生的,则应定生产、销售有毒、有害食品罪;若行为人出于各种动机,如造成当地治安混乱,人心恐慌,主观目的就是追求严重危害后果的发生的,则应定以危险方法危害公共安全罪。

生产、销售不符合卫生标准的食品罪,是指生产者、销售者明知生产、销售的食品不符合卫生标准而进行生产、销售,足以造成严重食物中毒或者严重食源性疾患的行为。该罪与生产、销售有毒、有害食品罪在犯罪客体要件、犯罪主体要件、犯罪主观要件都存在相同之处,但是两者在以下方面也有着明显的区别:(1)犯罪对象方面。前者是不符合卫生标准的食品(详见前述,但不能再包括含有有毒、有害的非食品原料的食品)。其中,食品,是指通过人体消化系统,可被人体消化、吸收,能满足人体生理需求和营养需要的一切物品,既包括一般食物,也包括食物添加剂、调味品、色素、保鲜剂,还包括油脂和饮料等。后者是有毒、有害的非食品原料和含有有毒、有害的非食品原料的食品。有毒、有害的非食品原料是指对人体具有生理危害性的,食用后会引起不良反应,损害机体健康的不能食用的原料,例如,用工业酒精兑制白酒、用不能饮用的污水兑制酱油、用石灰水掺进牛奶中,等等。若掺入的是食品原料,只是因污染、腐败变质或者过量而具有了危害性,则不能构成本罪。至于非食品原料是否有毒、有害,要经过有关机构鉴定确定。(2)犯罪结果方面。前者是危险犯,即需有足以造成严重食物中毒事故或者其他严重食源性疾患的危险结果作为构成犯罪的条件。其中,严重食物中毒是指细菌性、化学性、真菌性和有毒动植物等引起的严重暴发性中毒;严重食源性疾患是指以食物为感染源而导致的严重疾病,如痢疾、肝炎等。后者不要求特定犯罪结果的发生。(3)犯罪主观方面。前者在主观上对生产、销售不符合卫生标准的食品的行为持直接故意,但是对该行为将造成的严重后果,则既可能持放任的态度,也可能是过失的心理。后者在主观上只是对掺入、生产、销售行为持直接故意,至于对行为结果的主观态度则没有限制。

案例:俞亚春生产、销售有毒、有害食品案

案例来源:《刑事审判参考》总第25辑[第166号]

主题词:生产、销售有毒、有害食品罪　严重危害

一、基本案情

被告人俞亚春,男,1967年5月1日出生,小学文化,个体养猪户。因涉嫌犯生产、销售有毒、有害食品罪,于2001年8月25日被逮捕。

浙江省平湖市人民法院经审理查明:2001年8月13日左右,被告人俞亚春用人民币200元向他人购得1公斤盐酸克仑特罗(又称瘦肉精、β-兴奋剂)。俞亚春明知盐酸克仑特罗系国家有关部门明文禁止使用的养殖添加剂,但为了提高其饲养肉猪的瘦肉率以谋取非法利益,连续1周用该添加剂掺入饲料中喂养200多头肉猪。同月21日下午,俞亚春将其中34头肉猪销售给个体贩猪户徐全根,得款18000余元。后徐全根将该批肉猪销售给浙江省桐庐县个体贩猪户李明水。李明水除自留2头外,又将其中的32头肉猪销售给桐庐县多个屠宰户,致使该县洋洲乡、凤川镇、桐庐镇等多个乡镇的170多名消费者食用有毒猪肉、猪内脏后出现不同程度的头痛、头昏、肌肉抽搐、呼吸急促、呕吐等中毒症状。经医院诊断,上述症状均系食物中毒所致。经浙江省饲料监察所采样检验,俞亚春存栏的肉猪、李明水自留的肉猪尿样中均含有盐酸克仑特罗,呈β-兴奋剂强阳性。

平湖市人民法院认为:被告人俞亚春为谋取非法利益,明知盐酸克仑特罗是国家明令禁止使用的养殖添加剂,仍掺入饲料喂养生猪,并将有毒猪肉予以销售,造成170多名消费者食物中毒,其行为已构成生产、销售有毒、有害食品罪。依照《中华人民共和国刑法》第一百四十四条的规定,于2001年12月25日判决如下:

被告人俞亚春犯生产、销售有毒、有害食品罪,判处有期徒刑三年,并处罚金人民币三万元。

宣判后,俞亚春不服,以"'瘦肉精'实际上并非本人所购,是由他人购买后交由本人使用,且猪肉销售款并非本人经手收取"为由,向浙江省嘉兴市中级人民法院提出上诉。

嘉兴市中级人民法院经审理认为:上诉人俞亚春上诉称"瘦肉精"非其本人所购与查明的事实不符,且其所提上诉理由并不影响定罪量刑,故上诉人要求从轻处罚的理由不能成立。原审判决定罪和适用法律正确,量刑适当,审判程序合法。依照《中华人民共和国刑事诉讼法》第一百八十九条第(一)项之规定,于2002年2月5日裁定:驳回上诉,维持原判。

二、裁判要旨

No. 3-1-144-2　销售以有毒物质饲养的肉类致多人中毒的,应以生产、销售有毒食品罪论处。

俞亚春明知"瘦肉精"是国家明令禁止使用的饲料添加剂,仍将"瘦肉精"掺入饲料喂养肉猪,并将其中34头销售给他人,从而导致众多消费者食用猪肉后中毒,其行为已构成生产、销售有毒食品罪。应指出的是,《刑法》第一百四十四条规定的生产、销售有毒、有害食品罪是选择性罪名,并且属于行为加对象性选择适用罪名。审判实践中,对这种选择性罪名的适用,不仅要考虑被告人所实施的具体行为,还要考虑被告人所实施行为的具体对象。对于被告人没有实施的行为或者对象,不应适用为罪名。本案中,被告人俞亚春生产、销售含有"瘦肉精"的食品,属于有毒食品,相应的只能适用生产、销售有毒食品罪,而不应适用"生产、销售有毒、有害食品罪"的罪名。

No. 3-1-144-3　生产、销售的有毒食品被食用后,导致多人中毒,但未造成身体伤害的,不应认定为生产、销售有毒、有害食品罪的对人体健康造成严重危害。

根据最高人民法院、最高人民检察院《关于办理生产、销售伪劣商品刑事案件具体应用法律若干问题的解释》第五条的规定:"生产、销售的有毒、有害食品被食用后,造成轻伤、重伤或者其他严重后果的,应认定为刑法第一百四十四条规定的'对人体健康造成严重危害'。生产、销售的有毒、有害食品被食用后,致人严重残疾、三人以上重伤、十人以上轻伤或者造成其他特别严重后果的,应认定为'对人体健康造成特别严重危害'。"本案被告人俞亚春生产、销售有毒食品

行为致使170多名消费者出现不同程度的头痛、头昏、肌肉抽搐、呼吸急促、呕吐等中毒症状,通过简单治疗后都已很快康复,尚未对人体健康造成轻伤或者留下后遗症等严重危害。

案例:王岳超等生产、销售有毒、有害食品案

案例来源:《刑事审判参考》总第81辑[第715号]

主题词:生产、销售有毒、有害食品罪 单位犯罪 "明知"的认定

一、基本案情

上诉人(原审被告人)王岳超,男,1963年12月19日出生,原系上海熊猫乳品有限公司法定代表人兼常务副总经理。因涉嫌犯生产、销售有毒有害食品罪于2009年6月3日被逮捕。

上诉人(原审被告人)洪旗德,男,1962年5月5日出生,原系上海熊猫乳品有限公司总经理。因涉嫌犯生产、销售有毒有害食品罪于2009年6月3日被逮捕。

被告人陈德华,男,1951年7月25日出生,原系上海熊猫乳品有限公司副总经理。因涉嫌犯生产、销售有毒有害食品罪于2009年6月3日被逮捕。

上海市奉贤区人民检察院指控,被告人王岳超、洪旗德、陈德华为减少公司的经济损失,明知退回的熊猫牌全脂甜炼乳中存在三聚氰胺超标的情况,仍违反国家的相关规定,将上述退回的熊猫牌全脂甜炼乳采用按比例添加的方式重新回炉,用于生产各类规格的炼奶酱,其行为均构成生产、销售有毒、有害食品罪。并以被告人王岳超、洪旗德、陈德华犯生产、销售有毒、有害食品罪,向奉贤区人民法院提起公诉。

被告人王岳超、洪旗德辩称,其事先并不明知退回的熊猫牌全脂甜炼乳三聚氰胺含量超标。被告人王岳超、洪旗德、陈德华的辩护人均提出公诉机关指控三名被告人犯生产、销售有毒、有害食品罪的证据不充分。陈德华的辩护人另提出本案的罪名应是生产、销售不符合卫生标准的食品罪(《刑法修正案(八)》颁布前罪名,下同)。

奉贤区人民法院经公开审理查明:

2008年10月,因受"三鹿事件"影响,熊猫乳品公司的销售客户福建晋江公司将1300余件熊猫牌特级和三级全脂甜炼乳退回熊猫乳品公司。被告人王岳超、洪旗德、陈德华为减少本公司的经济损失,在明知退回的熊猫牌全脂甜炼乳存在三聚氰胺超标的情况下,仍于2008年12月30日召开由三被告人和公司技术部负责人荣建琼、朱贵奏、潘兴娟参加的会议,决定将上述退回的熊猫牌全脂甜炼乳采用按比例添加回炉生产炼奶酱,并于2009年2月起批量生产。截至2009年4月23日案发,熊猫乳品公司采用上述方式生产的炼奶酱合计6520余罐,价值人民币(以下币种均为人民币)36万余元,其中已销售3280余罐,价值20余万元。

案发后,经上海出入境检验检疫局动植物与食品检验检疫技术中心、上海市质量监督检验技术研究院对福建晋江公司退回的熊猫牌全脂甜炼乳以及使用该甜炼乳回炉生产的炼奶酱进行抽样检测,所检产品三聚氰胺含量超标,其中最高值为34.1mg/kg(国家临时管理限量值为2.5mg/kg)。已销售的涉案炼奶酱召回率为94%。

奉贤区人民法院经审理认为,三名被告人明知三聚氰胺系有毒有害的非食品原料,为减少公司的经济损失,仍将三聚氰胺含量超标的甜炼乳掺入原料用于生产炼奶酱,且部分产品已销售,其行为符合单位生产、销售有毒、有害食品犯罪的构成要件,被告人王岳超、洪旗德系单位犯罪中直接负责的主管人员,被告人陈德华系直接责任人员,依法均应追究刑事责任。公诉机关指控的罪名成立。依照刑法相关条款之规定,判决如下:

被告人王岳超犯生产、销售有毒、有害食品罪,判处有期徒刑五年,并处罚金人民币四十万元;被告人洪旗德犯生产、销售有毒、有害食品罪,判处有期徒刑四年六个月,并处罚金人民币三十万元;被告人陈德华犯生产、销售有毒、有害食品罪,判处有期徒刑三年,并处罚金人民币二十万元,查获的三聚氰胺含量超标的熊猫牌甜炼乳及炼奶酱予以没收。

一审宣判以后,被告人王岳超、洪旗德均提出上诉。二审法院认为,上诉人王岳超、洪旗德承担单位犯罪直接负责的主管人员的刑事责任准确无误;原审三被告人严重背离了从业者的职业

道德与行业规则,具有明显的主管故意,且王、洪认罪的酌定量刑情节尚不足以成为二审对上诉人王岳超、洪旗德从轻处罚的理由。二审法院遂作出驳回王岳超、洪旗德的上诉、维持原判的裁定。

二、裁判要旨

No.3-1-144-4 生产、销售有毒、有害食品罪与以危险方法危害公共安全罪之间存在法条竞合关系,根据特别法优于普通法的原则,应以生产、销售有毒、有害食品罪论处。

生产、销售有毒、有害食品罪的行为方式是在生产、销售的食品中掺入有毒、有害的非食品原料,如果有毒有害的非食品原料掺入的对象不是食品,或者销售的是有毒有害的非食品原料本身,则应认定为以危险方法危害公共安全罪。如三鹿奶粉案件的主犯明知三聚氰胺是化工产品、不能食用,一旦食用必然会危害人体健康和生命安全仍以三聚氰胺和麦芽糊精为原料,研制出三聚氰胺的混合物。此行为是直接生产、销售有毒有害的非食品原料,不属于《食品安全法》所规定的食品或食品原料且没有在食品中掺入、投放的过程,因而不能认定为生产、销售有毒、有害食品罪。由于该行为完全符合以危险方法危害公共安全,可以适用一般法条认定为以危险方法危害公共安全罪。

No.3-1-144-5 在生产、销售的食品中故意掺入有毒、有害的非食品原料,应以生产、销售有毒、有害食品罪论处。

在司法实践中,区分生产、销售有毒、有害食品罪与生产、销售不符合卫生标准的食品罪(《刑法修正案(八)》颁布前罪名)的关键主要在于两点:一是毒源不同,前者毒害来自于食品中的非食品原料的毒性,而后者的毒害来源于食品原料本身。非食品原料或受到污染而有毒性,或本身含有毒性,由于毒害量大(超过国家有关标准)而对人体有害。食品原料的毒性则主要是受到污染或变质腐败等造成的。二是掺入的方式不同。前者的毒害是故意掺入,是行为人的积极作用,后者的毒害是由生产、销售中受到污染或变质而引起的,是行为人的不作为。如果没有故意掺入行为,尽管食品受到有毒、有害非食品原料的污染,也不能认定为生产、销售有毒、有害食品罪。

No.3-1-144-6 对于被吊销营业执照的单位犯罪,公诉机关虽未追究单位的刑事责任,仍然可以追究直接负责的主管人员和其他直接责任人员的刑事责任。

本案并没有将犯罪单位列为被告并进行处罚,原因是该公司在追诉前受到工商局的行政处罚被吊销营业执照,根据2002年7月《最高人民检察院关于涉嫌犯罪单位被撤销、注销、吊销营业执照或者宣告破产的应如何进行追诉问题的批复》的规定,"涉嫌犯罪的单位被撤销、注销、吊销营业执照或者宣告破产的,应当根据刑法关于单位犯罪的相关规定,对实施犯罪行为的该单位直接负责的主管人员和其他直接责任人员追究刑事责任,对该单位不再追诉"。需要提出的是,我国刑罚对于单位犯罪采用了双罚制。对单位判处罚金是其承担刑事责任的形式之一,对相关责任人员判处刑罚是单位承担刑事责任的形式之二。单位本身并不具有意识和意志,单位犯罪是由具体的自然人组成的单位决策机构按照单位决策程序共同决定,或者由单位的主要负责人以单位的名义作出决定。相关责任人受到刑罚并非基于自然人犯罪或自然人与单位共同犯罪,而是自然人作为单位犯罪意志过错责任的承担者,代单位接收其本身无法承担只具有人身性质的刑事责任。因此,在目前的立法框架下,对于被吊销营业执照等的单位犯罪,可以追究直接负责的主管人员和其他直接责任人员的刑事责任。

No.3-1-144-7 在被告人拒不如实供述的情况下,应当根据买卖双方的成交价格、货物来源渠道是否正当、行为人对食品的认识程度、是否在有关部门禁止或发出安全预警的情况下继续生产销售以及行为人的年龄、经历、学识、职业、职务、职责、素质等方面综合认定生产、销售有毒、有害食品罪中的明知。

《刑法》第一百四十四条中虽然只对销售行为规定了明知要件,但这不意味着生产行为不需要明知要件。总则中的明知是对犯罪故意成立的总的要求,或者说是所有故意犯罪的一般构成要素,其内容是自己的行为会发生危害社会的结果。分则中的明知,其内容则较为特定。分则中的明知不能局限于犯罪故意的认定,还涉及定罪量刑的标准。因此本案中的明知的认定,不应当仅仅指是否明知召回的乳制品三聚氰胺是否超标,还包括是否明知召回乳制品在未经合理处理和严密检测的情况下就对外销售,将会导致危害他人生命健康等危害结果。

案例:杨涛销售有毒、有害食品案

案例来源:《人民法院案例选》2012 年第 3 辑

主题词:销售有毒、有害食品罪 销售明知含有药物成分的食品的行为性质

一、基本案情

被告人:杨涛。

上海市闸北区人民检察院指控称被告人杨涛自 2007 年起从广州等地购入数类减肥保健食品,以本市闸北区天目中路 428 号 103 室作为经营场所予以销售(2011 年 3 月底该场所歇业,后搬至本市闸北区天目西路 218 号二座 1504 室),同时又在淘宝网上注册"美丽家园"等数家网店,通过网络销售上述保健食品,并租用本市大统路 933 弄 6 号甲作为存放货物的仓库。在此期间,杨涛为了降低成本,从广州购入部分减肥保健食品的半成品颗粒胶囊后快递到其老家江苏省宿迁市,又联系了个体印刷厂自行印制包装盒、标签和说明书等,然后由陈敏、张杰(均另案处理)贴标签、装盒打包后快递至上海予以出售。2011 年 3 月 9 日,闸北食药监局的工作人员在上述仓库内当场查获"田田雪牌清减润肠胶囊"(又名"瘦身之语")等八类减肥保健食品(共计 51 箱,4089 盒,255280 粒),并口头告知杨涛上述保健食品中可能存在有毒、有害成分,在查封期间禁止再行销售。但之后杨涛仍通过其淘宝网店销售上述减肥保健食品直至案发。经上海市食品药品检验所检验证实,上述八类减肥保健食品中均含有我国明令禁止生产、销售和使用的"西布曲明"成分和违法添加的药物成分"酚酞",后经上海市食品药品监督管理局召开专家鉴定会确认上述八类减肥保健食品均属于有毒、有害食品。2011 年 4 月 25 日,被告人杨涛主动至上海市公安局闸北分局投案自首。后被告人杨涛又劝说陈敏、张杰向公安机关投案。

公诉机关以证人证言笔录、搜查笔录、检验报告书等相关书证及被告人的供述等证据,认为被告人杨涛的行为已构成销售有毒、有害食品罪,被告人杨涛具有自首、立功情节,可以从轻或减轻处罚,建议依照《中华人民共和国刑法》第一百四十四条、第六十七条第一款和第六十八条第一款之规定,追究被告人杨涛的刑事责任。

被告人杨涛对起诉指控的犯罪事实不持异议。

辩护人对起诉书指控被告人杨涛犯有销售有毒、有害食品罪的定性没有异议,辩护认为被告人杨涛的犯罪情节轻微,社会危害性不大,具体理由是:(1)从涉案减肥产品的毒害程度看,杨涛销售的减肥产品之所以被判定为有毒、有害,主要是因为从中查验出国家明令禁止生产和销售的"西布曲明"成分,相比三聚氰胺等原料,"西布曲明"对人体没有必然的危害性,只是在使用中发现可能会产生心悸、便秘、口干、头晕、失眠等较为严重的副作用才被禁止,其毒性、有害性非常轻微;(2)从被告人杨涛的主观恶性程度看,杨涛并无专业的医学方面的知识,其对减肥产品中含有"西布曲明"的情况以及"西布曲明"的危害性并不完全了解。而对于被查封的产品,杨涛没有再行销售,其销售的只有一些零星的余货,因为检查人员告诉她的只是其所销售的食品中可能存在有毒有害成分,故其抱着侥幸心理而销售,目的是想减少一些损失。因此,其主观上不存在恶劣的危害公共安全的故意,而是由于不懂法导致犯罪,主观恶性较轻;(3)从犯罪数量看,本案中,在 2011 年 3 月 9 日食药监部门查封杨涛存放减肥保健产品的仓库之前,杨涛并不知道其所销售的产品具有有毒、有害的成分,而这些被查封的产品之后也没有进入销售渠道予以销售。因此,当天查获的产品以及之前销售的不能计入其销售数额内。目前,能够确认杨涛在明知情况下仍然予以销售的数量仅为 100 余盒,销售总额仅数千元,且利润微薄;(4)从危害后果看,由于"西布曲明"的毒害程度轻微,杨涛出售的减肥产品量也少,因此目前并没有造成明显的危害结果。关于量刑情节,辩护人提出被告人杨涛主动投案自首,并劝说陈敏、张杰二人投案自首,具有立功表现,此次犯罪是初犯、偶犯,认罪悔罪态度较好,如按一般情况判处刑罚及适用缓刑仍显偏重,建议对被告人杨涛免予刑事处罚。

上海市闸北区人民法院经审理查明:2007年底2008年初,被告人杨涛开始在本市闸北区天目中路428号103室(2011年3月底该场所歇业),通过实体门店对外销售从广州等地购入的"田田雪牌清减润肠胶囊"等减肥保健食品,后又通过其在淘宝网上注册的"美丽家园""天使森林2008"等数家网店,对外进行销售。其间,杨涛为了降低成本,从广州购入部分减肥保健食品的散装颗粒胶囊和胶囊装瓶,快递到其老家江苏省宿迁市,又联系了个体印刷厂自行印制包装盒、标签和说明书等,然后由陈敏、张杰(均另案处理)粘贴标签、装盒打包后快递至上海予以出售。2011年3月9日,上海市闸北区食品药品监督管理局工作人员在杨涛租赁的本市大统路933弄6号甲仓库内当场查获"粒可瘦田田雪清减润肠胶囊""田田雪牌清减润肠胶囊(闪电强效瘦)""俏妹牌减肥胶囊"等八类减肥保健食品(共计51箱,4089盒,255280粒),并口头告知杨涛上述保健食品中可能存在有毒、有害成分,在查封期间禁止再行销售。之后,杨涛仍通过其淘宝网店销售上述减肥保健食品100余盒,直至案发。经上海市食品药品检验所检验证实,上述八类减肥保健食品中均含有我国明令禁止生产、销售和使用的"西布曲明"成分和违法添加的药物成分"酚酞";后经上海市食品药品监督管理局召开专家鉴定会确认,上述八类减肥保健食品均属于有毒、有害食品。2011年4月25日,杨涛主动至上海市公安局闸北分局投案自首,并如实供述了自己的犯罪事实。同年8月29日,陈敏、张杰在杨涛的劝说下,主动至上海市公安局闸北分局,如实供述了帮助杨涛包装减肥颗粒胶囊的事实。

以上事实,有证据先行登记保存决定书及扣押物品照片,上海市食品药品检验所出具的检验报告书,"粒可瘦田田雪清减润肠胶囊"等八种检出药物的食品是否属于有毒、有害食品专家鉴定意见及上海市食品药品监督所出具的关于"粒可瘦田田雪清减润肠胶囊"等八种含有"西布曲明"等药物成分的食品是否属于有毒、有害食品的答复,公安机关从被告人杨涛电脑内调取的销售记录,证人陈敏、张杰、周晨光、白洁、高伟、郭峰等人的证言笔录,被告人杨涛的供述及公安机关工作情况等证据证实。

二、裁判要旨

No. 3-1-144-8　明知食品中含有国家明文禁止生产销售和使用的药物成分而销售的,构成销售有毒、有害食品罪。

本案中,被告人销售的八类减肥保健食品中均含有西布曲明、酚酞等药物成分,是否属于有毒、有害食品是本案定性的关键。西布曲明、酚酞均系用于人体治疗的药品,根据《食品安全法》第五十条(2015年修订前)的规定,生产经营的食品中不得添加药品。根据《食品安全法》第五十一条(2015年修订前)的规定,声称具有特定保健功能的食品不得对人体产生急性、亚急性或慢性危害。由于食品与药品不同,消费者无需遵照医嘱,可以随意服用,因此即使暂时没有重伤、死亡等病例的出现,仍不能排除对人体造成慢性危害的巨大风险。故只要在食品中添加了药物成分,无论添加的药物剂量是否超标或国家是否对该药物发布禁令,一律应当以有毒、有害食品论处。

案例:北京阳光一佰生物技术开发有限公司、习文有等生产、销售有毒、有害食品案

案例来源:最高人民法院指导案例70号

主题词:生产、销售有毒、有害食品罪　有毒有害的非食品原料

一、基本案情

被告人习文有于2001年注册成立了北京阳光一佰生物技术开发有限公司(以下简称"阳光一佰公司"),系公司的实际生产经营负责人。2010年以来,被告单位阳光一佰公司从被告人谭国民处以600元/公斤的价格购进生产保健食品的原料,该原料系被告人谭国民从被告人尹立新处以2500元/公斤的价格购进后进行加工,阳光一佰公司购进原料后加工制作成用于辅助降血糖的保健食品阳光一佰牌山芪参胶囊,以每盒100元左右的价格销售至扬州市广陵区金福海保健品店及全国多个地区。被告人杨立峰具体负责生产,被告人钟立檬、王海龙负责销售。2012年5月至9月,销往上海、湖南、北京等地的山芪参胶囊分别被检测出含有盐酸

丁二胍,食品药品监督管理部门将检测结果告知阳光一佰公司及习文有。被告人习文有在得知检测结果后随即告知被告人谭国民、尹立新,被告人习文有明知其所生产、销售的保健品中含有盐酸丁二胍后,仍然继续向被告人谭国民、尹立新购买原料,组织杨立峰、钟立檬、王海龙等人生产山芪参胶囊并销售。被告人谭国民、尹立新在得知检测结果后继续向被告人习文有销售该原料。

盐酸丁二胍是丁二胍的盐酸盐。目前盐酸丁二胍未获得国务院药品监督管理部门批准生产或进口,不得作为药物在我国生产、销售和使用。扬州大学医学院葛晓群教授出具的专家意见和南京医科大学司法鉴定所的鉴定意见证明:盐酸丁二胍具有降低血糖的作用,很早就撤出我国市场,长期使用添加盐酸丁二胍的保健食品可能对机体产生不良影响,甚至危及生命。

从2012年8月月底至2013年1月案发,阳光一佰公司生产、销售金额达800余万元。其中,习文有、尹立新、谭国民参与生产、销售的含有盐酸丁二胍的山芪参胶囊金额达800余万元;杨立峰参与生产的含有盐酸丁二胍的山芪参胶囊金额达800余万元;钟立檬、王海龙参与销售的含有盐酸丁二胍的山芪参胶囊金额达40余万元。尹立新、谭国民与阳光一佰公司共同故意实施犯罪,系共同犯罪,尹立新、谭国民系提供有毒、有害原料用于生产、销售有毒、有害食品的帮助犯,其在共同犯罪中均系从犯。习文有与杨立峰、钟立檬、王海龙共同故意实施犯罪,系共同犯罪,杨立峰、钟立檬、王海龙系受习文有指使实施生产、销售有毒、有害食品的犯罪行为,均系从犯。习文有在共同犯罪中起主要作用,系主犯。杨立峰、谭国民犯罪后主动投案,并如实供述犯罪事实,系自首,当庭自愿认罪。习文有、尹立新、王海龙归案后如实供述犯罪事实,当庭自愿认罪。钟立檬归案后如实供述部分犯罪事实,当庭对部分犯罪事实自愿认罪。

二、裁判要旨

No.3-1-144-9 在生产销售有毒、有害食品罪中,不仅应根据相关法律规定判断是否属于有毒、有害非食品原料,当难以确定时,司法机关也可以根据检验报告并结合专家意见等相关材料进行认定。

《刑法》第一百四十四条规定:“在生产、销售的食品中掺入有毒、有害的非食品原料的,或者销售明知掺有有毒、有害的非食品原料的食品的,处五年以下有期徒刑,并处罚金;对人体健康造成严重危害或者有其他严重情节的,处五年以上十年以下有期徒刑,并处罚金;致人死亡或者有其他特别严重情节的,依照本法第一百四十一条的规定处罚。”《最高人民法院、最高人民检察院关于办理危害食品安全刑事案件适用法律若干问题的解释》(2013年版,已失效,以下简称《2013食品安全解释》)第二十条规定:“下列物质应当认定为‘有毒、有害的非食品原料’:(一)法律、法规禁止在食品生产经营活动中添加、使用的物质;(二)国务院有关部门公布的《食品中可能违法添加的非食用物质名单》《保健食品中可能非法添加的物质名单》上的物质;(三)国务院有关部门公告禁止使用的农药、兽药以及其他有毒、有害物质;(四)其他危害人体健康的物质。”第二十一条规定:“‘足以造成严重食物中毒事故或者其他严重食源性疾病’‘有毒、有害非食品原料’难以确定的,司法机关可以根据检验报告并结合专家意见等相关材料进行认定。必要时,人民法院可以依法通知有关专家出庭作出说明。”

在本案中,盐酸丁二胍系在我国未获得药品监督管理部门批准生产或进口,不得作为药品在我国生产、销售和使用的化学物质;其亦非食品添加剂。盐酸丁二胍也不属于上述《2013食品安全解释》第二十条第二、三项规定的物质。根据扬州大学医学院葛晓群教授出具的专家意见和南京医科大学司法鉴定所的鉴定意见证明,盐酸丁二胍与《2013食品安全解释》第二十条第二项《保健食品中可能非法添加的物质名单》中的其他降糖类西药(盐酸二甲双胍、盐酸苯乙双胍)具有同等属性和同等危害。长期服用添加有盐酸丁二胍的“阳光一佰牌山芪参胶囊”有对人体产生毒副作用的风险,影响人体健康,甚至危害生命。因此,对盐酸丁二胍应当依照《2013食品安全解释》第二十条第四项、第二十一条的规定,认定为《刑法》第一百四十四条规定的“有毒、有害的非食品原料”。

No. 3-1-144-10 在生产、销售有毒、有害食品罪中,行为人应明知生产、销售的食品中掺入国家禁止添加有毒、有害的非食品原料。

被告单位阳光一佰公司、被告人习文有作为阳光一佰公司生产、销售山芪参胶囊的直接负责的主管人员,被告人杨立峰、钟立檬、王海龙作为阳光一佰公司生产、销售山芪参胶囊的直接责任人员,明知阳光一佰公司生产、销售的保健食品山芪参胶囊中含有国家禁止添加的盐酸丁二胍成分,仍然进行生产、销售;被告人尹立新、谭国民明知其提供的含有国家禁止添加的盐酸丁二胍的原料被被告人习文有用于生产保健食品山芪参胶囊并进行销售,仍然向习文有提供该种原料,因此,上述单位和被告人均依法构成生产、销售有毒、有害食品罪。其中,被告单位阳光一佰公司、被告人习文有、尹立新、谭国民的行为构成生产、销售有毒、有害食品罪。被告人杨立峰的行为构成生产有毒、有害食品罪;被告人钟立檬、王海龙的行为均已构成销售有毒、有害食品罪。根据被告单位及各被告人犯罪情节、犯罪数额,综合考虑各被告人在共同犯罪的地位作用、自首、认罪态度等量刑情节,作出如上判决。

案例:柳立国等生产有毒、有害食品,生产、销售伪劣产品案

案例来源:《人民法院案例选》2013 年第 3 辑

主题词:生产、销售有毒、有害食品罪　地沟油

一、基本案情

被告人柳立国,男,1975 年 9 月 12 日出生,山东济南博汇生物科技有限公司(以下简称“博汇公司”)、济南格林生物能源有限公司(以下简称“格林公司”)实际经营者。

被告人鲁军,男,1968 年 12 月 14 日出生。

被告人李树军,男,1974 年 5 月 27 日出生。

被告人柳立海,男,1965 年 1 月 9 日出生。

被告人于双迎,男,1970 年 12 月 5 日出生。

被告人刘凡金,男,1975 年 9 月 8 日出生。

被告人王波,男,1981 年 4 月 9 日出生。

被告人鲁军、李树军、柳立海、于双迎、刘凡金、王波均系博汇公司或格林公司员工。

被告人柳立国原在山东省平阴县经营油脂加工厂。自 2007 年 12 月起,柳立国从四川、江苏、浙江等地收购餐厨废弃油(地沟油)加工提炼成劣质油脂,对外销售。2009 年 3 月、2010 年 6 月,柳立国又先后注册成立博汇公司、格林公司,扩大产能,进一步将利用地沟油生产的劣质油脂作为食用油,销售给经营食用油生意的山东聊城昌泉粮油实业公司、河南郑州宏大粮油商行等。前述粮油公司和经销处亦在明知从柳立国处购买的劣质油脂系地沟油加工而成仍直接或经勾兑后作为食用油销售给个体粮油店、饮食店、食品加工厂以及学校食堂,或冒充豆油等油脂销售给饲料、药品加工等企业。截至 2011 年 7 月案发,柳立国等最终导致金额为 926 万余元(人民币,下同)的此类劣质油流向食用油市场供人食用,金额为 9065 万余元的劣质油流入非食用油市场。期间,经柳立国招募,被告人鲁军负责格林公司的筹建、管理;被告人李树军负责地沟油采购并曾在格林公司分提车间工作;被告人柳立海从事后勤工作;被告人于双迎负责格林公司机器设备维护及管理水解车间;被告人刘凡金作为驾驶员运输成品油脂;被告人王波作为驾驶员运输半成品油和厂内污水,并提供个人账户供柳立国收付货款。上述被告人均在明知柳立国用地沟油加工劣质油并对外销售的情况下,仍予以帮助。其中,鲁军、于双迎参与生产、销售上述售往食用油市场的劣质油的金额均为 134 万余元,李树军为 765 万余元,柳立海为 457 万余元,刘凡金为 138 万余元,王波为 270 万余元;鲁军、于双迎参与生产、销售上述流入非食用油市场的劣质油的金额均为 699 万余元,李树军为 9065 万余元,柳立海为 4961 万余元,刘凡金为 2221 万余元,王波为 6534 万余元。

宁波市中级人民法院判决、浙江省高级人民法院裁定认为,被告人柳立国利用餐厨废弃油加工劣质食用油脂,销往粮油食品经营户,并致劣质油脂流入食堂、居民家庭等,供人食用,其行为已

构成生产、销售有毒、有害食品罪。柳立国还明知下家购买其用餐厨废弃油加工的劣质油脂冒充合格豆油等,仍予以生产、销售,流入饲料、药品加工等企业,其行为又构成生产、销售伪劣产品罪,应予并罚。柳立国生产、销售有毒、有害食品的犯罪行为持续时间长,波及范围广,严重危害食品安全,严重危及人民群众的身体健康,情节特别严重,应依法惩处。被告人鲁军、李树军、柳立海、于双迎、刘凡金、王波明知柳立国利用餐厨废弃油加工劣质油脂并予销售,仍积极参与,其行为分别构成生产、销售有毒、有害食品罪和生产、销售伪劣产品罪,亦应并罚。在共同犯罪中,柳立国系主犯;鲁军、李树军、柳立海、于双迎、刘凡金、王波均系从犯。遂作出如下判决:

(1)被告人柳立国犯生产、销售有毒、有害食品罪,判处无期徒刑,剥夺政治权利终身,并处没收个人全部财产;犯生产、销售伪劣产品罪,判处无期徒刑,剥夺政治权利终身,并处没收个人全部财产;决定执行无期徒刑,剥夺政治权利终身,并处没收个人全部财产。

(2)被告人鲁军犯生产、销售有毒、有害食品罪,判处有期徒刑八年,并处罚金二十万元;犯生产、销售伪劣产品罪,判处有期徒刑九年,并处罚金二十万元;决定执行有期徒刑十四年,并处罚金四十万元。

(3)被告人李树军犯生产、销售有毒、有害食品罪,判处有期徒刑六年六个月,并处罚金二十万元;犯生产、销售伪劣产品罪,判处有期徒刑七年六个月,并处罚金二十万元;决定执行有期徒刑十一年,并处罚金四十万元。

(4)被告人柳立海犯生产、销售有毒、有害食品罪,判处有期徒刑六年,并处罚金二十万元;犯生产、销售伪劣产品罪,判处有期徒刑七年六个月,并处罚金二十万元;决定执行有期徒刑十年六个月,并处罚金四十万元。

(5)被告人于双迎犯生产、销售有毒、有害食品罪,判处有期徒刑五年六个月,并处罚金二十万元;犯生产、销售伪劣产品罪,判处有期徒刑七年六个月,并处罚金二十万元;决定执行有期徒刑十年,并处罚金四十万元。

(6)被告人刘凡金犯生产、销售有毒、有害食品罪,判处有期徒刑五年,并处罚金十五万元;犯生产、销售伪劣产品罪,判处有期徒刑七年,并处罚金十五万元;决定执行有期徒刑七年,并处罚金三十万元。

(7)被告人王波犯生产、销售有毒、有害食品罪,判处有期徒刑五年,并处罚金十五万元;犯生产、销售伪劣产品罪,判处有期徒刑七年,并处罚金十五万元;决定执行有期徒刑七年,并处罚金三十万元。

上述裁判已于 2013 年 6 月生效。

二、裁判要旨

No. 3-1-144-11 明知地沟油流向食用市场而生产销售的,应认定为生产、销售有毒、有害食品罪;明知地沟油将流向非食用市场而生产、销售的,应认定为生产、销售伪劣产品罪。

地沟油并非不能生产和利用,但利用地沟油生产的成品油只能销售给化工企业作为化工原料使用,不能用作饲料加工或食用油食用。从柳立国的油品销售对象分析,柳立国在生产劣质成品油时对于油品的最终流向持一种概括的间接故意,即主观上对成品油流向食用市场和非食用市场持放任态度。将劣质成品油销往食用市场和非食用市场的社会危害性和侵害的法益均是不同的,故将销售给饲料、药品等经营户等最终流入非食用市场以及虽然销售给食用油经营户但有相反证据证实最终流入非食用油市场的金额,应当认定为生产销售伪劣产品罪。生产、销售有毒、有害食品罪以及生产、销售伪劣产品罪系选择性罪名,可以参照毒品犯罪罪名确定和数量认定的原则,按照行为人实施的所有犯罪行为的性质并列确定罪名,数量不重复计算。

案例:张联新、郑荷芹生产、销售有毒、有害食品,李阿明、何金友生产有毒、有害食品,王一超等销售有毒、有害食品案

案例来源:《刑事审判参考》总第 99 集[第 1004 号]

主题词:生产、销售有毒、有害食品罪 地沟油的认定

一、基本案情

被告人张联新,男,1957年12月16日出生,农民。2012年5月5日因涉嫌犯生产、销售有毒、有害食品罪被逮捕。

被告人郑荷芹(系被告人张联新之妻),女,1959年10月22日出生,农民。2012年5月5日因涉嫌犯生产、销售有毒、有害食品罪被逮捕。

被告人李阿明,男,1958年6月19日出生,原系浙江诚远食品有限公司副产品销售经理。2012年9月19日因涉嫌犯生产有毒、有害食品罪被逮捕。

被告人何金友,男,1965年12月13日出生,农民。2012年5月5日因涉嫌犯生产有毒、有害食品罪被逮捕。

被告人王一超,男,1985年11月15日出生,个体工商户。2012年5月5日因涉嫌犯销售有毒、有害食品罪被逮捕。

(吴建弟、蒋达明、林金友、应成兵等被告人的基本情况略)

浙江省台州市黄岩区人民检察院以被告人张联新、郑荷芹犯生产、销售有毒、有害食品罪,被告人李阿明、何金友犯生产有毒、有害食品罪,被告人王一超、吴建弟、蒋达明、林金友、应成兵犯销售有毒、有害食品罪,向台州市黄岩区人民法院提起公诉。

被告人张联新、李阿明的辩护人均提出经检验检疫合格的花油、膘肉碎、"肚下塌"(猪肚下垂部位赘肉)不属于肉制品加工废弃物,张联新使用该原料炼制的猪油不应认定为"地沟油";张联新的辩护人另提出检测报告显示张联新炼制的猪油合格,并非有毒、有害食品,张联新的行为不构成犯罪;李阿明的辩护人另提出李阿明系对外合法销售检验检疫合格的花油、膘肉碎、"肚下塌",其作为原料提供者没有任何过错。

台州市黄岩区人民法院经公开审理查明:

1999年6月,被告人张联新、郑荷芹开始生产食用猪油。2006年11月28日,中华人民共和国国家质量监督检验检疫总局、中国国家标准化管理委员会联合发布的《食用猪油》国家标准(GB/T8937-2006)明确规定炼制食用猪油的脂肪组织不包含淋巴结。《食用猪油》国家标准于2007年3月1日正式实施。

张联新、郑荷芹明知食用猪油不能含有淋巴,仍先后从浙江黄岩食品有限公司、浙江诚远食品有限公司购入含有淋巴的花油、含有伤肉的膘肉碎及"肚下塌"等猪肉加工废弃物并用于炼制食用猪油。2007年3月至2010年7月间,浙江黄岩食品有限公司城区分公司经理王俊洪(另案处理)明知张联新、郑荷芹从事炼制"食用油",仍向其销售含有淋巴的花油等猪肉加工废弃物。张联新、郑荷芹利用上述原料在台州市黄岩区澄江街道仙浦汪村的家中炼制"食用油"360余桶,计18余吨,销售金额共计人民币(以下币种同)10万余元。2010年7月至2012年3月间,浙江诚远食品有限公司副产品销售负责人李阿明明知张联新、郑荷芹从事炼制"食用油",仍向其销售含有淋巴的花油、膘肉碎、"肚下塌"等猪肉加工废弃物,张联新、郑荷芹利用上述原料在台州市黄岩区澄江街道仙浦汪村的家中、西城街道霓桥村出租房、东城街道上前村工业区租房等地炼制"食用油"1026余桶,计51.3余吨,销售金额47万余元。其中,2011年11月至12月和2012年3月,被告人何金友受张联新雇用以含有淋巴的花油等猪肉加工废弃物炼制"食用油"135余桶,计6.75余吨,销售金额6.75万余元。被告人张联新、郑荷芹利用含有淋巴的花油、膘肉碎、"肚下塌"等猪肉加工废弃物共生产"食用油"69.3余吨,销售金额57万余元,张联新将生产的"食用油"销售给顺青面馆等餐馆,部分销售情况如下:

1. 2009年四五月至2012年3月,张联新先后以每桶300元至500元不等的价格向被告人王一超销售其生产的"食用油"70余桶,计3.5余吨。王一超明知购入的是利用花油、膘肉碎、"肚下塌"等猪肉加工废弃物生产的"食用油",仍在台州市黄岩区西城街道岙岸村顺青面馆使用该"食用油"烹制食物,销售给顾客食用。

2. 2009年八九月至2012年2月,张联新先后以每桶300余元至500余元不等的价格向被告人吴建弟销售其生产的"食用油"20余桶,计1余吨。吴建弟明知购入的是利用花油、膘肉碎、

“肚下塌”等猪肉加工废弃物生产的“食用油”,仍在台州市黄岩区新前街道后洋黄村小吃店使用该“食用油”烹制食物,销售给顾客食用。

3. 2009年八九月至2012年2月,张联新先后以每桶400元至500余元不等的价格向被告人蒋达明销售其生产的“食用油”15余桶,计0.75余吨。蒋达明明知购入的是利用花油、膘肉碎、“肚下塌”等猪肉加工废弃物生产的“食用油”,仍先后在台州市黄岩区澄江街道葛村村、新前街道前洋村早餐店使用该“食用油”烹制食物,销售给顾客食用。

4. 2011年6月至2012年2月,张联新以每桶520元的价格向被告人林金友销售其生产的“食用油”15余桶,计0.75余吨。林金友明知购入的是利用花油、膘肉碎、“肚下塌”等猪肉加工废弃物生产的“食用油”,仍在台州市黄岩区西城街道横河村早餐店使用该“食用油”烹制食物,销售给顾客食用。

5. 2011年4月至2012年3月,张联新先后以每桶400余元至500余元不等的价格向被告人应成兵销售其生产的“食用油”12桶,计0.6吨。应成兵明知购入的是利用花油、膘肉碎、“肚下塌”等猪肉加工废弃物生产的“食用油”,仍在台州市黄岩区北城街道大桥路397号包子铺使用该“食用油”烹制食物,销售给顾客食用。

6. 2011年四五月至2012年3月,张联新先后以每桶450余元至490元不等的价格向台州市黄岩区西城街道大桥路黎明快餐店店主犯罪嫌疑人符金飞(另案处理)销售其生产的“食用油”10余桶,计0.5余吨。

另查明,2012年3月29日,张联新、郑荷芹在台州市黄岩区澄江街道仙浦汪村二区37号其家中被公安机关抓获。同日,何金友在台州市黄岩区北城街道妙儿桥村大桥路397号其家门口被公安机关抓获。同年4月17日,李阿明、王一超先后经公安机关通知到案。同年6月7日,应成兵主动到公安机关投案,并如实供述自己的犯罪事实。同年6月19日,蒋达明、吴建弟先后主动到公安机关投案,并如实供述自己的犯罪事实。同年6月21日,林金友主动到公安机关投案,并如实供述自己的犯罪事实。2012年5月21日,李阿明协助公安机关抓获涉嫌故意伤害的犯罪嫌疑人一名。

台州市黄岩区人民法院认为,被告人张联新、郑荷芹使用猪肉加工废弃物等非食品原料生产“食用油”,销售金额57万余元,情节特别严重,其行为均构成生产、销售有毒、有害食品罪。被告人李阿明明知他人生产“食用油”,仍为其提供猪肉加工废弃物等非食品原料,其间供他人生产“食用油”销售金额47万余元,情节严重;被告人何金友明知他人使用猪肉加工废弃物等非食品原料生产“食用油”,仍为其提供劳务,帮助炼制油脂,其间供他人生产“食用油”销售金额6.75万余元;被告人李阿明、何金友的行为均构成生产有毒、有害食品罪;被告人王一超、吴建弟、蒋达明、林金友、应成兵明知是利用猪肉加工废弃物等非食品原料生产的“食用油”仍予以销售供人食用,其行为均构成销售有毒、有害食品罪。公诉机关指控的罪名成立。张联新的辩护人的相关辩护意见,不予采纳。吴建弟、蒋达明、林金友、应成兵均有自首情节,李阿明、郑荷芹、何金友均系从犯,李阿明又有立功表现,对郑荷芹、李阿明均可以减轻处罚,对何金友、吴建弟、蒋达明、林金友、应成兵均可以从轻处罚。据此,依照《中华人民共和国刑法》第一百四十四条,第二十五条第一款,第二十七条,第六十七条第一款、第三款,第六十八条,第五十二条,第六十四条以及最高人民法院、最高人民检察院《关于办理危害食品安全刑事案件适用法律若干问题的解释》第六条第(一)项、第七条、第十七条之规定,台州市黄岩区人民法院判决如下:

1. 被告人张联新犯生产、销售有毒、有害食品罪,判处有期徒刑十年,并处罚金人民币一百二十万元。

2. 被告人郑荷芹犯生产、销售有毒、有害食品罪,判处有期徒刑四年,并处罚金人民币八十万元。

3. 被告人李阿明犯生产有毒、有害食品罪,判处有期徒刑二年三个月,并处罚金人民币六十万元。

4. 被告人何金友犯生产有毒、有害食品罪,判处有期徒刑一年六个月,并处罚金人民币十万元。

5. 被告人王一超犯销售有毒、有害食品罪,判处有期徒刑一年六个月,并处罚金人民币七万元。

6. 被告人吴建弟犯销售有毒、有害食品罪,判处有期徒刑十个月二十日,并处罚金人民币二万元。

7. 被告人蒋达明犯销售有毒、有害食品罪,判处有期徒刑十个月二十日,并处罚金人民币二万元。

8. 被告人林金友犯销售有毒、有害食品罪,判处有期徒刑十个月二十日,并处罚金人民币二万元。

9. 被告人应成兵犯销售有毒、有害食品罪,判处有期徒刑十个月二十日,并处罚金人民币二万元。

10. 扣押在案的被告人张联新、郑荷芹、李阿明的违法所得,赃物食用猪油,作案工具轻型货车、铁锅等,均予以没收,由原侦查机关台州市公安局黄岩分局上缴国库。

11. 被告人张联新、郑荷芹、李阿明、何金友、王一超、吴建弟、蒋达明、林金友、应成兵尚未退缴的违法所得,由原侦查机关台州市公安局黄岩分局继续追缴,上缴国库。

一审宣判后,被告人张联新、郑荷芹、李阿明不服,分别提出上诉,后张联新、郑荷芹撤回上诉。

被告人李阿明上诉称其销售的花油、膘肉碎、"肚下塌"均系检验检疫合格的生猪产品、食品原料,不是应当进行无害化处理的猪肉加工废弃物等非食品原料;其系对外合法销售检验检疫合格的花油、膘肉碎、"肚下塌",其作为原料提供者没有任何过错。

台州市中级人民法院经审理认为,李阿明作为浙江诚远食品有限公司副产品销售负责人明知张联新生产猪油供人食用,仍向张联新提供猪肉加工废弃物作为原料,构成了生产有毒、有害食品犯罪的共犯,李阿明及其辩护人的上诉理由不能成立,不予采纳。原判定罪及适用法律正确,量刑适当,审判程序合法。据此,台州市中级人民法院裁定准许张联新、郑荷芹撤回上诉;驳回李阿明上诉,维持原判。

二、裁判要旨

No. 3-1-144-12　利用含有淋巴的花油、含有伤肉的膘肉碎、"肚下塌"等肉制品加工废弃物生产、加工的"食用油",即便检测报告中未检测出有毒、有害成分,仍应当视为"新型地沟油"。

《刑法》第一百四十四条规定的"掺入"的行为不仅限于指向产品本身,还可能针对产品的原料、半成品等,甚至还可以指向食品添加剂本身,即在食品添加剂内掺入有毒、有害物质。而所谓"有毒、有害的非食品原料",是指对人体具有生理毒性,食用后会引起不良反应,损害机体健康的不能食用的原料。完全摘除淋巴结的花油虽可食用,但其中含有的淋巴应当属于有毒、有害的非食品原料。张联新利用含有淋巴的花油、含有伤肉的膘肉碎、"肚下塌"等猪肉加工废弃物生产、加工食用油,应当认定为掺入有毒、有害非食品原料。

No. 3-1-144-13　明知他人生产加工地沟油供人使用仍然向其提供生猪屠宰废弃物作为原料的,与生产者成立生产、销售有毒、有害食品罪的共犯,生猪屠宰行为的合法性不影响共犯的认定。

摘除花油中的正常淋巴的确不是生猪屠宰企业的义务,李阿明作为浙江诚远食品有限公司副产品销售负责人如将含有淋巴的花油、膘肉碎、"肚下塌"进行销毁、掩埋等无害化处理,即使不摘除花油中的正常淋巴,无人会否认生猪屠宰行为的合法性,其行为亦不构成犯罪。然而,其明知张联新生产猪油供人食用仍向张联新提供这些原料,其行为就发生了质的变化,即使正常淋巴结不属于生猪屠宰企业的摘除范围,也不影响李阿明共犯地位的认定。对此,最高人民法院、最高人民检察院于2013年联合出台的《关于办理危害食品安全刑事案件适用法律若干问题的解释》明确规定,明知他人生产、销售有毒、有害食品,提供生产技术或者食品原料、食品添加剂、食品相关产品的,以生产、销售有毒、有害食品罪的共犯论处。

案例:邓文均、符纯宣生产、销售有毒、有害食品案
案例来源:《刑事审判参考》总第 122 集[第 1335 号]
主题词:生产、销售有毒、有害食品罪 口水油

一、基本案情

2015 年 5 月 1 日始,被告人邓文均、符纯宣在温州市瓯海区郭溪街道梅屿村温瞿东路共同经营一家"老四川火锅店",并于同年 6 月 24 日依法登记为温州市瓯海郭溪符纯宣火锅店,符纯宣为该店的负责人。邓文均、符纯宣在经营该火锅店的过程中,为节约成本,将顾客吃剩的火锅汤料回收后过滤到水桶内,再放在锅里进行熬制,将回收的废弃油再供顾客食用,进行循环销售从中牟利。2016 年 11 月 30 日 20 时许,该火锅店被执法人员查获,现场缴获已回收尚未熬制的火锅汤料油水 9.865 公斤。

二、裁判要旨

No.3-1-144-14 认定有毒有害食品不能仅依据鉴定意见,而应结合其实质危害性、回收和使用行为的行政违法性以及法律和司法解释的相关规定进行判断。

第一,本案中被查处的"口水油"主要是指对剩余食物底料中的油脂进行回收和重复使用的油脂,没有与污水、垃圾、洗涤剂等物混杂,与狭义上的"地沟油"有别。但使用"口水油"同样具有严重危害,具体如下:(1)一些常见的诸如甲肝病毒、乙肝病毒、结核杆菌等传染性病菌均可以通过唾液传播,携带上述病菌的人食用后的食物底料中同样有可能残存上述病菌,再经提炼加工后反复使用这样的食物底料,存在交叉污染、感染他人的可能;(2)火锅店收集的剩余食物底料中的油水通常需要放置一段时间后才能重新熬煮,由于油水中除油脂外,还混合有水、各种食物主料(调料)残余、唾液酶等其他物质,很容易发生水解和氧化并导致油脂酸败、细菌(病菌)滋生,例如空气中普遍存在的含毒性的黄曲霉菌等的滋生;(3)油脂经过多次加热使用后,在高温条件下会发生反式异构化、过氧化、热裂解等多种反应,油脂中的营养成分被破坏,有害的反式脂肪酸会增加,同时还会产生多种慢性致癌物质,另外像黄曲霉菌等耐热性细菌即便经过高温处理,也难以有效去除。上述三种原因使得油脂中有毒有害物质不断积聚,最终危害人体健康。

第二,本案中被查处的"口水油"属于有毒、有害的非食品原料。

首先,口水油不符合人们的正常卫生生活习惯。经营食品的商家应当向消费者提供符合卫生要求的、未经污染未经食用的食物(含原料、辅料),这符合社会大众正常的、一般的消费心理要求,在观念上群众无法接受食用沾染过他人"口水"的食物。他人食用后的剩余食物底料应当废弃,不能重复回收和使用,这符合社会大众的普遍性认知。

其次,口水油不符合有关食品安全的法律法规标准。《食品安全法》第三十四条规定,禁止生产经营用非食品原料生产的食品……或者用回收食品作为原料生产的食品。《餐饮业和集体用餐配送单位卫生规范》(已失效)第十四条规定,不得将回收后的食品(包括辅料)经烹调加工后再次供应。根据上述规定,即便没有混杂污水和垃圾,他人食用后的剩余食物底料也应被禁止用于加工食品或再次供应。何况火锅店从餐桌上收集的剩余食物底料未经严格检查和分拣,还带有食物残渣(壳、骨、刺等)和其他非食品残留物(例如烟头、纸巾、牙签等),故对他人食用后的剩余食物底料应认定为餐厨废弃物,上述底料中的油脂属于废弃食用油脂。根据原国家卫生计生委发布的《食品中可能违法添加的非食用物质名单》(第三批)的规定,废弃食用油脂属于非食用物质名单。

最后,有关司法解释对废弃油脂的性质也有专门解释。根据最高人民法院、最高人民检察院《关于办理危害食品安全刑事案件适用法律若干问题的解释》第九条、第二十条的规定,国务院有关部门公布的《食品中可能违法添加的非食用物质名单》上的物质应当认定为"有毒、有害的非食品原料",使用有毒、有害的非食品原料加工食品的,依照《刑法》第一百四十四条的规定以生产、销售有毒、有害食品罪定罪处罚。最高人民法院、最高人民检察院、公安部发布的《关于依法严惩"地沟油"犯罪的通知》中亦规定,废弃油脂属于非食品原料,用废弃油脂生产加工的食

用油属于“地沟油”等。

综上,“口水油”作为废弃食用油脂,属于国家卫生主管机关明令禁止使用的非食用物质,属于刑法概念中的有毒、有害的非食品原料,使用“口水油”这一非食品原料加工食品并用于出售,构成生产、销售有毒、有害食品罪。

需要说明的是,“口水油”犯罪是继“地沟油”犯罪之后出现的新型危害食品安全的犯罪类型,是“地沟油”犯罪的变种。鉴于食品检验的有限性及依法从严打击食品安全犯罪的需要,目前在司法实践中不宜以证据材料中缺少对“口水油”是否含有有毒、有害物质的鉴定意见便认为证据不足,不将“口水油”认定为有毒、有害的非食品原料。鉴定意见虽然直观且客观,具有较高的信服度,但不能仅以此为标准,而应本着主客观相统一的原则,结合“口水油”具有实质危害性、回收和使用“口水油”的行政违法性以及法律和司法解释的相关规定,依法对“口水油”犯罪判处刑罚。

28 生产、销售不符合安全标准的产品罪(《刑法》第一百四十六条)

案例:刘泽均等生产、销售不符合安全标准的产品案

案例来源:《刑事审判参考》总第7辑[第47号]

主题词:生产、销售不符合安全标准的产品罪

一、基本案情

被告人刘泽均,男,41岁,原系重庆方洋物资贸易公司董事长。因涉嫌犯生产、销售不符合安全标准的产品罪,于1999年2月5日被逮捕。

被告人胡开明,男,53岁,原系重庆通用机器厂职工技协技术服务部车间主任。因涉嫌犯生产、销售不符合安全标准的产品罪,于1999年2月4日被逮捕。

被告单位重庆通用工业技术服务部(原重庆通用机器厂职工技协技术服务部,以下简称“技术服务部”)。法定代表人蒋兰,女,现任技术服务部经理。

被告人王远凯,男,54岁,原系重庆通用机器厂职工技协技术服务部(现更名为重庆通用工业技术服务部)法定代表人。因涉嫌犯侵占罪,于1999年2月4日被逮捕。

重庆市第一中级人民法院经审理查明:1994年8月,重庆市綦江县人民政府决定在綦河上架设一座人行桥(即虹桥),由县城乡建设管理委员会负责组织实施。同年10月8日,段浩(同案被告人,已判刑)以重庆华庆设计工程公司富华分公司的名义与县城乡建设管理委员会签订了虹桥工程设计、施工总承包合同。后段浩又与临时挂靠在重庆市桥梁工程总公司川东南经理部(以下简称“川东南经理部”)的李孟泽、费上利(均为同案被告人,已判刑)达成了由川东南经理部承建虹桥工程的协议。

1994年12月12日,费上利以川东南经理部名义,刘泽均以重庆国际经济技术合作公司燃化公司(以下简称“燃化公司”)名义,签订了由燃化公司向川东南经理部供给螺纹钢、圆钢和钢管的工矿产品供货合同。后刘泽均从市场上陆续购进螺纹钢、圆钢直接送往虹桥工地。因无生产加工钢管的能力,刘与胡开明、王远凯协商,三人达成了以王远凯为法定代表人的技术服务部的名义承揽钢管加工业务,再经该部交由七车间的胡开明等人进行来料加工的口头协议。刘泽均明知川东南经理部向其购买的钢管用于虹桥工程,但不与钢管加工方订立书面加工合同,也不向加工方提出质量标准和探伤检测要求,仅向胡开明提供了简单的加工图纸。加工期间,刘泽均等人曾到车间察看了加工样品,但未经技术检测便主观认为符合要求。在主拱钢管加工过程中,胡开明让无焊工上岗证的赵泽华等三人上岗操作;在钢管的坡口上,胡开明不严格按图纸要求加工焊接;在钢板压型多次出现裂口的情况下,胡又指使工人仅作简单补焊处理,导致钢管焊缝质量低劣,埋下重大质量隐患。主拱钢管加工完毕后,胡开明不进行技术检测,刘泽均不按规定进行验收。在加工方未出具合格证、质量保证书的情况下,刘泽均就将主拱钢管直接销售给川东南经理部用于虹桥主体。

1995年11月,费上利、李孟泽对刘泽均提供的主拱钢管组织安装时,发现钢管焊接质量不

合格。为掩盖主拱钢管不合格的真相,费上利、刘泽均、胡开明共谋作假,王远凯表示同意。在胡开明授意下,工人刘长明按二级焊缝探伤标准焊制了假试块,由王远凯出具盖有技术服务部公章的金属材料机械焊接性能试验报告单。尔后,刘泽均以自己任董事长的重庆方洋物资贸易公司名义委托重庆市第一建筑(集团)公司科技研究所进行检测,骗取了主拱钢管焊接质量合格的检测报告,致使不合格主拱钢管用于虹桥主体。虹桥带伤投入使用后,于 1999 年 1 月 4 日 18 时 50 分许突然整体垮塌,造成 40 人死亡,14 人受伤,直接经济损失 628 万余元。经鉴定:主拱钢管焊接接头质量低劣,是导致虹桥整体垮塌的直接原因。

1995 年 1 月 20 日,刘泽均支付给王远凯钢管加工费 2 万元,王远凯以技术服务部名义出具了收条,但未将该款入单位账户,据为己有。

重庆市第一中级人民法院认为:被告人刘泽均无生产加工能力,却承揽虹桥主拱钢管构件的供货业务;在委托技术服务部加工钢管过程中,不签订书面合同,明知主拱钢管用于虹桥主体,不提出质量标准和技术要求;明知主拱钢管没有出厂合格证、质量保证书却直接销往需方;在得知质量不合格时,竟串通作假,致使不符合安全标准的产品用于虹桥主体,给虹桥工程留下严重质量隐患。被告单位技术服务部为本单位利益,在承揽虹桥主拱钢管加工业务中,不按国家标准和行业标准加工,实际非法获利人民币 3 万元;其法定代表人王远凯在为单位承揽加工虹桥主拱钢管业务中,不监督加工人员按照国家标准、行业标准加工,不督促进行质量检测,在发现质量不合格时,串通作假,并以该部名义出具空白的试验报告单,致使不符合安全标准的产品用于虹桥主体。被告人胡开明在负责虹桥主拱钢管的加工中,不认真履行车间主任职责,不督促工人严格按照国家标准、行业标准加工,致使主拱钢管焊接质量低劣;在发现质量不合格时,串通作假,致使不符合安全标准的产品用于虹桥主体。被告人刘泽均、胡开明、王远凯和技术服务部的行为均已触犯了《中华人民共和国刑法》第一百四十六条的规定,构成生产不符合安全标准的产品罪,且后果特别严重,依法应予惩处。此外,被告人王远凯还利用职务之便侵占单位钢管加工费 2 万元,其行为已构成职务侵占罪,亦应依法惩处。依照《中华人民共和国刑法》第十二条第一款、第一百四十六条、第一百五十条、第三十条、第三十一条、第五十六条第一款、第五十五条第一款、第五十二条、第五十三条、第六十四条、第六十九条第一、二款和全国人大常委会《关于惩治违反公司法的犯罪的决定》第十条的规定,于 1999 年 4 月 3 日判决如下:

1. 被告人刘泽均犯生产、销售不符合安全标准的产品罪,判处有期徒刑十三年,剥夺政治权利三年,并处罚金三十万元,追缴非法所得五万元;

2. 被告人胡开明犯生产不符合安全标准的产品罪,判处有期徒刑八年,并处罚金二十五万元,追缴非法所得二万元;

3. 被告人王远凯犯生产不符合安全标准的产品罪,判处有期徒刑七年,并处罚金二十五万元;犯侵占罪,判处有期徒刑三年,追缴犯罪所得赃款二万元;决定执行有期徒刑十年,并处罚金二十五万元,追缴犯罪所得赃款二万元;

4. 被告单位重庆通用工业技术服务部犯生产不符合安全标准的产品罪,判处罚金二十五万元,追缴非法所得三万元。

一审宣判后,被告人胡开明服判;被告人刘泽均、王远凯和被告单位技术服务部不服,向重庆市高级人民法院提出上诉。

刘泽均上诉称,自己对虹桥主拱钢管加工业务只起介绍引荐作用;没有参与制作假试块以骗取质量合格检测报告;主观上没有生产、销售不符合安全标准的产品的故意。其辩护人提出,虹桥主拱钢管的生产与刘无关;当刘"明知"加工产品不合格时,销售行为已结束。

王远凯上诉称,原判量刑过重。其辩护人提出,王系初犯,认罪态度较好,请求从轻处罚。

技术服务部的法定代表人及其辩护人上诉提出,技术服务部不构成单位犯罪。

重庆市高级人民法院经审理后认为:原审判决认定的事实清楚,适用法律正确,定罪准确,量刑适当,审判程序合法。刘泽均、王远凯和技术服务部的上诉理由及其辩护人的辩护意见,均与已查证的事实不符,不能成立,不予采纳。依照《中华人民共和国刑事诉讼法》第一百八十九条第(一)项的规定,于1999年12月2日裁定如下:驳回上诉,维持原判。

二、裁判要旨

No. 3-1-146-1 生产、销售不符合安全标准的建筑材料,造成建筑毁损,致使人员伤亡的,以生产、销售不符合安全标准的产品罪论处,不构成生产、销售伪劣产品罪。

从犯罪构成来看,依照《刑法》第一百四十六条的规定,生产、销售不符合安全标准的产品罪是指生产不符合保障人身、财产安全的国家标准、行业标准的电器、压力容器、易燃易爆产品或者其他不符合保障人身、财产安全的国家标准、行业标准的产品,或者销售明知是以上不符合保障人身、财产安全的国家标准、行业标准的产品,造成严重后果的行为;依照《刑法》第一百四十条的规定,生产、销售伪劣产品罪是指生产者、销售者在产品中掺杂、掺假,以假充真,以次充好或者以不合格产品冒充合格产品,销售金额在5万元以上的行为。两罪在犯罪构成上有以下相同和不同之处:(1)主观上均为故意,但故意的内容不同。在生产、销售不符合安全标准的产品罪中,要求行为人即生产者、销售者明知其所生产、销售的产品是保障人身、财产安全的产品,且没有达到国家标准、行业标准;在生产、销售伪劣产品罪中,只要求行为人明知所生产、销售的产品是不符合产品质量标准的产品。在本案中,刘泽均等人在承揽虹桥主拱钢管加工、供货业务中,明知钢管构件专用于虹桥主体部分,涉及行人生命、财产安全,却不按照国家标准、行业标准加工生产;明知主拱钢管没有合格证、质量保证书却销往需方;在得知产品质量不合格时,竟串通起来弄虚作假,使产品用于虹桥主体,给虹桥工程留下严重质量隐患,所以,刘泽均等人在主观上的犯罪故意是显而易见的,具备了生产、销售不符合安全标准的产品罪的主观构成要件。(2)犯罪对象虽然都是伪劣产品,但从刑法的意义上讲两者却有所不同,生产、销售不符合安全标准的产品罪的犯罪对象是不符合保障人身、财产安全的国家标准、行业标准的伪劣产品。生产、销售伪劣产品罪的犯罪对象则不涉及人身、财产安全。《刑法》第一百四十六条列举了三种犯罪对象,显然没有穷尽,实际上从立法技术的角度考虑,也不可能将犯罪对象都一一列举出来,所以该条文规定了"其他不符合保障人身、财产安全的国家标准、行业标准的产品",囊括该罪的犯罪对象。被告人刘泽均、胡开明、王远凯和被告单位技术服务部生产、销售的大桥主拱钢管,并不是普通的产品,而是用于虹桥主体,涉及人身、财产安全的产品,其不符合特定的安全标准,造成严重后果,构成犯罪的,应依照《刑法》第一百四十六条的规定定罪处罚。(3)客观上均实施了生产、销售伪劣产品的行为,但定罪的标准和依据不同:构成生产、销售不符合安全标准的产品罪,不仅要求行为人有生产、销售不符合保障人身、财产安全的国家标准、行业标准的产品的行为,而且还必须造成严重后果;而生产、销售伪劣产品罪则不要求造成严重后果,只要生产、销售伪劣产品的金额达到5万元以上,就可以构成犯罪;如果生产、销售不符合安全标准的产品,没有造成严重后果,但销售金额在5万元以上的,根据《刑法》第一百四十九条第一款的规定,应按生产、销售伪劣产品罪定罪处罚。

29 生产、销售伪劣农药、兽药、化肥、种子罪(《刑法》第一百四十七条)

案例:李云平销售伪劣种子案

案例来源:《刑事审判参考》总第17辑[第106号]

主题词:生产、销售伪劣种子罪　生产、销售伪劣产品罪

一、基本案情

被告人李云平,男,1954年9月16日出生于山东,农民。

山东省济南市所城区人民法院经审理查明:1998年11月,被告人李云平将自己在内蒙古培育但没有经过国家认证推广的6万余公斤玉米种,假冒"鲁单50号"玉米种,销售给山东农科种子研究开发中心,销售金额31万余元。山东省曲阜市、江苏省新沂市、山东省东平县等地农民购买种植后,造成玉米大面积减产,给当地农民造成经济损失314.5万余元。

济南市历城区人民法院认为:被告人李云平以自己培育的没有经过认证推广的玉米种,假

冒“鲁单50号”玉米种销售给他人,使生产遭受特别重大损失,其行为已构成销售伪劣种子罪。公诉机关指控其犯销售伪劣种子罪成立。李云平销售伪劣种子给他人造成的损失数额有相关书证及证人证言予以证实,辩护人提出的被告人无犯罪故意,造成损失的数额不确定,也没有造成什么损失,被告人的行为不构成销售伪劣种子罪的辩护意见,与庭审查明的事实不符,不予采信。李云平归案后认罪态度较好,依法可酌情从轻处罚。依照《中华人民共和国刑法》第一百四十七条之规定,于2000年11月30日判决如下:

被告人李云平犯销售伪劣种子罪,判处有期徒刑七年,并处罚金四十万元。

宣判后,李云平以“一审判决认定造成的经济损失缺乏科学公正的事实根据,数额不确切;其行为不构成销售伪劣种子罪,应构成销售伪劣产品罪”为由,提出上诉。其二审辩护人以同样的理由为其提出辩护意见。

济南市中级人民法院经审理认为:上诉人李云平以自己培育的未经国家检验和审定的玉米种,假冒山东省农科院培育的“鲁单50号”玉米种销售给他人,使农业生产遭受特别重大损失,其行为符合销售伪劣种子罪的构成要件,原审法院认定上诉人李云平的行为构成销售伪劣种子罪是正确的。本案的经济损失情况,分别有农业专家的鉴定、当地农民的证言及物价部门出具的玉米价格证明在卷为证,足以认定。上诉人及辩护人的辩解、辩护意见不能成立,不予采纳。鉴于上诉人系初犯,归案后认罪态度较好,可从轻处罚。原审判决认定的犯罪事实清楚,证据确实、充分,定罪准确,量刑及罚金数额适当,审判程序合法。依照《中华人民共和国刑事诉讼法》第一百八十九条第(一)项之规定,于2001年1月18日裁定驳回上诉,维持原判。

二、裁判要旨

No.3-1-147-1 以此种品种的种子冒充他种品种种子的,应以生产、销售伪劣种子罪论处。

所谓生产、销售伪劣种子罪,是指生产者、销售者违反种子管理法规,生产、销售假种子、劣种子,使生产遭受较大损失的行为。本罪的犯罪对象是假种子和劣种子。关于假种子和劣种子的认定,《种子法》第四十六条有明确规定:“下列种子为假种子:(一)以非种子冒充种子或者以此种品种种子冒充他种品种种子的;(二)种子种类、品种、产地与标签标注的内容不符的。下列种子为劣种子:(一)质量低于国家规定的种用标准的;(二)质量低于标签标注指标的;(三)因变质不能作种子使用的;(四)杂草种子的比率超过规定的;(五)带有国家规定检疫对象的有害生物的。”本案被告人李云平将自己培育的6万余公斤玉米种冒充鲁单50号玉米种进行销售,无疑属于“以此种品种种子冒充他种品种种子”的销售假种子的行为。

30 走私武器、弹药罪(《刑法》第一百五十一条第一款)

案例:戴永光走私弹药、非法持有枪支案

案例来源:《刑事审判参考》总第96集[第940号]

主题词:走私弹药罪 气枪铅弹的数量计算

一、基本案情

被告人戴永光,男,1980年9月9日出生,无业。2013年2月6日因涉嫌犯走私武器、弹药罪被逮捕。

重庆市人民检察院第一分院以被告人戴永光犯走私弹药罪,非法持有枪支、弹药罪,向重庆市第一中级人民法院提起公诉。

重庆市第一中级人民法院经公开审理查明:

2007年,被告人戴永光对气枪产生较大兴趣,后非法取得CP88高压气手枪1支及相关气枪配件,藏匿于家中。2010年,戴永光认为气手枪威力小,欲获取高压气步枪,遂非法取得国产“秃鹰”气步枪的配件1套和气枪弹,并将气枪弹和用气步枪配件组装成的气步枪1支均藏匿于家中。2012年5月,戴永光在淘宝网上找到海外代购商程某,指使程某通过提供虚假的收货人身份信息并伪报商品信息,逃避海关监管,以 710 元的价格从国外非法购入气枪铅弹 10 盒 1625 发。2010 年至 2012 年期间,戴永光还多次在网上购买了各类气枪配件。

2013 年 1 月 5 日,侦查人员在邮局抓获前来收取包裹的戴永光,并在包裹内查获枪管 2 根。侦查人员从戴永光的家中查获高压气枪 2 支,气枪铅弹 1190 发,枪管 6 根,高压气瓶 11 个。经鉴定,戴永光非法持有的 2 支高压气枪为枪支,1190 发气枪铅弹均为弹药,19 件枪支零件为枪支零部件。重庆市第一中级人民法院认为,被告人戴永光通过海外代购的方式,使用虚假的收货人身份证明,告知代买人在报关时使用虚假的商品信息以逃避海关监管等行为,从境外网站购买气枪子弹 1625 发,其行为构成走私弹药罪,但情节较轻;戴永光非法持有以压缩气体为动力的非军用枪支 2 支,其行为又构成非法持有枪支罪。所犯数罪,依法应予并罚。公诉机关指控戴永光非法持有国产气枪铅弹 365 发的事实,仅有戴永光的供述,没有其他证据印证,认定戴永光犯非法持有弹药罪的证据不足,不予认定。据此,依照《中华人民共和国刑法》第一百五十一条第一款、第一百二十八条第一款、第六十九条、第六十四条之规定,重庆市第一中级人民法院以被告人戴永光犯走私弹药罪,判处有期徒刑四年,并处罚金人民币二万元;以犯非法持有枪支罪,判处有期徒刑二年;决定执行有期徒刑五年,并处罚金人民币二万元。

一审宣判后,被告人戴永光上诉提出:原判认定其从境外代购气枪铅弹的事实不清;涉案气枪铅弹并非走私弹药罪中规定的弹药;其购买铅弹系出于个人爱好,社会危害性小,没有造成危害后果;原判量刑过重。

重庆市高级人民法院经审理认为,原判认定的事实清楚,适用法律准确。对上诉人戴永光购买气枪铅弹系出于个人爱好,行为社会危害性小,没有造成危害后果等情节,原判已予考虑,量刑并无不当。故裁定驳回上诉,维持原判。

二、裁判要旨

No. 3-2-151(1)-1　气枪铅弹属于走私弹药罪中的弹药,走私气枪铅弹的行为成立走私弹药罪。

最高人民法院于 2000 年出台的《关于审理走私刑事案件具体应用法律若干问题的解释》(已失效),将弹药分为军用子弹和非军用子弹两类。走私军用子弹 100 发以上、非军用子弹 1000 发以上即可认定"情节特别严重"。但是,既没有对军用子弹和非军用子弹作出明确界定,也没有对常见的军用子弹和非军用子弹予以列举,仅在第一条第七款作了提示性规定,即:"《刑法》第一百五十一条第二款规定的'武器、弹药'的种类,参照《中华人民共和国海关进口税则》及《中华人民共和国禁止进出境物品表》的有关规定确定。"《中华人民共和国海关进口税则》列举的弹药种类中没有气枪铅弹,《中华人民共和国禁止进出境物品表》仅在第一条"禁止进出境物品"中将"各种武器、仿真武器、弹药及爆炸物品"列为第(一)项,也没有明确弹药的种类。因此,难以根据现有法律规定直接判断气枪铅弹是否属于"弹药"。

对刑法概念进行解释,文义解释是最基础的方法。文义解释的基本原则有三个:一是在刑法用语的核心含义以内;二是不超过国民预测的可能性;三是具有处罚必要性。弹药的核心含义有三个:第一,在功能上具有杀伤力;第二,在结构上包括弹头、弹壳、火药、炸药或者其他装填物;第三,可以借助武器或其他运载工具发射至目标区域。气枪铅弹无疑具有杀伤力,在结构上有弹头,尾部有部分弹壳,可以借助气枪等武器发射至目标区域,但是没有火药、炸药或者其他装填物,它与很多非军用子弹特别是一些运动用弹具有一定的类似性,将其认定为非军用子弹并不会超出国民预测的可能性;且我国海关对于各类枪支弹药的走私行为都是严厉禁止的,走私气枪铅弹的行为对我国的进出口贸易制度和弹药的监管秩序造成了侵害,从法益保护的角度,对此类行为予以刑事处罚具有必要性。

将气枪铅弹认定为走私弹药罪的犯罪对象,与最高人民法院出台的相关司法解释规定的含义相符。如最高人民法院于 2009 年出台的《关于审理非法制造、买卖、运输枪支、弹药、爆炸物等刑事案件具体应用法律若干问题的解释》明确将气枪铅弹作为非军用子弹的一种作出了列举式规定。《关于审理走私刑事案件具体应用法律若干问题的解释》尽管对走私弹药罪中的"弹药”没有作出类似的列举式规定,但从体系解释用语一致性的角度考虑,《关于审理非法制造、买卖、运输枪支、弹药、爆炸物等刑事案件具体应用法律若干问题的解释》的规定无疑具有参考价值。最高人民法院、最高人民检察院于2014年8月出台的《关于办理走私刑事案件适用法律若干问题的解释》第一条取消了军用枪支和非军用枪支的区分,因此《关于办理走私刑事案件适用法律若干问题的解释》(已失效)对弹药也未区分军用弹药和非军用弹药。从该规定看,气枪铅弹属于走私弹药罪中的“弹药”。

No.3-2-151(1)-2 走私气枪铅弹的行为,不能仅根据铅弹数量量刑,行为社会危害小、行为人人身危险性较低的,应当作为“情节较轻”进行处罚。

戴永光出于个人兴趣爱好走私气枪铅弹,走私物品案值低,未造成严重后果,对戴永光应当按照《刑法》第一百五十一条关于“情节较轻”的规定,在三年以上七年以下的法定刑幅度内量刑。

首先,刑罚轻重必须与犯罪危害程度相适应,这是罪责刑相适应原则的基本内在要求。如前所述,气枪铅弹虽然借助气枪等武器可发射至目标区域,具有一定杀伤力,但没有火药、炸药等装填物,因此杀伤力有限。从立法精神分析,走私武器、弹药罪虽然侵犯的直接客体是国家的进出口贸易制度和国家对武器、弹药的监管秩序,但本质上是国家出于对公共安全的考虑以及履行国际公约的需要而禁止武器、弹药的流通。无论走私“气枪铅弹”还是“其他非军用子弹”都侵犯了法益,但是气枪铅弹危害程度显著小于一般的非军用子弹,那么,走私“气枪铅弹”对法益的侵害程度,自然也小于走私同样数量的一般非军用子弹。因此,将两者在量刑标准上区别对待,符合罪责刑相适应原则。

其次,将走私气枪铅弹的量刑标准有别于一般的走私非军用子弹,是保持刑法解释协调性的需要。我们以走私弹药罪与其他以弹药为犯罪对象的犯罪进行对比。根据《刑法》第一百二十五条的规定,犯非法制造、买卖、运输、邮寄、储存弹药罪,情节严重的,法定刑为十年以上有期徒刑、无期徒刑或者死刑;依照《关于审理非法制造、买卖、运输枪支、弹药、爆炸物等刑事案件具体应用法律若干问题的解释》的规定,非法制造、买卖、运输、邮寄、储存军用子弹50发、一般非军用子弹500发、气枪铅弹2500发,方能达到情节严重的标准。《关于审理非法制造、买卖、运输枪支、弹药、爆炸物等刑事案件具体应用法律若干问题的解释》明确将气枪铅弹作为非军用子弹的一种予以列举,但是定罪量刑的数量要求是军用子弹的50倍、一般非军用子弹的5倍。盗窃、抢夺弹药罪量刑标准也体现了类似精神,均按照气枪铅弹是一般非军用子弹数量的5倍标准予以把握。走私弹药罪与非法制造、买卖、运输、邮寄、存储弹药罪以及盗窃、抢夺弹药罪等罪的犯罪对象性质相同,即均属“弹药”,虽整体危害程度有别,但就各罪名本身来说,都存在因“弹药”种类不同而量刑时应有所区别的问题。《关于审理走私刑事案件具体应用法律若干问题的解释》(已失效)出台于2000年,《关于审理非法制造、买卖、运输枪支、弹药、爆炸物等刑事案件具体应用法律若干问题的解释》出台于2009年,《关于审理非法制造、买卖、运输枪支、弹药、爆炸物等刑事案件具体应用法律若干问题的解释》对“气枪铅弹”与其他非军用子弹进行差异化评价,相对于《关于审理走私刑事案件具体应用法律若干问题的解释》(已失效)更能体现罪责刑相适应原则。根据实质解释的立场,遵循体系解释的方法,我们认为,《关于审理非法制造、买卖、运输枪支、弹药、爆炸物等刑事案件具体应用法律若干问题的解释》确立的气枪铅弹在量刑的数量要求上5倍于一般非军用子弹的量刑标准,可以作为走私气枪铅弹类犯罪案件量刑的参考。

根据2014年8月出台的《关于办理走私刑事案件适用法律若干问题的解释》(已失效)第一条第(二)项的规定,“走私气枪铅弹五百发以上不满二千五百发,或者其他子弹十发以上不满五十发的”可以认定为《刑法》第一百五十一条第一款规定的“情节较轻”。本案被告人戴永光走私1625发气枪铅弹,符合《关于办理走私刑事案件适用法律若干问题的解释》(已失效)规定的“情节较轻”的量刑标准。

此外,就走私弹药罪而言,“弹药”的种类和数量固然能够直接反映出走私行为的社会危害性程度,但它不是唯一的判断标准。司法实践中,除了"弹药"的种类和数量,还要综合考虑行为人作案动机、主观恶性、作案手段、走私物品案值大小、用途、是否流向社会及造成实际危害结果等诸多因素,量刑上做到区别对待。本案中,戴永光出于个人兴趣动机而走私气枪铅弹,并非为了实施其他犯罪,其主观恶性和人身危险性相对较小;从走私物品案值来看,戴永光走私的气枪铅弹案值不足千元,案值较小,虽然其中一部分气枪铅弹已经被消耗掉,但仅仅是练枪玩耍时所用,未造成任何其他严重后果。综合来看,法院依法认定戴永光所犯走私弹药罪属"情节较轻",对其判处有期徒刑四年,并处罚金人民币二万元,量刑是适当的。

31 走私文物罪(《刑法》第一百五十一条第二款)

案例:蓑口义则走私文物案

案例来源:《刑事审判参考》总第 53 集[第 416 号]

主题词:走私文物罪　古生物化石

一、基本案情

被告人蓑口义则(英文姓名:YOSHINORI MINOGUCHI),男,1947 年 6 月 1 日出生,日本国国籍,高中文化,个体美容师。因涉嫌犯走私文物罪于 2004 年 11 月 16 日被羁押,同年 12 月 24 日被逮捕。

北京市第二中级人民法院经审理查明:2004 年 11 月 16 日 7 时 30 分许,被告人蓑口义则未经申报,携带分装在两个行李箱中的一批古生物化石,准备从中华人民共和国北京首都机场海关出境。海关关员当场将蓑口义则查获。经鉴定,蓑口义则携带的古生物化石中有一件古脊椎动物化石视同国家二级文物,一件古脊椎动物化石视同国家三级文物。

北京市第二中级人民法院认为:蓑口义则所提其没有走私文物故意的辩解及其辩护人所提蓑口义则是在北京市潘家园旧货市场购买的化石,不知道中国有关化石分级的情况,其选择无申报通道出境不是出于逃避海关监管的目的,没有走私文物的故意,公诉机关指控蓑口义则具有走私文物的故意证据不足的辩护意见,经查,蓑口义则多次出入中华人民共和国边境,中华人民共和国相关法律明确规定,所有出境文物在出境时须向海关申报,中华人民共和国北京海关亦在出境通道处明示文物出境须申报,并在须申报物品展示柜中陈列了化石样品,蓑口义则对上述规定和要求应当了解。其携带大量古生物化石选择无申报通道出境,显系逃避海关监管,具有走私古生物化石的故意。至于蓑口义则通过何种途径取得化石,其是否明确知道中国化石分级的情况,均不影响对其走私古生物化石的故意和行为的认定。蓑口义则及其辩护人的上述辩解及辩护意见缺乏事实依据,不能成立,不予采纳。

蓑口义则的辩护人所提中华人民共和国国家文物局国家文物鉴定委员会出具的《鉴定结论》不符合有关司法鉴定文书的形式要件,不具有法律效力的辩护意见,经查,依据我国的有关法律法规,文物鉴定属于专业鉴定,有关文物认定的标准和办法,应由国务院文物行政部门制定,并非完全依照有关司法鉴定程序进行,中华人民共和国国家文物局国家文物鉴定委员会依据文物鉴定的有关程序以鉴定委员会名义出具的鉴定结论虽然在形式上与司法鉴定结论的形式存在差别,但不影响鉴定结论的法律效力。辩护人的上述意见不能成立,不予采纳。

蓑口义则的辩护人所提古生物化石不是文物,携带古生物化石出境不等于走私文物,将走私古生物化石的行为认定为走私文物罪没有法律依据,蓑口义则的行为不构成走私文物罪的辩护意见,经查,《中华人民共和国文物保护法》第二条第三款明确规定,具有科学价值的古脊椎动物化石和古人类化石同文物一样受国家保护,故走私上述两种化石即属于走私文物。蓑口义则走私的古生物化石中有一件视同国家二级文物的古脊椎动物化石和一件视同国家三级文物的古脊椎动物化石,其行为已构成走私文物罪。辩护人所提将走私古生物化石的行为认定为走私文物罪没有法律依据的辩护意见,本院不予采纳。而蓑口义则走私的其他古生物化石,依据罪刑法定原则,不宜按走私文物处理,对于辩护人辩护意见中的合理部分,酌予采纳。

蓑口义则的辩护人所提蓑口义则的行为不属于情节特别严重的辩护意见,经查,蓑口义则走私视同国家二级文物和视同国家三级文物的狼鳍鱼化石三尾及拟蜉蝣和小型恐龙头骨各一件,不属于走私文物情节特别严重,此节辩护意见成立,予以采纳。

被告人蓑口义则在中华人民共和国领域内,违反中华人民共和国海关法规和中华人民共和国文物保护法律法规,逃避海关监管,携带视同文物的古脊椎动物化石出境,其行为已构成走私文物罪,依法应予惩处。中华人民共和国北京市人民检察院第二分院指控被告人蓑口义则犯走私文物罪的基本事实清楚,证据确实、充分,指控罪名成立,但指控蓑口义则走私文物的数量有误且认定蓑口义则走私文物犯罪情节特别严重不当,予以纠正。据此,北京市第二中级人民法院依照《中华人民共和国刑法》第六条第一款、第三款、第一百五十一条第二款、第五十二条、第五十三条、第三十五条、第六十一条、第六十四条之规定,判决:

1. 被告人蓑口义则犯走私文物罪,判处有期徒刑五年,并处罚金人民币七万元,附加驱逐出境。

2. 在案扣押的古生物化石予以没收。

3. 在案扣押的人民币二万一千八百五十元和日元七十二万元并入罚金项执行。

4. 在案扣押的佳能 2. 1MEGAPIXELS 型数码相机一部、富士 S602 型数码相机一部发还被告人蓑口义则。

一审宣判后,在法定期限内,被告人未提起上诉,公诉机关亦未提起抗诉,判决发生法律效力。

二、裁判要旨

No. 3-2-151(2)-1-1 走私古脊椎动物、古人类化石以外的其他古生物化石的,不构成走私文物罪。

根据我国有关法律的规定,并不是所有古生物化石都适用刑法有关文物的规定。古生物化石包括植物化石、非脊椎动物化石、脊椎动物化石和古人类化石以及生物活动所形成的遗迹化石。虽然古生物化石都受国家保护,但不同的古生物化石受保护的程度不尽相同,根据文物保护法的规定,具有科学价值的古脊椎动物化石和古人类化石受到同文物一样程度的保护,至于其他的古生物化石,根据国土资源部《关于加强古生物化石保护的通知》和《古生物化石管理办法》的有关规定,则比照矿产资源进行保护,因此,走私古生物化石的行为能否构成走私文物罪,关键要看古生物化石的种类。依据《文物保护法》的规定,只有走私古脊椎动物化石或古人类化石才能以走私文物罪定罪处罚,而走私其他古生物化石,即便这些古生物化石可能更为珍贵,科学研究价值可能更高,也不能以走私文物罪定罪处罚。

32 走私珍贵动物、珍贵动物制品罪(《刑法》第一百五十一条第二款)

案例:岑张耀等走私珍贵动物、马忠明非法收购珍贵野生动物、赵应明等非法运输珍贵野生动物案

案例来源:《刑事审判参考》总第 73 集[第 616 号]

主题词:走私珍贵动物罪

一、基本案情

被告人岑张耀,男,1965 年 9 月 8 日出生,个体工商户。

被告人吴峥,男,1977 年 2 月 15 日出生,原系上海国际机场股份有限公司安检护卫分公司安检员。

被告人张浩,男,1971 年 11 月 23 日出生,原系上海嘉华国际货物运输代理有限公司职员。

被告人钱文斌,男,1978 年 12 月 28 日出生,原系上海国际机场股份有限公司安检护卫分公司安检员。

被告人马忠明,男,1963 年 4 月 5 日出生,农民。

被告人赵应明,男,1973 年 12 月 5 日出生,个体司机。

被告人朱前卫,男,1985 年 12 月 12 日出生,原系上海国际机场股份有限公司安检护卫分公司安检员。

其他被告人(略)。

宁波市中级人民法院经审理查明:2007 年间,被告人岑张耀为牟取非法利益,勾结境外人员"阿亚子",预谋将产于我国宁夏、甘肃的国家二级重点保护动物猎隼走私出境。经他人介绍,岑张耀结识了在上海国际机场股份有限公司安检护卫分公司从事安检工作的被告人吴峥,经商定,由吴峥负责为走私猎隼联系订舱、报关以及机场安检时给予放行,岑张耀许诺以走私出境猎隼每只人民币(以下均为人民币)3000～4000 元的价格作为回报。接着,吴峥联系了上海嘉华国际货物运输代理有限公司从事货运代理的被告人张浩及同事钱文斌,密谋走私,并商定由张浩负责猎隼出口办理订舱、报关事宜,钱文斌负责在机场当班安检时予以放行。同年 10 月,岑张耀在浙江省杭甬高速上虞出口路段接到由"阿亚子"委托他人从宁夏和甘肃收购、运送来的 12 只猎隼后,直接转运至上海浦东国际机场附近,交给前来接应的吴峥。之后,吴峥将该 12 只猎隼交由张浩办理订舱,并以虚假品名向海关申报出口,钱文斌则按事先约定,利用当班安检之机,将伪报品名的该 12 只猎隼予以放行,走私出境。

2008 年 9 月至 10 月间,岑张耀租用了浙江省慈溪市浒山镇金山新村 168 号 204 室的房屋作为其走私犯罪中转站,并纠集被告人俞仲权帮助接运猎隼。期间,岑张耀伙同俞仲权先后两次在浙江上虞接到由"阿亚子"委托他人从宁夏和甘肃收购、运送来的 40 只猎隼后,再将猎隼运到其租房内进行喂养、重新包装。之后,岑张耀、俞仲权租用车辆将上述猎隼运至上海浦东国际机场附近,交给前来接应的吴峥。然后由张浩办理订舱,并以"玻璃制高脚酒杯"为品名,向海关申报出口。由于钱文斌不再负责此航线的安检工作,吴峥、钱文斌指使其同事朱前卫利用当班安检之机,先后两次将上述 40 只猎隼予以放行,走私出境,运往卡塔尔。

2008 年 9 月间,被告人马忠明受"阿亚子"委托,在宁夏、甘肃等地以每只 300～2000 元不等的价格收购了 30 只猎隼,并应"阿亚子"要求,于 10 月中旬将该 30 只猎隼交给被告人赵应明负责运往浙江。为方便运输,马忠明、赵应明将猎隼的翅膀用胶带纸粘住装入纸箱。赵应明又雇佣了个体运输户丁学明为其运输猎隼,伙同丁学明一起驾车将该 30 只猎隼于 10 月 23 日运抵浙江上虞,交给前来接应的岑张耀、俞仲权。10 月 24 日凌晨,岑张耀、俞仲权将重新包装过的该 30 只猎隼运至上海浦东国际机场附近又交给吴峥。此后,由张浩办理订舱,并以"玻璃制高脚酒杯"为品名,向海关申报。吴峥、钱文斌指使朱前卫利用当班安检之机,将该 30 只猎隼予以放行,欲运往卡塔尔,当日被海关开箱检验时查获。

综上,岑张耀、吴峥、张浩、钱文斌均参与走私猎隼 82 只,朱前卫、俞仲权参与走私猎隼 70 只,马忠明非法收购猎隼 30 只,赵应明、丁学明非法运输猎隼 30 只。岑张耀因此从"阿亚子"处收取 320000 余元,其中 240000 余元支付给吴峥,最终获利 70000 余元。吴峥等人将该 240000 余元除用于订舱、报关等费用外,余下款项予以瓜分,吴峥分得 40000 余元,钱文斌分得 30000 余元,张浩分得 20000 余元,朱前卫得款 2000 元。马忠明从"阿亚子"处得款 100000 余元,除去收购猎隼的费用以及代"阿亚子"将运费 30000 元支付给赵应明外,获利 10000 余元。赵应明支付给丁学明运费 14000 元,获利 19000 元。丁学明获利 14000 元。俞仲权从岑张耀处获利 2000 元。

归案后,被告人吴峥协助侦查机关抓获了同案被告人钱文斌。

宁波市中级人民法院认为,被告人岑张耀为牟取非法利益,勾结境外人员,与被告人吴峥合谋,经被告人张浩以伪报品名的方式向海关申报出口,并通过被告人钱文斌、朱前卫在机场安检时违法放行,违反海关法规,逃避海关监管以及逃避国家有关进出境的禁止性管理,将国家二级重点保护动物猎隼走私出境,被告人俞仲权明知岑张耀走私猎隼出境而积极予以协助,其行为均已构成走私珍贵动物罪。被告人马忠明为非法牟利,无视国法,非法收购猎隼,其行为已构成非法收购珍贵野生动物罪。被告人赵应明、丁学明,违反国家法律规定,非法运输猎隼,其行为均已构成非法运输珍贵野生动物罪。被告人岑张耀、吴峥、张浩、钱文斌、俞仲权、朱前卫走私珍贵野生动物,被告人马忠明非法收购珍贵野生动物,被告人赵应明、丁学明非法运输珍贵野生动物,均系情节特别严重,应依法惩处。被告人岑张耀、吴峥、张浩、钱文斌在走私猎隼的共同犯罪中起主要作用,均系主犯。其中被告人岑张耀直接勾结境外人员,走私猎隼82只,致使52只珍贵动物猎隼流失海外,国家的动物资源遭到严重破坏,犯罪后果特别严重,社会危害性极大,依法应予严惩。被告人吴峥与岑张耀合谋走私,在共同犯罪中的地位作用与岑相当,论罪亦应判处极刑,但鉴于其归案后有协助侦查机关抓获同案被告人的重大立功表现以及认罪态度好等情节,依法予以从轻处罚。被告人张浩负责订舱、报关,被告人钱文斌负责安检放行,且均与吴峥分享非法利益,依法亦应严惩。被告人俞仲权协助岑张耀走私猎隼,被告人朱前卫系受人指使参与犯罪,在共同犯罪中起次要、辅助作用,均系从犯,依法予以减轻处罚。依照《中华人民共和国刑法》第一百五十一条第二款、第四款,第三百四十一条第一款,第二十五条第一款,第二十六条第一款,第二十七条,第五十七条第一款,第六十八条第一款,第二十三条,第六十四条以及最高人民法院《关于审理走私刑事案件具体应用法律若干问题的解释》第四条之规定,判决:

1. 被告人岑张耀犯走私珍贵动物罪,判处死刑,剥夺政治权利终身,并处没收个人全部财产;

2. 被告人吴峥犯走私珍贵动物罪,判处无期徒刑,剥夺政治权利终身,并处没收个人全部财产;

3. 被告人张浩犯走私珍贵动物罪,判处无期徒刑,剥夺政治权利终身,并处没收财产人民币五万元;

4. 被告人钱文斌犯走私珍贵动物罪,判处无期徒刑,剥夺政治权利终身,并处没收财产人民币五万元;

5. 被告人俞仲权犯走私珍贵动物罪,判处有期徒刑十四年,并处罚金人民币五千元;

6. 被告人马忠明犯非法收购珍贵野生动物罪,判处有期徒刑十三年,并处罚金人民币一万元;

7. 被告人赵应明犯非法运输珍贵野生动物罪,判处有期徒刑十三年,并处罚金人民币一万元;

8. 被告人丁学明犯非法运输珍贵野生动物罪,判处有期徒刑十二年,并处罚金人民币一万元;

9. 被告人朱前卫犯走私珍贵动物罪,判处有期徒刑十年,并处罚金人民币五千元;

10. 上述九被告人的犯罪所得予以追缴。

一审宣判后,被告人岑张耀、吴峥、钱文斌、俞仲权、丁学明等提出上诉。

浙江省高级人民法院经公开审理查明的犯罪事实与一审相同,浙江省高级人民法院认为,被告人岑张耀为牟取非法利益,勾结境外人员,与被告人吴峥合谋,经被告人张浩以伪报品名的方式向海关申报出口,并通过被告人钱文斌、朱前卫在机场安检时违法放行,违反海关法规,逃避海关监管以及逃避国家有关进出境的禁止性管理,将国家二级重点保护动物猎隼走私出境,被告人俞仲权明知岑张耀走私猎隼出境而积极予以协助,其行为均已构成走私珍贵动物罪,情节特别严重,依法应予严惩。被告人马忠明为非法牟利,非法收购猎隼,其行为已构成非法收购珍贵野生动物罪,情节特别严重,依法应予严惩。被告人赵应明、丁学明,违反国家法律规定,非法运输猎隼,其行为均已构成非法运输珍贵野生动物罪,情节特别严重,依法应予严惩。被告人岑张耀、吴峥、张浩、钱文斌系主犯,应依法惩处。被告人俞仲权、朱前卫系从犯,可减轻处罚。被告人吴峥有重大立功表现,可从轻处罚。鉴于被告人岑张耀能如实供述罪行及本案30只猎隼在机场被悉数查获,岑尚不属走私团伙最核心人员等具体情节,对其判处死刑,可不立即执行。被告人吴峥、钱文斌、俞仲权、丁学明及其辩护人均提出原判量刑过重,要求改判的理由不足,不予采纳。但对被告人岑张耀的量刑,依法予以改判。依照刑事诉讼法和刑法的相关规定,判决:

1. 驳回被告人吴峥、钱文斌、俞仲权、丁学明的上诉;

2. 撤销浙江省宁波市中级人民法院[2009]浙甬刑一初字第27号刑事判决中对被告人岑张耀的量刑部分,维持其余部分;

3. 被告人岑张耀犯走私珍贵动物罪,判处死刑,缓期二年执行,剥夺政治权利终身,并处没收个人全部财产。

二、裁判要旨

No. 3-2-151(2)-3-1 主观上具有走私的故意,但对走私的具体对象认识不明确的,应以实际的走私对象定罪处罚,确有证据证明受蒙骗的,可以从轻处罚。

行为人对走私的具体对象认识不明确,是指行为人具有走私的主观故意,但没有证据证明其对所查获的走私货物、物品的性质达到明知的认识程度。2002年7月8日最高人民法院、最高人民检察院、海关总署联合发布的《关于办理走私刑事案件适用法律若干问题的意见》第五条第一款对于走私主观故意的认定采纳了推定的方法。该条第一款规定:“行为人明知自己的行为违反国家法律法规,逃避海关监管,偷逃进出境货物、物品的应缴税额,或者逃避国家有关进出境的禁止性管理,并且希望或者放任危害后果发生的,应认定为具有走私的主观故意。”据此,如果行为人明知其行为违反了相关法律法规,明知其行为是逃避海关监管、偷逃税款或逃避禁止性管理的行为,而仍决意实施,并对由此造成的危害后果持希望或放任的态度,就推定其主观上具有走私的故意。

最高人民法院、最高人民检察院、海关总署《关于办理走私刑事案件适用法律若干问题的意见》第六条规定:“走私犯罪嫌疑人主观上具有走私犯罪故意,但对其走私的具体对象不明确的,不影响走私犯罪构成,应当根据实际的走私对象定罪处罚。但是,确有证据证明行为人因受蒙骗而对走私对象发生认识错误的,可以从轻处罚。”具体到本案中,相关证据足以认定被告人岑张耀、吴峥、张浩、钱文斌、俞仲权、朱前卫主观上具有走私的犯罪故意,又有鉴定报告证实他们走私的确系国家二级重点保护动物猎隼,就能够认定各被告人的行为构成走私珍贵动物罪。虽然有的被告人称他们不知道走私对象——鸟就是国家明令禁止出口的二级重点保护动物猎隼,但因各被告人已认识到走私对象是鸟、信鸽、鹰等一类动物,因此他们对走私对象有一个模糊的认识范围,而实际走私对象猎隼并没有超出各被告人的这个认识范围,无论走私对象是不是猎隼都不会影响各被告人实施走私行为的意志,各被告人对走私猎隼在主观上持容忍态度,故对走私的具体对象认识不明确,并不影响对他们以走私珍贵动物罪定罪处罚。当然,其中被告人朱前卫经查确实在主观上存在部分受蒙骗而对走私对象发生错误认识的情节,依法对其可以从轻处罚。

33 走私国家禁止进出口的货物、物品罪(《刑法》第一百五十一条第三款)

案例:朱丽清走私国家禁止出口的物品案

案例来源:《刑事审判参考》总第83辑[第744号]

主题词:走私文物罪　走私国家禁止出口的物品罪　走私古脊椎动物化石

一、基本案情

被告人朱丽清,女,1974年8月14日出生。因涉嫌走私文物罪于2009年8月19日被刑事拘留。

广东省珠海市人民检察院以被告人朱丽清犯走私文物罪,向珠海市中级人民法院提起公诉。

被告人朱丽清辩称,其认为卖的是工艺品,不知道卖的是化石。其辩护人辩称:本案所涉化石不是刑法意义上的“文物”;鉴定报告形式和内容均不符合法律规定,不应作为定案依据;本案证据不足,建议宣告被告人无罪。

珠海市中级人民法院经公开审理查明:2008年7月,被告人朱丽清开始在辽宁省朝阳市做化石生意。朱丽清委托林庆华(另案处理)在珠海市接收其通过快递公司发来的化石后,由林庆华将化石再托运到澳门交给买家。从2008年9月至2009年7月,朱丽清和林庆华多次通过上述方式将化石走私到澳门。2009年7月初,一位香港买家找到朱丽清欲购买一块鸟类化石,双方商定价格为人民币11000元。同月14日,朱丽清以假名通过朝阳市申通快递公司将该块鸟类化石托运至珠海市。同月16日,林庆华依约在珠海市接收该块鸟类化石后,即前往珠海市夏湾南晖发装修材料经营部,以"陈生"的名义准备将化石用"精品"的名称托运到澳门,后被查获。同年8月19日,朱丽清在辽宁省朝阳市被抓获。经鉴定,该件鸟类化石属于距今6700万年至2.3亿年前期间的白垩纪鸟类化石。

珠海市中级人民法院认为,被告人朱丽清逃避海关监管,走私珍稀古生物化石出境,其行为构成走私国家禁止出口的物品罪。公诉机关指控的犯罪事实清楚,证据确实、充分,但指控的罪名不当,应予以纠正。依照《中华人民共和国刑法》第一百五十一条第三款、第六十四条之规定,判决如下:

被告人朱丽清犯走私国家禁止出口的物品罪,判处有期徒刑三年,并处罚金人民币三万元;扣押在案的古生物化石拼块一件,予以没收。

宣判后,被告人朱丽清不服,提出上诉。

广东省高级人民法院经审理认为,上诉人朱丽清违反国家古生物化石管理的有关规定,逃避海关监管,走私珍稀古生物化石出境,其行为构成走私国家禁止出口的物品罪。原审判决认定的事实清楚,证据确实、充分,定罪准确,量刑适当,审判程序合法。依照《中华人民共和国刑事诉讼法》第一百八十九条第(一)项之规定,裁定驳回上诉,维持原判。

二、裁判要旨

No.3-2-151(3)-1　年代久远、与人类活动无关的古脊椎动物化石,不能认定为刑法所规定的文物,走私该古脊椎动物化石,不构成走私文物罪,应以走私国家禁止出口的物品罪论处。

2005年全国人民代表大会常务委员会发布的《关于〈中华人民共和国刑法〉有关文物的规定适用于具有科学价值的古脊椎动物化石、古人类化石的解释》规定:"刑法有关文物的规定,适用于具有科学价值的古脊椎动物化石、古人类化石。"《古人类化石和古脊椎动物化石保护管理办法》(2006年8月7日文化部公布)第二条规定:"本办法所称古人类化石和古脊椎动物化石,指古猿化石、古人类化石及其与人类活动有关的第四纪古脊椎动物化石。"可见,《古人类化石和古脊椎动物化石保护管理办法》对"古脊椎动物化石"作了限制性解释,即其并非指所有古脊椎动物化石。《古人类化石和古脊椎动物化石保护管理办法》根据文物的一般意义即"与人类活动密切相关"的基本属性进行解释,把作为"文物"保护的化石限定在与人类活动有关的第四纪古脊椎动物化石。《古人类化石和古脊椎动物化石保护管理办法》是根据《文物保护法》专门针对古人类化石和古脊椎动物化石而出台的部门规章,因此,在行政违法前提的认定上应以《古人类化石和古脊椎动物化石保护管理办法》的规定为准。确定了这一前提,《关于〈中华人民共和国刑法〉有关文物的规定适用于具有科学价值的古脊椎动物化石、古人类化石的解释》中的古脊椎动物化石也应进行限制性解释,即仅指"与人类活动有关的第四纪古脊椎动物化石",对于时间久远而与人类活动无关的古脊椎动物化石,不适用国家有关文物管理保护的规定。与人类活动有关的第四纪约开始于248万年前,而本案所涉化石是距今6700万年至2.3亿年前期间的白垩纪鸟类化石,显然距离第四纪时期久远,与人类活动无关。所以,本案所涉化石不属于刑法规定的"文物",不能适用走私文物罪的相关条款定罪处罚。

根据《关于加强古生物化石保护的通知》(1999年4月9日国土资源部发布)的规定,古生物化石是人类史前地质历史时期赋存于地层中的生物遗体和活动遗迹,包括植物、无脊椎动物、脊椎动物等化石及其遗迹化石。古生物化石是重要的地质遗迹,它有别于文物,是我国宝贵的、不可再生的自然遗产,具有极高的科学研究价值。凡是在中华人民共和国境内及管辖海域发现的古生物化石都属于国家所有,国土资源部对全国古生物化石实行统一监督管理。未经许可,禁止任何单位和个人私自发掘、销售、出境重要古生物化石。确因科学研究等特殊情况,需要对重要古生物化石进行发掘和国际合作需要出境的,必须制订挖掘计划及出境名单和数量,送经国土资源部审核批准后方可出境。《古生物化石管理办法》(2002 年 7 月 29 日国土资源部发布)对此作了重申规定。以上相关规定表明,白垩纪古脊椎鸟类化石属于国家禁止出口的管制物品。《刑法修正案(七)》将《刑法》第一百五十一条第三款修改为:“走私珍稀植物及其制品等国家禁止进出口的其他货物、物品的,处五年以下有期徒刑或者拘役,并处或者单处罚金;情节严重的,处五年以上有期徒刑,并处罚金。”在没有对走私化石行为规定独立罪名的情况下,本案所涉化石经鉴定为珍稀古生物化石,为国家禁止出口的物品,故应适用《刑法修正案(七)》该条款对朱丽清的行为定罪处罚。

案例:青岛龙鑫泰国际货运有限公司等走私国家禁止进出口的货物案

案例来源:《人民法院案例选》2014 年第 2 辑

主题词:走私国家禁止进出口的货物罪　单位犯罪

一、基本案情

被告单位:青岛龙鑫泰国际货运有限公司,住所地青岛市市南区巫峡路 27 号 506 室。

诉讼代表人:吕蓓蓓,女,青岛龙鑫泰国际货运有限公司出纳。

被告单位:青岛世航通运国际货运代理有限公司,住所地青岛市山东路 40 号 601 户。

诉讼代表人:卞素梅,青岛世航通运国际货运代理有限公司股东。

被告人:李洋,男,汉族,1974 年 10 月 27 日出生于山东省青岛市,大专文化,系青岛龙鑫泰国际货运有限公司业务经理。因涉嫌犯走私国家禁止进出口的货物罪于 2012 年 11 月 28 日被逮捕。

被告人:仲昆维,男,汉族,1976 年 10 月 30 日出生于山东省青岛市,大专文化,系青岛龙鑫泰国际货运有限公司报关员。因涉嫌犯走私国家禁止进出口的货物罪于 2012 年 4 月 19 日被刑事拘留,同年 5 月 25 日被逮捕。

被告人:刘磊,男,汉族,1972 年 1 月 24 日出生于河南省方城县,初中文化,无业。因涉嫌犯走私国家禁止进出口的货物罪于 2012 年 4 月 24 日被刑事拘留,同年 5 月 25 日被逮捕。

被告人:吕磊,男,汉族,1978 年 10 月 13 日出生于山东省即墨市,大专文化,系青岛龙鑫泰国际货运有限公司法定代表人、总经理。因涉嫌犯走私国家禁止进出口的货物罪于 2012 年 4 月 19 日被刑事拘留,同年 5 月 25 日被逮捕。

被告人:苏烽,男,汉族,1972 年 4 月 1 日出生于山东省青岛市,高中文化,无业。因涉嫌犯走私国家禁止进出口的货物罪于 2012 年 11 月 28 日被逮捕。

被告人:陈盛财,男,朝鲜族,1949 年 7 月 17 日出生于辽宁省沈阳市,初中文化,无业。因涉嫌犯走私国家禁止进出口的货物罪于 2012 年 7 月 14 日被刑事拘留,同年 8 月 20 日被逮捕。

被告人:张世君,男,汉族,1976 年 11 月 2 日出生于山东省平度市,中专文化,青岛宏金科技有限公司、青岛世航通运国际货运代理有限公司法定代表人、总经理。因涉嫌犯走私国家禁止进出口的货物罪于 2012 年 4 月 20 日被刑事拘留,同年 5 月 25 日被逮捕。

被告人:李鑫,男,汉族,1984 年 9 月 25 日出生于山东省青岛市,中专文化,无业。因涉嫌犯走私国家禁止进出口的货物罪于 2012 年 4 月 19 日被刑事拘留,同年 5 月 25 日被逮捕。

山东省青岛市中级人民法院经审理查明:2011 年 7 月,被告人刘磊与韩国人高某某(身份不详)找到被告单位青岛龙鑫泰国际货运有限公司(以下简称“青岛龙鑫泰公司”)总经理吕磊及公司业务经理李洋,商定由刘磊在国内收购木炭后,通过李洋出口到韩国。李洋与吕磊商定,利润七成归青岛龙鑫泰公司,三成归李洋。李洋又找到被告人仲昆维(青岛龙鑫泰公司负责在黄岛报关)进行出口木炭申报通关工作,并与被告人张世君(系原审被告单位青岛世航公司总经理)商定,由张世君提供存储、倒箱的场地。此后,刘磊在河南购买木炭后,运送到青岛交给李洋。李洋即联系仲昆维报关,并将装有木炭的集装箱运到场站。仲昆维利用购买的“深圳市欧亚行公司”核销单,以被委托方青岛龙鑫泰公司名义,伪报品名“泡花碱”等进行报关出口。其间,李洋雇用被告人李鑫接运木炭、装箱及租船订舱。至案发,青岛龙鑫泰公司、青岛世航通运国际货运代理有限公司(以下简称“青岛世航公司”)及李洋、仲昆维、吕磊、刘磊等共走私木炭109个集装箱2393吨,李鑫参与其中走私木炭50个集装箱1186吨。

此外,被告人苏烽、陈盛财预谋走私出口木炭,苏烽找到李洋报关出口。后由青岛世航公司及张世君提供部分资金、代收货款。苏烽、李洋、仲昆维、李鑫等采用上述方式,将苏烽等人的108个集装箱2420吨木炭走私到韩国,其中陈盛财走私木炭8个集装箱176吨。

综上,本案单位及个人走私国家禁止出口的货物木炭共计217个集装箱4800吨。其中,青岛龙鑫泰公司、李洋(单位)、仲昆维(单位)、吕磊及刘磊实施走私木炭109个集装箱2393吨;李洋(个人)、仲昆维(个人)、苏烽实施走私木炭108个集装箱2420吨;陈盛财实施走私木炭8个集装箱176吨;青岛世航公司及张世君参与全部走私木炭事实;李鑫参与走私木炭158个集装箱3606吨。

案发后,被告人李洋、苏烽打电话向侦查机关投案,并如实交代了犯罪事实。

青岛市中级人民法院于2013年8月14日作出(2013)青刑二初字第22号刑事判决:以走私国家禁止进出口的货物罪分别判处被告单位青岛龙鑫泰国际货运有限公司业务罚金人民币一百二十万元;被告单位青岛世航通运国际货运代理有限公司罚金人民币三万元。以走私国家禁止进出口的货物罪,分别判处被告人李洋有期徒刑十年,并处罚金人民币五万元(单位);有期徒刑十年,并处罚金人民币六十万元(个人),决定执行有期徒刑十三年,并处罚金人民币六十五万元。以走私国家禁止进出口的货物罪,分别判处被告人仲昆维有期徒刑十年,并处罚金人民币五万元(单位);有期徒刑十年,并处罚金人民币六十万元(个人),决定执行有期徒刑十四年,并处罚金人民币六十五万元。以走私国家禁止进出口的货物罪,分别判处被告人刘磊有期徒刑七年,并处罚金人民币三十万元;被告人吕磊有期徒刑八年,并处罚金人民币十万元;被告人苏烽有期徒刑八年,并处罚金人民币八十万元;被告人陈盛财有期徒刑二年,并处罚金人民币二万元;被告人张世君有期徒刑三年,缓刑五年,并处罚金人民币二万元;被告人李鑫有期徒刑三年,缓刑三年,并处罚金人民币四万元。海关扣押被告人刘磊的非法所得三十万元及被告单位青岛龙鑫泰公司非法所得十九万八千元依法没收。

山东省高级人民法院经审理认为:上诉人青岛龙鑫泰公司,原审被告单位青岛世航公司,上诉人刘磊、苏烽,原审被告人陈盛财、李鑫违反海关监管法规,走私国家禁止进出口的木炭,其行为已构成走私国家禁止进出口的货物罪。其中,上诉人青岛龙鑫泰公司、刘磊、苏烽、原审被告人陈盛财情节严重。上诉人吕磊、李洋、仲昆维作为青岛龙鑫泰公司直接负责的主管人员和直接责任人员,原审被告人张世君作为原审被告单位青岛世航公司直接负责的主管人员,依法应当承担刑事责任。在共同犯罪中,上诉人青岛龙鑫泰公司、刘磊、苏烽、陈盛财起主要作用,系主犯,依法应予处罚;原审被告单位青岛世航公司起次要作用,系从犯,依法应从轻处罚;上诉人李洋、仲昆维除参与单位犯罪外,还犯有走私国家禁止进出口的货物罪(个人),且情节严重,依法应予并罚;上诉人李洋、苏烽有自首情节,且主动缴纳罚金,依法可从轻处罚;上诉人吕磊、仲昆维、刘磊能如实供述犯罪事实,主动缴纳罚金,依法可从轻处罚;原审被告人陈盛财如实供述犯罪事实,依法可从轻处罚;原审被告人张世君、李鑫系从犯,且主动缴纳罚金,认罪态度较好,依法应减轻处罚并宣告缓刑。各上诉人的上诉理由和辩护人的辩护意见均不能成立,不予采纳。原审判决认定事实清楚,证据确实、充分,定罪准确,量刑适当,审判程序合法。依照《中华人民共和国刑事诉讼法》第二百二十五条第(一)项之规定,终审裁定:驳回上诉,维持原判。

二、裁判要旨

No.3-2-151(3)-2 单位工作人员在以单位名义实施犯罪的同时又以个人名义实施相同罪名的犯罪,构成异种数罪,应当实行数罪并罚。

被告人李洋、仲昆维实施单位犯罪时,还实施了个人走私国家禁止进出口的货物犯罪,虽然这两种犯罪罪名相同,但二者的犯罪构成具有本质的不同,显然属于两种犯罪。因此,这种情况应属于异种数罪,应当适用《刑法》第六十九条的规定实行数罪并罚。

1. 犯罪主体不同。在实施单位犯罪时,李洋等以单位“青岛龙鑫泰公司”名义租船订舱,收货人姓名均标注“SONGGO”;而实施个人犯罪时,李洋等以个人名义租船订舱,收货人姓名分别标注为“KYUNGSUNG1”“DONG—IL”等。

2. 主观方面不同。在实施走私国家禁止进出口的货物单位犯罪时,上诉人李洋等体现的是青岛龙鑫泰公司的单位意志,执行的是单位赋予的职责,追求的是为单位获得最大利益;而在实施个人走私国家禁止进出口的货物犯罪时,李洋等体现的是自己的意志,追求的是个人利益最大化。

3. 客观方面不同。根据李洋与上诉人吕磊的商定,在走私木炭时获取的利润,七成归单位,三成归李洋个人。因此,李洋每次实施完单位犯罪后,均与单位结算,将“海运费”打给青岛龙鑫泰公司出纳吕蓓蓓,并分配非法所得。而在实施个人犯罪时,则不将非法所得与单位挂钩,只与仲昆维等人私分。

34 走私废物罪(《刑法》第一百五十二条第二款)

案例:程瑞洁走私废物案

案例来源:《刑事审判参考》总第 86 集[第 773 号]

主题词:走私废物罪　主观故意内容

一、基本案情

被告人程瑞洁,男,1961 年 2 月 24 日出生,农民。因涉嫌犯走私废物罪于 2007 年 12 月 14 日被逮捕。

(被告人程国荣等 10 名被告人基本情况略)

广东省湛江市人民检察院以被告人程瑞洁等犯走私废物罪、走私普通货物罪,向湛江市中级人民法院提起公诉。

被告人程瑞洁等及其辩护人对起诉书指控的犯罪事实无异议,但提出程瑞洁等主观上没有走私普通货物罪的故意,只构成走私废物罪。

湛江市中级人民法院经公开审理查明:

2007 年 9 月初,被告人程瑞洁接受郭某(另案处理)的雇请,从越南社会主义共和国(以下简称“越南”)走私废旧电器进境销售,由郭某提供运输工具、资金、组织货源,程瑞洁负责召集船员、管理运输过程中的一切事务。此后,郭某租赁一艘“金三角 801”号运输船用于走私。程瑞洁先后纠集被告人程国荣等 8 人到停泊于北海铁山港的“金三角 801”号船上工作。郭某、程瑞洁分别明确告知各被告人,驾驶该船前往越南走私废旧电器入境,并确定分工。郭某另安排武警退役人员庞任海、黄泽才等人随船押运走私物品。

自 2007 年 9 月至 10 月,被告人程瑞洁等 11 人先后三次驾驶“金三角 801”号船从北海出发到越南鸿基港,每次均装载 12 个 40 呎集装箱的废旧电器,偷运回北海铁山港偷卸。2007 年 11 月 3 日 23 时许,根据郭某的安排,程瑞洁等 11 人驾船从北海出发前往越南,次日 22 时许到达鸿基港附近海域抛锚。11 月 5 日 22 时许,程瑞洁在接到郭某越南代理的电话后,即与其他 10 名被告人驾船靠近鸿基港码头准备装走私物品。程瑞洁与越南海关方面办理好船员登记和货物报关等相关手续后,往“金三角 801”号船吊装了 12 个 40 呎装有走私物品的密封集装箱。11 月 6 日凌晨 1 时许,“金三角 801”号船开始返航,当晚 22 时许行至湛江市廉江安铺港附近海域时,被湛江海关缉私艇追缉查获。

经过对查扣的集装箱进行开箱检查,发现 11 个集装箱中装满废旧电视机、电脑主机和显示屏等固体废物,另 1 个集装箱的废旧电器里混杂了全新电器等一批普通货物。经国家出入境检验检疫局鉴定,除混杂的全新电器以外,其他物品均属国家禁止进口的固体废物,共计 261.3 吨。混杂的全新电器等物品重 2.53 吨,属依法应当缴纳税款的一般贸易货物,经湛江海关关税部门计核,偷逃税款达人民币(以下币种同)1869819.88 元。

湛江市中级人民法院认为,被告人程瑞洁等 11 人违反海关法规和国家关于固体废物管理的规定,逃避海关监管,驾船将国家禁止进口的境外废旧电器263.83吨运输进境,其行为均构成走私废物罪,且属于情节特别严重,应当依法惩处。在走私共同犯罪中,程瑞洁受雇后积极招募人员,联系交货、装货,负责与老板联系确定返航时间,负责配合办理报关手续,代老板发放船员工资,起主要作用,系主犯,应当按照其所参与、组织、指挥的全部犯罪处罚。被告人程国荣等10人受他人雇请参与走私犯罪,起次要作用,系从犯,均应当依法从轻处罚。检察机关指控程瑞洁等犯走私废物罪的事实清楚,证据确实、充分,罪名成立,但指控程瑞洁等犯走私普通货物罪的证据不足,罪名不成立。程瑞洁等的辩解及庞任海、黄泽才的辩护人所提辩护意见,部分与本案事实相符,予以采纳。根据程瑞洁等犯罪的事实、性质、情节及对社会的危害程度,依照《中华人民共和国刑法》第一百五十二条第二款,第二十五条第一款,第二十六条第一款、第四款,第二十七条,第五十二条,第五十三条以及最高人民法院《关于审理走私刑事案件具体应用法律若干问题的解释(二)》第六条、第七条之规定,湛江市中级人民法院判决如下:

1. 被告人程瑞洁犯走私废物罪,判处有期徒刑七年,并处罚金七千元。

2. 被告人程国荣犯走私废物罪,判处有期徒刑五年六个月,并处罚金六千元。

3. 被告人程连珠、程运尤、程选尤、程胜润、程创金、叶星、庞任海、黄泽才犯走私废物罪,均判处有期徒刑五年,并处罚金五千元。

宣判后,被告人程瑞洁等11人均以原判量刑过重为由,向广东省高级人民法院提起上诉。

广东省高级人民法院经二审审理认为,原判认定事实清楚,证据确实、充分,定罪准确,量刑适当,审判程序合法,裁定驳回上诉,维持原判。

二、裁判要旨

No.3-2-152(2)-1 走私废物中混有普通货物的,行为人主观上明确知道所走私货物的性质,但因受蒙骗而对混入的普通物品无认识的,应认为仅其主观上仅存在走私废物的故意,根据其主观上认识的货物、物品性质定罪处罚。

在概括故意犯罪中,发生行为人预见或应当预见范围内的各种犯罪后果均不违背其意志,故可以根据实际发生的后果定罪处罚。如果行为人基于概括故意实施走私犯罪,虽不明知所走私物品的具体种类,但因走私这些物品均不违背其意志,故仍应当根据实际走私的物品性质定罪处罚。行为人在走私的普通货物、物品中藏匿刑法规定的特殊货物、物品的,以实际走私的货物、物品定罪处罚;构成数罪的,应予并罚。行为人受他人雇用实施走私犯罪,且知道走私货物、物品的性质,但因受蒙骗而不知走私的货物、物品中混有其他特殊货物、物品的,应当根据其主观上认识的走私货物、物品的性质来定罪处罚。这种情形下,一方面,行为人并非基于概括故意实施走私犯罪,而是知道所走私货物、物品的具体性质;另一方面,行为人并未直接在走私的货物、物品中藏匿某种特殊货物、物品,所查获的特殊货物、物品系他人藏匿,行为人并不知情。这种情况理论上称为抽象的事实认识错误,应当根据行为人主观认识的犯罪对象的性质定罪处罚。如果根据实际查获的货物、物品定罪处罚,则违背了主客观相统一的定罪原则,属于客观归罪。

本案被告人程瑞洁等人的行为属于上述第三种情形,应当认定只构成走私废物罪一罪。主要理由在于,据现有证据可以认定程瑞洁等主观上仅具有走私废物罪的犯罪故意,而不是基于概括性故意实施走私犯罪。因此,对本案不适用《办理走私刑事案件适用法律若干问题的意见》第六条和《关于审理走私刑事案件具体应用法律若干问题的解释(二)》(已失效)第五条的规定。根据主客观相统一的定罪原则,程瑞洁等被告人的行为只构成走私废物罪,而不构成走私普通货物罪。对于在走私的废旧电器中混有全新电器这一事实,量刑时可以作为一个量刑情节酌情予以从重处罚。

案例:应志敏、陆毅走私废物、走私普通货物案

案例来源:《刑事审判参考》总第91集[第840号];《人民法院案例选》2016年第2辑

主题词:走私废物罪 明知的认定

一、基本案情

上海检察一分院指控:2011年3月,被告人应志敏、陆毅为牟取非法利益,采用伪报品名的方式,通过进境备案的手段进口5票废旧电子产品等货物。上述货物中,经鉴别,进口废旧线路板、废电池共32.29吨,属国家禁止进口的危险性固体废物;废旧复印机、打印机、电脑等共349.812吨,属国家禁止进口的非危险性固体废物;硅废碎料共7.27吨,属国家限制进口的可用作原料的固体废物;同时经核定,进口胶带、轴承等普通货物20余吨,偷逃应缴税额74万余元。据此,以应志敏、陆毅犯走私废物罪、走私普通货物罪,向法院提起公诉。

应志敏及其辩护人对起诉指控应志敏犯走私废物罪的事实、证据、罪名均无异议。其辩护人辩称:应志敏的行为不构成走私普通货物罪。理由是:不能简单依据货柜中货物的客观状况分别定罪并实行数罪并罚;应志敏等人并非货源组织者,也非收货人(或者非货主),仅作为代理进口商主要负责废旧电子产品的通关业务,并不明知其所走私的废旧电子产品中还夹带进口胶带、轴承等普通货物,故其主观上不具有走私普通货物的故意;应志敏系从犯,具有坦白情节,且未造成实际危害后果,请求法院依法对其从轻处罚。

陆毅及其辩护人对起诉指控陆毅的行为构成走私废物罪的事实、证据、罪名均无异议。其辩护人辩称:陆毅仅明知走私废旧电子产品,而不明知废旧电子产品中夹带有普通货物,故其行为不构成走私普通货物罪;陆毅具有坦白情节,积极退赃,且未造成实际危害后果,请求法院依法对其从轻处罚。

法院经审理查明的事实与起诉书指控的事实基本一致。另查明:应志敏、陆毅并非走私物品货源的组织者,也非货主、收货人,而系受货主委托办理废旧电子产品进境通关手续及运输的中介,并按照废旧电子产品进口数量计算报酬;所夹藏物品分散在各集装箱。2011年4月2日,应志敏、陆毅被抓获,如实供述了犯罪事实;上海海关缉私部门追缴赃款300万元。

法院认为,应志敏、陆毅为牟取非法利益,违反海关法规,逃避海关监管,明知是国家禁止进口的固体废物仍采用伪报品名方式将380余吨固体废物走私入境,其行为构成走私废物罪,且属于情节特别严重,应当判处五年以上有期徒刑,并处罚金。二被告人虽非涉案固体废物的货主,但共同负责完成涉案固体废物的通关和运输事宜,在共同走私犯罪中起主要作用,依法不能认定为从犯。应志敏在被判处有期徒刑两年的刑罚执行完毕后五年内又犯应当判处有期徒刑以上刑罚之新罪,依法应当认定为累犯。二被告人到案后均能如实供述犯罪事实,依法应当认定具有坦白情节。鉴于涉案走私货物均被扣押,尚未造成实际危害,且相关赃款均已被追缴,并结合二被告人的实际走私情况,依法对应志敏从重处罚,对陆毅从轻处罚。公诉机关起诉指控二被告人的行为构成走私废物罪的罪名成立,应予支持。鉴于应志敏、陆毅并非货源组织者,也非货主、收货人,其所收取报酬与夹藏物品所获利益并不挂钩,加上本案夹藏物品密度大,单一物品所占体积小,且分散在各集装箱,所占空间在整个集装箱比例相当小,不易察觉,二被告人未及时发现夹藏物品符合常理,故依法认定二被告人不具有走私普通货物的故意,辩护人所提二被告人的行为不构成走私普通货物罪和具有坦白情节等辩护意见于法有据,应予采纳。据此,依照《中华人民共和国刑法》第一百五十二条第二款、第二十五条第一款、第五十六条、第六十四条、第六十五条第一款、第六十七条第三款和最高法院《关于审理走私刑事案件具体应用法律若干问题的解释(二)》第七条之规定,判决如下:

1. 被告人应志敏犯走私废物罪,判处有期徒刑十年,剥夺政治权利三年,并处罚金十万元。
2. 被告人陆毅犯走私废物罪,判处有期徒刑九年,剥夺政治权利二年,并处罚金十万元。
3. 追缴到的赃款和扣押的走私货物均予以没收。

一审宣判后,被告人应志敏、陆毅未提出上诉,检察机关也未提出抗诉,判决已发生法律效力。

二、裁判要旨

No.3-2-152(2)-2 走私废物行为中,对夹藏的普通货物缺少明知,不应按照实际走私的对象处罚,应认定成立走私废物一罪。

最高人民法院、最高人民检察院、海关总署2002年联合印发的《关于办理走私刑事案件适用法律若干问题的意见》第六条规定:“走私犯罪嫌疑人主观上具有走私犯罪故意,但对其走私的具体对象不明确的,不影响走私犯罪构成,应当根据实际的走私对象定罪处罚……”最高人民法院于2006年出台的《关于审理走私刑事案件具体应用法律若干问题的解释(二)》(已失效)对此作了进一步明确,在第五条中规定:“对在走私的普通货物、物品或者废物中藏匿《刑法》第一百五十一条、第一百五十二条、第三百四十七条、第三百五十条规定的货物、物品,构成犯罪的,以实际走私的货物、物品定罪处罚;构成数罪的,实行数罪并罚。”从字面上分析,《关于办理走私刑事案件适用法律若干问题的意见》和《关于审理走私刑事案件具体应用法律若干问题的解释(二)》似乎明确了这样一个原则,即在具体案件中如果出现走私犯罪嫌疑人的主观认识与具体走私对象不同的情形,一律“以实际走私的货物、物品定罪处罚;构成数罪的,实行数罪并罚”。《关于办理走私刑事案件适用法律若干问题的意见》公布后,特别是《关于审理走私刑事案件具体应用法律若干问题的解释(二)》出台后,不少法院在办理走私犯罪案件时基本上是按照这一原则处理的。

然而从定罪原理分析,对于主观认识与实际犯罪对象不同的情形,一律以实际犯罪对象定罪,违背了主客观相统一原则,也与《刑法》第十四条关于故意犯罪的规定不符。笔者认为,《关于办理走私刑事案件适用法律若干问题的意见》《关于审理走私刑事案件具体应用法律若干问题的解释(二)》所确定的“以实际走私的货物、物品定罪处罚”仅适用于有走私的概括故意的犯罪情形:一是意识上,行为人没有走私具体对象的意思;二是意志上,行为人对实际走私对象不反对,有没有都无所谓。如果行为人对走私犯罪对象的认识非常明确,并在此基础上形成了确定的故意,并对其他走私对象明确反对,即如最终在走私货物中发现其他走私物品,也不能适用该规定。如果认真分析《关于审理走私刑事案件具体应用法律若干问题的解释(二)》第五条中“藏匿”这一用词,就不难发现,起草者有意通过“藏匿”这一表述将本条的行为进行限定。与“夹带”不同,“藏匿”必须是一种有意识的隐藏行为,行为人主观上必须在隐藏之时对所隐藏之物具有或者应当具有一定的认识,即对所隐藏之物主观上明知。如果对走私的普通货物、物品或者废物中查出的其他走私对象不明知,则不能适用《关于审理走私刑事案件具体应用法律若干问题的解释(二)》第五条的规定;同理,也不能适用《关于办理走私刑事案件适用法律若干问题的意见》第六条的规定。

不具有走私的概括故意,对走私对象中夹带的其他货物确实不明知的,根据主客观相统一原则,就夹带的货物部分不应认定行为人走私犯罪。当代刑法的主流认识既反对主观归罪,也反对客观归罪,绝大多数国家的司法实践都明确将主客观相统一原则作为定罪的基本原则。根据主客观相统一原则,认定行为人构成犯罪,除了要求行为人客观上实施了具有严重社会危害的行为,还要求行为人主观上对所实施的危害行为具有一定的罪过。无论是故意的罪过,还是过失的罪过,根据《刑法》第十四条、第十五条的规定,必须体现的一个共性就是行为人对所实施的危害行为具有一定认识或者应当具有一定认识。如果这个前提不存在,行为人就不存在故意、过失的罪过,根据主客观相统一原则,也就不构成犯罪。

走私犯罪是故意犯罪,走私行为人必须对走私对象具有故意的罪过,行为人主观上必须知道或者应当知道其跨境运输或者携带货物是逃避海关监管的行为。在概括的故意走私犯罪中,行为人虽然不确定具体的走私对象,但对所走私的整体对象有一个概括性的认识,即都属于逃避海关监管的对象范围,如果在其走私的对象中发现其他物品的,也不违背其意志;在非概括的故意犯罪中,行为人主观上必须知道或者应当知道其跨境运输或者携带具体物品是逃避海关监管的行为。如果在其走私的对象中发现其他物品的,则违背其意志。

本案在案证据证实,应志敏、陆毅主观上具有走私二手废旧电子产品入境的明确故意,亦即二被告人主观上明确知道其帮助走私的对象是废旧电子产品,二被告人自始至终都不知道也无法知道走私的货物中含有其他普通货物,即在案证据无法证实二被告人对走私对象中含有普通货物主观上具有放任态度,由此证实二被告人不具有走私的概括故意。在确定应志敏、陆毅缺乏走私普通货物主观故意的前提下,仅凭其走私的废旧电子产品中混有普通货物,认定应志敏、陆毅构成走私普通货物罪与走私废物罪两个罪名,显然属于客观归罪。

值得说明的是,作为本案所涉物品货主,其主观罪过不同于二被告人,其主观上明知废旧电子产品中夹藏有普通货物,客观上实施了将普通货物藏匿于废旧电子产品中的行为,按照主客观相统一原则,应当以走私废物罪与走私普通货物罪数罪并罚。而应志敏、陆毅并非货主,在案证据无法证实二被告人与货主具有共谋的故意,故二被告人不应对走私的废物中所夹带的普通货物承担相应的刑事责任。虽然应志敏、陆毅主观上不明知废物中夹带有普通货物,其行为不再另行构成走私普通货物罪,但是二被告人实施走私的行为客观上使 20 余吨的普通货物顺利入境,这种关联后果虽然不影响罪质,但完全置之不予评价,与没有此种关联后果的情形不予区别,也不合理。据此,笔者认为,可以将本案夹带的普通货物作为走私废物罪的量刑情节,酌情从重处罚,以体现罪责刑相适应原则。

案例:佛山市格利华经贸有限公司、王炽东、李伟雄走私废物案

案例来源:《刑事审判参考》总第 129 辑[第 1434 号]

主题词:走私废物罪　借用他人许可证

一、基本案情

2016 年 5 月至 2018 年 3 月,被告单位格利华公司在被告人王炽东的控制下,以“润发公司”“东联公司”的名义对外承揽代理进口国家限制进口类废五金、废塑料业务,并指派被告人李伟雄等人递送报关单证。格利华公司、王炽东、李伟雄明知国家有关固体废物的进口管理规定,在客户谢某某、林某某、殷某某、区某某、洪某某(均另案处理)等人未提供限制进口类固体废物进口许可证(以下简称“许可证”)的情况下,借用他人许可证并制作虚假报关单证,为上述人员走私进口国家限制进口类废五金、废塑料等固体废物共计 134 柜 2816.714 吨。其中,李伟雄参与走私进口固体废物 26 柜 543.55 吨。案发后,王炽东主动投案。

二、裁判要旨

No.3-2-152(2)-3　借用他人许可证,帮助不具备环评资质的单位或个人将国家限制进口的、可用作原料的固体废物运输进境内销售,成立走私废物罪的共犯。

《最高人民法院、最高人民检察院关于办理走私刑事案件适用法律若干问题的解释》第二十一条第三款的规定,租用、借用或者使用购买的他人许可证,进出口国家限制进出口的货物、物品的,应当依照《刑法》第一百五十一条、第一百五十二条的规定,以走私国家禁止进出口的货物、物品罪等罪名定罪处罚;偷逃应缴税额,同时又构成走私普通货物、物品罪的,依照处罚较重的规定定罪处罚。

最高人民法院、最高人民检察院、海关总署《关于敦促走私废物违法犯罪人员投案自首的公告》(以下简称《敦促公告》)第一条规定:“利用许可证走私进口可用作原料的固体废物,是指不具备相应环评资质的单位或者个人利用他人许可证走私进口可用作原料的固体废物,以及相关持证企业与他人通谋,非法将本单位的许可证交由不具备相应环评资质的单位或者个人走私进口可用作原料的固体废物。”该条并非对利用他人许可证走私可用作原料的固体废物的行为主体范围作出的规定,而是对这类犯罪形态作出的提示性规定,以便执法、司法机关在办案过程中准确理解和适用《敦促公告》。虽然从实践看,利用许可证走私可用作原料的固体废物的犯罪主体主要是“不具备环评资质的单位或个人”和“相关持证企业”,但从《刑法》条文的规定看,《刑法》第一百五十二条规定的走私废物罪的犯罪主体为一般主体,即任何符合单位犯罪主体要件规定的单位和年满十六周岁的自然人均可成为该罪的犯罪主体。实践中,利用他人许可证走私可用作原料的固体废物的犯罪主体,除“不具备环评资质的单位或个人”和“相关持证企业”外,还包括与“不具备环评资质的单位或个人”或者“相关持证企业”通谋,帮助他人走私进口固体废物的单位或者个人,如本案的格利华公司和二被告人这样的报关公司和报关人员。本案中的这种情形属于典型的共犯,对于这类行为人按照《刑法》中关于共犯的规定追究其刑事责任即可,无须在《敦促公告》这样法律位阶较低的规范性文件中作出规定。

2013年《海关总署缉私局关于请予明确利用他人许可证进口国家限制进口可用作原料的废物行为定性问题的函》(缉私函字〔2013〕7号,以下简称《缉私局函》)和《海关总署关于办理进口固体废物案件若干执法问题的指导意见》(署缉发〔2013〕130号,以下简称《固体废物指导意见》)均规定,未取得进口许可证但有环保加工资质,使用他人许可证走私固体废物并环保加工处理的行为不作犯罪处理。根据该规定,利用他人许可证进口可用作原料的固体废物的行为中,可不按犯罪处理的有三种情形:一是已通过环境影响评价、具有废物加工资质的企业,因用量不足而购买许可证进口可用作原料的固体废物的;二是利用他人自动进口许可证进口可用作原料的固体废物,且不存在伪报、瞒报等情形的;三是实际收货人具备相应环境影响评价资质的。本案中,被告单位格利华公司和被告人王炽东、李伟雄逃避海关监管,在明知委托代理进口方没有许可证的情况下,承揽代理并利用他人许可证办理通关,委托代理进口方和实际收货人均不具备相应环境影响评价资质,虽然有部分实际收货人租借有环境影响评价资质的单位的场地进行拆解,但其实质上并不具备相应的环境影响评价资质。因此,被告单位格利华公司和二被告人的行为不属于前述《缉私局函》和《固体废物指导意见》不作犯罪处理的三种情形,对其按犯罪处理符合《缉私局函》和《固体废物指导意见》局函》的规定精神。

35 走私普通货物、物品罪(《刑法》第一百五十三条、第一百五十四条)

案例:商江精密机械有限公司、陈光楠走私普通货物案

案例来源:《人民法院案例选》2009年第4辑

主题词:共同犯罪　罚金数额

一、基本案情

被告单位商江精密机械有限公司,法定代表人陈信成。

被告人陈光楠。

商江精密机械有限公司(以下简称"商江公司")系外商独资经营企业,注册资本21万美元,法定代表人为陈信成,总经理为被告人陈光楠。

江苏省无锡市中级人民法院经审理查明:

1. 被告单位商江公司于2003年底,在向无锡市中联车辆配件有限公司(另案处理)推销台湾地区油机工业股份有限公司产HW-36型数控车床过程中,明知该设备不符合国家免税标准,该单位总经理被告人陈光楠仍与无锡市中联车辆配件有限公司总经理谢建林(另案处理)合谋,修改设备技术参数,将设备的技术参数圆度10μm修改成0.5μm、圆柱度15μm修改成0.2μm,并伪报设备品名,修改设备铭牌,将品名HW-36型数控车床修改成HW-36P型精密车床,以达到国家免税标准。无锡市中联车辆配件有限公司于2004年11月至2005年2月间,向台湾地区油机工业股份有限公司购买的6台HW-36型数控车床分别从张家港海关、上海吴淞海关免税进口。

经无锡海关计核:无锡市中联车辆配件有限公司走私进口的6台HW-36型数控车床的完税价格为人民币3550618.5元,偷逃应缴进口环节税款共计人民币811316.33元。

2. 被告单位商江公司于2004年间,在向无锡市捷驰精密机械厂推销日本瓦西诺公司产G05型高精密卧式车床过程中,明知该设备不符合国家免税标准,该单位总经理被告人陈光楠仍与无锡市捷驰精密机械厂投资人陈攀、经理顾坚(均另案处理)合谋,修改设备技术参数,将设备的技术参数圆度0.38μm修改成0.3μm、圆柱度0.7μm修改成0.1μm,将表面粗糙度0.8μm修改成0.05μm,以达到国家免税标准。无锡市捷驰精密机械厂据此骗取了免税证明。无锡市捷驰精密机械厂于2004年5月至2004年12月间,向日本瓦西诺公司购买的2台G05型高精密卧式车床从南京新生圩海关免税进口。

经无锡海关计核:无锡市捷驰精密机械厂进口的2台日本瓦西诺公司产G05型高精密卧式车床的完税价格为人民币1233592.68元,偷逃应缴进口环节税款共计人民币349711.19元。

综上,被告单位商江公司在被告人陈光楠直接负责下,参与走私普通货物偷逃应缴进口环节税款合计人民币1161027.52元。

另查明,无锡海关缉私分局在案发后暂扣被告单位商江公司人民币40万元。

无锡市中级人民法院认为,被告单位商江公司违反国家法律法规,伙同其他单位采用伪报贸易性质的方式走私普通货物,逃避海关监管,偷逃进口货物的应缴税款,其行为已构成走私普通货物罪,且情节严重。被告人陈光楠系被告单位商江公司走私普通货物犯罪过程中直接负责的主管人员和直接责任人员,对被告人陈光楠也应以走私普通货物罪追究刑事责任。被告单位商江公司与被告人陈光楠在庭审中均自愿认罪,悔罪表现较好,决定对被告单位商江公司、被告人陈光楠予以从轻处罚。根据被告人陈光楠的犯罪情节、认罪态度,具备适用缓刑的条件,对其可以宣告缓刑。依照《中华人民共和国刑法》第一百五十三条、第七十二条、第六十四条及最高人民法院《关于审理走私刑事案件具体应用法律若干问题的解释》第十条第二款之规定,于2009年1月14日作出判决:被告单位商江公司犯走私普通货物罪,判处罚金人民币四十万元;被告人陈光楠犯走私普通货物罪,判处有期徒刑三年,缓刑三年;被告单位商江公司的违法所得予以没收,上缴国库。

一审宣判后,被告单位商江公司、被告人陈光楠没有提出上诉,检察院亦未抗诉,判决已经发生法律效力。

二、裁判要旨

No. 3-2-153、154-1　共同走私普通货物的部分行为人被决定酌定不起诉,法院对其他实施共同行为的被告人应按照各共同行为人可能被判处的罚金数额确定,且各共同行为人实际被判处的罚金数额以偷逃应缴税款的1倍以上5倍以下为限。

1. 对共犯的量刑应体现罪责自负原则

犯罪与刑罚是前提与结果的关系,没有犯罪就没有刑罚,也就决定了罪责应当自负。罪责自负原则是刑事司法必须遵守的刑事责任原则之一,指刑事责任只能由犯罪人本人承担,即谁实施犯罪,谁承受刑罚。因为只有让犯罪之人承担刑事责任,才能达到刑罚特殊预防的目的。否则,让无辜之人承担最为严厉的刑事处罚,会将其推向社会对立面。任何人只对自己的不法行为承担责任,而不对他人的不法行为承担责任,该原则对各共同犯罪人同样适用。我国《刑法》对共同犯罪人处罚的规定初步体现了罪责自负原则的精神:组织、领导整个犯罪集团的首要分子,应当对其组织、领导下的犯罪集团所犯的全部罪行负责;一般主犯不对他人犯罪负责,仅对自己参与或组织、指挥的犯罪负责。因而在共同犯罪中,罪责自负应包括两个层面的含义:一是未实施犯罪的无辜人员不应被追究刑事责任,各共同犯罪行为人均应共同承担犯罪产生的刑事责任;二是各共同犯罪行为人根据其在共同犯罪中的地位、作用,分别承担各自应当承担的刑事责任,不应为其他共同行为人的犯罪行为承担额外责任。共同犯罪系各行为人基于共同故意和共同行为而作为一个整体、形同一人对法益实施侵害,各行为人的行为是共同犯罪结果的总原因,故也应当一体化承担刑事责任。但由于各行为人对结果发生的原因力不同,罪责不等,共同犯罪中各行为人罪责相对分散。本案中,商江公司分别与中联公司、捷驰公司共同实施走私普通货物的犯罪行为,根据罪责自负原则,三家公司应根据共同犯罪中各自行为对犯罪结果作用力的大小,共同分担责任。亦即,各自分担应负的刑事责任份额,而不应由商江公司承担共同犯罪的全部刑事责任。

2. 司法机关放弃对部分共犯的求刑权,不能损及其他共犯的合法利益

检察院对中联公司、捷驰公司作出酌定不起诉决定系明确承认该两家单位构成犯罪,与商江公司系走私犯罪共犯的事实。虽最终两家单位实际未受到刑事处罚,但其应当承担的刑事责任和可能判处的刑罚客观存在,且其应当承受的刑事责任和刑事处罚不能转嫁于商江公司,不能因司法机关行使不起诉裁量权不当而加重本案被告单位的刑事责任。依据起诉便宜主义、诉讼经济原则、刑罚个别化及轻刑化等理论,不起诉裁量权的产生及存在有其必要性和合理性。但仅就酌定不起诉而言,犯罪情节轻微、不需要判处刑罚或者免除刑罚系主观判断标准,面对形形色色的个案,每个办案人员都会有不同认识,具有一定的随意性;可以不起诉,故也可以起诉,因而是否起诉具有较大的不确定性;各地检察院对酌定不起诉掌握的松紧程度不同,对宽严

相济等刑事政策理解不一,故适用不平衡;滥用不起诉裁量权等人为因素的介入更增加了是否起诉的随意性。这种较大程度不确定性的存在,也决定了被告人刑事责任的幅度不能随着其他共犯是否被起诉而变动。否则将不仅导致判决的无序,无法发挥法律应有的预测指引功能,而且引发包括当事人在内的社会公众对司法公正的质疑。不能因为中联公司、捷驰公司实际未被追究刑事责任,而置本案被告单位商江公司于不确定和不利状态。在民事侵权领域,最高人民法院《关于审理人身损害赔偿案件适用法律若干问题的解释》第五条规定,赔偿权利人起诉部分共同侵权人的,人民法院应当追加其他共同侵权人作为共同被告。赔偿权利人在诉讼中放弃对部分共同侵权人的诉讼请求的,其他共同侵权人对被放弃诉讼请求的被告应当承担的赔偿份额不承担连带责任。在刑事附带民事诉讼中,最高人民法院《关于执行〈中华人民共和国刑事诉讼法〉若干问题的解释》第八十六条规定,即使是没有被追究刑事责任的其他共同侵害人,依法仍是赔偿责任人。犯罪是最为严重的侵权,走私犯罪侵害的是国家对进出境货物、物品的监管制度。检察院代表国家行使求刑权,其实质就是代表国家权利人向犯罪行为人行使权利。当检察院仅免除部分共同犯罪行为人的责任,不追究其刑事责任时,为平衡共同犯罪人之间的利益,体现公平正义,其他共同犯罪人不应再承担检察院免除的该部分责任。也就是说,本案中联公司、捷驰公司在被酌定不起诉时,国家放弃追究其刑事责任,则该部分责任被绝对免除,即被追究刑事责任的其他共犯亦不承担该部分责任。

案例:林春华等走私普通货物案

案例来源:《刑事审判参考》总第 3 辑[第 18 号]

主题词:单位犯罪 走私普通货物罪

一、基本案情

被告人林春华,又名林桂枝,男,36 岁。因涉嫌犯走私普通货物罪,于 1999 年 2 月 7 日被逮捕。

被告人姜连生,男,36 岁。因涉嫌犯走私普通货物罪,于 1998 年 11 月 27 日被逮捕。

被告人张瑞泉,男,29 岁。因涉嫌犯走私普通货物罪,于 1998 年 12 月 7 日被逮捕。

被告人李新辉,男,35 岁。因涉嫌犯走私普通货物罪,于 1999 年 2 月 12 日被逮捕。

广东省佛山市中级人民法院经审理查明:

(一)走私普通货物罪

1997 年 1 月至 1998 年 7 月间,被告人林春华纠合同案犯姜连生、张瑞泉、李新辉及陈永充(另案处理),以宏威公司名义,先后委托广东粤海进出口公司、广东利法资源有限公司从境外进口轻柴油、汽油、燃料油等成品油。为使进口成品油能偷逃税款且不被查扣,林春华以每吨成品油 100 至 200 元不等的报酬支付给李深、张猗(均另案处理),作为疏通海关工作人员的费用。成品油从境外运抵湛江港后,林春华指使姜连生串通广东湛江船务代理公司工作人员梁土裕、丁鸣(均另案处理)接船和伪造单据,并以正常商检费的一半作报酬,行贿湛江进出口商品检验局工作人员李鹤鸣、龚明磊(均另案处理),由李、龚出具虚假商检单,然后由陈永充用新泽公司、新立新公司以及经安公司等单位的名义,委托湛江港第二作业区(以下简称"二区")将油卸入二区油库及外贸码头油库。林春华指使张瑞泉和陈永充在海关未批准放行前,采取向二区"借油"的方法将油提走在国内销售,随后将虚假的海关放行出库单、提货单补交给二区;或者指使张瑞泉直接持上述海关放行手续将油提走在国内销售。林春华指使李新辉按代理合同书等审核、支付购油款,并购买进项增值税发票以抵扣在国内销售油的税款。被告人林春华采取上述方法走私成品油 44 船,共计 75.38 万余吨,价额 9.9 亿余元,从中偷逃应缴税额 3.47 亿余元。

(二)行贿罪

被告人林春华为顺利走私成品油,于 1996 年至 1998 年 8 月,亲自或指使姜连生向湛江海关、湛江市进出口商品检验局和湛江船务代理公司的朱向成等 8 名国家工作人员行贿 25 次,共计人民币 91.8 万元、港币 177 万元、美元 10 万元。姜连生参与向 3 名国家工作人员行贿 5

次,共计63万元。

佛山市中级人民法院认为:被告人林春华无视国法,为牟取暴利,纠合姜连生、张瑞泉、李新辉采取不报关、伪报品名、少报多进及假核销、假复出的手段违反海关法规,逃避海关监管,大肆走私成品油,走私货物价值和偷逃应缴税额均特别巨大,四被告人的行为均已构成走私普通货物罪,犯罪情节特别严重。林春华为使走私获得成功,还伙同姜连生贿赂国家工作人员数额特别巨大的财物,二被告的行为又构成行贿罪,情节特别严重,依法应实行数罪并罚。在走私普通货物的共同犯罪中,林春华起指挥、策划作用,犯罪所得也由其个人支配使用,是主犯,应当按照其所参与或组织、指挥的全部犯罪处罚;姜连生、张瑞泉积极实施犯罪,是主犯;李新辉是从犯,应从轻处罚。在行贿的共同犯罪中,林春华起主要作用,是主犯。公诉机关指控四被告人的罪名成立;公诉机关认定四被告人是犯罪集团的指控无事实依据,不予支持。林春华所作未指使同案人作案的辩解不予采纳。张瑞泉辩解不知是走私及其律师辩称张只对四船保税油承担责任的理由不成立。李新辉否认知道是走私的辩解不予采纳。林春华、姜连生、张瑞泉的辩护人辩称本案是单位犯罪,没有事实和法律依据,不予采纳。依照《中华人民共和国刑法》第十二条第一款、第一百五十三条第一款第(一)项、第一百五十四条、第一百五十一条第四款、第三百八十九条第一款、第三百九十条、第二十六条第一款、第四款、第二十七条、第五十七条第一款、第五十九条、第四十八条第一款、第六十九条的规定,于1999年5月11日判决如下:

1. 被告人林春华犯走私普通货物罪,判处死刑,剥夺政治权利终身,并处没收个人全部财产;犯行贿罪,判处无期徒刑,剥夺政治权利终身,决定执行死刑,剥夺政治权利终身,并处没收个人全部财产。

2. 被告人姜连生犯走私普通货物罪,判处死刑,缓期二年执行,剥夺政治权利终身并处没收个人全部财产;犯行贿罪,判处有期徒刑十年,决定执行死刑,缓期二年执行,剥夺政治权利终身,并处没收个人全部财产。

3. 被告人张瑞泉犯走私普通货物罪,判处无期徒刑,剥夺政治权利终身,并处没收个人全部财产。

4. 被告人李新辉犯走私普通货物罪,判处有期徒刑十五年,剥夺政治权利五年。

一审宣判后,姜连生服判,不上诉。林春华、张瑞泉、李新辉不服,林春华以是单位犯罪,且有揭发他人犯罪线索的立功表现,张瑞泉以不是主犯,李新辉以原判量刑过重为由,分别向广东省高级人民法院提出上诉。

广东省高级人民法院经审理认为:原判认定事实清楚,证据确实、充分,定罪准确,量刑适当,审判程序合法。被告人的上诉理由及其辩护人的辩护意见不能成立,不予采纳。依照《中华人民共和国刑事诉讼法》第一百八十九条的规定,于1999年5月25日裁定如下:驳回上诉,维持原判。

广东省高级人民法院依法将此案报请最高人民法院核准。

最高人民法院经审核认为:被告人林春华伙同他人共同走私成品油的行为,已构成走私普通货物罪。其偷逃应缴税额特别巨大,在走私活动中起主要作用,是本案主犯,且犯罪情节特别严重,依法应予严惩。林春华为方便走私贿赂国家工作人员的行为,还构成行贿罪,犯罪情节特别严重,依法亦应严惩。一审判决、二审裁定认定的事实清楚,证据确实、充分,定罪准确,量刑适当,审判程序合法。依照《中华人民共和国刑法》第一百五十三条第一款第(一)项、第一百五十四条第(一)项、第一百五十一条第四款、第三百八十九条第一款、第三百九十条第一款、第六十九条、第二十六条第一、四款和第五十七条第一款的规定,于1999年6月1日裁定如下:

核准广东省高级人民法院维持一审对被告人林春华以走私普通货物罪,判处死刑,剥夺政治权利终身,并处没收个人全部财产;以行贿罪判处无期徒刑,剥夺政治权利终身,决定执行死刑,剥夺政治权利终身,并处没收个人全部财产的刑事裁定。

二、裁判要旨

No. 3-2-153、154-2　利用单位名义实施犯罪,违法所得由犯罪者个人所有的,不以单位犯罪论处。

最高人民法院1999年6月25日《关于审理单位犯罪案件具体应用法律有关问题的解释》第三条规定:“盗用单位名义实施犯罪,违法所得由实施犯罪的个人私分的,依照刑法有关自然人犯罪的规定定罪处罚。”该解释第二条还规定:“……公司、企业、事业单位设立后,以实施犯罪为主要活动的,不以单位犯罪论处。”本案被告人用来进行走私的四个公司中,宏威公司是林春华与其妻兄共同注册的有限责任公司,属于《刑法》第三十条所指的公司,但该公司实际由林春华个人出资、控制,走私的决定是林春华基于个人意志作出,违法所得亦归林个人所有,依解释规定不符合单位犯罪的条件;此外,宏威公司虽不是为走私而设,但1997年以后,该公司就是以进行走私为其主要活动,不能以单位犯罪论处。新泽公司、新立新公司是以虚假资料骗取工商登记的,经安公司则是无工商注册登记的虚构公司,这三个公司不属于《刑法》第三十条所指的公司,故不构成单位犯罪。退一步讲,即使该三公司属于刑法所指的公司,均是林春华为进行走私而专门设立的公司,也不能以单位犯罪论。综上,林春华等利用上述四公司进行走私成品油,且违法所得均归其个人占有、支配,应认定是林春华等个人犯罪,而非单位犯罪。

案例:陈德福走私普通货物案

案例来源:《刑事审判参考》总第24辑[第151号]

主题词:单位自首

一、基本案情

被告单位福建省厦门鹭京海台轮物资供应有限公司。

诉讼代表人于中勇,厦门鹭京海台轮物资供应有限公司董事长。

被告人陈德福,男,1958年1月7日出生,汉族,原系厦门鹭京海台轮物资供应有限公司总经理。2000年3月15日因涉嫌犯走私普通货物罪被依法逮捕。

被告人王建社,男,1955年7月3日出生,汉族,原系厦门鹭京海台轮物资供应有限公司同安分公司负责人。2000年3月30日因涉嫌犯走私普通货物罪被依法逮捕。

福建省厦门市中级人民法院经审理查明:1998年1月,被告单位厦门鹭京海台轮物资供应有限公司(以下简称“鹭京海公司”)获准在同安刘五店经营对台轮供应0#保税柴油业务。被告单位总经理陈德福认为,厦门地区存在着走私柴油的情况,如果公司按照正常经营,无法对台轮进行供油,公司的业务也无法开展下去。为了牟取非法利益,陈德福与王建社商议采用少供多报的方法走私柴油。同年2月至4月间,由王建社负责与台轮联系,在台轮来加油时与台轮船长事先串通好,以给其一定的费用为饵,让台轮船长同意在王建社制作的少供油多填报数量的《供油凭证》上签名盖章。在台轮船长同意后,王建社按谈妥的加油数制作《台轮加油申请表》向海关申报批准加油。之后,王建社又制作了有台轮船长签名盖章的多报油数的虚假《供油凭证》,并以虚假的《台轮加油申请表》和《加油凭证》于同年2月至5月间向厦门海关核销0#保税柴油13958吨,其中,虚报供油数8022吨。同时,王建社将每次虚报的供油数报告给陈德福,陈德福于同年2月至11月间将向海关多核销未供台轮的0#保税柴油8022吨分别销售给航安石化公司、海澳石油公司及吴广西等人,偷逃应缴税额人民币3847092.88元。被告单位用所得款购买了一部帕杰罗V33型三菱吉普车(车牌号闽C—69717)借给海关工作人员使用,其余款项用于公司的其他开支。

侦查机关于1999年10月17日在侦查厦门华航石油公司走私案时,发现与其相邻的被告单位也经营保税柴油业务,且亦有可疑迹象,遂于1999年10月19日对被告单位进行了调查。被告单位总经理陈德福在接受调查时主动交代了司法机关尚未掌握的被告单位及其本人和王建社采用少供多报的手段走私0#保税柴油的犯罪事实。经侦查机关查证,陈交代的内容属实。

案发后,侦查机关扣押了被告单位人民币 1429258.25 元、美元 44309 元、帕杰罗 V33 型三菱吉普车一辆,扣押航安石化公司参与销售走私柴油的非法所得款人民币 30000 元。

厦门市中级人民法院认为,被告单位厦门鹭京海公司,为牟取非法利益,采取少供油多核销的手段,逃避海关监管,将虚假核销未供台轮的 0#保税柴油 8022 吨擅自在境内销售,偷逃应缴税额人民币 3847092.88 元,其行为已构成走私普通货物罪,情节特别严重,依法应从重处罚。被告人陈德福在接受调查时主动交代侦查机关尚未掌握的被告单位走私犯罪的事实,陈德福是被告单位的主要决策者,其主动交代被告单位犯罪的行为代表了被告单位的意志,系被告单位行为。且该行为符合《关于处理自首和立功具体应用法律若干问题的解释》第一条的规定,属于单位自首。因此,对被告单位可依法减轻处罚。陈德福系被告单位直接负责的主管人员,王建社是被告单位的直接责任人员,两被告人的行为亦均已构成走私普通货物罪,情节特别严重。鉴于陈德福在接受调查时能如实供述司法机关尚未掌握的走私犯罪事实,具有自首情节,且有一定的悔罪表现;王建社受被告单位领导指使参与实施走私犯罪,在走私犯罪中起次要作用,系从犯,因此,对两被告人均可依法予以减轻处罚。依照《中华人民共和国刑法》第三十条、第三十一条、第一百五十四条第(一)项、第一百五十三条第二款、第六十七条第一款、第二十七条、第七十二条第一款和第六十四条的规定,于 2001 年 3 月 30 日判决如下:

1. 被告单位厦门鹭京海台轮物资供应有限公司犯走私普通货物罪,判处罚金人民币一百万元;
2. 被告人陈德福犯走私普通货物罪,判处有期徒刑三年,缓刑四年;
3. 被告人王建社犯走私普通货物罪,判处有期徒刑三年,缓刑三年;
4. 扣押于厦门海关走私犯罪侦查分局的被告单位厦门鹭京海台轮物资有限公司走私犯罪非法所得款人民币一百万元、赃车一部予以没收,上缴国库。

一审宣判后,被告单位及上述两名被告人均未上诉,检察机关也未提出抗诉,判决已发生法律效力。

二、裁判要旨

No.3-2-153、154-3 单位犯罪以后,单位直接负责的主管人员自动投案,如实供述自己的罪行,单位成立自首。

1. 自首是指犯罪以后自动投案,如实供述自己的罪行,自首的主体当然就只能是指实施犯罪的主体。根据刑法规定,犯罪的主体既包括自然人,也包括法人等单位。犯罪单位既然可以成为犯罪主体,当然也应当能够成为自首的主体。只不过,如同单位犯罪是单位意志支配下由单位成员实施的一样,单位自首也必须体现单位的意志并由单位成员具体实施。因此,自首作为一项总则性的规定与制度,同样应当适用于犯罪单位。

2. 成立须满足以下条件:(1)主动投案,即犯罪单位在犯罪之后、归案之前,主动向有关机关投案。由于犯罪单位本身无法投案,因此,犯罪单位主动投案只能由代表单位的自然人进行。(2)主动投案的行为必须出于犯罪单位的意志。所谓单位意志,既可以是经犯罪单位集体研究作出的决定,也可以是由能够代表单位意志的负责人作出的决定。这是单位自首区别于自然人自首的一个重要特征。(3)如实供述罪行。代表犯罪单位主动投案的被委派人或能够代表单位意志的负责人必须将单位所实施的全部罪行如实交代,而不是仅交代部分罪行或单位犯罪中具体实施犯罪的自然人自身的罪行。此外,如果犯罪单位尚未来得及形成一致意见,能够代表单位意志的负责人在接受有关机关的调查、询问,或者因他罪被采取强制措施后,如实交代司法机关尚未掌握的单位犯罪事实的,也应认定为单位自首。

3. 由于刑法对单位犯罪的刑罚,只设置了单一的不确定的罚金刑作为法定刑,而非像自然人犯罪的刑罚规定有不同的法定刑,因此,对构成自首的犯罪单位,在决定其应处的罚金刑时,不存在在法定刑以下如何减轻处罚的问题,一般可根据案件的具体情节判处较轻的罚金刑。

案例:宋世璋走私普通货物案

案例来源:《刑事审判参考》总第 35 集[第 267 号]

主题词:走私普通货物罪

一、基本案情

被告单位中海贸经济贸易开发公司,住所地北京市朝阳区左家庄北里 35 号楼。

被告人宋世璋,男,42 岁,中海贸经济贸易开发公司进出口部经理。因涉嫌犯走私普通货物罪,于 1998 年 5 月 23 日被逮捕,2000 年 8 月 2 日被取保候审。

北京市第二中级人民法院经审理查明:中油管道物资装备总公司(以下简称"管道公司")向美国劳雷工业公司(以下简称"劳雷公司")订购 8 套"气动管线夹",货物价值为 42.7 万美元,用于该公司在苏丹援建石油管道工程建设项目,在 1998 年 5 月 10 日前运抵苏丹。后管道公司委托中海贸经济贸易开发公司(以下简称"中海贸公司")办理该批货物由美国经中国再运至苏丹的转口手续,并于 1998 年 2 月 6 日与该公司第九经营部经理宋世璋签订了委托代理合同。当日,宋世璋又代表中海贸公司与劳雷公司签订了购货合同。合同约定:劳雷公司货运时间为 1998 年 3 月 23 日前,中海贸公司在交付日 30 日前开具信用证。中海贸公司因经济纠纷致账户被查封冻结,管道公司即于同年 2 月 23 日将货款人民币 355 万元(折合 42.7 万美元)汇入由宋世璋任法定代表人的北京海明洋科贸中心(以下简称"海明洋公司")账内。3 天后,该款转至中国农业银行北京分行国际结算部,用于开具信用证。后劳雷公司因故推迟至 4 月上旬交货,宋世璋遂于同年 3 月 19 日向中国农业银行申请将信用证交货时间由 3 月 23 日变更为 4 月 5 日。期间,宋世璋在中国海外贸易总公司低报货物价值,办理了价值 6.4 万美元的机电产品进口审批手续,后又模仿劳雷公司经理签字,伪造了货物价值为 6.4 万美元的供货合同及发票,并委托华捷国际货运代理有限公司办理报关手续,由该公司负责在北京提货并运至天津新港后再转口到苏丹。在办理报关过程中,宋世璋使用海明洋公司的资金,按 6.4 万美元的货物价值缴纳了进门关税、代扣增值税共计人民币 24 万余元。同年 4 月 3 日,北京海关查验货物发现货值不符,即将货物扣留。北京海关对此批货物已于同年 6 月 8 日放行,运至苏丹。

北京市第二中级人民法院经审理认为,被告人宋世璋在为中油管道物资装备总公司代理转口业务过程中,虽擅自采用低报货物价值的违法手段,但现有证据不能证明被告单位中海贸公司的法定代表人及其他主要领导参与预谋、指使或允许宋世璋使用违法手段为单位谋取利益,认定被告单位具有走私普通货物的主观故意和客观行为均证据不足,公诉机关指控被告单位犯走私普通货物罪不能成立。宋世璋不如实报关的行为属违法行为,但依海关有关规定,货物转口并不产生税赋,且宋世璋垫缴的 24 万元税款在货物出口后不产生退税,公诉机关出示的证据材料亦不能证实宋世璋不如实报关的违法行为可获取非法利益,故指控宋世璋具有走私犯罪的主观故意并造成偷逃税款 77 万余元的危害结果均证据不足。被告单位诉讼代表人及辩护人的意见成立,本院予以采纳。被告人宋世璋的部分辩解及辩护人的部分辩护意见,本院酌予采纳;被告人宋世璋的辩护人所提宋世璋的行为构成犯罪的辩护意见,本院不予采纳。据此,依照《中华人民共和国刑法》第十三条、《中华人民共和国刑事诉讼法》第一百六十二条第(三)项之规定,判决如下:

1. 被告单位中海贸经济贸易开发公司无罪;
2. 被告人宋世璋无罪。

宣判后,北京市人民检察院第二分院以中海贸公司及宋世璋在代理进口货物时,采取虚假手段偷逃应缴税额数额巨大,构成走私普通货物罪,向北京市高级人民法院提出抗诉。

被告单位中海贸公司及其辩护人在二审中提出,中海贸公司没有参与组织、策划、指挥以谋取不法利益为目的的走私活动,不具备犯罪的主观故意和刑法规定的法人犯罪的要件及特征,中海贸公司无罪。

被告人宋世璋及其辩护人在二审中提出,宋世璋没有走私的主观故意,其代表中海贸公司实施的行为是由认识上的错误造成的;且中海贸经济贸易开发公司及宋世璋均未非法获利,没有造成危害结果。原审法院判决宋世璋无罪是正确的。

北京市人民检察院的出庭意见认为,被告单位中海贸公司及被告人宋世璋在代理进口货物时,采取虚假手段偷逃应缴税额数额巨大,依法应当判决构成走私普通货物罪。原审判决采信矛盾的证据以及片面采信证据认定原审被告人及被告单位无罪,是错误的。被告单位中海贸公司、被告人宋世璋犯走私普通货物罪的事实清楚、证据确实、充分,足以认定。北京市人民检察院第二分院抗诉成立,应予支持。建议二审法院依法认定宋世璋犯走私普通货物罪并处以刑罚。

北京市高级人民法院经审理认为,被告人宋世璋在为中油管道物资装备总公司代理转口业务过程中,擅自采取低报货物价值的违法手段,但现有证据不能证明被告单位中海贸经济贸易开发公司的法定代表人及其他主要领导参与预谋,指使或允许宋世璋使用违法手段为单位谋取利益。被告人宋世璋在为他人代理转口业务过程中,低报货物价值,不如实报关的行为属违法行为,依海关有关规定,货物转口对国家不产生税赋,宋世璋缴纳的税款按有关规定不产生退税,抗诉机关提供的证据亦不能证实宋世璋不如实报关的违法行为可获取非法利益。原审法院根据本案具体情节,对被告单位中海贸经济贸易开发公司和被告人宋世璋所作的无罪判决,适用法律正确,审判程序合法,应予维持。故依据《中华人民共和国刑事诉讼法》第一百八十九条第(一)项的规定,裁定如下:驳回北京市人民检察院第二分院的抗诉,维持原判。

二、裁判要旨

No. 3-2-153、154-4　在代理转口贸易中不如实报关,未造成实际损失的,不构成走私普通货物罪。

在本案中,宋世璋在报关过程中低报货物价值的行为属于进口货物后又出口至境外使用,实际并未产生进口税赋,未对国家税收造成实际损失,且如按一般贸易货物进口、出口时,海关亦无任何退税方面的规定。本案中,宋世璋代理管道公司向劳雷公司购买货物,用于管道公司在苏丹援建石油管道工程建设项目,在代理转口贸易过程中,与劳雷公司约定货运时间为1998年3月23日前,此后,劳雷公司因故将交货时间推迟至4月上旬,但该货物要求1998年5月10日前运抵苏丹,为此,宋世璋以办理转口手续时间紧、资金不足为由,低报货物价值,不如实报关,其主观意图是将暂行进口的货物复运出境,及时交货,其行为手段虽违反了海关监管规定,但依海关有关规定,其缴纳的税款按有关规定不产生退税,现有证据亦不能证实其违法行为可获取非法利益,且未对国家税收造成实际损失。因此,宋世璋的违法行为不属走私行为,不构成走私普通货物罪。

案例:上海华源伊龙实业发展公司等走私普通货物案

案例来源:《刑事审判参考》总第35集[第268号]

主题词:保税货物　走私普通货物罪　进料加工

一、基本案情

被告单位上海华源伊龙实业发展公司,住所地上海市浦东新区上川路451号。

被告人濮仪清,男,1957年9月出生,大学文化,原系上海华源伊龙实业发展公司法定代表人、总经理。因涉嫌犯走私普通货物罪,于1998年12月29日被逮捕。

被告人施靖,男,1968年8月出生,大学文化,原系香港三富企业有限公司上海办事处业务员。因涉嫌犯走私普通货物罪,于1998年12月8日被逮捕。

被告人冯学军,男,1956年12月出生,高中文化,原系上海华源伊龙实业发展公司内贸部经理,因涉嫌犯走私普通货物罪,于1998年9月3日被取保候审。

上海市第二中级人民法院经审理查明:1996年底至1997年初,被告人濮仪清担任伊龙公司法定代表人、总经理期间,通过该公司内贸部经理被告人冯学军介绍,认识了香港三富企业有限公司(以下简称"三富公司")上海办事处的被告人施靖。双方经洽谈,均有进口涤纶短纤加工复出口的合作意向,并决定签订《进出口代理协议》,三富公司委托伊龙公司代理涤纶短纤"进料加工复出口"业务。伊龙公司没有外贸进出口权,其征得上级单位中国华源集团有限公司(以下简称"华源集团公司")同意,以华源集团公司进出口六部的名义对外签订进出口协议。而三富公司施靖以于1997年1月1日被工商行政管理部门注销的民兴公司名义,在同年1月6日与伊龙公司签订了《进出口代理协议》,并在协议书上加盖了一枚非民兴公司的印鉴。该协议约定,华源集团公司(即伊龙公司)负责代理民兴公司(实为三富公司)对外商签订进口合同和出口信用证的审证及交单,但不承担任何责任,而其他均由三富公司负责;伊龙公司按比率收取代理费。至1997年底,伊龙公司与三富公司先后签订数份与上述内容相同的《进出口代理协议》,从而形成代理关系。

嗣后,伊龙公司以华源集团公司的名义向上海浦东海关申领了《进料加工登记手册》,经海关审查批准,免税进口涤纶短纤3100余吨。伊龙公司总经理濮仪清及公司职员冯学军与三富公司施靖未经海关许可,并且未补缴应缴税额,擅自将其中1000余吨涤纶短纤在境内销售牟利,具体如下:

(一)1997年1月,伊龙公司为摆脱库存量高,来不及加工的困境,经总经理濮仪清同意,由伊龙公司冯学军与上海广联纺织品工业有限公司(以下简称"广联公司")业务员贾某协商后,伊龙公司以人民币(以下均为人民币)每吨1万余元的价格销售给广联公司免税进口的涤纶短纤95.5吨,偷逃应缴税额31.2万余元。

(二)同年1月,广联公司贾某经冯学军介绍,与三富公司施靖洽谈后,三富公司以每吨1万余元的价格销售给广联公司免税进口的涤纶短纤119吨,偷逃应缴税额38.9万余元,广联公司之后转售给上海天皓实业有限公司(以下简称"天皓公司")。

(三)同年1月,经冯学军与施靖联系,三富公司以每吨9900元的价格销售给天皓公司免税进口的涤纶短纤38.7吨,偷逃应缴税额12.6万余元。

(四)同年4—11月,上海鑫豪物质有限公司(以下简称"鑫豪公司")经理李某经冯学军介绍,以每吨8950元至9800元不等的价格,从三富公司施靖处先后购得免税进口的涤纶短纤525.7吨,偷逃应缴税额172.1万余元。

(五)同年6月,上海华晶纺织印染有限公司(以下简称"华晶公司")王某在与三富公司洽谈坯布买卖过程中,得知三富公司有进口涤纶短纤,即要求购买,后经施靖决定以每吨9300元的价格销售给华晶公司免税进口的涤纶短纤60.2吨,偷逃应缴税额19.7万余元。

(六)1998年4月间,濮仪清为摆脱伊龙公司库存量高、来不及加工的困境,要求公司员工将在保税仓库的涤纶短纤尽快销售掉。该公司员工安某、王某通过汪某等人联系,使用陕西宝鸡阳光非织造物有限公司(以下简称"宝鸡阳光公司")的《进料加工手册》,将300吨涤纶短纤报关进口。同年6、7月间,濮又安排公司员工周某联系购货单位。后周与上海田水物资贸易有限公司(以下简称"田水公司")沈某联系,并经濮同意,以每吨6700元的价格,销售给田水公司免税进口的涤纶短纤197.4吨,偷逃应缴税额64.1万余元。

上海市第二中级人民法院认为:被告单位伊龙公司在与三富公司进行外贸进出口代理业务中,违反海关规定逃避监管,未经海关许可并且未补缴应缴税额,擅自将1000余吨批准进口加工的涤纶短纤,结伙或单独在境内销售,偷逃国家应缴税额,其中,伊龙公司非法销售292.9吨,偷逃应缴税额人民币95.4万元,伊龙公司的行为构成走私普通货物罪;被告人濮仪清系单位直接负责的主管人员,其行为亦构成走私普通货物罪,且均情节严重,依法应予处罚,根据被告人濮仪清的犯罪情节和悔罪表现等,可对其适用缓刑。被告人施靖以三富公司等名义,非法销售743.4吨,偷逃应缴税额人民币243.3万元,其行为构成走私普通货物罪,且情节严重,依法应予处罚。被告人冯学军作为伊龙公司的员工,参与公司非法销售95.5吨,偷逃应缴税额31.2万余元,系单位直接责任人员;又以单位名义参与为三富公司施靖介绍走私,非法销售683.2吨,偷逃应缴税额223.6万元,其行为已构成走私普通货物罪,且情节严重,依法应予处罚。鉴于冯学军为三富公司施靖介绍走私,个人未从中获利,且到案后有悔罪表现,可对其酌情从轻处罚并适用缓刑。公诉机关指控的罪名成立,依法应予支持。根据《进出口代理协议》和证人吴某提供的三富公司账册以及被告人濮仪清,冯学军供述情况,可以认定被告人施靖及三富公司为走私犯罪的共犯;证人吴某提供的三富公司账册还证实,三富公司从未替伊龙公司垫付过料款,故被告人施靖及其辩护人提出的辩解及辩护意见缺乏事实依据,不予采纳,但鉴于本案具体情况,可对被告人濮仪清、施靖分别从轻处罚。依照《中华人民共和国刑法》第十二条第一款、第一百五十四条第(一)项、第一百五十三条第二款、第二十五条第一款、第七十二条第一款、第六十四条和最高人民法院《关于审理走私刑事案件具体应用法律若干问题的解释》第六条第一款、第二款,第七条、第十条第二款的规定,判决如下:

1. 被告单位上海华源伊龙实业发展公司犯走私普通货物罪,判处罚金人民币三百万元;
2. 被告人濮仪清犯走私普通货物罪,判处有期徒刑三年,缓刑三年;
3. 被告人施靖犯走私普通货物罪,判处有期徒刑六年;
4. 被告人冯学军犯走私普通货物罪,判处有期徒刑三年,缓刑三年;
5. 违法所得予以追缴。

一审宣判后,被告单位伊龙公司和被告人濮仪清、施靖、冯学军均未上诉,判决发生法律效力。

二、裁判要旨

No. 3-2-153、154-5　未经海关许可且未补缴应缴税额,擅自将进料加工的保税货物在境内销售牟利的,应以走私普通货物罪论处。

首先,根据海关法等规定,擅自在境内销售进料加工的保税货物属于走私行为。我国《海关法》第八十二条第(二)项明确规定,未经海关许可并且未缴纳应纳税款、交验有关许可证件,擅自将保税货物、特定减免税货物以及其他海关监管货物、物品、进境的境外运输工具,在境内销售的行为,属于走私行为的具体表现之一,并于第一百条对保税货物作出了专门解释,保税货物是指经海关批准未办理纳税手续进境,在境内储存、加工、装配后复运出境的货物。结合原对外经济贸易合作部于 1995 年发布的《关于对加工贸易进口料件试行银行保证金台账制度期间外经贸部门审批管理实施细则》第二条关于加工贸易是指在国内注册的各类企业的进料加工、来料加工的规定,作为加工贸易的形式之一的进料加工,将其保税货物在境内擅自销售的行为属于走私行为,应无疑问。

其次,擅自在境内销售进料加工保税货物具有与销售来料加工保税货物同样的社会危害性。进料加工是指我国有关经营单位用外汇购买进口部分或全部原料、材料、辅料、元器件、零部件、配套件和包装物料,加工成品或半成品再销往国外的贸易方式;来料加工是由国外厂商提供原材料、辅助材料及包装材料等,委托我方企业加工成品,国外厂商负责销售,我方按合同收取加工费的贸易方式。可见,进料加工和来料加工是有区别的,不能简单地将进料加工等同为来料加工,其中,进料的所有权属于境内单位,而来料则属于境(国)外单位。同时,作为加工贸易的两种具体形式,我们应当注意到两者实质上的共同之处,"两头在外",实行保税;未经许可并补缴税额,不得将进料、来料加工的保税货物在境内销售。擅自在境内销售进料加工的保税货物,不仅侵害国家的海关监管制度,给国家关税造成损失,而且还将因为竞争的不公平,严重扰乱我国的市场经济秩序。这一点,与擅自在境内销售来料加工保税货物的行为是完全相同的。

最后,对擅自在境内销售进料加工保税货物的行为以走私普通货物、物品罪处理,具有司法解释依据。最高人民法院 2000 年发布的《关于审理走私刑事案件具体应用法律若干问题的解释》第七条关于保税货物解释中,采取了与《海关法》规定完全一致的意见:《刑法》第一百五十四条规定的"保税货物"是指经海关批准,未办理纳税手续进境,在境内储存、加工、装配后应予复运出境的货物。保税货物包括通过加工贸易、补偿贸易等方式进口的货物以及在保税仓库、保税工厂、保税区或者免税商店内等储存、加工、寄售的货物。最高人民检察院于同年发布的《关于擅自销售进料加工保税货物的行为法律适用问题的解释》,则规定得更为明确:经海关批准进口的进料加工的货物属于保税货物。未经海关许可并且未补缴应缴税额,擅自将批准进口的进料加工的原材料、零件、制成品、设备等保税货物,在境内销售牟利,偷逃应缴税额在 5 万元以上的,依照《刑法》第一百五十四条、第一百五十三条的规定,以走私普通货物、物品罪追究刑事责任。

综上,《刑法》第一百五十四条第(一)项规定虽未明确保税货物是否包括进料加工的保税货物,但根据境内擅自销售进料加工的保税货物的行为性质、社会危害及相关司法解释,偷逃税款达到法定数额的,仍可以走私普通货物罪定罪处罚。

案例:王红梅等走私普通货物、虚开增值税专用发票案

案例来源:《刑事审判参考》总第43集[第336号]

主题词:走私普通货物罪 单位犯罪 虚开增值税专用发票罪

一、基本案情

被告人王红梅,女,36岁,原系湖南通华电子实业有限公司总经理。因涉嫌犯走私普通货物罪,于1998年4月30日被监视居住,同年11月10日被取保候审,1999年10月13日被逮捕。

被告人王宏斌,男,32岁,原系湖南通华电子实业有限公司职员。因涉嫌犯走私普通货物罪,于2000年7月3日被逮捕。

被告人陈一平,男,43岁,原系湖南长沙凯源商贸有限公司总经理。因涉嫌犯走私普通货物罪于2000年8月8日被逮捕,2003年11月20日由长沙市中级人民法院决定取保候审。

长沙市中级人民法院经审理查明:湖南省银发公司和香港威润科技有限公司于1993年5月10日共同成立了湖南通华电子实业有限公司(以下简称"通华公司")。同月15日,湖南省人民政府发给通华公司《中华人民共和国外商投资企业批准证书》。1994年10月31日,湖南省工商行政管理局为通华公司办理了《企业法人营业执照》,唐孝葵任董事长,被告人王红梅任总经理,经营期限自1993年5月19日至2008年5月18日,注册资本60万美元。此后,该公司主要从事电视机、显示器的生产和经营富丽华保龄球馆等活动。

(一)走私普通货物

1995年7月至1998年1月,被告人王红梅先后安排通华公司与长沙市烟草专卖局、湖南省移动通信局(以下简称"湖南移动局")、重庆市电信局等单位签订代理进口合同6份,自己或通过他人采用伪报、瞒报等手段,将上述单位购买的设备走私进口,共计偷逃国家税款人民币1.6639923369亿元。具体犯罪事实如下:

1. 1995年7月,长沙市烟草专卖局欲向香港粤辉机械工程有限公司(以下简称"粤辉公司")购买2台德国产STANDARDHD01—6000锅炉,并谈定外贸价格为27万美元。经被告人王红梅出面商谈并授权被告人王宏斌代表通华公司于同年9月22日与长沙市烟草专卖局签订了该锅炉设备的代理进口合同,合同总价为人民币273.3588万元(外贸合同价上浮18%,包税)。王宏斌将上述锅炉设备从香港运抵长沙后,即找长沙海关申报科关员周雨(已判刑)帮忙逃避海关监管,周雨表示同意,但提出要人民币20万元。经请示王红梅同意后,王宏斌答应了周雨的要求。随后,周雨为获取非法利益,利用管理关封的便利,销毁关封,然后伙同该海关关员杨文志、彭绍辉、袁耀红(均已判刑)等人签字将该批设备从长沙海关监管点放行。尔后,周雨又伙同阿尔卡特(中国)控股有限公司的洪洋(已判刑)伪造了长沙海关报关单、税单,并交给了王宏斌。为此,王宏斌送给周雨人民币20万元。长沙市烟草专卖局于1996年4月将人民币273.3588万元付给了通华公司。经长沙海关核实,进口该批锅炉设备共计偷逃关税人民币80.042733万元。

2. 1996年12月3日,湖南省邮电管理局(以下简称"湖南邮电局")下属企业湖南三力通信经贸公司(以下简称"三力公司")为买方,摩托罗拉公司为卖方,湖南移动局为最终用户签订了购买GSM蜂窝系统设备的9611SIL/004GSMUS号合同,合同总价为CIP 1627.7270423万美元。1997年3月,该合同项下一批发票金额为78.700433万美元的GSM蜂窝系统设备运抵长沙,需在长沙海关报关缴税。在此期间,被告人王红梅通过被告人陈一平出面做工作,于同年3月10日与三力公司代表黄源(已判刑)签订了《代理协议》《补充代理协议》,约定由通华公司代理报关,免收代理费。尔后,王红梅安排被告人王宏斌找到长沙海关关员彭绍辉、杨文志帮忙逃避海关监管,欲直接从长沙海关监管仓库——湖南南华储运有限公司仓库(以下简称"南华储运公司")将设备提走,并表示将各送人民币 10 万元,杨文志、彭绍辉均表示同意,彭绍辉私自开出放行单。杨文志将关封交给王宏斌。尔后,王宏斌与通华公司职员持放行单在南华储运公司将设备提出交给三力公司。为取得报关单,王红梅还要王宏斌找中国外运湖南公司(以下简称"湖南外运")报关行制作了预录号为 019700612、019700613 号的两份报关单交给杨文志,并由杨文志私自加盖了"长沙海关验讫章"。为取得海关关税和增值税税单,王红梅又找到长沙海关关员李继峰(已判刑)制作了长沙海关进口关税和长沙海关代征增值税专用缴款书。王宏斌冒充长沙海关税单复核人洪华之名签字并加盖王宏斌伪造的"中华人民共和国长沙海关缴讫专用章"。通华公司将上述报关单、税单交给三力公司。三力公司收到上述设备及单据后,于同年 3 月 21 日将人民币 179.732211 万元付给了通华公司。为感谢杨文志、彭绍辉和李继峰的帮忙,王宏斌分别交给了杨、彭各人民币 10 万元,王红梅交给了李人民币 10 万元。此外,王宏斌还送给长沙海关申报科副科长徐劲松(已判刑)人民币 10 万元,以阻止其追查此事。经长沙海关核实,该批设备共计偷逃关税人民币 179.740865 万元。

3. 1997 年初,湖南邮电局决定对全省数字移动通信(简称 GSM)进行第三期扩容,并南湖南邮电局招商办(即三力公司)负责购买设备的具体事宜。被告人王红梅获悉该信息后,便与被告人陈一平商定,由陈一平以通华公司董事长的身份出面与三力公司黄源达成由通华公司代理进口 DDN 设备的意向。同年 6 月,陈一平代表通华公司为买方,澳门爱达利电信公司为卖方,湖南省数据通信局为最终用户签订了购买 DDN 的 9706SL006/DDN 号外贸合同,合同总价为 CIF 524.1017 万美元。与此同时,陈一平代表通华公司与三力公司签订了 9706SL006/DDN-NM 号内贸合同,合同总价为人民币 5404.7895 万元(外贸合同价加应缴税款的 70%)。同年 6 月 2 日,三力公司与通华公司又签订了 9706SL006/DDN-2 财务代理协议,约定通华公司以现金方式支付三力公司服务费人民币 325 万余元。同年 6 月 19 日,由湖南邮电局与中国银行湖南省分行签订了信贷金额为 471.69153 万美元的备用信贷协议,再由通华公司向该行申请开出了同等金额的 LC9710093/97 号信用证用于对外付汇。同年 7 月中旬,该合同项下第一批金额为 193.6248 万美元的设备被运至香港,存放在香港中旅货运有限公司仓库(以下简称"中旅公司"),王红梅要求其前夫王为际(已判刑)帮忙入境。王为际通过广东李伟雄(未到案)将该批设备运至广州,并提供了一份"广东省机械进出口公司"的报关单。随后,王红梅指派通华公司职员聂志军、彭亚菲将设备从王为际处提回存放于长沙广物大厦仓库。事后,通华公司付给王为际"通关费"人民币 25 万元。在此期间,中国天龙深圳实业公司(以下简称"天龙公司")报关员刘燕俊(在逃)主动与被告人王宏斌联系,自称该公司系军队企业,要求为通华公司包税进口电信设备。王红梅遂指派王宏斌到深圳与刘燕俊商定,通华公司第二批 DDN 设备由天龙公司以应缴税款的 40%包税进口。同年 8 月,金额为 330.4769 万美元的第二批设备运抵香港,王红梅即通知刘燕俊接货。尔后,刘燕俊将设备走私入境并运至长沙。通华公司将上述两批设备交给三力公司,现已投入安装使用。王宏斌从通华公司开出汇票人民币 360 余万元在深圳支付给刘燕俊。收货后,通华公司于同年 10 月 7 日、11 月 3 日和 11 月 12 日分 3 次从中国银行长沙市分行付给澳门爱达利电信公司 471.69153 万美元。通华公司开具人民币 5085.685187 万元的增值税专用发票交给三力公司,三力公司于同年分 3 次付给通华公司人民币共计 5085.685187 万元。1998 年 3 月,通华公司将代理服务费人民币 325 万元付给三力公司。经长沙海关核实:第一批 DDN 设备偷逃税款人民币 628.615556 万元,第二批 DDN 设备偷逃税款人民币 1072.707749 万元,共计偷逃税款人民币 1701.323305 万元。

4. 湖南邮电局通过考察,决定由通华公司按应缴税款的 70%包税代理进口 GSM 设备。1997 年 5 月 31 日,被告人陈一平代表买方通华公司与卖方摩托罗拉公司及最终用户湖南移动局签订了购买 GSM 蜂窝系统设备的 9705SL/GSMUS/01 号外贸合同,合同总价为 FCA 3274.752676 万美元。因中国银行总行不同意为此开立信用证,而中国银行湖南省分行只能在 500 万美元的限额内开立信用证。为了能在中国银行湖南省分行开具信用证,三方当事人于同年 9 月将总合同分解为 7 个子合同。同年 10 月,陈一平代表通华公司与湖南移动局签订了购买

GSM 蜂窝系统设备 9706TH/GSMUS/01 号内贸合同,合同总价为长沙交货价 3899.837758 万美元。与此同时,黄源代表三力公司与通华公司签订了补充协议,约定三力公司作为通华公司该次合同的财务代理,通华公司支付三力公司代理服务费 49.297869 万美元。此后,通华公司在中国银行湖南省分行申请开立了受益人为摩托罗拉公司的 7 份不可撤销跟单信用证,总金额为 2947.277409 万美元,用于对外付汇。在此过程中,被告人王红梅指派被告人王宏斌找到刘燕俊,要刘燕俊负责货物进关,通华公司以人民币 45 万元/卡支付费用。随后,GSM 三期 A 阶段设备运抵香港中旅公司,刘燕俊以通华公司指定的接货人身份从香港中旅公司将商业发票、装箱单拿走,持天龙公司申报书到深圳海关申请进口军免设备获得批准。同年 10 月,其中 17 卡 1988.512258 万美元的设备被刘燕俊以军免设备报关,通过海关"三免"(免证、免验、免税)通关放行,运抵湖南省华湘公司后,王宏斌到深圳按约定将人民币 765 万元"通关费"付给刘燕俊,并将铁路运输货票带同长沙与设备一起交给湖南移动局。在此期间,由于该批设备中的支架、天线等设备金额小、体积大,通华公司决定将其中发票金额为 430.420444 万美元的 3 卡设备由自己直接报关进口。通华公司将该 3 卡设备转关至长沙,王红梅、王宏斌安排通华公司员工制作虚假发票降低价格,由王宏斌持假发票于同年 9 月 2 日、8 日和 11 月 21 日分别以湖南省对外贸易实业有限公司(通华公司挂靠单位)和通华公司名义在长沙海关办理报关手续,仅缴纳税款人民币 80.08419 万元。通华公司将上述合同项下的设备全部交付湖南移动局验收后,向湖南移动局开具裁剪发票 325 张,金额为人民币 32368.653391 万元,该款已支付完毕。经长沙海关核实,通华公司 10 月 21 日从深圳笋岗海关通关的 15 卡设备应缴税教人民币 2485.995547 万元,10 月 31 日通关的 2 卡设备应缴税款人民币 3279.111359 万元。在长沙海关自行报关的 3 卡设备应缴税款人民币 1282.153882 万元,扣除已缴税款人民币 80.08419 万元,共计偷逃税款人民币 6967.176598 万元。

5. 1997 年 7 月 21 日,被告人陈一平代表买方通华公司与卖方摩托罗拉公司、最终用户湖南移动局签订了 GSM 三期 B、C 阶段的 9705SL/GSMUS/02、9705SL/GSMUS/03 号外贸合同,合同价格分别为 FCA 1248.042613 万美元和 320.440889 万美元。同年 10 月,被告人王红梅代表卖方通华公司与买方湖南移动局签订了 GSM 三期 B、C 阶段的 9706TH/GSMUS/02、9706TH/GSMUS/03 号内贸合同,合同价分别为长沙交货价 1461.656905 万美元和 374.276369 万美元。为此,同年 12 月由湖南邮电局、湖南移动局担保,通华公司在中国建设银行长沙市分行申请开立了受益人为摩托罗拉公司,号码为 LC974011、LC974012,金额共计 1411.635151 万美元的 2 单远期信用证,用于对外付汇。同年 11 月 27 日,通华公司又与三力公司签订《补充协议》,约定由三力公司作为通华公司的财务代理,收取 38.2 万美元代理服务费。1998 年 3 月,王红梅与广州戎晖公司总经理姚土生(已判刑)商定,由姚土生将上述合同项下设备从香港通关入境并运抵长沙,王红梅支付姚土生人民币 350 万元"通关费"。1998 年 3 月 31 日,上述合同首批发票金额为 1055.719742 万美元的设备 1162 件被运抵香港中旅公司,王红梅通知姚土生提货。姚叫人提货后偷逃入境并将货物从东莞泰美火车站发运至南华储运公司。因群众举报,长沙市公安局监所管理支队于 1998 年 4 月 28 日将该批设备扣押,并在黄花机场将王红梅抓获,查获人民币 350 万元的汇票一张。到案发时,湖南移动局已支付三力公司人民币 2337.716671 万元,三力公司已支付通华公司人民币 1301.841304 万元。另有人民币 1035.875367 万元被侦查机关扣缴。设备由湖南邮电局以人民币 1400 万元从长沙市拍卖行购回。经长沙海关核实:该 1162 件设备共偷逃税款人民币 2557.827469 万元。

6. 1997 年 7 月,重庆市电信局移动通信系统三期扩建工程启动,确定瑞典爱立信公司作为设备供应商。被告人王红梅获悉后,与重庆市电信局谈定按外贸合同总价值 15.2%的费用包税代理进口 GSM 设备,并与重庆渝力通信设备技术有限公司(以下简称"渝力公司")约定。由渝力公司出面同重庆市电信局协调关系,负责办理在重庆市内的运输、保险及收款等事项,通华公司按 4%支付费用。1997 年 10 月 10 日,渝力公司吴利权代表买方通华公司与卖方爱立信公司和最终用户重庆市电信局签订了 HNTH9709GSM-CQ-01、02 号外贸合同。1 号合同总价为

3526.1348 万美元,2 号合同总价为 1788.7264 万美元,两合同价共计为 5314.8612 万美元。与此同时,通华公司、重庆渝力公司与重庆市电信局签订了相应内贸合同,合同总价为 6122.7201 万美元。为此,由重庆市电信局担保,通华公司在中国工商银行重庆市分行按合同总额的 80%计金额为 4224.88896 万美元开立了两单不可撤销跟单信用证。随后,王红梅安排被告人王宏斌找刘燕俊帮忙通关。王宏斌再次与刘燕俊约定:由刘燕俊负责将合同项下设备以人民币 40 万元/卡的价格通关,并运往重庆。上述合同中发票金额为 2126.9574 万美元的 17 卡设备运抵香港中旅公司后,刘燕俊于 1998 年 1 月 6 日将上述设备从中旅公司提出,并于当日经深圳文锦渡海关报关、笋岗海关放行,以军免设备之名将 17 卡设备进口,从深圳北站运至重庆。此后,王宏斌按约定付给刘燕俊"通关费"人民币 1000 万余元,渝力公司按约将上述设备交给了重庆市电信局。为此,通华公司支付渝力公司人民币 1380 万元。随后,通华公司向重庆市电信局开具裁剪发票总额为人民币 50818.57683 万元。至同年 3 月 30 日,重庆市电信局已付给通华公司人民币 46158.55326 万元,尚有人民币 4660.02357 万元没有支付。经长沙海关核定,上述 17 卡设备中的 1653 件共计偷逃税款人民币 5153.812399 万元。

案发后,海关追缴税款共计人民币 9438.008 万元。

(二)虚开增值税专用发票

1997 年下半年,通华公司因走私上述设备没有取得海关代征增值税缴款书,无法向税务机关抵扣税款,被告人王红梅遂要陈建新(已判刑)帮忙联系购买增值税专用发票以抵扣税款。陈建新即到广州,找广东宏亚公司的付跃进、张兴兰(已判刑)购买增值税专用发票。通过张兴兰介绍、联系,广东省惠莱县人林小旭(未到案)表示可以提供真实票据。在陈建新应王红梅的要求与张兴兰、付跃进、林小旭到惠莱县税务机关核实了发票的真实性后,王红梅赶到广东与林小旭进行了面谈。为达到掩盖购买增值税专用发票抵扣税款的目的,双方商定,由林小旭提供发票,通华公司按开票价税的 1.8%支付费用,并与出票单位签署"购货合同",由出票单位提供"付款委托书"。

1997 年 11 月,陈建新携带通华公司汇票 103.266781 万元与张兴兰及其丈夫吴志毅到广东惠莱县找到林小旭。林小旭以惠莱县商粤公司之名从该县国税局领取增值税专用发票后,双方签订了通华公司向商粤公司购买电信设备的虚假合同,林小旭还以商粤公司名义出具了付款委托书,落款时间提前至 1997 年 10 月 28 日。随后,通华公司让林小旭从商粤公司虚开增值税专用发票 52 份, 虚开税款计人民币 833.587512 万元。陈建新将通华公司的人民币 103.266781 万元以货款名义支付给了商粤公司。同年 12 月,被告人王红梅又安排陈建新携带通华公司汇票与张兴兰、付跃进到惠莱县找林小旭购买增值税专用发票。林小旭即找到林少华(已判刑),两人约定,由林少华开具增值税专用发票给通华公司,按开票价税合计金额的 0.9%收取费用。林少华同意以自己经营的惠莱县金韩贸易公司签订合同并提供增值税专用发票。尔后,通华公司与惠莱县金韩贸易公司签订了虚假的购销合同,并出具了虚假的付款委托书,落款时间提前至 1997 年 10 月 28 日。之后,通华公司让金韩贸易公司虚开增值税专用发票 260 份,虚开税款计人民币 4035.03134 万元。陈建新将从通华公司开出的汇票人民币 498.376123 万元作为开票费付给了金韩贸易公司。1998 年 2 月,陈建新再次接受王红梅安排,从通华公司开出汇票,与张兴兰、付跃进等再次到惠莱县找林小旭开具增值税专用发票,林小旭又找到林少华联系开票事宜。林少华以虚构的惠莱县海联贸易有限公司为通华公司虚开增值税专用发票 418 份,虚开税款计人民币 6950.201764 万元。为此,通华公司支付开票费人民币 813.1737 万元。

综上,通华公司让他人为自己虚开增值税专用发票 730 份,虚开税款计人民币 1.1818820616 亿元。在通华公司将上述发票提交到湖南省国税局涉外分局用以抵扣税款的过程中,经湖南省国税局调查核实,上述 730 份增值税专用发票均系虚开,未予抵扣。

湖南省长沙市中级人民法院认为,被告人王红梅、王宏斌、陈一平以通华公司名义,采取包税方式与湖南邮电局等单位签订设备代理进口合同,而后通过他人或自己采取伪报、瞒报及绕关等手段,将湖南邮电局等单位的设备走私进口,偷逃应缴税额人民币 1.6639923369 亿元,其行为已构成走私普通货物罪,且情节特别严重。在共同走私普通货物犯罪中,王红梅系主犯,王宏斌、陈一平系从犯。王红梅、王宏斌为进行走私普通货物犯罪,向海关工作人员行贿40万元,其行为又构成行贿罪,且情节严重。在共同行贿犯罪中,王红梅系主犯,王宏斌系从犯。王红梅让他人虚开增值税专用发票730份,虚开税款数额计人民币1.1818820616亿元,其行为还构成虚开增值税专用发票罪,且虚开税款数额巨大。王红梅、王宏斌的辩护人认为,本案系通华公司犯罪而非个人犯罪,经查,所有犯罪都是王红梅组织、指挥、实施的,且该公司的账目资料已不全,无法对其犯罪所得进行全面的司法会计鉴定,对其犯罪所得数额及其去向不能作出准确认定,该点辩护意见不能采纳。王红梅的辩护人认为本案走私普通货物与虚开增值税专用发票犯罪系牵连犯罪,只能以走私犯罪论处。经查,王红梅是在走私普通货物犯罪完成后,又让他人为自己虚开增值税专用发票的,两行为之间既不存在原因与结果,亦不存在手段与目的的关系,不构成牵连犯罪,不能只以走私普通货物犯罪论处。王红梅的辩护人还提出通华公司依协议付给三力公司的人民币325万元系正常业务往来,不构成对单位行贿罪,经查,在湖南邮电局决定通华公司包税代理进口DDN设备后,黄源提出三力公司作了前期工作,王红梅则要求三力公司为其催收货款,双方为此签订了财务代理协议,王红梅依协议付给三力公司的人民币325万元系正常业务往来,不构成对单位行贿罪的辩护意见成立,予以采纳。陈一平的辩护人认为,陈一平与王红梅等无共同故意,应宣告无罪,经查,在走私犯罪过程中,陈一平不仅以通华公司董事长的身份参加了DDN和GSM设备的签约仪式,还亲自签署了DDN和GSM的A阶段的内、外贸合同,对以70%包税进口设备的走私行为是清楚的,因此,应宣告无罪的辩护意见不予采纳。依照《中华人民共和国刑法》第十二条、第一百五十三条第一款第(一)项、第三款、第一百五十一条第四款、第二百零五条第一款、第三百八十九条、第三百九十条第一款、第二十五条、第二十六条第一款、第四款、第二十七条、第六十九条、第四十八条、第五十七条、第七十二条和第六十四条的规定,于2003年11月20日判决如下:

1. 被告人王红梅犯走私普通货物罪,判处死刑,缓期二年执行,剥夺政治权利终身,并处没收个人全部财产;犯虚开增值税专用发票罪,判处无期徒刑,剥夺政治权利终身,并处没收个人全部财产;犯行贿罪,判处有期徒刑十年。决定执行死刑,缓期二年执行,剥夺政治权利终身,并处没收个人全部财产。

2. 被告人王宏斌犯走私普通货物罪,判处有期徒刑十三年,剥夺政治权利三年,并处没收财产一百万元;犯行贿罪,判处有期徒刑五年。决定执行有期徒刑十六年,剥夺政治权利三年,并处没收财产一百万元。

3. 被告人陈一平犯走私普通货物罪,判处有期徒刑三年,缓刑三年,并处没收财产六十万元。

4. 对追缴的赃款赃物予以没收,上缴国库。

宣判后,王红梅、王宏斌不服,提出上诉。

王红梅上诉及其辩护人辩护提出,本案走私、行贿和虚开增值税专用发票犯罪均是单位犯罪,且虚开增值税专用发票未给国家造成损失,请求改判。其辩护人还提出行贿和虚开增值税专用发票的目的均是为了走私,是牵连犯罪,不应实行数罪并罚。

王宏斌上诉及其辩护人辩护提出,本案属单位犯罪。其辩护人还提出,王宏斌的行贿行为是为了掩盖走私行为,是牵连犯罪,对之只能认定犯走私普通货物罪一罪。

湖南省高级人民法院经审理认为,一审判决所列举的认定本案事实的证据,均在一审开庭审理时当庭举证并认证,对一审判决认定的证据予以确认。一审判决的事实清楚,证据确实、充分。

上诉人王红梅、王宏斌代表通华公司伙同原审被告人陈一平采取由通华公司包税的方式签订代理进口合同,自己或通过他人逃避海关监管,将设备走私进口,偷逃应缴税额人民币1.6639923369亿元,已追补税款9438.008万元,尚有税款7201.915369万元未予追回。其行为均构成走私普通货物罪,且情节特别严重,对王红梅和王宏斌应分别作为通华公司走私普通货物犯罪中的直接负责的主管人员和直接责任人员依法予以惩处。其中,上诉人王红梅为主实施单位走私普通货物6次,偷逃税额1.6639923369亿元;王宏斌参与实施单位走私普通货物5次,偷逃应缴税额1.3453480344亿元;陈一平参与走私普通货物2次,偷逃应缴税额8668.499903万元。在共同走私普通货物犯罪中,王红梅起主要作用,是主犯;王宏斌、陈一平起次要作用,是从犯,依法应分别从轻、减轻处罚。王红梅还让他人为通华公司虚开增值税专用发票,其行为又构成虚开增值税专用发票罪,且虚开税款数额巨大。王红梅应作为通华公司虚开增值税专用发票犯罪中的直接负责的主管人员依法予以惩处。王红梅、王宏斌上诉及其辩护人辩护均提出"本案系通华公司单位犯罪"的理由,经查,通华公司系依法设立的单位,有固定的人员和场所,并且进行了正常的经营活动。其从事走私、行贿、虚开增值税专用发票犯罪等活动虽系总经理王红梅个人决定,但王红梅是通华公司的主要负责人,且大部分犯罪活动是由通华公司职工完成的。同时,现有证据证实犯罪所得有部分偿还了犯罪之前的通华公司贷款,有部分为通华公司缴纳了税款,且没有证据证明通华公司的犯罪所得归个人所有,故"本案系通华公司单位犯罪"的上诉理由成立,予以采纳。王红梅、王宏斌的辩护人辩护还提出:"王红梅、王宏斌行贿目的是为了走私,是牵连犯罪,不应实行数罪并罚。"经查,王红梅、王宏斌向海关工作人员行贿40万元的行为,是为了让通华公司逃避海关监管,达到通华公司走私的目的,王红梅作为通华公司直接负责的主管人员,王宏斌作为通华公司直接责任人员行贿亦是通华公司单位行贿,是为单位谋取不正当利益进行走私普通货物犯罪而行贿,故王红梅、王宏斌的行为分别构成走私普通货物罪与单位行贿罪的牵连犯,应以走私普通货物罪从重处罚而不应数罪并罚。其辩护人提出的"本案通华公司行贿与走私普通货物犯罪是牵连犯罪"的理由成立,予以采纳。王红梅的辩护人还提出:"本案通华公司虚开增值税专用发票犯罪与走私普通货物犯罪亦属牵连犯罪。"经查,通华公司虚开增值税专用发票的目的是为了抵扣税款,其走私犯罪活动已经完成,两种犯罪行为不是为了同一目的,两者之间不具有牵连关系,不是牵连犯罪,应分别定罪量刑,实行数罪并罚。原审法院以通华公司没有董事会和账目资料不全、对其犯罪所得尚不能准确认定从而认定本案系自然人犯罪而非单位犯罪的理由不符合最高人民法院《关于审理单位犯罪案件具体应用法律有关问题的解释》的规定,应予纠正;以行贿罪对王红梅、王宏斌定罪量刑不当。原审认定的犯罪事实清楚,证据确实、充分,审判程序合法。依照《中华人民共和国刑事诉讼法》第一百八十九条第(一)、(二)项和《中华人民共和国刑法》第一百五十三条第一款第(一)项、第二、三款、第二百零五条第一、三、四款、第二十五条第一款、第二十六条第一、四款、第二十七条、第三十一条、第五十六条第一款、第六十九条、第六十四条的规定,于2004年12月25日判决如下:

1. 驳回王红梅、王宏斌的部分上诉,维持长沙市中级人民法院刑事判决第1、2项对被告人王红梅、王宏斌犯走私普通货物罪和被告人王红梅犯虚开增值税专用发票罪的定罪部分及第3项对被告人陈一平犯走私普通货物罪的定罪量刑部分和第4项。

2. 撤销长沙市中级人民法院刑事判决第1、2项对被告人王红梅、王宏斌犯走私普通货物罪的量刑部分和犯行贿罪的定罪量刑部分及被告人王红梅犯虚开增值税专用发票罪的量刑部分。

3. 上诉人王红梅犯走私普通货物罪,判处有期徒刑十五年,剥夺政治权利三年;犯虚开增值税专用发票罪,判处有期徒刑十五年,剥夺政治权利二年。决定执行有期徒刑二十年,剥夺政治权利五年。

4. 上诉人王宏斌犯走私普通货物罪,判处有期徒刑十年。

二、裁判要旨

No.3-2-153、154-6　以单位名义实施走私犯罪,没有证据证实违法所得被实施犯罪的个人占有或私分的,应当根据有利于被告人的原则,以单位走私犯罪论处。

在本案中,被告人王红梅、王宏斌代表通华公司伙同被告人陈一平采取由通华公司包税方式签订代理进口合同,自己或通过他人逃避海关监管,将移动电信设备等货物走私进口,偷逃应缴税额的行为,属于以通华公司名义实施的走私犯罪,具体表现为:其一,无论是走私锅炉还是走私移动通信设备,都是通华公司与长沙市烟草专卖局、三力公司、澳门爱达利电信公司、摩托罗拉公司、湖南移动局、爱立信公司等单位签订有关委托代理进口合同、外贸合同、内贸合同的。其二,长沙烟草专卖局、三力公司、湖南移动局、重庆电信局所付款项都是通过通华公司的账号进行的,并由通华公司出具了单位的发票。其三,为了保证以通华公司为买方的对外贸合同卖方的付款,都是通华公司申请中国银行湖南省分行、重庆工行等开立了以卖方为受益人的信用证,然后由内贸合同的买方将货款转账至通华公司在开证行开设的账户中,并由开证行直接从通华公司的账上扣划支付合同价款。其四,走私货物的整个运输、储存、提货过程,都是通华公司作为合同的一方委托华湘公司、天龙公司、威润公司等进行的。付给有关单位的款项也是以通华公司的名义支付的。由此可知,整个走私行为的完成自始至终都是以通华公司这一单位的名义来进行、实现的。其五,本案将移动电信设备等货物走私进口的行为,是由通华公司总经理王红梅决定、指使、同意实施的,所体现的是通华公司这一单位意志,而非王红梅、王宏斌等行为人个人的意志。通华公司的其他职员均在王红梅的组织、指挥、安排下,进行整个走私过程中的部分行为,如将设备逃避海关监管而进口,或者进行一些与走私犯罪相联系的直接或间接的行为,如联系走私设备运输事项,代为走私过程中的付款,直接联系走私入境的人员,向海关人员行贿,等等。显然,这些行为均是以通华公司名义实施的。根据最高人民法院《关于审理单位犯罪案件具体应用法律有关问题的解释》的规定,对于以单位名义实施的犯罪,具有下列情形之一的,应当认定为个人犯罪:一是单位属于个人为进行违法犯罪活动而设立,二是单位设立后以实施犯罪为主要活动,三是违法所得由实施犯罪的个人私分。

根据通华公司设立、日常经营情况的有关证据证实,通华公司于 1993 年 5 月由湖南银发公司与香港威润科技有限公司分别出资,并依法经过有关部门批准、进行工商登记后成立,具有法人资格。其经营范围为机电、电子、医疗器械等。自成立之初一直到 1997 年 7 月,通华公司租赁了湖南电视机厂的一条生产线包括 200 多工人从事显示器的生产、经营,并出资与富丽华合作经营了一个保龄球馆。由此可见,通华公司属于合法成立的具有法人资格的中外合资经营企业,其设立目的并非个人为了进行违法犯罪活动,其从事长达 4 年多的合法经营,亦没有以实施违法犯罪活动为其主要活动。因此,认定本案属于单位犯罪还是个人犯罪的关键在于走私犯罪所得是否为被告人王红梅、王宏斌占有或者私分。

从公诉机关提供的证据来看,被告人王红梅作为通华公司的总经理之所以决定走私移动电信设备等货物,是因为至 1996 年,由于通华公司经营不善等各方面的原因,造成严重亏损,已欠银行贷款达 3000 多万元无力偿还。为了偿还债务,加之湖南移动局又想通过"包税"的方式进口移动电信设备,便决定承接这种本质上属于走私的进口业务。这种主观意图不仅可以从当事人王红梅的口供中看出,而且为本案的客观事实加以证实。从走私犯罪所得的去向看,湖南移动局、重庆移动电信局等单位付给通华公司的款项都进入了通华公司的账户,王红梅、王宏斌等人未直接经手有关单位所付的货款及其代理费。对于有关单位支付给通华公司的款项,除去由王红梅决定支付卖方货款,以湖南移动局、重庆电信局等单位名义补交关税及运输、提货、通关、购买虚开的增值税专用发票以及公司运转、向有关人员行贿等各种成本费用外,所得有部分偿还了通华公司在走私犯罪之前就已形成的欠款,有部分缴纳了通华公司应缴的税款,剩下的走私所得没有任何证据证明王红梅、王宏斌等被告人加以私分而占为己有,因此,根据刑事犯罪事实认定的基本规则,在没有确实、充分的证据证明通华公司走私移动电信设备等货物的违法所得为王红梅、王宏斌等行为人个人私分的情况下,就应作出有利于被告人的事实认定,即王红梅、王宏斌等个人并没有私分通华公司的走私犯罪所得,从而不能认定本案行为是为了王红梅、王宏斌等个人的私利,而应认定是为了通华公司的利益,因而应当认定本案行为属于通华公司单位犯罪,而非王红梅、王宏斌等个人犯罪。故被告人王红梅和王宏斌只分别应承担单位犯罪中直接负责的主管人员和其他直接责任人员的刑事责任。

No. 3-2-153、154-7　走私犯罪行为完成后,以该走私货物让他人虚开增值税专用发票以抵扣税款的,应以走私罪和虚开增值税专用发票罪实行数罪并罚。

牵连犯罪,作为一种以实施某一犯罪为目的,但方法行为或者出现的结果行为又触犯了其他罪名的犯罪形态,其构成必须同时具备以下条件:其一,必须实施了两个以上的独立犯罪行为,即必须存在两个以上的危害行为,且每一行为都符合了某一犯罪的基本构成从而都已独立构成了犯罪。其二,实施的数行为之间在主观上必须是出于一个犯罪目的,即虽然存在两个以上的犯罪行为,但其目的则只有一个,即在为了实施某一犯罪的过程中,所采取的方法或者所出现的结果又触犯了其他罪名,构成了其他犯罪。其三,实施的数行为之间在客观上必须存在着牵连关系。数个行为之间是否存在牵连关系,应当坚持主观方面和客观方面的有机统一。只有在主观上是为了实施一个犯罪目的而实施的数个行为,在客观上存在着不可分离的、内在必然的手段与目的、原因与结果的关系时,才可以认定其间存在着牵连关系。换句话说,在一个犯罪目的的支配下,行为人所要实施的犯罪即目的犯罪与所采取的方法行为触犯的犯罪之间存在着手段与目的的关系,或者所实施的犯罪即原因犯罪与所出现的结果行为触犯的犯罪之间存在着原因与结果的关系时,才可以认定其间存在牵连关系。其四,必须触犯不同的罪名,即数个行为分别具备数个不同性质犯罪的构成条件。以上四个条件,缺一即不可能构成牵连犯罪。具体到本案中的走私移动电信设备等货物进口的行为,与该行为完成后再实施的虚开增值税专用发票的行为,两者虽然属于独立的犯罪行为,并且具备两个完全不同性质犯罪即走私普通货物罪与虚开增值税专用发票罪的构成条件,但两者并不是为了一个犯罪目的,前者是为了将移动电信设备等货物逃避海关监管进口,从而偷逃应缴税款的走私目的,后者则是为了抵扣税款的目的,且虚开增值税专用发票的行为发生在走私移动电信设备等货物的行为完成后,后者既不是前者所必须采取的方法行为,两者之间从而并不存在手段与目的的关系,也不是前者所必然出现的结果行为,走私货物行为完成后根本不会由于为了走私货物这一犯罪目的而再出现虚开增值税专用发票行为这一结果行为,两者之间因而也不存在原因与结果的关系。本案的走私移动电信设备等货物的行为与该行为完成之后再出于抵扣税款的目的实施的虚开增值税专用发票的行为之间,根本不存在牵连犯罪构成所必须具有的牵连关系,因此,对于被告人王红梅应当以走私普通货物罪和虚开增值税专用发票罪并罚。

案例:叶春业走私普通货物案

案例来源:《人民法院案例选》2014 年第 3 辑

主题词:走私普通货物、物品罪　网购海淘

一、基本案情

被告人叶春业,香港特别行政区居民。

2010 年 8 月,叶春业与胥某(淘宝网名“阿布卿”,另案处理)合谋后,由胥某从新西兰组织奶粉货源并空运至香港,叶春业负责在香港接货,并雇用“水客”携带或交给他人安排携带奶粉入境,再发送给上海收货人胥某某。奶粉运抵上海后,叶春业按每罐奶粉人民币 15 元左右的价格向胥某收取“清关”费用。2010 年 8 月至 2011 年 4 月期间,叶春业为胥某走私入境“Karicare(可瑞康)牌”奶粉共计 62407 罐。经海关核税部门核定,上述走私入境的奶粉偷逃税款共计 1554921. 88 元。

上述事实,有深圳市场监督管理局移交的案件材料,文锦渡海关缉私分局出具的抓获经过,文锦渡海关缉私分局出具的扣押物品清单,上诉人叶春业统计提供的数量统计表,从叶春业个人电脑打印并经叶春业签认的“清关费用”清单,上诉人叶春业提供并确认的“阿里旺旺”聊天记录,支付宝账户资料、登录信息,深圳海关缉私局司法鉴定中心出具的深关缉鉴(电子物证)字[2012]055 号《检验报告》,深圳海关缉私局司法鉴定中心出具的深关缉鉴(电子物证)字[2012]056 号《检验报告》,中国检验认证集团深圳有限公司出具的《检验证书》,深圳海关审单处出具的涉嫌走私案件偷逃税款《计核证明书》[深关计税字(11-08)06095 号,深关计税字(12-04)03764 号],相关证人证言及叶春业的供述等证据证实。

二、裁判要旨

No. 3-2-153、154-8　通过互联网进行海外代购,故意违反海关法规,逃避海关监管,运输、携带、邮寄普通货物、物品进出国(边)境,偷逃应缴税额较大的,构成走私普通货物、物品罪。

依据最高人民法院、最高人民检察院、海关总署《关于办理走私刑事案件适用法律若干问题的意见》第五条,行为人明知自己的行为违反国家法律法规,逃避海关监管,偷逃进出境货物、物品的应缴税额,或者逃避国家有关进出境的禁止性管理,并且希望或者放任危害结果发生的,应认定为具有走私的主观故意。本案中叶春业供述他和新西兰籍华人胥某事先商定由他负责将奶粉偷运入境,故认定叶春业主观上的"明知"故意并无异议。实践中行为人对是否"明知"往往有两种辩解:一是辩称不知法,不知道需要缴税;二是辩称商品为自用,没有牟利之目的。针对第一种辩解,可以从行为人的长期行为、涉案商品的性质和数量、逃税金额等方面作具体分析,只要作为人应当知道具有申报纳税义务而未申报便可推定具有"明知"故意。合法的海外代购行为与走私行为最关键的区分就在于进口时是否向海关依法如实申报。针对第二种辩解,因本罪不以牟利目的为构成要件,因此,自用物品超过免税额度而未申报的,也可能构成走私犯罪。

修订前的《刑法》第一百五十三条将本罪量刑与逃税金额直接挂钩。《刑法修正案(八)》取消了偷逃应缴税额的具体数额标准,代之以数额较大、数额巨大、数额特别巨大的原则表述。为了指导具体案件的审理,最高人民法院颁布《关于审理走私犯罪案件适用法律有关问题的通知》,规定在新的司法解释出台前,各地人民法院在审理走私普通货物、物品犯罪案件时,可参照适用 1997 年刑法及最高人民法院《关于审理走私案件具体应用法律若干问题的解释》规定的数额标准。本案中叶春业的逃税金额逾 155 万元,应适用十年以上有期徒刑或者无期徒刑的量刑幅度,但叶春业在共同犯罪中系协助货主走私货物入境的从犯,依法应予减轻处罚,且叶春业归案后能如实供述主要犯罪事实,依法可从轻处罚。一审判决判处叶春业有期徒刑七年,罚金九十万元量刑比较适当。

案例:佳鑫投资有限公司、刘光明等走私普通货物案

案例来源:《人民法院案例选》2016 年第 3 辑

主题词:走私普通货物罪　临时反补贴、反倾销措施保证金的性质

一、基本案情

天津市人民检察院第二分院以被告单位佳鑫投资有限公司(以下简称"佳鑫公司")、天怡国际贸易有限公司(以下简称"天怡公司")、上海泰佳进出口有限公司(以下简称"上海泰佳公司")、上海泰睿国际贸易有限公司(以下简称"上海泰睿公司")、被告人刘光明、魏萍、柯秀丽、王基文、连建光、苏贤艺犯走私普通货物罪提起公诉。其中,指控佳鑫公司于 2010 年 1 月至 2012 年 6 月间,单独走私并与天怡公司等被告单位及被告人共同走私偷逃应缴税额人民币 72000 余万元;天怡公司于 2010 年 4 月至 9 月间委托佳鑫公司包税进口的冷冻产品偷逃应缴税额人民币 20500 余万元。

佳鑫公司及刘光明、王基文的走私犯罪辩护律师对天津海关出具的《涉嫌走私的货物、物品偷逃税款海关核定证明书》核定的偷逃税款数额提出了异议,认为不应将针对产自美国的白羽肉鸡产品所征收的临时反倾销、反补贴措施的保证金(以下简称"临时双反措施保证金")计入偷逃税款数额。

法院经审理查明:被告单位佳鑫公司由被告人刘光明与案外人焦明达共同出资成立,聘用被告人魏萍、柯秀丽等人代理国内客户从境外进口冷冻猪、牛、羊、鸡等副产品业务。2010 年 1 月至 2012 年 6 月间,被告单位佳鑫公司及被告人刘光明、魏萍、柯秀丽逃避海关监管,包税代理进口冷冻产品,代理天怡公司等客户进口冷冻猪、牛、羊、鸡等副产品,偷逃应缴税款共计人民币 374663116.4 元。

被告单位天怡公司主要业务为代理国内客户从美国、巴西、阿根廷、智利、丹麦、俄罗斯等国家进口冷冻鸡副产品,被告人王基文负责天怡公司的全部业务。2010 年 4 月至 9 月间,被告单位天怡公司及被告人王基文以伪报品名的方式委托佳鑫公司进口原产自美国的冷冻鸡副产品,偷逃应缴税款共计人民币 44736973.73 元。

弘辉冻肉店为香港弘辉食品有限公司在大陆地区设立的办事处,并出资成立被告单位上海泰睿公司、上海泰佳公司,连建光、苏贤艺为弘辉冻肉店总经理、副总经理,全面负责弘辉冻肉

店、上海泰佳公司、上海泰睿公司的冷冻产品进口销售业务。2011 年 7 月至 2012 年 2 月间,被告单位上海泰佳公司、上海泰睿公司、弘辉食品有限公司及被告人连建光、苏贤艺以低报价格的方式进口冷冻猪副产品等,偷逃应缴税款共计人民币 633210.22 元。2011 年 7 月至 2012 年 5 月间,上海泰佳公司、上海泰睿公司及被告人连建光、苏贤艺以低报价格的方式进口冷冻猪副产品等,偷逃税款共计人民币 1244311.31 元。

天津市第二中级人民法院于 2014 年 6 月 30 日作出(2013)二中刑初字第 150 号刑事判决:

1. 被告单位佳鑫投资有限公司犯走私普通货物罪,判处罚金人民币三亿八千万元。
2. 被告单位天怡国际贸易有限公司犯走私普通货物罪,判处罚金人民币四千五百万元。
3. 被告单位上海泰佳进出口有限公司犯走私普通货物罪,判处罚金人民币六十四万元。
4. 被告单位上海泰睿国际贸易有限公司犯走私普通货物罪,判处罚金人民币六十二万元。
5. 被告人刘光明犯走私普通货物罪,判处有期徒刑十四年。
6. 被告人王基文犯走私普通货物罪,判处有期徒刑八年。
7. 被告人魏萍犯走私普通货物罪,判处有期徒刑三年,缓刑五年。
8. 被告人柯秀丽犯走私普通货物罪,判处有期徒刑三年,缓刑五年。
9. 被告人连建光犯走私普通货物罪,判处有期徒刑三年,缓刑三年。
10. 被告人苏贤艺犯走私普通货物罪,判处有期徒刑二年,缓刑二年。
11. 案获被告单位佳鑫投资有限公司违法所得人民币一千五百八十九万元、被告单位天怡国际贸易有限公司违法所得人民币五万元、弘辉食品有限公司违法所得人民币二百零一万元及扣押的被告单位佳鑫投资有限公司冷冻产品变价款人民币七千三百一十八万八千三百三十五元二角二分、电脑主机十一台、移动硬盘七只、U 盘二十只依法没收,上缴国库。
12. 继续追缴被告单位佳鑫投资有限公司、天怡国际贸易有限公司、上海泰佳进出口有限公司、上海泰睿国际贸易有限公司的违法所得。

被告单位佳鑫公司及被告人刘光明不服,提出上诉。天津市高级人民法院于 2014 年 11 月 12 日作出(2014)津高刑二终字第 0026 号刑事裁定:驳回上诉,维持原判。

二、裁判要旨

No. 3-2-153、154-9 临时反补贴措施保证金属于临时性特别关税,应计入走私犯罪偷逃的应缴税额。临时反倾销措施保证金属于临时性行政措施,不属于关税,不计入偷逃税额。

根据《中华人民共和国反倾销条例》第二十八条第一款的规定,临时反倾销措施包括征收临时反倾销税与要求提供保证金、保函或其他形式的担保两种,前者在性质上属于临时性特别关税,后者仅属于临时性的行政措施,性质上不属于关税。根据《中华人民共和国反补贴条例》第二十九条第二款的规定,临时反补贴措施的保证金、保函是临时反补贴税的形式,性质上是临时反补贴税,属于临时性的特别关税。

临时反补贴措施的保证金由国务院关税税则委员会决定,而临时反倾销措施的保证金则由商务部决定。从决定主体看,两者的性质也存在差别。

虽然临时反倾销措施的保证金在终裁后被追诉征收为反倾销税,但在刑法上认定犯罪应严格遵循不溯及既往的原则,偷逃该部分金额不应溯及为犯罪。

案例:舟山市某远洋渔业有限公司、李某某走私普通货物案

案例来源:《刑事审判参考》总第 105 集[第 1119 号]

主题词:走私普通货物案　冒用远洋自捕水产品免税资格的行为定性

一、基本案情

被告单位舟山市某远洋渔业有限公司。

被告人李某某,男,1963 年 7 月 4 日出生,系被告单位舟山某公司法定代表人兼总经理。曾因犯走私普通货物罪于 2002 年 1 月 28 日被判处有期徒刑三年,缓刑三年,并处罚金人民币三十万元。因本案于 2012 年 7 月 11 日被取保候审。

舟山市人民检察院以被告单位舟山某公司、被告人李某某犯走私普通货物罪,向舟山市中级人民法院提起公诉。

被告人李某某及其辩护人主要提出:(1)对本案定性为走私有异议,被告单在取得农业部远洋渔业捕捞资格,合法从事远洋捕捞属于合法的免税主体,公司下属的"烟渔608"船在2009年4月1日以后因证件失效而未及时补办,属于行政违规行为,由于捕捞的水产品属于可享受免税的"自捕鱼",因此,被告单位的行为不构成走私罪。(2)价格认证中心的价格结论不能作为本案涉税计价依据,应按向海关免税申报时的价格作为涉税计价依据。

舟山市中级人民法院经审理查明:2008年5月,被告单位海利公司从中国水产烟台海洋渔业公司购买报废鱿钓船"烟渔608",当时该船获得农业部远洋渔业项目确认的免税指标,有效期至2009年3月31日。2009年4月至2010年2月,时任被告单位海利公司法定代表人兼总经理的被告人李某甲在"烟渔608"船未能继续取得农业部远洋渔业项目确认的情况下,仍决定让"烟渔608"船在秘鲁外的公海进行远洋鱿钓作业,并冒用海利公司所属的已获得农业部远洋渔业项目确认的"舟东远822"船、"新世纪五十三"船的免税指标,将"烟渔608"船在秘鲁外的公海先后10次钓得的鱿鱼共计509.617吨向舟山海关申报并免税进口。经鉴定,509.617吨鱿鱼计税价格为3231659.87元,海关核定偷逃税款合计858328.8元。

舟山中级人民法院认为,经依法批准的国内远洋渔业企业,运回在公海捕捞的水产品,属于海关监管的进口货物。被告单位舟山市海利远洋渔业有限公司违反海关法规,冒用远洋自捕鱼免税资格,逃避海关监管,走私进口货物,偷逃税款计人民币85万余元,被告人李某甲作为单位直接负责的主管人员,被告单位及被告人的行为均构成走私普通货物罪。公诉机关指控罪名成立。根据本案走私犯罪的具体事实、社会危害程度以及被告人李某甲到案后能如实供述等情节,可予从轻处罚。依照《中华人民共和国刑法》第一百五十三条、第三十条、第三十一条、第六十四条、第七十二条、第七十三条及最高人民法院、最高人民检察院《关于办理走私刑事案件适用法律若干问题的解释》第二十四条第二款之规定,判决如下:

1. 被告单位舟山市海利远洋渔业有限公司犯走私普通货物罪,判处罚金人民币九十万元。
2. 被告人李某甲犯走私普通货物罪,判处有期徒刑一年,缓刑一年。

一审宣判后,被告单位和被告人均未提出上诉,检察院亦未提出抗诉,该判决已发生法律效力。

二、裁判要旨

No. 3-2-153、154-10　明知远洋渔业项目已经过期,仍违反海关规定冒用其他船舶的远洋自捕水产品免税资格,逃避海关监管,走私进口货物,构成走私普通货物罪。

2000年海关总署、农业部联合制定的《远洋渔业企业运回自捕水产品不征税的暂行管理办法》明确规定:"我国远洋渔业企业在公海或者按有关协议规定,在国外海域捕获并运回国内销售的自捕水产品(及其加工制品),视同国内产品不征收进口关税和进口环节增值税";"远洋渔业企业必须经过农业部批准获得'农业部远洋渔业企业资格证书'方能享受国家上述政策"。远洋渔业企业享受运回自捕水产品不征税政策的必要条件之一是捕捞水产品的渔船必须经农业部远洋项目批准。本案中,被告单位舟山某公司使用的"烟鱼608"船经农业部2008年度第三批远洋渔业项目确认,有效期至2009年3月31日,案发时段已经过期,故其自捕水产品属于普通货物,入境不再享受不征税政策,应适用原产地规则照章征收进口关税和进口环节增值税。该公司办理报关手续时,故意填报该公司已获得农业部2009年度第二批远洋渔业项目确认的"舟东远822船""新世纪五十三号船",属于逃避海关监管的伪报行为,具有走私普通货物的主观故意,在客观上侵害了海关监管程序,构成走私普通货物罪。

案例:吕丽玲走私普通物品案

案例来源:《刑事审判参考》总第110集[第1199号]

主题词:走私普通物品罪　携带金属纪念币入境

一、基本案情

2012 年 2 月 18 日,吕丽玲从香港经罗湖口岸入境,海关工作人员在吕丽玲随身携带的行李内发现 10 枚未向海关申报入境的纪念银币。经中国检验认证集团深圳有限公司鉴定,该 10 枚银币均为 2012 版中国壬辰(龙)纪念币,每枚重 1 千克,面额 300 元。经深圳市价格认证中心鉴定,涉案银币单价人民币 38000 元。经深圳海关审单处稽核,10 枚银币共计偷逃税款人民币 64600 元。

案件审理过程中,深圳市人民检察院以法律规定发生变化为由,决定撤回对被告人吕丽玲的起诉。深圳市中级人民法院认为,深圳市人民检察院要求撤回对被告人吕丽玲起诉的理由符合法律规定,裁定准许广东省深圳市人民检察院撤回对吕丽玲的起诉。

二、裁判要旨

No. 3-2-153、154-11　行为人逃避海关监管,携带纪念币入境,偷逃应缴税额较大的,构成走私普通物品罪。

在我国,贵金属纪念币是指具有特定主题的限量发行的国家法定货币,它由金、银、铂、钯等贵金属或其合成金制作而成。贵金属纪念币作为国家货币具有法定性。但贵金属纪念币又不同于流通人民币,可以买卖。贵金属纪念币既有货币属性,又有商品属性,具有价值和使用价值;其价值是设计雕刻铸造、发行等无差别的人类劳动,使用价值是满足人们收藏、纪念、投资等需求。作为人民币的一个特殊种类,贵金属纪念币还演变成了一种艺术品、收藏品和投资品,其面额不反映其真实价值,其实际价值远高于币面价值。故可以将贵金属纪念币区别于普通的人民币,作为走私普通货物、物品罪的对象。

走私普通货物、物品罪是选择性罪名。根据《中华人民共和国海关法》的规定,进出口"货物"与进出境"物品"的区别包括两个方面:一是实质要件,即货物在进出境环节或进出境目的上属于贸易性质,物品在进出境环节或进出境目的上属于非贸性质;二是形式要件,即货物应当签有合同或协议,物品则不存在合同或协议。故携带贵金属纪念币入境的行为可能构成走私普通物品罪。

No. 3-2-153、154-12　走私关税为零的普通货物、物品的行为可以构成走私罪。

根据相关的海关规定,进口贵金属纪念币无论归入"硬币""贵金属或包贵金属的其他制品""收藏品"何种税则,需缴纳的关税均为零,但仍然可能构成走私罪。原因如下:

第一,依照《最高人民法院、最高人民检察院关于办理走私刑事案件适用法律若干问题的解释》第十八条的规定,"应缴税额"包括进出口货物、物品应当缴纳的进出口关税和进口环节海关代征税的税额。故海关征收关税以外的代征税款也属于海关的监管职责,走私对象包括有关税的货物、物品和无关税但在进口环节由海关代征税款的货物、物品。随着我国对外贸易的发展,有些货物、物品的关税已取消,如果对于走私关税为零的货物一概不作为犯罪处理,将会给海关的监管工作和我国正常的经济秩序带来严重的不利影响。第二,世界上许多国家均把在出入境环节偷逃普通税款的行为认定为走私行为,在我国的司法实践中,也已有很多将此类行为认定为走私罪的案例。第三,从世界对外贸易发展的趋势来看,很多货物的关税都有可能取消,一个国家往往会通过关税以外的方式来控制物品的进出口,在这种贸易发展的大背景下,将在进口环节偷逃税款(即使偷逃的税款中关税为零)的行为认定为走私,符合走私认定观念转变、发展的大方向。

36 虚报注册资本罪(《刑法》第一百五十八条)

案例:周云华虚报注册资本案

案例来源:《刑事审判参考》总第 16 辑[第 99 号]

主题词:虚报注册资本罪　单位犯罪

一、基本案情

被告人周云华,女,1957 年 6 月生,汉族,大专文化,原系华泰房地产旅游开发有限公司副董事长兼总经理。因涉嫌犯虚报注册资本罪,于1995年12月15日被取保候审。

某市中级人民法院经审理查明:1992年4月,经被告人周云华邀约,台湾侨资联合开发有限公司决定在某市设立一公司并委托周云华等人筹备。同年7月8日,台湾侨资公司申请在某市登记注册华泰房地产旅游开发有限公司(以下简称"华泰公司"),并承诺领取执照6个月后按规定投入400万美元作为注册资金。但华泰公司的营业执照颁发后,台湾侨资公司迟迟未按承诺和规定投入注册资金,致使华泰公司1993年度的企业法人年检暂缓通过。1994年6月至7月,台湾侨资公司从乌克兰进口一批钢材。被告人周云华派人到某市海关以华泰公司工程为名办理了进口3815吨钢材的手续,交给台湾侨资公司总经理刘显麟带到天津使用。此批钢材进口后,并没有投入华泰公司工程建设上使用。但台湾侨资公司董事长刘嘉泰、总经理刘显麟与周云华商量决定凭此批钢材的报关单和商检报告骗取验资。1995年3月17日周云华派人凭刘显麟寄来的报关单和商检报告,办理了台湾侨资公司投入89.66万美元的验资手续,骗取了某会师证字(1995)第395号验资报告书的确认结论。同年8月为解决华泰公司最后一期验资,被告人周云华又以该公司名义向香港国际侨民投资集团有限公司借款85万美元进行验资,骗取了某会师证字(1995)第592号验资报告书的确认结论。尔后,被告人周云华派人将85万美元的验资款汇到境外。

某市中级人民法院认为,被告人周云华作为华泰公司总经理,采取欺诈手段虚报注册资本,取得公司登记并通过年检,且虚报注册资本数额巨大,系华泰公司虚报注册资本行为的直接负责的主管人员与直接责任人员,其行为已构成虚报注册资本罪。依照《中华人民共和国刑法》第十二条第一款和第一百五十八条第一款的规定,于1999年9月15日判决如下:

被告人周云华犯虚报注册资本罪,判处有期徒刑一年,缓刑二年,并处罚金17500美元。

一审宣判后,被告人周云华以原判认定与事实不符,其没有犯罪为由,提出上诉。其辩护人提出本案违反诉讼程序,定性不准,应宣告被告人周云华无罪的辩护意见。

某省高级人民法院经二审审理认为,原判决认定被告人周云华的犯罪事实清楚,证据确实、充分,予以确认。被告人周云华受聘为华泰公司副董事长兼总经理,在华泰公司注册登记过程中,伙同台湾侨资公司董事长刘嘉泰、总经理刘显麟故意隐瞒事实真相,虚报注册资本,骗取华泰公司的登记;尔后,又在年检时采取欺诈手段进行验资,且虚报注册资本数额巨大,华泰公司的行为已构成虚报注册资本罪。被告人周云华作为华泰公司总经理,系华泰公司虚报注册资本行为的直接负责的主管人员与直接责任人员,应追究其刑事责任。原判定罪准确,审判程序合法,但对被告人周云华并处罚金不当,应予纠正。据此,依照《中华人民共和国刑法》第十二条第一款、第一百五十八条第二款及《中华人民共和国刑事诉讼法》第一百八十九条第(二)项的规定,于2000年6月19日判决如下:

1. 撤销某市中级人民法院(1997)刑经初字第19号刑事判决中对被告人周云华的罚金部分,维持该判决中以虚报注册资本罪判处被告人周云华有期徒刑一年,缓刑二年的部分。
2. 判处华泰房地产旅游开发有限公司罚金17500美元。

二、裁判要旨

No.3-3-158-1 单位负责人员隐瞒事实真相虚报注册资本,使企业取得公司登记的,应以虚报注册资本罪的单位犯罪论处。

我国《刑法》第三十条规定:"公司、企业、事业单位、机关、团体实施的危害社会的行为,法律规定为单位犯罪的,应当负刑事责任。"根据这一规定,以单位名义实施犯罪,违法所得归单位所有的,是单位犯罪。相对于自然人犯罪,单位犯罪的特征在于:(1)犯罪主体是公司、企业、事业单位、机关、团体,包括国有、集体所有公司、企业、事业单位,也包括依法设立的合资经营、合作经营企业和具有法人资格的独资、私营等公司、企业、事业单位,以及国家机关、人民团体、社会团体等;(2)必须是为单位谋取国家法律、行政法规、地方法规所禁止的利益即不正当利益;(3)必须是以单位名义实施的行为,一般是指由单位集体决定或由负责人员依职权决定实施的行为;(4)法律明文规定为单位犯罪的,单位才可成为犯罪主体。

本案被告人周云华作为华泰公司副董事长兼总经理,在台湾侨资联合开发有限公司为华泰公司注册登记过程中,伙同台湾侨资公司董事长刘嘉泰、总经理刘显麟故意隐瞒事实真相、虚报注册资本,使华泰公司骗取登记,并通过企业年检,其行为系单位犯罪行为。第一,被告人周云华隐瞒事实真相、虚报注册资本的目的是欺骗公司登记管理部门,使华泰公司取得登记,并通过企业年检,也就是说,周云华的行为是为华泰公司谋取不正当利益,而非为个人利益;第二,被告人周云华作为华泰公司的总经理,其决定并实施的虚报注册资本的行为,是以华泰公司的名义实施的,代表的是华泰公司的意志;第三,根据《刑法》第一百五十八条的规定,个人犯虚报注册资本罪要求犯罪主体是特殊主体,即行为人必须是申请公司登记的个人。而根据公司法的规定,有限责任公司"申请公司登记的人"是由全体股东指定的代表或者共同委托的代理人;股份有限公司"申请公司设立的人"是董事长。本案中,华泰公司是有限责任公司,其申请设立人是台湾侨资公司,而周云华不是出资人,不是股东,也不是股东指定的代表,也就是说,从自然人犯虚报注册资本罪的要求看,周云华不符合特殊主体的要求。综上,周云华作为侨资公司聘用的华泰公司高级管理人员,其虚报注册资本的行为,就是华泰公司的行为。华泰公司虚报注册资本,且数额巨大,其行为构成虚报注册资本罪。本案二审法院认定华泰公司犯虚报注册资本罪是正确的。

案例:薛玉泉虚报注册资本案

案例来源:《刑事审判参考》总第 21 辑[第 127 号]

主题词:虚报注册资本罪

一、基本案情

被告人薛玉泉,男,1948 年 8 月 4 日出生,原系山东省黄金工业局局长,兼山东黄金集团有限公司党委副书记、董事长、总经理。因涉嫌犯挪用公款罪,于 2000 年 4 月 19 日被逮捕。

济南市中级人民法院经审理查明:1992 年 4 月至 2000 年 2 月,被告人薛玉泉在担任山东省黄金工业局局长、党委副书记,兼任山东黄金集团有限公司董事长、总经理等职务期间,利用职务上的便利,为他人在工作调整、职务晋升、项目立项、资金划拨、经营等方面谋取利益,或者利用其职权、地位形成的便利条件,通过其他国家工作人员职务上的行为,为他人谋取不正当利益,先后 238 次收受或索取 83 人及单位的现金和财物,受贿总价值共计 1968196. 79 元。案发后,赃款赃物全部被追回。

1997 年 10 月,被告人薛玉泉与山东万通企业有限公司总经理邢某(另案处理)多次商议二人成立私有公司,并确定以薛玉泉之子、邢某之母的名义各出资 50%作为公司股东和发起人申请注册登记,拟定的公司名称为"山东信通企业有限公司"(简称信通公司)。因注册公司需要会计师事务所出具验资报告,邢某在工行济南历下支行文化西路分理处为信通公司开设了验资账户。薛玉泉指使黄金公司财务部部长李某,用本单位 400 万元采取"一进一出"的方式帮助邢某注册公司。李某经与本单位账户所在的工行济南历下支行的工作人员商议安排后,在该支行开设了一个临时账户(注有"黄金"两字),从本公司开出两张各为 200 万元、收款人为信通公司的转账支票,将 400 万元划入该临时账户,并将两张银行进账单交给了邢某。邢用该进账单及虚假的"流动资金资信证明"和其他有关验资所需的资料到山东广信会计师事务所办理验资。同年 12 月 9 日,该会计师事务所到银行查询时,工作人员通过计算机打出了有 400 万元的资金余额表。据此,认为信通公司注册资金全部到位,出具了验资报告。随后,邢向山东省工商行政管理局申请成立信通公司。12 月 15 日,取得了公司登记,工商行政管理机关向其核发了《企业法人营业执照》。12 月 22 日,工行济南历下支行工作人员通过银行内部划转将 400 万元从临时账户划回黄金公司基本账户。该 400 万元在临时账户停留 21 天,黄金公司损失利息 3990 元。

济南市中级人民法院认为:被告人薛玉泉身为国家工作人员,利用职务上的便利及职权、地位形成的便利条件,为他人谋取利益或不正当利益,收受、索取他人财物,构成受贿罪。受贿数额特别巨大,情节特别严重,应依法严惩。鉴于被告人薛玉泉归案后认罪态度较好,能主动坦白交代检察机关尚未掌握的受贿70余万元的犯罪事实,赃款赃物、违法所得全部追回,且有检举揭发他人犯罪线索的表现,可判处死刑缓期二年执行。被告人薛玉泉以设立临时账户,用本公司资金"一进一出"开具假银行进账单的方式,欺骗公司登记主管部门取得公司登记,其行为符合虚报注册资本罪的构成要件。公诉机关指控被告人犯挪用公款罪不当。被告人薛玉泉虚报注册资本数额巨大,构成虚报注册资本罪,应依法惩处。依照《中华人民共和国刑法》第三百八十五条第一款、第三百八十六条、第一百八十八条、第三百八十三条第一款第(一)项、第四十八条、第五十七条第一款、第一百五十八条第一款、第五十九条第一款之规定,于2001年5月23日判决如下:

被告人薛玉泉犯受贿罪,判处死刑,缓期二年执行,剥夺政治权利终身,并处没收财产四万元;犯虚报注册资本罪,判处有期徒刑二年,并处罚金四万元。决定执行死刑,缓期二年执行,剥夺政治权利终身,并处没收财产人民币四万元,罚金人民币四万元。

一审宣判后,在法定期限内被告人不上诉,公诉机关没有抗诉。济南市中级人民法院依法报送山东省高级人民法院核准。

山东省高级人民法院经复核认为:被告人薛玉泉的行为,已构成受贿罪和虚报注册资本罪。原审法院判决认定的犯罪事实清楚,证据确实、充分,定罪准确,量刑适当,审判程序合法。依照《中华人民共和国刑事诉讼法》第二百零一条之规定,于2001年6月6日裁定如下:

核准山东省济南市中级人民法院以受贿罪判处薛玉泉死刑缓期二年执行,剥夺政治权利终身,并处没收财产人民币四万元;以虚报注册资本罪,判处其有期徒刑二年,并处罚金人民币四万元,决定执行死刑缓期二年执行,剥夺政治权利终身,并处没收财产人民币四万元,罚金人民币四万元的刑事判决。

二、裁判要旨

No. 3-3-158-2 未实际转移公款控制权,而以单位资产凭证作为个人公司的注册资本进行验资、骗取公司登记的,不构成挪用公款罪,应以虚报注册资本罪论处。

1. 行为人主观意图的内容是判定行为性质的重要依据

挪用公款罪,是一种故意犯罪,行为人必须有挪用公款的故意才能构成本罪。本案中,被告人薛玉泉指使黄金公司财务部长李某,用黄金公司的400万元以"一进一出"的方式帮助邢某成立信通公司。邢某证实其与薛共谋时未商量过动用黄金公司公款验资,但曾提出可开具假银行进账单进行验资,薛玉泉的妻子对此亦予证实。李某在帮助成立信通公司验资注册过程中,出于资金安全考虑,经与本单位基本账户所在银行的副行长商议安排后,在未预留印鉴和开户申请情况下,开设了临时账户,并将400万元划入。薛玉泉所指使的"一进一出",内容并不明确,但相关证言、李某的具体操作行为及相关会计资料所形成的证据链表明,薛的主观意图就是要搞一个假的进账单(与庭审中的辩解一致),而并非要将本单位的资金挪给信通公司使用。没有证据证明,薛玉泉主观故意的内容是将公款挪借给他人或自己使用。因而,不能认定被告人具有挪用公款的故意。

2. 公款的控制权是否转移,是判定挪用公款行为能否成立的关键因素

挪用公款行为,侵犯的是公款的使用权、收益权,一定时间内也侵犯公款的占有权和处分权。通常情况下,使用公款必须首先占有公款、取得对公款的控制权。只有对特定的公款进行了实际上的控制才能谈得上使用。本案中,李某设立的临时账户是黄金公司与工行济南历下支行协商后开办的,黄金公司划入其临时账户400万元,并非划入信通公司在工行济南历下支行文化西路分理处开设的"验资账户"。尽管银行进账单的收款人是信通公司,但其实质是欺骗公司登记机关的虚假证明,该笔公款的控制权始终在黄金公司。信通公司所持的银行进账单,不具有货币或票据的支付或结算功能,不会对400万元的公款的使用权造成任何风险。虽然注册公司的活动也属于《刑法》第三百八十四条中所指的"经营活动",但款项是否被"挪用",关键在于公款的控制权是否发生转移。400万元公款的使用权并未被非法侵犯。因此,被告人的行为不符合挪用公款罪的行为特征。

3. 对公款的收益是否造成实际损失,不是判定挪用公款行为罪与非罪的标准

挪用公款,在侵犯公款使用权的同时,通常也必然对公款的收益造成损害。公款的收益是否受到损失,是该行为构成挪用公款后的情节因素,而不是区分罪与非罪的标准,有的情况下,挪用公款人在归还本金时甚至还多付一定的利息或使用费,也不能影响挪用公款罪的成立。该案中,经薛的指使,黄金公司在银行开设了临时账户,根据国家的金融法规,公司基本账户上的存款有利息而临时账户上的资金没有利息。黄金公司的400万元在临时账户停留21天,损失利息3990元。对此损失的判定,一方面,不能以公款客观上有了实际损失,就认为是构成了挪用公款罪;另一方面,对该损失应从本质上加以揭示,它实际上是薛滥用职权行为造成的损失,并非公款自身在被挪用过程中形成的损失。

4. 虚报注册资本罪是否成立,应以是否取得公司登记结果为标准

按照《刑法》第一百五十八条规定,虚报注册资本罪是指申请公司登记使用虚假证明文件或者采取其他欺诈手段虚报注册资本,欺骗公司登记主管部门,取得公司登记,虚报注册资本数额巨大、后果严重或者有其他严重情节的行为。也就是说,只要行为人采用虚假证明文件或欺骗手段虚报资本,取得公司登记,具有虚报数额巨大、后果严重或有其他严重情节三种情形之一的,即构成本罪。本案中,被告人薛玉泉伙同他人,以黄金公司临时账户上的银行进账单,冒充其申报设立的信通公司的个人出资,并且使用该虚假的银行进账单及虚假的“流动资金资信证明”等有关资料,欺骗公司登记主管部门,虚报注册资本数额巨大,达400万元,虚报比例为100%,骗取了公司登记和山东省工商行政管理局颁发的《企业法人营业执照》。其行为,严重妨害了国家对公司的登记管理制度,已构成虚报注册资本罪,应依法惩处。本案对被告人薛玉泉用黄金公司临时账户上的银行进账单,假冒个人出资,骗取公司登记的行为,以虚报注册资本罪定罪处罚是正确的。

案例:卜毅冰虚报注册资本案

案例来源:《刑事审判参考》总第86集[第774号]

主题词:虚报注册资本罪　通过中介垫资并于设立前取出垫资的行为定性

一、基本案情

被告人卜毅冰,男,1972年11月29日出生,无锡晋兆燃科贸有限公司(以下简称“晋兆燃公司”)法定代表人。因涉嫌犯虚报注册资本罪于2010年4月22日被取保候审。

江苏省无锡市北塘区人民检察院以被告人卜毅冰犯虚报注册资本罪,向江苏省无锡市北塘区人民法院提起公诉。

被告人卜毅冰及其辩护人对公诉机关的指控无异议。

无锡市北塘区人民法院经公开审理查明:2009年3月,被告人卜毅冰为设立晋兆燃公司[注册资本为人民币(以下币种同)500万元],通过白瑞芳委托江苏朗易国际企业服务中心有限公司(以下简称“朗易公司”)垫付注册资本并办理公司设立登记事宜。朗易公司职员梅红负责银行验资,朗易公司负责人沈志明(另案处理)负责对外筹集资金。2009年4月23日,朗易公司派员到银行开设晋兆燃公司验资账户,沈志明筹集到资金后,向晋兆燃公司验资账户注入资金500万元,并由梅红向晋兆燃公司财务沈丽娟核实查询资金是否到位。4月24日,沈丽娟确定资金到位后,根据晋兆燃公司名称核准通知书股东的出资比例填写进账单,开设验资账户,并以股东卜毅冰的名义办理个人银行卡。沈丽娟将资金存入卜毅冰银行卡内,再转入晋兆燃公司的验资账户。取得验资报告后,4月27日,沈志明、梅红通知沈丽娟到银行将晋兆燃验资账户内的资金转到晋兆燃公司的基本账户,再转存入卜毅冰的银行卡,最后将500万元注入资金悉数取出存入沈志明等人的银行卡。4月28日,晋兆燃公司顺利登记和取得营业执照。

无锡市北塘区人民法院认为,被告人卜毅冰伙同他人在申请公司登记过程中,采用垫资的欺诈手段虚报注册资本,欺骗公司登记主管部门,取得公司登记,其虚报注册资本数额巨大,已构成虚报注册资本罪。卜毅冰归案后能如实供述犯罪事实,当庭自愿认罪,可以酌情从轻处罚。

依照《中华人民共和国刑法》第一百五十八条第一款,第二十五条第一款,第七十二条,第七十三条第二款、第三款之规定,以被告人卜毅冰犯虚报注册资本罪,判处有期徒刑六个月,缓刑一年,并处罚金十五万元。

一审宣判后,被告人卜毅冰不服,提出上诉。卜毅冰及其辩护人以下述上诉意见为由请求二审法院依法对卜毅冰改判免予刑事处罚或单处罚金:(1)卜毅冰具有自首情节;(2)公司在注册成立后补充了投入资本并正常运作、上缴税收,犯罪情节较轻;(3)卜毅冰具有一定的悔罪表现;(4)原判量刑过重。

江苏省无锡市人民检察院出庭检察员认为,上诉人卜毅冰自动投案、如实供述自己的罪行,构成自首。

无锡市中级人民法院另查明,卜毅冰在晋兆然公司会计王尤菊向其转达公安机关对其询问的意向后,于 2010 年 4 月 22 日主动到公安机关接受询问,并作如实供述。其他查明的事实与一审查明的事实基本一致。

无锡市中级人民法院认为,上诉人卜毅冰申请公司登记时,伙同他人采用代垫资的欺诈手段虚报注册资本,欺骗公司登记主管部门,取得公司登记,且虚报注册资本数额巨大,其行为构成虚报注册资本罪。卜毅冰犯罪后自动投案,如实供述自己的罪行,其行为构成自首,依法可以从轻处罚。无锡市人民检察院出庭检察员提出的法律适用意见成立,予以采纳。关于上诉人卜毅冰及其辩护人提出的上诉理由和辩护意见,经查:(1)卜毅冰获悉公安机关欲对其询问,主动到公安机关接受调查,可以视为自动投案,并如实供述其罪行,其行为符合自首的特征。(2)卜毅冰虚报注册资本达 500 万元,虽公司成立后补充注入资本,正常开展经营活动,未实际造成债权人经济损失,但严重侵犯了国家对公司的登记管理制度,且虚报注册资本行为当时,潜在债权人的权利受到威胁,其虚报注册资本的行为不属于情节轻微不需要判处刑罚的情形。但鉴于公司成立后能正常经营、依法纳税,可对其酌情从轻处罚。(3)卜毅冰具有一定的悔罪表现,原判已作考量,二审法院予以确认。(4)综合考虑卜毅冰的犯罪数额、犯罪原因、自首情节、悔罪表现以及公司成立后的经营状况等情况,可适度加大从轻处罚幅度。故上诉人卜毅冰及其辩护人提出的上述上诉理由和辩护意见成立,予以采纳,但其辩护人提出请求免予刑事处罚的辩护意见不能成立,不予采纳。原审判决认定的犯罪事实清楚,但未认定自首的事实,应予纠正。依照《中华人民共和国刑事诉讼法》(1996 年)第一百八十九条第(三)项和《中华人民共和国刑法》第一百五十八条第一款、第二十五条第一款、第六十七条第一款之规定,判决如下:

1. 维持无锡市北塘区人民法院(2011)北刑初字第 0025 号刑事判决的定罪部分。
2. 撤销无锡市北塘区人民法院(2011)北刑初字第 0025 号刑事判决的量刑部分。
3. 上诉人卜毅冰犯虚报注册资本罪,判处罚金十五万元。

二、裁判要旨

No. 3-3-158-3 公司设立过程中,委托中介公司代为垫资、取得验资证明、骗取公司登记,并于公司登记前取出垫资的行为,构成虚报注册资本罪。

虚报注册资本罪与虚假出资罪的不同之处在于,从犯罪客体上看,虚报注册资本罪侵犯的客体是工商行政管理登记制度,虚假出资侵犯的客体是公司出资制度。两罪所侵害的法益也存在一定区别:虚报注册资本使潜在债权人的利益受到威胁,而虚假出资则不仅将潜在债权人的利益置于危险之中,同时还侵犯公司其他股东的实际利益。

本案中,被告人卜毅冰通过中介公司(朗易公司)垫资取得验资证明从而骗取公司登记的行为对股东非但未造成任何不利影响,相反使股东成为既得利益者。因此,本案并不存在侵犯公司其他股东实际利益的情形,不符合虚假出资罪的客体要件。

从行为方式上看,虚报注册资本是公司整体行为,具有对外欺骗性,欺骗对象指向公司之外的登记管理部门;而虚假出资为公司发起人、股东的个人行为,具有对内欺骗性,即必须是部分发起人、股东对公司其他发起人、股东的欺骗。

卜毅冰的行为具有行为整体性与对外欺骗性的特征。由他人代为垫资的计划由公司法定代表人卜毅冰决定,公司会计王尤菊等负责物色代办公司登记中介公司、提供相关资料等具体事务,而公司财务沈丽娟负责验资转账等具体事宜,整个行为分工明确,显得组织有系统性。卜毅冰等人委托他人垫资注入的500万元是为了取得表面真实有效的验资报告,目的在于骗取登记管理部门的核准登记,欺骗行为具有对外指向性。登记管理部门一旦信以为真,即公司一旦登记成功,虚假的注册资本立即被取出归还垫资人。

从行为目的及危害分析,虚报注册资本罪与虚假出资罪的区别也很明显。虚报注册资本行为的目的在于非法取得公司登记;虚假出资行为的目的则在于通过少出资或不出资的方式谋取利益。注册资本作为公司运营资本的一部分,不仅对股东权益起保障作用,同时也是公司承担风险、偿还债务的基本保证,是他人了解公司资信状况的重要窗口,直接关系到交易安全性以及债权人的利益。夸大或者虚构公司的注册资本会造成潜在的交易风险,影响正常的市场经济秩序。可见,虚报注册资本的危害是对相对债权人利益的一种潜在威胁;而虚假出资的危害则显得较为紧迫、现实,使其他出资股东的利益处于实际的危险状态。本案中,被告人卜毅冰为非法取得公司登记,采用垫资验资的方式虚报注册资本,由于公司出资股东只有卜毅冰,根本谈不上对其他出资股东的权益存在现实侵害,但仍存在侵害潜在债权人利益的可能性,所以其行为符合虚报注册资本罪的构成特征。

抽逃出资罪是指公司发起人、股东违反公司法的规定,在公司成立后又抽逃其出资,数额巨大,后果严重或者有其他严重情节的行为。包括为达到设立公司的目的,通过向其他企业借款或者向银行贷款等手段取得资金作为出资,待公司登记成立后,又抽回这些资金的情形。本案抽资行为发生在公司登记成立之前,不符合抽逃出资罪成立的时间条件。资金控制权由中介公司掌握。中介公司所提供的这500万元资金不同于传统意义上的企业间拆借融资,中介公司完全替代了晋兆燃公司,介入到晋兆燃公司设立登记的整个操作流程中来。为了确保注入晋兆燃公司账户巨额资金的安全,以及提高注册登记的效率,中介公司完全掌控晋兆燃公司的账户以及整个资金流向的决定权。与资金拆借不同,中介公司垫付的500万元的注册资金仍属于中介公司财产,卜毅冰并没有占有、使用和处分权,因此根本谈不上有抽离的权利。本案中,抽出资金行为本质上是中介公司对其所有的财产的一种处分行为。被告人卜毅冰自始就有欺骗公司登记主管部门取得公司登记的主观故意。双方对用于公司登记的资金属于中介公司及中介公司必然会抽回资金的事实有清晰的认识。在行为实施之初,双方就有为取得公司登记,通过代办方式骗取登记主管部门的合意,且这一主观故意贯穿整个行为过程。即便卜毅冰与中介公司以代理合同的合法方式掩盖其骗取公司注册登记的非法目的,其代理合同也显属无效。因此被告人的行为不符合抽逃出资罪的构成要件,而成立虚报注册资本罪。

案例:眉山市天姿娇服饰有限公司、张建清等虚报注册资本案

案例来源:《人民法院案例选》2016年第2辑

主题词:虚报注册资本罪　注册资本认缴登记制

一、基本案情

2012年10月,眉山市天姿娇服饰有限公司决定将公司注册资金从100万增加到1000万,以此获取银行贷款。因公司无资金增加,被告人即公司法定代表人、执行董事张建清同被告人即公司总经理袁红军与被告人即眉山市东坡区鑫圆财务咨询事务所刘雪云合谋,由刘雪云帮忙借贷900万元骗取工商登记,事后天姿娇公司支付刘雪云好处费4.5万元。2012年12月11日,被告人刘雪云帮助天姿娇公司验资成功,于次日到眉山市东坡区工商局变更注册资金后,刘雪云和天姿娇公司出纳立即将中国建设银行眉山分行将该公司的验资资金900万元抽走。

四川省眉山市东坡区人民法院于2013年12月26日作出(2014)眉东刑初字第13号刑事判决:被告单位眉山市天姿娇服饰有限公司犯虚报注册资本罪,判处罚金人民币四十万元;被告人张建清犯虚报注册资本罪,判处有期徒刑二年,并处罚金人民币二十五万元;被告人袁红军犯虚报注册资本罪,判处有期徒刑一年八个月,缓刑二年,并处罚金人民币十五万元;被告人刘雪云犯虚报注册资本罪,判处有期徒刑一年六个月,缓刑二年,并处罚金人民币十万元;对被告人刘雪云的犯罪所得4.5万元继续予以追缴,上缴国库。

宣判后,眉山市东坡区人民检察院以原审适用法律错误并导致量刑不当为由提出抗诉。被告人张建清以修改后的《公司法》已将注册资本实缴登记制改为认缴登记制,一审法院未充分考虑其自首情节及本案的实际危害性,对其量刑过重为由提出上诉。

四川省眉山市中级人民法院于2014年6月3日作出(2014)眉刑终字第17号刑事判决:

1. 撤销四川省眉山市东坡区人民法院(2014)眉东刑初字第13号刑事判决。
2. 原审被告单位眉山市天姿娇服饰有限公司无罪。
3. 上诉人(原审被告人)张建清无罪。
4. 原审被告人袁红军无罪。
5. 原审被告人刘雪云无罪。

二、裁判要旨

No.3-3-158-4 虚报注册资本罪只适用于实行注册资本实缴登记制的公司,实行注册资本认缴登记制的公司不构成虚报注册资本罪。

第十二届全国人民代表大会常务委员会在2014年4月24日通过了《关于〈中华人民共和国刑法〉第一百五十八条、第一百五十九条的解释》,明确了虚报注册资本罪的适用范围。根据《关于〈中华人民共和国刑法〉第一百五十八条、第一百五十九条的解释》的规定,虚报注册资本罪只适用于依法实行注册资本实缴登记制的公司。《关于〈中华人民共和国刑法〉第一百五十八条、第一百五十九条的解释》出台前,实行注册资本认缴登记制的公司及相关人员实施的虚报注册资本行为,应采取"从旧兼从轻"的原则,不再适用虚报注册资本罪的规定。

案例:顾雏军等虚报注册资本,违规披露、不披露重要信息,挪用资金再审案

案例来源:《刑事审判参考》总第116集

主题词:虚报注册资本罪 民营企业家犯罪

一、基本案情

(一)关于虚报注册资本的事实

2001年,原审被告人顾雏军为收购科龙电器股权,决定设立以顾雏军及其父亲顾某某为股东、注册资本12亿元的顺德格林柯尔。同年10月22日,顺德格林柯尔凭借广东省原顺德市容桂镇人民政府(后更名为容桂区办事处)出具的担保函,在未经评估与验资的情况下完成公司设立登记并取得营业执照。2002年4月,由于顺德格林柯尔注册资本中无形资产所占比例达75%,远超当时法定20%的限制,工商部门不予年检,后根据容桂区办事处出具的函件,原顺德市工商部门核准了顺德格林柯尔的年检。

为了完善顺德格林柯尔的设立登记手续,降低无形资产在注册资本中的比例,2002年5月至11月间,在原审被告人顾雏军安排下,原审被告人刘义忠、姜宝军、张细汉等人采用将科龙电器1.87亿元在天津格林柯尔和顺德格林柯尔账户之间来回转账的方式,形成天津格林柯尔投资顺德格林柯尔6.6亿元的银行进账单,并制作顺德格林柯尔收到天津格林柯尔6.6亿元投资款的收据和顺德格林柯尔向天津格林柯尔购买制冷剂而预付6.6亿元货款的供货协议。据此,顺德市公诚会计师事务所出具了相应的验资报告。根据该验资报告及天津格林柯尔董事会决议、顺德格林柯尔股东决议等不实证明文件,原顺德市工商行政管理局于2002年12月23日核准顺德格林柯尔的变更登记。变更登记完成后,顾雏军将被置换的6.6亿元无形资产转作顺德格林柯尔的资本公积金。

2005年10月27日,全国人民代表大会常务委员会对《公司法》进行了修订,允许有限责任公司注册资本中非货币财产作价出资的比例最高可达70%。

上述事实,有原第一审及再审开庭审理中经质证确认的容桂镇人民政府和容桂区办事处出具的函件,顺德格林柯尔设立登记、变更登记及年检的工商资料,关于顺德格林柯尔的验资报告,科龙电器1.87亿元用款申请书和用款报告,6.6亿元银行进账单和对账单,天津格林柯尔资产负债表和利润表,广东省科技厅的复函等书证,证人刘某某、莫某、方某某、卢某某、邓某某等人的证言,印章鉴定意见,以及原审被告人顾雏军、刘义忠、姜宝军、张细汉的供述等证据证实。

(二)关于违规披露、不披露重要信息的事实

科龙电器由于2000年、2001年连续亏损,被深圳证券交易所以"ST"标示,如果2002年继续亏损,将会退市。在顺德格林柯尔收购科龙电器法人股,成为科龙电器第一大股东之后,原审被告人顾雏军为了夸大科龙电器的业绩,在2002年至2004年间,安排原审被告人姜宝军、严友松、张宏、晏果茹、刘科等人采取年底封存库存产品、开具虚假销售出库单或者发票、第二年予以大规模退货退款等方式虚增利润,并将该利润编入科龙电器财务会计报告向社会公布。

2006年6月15日,中国证券监督管理委员会(以下简称"证监会")以科龙电器"未按照有关规定披露信息,或者所披露的信息有虚假记载、误导性陈述或者有重大遗漏"等为由,对科龙电器及顾雏军等人作出行政处罚决定,并于同年10月16日作出维持原行政处罚决定的行政复议决定。2007年4月3日,国务院作出行政复议裁决,维持证监会作出的上述行政处罚决定和行政复议决定。

本案侦查期间,侦查机关曾委托会计师事务所对科龙电器实施上述行为"严重损害股东或者其他人利益"的危害后果进行鉴定,但所出具的司法(会计)鉴定意见存在鉴定人不具备司法鉴定人执业资格、鉴定机构选择不符合法律规定等问题。侦查机关还收集了陈某1、陈某2、张某某、陈某3等四名股民的证言,但存在相同侦查人员在相同时间和地点对不同证人取证、连续询问时间超过24小时等问题。

(三)关于挪用资金的事实

1. 涉及科龙电器的2.5亿元和江西科龙的4000万元

2003年,原审被告人顾雏军为收购扬州亚星客车的股权,决定在江苏省扬州市申请设立以顾某某、顾雏军父子为股东的扬州格林柯尔,注册资本10亿元。其中,货币出资8亿元,无形资产出资2亿元。

同年6月18日,为筹集8亿元货币注册资本,时任科龙电器董事长的原审被告人顾雏军在未经科龙电器和江西科龙董事会同意,且在没有真实贸易背景的情况下,指示有关人员从科龙电器调动资金2.5亿元划入江西科龙的银行账户,指使时任江西科龙董事长兼总裁的原审被告人张宏从江西科龙筹集资金4000万元,由张宏具体负责,将该2.9亿元资金在江西科龙、江西格林柯尔和天津格林柯尔三家公司的临时银行账户间连续划转,并于当日转入天津格林柯尔在中国银行扬州分行开设的账户(以下简称"608账户")。同年6月18日至20日,顾雏军又指使张宏以江西格林柯尔的名义贷款约4亿元,连同从格林柯尔系其他公司调拨的1亿余元,采用相同的操作手法转入天津格林柯尔608账户。

同年6月20日,608账户内共有资金8.03亿元,原审被告人顾雏军指使原审被告人张宏等人将其中8亿元分两笔各4亿元划转至扬州格林柯尔验资账户。经验资后,扬州格林柯尔成立,其中顾雏军货币出资7亿元、无形资产出资2亿元,占90%股权;顾某某货币出资1亿元,占10%股权。同年6月23日、24日,顾雏军指示张宏等人将挪用科龙电器的2.5亿元和江西科龙的4000万元归还。

2. 涉及扬州亚星客车的6300万元

2005年3月至4月间,扬州亚星客车与扬州机电签订股权转让合同,约定扬州亚星客车将其持有的扬州柴油机有限责任公司股权转让给扬州机电,扬州机电需向扬州亚星客车支付股权转让款及部分投资分红共计6404万元。其间,受原审被告人顾雏军指派,原审被告人姜宝军以扬州格林柯尔的名义向扬州机电借款,但被扬州机电法定代表人王某某拒绝。2005年4月下旬,时任扬州亚星客车董事的姜宝军在未经扬州亚星客车董事会讨论的情况下,以扬州亚星客车的名义起草付款通知书交给王某某,要求扬州机电在2005年4月26日前将本应支付给扬州

亚星客车的股权转让款和部分投资分红中的6300万元划转到扬州格林柯尔的银行账户。同年4月25日,扬州机电根据该付款通知书要求,将6300万元支付给扬州格林柯尔。付款后,扬州机电收到扬州亚星客车6300万元的结算收据。同年4月26日、27日,该6300万元从扬州格林柯尔账户分别转至江苏格林柯尔和江西格林柯尔,用于归还银行贷款和公司借款。

二、裁判要旨

No.3-3-158-5 《公司法》对无形资产在注册资本中所占比例的限制性规定发生了重大改变,在此背景下将无形资产置换为不实货币资本但并未减少资本总额的,应属于情节显著轻微,危害不大。

1. 本案侦查期间,法律对无形资产在注册资本中所占比例的限制性规定已经发生重大改变。在判断行为是否构成《刑法》第一百五十八条规定的虚报注册资本罪时,需要同时以公司法等其他相关法律法规为依据。如果在行为发生后,相关法律法规作出修改的,就应当适用《刑法》第十二条规定的从旧兼从轻原则,对该行为的社会危害性重新进行评价。本案发生时,因公司法规定无形资产在注册资本中所占比例不得超过20%,原审被告人顾雏军等人以不实货币置换的超出法定上限的无形资产为6.6亿元,占全部注册资本的75%。但全国人民代表大会常务委员会于2005年10月对《公司法》进行了修订,将包含无形资产在内的非货币财产的作价出资比例上限提高至70%,据此,本案以不实货币置换的超出法定上限的无形资产所占比例已由55%降至5%。因此,本案原审审理时,无形资产比例过高的社会危害程度应当根据新修订的法律重新评价,顾雏军等人虚报注册资本行为的违法性和社会危害程度已明显降低,但原审在定罪时对此未予充分考虑。

2. 原审被告人顾雏军等人实施虚报注册资本的行为,与当地政府支持顺德格林柯尔违规设立登记有关。为使科龙电器股份被顺利收购,发展地方经济,原容桂镇人民政府违规向工商部门出具担保函,使顺德格林柯尔在没有提交验资证明、12亿元注册资金并未到位的情况下完成设立登记。其后,因顺德格林柯尔的注册资本结构不符合当时的法律规定,工商部门不予年检,原容桂区办事处又就此发函,原顺德市工商部门违规核准了该公司的年检。顾雏军等人为完善设立登记手续,调整无形资产出资比例,遂向工商部门提出顺德格林柯尔的变更登记申请,并在变更登记过程中实施了以不实货币置换无形资产的行为。可见,该变更登记是原违规设立登记的延续,当地政府及工商部门在顺德格林柯尔设立过程中的不当支持,是其申请变更登记的重要原因。

3. 原审被告人顾雏军等人虚报注册资本的行为,并未减少顺德格林柯尔的资本总额。在案证据证实,在取得顺德格林柯尔的设立登记后,原审被告人刘义忠向工商部门补交一份由顺德市康诚会计师事务所出具的无形资产评估报告,载明顾雏军用于出资的两项发明专利法定有效期内排他性使用权的资产总价值为9.1亿余元。在完成变更登记后,顾雏军并未将9亿元中被置换的6.6亿元无形资产从公司抽走,而是转作公司的资本公积金。因此,顾雏军等人以不实货币置换无形资产的行为,虽然使顺德格林柯尔的注册资本结构发生了变化,但是没有实际减少公司的资本总额。

No.3-3-158-6 违规披露、不披露重要信息罪的成立应证明供虚假财务会计报告的行为严重损害股东或者其他人利益。

原审认定科龙电器提供虚假财务会计报告的行为严重损害股东或者其他人利益的事实不清,证据不足。2006年6月29日,全国人民代表大会常务委员会通过《刑法修正案(六)》,对2005年《刑法》第一百六十一条进行了修改,其后,相关司法解释将该条规定的"提供虚假财会报告罪"修改为"违规披露、不披露重要信息罪"。原审适用《刑法修正案(六)》之前的2005年《刑法》第一百六十一条的规定对原审被告人顾雏军等人定罪处罚,应当适用提供虚假财会报告罪的罪名,却适用了违规披露、不披露重要信息罪的罪名,确属不当。根据《刑法》关于提供虚假财会报告罪的规定,必须有证据证实提供虚假财务会计报告的行为造成了"严重损害股东或者其他人利益"的危害后果,才能追究相关人员的刑事责任。参照最高人民检察院、公安部2001

年《关于经济犯罪案件追诉标准的规定》,"严重损害股东或者其他人利益"是指"造成股东或者其他人直接经济损失数额在五十万元以上的",或者"致使股票被取消上市资格或者交易被迫停牌的"情形。但是,在案证据不足以证实本案已达到上述标准:(1)在案证据不足以证实本案存在"造成股东或者其他人直接经济损失数额在五十万元以上"的情形。(2)本案不存在"致使股票被取消上市资格或者交易被迫停牌的"情形。(3)原审以股价连续三天下跌为由认定已造成"严重损害股东或者其他人利益"的后果,缺乏事实和法律依据。

37 虚假出资、抽逃出资罪(《刑法》第一百五十九条)

案例:孙凤娟等虚报注册资本案

案例来源:《人民法院案例选》2005 年第 1 辑

主题词:抽逃出资罪

一、基本案情

被告单位上海安格投资(集团)有限公司(以下简称"安格投资公司")。

被告人孙凤娟,女,1953 年 7 月 1 日出生,汉族,住上海市普陀区桃浦村印家巷 8 号甲。原系安格投资公司董事局主席。因本案于 2002 年 11 月 15 日被逮捕。

上海市第一中级人民法院经审理查明:1997 年 8 月,被告人孙凤娟在无任何出资的情况下,以由其担任法定代表人的上海珠蜂天然保健品有限公司(以下简称"珠蜂公司")、上海尚杰房地产有限公司(以下简称"尚杰公司")以及由其女儿郁春霞担任法定代表人的上海欣兴实业公司(以下简称"欣兴公司")的名义,通过原上海市青浦县赵屯镇镇长沈卫国的联系,委托上海腾富企业发展公司(以下简称"腾富公司")青浦办事处申请成立上海嘉源企业发展有限公司(以下简称"嘉源公司"),注册资本为人民币 1 亿元(以下所涉币种均为人民币)。腾富公司负责解决注册资本验资所需资金问题,孙凤娟则提供成立嘉源公司所需的相关材料。同年 9 月 3 日,通过沈卫国的联系,腾富公司以上海腾富建筑装潢工程公司(以下简称"腾富装潢公司")的名义,从赵屯信用社获得 1 亿元贷款,然后将此款汇至上海青浦审计事务所,为孙凤娟办理嘉源公司的注册资本验资手续。次日,上海青浦审计事务所出具了关于嘉源公司的三家投资股东已实缴 1 亿元货币资本的验资报告,腾富公司遂用该报告及孙凤娟提供的公司设立登记申请书等申请设立企业所需材料,在青浦县工商行政管理局办理了嘉源公司的注册登记申请手续,并获得了该局的核准。同日,腾富装潢公司将上述 1 亿元贷款归还给赵屯信用社。2000 年 12 月,嘉源公司更名为安格投资公司。

被告人孙凤娟在担任嘉源公司的法定代表人、董事长期间,决定以嘉源公司、尚杰公司、上海正邦计算机网络有限公司(以下简称"正邦公司")的名义共同发起成立上海丁旺投资管理有限公司(以下简称"丁旺公司"),注册资本为 1 亿元,其中由嘉源公司出资 6600 万元,尚杰公司、正邦公司分别出资 1700 万元。1999 年 5 月 5 日,嘉源公司将 4 张收款单位为嘉源公司、总计金额 1 亿元的本票背书至上海上工会计师事务所办理验资,该所于同日出具了关于嘉源公司、尚杰公司、正邦公司已向丁旺公司缴纳前述出资的验资报告。嘉源公司的财务主管朱宁(另案处理)等人受孙凤娟指使,于同月 6 日、7 日分别将前述验资款中的 6800 万元、2923 万元划回嘉源公司的银行账户。同月 7 日,丁旺公司获得了上海市工商行政管理局核发的企业法人营业执照。同月 15 日,丁旺公司更名为上海中经投资管理有限公司(以下简称"中经投资公司")。

2001 年 3 月 26 日,孙凤娟指使嘉源公司的财务人员从中经投资公司划出 4000 万元至珠蜂公司,然后开出本票转至石家庄信托投资公司上海零陵路证券交易营业部股票账户中,再以孙个人的名义申请同额本票,于同月 27 日划入正邦公司开设在深圳发展银行的账户,作为孙个人投资正邦公司的股份,但同日此款即被划回中经投资公司。同月 28 日,上海东亚会计师事务所有限公司出具了关于孙凤娟已向正邦公司缴纳 4000 万元出资款的验证证明,并于同年 4 月 3 日出具了相应的验资报告。同月 5 日,上海市工商行政管理局核准了正邦公司将注册资本增加至

6800万元的变更登记,并向该公司颁发了营业执照。

上海延盛综合服务有限公司(以下简称"延盛公司")成立于1997年4月21日,注册资本为50万元,由上海延中工业贸易总公司、上海延中招待所共同出资组建,其中前者出资40万元,后者出资10万元。2002年1月,孙凤娟在担任安格投资公司(前身为嘉源公司)董事局主席期间,决定由安格投资公司、郁春霞分别受让延盛公司的股份45万元、5万元,然后由安格投资公司出资为延盛公司增加注册资本450万元,其中以安格投资公司的名义增资405万元、以郁春霞的名义增资45万元,并将延盛公司更名为上海翠德国际贸易有限公司(以下简称"翠德公司")。同月29日,上海沪中会计师事务所有限公司出具了关于安格投资公司和郁春霞已向翠德公司增资450万元的验资报告,上海市工商行政管理局于同日向该公司核发了营业执照。同年2月1日,孙凤娟即指使公司财务人员殷美兰将前述增资款中的370万元从翠德公司抽出,通过中经投资公司划入石家庄信托投资公司上海零陵路证券交易营业部股票账户中。2002年5月,经孙凤娟决定,安格投资公司再次出资为翠德公司增加注册资本1500万元,其中以安格投资公司的名义增资1350万元,以郁春霞的名义增资150万元。同月29日,上海沪中会计师事务所有限公司出具了关于安格投资公司和郁春霞已向翠德公司增资1500万元的验资报告。同年6月3日及同月4日,殷美兰受孙凤娟的指使,分两次开具本票,将前述增资款中的1025万元划入正邦公司账户。同月5日,上海市工商行政管理局向翠德公司核发了营业执照。

上海市第一中级人民法院认为,被告单位上海安格投资(集团)有限公司在申请公司登记的过程中,采取欺诈手段虚报注册资本达1亿余元,取得公司登记,数额巨大,其行为已构成虚报注册资本罪;安格投资公司还在公司成立后抽逃其出资达人民币370万元,数额巨大,其行为又构成抽逃出资罪。被告人孙凤娟作为上海安格投资(集团)有限公司、上海珠蜂天然保健品有限公司、上海尚杰房地产有限公司、上海正邦计算机网络有限公司的法定代表人或实际负责人,在申请公司登记的过程中,采取欺诈手段虚报注册资本达2.4亿余元,取得公司登记,数额巨大;在公司成立后抽逃出资达370万元,数额巨大,应对其以虚报注册资本罪、抽逃出资罪的单位主管人员追究刑事责任。据此,根据《中华人民共和国刑法》第一百五十八条、第一百五十九条、第六十九条之规定,判决被告单位上海安格投资(集团)有限公司犯虚报注册资本罪,判处罚金人民币五百万元;犯抽逃出资罪,判处罚金人民币三十万元。决定执行罚金人民币五百三十万元,罚金自本判决生效之日起一个月内向本院缴付;被告人孙凤娟犯虚报注册资本罪,判处有期徒刑三年;犯抽逃出资罪,判处有期徒刑一年六个月,决定执行有期徒刑四年。

二、裁判要旨

No.3-3-159-1 在公司成立并经营一段时间后,为了增加注册资本而进行变更登记,在新的营业执照签发前抽回出资的,不构成抽逃出资罪,应以虚报注册资本罪论处。

一般而言,虚报注册资本罪发生在公司成立前,抽逃出资罪发生在公司成立后。但是,公司成立并非区分两罪的绝对界限。抽逃出资罪发生在注册资本已经到位以后,而虚假出资是以欺诈手段获取公司登记。当一个公司成立后,经过一段时间的运行后,该公司欲增加注册资本进行公司变更登记,在该公司获得变更登记以前,即在变更登记的营业执照签发之前,抽回出资的行为,其实质还是注册资本没有到位,构成虚报注册资本罪。

根据《中华人民共和国刑法》第一百五十八条之规定,虚报注册资本罪是指申请公司登记使用虚假证明文件或者采取其他欺诈手段虚报注册资本,欺骗公司登记主管部门,取得公司登记,虚报注册资本数额巨大、后果严重或者有其他严重情节的行为。上述规定对情节的要求属选择式,即只要虚报注册资本的行为具备数额巨大、后果严重、其他严重情节中的一个情节的,即可构成本罪。本案中孙凤娟在明知珠蜂公司、尚杰公司、欣兴公司并未实际投入1亿元资金作为嘉源公司注册资本的情况下,仍向腾富公司提供了申请设立嘉源公司所需文件,并最终通过腾富公司注册设立了嘉源公司,且虚报注册资本数额巨大,其行为已构成虚报注册资本罪。

38 欺诈发行证券罪(《刑法》第一百六十条)

案例:江苏北极皓天科技有限公司、杨佳业欺诈发行债券案

案例来源:《刑事审判参考》总第125辑[第1387号]

主题词:欺诈发行债券罪 私募债券

一、基本案情

被告人杨佳业系北极皓天公司法定代表人、执行董事,负责公司全面工作。2010年左右,杨佳业代表被告单位与某实验室开展合作。2012年,杨佳业为解决融资问题决定发行私募债券,并由中山证券承销,拟向上海证券交易所申请非公开发行中小企业私募债券。其间,杨佳业的亲属杨锡伦(另案处理)负责公关接待、联系律师出具法律意见书等事务。2013年3月,北极皓天公司在私募债券募集说明书中隐瞒公司尚未建成投产、尚无销售收入和利润的重大事项,提交虚假的审计报告、纳税证明等材料,骗取上海证券交易所备案。9月,在投资者认购意向不足,该债券面临发行失败时,由杨锡伦及被告人杨佳业出面借款,分别以江苏佳钇莹照明科技有限公司和深圳市华庭园投资发展有限公司的名义虚假认购共6700万元,认购完成后随即归还出借人。最终实际募集到嘉实公司认购的2700万元资金。

2016年6月,嘉实公司与中金创新(北京)资产管理有限公司签订债权转让协议,以2635万元的价格转让嘉实公司持有的前述面值为2700万元的债券,但仍由嘉实公司代持。2016年9月,该债券到期后被告单位北极皓天公司未按约支付本息。

法院认为,被告单位北极皓天公司在公司债券募集办法中隐瞒重要事实、编造重大虚假内容,发行公司债券,数额巨大;被告人杨佳业作为北极皓天公司直接负责的主管人员,决定并实施上述犯罪行为,其行为均已构成欺诈发行债券罪。杨佳业到案后如实供述自己的罪行,系坦白,依法可予以从轻处罚。以欺诈发行债券罪,分别判处被告单位北极皓天公司罚金人民币一百万元;被告人杨佳业有期徒刑一年三个月;责令被告单位北极皓天公司向投资者退赔违法所得。

一审宣判后,被告单位北极皓天公司、被告人杨佳业均未提出上诉,检察机关未抗诉,判决已经发生法律效力。

二、裁判要旨

No.3-3-160-1 无论是公募债券还是私募债券,均属于欺诈发行债券罪的行为对象,中小企业发行私募债券属于欺诈发行债券罪的规制范围。

根据《中华人民共和国公司法》的规定,公司债券是指公司依照法定程序发行、约定在一定期限还本付息的有价证券。公司债券按发行方式划分,可分为公募债券和私募债券。公募债券是指按法定手续经国家监督管理机构批准,公开向社会投资者发行的公司债券。私募债券是指以特定的少数投资者为对象发行的债券,发行手续简单,一般不能公开上市交易。但究其本质,私募债券仍然符合"依照法定程序发行、约定在一定期限还本付息"的公司债券的基本特征,因此理应属于欺诈发行债券罪的规制对象。

No.3-3-160-2 应当以结果数额作为欺诈发行债券罪的发行数额进行定罪量刑。

欺诈发行私募债券犯罪的数额存在备案数额、销售数额和结果数额三种类型。本案中,被告单位北极皓天公司在向上海证券交易所备案时,提出拟发行不超过1亿元的债券,这是其备案数额;实际发行过程中,其虚假认购6700万元债券,投资人实际认购2700万元债券,故其销售数额为9400万元;结果数额为2700万元。结果数额是行为人实际募集的数额,除案发前归还以外,往往也是投资人实际遭受损失的数额,因此应当将结果数额作为欺诈发行债券罪的发行数额进行定罪量刑。

案例:丹东欣泰电气股份有限公司及温德乙、刘明胜欺诈发行股票、违规披露重要信息案

案例来源:《刑事审判参考》总第129辑[第1435号]

主题词:欺诈发行股票罪 数罪并罚

一、基本案情

2011年3月30日,被告单位欣泰电气公司提出在创业板上市的申请,因持续盈利能力不符合条件而被证监会驳回。被告人温德乙、刘明胜为达到上市目的,合谋决定组织单位工作人员通过外部接口、使用自有资金或伪造银行单据等方式,采取虚减应收账款、少计提坏账准备等手段,虚构2011年至2013年6月间的收回应收款项情况,采用在报告期末冲减应收款项,下一会计期期初冲回的方式,虚构有关财务数据,并在向证监会报送的首次公开发行股票并在创业板上市申请文件的定期财务报告中载入上述重大虚假内容。2014年1月3日,证监会核准欣泰电气公司在创业板上市。随后欣泰电气公司在《首次公开发行股票并在创业板上市招股说明书》中亦载入了具有重大虚假内容的财务报告。2014年1月27日,欣泰电气公司股票在深圳证券交易所创业板挂牌上市,首次以每股发行价16.31元的价格向社会公开发行1577.8万股,共募集资金2.57亿元。

被告单位欣泰电气公司上市后,被告人温德乙、刘明胜继续沿用前述手段进行财务造假,向公众披露了具有重大虚假内容的2013年年度报告、2014年半年度报告、2014年年度报告等重要信息。2017年7月,深圳证券交易所决定欣泰电气公司退市、摘牌,主承销商兴业证券股份有限公司设立先行赔付专项基金,先行赔付1万余名投资人的损失共计2.36亿余元。

2016年8月26日,侦查人员在被告人温德乙家中向温德乙下达询问通知书,后温德乙随同侦查人员到办案地点接受了询问。同日,刘明胜在丹东市振兴区一茶馆接到侦查人员的电话,侦查人员到达茶馆向其下达询问通知书,刘明胜随同侦查人员到办案地点接受询问。两人到案后,均如实供述了犯罪事实。

二、裁判要旨

No.3-3-160-3 证券业监督管理部门依照证券法规定已对行为人作出终身证券市场禁入措施的,为避免重复处罚,人民法院在判决时,不宜再依据《刑法》第三十七条之一第一款规定对行为人另行判处从业禁止。

本案中证监会已经依据证券法,于2016年7月5日以〔2016〕5号《市场禁入决定书》对温德乙和刘明胜采取终身证券市场禁入措施,自证监会宣布决定之日起,终身不得从事证券业务或担任上市公司董事、监事、高级管理人员职务,是最严厉的从业禁止,为避免重复处罚,不宜再依据《刑法》第三十七条之一第一款另行判处从业禁止。

No.3-3-160-4 虚构财务数据使公司成功上市发行股票,上市后继续违规披露虚假财物会计报告,同时成立欺诈发行股票罪与违规披露重要信息罪,应实行数罪并罚。

上市公司在发行、持续信息披露中的财务造假行为,严重蛀蚀了资本市场的诚信基础,损害投资者利益,应当予以惩治。资本市场财务造假行为主要通过信息违规披露的方式表现出来。对于不同阶段涉财务造假信息的违规披露行为,《刑法》规定了不同的罪名和相应刑罚。欺诈发行股票罪与违规披露重要信息罪是两个独立的罪名,侵犯的法益不同,二者也并非手段与目的的牵连关系,欺诈发行不意味着一定会违规披露,而违规披露也不一定是因为前面有欺诈发行行为。如果同时符合两个犯罪构成,就应当数罪并罚。具体到本案中,被告欣泰电气公司欺诈发行股票行为与违规披露重要信息行为发生在公司上市前后两个阶段。前一阶段欣泰电气公司虚构财务数据,使公司成功上市并发行股票,股票数额巨大,其所侵犯的是国家关于股票发行的管理制度;后一阶段是欣泰电气公司上市后,多次违规披露虚假的财务会计报告,最终导致公司发行的股票被终止上市交易,严重损害股东和他人的利益,其所破坏的是上市公司关于信息披露的管理制度。前后两个阶段的犯罪行为所侵犯的法益和所造成的社会危害均不相同,只有认定两罪,才能全面、客观评价其所犯罪行,真正体现罪责刑相适应原则。

39 违规披露、不披露重要信息罪(《刑法》第一百六十一条)

案例:于在青违规不披露重要信息案

案例来源:《刑事审判参考》总第 90 集[第 824 号]

主题词:违规不披露重要信息罪　背信损害上市公司利益罪

一、基本案情

被告人于在青,男,1950 年 3 月 5 日出生,原江苏琼花高科技股份有限公司法定代表人、董事长、总经理。因涉嫌犯背信损害上市公司利益罪先后于 2010 年 7 月 1 日、2011 年 6 月 30 日被取保候审,2011 年 10 月 28 日、11 月 15 日被监视居住。

江苏省扬州市邗江区人民检察院以被告人于在青犯违规不披露重要信息罪、背信损害上市公司利益罪向扬州市邗江区人民法院提起公诉。

被告人于在青对公诉机关指控的犯罪事实不持异议。其辩护人对违规不披露重要信息罪没有异议,但提出于在青违规担保的风险已经化解,未给江苏琼花高科技股份有限公司造成实际损失,不构成背信损害上市公司利益罪。

扬州市邗江区人民法院经公开审理查明:江苏琼花高科技股份有限公司(以下简称"江苏琼花"),证券代码为 002002,住所地为扬州市广陵区杭集镇曙光路,控股股东为琼花集团,实际控制人为被告人于在青。2006 年 11 月至 2008 年 11 月间,时任江苏琼花法定代表人、董事长的于在青使用江苏琼花公章,以江苏琼花的名义,为明显不具有清偿能力的控股股东琼花集团等关联方提供 24 笔担保,担保金额共计人民币(以下币种同)16035 万元,占江苏琼花 2008 年 12 月 31 日经审计的净资产的 101. 29%。其中,2007 年 11 月 1 日至 2008 年 10 月 31 日连续 12 个月的担保累计金额为 12005 万元,占江苏琼花 2008 年 12 月 31 日经审计的净资产的 75. 83%。江苏琼花对上述担保事项未按规定履行临时公告披露义务,也未在 2006 年年报、2007 年年报、2008 年半年报中进行披露。截至 2009 年 12 月 31 日,琼花集团、于在青均通过以股抵债或者用减持股票款方式向债权人清偿了全部债务,江苏琼花的担保责任已经解除。

2009 年 6 月 24 日,被告人于在青主动到公安机关投案,如实供述了全部犯罪事实。2010 年 3 月 18 日,公安机关对该案立案侦查。

扬州市邗江区人民法院认为,江苏琼花对依法应当披露的重要信息不按规定披露,情节严重,被告人于在青作为江苏琼花的直接主管人员,其行为构成违规不披露重要信息罪。于在青犯罪以后自动投案,如实供述自己的罪行,属于自首,依法可以从轻处罚,并可给予一定的考验期限。公诉机关指控于在青构成违规不披露重要信息罪的事实清楚,证据确实、充分,罪名成立。但指控于在青所犯背信损害上市公司利益罪必须以"致使上市公司利益遭受重大损失"为要件,于在青虽然有向明显不具有清偿能力的关联企业提供担保行为,但其违规担保的风险在公安机关立案前已全部化解,未给江苏琼花造成实际损失。因此,其行为不符合背信损害上市公司利益罪的构成特征,公诉机关指控于在青犯背信损害上市公司利益罪不能成立。据此,扬州市邗江区人民法院依据《中华人民共和国刑法》第一百六十一条,第六十七条第一款,第七十二条第一款、第三款,第七十三条第一款、第三款,第五十二条,第五十三条之规定,以被告人于在青犯违规不披露重要信息罪,判处拘役三个月,缓刑六个月,并处罚金人民币二十万元。

一审宣判后,被告人于在青在法定上诉期内未提出上诉,公诉机关亦未提出抗诉,判决已发生法律效力。

二、裁判要旨

No. 3-3-161-1　上市公司违规披露、不披露重要信息不以给股东和社会公众造成经济损失为成立要件,情节达到一定严重程度即可构成。

违规披露、不披露重要信息罪侵犯的客体是上市公司的信息披露制度和广大股东、投资人的利益。信息披露作为规制证券市场的一项重要法律制度,自产生依赖,在保护投资者、保证证券市场高效运转、有效发挥证券市场的资源配置功能等方面起到了巨大的推动作用。由于现代公司制度下的上市公司所有权与经营权高度分离,广大投资者尤其是中小投资者与上市公司的董事、监事和高级管理人员可能利用实际控制公司的职权便利获取自身利益,而置公司利益于不顾,甚至损害公司及其股东利益。

违规披露、不披露重要信息罪要求行为人客观上必须实施"严重损害股东或其他人利益"的行为或者有"其他严重情节"的行为。对于"严重损害""严重情节"的认定标准,目前尚无司法解释予以明确,实践中一般是参照适用最高人民检察院、公安部2010年5月7日联合制定的《关于公安机关管辖的刑事案件立案追诉标准的规定(二)》的规定。《关于公安机关管辖的刑事案件立案追诉标准的规定(二)》对违规披露、不披露重要信息案规定了以下具体的立案追诉标准:(1)造成股东、债权人或者其他人直接经济损失数额累计在50万元以上的;(2)虚增或者虚减资产达到当期披露的资产总额30%以上的;(3)虚增或者虚减利润达到当期披露的利润总额30%以上的;(4)未按照规定披露的重大诉讼、仲裁、担保、关联交易或者其他重大事项所涉及的数额或者连续12个月的累计数额占净资产50%以上的;(5)致使公司发行的股票、公司债券或者国务院依法认定的其他证券被终止上市交易或者多次被暂停上市交易的;(6)致使不符合发行条件的公司、企业骗取发行核准并且上市交易的;(7)在公司财务会计报告中将亏损披露为盈利,或者将盈利披露为亏损的;(8)多次提供虚假的或者隐瞒重要事实的财务会计报告,或者多次对依法应当披露的其他重要信息不按照规定披露的;(9)其他严重损害股东、债权人或者其他人利益,或者有其他严重情节的情形。由上述标准可知,违规披露、不披露重要信息罪的成立,并不要求对股东和社会公众的经济利益造成实际损失,情节达到一定严重程度亦可构成本罪。

本案中,被告人于在青作为上市公司的法定代表人和董事长,对上市公司依法应当披露的担保信息未按规定披露,担保金额达1.6亿余元,担保金额已经超过公司净资产,其中连续12个月的担保累计金额占净资产的比例远远超过50%,而且连续3年对应当披露的重要信息不按照规定披露。虽然本案违规不披露重要信息的行为具体给股东和社会公众造成多大的经济损失不好认定,但根据上述情节,认定其构成违规不披露重要信息罪没有任何问题。

No.3-3-161-2 上市公司直接负责的主管人员违规向不具有清偿能力的控股股东提供担保,未造成实际损失的,不构成背信损害上市公司利益罪。

根据《刑法》第一百六十九条之一的规定,成立背信损害上市公司利益罪,必须是上市公司的董事、监事、高级管理人员违背对公司的忠实义务,客观上实施了利用职务便利,操纵上市公司,致使上市公司利益遭受重大损失的行为。

1. 从主体要件分析。构成本罪的主体必须是上市公司的董事、监事、高级管理人员、控股股东或者实际控制人。本案被告人于在青是上市公司江苏琼花的法定代表人、董事长,其主体身份适格。

2. 从客体要件分析。本罪侵犯的客体是公司董事、监事、高级管理人员职务的廉洁性和上市公司的经济利益。其中,行为人违背对公司的忠实义务是构成本罪最基本的特征之一。对于公司的董事、监事、高级管理人员而言,这里的"忠实义务"具体体现在:对公司事务应当忠诚尽力、忠实于公司;当其自身利益与公司利益相冲突时,应当以公司利益为重,不得将自身利益置于公司利益之上;必须为公司利益善意处理公司事务、处置其所掌握的公司资产,不得受关联企业支配"掏空"公司资产、损害公司利益。于在青未将公司利益始终放在第一位,且未为公司利益善意处置其所掌握的公司资产,应当认定其违背对公司的忠实义务。

3. 从客观要件分析。具体又包括行为要件特征和结果要件特征。

(1)行为要件特征。根据《刑法》第一百六十九条之一的规定,成立背信损害上市公司利益罪要求行为人必须实施了操纵上市公司的行为。《刑法》第一百六十九条之一明文列举了五项具体行为。其中,第(四)项为"为明显不具有清偿能力的单位或者个人提供担保,或者无正当理由为其他单位或者个人提供担保"。本案中,被告人于在青利用其担任江苏琼花法定代表人的职务便利,为明显不具有清偿能力的控股股东等关联企业提供担保,符合背信损害上市公司利益罪的行为要件特征。(2)结果要件特征。根据刑法规定,成立背信损害上市公司利益罪必须以“致使上市公司利益遭受重大损失”为要件。如果行为在客观上未给上市公司造成重大损失的,就不符合背信损害上市公司利益罪的客观要件特征。参照《关于公安机关管辖的刑事案件立案追诉标准的规定(二)》第十八条的规定,“致使上市公司利益遭受重大损失”一般是指致使上市公司直接经济损失数额在150万元以上或者致使公司发行的股票、公司债券或者国务院认定的其他证券被终止上市交易或者多次被暂停上市交易。从本案情况看,被告人于在青的背信行为,不存在致使公司发行的股票、公司债券或者国务院认定的其他证券被终止上市交易或者多次被暂停上市交易的情况。于在青虽然操纵上市公司向明显不具有清偿能力的关联企业提供担保,但是在公安机关立案前,琼花集团、于在青均通过以股抵债或者用减持股票款方式向债权人清偿了全部债务,积极解除了江苏琼花的担保责任,从而未给江苏琼花造成直接经济损失。因此,于在青的行为不符合背信损害上市公司利益罪的结果要件特征,不构成背信损害上市公司利益罪。

40 妨害清算罪(《刑法》第一百六十二条)

案例:沈卫国等挪用资金、妨害清算案

案例来源:《刑事审判参考》总第35集[第269号]

主题词:单位犯罪　主体　妨害清算罪

一、基本案情

被告人沈卫国,男,1962年7月1日出生,高中文化,原系上海和城实业有限公司五金分公司经理。因涉嫌犯贪污、挪用公款罪,于1999年7月23日被逮捕。

被告人徐金华,男,1959年6月24日出生,高中文化,原系上海和城实业有限公司五金分公司管理人员。因涉嫌犯贪污、挪用公款罪,于1999年5月23日被逮捕。

被告人汪瑞涛,男,1958年3月14日出生,高中文化,原系上海和城实业有限公司五金分公司管理人员。因涉嫌犯贪污、挪用公款罪,于1999年7月23日被逮捕。

上海市长宁区人民法院经审理查明:上海中山建设实业发展总公司(以下简称“中山公司”)原系长宁区建设委员会(以下简称“长宁区建委”)管辖下的一个国有公司,上海和城实业有限公司(以下简称“和城公司”)系长宁区市政建设开发总公司(以下简称“市政公司”)的子公司。1995年7月,被告人沈卫国受聘于和城公司。1996年10月,沈卫国承包经营和城公司所属的和城商场,承包期1年,沈卫国聘用徐金华、汪瑞涛从事管理。承包之初,沈卫国征得和城公司总经理张景华同意,将和城商场转包给孙涛经营;和城公司专门设立五金工具部,交由沈卫国、徐金华、汪瑞涛共同负责经营。从1996年10月至1997年7月31日止,和城公司以广告费、橱窗、代发工资、打字费、自行车、拨款等方式,逐步向五金工具部投入资金约人民币31.636978万元。1997年8月,和城公司成立五金分公司,取得了非独立核算、非企业法人的营业执照,任命沈卫国为负责人,采用赊账方式经营。1997年10月,和城商场承包到期,和城公司未向沈卫国收取商场承包费10万元,也未与沈签订五金分公司的承包合同。

1997年9月底,长宁区建委宣布由中山公司接管市政公司及其下属管理的企业,包括和城公司。中山公司经过调查决定对市政公司下属的全部三产企业进行自我清理和整顿,并于1998年4月7日成立清理小组负责和城公司日常工作,召开和城公司全体职工会议,宣布停止总经理张景华的工作,要求和城公司所属企业的印章全部移交清理小组。因考虑五金分公司经营情况较好,清理小组同意五金分公司继续经营,但要求五金分公司1万元以上的货款支付必须得到清理小组同意,并收缴了五金分公司的支票印鉴章。

1998年3月,三被告人共谋设立私营公司,由被告人徐金华具体操作。徐金华办理私营企业注册登记时得知,验资需个人拥有物资,并拥有一定比例的资金方可进行。于是,三名被告人经商议,由汪瑞涛伪造一份关于五金分公司现库存货物(金额113万元)归该三人所有的书面证明,连同分公司的10万元资金一并转入上海杨浦审计事务所进行验资。1998年4月底,富劳公司注册成立,5月上旬,用于验资的10万元归还分公司。7月初,富劳公司在上海市民京路开设门市部,从事五金工具的经营活动,由徐金华负责。

同年5、6月,清理小组从月份报表上发现五金分公司出现亏损现象,要求沈卫国说明亏损原因。三名被告人无视清理小组的要求,不愿如实汇报五金分公司的经营状况,且五金分公司账册开设混乱。中山公司经研究认为,五金工具项目与中山公司经营的内容不相符,决定关闭五金分公司,并于7月28日将该决定告诉沈卫国。沈卫国向清理小组提出由沈卫国、徐金华、汪瑞涛3人买断五金分公司,将自己的劳动关系先行调入和城公司,再转入街道的要求,清理小组表示可以考虑,让沈卫国提出书面申请。之后,沈卫国等人以落实劳动关系和对中山公司要求其支付承包费47万余元的数额有异议为由,一方面与清理小组进行交涉,一方面开设富劳公司第二门市部,将五金分公司的大部分库存物资转移隐匿到该门市部仓库内,并对所转移的商品部分作退货处理,部分与供货单位重新签订销售合同。同年9月底,清理小组得知上述情况,于10月9日向沈卫国发出在7日内移交五金分公司全部资产、账册的书面通知;10月13日清理小组与沈卫国、徐金华面谈时再次强调了7天内移交的决定,两人答应办理移交。嗣后,三名被告人将账册全部转移,并成立富劳公司第三门市部,由沈卫国负责,然后将分公司剩余的库存物资全部搬空,为此,中山公司于1999年4月向警方报案。

经司法审计:从1996年10月至1997年7月,和城公司向五金分公司提供启动资金人民币31.6万元,至1998年4月30日五金分公司利润有人民币17.1万余元;五金分公司库存物资1998年3月为人民币113.75万余元;6月为人民币115.16万余元。

长宁区人民法院认为:被告人沈卫国、徐金华、汪瑞涛系和城公司聘用人员,利用经营管理五金分公司的职务便利,挪用资金人民币10万元进行私营企业的验资活动,其行为符合《刑法》第二百七十二条第一款的挪用资金归个人使用,虽未超过3个月,但符合数额较大、并从事营利活动的规定,均已构成挪用资金罪,应依法惩处。鉴于所挪用的资金仅用于验资,并已全部及时归还的事实,在量刑时可酌情予以考虑。被告人沈卫国、徐金华、汪瑞涛作为五金分公司直接负责的主管人员和直接责任人员,在明知清理小组已进驻和城公司依法履行对公司资产的清算,且对分公司的清算作出明确规定的情况下,为牟私利,未经清理小组的许可,在五金分公司未清偿债务前,隐匿财产,并擅自处分五金分公司资产,妨害清算程序的正常进行,并严重损害了债权人和其他人利益,其行为又均已构成妨害清算罪,应依法数罪并罚。检察机关指控三被告人的行为构成犯罪的基本事实清楚,但定性有误,应予纠正。为保护公司财产所有权不受侵犯,维护国家对公司的破产清算制度,依照《中华人民共和国刑法》第二百七十二条第一款、第一百六十二条、第二十五条第一款、第六十九条、第六十四条之规定,判决如下:

1. 被告人沈卫国犯挪用资金罪,判处有期徒刑六个月;犯妨害清算罪,判处有期徒刑三年,并处罚金人民币四万元;决定执行有期徒刑三年,并处罚金人民币四万元。

2. 被告人徐金华犯挪用资金罪,判处有期徒刑一年;犯妨害清算罪,判处有期徒刑二年,并处罚金人民币三万元;决定执行有期徒刑二年六个月,并处罚金人民币三万元。

3. 被告人汪瑞涛犯挪用资金罪,判处有期徒刑六个月;犯妨害清算罪,判处有期徒刑二年,并处罚金人民币三万元;决定执行有期徒刑二年,并处罚金人民币三万元。

4. 违法所得予以追缴。

一审宣判后,被告人沈卫国未上诉,被告人徐金华、汪瑞涛不服,向上海市第一中级人民法院提出上诉。

被告人徐金华、汪瑞涛上诉称:和城公司没有依法进入破产或歇业程序,不存在对分公司的破产清算;未实施妨害清算的转移、隐藏、私分财产行为。其辩护人提出:被告人并未隐匿财产,所转移的库存物资是代销产品,且债权债务关系已转移至富劳公司,没有对债权人造成无法偿还的债务等严重损失;分公司不存在17.1万元的利润,未给分公司造成损失。原判认定被告人犯有妨害清算罪依据不足。

上海市人民检察院第一分院出庭支持公诉意见称:原判认定的三被告人挪用资金罪、妨害清算罪的事实清楚,证据确实、充分;三被告人具有隐匿公司财产或者在清算阶段隐匿公司财产的行为,在明知上级公司要对和城公司进行清算的前提下,转移了分公司的所有财产,对这一转移行为没有正式向和城公司汇报,说明主观上有隐匿财产的故意,客观上实施了隐匿财产的行为;虽被告人称是退货,之后再将债权债务转移给富劳公司,并以此否认属法律规定的隐匿财产行为,但这一行为的核心还是妨害了和城公司的清算活动;和城公司对分公司的投资被转移后就成为明确的非法所得,故原审判决此项是有依据的。建议二审法院驳回上诉,维持原判。

上海市第一中级人民法院审理后认为:中山公司根据长宁区建委的决定,在接管市政公司及其下属管理的企业之后,对所属企业进行内部调整和清理,派遣清理小组进驻和城公司进行清理整顿,决定关闭、清算和城公司下属分公司等行为,均属于企业内部的资产调整,合法有据。尽管和城公司没有进入破产程序,但法律规定公司、企业的关闭、合并或破产均可以进行清算,除有破产清算的特殊程序外,还有非破产清算程序。中山公司作为上级主管单位,有权对本公司内部进行清算。上诉人关于和城公司没有依法进入破产程序或歇业程序,不能对分公司进行清算的辩解缺乏法律依据。

沈卫国、徐金华、汪瑞涛三被告人在清理小组已经进驻和城公司,依法对分公司进行清算,要求移交分公司资金、账册的情况下,仍有意隐匿公司的财会账册,擅自处置公司财产,将库存商品转移至私营企业,作退货处理或进行债权债务转移,其行为客观上妨害了清算程序的正常进行。故上诉人辩称不存在妨害清算的转移、隐藏、私分财产的行为和辩护人提出并未隐匿财产的理由不能成立。

司法部司法鉴定中心的《司法会计鉴定书》中,对分公司会计记录中记载的其他应收款科目进行了论证。由于分公司存在将未收到的实际返利款记入"其他应收款",造成商品销售成本减少、利润增加的情况,因此在司法会计鉴定时剔除了虚盈部分,认定"1997 年 12 月底,分公司账面反映利润 153771.96 元,调减增加利润 182554.36 元,利润为负 28782.40 元;1998 年 6 月底本年利润累计为 13710.64 元;1998 年 7 月至 9 月合并记账,本年利润累计为负 26170.53 元;分公司 1998 年 6 月库存商品价税金额 115.16 万余元"。否定了一审法院关于分公司至 1998 年 4 月 30 日利润为 17.1 万余元的审计结论。据此,辩护人关于司法审计出利润为 17.1 万元并不存在的意见,予以采纳。

沈卫国、徐金华、汪瑞涛实施的擅自处分分公司库存物资和债权债务的行为,客观上妨害了清算程序的正常进行,但根据现有证据,认定该行为严重损害了债权人或者其他人利益的证据不足。首先,分公司采用的是赊账经营方式,库存物资的所有权并不属于和城公司,只有所赊账的物资被卖出或处置后,和城公司与供货单位才能形成债权和债务关系。而三被告人将分公司库存商品逐步搬入富劳公司后,及时对库存商品分别做了退货或重新开具发票等处理,与供货单位建立了新的债权债务关系;也正因为此,至今未发生赊账单位与和城公司因为沈卫国等人的上述行为而引起的债权债务纠纷和诉讼。因此,根据现有证据,无法认定沈卫国、徐金华、汪瑞涛实施的转移库存商品的行为,造成了债权无法偿还等严重损害债权人利益的后果。其次,分公司成立之初,和城公司以帮助支付广告费、打字费、招聘费、拨款等形式向分公司进行了 316369.78 元的投资,但这些投资基本上都消耗于五金分公司经营活动中,且和城公司已陆续从分公司提回现金 5.8 万元,因而,所投资款不能简单的加减认定 25 万余元,实际情况应当考虑有消耗因素存在;另外,据会计鉴定显示,分公司在案发前已经营亏损人民币 5.4 万余元。因此,认定沈卫国、徐金华、汪瑞涛在清算期间转移财产等行为造成了和城公司巨额财产损失的证据也不充分,辩护人关于三被告人的行为未造成严重损失的意见可以成立。

综上,被告人徐金华、汪瑞涛、沈卫国均系公司聘用人员,利用经营、管理上海和城实业有限公司五金分公司的职务便利,擅自将分公司的人民币 10 万元,用于私人开办公司验资,其行为已构成挪用资金罪,依法应予处罚。原审判决根据本案挪用资金的犯罪事实、性质、情节及对社会危害程度等,依法对沈卫国、徐金华、汪瑞涛所作出的定罪量刑并无不当,且审判程序合法,应予维持。被告人徐金华、汪瑞涛和沈卫国在中山公司对和城公司所属的分公司进行清算过程中,实施了隐匿和擅自处分分公司财产的行为,客观上妨碍了公司的正常清算活动,具有一定社会危害性和违法性。但根据现有证据无法认定该妨害清算行为已经达到严重损害债权人利益以及造成和城公司巨额财产损失的后果,根据《刑法》第一百六十二条关于妨害清算罪必须"严重损害债权人或其他人利益"的规定,该行为不构成妨害清算罪。原判认定沈卫国、徐金华、汪瑞涛三人构成妨害清算罪不当,二审应予纠正。

据此,上海市第一中级人民法院依照《中华人民共和国刑事诉讼法》第一百八十九条第(一)、(二)项及《中华人民共和国刑法》第二百七十二条第一款、第二十五条第一款之规定,判决如下:

1. 撤销上海市长宁区人民法院的刑事判决;
2. 被告人徐金华犯挪用资金罪,判处有期徒刑一年;
3. 被告人汪瑞涛犯挪用资金罪,判处有期徒刑六个月;
4. 被告人沈卫国犯挪用资金罪,判处有期徒刑六个月。

二、裁判要旨

No. 3-3-162-1　不具有法人资格的公司分支机构,若具有相对独立的经营权,可对外发生民事法律关系的,应当认定为单位犯罪的主体。

作为单位犯罪,妨害清算罪只能由单位实施。五金分公司是和城公司下属的不具有法人资格的分支机构,其能否构成单位犯罪的主体呢?答案是肯定的。单位犯罪中的单位,不以法人资格为要件,公司的分支机构,只要具有相对独立的经营权,可以单独对外发生民事法律关系,其行为同样应认定为单位行为,其所实施的犯罪同样应认定为单位犯罪。这一点,最高人民法院 2001 年发布的《全国法院审理金融犯罪案件工作座谈会纪要》中予以了明确说明,以单位的分支机构或者内设机构、部门的名义实施犯罪,违法所得亦归分支机构或者内设机构、部门所有的,应认定为单位犯罪。该《纪要》同时强调指出,不得以单位的分支机构或者内设机构、部门没有可供执行罚金的财产,就不将其认定为单位犯罪,而按照个人犯罪处理。据此,本案中沈卫国等三被告人作为五金分公司的经理等管理人员,在上级公司决定对分公司进行清理、关闭前后,未经清理小组同意径行以分公司的名义处理、转移分公司的库存及代销物资,且拒绝移交分公司账簿的行为,应当认定为单位行为。

No. 3-3-162-2　在公司清算中,擅自处理,转移库存及代销物资,拒绝移交账单等行为,若没有损害到相关侵权人及其他利害关系人利益的,不构成妨害清算罪。

在本案中,沈卫国等三被告人在清理小组进驻和城公司,对分公司进行限制经营及至作出关闭决定期间,擅自处置分公司财产,将分公司的库存物资以退货等形式转移至他公司,因属债权债务共同移转,公司财产并未因之受到损失,债权人及其他利害关系人的利益亦未因之受到损害,明显不属隐匿、分配公司财产行为;三被告人故意隐匿分公司财会账册、拒不交出的行为,与在依据法律规定由清算组编制的资产负债表或者财产清单上做虚伪记载毕竟不同,且经审理查明该隐匿财会账册行为、拒不交出行为并无隐瞒公司实际财产之故意,亦未对公司财产构成实质损害,故三被告人的行为虽在一定程度上对公司的清算可能会造成妨碍,但不应认定为《刑法》第一百六十二条规定的妨害清算行为。

41 隐匿、故意销毁会计凭证、会计账簿、财务会计报告罪(《刑法》第一百六十二条之一)

案例:兰永宁故意销毁会计凭证、会计账簿,贪污、受贿案

案例来源:《人民法院案例选》2014 年第 1 辑

主题词:销毁会计凭证、账簿罪　会计凭证的认定

一、基本案情

公诉机关指控:

1. 隐匿、故意销毁会计凭证、会计账簿罪

2006 年至 2007 年 8 月,被告人兰永宁在担任中铁二十五局集团柳州公司副总经理兼黄织

项目部经理期间,安排其下属以虚假计价等手段通过民工作业队套取工程款,设立账外资金并由周剑明进行管理。2007年8月,兰永宁调任中铁二十五局集团柳州公司总经理,当年9月,兰永宁将周剑明保管的会计凭证、会计账簿要走并烧毁。经查,会计凭证、会计账簿涉及金额人民币524万余元。

2. 贪污罪

(1)2007年7月,兰永宁利用担任中铁二十五局集团柳州公司副总经理兼黄织项目部经理的职务便利,安排其下属虚列工程计价,套取公款人民币10万元,除7万元用于购置礼品外,余3万元暂由周剑明保管。当年8月,兰永宁调离黄织项目部任柳州公司总经理,兰永宁以为公司办事为借口,要周剑明将该3万元转入其个人账户。2007年10月23日,周剑明通过银行将该款转给兰永宁,当日兰永宁将该3万元用于支付其在足球赌博中所输的赌资。

(2)2007年至2010年间,被告人兰永宁利用担任中铁二十五局集团柳州公司总经理、西南经营部部长的职务便利,以办公事为借口,先后多次从其下属的沾昆项目部、仁丽项目部非法占有公款共计人民币38万元,其中302260元被其用于支付足球赌博中所输的赌资。

3. 受贿罪

2007年至2011年间,兰永宁利用担任中铁二十五局集团柳州公司副总经理兼黄织项目部经理、柳州公司总经理、西南经营部部长、川桂区域指挥部副指挥长等职务便利,先后多次向在其下属项目部承包工程的民工队老板李煊兴、李林等人索要钱财共计人民币104万元。其中:从李煊兴处索贿15万元、从李林处索贿89万元。

被告人兰永宁辩称:(1)烧毁的主要是一些无法入账的白条、收据,非正规账,不是正式的会计凭证、会计账簿,所以不构成故意销毁会计凭证、会计账簿罪。(2)周剑明转账存入其账户的3万元是报销的钱,票据具体给了黄织项目部的哪个人记不清了。虽然该3万元当天转出去了,但是报销所得,故不属于贪污。(3)非法占有沾昆项目部、仁丽项目部38万元的指控中:2007年10月份转到其账户的12万元是向陈祖祥的个人借款;陈祖祥在成都宾馆送6万元现金的事,其记不清了,如果有也是用于公事;2009年11月,陈祖祥安排李铁安转到蓝永胜账户的15万元,用于改善中铁二十五局集团西南经营部的办公条件,购置办公设备和办公家具等支出了;2010年9月陈祖祥安排李铁安转到梁天罡账户的5万元,是仁丽项目部还其的4万元和其报销的钱,仁丽项目部清概时,项目部总工林航向其借了4万元。(4)从未找李煊兴要过钱。(5)李林转给其的89万元是借款,不是索贿。其与李林私人交情好,2006年李林向其借15万元也是没借条的。目前还欠李林约20万元未还,还钱大多数是现金还的,有过1～2次大概10万元是转账还的。

法院经审理查明:

1. 故意销毁会计凭证、会计账簿

被告人兰永宁在任中铁二十五局集团柳州公司副总经理兼黄织项目部经理期间,安排有关人员以虚假的工程或劳务计价,通过施工作业队套取工程款,套取的工程款由黄织项目部综合部副部长周剑明负责管理。2007年7月,兰永宁任中铁二十五局集团柳州公司总经理,当年9月被告人兰永宁将周剑明保管的账外资金的有关报销凭证、单据、记账本等要走并烧毁。经查,被烧毁的凭证、单据、账册涉及金额人民币达524万余元。

2. 贪污

2007年7月,被告人兰永宁利用其担任中铁二十五局集团柳州公司副总经理兼黄织项目部经理的职务便利,安排相关人员虚列工程,通过李林的施工作业队,套取公款人民币10万元,其中7万元用于购置礼品,余3万元暂由周剑明保管。当年8月,被告人兰永宁任中铁二十五局集团柳州公司总经理,不再兼黄织项目部经理。后来,被告人兰永宁要周剑明将该3万元给其办事用。2007年10月23日,周剑明将该款转入被告人兰永宁的建行账户,当日被告人兰永宁将包含该3万元在内的。20万元转账到梁天罡的账户。

3. 受贿

(1)被告人兰永宁利用担任中铁二十五局集团柳州公司总经理的职务便利,以办事为由,向下属的沾昆项目部经理陈祖祥要钱。2007年10月22日陈祖祥将现金人民币6万元存入被告人兰永宁的建行账户,并要陈祖梅(陈祖祥的姐姐)转账人民币6万元到被告人兰永宁建行账户,2007年10月23日陈祖梅以胡仁福(陈祖祥的嫂子)的账户转账6万元到被告人兰永宁建行账户。当日被告人兰永宁将包含该12万元在内的20万元转账到梁天罡的账户。

(2)2008年4月,被告人兰永宁利用其担任中铁二十五局集团柳州公司总经理的职务便利,向黄织项目部劳务分包人广西南宁众盛建筑租赁有限公司法定代表人李煊兴要钱办事,要李煊兴将15万元转至其提供的梁天罡的账户。2008年4月21日,李煊兴通过柳州商业银行转账人民币15万元到梁天罡的建行账户。

衡阳铁路运输法院于2013年8月6日作出(2013)衡铁刑初字第10号刑事判决:

1. 被告人兰永宁犯故意销毁会计凭证、会计账簿罪,判处有期徒刑一年,并处罚金人民币二万元;犯贪污罪,判处有期徒刑二年;犯受贿罪,判处有期徒刑十年六个月。决定执行有期徒刑十一年,并处罚金人民币二万元。

2. 追缴被告人兰永宁的贪污所得人民币三万元,返还被害单位;追缴被告人兰永宁的受贿所得人民币二十七万元,上缴国库。

宣判后,被告人兰永宁向广州铁路运输中级法院提起上诉。广州铁路运输中级法院于2013年11月28日作出(2013)广铁中法刑终字第19号裁定,驳回上诉,维持原判。

二、裁判要旨

No.3-3-162之一-1 账外资金的会计资料反映了单位在一定时期内的部分经营活动状况,依法应当予以保存。行为人销毁这些会计资料构成故意销毁会计凭证、会计账簿罪。

根据相关法律规定,各单位必须依法设置会计账簿,并保证其真实、完整。必须根据实际发生的经济业务事项进行会计核算,填制会计凭证,登记会计账簿,编制财务会计报告。会计资料应当建立档案,妥善保管。法律上这样要求的目的在于准确反映单位的经营状况,以备核查,并依法予以监督。账外资金的会计资料与其他应当依法保存的会计资料一样,记载了项目部一定时期的部分经营活动情况,都是应当保存的。销毁这些会计资料,就是销毁项目部这部分经营活动情况的真实、完整的书面记载,从而规避有关部门对此依法进行的监督检查。

案例:林垦、金敏隐匿会计凭证、会计账簿、财务会计报告,非法持有枪支、弹药案

案例来源:《刑事审判参考》总第111集[第1206号]

主题词:隐匿会计凭证、会计账簿、财务会计报告罪 逃避监督检查目的

一、基本案情

2009年2月28日,为争夺兰州正林公司的控制权,被告人林垦指派被告人金敏将兰州正林公司的财务账册、凭证、统计报表等会计凭证计37本526份,雇用车辆转移至河南省郑州正林公司藏匿。经鉴定,被隐匿的37本526份财务账册、凭证、统计报表涉案金额共计9942.840981万元。案发后,上述被隐匿的财务账册、凭证及统计报表被全部追回。另外,被告人林垦还实施了非法持有猎枪、猎枪弹、步枪弹等枪支、弹药的行为。

二、裁判要旨

No.3-3-162之一-2 未实施对抗监管部门监督检查的"隐匿"行为,不具备逃避有关监督检查部门的监督检查的目的,不构成隐匿会计凭证、会计账簿、财务会计报告罪。

根据《刑法》第一百六十二条之一的规定,"隐匿或者故意销毁依法应当保存的会计凭证、会计账簿、财务会计报告,情节严重的,处五年以下有期徒刑或者拘役,并处或者单处二万元以上二十万元以下罚金。关于本罪的追诉标准,《最高人民检察院、公安部关于公安机关管辖的刑事案件立案追诉标准的规定(二)》第八条规定,隐匿、故意销毁的会计凭证、会计账簿、财务会计报告涉及金额在50万元以上的情形应予立案追诉。本案会计凭证等涉及的金额高达9000余万元,远远超过了隐匿会计凭证、会计账簿、财务会计报告罪50万元的立案追诉标准。认定本案的关键在于,二被告人是否具有实施"隐匿"会计凭证、会计账簿、财务会计报告的主观故意和客观行为。

对于何为“隐匿”,《刑法》未作具体规定,目前也无司法解释涉及。根据《会计法》第三十五条的规定,为了逃避有关监督检查部门依法实施的监督检查而实施的隐匿,才可能构成会计法意义上的“隐匿”。由于隐匿会计凭证、会计账簿、财务报告罪属于行政犯而非自然犯,刑法规定的该罪中的“隐匿”宜参照有关行政法来理解。会计法规定的隐匿会计凭证、会计账簿、财务报告的目的,应当成为评价某一隐匿行为是否能够进入刑事处罚领域的依据。因而,评价某一行为是否构成隐匿会计凭证、会计账簿、财务报告罪,首先需要判断行为人所实施的隐匿行为是否为了逃避有关监督检查部门依法实施的监督检查。本案中,二被告人实施转运会计资料行为期间不存在司法机关、行政机关或有关主管部门进行监督、检查或要求提供会计账册的情况。实际上,涉案会计材料所运之地并非与兰州正林公司没有任何关系,而是与兰州正林公司有关联关系的公司,恰恰也印证了其转运并非为了逃避主管部门的监督检查。换言之,本案二被告人不具有刑法意义上的隐匿会计凭证、会计账簿、财务报告所要求的主观故意。

从客观方面来看,虽然二被告人安排实施转运会计凭证等资料的行为之时,根据兰州市中级人民法院的民事判决[(2007)兰法民三初字第97号],林垦已非兰州正林公司董事长、法定代表人。但是相关主管部门的登记备案材料显示,林垦仍是兰州正林公司唯一的法定出资人。也就是说,至案发林垦都是兰州正林公司唯一、合法的控制人,应认为其有权决定兰州正林公司的内部事务,包括委托金敏等人转运账册等,且本案涉案的会计材料在整个转运过程都未脱离兰州正林公司的实际控制,不存在隐匿的客观事实。故不能认定被告人林垦、金敏实施了隐匿会计凭证、会计账簿、财务会计报告的行为。

综上,被告人林垦、金敏主观上没有为逃避有关主管部门的监督检查而隐匿会计凭证等资料的故意,客观上也没有实施隐匿的行为,故二被告人的行为不构成隐匿会计凭证、会计账簿、财务会计报告罪。

42 非国家工作人员受贿罪(《刑法》第一百六十三条第一款)

案例:杨志华企业人员受贿案①

案例来源:《刑事审判参考》总第41集[第320号]

主题词:非国家工作人员受贿罪

一、基本案情

被告人杨志华,男,1946年12月24日出生,小学文化,原系江苏省如东县掘港镇青园居委会党支部书记、青园村社区居民委员会主任、经济合作社社长,曾任掘港镇青园村党支部书记、村民委员会主任、村经济合作社社长。因涉嫌犯受贿罪,于2003年6月23日被逮捕。

江苏省如东县人民法院经审理查明:

(一)青园大酒店是由如东县掘港镇青园村村委会申请,经如东县计划委员会、土地管理局等单位批准筹建的村办企业。经青园村村委会讨论决定,被告人杨志华任青园大酒店筹建组负责人。

1995年上半年至2002年下半年,被告人杨志华先后利用担任如东县掘港镇青园村党支部书记、村民委员会主任、村经济合作社社长、青园大酒店筹建负责人的职务便利,在建设及转让青园大酒店过程中,非法收受施工单位、材料供应单位、大酒店受让单位人民币计26.5万元。具体如下:

1. 1995年4月22日,被告人杨志华以青园村委会的名义与南通万通建筑安装工程有限公司(以下简称“万通公司”)签订了《建设工程施工合同》,工程造价284万元(后增加为340万元)。1995年4月至1999年,万通公司经理胡学明为感谢杨志华在承接青园大酒店及工程结算方面给予的关照,先后两次送给杨人民币共计5.5万元。万通公司水电项目部经理杨慎均为感谢杨志华在承建青园大酒店项目上给予的关照,送给杨志华2万元。万通公司土建项目部经理

---

① 《刑法修正案(六)》第7条已将《刑法》第163条公司、企业人员受贿罪改为非国家工作人员受贿罪。

沙爱国为感谢杨志华在承建青园大酒店项目过程中给予的关照,送给杨志华3万元。

2. 1995年8月20日,被告人杨志华以青园村委会的名义与南通新亚装潢公司(以下简称"新亚公司")签订了青园大酒店的装修合同,工程造价250万元。新亚公司经理管济飞为感谢杨志华在承接青园大酒店装潢工程中给予的关照,送给杨志华5.5万元。

3. 1996年上半年,南通东方装潢家具公司总经理樊桂彬为感谢被告人杨志华从中协调承接了青园大酒店底层的装潢工程,送给杨志华5万元。

4. 1996年上半年,南通教育服务公司九洲宾馆用品配套部的顾锦炎为感谢被告人杨志华在购销地毯、窗帘等青园大酒店宾馆用品过程中给予的关照,送给杨志华2万元。

5. 1996年上半年,南通申艺不锈钢制品有限公司曹云山为感谢被告人杨志华在青园大酒店的灶具用品购销过程中给予的关照,送给杨志华4000元。

6. 1997年,青园大酒店竣工后未申办营业执照前试营业。1999年5月,因严重亏损,经掘港镇人民政府批准,被告人杨志华代表青园村村民委员会、经济合作社与南通文都娱乐有限公司(以下简称"文都公司")签订转让青园大酒店协议书,将实际投资1170万元的青园大酒店以980万元的价格转让给文都公司。2001年上半年至2002年下半年,杨志华在将青园大酒店转让给文都公司后,以缺钱为由,先后5次向文都公司经理张春生索要2.1万元。

(二)1996年至2000年间,南通达忆装饰材料有限公司(以下简称"达忆公司")经理吴宝祥、何邱林为感谢被告人将青园村的10余万元资金拆借给达忆公司,以及调解达忆公司与青园村村民之间的矛盾,先后5次共计送给杨志华8500元。

在司法机关立案前,杨志华如实交代了自己的犯罪事实,并退出了全部赃款。

如东县人民法院认为,青园大酒店系经江苏省如东县人民政府批准设立的村办企业,被告人杨志华利用担任青园大酒店筹建组负责人的职务便利,在筹建、转让青园大酒店过程中,为他人谋取利益,非法收受人民币26.5万元,数额巨大,其行为已构成企业人员受贿罪。公诉机关指控杨志华犯企业人员受贿罪的事实清楚,证据确实、充分,指控罪名成立,应予支持;指控杨志华利用担任村基层组织领导的职务便利,在管理村集体事务过程中,为达忆公司谋取利益,非法收受该公司经理吴宝祥、何邱林人民币共计8500元的行为,构成企业人员受贿罪,没有法律依据,但此8500元属于非法所得,应予没收。杨志华在司法机关立案前已如实供述犯罪事实,系自首,依法可减轻处罚。杨志华归案后认罪态度较好,积极退赃,可酌情从轻处罚。辩护人的此部分辩护意见予以采纳。依照《中华人民共和国刑法》第一百六十三条第一款、第六十七条、第六十四条的规定,于2004年9月9日判决如下:

1. 被告人杨志华犯企业人员受贿罪,判处有期徒刑三年,并处没收财产人民币五千元。
2. 已经追缴的二十七万三千五百元非法所得,予以没收,上交国库。

一审判决宣判后,杨志华没有上诉,判决发生法律效力。

二、裁判要旨

No.3-3-163(1)-1　筹建中的企业工作人员利用职务上的便利,为请托人谋取利益,非法收受、索取请托人财物,数额较大的,以非国家工作人员受贿罪论处。

《刑法》第一百六十三条关于公司、企业人员受贿罪的规定,既没有限定企业的性质,也没有限定企业的存在状态。因此,只要是依法设立的企业,其工作人员利用职务便利实施犯罪活动的,就应当适用刑法关于企业工作人员犯罪的条款。同时,企业的成立需要一个过程,不能将依法设立理解为取得营业执照。本案中,青园大酒店是依照《中华人民共和国乡村集体所有制企业条例》第十四条的规定,经掘港镇人民政府审核后,报请如东县人民政府批准成立的村办企业,没有领取《企业法人营业执照》或者《营业执照》,不应影响其村办企业的性质。实践中,筹建中的公司、企业因管理不规范,更容易出现侵占、受贿、挪用等腐败问题,如不将筹建中的公司、企业认定为刑法意义上的公司、企业,会放纵大量此类犯罪行为。被告人杨志华作为村办企业青园大酒店筹建组的负责人,实际履行了青园大酒店的经营管理权,应当认定为企业工作人员。对于其利用职务上的便利实施犯罪行为的,应当适用刑法关于企业人员犯罪的条款进行处理。

案例:韩中举、商光秀、韩雪萍、高原非国家工作人员受贿案

案例来源:《人民法院案例选》2015 年第 4 辑

主题词:非国家工作人员受贿罪　村委会成员的受贿行为

一、基本案情

四川省邛崃市人民检察院以邛检刑诉(2013)22 号起诉书指控被告人韩中举、商光秀、韩雪萍、高原犯受贿罪,于 2013 年 1 月 10 日向四川省邛崃市人民法院提起公诉。四川省邛崃市人民法院于 2013 年 1 月 14 日立案,并依法适用简易程序,组成合议庭,公开开庭审理了本案。邛崃市人民检察院代理检察员杨忠诚,被告人韩中举、商光秀、韩雪萍、高原到庭参加诉讼。本案经四川省邛崃市人民法院审判委员会讨论决定。现已审理终结。

经审理查明:2009 年 7 月 24 日,成都市统筹城乡工作委员会及成都市财政局印发了《成都市公共服务和公共管理村级专项资金管理暂行办法》,规定:村级专项资金是市、县两级政府在本级财政年初预算中安排给村级组织,用于村级公共服务和公共管理的专项资金。村级专项资金的具体使用由村(居)民(代表)会议决策决定。对每个村(社区)每年的村级专项资金安排最低不少于 20 万元。市级的村级专项资金由市财政每年通过专项补助下达到相关区(市)县财政;区(市)县财政将村级专项资金(含本级财政承担部分)拨付到村(社区)。各级财政部门是村级专项资金管理的职能部门,负责村级专项资金的筹措,监督相关资金的使用等。

2009 年 12 月 7 日,中共成都市统筹城乡工作委员会下发了《关于做好村级公共服务和社会管理改革中项目建设有关工作的通知》,要求:村级公共服务和公共管理设施建设,要由村(居)民(代表)大会根据当地实际和群众意愿决定建设内容、标准和进度,各职能部门和乡镇(街道)根据村(居)民需要加强指导但不得强迫和干涉,切实保障村(居)民的民主权利。村(居)民委员会是村级融资建设项目的实施主体。按照民主程序开展议事决策,负责项目质量、进度、资金控制、安全文明施工等工作。

2009 年 11 月 10 日,邛崃市统筹城乡工作局、邛崃市财政局、邛崃市监察局下发了《邛崃市村级公共服务和社会管理配套资金使用和监管办法》,其中对公共事业和公共设施建设项目资金的使用规定如下:(1)确定项目。充分按照民主管理机制,审议并通过本村(社区)当年需实施的项目和预算,并向全体村民公示。(2)项目备案。村委会将民主通过、经公示的项目上报镇(乡)人民政府、相关部门审定,并报市统筹局备案。(3)资金拨付。村(社区)形成项目预算后报镇乡财政审核,镇乡及时向村(社区)拨付启动资金,并按项目实施进度足额拨付资金。(4)资金使用。建设项目应在相关部门的指导下,议事会成员、全体村民(代表)全程参与,实施项目比选或招投标,确定承建单位,签订承建协议后组织实施。

邛崃市统筹城乡工作办公室关于村(居)民委员会在村级公共服务和社会管理相关工作中的工作职责为:村(居)民委员会是村级专项资金建设项目的实施主体,负责项目收集并按照民主程序开展议事决策,负责项目质量、进度、资金控制、安全文明施工等工作。村干部负责成立项目和资金监督领导小组,在项目实施过程中对工程进度、质量以及资金使用情况进行全程监管。同时村干部在村级公共服务工程项目中,还负有化解群众矛盾、平息群体性事件的工作职责。

2011 年 2 月 27 日,邛崃市夹关镇韩坪村议事会就 2011 年公共服务专项资金实施项目作出决议,确定建设饮水工程,项目总投资 27 万元。夹关镇韩坪村村委会于 2011 年 8 月 4 日发出招投标公告。2011 年 8 月 11 日,该饮水工程由挂靠四川省邛崃市平乐建筑有限公司的李勇中标,中标价为 249850 元。2011 年 8 月 20 日,夹关镇韩坪村村委会与李勇挂靠的四川省邛崃市平乐建筑有限公司签订了《韩坪村公共服务建设工程施工合同》和《工程廉政合同》。工程 2011 年 9 月开始施工。在施工过程中,由于韩坪村当地群众阻拦,致使施工无法继续进行。李勇遂在韩坪村村委会办公室找到被告人韩中举,请求该村村干部帮忙协调群众工作,并承诺工程完工后,给予该村村干部3万元人民币作为"感谢费"。被告人韩中举遂表示同意并将此情况告诉了被告人商光秀、韩雪萍、高原,三人皆表示同意。随后在该饮水工程建设过程中,四被告人帮助李勇做了群众协调工作,促使该饮水工程于2011年12月顺利完工。2012年1月10日,被告人高原将该饮水工程款支付给李勇。2012年1月13日,李勇在韩坪村村委会办公室将事先准备好的3万元人民币"感谢费"交给被告人高原。被告人高原当场收受了3万元人民币后,根据被告人韩中举的安排,于2012年1月13日在被告人韩雪萍家的代销店(韩坪村村委会附近)将该3万元交由被告人韩雪萍保管。后该3万元中约2万元已被四被告人私分。

2012年8月9日,邛崃市检察院分别通知被告人韩中举、商光秀、韩雪萍、高原到邛崃市检察院接受调查,被告人韩中举、商光秀、韩雪萍、高原到案后如实供述了自己的罪行。2012年12月4日,被告人韩中举、商光秀、韩雪萍、高原共同退缴赃款3万元。

上述事实,被告人在开庭审理过程中亦无异议并认罪,并有书证邛崃市人民检察院初查呈批表、立案决定书、到案经过、侦查终结报告、被告人常住人口信息表、扣押决定书、扣押清单、暂扣款票据,夹关镇韩坪村党支部书记候选人得票情况统计表,韩坪村第九届村委会选举结果报告单,成都市统筹城乡工作委员会及成都市财政局印发的《成都市公共服务和公共管理村级专项资金管理暂行办法》,中共成都市统筹城乡工作委员会下发的《关于做好村级公共服务和社会管理改革中项目建设有关工作的通知》,邛崃市统筹城乡工作局、邛崃市财政局、邛崃市监察局下发的《邛崃市村级公共服务和社会管理配套资金使用和监管办法》《邛崃市统筹城乡工作办公室关于村级公共服务和社会管理相关工作的说明》《邛崃市夹关镇人民政府关于村干部在村级公共服务工程项目中有关职责的工作说明》《夹关镇各村(社区)2011年村级公共服务和社会管理改革实施项目党委会审查记录》,夹关镇村级公共服务和社会管理报账单,被告人高原出具的领条,被告人韩雪萍出具的收条,李勇出具的收条,夹关镇韩坪村公共服务和社会管理项目评审表,《邛崃市夹关镇韩坪村2011年公共服务专项资金实施项目议事会决议》《夹关镇韩坪村2011年村级公共服务项目招投标公告》《韩坪村公共服务和社会管理项目开标记录表》《韩坪村公共服务和社会管理项目中标结果公示》《中标通知书》,夹关镇韩坪村村委会与李勇挂靠的四川省邛崃市平乐建筑有限公司签订的《韩坪村公共服务建设工程施工合同》和《工程廉政合同》《夹关镇韩坪村公共服务和社会管理建设项目验收报告单》,农商银行邛崃夹关分理处账户明细查询结果。证人李勇、陈红卫、张妮的证言,被告人韩中举、商光秀、韩雪萍、高原的供述等证据证实,足以认定。

四川省邛崃市人民法院于2013年4月11日作出(2013)邛崃刑初字第30号刑事判决:

1. 被告人韩中举犯非国家工作人员受贿罪,判处有期徒刑一年六个月,缓刑二年(缓刑考验期限,从判决确定之日起计算);

2. 被告人商光秀犯非国家工作人员受贿罪,判处有期徒刑一年,缓刑一年六个月(缓刑考验期限,从判决确定之日起计算);

3. 被告人韩雪萍犯非国家工作人员受贿罪,判处有期徒刑一年,缓刑一年六个月(缓刑考验期限,从判决确定之日起计算);

4. 被告人高原犯非国家工作人员受贿罪,判处有期徒刑一年,缓刑一年六个月(缓刑考验期限,从判决确定之日起计算);

5. 对被告人韩中举、商光秀、韩雪萍、高原退缴的赃款三万元,予以没收。

四川省邛崃市人民法院判决作出后,被告人未上诉,检察机关亦未提起抗诉,该判决已发生法律效力。

二、裁判要旨

No. 3-3-163(1)-2 村委会利用村级专项资金建设公共服务项目以及化解公共服务建设中的矛盾纠纷的,属于村自治范围内的管理公共事务行为,村委会成员在这一过程中,利用职务便利索取他人财物或收受财物为他人谋取利益的,构成非国家工作人员受贿罪。

受贿罪和非国家工作人员受贿罪从本质上来说其根本区别在于犯罪主体的身份认定,也就是国家工作人员和非国家工作人员如何区分的问题,其主要认定标准应从职务上来认定。村委会等基层组织人员职务行为分为两类,一类是协助政府从事公务,一类是村民自治事务和村级经营活动。村委会成员在协助政府从事公务时,其身份为国家工作人员,在从事村民自治事务和村级经营活动时,则应当认定为非国家工作人员。

根据全国人民代表大会常务委员会《关于〈中华人民共和国刑法〉第九十三条第二款的解释》的精神,协助政府从事的其他行政管理工作属于从事公务的行为应具备两个条件:一是协助的事项必须是政府行政管理工作,而不是村内自治管理、经营事务。二是政府从事的行政管理工作必须是法律、法规、规章、政策规定的行为,属于政府行政管理职责范围。严格按照《关于〈中华人民共和国刑法〉第九十三条第二款的解释》规定确定村委会协助人民政府从事行政事务的范围,在具体适用中应当注重把握三个要点:第一,协助的事项必须是《关于〈中华人民共和国刑法〉第九十三条第二款的解释》列举的事项或与列举事项相当的其他政府事务;第二,协助的事项必须具有行政管理性质,属于政府行政管理职责范围;第三,政府就该事项对村基层组织有委托或授权,协助者在从事公务行为中处于次要、辅助地位,只能协助从事明确规定的特定事项。

村民自治事务,是指全国人大常委会立法解释的七项事务之外的非经营性质的村内公益事业和公益服务等自治事项,既非协助政府从事行政管理,亦非企业经营性质的村自治事务建设和公益服务活动。村级经营活动,即村经济组织从事以营利为目的的经营性行为。村内自治事务行为特点一是不需要经政府的授权或委托,依照《村民委员会组织法》进行自我管理、自我教育、自我服务,二是在管理本村事务过程中起主导、积极作用。实践中如何区分到底是协助政府从事公务行为还是村民自治、村级经营活动行为,笔者认为,一是可以从权力的来源上予以界定;二是可以从地位上予以界定,村委会在协助政府从事行政管理工作中起次要作用,接受政府对其协助工作的领导、管理、监督;村民通过自我管理、民主决策开展村内自治事务,村委会主导村内事务,推动村内事务的发展。

村委会利用村级专项资金建设公共服务项目以及化解公共服务建设中的矛盾纠纷属于村自治范围内的管理公共事务行为,非协助政府从事公务行为。政府对农村公共基础设施建设的扶持分为两种:第一种是直接扶持,政府利用专项资金在村建设公共基础设施,政府是公共基础设施建设的主导者,村级组织是协助者;第二种是间接扶持,政府拨款给村组织,村组织利用村级专项资金建设公共基础设施,村级组织是主导者,是公共基础设施项目建设的实施主体。村级组织利用村级专项资金建设公共基础设施以及化解在项目建设过程中的矛盾纠纷是村民自治范围内的公共管理事务。政府相关部门对村级公共服务项目建设给予指导,不得强迫和干涉。村组织人员在村民自治管理范围内利用职权便利非法占有公共财物、挪用公款、索取他人财物或者非法收受他人财物为他人谋取利益的行为,按照非国家工作人员职务犯罪定罪处罚,分别构成职务侵占罪、挪用资金罪、非国家工作人员受贿罪。本案被告人在村级公共服务项目建设过程中,利用管理村集体事务的便利,帮助他人化解群众矛盾,非法收受他人财物,为他人谋利益,应当以非国家工作人员受贿罪论处。

案例:杨孝理受贿、非国家工作人员受贿案

案例来源:《刑事审判参考》总第 91 集[第 855 号]

主题词:非国家工作人员受贿罪　国家工作人员的认定

一、基本案情

被告人杨孝理,男,1967 年 3 月 7 日出生,尤溪县电力公司职工,2001 年 1 月 11 日至 2003 年 4 月任尤溪县银龙电力建设工程有限责任公司(以下简称"银龙公司")经理,2003 年 4 月至 2004 年 11 月任尤溪县银力电力工程有限责任公司(以下简称"银力公司")经理。2012 年 6 月 16 日因涉嫌受贿罪被逮捕。

尤溪县人民检察院指控,2001 年至 2004 年 11 月间,被告人杨孝理在担任尤溪县电力公司下属的银龙公司、银力公司经理期间,利用职务上的便利,在安排电工电器货款、工程人工费、指定工程承包人的过程中,非法收受他人贿赂人民币(以下币种同)60000元,并为他人谋取利益,应当以受贿罪追究其刑事责任。

尤溪县人民法院经审理查明:

1999年6月15日,尤溪县银龙公司成立,系国有参股公司。股东为尤溪县电力公司(国有独资公司)、尤溪县电力公司工会委员会。其中尤溪县电力公司出资105万元,占34%;工会职工个人集资205万元,占66%。2001年1月21日,被告人杨孝理被电力公司任命为银龙公司经理,履行组织、领导、监督、管理职责。2003年3月,银龙公司召开公司股东会作出决议,同意解散银龙公司,撤回尤溪县电力公司注入银龙公司的资本金及由此形成的收益资金,直接由职工出资组建新的公司,公司名称由原来的银龙公司变更为银力公司,银力公司由尤溪县电力公司37名职工共同发起组建,公司注册资本233万元,其中杨孝理个人出资6.3万元。2003年4月9日,经全体股东会研究决定由杨孝理担任银力公司经理。

2001年1月至2002年年底杨孝理在担任银龙公司经理期间,利用职务上的便利,在办理电器电工配件采购与货款结算、电力线路架设、变压器安装工程等过程中,共收受王亦龙贿赂15000元、苏锦标贿赂15000元;2003年4月至2004年年底在担任银力公司经理期间,利用职务上的便利,在安排电器电工配件采购与货款结算、电力线路架设、变压器安装工程等过程中共收受王亦龙贿赂20000元、苏锦标贿赂10000元。

2012年6月5日,被告人杨孝理被尤溪县人民检察院传唤到案,到案后退出全部赃款。

尤溪县人民法院认为,银龙公司系国有参股公司,被告人杨孝理受尤溪县电力公司委派至该公司担任公司经理,履行组织、领导、监督、管理职责,系从事公务,其在担任该公司经理期间,利用职务便利收受他人贿赂30000元,为他人牟利,其行为构成受贿罪。但由银龙公司改制成功的银力公司系电力公司职工个人出资,没有国有股份,不属于国家出资企业。杨孝理系根据银力公司全体股东会研究决定担任该公司经理,在银力公司管理电力公司职工个人出资的资金,其行使的不是国家公务,其利用经理的职务便利,收受他人贿赂30000元,为他人牟利,其行为构成非国家工作人员受贿罪。依照《中华人民共和国刑法》第三百八十五条第一款、第三百八十六条、第三百八十三条第一款第(二)项、第一百六十三条第一款、第九十三条、第六十四条之规定,尤溪县人民法院以被告人杨孝理犯受贿罪,判处有期徒刑二年;犯非国家工作人员受贿罪,判处有期徒刑一年;决定执行有期徒刑二年六个月。

一审宣判后,被告人杨孝理没有提出上诉,检察机关没有抗诉,该判决已发生法律效力。

二、裁判要旨

No.3-3-163(1)-3 国有参股企业改制为非国家出资企业后,行为人经公司全体股东大会研究决定任命,行使经理职权的,不属于从事公务的行为,不应认定为国家工作人员。

根据最高人民法院、最高人民检察院2010年联合发布的《关于办理国家出资企业中职务犯罪案件具体应用法律若干问题的意见》的规定,被告人的身份是否属于国家工作人员,主要从三个方面予以认定:一是被告人所在公司本身的性质;二是被告人职务任命的形式;三是被告人从事的工作性质。以下分而论之:

1. 杨孝理所在的银力公司不属于国家出资企业。根据《关于办理国家出资企业中职务犯罪案件具体应用法律若干问题的意见》规定,“国家出资企业”包括国家出资的国有独资公司、国有独资企业,以及国有资本控股公司、国有资本参股公司。银龙公司进行了改制,国有股份全部撤出,改制后成立的银力公司系尤溪县电力公司职工个人出资,杨孝理个人亦出资6.3万元,该公司没有国有股份,不属于国家出资企业。

2. 杨孝理担任银力公司经理是该公司全体股东大会研究决定的。改制后的银力公司与尤溪县电力公司已经没有任何隶属或者控制关系,杨孝理担任银力公司经理,是经该公司全体股东大会研究决定的,而不是由尤溪县电力公司委派任命。银力公司股东大会任命杨孝理为公司经理,主要基于其经营管理公司的业务能力与水平,与其个人的尤溪县电力公司职工身份以及与尤溪县电力公司本身没有任何关联。

3. 杨孝理行使的职权不具有公务的性质。根据《全国法院审理经济犯罪案件工作座谈会纪要》规定，从事公务，是指代表国家机关、国有公司、企业事业单位、人民团体等履行组织、领导、监督、管理等职责。公务主要表现为与职权相联系的公共事务以及监督、管理国有财产的职务活动。如国家机关工作人员依法履行职责，国有公司的董事、经理、监事、会计、出纳人员等管理、监督国有财产等活动，属于从事公务。杨孝理在银力公司行使经理职权，管理电力公司职工个人出资的资金，其行为不具有公务性质。杨孝理利用担任银力公司经理的职务便利，收受他人贿赂 30000 元，为他人牟利，其行为构成非国家工作人员受贿罪。

案例：陈凯旋受贿案

案例来源：《刑事审判参考》总第 95 集［第 937 号］

主题词：非国家工作人员受贿罪　以国家工作人员论的范围

一、基本案情

被告人陈凯旋，男，1974 年 10 月 17 日生，原系广东阳东农村商业银行股份有限公司党委书记、董事长，2012 年 5 月 24 日因涉嫌犯受贿罪被逮捕。

广东省阳江市江城区人民检察院以被告人陈凯旋犯受贿罪，向阳江市江城区人民法院提起公诉。

被告人陈凯旋及其辩护人对公诉机关指控的罪名提出异议，认为陈凯旋为非国家工作人员，构成非国家工作人员受贿罪。

阳江市江城区人民法院经公开审理查明：

广东省农村信用合作社联合社（以下简称“省联社”），注册资本由广东省内各市、县农村信用合作社联合社自愿认购省联社发行的全部股份，是具有独立企业法人资格的地方性金融机构。经广东省人民政府授权，省联社承担对辖区内农村信用社的管理、指导、协调和服务职能。省联社在阳江市的办事处是省联社的派出机构，不具有法人资格。阳东农村信用合作社联合社成立于 1997 年 2 月 19 日，性质为集体所有制，注册资金 100 万元。2009 年 1 月改为阳东农村信用合作联社，性质为其他企业（股份合作制），注册资金 5142 万元，注册资本由自然人和法人股本构成，不接受各级财政资金入股，陈凯旋为法定代表人。2011 年 8 月阳东农村信用合作联社改为广东阳东农村商业银行股份有限公司，公司类型为股份有限公司，陈凯旋为法定代表人。

2005 年至 2007 年 3 月，阳东农村信用合作社联合社累计获得省财厅 497 万元不良贷款压降奖励及 5145 万元省、市、县三地财政增资扩股应补贴资金，并在 2000 年兑付专项中央银行票据 7818.5 万元。

阳东农村信用合作社联合社、阳东农村信用合作联社设立理事会，理事会的理事由社员代表大会选举产生，经银行业监督管理机构作任职资格审查后行使职权。理事长人选由省联社阳江办事处（报省联社同意）或者省联社提名后交由理事会，理事会按照章程由理事提名，再由全体理事的三分之二以上通过选举产生，经银行业监督管理机构核准任职资格后履行职责，联社主任由理事会聘任。

陈凯旋在阳东农村信用合作社联合社、阳东农村信用合作联社担任副理事长、副主任、理事长、主任等职务期间，利用职务便利，于 2006 年 11 月至 2007 年间多次收受林国钦所送“感谢费”共计人民币（以下币种同）27 万元。2009 年 11 月，陈凯旋以其姐夫伍为国的名义到阳江涛景度假村有限公司（以下简称“涛景公司”）办理高尔夫会员卡，为感谢陈凯旋在公司贷款一事上的帮忙，涛景公司以 6.8 万元的优惠价格为陈凯旋办理家庭终身会员卡，而同期该卡的市场价为 12.8 万元，陈凯旋从中收受 6 万元好处。

阳江市江城区人民法院认为，被告人陈凯旋无视国家法律，身为公司、企业的工作人员，利用职务上的便利，非法收受他人财物价值 33 万元，为他人谋取利益，受贿数额巨大，其行为构成非国家工作人员受贿罪。鉴于陈凯旋已全部退清赃款，有悔罪表现，依法可以对其酌情从轻处罚。据此,依照《中华人民共和国刑法》第一百六十三条第一款、第六十四条之规定,阳江市江城区人民法院以被告人陈凯旋犯非国家工作人员受贿罪,判处有期徒刑五年二个月,并处没收个人财产十万元;对被告人陈凯旋受贿的赃款三十三万元予以追缴,上缴国库。

一审宣判后,被告人陈凯旋不服向阳江市中级人民法院提出上诉。陈凯旋及其辩护人认为,原判认定陈凯旋是非国家工作人员恰当,应予维持;原判认定陈凯旋收受6万元高尔夫会员卡好处费有误,请求改判。

阳江市江城区人民检察院提出抗诉。江城区人民检察院的具体抗诉意见是:陈凯旋属于国家工作人员,其行为构成受贿罪。(1)省联社符合刑法规定的委派主体身份。广东省人民政府关于同意筹建省联社的批复(粤府〔2005〕)、广东省人民政府办公厅(粤府〔2005〕20号)规定:"广东省人民政府授权,省联社承担对辖区内农村信用社的管理、指导、协调和服务职能。"因此,省联社具有管理、指导、协调和服务全省各参股信用社的行政管理职能,符合刑法关于委派主体的规定。(2)陈凯旋是受省联社委派的人员。省联社先提名陈凯旋为阳东农村信用合作社联合社的副理事长兼主任候选人,之后阳东农村信用合作社联合社通过内部程序选举陈凯旋为副理事长兼副主任或理事长兼主任。陈凯旋符合受贿罪主体。(3)陈凯旋履行职务应当认定为受委派从事公务的行为。阳东农村信用合作社联合社是集体所有制企业,根据《中华人民共和国刑法》第九十一条的规定,劳动群众集体所有的财产属于公共财产,陈凯旋是受委派管理公共财产,是从事公务的人员。阳江市人民检察院支持抗诉。理由是:(1)阳东农村信用合作联社属于国家出资企业。虽然企业性质是集体所有制企业,但农村信用社改革前后国家均有实际出资,应当遵循"谁投资,谁拥有产权"的原则来确定阳东农村信用合作联社为国家出资企业。(2)陈凯旋为国家工作人员。陈凯旋是经省联社提名,并经中国银监会阳江银监分局进行任职资格审查,后被核准在阳东农村信用合作社联合社任理事长兼副主任(主持全面工作),代表其在国家参股的金融机构中从事公务,应当认定为国家工作人员。故原审判决认定陈凯旋构成非国家工作人员受贿罪属于适用法律错误。

阳江市中级人民法院经二审审理认为,原判认定的犯罪事实清楚,证据确实、充分,定罪准确,量刑适当,审判程序合法,遂依法裁定驳回上诉、抗诉,维持原判。

二、裁判要旨

No.3-3-163(1)-4 省农村信用合作联社委派到市县乡镇农村信用合作社联合社、农村信用合作联社的人员,不从事公务的,不属于国家工作人员。

阳东农村信用合作社联合社、阳东农村信用合作联社不是国家出资企业,被告人陈凯旋的管理活动不具有公务性质,依法不属于国家工作人员,其行为应当构成非国家工作人员受贿罪。

阳东农村信用合作社联合社成立于1997年2月,性质为集体所有制,注册资本由社员缴纳的股本金构成,股金为基层信用社团体股和联社职工个人股两种,由中国人民银行阳江中心支行行使管理职责;2004年8月阳江市银监局成立后,改由阳江市银监局行使管理职能;2005年10月省联社成立后,改由省联社行使管理职能。2009年1月阳东农村信用合作社联合社改为阳东农村信用合作联社后,性质为其他企业(股份合作制),发起人为县联社与辖区内10家基层法人农村信用合作社,注册资本由自然人和法人股本构成,不接受各级财政资金入股。从公司章程、企业工商登记的情况看,阳东农村信用合作社联合社为集体企业,阳东农村信用合作联社为股东出资入股,并没有国有资产成分,是具有独立企业法人的地方性金融机构。虽然阳东农村信用合作社联合社在2005年至2007年获得省财政不良贷款压降奖励425.454万元,省、市、县三地财政增资扩股应补贴资金及兑付专项中央银行票据7818.5万元,但这只是反映政府对农村信用合作社的支持和扶持,并不能改变企业的产权性质。因此,阳东农村信用合作社联合社、阳东农村信用合作联社均非国家出资企业,陈凯旋不属于在国有公司、企业、事业单位、人民团体中从事公务的人员。

在认定国家工作人员身份时,不仅要审查"受委派"这一形式要件,还要审查行为人所从事的工作性质是否属于"从事公务"这一实质要件。笔者认为,陈凯旋所从事的工作并非公务。首先,陈凯旋的管理职位不具有国家意志性。陈凯旋并非代表国家机关、国有企业行使职责,其管理行为与国家的意志行为不具有关联性。其次,阳东农村信用合作社联合社、阳东农村信用合作联社并非国家出资企业,没有国有资产入股,陈凯旋不存在监督国有资产的职能,也不具有行使国有资产保值增值的管理和服务职能。同时,阳东农村信用合作社联合社、阳东农村信用合作联社是独立自主经营的企业,自负盈亏,没有社会公共事务管理职能。因此,陈凯旋并非代表国家机关、国有公司、企业、事业单位、人民团体等履行组织、领导、监督、管理等职责,其所从事的工作不属于以国家管理事务及国有财产监管事务为主要内容的公务活动。

案例:宋涛非国家工作人员受贿案

案例来源:《刑事审判参考》总第 97 集[第 959 号]

主题词:非国家工作人员受贿罪　国家工作人员

一、基本案情

被告人宋涛,男,1970 年 10 月 3 日出生,系上海国际港务(集团)股份有限公司(以下简称“上港集团”)生产业务部生产调度室经理。2012 年 11 月 14 日因涉嫌犯受贿罪被逮捕。

上海市虹口区人民检察院以被告人宋涛犯受贿罪,向虹口区人民法院提起公诉。

被告人宋涛及其辩护人对指控的犯罪事实、证据均无异议。但同时宋涛否认自己属于国家工作人员。宋涛的辩护人基于以下理由提请法庭对宋涛从宽处罚并适用缓刑:宋涛从事一般业务管理活动,不属于代表国家出资企业中负有管理、监督国有资产职责的组织从事公务的人员,不构成受贿罪的主体;宋涛系初犯,并在家属的帮助下退缴了全部赃款。

上海市虹口区人民法院经公开审理查明:

2009 年年底至 2012 年 8 月,被告人宋涛在担任上港集团生产业务部生产调度室副经理、经理期间,利用负责上港集团下属港区码头货物装卸、船舶到港、浮吊作业计划、分配、调度和管理等职务便利,先后多次收受上海铨兴物流有限公司负责人丁华给予的价值人民币(以下币种同)1.5 万元的联华 OK 消费积点卡及 LV 皮包 1 只,收受上海顶晟国际货物运输代理有限公司负责人陈立军给予的现金 20 余万元。上述收受的消费积点卡、贿赂款共计价值 21.5 万余元,均被宋用于个人消费。2012 年 10 月 30 日,宋涛在上港集团监管部门找其谈话期间,主动供述收受 OK 消费积点卡及 LV 包的事实。后在检察机关调查期间,又主动供述收受 20 余万元现金的事实。在法院审判阶段,宋涛在家属的帮助下退缴了全部赃款。

另查明,上港集团于 2005 年改制为国有控股、中外合资的股份有限公司,并于 2006 年 10 月在上海市证券交易所上市。上港集团的高层领导,列入上级领导部门管理范围;集团总部部门领导的任命,由集团人事组织部根据相关规定,向集团领导部门提出任用人选,经集团领导部门扩大会议讨论同意,然后发文任命。同时,按照上港集团的公司章程,公司员工的聘用和解聘,由公司总裁决定。宋涛在上港集团生产业务部下设的生产调度室从主管到担任副经理、经理的职务变动,均由其上级部门领导个人提出聘任意见,由人事组织部审核后,由公司总裁在总部机关职工岗位变动审批表上签署同意意见即成,无须经过人事组织部提名、领导部门扩大会议讨论决定的程序。

上海市虹口区人民法院认为,被告人宋涛身为上港集团公司工作人员,利用职务便利,非法收受他人财物,为他人谋取利益,数额巨大,其行为构成非国家工作人员受贿罪。上海市虹口区人民检察院指控宋涛犯罪的事实清楚,但是指控的罪名不当,应予纠正。宋涛具有自首情节,且在家属帮助下退缴全部赃款,确有悔罪表现,可以减轻处罚并适用缓刑。关于宋涛提出的非国家工作人员的辩解及其辩护人提出的宋涛不构成受贿罪、请求从宽处罚并适用缓刑的辩护意见,有事实及法律依据,应予采纳。据此,依照《中华人民共和国刑法》第一百六十三条第一款,第六十七条第一款,第七十二条第一款、第三款,第六十四条之规定,上海市虹口区人民法院以被告人宋涛犯非国家工作人员受贿罪,判处有期徒刑三年,缓刑四年,并处没收财产人民币三万元;退缴的赃款予以没收。

一审宣判后,被告人宋涛未提起上诉,检察机关亦未抗诉,该判决已发生法律效力。

二、裁判要旨

No.3-3-163(1)-5 国有控股企业中一般中层管理干部的任命非经国家出资企业中负有管理、监督国有资产职责的组织批准或研究决定,且并非专门从事国有资产监督、管理活动的,不属于国家工作人员。

最高人民法院、最高人民检察院2010年12月联合出台的《关于办理国家出资企业中职务犯罪案件具体应用法律若干问题的意见》除了对传统委派内容和形式进行了细化规定以及对双重身份人员进行解释之外,首次将"代表人员"纳入国家工作人员范畴。根据《关于办理国家出资企业中职务犯罪案件具体应用法律若干问题的意见》第六条第二款的规定,经国家出资企业中负有管理、监督国有资产职责的组织批准或者研究决定,代表其在国有控股、参股公司及其分支机构中从事组织、领导、监督、经营、管理工作的人员,应当认定为国家工作人员。据此,判断被告人宋涛是否具有国家工作人员身份,可以从以下两个方面展开分析:

1. 形式要件:经国家出资企业中负有管理、监督国有资产职责的组织批准或者研究决定

根据《关于办理国家出资企业中职务犯罪案件具体应用法律若干问题的意见》第六条的规定,除受国家机关、国有公司、企业、事业单位委派外,在国有控股、参股公司等国家出资企业中,国家工作人员的认定,需具备负有管理、监督国有资产职责的组织批准或者研究决定的形式要件。我们认为,"负有管理、监督国有资产职责的组织"一般是指上级或者本级国家出资企业领导部门和联席会议。根据有关组织原则,改制后的国家出资企业一般仍设有领导部门,并由本级或者上级领导部门决定人事任免。由其任命并代表其从事公务的人员,应当认定为国家工作人员。而国家出资公司的股东会、董事会、监事会,包括公司的人事组织部门,均不是适格的任命主体。

上港集团中,集团总部部门领导的任命,由集团组织人事部根据相关规定,向集团领导部门提出任用人选,经集团领导部门联席会扩大会议讨论同意,然后发文任命。简言之,该集团中国家工作人员的任命具有人事组织部门提名、领导部门联席会讨论同意这一重要形式。而被告人宋涛在上港集团生产业务部下设的生产调度室从主管到担任副经理、经理的变动,均由其上级部门领导提出聘任意见,由公司人事组织部审核后,由总裁最终批准和决定,而无须经过人事组织部提名、领导部门联席会扩大会议讨论决定的程序。前述股东会、董事会、监事会等都不是负有管理、监督国有资产职责的组织,总裁更不能认定为上述组织,其对宋涛的任命是基于其代表股份公司行使的总裁职权,而非代表负有管理、监督国有资产职责的组织行使职权。因此,就宋涛而言,其职务的任命并不具有"经国家出资企业中负有管理、监督国有资产职责的组织批准或者研究决定"的形式要件。

2. 实质要件:代表负有管理、监督国有资产职责的组织在国有控股、参股公司及其分支机构中从事组织、领导、监督、经营、管理工作

在对国有控股、参股公司中国家工作人员身份进行认定时,除了需要审查行为人的任命程序,还需要着重核实其所从事的工作性质,看其是否"代表负有管理、监督国有资产职责的组织",从事"组织、领导、监督、经营、管理工作"。可见,从实质层面而言,将国家出资企业中的"代表人员"认定为国家工作人员,还要求其所从事的工作同时具备以下两大特征:(1)代表性。作为授权方的负有管理、监督国有资产职责的组织,与作为被授权方的国家工作人员,通过批准、研究决定等方式,产生一种委托法律关系。换言之,在国家出资企业中,国家工作人员系代表国有资产的监督、管理组织从事工作,这种代表性是认定国家工作人员身份的首要特征。(2)公务性。在实践认定中,要注意考察公务与职权的关联性。公务首先是管理性的事务,而不是一般的技术性、业务性的活动,与劳务相比其具有明显的管理属性。值得注意的是,在国家出资企业中,公务有公司性的公务和国家性的公务之分,前者是代表公司整体利益的行为,而后者仅是代表国有资产的监督、管理组织进行管理的行为。

实践中,一般做法是,行为人的身份如果符合形式要件,即经国家出资企业中负有管理、监督国有资产职责的组织批准或者研究决定,即使从事的是公司性的公务,也应以国家工作人员

从事公务论。因为在国家出资企业中,国家性的公务必然包含在公司性的公务中。比较难处理的是,如果行为人的身份不符合形式要件,但从事本质上属于国家性的公务,是否以国家工作人员从事公务论。我们认为,这种情况较少,如果出现,原则上也应以国家工作人员从事公务论。刑事实体法对犯罪概念的界定更强调实质原则。强调这一原则的主要考虑是为了防止行为人规避法律。如果行为人实质从事国有资产的监督、管理,仅因为缺少形式要件或者故意使形式要件不成就,就不以国家工作人员从事公务论,则必然助长国家出资企业中的犯罪之风,不利于国有资产的保护。本案中,被告人宋涛的任职,由公司总裁批准任命,但公司总裁行使的批准权,主要体现其代表股份公司行使职权,而非代表国有资产监督、管理部门行使管理职权。因此,宋涛不符合国家工作人员身份认定的一般形式要件特征。宋涛负责上港集团下属港区码头货物装卸、船舶到港、浮吊作业计划、分配、调度和管理,系经股份公司授权代表股份公司利益从事相关活动,具有一定管理属性的工作岗位,属于公司性的公务活动,但不属于专门从事国有资产监督、管理的活动,即不属于国家性的公务。

本案被告人宋涛其职权的变动并未经负有管理、监督国有资产职责的组织批准或者研究决定,其所从事的工作也并非代表上述组织在国家出资企业中从事公务,因此不能认定其为国家工作人员。

案例:高世银非国家工作人员受贿案

案例来源:《刑事审判参考》总第 97 集[第 960 号]

主题词:非国家工作人员受贿罪

一、基本案情

被告人高世银,男,1955 年 10 月 4 日出生,原系綦江县永新镇长田村村民委员会主任。2010 年 10 月 30 日因涉嫌犯受贿罪被逮捕。

重庆市綦江县人民检察院以被告人高世银犯受贿罪,向綦江县人民法院提起公诉。

被告人高世银对指控的事实及罪名无异议,但辩解其系在投案途中被侦查机关抓获,并如实供述了自己的罪行,具有自首情节,提请法庭对其从轻处罚。其辩护人提出,高世银检举他人犯罪,且积极退赃,提请法庭对其从轻或者减轻处罚。

綦江县人民法院经公开审理查明:

2007 年 12 月,綦江县公路建设指挥部规定村级公路建设项目由镇政府组织实施,后又明确村级公路可由村民委员会在镇政府监督指导下自建,县财政对每公里补贴人民币(以下币种同)30 万元,不足部分由镇、村自筹。2009 年 3 月,綦江县永新镇镇政府规定,新改建村级公路由各村组织施工,镇政府每公里追加补贴 4 万元。镇政府为此成立领导小组,负责组织全镇公路建设项目的申报、规划、招投标和组织实施,同时要求各村成立相应领导机构,由村党支部书记任组长、村委会主任任副组长,负责本村公路建设管理协调和公路筹资投劳等工作。

2009 年 5 月,重庆市綦江县永新镇长田村村民委员会召集村民代表会议,决定通过自筹资金、社会募捐和政府补贴,硬化该村"柑木"公路。同年 6 月 5 日,时任长田村村民委员会主任的被告人高世银以村民委员会的名义,书面承诺将该工程交给兰文仕承包,兰文仕遂向冯鹰、王斌收取项目转让费 20 余万元,并于次日给予高世银好处费 6 万元。同月 12 日,高世银以长田村村民委员会的名义,与冯鹰、王斌挂靠的重庆斌鑫建筑工程有限公司签订施工合同。但镇政府认为该合同违反签订程序,遂将该工程交给吴某承包。后高世银等人与吴某协商,吴某将工程转让给冯鹰、王斌等。一审期间,高世银退回赃款 6 万元。此外,高世银在关押期间检举他人非法持有枪支,经查证属实。

綦江县人民法院认为,被告人高世银担任綦江县永新镇长田村村民委员会主任期间,在修建本村公路的村内事务活动中,利用职务之便,非法收受他人 6 万元,为他人谋取利益,其行为构成非国家工作人员受贿罪。高世银系在接到通知到镇政府后被带至侦查机关,又系在法制教育后才供认罪行,故不构成自首。综合高世银犯罪情节和立功、退赃情节,可以对其从轻处罚。

据此,依照《中华人民共和国刑法》第一百六十三条、第六十四条、第六十八条之规定,綦江县人民法院以被告人高世银犯非国家工作人员受贿罪,判处有期徒刑一年二个月。

宣判后,被告人高世银未提起上诉,检察机关亦未抗诉,该判决已发生法律效力。

二、裁判要旨

No.3-3-163(1)-6 在村集体土地上自行修建道路属于村民自治范围内事务,村民委员会主任从事村民自治范围内的活动,不属于从事公务,不应认定为国家工作人员。

"柑木"公路硬化工程所占土地的性质为农民集体所有土地,而非国有土地。《土地管理法》第十条规定:"农民集体所有的土地依法属于村农民集体所有的,由村集体经济组织或者村民委员会经营、管理。"第八条第二款规定:"农村和城市郊区的土地,除由法律规定属于国家所有的以外,属于农民集体所有。"而国土资源部对在集体所有的土地上修建并管理的道路的权属则作了进一步明确。国土资源部印发的《确定土地所有权和使用权的若干规定》第二十二条规定:"乡(镇)或村在集体所有的土地上修建并管理的道路、水利设施用地,分别属于乡(镇)或村农民集体所有。"据此,各级政府在农民集体土地上修建道路等公共设施,只有经法定程序,将农民集体土地转为建设用地,并按标准给予补偿后,才能把农民集体土地转为国有建设用地。本案中,綦江县建设乡村道路,并不是将农村集体土地转为国有建设用地后由有关政府部门组织建设,而是由政府补贴部分资金,在不改变土地性质的前提下,由各村自行修建并负责给予农户相应补偿。所以,綦江县、永新镇两级政府虽然给予了相应的资金补贴,并规定镇政府负责工程的组织实施,以及镇政府或者镇政府指导下的村民委员会为道路建设的责任主体,但均未改变"柑木"公路所占土地的性质为村集体土地。

"柑木"公路硬化工程属于长田村村民自治范围内的事务,建设主体为长田村及村民委员会。关于村民委员会的主体性质、工作职能,《村民委员会组织法》作了十分明确的规定。《村民委员会组织法》第二条规定:"村民委员会是村民自我管理、自我教育、自我服务的基层群众性自治组织,实行民主选举、民主决策、民主管理、民主监督。村民委员会办理本村的公共事务和公益事业,调解民间纠纷,协助维护社会治安,向人民政府反映村民的意见、要求和提出建议。"第八条第二款规定:"村民委员会依照法律规定,管理本村属于村农民集体所有的土地和其他财产,引导村民合理利用自然资源,保护和改善生态环境。"本案中,"柑木"公路硬化工程,系在村农民集体土地上建设的公共项目,系村民自治范围内的事务,永新镇政府赋予镇公路建设领导小组对全镇公路建设项目的申报、规划、招投标和组织实施的权力不及于"柑木"公路硬化工程。长田村村民代表会议依法有权决定硬化"柑木"公路,村民委员会具体执行村民代表会议的决定,是合法的修路主体。

从立法沿革和相关规范性文件的规定来看,村民委员会等村基层组织人员从事村民自治范围内的活动不属于"其他依照法律从事公务的人员"。(1)全国人大常委会法制工作委员会向全国人大常委会所作的《关于〈中华人民共和国刑法〉第九十三条第二款的解释(草案)》的说明中,建议全国人大常委会把《刑法》九十三条第二款解释为"农村村民委员会等基层组织依法……从事村公共事务的管理工作属于依法从事公务,应以国家工作人员论"。但全国人大常委会最终删除了"从事村公共事务的管理工作",改为"协助人民政府从事下列行政管理工作"。(2)根据最高人民检察院《关于贯彻执行〈全国人民代表大会常务委员会关于《中华人民共和国刑法》第九十三条第二款的解释〉的通知》的规定对村民委员会等村基层组织人员从事属于村民自治范围的经营、管理活动不能适用《解释》的规定。根据上述法律及文件规定,高世银组织、实施"柑木"公路硬化工程建设,属于从事村民自治范围内的事务,不能"以国家工作人员论"。同时,依据綦江县、永新镇两级政府的相关规定,虽然高世银有协助政府从事指导工程建设及监管政府补贴资金等行政管理工作的责任,但是高世银未利用这种便利,而是利用其代表长田村村民委员会组织、实施"柑木"公路硬化工程建设具有的便利条件收受贿赂,被告人实施犯罪与协助政府工作无关。

只有依法把村农民集体土地转为国有土地,在该土地上修建道路等公共设施才属于公务活动,系“政府工程”。反之,相关建设活动仍然属于村民自治范围内的事务,建设主体为村集体经济组织或者村民委员会。从事村民自治范围经营、管理活动的村民委员会人员,不属于其他依照法律从事公务的人员。如果该类人员利用上述便利条件,非法收受他人财物,为他人谋取利益构成犯罪的,应当以非国家工作人员受贿罪追究刑事责任。

案例:王海洋非国家工作人员受贿、挪用资金案

案例来源:《刑事审判参考》总第 102 集[第 1055 号]

主题词:受贿罪 国有出资企业工作人员的身份

一、基本案情

被告人王海洋,男,1981 年 9 月 29 日出生,原系中国建筑第八工程局有限公司第一建设有限公司(以下简称“中建八局第一公司”)西客站交通枢纽项目部商务经理。2013 年 5 月 9 日因涉嫌犯受贿罪被逮捕。

山东省济南市历下区人民检察院以被告人王海洋犯受贿罪、挪用公款罪向历下区人民法院提起公诉。

济南市历下区人民法院经公开审理查明:

(一)受贿事实

中建八局第一公司系国有企业,被告人王海洋在任该公司西客站交通枢纽项目部商务经理期间,利用负责项目工程预、决算签发、审核的职务便利,为分包施工队谋取利益,分别于 2011 年 9 月、2012 年 4 月、2013 年 2 月三次收受施工队负责人李忠阳、郭峰好处费共计人民币(以下币种同)27.6 万元,据为己有。

(二)挪用公款事实

2011 年 9 月 14 日,中建八局第一公司会计张娜将公款 22 万元转入王海洋个人农业银行账户,由王海洋保管。同年 11 月 10 日,王海洋利用保管该部分账外资金的职务便利,将其中 147850.65 元用于个人购买农业银行理财产品,进行营利活动,同年 12 月 12 日归还,获利约 700 元。济南市历下区人民法院认为,被告人王海洋身为国有企业工作人员,利用职务便利,为他人谋取利益,收受他人财物;利用职务便利,挪用公款进行营利活动,数额较大,其行为分别构成受贿罪和挪用公款罪。王海洋到案后如实供述了挪用公款的犯罪事实,依法可以从轻处罚。

王海洋家属为其积极退缴全部受贿赃款,依法可以酌情从轻处罚。据此,依照《中华人民共和国刑法》的相关规定,历下区人民法院判决如下:

被告人王海洋犯受贿罪,判处有期徒刑十年六个月;犯挪用公款罪,判处有期徒刑二年;决定执行有期徒刑十一年。扣押在案的赃款人民币二十七万六千元予以没收,上缴国库。

一审宣判后,被告人王海洋不服,向济南市中级人民法院提起上诉。其主要上诉理由是:中建八局第一公司是中建八局公司的全资子公司,中建八局公司又是中国建筑股份有限公司(以下简称“中建股份公司”)的全资子公司,而中建股份公司 2009 年 7 月上市,从国有公司演变为国有资本控股公司,中建八局公司和中建八局第一公司也随之转变为非国有公司。因此,其身份不属于国家工作人员,不具备受贿罪、挪用公款罪的主体要件。

济南市中级人民法院经公开审理查明的上诉人王海洋收受郭峰、李忠阳等人 27.6 万元贿赂以及挪用本单位资金 147850.65 元的事实和证据与一审相同。

济南市中级人民法院另查明,2007 年 12 月,经国务院国资委同意,中国建筑工程总公司(以下简称“中建总公司”)联合中国石油天然气集团公司、宝钢集团有限公司、中国中化集团公司作为发起人(以上均为国有股东,其中中建总公司持股 94%),发起设立中建股份公司。随后,中建总公司决定将中建八局公司 100%国有法人股权作为其出资的一部分投入中建股份公司,并与中建股份公司签订了股权转让协议,中建八局公司由此成为中建股份公司独家持股的独资有限公司。2009 年 7 月,中建股份公司在上海证券交易所上市,从 2009 年至 2013 年,该公司国有股东持股比例均保持在 60%以上。2009 年 12 月,中建股份公司为中建八局公司增资 9.65 亿元。

2010 年 12 月,经中建股份公司同意,中建八局公司收购上诉人王海洋所在单位中建八局第一公司 49%的社会法人股及自然人股股权(另 51%股权继续由中建八局公司持有)。2011 年 3 月 10 日,中建八局第一公司工商登记注册变更为中建八局的独资有限公司。

济南市中级人民法院认为,上诉人王海洋身为非国有公司的工作人员,利用职务上的便利,非法收受他人财物,为他人谋取利益,数额巨大;利用职务上的便利,挪用本单位资金归个人使用,进行营利活动,数额较大,其行为构成非国家工作人员受贿罪和挪用资金罪,依法应当数罪并罚。原审认定王海洋的行为构成受贿罪和挪用公款罪有误,应当予以纠正。鉴于王海洋受贿赃款已全部追回,归案后如实供述其挪用资金的事实,对其依法可以从轻处罚。据此,依照《中华人民共和国刑事诉讼法》第二百二十五条第一款第(二)项、《中华人民共和国刑法》第一百六十三条第一款、第二百七十二条第一款、第六十九条第一款、第六十七条第三款、第六十四条之规定,济南市中级人民法院改判如下:

上诉人王海洋犯非国家工作人员受贿罪,判处有期徒刑六年;犯挪用资金罪,判处有期徒刑一年;决定执行有期徒刑六年六个月。

二、裁判要旨

No. 3-3-163(1)-7 国有控股企业并非刑法意义上的国有公司,而属于国家出资企业,国有出资企业中的工作人员并非受负有管理、监督国有资产职责的组织批准或研究决定任命的,属于非国家工作人员。

本案被告人王海洋的身份是否属于国家工作人员,应当综合以下两个问题进行分析认定:一是王海洋所在单位是否属于刑法意义上的国有公司;二是如果其单位不属于国有公司,王海洋是否属于最高人民法院、最高人民检察院《关于办理国家出资企业中职务犯罪案件具体应用法律若干问题的意见》第六条第二款所规定的国家工作人员类型。

刑法意义上的国有公司仅指国家出资的国有独资公司,不包含国有资本控股公司、国有资本参股公司等其他类型的国家出资企业。2009 年 7 月,中建股份公司在上海证券交易所上市,转变为国有控股公司,由此,中建八局公司因其股东不再是国有独资公司,其在性质上也就不再属于国有公司,而是转变为国有控股公司。相应的,中建八局第一公司的性质也应变为国有控股公司。基于上述分析,可以认定王海洋的身份不属于国有公司中从事公务的人员。

《关于办理国家出资企业中职务犯罪案件具体应用法律若干问题的意见》第六条将非国有独资的国家出资企业中的国家工作人员分为两种类型:第一种类型与刑法第九十三条第二款对应,属于"委派型"国家工作人员。本案中,被告人王海洋所在公司及上级公司均为国有控股公司,故不属于国有公司委派到非国有公司任职的情形。第二种类型即"间接委派型"或者"代表型"国家工作人员。根据《关于办理国家出资企业中职务犯罪案件具体应用法律若干问题的意见》第六条第二款的规定,国家出资企业中的工作人员是否属于"国家工作人员",应当从以下两个方面进行认定:一是形式要件,即经国家出资企业中负有管理、监督国有资产职责的组织批准或者研究决定。这里的"组织"主要是指上级或者本级国家出资企业内部的党委、党政联席会。二是实质要件,即代表负有管理、监督国有资产职责的组织在国有控股、参股公司及其分支机构中从事组织、领导、监督、经营、管理工作,实质要件具有"代表性"和"公务性"两个特征。在判断层次上,对于形式要件、实质要件的判断分别属于形式判断和实质判断,首先要进行形式判断,形式判断是进行实质判断的重要前提和依据。本案中,被告人王海洋任职本公司西客站交通枢纽项目部商务经理是经本公司总经理办公会研究决定任命,并非经国家出资企业中负有管理、监督国有资产职责的组织批准或者研究决定任命,不属于国家工作人员,应以非国家工作人员受贿罪、挪用资金罪定罪处罚。

案例:朱建军受贿、挪用公款案

案例来源:《人民法院案例选》2016 年第 3 辑

主题词:非国家工作人员受贿罪 国有参股企业管理人员的国家工作人员身份

一、基本案情

长沙建工集团是经长沙市人民政府长政函(2002)1 号文件批准,由全民所有制企业原长沙建设集团公司(现为长沙建工一分公司)兼并集体所有制企业原长沙市工程建设公司(现为长沙建工二分公司),合并全民所有制企业原长沙市第三建筑安装公司(现为长沙建工三分公司)之后,并吸纳自然人股份,于 2002 年 3 月正式改制组建而成,公司注册资本金为 10171.37 万元。公司组建之初注册资本金为 6071.37 万元,其中长沙市住建委代表国有股净资产(原长沙建设集团公司等三家公司资产)出资 2061.69 万元(上述出资未过户至长沙建工集团名下,登记在各分公司名下),另有 14 个自然人以实物的形式出资 4009.68 万元。其中,被告人朱建军以车辆、设备等实物出资 623.82 万元,但上述设备未过户至长沙建工集团名下,其将出资设备经营其于 2002 年至 2006 年担任经理的长沙建工第四分公司(长沙建工集团的分公司)。除被告人朱建军外,其余 13 个自然人出资的实物亦均未过户至长沙建工集团名下。该 14 名股东与公司约定股本金归个人所有,该 14 名股东不参与公司的分红,股东对公司的债权、债务不负法律责任。2010 年 9 月,因公司拟申报轨道交通专项资质,申报的条件中有一项即注册资本金须达到 1 个亿。为了资质建设的需要,长沙建工集团以集团公司组织班子成员和项目经理个人的名义出资,申请增加注册资本金 4100 万元,其中被告人朱建军出资 1000 万元,但出资后即抽走资本金。上述出资人均出具了不参与公司分红分利,不占公司实际股份,不承担出资人相应权利义务的承诺书。长沙建工集团下属最多时达三十余家分公司,其组织管理模式为:各分公司均自筹资金,独立经营核算,但均以长沙建工集团的名义开展业务。其中,第一、二、三分公司均有其独立的单位基本账号及税务号,财务较为独立,不需要向总公司缴纳管理费;其余数十家分公司向总公司缴纳管理费(按年缴纳或按业务量缴纳)。

2006 年 12 月,被告人朱建军经选举表决,经长沙市住建委同意,至 2012 年 2 月期间担任长沙建工集团党委书记、董事长、总经理。

2007 年至 2012 年期间,朱建军利用其职务便利,收受他人财物人民币 200118.5 元,欧元 8000 元;并挪用公司公款 240 万元。

被告人朱建军案发后,在长沙市纪委对其调查阶段主动、如实供述办案机关未掌握的其收受贿赂、挪用资金的罪行。

湖南省宁乡县人民检察院以宁检刑诉(2014)88 号起诉书指控被告人朱建军犯受贿罪、挪用公款罪,于 2014 年 3 月 21 日提起公诉。

宁乡县人民法院一审判决:

1. 被告人朱建军犯非国家工作人员受贿罪,判处有期徒刑三年;犯挪用资金罪,判处有期徒刑三年六个月。决定执行有期徒刑五年。

2. 没收被告人朱建军退缴的违法所得人民币 261181 元,上缴国库。

一审宣判后,被告人朱建军对一审判决不服,向长沙市中级人民法院提起上诉;宁乡县人民检察院亦提起抗诉。在审理过程中,长沙市人民检察院申请撤回抗诉;上诉人朱建军申请撤回上诉。长沙市中级人民法院于 2015 年 5 月 21 日作出二审裁定:准许长沙市人民检察院撤回抗诉;准许上诉人朱建军撤回上诉。

二、裁判要旨

No. 3-3-163(1)-8　自然人股东与国有股东共同出资成立新的公司,自然人股东以实物出资后未变更实物的权属登记,后抽逃出资,仍应认定为国有参股企业。

依照法律规定,股东以动产入股时,以动产交付使用而非权属登记的变更为标准。2002 年,朱建军入股的动产经过了验资,且为其承包的第四分公司使用,该情形应当认定为实际出资而非"形式出资"。朱建军 2010 年入股的 1000 万元已缴入专用账户,后抽走,为抽逃出资而非"虚假出资"。朱建军依法应当承担出资人的责任,同时享有相关股东权利。本案中,应当认定长沙建工集团是国有参股而非国有独资企业。

No. 3-3-163(1)-9 国有参股企业中,自然人股东根据公司章程当选企业董事、董事长,不应认定为国家工作人员。

本案中,朱建军与长沙市住建委并无隶属关系,双方同为持股股东,具有平等的主体地位。根据长沙建工集团公司章程,公司董事长由董事会选举产生,非由长沙住建委委派,不属于国家工作人员。其担任董事长期间发生的犯罪应认定为非国家工作人员受贿罪、挪用资金罪。

案例:周根强、朱江华非国家工作人员受贿罪案

案例来源:《刑事审判参考》总第 111 集[第 1207 号]

主题词:非国家工作人员受贿罪 滥用职权罪 受贿罪

一、基本案情

2007 年 8 月至 2008 年 1 月间,国有公司上海南外滩集团房产前期开发有限公司(以下简称"前期公司")受上海市市政工程管理处委托,负责本市西藏路道路改建工程 2 期一标段所涉周边房屋拆迁工作。前期公司与周根强、朱江华所在的上海更强房产服务有限公司(以下简称"更强公司")签订《委托实施拆迁劳务协议》《委托动拆迁劳务费结算协议》,委托更强公司以前期公司动迁二部的名义实施西藏路道路拆迁的具体工作,并支付劳务费用。后周根强、朱江华受前期公司负责人口头任命,分别以前期公司动迁二部总经理、经理的名义,具体负责动拆迁工作。黄浦区动迁指挥部将动迁款分成安置费和劳务费两部分下拨到前期公司,被动迁户的安置费根据周根强、朱江华提供的清册,二人在安置审批表上签字,由前期公司审核后直接支付到具体动迁户的专用存折里。其间,周根强、朱江华明知涉案房屋系空户状态,仍受他人请托,违规审批他人提供的虚假材料,使拆迁补偿款被冒领,致使公共财产遭受 138 万余元的损失。周根强、朱江华以此共同收受他人给予的"好处费"共计 21.8 万元。

二、裁判要旨

No. 3-3-163(1)-10 受国家机关委托行使行政管理职权的公司将相关职权再次委托给其他人员,相关人员的职权不直接来源于国家机关,不属于国家机关工作人员。

(1)周根强、朱江华不属于国家机关工作人员,其行为不构成滥用职权罪。

《全国人民代表大会常务委员会关于〈中华人民共和国刑法〉第九章渎职罪主体适用问题的解释》规定:"在依照法律、法规规定行使国家行政管理职权的组织中从事公务的人员,或者在受国家机关委托代表国家机关行使职权的组织中从事公务的人员,或者虽未列入国家机关人员编制但在国家机关中从事公务的人员,在代表国家机关行使职权时,有渎职行为,构成犯罪的,依照刑法关于渎职罪的规定追究刑事责任。"《最高人民法院、最高人民检察院关于办理渎职刑事案件适用法律若干问题的解释(一)》[以下简称《渎职解释(一)》]第七条规定:"依法或者受委托行使国家行政管理职权的公司、企业、事业单位的工作人员,在行使行政管理职权时滥用职权或者玩忽职守,构成犯罪的,应当依照《全国人民代表大会常务委员会关于〈中华人民共和国刑法〉第九章渎职罪主体适用问题的解释》的规定,适用渎职罪的规定追究刑事责任。"虽然根据《渎职解释(一)》的规定,依法或者受委托行使国家行政管理职权的公司、企业、事业单位的工作人员可以构成渎职犯罪,但从司法解释文义来看,主体身份的认定要回归到立法解释,公司、企业、事业单位的工作人员只有接受特定的委托主体(国家机关)的委托才有可能构成渎职罪。

在本案中,上海市市政工程管理处将房屋拆迁相关工作委托给前期公司,并未将相关职权直接委托给更强公司,更强公司系受前期公司转委托而行使管理职权。周、朱二人工作职能的依据系前期公司与更强公司之间的委托协议及前期公司管理人员的口头委托,并非依法或受国家机关委托进行工作。故周、朱二人的职权资格并非直接来源于国家机关,不符合滥用职权罪主体身份的要求,其在履职中造成公共财产重大损失的行为,不构成滥用职权罪。

(2)周根强、朱江华不构成国有公司、企业人员滥用职权罪。

根据《刑法》第一百六十八条第一款的规定,国有公司、企业的工作人员滥用职权,造成国有公司、企业破产或者严重损失，致使国家利益遭受重大损失的，构成国有公司、企业人员滥用职权罪。本罪的犯罪主体为特殊主体，即国有公司、企业工作人员。

在本案中，周根强、朱江华分别受前期公司委托，更强公司是依照平等主体间签订的委托合同的规定，以前期公司名义从事拆迁工作。双方委托关系仅存续于拆迁项目的运作中，在从事拆迁工作期间，周根强、朱江华仍然系更强公司的人员，而非前期公司的人员，因此二人不是国有公司、企业的工作人员，不构成国有公司、企业人员滥用职权罪。

(3)周根强、朱江华不属于国家工作人员，其行为不构成受贿罪。

受贿罪是身份犯，行为主体为国家工作人员，根据《刑法》第九十三条的规定国家工作人员，是指国家机关中从事公务的人员。国有公司、企业、事业单位、人民团体中从事公务的人员和国家机关、国有公司、企业、事业单位委派到非国有公司、企业、事业单位、社会团体从事公务的人员，以及其他依照法律从事公务的人员，以国家工作人员论。

尽管全国人大常委会对《刑法》第九十三条规定的"其他依照法律从事公务的人员"作出了立法解释，但也只是对村民委员会等村基层组织人员协助政府从事行政管理工作时，明确其属于"其他依照法律从事公务的人员"。《全国法院审理经济犯罪案件工作座谈会纪要》(以下简称《经济犯罪纪要》)也只列出了四种情形，而且表述上仍使用了"其他"字样，表明其范围并没有穷尽。司法实践中应注意参照《经济犯罪纪要》的精神准确认定"其他依照法律从事公务的人员"。

所谓从事公务，是指组织、领导、监督、管理社会公共事务和国家事务。根据我国现行《刑法》的规定，我国的公务活动包括以下几种：(1)各级国家权力、行政、司法机关以及军队中的事务，即单纯的国家事务；(2)国有事业单位、人民团体的事务，即国家参与管理的一部分社会性事务；(3)国有公司、企业等经营管理国有财产的事务。判断立法解释和《经济犯罪纪要》之外的主体是否属于国家工作人员时，最重要的是要看其是否是依照法律，在法律的授权下对包括国家事务、社会事务等在内的公共事务进行管理，如果管理的权限不是源于法律的规定而是源于其他的行为(如委托)，则行为人不能认定为国家工作人员。

本案中，周根强、朱江华分别受前期公司委托，没有直接接受国家机关的委托。(1)更强公司非国家机关，故二人不属于国家机关中从事公务的人员；(2)更强公司不具备国有性质，故二人不属于国有公司、企业中从事公务的人员；(3)周、朱二人也不是国有公司、企业委派到非国有公司、企业从事公务的人员。

需要指出的是，委托并不等同于委派。根据《经济犯罪纪要》的规定，"所谓委派，即委任、派遣，其形式多种多样，如任命、指派、提名、批准等"。"委派"要具有刑法效力，必须同时具备有效性、法定性、隶属性和内容特定性四个条件。有效性是作出委派意思表示的主体必须是国家机关、国有公司、企业、事业单位而非私人委派，且其意思表示必须明确，且被委派人也必须作出明确的接受委派的意思表示。法定性是委派单位必须在其法定的权限范围内作出委派的意思表示，不能越权委派。隶属性指被委派人必须接受委派单位的领导、管理和监督，被委派人与委派单位之间的关系属于行政隶属关系而非平等委托关系。内容特定性是被委派人到被委派单位从事的工作限于领导、管理、监督的公务行为而非一般的劳务活动。

本案中，前期公司属国有公司，《委托实施拆迁劳务协议》等书证证实更强公司挂靠在前期公司拆迁管理部下，周、朱二人也只是接受了前期公司负责人的口头委托，这里的"挂靠""口头委托"并不等于"委派"，故周、朱二人也非国有公司、企业委派到非国有公司、企业从事公务的人员；周、朱二人工作职能并非依照法律从事公务。综上，周、朱二人不是刑法规定的国家工作人员。

受贿罪的主体(国家工作人员)不包括受委托管理、经营国有财产的人员。根据《刑法》第三百八十二条第二款的规定，受国家机关、国有公司、企业、事业单位、人民团体委托管理、经营国有财产的人员，利用职务上的便利，侵吞、窃取、骗取或者以其他手段非法占有国有财物的，以贪污论。此属于法律拟制，只能在贪污罪中适用。从《刑法》条文的前后设置上看，此规定也只能属于法律拟制。如果此规定属于注意规定,受委托管理、经营国有财产的人员本来就属于《刑法》第九十三条第二款规定的应当"以国家工作人员论"的其他依照法律从事公务的人员,那么《刑法》第三百八十二条第一款中的"国家工作人员"自然就包含了这类主体,第二款关于这类主体利用职务上的便利非法占有国有财物以贪污论的专门规定就显得多此一举了。显然,《刑法》第三百八十二条第二款的规定表明,"受委托管理、经营国有财产的人员"并不包括在国家工作人员范围之内,这一款的规定自然也就不能类推适用于受贿罪的认定。

(4)周根强、朱江华构成非国家工作人员受贿罪。

1997年《刑法》第一百六十三条第一款规定,公司、企业或者其他单位的工作人员利用职务上的便利,索取他人财物或者非法收受他人财物,为他人谋取利益,数额较大的,处五年以下有期徒刑或者拘役;数额巨大的,处五年以上有期徒刑,可以并处没收财产。本案中,周、朱二人作为更强公司的工作人员,利用职务上的便利,非法收受他人财物,为他人谋取利益,数额较大,符合非国家工作人员受贿罪的犯罪构成。

综上,滥用职权罪的主体是国家机关工作人员,受贿罪的主体是国家工作人员,二者的范围都应当严格根据法律规定来界定,恪守罪刑法定的原则。《渎职解释(一)》规定的受委托情形,应当是根据法律规定的直接委托,而不包括转委托。本案中,受国有公司的委托管理相关事务的主体因为并非直接接受国家机关的委托而不属于国家机关工作人员和国家工作人员的范畴,不属于滥用职权罪和受贿罪的适格主体,故对被告人应以非国家工作人员受贿罪定罪处罚。

案例:尹乐、李文颐非国家工作人员受贿案

案例来源:《刑事审判参考》总第114集[第1266号]

主题词:非国家工作人员受贿罪　在缓刑考验期内再犯新罪

一、基本案情

2010年5月起,被告人尹乐、李文颐分别担任重庆红鼎实业发展有限责任公司(以下简称"红鼎实业")总经理、副总经理职务。尹乐全面负责公司的开发建设及日常运营管理,李文颐负责公司的工程及合同预算。

2012年年初,红鼎实业在重庆市北碚区三溪口开发的红鼎高尔夫社区样板区一期2号地块项目需要安装中央空调,斯博瑞公司总经理程龙方欲承接该空调工程,找到被告人李文颐,李文颐考察斯博瑞公司产品后与被告人尹乐商定,将该空调工程交予斯博瑞公司承接,作为回报,程龙方需支付合同标的30%,即140万元好处费,具体由李文颐出面向程龙方索要。2012年2月,李文颐与程龙方见面,李文颐允诺想办法将该工程确定给斯博瑞公司,并保证付款进度、验收支持,程龙方为得到该空调工程及以后能继续承接红鼎实业的工程,表示同意支付140万元好处费,双方同时谈好程龙方在拿到红鼎实业第一笔工程进度款后予以支付。同年2月29日,尹乐、李文颐通过变相执行招投标的形式,事先确定由斯博瑞公司中标。2012年3月28日,斯博瑞公司顺利与红鼎实业签订《红鼎高尔夫社区样板区一期2号地块中央空调工程合同》,合同总金额为5738900元。2013年年底,李文颐与程龙方再次见面,程龙方以人工费、材料费上涨以及资金困难等为由,要求降低好处费,双方通过协商,确定好处费为90万元,李文颐将此事向尹乐汇报,尹乐予以同意。之后,程龙方答应2014年春节前支付60万元,先付50万元,延后再支付10万元,李文颐将此事向尹乐汇报,尹乐也表示同意。2014年1月26日,程龙方安排其公司财务将50万元转入李文颐提供的事先由尹乐指定的署名张丽的平安银行重庆渝北支行账户。同日,尹乐从其招商银行重庆支行账户转账25万元到李文颐妻子的招商银行大连分行星海支行账户。

2014年3月17日下午5时左右,被告人李文颐与程龙方在重庆市渝北区天来大酒店附近的"茶庄王"茶楼见面。程龙方将装有10万元现金的纸袋交予李文颐,李文颐清点后离开茶馆,准备驱车时被公安民警当场抓获。同日,被告人尹乐被公安机关拘传到案。

另查明:2009 年 6 月 4 日,山东省枣庄市中级人民法院依法作出(2009)枣刑二初字第 2 号刑事判决书,判决被告人尹乐犯受贿罪,判处有期徒刑三年,宣告缓刑四年。缓刑考验期为 2009 年 6 月 4 日至 2013 年 6 月 3 日。尹乐因前罪于 2007 年 12 月 1 日被刑事拘留,同年 12 月 14 日被逮捕,2009 年 6 月 4 日被释放。

二、裁判要旨

No. 3-3-163(1)-11　在缓刑考验期内与行贿人达成贿赂合意,在缓刑执行期满后收取财物的,可以认定"在缓刑考验期内犯新罪"。

对于受贿犯罪,因利用职务便利为他人谋取利益行为和收受贿赂之间具有因果关系,所以不论事前受贿抑或事后受贿,凡是达成了明确的贿赂合意,并就此合意实施了行为,包括为行贿人实施了为他人谋取利益的行为和收受财物行为之一的,其职务廉洁性就受到了侵害,就应认定构成了该二罪,这也是该二罪的罪质构成要件的核心。至于是否现实地收到了贿赂款物只影响评价犯罪是否既遂,并不影响犯罪要件的齐备。即,典型的受贿犯罪是指受贿人收受了行贿人财物并为行贿人谋取了利益,但在非典型的受贿犯罪中,犯罪的构成要件齐备具体包括以下几种情况:第一,在索贿型犯罪中,凡是行为人索取到了他人财物,不论是否为他人谋取利益均构成犯罪,即使行为人和被索取贿赂的一方没有就谋取利益事项进行商谈和承诺也不影响犯罪的成立;第二,在主动行贿型犯罪中,行贿人和受贿人就行贿财物内容达成明确合意后,受贿人为行贿人谋取了利益,但尚未收取到财物,或者收到了财物但尚未为行贿人谋取利益的,均构成受贿罪或非国家工作人员受贿罪。实践中,在尚未收到贿赂款时即案发的一般可认定为犯罪未遂,并不影响对其行为认定为犯罪的评价。

具体到本案,被告人尹乐与行贿人商谈并就收受贿赂的金额达成合意的时间是在其缓刑考验期内,其为行贿人利用职务便利谋取利益的行为时间也是在缓刑考验期内,虽然其收受贿赂款的时间是在其缓刑考验期满后,但其犯罪的成立时间点仍应认定是在缓刑考验期内,其事后收受索贿款的行为仅为贯彻其事先与行贿人达成的收买职务行为的合意,其为行贿人谋取利益的行为已经现实性地对职务廉洁性造成了侵害,故其行为已构成非国家工作人员受贿罪。在这里,被告人收受贿赂款的行为并非衡量其行为是否构罪的要件,而是犯罪构成的事实要素之一,仅对评价其行为既遂未遂有意义。

43 对非国家工作人员行贿罪(《刑法》第一百六十四条)

案例:张建军、刘祥伟对非国家工作人员行贿案

案例来源:《刑事审判参考》第 106 集[第 1136 号]

主题词:串通投标罪　国有土地使用权挂牌出让过程中的串通竞买行为

一、基本案情

被告人张建军,男,1962 年 2 月 8 日出生。2010 年 2 月 12 日因涉嫌犯串通投标罪被逮捕。

被告人刘祥伟,男,1969 年 10 月 5 日出生。2010 年 8 月 24 日因涉嫌犯诈骗罪被逮捕。

安徽省濉溪县人民检察院以被告人张建军犯对非国家工作人员行贿罪、串通投标罪、诈骗罪、破坏监管秩序罪,以被告人刘祥伟犯对非国家工作人员行贿罪、串通投标罪、诈骗罪,向濉溪县人民法院提起公诉。

被告人张建军及其辩护人对公诉机关指控张建军串通投标的事实不持异议,但辩称不构成串通投标罪;张建军的辩护人另提出张建军的行为不符合对非国家工作人员行贿罪、诈骗罪和破坏监管秩序罪的构成要件,应对其宣告无罪。被告人刘祥伟对指控事实及罪名均无异议。

濉溪县人民法院经公开审理查明:

2009 年 11 月 19 日至 30 日,经濉溪县人民政府批准,濉溪县国土资源局挂牌出让濉国土挂(2009)023 号地块国有建设用地使用权。安徽通和煤炭检测有限公司法定代表人杨坤(另案处理,已判刑)借用淮北圣火房地产开发有限责任公司(以下简称"圣火公司")名义申请参加该宗土地使用权挂牌出让竞买活动,山东日照利华房地产开发有限公司(以下简称“日照利华公司”)、淮北春盛公司(以下简称“春盛公司”)、淮北国利房地产开发有限公司(以下简称“国利公司”)、淮北金沙纺织服装有限公司(以下简称“金沙公司”)均报名获得竞买资格。同年11月29日,杨坤与无业人员被告人张建军商议,以承诺给付补偿金的方式,让其他竞买人放弃竞买。当日,张建军在淮北市“爵士岛”茶楼先后与其他竞买人商谈,春盛公司副经理马大中同意接受200万元退出;金沙公司法人代表邵春海、国利公司皇孝利(其妻系该公司法人代表)均同意接受250万元退出。日照利华公司提出接受500万元退出,杨坤向张建军表示最多给付450万元让日照利华公司退出。张建军即通过被告人刘祥伟与日照利华公司商谈,日照利华公司同意接受300万元退出竞买。此后,张建军仍告知杨坤日照利华公司同意450万元退出。次日,在濉溪县国土局023号地块竞买现场,按照杨坤的安排,日照利华公司、春盛公司均未举牌竞价,金沙公司邵志潮以8100万元的价格举牌竞价一次,杨坤以8200万元举牌竞价一次,杨坤的朋友张峰持国利公司皇孝利的号牌以8300万元举牌竞价一次,杨坤与皇孝利又分别加价100万元各举牌一次,最终杨坤以8600万元(保留底价8500万元)竞买成功。后张建军、刘祥伟伙同杨坤共付给参与竞买的其他公司相关人员贿赂840万元。其间,张建军、刘祥伟采取多报支出等方式,侵吞违法所得共计355万元。案发后,刘祥伟向公安机关退缴违法所得130万元。

另查明:被告人张建军于2010年1月8日因本案被羁押于濉溪县看守所期间,多次实施或指使他人殴打同监室在押人员,组织同监室人员绝食,并于开庭前指使他人自杀、袭警,然后由其实施抢救、制止,以骗取立功,严重破坏监管秩序。

濉溪县人民法院认为,被告人张建军、刘祥伟伙同他人在国有建设用地使用权挂牌出让过程中,贿买参与竞买的其他公司的负责人放弃竞买,共计行贿840万元,数额巨大,其行为均已构成对非国家工作人员行贿罪。张建军、刘祥伟采取行贿方式串通竞买,使杨坤以低价获得国有建设用地使用权,该行为不符合串通投标罪的犯罪构成要件;指控张建军构成诈骗罪的证据不足;张建军虽有破坏监管秩序的行为,但其不属于依法被关押的罪犯,故不构成破坏监管秩序罪。在共同行贿犯罪中,张建军参与预谋并积极实施,起主要作用,系主犯,应按照其参与的全部犯罪处罚;刘祥伟帮助联络、磋商,起次要作用,系从犯,且已退缴赃款,有悔罪表现,可从轻处罚。根据刘祥伟的犯罪情节及悔罪表现,没有再犯罪的危险,宣告缓刑对所居住社区没有重大不良影响,予以宣告缓刑。依照《中华人民共和国刑法》第一百六十四条第一款,第二十五条第一款,第二十六条第一款、第四款,第二十七条第一款、第二款,第六十四条,第七十二条第一款之规定,判决如下:

1. 被告人张建军犯对非国家工作人员行贿罪,判处有期徒刑六年,并处罚金人民币六百万元;

2. 被告人刘祥伟犯对非国家工作人员行贿罪,判处有期徒刑三年,缓刑四年,并处罚金人民币五十万元。

宣判后,被告人张建军以一审判决对其量刑过重为由,向淮北市中级人民法院提出上诉。其辩护人提出:本案属于单位犯罪,张建军在被追诉前主动交代了行贿行为,请求法院对其自由刑从轻处罚,对财产刑减轻处罚。

淮北市中级人民法院经依法审理,认为原判定罪准确,量刑适当,裁定驳回上诉,维持原判。

二、裁判要旨

No.3-3-164-1 在国有建设用地使用权挂牌出让过程中,通过贿赂指使参与竞买的其他人放弃竞买、串通报价,最终使请托人竞买成功的,不构成串通投标罪。

挂牌竞买不能等同于招投标。招标与挂牌均系国有建设用地使用权出让的重要形式,国土资源部《招标拍卖挂牌出让国有建设用地使用权规定》对此予以明确并加以区别,按照《招标拍卖挂牌出让国有建设用地使用权规定》及《中华人民共和国招标投标法》的规定,招标的主要程序为:公开招标或邀请招标——投标(仅有一次竞买机会)——开标——评标——中标(发出中标通知书,招标人可否决所有投标)。招投标作为市场经济条件下一种常用的竞争方式,在我国建筑工程等领域普遍推行。《招标拍卖挂牌出让国有建设用地使用权规定》第二条第四款规定,“挂牌出让国有建设用地使用权,是指出让人发布挂牌公告,按公告规定的期限将拟出让宗地的交易条件在指定的土地交易场所挂牌公布,接受竞买人的报价申请并更新挂牌价格,根据挂牌期限截止时的出价结果或者现场竞价结果确定国有建设用地使用权人的行为”,其主要程序为:出让人挂牌公告——竞买人挂牌报价——更新挂牌价(竞买人可反复更新报价,有多次竞买机会)——确定竞得人(签订成交确认书,出让人无权否决最高挂牌人)。挂牌制度脱胎于拍卖制度,但又不同于拍卖制度,该制度有一个挂牌报价、更新报价的前置程序,而且不必然进入公开竞买程序(该程序类似于拍卖程序)。目前,挂牌出让仅发生于建设用地流通领域,在适用范围、操作程序、出让人否决权等方面与招投标程序有显著的区别。因此,挂牌竞买与招投标无论是在字面上还是实质程序上均存在差别,不能等同。《刑法》第二百二十三条的规定显然将串通投标罪限定在招投标领域。罪刑法定原则是刑法的基本原则,刑法的扩张解释的适用在部分条款中虽不可避免,但应该遵循基本的文义解释规则。换言之,对法律概念进行扩张解释不能远远超出概念的核心含义,解释结论要在一般公民的预测可能性范围之内。否则,抛开概念的基本语义,完全从处罚必要性的角度进行扩张解释,容易滑向类推适用的境地。挂牌出让固然与招投标有相似之处,但二者无论是在概念文义,还是适用范围、操作程序、出让人否决权等方面都存在显著差异,二者的差异性远大于相似性。尽管从实质上看,挂牌出让中的串通竞买行为也具有社会危害性,但在《刑法》明确将串通投标罪的犯罪主体界定为投标人、招标人的情况下,客观上已不存在将挂牌出让解释为招投标从而予以定罪的空间。

44 非法经营同类营业罪(《刑法》第一百六十五条)

案例:杨文康非法经营同类营业案

案例来源:《刑事审判参考》总第 27 辑[第 187 号]

主题词:非法经营同类营业罪

一、基本案情

被告人杨文康,男,1968 年 12 月 14 日出生,大学文化,任嘉陵—本田发动机有限公司营业部副部长。因涉嫌犯非法经营同类营业罪,于 2001 年 1 月 15 日被逮捕。

重庆市沙坪坝区人民法院经审理查明:嘉陵—本田发动机有限公司系中国嘉陵工业股份有限公司(国有公司)与日本本田株式会社等额出资(各 50%)组建的合资公司。2000 年 4 月,被告人杨文康被该公司董事会聘任为营业部副部长,主管销售零件和售后服务。2000 年 7 月,杨文康拟增加重庆一坪高级润滑油公司生产的 SCl5—40 型机油为指定用油予以销售。2000 年 8 月 8 日,杨以其母赖发英为法定代表人,其妻谭继兰、岳母刘学梅和李从兵为股东注册成立重庆嘉本物资销售公司。随后,杨文康指使其下属黎海以嘉陵—本田发动机有限公司营业部的名义,委托嘉本物资销售公司在销售网络中销售重庆一坪高级润滑油公司生产的 SCl5—40 机油给客户。黎海给一坪高级润滑油公司出具嘉陵—本田发动机有限公司授权委托书,要求在包装上印制“嘉陵—本田指定产品”标识。同年 9 月 18 日,杨以嘉陵—本田发动机有限公司营业部的名义,在销售网络中发出“我公司现推出金装版新型嘉陵—本田纯正机油”的通知,要求用户大力推广,并指定汇款直接汇入嘉本物资公司账户。9 月至 11 月,嘉本物资销售公司共向嘉陵—本田发动机有限公司的用户销售重庆一坪高级润滑油公司生产的 SCl5—40 机油 1684 件,销售金额 385805. 13 元,获利 115023. 18 元。后被日方代表发现,终止了嘉本物资销售公司的销售活动。

重庆市沙坪坝区人民法院认为,被告人杨文康系合资企业的管理人员,利用职务之便,让其亲属经营与其任职公司业务范围同类的经营活动,从中谋取非法利益,其行为损害了合资企业的利益,系违法行为。但鉴于其任职的嘉陵—本田发动机有限公司不属国有公司,其所担任的职务不属国有公司董事、经理,与《刑法》第一百六十五条所要求的犯罪构成不符,不应按犯罪论处。公诉机关指控的事实成立,但指控的罪名不成立,不予支持。被告人及辩护人的辩护意见成立,予以采纳。依照《中华人民共和国刑法》第三条和《中华人民共和国刑事诉讼法》第一百六十二条第(二)项的规定,判决如下:被告人杨文康无罪。

宣判后,被告人杨文康服判。重庆市沙坪坝区人民检察院认为嘉陵—本田发动机有限公司系国有控股公司,被告人杨文康在担任嘉陵—本田发动机有限公司营业部副部长期间,利用职务之便,让其家人注册公司经营与其所任职公司的同类营业,获取非法利益 115023.18 元,数额巨大,其行为触犯《中华人民共和国刑法》第一百六十五条,犯有非法经营同类营业罪,并向重庆市第一中级人民法院提出抗诉。

重庆市第一中级人民法院审理认为,原判认定的事实清楚,证据确实、充分,审判程序合法。抗诉理由不能成立。依照《中华人民共和国刑事诉讼法》第一百八十九条第(一)项的规定,裁定驳回上诉,维持原判。

二、裁判要旨

No.3-3-165-1 非国有企业的中层管理人员利用职务便利,将所在公司业务交由以亲属名义设定的公司进行经营的,不构成非法经营同类营业罪。

非法经营同类营业罪的主体是特殊主体,即国有公司、企业的董事、经理。这是因为国有公司的董事、经理应维护本公司、企业的利益,遵守公司章程,忠实、勤勉地履行职务,不得利用其在公司的地位、职权为自己谋取利益,因此,公司法对国有公司、企业的董事、经理作了竞业禁止性规定。根据公司法的规定,董事是指公司、企业董事会的成员,包括董事长、副董事长、执行董事和一般董事。公司的董事由股东会议选举产生,或者由国家授权投资的机构、国家授权的部门按照董事会的任期委派或者更换。因成为董事必须履行一定的法律手续,实践中一般较易认定。经理是由董事会聘任,对董事会负责,负责公司的生产经营管理工作,组织实施董事会议决议、公司的年度计划和投资方案等的高级管理人员。实践中,一些国有公司、企业将其中层管理人员也称作经理,如部门经理、业务经理、项目经理等,有的还称为科长、处长、部长,等等,这类经理因系日常称谓,而非法律用语,且其负责的不是整个公司、企业的管理,而是对某一部门、某一项目、某一项业务的管理,其经营、管理权有限,故公司法未对其作竞业禁止性规定。作为法定犯,非法经营同类营业罪的主体要件应直接援引相关法律规定,而不宜作出扩大解释。国有公司、企业的部门经理等中层管理人员,一般不构成非法经营同类营业罪的主体。

综上,被告人杨文康虽然利用职务之便,实施了让其亲属经营与其所任职务的公司业务范围同类的经营活动,从中获取非法利益,但由于杨文康任职的嘉陵—本田发动机有限公司系中外合资经营公司,并非国有公司,且杨文康为中层管理人员,不具备《中华人民共和国刑法》第一百六十五条规定的国有公司、企业的董事、经理这一特殊主体要件,其行为不构成非法经营同类营业罪。根据罪刑法定原则,重庆市沙坪坝区人民法院、重庆市第一中级人民法院认定杨文康的行为不构成非法经营同类营业罪是正确的。

案例:吴小军非法经营同类营业、对非国家工作人员行贿案

案例来源:《刑事审判参考》总第 120 集[第 1298 号]

主题词:非法经营同类营业罪　主体　同类营业　法益

一、基本案情

农银国联无锡投资管理有限公司(以下简称"农银国联")设立于 2011 年 9 月 30 日。其股东包括:(1)无锡国联资本管理有限公司(国有独资)股本占比 30%。2012 年 12 月份无锡国联资本管理有限公司将 30%的股份转让给国联信托股份有限公司(国有控股)。(2)农银无锡投资咨询有限公司(以下简称"农银无锡")股本占比 70%。农银无锡系农银国际(中国)投资有限公司(也被称为"北京总部")的子公司。农银国际(中国)投资有限公司的股东为农银国际控股有限公司(在香港设立,以下简称"农银控股")。农银国际控股公司的股东为中国农业银行股份有限公司和捷骏公司(1 份股份)。而中国农业银行股份有限公司系国有控股金融企业。

吴小军原系中国农业银行江苏省分行(以下简称"省农行")员工,2011 年 10 月 24 日,省农行聘任吴小军为投资银行部总经理(正处级)。省农行党委组织部研究同意吴小军提任正处级干部。2011 年 12 月派至农银控股,任农银国联总经理(正处级)。吴小军于 2011 年 12 月 31 日与省农行解除劳动合同。2011 年 12 月 22 日吴小军赴农银国联任职,2012 年 12 月 5 日吴小军向农银控股提交了个人辞呈,2013 年 1 月 25 日吴小军签订了离职承诺书,2013 年 4 月 9 日的农银国联的董事会决议,解聘吴小军的总经理职务。

被告人吴小军在担任农银国联总经理期间,利用本公司与苏宁电器集团有限公司(以下简称"苏宁集团")接洽并提供融资服务的便利,得知苏宁集团有 10 亿元融资需求,遂安排工作人员以苏宁集团需融资 5 亿元立项上报北京总部。在北京总部作出暂缓决议后,吴小军个人决定私下运作苏宁融资项目。吴小军联系了中国农业银行秦皇岛分行作为资金托管行,大连银行作为出资行,安徽国元信托有限责任公司(以下简称"安徽国元")作为信托通道。2012 年 7 月 19 日,苏宁集团与安徽国元达成 10 亿元借款合同;相关各方也分别达成资金信托合同。吴小军通过其朋友控制的中港担保有限责任公司与苏宁集团签订财务顾问协议,收取顾问费,非法获利 7800 万元。

2012 年 6 月,被告人吴小军经原农行同事引荐,结识了南京产业控股集团有限公司(以下简称"丰盛集团")老总季昌群。经商谈,初步认为可以用丰盛集团"六合文化城"项目融资。吴小军遂安排农银国联工作人员和丰盛集团对接,并完成项目尽职报告。2012 年 9 月,经北京总部审核,认为该项目有风险,未立即批准该项目。在与丰盛集团接触过程中,吴小军得知丰盛集团年底前还需融资 30 亿元。吴小军在未告知本公司的情况下,决定利用自己实际控制的南京来恩投资管理有限公司(以下简称"来恩公司")完成该业务。吴小军主要联系了宏源汇智投资有限公司(以下简称"宏源汇智公司")落实项目的资金方、过手方。以安徽国元作为信托通道和放款单位,确定了融资各方的利率。在吴小军的斡旋下,丰盛集团 30 亿元融资项目得以落实。为确保自己的收益,吴小军将自己的收益拆分为两部分,分别从丰盛集团及安徽国元收取财务顾问费。至案发,吴小军将本公司承揽的业务转给其个人经营的公司运作,非法获利共计 23119.779453 万元。

2012 年 11 月,吴小军运作丰盛集团融资项目时,联系了宏源汇智公司的胡挺(另案处理),由胡挺负责安排出资方、名义担保方,并与各方确定收益比例。吴小军为了掩盖该项目系农银国联的业务,要求胡挺为其保密。2012 年 11 月月底,吴小军与胡挺见面时,确定给予胡挺个人好处费 700 万元。吴小军在扣除 7.5 万元税款后,由其控制的来恩公司向胡挺指定的上海坤山投资管理咨询有限公司、上海市挺友投资管理有限公司汇款共计 692.5 万元。

二、裁判要旨

No.3-3-165-2　经委派到国家出资企业中从事公务的人员,只要符合受委派从事公务的条件,仍可以被认定为"国有公司、企业人员",成为非法经营同类营业罪的适格主体。

《刑法》第一百六十五条规定了非法经营同类营业罪的主体是"国有公司、企业的董事、经理"。"国有公司、企业的董事、经理"并非"国有公司、企业"与"董事、经理"两个词语的简单拼接组合,认为"国有公司、企业"仅限于国有独资公司、企业,进而得出"国有公司、企业的董事、经理"仅限于国有独资公司、企业的董事、经理的观点不符合立法本意。

随着我国经济体制改革的深入推进,市场经济体制的完善,国有经济更多地以国有控股、参股的形式出现,而刑法中存在大量以"国有公司、企业人员"为特殊主体的罪名,如按照上述观点,则相关罪名面临着被虚化的窘境,不利于对犯罪的打击。为了顺应经济发展现实,最高法院先后颁布了多个规范性文件,在坚持国有公司、企业既定外延(即仅限国有独资公司)的基础上,对"国有公司、企业人员"的范围进行了逐步扩大。其中,2005 年最高人民法院《关于如何认定国有控股、参股股份有限公司中的国有公司、企业人员的解释》明确"国有公司、企业委派到国有控股、参股公司从事公务的人员,以国有公司、企业人员论"。之后,针对多次委派、层层委派等问题,2010 年,最高人民法院、最高人民检察院《关于办理国家出资企业中职务犯罪案件具体应用法律若干问题的意见》第六条规定,"经国家出资企业中负有管理、监督国有资产职责的组织批准或者研究决定,代表其在国有控股、参股公司及其分支机构中从事组织、领导、监督、经营、管理工作的人员,应当认定为国家工作人员。"

综上,刑法意义上"国有公司、企业"还仅限于国有独资公司、企业,但"国有公司、企业人员"的外延已经进行了调整。换句话说,经委派到国家出资企业中从事公务的人员,虽然其所任职的企业不能被认定为刑法意义上的"国有公司、企业",甚至委派他的单位也不是刑法意义上的"国有公司、企业",但其本人在符合特定条件情况下,仍可以被认定为"国有公司、企业人员"。所谓符合特定条件,主要从三个方面考察:一是委派的主体。适格的委派主体应当是国有公司、企业,或者国有控股、参股公司中负有管理、监督国有资产职责的组织。二是委派的实质内容。即委派是否体现国有单位、组织的意志。至于委派的具体形式、被委派单位是否通过特定程序对被委派人员进行任命等,均不影响委派的认定。三是是否从事公务。主要体现"从事组织、领导、监督、经营、管理工作"。

No.3-3-165-3 "同类营业"并非"同样营业",即使该同类营业不属于本公司法定经营范围,只要不违反国家禁止性规定,亦不影响非法经营同类营业的性质认定。

根据《国民经济行业分类》,吴小军所进行的业务对应的分类是"财务管理咨询",而农银国联工商登记资料显示其经营范围为"投资管理;企业管理咨询;利用自有资金对外投资",并不包括"财务管理咨询",且两者所属类别亦有所区别。尽管如此,我们认为并不影响非法经营同类营业罪的认定,具体理由如下:

首先,私法领域,法无明文禁止即可为。根据《公司法》的相关规定,公司的经营活动即便超出了其营业执照标示的范围,只要不违反国家禁止性规定,都不应当被认定为无效。

其次,"同类营业"并非"同样营业"。吴小军因自身资金实力限制,而将相关业务做成了财务顾问形式。但事实上,对于丰盛集团而言,其只需要在自己可接受的融资成本范围内实现融资即可,至于是通过财务顾问形式,还是债权投资形式均可接受。因此,如果仅仅将该笔业务作为财务顾问业务看待,进而审查农银国联是否具备"同样营业",是相对片面的。相反,我们应当将该笔业务作为一次交易机会,审查农银国联是否可以在自己的业务范围内满足相对方的融资需求,即审查农银国联是否有"同类营业"。经查,农银国联的经营范围包括债权投资,其也有实力通过优先劣后等形式完成债权投资。故即便认为农银国联不具备财务顾问的业务范围,农银国联也完全可以在自己登记的业务范围内实现与丰盛集团的交易。吴小军在北京总部未对"六合文化城"项目表态的情况下,对于其利用职务之便获知的丰盛集团30亿元融资项目未作汇报,剥夺了本公司的交易机会,属于同类营业行为。

No.3-3-165-4 非法经营同类营业罪所保护的法益并非交易各方的利益,而是正常的市场秩序以及国有公司、企业的利益,交易各方并未受损不影响非法经营同类营业罪的成立。

认定某一行为是否构成犯罪,不仅要看该行为是否符合犯罪构成要件,还要审查该行为是否具有社会危害性,即是否侵害刑法所保护的法益。本案中,被告人吴小军及其来恩公司在运作苏宁集团、丰盛集团融资项目过程中,融资交易基本上得到了履行,交易各方的利益没有受损,甚至可以说,各方还不同程度地从交易行为中获利。但是,竞业禁止规则是市场经济的基本规则,非法经营同类营业罪是竞业禁止规则在刑法中的体现,其所保护的法益并非交易各方的利益,而是正常的市场秩序以及国有公司、企业的利益。吴小军私下抢占农银国联的交易机会,其行为损害了农银国联的利益,危害了公司管理秩序和市场秩序,具有社会危害性,且获取非法利益数额特别巨大,应依《刑法》以制裁。一审判决、二审裁定是正确的。

45 签订、履行合同失职被骗罪(《刑法》第一百六十七条)

案例:高原信用证诈骗、梁汉钊签订、履行合同失职被骗案

案例来源:《刑事审判参考》总第35集[第270号]

主题词:签订、履行合同失职被骗罪 直接负责的主管人员

一、基本案情

被告人高原,男,1960年2月19日出生,汉族,大学文化,中国国际企业合作公司进出口五部副经理,兼任香港鹏昌集团公司董事。因涉嫌犯信用证诈骗罪,于2000年4月30日被逮捕。

被告人梁汉钊,男,1960年5月22日出生,汉族,大学文化,中国国际企业合作公司进出口五部经理。因涉嫌犯信用证诈骗罪,于2000年4月30日被逮捕。

北京市第一中级人民法院经审理查明:1998年间,被告人高原与香港鹏昌集团公司(以下简称"鹏昌公司")的朱柏炎合谋后,由鹏昌公司与中国国际企业合作公司(以下简称"国企公司")签订虚假的进口合同,据此以鹏昌公司为受益人向中国建设银行北京分行申请开立22单信用证,开证金额1093万余美元(折合人民币9051万余元),向中国银行北京分行申请开立2单信用证,开证金额94万余美元(折合人民币780万余元)、由中国惠通(集团)总公司(以下简称"惠通公司")代国企公司向中国农业银行北京分行申请开立5单信用证,开证金额220万余美元(折合人民币 1829万余元)、由惠通公司代国企公司向香港上海汇丰银行有限公司北京分行申请开立2单信用证,开证金额95万余美元(折合人民币793万余元)、向北京市商业银行申请开立4单信用证,开证金额175万余美元(折合人民币1454万余元)、由中国燕兴总公司(以下简称"燕兴公司")代国企公司向工行北京分行申请开立2单信用证,开证金额76万余美元(折合人民币630万余元),共计开证金额1789万余美元,折合人民币14537万余元;由鹏昌公司从香港提供虚假的信用证附随单据,将信用证项下资金贴现,用于鹏昌公司的经营活动,除向中国银行北京分行支付人民币358万余元外,其余全部损失,未能追回。

同年,被告人梁汉钊担任国企公司进出口五部经理,在国企公司进出口五部与鹏昌公司签订进口合同,通过中国建设银行北京分行开立19单信用证,开证金额941万余美元(折合人民币7791万余元);通过北京市商业银行开立4单信用证,开证金额175万余美元(折合人民币1454万余元)的过程中,严重不负责任,不认真审查合同真伪、进口是否落实,盲目签约,致使信用证项下资金1116万余美元(折合人民币9245万余元)被骗,至今无法追回,给国有财产造成重大损失。

北京市第一中级人民法院认为,被告人高原系鹏昌公司直接负责的主管人员,以鹏昌公司非法占有为目的,采用与他人签订虚假的货物进口合同,利用伪造的信用证附随单据将信用证项下资金贴现的手段,骗取巨额资金,用于公司的经营活动,其行为已构成信用证诈骗罪,且犯罪数额特别巨大,造成国有资产巨额损失,属情节特别严重,依法应予严惩;被告人梁汉钊系国有公司直接负责的主管人员,在签订、履行合同过程中,严重不负责任被诈骗,致使国家利益遭受特别重大损失,依法亦应惩处。被告人梁汉钊的辩护人关于将由燕兴公司、惠通公司及高原签订的合同认定在梁汉钊犯罪数额中没有法律依据的意见成立,本院予以采纳,二被告人的辩解与其辩护人的其他辩护意见均缺乏事实和法律依据,本院不予采纳。北京市人民检察院第一分院起诉书指控被告人高原信用证诈骗1756万余美元(折合人民币14179万元),指控梁汉钊在签订、履行23份合同的过程中,严重不负责任,造成1116万余美元(折合人民币9245万余元)损失的事实清楚,证据确实、充分,指控罪名成立,但指控高原、梁汉钊的其他犯罪事实,证据不足,本院不予认定。根据二被告人犯罪的事实、犯罪的性质、情节及对于社会的危害程度,依照《中华人民共和国刑法》第一百九十五条、第二百条、第一百六十七条、第五十七条第一款,判决如下:

1. 被告人高原犯信用证诈骗罪,判处无期徒刑,剥夺政治权利终身;

2. 被告人梁汉钊犯签订、履行合同失职被骗罪,判处有期徒刑六年;

3. 在案扣押的鹏昌公司、国企公司进出口五部公章各一枚予以没收,其余公章与本案无关,由检察机关处理。

一审宣判后,被告人高原服判,不上诉;被告人梁汉钊不服,向北京市高级人民法院提出上诉。

被告人梁汉钊上诉称:一审法院认定的事实与实际不符,定性不准,其在签订合同中无失职行为,且不负责履行合同,不构成签订、履行合同失职被骗罪。其辩护人提出:梁汉钊不是公司直接负责的主管人员,其主观上没有失职的故意,也没有失职的行为,认定梁汉钊犯罪的证据不足,请求二审法院宣告梁汉钊无罪。

北京市高级人民法院经审理认为,一审判决认定的事实清楚,证据确实、充分。被告人梁汉钊上诉所提一审法院认定的事实与实际不符,定性不准,其在签订合同中无失职行为,且不负责履行合同,不构成签订、履行合同失职被骗罪的上诉理由及其辩护人所提梁汉钊不是公司直接负责的主管人员,其主观上没有失职的故意,也没有失职的行为,认定梁汉钊犯罪的证据不足,请二审法院宣告梁汉钊无罪的辩护意见,经查,被告人梁汉钊在 1998 年担任国企公司进出口五部经理,负责五部全面工作期间,代表国企公司与鹏昌公司签订、履行合同过程中,不认真审查合同的真伪、进口事项是否落实,盲目签订合同,严重不负责任,致使国企公司信用证项下资金 1116 万余美元(折合人民币 9245 万余元)被骗,且造成国有财产重大损失无法追回的事实,上述事实,有在案的合同、证明材料及证人证言等证据予以佐证,故被告人梁汉钊及其辩护人所提上诉理由及辩护意见均缺乏事实和法律依据,本院不予采纳。被告人梁汉钊身为国有公司直接负责的主管人员,在签订、履行合同过程中,对工作严重不负责任被诈骗,致使国家利益遭受特别重大损失,依法应予惩处。被告人高原系鹏昌公司直接负责的主管人员,以鹏昌公司非法占有为目的,采用与他人签订虚假的货物进口合同,使用伪造的信用证附随单据将信用证项下资金贴现的手段,骗取巨额资金,用于公司的经营活动,其行为已构成信用证诈骗罪。且犯罪数额特别巨大,造成国有资产巨额损失,属情节特别严重,依法应予严惩。一审法院根据被告人高原、梁汉钊的犯罪事实、性质、情节和对社会的危害程度,依法作出的判决,定罪及适用法律正确,量刑适当,审判程序合法,应予维持。依照《中华人民共和国刑事诉讼法》第一百八十九条第(一)项之规定,裁定驳回梁汉钊的上诉,维持原判。

二、裁判要旨

No. 3-3-167-1 国有公司、企业、事业单位中具有管理人员身份,行使管理职权,并对合同的签订、履行负有直接责任的人员,应当认定为签订、履行合同失职被骗罪中的直接负责的主管人员。

对签订、履行合同失职被骗罪中的直接负责的主管人员的理解,应当把握以下两点:一是须有管理人员之身份,行使实际管理职权;二是对合同的签订、履行负有直接责任。其中,前者不限于单位的法定代表人,单位的分管副职领导、部门、分支机构的负责人等均属管理人员;后者的着眼点在于对合同的签订与履行有无法律及职务上的责任,不在于是否具体参与合同的签订与履行,尤其是不履行或者不正确履行职责的渎职等过失犯罪中,不要求具有决定、批准、授意等参与合同的签订、履行行为。在本案中,被告人梁汉钊担任国企公司进出口五部经理,负责五部的全面工作,在系列被骗合同签订过程中代表五部签字、盖章,且合同的签订与履行本属合同行为不可分割的共同组成部分,其理应对合同被骗后果承担管理失职之责任。因为,保证合同的真实履行,是其职务上的既定责任,而合同履行过程中不履行职责而被骗,正是失职所致。

46 伪造货币罪(《刑法》第一百七十条)

案例:杨吉茂伪造货币案

案例来源:《刑事审判参考》总第 3 辑[第 23 号]

主题词:伪造货币罪

一、基本案情

被告人杨吉茂,男,46 岁,无业。因涉嫌犯伪造货币罪,于 1997 年 1 月 23 日被逮捕。

被告人赵简,男,30 岁,原系四川省巴中市新华印刷厂制版车间主任。因涉嫌犯伪造货币罪,于 1997 年 1 月 23 日被逮捕。

被告人李阳,男,34 岁,原系四川省巴中市新华印刷厂职工。因涉嫌犯伪造货币罪,于 1997 年 1 月 23 日被逮捕。

被告人刘明亮,男,61 岁,原系中国航空工程设备公司成都公司经理部经理。因涉嫌犯出售伪造货币罪,于 1997 年 2 月 6 日被逮捕,同年 8 月 20 日取保候审。

四川省成都市中级人民法院经审理查明:1994 年 11 月,被告人杨吉茂为获取高额利润,通过他人介绍结识了在巴中市新华印刷厂制版车间工作的被告人李阳、赵简,并两次前往巴中市,要求二人为其印制 1934 年版、面值为 500 元和 100 元的假美元。李、赵二人同意后,即用本车间的照相制版设备,制出了美元胶片。杨吉茂为此付给李、赵二人人民币各 5000 元。1995 年 2 月,为能印制出假美元,杨吉茂出资同李阳前往重庆市购回名片机一台,试制美元未获成功。同期,赵简来到成都,三人又前往成都市西门印刷一条街查看资料,并购回一台小型胶印机,由赵简调试机器,试印出了部分假美元。为此,杨吉茂又付给李阳人民币 3000 元,赵简人民币 5000 元。1995 年 6 月,为了印出效果更好的美元,杨吉茂出资人民币 8.4 万元,同李阳一起到四川省印刷物资公司购回一台北京牌 PI144DB 八开胶印机及立式制版照相机,并在成都市黄田坝天都酒楼租房,进行制版,印制了大量 1934 年、1966 年版假美元。为此,李阳从杨吉茂处又获得人民币 5000 元。1996 年 10 月案发后,公安机关从杨吉茂家中搜出假美元(成品)2270 万余元,假美元(半成品)426 万元及印刷设备等物。

1996 年 8 月中旬,被告人刘明亮以 4000 元人民币的价格从杨吉茂手中购得 1934 年版,面值为 500 元假美元 100 张,共计金额 5 万元,后加价至人民币 5000 元卖给赵祥章(另案处理)。依照《中华人民共和国刑法》第一百七十条第(二)项、第一百七十一条第一款、第二十五条第一款、第二十六条、第二十七条、第五十五条、第五十六条第一款、第五十七条第一款、第七十二条第一款、第七十三条第二、三款的规定,于 1997 年 11 月 3 日判决如下:

1. 被告人杨吉茂犯伪造货币罪,判处死刑,剥夺政治权利终身,并处没收财产;
2. 被告人李阳犯伪造货币罪,判处无期徒刑,剥夺政治权利终身,并处没收财产;
3. 被告人赵简犯伪造货币罪,判处有期徒刑十五年,剥夺政治权利三年,并处没收财产;
4. 被告人刘明亮犯出售伪造货币罪,判处有期徒刑三年,缓刑四年,并处罚金人民币五万元。

一审宣判后,被告人杨吉茂、李阳以“原判认定伪造美元的数额有较大出入”,赵简以“最后一次印制大量假美元未参与,认罪态度较好,量刑过重”等为由,向四川省高级人民法院提出上诉。

四川省高级人民法院经审理查明:1994 年 11 月至 1995 年 9 月,被告人杨吉茂伙同被告人李阳、赵简印制 500 元和 100 元面值的假美元成品 998.2 万余元,半成品 426 万元。1996 年 8 月,被告人刘明亮从杨吉茂手中购得 500 元面值的假美元 5 万元,然后向他人出售。

四川省高级人民法院认为:被告人杨吉茂、赵简、李阳以营利为目的,共同伪造美元的行为,均已构成伪造货币罪,且数额特别巨大,情节特别严重。杨吉茂在共同犯罪中起主要作用,系本案主犯,应予严惩;李阳、赵简在共同犯罪中起次要作用,系本案从犯,应依法判处;被告人刘明亮明知是伪造的美元而予以购买销售的行为,已构成出售伪造货币罪,亦应依法判处。原审判决认定的基本事实清楚,定罪正确,审判程序合法,但对被告人赵简量刑过重。依照《中华人民共和国刑事诉讼法》第一百八十九条第(一)、(二)项,《中华人民共和国刑法》第十二条第一款和全国人大常委会《关于惩治破坏金融秩序犯罪的决定》第一条、第二条及 1979 年《中华人民共和国刑法》第二十二条、第二十三条、第二十四条、第五十三条第一款、第六十七条的规定,于 1998 年 7 月 23 日判决如下:

1. 驳回被告人杨吉茂、李阳的上诉;
2. 维持一审刑事判决中以被告人杨吉茂、李阳犯伪造货币罪,判处杨吉茂死刑,李阳无期徒刑,均剥夺政治权利终身,并处没收财产;被告人刘明亮犯出售伪造货币罪,判处有期徒刑三年,缓刑四年,并处罚金人民币五万元的部分;

3. 撤销一审刑事判决中对被告人赵简的量刑部分;

4. 被告人赵简犯伪造货币罪,判处有期徒刑十年,并处没收财产。

四川省高级人民法院依法将此案报送最高人民法院核准。

最高人民法院经复核确认:1995 年 7 月至 9 月,被告人杨吉茂伙同他人印制 500 元、100 元面额的假美元共计 1380.6 万元。但 1995 年 6 月 30 日全国人大常委会《关于惩治破坏金融秩序犯罪的决定》颁行前杨吉茂等人印制的假美元 80 万元,不应认定为犯罪数额。一、二审法院将其计入犯罪数额不当。

最高人民法院认为:被告人杨吉茂伙同他人伪造美元的行为,已构成伪造货币罪。其伪造货币数额特别巨大,且系主犯,依法应予严惩。一、二审判决认定的基本事实清楚,证据确实、充分,定罪准确,量刑适当,审判程序合法。依照《中华人民共和国刑法》第十二条第一款、第二十六条第一、四款、全国人大常委会《关于惩治破坏金融秩序犯罪的决定》第一条第(二)项和 1979 年《中华人民共和国刑法》第五十三条第一款的规定,于 1999 年 4 月 30 日裁定如下:

核准四川省高级人民法院维持一审以伪造货币罪判处被告人杨吉茂死刑,剥夺政治权利终身,并处没收财产的刑事判决。

二、裁判要旨

No. 3-4-170-1 伪造正在流通、使用的外币的,以伪造货币罪论处。

根据《刑法》第一百七十条的规定,伪造货币是指依照人民币或者外币的图案、形状、色彩等,使用印刷、复印、描绘、拓印等各种制作方法,制造假货币,冒充真货币的行为。本罪的对象是货币,不仅包括我国的国家货币即人民币,也包括外币在内。这里所说的外币是广义的,是指境外正在流通使用的货币,既包括可在中国兑换的外国货币如美元、英镑、马克等,也包括港、澳、台地区的货币,还包括不可在中国兑换的外国货币。

47 出售、购买、运输假币罪(《刑法》第一百七十一条第一款)

案例:张顺发持有、使用假币案

案例来源:《刑事审判参考》总第 27 辑[第 188 号]

主题词:购买假币罪 使用假币罪

一、基本案情

被告人张顺发,男,1963 年 4 月 18 日出生,农民。因涉嫌犯持有、使用假币罪,于 2000 年 3 月 27 日被逮捕。

2001 年 6 月 26 日,重庆市合川市人民检察院以被告人张顺发犯持有、使用假币罪,向合川市人民法院提起公诉。

被告人张顺发辩称,其只是持有假币,使用的是甲等人。

重庆市合川市人民法院经审理查明:2001 年 2 月中旬的一天,被告人张顺发与乙、丙从贵州省遵义市乘火车到重庆的途中,被告人张顺发购得总面额一万余元的假人民币。同月 14 日到达重庆甲住处后,被告人张顺发向甲、乙、丙提出到合川用假人民币买商品来换取真人民币。甲等人均同意。同月 21 日上午,被告人张顺发与甲、乙、丙乘车到合川市沙鱼镇五村村民罗华珍商店,由甲用一张面额 100 元的假人民币购买红梅香烟一包,获取真人民币 95 元。嗣后,被告人张顺发一伙又到周坤商店,仍由甲用一张面额 100 元的假人民币购买挂面时,被店主周坤和村民林春识破。林春向当地公安派出所报案后,公安民警赶来将被告人张顺发一伙抓获,分别从被告人张顺发和乙、甲身上搜查出面额 100 元的假币 91 张、2 张、1 张,加之他们丢弃在地的面额 100 元的假币 13 张及在被害人罗华珍处提取的 1 张,总计 108 张。经中国人民银行合川市支行鉴定均为假币。

合川市人民法院认为:被告人张顺发违反国家货币管理制度,明知是伪造的货币而购买并使用,数额较大,其行为已构成购买假币罪。公诉机关指控的犯罪事实成立。因被告人张顺发在贵州至重庆的火车上购买假币后伙同他人予以使用,依照最高人民法院《关于审理伪造货币等案件具体应用法律若干问题的解释》第二条关于“行为人购买假币后使用,构成犯罪的,依照刑法第一百七十一条的规定,以购买假币罪定罪,从重处罚”的规定,其行为应以购买假币罪从重处罚,故对公诉机关指控的罪名,法院依法予以变更。鉴于被告人张顺发案发后尚能坦白认罪,可予酌情从轻处罚。依照《中华人民共和国刑法》第一百七十一条第一款之规定,判决如下:

被告人张顺发犯购买假币罪,判处有期徒刑一年六个月;并处罚金人民币 3 万元。

一审宣判后,被告人张顺发没有上诉,检察院也没有抗诉。

宣判前,合川市人民法院向检察院提出司法建议:甲、乙、丙明知是假币而参与使用,涉嫌购买假币罪共同犯罪,建议依法予以追诉。

二、裁判要旨

No.3-4-171(1)-1　购买假币后持有、使用的,以购买假币罪从重处罚。

虽然购买、持有、使用假币三种行为可以互为独立,我国刑法也分别规定了独立的罪名(其中,持有、使用假币属于选择性罪名),但是该三种行为在客观上存在内在的联系,构成牵连关系。牵连关系一般区分为两种:一是原因、结果关系;二是手段、目的关系。在本案,购买与使用构成了手段与目的的关系,而持有既是购买的结果,又是使用的手段,分别与购买构成原因、结果关系,与使用构成手段、目的关系。其中,使用是其最终目的,通过使用把假钱换成真钱。对于这种为实施某种犯罪而其手段行为或者结果行为又触犯其他罪名的犯罪形态,在刑法理论上被称为牵连犯。对于牵连犯的处理方法,理论上主张采取从一重罪处断的原则,即按数罪中处罚较重的一个罪定罪,并在该罪的法定刑内从重处罚,不数罪并罚。结合我国的立法实际,一般认为,在刑法没有特别规定的情况下,对牵连犯应从一重罪从重处罚。我国刑法分则未对购买后持有、使用假币行为的处理作出专门规定,而从购买假币罪与持有、使用假币罪的法定刑来看,购买假币罪的处罚要重于持有、使用假币罪,故最高人民法院《关于审理伪造货币等案件具体应用法律若干问题的解释》规定,以购买假币罪定罪,从重处罚。

No.3-4-171(1)-2　购买假币后使用的假币数额,包括已经使用和准备使用的数额。

本案在审理过程中还牵涉到对最高人民法院《关于审理伪造货币等案件具体应用法律若干问题的解释》第二条另一个问题的理解,即行为人购买假币后使用,是使用假币数额要达到数额较大,构成使用假币罪,才以购买假币罪定罪,从重处罚,还是购买假币数额达到数额较大,只要有使用行为,就定购买假币罪,从重处罚。据前述,本条解释实质是体现的牵连犯的处理原则,牵连犯的一个前提条件就是要求存在两个以上独立的犯罪行为,所以,使用假币达到数额较大方能适用本条解释。但这里做这样的区分只具有理论上的意义,实践中并不能这样理解和处理这类案件。因为购买和持有、使用是一个连贯的行为,购买并已使用的假币如属于同一宗假币,就表明购买是为了使用。只要购买的数额构成了购买假币罪,那么通常也就同时构成使用假币罪,即应当适用最高人民法院《关于审理伪造货币等案件具体应用法律若干问题的解释》第二条的规定定罪量刑。也就是说,购买假币后使用的,不能将使用的数额仅仅理解为也已使用的假币数额,还应包括准备使用但因各种原因未使用出去的假币数额。

48 高利转贷罪(《刑法》第一百七十五条)

案例:姚凯高利转贷案

案例来源:《刑事审判参考》总第 62 集[第 487 号]

主题词:高利转贷罪　高利

一、基本案情

被告人姚凯,男,1966 年 1 月 4 日出生,高中文化,鞍山市农垦局汤岗子畜牧厂工人。因涉嫌犯高利转贷罪于 2004 年 12 月 9 日被逮捕。

辽宁省鞍山市千山区人民法院经审理查明:鞍山市第六粮库主任林占山(另案处理)得知鞍

山市轧钢厂缺少生产资金急需融资,便找到被告人姚凯(与其系同学关系)商议,由姚凯出面办理营业执照,利用林占山与银行相关人员熟悉的便利条件,通过办理银行承兑汇票后借给鞍山市轧钢厂以从中获利。姚凯于1997年9月承包了鞍山市农垦工贸公司,以该公司名义向银行申请办理银行承兑汇票并转借给鞍山市轧钢厂。

1997年11月,被告人姚凯以鞍山市农垦工贸公司名义向鞍山市农业发展银行办理承兑汇票人民币500万元。在办理该笔承兑汇票时,鞍山市农垦工贸公司在鞍山市农业发展银行所设账户内没有存入保证金,也没有向鞍山市农业发展银行提供担保。林占山、姚凯将这500万元银行承兑汇票借给鞍山市轧钢厂用于资金周转,从中获利35万元。

1999年6月,被告人姚凯以鞍山市农垦工贸公司名义向鞍山市农业银行营业部办理承兑汇票人民币490万元。在办理该笔承兑汇票时,鞍山市农垦工贸公司在鞍山市农业银行营业部所设账户内存款100万元作为保证金,并由鞍山市轧钢厂作为保证人提供担保,鞍山市农垦工贸公司、鞍山市农业银行营业部、鞍山市轧钢厂三方共同签订了保证担保借款合同,林占山、姚凯将这490万元银行承兑汇票借给鞍山市轧钢厂用于资金周转,从中获利40万元。

上述两笔银行承兑汇票到期后,本金人民币计990万元均由鞍山市农垦工贸公司返还给银行。

千山区人民法院认为,被告人姚凯以转贷牟利为目的,套取金融机构信贷资金转贷给他人,违法所得数额巨大,其行为已构成高利转贷罪,应依法惩处。依照《中华人民共和国刑法》第一百七十五条、第五十二条、第五十三条、第六十四条的规定,判决如下:

1. 被告人姚凯犯高利转贷罪,判处有期徒刑四年,并处罚金人民币七十五万元。
2. 被告人姚凯所得赃款人民币三十二万五千零一十点三六元,依法予以没收。

一审宣判后,被告人未提起上诉,公诉机关亦未提起抗诉,判决发生法律效力。

二、裁判要旨

No. 3-4-175-1 以转贷牟利为目的,编造虚假交易关系骗取银行信贷资金的,应以高利转贷罪论处。

高利转贷罪客观方面表现为套取金融机构信贷资金,高利转贷他人,违法所得数额较大的行为。其中,对于套取金融机构信贷资金,根据中国人民银行发布的《贷款通则》有关借款人不得套取贷款用于借贷牟取非法收入的规定,可以认为,凡是将金融机构贷款用于借贷牟取非法收入的行为,均属于套取金融机构信贷资金。可见,这里的套取实际是一种骗取,即行为人以虚假的贷款理由或者贷款条件,隐瞒将贷款用于转贷牟利的真实用途,向金融机构申请贷款,然后将贷款并非用于从金融机构贷款时约定的用途,而是以高利非法转贷他人。

No. 3-4-175-2 转贷的利率高于银行利率的,可以认定为高利。

高利转贷罪是以转贷牟利为目的,因此只要转贷的利率高于银行的利率就应当属于高利,不必要求转贷利率必须达到一定的倍数。主要理由在于:首先,刑法没有对本罪中的高利进行诠释,最高人民法院《关于人民法院审理借贷案件的若干意见》中关于高于银行贷款利率4倍的规定对于"高利"的认定虽然有参照意义,但二者针对的对象不同,故不能简单以最高人民法院《关于人民法院审理借贷案件的若干意见》规定为准。该最高人民法院《关于人民法院审理借贷案件的若干意见》是就民间借贷而言,即行为人将自己所有的闲置资金直接借贷给他人使用的,如果只是略高于银行贷款利率而未超过4倍的,有利于社会资金的正常流转,并未侵害金融秩序,属于法律允许的资金融通行为。但是,就套取银行信贷资金而高利转贷他人的行为而言,鉴于其是一种扰乱金融秩序的行为,危害了金融安全,属于刑事违法行为,二者具有本质区别,因而《刑法》第一百七十五条中的高利不能简单依照最高人民法院《关于人民法院审理借贷案件的若干意见》的规定,以达到银行贷款利率的4倍为准。其次,根据《刑法》第一百七十五条的规定,只要高利转贷他人且违法所得数额较大,就构成高利转贷罪。根据最高人民检察院、公安部《关于经济犯罪案件追诉标准的规定》第二十三条规定,个人高利转贷,违法所得数额在五万元以上的、单位高利转贷,违法所得在十万元以上的,应予追诉。可见,司法解释关于该罪追诉标准的规定只对违法所得数额进行了界定,对高利的具体认定未加以规定,这并不是司法解释的疏漏,而是表明了该罪中高利的认定标准并非必须达到银行贷款的利率一定倍数。这样解释是符合高利转贷罪的立法意图的。我们认为,高利转贷行为涉及的利率倍数,仅仅是高利转贷行为社会危害性的表征之一,并不是反映该行为的真实社会危害性的唯一因素。如行为人以5倍银行贷款利率转贷他人,但如果其套取的银行贷款只有5千元,数额很小,尚不足以危害到金融秩序,故不应以犯罪论处;而如果行为人虽以2倍银行贷款利率转贷他人,但套取了2000万元的贷款,其违法所得巨大,其行为就危害了正常金融秩序,应以犯罪论处了。因此,对于高利转贷罪的定罪数额,刑法关注的是违法所得,这是能够真正反映其社会危害性的要件。对于利率标准的掌握不应过于苛严,只要高于银行贷款利率即可。认定高利转贷罪时,应将重点放在违法所得上。也就是说,只要违法所得较大,且转贷利率高于银行贷款利率,就应认定为高利转贷罪。本案被告人姚凯违法所得在70万元以上,故认定属于高利。

49 骗取贷款、票据承兑、金融票证罪(《刑法》第一百七十五条之一)

案例:徐云骗取贷款案

案例来源:《人民法院案例选》2009年第6辑

主题词:骗取贷款罪　贷款诈骗罪　合同诈骗罪

一、基本案情

被告单位江苏京江重工有限公司(以下简称“京江公司”)。

被告人徐云,原系江苏省建伟集团有限公司(以下简称“建伟公司”)副总裁、京江公司法定代理人、总经理。

江苏省江阴市人民法院经审理查明:被告单位京江公司在被告人徐云担任法定代表人期间,经被告人徐云同意,向江苏江阴农村商业银行澄通支行(以下简称“商业银行澄通支行”)出具虚假的资产负债表、损益表等财务报表,谎报资产总额、负债总额、销售收入等数据,虚构贷款用途,于2006年7月至11月28日,先后5次共计贷款人民币4750万元。至2007年6月本案案发时,尚有人民币3750万元未归还,其中,人民币2250万元已过约定的贷款归还日期。

案发后,被告单位京江公司及担保单位江苏建伟幕墙装饰工程有限公司先后归还了人民币3250万元贷款;京江公司又与商业银行澄通支行签订了500万元的股权质押协议。

江苏省江阴市人民法院认为,被告单位京江公司、被告人徐云以虚构事实或者隐瞒真相的欺骗手段,多次骗取银行贷款,情节严重;被告人徐云系直接负责的主管人员,其行为均已构成骗取贷款罪。被告单位京江公司、被告人徐云均自愿认罪,且本案损失在案发后已基本挽回,均予以从轻处罚。据此,依照《中华人民共和国刑法》第一百七十五条第三款、第四款、第三十条、第三十一条之规定,于2008年5月11日作出如下判决:

被告单位京江公司犯骗取贷款罪,判处罚金人民币二十万元;被告人徐云犯骗取贷款罪,判处有期徒刑一年零三个月,并处罚金人民币一万元。

一审宣判后,被告单位京江公司、被告人徐云均未提出上诉。

二、裁判要旨

No. 3-4-175之一-1　不以非法占有为目的,但以欺骗手段骗取贷款,给金融机构造成重大损失的,应以骗取贷款罪论处。

2006年6月29日全国人大常委会《刑法修正案(六)》(以下简称“修正案”)第十条规定,在《刑法》第一百七十五条后增加一条,作为第一百七十五条之一:“以欺骗手段取得银行或者其他金融机构贷款、票据承兑、信用证、保函等,给银行或者其他金融机构造成重大损失或者有其他严重情节的,处三年以下有期徒刑或者拘役,并处或者单处罚金;给银行或者其他金融机构造成特别重大损失或者有其他特别严重情节的,处三年以上七年以下有期徒刑,并处罚金。单位犯前款罪的,对单位判处罚金,并对其直接负责的主管人员和其他直接责任人员,依照前款的规定处罚。”2007年11月6日起施行的最高人民法院、最高人民检察院《关于执行〈中华人民共和国刑法〉确定罪名的补充规定(三)》确定该罪为选择性罪名:骗取贷款、票据承兑、金融票证罪。

在修正案设置骗取贷款罪之前,我国原有刑法中规定的诈骗犯罪,包括普通诈骗罪、金融诈骗罪和合同诈骗罪等,均要求行为人具有非法占有的目的。因此,虽然被告单位京江公司、被告人徐云的客观行为符合《刑法》第一百九十三条规定的贷款诈骗罪的特征,行为人以出具虚假的资产负债表、损益表等财务报表、虚构贷款用途等手法,以欺诈的手段获得了银行贷款,符合该条第(三)项规定的情形。但是,《刑法》第一百九十三条明文规定贷款诈骗罪必须“以非法占有为目的”。而本案中,没有证据可以证实被告单位京江公司和被告人徐云与建伟公司及其负责人有贷款诈骗的合谋,京江公司和徐云也并没有实际使用该部分贷款,对贷款的处分没有决定权,无法确认其有侵吞银行贷款的主观故意,不能认定其具有非法占有的目的,故不能以贷款诈骗罪定罪处罚。其次,根据《刑法》第三十条和第一百九十三条的规定,贷款诈骗罪只能由自然人构成。所以,根据罪刑法定的原则,京江公司不可能构成贷款诈骗罪。

虽然根据2001年1月21日最高人民法院《全国法院审理金融犯罪案件工作座谈会纪要》的精神,对于单位实施的贷款诈骗行为,利用签订、履行借款合同诈骗银行或其他金融机构贷款的,应当以合同诈骗罪定罪处罚。但《刑法》第二百二十四条规定合同诈骗罪同样要求以非法占有为目的。因此,本案也不能构成合同诈骗罪。

随着改革开放的不断深入和社会主义市场经济体制的完善,金融已经广泛深刻地介入我国经济发展并在其中发挥着越来越重要的作用,是市场资源配置关系的主要形式和国家调控经济的重要手段,而经济活动中的风险又集中通过银行风险表现出来。类似于本案的贷款欺诈手段日益隐蔽,虽不以非法占有和转贷牟利为目的,但由于经营不善或其他原因造成亏损无法归还贷款,严重影响了金融秩序和侵犯了金融机构的财产所有权,迫切需要将其犯罪化并科以刑罚。

被告单位京江公司、被告人徐云的行为符合骗取贷款罪的犯罪构成要件:

1. 被告单位京江公司、被告人徐云的行为符合骗取贷款罪的客观特征。根据修正案的规定,骗取贷款罪客观上表现为以欺骗手段取得银行或者其他金融机构贷款等,给银行或者其他金融机构造成重大损失或者有其他严重情节的行为。但修正案对欺骗手段并没有采取如贷款诈骗罪一般列举加概括的表述方式。我们认为,本罪与贷款诈骗罪在行为方式上基本是一致的,完全可以参照贷款诈骗罪的有关规定,主要包括以下几种情形:(1)编造引进资金、项目等虚假的理由;(2)使用虚假的经济合同;(3)使用虚假的证明文件;(4)使用虚假的产权证明作担保或者超出抵押物价值重复担保;(5)其他欺骗方法。京江公司濒临倒闭,仍在徐云的授意下,向商业银行澄通支行提供虚假的资产负债表、损益表等财务报表,谎报资产总额、负债总额、销售收入等数据,实际上是伪造公司的资产状况、虚构经济实力强、有还款能力的假象,又编造虚假的工程合同、需购买原材料的贷款用途,使用多种欺骗手段使商业银行澄通支行产生错误认识,骗取了人民币4750万元贷款,完全符合以欺骗手段取得银行贷款的特征。且至案发时,已经造成人民币2250万元的贷款经多次催讨,仍超期不能归还,确属给金融机构造成了重大损失,符合法律规定的骗取贷款罪的构成要件。

2. 被告单位京江公司、被告人徐云的主观方面符合骗取贷款罪的特征。根据前文所述,本罪主观方面的重要特征之一是不以非法占有为目的。根据本案的相关证据,被告单位京江公司和被告人徐云虽然使用欺诈手段获得了银行贷款,但目的是用于建伟公司的经营活动,虽建伟公司经营状况不佳,最终其负责人因建伟公司面临倒闭而携款潜逃,但没有证据证明京江公司与徐云对此与建伟公司有合意与共同行为。也即被告单位京江公司与被告人徐云仅有骗用贷款之意,不具有非法占有的目的。

另外,骗取贷款罪的主观方面只能由故意构成,行为人明知其向金融机构所作陈述或提供资料等欺诈手段,可能使金融机构陷入错误认识而错误放贷,但仍积极追求这一结果的发生。京江公司在使用虚假材料向商业银行澄通支行申请贷款时必然明知其不具申贷条件和违反申贷规则,其欺骗手段可能使商业银行澄通支行陷入错误而为意思表示,仍追求这种错误的放贷行为,符合直接故意的特征。

应当指出的是,本罪中造成重大损失的结果,属于刑法理论中的客观的超过要素。所谓客观的超过要素,是指在一些故意犯罪中,犯罪构成要件中的某些客观因素,并不要求行为人对这种因素具有认识与放任(包括希望)态度,而只与刑罚权的发动有关。因此,京江公司及徐云对建伟公司负责人携款潜逃并造成大部分贷款无法归还的情况并未预见、也无力掌控的事实不影响对其骗取贷款行为的主观故意的认定。

3. 本案是单位犯罪。骗取贷款罪的主体为一般主体,自然人和单位均可以构成本罪的主体。与《刑法》第一百九十三条规定贷款诈骗罪只能由自然人构成这一立法模式相比,这显然是一个进步。根据最高人民法院《关于审理单位犯罪案件具体应用法律有关问题的解释》的规定,以单位名义实施犯罪,违法所得归单位所有的,是单位犯罪。本案中京江公司以其名义向商业银行澄通支行申请贷款,系为单位的利益实施犯罪,被告人徐云作为该项目的直接负责的主管人员,均符合骗取贷款罪的主体要件。

4. 本案符合骗取贷款罪的客体要件。该罪侵犯的客体是国家金融信贷资金管理制度,犯罪对象是银行或其他金融机构贷款等。京江公司在贷款申请过程中所实施的虚构事实、隐瞒真相的行为扰乱了商业银行澄通支行对其经营状况、资产总额、偿还能力等的审查,影响了对贷款风险的正常评估,最终使商业银行澄通支行作出错误的意思表示,向其发放贷款,偏离了贷款发放的正确方向,贷款应有的作用难以发挥,不利于金融的宏观调控和资金的合理配置,侵害了金融资金的使用权,并一度造成商业银行澄通支行的重大损失,严重破坏了社会主义市场经济运行中的金融秩序和信用,必将导致国家金融信贷资金管理制度的紊乱。被告单位京江公司及被告人徐云的行为符合骗取贷款罪的客体要件。

案例:江树昌骗取贷款案

案例来源:《刑事审判参考》总第 97 集[第 962 号]

主题词:骗取贷款罪　小额贷款公司的金融机构性质

一、基本案情

被告单位上海航旭投资集团有限公司,住所地上海市奉贤区奉城镇工业园区航塘路 4588 号 D 座 23 号,法定代表人江树昌。

被告人江树昌,男,1963 年 7 月 30 日生,上海航旭投资集团有限公司法定代表人。2013 年 6 月 28 日因涉嫌犯骗取贷款罪被逮捕。

上海市闵行区人民检察院以被告单位航旭公司、被告人江树昌犯骗取贷款罪,向闵行区人民检察院提出公诉。

上海市闵行区人民法院经公开审理查明:

2012 年 1 月 6 日,被告人江树昌作为上海航旭投资集团有限公司(以下简称“航旭公司”)法定代表人,以公司名义向上海闵行九星小额贷款股份有限公司(以下简称“九星小贷公司”)申请贷款用于购买钢材,并提供了与上海屹荣实业有限公司(以下简称“屹荣公司”)虚假签订的钢材供销合同,虚报公司财务状况。同年 1 月 13 日,航旭公司取得九星小贷公司贷款人民币(以下币种同)600 万元后,即用于归还航旭公司及其控股的其他公司的贷款和债务。同年 2 月至 7 月,航旭公司支付利息 61.72 万元,其余款息至今仍未归还,给九星小贷公司造成损失 538.28 万元,2013 年 3 月 1 日,江树昌经公安机关电话通知后主动到案,并如实供述了上述事实。

上海市闵行区人民法院认为,被告单位航旭公司及其直接负责的主管人员被告人江树昌以欺骗手段取得金融机构贷款,给金融机构造成损失 538 万余元,造成特别重大损失,其行为均构成骗取贷款罪。被告单位及被告人均具有自首情节,依法可以减轻处罚。据此,依照《中华人民共和国刑法》第一百七十五条之一、第六十七条第一款、第五十二条、第五十三条、第六十四条之规定,闵行区人民法院判决如下:

1. 被告单位航旭公司犯骗取贷款罪,判处罚金十万元。

2. 被告人江树昌犯骗取贷款罪,判处有期徒刑二年,并处罚金六万元。

3. 追缴被告单位及被告人的违法所得发还被害单位上海闵行九星小贷公司。

一审宣判后,被告人江树昌不服,以其行为不构成犯罪为由,向上海市第一中级人民法院提起上诉。其辩护人除同意该上诉理由外,还提出根据《金融机构管理规定》《金融许可证管理办法》的规定,小额贷款公司未取得金融许可证,不是金融机构,而是一般的工商企业,故江树昌的行为不构成骗取贷款罪。

上海市第一中级人民法院经审理认为,上诉人江树昌、原审被告单位航旭公司通过欺骗手段取得金融机构贷款,给金融机构造成特别重大损失达538万余元,其行为均构成骗取贷款罪。原审法院根据江树昌、航旭公司的犯罪事实、性质、情节及对社会的危害程度等所作判决并无不当,且审判程序合法,遂裁定驳回上诉,维持原判。

二、裁判要旨

No.3-4-175之一-2 小额贷款公司属于非银行金融机构,在无法证明行为人具有非法占有目的的情况下,骗取小额贷款公司贷款的行为应当认定为骗取贷款罪。

小额贷款公司是依法经营小额贷款金融业务的有限责任公司或者股份有限公司。第一,发放贷款的业务是金融业务。根据《商业银行法》第三条的规定,商业银行可以经营下列部分或者全部业务:(1)吸收公众存款;(2)发放短期、中期和长期贷款;(3)办理国内外结算;(4)办理票据承兑与贴现等。商业银行是典型的银行业金融机构,其主营业务包括吸收公众存款、发放贷款等。所以,发放贷款的业务是金融业务自然不存在争议。第二,小额贷款公司的主营业务是发放贷款。根据中国银行业监督管理委员会、中国人民银行联合下发的《关于小额贷款公司试点的指导意见》第一条第一款的规定,小额贷款公司是由自然人、企业法人与其他社会组织投资设立,不吸收公众存款,经营小额贷款业务的有限责任公司或股份有限公司。第三,小额贷款公司经营小额贷款等金融业务是经法定部门依法批准的。小额贷款公司经营发放贷款的金融业务是经国务院银行业监督管理机关即中国银行业监督管理委员会和中国人民银行这两个部门依法批准的。所以,小额贷款公司经营发放小额贷款的金融业务是经法定部门依法批准的。第四,小额贷款公司有限责任公司或者股份有限公司的性质不影响其金融机构性质。虽然根据《关于小额贷款公司试点的指导意见》的规定小额贷款公司是有限责任公司或者股份有限公司,但是这同样不影响其金融机构性质的认定。企业法人性质和金融机构性质是从不同侧面,根据不同标准所作的法律评价,二者不存在必然的排斥性。所以,小额贷款公司的企业法人性质不影响其金融机构性质的认定。

小额贷款公司是经银行业监督管理机构授权的省级政府主管部门批准设立和主管的其他金融机构。第一,非银行金融机构的批准设立可以由中国银行业监督管理委员会负责。第二,小额贷款公司是经银行业监督管理机关授权的省级政府主管部门批准设立的。第三,小额贷款公司的主管部门是经银行业监督管理机关授权的省级政府部门。根据《关于小额贷款公司试点的指导意见》第五条第一款的规定,凡是省级政府能明确一个主管部门(金融办或者相关机构)负责对小额贷款公司的监督管理,并愿意承担小额贷款公司风险处置责任的,方可在本省(区、市)的县域范围内开展组建小额贷款公司试点。由此可以认为,中国银行业监督管理委员会、中国人民银行作为金融机构的相关主管部门授权省级政府主管部门(金融办或者相关机构)对小额贷款公司的经营活动进行监督管理。

中国人民银行的相关规定已经明确认可小额贷款公司为金融机构。第一,小额贷款公司依法从事金融业务,依法取得中国人民银行赋予的金融机构编码。本案中,中国人民银行上海分行的金融业机构信息年度验证合格通知书和中国人民银行上海总部金融服务二部的金融机构信息变更通知书均载明被害单位九星小贷公司的金融机构代码即为Zl×××义××××0016。第二,小额贷款公司同样适用金融机构的金融统计制度。中国人民银行下发的《关于2010年中资金融机构金融统计制度有关事项的通知》明确规定:“境内其他金融机构:除上述机构之外的其他金融机构。包括小额贷款公司等金融机构。”同时,《关于2010年中资金融机构金融统计制度有关事项的通知》还明确要求小额贷款公司适用金融机构的金融统计制度。

是否取得金融许可证并不影响小额贷款公司金融机构性质的认定。金融许可证制度不适用于小额贷款公司。《金融许可证管理办法》系中国银行业监督管理委员会于2007年修改发布的。《关于小额贷款公司试点的指导意见》系中国银行业监督管理委员会、中国人民银行于2008年发布的。该两项规定的发布部门均包括中国银行业监督管理委员会,根据新法优于旧法的原则,小额贷款公司作为创新金融的试点,《关于小额贷款公司试点的指导意见》未规定金融许可证制度适用于小额贷款公司,所以不能以小额贷款公司未取得金融许可证而否认小额贷款公司的金融机构性质。

综上所述,小额贷款公司系依法设立的经营小额贷款金融业务的其他非银行金融机构。本案中,根据金融业机构信息年度验证合格通知书、金融机构信息变更书、上海市金融服务办公室批复等证据,足以证实九星小额贷款公司系依法设立的从事贷款金融业务的其他金融机构,符合骗取贷款罪的对象特征。

骗取贷款罪与贷款诈骗罪、合同诈骗罪的主要区别在于行为人是否具有非法占有目的。骗取贷款罪主观方面要求行为人不具有非法占有目的,而贷款诈骗罪和合同诈骗罪的主观方面都要求行为人具有非法占有目的。对于骗取小额贷款公司贷款的行为,只有行为人明确不具有非法占有目的或者证据不足以证实行为人具有非法占有目的时,才能依照骗取贷款罪定罪处罚。否则,应当以贷款诈骗罪或者合同诈骗罪论处。本案现有证据材料不足以证实江树昌及航旭公司申请贷款时航旭公司已资不抵债或者缺乏偿还贷款的能力,也不能排除江树昌及航旭公司因钢贸市场行情而改变贷款用途的可能性,故不能认定江树昌和航旭公司具有非法占有目的。一方面,本案现有证据不足以证实江树昌与航旭公司在骗取贷款时已经资不抵债或者缺乏偿还贷款的能力。本案曾经被检察院退回补充侦查,要求补充侦查江及航旭公司申请贷款时资金状况已经较差的相关证据,公安机关经补充侦查提供了福州市人民法院的协助执行通知书等证据材料。相关的证据材料协助执行通知书只有一份日期为2012年5月14日,其他的协助执行通知书日期均为2013年以后。但是,本案的贷款时间为2012年1月6日,故现有证据不足以证明江及航旭公司骗取贷款时已经不具有履约能力。另一方面,本案现有的证据不足以排除江树昌及航旭公司未将贷款用于约定用途系出于市场行情的原因。江树昌提出因为钢贸市场行情,为了避免亏损才将贷款用于归还之前的欠款的辩解。本案现有的证据不包括贷款合同履行时的钢贸市场行情相关材料,尚不足以排除江树昌所提的市场风险的理由。

综上,本案现有证据不足以证实江树昌和航旭公司骗取贷款时具有非法占有目的,不能认定江树昌和航旭公司构成贷款诈骗罪或者合同诈骗罪。江树昌和航旭公司客观上具有骗取金融机构贷款的行为、主观上具有骗取贷款的故意。从有利于被告的原则,应当依法认定江树昌和航旭公司的行为构成骗取贷款罪。

案例:陈恒国骗取贷款案

案例来源:《刑事审判参考》总第97集[第963号]

主题词:骗取贷款罪　非法占有目的

一、基本案情

被告人陈恒国(曾用名陈树泉),男,1971年2月7日出生,个体经商户。2012年8月10日因涉嫌犯贷款诈骗罪被逮捕。

河南省罗山县人民检察院以被告人陈恒国犯贷款诈骗罪,向罗山县人民法院提起公诉。

被告人陈恒国辩称公诉机关指控其犯贷款诈骗罪的事实不清,证据不足,应当宣告其无罪。

罗山县人民法院经公开审理查明:2006年10月至2010年11月,被告人陈恒国以他人名义在原河南省罗山县农村信用合作联社山店信用社经信贷员方治彬、陈勇、姚留勋、孟令鹏贷款115笔共计人民币(以下币种同)6102000元:其中冒用他人名义贷款18笔共计845000元。2007

年7月29日,陈恒国以他人名义,在原东城信用社,经信贷员孟令鲲贷款1笔500000元。2007年3月至2008年9月,陈恒国以他人名义,在原涩港信用社,经信贷员周克尤贷款5笔共计380000元。2008年6月30日,陈恒国冒用张永枝、高霞的名义担保,私刻二人印章,以虚假担保方式,从原莽张信用社贷款900000元。

陈恒国以他人名义贷款或者担保贷款,将贷款领取后,到期未偿还贷款本金及利息。为应付信阳市清理冒名贷款的检查,山店信用社的信贷员方治彬于2011年7月28日申请将经其发放给陈恒国所贷的款本息1000000元转至其名下,并与罗山农村商业银行签订了借款合同。同日,陈勇申请将经其发放给陈恒国的贷款本息450000元转至其名下。同月27日,姚留勋申请将经其发放给陈恒国的贷款本息700000元转至其名下。次日,孟令鹏申请将经其发放给陈恒国的贷款本息转至其名下2000000元;其经手发放的其余2500000元,由陈恒国申请转至陈恒国本人名下。为担保转至信贷员方治彬、陈勇、姚留勋名下的贷款,2011年7月24日,方治彬、陈勇与陈恒国签订了罗山县山店乡水电站、自来水经营管理使用权整体转让协议,协议约定如陈恒国在2012年1月1日以前能够一次性偿还方治彬1248000元借款、陈勇523000元借款,合同作废;如到期不能还清借款,合同当天生效,陈恒国将响水潭水库的自来水、发电站经营权作价1771000元交由方治彬、陈勇。后因乡政府与陈恒国在2006年6月19日签订的水电站、自来水经营管理使用权整体转让协议上有限制转让的规定,方治彬、陈勇未能实现水电站、自来水的经营权。

方治彬在陈恒国既不还款,又无法取得水电站、自来水经营权的情况下,遂于2012年5月23日报案至罗山县公安局,称陈恒国在事先未征得山店乡政府同意的情况下,将其承包山店乡政府的自来水及水电站的经营权转让于其及该行另一信贷员陈勇,并将陈恒国冒名所贷的170余万元贷款转至其与陈勇名下,由其二人承担还本付息义务。次日,罗山县公安局以陈恒国贷款诈骗立案侦查。案发后(2012年12月18日),方治彬、陈勇与陈恒国又达成如下协议:以陈恒国的水电站、自来水经营权抵偿1770000元的本金;以陈恒国山店陈楼周山路边造林作价抵偿利息中的100000元,余款173100元以陈恒国的轿车作抵押及由许少军担保偿还;今后陈恒国如能用现金一次性全部结清借款本金和利息,方治彬、陈勇同意返还水电站、自来水经营权和陈楼周山路边的林地。2011年7月23日姚留勋与陈恒国达成协议:陈恒国向姚留勋借款793521元,陈恒国以郑州的房产作抵押。陈恒国同时将其在郑州的房产证交给了姚留勋。2011年7月23日,陈恒国分别向方治彬、陈勇、姚留勋出具了借到现金1248000元、523000元、793500元的借条;2011年5月1日向孟令鹏出具了欠贷款4790000元的欠条。后庭审审理时,方治彬、陈勇、姚留勋当庭均证明将陈恒国以他人名义的贷款转至其三人名下并非自愿的,而是迫于信阳市检查整改压力。姚留勋另证明转至其名下的贷款并非其本人的借款,应当由陈恒国偿还。罗山农村商业银行称方治彬、陈勇、姚留勋、孟令鹏与陈恒国之间就陈恒国以他人名义的贷款转到四人名下的行为是他们的个人行为,应当属于无效行为。以方治彬、陈勇、姚留勋、孟令鹏名义办理的原陈恒国以他人名义的贷款至今未偿还贷款本金。

罗山县人民法院认为,被告人陈恒国多次冒用他人名义贷款845000元,冒用他人名义担保贷款900000元,共计骗取银行贷款1745000元,情节严重,其行为构成骗取贷款罪。从在案证据分析,陈恒国骗取贷款后,确有开发周党步行街房产、山店林场、山店乡水电站、自来水经营管理权等投资项目;案发前,陈恒国与经办的信贷员签订了转贷协议,并将其资产证件交付给信贷员,可以证明陈恒国确有还款的意愿。综上,认定陈恒国主观上非法占有贷款的证据不足,公诉机关指控陈恒国犯贷款诈骗罪的理由不能成立,应当以骗取贷款罪定罪处罚。

罗山县人民法院还认为,被告人陈恒国以沈世林等18人的名义贷款845000元,该贷款应当计入骗取银行贷款的数额;公诉机关指控的其余各笔以他人名义的贷款均因无出名人的证言证明,现有证据不能证明属于被告人陈恒国冒用他人名义贷款,只能证明陈恒国以这些人的名义贷款,故公诉机关指控陈恒国冒用他人名义骗取银行贷款6982000元不准确,陈恒国冒用他人名义贷款应当认定为845000元。陈恒国当庭辩称其没有冒用他人名义贷款,是信贷员办理的贷款手续,其借的是信贷员的钱。因与审理查明的事实不符,不予采信。陈恒国的辩护人提出公诉机关指控的冒名贷款中有息转贷的部分,应予以扣除,不应作为犯罪金额计算。因与审理查明的书证不符,对其该辩护意见不予采纳。公诉机关指控陈恒国冒用他人名义担保贷款900000元。因出名的担保人高霞、张永枝均证明没有为该笔贷款担保,借款手续上的担保人的签章并不是其本人所为,经手办理该笔贷款的信贷员刘中良亦证明担保人高霞、张永枝并未到场办理担保手续,是陈恒国提供的担保人的身份证和私章。陈恒国当庭虽辩称其不认识担保人高霞、张永枝,担保手续是信贷员办理的,其对该笔贷款提供了周党步行街的土地证和规划证作为抵押。经查,该笔贷款为个人信用保证贷款,担保人为被冒名的高霞、张永枝,并不是担保物抵押贷款,陈恒国亦未就此提供证据证明,故该笔贷款系陈恒国冒用他人名义担保而取得的贷款,对于陈恒国的该项辩解意见不予采纳。据此,依照《中华人民共和国刑法》第一百七十五条之一第一款、第六十四条之规定,罗山县人民法院判决如下:

1. 被告人陈恒国犯骗取贷款罪,判处有期徒刑三年,并处罚金人民币五万元。

2. 陈恒国于判决生效之日起三十日内退赔河南罗山农村商业银行股份有限公司人民币一百七十四万五千元。

一审宣判后,被告人陈恒国未提出上诉,检察机关亦未抗诉,该判决已发生法律效力。

二、裁判要旨

No. 3-4-175之一-3 行为人使用欺骗方法骗取贷款后用于经营活动,具有还款意愿的,应否定非法占有目的,成立骗取贷款罪。

骗取贷款罪与贷款诈骗罪最主要的区别在于主观要件,即行为人主观上是否以非法占有为目的。贷款诈骗罪的目的不仅是骗取贷款,而且是非法占有贷款。而骗取贷款罪采用欺骗手段的目的是在不符合贷款条件的情况下取得贷款,不以非法占有为目的。非法占有目的,是指行为人实施犯罪行为的目的,在于使财物脱离其合法所有人或者持有人的控制而将其据为己有。质言之,是指行为人改变公私财产所有权的目的。非法占有目的,是行为人的一种主观心理状态,但主观最终必定见诸客观,不可能完全脱离客观外在活动而存在。行为人非法占有目的的认定,可以通过行为人具体实施的客观行为加以判断。实践中,有的行为体现非法占有的目的非常直接明显,如使用虚假证明骗取贷款后携款逃跑;但也有的行为难以单独体现行为人主观上的非法占有目的。如《刑法》第一百九十三条规定的五项情形:(1)编造引进资金、项目等虚假理由的;(2)使用虚假的经济合同的;(3)使用虚假的证明文件的;(4)使用虚假的产权证明作担保或者超出抵押物价值重复担保的;(5)以其他方法诈骗贷款的。上述五项情形,只能证明行为人主观上具有非法占有目的的可能性,是否实际具有非法占有的目的,还必须借助相关的客观事实加以分析认定。

最高人民法院2001年1月21日印发的《全国法院审理金融犯罪案件工作座谈会纪要》强调,在司法实践中,认定是否具有非法占有为目的,应当坚持主客观相一致的原则,既要避免单纯根据损失结果客观归罪,也不能仅凭被告人自己的供述,而应当根据案件具体情况具体分析。结合司法实际,一般而言,对于行为人通过欺骗的方法非法获取资金,造成数额较大资金不能归还,并具有下列情形之一的,可以认定为具有非法占有的目的:(1)明知没有归还能力而大量骗取资金;(2)非法获取资金后逃跑的;(3)肆意挥霍骗取资金的;(4)使用骗取的资金进行犯罪活动的;(5)抽逃、转移资金、隐匿财产,以逃避返还资金的;(6)隐匿、销毁账目,或者搞假破产、假倒闭,以逃避返还资金的;(7)其他非法占有资金、拒不返还的行为。

认定行为人主观上具有占有贷款为目的,必须具备以下条件:(1)行为人是通过欺诈手段获取贷款,即行为人实施了《刑法》一百九十三条规定的五项情形之一;(2)行为人到期没有归还贷款;(3)行为人贷款时即明知不具有归还能力或者贷款后实施了某种特定行为,如实施了《全国法院审理金融犯罪案件工作座谈会纪要》规定的七种情形之一。如果行为人同时具备上述三个条件,就可以认定行为人主观上具有非法占有贷款的目的;如果行为人骗取贷款的行为欠缺上述三个条件之一,则一般不应认定其主观上具有非法占有贷款的目的,从而不能认定构成贷款诈骗罪。值得注意的是,骗取贷款罪与贷款诈骗罪可能相互转化,甚至导致案件性质从刑事转化为民事,民事转化为刑事。如行为人最初的动机是非法占有贷款,但在取得贷款以后将贷款用于正常的生产经营活动或者受到其他良好因素的影响,其当初的意图发生了变化,贷款期满即归还贷款。这种情形达到追究刑事责任数额标准或者情节标准的,构成骗取贷款罪,未达到刑事责任数额标准的,属于民事欺诈性质。反之,行为人取得贷款之前没有非法占有的意图,但在取得贷款后,客观行为表现出其主观上不愿归还贷款的情形,贷款期满后不予归还,达到数额较大的,则构成贷款诈骗罪。

本案中,被告人陈恒国多次冒用他人名义贷款,冒用他人名义担保贷款,从查明的证据来看,陈恒国骗取贷款后,确有开发周党步行街房产、山店林场、山店乡水电站、自来水经营管理权等投资项目;案发前,陈恒国与经办的信贷员签订了转贷协议,并将其资产证件交付了信贷员,可以证明陈恒国确有还款的意愿。其对取得的贷款并没有非法占有的意图,但其以欺骗手段取得银行或者其他金融机构贷款,给银行或者其他金融机构造成重大损失的行为应认定为骗取贷款罪。

案例:钢浓公司、武建钢骗取贷款、诈骗案

案例来源:《刑事审判参考》总第111集[第1208号]

主题词:骗取贷款罪　非法占有目的

一、基本案情

被告单位武汉钢浓粉末冶金有限公司(以下简称“钢浓公司”)从事还原铁生产加工,2007年投产后,钢浓公司持续亏损,资金周转困难。2008年6月,武建钢为获得贷款,隐瞒钢浓公司持续亏损的事实,向光大银行武汉分行提供虚假的财务报告、应收款明细表。同年9月16日,钢浓公司与光大银行武汉分行签订《综合授信协议》,授信额度为2000万元,授信有效期1年,应收账款付款期限最长不得超过90天。同月18日,武建钢使用私刻的武汉钢铁股份有限公司(物资采购)合同专用章,假冒武汉钢铁集团金属资源有限责任公司(以下简称“金资公司”)合同员周长工的签名,与光大银行武汉分行签订《关于武汉钢浓粉末冶金有限公司(卖方)有关应收账款转让问题的三方协议》。协议签订后,武建钢又伪造废钢买卖合同、产品合格证明、应收账款债权转让通知书等,于2008年9月23日、10月9日两次从光大银行武汉分行骗取保理资金共计2000万元。

2009年年初,武汉钢铁(集团)股份有限公司内部管理机制调整,签订合同、结算账款由金资公司负责。同年3月2日,钢浓公司采取前述欺骗方法与光大银行武汉分行重新签订《综合授信协议》,授信额度仍为2000万元,授信有效使用期限至2010年3月1日。同年5月,因钢浓公司不能按约正常还款,林汉宁对钢浓公司的财务章、合同章、公章进行监管。

自2008年9月至2009年11月18日法定代表人变更止,钢浓公司累计收到光大银行青山支行授信保理贷款资金11094万元,偿还9094万元,尚欠2000万元。至2010年8月案发,钢浓公司尚欠保理融资本金1503.5万元。

二、裁判要旨

No.3-4-175之一-4　使用虚假资料获取银行贷款的案件中,行为人非法占有目的的认定,应结合被告人及被告单位申请贷款之前的经济状况、获取贷款之后的款项用途、款项到期后的还款意愿及还款效果等综合评价。

一般而言,使用虚假资料获取银行贷款,可能涉及两个罪名:骗取贷款罪和贷款诈骗罪。两罪同属破坏社会主义市场经济秩序犯罪,两罪在客观要件和量刑上的区别,归根结底在于,前罪并无非法占有之目的或者没有确实、充分的证据证实借款人有非法占有之目的,后罪则以明确的非法占有为主观故意,意欲侵占银行经营管理的财产。刑法本身并不孤立看待申请贷款时的造假行为,只有行为人主观上具备非法占有之目的,才可能因客观上的造假行为以诈骗犯罪论处。换言之,审理此类案件的关键在于界定行为人是否有非法占有目的。应当主要根据以下

三方面情况来判断行为人的主观:

(1)贷款之前的经济状况。

通常情况下,借款人贷款之前的经济状况并不能直接反映借款人是否具有非法占有目的。但其经济状况和借款缘由可以在一定程度上反映借款人的后期还款能力和借款用途的真实性。如果借款人有正常经营的业务,经济能力较强,虽然使用了虚假资料获取贷款,但借款用途真实,后因正常经营风险无力还款,认定借款人有非法占有目的要慎重;如果借款人并无真实经营业务,资不抵债甚至长期负债,可以推定其主观上可能具有非法占有之目的,同时结合其申请贷款时的具体行为和实际造成的后果进一步界定其主观故意。本案中,钢浓公司是有明确主业的实体公司,虽有负债,但只是略有亏损,缺乏流动资金,尚未达到资不抵债的情况,通过引资可能改善经济状况,确有引资必要。

(2)获取贷款后的款项用途。

行为人获取贷款后的用款方式、有无擅自改变贷款用途的行为可以在一定程度上反映行为人的主观状态。对于严格遵照贷款协议约定的贷款用途,真实诚信地使用所借款项,确因正常经营风险无力偿还贷款的,即使在申请贷款时使用了虚假资料或有其他民事欺诈行为,亦应首先考虑为贷款纠纷,确实给银行等金融机构造成重大损失或者有其他严重情节的,可以结合案件事实以骗取贷款罪论处。对于擅自改变贷款用途,导致贷款资金脱离银行等金融机构所能预期的经营状况,后因正常经营风险无力偿还的,既要考虑实际用款项目的正常盈利可能,也要结合行为人贷款前的实际经济状况,申请贷款时有无欺诈行为等具体情节,结合证人证言、被告人供述等言词证据准确界定行为人是否具有非法占有之故意。对于获取贷款后,将资金用于偿还个人债务、赌博、挥霍,后又实际未能偿还贷款的,除有证据证明行为人确有可靠资金来源保证偿贷能力,后因不可抗力或者意外事件等难以预料的因素导致偿贷资金灭失的外,一般可以推定其主观上具有非法占有目的。本案中,钢浓公司虽然将700多万元用于生产和支付银行利息等,挪用其他保理资金用于偿还前期债务或者套现使用,但是在获得银行资金后,生产规模明显扩大。当时因金融危机,还原铁行情不好,价格波动很大,从3000元到1000元,不能排除银行资金损失与钢浓公司经营性亏损间的关联性,亦无证据证实武建钢有将贷出的保理资金挪作个人使用或有挥霍保理资金的行为,故不宜仅因武建钢及钢浓公司改变款项用途,进而认定其具有非法占有目的。

(3)款项到期后的还款意愿和实际还款效果。

借款人在款项到期后的还款意愿和实际还款效果,一方面反映借款人的客观行为所造成的实际后果,另一方面也能直接反映行为人对所借款项是否具有非法占有的主观故意。一般而言,款项到期后,行为人虽一时不具备还款能力,但能够积极筹措资金,实际归还了全部或者大部分贷款的;或者虽无还款资金,但能够提供相应的无权属争议的担保物保证还款的,后又实际归还了全部或者大部分贷款的;或者有其他类似的积极还款行为以及保证还款措施的,均不宜认定行为人有非法占有的主观恶意。对于抽逃、转移资金,隐匿财产,或者隐匿、销毁账目,或者以假破产、假倒闭等方式逃避还贷的,以及获取贷款后逃跑的,实际造成数额较大的资金不能偿还的,可以认定行为人具有非法占有目的。本案中,武建钢在订立授信协议的同时,即与光大银行订立《最高额保证合同》,为2000万元保理资金提供连带责任保证。武建钢手写承诺书一份,承诺对银行债务承担法律责任,银行有权追索其名下的房产。后因光大银行未就武建钢承诺书中所列房产办理抵押登记,武建钢夫妇名下4套房屋出卖后未能实际用于偿还光大银行贷款。至案发,钢浓公司累计贷出保理资金11094万元,偿还9094万元,尚欠本金1503.5万元。上述情况表明,武建钢确有保证还款的具体行为,在保理合同成立的期间,多次按约还款。

综上,虽然被告人武建钢及被告单位有使用虚假资料骗取贷款的欺诈行为,但无充分证据证实被告人武建钢及被告单位钢浓公司对骗取的资金具有非法占有目的,依法以骗取贷款罪追究被告人武建钢及被告单位钢浓公司的刑事责任。

50 非法吸收公众存款罪(《刑法》第一百七十六条)

案例:中富证券有限责任公司及彭军等人非法吸收公众存款案

案例来源:《人民法院案例选》2007年第2辑

主题词:非法吸收公众存款罪 变相吸收公众存款涉案金额

一、基本案情

被告单位(上诉人)中富证券有限责任公司(以下简称"中富证券")。

被告人彭军。

被告人楼群。

被告人陈军。

被告人李刚。

上海市第二中级人民法院经审理查明:2001年6月,友联公司(现更名为上海友联管理研究中心有限公司,另案处理)在上海市成立,注册资金200万元,德隆国际战略投资有限公司(以下简称"德隆集团")的法定代表人唐万新(另案处理)兼任总裁,德隆集团的董事唐万川、张业光(均另案处理)分别兼任法定代表人和常务副总裁。2002年2月,中富证券在上海市成立,注册资金5.1亿元,该证券公司具有受托投资管理等业务的资质。2003年初,中富证券经股权转让后的实际股东是利德投资有限责任公司(以下简称"利德公司")等4家单位,利德公司控股54.12%。同时,唐万新在与唐万川、张业光等人共谋后,决定友联公司通过唐万川兼任法定代表人的中企公司以3.6亿余元的价格收购利德公司,开始控制中富证券。2003年7月,被告人彭军受友联公司委派任中富证券总裁助理,全面负责资产管理业务;被告人陈军任中富证券资产管理部总经理,具体负责资产管理业务的操作。其间,唐万新明确要求彭军以保本并支付高于银行同期利率数倍利息的方法吸收公众资金,并下达了吸收资金6亿元的指标,还规定所吸收的资金由友联公司统一支配。为此,彭军、陈军先后制定了《分支机构开展资产管理业务的指导意见》《委托资产管理业务考核暂行办法》等具体规则,拟制了《资产管理委托协议书》《资产管理委托协议附加条款》等合同的格式文本,多次召开各部门和下属营业部相关人员参加的会议,组织员工培训和向各营业部分解指标等。2003年9月至2003年12月间,中富证券向北京市人防开发管理中心等5家单位和王宏等22名个人吸收资金计1.9亿余元。2004年1月,被告人彭军离开中富证券后,被告人楼群受友联公司委派接任中富证券副总裁,全面负责资产管理等业务。同年2月,被告人陈军离开中富证券,资产管理部的业务由时任该部门副总经理的被告人李刚具体操作。同年4月,楼群被任命为中富证券总裁,李刚任中富证券资产管理部总经理。其间,在唐万新向楼群等人下达了吸收资金30亿元的指标后,楼群、李刚除沿用彭军、陈军任职期间制定的相关运作制度外,还通过召开会议、培训员工、分解指标、提高利率、到各营业部巡查等方法,继续以上述同样方法吸收公众资金。2004年1月至同年4月间,中富证券向通用燃气有限公司等17家单位和殷新红等41名个人吸收资金计6亿余元。2003年9月至2004年4月间,中富证券以承诺保本和支付4.5%至13%利息的方法分别与上述20家单位和62名个人签订《资产管理委托协议书》《资产管理委托协议附加条款》等合同,吸收资金共计7.9亿余元。其中,被告人彭军任职期间吸收资金1.9亿余元,被告人楼群任职期间吸收资金6亿余元,被告人陈军任职期间吸收资金2.2亿余元,被告人李刚任职期间吸收资金5.7亿余元。中富证券将吸收的资金全部交友联公司支配,主要用于购买股票和国债、支付本息、开展其他业务等。至2004年7月7日案发时,中富证券客户账户上的资金余额仅为3370万余元,证券市值仅为2.6亿余元,且尚有6.1亿余元未向客户兑付。中富证券和各名被告人在案发前向司法机关供述了上述事实。

公诉机关上海市人民检察院第二分院认为:被告单位中富证券的行为已触犯《中华人民共和国刑法》第一百七十六条之规定,数额巨大,应以非法吸收公众存款罪追究其刑事责任。被告人彭军、楼群应作为直接负责的主管人员承担刑事责任,被告人陈军、李刚应作为直接责任人员承担刑事责任。鉴于中富证券及各名被告人均有自首情节,可依法从轻或者减轻处罚。

被告人楼群称:其到中富证券工作不是受友联公司委派,且在中富证券开展工作受董事会和董事长领导。

被告单位的辩护人意见:中富证券具有受托资产管理业务资质,其向客户收取 7.9 亿余元资金中的大部分均用于资产管理业务,故指控中富证券的部分行为构成犯罪,缺乏法律依据。

被告人彭军辩护人意见:(1)彭军等人具有违规行为,应给予行政处罚,指控彭军的行为构成犯罪,缺乏法律依据;(2)指控彭军的犯罪金额中,有 1.1 亿元资金没有存入中富证券,有 3000 万元资金不是发生在彭军任职期间,彭军不应对上述 1.4 亿元承担责任。

被告人楼群辩护人意见:对楼群等人的违规行为法律没有规定为犯罪,楼群也不是直接负责的主管人员,故楼群的行为不构成犯罪。

被告人陈军辩护人意见:陈军主观上无犯罪的直接故意,且法律也未对陈军等人的行为规定为犯罪,故陈军不构成犯罪。

被告人李刚辩护人意见:李刚根据单位安排履行职责,故指控李刚系中富证券单位犯罪中直接责任人员的证据不足。

上海市第二中级人民法院认为:被告单位中富证券在未经中国人民银行批准的情况下,以开展所谓的资产管理业务的名义,采用保本付息的方法,向社会不特定的单位和个人变相吸收存款计 7.9 亿余元,其行为已构成非法吸收公众存款罪,依法应予惩处。被告人彭军、楼群先后受友联公司委派,分别担任中富证券总裁助理和副总裁、总裁,两人在明知其负责开展的保本付息吸收公众存款"业务"系违法行为的情况下仍积极付诸实施,其中彭军任职期间吸收存款 1.9 亿余元,楼群任职期间吸收存款 6 亿余元,两人均应承担中富证券单位犯罪中直接负责的主管人员的刑事责任。被告人陈军、李刚先后担任中富证券资产管理部总经理,两人在明知中富证券开展的保本付息吸收公众存款"业务"系违法行为的情况下仍具体操作,其中陈军任职期间吸收存款 2.2 亿余元,李刚任职期间吸收存款 5.7 亿余元,两人均应承担中富证券单位犯罪中其他直接责任人员的刑事责任。上海市人民检察院第二分院指控中富证券和各名被告人犯罪的罪名成立。被告人彭军、楼群、陈军的辩护人所出示的证据,均不能否认中富证券变相吸收公众存款和各名被告人的地位、作用等事实;被告人楼群的辩解、被告单位和各名被告人的辩护人的辩护意见,亦无事实和法律依据,均不予采信和采纳。鉴于中富证券和各名被告人在案发前向司法机关如实供述犯罪事实,系自首,依法均可减轻处罚。根据本案的具体情况,对被告人陈军、李刚可以宣告缓刑。根据《中华人民共和国刑法》第一百七十六条、第三十条、第三十一条、第六十七条第一款、第七十二条、第七十三条第二款、第三款、第五十三条和第六十四条之规定,判决:

1. 被告单位中富证券有限责任公司犯非法吸收公众存款罪,判处罚金人民币一百万元;
2. 被告人彭军犯非法吸收公众存款罪,判处有期徒刑一年,并处罚金人民币四万元;
3. 被告人楼群犯非法吸收公众存款罪,判处有期徒刑一年六个月,并处罚金人民币五万元;
4. 被告人陈军犯非法吸收公众存款罪,判处有期徒刑一年,缓刑一年,并处罚金人民币三万元;
5. 被告人李刚犯非法吸收公众存款罪,判处有期徒刑一年六个月,缓刑一年六个月,并处罚金人民币四万元;
6. 违法所得的一切财物予以追缴。

一审宣判后,被告单位中富证券和被告人楼群不服,提出上诉。

被告单位认为:一审认定中富证券非法吸收公众存款 7.9 亿余元的数额不当,其中 5.9 亿余元均按合同约定投资,符合资产管理业务本质,不应作为犯罪数额认定,一审据此数额判处中富证券罚金 100 万元属量刑过重。

上诉人楼群认为:(1)中富证券具有合法的资产管理业务资格,其行为不构成非法吸收公众存款罪,中富证券的资产管理业务无须中国人民银行批准,原判认为"中富证券在未经中国人民银行批准的情况下,以开展所谓的资产管理业务的名义,采用保本付息的方法,向社会不特定的单位和个人变相吸收存款 7.9 亿余元,其行为已构成非法吸收公众存款罪"的表述不当;(2)楼群并非受友联公司委派到中富证券工作,楼受中富证券董事会、董事长领导,对楼不应以中富证券直接负责的主管人员判处刑罚;(3)唐万新、申尔等人证实楼受友联公司委派、全面负责资产管理业务的证言缺乏客观真实性,不能作为定案的根据。

上海市高级人民法院认为:一审法院认定中富证券和彭军、楼群、陈军、李刚非法吸收公众存款的犯罪事实清楚,证据确实、充分,适用法律正确,量刑适当,审判程序合法。据此,根据《中华人民共和国刑事诉讼法》第一百八十九条第(一)项的规定,裁定驳回上诉,维持原判。

二、裁判要旨

No. 3-4-176-1 承诺保本付息进行所谓投资理财,属于变相吸收公众存款行为。

中国证券监督管理委员会(以下简称"中国证监会")于2001年11月28日发布的《关于规范证券公司受托投资管理业务的通知》第一条规定:"受托投资管理业务,是指证券公司作为受托投资管理人,依据有关法律、法规和投资委托人的投资意愿,与委托人签订受托资产管理合同,把委托人委托的资产在证券市场上从事股票、债券等金融工具的组合投资,以实现委托资产收益最优化的行为。"也就是说,证券公司代理客户管理资产,由证券公司通过向客户提供投资方法和投资时机的建议,让客户参考建议自己操盘或者由客户全权委托证券公司操盘等形式进行投资理财,以实现客户资产保值、增值的业务。资产管理的内容包括代理客户办理委托管理资金的划付、代理客户办理理财收益和到期本金的划付等。以上内容揭示了受托投资管理业务最主要或最本质的三大特征,一是客户与证券公司在开展受托投资管理业务中系委托和代理关系,证券公司开展资产管理必须以客户的名义进行;二是证券公司的行为体现的是作为委托人客户的意愿,目的是为了客户的利益;三是证券公司受托管理的资产风险由客户自行承担,证券公司不承担任何风险。中国证监会鉴于受托投资管理业务的上述特征,于2003年12月18日公布了《证券公司客户资产管理业务试行办法》,该办法第四十三条强调了受托投资管理业务的投资风险由客户自行承担的规定。

然而,部分证券公司开展保本付息承诺的所谓受托投资管理业务,其具体运作过程是,证券公司以给予固定回报或高于银行同期储蓄存款利率数倍的承诺为前提,通过与客户签订名为资产管理合同等方法吸引客户投入资产,再以证券公司自己的名义将该资产投入证券市场从事股票、债券等金融工具的组合投资,实现自己收益最大化。上述行为过程反映的主要特征,一是证券公司与客户之间虽然签订了名义上的资产管理合同,但这不是真正的委托代理协议,其实质是证券公司向客户约定到期兑现的承诺书,故证券公司与客户之间不存在委托代理关系;二是证券公司在取得客户投资的资产后以自己名义对外投资,投资方法和投资时机等均由证券公司自己决策或决定,体现的是证券公司的意愿,客户在证券公司向其作出承诺后并不关心证券公司如何使用其投入的资产;三是无论证券公司是否盈亏都要在约定期限内兑现承诺,即客户投入资产的风险由证券公司承担。由此可知,证券公司推出保本付息承诺的委托理财业务,不是法律规定的受托投资管理业务,而是以所谓的委托理财名义向社会不特定人员借用资金的性质。这与储户将钱款存入储蓄机构,由储蓄机构向储户承诺给予还本付息的吸收公众存款的性质完全一致,也符合国务院1998年6月发布的《非法金融机构和非法金融业务活动取缔办法》第四条关于变相吸收公众存款是指未经中国人民银行批准,不以吸收公众存款的名义向社会不特定对象吸收资金,但承诺履行的义务与吸收公众存款性质相同的活动之规定。故证券公司推出保本付息承诺的所谓委托理财业务属于变相吸收公众存款的行为。

No. 3-4-176-2 非法吸收公众存款的涉案金额,应以实际收取的客户享有所有权的自有资金为准。

证券公司在开展保本付息承诺的所谓受托投资管理业务时,向客户吸收资金的形式大致可归结为三种,第一种是证券公司实际向客户吸收资金,到期后给予客户保本付息的固定收益,即证券公司向客户实际收取的金额与合同约定金额相等;第二种是证券公司实际向客户吸收的资金少于合同约定的金额,不足部分以证券公司承诺保本付息的固定收益作为客户已交纳的金额直接冲抵,即证券公司向客户实际收取的资金与合同约定的金额不等;第三种是证券公司先给予客户约定保本付息的固定收益,然后在一定期限内向客户收取合同约定的金额。上述三种形式中的第一、第三种性质是一样的,也就是证券公司都向客户收取了合同约定的资金,只是在给予保本付息固定收益的时间上有先后区别而已,对这两种形式所吸收的资金是客户实际向证券公司交纳的自有资金,故以该金额认定一般不会产生多大的异议。而在第二种形式中,证券公司给予客户保本付息的固定收益能否作为吸存金额认定,争议较大。

证券公司以保本付息承诺的所谓受托投资管理名义吸收存款,构成犯罪的金额应以实际收取客户享有所有权的自有资金认定为妥。理由之一,证券公司与客户之间签订的含有保本付息承诺的所谓资产管理协议书,明显违反了《资产管理办法》第四十一条关于证券公司从事客户资产管理业务,不得向客户作出保证其资产本金不受损失或者取得最低收益的承诺之规定,从民事法律角度来看,该协议的签订不符合法律规定,属无效合同,无效合同自始不发生法律效力,合同双方据此所取得的财产应予返还。所以,证券公司给予客户保本付息的资金权属没有发生实质变化,证券公司以其支付保本付息的固定收益作为客户交存的资金,等于是证券公司向自己"吸收"资金,这不符合非法吸收公众存款罪应向不特定公众吸收存款的犯罪特征。理由之二,证券公司及相关人员在明知从事资产管理业务不得向客户作出保证其资产本金不受损失或者取得最低收益的情况下,仍故意采取上述方法吸收存款,有的将吸收的资金用于证券公司之外的其他经营活动,更有甚者用于犯罪活动或被个人侵占等,证券公司的行为使自身利益受到侵害的同时,也构成犯罪。从刑事法律角度而言,对于因犯罪导致证券公司流失的全部财产必须予以追缴并返还证券公司。倘若将证券公司给予客户保本付息的固定收益也作为非法吸收公众存款罪金额认定的话,无疑在法律上承认了该资产原本就属客户应得的合法财产,这是完全错误的。

案例:惠庆祥等非法吸收公众存款案

案例来源:《刑事审判参考》总第 62 集[第 488 号]

主题词:非法吸收公众存款罪　变相吸收公众存款

一、基本案情

被告单位陕西省渭南市尤湖塔园有限责任公司,住所地渭南市东风大街 107 号。法定代表人惠庆祥。

被告人惠庆祥,男,1956 年 2 月 12 日出生,初中文化,原系陕西省渭南市尤湖塔园有限责任公司董事长兼总经理。因涉嫌犯非法吸收公众存款罪于 2006 年 11 月 16 日被逮捕。

被告人陈创,男,1975 年 9 月 1 日出生,大学文化,原系陕西省渭南市尤湖塔园有限责任公司常务副总经理兼营销部经理。因涉嫌犯非法吸收公众存款罪于 2006 年 11 月 2 日被逮捕。

被告人冯振达,男,1971 年 8 月 17 日出生,大学文化,原系陕西省渭南市尤湖塔园有限责任公司营销部市场总监。因涉嫌犯非法吸收公众存款罪于 2006 年 11 月 2 日被逮捕。

陕西省渭南市中级人民法院经审理查明:

(一)非法吸收公众存款的事实

1998 年 3 月,以吴迎庆、惠庆祥等人为代表的苏州康丽房地产公司(以下简称"康丽公司")与渭南市民政局商定共同出资成立渭南市尤湖塔园有限责任公司(以下简称"尤湖塔园公司"),开发、销售塔位(用于殡葬),惠庆祥代表康丽公司负责公司筹建。在此期间,尤湖塔园公司即以内部认购的形式销售塔位,规定购买者除可把塔位自由更名外,还可享受两年期还本获利保证。1998 年 7 月,吴迎庆等人退出合作,惠庆祥以康丽公司名义继续合作,并于 1998 年 7 月 7 日正式注册成立尤湖塔园公司,惠庆祥担任副董事长、总经理。1999 年 2 月,惠庆祥向公司增资 128 万元后将法定代表人变更为自己。被告人陈创自 1998 年 3 月公司筹备时即参与塔位营销,并担任公司营销部经理,后又被任命为尤湖塔园公司西安办事处负责人。

2000 年年初,冯林、刘红军(均在逃)被尤湖塔园公司聘任为市场总监,负责公司营销方案的制订和具体销售。二人经与陈创商议并报惠庆祥批准,将塔位分为使用型和投资型两种,承诺购买投资型的塔位 2 年后可以更名或退单,并不定期提高塔位的销售价格,吸引众多群众购买。2001年年底,被告人冯振达主动找到尤湖塔园公司签订了承包销售合同,约定由其在西安地区包干销售塔位,提取销售额28%～30%的销售费用。由于业绩突出,冯振达于2003年3月被任命为市场总监,冯明确将塔位分成选位型和不选位型两种,并将不选位型塔位进行分期销售,制定出分期递增的价格,定期发布调价通知,给人以塔位不断增值的假象,并承诺购买不选位型的塔位两年后可按现价更名或退单,此方案经陈创和惠庆祥决定后即实施。在冯振达任市场总监期间,西安地区购买不选位型塔位的共有1152人,购买金额共计2632万元。2003年年底,冯振达离开公司,李晓鹤(在逃)继任市场总监,其仍以冯振达的营销方案继续销售。从1998年4月至2005年8月,尤湖塔园公司招聘大量销售人员,印制"问题解答""调价通知"等宣传材料,大肆宣传塔位的投资价值,违反国家公墓销售规定,采取上述手段在西安地区共计面向4334人销售投资型塔位,涉及未退金额7192万元,加上公司前期已兑付购买单3759份,原价金额2506万余元,两项合计9698万余元。

此外,尤湖塔园公司自1998年7月成立之初,资金严重短缺,惠庆祥即决定面向内部职工及社会群众高息借款,从1998年12月至2006年7月,尤湖塔园公司与内部职工及社会群众签订借款协议约定高息,借款共计1091万元。

综上,尤湖塔园公司及惠庆祥共计非法吸收公众存款1.07亿余元;陈创共计非法吸收公众存款9698万余元;冯振达共计非法吸收公众存款2632万余元。

(二)挪用资金的事实

被告人惠庆祥在任尤湖塔园公司董事长兼总经理期间,于2003年11月10日、2004年8月30日指示该公司西安办事处负责人陈创,分别将公司西安销售塔位款400万元汇入江苏无锡市邱建雄的个人银行卡,用于以惠庆祥之妻葛丽华名义与邱建雄合伙经营的忆江南餐饮有限公司的投资,案发后追回赃款200万元。

渭南市中级人民法院认为,被告单位尤湖塔园公司未经金融主管机关批准,采取向社会公众销售投资型塔位,承诺到期退单兑付和向社会公众高息借款的手段,变相吸收公众存款,数额巨大,严重扰乱金融秩序和社会秩序,其行为已构成非法吸收公众存款罪,依法应予惩处。被告人惠庆祥决策、指挥公司实施所有非法吸收公众存款的行为,属直接负责的主管人员,构成非法吸收公众存款罪;被告人惠庆祥身为公司工作人员,挪用公司资金进行营利活动,数额巨大,其行为构成挪用资金罪。被告人陈创身为尤湖塔园公司职员,在公司的安排下具体实施公司在西安的营销活动,属直接责任人员。被告人冯振达为得到销售提成,承包2003年3—10月该公司在西安的销售,属直接责任人员,二被告人亦构成非法吸收公众存款罪,公诉机关指控被告单位、各被告人所犯罪名成立。各被告人及被告单位的辩护人辩称公司借款、销售塔位行为是市场行为,不构成非法吸收公众存款罪的理由,经查,被告单位销售投资型塔位时,突出宣传购买投资型塔位有保值增值功能,采用随意调高不同期塔位价格,并向公众发布,将公司前期退单情况予以宣传等方式,造成购买塔位可升值的假象,吸引公众购买,并且公司承诺在合同规定的期限内负责更名、退单,公司亦退单两千余万元,可见公司销售该类型的塔位目的就是为了尽快吸收资金,而不是进行有关部门批准的正常使用销售;公司向购买投资型塔位的客户承诺履行的义务与变相吸收公众存款相类似,符合1998年7月13日国务院令247号发布的《非法金融机构和非法金融业务活动取缔办法》规定的变相吸收公众存款的特征。公司向个人和企业借款,订有协议,约定利息,该行为同存款性质相同。公司向不特定人吸收存款的行为已严重扰乱了金融秩序,构成犯罪,故该辩解理由不能成立,不予采纳。被告人惠庆祥及其辩护人辩称其不构成挪用资金罪之理由,经查,惠庆祥将公司塔位销售款400万元用于营利活动的事实清楚,证据充分。尤湖塔园公司注册成立后,公司资产即独立于各出资人,成为公司承担民事责任的保证,包括公司股东在内都不能随意侵占挪用,惠庆祥与其他股东的分红和经营约定,不代表惠庆样可随意支配公司的财产,故该辩解理由不能成立,不予采纳。被告人惠庆祥在公安机关掌握挪用资金的犯罪事实情况下予以交代,不构成自首。被告人陈创向公安机关提供惠庆祥挪用资金的犯罪线索,使惠庆祥挪用资金犯罪得以侦破,属立功。被告单位尤湖塔园公司非法吸收公众存款数额巨大,对此应予处罚;被告人惠庆祥在非法吸收公众存款犯罪中起主要作用,且挪用公司资金数额巨大,应予数罪并罚;被告人陈创系领取公司薪酬的职员,其行为受公司的安排决定,在公司实施的犯罪行为中作用一般,且有立功表现,应依法从轻处罚;被告人冯振达在公司实施的犯罪中,虽按比例提取了销售费用,但该费用又以一定比例分给其他参与的销售人员并用于实际营销支出,且时间较短,作用一般,应从轻处罚;被告单位尤湖塔园公司将非法吸收的公众存款用于建设塔园和公司日常经营活动,因此对公司非法吸收公众存款犯罪所得的一切财物应依法追缴并返还被害人,各被告人在公司非法吸收公众存款中的个人所得也为非法收入,亦应依法追缴并返还被害人。根据《中华人民共和国刑法》第一百七十六条、第二百七十二条第一款、第三十条、第三十一条、第六十四条、第六十九条、第六十八条第一款、第七十二条、第七十三条第二、三款之规定,判决如下:

1. 被告单位渭南市尤湖塔园有限责任公司犯非法吸收公众存款罪,判处罚金五十万元。

2. 被告人惠庆祥犯非法吸收公众存款罪,判处有期徒刑五年,并处罚金四十万元;犯挪用资金罪,判处有期徒刑七年,决定执行有期徒刑十一年,并处罚金四十万元。

3. 被告人陈创犯非法吸收公众存款罪,判处有期徒刑三年,缓刑五年,并处罚金二十万元。

4. 被告人冯振达犯非法吸收公众存款罪,判处有期徒刑三年,缓刑五年,并处罚金十万元。

5. 对非法吸收公众存款犯罪所得的一切财物依法予以追缴并返还被害人。

6. 对被告人惠庆祥挪用资金的四百万元赃款依法予以追缴并返还。

一审宣判后,被告单位尤湖塔园公司和被告人惠庆祥不服,提出上诉。

陕西省高级人民法院经二审认为,原审判决认定事实清楚,证据确实、充分,定罪准确,量刑适当,审判程序合法,依法驳回上诉,维持原判。

二、裁判要旨

No. 3-4-176-3 未经中国人民银行批准,向社会不特定对象吸收资金,承诺在一定期限内还本付息的,属于变相吸收公众存款,应以非法吸收公众存款罪论处。

所谓非法吸收公众存款罪,按照《刑法》第一百七十六条的规定,是指违反国家金融管理法规,吸收公众存款或者变相吸收公众存款,扰乱金融秩序的行为。对于非法吸收公众存款和变相吸收公众存款,根据 1998 年 7 月 13 日国务院发布的《非法金融机构和非法金融业务活动取缔办法》第四条的规定,非法吸收公众存款是指未经中国人民银行批准,向社会不特定对象吸收资金,出具凭证,承诺在一定期限内还本付息的活动;变相吸收公众存款,是指未经中国人民银行批准,不以吸收公众存款的名义,向社会不特定对象吸收资金,但承诺履行的义务与吸收公众存款性质相同的行为。

从上述定义可以看出,非法吸收公众存款与变相吸收公众存款的共同特征在于:一是非法性。所谓非法,是指任何向公众集资或吸收存款的行为,都必须经过中国人民银行批准,凡未经中国人民银行批准从事存款业务,缺少法定的特别授权,即为非法。具体包括两种情形:(1)行为人不具备吸收公众存款的主体资格而吸收公众存款,即非金融机构或个人向公众吸收资金,如个人或单位私设银行、钱庄、储蓄所等,非法办理存款业务,吸收公众存款;(2)行为人虽然具备吸收公众存款的资格,但其吸收公众存款的方法是非法的,即某些金融机构虽然具有吸收公众存款业务经营权,但采取非法方式进行吸收存款的行为。如有些商业银行和信用合作社,为了争揽客户,违反国家关于利率的规定,以擅自提高利率或在存款时先支付利息等手段吸收公众存款。二是行为人必须是面向社会不特定对象吸收资金,即行为人开展非法吸收存款业务是面向不特定多数人的,而不是限于特定对象。向社会不特定对象吸收存款的形式通常有两种情形:(1)公开张贴告示、通知等招揽存款;(2)发动亲友到处游说,广泛动员他人存款。而对于在企业内部的入股、集资行为,由于其对象为特定少数个人或单位内部成员,不属“公众”,一般不以本罪论处。

由上可见,变相吸收公众存款的行为与非法吸收公众存款的行为在非法性特征和对象特征以及承诺的义务等方面均是相同的,所不同的是非法吸收公众存款是以直接吸收存款的名义,表现在其出具存款凭证,并承诺在一定期限内还本付息;而变相吸收公众存款则不以直接吸收存款的名义出现,而以成立资金互助会或以投资、集资入股等名义,但承诺履行的义务与吸收公众存款性质相同。这里的承诺的义务与吸收公众存款的性质相同,即都是承诺在一定期限内还本付息,从而达到吸收公众存款的目的。实践中,行为人以变相方式吸收存款的具体手段层出不穷、花样繁多。如有的单位未经批准成立资金互助组织吸收公众资金;有些企业以投资、集资等名义吸收公众资金,但并不按规定分配利润、派发股息,而是以一定利息支付;有的以代为饲养宠物,代为养殖花木果树,营业房分零出售、代为出租等为名,许以高额回报以吸收资金;有的则以商品销售的方式吸收资金,以承诺返租、回购、转让等方式给予回报。这些行为以合法形式掩盖非法集资目的,犯罪分子往往与受害者签订合同,伪装成正常的生产经营活动,其实质仍然是变相抬高国家所规定的存款利率,情节严重者,必定扰乱整个社会的金融秩序,一旦行为人不能兑现承诺,必将引发社会群体性事件,影响社会稳定。

No. 3-4-176-4 向社会不特定对象吸收存款的,构成非法吸收公众存款罪,不属于合法的民间借贷。

刑法是规定犯罪及其刑事责任的法律规范,即刑法规定的是犯罪行为,而其他法律规定的都是一般违法行为。非法吸收公众存款罪,尽管也表现为一定民间借贷的特征,但因为其借贷的范围具有不特定的公众性且扰乱了国家金融秩序,所以具有民间借贷不会造成的严重社会危害性,这是两者的根本区别。如果民间借贷的对象范围满足前文所讲的两个条件即非法性和广延性,即未经有权机关批准和向社会不特定对象吸收资金,且借款利率高于法定利率,扰乱了国家金融秩序,则就超出了民间借贷的范畴,演化为非法吸收公众存款。而对于只向少数个人或者特定对象如仅限于本单位人员等吸收存款的行为当然不是本罪中的非法吸收公众存款的行为,因为这种民间借贷不可能对国家金融秩序造成破坏。所以,民间借贷只能是针对社会中少数个人或者特定对象之间的借贷行为,而对于向社会不特定对象吸收存款的行为当然不属于民间借贷。唯有如此,才能将非法吸收公众存款与合法的民间借贷区别开来。

案例:田亚平诈骗案

案例来源:《人民法院案例选》2005 年第 3 辑

主题词:非法吸收公众存款罪 诈骗罪

一、基本案情

被告人田亚平,女,35 岁,原系中国银行平顶山市分行建东支行橡胶坝分理处出纳员。因涉嫌犯非法吸收公众存款罪于 2002 年 9 月 8 日被平顶山市公安局刑事拘留,当月 20 日被取保候审,2003 年 8 月 5 日因涉嫌贪污犯罪被转至平顶山市人民检察院侦查,同年 8 月 6 日被逮捕。

河南省平顶山市中级人民法院经审理查明:1999 年 8 月至 2002 年 1 月 16 日,被告人田亚平采用自制“高额利率定单”,私自加盖单位储蓄业务专用章,盗用同班业务人员印鉴,对外虚构银行内部有高额利息存款的事实的手段,共吸纳亲朋好友等人现金 90.1 万元,用于归还其个人债务、购买商品和装修等。2002 年 9 月 7 日,田亚平主动到平顶山市公安局经侦大队投案,积极退赃 41.4 万元。2003 年 10 月 22 日,平顶山市人民检察院以被告人田亚平犯贪污罪向平顶山市中级人民法院提起公诉。

平顶山市中级人民法院认为,被告人田亚平以非法占有为目的,采用自制“高额利率定单”,再盗盖单位储蓄业务专用章、同班业务人员印鉴,对外虚构银行内部有高额利息存款等手段,骗取亲朋好友现金 90.1 万元,数额特别巨大,其行为已构成诈骗罪。田亚平在犯罪后自动投案,如实供述所犯罪行,系自首,且能积极退赃,认罪悔罪,依法可予从轻处罚。依照《中华人民共和国刑法》第二百六十六条、第六十七条第一款之规定,于 2003 年 11 月 17 日判决:被告人田亚平犯诈骗罪、判处有期徒刑十二年,并处罚金 50 万元。

一审宣判后,被告人田亚平服判不上诉,检察机关未提出抗诉,判决已发生法律效力。

二、裁判要旨

No. 3-4-176-5　金融机构工作人员以虚构银行内部高额利息存款的手段,吸纳亲友等特定人的大量现金,归个人使用的,不构成非法吸收公众存款罪,应以诈骗罪论处。

就本案而言,主观上被告人田亚平具有非法占有他人财物的目的。本案至案发时扣除已还部分和利息,累计吸收的现金高达 90.1 万元,除被告人归案后退赃 14.4 万元,其余款项均被用于个人消费。分析田亚平在主观上是否具有非法占有他人财物的故意,除了其个人供述,还要结合其行为来看。根据田亚平的供述,她开始是想利用银行出纳员的身份来取得亲朋好友的信任,使他们将现金交给她,这样她就可以用于还个人债务了。田亚平连个人债务都无法偿还,那么,银行出纳员的工资就更不可能使她将取得的亲朋好友的大量资金还上。田亚平明知这种情况,却仍向多人推荐"高额利率定单",取得了近百万资金,而且这些资金除还债外,主要都被用于装修房屋、购买汽车等高消费上,可见,其主观上非法占有的目的十分明显。在客观上,被告人田亚平实施了诈骗的行为。田亚平分别向众多的亲朋好友虚构了银行内部有高额利率存款的事实,使亲朋好友信以为真,主动把现金交给她以取得高额利率的回报。田亚平自制虚假的"高额利率定单",偷盖储蓄业务专用章和同班人员印鉴等行为,是为了让亲朋好友相信银行确有高额利率存款的事实,以达到取得亲朋好友资金的目的,这些都是骗取财物所采取的手段,完全符合诈骗罪的客观要件构成。因此,田亚平的行为符合诈骗罪的主客观构成要件,平顶山市中级人民法院的判决是正确的。

案例:高远非法吸收公众存款案

案例来源:《刑事审判参考》总第 8 辑[第 56 号]

主题词:非法吸收公众存款罪　集资诈骗罪

一、基本案情

被告人高远,男,1966 年 3 月 4 日出生,个体工商户。因涉嫌犯非法吸收公众存款罪,于 1997 年 3 月 10 日被逮捕。

安徽省六安地区中级人民法院经审理查明:1995 年 3 月至 1996 年 11 月间,被告人高远以高额"尾息"(即利息)为诱饵,利用"经济互助会"的形式,采取"会书"承诺的方法,先后"邀会"41 组,其中 5 万元 1 组,3 万元 2 组,2 万元 5 组,1 万元 22 组,5 千元 2 组,2 千元 5 组,1 千元 3 组,5 百元 1 组。"邀会"金额 3394.345 万元,加上邀徐师有等 6 人会款 9.94 万元,共非法集资总金额为 3404.285 万元,放出会款总金额为 3222.6 万元,扣除"放会"款,高远共非法占有他人"上会"款 181.685 万元。此外,1993 年 6 月至 1996 年 12 月期间,被告人高远接受他人同类型的"邀会",共"上会"600 组,"上会"总金额 5840.3803 万元,得会总金额 5703.8285 万元;1996 年 3 月至 1997 年 1 月期间,高远以周转会款为名,以高息为诱饵,骗取王云等 9 人现款 53.8 万元,后称无力偿还,以会账充抵 46.09 万元,另有 7.71 万元至今不能归还。

六安地区中级人民法院认为:被告人高远以"邀会"的形式集资诈骗 181.685 万元,并大肆用于个人及家庭挥霍,至案发时仍拒不退还,从而导致张瑛因自杀致残,何秀如自杀死亡,并间接造成 6 人自杀而死、2 人自杀被他人抢救而未成、1 人被杀,同时给苏埠地区及苏埠相邻的部分地区的社会稳定、经济发展、金融秩序均造成了严重危害,其行为已构成集资诈骗罪。且集资诈骗数额特别巨大,情节特别严重,应依法惩处。依照《中华人民共和国刑法》第一百九十二条、第一百九十九条、第五十七条第一款、第六十四条的规定,于 1999 年 3 月 10 日判决如下:

1. 被告人高远犯集资诈骗罪,判处死刑,剥夺政治权利终身,并处没收财产十万元;
2. 追缴被告人高远的非法所得一百八十一万六千八百五十元。

一审宣判后,被告人高远不服,向安徽省高级人民法院提出上诉。

被告人高远上诉提出:苏埠镇其他会首的"邀会"行为均被法院认定为非法吸收公众存款罪,一审判决对其本人的犯罪行为定性不准;一审判决认定的集资诈骗数额有误。其辩护人提出,被告人高远的"邀会"行为不是导致何秀如、张瑛等多人自杀死残的直接原因。

安徽省高级人民法院经审理认为:一审判决认定上诉人高远犯集资诈骗犯罪的主要事实清楚,证据确实、充分,定罪准确,最刑适当,审判程序合法,但高远集资诈骗的数额应为177.3443万元。上诉人高远以非法占有为目的,利用“经济互助会”,以“邀会”的方式非法集资总额达3404.285万元,至“炸会”时非法占有他人会款177.3443万元,数额特别巨大,已构成集资诈骗罪。上诉人高远关于对其行为应定非法吸收公众存款罪的上诉理由不能成立。关于上诉人高远的辩护人的辩护意见,经查,造成会众自杀、致残均与高远的非法集资行为有联系,高远对此应负一定责任,但不是全部责任,故对辩护人的此节辩护意见部分予以采纳。依照《中华人民共和国刑事诉讼法》第一百八十九条第(一)项的规定,于1999年9月9日裁定如下:驳回上诉,维持原判。

二审宣判后,安徽省高级人民法院依法将本案报请最高人民法院核准。

最高人民法院经复核认为:被告人高远以营利为目的,以“经济互助会”为名,非法融资,数额巨大,严重扰乱了国家金融秩序,造成了严重危害后果,其行为已构成非法吸收公众存款罪,应依法惩处。二审裁定认定的事实清楚,证据确实、充分,审判程序合法,但适用法律不当。依照《中华人民共和国刑法》第十二条第一款、第六十四条、全国人民代表大会常务委员会《关于惩治破坏金融秩序犯罪的决定》第七条第一款的规定,于2000年3月8日判决如下:

1. 撤销安徽省六安地区中级人民法院刑事判决和安徽省高级人民法院刑事裁定;
2. 被告人高远犯非法吸收公众存款罪,判处有期徒刑十年,并处罚金四十五万元;
3. 对被告人高远非法吸收公众存款的犯罪所得予以追缴,返还给被害人。

二、裁判要旨

No.3-4-176-6 以高额利息为诱饵,吸收公众存款进行赢利,但不具有非法占有目的的,不构成集资诈骗罪,应以非法吸收公众存款罪论处。

根据《刑法》第一百七十六条的规定,非法吸收公众存款罪是指违反国家规定,非法吸收公众存款或者变相吸收公众存款,扰乱金融秩序的行为。根据《刑法》第一百九十二条的规定,集资诈骗罪是指以非法占有为目的,使用诈骗的方法非法集资,数额较大的行为。集资诈骗罪和非法吸收公众存款罪都以非法集资为外在的表现形式,但二者同时又存在着根本的区别:

第一,犯罪的目的不同。前者的犯罪目的是非法占有所募集的资金;而后者的目的则是企图通过吸收公众存款的方式,进行赢利,在主观上并不具有非法占有公众存款的目的。这是两罪最本质的区别。

第二,犯罪行为的客观表现虽有非法集资的共同外在表现形式,但具体实施方法也有根本不同。前者的行为人必须使用诈骗的方法;而后者则不以行为人是否使用了诈骗方法作为构成犯罪的要件之一,尤其是在吸收存款或募集资金的目的行为上并没有遮掩赢利的意图。

第三,侵犯的客体不同。前者侵犯的是复杂客体,不仅侵犯了国家的金融秩序,而且侵犯了出资人的财产所有权;后者侵犯的是单一客体,即国家的金融管理秩序,当然在有些情况下,非法吸收公众存款的行为人由于经营不善造成亏损,无法兑现其在吸收公众存款时的承诺,基至给投资人、存款人造成了重大经济损失,但是,这种损失与行为人目的就是侵犯公私财物的所有权是不同的。

案例:云南荷尔思商贸有限责任公司、张安均等非法吸收公众存款案

案例来源:《人民法院案例选》2015年第1辑

主题词:非法吸收公众存款罪　非法占有目的

一、基本案情

江苏省无锡市崇安区人民检察院以被告人云南荷尔思商贸有限责任公司(以下简称“荷尔思公司”)、张安均、杨涛犯非法吸收公众存款罪,向江苏省无锡市崇安区人民法院提起公诉。

被告单位荷尔思公司的诉讼代表人对公诉机关指控的事实及罪名均无异议。其辩护人辩护意见:公司的项目是真实的,集资款无法返还系公司经营不善等原因所致,荷尔思公司不具非法占有之目的,不构成集资诈骗罪。

被告人张安均对公诉机关指控的事实及罪名均无异议,当庭辩称其没有想要诈骗,因其被拘捕致使其与蒙自市政府正在洽谈的公墓项目被迫中断,最终导致其无能力还款。其辩护人辩护意见:(1)荷尔思公司有真实的投资项目,张安均未虚构集资用途,造成集资款无法返还系项目技术不成熟,尚未产生利润等客观原因,张安均主观上不具有非法占有的目的,不构成集资诈骗罪,应按非法吸收公众存款罪定罪量刑;(2)张安均曾要求不再主动吸收存款,有中止犯罪的意图;(3)在无锡吸收存款主要是杨泉、杨涛等人所为,大部分集资款亦由杨泉等人支配,可减轻张安均的罪责;(4)张安均无前科劣迹,是初犯,归案后如实供述,并承诺尽力还款。建议对张安均从轻处罚。

被告人杨涛对公诉机关指控的事实及罪名均无异议,当庭辩称其不构成集资诈骗罪。其辩护人辩护意见:(1)杨涛作为公司员工,其只是按照公司的要求开展业务,而且公司的投资项目是真实的,至于集资款具体如何投入非杨涛所掌控,杨涛主观上无诈骗的故意,应以非法吸收公众存款罪追究其刑责;(2)杨涛系从犯,且具有自首情节。

江苏省无锡市崇安区人民法院经审理查明:2010 年 5 月 25 日,被告人张安均注册成立被告单位荷尔思公司,并担任法定代表人。公司的经营范围是国内贸易、物资供销。在未经国家有关主管部门批准向社会公众募集资金的情况下,经张安均决定荷尔思公司先后以与云南醇氢能源开发有限公司(以下简称“醇氢能源公司”)合作开发汽车新能源“醇氢动力助燃装置”项目以及与云南蒙自市政府合作开发公墓项目需要资金为由,并许以借款额或出资额 20%的回报率,与客户签订借款期限、投资期限为 9 至 12 个月的《借款合同》或《出资合作合同》,吸引客户投资。为顺利开展非法募集资金的业务,张安均于 2011 年 6 月 14 日在无锡设立云南荷尔思商贸有限责任公司无锡分公司(以下简称“无锡分公司”),分公司的经营范围名为汽车零配件、家用电器的销售,实际上是专门替荷尔思公司在无锡招揽客户进行投资。无锡分公司由杨泉(在逃)负责管理,并在无锡市中山路 333 号华光大厦 H、I 室(2011 年 8 月以后迁至无锡市天安大厦 1809 室)和无锡市人民中路金鼎大厦 303 室设立两个营业点,两营业点分别由被告人杨涛、李玉昆(在逃)负责。2011 年 10 月底左右,张安均要求不再主动向客户集资,不久,杨泉离开无锡分公司。随后张安均将无锡分公司的两个营业点合并,集中在金鼎大厦营业点办公,由杨涛负责。在向社会公众募集资金的过程中,无锡分公司在张安均的授意下,通过召开“推介会”、发放宣传资料、业务人员向客户介绍等形式,对荷尔思公司投资的上述两个项目进行了夸大、不实宣传。

经查证,2011 年 6 月至 2012 年 2 月间,荷尔思公司在无锡采用上述方法向 200 余名中老年人非法募集资金共计 1500 万余元。其中被告人杨涛参与非法募集资金共计 550 万余元。上述 1500 万余元资金,大部分被用于业务分成(其中营业点业务团队的提成比例为吸存款项的 33%),小部分用于与被害人约定的项目以及向被害人支付少量利息,其余集资款去向不明。案发后,上述集资款均未能追回。

另查明:本案在立案前,公安机关曾先后两次电话通知时任无锡分公司临时负责人的杨涛至派出所接受调查,杨涛向公安机关交代了荷尔思公司在无锡非法吸收资金的基本事实。

江苏省无锡市崇安区人民法院于 2013 年 8 月 2 日作出(2012)崇刑二初字第 128 号刑事判决:

1. 被告单位云南荷尔思商贸有限责任公司犯集资诈骗罪,判处罚金人民币四十万元。

2. 被告人张安均犯集资诈骗罪,判处有期徒刑十四年,剥夺政治权利三年,并处罚金人民币十万元。

3. 被告人杨涛犯非法吸收公众存款罪,判处有期徒刑二年九个月,并处罚金人民币五万元。

4. 尚未追缴的赃款继续追缴,无法追缴的,责令被告单位云南荷尔思商贸有限责任公司、被告人张安均退赔,责令被告人杨涛退出非法所得,发还被害人。

一审宣判后,被告人张安均、杨涛不服,提起上诉。二审中,上诉人张安均、杨涛申请撤回上诉。江苏省无锡市中级人民法院于 2013 年 10 月 8 日作出(2013)锡刑二终字第 0067 号刑事裁定:准许上诉人张安均、杨涛撤回上诉。

二、裁判要旨

No.3-4-176-7 行为人使用诈骗方法非法集资后,用于生产经营的资金与筹集资金规模明显不成比例,致使集资款不能返还的,应认定行为人对集资款具有非法占有目的。

在非法集资犯罪中,非法吸收公众存款罪是基础罪名,集资诈骗罪是加重罪名,两者的区别主要在于是否具有非法占有目的。非法占有目的是成立集资诈骗罪的法定要件,也是集资诈骗罪司法认定当中的难点。具体到本案,首先从主观方面看,荷尔思公司集资后用于生产经营活动与筹集资金规模明显不成比例,张安均和荷尔思公司是以远超出其公司能力范围的高收益为诱饵非法集资,并视还款风险于不顾,在收取集资款后即不讲目的、不讲回报的肆意花费,至案发时,张安均及荷尔思公司均已无力归还集资款。可以认定荷尔思公司、张安均对集资款具有非法占有的目的。其次,从客观方面看,荷尔思公司采取了对投资项目及其收益进行夸大、不实宣传,让投资者相信公司有还款能力的手法吸收公众存款,可以认定荷尔思公司采用了隐瞒真相、夸大宣传的欺骗方法。综上,荷尔思公司及其法定代表人张安均主观上具有非法占有集资款的目的,客观上采取了诈骗的方法非法集资,其行为构成集资诈骗罪。

案例:韩学梅、刘孝明、李鸿雁非法吸收公众存款案

案例来源:《人民法院案例选》2016 年第 6 辑

主题词:非法吸收公众存款　与合法私募的区别

一、基本案情

公诉机关北京市朝阳区人民检察院指控:2012 年 9 月以来,被告人韩学梅、刘孝明、李鸿雁以中能远通(北京)投资基金管理有限公司的名义在北京市朝阳区北京财富中心 A 座 312 室,以丰台区郭公庄保障房等项目高额返利为由非法吸收公众存款 2 亿余元。后被告人韩学梅、刘孝明、李鸿雁被抓获归案。公诉机关认为被告人韩学梅、刘孝明、李鸿雁的行为构成非法吸收公众存款罪,且属数额巨大,提请本院依照《刑法》第一百七十六条之规定予以惩处。

被告人韩学梅、刘孝明对公诉机关指控的主要事实未提异议,自愿认罪;被告人李鸿雁当庭认可其持有公司 10%的股份、股东决策书有其的签字、负责后期给投资人返还本金及利息等事实,但辩称其前期对公司募集资金的事不知情。

韩学梅的辩护人对公诉机关指控的事实不持异议,认为本案系单位犯罪,韩学梅并非公司的全程实际控制人,投资人的经济损失已基本挽回,韩学梅具有自首情节且犯罪情节轻微,建议法庭对韩学梅免予刑事处罚。

刘孝明的辩护人辩称,公司发行基金采取的非公开私募方式,属于合法发行私募基金,刘孝明之行为不构成非法吸收公众存款罪;同时认为,刘孝明具有自首情节,且投资人的损失大部分已挽回。

李鸿雁之辩护人的辩护意见为,李鸿雁没有参与公司募集资金的行为,且公司募集资金的行为属于合法私募基金行为,建议法庭宣告李鸿雁无罪。

法院经审理查明:中能远通(北京)投资基金管理有限公司(以下简称"中能远通公司")于 2012 年 5 月 23 日成立,法定代表人韩学梅,经营范围为非证券业务的投资管理、咨询(不得从事下列业务:以公开方式募集资金等)。中能远通公司股东情况:韩学梅持股 52%、刘孝明持股 35%、李鸿雁持股 10%等。2013 年经股份变更后李鸿雁持股 80%,李鸿雁为公司法定代表人。

2012 年 9 月以来,被告人韩学梅、刘孝明、李鸿雁在北京市朝阳区北京财富中心 A 座 312 室,以中能远通公司的名义,以投资"光大——北京丰台区安置房项目基金"可获得高额返利为由,通过付佣金雇佣第三方销售的方式,以投资入伙北京中能正信投资中心等有限合伙企业形式,于 2012 年 10 月至 11 月间,非法公开吸收程某某等 100 余人存款共计人民币 2 亿余元,上述资金被投向其他公司用于生产经营活动。后中能远通公司向在案投资人返款共计人民币 4000 余万元后无力兑付,投资人向公安机关报警。李鸿雁于 2014 年 6 月 12 日被抓获归案;韩学梅、刘孝明于 2014 年 7 月 18 日接公安机关电话传唤自行到案。北京市朝阳区人民法院于 2015 年

12月30日作出(2015)朝刑初字第1780号刑事判决:

1. 被告人韩学梅犯非法吸收公众存款罪,判处有期徒刑一年,缓刑一年,罚金人民币十万元。

2. 被告人刘孝明犯非法吸收公众存款罪,判处有期徒刑一年,缓刑一年,罚金人民币十万元。

3. 被告人李鸿雁犯非法吸收公众存款罪,判处罚金人民币二十万元。

4. 在案之人民币1.8亿余元及冻结账户内冻结款,发还各投资人。

宣判后,三被告人均未提出上诉。

二、裁判要旨

No.3-4-176-8 行为人委托第三方代为销售其私募基金理财产品,本质是利用第三方的客户资源向社会公开宣传,并向社会不特定对象吸收资金的行为,构成非法吸收公众存款罪。

合法私募具有募集对象特定性、募集方式非公开性、募集人数上限受到严格限制等特点。私募基金发起人有义务向投资者揭示投资风险,并明确提示投资收益无法保障、投资本金可能出现亏损等风险。私募基金发行人有义务保证其发行行为的不公开性,必须主动使其发行行为合法合规,不能采取消极放任的态度。合法私募的基金发起人会主动按照法律法规对其私募发行做出调整,力求发行行为符合私募的基本条件。与此相反,非法吸收公众存款的对象则为不特定的社会公众,以公开或变相公开的方式向社会公众募集资金,募集人数没有上限限制,且往往刻意隐瞒投资风险、承诺还本付息。实践中以私募名义从事非法吸收公众存款的行为人往往只关注资金的募集效果,而对募集方式是否非公开、是否合法、合规往往采取放任、不干预的态度。

本案中,被告人以支付佣金的方式,委托多家银行、信托公司、投资公司代为销售其公司推出的基金理财产品,进而向投资人募集资金的行为,本质上是利用银行、信托公司等第三方机构的客户资源,向社会不特定公众进行公开宣传,并吸收不特定对象资金的非法吸收公众存款行为。本案募集对象不特定,且不符合私募发行关于合法投资者的规定,被告人通过第三方公开销售理财产品、募集资金,与私募发行的不公开性明显不符。被告人向投资者承诺高额固定收益,且未进行任何风险提示。被告人对资金募集的整个过程持放任态度,完全未履行私募基金发起人应尽的谨慎管理义务。本案被告人通过第三方销售其私募基金理财产品的行为,本质上是以发行私募基金的名义从事的非法吸收公众存款行为,应当依法定罪处罚。

案例:毛肖东等非法吸收公众存款案

案例来源:《刑事审判参考》总第109集[第1188号]

主题词:非法吸收公众存款罪　缓刑

一、基本案情

江山市安泰房地产有限公司(以下简称"安泰公司")成立于2001年,法定代表人为被告人毛利清,2009年变更为被告人毛肖东,毛肖东占95.1%股份,被告人汪香珠占4.9%股份。安泰公司经营范围主要为房地产开发销售。

2010年7月,安泰公司以人民币1.6亿元拍得原江山啤酒厂地块项目开发权,其中1.3亿元为银行贷款以及向社会不特定对象借款。为运作项目筹集资金以及支付前期借款本息,毛肖东、毛利清、汪香珠以安泰公司发展需要资金为由,以个人名义、安泰公司担保或三人互相担保等方式出具借条,许以月利率2~5分的利息,向社会不特定对象借款,所借款项均先存入三人各自银行账户。运作项目需要资金时,从毛肖东的银行账户转至安泰公司银行账户,若其账户资金不足,则由毛利清、汪香珠账户转账给毛肖东。毛肖东、毛利清、汪香珠共向吴某某、王某某等148名社会不特定对象非法吸收存款达人民币27856.3万元,支付利息人民币3984.27万元,归还本金人民币4130.9万元,至案发,尚有本金人民币237254万元无法归还(经公司破产清算后,1178.936万元无法归还)。毛肖东等人将借得的资金部分用于购买土地、工程建设、公司运营以及日常开支,部分用于归还前期借款本息,还有部分借贷给余某、邵某、周某等人。

二、裁判要旨

No. 3-4-176-9 非法吸收公众存款罪中“数额巨大”与“其他严重情节”在社会危害性、法益侵害与犯罪后果的可救济方面存在明显区别,二者适用缓刑的可能性应予区别对待:一般情况下,“数额巨大”可能适用缓刑,而“其他严重情节”不适用缓刑。

《刑法》分则规定的“犯罪情节”与缓刑适用要件的“犯罪情节”在逻辑上不具有同一性和当然的对应性。《刑法修正案(八)》对缓刑适用条件作了修正,将原来的实质要件细化为“犯罪情节较轻”“有悔罪表现”“没有再犯罪的危险”以及“不会对所居住社区产生重大不良影响”。可见,“犯罪情节较轻”成了缓刑适用的首要要件,在司法实务中需要重点考虑。

“犯罪情节较轻”之“犯罪情节”,侧重于反映犯罪的整体社会危害性,是对犯罪主体、犯罪主观方面、犯罪客体和犯罪对象以及犯罪客观方面的全面考察和综合评价,其中不乏体现法官自由裁量权的酌定性。而《刑法》分则具体罪状中的犯罪情节,一般表述为情节一般、情节严重、情节特别严重三个层次。从《刑法》文本及司法解释规定来看,《刑法》分则具体罪状中的各类情节,主要体现为对犯罪客观方面的评价。为最大程度上限缩刑罚弹性,防范司法擅断,《刑法》分则中的犯罪情节一般都经由司法解释作出较为明确的规定,具有法定性和确定性,法官自由裁量的空间相对较小。

由上可见,缓刑适用要件中的“犯罪情节”与具体罪状中的“犯罪情节”两者旨趣不同,含义有别,不能认为凡具有《刑法》分则规定的“情节严重”者,即不属于《刑法》第七十二条规定“犯罪情节较轻”,而当然地将其排除在缓刑适用范围之外。

根据我国《刑法》第一百七十六条的规定,非法吸收公众存款数额巨大或者有其他严重情节的,处三年以上十年以下有期徒刑,并处 5 万元以上 50 万元以下罚金。而所谓“数额巨大或者有其他严重情节”,根据 2010 年最高人民法院《关于审理非法集资刑事案件具体应用法律若干问题的解释》(已被修改,以下简称《非法集资解释》)的规定,包括:(1)个人犯罪数额 100 万元(单位 500 万元)以上;(2)个人所涉存款对象 100 人以上(单位 500 人以上);(3)个人给存款人造成直接经济损失数额 50 万元(单位 250 万元)以上;(4)造成特别恶劣的社会影响或者其他特别严重后果。显然,前三种情形对应“数额巨大”的认定侧重于犯罪数额和犯罪对象的数量;第四种情形对应“其他严重情节”,侧重于犯罪危害后果,从司法实务来看,主要是指犯罪导致被害人自杀,造成群体性上访,严重影响社会稳定、民愤极大,强烈要求从严处置等情形。《刑法》第一百七十六条虽将“数额巨大”与“其他严重情节”两者并列,共同作为非法吸收公众存款罪提档处罚的情节,但该两者却具有一定区别:一是在社会危害性方面存在区别。“数额巨大”与基本犯之间,仅有量的区别而无质的差异;而“其他严重情节”与基本犯之间,其社会危害性完全具有质的差别。二是在法益侵害方面具有单一与多元的区别。纯粹的“数额巨大”与基本犯之间,侵犯的法益仍仅为单一的国家金融秩序;而“其他严重情节”者,其实际侵犯的法益已扩展至公民的生命权、社会管理秩序等。三是在犯罪后果的可救济方面也存有明显区别。“数额巨大”的,仍可通过退赃等经济手段,在相当程度上修复其犯罪危害;而“其他严重情节”,因人身伤亡等不具有可恢复性,纵然行为人悔罪心切,难以起到实际弥补效果。

区分非法吸收公众存款罪中的“数额巨大”与“其他严重情节”,意在说明两者在缓刑适用的可能性方面应予区别对待:对于纯粹因“数额巨大”而提档处罚的,可在符合条件时考虑缓刑适用;对于具有“其他严重情节”的,则基于对司法裁判的社会可接受性等社会效果的考虑,纵然在三年有期徒刑的起点刑量刑,一般也不宜对其适用缓刑。

No. 3-4-176-10 非法吸收公众存款罪“数额巨大”能否适用“从轻处罚”应当考察集资目的与清退资金两个要素。

就一般数额犯而言,犯罪数额本身是决定其犯罪情节轻重的主要因素,在犯罪总额(本案达 2 亿余元)远远大于法定起点刑数额(100 万元)且无法定从轻处罚情节的情况下,仍在起点刑量刑,确实难以体现罚当其罪,有违量刑规范化的基本要求。但就非法吸收公众存款罪而言,《非法集资解释》第三条第四款明确规定,“非法吸收或者变相吸收公众存款,主要用于正常的生产经营活动,能够及时清退所吸收资金,可以免予刑事处罚;情节显著轻微的,不作为犯罪处理”。《非法集资解释》规定的免予刑事处罚和出罪规定,是包括犯罪数额巨大的情形的。从司法实践来看,非法吸收公众存款罪的行为人与“受害人”之间,由于其发生关系的基础多是民间借贷等民事行为,如果案发后能解决经济问题,一般足以平息矛盾。因此,《非法集资解释》所规定的从轻处罚和出罪原则,符合我国金融体系的现状,有利于激励民间融资的正常进行,合理地平衡刑事处罚与经济发展的关系。

《非法集资解释》的前述规定,在刑罚裁量上应侧重考量集资目的及清退资金两个关键要素,在量刑幅度上适当灵活把握。根据“举重以明轻”的原理,既然具备上述条件,司法解释规定可以免予刑事处罚或者作无罪处理,那么更可以对被告人予以从轻处罚。对照分析,本案并没有完全清退所吸收资金,故难以适用免予刑事处罚或作无罪处理,但本案实际上已基本具备“主要用于生产经营所需”和“积极清退所吸资金”两个关键条件,可以适用《非法集资解释》规定的从轻处罚原则:(1)从借款动因及款项用途视角考察,主要是用于生产经营所需。从所借款项使用情况来看,大部分资金均直接用于生产经营所需。虽有部分资金外借,主要是由于地质岩洞拖延工期近一年,所筹资金闲置,但又要支付利息,为了减少损失而出借,根本上仍出于生产经营之考虑。(2)从退赃角度考察,非法吸收的资金基本退清。案发后,本案三被告人积极退赃,主动将自己的全部财产 5000 万元用于退赔。被告人无法归还金额实际只有 1178.936 万元,归还本金的比例已经达到了 95.77%。另外,由于被告人所借款项的借据每年一换,其中有部分是上一年的利息计入了本金,1178.936 万元当中还包含一部分利息。因此,大部分前期参与的债权人几乎都已经收回了自己的本金,尚有损失的仅是后期进入的极小部分债权人,但归还本金的比例也至少在 80%。(3)从社会效果角度考察,本案的裁判结果可为社会接受。本案并未出现人员伤亡等恶性事件,参与集资人在公司破产分配后情绪稳定,没有出现大规模的缠访闹访事件。本案不存在不宜适用缓刑的“其他严重情节”。

51 伪造、变造金融票证罪(《刑法》第一百七十七条)

案例:王昌和变造金融票证案

案例来源:《刑事审判参考》总第 10 辑[第 71 号]

主题词:变造金融票证罪　金融凭证诈骗罪

一、基本案情

被告人王昌和,男,1968 年 2 月 10 日出生,小学文化,农民。因涉嫌犯变造金融票证罪,于 1999 年 6 月 18 日被逮捕。

某县人民法院经审理查明:1998 年 10 月 18 日,被告人王昌和在某县城市信用社存款 130 元,至 11 月 25 日已两次支取 125 元,存折上余额为 5 元。1999 年 6 月 29 日,被告人王昌和在自己家中将存折上存款余额涂改为 10805 元。同年 7 月 1 日上午 10 时许,王持涂改后的存折到本县城关一发廊按摩嫖娼,结账时无现金支付,便同发廊老板、卖淫女三人乘三轮车到城关信用社取款,信用社工作人员发现存折被涂改后即报警,公安人员遂将王昌和抓获。

某县人民法院认为:被告人王昌和以牟取不正当利益为目的,以真实的金融凭证为基础,采取涂改存款余额的手段,改变金融凭证的内容,主观上表现为故意,客观上实施了涂改存单上存款余额的行为,其行为构成变造金融票证罪。检察机关指控被告人王昌和犯变造金融票证罪的事实清楚,证据确实、充分。依照《中华人民共和国刑法》第一百七十七条的规定,于 1999 年 10 月 25 日判决如下:

被告人王昌和犯变造金融票证罪,判处有期徒刑二年,并处罚金人民币二万元。

宣判后,王昌和没有上诉,检察机关亦未抗诉,判决发生法律效力。

二、裁判要旨

No. 3-4-177-1　变造金融凭证后进行金融凭证诈骗活动的,应以金融凭证诈骗罪论处。

被告人王昌和使用自己变造的存折到银行去骗取财物,虽然其涂改存折的行为触犯了《刑法》第一百七十七条的规定,构成变造金融票证罪;其使用变造的存折到银行去骗取财物的行为又触犯了《刑法》第一百九十四条第二款的规定,构成金融凭证诈骗罪。然而,《刑法》第一百九十四条第二款已规定,使用伪造、变造的委托收款凭证、汇款凭证、银行存单等其他银行结算凭证的,以金融凭证诈骗罪定罪处罚。这里所说的使用伪造、变造金融凭证,当然包括使用者本人伪造、变造金融凭证的情况在内。

52 妨害信用卡管理罪(《刑法》第一百七十七条之一第一款)

案例:张炯等妨害信用卡管理案

案例来源:《刑事审判参考》总第49集[第386号]

主题词:妨害信用卡管理罪

一、基本案情

被告人张炯,男,1967年12月4日出生,大学文化,原系上海京都食品有限公司董事长。因涉嫌犯伪造金融票证罪,于2005年11月25日被逮捕。

被告人李培骏,化名"江涛""张宏志""汪华健",男,1968年5月8日出生,高中文化,原系上海京都食品有限公司副总经理。因涉嫌犯伪造金融票证罪,于2005年11月25日被逮捕。

上海市第二中级人民法院经审理查明:2004年5、6月间,被告人李培骏先后3次化名"江涛""张宏志""汪华健",将788张印有JCB、VISA、MASTER等标识及图案的伪造空白信用卡,通过上海市石门二路邮政局、曹家渡邮政局、长宁第一邮政局邮寄至日本国。同年10月,公安机关在被告人张炯的住所地,查获张写有20条他人信用卡卡号等信息资料的纸条,其中18条信息资料系VISA国际卡的卡号磁道信息。

上海市第二中级法院认为,被告人张炯非法收集他人信用卡信息资料,被告人李培骏明知是伪造的空白信用卡而运输,数量较大,两被告人的行为均已构成妨害信用卡管理罪,依法应予处罚。公诉机关指控张炯、李培骏的基本犯罪事实清楚,证据确实、充分。现有证据尚不能证明张炯、李培骏系经事先商议而后分工实施了起诉书指控的事实,故两人应对其各自实施的收集他人信用卡信息资料及运输伪造信用卡的行为分别承担刑事责任,两被告人及其辩护人关于张炯、李培骏无共谋、不构成共同犯罪的辩解、辩护意见,予以采纳。鉴于张炯收集的20条信用卡信息和李培骏运输的788张空白信用卡均未流向社会,未造成严重后果,对张炯、李培骏可酌情从轻处罚。为维护国家金融管理秩序,保障信用卡管理制度的正常实施,依据《中华人民共和国刑法》第十二条、第一百七十七条之一第一款第(四)项、《中华人民共和国刑法修正案(五)》第一条第一款第(一)项、第二款的规定,于2005年10月21日判决如下:

1. 被告人张炯犯妨害信用卡管理罪,判处有期徒刑一年,罚金人民币两万元。
2. 被告人李培骏犯妨害信用卡管理罪,判处有期徒刑一年,罚金人民币二万元。

判决后,两被告人未提起上诉,检察机关也未提起抗诉,判决发生法律效力。

二、裁判要旨

No.3-4-177之一(1)-1 《刑法修正案》施行后,应直接援引修改后的刑法条文,而不得援引《刑法修正案》的条文。

对于通过刑法修正案修改后的刑法条文如何援引问题,实践中存在不同的做法:有的援引修正后的1997年刑法条文,有的援引刑法修正案。我们认为,刑法修正案是对刑法法条进行修改,一经颁行,被修正后的刑法条文内容即为现行刑法的内容,在裁判时可直接援引修改后的刑法条文。如最高人民法院、最高人民检察院《关于办理非法生产、销售、使用禁止在饲料和动物饮用水中使用的药品等刑事案件具体应用法律若干问题的解释》第二条关于在生产、销售的饲料中添加盐酸克仑特罗等禁止在饲料和动物饮用水中使用的药品,或者销售明知是添加有该类药品的饲料,情节严重的,依照刑法第二百二十五条第(四)项的规定,以非法经营罪追究刑事责任的规定,就是直接援引修改后的刑法条文。因此,本案也可以直接援引《中华人民共和国刑法》第一百七十七条之一第一款第(一)项、第二款,而不需要援引刑法修正案(五)第一条第一款第(一)项、第二款。

No. 3-4-177 之一(1)-2 审判时司法解释没有确定罪名的,应当根据准确、简明的原则确定罪名。

全国人大常委会于2005年2月通过《刑法修正案(五)》后,最高人民法院、最高人民检察院至今没有出台司法解释确定该修正案的有关罪名。本案系上海市首例适用该修正案第一条规定处理的案件,为保证罪名认定的统一性、科学性,从罪名认定准确、简明的原则出发,我们认为,将修正案(五)第一条确定为妨害信用卡管理罪是妥当的,理由是:审判时司法解释没有确定相关罪名的,应根据准确简明的原则确定罪名。

53 窃取、收买、非法提供信用卡信息罪(《刑法》第一百七十七条之一第二款)

案例:邵鑫窃取、收买、非法提供信用卡信息案

案例来源:《人民法院案例选》2016年第6辑

主题词:窃取、收买、非法提供信用卡信息罪　窃取、收买行为的认定

一、基本案情

河南省柘城县人民法院经审理查明:

1. 2014年4月份至2015年3月份,被告人邵鑫将在网上搜索、窃取、收买、非法获取的300多条外国公民信用卡信息卖给邵磊。邵磊将从邵鑫手里非法获得的300多条外国公民信用卡信息通过网络销售的方式卖给他人。

2. 2014年5月份至2015年3月份,被告人邵鑫将从网上非法获得的80条外国公民信用卡信息以QQ聊天的方式,通过支付宝交易卖给项千硕,项千硕一共给邵鑫转账52次,共转给邵鑫1412元。

3. 2013年9月份至2014年7月份,被告人邵鑫将从网上非法获得的外国公民信用卡信息以QQ聊天的方式,通过支付宝交易给刘贤龙。刘贤龙一共给邵鑫转账72次,共转给邵鑫现金50025元。

对于上述事实,被告人邵鑫在开庭审理过程中亦无异议,并有证人证言、扣押物品清单、搜查笔录、鉴定意见、视听资料、电子数据及有关书证等证据证实,足以认定。河南省柘城县人民法院于2015年10月30日作出(2015)柘刑初字第164号刑事判决:被告人邵鑫犯窃取、收买、非法提供信用卡信息罪,判处有期徒刑四年,并处罚金人民币五万元。

一审宣判后,被告人邵鑫不服,向河南省商丘市中级人民法院提出上诉。

河南省商丘市中级人民法院于2015年12月31日作出了(2015)商刑终字第219号刑事裁定:驳回上诉,维持原判。该裁定现已生效。

二、裁判要旨

No. 3-4-177 之一-(2)-1 以营利为目的,通过互联网窃取、收买他人信用卡信息资料,并非法转卖给他人,且数量巨大,应以窃取、收买、非法提供信用卡信息罪定罪处罚。

本罪侵犯的客体是信用卡管理秩序,犯罪对象是信用卡资料信息。本罪的犯罪主体是一般主体。本罪的主观方面表现为故意,以他人信用卡信息资料为犯罪对象。信用卡信息资料是关于发卡行代码、持卡人账户、密码等内容的加密电子数据,由发卡行在发卡时使用专用设备写入信用卡磁条中,成为POS机、ATM机等终端机识别合法用户的依据,是行为人实施信用卡伪造犯罪的重要资料,因而,窃取、收买他人信用卡信息的行为属于伪造型信用卡犯罪的上游行为。客观行为方式包括窃取、收买或者非法提供三种方式。“窃取”是指行为人以自以为秘密的方法取得他人信用卡信息资料,其方法具有多样性,可以是窥视,也可以是破解;“收买”是指行为人以有偿的方式获得他人出卖的信用卡信息。“非法提供”是指将通过非法或者合法手段获取的他人的信用卡信息资料转让他人。立法并未对非法提供行为的有偿性作出规定,但基于刑法解释合理性的要求,无论行为人以无偿还是有偿的方式将他人信用卡信息转让的,均应认定为转

让行为。银行或者其他金融机构的工作人员利用职务上的便利,实施窃取、非法提供信用卡信息资料行为的,应当从重处罚。本案中,被告人邵鑫视国家对信用卡的管理规定于不顾,以营利为目的,利用互联网窃取、收买他人信用卡信息资料,非法卖给他人,且数量巨大,其行为已构成窃取、收买、非法提供信用卡信息罪。

54 内幕交易、泄露内幕信息罪(《刑法》第一百八十条第一款)

案例:李启红等内幕交易、泄露内幕信息案

案例来源:《刑事审判参考》总第83辑[第735号]

主题词:内幕交易罪 内幕信息敏感期的界定 洗钱罪

一、基本案情

被告人李启红,女,1954年4月18日出生,原系中共中山市委副书记、市人民政府市长。因涉嫌犯内幕交易、泄露内幕信息罪、受贿罪于2010年9月29日被逮捕。

被告人郑旭龄,男,1970年2月1日出生,原系中山公用事业集团有限公司总经理助理。因涉嫌犯内幕交易、泄露内幕信息罪于2010年7月6日被逮捕。

被告人谭庆中,男,1963年10月31日出生,原系中山公用事业集团股份有限公司董事长。因涉嫌犯泄露内幕信息罪于2010年7月6日被逮捕。

被告人李启明,男,1959年12月9日出生。因涉嫌犯掩饰、隐瞒犯罪所得罪于2010年7月6日被逮捕。

被告人费朝晖,男,1969年12月28日出生。因涉嫌犯掩饰、隐瞒犯罪所得罪于2010年9月7日被逮捕。

(被告人林小雁、周中星、林永安、郑浩枝、陈庆云的情况略)

广东省广州市人民检察院以被告人李启红、郑旭龄、林小雁、周中星、林永安、郑浩枝、陈庆云、谭庆中、李启明、费朝晖犯内幕交易、泄露内幕信息罪,掩饰、隐瞒犯罪所得罪,受贿罪,向广东省广州市中级人民法院提起公诉。

广东省广州市中级人民法院经公开审理查明:

(一)被告人李启红、谭庆中内幕交易、泄露内幕信息,被告人林小雁、林永安内幕交易,被告人李启明洗钱的事实

2006年年底,中山公用科技股份有限公司(以下简称"科技公司")的控股股东中山公用事业集团有限公司(后更名为中山公用事业集团股份有限公司,以下简称"集团公司")筹备集团公司整体上市。谭庆中将集团公司整体资产注入科技公司的构思告诉郑旭龄,共同研究资产重组的可行性。2007年6月11日,谭庆中向原中山市委书记陈根楷汇报了拟将集团公司优质资产注入科技公司实现集团公司整体上市的计划。陈根楷表示同意,并要求李启红具体负责此事。后谭庆中即要求郑旭龄准备好有关集团公司重组科技公司并整体上市的材料,并于6月26日向李启红全面汇报了公司整体上市的情况。2007年7月3日,李启红、谭庆中、郑旭龄等人向中国证监会汇报了科技公司重大资产重组的初步方案。

2007年6月,谭庆中、李启红分别向林永安、林小雁泄露上述内幕信息。此后,林小雁筹集资金人民币(以下币种均为人民币)677万元(其中236.5万元属李启红夫妇所有),于2007年6月29日至7月3日期间,累计买入科技股票89.68万股,并于2007年9月18日至10月15日期间陆续卖出,账面收益19832350.52元。

为应付中国证监会调查,掩盖林小雁等内幕交易的犯罪事实,李启明与林永安、林小雁等人商量规避调查事宜。2009年12月,中国证监会找到李启明调查林小雁等人买卖科技股票的情况,李启明得知林小雁买卖公用科技股票获利1000余万元。2010年4月初,李启明向林小雁提出转款1000万元至郭长祺的存款账户,用于收购建大电器工业(中山)有限公司20%的股权。随后,林小雁安排林伟成于2010年4月6日、7日、9日三次转款共1000万元至郭长祺的存款账户。

(二)被告人郑旭龄内幕交易、泄露内幕信息,被告人郑浩枝、陈庆云内幕交易,被告人费朝晖洗钱的事实

郑旭龄利用担任集团公司总裁助理的职务便利,知悉集团公司正筹备将集团公司优质资产注入科技公司以实现集团公司整体上市的内幕信息。2007 年 6 月 11 日,郑旭龄向郑浩枝泄露了该内幕信息,并借用他的证券账户购买科技股票。随后,郑浩枝又将该内幕信息告知陈庆云(郑浩枝妻子),并让她筹集资金以购买科技股票。6 月 12 日至 20 日,陈庆云从其姐陈庆珍账户转出 75 万元,郑旭龄从其岳母刘玉贤账户转出 95 万元,分别转入郑浩枝在银河证券公司中山营业部的证券资金账户。6 月 14 日至 21 日,该账户由郑旭龄负责操作,买入科技公司股票累计 19. 08 万股,买入资金 1695654 元。2007 年 9 月 10 日,郑浩枝按照郑旭龄的授意卖出科技公司股票,账面收益 4197584. 2 元。

2007 年 6 月 26 日、27 日,费朝晖(郑旭龄妻弟)先后在广发证券股份有限公司中山市中山四路证券营业部激活和新开设证券账户各一个。6 月 27 日至 29 日,郑旭龄的妻子费红生将其所持股票卖出后,从其资金账户分三笔共转出 88 万元至费朝晖的建设银行账户。在上述时间内,郑旭龄使用手机号码为 13590966494 的电话操作费朝晖名下的证券资金账户购买科技公司股票累计 12. 25 万股,投入资金累计 878845. 63 元。2007 年 9 月 10 日,郑旭龄指使郑浩枝使用该手机以电话委托方式将上述科技公司股票全部抛售,账面收益 2908045. 88 元。

2007 年 9 月,费朝晖则在郑旭龄的授意下,谎称其委托郑浩枝理财,由郑浩枝操作其证券账户资金买卖科技公司股票。2008 年 6 月 23 日,费朝晖将其证券账户买卖科技公司股票的收益提现,将其中 154 万元存入其母亲刘玉贤的账户,用于申购基金。

(三)被告人郑旭龄泄露内幕信息,被告人周中星内幕交易的事实

2007 年 6 月 20 日,郑旭龄在周中星的办公室向周泄露了科技公司重大资产重组的内幕信息。2007 年 6 月 27 日至 7 月 2 日,周中星操作其妻黄彦及母亲麦慕玲在银河证券公司中山营业部设立的证券账户,投入资金共 6708329. 73 元,买入科技公司股票累计 88. 44 万股,并于 2007 年 10 月 8 日至 10 日将该股票全部卖出,账面收益 18097489. 15 元。

(四)被告人李启红受贿的事实

2006 年至 2010 年期间,被告人李启红利用担任中共中山市委副书记、市人民政府市长的职务便利,为梁某担任中共中山市委组织部副部长等职务提供帮助,并接受梁某的请托,为梁某的子女等人解决入学问题,收受梁某贿送的现金累计港币 40 万元。2009 年 6 月至 8 月,李启红接受关某的请托,商请梁某为曾经受过海关行政处罚的关某所在公司申请双 A 信用级别事项给予支持,并收受关某贿送的现金 10 万元。

广州市中级人民法院认为,被告人李启红、郑旭龄、谭庆中身为内幕信息的知情人员,在涉及对证券交易价格有重大影响的信息尚未公开前,买入或建议他人买入该证券,并泄露该信息,情节特别严重,其行为均构成内幕交易、泄露内幕信息罪。被告人林永安从李启红、谭庆中处非法获取内幕信息,被告人林小雁从李启红处非法获取内幕信息,被告人周中星、郑浩枝从郑旭龄处非法获取内幕信息,被告人陈庆云从郑浩枝处非法获取内幕信息,并利用该信息尚未公开前,买入相应证券,情节特别严重,其行为均构成内幕交易罪。李启红身为国家工作人员,利用职务上的便利,非法收受他人财物,为他人谋取利益,还利用本人职权和地位形成的便利条件,通过其他国家工作人员职务上的行为,为请托人谋取不正当利益,收受请托人财物,其行为构成受贿罪。被告人李启明、费朝晖明知是内幕交易犯罪所得而予以掩饰、隐瞒,其行为均构成洗钱罪。公诉机关指控谭庆中仅构成泄露内幕信息罪不当,指控李启明、费朝晖的行为构成掩饰、隐瞒犯罪所得罪罪名不当,均应予纠正。依照《中华人民共和国刑法》第一百八十条第一款、第三款,第三百八十五条第一款,第三百八十八条,第三百八十六条,第三百八十三条,第一百九十一条第一款第(一)项、第(三)项,第六十九条,第二十六条第一款、第四款,第二十七条,第六十七条第二款、第三款,第六十四条以及最高人民法院《关于审理洗钱等刑事案件具体应用法律若干问题的解释》第一条、第三条,最高人民法院《关于处理自首和立功具体应用法律若干问

题的解释》第二条的规定,判决如下:

1. 被告人李启红犯内幕交易、泄露内幕信息罪,判处有期徒刑六年六个月,并处罚金两千万元;犯受贿罪,判处有期徒刑六年,并处没收财产十万元;决定执行有期徒刑十一年,并处罚金两千万元、没收财产十万元。

2. 被告人郑旭龄犯内幕交易、泄露内幕信息罪,判处有期徒刑七年,并处罚金二千五百三十万元。

3. 被告人周中星犯内幕交易罪,判处有期徒刑六年,并处罚金一千八百一十万元。

4. 被告人林小雁犯内幕交易罪,判处有期徒刑五年六个月,并处罚金一千三百万元。

5. 被告人谭庆中犯内幕交易、泄露内幕信息罪,判处有期徒刑五年,并处罚金七百万元。

6. 被告人郑浩枝犯内幕交易罪,判处有期徒刑五年,并处罚金一百九十万元。

7. 被告人林永安犯内幕交易罪,判处有期徒刑三年六个月,并处罚金三百万元。

8. 被告人陈庆云犯内幕交易罪,判处有期徒刑二年六个月,并处罚金六十万元。

9. 被告人李启明犯洗钱罪,判处有期徒刑二年,并处罚金一百万元。

10. 被告人费朝晖犯洗钱罪,判处有期徒刑一年六个月,并处罚金二十万元。

(其他判项略)

一审宣判后,上述被告人没有上诉,检察机关没有抗诉,判决已发生法律效力。

二、裁判要旨

No. 3-4-180(1)-1 内幕信息敏感期应自内幕信息形成之时起至内幕信息公开时止计算,对于内幕信息形成的决策者、筹划者、推动者或执行者,内幕信息形成的时间应以上述人员决意、决策、动议或执行之时为准。

内幕信息敏感期,是指自内幕信息开始形成之时至内幕信息公开时止,该期间的确定直接关系内幕交易的认定。正确认定内幕信息的形成时间,关键是要准确理解和把握内幕信息的本质特征。根据证券法的规定,内幕信息主要特征有二:一是重要性;二是秘密性。重要性是指该信息本身对一般投资人的投资判断具有重大影响,足以使特定公司的证券、期货交易价格发生变动。秘密性是指该信息尚未公开,尚未被证券期货市场的投资者所知悉。司法实践中一般将《证券法》第七十五条规定的重大事件、计划、方案等正式形成的时间认定为内幕信息形成之时。然而对于内幕信息形成的决策者、筹划者、推动者或执行者,其决意、筹划、推动或者执行行为往往影响内幕信息的形成,足以影响证券期货交易价格。因此,上述人员决意、决策、动议或执行之时应认定为内幕信息形成之时。

就本案而言,谭庆中于 2007 年 6 月 11 日向中山市市委书记陈根楷汇报了科技公司资产重组的方案,陈根楷明确表示支持科技公司资产重组的方案,这表明科技公司资产重组的方案在 6 月 11 日已基本确定。事实上,科技公司股票从该信息形成后直至公告停牌前、复牌后,市场价格不断持续上涨,因此 2007 年 6 月 11 日应当认定为内幕信息形成之时。2007 年 7 月 4 日,科技公司发出公告,称公司近期讨论重大事项,该内幕信息公开。因此,2007 年 7 月 4 日应当认定为内幕信息敏感期的公开时。

No. 3-4-180(1)-2 内幕信息知情人员建议他人买卖与内幕信息有关的证券,本人没有获利的,构成内幕交易罪。

《中华人民共和国刑法修正案(七)》在《刑法》第一百八十条中增设明示、暗示他人从事上述交易活动的规定,解决了实践中对建议他人买卖证券行为是否构成犯罪理解上的分歧。但对建议他人买卖与内幕信息有关的证券行为是构成泄露内幕信息罪,还是构成内幕交易罪存在不同观点。我们认为,内幕信息知情人员的建议行为不是泄露内幕信息的行为,而是内幕交易行为,应当认定构成内幕交易罪。首先,泄露内幕信息的行为所指向的对象是内幕信息本身,即使是行为人在泄露时对内幕信息进行了加工、增加、缩减,其内容也必须与原信息基本一致,而建议他人买卖证券的行为,已不再是仅仅向他人提供内幕信息本身,因此不构成泄露内幕信息罪。其次,根据刑法关于共同犯罪的规定,内幕信息的知情人员建议他人买卖证券,极有可能是内幕交易实施者的犯意提起者、教唆者,建议者和交易者属于内幕交易的共同犯罪,均构成内幕交易罪。

根据修正后的《刑法》第一百八十条,建议他人买卖证券行为的构成要件有:一是主体是内幕信息的知情人员或者非法获取内幕信息的人员;二是在他人交易前为他人提供交易建议,如提供交易时间、交易数额等;三是这些交易建议是基于知情内幕信息而作出的;四是他人根据交易建议实施了内幕交易。由此而论,无论建议人有否实际获利,或者建议人有否自己进行内幕交易,其建议行为均构成内幕交易罪。

在本案中谭庆中建议林永安购买涉案股票和交易具体数额、具体运作方法等,谭庆中的行为符合刑法关于共同犯罪的规定,其与林永安构成内幕交易共同犯罪,即构成内幕交易罪。

No. 3-4-180(1)-3 明知是内幕交易犯罪所得而予以掩饰、隐瞒的,应以洗钱罪论处。

掩饰、隐瞒犯罪所得罪与洗钱罪之间存在包含与被包含的关系,司法实践中,一般是从两罪的客体、对象、行为方式等方面把握两者的界限。

首先,犯罪客体不完全相同,洗钱罪是复杂客体,就本案而言,侵犯了国家的金融管理秩序,破坏了司法机关的正常秩序;掩饰、隐瞒犯罪所得罪的客体是简单客体,只是破坏了司法机关的正常秩序。

其次,犯罪对象不同,洗钱罪体现为特定的犯罪,即必须是毒品犯罪、破坏金融管理秩序犯罪等法定的七类上游犯罪;掩饰、隐瞒犯罪所得罪的对象是一切的犯罪所得及其产生的收益。

再次,行为方式不同。洗钱罪规定了五种法定的行为方式,即提供资金账户、协助将财产转换为现金或者金融票据等;行为人通过上述方法将上游犯罪所得及其收益通过金融机构使其具有表面合法化;掩饰、隐瞒犯罪所得罪主要是为犯罪所得赃物提供隐匿场所、转移赃物、代为销售等,只是进行空间上的移动,不具有使之表面合法化的特征。

此外,洗钱罪中,行为人必须明知是毒品犯罪、破坏金融管理秩序犯罪等法定的七类上游犯罪的所得及其产生的收益;掩饰、隐瞒犯罪所得罪只要求行为人明知是犯罪所得及其产生的收益。

最后,洗钱罪的直接目的是掩饰、隐瞒法定七类犯罪所得及其产生收益的来源和性质,从而使黑钱合法化;掩饰、隐瞒犯罪所得罪的直接目的是逃避司法机关的追查或者使犯罪所得不被追缴,并没有"漂白"赃钱的意图。

就本案而言,李启明明知李启红、林永安、林小雁买卖科技公司股票获利,为将赃款"漂白",李启明将股票收益用于收购公司的股权,李启明掩饰、隐瞒的犯罪对象是破坏金融管理秩序犯罪,属于洗钱罪法定的七类上游犯罪之一,且李启明的行为在本质上属于掩饰、隐瞒犯罪收益的非法性质和来源,而非仅仅对赃款进行物理上的隐匿或者转移,故应认定李启明的行为构成洗钱罪。费朝晖明知郑旭龄买卖科技公司股票获利,为了掩饰、隐瞒郑旭龄内幕交易所得,为郑旭龄提供资金账户,费朝晖掩饰、隐瞒的犯罪对象也是破坏金融管理秩序犯罪,属于洗钱罪法定的七类上游犯罪之一,费朝晖的行为亦构成洗钱罪。

案例:肖时庆受贿、内幕交易案

案例来源:《刑事审判参考》总第 85 集[第 756 号]

主题词:内幕交易　内幕信息真实性的认定

一、基本案情

被告人肖时庆,男,1964 年 11 月 26 日出生,汉族,湖南省隆回县人,博士研究生文化。2006 年 2 月至案发前先后任中国银河金融控股公司党委委员,中国银河证券股份有限公司党委书记、纪委书记、总经理,2006 年 7 月 25 日至 2007 年 12 月 24 日兼任中国证监会上市公司并购重组审核委员会委员。2009 年 5 月 13 日因涉嫌犯受贿罪被逮捕。

河南省郑州市人民检察院以被告人肖时庆犯受贿罪、内幕交易罪,于 2010 年 11 月 19 日向郑州市中级人民法院提起公诉。

被告人肖时庆提出如下辩解:其获得的信息是虚假信息,不是内幕信息;其系基于其专业知识判断而从事国元证券股票交易的(其他辩解略)。

肖时庆的辩护人认为,中国证监会关于内幕信息的认定无效,不具有法律依据(其他辩护理由略)。

郑州市中级人民法院经审理查明:

(一)受贿事实(略)

(二)内幕交易事实

2004年,被告人肖时庆担任中国证监会上市公司监管部副主任期间,得知中国石油化工股份有限公司(以下简称"中石化")拟对下属上市子公司进行整合试点,探索整体上市。2006年,肖时庆通过担任中石化下属上市公司财务顾问的机会,获悉中石化即将启动第二批下属上市公司的股改和重组工作的信息。2006年9月,原中国证监会工作人员申尔让肖时庆刺探光大证券股份有限公司(以下简称"光大证券")拟借壳中石化下属上市公司北京化二股份有限公司(以下简称"北京化二")上市信息的准确性。肖时庆从光大证券财务总监胡世明处获取光大证券正在与中石化就借壳事宜进行谈判的信息后,于9月21日至29日指使肖爱英、邹国庆利用其控制的马志勇、欧阳春梅、苏晓英、肖爱英、刘花等多个账户买入北京化二股票4306002股,交易成本人民币(以下币种均为人民币)35290545.12元。后来,中石化与国元证券股份有限公司(以下简称"国元证券")就让壳重组达成协议,北京化二股票由此更名为"国元证券"。2007年10月国元证券股票复牌后,肖时庆指使邹国庆将所控制的刘花股票账户上的国元证券股票售出,指使肖爱英将所控制的其他股票账户上的国元证券股票于2008年5月16日全部清仓。经司法会计鉴定,肖时庆等人从中获利共计103901338.92元。案发后,肖时庆亲属退回赃款72513058.9元。

郑州市中级人民法院认为,被告人肖时庆利用非法获取的内幕信息买卖股票,获利103901338.92元,情节特别严重,其行为构成内幕交易罪。肖时庆一人犯有数罪,应实行并罚。郑州市人民检察院指控肖时庆犯罪的事实清楚,证据确实、充分,指控的罪名成立。依照《中华人民共和国刑法》第三百八十五条、第三百八十八条、第三百八十六条、第三百八十三条第一款第(一)项、第一百八十条第一款、第六十九条、第四十八条第一款、第五十七条第一款、第六十四条以及最高人民法院《关于处理自首和立功具体应用法律若干问题的解释》第四条之规定,郑州市中级人民法院以被告人肖时庆犯受贿罪,判处死刑,缓期二年执行,剥夺政治权利终身,并处没收个人全部财产;犯内幕交易罪,判处有期徒刑八年,并处罚金人民币1.5亿元;决定执行死刑,缓期二年执行,剥夺政治权利终身,并处没收个人全部财产;违法所得予以追缴,上缴国库。

一审宣判后,被告人肖时庆不服,以原判认定其犯内幕交易罪证据不足,缺乏合法根据,适用法律不当(受贿罪的上诉理由略),向河南省高级人民法院提出上诉。

河南省高级人民法院经公开审理认为,一审法院认定的事实清楚,证据确实、充分,定罪准确,量刑适当,审判程序合法,裁定驳回上诉,维持原判。

二、裁判要旨

No.3-4-180(1)-4 借壳公司发生改变不影响内幕信息真实性的认定。

真实性是内幕信息的构成特征之一,其在实践中的判断应采取二元标准。

对于最终公开的内幕信息,应当以相对真实为认定标准。所谓"相对真实",是指相对于国务院证券监管机构指定的报刊、媒体首次公开的信息是真实的,只要信息与指定报刊、媒体首次公开的信息基本一致,就应当认定信息具有真实性。至于指定报刊、媒体公开的信息是否准确或者是否失实在所不问。这是基于广大股民对指定报刊、媒体信赖的考虑,信息只要经指定报刊、媒体公开,往往会对相关证券、期货的市场交易价格、交易量带来重大影响。即便该种信息不准确,甚至失实,但在尚未公开前,也应当被禁止用来从事证券、期货交易,因为利用这种相对真实的信息所带来的社会危害未必小于客观真实的信息。

对于因谈判失败或者公司高管人员故意违规不予披露等因素而最终未在指定报刊、媒体公开的内幕信息,应当以客观真实为认定标准。在该情形下,无法通过指定的报刊、媒体是否公开这一标准认定信息是否真实,应当以信息内容是否真正发生为认定标准。如果信息内容真实发生,就应当认定信息是真实的。

本案中,被告人肖时庆通过刺探获取光大证券正在与中石化谈判借壳重组事项的信息,并获取中石化所启动让壳计划的下属公司为北京化二这一关键信息。该信息经庭审质证,与客观事实相符,因此肖时庆所获取的信息具有真实性。这一真实信息如果公开,对北京化二股票的价格和交易量具有重大影响。根据《证券法》第七十五条对内幕信息的定义和《刑法》第一百八十条关于内幕交易、泄露内幕信息罪罪状的描述,肖时庆获取的信息符合内幕信息的构成特征,应当认定为内幕信息。

无论后来光大证券是否向北京化二借壳成功,也无论后来肖时庆的股票交易是利好还是利空,只要肖时庆获取光大证券与中石化谈判有关借壳北京化二上市的信息,并从事北京化二股票的交易,就完全齐备内幕交易罪的构成要件。至于光大证券与北京化二重组失败,国元证券向北京化二借壳成功,则属于另一内幕信息。不可否认,国元证券成功借壳北京化二上市的消息公开后,北京化二股票的交易价格和交易量均大幅上涨,肖时庆获利 103901338.92 元与这一利好信息有关。因此,在该情形下,根据成交额量刑要比根据获利额量刑要更为准确。如果根据获利额确定被告人的量刑,则要适度考虑其他利好因素的介入对获利额的影响。

No.3-4-180(1)-5 内幕信息对于行为人交易决定的影响不必唯一,只要行为人获取的内幕信息对促使其交易决定有一定影响,即帮助其在一定程度上确信从事相关交易必定获得丰厚回报,就应当认定行为人是利用内幕信息从事内幕交易。

鉴于近年来证券、期货市场犯罪的专业化、隐蔽化等特点,为从严打击证券、期货犯罪,对于既利用了专业知识判断又利用了获取的内幕信息从事证券期货交易的行为,对内幕信息的影响力不应作程度限制,不要求内幕信息对行为人交易决定的影响是唯一的,只要行为人获取的内幕信息对促使其交易决定有一定影响,即帮助其在一定程度上确信从事相关交易必定获得丰厚回报,就应当认定行为人是利用内幕信息从事内幕交易。

对于具有专业知识的人员,即使是利用专业知识掌握了内幕信息的内容,只要其进行专业知识判断时依据其利用职务或工作便利获取的信息,也应当认定为内幕信息的知情人员。

对于具有专业知识的人员,如果其通过非法手段获取了内幕信息,同时在此过程中也通过其专业知识加强了其判断,或者是先通过专业知识预判出重组对象,后通过获取内幕信息加强了对其预判的确信,原则上只要其从事与内幕信息有关的证券期货交易,情节严重的,就应当追究内幕交易的刑事责任。

本案中,被告人肖时庆指使他人重仓、全仓持有北京化二股票,看似孤注一掷的博弈行为,但实质上,促使其作出交易决定的是其对北京化二让壳重组的确信,而这恰恰是内幕信息的主要内容。股改是全方位、整体推进的,肖时庆却将全部资金投入北京化二,这一资金流向与其平时交易习惯明显背离。肖时庆在 2004 年便得知中石化探索整体上市的思路,却集中在 2006 年 9 月底全仓持有北京化二股票,这一交易时间点与内幕信息的形成以及其获取内幕信息的时间点高度吻合。可见,肖时庆的上述行为足以表明其交易行为明显异常,也足以说明促使其作出交易决定的真正因素是其对获取的内幕信息的确信,而非其根据专业知识对股改政策作出的判断。被告人所提出的交易决定是基于专业知识的研判的辩解不能成立。

案例:杜兰库、刘乃华内幕交易,刘乃华泄露内幕信息案

案例来源:《刑事审判参考》总第 85 集[第 757 号]

主题词:内幕交易罪　非法获取内幕信息人员的认定

一、基本案情

被告人杜兰库,男,1956 年 11 月 29 日出生,原系中国电子科技集团公司总会计师。因涉嫌犯内幕交易罪于 2010 年 6 月 4 日被逮捕。

被告人刘乃华,女,1958 年 4 月 29 日出生,系被告人杜兰库之妻。因涉嫌犯内幕交易罪于 2010 年 6 月 4 日被逮捕。

江苏省无锡市人民检察院以被告人杜兰库、刘乃华犯内幕交易、泄露内幕信息罪,向江苏省无锡市中级人民法院提起公诉。

被告人杜兰库辩称:其未具体参与高淳陶瓷公司的重组谈判工作,不是内幕信息的知情人员;其是通过网上查询和专业知识判断出重组对象,并未利用内幕信息;其未与妻子刘乃华合谋买卖高淳陶瓷股票。杜兰库的辩护人提出:杜兰库获取的信息不属于内幕信息;中国证券监督管理委员会(以下简称"证监会")出具的《关于杜兰库等人涉嫌内幕交易、泄露内幕信息案有关问题的认定函》(以下简称《认定函》)不能作为证据使用;杜兰库没有犯罪的主观故意,也不存在与刘乃华合谋的事实。

被告人刘乃华辩称:其主观上未意识到杜兰库告知的信息是内幕信息,也未认识到自己买卖高淳陶瓷股票的行为构成内幕交易犯罪;其不存在与杜兰库合谋买卖高淳陶瓷股票的事实;其是初犯、偶犯,案发后能积极配合侦查机关追缴涉案违法所得。刘乃华的辩护人提出:杜兰库告知刘乃华的信息不属于内幕信息;证监会对内幕信息的知情人员没有认定权,《认定函》关于刘乃华系非法获取内幕信息人员的认定无法律依据;杜兰库与刘乃华未进行合谋,不构成共同犯罪;刘乃华向赵丽梅等人透露高淳陶瓷公司可能要重组的信息不属于泄露内幕信息。

江苏省无锡市中级人民法院经公开审理查明:

2009年1月,中国电子科技集团第十四研究所(以下简称"十四所")为配合南京市政府"再造十家百亿企业集团工程"项目的实施,促进民品产业化发展,做大做强其下属企业国睿集团有限公司(以下简称"国睿集团"),欲通过南京地区一家上市公司进行资产重组实现借壳上市。2009年2月初,十四所经南京市政府的协调,并经时任南京市经济委员会主任刘某牵线,与南京市高淳县政府就投资合作及收购高淳陶瓷公司的国有股份等事宜进行商谈。双方经商洽和实地考察,均表达了合作的意向。2009年3月6日,十四所草拟了《合作框架(初稿)》,明确了高淳县政府将所持的高淳陶瓷公司部分股权转让给十四所,使该所成为高淳陶瓷公司第一大股东、实际控制人等内容。2009年4月19日十四所与高淳县政府签署了《合作框架意向书》。2009年4月20日高淳县政府开会商讨高淳陶瓷公司重组停牌事宜,同日高淳陶瓷公司发布《关于公司重大事项停牌公告》,宣布公司控股股东正筹划重大资产重组事项,公司股票自4月21日起停牌。2009年4月21日至5月21日期间,高淳陶瓷公司例行发布了《重大资产重组事项进展公告》《复牌公告》等一系列公告。2009年5月22日,高淳陶瓷股票复牌交易后,股票价格连续10个交易日涨停。

被告人杜兰库作为中国电子科技集团公司(以下简称"中电集团")总会计师,负责分管集团内部的资本运作。2009年3月23日,杜兰库与中电集团财务部主任张登洲陪同国务院驻中电集团监事会领导到下属的十四所等单位考察。当晚,在杜兰库住宿的酒店房间内,十四所所长罗群、十四所副总经济师鲍卫平向杜、张两人汇报了十四所拟发展民品项目,准备收购南京地区股份制企业借壳上市,请求中电集团给予支持等内容,并详细透露了拟借壳公司的概况:公司总股本为8000余万股左右;公司股权结构较好,第一大(国有)股东占总股本的30%左右;地方政府支持。2009年3月29日,杜兰库回到北京后,根据罗群、鲍卫平汇报的借壳公司的概况在互联网上检索出南京地区唯一符合上述条件的只有高淳陶瓷公司。2009年3月31日,杜兰库陪同中电集团领导来南京参加十四所搬迁仪式期间,南京市政府领导就十四所收购重组事宜出面协调,使其进一步确信十四所拟借壳的公司为高淳陶瓷公司。2009年4月1日,杜兰库回北京后,即将中电集团下属单位欲重组高淳陶瓷公司的信息告知其妻刘乃华,双方均同意购买高淳陶瓷股票。次日,杜兰库通过其个人股票交易账户买入21000股高淳陶瓷股票,支付资金人民币(以下币种均为人民币)142986.61元。由于杜兰库顾虑其参与十四所收购、重组高淳陶瓷公司工作的身份,担心自己的名字出现在高淳陶瓷公司的股东名单中,遂于4月3日、13日、17日分4笔将上述高淳陶瓷股票全部抛出,账面收益7514.39元。此后,杜兰库逐步将个人股票交易账户中的资金分别转入其所操控的王静、杜浩等亲属的股票交易账户中。2009年4月7日,经刘乃华要求,杜兰库再转出20万元至亲属李妍的股票交易账户中。2009年4月2日至4月20日期间,杜兰库单独操作买入高淳陶瓷股票共计223000股,支付资金共计1542185.52

元,卖出后非法获利 2470351.38 元;杜兰库、刘乃华共同操作买入高淳陶瓷股票 137100 股,支付资金共计 966946.91 元,卖出后非法获利 1739692.46 元。

2009 年 4 月初,刘乃华还将从杜兰库处获悉高淳陶瓷公司可能重组的信息泄露给赵丽梅。赵又将信息泄露给刘乃祥、刘宇斌(均另案处理)。赵丽梅、刘乃祥、刘宇斌先后买入高淳陶瓷股票共计 784641 股,在高淳陶瓷股票复牌后抛出,非法获利 12019744.91 元。

案发后,被告人杜兰库、刘乃华已退缴全部违法所得。侦查机关扣押涉案电脑 2 台等物,冻结涉案股票交易和资金账户。

江苏省无锡市中级人民法院认为,被告人杜兰库作为中电集团总会计师参与十四所与高淳陶瓷公司资产重组事项,因履行工作职责而获取内幕信息,属于内幕信息的知情人员;被告人刘乃华从杜兰库处获悉该内幕信息,系非法获取内幕信息的人员。在内幕信息尚未公开前,杜兰库、刘乃华从事与该内幕信息有关的股票交易,构成内幕交易罪的共犯;刘乃华还将内幕信息泄露给他人,导致他人从事与该内幕信息有关的股票交易,构成泄露内幕信息罪;二被告人的行为均属情节特别严重。公诉机关指控二被告人犯罪的事实清楚,证据确实、充分,但指控杜兰库犯内幕交易、泄露内幕信息罪的罪名不当,应予纠正。杜兰库在内幕交易共同犯罪中起主要作用,是主犯;刘乃华起次要作用,是从犯,依法可以减轻处罚。此外,杜兰库、刘乃华在案发后已退缴全部赃款,均可酌情从轻处罚。依照《中华人民共和国刑法》第一百八十条第一款、第三款,第二十五条第一款,第二十六条第一款,第二十七条,第六十四条之规定,无锡市中级人民法院以被告人杜兰库犯内幕交易罪,判处有期徒刑六年,并处罚金四百二十五万元;以被告人刘乃华犯内幕交易、泄露内幕信息罪,判处有期徒刑三年,并处罚金四百二十五万元;侦查机关扣押的杜兰库、刘乃华违法所得四百二十一万四十三元八角四分予以没收,上缴国库。

宣判后,杜兰库、刘乃华均未提出上诉,公诉机关也未提出抗诉。

二、裁判要旨

No.3-4-180(1)-6 具有专业知识的人员,不论其是否是利用专业知识掌握了内幕信息的内容,原则上只要其判断时依据了因其职务或工作获取的信息,就应当认定为内幕信息的知情人员。

本案被告人杜兰库作为中电集团总会计师,负责分管集团内部的资本运作。2009 年 3 月 23 日晚,杜兰库从十四所所长、十四所副总经济师处获悉十四所拟收购、借壳公司的概况。虽然杜兰库是在 3 月 29 日回北京后通过互联网检索或根据专业知识判断出重组对象,但其如果没有依据职务所获悉的借壳公司的概况就不可能得出重组对象。更何况杜兰库当时对通过检索或专业知识所形成的判断并未形成确信,而促使其真正形成确信的是在 3 月 31 日十四所搬迁仪式期间获知南京市政府领导就十四所收购重组事宜出面协调一事。因此,杜兰库实质上属于利用职务活动获知内幕信息,应当认定为内幕信息的知情人员。

No.3-4-180(1)-7 内幕信息知情人员的近亲属或是与内幕信息的知情人员关系密切的人,即便是被动获悉内幕信息,也应当依法认定为非法获取内幕信息的人员。

2012 年 3 月 29 日最高人民法院、最高人民检察院联合发布的《关于办理内幕交易、泄露内幕信息刑事案件具体应用法律若干问题的解释》第二条第(二)项对此类人员认定为非法获取内幕信息的人员的条件已作了专门明确。本案中被告人刘乃华不是内幕信息的知情人员,也不属于通过窃取、骗取、刺探等非法手段获取信息的人员,但其作为内幕信息知情人员的配偶,从知情人员处获取信息,且在内幕信息尚未公开前,从事和泄露内幕信息导致他人从事与该内幕信息有关的证券交易,违反了股票交易应当遵循的公开、公平和诚实、信用原则,破坏了国家对证券交易的管理制度,侵犯了投资者的合法权益,应认定为非法获取内幕信息的人员。

案例:赵丽梅等内幕交易案

案例来源:《刑事审判参考》总第 85 集[第 758 号]

主题词:内幕交易罪　非法获取内幕信息人员的认定　交易行为明显异常的认定

一、基本案情

被告人赵丽梅,女,1963年4月13日出生,无业。因涉嫌犯内幕交易罪于2010年6月5日被取保候审。

被告人刘宇斌(被告人赵丽梅的丈夫),男,1961年6月6日出生,无业。因涉嫌犯内幕交易罪于2010年6月5日被取保候审。

江苏省无锡市人民检察院以被告人赵丽梅、刘宇斌犯内幕交易罪,向无锡市中级人民法院提起公诉。

上述二被告人提出如下辩解:其不属于内幕信息的知情人员;其在购买高淳陶瓷股票时没有意识到自己的行为是内幕交易犯罪。

被告人赵丽梅的辩护人提出,中国证监会无权对内幕信息的知情人员进行认定,其出具的认定函无效,赵丽梅的行为不构成犯罪。

江苏省无锡市中级人民法院经公开审理查明:

2009年1月,中国电子科技集团第十四研究所(以下简称"十四所")为配合南京市政府"再造十家百亿企业集团工程"项目的实施,促进民品产业化发展,做大做强其下属企业国睿集团有限公司(以下简称"国睿集团"),欲通过南京地区一家上市公司进行资产重组实现借壳上市。2009年2月初,十四所经南京市政府的协调,与南京市高淳县政府就投资合作及收购高淳陶瓷公司的国有股份等事宜进行商谈。双方经商洽和实地考察,均表达了合作的意向。2009年3月6日,十四所草拟了《合作框架(初稿)》,明确了高淳县政府将所持的高淳陶瓷公司部分股权转让给十四所,使该所成为高淳陶瓷公司第一大股东、实际控制人等内容。2009年4月19日,十四所与高淳县政府签署了《合作框架意向书》。2009年4月20日,高淳县政府开会商讨高淳陶瓷公司重组停牌事宜,同日高淳陶瓷公司发布《关于公司重大事项停牌公告》,宣布公司控股股东正在筹划重大资产重组事项。2009年4月21日起,高淳陶瓷股票停牌。2009年4月21日至5月21日期间,高淳陶瓷公司例行发布《重大资产重组事项进展公告》《复牌公告》等一系列公告。2009年5月22日,高淳陶瓷股票复牌交易,股票价格连续10个交易日涨停。

2009年4月初,被告人赵丽梅通过刘乃华(另案处理,系杜兰库内幕交易案件中被告人杜兰库的妻子,杜兰库系高淳陶瓷公司重组内幕信息的知情人员)获取高淳陶瓷公司可能要重组的信息后,将该信息告知其丈夫被告人刘宇斌,且在该信息尚未公开前,从事与该信息有关的股票交易。其中,赵丽梅与刘宇斌合谋,使用其家庭控制的赵丽梅、刘宇斌、刘璐的股票账户,先后买入高淳陶瓷股票共计365134股,抛售后非法获利人民币(以下币种均为人民币)5299682.51元;赵丽梅还使用其操控的赵湘林的股票账户,先后买入高淳陶瓷股票共计285000股,抛售后非法获利4112949.51元。

2010年10月15日,中国证监会出具的《关于杜兰库等人涉嫌内幕交易、泄露内幕信息案有关问题的认定函》认定,十四所与高淳县政府商谈确定由十四所重组高淳陶瓷公司的事项,在尚未公开前属于内幕信息,内幕信息的敏感期为2009年3月6日至4月20日。

无锡市中级人民法院认为,被告人赵丽梅、刘宇斌作为非法获取证券交易内幕信息的人员,在涉及对证券交易价格有重大影响的信息尚未公开前,利用获取的内幕信息进行股票交易,其行为构成内幕交易罪,且属犯罪情节特别严重情形。赵丽梅与刘宇斌系共同犯罪,其中赵丽梅在共同犯罪中起主要作用,系主犯;刘宇斌在共同犯罪中起次要作用,系从犯,可以减轻处罚。赵丽梅、刘宇斌归案后均能如实供述自己的罪行,在庭审中认罪态度较好,并积极退缴全部犯罪所得,可对其酌情从轻处罚。关于二被告人及其辩护人提出的中国证监会出具的认定函无效的辩解、辩护意见,经研究,认定函是中国证监会应司法机关的要求而出具的,经司法机关依法审查具有客观性、合法性,可以作为定案根据,故该辩解、辩护意见不予采纳。赵丽梅、刘宇斌对其行为法律性质和法律后果的认识错误,不影响司法机关对其行为性质的认定,故辩护人的相关意见不予采纳。鉴于二被告人在认识上的错误在一定程度上反映出二被告人的主观恶性程度不深,在量刑时可酌情从轻处罚。据此,依照《中华人民共和国刑法》第一百八十条第一款、第三款,第七十二条第一款、第三款,第二十五条第一款,第二十六条第一款、第四款,第二十七条,第六十七条第三款,第六十四条之规定,无锡市中级人民法院以被告人赵丽梅犯内幕交易罪,判处有期徒刑五年,并处罚金九百四十五万元;被告人刘宇斌犯内幕交易罪,判处有期徒刑三年,缓刑五年,并处罚金五百三十万元;侦查机关扣押的赵丽梅、刘宇斌违法所得九百四十一万二千六百三十二元二分予以没收,上缴国库。

一审宣判后,被告人赵丽梅、刘宇斌均未上诉,检察机关也未提出抗诉,判决已发生法律效力。

二、裁判要旨

No. 3-4-180(1)-8　内幕信息知情人员的近亲属或者与其关系密切的人被动获悉内幕信息的,应当认定为"非法获取证券交易内幕信息的人员"。

如果明知是内幕信息的知情人员泄露的内幕信息或者是非法获取的内幕信息,还从事与该内幕信息有关的证券、期货交易,实际意味着利用了内幕信息知情人员和非法获取内幕信息人员的违法结果,行为在整体性质上应当属于禁止情形。内幕信息知情人员的近亲属或者与其关系密切的人具有获取内幕信息的便利途径,如果对该类人员被动获悉内幕信息后从事与内幕信息有关的证券、期货交易的行为不予禁止,那么将会激发大量内幕交易犯罪案件的发生。因此,应当从政策导向上明确禁止该类人员被动获悉内幕信息后从事内幕交易的行为,情节严重的,应当追究刑事责任。根据最高人民法院、最高人民检察院《关于办理内幕交易、泄露内幕信息刑事案件具体应用法律若干问题的解释》的规定,内幕信息知情人员的近亲属或者其他与内幕信息知情人员关系密切的人,不管其是主动获取还是被动获悉内幕信息,均应当认定为非法获取内幕信息的人员。上述特定身份以外的人被动获悉内幕信息,不能适用这一规定。这主要是考虑到我国证券、期货市场尚处于起步发展阶段,当前打击的重点人群是内幕信息知情人员的近亲属或者其他与其关系密切的人员,上述人员之外的人群被动获悉内幕信息后从事内幕交易的现象尚不普遍。因此,最高人民法院、最高人民检察院《关于办理内幕交易、泄露内幕信息刑事案件具体应用法律若干问题的解释》基于政策考虑和当前形势的研判,仅明确了内幕信息知情人员的近亲属或者其他与其关系密切的人员被动获悉内幕信息后从事内幕交易的刑事责任。

本案被告人刘宇斌与杜兰库的妻子刘乃华是同胞姐弟,赵丽梅又与刘宇斌是夫妻关系,可见,二被告人均系与内幕信息的知情人员杜兰库关系密切的人员。二被告人因杜兰库的妻子泄露而获悉内幕信息,意味着利用了内幕信息知情人员和非法获取内幕信息人员的违法结果,应当认定为非法获取内幕信息的知情人员。

No. 3-4-180(1)-9　应综合时间吻合程度、交易背离程度和利益关联程度三个方面认定"交易行为明显异常"。

时间吻合程度上,杜兰库在 2009 年 3 月 31 日明确得知十四所欲通过南京高淳陶瓷公司进行资产重组实现借壳上市,4 月 1 日将该信息告知其妻刘乃华。当日,刘乃华又将此信息泄露给本案二被告人赵丽梅、刘宇斌。二被告人于 4 月 3 日开始大量买入高淳陶瓷股票,该股 5 月 22 日复牌交易后连续 10 个交易日封于涨停,6 月 9 日二被告人开始陆续抛售该股。可见,二被告人的交易时间与内幕信息的形成、公开等时间高度一致。

交易习惯背离程度上,二被告人均供述以前从未关注高淳陶瓷这一小盘股票,后因为知道杜兰库、刘乃华的消息来源比较准确,就不计成本地陆续买入该股。这种"不计成本"主要表现在:(1)将之前所持的"ST 上石化""辽宁时代""长城电脑""巨化股份""三佳科技""太钢不锈"等股票全部抛出;(2)全仓买入高淳陶瓷股票,未留任何补仓资金;(3)赵丽梅向他人借款 120 余万元追加买入高淳陶瓷股票。二被告人上述一系列不计成本的交易行为与其正常的交易习惯明显背离。

利益关联程度上,账户资金进出与二被告人有紧密关联和利害关系。买入卖出高淳陶瓷股票的账户除了赵丽梅、刘宇斌的以外,还有刘璐(赵丽梅与刘宇斌之女)、李学滨、王淑珍等人的账户,但这些账户分别由二被告人控制。上述股票账户的户主都不懂炒股,也不炒股,对账户内股票具体的买入和卖出、盈亏等情况并不掌握,账户开户后也从未自己使用过。可见,本案内幕交易的账户与二被告人非法获利有直接利益关联。

案例:王文芳泄露内幕信息、徐双全内幕交易案

案例来源:《刑事审判参考》总第 95 集[第 920 号]

主题词:内幕交易罪 违法所得计算

一、基本案情

被告人王文芳,男,1969 年 9 月 28 日出生,原系上海申银万国证券研究所有限公司企业客户中心负责人。2012 年 10 月 23 日因涉嫌犯泄露内幕信息罪被逮捕。

被告人徐双全,男,1971 年 4 月 12 日出生,系杭州胜辉纺织品有限公司法定代表人、董事长。2012 年 10 月 23 日因涉嫌犯内幕交易罪被逮捕。

上海市人民检察院第一分院以被告人王文芳犯泄露内幕信息罪、被告人徐双全犯内幕交易罪,向上海市第一中级人民法院提起公诉。

被告人王文芳及其辩护人基于以下理由请求法庭对王文芳减轻处罚并适用缓刑:王文芳泄露的内幕信息事实上对股价没有产生实质影响,且没有实际获取利益;王文芳主观恶性较小,且具有自首情节。

被告人徐双全及其辩护人基于以下理由请求法庭对徐双全减轻处罚并适用缓刑:徐双全决定买入"德赛电池"股票主要是基于其独立判断,并非完全受内幕信息影响;徐双全的获利数额宜以复牌日最低价计算,账面违法所得应当认定为人民币(以下币种同)90 万余元,检察机关指控徐双全违法所得 150 万余元明显偏多;徐双全具有自首、退赔违法所得等情节。

上海市第一中级人民法院经公开审理查明:

2011 年,上海申银万国证券研究所有限公司(以下简称"申万证券公司")配合深圳市德赛电池科技股份有限公司(深圳证券交易所上市公司,以下简称"德赛电池公司")筹划德赛电池公司重大资产重组及融资项目。2012 年 1 月 15 日,申万证券公司亦为此成立"龙腾项目"工作组,时任申万证券公司企业客户中心负责人的王文芳任负责人。

2012 年 2 月 3 日下午,被告人王文芳在与被告人徐双全的电话联系过程中向徐透露了"德赛电池"股票即将因重大资产重组而停牌的信息。徐双全获悉该信息后,于同月 6 日至 8 日,亏损抛售其控制的陈洁、唐菊花、徐双全、徐双喜证券账户内股票,筹资并在上述证券账户内连续买入"德赛电池"股票 62 万余股,成交金额 1328 万余元。

同年 2 月 10 日,"德赛电池"股票临时停牌。2 月 18 日,德赛电池公司发布《关于重大资产重组停牌公告》。2 月 20 日,"德赛电池"股票正式停牌。3 月 26 日,德赛电池公司发布《关于终止筹划重大资产重组事项暨公司证券复牌公告》,并于同日复牌。截至当日收盘,徐双全所购"德赛电池"股票以收盘价计算账面盈利 150 万余元。

同年 5 月,王文芳、徐双全在接受证券监管机构调查时均供认曾在交易敏感期内通过电话联系。同时,徐双全还供认使用上述证券账户交易的事实。同年 9 月 17 日到案后,王文芳、徐双全陆续供述了全部犯罪事实。案发后,徐双全已退缴全部违法所得。

上海市第一中级人民法院认为,被告人王文芳系相关内幕信息的知情人员,在该信息尚未公开前,向被告人徐双全泄露该信息。徐双全在非法获取该内幕信息后买入相关证券,交易金额高达 1328 万余元,非法获利 150 万余元。王文芳和徐双全的行为分别构成泄露内幕信息罪和内幕交易罪,且均属于情节特别严重,应当判处五年以上十年以下有期徒刑,并处违法所得一倍以上五倍以下罚金。鉴于王文芳、徐双全具有自首情节,综合本案事实,依法可以对二被告人减轻处罚,相关辩护意见予以采纳,但所提适用缓刑的意见不予采纳。据此,依照《中华人民共和国刑法》第一百八十条第一款、第六十七条第一款、第五十三条、第六十四条之规定,上海市第一中级人民法院以泄露内幕信息罪判处被告人王文芳有期徒刑三年,并处罚金人民币十万元;

以内幕交易罪判处被告人徐双全有期徒刑四年,并处罚金人民币三百万元;违法所得予以追缴。

一审宣判后,被告人王文芳以其主观恶性较小,没有造成实际危害后果,且具有自首情节为由向上海市高级人民法院提出上诉,请求二审改判适用缓刑。被告人徐双全以其买入“德赛电池”股票具有独立判断,违法所得应当认定为90万余元,且具有自首、退赔全部违法所得等情节为由提出上诉,请求二审改判适用缓刑。徐双全的辩护人还提出,徐双全不是积极主动获取涉案内幕信息,认定徐双全属于非法获取内幕信息的人员于法无据。

上海市高级人民法院经公开审理认为,一审法院认定的事实清楚,证据确实、充分,定罪准确,量刑适当,审判程序合法,遂裁定驳回上诉,维持原判。

二、裁判要旨

No. 3-4-180(1)-10 与内幕信息知情人员关系密切人员的范围不限于受贿罪中的“特定关系人”,只要关系密切到一定程度,基于共同学习而产生的关系也应纳入“关系密切人员”的范围内。

2012年最高人民法院、最高人民检察院联合制发的《关于办理内幕交易、泄露内幕信息刑事案件具体应用法律若干问题的解释》第二条明确规定,非法获取证券、期货交易内幕信息的人员包括三类人员,即非法手段型获取内幕信息的人员、特定身份型获取内幕信息的人员和积极联系型获取内幕信息的人员。

特定身份型获取内幕信息的人员,是指内幕信息知情人员的近亲属或者其他与内幕信息知情人员关系密切的人员,在内幕信息敏感期内,从事或者明示、暗示他人从事,或者泄露内幕信息导致他人从事与该内幕信息有关的证券、期货交易,相关交易行为明显异常,且无正当理由或者正当信息来源的人员。即获取信息的手段行为未必是非法的,但其作为特定身份的人员不应获取内幕信息。内幕信息知情人员的近亲属或者其他与内幕信息知情人员关系密切的人员,其获取内幕信息具有天然的便利条件。因此,为加大对内幕信息的保护力度,对这类人员也应当明确内幕信息的保密义务。

与内幕信息知情人员“关系密切的人员”的范围不同于2007年7月最高人民法院、最高人民检察院《关于办理受贿刑事案件适用法律若干问题的意见》中“特定关系人”的范围,但可以与利用影响力受贿罪中“关系密切的人”的范围作同一解释。《关于办理受贿刑事案件适用法律若干问题的意见》规定:“特定关系人”是指与国家工作人员有近亲属、情妇(夫)以及其他共同利益关系的人。从字面含义分析,“特定关系人”是从关系性质的角度进行界定,其包含的身份关系与利益关系指称的对象均是关系的性质。而“关系密切的人”是从关系程度的角度进行界定,关系的性质可能是身份关系也可能是利益关系抑或其他关系,即只要该种关系紧密到一定的程度就可归入“关系密切的人”的范畴。

“关系密切的人”还包括除了存在共同利益关系的人之外的其他关系密切的人,而“特定关系人”还包括近亲属。实践中,“关系密切的人员”主要存在于以下几种常见的关系:一是基于血缘产生的关系,如除了近亲属之外的其他亲属;二是基于学习、工作产生的关系,如同学、师生、校友、同事关系;三是基于地缘产生的关系,如同乡;四是基于感情产生的关系,如朋友、恋人、情人关系;五是基于利益产生的关系,如客户、合同、共同投资人、债权债务关系;六是在任何情况下相识并产生互相信任、相互借助的其他关系。

本案中,徐双全与王文芳系大学同学,关系较好,且二人在投资方面联系甚多,徐双全常向王文芳咨询投资项目。在王的推荐下,徐投资广东惠州市亿能电子有限公司(系德赛电池公司控股75%的下属公司蓝微电子公司的子公司,亦称为孙公司)等项目,二人还有部分共同投资项目。可见,徐双全属于与王文芳关系密切的人员。王文芳属于德赛电池公司重大资产重组事项的内幕信息知情人员,在内幕信息敏感期内,王文芳向徐双全泄露了“德赛电池”股票即将因重大资产重组而停牌的消息。当时徐双全给王文芳打电话的目的,是想和王文芳讨论是否继续投资德赛电池公司的孙公司亿能电子公司的问题,在谈及德赛电池公司时王文芳主动将德赛电池即将进行资产重组这一内幕信息告知徐双全。而且,徐双全在2010年的时候就得知德赛电池有重组、整体上市的说法,在此次获知德赛电池将因资产重组而停牌的内幕信息后,既认为这是利好消息,也认识到王文芳作为证券从业人员向其泄露德赛电池内幕信息属于违法行为。虽然徐双全系被动获取内幕信息,但作为与王文芳关系密切的人员,在获取了不应当获取的内幕信息后,理应严格遵守保密义务,然而,其却从事了与该内幕信息有关的股票交易。因此,徐双全毫无疑问属于特定身份型非法获取内幕信息的人员。

No.3-4-180(1)-11 行为人未获取股票预期价格信息时,利好型内幕信息公开后继续持股未卖出,且公开当日股票价格未出现涨停的,内幕交易的违法所得应当以内幕信息公开当日的收盘价计算。

根据内幕信息对内幕交易的影响,可以将内幕信息分为利好型内幕信息和利空型内幕信息。以股票买卖为例,内幕信息知情人员进行内幕交易,其必然是在掌握利好信息时买入股票以谋取股票上涨的利益,也必然是在掌握利空信息时卖出股票以避免股票下跌的损失。

实践中,获取利好型内幕信息的人员一般是在内幕信息公告后停止涨停时卖出相关股票,除非其从内幕信息知情人员处获取了预期价位。因此,在未获取股票预期价格信息的前提下,对利好型内幕信息公开后继续持股未卖,且公开当日股票价格未出现涨停的,如何认定违法所得值得研究。笔者认为,对行为人的违法所得应当区分以下情形进行区别认定:

第一,对于利好型内幕信息公开后相关股票被全部抛售的,因相关股票交易均与利用内幕交易存在因果关系,故一般应当以行为人抛售股票后的实际获利认定为违法所得。

第二,对于利好型内幕信息公开后,仅卖出部分股票的,对于已卖出的股票按照实际所得计算违法所得;对于未卖出的股票,应当按照内幕信息公开当日的账面所得计算违法所得。

对于公开后相关股票未出现涨停,被告人也未获知相关目标价信息的情况下,被告人没有卖出的部分股票,如何计算违法所得,存在两种不同意见。一种意见认为,应当以公开当日的账面所得计算。另一种意见则认为,应当以案发当日的账面所得计算。我们倾向于第一种意见。理由是:如利好型内幕信息公开当日未出现涨停,则一定程度表明内幕信息对股价的影响不够重大,其后股价变化与内幕信息是否公开没有因果关系。因此,对于上述情形下继续持股的,一般将内幕信息公开当日的账目获利认定为违法所得。

第三,对于利用利好型内幕信息,如果按照账面获利数额认定违法所得,原则应当以收盘价计算账面获利。理由是:在证券市场中,收盘价是最重要的一个数据,是赚钱或者赔钱的基准,是市场参与者们共同认可的价格。最高价是大多数人认为最佳卖出的时机,最低价是大多数人认为最佳买进的时机。最高价和最低价是价格的两个极端,以最高价计算偏高,以最低价计算偏低,故以收盘价计算较为合理。实践中,一般只有存疑时才作有利于被告人的选择,而此时不存在存疑,且最低价是大多数人认为最佳的买进时机,从理性人角度,一般不可能在最低价时将股票抛售,除非是为了逃避处罚,故第一种观点难以成立。而最高价可能促发涨停的预期判断,出于对连续涨停的期待,一般也不会在最高价时将股票卖出,故第四种观点亦不可取。对于平均价计算法,一般是在"遇到销售金额或者其他数额高低不等难以具体查明时,取其平均数额予以认定"。而最高价和最低价是两种性质不同的价格,前者是大多数人认为最佳卖出时机价格,后者是大多数人认为最佳买进时机价格,显然不宜简单取两者的平均数。加之收盘价是市场参与者们所共同认可的价格,以收盘价计算具有内在的合理性,故以收盘价计算对被告人较为公平。

本案中,徐双全2012年2月3日从王文芳处获悉"德赛电池"股票即将因资产重组而停牌的内幕信息,于2月20日德赛电池公司发布《关于重大资产重组停牌公告》并正式停牌前连续买入"德赛电池"股票62万余股,3月26日德赛电池公司发布《关于终止筹划重大资产重组事项暨公司证券复牌公告》并于同日复牌。显然,徐双全从王文芳处获悉的德赛电池公司资产重组信息属于利好型内幕信息,但在复牌日宣告重组失败,"德赛电池"股票未出现涨停,现有证据无法证实徐双全获知了相关目标价信息。在此情况下,徐双全在复牌后没有马上抛售"德赛电池"股票,而是选择继续持股,并于3个月后陆续抛售所有涉案股票,共获利730万余元。根据"德赛电池”股票价格变化情况,徐双全涉及利用内幕交易的股票在复牌日仍然有获利,且之后该股票价格呈上涨趋势,应当将徐双全继续持股归于其对市场的判断而作出的选择,而复牌日的获利因与利用内幕交易存在因果关系,故徐双全的违法所得应当将复牌之日 2012 年 3 月 26 日的账面获利认定为违法所得,而不能将实际获利的 730 万余元全部认定为违法所得。徐双全利用内幕交易买入“德赛电池”股票 62 万余股,平均每股约 21. 35 元。2012 年 3 月 26 日,德赛电池公司复牌当日最低价每股 22. 80 元,最高价每股 23. 94 元,收盘价每股 23. 77 元。徐双全在利好型内幕信息公开后未卖出相关股票,选择在复牌后继续持股,主要是基于其对市场和该股票发展走向的判断,故对其应当以复牌日收盘价计算账面获利即 150 万余元,而不能以复牌当日最低价计算账面获利(即 90 万余元)。

案例:杨治山内幕交易案

案例来源:《刑事审判参考》总第 100 集[第 1019 号]

主题词:内幕交易罪　自首

一、基本案情

被告人杨治山,原系中信证券股份有限公司(以下简称“中信证券”)研究部执行总经理、山西漳泽电力股份有限公司(以下简称“漳泽电力”)独立董事。2012 年 5 月 22 日因涉嫌犯内幕交易罪被逮捕。

上海市人民检察院第一分院以被告人杨治山犯内幕交易罪,向上海市第一中级人民法院提起公诉。

被告人杨治山及其辩护人对起诉书指控的事实及罪名无异议,但认为杨治山具有自首情节,依法可以从轻或者减轻处罚,并提请法庭对杨治山适用缓刑。

上海市第一中级人民法院经公开审理查明:

2010 年 5 月起,被告人杨治山担任漳泽电力独立董事。2011 年 3 月至 4 月间,杨治山从漳泽电力相关负责人处获悉该公司重大资产重组的内幕信息后,于同年 4 月 15 日抛售其妻尚燕萍证券账户内的股票,共筹集资金人民币(以下币种同)1600 余万元,并以第三人李桦的名义在中国建银投资证券有限责任公司上海物华路证券营业部开设证券账户。4 月 18 日,杨治山指使尚燕萍将 1500 万元转入李桦账户。同月 19 日、28 日,杨治山在李桦账户内共买入漳泽电力股票 268 万余股,成交金额合计 1499 万余元。2011 年 6 月 7 日,漳泽电力股票停牌。同年 10 月 28 日,漳泽电力公告重大资产重组信息并复牌。杨治山与尚燕萍商议后,由尚操作,于复牌当日以集合竞价方式低价抛售上述全部漳泽电力股票,亏损 82 万余元。

杨治山在证券监管机构调查期间主动向证券监管机构如实供述主要犯罪事实,在被侦查人员传唤到案后如实供述了上述犯罪事实。

上海市第一中级人民法院经审理认为,被告人杨治山作为证券交易内幕信息的知情人员,在相关信息尚未公开前,买入该股票 1499 万余元,其行为构成内幕交易罪,且情节特别严重。公诉机关指控的罪名成立。杨治山在证券监管机构调查期间,主动向证券监管机构交代其获悉漳泽电力可能重组的信息后,在信息敏感期内买入漳泽电力股票的事实,并表示愿意接受调查。在侦查机关到杨治山事先交代的住址传唤其到案接受调查时,杨治山亦供述了其主要犯罪事实,其行为可视为自动投案后如实供述主要犯罪事实,依法应当认定其具有自首情节。结合杨治山当庭自愿认罪、在漳泽电力股票复牌当日低价抛售股票等情节,可以对杨治山减轻处罚。但综合考虑本案事实、情节,对杨治山不宜适用缓刑,辩护人所提相关量刑建议不予采纳。据此,为维护证券市场的公开、公平、公正秩序,保护广大证券投资者合法利益,依照《中华人民共和国刑法》第一百八十条第一款、第三款,第六十七条第一款,第五十三条之规定,上海市第一中级人民法院以被告人杨治山犯内幕交易罪,判处有期徒刑三年,并处罚金人民币五万元。

一审判决后,被告人杨治山不服,以量刑过重为由向上海市高级人民法院提出上诉,要求改判宣告缓刑。

上海市高级人民法院经公开审理认为,一审判决认定的事实清楚,证据确实、充分,定罪准确,量刑适当,审判程序合法,遂裁定驳回上诉,维持原判。

二、裁判要旨

No.3-4-180(1)-12 内幕交易案件中,行为人在主动向证券稽查部门反映情况并提供自己的联系方式,自愿等候有关部门处理的,应认定为自动投案。

在内幕交易案件中,由于系先由证券监管部门调查,故行为人一般均是先向证券监管部门投案,如果行为人预留联系方式,并在预留地址自愿等候有关部门处理的,比照最高人民法院《关于处理自首和立功若干具体问题的意见》第一条第(一)项中关于"明知他人报案而在现场等待"的规定,应当认定行为人系主动投案。行为人在自愿等候有关部门处理过程中,被公安抓获到案不影响自动投案的认定。原因在于内幕交易犯罪往往由证券监管部门先行调查,监管部门依照调查结论作出行政处罚或者移送司法机关处理。行为人在等候处理过程中一般也无法确知调查进展情况,更无从知晓案件是否移送到公安机关。在行为人无法准确了解何时需要向公安机关投案的情况下,不能因部门之间的协调程序影响对行为人自动投案的认定。从自首的立法价值分析,立法者设置自首制度的目的在于减少司法机关的追诉负担和司法成本、有效实现刑罚预防犯罪的功能。如果行为人能向司法机关自动投案如实供述,将大大提高司法机关侦破案件的效率。行为人在公安机关介入之前即主动向有关部门主动投案,并在家中等候处理,证券监管部门依照行为人供述的内容进行调查、取证,必然减轻司法机关调查、取证的负担,也必定节约司法成本。因此,从这一角度分析,行为人向证券监管部门主动投案已实现自首制度中主动投案的立法价值。

本案中,被告人杨治山主动找到证券监管部门反映自己涉案情况,预留了自己的联系方式和住所地址,并在上述地址等候有关部门处理,后经公安机关上门传唤到案,依法可以视为主动投案。

No.3-4-180(1)-13 内幕交易案件中,行为人关于其购买股票主要是基于自身专业知识判断的辩解属于性质辩解而非事实辩解,不影响对自首的认定。

内幕交易犯罪是一种典型的行政犯,由于证券期货违法犯罪所涉专业性较强,人民法院通常是在参考证券监管部门出具的相关认定意见的基础上认定犯罪事实。然而,证券监管部门的认定意见本身不属于内幕交易犯罪本身的事实和情节,行为人对该认定意见进行辩解或者持不同看法,不影响对其如实供述罪行的认定。行为人只要如实供述了其获悉内幕信息、从事了相关股票交易的事实,就基本可以认定其如实供述了主要罪行。内幕交易犯罪相关司法解释明确规定了对获悉内幕信息和购买股票行为之间因果联系的认定规则,行为人对这种因果联系的辩解,在本质上属于一种性质辩解,而并非事实辩解。故即使行为人作出其购买股票主要是基于专业判断的辩解,只要其如实供述犯罪事实,也不影响对其如实供述罪行的认定。

杨治山在证券稽查阶段,说明自己系相关上市公司独立董事等身份,也交代了其知晓涉案上市公司资产重组的信息,并主动交代了其通过第三人账户购买涉案股票1499万余元的事实。后在公安机关侦查阶段,到案后亦如实供述了主要犯罪事实,故依法可以认定杨治山具有自首情节。杨治山关于其购买股票主要是基于自身专业知识判断的辩解,属于对其行为性质的辩解,不影响对自首情节的认定。

案例:刘春宝、陈巧玲内幕交易案

案例来源:《人民法院案例选》2016年第1辑

主题词:内幕交易罪 内幕信息知情人员的认定

一、基本案情

江苏省南通市人民检察院以被告人刘宝春、陈巧玲犯内幕交易罪,向江苏省南通市中级人民法院提起公诉。

被告人刘宝春及其辩护人辩称:(1)刘宝春是政府机关公务人员,作为内幕交易罪的犯罪主体不适格。(2)刘宝春所知悉的信息不属"内幕信息"。(3)侦查机关在2010年3月30日移送审查起诉以后再补充证据材料,属程序违法,这部分证据应当予以排除。(4)中国证监会、上海证券交易所法律部出具的函件,属于法律未作规定的单位作证,主体不适格,应当予以排除,并申请法庭通知上述函件的经办人员出庭接受质询。

被告人陈巧玲辩称:其购买高淳陶瓷股票时,并不知道被告人刘宝春从事的工作性质,没有意识到自己的行为是内幕交易犯罪;刘宝春让其买卖高淳陶瓷股票是事实,自己很后悔,请求法庭从宽处理。

被告人陈巧玲的辩护人辩称:指控陈巧玲犯内幕交易罪的事实不清,证据不足。理由是:(1)中国证监会出具的两份认定函作为证据不具有合法性,认定函的内容不具有客观真实性;(2)现有证据不能证明被告人刘宝春在2009年3月6日之后将内幕信息告知过陈巧玲。刘宝春与陈巧玲共谋的是买股票,但不是共同利用内幕信息共谋,不构成共同犯罪。

江苏省南通市中级人民法院一审查明:

1. 被告人刘宝春负责联系重组洽谈,获悉内幕信息的事实。2009年1月,十四所为做强该所下属企业国睿集团,欲通过一家上市公司进行资产重组"借壳"上市,以配合南京市政府"再造十家百亿企业集团工程"的实施。时任南京市经委主任的被告人刘宝春受南京市政府的指派,负责牵线联系十四所与高淳县政府洽谈由十四所重组高淳陶瓷公司事宜。2月上旬,刘宝春介绍十四所与高淳县政府有关领导见面商谈、陪同实地考察,双方均表达了合作意向。2月中下旬,刘宝春又约双方联系人到其办公室,指导双方磋商出台合作方案。3月6日,由十四所草拟的《合作框架》形成初稿,条款包括高淳县政府将所持的高淳陶瓷公司股权转让给十四所、使其成为该公司第一大股东、实际控制人等内容。后洽谈双方对合作框架多次进行磋商、修改。期间,双方将合作谈判进展情况告知刘宝春,刘宝春即向南京市政府分管领导作了汇报。4月19日,十四所将双方最终商定的《合作框架意向书》送至南京市经委,刘宝春在该意向书上作为鉴证方签名并加盖南京市经委公章后,出席洽谈双方签署《合作框架意向书》的签字仪式。4月20日,高淳陶瓷股票在股市开盘后出现涨停。同日,高淳陶瓷公司发布《关于公司重大事项停牌公告》,宣布公司控股股东正在筹划重大资产重组事项,高淳陶瓷股票自4月21日起停牌。自4月21日至5月21日期间,高淳陶瓷公司例行发布《重大资产重组事项进展公告》《复牌公告》等一系列公告。5月22日,高淳陶瓷股票复牌交易后价格上扬,在该股票的交易日内连续10个涨停。

2. 被告人刘宝春、陈巧玲进行内幕交易的事实。2009年2、3月,被告人刘宝春在牵线联系高淳陶瓷公司资产重组期间,将重组信息透露给在南京证券有限责任公司工作的配偶被告人陈巧玲。在刘春宝的授意下,陈巧玲自2009年4月1日至4月15日期间,买入高淳陶瓷股票共计614022股,支付人民币共计4391183.20元;自2009年5月22日至6月24日期间,将高淳陶瓷股票全部卖出,收入金额人民币共计11890662.42元,非法获利人民币共计7499479.22元。案发后,被告人刘春宝、陈巧玲退出全部违法所得。侦查机关扣押涉案电脑一台,冻结涉案股票账户和资金账户。

江苏省南通市中级人民法院一审认为:被告人刘宝春作为十四所与高淳县政府洽谈十四所对高淳陶瓷公司资产重组事项的南京市政府部门联系人,履行其工作职责而获悉了内幕信息,是内幕信息知情人。在内幕信息尚未公开前,刘宝春向被告人陈巧玲泄露该信息,共同利用所知悉的内幕信息进行股票交易,情节特别严重,其行为均构成内幕交易罪。本案系共同犯罪,刘宝春是主犯,陈巧玲是从犯。刘宝春、陈巧玲均是初犯、偶犯,案发后退出全部赃款,在庭审中认罪态度较好,均可酌情从轻处罚。根据宽严相济的刑事政策,综合陈巧玲作为非身份犯,受刘宝春的指使、被动实施内幕交易行为的犯罪情节和悔罪表现,依法对其免除处罚。

据此,江苏省南通市中级人民法院依照《中华人民共和国刑法》第一百八十条第一款、第三款,第二十五条第一款,第二十六条第一款、第四款,第二十七条,第六十四条之规定,于2010年12月20日判决如下:

1. 被告人刘宝春犯内幕交易罪,判处有期徒刑五年,并处罚金人民币七百五十万元。

2. 被告人陈巧玲犯内幕交易罪,免予刑事处罚。

3. 被告人刘宝春、陈巧玲违法所得人民币七百四十九万九千四百七十九元二角二分予以追缴,上缴国库。

一审宣判后,被告人刘宝春、陈巧玲在法定期间内均未提出上诉,检察机关也未提出抗诉,该判决已发生法律效力。

二、裁判要旨

No. 3-4-180(1)-14 国家工作人员因履行工作职责而获取对证券交易价格具有重大影响的、尚未公开的信息,属于内幕信息知情人员,在内幕信息敏感期,与关系密切人员共同从事证券活动,情节严重的,构成内幕交易罪。

本案中,被告人刘宝春代表南京市经委,作为十四所与高淳县政府洽谈十四所对高淳陶瓷公司资产重组事项的南京市政府部门联系人,参与了重组过程,在此期间,洽谈双方均多次告知刘宝春合作谈判的进展情况,刘宝春也多次向南京市政府分管领导进行汇报。刘宝春是因其担任的行政机关职务、履行其工作职责而获悉了内幕信息。刘宝春在价格敏感期内外借巨资买入巨额高淳陶瓷股票、谋取巨额利益的行为,也充分证明其是内幕信息知情人。作为国务院证券监督管理机构的中国证监会作出刘宝春属于《证券法》第七十四条规定的证券交易内幕信息知情人的认定,有充分的事实依据和法律依据。

案例:冯方明内幕交易案

案例来源:《人民法院案例选》2016 年第 8 辑

主题词:内幕交易罪　交易行为明显异常

一、基本案情

2008 年年底,深圳广电集团根据广东省委宣传部的要求,开始启动深圳有线广播电视网络改革重组工作,后因多方面原因,改革重组工作陷于停顿。2011 年 10 月,广东省委宣传部要求全省 2012 年 6 月完成广电网络改革重组工作,提出将深圳广电集团的网络资产并入广东省网络公司。2011 年 10 月 18 日,深圳广电集团请示深圳市委宣传部,提出为应对省网整合,建议以上市公司天威视讯为平台,加快推进全市有线广电网络改革重组。深圳有线广播电视网络改革重组工作重启。2012 年 1 月 4 日,深圳市委宣传部要求深圳广电集团上报改革重组总体方案。同月 11 日,深圳广电集团向深圳市委宣传部上报《关于推进全市有线广电网络改革重组工作的请示》([2012]11 号),表示广电集团与宝安、龙岗两区达成共识,两区同意台网分离以及分离后的网络资产以适当的方式进入天威视讯。2 月 28 日,深圳市委宣传部向天宝公司下发《督办通知》,提到深圳广电集团与宝安、龙岗区就网络整合过程中涉及的核心问题达成了基本共识,要求广电集团、天威公司于 2012 年 3 月 2 日前与宝安、龙岗两区签订协议。同年 3 月 27 日,深圳广电集团再次向市委宣传部上报《关于推进全市有线广电网络改革重组工作的请示》([2012]112 号)及《总体方案》。3 月 31 日,深圳市委宣传部确定改革重组方案和停牌时间。2012 年 4 月 5 日,天威公司停牌。2012 年 4 月 6 日,天威公司与交易方深圳广播电影电视集团、宝安区国资委、龙岗区国资委、坪山新区发展和财政局签署《深圳市有线广播电视网络改革重组工作协议》。4 月 11 日,深圳召开全市有线广电网络改革重组工作动员大会,深圳有线广电网络改革重组工作正式启动。6 月 11 日,天威视讯发布公告,自 2012 年 6 月 11 日开市起复牌交易,公司拟购买的资产为天宝存续公司和天隆存续公司全部股份,预估值为 13.7 亿元,占上市公司最近一期经审计年度报告披露总资产的 67%。中国证券监督管理委员会认定,“深圳广电集团改革重组”“台网分离”“天宝公司和天隆公司网络资产并入天威视讯公司”“人员分流”等内容为本案内幕信息,2011 年 10 月 18 日至 2012 年 6 月 11 日为本案的内幕信息敏感期。

2011 年 12 月 27 日,被告人冯方明作为天宝公司总经理参加了该司中层干部年度考评会。2012 年 1 月 31 日下午,冯方明作为宝安区广播电视中心主任,参加了区委宣传部长办公会议。

冯方明通过上述会议及会议文件知悉了天宝公司网络资产整合进入天威视讯的信息,并告知其妻子被告人陈晓霞。陈晓霞利用该内幕信息,从同年 1 月 31 日至 3 月 29 日,抛售自持股票、调入资金,连续七次买入天威视讯股票,成交金额 732965.78 元。案发后,公安机关依法冻结了涉案的股票及资金账户,上述股票未售出,冻结时实际处于亏损状态,未有非法获利。

广东省深圳市中级人民法院于 2015 年 3 月 23 日作出(2014)深中法刑二初字第 6 号刑事判决:

1. 被告人冯方明犯泄露内幕信息、内幕交易罪,判处有期徒刑一年十个月,并处罚金人民币 1000 元;

2. 被告人陈晓霞犯内幕交易罪,免予刑事处罚;

3. 被告人陈晓芳无罪;

4. 被告人高峰无罪。

宣判后,被告人冯方明不服判决,提出上诉,称中国证监会《认定函》认定的内幕信息内容不符合客观事实,不能作为定案依据;认定陈晓霞股票交易行为异常不符合客观事实,请求改判冯方明无罪。深圳市人民检察院对判处被告人陈晓芳、高峰无罪提出抗诉;广东省人民检察院经审查后,认为抗诉不当,撤回抗诉。

广东省高级人民法院于 2015 年 12 月 3 日作出(2015)粤高法刑二终字第 215 号刑事裁定:驳回上诉,维持原判。

二、裁判要旨

No. 3-4-180(1)-15 内幕信息敏感期内,相关交易行为是否明显异常,要从时间吻合程度、交易背离程度和利益关联程度等方面予以综合认定。

最高人民法院、最高人民检察院《关于办理内幕交易、泄露内幕信息刑事案件具体应用法律若干问题的解释》第三条规定,"相关交易行为是否明显异常"要从时间吻合程度、交易背离程度和利益关联程度等方面综合予以认定。本案中,从时间程度上看,陈晓霞买入天威视讯股票的时间与其丈夫冯方明获悉内幕信息的时间高度一致。从交易背离程度看,陈晓霞从 2012 年 2 月 2 日起多次抛出在持股票、转入资金,在短短一个多月内围绕天威视讯密集交易,连续七次全部买入与其交易习惯明显背离。从利益关联程度看,陈晓霞利用自有证券账户及资金买入天威视讯股票,内幕交易后的非法获利为其所有。故应当认定陈晓霞购买天威视讯股票的行为属于相关交易明显异常。

55 利用未公开信息交易罪(《刑法》第一百八十条第四款)

案例:李旭利利用未公开信息交易案

案例来源:《刑事审判参考》总第 96 集[第 941 号]

主题词:利用未公开信息交易罪 "违反规定"的理解

一、基本案情

被告人李旭利,原系交银施罗德基金管理有限公司(以下简称"基金公司")投资决策委员会主席、投资总监兼该公司蓝筹股票证券投资基金(以下简称"蓝筹基金")经理。2011 年 8 月 26 日因涉嫌犯利用未公开信息交易罪被逮捕。

上海市人民检察院第一分院以被告人李旭利犯利用未公开信息交易罪,向上海市第一中级人民法院提起公诉。

上海市第一中级人民法院经公开审理查明:

2005 年 8 月至 2009 年 5 月,被告人李旭利担任基金公司投资决策委员会主席、投资总监,2007 年 8 月开始兼任该公司蓝筹基金经理。在此期间,李旭利参与基金公司所有基金的投资决策,并对蓝筹基金进行股票投资拥有决定权。

2009 年 4 月 7 日,在基金公司旗下蓝筹基金、交银施罗德成长股票证券投资基金(以下简称"成长基金")进行工商银行和建设银行股票买卖的信息尚未披露前,李旭利指令五矿证券深圳华富路证券营业部(现为五矿证券深圳金田路证券营业部,以下简称“五矿金田营业部”)总经理李智君,在名为“岳彭建”“童国强”实为李旭利等控制的证券账户内,先于或者同期于基金公司买入工商银行、建设银行股票,累计成交额人民币(以下币种同)52263797.34元,并于同年6月将上述股票全部卖出,股票交易累计获利8992399.86元,同时分得股票红利1723342.50元。

上海市第一中级人民法院认为,被告人李旭利作为基金管理公司的从业人员,利用因职务便利获取的未公开信息,违反规定,从事与该信息相关的证券交易活动,情节严重,其行为构成利用未公开信息交易罪。据此,依照《中华人民共和国刑法》第一百八十条第一款、第四款,第五十三条,第六十四条之规定,上海市第一中级人民法院以利用未公开信息交易罪,判处被告人李旭利有期徒刑四年,并处罚金一千八百万元;违法所得一千零七十一万五千七百四十二元三角六分予以追缴。

一审判决后,被告人李旭利向上海市高级人民法院提起上诉,辩称其未指令李智君购买工商银行、建设银行股票。

上诉人李旭利的二审辩护人向上海市高级人民法院提出以下辩护理由:(1)李旭利的认罪供述,是在侦查阶段受到侦查人员以缓刑引诱、以“不配合工作便抓捕其妻子袁雪梅”相胁迫的情况下作出的;袁雪梅的证言,是在侦查人员要求李旭利给袁雪梅写信,李在信中描述相关情节后,袁按信中内容陈述的。故请求排除李旭利在侦查、审查起诉、一审期间的所有认罪供述以及证人袁雪梅于2011年9月5日在侦查机关指证李旭利指令李智君购买股票的证言。(2)证明李旭利指令李智君购买工商银行、建设银行股票的证据不足,不排除涉案相关股票系李智君为提高自己的业绩自行决定购买,原判认定李旭利犯利用未公开信息交易罪的事实不清,证据不足;(3)涉案账户对工商银行、建设银行股票的交易,不符合以低价先于基金公司买入,并以高价先于基金公司卖出的“先买先卖”的客观特征,李旭利的行为不构成利用未公开信息交易罪。(4)工商银行、建设银行都是超级大盘股,基金公司旗下基金对其股票的买入,不可能拉升其股价,认定李旭利利用未公开信息指令李智君购买上述股票,不符合情理。(5)根据“刑法”第一百八十条第四款的规定,构成利用未公开信息交易罪必须“违反规定”,李旭利没有违反规定,故不构成犯罪。

本案二审开庭审理前,上海市高级人民法院召开了庭前会议。根据辩护人在庭前会议上提出的申请,合议庭开庭审理前调取了李旭利在侦查阶段写给袁雪梅的2封信提供给辩护人,并向辩护人提供了李旭利在侦查机关第一次作出认罪供述的完整同步录音录像并让其观看。

在开庭审理过程中,法庭就证据收集的合法性进行了调查。上海市人民检察院出庭检察员当庭决定,对袁雪梅2011年9月5日在侦查机关指证李旭利指令李智君购买股票的证言予以撤回,不作指控证据使用。辩护人出示和宣读了二审期间会见李旭利所作的笔录及检察机关对李旭利所作的讯问笔录、李旭利在侦查阶段写给袁雪梅的2封信以及其写给李智君的1封信、袁雪梅亲笔书写的情况说明等线索材料。根据出庭检察员的申请,法庭通知本案两名侦查人员出庭说明情况。合议庭经休庭评议后当庭宣布,根据对李旭利供述认罪过程和相关录音录像资料的审查,结合法庭调查查明的事实和证据,李旭利及其辩护人提供的相关线索材料,不能证明侦查人员讯问李旭利时实施了刑讯逼供行为,也不能证明侦查人员胁迫、引诱李旭利供认犯罪事实。李旭利供认的作案过程及相关细节系其自行叙述形成,李旭利及其辩护人提出侦查人员胁迫、引诱李旭利供述犯罪事实查无实据。据此,合议庭决定,对李旭利及其辩护人提出排除李旭利认罪供述的申请不予支持;对袁雪梅2011年9月5日在侦查机关所做的证言,鉴于李旭利及其辩护人申请排除,检察员也已当庭决定撤回不做指控证据使用,故决定予以排除。

上海市高级人民法院经审理后认为,原判认定李旭利犯利用未公开信息交易罪的事实清楚,证据确实、充分,适用法律正确,量刑适当,审判程序合法。上诉人李旭利提出的上诉理由及其辩护人提出的辩护意见均不能成立。据此,依照《中华人民共和国刑事诉讼法》第二百二十五条第一款第(一)项之规定,上海市高级人民法院裁定驳回上诉,维持原判。

二、裁判要旨

No. 3-4-180(4)-1 先买先卖不是利用未公开信息罪的构成要件。

辩护人所提的"先买先卖"是典型"老鼠仓"的特征。一些基金公司、证券、期货、保险公司等资产管理机构的从业人员,主要是机构经理、操盘手,在用客户资金买入证券或者其衍生品、期货或者期权合约等金融产品前,以自己名义,或假借他人名义,或者告知其亲属、朋友、关系户,先行低价买入证券、期货等金融产品,然后用客户资金拉升到高位后自己率先卖出获利,使个人以相对较低的成本牟取暴利。由于这些人户大多隐秘,偷食股票期货上涨牟利,因而被形象地称为"老鼠仓"。"老鼠仓"只是一个约定俗称,各国对"老鼠仓"的界定并不是完全统一的。在我国,典型的"老鼠仓"是利用未公开信息交易犯罪的一种形式,但利用未公开信息罪的外延要大于典型"老鼠仓"的范围。依照刑法规定,构成利用未公开信息交易罪并不以"先买先卖"同时具备为条件。只要行为人利用因职务便利获取的未公开信息,违反规定从事与该信息相关的证券、期货交易活动,达到"情节严重"的程度,就构成该罪。

本案中,在案证据证实,根据中国证监会对基金定期报告信息披露的相关规定,2009 年 8 月 28 日报出的蓝筹基金 2009 年半年报中披露了对工商银行的股票投资,成长基金 2009 年半年报中披露了对工商银行、建设银行的股票投资。在此之前,相关信息都属于"未公开信息"。涉案证券账户中的建设银行和工商银行股票大多数均早于基金公司旗下的蓝筹基金、成长基金购买,李旭利的行为属于"先买"或者"同期购买"。关于卖出时间,童国强证券账户中的建设银行股票晚于成长基金卖出;岳彭建证券账户卖出涉案工商银行股票系在蓝筹基金账户中的部分工商银行股票已经卖出,部分尚未卖出的期间,属于同期于基金卖出,故李旭利的行为全部属于"先买"或者"同期购买",部分属于"同期卖出",符合利用未公开信息交易罪的构成要件。

No. 3-4-180(4)-2 利用未公开信息交易罪的成立不以基金公司买入行为对于涉案股票价格的影响以及行为人是否实际获利为要件。

从利用未公开信息交易罪侵犯的客体来看,基金公司从业人员利用未公开信息交易相关股票的行为,不仅可能对所任职基金公司的财产利益造成直接损害,更主要的是破坏了公开、公平、公正的证券市场原则,损害了处于信息弱势的散户的利益,违背了基金从业人员对基金公司的忠实义务,损害了有关基金和基金管理人的声誉以及投资者对有关基金及基金管理人的信赖和信心,进而对有关基金的长期运作和基金份额持有人利益造成损害,并对整个证券市场造成损害。因而,刑法设置该罪,针对的就是利用未公开信息从事交易的行为,目的在于惩治该类行为对证券市场正常运行所造成的严重危害,基金公司买入行为对涉案股票价格的影响及行为人是否实际获利,均非决定犯罪是否构成的要素。

在案证据证实,成长基金于 2009 年 4 月 9 日买入建设银行股票金额达 8800 余万元,而蓝筹基金和成长基金于 2009 年 4 月 7 日、4 月 9 日共计买入工商银行股票金额达 3.06 亿余元。如此巨额资金投入,即使工商银行、建设银行是超级大盘股,也不可能对其股价波动没有任何作用。而从本案实际情况看,基金公司旗下基金以及涉案岳彭建、童国强证券账户买卖工商银行、建设银行股票,也都是买入时价低,卖出时价高,由此亦可见基金公司旗下基金买入行为发生后,工商银行和建设银行股价上升波动的事实。辩护人所提工商银行和建设银行股票价格不可能因为基金公司旗下基金的买入行为而被拉升的辩护意见,既缺乏逻辑支撑,也与该两股票价格实际上升波动的事实不符。

李旭利作为基金公司投资决策人员,其工作就是依据自身的分析和判断,通过相应程序决策投资可能使公司基金和基金份额持有人利益增值的股票。基于李旭利投资决策的工作性质及其实际决策投资涉案股票行为的事实,足以认定李旭利当时具有看好购买工商银行和建设银行股票可能使持股人利益增值的基本判断,据此亦可认定李旭利对两股票价格可能因公司基金大量投资买入而拉升持相当乐观的心态。因此,应当认定李旭利控制的涉案证券账户满仓买入工商银行和建设银行股票,系其利用基金公司旗下基金购买工商银行等股票的未公开信息指令所致。

No. 3-4-180(4)-3 《刑法》第一百八十条第四款利用未公开信息交易罪中的违反规定不仅包括违反国家规定,也包括部门规章、地方性法规以及行业规范。

《刑法》第一百八十条第四款的表述是“违反规定”,而不是“违反国家规定”,两者存在很大的区别。根据《刑法》第九十六条的规定,“违反国家规定”,“是指违反全国人民代表大会及其常务委员会制定的法律和决定,国务院制定的行政法规、规定的行政措施、发布的决定和命令”。最高人民法院《关于准确理解和适用刑法中“国家规定”的有关问题的通知》(法[2011]155号)尽管对“国家规定”的范围作了一定延伸,但与利用未公开信息交易罪中“规定”的范围相比,要窄得多,后者不仅包括法律、行政法规,还包括部门规章、地方性法规及行业规范,但公司的内部章程不包括在内。

本案中,李旭利的行为不仅违反了国家法律,也违反了中国证监会的相关规定。全国人大常委会于2003年10月28日通过、2004年6月1日施行的《中华人民共和国证券投资基金法》(以下简称《证券投资基金法》,旧法)第十八条规定,基金管理人的董事、监事、经理和其他从业人员,不得从事损害基金财产和基金份额持有人利益的证券交易及其他活动。全国人大常委会于2012年12月28日修订、2013年6月1日施行的《证券投资基金法》第十九条亦有类似规定。中国证监会于2009年3月17日修订、2009年4月1日施行的《基金管理公司投资管理人员管理指导意见》第六条第二款规定:“投资管理人员不得利用基金财产或利用管理基金份额之便向任何机构和个人进行利益输送,不得从事或者配合他人从事损害基金份额持有人利益的活动。”《基金管理公司投资管理人员管理指导意见》第八条规定:“投资管理人员应当恪守职业道德,信守对基金份额持有人、监管机构和公司作出的承诺,不得从事与履行职责有利益冲突的活动。”李旭利利用因职务便利获取的所任职基金公司的未公开信息进行证券交易,违背了其作为基金从业人员对基金份额持有人、监管机构以及基金公司作出的承诺,与其职务行为存在利益冲突,损害了基金份额持有人的利益,违反了上述法律和规定。

《基金管理公司投资管理人员管理指导意见》第二十三条第三款还规定:“除法律、行政法规另有规定外,公司员工不得买卖股票,直系亲属买卖股票的,应当及时向公司报备其账户和买卖情况。公司所管理基金的交易与员工直系亲属买卖股票的交易应当避免利益冲突。”根据这一规定,基金管理公司员工买卖股票原本就属于被禁止的行为,即使是修订后的《证券投资基金法》修改了对基金管理公司员工买卖股票的禁止性规定,但仍规定基金从业人员从事股票买卖,应当事先申报,并不得从事与基金份额持有人发生利益冲突的股票交易行为,其实质是更有针对性地严格监管和防止基金管理公司工作人员擅自买卖与所任职的基金公司交易种类相同的股票。李旭利在其所任职的基金公司旗下基金投资买卖工商银行和建设银行股票的同时,未作申报,逃避监管,个人买卖相同股票,与基金份额持有人发生利益冲突,明显属于“违反规定”。

案例:马乐利用非公开信息交易案

案例来源:《刑事审判参考》总第118集;最高人民法院2016年6月30日第13批指导性案例第61号

主题词:利用非公开信息交易罪 法定刑援引

一、基本案情

2011年3月9日至2013年5月30日期间,被告人马乐担任博时基金管理有限公司旗下的博时精选股票证券投资经理,全权负责投资基金投资股票市场,掌握了博时精选股票证券投资基金交易的标的股票、交易时间和交易数量等未公开信息。马乐在任职期间利用其掌控的上述未公开信息,从事与该信息相关的证券交易活动,操作自己控制的“金某”“严某甲”“严某乙”三个股票账户,通过临时购买的不记名神州行电话卡下单,先于(1—5个交易日)、同期或稍晚于(1—2个交易日)其管理的“博时精选”基金账户买卖相同股票76只,累计成交金额10.5亿余元,非法获利18833374.74元。2013年7月17日,马乐主动到深圳市公安局投案,且到案之后能如实供述其所犯罪行,属自首;马乐认罪态度好,违法所得能从扣押、冻结的财产中全额返还,判处的罚金亦能全额缴纳。

深圳市中级人民法院认为,被告人马乐的行为已构成利用未公开信息交易罪。但刑法中并未对利用未公开信息交易罪规定"情节特别严重"的情形,因此只能认定马乐的行为属于"情节严重"。马乐自首,依法可以从轻处罚;马乐认罪态度良好,违法所得能全额返还,罚金亦能全额缴纳,确有悔罪表现;另经深圳市福田区司法局社区矫正和安置帮教科调查评估,对马乐宣告缓刑对其所居住的社区没有重大不良影响,符合适用缓刑的条件。判决被告人马乐犯利用未公开信息交易罪,判处有期徒刑三年,缓刑五年。

二审裁定生效后,广东省人民检察院提请最高人民检察院按照审判监督程序向最高人民法院提出抗诉。最高人民检察院抗诉提出,《刑法》第一百八十条第四款属于援引法定刑的情形,应当引用第一款处罚的全部规定;利用未公开信息交易罪与内幕交易、泄露内幕信息罪的违法与责任程度相当,法定刑亦应相当;马乐的行为应当认定为犯罪情节特别严重,对其适用缓刑明显不当。本案终审裁定以《刑法》第一百八十条第四款未对利用未公开信息交易罪规定有"情节特别严重"为由,降格评价马乐的犯罪行为,属于适用法律确有错误,导致量刑不当,应当依法纠正。

最高人民法院依法组织再审查明的事实与原审基本相同,原审认定被告人马乐非法获利数额为 18833374.74 元存在计算错误,实际为 19120246.98 元,依法应当予以更正。最高人民法院认为,原审被告人马乐的行为已构成利用未公开信息交易罪。马乐利用未公开信息交易股票 76 只,累计成交额 10.5 亿余元,非法获利 1912 万余元,属于情节特别严重。鉴于马乐具有主动从境外回国投案自首法定从轻、减刑处罚情节;在未受控制的情况下,将股票兑成现金存在涉案三个账户中并主动向中国证券监督管理委员会说明情况,退还了全部违法所得,认罪悔罪态度好,赃款未挥霍,原判罚金刑得已全部履行等酌定从轻处罚情节,对马乐可予减轻处罚。第一审判决、第二审裁定因对法律条文理解错误,导致量刑不当,应予纠正。

2015 年 11 月 23 日,最高人民法院作出(2015)刑抗字第 1 号刑事判决:(2)撤销广东省高级人民法院(2014)粤高法刑二终字第 137 号刑事裁定和深圳市中级人民法院(2014)深中法刑二初字第 27 号刑事判决中对原审被告人马乐的量刑及追缴违法所得部分;(3)原审被告人马乐犯利用未公开信息交易罪,判处有期徒刑三年。

二、裁判要旨

No. 3-4-180(4)-4 《刑法》第一百八十条第四款对第一款法定刑的援引应是全部援引:《刑法》第一百八十条第四款虽然没有明确表述"情节特别严重",但是根据本条款设立的立法目的、法条文意及立法技术,应当包含"情节特别严重"的情形和量刑档次。

《刑法》第一百八十条第一款规定了内幕交易、泄露内幕信息罪,情节严重的,处五年以下有期徒刑或者拘役,并处或者单处违法所得一倍以上五倍以下罚金;情节特别严重的,处五年以上十年以下有期徒刑,并处违法所得一倍以上五倍以下罚金。第四款规定了利用未公开信息交易罪,情节严重的,依照第一款的规定处罚。

对于第四款中"情节严重的,依照第一款的规定处罚"应如何理解,最高人民法院认为《刑法》第一百八十条第四款援引法定刑的情形,应当是对第一款全部法定刑的引用,即利用未公开信息交易罪应有"情节严重""情节特别严重"两种情形和两个量刑档次,具体理由如下:

第一,符合《刑法》的立法目的。由于我国基金、证券、期货等领域中,利用未公开信息交易行为比较多发,行为人利用公众投入的巨额资金作后盾,以提前买入或者提前卖出的手段获得巨额非法利益,将风险与损失转嫁给其他投资者,不仅对其任职单位的财产利益造成损害,而且严重破坏了公开、公正、公平的证券市场原则,严重损害客户投资者或处于信息弱势的散户利益,严重损害金融行业信誉,影响投资者对金融机构的信任,进而对资产管理和基金、证券、期货市场的健康发展产生严重影响。为此,《刑法修正案(七)》增加了利用未公开信息交易罪,并将该罪与内幕交易、泄露内幕信息罪规定在同一法条中,说明两罪的违法与责任程度相当。利用未公开信息交易罪也应当适用"情节特别严重"。

第二,符合法条的文本含义。首先,《刑法》第一百八十条第四款中的"情节严重"是入罪条款。《最高人民检察院、公安部关于公安机关管辖的刑事案件立案追诉标准的规定(二)》对利用未公开信息交易罪规定了追诉的情节标准,说明该罪须达到"情节严重"才能被追诉。利用未公开信息交易罪属情节犯,立法要明确其情节犯属性,就必须借助"情节严重"的表述,以避免"情节不严重"的行为入罪。其次,该款中"情节严重"并不兼具量刑条款的性质。《刑法》条文中大量存在"情节严重"兼具定罪条款及量刑条款性质的情形,但无一例外地均在其后列明了具体的法定刑。《刑法》第一百八十条第四款中"情节严重"之后,并未列明具体的法定刑,而是参照内幕交易、泄露内幕信息罪的法定刑。因此,本款中的"情节严重"仅具有定罪条款的性质,而不具有量刑条款的性质。

第三,符合援引法定刑的立法技术。援引法定刑是指对某一犯罪并不规定独立的法定刑,而是援引其他犯罪的法定刑作为该犯罪的法定刑。《刑法》第一百八十条第四款援引法定刑的目的是避免法条文字表述重复,并不属于法律规定不明确的情形。

No. 3-4-180(4)-5 利用未公开信息交易罪"情节特别严重"的认定标准参照内幕交易、泄露内幕信息罪的规定处罚。

目前没有关于利用未公开信息交易罪"情节特别严重"认定标准的规定,但鉴于《刑法》规定利用未公开信息交易罪是参照内幕交易、泄露内幕信息罪的规定处罚,最高人民法院、最高人民检察院发布的《关于办理内幕交易、泄露内幕信息刑事案件具体应用法律若干问题的解释》(以下简称《解释》)将成交额250万元以上、获利75万元以上等情形认定为内幕交易、泄露内幕信息罪"情节特别严重"的标准,利用未公开信息交易罪也应当遵循相同的标准。马乐利用未公开信息进行交易活动,累计成交额达10.5亿余元,非法获利达1912万余元,已远远超过上述标准,且在该案案发时是全国查获的该类犯罪数额最大的,参照《解释》,马乐的犯罪情节应当属于"情节特别严重"。

56 操纵证券、期货市场罪(《刑法》第一百八十二条)

案例:赵喆操纵证券交易价格案

案例来源:《刑事审判参考》总第7辑[第48号]

主题词:操纵证券交易价格罪 非法侵入计算机信息系统

一、基本案情

被告人赵喆,男,29岁,大专文化程度,原系石家庄信托投资股份公司上海零陵路证券交易营业部电脑部交易清算员。因涉嫌犯操纵证券交易价格罪,于1999年7月1日被逮捕。

某区人民法院经审理查明:被告人赵喆受过电子专业的高等教育,具有多年从事证券交易的经历,谙熟证券交易的电脑操作程序。1999年3月31日下午,被告人赵喆在三亚上证营业厅,通过小厅内电脑终端非法侵入三亚上证计算机信息系统,当发现该系统的委托报盘数据库未设置密码后,即萌生修改计算机中委托报盘的数据,拉高"兴业房产"股票价格以使自己所持有的7800股该股票得以抛售获利的念头。同时,被告人赵喆又决意采用相同手法提高"莲花味精"股票价格,并示意股民高春修购进该股票。4月15日,被告人赵喆在三亚上证再次侵入该计算机信息系统,复制委托报盘数据库进行了修改试验并获得成功。4月16日中午股市午间休市时,被告人赵喆在三亚上证营业厅将三亚上证尚未向证券交易所发送的周某等五位股民委托买卖其他股票的报盘数据内容全部修改成委托买入"兴业房产"和"莲花味精"两种股票共计497.93万股,两种股票的价格也分别改为比前日收盘价格各上升10%的涨停价位,即10.93元和12.98元。当日下午股市开盘时,当上述被修改的委托数据被发送到证券交易所后,引起了"兴业房产"和"莲花味精"两种股票的交易量和交易价格出现非正常波动,造成三亚上证需支付6000余万元资金,以涨停价或接近涨停价的价格如数买入了该两种股票,致使三亚上证因一时无法支付巨额资金而被迫平仓,经济损失达295万余元。被告人赵喆却乘机以涨停价抛售了其在天津市国际投资公司上海证券业务部账户上的7800股“兴业房产”股票,获利7277.01元。股民高春修及其代理人王琦华也将受被告人示意买入的8.9万股“莲花味精”股票抛出,获利8.4万余元。

某区人民法院认为,被告人赵喆身为证券行业从业人员,理当执行证券管理制度、维护证券交易秩序,但其为了使自己和朋友能获得非法利益,竟利用修改计算机信息系统存储数据的方法,人为操纵股票价格,扰乱股市交易秩序,造成三亚上证遭受巨大经济损失,其行为已构成操纵证券交易价格罪,且情节严重,应予依法惩处。检察机关指控被告人的犯罪成立。股民高春修因被告人赵喆的示意而买进数万股“莲花味精”股票,并且在4月16日下午开盘前以涨停价格委托抛出,高的委托价格与开盘后出现的涨停价位相符,因此,高春修关于被告人告诉其4月16日下午“莲花味精”会涨停、要其买进该股票的说法是可信的。被告人及其辩护人的相关辩解不予采信。被害单位三亚上证遭受的经济损失,是因被告人扰乱股市的行为所导致的,即使其损失与平仓之间有联系,也是由被告人的犯罪行为造成的,应当由被告人承担全部责任。因此,辩护人关于全部经济损失不应由被告人承担的辩护意见不予采纳。被告人赵喆的犯罪手段恶劣,社会危害性大,并且造成被害单位的经济损失至今无法挽回,故辩护人要求对被告人适用缓刑的意见也不予采纳。但鉴于被告人赵喆认罪态度较好,可酌情从轻处罚。依照《中华人民共和国刑法》第二百八十七条、第一百八十二条第一款第(四)项、第三十六条第一款、第六十四条之规定,于1999年11月11日判决如下:

1. 被告人赵喆犯操纵证券交易价格罪,判处有期徒刑三年,并处罚金人民币一万元。
2. 被告人赵喆赔偿三亚上证经济损失人民币二百四十九万七千六百零四元六角二分。
3. 追缴被告人赵喆违法所得人民币七千二百七十七元零一分。

一审宣判后,被告人赵喆服判,没有上诉;检察机关也未抗诉。

二、裁判要旨

No.3-4-182-1 非法侵入计算机信息系统,利用修改计算机系统存储数据的方法,抬高证券价格从而获利的,应以操纵证券交易价格罪论处。

计算机犯罪通常表现在两个方面:一是对计算机硬件和软件的破坏;二是以计算机为工具实施其他犯罪。对计算机本身的破坏,刑法规定了专门的罪名,如故意对计算机硬件进行破坏的,一般以故意毁坏财物罪论处;对计算机信息系统中存储、处理或者传输的数据和应用程序进行删除、修改、增加的操作,后果严重的。构成破坏计算机信息系统罪。但是对于以计算机为工具实施的犯罪,根据《刑法》第二百八十七条关于利用计算机实施金融诈骗、盗窃、贪污、挪用公款、窃取国家秘密或者其他犯罪的,依照本法有关规定定罪处罚的规定,应以行为人的目的行为定罪。本案被告人赵喆为拉高在上海证券交易所挂牌上市的兴业房产和莲花味精两种股票的价格,以使本人及其朋友所持有的这两种股票得以抛售获利,非法侵入三亚上证计算机信息系统、修改三亚上证计算机信息系统中存储数据的行为,虽在客观上造成他人计算机信息系统受到破坏,但从其追求的犯罪目的、采用的手段以及行为所侵犯的客体和对象考虑,其行为符合《刑法》第一百八十二条规定的操纵证券交易价格罪的构成特征,应以操纵证券交易价格罪追究其刑事责任。

案例:汪建中操纵证券市场案

案例来源:《人民法院案例选》2013年第2辑

主题词:操纵市场罪　抢先交易行为的定性

一、基本案情

被告人汪建中在担任北京首放投资顾问有限公司负责人期间,于2006年7月至2008年3月间,先后利用本人及他人身份证开立并实际控制沪、深证券账户。2007年1月9日至2008年5月21日间,被告人汪建中采取先买入“工商银行”“中国联通”等38只股票,并在公司例会上,要求分析师在股评分析报告中加入推荐其买入股票的信息和让分析师将上述股票作为个股加入到掘金报告中。后利用首放公司名义通过“新浪网”“搜狐网”、上海证券报、证券时报等媒介对外推荐先期买入的股票,并在股票交易时抢先卖出,人为影响上述股票的交易价格,获取非法利益。根据中国证券监督管理委员会统计,在首放公司推荐股票的内容发布后,相关38只股票交易量在整体上出现了较为明显的上涨:个股开盘价、当日均价明显提高;集合竞价成交量、开盘后1小时成交量成倍放大;全天成交量大幅增长;当日换手率明显上升;参与买入账户明显增多;新增买入账户成倍增加。汪建中采取上述方式操纵证券市场55次,累计买入成交额人民币52.6亿余元,累计卖出成交额人民币53.8亿余元,非法获利1.25亿余元归个人所有。

一审法院经审理认为,被告人汪建中无视国家法律,为获取不正当利益,操纵证券市场,侵害了国家对证券交易的管理制度和投资者的合法权益,情节特别严重,其行为已构成操纵证券市场罪,依法应予惩处。故依照《中华人民共和国刑法》第一百八十二条第一款第(四)项、第五十二条、第五十三条、第六十一条、第六十四条及最高人民法院《关于执行〈中华人民共和国刑事诉讼法〉若干问题的解释》第三百五十九条第三款的规定判决:

1. 被告人汪建中犯操纵证券市场罪,判处有期徒刑七年,罚金人民币一亿二千五百七十五万七千五百九十九元五角。

2. 随案移送的财物分别予以充抵罚金、发还、存档备查和退回北京市人民检察院第二分院。

一审判决后,被告人汪建中不服,提出上诉。其上诉理由为:一审量刑过重,请求二审法院对其从轻或减轻处罚。二审法院经审理认为,一审法院判决认定汪建中犯操纵证券市场罪的事实清楚,证据确实、充分,定罪及适用法律正确,量刑适当,审判程序合法,应予维持,故依照《中华人民共和国刑事诉讼法》第一百八十九条第(一)项的规定裁定:驳回汪建中的上诉,维持原判。

二、裁判要旨

No.3-4-182-2 严重的抢先交易行为属于操纵证券市场罪中的"以其他方法操纵证券、期货市场"的行为方式,构成操纵证券市场罪。

抢先交易是指证券公司、证券咨询机构、专业中介机构及其工作人员,买卖或持有相关证券,并对该证券或其发行人、上市公司公开作出评价、预测或投资建议,以便通过期待的市场波动取得经济利益的行为。严重的抢先交易行为与操纵市场罪条文中所明示的三种行为方式之间具有相同的性质。具体而言,抢先交易行为具有两个特征:(1)必须同时具备符合先后顺序的"推荐"与"交易"行为。推荐是指证券从业机构或其工作人员利用自身的专业性、影响力获得投资者的信赖,通过各种公开媒介推荐股票。交易是指行为人在推荐股票前已经买入或持有所推荐的股票,在推荐后,投资者跟进,出现预期市场波动的情况下,行为人又进行交易,以获取差价。(2)行为人的行为必须具有引起市场明显波动的较大可能性。本案中,汪建中大多是在买入股票的当天,在公司例行召开的讨论会上,要求分析师在股评分析报告中加入推荐该股票的信息,其让分析师加入到掘金报告中的个股,与其自己购买的股票是一样的。后期利用公司对外股评分析报告之机,通过多家知名媒体和网站的转载,向公众推荐其买入的股票,吸引公众购买股票。此后,在其期待的价格上扬期间抢先卖出该股票。汪建中的行为同时具备符合时间先后顺序的推荐股票与交易股票两种行为,并且其行为是相关证券交易价格或交易量变动的重要原因,可以认定汪建中行为的本质是以抢先交易的方式操纵证券市场的犯罪行为。

57 背信运用受托财产罪(《刑法》第一百八十五条之一第一款)

案例:兴证期货大连营业部背信运用受托财产案

案例来源:《刑事审判参考》总第125辑[第1388号]

主题词:背信运用受托财产罪 单位犯罪

一、基本案情

2013年,被告人陈晶认识了被害人高明及其妻子,并介绍兴证理财产品。高明要求保证资金安全,并且随取随用,陈晶经请示被告人孟宪伟后,口头承诺投资期货在保本保息基础上达到7%的年收益率。高明签订了《期货经纪合同》及相关附属文件,按照工作人员指示开立了期货保证金账户,并转款人民币1670万元,被告人陈晶向高明索要了期货账户的交易密码。二被告人在未通知高明也未取得其同意的情况下,商议后决定自行使用其期货账户交易密码进行交易,并擅自进行交易,造成高明期货保证金账户亏损人民币1043.1万元,共计产生交易手续费1533642.48元,其中为兴证期货有限公司赚取手续费825353.56元,上交给期货交易所708288.92元。案发后,孟宪伟、陈晶及胡小兢返还高明人民币共计191万元。后大连市公安局侦查人员将被告人孟宪伟抓获。被告人陈晶在其家人陪同下到公安机关投案。

法院经审理认为,被告单位兴证期货大连营业部违背受托义务,擅自运用客户资金,情节特别严重,其行为侵犯了国家的金融管理秩序和客户的合法权益,构成背信运用受托财产罪。被告人孟宪伟作为该营业部直接负责的主管人员,被告人陈晶作为该营业部其他责任人员,其行为均构成背信运用受托财产罪。判决被告单位兴证期货大连营业部犯背信运用受托财产罪,判处罚金人民币一百万元(于本判决生效后十日内一次性缴纳);被告人孟宪伟犯背信运用受托财产罪,判处有期徒刑三年六个月,并处罚金人民币十五万元;被告人陈晶犯背信运用受托财产罪,判处有期徒刑三年,并处罚金人民币十万元;责令被告单位兴证期货大连营业部退赔被害人高明经济损失人民币八百五十二万一千元。

一审宣判后,被告单位及二被告人均提出上诉。辽宁省高级人民法院经审理认为,原判定罪准确,量刑适当,审判程序合法,裁定驳回上诉,维持原判。

二、裁判要旨

No. 3-4-185之一(1)-1　期货公司工作人员以公司名义违规运用受托财产为公司谋取利益的,期货公司构成背信运用受托财产罪。

单位犯罪如何认定,应结合单位的行为与意志加以认定,包括具体行为人擅自运用受托财产行为是否服从单位意志,擅用行为是否将为单位获取利益,如获得利益是否最终由单位享有等。本案中,首先,二被告人的主观目的是完成公司业绩目标,擅自操作客户期货账户是为了单位利益。其次,二被告人均是以兴证期货大连营业部的名义与高明进行接洽协商,系代表单位的职务行为。虽未经集体上会讨论,但营业部经理被告人孟宪伟运用总部的授权,实际已经相当于取得了总部的审批和同意。从外部效力看,孟宪伟和被告人陈晶的背信运用受托财产的行为系服从于单位的意志。最后,犯罪所得收益归兴证期货大连营业部所享有。二人擅自运用客户高明的期货账户内资金进行大量交易,产生手续费高达153.36万余元,其中兴证期货大连营韭部留存手续费82.53万余元,占其当年度手续费的20%左右。以上几点均符合单位犯罪的构成要件,应当认定兴证期货大连营业部构成单位犯罪。

被告单位违背受托义务,擅自运用客户资金,情节特别严重,其行为侵犯了国家的金融管理秩序和客户的合法权益,构成背信运用受托财产罪。被告人陈晶作为兴证期货大连营业部的员工,为单位谋取不正当利益,在未告知高明也未征得高明同意的情形下,利用其掌握的交易密码自行操作高明的期货账户;被告人孟宪伟作为兴证期货大连营业部总经理,明知陈晶私自操作高明账户,仍然向其提供交易建议并下达交易指令,具体指导陈晶利用高明的账户资金进行期货买卖,属于擅自运用客户资金的行为;二被告人代表兴证期货大连营业部实施上述行为,收取的手续费亦归兴证期货大连营业部所有,故本案构成单位犯罪。被告单位及二被告人均应承担相应的刑事责任。

58 违法发放贷款罪(《刑法》第一百八十六条)

案例:刘顺新等违法发放贷款案

案例来源:《刑事审判参考》总第90集[第825号]

主题词:违法发放贷款罪　与挪用资金罪的区别

一、基本案情

被告人刘顺新,男,汉族,1955年4月18日出生,原上海爱建股份有限公司(以下简称"爱建股份")副总经理、上海爱建证券有限责任公司(以下简称"爱建证券")董事长、上海方达投资发展有限公司(以下简称"方达投资")董事长。

被告人马建平,男,汉族,1955年1月18日出生,原上海爱建信托投资有限责任公司(以下简称"爱建信托")总经理。

被告人陈辉,男,汉族,1966年7月4日出生,原爱建信托证券总部总经理、方达投资总经理。

被告人颜立燕,男,汉族,1962年4月24日出生,原哈尔滨爱达投资置业有限公司实际控制人、上海达德投资有限公司(以下简称"达德投资")法定代表人、上海骏乐实业有限公司(以下简称"骏乐实业")法定代表人。

上海市人民检察院第一分院以被告人颜立燕、马建平犯挪用资金罪、合同诈骗罪,刘顺新、陈辉犯挪用资金罪,向上海市第一中级人民法院提起公诉。

被告人刘顺新、马建平、颜立燕辩称,本案事实不清、证据不足,适用法律错误,指控的罪名不能成立。主要理由是:(1)挪用资金部分。第一,爱建信托资金的发放均属于单位发放行为,马建平作为爱建信托的总经理,其决定、授意、认可放贷的行为均可以代表单位,且所有贷款发放均经爱建信托贷审会集体研究决定;第二,颜立燕的公司仅仅是一个贷款平台,所获贷款大都划入相关公司,应当认定贷款系给单位使用。(2)合同诈骗部分。第一,地下商铺是爱建信托主动提出购买;第二,爱建信托了解所购买的地下商铺的真实情况,不存在被骗的事实;第三,爱建信托与颜立燕二方合作的实质内容是融资;第四,颜立燕一方所获钱款主要用于地下商铺建设,不存在诈骗钱款不予归还的非法占有目的。

上海市第一中级人民法院经公开审理查明:1986年7月,经中国人民银行批准,爱建信托成立,经营范围包括信托存款、贷款、信托投资等金融业务。1998年5月至2004年9月间,被告人马建平担任爱建信托总经理,主持公司的经营管理工作,直接负责爱建信托的贷款等业务。2000年10月,被告人刘顺新曾因动用爱建证券巨额资金至香港炒股被套牢而急需资金用于解套,遂召集被告人颜立燕、陈辉、马建平三人一起商量。经商定,由颜立燕以其公司名义向爱建信托申请贷款,刘顺新、陈辉所在的爱建证券为颜立燕出具形式上符合贷款要求的质押证明,马建平利用其担任爱建信托总经理的职务便利发放贷款,贷款资金用于炒股,三方共同牟利。2000年11月至2001年9月间,颜立燕以其实际控制的骏乐实业、达德投资有限公司名义向爱建信托申请质押贷款,质押物为颜立燕妻子张伟玲在爱建证券开设账户内所拥有的股票和资金。刘顺新、陈辉以爱建证券的名义,为上述账户出具了虚假足额抵押证明。马建平向爱建信托贷审会隐瞒了贷款实际用途以及质押物严重不足的情况,使贷款得以审核通过。其间,马建平还两次将贷款予以拆分,以规避其贷款审批权限不超过人民币(以下币种同)1亿元的规定,先后16次向骏乐实业、达德投资发放贷款共计9.6976亿元。2001年8月至9月间,马建平因担心直接发放给颜立燕公司的贷款金额过大,违规贷款行为容易被发现,遂与刘顺新、颜立燕商议,由陈辉等人操作,以爱建证券下属的方达公司作为平台,爱建信托与方达公司签订了虚假的《信托资金委托管理合同》,将爱建信托4.289亿元资金划至方达公司的账户,然后在无任何质押担保手续的情况下,再将上述资金划转给颜立燕实际控制的公司。经审计查明,在爱建信托发放的总计13.9866亿元资金中,划至境外炒股的资金为4.8亿余元;颜立燕及其亲属用于境内炒股、出借、归还借款、提现等用途的资金共计4.5亿余元;划入爱建证券控制账户的资金3.1亿余元;归还爱建信托贷款本金1亿余元。上述贷款中,除归还5.8亿余元外,尚有8.1亿余元贷款本金没有归还。

上海市第一中级人民法院认为,从爱建信托的资金流向看,难以认定系给个人使用或者借贷给个人;从爱建信托资金的流出方式看,主要是通过贷款形式发放,故目前证据不宜认定四名被告人的行为构成挪用资金罪。现有证据也不足以证明颜立燕具有非法占有爱建信托资金的目的,难以认定爱建信托受到欺骗,故认定被告人颜立燕、马建平的行为构成合同诈骗罪证据不足,罪名不能成立。综合本案事实和证据,四被告人的行为构成违法发放贷款罪,且构成共同犯罪。四被告人在共同犯罪中的地位、作用不同,应当分别承担相应的刑事责任。刘顺新系违法发放贷款的起意者,并纠集各被告人共同策划,且具体实施了出具虚假质押证明的行为及实际使用了部分违法发放的资金,应当认定为主犯;马建平作为金融机构的工作人员,利用担任爱建信托总经理的职务便利,违法发放贷款,在共同犯罪中起主要作用,也应当认定为主犯;陈辉在刘顺新的指使下参与违法发放贷款,在共同犯罪中起次要、辅助作用,系从犯,同时鉴于陈辉具有自首情节,依法可以对陈辉减轻处罚,并适用缓刑;颜立燕在刘顺新的纠集下,为使用资金参与共谋,并实际使用了部分违法发放的资金,在共同犯罪中起次要、辅助作用,系从犯,同时鉴于颜立燕在一审宣判前能够退赔所造成的全部经济损失,有悔改表现,依法可以对颜立燕减轻处罚,并适用缓刑。据此,依照《中华人民共和国刑法》第十二条第一款,第一百八十六条第二款,第二十五条第一款,第二十六条第一款、第四款,第二十七条,第六十七条第一款,第七十二条第一款、第三款,第七十三条第二款、第三款,第五十三条及第六十四条之规定,判决如下:

1. 被告人刘顺新犯违法发放贷款罪,判处有期徒刑十三年,并处罚金人民币二十万元。

2. 被告人马建平犯违法发放贷款罪,判处有期徒刑十二年六个月,并处罚金人民币二十万元。

3. 被告人陈辉犯违法发放贷款罪,判处有期徒刑三年,缓刑五年,并处罚金人民币十万元。

4. 被告人颜立燕犯违法发放贷款罪,判处有期徒刑三年,缓刑五年,并处罚金人民币二十万元。

一审宣判后,被告人刘顺新、马建平不服,以违法发放贷款所造成的 6.87 亿元亏空已由颜立燕在一审宣判前全部退赔,本案没有造成重大损失等为由,提出上诉。

针对上诉人刘顺新、马建平提出的上诉理由,上海市高级人民法院认为,马建平作为金融机构工作人员,在明知质押物不足,贷款资金用于炒股的情况下,利用其担任爱建信托总经理的职务便利,违反相关法律法规,采取化整为零及操控贷款审查等方法,将贷款发放给颜立燕,数额特别巨大,且造成特别重大损失,其行为符合违法发放贷款罪的构成要件。刘顺新等其他同案被告人与马建平具有违法发放贷款的共同犯罪故意,实施了共同犯罪行为,其行为亦构成违法发放贷款罪的共同犯罪。原判认定的事实清楚,证据确实、充分,适用法律正确,量刑适当,审判程序合法。据此,上海市高级人民法院依照《中华人民共和国刑事诉讼法》(1996 年)第一百八十九条第(一)项之规定,裁定驳回上诉,维持原判。

二、裁判要旨

No. 3-4-186-1 行为人与金融机构工作人员事前通谋,在发放贷款过程中隐瞒贷款用途及抵押物不足的情况,超越贷款审批权限发放贷款数额特别巨大,造成特别重大损失的,成立违法发放贷款罪。

四被告人的行为不成立挪用资金罪。根据《刑法》第二百七十二条的规定,挪用资金罪,是指公司、企业或者其他单位的工作人员,利用职务上的便利,挪用本单位资金归个人使用或者借贷给他人,数额较大,超过 3 个月未还,或者虽未超过 3 个月,但数额较大、进行营利活动,或者进行非法活动的行为。最高人民法院《关于如何理解〈刑法〉第二百七十二条规定的"挪用本单位资金归个人使用或者借贷给他人"问题的批复》规定:"公司、企业或者其他单位的非国家工作人员,利用职务上的便利,挪用本单位资金归本人或者其他自然人使用,或者挪用人以个人名义将所挪用的资金借给其他自然人和单位,构成犯罪的,应当依照《刑法》第二百七十二条第一款的规定定罪处罚。"上述规定表明,如果行为人挪用的单位资金没有归自然人使用,或者行为人没有以个人名义将资金挪用给其他单位使用,就不构成挪用资金罪。本案四被告人的行为恰好属于这一情形。

1. 认定被告人马建平以个人名义将爱建信托资金借贷给其他单位证据不足。无论马建平是以贷款形式还是以委托理财形式将爱建信托资金发放给颜立燕实际控制的公司,都是以爱建信托的单位名义,并非以其个人名义。

2. 认定四被告人共同挪用资金给个人使用的证据不足。一是本案直接取得贷款的主体系骏乐实业和达德投资,两主体均具有法人资格。二是四被告人在贷款前的共谋表明,骏乐实业和达德投资只是取得贷款的平台,贷款的真实目的是用于香港炒股,为爱建证券在香港的股票解套,而非给个人使用。三是从贷款的实际流向看,骏乐实业和达德投资从爱建信托取得的9.6976亿元与4.289亿元两笔资金中,1.04亿余元用于归还爱建信托涉案贷款本金,3.1亿余元流向爱建证券,3.83亿余元流向爱建房产、爱和置业等与骏乐实业、达德投资具有资金业务往来的公司。此8亿余元均为单位的生产经营活动所用。四是流向香港的4.82亿余元,表面上是以颜立燕在香港设立的公司名义用于炒股,但是从四被告人共谋贷款的目的以及爱建证券主动承担骏乐实业、达德投资欠爱建信托的贷款等证据来看,不能排除此笔资金实为爱建证券所用。

四被告人的行为成立违法发放贷款罪。

1. 四被告人事前通谋,具有共同犯罪故意。刘顺新在产生违法贷款用于缓解爱建证券资金紧张问题的故意后,提议以颜立燕的公司为平台从爱建信托违规贷款,供爱建证券使用,后马建平、陈辉、颜立燕均表示同意。

2. 四被告人实施了共同犯罪行为。马建平作为金融机构工作人员,在发放贷款过程中存在向爱建信托贷款审查委员会隐瞒贷款用途及抵押物不足的情况、超越贷款审批权限等违反法律、行政法规的行为,且发放贷款数额特别巨大,造成特别重大损失;颜立燕实施了以其实际控制的骏乐实业、达德投资名义向爱建信托申请贷款的行为;刘顺新、陈辉实施了以爱建证券名义为颜立燕出具虚假证明材料的行为。

3. 四被告人的行为造成了财产的重大损失。在认定是否造成重大损失时,行为人在侦查机关立案后的退赔不能从损失认定中扣减。犯罪所造成的"损失",是指犯罪行为作用或者影响公私财物后所造成的财物的减少或者灭失的数量。对犯罪所造成的损失的认定,应当以侦查机关立案时为界点。侦查机关立案后,行为人的退赔行为对定罪不构成影响,也对损失数额的认定不构成影响。本案中,一审宣判前颜立燕退赔全部经济损失的行为,仅可以作为对颜立燕等四被告人酌情从轻处罚的量刑情节考虑。

综上,上海两级法院按照违法发放贷款罪对本案四被告人追究刑事责任是正确的。

59 洗钱罪(《刑法》第一百九十一条)

案例:潘儒民等洗钱案

案例来源:《刑事审判参考》总第60集[第471号]

主题词:洗钱罪 上游犯罪

一、基本案情

被告人潘儒民,男,1967年9月12日生,无业。因涉嫌犯信用卡诈骗罪于2006年9月29日被逮捕。

被告人祝素贞,女,1979年6月17日生,无业。因涉嫌犯信用卡诈骗罪于2006年9月29日被逮捕。

被告人李大明,男,1970年8月3日生,无业。因涉嫌犯信用卡诈骗罪于2006年9月29日被逮捕。

被告人龚媛,女,1984年2月29日生,无业。因涉嫌犯信用卡诈骗罪于2006年9月29日被逮捕。

上海市虹口区人民法院经审理查明:被告人潘儒民于2006年7月初,通过"张协兴"(另案处理)的介绍和"阿元"(另案处理)取得联系,商定由潘儒民通过银行卡转账的方式为"阿元"转移从网上银行诈骗的钱款,潘儒民按转移钱款数额10%的比例提成。嗣后,潘儒民纠集了被告人祝素贞、李大明、龚媛,并通过杜福明(另案处理)收集陈涛、董梅华、宋全师等多人的身份证,由杜至上海市有关银行办理了大量信用卡交给潘儒民、祝素贞。由"阿元"通过非法手段获取网上银行客户黄明伟、芦禹、姜彤、陈清等多人的中国工商银行牡丹灵通卡卡号和密码等资料,然后将资金划入潘儒民通过杜福明办理的中国工商银行上海分行的67张灵通卡内,并通知潘儒民取款。共划入上述67张牡丹灵通卡内共计人民币1174264.11元。潘儒民、祝素贞、李大明、龚媛于2006年7月至8月期间,在上海市使用上述67张灵通卡和另外27张灵通卡,通过ATM机提取现金共计人民币1086085元,通过柜面提取现金共计人民币73615元,扣除事先约定的份额,然后按照"阿元"的指令,将剩余资金汇入相关账户内。案发后,公安机关追缴赃款共计人民币384000元。

上海市虹口区人民法院认为,被告人潘儒民、祝素贞、李大明、龚媛明知是金融诈骗犯罪的所得,为掩饰、隐瞒其来源和性质,仍提供资金账户并通过转账等方式协助资金转移,其行为构成洗钱罪,检察院指控罪名成立。在共同犯罪中,被告人潘儒民起主要作用,系主犯,被告人祝素贞、李大明、龚媛起次要作用,系从犯,对被告人祝素贞、李大明、龚媛应当从轻处罚。关于被告人潘儒民的辩护人提出的潘儒民认罪态度较好,系初犯,建议对潘儒民酌情从轻处罚的辩护意见,与事实和法律相符,法院予以采纳。关于被告人祝素贞的辩护人提出的祝素贞犯罪的主观恶性较小,认罪态度较好,在共同犯罪中系从犯,且系初犯,案发后公安机关已追缴了部分赃款,挽回了部分损失,建议对祝素贞从轻处罚的辩护意见,与事实和法律相符,法院予以采纳。关于被告人李大明的辩护人提出的李大明犯罪的主观恶性较小,在共同犯罪中系从犯,到案后认罪态度较好,建议对李大明从轻处罚的辩护意见与事实和法律相符,法院予以采纳。关于被告人龚媛的辩护人提出的龚媛在2006年8月初以前对所转移钱款的性质不明知,此阶段的行为不构成洗钱罪,其在明知钱款的性质后,主动提出离开潘儒民等人,系犯罪中止的辩护意见与已经查证的证据不符,法院不予采纳。辩护人提出的龚媛犯罪的主观恶性较小的辩护意见,与事实相符,法院予以采纳,对龚媛可以酌情从轻处罚,但辩护人提出的建议对龚媛免予刑事处罚的意见,法院不予采纳。依照《中华人民共和国刑法》第一百九十一条第一款第(一)项、第(三)项、第二十五条第一款、第二十六条第一款、第四款、第二十七条及第六十四条之规定,判决如下:

1. 被告人潘儒民犯洗钱罪,判处有期徒刑二年,并处罚金人民币六万元。
2. 被告人祝素贞犯洗钱罪,判处有期徒刑一年四个月,并处罚金人民币二万元。
3. 被告人李大明犯洗钱罪,判处有期徒刑一年三个月,并处罚金人民币二万元。
4. 被告人龚媛犯洗钱罪,判处有期徒刑一年三个月,并处罚金人民币二万元。
5. 追缴的赃款发还给各被害人。
6. 追缴非法所得予以没收;扣押的信用卡、手机等犯罪工具予以没收。

一审宣判后,在法定期限内,被告人未提起上诉,公诉机关亦未提起抗诉,判决发生法律效力。

二、裁判要旨

No.3-4-191-1 上游犯罪行为人虽未定罪判刑,但洗钱行为证据确实、充分的,应当认定为洗钱罪。

洗钱罪与上游犯罪的关系密不可分,可以说,如果没有上游犯罪,就没有洗钱罪和掩饰、隐瞒犯罪所得、犯罪所得收益罪这些下游犯罪、派生犯罪。那么,是否必须上游犯罪行为人已经法院定罪判刑,才能认定洗钱罪?答案是否定的。我们认为,只要有证据证明确实发生了《刑法》第一百九十一条明文规定的上游犯罪,行为人明知系上游犯罪的所得及其产生的收益,仍然实施为上游犯罪行为人提供资金账户、协助将财产转换为现金等掩饰、隐瞒其来源和性质的帮助行为的,就可以认定洗钱罪成立。上游犯罪行为与洗钱犯罪行为虽然具有前后相连的事实特征,但实践中两种犯罪案发状态、查处及审判进程往往不会同步,有的上游犯罪事实复杂,有的则可能涉及数个犯罪,查处难度大,所需时间长,审判进程必然比较慢;而洗钱行为相对简单,查处难度小;还可能发生实施洗钱行为的人已经抓获归案,上游犯罪的事实已经查清,而上游犯罪行为人尚在逃的情形。从程序角度而言,如果要求所有的洗钱犯罪都必须等到相应的上游犯罪处理完毕后再处理,会造成对这类犯罪打击不力的后果,如一律要求上游犯罪已经定罪判刑才能认定洗钱罪成立既不符合刑法规定,也不符合打击洗钱犯罪的实际需要。从犯罪构成上看,洗钱罪的上游犯罪和洗钱罪虽有联系,但各有不同的犯罪构成,需要分别进行独立评价。上游犯罪在洗钱罪的犯罪构成中,只是作为前提性要素而出现,是认定洗钱行为人主观故意和客观危害符合《刑法》第一百九十一条规定的前提性判断依据,如果根据洗钱罪中的证据足以认定上游行为符合上游犯罪的要件,那么就应当成立洗钱罪。应当注意的是,在上游犯罪行为人尚未归案的情况下,可能难以确定其行为性质,此时法院应当慎重处理:只有根据洗钱案件中所掌握的事实和证据,足以断定上游行为属于《刑法》第一百九十一条所规定的七种犯罪类型的,才能认定洗钱罪成立;如果根据现有的证据材料,尚难以断定上游行为是否构成犯罪、构成何种犯罪,则不宜认定洗钱罪。因为《刑法》第一百九十一条规定了明知要件,如果法院尚不能判断上游行为是否构成犯罪,以及是否属于特定的七类犯罪,就无法断定洗钱行为人明知系七类犯罪所得及收益而实施洗钱行为。当然,如果根据证据足以断定上游犯罪属于七类犯罪以外的其他犯罪的,可以依法认定为《刑法》第三百一十二条所规定的掩饰、隐瞒犯罪所得、犯罪所得收益罪。

本案中,上游犯罪行为人"阿元"尚未抓获归案,根据被害人的陈述和被告人的供述,以及有关书证材料,可以确定"阿元"盗划他人信用卡内钱款的行为,已经涉嫌信用卡诈骗罪。潘儒民等四被告人明知"阿元"所获得的钱款系金融诈骗犯罪所得,为掩饰、隐瞒其来源和性质,仍按其要求提供资金账户并通过转账等方式协助资金转移,符合《刑法》第一百九十一条所规定的洗钱罪的构成特征,且涉案金额达100余万元,应当以洗钱罪对四被告人定罪处罚。

案例:汪照洗钱案

案例来源:《刑事审判参考》总第37集[第286号]

主题词:洗钱罪　隐瞒毒赃罪

一、基本案情

被告人汪照,男,1963年8月5日生,汉族,高中文化。1996年11月12日因犯偷税罪被广州市白云区人民法院判处有期徒刑四年,1998年7月31日被假释,2000年7月5日假释期满。因涉嫌犯洗钱罪,于2003年4月26日被逮捕。

广州市海珠区人民法院经审理查明:被告人汪照于2001年底认识区丽儿(另案处理)后,在明知区丽儿的弟弟区伟能(另案处理)从事毒品犯罪并想将其违法所得转为合法收益的情况下,于2002年8月伙同区丽儿、区伟能到本市黄埔区广东明皓律师事务所,以区伟能、区丽儿的港币520万元(其中大部分为区伟能毒品犯罪所得),购入广州百叶林木业有限公司的60%股权。被告人汪照并协助区伟能运送毒资作为股权转让款。在取得公司控股权后,区丽儿、区伟能安排将该公司更名为广州市腾盛木业有限公司,由区丽儿任该公司法定代表人,直接管理财务。被告人汪照挂名出任该公司董事长,除每月领取人民币5000元以上的工资外,区丽儿、区伟能还送给被告人汪照一辆ML320越野奔驰小汽车。之后,腾盛木业有限公司以经营木业为名,采用制造亏损账目的手段,掩饰、隐瞒其违法所得的来源与性质,意图将区伟能的毒品犯罪所得转为合法收益。2003年3月16日,被告人汪照及同案人被公安人员抓获。

广州市海珠区人民法院认为,被告人汪照受他人指使,为获得不法利益,明知是他人毒品犯罪的违法所得,仍伙同他人以毒资投资企业经营的方式,掩饰、隐藏该违法所得的非法性质及来源,其行为妨害了我国的金融管理秩序,已构成洗钱罪。被告人汪照曾因犯罪被判处有期徒刑,刑罚执行完毕后五年内再犯罪,是累犯,本应从重处罚。惟被告人汪照在共同犯罪中起辅助作用,是从犯,依法应当从轻处罚。被告人汪照的辩解及其辩护人的辩护意见因依据不足,本院不予采纳。依照《中华人民共和国刑法》第一百九十一条第(五)项、第六十五条、第二十七条之规定,判决如下:

1. 被告人汪照犯洗钱罪,判处有期徒刑一年六个月,并处罚金人民币二十七万五千元;
2. 没收被告人汪照的违法所得ML320越野奔驰小汽车一辆(车牌号码为粤A.6S666)。

一审宣判后,被告人未上诉,公诉机关亦未抗诉,判决发生法律效力。

二、裁判要旨

No. 3-4-191-2 将毒品犯罪的违法所得用于投资经营等活动,意在将毒赃的非法性质和来源予以合法化的,不构成隐瞒毒赃罪,应以洗钱罪论处。

根据《刑法》第三百四十九条规定,窝藏、转移、隐瞒毒赃罪是指为犯罪分子窝藏、转移、隐瞒毒品或者犯罪所得的财物的行为。关于洗钱罪与窝藏、转移、隐瞒毒赃罪的界限,实践中把握住以下三个方面即可以得到较好的区分:第一,犯罪对象方面,洗钱行为所指向的对象是包括毒品犯罪在内的四类上游犯罪所得及其收益的非法性质和来源,故不一定直接涉及财物本身;而后者主要是针对毒品犯罪所得的财物而言的,故财物本身为其直接对象。或者说,前者不一定要求对作为犯罪所得或者收益的财物形成物理上的控制,而后者必须使该财物处于行为人的支配、控制范围或者状态之下。第二,行为方式方面,前者表现为将上游犯罪所得及收益通过金融机构等,采用提供资金账户、协助转移财产、转移资金、把资金汇往境外等方法使其具有表面合法化的性质;后者则主要是通过改变赃物的空间位置或者存在状态对赃物进行隐匿或者转移,使侦查司法机关不能或者难以发现,或者妨害司法机关对赃物的追缴,此类行为并无改变赃物非法性质之作用,不具有使之表面合法化的特征。就具体行为方式言之,前者远较后者复杂。第三,主观目的方面,前者的目的是掩饰黑钱的非法来源和性质,使黑钱合法化,此种目的同时决定了洗钱行为人并不必然要对赃物加以物理上的隐藏,洗钱行为中所表现出的财物就其有声状态而言仍可能具有一定的公开性;而后者的主观目的是为了逃避司法机关的侦查、追缴,力图藏匿财物,使他人不知该财物的存在,因而后者财物的存在状态具有秘密性。

60 集资诈骗罪(《刑法》第一百九十二条)

案例:河南省三星实业公司集资诈骗案

案例来源:《刑事审判参考》总第 10 辑[第 72 号]

主题词:单位犯罪

一、基本案情

被告人李国法,男,40 岁,原系河南省三星实业公司法定代表人。因涉嫌犯非法吸收公众存款罪,于 1998 年 5 月 18 日被逮捕。

被告人冻建国,男,41 岁,原系河南省三星实业公司副总经理。因涉嫌犯非法吸收公众存款罪,于 1998 年 6 月 9 日被逮捕。

被告人杨玉仙,曾用名杨彬,女,32 岁,原系河南省三星实业公司总经理兼财务部经理。因涉嫌犯非法吸收公众存款罪,于 1998 年 5 月 25 日被逮捕。

被告人刘献伟,男,33 岁,原系河南省三星实业公司常务副总经理。因涉嫌犯非法吸收公众存款罪,于 1998 年 5 月 25 日被逮捕。

被告人潘建中,男,53 岁,原系河南省三星实业公司副总经理(1997 年 4 月辞职)。因涉嫌犯非法吸收公众存款罪,于 1998 年 6 月 23 日被逮捕。

河南省郑州市中级人民法院经审理查明:三星公司系 1992 年 8 月 31 日注册成立的集体所有制企业,经营范围主要为食品和保健品,注册资金为 100 万元,法定代表人系被告人李国法。同年 9 月 15 日,三星公司与河南省体改委劳动服务公司签订了挂靠期为 3 年的挂靠协议。期满后,双方未签订新的协议。三星公司下属 44 家分公司,分布在全省 18 个地、市和全国 26 个大中城市。

1992 年 10 月,三星公司为解决资金紧张,未经中国人民银行批准,由被告人李国法擅自决定,并指使被告人冻建国、杨玉仙直接负责、会计人员具体经办,分别通过该公司财务部、融资部,以高利率(月息 1.5%～5%)作诱饵,采取对公司员工拉集资提成 2‰作为奖励等办法,向社会公众非法集资。到 1998 年 5 月 8 日案发时,该公司共有 4203 人次和 13 个单位参与集资,集资金额达 1.8664622531 亿元,用新吸收的集资款兑付先前的集资款本金及利息共计

1.385978574亿元,无法返还的集资款共计4804.836791万元。1995年10月,在被告人李国法的直接领导下,被告人冻建国、杨玉仙、刘献伟、潘建中等人参与研究、策划,该公司又出台了“弹性营销”经营章程:以招收“名誉员工”、收取“商品抵押金(金卡2万元、银卡1万元)”的名义进行变相集资,以“工资”“保险”“福利”等形式给付利息,集资年利率为28.8%(金卡)和31.2%(银卡)。为了吸引更多的人成为三星公司的“名誉员工”,该公司在郑州成立了“弹性营销”管理中心,设立了东西两个营销大厅,后又在全国各地设立了40多个营销分公司,并采取内部职工拉一张金卡奖励1千元、拉一张银卡奖励5百元等措施扩大集资。

在被告人李国法组织指挥和被告人冻建国、刘献伟、杨玉仙、潘建中等协助管理下,三星公司自1995年10月至1998年5月共办理金卡入网5804个,银卡入网50174个,总计以“弹性营销”的名义集资6.1782亿元。案发前退还集资款共计7451.8263万元,尚有5.43301737亿元集资款无法返还。

在三星公司集资诈骗过程中,三星公司为扩大集资规模,不惜动用大量集资款作广告宣传,搞捐献、赞助,以此营造公司的“繁荣”,显示“实力”。案发后,依法查扣、追缴了一批总价值为2.4827028145亿元的赃款赃物,并按比例发还了集资者,但仍有3.4307982346亿元的集资款无法返还。

1997年5月,被告人李国法利用担任三星公司总经理的便利条件,用三份伪造的投资收款凭证,指使该公司财务部入账冲抵其个人借款638.97万元。案发后,追回其购买的商品房一套,价值18.23万元。

1997年1月至1998年4月,被告人李国法利用职务之便,挪用三星公司资金1075万元,分别借给邓志宏、胡星、宋文聚、张额创、荆章文进行营利活动或购房。

郑州市中级人民法院认为:三星公司作为企业法人,已于1998年8月6日被河南省工商行政管理局吊销企业法人营业执照,其作为法人的资格已终止,行为能力和权利能力均已丧失。依照最高人民法院《关于执行〈中华人民共和国刑事诉讼法〉若干问题的解释》第二百一十五条之规定,三星公司虽已不能再作为本案的诉讼主体,但对该公司直接负责的主管人员和其他直接责任人员仍应作为单位犯罪案件被告人依法继续审理。三星公司未经中国人民银行批准,于1995年6月至1998年5月,采取流动吸资,以新还旧,虚构集资用途,以高回报率为诱饵等诈骗方法,向社会公众募集资金,骗取社会公众集资款。其将骗得的集资款除一小部分用于返还集资者的本金和高息外,大部分用于挥霍性投资或被非法随意处分。期间,该公司向社会公众非法募集资金共计8.044662253亿元,除案发前归还2.131161204亿元,追回赃款、赃物折价2.4827028145亿元外,给集资者造成了3.4307982346亿元的巨额经济损失。该公司的行为严重扰乱了国家金融秩序,侵犯了公私财产所有权,后果极其严重,危害性极大,其行为完全符合最高人民法院《关于审理诈骗案件具体应用法律的若干问题的解释》第三条第二、三款及第四款第(二)、(四)项、第六款之规定,具备了《中华人民共和国刑法》第三百九十二条规定的集资诈骗罪的全部构成要件,构成集资诈骗罪,且集资诈骗5.9135010492亿元,数额特别巨大,并给国家和人民利益造成了特别重大损失。此外,被告人李国法还利用职务之便,将本单位资金638.97万元非法据为已有,数额特别巨大;利用职务之便挪用本单位资金1075万元给他人使用,数额特别巨大,其行为又分别构成侵占罪和挪用资金罪。

郑州市人民检察院指控三星公司未经中国人民银行批准,非法向社会公众集资,并给集资者造成3.4307982346亿元巨额经济损失,被告人李国法系本案直接负责的主管人员,被告人冻建国、刘献伟、杨玉仙、潘建中系本案的其他直接责任人员的事实清楚,证据确实、充分,但指控5被告人犯非法吸收公众存款罪的罪名不当;指控被告人李国法犯侵占罪、挪用资金罪的事实清楚,定性准确。根据5被告人犯罪的事实、性质、情节以及社会危害程度,依照《中华人民共和国刑法》第十二条第一款、第一百九十二条、第二百条、第五十六条、第五十五条第一款、第五十七条第一款、第五十九条、第六十一条、第六十四条、第六十七条第一款、第六十几条、第二百七十二条第一款、全国人民代表大会常务委员会《关于惩治违反公司法的犯罪的决定》第十条、最高人民法院《关于执行〈中华人民共和国刑事诉讼法〉若干问题的解释》第一百七十六条第(二)项、第二百一十五条之规定,于2000年1月5日判决如下:

1. 被告人李国法犯集资诈骗罪,判处无期徒刑,剥夺政治权利终身;犯侵占罪,判处有期徒刑十五年,剥夺政治权利二年,并处没收个人全部财产;犯挪用资金罪,判处有期徒刑十年。决定执行无期徒刑,剥夺政治权利终身,并处没收个人全部财产。

2. 被告人冻建国犯集资诈骗罪,判处有期徒刑十五年,剥夺政治权利三年。

3. 被告人杨玉仙犯集资诈骗罪,判处有期徒刑十五年,剥夺政治权利三年。

4. 被告人刘献伟犯集资诈骗罪,判处有期徒刑十四年,剥夺政治权利三年。

5. 被告人潘建中犯集资诈骗罪,判处有期徒刑十二年,剥夺政治权利二年。

6. 对被告人李国法侵占、挪用的财物及原河南省三星实业公司集资诈骗所得的一切财物依法予以追缴。

一审宣判后,李国法、冻建国、杨玉仙、刘献伟、潘建中不服,分别向河南省高级人民法院提出上诉。

李国法上诉称:三星公司吸收资金是正当的企业经营行为,没有集资诈骗;三星公司是私营企业,不构成侵占罪和挪用资金罪。

冻建国上诉称:其在本案中起的作用小,且投案自首,量刑重。

杨玉仙上诉称:没有参与公司决策、管理,没有直接参与集资诈骗活动。

刘献伟上诉称:三星公司没有犯集资诈骗罪;其不应列为本案的其他直接责任人员,三星公司的经济损失与本人行为没有直接因果关系。其辩护人提出:三星公司构成非法吸收公众存款罪,对刘献伟量刑重。

潘建中上诉称:其不是研究、策划"弹性营销"方案的直接责任人员;一审认定其"直接负责了三星公司的集资诈骗活动,其作用不属次要"与事实不符;一审对其重大立功未予认定。其辩护人提出:潘建中在主观上不具有集资诈骗的故意,客观上不存在集资诈骗的行为,在羁押期间有立功表现。

河南省高级人民法院审理后认为:三星公司使用诈骗的方法非法集资5.9亿余元,其对非法占有集资款存在着故意,客观上造成3.4亿余元集资款不能返还,三星公司的行为已构成集资诈骗罪,集资诈骗数额特别巨大,并给国家和人民利益造成了重大损失。该公司已于1998年8月6日被省工商行政管理局吊销企业法人营业执照,其不再是本案的诉讼主体。作为单位犯罪,上诉人李国法系三星公司犯罪活动直接负责的主管人员;上诉人冻建国、杨玉仙、刘献伟、潘建中系三星公司犯罪活动的其他直接责任人员,均应依法惩处。另上诉人李国法利用职务之便,将本单位资金638.97万元非法据为己有,其行为已构成侵占罪,侵占数额特别巨大;其还利用职务之便挪用本单位资金1075万元给他人使用,又构成挪用资金罪,挪用资金数额特别巨大,均应依法予以惩处。原审判决定罪准确,量刑适当,审判程序合法。上诉人李国法、冻建国、杨玉仙、刘献伟、潘建中的上诉理由及刘献伟的辩护人的辩护理由、潘建中的辩护人的其他辩护理由均不能成立,不予采纳。依照《中华人民共和国刑事诉讼法》第一百八十九条第(一)项之规定,于2000年4月5日裁定如下:驳回上诉,维持原判。

二、裁判要旨

No.3-5-192-1 被告单位被注销后,仍应追究单位有关责任人员的刑事责任。

依照最高人民法院《关于执行〈中华人民共和国刑事诉讼法〉若干问题的解释》第二百一十五条关于人民法院审理单位犯罪案件,被告单位被注销或宣告破产,但单位犯罪直接负责主管人员和其他直接责任人员应当负刑事责任的,应当继续审理的规定,司法机关应当依法追究对三星公司集资诈骗犯罪行为负有直接责任的主管人员和其他直接责任人员的刑事责任。即单位犯罪案件,因单位被注销或宣告破产,检察机关只起诉指控有关责任人员的,人民法院认为被告人的行为已构成犯罪,且系单位犯罪的责任人员的,应以单位犯罪的有关规定,追究其相应的刑事责任。

案例:李传柱等集资诈骗、非法吸收公众存款案

案例来源:《人民法院案例选》2014年第2辑

主题词:集资诈骗罪 与非法吸收公众存款罪的区别

一、基本案情

被告人李传柱伙同赵云成等人于2007年7月成立黑龙江东兴德高新型建材科技开发有限公司(以下简称“东兴建材公司”),由李传柱担任公司法定代表人。2010年3月29日,李传柱成为黑龙江天众投资管理有限公司(以下简称“天众投资公司”)的大股东,并任该公司的法定代表人。2010年7月16日,李传柱在广州成立黑龙江天众投资管理有限公司广州分公司(以下简称“天众投资公司广州分公司”),租用广州市天河区体育西路109号高盛大厦16楼C、D房作为天众投资公司广州分公司的办公地点。

2009年3月,李传柱以东兴建材公司的名义到广州开展活动,随后在广州招聘被告人郝建国、莫范才、毕承志担任公司副总经理,并与郝建国、莫范才、毕承志商议,由李传柱提供项目,郝建国、莫范才、毕承志负责招聘业务员、组织策划宣传,向社会吸收投资款,郝建国、莫范才、毕承志及其招聘的业务员从集资款中获取提成。2010年7月至10月间,李传柱先后在人才市场招聘被告人周洁、张秋琴到公司担任财务人员,周洁、张秋琴每月领取3000元固定工资和1000元生活补贴。

2010年3月至2011年7月间,李传柱、郝建国、莫范才、毕承志利用东兴建材公司、天众投资公司、天众投资公司广州分公司的名义,向客户谎称其公司投资环保隔墙条板、哈尔滨向阳生态园林公墓、广州享福老年公寓等项目有高额利润,以年利率15%至24%的高额回报为诱饵,专门引诱中老年客户投资。经查,东兴建材公司除生产过少量隔墙条板外,由于用地手续不全,实际一直处于停产状态;哈尔滨向阳生态园林公墓与天众投资公司、天众投资公司广州分公司、东兴建材公司并无关联,由于审批手续不完善,实际并未投入建设;广州享福老年公寓与李传柱尚未达成交易意向,李传柱亦未就该项交易支付定金。上述向客户吸收的投资款,全部进入李传柱控制的私人账户,并未投入公司实际经营,而是按提成比例私分。郝建国、莫范才、毕承志的提成比例分别是客户投资款的5%、1.5%、1.5%,经理、部门主任、业务员各按本部门或本人吸收投资款8%~16%的比例参与分成,余款除支付公司日常开支、返还客户利息外,由李传柱占有支配。经鉴定,2010年5月至2011年7月间,共向麦荫聪等622名被害人收取投资款人民币49508900元,扣除以分红形式支付给被害人的款项人民币3841270.7元,实际收取被害人投资款人民币45667629.3元。

2011年7月26日,经被害人举报,公安机关将李传柱、郝建国、莫范才、毕承志、周洁、张秋琴抓获归案。案发后,公安机关共扣押、冻结李传柱资金人民币7544421.12元,冻结莫范才的资金人民币455209.57元,冻结毕承志的资金人民币499218.92元。郝建国向广州市中级人民法院退缴非法所得100000元人民币。

广州市中级人民法院经审理认为:被告人李传柱、郝建国、莫范才、毕承志无视国家法律,以非法占有为目的,使用诈骗方法非法集资,数额特别巨大,其行为均已构成集资诈骗罪。被告人周洁、张秋琴违反国家金融管理法律规定,向社会不特定对象吸收资金,扰乱金融秩序,数额巨大,其行为均已构成非法吸收公众存款罪。李传柱成立天众投资公司、东兴建材公司、天众投资公司广州分公司的主要目的是实施集资诈骗犯罪,并无真正的实际经营,以公司名义吸收的集资款全部进入被告人李传柱个人账户,并由其支配,因此本案并不构成单位犯罪。郝建国、莫范才、毕承志积极参与集资诈骗活动,在共同犯罪中并非起次要或辅助作用,不属于从犯。周洁、张秋琴在非法吸收社会不特定公众投资款的共同犯罪中起辅助作用,是从犯,依法应当减轻处罚。李传柱、莫范才、毕承志、周洁、张秋琴如实供述自己的罪行,依法可以从轻处罚。郝建国主动退回部分违法所得,可酌情从轻处罚。判决:

1. 被告人李传柱犯集资诈骗罪,判处无期徒刑,剥夺政治权利终身,并处没收个人全部财产。

2. 被告人郝建国犯集资诈骗罪,判处有期徒刑十三年,并处罚金人民币四十万元。

3. 被告人莫范才犯集资诈骗罪,判处有期徒刑十一年六个月,并处罚金人民币二十万元。

4. 被告人毕承志犯集资诈骗罪,判处有期徒刑十一年,并处罚金人民币二十万元。

5. 被告人周洁犯非法吸收公众存款罪,判处有期徒刑一年十个月,并处罚金人民币五千元。

6. 被告人张秋琴犯非法吸收公众存款罪,判处有期徒刑一年十个月,并处罚金人民币五千元。

7. 将本案扣押、冻结的非法所得按比例返还给各被害人;继续追缴各被告人的非法所得,按比例返还各被害人。

一审宣判后,被告人郝建国、莫范才不服,提出上诉。郝建国提出:其对公司的真实经营情况不知情,不知道李传柱向客户宣导的公司发展前景以及公司手册的内容是假的,其没有虚构事实欺骗客户;其并非公司股东,对公司资金使用和项目决策没有决定权,只是领取公司给其发放按劳动提成的报酬;一审量刑过重。莫范才及其辩护人提出:其在本案中属于从犯;其没有参与公司任何资料的商议和制作,不存在欺骗行为;其主观上不具有非法占有目的;一审定罪不当,量刑过重。原审被告人李传柱二审指定辩护人提出:李传柱主观上吸收公众存款是为了生产及投资需要,其吸收到存款后没有转移或用于个人挥霍占为己有,而是用于支付承诺的高额回报和公司员工提成、公司运作等,其行为构成非法吸收公众存款罪,而非一审认定的集资诈骗罪。

广东省高级人民法院经二审审理认为:原审判决认定事实清楚,证据确实、充分,适用法律正确,审判程序合法。依照《中华人民共和国刑事诉讼法》第二百二十五条第一款第(一)项的规定,裁定如下:驳回上诉,维持原判。

二、裁判要旨

No.3-5-192-2 集资诈骗与非法吸收公众存款的区别关键在于是否具有非法占有目的,在非法集资团伙中,经营公司或项目的发起者、组织者以及积极参与者在明知实际经营状况的情况下实施欺骗投资者的行为,可认定为具有非法占有目的,应认定为集资诈骗罪;其他不了解实际经营情况的普通参与者则不宜认定为集资诈骗罪,应以非法吸收公众存款罪论处。

在司法实践中,主要采取推定的方法对集资诈骗罪的非法占有目的进行认定。最高人民法院《关于审理非法集资刑事案件具体应用法律若干问题的解释》作了不完全列举规定,包括集资后不用于生产经营活动或者用于生产经营活动与筹集资金规模明显不成比例,致使集资款不能返还的;肆意挥霍集资款,致使集资款不能返还的;将集资款用于违法犯罪活动的;抽逃、转移资金、隐匿财产,逃避返还资金的;隐匿、销毁账目,或者搞假破产、假倒闭,逃避返还资金的。本案中,一方面,所有被告人均没有挥霍款项、携款逃跑,或拒不交代资金去向的行为,而且从表面上看涉案公司或多或少进行了生产经营活动,而且以分红形式支付给被害人部分款项,具有较大的迷惑性,需要综合全案证据情况判断各被告人的主观故意内容。另一方面,李传柱作为东兴建材公司、天众投资公司以及天众投资公司广州分公司的法定代表人(或投资人),利用东兴建材公司的名义招聘郝建国、莫范才、毕承志、周洁、张秋琴等被告人参与吸收公众存款的活动,上述被告人分别担任东兴建材公司的副经理、财务人员,而担任的职务不同也决定了他们参与犯罪的程度不同,需要分情况判断是否各被告人具有非法占有目的。

被告人李传柱主观上具有非法占有的目的,依法构成集资诈骗罪。(1)涉案公司没有实际生产经营。(2)李传柱对公司经营状况完全知情。(3)进行虚假宣传,夸大盈利前景,以从投资款中获得提成的方式,鼓励公司员工以高额回报为诱饵,向不特定的老年人吸收投资。(4)主要投资款项没有用于公司经营。

被告人郝建国、莫范才、毕承志主观上具有非法占有的目的,依法构成集资诈骗罪。被告人属于涉案公司的中层管理人员,地位、作用仅次于公司负责人李传柱。正是由于他们在涉案公司中处于相对重要地位,在明知或应当明知公司实际经营状况和经营手法的前提下,仍参与虚假宣传、吸收公众存款,可以认定三人主观上具有非法占有的目的。

被告人周洁、张秋琴主观上没有非法占有的目的,依法构成非法吸收公众存款罪。周洁、张秋琴为李传柱从人才市场上所招聘的财务人员,分别在公司担任会计和出纳,对公司的实际生产经营状况既不了解,也没有决策参与权,虽然知道公司吸收公众存款,并在客观行为上协助了李传柱等人实施了集资诈骗行为,但在公司中仅领取固定工资和生活补贴(每月领取3000元固定工资和1000元生活补贴),没有参与对客户投资款的分成,没有参与对客户的虚假宣传行为,两人主观上均没有非法占有公众存款的故意,因此两人的行为应构成非法吸收公众存款罪,不构成集资诈骗罪。

案例:安徽钰诚控股集团、钰诚国际控股集团有限公司和丁宁、丁甸等集资诈骗、非法吸收公众存款、走私贵重金属、非法持有枪支、偷越国境案——"e租宝"非法集资案

案例来源:《刑事审判参考》总第118集

主题词:集资诈骗罪 非法吸收公众存款罪

一、基本案情

被告单位安徽钰诚控股集团成立于2013年5月,钰诚国际控股集团成立于2015年5月,实际控制人均为被告人丁宁。2014年6月,丁宁收购金易融公司,对该公司的互联网平台进行升级改造后,更名为"e租宝"平台上线运营;2015年2月丁宁收购英途财富公司,将该公司的芝麻金融平台上线运营。此后,丁宁决定由其控制的钰诚融资租赁公司为两平台提供融资租赁债权及个人债权项目;金易融公司、安信惠鑫公司及下属数百家销售公司分别负责"e租宝"平台的线上、线下运营;英途财富公司、英途世纪公司分别负责芝麻金融平台的线上、线下运营,另使用国通融资担保有限公司、增益(天津)商业保理有限公司等多家公司名义,在平台上宣传为投资提供担保、保理。上述公司均没有独立的人事、财政权,由二被告单位实际控制、管理,对外以钰诚集团名义宣传。

被告单位安徽钰诚控股集团于2014年6月至2015年4月间,被告单位钰诚国际控股集团于2015年5月至12月间,在没有银行业金融机构资质的前提下,利用"e租宝"平台、"芝麻金融"平台发布虚假的融资租赁债权项目及个人债权项目,包装成"e租年享""年安丰裕"等年化收益9%～14.6%的理财产品进行销售,以承诺还本付息等为诱饵,通过电视台、网络、散发传单等途径向社会公开宣传,先后吸收115万余人资金共计762亿余元,其中重复投资金额为164亿余元。二被告单位集资后,除部分集资款用于返还集资本息,以及支付员工工资、房租、广告宣传费用、收购线下销售公司和担保公司等运营成本外,其余大部分集资款在丁宁的授意下肆意挥霍、随意赠予他人,以及用于走私等违法犯罪活动,造成集资款损失共计380亿余元。

被告人丁宁作为二被告单位的实际控制人,在进行决策的同时,与高层管理人员被告人丁甸、张敏、彭力等人负责指挥、管理集资活动,被告人雍磊、侯松、许辉负责制作虚假的债权项目,被告人刘曼曼、朱志敏、刘静静按照丁宁、丁甸等人指示,负责收取、支付、调动集资款。被告人王之焕、谢洁、路涛、张平等人分别负责在"e租宝""芝麻金融"平台发布虚假的债权项目,被告人谢洁、杨翰辉、姚宝燕、杨晨、丁如强等人负责通过媒体、推介会等途径向社会公开进行利诱性宣传,并通过被告人齐松岩、杨翠致、路涛、丁如强等人分别管理的线下销售公司同步开展线上、线下集资活动,被告人李倩倩、张传彪、宗静、刘田田、王磊、高俊俊等人分别负责项目审核、人员招聘、业务督导、人事管理、平台维护、提供个人名义债权等事项。

经司法审计,二被告单位集资后可查实的集资款用途主要有:384亿余元用于返还集资本息,12.3亿余元用于向提供虚假债权项目的中间人支付好处费,20亿余元用于发放员工工资、提成,12亿余元用于支付办公场所房租、购买办公设备,4.8亿余元用于支付广告宣传费用,29.76亿余元用于与云南景成集团有限公司合作支出,23.33亿余元调往国外"投资",31.68亿余元用于收购负债公司、不良债权等支出,12亿余元由被告人丁宁"赠予"被告人张敏、王之焕、谢洁、姚宝燕、彭力、雍磊、高俊俊等人,4.91亿余元用于购买珠宝、玉器、字画、奢侈品等财物,9.2亿余元用于购买境内外房产、飞机、车辆,2998万余元用于走私贵重金属支出。

二、裁判要旨

No. 3-5-192-3 虽然 P2P 网络借贷本身是合法的经营模式,但网络借贷平台不得利用平台为自身或具有关联关系的借款人融资、不得直接或间接接受或归集出借人的资金、不得向出借人提供担保或者承诺保本保息、不得将融资项目的期限进行拆分、不得在物理场所开展风险管理及监管规定明确的必要经营环节外的其他业务等,违反上述规定应认定具有非法性。

根据《最高人民法院关于审理非法集资刑事案件具体应用法律若干问题的解释》中的规定,认定非法吸收公众存款罪的客观行为应当同时具备四个条件:一是非法性,二是公开性,三是利诱性,四是社会性。本案中,被告单位通过网络、电视、报纸等多种媒体向社会公众宣传"e 租宝"产品,并利用线下销售公司推销、销售产品,其行为具有公开性;在与投资人签订的债权转让合同中保证"随时赎回""按日、按月计息",并作出债权转让合同有担保公司、保理公司、融资租赁公司承担连带保证责任的三重保障,变相承诺保本付息,其行为具有利诱性;宣传"e 租宝"产品"一元起投",且无论线上还是线下的宣传销售,对于投资人或投资数额均没有任何限制,行为具有社会性。其行为符合上述公开性、利诱性和社会性三个要件较易认定,也不是控辩争议的焦点,本案的难点在于非法性的认定。

1. 对 A2P 模式的解读。A2P 模式是 P2P 网络借贷模式的衍生发展。根据金融业内已形成的一致性意见,P2P 网络借贷是指个体和个体之间通过互联网平台实现直接借贷的模式,其中的个体既包括企业也包括个人。A2P 模式是指将融资租赁项目与网络借贷结合,通过互联网金融平台把融资租赁业务中形成的债权转让给普通投资者,其商业本质与 P2P 是相同的,因为无论是通过平台直接实现借贷,还是通过受让债权实现借贷,都是通过平台最终形成融资方和投资方的借贷法律关系,因此,A2P 模式属于广义的 P2P 模式范畴,应当根据同样的标准认定、评价。

2. 对行为非法性的分析。网络借贷平台实际就是中介机构,我国相关行政法规对网络借贷平台的地位、作用有明确的要求。根据银监会等部委联合发布的《关于促进互联网金融健康发展的指导意见》及《网络借贷信息中介机构业务活动管理暂行办法》的规定,P2P 网络借贷本身是合法的经营模式,网络借贷信息中介机构是提供借贷撮合服务的中介机构,网络平台不得利用平台为自身或具有关联关系的借款人融资、不得直接或间接接受或归集出借人的资金、不得向出借人提供担保或者承诺保本保息、不得将融资项目的期限进行拆分、不得在物理场所开展风险管理及监管规定明确的必要经营环节外的其他业务等。上述不可为行为可归纳为网络借贷平台禁止自融、禁止形成资金池、禁止提供增信服务、禁止期限错配、禁止线下推广,而"e 租宝"平台运营中所实施的行为涵盖了全部上述不可为的行为,显然不是合法的网络借贷行为。

3. 对形式违法性的分析。我国《商业银行法》第十一条第二款规定,未经国务院银行业监督管理机构批准,任何单位和个人不得从事吸收公众存款等商业银行业务。被告单位未获得国家有关部门依法批准,却通过转让虚假债权、个人债权的名义在互联网平台以及线下大肆吸收公众资金,这种融资行为脱离了国家有关单位管控和法律规范的规制,增加了融资行为的风险性,直接违反了相关法律规定,因此具有形式违法性。至于被告人丁宁辩解金融服务牌照经过审查,仅是营业执照上金融信息服务的经营范围,并非取得了金融业务许可牌照。因此,被告单位利用网络借贷的幌子从事非法吸收公众存款的行为没有任何合法依据。

No. 3-5-192-4 客观行为所具有的欺骗性不能直接得出被告单位具有非法占有目的,对于企业出于经营需要,采取一定的夸大式甚至是欺诈式手段进行融资,如果确实用于生产经营活动,就不应判定行为人具有非法占有目的。即使最终因经营不善无法归还资金,也不能仅凭这一客观结果推定其具有非法占有目的。要坚持主客观相一致的原则,结合集资款的实际用途具体考察行为人的主观故意。

通观全案的客观事实,被告单位的非法集资行为本身已经反映出诈骗特征,具体表现在以下两个方面:一是利用虚假债权项目进行集资。"e 租宝"平台共发布债权项目 3280 个,通过审核债权项目合同、资金流转凭证,并向相关借贷公司知情人员取证核实,最终认定被告单位利用所控制的公司名义、注册的空壳公司名义、冒用其他公司名义制作虚假债权项目,制假比例达到

95.6%,这些项目被用于欺骗投资人投资,帮助被告单位实际取得巨额集资款。二是以低风险、高回报的反投资规律进行集资。"e租宝"平台的产品收益率为9%~14.6%,而融资租赁债权项目的回报率集中在6%~8%之间,这也意味着这些债权项目如果是真实的,则平台息差收入为负。在交易规模较小时,还可以将其行为理解为贴息做营销推广,但当成交规模上百亿,且同时投入高昂的宣传、公关、并购、人力等成本时,如此巨大的资金漏洞必然难以填补。

根据刑法谦抑性原则,对于企业出于经营需要,采取一定的夸大式甚至是欺诈式手段进行融资,如果确实用于生产经营活动,就不应判定行为人具有非法占有目的。即使最终因经营不善无法归还资金,也不能仅凭这一客观结果推定其具有非法占有目的。要坚持主客观相一致的原则,结合集资款的实际用途具体考察行为人的主观故意,既避免单纯根据损失结果客观归罪,也不能听信被告人一面之词。

《最高人民法院关于审理非法集资刑事案件具体应用法律若干问题的解释》第七条以列举的方式释明,使用诈骗方法非法集资,具有所列几种情形之一的,可以认定为以非法占有目的,其中有五种情形均属于对资金去向的性质认定。因此,我们在判断非法占有目的时,必须在诈骗手段的基础上重点分析集资款用途。

案发后,鉴定机构对762亿余元集资款进行司法审计,根据鉴定意见,并结合相关被告人的供述、证人证言等证据,我们对资金用途作出以下性质认定:

1. 资金使用具有典型的借新还旧特征。依靠"拆东墙、补西墙"的"庞氏骗局"手段,用后投资人的钱款支付前期投资人的本息,这种经营方式不仅使后投资人的利益处于高度的风险之中,也体现了被告单位不具备通过正常生产经营盈利归还全部投资人本息的能力。

2. 资金使用具有典型的挥霍特征。本案中仅丁宁向张敏、谢洁、姚宝燕等个人赠予款项就将近12亿元,此外,丁宁还将十几亿的款项用于购买别墅、豪车、珠宝、玉石等,虽然从比例上来看,能够直接认定属挥霍性质的款项在集资总额中所占比并不高,但是其挥霍款项的绝对数额极大,凭借被告单位实际生产经营行为所产生的利润是无法覆盖的。

3. 所谓投资资金使用肆意、无序。丁宁辩解公司投资内容主要包括收购不良债权、在缅甸北部投资自由贸易区等。但是证据显示,投资行为不仅只凭丁宁个人决断,而且大部分所谓投资没有后续的跟进经营行为,甚至多次出现出价远高于要价的荒谬现象。还反映出被告单位利用所谓投资行为刻意营造财大气粗的舆论导向,吸引投资人持续集资的目的,这种投资方式,使被告单位投入的数十亿资金没有产生任何盈利。

4. 部分资金被用于违法犯罪活动。被告单位使用数千万元的集资款用于走私贵重金属、购置枪支等违法犯罪活动,足以反映出其罔顾资金安全,肆意使用集资款的主观心态。

综合上述内容判定,被告单位在集资后用于生产经营活动与募集资金规模明显不成比例、肆意挥霍集资款、将集资款用于违法犯罪活动,造成集资款不能返还的客观结果,符合司法解释关于非法占有目的的若干界定。

No.3-5-192-5　在单位犯罪中,应当以单位整体作为评价视角,自上而下地梳理、确认犯罪主体的组织行为结构,又应注意根据各犯罪主体的具体行为进行实质性评判,综合确定各被告人所处的地位及发挥的作用。

在完成单位犯罪的认定后,对于26名被告人如何适用罪名,如何区分认定责任大小是重点问题。本案是在被告人丁宁等的主导下,以钰诚集团控制的钰诚系公司集群的组织形式在互联网平台上实施的非法集资犯罪,其组织体系、人员任用、财务管理、行为方式等均体现出单位行为特征,但集团内部的实际决策过程、权力划分、资金走向等亦能反映出核心领导人员对整体犯罪行为的绝对控制。因此,在事实认定方面,我们既应注意以钰诚集团整体作为评价视角,自上而下地梳理、确认犯罪主体的组织行为结构,又应注意根据各犯罪主体的具体行为进行实质性评判,综合确定各被告人所处的地位及发挥的作用。

从客观行为来看,本案的26名被告人均直接参与了被告单位非法集资的决策、组织、管理等事项,部分被告人还对"e租宝"平台运营起到直接作用。具体而言,其主观明知的具体内容

存在以下认识差别:

一是明知"e 租宝"运行模式、"e 租宝"有虚假项目、资金走向且明知资金最终用途的被告人。其中,被告人丁宁作为全局掌控者,显然属于此列,被告人丁甸、张敏、彭力作为钰诚集团的核心管理层,在对资金最终用途的方面虽弱于丁宁,但对于丁宁决议的所谓投资方式、挥霍方式均有明确认识,并接受了丁宁的大额赠予。

二是明知"e 租宝"运行模式、"e 租宝"有虚假项目、资金走向,但对资金最终用途有概括性明知的被告人。主要有两类人员:一类是直接负责寻找、制作虚假融资租赁债权项目的项目主管人员,另一类是接受丁宁、丁甸指示划拨资金并支付虚假项目好处费的财务主管人员。

三是明知"e 租宝"运行模式,对于"e 租宝"有虚假项目、资金走向有概括性认识的被告人。这些人员虽是钰诚集团的高管人员,但根据职务分工均分别负责各自部门,认定上述人员明知虚假债权项目和集资款去向的证据不充分,卷中证据只能认定上述人员对虚假债权项目和集资款去向这两项重要指标有概括性的认识和判断。

从整体案件事实来看,被告单位的行为符合集资诈骗罪的构成要件,被告人丁宁等核心人员在单位犯罪行为中起到主导性、决定性作用,能真正代表单位意志,应当与单位犯罪罪名保持一致,而单位内其他主管人员和直接责任人员,均在不同侧面起到了帮助作用,主要以帮助实施犯罪的程度为标准进行区分,具体衡量标准包括参与程度、帮助行为、主观上明知程度、是否对资金有掌控和支配等。这些行为人在明知平台运营模式的基础上,均认识到项目有虚假、资金无序使用,即使并无将涉案资产非法占为己有的目的,也可以认定为集资诈骗的帮助犯。

因此,除将体现、代表单位意志的被告人丁宁、丁甸等人认定为集资诈骗罪外,对于明知虚假债权项目和资金无序使用的项目主管人员和财务主管人员,我们也作出集资诈骗的认定。同时,对于在钰诚集团中属高级管理人员,且明知"e 租宝"平台运营模式,明知单位实施了向社会不特定多数人变相吸收公众存款的行为,仍根据各自职务职责,在债权项目、备用金支付、品牌宣传、产品销售、业务督导、人员招聘、人事薪酬、法务公关、技术保障等方面工作分别起到组织、管理、实施、帮助作用的,根据主客观相一致原则,以非法吸收公众存款罪认定。这种认定方式也符合《最高人民法院关于审理非法集资刑事案件具体应用法律若干问题的解释》第七条第三款关于"非法集资共同犯罪中部分行为人具有非法占有目的,其他行为人没有非法占有集资款的共同故意和行为的,对具有非法占有目的的行为人以集资诈骗罪定罪处罚"的规定,根据行为人主观心理态度分别评价各自罪行,有利于准确评价非法集资犯罪中不同层级人员的心态与行为。

61 贷款诈骗罪(《刑法》第一百九十三条)

案例:张福顺贷款诈骗案

案例来源:《刑事审判参考》总第 39 集[第 306 号]

主题词:贷款诈骗罪　非法占有目的

一、基本案情

被告人张福顺,男,1951 年 3 月 28 日出生,汉族,大专文化,秦皇岛市港务局病退工人。因涉嫌犯贷款诈骗罪,于 1999 年 2 月 1 日被刑事拘留,同年 3 月 9 日因病被取保候审,2000 年 5 月 25 日再次被刑事拘留,同年 6 月 30 日被逮捕,2002 年 1 月 31 日被释放。

河北省秦皇岛市中级人民法院经审理查明:秦皇岛市人民检察院指控张福顺犯诈骗罪的事实清楚,证据确实充分,指控的罪名成立,予以支持。被告人的辩解及辩护人的辩护意见,没有法律依据,不予采纳。张福顺以非法占有为目的,采用重复抵押手段,骗取银行贷款,数额特别巨大,用于投资高风险的期货生意,造成国家财产流失,其行为已构成贷款诈骗罪。依据《中华人民共和国刑法》第十二条、第一百九十三条第(四)、(五)项、第五十七条第一款、第六十四条之规定,判决如下:

1. 被告人张福顺犯贷款诈骗罪,判处无期徒刑,剥夺政治权利终身,并处没收个人全部财产;

2. 被告人张福顺退赔中国农业银行秦皇岛分行民族路办事处贷款人民币2000000元,贷款利息人民币1363715.66元,合计人民币3363715.66元。

一审宣判后,被告人张福顺不服,向河北省高级人民法院提出上诉。

被告人张福顺上诉称:不具有非法占有目的,不构成贷款诈骗罪。其辩护人提出:张福顺主观上没有欺骗目的,也不具备欺骗行为,整个贷款运作人是原银行信贷科长刘金民,张福顺没有隐瞒房本已贷过款的事实;张福顺积极采取措施还贷,没有非法占有的目的,张福顺无罪。

河北省高级人民法院经审理,以事实不清为由,裁定撤销原判,发回重审。

秦皇岛市中级人民法院经重新审理查明:1995年1月6日,张福顺以秦皇岛市海港彰造经济咨询公司的名义,购买秦皇岛市港城信用社位于海港区东港路的五层综合楼一栋,价款为人民币360万元,并于1995年1月12日在秦皇岛市海港区房产局办理了房产过户登记手续。1995年4月4日,张福顺用上述房产作抵押,以秦皇岛市海港彰造经济咨询公司的名义,以付租船费为理由,从中国农业银行秦皇岛分行河北大街办事处贷款人民币150万元,贷款期限为1年。后经河北大街办事处多次催要,张福顺除于1998年10月22日将一台"凌志LC700"轿车给付贷款方折抵部分贷款外,其余款项至案发时尚未偿还。

1995年5、6月间,张福顺谎称已用在农行秦皇岛分行河北大街办事处贷款抵押的楼房证丢失,骗取秦皇岛港公安分局第三派出所的证明信后,在秦皇岛市海港区房产局补办了新的房证。1996年2月7日,张福顺用补办的房证作抵押,以其在秦皇岛市工商局注册的"秦皇岛市腾达铝业有限公司"作为借款方,以付货款为由,从中国农业银行秦皇岛分行民族路办事处(以下简称"民族路办事处")贷款人民币200万元,贷款期限为10天。其中100万元由张福顺以转账支票方式转入中国银行秦皇岛分行海阳路办事处的账户上,后转到中国银行秦皇岛分行文化路办事处秦安经济信息咨询公司账户上做期货生意,并亏损人民币82.3万元,剩余部分投入到张福顺发起设立的任丘市东福经济信息咨询服务有限公司,后张福顺将该公司转让给魏文进(魏未支付转让费),该公司1999年8月20日被任丘市工商局吊销营业执照。另人民币100万元由张福顺陆续提取现金,用于购买秦皇岛市东福工程塑料有限公司。贷款到期后,经贷款方多次催要,张福顺于1997年8月偿还了民族路办事处一季度贷款利息人民币7.3万元,并多次订立还款计划,但均未履行。

1998年5月份,张福顺将秦皇岛市东福工程塑料有限公司转让给杨黎鹰,并协议将其在民族路办事处的人民币200万元贷款的债务转让给杨,双方于1998年10月1日正式签订了工厂转让协议并办理了法人变更登记。后二人与民族路办事处协商,以"秦皇岛市东福工程塑料有限公司"的厂房及土地作抵押,从民族路办事处贷款人民币200万元用以偿还张福顺在该办事处的贷款。1998年10月16日,秦皇岛市东福工程塑料有限公司以其房产作抵押,与民族路办事处签订了抵押贷款合同,贷款人民币106万元,并由秦皇岛市海港区公证处进行了公证。同年11月,秦皇岛市东福工程塑料有限公司以其地产作抵押,从民族路办事处贷款人民币94万元,并注明"收回再贷"。上述两笔共计人民币200万元的贷款已经办理了在民族路办事处的内部审批手续,民族路办事处在报请中国农业银行秦皇岛分行审批时,秦皇岛分行未予批准,并认为张福顺的行为已构成犯罪,遂向公安机关报案。

秦皇岛市中级人民法院认为:张福顺编造谎言,通过欺骗手段,从房产部门补办房证,并以其作抵押凭证、与银行签订贷款合同,且取得了合同约定的200万元贷款,应认定为以欺诈的方式骗取了贷款。张福顺未按照合同约定的方式使用贷款,而是用于期货交易及购买公司等项经济活动,应视为违约使用贷款。张福顺在贷款长期未能归还银行的情况下,与他人签订转让自己所有公司的协议,并由公司的买受方承担张福顺在银行的200万元本金的贷款债务。公诉机关指控的上述事实,并不能证明被告人张福顺具有永久占有银行贷款的非法目的,亦无充分证据证实被告人张福顺转让公司及转贷计划在主观上是为了逃避偿还贷款。因此,其论证是不充分的。公诉机关立证的事实,并不能推导出张福顺必然有罪的结论;公诉机关的举证,并不能排除张福顺无罪的所有可能性。张福顺及其辩护人所作的张福顺无罪的辩解及辩护意见,理由成立,予以采纳。根据《中华人民共和国刑事诉讼法》第一百六十二条第(二)项之规定,判决张福顺无罪。

宣判后,秦皇岛市人民检察院向河北省高级人民法院提出抗诉。

抗诉意见认为:被告人张福顺以虚假的产权证明作抵押,骗取农行民族路办事处贷款200万元的事实清楚,证据确实、充分,张福顺具有非法占有的目的。具体理由:(1)张福顺提供的抵押证明是虚假的。(2)款贷出后,张福顺均未用于约定的用途,而是用于高风险的营利活动。(3)张福顺贷款时已负债累累,履约能力严重不足的事实已经存在。首先,张福顺用于抵押贷款的房屋价款未完全付清;其次,张福顺以同一座楼房(价值360万元)3次超过抵押物价值重复抵押贷款,抵押价值达650万元;第三,张福顺是以虚报注册资本成立的公司进行贷款。(4)张福顺以转让东福公司的手段,欲将贷款转嫁给杨黎鹰,而张福顺未按约定将公司的全部财产交付给杨黎鹰(协议约定的3000台游戏机未交付),这表明其转让公司实际是一场骗局。(5)张福顺逃避侦查,拒不偿还贷款。张福顺的上述一系列行为足以反映出其主观上非法占有的目的。原审法院以张福顺不具有永久占有银行贷款的非法目的为由宣告无罪,没有事实和法律依据,定罪、量刑明显错误,应依法改判。

对于抗诉机关的上述意见,被告人张福顺的主要辩解是:用虚假的房证抵押贷款是违法行为,但不具有非法占有的目的,不是拒不返还,不是犯罪。其辩护人主要辩护意见是:张福顺主观上没有欺骗目的,也不具备欺骗行为,整个贷款运作人是原银行信贷科长刘金民,张福顺没有隐瞒房本已贷过款的事实,张福顺积极采取措施还贷,没有非法占有的目的,张福顺无罪。

河北省高级人民法院经公开审理,对控辩意见分析、采信如下:

对原审被告人张福顺所提,购买秦皇岛市东福工程塑料有限公司,是张福顺与民族路办事处合作欲倒卖牟利,此笔业务由原银行信贷科长刘金民主持运作,后由于刘金民意外死亡未能实现的辩解意见,除被告人供述外,没有其他证据证实,不予确认。

对抗诉机关所提,秦皇岛市东福工程塑料有限公司属虚报注册资本,有相关证据证实,倾向予以认定。但根据辩护人当庭提供的证据材料,还应认定该公司通过虚报注册资本的方式成立后,有相应的经营活动。

对抗诉机关所提,张福顺以同一座楼房3次超出抵押物价值重复抵押,贷款时已负债累累,履约能力严重不足的事实已经存在,经查,张福顺用同一座楼房抵押贷款四笔,除起诉的一笔外,其他三笔有两笔已归还,另一笔属正常贷款,也归还了近半数的本金,这不仅直接说明张福顺贷款后有相应的偿还能力,并非"负债累累,履约能力严重不足",也可间接印证张福顺虽使用了虚假的产权证明作担保,但贷出款后并无据为己有的目的。该抗诉意见不能成立。

对抗诉机关所提,秦皇岛市腾达铝业有限公司属虚报注册资本的抗诉意见,经查,有证据支持,应予以采纳,但考虑到:该公司成立后有相应的经营活动;其成立是在1995年7月,而其贷款是在1996年2月;出庭履行职务的检察人员当庭亦表示其不认为张福顺虚报注册资本的目的就是为了骗取贷款,故该事实不能证明张福顺有非法占有的目的,与本案无直接联系。

对抗诉机关所提,张福顺未按约定将公司的全部财产交付给杨黎鹰(协议约定的3000台游戏机未交付),这表明其转让公司实际是一场骗局的抗诉意见,经查,秦皇岛市东福工程塑料有限公司董事长、总经理已由张福顺变更为杨黎鹰,而从杨黎鹰的证言可以看出,对于公司的转让杨黎鹰并非受制于张福顺,其本人亦有相应的目的,且其在证言中明确表示"游戏机没用"。故该抗诉意见也不能成立。

河北省高级人民法院认为,原审被告人张福顺以欺诈手段获取银行贷款,亦未按合同约定使用贷款,但张福顺将贷款用于购买固定资产和期货投资,并能积极寻找偿还贷款途径,认定其主观上具有非法占有银行贷款的目的证据不足,因此,对张福顺的行为不能以贷款诈骗论处。抗诉机关所提抗诉理由均不能成立。原判决认定事实清楚,证据确实、充分,适用法律正确,审判程序合法。依照《中华人民共和国刑事诉讼法》第一百八十九条第(一)项、第一百九十七条的规定,裁定驳回抗诉,维持原判。

二、裁判要旨

No.3-5-193-1　以欺诈手段获取银行贷款并违反合同约定使用贷款,但能积极寻找偿还贷款途径,确有证据证明行为人主观上不具有非法占有目的的,不构成贷款诈骗罪。

在经济生活中,有的行为人为申请和获取银行贷款,可能或多或少地使用欺诈手段,因此,在审理因出现资金风险或者造成经济损失而形成的金融借贷纠纷案件时,尤其应注意区别贷款民事欺诈行为与贷款诈骗犯罪,准确把握贷款诈骗罪与非罪的界限。贷款民事欺诈行为与贷款诈骗犯罪主观上都意图欺骗金融机构,客观上均实施了一定程度的欺诈行为,二者区别的关键是行为人是否具有非法占有金融机构贷款的目的。2001年《全国法院审理金融犯罪案件工作座谈会纪要》指出:"对于确有证据证明行为人不具有非法占有的目的,因不具备贷款的条件而采取了欺骗手段获取贷款,案发时有能力履行还贷义务,或者案发时不能归还贷款是因为意志以外的原因,如因经营不善、被骗、市场风险等,不应以贷款诈骗罪定罪处罚。"

要认定行为人是否具有非法占有的目的,必须首先明确"非法占有"的内涵。我们认为,刑法意义上的非法占有,不仅是指行为人意图使财物脱离相对人而非法实际控制和管领,而且意图非法所有或者不法所有相对人的财物,为使用、收益、处分之表示。因此,不能单纯以行为人使用欺诈手段实际获取了贷款或者贷款到期不能归还,就认定行为人主观上具有非法占有贷款的目的,而应坚持主客观相一致的原则,具体情况具体分析,在对行为人贷款时的履约能力、取得贷款的手段、贷款的使用去向、贷款无法归还的原因等方面及相关客观事实进行综合分析的基础上,判断行为人是否具有非法占有贷款的目的,以准确界定是贷款欺诈行为还是贷款诈骗犯罪。

值得注意的是,2006年6月29日《刑法修正案(六)》第十条规定了骗取贷款罪,即以欺骗手段获得银行或者其他金融机构贷款,给银行或者其他金融机构造成重大损失或者有其他严重情节的,构成骗取贷款罪。

案例:吴晓丽贷款诈骗案

案例来源:《刑事审判参考》总第15辑[第92号]

主题词:贷款诈骗罪　非法占有目的

一、基本案情

被告人吴晓丽,女,1965年3月16日出生,原系辽宁省盖州市镁厂厂长、营口佳友铸造有限公司总经理。因涉嫌犯贷款诈骗罪,于1999年4月30日被逮捕。

辽宁省营口市中级人民法院经审理查明:1995年8月至10月,被告人吴晓丽以盖州市有色金属铸造厂的名义先后从盖州市辰州城市信用社贷款105万元。贷款期满后,吴晓丽未能偿还。1995年12月30日,吴晓丽以盖州市镁厂的名义,从辰州城市信用社贷款235万元,将所欠该信用社的贷款本金、利息及其弟吴晓辉、其妹吴晓静欠辰州信用社的贷款本金及利息转入该合同。贷款期满后,吴晓丽仍未偿还。1997年12月24日,吴晓丽又以营口佳友铸造有限公司的名义,用盖州市镁厂2214平方米厂房作抵押,与盖州市辰州城市信用社签订310万元的借款合同,将原未偿还的235万元贷款的本金及利息转入该合司。

1996年6月至8月间,被告人吴晓丽以盖州市镁厂名义,两次从盖州市城建信用社共计贷款人民币200万元。贷款期满,吴晓丽未偿还。1997年12月8日,吴晓丽用盖州市镁厂1404平方米厂房和机器设备作抵押,重新与盖州市城建信用社签订贷款251万元的借款合同,将原200万元贷款的本金及利息转入该合同。

上述贷款到期后,经两个信用社多次催要,吴晓丽没有偿还借款。1998年9月3日,吴晓丽因在上述两信用社抵押财产未在产权机关登记,擅自将镁厂的全部建筑物及厂区土地(包含上述两项贷款抵押物)作价人民币400万元,一次性转让给盖州市亚特塑料制品厂厂长王晓春,双方在签订镁厂《转让合同书》过程中,吴晓丽隐瞒了镁厂已有部分建筑抵押给信用社的事实。吴晓丽从转让镁厂中收到王晓春分期给付的300万元现金,但未用于偿还贷款。

营口市中级人民法院认为:被告人吴晓丽明知其厂房已用于银行贷款的抵押而将该厂房卖掉,其行为已构成贷款诈骗罪,且数额特别巨大,应依法惩处。依照《中华人民共和国刑法》第一百九十三条、第六十九条(吴晓丽还犯有其他罪,本文略。——编者注)之规定,于1999年10月26日判决如下:

被告人吴晓丽犯贷款诈骗罪,判处有期徒刑十年,并处罚金人民币五十万元。

宣判后,吴晓丽不服,上诉于辽宁省高级人民法院。

吴晓丽上诉称:其将厂房卖给王晓春时,已将贷款一并移交给王晓春,由王晓春代为偿还贷款。后王晓春不承认代其还贷一事,故其曾向营口市中级人民法院起诉王晓春,要求法院认定其与王晓春间的买卖合同无效,而营口市中级人民法院经审理认为其与银行所签订的贷款抵押合同因未在有关管理部门进行登记为无效合同,而认定其与王晓春所签订的买卖合同合法有效,故驳回其诉讼请求。是由于辽宁省高级人民法院维持了营口市中级人民法院的一审判决,才致其不能偿还贷款,其没有非法占有贷款的主观故意,不构成贷款诈骗罪。

二审经审理查明:上诉人吴晓丽于1997年12月8日,用盖州市镁厂1404平方米厂房和机器设备作抵押,与盖州市城建信用社签订贷款250万元的借款合同。1997年12月24日,吴晓丽以营口佳友铸造有限公司的名义,用盖州市镁厂2214平方米厂房作抵押,与盖州市辰州城市信用社签订310万元的借款合同。上述贷款合同到期后,经两个信用社多次催要,吴晓丽均没有偿还借款。1998年9月3日,吴晓丽擅自将镁厂的全部建筑物及厂区土地(包含上述两项贷款抵押物)作价人民币400万元,一次性转让给盖州市亚特塑料制品厂厂长王晓春,并对王晓春隐瞒了镁厂已有部分建筑抵押给信用社的事实。吴晓丽从转让镁厂中收到王晓春分期给付的300万元现金,但未用于偿还贷款。1998年10月17日,吴晓丽以盖州市镁厂名义向营口市中级人民法院起诉盖州市亚特塑料制品厂,要求认定其与王晓春之间的转让合同无效。后该案经营口市中级人民法院一审,辽宁省高级人民法院二审审理,认定吴晓丽与两家银行所签订的抵押合同因未到有关部门登记而无效,吴晓丽与王晓春之间所签订的转让合同合法有效,至此造成银行不能通过抵押的财产收回贷款。吴晓丽所欠银行贷款的本金及利息在二审期间已由其弟全部代为还清。

辽宁省高级人民法院认为:上诉人吴晓丽在贷款当时没有采取欺诈手段,只是在还贷的过程中将抵押物卖掉,如果该抵押是合法有效的,银行可随时采取法律手段将抵押物收回,不会造成贷款不能收回的后果;且吴晓丽在转让抵押物后,确也采取了诉讼的手段欲将抵押物收回,因认定抵押合同无效才致使本案发生,故对吴晓丽不构成贷款诈骗罪的上诉理由予以支持,原审认定被告人吴晓丽犯贷款诈骗罪不能成立。依照《中华人民共和国刑事诉讼法》第一百八十九条第(二)项之规定,于2000年11月17日判决撤销辽宁省营口市中级人民法院刑事判决中对上诉人吴晓丽犯贷款诈骗罪的定罪量刑及数罪并罚部分。

二、裁判要旨

No. 3-5-193-2 取得贷款时未采取欺诈手段,还贷过程中非法转移抵押物的,主观上不具有非法占有目的,不构成贷款诈骗罪。

根据《刑法》第一百九十三条规定,以非法占有为目的,使用虚构事实或者隐瞒真相的方法,骗取银行或者其他金融机构贷款,数额较大的,构成贷款诈骗罪。而贷款欺诈通常属于贷款纠纷,是指因贷款人在签订、履行借款合同过程中采取了虚构事实或者隐瞒真相的方法而产生的经济纠纷。从具体行为方式来看,贷款诈骗与贷款欺诈有许多相似或相同之处。例如,编造引进资金、项目等虚假理由,使用虚假的经济合同,使用虚假的证明文件,使用虚假的产权证明作担保或者超出抵押物价值重复担保,等等。也就是说,贷款欺诈行为也可以表现为《刑法》第一百九十三条列举的五种情形。但是,在法律责任上,二者有重大的差别:诈骗贷款数额较大的,构成贷款诈骗罪,须承担刑事责任;而通过欺诈方法获取贷款,即使数额较大,到期不能归还,如行为人没有非法占有的目的,也不能追究行为人的刑事责任。那么,如何区分贷款诈骗罪与贷款纠纷?区分的标准主要应从借款人主观上是否具有非法占有目的上来分析。

案例:马汝方等贷款诈骗、违法发放贷款、挪用资金案

案例来源:《刑事审判参考》总第39集[第305号]

主题词:贷款诈骗罪 单位犯罪

一、基本案情

被告人马汝方,男,49岁,大专文化,原系中国明华有限公司法定代表人、总经理。因涉嫌犯贷款诈骗罪,于2002年4月26日被逮捕。

被告人马凤仙,女,46岁,大专文化,无业。因涉嫌犯贷款诈骗罪,于2002年6月21日被逮捕。

被告人徐光,男,35岁,大专文化,原系中国明华有限公司财务负责人。因涉嫌犯贷款诈骗罪,于2002年4月4日被逮捕。

被告人赵兰增,男,40岁,大专文化,原系中国民生银行北京中关村支行行长。因涉嫌犯贷款诈骗罪,于2001年9月1日被逮捕。

北京市第一中级人民法院经审理查明:

1. 1997年9月,时任明华公司法定代表人兼总经理的马汝方,在明知明华公司所属子公司北京硬视兄弟商务有限责任公司(以下简称"硬视兄弟公司")、北京硬视多媒体开发制作有限公司(以下简称"硬视多媒体公司")不具备高额贷款和提供担保的条件,在无保证还贷能力的情况下,为获取银行高额贷款,指使明华公司财务负责人徐光采取变造、虚构硬视兄弟公司、硬视多媒体公司的营业执照、财务报表等贷款证明文件的手段,将硬视兄弟公司的注册资金由人民币30万元变造为人民币330万元,将硬视多媒体公司的注册资金28万美元变造为128万美元,法定代表人由马汝方变造为张爽,并将两公司的财务报表做大,以硬视兄弟公司为借款人,以硬视多媒体公司为保证人,从中国民生银行北京中关村支行骗取贷款人民币500万元。该贷款中的100万元转至明华公司,其余款项均用于明华公司的债务及其他事务。

1997年11月,时任明华有限公司法定代表人兼总经理的马汝方,在明知明华公司无高额贷款及担保能力的情况下,为获取高额贷款,指使该公司的财务负责人徐光使用马凤仙提供的北京市西城区明珠制衣厂(以下简称"明珠制衣厂")、北京市今捷易通经贸公司(以下简称"今捷易通公司")的营业执照进行变造,将明珠制衣厂的注册资金由人民币40万元变造为1000万元,将今捷易通公司的注册资金由人民币20万元变造为1200万元,并对两单位的财务报表等贷款证明文件进行变造,以明珠制衣厂为借款人、以今捷易通公司为保证人,分两次从中国民生银行北京中关村支行骗取贷款人民币共计人民币800万元。该贷款转入到马汝方等人以明珠制衣厂的名义在中国民生银行北京中关村支行开设的账户上,其中650万余元转至明华公司账上,其余150万余元用于明华公司的债务及其他事务支出。

1998年1月,时任明华公司法定代表人兼总经理的马汝方,伙同徐光、马凤仙采取变造北京华视通广告公司(以下简称"华视通公司")、北京燕智忠经贸有限责任公司(以下简称"燕智忠公司")的营业执照、财务报表等贷款证明文件的手段,将华视通公司的注册资金由人民币150万元变造为人民币600万元,法定代表人由马汝方变造为马凤仙,将燕智忠公司的注册资金由50万元变造为人民币1000万元,以华视通公司为借款人,以燕智忠公司为保证人,从中国民生银行北京中关村支行骗取贷款计人民币500万元,该贷款大部分被明华公司使用。

综上,马汝方作为明华公司的负责人,分别指使徐光、马凤仙,先后4次从中国民生银行北京中关村支行骗取贷款共计人民币1800万元。其中,马汝方、徐光参与4次,涉案金额人民币1800万元;马凤仙参与3次,涉案金额人民币1300万元。上述款项均未用于贷款申请书所列项目,到期后未归还。

在办理上述四笔贷款的过程中,身为中国民生银行北京中关村支行副行长的被告人赵兰增,在主管该行信贷业务中,违反法律、行政法规的规定,先后签发批准向硬视兄弟公司等单位发放贷款,致使 1800 万元贷款被诈骗。

2. 1997 年 12 月,被告人赵兰增利用担任中国民生银行北京中关村支行副行长职务上的便利,伙同被告人马汝方,擅自挪用该银行的客户存款资金人民币 2160 万元归明华公司用于经营活动。2000 年 4 月,赵兰增归还该挪用的资金。

2000 年 6 月,被告人赵兰增利用担任中国民生银行北京中关村支行行长职务上的便利,采取伪造借款合同、保证合同的手段,挪用该银行向其他单位发放的贷款人民币 3000 万元归个人使用,至今未退还。

北京市第一中级人民法院认为:被告人马汝方、马凤仙、徐光无视国法,以非法占有为目的,冒用他人名义,利用虚假的贷款证明文件签订借款合同,为明华公司的利益而骗取银行贷款,三被告人的行为均已构成合同诈骗罪。被告人马汝方与银行工作人员共谋,利用他人的职务便利,挪用资金予以使用,其行为已构成挪用资金罪。被告人赵兰增身为银行工作人员,违反法律、行政法规规定,向关系人以外的其他人发放贷款,且造成特别重大的损失;赵兰增还利用职务上的便利,挪用本单位资金归个人使用或借给其他单位进行经营活动,且挪用资金数额巨大,其行为已分别构成违法发放贷款罪、挪用资金罪。北京市人民检察院第一分院指控被告人马汝方、马凤仙、徐光、赵兰增犯罪的事实清楚,证据确实、充分,指控被告人赵兰增犯违法发放贷款罪、单独及伙同马汝方犯挪用资金罪的罪名成立。惟指控被告人马汝方、马凤仙、徐光犯贷款诈骗罪,因三被告人系为了单位的利益实施诈骗银行贷款,且犯罪所得主要由单位使用,故应以合同诈骗罪追究该三被告人的刑事责任。被告人马汝方、马凤仙、徐光犯罪数额特别巨大,马汝方是单位犯罪中直接负责的主管人员,马凤仙以个人身份参与犯罪,徐光为单位犯罪中的直接责任人员,三被告人所犯合同诈骗罪均应依法惩处。对马汝方所犯挪用资金罪亦应惩处。鉴于被告人徐光认罪态度较好,对其可酌予从轻处罚。对被告人赵兰增所犯违法发放贷款罪、挪用资金罪应分别予以惩处。被告人赵兰增违法发放贷款,造成特别重大的损失,被告人赵兰增单独及伙同马汝方挪用资金,数额巨大。据此,根据被告人马汝方、马凤仙、徐光、赵兰增犯罪的事实,犯罪的性质、情节和对于社会的危害程度,依照《中华人民共和国刑法》第二百二十四条第(一)项、第二百三十一条、第一百八十六条第二款、第一百八十五条第一款、第二百七十二条第一款、第五十六条第一款、第五十七条第一款、第二十五条第一款、第二十六第一款、第四款、第六十九条、第六十四条之规定,判决如下:

1. 被告人马汝方犯合同诈骗罪,判处无期徒刑,剥夺政治权利终身,并处没收个人全部财产;犯挪用资金罪,判处有期徒刑七年,决定执行无期徒刑,剥夺政治权利终身,并处没收个人全部财产。

2. 被告人马凤仙犯合同诈骗罪,判处有期徒刑十二年,剥夺政治权利三年,并处罚金人民币八万元。

3. 被告人徐光犯合同诈骗罪,判处有期徒刑十年,剥夺政治权利二年,并处罚金人民币五万元。

4. 被告人赵兰增犯违法发放贷款罪,判处有期徒刑十三年,并处罚金人民币二十万元;犯挪用资金罪,判处有期徒刑十年,决定执行有期徒刑二十年,并处罚金人民币二十万元。

5. 继续向被告人马汝方、徐光及中国明华有限公司追缴人民币一千八百万元,被告人马凤仙对其中的人民币一千三百万元负有退缴责任,应一并追缴,发还中国民生银行北京中关村支行。

6. 随案移送赃款人民币三万元、港币一千一百元、法郎两千一百元、美元十一元,发还中国民生银行北京中关村支行,不足人民币三千万元之部分,继续向被告人赵兰增追缴,发还中国民生银行北京中关村支行。

一审宣判后,被告人马汝方、徐光、马凤仙均不服,分别向北京市高级人民法院提出上诉。

被告人马汝方上诉称:没有指使他人伪造、变造贷款文件诈骗贷款。其辩护人提出:一审判决改变指控罪名,违反程序法的规定;马汝方及其关联企业将贷款主要用于企业经营,且马汝方具有偿贷能力,其行为性质上属于民事欺诈而非合同诈骗。

被告人马凤仙上诉称:一审判决认定的事实与实际不符。其辩护人提出:明华公司未被判决构成单位犯罪,自然不应判处马凤仙刑罚;马凤仙没有参与贷款诈骗行为,主观上对于明华公司的贷款诈骗不具有明知,故不构成合同诈骗罪的共犯。

被告人徐光及其辩护人的上诉、辩护意见称:其有重大立功情节,一审判决量刑过重。

北京市高级人民法院经审理认为:被告人马汝方、马凤仙、徐光以非法占有为目的,冒用他人名义,使用虚假的贷款证明文件签订借款合同,为明华公司的利益而骗取银行贷款,三被告人的行为均已构成合同诈骗罪,且犯罪数额特别巨大。马汝方身为单位犯罪中直接负责的主管人员,马凤仙以个人身份参与共同犯罪,徐光身为单位犯罪中的直接责任人员,故对三被告人所犯合同诈骗罪均应依法惩处。马汝方与银行工作人员共谋,利用他人的职务便利,挪用资金予以使用,其行为已构成挪用资金罪,且挪用资金数额巨大,对其应予依法惩处。原审被告人赵兰增身为银行的工作人员,违反法律、行政法规规定,向关系人以外的其他人发放贷款,并造成特别重大的损失;赵兰增利用职务上的便利单独或伙同他人挪用本单位资金归个人使用或借给其他单位进行营利活动,且挪用资金数额巨大,其行为已分别构成违法发放贷款罪、挪用资金罪,亦应依法惩处。一审法院根据马汝方、马凤仙、徐光、赵兰增各自犯罪的事实、性质、情节及对于社会的危害程度,依法所作的判决,事实清楚,证据确实、充分,定罪及适用法律正确,量刑适当,审判程序合法,应予维持。依照《中华人民共和国刑事诉讼法》第一百八十九条第(一)项之规定,裁定驳回上诉,维持原判。

二、裁判要旨

No. 3-5-193-3 单位与自然人共同诈骗银行贷款的,应以合同诈骗罪的共犯论处。

单位与单位、单位与自然人之间可以构成共同犯罪,目前理论上和司法实务中均无疑问。本案中,被告人马汝方、徐光身为犯罪单位明华公司直接负责的主管人员,被告人马凤仙利用与马汝方的亲属关系以个人身份参与,在马汝方的授意、指使下,马凤仙积极参加并与犯罪单位的相关负责人员徐光进行配合,才使得犯罪单位明华公司诈骗银行贷款的行为顺利得逞,故足以认定马凤仙个人与明华公司构成共同犯罪。问题在于,刑法未将单位规定为贷款诈骗罪的主体,对单位实施的贷款诈骗行为,根据2001年《全国法院审理金融犯罪案件工作座谈会纪要》有关要求,不能以贷款诈骗罪定罪处罚,也不能以贷款诈骗罪追究直接负责的主管人员和其他直接责任人员的刑事责任。对于单位以非法占有为目的,利用签订、履行借款合同诈骗银行或其他金融机构贷款,符合《刑法》第二百二十四条规定的合同诈骗罪的构成要件的,应以合同诈骗罪定罪处罚。

案例:孙联强贷款诈骗案

案例来源:《人民法院案例选》2005年第2辑

主题词:贷款诈骗罪

一、基本案情

被告人孙联强,男,1954年4月28日出生于福建省永春县,汉族,初中文化,农民。因涉嫌犯贷款诈骗罪于2004年4月8日被刑事拘留,同年5月5日被逮捕。

福建省泉州市鲤城区人民法院经审理查明:被告人孙联强与苏金雕于2002年5月23日向泉州市华侨大学共同承包经营华侨大学北苑餐厅,承包期限为6年。按合同规定,承包方得投入100万元以上用于装修和添置设备。孙联强对该餐厅进行了装修,但拖欠了一些设备款、装修款,同年9月5日餐厅开始营业。

2002年6月20日,中国平安保险公司泉州支公司(以下简称"泉州保险公司")根据被告人孙联强提供的虚假的尚未营业的华大北苑餐厅的月收入证明,签发了《机动车辆消费贷款保证保险投保单》后,由泉州保险公司为其提供担保,向中国建设银行鲤城支行(以下简称"鲤城建行")申请贷款人民币6.8万元,加上被告人已支付的1.7万元,购买万丰皮卡工具车一部。贷款后,孙联强未按照汽车消费借款合同及抵押合同的约定办理车辆抵押登记手续。同年10月15日,被告人孙联强因拖欠曾国裕调味品款、童建安猪肉款、主厨叶某工资被追讨,就以已提前还清该车的全部贷款急需现金为由,将车折价人民币6.6万元转卖给王世群并过户,后将6万元偿还其欠童建安、曾国裕的债务。该辆车到案发前只归还银行贷款本息共计14253.54元,在被告人孙联强归案后,其家属又代其偿还工具车其余的按揭贷款本息共计人民币59129.83元。

2002年8月1日,被告人孙联强又采取上述手段,让中国人民保险公司晋江支公司(以下简称“晋江保险公司”)为其提供担保,向鲤城建行申请贷款人民币23.5万元,由朋友代垫的5.6万元首付款,购买本田雅阁2.0轿车一部,该车至案发时仍未办理抵押登记手续。同年8月中旬,被告人孙联强通过他人介绍称其因承包餐厅缺乏资金需要借钱,并未说明本田车是按揭贷款车辆将车抵押给郑太平借出人民币15万元用于还债。同年10月4日,由于被告人孙联强欠德化县的郑胡平人民币7万元债务,在郑胡平的追讨下,被告人孙联强又向郑胡平借出人民币15万元偿还郑太平取回本田轿车抵押给郑胡平,并约定从10月起每月还1万元至还清时再退还给孙联强。该部车到案发前只归还银行贷款本金人民币29602.64元、利息人民币11858.99元。案发后,公安机关已追回该部轿车。

2002年10月18日,被告人孙联强采取上述手段,由晋江保险公司为其提供担保,向鲤城建行申请贷款人民币13.3万元,连同车行老板代垫的首付款一起,购买金程面包车一部。贷款后,该车到交警部门办理了车辆抵押登记手续。

2003年春节,被告人孙联强与郑天乐等人投资合股20万元经营餐厅,餐厅至5、6月开始亏损,郑天乐等人要退股,该面包车归郑天乐使用并作为退还股金的保证。后该车由郑天乐使用并被永春县公安机关扣押,现已移交本案扣押。该部车到案发前只归还银行贷款本金人民币24095.26元、利息人民币3872.72元。案发后,该部面包车已追回。

2003年12月,鲤城建行到法院起诉孙联强、康雪英、泉州保险公司、晋江保险公司三起借款合同纠纷案。案件在审理过程中,泉州保险公司发现孙在贷款时提供了虚假的收入证明骗取其为贷款承保,且贷款所购车辆已转卖他人,遂于2004年4月2日向公安机关报案。2004年4月8日,被告人孙联强接到公安机关的通知后,于当日主动到公安机关接受讯问,并如实供述自己的犯罪事实。法院将受理的三起民事案件依法移送泉州市公安局。

公诉机关指控,被告人孙联强为了达到套现和还债的目的,于2002年6月至10月间,提供虚假的尚未营业的华大北苑餐厅的月收入证明,从中国建设银行鲤城支行先后三次分别贷款人民币6.8万元、23.5万元、13.3万元,并分别购买了皮卡工具车、小轿车、面包车各一部。后被告人孙联强分别将三部车抵押、转卖给郑胡平、王世群、郑天乐等人,用于套现及还债。被告人孙联强归案后,其家属代其偿还工具车的按揭贷款人民币38236.1元,尚有贷款共计人民币314302.1元无法归还。2004年4月8日,被告人孙联强接到公安机关的通知后,于当日主动到公安机关接受讯问,并如实供述自己的犯罪事实。公诉机关认为被告人的行为已构成贷款诈骗罪并有自首情节,提请法院依照《中华人民共和国刑法》第一百九十三条第(三)项、第六十七条第一款之规定,对被告人孙联强定罪惩处。

被告人孙联强辩解,其贷款不是为了套取现金而是为了经营餐厅,且其提供的收入证明是经过学校测算,保险公司、银行多次到餐厅审查后确定的。其辩护人提出被告人的行为不构成贷款诈骗罪,被告人提供的月收入证明是提供给保险公司作为审查材料,而不是办理贷款的文件依据,孙提供的贷款手续符合要求,并无欺诈;被告人是为了餐厅的经营及装点门面需要而购买三部车,购车后,因债主逼债才将车卖掉或借出、抵押给他人,事出有因,而非其在贷款前就有诈骗的故意;被告人在买车后,因为经营状况发生变化,未能及时分期还款,并非不想还。因此,被告人在主观上没有非法占有的目的,其行为只是属违约和有过错,只能以民事违约方式进行追究责任,故公诉机关指控的罪名定性不准。

案件在审理过程中,鲤城区人民检察院向本院提出撤诉申请。泉州市鲤城区人民法院认为,泉州市鲤城区人民检察院申请撤回起诉的要求符合《中华人民共和国刑事诉讼法》的规定,遂依照最高人民法院《关于执行〈中华人民共和国刑事诉讼法〉若干问题的解释》第一百七十七条的规定,作出准予泉州市鲤城区人民检察院撤回起诉的裁定。

二、裁判要旨

No. 3-5-193-4 贷款确系被用于所约定的项目,并且被告人正在设法偿还,最终不能偿还贷款是因被告人不能控制的原因造成的,应认定为主观上不存在非法占有的目的,不构成贷款诈骗罪。

贷款诈骗与民事欺诈行为的界限有时候比较模糊。从理论上说,是否具有非法占有的目的是区分两者的关键。在获取贷款时有欺诈行为,获得贷款后又不能按期偿还贷款的情况下,判断行为人主观上是否具有非法占有的目的,主要是通过查明贷款的用途来实现的。如果贷款确实被用于所规定的项目,并且正在设法偿还,最终不能偿还贷款是由于行为人不能控制的原因造成,那么,应该认为行为人主观上没有非法占有的目的。本案中,贷款买车有保险公司作担保,所购车辆也是用于饭店的经营活动,行为人不能归还贷款的原因主要是经营管理不善,因此不能认定行为人有非法占有的目的。

案例:陈玉泉等贷款诈骗案

案例来源:《刑事审判参考》总第16辑[第100号]

主题词:贷款诈骗罪 单位犯罪

一、基本案情

被告人陈玉泉,化名陈祥,男,1967年1月2日出生,农民。因涉嫌犯贷款诈骗罪、伪造企业印章罪,于2000年5月12日被逮捕。

被告人邹臻荣,曾用名邹文,男,1976年1月13日出生,农民。因涉嫌犯伪造企业印章罪,于2000年5月12日被逮捕。

兴化市人民法院经公开审理查明:1994年下半年至1995年上半年的一天,被告人陈玉泉在被告人邹臻荣的哥哥邹臻林处,为贷款事宜与邹臻荣商议伪造企业印章制作假担保证明。嗣后,陈玉泉提供了"兴化市农乐配方肥料厂"印章和该厂法定代表人周立业印章"周立业印"的样本。邹臻荣伪造了上述两枚印章后交给陈玉泉。1995年10月26日,陈玉泉以其租赁承包经营的兴化市盛泰经济贸易公司(具有法人资格,以下简称"盛泰公司")与同样由其个人经营的兴化市仁泉精品行(个体工商户)签订了一份标的物为摩托车的工矿产品购销合同,向中国建设银行兴化市支行(以下简称"兴化建行")申请办理承兑汇票。为规避银行检查,陈玉泉将购销合同供方兴化市仁泉精品行负责人写成宋如兰。1995年10月31日,兴化建行与盛泰公司签订了期限为6个月,金额为20万元的银行承兑协议。1995年11月1日,兴化市仁泉精品行持承兑汇票向中国农业银行兴化市支行(以下简称"兴化农行")申请贴现,得款人民币18.2万元。1996年5月2日,兴化建行以特种转账方式贷给盛泰公司20万元,并将该款从盛泰公司的贷款账户转入盛泰公司在该行开设的存款账户,同日从盛泰公司存款账户扣划20万元偿还承兑汇票款20万元。1996年3月20日,盛泰公司以与广东省南海市奇槎建达铜铝型材厂签订的、标的物为铝型材的工矿产品购销合同及用伪造的印章制作的担保书,向兴化建行申请办理承兑汇票。1996年4月15日,兴化建行与盛泰公司签订了期限分别为4个月、6个月,金额均为20万元的银行承兑协议两份。1996年4月26日,盛泰公司持南海市奇槎铜铝型材厂背书转让的承兑汇票向兴化建行申请贴现,得款37.4万元。1996年11月27日,兴化市建行与盛泰公司又签订借款合同一份,陈玉泉又以伪造的印章办理了保证合同,盛泰公司用此次借款90万元偿还了陈玉泉所欠贷款,其中包括1996年5月2日的贷款20万元和1996年4月15日的承兑汇票款20万元。

另查明:盛泰公司1995年至1996年上半年确曾从事摩托车和铝型材经营业务,所欠兴化建行贷款90万元及其利息至今未还。财务报表及账册下落不明。

兴化市人民法院认为,被告人陈玉泉经营的盛泰公司1995年10月31日申请办理银行承兑汇票20万元,系企业行为,因企业不具备贷款诈骗罪的主体资格,故不应以贷款诈骗罪追究被告人陈玉泉的刑事责任。盛泰公司1995年10月31日请办理的承兑汇票20万元,虽已两次转贷,从银行账面反映此笔款项业已偿还。但是1996年5月2日的转贷系银行的单方行为,1996年11月27日转贷时,陈玉泉使用伪造的印章办理保证合同,故两次转贷均违背法律、法规及规章的有关规定,属无效民事行为。盛泰公司先以含有虚假内容的购销合同申请办理银行承兑汇票20万元,数额较大,后又隐匿、销毁账册,以企业亏损为由拒绝还款,应认定具有非法占有的故意,构成合同诈骗罪。鉴于该行为发生于1997年刑法实施之前,根据刑法第十二条第一款及最高人民法院1996年12月16日《关于审理诈骗案件具体应用法律的若干问题解释》的精神,只对单位直接负责的主管人员和其他直接责任人员,按照对单位犯罪处罚的有关规定追究刑事责任。被告人陈玉泉系盛泰公司的负责人(承包经营人),又系涉案款项的直接责任人,应当受到刑事惩处。案发后,被告人陈玉泉能认罪悔过,可依法宣告缓刑。被告人邹臻荣伪造企业印章的事实存在,其行为亦为盛泰公司诈骗银行贷款提供了条件,但因其行为时间不能具体确定,鉴于追诉时效的规定,不追究其刑事责任。被告人邹臻荣除伪造印章外未实施借贷及使用、占有贷款的行为,不具有非法占有银行贷款的故意,认定其构成犯罪的事实依据不足。据此,依照《中华人民共和国刑法》第十二条第一款、第二百二十四条第(五)项、第二百三十一条、第七十二条、第七十三条第二款、第三款和《中华人民共和国刑事诉讼法》第一百六十二条第(三)项的规定,于2001年2月21日判决如下:

1. 被告人陈玉泉犯合同诈骗罪,判处有期徒刑三年,缓刑三年,并处罚金人民币1000元。
2. 被告人邹臻荣无罪。

一审宣判后,在法定期限内,被告人陈玉泉、邹臻荣没有上诉,检察机关亦未抗诉,判决发生法律效力。

二、裁判要旨

No. 3-5-193-5　单位实施的贷款诈骗行为,不构成贷款诈骗罪,应以合同诈骗罪论处。

1995年6月30日全国人民代表大会常务委员会《关于惩治破坏金融秩序犯罪的决定》首次规定有贷款诈骗罪,1997年刑法对此罪名予以吸纳。二者均将贷款诈骗罪的主体限定于自然人。然而在实际经济活动中,贷款诈骗行为常为单位所实施,并具有很大的社会危害性。但是,由于单位不符合贷款诈骗罪的主体资格,根据罪刑法定原则,对于单位实施的贷款诈骗行为,无论数额大小,均不能作为贷款诈骗罪处理,也不能以贷款诈骗罪追究单位直接负责的主管人员和其他直接责任人员的刑事责任。对此,2001年1月21日《全国法院审理金融犯罪案件工作座谈会纪要》规定:"……单位不能构成贷款诈骗罪……对于单位实施的贷款诈骗行为,不能以贷款诈骗罪定罪处罚,也不能以贷款诈骗罪追究直接负责的主管人员和其他直接责任人员的刑事责任。"但是,考虑到单位贷款诈骗虽不能以贷款诈骗罪定罪处罚,但此种行为有时属于利用合同实施,符合合同诈骗罪的特征,故《全国法院审理金融犯罪案件工作座谈会纪要》又规定:"对于单位十分明显地以非法占有为目的,利用签订、履行借款合同诈骗银行或其他金融机构贷款,符合刑法第二百二十四条规定的合同诈骗罪构成要件的,应当以合同诈骗罪定罪处罚。"

62 票据诈骗罪(《刑法》第一百九十四条第一款)

案例:王世清票据诈骗、刘耀挪用资金案

案例来源:《刑事审判参考》总第49集[第387号]
主题词:票据诈骗罪

一、基本案情

被告人王世清,男,1963年8月15日出生,大学文化,原系徐州津浦煤炭运销有限公司(以下简称"津浦公司")董事长。2004年2月2日被刑事拘留,同年3月5日被逮捕。

被告人刘耀,男,1975年5月4日出生,大学文化,原系徐州市商业银行淮西支行(以下简称

"商行淮西支行")业务部主任。2004年1月2日被刑事拘留,同年2月9日被逮捕。

江苏省徐州市中级人民法院经审理查明:1996年4月10日,被告人王世清与其弟王汝庆共同出资成立津浦公司,王世清任董事长。津浦公司长期负债经营,截至2003年年底,津浦公司较大的债务有:农行淮西支行贷款1250万元、商行淮西支行贷款1495万元、江苏舜天汉唐贸易有限公司(以下简称"汉唐公司")欠款2000万元、上海能源股份有限公司江苏分公司货款1493万元、徐州国盛物资有限公司欠款1000万元,其中汉唐公司欠款1200万元、农行淮西支行贷款400万元、徐州国盛物资有限公司欠款300万元面临催账。

2003年11月27日,常州华源蕾迪斯有限公司(以下简称"蕾迪斯公司")申请兴业银行南京城北支行开具了收款人为蕾迪斯公司上海分公司的3张银行承兑汇票,金额各为人民币(下同)1000万元,到期日为2004年5月27日。经被告人刘耀联系、操作,蕾迪斯公司与王世清所在的津浦公司通过虚构煤炭购销业务的方法,将该汇票背书转让给津浦公司,津浦公司于2003年12月3日在商行淮西支行申请贴现2928万余元并转付蕾迪斯公司。

2003年12月,汉唐公司向王世清催要津浦公司的1200万元到期欠款。王世清遂与刘耀商议将原在商行淮西支行贴现过的承兑汇票借给津浦公司用于质押贷款,偿还公司到期债务,资金周转后再将承兑汇票赎回归还商行淮西支行,刘耀表示同意。同年12月19日,刘耀以某银行淮东支行被盗,已贴现过的银行承兑汇票放在徐州市工商银行保管更安全为由,骗得共同保管人员李广新的信任。当日下午,在向工商银行转移票据过程中,刘耀利用只有用自己的身份证号码才能打开保险箱的便利,从李广新手中取得存放保险箱的门钥匙单独进去,假装将贴现过的3张银行承兑汇票放入保险箱中,而实际藏于身上带出后将其中2张交给王世清。王世清即安排津浦公司会计到农行淮西支行办理质押贷款1900万元,用于归还汉唐公司等单位欠款及银行到期贷款等。

2003年12月26日,在徐州市商业银行对抵押物品进行检查的过程中,被告人王世清、刘耀感到事情败露且无力偿还贷款而分别逃匿。同月29日,刘耀在亲属的规劝下到南京市瑞金路派出所投案。2004年2月2日,王世清在芜湖市"奥顿"大酒店被公安机关抓获。

徐州市中级人民法院认为,王世清以非法占有银行贷款为目的,采取隐瞒真相的方法,在不具有偿还能力的情况下,利用已实际贴现过的银行承兑汇票作质押骗取银行贷款,用于偿还单位债务后逃匿,其行为已构成合同诈骗罪,且数额特别巨大。刘耀在担任商行淮西支行业务部主任期间,利用实际具有保管汇票的职务便利,采取欺骗的手段,秘密窃取本单位巨额承兑汇票后以个人名义借给王世清的公司使用,质押贷款后进行营利活动,数额特别巨大,且造成巨额资金至今尚未归还,其行为已构成挪用资金罪。公诉机关指控王世清的事实、罪名成立。指控刘耀的犯罪事实清楚,证据充分,但适用法律不当,指控罪名有误,应予纠正。刘耀具有投案自首情节,依法可对其从轻处罚。

2004年7月16日,徐州市中级人民法院依照《中华人民共和国刑法》第二百二十四条第(五)项、第二百三十一条、第二百七十二条第一款、第五十七条第一款、第六十七条第一款、第六十四条的规定判决如下:

1. 被告人王世清犯合同诈骗罪,判处无期徒刑,剥夺政治权利终身,并处没收个人全部财产。

2. 被告人刘耀犯挪用资金罪,判处有期徒刑八年。

3. 涉案中的两张银行承兑汇票追缴后发还徐州市商业银行淮西支行,王世清合同诈骗的赃款赃物追缴后发还中国农业银行徐州市分行淮西支行。

宣判后,王世清、刘耀不服,向江苏省高级人民法院提出上诉。

王世清上诉称,其主观上没有非法占有的故意,未给农行淮西支行带来任何损失,其行为不构成合同诈骗罪。其辩护人除提出与王世清的上诉理由相同的辩护意见外,还提出津浦公司是票据权利人,在农行淮西支行贷款是合法的。

刘耀上诉称,涉案票据的最后背书人是津浦公司,因此津浦公司享有票据权利,其行为不构成犯罪。其辩护人除提出与刘耀的上诉理由相同的辩护意见外,还提出即使刘耀的行为构成挪用资金罪,其有自首情节,赃款已追回,原判量刑过重。

江苏省高级人民法院认为,上诉人王世清作为津浦公司的法定代表人,明知其所在的津浦公司长期负债经营,无偿还能力,通过刘耀骗取了商行淮西支行所有的银行承兑汇票 2 张,后冒用商行淮西支行的汇票骗取银行贷款人民币 1900 万元,用于归还公司债务后逃匿,津浦公司及王世清的行为均已构成票据诈骗罪,且数额特别巨大。上诉人刘耀利用其担任商行淮西支行业务部主任的职务便利,擅自将本单位的承兑汇票以个人名义借给津浦公司进行质押贷款,至今无法归还,其行为已构成挪用资金罪,且数额巨大。原审法院认定事实清楚,对刘耀的定罪准确,量刑适当,应予维持,但对王世清的定性错误,应予改判。依照《中华人民共和国刑法》第一百九十四条第一款第(三)项、第二百条、第二百七十二条第一款、第六十四条和《中华人民共和国刑事诉讼法》第一百八十九条第(一)、(二)项之规定,于 2005 年 8 月 18 日判决如下:

1. 维持江苏省徐州市中级人民法院刑事判决第二项,即被告人刘耀犯挪用资金罪,判处有期徒刑八年。

2. 撤销江苏省徐州市中级人民法院刑事判决第一、三项,即被告人王世清犯合同诈骗罪,判处无期徒刑,剥夺政治权利终身,并处没收个人全部财产;涉案中的两张银行承兑汇票追缴后发还徐州市商业银行淮西支行,被告人王世清合同诈骗的赃款赃物追缴后发还中国农业银行徐州市分行淮西支行。

3. 上诉人王世清犯票据诈骗罪,判处无期徒刑,剥夺政治权利终身。

4. 本案赃款赃物追缴后发还受害单位徐州市商业银行淮西支行。

二、裁判要旨

No. 3-5-194(1)-1　以非法占有为目的,伙同金融机构工作人员使用已经贴现的真实票据质押贷款的,属于冒用他人票据,应以票据诈骗罪论处。

根据《刑法》第一百九十四条第一款第(三)项的规定,冒用他人的汇票是构成票据诈骗罪的其中一种情形。冒用他人汇票是指擅自以合法持票人的名义,支配、使用、转让自己不具备支配权利的他人的汇票行为。冒用通常有三种表现形式:一是使用以非法手段获取的汇票,如以欺诈、偷盗或者胁迫等手段取得的汇票,或者明知是以上述手段取得的汇票而使用;二是没有代理权而以代理人名义使用或者代理人超越代理权限而使用;三是擅自使用他人委托代为保管的或者捡拾他人遗失的汇票。在本案中,被告人王世清的行为分为两个阶段:第一个阶段是取得承兑汇票阶段,第二个阶段为贷款阶段。在这两个阶段中,王世清均使用了欺骗手段。首先,王世清向刘耀提出借用已经贴现过的承兑汇票用于抵押,并承诺几天内归还及帮助该行拉存款,骗取刘耀的信任,使刘耀利用本单位未在汇票的被背书人栏内签名、盖章的漏洞,以及只有本人才能打开保险箱的职务便利,将本单位的银行承兑汇票借给王世清使用。当商行检查时,王世清又拿其他银行的承兑汇票交由刘耀应付检查,客观上王世清对刘耀及商行淮西支行均实施了欺骗的行为。其次,王世清取得银行汇票后到农行淮西支行办理质押贷款。根据有关规定,出质人用于质押的权利凭证应为其所有或具有支配权、处分权的凭证。王世清明知该汇票并非本公司所有,且已被贴现,自己对该汇票不具有支配、处分权,而向农行淮西支行隐瞒了事实真相,以本公司作为合法的持票人,向农行淮西支行办理质押贷款,其对农行淮西支行也实施了欺骗行为。

综上,被告人王世清以欺骗的手段从刘耀手中取得已经贴现过的承兑汇票,其票据的取得是非法的;在贷款过程中,王世清明知该汇票已被贴现,自己对该汇票不具有支配权,而向农行淮西支行隐瞒了事实真相,擅自以本公司作为合法持票人,使用不具备支配权的承兑汇票办理质押贷款,应视为《刑法》第一百九十四条第一款第(三)项规定的冒用他人的汇票。对于以非法占有为目的,冒用他人的汇票进行诈骗活动,构成犯罪的,应当以票据诈骗罪定罪处罚。

案例:李兰香票据诈骗案

案例来源:《刑事审判参考》总第 39 集[第 307 号]

主题词:票据诈骗罪

一、基本案情

被告人李兰香,女,1970 年 12 月 2 日生,汉族,小学文化,无业。因涉嫌犯诈骗罪,于 2003 年 9 月 28 日被逮捕。

江西省南昌市中级人民法院经审理查明:江西清华泰豪科技集团有限公司拟在广东省深圳市成立深圳市萨普泰技术有限公司,经公司财务总监孙江海具体联系后,委托时在深圳代办工商登记的被告人李兰香购买他人证件并以他人名义办理公司设立和税务登记手续,双方约定委托费为人民币 7000 元,事成后支付。在李兰香非法购买万勇、刘伟两个虚假身份证之后,孙江海于 2003 年 7 月 4 日在招商银行总行营业部(深圳市)开设了深圳市萨普泰技术有限公司临时账户,分别以万勇(30 万元)、刘伟(20 万元)为出资人存入人民币 50 万元作为注册资金。之后,被告人李兰香依照约定办理了深圳市萨普泰技术有限公司的工商设立登记、税务登记手续,刻制了公司公章、财务专用章以及公司法定代表人万勇的虚假印章。同年 7 月 29 日,李兰香在招商银行总行营业部开设了深圳市萨普泰技术有限公司一般账户,并将该公司临时账户上的注册资金 50 万元转入该账户,以公司财务专用章和万勇私章作为印鉴。同年 8 月 5 日,李兰香冒用深圳市萨普泰技术有限公司财务专用章、公司法定代表人万勇的印章开出支票,在招商银行总行营业部深圳市萨普泰技术有限公司一般账户上提取现金人民币 5 万元,并转账人民币 44 万元至其他公司后提现占为己有。次日,李兰香即关停手机,携款潜逃回南昌。案发后,公安机关追缴李兰香赃款 49 万元并发还失主。

南昌市中级人民法院认为,李兰香以非法占有为目的,冒用他人支票诈骗人民币 49 万元,已构成票据诈骗罪。公诉机关指控被告人李兰香犯诈骗罪的罪名不能成立。关于被告人李兰香犯侵占罪的辩护意见,因被告人李兰香实施犯罪前并没有合法持有被害人的财产,其行为不符合侵占罪的犯罪构成,故不予采纳。被告人犯罪数额特别巨大,但案发后赃款被全部追回,量刑时可予适当考虑。依照《刑法》第一百九十四条第(三)项之规定,判决如下:

被告人李兰香犯票据诈骗罪,判处有期徒刑十三年,并处罚金人民币五万元。

一审宣判后,被告人李兰香不服,向江西省高级人民法院提出上诉。

被告人李兰香上诉提出:将自己保管的被害人的财产非法据为己有,属于侵占而非票据诈骗;犯意的产生源于被害人不支付代理费用,具有从轻处罚情节,请法院依法改判。

江西省高级人民法院经审理认为,被告人李兰香采取冒用他人支票的方法,非法占有他人财物 49 万元,其行为已构成票据诈骗罪,且数额特别巨大。被告人李兰香关于其行为属于侵占罪的上诉意见,因无相应的事实支持,不予采纳。关于因被害人不支付代理费而产生犯意的上诉意见,不影响本案的定性,且原判对此情节在量刑时已经有所考虑,故不予支持。原判认定事实清楚,证据确实、充分,定罪量刑正确,审判程序合法。依照《中华人民共和国刑事诉讼法》第一百八十九条第(一)项之规定,裁定驳回上诉,维持原判。

二、裁判要旨

No. 3-5-194(1)-2　利用保管其他公司工商登记、经营证章的便利条件,以其他公司名义申领、签发支票并非法占有其他公司财物的,应以票据诈骗罪论处。

第一,本案被告人李兰香的行为不构成侵占罪。侵占罪的行为特征表现为合法持有继而非法所有,即将代为保管的他人财物以及他人的遗忘物或者埋藏物非法占为己有。与之相对应,本案行为也可以细分为两个阶段,第一个阶段是委托事项的办理阶段,从委托办理工商、税务登记时起,至其完成这些登记时止,具体表现为取得深圳市萨普泰技术有限公司设立登记、刻制公司公章、财务专用章、公司法定代表人印章、办理公司税务登记以及将该公司的注册资金 50 万元由临时账户转入一般账户;第二阶段是被告人非法占有注册资金阶段,具体包括被告人假借深圳市萨普泰公司及其法定代表人的有关证章开领、签发支票以及使用支票在萨普泰公司账户上提取人民币 5 万元以及转账人民币 44 万元至其他公司后提取现金占为己有等行为。那么能否据此认为本案行为属于先合法保管、后非法占有,从而构成侵占罪呢?答案是否定的。首先,本案不存在对物进行保管的前提。作为财产犯罪的侵占罪,不同于侵犯经济秩序犯罪,其所侵占的对象应当是具体的财产或者财产凭证。在本案中,被告人接受委托办理的事项是公司设立登记,其代为保管的是公司设立登记所需和所形成的证章,而非注册资金,这两点是存在差别的,不能以对于公司有关证章的保管的认定,来替代对于公司具体财产的保管的认定。实际上,公司的注册资金也无须任何人具体保管。其次,被告人不是基于对物的保管关系实现对物的直接侵占。财产犯罪表现为对对象物的直接侵占、骗取或者毁损,因而具有直接性,作为财产犯罪的侵占罪自不例外。在本案中,一方面,因非直接保管着公司资金或者资金凭证,被告人仅依据手中所保管的公司证章,并不能实现对公司注册资金的非法占有;另一方面,被告人主要是通过上述第二个阶段即骗领、签发、使用支票行为实际取得公司资金的,这与侵占罪通过拒不退还或者拒不交出合法持有物的取得他人财物方式是完全不同的,更何况,较之于侵占罪,此类行为明显具有更为严重的主观恶性和社会危害性,被害人是否主张权利,被告人是否拒不退还或者拒不交出,不应成为此类行为的定罪要件。

第二,被告人李兰香在委托事项完成后,利用保管深圳市萨普泰技术有限公司工商登记、经营证章的便利条件,以该公司名义申领、签发支票进而非法占有该公司财物的行为,构成票据诈骗罪。所谓票据诈骗罪,是指以非法占有为目的,以金融票据作为工具骗取数额较大财物的行为。本案被告人李兰香通过开领、签发、使用支票等手段取得深圳市萨普泰技术有限公司的注册资金 49 万元并携款潜逃,具备票据诈骗罪的一般特征,应无疑问。同时,根据《刑法》第一百九十四条规定,票据诈骗罪的具体行为方式为五类,分别是:(1)明知是伪造、变造的票据而使用;(2)明知是作废的票据而使用;(3)冒用他人票据;(4)签发空头支票或者与其预留印鉴不符的支票骗取财物;(5)汇票、本票的出票人签发无资金保证的汇票、本票或者在出票时作虚假记载骗取财物。本案行为是否属于该法定的 5 种情形之一,是本案司法认定中必须加以考虑的一个问题。如前所述,本案所使用票据是支票,且非废票,亦非空头或者与预留印鉴不符的支票,故上述(2)、(4)、(5)三项行为首先得以排除,在剩下的使用伪造支票和冒用他人支票两种行为中,一、二审裁判意见认为本案应属冒用他人支票行为,我们认为属于使用伪造支票行为。应当说,没有代理权或者超越代理权以及利用所保管的出票权利人的印章开具票据并使用行为的具体认定,在理论和实务上均存在一定的分歧,本案即属于此种情形。我们之所以将此种情形认定为使用伪造支票行为,其主要理由是,冒用他人支票以真实、有效的支票既已存在为前提,是一种单纯的使用行为。而利用管理他人印章等便利条件冒用他人名义开具并使用支票,实际上包含着一个出票行为,尽管该出票行为具有表面上的真实性,但因未经权利人授权,非权利人的意志所为,根本上是一个伪造支票的行为,即假冒他人名义伪造票据,因而也是无效的。本案被告人李兰香利用其保管的深圳市萨普泰技术有限公司相关证章擅自签发支票并加以使用,从而将该公司 49 万元注册资金非法据为己有的行为,实际上同时触犯了伪造金融票证罪和票据诈骗罪两个罪名,但因两者存在手段和目的之间的牵连关系,按照牵连犯的一般适用原则,本案应以票据诈骗罪一罪处理。

案例:周大伟票据诈骗案

案例来源:《刑事审判参考》总第 36 集[第 277 号]

主题词:票据诈骗罪　盗窃罪

一、基本案情

被告人周大伟,男,1981 年 11 月 19 日出生,汉族,农民。因涉嫌犯票据诈骗罪于 2003 年 4 月 21 日被逮捕。

江苏省盱眙县人民法院经审理查明:2003 年 4 月 9 日 23 时许,被告人周大伟翻墙跳进原打工单位盱眙县维桥乡元润食品厂(以下简称"元润厂")院内,钻窗潜入该厂会计室,意欲行窃,但未能发现现金和可偷的财物。在翻找会计室办公桌时,周大伟发现一本尚未填写数额和加盖印章的空白现金支票,遂从中撕下一张,票号为14340469。次日上午,周大伟来到盱眙县盱城镇街道某刻章处,私自刻制了有元润厂厂长“马春山”、主办会计“马勇”字样的印章两枚,加盖于所盗支票上,并用圆珠笔填写了35000元金额,然后便到盱眙县三河信用社提款。三河信用社工作人员核票后发现有诈,周大伟见状仓皇逃离,后被接到报警的公安干警抓获。

盱眙县人民法院审理后认为,被告人周大伟以非法占有为目的,利用所窃取的空白现金支票进行伪造,假冒出票人的名义签发票据着手骗取金融机构财物,数额较大,其行为已构成票据诈骗罪。在实施票据诈骗过程中,由于意志以外的原因未能得逞,系犯罪未遂,依法可以比照既遂犯从轻处罚。周大伟归案后,认罪态度较好,其亲属积极代其缴纳了罚金,可酌情从轻处罚。公诉机关指控被告人周大伟犯票据诈骗罪未遂,事实清楚,证据确实、充分,应予支持。依照《中华人民共和国刑法》第一百九十四条第一款第(一)项,第二十三条,第五十三条,第七十二条,第七十三条第二款、第三款的规定,判决:被告人周大伟犯票据诈骗罪,判处有期徒刑二年,缓刑二年,并处罚金人民币20000元。

一审宣判后,被告人没有上诉,检察机关亦没有抗诉,判决已发生法律效力。

二、裁判要旨

No. 3-5-194(1)-3 盗取空白现金支票伪造后使用的,应以伪造金融票证罪论处。

通说认为,在把握罪数形态上,应以犯罪构成个数为标准,坚持主客观相统一的原则,同时兼顾禁止重复评价和充分评价两方面。对于一个总体的犯罪事实,如果充分地满足了两个以上的犯罪构成,且不具有一罪类型的(实质的一罪、法定的一罪、处断的一罪),就应以实质数罪进行并罚。

从本案整个犯罪过程来看,被告人先后产生过两个犯意或目的,即盗窃财物的故意和利用所窃得的空白现金支票诈骗财物的故意。当被告人潜入会计室时,其目的是窃取钱物。在未得逞时,因发现空白现金支票,被告人又另生犯意,即利用该空白现金支票谋取诈骗财物。围绕这一目的,被告人又先后实施了伪造企业印章、伪造金融票证、使用伪造的金融票证到金融机构着手兑票提款等一系列行为。由此可见,本案实际上具备了多个犯罪构成,即盗窃罪未遂以及伪造企业印章罪、伪造金融票证罪、票据诈骗罪未遂。其中,伪造企业印章、伪造金融票证是服务于票据诈骗这一犯罪目的的。也就是说,只有这些行为才具有同一犯罪目的。而先前的盗窃行为与后述的这些行为并不具有犯罪目的上的同一性。

所谓牵连犯,是指以实施某一犯罪为目的,而其犯罪方法(手段)行为或者结果行为又触犯其他罪名的情形。概言之,牵连犯是数行为触犯数罪名,而数行为之间却存在牵连关系。牵连犯属处断上的一罪,其处置原则是,除法律明文规定需要数罪并罚外(如《刑法》第一百九十八条第二款的规定),应当择一重罪论处。认定牵连犯的关键是判断数个行为之间是否存在牵连关系,而判定牵连关系的标准,通说认为,应当以是否同时具备牵连意图和因果关系为依据。所谓牵连意图,是指行为人对实现一个犯罪目的的数个犯罪行为之间所具有的手段和目的,或者原因和结果关系的认识。这包括两层含义:一是行为人只追求一个犯罪目的,即行为人所实施的数行为都指向同一犯罪目的。换言之,如果行为人的数行为不是为着实现同一犯罪目的,那就不存在牵连意图。二是行为人在主观认识上,是把直接实施犯罪目的的本罪行为作为主行为,而把为实现这一犯罪目的而创造条件或加以辅助的犯罪行为作为从行为。就本案而言,在被告人那里,伪造企业印章、伪造金融票证,实施票据诈骗具有同一的犯罪目的,其中实施票据诈骗是主行为,而伪造企业印章、伪造金融票证是为实现其诈骗目的而创造条件或加以辅助的从行为。可见,该三个行为之间具有牵连关系,成立牵连犯,应择一重罪论处,不实行数罪并罚。而被告人先前所实施的盗窃未遂行为则与上述几个行为之间明显不具有同一的犯罪目的指向,因而不具有牵连意图。因此,不能将本案被告人先前的盗窃行为同样视为票据诈骗的牵连行为。本案第一种观点未能认真分析被告人有两个前后不同的犯罪故意和目的,贸然地把被告人先前的盗窃行为同样视为票据诈骗的牵连行为是不当的。

如前所述,本案行为人伪造企业印章、伪造金融票证、实施票据诈骗未遂三者之间具有牵连关系,成立牵连犯,应择一重罪(判断轻罪重罪的标准通说是比较法定刑)论处,不实行数罪并罚。但伪造金融票证罪和票据诈骗罪未遂的法定刑完全一样,在这种情况下应当如何定罪呢?一种观点认为,应定伪造金融票证罪,理由是行为人伪造金融票证行为已经既遂,而票据诈骗行为系未遂,在两者法定刑完全相同的情况下,既遂还是未遂必将影响处断刑,故伪造金融票证罪在处断刑上应为重罪。另一种观点认为,应定票据诈骗罪(未遂),理由是判断轻罪重罪的标准,通说是比较法定刑,在二罪法定刑完全相同的情况下,一般以行为人的目的行为定罪更为恰当与合乎常理,并能更准确地反映被告人的行为性质和案件特征,且未遂只是可以比照既遂犯从宽处罚的情节,根据个案情况,并非必须予以从宽。上述两种观点均有一定的合理性,但两相比较,我们更倾向于定伪造金融票证罪。

综上,对本案被告人理论上应以伪造金融票证罪和盗窃罪(未遂)二罪来评价。至于对被告人的盗窃未遂行为是否须要定罪处罚,则应依据最高人民法院《关于审理盗窃案件具体应用法律若干问题的解释》第一条第(二)项的规定,即"盗窃未遂,情节严重,如以数额巨大的财物或者国家珍贵文物等为盗窃目标的,应当定罪处罚"作为判断的标准。就本案而言,考虑到被告人盗窃所指向的目标不太可能涉及数额巨大的财物(一个私营小厂的会计室),且其盗窃财物未遂行为与窃取空白支票之间具有自然的连续性,因此,对其盗窃财物未遂行为不予定罪处罚应是可以的。需要指出的是,如行为人盗窃所指向的目标是金融机构等,即使盗窃未遂,也当认定为情节严重,予以定罪处罚。

案例:季某票据诈骗、合同诈骗案

案例来源:《刑事审判参考》总第 15 辑[第 93 号]

主题词:票据诈骗罪

一、基本案情

被告人季某,男,1973 年 3 月 21 日出生,原系惠春公司经理。因涉嫌犯票据诈骗罪、合同诈骗罪,于 2000 年 10 月 29 日被逮捕。

某区人民法院经公开审理查明:惠春公司是私营公司,租赁某市余姚路 19 号 301 室作为办公用房,并在中国银行某市分行市中支行开设账户,开户资金为人民币 5000 元。被告人季某系该公司经理。

1999 年 5 月 25 日至 7 月 29 日,被告人季某以惠春公司的名义向易高公司采用先送货后付款的方法购买电脑 5 套,价值人民币 2.07 万元。易高公司将电脑送至惠春公司后,季某指使财务人员于 1999 年 7 月 29 日向对方开具了出票日期为 1999 年 8 月 10 日,金额为 2.07 万元的支票 1 张。后因惠春公司账户无存款,该支票遭银行退票。易高公司当即派人至惠春公司办公地点,发现该公司已搬离,被告人季某亦下落不明。

1999 年 6 月,被告人季某以惠春公司的名义与瑞协公司签订了关于嘉士伯罐装啤酒的购销协议,约定由瑞协公司向惠春公司供应啤酒,惠春公司指定徐碰祥为收货人,每 40 天为一付款期。同年 6 月至 8 月,瑞协公司供应啤酒 4000 余箱,价值人民币 28.9505 万元,由徐碰祥签收。同年 7 月底,瑞协公司要求惠春公司支付货款,被告人季某指使财务人员开具了 1 张出票日期为 1999 年 8 月 10 日,金额为人民币 10 万元的支票交给对方。同年 8 月 11 日,被告人又开具了 1 张金额为人民币 12 万元的支票交付给瑞协公司。同月 19 日,2 张支票均因存款不足而遭银行退票。瑞协公司与惠春公司联系时,惠春公司已搬离其办公地点,被告人季某亦下落不明。

1999 年 5 月 5 日,被告人季某以惠春公司的名义与恒龙公司签订了承包经营合同,由惠春公司承包经营恒龙公司的分公司。1999 年 6 月至 7 月,季某伙同他人以恒龙公司分公司的名义,利用侨盛度假村 21 幢别墅装潢业务,先后与乐城公司、金苑公司等 6 家单位签订了共计 29 幢别墅的装潢工程承包合同及安全承包合同,并以收取安全保证金为名骗取 6 家建筑单位人民币 14.6 万元,以需要购买指定地板为名骗取金苑公司人民币 4 万元后,逃离其租住的办公地点。

案发后,公安机关追缴了部分赃款、赃物,计人民币5.741万元。

某区人民法院认为:被告人季某以非法占有为目的,采用虚构事实和签发空头支票等手段,骗取易高公司及金苑公司钱财计人民币6.07万元,数额巨大,已构成诈骗罪。检察机关指控被告人的犯罪成立,但被告人并非以空头支票骗取财物;其收取金苑公司的地板款也非基于合同,被告人季某的这部分犯罪事实,应以诈骗罪惩处。被告人季某以非法占有为目的,利用签订和履行合同骗取瑞协公司啤酒以及乐城公司等单位的"安全保证金",计值人民币44.5505万元,数额特别巨大,其行为又构成合同诈骗罪。检察机关的此节指控事实清楚,证据确凿充分,定性正确。被告人的辩护人提出的应以被告人实际占有的啤酒和分得赃款认定犯罪数额的意见,不予支持。检察机关指控被告人用空头支票骗取上述公司价值5850元的文具,构成票据诈骗罪,经查,现有证据尚不能证明被告人主观上有非法占有的故意和客观上实施了骗取文具用品的行为,故对此节事实不予认定。辩护人的此节辩护意见,应予支持。辩护人认为被告人认罪态度较好,建议从轻处罚的意见,与事实不符,不予采纳。依照《中华人民共和国刑法》第二百六十六条、第二百二十四条第(四)项、第六十九条、第五十五条第一款、第五十六条第一款、第六十四条之规定,于2000年5月8日判决如下:

1. 被告人季某犯诈骗罪,判处有期徒刑四年,并处罚金五千元;犯合同诈骗罪,判处有期徒刑十四年,并处罚金人民币一万五千元,剥夺政治权利三年。决定执行有期徒刑十七年,并处罚金二万元,剥夺政治权利三年。

2. 继续追缴被告人季某赃款人民币四十三万八千七百九十五元,发还各被害单位、被害人。

宣判后,季某不服,上诉于某市中级人民法院。

季某上诉称:其未拿过金苑公司用于购买地板的人民币4万元,未写过还款承诺书;其与瑞协公司有啤酒购销协议,但未打电话让对方送4000箱啤酒,只收到260箱,其余啤酒非自己所收,是由于下家未支付货款才拖欠瑞协公司货款,系经济纠纷,无诈骗犯罪故意;收取6家单位安全保证金是事实,但钱交给了徐富春,搬离余姚路时留有告示,未携款逃跑,未实施诈骗犯罪;在侦查阶段的供述不是事实。

季某的辩护人提出:原判定罪有误,季某的行为均应认定合同诈骗罪;原判认定季某诈骗瑞协公司4000余箱啤酒的证据不足;季某诈骗6家建筑单位的安全保证金后,部分钱款被他人占有,不应由季某一人承担刑事责任。

某市中级人民法院经审理认为:上诉人季某以非法占有为目的,采用虚构事实方法,骗取了易高公司电脑及金苑公司钱财,价值人民币6.07万元,数额巨大,其行为构成诈骗罪;其利用签订和履行合同骗取了瑞协公司啤酒及乐城公司等6家建筑单位的安全保证金,共计价值人民币41.5505万元后逃逸,数额特别巨大,其行为构成合同诈骗罪,依法应二罪并罚。原判定罪及适用法律正确,审判程序合法;但认定犯罪数额有误,应予以纠正。鉴于上诉人犯罪总金额49.6205万元,且在两个月内连续实施犯罪,手段恶劣、后果严重,原判量刑并无不当。依照《中华人民共和国刑事诉讼法》第一百八十九条第(一)项的规定,于2000年6月23日裁定驳回上诉,维持原判。

二、裁判要旨

No.3-5-194(1)-4 收取货物后以空头支票支付货款的,应以票据诈骗罪论处。

本案被告人季某骗取易高公司的电脑和瑞协公司的啤酒,均是采取签发空头支票支付货款的手段实施的。其签发空头支票是在骗取财物之前还是之后,不应当影响票据诈骗罪的成立。因为,行为人完成诈骗犯罪的行为是在其签发空头支票之后。而其一旦完成整个诈骗犯罪行为,其诈骗犯罪的具体行为、侵犯的客体才能最终确定,因此被告人无论是在取得货物之前、同时还是之后签发空头支票,其行为不仅侵犯了普通诈骗罪中他人公私财物所有权这一共同客体,更主要的是还侵犯了国家对票据的管理制度这一特殊客体,符合票据诈骗罪的特征。从另一个角度看,行为人先得到商品的行为,尚不能独立构成犯罪,因此,也就不能仅以此即确定其行为特征,进而确定其具体罪名。当然,季某骗取瑞协公司的啤酒,同时利用了购销合同,形式上也触犯了《刑法》第二百二十四条的规定,构成合同诈骗罪。但如前所述,对这种情形的法条竞合,应按照特别法条优于普通法条的原则,选择适用特别法条,对被告人季某,应以票据诈骗罪定罪处刑。

案例:姚建林票据诈骗案

案例来源:《刑事审判参考》总第 23 辑[第 145 号]

主题词:票据诈骗罪　非法占有目的

一、基本案情

被告人姚建林,男,41 岁,原系浙江省第六监狱干部。因涉嫌犯票据诈骗罪,于 1997 年 1 月 13 日被逮捕。

衢州市中级人民法院经审理查明:1996 年 11 月 14 日至同年 12 月 23 日,被告人姚建林借口融资,以支付高额利息为诱饵,先后诱使中国人民武装警察部队浙江省边防总队后勤部财务处、杭州市华通对外经济贸易公司、林业部竹子研究开发中心和杭州市玉皇山庄在其指定的中国建设银行杭州市滨江支行、中国农业银行杭州市城东支行和平分理处开立账户,分别存入资金 300 万元、500 万元、300 万元、500 万元。后姚建林从中国建设银行杭州市滨江支行员工张学慧、朱一凡、付春寿处骗得上述 4 单位的开户印鉴卡复印件,并以此为样本伪造了该 4 单位的印鉴,用假印鉴填制了 7 张上述单位的转账支票,于同年 11 月 15 日至同年 12 月 23 日依次从上述单位在中国建设银行杭州市滨江支行和中国农业银行杭州市城东支行和平分理处的账户上划走资金 1596 万元,转入姚建林自己的兴隆皮草行、杭州市兴隆实业总公司、新生机床企业联营公司杭州分公司账户上,非法占有。中国人民武装警察部队浙江省边防总队后勤部财务处、杭州市华通对外经济贸易公司、林业部竹子研究开发中心、杭州市玉皇山庄分别得到利息差 18.12 万元、50 万元、28.8 万元和 31.155 万元。

案发后,追缴姚建林赃款及赃物折款计人民币 600 余万元,尚有 800 余万元不能追回。

衢州市中级人民法院认为:被告人姚建林以非法占有为目的,伪造存款单位印鉴和转账支票进行诈骗的行为已构成票据诈骗罪。诈骗数额特别巨大,并且造成特别重大损失,应依法惩处。依照《中华人民共和国刑法》第十二条第一款、第四十八条、全国人大常委会《关于惩治破坏金融秩序犯罪的决定》第十二条、1979 年《中华人民共和国刑法》第五十三条第一款、第六十条、第三十一条的规定,于 1998 年 7 月 7 日判决如下:

被告人姚建林犯票据诈骗罪,判处死刑,剥夺政治权利终身,并处没收财产人民币三万元。

一审宣判后,姚建林不服,以没有实施票据诈骗的故意和行为,没有刻制假印章,要求对支票上的印章重新鉴定为由,向浙江省高级人民法院提起上诉。其辩护人亦提出重新鉴定的要求。

浙江省高级人民法院经审理认为:上诉人姚建林以非法占有为目的,伪造存款单位印鉴和转账支票进行诈骗,数额特别巨大,并造成特别重大损失,其行为构成票据诈骗罪。原审判决定罪准确,量刑适当,审判程序合法。依照《中华人民共和国刑事诉讼法》第一百八十九条第(一)项的规定,于 1999 年 4 月 23 日裁定驳回姚建林的上诉,并依法将此案报请最高人民法院核准。

最高人民法院经复核认为:被告人姚建林诱骗其他单位在其指定的银行存款之后,又使用伪造的转账支票,将存款划入自己账户予以非法占有的行为已构成票据诈骗罪,诈骗数额特别巨大,应依法惩处。一、二审法院认定的事实清楚,证据确实、充分,定罪准确,量刑适当,审判程序合法。依照《中华人民共和国刑事诉讼法》第一百九十九条和最高人民法院《关于执行〈中华人民共和国刑事诉讼法〉若干问题的解释》第二百八十五条第(一)项的规定,于 2000 年 11 月 28 日裁定如下:

核准浙江省高级人民法院维持一审以票据诈骗罪判处被告人姚建林死刑,剥夺政治权利终身,并处没收财产人民币三万元的刑事判决。

二、裁判要旨

No. 3-5-194(1)-5 主观上不具有非法占有的目的的,不构成票据诈骗罪。

作为侵犯财产犯罪的票据诈骗罪,是从传统的诈骗罪中分离出来的,与诈骗罪相同,以非法占有为目的是构成本罪的必要条件。虽然刑法关于金融诈骗犯罪的条文中,只对集资诈骗罪、贷款诈骗罪和信用卡诈骗罪中的"恶意透支"行为明确规定了必须具有非法占有的目的,没有明确规定票据诈骗罪是"以非法占有为目的"的犯罪,但并不是说票据诈骗犯罪不要求有非法占有的目的。只是由于金融诈骗比普通诈骗犯罪的情况复杂,在认定行为人是否具有非法占有的目的上存在一定的特殊性。在非法集资(诈骗)、违法贷款(诈骗)和恶意透支信用卡行为中,行为人采取虚假手段集资、贷款或者恶意透支信用卡,并不一定都具有非法占有目的,因此,刑法才强调规定以非法占有为目的才能构成犯罪。而在其他金融诈骗犯罪中,如果没有相反证据证明行为人不具有非法占有目的,行为人采取刑法规定的方式、手段进行金融诈骗的,一般可以表明行为人主观上具有非法占有的目的,不需要刑法作出特别规定。正如抢劫罪、盗窃罪、诈骗罪都是以非法占有为目的的犯罪,但刑法没有规定以非法占有为目的是此类犯罪的构成要件一样。因此,认定票据诈骗罪,必须查明行为人是否具有非法占有的目的。

案例:张平票据诈骗案

案例来源:《刑事审判参考》总第 77 集[第 653 号]

主题词:票据诈骗罪 盗窃银行汇票并使用行为的定性

一、基本案情

被告人张平,男,1975 年 12 月 9 日出生,初中文化,个体经营,无锡市安镇团结五金弹簧厂。1999 年 1 月 5 日因犯盗窃罪被判处有期徒刑二年六个月,并处罚金人民币二千元,2001 年 4 月刑满释放,2008 年 12 月 19 日因本案被逮捕。

无锡市锡山区人民检察院以被告人张平犯盗窃罪,向无锡市锡山区人民法院提起公诉。

无锡市锡山区人民法院经审理查明:2008 年 6 月 12 日下午,被告人张平至无锡市锡山区安镇镇南胶南村陆更巷 44 号林卫亚家,采用翻围墙、撬门锁等手段,窃得现金人民币(以下币种均为人民币)5000 元及银行承兑汇票 2 张(其中 1 张票号为 00257643,出票人为湘潭市奇胜摩托车销售公司,付款行是湘南市商业银行,出票金额为 5 万元,收款人为株洲市锦宏摩托车经营部,出票日期为 2008 年 3 月 18 日,汇票到期日为 2008 年 9 月 18 日;另一张票号为 02214212,出票人为安徽省华皖酒业有限公司,付款行是徽商银行六安分行清算中心,出票金额为 5 万元,收款人为江阴市汇南彩印有限公司,出票日期为 2008 年 1 月 9 日,汇票到期日为 2008 年 7 月 9 日)。后被告人张平以票号为 02257643 的银行承兑汇票向杨伟兑换现金 4 万元,以票号为 02214212 的银行承兑汇票向王惠刚偿付结欠的货款 3 万元并兑换现金 1.7 万元。

林卫亚发现失窃后,于 2008 年 6 月 12 日晚向公安机关报案,并于次日向湘潭市商业银行及徽商银行六安分行清算中心对失窃的银行承兑汇票进行电话挂失,后又以无锡市锡山区安镇春伟五金加工厂名义,以公示催告程序向湖南省湘潭市岳塘区人民法院、安徽省六安区金安区人民法院申请宣告上述汇票无效,上述法院先后于 2008 年 8 月 29 日、9 月 22 日作出除权判决,宣告上述汇票无效。

2008 年 12 月 9 日,公安机关将被告人张平抓获。

上述事实,原审判决经当庭质证的下列证据予以证实:失主林卫亚的报案和陈述笔录;证人杨伟、丁三忠、马梅珍、钱雪芬、王惠刚等人的证言;被告人张平的多次供述;相关银行承兑汇票复印件、徽商银行六安分行记账凭证、票据挂失申请书、湘潭市商业银行退票理由书、湘潭市岳塘区人民法院及六安市金安区人民法院民事判决书;公安机关出具的现场摄影照片、案发经过说明。

无锡市人锡山区人民法院认为,被告人张平以非法占有为目的,秘密窃取他人现金 5000 元,数额较大,其行为构成盗窃罪;被告人张平隐瞒真相,以合法持票人的名义使用其所窃得的银行承兑汇票,骗取他人财物达 8.7 万余元,数额巨大,其行为构成票据诈骗罪;上述两罪应予并罚;被告人张平曾因犯盗窃罪被判处刑罚,仍不思悔改,又犯盗窃罪和票据诈骗罪,应酌情从重处罚;被告人张平在归案后能供认主要犯罪事实,有一定的悔罪表现,可酌情从轻处罚。依照《中华人民共和国刑法》第二百六十四条、第一百九十四条第一款第(三)项、第六十九条、第六十四条之规定,锡山区人民法院判决如下:

1. 被告人张平犯盗窃罪,判处有期徒刑一年六个月,并处罚金二千元;犯票据诈骗罪,判处有期徒刑八年,并处罚金八万元;决定执行有期徒刑九年,并处罚金八万二千元。

2. 责令被告人张平对本案尚未追缴的赃款予以退赔。

一审宣判后,无锡市锡山区人民检察院提出抗诉,理由如下:(1)被告人张平具有非法占有他人财物的故意和诈骗的企图;(2)被告人张平采用翻围墙、撬门锁等手段,实施了窃取现金和银行承兑汇票的犯罪行为,符合盗窃罪的构成要件;(3)被告人张平的行为侵犯了公私财产所有权和国家金融票据管理制度;(4)被告人张平盗窃数额达 9.2 万余元,属盗窃数额特别巨大,且无法定减轻情节,赃款亦未退还,依法应判处十年以上有期徒刑或无期徒刑,并处罚金或没收财产。

江苏省无锡市人民检察院在二审开庭审理过程中支持抗诉机关意见。

原审被告人张平及其辩护人提出:(1)原审判决认定的事实清楚、证据确实充分,适用法律正确,被告人张平的行为分别构成盗窃罪和票据诈骗罪;(2)原审判决量刑过重,请求法庭从轻处罚。

无锡市中级人民法院经审理认为:原审被告人张平以非法占有为目的,入户秘密窃取他人现金 5000 元,数额较大,其行为构成盗窃罪;张平隐瞒事实真相,冒充合法持票人的身份使用所窃得的 2 张银行承兑汇票,骗取他人 8.7 万余元,数额巨大,其行为构成票据诈骗,应予数罪并罚。原审被告人张平曾因犯盗窃罪被判处刑罚,刑满释放后仍不思悔改,又犯盗窃罪和票据诈骗罪,应酌情从重处罚;原审被告人张平在归案后能供认主要犯罪事实,认罪态度较好,可酌情从轻处罚。

关于抗诉机关提出的抗诉意见及原审被告人、辩护人提出的辩解和辩护意见,综合评判如下:(1)本案原审被告人张平具有盗窃公私财物和利用窃得的银行承兑汇票实施诈骗的两个犯意,在客观行为上亦表现为既有先前秘密窃取行为,又有事后隐瞒事实真相、冒充合法持票人使用窃得的银行承兑汇票骗取他人财物的行为,被窃者和被骗者的损失分别由张平先前的盗窃行为与嗣后的诈骗行为构成。张平基于两个犯罪故意,实施了两个独立的犯罪行为,分别侵犯了公私财物的所有权和国家对金融票据的管理制度,其行为符合盗窃罪和票据诈骗罪的构成要件,应当以盗窃罪和票据诈骗罪予以数罪并罚。(2)张平入户盗窃他人现金,数额较大,依法应处三年以下有期徒刑、拘役或管制,并处或单处罚金;张平持窃得的银行承兑汇票,骗取他人财物,数额巨大,依法应处五年以上十年以下有期徒刑,并处五万元以上五十万元以下罚金。原审法院根据张平所犯罪行、犯罪数额和作案情节,充分考虑了其归案后的悔罪表现,所处刑罚并无不当。抗诉机关的抗诉意见不能成立,不予采纳;原审被告人张平及其辩护人提出"原审判决量刑过重"的辩解和辩护意见,不予采纳。故裁定驳回抗诉,维持原判。

二、裁判要旨

No. 3-5-194(1)-6 盗窃银行承兑汇票并使用,骗取财物数额巨大的,应以票据诈骗罪论处。

汇票分为商业承兑汇票与银行承兑汇票。其中银行承兑汇票是由收款人或承兑申请人签发的,并由承兑申请人向开户银行申请,经银行审查同意承兑的汇票。银行承兑汇票虽然具有与现金相类似的支付结算功能,但它不能完全等同于现金,属于有价证券的范畴,是记名、可挂失、不能即时兑现、有较多保护措施的有价证券,票据权利的行使受到诸多因素的制约,对于票据的丧失也有多种救济途径。

对于行为的刑法评价,一般是从行为所侵犯的法益,即刑法所保护的客体入手。立法所保护的盗窃罪、票据诈骗罪的法益均包含公民的财产权利。对于盗窃票据并使用的行为,应根据票据持有人直接丧失票据记载的财产是盗窃行为所致还是使用行为所致。如果盗窃行为使票据持有人直接丧失票面记载的财产,则可以认定构成盗窃罪,其使用行为可作为赃物处理行为对待;如果盗窃行为并未使票据持有人的财产直接受损,其使用行为可认定构成金融诈骗罪;倘若盗窃行为直接侵犯票据持有人的财产,而其使用行为又侵犯了新的法益,则应以盗窃罪、票据诈骗罪两罪并罚。

本案被告人张平盗窃的银行承兑汇票是记名、可挂失、不能即时兑现的有价证券,持票人能够通过公示催告、诉讼、挂失止付等途径避免自己的损失,盗窃该类银行承兑汇票的行为并不必然使持票人的财产受损。事实上,失窃人林卫亚于被盗次日即向付款行电话挂失,后又向付款行所在地法院申请除权判决,宣告失窃票据无效,使自己免受了财产损失。然而,被告人张平用所窃汇票向杨伟兑换现金、向王惠刚偿付货款及兑换现金的行为,却使接受汇票方因汇票已被挂失而遭受财产损失。可见,张平的盗窃行为并未使失窃人遭受财产损失,张平盗窃汇票后以票据权利人的名义使用票据的行为使接受张平交付汇票的人受到财产损失,该行为损害了国家对金融票据的管理制度和正常秩序,符合票据诈骗罪的客体特征。

票据诈骗罪的客观行为包括了:明知是伪造、变造的汇票、本票、支票而使用的;明知是作废的汇票、本票、支票而使用的;冒用他人的汇票、本票、支票的;签发空头支票或者与其预留印鉴不符的支票,骗取财物的;汇票、本票的出票人签发无资金保证的汇票、本票或者在出票时作虚假记载,骗取财物的等行为方式。张平的行为符合"冒用他人的汇票"的情形。冒用他人票据的行为实质是假冒票据权利人或其授权的代理人行使本属于他人的票据权利,从而骗取财物。行为人主观上明知自己不是合法的票据权利人或授权的代理人,但仍然假冒合法权利人或其代理人之名使用票据,即属于冒用他人的汇票。张平明知自己不是汇票权利人,却仍向受票人明确表示票据为其所有,以权利人的身份转让取得对价,符合冒用他人汇票的情形,其行为符合票据诈骗行为的客观要件。

在本案中,被告人张平先后产生了两个犯意或目的,即盗窃财物的故意和利用所窃得的银行汇票实施诈骗的故意,在行为上亦表现为既有秘密窃取的行为,又有隐瞒事实真相冒充合法持票人实施诈骗的行为。被窃人5000元的损失和被骗人8.7万元的损失是由被告人张平先前的盗窃行为与嗣后的诈骗行为分别造成的。其基于两个犯罪故意,实施了两个独立的犯罪行为,既侵犯了公私财物的所有权,又侵犯了国家对金融票据的管理制度,两行为不具有牵连关系,应当实行数罪并罚。

本案也不宜参照《刑法》第一百九十六条第三款的规定。《刑法》第一百九十六条第三款规定:"盗窃信用卡并使用的,依照本法第二百六十四条的规定定罪处罚"。立法者仅在信用卡诈骗罪中作了此种特别规定。立法者有意在信用卡与汇票、本票、支票、信用证、有价证券之间作一定的区分。信用卡密码是使用信用卡的关键,信用卡内的款项一般在盗窃行为完成时就处于行为人的控制之下。而银行承兑汇票的兑现则有一系列严格的审查程序,银行承兑汇票在流转过程中可能已被挂失,汇票所指向的财物可能已不存在。在该情形下,行为人要凭票获取财物主要依靠虚构事实或隐瞒真相的手段,行为对象不是汇票持有人而是第三人。对于混合使用盗窃、骗取手段的行为定性,理论和实务界均认为应当以获取财物的关键行为作为定罪标准。本案被告人盗窃银行承兑汇票时,并未实现对银行承兑汇票款项的控制,其获取巨额财产的关键在于盗窃后的诈骗行为,应当以票据诈骗罪而不宜以盗窃罪定罪处罚。

案例:颜强票据诈骗案

案例来源:《刑事审判参考》总第92集[第861号]

主题词:票据诈骗罪 骗取客户印鉴后取款的行为定性

一、基本案情

被告人颜强,男,1965年6月4日出生,大专文化,原河南省许昌市城市信用社营业部副主任。2008年5月29日因涉嫌犯挪用公款罪被逮捕。

河南省许昌市魏都区人民检察院以颜强犯贪污罪,向魏都区人民法院提起公诉。

被告人颜强的辩护人提出,颜犯贪污罪的事实不清、证据不足;颜强不具有贪污罪的主体身份,颜强未利用职务之便;本案不存在公共财产所有权受侵犯的客观事实;本案是民事侵权案件,颜强无罪。

河南省许昌市魏都区人民法院经公开审理查明:被告人颜强原系许昌市城市信用社营业部主管信贷的副主任。2005 年 9 月 23 日,在颜强和代建民(时为许昌市城市信用社职员,另案处理)的安排下,许昌恒丰纺织有限公司经理王保松为许昌市东城区金光塑印厂及其法定代表人金平安申请的人民币(以下币种同)50 万元贷款提供担保,双方分别与许昌市城市信用社签订了保证合同和借款合同。同日,颜强以需要补办贷款手续为名从金平安处骗取金光塑印厂的公章和金平安的个人印鉴后,伙同代建民以现金支票形式从金光塑印厂账户内将已到账的 47 万元贷款支取,后伪造借条、保证书等掩饰赃款去向。

许昌市魏都区人民法院认为,颜强利用其许昌市城市信用社营业部副主任的身份,骗取被害人金平安的个人印鉴及金光塑印厂的公章,伙同他人将金平安并不知晓的该厂贷款账户资金 47 万元偷支后非法占有,其行为应构成盗窃罪。该笔资金已经划入金光塑印厂的账户,不属于公共财产,公诉机关指控的贪污罪不能成立。颜强的辩护人关于无罪的辩解和辩护意见,不符合案件事实,不予采纳。据此,依照《中华人民共和国刑法》第二百六十四条、第五十二条、第五十三条之规定,颜犯盗窃罪,判处有期徒刑十年,并处罚金一万元。

宣判后,许昌市魏都区人民检察院提起抗诉。理由是:颜强的行为不构成盗窃罪,应当构成贪污罪;原判导致遭受重大损失的贷款人还要偿还未曾使用过的贷款,且只能向颜强个人主张权利,违背公平正义原则;即使认定为盗窃罪,原判量刑畸轻。

被告人颜强提出上诉称,原判认定与事实不符,是他人将贷款挪作他用;被害人明知将印鉴交出是用于办理贷款,不属于秘密窃取,盗窃罪不能成立;原判仅认定对被告人不利的证据,是错误的;本案是民事侵权而非刑事犯罪。其辩护人提出,本案适用证据错误,是民事侵权而非刑事犯罪。

许昌市中级人民法院经审理认为,颜强的行为不仅侵害了他人的财产所有权,而且破坏和扰乱了通过票据信用关系建立起来的正常的金融秩序和交易安全,具有特殊的社会危害性;从颜强伪造支票取现使银行对款项失去监管条件、事后拒不认罪、拒不交代并伪造借条和保证书等掩饰款项去向且没有还款的行为等方面判断,其没有还款意愿。故颜强的行为符合票据诈骗罪的构成要件,应当以票据诈骗罪追究其刑事责任。经查,二审出庭检察员认为原判事实清楚,证据充分的意见成立,予以支持;被告人关于盗窃罪不能成立及其辩护人辩称盗窃罪、贪污罪不能成立的意见符合本案的事实和法律规定,予以采纳;其他意见均无法律依据,不能成立,均不予采纳。原审判决认定的事实清楚,证据充分,但适用法律错误,应予改判。据此,依照《中华人民共和国刑法》第一百九十四条第一款、第五十二条、第五十三条、第六十一条和《中华人民共和国刑事诉讼法》第一百八十九条第(二)项,第一百九十条第一款、第二款之规定,判决如下:

1. 撤销魏都区人民法院(2010)魏刑初字第 312 号刑事判决;
2. 被告人颜强犯票据诈骗罪,判处有期徒刑十年,并处罚金五万元。

二、裁判要旨

No. 3-5-194(1)-7 金融机构工作人员,采用欺骗手段取得客户印鉴后将客户账户内的资金取出的行为,成立票据诈骗罪。

1. 颜强具有非法占有目的。

刑法上的非法占有目的,是指将他人的财物作为自己的所有物进行支配,从而排除权利人的支配,并遵从财物的用途进行利用和处分,即非法占有目的由“排除权利人的支配”与“利用取得的财物”双重意思构成。对于前者,不仅要考虑行为人有无返还的意思表示、使用时间的长短,还要考虑财物的价值、对被害人的侵害程度等。

本案中,颜一方面欺骗金平安称贷款没有批下来,另一方面将金平安账户中的47万元以现金形式取出,使银行丧失了对该笔贷款进行贷后审查的可能性,其行为已经排除了权利人金平安对该笔贷款的支配。虽然颜强事后召集相关人员商量还款事宜,但无论其所称的交给代建民使用还是伪造借条、保证书等材料让他人承担还款责任,均是为了掩饰该笔贷款的真正用途和去向,说明该笔贷款已被利用和处分,颜强本人没有及时返还的能力。同时,颜强在因涉嫌犯罪被传唤时拒不到案,到案后拒不交代其取得印鉴、取款的有关行为和贷款去向,也表明其没有还款的主观意思和客观行为。颜强在金平安和保证人王保松被银行起诉还款、后被强制执行过程中,均没有归还该笔贷款,给权利人造成了重大损失。因此,颜强具有非法占有目的。

2. 颜强的行为没有利用职务便利,不成立贪污罪。

本案的关键在于如何评价颜强将客户到账的贷款以现金形式支取的行为,而对此行为定性的关键在于其是否利用了职务便利。

行为人利用与自己职责、职权无直接关系或者说不是以职责为基础的便利条件,如仅因为在某单位工作而熟悉作案环境、凭借工作人员的身份较易接近作案目标或者因为工作关系熟悉本单位其他人员的职务行为操作规程等便利条件作案的,不属于利用职务便利。本案中,颜强作为许昌市城市信用社营业部副主任,其职责范围包括对借款人和担保人资格、信誉、借款用途及还款能力等事项的审查,以提供准确的信息供单位审查贷款委员会决定是否发放该笔贷款及批准贷款的数额。即贷款是否被批准,是否被转至金光塑印厂账户、是否被支取、如何被支取、支取后如何使用、是否被偿还等环节均是颜强职责范围之外的内容。本案中,贷款被转入了金光塑印厂的基本账户,而颜强利用其熟知操作规程的有利条件,基于金光塑印厂法定代表人金平安对其的信任,拿到全部印鉴后,以现金支票形式取现47万元,不属于利用职务便利。相反,颜强借用全套印鉴的行为本身,就说明其无法通过职务之便在其管理职责范围内实现取现的目的。

此外,本案中贷款已经被转入基本存款账户之中。对银行而言,该笔借款合同已经履行完毕,50万元的性质已经从银行管理的资产变为金光塑印厂对银行的债务;对金光塑印厂而言,该50万元已成为企业资产的一部分;对金平安而言,50万元已成为其储蓄存款的一部分,同时其开始承担履行对银行还本付息的合同内容。质言之,50万元已不属于国家出资企业管理、使用或者运输中的私人财产。因此,本案中被支取的50万元中的47万元属于金光塑印厂(金平安)的财产,受到侵犯的是金光塑印厂私有财产的所有权。故50万元不属于公共财产的性质,颜强的行为没有侵犯公共财产的所有权,不成立贪污罪。

3. 颜强的行为同时符合盗窃罪与票据诈骗罪的构成要件,应当以票据诈骗罪论处。

盗窃罪的核心是秘密窃取的手段,是指行为人自认为其取得财物的过程不为被害人或者财物处分权人所知。本案中,颜强在明知金光塑印厂的贷款已经到账的情况下,对该事实予以隐瞒,骗取金平安单位和个人印鉴后,采取自认为不为金平安所知的手段(事实上也确实不为金所知)将到账贷款中的绝大部分取走。其取现过程虽有大额现金支取审批表、现金支票、手续费收入凭证、存款户对账单等合法书证支持并通过了银行会计、出纳等人员的审查,具备形式上的合法性、公开性和透明性,但该环节是银行操作规程规定的必经手续,手续的完备不等于该过程被被害人或者财物处分权人所知,不影响秘密窃取手段的成立。颜强的行为符合盗窃罪的构成要件。

刑法将票据诈骗罪归入破坏社会主义市场经济秩序犯罪章的金融诈骗罪一节中,可见立法者认为,票据诈骗犯罪不仅侵犯了财产权,更为严重的是,它破坏和扰乱了通过票据信用关系建立起来的正常的金融秩序和交易秩序,具有有别于传统侵财类犯罪的特殊社会危害性。本案中,颜强将到账的47万元贷款取出,不仅侵犯了金平安及其塑印厂的财产权,而且危害到银行票据使用秩序和交易安全,虽然银行最终通过诉讼途径弥补了损失,但银行正常的金融活动和秩序已经遭受侵犯。

根据《刑法》第一百九十四条第一款第(一)项的规定,明知是伪造、变造的汇票、本票、支票而使用的,构成票据诈骗罪。根据人民银行1997年9月19日印发的《支付结算办法》第十四条的规定,票据的伪造,是指"无权限人假冒他人或虚构人名义签章的行为。签章的变造属于伪造";票据的变造,是指"无权更改票据内容的人,对票据上签章以外的记载事项加以改变的行为"。可见,票据的伪造,就是指票据签章的伪造,即以他人名义或者虚构人名义签章的票据行为。票据法规定的票据行为有四种,即出票、背书、承兑、保证。票据的"使用",包括出示、交付、兑现或者转让等形式,如将伪造、变造的票据交付给他人,以伪造、变造的票据前往银行兑现,将伪造、变造的票据转让给他人,将伪造、变造的票据作为债权凭证等,均属于对伪造、变造票据的使用。不过,无论行为人如何"使用",其实质都是采取欺骗手段,使他人误将伪造、变造的票据当做真实的票据而与行为人进行交易,以骗取他人的交易对价。

本案中,颜强在骗得金光塑印厂和金平安的印鉴后,与代建民一起假冒金平安的名义填制支票,虽然其使用的是真实的空白现金支票,但使用的金光塑印厂和金平安的印鉴系采取欺骗手段取得,且金平安的个人签名也系伪造,二人以金平安的名义完成了签名、印章的出票行为,构成伪造票据。之后,二人持该伪造的支票到银行兑现,系票据使用的形式之一,构成明知是伪造的支票而使用。二人利用银行对支票仅作形式审查的交易惯例,让柜台会计和出纳陷入该支票内容为财产所有权人金平安的真实意思表示的错误认识,并基于这种错误认识对支票进行兑现,使作为财产暂时保管人的银行作出交付行为,给被害人金平安和保证人王保松造成重大财产损失。在此环节中,被欺骗的对象是银行,但最终承受损失的却是金平安、金光塑印厂和保证人王保松。该情况的出现,缘于立法上对票据诈骗罪构成要件的规定,票据诈骗罪并不关心谁是被欺骗的对象,谁最终承担财产损失。实际上,在刑法意义上,被欺骗的银行仍可视为被害人,因为其交付了财产,只不过根据票据法的规定,将财产损失的风险和责任承担转移给了票据真正的权利人,这是一种风险责任的分配,不属于刑法评价的内容。

颜强的行为属实质的一罪,不过因为盗窃罪和票据诈骗罪的构成要件发生了重合和交叉,使颜强的一个行为触犯了两种罪名。在此情形下,需要选择一个最恰当、最全面、最准确的罪名来评价颜强的行为。盗窃罪作为侵犯财产类犯罪的一般性罪名,其对构成要件的规定较宽泛,具体到本案,该罪名无法涵盖和准确评价颜强使用伪造的支票从银行取现这一行为;且盗窃罪侵犯的是一般公私财产所有权,而颜强的行为除侵犯了金平安及其塑印厂、保证人王保松的财产所有权外,还侵犯了金融业的管理秩序和票据交易安全。因此,本案以颜强的行为构成票据诈骗罪论处,更为准确。

63 金融凭证诈骗罪(《刑法》第一百九十四条第二款)

案例:刘岗等金融凭证诈骗案

案例来源:《刑事审判参考》总第 25 辑[第 168 号]

主题词:共同犯罪 金融凭证诈骗罪

一、基本案情

被告人刘岗,男,45 岁,原系宜兴市光大经贸公司经理。因涉嫌犯金融凭证诈骗罪,于 1997 年 11 月 20 日被逮捕。

被告人王小军,男,35 岁,原系宜兴市十里牌信用社城北分社负责人。因涉嫌犯金融凭证诈骗罪,于 1997 年 11 月 20 日被逮捕。

被告人庄志德,男,57 岁,原系中国农业银行宜兴市支行芳桥办事处主任。因涉嫌犯金融凭证诈骗罪,于 1997 年 11 月 20 日被逮捕。

江苏省无锡市中级人民法院经审理查明:1996 年 9、10 月间,被告人刘岗和王小军合谋,由刘岗以高额贴息为诱饵拉"存款",刘岗先存入宜兴市十里牌信用社小额存款,王小军在开具存单时故意拉开字距,刘岗再在存单第二联上添字变造成巨额存单交给储户,骗取钱财。

1996 年 9 月 11 日,被告人刘岗伙同被告人王小军,以高额贴息引诱杨玉琴介绍袁仲良携带 30 万元人民币到宜兴存款。被告人刘岗、王小军以上述添字方法,将 3 万元存单变造成 30 万元存单交给杨玉琴、袁仲良。扣除 14.53%的贴息及 3 万元存款,被告人刘岗、王小军实际骗得袁仲良人民币 22.641 万元。

1996年10月4日,被告人刘岗伙同被告人王小军以高额贴息引诱谈浩增、谈满增携带190万元人民币到宜兴存款。被告人刘岗、王小军以上述添字方法,将一张50元和一张140元存单变造成50万元和140万元存单。因50万元存单变造痕迹明显,王小军重开一张50万元真存单,连同变造的一张140万元存单给谈浩增。扣除17%贴息及140元存款,被告人刘岗、王小军实际骗得谈浩增、谈满增人民币107.686万元。

1996年11月,被告人刘岗和被告人庄志德合谋,由刘岗以高额贴息为诱饵拉"存款",刘岗存入中国农业银行宜兴市支行芳桥办事处小额存款,庄志德将存单第二联交刘岗,由刘岗添字或在空白第二联上变造成巨额存单交给储户。

1996年11月26日,被告人刘岗伙同被告人庄志德以高额贴息引诱谈浩增、谈满增携带120万元人民币到宜兴存款。被告人刘岗、王小军以上述添字方法,将120元存单变造成120万元存单交给谈浩增。后被告人庄志德与被告人刘岗合谋,改用抽出存单第二联(储户联),由刘岗在该空白第二联是填写数字的方法变造存单。同月28日,刘岗存入芳桥办事处3万元人民币,伙同庄志德抽出3份存单的第二联,刘岗在每份存单一、三联上填写1万元,将抽出的存单第二联其中1份变造成120万元存单,并以此换回用添字法变造的120万元存单。扣除17%贴息及1万元存款,被告人刘岗、庄志德实际骗得谈浩增、谈满增人民币98.6万元。

1996年12月18日,被告人刘岗伙同被告人庄志德,以高额贴息引诱谈浩增、谈满增携带120万元人民币到宜兴存款。被告人刘岗在芳桥办事处用上述3份1万元存单中抽出的存单第一联中的1份变造成120万元给谈浩增。扣除17%贴息及1万元存款,被告人刘岗、庄志德实际骗得谈浩增、谈满增人民币98.6万元。

1997年1月6日,被告人刘岗伙同被告人庄志德,以高额贴息引诱谈浩增、谈满增将130万元人民币存入芳桥办事处,并用上述3份1万元存单中抽出的存单第二联中的1份变造成130万元给谈浩增。扣除17%贴息及1万元存款,被告人刘岗、庄志德实际骗得谈浩增、谈满增人民币106.9万元。

综上,被告人刘岗进行金融凭证诈骗5起,实际骗得人民币434.427万元;被告人王小军参与金融凭证诈骗两起,实际骗得人民币130.327万元;被告人庄志德参与金融凭证诈骗3起,实际骗得人民币304.1万元。被告人刘岗分别与被告人王小军、庄志德共同诈骗所得赃款均由刘岗使用,刘岗将部分赃款用于购买房产、偿还个人债务等。案发后,公安机关从被告人刘岗等人处追缴赃款赃物计人民币421万余元,造成10余万元的经济损失。

被告人庄志德在任中国农业银行宜兴市支行芳桥办事处主任期间,于1996年3月至5月,采用开具定期存单吸收存款、发放贷款均不入账等手法,先后三次向刘岗发放贷款人民币610万元,除追回部分贷款及价值88.5529万元的房产外,至今尚有401.4471万元无法追回,使国家财产遭受特别重大损失。

无锡市中级人民法院认为:被告人刘岗、王小军、庄志德共同变造银行存单诈骗他人钱款,数额特别巨大,已构成金融凭证诈骗罪。其中被告人刘岗在共同犯罪中系主犯,被告人王小军、庄志德系从犯,应予从轻处罚。被告人庄志德身为中国农业银行宜兴市支行芳桥办事处主任,违反法律法规,向关系人以外的其他人发放贷款,造成特别重大损失,其行为已构成违法发放贷款罪。公诉机关起诉指控被告人刘岗、王小军、庄志德犯金融凭证诈骗罪,被告人庄志德犯违法发放贷款罪的定性正确,提请依法判处理由成立,应予采纳。

被告人刘岗的辩护人提出刘岗有投案自首、立功和积极退赃的情节,要求从轻判处的辩护意见,经查,被告人刘岗归案后仅交代了与王小军共同诈骗的犯罪事实,未如实供述自己的主要犯罪事实,故不能认定为投案自首;被告人刘岗在看守所协助管教干部做好监管工作一节是事实,但不能认定为立功;被告人刘岗在案发后能配合公安机关追缴赃款赃物属实,故在量刑时可酌情从轻处罚。被告人王小军、庄志德在庭审中均否认参与共同诈骗的犯罪事实,两被告人的辩护人提出认定两人犯罪证据不足的辩护意见,与庭审查明的事实不符,不能成立,不予采纳。被告人庄志德提出银行已对其违法发放贷款一节作过处理,要求在量刑时从轻判处的辩解意见,经查,银行对其犯罪行为仅作行政处分显属不当,故其辩解意见不予采纳。根据《中华人民共和国刑法》第十二条第一款、第一百七十七条第一款第(二)项、第一百九十四条第一、二款、第二十五条第一款、第二十六条第一、四款、第二十七条第一、二款、第五十七条第一款、第五十六条第一款、第五十五条第一款,第六十九条第一、二款,第五十二条,第五十三条,全国人大常委会《关于惩治破坏金融秩序犯罪的决定》第九条第二款之规定,于 1999 年 3 月 31 日判决如下:

1. 被告人刘岗犯金融凭证诈骗罪,判处无期徒刑,剥夺政治权利终身,并处罚金人民币三十万元;

2. 被告人王小军犯金融凭证诈骗罪,判处有期徒刑十年,剥夺政治权利二年,并处罚金人民币五万元;

3. 被告人庄志德犯金融凭证诈骗罪,判处有期徒刑十三年,剥夺政治权利二年,并处罚金人民币五万元;犯违法发放贷款罪,判处有期徒刑六年,并处罚金人民币二万元。决定执行有期徒刑十八年,剥夺政治权利二年,并处罚金人民币七万元。

一审宣判后,被告人刘岗、王小军、庄志德均服判,未提出上诉。

二、裁判要旨

No. 3-5-194(2)-1 各共同犯罪人的犯罪故意虽然不完全一致,但相互连接,共同形成某一特定犯罪的主观要件的全部内容的,构成共同犯罪。

作为共同犯罪主观要件的共同犯罪故意,指的是各共同犯罪人通过犯意联络,明知自己与他人配合共同实施犯罪会造成某种危害结果,并且希望或者放任这种危害结果发生的心理态度。可见,各共同犯罪人之间的犯意联络及对行为危害结果的预见是构成共同犯罪故意的实质性内容,而对危害结果的态度却可以有希望或者放任两种不同形式。也就是说,在共同犯罪故意的认定中,并不要求各共同犯罪人的犯罪故意内容完全一致,也并不要求各共同犯罪人分别独自具备某具体犯罪的主观要件的全部内容,如特定目的等,而只以各共同犯罪人的犯意相互连接,共同形成某一具体犯罪的主观要件整体为满足。实际上,各个共同犯罪人由于其地位、角色的不同,他们的犯罪故意内容往往是有所不同的,比如,组织犯的组织故意、实行犯的实行故意、教唆犯的教唆故意、帮助犯的帮助故意,均有其各自不同的特点。对于帮助故意的认定,只要求证明帮助犯明知他人将要实行犯罪,并积极提供帮助、创造便利条件即可,至于有无特定的犯罪目的、犯罪结果是否其所积极追求的,均不影响帮助故意的认定。如妇女帮助男子实施强奸行为,该妇女虽并不具有强奸目的,但仍能成立强奸罪共犯。这一点在我国的立法例及司法解释上也得到了充分的体现,比如《刑法》第一百五十六条关于走私罪共犯的规定、《关于办理生产、销售伪劣商品刑事案件具体应用法律若干问题的解释》第九条关于生产、销售伪劣商品犯罪的共犯的规定等。

在本案中,被告人刘岗变造存单、吸引存款并归个人使用具有明显的骗取他人存款的目的,符合金融凭证诈骗罪的主观构成。被告人王小军、庄志德虽然没有个人非法占有他人钱款的目的,但在为刘岗开具小额存单时故意拉长“元”字的第二笔或“万”字的第一笔,为刘岗变造存单留出添加字、数的空间,尤其是庄志德在出具了第一笔添字存单后怕暴露,又和刘岗合谋吊空存单第二联,为刘岗变造存单提供方便。对于这种行为可以帮助刘岗实现非法占有他人存款的后果,二人完全清楚,却仍然予以积极配合。这种行为本身说明,王小军、庄志德具有明显的帮助刘岗实施骗取他人钱款的故意。

案例:李路军等金融凭证诈骗案

案例来源:《刑事审判参考》总第 54 集[第 425 号]

主题词:金融凭证诈骗罪 盗窃罪

一、基本案情

被告人李路军,男,1981 年 1 月 19 日出生,汉族,高中文化,捕前系青州市益都信用社玲珑分社临时工。因涉嫌职务侵占罪于 2005 年 12 月 24 日被逮捕。

被告人张俊伟,男,1981 年 11 月 4 日出生,汉族,中专文化,农民。因涉嫌包庇罪于 2005 年 12 月 24 日被逮捕。

山东省潍坊市中级人民法院经审理查明:

(一)挪用资金罪

2005 年 10 月份,被告人李路军在担任青州市益都信用社玲珑分社柜员期间,利用职务之便,以存款不入账的方式,先后 3 次挪用本单位储户资金共计 118879.74 元用于购买彩票等活动,至案发时尚未归还。

(二)金融凭证诈骗罪

2005 年 11 月初,被告人李路军被调离青州市益都农村信用合作社玲珑分社到益都农村信用合作社工作后,因怕挪用单位资金的事实被发现,遂产生了携款潜逃的想法。2005 年 11 月 13 日上午,李路军窜至益都农村信用合作社玲珑分社,趁其他工作人员不备之机,窃取了储户"郭生忠""张立祥"的个人存款信息资料,并换了两本"一本通"存折,把两个储户的存款转移到了新办的两个存折上,并加盖了玲珑分社的公章。后李路军携带伪造的户名为"郭生忠""张立祥"的"一本通"存折,先后窜至青州市城区信用社营业厅、城里分社、车站分社等,共计提取人民币 849000 元。李路军驾驶用该款购买的北京现代"伊兰特"轿车于同年 11 月 30 日逃跑至湖北省郧县时发生车祸,"伊兰特"轿车及人民币 662530 元被郧县公安机关扣押。同年 12 月 1 日,被告人李路军电话委托其叔叔李敬仲向青州市公安局投案自首。

(三)窝藏罪

2006 年 11 月 13 日,被告人张俊伟在明知被告人李路军犯罪的情况下,仍帮助其购车、挂牌等,帮助其逃匿并答应照顾其家人。

潍坊市中级人民法院认为,被告人李路军利用职务上的便利,挪用本单位资金,进行营利活动,数额较大不退还,其行为已构成挪用资金罪;以非法占有为目的,伪造储户银行存单并使用,诈骗数额特别巨大,其行为已构成金融凭证诈骗罪。公诉机关指控李路军构成挪用资金罪犯罪的事实清楚,罪名成立,但指控李路军犯盗窃罪属适用法律错误,定性不准,予以纠正。对李路军所犯二罪,应依法并罚;李路军系自首,且赃款大部分被追缴,依法可从轻处罚。被告人张俊伟明知被告人李路军是犯罪的人仍帮助其逃匿,其行为已构成窝藏罪,应依法惩处。被告人李路军的辩护人提出的辩护意见与案件事实相符的部分,本案予以采纳;被告人张俊伟的辩护人提出的辩护意见无法律和事实证据,本院不予采纳。根据各被告人犯罪的事实、性质、情节和对于社会的危害程度,依照《中华人民共和国刑法》第二百七十二条第一款、第一百九十四条、第三百一十条、第六十九条第一款、第六十七条第一款之规定,于 2006 年 9 月 30 日作出判决如下:

1. 被告人李路军犯挪用资金罪,判处有期徒刑四年;犯金融凭证诈骗罪,判处有期徒刑十四年,并处罚金人民币五万元。决定执行有期徒刑十六年,并处罚金人民币五万元。

2. 被告人张俊伟犯窝藏罪,判处有期徒刑一年。

一审宣判后,被告人李路军、张俊伟没有上诉,检察院亦未抗诉。判决已发生法律效力。

二、裁判要旨

No.3-5-194(2)-2 金融机构工作人员利用工作之便,以偷换储户存折的方式支取存款的,应以金融凭证诈骗罪论处。

盗窃罪与金融凭证诈骗罪在作为侵财性犯罪方面具有很多相同之处,如行为人主观上都有非法占有的目的,客观上都侵犯了他人财产权等。但是刑法将盗窃罪规定在侵犯财产罪中,金融凭证诈骗罪则被规定在破坏社会主义市场经济秩序罪中,表明了两罪在侵害的法益上有着本质的不同,而这种不同主要是通过两种犯罪实施过程中行为人非法取得他人财产的行为方式予以反映,也即两罪在行为方式上存在本质差别,这也是在司法实践中区别两罪的关键。

盗窃罪是采用秘密窃取的手段取得公私财物,由于行为人采取的是秘密窃取的方式,因此,不存在被害人处分财产的事实,行为人对被害人财产的占有,无论在表面上,还是在实质上,都是违背被害人意志的。金融凭证骗罪则是以使用伪造、变造的银行结算凭证的欺骗手段,使财物所有人、管理人陷入认识错误,“自愿”交出财物,由于行为人采取的是骗取的方式,因此,客观上存在被害人处分财产的事实,行为人对被害人财产的占有,虽然在表面上当时是基于被害人的自愿,但实质上却违背了被害人的真实意志。金融凭证骗罪不但侵犯了财产权还侵犯了金融管理秩序和金融安全,因此《刑法》第一百九十四条第二款规定构成金融凭证骗罪要求必须使用伪造的委托收款凭证、汇款凭证、银行存单等其他银行结算凭证作为骗取财物的手段,否则不构成本罪。而对于盗窃罪而言,由于只侵犯了他人的财产权,则没有此种特定手段的要求。

案例:张北海等人金融凭证诈骗案

案例来源:《人民法院案例选》2007 年第 2 辑

主题词:金融凭证诈骗罪　网上银行转账授权书

一、基本案情

被告人张北海,男,1958 年 4 月 4 日出生,原陕西华博科技有限公司(以下简称“华博公司”)法定代表人。

被告人胡英华(上诉人),女,1956 年 8 月 23 日出生,陕西天海能源电子科技有限公司(以下简称“天海电子公司”)会计。

被告人陈超(上诉人),男,1976 年 7 月 23 日出生,无业。

被告人白林(上诉人),男,1959 年 10 月 15 日出生,西安市商业银行钟楼支行客户经理。

被告人陈炜(上诉人),男,1972 年 10 月 29 日出生,陕西森和新技术研发公司(以下简称“森和公司”)法定代表人。

西安市中级人民法院经审理查明:2004 年 6 月,被告人张北海、胡英华通过被告人陈超以付高息为诱饵,诱使西安大信公司将 200 万元资金存入指定的西安市商业银行盐店街支行,后由被告人白林作内线,将大信公司的开户资料及预留印鉴的印模抽出复印,交给张北海伪造相关资料和印章,再由白林对伪造的印章进行修改后,由张北海为被告人陈炜提供伪造的大信公司介绍信、委托书、存款单等,由陈炜出面以大信公司员工的名义将大信公司的 200 万元存款证实书变更为定期存款,再由张北海、陈超、陈炜等人冒充大信公司法定代表人、工作人员,胡英华以华美公司会计的名义,持假资料、印鉴,虚拟借款、质押协议,将大信公司资金 200 万元做质押、以华美公司名义在西安市商业银行钟楼支行贷款 190 万元,将贷款中的 184 万元分别转入胡英华、陈超、陈炜等人控制的银行账户提现。张北海、胡英华、陈超、白林、陈炜将赃款瓜分。案发后白林退回侦查机关 10 万元。

2004 年 10 月,被告人张北海与被告人陈超商定,以帮朋友拉存款为名,引诱陕西人达公司将资金存入工商银行西影路分理处账户,后张北海指使华博公司办公室主任晏娜到工商银行互助路支行开立一般账户并办理工商银行网上客户服务中心开户手续,并在工商银行西影路分理处开立一般账户,尔后让陈超私刻一枚“工商银行西影路分理处”公章,张北海操纵制作了虚假的《中国工商银行网上银行企业客户账户查询、转账授权书》、客户证书档案信息资料、需增加的分支机构档案信息资料,将上述资料交给刘娜,刘娜与工行电子结算中心市场部任经理的但卫国共同完善以上资料后,违规为张北海办理了“网上银行下挂账户手续”,将人达公司设立在工行西影路分理处的账户下挂到华博公司设立在工行互助路支行账户名下,使张北海可对人达公司账户任意进行转账支配。当人达公司资金 500 万元到账后,张北海便指使晏娜同陈超、刘娜在银行人员的帮助下解锁,并将人达公司账户 500 万元中的 280 万余元转入华博公司工行互助路支行账户。胡英华与晏娜在张北海的授意下,于 2004 年 10 月 25 日将其中 235 万元转入中行西影路支行华博公司账户,48 万元转入天海公司账户。后胡英华与陈超将 48 万元全部提现,胡英华留了 2 万元的张北海原借款,将 46 万元给陈超。破案后从陈超处追回赃款 28 万元,从张北海处追回赃款 217.59 万余元,共计 245.59 万余元,现已发还受骗单位。

西安市中级人民法院认为:被告人张北海、胡英华、白林、陈超、陈炜以非法占有为目的,采取拉存企业款项、伪造存款企业资料、印鉴并改变企业存款方式,冒充存款企业虚构质押贷款的手段和方法骗取银行款项,其行为分别构成贷款诈骗罪;张北海又伙同陈超、胡英华采取拉存企业款项,办理网上银行业务,私刻存款企业、银行印鉴,伪造存款企业网上银行转账授权书的手段,骗取银行资金,其行为又分别构成金融凭证诈骗罪,应数罪并罚,上述被告人贷款诈骗、金融凭证诈骗数额特别巨大,且有200余万元资金未被追回,依法均应予以惩处。依照《中华人民共和国刑法》第一百九十三条第(三)、(五)项、第一百九十四条第二款、第二十五条第一款、第二十六条第一款、第二十七条、第六十四条、第六十九条之规定,判决:

1. 被告人张北海犯贷款诈骗罪,判处有期徒刑十三年,并处罚金八万元;犯金融凭证诈骗罪,判处有期徒刑十三年,并处罚金八万元,决定执行有期徒刑二十年,并处罚金十六万元;

2. 被告人陈超犯贷款诈骗罪,判处有期徒刑七年,并处罚金三万元,犯金融凭证诈骗罪,判处有期徒刑十年,并处罚金五万元,决定执行有期徒刑十六年,并处罚金八万元;

3. 被告人胡英华犯贷款诈骗罪,判处有期徒刑十年,并处罚金五万元,犯金融凭证诈骗罪,判处有期徒刑五年,并处罚金二万元,决定执行有期徒刑十四年,并处罚金七万元;

4. 被告人白林犯贷款诈骗罪,判处有期徒刑十年,并处罚金五万元;

5. 被告人陈炜犯贷款诈骗罪,判处有期徒刑六年,并处罚金二万元。

宣判后,被告人张北海服判,同案被告人胡英华、陈超、白林、陈炜不服,以事实不清,证据不足为由,提起上诉。

陕西省高级人民法院经审理认为:原审被告人张北海及上诉人胡英华、陈超、白林、陈炜以非法占有为目的,采取拉存企业款项后伪造存款企业资料、印鉴,改变存款企业的存款方式后又冒充存款企业虚构质押贷款的事实等方法和手段,骗取银行贷款,其行为均已分别构成贷款诈骗罪;张北海、陈超、胡英华又采取诱骗企业到银行存款后,私刻存款企业印鉴、银行印鉴,伪造存款企业网上银行转账授权书,将存款企业下挂到华博公司名下作为分支机构再利用网上银行骗取银行资金,张北海等人伪造并使用的《中国工商银行网上银行企业客户账户查询、转账授权书》是用于网上电子银行进行收付、结算的唯一的、排他的重要依据,是用于特定主体(金融机构、存款人)之间以特定的格式记载双方特定权利、义务的书面文件,同时也是双方记账的重要凭证,转账授权书与加盖银行印章后的网上银行票证一起,即具有金融票证中的"委托收款凭证"的效力,属于金融凭证,故张北海等人使用伪造的《中国工商银行网上银行企业客户账户查询、转账授权书》通过网上银行骗取资金的行为构成金融凭证诈骗罪,且本案诈骗数额特别巨大,造成了200余万元的资金未被追回的严重后果,应依法惩处并予以数罪并罚。原审被告人张北海在贷款诈骗和金融凭证诈骗犯罪中操纵并指使他人实施犯罪,系主犯,上诉人胡英华、白林在贷款诈骗犯罪中行为积极主动,起主要、关键作用,系主犯。陈超、陈炜起帮助作用,系从犯,应依法减轻处罚;陈超在金融凭证诈骗犯罪中积极与张北海预谋并实施犯罪,系主犯。胡英华起辅助作用,系从犯,应依法减轻处罚。对陈超提出的上诉理由,经查,第一,陈超以帮忙给银行揽存为借口,将大信公司的资金引诱存入商业银行盐店街支行后,又向存款人要求将该企业的存款转为定期,此行为属于整个贷款诈骗的一部分,而且胡英华、陈炜均供述陈超参与了去商业银行办理贷款活动并当场从胡英华处得到12.3万元赃款;第二,在金融凭证诈骗犯罪中,陈超与张北海共同预谋将人达公司的资金诱骗存入工商银行西影路分理处,再设法骗出的事实,有其二人在侦查阶段的供述印证;陈超在侦查阶段供述的作案所使用的西影路分理处假印章是其私刻的事实有张北海的供述印证;第三,因陈超于2005年2月2日在侦查阶段中所作的供述经一审当庭质证,被作为证据使用;符合法律规定,故应予采信。对陈超上诉请求宣告其无罪的理由不予采纳。

对胡英华提出的上诉理由,经查,第一,胡英华在贷款诈骗犯罪中虽然没有参与拉存款、伪造储户的资料、印鉴,但是,胡英华积极为张北海联系华美公司作为贷款单位,在明知张北海等人冒充大信公司的法人和职员实施贷款诈骗的情况下,仍然积极为张北海办理假贷款手续和为张转移赃款,从中牟取非法利益;第二,在金融凭证诈骗犯罪中,胡英华明知张北海等人将人达公司的资金500万元诱骗存入工商银行西影路分理处是为了将款骗出,仍然从天海公司借出现金支票,帮助张北海转移赃款,并且参与网上银行转款的诈骗行为;第三,根据同案被告人张北海、陈超、白林的供述以及证人罗恒等人的证言,胡英华在贷款诈骗犯罪中的行为积极,起着主要作用,其主观故意清楚,原判决根据其罪责作出的判罚是适当的,故上诉理由不能成立。

对白林的上诉理由,经查,第一,白林身为银行职员,明知储户的资料和预留印鉴是储户的机密,不能泄露,但白林为了获得非法利益,在明知张北海等人要冒充他人,采取私刻印鉴,伪造资料进行非法行为时,仍利用其身份,将储户的资料、印鉴提供给张北海等人复印,并为张北海等人伪造的印鉴进行修改,其在主观上犯罪的故意十分明显,上诉提出的其不知张北海等人的真实用意,被蒙骗之理由不能成立;第二,白林在犯罪中,一面将陈超等人及储户介绍给盐店街支行存入资金,另一面又将储户的机密泄露给张北海等人,伪造储户的资料、印鉴,又为张北海在钟楼支行实施贷款诈骗活动予以帮助,在犯罪中起主要作用,原判决的认定是正确的,上诉理由不能成立。

对陈炜的上诉理由,经查,当张北海将伪造的大信公司的委托书、介绍信及印鉴交给陈炜,让陈炜将大信公司的存款转为定期时,陈炜即已发现张北海不是大信公司的法人代表张玉安,且其本人也不是大信公司的职员,但其为了非法利益,以大信公司职员的身份,使用伪造的委托书、介绍信、印鉴为张北海将大信公司的存款转为定期,并将自己的账户让张北海转移赃款使用,事后又分得赃款,故原判决量刑适当,其请求免予刑事处罚的理由不能成立。原审判决认定的犯罪事实基本清楚,适用法律适当,定罪准确,量刑适当,审判程序合法,应驳回上诉,维持原判。

二、裁判要旨

No. 3-5-194(2)-3　使用伪造的企业网上银行转账授权书,利用网上银行骗取银行资金,数额较大的,应以金融凭证诈骗罪论处。

在本案中,网上银行企业客户账户查询、转账授权书,是否为金融凭证,是区别本案被告人的犯罪行为构成哪类犯罪的关键点。

金融凭证诈骗罪,是指使用伪造、变造的委托收款凭证、汇款凭证、银行存单以及其他银行结算凭证骗取财物,数额较大的行为。本罪侵犯的对象是银行结算凭证,包括委托收款凭证、汇款凭证、银行存单以及其他银行结算凭证。其中银行的委托收款凭证,是指行为人在委托银行向付款人收取款项时所填写、提供的凭据和证明。汇款凭证,是指汇款人委托银行将款项汇给外地收款时所填写的凭据和证明。其他银行结算凭证是指除本票、汇票、支票、委托收款凭证、汇款凭证、银行存单以外的办理银行结算的凭证和证明。

何谓结算凭证?2000 年 8 月的中国人民银行办公厅《关于单位定期存款开户证实书性质认定的批复》认为:支付结算是指单位、个人在社会经济活动中使用票据、信用卡和汇兑、托收承付、委托收款等结算方式进行货币给付及其资金清算的行为,中国人民银行为上述结算活动统一制定的书面凭证为结算凭证。2003 年 12 月 9 日,中国人民银行办公厅《关于其他银行结算凭证有关问题的复函》再次明确:根据《支付结算办法》的有关规定,办理票据、信用卡和汇兑、托收承付、委托收款等转账结算业务所使用的凭证,均属银行结算凭证。

当前,网上银行业务作为一种新型的金融服务业务,对其使用的凭证种类,中国人民银行和银监会均没有明确的定性。但就本案而言,所涉及的《中国工商银行网上银行企业客户账户查询、转账授权书》是用于网上电子银行进行收付、结算的唯一的、排他的重要依据,是用于特定主体(金融机构、存款人)之间以特定的格式记载双方的特定权利、义务的书面文件,同时也是双方记账的重要凭证,符合上述金融凭证中的委托收款凭证的特征,属于新兴电子银行业务中出现的一种非传统型的银行会计凭证,应属于金融票证的范畴。

被告人采取诱骗企业到银行存款后,私刻存款企业印鉴、银行印鉴,伪造存款企业网上银行转账授权书,将存款企业下挂到华博公司名下作为分支机构再利用网上银行骗取银行资金,且诈骗数额特别巨大,故依照《刑法》第一百九十四条第二款之规定即金融凭证诈骗罪处罚是恰当的。

案例:朱成芳等金融凭证诈骗、贷款诈骗案

案例来源:《刑事审判参考》总第5辑[第33号]

主题词:金融凭证诈骗罪 贷款诈骗罪

一、基本案情

被告人朱成芳,曾用名朱志强,男,1955年3月18日出生,原系山东省青州市长虹电器厂(私营企业)副厂长。1988年4月因犯诈骗罪被判处有期徒刑九年,1993年11月12日被假释,假释考验期至1997年2月16日。因涉嫌犯金融凭证诈骗罪、贷款诈骗罪,于1996年12月16日被逮捕。

潍坊市中级人民法院经审理查明:1995年下半年,被告人朱成芳为诈骗银行贷款,先后比照银行存单上的印章模式,伪造了中国农业银行青州市支行昭德办事处储蓄章和行政章,中国建设银行青州市支行房地产信贷部、青州市黄楼信用社和青州市普通信用社储蓄章,潍坊市二轻工业供销公司、聊城地区基本建设投资公司公章及有关银行工作人员的名章,并通过中国农业银行青州市支行昭德办事处的工作人员了解到一些单位和个人在该办事处的存款情况。1995年10月和1996年6月,朱成芳持套取的中国农业银行山东省分行等金融机构的整存整取储蓄存单样本,到深圳市通过欧大庭、罗坚(同案被告人,均已判刑)共印制银行空白存单130余万份。朱成芳将其中的1000份带回青州市,部分用于犯罪活动。案发后,空白存单被公安机关查获。

1996年5月,朱成芳将少量现金存入农行青州市昭德办事处,取得存单一张。后持该存单及私自印制的空白存单到青州市"金海"打字复印部,让打字员比照存单样式打印了两份户名分别为胡敬坤和李纪芬、存款额均为100万元的假存单,朱成芳盖上私刻的昭德办事处储蓄章和经办人李法玲的名章。朱成芳持该假存单到东坝信用社要求抵押贷款,东坝信用社开出两份抵押证明,朱成芳在抵押证明上盖上私刻的农行昭德办事处行政公章和该办事处主任赵双吉的名章,以此假存单和假抵押证明,骗取东坝信用社贷款200万元。

1996年5月至8月,被告人朱成芳单独或伙同孙广荣(同案被告人,已判刑)用上述手段,先后14次分别从青州市东坝信用社、青州市普通信用社、宁津县张傲信用社、青州市建行房地产信贷部、青州市益都信用社、青州市东夏基金会诈骗贷款1268.79万元。其中未遂一起,金额为51万元。另外朱成芳还单独或伙同孙广荣利用伪造的担保函或骗取的银行存单作抵押,从青州市东坝信用社、青州市城市信用社东关分社两次骗取银行贷款140万元。案发前朱成芳已返还诈骗的贷款205.79万元,案发后追回赃款及物品价值655万元,尚有497万元无法追回。

被告人朱成芳对指控的犯罪事实供认不讳,无辩解意见。其辩护人辩称,被告人朱成芳的行为只构成贷款诈骗罪,不构成金融凭证诈骗罪,且属单位犯罪。

潍坊市中级人民法院认为:被告人朱成芳以非法占有为目的,伪造存单诈骗金融部门资金;指使他人使用虚假证明诈骗贷款,其行为分别构成金融凭证诈骗罪和贷款诈骗罪,且诈骗数额特别巨大,给国家和人民利益造成特别重大损失,又系在假释考验期限内再犯新罪,是本案主犯,必须依法严惩。依照《中华人民共和国刑法》第十二条第一款、全国人大常委会《关于惩治破坏金融秩序犯罪的决定》第十条、第十二条和1979年《中华人民共和国刑法》第二十条、第二十二条、第二十三条、第七十五条、第六十四条、第五十三条第一款的规定,于1998年2月4日判决如下:

被告人朱成芳犯金融凭证诈骗罪,判处死刑,剥夺政治权利终身,并处没收全部财产;犯贷款诈骗罪,判处有期徒刑十五年,并处没收全部财产;与前罪余刑三年零十个月并罚,决定执行死刑,剥夺政治权利终身,并处没收全部财产。

一审宣判后,朱成芳不服,以"只构成贷款诈骗罪,且属单位犯罪,量刑过重"为由向山东省高级人民法院提出上诉。

山东省高级人民法院经审理认为:上诉人朱成芳以非法占有为目的,使用伪造的存单诈骗银行资金,使用虚假证明文件骗取贷款,其行为分别构成金融凭证诈骗罪、贷款诈骗罪,且诈骗数额特别巨大,给国家和人民利益造成特别重大损失,是本案主犯,又系在假释期限内再犯新罪,依法应予严惩。上诉人朱成芳虽然是以长虹电器厂的名义实施诈骗的,且将大部分赃款用于归还长虹电器厂的贷款,但实质上是为个人牟利,所以应依法追究投资者个人的刑事责任。原审判决认定的事实清楚,证据确实、充分,定罪准确,量刑适当,审判程序合法。上诉人的上诉理由及其辩护人的辩护意见均不能成立,不予采纳。依照《中华人民共和国刑事诉讼法》第一百八十九条第(一)项的规定,于1998年5月7日裁定如下:驳回上诉,维持原判。

山东省高级人民法院依法将此案报送最高人民法院核准。

最高人民法院经复核确认:一、二审认定的朱成芳单独或伙同他人利用伪造的银行存单作抵押,诈骗贷款1268.79万元,其中未遂一起,金额为51万元;利用伪造的担保函或骗取的银行存单作抵押,骗取银行贷款140万元的事实清楚,证据确实、充分。一、二审认定的朱成芳归还入股的9万元诈骗款,系案发后的追回款;认定朱成芳归还的18万元,系归还的正常贷款,均不应计入案发前归还款数额之中。因此,认定案发前朱成芳归还诈骗的贷款应为178.79万元,案发后追回赃款及物品价值664万元,尚有515万元无法追回。

最高人民法院认为:被告人朱成芳伙同他人使用伪造的金融凭证骗取贷款的行为,已构成金融凭证诈骗罪。诈骗数额特别巨大,给国家和人民利益造成特别重大损失,且系在假释考验期限内再犯新罪,在共同犯罪中是主犯,应依法惩处。其伙同他人利用伪造的担保函或骗取的银行存单作抵押,诈骗金融机构贷款的行为,构成贷款诈骗罪,诈骗数额特别巨大,亦应依法惩处。一审判决、二审裁定认定的基本事实清楚,证据确实、充分,定罪准确,量刑适当,审判程序合法。依照《中华人民共和国刑事诉讼法》第一百九十九条和最高人民法院《关于执行〈中华人民共和国刑事诉讼法〉若干问题的解释》第二百八十五条第(一)项的规定,于1999年10月28日裁定如下:

核准山东省高级人民法院维持一审以金融凭证诈骗罪判处被告人朱成芳死刑,剥夺政治权利终身,并处没收全部财产;以贷款诈骗罪判处其有期徒刑十五年,并处没收全部财产;与前罪没有执行的有期徒刑三年零十个月并罚,决定执行死刑,剥夺政治权利终身,并处没收全部财产的刑事裁定。

二、裁判要旨

No.3-5-194(2)-4　使用伪造的金融凭证作抵押骗取贷款的,不构成贷款诈骗罪,应以金融凭证诈骗罪论处。

其一,从立法本意看,刑法设立金融凭证诈骗罪时,对该罪的规定是广义的,只要是使用伪造的金融凭证进行诈骗,数额较大的,即构成此罪。其目的是保护金融机构的信誉,严惩此类犯罪。而对贷款诈骗罪的规定则有一定的限制,主要是针对以非法占有为目的,骗取银行贷款的个人犯罪行为。《刑法》第一百九十三条贷款诈骗罪中所规定的"证明文件",主要是指银行的存款证明、公司和金融机构的担保函、划款证明等在向银行或者其他金融机构申请贷款时所需的文件,不包括金融凭证。

其二,从司法实践看,使用伪造的金融凭证诈骗贷款,与使用虚假的经济合同、证明文件等诈骗贷款有所不同。前者可信程度更高,更易于取得贷款银行的信任而骗得贷款,其行为的社会危害性相对更大。因此,根据刑法罪刑相适应的原则,此种犯罪也应当受到法定更严厉的处罚。此类以伪造的金融凭证诈骗贷款的行为,与使用伪造的金融凭证直接骗得存款并无实质差别,因此,以金融凭证诈骗罪认定,是完全正确的。

其三,从刑法理论看,本案被告人共实施了三个行为:伪造公司、企业公文、印章,伪造金融凭证和诈骗贷款,三者存在牵连关系。其中,伪造公司、企业公文、印章和伪造金融凭证是手段行为,诈骗贷款是目的行为。使用伪造的金融凭证诈骗贷款,同时触犯了《刑法》第一百九十三条规定的贷款诈骗罪和一百九十四条第二款规定的金融凭证诈骗罪。该两罪的法律规定交叉,是一行为同时触犯数罪名,应从一重处,定金融凭证诈骗罪。金融凭证诈骗罪的手段较多,包括使用伪造的银行金融凭证,如银行存单。金融凭证诈骗罪诈骗的对象是不特定的,包括银行贷款。被告人使用伪造的金融凭证诈骗银行时,无论银行是从哪一项目支付款项,都不影响被告人非法占有的目的,都是用伪造的金融凭证诈骗银行。被告人朱成芳伪造银行存单,并利用伪造的银行存单作抵押,骗取贷款的行为,已构成金融凭证诈骗罪。同时,应当注意的是,在认定诈骗犯罪数额时,不能简单地以存单上的数额认定。因为那只是担保的数额,不一定是直接骗取的数额。认定诈骗犯罪,应当以行为人准备骗取或者实际非法占有的数额作为犯罪数额。因此,本案定罪数额应当以被告人朱成芳使用金融凭证诈骗贷款而实际骗得的贷款数额为准。

案例:曹娅莎金融凭证诈骗案

案例来源:《刑事审判参考》总第 1 期[第 4 号]

主题词:金融凭证诈骗罪　变造金融凭证

一、基本案情

被告人曹娅莎,女,40 岁,原系海州实业有限公司(个体)经理。因涉嫌金融票据诈骗罪,1996 年 10 月 8 日被逮捕。

山东省潍坊市中级人民法院经审理查明:1996 年 5 月 22 日,被告人曹娅莎与同案被告人刘锦祥(已判刑)以月息 21‰高息存款的名义,通过他人骗取山东省财政国债服务部 1000 万元的汇票一张,存入中国银行潍坊分行对公存款组。次日,曹娅莎、刘锦祥将一张中国银行潍坊分行 100 元的定期存款单变造为金额 1000 万元、定期 1 年的整存整取存单,交给山东省财政国债服务部。曹娅莎、刘锦祥利用中国银行潍坊分行对公存款组负责人李春宝的渎职,从该行支出资金 900 万元,余 100 万元以曹娅莎的名义存入该行作为李春宝完成的揽储任务。

同年 7 月 19 日,被告人曹娅莎仍以高息存款为手段,通过他人骗取招远市农村信用联社 500 万元汇票一张。曹娅莎伙同曹政军(在逃)利用中国银行潍坊分行营业厅会计高海燕提供的一套已作废的、印鉴齐全的"中国银行特种转账传票"将 500 万元汇票存入中国银行潍坊分行营业部。曹娅莎、曹政军又通过高海燕取出招远市农村信用联社的汇票,在汇票背书栏内,制作资金转让的内容,将 500 万元汇票转存到曹娅莎个人公司在中国银行潍坊分行的账户上。后曹娅莎、曹政军将一张中国银行 50 元的定期存单变造为金额 500 万元的定期整存整取存单,交给招远市农村信用联社。

同年 7 月 26 日,被告人曹娅莎以高息存款为诱饵,通过他人骗取招远市对外供应股份有限公司两张各 500 万元的汇票,存入中国银行潍坊分行。曹娅莎伙同曹政军用两张中国银行各 50 元的定期存单分别变造为金额 500 万元的定期整存整取存单,交给招远市对外供应股份有限公司。后曹娅莎伙同他人伪造了一份委托投资协议书,并私刻存款人和中国银行储蓄所会计名章,企图将 1000 万元从银行骗出,因案发诈骗未遂。

综上,被告人曹娅莎进行金融凭证诈骗三起,诈骗总额 2500 万元(其中 1000 万元未遂)。曹娅莎将诈骗的资金用于支付存款单位息差、中间人好处费和归还其个人公司的银行贷款、购买汽车等。案发后,追缴人民币及赃物折数共计 12054100 余元,造成重大经济损失 2945800 余元。

山东省潍坊市中级人民法院认为,被告人曹娅莎、刘锦祥无视国法,以非法占有为目的,采用变造银行票据的欺骗方法,破坏金融秩序,诈骗资金数额特别巨大,给国家和人民利益造成特别重大损失,其行为均已构成票据诈骗罪。依照《中华人民共和国刑法》第一百九十四条、第一百九十九条、第五十七条第一款的规定,于 1997 年 10 月 13 日判决如下:

1. 被告人曹娅莎犯票据诈骗罪,判处死刑,剥夺政治权利终身,并处罚金人民币十万元;
2. 被告人刘锦祥犯票据诈骗罪,判处无期徒刑,剥夺政治权利终身,并处罚金人民币二十万元。

一审宣判后,被告人曹娅莎、刘锦祥不服,均以"量刑过重"为由,分别向山东省高级人民法院提出上诉。曹娅莎的二审辩护人提出"第一笔诈骗是刘锦祥个人行为,曹娅莎被刘锦祥所利用;第二笔没有充分的证据证实曹娅莎主观上有明显诈骗故意和将来不归还的行为,钱款用于支付息差、贷款及中间人好处费,未进行挥霍,各项支出均被追回;第三笔诈骗未遂,应从轻处罚"的辩护意见。

山东省高级人民法院经二审审理认为,原审判决定罪准确,量刑适当,审判程序合法,被告人的上诉理由及辩护意见不能成立,不予采纳。依照《中华人民共和国刑事诉讼法》第一百八十九条的规定,于 1998 年 2 月 12 日裁定如下:驳回上诉,维持原判。

山东省高级人民法院依法将此案报送最高人民法院核准。

最高人民法院经合议庭评议并经审判委员会讨论认为,被告人曹娅莎伙同他人使用变造的金融凭证进行诈骗的行为,已构成金融凭证诈骗罪。诈骗数额特别巨大,给国家和人民利益造成特别重大损失,依法应予严惩。一审判决、二审裁定认定的事实清楚,证据确实、充分,审判程序合法,但适用法律、定罪和并处罚金刑不当。依照《中华人民共和国刑法》第十二条第一款、全国人民代表大会常务委员会《关于惩治破坏金融秩序犯罪的决定》第十二条第一、二款和 1979 年《中华人民共和国刑法》第五十三条第一款的规定,于 1999 年 3 月 6 日判决如下:

1. 撤销山东省潍坊市中级人民法院一审判决和山东省高级人民法院二审裁定中对被告人曹娅莎的定罪、并处罚金部分。

2. 以金融凭证诈骗罪判处被告人曹娅莎死刑,剥夺政治权利终身,并处没收财产。

二、裁判要旨

No. 3-5-194(2)-5　变造金融凭证并使用的,应以金融凭证诈骗罪论处。

《刑法》第一百九十四条第二款规定的金融凭证诈骗罪,是指使用伪造、变造的委托收款凭证、汇款凭证、银行存单等其他银行结算凭证的行为。犯该罪的,依照前款票据诈骗罪的规定处罚。构成此款犯罪行为的条件,包括:第一,行为人使用的银行结算凭证必须是伪造、变造的。第二,行为人实施的对象必须是委托收款凭证、汇款凭证、银行存单等其他银行结算凭证。这里所说的银行结算凭证,是指办理银行结算的凭据和证明。第三,行为人必须实施了使用伪造、变造的银行结算凭证的行为。本案被告人曹娅莎采用变造银行存单、伪造汇票中资金转让内容的手段诈骗存款单位钱款的行为,已构成金融凭证诈骗罪。

64 信用卡诈骗罪(《刑法》第一百九十六条第一款)

案例:纪礼明等信用卡诈骗案

案例来源:《人民法院案例选》2009 年第 2 辑

主题词:信用卡诈骗罪　冒用信用卡　既遂　共同犯罪

一、基本案情

上诉人(原审被告人)纪礼明、张建平、程国樑、施枫、童雅芳、钱勤鸣、蒋永光、陈龙宝、邬慰星、孙中华、王育辉、朱惠芳、王奕、吴长秀等十四人。

经上海市第一中级人民法院审理查明:2005 年 7 月至 2006 年 4 月间,被告人纪礼明提供他人名下的境外信用卡,与被告人张建平、程国樑、施枫、童雅芳、钱勤鸣、蒋永光、陈龙宝、邬慰星、孙中华、王育辉、朱惠芳、王奕、吴长秀等人分别结伙,经共谋并约定分赃比例后,利用张建平等十三名被告人控制或使用下的 POS 机,冒用信用卡真实持卡人的名义,先后多次刷卡套取现金或消费,共计人民币 731 万余元(以下均为人民币),其中 130 余万元因银行发现涉嫌欺诈交易而未予实际支付。具体是:纪礼明参与信用卡诈骗 731 万余元,其中未遂 130 余万元;张建平参与信用卡诈骗 422.0667 万元,其中未遂 71.255 万元;程国樑参与信用卡诈骗 224.667 万元,其中未遂 50 余万元;施枫参与信用卡诈骗 191.597 万元,其中未遂 50 余万元;童雅芳参与信用卡诈骗 151.63 万元;钱勤鸣参与信用卡诈骗 144.08 万元,其中未遂 27.065 万元;蒋永光参与信用卡诈骗 128.56 万元,其中未遂 42.91 万元;陈龙宝参与信用卡诈骗 76.1367 万元,其中未遂 9.935 万元;邬慰星参与信用卡诈骗 37.84 万元,其中未遂 8.625 万元;孙中华参与信用卡诈骗 37.68 万元,全部未遂;王育辉参与信用卡诈骗 17.7 万元;朱惠芳参与信用卡诈骗 9.17 万元;王奕参与信用卡诈骗 6.15 万元;吴长秀参与信用卡诈骗 6.1 万元。

上海市第一中级人民法院认为,被告人纪礼明与被告人张建平、程国樑、施枫、童雅芳、钱勤鸣、蒋永光、陈龙宝、邬慰星、孙中华、王育辉、朱惠芳、王奕、吴长秀等人分别结伙冒用他人信用卡进行诈骗活动,其行为均已构成信用卡诈骗罪。关于各被告人的行为是否系使用伪造的信用卡,从现有证据来看,由于本案所涉信用卡均未扣押在案,尚不能确定各被告人使用的信用卡系伪造;但现有证据同时证明,各被告人均明知本人非信用卡的真实持有人,故可以认定各被告人的行为系"冒用他人信用卡"。关于本案部分信用卡诈骗行为是否应认定为未遂,法院认为,认定信用卡诈骗罪的既遂标准不能与传统财产犯罪相脱离,仅根据妨害信用卡管理秩序这一非物质性结果就认定信用卡诈骗罪的既遂并不妥当,因此,在被告人尚未实际控制钱款、被害人亦未实际遭受财产损失的情况下,不宜认定信用卡诈骗既遂。关于全案主从犯的认定,法院认为,公诉机关对于被告人纪礼明系主犯,陈龙宝、邬慰星、孙中华、王育辉、朱惠芳、王奕、吴长秀七名被告人系从犯的认定是合理的。但是,公诉机关对于张建平、程国樑、施枫、童雅芳、钱勤鸣、蒋永光六名被告人既不认定为主犯,也不认定为从犯并不妥当。从本案事实来看,张建平、程国樑、童雅芳、钱勤鸣、蒋永光等五名被告人参与犯罪金额(包括既遂与未遂)均在100万元以上,犯罪节数均在2节以上,且在共同犯罪中系积极主动,故应依法认定为主犯;施枫虽然参与数额亦在100万元以上,参与犯罪节数为2节,但施枫系受程国樑安排、指使参与本案第一节犯罪事实,且施枫没有参与该节犯罪的分赃,而该节犯罪数额占施枫参与全部犯罪数额的绝对多数,因此,可以认定施枫在共同犯罪中起次要作用,依法应认定为从犯。综合考虑各名被告人的从犯、犯罪未遂、自首、立功、交待同种较重罪行及退缴赃款等情节,对纪礼明依法从轻处罚,对施枫、蒋永光、陈龙宝、邬慰星、孙中华、王育辉、朱惠芳、王奕、吴长秀均依法减轻处罚,并对朱惠芳、王奕、吴长秀依法适用缓刑。据此,一审法院以信用卡诈骗罪判处被告人纪礼明有期徒刑十五年,剥夺政治权利四年,并处罚金人民币三十万元;被告人张建平有期徒刑十三年六个月,剥夺政治权利三年,并处罚金人民币二十万元;被告人程国樑有期徒刑十二年,剥夺政治权利三年,并处罚金人民币十五万元;被告人施枫有期徒刑八年,剥夺政治权利二年,并处罚金人民币十万元;被告人童雅芳有期徒刑十一年,剥夺政治权利三年,并处罚金人民币十万元;被告人钱勤鸣有期徒刑十年,剥夺政治权利二年,并处罚金人民币八万元;被告人蒋永光有期徒刑八年,剥夺政治权利二年,并处罚金人民币七万元;被告人陈龙宝有期徒刑六年,剥夺政治权利一年,并处罚金人民币六万元;被告人孙中华处有期徒刑三年,并处罚金人民币五万元;被告人邬慰星有期徒刑三年六个月,并处罚金人民币五万元;被告人王育辉有期徒刑三年,并处罚金人民币五万元;被告人王奕有期徒刑二年六个月,缓刑二年六个月,并处罚金人民币五万元;被告人朱惠芳犯信用卡诈骗罪,判处有期徒刑三年,缓刑三年,并处罚金人民币五万元;被告人吴长秀有期徒刑二年六个月,缓刑二年六个月,并处罚金人民币五万元;犯罪工具予以没收,违法所得予以追缴。

一审判决后,被告人纪礼明、施枫以量刑过重等为由提出上诉。二审法院经依法审理后,驳回上诉,维持原判。

二、裁判要旨

No. 3-5-196(1)-1 在信用卡诈骗犯罪中,如果证据只能证明被告人系信用卡的非真实持有人,应认定被告人冒用他人信用卡。

公诉机关对14名被告人的行为定性为使用伪造的信用卡进行诈骗不妥,应认定各被告人的行为系冒用他人信用卡进行诈骗。主要理由如下:

首先,证明被告人使用的信用卡系伪造的证据不足。本案各名被告人使用的全部信用卡均没有扣押在案,因此,相关信用卡国际组织无法仅从被告人签名的签购单、刷卡记录等即确定被告人使用的信用卡系真卡还是伪卡,故不能排除所涉信用卡系真实卡的可能性。比如,被告人在拾得或者窃取他人的信用卡后使用;或者境外卡的真实持有人与被告人相勾结,将卡转交或出售给被告人使用,而后真实持有人以该段时间内未出境为由,向发卡行拒付,等等。因此,在证明所涉信用卡系伪造的证据不具有唯一性与排他性的情况下,将被告人的行为认定为使用伪造的信用卡显然是不合适的。

其次,将被告人的行为解释为冒用他人信用卡并不存在文理障碍。冒用他人信用卡,是指非持卡人以持卡人的名义使用持卡人的信用卡骗取财物的行为。现有证据证明本案所有的信用卡交易均系非真实持卡人所为,显然,被告人的行为可包含在"冒用他人信用卡"的合理含义之内。

再次,不管本案被告人使用的信用卡最终是真卡还是伪卡,都可包含在冒用他人信用卡的范围内。由于被告人使用的信用卡真伪不明,也就是说该卡既可能是伪造的信用卡,也可能是真实的信用卡,那么,冒用他人信用卡是否包括伪造的信用卡在内,刑法理论与司法实践中存有较大争议。一种观点认为,冒用他人信用卡,应是指冒用他人真实有效的信用卡。另一种观点认为,冒用他人信用卡,可以包括冒用他人伪造、作废的信用卡在内。因为在行为人误认为是他人真实有效的信用卡,实际上该卡系伪卡或作废的卡的情况下,从主客观统一出发,应认定为冒用他人信用卡。

No. 3-5-196(1)-2　信用卡诈骗罪的既遂应以实际骗取财物为标准,不应以妨碍信用卡管理秩序这一非物质性结果认定信用卡诈骗罪既遂。

认定信用卡诈骗罪的既遂标准不能与传统财产型犯罪相脱离,仍应以实际控制财产作为认定标准。在刑法理论与司法实践中,仅以妨害信用卡管理秩序作为区分信用卡诈骗罪既、未遂的标准并不妥当,理由在于:(1)由于信用卡诈骗行为必然妨害信用卡管理秩序,以此作为既遂的标准,是将此类犯罪等同于刑法中的举动犯,从而形成信用卡诈骗罪中只有既遂没有未遂的局面。(2)妨害信用卡管理秩序是一种非物质性结果。从涉财产型犯罪来看,通常不宜将非物质性结果作为犯罪既遂的标志。同时,由于行为人完全可能在实施金融诈骗犯罪的过程中,自动放弃犯罪,避免他人的财产损失,如果将非物质性结果作为既遂标志,则显然不利于鼓励行为人中止犯罪,不利于保护被害人的财产。(3)刑法对信用卡诈骗罪规定了"数额较大",旨在限制处罚范围,如果以妨害信用卡管理秩序作为既遂标志,就可能与刑法限制处罚范围的宗旨相冲突。(4)相关司法解释也确立了骗取财产为此类犯罪既、未遂标志。最高人民法院 1996 年 12 月 16 日《关于审理诈骗案件具体应用法律的若干问题的解释》指出:已经着手实行诈骗行为,只是由于行为人意志以外的原因而未获得财物的,是诈骗未遂。而该解释所说的诈骗案件包括了信用卡诈骗案件。这表明信用卡诈骗罪也是以行为人骗取财物为既遂标志的。

No. 3-5-196(1)-3　在全案区分主从犯的情况下,不存在其中部分被告人既不定主犯也不定从犯的余地。

公诉机关指控,被告人纪礼明系主犯,陈龙宝、邬慰星、孙中华、王育辉、朱惠芳、王奕、吴长秀等七名被告人系从犯,张建平、程国樑、施枫、童雅芳、钱勤鸣、蒋永光等六名被告人既不认定主犯,也不认定从犯。公诉机关对于张建平等六名被告人既不认定为主犯,也不认定为从犯并不妥当。因为依据我国现行刑法规定,主犯应当按照其所参与的或者组织、指挥的全部犯罪处罚,对于从犯应当从轻、减轻或者免除处罚;同时取消了 1979 年刑法中对于主犯应当从重处罚的规定;显然,对既不定主犯、也不定从犯的被告人处罚的基础、原则与主犯是一致的,即按照所参与的或者组织、指挥的全部犯罪处罚,且不应当从重处罚。因此,在全案区分主从犯的情况下,没有认定为从犯的被告人,实际就是按主犯的规定来处罚。从这个意义上讲,我国刑法中并不存在全案区分主从犯,但其中部分被告人既不定主犯、也不定从犯的余地。故根据张建平等六名被告人在共同犯罪中的地位与作用,判决认定张建平、程国樑、童雅芳、钱勤鸣、蒋永光系主犯,施枫系从犯。

案例:潘安信用卡诈骗案

案例来源:《刑事审判参考》总第 125 辑[第 1389 号]

主题词:信用卡诈骗罪　盗窃罪

一、基本案情

被告人潘安在某银行 ATM 机上,趁被害人陈燕将银行卡遗忘在机器内且尚未退出取款操作界面之际,分 2 次从该卡内取走人民币 5500 元。案发后,潘安退赔了被害人陈燕的损失,陈燕出具谅解书对潘安予以谅解。潘安归案后如实供述了自己在上述时间、地点提取他人存款的事实。

法院经审理认为,持银行卡在ATM机上使用时,输入密码与银行留存密码相符,视同银行卡所有人操作。被告人潘安在存取款一体机尚未退出的取款界面上操作提取被害人陈燕的存款,不需要输入密码,没有假冒身份欺骗银行的情节,不构成信用卡诈骗罪,其行为符合盗窃罪的构成要件。潘安以非法占有为目的,采用秘密手段,盗窃公民财物,数额较大,其行为已构成盗窃罪。判决被告人潘安犯盗窃罪,判处拘役二个月,并处罚金人民币二千元。

宣判后,常州市天宁区人民检察院提出抗诉,认为本案属于"拾得他人信用卡并使用"的情形,一审判决适用法律错误,应当按照信用卡诈骗罪定罪处罚,建议二审法院依法改判。

常州市人民检察院支持抗诉。出庭检察员发表如下抗诉意见:(1)ATM机取款步骤中的输入密码系银行与持卡人约定现金占有转移的条件,不是对持卡人真实身份的验证。(2)从犯罪客观行为来看,被告人潘安能够得逞关键在于冒用持卡人身份,银行以为是持卡人而"自愿"实施付款行为,处于被骗地位,体现了ATM机背后银行的意志,把财物"交付"给拾卡人,符合诈骗罪的客观行为表现。(3)从犯罪行为侵害的法益看,潘安的行为不仅侵害了被害人的财产权利,还侵害了国家金融管理秩序,符合《刑法》分则关于信用卡诈骗罪复杂客体的构成要件。(4)根据2018年11月28日最高人民法院、最高人民检察院发布的《关于办理妨害信用卡管理刑事案件具体应用法律若干问题的解释》(以下简称《妨害信用卡解释》)第五条第二款第一项规定,"拾得他人信用卡并使用"属于"冒用他人信用卡"的情形,其中,并未区分是否输入密码。(5)如果定为盗窃罪则违反罪责刑相适应原则。如果认定主观恶性较小的不输入密码按数取款以盗窃罪追究刑事责任,主观恶性较大的破解输入密码按数取款却构成信用卡诈骗罪,明显违背罪责刑相适应的原则。建议二审法院依法改判。

常州市中级人民法院经开庭审理认为,本案中被告人潘安的行为系"拾得他人信用卡并使用",其行为不仅侵犯了他人的财产所有权,还侵犯了国家的金融管理秩序,这一点有别于盗窃行为侵犯财产所有权单一客体的特征,符合信用卡诈骗罪复杂客体的构成要件,属于"冒用他人信用卡"的情形,应认定为信用卡诈骗罪。判决撤销常州市天宁区人民法院一审刑事判决;原审被告人潘安犯信用卡诈骗罪,判处拘役二个月,并处罚金人民币二万元。

二、裁判要旨

No.3-5-196(1)-4 利用他人遗忘在ATM机内已输好密码的信用卡取款行为,构成信用卡诈骗罪。

首先,被告人潘安使用欺骗方法,冒用他人的信用卡提取现金的行为符合信用卡诈骗罪的客观要件。

刑法规定的"信用卡"与日常概念中的银行卡在范围上几乎没有区别,其范围包括信用卡(贷记卡和准贷记卡)和借记卡,区别在于前者享有在信用额度内先消费、后还款的透支功能,后者则没有透支的功能。发卡银行对借记卡和信用卡采用不同的管理秩序。但在刑法上,行为人利用借记卡实施犯罪和利用信用卡实施犯罪,比如骗取财物,两者并没有本质的区别,这是因为行为人以非法占有为目的,转移占有他人的财物,侵害他人的财产权利,至于是利用借记卡的借记功能抑或信用卡的透支功能,并非行为人主观故意包括认识因素和意志因素的范畴,不具有刑法上犯罪构成要件上的意义。因此,刑法上把借记卡归入信用卡的范围,在目前处理利用信用卡犯罪案件中具有一定的现实意义。

信用卡具有极强的身份属性,对信用卡的有效管理关乎持卡人和发卡银行的财产权利和信用卡管理秩序,银行通过ATM机对持卡人的信用卡进行身份验证属于必经程序,这一身份验证程序包括在持卡人插卡后界面显示的"交易正在进行中"、提示"请输入密码"以及具体的存取款、查询余额等一系列操作环节。本案中,在持卡人输入密码后,ATM机(银行)在等待持卡人进一步发出指令,在此期间,拾卡人未经持卡人授权、未经委托"冒用"持卡人身份发出取款指令,欺骗ATM机"交付"钱款。ATM机误以为是持卡人发出的指令,把财物"自愿""交付"给拾卡人,ATM 机代表相关银行的意志,“同意”交付财物,符合诈骗犯罪的客观行为表现。

其次,被告人潘安的行为侵害了双重客体,即他人财产所有权和信用卡管理秩序。

依据信用卡取款以及 ATM 机设置的基本原理,持卡人所持借记卡中的存款属于银行事实占有和持卡人法律占有并存。被告人潘安冒用他人信用卡,首先欺骗的对象是 ATM 机(银行)。ATM 机体现的是相关银行的单位意志。当然,事实层面,被告人潘安也欺骗了持卡人。故潘安以持卡人的身份骗取了他人的财物,侵害了他人的财产所有权,同时也侵害了国家对信用卡的管理秩序,符合刑法和《妨害信用卡解释》对信用卡诈骗罪双重客体的规定。

有观点认为,在许霆盗窃案中,许霆也利用信用卡从 ATM 机骗取了银行的财物,但其行为并非以信用卡诈骗罪定罪处罚。但本案与许霆案不同:其一,许霆使用自己真实的信用卡(借记卡)取款,没有“冒用”行为;其二,许霆每取 1000 元,银行账户才扣除 1 元,显然不是银行的真实意志,银行不是“自愿”“交付”财物,而是许霆自己明知 ATM 机发生机械故障,自以为秘密“获取”银行的财物;其三,许霆主观上以非法占有为目的,采取了自以为不为人知的方法秘密窃取了银行的财物,更符合盗窃罪的构成要件。

案例:郑正山等信用卡诈骗案

案例来源:《人民法院案例选》2008 年第 1 辑

主题词:虚假刷卡　骗取资金　信用卡诈骗罪

一、基本案情

上诉人(原审被告人)郑正山,台湾省人。

被告人何海洋。

上诉人(原审被告人)陈明。

被告人宋卫平。

被告人石代君。

陕西省西安市中级人民法院经审理查明:2004 年 8 月,被告人郑正山决定在西安市实施信用卡诈骗活动,由其出资并安排被告人何海洋、石代君到西安市开设商店。随后,何海洋联系到被告人宋卫平及其女友廖晓莉,与石代君、宋卫平及廖晓莉到西安市汇合,分别以化名伪造身份证(石代君化名为景晓军、宋卫平化名为李多、廖晓莉化名为白文艳),利用郑正山提供的活动经费,在西安市先后设立了新城区精服服装店、碑林区百聚齐工艺美术用品店、新城区亮光服装店,并为上述三店向中国银行陕西分行申请设立了基本账户和用于国际信用卡交易的特约商户终端机,即“POS 机”。被告人郑正山得知上述手续办理完毕后,于 2004 年 10 月 22 日赶到西安,向何海洋传授了利用伪造信用卡进行诈骗的方法,并提供了伪造的国际信用卡。同年 10 月 22 日至 11 月 1 日期间,何海洋利用郑正山提供的伪造国际信用卡,在上述 POS 机上多次刷卡,伪造交易,并由宋卫平、石代君亲自或指使他人从中国银行陕西分行多次支取交易结算款,共计 313332.65 元人民币。其中精服服装店骗取交易结算款 130680.48 元人民币、亮光服装店骗取交易结算款 160762.65 元人民币、百聚齐店骗取交易结算款 21889.52 元人民币。

2004 年 7 月,被告人郑正山与被告人陈明商议,由郑正山出资,由陈明利用邱建峰(在逃)提供的罗浩的身份证,在重庆市沙坪坝区瓷器口开办了艺精工艺品店(以下简称“艺精店”),并向中国银行重庆分行为该店申请开立了银行结算基本账户及国际信用卡交易 POS 机(编号 204-677-257),准备实施信用卡诈骗。同年 7 月 17 日至 8 月 30 日,郑正山事先伪造了国际信用卡,在艺精店并无货物实际交易的情况下,郑正山、陈明多次利用伪造的国际信用卡刷卡,伪造交易,并在交易记录确认单上虚假签名,进而从中国银行重庆分行骗取交易结算款,共计 560948.48 元人民币。

2004 年 7 月,郑正山伙同邱建峰在重庆市沙坪坝区开办了金古工艺品店,并向中国银行重庆分行为该店申请设立了单位银行结算基本账户及国际信用卡交易 POS 机。郑正山事先伪造了国际信用卡,伙同邱建峰于同年 7 月 17 日至 9 月 20 日,在无真实货物交易的情况下,利用伪造的信用卡在该店多次刷卡,伪造交易,并在信用卡交易记录确认单上虚假签名,继而从中国银行重庆分行骗取交易结算款,共计647065.54元人民币。

西安市中级人民法院认为:被告人郑正山、何海洋、陈明、石代君、宋卫平以非法占有为目的,利用开设商店,申请国际信用卡交易的特约商户终端机,不进行商品交易,使用伪造的国际信用卡刷卡的手段进行诈骗,诈骗数额特别巨大,其行为均已构成信用卡诈骗罪。西安市人民检察院指控罪名成立。郑正山在犯罪中起组织、策划作用,系主犯。何海洋、陈明、石代君、宋卫平在犯罪中起次要和辅助作用,系从犯,依法从轻处罚。郑正山、何海洋、石代君系累犯,依法应从重处罚。被告人何海洋有重大立功表现,应依法减轻处罚。依照《中华人民共和国刑法》第一百九十六条第一款第(一)项、第二十五条第一款、第二十六条第一款、第二十七条、第五十七条、第六十一条、第六十二条、第六十三条第一款、第六十四条、第六十五条第一款、第六十八条第一款、第五十三条、第四十七条及最高人民法院《关于处理自首和立功具体应用法律若干问题的解释》第五条、第六条、第七条之规定,判决:

1. 被告人郑正山犯信用卡诈骗罪,判处无期徒刑,剥夺政治权利终身,并处罚金五十万元。
2. 被告人何海洋犯信用卡诈骗罪,判处有期徒刑七年,并处罚金五万元。
3. 被告人陈明犯信用卡诈骗罪,判处有期徒刑十年,并处罚金五万元。
4. 被告人石代君犯信用卡诈骗罪,判处有期徒刑七年,并处罚金五万元。
5. 被告人宋卫平犯信用卡诈骗罪,判处有期徒刑三年,并处罚金二万元。
6. 赃款继续追缴。

郑正山上诉提出,原判认定其在西安实施犯罪的证据"电子数据鉴定意见"的合法性不足,不存在其同时在重庆使用台式电脑又在西安使用手提电脑伪造信用卡的可能,且部分定案内容未经庭审举证、质证,不合法定程序;认定其在重庆作案的笔迹鉴定原稿不是其所写,杨琴等人的证言、陈明的供述系猜测之词,且未经质证,程序不合法;原判对其量刑过重,请求减轻处罚。

辩护人认为:(1)因邱建峰未到案,无直接证据证明郑正山参与金古店犯罪的事实。(2)作为认定本案事实重要证据的"电子数据鉴定意见"中证明郑正山在西安犯罪的内存信息是从郑正山放在重庆的台式电脑中提取的,但何海洋供述郑正山是在西安市用手提电脑伪造的信用卡,故不可能从重庆的电脑中查获有关信息,原判证据间显然存疑,不合逻辑。(3)原判量刑过重,请求对郑正山从轻判处。

陈明上诉提出,在郑正山的授意下,他帮其办理了有关开店手续,未与郑正山合谋诈骗;在郑正山要求下,他帮其申领POS机,被其欺骗利用,并不知详情,之后再也没去过艺精店;他没有伪造交易记录非法套取资金的行为和故意;也不知道是否有商品交易及用伪卡刷卡的事实经过,请求宣告其无罪。

被告人何海洋、宋卫平、石代君均服判。

陕西省高级人民法院认为:上诉人郑正山分别与上诉人陈明、原审被告人何海洋、宋卫平、石代君勾结,以非法占有为目的,以开办商店为幌子申请成为国际信用卡交易特约商户,进而伪造信用卡并使用伪造的信用卡刷卡,制造虚假交易,从而骗取用户或发卡中心或收单行的资金,数额特别巨大,严重损害了信用卡的管理制度以及他人财产的所有权,其行为均已构成信用卡诈骗罪。在共同犯罪中,郑正山起组织、策划、领导作用,系主犯。何海洋、陈明、石代君、宋卫平起次要和辅助作用,系从犯,可从轻处罚。郑正山、何海洋、石代君系累犯,应从重处罚。何海洋有检举揭发郑正山犯罪的重大立功表现,可减轻处罚。对于郑正山提出的上诉理由及辩护人的辩护意见,经查:(1)原审判决认定的证据均经过一审法院开庭举证、质证,合法有效。(2)虽然邱建峰未归案,但郑正山在金古店实施信用卡诈骗的事实有证人杨琴的证言、同案被告人何海洋、陈明的供述以及郑正山签名的金古店刷卡交易记录确认单等证据证明;(3)作为本案定案证据的"电子数据鉴定意见"的鉴定结论说明,在郑正山重庆家中的电脑硬盘中发现了用于在西安实施信用卡诈骗的部分信用卡信息,以及用于接收这些信息的郑正山手机号码,证明这部分信用卡是在重庆伪造的;何海洋多次供述假卡都是郑正山伪造的,只有一次供述郑正山在西安用其购买的白卡伪造了十几张信用卡,结合警方在何海洋西安租住房内查获的物证49张白卡以及一张白卡可读取威士信用卡磁条信息的鉴定结论,说明在西安作案用的部分信用卡是郑、何二人在西安伪造制作的;"电子数据鉴定意见"证明在西安进行作案的信用卡有部分是在重庆伪造的,何海洋供述等证据证明部分信用卡是郑正山在西安伪造的,证据之间相互印证,符合逻辑。(4)郑正山在共同犯罪中起主要作用,且作案数额特别巨大,危害严重,原判量刑适当。故其上诉理由不能成立,辩护人的辩护意见不予采纳。对于陈明的上诉理由,经查,陈明积极参与开办商店,申请银行结算账户,申领用于国际信用卡刷卡的POS机,到银行套取虚假交易的结算金,进而获取一定比例的赃款,加之何海洋供述陈明有用郑正山所给假卡在商店刷卡的行为,说明其对郑正山实施信用卡诈骗的事实经过及危害结果是明知的,主观上有与郑正山共同实施信用卡诈骗的故意,故其上诉理由不能成立。原审判决认定的事实清楚,证据确实,定罪准确,量刑适当,审判程序合法。根据《中华人民共和国刑事诉讼法》第一百八十九条第(一)项之规定,裁定:驳回上诉,维持原判。

二、裁判要旨

No. 3-5-196(1)-5 以伪造国际信用卡,申请成为交易特约商户,并通过无货物交易的虚假刷卡方式骗取国外发卡中心资金的,应以信用卡诈骗罪论处。

在本案中,被告人郑正山、何海洋、陈明、石代君、宋卫平的行为构成犯罪的理由是:(1)作为一种新类型的利用国际信用卡实施诈骗的行为,虽然最终的受害者可能是国外信用卡公司或国外的信用卡持有者,但由于我国银行与国外信用卡公司之间签订有委托收单协议,这种行为严重破坏了我国的信用卡管理秩序和制度,损害了国际金融资金安全,具有严重的法益侵害性。(2)从数被告人的客观行为来分析,他们开设商店,向银行申请结算账户并成为国际信用卡的交易特约商户,利用国外的信用卡信息伪造信用卡都是为其后面的诈骗行为作铺垫,关键的行为在于使用伪造的国际信用卡刷卡进行虚假交易,进而利用虚假的交易单到国内委托收单银行骗出资金。可见,使用伪造的信用卡仍然是本案客观表现的核心所在,符合我国《刑法》第一百九十六条规定的信用卡诈骗罪的行为特征。本案行为的特殊性只不过在于伪卡使用人与特约商户结合为一体,而陷于错误认识、处分行为的人为国内委托收单银行,实际受害者是国外信用卡公司或信用卡持有人。(3)从主观方面来看,数被告人实施上述一系列行为的目的在于非法无偿地占有他人的财物,符合信用卡诈骗罪的主观特征。因此,数被告人以非法占有为目的,以开办商店为幌子申请为国际信用卡交易特约商户,进而伪造信用卡并使用伪造的信用卡进行刷卡,制造虚假交易,从而骗取国外发卡中心或收单行的资金,数额特别巨大,严重损害了信用卡的管理制度以及他人财产的所有权,已构成信用卡诈骗罪,应予惩处。

案例:周福德信用卡诈骗案

案例来源:《人民法院案例选》2013年第2辑

主题词:信用卡诈骗罪　虚假身份证明的范围

一、基本案情

公诉机关指控被告人周德福以非法占有为目的,使用虚假的身份证明骗领信用卡后又恶意透支信用卡,数额巨大,应处5年以上10年以下有期徒刑,并处5万元以上50万元以下罚金。

被告人周德福及其指定辩护人辩称:本案不属于以虚假的身份证明骗领信用卡,被告人周德福的犯罪数额应为较大,应处以5年以下有期徒刑或者拘役,并处5万元以上20万元以下罚金。

2008年9月至2009年2月间,被告人周德福在明知自己没有还款能力的情况下,采用向银行提供虚假的工作证明、收入证明、房权证等手段,从宁波银行、深发银行、招商银行申领信用卡后,采用刷卡套现、取现、消费等手段进行透支,在无力偿还银行欠款后变更联系方式,经上述银行多次催收,被告人周德福仍未予偿还。截至案发时,共计透支上述银行信用卡内本金共计人民币76578.19元。

浙江省宁波市镇海区人民法院于2012年3月19日作出(2012)甬镇刑初字第126号刑事判决:

1. 被告人周德福犯信用卡诈骗罪,判处有期徒刑三年九个月,并处罚金人民币三万元。
2. 责令被告人周德福退赔各被害单位相应透支款。

二、裁判要旨

No.3-5-196(1)-6 使用真实的个人身份信息,但提交了虚假的收入证明、房产证明等申领信用卡的,不属于"以虚假的身份证明申领信用卡"。

最高人民法院、最高人民检察院《关于办理妨害信用卡管理刑事案件具体应用法律若干问题的解释》第二条所列举的身份证明种类的共同特征在于证明合法持有者的个人身份信息,而不是工作收入情况、财产情况等。法律对身份的识别,不同于公众世俗舆论,是基于辨明清晰的法律关系主体的角度出发,首要在于对姓名、性别等自然识别信息的界定。法律中的身份指的是个体的姓名、性别等基础特征,而不是家庭人际关系、职业发展、财物收入、资产状况等外在特征。在信用卡管理制度中,银行与特定真实主体订立信用卡金融服务合同是首要基础。如果银行与失真的主体订立合同,那么合同自始便成为诈骗犯罪顺畅发生的漏洞。正因如此,立法者才认定这种行为应当特别标明,司法者才认为这种行为即使犯罪数额相同,也应当比其他行为得到更为严厉的惩罚。本案中,被告人以真实身份信息和虚假的收入、资产证明申领信用卡,不属于"以虚假的身份证明骗领信用卡",给予其刑罚的基本事实根据,应当在于恶意透支行为,刑期档次的标准也应当是恶意透支的犯罪金额。

案例:鲁刘典信用卡诈骗案

案例来源:《人民法院案例选》2014年第3辑

主题词:信用卡诈骗罪 盗窃未激活的信用卡后挂失使用

一、基本案情

宁波市江北区人民检察院指控:2013年8月底,被告人鲁刘典窃得被害人吴勇放置于本区329国道甬江停车场2号仓库办公室柜子内尚未激活的中信银行信用卡一张(卡号:6226890034111038),利用事先知晓的吴勇的身份信息,以其名义挂失补办并"激活"新卡一张(卡号:6226890040035791),后分四次通过POS机刷卡套现人民币共计19800元。

上述事实,被告人鲁刘典在庭审中亦无异议,且有公诉机关提交,经庭审质证、认证的物证信用卡,书证到案经过、破案经过、身份证明、扣押清单、照片、信用卡已出账单明细单,被害人吴勇的陈述,证人陈爱国的证言,搜查笔录,被告人鲁刘典的供述及辨认笔录等证据证实,足以认定。

浙江省宁波市江北区人民法院于2014年3月28日作出(2014)甬北刑初字第148号刑事判决:

1. 被告人鲁刘典犯信用卡诈骗罪,判处有期徒刑一年,并处罚金人民币二万元。
2. 违法所得责令退赔。

一审宣判后,被告人未提出上诉,检察院未提出抗诉,该判决已发生法律效力。

二、裁判要旨

No.3-5-196(1)-7 盗窃未激活的信用卡后补办新卡并使用的行为,成立信用卡诈骗罪。

"盗窃信用卡并使用"构成盗窃罪,而冒用他人信用卡进行诈骗则是信用卡诈骗罪,在实践中要根据具体案情分别认定。本案中,被告人窃取他人未激活信用卡后,通过事先获得的被害人信息,向银行挂失旧的未激活信用卡,并补办新卡进行刷卡套现,该行为超出"盗窃信用卡并使用"中的"使用",不以盗窃罪认定。本案中针对的犯罪对象是经"补办后"的信用卡,侵犯的客体是金融管理秩序,符合信用卡诈骗罪的犯罪构成要件,构成信用卡诈骗罪。

《刑法》第一百九十六条第三款盗窃信用卡并使用中的信用卡仅限于已被激活的、能正常使用的信用卡,即具备消费、支付、转账、存取等全部或部分功能的信用卡,未被激活的信用卡本身不具有财产的价值属性,不属于"盗窃信用卡并使用"调整的范围。明知是伪造或作废的信用卡而盗窃并使用的,属于《刑法》第一百九十六条第一款的"使用伪造、作废的信用卡的情形"成立信用卡诈骗罪。《刑法》第一百九十六条第三款的立法意图旨在说明此处的信用卡应该已经具备财产属性,能够直接转化为相应价值的资金或财产。本案中,被告人鲁刘典所窃得的信用卡因未被激活,还不具有信用卡的基本功能,属于广义上的无效卡的范畴,故鲁刘典盗窃未激活的信用卡,其行为超出了《刑法》第一百九十六条第三款规定的调整范围。

挂失补办尚未激活的信用卡并激活新卡的行为不属于《刑法》第一百九十六条第三款中的"使用行为"。《刑法》第一百九十六条第三款规定的"盗窃信用卡并使用以盗窃罪定罪处罚"的目的在于保护不被他人秘密窃取并被冒用。从目的解释与体系解释的角度,原则上只有发挥信用卡功能的使用行为,才是《刑法》第一百九十六条第三款规定的使用行为。刑法规定以盗窃罪论处的盗窃信用卡并使用行为,核心含义实质上就是盗窃信用卡+冒用盗窃所得的信用卡。而本案中所涉及的信用卡即尚未激活就被被告人电话挂失的老卡和以此补办并被被告人激活的新卡,被告人鲁刘典的犯罪对象是后者,因为只有通过欺骗银行手段获得的新卡才能被实际控制并透支使用,前者一旦挂失成功即失去了利用的价值。

以他人名义补办新卡并私自激活的行为属于冒用他人信用卡的行为。信用卡只有成功被激活才能启用信用卡的各项功能,实现信用卡的不特定价值。被告人鲁刘典的行为,本质上不是秘密窃取,而是冒用他人身份欺骗银行,只有通过冒用吴某的身份,才能以其名义补办信用卡,然后谎称手机丢失要求银行变更登记的联系电话,为顺利激活新卡及对吴某隐瞒消费提示打下基础。可见只有冒用他人身份以及欺骗银行才能实现信用卡的财产价值。被告人鲁刘典的行为在侵犯他人财产权的同时,也侵害了国家对信用卡的管理制度,扰乱了正常的金融管理秩序,定盗窃罪无法反映该行为侵害的客体。况且,如果银行被认定在未经严格审查及向持卡人本人核实的情况下而草率更改了登记的联系电话,就存在民事上的过错,需要承担赔偿责任,吴勇则无需承担还款义务,因此,本案的被害人不是吴勇,而是银行。

综上,本案中被告人鲁刘典窃取他人未激活信用卡后,通过向银行谎称手机丢失,用自己的手机号取代他人登记的联系电话,冒用他人名义挂失补办新卡并进行刷卡套现,构成信用卡诈骗罪。

案例:陈自渝信用卡诈骗案

案例来源:《刑事审判参考》总第 91 集[第 841 号]

主题词:信用卡诈骗罪　恶意透支

一、基本案情

被告人陈自渝,男,1968 年 2 月 23 日出生,无业。2009 年 4 月 28 日因犯合同诈骗罪,被重庆市涪陵区人民法院判处有期徒刑一年六个月,缓刑二年,2011 年 5 月 11 日缓刑考验期满。

重庆市涪陵区人民检察院指控被告人陈自渝犯信用卡诈骗罪,向涪陵区人民法院提起公诉。

被告人陈自渝及其辩护人对公诉机关指控的事实及罪名均无异议。

重庆市涪陵区人民法院经公开审理查明:

2006 年 4 月 20 日至 2010 年 7 月 14 日,被告人陈自渝持中信银行重庆涪陵支行信用卡(卡号为 5201080000368595)先后消费及取现人民币(以下币种同)104926 元,其间存款 95212 元,尚欠透支本金 9714 元。陈自渝经银行催收后,仍未归还。

2007 年 1 月 14 日至 2008 年 9 月 21 日,陈自渝持招商银行股份有限公司重庆涪陵支行信用卡(卡号为 004392260008101733)先后消费及取现 83627 元,其间存款 74770 元,尚欠透支本金 8857 元。陈自渝经银行催收后,仍未归还。

另查明,2011 年 12 月 29 日陈自渝主动到公安机关投案。2012 年 10 月 31 日,陈自渝归还中信银行重庆涪陵支行款项 10000 元,归还招商银行股份有限公司重庆涪陵支行款项 8900 元。

重庆市涪陵区人民法院认为,被告人陈自渝以非法占有为目的,持银行信用卡恶意透支,数额较大,其行为构成信用卡诈骗罪。案发后,陈自渝主动投案并如实供述犯罪事实,可以从轻处罚;庭审后,陈自渝主动归还透支银行本金金额,可以酌情从轻处罚。据此,依照《中华人民共和国刑法》第一百九十六条第一款第(四)项,第六十七条第一款,第七十二条第一款、第三款,第七十三条第二款、第三款,第五十二条,第五十三条之规定,涪陵区人民法院以被告人陈自渝犯信用卡诈骗罪,判处拘役三个月,缓刑九个月,并处罚金二万元。

一审宣判后,在法定期限内被告人陈自渝未提出上诉,检察院也未抗诉,该判决已发生法律效力。

二、裁判要旨

No. 3-5-196(1)-8 恶意透支型信用卡诈骗中犯罪所得仅限于透支本金,不包括本金所产生的复利、滞纳金等其他费用。

恶意透支型信用卡诈骗罪是一种数额犯,只有恶意透支到一定数额时才对恶意透支的行为追究刑事责任。在恶意透支型信用卡诈骗罪中,行为人犯罪时所指向的对象只是透支的本金部分,至于后来透支本金所产生的各种费用并不是其犯罪时意图占有的部分。根据最高人民法院、最高人民检察院《关于办理妨害信用卡管理刑事案件具体应用法律若干问题的解释》第六条第四款规定,嫌疑人的透支数额,应为持卡人拒不归还的数额或尚未归还的数额,不包括复利、滞纳金、手续费等,也就是通常所称的本金。因此,持卡人意图非法占有和实际非法占有的是本金部分,依据《刑法》第六十四条的规定,对犯罪分子违法所得予以追缴或者责令退赔的,也仅指恶意透支的本金部分。

透支本金所产生的复利,包括正常利息和罚息以及其他费用,不能认定为银行的直接损失,即不能成为犯罪侵犯的法益。信用卡发卡行与持卡人之间是一种民事法律关系,其本质是债权债务关系;双方通过《领用信用卡协议》确定权利义务,持卡人有透支的权利,但也承担着按时还款的义务,而一旦不履行义务就会产生相应的责任。这种责任在协议中实际上已经约定,就是会产生罚息、滞纳金、手续费等费用。可见,以上费用并不是银行的直接损失,而只是银行与持卡人约定的持卡人违反还款义务时承担的违约责任。而对于透支的本金产生的正常利息实际上也只是双方依据民事借款合同约定的利息,不能称之为银行的直接损失。故无论是本金产生的正常利息还是其他费用,都只是双方约定的义务的体现方式,而不能认定为银行的直接损失,从而也就不能成为该类犯罪侵犯的法益。

案例:王立军等信用卡诈骗案

案例来源:《刑事审判参考》总第 93 集[第 874 号]

主题词:信用卡诈骗罪 私自开拆他人开卡邮件并使用的行为定性

一、基本案情

被告人王立军,男,1983 年 11 月 19 日出生,原无锡市某太阳能有限公司职工。2013 年 8 月 21 日因涉嫌犯信用卡诈骗罪被逮捕。

被告人顾伟举,男,1990 年 11 月 25 日出生,无业。2013 年 6 月 14 日因涉嫌犯信用卡诈骗罪被取保候审。

江苏省无锡市惠山区人民检察院以被告人王立军、顾伟举犯信用卡诈骗罪,向无锡市惠山区人民法院提起公诉。

无锡市惠山区人民法院经审理查明:2012 年 12 月至 2013 年 1 月间,被告人王立军至其所在的无锡市某太阳能有限公司前台翻阅邮件,查看是否有本人申领的银行信用卡时,发现有其同事被害人任广信(2012 年年底辞职)的浦发银行信用卡邮件,便趁前台工作人员不备,将邮件带走。随后,王立军通过拨打银行服务电话,提供信件中银行卡卡号、初始密码及身份资料等信息将该信件内银行卡激活后,伙同被告人顾伟举先后冒用该卡提取现金、刷卡消费共计人民币(以下币种同)11900元。同时,王立军还以委托他人制作的被害人孙丁丁的假身份证骗领户名为孙丁丁的招商银行信用卡,并冒用被害人孙丁丁的身份刷卡套现,共计1万元。其中王立军诈骗金额为21900元,顾伟举诈骗金额为9500元。

无锡市惠山区人民法院认为,被告人王立军使用虚假的身份证明骗领户名为孙丁丁的信用卡套取现金;单独或者与被告人顾伟举冒用户名为任广信的信用卡提取、套取现金,且二被告人进行信用卡诈骗活动的数额达到数额较大,均构成信用卡诈骗罪,其中冒用信广任的信用卡提取、套取现金的犯罪行为属共同犯罪。据此,依照《中华人民共和国刑法》第一百九十六第一款第(一)项、第(三)项,第二十五条第一款,第七十二条第一款、第三款,第六十四条之规定,无锡市惠山区人民法院判决如下:

1. 被告人王立军犯信用卡诈骗罪,判处有期徒刑一年三个月,并处罚金人民币三万元。

2. 被告人顾伟举犯信用卡诈骗罪,判处有期徒刑九个月,缓刑一年,并处罚金人民币二万元。

3. 扣押在案的户名为孙丁丁的信用卡一张予以没收。

一审宣判后,被告人王立军以一审量刑过重,请求判处缓刑为由向无锡市中级人民法院提出上诉。无锡市中级人民法院在审理过程中,王立军申请撤回上诉。无锡市中级人民法院经审查,认为王立军自愿申请撤回上诉,意思表示真实,符合法律规定,遂裁定准许撤回上诉。

二、裁判要旨

No. 3-5-196(1)-9 私自开拆他人开卡邮件并激活使用的,成立信用卡诈骗罪。

被告人王立军私藏他人邮件的行为不构成私自开拆、隐匿、毁弃邮件、电报罪,侵犯通信自由罪,盗窃罪。

首先,私自开拆、隐匿、毁弃邮件、电报罪的犯罪主体必须为"邮政工作人员",王立军属于非从事邮政业务公司的一般工作人员,不符合本罪主体要件。

其次,"情节严重"是侵犯通信自由罪的成立要件之一。一般认为必须具有以下情节之一,才属于侵犯公民通信自由权利"情节严重":多次、经常隐匿、毁弃、非法开拆他人信件;一次性隐匿、毁弃、非法开拆他人信件数量较多;隐匿、毁弃、非法开拆他人信件的行为造成他人身体健康、精神受到巨大创伤或者重大财产损失。王立军隐匿邮件行为的次数、数量、价格均未达到"情节严重"的程度。

最后,盗窃罪要求窃取的物品到手时即具有价值属性,且"数额较大"。本案中,由于王立军窃取邮件时银行卡尚未被激活,银行对卡主的授信额度尚未生效,财物价值尚未生成,可透支额度不能等同于该信件价值,且王立军仅实施了该次行为,故亦不符合盗窃罪的入罪标准。

未被激活的信用卡不属于"盗窃信用卡并使用"调整的范围。全国人大常委会《关于〈中华人民共和国刑法〉有关信用卡规定的解释》明确规定,《刑法》规定的"信用卡",是指由商业银行或者其他金融机构发行的具有消费支付、信用贷款、转账结算、存取现金等全部功能或者部分功能的电子支付卡。当然,该卡应当是真实、有效的。《刑法》第一百九十六条第三款中的"盗窃信用卡并使用"中的"信用卡"应当是已被激活、能正常使用的信用卡,即具备消费、支付、转账、存取等全部或者部分功能。无效卡、伪造卡、变造卡、涂改卡均不能归入其中。该款立法意图在于将盗窃信用卡并使用的性质界定为事后不可罚的行为,这里的信用卡本身已经具有了财产的价值属性,能够直接转化成相应价值的资金或者财物。最高人民法院曾于1986年11月3日在对下级法院的答复中明确:"被告人盗窃信用卡后有仿冒卡主签名进行购物、消费的行为,是将信用卡本身所含的不确定价值转化为具体财物过程,是盗窃犯罪的继续,应定盗窃罪。"本案中,发卡行邮寄给申领人的信封中的卡片因未激活,还不具备信用卡的基本功能,属于广义上的无效卡范畴,故盗窃未激活的信用卡超出了《刑法》第一百九十六条第三款规定的"信用卡"外延。

私自激活他人信用卡并使用属于冒用他人信用卡行为。信用卡办理流程一般需经过申领、审核、寄送、激活、使用五个阶段。所谓"激活",即申领人按照发卡银行寄送信件指定的步骤,拨打银行服务电话,按照语音提示输入个人预留身份资料、手机号码、初始密码等重要私密信息,成功通过审核的过程。只有成功激活才能启动“沉睡”中的卡片的各项功能。因此,激活在信用卡的申办流程中占据核心地位,信用卡不特定的价值必须通过激活这一关键步骤的完成才能最终实现。信用卡的激活应当体现申领人的意志,一般由申领人或者经其授权的人进行操作。而王立军是在信用卡申领人不知情的情况下,利用截取的开卡信件及作为同事知晓申领人身份信息的便利,私自激活信用卡,并以信用卡卡主的身份刷卡取现或者消费,侵犯他人财产权的同时也侵害了国家对信用卡的管理制度,扰乱了正常的金融管理秩序,属于冒用他人信用卡的行为。

实务中,盗窃财产权利凭证区分为不同的情况:(1)盗窃不记名、不挂失的财产权利载体物,因能即时兑现财产权利,行为人窃取后,就拥有了对相对应财物的控制权,以盗窃罪论处。(2)盗窃记名的票据、金融凭证、信用卡,行为人不论是否采取其他欺骗行为,在兑现时,须冒充权利人行使权利从而取得载体物财产价值,且“冒用”情形是票据诈骗罪、金融凭证诈骗罪、信用卡诈骗罪客观方面均要求的行为。行为人如果冒充权利人兑现财产价值,则以上述金融诈骗罪定罪量刑。(3)盗窃除(2)以外记名的权利载体物,如果采用伪造银行预留印鉴、印章,仿冒持票人签名等形式兑现财产价值的,由于其后续欺骗行为是取得财产的关键行为,以票据诈骗罪追究刑事责任;如果盗窃的是印鉴齐全的载体物,兑现时无须另行提供身份证明等资料,将其兑现行为视为实现窃取物价值的事后不可罚行为,则以盗窃罪处理。本案被告人王立军的行为属于上述第二类行为。信用卡作为一种记名的、使用时必须附随一定印鉴、身份证件、密码的金融凭证,行为人盗窃未激活的信用卡后,并不能无条件地获取财物。兑现财物需实施冒名激活、冒名使用的欺诈行为,故以信用卡诈骗罪处理更为合适。

案例:房毅信用卡诈骗案

案例来源:《刑事审判参考》总第95集[第921号]

主题词:信用卡诈骗罪 数罪并罚

一、基本案情

被告人房毅,男,1974年2月12日出生,无业。2011年7月因犯信用卡诈骗罪被判处拘役六个月,缓刑六个月,并处罚金人民币二万元,缓刑考验期自2011年7月16日起至2012年1月15日止;2012年5月30日因涉嫌犯信用卡诈骗罪被逮捕。

上海市普陀区人民检察院以被告人房毅犯信用卡诈骗罪,向普陀区人民法院提起公诉。

被告人房毅对起诉书指控的犯罪事实没有异议。上海市普陀区人民法院经审理查明:2007年11月至2009年2月,被告人房毅先后向深圳发展银行、交通银行、上海银行、中国银行、光大银行五家银行申请办理了信用卡用于持卡消费及取现。至2011年5月房毅透支本金共计人民币53967.02元、美元299.57元。房毅因恶意透支平安银行信用卡于2011年7月被上海市普陀区人民法院判处拘役六个月,缓刑六个月,并处罚金人民币二万元,缓刑考验期自2011年7月16日起至2012年1月15日止。在该判决前,光大银行、中国银行针对尾号为4384、0014信用卡的所涉透支本金人民币9714.49元、美元299.57元的欠款两次催收,房毅超过3个月仍未归还欠款。在缓刑考验期间,上海银行、深圳发展银行、中国银行针对尾号为5758、3468、5887信用卡的所涉透支本金共计人民币27305.66元的欠款两次催收,房毅超过3个月仍未归还欠款。在缓刑考验期满后,交通银行针对尾号为0429信用卡的所涉透支本金人民币16946.87元的欠款两次催收,房毅超过3个月仍未归还欠款。2012年3月21日,房毅自动投案,并如实供述罪行。

上海市普陀区人民法院认为,被告人房毅以非法占有为目的,违反信用卡管理规定,超过规定期限透支,经发卡银行催收仍不归还,数额较大,其行为构成信用卡诈骗罪。房毅的恶意透支行为发生在前次判刑之前,属于漏罪,且发现本次犯罪时前次判决的缓刑考验期已届满,依法不应撤销缓刑。房毅主动投案并如实供述犯罪事实,有自首情节,依法可以从轻处罚。案发后,房毅退赔了部分赃款,可以酌情从轻处罚。据此,依照《中华人民共和国刑法》第一百九十六条第一款第(四)项、第二款,第六十七条第一款,第六十四条以及最高人民法院、最高人民检察院《关于办理妨害信用卡管理刑事案件具体应用法律若干问题的解释》第六条、最高人民法院《关于处理自首和立功具体应用法律若干问题的解释》第一条之规定,上海市普陀区人民法院以信用卡诈骗罪判处被告人房毅有期徒刑一年六个月,并处罚金人民币二万元;赃款依法予以追缴,发还各被害单位。

一审判决后,上海市普陀区人民检察院提出抗诉。具体理由如下:(1)法律已经将"经发卡银行催收拒不归还"作为恶意透支型的信用卡诈骗犯罪构成的必要要件。(2)根据在案证据,房毅的上海银行、中国银行、深圳发展银行三张信用卡透支行为虽然发生在前次判决前,但两次催收、3个月归还期限届满之日均发生在缓刑考验期限内。(3)房毅系在缓刑考验期内犯新罪,应当撤销缓刑,将前罪和后罪并罚。一审判决认定漏罪不当,未撤销缓刑予以并罚,导致量刑偏轻。

上海市人民检察院第二分院支持抗诉机关提出的抗诉意见,并认为原审法院以房毅透支行为发生在前次判决之前为由,将信用卡透支行为发生时间认定为犯罪时间,以漏罪的处罚方式判处,系认定事实错误,致适用法律量刑不当。据此,提请二审法院依法纠正。

房毅上诉提出,在前判案件侦查过程中已对本案所涉的全部信用卡犯罪作出交代,原判量刑过重。指定辩护人提出,银行催收方式不应以书面催收为限,上海银行、中国银行、深圳发展银行分别于2010年9月、2010年11月、2011年1月开始电话催收,经两次催收超过3个月不归还的期限均发生于缓刑考验期之前,故原审法院认定房毅犯漏罪是正确的,检察机关的抗诉意见不能成立。综上,请求二审法院考虑房毅系自首、认罪态度好、积极悔罪、主观恶性不深等情节,对其从轻处罚。

上海市第二中级人民法院认为,上诉人房毅以非法占有为目的,违反信用卡管理规定,对持有的信用卡恶意透支,经发卡银行多次催收超过规定期限仍不归还,数额较大,其行为构成信用卡诈骗罪,依法应予惩处。房毅自动投案并如实供述犯罪事实,有自首情节,依法可以从轻处罚。案发后,房毅退赔了部分赃款,可酌情从轻处罚。房毅在缓刑考验期内犯新罪,依法应当撤销缓刑,将前罪和后罪所判处的刑罚予以并罚。原判认定房毅的恶意透支行为发生在前次判刑之前,属于漏罪,且在前次判决的缓刑考验期届满后方被发现,依法不撤销缓刑,属于法律适用错误,应予纠正。抗诉机关及上海市人民检察院第二分院的意见正确。据此,依照《中华人民共和国刑事诉讼法》第二百二十五第一款第(二)项和《中华人民共和国刑法》第一百九十六条第一款第(四)项、第二款,第六十七条第一款,第七十七条第一款,第六十九条,第六十四条之规定,判决如下:

1. 维持上海市普陀区人民法院(2012)普刑初字第520号刑事判决的第二项,即赃款依法予以追缴,发还各被害单位。

2. 撤销上海市普陀区人民法院(2012)普刑初字第520号刑事判决的第一项,即被告人房毅犯信用卡诈骗罪,判处有期徒刑一年六个月,并处罚金人民币二万元。

3. 上诉人房毅犯信用卡诈骗罪,判处有期徒刑一年六个月,并处罚金人民币二万元;撤销上海市普陀区人民法院(2011)普刑初字第436号刑事判决对房毅宣告缓刑六个月的执行部分,连同该判决判处的拘役六个月,并处罚金人民币二万元;决定执行有期徒刑一年六个月,拘役六个月,并处罚金人民币四万元。

二、裁判要旨

No.3-5-196(1)-10 恶意透支型信用卡诈骗行为中,透支行为发生在缓刑考验期前,催收截止日期发生在缓刑考验期内的,所犯罪行系新罪。

从构成特征分析,"非法占有目的"和"经催收不还"是认定"恶意透支"必须同时具备的两个要件。《刑法》第一百九十六条第二款规定:"前款所称恶意透支,是指持卡人以非法占有为目的,超过规定限额或者规定期限透支,并且经发卡银行催收后仍不归还的行为。"《关于办理妨害信用卡管理刑事案件具体应用法律若干问题的解释》第六条规定:"持卡人以非法占有为目的,超过规定限额或者规定期限透支,并且经发卡银行两次催收后超过3个月仍不归还的,应当认定为《刑法》第一百九十六条规定的'恶意透支'。有以下情形之一的,应当认定为《刑法》第一百九十六条第二款规定的'以非法占有为目的':(一)明知没有还款能力而大量透支,无法归还的;(二)肆意挥霍透支的资金,无法归还的;(三)透支后逃匿、改变联系方式,逃避银行催收的;(四)抽逃、转移资金,隐匿财产,逃避还款的;(五)使用透支的资金进行违法犯罪活动的;(六)其他非法占有资金,拒不归还的行为。"从上述法律规定的字面含义看,"非法占有为目的"和"经催收不还"之间用了一个连接词"并且",表明法律规定要求二者同时具备,持卡人才可构成"恶意透支",其中"经催收不还"是"恶意透支"的法定构成要件之一,不能缺少。

从行为特征分析,仅有透支行为尚不符合信用卡诈骗的行为特征。透支行为发生时,行为人是否归还欠款尚属于不确定状态,只有同时具备"经催收不还"这一不作为行为,才符合恶意透支型信用卡的行为特征。

因银行催收因素导致银行催收的截止期在缓刑考验期内的所引起的后果,亦是被告人"经催收不还"所应承担的法律责任。本案中,房毅的透支行为均发生于前罪判决前,但因银行催收方面的因素,使得还款期满之日发生在缓刑考验期内,即认定"恶意透支行为"的时间要素是在缓刑考验期内,其属于犯新罪,应当撤销缓刑、数罪并罚的情形。

案例:梁保权、梁博艺信用卡诈骗案

案例来源:《刑事审判参考》总第105集[第1120号]

主题词:信用卡诈骗罪　透支信用卡用于经营活动

一、基本案情

被告人梁保权,男,1969年10月28日出生。因涉嫌犯信用卡诈骗罪于2015年4月3日被取保候审。

被告人梁博艺,男,1967年7月15日出生。因涉嫌犯信用卡诈骗罪于2015年7月12日被取保候审。

广州市越秀区人民检察院以被告人梁保权、梁博艺犯信用卡诈骗罪,向广州市越秀区人民法院提起公诉。

广州市越秀区人民法院经审理查明:被告人梁保权、梁博艺系兄弟关系,二人共同投资经营广州市番禺区佰鸿电子厂(法定代表人梁保权)和广州市群辉电子有限公司(法定代表人梁博艺)。2013年4月,梁保权、梁博艺经事先商量后,由梁博艺以其本人名义在中国光大银行广州分行越秀支行办理了一张卡号为6226870030917828的"光大乐惠金"信用卡。同年5月17日起,二人共同使用该信用卡进行透支消费且主要用于上述二企业的经营。2014年8月18日,二人最后一次持该卡透支消费13000元人民币。同月21日该信用卡出现逾期,银行将该卡停卡并开始电话催收还款。同年10月31日,二人向该卡转账还款人民币4万元(银行按照信用卡合约规则优先视为归还利息、滞纳金等发卡行所收取的费用)后未能继续归还欠款,二人欠款逾期未还后,经中国光大银行广州分行越秀支行多次电话催收、催收函催收、上门催收仍未归还,截至2015年3月20日,按照银行信用卡合约规则的计算方法,涉案信用卡仍有透支款本金合计人民币167411.60元及利息9542.38元未归还。

2015年3月23日,被告人梁保权冒用梁博艺名义到广州市天河区天河北路685号光大银行大厦协商还款事宜时,银行员工报警,民警到场将梁保权口头传唤至派出所归案。

2015年6月5日,被告人梁博艺到公安机关投案自首。

广州市越秀区人民法院认为,本案二被告人将涉案信用卡透支款项用于生产经营,因经营不善、市场风险等客观原因造成透支款项无法偿还,主观上不具有"非法占有目的",其行为不构成信用卡诈骗犯罪,本案只是一般的民事纠纷。

广州市越秀区人民检察院随即书面申请撤回起诉,广州市越秀区人民法院裁定准许广州市越秀区人民检察院对被告人梁保权、梁博艺信用卡诈骗一案撤诉。

二、裁判要旨

No.3-5-196(1)-11 行为人透支信用卡用于生产经营活动,因经营不善等客观原因导致信用款逾期无法偿还的,不能认定“以非法占有为目的”。

信用卡最主要的功能就是透支从而使持卡人得以购买超出自己现有支付能力的商品或服务,银行也以各种各样的促销活动鼓励持卡人进行透支消费,因此若仅凭客观上无法偿还欠款就认定为“以非法占有为目的”的恶意透支型信用卡诈骗,就无法将恶意透支型信用卡诈骗罪和透支不还的民事违约行为进行区分。对“以非法占有为目的”的理解仍应坚持主客观相统一的原则,综合考察行为人申领行为、透支行为、还款行为等各种因素,重点考察以下三方面的因素:

第一,行为人申领信用卡时有无虚构事实、隐瞒真相的行为。第二,行为人透支款项的用途。根据资金用途判断行为人是否具有非法占有目的时,应结合全案分析行为人资金用途的主要方面,对于行为人取得资金后,部分用于非法活动,部分用于合法经营的,如果大部分资金用于合法经营,到期不能归还资金主要是由于经营不善、市场风险等原因造成的,不宜认定“以非法占有为目的”。第三,透支款项时行为人的还款态度及是否逃避催收。如果行为人在银行催收后有积极表示,或者积极还款,或者说明合理的不还款理由,并与银行约定推迟还款的计划等,都可以排除“非法占有目的”。

本案中,涉案信用卡透支款项大部分用于二被告人的企业经营,其他小部分款项用于正常生活开支,而非奢侈品消费或者无节制消费。二被告人后因经营困难导致信用卡欠款逾期未能归还,但从涉案信用卡还款情况及二被告人应对催收的态度来看,二被告人持卡最后一笔透支消费后不久即被停卡,在银行的催收下,二被告人在两个多月后还向已经被停卡的涉案信用卡账户偿还了一笔4万元的还款,若二被告人是“以非法占有为目的”的恶意透支,就不会在两个多月后还向银行偿还这一笔数额并不小的透支款项。二被告人逾期未能继续归还欠款后,银行数十次电话催收,梁博艺或梁保权接听电话时均表示愿意归还欠款,只是申明企业经营困难希望暂缓还款,且梁保权被抓获归案时正在银行协商还款事宜。可见二被告人一直积极与银行协商还款事宜,未有变更联系电话、变更地址等逃避催收的行为。二被告人的行为不能认定为“以非法占有为目的”,不构成恶意透支型的信用卡诈骗罪。

案例:陈南权、郑国翠等信用卡诈骗案

案例来源:《人民法院案例选》2016年第11辑

主题词:信用卡诈骗罪　冒用信用卡

一、基本案情

2014年6月19日17时许,在广东省佛山市顺德区伦教街道伦教工业大道公交站附近,被告人陈南权、牟华、郑国翠以“拾钱平分”的方式诈骗被害人李漫山财物。被告人陈南权先将用冥币伪造的一捆百元大钞丢在路边,接着被告人牟华在被告人郑国翠和被害人李漫山的面前拾起这些钱,并提议平分。再由被告人陈南权假扮失主返回,以检查是否拾到钱款为由,伙同被告人牟华、郑国翠,骗取被害人李漫山交出现金300元,并以通过手机银行核实受害人半小时内银行入账记录,证实受害人没有把钱打到银行卡为由要求受害人交出银行卡及告知密码。之后,三名被告人各自找了借口并携带受害人钱物、银行卡离开。得手后,被告人陈南权使用骗取到的受害人银行卡和密码,通过ATM机从该银行卡内提取了现金2万元,被告人陈南权分得现金6600元,被告人牟华分得现金6000多元。广东省佛山市顺德区人民法院经审理认为,被告人陈南权、郑国翠、牟华无视国家法律,以非法占有为目的,骗取他人信用卡并支取2万元,数额较大,其行为均已构成信用卡诈骗罪。根据法律及司法解释规定,骗取他人信用卡并使用的,属冒用他人信用卡进行诈骗,构成信用卡诈骗罪,故佛山市顺德区人民检察院指控被告人陈南权、郑国翠、牟华犯诈骗罪,定性不当,予以纠正。被告人陈南权归案后如实供述自己的犯罪事实,依法可以从轻处罚。被告人郑国翠、牟华当庭自愿认罪,可酌情从轻处罚。

广东省佛山市顺德区人民法院一审判决:被告人陈南权、郑国翠、牟华犯信用卡诈骗罪,分别判处有期徒刑一年三个月至一年六个月不等,并各处罚金二万元。

一审宣判后,三被告人未提出上诉,公诉机关未提出抗诉,该判决已发生法律效力。

二、裁判要旨

No.3-5-196(1)-12 通过欺骗行为获得实际持卡人授权进而提取款项的行为,应认定为一般诈骗;未得到真实持卡人的授权,仅仅因为持有信用卡而使得银行误认为具备取款权限的非法取款行为,应认定为信用卡诈骗罪。

《刑法》第一百九十六条第一款列举的构成该罪的情形是四种信用卡使用行为,犯罪作为侵犯法益的行为,因此该四种行为必然侵犯了信用卡诈骗罪所保护的法益,即该四种行为侵犯了信用卡管理秩序和他人财产权益。具言之,信用卡诈骗罪的行为内容可以划分为两个部分:一是行为人通过使用信用卡的行为侵犯了信用卡的管理秩序。刑法规制侵犯信用卡管理秩序犯罪行为的罪名包括妨害信用卡管理罪和信用卡诈骗罪两种。妨害信用卡管理罪对信用卡管理秩序的侵犯在于行为人对信用卡的非法持有、运输等对信用卡外在形态的控制。而信用卡诈骗罪规制的是违法使用信用卡行为,即行为人通过使用信用卡内含的支付、结算、消费等金融交易功能实现对信用卡管理秩序的破坏,这种破坏必须通过对银行使用信用卡才能得以实现。因此,没有通过欺骗银行实现信用卡内含的支付、结算、消费等金融交易功能的犯罪行为不构成信用卡诈骗罪,如行为人使用伪造、作废、他人信用卡质押担保骗取他人财物,宜按照合同诈骗罪(诈骗罪)定罪处罚。二是行为人通过使用信用卡的行为获得银行授权而侵犯他人财产权益。从侵犯财产罪的角度出发,单纯的骗取、骗领信用卡行为不构成刑法意义上的财产型犯罪,因此使用信用卡的行为要构成诈骗型犯罪,该使用行为必须符合一般诈骗罪的性质,使他人陷入错误认识而交付财物。在信用卡诈骗罪中,行为人通过使用信用卡的行为使银行误以为其具有使用(包括占有、支付、结算等)信用卡账户内资金的权限而向其交付。概言之,如果没有使用信用卡的行为,行为人不会获得使用账户内资金的权限。

当信用卡账户内资金的使用权限是行为人通过欺骗持卡人而获得时,产生侵犯他人财产权结果的行为是行为人欺骗持卡人的结果,并不是对银行使用信用卡行为产生的结果。该情形的整个犯罪过程可描述为:行为人欺骗持卡人——持卡人同意行为人利用其信用卡账户内资金——向行为人交付信用卡和密码——行为人使用信用卡。从整个犯罪过程可以看出,行为人使用信用卡之前已经获得了持卡人关于利用信用卡账户资金的授权,因此就该使用行为而言,虽有冒用欺骗银行的性质,但并无诈骗罪中侵犯他人财产的违法性,属于违反信用卡管理制度行为,对其整个行为的评价应按照其侵犯他人财产的欺骗持卡人行为进行定性,即按照诈骗罪定罪处罚。这正如行为人通过欺骗手段让被害人向其交付电视机,但被害人因无法回家取出电视机交付而将钥匙交给行为人让行为人到被害人家里自行提取的情形,行为人的行为属于诈骗罪,而其提取电视机的行为因得到被害人的授权,因此并不违背被害人的意志,不应再评价为盗窃罪。因此,最高人民法院、最高人民检察院《关于办理妨害信用卡管理刑事案件具体应用法律若干问题的解释》第五条第二款第(二)项"骗取他人信用卡并使用"中的骗取他人信用卡行为应该解释为:行为人只是骗取了持卡人的信用卡,但没有得到持卡人的同意使用信用卡账户资金。结合上述分析,可以看出,冒用他人信用卡的信用卡诈骗罪犯罪行为类似于诈骗罪中的三角诈骗,即在行为人没有得到授权利用信用卡账户内资金的情况下,银行作为持卡人资金的管控者,被行为人持有信用卡和密码的外观形式欺骗,交付了信用卡账户内的资金。

本案中,被告人通过欺骗手段获得了银行卡和密码,但被告人是以核实被害人银行卡半小时内的入账记录为借口要求被害人交出银行卡及告知密码,因此被害人向被告人交付银行卡和密码只是同意让被告人利用银行卡和密码去查询账户交易明细,而对于银行卡的金融支付性功能,被害人并没有同意被告人使用的意思表示。被告人在没有得到被害人授权使用银行卡对应账户资金的情况下,通过持有银行卡及密码的外观欺骗银行,使银行误以为其具有使用银行卡对应账户资金的权限而向其交付资金,其行为符合信用卡诈骗罪的犯罪构成,应构成信用卡诈骗罪。

案例:陈华增、梁锦仔、林冬明盗窃案

案例来源:《刑事审判参考》总第 125 辑[第 1393 号]

主题词:盗窃罪　盗刷医保卡

一、基本案情

被害人李某某在广州市天某药店遗失其本人医保卡。后被告人陈华增、梁锦仔、林冬明经密谋,冒用李某某身份用该卡在上述药店消费人民币 5770 元,陈华增独自至另一大药房消费 2947.8 元。2017 年 9 月 16 日,梁锦仔、林冬明被抓获归案。2017 年 11 月 7 日,陈华增到公安机关投案,并如实供述上述犯罪事实。2017 年 9 月 21 日,三名被告人共同赔偿被害人李某某人民币 9800 元,李某某对三名被告人均表示谅解。

法院认为,被告人陈华增、梁锦仔、林冬明以非法占有为目的,结伙盗窃他人财物,数额较大,其行为均已构成盗窃罪。陈华增犯罪以后自动投案,并如实供述自己的罪行,是自首,且自愿认罪认罚,可以从轻处罚。梁锦仔、林冬明归案后如实供述自己罪行,自愿认罪认罚,可以从轻处罚。鉴于本案部分赃物已被缴回,且陈华增、梁锦仔、林冬明已经赔偿被害人经济损失并获得谅解,可以酌情从轻处罚。根据陈华增、梁锦仔、林冬明的犯罪情节和悔罪表现,对其适用缓刑确实不致再危害社会,可以宣告缓刑。判决被告人陈华增犯盗窃罪,判处有期徒刑七个月,缓刑一年,并处罚金人民币一千元;被告人梁锦仔犯盗窃罪,判处有期徒刑七个月,缓刑一年,并处罚金人民币一千元;被告人林冬明犯盗窃罪,判处有期徒刑七个月,缓刑一年,并处罚金人民币一千元;缴获的药品一批发还被害人李某某。

一审宣判后,被告人陈华增、梁锦仔、林冬明未上诉,检察机关未抗诉,判决已经发生法律效力。

二、裁判要旨

No. 3-5-196(1)-13　拾得他人遗失的医保卡,并在药店盗刷卡内个人医保账户资金,成立盗窃罪。

首先,医保卡不能直接视为信用卡。通常所说的医保卡即为社保卡,与信用卡相比,主要具有以下区别:(1)发行机构不同。社保卡由行政主管部门发行,信用卡由金融机构发行。(2)功能、定位不同。社保卡是“集成电路卡”,除了支付功能,还有身份识别、信息查询、服务凭证等功能,而信用卡的定位是“电子支付卡”,主要用于消费支付、信用贷款、转账结算等。(3)管理性质不同。医保卡的发行机构和使用者的关系是行政管理和服务的关系,信用卡的发行者和使用者是平等的市场主体关系。本案中的医保卡属于二代卡,加载金融功能,同时支持社保应用和金融应用,两种应用系统采用独立管理模式,通过防火墙互相独立、互不影响。故不能简单将社会保障卡等同于银行卡。

其次,用拾得他人医保卡内个人医保账户资金在药店消费不属于“冒用他人信用卡”。对“拾得他人信用卡并使用的”中的“使用”应该作限缩解释,即:利用信用卡的资金结算、支付、提取等金融功能非法获取财物。具体到社保卡上,“使用”他人的社保卡可以有不同的方式,也应该有不同的法律评价,至少包括:(1)使用社保卡的材质、形态、外观等物理属性,虽不道德,但并不构成犯罪。(2)利用社保卡上记载的公民姓名、身份证号、账户信息等个人信息,有可能构成侵犯公民个人信息罪。(3)使用社保卡内非社保银行资金账户,进行消费、取现等,在此意义上,社保卡内银行账户由银行独立管理、独立运行,与普通的银行卡并无区别,行为人应构成信用卡诈骗罪。(4)使用社保卡内的社保账户资金,如医保账户资金,在这种情况下,社保账户虽然与银行卡相连接,但属于使用社保卡的非金融功能,与使用社保卡金融功能的区别主要有:第一,采取严格的实名制,也正是基于此,冒用信用卡具有更大的风险性和社会危害性。第二,使用条件的限制性:使用社保卡的社保功能有严格的条件、场所限制,即便是去药店买药,也有药品种类、数量限制。因此,使用社保卡内的社保账户资金与使用社保卡的金融账户具有根本的区别,风险性和危害性也不同。二者侵犯的法益也不同,信用卡诈骗罪规定在《刑法》第三章破坏社会主义市场经济秩序罪第五节金融诈骗罪中,侵犯的主要法益是平等主体之间的市场秩序和金融管理秩序;而冒用社保卡的社保应用主要侵害的是社保行政管理和服务秩序,同时还侵犯了个人财产权。综上,本案不宜按照信用卡诈骗罪论处。

最后,冒用他人医保账户资金的行为定性,应区分医保账户资金的性质。基本医疗保险基金由统筹基金和个人账户构成。统筹账户资金由医保中心管理,参保人员发生符合当地医保报销条件的费用由统筹账户支付,该账户资金并不属于参保人个人财产,如果冒用他人医保卡,伪造就医、住院等材料骗取医保资金报销的,可以按照诈骗罪论处。个人账户基金只能用于支付在定点医疗机构或定点零售药店发生的,符合基本医疗保险药品目录、诊疗项目范围、医疗服务设施标准所规定项目范围内的医药费用。原则上不得提取现金,虽然使用有所限制,但在其法律性质上,《国务院关于建立城镇职工基本医疗保险制度的决定》规定"个人账户的本金和利息归个人所有,可以结转使用和继承"。因此,在药店用个人账户资金盗刷药品的行为侵犯了个人财产的所有权。本案中被告人陈华增三人在试出社保卡密码后,单独或合谋,在被害人不知情的情况下,在药店盗刷被害人医保个人账户资金,其行为属于采用秘密手段盗窃他人财产,行为应定盗窃罪。

65 保险诈骗罪(《刑法》第一百九十八条)

案例:曾劲青等保险诈骗、故意伤害案

案例来源:《刑事审判参考》总第 38 集[第 296 号]

主题词:保险诈骗罪 故意伤害罪 被害人同意 自伤行为不处罚

一、基本案情

被告人曾劲青,男,1967 年 10 月 6 日出生于福建省建瓯市,大学文化,中国平安人寿保险股份有限公司南平中心支公司职员,因涉嫌犯保险诈骗罪,于 2003 年 8 月 15 日被刑事拘留,2004 年 3 月 5 日被逮捕。

被告人黄剑新,男,1961 年 3 月 18 日出生于福建省南平市,初中文化,个体工商户,因涉嫌犯故意伤害罪,于 2003 年 8 月 13 日被刑事拘留,同年 9 月 1 日被逮捕。

福建省南平市延平区人民法院经审理查明:2003 年 4 月间,被告人曾劲青因无力偿还炒股时向被告人黄剑新所借的 10 万元债务,遂产生保险诈骗的念头。被告人曾劲青于 2003 年 4 月 18 日在中国太平洋人寿保险股份有限公司南平中心支公司(以下简称"太平洋保险南平支公司")以自己为被保险人和受益人,投保了两份太平如意卡 B 款意外伤害保险,保额为 16.4 万元;于 2003 年 4 月 21 日在中国人寿保险公司南平分公司(以下简称"人寿保险南平分公司")投保了三份人身意外伤害综合保险(中国人寿卡),保额为 18.9 万元;于 2003 年 4 月 22 日在其单位中国平安人寿保险股份有限公司南平中心支公司(以下简称"平安保险南平支公司")投保了 6.5 万元的人身意外伤害保险。被告人曾劲青为了达到诈骗上述保险金及其单位平安保险南平支公司为在职普通员工承保的 30 万元人身意外伤害团体保险金的目的,找到被告人黄剑新,劝说黄剑新砍掉他的双脚,用以向上述保险公司诈骗,并承诺将所得高额保险金中的 16 万元用于偿还所欠黄剑新 10 万元债务本金及红利。被告人黄剑新在曾劲青的多次劝说下答应与曾劲青一起实施保险诈骗。之后,由被告人曾劲青确定砍脚的具体部位,由黄剑新准备砍刀、塑料袋等作案工具,在南平市辖区内寻找地点,伺机实施。2003 年 6 月 17 日晚 9 时计,被告人曾劲青按事先与被告人黄剑新之约骑上自己的二轮摩托车到南平市滨江路盐政大厦对面,载上携带砍刀等作案工具的被告人黄剑新到南平市环城路闽江局仓库后山小路,被告人黄剑新用随身携带的砍刀将曾劲青双下肢膝盖以下脚踝以上的部位砍断,之后,被告人黄剑新将砍下的双脚装入事先准备好的塑料袋内,携带砍刀骑着曾劲青的摩托车逃离现场,在逃跑途中分别将两只断脚、砍刀及摩托车丢弃。被告人曾劲青在黄剑新离开后呼救,被周围群众发现后报警,后被接警而至的110民警送医院抢救。案发后,被告人曾劲青向公安机关、平安保险南平支公司报案谎称自己是被三名陌生男子抢劫时砍去双脚,以期获得保险赔偿。2003年8月11日,被告人曾劲青的妻子廖秋英经曾劲青同意向平安保险南平支公司提出30万元团体人身险理赔申请,后因公安机关侦破此案而未能得逞。经法医鉴定与伤残评定,被告人曾劲青的伤情属重伤,伤残评定为三级。被告人曾劲青于2003年6月17日至7月10日在中国人民解放军第九十二医院(以下简称"九二医院")住院治疗23天,共花去医疗费10055.05元。

南平市延平区人民法院认为,被告人曾劲青作为投保人、被保险人和受益人,伙同他人故意造成自己伤残,企图骗取数额特别巨大的保险金,其行为已构成保险诈骗罪;被告人黄剑新故意伤害他人身体,致人重伤,其行为已构成故意伤害罪。公诉机关指控被告人曾劲青犯保险诈骗罪、黄剑新犯故意伤害罪罪名成立。公诉机关认定被告人曾劲青为实施保险诈骗制造条件,系犯罪预备的指控不当,因被告人曾劲青通过其妻子廖秋英于2003年8月11日,已向平安保险南平支公司申请金额为30万元的人身意外伤害团险理赔,从其开始申请理赔之日起,系其着手实施了保险诈骗的行为,由于其意志以外的原因而未能骗得保险金,因此,该案犯罪形态属犯罪未遂而不是犯罪预备。公诉机关指控被告人黄剑新犯保险诈骗罪不能成立,按照《中华人民共和国刑法》第一百九十八条的规定,保险诈骗罪的犯罪主体属特殊主体,只有投保人、被保险人或者受益人才能构成保险诈骗罪,另外保险事故的鉴定人、证明人、财产评估人故意为保险诈骗行为人提供虚假的证明文件,为其进行保险诈骗提供条件的,以保险诈骗罪的共犯论处,这是刑法对保险诈骗罪的主体及其共犯构成要件的严格界定,而本案被告人黄剑新既不是投保人、被保险人或者受益人,也不是保险事故的鉴定人、证明人、财产评估人,不具有保险诈骗犯罪的主体资格和构成共犯的主体资格,因此,被告人黄剑新的行为不构成保险诈骗罪。被告人曾劲青曾因故意犯罪被判处有期徒刑,在假释期满后五年以内再犯应当判处有期徒刑以上刑罚之罪,系累犯,依法应当从重处罚;但其在实施保险诈骗过程中有30万元因意志以外的原因而未得逞,系犯罪未遂,另41.8万元属犯罪预备,依法可予减轻处罚。被告人黄剑新致被害人曾劲青重伤,应承担相应的民事赔偿责任,考虑系原告人曾劲青叫被告人黄剑新砍去其双脚,原告人曾劲青自己亦有过错,故双方各自承担一半的民事责任。对于被告人黄剑新及其辩护人提出被告人黄剑新不具备保险诈骗罪的主体资格不构成保险诈骗罪的辩解和辩护意见,理由成立,予以采纳。对于被告人曾劲青及其辩护人提出被告人曾劲青未实际骗取保险金,不构成保险诈骗罪的辩解和辩护意见,因保险诈骗罪作为一种直接故意犯罪,其中必然存在未完成形态,只要行为人实施了诈骗保险金的行为,不论是否骗到保险金,即不论诈骗是否成功,情节严重的,均可以构成本罪,而本案被告人曾劲青诈骗保险金额达71.8万元,其中30万元属犯罪未遂,另41.8万元属犯罪预备,数额特别巨大,被告人曾劲青的行为构成保险诈骗罪未遂,故被告人曾劲青所提该点辩解和辩护人所提上述辩护意见,依据不足,不予采纳。依照《中华人民共和国刑法》第一百九十八条第一款第(五)项、第二百三十四条第二款、第三条、第二十二条、第二十三条、第六十五条第一款、第二款、第五十二条、第三十六条第一款和《中华人民共和国民法通则》第一百一十九条的规定,判决如下:

1. 被告人黄剑新犯故意伤害罪,判处有期徒刑六年。

2. 被告人曾劲青犯保险诈骗罪,判处有期徒刑五年六个月,并处罚金人民币30000元。被告人曾劲青所并处的罚金应于本判决生效之日起三十日内缴纳。

3. 附带民事诉讼被告人黄剑新应赔偿附带民事诉讼原告人曾劲青经济损失共计人民币53492.5元。该款应于本判决生效之日起三十日内付清。

4. 驳回附带民事诉讼原告人曾劲青的其他诉讼请求。

一审宣判后,被告人曾劲青、黄剑新均不服,向南平市中级人民法院提出上诉。

上诉人曾劲青及其辩护人提出,保险诈骗罪只有既遂才构成,上诉人未领到保险金,且与其共同实施保险诈骗行为的黄剑新原判也未认定构成保险诈骗罪,要求改判无罪。

上诉人黄剑新及其辩护人提出,上诉人黄剑新伤害他人的行为是受曾劲青教唆和胁迫,原判对其量刑畸重。

南平市中级人民法院认为,上诉人曾劲青作为投保人、被保险人和受益人,伙同他人故意造成伤残,企图骗取数额特别巨大的保险金,其行为已构成保险诈骗罪;上诉人黄剑新故意伤害他人身体,致人重伤,其行为已构成故意伤害罪。对上诉人曾劲青及其辩护人提出保险诈骗罪只有既遂才构成,其未领到保险金,且与其共同实施保险诈骗行为的黄剑新原判也未认定构成保险诈骗罪,因此要求改判上诉人曾劲青无罪的诉辩意见,根据最高人民法院《关于审理诈骗案件具体应用法律若干问题的解释》第一条第六款"诈骗未遂,情节严重的,也应定罪处罚"的规定,上诉人曾劲青已着手实施诈骗人民币 30 万元的保险金,虽因意志以外的原因诈骗未遂,但数额特别巨大,情节严重,应予定罪处罚。而上诉人黄剑新不具有保险诈骗犯罪的主体资格和构成共犯的主体资格,按照《中华人民共和国刑法》第三条法无明文规定不为罪的原则,上诉人黄剑新的行为不构成保险诈骗罪。故上诉人曾劲青的上诉理由和辩护人的辩护意见均不能成立,本院不予支持。对上诉人黄剑新及其辩护人提出原判对其量刑畸重的诉辩意见,原判根据其犯罪事实和法律规定,对其处以的刑罚适当。故其上诉理由和辩护意见亦均不能成立。原判认定事实清楚,证据确凿,定罪准确,量刑适当,审判程序合法。依照《中华人民共和国刑事诉讼法》第一百八十九条第(一)项之规定,裁定驳回曾劲青、黄剑新的上诉,维持原判。

二、裁判要旨

No. 3-5-198-1 以骗取保险金为目的,帮助投保人实施自伤行为,致投保人重伤的,同时成立保险诈骗罪的帮助犯和故意伤害罪的实行犯,应从一重处断,以故意伤害罪论处,并应承担相应的民事赔偿责任,但因存在被害人同意的情况,应当予以减轻处罚。

在本案中,被告人黄剑新只实施了一个行为,即帮助曾劲青实施自残的行为。该一行为又因同时具备两种不同的性质(一方面是故意伤害了他人的身体健康,另一方面是为曾劲青进行保险诈骗制造了条件)而触犯了两个罪名即故意伤害罪和保险诈骗罪(犯罪预备中的帮助犯),系想象的竞合犯。按照想象的竞合犯的从一重处断原则,显然对被告人黄剑新只应定故意伤害罪一罪即可,而不宜作双重评价,以故意伤害罪和保险诈骗罪进行并罚。

应被害人邀请而实施的杀、伤被害人或帮助杀、伤被害人的行为,如实施安乐死、杀死被害人,伤残被害人、帮助自杀、自残等,因不具有法定的排除犯罪性行为的属性,本质上仍然是犯罪行为,行为人仍应负刑事责任。《刑法》第三十六条也规定:"由于犯罪行为而使被害人遭受经济损失的,对犯罪分子除依法给予刑事处罚外,并应根据情况判处赔偿经济损失。"根据上述规定,尽管本案中被告人黄剑新是在被害人曾劲青的一再要求下才将其双脚砍断致重伤,但让其承担刑事责任和民事赔偿责任是符合法律规定的。

就本案的刑事责任部分而言,被告人黄剑新故意砍断曾劲青双脚致其重伤且伤残等级为三级,看似属于以特别残忍手段致人重伤造成严重残疾,似应在十年以上有期徒刑、无期徒刑或者死刑这一法定刑幅度内量定刑罚。但考虑到本案存在被害人同意的情况,即使以故意伤害罪判处被告人黄剑新十年有期徒刑仍显畸重。因此,对本案被告人黄剑新应以故意伤害罪在上述法定刑幅度以下减轻处罚。

就本案的民事赔偿责任部分而言,鉴于本案被害人曾劲青系自己叫黄剑新砍断其双脚,本身具有相当的过错,亦应承担一部分的责任,故原审法院判处黄剑新仅承担赔偿被害人曾劲青一半的经济损失,应该说是比较妥当的。

No. 3-5-198-2 以骗取数额巨大的保险金为目的,实施保险诈骗行为,因意志以外的原因未得逞的,亦应以保险诈骗罪论处。

首先,保险诈骗罪确是结果犯,但所谓结果犯仅是就犯罪既遂标准而言的。已经着手实施保险诈骗,但因意志以外的原因未得逞的,系保险诈骗未遂。既遂犯需要定罪处罚,至于未遂犯,根据《刑法》第二十三条的规定,可以比照既遂犯从轻或者减轻处罚。可见,我国刑法对未遂犯的处置原则是一般需要定罪处罚,只不过可以比照既遂犯相应从轻或减轻处罚而已。本案被告人曾劲青已通过其妻子着手向保险公司索赔,只是因为公安机关及时破案而未得逞,构成保险诈骗罪未遂犯,根据上述原则需要定罪处罚。其次,根据1996年12月16日最高人民法院《关于审理诈骗案件具体应用法律若干问题的解释》第一条第六款规定,“已经着手实行诈骗行为,只是由于行为人意志以外的原因未获取财物的是诈骗未遂,诈骗未遂情节严重的,也应当定罪并依法处罚”。该解释虽已失效,但却不失参照作用。该解释的精神实质在于说明,诈骗未遂情节严重的,如以数额巨大的财物为诈骗目标等,应当定罪处罚,至于诈骗目标数额较小等情节并不严重的诈骗未遂情形,可不予再追究刑事责任。保险诈骗罪在刑法修订前也是诈骗罪之一种,两者是特殊与一般的关系。参照上述解释规定,本案被告人曾劲青意图进行保险诈骗目标数额高达71.8万元,其中30万元属未遂,41.8万元属预备,应属情节严重,理应予以定罪处罚。

No.3-5-198-3 与他人共谋伤害自己致重伤的,对本人不应以故意伤害罪论处。

本案系一起罕见的以自残方式为手段骗取保险金的保险诈骗案,被告人曾劲青既是投保人、受益人,又是被保险人,被告人曾劲青与被告人黄剑新共谋伤残自己以骗取保险金,而黄剑新也按事先共谋的方案持砍刀砍下曾劲青的双脚致其重伤。根据《刑法》第一百九十八条的规定,投保人、受益人故意造成被保险人死亡、伤残或者疾病,骗取保险金的,同时构成其他犯罪的,依照数罪并罚的规定处罚,被告人曾劲青的行为表面上看似符合上述规定,但事实上,法律不能阻止任何人自伤、自残或自杀,更无法对任何实施自伤、自残或自杀行为的人设定并追究其刑事责任(除非法对特别的人有特别的规定如军人战时自伤、自残以逃避义务的)。显然,《刑法》第一百九十八条第二款的规定并不适用本案的情况。对被告人曾劲青不能以故意伤害罪追究刑事责任并与其保险诈骗罪实行并罚。公诉机关未对被告人曾劲青以故意伤害罪提起公诉,原审法院也认为被告人曾劲青不构成故意伤害罪。这样的结论自然是正确的。

案例:徐开雷保险诈骗案

案例来源:《刑事审判参考》总第61集[第479号]

主题词:保险诈骗罪 间接正犯

一、基本案情

被告人徐开雷,男,1974年出生,初中文化,个体汽车运输户。因涉嫌犯保险诈骗罪于2007年3月21日被逮捕。

江苏省无锡市锡山区人民法院经审理查明:2002年6月,被告人徐开雷个人购买了一辆“凤凰”牌重型自卸货车,并挂靠在原无锡市郊区北郊汽车运输队(后更名为无锡市滨湖区北郊汽车运输队,以下简称“北郊运输队”),牌照号码为苏B17621,并以北郊运输队的名义向中华联合财产保险股份有限公司无锡市锡山支公司办理了盗抢险保险业务,所有上牌、年检、保险的相关费用均由被告人徐开雷个人支出。2005年5月4日,被告人徐开雷将自己购买的上述苏B17621号“凤凰”牌重型自卸货车出售给他人,次日即向公安机关及保险公司谎报假案,称车辆失窃。2005年9月,被告人徐开雷通过北郊运输队从中华联合财产保险股份有限公司无锡市锡山支公司骗得盗抢险保险金63130.97元。

案发后,被告人徐开雷的家属于2007年2月27日代为退出全部赃款,同年3月7日,被告人徐开雷向公安机关投案自首。

无锡市锡山区人民法院认为,被告人徐开雷编造未曾发生的车辆失窃的保险事故,骗取保险金63130.97元,数额巨大,其行为已构成保险诈骗罪,依法应予惩处。无锡市锡山区人民检察院起诉指控的罪名成立,予以支持。本案中,向保险公司投保的保险标的实际所有人系被告人徐开雷,保险费等也实际系被告人徐开雷交纳,被告人徐开雷编造保险事故后,利用北郊运输队而实施的诈骗保险公司保险金的行为,使保险公司财产受到了损失,故被告人徐开雷构成间接正犯,应定保险诈骗罪。被告人徐开雷犯罪后能主动向公安机关投案,并如实供述犯罪事实,系自首,依法可以从轻或减轻处罚。被告人徐开雷在庭审中能自愿认罪,其家属已代为退出全部赃款,确有悔罪表现,依法可以从轻处罚。根据被告人徐开雷的犯罪性质、情节及悔罪表现,决定对被告人徐开雷予以减轻处罚。据此,依照《中华人民共和国刑法》第一百九十八条第一款第(三)项、第六十七条第一款、最高人民法院《关于处理自首和立功具体应用法律若干问题的解释》第三条之规定,判决如下:被告人徐开雷犯保险诈骗罪,判处有期徒刑二年,并处罚金人民币一万元。

一审宣判后,被告人徐开雷未提起上诉,公诉机关也未提出抗诉,判决已经发生法律效力。

二、裁判要旨

No.3-5-198-4　被保险车辆的实际所有人利用挂靠单位的名义实施保险诈骗行为的,应以保险诈骗罪的间接正犯论处。

在刑法理论中,间接正犯是指行为人利用他人作为中介实施犯罪行为,其所利用的他人由于具有某些情节而不负刑事责任,间接正犯对于其通过他人所实施的犯罪行为完全承担刑事责任的情况。间接正犯在主观上具有利用他人犯罪的故意,也就是指行为人明知被利用者没有刑事责任能力或者没有特定的犯罪故意而加以利用,希望或者放任通过被利用者的行为达到一定的犯罪结果;间接正犯在客观上具有利用他人犯罪的行为,即行为人不是亲手犯罪,而是以他人作为犯罪工具。因此,间接正犯与被利用者之间不存在共同犯罪故意,间接正犯不属于共同犯罪的范畴。因被利用者不负刑事责任,其实施的犯罪行为应视为利用者自己实施,故利用者应对被利用人所实施的行为承担全部责任,也就是说,对利用不负刑事责任的人实施犯罪的,应按照被利用者实行的行为定罪处罚。同时,这种利用他人犯罪的故意也不同于教唆故意与帮助故意。教唆故意是唆使他人犯罪的故意,帮助故意是帮助他人犯罪的故意,这是一种共犯的故意,以明知被教唆人或被帮助人的行为构成犯罪为前提,具有主观上的犯罪联络。而在间接正犯的情况下,行为人明知被利用者的行为不构成犯罪或者与之不存在共犯关系,因而具有单独犯罪的故意,即正犯的故意。一般而言,间接正犯利用他人犯罪的常见情形有:利用未达到刑事责任年龄或利用没有辨认控制能力的人实施犯罪;利用他人无罪过行为实施犯罪;利用他人合法行为实施犯罪;利用他人过失行为实施犯罪;利用有故意的工具实施犯罪。

在本案中,由于具体的保险理赔操作中,保险公司只会受理名义上的被保险人(保险合同签订人)提出的理赔申请。因此,被告人徐开雷在将自己购买的自卸货车出售给他人后,想要实现谎报假案并虚假理赔骗取保险公司保险金的目的必须借助于显名被保险人(名义投保人)北郊运输队来实施,而作为名义上的被保险人和投保人,北郊运输队不知道被告人徐开雷的自卸货车实际上没有失窃,并不明知徐开雷诈骗保险公司保险金的意图,客观上也没有实际获取保险公司的理赔金,所以由于缺乏主观上的共同犯意,因而北郊运输队与被告人徐开雷不构成保险诈骗犯罪的共犯,也就是说,被告人徐开雷单独对其利用北郊运输队实施的骗取被害单位中华联合财产保险股份有限公司无锡市锡山支公司盗抢险保险金63130.97元的行为承担刑事责任。可见,被告人徐开雷利用挂靠单位从保险公司骗得盗抢险保险金的行为,属于隐名被保险人(实际投保人)利用无犯罪故意的显名被保险人(名义投保人)名义实施的保险诈骗行为,构成保险诈骗罪的间接正犯。之所以不将徐开雷借他人之名实施的行为认定为是冒充他人的诈骗行为,而包容于诈骗客观要件内,正是因为本案被告人与被利用人是隐名与显名关系,隐名者利用显名者名义有其合法基础。行为人是实际被保险人的身份,而现实又不允许行为人以自己名义处理事务,即便在实施合法行为时,隐名被保险人的一切意图、行为也理所当然地必须借助于显名被保险人的名义付诸实施。事实上,无论是隐名者,还是显名者都明知对外的名义仅是为了事务处理的便利。隐名者才是事务的具体实施人、受益人,显名者通过提供名义、协助事务的处理等方式对隐名者利用其名义处理约定事务表示默认。也就是说隐名者利用显名者的名义处理约定事务是符合约定的,显名者对此也是明知的,无所谓冒名一说。

案例:江彬、余志灵、陈浩保险诈骗、诈骗案

案例来源:《刑事审判参考》总第124集[第1365号]

主题词:保险诈骗罪 立功

一、基本案情

(一)被告人江彬、余志灵诈骗部分

2013年3月至7月,被告人江彬两次在浙江省衢州市驾驶他人车辆故意碰撞路边电线杆、指示牌、石墩、护栏,制造虚假事故,由其本人或者指使被告人余志灵冒充驾驶员,分别向太平洋财产保险公司、人民财产保险公司报案并定损理赔,骗得理赔金共计人民币22130元。

2014年12月1日12时许,被告人江彬于衢州市故意制造了两车刮擦的虚假事故,后指使张文良冒充驾驶员向太平洋财产保险公司报案并定损理赔,骗得理赔金4830元。

(二)被告人江彬、陈浩保险诈骗部分

2013年10月30日12时许,被告人江彬驾驶自己所有的车辆于浙江省开化县附近路段故意制造碰撞路边山体的虚假事故,向人民财产保险公司报案并定损理赔,骗得理赔金9075元。

2014年7月8日9时许,被告人江彬驾驶自己所有的车辆于衢州市故意制造车辆碰撞路边护栏的虚假事故,后指使陈浩冒充驾驶员向太平洋财产保险公司报案并定损理赔,骗得理赔金4240元。

2014年8月1日19时许,被告人江彬驾驶自己所有的车辆于衢州市故意制造车辆碰撞路边树墩的虚假事故,后指使陈浩冒充驾驶员向太平洋财产保险公司报案并定损理赔,骗得理赔金6200元。

2015年4月25日12时许,被告人江彬与钟理锦为谋取非法利益,预谋故意制造保险事故实施诈骗。后钟理锦驾车(车辆实际所有人系钟理锦),搭载江彬至浙江省开化县长虹乡附近路段,故意制造了车辆碰撞路边山体的虚假事故,后钟理锦提供相关材料向太平洋财产保险公司报案并定损理赔,骗得理赔金6940元。

2015年8月18日,公安机关对被告人江彬抓捕未果后,以通知其领取他案退赔款为由将其传唤到案。江彬归案后主动提供了公安机关尚未掌握的同案犯陈浩的租住地,并带领公安机关前往该地址进行抓捕,虽未当场抓获,但公安机关根据其提供的线索于次日将陈浩抓获。

二、裁判要旨

No.3-5-198-5 带领侦查人员抓捕同案犯,即使未当场抓获,仍有可能构成立功。

本案在审理过程中,对于被告人江彬归案后供述同案犯相关信息,又带领侦查人员抓捕同案犯,当时并未抓获的情形能否认定为有立功表现,存在争议。根据本案的具体情况,被告人江彬供述同案犯居住地信息不属如实供述自己罪行的范畴,况且江彬有带领侦查人员捕获同案犯的行为,是否当场捕获并不当然阻却立功的认定,江彬的行为应认定为有立功表现。

第一,最高人民法院《关于处理自首和立功若干具体问题的意见》第五条关于“协助抓捕其他犯罪嫌疑人”的具体认定中规定:“犯罪分子提供同案犯姓名、住址、体貌特征等基本情况,或者提供犯罪前、犯罪中掌握、使用的同案犯联络方式、藏匿地址,司法机关据此抓捕同案犯的,不能认定为协助司法机关抓捕同案犯。”该规定明确上述内容属于被告人如实供述的范畴。如实供述罪行和立功不可以重复评价。本案中,江彬是在犯罪行为完成后才知道陈浩的新租住地的,并且陈浩的租住地与本案的犯罪行为没有关联性,江彬对同案犯陈浩租住地的陈述已超出了其应当如实供述的范畴,而是为公安机关捕获同案犯提供了重要线索。

第二,带领公安机关抓捕同案犯的行为与如实供述不能混同。最高人民法院在《全国部分法院审理毒品犯罪案件工作座谈会纪要》中规定:共同犯罪中同案犯的基本情况,包括同案犯姓名、住址、体貌特征、联络方式等信息,属于被告人应当供述的范围。公安机关根据被告人供述抓获同案犯的,不应认定其有立功表现。被告人在公安机关抓获同案犯过程中确实起到协助作用的,例如,经被告人现场指认、辨认抓获了同案犯;被告人带领公安人员抓获了同案犯等,属于协助司法机关抓获同案犯,应认定为立功。本案中,江彬的带领指认行为客观上为公安机关顺利捕获同案犯起到很大的协助作用,因此,不能与如实供述相混同。

第三,未当场抓获不影响立功的认定。相关司法解释中均只强调构成立功需有其他犯罪嫌疑人(包括同案犯)被抓获的实际结果,并没有规定带领侦查人员抓获其他犯罪嫌疑人(包括同案犯)的,需要当场抓获才构成立功。因此,是否当场抓获并不当然阻却立功的认定。本案中江彬提供了同案犯租住地并且带领侦查人员指认地点。虽然没有当场抓获同案犯,但江彬提供信息的行为与抓获同案犯的结果之间具有因果关系。

第四,被告人的带领抓捕行为客观上节约了司法资源,符合立功制度的本质。

综上,被告人江彬供述同案犯居住地信息不属应当如实供述自己罪行的范畴,而是构成立功。

66 逃税罪①(《刑法》第二百零一条)

案例:北京匡达制药厂偷税案

案例来源:《刑事审判参考》总第33集[第251号]

主题词:单位犯罪 直接负责的主管人员

一、基本案情

被告单位北京匡达制药厂,住所地北京市延庆县南菜园开发区,法定代表人王璐林。

诉讼代表人李献军,北京匡达制药厂市场部经理。

被告人王璐林,男,50岁,汉族,大学文化,原系北京匡达制药厂法定代表人,北京针灸骨伤学院坏死性骨病医疗中心主任。因涉嫌犯偷税罪,于2001年9月28日被羁押,同年10月11日被逮捕,2002年7月26日被取保候审。

北京市延庆县人民法院经审理查明:匡达制药厂于1997年9月12日注册成立,住所地北京市延庆县南菜园开发区,法定代表人王璐林,总经理王彦霖,经济性质系股份合作制企业,主要生产的产品是“健骨生丸”。匡达制药厂于1998年2月6日至1998年12月23日,共生产健骨生丸566600盒。总经理王彦霖指令保管员肖春霞将其中358313盒登记在药厂正式账上。其余208287盒采用不登记入库的方法,另做记录,药厂销售科人员可以打白条形式将药品领走。被告人王璐林在任北京匡达制药厂的法定代表人期间,1998年1月至1999年1月,北京针灸骨伤学院坏死性骨病医疗中心共打白条领出5123大盒健骨生丸,销售后的金额为人民币4508240元(出厂价每大盒人民币880元),既没有在北京匡达制药厂登记入账,亦未向延庆县国税局申报纳税,致匡达制药厂偷逃增值税税款人民币655043.42元,占同期应纳税款额的52.97%。

北京市延庆县人民法院认为:被告单位匡达制药厂及其直接责任人王璐林为企业获取非法利益,违反税收法规,采取生产的产品不入账,用白条出库,收款不入账的手段,通过在“坏死性骨病医疗中心”销售本厂生产的药品,偷逃税款人民币655043.42元,占同期应纳税额52.97%,破坏了税收征管制度,扰乱了社会市场经济秩序,均已构成偷税罪,应予惩处。延庆县人民检察院指控被告北京匡达制药厂、被告人王璐林犯偷税罪的事实清楚,证据充分,指控的罪名成立。在偷税的过程中,任法定代表人兼任坏死性骨病医疗中心主任的王璐林负有直接责任。在追究法人单位的同时应一并追究直接责任人王璐林的刑事责任。依照《中华人民共和国刑法》第二百零一条第一款、第二百一十一条、第七十二条第一款、第七十三条第二、三款和最高人民法院《关于审理偷税抗税刑事案件具体应用法律若干问题的解释》第一条第(二)项的规定,判决如下:

1. 被告单位北京匡达制药厂犯偷税罪,判处罚金人民币一百四十万元。

---

① 根据《刑法修正案(七)》,本罪已经改为逃税罪。因收入本书的案例发生在《刑法修正案(七)》颁布之前,故仍采用偷税罪的罪名,特此说明。

2. 被告人王璐林犯偷税罪,判处有期徒刑三年,缓刑三年,并判处罚金人民币七十万元。

一审宣判后,被告单位北京匡达制药厂及被告人王璐林不服,向北京市第一中级人民法院提出上诉。

被告单位北京匡达制药厂上诉称虽然单位构成偷税罪,不应对单位判处巨额罚金。

被告人王璐林上诉提出其行为不构成偷税罪。

北京市第一中级人民法院认为,被告单位匡达制药厂为偷逃税款,故意将生产的部分产品隐匿,销售后收入不入账,偷逃增值税税款人民币655043.42元,占同期应纳税额52.97%,其行为已构成偷税罪,依法应予惩处。被告人王璐林虽为匡达制药厂的法定代表人,但经法庭质证确认的证据证明,匡达制药厂由总经理王彦霖负责,将其中358313盒登记在药厂正式账上,其余208287盒采用不登记入库的方法,另做记录可由药厂销售科人员以打白条形式领走,系王彦霖授意为之,无证据证明王璐林具有决定、批准、授意、指挥企业人员不列或少列收入,从而偷税的行为。故认定王璐林系匡达制药厂偷税犯罪直接负责的主管人员,应追究偷税罪的刑事责任证据不足,一审法院判决认定北京匡达制药厂构成偷税罪的证据确实、充分,审判程序合法,但量刑不当,应予改判。被告单位匡达制药厂及其辩护人所提对单位罚金过重、被告人王璐林及其辩护人所提王璐林的行为不构成偷税罪的上诉理由和辩护意见,本院予以采纳。据此,依照《中华人民共和国刑事诉讼法》第一百八十九条第(三)项和《中华人民共和国刑法》第二百零一条第一款、第二百一十一条、第三条及最高人民法院《关于审理偷税抗税刑事案件具体应用法律若干问题的解释》第一条、《中华人民共和国刑事诉讼法》第一百八十九条第(二)项、最高人民法院《关于执行〈中华人民共和国刑事诉讼法〉若干问题的解释》第一百七十六条第(四)项之规定,判决如下:

1. 撤销北京市延庆县人民法院(2002)延刑初字第176号刑事判决主文,即被告单位北京匡达制药厂犯偷税罪,判处罚金人民币一百四十万元;被告人王璐林犯偷税罪,判处有期徒刑三年,缓刑三年,并处罚金人民币七十万元。

2. 被告单位北京匡达制药厂犯偷税罪,判处罚金人民币七十万元。

3. 被告人王璐林无罪。

二、裁判要旨

No.3-6-201-1 未参与策划、组织、实施单位犯罪行为的单位法定代表人,不应以直接负责的主管人员被追究刑事责任。

我国《刑法》第三十一条规定:"单位犯罪的,对单位判处罚金,并对其直接负责的主管人员和其他直接责任人员判处刑罚。本法分则和其他法律另有规定的,依照规定。"这里的"本法分则和其他法律另有规定的,依照规定",主要是指分则规定的只处罚直接负责的主管人员和其他直接责任人员,而不对单位判处罚金(如《刑法》第一百六十一条规定的提供虚假财会报告罪)。据此,对于单位犯罪,通常情况下除需对单位判处罚金之外,还应对单位犯罪中"直接负责的主管人员和其他直接责任人员"判处刑罚,即所谓的双罚制,根据《刑法》第二百一十一条规定单位偷税犯罪即属此例。本案中被告单位匡达制药厂将生产的部分产品隐匿,销售后收入不入账,偷逃增值税税款的行为构成偷税罪没有疑义,但能否以此追究其法定代表人王璐林的刑事责任,关键在于能否认定被告人王璐林属于该单位犯罪行为的直接负责的主管人员。这就涉及直接负责的主管人员的理解问题。对此,我国刑法及相关司法解释未作具体规定,我们认为,应从以下两个方面来加以把握:

一是直接负责的主管人员是在单位中实际行使管理职权的负责人员;二是对单位具体犯罪行为负有主管责任。该两个条件缺一不可,如非单位的管理人员,就谈不上主管人员;如与单位犯罪无直接关系,就不能说对单位犯罪负有直接责任。司法实践中,主管人员主要包括单位法定代表人、单位的主要负责人、单位的部门负责人等。但以上单位的管理人员并非在任何情况下都要对单位犯罪承担刑事责任,只有当其在单位犯罪中起着组织、指挥、决策作用,所实施的行为与单位犯罪行为融为一体,成为单位犯罪行为组成部分之时,上述人员才能成为单位犯罪的处罚主体,对单位犯罪承担刑事责任。需强调指出的是,单位的法定代表人,也即一把手,作为单位的最主要的领导成员,在单位里对重要问题的决定起着至为重要的作用,在单位实施犯罪的情况下,是否均需对单位犯罪负责?对此,同样不能一概而论,应否承担刑事责任,仍需视其是否具体介入了单位犯罪行为,在单位犯罪过程中是否起到了组织、指挥、决策作用而定。如主持单位领导层集体研究、决定或者依职权个人决定实施单位犯罪的情况下,当属直接负责的主管人员;反之,在由单位其他领导决定、指挥、组织实施单位犯罪、不在其本人职权分工范围之内、本人并不知情的情况下,则不应以单位犯罪直接负责的主管人员被追究刑事责任。当然,单位的法定代表人因失职行为,依法构成其他犯罪的,另当别论。

案例:樟树市大京九加油城、黄春发等偷税案

案例来源:《刑事审判参考》总第57集[第447号]

主题词:偷税罪

一、基本案情

被告单位江西樟树市大京九加油城(以下简称"大京九加油城"),成立于1997年5月22日,企业住所地为樟树市吴家巷,2003年7月停业,法定代表人黄春发。

被告单位江西樟厦房地产开发有限公司(以下简称"樟厦公司"),成立于1998年11月24日,注册地为樟树市吴家巷开发区,法定代表人黄春发。

被告人黄春发,男,1973年3月21日出生,小学文化,大京九加油城法定代表人、樟厦公司法定代表人、董事长、总经理。因涉嫌犯偷税罪于2005年7月22日被逮捕。

江西省宜春市中级人民法院经审理查明:

1. 大京九加油城于1997年5月22日领取营业执照,系私营企业,法定代表人为被告人黄春发,从事汽油、柴油、特种油及其他成品油的批发零售,后利用加油城附属设施成立了大家乐美食娱乐有限公司,从事餐饮、娱乐、门面出租等业务。大京九加油城1997年12月开业,至1998年7月为增值税小规模纳税人,1998年8月经原宜春地区国家税务局批准,变更为增值税一般纳税人,至2001年8月。樟树市国税局对大京九加油城在增值税一般纳税人期间按自行申报、查账征收进行增值税管理。大京九加油城在2001年9月至12月变更为增值税小规模纳税人,2002年1月至2003年又变更为增值税一般纳税人。大京九加油城在经营期间,被告人黄春发指使公司的财务人员采取设置内外两套账,在外账上少列收入或者多列进项等手段偷逃税款。樟树市国家税务局证明,大京九加油城1999—2002年采购油的供货方与大京九加油城发生业务所取得的销售收入均已于当期进行了纳税申报(税率为17%)并缴税。所以,对大京九加油城及黄春发偷税数额应为账外经营部分的销项税额抵扣账外经营部分中已销货物进项税额和已实际缴纳税款后的余额。根据大京九加油城现有内、外账证据,认定其偷逃增值税数额为1999年度内账2—12月份销售收入为47481946.64元,销项税为8071930.92元,购进金额为39986999.38元,进项税额为6797789.89元,应纳税额为1274141.03元,扣除已纳税额258250元,实际少申报销项税额1015891.03元,占应缴税总额的79.73%。2000年度内账1—2月及8月份销售收入为15241666.2元,销项税额为2591083.24元,购进金额为13045973.17元,进项税额为2217815.44元,应纳税额为373267.8元,扣除已纳税额55803.31元,实际少申报销项税额为317464.49元,占应缴税总额的85.05%;2002年度内账1—8月份销售收入为17784612.4元,销项税额为3023384.08元,购进金额为14393545.3元,进项税额为2446902.7元,应纳税额为576481.38元,扣除已纳税额157958.41元,实际少申报销项税额为418522.97元,占应缴税总额的72.6%。此外,2000年9—12月份内账销售收入为17409236.1元,销项税额为2959569.97元,已纳税额为52787.86元;2001年度内账1—8月份销售收入为30281029.2元,销项税额为5147774.97元,已纳税额为156017.76元;2003年内账隐瞒销售收入442964.73元,销项税额为83418.42元,上述均因内账缺失购进金额,不能确定偷税数额。综上,被告单位大京九加油城及被告人黄春发偷逃增值税额为1751878.49元。

樟树市地方税务局证明,自1999年至2003年6月,地税对大京九加油城的征收方式为核定征收,核定税额为每月7500—9600元不等,含企业所得税、城建税、教育附加税。期间,大京九加油城已按核定的税额缴纳了税款。樟树市地方税务局的税务稽查报告中认定少缴的企业所得税和城建税的第一部分是按樟树市国家税务局出具的税务稽查报告中认定的数额计算得出的,而樟树市国家税务局出具的税务稽查报告认定大京九加油城少缴增值税数额计算方法不当,故地税的认定有误。所以,起诉书指控被告单位大京九加油城及被告人黄春发偷逃地税证据不充分,不予认定。

2. 樟厦公司于1998年11月24日领取营业执照,法定代表人、董事长及总经理均为黄春发,主要经营房地产开发、买卖和租赁业务。该公司在樟树市城区先后开发了春来大厦、东门菜市场和中药城三个工程项目,三个项目完工后均未办理工程决算。该公司1999年开始发生房地产销售业务。在经营期间,黄春发指使有关人员采取设置多套账簿,在外账上少列收入等手段,偷逃国家税款。经樟树市地方税务局检查认定,樟厦公司2002年度偷逃营业税775761.2元,占应纳税总额的13.66%。

宜春市中级人民法院认为,被告单位大京九加油城、樟厦公司在经营期间,为了单位利益,采取做两套账、隐瞒公司收入、在账簿上多列支出或者不列、少列收入、向税务机关作虚假纳税申报等手段,偷逃税款,且偷逃的税款为单位所有,其行为均构成偷税罪,属单位犯罪。被告人黄春发系大京九加油城、樟厦公司的法定代表人,指使公司的有关人员做两套账,偷逃税款,其行为构成偷税罪。被告单位大京九加油城及被告人黄春发偷税数额占应纳税额的30%以上并且偷税数额在10万元以上。公诉机关指控被告单位樟厦公司及被告人黄春发偷税的犯罪事实清楚,证据充分,但对被告单位大京九加油城及被告人黄春发偷逃国税的数额计算方法不当,认定的数额有误,指控的偷税数额部分采纳,部分不予采纳。地税是核定征收纳税,核定征收期间被告单位均已按核定的税额缴纳了税款,且地税稽查报告的检查纳税情况,大部分偷税款是根据国税稽查报告的数额为依据认定的,而国税的数额计算方法不当,数额有误,故公诉机关指控偷逃地税的数额不充分,指控不予采纳。被告单位大京九加油城及被告人黄春发的辩护人辩称大京九加油城不构成偷税罪的理由与查明的事实不符,不能成立。依照《中华人民共和国刑法》第二百零一条第一、三款、第三十条、第三十一条、第二百一十一条的规定,于2007年5月18日判决如下:

1. 被告单位大京九加油城犯偷税罪,判处罚金人民币1751878.49元。
2. 被告单位樟厦公司犯偷税罪,判处罚金人民币775761.2元。
3. 被告人黄春发犯偷税罪,判处有期徒刑三年,并处罚金人民币2527639.69元。

一审宣判后,被告单位大京九加油城、樟厦公司、被告人黄春发均没有提出上诉,公诉机关亦未抗诉,判决发生法律效力。

二、裁判要旨

No.3-6-201-2 购进货物时应当取得增值税专用发票而未索要,销售货物后没有按照增值税征管规定纳税,从而偷逃应纳税款的,在计算偷税数额时,应当减除按照增值税征管规定可以申报抵扣的税额。

根据最高人民法院《关于审理偷税抗税刑事案件具体应用法律若干问题的解释》第三条第一款的规定,偷税数额是指在确定的纳税期间,不缴或者少缴各税种税款的总额,偷税罪的偷税数额应以纳税人不缴或者少缴的税款数额来认定。具体到偷逃增值税而言,在认定的偷税数额时,从增值税的缴纳特点出发,应当根据纳税人的实际缴税情况客观计算因偷税造成国家的税款损失。如果行为人在购买货物时缴纳了进项增值税,在计算其偷逃销项增值税数额时,应当减去其已销货物的进项税额,其余数额为偷税犯罪的数额,这也是《税务总局通知》第一条第二款规定的基本精神。

案例:石敬伟偷税、贪污罪

案例来源:《刑事审判参考》总第 80 集[第 710 号]

主题词:偷税罪 立功的认定

一、基本案情

被告人石敬伟,男,1965 年 3 月 15 日出生,回族,个体经营天津市金杰晟科贸有限公司。因犯偷税罪于 2006 年 11 月 7 日被逮捕。

被告人高丽凤,女,1958 年 10 月 6 日出生,汉族,天津市金杰晟科贸有限公司职员。因犯偷税罪于 2006 年 11 月 7 日被取保候审。

天津市河东区人民检察院以被告人石敬伟犯偷税罪、贪污罪,被告人高丽凤犯偷税罪,向天津市河东区人民法院提起公诉。

河东区人民法院经公开审理查明:被告人石敬伟伙同被告人高丽凤在 1998 年至 2006 年 10 月期间,向税务机关少报、瞒报营业收入进行虚假纳税申报,共计偷税人民币(以下币种均为人民币)500 余万元。2001 年 11 月,被告人石敬伟伙同天津市送变电工程公司建筑一分公司采购员张德江(另案处理)贪污送变电工程公司货款 18812 元。被告人石敬伟在案发后已将贪污款全部退赔。

河东区人民法院审理后认为,被告人石敬伟在经营活动中,故意违反国家税收法律、法规,进行虚假纳税申报,偷税 500 余万元,且偷税数额超过应纳税额的 30%,其行为已构成偷税罪;被告人石敬伟与国家工作人员共谋侵吞公款 18000 余元,其行为已构成贪污罪。公诉机关指控罪名成立。依照《中华人民共和国刑法》第二百零一条,第三百八十二条第一款、第三款,第三百八十三条第一款第(三)项,第二十五条第一款,第二十六条,第二十七条,第六十九条,第七十二条的规定,于 2007 年 10 月 26 日判决:

被告人石敬伟犯偷税罪,判处有期徒刑六年,并处罚金人民币一千万元;犯贪污罪,判处有期徒刑一年,决定执行有期徒刑六年六个月,并处罚金人民币一千万元。被告人高丽凤犯偷税罪,判处有期徒刑三年,缓刑五年,并处罚金人民币一千万元。

在一审法院审判过程中,公安机关根据线索侦破一起涉嫌毒品犯罪案件,当场抓获犯罪嫌疑人甲、乙二人,并起获大量毒品,公安机关对该二人均采取了刑事拘留措施,甲承认实施毒品犯罪,但称是个人所为,与乙没有关系;乙在到案后始终否认参与毒品犯罪,显然二人在事先订立了攻守同盟,公安机关的进一步侦查工作遇到困难。

被告人石敬伟与犯罪嫌疑人乙羁押在同一监室。乙虽然事先已经与甲订立了攻守同盟,但其对于甲能否坚持不讲自己供出没有把握,为保险起见,乙偷偷写了一张字条,其内容是要求甲不要将乙参与犯罪的行为供出,并许诺将给予甲各种好处。乙处于个人避险的考虑,将该字条交给石敬伟,要求石敬伟寻找时机将字条交给甲。石敬伟对乙的要求假意应允,随后便将该串供字条交给监管人员。公安机关获得字条后进行了笔迹鉴定,确定是乙所写,并分别对甲、乙进行了讯问。甲乙面对这一突发情况,心理防线崩溃,如实供述了乙参与毒品犯罪的事实。

公安机关认为石敬伟对于案件的侦查工作起到了协助作用,所以出具书面证明材料,建议法院在对石敬伟量刑时予以考虑。但公安机关出具该证明材料,石敬伟的一审判决已经宣判。

一审宣判后,被告人石敬伟不服,向天津市第二中级人民法院提出上诉,辩称原审判决量刑过重,请求对其从轻处罚。其辩护人认为,石敬伟的行为对于该起毒品犯罪的整体侦破具有重要意义,因此,石敬伟的行为符合“提供侦破其他案件的重要线索,经查证属实”这一条件,应当认定为具有立功情节。检察机关认为,在石敬伟将字条交给监管人员之前,公安机关已经将涉案毒品全部查获,当场抓获了两名犯罪嫌疑人,该案已经侦破,石敬伟所提供的线索对整体案件的侦破不具有重要意义,所以辩护人的辩护意见并不成立,建议驳回上诉,维持原判。

天津市第二中级人民法院经审理认为,上诉人石敬伟犯偷税罪、贪污罪的事实清楚,证据充分,定罪准确,审判程序合法。在偷税犯罪中上诉人石敬伟系主犯,原审被告人高丽凤系从犯,对高丽凤可以从轻处罚。在贪污犯罪中,上诉人石敬伟伙同国家工作人员贪污公款,应以贪污罪的共犯论处,但石敬伟在共同犯罪中属于次要、辅助地位,属于从犯,依法可以减轻处罚。上诉人石敬伟在羁押期间向公安机关提供了另一起案件犯罪嫌疑人串供的线索,虽不能认定为立功,但可酌情从轻处罚,对上诉人的部分上诉理由予以支持。辩护人在辩护意见中请求对上诉人从轻处罚的部分,予以采纳。据此,依照《中华人民共和国刑事诉讼法》第一百八十九条第(一)项、第(三)项;《中华人民共和国刑法》第二百零一条、第三百八十二条第一款、第三款、第三百八十三条第一款第(三)项、第二十五条第一款、第二十六条、第二十七条、第六十九条、第七十二条、第七十三条的规定,于 2008 年 3 月 31 日判决如下:

1. 维持天津市河东区人民法院(2007)东刑初字第 113 号刑事判决第二项,即被告人高丽凤犯偷税罪,判处有期徒刑三年,缓刑五年,并处罚金人民币一千万元。

2. 撤销天津市河东区人民法院(2007)东刑初字第 113 号刑事判决第一项,即被告人石敬伟犯偷税罪,判处有期徒刑六年,并处罚金人民币一千万元;犯贪污罪,判处有期徒刑一年;决定执行有期徒刑六年六个月,并处罚金人民币一千万元。

3. 上诉人(原审被告人)石敬伟犯偷税罪,判处有期徒刑五年,并处罚金人民币一千万元;犯贪污罪,判处有期徒刑六个月;决定执行有期徒刑五年,并处罚金人民币一千万元。

二、裁判要旨

No. 3-6-201-3 向侦查机关提供侦破其他案件的重要线索经查证属实的,应认定具有立功表现,但在其他案件侦破后提供该案件的线索或证据,则不应认定为具有立功表现,但可以酌情从轻处罚。

《刑法》第六十八条第一款规定了立功制度。最高人民法院《关于处理自首和立功具体应用法律若干问题的解释》第五条对于立功的情形作了具体化规定,共有五种:(1)犯罪分子到案后有检举、揭发他人犯罪行为,经查证属实;(2)提供侦破其他案件的重要线索,经查证属实;(3)阻止他人犯罪活动;(4)协助司法机关抓捕其他犯罪嫌疑人(包括同案犯);(5)具有其他有利于国家和社会的突出表现的,应当认定为有立功表现。评价犯罪分子的行为是否属于立功,一方面,要从实效性角度,考察其行为是否对国家和社会有较大贡献;另一方面,还要从法定性角度,考察其行为是否符合法律关于立功的规定。

最高人民法院《关于处理自首和立功具体应用法律若干问题的解释》第五条规定的检举、揭发他人犯罪行为、提供侦破其他案件的重要线索均应发生在司法机关侦破被检举、揭发的案件之前,一旦案件侦破后,再向司法机关提供该案相关犯罪活动信息的,由于该信息对案件的侦破并不具有实质意义,将不再属于提供侦破其他案件的重要线索。在刑事诉讼过程中,案件的侦破与审判在证据标准上有一定区别,侦破案件的证据标准强调的是"有证据证明",而审判案件证据标准强调的是确实、充分,形成完整的证据链条,排除合理怀疑,《公安机关办理刑事案件程序》规定,破案应当具备下列条件:(1)犯罪事实已有证据证明;(2)有证据证明犯罪事实是犯罪嫌疑人事实的;(3)犯罪嫌疑人或主要犯罪嫌疑人已经归案。

在本案中,甲乙二人在实施毒品犯罪时,均已被公安机关当场抓获,携带的毒品亦被缴获,公安机关已经掌握了二人犯罪的重要证据,并对其采取了强制措施,符合案件侦破的标准,该案已经侦破。石敬伟在案件侦破以后才向监管人员提供乙的串供字条,客观上对公安机关进一步侦查甲乙贩卖毒品案件得以顺利进行有所帮助,但公安机关并非因此而侦破案件,因此,石敬伟不符合检举、揭发他人犯罪行为,经查证属实或提供侦破其他案件的重要线索,经查证属实的时机条件。石敬伟提供的串供证据虽然包含一定的证明信息,但价值仅在于进一步印证司法机关已掌握的犯罪事实,因此不属于向司法机关提供侦破其他案件的犯罪线索。

在司法实践中案件虽然侦破,但并不必然导致被告人被定罪,其间侦查机关还需要搜集、固定大量证据。在把握立功政策上,不能只重视案件是否因此侦破,而忽视案件最终认定情况。对于已经侦破或犯罪嫌疑人已被抓获的案件,如果行为人检举或提供的线索对于司法机关进一步搜索证据、对案件的起诉和审判起到至关重要的协助作用,可以以"具有其他有利于国家和社会的突出表现"的情形来认定立功。本案被告人石敬伟向监管人员提供他人串供字条的行为,虽然是有利于国家和社会的行为,但并未达到"突出表现"的程度,因而不能认定为"具有其他有利于国家和社会的突出表现"的情形。当然鉴于其有利于社会,可以酌情从轻处罚。

67 骗取出口退税罪(《刑法》第二百零四条)

案例:杨康林等骗取出口退税案

案例来源:《刑事审判参考》总第42集[第329号]

主题词:骗取出口退税罪 主观故意

一、基本案情

被告单位攀枝花市对外经济贸易公司,住所地四川省攀枝花市东区大河路23号。诉讼代表人张勇,攀枝花市对外经济贸易公司财务科副科长。

被告人杨康林,男,1964年6月30日出生,研究生文化,原系四川省粮油进出口总公司副总经理。因涉嫌犯骗取出口退税罪,于2001年3月1日被逮捕。

被告人曹培强,男,1960年3月23日出生,大专文化,原系攀枝花市对外经济贸易公司总经理。因涉嫌犯骗取出口退税罪,于2001年2月28日被逮捕。

被告人张继金,男,1963年10月5日出生,大专文化,原系攀枝花市对外经济贸易公司财务科科长。因涉嫌犯骗取出口退税罪,于2001年2月28日被逮捕。

被告人赵泓宇,男,1970年8月3日出生,大学文化,原系攀枝花市对外经济贸易公司进出口部经理。因涉嫌犯骗取出口退税罪,于2001年2月28日被逮捕。

被告人张上光,男,1962年3月22日出生,高中文化,无业。因涉嫌犯骗取出口退税罪,于2001年12月3日被逮捕。

四川省攀枝花市中级人民法院经审理查明:1994年3月,被告单位攀枝花市对外经济贸易公司(以下简称"攀枝花外贸公司")经对外贸易经济合作部批准,取得自营和代理攀枝花市商品的出口经营权。1995年下半年,时任攀枝花外贸公司总经理的被告人杨康林主持召开经理办公会,被告人曹培强、张继金、赵泓宇等公司中层干部参加会议。在明知攀枝花外贸公司只能经营自营出口和代理本市商品出口业务的情况下,会议决定,与被告人张上光及林秋坤(在逃)合作开展代理广东潮汕地区的服装、塑料出口业务,并指定时任进出口部经理的赵泓宇负责操作代理出口业务、时任财务科长的张继金负责代理出口业务的结汇、申办退税等事宜。之后,杨康林、赵泓宇等人在知道张上光、林秋坤不是货主的情况下,代表攀枝花外贸公司先后与张上光、林秋坤签订了多份代理出口协议。协议约定:张上光、林秋坤负责联系外商,提供出口货源、增值税专用发票和出口货物专用税收缴款书,联系报关,自带外汇本票与攀枝花外贸公司结汇;攀枝花外贸公司负责提供报关委托书、空白外汇核销单等出口单证,向攀枝花市国税局申请退税及所退税款的划拨。

杨康林等人在对合同约定的部分供货企业进行考察时,发现供货企业的生产能力与合同约定的出口数量不符,出口产品存在质次价高等问题,无法保证货物真实出口,仍然允许张上光、林秋坤自带货源、自行报关、自带香港银行开出的美元即期汇票到攀枝花市结汇。

为了达到在攀枝花市办理出口退税的目的,攀枝花外贸公司通过与张上光、林秋坤签订虚假的工矿产品供销合同和外销合同等方式,以"倒计成本法"做假财务账,将"四自三不见"的代理出口业务处理为自营出口业务,并根据虚构的自营业务账目制作虚假的退税申请表,随同退税单证呈报攀枝花市国税局申请出口退税。

1995年7月至1999年12月,攀枝花外贸公司先后27次向攀枝花市国税局虚假申报出口退税3855.87836万元,除最后一次因被举报而停止退税外,实际骗取出口退税款3646.86435万元。攀枝花外贸公司从中扣除代理费186万余元,将其余款项划到张上光、林秋坤指定的银行账户上,张、林随即伙同他人将款划转据为己有。其中,在被告人杨康林担任总经理期间,攀枝花外贸公司先后分20笔向攀枝花市国税局虚假申报,骗取退税款3020.874318万元;在被告人曹培强担任总经理期间,攀枝花外贸公司先后分6笔向攀枝花市国税局虚假申报,骗取出口退税款 625.990032 万元。被告人张上光在 1995 年 9 月至 1998 年 7 月与攀枝花外贸公司合作开展所谓代理潮汕地区的出口业务中，通过非法途径购买海关验讫的报关单出口退税联和增值税专用发票，通过非法途径在黑市购买外汇进行结汇，伪造虚假出口的假象，并通过攀枝花外贸公司虚假申报，先后分 9 次从攀枝花市国税局骗取出口退税款 664.740151 万元。

被告人杨康林、曹培强、张继金、赵泓宇在接受省市国税部门稽查期间，订立攻守同盟，隐匿代理协议等罪证，向林秋坤通风报信，致使林秋坤至今在逃未能归案。

被告人杨康林在担任四川省粮油进出口总公司副总经理兼四川新天地粮油进出口有限公司总经理期间，利用主管酒业的职务便利，将“施可富”泸州大曲酒承包给泸州外贸公司生产、经销，先后两次收受泸州外贸公司经理涂国友送的好处费 25 万元，投入到成都瑞达期货市场用于个人炒期货。

攀枝花市中级人民法院认为，被告单位攀枝花外贸公司及其直接负责的主管人员被告人杨康林、曹培强，直接责任人员被告人张继金、赵泓宇，采用隐匿代理协议、与被告人张上光及林秋坤签订虚假的内外销合同、以“倒计成本法”做假财务账、伪造出口货物销售明细账等方式，隐瞒代理出口及从事“四自三不见”买单业务的事实，虚构自营出口事实，向攀枝花市国税局虚假申报出口退税，骗取国家出口退税款。被告人张上光伙同他人，通过非法途径购买海关验讫的报关单、增值税专用发票，购买外汇用于结汇，骗取结汇证明，并将虚假出口形成的退税单证通过攀枝花外贸公司的虚假申报，骗取国家出口退税款。被告单位攀枝花外贸公司及被告人杨康林、曹培强、张继金、赵泓宇、张上光的行为均已构成骗取出口退税罪，且骗取国家退税款数额特别巨大。被告人杨康林在担任新天地公司总经理期间，利用职务便利，收受他人现金并用于个人炒期货，其行为还构成受贿罪。被告人杨康林、曹培强系被告单位的总经理，组织经理办公会集体研究决定，超出经营范围从事违规的代理业务及虚构自营事实向国税部门骗取出口退税，并安排张继金、赵泓宇的具体工作，是本案的主犯；被告人张继金、赵泓宇、张上光为本案的从犯。杨康林在羁押期间提供重要线索，使公安机关得以侦破其他犯罪案件，有立功表现，可以从轻处罚。依照《中华人民共和国刑法》第二百零四条第一款、第二百一十一条、第三百八十五条第一款、第三百八十六条、第三百八十三条第(一)项、第九十三条、第二十六条第四款、第二十七条、第六十八条之规定，于 2002 年 9 月 26 日判决如下：

1. 被告单位攀枝花市对外经济贸易公司犯骗取出口退税罪，判处罚金人民币二百万元。

2. 被告人杨康林犯骗取出口退税罪，判处有期徒刑十五年，并处没收财产人民币十万元；犯受贿罪，判处其有期徒刑十年，并处没收财产人民币五万元。决定执行有期徒刑十八年，并处没收财产人民币十五万元。

3. 被告人曹培强犯骗取出口退税罪，判处有期徒刑十年，并处没收财产人民币八万元。

4. 被告人张继金犯骗取出口退税罪，判处有期徒刑六年，并处没收财产人民币五万元。

5. 被告人赵泓宇犯骗取出口退税罪，判处有期徒刑六年，并处没收财产人民币五万元。

6. 被告人张上光犯骗取出口退税罪，判处有期徒刑七年，并处没收财产人民币五万元。

宣判后，杨康林、曹培强、张继金、赵泓宇、张上光不服，向四川省高级人民法院提出上诉。

杨康林上诉称，其主观上没有骗取退税款的动机，主要目的是为了完成出口创汇任务；认定主犯与事实不符，量刑过重；没有为涂国友谋取任何利益，所收款全部用于为公司炒期货，不构成受贿罪。其辩护人以杨康林不知张上光、林秋坤骗取出口退税的目的，没有骗税的主观故意，其行为应按履行合同失职被骗罪处理；杨康林接受涂国友 25 万元，没有个人占有，不构成受贿罪等为由提出辩护意见。

曹培强上诉称，其没有骗取税款牟利的目的，将代理处理为自营是为了完成创汇任务，是工作失误被他人利用，其不是主犯。

张继金上诉称，其是执行单位的决定，没有骗税的动机和目的，只是操作过程中监管不力，量刑过重。

赵泓宇上诉称，原审判决认定的部分事实不清，其对张上光、林秋坤骗取税款的目的并不知情,量刑过重。

张上光上诉称,单证都是他人办好后让其转交给攀枝花外贸公司的,其只是中间介绍人,认罪态度好,量刑过重。

四川省高级人民法院经审理认为,原审被告单位攀枝花外贸公司及上诉人杨康林、曹培强、张继金、赵泓宇、张上光,违反国家规定从事"四自三不见"买单业务,采用隐匿代理协议、签订虚假的内外销合同、做假财务账等方式,隐瞒代理出口及从事"四自三不见"业务的事实,虚构自营出口事实,向攀枝花市国税局虚假申报出口退税,骗取国家出口退税款,数额特别巨大,其行为均已构成骗取出口退税罪,应依法惩处。此外,杨康林在担任省粮油公司副总经理兼新天地公司总经理期间,利用职务便利为他人谋取利益,收受他人现金 25 万元的行为还构成受贿罪,应予并罚。杨康林及其辩护人以及曹培强、赵泓宇、张继金提出主观上没有骗取国家出口退税款的动机,主要目的是为了单位完成出口创汇任务,不知张上光、林秋坤骗取出口退税的目的,不构成骗取出口退税罪,经查与事实不符。攀枝花外贸公司及杨康林、曹培强、赵泓宇、张继金违反法律法规从事"四自三不见"买单业务,在业务操作过程中发现大量异常情况下,仍然与对方继续合作,不管实际是否有产品出口。杨康林、曹培强、赵泓宇、张继金作为外贸局及外贸公司的负责人,熟悉外贸业务及有关规定,在业务中出现诸多反常情况下,对张上光等人意欲骗取国家出口退税款的目的应当知晓,具有骗取国家出口退税款的主观故意。该项上诉理由不能成立,对辩护人的辩护意见不予采纳。杨康林、曹培强系原审被告单位的总经理,组织召开经理办公会研究决定从事违规业务,虚构买断自营出口事实向国税部门申请骗取出口退税,并安排他人具体工作,在犯罪过程中起主要作用,系本案的主犯,张继金、赵泓宇、张上光系本案的从犯。杨康林、曹培强所提其不是本案主犯的上诉理由,不能成立。张上光与攀枝花外贸公司商谈、签订代理协议及虚假的内、外销合同,伙同他人提供虚开的增值税专用发票,通过非法途径买汇结汇,并将虚假出口退税单证交由攀枝花外贸公司申报,是本案骗取出口退税行为的直接实施者。张上光提出的只是中间介绍人,单证都是他人办好后让其转交的上诉理由,不能成立。杨康林提供侦破其他犯罪案件的线索,有立功表现,可以从轻处罚,原判在量刑时已作考虑。原判认定事实和适用法律正确,量刑适当,审判程序合法。赵泓宇在二审期间有检举立功表现,依法可从轻处罚。依照《中华人民共和国刑事诉讼法》第一百八十九条第(二)项、《中华人民共和国刑法》第二百零四条第一款、第二百一十一条、第三百八十五条第一款、第三百八十六条、第三百八十三条第一款第(一)项、第二十五条第一款、第二十六条第一款、第四款、第二十七条、第六十八条第一款、第六十九条及最高人民法院《关于审理骗取出口退税刑事案件具体应用法律若干问题的解释》第六条的规定,于 2003 年 4 月 17 日判决如下:

1. 维持四川省攀枝花市中级人民法院刑事判决的第一、二、三、四、六项,即被告单位攀枝花市对外经济贸易公司犯骗取出口退税罪,判处罚金人民币二百万元;被告人杨康林犯骗取出口退税罪,判处有期徒刑十五年,并处没收财产人民币十万元,犯受贿罪,判处其有期徒刑十年,并处没收财产人民币五万元,决定执行有期徒刑十八年,并处没收财产人民币十五万元;被告人曹培强犯骗取出口退税罪,判处有期徒刑十年,并处没收财产人民币八万元;被告人张继金犯骗取出口退税罪,判处有期徒刑六年,并处没收财产人民币五万元;被告人张上光犯骗取出口退税罪,判处有期徒刑七年,并处没收财产人民币五万元。

2. 撤销四川省攀枝花市中级人民法院刑事判决的第五项,即被告人赵泓宇犯骗取出口退税罪,判处有期徒刑六年,并处没收财产人民币五万元。

3. 上诉人赵泓宇犯骗取出口退税罪,判处有期徒刑五年,并处没收财产人民币五万元。

二、裁判要旨

No. 3-6-204-1 有进出口经营权的公司将代理出口业务伪造自营出口业务,致使国家税款被骗的,可以认定具有骗取国家出口退税款的主观故意。

代理出口业务总是与出口退税相联系。出口退税是国际贸易中的通行做法,是各国政府提高本国商品国际竞争力的重要手段。根据《出口货物退(免)税管理办法》第一条的规定,有出口经营权的企业出口和代理出口的货物,可在货物报关出口并在财务上做销售记账后,凭有关凭证按月报送税务机关批准退还或者免征增值税和消费税。《出口货物退(免)税管理办法》第十四条规定,企业办理出口退税必须提供以下凭证:购进出口货物的增值税专用缴款书(税款抵扣联)或者普通发票、出口货物销售明细账、盖有海关验讫章的《出口货物报关单(出口退税联)》、出口收汇单证。手续齐全后,交由有出口经营权的公司、企业办理出口退税。虽然有出口经营权的公司、企业,以“四自三不见”的方式代理出口,易于导致国家税款被骗,但只要在办理出口退税时提供的凭证真实,就不会发生国家税款被骗的问题,因此,最高人民法院《关于审理骗取出口退税刑事案件具体应用法律若干问题的解释》第六条明确规定,有进出口经营权的公司、企业,在不见进口产品、不见供货货主、不见外商的情况下,允许他人自带客户、自带货源、自带汇票、自行报关,并导致国家税款被骗的,是否构成骗取出口退税罪,应当以明知他人意欲骗取国家出口退税款为条件。对于不能证实有进出口经营权的公司、企业明知他人意欲骗取国家出口退税款的,即使造成了国家税款被骗的后果,也不能以骗取出口退税罪定罪处罚。

所谓明知,包括知道和应当知道。知道的情况比较好掌握,即根据案件事实、证据材料直接证实被告单位或被告人知道他人意欲骗税的目的。应当知道,则需根据行为当时的具体情况、客观条件来综合分析判断被告单位或被告人当时是否知道、能否知道,当时的心理状态究竟怎样。这是法律上的一种推定,而不是一般意义上的明知,是对客观行为的一种法律评价。“四自三不见”业务本是国家明令禁止的业务,如果在从事“四自三不见”业务中,又出现了其他一些不合常理的情况,而有进出口经营权的公司、企业仍继续坚持业务合作,造成国家税款流失,则可推定这些公司、企业主观上明知他人意欲骗税的故意,构成骗取出口退税罪。那么对明知的程度又该如何要求呢?是明知他人骗取出口退税的必然性才构成此罪,还是明知他人骗取出口退税的可能性即成立此罪?根据最高人民法院《关于审理骗取出口退税刑事案件具体应用法律若干问题的解释》第六条的规定,只要有事实和证据证明有进出口经营权的公司、企业明知他人可能要骗取出口退税,仍违反规定从事“四自三不见”业务,造成国家税款流失,即可推定其主观上明知,而不要求有证据证明这些公司、企业明知他人必然要骗取出口退税。

68 虚开增值税专用发票、用于骗取出口退税、抵扣税款发票罪(《刑法》第二百零五条)

案例:张贞练虚开增值税专用发票案

案例来源:《刑事审判参考》总第 14 辑[第 86 号]

主题词:单位犯罪　自然人犯罪

一、基本案情

被告人张贞练,男,1959 年 9 月 25 日出生,广东省潮阳市人,原系湛江市贸易开发公司经理。因涉嫌犯虚开增值税专用发票罪,于 1996 年 9 月 17 日被逮捕。

广东省湛江市中级人民法院经审理查明:被告人张贞练于 1991 年 1 月被汕头市同平区韩江物资供销公司聘任为其下属的湛江市湛汕经营部(集体所有制)经理,受聘时间为 1991 年 1 月 1 日至 1994 年 1 月 1 日。1993 年 6 月,张贞练向湛江市工商行政管理局提出将湛江市湛汕经营部变更为湛江市贸易开发公司(集体所有制)的申请,当月获批准。湛江市贸易开发公司于 1993 年底停止营业。1994 年 3 月,潮阳市成田镇居民马陈晓(在逃)找到张贞练。二人合谋以已停业的湛江市贸易开发公司的名义,为他人虚开增值税专用发票牟取非法利益。

同年 4 月,被告人张贞练到湛江市工商行政管理局、湛江市税务部门分别办理了湛江市贸易开发公司的营业执照年检和税务登记证并购领了增值税专用发票。

同年 6 月,被告人张贞练经马陈晓、张署光(在逃)介绍,先后为揭阳市南方集团公司虚开增值税专用发票 51 份,价款人民币 149562423. 3 元,税额人民币 25425612. 11 元。张贞练共收取“手续费”人民币 124 万元。为掩饰上述虚开增值税专用发票活动,张贞练与揭阳市南方集团签订了 8 份假购销合同,并将 9 张盖有湛江市贸易开发公司财务章及其本人名章的空白收款收据交给揭阳市南方集团公司,供其入账使用。上述 51 份增值税专用发票已有 48 份被抵扣税款,抵扣税款总额人民币21325200元。

同年5月,马陈晓找到被告人张贞练为潮阳市友谊公司虚开增值税专用发票,张贞练应允并为该公司虚开增值税专用发票7份,价款人民币15243142.22元,税款人民币2591334.18元。受票单位向税务机关申报抵扣税款人民币2591334.18元,税务机关发现上述发票系虚开而未予抵扣。

同年5月至6月间,被告人张贞练经马陈晓介绍,为潮阳市新世纪实业公司虚开增值税专用发票13份,价款人民币1756246.61元。马陈晓收取受票单位"手续费"后,付给张贞练人民币5万元。受票单位向税务机关申报抵扣税款人民币1756246.61元。税务机关发现上述发票系虚开而未予抵扣。

同年6月,被告人张贞练为汕头特区建银科技开发公司虚开增值税专用发票1份,价款人民币320025元,税款人民币54404.25元。受票单位向税务机关抵扣税款人民币54404.25元。后税务机关发现该发票系虚开,将抵扣的税款全部追回。

同年7月初,被告人张贞练向湛江市有关部门申请湛江市贸易开发公司停止营业,随即携带犯罪所得赃款潜逃。

综上所述,被告人张贞练为上述四个单位虚开增值税专用发票共72份,价款计人民币175456452.92元,税款计人民币29827597.15元。受票单位用上述发票抵扣税款,致使国家税款损失人民币21325200元。张贞练收取开票"手续费"计人民币129万元,其中数千元用于支付本公司租赁房屋及职工开支等费用,其余款项用于个人经商及挥霍。

被告人张贞练为他人虚开增值税专用发票的同时,为抵扣税款,还通过马陈晓联系,分别从黑龙江省哈尔滨市大成工贸公司、哈尔滨市威豪经贸公司、四川省协力经济发展公司、鄂川市轻工服装鞋帽总公司、株洲市庆丰城建实业公司、镇江市润洲行联物资公司虚开进项增值税专用发票共36份,并将7份内容虚假的中国工商银行信汇、电汇凭证作为货款往来凭证入账,以应付税务机关的检查。

湛江市中级人民法院认为:被告人张贞练为他人非法虚开增值税专用发票以及让他人为自己虚开增值税专用发票的行为已构成虚开增值税专用发票罪。虚开数额特别巨大,情节特别严重,给国家利益造成重大经济损失,应依法严惩。依照《中华人民共和国刑法》第十二条第一款、第二百零五条第一、二款、第五十七条的规定,于1998年11月26日判决如下:

被告人张贞练犯虚开增值税专用发票罪,判处死刑,剥夺政治权利终身,并处没收个人财产。

一审宣判后,被告人张贞练对判决认定其虚开增值税专用发票的事实无异议,但上诉提出:其虚开的增值税专用发票是由该公司向税务部门领购,由该公司对外开出的,不是个人犯罪而应认定为单位犯罪;其有自首情节,请求从轻处罚。

广东省高级人民法院经审理查明:原审判决认定上诉人张贞练于1994年5、6月,先后为揭阳市南方集团公司等四个单位虚开增值税专用发票72份,价款共175456452.92元,税额共29827597.15元,致使国家税款被抵扣而损失21325200元,张贞练共收取开票"手续费"129万元,绝大部分用于个人经商和挥霍,以及其通过马陈晓介绍,分别向黑龙江省哈尔滨市大成工贸公司等六个单位虚开进项增值税专用发票共36份,用于抵扣其为他人虚开增值税专用发票的税款事实清楚。

广东省高级人民法院认为:被告张贞练为他人虚开增值税专用发票以及让他人为其虚开增值税发票的行为已构成虚开增值税专用发票罪。其虚开的增值税专用发票被受票单位向税务机关抵扣税款21325200元,尚未能追回,给国家利益造成特别重大损失,犯罪情节特别严重,依法应予严惩。张贞练与他人密谋虚开增值税专用发票牟取不法利益后,即以停业的其任法定代表人的湛江市贸易开发公司名义向税务机关申请税务登记,领购增值税专用发票,专门从事为他人虚开增值税专用发票活动,根据最高人民法院《关于审理单位犯罪具体应用法律有关问题的解释》第二条的规定,对上诉人张贞练的行为应以个人犯罪论处,故张贞练提出该案属于单位犯罪的意见不能成立,不予采纳;上诉人张贞练犯罪后潜逃到广西桂林,侦察机关根据举报将其抓获归案,其提出有自首情节没有事实根据,要求从轻处罚不予采纳。原审判决认定事实清楚,定罪准确,量刑适当,审判程序合法。依照《中华人民共和国刑事诉讼法》第一百八十九条第(一)项的规定,于1999年9月8日裁定如下:驳回上诉,维持原判。

广东省高级人民法院依法将此案报请最高人民法院核准。

最高人民法院复核认为:被告人张贞练在没有货物购销的情况下,为他人虚开和让他人为自己虚开增值税专用发票的行为已构成虚开增值税专用发票罪。张贞练以停业的湛江市贸易开发公司名义办理营业执照年检和税务登记证,领购增值税专用发票,在公司重新营业的三个月的时间内只从事虚开增值税专用发票活动,违法所得除有数千元用于公司开支,其余归其个人占有。根据最高人民法院《关于审理单位犯罪案件具体应用法律有关问题的解释》的规定,张贞练以湛江市贸易开发公司名义进行的虚开增值税专用发票犯罪,应依照刑法有关自然人犯罪的规定定罪处罚。张贞练虚开的增值税专用发票被受票单位向税务机关抵扣税款人民币21325200元,且未能追回,数额特别巨大,情节特别严重,给国家造成了特别重大损失,应依法惩处。一审判决、二审裁定认定的事实清楚,证据确实、充分,定罪准确,量刑适当,审判程序合法。依照《中华人民共和国刑事诉讼法》第一百九十九条和最高人民法院《关于执行〈中华人民共和国刑事诉讼法〉若干问题的解释》第二百八十五条第(一)项的规定,于2000年5月26日裁定如下:

核准广东省高级人民法院(1999)粤高法刑经终字第109号维持一审以虚开增值税专用发票罪判处被告人张贞练死刑,剥夺政治权利终身,并处没收个人全部财产的刑事裁定。

二、裁判要旨

No.3-6-205-1　以单位名义实施犯罪,但违法所得归犯罪者个人所有的,不构成单位犯罪。

关于单位犯罪及其处罚的规定,始见最高人民法院、最高人民检察院于1985年7月18日公布并施行的《关于当前办理经济犯罪案件中具体应用法律的若干问题的解答(试行)》。全国人大常委会于1988年1月21日颁布并施行《关于惩治走私罪的补充规定》《关于惩治贪污贿赂罪的补充规定》后至1997年刑法施行前,陆续公布、施行的十几个补充规定和决定,对单位犯罪作了较全面的规定。刑法修订前对公司、企业型单位犯罪的规定基本上是以所有制性质作为单位犯罪和个人犯罪的区分标准,即全民所有制或集体所有制的单位存在单位犯罪问题,私营企业构成犯罪的,则按个人犯罪论处(详见最高人民法院、最高人民检察院《关于当前处理企业、事业单位、机关、团体投机倒把犯罪案件的规定》)。1997年刑法第三十条规定:"公司、企业、事业单位、机关、团体实施的危害社会的行为,法律规定为单位犯罪的,应当负刑事责任。"这里的公司、企业不再以所有制性质划线,而是泛指一切形式的公司、企业。但无论是原规定还是新规定,对单位犯罪构成要件的掌握是一致的,即单位犯罪必须同时具备两个要件:一是犯罪是以单位名义实施的;二是违法所得归单位所有,此特征是区别单位犯罪与自然人犯罪的关键所在。本案中,张贞练不论是以停业的湛江市贸易开发公司办理营业执照年检和税务登记证,还是向税务主管部门领购增值税专用发票和虚开增值税专用发票等都是以单位名义实施的,但这些只是表面现象,因为虚开增值税专用发票犯罪的特殊性决定了此类犯罪不以单位名义将难以实施。除此之外,更重要的是张贞练虚开增值税专用发票的违法所得并没有归单位所有,而是绝大部分都被张贞练用于个人经商和挥霍。因此,一、二审法院认定张贞练为自然人犯罪是正确的。

案例:吴彩森等虚开增值税专用发票案

案例来源:《刑事审判参考》总第31辑[第231号]

主题词:虚开增值税专用发票罪　单位犯罪　直接责任人员

一、基本案情

被告单位霍山县国家税务局西城税务分局。

被告人吴彩森,男,1953年5月4日出生,原系安徽省霍山县国家税务局西城税务分局局长。因涉嫌犯虚开增值税专用发票罪,于2000年4月20日被逮捕。

被告人郭家春,男,1956年11月8日出生,1996年2月至1998年12月任霍山县大化坪镇镇长,后调至霍山县黑石渡镇任镇长。因涉嫌犯虚开增值税专用发票罪,于2000年4月20日被逮捕。

被告人程先文,男,1963年5月22日出生,原系安徽省霍山鸿宇金卡有限责任公司法人代表。因涉嫌犯虚开增值税专用发票罪,于2000年4月20日被逮捕。

被告人项义祥,男,1954年8月20日出生,1997年至1998年元月任霍山县国家税务局大化坪税务分局局长,1998年元月调任磨子潭税务分局局长。因涉嫌犯虚开增值税专用发票罪,于2000年4月20日被逮捕。

被告人纪昌德,男,1952年7月16日出生,原系安徽省霍山县国家税务局西城税务分局副局长。因涉嫌犯虚开增值税专用发票罪,于2000年9月14日到公安机关投案,同日被取保候审,2001年4月20日经六安市中级人民法院决定,对其重新办理取保候审手续。

被告人宋晓山,男,1947年2月6日出生,原系安徽省霍山县诸佛庵竹木综合厂厂长。因涉嫌犯虚开增值税专用发票罪,于2000年9月14日到公安机关投案,同日被取保候审。2001年4月27日经六安市中级人民法院决定,对其重新办理取保候审手续。

被告人汪祥林,男,1943年9月19日出生,原系安徽省霍山县国家税务局西城税务分局票管员。因涉嫌犯虚开增值税专用发票罪,于2000年9月14日到公安机关投案,同日被取保候审,2001年4月20日经六安市中级人民法院决定,对其重新办理取保候审手续。

被告人金从俊,男,1972年12月27日出生,原系安徽省霍山县国家税务局磨子潭税务分局税收会计兼票管员。因涉嫌犯虚开增值税专用发票罪,于2000年9月14日到公安机关投案,同日被取保候审,2001年4月20日经六安市中级人民法院决定,对其重新办理取保候审手续。

安徽省六安市中级人民法院经审理查明:1994年11月,被告人吴彩森被任命为霍山县国家税务局诸佛庵税务分局局长(1998年1月,霍山县国税局大化坪税务分局并入诸佛庵税务分局,1998年6月诸佛庵税务分局更名为霍山县国家税务局西城税务分局,以下简称"西城税务分局")。1996年2月,被告人吴彩森、纪昌德为给本单位谋取不正当利益,与被告人宋晓山合谋,将宋任厂长的不符合申报条件的霍山县诸佛庵竹木综合厂虚报为一般纳税人。嗣后,西城税务分局利用诸佛庵竹木综合厂代管监开的增值税专用发票为辖区内其他小规模纳税人虚开增值税专用发票,按销货金额收取6%或3%的税款。宋晓山在增值税专用发票上加盖本厂财务章,并协助支取税款。至2000年3月,西城税务分局以霍山县诸佛庵竹木综合厂名义,共为阎红字等60余人虚开增值税专用发票302份,虚开税款数额1355332.55元,已抵扣1305814.26元,完税入库293988.39元。至本案侦查终结前,税务机关追缴税款39085.46元,造成国家税款损失 972740.41元。在所虚开的增值税专用发票中,经吴彩森、纪昌德等审批后,安排汪祥林填开246份。西城税务分局和诸佛庵竹木综合厂在虚开增值税专用发票过程中,按所开销货金额收取1%的手续费,根据双方的约定,西城税务分局分得32475元,诸佛庵竹木综合厂得17097.90元,宋晓山承包该厂后分得10000元。案发后,公安机关追回宋晓山和诸佛庵竹木综合厂现金25500元。

1997年3月至1999年7月,经被告人吴彩森提议,纪昌德、俞劲松(另案处理)研究,并在西城税务分局股以上干部会议上通过,西城税务分局以霍山县黑石渡三环塑料厂名义,为不具有一般纳税人资格的霍山县顺达塑料制品厂等单位及个体户杨光云、范金祥代开增值税专用发票,收取6%的税款,共代开增值税专用发票155份,税款数额330819.42元,完税入库146470.72元,已抵扣税款330030.44元,造成国家税款损失183559.72元。在所代开的增值税专用发票中,经吴彩森、纪昌德等人审批后,安排被告人汪祥林填开102份。

1997年5月至1998年9月,被告人吴彩森、纪昌德以霍山县黑石渡乡铁砂供销经理部名义采用高开低征的方法为另一具有一般纳税人资格的霍山县超级铁精粉厂虚开进项增值税专用发票13份,虚开税款数额61198.73元,已全部抵扣,完税入库10429.90元,造成国家税款损失

50768.83元。其中经吴彩森、纪昌德等审批后,安排汪祥林开票12份。1998年8月至1999年4月,吴彩森、纪昌德以霍山县黑石渡乡铁砂供销经理部名义,为不具有一般纳税人资格的霍山县大化坪镇铁砂经销部刘宗跃代开增值税专用发票9份,税款数额67274.01元,已全部抵扣。经吴彩森、纪昌德审批后,由汪祥林经手开票。

1999年3月至5月,被告人吴彩森、纪昌德以霍山县农副产品有限责任公司名义,采用高开低征的方法为不具有一般纳税人资格的霍山县翔鹰商贸经营部刘彬代开增值税专用发票14份作销项发票,税款数额82182.68元,受票方已全部抵扣,完税入库4169.66元。其中,经吴彩森、纪昌德审批后,安排汪样林开票4份。

1997年7月,经被告人程先文牵线,台商储诚戢、程贞恩在霍山县先后结识了时任大化坪镇税务分局局长的被告人项义祥、时任大化坪镇镇长的被告人郭家春。储诚戢、程贞恩提出大化坪镇可以办工艺品公司,为他们生产装金卡的木盒,以这个公司的名义为储诚戢在南京开设的江苏金卡特艺品公司金瑞祥分公司提供增值税专用发票,储按销售额的8%向镇里交纳利税。郭家春将此情况向镇政府作了汇报。经镇党政联席会议研究决定,为完成大化坪镇税收任务,成立霍山县工艺品公司为储诚戢开增值税专用发票,收取6%的税金和2%的管理费。于是郭家春、项义祥在霍山县工艺品公司未办理工商登记的情况下,通过关系取得税号和企业法人代码,刻制了增值税发票专用章等印章。至此,霍山县工艺品公司在无营业执照、无生产场地、不具备增值税一般纳税人资格的情况下,由项义祥提供增值税专用发票,为储诚戢虚开。自1997年8月至1997年11月,郭家春、项义祥、程先文以霍山县工艺品公司的名义到南京、合肥等地为储诚戢无货虚开增值税专用发票15份,虚开税款数额234248.74元,已抵扣税款113530元,大化坪镇政府以霍山县工艺品公司的名义完税入库72060元,造成国家税款损失41470元,大化坪镇政府非法获利38280元。

1998年1月,霍山县国税局大化坪税务分局并入诸佛庵税务分局。诸佛庵税务分局(后更名为西城税务分局)接管原大化坪国税分局业务后,被告人吴彩森应大化坪镇政府郭家春等人的要求,在明知霍山县工艺品公司无营业执照、未实际生产,不具备一般纳税人资格的情况下,仍决定同意由西城税务分局为霍山县工艺品公司代管监开增值税专用发票。每次开票前,由储诚戢电话和传真告诉程先文、郭家春开票内容。郭家春安排人员到西城税务分局,经吴彩森或分管局长纪昌德在申请表上签字同意后,开取增值税专用发票。程先文则将增值税专用发票送往南京交给储诚戢,储按价税合计开汇票给程带回。大化坪镇政府按储诚戢要求将开票的销售额的7%扣下利税,余款提现金由程先文等人送回南京交给储诚戢。自1998年1月至12月,共为储诚戢无货虚开增值税专用发票59份,虚开税款数额485859.75元,抵扣税款484329.75元,大化坪镇政府以霍山县工艺品公司名义完税70225元,造成国家税款损失414104.75元,大化坪镇政府非法获利129830元,根据吴彩森的要求,经郭家春同意将其中的3万元付给西城税务分局,作分局其他开支。在所开的59份增值税专用发票中,有42份为汪祥林所填写。

1998年8月,在大化坪镇政府和储诚戢的共同策划下,以大化坪镇政府和程先文的名义投资80万元,伪造了《霍山鸿宇金卡有限责任公司章程》及企业人员登记表等,通过了验资等程序,于1999年10月29日成立霍山鸿宇金卡有限责任公司。大化坪镇政府任命被告人程先文为该公司的法定代表人。公司成立后,大化坪镇政府将其出资的80万元注册资金全部抽出。储诚戢将原在南京的生产场所改为"霍山鸿宇金卡有限责任公司南京联络处"。被告人吴彩森明知鸿宇金卡有限责任公司无实际生产经营活动,仍决定同意其领票自开,沿用霍山县工艺品公司的做法,按销售货款的6%收取税金。程先文等人从西城税务分局领取增值税专用发票送往南京,供联络处使用,货款由购货单位受票后汇至霍山大化坪农行营业所鸿宇金卡有限责任公司账户,提现后,由程先文送给储诚戢或由储诚戢等带回。自1998年12月至2000年3月,程先文等人以鸿宇金卡有限公司的名义从西城税务分局领取增值税专用发票18本送往南京联络处,其中程先文领取16本,该联络处共为客户开出增值税专用发票262份,虚开税款数额885362.87元,已抵扣税款817106.31元,完税入库287180.32元,造成国家税款损失 529925.99

元。大化坪镇政府与储诚戡协商后,储诚戡将一部桑塔纳 2000 型轿车作价 10 万元,抵作 1999 年 4 月至 2000 年 3 月 31 日上交给大化坪镇政府的管理费用。案发后,公安机关冻结鸿宇金卡有限责任公司存款 502803.23 元,扣押了南京联络处现金 13350 元。

1999 年初,江苏省扬州市郊区普民工艺饰品厂厂长董德雪为开取增值税专用发票,经彭代怀介绍认识被告人项义祥,项答应为董提供增值税专用发票。项义祥安排被告人金从俊先后两次分别以霍山县工艺品公司、霍山县富毅工艺厂的虚假名义,为董德雪无货虚开增值税专用发票 3 份,虚开税额 33383.95 元;安排他人为董德雪开票 1 份,虚开税额 7650 元,合计虚开税款数额 41033.95 元,已全部抵扣,完税入库 8000 元,造成国家税款损失 33033.95 元。

1999 年 1 月,被告人项义祥安排被告人金从俊以霍山县胡家河石料厂的虚假名义,为刘宗跃代开增值税专用发票 2 份,虚开税款数额 14500.34 元,已全部抵扣,完税入库 4847.75 元,造成国家税款损失 9652.59 元。

1999 年 6 月,被告人项义祥安排被告人金从俊以霍山县磨子潭云雾茶厂的名义,为个体户汪光先代开增值税专用发票 1 份,税款数额为 12539.82 元,已全部抵扣,完税入库 4192.32 元,造成国家税款损失 8347.50 元。

2000 年 1 月,被告人项义祥以霍山县富毅工艺厂的虚假名义,为个体户汪凤鸣代开增值税专用发票 1 份,税款数额 2353.85 元,已全部抵扣,完税入库 1800 元,造成国家税款损失 553.85 元。

1997 年 8 月至 2000 年 3 月,被告人吴彩森、郭家春、项义祥在以霍山县工艺品公司、霍山鸿宇金卡有限责任公司名义为储诚戡虚开增值税专用发票的过程中,分别收受储诚戡的贿赂 23000 元、20000 元及 4500 元,被告人程先文非法获利 30000 余元。案发后,吴彩森、郭家春主动交代收受储诚戡现金,并将所得赃款全部退出,项义祥、程先文分别退赃款 1000 元和 2000 元。

此外,案发后,被告人纪昌德、汪祥林、宋晓山、金从俊在公安机关的敦促下,于 2000 年 9 月 14 日到霍山县公安局投案。

六安市中级人民法院认为:被告单位霍山县国家税务局西城税务分局为完成本单位的税收征缴任务和谋取不正当利益,竟违反国家税收征管和发票管理制度,将不具备条件的诸佛庵竹木综合厂虚报为一般纳税人,为他人虚开增值税专用发票,高开低征并收取开票手续费;利用为霍山县黑石渡三环塑料厂等单位代管监开增值税专用发票的便利,为他人虚开增值税专用发票;与大化坪镇政府郭家春等人共谋以不具备一般纳税人资格的虚假企业霍山县工艺品公司的名义为他人虚开增值税专用发票;明知霍山县鸿宇金卡有限责任公司未进行实际生产、销售,仍同意其领票虚开,降低税率。该局通过虚开增值税专用发票的方法,非法吸收税款,收取开票手续费,并为本单位谋取其他不正当利益,造成国家重大经济损失。该局在为他人虚开增值税专用发票过程中,为本单位谋利,由局长吴彩森决定或由股以上干部会议研究决定,体现的是西城税务分局的整体意志。该局共为他人虚开增值税专用发票 814 份,虚开税款 326 万余元,造成国家税款损失 200 余万元,单位非法获利 62475 元,其行为构成虚开增值税专用发票罪,应当承担刑事责任。

被告人吴彩森身为西城税务分局局长,在该分局为他人虚开增值税专用发票的过程中起决定、指挥作用,为单位直接负责的主管人员,其行为已构成虚开增值税专用发票罪,应对该局虚开增值税专用发票犯罪负全部责任,且其在虚开增值税专用发票过程中,收受他人人民币 2.3 万元,数额较大,其行为又构成受贿罪,依法应两罪并罚。被告人郭家春身为大化坪镇镇长,为本单位谋取不正当利益,参与虚开增值税专用发票犯罪的决策,具体落实成立霍山县工艺品公司和鸿宇金卡有限责任公司,并以前者的名义为他人虚开增值税专用发票 74 份,虚开税款数额 72 万余元,数额巨大,造成国家税款损失 45 万余元,属直接负责的主管人员,其行为构成虚开增值税专用发票罪;在虚开增值税专用发票过程中,其收受他人人民币 2 万元,数额较大,又构成受贿罪,依法应两罪并罚;其能主动交代公安机关尚未掌握的受贿犯罪事实,系自首,并退出全部赃款,依法可予从轻处罚。被告人程先文积极协助大化坪镇政府虚开增值税专用发票,属其他直接责任人员,其行为构成虚开增值税专用发票罪;在共同犯罪中,程先文起辅助作用,依法应予减轻处罚。被告人项义祥在任霍山县国税局原大化坪分局局长期间,为本单位谋取不正当利益,与被告人郭家春等人相勾结,在明知霍山县工艺品公司未办理工商登记、实际并未成立的情况下,协助办理税务登记,共同为他人虚开增值税专用发票15份,虚开税款数额计234248.74元,造成国家税款损失41470元;其在担任磨子潭税务分局局长期间,决定并指使被告人金从俊等人为他人虚开增值税专用发票8份,虚开税款70427.96元,造成国家税款损失51587.89元;虚开的税款数额较大,项义祥为直接负责的主管人员,其行为构成虚开增值税专用发票罪,应依法惩处;但其认罪态度较好,可酌情从轻处罚。被告人纪昌德身为霍山县国税局西城分局副局长,在被告人吴彩森的授意、指挥下,积极参与该局为他人虚开增值税专用发票犯罪,明知是虚开仍大量审批,属其他直接责任人员,其行为构成虚开增值税专用发票罪,应依法惩处;其案发后能自动投案并如实供述主要犯罪事实,系自首,依法应减轻处罚;根据其犯罪情节和悔罪表现,可对其适用缓刑。被告人宋晓山作为霍山县诸佛庵竹木综合厂厂长,积极协助西城税务分局以本厂名义为他人虚开增值税专用发票302份,虚开税款数额135万余元,竹木综合厂及其本人非法获利27097.90元,宋晓山在虚开增值税专用发票过程中属其他直接责任人员,其行为构成虚开增值税专用发票罪,且能投案自首,依法应予减轻处罚;根据其犯罪情节和悔罪表现,可对其适用缓刑。被告人汪祥林作为霍山县国税局西城分局的票管员,盲目服从单位领导的决定,为他人代填增值税专用发票参与犯罪,但其是根据吴彩森、纪昌德等单位领导的审批手续,并受吴彩森指派代为他人填开,犯罪情节显著轻微,对其行为不宜以犯罪论,应宣告其无罪。被告人金从俊作为霍山县国税局磨子潭分局的票管员,参与该局为他人虚开增值税专用发票6份,虚开税款数额60424.11元,但其是在被告人项义祥的指派下参与的,只是消极地履行其职责,情节显著轻微,对其行为不宜以犯罪论,应宣告其无罪。

六安市中级人民法院依据《中华人民共和国刑法》第二百零五条第三款、第三百八十五条第一款、第三百八十六条、第三百八十三条第一款第(三)项、第二十五条第一款、第二十六条第一、四款、第二十七条、第六十七条第一、二款、第七十二条第一款、第六十九条、第六十四条、第十三条及《中华人民共和国刑事诉讼法》第一百六十二条第(二)项的规定,于2001年6月26日判决如下:

1. 被告单位霍山县国家税务局西城税务分局犯虚开增值税专用发票罪,判处罚金30万元;

2. 被告人吴彩森犯虚开增值税专用发票罪,判处有期徒刑十二年,犯受贿罪,判处有期徒刑三年,决定执行有期徒刑十四年;

3. 被告人郭家春犯虚开增值税专用发票罪,判处有期徒刑十年,犯受贿罪,判处有期徒刑二年,决定执行有期徒刑十一年;

4. 被告人程先文犯虚开增值税专用发票罪,判处有期徒刑六年;

5. 被告人项义祥犯虚开增值税专用发票罪,判处有期徒刑五年;

6. 被告人纪昌德犯虚开增值税专用发票罪,判处有期徒刑三年,缓刑四年;

7. 被告人宋晓山犯虚开增值税专用发票罪,判处有期徒刑三年,缓刑三年;

8. 被告人汪祥林无罪;

9. 被告人金从俊无罪;

10. 被告单位霍山县国家税务局西城税务分局非法所得六万二千四百七十四元,吴彩森受贿二万三千元,郭家春受贿二万元,程先文非法获利三万元,项义样受贿四千五百元,宋晓山及其竹木综合厂非法获利二万七千零九十七元九角,霍山鸿宇金卡有限责任公司五十万二千八百零三元二角三分存款及利息,储诚戡存于南京联络处的一万三千三百五十元现金,大化坪镇政府非法获利十三万八千元、非法获得的一辆皖N-31363号桑塔纳2000型轿车,均予以追缴,上缴国库;作案工具传真机一部,予以没收,上缴国库。

一审宣判后,吴彩森、郭家春、程先文、项义祥不服,分别向安徽省高级人民法院提起上诉;六安市人民检察院亦提出抗诉。

六安市人民检察院抗诉认为:原审被告人汪祥林受单位指派,为他人虚开增值税专用发票,税款数额巨大;原审被告人金从俊受单位指派,为他人虚开增值税专用发票,其行为均构成虚开增值税专用发票罪,应当依照《中华人民共和国刑法》第二百零五条第三款的规定处罚。而原判认定原审被告人汪祥林在西城税务分局单位犯罪中作用不大,情节显著轻微;原审被告人金从俊只是消极地履行自己的职责,情节显著轻微,宣告两人无罪,实属认定事实和适用法律错误。二审庭审中,检察员当庭出示了 3 份新的证据,主要证实原审被告人汪祥林参与虚开增值税专用发票犯罪在主观上是明知的,提出汪祥林系受单位领导指派虚开发票,且能投案自首,具有法定从轻、减轻处罚情节;原审被告人金从俊为他人虚开增值税专用发票 6 份,虚开税额 6 万余元,大大超过 1 万元的起刑点数额标准,建议二审法院对汪祥林、金从俊依法定罪处罚;对上诉人吴彩森、郭家春、程先文、项义祥的定罪量刑部分应予以维持。

安徽省高级人民法院经审理查明:原判认定原审被告单位霍山县国家税务局西城税务分局、上诉人吴彩森、郭家春、程先文、项义祥、原审被告人纪昌德、宋晓山、汪祥林、金从俊虚开增值税专用发票,上诉人吴彩森、郭家春受贿的犯罪事实已被一审判决书中列举的证据所证实,且所列证据均经一审庭审当庭宣读、出示并质证;在二审中,出庭检察员、上诉人、辩护人均未提出足以影响案件事实认定的新的证据,故予确认。

对检察机关的抗诉理由,经查:六安市人民检察院的抗诉理由和检察员当庭提供的 3 份新证据及当庭发表的支持抗诉意见,均主要是为进一步阐明原审被告人汪祥林、金从俊二人明知自己虚开增值税专用发票的行为是犯罪行为而故意实施犯罪。但原判已经确认汪、金二人参与了虚开增值税专用发票的共同犯罪,只是因情节显著轻微,不认为是犯罪,因此,两者在犯罪的主观构成要件认定上并不存在矛盾。原审被告人汪祥林在参与西城税务分局虚开增值税专用发票的犯罪过程中,经手开票 416 份,虚开税款数额达 184 万元,在单位犯罪中起到较大作用。因此,原判认定其犯罪情节显著轻微不当,对汪祥林应作为其他直接责任人员追究刑事责任,对检察机关的相关抗诉意见应予支持。对其二审辩护人要求宣告汪祥林无罪的辩护意见不予采纳。原审被告人金从俊参与虚开增值税专用发票 6 份,虚开税款数额 6 万余元,虽已超过追究刑事责任的起刑点标准,但其行为系受单位领导指派,犯罪情节显著轻微,不宜作为其他直接责任人员追究刑事责任。因此,原判对其不以犯罪论处正确。故对检察机关提出的对金从俊应追究刑事责任的抗诉意见不予支持。对其辩护人请求二审法院维持原判的辩护意见予以采纳。

安徽省高级人民法院认为:原审判决认定事实和适用法律正确,审判程序合法。对被告单位霍山县国税局西城税务分局及被告人吴彩森、郭家春、程先文、项义祥、纪昌德、宋晓山的定罪、量刑均属适当,对被告人金从俊的行为不以犯罪论处正确,但原判认定被告人汪祥林的犯罪情节显著轻微不以犯罪论处不当。依照《中华人民共和国刑事诉讼法》第一百八十九条第(一)、(二)项、第一百六十二条第(二)项和《中华人民共和国刑法》第二百零五条第三款、第三百八十五条第一款、第三百八十六条、第三百八十三条第一款第(三)项,第二十五条第一款、第二十六条第一、四款、第二十七条、第六十七条、第七十二条第一款、第六十九条第一款、第六十四条、第十三条之规定,于 2002 年 2 月 20 日判决如下:

1. 撤销六安市中级人民法院刑事判决中对被告人汪祥林的判决部分,维持其他部分;
2. 被告人汪祥林犯虚开增值税专用发票罪,判处有期徒刑一年,宣告缓刑二年。

二、裁判要旨

No. 3-6-205-2 违反增值税专用发票管理法规,采取高开低征的方式开具增值税专用发票的,应以虚开增值税专用发票罪论处。

从主观方面看,西城税务分局具有放任受票人利用虚开的增值税专用发票抵扣税款或者骗取税款的故意。作为负责税收征管的税务机关,对于高开低征、开大征小行为违反国家税收征管和发票管理制度,会导致受票人利用与真实的应税劳务、货物交易不符的增值税专用发票偷逃、骗取国家税款,毫无疑问是明知的,但本案中的西城税务分局为了本地方、本部门的利益,借口完成税收征缴任务和谋取一定的手续费、管理费,在征收少量税款的前提下,大肆虚开增值税专用发票,放任国家税款流失,已经具备虚开增值税专用发票罪的主观特征。

从客观方面讲,西城税务分局实施了虚开增值税专用发票的行为。最高人民法院《关于适用〈全国人民代表大会常务委员会关于惩治虚开、伪造和非法出售增值税专用发票犯罪的决定〉的若干问题的解释》第一条规定,“具有下列行为之一的,属于‘虚开增值税专用发票’:(1)没有货物购销或者没有提供或接受应税劳务而为他人、为自己、让他人为自己、介绍他人开具增值税专用发票;(2)有货物购销或者提供或接受了应税劳务但为他人、为自己、让他人为自己、介绍他人开具数量或金额不实的增值税专用发票;(3)进行了实际经营活动,但让他人为自己代开增值税专用发票”。具体到本案,西城税务分局主要实施该解释第一条第(1)项规定的为他人无货虚开增值税专用发票的行为和第一条第(2)项规定的为他人开具数量或金额不实的增值税专用发票的行为,具备构成虚开增值税专用发票罪的客观特征。

No. 3-6-205-3 受单位领导指派,积极实施为他人虚开增值税专用发票行为的税务机关票管员,应当认定为单位犯罪的直接责任人员。

关于单位故意犯罪直接负责的主管人员以外的其他直接责任人员的认定,一般认为必须具备以下四个条件:(1)必须是单位内部的工作人员。如果实施单位犯罪的自然人不是单位内部的人员,而是单位外部人员,则属于单位和自然人共同犯罪,对自然人不能认定为单位犯罪的直接责任人员。(2)必须参与实施了单位犯罪行为。没有实施犯罪的单位内部人员,不能成为单位犯罪的直接责任人员。(3)必须对所实施的单位故意犯罪是明知的,即明知自己实施的是法律禁止实施的犯罪行为。如果自然人不知道单位实施犯罪的真实情况和自己行为是单位犯罪的重要环节,就不应按照直接责任人员定罪处罚。(4)必须是单位犯罪实行过程中起重要作用的人员,即对单位犯罪的实行和完成,起重要作用的骨干分子和积极分子。司法实践中,对单位犯罪中直接责任人员的认定,应当持慎重态度,既不能因为是单位行为而网开一面甚至放纵,也要注意不能打击面过宽。最高人民法院 2001 年 1 月印发的《全国法院审理金融犯罪案件工作座谈会纪要》指出:“其他直接责任人员,是在单位犯罪中具体实施犯罪并起较大作用的人员,既可以是单位的经营管理人员,也可以是单位的职工,包括聘任、雇佣的人员。应当注意的是,在单位犯罪中,对于受单位领导指派或奉命而参与实施了一定犯罪行为的人员,一般不宜作为直接责任人员追究刑事责任。”

在本案中,被告人汪祥林在参与西城税务分局虚开增值税专用发票的犯罪过程中,经手开票 416 份,虚开税款数额 184 万余元。被告人金从俊未参与西城税务分局虚开增值税专用发票的犯罪活动,在参与磨子潭税务分局虚开增值税专用发票的犯罪过程中,经手开票 6 份,虚开税款数额 6 万余元。检察机关、一审法院与二审法院对二被告人行为性质的认定,分歧在于对其犯罪情节认识各异,在能否认定为单位虚开增值税专用发票犯罪的直接责任人员的问题上看法不一。综合全案,被告人汪祥林、金从俊虽然均为税务分局的票管员,受领导指派为他人开具增值税专用发票,但汪祥林多次参与犯罪活动,而且持续时间长,虚开增值税专用发票的份数多、数额巨大,在西城税务分局的犯罪活动中起到了重要作用,应以单位犯罪的直接责任人员追究刑事责任。

案例:苏州市安派精密电子有限公司、庞美兴、罗正华虚开增值税专用发票案

案例来源:《刑事审判参考》总第 117 集[第 1284 号]

主题词:虚开增值税专用发票罪　单位犯罪　直接负责主管人员

一、基本案情

苏州市吴中区人民法院经审理查明:

1. 被告单位安派公司及其采购部主管被告人庞美兴、总经理被告人罗正华于 2012 年 3 月至 2012 年 5 月间,在无真实货物交易的情况下,以支付开票费为对价,接受销货单位为天一公司的河南增值税专用发票合计 5 份,价税合计人民币 3699803. 1 元。其中税款人民币 537578. 22 元已于同期向税务部门申报抵扣。

2. 被告单位安派公司及其采购部主管被告人庞美兴于2013年8月间,在无真实货物交易的情况下,以支付开票费为对价,接受销货单位为浩瑜环公司的深圳增值税专用发票合计11份,价税合计人民币1285515元。其中税款人民币186784.18元已于同期向税务部门申报抵扣。

3. 被告单位安派公司及其采购部主管被告人庞美兴于2013年11月间,在无真实货物交易的情况下,以支付开票费为对价,接受销货单位为顺畅通公司的深圳增值税专用发票合计36份,价税合计人民币4207788元。其中税款人民币611388元已于同期向税务部门申报抵扣。

(其他事实略)

二、裁判要旨

No.3-6-205-4　单位犯罪中直接负责的主管人员,应为单位的管理人员,不包括一般工作人员,直接负责包括"直接"和"负责"两个方面,如果是没有对犯罪起决定、批准、授意、纵容、指挥等作用的人员,不宜认定为直接责任人员,对于明确知晓单位犯意、积极参与单位犯罪的决策和组织,并为上下环节实施犯罪提供职务便利的管理人员应对单位犯罪直接负责。

单位犯罪是由单位决策机构按照单位决策程序决定,产生单位犯意,再由直接责任人员实施的。而单位犯意一经产生,即表现为单位的整体意志。单位决策机构的成员范围并不及于单位的全体成员,在一般情况下,能够跻身单位决策层的,往往是单位的管理人员。这部分人涵盖多个层级,既可以是单位的高层管理人员,如董事会成员、党组成员、法定代表人等;也可以是单位的中下层管理人员,如分公司负责人、部门负责人等。进入决策机构意味着上述人员可以按照单位内部既有的决策程序,参与决定单位运行过程中的重大事项,包括实施单位犯罪。

2001年1月21日最高人民法院发布的《全国法院审理金融犯罪案件工作座谈会纪要》(以下简称《金融犯罪纪要》)在"关于单位犯罪问题"的第二条规定,直接负责的主管人员,是在单位实施的犯罪中起决定、批准、授意、纵容、指挥等作用的人员,一般是单位的主管负责人,包括法定代表人。应当注意的是,直接负责包括"直接"和"负责"两个方面,在强调"负责"的同时,不能忽视"直接"。明确知晓单位犯意、积极参与单位犯罪的决策和组织,并为上下环节实施犯罪提供职务便利的管理人员应对单位犯罪直接负责;而因受蒙蔽不当履行工作职责,或者虽然知晓他人意图实施犯罪,但本人并未实际参与决定、批准、授意、纵容、指挥等重要工作,只是出于下级对上级的服从,受上级指派或者奉命完成本职工作的管理人员,因缺乏犯罪的故意或主动性,且其权限通常仅涉及程序性事项,难以对单位犯罪的最终决策产生实质影响,一般不宜认定为直接责任人员,以避免不当扩大打击范围。

需要指出的是,相比单位中下层管理人员而言,高层管理人员在单位中的地位更高,决策权限更大,影响单位犯罪的能力也更强。因此,在单位犯罪中,高层管理人员的决策权比中下层管理人员更具有实质意义,但这并不意味着高层管理人员就当然地构成犯罪,中下层管理人员就与犯罪无缘。是否构成犯罪与职务级别、地位高低、权力大小并无必然联系,关键在于该管理人员在单位犯罪中的参与程度是否起到了《金融犯罪纪要》中所论及的"决定、批准、授意、纵容、指挥等"五种重要作用。如果没起到上述重要作用,即便该管理人员是单位的"一把手"、主要负责人,也不应对单位犯罪直接负责。

具体到本案,首先,从安派公司的章程规定和组织架构分析,被告人罗正华作为总经理,其职权范围由公司管理层集体讨论确定,涉及公司生产经营等诸多方面,具有总经理的全部职权,与董事长谢彪处于同一职务层次,而庞美兴只是采购部主管。其次,从安派公司的日常管理分析,罗正华对公司进行了全面管理,参与决策了公司的重要事务,实际担负了总经理的全部职权。可见,罗正华不仅要向庞美兴等人传达董事长谢彪的最高指示,还要做好审批人力资源调整、薪酬待遇调整、召开会议、听取工作汇报等各类日常管理事务,其对公司的经营管理职权是全方位的。被告人罗正华作为安派公司总经理,具有全面管理公司的职权,被告人庞美兴作为罗正华下属,接受罗正华领导,罗正华对庞美兴能够实施有效制约。在安派公司接受天一公司虚开增值税专用发票一节,当庞美兴向罗正华表明犯意后,罗正华未有效阻止庞美兴实施犯罪,反而予以赞同,在单位犯罪中起到了纵容下属人员实施犯罪的作用,属于单位犯罪中直接负责的主管人员,应当构成虚开增值税专用发票罪。而在安派公司接受深圳两公司虚开增值税专用发票一节,购买发票是由庞美兴一人组织、策划并主导实施的,诸如联系中间人、约定开票费和资金走账回流等犯罪的具体细节,庞美兴均未向罗正华汇报,罗正华对此不知情,也未利用领导职权为单位犯罪的实施提供便利,在单位犯罪中未起到实质作用,不应承担刑事责任。

案例:芦才兴虚开用于抵扣税款发票案

案例来源:《刑事审判参考》总第 17 辑[第 107 号]

主题词:虚开用于抵扣税款发票罪　偷税罪

一、基本案情

被告人芦才兴,男,1962 年 12 月 23 日出生,个体运输户。因涉嫌虚开用于抵扣税款的发票犯罪,于 1999 年 6 月 8 日被逮捕。

浙江省宁波市中级人民法院经审理查明:1997 年 7 月至 1998 年 12 月,被告人芦才兴以每月支付 500 元管理费的形式挂靠宁波旭日联运有限公司(以下简称"旭日公司"),又以支付车辆租金、风险抵押金的形式承租宁波远航集装箱仓储运输公司(以下简称"远航公司"),并从上述两公司分别获取了全国联运业货运统一发票(以下简称"联运发票")和浙江省宁波市公路集装箱运输专用发票及浙江省公路货运专用发票等运输发票。

被告人芦才兴在以旭日公司名义经营运输业务期间,为少缴应纳税款,先后从自己承租的远航公司以及北仑甬兴托运站等 5 家运输企业接受虚开的表明营业支出的联运发票、浙江省宁波市公路集装箱运输专用发票及浙江省公路货运专用发票等运输发票共 53 张,价税合计人民币 6744563. 77 元,并将上述发票全部入账,用于冲减其以旭日公司名义经营运输业务的营业额,实际偷逃营业税 200379. 25 元,城建税 14026. 55 元,企业所得税 333965. 41 元,合计偷逃税款 548371. 21 元,且偷逃税额占其应纳税额的 30%以上。

为帮助其他联运企业偷逃税款,被告人芦才兴将旭日公司联运发票的发票联共 50 张提供给浙江省鄞县古林运输公司江北托运部等 5 家运输企业,将远航公司浙江省宁波市公路集装箱运输专用发票的发票联 3 张提供给宁波环洋经贸有限公司用于虚开,虚开的发票联金额总计为 4145265. 32 元,存根联或记账联金额为 54395 元。以上虚开的运输发票均已被以上接受发票的运输企业用以冲减营业额,实际偷逃营业税 122728. 84 元,城建税 8591. 01 元,企业所得税 204548. 07 元,合计偷税税款 335867. 92 元。

宁波市中级人民法院认为:被告人芦才兴在挂靠运输企业经营运输业务期间,违反国家税收法规,故意采用虚假手段,虚增营业开支,冲减营业数额,偷逃应纳税款计人民币 548371. 21 元,且偷逃税额占应纳税额的 30%以上;又提供或虚开运输发票,帮助其他运输企业虚增营业开支,冲减营业数额,偷逃应纳税款,计人民币 335867. 92 元,其行为已构成偷税罪。公诉机关指控芦才兴犯罪的事实清楚,证据确实、充分,但指控被告人芦才兴的行为构成虚开抵扣税款发票罪依据不足,指控罪名错误,应予纠正。依照《中华人民共和国刑法》第二百零一条第一款、第五十二条之规定,于 2000 年 4 月 25 日判决如下:

被告人芦才兴犯偷税罪,判处有期徒刑六年,并处罚金人民币一百万元。

一审判决后,被告人芦才兴服判。宁波市人民检察院抗诉提出:本案中的运输发票具有抵扣税款的功能,被告人芦才兴虚开了具有抵扣功能的发票,其行为已触犯《中华人民共和国刑法》第二百零五条的规定,构成虚开用于抵扣税款发票罪。一审判决因被告人没有将虚开的发票直接用于抵扣税款而认定被告人的行为构成偷税罪不当。

浙江省高级人民法院审理后认为:本案中所有用票单位都是运输企业,均不是增值税一般纳税人,无申报抵扣税款资格。因此本案被告人为别人虚开或让别人为自己虚开的发票在运输企业入账后,均不可能被用于抵扣税款。被告人芦才兴主观上明知所虚开的运输发票均不用于抵扣税款,客观上使用虚开发票冲减营业额的方法偷逃应纳税款,其行为符合偷税罪的构成要件,而不符合虚开用于抵扣税款发票罪的构成要件。原审判决定罪和适用法律正确,量刑适当,审判程序合法。依照《中华人民共和国刑事诉讼法》第一百八十九条第(一)项之规定,于2000年12月29日裁定驳回抗诉,维持原判。

二、裁判要旨

No.3-6-205-5 以逃税为目的,虚开可以用于抵扣税款的发票充减营业额偷逃税款的,不构成虚开用于抵扣税款的发票罪,应以逃税罪论处。

虚开可以用于抵扣税款的发票,不是为了抵扣税款,而是出于其他目的,应当结合行为人的犯罪故意和实施的客观行为择定其他罪名定罪处罚。根据《刑法》第二百零一条的规定,纳税人采取伪造、变造、隐匿、擅自销毁账簿、记账凭证,在账簿上多列支出或者不列、少列收入,经税务机关通知申报而拒不申报或者进行虚假的纳税申报,不缴或者少缴应纳税款,偷税数额1万元以上并且占纳税人应纳税额的10%以上,或者因偷税被税务机关给予两次行政处罚又偷税的,构成偷税罪。① 偷税罪的主体是纳税人,即负有纳税义务的单位和个人,不受是否具有申报抵扣税款资格的限制;偷税的手段是"伪造、变造、隐匿、擅自销毁账簿、记账凭证,在账簿上多列支出或者不列、少列收入,经税务机关通知申报而拒不申报或者进行虚假的纳税申报";采取上述手段的目的是为了不缴或者少缴应纳税款;偷税数额1万元以上并且占纳税人应纳税额的10%以上,或者因偷税被税务机关给予两次行政处罚又偷税的,是构成偷税罪与非罪数额和情节上的界限。

在本案中,被告人芦才兴以个体运输户的名义挂靠旭日公司和承租远航公司后,依法成为营业税、企业所得税、城市建设维护税的纳税人,为了少缴应纳税款,采取了虚开交通运输发票以虚增营业开支、冲减营业数额的方式,进行虚假的纳税申报,因此少缴营业税20.037925万元,城建税1.402655万元,企业所得税33.396541万元,计偷逃税款54.837121万元,且偷逃税额占其应纳税额的30%以上。此外,被告人芦才兴为帮助其他联运企业偷逃税款,还将运输发票提供给其他运输企业进行虚开,用于冲减营业额,接受虚开发票的运输企业因此实际偷逃税款33.586792万元。被告人芦才兴的行为已构成偷税罪,并且应在三年以上七年以下有期徒刑,并处偷税数额一倍以上五倍以下罚金的量刑档次和幅度内判处刑罚。一、二审法院根据《刑法》《刑事诉讼法》和最高人民法院《关于执行〈中华人民共和国刑事诉讼法〉若干问题的解释》第一百七十六条第(二)项的规定,改变起诉不当的罪名,以偷税罪判处被告人芦才兴有期徒刑六年,并处罚金人民币一百万元,是正确的。

案例:霍海龙等虚开用于抵扣税款发票案

案例来源:《刑事审判参考》总第80集[第708号]

主题词:虚开用于抵扣税款发票罪 陪同同案犯自首与立功

一、基本案情

被告人霍海龙,男,1975年11月4日生,系上海松弈实业有限公司法定代表人兼实际经营者。因涉嫌虚开用于抵扣税款发票罪于2009年9月28日被取保候审。

被告人乔凤龙,男,1979年6月7日生,无业。因涉嫌虚开用于抵扣税款发票罪于2009年9月28日被取保候审。

被告人章荣华,男,1981年1月11日生,系上海市汇众汽车销售服务有限公司业务经理。因涉嫌虚开用于抵扣税款发票罪于2009年10月13日被取保候审。

上海市金山区人民检察院以被告人霍海龙、乔凤龙、章荣华犯虚开用于抵扣税款发票罪,向上海市金山区人民法院提起公诉。

---

① 《刑法修正案(七)》对本条规定作了修改,司法解释已将本罪修改为逃税罪。本案发生在《刑法修正案(七)》颁布之前,特此说明。

被告人霍海龙、乔凤龙、章荣华对起诉书指控的事实及罪名没有异议。被告人霍海龙的辩护人认为霍海龙具有自首和立功情节,建议法庭对其减轻处罚并适用缓刑。

上海市金山区人民法院经公开审理查明:2007 年至 2008 年期间,被告人霍海龙为骗取国家税款,在无实际货物交易的情况下,通过被告人乔凤龙、章荣华介绍,以支付开票费的方式,让他人为自己虚开海关进口增值税专用缴款书三份,涉及税款合计人民币(以下币种均为人民币)156230.38 元,并已全部向税务机关申报抵扣。其中,乔凤龙为霍海龙介绍虚开三份,涉及税款合计 156230.38 元;章荣华为霍海龙介绍虚开一份,涉及税款 26248.29 元。

2009 年 9 月 24 日,被告人霍海龙、乔凤龙至公安机关投案;同月 28 日,二人被取保候审;2009 年 10 月 13 日,被告人章荣华经过被告人霍海龙劝说并在其陪同下至公安机关投案,被告人霍海龙、乔凤龙、章荣华到案后均如实交代了上述事实。

上海市金山区人民法院认为,被告人霍海龙让他人为自己虚开用于抵扣税款发票,致使国家税款被骗取 156230.38 元,被告人乔凤龙、章荣华介绍他人虚开用于抵扣税款发票,分别致使国家税款别骗取 156230.38 元、26248.29 元,三被告人的行为均已构成虚开用于抵扣税款发票罪,且霍海龙、乔凤龙属有其他严重情节。霍海龙、乔凤龙、章荣华犯罪以后自动投案,并如实供述自己的罪行,系自首,可以从轻或减轻处罚。霍海龙到案后,陪同章荣华向公安机关投案,具有其他有利于国家和社会的突出表现,系有立功表现,可以从轻或减轻处罚。结合霍海龙、乔凤龙、章荣华认罪态度较好且有悔罪表现,对霍海龙、乔凤龙减轻处罚并适用缓刑,对章荣华从轻处罚并适用缓刑。依照《中华人民共和国刑法》第二百零五条第一款、第四款,第六十七条第一款,第六十八条第一款,第七十二条,最高人民法院《关于处理自首和立功具体应用法律若干问题的解释》第五条之规定,判处如下:

1. 被告人霍海龙犯虚开用于抵扣税款发票罪,判处有期徒刑二年六个月,缓刑三年,并处罚金人民币五万元。

2. 被告人乔凤龙犯虚开用于抵扣税款发票罪,判处有期徒刑二年六个月,缓刑三年,并处罚金人民币五万元。

3. 被告人章荣华犯虚开用于抵扣税款发票罪,判处拘役六个月,缓刑六个月,并处罚金人民币二万元。

一审宣判后,三被告人未上诉,检察院未抗诉。

二、裁判要旨

No.3-6-205-6 劝说、陪同同案犯自首的,属于具有其他有利于国家和社会的突出表现,可以认定为具有立功情节。

最高人民法院《关于处理自首和立功具体应用法律若干问题的解释》第五条规定:"根据刑法第六十八条第一款的规定,犯罪分子到案后有检举、揭发他人犯罪行为,包括共同犯罪案件中的犯罪分子揭发同案犯共同犯罪以外的其他犯罪,经查证属实;提供侦破其他案件的重要线索,经查证属实;阻止他人犯罪活动;协助司法机关抓捕其他犯罪嫌疑人(包括同案犯);具有其他有利于国家和社会的突出表现的,应当认定为有立功表现。"该规定具有一般性和兜底性的特征,概括了立功的本质,说明立功是有利于国家和社会的突出表现,意在涵盖司法解释没有穷尽的立功表现情形。

本案被告人霍海龙劝说陪同同案犯自首的行为未包括在前四种立功情形中,但属于具有其他有利于国家和社会的突出表现,可以认定为属于刑法上的立功。

刑法设立立功制度,并对有立功表现的行为人基于从轻甚至减轻的刑罚优遇,实质根据有二:一是从法律上说,行为人在犯罪后揭发他人犯罪行为,或者提供重要线索,从而得以侦破其他案件,表明行为人对犯罪行为价值的否定,因而其再犯可能性有所减小,利用刑罚对其进行个别预防的需要减弱。二是从政策上说,对揭发他人犯罪行为,或者提供重要线索等行为,给予刑罚上的从轻,有利于鼓励行为人犯罪后揭发他人犯罪,阻止他人犯罪协助司法机关抓获其他犯罪嫌疑人等,有利于预防新的犯罪或司法机关及时发现、侦破已发生的犯罪案件。

在本案中,被告人劝说陪同同案犯自首的行为,体现了行为人对自己行为的认罪悔罪态度,其人身危险性减小了,且该行为具有社会有益性,有利于司法机关及时发现、侦破犯罪案件,刑法规范的效力也得到了确证。因此,从立法本意而言,劝说陪同同案犯自首的行为应认定为立功表现。

案例:上海新客派信息技术有限公司、王志强虚开增值税专用发票案

案例来源:《刑事审判参考》总第82辑[第725号]

主题词:单位犯罪的主体 一人公司

一、基本案情

被告单位上海新客派信息技术有限公司(以下简称"新客派公司"),法定代表人王志强,住所地上海市徐汇区龙吴路777号11号楼105室,经营地上海市龙漕路135弄8号917室。

诉讼代表人郭晓菁,新客派公司工作人员。

被告人王志强,男,1977年4月14日生,新客派公司法定代表人、总经理。2010年3月15日因本案被上海市公安局徐汇分局刑事拘留,3月30日被取保候审。

上海市徐汇区人民检察院以被告单位新客派公司、被告人王志强犯虚开增值税专用发票罪,向上海市徐汇区人民法院提起公诉。

被告单位新客派公司及其辩护人、被告人王志强及其辩护人对公诉机关指控的事实及罪名均无异议,但辩护人提出被告单位、被告人均系初犯,到案后认罪态度较好,积极退赔全部税款,建议对被告单位及被告人从轻处罚。

上海市徐汇区人民法院经审理查明:2008年1月8日,被告人王志强注册成立以其一人为股东的新客派公司,王志强系法定代表人。2008年9月23日、10月28日,王志强以支付开票费的方式,通过他人让英迈(中国)投资有限公司(以下简称"英迈公司")先后为新客派公司虚开增值税专用发票各一份,价税合计分别为人民币(以下币种均为人民币)221000元、350000元,其中税款分别为32111.11元、50854.70元,并分别于开票当月向税务局申报抵扣,骗取税款共计82965.81元。2010年3月15日,王志强被传唤到案。案发后,被骗税款已全部追缴。

上海市徐汇区人民法院认为,被告单位新客派公司让他人为自己虚开增值税专用发票,致使国家税款被骗82000余元,被告人王志强系直接负责的主管人员,其与单位均构成虚开增值税专用发票罪,应予处罚,公诉机关指控的罪名成立。鉴于新客派公司、王志强自愿认罪,并已退回了全部税款,可以酌情从轻处罚。根据本案的事情、性质、情节、社会危害性及被告单位、被告人的认罪态度等,依照《中华人民共和国刑法》第二百零五条、第七十二条第一款、第七十三条第二款、第三款、第六十四条之规定,判决如下:

被告人单位上海新客派信息技术有限公司犯虚开增值税专用发票罪,判处罚金三万元;被告人王志强犯虚开增值税专用发票罪,判处有期徒刑一年,缓刑一年。

一审判决后,被告单位、被告人没有上诉,检察机关亦没有抗诉,判决已经发生法律效力。

二、裁判要旨

No.3-6-205-7 依法成立的一人公司是单位犯罪的适格主体,一人公司所实施的犯罪行为,应当以单位犯罪定罪处罚。

一人公司作为单位犯罪主体具有法律依据,修订后的公司法明确赋予了一人公司法人地位。最高人民法院《关于审理单位犯罪案件具体应用法律若干问题的解释》规定,具有法人资格的独资、私营公司、企业可以成为单位犯罪的主体。虽然1997年修订刑法时从立法本意上看一人公司不能成为单位犯罪的主体,一人公司犯罪在司法实务中都是作为自然人犯罪处理的,但从刑法及相关司法解释关于单位犯罪的具体规定看,其字面含义均能够将一人公司涵括进单位犯罪的主体范围之内。随着公司法的修改,一人公司法人地位的确立,就完全有必要承认一人公司的单位犯罪主体资格。刑法作为部门法的保障及最后制裁手段,应当和部门法的立法宗旨及法律精神保持一致,否则就不能发挥刑法应有的功能和作用。既然公司法明确赋予了一人公司的法人地位,刑法应当与之相衔接。

一人公司成为单位犯罪主体符合刑法设立单位犯罪的目的。刑法设立单位犯罪的目的主要有以下几点:第一,贯彻罪责自负原则,对单位本身的犯罪行为进行否定性评价。第二,通过对单位犯罪行为的否定性评价和制裁促使单位在业务中履行应有的注意义务,避免业务中的过失犯罪。同时告诫单位不得为了自身利益故意实施犯罪行为。第三,为了贯彻罪责刑相适应原则。单位犯罪一般发生在经济领域中,单位经济活动的规模较自然人远为庞大,数额也较自然人高。单位犯罪利益归属于单位,如果单位实施的犯罪行为完全按照自然人犯罪定罪量刑则处罚会过于严厉,不能达到罪责刑相适应。第四,为了平衡惩治犯罪于促进经济社会犯罪这一对矛盾统一体。刑法之所以对单位犯罪设置比自然人犯罪较轻的法定刑或较高的入罪门槛,是考虑到了单位的社会正向功能,考虑到单位从事合法经营管理活动的常态性、从事犯罪活动的偶然性这一特征。对单位犯罪处罚过于严苛,将给单位造成难以承受的负担,导致其社会正向功能的削弱甚至丧失。从上述四个目的看,一人公司同样应当具有单位犯罪的主体资格。

对单位犯罪的解释应当符合时代发展的要求。随着公司法的修改,一人公司法律地位的确立,公司法理论的发展与完善,单位犯罪理论也有必要与时俱进,不断完善。我国单位犯罪理论尤其是单位犯罪的判断标准理论,是以犯罪意志的整体性和利益归属的团体性作为单位犯罪的判断标准,是以公司社团性理论为基础的。随着经济的发展,公司组织结构的变化,组成公司各要素的重要性的重新分配与排序,公司社团性理论及观念也有必要进行调整,这种调整必然影响到单位犯罪的认定。公司的社团性并不绝对等于股东的复数性。一人公司只要严格依照公司法成立并依法经营,就能做到财产独立和意志独立,也即具有独立人格。从公司的运作机制看,投资者与经营者相分离的运作模式决定了公司的股东身份在公司犯罪中不起决定作用,从而决定公司股东的多少对单位犯罪的认定没有决定性作用。以公司股东人数的单复数为标准来认定公司犯罪意志的整体性进而认定构成单位犯罪并不具有科学性。从本质上而言,单位犯罪意志的整体性与其说体现为决策人员的复数性,还不如说是体现为决策权限的法定刑、程序性和决策者身份的独立性。从利益归属的团体性分析,团体性也并不一定体现为股东的复数性。利益归属的团体性的本质不在于享受利益主体的复数性,而在于利益归属主体的独立性,即利益直接而完整地归公司所有,这种利益就是公司的而不是自然人个人的利益,因此一人公司实施犯罪,也具有利益归属的团体性。

从根本上来说,公司能否成为单位犯罪的主体,要从公司是否具有公司所应当具有的最本质特征——公司人格独立来判断,具有独立人格的公司,就可以成为单位犯罪的主体,不具有独立人格的公司,公司相关人员实施的犯罪只能按照自然人犯罪处理。依法成立并严格按照公司法规定从事经营互动的一人公司,具有独立的财产,能够独立的承担责任,具有独立的意志,因而具有独立于股东自然人人格的公司人格能够成为单位犯罪的主体。

并不是所有一人公司都可以成为单位犯罪的主体。从刑法的实质合理性标准考察,只有依法成立,取得法人地位,具有独立人格的一人公司,才有可能成为单位犯罪的主体。

案例:金民、袁丽等人逃税案

案例来源:《人民法院案例选》2013 年第 3 辑

主题词:虚开用于抵扣税款发票罪　虚开运输发票的行为定性

一、基本案情

湖南省长沙市人民检察院指控:2005 年 3 月,被告人金民注册成立长沙飞腾运输有限责任公司,2005 年 7 月取得自开票资格。2005 年 7 月至 2009 年 5 月,金民伙同该公司工作人员被告人袁丽、袁秀芝为了牟取非法利益,以飞腾公司的名义、在没有任何真实的运输业务发生的情况下,采取按 4.5%至 6%收取开票费的方式,为何英、姚建林、李国发、陈建龙、彭加强、肖青、袁迪军等人虚开《公路、内河货物运输业统一发票》445 份,虚开运输发票的总金额为 35633146.09

元,分别提供给:金杯电工股份有限公司、湖南远盛印刷材料有限责任公司、湖南祥龙贸易有限公司、湖南亿利达实业有限公司、长沙市环卫机械厂、长沙扬帆机电设备有限公司、湖南杨子冶金重型装备制造有限公司、湖南高程科技有限公司、湖南合昌机械制造有限公司等30家单位,上述单位已向税务机关申报抵扣税款共计1797890元。被告人袁秀芝参与向湖南鑫峰工贸有限公司代开运输发票4份,共计金额33.24万元,鑫峰公司已向税务机关申报抵扣税款23268元。湖南省长沙市人民检察院认为,被告人金民、袁丽虚开用于抵扣税款的发票,数额巨大,情节特别严重,其行为触犯了《中华人民共和国刑法》第二百零五条第一款、第二款之规定,被告人袁秀芝虚开用于抵扣税款的发票,其行为触犯了《中华人民共和国刑法》第二百零五条第一款之规定,应当以虚开用于抵扣税款发票罪追究其刑事责任。

湖南省长沙市中级人民法院经审理查明:2005年1月20日,被告人金民注册成立长沙飞腾运输有限责任公司(以下简称"飞腾公司"),注册资本50万元,道路货物运输车辆5台。2005年7月,飞腾公司取得自开"运输业统一发票"资格。被告人袁丽受聘担任该公司开票员,被告人袁秀芝受聘担任会计。被告人金民本人或指使袁丽、袁秀芝以飞腾公司的名义按4.5%至6%收取开票费,为从事运输业务的姚建林、李国发、陈建龙、袁迪军等人代开《公路、内河货物运输业统一发票》(以下简称"运输发票")445份,分别提供给长沙天力罐车制造有限公司(以下简称"天力公司")、长沙市环卫机械厂(以下简称"环卫厂")、湖南杨子冶金重型装备制造有限公司(以下简称"杨子公司")、湖南祥龙贸易有限公司(以下简称"祥龙公司")、湖南鑫峰工贸有限公司(以下简称"鑫峰公司")等单位,代开运输发票的金额总计8761189.86元,上述单位已申报抵扣税款613281.12元。其中,被告人袁秀芝参与向鑫峰公司(鑫峰公司的运输业务由个体司机承担,需要运输发票登记做账)代开运输发票4份,金额共计33.24万元,鑫峰公司已申报抵扣税款23268元。金民、袁丽、袁秀芝为他人代开发票后,以飞腾公司名义按规定缴纳了3.3%的营业税及附加。实际运输者由于未在税务机关开票,偷逃了3.3%的所得税。金民本人或指使袁丽、袁秀芝开票致使他人偷逃应纳所得税289118.23元。占姚建林、李国发、陈建龙、袁迪军等人应缴税款的50%。

湖南省长沙市人民检察院以长检刑诉(2010)第55号起诉书指控被告人金民、袁丽、袁秀芝犯虚开用于抵扣税款发票罪,于2010年5月12日向湖南省长沙市中级人民法院提起公诉。湖南省长沙市中级人民法院于2010年12月14日作出(2010)长中刑二初字第0080号刑事判决,湖南省长沙市人民检察院提出抗诉。湖南省高级人民法院于2012年3月21日作出(2011)湘高法刑二终字第84号刑事裁定,以部分事实不清为由撤销原判,发回重审。湖南省长沙市中级人民法院于2012年11月12日作出(2012)长中刑二重初字第0056号刑事判决(判决内容与一审判决基本一致):

1. 被告人金民犯逃税罪,判处有期徒刑四年,并处罚金人民币十万元。
2. 被告人袁丽犯逃税罪,判处有期徒刑一年八个月,并处罚金人民币五万元。
3. 被告人袁秀芝犯逃税罪,免予刑事处罚。
4. 追缴犯罪所得,上缴国库。

再审判决后,被告人未上诉,检察机关未抗诉,该判决已发生法律效力。

二、裁判要旨

No.3-6-205-8 虚开用于抵扣税款的发票罪以行为人主观上具有偷骗税款的目的为成立要件。

伪造、出售伪造的增值税专用发票罪、非法出售增值税专用发票、非法购买增值税专用发票、购买伪造的增值税专用发票等发票类犯罪是为其他类型的涉税犯罪提供帮助的行为。虚开发票行为的危害实质上并不在于形式上的虚开行为,而在于行为人通过虚开增值税专用发票抵扣税款以达到偷逃国家税款的目的,其主观恶性和可能造成的客观损害都可以使得其社会危害性程度非常之大,因此,刑法虽然没有明确规定该罪的目的要件,但偷骗税款的目的应当作为该罪成立的必要条件。

案例:孟庆弘虚开增值税专用发票案

案例来源:《人民法院案例选》2014 年第 2 辑

主题词:虚开增值税专用发票罪　犯罪数额

一、基本案情

被告人:孟庆弘。

被告人孟庆弘在没有生产设备和厂房的情况下,于 2010 年 1 月 15 日注册成立兰考县鸿盛药业有限公司。2011 年 3 月,孟庆弘让山东省勤龙中药材有限公司为其虚开增值税专用发票 4 份,金额 399984.44 元,税额 51997.96 元;2011 年 12 月,孟庆弘为安徽省国泰医药公司虚开增值税专用发票 25 份,金额 307051.25 元,税额 52192.75 元。总金额 707035.69 元,总税额 104190.71 元。

兰考县人民法院于 2013 年 4 月 7 日作出(2013)兰刑初字第 25 号判决,以虚开增值税专用发票罪(犯罪数额较大)判处被告人孟庆弘有期徒刑三年,并处罚金人民币 5 万元。宣判后,被告人孟庆弘不服,提出上诉。

开封市中级人民法院于 2013 年 7 月 10 日作出(2013)汴刑终字第 9 号判决,以虚开增值税专用发票罪改判被告人孟庆弘有期徒刑一年六个月,并处罚金 2 万元。

兰考县人民法院认为:被告人孟庆弘为他人虚开税额为 52192.75 元的增值税专用发票,又让他人为自己虚开税额为 51997.96 元的增值税专用发票,其行为已经构成虚开增值税专用发票罪,且税额在 10 万元以上,属犯罪数额较大,依法应当判处有期徒刑三年,并处罚金人民币 5 万元。开封市中级人民法院经审理后认为:被告人孟庆弘为他人虚开增值税专用发票后,又让他人为自己虚开增值税专用发票,进项税额与销项税额不应当相加,而应当取数额较大的销项税额即为他人虚开的税额 52192.75 元为其犯罪数额,依法应当判处三年以下有期徒刑或者拘役,并处罚金。因此,一审法院认定被告人孟庆弘犯虚开增值税专用发票罪,定性准确,但认定犯罪数额错误,量刑不当,二审法院依法改判为有期徒刑一年六个月,并处罚金 2 万元。

二、裁判要旨

No. 3-6-205-9　虚开增值税专用发票的行为中,无实际经营活动的行为人为他人虚开销项发票的同时又让他人为自己虚开进项发票的,应当按其中数额较大的一项计算虚开的数额,而不应累计计算销项与进项发票的数额。

增值税是流转税的一种,在正常的生产经营中,生产者销售货物,要向他人开出销项增值税专用发票,并向国家缴纳货物价款的 17%的税款。生产者凭借在购买原材料时他人为其开具的进项增值税专用发票所缴纳的税款,向税务机关申报抵扣。生产者实际缴纳的税款,只是货物增值部分 17%的税款。无论货物经过多少环节,国家对货物征收增值税的数额,是货物最终价款的 17%。对于在不具有真实交易情况下的虚开增值税专用发票行为,由于虚开行为人不存在向国家缴税的义务,因此,虚开的数额只以销项或进项中较大的数额计算即可,不应将虚开的销项和进项累计计算。因为销项和进项累计计算可能使认定虚开增值税款的数额超出货物价款的 17%,这与作为一种流转税性质的增值税的实际情况不符。本案中,被告人孟庆弘没有实际生产经营行为,在为他人虚开销项发票后,为抵扣税款,又让他人为自己虚开进项发票,一审法院将被告人孟庆弘虚开的销项税额和进项税额累计计算,税额在 10 万元以上,属犯罪数额较大,依法应当判处有期徒刑三年,并处罚金。二审法院认为,进项税额与销项税额不应当累计计算,而应当取数额较大的销项税额即为他人虚开的税额为其犯罪数额,不足 10 万元,依法应当判处三年以下有期徒刑或者拘役,并处罚金。

案例:王小禹、鞠井田虚开增值税专用发票案

案例来源:《刑事审判参考》总第 111 集[第 1209 号]

主题词:虚开增值税专用发票罪　非法出售增值税专用发票罪　非法购买增值税专用发票罪

一、基本案情

2015 年 7 月至 8 月间,被告人鞠井田因经营的北京今创兴隆金属材料有限公司缺少进项票,找到被告人王小禹,让王小禹为其虚开所需增值税专用发票。王小禹从他人处虚开 17 张机打增值税专用发票,购买方为北京今创兴隆金属材料有限公司,销售方为北京中鑫万特商贸有限公司,双方无发票记载的真实货物交易。17 张增值税专用发票均为真票,其中 8 张已认证。每张增值税专用发票票面记载的货物(钢材)金额均为 99922.91 元,税率 17%,税额 16986.89 元,共计 288777.13 元。王小禹后在朝阳区朝龙不锈钢市场内以 3700 元的价格将上述发票出售给鞠井田。2016 年 4 月 15 日,鞠井田因所购增值税专用发票中部分发票无法认证,与王小禹发生纠纷。王小禹报案,二人于当日被民警传唤到案。案发后,王小禹退缴违法所得 3700 元。

二、裁判要旨

No.3-6-205-10 介绍他人开具、让他人为自己开具无真实货物交易的增值税专用发票,按照《刑法》第二百零八条的规定,以虚开增值税专用发票罪定罪处罚。

(1)二被告人的行为不存在虚开增值税专用票罪与非法出售增值税专用发票罪、非法购买增值税专用发票罪的想象竞合关系。想象竞合犯,是指行为人基于一个罪过,实施一个危害行为,触犯数个罪名的犯罪形态。本案中,被告人王小禹实施了介绍他人开具增值税专用发票和非法出售增值税专用发票两个行为,被告人鞠井田实施了让他人为自己开具增值税专用发票和非法购买增值税专用发票两个行为。本案不存在虚开增值税专用发票罪和非法出售增值税专用发票罪、非法购买增值税专用发票罪的想象竞合关系。

(2)二被告人的行为属于虚开增值税专用发票罪与非法出售增值税专用发票罪、非法购买增值税专用发票罪的牵连犯,依法应以虚开增值税专用发票罪论处。牵连犯,是指犯罪的手段行为或者结果行为,与目的行为或者原因行为分别触犯不同罪名的犯罪形态。增值税专用发票犯罪的牵连犯,是指行为人实施的数个行为分别触犯不同的增值税专用发票犯罪,且各罪名之间存在牵连关系。对牵连犯一般应当从一重处罚,但在《刑法》分则对牵连犯的处罚作出明确规定的情况下,应当直接依据《刑法》分则条文的规定处理。《刑法》第二百零八条第二款规定,非法购买增值税专用发票或者购买伪造的增值税专用发票又虚开或者出售的,分别依照虚开增值税专用发票罪、出售伪造的增值税专用发票罪、非法出售增值税专用发票罪定罪。该款属于提示性规定,非法购买增值税专用发票是手段,虚开增值税专用发票是目的,最终是为实现抵扣税款,行为人非法购买增值税专用发票后又虚开的,以虚开增值税专用发票罪定罪处罚。

(3)二被告人的行为符合虚开增值税专用发票罪的犯罪构成。《刑法》第二百零五条第三款规定,虚开增值税专用发票罪是指有为他人虚开、为自己虚开、让他人为自己虚开、介绍他人虚开增值税专用发票行为之一的行为。根据《最高人民法院关于适用〈全国人民代表大会常务委员会关于惩治虚开、伪造和非法出售增值税专用发票犯罪的决定〉的若干问题的解释》(以下简称《惩治专用发票犯罪的解释》)的规定,没有货物购销或者没有提供或接受应税劳务而为他人、为自己、让他人为自己、介绍他人开具增值税专用发票为虚开增值税专用发票的行为。需要指出的是,虽然刑法并未明确规定成立虚开增值税专用发票罪必须具有特定的目的,但从本罪设立的立法原意和司法实践中的掌握来看,行为人虚开增值税专用发票的目的应是抵扣税款或者挣取"交易费""介绍费"。

本案中,被告人鞠井田为了抵扣税款,在没有真实货物交易的情况下让他人为自己虚开增值税专用发票。被告人王小禹为了获取"交易费",明知他人没有真实货物交易,而为他人虚开(或介绍他人虚开)增值税专用发票。二被告人均具有虚开增值税专用发票罪的主观故意,也实施了虚开增值税专用发票罪所要求的特定行为,完全符合该罪的犯罪构成要件,依法应当认定为虚开增值税专用发票罪。事实上,如果以非法出售增值税专用发票罪评价王小禹的行为,则无法涵盖其介绍他人虚开增值税专用发票的行为;以非法购买增值税专用发票罪评价鞠井田的行为,则无法涵盖其让他人为自己虚开增值税专用发票的行为。

(4)关于虚开增值税专用发票罪与非法出售增值税专用发票罪、非法购买增值税专用发票罪、出售伪造的增值税专用发票罪、购买伪造的增值税专用发票罪等相关增值税专用发票犯罪之间如何区分,具体而言:①非法出售真实的空白增值税专用发票的,认定为非法出售增值税专用发票罪;出售伪造的空白增值税专用发票的,认定为出售伪造的增值税专用发票罪。②非法购买真实的空白增值税专用发票的,认定为非法购买增值税专发票罪;购买伪造的空白增值税专用发票的,认定为购买伪造的增值税专用发票罪。③非法购买真实的定额增值税专用发票的,认定为非法购买增值税专用发票罪;出售真实的定额增值税专用发票的,认定为非法出售增值税专用发票罪。④非法购买伪造的定额增值税专用发票的,认定为购买伪造的增值税专用发票罪;出售伪造的定额增值税专用发票的,认定为出售伪造的增值税专用发票罪。⑤为他人开、为自己开、让他人为自己开、介绍他人开增值税专用发票,符合司法解释规定的虚开行为的,认定为虚开增值税专用发票罪。需要注意的是,在犯罪过程中,一般会存在买卖的行为,但依照《刑法》第二百零八条第二款的规定,应直接以虚开增值税专用发票罪处罚。⑥伪造增值税专用发票的,认定为伪造增值税专用发票罪。综上,本案二被告人的行为应构成虚开增值税专用发票罪,而不是非法出售增值税专用发票罪、非法购买增值税专用发票罪。

No. 3-6-205-11　虚开增值税发票罪中的“虚开的税款数额”是指使用增值税专用发票可以抵扣的税款额(票面载明的数额)。

虚开的“税款数额”是虚开增值税专用发票罪定罪量刑的主要依据,“税款数额”应指税额,而不是金额或者价税合计额。从本质上来说,增值税是对货物或应税劳务、服务的最终销售按照不含税价征收的比例税款,认定虚开税额,应当以该部分虚开实际或者可能让国家税款流失的数额为限。增值税专用发票不同于普通发票,其可以用于抵扣税款。所以,“虚开的税款数额”应是指增值税专用发票造成的国家税收的损失,也就是抵扣的税款额,即票面载明的税额。

随着经济发展《关于如何适用法发〔1996〕30 号司法解释数额标准问题的电话答复》(法研〔2014〕179 号)中指出,为了贯彻罪刑相当原则,对虚开增值税专用发票案件的量刑数额标准,可以不再参照适用 1996 年《惩治专用发票犯罪的解释》。在新的司法解释制定前,对于虚开增值税专用发票案件的定罪量刑标准,可以参照《最高人民法院关于审理骗取出口退税刑事案件具体应用法律若干问题的解释》(以下简称《出口退税解释》)的有关规定执行。依照《出口退税解释》的规定,虚开增值税专用发票罪的量刑数额标准提高了 5 倍,由上述的 1 万元、10 万元、50 万元提升到 5 万元、50 万元、250 万元。本案中,二被告人虚开增值税专用发票的税款数额为 288777.13 元。参照《出口退税解释》的规定,涉案的税款数额未达到“数额较大”的 50 万元标准。

69 伪造、出售伪造的增值税专用发票罪(《刑法》第二百零六条)

案例:曾珠玉等伪造增值税专用发票案

案例来源:《刑事审判参考》总第 33 集[第 252 号]
主题词:伪造增值税专用发票罪　出售伪造的增值税专用发票罪

一、基本案情

被告人曾珠玉,女,1962 年 1 月 28 日出生,汉族,小学文化程度,农民,住潮阳市司马浦镇美西村。因涉嫌犯伪造、出售伪造的增值税专用发票、非法制造发票罪于 2000 年 8 月 25 日被刑事拘留,同年 9 月 29 日被逮捕。

被告人廖赞升,男,1979 年 7 月 19 日出生,汉族,初中文化程度,农民,住潮阳市司马浦镇莲花村。因涉嫌犯伪造增值税专用发票、非法制造发票罪于 2000 年 8 月 25 日被刑事拘留,同年 9 月 29 日被逮捕。

被告人廖锡湖,男,1957 年 5 月 18 日出生,汉族,初中文化程度,农民,住潮阳市司马浦镇莲花村。因涉嫌犯伪造增值税专用发票、非法制造发票罪于 2000 年 8 月 25 日被刑事拘留,同年 9 月 29 日被逮捕。

被告人刘彬森,男,1972 年 8 月 16 日出生,汉族,初中文化程度,农民,暂住潮阳市司马浦镇美西村。因涉嫌犯伪造增值税专用发票、非法制造发票罪于 2000 年 8 月 25 日被刑事拘留,同年 9 月 29 日被逮捕。

被告人林楚秋,男,1951 年 8 月 27 日出生,汉族,初中文化程度,农民,住潮阳市司马浦镇美西村,因涉嫌犯购买伪造的增值税专用发票、出售伪造的增值税专用发票罪于 2000 年 8 月 25 日被刑事拘留,同年 9 月 29 日被逮捕。

被告人陈昌杰,男,1979 年 1 月 25 日出生,汉族,小学文化程度,农民,住潮阳市峡山镇洋汾陈村,因涉嫌犯购买伪造的增值税专用发票、出售伪造的增值税专用发票罪于 2000 年 8 月 25 日被刑事拘留,同年 9 月 29 日被逮捕。

被告人连焕发,男,1969 年 10 月 16 日出生,汉族,初中文化程度,农民,住潮阳市司马浦镇大布下村,因涉嫌犯购买伪造的增值税专用发票、出售伪造的增值税专用发票罪于 2000 年 8 月 25 日被刑事拘留,同年 9 月 29 日被逮捕。

被告人张惠彬,女,1971 年 1 月 3 日出生,汉族,文盲,农民,租住于潮阳市峡山镇拱桥村,因涉嫌犯购买伪造的增值税专用发票罪于 2000 年 8 月 25 日被刑事拘留,同年 9 月 29 日被逮捕。

广东省汕头市中级人民法院经审理查明:1998 年底,被告人曾珠玉以营利为目的,购买印刷设备,雇用陆克昌(在逃)和被告人刘彬森为印刷工人,在其潮阳市司马浦镇美西村家中,印刷伪造的增值税专用发票和普通发票,并将其伪造的增值税专用发票,以每本(每本共 25 份,下同)100 元人民币的价格,出售给被告人林楚秋 95 本、共计 2375 份(尚未收到付款);出售给郑银洲(另案处理)30 本、共计 1250 份,收取人民币 5000 元;出售给郑明宣(在逃)600 本、共计 15000 份,收取人民币 5 万元;以每本 65 元人民币的价格出售给张惠彬 40 本、共计 1000 份(尚未收到付款)。此外,被告人曾珠玉还送给被告人林楚秋伪造的增值税专用发票 1907 份,伪造的普通发票 1288 份。2000 年 8 月 25 日,被告人曾珠玉、刘彬森被公安机关抓获,当场在曾珠玉家中查获伪造的增值税专用发票 3237 份,无票号半成品票 2783 张,散页 550 张;伪造普通商品发票 14329 份,无票号散页 1 万张,以及印刷机、切纸机、印章、模板等印刷器具一批。

1998 年底至 2000 年 6 月间,被告人廖赞升、廖锡湖以营利为目的,以每套 100 元人民币的价格,为被告人曾珠玉提供伪造增值税专用发票以及普通发票用的印刷模板共 33 套,收取人民币 3300 元。2000 年 8 月 25 日,公安机关在被告人廖赞升、廖锡湖家中将两名被告人抓获,当场查获伪造发票模板用的胶版 395 套,未形成的印模 28 枚,伪造的增值税专用发票 172 份(其中,被告人连焕发寄放在廖赞升、廖锡湖家中准备出售的伪造增值税专用发票 75 份)。

1999 年初至 2000 年 8 月份,被告人林楚秋以每本 100 元人民币的价格,先后由其本人和指使被告人陈昌杰帮其向被告人曾珠玉购买了伪造的增值税专用发票共 95 本、共计 2375 份,被告人林楚秋将购得的伪造增值税专用发票,以每本 120 元人民币价格贩卖给“周亚二”(具体真实姓名、地址不详)10 本、共计 250 份,收取人民币 1200 元;以每本 150 元人民币价格,先后由其本人和指使被告人陈昌杰帮其卖给普宁人“姐夫”(具体真实姓名、地址不详)共 25 本、共计 625 份,收取人民币 3750 元。2000 年 8 月 25 日公安机关分别在被告人林楚秋、陈昌杰家中将两被告人抓获。

1999 年底至 2000 年 8 月份,被告人连焕发以每份 12 元人民币的价格,先后向彭镇兴(在逃)购买了伪造的电脑万元版广东省增值税专用发票 18 份、伪造的广东省、湖北省、天津市增值税专用发票各 1 本、共 75 份,将 18 份伪造的电脑万元版广东省增值税专用发票交由被告人廖赞升打印内容后,以每份 24 元人民币价格出售给欧俊义(在逃)。2000 年 8 月 25 日,上述 75 份伪造增值税专用发票在被告人廖赞升家中被公安机关当场查获。

2000 年 3 月下旬,被告人张惠彬以每本 65 元人民币的价格,向曾珠玉购买的增值税专用发票 40 本、共计 1000 份(尚未付款),藏放在家中准备伺机销售。2000 年 8 月 25 日公安机关在张惠彬家中将其抓获,当场查获伪造的增值税专用发票 1159 份,已开具内容的伪造的电脑增值税专用发票 69 份,伪造普通发票 1593 份,伪造电脑增值税专用发票销货清单 37 本,伪造合同专用章3枚。

汕头市中级人民法院认为,被告人曾珠玉伪造并出售伪造的增值税专用发票和非法制造普通发票,出售伪造的增值税专用发票19625份,从中非法牟利人民币5万多元,其行为构成伪造、出售伪造的增值税专用发票罪,且数量特别巨大,情节特别严重,构成非法制造发票罪,且情节严重。被告人廖赞升、廖锡湖为他人伪造增值税专用发票和普通发票提供印刷模板共33套,从中非法牟利人民币3000多元,其行为均已分别构成伪造增值税专用发票罪,且情节特别严重;构成非法制造发票罪,且情节严重;被告人刘彬森参与他人伪造增值税专用发票和普通发票,其行为已分别构成伪造增值税专用发票罪,且情节特别严重;构成非法制造发票罪,且情节严重。被告人林楚秋、陈昌杰为牟取非法利益,向他人购买、出售伪造的增值税专用发票共2375份,从中非法牟利人民币4950元,其行为均已构成出售伪造的增值税专用发票罪,且数量巨大;被告人连焕发为牟取非法利益,购买、出售伪造的增值税专用发票共93份,非法牟利人民币432元,其行为已构成出售伪造的增值税专用发票罪,且数量较大;被告人张惠彬为谋取非法利益,向他人购买伪造的增值税专用发票共1000份,藏放于其家中,准备伺机出售,其行为已构成了购买伪造的增值税专用发票罪。公诉机关指控被告人曾珠玉的行为分别构成伪造、出售伪造的增值税专用发票罪、非法制造发票罪;被告人廖赞升、廖锡湖、刘彬森的行为均已分别构成伪造增值税专用发票罪、非法制造发票罪;被告人林楚秋、陈昌杰、连焕发的行为均已构成如售伪造的增值税专用发票罪;被告人张惠彬的行为已构成购买伪造的增值税专用发票罪的罪名成立。但指控被告人林楚秋、陈昌杰、连焕发的行为均构成购买伪造的增值税专用发票罪,根据《刑法》第二百零八条第二款之规定,指控不能成立。被告人曾珠玉当庭辩解出售给郑银洲伪造的增值税专用发票是30本而不是起诉指控的50本及其辩护人提出曾珠玉非法制造发票的行为因尚未出售,更未造成实际危害后果的意见,理由成立,可予采纳;被告人廖赞升当庭辩解及其辩护人提出33套模板中有一些不是增值税专用发票的模板,是普通发票的模板的理由成立,予以采纳;刘彬森辩护人提出刘彬森系本案的从犯,只应对其所参与的犯罪事实承担刑事责任予以减轻处罚的辩护意见理由成立,可予采纳。被告人林楚秋的辩护人提出林楚秋的犯罪行为不能认定构成购买伪造的增值税专用发票罪,被告人林楚秋购买伪造的增值税专用发票又出售的行为,应按照《刑法》第二百零六条第一款的规定进行定罪处罚。被告人林楚秋在本案中的犯罪行为,只能按一个罪名定罪处罚,即构成出售伪造的增值税专用发票罪,且不构成"情节特别严重"的辩护意见理由成立,可予采纳。被告人陈昌杰辩护人提出陈昌杰的行为不构成购买伪造的增值税专用发票罪的辩护意见理由成立,可予采纳。被告人连焕发辩护人提出被告人连焕发犯购买伪造的增值税专用发票罪不能成立,且没有前科,归案后能坦白交代,悔罪态度好的辩护意见理由成立,可予采纳。被告人张惠彬的辩护人提出被告人张惠彬购买伪造的增值税专用发票后没有出售,尚未给国家税款流失造成实际损害后果,此次犯罪属偶犯,且归案后认罪态度好,犯罪过程中主观恶性较小,情节较轻,请求给予从轻处罚的辩护意见理由成立,予以采纳。被告人曾珠玉伪造、出售伪造的增值税专用发票、非法制造发票,在共同犯罪中起主要作用,系主犯,依法应按其所参与的全部犯罪处罚。被告人廖赞升伪造增值税专用发票、非法制造发票,在共同犯罪中起主要作用,系主犯,依法应按其所参与的全部犯罪处罚。被告人廖锡湖参与廖赞升伪造增值税专用发票、非法制造发票,在共同犯罪中起次要作用,系从犯,依法应当减轻处罚。被告人刘彬森参与曾珠玉伪造增值税专用发票、非法制造发票,在共同犯罪中起次要作用,系从犯,依法分别应当减轻、从轻处罚。被告人林楚秋出售伪造的增值税专用发票,在共同犯罪中起主要作用,系主犯,依法应按其所参与的全部犯罪处罚。被告人陈昌杰参与被告人林楚秋出售伪造的增值税专用发票,在共同犯罪中起次要作用,系从犯,依法应当减轻处罚。被告人连焕发出售伪造的增值税专用发票;被告人张惠彬购买伪造的增值税专用发票,归案后认罪态度较好,有悔罪表现,均可酌情从轻处罚。依照《中华人民共和国刑法》第二百零六条第一款、第二款、第二百零八条第一款、第二款、第二百零九条第二款、第二十五条第一款、第二十六条第一款、第二十七条、第五十七条第一款、第六十四条的规定,于2001年4月18日判决如下:

1. 被告人曾珠玉犯伪造、出售伪造的增值税专用发票罪,判处无期徒刑,剥夺政治权利终身,并处没收个人全部财产;犯非法制造发票罪,判处有期徒刑五年,并处罚金人民币十五万元,决定执行无期徒刑,剥夺政治权利终身,并处没收个人全部财产。

2. 被告人廖赞升犯伪造增值税专用发票罪,判处有期徒刑十五年,并处罚金人民币三十万元;犯非法制造发票罪,判处有期徒刑五年,并处罚金人民币十五万元,总和刑期二十年,决定执行刑期十八年,并处罚金人民币四十五万元。

3. 被告人廖锡湖犯伪造增值税专用发票罪,判处有期徒刑八年,并处罚金人民币六万元;犯非法制造发票罪,判处有期徒刑二年,并处罚金人民币一万元,总和刑期十年,决定执行刑期九年,并处罚金人民币六万元。

4. 被告人刘彬森犯伪造增值税专用发票罪,判处有期徒刑六年,并处罚金人民币五万元;犯非法制造发票罪,判处有期徒刑二年,并处罚金人民币一万元,总和刑期八年,决定执行有期徒刑七年,并处罚金人民币五万元。

5. 被告人林楚秋犯出售伪造的增值税专用发票罪,判处有期徒刑十五年,并处罚金人民币二十万元。

6. 被告人陈昌杰犯出售伪造的增值税专用发票罪,判处有期徒刑八年,并处罚金人民币五万元。

7. 被告人连焕发犯出售伪造的增值税专用发票罪,判处有期徒刑三年,并处罚金人民币五万元。

8. 被告人张惠彬犯购买伪造的增值税专用发票罪,判处有期徒刑三年,并处罚金人民币三万元。

9. 随案移送的公安机关提收本案被告人曾珠玉等作案工具切纸机一台、铁械工具一台、方箱手压印刷机三台、启洋切磨机一台、白纸七箱、菲林纸三十七粒、铝箔纸九粒、打字纸五粒、摩托车一辆、电脑一台;赃物赃款手表一枚、人民币四万二千三百元、港币六百四十元、美金十元,予以没收,上缴国库。

一审宣判后,各被告人均未提起上诉,检察机关未提出抗诉。判决已发生法律效力。

二、裁判要旨

No. 3-6-206-1　购买伪造的增值税专用发票又出售的,应以出售伪造的增值税专用发票罪论处。

《刑法》第二百零八条第二款规定了对非法购买增值税专用发票罪或者购买伪造的增值税专用发票罪与虚开增值税专用发票罪、非法出售增值税专用发票罪或者出售伪造的增值税专用发票罪的牵连犯的定罪处罚原则。其基本含义是,在行为人购买的手段行为与虚开、出售的目的行为均单独成立犯罪从而形成牵连犯罪的情况下,应以目的行为的罪名定罪处罚。因为根据我国刑法的规定,相对于手段行为构成的犯罪来说,目的行为构成的犯罪处罚更重。这也是牵连犯从一重罪定罪处罚一般原则的要求。因此,对于行为人购买伪造的增值税专用发票又出售的行为,如果购买与出售伪造的增值税专用发票行为均成立犯罪,则应以出售伪造的增值税专用发票罪定罪处罚。只有购买伪造的增值税专用发票尚未出售或者出售行为尚未达到追究刑事责任的数额标准的情况下,考虑到犯罪行为的想象竞合和吸收关系,才以购买伪造的增值税专用发票罪定罪处罚。

No. 3-6-206-2　制造、销售伪造增值税专用发票的印刷工具的,应以伪造增值税专用发票罪论处。

制造、销售伪造增值税专用发票(普通发票)的印刷模版等印制工具的行为,其社会危害性与伪造、出售伪造的增值税专用发票行为相比有过之而无不及,我们不能片面理解罪刑法定原则,以刑法没有明确规定而认为制造、销售伪造增值税专用发票(普通发票)的印刷模版等印制工具的行为不能以犯罪论处。制造、销售伪造增值税专用发票(普通发票)的印制工具的行为,本质上就是为伪造增值税专用发票(普通发票)提供条件。参照最高人民法院《关于审理伪造货币等案件具体应用法律若干问题的解释》第一条第三款的规定:“行为人制造货币版样或者与他人事前通谋,为他人伪造货币提供版样的,依照刑法第一百七十条的规定定罪处罚”,以及《全国法院审理金融犯罪案件工作座谈会纪要》中关于假币犯罪的规定:“伪造货币的,只要实施了伪造行为,不论是否完成全部印制工序,即构成伪造货币罪;对于尚未制造出成品,无法计算伪造、销售假币面额的,或者制造、销售用于伪造货币的版样的,不认定犯罪数额,依据犯罪情节决定刑罚”,对于制造、销售伪造增值税专用发票(普通发票)的印刷模版等印制工具的行为,应以伪造增值税专用发票(普通发票)罪定罪处罚。

70 非法出售增值税专用发票罪(《刑法》第二百零七条)

案例:邓冬蓉非法出售增值税专用发票案

案例来源:《刑事审判参考》总第 43 集[第 337 号]

主题词:非法出售增值税专用发票罪　量刑

一、基本案情

被告人邓冬蓉,女,1956 年 9 月 10 日出生,大专文化,原系北京市海淀区国家税务局人事教育科干部。因涉嫌犯非法出售增值税专用发票罪,于 2001 年 8 月 1 日被逮捕。

北京市第一中级人民法院经审理查明:1999 年底,陈永亮(已因犯非法出售增值税专用发票罪被判刑)等人为非法出售增值税专用发票,通过他人以非法手段注册成立了北京远东盛茂商贸有限公司和北京佳伟发科技有限公司,并骗取了一般纳税人资格,陈永亮为倒卖增值税专用发票,通过他人结识被告人邓冬蓉,利用其系海淀区国税局干部的特殊身份,请托邓冬蓉雇人在海淀区国税局为上述两家公司代为领购增值税专用发票。被告人邓冬蓉明知增值税专用发票的购领规定以及陈永亮的行为违反相关规定,会产生涉及增值税专用发票犯罪的后果,为谋私利,仍雇佣李建华、徐利群于 2000 年 1 月至 7 月为陈永亮在海淀区国税局领购增值税专用发票 275 份(均系万元版),帮助陈永亮非法出售增值税专用发票。

北京市第一中级人民法院经审理认为,被告人邓冬蓉违反国家发票管理法规,帮助他人非法出售增值税专用发票,其行为已构成非法出售增值税专用发票罪,应予依法惩处。邓冬蓉参与非法出售增值税专用发票,数量巨大,鉴于其在陈永亮非法出售增值税专用发票犯罪中,系从犯,依法对其减轻处罚。根据邓冬蓉犯罪的事实,犯罪的性质、情节及对于社会的危害程度,依照《中华人民共和国刑法》第二百零七条、第二十五条第一款、第二十七条、第五十六条第一款、第六十四条的规定,于 2002 年 12 月 11 日判决如下:

被告人邓冬蓉犯非法出售增值税专用发票罪,判处有期徒刑七年,并处罚金人民币二十万元。

宣判后,邓冬蓉不服,向北京市高级人民法院提出上诉。

邓冬蓉上诉提出,不知陈永亮是倒卖发票的。其辩护人提出,没有直接证据证实邓冬蓉主观上有与陈永亮等人共谋非法出售增值税专用发票的企图,共同犯意无从谈起,一审依据间接证据推测上诉人对陈永亮等人非法出售增值税专用发票的企图理应知道,具有或然性。一审判决认定邓冬蓉主观上具有非法出售增值税专用发票的犯罪故意事实不清,证据不足;徐利群证言证实,徐在后期是与陈永亮的公司直接接触的,邓冬蓉对此不应承担刑事责任;一审认定 11 本增值税专用发票中有一本是欧迪慧公司的,该公司不在指控之列。一审判决认定上诉人雇佣他人领购增值税专用发票 275 份事实不清、证据不足。

北京市高级人民法院经审理认为:上诉人邓冬蓉雇人非法领购增值税专用发票交由陈永亮非法出售的事实,既有共同犯罪人陈永亮等人请托邓冬蓉领票的供述、记载付酬的书证,又有李建华、徐利群受雇于邓冬蓉领购增值税专用发票的证言,还有三方交接领购手续、发票所在地的小商亭售货员国洁、翟惠琴、王笃粉对邓冬蓉等人交接领购手续、发票的证言以及海淀区国税局的专用收据等大量证据证实,足以认定,由非本公司人员大量领购增值税专用发票、又没有真实贸易活动存在,会产生涉及增值税专用发票犯罪的客观事实,足以反映邓冬蓉雇佣他人领购增值税专用发票的主观故意。

上诉人邓冬蓉违反国家发票管理法规,帮助他人非法出售增值税专用发票,其行为已构成非法出售增值税专用发票罪,依法应予惩处。上诉人邓冬蓉参与非法出售增值税专用发票的数量巨大,鉴于其在陈永亮非法出售增值税专用发票犯罪中系从犯,依法对其减轻处罚。一审法院判决认定邓冬蓉的犯罪事实清楚,证据确实、充分,定罪及适用法律正确,量刑适当,审判程序合法,应予维持,依照《中华人民共和国刑事诉讼法》第一百八十九条第(一)项之规定,于2003年3月12日裁定驳回上诉,维持原判。

二、裁判要旨

No.3-6-207-1 对于非法出售增值税专用发票的份数和票面额分别达到不同的量刑档次的,应适用处罚较重的规定进行量刑。

在我国,增值税专用发票作为销货方纳税义务和购货方进项税额的依据,是购货方或出口方据以向国家税务机关抵扣税款或申请出口退税的凭证依据,在我国境内从事应税活动的一般纳税人必须按规定如实开具,如果其中任何一个环节虚构销售或出口事实而被其他一般纳税人用于进项抵扣或出口退税,在纳税申报人事实上并未缴纳该笔税款的情况下,国家据之进行了所谓的税款抵扣或出口退税,就会造成国家税款流失。可见,由于增值税专用发票具有其他一般发票所不具备的作为抵扣税款和出口退税依据的功能,可以说刑法分则规定的所有有关增值税专用发票的犯罪直接侵犯的是国家对增值税专用发票的管理制度,最终会造成国家税款流失的危害后果,非法出售增值税专用发票罪也是如此。依照规定,增值税专用发票只能从国家税务部门领购,禁止买卖。增值税专用发票被非法出售后,就可能被他人利用进行抵扣税款和出口退税,从而造成国家税款损失。由于增值税专用发票的票面额和份数均能在一定程度上反映非法出售增值税专用发票行为的社会危害性,1996年的《刑诉解释》中采用了两种计算依据。在个案中,可能会出现本案这种依照两种计量依据需要适用不同的法定刑档次的情况。对此,为准确评价该种非法行为的社会危害性程度,应当适用处罚较重的量刑档次进行量刑。

71 非法制造、出售非法制造的发票罪(《刑法》第二百零九条第二款)

案例:管怀霞、高松祥出售非法制造的发票案

案例来源:《刑事审判参考》总第90集[第826号]

主题词:出售非法制造的发票罪 情节严重的认定

一、基本案情

被告人管怀霞,女,1963年12月21日出生,南通汽运集团如东分公司职工。因涉嫌犯出售非法制造的发票罪于2010年9月8日被取保候审。

被告人高松祥,男,1967年1月20日出生,出租车驾驶员。因涉嫌犯出售非法制造的发票罪于2010年8月24日被取保候审。

江苏省如东县人民检察院以被告人管怀霞、高松祥犯出售非法制造的发票罪,向如东县人民法院提起公诉。

被告人管怀霞、高松祥均对公诉机关指控的事实和罪名无异议。管怀霞的辩护人提出,起诉书指控管怀霞出售非法制造的发票罪"情节严重"缺乏法律依据。

如东县人民法院经公开审理查明:被告人管怀霞于2009年年底,先后两次以每本人民币(以下币种同)5元的价格向被告人高松祥出售非法制造的发票共计6本600张。2010年年初,管怀霞先后两次以每本5元的价格向季永东出售非法制造的发票共计4本400张。2010年6月至7月间,管怀霞让周锦华分三次从盐城购得非法制造的发票共计100本10000张,让高松祥以每本5元的价格向出租车驾驶员出售。高松祥将上述100本发票卖给徐文华、仇培康、唐丽等多名出租车驾驶员。案发后,公安机关查获上述部分发票。经如东县地方税务局查询,上述发票均为假票。侦查机关认定,管怀霞单独出售非法制造的发票10本计1000份,伙同高松祥出售非法制造的发票100本计10000份,共计出售非法制造的发票11000份,票面金额累计220000

元。管怀霞非法所得550元。管怀霞归案后,向公安机关检举了非法制造假发票的犯罪团伙,并先后两次协助公安机关抓获该团伙犯罪嫌疑人7名。

如东县人民法院认为,被告人管怀霞、高松祥违反国家发票管理法规,明知是假发票而非法出售,其行为均构成出售非法制造的发票罪。本案部分犯罪系共同犯罪,管怀霞在共同犯罪中起主要作用,系主犯,应当按照其所参与的全部罪行处罚;管怀霞归案后协助公安机关抓获上线犯罪嫌疑人,具有立功表现,可以对其从轻处罚。高松祥在犯罪中起次要作用,系从犯,应当对其从轻处罚。管怀霞出售的都是小额定额发票,虽然发票份数是最高人民检察院、公安部2010年联合印发的《关于公安机关管辖的刑事案件立案追诉标准的规定(二)》第六十六条规定的立案追诉标准100份的110倍,但票面累计额远低于立案追诉标准40万元,且管怀霞的违法所得仅为550元。因此,综合本案案情分析,社会危害性较小,不构成情节严重。公诉机关指控管怀霞、高松祥犯罪情节严重的起诉意见,不予支持。辩护人提出的有关不构成"情节严重"的辩护意见,予以采纳。据此,如东县人民法院依照《中华人民共和国刑法》第二百零九条第二款,第二十五条第一款,第二十六条第一款、第四款,第二十七条,第六十八条,第六十四条,第七十二条之规定,判决如下:

1. 被告人管怀霞犯出售非法制造的发票罪,判处有期徒刑一年缓刑一年六个月,并处罚金一万五千元。

2. 被告人高松祥犯出售非法制造的发票罪,判处有期徒刑一年缓刑一年六个月,并处罚金一万元。

3. 对被告人管怀霞的违法所得五百五十元予以追缴,上缴国库。

一审宣判后,被告人未提出上诉,公诉机关也未抗诉,该判决已发生法律效力。

二、裁判要旨

No. 3-6-209(2)-1 出售非法制造的发票的行为,不能仅以出售发票的份数认定情节严重,而应当根据累计金额、违法所得等综合认定。

罪责刑相适应,不仅是立法者配置法定刑时应当遵循的一项基本原则,也是司法人员量刑时应当遵循的基本原则。该原则要求,尽管犯罪行为的表现形式多种多样,但一旦刑法规定的法定刑相当,则犯罪行为所体现的社会危害性也应当大致相当。就出售非法制造的发票犯罪而言,《刑法》第二百零九条第二款并没有明确规定该罪基本犯与情节加重犯的认定标准,目前也尚未有司法解释对该罪的"情节严重"认定标准予以明确。因此,在具体案件中,司法人员在对被告人定罪量刑时,不仅要考量被告人的行为是否在形式上符合具体个罪的加重构成情节,还要结合《刑法》第六十一条"对于犯罪分子决定刑罚的时候,应当根据犯罪的事实、犯罪的性质、情节和对于社会的危害程度,依照本法的有关规定判处"的规定,综合考量该行为的社会危害性和行为人所具有的人身危险性,对被告人定罪量刑。对于一些目前尚未有司法解释的明确规定,形式上可能符合加重情节的构成特征,但实质社会危害性上又与加重情节相差悬殊的案件,在按照加重情节处理时要特别慎重。

目前,关于出售非法制造的发票罪的定罪标准,只有《关于公安机关管辖的刑事案件立案追诉标准的规定(二)》规定的立案追诉标准。对于该罪的"情节严重"情形,尚未有司法解释明确认定标准,不同地方、不同审判人员对"情节严重"把握的尺度存在较大差异。但无论是立法对数额犯加重情节的设置,还是司法解释对数额犯加重情节的规定,法定刑每上升一个档次,与之相对应的涉案数额一般会上升3倍至5倍。如最高人民法院、最高人民检察院《关于办理内幕交易、泄露内幕信息刑事案件具体应用法律若干问题的解释》将内幕交易的"情节特别严重"与"情节严重"的比例确定为5:1。参照上述通行观念,就出售非法制造的发票罪而言,如果以立案追诉标准的5倍作为本罪"情节严重"的认定标准,则出售非法制造的发票500份以上或者票面额累计在200万元以上的,应当认定为出售非法制造的发票罪的"情节严重"情形。

然而,值得注意的是,随着发票样式的增多,出售非法制造的500份发票所体现的社会危害程度与票面额累计在200万元以上所体现的社会危害程度存在巨大落差。在实际生活中,出售非法制造的发票大致可分为以下两种类型:一是出售非法制造无数额记载的空白发票。由于空白发票给社会造成的危害性大小在客观上难以估量,对这种类型加重情节的认定以其出售的发票份数为标准较为客观,也较为合理,便于司法实务部门操作,实践中意见也较为一致。二是出售非法制造的发票既有票面金额,又有份数。对这种出售非法制造的发票行为,应当结合所开发票份数与票面金额和其他相关因素认定其社会危害程度,不能唯发票份数或者票面金额一个标准论。实践中,不少停车场的管理人员也存在开具假发票的情形,一份发票票面额有的5元,有的甚至1元,100份发票亦不过500元,甚至只有100元。对该类情形是否有必要定罪处罚,实践中争议较大,绝大多数观点主张不应纳入刑法的调整范围。因此,在发票份数与累计金额均固定的情况下,在尚未有司法解释对该罪“情节严重”的认定标准作出明确规定时,以发票份数或者累计金额为标准认定“情节严重”时要特别慎重。在进行认定时,要始终围绕行为是否具有与其法定刑相当的社会危害性这一内核。

本案中被告人管怀霞、高松祥虽然非法出售的发票份数达到11000份,但所售发票均面额较小,累计仅22万元,如果按照该面额计算,尚未达到立案追诉标准。在没有其他证据证明二被告人的行为造成国家税款流失等严重后果,且全部违法所得仅为550元的情况下,其行为的社会危害性尚不足以认定为严重危害国家发票管理制度,若对二被告人以出售非法制造的发票罪“情节严重”定罪量刑,则有失公允。综上,出售的发票份数与发票的累计金额之间虽然无法一一对应,但在办理发票份数与票面金额均确定的此类案件时,要兼顾二者所体现的行为的社会危害性大小,并综合其他影响行为社会危害性的因素,对被告人准确定罪量刑。

72 假冒注册商标罪(《刑法》第二百一十三条)

案例:王文海、李军假冒注册商标案

案例来源:《人民法院案例选》2012年第4辑

主题词:假冒注册商标罪 “尚未销售商品”的界定

一、基本案情

被告人王文海、李军于2010年1月,合谋制造、销售假冒美国安利有限公司(ALTICORINC.)持有注册商标的“安利牌”保健品,并分别购买了用于制造假冒“安利牌”保健品的原材料和加工设备。同年4月起,被告人王文海在其住处无锡市新区梅村街道梅里香舍33号1602室,及其租赁的梅村街道太阳城3号701室、33号201室,利用上述原材料和加工设备,制造假冒的“安利牌”保健品。在这期间,被告人王文海先后邮寄了1200余盒假冒的“安利牌”保健品到河南省洛阳市,被告人李军以“代东杰”的名义收货并负责销售,共计得款人民币16万余元。

另外,案发后,侦查人员在无锡市新区梅村街道梅里香舍33号1602室被告人王文海住处及其租赁的梅村街道太阳城3号701室、33号201室查获了假冒的尚未包装、组装完毕的“安利牌”倍立健片7盒、倍立健续量装121盒、“纽崔莱”多宝营养片125盒、塑料盒包装倍立健片60盒、倍立健片矿物质片299袋和维生素片297袋、“纽崔莱”多宝营养片矿物质片4袋和维生素片5袋,按照有关规定计算价值共计人民币81000余元。还查获假冒的“安利牌”倍立健片剂152000粒、封膜86000张、打码机2台、封膜机1台、抽真空机1台、塑封机1台等物。上述事实,被告人王文海、李军在开庭审理过程中无异议,并有无锡市公安局经侦支队查获的假冒“安利牌”注册商标的保健品、原材料及加工设备等物证、无锡市公安局经侦支队收集的授权委托书、公证文书、商标注册证、核准变更商标注册人名义证明,核准续展注册证明、货运单、客户交易查询清单、房屋租赁协议,安利(中国)日用品有限公司出具的鉴定报告及扣押物品清单等书证,证人陆德富、周丹旦、代东杰等人的证言等证据予以证实,足以认定。

无锡市滨湖区人民检察院指控被告人王文海、李军犯假冒注册商标罪,应该依照《刑法》第二百一十三条的规定追究刑事责任。

被告人李军辩护人的辩护意见是:被告人李军属从犯,其在整个犯罪中的地位及作用较为次要;被告人李军系初犯,家庭困难,提供舞阳县武泉镇北街居民委员会出具的证明一份,证明其家庭经济条件不好,请求法院对其减轻刑事责任。

江苏省无锡市滨湖区人民法院经审理认为,被告人王文海、李军未经注册商标所有人许可,在同一种商品上使用与注册商标相同的商标,又销售该假冒注册商标的商品,情节严重,其行为均已构成假冒注册商标罪。无锡市滨湖区人民检察院指控被告人王文海、李军犯假冒注册商标罪的事实清楚,证据确实、充分,指控的罪名成立。对于被告人李军辩护人提出的辩护意见,经查,在本案中,被告人李军购买了部分作案设备并负责销售,被告人王文海制造的假冒注册商标的商品,两名被告人在共同犯罪过程中分工协作,赃款由两名被告人均分,被告人李军与被告人王文海在共同犯罪中地位作用相当,无明显主次之分,不能认定李军系本案从犯;被告人李军在庭审中自愿认罪,根据其犯罪数额、情节及对社会的危害后果,依法可对其在法定幅度内从轻处罚,但尚不符合适用缓刑的条件,故本院对该辩护意见部分采纳。被告人王文海、李军假冒注册商标的犯罪行为发生在 2011 年 4 月 30 日以前,依照《中华人民共和国刑法》第十二条第一款之规定,应当适用 2011 年 4 月 30 日以前的《中华人民共和国刑法》。被告人王文海在侦查阶段能如实供述自己的罪行,依照《中华人民共和国刑法》第六十七条第三款的规定,可以从轻处罚。被告人李军当庭自愿认罪,具有一定悔罪态度,可酌情予以从轻处罚。据此,依照 2011 年 4 月 30 日以前的《中华人民共和国刑法》第二百一十三条、第二十五条第一款、第六十四条和《中华人民共和国刑法》第十二条第一款、第六十七条第三款以及最高人民法院、最高人民检察院《关于办理侵犯知识产权刑事案件具体应用法律若干问题的解释》第一条、第十三条第一款,《关于办理侵犯知识产权刑事案件具体应用法律若干问题的解释(二)》第四条之规定,判决如下:

1. 被告人王文海犯假冒注册商标罪,判处有期徒刑一年六个月(刑期从判决执行之日起计算。判决执行以前先行羁押的,羁押一日折抵刑期一日,即自 2011 年 3 月 1 日起 2012 年 7 月 28 日止),并处罚金人民币五万元(罚金在判决生效后十日内缴纳)。

2. 被告人李军犯假冒注册商标罪,判处有期徒刑一年八个月(刑期从判决执行之日起计算。判决执行以前先行羁押的,羁押一日折抵刑期一日,即自 2011 年 1 月 31 日起 2012 年 6 月 30 日止),并处罚金人民币五万元(罚金在本判决生效后十日内缴纳)。

3. 被告人王文海、李军被查获并扣押在案的假冒"安利牌"注册商标的保健品、原材料及加工设备等与犯罪有关物品,予以没收。

一审宣判后,公诉机关未提出抗诉,被告人王文海、李军亦未提出上诉,该判决已发生法律效力。

二、裁判要旨

No. 3-7-213-1 假冒注册商标行为中,生产完毕尚未包装组装但可以包装组装为成品的半成品的数额应当计入尚未销售的数额之中。

从性质上来讲,"可以组装为成品的半成品"与成品之间不存在根本的差异,都可以评价为假冒注册商标罪中的"商品",只是在商品生产的时间维度存在些许差异。事实上,从刑法理论的角度分析,按照实质主义解释的理念,不管是生产完毕的成品还是尚未生产、组装完毕的半成品,只要是还没有进入市场,就没有破坏竞争秩序,也没有损害消费者的合法权益,因而"尚未销售"的商品在《刑法》中不具有法益侵害可能性,因而行为人只生产但"尚未销售"的行为也就失去了可罚性依据。然而,我国《刑法》及有关司法解释将"尚未销售"的商品纳入到刑法的评价体系,以犯罪未遂予以具体认定和规范,笔者认为,这基本上是出于一种刑事立法政策的考量,此种规定带有功利性的目的,即将源头上侵犯权利人知识产权法益的行为拟制性地纳入刑法的评价范围。从规范的角度分析,这种饱含拟制色彩的立法技术虽然超出了实质主义解释理念的容纳范围,但是对于严密知识产权刑事法网、严厉打击源头性知识产权犯罪无疑具有重要的警示和规范意义。半成品类型应从是否能够投入再生产角度出发,将半成品应该分为原料性半成品与非原料性半成品,在此基础上讨论何为真正的"半成品"。(1)所谓原料性半成品,即尚未制造完工成为成品,仍需进一步加工的中间产品。很多情况下较难证明这些原料是专门用于"制假"。即使可以证明是用于"制假",也很难折算出成品的数量,更是难以计算其犯罪金额。因此,由于该类半成品的价值,最终价值非得集中体现于成品之中,所以,不应当对该类半成品价值计算其犯罪数额。(2)所谓非原料性半成品,即商品的必要组件已经生产完毕且可以组装为成品。只需进行简单的外包装加工便能成为最终商品。若非意志以外的原因,行为人在制造该类半成品时,侵权产品生产的主要工序已经完成,应当计入尚未销售的数额之中。

案例:郭明升、郭明锋、孙淑标假冒注册商标案

案例来源:最高人民法院指导案例 87 号

主题词:假冒注册商标罪 非法经营数额 网络销售 刷信誉

一、基本案情

2013 年 11 月,被告人郭明升通过网络中介购买店主为"汪某"、账号为 play20xxx85 的淘宝店铺,并改名为"三星数码专柜",在未经三星(中国)投资公司授权许可的情况下["SAMSUNG"是三星电子株式会社在中国注册的商标,该商标有效期至 2021 年 7 月 27 日;三星(中国)投资有限公司是三星电子株式会社在中国投资设立,并经三星电子株式会社特别授权负责三星电子株式会社名下商标、专利、著作权等知识产权管理和法律事务的公司],从深圳市华强北远望数码城、深圳福田区通天地手机市场批发假冒的三星 I8552 手机裸机及配件进行组装,并通过"三星数码专柜"在淘宝网上以"正品行货"进行宣传、销售。被告人郭明锋负责该网店的客服工作及客服人员的管理,被告人孙淑标负责假冒的三星 I8552 手机裸机及配件的进货、包装及联系快递公司发货。至 2014 年 6 月,该网店共计组装、销售假冒三星 I8552 手机 20000 余部,非法经营额 2000 余万元,非法获利 200 余万元。

二、裁判要旨

No. 3-7-213-2 在未经商标注册人授权许可的情况下,购进假冒注册商标的配件,组装假冒注册商标商品,并对外以注册商品进行销售的,属于未经注册商标所有人许可在同一种商品上使用与其相同的商标的行为,构成假冒注册商标罪。

在本案中,被告人郭明升、郭明锋、孙淑标在未经"SAMSUNG"商标注册人授权许可的情况下,购进假冒"SAMSUNG"注册商标的手机机头及配件,组装假冒"SAMSUNG"注册商标的手机,并通过网店对外以"正品行货"销售,属于未经注册商标所有人许可在同一种商品上使用与其相同的商标的行为,非法经营数额达 2000 余万元,非法获利 200 余万元,属情节特别严重,其行为构成假冒注册商标罪。

No. 3-7-213-3 在互联网经营模式中,对于非法经营数额、违法所得数额,应当综合被告人供述、网络销售电子数据、被告人银行账户往来记录等证据认定。重复刷单、刷信誉行为不应计算在非法经营数额中,被告人部分否认非法经营数额的,应当由其对网络销售记录存在刷信誉的事实承担举证责任。

被告人郭明升、郭明锋、孙淑标虽然辩解称其网店销售记录存在刷信誉的情况,对公诉机关指控的非法经营数额、非法获利提出异议,但三被告人在公安机关的多次供述,以及公安机关查获的送货单、支付宝向被告人郭明锋银行账户付款记录、郭明锋银行账户对外付款记录、"三星数码专柜"淘宝记录、快递公司电脑系统记录、公安机关现场扣押的笔记等证据之间能够互相印证,综合公诉机关提供的证据,可以认定公诉机关关于三被告人共计销售假冒的三星 I8552 手机 20000 余部,销售金额 2000 余万元,非法获利 200 余万元的指控能够成立,三被告人关于销售记录存在刷信誉行为的辩解无证据予以证实,不予采信。

73 销售假冒注册商标的商品罪(《刑法》第二百一十四条)

案例:朱某销售假冒注册商标的商品案

案例来源:《刑事审判参考》总第 21 辑[第 131 号]

主题词:销售假冒注册商标的商品罪

一、基本案情

被告人朱某,男,1963 年 1 月 25 日出生,初中文化,无业。因涉嫌犯销售假冒注册商标的商品罪,于 2001 年 1 月 23 日被逮捕。

某区人民法院经审理查明:2001 年 1 月初,被告人朱某向他人购进大量假冒"中华"牌卷烟,分别藏匿于某市凤城一村 36 号 2 室其住处及同号 1 室邻居家中,伺机销售。同年 1 月 4 日,烟草专卖稽查人员至上述地点,缴获假冒的"中华"牌卷烟 1328 条,货值金额为 39.84 万元。经某市烟草质量监督检测站鉴定,上述卷烟均系假冒商品。

某区人民法院认为:被告人朱某以销售为目的购进明知是假冒注册商标的商品,拟销售的金额数额巨大,其行为已构成销售假冒注册商标的商品罪(未遂),公诉机关指控的罪名成立;鉴于被告人朱某虽然已经着手实行犯罪,但由于其意志以外的原因而未得逞,属犯罪未遂,依法可以比照既遂犯从轻处罚;同时,朱某能如实供述主要犯罪事实,认罪态度较好,在量刑上应一并予以考虑;有关货值金额系由专门机构依法核定确认,辩护人就货值金额所提观点,无事实及法律依据,故不予采信。依照《中华人民共和国刑法》第二百一十四条、第二十三条、第五十三条之规定,于 2001 年 3 月 15 日判决如下:

被告人朱某犯销售假冒注册商标的商品罪(未遂),判处有期徒刑三年零六个月,并处罚金人民币一万五千元。

宣判后,朱某没有上诉,检察机关亦未抗诉,判决发生法律效力。

二、裁判要旨

No. 3-7-214-1 以销售为目的购进假冒注册商标的商品后尚未进行销售就被查获的,应以销售假冒注册商标的商品罪(未遂)论处。

在整顿和规范市场经济秩序工作过程中,执法机关经常查获行为人存放在仓库、住所或其他藏匿地点的尚未销售的大批并非伪劣、但属假冒注册商标的商品。由于《刑法》第二百一十四条规定的销售假冒注册商标的商品是以"销售金额数额较大"为构成犯罪的标准,而这部分假冒注册商标的商品还没有被销售,没有实际的"销售金额数额",因此,对于此种行为是否应当依法追究刑事责任,往往有不同的认识和理解,致使有些案件没有进入司法程序,销售假冒注册商标的商品的犯罪分子没有受到应有的法律制裁。但从行为人购进货值金额巨大的假冒注册商标的商品的目的来看,如无证据证明行为人有其他意图,其目的显然只能是为了销售。以销售为目的购买假冒注册商标商品与以销售为目的购买伪劣产品一样,都是具有社会危害性的行为,这种危害程度达到情节严重的程度,就构成犯罪。如果因为购买假冒注册商标的商品者尚未将该商品售出而对其不依法追究刑事责任,就很难有效遏制犯罪,对于购买伪劣产品尚未售出行为和购买假冒注册商标的商品尚未售出的行为,在适用法律上也难以平衡。这显然不是刑法设置销售假冒注册商标的商品罪的本意。同时,《刑法》第二十三条第一款规定:"已经着手实行犯罪,由于犯罪分子意志以外的原因而未得逞的,是犯罪未遂。"从销售假冒注册商标的商品行为过程来看,其销售过程应当包括购进和销售该商品两个阶段,行为人无论是实施了全部两个阶段的行为,还是仅实施了其中一个阶段的行为,其性质都是已经着手实行犯罪。行为人以销售为目的购进货值金额巨大的假冒注册商标的商品,尚未销售就被查获的,实际上就是由于行为人意志以外的原因(被查获)而未得逞,应当适用《刑法》第二十三条第一款关于犯罪未遂的规定,以销售假冒注册商标的商品罪(未遂)追究刑事责任。

案例:刘锐销售假冒注册商标的商品案

案例来源:《人民法院案例选》2009 年第 4 辑

主题词:销售假冒注册商标的商品罪 未遂

一、基本案情

被告人:刘锐。

广东省潮安县人民法院经审理查明:被告人刘锐系个体工商户潮安县庵埠强某车行的经营者,2006年间,刘锐明知同案人李某伟(另案处理)向其销售的陆嘉牌摩托车是假冒佛山市南海区大沥陆豪摩托车有限公司的陆嘉注册商标的商品的情况下,仍为非法牟利,向李某伟购进一批假冒的陆嘉牌摩托车到其车行销售。期间,刘锐于2006年11月10日以每辆2800元的价格向邱某销售了2辆假冒陆嘉注册商标的摩托车,得款人民币5600元。2006年12月7日,潮安县公安局接到佛山市南海区大沥陆豪摩托车有限公司的报案后,在潮安县彩塘镇邱某处查获上述2辆假冒陆嘉注册商标的摩托车,并在刘锐经营的潮安县庵埠强某车行中现场缴获尚未销售的假冒陆嘉注册商标的摩托车25辆(价值人民币70650元)。

广东省潮安县人民法院经审理后认为,被告人刘锐明知同案人向其出售的摩托车系假冒注册商标的商品,仍为非法获利而进行销售,数额较大,其行为已构成销售假冒注册商标的商品罪,依法应予惩处。鉴于本案公安机关从被告人刘锐处查获的25辆陆嘉牌摩托车均未被销售出去,应当认定此部分犯罪系未遂,依法予以从轻处罚。依照《中华人民共和国刑法》第二百一十四条、第二十五第一款、第二十三条、第五十二条、第五十三条、第六十四条、最高人民法院、最高人民检察院《关于办理侵犯知识产权刑事案件具体应用法律若干问题的解释》第二条第一款、最高人民法院、最高人民检察院《关于办理侵犯知识产权刑事案件具体应用法律若干问题的解释(二)》第四条之规定,判决如下:

1. 被告人刘锐犯销售假冒注册商标的商品罪,判处罚金人民币20000元。
2. 对暂扣于潮安县公安局的陆嘉牌摩托车27辆予以没收,并由潮安县公安局依法处理。

一审宣判后,刘锐以其行为不构成销售假冒注册商标的商品罪为由,提出上诉。

刘锐上诉提出:(1)一审判决仅凭陆豪摩托车厂家的报案陈述及相关报案人所称合格证上的印章不一致的情况,便认定27辆在扣摩托车为假冒注册商标的商品依据不足。(2)一审判决认定其明知27辆陆嘉摩托车是假冒注册商标的商品而销售致构成罪名不符合事实。(3)关于涉案的27辆车只作价格评估鉴定,无作真假技术鉴定是不对的,应当对暂扣的27辆车进行真假鉴定。综上所述,一审判决对合格证二维防伪条码不鉴定,合格证及摩托车真假不明;对摩托车这种特殊商品且又具备公共安全危险因素的真假不作技术鉴定,摩托车本身真假不明;对其不明知却被推理为明知,请二审法院查明事实,改判其无罪。

潮州市中级人民法院经审理后认为,原审判决认定上诉人刘锐犯销售假冒注册商标的商品罪的事实不清、证据不足,根据《中华人民共和国刑事诉讼法》第一百八十九条第(三)项之规定,裁定如下:

1. 撤销广东省潮安县人民法院(2008)安刑初字第9号刑事判决;
2. 发回广东省潮安县人民法院重新审判。

案经发回重审后,潮安县人民检察院于2008年12月18日向潮安县人民法院申请撤回起诉。潮安县人民法院经审查后,于同日裁定同意其撤回起诉。

二、裁判要旨

No.3-7-214-2 销售假冒注册商标的商品,未及销售即被查获的,如果货值金额达到法定既遂数额3倍以上,即15万元以上的,应以销售假冒注册商标的商品罪(未遂)论处。

本案中,由于被扣押的25辆陆嘉牌摩托车均尚未销售,没有实际的销售金额,又由于它既不属于被告人刘锐销售后实际所得的收入,也不属于刘锐应得的可期待收益,而只是这25辆摩托车的价值,因此,一审法院将刘锐尚未销售就被公安机关扣押的25辆陆嘉牌摩托车的价值金额70650元认定为销售金额是错误的,该25辆陆嘉牌摩托车的价值金额70650元应被认定为货值金额。

最高人民法院在其审编的多个案例及文章中均指出:应当有条件地处罚销售假冒注册商标的商品罪的未遂犯,对于行为人通过购买或其他方式获得假冒注册商标的商品,尚未来得及销售,货值金额达到一定标准的,可以按照销售假冒注册商标的商品罪(未遂)定罪处罚。理由是:在司法实践中,大多数侵犯知识产权犯罪案件很难查明实际销售金额,而查获的侵权产品大多还处于待销状态。然而,所查获的尚未销售的侵权产品的数量、货值金额,也能直接反映行为人实施侵犯他人知识产权的程度,对于其中数量较多或者货值金额较大的,也可以以侵犯知识产权犯罪定罪处罚。但从实践来看对于尚未销售的商品而言,由于其毕竟尚未销售,因此对于这类行为,只有当其社会危害性已达到与既遂相当的程度,才具有处罚的合理性,才能作为犯罪进行处理。

最高人民法院的相关司法解释为我们解决这一问题提供了相关的参考。例如,2001 年最高人民法院、最高人民检察院《关于办理生产、销售伪劣商品刑事案件具体应用法律若干问题的解释》第二条明确规定:伪劣产品尚未销售,货值金额达到《刑法》第一百四十条规定的销售金额三倍以上的(即 15 万元以上),以生产、销售伪劣产品罪(未遂)定罪处罚。又如,2003 年最高人民法院、最高人民检察院、公安部、国家烟草专卖局《关于办理假冒伪劣烟草制品等刑事案件适用法律问题座谈会纪要》指出:伪劣烟草制品的销售金额不满 5 万元,但与尚未销售的伪劣烟草制品的货值金额合计达到 15 万元以上的,以生产、销售伪劣产品罪(未遂)定罪处罚。上述司法解释确立了此类犯罪处罚未遂的基本数额标准,即货值金额应达到法定既遂数额 3 倍以上。由于销售假冒注册商标的商品罪与上述犯罪在社会危害性上性质相同,又由于销售假冒注册商标的商品罪与上述犯罪具有侵犯客体上的共通性和行为特征上的相似性,因此,按照对于性质相同的案件应当按照同一的处理原则处理的规则,此标准也应当成为司法实践中对于销售假冒注册商标的商品未遂作为犯罪处理的参照标准。

在本案中,由于被告人刘锐尚未销售的摩托车的货值金额仅为 70650 元,其销售金额与尚未销售的货值金额合计也仅为 76250 元,均未达到此类犯罪处罚未遂的基本数额标准,即达到法定既遂数额 3 倍(15 万元)以上,因此,虽然刘锐在本案中有销售假冒注册商标的商品的行为,但由于其在本案中的犯罪情节显著轻微、危害不大(达不到处罚未遂的标准),不具有对其进行刑事处罚的合理性,故不认为是犯罪,其行为不构成销售假冒注册商标的商品罪。

案例:戴恩辉销售假冒注册商标的商品案

案例来源:《刑事审判参考》总第 8 辑[第 57 号]

主题词:销售假冒注册商标的商品罪　销售金额

一、基本案情

被告人戴恩辉,男,1969 年 12 月 24 日出生,个体工商户。因涉嫌犯销售假冒注册商标的商品罪,于 1999 年 5 月 21 日被逮捕。

湖南省安化县人民法院经审理查明:1997 年 11 月至 1998 年 5 月,被告人戴恩辉先后三次从广东省增城市新塘镇宜兴商店购进假冒"嘉陵"注册商标的拼装摩托车 25 辆,分别以每台 1880 元至 3400 元不等的价格,在安化县梅城镇销售假冒"嘉陵"注册商标的拼装摩托车 16 辆,销售金额 4.1 万余元。案发后,公安机关从被告人戴恩辉处查获尚未销售的假冒"嘉陵"注册商标的摩托车 9 辆及非法所得 1.5 万元。

安化县人民法院认为:被告人戴恩辉违反国家商标和市场管理法规,故意销售假冒注册商标的商品,销售金额数额较大,其行为已构成销售假冒注册商标的商品罪。鉴于被告人基本如实交代犯罪事实,结合本案具体情节,可酌情从轻处罚。依照《中华人民共和国刑法》第二百一十四条之规定,于 1999 年 11 月 23 日判决如下:

被告人戴恩辉犯销售假冒注册商标的商品罪,判处罚金一万元。

一审宣判后,被告人戴恩辉不服,向湖南省益阳市中级人民法院提出上诉,提出:其行为属违法行为,但未获利,不构成犯罪;且就同一违法事实,公安机关已作处理,其不应受到两次处罚,请求二审法院对其宣告无罪。

益阳市中级人民法院经审理认为:原审判决认定上诉人戴恩辉犯销售假冒注册商标的商品罪的事实清楚,证据确实、充分,定罪准确,量刑适当,审判程序合法。依照《中华人民共和国刑事诉讼法》第一百八十九条第(一)项的规定,于 2000 年 2 月 25 日裁定如下:驳回上诉,维持原判。

二、裁判要旨

No. 3-7-214-3 销售假冒注册商标的商品数额较大,参照《刑法》第140条生产、销售伪劣产品销售金额5万元以上的数额标准认定。

根据《刑法》第二百一十四条的规定,销售假冒注册商标的商品罪是指销售明知是假冒注册商标的商品,销售金额数额较大的行为。该罪是1993年2月22日全国人大常委会《关于惩治假冒注册商标犯罪的补充规定》中设立的罪名,1997年修订刑法时将其吸收。与《关于惩治假冒注册商标犯罪的补充规定》相比,1997年刑法对销售假冒注册商标的商品罪的一个重要变化,就是将《关于惩治假冒注册商标犯罪的补充规定》中的违法所得数额改为了销售金额数额,即改变了销售假冒注册商标的商品罪的数额计算方法和标准。违法所得数额是指行为人非法获利的数额。销售金额数额是指销售者实际销售假冒注册商标的商品的全部所得货款,即销售收入。在现实经济生活中,销售假冒注册商标的商品的情况非常复杂,有的低进高出,获利较大;有的低进低出,销售金额很大,但获利不多;还有的尚未全部销售就被查获,获利很少甚至赔钱;特别是有的出于不正当竞争或者其他动机,销售明知是假冒注册商标的商品,主观上并非为了营利,但却给商标权利人造成重大损失,也严重损害了消费者的合法权益。如果以违法所得数额的多少作为定罪量刑的标准,就难免放纵、轻纵犯罪,不利于保护商标权利人和消费者的合法权益。因此,对于销售假冒注册商标的商品的行为是否构成犯罪,不能以行为人是否获利来衡量。而"销售金额数额"不仅在一定程度上反映了假冒注册商标的商品的销售数量,而且也反映了对商标权利人经济利益、商业信誉和消费者合法权益所造成损害的程度,因此,1997年刑法将销售金额数额是否较大,作为区分销售假冒注册商标的商品罪与一般商标侵权行为的界限。只要销售假冒注册商标的商品的金额数额较大,不论其有无违法所得以及违法所得大小,都应依照刑法追究其刑事责任。对于销售金额数额较小,不作为犯罪处理的,可以由工商行政管理部门予以罚款。本案中,被告人戴恩辉购买假冒嘉陵注册商标的摩托车25辆,实际销售16辆,销售金额4.1万元,应当认为销售金额数额较大,已触犯《刑法》第二百一十四条的规定,构成销售假冒注册商标的商品罪。

本罪销售金额数额较大的标准,刑法、有关司法解释均未作出具体规定①,在司法实践中,此类犯罪可以参照《刑法》第一百四十条生产、销售伪劣产品销售金额5万元以上的追究刑事责任的数额标准认定。由于本罪侵犯的客体不仅是损害了消费者的合法权益,还同时侵犯了他人的注册商标专用权和国家的商标管理制度。同样销售金额数额较大的行为,社会危害性相对更大一些。因此。根据具体案件情况,构成销售假冒注册商标的商品罪的金额标准,也可适当低于5万元。

案例:陈侠武销售假冒注册商标的商品案

案例来源:《人民法院案例选》2013年第3辑

主题词:销售假冒注册商标的商品罪 相同商标的认定

一、基本案情

上海市闸北区人民检察院指控:被告人陈侠武从2009年4月起,租借本市天目西路99号地平线通讯市场4楼30号商铺,以虚构的"上海瑞泰通讯设备有限公司"名义,从事手机销售。2010年4月6日,被告人陈侠武以每部390元的价格销售给他人"步步高"品牌"i508+型"和"K303+型"手机各40部,销售金额3.12万元。同年4月8日,被告人陈侠武又以同样的价格销售"步步高"品牌"i508+型"手机50部,销售金额1.95万元。两次交易的销售金额共计5.07万

① 2004年12月8日最高人民法院、最高人民检察院《关于办理侵犯知识产权刑事案件具体应用法律若干问题的解释》第2条已经作出规定:销售明知是假冒注册商标的商品,销售金额在5万元以上的,属于《刑法》第214条规定的数额较大。

元。经鉴定,上述130部手机均系假冒"步步高"品牌手机,其中"i508+型"手机使用了"BDK"标识;"K303+型"使用了"BBK"标识。"BBK"商标由广东步步高电子工业有限公司依法注册,核定使用商品范围包括移动电话。被告人陈侠武明知是假冒注册商标的商品仍予以销售,销售金额数额较大,其行为构成销售假冒注册商标的商品罪。上海市闸北区人民检察院遂以被告人陈侠武犯销售假冒注册商标的商品罪,向上海市杨浦区人民法院提起公诉。

诉讼过程中,上海市闸北区人民检察院以证据不足要求撤回对本案的起诉。上海市杨浦区人民法院裁定准予撤回起诉。

二、裁判要旨

No.3-7-214-4 商标虽然差异不大,但视觉上仍具有明显的辨识性,不属于刑法规定的在视觉上基本无差别的情况,不属于"相同的商标"。

判断商标是否基本相同应把握两个方面的条件:第一个条件是两商标相比较,在视觉上基本无差别。刑法上"基本相同"商标应与民法上的"近似商标"适当区分。基本相同商标对于一般公众而言,视觉上基本上分不清假冒注册商标和被假冒注册商标的区别,而近似商标中,两者之间的区别通过施以普通注意,其差别还是显而易见的。第二个条件是两商标在视觉上的基本无差别足以对公众产生误导,使公众对商品来源产生误认,或者产生当事人与注册商标人之间存在某种特殊联系的错误认识。这里的误导公众以相关公众通常的识别能力为标准。相关公众是指与注册商标的商品有关的一般消费者,他们在购买某种品牌的商品时一般都会作出其所购买的商品的注册商标与其先前所知的注册商标是否相同的判断,进而影响其购买的决策。所谓普通的识别能力,不要求普通消费者具有特别的知识经验或者在购买商品时对商标的观察施以特别的注意力,只要以普通的消费知识经验,施加普通的注意力,在隔离观察的情况下,不能区分两个商标的细微差别,即可认定两个商标属于相同商标。本案中被告人使用的商标"BDK"与注册商标"BBK"虽然读音相近但在视觉上存在显著的差别,不属于刑法意义上的相同商标。

案例:白升余销售假冒注册商标的商品案

案例来源:《刑事审判参考》总第121集[第1317号]

主题词:销售假冒注册商标的商品罪 明知

一、基本案情

2020年1月22日至25日,被告人白升余分别向林某嘉、王某林(另案处理)购买假冒3M注册商标的口罩共50250个。2020年1月22日至28日,白升余将该批假冒3M注册商标的口罩通过"货拉拉"送到广州市荔湾区花湾路翠竹苑等地,以人民币305625元的价格出售给张某明(另案处理)。2020年1月29日,公安机关在佛山市南海区大沥镇抓获白升余,在其经营的劳保店缴获假冒3M注册商标口罩118个。

二、裁判要旨

No.3-7-214-5 销售冒牌口罩的行为同时触犯销售假冒注册商标的商品罪、销售伪劣产品罪等罪名的,构成想象竞合,应择一重罪处罚。

法条竞合关系是包容评价关系,触犯此罪必然触犯彼罪;而想象竞合关系是行为人的一行为偶然地符合多个罪名,是动态的竞合。从刑法对两罪的规定看,销售伪劣产品罪与销售假冒注册商标的商品罪并不存在必然的重合或交叉关系,伪劣产品并不一定假冒他人注册商标,而假冒注册商标的商品也不一定就是伪劣产品。因此,二者属于想象竞合而非法条竞合的关系。当行为人销售假冒注册商标的商品为伪劣产品时,应当适用想象竞合犯的处理原则,择一重罪处罚。

No.3-7-214-6 销售假冒注册商标的商品罪是故意犯罪,要求行为人主观上具有明知。"明知"不仅可以根据被告人明确的供述进行认定,也可以根据客观的事实进行推定;而从认识的程度来说,"明知"不仅包括对事实的确知,还应当包括对一种高度可能性的认识。

销售假冒注册商标的商品罪在主观方面表现为故意,即"明知"是假冒注册商标的商品而予以销售。实践中,对“明知”的判断有不同理解,有观点认为“明知”应当是一种确知,即行为人确知自己销售的商品所附商标与他人的注册商标相同而予以销售。

我们认为,上述观点对“明知”的理解过于狭隘,从认识的判断方法来说,“明知”不仅可以根据被告人明确的供述进行认定,也可以根据客观的事实进行推定;而从认识的程度来说,“明知”不仅包括对事实的确知,还应当包括对一种高度可能性的认识。《最高人民法院、最高人民检察院关于办理侵犯知识产权刑事案件具体应用法律若干问题的解释》第九条规定,具备下列情形,应当认定为“明知”:(1)知道商标被涂改、调换或者覆盖的;(2)因销售假冒商品受过行政处罚或者承担过民事责任的;(3)伪造、涂改或者知道是伪造涂改的商标授权文件的;(4)其他知道或者应当知道是假冒注册商标的商品的情形的。司法解释解决了实践中主观认知的判断难题,即在难以证明被告人肯定知道的情形下,通过各种间接证据推定出被告人在当时的情况下“知道”的主观心理状态。

实践中,假冒注册商标的商品的流通通常处于非法状态,如上手卖家无法提供授权委托书、产品合格证等合法来源或有效证件,或交易价格较正品偏低等,虽没直接挑明,但经营者在交易时对非正品“心领神会”。如存在上述情况,可推定行为人存在主观故意,从而认定其行为构成犯罪。需要注意的是,适用推定判断行为人的主观心理态度时,必须综合考虑,全面分析,以行为人实施的活动为基础,综合考虑事前、事中以及事后的各种主客观因素进行整体判断,从行为人的行为过程、行为环节着手,综合所有事实,排除其他可能。同时,应当允许行为人反证。如果有确实充分的证据证明行为人是因为被欺骗或者事后才知道其销售的是假冒注册商标的商品,则不能认定为“明知”。

74 非法制造、销售非法制造的注册商标标识罪(《刑法》第二百一十五条)

案例:姚伟林等非法制造注册商标标识案

案例来源:《刑事审判参考》总第9辑[第66号]

主题词:自首

一、基本案情

被告人姚伟林,男,1954年6月14日生,原系上海桃林印刷厂车间承包人。

被告人刘宗培,男,1954年3月6日生,原系上海华珏精细化工实业有限公司经理。

被告人庄晓华,男,1970年11月7日生,原系上海花王有限公司销售部业务主管。

上海市宝山区人民法院经公开审理查明:1998年初,被告人刘宗培与他人合伙开办上海华珏精细化工实业有限公司。后被告人庄晓华投资15万元参股。同年5月,刘宗培、庄晓华商定:由庄晓华提供花王飞逸洗发水包装箱、洗发水样品及商标注册证书,刘宗培生产洗发水膏体,生产假冒的上海花王有限公司的花王飞逸洗发水。嗣后,刘宗培与被告人姚伟林商定,由姚伟林印刷花王飞逸洗发水包装箱及商标标识。姚伟林根据刘宗培提供的花王飞逸洗发水包装箱及商标标识,在自己的印刷车间印刷了花王飞逸洗发水包装箱1万余只,同时,又通过江苏江阴长泾电子制版厂制作电脑印刷版,从上海金狮印务中心印刷了花王飞逸洗发水商标标识25万片。上述物品印刷完毕后,经刘宗培、庄晓华验看,认为与真品有明显差异而决定报废。同年9月,姚伟林又印刷了1万只假花王飞逸洗发水包装箱,并再次要求江苏江阴长泾电子制版厂重新制作电脑印刷版。刘宗培提取了电脑印刷版后,从上海冠富塑胶包装有限公司印刷了假花王飞逸洗发水商标标识10.8万片。后刘宗培通过姚伟林等人将生产的洗发水膏体装运至上海桃林印刷厂,进行粘贴假花王飞逸洗发水商标标识等。1998年12月30日,刘宗培、庄晓华欲将已包装好的假花王飞逸洗发水33192瓶运至江西省南昌市,姚伟林因与刘宗培为印刷等费用发生纠葛,遂向公安机关举报致案发。

宝山区人民法院认为:被告人刘宗培、庄晓华、姚伟林结伙伪造他人注册商标标识,情节严重,其行为均已构成非法制造注册商标标识罪。刘宗培、庄晓华归案后认罪态度较好;姚伟林主动报案,并为抓获同案犯庄晓华提供有价值线索,虽不属立功,但在量刑时应酌情从宽处罚。依照《中华人民共和国刑法》第二百一十五条、第二十五条第一款、第七十二条、第七十三条第二款、第三款的规定,于 1999 年 12 月 27 日判决如下:

1. 被告人刘宗培犯非法制造注册商标标识罪,判处有期徒刑六个月,缓刑一年,并处罚金人民币一万元。

2. 被告人庄晓华犯非法制造注册商标标识罪,判处有期徒刑六个月,缓刑一年,并处罚金人民币一万元。

3. 被告人姚伟林犯非法制造注册商标标识罪,判处罚金人民币一万元。

一审宣判后,被告人姚伟林不服,以自己是受刘宗培等人欺骗才印制花王飞逸洗发水商标标识及外包装箱,不明知刘宗培等人生产假冒注册商标产品,不构成共同犯罪为由,向上海市第二中级人民法院提出上诉。

上海市第二中级人民法院二审审理查明的事实与一审相同。另查明:姚伟林于 1998 年 12 月 30 日因与刘宗培为印刷等费用发生纠葛而向公安机关举报同案犯致案发,并使赃物被及时查获,其在当天公安机关所作的笔录中交代自己参与其中的部分事实。1999 年 3 月 18 日,上诉人姚伟林在公安机关所作的讯问笔录中如实交代了自己的犯罪事实。

上海市第二中级人民法院认为:姚伟林、刘宗培、庄晓华结伙伪造他人注册商标标识,情节严重,其行为均已构成非法制造注册商标标识罪,依法应予惩处。上诉人姚伟林主观上具有明知犯罪而为之的故意,客观上又积极参与制假实施犯罪,应以非法制造注册商标标识罪共犯论处。姚伟林的上诉理由不能成立。姚伟林因与刘宗培有经济纠葛而向公安机关举报同案犯致案发,这一行为尚不符合立功条件。但其在公安机关采取强制措施前已如实交代自己参与犯罪的基本事实,在一审庭审中对自己的犯罪事实也并不否认;尽管其举报同案犯的动机是泄私愤,并辩解自己的行为不构成犯罪。但其辩解是主观上的认识错误,不能因此而否定其如实交代自己所犯的罪行这一情节。从有利于及时打击犯罪和减少由于犯罪带来的危害后果角度出发,对其行为可视为主动投案、如实供述自己的罪行,应认定为自首并应依法从轻处罚。原审判决定罪正确,对原审被告人刘宗培、庄晓华的量刑并无不当,审判程序合法。但原审判决对上诉人姚伟林未认定自首不当,应当依法改判。依照《中华人民共和国刑法》第二百一十五条、第二十五条第一款、第六十七条第一款、第七十二条、第七十三条第二款、第三款和《中华人民共和国刑事诉讼法》第一百八十九条第(一)、(三)项之规定,于 2000 年 3 月 10 日判决如下:

1. 维持宝山区人民法院刑事判决的第一、二项,即被告人刘宗培犯非法制造注册商标标识罪,判处有期徒刑六个月,缓刑一年,并处罚金人民币一万元;被告人庄晓华犯非法制造注册商标标识罪,判处有期徒刑六个月,缓刑一年,并处罚金人民币一万元。

2. 撤销宝山区人民法院刑事判决的第三项,即被告人姚伟林犯非法制造注册商标标识罪,判处罚金人民币一万元。

3. 上诉人姚伟林犯非法制造注册商标标识罪,判处罚金人民币五千元。

二、裁判要旨

No. 3-7-215-1　被告人向公安机关举报同案犯,并如实交代自己参与共同犯罪的事实,无论其基于何种动机,均成立自首。

第一,犯罪分子在举报同案犯时,只要如实供述自己参与共同犯罪的事实,就应当认定为自首。

根据《刑法》第六十七条的规定,犯罪以后自动投案和如实供述自己的罪行,是成立一般自首的两个法定标准。最高人民法院《关于处理自首和立功具体应用法律若干问题的解释》规定,自动投案是指犯罪事实或者犯罪嫌疑人未被司法机关发觉,或者虽被发觉,但犯罪嫌疑人尚未受到讯问、未被采取强制措施时,主动、直接向公安机关、人民检察院或者人民法院投案。如实供述自己的罪行是指犯罪嫌疑人主动投案后,如实交代自己的主要犯罪事实。刑法设立自首这一刑罚制度的目的,是充分发挥惩办与宽大相结合政策的感召作用,通过对自动归案的犯罪分子从宽处理,最大限度地分化瓦解犯罪分子。因此,犯罪分子只要是自动归案并如实供述自己罪行的,均应当认定为自首,依法予以从宽处罚。本案中,被告人姚伟林主动向公安机关举报同案犯,并在举报同案犯的同时,对自己参与共同犯罪的事实如实作了供述,并自愿将自己置于公安机关的控制之下,不仅使这起司法机关尚未掌握的非法制造注册商标标识共同犯罪案件得以破获,也使其他同案犯受到了刑事追诉。由于他是这起犯罪案件的共犯之一,其揭发同案犯的行为不能认定为立功,但他的行为符合自首的自动投案、如实供述自己的罪行这两个基本条件,因此应当认定为自首。

第二,自动投案的动机,不影响自首的成立。

行为人自动投案的动机多种多样,有的是真诚悔罪,有的是畏惧惩罚,有的是出于无奈,有的抱着其他想法,甚至有的还想钻法律的空子。投案的动机虽各有不同,但是都不影响自首的成立,只是司法机关在裁量决定对自首者是否从宽处罚以及从宽处罚幅度时考虑的因素。本案被告人姚伟林是由于与被告人刘宗培因印刷等费用发生纠葛后,出于泄私愤的动机,向公安机关举报刘宗培等人的犯罪事实的。但他举报的时候也如实交代了自己参与共同犯罪的事实,符合自首必须具备的自动投案、如实供述自己的罪行的法定条件。其泄私愤的动机,并不影响自首的成立。

第三,只要不是故意隐瞒或者编造事实为自己开脱罪责,犯罪嫌疑人或被告人所作的辩解,就不应当认为是不如实供述自己的罪行,也不应当否定自首的成立。

犯罪分子自动投案后,由于处于受刑事追诉的地位,在供述自己的犯罪事实的同时,还往往为自己的犯罪行为进行辩解。因此,在认定是否成立自首时,要对投案人的供述内容进行实事求是的分析。只要其交代自己主要犯罪事实的供述经查证是如实的,就应当认定为自首。不能因为在供述中有为自己的犯罪行为进行辩解的成分,就认为不是如实供述,不认定自首。为自己进行辩护,是法律赋予犯罪嫌疑人和被告人的诉讼权利。自动投案的犯罪嫌疑人或被告人在如实供述自己的主要犯罪事实前提下,在犯罪的动机、作用、罪责的大小和有无等问题上为自己所作的辩解,正是在行使依法享有的辩护权利,不影响对其自首的认定。但是,如果投案后采取隐瞒自己罪行、编造虚假事实或者如实供述自己的罪行后又翻供等方式,为自己开脱罪责,企图逃避惩罚的,不能认定为自首。

案例:张盛、邹丽假冒注册商标,王渭宝销售非法制造的注册商标标识案

案例来源:《人民法院案例选》2016 年第 9 辑

主题词:销售非法制造的注册商标标识罪 共犯的认定

一、基本案情

2012 年以来,被告人张盛为了制造假冒的调味品销售牟利,与被告人王渭宝电话联系,从王渭宝处购买未经授权非法制造的印有“南街村”商标的南德调味料包装袋 1 万套、印有“莲花”商标的莲花味精包装袋 25000 套。被告人张盛、邹丽先购买一般品牌的味精、鸡精,进行包装后冒充“太太乐”鸡精、“莲花”味精产品进行销售,后又自己配方,用食盐、味精、香料等制造调味品,冒充“南街村”调味料进行销售,销售金额达 115565 元。2013 年 8 月 14 日,湖北省襄阳市老河口市公安局对张盛、邹丽二人租住地方及租用的仓库进行了搜查,发现了大量的制假设备、原料以及假冒的“南街村”调味品、“太太乐”鸡精、“莲花”味精包装、商标标识。被告人张盛、邹丽所使用的“南街村”调味料、“太太乐”鸡精以及“莲花”味精外包装袋上均印制有与上述商标相同的商标标识。湖北省襄阳市中级人民法院一审认为,被告人张盛及邹丽未经“南街村”“太太乐”和“莲花”商标的商标所有人许可,采用购买一般品牌的味精、鸡精,进行分装后冒充“太太乐”鸡精、“莲花”味精进行销售,并自己配方,制造调味品,冒充“南街村”调味料进行销售,销售数额达 115565 元,均已构成假冒注册商标罪。被告人王渭宝销售了非法制造的“南街村牌”南德调味料包装 1 万套、“莲花”味精包装袋 25000 套,其销售的两种注册商标标识数量在 1 万件以上,已构成销售非法制造的注册商标标识罪。

湖北省襄阳市中级人民法院于 2015 年 1 月 19 日作出(2014)鄂襄阳中知初第 0002 号刑事

判决:

1. 被告人张盛犯假冒注册商标罪,判处有期徒刑二年,并处罚金六万元。

2. 被告人邹丽犯假冒注册商标罪,判处有期徒刑一年,并处罚金五万元。

3. 被告人王渭宝犯销售非法制造的注册商标标识罪,判处有期徒刑一年,并处罚金一万元。

湖北省高级人民法院在依法纠正一审判决对王渭宝刑期计算错误的基础上,维持一审判决。

二、裁判要旨

No. 3-7-215-2 行为人向从事假冒注册商标犯罪活动的人销售非法制造的注册商标标识,情节严重的,单独构成销售非法制造的注册商标标识罪,而非假冒注册商标罪的从犯。

本案被告人张盛的犯罪行为是一种典型的未经商标权人许可在同一种商品上使用与其注册商标相同的商标的行为,应当认定构成假冒注册商标罪。被告人王渭宝则只是向他人销售了非法制造的注册商标标识,并未直接将商标标识用在商品上。被告人王渭宝明知是非法制造的他人注册商标标识却仍然故意销售,并没有在商品上使用与其注册商标相同的标识的主观故意,王渭宝和张盛不具有假冒注册商标的共同故意。王渭宝的行为应当单独认定为销售非法制造的注册商标标识罪。

75 侵犯著作权罪(《刑法》第二百一十七条)

案例:孟祥国等侵犯著作权案

案例来源:《刑事审判参考》总第33集[第253号]

主题词:侵犯著作权罪　非法经营罪　法条竞合

一、基本案情

被告孟祥国,男,39岁,个体经营者。因涉嫌犯侵犯著作权罪,于2001年7月18日被逮捕。

被告人李桂英,女,52岁,原系北京市通州区胡各庄乡三元装订厂厂长。因涉嫌犯非法经营罪,于2001年6月28日被逮捕。

被告人金利杰,男,26岁,原系北京市通州区胡各庄乡三元装订厂业务员。因涉嫌犯非法经营罪,于2001年6月28日被逮捕。

北京市通州区人民法院经公开开庭审理查明:1978—1995年,被告人孟祥国在北京市新华印刷厂工作,后辞职从事个体经营。1999年底,孟祥国发现上海外语教育出版社和高等教育出版社出版的《大学英语》《高等数学》《中专英语综合教程》等教材在市场上畅销,遂起意盗印上述图书牟取非法利益。

2000年初,被告人孟祥国从他人处得知北京市通州区胡各庄乡三元装订厂(以下简称"三元装订厂")能够印刷无委印手续书刊,便电话与时任三元装订厂厂长的被告人李桂英取得联系,称自己是书商,想印一些书,并约见面细谈。后李桂英带着本厂业务员被告人金利杰在北京市丰台区六里桥与孟祥国商谈,孟祥国对李、金二人讲,其准备印一些大学教材,但无任何手续,李桂英认为所要印的教材不是"黄色"和"反动"的,即同意印刷。经过协商,双方商定:由孟祥国提供盗版图书的印刷软片及封皮,三元装订厂负责印刷正文和装订图书,并将成品书送到孟祥国所指定的托运站,每个印张0.3元。依据约定,李桂英安排工人从事盗版图书的印刷及装订,金利杰将成品书送到孟祥国指定的托运站。孟祥国接货后通过石家庄科教书店经理王聪南、浙江省三通商业教材发行站四方书店经理徐树、沈阳市文源书店经理夏志国等人将书销往全国各地。

自2000年3月至2001年2月间,被告人孟祥国、李桂英、金利杰为牟取非法利益,在明知无复制、发行等权利的情况下,未经许可复制发行外语教育出版社享有专有出版权的《大学英语》系列教材、高等教育出版社享有出版权的《中专英语综合教程》《高等数学》等教材共计22万余册,非法经营额达人民币272万余元。

北京市通州区人民法院认为:被告人孟祥国无视国家法律,以营利为目的,出版上海外语教育出版社、高等教育出版社享有专有出版权的《大学英语》《高等数学》《中专英语综合教程》等教材,被告人李桂英身为北京市通州区胡各庄乡三元装订厂的厂长,被告人金利杰身为北京市通州区胡各庄乡三元装订厂的业务人员,在明知无图书印制委托书等相关手续的情况下,为牟取非法利益,未经许可印刷、装订上述教材,非法经营数额达人民币 272 万余元,被告人李桂英负主管责任,被告人金利杰是直接负责的责任人员,三被告人的行为均侵犯了他人的专有出版权和国家的著作权管理制度,构成侵犯著作权罪。被告人孟祥国犯罪情节特别严重,被告人李桂英、金利杰犯罪情节严重,对三被告人均应依法予以惩处。在共同犯罪中,被告人孟祥国、李桂英起主要作用,系主犯,应当按照二被告人所参与的全部犯罪进行处罚。被告人金利杰系从犯,且在犯罪后协助公安机关抓捕其他犯罪嫌疑人,有立功表现,依法对其从轻、减轻或免除处罚。依照《中华人民共和国刑法》第二百一十七条第(二)项、第二百二十条、第二十五条第一款、第二十六条第一款、第四款、第二十七条、第六十八条第一款,最高人民法院《关于审理非法出版物刑事案件具体应用法律若干问题的解释》第二条和最高人民法院《关于处理自首和立功具体应用法律若干问题的解释》第五条的规定,于 2002 年 6 月 3 日判决如下:

1. 被告人孟祥国犯侵犯著作权罪,判处有期徒刑五年,并处罚金人民币五万元;
2. 被告人李桂英犯侵犯著作权罪,判处有期徒刑二年六个月,并处罚金人民币三万元;
3. 被告人金利杰犯侵犯著作权罪,免予刑事处罚。

宣判后,孟祥国、李桂英、金利杰均未上诉,检察机关未提出抗诉。判决发生法律效力。

二、裁判要旨

No. 3-7-217-1 以营利为目的,盗印他人享有专有出版权的图书的,不构成非法经营罪,应以侵犯著作权罪论处。

以非法出版物为犯罪对象的非法经营罪与侵犯著作权罪之间存在普通法条与特别法条之间的法条竞合关系。所谓法条竞合,是指行为人实施一个犯罪行为同时触犯数个法律条文,仅选择适用一个法条定罪处罚的情形。在普通法条与特别法条发生竞合的情况下,适用特别法条对行为人定罪处罚是法律适用的一般原则,其根据在于:特别法条的规定已被包含于普通法条之中,触犯特别法条的行为必然同时触犯普通法条,当立法机关在已经规定了普通法条,能够对行为人的犯罪行为进行刑法评价的情况下,又规定特别法条,说明立法者认为适用普通法条不足以对行为人的行为进行全面、恰当的评价,故需要适用特别法条对行为人的行为进行特别评价。故一般应当适用特别法条对行为人定罪处罚。否则,必将使特别法条的规定处于虚置。这也不符合立法本意。当然,特别法条优于普通法条的原则也有例外,那就是当立法机关认为适用特别法条不能对某一行为作出全面、恰当的评价时,在立法中特别规定普通法条与特别法条发生竞合的需要适用普通法条。如《刑法》第一百四十九条第二款规定:“生产、销售本节第一百四十一条至一百四十八条所列产品,构成各该条规定的犯罪,同时又构成本节第一百四十条规定之罪的,依照处罚较重的规定定罪处罚。”因此,当《刑法》第一百四十条生产、销售伪劣产品罪与第一百四十一条至第一百四十八条生产、销售特种伪劣产品犯罪之间发生竞合时,不适用特别法条优于普通法条的法律适用原则,而应适用重法条优于轻法条的法律适用原则,按照处罚较重的法条定罪处罚。以非法出版物为犯罪对象的非法经营罪与侵犯著作权罪而言,《刑法》第二百二十五条是普通法条,第二百一十七条是特别法条,在刑法没有作出特别规定的情况下,应当采用特别法条优于普通法条的适用原则,以侵犯著作权罪定罪处罚。最高人民法院《关于审理非法出版物刑事案件具体应用法律若干问题的解释》第十一条的规定也肯定了这一原则:“违反国家规定,出版、印刷、复制、发行本解释第一条至第十条规定以外的其他严重危害社会秩序和扰乱市场秩序的非法出版物,情节严重的,依照刑法第二百二十五条第(三)项的规定,以非法经营罪定罪处罚。”也就是说,对于以非法出版物为犯罪对象的犯罪行为,只有在没有特别法条可以适用的情况下,才能适用《刑法》第二百二十五条,以非法经营罪定罪处罚。最高人民法院、最高人民检察院《关于办理生产、销售伪劣商品刑事案件具体应用法律若干问题的解释》第十条关于“实施生产、销售伪劣商品犯罪,同时构成侵犯知识产权、非法经营等其他犯罪的,依照处罚较重的规定定罪处罚”的规定,是指在行为人生产、销售伪劣商品犯罪过程中,其手段、方法行为或者结果行为同时构成侵犯知识产权、非法经营等其他犯罪的情形,属于刑法理论中的牵连犯,当然应当适用处罚较重的刑法条款定罪处罚。

案例:王安涛侵犯著作权案

案例来源:《刑事审判参考》总第 19 辑[第 117 号]

主题词:侵犯著作权罪　计算机软件

一、基本案情

被告人王安涛,男,29 岁,原系浙江省杭州泓瀚软件系统有限公司的法定代表人。1998 年 10 月 28 日被逮捕。

杭州市下城区人民法院经审理查明:被告人王安涛原系杭州天利咨询工程服务公司(以下简称“天利公司”)职员。1996 年 6 月,天利公司开发了《天丽鸟自来水智能系统》软件(以下简称“天丽鸟软件”)。1998 年 4 月,王安涛从天利公司辞职,与他人合伙注册成立了杭州泓瀚软件系统有限公司(以下简称“泓瀚公司”)。

1998 年上半年,被告人王安涛从天利公司技术员严辉民处取得了非法复制的天利公司开发的天丽鸟软件,并让原天利公司程序员肖海勇将软件源代码稍作修改并更名为《泓瀚自来永智能调度、信息发布、热线服务系统》(以下简称“泓瀚软件”)。嗣后,王安涛即以泓瀚公司的名义,将泓瀚软件销售给青岛市自来水公司和大同市自来水公司,销售金额 16 万元,获利 15.2 万元。王安涛还以泓瀚公司的名义,与广东省顺德市的桂洲镇、容奇镇自来水公司签订合同,收取定金 12.25 万元,准备再将泓瀚软件销售给上述两公司,后因案发而未成。

杭州市下城区人民法院认为:公诉机关指控被告人王安涛侵犯著作权,事实清楚,所举证据确实、充分,且能相互印证,可作为定案根据。王安涛及其辩护人所提从青岛、大同自来水公司收到的只有 15.2 万元而非 16 万元的意见,经查与事实相符,应予采纳。其他辩护意见与查明的事实和法律规定不符,不予采纳。天利公司开发了天丽鸟软件,依照《中华人民共和国著作权法》第三条第(八)项、第二条第一款的规定,该公司是著作权人。被告人王安涛以营利为目的,未经著作权人许可,复制销售他人计算机软件,违法所得数额巨大。故依照《中华人民共和国刑法》第二百一十七条第(一)项的规定,于 1999 年 6 月 4 日判决如下:

被告人王安涛犯侵犯著作权罪,判处有期徒刑四年,并处罚金人民币二万元。

宣判后,王安涛不服,以销售给青岛、大同两公司的软件是让肖海勇重新开发的;销售给广东两家公司的软件是网络版,与天利公司的产品在运行环境、源码上均不相同;本公司有大量合法业务,并非仅为犯罪而设立;本人主观上没有侵犯天利公司软件著作权的故意,并且是代表泓瀚公司从事业务活动,应由公司承担一切责任为由提出上诉。

王安涛的辩护人提出:肖海勇并未按照王安涛的指令修改软件,王安涛并不知道肖海勇提供的仍是天利公司的复制品,在王安涛看来,软件经过修改后就不会侵犯他人的版权,王安涛的主观上不具备侵犯著作权的故意,其行为不构成犯罪。

杭州市中级人民法院经审理认为:上诉人王安涛及其辩护人提出已销售给青岛、大同两公司的软件是让肖海勇重新开发的;准备销售给广东两公司的软件是网络版,与天利公司的产品在运行环境、源码上均不相同的意见,已经被鉴定结论及证人肖海勇、汪永全的证言证明不是事实,王安涛本人也无法提供出其公司独立开发出来的软件产品作为证据。证人肖海勇等人的证言及泓瀚公司的往来账目已经证明,从事侵权软件的复制和销售,是王安涛的公司设立后的主要活动,王安涛关于公司设立后有大量合法业务的辩解不能成立。王安涛未经软件著作权人天利公司的同意,擅自复制、修改天利公司的产品进行销售,非法获利达 20 万元以上,其行为已触犯《刑法》第二百一十七条的规定,构成侵犯著作权罪。故于 1999 年 7 月 26 日裁定驳回上诉,维持原判。

二、裁判要旨

No.3-7-217-2 未经著作权人许可,将其计算机软件修改后销售牟利的,应以侵犯著作权罪论处。

根据《刑法》第二百一十七条第(一)项的规定,侵犯著作权罪是指以营利为目的,未经著作权人许可,复制发行其作品,出版他人享有专有出版权的图书,复制发行其制作的音像制品,或者制售假冒他人署名的美术作品,违法所得数额较大或者有其他严重情节的行为。以计算机软件为对象构成侵犯著作权罪应当同时具备以下三个条件:一是行为人具有营利的目的;二是行为人未经软件著作权人许可,实施了复制发行其计算机软件的行为;三是违法所得数额较大或者有其他严重情节的。本案被告人王安涛实施了销售行为,其营利目的是显而易见的;其违法所得数额达27万余元,根据最高人民法院《关于审理非法出版物刑事案件具体应用法律若干问题的解释》第二条的规定,应当认定其"违法所得数额巨大";根据《计算机软件保护条例》第三条第(五)项的规定,计算机软件的复制,是指把软件转载在有形物体上的行为。王安涛将同一泓瀚软件销售给青岛市自来水公司和大同市自来水公司,还与广东省顺德市的桂洲镇、容奇镇自来水公司签订销售合同,毫无疑问其实施了"复制发行"行为。因此,王安涛的行为是否构成侵犯著作权罪,关键在于以下问题的认定:

首先,复制发行未办理软件著作权登记的软件是否侵犯了软件开发者的软件著作权?

根据《计算机软件保护条例》的规定,计算机软件,是指计算机程序及其有关文档。计算机程序,是指为了得到某种结果而可以由计算机等具有信息处理能力的装置执行的代码化指令序列,或者可被自动转换成代码化指令序列的符号化指令序列或者符号化语句序列。计算机程序包括源程序和目标程序。同一程序的源文本和目标文本应当视为同一作品。文档是指用自然语言或者形式化语言所编写的文字资料和图表,用来描述程序的内容、组成、设计、功能规格、开发情况、测试结果及使用方法,如程序设计说明书、流程图、用户手册等。软件著作权属于软件开发者。"中国公民和单位对其所开发的软件,不论是否发表,不论在何地发表,均依照本条例享有著作权。"软件著作权人享有下列各项权利:"(一)发表权,即决定软件是否公之于众的权利;(二)开发者身份权,即表明开发者身份的权利以及在其软件上署名的权利;(三)使用权,即在不损害社会公共利益的前提下,以复制、展示、发行、修改、翻译、注释等方式使用其软件的权利;(四)使用许可权和获得报酬权,即许可他人以本条第(三)项中规定的部分或者全部方式使用其软件的权利和由此而获得报酬的权利;(五)转让权,即向他人转让由本条第(三)项和第(四)项规定的使用权和使用许可权的权利。"下列行为,依法构成侵犯软件著作权的行为:"(一)未经软件著作权人同意发表其软件作品;(二)将他人开发的软件当作自己的作品发表;(三)未经合作者同意,将与他人合作开发的软件当作自己单独完成的作品发表;(四)在他人开发的软件上署名或者涂改他人开发的软件上的署名;(五)未经软件著作权人或者其合法受让者的同意修改、翻译、注释其软件作品;(六)未经软件著作权人或者其合法受让者的同意复制或者部分复制其软件作品;(七)未经软件著作权人或者其合法受让者的同意向公众发行、展示其软件的复制品;(八)未经软件著作权人或者其合法受让者的同意向任何第三方办理其软件的许可使用或者转让事宜。"因此,虽然天利公司的天丽鸟软件既未发表,亦未向软件登记管理机构办理软件著作权登记,天利公司作为天丽鸟软件的开发者,仍然依法享有软件著作权。任何单位和个人未经著作权人天利公司许可,对其软件进行修改、复制发行的行为,均侵犯了天利公司软件著作权。

其次,未经软件著作权人许可,将其计算机软件修改后复制发行的行为,是否属于刑法意义上的复制发行?

从形式上看,王安涛将以不正当手段获得的天丽鸟软件进行了修改,并且更名为泓瀚软件,是一种未经权利人许可而使用其软件的行为,与《著作权法实施条例》第五条第(一)项规定的"以印刷、复印、临摹、拓印、录音、录像、翻录、翻拍等方式将作品制作一份或者多份"的复制行为有一定的区别。但是,认定是否属于复制行为,不能仅以原件与复制件在形式上、表现上是否完全相同作为判断依据,还应当看其实质,如行为人是否对该软件进行了实质性改进。如果对软件的功能作了实质性改进,应属于演绎行为,与复制有所不同;如果仅依靠一定的设备、技术、技艺,机械性地再现原作品,则属于复制行为。从本案审理查明的事实来看,王安涛并没有对天丽鸟软件做实质性的改进,仅将其源代码稍作修改后,便更名为泓瀚软件。泓瀚软件所包含的智力创造仍是天利公司独自的劳动成果,不具有在某一方面的独创性和原创性,不是新的作品,因此,在实质上仍是原作品的复制。王安涛以营利为目的,未经软件著作权人许可,复制发行其天丽鸟软件的行为,应当认定属于刑法意义上的“复制发行”行为。

案例:谭慧渊等侵犯著作权案

案例来源:《刑事审判参考》总第53集[第417号]

主题词:司法解释效力　从旧兼从轻原则

一、基本案情

被告单位湖南大学财税远程教育中心。

被告人谭慧渊,男,1955年5月1日出生,大学文化,原系湖南税务高等专科学校党委副书记、副校长,兼任湖南大学财税远程教育中心主任。因涉嫌犯侵犯著作权罪于2002年11月18日被逮捕,2004年8月15日被取保候审。

被告人蒋菊香,女,1963年9月6日出生,大学文化,原系湖南税务高等专科学校教师,兼任湖南大学财税远程教育中心资源办主任。因涉嫌犯侵犯著作权罪,于2002年11月18日被逮捕,2004年5月12日被取保候审。

湖南省长沙市中级人民法院经审理查明:2000年下半年,国家税务总局为配合税务系统机构改革,提高税务系统公务员学历,与湖南大学协商开展税务系统远程学历教育。2001年1月2日,湖南大学发文成立湖南大学财税远程教育中心(以下简称“财税中心”),隶属于湖南大学现代教育技术中心(又称湖南大学多媒体信息教育学院,2002年后更名为湖南大学网络学院)管理。2001年1月19日,湖南大学向湖南省教育厅申请办理财税中心的备案手续。财税中心在湖南省质量技术监督局取得组织机构代码证,机构类型为“其他机构”。湖南大学现代教育技术中心批复财税中心,“在国家税务总局教育中心、湖南大学指导下相对独立地开展教育教学工作,按企业化管理模式运作”。

2001年3月6日,国家税务总局教育中心与湖南大学签订《关于合作开展税务系统远程学历教育协议书》,双方就所开设的专业、教学形式、生源组织、教学管理、学历及学位证书发放、课程设置、教育计划及教材选用、教学软件开发、学费标准、负责人的产生及聘任等问题进行了约定。2001年3月22日,经国家税务总局教育中心委托、湖南省国税局推荐,被告人谭慧渊被湖南大学聘任为财税中心主任。2001年4月,被告人蒋菊香被谭慧渊聘请到财税中心资源办任主任。

2001年4月15日和9月5日,湖南大学现代教育技术中心先后与财税中心签订了《关于湖南大学财税远程教育中心管理合同书》和《补充协议书》,约定了办学层次及专业,教学管理,教学资源的使用及建设,收费、收入的分配、奖励等方面事项。

财税中心在办学过程中,向学员收取教育资源费,发放教科书和光盘给学员。办学之初,财税中心向湖南大学现代教育技术中心教学资源指定供应单位湖南大学信息技术有限公司共计支付250.542万元,购买部分教材和教学光盘发放给学员使用。

2001年9、10月间,财税中心开学在即,急需教材,被告人谭慧渊认为根据与湖南大学现代教育技术中心签订的管理合同书,财税中心可以使用湖南大学的教材,遂要求资源办翻印教材。时任资源办负责人的符某将从湖南大学现代教育技术中心取回的《邓小平理论概论》《大学英语预备级I》《INTERNET基础》3本样书及《现代远程教育基础》的印刷胶片交给被告人蒋菊香要其翻印。蒋菊香经请示谭慧渊同意后,在没有征得著作权人许可和专有出版权人同意,也没有向印刷厂提供印刷证明的情况下,找人联系印刷厂家翻印,共印刷了《邓小平理论概论》3万册、《大学英语预备级I》3万册、《现代远程教育基础》3万册、《INTERNET基础》1万册。财税中心支付印刷费 48.1793 万元。

其中,《邓小平理论概论》是中共湖南省委高等学校工作委员会、湖南省教育厅组编,吴鸣主编的高等学校通用教材,由湖南大学出版社出版。该课程系财税中心学员必修课程。财税中心共翻印该书 3 万册,该书定价 11.50 元/册,发放给学员 29187 册,免费配发给各教学点 759 册,库存 54 册,非法经营额为 34.5 万元。

《INTERNET 基础》是由北方交通大学出版社出版的现代远程教材,由王子荣(湖南大学现代教育技术中心网络部主任)主编,胡峰松(湖南大学现代教育技术中心教务部主任)副主编,杨贯中(湖南大学现代教育技术中心负责人)主审。财税中心共翻印该书 1 万册,该书定价为 19 元/册,其中发放给学员 9249 册,免费配发给各教学点 751 册,非法经营额为 19 万元。

《大学英语预备级 I》系董亚芬主编的高等学校教材,上海外语教育出版社享有专有出版权。该书没有列为财税中心的教学计划。财税中心翻印 3 万册,定价 11.1 元,非法经营额为 33.3 万元。全部免费发放给学员。

《现代远程教育基础》是李震声主编的湖南大学多媒体信息教育学院的内部教材,没有公开出版。该书编辑了远程教育方面的文件和相关论文。该书的印刷胶片由编者之一胡峰松提供。财税中心翻印 3 万册。该书没有定价。

湖南省金雷司法鉴定所出具的《司法鉴定技术报告书》证实,财税中心非法复制《邓小平理论概论》《INTERNET 基础》,共获利 28 万余元。

长沙市中级人民法院认为,被告单位湖南大学财税远程教育中心为节约成本、谋取利益,未经著作权人许可和享有专有出版权的出版社同意,非法复制发行《邓小平理论概论》和《INTERNET 基础》,获取违法所得 28 万余元,其行为构成侵犯著作权罪。被告人谭慧渊作为财税中心负责人、被告人蒋菊香作为财税中心直接责任人员应当承担刑事责任。根据被告人蒋菊香犯侵犯著作权罪的犯罪情节,对其适用缓刑确实不致再危害社会,可以宣告缓刑。财税中心复制光盘、翻印《大学英语预备级 I》和《现代远程教育基础》两书虽不能认定为犯罪,但系违法行为,所得利润应予追缴。依照《中华人民共和国刑法》第二百一十七条、第二百二十条、第三十条、第三十一条、第七十二条、第七十三条第二、三款的规定,于 2004 年 7 月 28 日判决如下:

1. 被告单位湖南大学财税远程教育中心犯侵犯著作权罪,判处罚金 400 万元。
2. 被告人谭慧渊犯侵犯著作权罪,判处有期徒刑一年,并处罚金 5 万元。
3. 被告人蒋菊香犯侵犯著作权罪,判处有期徒刑一年,宣告缓刑二年,并处罚金 5 万元。
4. 追缴被告单位湖南大学财税远程教育中心违法所得 256.29324 万元。

一审宣判后,被告单位湖南大学财税远程教育中心和被告人谭慧渊、蒋菊香均不服,提出上诉。

财税中心上诉提出:(1)一审对上诉人判处罚金 400 万元,达到了其所认定的犯罪所得额 14 倍多,量刑畸重;(2)上诉人所复制的书籍,用于发放给学员作为学习资料,与一般的商业营利活动不同,量刑时应作为重要的情节因素予以考虑;(3)上诉人收取的经费来源于学生,收费较低,并用于财税教育,量刑时应予考虑。

财税中心的辩护人提出:(1)本案不应以"所得数额"作为认定是否达到刑事责任起点的标准,而应按照非法经营额的标准,按此标准被告单位湖南大学财税远程教育中心不构成犯罪。(2)即使采用"合理估算收入,扣除直接成本"的方式估算"所得数额",两本书的"所得数额"也未达到 20 万元的刑事责任标准,其行为亦不构成犯罪。

被告人谭慧渊上诉及其辩护人辩护提出:财税中心翻印两书的行为不构成侵犯著作权罪,属于一般的违法行为,本案所获取的利益没有达到侵犯著作权所要求必须达到的法定构罪标准,从而不能追究谭慧渊的刑事责任。

被告人蒋菊香上诉及其辩护人辩护提出:(1)财税中心翻印两本书的行为,主观上没有营利的目的,客观上没有营利的事实,数额上也没有达到犯罪的标准,财税中心的行为不构成侵犯著作权罪。(2)其本人不是直接责任人,不应追究刑事责任。

湖南省高级人民法院经审理认为:上诉人湖南大学财税远程教育中心为节约成本,未经著作权人许可和享有专有出版权的出版社同意,非法复制发行《邓小平理论概论》《INTERNET 基础》两本书,系侵犯著作权的行为。财税中心非法复制《邓小平理论概论》一书,因案发而未实际获利,没有违法所得;财税中心非法复制《INTERNET 基础》一书,虽实际获利,但由于复制成本费无法查清,折扣率无法确定,不能准确确定其违法所得。一审认定财税中心非法复制上述两本书,非法获利 28 万余元的证据不足。由于财税中心侵犯著作权的违法所得数额无法准确认定,本案应当以非法经营额来评判是否构罪。而本案财税中心非法复制上述两本书的非法经营额能准确认定为 53.5 万元,没有达到 100 万元的犯罪标准,故财税中心非法复制上述两本书的行为,不构成侵犯著作权罪。谭慧渊作为该单位主管人员,蒋菊香作为直接责任人员依法不应追究刑事责任。故湖南大学财税远程教育中心及其辩护人、谭慧渊及其辩护人、蒋菊香及其辩护人上诉和辩护提出的"财税中心虽有为节约成本,未经著作权人许可和享有专有出版权的出版社同意,翻印、复制《邓小平理论概论》《INTERNET 基础》两本书的侵权行为,违法所得、非法经营额均未达到构罪标准,其行为不构成犯罪"的理由部分成立,予以采纳。原审判决认定的主要事实清楚,证据确实、充分,审判程序合法,但适用法律不当。依照《中华人民共和国刑法》第三条、第十三条,最高人民法院《关于审理非法出版物刑事案件具体应用法律若干问题的解释》第二条第(二)项及《中华人民共和国刑事诉讼法》第一百六十二条第(二)项、第一百八十九条第(二)项之规定,于 2005 年 10 月 11 日判决如下:

1. 撤销长沙市中级人民法院(2004)长中刑二初字第 9 号刑事判决。
2. 被告单位湖南大学财税远程教育中心和被告人谭慧渊、蒋菊香无罪。

二、裁判要旨

No.3-7-217-3　新的司法解释实施前发生的行为,行为时已有相关司法解释的,应当适用从旧兼从轻原则。

对于侵犯著作权犯罪的法律适用,最高人民法院先后公布了两个司法解释,一个是 1998 年 12 月 17 日公布的最高人民法院《关于审理非法出版物刑事案件具体应用法律若干问题的解释》;另一个是 2004 年 12 月 8 日公布的最高人民法院、最高人民检察院《关于办理侵犯知识产权刑事案件具体应用法律若干问题的解释》。

《关于审理非法出版物刑事案件具体应用法律若干问题的解释》第二条对侵犯著作权罪作的规定为:"以营利为目的,实施刑法第二百一十七条所列侵犯著作权行为之一,个人违法所得数额在五万元以上,单位违法所得数额在二十万元以上的,属于'违法所得数额较大';具有下列情形之一的,属于'有其他严重情节':(一)因侵犯著作权曾经两次以上被追究行政责任或者民事责任,两年内又实施刑法第二百一十七条所列侵犯著作权行为之一的;(二)个人非法经营数额在二十万元以上,单位非法经营数额在一百万元以上的;(三)造成其他严重后果的。以营利为目的,实施刑法第二百一十七条所列侵犯著作权行为之一,个人违法所得数额在二十万元以上,单位违法所得数额在一百万元以上的,属于'违法所得数额巨大';具有下列情形之一的,属于'有其他特别严重情节':(一)个人非法经营数额在一百万元以上,单位非法经营数额在五百万元以上的;(二)造成其他特别严重后果的。"

《关于办理侵犯知识产权刑事案件具体应用法律若干问题的解释》第五条第 1 款对侵犯著作权罪作的规定为:"以营利为目的,实施刑法第二百一十七条所列侵犯著作权行为之一,违法所得数额在三万元以上的,属于'违法所得数额较大';具有下列情形之一的,属于'有其他严重情节',应当以侵犯著作权罪判处三年以下有期徒刑或者拘役,并处或者单处罚金:(一)非法经营数额在五万元以上的;(二)未经著作权人许可,复制发行其文字作品、音乐、电影、电视、录像作品、计算机软件及其他作品,复制品数量合计在一千张(份)以上的;(三)其他严重情节的情形。"第十五条规定:"单位实施刑法第二百一十三条至第二百一十九条规定的行为,按照本解释规定的相应个人犯罪的定罪量刑标准的三倍定罪量刑。"

《关于办理侵犯知识产权刑事案件具体应用法律若干问题的解释》颁行后,就应当适用于所有正在审理和尚未审理的侵犯知识产权犯罪案件,即使侵犯知识产权犯罪行为发生在该司法解释施行以前,这是司法解释适用的一般原则。但是,由于之前施行的《关于审理非法出版物刑事案件具体应用法律若干问题的解释》也对《刑法》第二百一十七条规定的侵犯著作权罪的定罪处刑标准作了规定,那么就涉及对于《知识产权刑事案件解释》颁行以前发生但在其颁行以后才处理的侵犯著作权刑事案件,是适用《关于审理非法出版物刑事案件具体应用法律若干问题的解释》还是《关于办理侵犯知识产权刑事案件具体应用法律若干问题的解释》的问题。对此,最高人民法院、最高人民检察院《关于适用刑事司法解释时间效力问题的规定》第三条规定:"对于新的司法解释实施前发生的行为,行为时已有相关司法解释,依照行为时的司法解释办理,但适用新的司法解释对犯罪嫌疑人、被告人有利的,适用新的司法解释。"据此,对于同一个具体应用法律问题先后有两个司法解释的,应当根据《刑法》第十二条第一款规定的从旧兼从轻原则,选择适用对被告人最有利的司法解释。从以上两个司法解释对于侵犯著作权罪的规定可以看出,按照从旧兼从轻的原则,对于 2004 年 12 月 21 日以前发生的正在审理和尚未审理的侵犯著作权刑事案件,显然应当适用《关于审理非法出版物刑事案件具体应用法律若干问题的解释》。

案例:闫少东等侵犯著作权案

案例来源:《人民法院案例选》2009 年第 1 辑

主题词:侵犯著作权罪　非法经营罪

一、基本案情

被告人闫少东、王琪、陈科、陈少羽、王友杰。

上海市长宁区人民法院经审理查明:韩国艺堂娱乐产业有限公司拥有《精灵复兴》网络游戏的著作权。2006 年 3 月,该公司授予上海易当网络科技有限公司在我国发行、销售、运营该网络游戏的权利以及该产品文字、图像和多媒体资料的使用权。

2006 年 5 月,被告人闫少东向他人购得《精灵复兴》网络游戏程序复制版,遂起意"私服"运营牟利。同年 7 月,闫少东与被告人王琪在武汉市就"私服"运营《精灵复兴》网络游戏签订合作协议,约定利润对半分成。王琪提供两台服务器并负责托管维护,兼负责聘用人员的食宿;闫少东负责网络游戏营运和招聘工作人员。随后,王琪租借武汉市东亭小区一私房,与闫少东筹备私服运营。王琪将两台服务器分别托管于武汉市和茂名市的某网络公司,并通过茂名市某网络公司在梧州市的分公司租借私服运营所需虚拟下载空间。闫少东聘用被告人陈科、陈少羽参与《精灵复兴》网络游戏私服运营,陈科负责建立该网络游戏私服运营所需网站,陈少羽负责私服运营客户服务。其间,闫少东将《精灵复兴》网络游戏更名为《精灵世界》。2007 年初,上述《精灵世界》网络游戏私服运营地点转移至闫少东租借的重庆市渝北区一私房内,闫少东、王琪将原托管于武汉市某公司的一台服务器转托至重庆某公司。2007 年 3 月下旬,被告人王友杰经聘用参与该私服团伙,与陈少羽一起负责客户服务。在私服运营期间,陈科、陈少羽、王友杰曾分别从闫少东处领取报酬。截至 2007 年 5 月,闫少东、王琪、陈科、陈少羽违法所得数额合计人民币 14 万余元,其中包括王友杰所共同参与的违法所得数额合计人民币 7 万余元。

据上海公信扬知识产权司法鉴定所司法鉴定,正版《精灵复兴》游戏和侵权嫌疑版《精灵世界》游戏之间存在复制关系。案发后被告人王琪自动至公安机关投案并如实供述案件事实。

上海市长宁区人民法院认为,被告人闫少东、王琪、陈科、陈少羽、王友杰的上述行为均已构成侵犯著作权罪,且违法所得数额较大,依法应当承担刑事责任。闫少东、王琪系主犯。陈科、陈少羽、王友杰系从犯,予以从轻处罚。王琪系自首,予以从轻处罚。陈少羽犯罪时不满 18 周岁,亦予以从轻处罚。五名被告人在审理中都能认罪、悔罪,均酌情从轻处罚。故以犯侵犯著作权罪,分别对闫少东判处有期徒刑二年,并处罚金人民币 2 万元;对王琪判处有期徒刑一年六个月,缓刑一年六个月,并处罚金人民币 1.5 万元;对陈科判处有期徒刑一年,并处罚金人民币 1 万元;对陈少羽判处有期徒刑七个月,并处罚金人民币五千元;对被告人判处有期徒刑八个月,并处罚金人民币 8000 元;犯罪工具予以没收,违法所得予以追缴。

闫少东上诉辩称,原判认定的违法所得数额应为非法经营数额。闫少东的辩护人认为,一是闫少东没有复制或发行他人游戏软件,其对从他人处购得的《精灵复兴》游戏程序进行过汉化处理,存在二次开发的因素,故其行为不符合侵犯著作权罪的客观要件;二是非法所得数额应当指的是违法获利的数额,而原判认定的 14 万余元的性质应为非法经营数额,如认定违法所得须扣除闫少东等人对相关软件二次开发等的支出;三是建议对闫少东适用缓刑。原审被告人王琪辩解意见与闫少东相同。原审被告人陈科、陈少羽、王友杰对原判确认的事实、证据和定性均无异议。

上海市第一中级人民法院认为,上诉人闫少东及原审被告人王琪、陈科、陈少羽、王友杰以营利为目的,未经著作权人许可,以私服营运方式,通过信息网络向公众传播并运营所购得的盗版网络游戏,该行为依法应被视为复制发行他人网络游戏软件,且违法所得数额较大,其行为均已构成侵犯著作权罪。原审法院认定闫少东、王琪为主犯,并认定陈科、陈少羽、王友杰为从犯,王琪系自首,陈少羽犯罪时系未成年人以及上诉人、原审被告人均能自愿认罪而予以从轻处罚和酌情从轻处罚并无不当。对于否认侵犯著作权犯罪的意见,经查,《精灵世界》游戏软件是在《精灵复兴》游戏软件基础上进行少量改动而成,尽管两者名称、局部功能略有差异,但程序文件基本相同,闫少东等人所谓对《精灵复兴》游戏的二次开发不存在独创性,且闫购得该盗版游戏软件后,擅作修改并运营牟利,已侵犯了著作权人的著作权。至于违法所得是否应扣除私服经营成本的问题。依照《刑法》第六十四条有关供犯罪所用的本人财物,应当予以没收的规定,闫少东等人为所谓的二次开发投入资金或财物的目的,是为了从事侵犯他人著作权的违法犯罪活动,相关资金或财物具违法性,应当视作侵犯著作权行为的一部分而予以处理,不应从违法所得中予以扣除。闫少东及其辩护人的辩解和辩护意见不予采纳。陈少羽的辩护人关于陈对犯罪不知情且无牟利动机而不构成侵犯著作权罪的辩护意见,原判已作出评判意见,该评判意见正确,故上述辩护意见亦不采纳。原审根据上诉人及其他四名原审被告人的犯罪事实、性质、情节及对社会的危害程度等所作的判决并无不当,且审判程序合法。二审法院遂驳回闫少东的上诉,维持原判。

二、裁判要旨

No. 3-7-217-4 在网上私自架设服务器进行盗版网络游戏营运的,不构成非法经营罪,应以侵犯著作权罪论处。

早在 2003 年 12 月 23 日新闻出版总署、信息产业部、国家工商行政管理总局、国家版权局、全国“扫黄”打“非”小组办公室在《关于开展对“私服”、“外挂”专项治理的通知》中指出,私服、外挂违法行为是指未经许可或授权,破坏合法出版、他人享有著作权的互联网游戏作品的技术保护措施、修改作品数据、私自架设服务器、制作游戏充值卡,运营或挂接运营合法出版、他人享有著作权的互联网游戏作品,从而谋取利益、侵害他人利益。私服是相对于官服而言的。所谓官服,是指由网络游戏软件开发商授权的网络游戏软件运营商架设网络游戏服务器的行为。从实践情况来看,目前有善意私服和恶意私服两种形式。善意私服一般是在小范围内作教学或研究之用,而恶意私服一般是以营利为目的。由于善意私服不构成违法犯罪,在此不作讨论。

私服行为为何是一种违法犯罪行为呢?第一,私服给网络游戏行业带来不合法、不健康的因素。在我国市场上,运行网络游戏首先必须获得文化部和出版署的资格许可方可经营,而私服则无此约束,因而私服运营不具备合法性。第二,私服的运营成本低廉,可以明显低于官服的价格吸引游戏玩家,严重扰乱网络游戏市场秩序,使许多游戏运营商直接遭受巨大的经济损失。第三,私服没有必要的经营保障手段和客户服务手段,无法对游戏玩家的虚拟财产和客户服务提供有效的保障措施,游戏玩家的合法利益没有办法得到保障,从而间接破坏了游戏运营商的社会形象。第四,私服经营未经软件著作权人的授权,因而必定侵犯他人的著作权。总之,私服行为严重侵害了著作权人、出版商、合法经营者以及游戏消费者的合法权益,扰乱了互联网游戏出版经营的正常秩序,破坏了网络游戏产业的良性发展,给国家、企业和消费者造成极大的经济损失,在社会上产生了恶劣影响,如违法所得数额较大或者有其他严重情节,构成犯罪的,应当定罪处罚。

私服行为应当认定为《刑法》第二百一十七条的"复制发行"。这是因为复制、发行盗版游戏软件是私服运营过程中的一项重要环节。未复制、发行盗版程序只存在侵权可能性,只有通过复制、发行,这种可能性才向现实性转化。软件著作权的实现是通过提供复制品的方式,包括发行和出租。但对于网络游戏的运作来说,还增加了一项通过信息网络向公众提供软件(包括客户端程序)。因此,网络游戏运营商获得网络游戏的许可使用权不仅是发行、出租或者通过信息网络提供软件复制品的权利,也是一种传播者权利。这种传播是一个投入劳动和资金的过程,网络游戏运营商需要架设服务器端,并在公共网络环境下对用户参与的网络游戏运行过程进行组织、管理、维护,这是网络游戏功能性和商业性运行的要求,也是网络游戏著作权人权利实现的基础。私服运营也一样,只是私服者取代了网络游戏合法经营者的角色,运营中也必须对盗版游戏软件进行复制、发行以实现其牟利目的。

非法经营罪主要是维护特定的许可证制度和市场准入制度,惩治严重破坏市场经济秩序的行为,私服者通过对他人软件作品的复制发行牟取非法利益,其危害表现在对游戏软件著作权人的侵害上,无论从内容还是形式上更符合侵犯著作权罪的各方面要件,因此,本案不构成非法经营罪。

案例:徐楚风等侵犯著作权案

案例来源:《人民法院案例选》2009 年第 3 辑

主题词:侵犯著作权罪 计算机软件

一、基本案情

被告人徐楚风。

被告人姜海宇。

上海市浦东新区人民法院经审理查明:2006 年 7 月,被告人徐楚风、姜海宇得知英特儿营养乳品有限公司(以下简称"英特儿公司")需购买"WindowsXP"等 7 种微软公司的软件。经预谋后,购买了微软公司价值人民币 78591 元的"WindowsXP"软件,并据此取得了微软公司的开放式许可协议。两被告人在未经著作权人微软公司许可的情况下,擅自在该份开放式许可协议上添加了微软"Office 2003 Win32 ChnSimp OLP NL""SQL Svr Standard Edtn 2005 Win32 ChnSimp OLPNLl5 Clt"等 6 种软件,通过案外人转手销售给英特儿公司,共非法获利人民币 294409 元。其中徐楚风分得 150000 元,姜海宇分得 144409 元。2007 年 12 月,姜海宇被公安机关抓获。两天后,徐楚风至公安机关投案自首。随后,两人向公安机关退缴了全部违法所得。2008 年 5 月,上海市浦东新区人民检察院以侵犯著作权罪对两人提起公诉。

上海市浦东新区人民法院认为,被告人徐楚风、姜海宇以营利为目的,未经著作权人许可,复制发行其计算机软件,违法所得数额巨大,其行为均已构成侵犯著作权罪。被告人徐楚风具有自首情节,依法减轻处罚。被告人徐楚风、姜海宇均自愿认罪,交代态度较好,案发后均积极退出违法所得,酌情从轻处罚。案件审理过程中,两被告人主动与微软公司及英特儿营养乳品有限公司就其行为后果的妥善处理达成"三方协议",对其行为的社会危害性起到一定的弥补作用,量刑时酌情予以考虑。综上,依照《刑法》第二百一十七条第(一)项、第二十五条、第六十七条第一款、第七十二条、第七十三条、第五十三条、第六十四条及最高人民法院、最高人民检察院《关于办理侵犯知识产权刑事案件具体应用法律若干问题的解释》第 5 条第 2 款、第 14 条第 1 款,最高人民法院、最高人民检察院《关于办理侵犯知识产权刑事案件具体应用法律若干问题的解释(二)》第 4 条之规定,判决被告人徐楚风犯侵犯著作权罪,判处有期徒刑二年六个月,缓刑二年六个月,罚金人民币十五万元;被告人姜海宇犯侵犯著作权罪,判处有期徒刑三年,缓刑三年,罚金人民币十四万四千五百元;违法所得人民币二十九万四千四百零九元退赔微软公司。

二、裁判要旨

No. 3-7-217-5 以营利为目的,未经著作权人许可,复制发行计算机软件,违法取得数额巨大的,应以侵犯著作权罪论处。

计算机软件是一种以在计算机上应用为目的的特殊的著作权客体,从功能上来讲,其被利用只能通过在计算机上安装运行才能实现。也就是说,凸显计算机软件财产价值的可复制性特征,主要体现在其安装运行中。安装的介质目前大多是光盘,这是计算机软件的外化物,是计算机软件这一智力成果的物质载体。通常情况下,用户要使用某一软件,需要向软件著作权人购买正版软件光盘。一般来说,购买一套正版软件,只意味着获得了一套软件的使用许可,即仅有权将该软件安装在一台电脑上运行。如要在其他电脑上使用该软件,应当另行购买或另行取得软件著作权人的许可。

当面对需要在多台电脑上安装某一软件的用户时,有些软件著作权人会通过发放开放式许可协议的方式进行授权。计算机软件的开放式许可是指,计算机软件著作权人向用户发放的,允许其安装并使用超过其提供的安装载体数的许可文件。这种许可常常针对企业和机构用户,由著作权人向用户提供一套或几套安装介质及序列号,许可其在超过该套数的协议所规定数量的计算机上进行批量安装。用户取得了许可协议,便意味着有权安装这些软件,其效力等同于购买了这些数量的正版软件,取得了该些数量的复制权。

在本案中,被告人向微软公司购买了价值人民币 78591 元的 67 套"WindowsXP"软件,微软公司并没有向其提供 67 套正版软件,而只是向其发放了开放式许可协议,并附送了一套介质。英特儿公司从被告人处取得该协议后,即有权在 67 台电脑上安装该软件并使用。

No. 3-7-217-6 向他人提供虚假的授权文件并非法安装序列号,使他人得以复制、使用软件的,应当认定为未经著作权人许可的复制发行行为。

我国刑法规定的侵权著作权罪,是行为人以营利为目的,违反国家著作权管理法规,侵犯他人著作权、邻接权,违法所得数额较大或者有其他严重情节的行为。《刑法》第二百一十七条列举了四种具体犯罪行为方式,其中涉及计算机软件的是其第(一)项的规定:未经著作权人许可,复制发行其文字作品、音乐、电影、电视、录像作品、计算机软件及其他作品的。可见,本案要构成侵犯著作权罪,客观方面需满足下列条件:

(一)未经著作权人许可

根据相关法律规定,著作权人的权利包括两个方面:一是自己复制发行其作品的权利;二是许可或禁止他人复制发行其作品的权利。司法实践中的未经著作权人许可,包括完全未经许可和超出许可两种情况。最高人民法院、最高人民检察院《关于办理侵犯知识产权刑事案件具体应用法律若干问题的解释》第 11 条规定,《刑法》第二百一十七条规定的未经著作权人许可,是指没有得到著作权人授权或者伪造、涂改著作权人授权许可文件或者超出授权许可范围的情形。

对于计算机软件来说,其发行和销售实际上就是软件著作权人允许他人对软件进行安装并使用的许可行为。本案被告人通过购买微软公司 WindowsXP 软件,取得了微软公司的开放式许可协议。该协议只授权用户安装 67 套微软 WindowsXP 软件。超过 67 套的 WindowsXP 安装,以及对微软其他软件的安装都是一种"未经许可"的侵犯计算机软件著作权的行为。被告人为了牟取非法利益,擅自在真实许可协议的空白处添加了未经授权的 6 种软件,并添加了批量许可产品密码信息,这些都是一种超过原先许可内容和范围的侵权行为,其行为特征符合《关于办理侵犯知识产权刑事案件具体应用法律若干问题的解释》规定的伪造、涂改著作权人授权许可文件的情形,可以认定为《刑法》第二百一十七条规定的未经著作权人许可。

(二)有复制发行他人作品的事实

2007 年 4 月 5 日起施行的最高人民法院、最高人民检察院《关于办理侵犯知识产权刑事案件具体应用法律若干问题的解释(二)》规定,《刑法》第二百一十七条侵犯著作权罪中的复制发行,包括复制、发行或者既复制又发行的行为。

根据我国《著作权法》的规定,复制是指以印刷、复印、拓印、录音、录像、翻录、翻拍等方式将作品制作一份或者多份的权利。发行是指以出售或者赠与的方式向公众提供作品的原件或者复制件。在《计算机软件保护条例》中,复制是指将软件制作一份或者多份,发行是指以出售或者赠与方式向公众提供软件的原件或者复制件。在本案中,被告人仅实施了在许可协议上添加微软"Office 2003 Win32 ChnSimp OLP NL"等6种软件并提供非法安装序列号的行为,并没有直接复制这些软件或将复制件提供给英特儿公司,从上述规定的字面表述来看,被告人的行为似乎无法纳入复制发行的范畴。

对于被告人是否实施了复制行为,有观点认为,被告人仅在许可协议中添加了6种软件的名称并提供了所需的安装序列号,并未向英特儿公司提供安装载体,也未提供安装服务,相关软件的复制行为由英特儿营养乳品有限公司完成,本案被告人并未实施未经授权软件的复制行为,因此不构成侵犯著作权罪。对此,我们认为,上述计算机软件的复制行为形式上是英特儿公司完成的,但实质上,其实施安装的软件产品编号及所需序列号均系被告人提供,因为英特儿公司以前购买过这些软件,有安装介质,具备自行安装的条件,被告人因此无需再提供软件复制件。所以,上述复制行为应当视为由被告人完成。

对被告人是否实施了发行行为,我们认为,对于计算机软件来说,其发行和销售实际上就是软件著作权人允许他人对软件进行安装并使用的许可行为,这主要体现为复制权、发行权等权利的许可使用。同时,软件作为数字产品,具有复制便捷的特点,判断许多软件是否正版,即是否有合法授权,常常以是否取得了代表著作权人许可的安装序列号(也称为安装型注册码)为标准。因而,具有合法的安装序列号通常是有权复制发行的标志,而复制件即安装介质的提供与否,意义并不大。实践中,软件使用方利用以前合法取得的介质或通过网上下载等方式自行完成安装,是比较常见的现象。因此,向他人提供虚假的授权文件并非法安装序列号,使他人得以复制、使用软件的行为,应当属于未经著作权人许可的复制发行行为。

案例:舒亚眉等侵犯著作权案

案例来源:《刑事审判参考》总第23辑[第146号]

主题词:侵犯著作权罪

一、基本案情

被告人舒亚眉,女,1974年3月14日出生,原系瑞得大众文化有限公司(以下简称"瑞得公司")发行二部经理。因涉嫌犯侵犯著作权罪,于2000年6月20日被逮捕。

被告人陈宝华,男,1971年8月18日出生,原系北京海天视点文化交流有限公司(以下简称"海天公司")经理。因涉嫌犯侵犯著作权罪,于2000年6月20日被逮捕。

北京市海淀区人民法院经审理查明:电视剧《扫黄先锋》的版权属在香港注册的电视广播(海外)有限公司所有,由电视广播(国际)有限公司负责国际发行。1998年底,电视广播(国际)有限公司授予瑞得公司在中国大陆发行其电视节目《扫黄先锋》的独家播映权。1999年9月17日,被告人舒亚眉利用其担任瑞得公司发行二部经理的职务便利,在为南宁电视台领取电视剧《扫黄先锋》播出带时,从瑞得公司多骗取播出带1套,交给海天公司经理陈宝华,由海天公司人员持《扫黄先锋》播出带到国家图书馆复制了2套。后两被告人以海天公司的名义,分别与山东齐鲁电视台、西安电视台、云南电视台签订《扫黄先锋》电视剧的播映权合同,将骗取和复制的播出带分别出售给上述3家电视台,非法获利人民币797500元。两被告人后将销售《扫黄先锋》播出带的违法所得款用于在深圳福田区彩田北路艺丰花园B区A栋购买住房等消费。

2000年5月16日,公安机关在深圳艺丰花园将两被告人抓获归案。

海淀区人民法院认为:被告人舒亚眉、陈宝华为牟取不法利益,未经独家播映权人瑞得公司许可,擅自复制电视剧《扫黄先锋》的播出带,并售予山东齐鲁电视台、西安电视台、云南电视台,非法获利人民币79万余元,数额巨大。北京市海淀区人民检察院指控的罪名成立。舒亚眉、陈宝华的行为均已构成侵犯著作权罪,应予惩处。故依照《刑法》第二百一十七条第(一)项、第二十五条第一款、第五十三条、第六十四条之规定,判决如下:

1. 被告人舒亚眉犯侵犯著作权罪,判处有期徒刑五年,罚金人民币 10 万元;
2. 被告人陈宝华犯侵犯著作权罪,判处有期徒刑四年,罚金人民币 10 万元;
3. 舒亚眉、陈宝华共同退赔瑞得公司人民币 797500 元;
4. 扣押在案赃款物折抵退赔款,不足部分继续追缴。

一审宣判后,舒亚眉、陈宝华不服,向北京市第一中级人民法院提出上诉。

舒亚眉上诉称:事前未与陈宝华合谋;瑞得公司拖欠其销售提成,一审判决书未提此节,判决不公。

陈宝华上诉称:其只想赚取差价,不构成犯罪。其辩护人提出:原判认定事实不清,证据不足;审判程序有误。

北京市第一中级人民法院经审理认为:上诉人舒亚眉、陈宝华以营利为目的,为取得电视作品的发行权,擅自复制发行他人享有独家播映权的电视剧集,侵犯了他人著作权,破坏了国家对著作权的管理制度,其行为均已构成侵犯著作权罪,且违法所得数额巨大,依法应予惩处。上诉人舒亚眉、陈宝华及陈宝华的辩护人的辩解及辩护意见,缺乏事实和法律依据,不予采纳。一审法院根据舒亚眉、陈宝华犯罪的事实、性质和对社会的危害程度所作出的判决,定罪及适用法律正确,量刑适当,审判程序合法,应予维持。根据《刑事诉讼法》第一百八十九条第(一)项的规定,于 2001 年 8 月 17 日裁定驳回上诉,维持原判。

二、裁判要旨

No. 3-7-217-7　以营利为目的,未经著作权人许可,复制发行其作品,违法所得数额较大的,应以侵犯著作权罪论处。

根据《刑法》第二百一十七条的规定,侵犯著作权罪是指以营利为目的,未经著作权人许可,复制发行其文字作品、音乐、电影、电视录像作品、计算机软件及其他作品,或者出版他人享有专有出版权的图书,或者未经录音录像制作者许可,复制发行其制作的录音录像,或者制作、出售假冒他人署名的美术作品,违法所得数额较大或者有其他严重情节的行为。该罪的主要特征是:

1. 犯罪客体是著作权人的著作权和国家的著作权管理制度。犯罪对象是他人的著作权,即享有著作权的公民、法人或者非法人单位对其作品的发表权、署名权、修改权、保护作品完整权,以复制、表演、播放、展览、发行、摄制电影、电视、录像或者改编、翻译、注释、编辑等方式使用作品权以及许可他人以上述方式使用作品并由此获得报酬的权利。

2. 客观方面表现为违反我国著作权法规,侵犯著作权的行为。具体表现为:未经著作权人许可,复制发行其文字作品、音乐、电影、电视录像作品、计算机软件及其他作品;出版他人享有专有出版权的图书;未经录音录像制作者许可,复制发行其制作的录音录像;或者制作、出售假冒他人署名的美术作品,违法所得数额较大或者有其他严重情节的行为。

3. 犯罪主体为一般主体,公民、法人和非法人单位均可构成。

4. 主观方面是由故意构成,并且具有营利的目的。

在本案中,电视广播(国际)有限公司是《扫黄先锋》电视剧集的著作权人,瑞得公司经电视广播(国际)有限公司授权,在中国大陆享有独家播映权,即专有使用权。因此,在《扫黄先锋》电视剧集的使用权上,瑞得公司应被认为是在中国大陆的著作使用权人,具有排除其他任何单位或个人放映该电视剧的权利。未经电视广播(国际)有限公司、瑞得公司许可,在中国大陆复制发行或放映《扫黄先锋》电视剧集的行为均属于侵权行为,直接损害了瑞得公司的利益,应承担相应法律责任。本案中,电视广播(国际)有限公司未授予海天公司电视剧集《扫黄先锋》的使用权;海天公司亦未与瑞得公司签订电视剧集《扫黄先锋》的使用许可合同,因此,海天公司并未取得该电视剧集的使用权。被告人舒亚眉、陈宝华以营利为目的,未经电视广播(国际)有限公司及瑞得公司许可,即擅自复制电视剧《扫黄先锋》的播出带,以海天公司的名义售予山东齐鲁电视台、西安电视台、云南电视台播映的行为已侵犯了电视广播(国际)有限公司及瑞得公司的著作权,直接造成瑞得公司的经济损失,且违法所得797500元。其行为符合《刑法》第二百一十七条第(一)项规定的情形,已构成侵犯著作权罪。

案例:张杰侵犯著作权案

案例来源:《人民法院案例选》2014年第3辑

主题词:侵犯著作权罪 信息网络传播行为

一、基本案情

北京市海淀区人民法院经审理查明:被告人张杰于2013年3月起,创建网站"2345热播"(网址为www.2345rb.com)、"星级S电影网"(网址为www.xjsdy.com),并使用软件从其他网站上采集影视作品,未经著作权人许可,在上述二网站上传播他人影视作品,在网页刊登广告并收取广告费用。经查,上述两个网站侵犯乐视网信息技术(北京)股份有限公司(住所北京市海淀区学院南路68号19号楼六层6184号房间)、合一信息技术(北京)有限公司(住所北京市海淀区海淀大街8号中钢国际广场A座5层D区)及北京搜狐互联网信息服务有限公司(住所北京市海淀区中关村东路1号院9号楼搜狐网络大厦10层01-02房间)享有独家信息网络传播权的影视作品共计600余部。2013年7月31日,被告人张杰被公安机关抓获。

北京市海淀区人民检察院以被告人张杰犯侵犯著作权罪,向北京市海淀区人民法院提起公诉。

北京市海淀区人民法院于2014年1月23日作出(2014)海刑初字第83号刑事判决:被告人张杰犯侵犯著作权罪,判处有期徒刑六个月,罚金人民币二万元。

一审宣判后,公诉机关和被告人均未抗诉或上诉,一审判决已经发生法律效力。

二、裁判要旨

No.3-7-217-8 在互联网上利用P2P技术向用户提供链接供用户点播收看的行为,构成信息网络传播行为,可以成立侵犯著作权罪。

一、被告人张杰创建的非法视听节目网站基本工作原理

被告人张杰通过软件采集到影视资源,在其网站上放置链接,供用户点播收看。点播作品时,用户必须下载特定的软件,否则就无法观看影片。这种特定的播放软件,使用的是一种对等计算技术(PeertoPeer,简称P2P),通过直接交换来共享计算机资源和服务。P2P技术打破了传统数据传输的模式,它无需直接提供传输内容的服务器,而使用户直接连接到其他用户的计算机,完成数据或服务的交换任务,用户的行为主要是下载他人作品在其计算机中及将他人作品置于共享状态供其他用户下载。在P2P网络环境中,成千上万台彼此连接的计算机都处于对等的地位,整个网络一般不依赖专用的集中服务器,网络中的每一台计算机既充当了网络服务的请求者,又对其他计算机的请求作出响应,提供资源和服务。当用户在自己的计算机上安装好这种播放器后,该播放器会在其计算机后台自动启动一个负责P2P数据传输的后台服务程序,此文件会随着计算机一起启动,当计算机启动并且链接互联网以后,此文件便会自动共享计算机中的视频文件。也就是说,被告人张杰的服务器上并没有该影视作品,而每一个观看过该影视作品的用户都在非主动意识下中成为作品的提供者。

二、信息网络传播行为在民事审判中的演变

在我国的司法实践中,主流观点曾认定信息网络传播行为仅限于在信息网络环境下提供作品,而"提供"则是将作品上传至或者以其他方式置于向公众开放的网络服务器中,除此之外的提供服务行为均不属于信息网络传播行为。提供链接的行为是在网络上为作品传播提供中介服务,在用户与信息提供者之间搭建桥梁,其本身不是信息网络传播行为,而是信息在网络上传播的帮助行为。但后来随着技术的发展,不经过服务器的存储或中转,通过文件分享等技术也可以使相关作品置于信息网络之中,以单纯的"服务器标准"技术标准界定信息网络传播行为不够准确,也难以应对网络技术的飞速发展,因此,对信息网络传播行为的认识也过渡到以是否直接提供权利人的作品的法律标准取代服务器标准来界定信息网络传播行为。2012年最高人民法院《关于审理侵害信息网络传播权民事纠纷案件适用法律若干问题的规定》第三条的规定就

反映了这种思路的转变。

三、本案中被告人张杰的定罪基础

对于如何认定通过互联网实施的侵犯著作权罪,目前司法实践中可参照执行的依据主要有最高人民法院、最高人民检察院《关于办理侵犯知识产权刑事案件具体应用法律若干问题的解释》、最高人民法院、最高人民检察院《关于办理侵犯知识产权刑事案件具体应用法律若干问题的解释(二)》、最高人民法院、最高人民检察院、公安部《关于办理侵犯知识产权刑事案件适用法律若干问题的意见》,这些司法依据与民事审判既有交叉重合,又有区别。

笔者认为,根据罪刑法定原则,判断一个行为是否构成犯罪,其唯一标准应当是其是否符合我国刑法所规定的犯罪构成。从犯罪客体上看,侵犯著作权罪所侵犯的客体具有多重性,即不仅侵犯了著作权人的著作权和与著作权相关的权益,而且侵犯了国家的著作权管理制度。与一般的著作权侵权所具有的私权救济性质而言,刑法设立侵犯著作权罪所要保护的法益首先是国家的著作权管理制度,因而具有国家秩序与公共利益性质。我国刑事诉讼法将侵犯著作权罪排除在刑事和解的范围之外,也充分说明侵犯著作权罪已不具有私权处分的空间。

从客观方面看,侵犯著作权罪在客观方面表现为违反我国著作权法规,侵犯著作权和与著作权有关权益的行为,实践中最为常见的就是未经著作权人许可,复制发行其文字作品、音乐、电影、电视、录像作品、计算机软件及其他作品的行为。我们认为,针对涉互联网的“复制发行”行为,《关于办理侵犯知识产权刑事案件具体应用法律若干问题的解释》第十一条第三款规定,通过信息网络向公众传播他人文字作品、音乐、电影、电视、录像作品、计算机软件及其他作品的行为,应当视为《刑法》第二百一十七条规定的“复制发行”。《关于办理侵犯知识产权刑事案件具体应用法律若干问题的解释》明确了通过信息网络传播应“视为”复制发行,而在民事法律领域中,《著作权法》第十一条规定的著作权所包括的人身权和财产权表明,“复制”“发行”“信息网络传播”是并列的概念,与刑事司法解释完全不同;此外,在民事法律领域中,“信息网络传播”是在对“信息网络传播权”的界定中推导出的,而在上述刑事司法解释中,并不存在“信息网络传播权”的概念,而是将“信息网络传播”落在“等活动”的范畴,明显与民事法律的规定不同。因此,《关于办理侵犯知识产权刑事案件具体应用法律若干问题的解释》和《关于办理侵犯知识产权刑事案件适用法律若干问题的意见》中的“信息网络传播”不能机械地照搬民事审判中的概念,民事领域的法律不能当然适用于刑事犯罪的处理。这一点在开展“三合一”审判的法律适用中尤应引起重视。

从前述的P2P技术原理可以看出,被告人张杰的网站上所设置的作品的链接使得每一个用户通过该网站成为作品的提供者,每一个用户的计算机都成为服务器,这种链接已经远超著作权民事侵权概念中的链接,实际被告人张杰的涉案网站已经把他人作为工具利用,通过强制手段支配直接实施者(用户)下载安装特定软件并与其他用户共享,进而完成构成要件实现,类似于间接正犯的地位。

从主观方面看,本罪的主观方面表现为故意,并且具有营利的目的。被告人张杰并非实施经营活动,而是从建站初始就在营利的主观目的支配下实施侵犯著作权的违法犯罪活动,对所使用的全部作品均无著作权,也没有去获得著作权的意识,不具有合法因素。

从犯罪主体看,侵犯著作权罪的主体为一般主体,即包括达到刑事责任年龄,并具有刑事责任能力的自然人。被告人张杰符合这一要件。

综上,通过建立视听网站,以P2P技术为背景实施犯罪,是侵犯著作权罪在信息化时代的新的表现形式。本案被告人张杰的行为符合侵犯著作权罪的构成要件,对其以侵犯著作权罪定罪处罚符合法律规定。

案例:张俊雄侵犯著作权案

案例来源:《人民法院案例选》2014年第4辑

主题词:侵犯著作权罪　网络服务提供商责任

一、基本案情

上海市静安区人民检察院指控：被告人张俊雄于2009年年底，申请注册网站域名后设立www.1000ys.cc网站，并在浙江绍兴租用服务器，通过安装相关软件，完成网站和服务器的连接。嗣后，被告人张俊雄利用www.1000ys.cc网站管理后台，从直接上传作品的"哈酷资源网"加框链接未经著作权人授权的影视作品。为提高网站的知名度和所链接影视作品的点击量，被告人张俊雄在www.1000ys.cc网站以设置目录、索引、内容简介、排行榜等方式向用户推荐影视作品，并通过强制提供QVOD播放软件等方法，为用户浏览、下载上述影视作品提供服务。2010年2月，被告人张俊雄加入"百度广告联盟"，至案发，被告人张俊雄从"百度广告联盟"获取广告收益共计人民币10万余元。

被告人张俊雄对起诉书指控其侵犯著作权的犯罪事实和定性无异议。

被告人张俊雄的辩护人作无罪辩护，认为起诉书指控被告人张俊雄犯有侵犯著作权罪事实不清，证据不足。被告人张俊雄提供的仅是网络服务行为，并非直接作品提供者。我国现行刑法及相关规定未对该网络服务提供行为构成侵犯著作权罪作明确的规定，根据罪刑法定原则，被告人张俊雄的行为不构成犯罪。此外被链哈酷资源网并非直接上传作品的网站，涉案www.1000ys.cc网站所采技术应为P2P技术。涉案电脑及服务器硬盘的提取扣押、鉴定过程、作品比对、有效链接验证等未进行录像记录，不符合相关法律规定。

法院审理查明：2009年底，被告人张俊雄申请注册网站域名后设立www.1000ys.cc网站（网站名称为"1000影视"），并在浙江绍兴租用服务器，安装相关软件，完成网站和服务器的连接。嗣后，被告人张俊雄未经著作权人许可，通过www.1000ys.cc网站管理后台，链接至哈酷资源网获取影视作品的种子文件索引地址，通过向用户提供并强制使用QVOD播放软件的方式，为www.1000ys.cc网站用户提供浏览观看影视作品的网络服务。为提高网站的知名度和所链接影视作品的点击量，被告人张俊雄以设置目录、索引、内容简介、排行榜等方式向用户推荐影视作品。同时，被告人张俊雄加入"百度广告联盟"，由"百度广告联盟"在其设立的www.1000ys.cc网站上发布各类广告，从而获取广告收益。经鉴定，www.1000ys.cc网站链接的影视作品中，有941部与中国、美国、韩国、日本等相关版权机构认证的具有著作权的影视作品内容相同。

上海市普陀区人民法院于2014年5月23日作出(2013)普刑(知)初字第11号刑事判决：

1. 被告人张俊雄犯侵犯著作权罪，判处有期徒刑一年三个月，缓刑一年三个月，并处罚金人民币三万元。
2. 违法所得依法予以追缴。
3. 扣押在案的作案工具，依法予以没收。

判决后，被告人张俊雄未提起上诉，公诉机关亦未提出抗诉，该判决已发生法律效力。

二、裁判要旨

No.3-7-217-9 网络聚合平台利用P2P技术提供网络服务传播影视作品的行为，属于利用信息网络传播，构成侵犯著作权的行为。

将民事侵权升格由刑事法律加以制裁，该行为的刑事可罚性判定应与其对社会经济秩序、私权的破坏程度成正比，因而对网络服务提供行为的刑事归责应综合技术发展对违法成本、损害后果以及与信息自由间平衡等因素的影响，以此确立司法价值取向，而非一律将间接侵权排除在外，作"一刀切"式解读。信息网络传播行为既包括作品提供行为，又包括网络服务提供行为。从刑法规制必要性和当罚性的视角审视，在现行网络技术条件下，网络服务提供者的侵权行为往往更具集聚性、持续性、侵权成本低廉性，在盗版侵权方式上，网络服务提供行为更具普遍性、高发性，其社会危害性并不亚于分散的直接作品提供者的上传行为，其利用他人侵权作品加以进一步传播，为己谋利，从主观方面分析，网络服务提供者甚至具有等价于"直接提供"的犯罪故意。以本案为例，被告人虽仅是网络服务提供者，但其从互联网论坛获知"通过采集盗版影片资源建立网站并进行牟利"的信息及操作技术，其建立的网站"汇集聚拢"了数目巨大的侵权影视作品,并以设置目录、缩影、内容简介、排行榜等方式向用户推荐,该行为与直接上传作品行为在刑法评价意义上具有等价性。网络服务提供行为虽然并未涉及作品的直接提供,并非典型的侵犯信息网络传播权的行为,而仅仅是基于互联网上已有的作品,通过提供P2P、深层链接等网络服务帮助这些作品进一步传播,但该行为的后果亦使得公众可以在其个人选定的时间、地点在网络服务提供者建立的网站上浏览并观看作品,该行为性质符合信息网络传播行为的实质性要件,因而也是通过信息网络传播的行为。在刑法相关司法解释已经将“通过网络传播行为”视为“复制发行”的前提下,网络服务提供行为可以直接按照侵犯著作权罪予以定罪处罚。

案例:余刚等侵犯著作权案

案例来源:《刑事审判参考》总第96集[第942号]

主题词:侵犯著作权罪　复制发行的认定

一、基本案情

被告人余刚,男,1973年10月7日出生,原重庆大猫网络科技有限公司(以下简称“大猫公司”)法定代表人,2011年3月4日因涉嫌犯侵犯著作权罪被逮捕。

(其他被告人基本情况略)

上海市徐汇区人民检察院以被告人余刚、曹志华、冯典、古靖渲、赖怿、陈依、张荣鑫、马潇、刘京松、陈娅、刘川犯侵犯著作权罪,向上海市徐汇区人民法院提起公诉。

上海市徐汇区人民法院经公开审理查明:

2008年8月,被告人余刚、曹志华、冯典与胡辉、纪宏注册成立大猫公司,余刚为法定代表人(2009年5月、2010年4月胡辉、纪宏分别将所持股份转让给余刚)。大猫公司成立后主要经营搜索网站开发设计等业务。后由于缺乏稳定收入来源,余刚等人开始着手从事开发设计脱机型外挂软件业务,通过操作外挂软件获取相关网络游戏虚拟货币后销售牟利。

2010年7月,余刚、曹志华、冯典等利用其电脑专业技术,通过反编译手段破译了上海数龙计算机科技有限公司(以下简称“数龙公司”)运营的《龙之谷》游戏的客户端程序及相应的通讯协议,并利用从上述客户端程序中复制的部分地图、物品、怪物、触发事件等代码的游戏核心数据库文件、登录文件以及完全模拟的通讯协议,加入其制作的各类能实现游戏自动操作功能的脚本文件,开发了能实现自动后台多开登陆、自动操作诸多游戏功能的脱机外挂软件。

2010年7月底至2011年1月,余刚、赖怿先后以大猫公司名义招募被告人张荣鑫、陈依、马潇、刘京松、陈娅、刘川等人作为加盟商成立“工作室”,由赖怿负责日常管理。加盟商必须每台电脑交纳人民币(以下币种同)1000元的加盟费和一定数额的保证金,使用大猫公司开发的脱机外挂软件登录账号,合作“生产”《龙之谷》游戏虚拟货币,并交由被告人古靖渲负责的市场部在相关网站上统一销售后分成。经审计:大猫公司《龙之谷》游戏金币总销售额为4637448.30元;其中公司本部销售额为529888.80元;张荣鑫等人的工作室销售额为1257751.64元;陈依的工作室销售额为898555.90元;马潇、刘京松的工作室销售额为989124.58元;陈娅的工作室销售额为706049.19元;刘川的工作室销售额为256078.18元。

2010年9月,冯典、曹志华离开大猫公司,并带走了《龙之谷》游戏外挂源代码和68万元销售款,大猫公司的股东变更为余刚和古靖渲。

2011年1月,余刚、古靖渲、陈依到案。同年3月,曹志华、冯典、赖怿、张荣鑫、马潇、刘京松、陈娅、刘川到案,其中陈依、陈娅、刘川系向公安机关主动投案并交代犯罪事实。

另查明,2007年11月30日,上海盛大网络发展有限公司(以下简称“盛大公司”)与韩国艾登特提游戏有限公司(EYEDENTITYGAMESInc.)签订著作权合作授权书,引进该公司拥有著作权的互联网游戏出版物《DragonNest》(即《龙之谷》),并于2009年6月23日获国家版权局认证通过。2010年2月4日,国家新闻出版总署批复同意盛大公司引进上述游戏出版物。2010年7月,盛大公司授权其旗下的数龙公司正式在互联网运营《龙之谷》游戏。

2011年9月,经上海辰星电子数据司法鉴定中心鉴定,将涉案外挂程序和样本《龙之谷》游戏客户端程序进行比对后,两者的文件目录结构相似度为84.92%,文件相似度为84.5%,两者存在实质性相似。上海市徐汇区人民法院认为,被告人余刚伙同被告人曹志华、冯典、古靖渲、赖怿、陈侬、张荣鑫、马潇、刘京松、陈娅、刘川以营利为目的,未经著作权人许可,复制其计算机软件,并利用侵权软件获取游戏虚拟货币并销售后牟利,其中余刚、曹志华、冯典、古靖渲、赖怿非法经营额共计400余万元,陈侬非法经营额共计89万余元,张荣鑫非法经营额共计125万余元,马潇、刘京松非法经营额共计98万余元,陈娅非法经营额共计70万余元,刘川非法经营额共计25万余元,其行为均构成侵犯著作权罪,且均属于情节特别严重。各被告人系共同犯罪,其中余刚、曹志华、冯典、古靖渲、赖怿在共同犯罪中起主要作用,是主犯;陈侬、张荣鑫、马潇、刘京松、陈娅、刘川在共同犯罪中起次要、辅助作用,系从犯,依法应当减轻处罚。陈侬、陈娅、刘川系自首,依法可以从轻处罚。余刚、曹志华、冯典、古靖渲、赖怿、张荣鑫、马潇、刘京松到案后能如实供述各自的犯罪事实,依法可以从轻处罚。各被告人在庭审中均自愿认罪、悔罪,可以酌情从轻处罚。各被告人的行为发生在《中华人民共和国刑法修正案(八)》施行之前,据此,依照2011年5月1日之前《中华人民共和国刑法》第二百一十七条第(一)项,第二十五条第一款,第二十六条第一款、第四款,第二十七条,第五十三条,第六十四条,第六十七条第一款,第七十二条,第七十三条第二款、第三款和《中华人民共和国刑法》第十二条第一款、第六十七条第二款及最高人民法院、最高人民检察院《关于办理侵犯知识产权刑事案件具体应用法律若干问题的解释》第五条第二款之规定判决如下:

1. 被告人余刚犯侵犯著作权罪,判处有期徒刑四年,并处罚金人民币四十万元。
2. 被告人曹志华犯侵犯著作权罪,判处有期徒刑三年,并处罚金人民币三十万元。

(其他被告人判罚情况略)

一审宣判后,被告人均未上诉,公诉机关亦未提出抗诉,该判决已发生法律效力。

二、裁判要旨

No.3-7-217-10 侵犯著作权罪中的复制行为,不限于内容完全相同的复制,也包括内容实质性相同的复制。

复制的概念呈扩张性的发展。对于传统的纸质等有形传播媒介而言,"复制"一般是指通过"印刷、复印、拓印、录音、录像、翻拍等方式将作品制作一份或者多份"。在现代网络环境下,信息载体已经发生巨大变化,"复制"的概念也相应发生变化。《著作权法》将"复制"定义为"印刷、复印、拓印、录音、录像、翻拍等方式"。该定义之所以用"等"字,一定程度上表明对《著作权法》未列明但已经出现或者即将出现的新的复制方式的一种兜底性或者堵截性认可。我国1992年10月15日加入的《保护文学艺术作品伯尔尼公约》第九条第一款也规定:"受本公约保护的文学艺术作品的作者,享有批准以任何方式和采取任何形式复制这些作品的专有权。"可见,在有关国际公约和相关法律规定中对"复制"的方式或者形式没有任何限制。

"复制"不限于复制"完全相同"的软件。对于"复制"的理解,不应当局限于当前一般观念的认识范围,可以将"复制"的行为方式全部抽象为对原件的"再现"。这种"再现"不局限于"完全相同",而只需要具备"实质性相同"即可。实践中,行为人为迎合市场需求,在保证与原作品"实质性相同"的前提下,恶意对他人的原作品进行篡改,增加一些内容,并署原作者的姓名。这种行为,毫无疑问应当认定为"复制"。

《计算机软件保护条例》第二十四条规定:"……触犯刑律的,依照刑法关于侵犯著作权罪、销售侵权复制品罪的规定,依法追究刑事责任:(一)复制或者部分复制著作权人的软件的……"尽管相关行政性规定中是否具有"构成犯罪的"等提示性对照规定,对认定相关行为是否构成犯罪没有影响,但《计算机软件保护条例》关于"复制"一词的规定体现出"部分复制"行为性质等同于"完全复制"行为性质的立法原意。基于《计算机软件保护条例》的这一规定,笔者认为,在刑法没有明确界定第二百一十七条第(一)项中"复制发行"含义的情况下,将"部分复制"纳入侵犯著作权罪中的"复制"范围(同时强调前文分析的实质性相同),并非类推解释,而是具有一定的法律根据。

本案中的外挂程序和官方客户端程序存在实质性相同。本案中,被告人余刚、曹志华、冯典即是利用了其掌握的计算机专业技术,破译了《龙之谷》游戏客户端和服务器间通讯协议,大量复制官方客户端程序中的游戏对话文件、基础数据文件、地图文件、登录文件等关键及核心文件,并加入自行编写的脚本文件后制作完成了脱机外挂程序。

No. 3-7-217-11 复制部分实质性相同的程序文件并加入自行编写的脚本文件形成新的外挂程序后运用的行为,应当认定为刑法意义上的"复制发行"。

发行概念也呈扩张式发展。2004年最高人民法院、最高人民检察院联合制发的《关于办理侵犯知识产权刑事案件具体应用法律若干问题的解释》第十一条第三款规定:"通过信息网络向公众传播他人文字作品、音乐、电影、电视、录像作品、计算机软件及其他作品的行为,应当视为《刑法》第二百一十七条规定的'复制发行'。"2007年最高人民法院、最高人民检察院联合制发的《关于办理侵犯知识产权刑事案件具体应用法律若干问题的解释(二)》第二条第二款规定:"侵权产品的持有人通过广告、征订等方式推销侵权产品的,属于《刑法》第二百一十七条规定的'发行'。"2011年最高人民法院、最高人民检察院、公安部《关于办理侵犯知识产权刑事案件适用法律若干问题的意见》第十二条更是将发行解释为"包括总发行、批发、零售、通过信息网络传播以及出租、展销等活动"。从上述法律及相关司法解释的规定可知,"发行"的含义整体呈不断扩展之势,由最初强调新的含义、出售或者赠与方式不断扩展到"通过网络传播""通过广告、征订"以及批发、零售、出租、展销等活动方式。对"复制发行"的理解,应当结合国民的普通用语和刑法的规范用语语境,在罪刑法定原则的指导下,正视社会生活事实的变化,从不断变化的社会文化中挖掘和把握其准确内涵和外延。

"外挂"本身系计算机程序的一种,通常是指针对一个或者多个网络游戏,通过改变游戏软件的部分程序制作而成的作弊程序,其原理是截取、修改游戏客户端和服务器之间通过通讯数据包传输的数据,模拟服务器发给客户端,或者模拟客户端发给服务器,从而达到修改游戏、实现各种游戏功能增强的目的。外挂程序制作及运行的过程决定其必须对官方客户端程序的大量数据进行收集、复制和修改。本案涉及的脱机型外挂,是一种需要了解、掌握游戏客户端和服务器之间的通讯数据包完整内容后才能制作完成的程序,与其他外挂需挂接到客户端程序不同,它可以脱离游戏的客户端程序,模拟官方的客户端进行登录、游戏,并能实现官方客户端所没有的一些功能,如自动打怪、交易等。因此,脱机型外挂系脱胎于官方客户端程序,除非掌握该游戏的内部技术秘密,一般技术层面很难完成。这种复制部分实质性相同的程序文件并加入自行编写的脚本文件形成新的外挂程序后运用的行为,应当认定为刑法意义上的"复制发行"。虽然本案被告人销售的"复制发行"侵权软件衍生的游戏金币,但这只是牟利行为在形式上的延伸,实质上与"复制发行"侵权软件本身的使用价值无异。因此,认定本案被告人复制部分实质性相同的计算机程序文件并加入自行编写的脚本文件形成新的外挂程序后运用的行为属于刑法意义上的"复制发行",于法有据。

No. 3-7-217-12 销售使用复制侵权软件衍生的游戏金币的数额应当认定为非法经营额。

《刑法》第二百一十七条规定的侵犯著作权罪确定了两个处刑标准:一是"违法所得数额",二是情节。本案中的被告人并未直接销售"复制"的侵权软件,而是销售使用"复制"的侵权软件而产生的衍生物——游戏金币,因而只能以"情节"来认定被告人的刑事责任。

根据《关于办理侵犯知识产权刑事案件具体应用法律若干问题的解释》第五条、《关于办理侵犯知识产权刑事案件具体应用法律若干问题的解释(二)》第一条和《关于办理侵犯知识产权刑事案件适用法律若干问题的意见》第十三条的规定,"非法经营额"和"复制品数量"都可以作为侵犯著作权罪的"情节"认定标准。本案中,复制品数量未达到上述司法解释规定的标准,因此,本案审理过程中,主要围绕"非法经营额"来认定被告人的刑事责任。

根据《关于办理侵犯知识产权刑事案件具体应用法律若干问题的解释》第十二条的规定,"非法经营数额"是指行为人在实施侵犯知识产权行为过程中,制造、储存、运输、销售侵权产品的价值对于计算机软件而言,其价值以著作权价值为完全或者主要价值,软件的著作权价值包括软件产品本身通过发行、出租、许可、转让等实现的利益,也包括利用软件实现其功能而形成的附属物品进入流通后产生的价值。本案涉及的《龙之谷》游戏的盈利是采用"免费游戏+虚拟物品买卖"的模式,即玩家免费游戏,付费获得该游戏的道具、装备等增值服务,软件的著作权价值主要体现为游戏衍生品市场形成的利益。质言之,本案被告人制造了侵权外挂软件,然后使用该软件获取相关游戏虚拟货币并销售牟利,应当以侵权软件衍生物品的销售价格作为本案非法经营额的认定依据。

案例:山东华盛建筑设计研究院等侵犯著作权案
案例来源:《人民法院案例选》2016 年第 1 辑
主题词:侵犯著作权罪 复制发行的认定

一、基本案情

2009 年 10 月,山东金田建设开发有限公司(以下简称"金田公司")委托济南华兴建筑设计有限责任公司(以下简称"华兴公司")对济南国际商贸城"双泉路商业街"进行工程图纸设计。华兴公司依约设计并交付了 10 套"工程施工图"。2014 年 11 月 20 日,华兴公司将上述图纸以《济南国际商贸城》的名称在国家版权局做了"图形作品"登记。因金田公司与华兴公司就合同履行发生纠纷,2013 年 10 月 28 日,金田公司向华兴公司发函要求解除合同,同日,另行与山东华盛建筑设计研究院(以下简称"华盛设计院")签订工程设计合同,委托其对同一工程进行设计。华盛设计院以华兴公司的图纸为基础,根据施工情况修改了约 20%,向金田公司提供了署名为华盛设计院的另外 10 套图纸,并收取了设计费 593760 元。华兴公司以华盛设计院侵犯其著作权为由,向济南市中级人民法院提起民事侵权诉讼。经一、二审判决,认定华盛设计院侵犯了华兴公司的著作权,判令其赔礼道歉并赔偿损失 35 万元。

之后,华兴公司又以华盛设计院未经许可,非法复制其享有著作权的工程设计图,违法所得数额巨大,已构成侵犯著作权罪为由,向山东省章丘市人民法院提起自诉,要求追究华盛设计院及章丘市住房和城乡建设管理委员会(以下简称"章丘住建委")的刑事责任。山东省章丘市人民法院于 2015 年 11 月 30 日作出(2015)章立刑初字第 2 号刑事裁定:驳回华兴公司的起诉。一审宣判后,华兴公司不服,向山东省济南市中级人民法院提起上诉。山东省济南市中级人民法院于 2016 年 1 月 25 日作出(2015)济知刑终字第 4 号刑事裁定:驳回上诉,维持原裁定。

二、裁判要旨

No.3-7-217-13 增加再创作的高级剽窃行为侵犯了原作者的改编权,不属于侵犯著作权罪中的复制发行行为,不构成侵犯著作权罪。

根据剽窃的再创作程度可以分为低级剽窃与高级剽窃两种。低级剽窃行为,只是原封不动地照搬他人作品或稍加改动后并署上自己的名字,这种行为侵犯了他人的署名权、复制权,有的还侵犯了他人的保护作品完整权,如果用于发行并在数量或数额上达到相应的标准,可以构成侵犯著作权罪。高级剽窃行为本质上则属于改编行为,虽然实质上也利用了原作品的表达,但因为增加了再创作的内容,不属于《著作权法》规定的狭义复制行为,不构成侵犯著作权罪。本案中,华盛设计院为完成合同约定的义务而向金田公司提供的设计图纸系沿用华兴公司原设计图的主要部分进行修改而成,并且在图纸作品上署名,其行为混淆了作品的出处,是典型的剽窃他人作品的行为,属于《著作权法》第四十七条规定应当承担民事责任的侵权行为,但该行为并不属于《著作权法》意义上的复制行为,且图纸印制数量有限,不存在以出售、赠与等方式向公众散发的发行行为,不构成侵犯著作权罪。

案例:李寿斌、项人达等侵犯著作权案
案例来源:《人民法院案例选》2016 年第 3 辑
主题词:侵犯著作权罪 制作销售网游外挂

一、基本案情

公诉机关(成都市龙泉驿区人民检察院)指控:《穿越火线》是由深圳市腾讯计算机系统有限公司2008年4月开始运营的第一人称射击网络游戏。2012年8月,被告人李寿斌在成都市龙泉驿区制作了一款可以绕过《穿越火线》游戏安全检测程序,在该游戏中实现"透视"功能名为"空岛"的外挂程序。被告人李寿斌先将该外挂程序发布在互联网上供玩家免费使用。在此过程中,被告人李寿斌产生销售该软件获利的想法,并于2013年7月开始在"淘宝网"上对外销售该外挂游戏,谋取非法利益。2013年9月,被告人项人达在互联网上自称"夏孝棋"与被告人李寿斌约定帮助销售该外挂程序,由被告人李寿斌负责外挂程序的修改和升级工作,被告人项人达的销售收入二人共同分赃。被告人项人达在销售《穿越火线》游戏外挂程序过程中,在2013年10月期间,在互联网上以"夏孝棋"名义相继与被告人胡金龙、刘则麟结识,并共谋由胡金龙、刘则麟帮助其销售该外挂程序,被告人胡金龙、刘则麟销售所得赃款分别与被告人项人达进行分赃。截至案发,被告人刘则麟伙同被告人项人达共同犯罪违法所得共计14864元,被告人刘则麟实际获利4364元;被告人胡金龙伙同被告人项人达共同犯罪违法所得共计19150元,被告人胡金龙实际获利8450元;被告人项人达伙同被告人李寿斌、胡金龙、刘则麟共同犯罪违法所得共计147845元,其中,被告人项人达本人销售外挂程序违法所得113831元,实际获利95971元,被告人李寿斌伙同被告人项人达共同犯罪违法所得共计184460元,其中,被告人李寿斌本人销售外挂程序违法所得36615元,实际获利75675元。

2013年12月,深圳市腾讯计算机系统有限公司(以下简称"腾讯公司")发现《穿越火线》游戏数据出现异常,遂向公安机关报案。成都市公安局于2014年1月14日将被告人李寿斌、胡金龙抓获;2014年1月14日,被告人刘则麟通过其父得知公安民警在其家中等候,主动返回家中配合公安机关调查。公安机关在被告人李寿斌作案使用的电脑中查获"空岛"外挂程序,经福建中证司法鉴定中心鉴定,该程序功能为:通过注入DEL文件的方式修改《穿越火线》游戏客户端,在《穿越火线》游戏中增加"方框透视"功能。在不执行送检程序的情况下,《穿越火线》游戏客户端本身不具备该功能。

公诉机关认为,被告人李寿斌、项人达、胡金龙、刘则麟的行为构成提供侵入、非法控制计算机信息系统程序罪,其中,被告人李寿斌、项人达情节特别严重,被告人胡金龙、刘则麟情节严重,要求依法判处。

被告人李寿斌、项人达、胡金龙、刘则麟对公诉机关指控事实无异议。被告人李寿斌、项人达、胡金龙的辩护人也对指控事实无异议。

法院经审理查明:《穿越火线》是由韩国公司研发后授权"腾讯公司"运营的第一人称射击类网络游戏,该游戏于2008年4月开始正式运营。2012年8月,被告人李寿斌针对《穿越火线》网络游戏研究制作外挂程序后,发布在互联网上供玩家免费使用。2013年7月,被告人李寿斌在"淘宝网"上对外销售该外挂游戏,谋取非法利益。2013年9月,被告人项人达在网上以"夏孝棋"的名义与被告人李寿斌商定,由被告人项人达销售外挂程序,被告人李寿斌负责外挂程序的修改和升级工作,共同分取销售收入。2013年10月,被告人项人达以"夏孝棋"名义分别与胡金龙、刘则麟结识,商定胡金龙、刘则麟帮助其销售该外挂程序,共同分取销售收入。

2013年12月,"腾讯公司"发现《穿越火线》游戏数据异常,向公安机关报案。公安机关于2014年1月14日将被告人李寿斌、胡金龙抓获;2014年1月14日,被告人刘则麟知道公安民警在其家中等候后返回家中配合公安机关调查。公安机关在被告人李寿斌作案使用的电脑中查获针对《穿越火线》的外挂程序"空岛",经福建中证司法鉴定中心鉴定,该程序功能为:通过注入DEL文件的方式修改《穿越火线》游戏客户端,在《穿越火线》游戏中增加"方框透视"功能。在不执行送检程序的情况下,《穿越火线》游戏客户端本身不具备该功能。

被告人刘则麟销售外挂程序收款14864元,支付给被告人项人达10500元;被告人胡金龙销售外挂程序收款19150元,支付给被告人项人达10700元;被告人项人达本人销售外挂程序收款113931元,共支付给被告人李寿斌39060元;被告人李寿斌本人销售外挂程序收款36615元。

四川省成都市龙泉驿区人民法院于2014年10月31日作出(2014)龙泉刑初字第390号刑事判决和(2014)龙泉刑初字第390号刑事裁定。

宣判后,当事人未提起上诉,公诉机关亦未抗诉,该判决已发生法律效力。

二、裁判要旨

No.3-7-217-14 制作、销售网络外挂程序的行为,应以侵犯著作权罪定罪处罚。

本案中,在《穿越火线》游戏客户端不具备透视功能的情况下,增加了透视功能,该功能的实现必须复制互联网游戏程序的"源代码",而被告人李寿斌制作的网络游戏外挂程序与《穿越火线》游戏程序具有高度的相似性。同时,被告人要想使其制作的外挂程序与《穿越火线》游戏对接,势必要破译和擅自使用原网络游戏的通信协议,截取并修改游戏发送到游戏服务器的数据,修改客户端内存中的数据,以达到增强客户端透视功能的目的,其行为符合法律规定的"复制发行"的要求,故四人的行为属于侵犯著作权行为。

《刑法》第二百八十五条第二款之非法控制计算机信息系统罪以造成计算机信息系统不能正常运行为成立要件。使用互联网游戏外挂程序,尚不会造成网络游戏系统自身不能运行,不构成非法控制计算机信息系统罪。

根据最高人民法院《关于审理非法出版物刑事案件具体应用法律若干问题的解释》第十一条规定针对的非法经营内容上有问题的出版物,即"不黄不黑"的非法出版行为,网络外挂程序虽然属于非法出版物,但不属于内容有问题的出版物。《关于审理非法出版物刑事案件具体应用法律若干问题的解释》第十五条则以严重扰乱市场秩序为要件。制作、销售网络游戏外挂只是侵害了网络游戏经营者的利益,而尚未严重扰乱市场秩序。此外,私自架设网络游戏服务器的行为社会危害性明显大于制作销售外挂程序的行为,如果对前者适用侵犯著作权罪、后者适用非法经营罪,将造成罪刑失衡。因此对于制作、销售网络外挂程序的行为不宜以非法经营罪定罪处罚。

76 侵犯商业秘密罪(《刑法》第二百一十九条)

案例:黄志伟等侵犯商业秘密案

案例来源:《人民法院案例选》2009年第7辑

主题词:侵犯商业秘密罪 职务侵占罪

一、基本案情

被告人黄志伟。

被告人徐蓉俊。

湖南省益阳市赫山区人民法院经审理查明:益阳资江电子元件有限公司(以下简称"资江公司")是一家专门生产AiSHi牌铝电解电容器的私营企业,法人代表艾立华,在全国设有十三个办事处。被告人黄志伟自2003年起被资江公司派往厦门办事处任业务员、销售经理,负责福建地区的销售工作。黄志伟见资江公司的产品质量好,在福建地区供不应求,决定利用所掌握的资江公司产品价格、客户资源信息、客户名单等经营信息为自己牟利。2004年7月22日,黄志伟伙同丈夫即被告人徐蓉俊在厦门思明区工商行政管理局注册成立厦门伟创力电子有限公司(以下简称"伟创力公司"),法定代表人为徐蓉俊,注册资本50万元,黄志伟、徐蓉俊分别占60%和40%的股份。为了获取资江公司较低价格的产品,黄志伟对资江公司谎称伟创力公司是她在厦门开发的大客户,生产节能灯,需资江公司的电容器且用量大,总经理是屈发奎。当资江公司派人考察时,黄志伟复制一张屈发奎为总经理的假工商营业执照,由屈发奎冒充伟创力公司的总经理出面应付,使资江公司信以为真,为占领市场而对供应给伟创力公司的产品再三降价。另一方面,黄志伟、徐蓉俊伪造"益阳资江电子元件有限公司授权厦门伟创力电子有限公司为福建省代理经销商"的授权委托书,对资江公司的客户谎称伟创力公司是资江公司的代理经销商。伟创力公司自成立至案发,共从资江公司购入电子元件价值2652万元,进销价差5985654元,给资江公司造成直接经济损失达598余万元。

此外,被告人黄志伟在处理福建省祥辉电子有限公司欠资江公司货款144750元过程中,于2004年1月8日向祥辉公司出具两张领款凭证,领取现金6000元。2005年1月12日,黄志伟收取祥辉公司卡尔成品灯17350支。但黄志伟向资江公司交账时,采取抬高价格的办法,仅将16100支卡尔成品灯入账,将所收取的6000元现金及1250支卡尔成品灯(价值9996.4元)共计15996.4元截留据为己有。

案发后,被告人黄志伟、徐蓉俊被公安机关抓获归案,并由公安机关追缴卡尔成品灯1141支退还给资江公司。

赫山区人民法院认为:被告人黄志伟利用担任资江公司驻厦门办事处经理的便利,伙同被告人徐蓉俊伪造印章,虚构事实,成立厦门伟创力电子有限公司,违反权利人有关保守商业秘密的要求,使用其所掌握的商业秘密,低价套取资江公司的商品,获取进销差价款,严重损害了公司的利益,两被告人的行为均构成侵犯商业秘密罪,且造成了特别严重的后果。被告人黄志伟还利用担任资江公司驻厦门办事处销售经理的职务之便,截留公司货款,其行为构成职务侵占罪。在侵犯商业秘密的共同犯罪中,被告人黄志伟起了主要作用,系主犯;被告人徐蓉俊起了次要作用,系从犯。被告人黄志伟犯两罪,应两罪并罚。该院依照《中华人民共和国刑法》第二百一十九条第一款第(三)项、第三百七十一条第一款、第二十五条第一款、第二十六条第一款、第四款、第二十七条、第六十九条、第五十二条、第五十三条、第六十四条之规定,作出如下判决:

1. 被告人黄志伟犯侵犯商业秘密罪,判处有期徒刑三年六个月,并处罚金一百五十万元;犯职务侵占罪,判处有期徒刑一年;两罪并罚,决定执行有期徒刑四年,并处罚金一百五十万元。

2. 被告人徐蓉俊犯侵犯商业秘密罪,判处有期徒刑三年,缓刑三年,并处罚金一百万元。

一审宣判后,黄志伟、徐蓉俊上诉称,二人不构成侵犯商业秘密罪,伟创力公司是资江公司明知和认可的贸易商,其销售行为未侵犯资江公司的商业秘密,未损害资江公司的合法利益。黄志伟还称,她不构成职务侵占罪。

益阳市中级人民法院审理认为,被告人黄志伟利用担任资江公司驻厦门办事处销售经理的便利,违反公司规定,伙同丈夫即被告人徐蓉俊擅自成立伟创力公司,利用所掌握的资江公司的客户资料、产品价格等经营信息,违反权利人有关保守商业秘密的要求,使用所掌握的商业秘密,低价套取资江公司的商品,获取进销差价款从中牟利,使资江公司遭受巨大的经济损失,造成了特别严重的后果,其行为均已构成侵犯商业秘密罪。此外,被告人黄志伟利用担任资江公司驻厦门办事处销售经理的职务之便,截留公司货款15996元,其行为已构成职务侵占罪。在侵犯商业秘密的共同犯罪中,黄志伟起了主要作用,系主犯,徐蓉俊起了次要作用,系从犯。虽然黄志伟、徐蓉俊的伟创力公司是依法成立,伟创力公司从资江公司的进货价格是经资江公司批准的,但黄志伟作为资江公司驻厦门办事处的销售经理违反了公司的规定,在经营过程中利用所掌握的资江公司的客户资料、价格信息等经营信息低价套取资江公司的商品,从中赚取差价,为自己牟利,侵犯了资江公司的商业秘密,损害了资江公司的利益;资江公司是在被欺骗的情况下与伟创力公司发生贸易关系并为占领市场被迫降价,不影响对黄志伟、徐蓉俊的行为构成侵犯商业秘密罪的认定。益阳中天会计师事务所有限责任公司的鉴定结论是黄志伟利用资江公司的商业秘密为个人牟利的数额,实质为资江公司遭受的损失,鉴定依据充分,结论相对客观、公正,可作为定案的证据予以采信。黄志伟以非法占有为目的,客观上利用了资江公司驻厦门办事处销售经理的职务之便,在处理资江公司与祥辉电子有限公司的债权债务关系时,实施了截留货款、货物不入账、抬高商品价格入账的欺骗手段,其行为符合职务侵占罪的客观要件,构成职务侵占罪。因此,黄志伟、徐蓉俊的上诉意见不予采纳。原判决认定事实清楚,定罪准确,量刑适当,审判程序合法。依照《中华人民共和国刑事诉讼法》第一百八十九条第(一)项之规定,裁定如下:驳回上诉,维持原判。

二、裁判要旨

No. 3-7-219-1　利用工作之便使用其所掌握的商业秘密牟利的,不构成职务侵占罪,应以侵犯商业秘密罪论处。

黄志伟、徐蓉俊的行为应认定为侵犯商业秘密罪。

1. 本案侵害的客体是我国的知识产权保护制度,犯罪对象是商业秘密。商业秘密与商标、专利、著作权等知识产权,能为权利人带来现实的或者潜在的经济利益或者竞争优势,在市场经济社会中具有重要的意义,我国立法予以保护。侵犯商业秘密罪的犯罪对象是特定的即商业秘密,这与职务侵占罪、诈骗罪等侵财犯罪有着根本的区别。职务侵占罪、诈骗罪等侵财犯罪一般是侵害被害人已拥有的财产。本案中,黄志伟、徐蓉俊的行为并没有侵害资江公司已有的钱财,而只侵害了资江公司的商业秘密,并在利用商业秘密牟取个人非法利益时,给资江公司造成500余万元的经济损失,这些巨额损失是资江公司在贸易过程中应该获取的经济利益,但因黄、徐二人侵犯商业秘密的行为而丧失了。

2. 黄志伟、徐蓉俊实施了侵犯商业秘密的行为,并给权利人造成重大损失,符合商业秘密犯罪的客观要件。《中华人民共和国刑法》第二百一十九条和《中华人民共和国反不正当竞争法》第十条都规定了侵犯商业秘密行为的三种表现形式:(1)以盗窃、利诱、胁迫或者其他不正当手段获取权利人的商业秘密的;(2)披露、使用或者允许他人使用以前项手段获取的权利人的商业秘密的;(3)违反约定或者违反权利人有关保守商业秘密的要求,披露、使用或者允许他人使用其所掌握的商业秘密的。本案中,黄、徐二人实施了第三种情形的行为,即黄志伟违反资江公司有关保守商业秘密的规定,伙同徐蓉俊使用其所掌握的资江公司的商业秘密,并给资江公司造成500余万元的经济损失。

3. 黄志伟、徐蓉俊犯罪行为的主观方面是故意。黄、徐二人在牟取个人非法利益动机的驱使下,不顾资江公司有关保密规定,不惜给资江公司造成巨大经济损失,使用资江公司的商业秘密,积极追求犯罪结果,主观意志坚定,应是直接故意犯罪。

不可否认,黄志伟作为资江公司业务员确实是在工作中掌握了资江公司的商业秘密,并加以利用,为自己牟取非法利益。是否因此就认定黄志伟、徐蓉俊的行为构成职务侵占罪呢?我们认为,职务侵占罪与侵犯商业秘密罪之间有本质区别,职务侵占罪是指公司、企业或者其他单位的人员,利用职务上的便利,将本单位财物非法占为己有,数额较大的行为。侵害的对象是行为人所在企业、公司或者其他单位的财物,是公司、企业等已有的财物,包括货币、物资等。行为人具有侵吞、盗窃、骗取公司、企业等的财物的行为。本案中,黄志伟在处理福建省祥辉电子有限公司欠资江公司144750元货款中采取虚抬价格的手段,将从祥辉电子公司所收取的货款6000元及1250支卡尔灯截留据为已有。但黄志伟伙同徐蓉俊违法使用其所掌握的资江公司的商业秘密的行为,并没有侵害资江公司已有的财物,黄、徐二人并没有实施侵吞、盗窃、骗取资江公司财物的行为。尽管黄、徐非法使用了资江公司的商业秘密,但黄、徐二人毕竟没有将资江公司的商业秘密占为已有。故黄志伟、徐蓉俊的上述行为不符合职务侵占犯罪的客观构成要件,不能认定为职务侵占罪。

案例:昌达公司侵犯商业秘密案

案例来源:《刑事审判参考》总第9辑[第67号]

主题词:侵犯商业秘密罪　重大损失

一、基本案情

被告单位铁道部第五工程局第一工程处长沙昌达实业公司(以下简称"昌达公司")。

被告人杨吉钊,男,33岁,原系昌达公司经理。因涉嫌犯侵犯商业秘密罪,于1998年12月7日被逮捕。

附带民事诉讼原告单位湖南省株洲市建汉电子实业有限公司(以下简称"建汉公司")。

某区人民法院经审理查明:1996年4月,被告人杨吉钊受聘担任建汉公司副经理,主管建汉公司IC卡食堂管理系统的销售工作。在销售活动中,杨吉钊发现该管理系统市场潜力大,经济效益高,有利可图,决定另起炉灶。同年7月,杨吉钊离开建汉公司应聘到昌达公司担任经理,并将建汉公司的IC卡食堂管理系统确定为昌达公司的龙头产品。由于该系统的核心软件窗口机、写卡机为建汉公司经过硬件三级加密写入CPU内,并只由该公司职员刘建汉、陈锋(另案处理)掌握、管理,为技术秘密,杨便与昌达公司销售人员沈畸(在逃)多次劝说陈锋来昌达公司工作。陈拒绝后,杨便要求陈利用业余时间为昌达公司提供一年技术服务,并提供IC卡食堂管理系统的窗口机、写卡机CPU的EPO目标程序和主机管理系统的PRG和OBJ的源程序等软件,昌达公司则支付陈"技术服务费"7万元。陈应允后,昌达公司先后三次付给陈锋7万元,陈依约定将有关系统软件提供给昌达公司。之后,被告人杨吉钊与销售人员沈畸、宋璐(另案处理)在陈锋的协助下,利用自己在建汉公司带来的样机对软件进行解剖、分析,于1996年11月将该管理系统复制成功。随后,大肆生产并进行销售。1996年12月至1998年12月间,昌达公司先后将复制的产品销往湖北、重庆、广西等10个省、市、自治区的47所大、中专院校,销售金额578.9469万元。其中,1997年10月1日之前非法获利69.1364万元、1997年10月1日之后非法获利257.8227万元,给建汉公司造成了重大经济损失。

某区人民法院认为:被告单位昌达公司、被告人杨吉钊明知建汉公司的IC卡食堂管理系统中存在不为公众所知悉、能为建汉公司带来经济利益、具有实用性并经建汉公司采取保密措施的技术、经营信息,属商业秘密,却采取利诱和其他不正当手段非法获取后,非法复制、生产和销售,给建汉公司造成重大损失,其行为已构成侵犯商业秘密罪。公诉机关指控被告单位昌达公司、被告人杨吉钊犯侵犯商业秘密罪成立。被告单位昌达公司、被告人杨吉钊及其辩护人的辩护意见与庭审查明的事实和有关法律规定不符,不予采纳。被告单位昌达公司和被告人杨吉钊的犯罪行为给建汉公司造成的经济损失应予赔偿,赔偿数额为昌达公司在侵权期间因侵权行为所获得的利润,但由于侵犯商业秘密的行为在刑法修订前没有被规定为犯罪,因此,昌达公司实施侵犯商业秘密的犯罪行为给商业秘密权利人建汉公司造成的损失应以1997年10月1日之后造成的损失257.8227万元计算。依照《中华人民共和国刑法》第十二条第一款、第二百一十九条第一款第(一)项、第三款、第四款、第二百二十条、第三十条和《中华人民共和国民法通则》第一百一十八条、第一百三十条的规定,于1999年8月21日判决如下:

1. 被告单位昌达公司犯侵犯商业秘密罪,判处罚金人民币三十万元。

2. 被告人杨吉钊犯侵犯商业秘密罪,判处有期徒刑一年零六个月,并处罚金人民币五万元。

3. 被告单位昌达公司、被告人杨吉钊连带赔偿附带民事诉讼原告单位建汉公司经济损失人民币二百五十九万八千二百二十七元。

一审宣判后,被告人杨吉钊不服,以一审判决认定事实不清,证据不足,不构成侵犯商业秘密罪,不应承担民事责任为由,向某中级人民法院提出上诉。

某中级人民法院经审理认为:上诉人杨吉钊、原审被告单位昌达公司故意利用利诱和其他不正当手段获取建汉公司的商业秘密,使用该商业秘密而给建汉公司造成重大损失,其行为均构成侵犯商业秘密罪。昌达公司、杨吉钊对其犯罪行为给建汉公司造成的损失应予赔偿。原审判决认定的事实清楚,证据确实、充分,定罪准确,量刑适当,审判程序合法。上诉人杨吉钊的上诉意见与事实不符,不予采纳。依照《中华人民共和国刑事诉讼法》第一百八十九条第(一)项、《中华人民共和国民事诉讼法》第一百五十三条第一款第(一)项之规定,于1999年11月22日裁定如下:

驳回上诉,维持原判。

二、裁判要旨

No.3-7-219-2　侵犯商业秘密罪中的给商业秘密权利人造成重大损失,在难以计算的情况下,应以侵权人在侵权期间因侵权所获得的利润作为损失数额。

根据《刑法》第三十六条的规定,由于犯罪行为而使被害人遭受经济损失的,对犯罪分子除依法给予刑事处罚外,并根据情况判处赔偿经济损失。根据《刑事诉讼法》第七十七条的规定,附带民事赔偿数额应为被害人因被告人的犯罪行为而遭受的物质损失。本案中,被害单位建汉公司的物质损失难以计算,但根据《中华人民共和国反不正当竞争法》第二十条“经营者侵犯商业秘密,给被害人造成损害的,应当承担损害赔偿责任。被侵害的经营者的损失难以计算的,赔偿额为侵权人在侵权期间因侵权所获得的利润;并应当承担被侵害的经营者因调查该经营者侵害其合法权益的不正当竞争行为所支付的合理费用”的规定,应以被告单位昌达公司、被告人杨吉钊在侵权期间因侵犯商业秘密所获得的实际利润为附带民事赔偿数额。

案例:李宁侵犯商业秘密案

案例来源:《人民法院案例选》2009 年第 1 辑

主题词:侵犯商业秘密罪　商业秘密

一、基本案情

被告人(上诉人)李宁,男,31 岁,汉族,江苏人,无业,因涉嫌犯侵犯商业秘密罪于 2005 年 3 月 11 日被取保候审。

北京市朝阳区人民法院经审理查明:北京奥尔环境艺术有限公司(以下简称“奥尔公司”)成立于 2002 年 3 月,主要从事园林绿化以及灯光照明设计及工程。被告人李宁受聘于奥尔公司并担任该公司业务部经理。2002 年四五月间奥尔公司委派被告人李宁以及该公司业务员张杨代表公司与湖南省湘潭市有关部门洽谈城市灯光改造项目,被告人李宁多次向奥尔公司汇报洽谈无结果。此间,被告人李宁与张杨等人预谋将湖南省湘潭市的相关工程转走。2002 年 8 月 29 日,被告人李宁在奥尔公司工作期间,与原奥尔公司工作人员张士亮共同出资成立了北京天诚鼎力环境艺术有限公司(以下简称“天诚鼎力公司”),该公司经营范围亦包括园林绿化及灯光照明设计。同年 9 月 9 日,被告人李宁代表“天诚鼎力公司”与湘潭市韶山东路建设指挥部签订了金额为人民币 70 余万元的照明灯具《供销合同》。次日,被告人李宁等人又以“天诚鼎力公司”的名义与湘潭市灯饰管理处签订了金额为人民币 101 万余元的照明灯具《供销合同》。后被告人李宁等人以“天诚鼎力公司”的名义向湘潭市上述单位提供了价值人民币 67 万余元的照明灯具并获利,给奥尔公司造成了人民币 100 余万元的经济损失。2002 年 10 月间,被告人李宁辞去了在奥尔公司担任的职务。2003 年 7 月 12 日,被告人李宁被告发归案。

北京市朝阳区人民法院认为,被告人李宁在担任奥尔公司业务部经理期间,本应依照相关法律规定以及诚实信用原则履行保密的义务,但其伙同他人为谋取个人利益,在代表本单位与湖南省湘潭市有关部门洽谈该市广场和道路灯光改造项目期间,欺骗公司领导,私下与他人合伙成立“天诚鼎力公司”,将奥尔公司获取的客户信息(经营信息),由“天诚鼎力公司”使用并获利,被告人李宁的行为给奥尔公司造成了重大经济损失,符合侵犯商业秘密罪的构成要件,依法应予惩处。北京市朝阳区人民检察院指控被告人李宁犯侵犯商业秘密罪的事实清楚,证据确实充分,指控的罪名成立。

对于被告人李宁关于其并未侵犯奥尔公司的商业秘密的辩解及其辩护人的相关辩护意见,经查,湖南省湘潭市上述二单位对照明灯具的需求信息是奥尔公司通过工作获取的,该信息只在有限的范围内公开,显然不能为公众所知悉,且该信息能为奥尔公司带来经济利益,并具有实用性,奥尔公司对相关经营信息亦有保密的要求,故上述客户信息系奥尔公司的经营信息,应属商业秘密的范畴,具有商业秘密的特征。被告人李宁的相关辩解及其辩护人的相关辩护意见,缺乏法律依据,本院不予采纳。

北京市朝阳区人民法院依照《中华人民共和国刑法》第二百一十九条第一款第(三)项、第三款、第四款、第五十二条及第五十三条之规定,判决如下:

被告人李宁犯侵犯商业秘密罪,判处有期徒刑一年八个月,罚金人民币二十万元。

一审宣判后,李宁不服提起上诉,认为一审判决认定的事实与实际情况不符。湖南省湘潭市韶山东路建设指挥部和灯饰管理处采购灯具的信息不具备构成商业秘密的要件,同时也不是奥尔公司所有的信息,只是市场信息,不能成为其构成侵犯北京奥尔环境艺术有限公司商业秘密的对象;其与北京奥尔人工环境设备厂签订过《劳动合同》《保密协议》和《竞业禁止协议》,但与北京奥尔环境艺术有限公司不存在任何劳动关系和保密义务。其行为不构成侵犯商业秘密罪。李宁的辩护人的辩护意见是:一审法院认定的涉案经营信息不符合商业秘密所应具备的新颖性和保密性两项法律特征,李宁的行为不具有侵犯商业秘密罪的基本特征,应宣告李宁无罪。

二审认定的事实和证据与一审一致。二审法院认为,关于李宁及其辩护人所提李宁是与北京奥尔人工环境设备厂签订的《劳动合同》《保密协议》和《竞业禁止协议》,与奥尔公司不存在任何劳动关系和保密义务的上诉理由及辩护意见,经查,现有书证证明,北京奥尔人工环境设备厂与奥尔公司均隶属于奥尔企业,上述两个单位均在与李宁签订的《劳动合同》和《保密协议》上加盖了印章,李宁的工资及福利待遇均由奥尔公司支付,且李宁申请辞职也是向奥尔公司提出并获得批准,事实证明李宁辞职前与奥尔公司存在着聘用关系,故李宁的此项上诉理由及其辩护人的辩护意见,缺乏事实根据,本院不予采纳。

关于李宁所提湖南省湘潭市韶山东路建设指挥部和灯饰管理处采购灯具的信息不具备构成商业秘密的要件,同时也不是奥尔公司所有的信息,只是市场信息,不能成为其构成侵犯奥尔公司商业秘密的对象的上诉理由及其辩护人所提李宁的供述、证人证言及客户登记表证明,奥尔公司对湖南省湘潭市灯饰管理处建设南路亮化工程的信息并不知悉,因此,李宁不可能给奥尔公司造成 59 万元的直接经济损失,根据相关规定,李宁的行为及后果不符合刑事立案标准;本案奥尔公司关于湘潭市的客户登记表中所列内容均为向公众所公布的有关政府部门的人员姓名及电话,显然不属于商业秘密,李宁的行为不具有侵犯商业秘密罪的基本特征,不构成侵犯商业秘密罪的辩护意见,经查,根据现有证据证明,奥尔公司通过专利产品的宣传和业务员的联系,获取了湖南省湘潭市欲对该市道路及广场进行改造,需购置照明灯具的信息,该信息具有公开性。但湘潭市相关领导查阅了奥尔公司的产品宣传资料,进而又对奥尔公司实地考察,确定使用奥尔公司的灯具产品,并指示湘潭市房产管理局开发科及湘潭市灯饰管理处两部门的负责人与奥尔公司联系洽谈,奥尔公司亦委派业务经理李宁和业务员张杨接待,就上述两单位亮化工程项目多次商谈后,该经营信息已属奥尔公司享有,系奥尔公司的商业秘密,能够为奥尔公司带来经济利益,具有实用性,且奥尔公司对相关经营信息亦有保密规定,因此,该经营信息具有刑法所规定的商业秘密的特征,故李宁的上诉理由及其辩护人的辩护意见缺乏事实根据和法律依据,不能成立,本院亦不予采纳。

本院认为:上诉人(原审被告人)李宁为谋取私利,利用在奥尔公司担任业务部经理并代表该公司具体负责与湖南省湘潭市有关单位洽谈照明灯具供销业务的职务行为,违反奥尔公司保密规定,将其掌握的属于奥尔公司的经营信息,用于其与他人合伙成立的个人公司使用并获利,给商业秘密的权利人奥尔公司造成重大经济损失,其行为侵害了国家对商业秘密权利人的无形资产专有权和社会主义市场的管理秩序,已构成侵犯商业秘密罪,依法应予惩处。一审法院根据李宁犯罪的事实、犯罪的性质、情节及对于社会的危害程度所作出的判决,定罪及适用法律正确,量刑适当,审判程序合法,应予维持。北京市第二中级人民法院依照《中华人民共和国刑事诉讼法》第一百八十九条第(一)项之规定,裁定如下:驳回李宁的上诉,维持原判。

二、裁判要旨

No. 3-7-219-3 未经许可,擅自使用企业之间因商洽具体经营业务而形成的信息的,应以侵犯商业秘密罪论处。

《刑法》第二百一十九条第三款明确规定了商业秘密的概念,即“不为公众所知悉,能为权利人带来经济利益,具有实用性并经权利人采取保密措施的技术信息和经营信息”。这一概念直接来源于《中华人民共和国反不正当竞争法》第十条的规定。1998 年 12 月 3 日国家工商行政管理局修订公布的《关于禁止侵犯商业秘密行为的若干规定》对商业秘密的有关术语作了进一步的解释。其中,不为公众所知悉,是指该信息是不能从公开渠道直接获取的;能为权利人带来经济利益、具有实用性,是指该信息具有确定的可应用性,能为权利人带来现实的或者潜在的经济利益或者竞争优势;权利人采取保护措施,包括订立保密协议、建立保密制度及采取其他合理的保密措施;技术信息和经营信息,包括设计、程序、产品配方、制作工艺、制作方法、管理诀窍、客户名单、货源情报、产销策略、招投标中的标底及标书内容等信息。这一解释为人民法院认定商业秘密提供了重要依据。

本案现有证据证明:奥尔公司通过专利产品的宣传和业务员的联系,获取了湖南省湘潭市欲对该城市道路及广场进行改造,需购置照明灯具的信息,尽管该信息起初可以通过网络等媒体获知,具有公开性,但当奥尔公司与湘潭方面就该工程达成合作意向,奥尔公司为湘潭方面做了大量的设计工作,试生产了大量专利产品的样品和模具,湘潭方面对此也表示满意,双方进入实质性签约阶段时,该经营信息被特定化,具有秘密性,只在有限的范围内公开,显然不能为公众所知悉;该经营信息能为奥尔公司带来经济利益,具有实用性;奥尔公司与员工都签订有保密协议,对相关经营信息采取了保密措施,故该经营信息已属奥尔公司享有,符合商业秘密的法律特征,系奥尔公司的商业秘密。

案例:杨俊杰等侵犯商业秘密案

案例来源:《刑事审判参考》总第73集[第609号]

主题词:侵犯商业秘密罪

一、基本案情

自诉人上海卡伯油漆有限公司(以下简称"卡伯公司"),住所地上海市嘉定区马陆镇陆家村。

法定代表人熊安铁,卡伯公司董事长。

被告人杨俊杰,男,1970年11月12日出生,原系上海侨世涂料有限公司销售部经理。

被告人周智平,男,1974年6月30日出生,原系上海侨世涂料有限公司技术部经理。

自诉人卡伯公司以被告人杨俊杰、周智平犯侵犯商业秘密罪,向上海市嘉定区人民法院提起诉讼。

上海市嘉定区人民法院经审理查明:1995年4月,上海利进化工科技开发有限公司(以下简称"利进公司")注册成立,经营范围为化工专业领域的技术开发、转让、化工产品及原料的批售、涂料生产等,周履洁任该公司技术主管。同年6月,该公司与上海中启实业公司合作开发生产环氧地坪油漆项目,代号H800。1996年,利进公司研制了一系列导电地坪材料,达到国家规定的二级抗静电地坪要求。同年9月,利进公司开始向上海美建钢结构有限公司(以下简称"ABC公司")提供钢结构专用油漆(醇酸底漆)。后该产品经改进升级,编号为D268,是针对ABC公司生产特性而特别开发的,适应ABC公司的使用要求。

1998年8月,自诉人卡伯公司注册成立,经营范围为生产涂料、销售本公司自产产品等,利进公司的法定代表人周圣希推荐周履洁任自诉人的总经理。同年9月,利进公司将其技术、客户资料及相关的生产、经营资料授权给自诉人使用。同年12月3日,自诉人制定了《卡伯公司保密制度》。该制度规定:公司的一切有加密或保密标记的资料都属于保密资料;各类产品的生产技术、工艺操作规程、配方及有关市场信息、经营资料等都属于公司的保密资料范围,并在其油漆、涂料生产作业单上注明保密资料字样。1999年8月,自诉人与杨俊杰、周智平(二人1995年进入利进公司工作)分别签订了劳动合同,杨、周进入卡伯公司工作,分别担任销售部经理和技术部经理。该合同中卡伯公司明确规定员工应遵守公司的各项规章制度。自诉人对公司的保密资料设有专用电脑,对涉及原料明细及进出、历年来的客户名单资料、购销货物及产品经营方面的资料信息由总经理周履洁和杨俊杰等掌握;对涉及生产产品的基础技术配方及生产作业等资料信息由总经理周履洁和周智平掌握。每套数据设有密码锁定。2000年3月,周智平辞职离开自诉人。同年9月,杨俊杰、周智平商量以杨母张某、周妻赵某的名义注册成立上海侨世涂料有限公司(以下简称"侨世公司"),赵某任侨世公司法定代表人。同年10月,杨俊杰辞职离开自诉人。杨俊杰、周智平分别担任侨世公司销售部经理和技术部经理。同期,周智平、杨俊杰利用从自诉人处擅自带走的生产、销售等资料、信息,在侨世公司生产、销售与自诉人同类的产品(侨世公司生产、销售的涉嫌侵权的 H800、D268、E508 的代号编排有些和卡伯公司相同,有些在卡伯公司产品代号前加“1”,即把 H800、D268、E508 编排为 H1800、D1268、E1508)。

另查,2001 年 9 月,杨俊杰与高世宏签订投资协议书,共同投资成立台聚涂料(上海)有限公司(以下简称“台聚公司”),杨俊杰任台聚公司经理,周智平任台聚公司厂长。周智平、杨俊杰利用擅自从自诉人处带走的生产、销售等资料、信息,在台聚公司生产、销售与自诉人部分同类的产品。

2002 年 4 月,公安机关接到自诉人报案后,展开立案侦查,在侨世公司查获了大量油漆产品和有关自诉人的技术和经营信息资料。同月,公安机关委托中国上海测试中心催化剂行业测试点对卡伯公司和侨世公司、台聚公司生产的油漆产品进行成分分析,结果是 H800-491K(卡伯)和 H800-491Q(侨世)、D268-531K(卡伯)和 D268-531Q(侨世)、E508-100(卡伯)和 E1508-1100(台聚)、H800-129(卡伯)和 H1800-B05(台聚)、H800-481(卡伯)和 H1800-G03(台聚)等 11 组试样的基本组成一致,各成分的量有差异。同月,公安机关委托公信中南会计师事务所对侨世公司涉嫌侵权产品的获利情况进行审计,结论是自 2000 年 11 月至 2002 年 2 月,侨世公司销售涉嫌侵权的 H800、D268、E508(包括 H1800、D1268、E1508)三种产品的净利润为 78 万余元。同年 6 月,国家涂料质量监督检验中心出具证明:对涂料产品而言,其配方是一项技术;涂料的配方属企业技术秘密,该中心目前不能对相同名称的涂料配方作出鉴定。公安机关委托上海同诚会计师事务所、上海佳瑞会计师事务所对自诉人的年度利润等情况进行审计,结论是自诉人 2000 年度、2001 年度、2002 年度的利润分别为 298 万余元、53 万余元、225 万余元。2003 年 7 月,上海市嘉定区人民法院委托上海市科学技术委员会对自诉人主张的 H800、D268、E508 等产品的配方进行技术鉴定。同年 11 月,上海市科学技术委员会经综合分析、评议,结论是自诉人的 H800、D268、E508 三种产品的配方不属于公知技术(其他五种产品的配方因自诉人提供的技术资料不全等原因,未予鉴定)。

综上,自诉人因被告人杨俊杰、周智平侵犯其商业秘密而遭受的经济损失为 78 万余元。

上海市嘉定区人民法院认为,自诉人指控被告人杨俊杰、周智平犯侵犯商业秘密罪的基本事实清楚,基本证据确实、充分,指控罪名成立。但自诉人指控杨俊杰、周智平侵犯其 M203、D356、T600、Q586、D580 五种产品的商业秘密,因自诉人未能提供充分证据,对该指控不予支持。二被告人及其辩护人关于二被告人不构成侵犯商业秘密罪的辩解和辩护意见,与查明的事实不符,本院不予采纳。鉴于二被告人在审理阶段能主动退赔部分犯罪所得,在量刑时酌情予以考虑。依照《中华人民共和国刑法》第二百一十九条第一款第(三)项、第三款、第四款,第二十五条第一款,第三十七条,第六十四条之规定,于 2005 年 6 月 22 日判决如下:

1. 被告人杨俊杰犯侵犯商业秘密罪,免予刑事处罚;
2. 被告人周智平犯侵犯商业秘密罪,免予刑事处罚;
3. 责令被告人杨俊杰、周智平退赔违法所得人民币七十八万元(已在案三十万元),发还卡伯公司;
4. 在案犯罪工具予以没收。

一审宣判后,自诉人卡伯公司和被告人杨俊杰、周智平分别提出上诉。

二审审理期间,上诉人均提出撤诉申请。上海市第二中级人民法院依照最高人民法院《关于执行〈中华人民共和国刑事诉讼法〉若干问题的解释》第二百三十九条的规定,裁定准许。

二、裁判要旨

No. 3-7-219-4 在认定技术信息的秘密性时,不应一律区分为公知技术和非公知技术,应根据该技术信息是否为关键信息决定是否应将其作为一个整体认定为商业秘密。

《刑法》第二百一十九条第三款规定,商业秘密是指不为公众所知悉,能为权利人带来经济利益,具有实用性并经权利人采取保密措施的技术信息和经营信息。本案自诉人所要求保护的技术信息和经营信息是否属于商业秘密,关键在于对秘密性的判定,即是否“不为公众所知悉”。

自诉人的客户资料、油漆报价、工程标书等经营信息,显然不能从公开渠道直接获取,故不难认定具有秘密性。存在争议的是对技术信息秘密性的认定,辩护人提出,对商业秘密的鉴定应当区分公知技术与非公知技术,否则没有证明效力。对商业秘密区分公知技术与非公知技术是针对特定情形或者特定案件而言的,不具有普遍性。例如,甲公司掌握某项技术秘密,与乙公司联营合作后该技术秘密已公开,甲公司再要求保护该秘密中的产品配方和工艺,法院就应要求其将诉讼请求明确化,区分公知技术和非公知技术,否则可能侵犯公共利益。但本案的情形不同。自诉人的涂料配方除基础成分外,还有特殊的原料及配比。涂料助剂在涂料中具有特定性能,且每种助剂都有不同程度的副作用,会影响涂料的其他性能,故对助剂的选择、用量的确定都必须按照涂料产品的具体情况(如涂料性能、客户要求等)进行反复试验。同时,因各行各业对涂料的要求越来越高,功能性涂料发展迅猛,行业竞争十分激烈,助剂的使用更具重要意义。如何用好各种助剂往往成为涂料企业的技术关键。因此,对本案自诉人的涂料配方,应作为一个整体认定为商业秘密加以法律保护,不应区分公知技术和非公知技术。

No.3-7-219-5　权利人采取了合理的措施,使负有保密义务以外的其他人不能轻易获得有关商业秘密的,应当认定为权利人已经对商业秘密采取了保密措施。

对商业秘密采取保密措施,并不要求权利人采取的措施能做到万无一失,只要权利人采取了合理的保密措施,使负有保密义务以外的其他人不能轻易获得该秘密即可。关于措施是否合理,可以从以下几个角度考虑:(1)权利人是否明确了作为商业秘密保护的信息范围;(2)是否制定了相应的保密制度或以其他方法使他人知晓其掌握或接触的信息系应当保密的信息;(3)是否采取了一定的物理防范措施,除非通过不正当手段,他人轻易不能获得该信息。本案中,自诉人卡伯公司在1998年前已研制开发、生产销售各类油漆涂料,取得许可、授权,是生产、销售各类油漆涂料的权利人,并逐步形成了油漆生产技术和销售网络。该公司还制定了《保密制度》,在生产作业单上注明“保密资料”字样,并通过与员工签订《劳动合同》,明确了员工应遵守的各项规章制度。据此,应当认为,卡伯公司对其技术信息和经营信息采取了合理的保密措施。被告人周智平、杨俊杰在卡伯公司分别从事油漆涂料技术管理和经营管理,知悉该公司的商业秘密,在离开卡伯公司时擅自将自诉人的有关资料带走,且成立侨世公司后,利用上述资料生产和销售同类产品,违反了卡伯公司有关保守商业秘密的要求。周智平、杨俊杰到案后的历次供述与上述事实相符,且能相互印证,公安人员从卡伯公司的电脑中调取的《保密制度》也确认了相关事实,故应认为周智平、杨俊杰违反了卡伯公司的保密规定。

No.3-7-219-6　违反约定或者违反权利人有关保守商业秘密的要求,将通过工作、职责掌握的商业秘密予以披露、使用,或者允许他人使用的,应当认定为侵犯商业秘密,但通过反向工程获得有关商业秘密的除外。

在实践中,有时行为人掌握商业秘密本身是合法的,但由于其违反约定或者违反权利人有关保守商业秘密的要求,将自己因工作、职责掌握的商业秘密予以披露、使用,或者允许他人使用,从而构成侵权。

被告人周智平并非通过反向工程获得自诉人的技术秘密。所谓反向工程,是指通过对终端产品的分析研究,找出该产品的原始配方或者生产工艺。反向工程是对商业秘密权的一种限制,一旦他人通过反向工程获得技术秘密,权利人则无权阻止他人披露和使用获得的技术信息。本案被告人周智平原是自诉人卡伯公司的技术部经理,仅高中文化,根据其履历反映,周不具备开发、研制涂料配方、改进生产工艺的能力。其辞职后,未经许可擅自将卡伯公司所有的意大利麦加油漆公司全套授权(原版)配方、内部色卡、客户资料、特种样品测试方法以及测试标准、产品底价、部分油漆报价单、原版产品检测报告、产品说明书、卡伯公司与客户的合同等技术资料带离卡伯公司,并伙同杨俊杰成立了分别由周妻赵某和杨母张某担任公司负责人的公司,生产销售同类产品。据此,可以认定周智平系以不正当手段而非反向工程获取了卡伯公司的技术秘密,属于侵犯商业秘密的行为。

No. 3-7-219-7 对于侵犯商业秘密所造成的损失程度,可以参照《反不正当竞争法》第二十条的规定加以认定。

侵犯商业秘密罪是结果犯,侵权行为给权利人造成重大损失是犯罪的构成要件。这种损失因商业秘密的种类、经济利用价值大小、新颖程度、使用状况、利用周期、市场竞争程度、市场前景、侵权时间长短、侵权方式的不同而有所区别。对于如何认定重大损失,刑法和有关办理侵犯知识产权刑事案件的两部司法解释均没有作出规定,实践中一般参照《反不正当竞争法》的有关规定计算。该法第二十条规定:经营者违反本法规定,给被侵害的经营者造成损害的,应当承担损害赔偿责任,被侵害的经营者的损失难以计算的,赔偿额为侵权人在侵权期间因侵权所获得的利润,并应当承担被侵害的经营者因调查该经营者侵害其合法权益的不正当竞争行为所支付的合理费用。据此,计算侵犯商业秘密造成的重大损失可遵循以下原则:(1)对于能够计算权利人损失的,以权利人的实际损失数额作为被告人应当赔偿的损失数额;(2)权利人的损失数额难以计算的,以侵权人在侵权期间因侵犯商业秘密所获得的实际利润计算权利人的损失数额。

本案在计算损失数额时参照了上述原则,从自诉人所失和被告人所得两个方面综合认定自诉人的损失数额。上海市科学技术委员会专家对卡伯公司的相关产品作出的鉴定结论证实,卡伯公司的 H800、D268、E508 三种产品配方不属于公知技术。根据公信中南会计师事务所对侨世公司涉嫌侵权产品所产生的净利润出具的《审计报告》,2000 年 11 月至 2002 年 2 月,侨世公司销售 H800、D268、E508 三种产品的净利润为 78 万余元。根据上海同诚会计师事务所、上海佳瑞会计师事务所对卡伯公司利润情况等进行审计出具的《审计报告》,卡伯公司 2000 年度、2001 年度、2002 年度的利润分别为 298 万余元、53 万余元、225 万余元,即卡伯公司遭受二被告人侵权期间减少的利润大于二被告人侵权获得的净利润。鉴于对侵犯商业秘密造成重大损失尚无统一、确定的计算方法,根据有利于被告人的事实认定原则,法院确认被告人杨俊杰、周智平给自诉人造成的损失数额为 78 万余元。

案例:张同洲侵犯商业秘密案

案例来源:《人民法院案例选》2007 年第 4 辑

主题词:侵犯商业秘密罪 实用性 反向工程

一、基本案情

被告人张同洲,男,33 岁,汉族,大学文化程度,系青岛湖海工艺有限公司经理。2005 年 3 月 4 日,因涉嫌侵犯商业秘密罪被青岛市公安局市南分局取保候审。

青岛市市南区人民法院经审理查明:青岛金海工艺制品有限公司于 1997 年 3 月 3 日登记成立,后变更为青岛金王应用化学股份有限公司(以下简称"金王公司")。2003 年初,金王公司接到客户香港 CKK 公司的订货合同,向该公司供应两种特定型号的玻璃蜡台,并出口至美国。金王公司找到淄博黑山玻璃有限公司(以下简称"黑山公司")作为该产品的生产厂家,并与黑山公司签订《模具开发合同》,对模具的开发、使用特别约定了保密条款。后根据需要,依据该《模具开发合同》,又追加开发了另一种特定型号的模具。

2003 年 4 月,金王公司指派张同洲负责此项业务的采购、销售,截至 2003 年底,金王公司共向 CKK 公司销售该类产品 300 余万元人民币,获利 74 万余元。

2004 年初,张同洲与金王公司合同期满离开公司后,自 2004 年初至 2005 年 3 月违反公司的保密要求,利用在金王公司工作期间掌握的产品的生产、销售信息及客户资料,以青岛尤尼克礼品有限公司(以下简称"尤尼克公司")的名义,向黑山公司大量订购同种类型的产品。黑山公司以淄博克莱斯特制品有限公司(以下简称"克莱斯特公司")的名义将尤尼克公司的产品报关出口,经香港 CKK 公司出口至美国,收货款时也使用克莱斯特公司的外汇账户。张同洲及其尤尼克公司以香港 ELOODA LIMITED 公司的名义向黑山公司支付美元货款。现经查实,黑山公司已向尤尼克公司提供的涉案货款值达 472336. 22 美元,给金王公司造成直接损失人民币 1317718. 40 元(其中销售毛利润人民币 893484. 14 元,出口退税额人民币 424234. 26 元)。

青岛市市南区人民法院认为:本案涉及的商业秘密是被害人金王公司的经营信息,即金王公司接受CKK公司的订单向美国沃尔玛公司供应三种特定型号的产品,以及由此产生的其他信息,包括生产商、供货价格等。虽然CKK、沃尔玛公司是公开的信息,但是CKK、沃尔玛公司采购涉案三种产品的信息却非公众信息,无任何证据表明CKK、沃尔玛公司公开过该信息,该信息是不为公众所知的。公诉机关既未追究被告人张同洲与CKK从事的其他交易,亦未追究其与黑山公司从事的其他交易,而仅是确认与三种涉案产品有关的经营性信息。金王公司为保护该商业秘密,无论是对内部员工,还是外部产品供应商,均采取了严格的保密措施。该信息为金王公司带来巨大经济效益。金王公司在与CKK公司9个月的交易过程中,共获利74万元人民币,该信息完全符合《刑法》关于商业秘密的规定,被告人作为商业秘密知悉者,在使用其掌握的商业秘密前,理应确认其是否有权使用该信息。本案中被告人并无任何其他合法渠道获得涉案商业秘密。辩护人提交的证据仅能证明张丽娟与CKK公司联系过,了解CKK公司的地址、电话等信息,而且张丽娟与CKK公司的联系邮件均未涉及涉案产品。张光林、张福泰等人的证言,均未提及其将与涉案商业秘密有关的信息透露给张同洲。同时,张同洲也否认是从上述人处获得涉案商业秘密信息的,称是CKK公司与其主动联系的。但是张同洲的供述前后矛盾:

(1)被告人在2005年3月4日的供述中称,CKK公司人员与其联系时,被告人并未告知CKK公司其已离开金王公司,并且CKK公司并不知道其为尤尼克公司服务。但在庭审中又称CKK公司与其主动联系,要求与尤尼克公司合作。

(2)被告人在2005年3月3日的供述中称,其与CKK公司的主要联系人是Emily。但在庭审中又称是CKK公司的John与其联系的。经查,CKK公司负责该项业务的人员是朱某某。

(3)CKK公司负责采购涉案产品的销售经理朱某某否认与张同洲主动联系,证实是被告人张同洲与CKK公司主动联系,而且因为报价较低才与其进行交易的。

综上,张同洲并无其他合法渠道获得涉案商业秘密。本案无任何确实、充分的证据证明其在使用涉案商业秘密前,已经进行过合法性的确认。其明知该信息是商业秘密,仍然使用,追求商业秘密带来的巨大效益,给商业秘密的权利人造成重大损失,其行为构成侵犯商业秘密罪,依法应予惩处。公诉机关的指控成立,依法予以支持。依照《中华人民共和国刑法》第二百一十九条第一款第(三)项、第三款、第四款、第四十二条、第四十四条、第五十二条、第五十三条、第六十四条,最高人民法院、最高人民检察院《关于办理侵犯知识产权刑事案件具体应用法律若干问题的解释》第七条第一款之规定,判决如下:

被告人张同洲犯侵犯商业秘密罪,判处拘役六个月,并处罚金人民币五十万元。

宣判后,被告人张同洲不服一审判决,以其侵犯的商业信息不构成商业秘密为由,上诉于山东省青岛市中级人民法院。

二审法院经审理认为:上诉人张同洲提交的证据不能否认本案被害人特定销售渠道、销售价格的秘密性,并且被害人金王公司与销售等相关劳动人员签订劳动合同时明确要求员工保守商业秘密(包括客户、订单、产品),因此被害人的商业信息构成商业秘密。原审判决认定被告人张同洲犯侵犯商业秘密罪基本事实清楚,基本证据充分,上诉理由不能成立,依照《中华人民共和国刑事诉讼法》第一百八十九条第(一)项之规定,裁定如下:

驳回上诉,维持原判。

二、裁判要旨

No.3-7-219-8 名称、地址、联系方式等简单的客户信息具有实用性功能的,应认定为商业秘密。

在本案审理过程中,辩护人一再辩称CKK公司、沃尔玛公司、黑山公司均为公知信息,因此本案的商业秘密不具备秘密性。之所以将辩护人的意见放入实用性的范畴讨论,是因为辩护人提出的公知信息恰恰不具备实用性的特征。

商业秘密信息的实用性要求商业秘密必须是具体、确定的,是可以马上应用的。而不是抽象、模糊的。简单的客户信息,如名称、地址、电话、联系人等,均不能构成有实用性的经营性信息。了解这些信息,并不能完成具体的交易。对一个具体的交易,其重要的属性包括产品的规格、型号、价格、交易数量、质量要求、供货商、采购商等信息。这些信息才具备实用性。举一个简单的例子:知道海尔的联系方式,并不意味着能完成具体的交易。如果知道海尔需要采购某种型号的产品、采购价格、数量、质量要求等信息,就可以马上以较低的价格与海尔达成交易。

在经营性商业秘密案件审理中,有一种观点认为客户名称、联系方式甚至产品都是公开的,因而与此有关的信息都不具备秘密性。我们认为这种观点混淆了各种不同信息的实用性。

一个经营性信息的形成,一般要经历如下两个过程:

1. 客户特定化:首先,权利人需要从众多的企业中筛选出有合作意向的客户;其次,需要与众多意向客户谈判,最终确定合作客户。因此,这是一个从众多不特定企业中选择合作企业的特定化过程。

2. 交易特定化:选择出特定客户后,并不意味着可以与客户从事交易,该信息仍然是不完整的、欠缺实用性的。因为双方交易的具体产品、项目仍然未确定。因此,仍然需要与客户谈判,确定具体交易的产品、项目。

通过客户特定化、交易特定化后,该信息方成为具体的、可以使用的、能产生利益的有实用性的经营性信息。一种信息的实用性,正是由权利人付出努力才产生的。法律保护的也正是权利人的这种劳动成果。

对商业秘密的实用性有正确认识,才能正确区分各种信息。在实践中,由于对商业秘密法律知识的欠缺,权利人在描述自己的经营性商业秘密时,常常简单称之为“客户名单、客户信息”,这给权利人维权带来诸多障碍。

No. 3-7-219-9 采用反向工程方法获得并使用他人的商业秘密,不构成侵犯商业秘密罪。

在商业秘密案件的审理中,侵权人常提出的抗辩理由之一就是商业信息可以通过反向工程获得,本案中,辩护人也一再提出这个观点。

从理论而言,任何信息均有可能经过反向工程获得。因此,倘若认可上述观点,则任何信息均将丧失秘密性。我们认为,上述观点的错误在于将可能性与实际行为混为一谈。有可能通过反向工程获得,不意味着必然获得,也不意味着就可以免除权利相对人进行反向工程的义务。

反向工程强调的是实际进行过的“行为”,而不是可能性。可能性并不代表实际行为,更不代表结果。在这里,尤其要强调的是,上述行为应当发生在被告人使用商业秘密之前,而不是之后。如果上述行为发生在被告人使用商业秘密之前,并且确认被告人已经有权使用该信息,则被告人使用该信息即可视为使用合法信息,其不再具有犯罪之故意。如果上述行为发生在被告人使用商业秘密之后,则被告人在使用商业秘密时,其明知该信息是商业秘密,而仍然使用,追求商业秘密带来的巨大收益,其犯罪主观故意昭然若揭。

在本案中,辩护人虽强调涉案商业秘密可以经由反向工程获得,但却未能举出任何证据证明被告人曾经进行过任何反向工程。

通过对上述问题的反复论证,我们认为,公诉人所诉信息构成商业秘密,被告人侵犯商业秘密罪成立。

案例:项军等侵犯商业秘密案

案例来源:《刑事审判参考》总第 31 辑[第 233 号]

主题词:侵犯商业秘密罪 计算机软件源代码

一、基本案情

被告人项军,男,1975 年 10 月 4 日出生,大学文化,原系凌码信息技术(上海)有限公司工程师。因涉嫌犯侵犯商业秘密罪,于 2001 年 3 月 2 日被逮捕。

被告人孙晓斌,男,1976 年 5 月 13 日出生,大学文化,原系凌码信息技术(上海)有限公司工程师。因涉嫌犯侵犯商业秘密罪,于 2001 年 3 月 5 日被逮捕。

上海市徐汇区人民法院经审理查明:1999 年 3 月,新加坡商人投资筹建凌码信息技术(上海)有限公司(以下简称“凌码公司”),委托上海延丰实业有限公司为其招聘电脑技术人员并组织开发软件项目。被告人孙晓斌、项军先后被招入延丰公司工作。同年8月,凌码公司成立,项、孙随之成为凌码公司的雇员,任软件工程师。在聘用合同中,两人均与凌码公司签有“不得将公司的技术用于被聘方或告知第三方”的保密条款。公司安排项军、孙晓斌组成制作小组开发电子邮件系统软件(旧版)。2000年4月,项军被公司派往马来西亚ARL家庭通讯私人有限公司(以下简称“ARL公司”)进行门户网站建设。期间,ARL公司曾以高薪邀请项加盟该公司。项军为之心动,并暗中接受对方邀请做技术顾问,但其与凌码公司依旧保持合同聘用关系。后因两家公司合作关系破裂,项军被凌码公司召回国。由于项的妻子在新加坡工作,为能夫妻团聚,项军提出到新加坡的凌码公司总部工作的要求,但遭公司拒绝。项遂心怀不满,决定离开凌码公司,并积极拉拢孙晓斌一起加盟ARL公司。孙表示同意。2000年11月初,项军提议并与孙晓斌预谋,由孙将凌码公司开发的加密电子邮件系统——Webmail软件(新版)提供给项,再由项交给ARL公司,借此向该公司推荐孙。之后,项趁前往新加坡探亲之机,转道马来西亚,来到ARL公司。同月6日,孙晓斌按约定,利用凌码公司邮件服务器上自己的电子信箱xsun@ Nyber. com通过新浪网将该软件的源代码发送到项军的电子信箱topgun9433@ sina. com. cn中,在马来西亚的项军用其自带的手提电脑将该软件源代码下载后,即安装到ARL公司服务器上并进行了软件的功能演示。ARL公司奖给项军、孙晓斌价值人民币2万元的“东芝”牌PS2800-ELC13笔记本电脑各一台。不久,凌码公司发觉项、孙有泄露公司商业秘密的行为,遂向警方报案。警方立案后,采用技侦手段破获此案。项军回国后,即被捉拿归案。公安机关收缴了项带回的两台东芝牌手提电脑,并从另一台手提电脑中发现Webmail软件的源代码。

经公安部计算机信息系统安全产品质量检验中心出具鉴定,凌码公司提供的Webmail软件源代码和从项军手提电脑中获取的源代码有较大程度的雷同,属于同一软件不同版本的源代码。

另查明:凌码公司曾以9万美元(价值人民币74万余元)的价格将Webmail软件出售给香港中国青少年网公司门户网站。

上海市徐汇区人民法院认为:被告人项军、孙晓斌违反公司有关保守商业秘密的约定和要求,披露所掌握的软件源代码的商业秘密,使ARL公司在没有支付等价的情况下获得该软件。由于该软件的售价为人民币74万余元(包括全部技术所有权),故据此确认造成特别严重的后果,被告人项军、孙晓斌的行为构成侵犯商业秘密罪,且属共同犯罪,应依法惩处。在共同犯罪中,被告人项军起主要作用,系主犯;被告人孙晓斌起次要、辅助作用,系从犯。依照《刑法》第二百一十九条第一款第(三)项、第二十五条第一款、第二十六条第一款、第四款、第二十七条、第六十四条的规定,于2001年9月18日判决如下:

1. 被告人项军犯侵犯商业秘密罪,判处有期徒刑三年六个月,并处罚金人民币四千元;
2. 被告人孙晓斌犯侵犯商业秘密罪,判处有期徒刑二年六个月,并处罚金人民币三千元;
3. 二被告人违法所得东芝PS2800-ELCL3笔记本电脑两台,予以没收。

宣判后,项军、孙晓斌不服,分别向上海市第一中级人民法院提出上诉。

项军上诉称:(1)本案所涉软件的源代码不属于商业秘密,该软件的功能已在网上公开,其行为仅是对软件功能的演示,未曾披露商业秘密,无任何证据证实其行为给被害单位造成重大损失,其行为不构成侵犯商业秘密罪,原判证据不足,适用法律不当;(2)原判以凌码公司与其他公司交易该软件的价格作为损失数额,认定本案造成特别严重后果,没有法律依据;(3)被没收的两台笔记本电脑与本案无关。

项军的二审辩护人亦为项军作无罪辩护,其理由是:(1)原判认定上诉人项军将Webmail软件的源代码披露给ARL公司,证据不足;(2)Webmail软件的源代码在互联网上能够公开下载,故该源代码不属于商业秘密;(3)软件源代码无法估价,原判以软件销售价格确定犯罪数额不当,而应以侵权行为人所获得的利益(两台手提电脑计4万元人民币)作为权利人的损失数额,两人的行为未达到法定“重大损失”的定罪数额标准,故其行为不构成侵犯商业秘密罪。

孙晓斌及其二审辩护人提出:孙晓斌未将涉案软件源代码的关键内容披露给项军,因此,

ARL公司不可能获得这项技术,没有给凌码公司造成特别严重后果;以凌码公司的软件销售价格推定为凌码公司的损失,缺乏法律依据,应以成交价或者项军、孙晓斌所得财物的价值作为计算标准。

出庭检察机关认为:本案所涉凌码公司 Webmail 软件的源代码符合商业秘密的特征;二上诉人的相关供述、鉴定部门的鉴定结论以及公安机关通过技侦手段获取并加以固定、封存的电子证据等足以证明项军、孙晓斌共谋将上述软件源代码提供给 ARL 公司并作软件功能演示,由此披露了凌码公司的商业秘密;以软件的销售价来认定侵犯商业秘密行为后果特别严重符合法律规定。因此,二上诉人及辩护人的上诉理由和辩护意见没有事实和法律依据,建议二审法院驳回上诉,维持原判。

上海市第一中级人民法院经审理认为:上诉人项军、孙晓斌为了达到个人目的,经预谋将权利人凌码公司的商业秘密披露给他人,给凌码公司造成特别严重的后果,其行为已构成侵犯商业秘密罪,且系共同犯罪,应予处罚。原判以二上诉人在犯罪过程中的作用大小,分别确认项军、孙晓斌为主犯、从犯,并根据本案的犯罪事实、性质、情节及对社会危害程度等,依法对项军、孙晓斌所作出的判决并无不当,且审判程序合法。项军、孙晓斌及其辩护人提出的二上诉人不构成犯罪的上诉理由和辩护意见不能成立。检察机关的出庭意见正确,应予采纳。据此,依照《中华人民共和国刑事诉讼法》第一百八十九条第(一)项之规定,于 2002 年 3 月 12 日裁定驳回上诉,维持原判。

二、裁判要旨

No. 3-7-219-10　非法披露计算机软件源代码的,应以侵犯商业秘密罪论处。

根据《刑法》第二百一十九条第三款的规定,商业秘密是指不为公众所知悉,能为权利人带来经济利益,具有实用性并经权利人采取保密措施的技术信息和经营信息。依照国家工商行政管理局《关于禁止侵犯商业秘密行为的若干规定》第二条第五款的规定,这里的技术信息和经营信息,应当包括设计、程序、产品配方、制作工艺、制作方法、管理诀窍、客户名单、货源情报、产销策略、招投标中的标底及标书内容等信息。《计算机软件保护条例》第二条规定,计算机软件包括计算机程序及其有关文档。源代码是用源语言编制的计算机程序,是计算机软件的核心内容和软件设计方案的具体表现。源代码一旦被公开,软件的核心技术即泄露,从而会失去应有的商业价值。因此,源代码作为一种技术信息,当属商业秘密范畴。但对于本案所涉的 Webmail 软件源代码能否认定为商业秘密,还应当取决于其是否属于《刑法》第二百一十九条第三款规定的不为公众所知悉,能为权利人带来经济利益,具有实用性并经权利人采取保密措施的技术信息。

案例:伍迪兵等 5 人侵犯商业秘密、侵犯著作权案

案例来源:《人民法院案例选》2013 年第 4 辑

主题词:侵犯商业秘密罪　泄露游戏源代码、架设网络游戏私服的行为定性

一、基本案情

北京市海淀区人民检察院指控:被告人伍迪兵的行为构成侵犯商业秘密罪;被告人李玉峰、孙笑天、宋明阳、袁江力、熊志成的行为构成侵犯著作权罪,提请法院对上述被告人依法惩处。

被告人伍迪兵对检察院指控的事实与罪名没有提出异议。辩护人认为,伍迪兵主观恶性较小,认罪态度较好,应对其从轻处罚。

被告人李玉峰对检察院指控的事实与罪名没有提出异议。辩护人认为,李玉峰系从犯,认罪、悔罪态度较好,并具有退赃表现,应对其从轻或减轻处罚。

被告人孙笑天对检察院指控的事实与罪名没有提出异议。辩护人认为,孙笑天认罪态度较好,有立功表现,并积极赔偿被害单位,应对其减轻处罚,并适用缓刑。

被告人宋明阳对检察院指控的事实与罪名没有提出异议。辩护人认为,宋明阳认罪态度较好,积极退赃,应对其从轻处罚。

被告人袁江力对检察院指控的事实与罪名没有提出异议。辩护人认为,袁江力的行为应当认定为销售侵权复制品犯罪,不构成侵犯著作权罪;且其犯罪情节不属于特别严重,认罪态度较好,应对其从轻处罚。

被告人熊志成对检察院指控的事实与罪名没有提出异议。

法院经审理查明:被告人伍迪兵在2010年担任珠海金山软件有限公司高级开发经理期间,为换取被告人李玉峰手中的其他游戏引擎,违反其与公司签订的保密合同约定,擅自将该公司享有著作权的网络游戏《剑侠世界》的程序源代码通过QQ邮箱发送给被告人李玉峰。2011年6月至10月间,被告人李玉峰通过他人将上述非法获取的游戏软件源代码编译成游戏《情缘剑侠》服务器终端程序,后伙同被告人孙笑天、宋明阳租用国外服务器运行该游戏,私自架设服务器(简称"私服")、制作并开设网站经营网络游戏《情缘剑侠》,招揽客户注册登录该私服游戏网站成为玩家或会员,后利用游戏中的充值项目,借助第三方交易平台收取客户的充值费以营利。经鉴定,《情缘剑侠》游戏程序的代码文件与金山公司合法所有并运营的《剑侠世界》游戏程序的代码文件内容完全一致。该私服游戏注册会员达1万余人,非法经营额人民币110余万元。2011年10月,被告人孙笑天、宋明阳二人将《情缘剑侠》游戏程序及私服游戏网站平台,以人民币58万元的价格整体转让给被告人袁江力、熊志成等人,并将该私服游戏全部程序文件复制转交。2011年11月至2012年2月间,被告人袁江力、熊志成等人继续经营维护该私服游戏网站,发展注册会员达4万余人,非法经营额为人民币40余万元。2012年1月11日,被告人孙笑天被抓获;当天,民警在孙笑天带领下将被告人宋明阳抓获;后被告人李玉峰、袁江力、熊志成、伍迪兵先后被抓获归案。案发后,被告人孙笑天赔偿被害单位经济损失人民币50万元。被告人宋明阳退缴违法所得人民币6万元,扣押在案;另被告人李玉峰银行账户内违法所得人民币113213.58元被依法冻结在案。

北京市海淀区人民法院于2012年9月29日以(2012)刑初字第3240号刑事判决书作出判决:

1. 被告人伍迪兵犯侵犯商业秘密罪,判处有期徒刑二年,罚金人民币二十万元。
2. 被告人李玉峰犯侵犯著作权罪,判处有期徒刑五年六个月,罚金人民币一百万元。
3. 被告人宋明阳犯侵犯著作权罪,判处有期徒刑四年六个月,罚金人民币九十万元。
4. 被告人孙笑天犯侵犯著作权罪,判处有期徒刑三年,罚金人民币三十万元。
5. 被告人袁江力犯侵犯著作权罪,判处有期徒刑三年,罚金人民币三十万元。
6. 被告人熊志成犯侵犯著作权罪,判处有期徒刑三年,罚金人民币三十万元。
7. 在案冻结及扣押赃款人民币十七万三千二百一十三元五角八分及其孳息一并予以没收,上缴国库。

宣判后,被告人李玉峰、孙笑天不服一审判决,认为量刑过重提出上诉。二审审理期间,上诉人李玉峰、孙笑天均申请撤回上诉。北京市第一中级人民于2012年11月15日以(2012)一中刑终字第5321号刑事裁定书作出裁定准许其二人撤回上诉。

二、裁判要旨

No.3-7-219-11 违反与单位的保密约定,向他人泄露单位的网络游戏源代码,造成重大经济损失的行为,构成侵犯商业秘密罪。实际经济损失无法查明的,应当以侵权人通过侵权行为所获的经济利益加以确定。

源代码是指用源语言编制的计算机程序,不同于直接运行使用的游戏软件作品。源代码是掌握并编制出游戏软件的核心信息和密令,一旦被公开,软件的核心技术即泄露,从而失去应有的商业价值。对于依靠游戏软件营利的单位而言,源代码是影响其生存发展的关键性技术信息,一般都会采取一定的保密措施,属于商业秘密。而游戏软件则属于可以对外公开的计算机软件作品,可以通过公开渠道获得。本案中,伍迪兵向李玉峰提供的游戏源代码属于金山公司的核心技术信息,外界难以知悉,并采取了员工保密协议等措施,应认定为商业秘密。侵犯商业秘密所造成的重大经济损失,包括权利人因商业秘密被侵害而实际已经发生的损失和必然遭受的损失。实践中,权利人的实际损失往往难以精确计算,通常根据侵权人在侵权期间因侵权所获的利润确定。本案中,伍迪兵泄露游戏源代码给金山公司实际造成的损失难以计算,可以将李玉峰等人运营私服网站的非法经营数额、转让所得等违法所得数额综合认定。

No. 3-7-219-12 利用非法获取的源代码编译并运营游戏私服的行为成立侵犯著作权罪。

计算机程序包括源程序和目标程序。同一程序的源文本与目标文本应当视为同一作品。李玉峰等人虽然是通过源代码编译出目标游戏程序,但并未对他人享有著作权的程序进行实质性修改,而是通过反编译手段复现他人的程序作品。应认定为未经著作权人许可,复制他人作品,并通过私服网站传播。其非法获取、使用游戏源代码的行为符合侵犯商业秘密罪的构成要件,与其侵犯著作权的行为构成目的与手段的牵连关系,应当择一重处断。

No. 3-7-219-13 受让继续经营网络游戏私服的行为成立侵犯著作权罪而非销售侵权复制品罪。

本案中被告人袁江力、熊志成等人表面上只是经手了已经建立好的网站并继续经营。但其实施的并不是单纯的销售行为。网络游戏不同于普通商品,需要多个程序软件配合运行,程序重复使用、互动、更新是其运行的基础和条件。受让并继续经营私服网站,不同于单纯的销售盗版软件,而具有擅自复制发行的特征,应成立侵犯著作权罪。

案例:伊特克斯公司、郭书周等侵犯商业秘密案

案例来源:《刑事审判参考》总第 99 集[第 1005 号]

主题词:侵犯商业秘密罪 重大损失的计算

一、基本案情

被害单位上海米开罗那机电技术有限公司(以下简称“米开罗那公司”)成立于 2004 年 3 月,主要生产销售手套箱、汽车氙气灯生产线等设备。

被告单位伊特克斯惰性气体系统(北京)有限公司(以下简称“伊特克斯公司”)成立于 2006 年 4 月,经营范围包括科技开发、销售惰性气体保护系统设备,实际经营者为被告人郭书周。

被告人郭书周,男,1976 年 7 月 10 日生,系伊特克斯公司实际经营负责人(经理)。2009 年 12 月 29 日因涉嫌犯侵犯商业秘密罪被逮捕。

杜开宁,男,1953 年 11 月 9 日生,系伊特克斯公司职工。2011 年 7 月 5 日因涉嫌犯侵犯商业秘密罪被逮捕,2012 年 6 月 8 日被取保候审。

上海市浦东新区人民检察院以沪浦检刑诉〔2009〕30067、〔2010〕30145 号起诉书指控被告单位伊特克斯公司,被告人郭书周、杜开宁犯侵犯商业秘密罪,于 2010 年 8 月 27 日向浦东新区人民法院提起公诉。

被告单位伊特克斯公司对公诉机关指控的事实及罪名持有异议。该公司及其辩护人提出:(1)公安机关搜集证据过程违法。(2)公诉机关指控的商业秘密不成立,技术鉴定的程序违法。(3)伊特克斯公司不知道被告人杜开宁窃取米开罗那公司的商业秘密,也没有使用米开罗那公司的商业秘密。(4)会计师事务所的审计依据的是米开罗那公司提供的记账凭证,不予认可。

被告人郭书周对公诉机关指控的事实及罪名持有异议,其与辩护人提出:(1)郭书周毕业于北京航空航天大学机械专业,熟悉机械知识。(2)杜开宁于 2008 年 5 月至伊特克斯公司工作,没有主管技术,只是协助生产。(3)杜开宁没有向其提供盗窃的米开罗那公司图纸,是杜开宁自己将图纸录入伊特克斯公司的电脑中,具体录入了哪些图纸也不清楚。(4)公安机关搜集证据的过程违法。(5)公安机关委托鉴定机构所作的技术鉴定程序违法,鉴定机构及鉴定人不具备鉴定资质。(6)公诉机关指控的商业秘密不成立,涉案技术属于公知技术。(7)会计师事务所的鉴定依据是米开罗那公司 2006 年的数据,应该采用 2008 年的数据。鉴定结论称每套设备利润人民币(以下币种同)165 万元,但伊特克斯公司一套生产线的销售价格才 100 万元,故对审计结果不认可。(8)在杜开宁来伊特克斯公司之前,伊特克斯公司已经生产了 4 套设备。

被告人杜开宁及其辩护人对公诉机关指控的事实及罪名没有异议。

上海市浦东新区人民法院经不公开审理查明:

北京米开罗那机电技术有限责任公司于1996年成立,2003年7月被告人郭书周向该公司应聘网络工程师一职,其后在该公司任网管。2004年1月,郭书周离职,并签订《离职协议》,约定郭书周离开公司后,有义务永远保守公司商业秘密和技术秘密,不得自行利用公司技术或商业信息从事生产经营活动。

2006年4月,被害单位米开罗那公司聘请被告人杜开宁任其制造部下属设备厂经理,负责设备厂的生产、调度及管理工作,并约定杜开宁不得泄露公司机密,也不得将此用于自己开办公司使用,直至退休后3年之内。

2006年11月3日,米开罗那公司制定的《图纸管理规定》对图纸的提供、发放、回收流程作了详细的规定,明确由信息室归档、复印,并交由制造部或设备厂,待字迹无法辨认时由设备厂厂长统一到信息室以旧换新,并由专人回收处理。

2007年3月27日,米开罗那公司制定的《保密制度》规定:保密信息包括但不限于产品研发的图纸、设计思路、方案和模型、试验结果;公司设备的图片或相关技术信息;专有技术、专利技术、技术授权等,以及其他和知识产权相关的数据和保密事项,以及其他没有公开且公开后可能会对公司产生不利影响的一切信息。保密人员包括公司的高级管理人员、高级技术人员,以及所有涉及保密信息的人员。

米开罗那公司2006年、2007年的《资料交接登记表》显示,杜开宁均在登记发出的图纸"接收人"一栏签名。

2007年7月,杜开宁从米开罗那公司离职,并于同年底与被告人郭书周联系,表示想去伊特克斯公司工作,并称有米开罗那公司的图纸。不久,双方进行了面谈。2008年3至4月间,杜开宁向郭书周提供了从米开罗那公司带走的等离子火头及六通阀的图纸。2008年5月,杜开宁至伊特克斯公司工作,协助安排设备的生产。

2008年3月至2008年8月期间,伊特克斯公司向海宁市映宇电子照明有限公司(以下简称"海宁映宇公司")、海宁市新晨光源科技有限公司(以下简称"海宁新晨公司")等7家单位销售特种灯生产线,包括手套箱、高温炉、等离子排气封接台等,价值为105万至140万元之间,共计合同金额为792万余元。

2008年6月,米开罗那公司向公安机关报案,反映该公司原设备厂经理杜开宁利用职务之便窃取公司保密图纸后,提供给伊特克斯公司使用,使该公司遭受重大损失。2008年7月3日,侦查人员将杜开宁抓获,并当场缴获大量有关汽车氙气灯流水线设备的图纸和U盘一个。7月4日,侦查人员至伊特克斯公司调查取证,根据杜开宁的指认,侦查人员扣押了伊特克斯公司技术人员使用的电脑主机。2008年7月16日,科技部知识产权事务中心(以下简称"知产中心")接受公安机关的委托,对扣押的杜开宁的有关图纸及伊特克斯公司电脑内的有关图纸中是否包含有米开罗那公司的图纸,以及该图纸是否具有非公知性进行鉴定。经检查,在被扣押的3个硬盘和1个U盘中均包含有脱羟炉、等离子火头及抽充台、手套箱等设备的图纸。鉴定结论为:(1)送鉴的杜开宁的有关图纸中包含有和米开罗那公司相同的设备图纸;(2)送鉴的光盘资料相应文件夹中包含有和米开罗那公司相同或者基本相同的设备图纸;(3)上述光盘图纸和纸件图纸中所包含的米开罗那公司的脱羟炉、等离子火头、手套箱等设备的零部件的设计尺寸、公差配合、表面粗糙度、装配关系、材质以及具体技术要求的确切组合,属于非公知技术信息。根据目前企业的惯常做法,企业一般不会将其设计的设备生产图纸公之于众,社会公众也难以通过公开渠道直接获得他人的生产图纸。而且,设备图纸中记载的零部件的设计尺寸、公差配合、表面粗糙度、装配关系、材质以及具体技术要求等技术信息需要企业经过反复计算和试验才能确定,不同技术人员独立设计的设备图纸所记载的上述技术信息不可能完全相同,即便通过公开销售的相关设备,也不能直观、容易地获得上述设备图纸所记载的整体确切组合的技术信息。

2008年12月25日,知产中心接受公安机关委托,对伊特克斯公司生产销售的有关汽车金卤灯生产设备和米开罗那公司的相关设备图纸进行比对鉴定。经现场勘测,鉴定结论为:伊特克斯公司的真空脱羟炉的外部特征、主要结构及主要尺寸和米开罗那公司的真空脱羟炉设备图纸所记载的对应技术信息相同或实质相同;伊特克斯公司的等离子火头的结构和米开罗那公司图纸记载的等离子火头的结构略有差异,但两者等离子火头的前腔、后腔等零件的主要结构和尺寸相同或者实质相同;伊特克斯公司的集成阀块(多路通道分路器)的主要结构及主要尺寸和米开罗那公司图纸记载的集成阀块(多路通道分路器)的主要结构和主要尺寸相同或者实质相同。

2009年5月,公安机关决定对郭书周实施网上通缉,并于2009年11月19日将郭书周抓获。

2010年4月28日,公安机关委托上海公信中南会计师事务所有限公司(以下简称"公信事务所")对米开罗那公司因商业秘密被侵犯而受到的损失进行鉴定。司法鉴定意见认为:权利人因被侵犯商业秘密所造成的损失可以包括:(1)过去的研制开发成本。(2)目前的现实利益损失。(3)将来竞争优势的丧失。对于损失(1)无法量化和提供资料,故不予计算。对于损失(3)由于公安机关对侵权行为及时进行打击,目前没有发现因侵权行为导致商业秘密彻底丧失的具体情形,故不对将来竞争优势的丧失进行预测而作为实际损失的组成部分。故鉴定主要是针对第二部分损失的认定。由于手套箱设备的价格有差异,故采用权利人提供的被侵权前所生产销售的与侵权产品基本相同配置的4套设备的生产销售资料,取这些设备生产销售的平均利润,最终测算得到权利人被侵权产品的净利润平均为51.99%,单套设备净利润平均为165万元;再基于权利人有足以应对市场上所出现的7套侵权产品的同期生产能力这样一个前提,侵权产品的出现导致本应属于权利人的生产销售数量及利益流失,故被害单位损失以查实的被侵权产品在市场上销售的总数乘以每件产品的合理利润所得之积计算,估算7套设备的利润约为1155万元。

浦东新区人民法院认为,真空脱羟炉、等离子火头等是制造汽车金卤灯的重要生产设备,被害单位米开罗那公司的真空脱羟炉、等离子火头的主要尺寸是非公知的技术信息,能够为米开罗那公司带来经济利益。米开罗那公司通过与员工约定保密义务,建立图纸管理制度等,对技术信息采取了一定的保密措施。故涉案真空脱羟炉、等离子火头的相关技术属于被害单位米开罗那公司的商业秘密。被告单位伊特克斯公司及被告人郭书周对于涉案技术信息的合法来源未能提供相应的证据证明,据此可以确定伊特克斯公司使用了米开罗那公司的技术秘密。伊特克斯公司以低价销售侵权产品,抢占了米开罗那公司的市场份额。故以伊特克斯公司的侵权产品的销售数量乘以米开罗那公司被侵权前的产品利润计算权利人的经济损失并无不当。据此,浦东新区人民法院以被告单位伊特克斯公司侵犯商业秘密罪,判处罚金人民币四百万元;以被告人郭书周侵犯商业秘密罪,判处有期徒刑四年六个月,罚金人民币十万元;以被告人杜开宁侵犯商业秘密罪,判处有期徒刑三年六个月,罚金人民币四万元;违法所得予以追缴。

一审宣判后,伊特克斯公司、郭书周、杜开宁均不服,向上海市第一中级人民法院提起上诉。主要上诉理由为:(1)米开罗那公司产品对外销售后,就能直接观察、接触和使用,相关数据为外界所知悉,相应技术要求是实用手册、专业书籍中的要求,故认定商业秘密的理由不能成立。且伊特克斯公司等离子火头和脱羟炉与米开罗那公司在结构和尺寸上有诸多不同,不能以部分相同就认定两者整体相同。(2)市场上销售氙气灯生产线的厂家有14家之多,伊特克斯公司销售数量并不等于米开罗那公司必然销售的数量,以伊特克斯公司销售数量作为米开罗那公司损失依据不足。(3)损失部分应当就单独部件单独计算,不能以整体生产线为依据计算,对被害单位损失的审计结果不认可。(4)原判量刑过重。

二审检察机关出庭意见认为,一审法院认定被害单位损失以距案发前两三年被害单位相关产品的利润作为计算依据,有失妥当,建议二审法院重新选择计算方法,对本案涉案金额和被告人量刑依法裁判。对涉案技术信息构成商业秘密及被告方侵权行为成立的意见同一审法院。

在二审审理过程中,伊特克斯公司提交其公司特种灯生产线价值项目评估报告书、安徽省天长市天丽光源石英仪器有限公司与布劳恩惰性气体系统(上海)有限公司(以下简称"布劳恩公司”)签订的采购合同等证据材料。经查,评估报告系由伊特克斯公司委托北京中金浩资产评估有限责任公司(以下简称“中金浩公司”)评估,中金浩公司具有从事资产评估的资质,评估采用成本法,主要目的在于确定等离子火头、真空脱羟炉、高空排气台等部件占伊特克斯公司特种灯整条生产线的价值比例。鉴于价值比例相对固定,受市场影响较小,且伊特克斯公司申报的价值比例与评估后确定的价值比例差别不大,故予以采纳;采购合同加盖有两家公司合同专用章,真实性可以确认,予以采纳。

上海市第一中级人民法院另查明:海宁新晨公司法定代表人徐建章证言证实,其公司生产的氙气灯流水线设备是从多家单位采购的。其中从伊特克斯公司采购了手套箱设备;海宁映宇公司副总经理陆佰明的证言证实,其公司与伊特克斯公司特种灯生产线合同于 2008 年 3 月订立,后因另行采购脱羟炉大炉、冷水机、一端电极定位手套箱等设备,遂于 2008 年 8 月补充订立购销合同;米开罗那公司与海宁新光阳光电技术有限公司于 2008 年 4 月签订的购销合同、米开罗那公司与杭州拜克光电技术有限公司于 2008 年 6 月签订的购销合同显示氙气灯生产线中的手套箱、真空脱羟炉、抽充台及等离子封接等主要设备可以单独计价。知产中心就《技术鉴定报告书》相关问题作了进一步说明:米开罗那公司设备图纸所记载脱羟炉、等离子火头、手套箱等设备零部件的设计尺寸、公差配合、表面粗糙度、装配关系、材质等技术信息,不可能在国家标准、公开出版物上全部被公开,不能因为个别或者部分基本尺寸、公差、材质等技术信息的公开而否定图纸上其他未公开技术信息的非公知性。现有国家标准、公开出版物上没有公开的那些技术信息,我们并不否认其中有一部分技术信息,如设计尺寸、材质等,可以通过对设备进行直接观测和反向工程分析获悉。但是,图纸上记载的部分未公开的技术信息,如公差配合、表面粗糙度等,通过直接观测,甚至是反向工程都是无法精确获悉的。

上海市第一中级人民法院认为,本案主要存在以下争议焦点:(1)被害单位米开罗那公司的相关技术信息是否构成商业秘密;(2)上诉单位伊特克斯公司有无使用被害单位米开罗那公司的商业秘密;(3)被害单位的损失计算是否合理;(4)一审定罪量刑是否适当。对于争议焦点(1)(2),上海市第一中级人民法院的观点与一审法院一致,不予赘述。同时,结合查明的事实,对于争议焦点(3)(4)发表如下评判意见:

关于被害单位的损失计算,上海市第一中级人民法院认为一审法院认定得不够准确,应当予以纠正。具体理由如下:(1)侦查机关提供的公信事务所司法鉴定意见书表明,被害单位损失以被害单位目前的现实利益损失为依据,且该现实利益建立在涉案氙气灯生产线只能由被害单位或者被告单位生产的推论之上,即涉案的 7 条生产线不是由被害单位生产销售,就必然由被告单位生产销售,排除了其他同类厂家生产销售的可能。但根据布劳恩公司出具的说明,其公司生产的氙气灯生产线是根据客户要求定制的。这表明,如果客户要求定制与涉案 7 条生产线配置相同的氙气灯生产线,则布劳恩公司也是能够生产的。而海宁新晨公司法定代表人徐建章的证言证实,其公司生产的氙气灯流水线设备是从多家单位采购的。这就意味着,涉案氙气灯生产线存在购买厂家自行组装配置的可能性。鉴于上述证据表明两家公司涉案氙气灯生产线的生产销售并不具有非彼即此的不可替代性,且司法鉴定所依据的生产销售资料为被害单位提供的 2005 年 8 月、2005 年 12 月、2006 年 10 月与案外公司签订的销售合同及相关财务凭证,而非目前的现实利益,故辩方提出的伊特克斯公司销售的产品数量并不等于米开罗那公司必然销售数量的意见和检察机关提出的原判有关被害单位损失的计算依据有失妥当的意见具有合理性,应予支持,对公信事务所出具的米开罗那公司损失的司法鉴定意见不予采纳。(2)根据《技术鉴定报告书》,本案中能够予以保护的米开罗那公司的商业秘密为脱羟炉、等离子火头及抽充台、手套箱等设备的相关技术信息,而非整条氙气灯生产线的相关技术信息。商业秘密的价值应当与其秘点相对应。在氙气灯生产线的脱羟炉、等离子火头及抽充台、手套箱等主要设备能够单独销售并各自定价的情况下,原判依据的公信事务所以被害单位整条生产线设备的利润作为损失计算依据的鉴定意见,缺乏事实基础和法律依据,应当予以纠正。(3)现有证据无法反映被害单位的损失,故依据检察机关的建议,参照最高人民法院《关于审理专利纠纷案件适用法律问题的若干规定》第二十条的规定,确定以被告单位非法获利为计算依据。鉴于米开罗那公司与案外公司签订的销售合同及相关财务凭证反映,米开罗那公司涉案氙气灯生产线设备的净利润为 51.99%。而通常情况下,随着同类产品市场竞争者的增多,相关产品的利润会有所下降,故被告人郭书周到案后供述的伊特克斯公司氙气灯生产线的产品利润为 20%具有合理性,予以采信。据此确认,伊特克斯公司共对外销售 7 条氙气灯生产线,销售金额共计 792.46 万元,获利 158.492 万元,其中因非法获取并使用米开罗那公司等离子火头、真空脱羟炉技术秘密而非法获利 58.8 万元。

关于一审量刑是否适当的问题。二审法院经审理认定,被害单位损失为 58.8 万元,且鉴于本案予以保护的商业秘密为技术要求的确切组合,其中含有公知技术成分和非公知技术成分,两者亦无法具体区分,故原判量刑过重,应予纠正。据此,二审法院改判上诉单位及两名上诉人定罪免刑。

二、裁判要旨

No. 3-7-219-14　侵犯商业秘密案件中重大损失的计算主要有四种方式,即权利人的实际损失、侵权人的获利、商业秘密许可费的倍数以及商业秘密的商业价值,其中应当优先计算权利人的实际损失,在无法计算实际损失时,综合案件情况可以采取侵权人获利的计算方法。商业秘密的价值应当与其秘点相对应,在秘点与商业秘密整体可以分割时应当单独计算价值。

在侵犯商业秘密犯罪案件中,重大损失的计算主要存在四种方式,即权利人的实际损失、侵权人的获利、商业秘密许可费的倍数以及商业秘密的商业价值。之所以不能将人民法院酌定赔偿方式作为商业秘密刑事案件重大损失的计算方法,主要是因为刑事诉讼与民事诉讼证据标准不同。刑事诉讼实行确实、充分的证据标准,而民事诉讼实行高度盖然性的证据标准,在商业秘密刑事案件中,"重大损失"是决定被告人行为罪与非罪的重要依据,重大损失的数额必须有确实、充分的证据予以证明,而不允许法官具有自由裁量的空间。鉴于文义解释优先的法律适用规则,在计算损失方面,应当优先计算权利人的实际损失。

本案中,一审判决依据的公信事务所价格鉴定意见采用的就是权利人实际损失的计算方法,其法律依据在于"权利人因被侵权所受到的损失可以根据专利权人的专利产品因侵权所造成销售量减少的总数乘以每件专利产品的合理利润所得之积计算。权利人销售量减少的总数难以确定的,侵权产品在市场上销售的总数乘以每件专利产品的合理利润所得之积可以视为权利人因被侵权所受到的损失"。二审法院则对该价格鉴定意见不予采纳,另行采用了侵权人获利的计算方法。主要理由在于:(1)商业秘密与专利技术在保护方式上并不完全相同。作为商业秘密保护的技术秘密并不占有垄断的地位,权利人拥有技术秘密并不代表着其他竞争者不能拥有同样的技术秘密。以侵权人销售产品的数量作为权利人销售的数量需要以权利人拥有的技术秘密独一无二为前提。本案中,并未有证据表明权利人的技术秘密具有唯一性,也未有证据反映该技术领域只有权利人和被告单位两家公司,相反有证据表明存在多家同业竞争者。由于其他的同业竞争者会满足购买者的需求,因此,侵权人销售产品的数量也不必然意味着权利人会少销售同样的数量。(2)根据司法解释的规定,计算权利人的损失还要求以权利人产品的合理利润作为计算依据。公信事务所价格鉴定意见依据的是权利人在 2005 年 8 月、2005 年 12 月和 2006 年 10 月的合同利润,而本案案发时间为 2008 年 3 月,两者时间节点差距近一年半至两年半之久;且在案证据反映,在 2008 年 4 月和 6 月期间,权利人向两家案外公司销售了同类产品。审计机构未将此期间的合同利润作为计算依据,而以案发前约一年半至两年半的合同利润作为计算依据,有失公正。因此,二审法院参照相关法律规范的规定,综合本案证据状况以及无商业秘密许可使用、商业秘密未对外泄露的事实,最终确定以侵权人获利作为计算方法。

"很多情况下,原告出于尽量扩大保护范围的需要,或者对法律规定、涉案技术背景不熟悉等原因,往往在起诉时会圈定一个很宽泛的秘密范围,并将一些公知信息纳入商业秘密范围内请求保护。"本案中,权利人主张作为商业秘密保护的技术信息包括脱羟炉、等离子火头和手套箱三个部件的技术要求,包括设计尺寸、公差配合、表面粗糙度、装配关系、材质以及上述要求的确切组合;但经检察院审查起诉和法院审理,最终作为商业秘密保护的技术信息仅涉及脱羟炉、等离子火头两个部件的相关技术要求。通常情况下,商业秘密的价值应当与其秘点相对应;然而,在有的产品中,秘点与整体不可分割,则要考虑受到侵害部分或者产品部件在整个产品中所起的作用或者比重及诸如在先公知技术、市场因素等其他非侵权因素来计算权利人的损失。一审判决依据的公信事务所是按照整条生产线的利润来计算权利人的损失。二审法院重点审查了作为商业秘密保护的上述两件部件是否存在独立价值的问题。由于上述两个部件能够单独定价,二审法院最终决定将上述两个部件作为计算对象,以其利润乘以七条生产线的数量来计算侵权人的获利。

77 损害商业信誉、商品声誉罪(《刑法》第二百二十一条)

案例:王宗达损害商业信誉、商品声誉案

案例来源:《刑事审判参考》总第 13 辑[第 85 号]

主题词:损害商业信誉、商品声誉罪　重大损失

一、基本案情

被告人王宗达,男,1957 年 8 月 6 日出生,原系浙江省丽水市碧湖啤酒有限公司副总经理。因涉嫌犯损害商业信誉、商品声誉罪,于 1999 年 8 月 24 日被逮捕。2000 年 2 月 2 日被取保候审。

浙江省缙云县人民法院经审理查明:1999 年 6 月底至 7 月初,浙江仙都啤酒发展公司部分行政管理人员出现腹泻、腹痛等症状,县、地区卫生防疫部门对该疫情及时进行了调查,并于 7 月 30 日作出了《缙云县仙都啤酒厂感染性腹泻疫情处理和流行病学调查报告》(以下简称《调查报告》)。该报告对疫情的范围、程度、防治效果、发生原因等做了客观的记载和分析,认为基本可排除细菌感染之致病原因,病人感染途径有关致病因子经呼吸道或日常生活接触传播,疫情与一线生产工人及产品质量无关。

1999 年 7 月中旬,时任浙江碧湖啤酒发展有限公司副总经理的被告人王宗达闻知有关卫生防疫部门对浙江仙都啤酒发展公司进行流行病学调查的情况后,认为是在啤酒销售市场打败仙都啤酒、提高本单位经济效益及本人在公司地位的好机会,遂向丽水地区防疫站干部杜某了解情况,并从杜某处得到一份《调查报告》,然后根据需要对报告内容进行修改、增减,编造一份题为《缙云县仙都啤酒发展公司发生群体感染性腹泻疫情》的传单。宣称仙都啤酒发展公司职工不断出现疫情,病例发展既快又猛,引起恐慌;并谎称江苏某地发生类似疫情,10 万余人身受感染。传单还提醒仙都啤酒消费者千万小心,以防受感染。尔后,王宗达经周密策划,将从电话簿上抄录下来的有关单位地址及编写的传单进行打印,又将地区防疫站往年所发文件上的公章剪贴、套印到《调查报告》的复印件上,以江西省南昌市经济信息中心的名义,于 8 月初在叶如锦的帮助下从武汉、杭州等地将 600 余份传单单独或附上《调查报告》邮寄给丽水、金华地区有关仙都啤酒消费者。同时,王宗达还打电话给金华啤酒厂领导应某,提出在啤酒市场联手打败仙都啤酒,从而导致金华、永康等市场上有大量的由王宗达编写的传单被散发,该传单在丽水市场上则被广为张贴和投递。王宗达的行为给浙江仙都啤酒发展公司的企业形象和商品声誉造成了严重损害,导致该公司的产品销售量急剧下降,遭受经济损失共计人民币 290 万元。

1999 年 3 月 12 日,被告人王宗达主动到公安机关投案,其后陆续交代了主要犯罪事实。

缙云县人民法院认为:被告人王宗达为在商品市场上打败竞争对手,故意编造对竞争对手不利的事实,恶意歪曲竞争对手的商业和商品形象,并将由其编造、歪曲的事实在社会上进行散布,严重损害了竞争对手的商业信誉和商品声誉,给受害企业造成重大损失,其行为符合损害商业信誉、商品声誉罪的主客观特征,已构成损害商业信誉、商品声誉罪。王宗达犯罪后能主动投案并在归案后陆续交代主要犯罪事实,具有自首情节。王宗达能当庭表明悔改之意,对其适用缓刑不致再危害社会,依法对其适用缓刑。依照《中华人民共和国刑法》第二百二十二条、第六十七条第一款、第七十二条第一款、第七十三条第二、三款之规定,于 2000 年 2 月 21 日判决

如下:

被告人王宗达犯损害商业信誉、商品声誉罪,判处有期徒刑六个月,缓刑一年,并处罚金人民币五万元。

宣判后,在法定期限内,王宗达未提起上诉,检察院未提起抗诉,判决发生法律效力。

二、裁判要旨

No. 3-8-221-1 损害商业信誉、商品声誉罪中的重大损失,一般是指直接经济损失,但间接经济损失应作为量刑情节考虑。

根据《刑法》第二百二十一条的规定,损害商业信誉、商品声誉必须"给他人造成重大损失或者有其他严重情节"才构成犯罪。由于此种犯罪行为主要存在于商业活动、竞争之中,其损失的认定比较复杂,有的可以直接计算,有的则只能通过评估的方法加以估算,有的属于直接经济损失,有的属于间接经济损失,应结合具体案件事实来认定。这里的重大损失,一般应是因商业信誉、商品声誉受损而产生的直接经济损失,如商品严重滞销、产品被大量退回、合同被停止履行、企业商誉显著降低、驰名产品声誉受到严重侵损,销售额和利润严重减少、应得收入大量减少、上市公司股票价格大幅度下跌、商誉以及其他无形资产的价值显著降低,等等。应当注意的是,直接经济损失应当既包括有形的、可直接计算的财产损失,如因产品被退回所造成的收入减少,也包括无形的、需加以评估的财产损失,如企业商誉价值的降低,不能将直接经济损失只理解为可以直接计算的损失,而忽略了需通过评估加以测算的损失。但对于被害人为了恢复受到损害的商业信誉和商品声誉所投入的资金(如广告费用等)或者为制止不法侵害事件而增加的开支(如诉讼费用等)等间接经济损失,不应认定为损害商业信誉、商品声誉所造成的损失,一般只在量刑或者附带民事诉讼赔偿时酌情加以考虑。还应强调的是,在具体认定损害行为所造成的经济损失时,应特别注意损害行为与经济损失之间的因果关系,即不能将与捏造并散布虚伪事实的行为无因果关系和不是行为必然造成的损失计算在内。本案中,缙云县人民法院在认定被告人王宗达的行为给他人造成的重大损失时,采信了浙江省无形资产评估事务所出具的《浙江仙都啤酒发展公司商业信誉受侵害资产损失评估报告书》。该报告书认为,王宗达捏造并散布虚伪事实的行为,给浙江仙都啤酒发展公司的企业形象和商品声誉造成了严重损害,导致该公司的产品销售量急剧下降,遭受经济损失共计人民币290万元,其中,因产品销售量下降所造成的损失为121.4万元,为制止不法侵害事件而增加的开支为13.6万元,为重树企业和产品形象而追加的宣传费用为155万元。需要指出的是,该报告书中有关为制止不法侵害事件而增加的开支13.6万元和为重树企业和产品形象而追加的宣传费用155万元,应属于因被告人所实施的犯罪行为所造成的间接经济损失,只有因产品销售量下降所造成的损失121.4万元,才属于被告人实施的犯罪行为所造成的直接经济损失。同时,法院判决时有必要对该报告书未予评估计算的被告人实施的犯罪行为给被害人的商誉以及其他无形资产所造成的损失予以充分的考虑。

78 串通投标罪(《刑法》第二百二十三条)

案例:黄正田、许敬杰等串通投标案

案例来源:《刑事审判参考》总第114集[第1251号]

主题词:串通投标罪　串通拍卖

一、基本案情

2013年6月17日,安徽省萧县国土资源局发布公告以拍卖方式出让土地,李剑(安徽省防腐工程总公司副总经理,另案处理)以其子李翔名义参与竞买,被告人黄正田、郝兰侠以其子黄振名义参与竞买,被告人许敬杰委托其朋友、被告人高文飞参与竞买。会前,李剑为了能低价拍得该宗土地,通过杨兴亮(另案处理)、被告人毛二龙联系竞买人黄正田、郝兰侠和竞买人许敬杰及其委托代理人高文飞,承诺给予好处费200万元,要求上述人员放弃该块土地正式竞买的竞价行为。在当天的拍卖过程中,被告人黄正田、郝兰侠及被告人许敬杰的委托代理人高文飞均没有举牌竞价,李翔后以起拍价326万元的价格取得该宗土地。

二、裁判要旨

No.3-8-223-1 串通拍卖不同于串通投标,不成立串通投标罪。

拍卖是指以公开竞价的方式,将特定物品或财产权利转让给最高竞价者的买卖方式。而招标投标一般是指招标人就某特定事项向特定相对人或社会发出招标邀请,由多家投标人进行投标,最后由招标人通过对投标人在价格、质量、生产能力、交货期限和财务状况、信誉等诸方面进行综合考察,在平衡的基础上,选定投标条件最好的投标人,并与之进一步协调、商定最终成立合同法律关系的一种合同行为。从行为性质来讲,拍卖和招标投标都是竞争性的交易方式,是合同缔结的一种特殊方式,二者具有一定的相似性。但是,招标投标和拍卖仍有本质区别,如二者在概念内涵、标的、目的、社会危害程度,以及适用法律等方面都存在差异。因此,招标投标和拍卖是两个不同的概念,其外延并无包容关系。从社会上一般人的观念来看,招标投标和拍卖也是两种不同的交易方式。

国土资源部2007年颁布的《招标拍卖挂牌出让国有建设用地使用权规定》对“招标”“拍卖”或者“挂牌出让”三种方式作了具体的规定,也可以得出拍卖和招标是不同的交易方式。就本案事实来看,本案涉及的系国有土地使用权拍卖会,拍卖人萧县国土资源局在《中国土地市场网》和《安徽经济报》发布的均为涉案地块土地使用权拍卖公告,公布了拍卖底价,采用增价拍卖方式,按照价高者得原则确定竞得人,竞买人填写了《竞买申请书》,且在指定时间、地点进行公开竞价,出让人履行的是宣布起拍价、询价、接受竞买人的报价等拍卖程序,显然不同于招标投标的内容,不属于招投标的范畴。

《刑法》第二百二十三条将投标人相互串通投标报价,损害招标人或者其他投标人利益,情节严重的行为,规定为犯罪。2000年施行的《招标投标法》第五十三条规定,投标人相互串通投标或者与招标人串通投标的,中标无效,对情节严重的串通投标行为,追究相应的刑事责任。而2004年修改的《拍卖法》在刑法未明确地将串通拍卖行为入罪的情况下,仅规定了行政责任,未对此种行为追究刑事责任。考虑到拍卖和招标投标毕竟是两种不同的法律行为,立法上也对两者分别作出规定,对串通投标设定了刑事责任,对串通拍卖则没有,故不宜以串通投标罪对串通拍卖行为定罪处罚。若将串通拍卖行为作为串通投标罪客观方面的一种表现形式予以处罚,有类推之嫌。

79 合同诈骗罪(《刑法》第二百二十四条)

案例:谭某合同诈骗案

案例来源:《刑事审判参考》总第70集[第577号]

主题词:合同诈骗罪

一、基本案情

被告人谭某,男,1957年5月14日出生,某煤气有限公司业务员。因涉嫌犯合同诈骗罪于2007年1月21日被逮捕。

某区人民法院经审理查明:被告人谭某利用自己是某煤气有限公司(以下简称“煤气公司”)业务推销员的身份,先后以每吨低于公司当时定价300—1000元不等的价格,私下与某纸箱厂(以下简称“纸箱厂”)签订瓶装液化石油气买卖协议。在收取纸箱厂预付款后,向纸箱厂出具了盖有已经停止使用的“某煤气公司发票专用章”“某煤气公司气站财务专用章”和未经煤气公司授权使用的盖有“某煤气有限公司发票专用章”的收据。在纸箱厂需要瓶装液化石油气时,谭某向其所在公司以正常价格购买后送至纸箱厂。谭某在明知自己以市场价格购入石油气,转手以明显低于市场价格卖出的行为终将导致无法完全履行合同的情况下,以先履行部分合同的方法,诱骗纸箱厂继续签订和履行瓶装液化石油气买卖协议。2006年1月10日至10月24日,谭某先后11

次与纸箱厂达成共计358吨的液化石油气买卖协议,收取纸箱厂预付款1556400元,案发时仅向纸箱厂交货164.1041吨,向煤气公司支付购买液化石油气款1077790.71元,将余款 478609.29元非法占为己有。2006年12月30日,谭某在煤气公司负责人的陪同下到公安机关自首。

某区人民法院认为,被告人谭某以非法占有为目的,冒用他人名义签订合同,在履行合同过程中,明知自己没有实际履行合同的能力,以先部分履行合同的方法,诱骗他人与其继续签订、履行合同,骗取他人财物的行为,已构成合同诈骗罪,且数额巨大。谭某犯罪以后自动投案,如实供述自己的罪行,是自首,依法可以从轻处罚。依照《中华人民共和国刑法》第二百二十四条第(一)、(三)项、第六十七条第一款、第五十二条、第五十三条的规定,判决如下:

谭某犯合同诈骗罪,判处有期徒刑三年,并处罚金人民币四千元。

二、裁判要旨

No.3-8-224-1 公司业务员冒用公司名义与他人签订合同,违规收取货款的,应以合同诈骗罪论处。

(一)被告人谭某非法占有的款项属于纸箱厂的货款,因此其行为不构成职务侵占罪或挪用资金罪

界定被告人谭某行为性质的关键在于其非法占有款项的归属性质,如果谭某占有的该款项应属其所在单位即煤气公司所有,则谭某的行为可能构成职务侵占罪或挪用资金罪;如果该款项的性质仍属于纸箱厂支付给谭某个人的货款,则谭某的行为属于合同诈骗性质。

1. 谭某的行为不能成立表见代理,谭某收取的纸箱厂的预付款不属于煤气公司所有

表见代理,又称表示代理或表现代理,是指行为人虽无代理权或超越代理权,但善意相对人客观上有充分理由相信行为人具有代理权,而与其为民事法律行为,该民事法律行为的后果直接由被代理人承担。表见代理的构成要件有以下几方面:首先,代理人须以被代理人的名义与第三人缔结民事关系;其次,代理人与相对人所实施的民事行为本身不存在依法应当属于无效或应当撤销的内容;再次,代理人具有被授权的表象,能够使第三人在主观上形成该代理人不容怀疑的具有代理权的认识;最后,第三人主观上须为善意且无过失,即第三人不是明知,也不是由于自己疏忽大意,而是有正当理由相信行为人有代理权。

根据本案案情,被告人谭某的行为不能成立表见代理。

首先,被告人谭某为了使纸箱厂与其签订合同,消除其关于定价过低的疑惑,故意欺骗纸箱厂,称其公司卖出的液化气来源系走私,故低于市场价格。而纸箱厂信服了谭某解释的理由,即与其签订了买卖协议。由于纸箱厂在签订此合同时,系在基于对方告知所卖产品系走私而故意购买,其主观上存在谋取不正当利益、损害国家利益的恶意,不属于善意相对人。

其次,液化石油气的零售价格由国家制定,批发价由企业自己制定,但是不能超过国家规定的最高限价,纸箱厂长期使用液化石油气,该厂应当了解液化石油气的正常价格,而该厂购买液化石油气的价格在后期已经远远低于国家规定的市场零售价,显然不正常,对此纸箱厂没有对此原因进行认真核实而出于谋取不正当利益的动机而简单轻信,因此纸箱厂在签订合同过程中主观上具有重大过失。

最后,谭某虽然是煤气公司的业务员,但是纸箱厂并未认真审核谭某是否具有代表煤气公司签订合同的代理权,纸箱厂负责人的证言也证实其与谭某签订的合同上没有加盖煤气公司的公章,在合同成立要件上谭某也缺乏表见代理的形式要求。

综上,纸箱厂与谭某以煤气公司名义签订合同的行为不具备成立表见代理的基本条件,因此,谭某冒用其所在公司名义与纸箱厂签订的液化气买卖协议不成立表见代理,且事后煤气公司也没有对该协议效力进行追认,故谭某与纸箱厂所签协议的效力不及于煤气公司,其收取的纸箱厂的合同货款不属于煤气公司所有。

2. 煤气公司从未实际掌控纸箱厂的全部货款

现有证据证实,纸箱厂以现金或者转账支票的方式支付货款,现金直接交付给谭某,转账支票的收款账户空白,由谭某自己填写收款账户,因此纸箱厂所付款项并未直接汇入煤气公司的

账户,而是全部由谭某个人收取。谭某收取纸箱厂的货款后,再向煤气公司以正常价格购买液化石油气交付给纸箱厂。煤气公司收到的是谭某支付的货款,而并非纸箱厂直接支付的货款。纸箱厂购买液化石油气的货款,全部由谭某个人控制和掌握,煤气公司从未实际掌控过纸箱厂的货款。

综上,被告人谭某占有的款项在案发时既非其所在单位所有,也未受其单位实际控制,该款项系其个人非法占有的纸箱厂所按合同交付的货款,因此,谭某侵占该款项的行为没有侵害到其所在单位煤气公司的利益,而侵害的是纸箱厂的财产利益,故其行为不能构成职务侵占罪或挪用资金罪。

(二)被告人谭某具有非法占有纸箱厂货款的目的,其行为符合合同诈骗罪的构成要件

审理中,有人认为本案证明谭某在主观上具有非法占有目的的证据,只有其在侦查阶段的供述,没有其他证据印证,不能认定谭某具有非法占有纸箱厂货款的目的,因此,不能认定其行为构成合同诈骗罪。

依据本案现有证据可以认定谭某具有非法占有的目的,理由在于:谭某冒用公司名义以低于市场价格与纸箱厂签订瓶装液化石油气买卖协议,收取纸箱厂预付款后,向纸箱厂出具收据,而后将货款截留自用。在纸箱厂需要瓶装液化石油气时,谭某才向其所在公司以正常价格购买后送至纸箱厂,以此方式谭某先后 11 次与纸箱厂达成共计 358 吨的液化石油气买卖协议,收取纸箱厂预付款 1556400 元,案发时仅向纸箱厂交货 164. 1041 吨,向煤气公司支付购买液化石油气款 1077790. 71 元,将余款 478609. 29 元非法占为己有。可见,谭某以市场价格购入石油气,转手以明显低于市场价格卖出的行为,不但不能获取交易收入反而自己要赔钱,其在明知自己这种行为难以为继终将导致无法完全履行合同的情况下,仍然以先履行部分合同的方法,诱骗纸箱厂继续签订和履行瓶装液化石油气买卖协议,收取预付款,显然具有非法占有货款的目的。

虽然被告人谭某在侦查阶段曾供述其犯罪动机是为了赌博和偿还做生意亏损的货款。但经公安机关向相关赌博同伙、生意伙伴调查,无人能够证明谭某在客观上实施了赌博或者做其他生意亏损的情况。同时,也没有证据证明谭某主观上有以后归还纸箱厂货款的意图,客观上有努力归还货款的表现或行为。另一方面,从谭某自己的收入及其家庭经济条件等情况分析,谭某缺乏能够偿还其占有纸箱厂货款的能力或条件。尤其到了犯罪中后期,由于液化石油气价格不断大幅攀升,谭某所签合同的价格与送货时的市场价格之间的差价越来越大,其手中所掌握的预付款在用来与煤气公司实时结账后,剩余数量越来越少。此时,谭某已经明知自己没有能力填补预收货款与履行合同成本之间的巨额差价,反而继续以更低的价格为诱饵,诱使纸箱厂多次签订合同,扩大预收货款金额。据此,完全可以认定谭某主观上具有非法占有纸箱厂货款的目的。

综上所述,谭某明知自己没有履行合同的能力,以非法占有为目的,以先部分履行合同的方法欺骗纸箱厂,制造自己有能力履行合同的假象,不断诱骗纸箱厂继续签订合同支付预付款,收取纸箱厂预付款 155 万余元,最终给纸箱厂造成 47 万余元损失,完全符合合同诈骗罪的犯罪构成要件,应以合同诈骗罪定罪处罚。

案例:俞辉合同诈骗案

案例来源:《刑事审判参考》总第 25 辑[第 169 号]

主题词:诈骗犯罪 非法占有目的

一、基本案情

被告人俞辉,男,1960 年 8 月 26 日出生,原系上海申星橡胶制品厂、上海万通实业公司法定代表人及上海康乐机电成套经营部负责人。因涉嫌犯合同诈骗罪,于 2000 年 9 月 20 日被依法逮捕。

上海市第一中级人民法院经审理查明:被告人俞辉在担任上海申星橡胶制品厂(以下简称"申星制品厂")法定代表人、申星制品厂下属上海康乐机电成套经营部(以下简称"康乐经营部")负责人、上海万通实业公司(以下简称"万通公司")法定代表人期间,于 1995 年 11 月至 1997 年 6 月,指使他人采用虚构资金用途、伪造企业财务报表、提供虚假担保、虚假抵押等手段

以万通公司和康乐经营部的名义,先后与被害单位中国农业银行上海分行奉贤县支行奉新营业所(以下简称"奉新营业所")签订大量借款合同,为上述单位取得借款130笔,共计人民币1.4亿余元。嗣后,俞辉将上述借款用于买卖期货及公司日常开销等,造成被害单位奉新营业所直接经济损失共计人民币1760余万元。

上海市第一中级人民法院认为:被告人俞辉作为万通公司的法定代表人、康乐经营部的负责人,采用虚构资金用途、提供虚假财务报表、提供虚假担保及抵押等手段,为万通公司、康乐经营部骗取银行贷款人民币1760余万元,其行为已构成合同诈骗罪,且数额特别巨大,依法应予惩处。为维护市场正常秩序,保护公司、企业财产权利不受侵犯,依照《中华人民共和国刑法》第十二条第一款、第二百二十四条、第二百三十一条、第五十七条第一款之规定,于2001年9月5日判决如下:

被告人俞辉犯合同诈骗罪,判处无期徒刑,剥夺政治权利终身,并处没收其个人全部财产。

宣判后,俞辉不服,向上海市高级人民法院提起上诉。

俞辉及其辩护人提出:俞辉有自首情节,一审未予认定不当;二审期间俞辉还有检举他人犯罪的立功表现,应从轻处罚。

上海市人民检察院认为:俞辉在一审判决前虽对部分事实作了不同辩解,但对自己的主要犯罪事实均作了供认,应当认定其有自首情节,建议二审法院予以考虑。

上海市高级人民法院经二审公开审理后认定:被告人俞辉在1992年相继担任申星制品厂、康乐经营部、万通公司的负责人或法定代表人,1993年由于正常经营活动需要,开始向银行以康乐经营部的名义贷款,以万通公司作为担保;1995年11月开始,因经营状况逆转而发生资金周转困难的情况,俞辉在与公司其他人员商议后,以"会议纪要"的形式,决定向银行贷款并投入期货交易。

1995年11月,俞辉为炒期货,根据银行负责人蔡凯懋(另案处理)的要求,指使其手下财务人员制作虚假财务报表,并同时编造了购买钢材等材料的理由,继续向银行贷款。1996年7月1日至年底,万通公司的贷款,由上海奉贤机械运输公司作担保;1997年1月1日,申星制品厂、康乐经营部并入万通公司,银行主任蔡凯懋作假,以抵押的形式继续放贷给万通公司,1997年6月,蔡又利用事先盖有"上海奉贤机械运输公司"及其负责人杨根根印章的空白担保贷款合同,给万通公司以担保贷款。俞辉自1995年11月至1997年6月贷款130笔,共计1.41665亿元,将上述贷款用于期货交易或以后贷还前贷,至案发时,共计损失1760万余元。

2000年8月14日,俞辉主动到奉贤县公安局投案,并如实供述了其于1995年至1997年将贷款投入期货市场,造成1000余万元损失的事实。

上海市高级人民法院认为:上诉人俞辉的行为构成合同诈骗罪,且犯罪数额特别巨大,对其应作为单位犯罪中直接负责的主管人员依法予以惩处。俞辉系自动向公安机关投案,在一审判决前,其虽对部分事实作了不同于侦查阶段的辩解,但并未否认主要犯罪事实,原判不认定俞辉自首不当,应予纠正。俞辉在二审期间检举他人的犯罪线索,经查无价值,俞的行为不构成立功。上诉人俞辉及其辩护人认为俞有自首情节的理由成立。上海市人民检察院的建议亦应予采纳。原判认定的事实清楚,证据确实、充分,定罪准确,审判程序合法,但对上诉人俞辉的量刑不当,应予纠正。依照《中华人民共和国刑事诉讼法》第一百八十九条第(二)项和《中华人民共和国刑法》第十二条第一款、第二百二十四条、第二百三十一条、第六十七条第一款之规定,于2001年12月10日判决如下:

1. 撤销上海市第一中级人民法院以被告人俞辉犯合同诈骗罪,判处无期徒刑,剥夺政治权利终身,并处没收其个人全部财产的刑事判决;

2. 上诉人俞辉犯合同诈骗罪,判处有期徒刑十二年,并处没收其个人财产人民币二万元。

二、裁判要旨

No. 3-8-224-2 骗取金融机构巨额贷款用于高风险投资和以新贷还前贷的,可以认定具有非法占有目的。

构成诈骗犯罪,要求行为人主观上必须具有非法占有的目的。最高人民法院2001年1月

21日印发的《全国法院审理金融犯罪案件工作座谈会纪要》,明确了可以认定为具有非法占有目的的七种情形,即:(1)明知没有归还能力而大量骗取资金的;(2)非法获取资金后逃跑的;(3)肆意挥霍骗取资金的;(4)使用骗取的资金进行违法犯罪活动的;(5)抽逃、转移资金、隐匿财产,以逃避返还资金的;(6)隐匿、销毁账目,或者搞假破产、假倒闭,以逃避返还资金的;(7)其他非法占有资金、拒不返还的行为。在司法实践中,如果行为人通过诈骗的方法非法获取资金,造成数额较大的资金不能归还,同时具有上述情形之一的,应认定行为人主观上具有非法占有的目的,其行为属于诈骗性质。

在本案中,被告人俞辉在本单位因经营状况逆转而发生资金周转困难、没有偿还能力的情况下,不顾亏损的现实,先后以万通公司、康乐经营部的名义,多次签订虚假合同从银行取得130笔贷款,总金额高达1.4亿多元,用于炒卖高风险的期货和以新贷还旧贷,最终造成1760余万元的损失。其行为符合《全国法院审理金融犯罪案件工作座谈会纪要》规定的第一种情形。由于俞辉的行为系经公司会议决定,故其行为属于单位贷款诈骗行为。

案例:程庆合同诈骗案

案例来源:《刑事审判参考》总第29辑[第211号]

主题词:合同诈骗罪

一、基本案情

被告人程庆,男,1962年7月20日生,大学文化,原系新峰实业(重庆)有限公司董事长。因涉嫌犯合同诈骗罪,于2000年9月6日被逮捕。

重庆市第一中级人民法院经审理查明:被告人程庆原系重庆市渝中区居民,1992年外出旅游途中脱团到塞拉利昂共和国驻香港领事馆,以投资移民为由办理了到塞拉利昂共和国的签证,后在该国高价购得身份证,但未在该国居住,仍具有中国国籍。

1994年11月,被告人程庆以塞拉利昂共和国公民的身份在新加坡共和国与他人合伙成立了新加坡新峰国际有限公司,注册资本为10万新加坡元,程庆担任公司董事。该公司在我国境内未按照《中华人民共和国公司法》的有关规定办理公司注册登记手续,也未在中国境内设立分支机构,不具有中国企业法人资格。

1996年8月,被告人程庆以新加坡新峰国际有限公司的名义与重庆市渝中区人民政府南纪门街道办事处南纪门工业公司所属企业重庆市立新印刷纸箱厂达成了双方在重庆共同投资兴办中外合资经营企业重庆美新鞋业公司的协议,协议规定:合营公司的投资总额为人民币200万元,注册资本为人民币180万元,外资方新加坡新峰国际有限公司以机器及现金共计人民币135万元之等值的外汇投入,占公司投资额的75%,其资金在合营公司注册营业执照签发之日起两个月内到位;中国合资方重庆立新印刷纸箱厂以经过有权单位评估作价的等值人民币45万元的自有房产投资,占公司投资额的25%。尔后,程庆用一张70万元空头转账支票银行进账回单和一张伪造的60万元的银行转账支票进账回单,作为外商合作方的全部资金到位凭据,骗得了重庆美新鞋业公司的注册登记和中华人民共和国企业法人营业执照。但至今程庆及其新加坡新峰国际有限公司均未向重庆美新鞋业公司作任何投资。

1997年3月,被告人程庆骗得重庆美新鞋业公司的注册登记后,以全员接收职工、承担所有债权债务、按时发放职工工资和缴纳社会保险金等承诺为条件,采取签订协议的方式,用重庆美新鞋业公司的名义兼并了重庆立新印刷纸箱厂。兼并后,程庆通过将部分厂房作抵押贷款、变卖部分厂房等方式,共获款234.56万元,除支付该厂职工工资、医疗费、归还少量借款、缴纳职工社会养老保险金等共计花费82.89万元外,151.67万元被程庆据为己有。

1998年5月,被告人程庆以全员接收职工、承担所有债权债务、按时发放职工工资和缴纳社会保险金等承诺为条件,采取签订兼并协议的方式,用重庆美新鞋业公司的名义兼并了重庆塑料十九厂。兼并后,程庆并未将该财产用于生产经营活动,而是通过将部分厂房作抵押贷款、变卖部分厂房等方式,共获款39.01万元。除支出该厂职工工资和缴纳职工社会养老保险金

20.92 万元外,程庆占有 18.09 万元。

1997 年 12 月,被告人程庆以资产重组、盘活资产、共同生产 TPR 新型鞋材、全员接收职工、按时发放职工工资和缴纳社会保险金、承担企业全部债权债务等承诺为条件,采取签订兼并协议的方式,以新加坡新峰国际有限公司的名义与重庆长征冲压厂(集体企业)签订兼并协议,对该厂实施了兼并。兼并后,程庆既没有将该厂的财产用于生产经营活动,也未按协议的规定承担该厂的全部债务,而是采取用该厂房屋抵押贷款、变卖该厂设备、出租门面等方式取得 144.56 万元。除支付该厂职工工资 22.29 万元外,程庆占有 122.27 万元。

1998 年 1 月,被告人程庆以新加坡新峰国际有限公司的名义向重庆对外经济贸易委员会和重庆市工商行政管理局申请在重庆成立注册资本为 300 万美元的外商独资企业——新峰实业(重庆)有限公司。同年 4 月,程庆将一张金额为 600 美元的新加坡(美国)花旗银行特种转账支票回单涂改为 300 万美元,作为投资款已到位的凭据,骗得新峰实业(重庆)有限公司的注册登记和中华人民共和国企业法人营业执照。同年 8 月,程庆在只向新峰实业(重庆)有限公司投入 600 美元、明知自己没有实际履约能力的情况下,以接收企业全部职工、承担全部债权债务、接收企业全部财产、按时发放职工工资、代缴社会养老保险金等承诺为条件,以新峰实业(重庆)有限公司的名义将重庆西南服装厂兼并。兼并后,程庆通过变卖西南服装厂位于重庆市九龙坡区石小路 166 号的 9 间门面、变卖该厂部分原材料、出租门面、收取社保局拨付给该厂职工退休金等方式,共获 183.24 万元。除支付该厂职工的退休金、工资、医疗费、装饰办公室等费用外,被告人程庆共获赃款 6.71 万元。

综上,被告人程庆通过虚假的兼并合同共骗取人民币 298.74 万元。

1998 年 12 月,被告人程庆携赃款潜逃,并改换姓名藏匿。2000 年 7 月 30 日,程庆企图从深圳罗湖口岸出境时被公安机关抓获。

重庆市第一中级人民法院认为:被告人程庆通过伪造、变造金融票证、虚假出资等犯罪手段,获得了重庆美新鞋业公司和新峰实业(重庆)有限公司企业法人注册登记并领取了中华人民共和国企业法人执照。其所在的新加坡新峰国际有限公司未在中华人民共和国申请办理企业注册登记,不具有中华人民共和国企业法人资格,在我国境内不能以该公司的名义从事经营活动。被告人程庆明知自己无任何履约能力,为了非法占有集体经济组织的财物,借用非法获得营业执照的重庆美新鞋业公司、新峰实业(重庆)有限公司的名义和不能在我国境内从事经营活动的新加坡新峰国际有限公司的名义,以资产重组、共同生产 TPR 新型鞋材、出口服装和全员接收职工、按时发放职工工资、缴纳职工社会养老保险金等欺骗方法,签订兼并协议,非法兼并了重庆立新印刷纸箱厂、重庆塑料十九厂等集体企业。兼并后,为了达到占有企业财产的目的,被告人程庆既不将这些企业的财产用于生产经营活动,也未按协议的规定承担这些企业的债权债务,却通过变卖、抵押、出租被兼并企业的有效资产和接收被兼并企业的其他收入等手段,获得赃款共计 298.74 万元,其行为已构成合同诈骗罪,且数额特别巨大,依法应予严惩。依照《中华人民共和国刑法》第二百二十四条第(五)项、第五十七条第一款、第五十九条第一款之规定,于 2001 年 7 月 31 日判决如下:

1. 被告人程庆犯合同诈骗罪,判处无期徒刑,剥夺政治权利终身,并处没收个人全部财产;
2. 对被告人程庆犯罪所得的赃款人民币二百九十八万七千四百元继续予以追缴。

宣判后,程庆以"自己系塞拉利昂共和国公民,其处分被兼并企业财产的行为是公司正常经营活动,与被兼并企业职工之间系经济纠纷,不构成诈骗"为由,上诉于重庆市高级人民法院。

重庆市高级人民法院审理后认为:上诉人程庆在骗取被兼并企业与其签订兼并协议,进而取得被兼并企业财产后,无履行兼并协议的诚意,通过出卖、抵押贷款等方式将被兼并企业财产据为己有,数额特别巨大,给国家和人民利益造成重大损失,依法应予严惩。原判认定事实和适用法律正确,量刑适当,审判程序合法。上诉人程庆上诉称其行为不构成犯罪的上诉理由不成立,不予采纳。依照《中华人民共和国刑事诉讼法》第一百八十九条第(一)项的规定,于 2001 年 11 月 23 日裁定驳回上诉,维持原判。

二、裁判要旨

No. 3-8-224-3 采取欺骗手段兼并企业后恶意处分其财产的,应以合同诈骗罪论处。

本案被告人程庆通过签订"兼并"协议控制被兼并企业财产后恶意处分的行为,是否构成合同诈骗罪,关键取决于以下两个因素的认定:一是被告人程庆在签订、履行兼并合同过程中是否采取了欺骗手段;二是被告人程庆是否具有非法占有的目的。

首先,被告人程庆不具有履行兼并合同的能力,与对方当事人签订兼并协议,属于《刑法》第二百二十四条规定的以其他方法骗取对方当事人财物。

本案被告人程庆是通过兼并合同取得被兼并企业的财产。通常情况下,兼并合同的特点是兼并方取得被兼并方的资产后有权予以处置。但是这种处置是与兼并方实际履行兼并合同中规定的义务相对称的,即履行兼并合同约定的义务,如安置被兼并企业职工、组织生产、偿还被兼并企业的债务,等等。如果兼并双方在合同履行中因一方或双方过错或不可抗力等因素导致协议未能全部或部分履行,而并无证据证明兼并方具有非法占有的主观故意,则虽然因其处置被兼并财物的行为而造成被兼并方财产损失,仍属于经济纠纷的范围;如果兼并方采取欺骗手段签订兼并合同取得被兼并方资产后,不履行兼并合同规定的义务,不将兼并的资产用于生产经营活动,或者以小部分履行兼并合同规定的义务或者将小部分兼并的资产用于生产经营为诱饵,骗取大部分兼并的资产变现后据为己有的,就是以非法占有为目的,利用经济合同诈骗被兼并企业的财产。

本案中,从被告人程庆履行合同的能力看,其发起设立的重庆美新鞋业公司、新峰实业(重庆)有限公司均系通过伪造转账支票进账单、变造金融票证等虚假出资的方式设立的"空壳"公司,无任何经济实力,也没有任何市场信誉,不具备兼并企业的条件。在与被兼并企业签订合同过程中,被告人程庆不仅故意隐瞒前述事实,夸大其经济实力,而且以安置被兼并企业职工、兼并后为被兼并企业注入巨资等为诱饵,诱使被兼并企业与其签订兼并协议并"自愿"将其所有的财产置于程庆的控制之下,从而为其非法占有被兼并企业的财产创造了条件。被告人程庆之所以能将被兼并企业的财产占为己有,不仅假借兼并协议,更与其在签订、履行合同过程中实施的一系列虚构事实、隐瞒事实真相的手段密切相关。被告人程庆的行为符合合同诈骗罪的客观构成要件。

其次,被告人程庆主观上具有非法占有的故意。

在实际经济生活中,因企业兼并而产生的经济纠纷大量存在,如何正确区分企业兼并中的经济纠纷与以兼并为名诈骗企业财产的界限呢?关键在于正确认定被告人是否具有非法占有的目的。根据有关司法解释和司法实践经验,判定行为人是否具有非法占有的目的,主要应当结合签订合同时有无履约能力、签订和履行合同过程中有无采取欺骗手段、有无实际履行行为、违约后是否愿意承担责任以及未履行合同的具体原因等因素加以综合判断。

本案中,被告人程庆不仅没有履行兼并合同的能力,而且在以零价格实施兼并后,并未按照兼并合同约定履行资产重组、共同生产 TPR 新型鞋材、出口服装和全员接收职工、按时发放职工工资、缴纳职工社会养老保险金等义务,而是恶意处分被兼并企业财产:对可变卖的机器设备、原材料、房产等立即变卖,对于不好变卖的财产向银行抵押贷款,除将所得款项少量用于发放职工工资、医药费、缴纳职工养老保险金外,大部分私自转移并据为己有,后又携款潜逃外地,并更名改姓企图外逃出境。其行为充分证明其主观上无任何履行兼并协议规定义务的诚意。因此,应当认定程庆主观上具有非法占有被"兼并"企业财产的主观故意。

综上所述,被告人程庆明知自己不具备兼并企业的条件和履行合同的能力,而以欺骗手段骗取被兼并企业与其签订合同;在合同签订后,毫无履行合同诚意,恶意处分被兼并企业的财产并将大部分据为己有,并携款潜逃,其行为应构成合同诈骗罪。

案例:秦文虚报注册资本、合同诈骗案

案例来源:《刑事审判参考》总第 45 集[第 352 号]

主题词:合同诈骗罪 贷款诈骗罪

一、基本案情

被告人秦文,男,1962 年 11 月 6 日生,研究生文化,原系南京艺术品拍卖有限公司(以下简称“艺术品公司”)法定代表人、总经理,南京中晟集团有限公司(以下简称“中晟公司”)法定代表人、总经理。因本案于 1999 年 8 月 7 日被刑事拘留,同年 9 月 6 日被逮捕。

江苏省南京市中级人民法院经审理查明:

(一)虚报注册资本

1997 年 11 月,被告人秦文在成立中晟公司过程中,使用伪造的银行进账单、银行存款余额证明及委托付款证明、出资证明书等文件,骗取江苏兴惠会计师事务所的验资报告,进而骗得南京市工商行政管理局核发的中晟公司营业执照,计虚报注册资本人民币 1005 万元。

(二)合同诈骗

被告人秦文虚假出资成立艺术品拍卖公司、中晟公司后,在没有偿还能力的情况下,采用虚构借款理由、隐瞒公司真实情况及虚假抵押等手段,于 1997 年 7 月至 11 月间,先后两次骗得中国航空器材进出口总公司(以下简称“中航材总公司”)人民币 470 万元;于 1995 年 10 月至 1998 年 11 月间,多次向中国东方航空江苏有限公司(以下简称“东航江苏公司”)骗取借款人民币 1150 万元及骗取东航江苏公司担保,向 7 家银行贷款共计人民币 3700 万元。后秦文采取以贷还借、以贷还贷、以借还贷的方式,先后归还东航江苏公司借款人民币 500 万元,实际占有 650 万元;归还银行贷款人民币 1995 万元,实际占有 1705 万元。综上,秦文以艺术品公司、中晟公司的名义共计骗取东航江苏公司、中航材总公司人民币 2825 万元。分述如下:

1. 骗取中航材总公司人民币 470 万元

1995 年 7 月至 11 月间,秦文以艺术品公司的名义,采用虚假抵押的手段,先后两次骗得中航材总公司人民币 470 万元。秦文将该款用于偿还债务等。

2. 骗取东航江苏公司人民币 650 万元

1995 年 10 月,秦文以需流动资金临时周转为由向东航江苏公司借款人民币 500 万元。其中大部分借款被秦用于归还个人借款。后被告人秦文用向 3 家银行贷款的部分资金归还该笔借款。

1996 年 1 月,秦文以需流动资金周转为由向东航江苏公州骗取借款人民币 100 万元,被其占有。

1996 年 10 月,秦文向中国银行南京分行萨家湾支行贷款人民币 250 万元,由东航江苏公司提供担保。该款被秦文用于归还借、贷款及支付其兄秦勇个人购房等开支。到期后,秦无力偿还。1997 年 3 月,秦文以清·雍正青花花卉撇口大碗一只作价人民币 280 万元作抵押,骗得东航江苏公司借款人民币 250 万元用于归还该笔贷款。经鉴定,该碗系伪作,实际价格仅为 300 元。

1997 年 4 月,秦文向上海浦东发展银行南京分行鼓楼支行贷款人民币 300 万元,由东航江苏公司担保。贷款被用于归还借款、支付银行利息、提现等。贷款到期后,秦无力偿还,又骗得东航江苏公司 300 万元偿还该笔贷款及利息。

1998 年 8 月,秦文与东航江苏公司就上述未还借款人民币 650 万元签订清款协议,并以刘海粟《泼彩荷花图》作价人民币 350 万元作抵押。经鉴定,该画系伪作。

3. 骗取东航江苏公司承担担保责任人民币 1705 万元

1996 年 7 月至 1998 年 11 月,秦文先后以艺术品公司、中晟公司的名义,4 次骗取东航江苏公司担保,向金融机构贷款 2540 万元。贷款到期后,秦文仅归还 835 万元,东航江苏公司代为偿还 1460 万元,尚有 245 万元未能归还。分述如下:

1996 年 7 月,秦文以艺术品公司的名义向南京市浦口城市信用社贷款人民币 400 万元,用于归还欠款、支付利息等。后秦用借款归还人民币 205 万元,余款人民币 195 万元由东航江苏公司代为偿还。

1996 年 12 月,秦文以艺术品公司的名义向华夏银行南京分行城中支行贷款人民币 1000 万元,贷款被用于归还其他借款、贷款及购房等。后秦用其他借贷款归还人民币630万元,余款人民币370万元由东航江苏公司代为偿还。

1997年6月,秦文以艺术品公司的名义向中国建设银行南京市雨花支行贷款人民币990万元,贷款被用于归还华夏银行贷款人民币600万元及提现等。后由东航江苏公司代为偿还人民币895万元,尚欠人民币95万元。

1998年11月,秦文以中晟公司名义,由东航江苏公司担保,向中国工商银行南京分行下关支行贷款人民币150万元,被其占有。

1998年11月25日,秦文又与东航江苏公司就双方借、贷款人民币2355万元签订清款协议,并以虚假文物作抵押。经鉴定,文物实际价格仅为人民币57300元。

案发后,公安机关依法追缴和扣押了人民币30余万元、轿车2辆等物品。

南京市中级人民法院认为:被告人秦文在申请公司登记过程中,使用虚假证明文件,欺骗公司登记主管部门,取得公司登记,虚报注册资本数额巨大,后果严重,其行为已构成虚报注册资本罪。被告人秦文以非法占有为目的,采用虚构资金用途、隐瞒公司真实情况、以虚假的产权证明作担保等手段,骗取东航江苏公司、中航材总公司的财产,数额特别巨大,情节特别严重,其行为已构成合同诈骗罪。起诉书指控秦文犯贷款诈骗罪的事实,经查,与指控秦文犯合同诈骗罪的事实在性质上是一致的。被告人秦文以欺骗手段获得东航江苏公司的真实担保后取得贷款,放贷银行在东航江苏公司担保的前提下放贷,并无不当,被告人秦文在上述贷款操作中的诈骗对象仍是东航江苏公司,故上述事实的性质仍为合同诈骗。起诉书指控被告人秦文犯贷款诈骗罪,定性不当,应予纠正。起诉书指控的其他犯罪事实及认定性质,予以支持。本案现有证据证明,被告人在没有还款能力的情况下,编造虚假理由,以借还贷、以贷还借、以借还借的事实清楚,秦文未按照约定的目的使用借、贷款,并最终不能归还借款,造成了被害单位巨大的经济损失,其诈骗故意明确,故被告人秦文"贷款、借款的用途明确,没有诈骗故意"的辩解意见及其辩护人"被告人主观上没有诈骗故意,客观上没有诈骗行为,故被告人亦不构成合同诈骗罪和贷款诈骗罪"的辩护意见均不能成立,不予采纳。被告人秦文以实际不可能到账的款项欺骗公司登记机关,并骗得了公司登记,且虚报注册资本数额巨大,后果严重,故其辩护人"起诉书指控的虚报注册资本的行为不构成犯罪"的辩护意见亦不能成立,不予采纳。据此,依照《中华人民共和国刑法》第一百五十八条第一款、第二百二十四条第(二)项、第(五)项、第六十九条、第五十七条第一款之规定,判决如下:

被告人秦文犯虚报注册资本罪,判处有期徒刑二年,罚金人民币十一万元;犯合同诈骗罪,判处无期徒刑,剥夺政治权利终身,没收个人全部财产。决定执行无期徒刑,剥夺政治权利终身,没收个人全部财产。

一审判决后,被告人秦文不服,提出上诉。秦文上诉及其辩护人辩护提出:(1)认定秦文虚假出资成立艺术品公司不是事实;(2)原鉴定人员与秦文有私人矛盾,要求对扣押的涉案文物进行重新鉴定以确定真实价值;(3)对艺术品公司的财务状况应进行全面审计以确定秦文有无还款能力。

综上,认定秦文的行为构成合同诈骗罪的证据不足。

江苏省高级人民法院经审理查明的事实与一审法院判决认定的事实相同。江苏省高级人民法院认为:上诉人秦文在申请公司登记过程中,使用虚假证明文件,欺骗公司登记主管部门,取得公司登记,虚报注册资本人民币1005万元,数额巨大,后果严重,其行为已构成虚报注册资本罪;以非法占有为目的,采用虚假手段,骗取东航江苏公司、中航材总公司的财产共计人民币 2825万元,诈骗数额特别巨大,情节特别严重,其行为已构成合同诈骗罪,依法应予数罪并罚。

对于上诉人秦文上诉及其辩护人辩护提出的"认定秦文虚假出资成立艺术品公司不是事实"的上诉理由及辩护意见,经查,艺术品公司成立于1994年11月,是以江苏省新闻美术家协会、南京依斯特广告实业公司、秦文等5个股东名义共同出资人民币108万元申请登记注册,

1996 年以实物增资至人民币 1550 万元,而该公司实际上只有秦文个人投资 8 万元并实际操作,该事实有新闻美术家协会潘高鹏和薛亮、朱红的证言证实,上诉人秦文也有过供述;秦文称以香港万宝堂赠送的字画等物品进行增资,无其他证据印证。故该上诉理由及辩护意见不能成立。

对于上诉人秦文上诉及其辩护人辩护提出的"原鉴定人员与秦文有私人矛盾,要求对扣押的涉案文物进行重新鉴定以确定真实价值"的上诉理由及辩护意见,经查,公安机关按法定程序委托江苏省文化厅组织有关专家对涉案文物进行鉴定并无不当,该鉴定结论依法具有证明效力;上诉人及其辩护人提出原鉴定人员与秦文有私人矛盾,可能会影响鉴定结论的真实性现无证据印证。故该上诉理由及辩护意见不能成立。

对于上诉人秦文上诉及其辩护人辩护提出的"对艺术品公司的财务状况应进行全面审计以确定秦文有无还款能力"的上诉理由及辩护意见,经查,在本案侦查阶段,公安机关调取了艺术品公司全部财务报表、记账凭证等,但因该公司会计核算工作不规范、财务管理混乱、银行对账单不齐、营业收入记录不完整、财务结算收支白条抵库现象严重并通过外单位套取现金等,致使审计缺乏依据,故公安机关对艺术品公司经营收支和资金借贷等情况加以分析、分类、调账、汇总,制作了该公司的资金流向表,该证据证实秦文将所骗款项用于归还其他借、贷款及私人购房、购车等,与秦文的供述及相关人员的证言相互印证,并经一审庭审质证、认证,具有证明效力。上诉人秦文明知无还款能力而多次采用虚假手段,用后款抵前款的方式,骗取东航江苏公司、中航材总公司的财产共计人民币 2000 余万元,致使国家财产遭受重大损失,原审认定其行为构成合同诈骗罪证据充分。

综上,上诉人秦文上诉及其辩护人提出的上诉理由及辩护意见均不能成立,不予采纳。原审判决认定事实清楚,定罪准确,量刑适当,审判程序合法。据此,依照《中华人民共和国刑事诉讼法》第一百八十九条第(一)项之规定,裁定如下:

驳回上诉,维持原判。

二、裁判要旨

No. 3-8-224-4 以向金融机构贷款的方式骗取担保人财产的,不构成贷款诈骗罪,应以合同诈骗罪论处。

根据《刑法》第二百二十四条的规定,合同诈骗罪是指以非法占有为目的,在签订、履行合同过程中,骗取对方当事人的财物,数额较大的行为,其侵犯的是复杂客体,即公私财产所有权和社会主义市场经济秩序,犯罪对象为对方当事人的财物。根据《刑法》第一百九十三条的规定,贷款诈骗罪,是指以非法占有为目的,诈骗银行或者其他金融机构的贷款,数额较大的行为,其侵犯的也是复杂客体,即金融机构的财产所有权和国家正常的金融秩序,犯罪对象为金融机构的贷款。按照我国刑法学界的通说,在一定条件下,犯罪客体对认定犯罪的性质、分清此罪与彼罪的界限,具有决定性的意义,而犯罪对象往往是犯罪客体的表现形式。因此,通过区别犯罪客体和犯罪对象,可以准确界定通过向银行贷款骗取担保人财产的行为性质。

通过向银行贷款的方式骗取担保人财产的行为,表面上看是骗取银行贷款,实际上侵害的是担保人的财产权益,犯罪对象并非银行贷款而是担保合同一方当事人的财产,对此种行为应以合同诈骗罪论处。银行等金融机构为了确保所贷出的款项安全可靠,一般均要求借款人在申请贷款时提供必要的担保。担保人作为借款合同中的第三人,在借贷人不能偿还贷款本息时负责偿还贷款本息(一般担保)或承担与借款人共同偿还贷款的连带责任(连带担保)。行为人虚构事实骗取银行与担保人的信任,非法占有钱款后,银行可依据担保合同从担保人处获取担保,而担保人则是银行债务的实际承担者,受侵害的往往是担保人。即使担保人因某种客观原因如破产等情况导致无法偿还担保,银行的债权无法实现从而权益受到实际侵害,但只要担保人与银行之间所订立的担保合同具有法律效力,银行与担保人之间就成立债权、债务关系,法律关系的最终落脚点和行为侵害对象就应认定为是担保人而非银行。当然,如果行为人提供虚假担保或者重复担保,骗取银行或者其他金融机构贷款的,则符合贷款诈骗罪的构成要件,理应以贷款诈骗罪论处。

案例:黄志奋合同诈骗案

案例来源:《刑事审判参考》总第35集[第271号]

主题词:诈骗犯罪 非法占有目的

一、基本案情

被告人黄志奋,男,1956年4月20日出生,汉族,中专文化,原系泉州市时代企划事务所法定代表人。因涉嫌犯合同诈骗罪,于2000年5月24日被逮捕。

福建省泉州市中级人民法院经审理查明:1997年1月,被告人黄志奋对泉州市第五中学有关人员称国债回购业务有收益无风险,该校基金会资金可委托其经营的泉州市时代企划事务所(以下简称"时代企划所")进行国债回购。1997年1月28日,被告人黄志奋以时代企划所名义与泉州市第五中学(香港校友会)教育基金会签订年收益率为14%的委托国债回购业务协议书。被告人黄志奋于同年1月29日至5月13日先后5次从委托单位取走现金人民币192万元。后被告人黄志奋擅自改变委托用途,将委托款项投入高风险期货交易并全部亏损。期间,被告人黄志奋伪造两份期货证券交易保证金账卡及27份成交过户交割凭单交给委托单位有关人员过目,以示已将款项投入国债回购,并编造获利计算数据,使委托单位有关人员误认为委托款已投入国债回购。案发后,赃款未能追回。

另查,泉州市时代企划事务所于1996年11月19日成立,企业申请注册资金为人民币100万元(未实际出资);名为泉州市经济体制改革委员会所属集体企业,实为挂靠,泉州市经济体改委研究会从未对泉州市时代企划事务所出资、分红及派人经营管理等;1998年因未年检被工商局注销。

泉州市中级人民法院认为:被告人黄志奋向证人张某某提供的两份证券期货交易保证金卡、27份成交过户交割凭单、两份计算获利数据单等证据材料从记载委托数额、以利息计算获利数据等情况来看,印证证人张某某证实的被告人黄志奋以上述凭条告知其委托款已投入国债回购,使其误认为委托款确已投入国债回购,且被告人黄志奋曾供述在案,故被告人黄志奋辩称其不是伪造凭单,提供上述凭条是为了向证人张某某示范如何炒股的理由不能成立。时代企划所在申请营业执照时以泉州市经济体制改革研究会的自筹资金的名义注册资金人民币100万元,而事实上该研究会并未实际出资,也未派人参与企业的管理和分红,属被告人黄志奋自主经营的企业,其用该企业名义与泉州市第五中学签订国债回购协议,后伪造凭单使委托单位不知其擅自改变委托款用途,造成委托款无法追回的后果,其行为是自然人行为。故被告人黄志奋提出其行为是单位行为及其辩护人提出被告人行为是单位正常经营活动的理由不能成立。被告人黄志奋以非法占有为目的,以违法成立的企业名义与泉州市第五中学签订人民币192万元国债回购业务合同,后擅自改变委托款用途,将委托款投入高风险的期货交易并亏损,还采用伪造凭单,虚拟获利数据的手段骗取委托单位的信任,使委托单位误认为委托款已投入国债回购,造成委托款全部无法追回的后果,其行为已构成诈骗罪,且数额特别巨大,情节特别严重。被告人黄志奋的犯罪行为发生在新刑法实施前,根据法律规定应适用旧刑法定罪量刑。故公诉机关指控的罪名有误,应予纠正。被告人黄志奋及其辩护人提出无罪的辩解理由缺乏事实和法律依据,不能成立,不予采纳。依照《中华人民共和国刑法》第十二条第一款及1979年《中华人民共和国刑法》第一百五十二条、第五十三条第一款、第六十条的规定,判决如下:

1. 被告人黄志奋犯诈骗罪,判处无期徒刑,剥夺政治权利终身,并处没收个人全部财产;
2. 继续追缴被告人黄志奋违法所得人民币一百九十二万元归还泉州市第五中学。

一审宣判后,被告人黄志奋不服,向福建省高级人民法院提出上诉。

二审期间被告人黄志奋及其辩护人诉辩均称:本案行为系黄志奋代表单位所为的单位行为;本案行为不符合诈骗罪的主、客观构成要件;原审判决将经济纠纷定性为刑事犯罪,混淆了罪与非罪的界限。

福建省高级人民法院经审理认为:原判认定被告人黄志奋将委托单位的人民币192万元擅自改变委托用途造成亏损,使委托款项无法追回的事实,有经一审庭审举证、质证的书证、证人证言、被告人的供述予以证实,足以认定。被告人黄志奋采取欺骗手段与他人签订合同,取得人民币192万元委托投资国债回购款后,擅自改变委托用途,其中,用于投资期货的人民币140万元,因属从事具体经营活动,不能归还系客观原因所致,对该部分款项不宜认定泉州市时代企划事务所主观上具有非法占有目的;另外50余万元用于泉州市时代企划事务所的事务开支,鉴于是在不具有实际履约能力或者有效担保的情况下将委托款用于消费支出,对该部分款项应当认定具有非法占有目的。参照最高人民法院《关于审理诈骗案件具体应用法律的若干问题的解释》第一条第四款的规定,泉州市时代企划事务所非法占有被害单位人民币50余万元应当认定为数额巨大,故本案虽属1997年修订后刑法实施之前的单位行为,依照行为时法律亦应适用1979年《中华人民共和国刑法》第一百五十二条规定,以诈骗罪追究被告人黄志奋个人的刑事责任。同时,根据1997年修订后的《刑法》第二百二十四条、第二百三十一条的规定,本案行为构成(单位)合同诈骗罪。根据《中华人民共和国刑法》第十二条第一款及最高人民法院《关于适用刑法第十二条几个问题的解释》第一条、第二条之规定,本案应适用《中华人民共和国刑法》第二百二十四条、第二百三十一条规定,以合同诈骗罪追究被告人黄志奋的刑事责任。至于时代企划所,考虑到1979年《中华人民共和国刑法》未将单位规定为诈骗罪主体,且时代企划事务所业已注销,故不应追究刑事责任。被告人及其辩护人的诉辩部分有理,予以采纳。综上。依照《中华人民共和国刑事诉讼法》第一百八十九条第(二)项和《中华人民共和国刑法》第十二条第一款、第二百二十四条、第二百三十一条、第六十四条之规定,判决如下:

1. 撤销泉州市中级人民法院(2000)泉刑初字第204号刑事判决;
2. 被告人黄志奋犯合同诈骗罪,判处有期徒刑十年;
3. 继续追缴被告人黄志奋的违法所得人民币五十余万元,归还泉州市第五中学。

二、裁判要旨

No. 3-8-224-5 企业通过欺骗手段取得其他单位的委托款,用于本企业非经营开支的,应当认定为具有非法占有目的,构成合同诈骗罪。

非法占有目的的具体认定,一般有直接主观认定和间接客观推定两种方式,其中,后者可参照《关于审理诈骗案件具体应用法律的若干问题的解释》第二条所规定的6种情形来加以具体认定,包括明知没有履行合同能力或者有效担保,采取欺骗手段与他人签订合同;携带合同对方交付的货、款及合同担保财产逃跑的;挥霍致使其无法返还的;用于违法犯罪活动,致使其无法返还的;隐匿货款拒绝返还的;以部分履行合同为诱饵,骗取全部货物后,无正当理由拒不支付其余货款的。(1)关于用于投资期货交易的140万元委托款。因用于实际经营行为,不能归还系客观原因所致,故对该部分不宜认定被告人主观上具有非法占有目的。具体理由有三:第一,经营国债回购业务的确不属于时代企划事务所的经营范围,但不能据此认为其不具有实际履行合同的能力,因当时经营国债回购无须特定资格,形式上的经营资格与实际的履约能力是两个不同的概念,不应混为一谈。至于能否按约定支付高达14%的年收益,不能排除系黄志奋主观上的判断失误所致,所以也不能据此认为其明知没有履行合同能力。第二,黄志奋(时代企划事务所)约定将所收钱款用于国债回购,虽然时代企划所不具有国债回购的主体资格,但当时法律、法规并无明令禁止,而且亦未实际用于国债回购;收取钱款之后,时代企划事务所单方改变约定用途,将该部分投入期货交易活动,属于民事违约行为,两者均不能认为是将他人钱款用于违法犯罪活动。应当注意的是,解释所谓的违法犯罪活动指的是行为本身的违法性,不宜延伸至主体资格的违法性(超越经营范围)。第三,投于期货交易的140万元委托款全部亏损,不存在挥霍、隐匿财物及携款潜逃情形。综上,时代企划所改变用途的140万元,与解释列举的6种情形不符,不能证明被告人黄志奋(时代企划所)在主观上具有不予返还委托款及按约支付14%年收益的故意,因而不能认定其主观上具有非法占有的目的。(2)关于用于时代企划所的消费性开支的50余万元。用于时代企划所消费性开支的该部分款项,应当认定为具有非法占有目的。具体理由有三:第一,注册资金未实际缴纳,时代企划所没有可供归还该部分款项的自有资金或者财产。第二,该部分款项用于时代企划所的非经营开支,不存在取得收益的可能性。第三,在约定14%高回报率的前提下,归还该非经营使用的50余万元,几近没有可能。综上三点,时代企划所在对该50余万元及相应的约定收益没有履约能力的情形下,使用欺骗手段将之作消费性处分,参照最高人民法院1996年《关于审理诈骗案件具体应用法律的若干问题的解释》第二条第三款第(一)项之规定,当可认定时代企划所具有非法占有目的。

案例:宋德明合同诈骗案

案例来源:《刑事审判参考》总第39集[第308号]

主题词:合同诈骗罪 合同

一、基本案情

被告人宋德明,男,34岁,初中文化。因涉嫌犯诈骗罪,于2001年9月30日被逮捕。

辽宁省沈阳铁路运输法院经审理查明:2000年11月30日,从事包装服务业务的被告人宋德明接受浙江康恩贝集团医药销售公司(以下简称"康恩贝公司")工作人员的委托,为该公司在沈阳火车站发运药品。当日,被告人宋德明与该公司就代办运输、劳务费用、履行方式等具体内容达成口头协议。次日,被告人宋德明在康恩贝公司人员的陪同下,将首批应发运的药品从康恩贝公司药品仓库拉到沈阳火车站货场,装入集装箱并加锁。待康恩贝公司人员走后,宋将钥匙交给李某(搬运工)并指使李某将该批药品中的139件卸下并藏匿。然后继续办理托运手续将剩余药品依约发运至杭州。3天后,宋德明采取同样手段扣下药品8件。被告人宋德明两次共骗取药品147件,价值人民币20余万元。被告人宋德明将所扣药品变卖后携赃款逃匿并将赃款全部挥霍。

沈阳铁路运输法院认为:被告人宋德明以非法占有为目的,在签订、履行合同过程中,收受对方当事人给付的货物后逃匿,骗取财物数额特别巨大,其行为已构成合同诈骗罪。康恩贝公司长期委托宋德明代办托运药品,此次委托由康恩贝公司工作人员与宋德明达成口头协议,并就合同内容作出了具体约定,且宋已切实部分履行,双方合同关系成立,被告人宋德明的辩护人关于宋德明与被害单位之间不存在合同关系,宋德明不是合同当事人的辩护意见不予采纳。依照《中华人民共和国刑法》第二百二十四条第(四)项之规定,判决如下:

被告人宋德明犯合同诈骗罪,判处有期徒刑十三年,并处罚金人民币十万元。

一审宣判后,被告人宋德明未上诉,检察机关也未抗诉,判决发生法律效力。

二、裁判要旨

No.3-8-224-6 合同诈骗罪中的合同是指体现一定市场秩序的书面合同或口头合同。

合同诈骗罪中的"合同",应结合合同诈骗罪的侵犯客体并结合立法目的,进行具体理解和把握。第一,关于合同类型。合同诈骗罪规定于刑法分则第三章"破坏社会主义市场经济秩序罪"之第八节"扰乱市场秩序罪"中,不仅侵犯他人财产所有权,而且侵犯国家合同管理制度,破坏了社会主义市场经济秩序,因而合同诈骗罪中的"合同",必须能够体现一定的市场秩序。以维护正常市场秩序为宗旨的现行合同法基本涵盖了绝大部分民商事合同,对各种民商事合同行为进行了规范和调整,其对于各种民商事合同的规定应作为刑事法中认定合同成立、生效履行等相关概念的参考,对于合同诈骗罪中的"合同"不应再以典型的"经济合同"为限,同时,不能认为凡是行为人利用了合同法所规定的合同进行诈骗的,均将构成合同诈骗罪,与市场秩序无关以及主要不受市场调整的各种"合同""协议",如不具有交易性质的赠与合同,以及婚姻、监护、收养、扶养等有关身份关系的协议,主要受劳动法、行政法调整的劳务合同、行政合同等,通常情况下不应视为合同诈骗罪中的"合同"。第二,关于合同形式。与原《经济合同法》《涉外经济合同法》的严格限定不同,在合同法中,除法律、法规有明确规定之外,合同的订立既可以采用书面形式,也可以采用口头形式或者其他形式。口头合同与书面合同均为合法有效合同,同样受到法律的保护。在界定合同诈骗罪的合同范围时,不应拘泥于合同的形式,在有证据证明确实存在合同关系的情况下,即便是口头合同,只要发生在生产经营领域,侵犯了市场秩序的,同样应以合同诈骗罪定罪处罚。当然,在日常生活中利用口头合同进行诈骗的,因不具有合同诈骗的双重侵犯客体,则不能以合同诈骗罪定罪处罚。

案例:林拥荣合同诈骗案

案例来源:《人民法院案例选》2008年第4辑(总第66辑)

主题词:合同诈骗罪　诈骗数额

一、基本案情

被告人林拥荣。

福建省厦门市翔安区人民法院经审理查明:2007年1月6日林拥荣以租金每天人民币200元,租期1天租得一辆车牌号码为闽DN2597的奇瑞小轿车(价值人民币51185元),并当场支付租金人民币200元。当日林拥荣即将该车开至厦门市同安区汀溪路路口许金塔的摩托车修理店,谎称该车车主委托自己将车向其抵押借款,并指使他人冒充车主与许金塔通电话,使许金塔相信其有车辆的处分权。尔后以该闽DN2597奇瑞小轿车为抵押物,约定还款期限为1个月,向许金塔借款人民币25000元,预先扣除利息3000元,实得22000元。得款用于归还债务和个人挥霍。事后车主催讨该车时,被告人林拥荣先谎称因交通事故拖延交车,后关闭通信工具逃匿。

2007年1月20日,该车被公安机关扣押,同年6月19日11时许,被告人林拥荣被抓获归案。

福建省厦门市翔安区人民法院认为:被告人林拥荣以非法占有为目的,隐瞒真相,以租赁为名骗取他人财物,数额巨大,其行为已构成合同诈骗罪,公诉机关指控的罪名成立。被告人林拥荣归案后自愿认罪,可以酌情从轻处罚。据此,依照《中华人民共和国刑法》第二百二十四条第(五)项以及最高人民法院、最高人民检察院、司法部《关于适用普通程序审理"被告人认罪案件"的若干意见(试行)》第九条之规定,判决如下:

被告人林拥荣犯合同诈骗罪,判处有期徒刑三年,并处罚金人民币四千元。

宣判后,被告人林拥荣以其当庭自愿认罪,悔罪态度较好,不至于再危害社会;案发后其与家属尽力减少被害人经济损失;其系初犯、偶犯;法律知识匮乏等为由,认为一审法院原判量刑过重,向福建省厦门市中级人民法院提起上诉,请求二审予以从轻判处。

福建省厦门市中级人民法院认为:上诉人林拥荣以非法占有为目的,在签订、履行租赁合同过程中,骗取对方当事人价值人民币51185元的小轿车并用于抵押给他人,向他人骗取借款人民币22000元,数额巨大,其行为已构成合同诈骗罪。原判定罪准确,量刑适当,审判程序合法。原判考虑上诉人林拥荣的犯罪情节、认罪和悔罪态度等情况,在法定刑的起点刑基础上对林拥荣进行处罚适当,林拥荣诉称原判量刑过重的上诉理由不足,不予采纳。但原判遗漏对本案赃物的处理和赃款的追缴,依法应予补充判决。依照《中华人民共和国刑事诉讼法》第一百八十九条第(一)项、《中华人民共和国刑法》第二百二十四条第(五)项、第六十四条以及最高人民法院、最高人民检察院、司法部《关于适用普通程序审理"被告人认罪案件"的若干意见(试行)》第九条的规定判决如下:

1. 维持厦门市翔安区人民法院(2007)翔刑初字第192号刑事判决对上诉人林拥荣的定罪量刑。

2. 扣押在厦门市公安局同安分局祥平派出所的上诉人林拥荣诈骗赃物闽DN2597奇瑞小轿车一部发还被害人许明尧。

3. 责令上诉人林拥荣退赔被害人许金塔人民币二万二千元。

二、裁判要旨

No. 3-8-224-7　以租车为名占有他人车辆,并将车辆以与他人签订抵押合同方式用以骗取财物的,构成合同诈骗罪,合同诈骗罪的数额以实际骗取的数额认定。

本案被告人林拥荣虚构事实,隐瞒真相,与被害人许明尧签订了汽车租赁合同并交纳了租金,取得了车辆的使用权,其并不具备履行租赁合同的真实意思,而是为达到非法占有他人财物的目的。故而,被告人随即又采用欺骗手段,使被害人许金塔相信其有车辆的处分权,与许金塔签订了抵押合同,实现了将车辆抵押获得借款的意图,随后逃匿。前后两次行为依照《刑法》第二百二十四条第(五)项、第(四)项之规定,均构成合同诈骗罪。

根据审判实践,诈骗数额应当以行为人实际骗取的数额即被害人的实际经济损失认定。本案被告人前后实施了两次诈骗行为:第一次,被告人林拥荣支付 200 元的租金,骗取价值人民币 51185 元的小轿车一部;第二次,被告人林拥荣将该车辆抵押,获取借款人民币 22000 元,其诈骗数额应当按照 51185+22000=73185(元)认定。至于 200 元的租金,对被告人而言是犯罪成本,对被害人许明尧而言,属于出租车辆的合法收益,即使被告人最终能够依约归还车辆,也无权要求返还租金,因此法院在计算诈骗数额时,这部分的款项应当排除在外。

案例:陈忠厚等虚报注册资本、合同诈骗案

案例来源:《人民法院案例选》2007 年第 3 辑

主题词:合同诈骗罪　虚报注册资本

一、基本案情

被告人(上诉人)陈忠厚、杨宏丹、陈义云、罗荣华、刘老常。

被告人王建彬。

云南省昆明市中级人民法院经审理查明:2002 年 4 月,被告人陈忠厚在无任何资金的情况下,指使他人伪造了交通厅授权委托书及虚假发票共 15 份,虚报注册资本金额人民币 1300 万元,欺骗公司登记主管部门云南省工商行政管理局,取得楚安公司的公司登记。

公司成立以后,陈忠厚组织陈义云、罗荣华、刘老常、王建彬以招商引资为名,骗取相关政府部门的信任,谎称投资建设公路、水电站等项目,与相关政府部门签订意向性投资协议。在无任何资金投入、未得到工程主管部门许可的情况下,即持与政府部门签订的意向性投资协议,以及伪造的政府公文、资金证明等材料,对外公开大肆发包工程。自 2002 年伪造的政府公文、资金证明等材料,对外公开大肆发包工程。自 2002 年 4 月 13 日至 2004 年 2 月 17 日期间,先后与富源县大河云隆绿色食品开发总公司夏继学;罗平县富乐镇宏心煤矿张兴邦;广州中安房地产开发有限公司钟仕清;师宗县雄壁龙拢煤矿孙聪明、蔡凯;四川省精鼎路桥工程有限公司李天贵、阳正坤;中国云南国际经济技术合作公司晏连昆、陈加才、夏国政、颜谷丰、谭先梅、唐小华;中国对外南方建设工程集团南冲工程局谭顺学、杨任义、郭春寿;云南省建筑七公司三处张长才、王兴国;浙江奉化市绿缔园艺建设有限公司金晓峰、金维乐;浙江中瓯园林工艺有限公司施陈华、冯学培、冯中全、王家松分别签订了借款合同、建设项目合作合同、工程承包协议、工程建筑、施工等合同。在骗取对方信任后,以收取所谓工程保证金、调汇费等项目为借口,共骗取人民币 1058.35 万元。其中:被告人陈忠厚诈骗 19 起,诈骗金额共计人民币 1058.35 万元;被告人陈义云诈骗 18 起,诈骗金额共计人民币 1047.85 万元;被告人罗荣华诈骗 18 起,诈骗金额共计人民币 1053.35 万元;被告人刘老常诈骗 7 起,诈骗金额共计人民币 440.15 万元;被告人王建彬诈骗 6 起,诈骗金额共计人民币 141.1 万元。

并认为:公诉机关当庭出示的指控证据经法庭质证,取证程序合法有效,内容客观真实,证据间能相互印证,并形成证据锁链,法院予以确认采证。被告人陈忠厚在申请楚安公司登记的过程中,使用虚假证明文件虚报注册资本,在一无资金、二无实物的情况下,欺骗公司登记主管部门,取得公司登记,虚报注册资本数额达人民币 1300 万元,且造成严重后果,其行为已触犯刑律,构成虚报注册资本罪;被告人陈忠厚、陈义云、罗荣华、刘老常、王建彬以非法占有为目的,在签订合同过程中,虚构事实、隐瞒真相,骗取对方当事人财物,数额特别巨大,其行为均已触犯刑律,构成合同诈骗罪。公诉机关的指控事实清楚,证据确实充分,定性准确,法院予以确认。被告人陈忠厚在假释考验期限内犯新罪,应当撤销假释,与本案所犯的虚报注册资本罪和合同诈骗罪依法实行数罪并罚。虽然被告人陈忠厚在关押期间揭发他人的犯罪行为,经查证属实,具有立功表现,依法可以从轻或减轻处罚,但鉴于其行为造成的后果极为严重,法院不考虑对其从轻处罚。在合同诈骗的共同犯罪中,被告人陈忠厚、陈义云、罗荣华、刘老常行为积极、作用主要,系主犯,应对组织、指挥或参与的全部犯罪行为承担刑事责任;被告人王建彬行为辅助、作用次要,系从犯,法院依法对其减轻处罚。被告人陈忠厚、陈义云、罗荣华、刘老常的辩解及其辩护人所提无罪的辩护意见,与法院查明的事实和据以定案的证据不符,并与国家法律相悖,法院不予采纳。被告人王建彬的辩解及其辩护人所提辩护意见,符合法庭审理查明的事实,法院予以采纳。

云南省昆明市中级人民法院为保护公私财产所有权,维护市场经济秩序和公司登记管理制度,根据各被告人的犯罪事实、情节、后果、地位及认罪悔罪态度,依照《中华人民共和国刑法》第二百二十四条、第一百五十八条、第二十五条第一款、第二十六条、第二十七条、第六十八条第一款、第八十六条第一款、第七十一条、第六十九条、第五十七条第一款、第六十四条之规定,判决如下:

1. 被告人陈忠厚犯合同诈骗罪,判处无期徒刑,剥夺政治权利终身,并处没收个人全部财产;犯虚报注册资本罪,判处有期徒刑三年,并处罚金人民币十三万元;撤销前罪假释,加前罪剩余刑罚有期徒刑九年十个月零十天;决定执行无期徒刑,剥夺政治权利终身,并处没收个人全部财产;

2. 被告人陈义云犯合同诈骗罪,判处有期徒刑十五年,并处罚金人民币十万元;

3. 被告人罗荣华犯合同诈骗罪,判处有期徒刑十四年,并处罚金人民币十万元;

4. 被告人刘老常犯合同诈骗罪,判处有期徒刑十二年,并处罚金人民币八万元;

5. 被告人王建彬犯合同诈骗罪,判处有期徒刑八年,并处罚金人民币五万元;

6. 赃款、赃物继续追缴。

一审宣判送达后,本案各被告人均提出上诉。云南省昆明市中级人民法院依法将本案报送云南省高级人民法院进行二审。云南省高级人民法院依法组成合议庭对本案进行二审,认为:原审判决事实认定清楚,定罪准确,量刑适当,审判程序合法。依照《中华人民共和国刑事诉讼法》第一百八十九条第(一)项之规定,裁定:驳回上诉,维持原判。

二、裁判要旨

No. 3-8-224-8　利用欺诈手段,虚报注册资本取得登记的公司,在成立后无任何业务经营及收入,而以该公司的名义进行诈骗活动的,不应认定为单位犯罪。

如果是为了实现违法犯罪而设立公司、企业,之后又以该公司、企业的招牌为幌子实施违法犯罪的,则不以单位犯罪论处,而直接以个人犯罪处理。

楚安公司成立之初,被告人陈忠厚就采用欺诈手段,虚报注册资本取得公司登记;楚安公司成立之后,司法会计鉴定报告显示该公司从未有过巨额资金注入,除收取押金、保证金、工程款、建设费、借款等资金来源外,没有任何经营业务收入和其他经营收入,楚安公司的本质属于各自然人主体的被告人实施犯罪的工具和手段,本案各被告人以楚安公司名义所进行的诈骗活动不属于单位犯罪。

案例:余飞英等合同诈骗、伪造公司印章案

案例来源:《人民法院案例选》2009 年第 2 辑

主题词:单位犯罪　主体

一、基本案情

被告人余飞英、吴本岭。

安徽省马鞍山市花山区人民法院经审理查明:2004 年 8 月 5 日,上海通兴总公司在马鞍山市注册成立马鞍山分公司,系集体企业非法人机构。同年 7 月 23 日,上海通兴总公司任命被告人余飞英为马鞍山分公司经理(负责人),全面主持马鞍山分公司对外日常经营业务及内部管理工作。被告人吴本岭于马鞍山分公司成立时被分公司任命为办公室主任,2006 年 3 月离开马鞍山分公司。2004 年 11 月左右,被告人余飞英等人以马鞍山分公司的名义竞得本市海外海名筑部分建设工程,并开始组织施工。2005 年初,被告人余飞英与被害人汪海关相识,汪海关得知被告人余飞英在马鞍山承建工程,便委托余飞英为其购买便宜住房。2005 年三四月份,因马鞍山分公司资金不足,其承建的海外海名筑工程被迫停工,并产生大量债务。被告人余飞英为筹集资金偿还工程债务,便对被害人汪海关谎称其公司在承建康嘉房产公司开发的小高层建筑,可以为其购买到优惠住房,欲骗取汪海关的钱财。2005 年 4 月 14 日,被告人余飞英让被告人吴本岭虚构事实,以马鞍山分公司的名义与被害人汪海关签订了一份《内部购房协议》,收取汪海关订金人民币 10 万元,并于同日向汪海关出具盖有马鞍山分公司财务专用章的收据一份。嗣后,被告人余飞英未将该款交马鞍山分公司财务入账,而将该款交由自己控制,直接分批支付马鞍山分公司的欠款和日常开支,并由公司财务向其出具所支付款项的"借条"。2005 年七八月份,马鞍山分公司又竞得当涂县护河镇村村通工程,但由于资金不足,被告人余飞英产生继续诈骗被害人汪海关的念头。2005 年 9 月 12 日,被告人余飞英又指使被告人吴本岭私刻康嘉房产公司的公章,伪造了康嘉房产公司优惠购房的《承诺书》一份,进一步骗取被害人汪海关的信任。同年 9 月 14 日,被告人余飞英又以马鞍山分公司的名义与被害人汪海关签订了一份购房《协议书》,分别于 9 月 14 日、9 月 20 日、9 月 25 日骗取汪海关合计人民币 14 万元,并分别向汪海关出具盖有马鞍山分公司公章的收据 3 份。嗣后,被告人余飞英再次将该款交由自己控制,直接分批用于马鞍山分公司的经营活动,并由马鞍山分公司财务向其出具所支付款项的"借条"(此处略去伪造公司印章罪的事实部分)。

马鞍山市花山区人民法院认为:上海通兴总公司马鞍山分公司系集体性质的企业非法人单位,被告人余飞英、吴本岭分别系该公司负责人和办公室主任。被告人余飞英、吴本岭以非法占有为目的,采取以单位名义与他人签订合同、伪造他人公司虚假文件的手段,诈骗他人钱款人民币 24 万元用于马鞍山分公司的经营活动,数额巨大;被告人余飞英、吴本岭共同伪造公司印章,其行为均已触犯刑律,分别构成合同诈骗罪、伪造公司印章罪。公诉机关指控的罪名成立。被告人余飞英、吴本岭均犯有数罪,依法应当数罪并罚。被告人余飞英、吴本岭归案后能如实供述犯罪事实,自愿认罪,可以酌情从轻处罚;被告人吴本岭在他人授意和指使下参与实施犯罪活动,犯罪情节较轻,可以酌情从轻处罚。被告人余飞英、吴本岭以上海通兴总公司马鞍山分公司名义实施合同诈骗犯罪活动,违法所得用于马鞍山分公司的经营活动,并未被其个人私分,该犯罪行为符合单位犯罪的构成要件。故对被告人余飞英、吴本岭及其辩护人关于本案合同诈骗罪系单位犯罪的辩解、辩护意见,予以采纳。对被告人吴本岭的辩护人关于被告人吴本岭具有自首情节及本案应划分主从犯的辩护意见,因缺乏事实依据和法律依据,不予采纳。依据《中华人民共和国刑法》第二百二十四条第(五)项、第二百三十一条、第二百八十条第二款、第三十条、第三十一条、第二十五条第一款、第六十九条、第六十四条之规定,判决如下:

1. 被告人余飞英犯合同诈骗罪,判处有期徒刑七年,并处罚金人民币十万元;犯伪造公司印章罪,判处有期徒刑一年,决定执行有期徒刑七年六个月,并处罚金人民币十万元。

2. 被告人吴本岭犯合同诈骗罪,判处有期徒刑三年,并处罚金人民币五万元;犯伪造公司印章罪,判处有期徒刑六个月,决定执行有期徒刑三年,并处罚金人民币五万元。

3. 违法所得人民币二十四万元予以追缴,发还被害人汪海关。

一审宣判后,二被告人均未提出上诉,检察机关未提起抗诉,判决已生效。

二、裁判要旨

No. 3-8-224-9 犯罪行为体现的是单位意志,即使该单位不具备法人资格,并不影响单位作为犯罪主体的认定。

本案不能将余飞英前后两个行为割裂开来,机械地理解欠条的作用,而应从宏观上把握整个案件。余飞英作为马鞍山分公司的负责人,为了缓解分公司的资金困难,以单位名义骗取被害人的钱财,并向其出具盖有分公司印章的收据,并最终将诈骗所得用于单位的经营管理,完全符合单位犯罪的法律特征。此外,本案中的欠条不具有债权凭证的法律效力,只能起到证明诈骗所得 24 万元最终用于分公司经营管理的作用。因为分公司向余飞英出具的欠条上,加盖的是分公司的财务印章,而不是分公司的公章,分公司的财务部门只是一个内设机构,不具有独立的主体资格,没有民事权利能力,不能作为签订借款合同的民事法律关系主体。余飞英作为分公司的负责人,只是让财务部门给其出具欠条,而不是让分公司出具欠条,可以从侧面证明其没有为自己谋取非法利益的故意。所以,本案定性为单位犯罪更为合理。

我国《刑法》规定的是单位犯罪,而不是法人犯罪,单位犯罪的主体并不要求一定是法人。最高人民法院《关于审理单位犯罪案件具体应用法律有关问题的解释》第一条规定:"刑法第三十条规定的'公司、企业、事业单位',既包括国有、集体所有的公司、企业、事业单位,也包括依法设立的合资经营、合作经营和具有法人资格的独资、私营等公司、企业、事业单位。"根据该条规定,单位犯罪的主体,对独资、私营等公司、企业、事业单位,要求具有法人资格,对其他单位,并不要求具有法人资格。本案中,马鞍山分公司是集体非法人机构,具有单位犯罪的主体资格。单位犯罪要求是犯罪行为体现单位的意志,余飞英作为马鞍山分公司的负责人,其行为只能代表分公司的意志,不能代表上海通兴总公司的意志。

案例:马汝方等贷款诈骗、违法发放贷款、挪用资金案
案例来源:《刑事审判参考》总第39集[第305号]
主题词:单位犯罪　合同诈骗罪　贷款诈骗罪

一、基本案情

被告人马汝方,男,49岁,大专文化,原系中国明华有限公司法定代表人、总经理。因涉嫌犯贷款诈骗罪,于2002年4月26日被逮捕。

被告人马凤仙,女,46岁,大专文化,无业。因涉嫌犯贷款诈骗罪,于2002年6月21日被逮捕。

被告人徐光,男,35岁,大专文化,原系中国明华有限公司财务负责人。因涉嫌犯贷款诈骗罪,于2002年4月4日被逮捕。

被告人赵兰增,男,40岁,大专文化,原系中国民生银行北京中关村支行行长。因涉嫌犯贷款诈骗罪,于2001年9月1日被逮捕。

北京市第一中级人民法院经审理查明:

1. 1997年9月,时任明华公司法定代表人兼总经理的马汝方,在明知明华公司所属子公司北京影视兄弟商务有限责任公司(以下简称"影视兄弟公司")、北京影视多媒体开发制作有限公司(以下简称"影视多媒体公司")不具备高额贷款和提供担保的条件,在无保证还贷能力的情况下,为获取银行高额贷款,指使明华公司财务负责人徐光采取变造、虚构影视兄弟公司、影视多媒体公司的营业执照、财务报表等贷款证明文件手段,将影视兄弟公司的注册资金由人民币30万元变造为人民币330万元,将影视多媒体公司的注册资金28万美元变造为128万美元,法定代表人由马汝方变造为张爽,并将两公司的财务报表做大,以影视兄弟公司为借款人,以影视多媒体公司为保证人,从中国民生银行北京中关村支行骗取贷款人民币500万元。该贷款中的100万元转至明华公司,其余款项均用于明华公司的债务及其他事务。

1997年11月,时任明华有限公司法定代表人兼总经理的马汝方,在明知明华公司无高额贷款及担保能力的情况下,为获取高额贷款,指使该公司的财务负责人徐光使用马凤仙提供的北京市西城区明珠制衣厂(以下简称"明珠制衣厂")、北京市今捷易通经贸公司(以下简称"今捷易通公司")的营业执照进行变造,将明珠制衣厂的注册资金由人民币40万元变造为1000万元,将今捷易通公司的注册资金由人民币20万元变造为1200万元,并对两单位的财务报表等贷款证明文件进行变造,以明珠制衣厂为借款人、以今捷易通公司为保证人,分两次从中国民生银行北京中关村支行骗取贷款共计人民币800万元。该贷款入到马汝方等人以明珠制衣厂的名义在中国民生银行北京中关村支行开设的账户上,其中650万余元转至明华公司账上,其余150万余元用于明华公司的债务及其他事务支出。

1998年1月,时任明华公司法定代表人兼总经理的马汝方,伙同徐光、马凤仙采取变造北京华视通广告公司(以下简称"华视通公司")、北京燕智忠经贸有限责任公司(以下简称"燕智忠公司")的营业执照、财务报表等贷款证明文件的手段,将华视通公司的注册资金由人民币150

万元变造为人民币 600 万元,法定代表人由马汝方变造为马凤仙,将燕智忠公司的注册资金由人民币 50 万元变造为人民币 1000 万元,以华视通公司为借款人,以燕智忠公司为保证人,从中国民生银行北京中关村支行骗取贷款计人民币 500 万元,该贷款大部分被明华公司使用。

综上,马汝方作为明华公司的负责人,分别指使徐光、马凤仙,先后 4 次从中国民生银行北京中关村支行骗取贷款共计人民币 1800 万元。其中,马汝方、徐光参与 4 次,涉案金额人民币 1800 万元;马凤仙参与 3 次,涉案金额人民币 1300 万元。上述款项均未用于贷款申请书所列项目,到期后未归还。

在办理上述四笔贷款的过程中,身为中国民生银行北京中关村支行副行长的被告人赵兰增,在主管该行信贷业务中,违反法律、行政法规的规定,先后签发批准向影视兄弟公司等单位发放贷款,致使 1800 万元贷款被诈骗。

2. 1997 年 12 月,被告人赵兰增利用担任中国民生银行北京中关村支行副行长职务上的便利,伙同被告人马汝方,擅自挪用该银行的客户存款资金人民币 2160 万元归明华公司用于经营活动。2000 年 4 月,赵兰增归还该挪用的资金。

2000 年 6 月,被告人赵兰增利用担任中国民生银行北京中关村支行行长职务上的便利,采取伪造借款合同、保证合同的手段,挪用该银行向其他单位发放的贷款人民币 3000 万元归个人使用,至今未退还。

北京市第一中级人民法院认为:被告人马汝方、马凤仙、徐光无视国法,以非法占有为目的,冒用他人名义,利用虚假的贷款证明文件签订借款合同,为明华公司的利益而骗取银行贷款,三被告人的行为均已构成合同诈骗罪。被告人马汝方与银行工作人员共谋,利用他人的职务便利,挪用资金予以使用,其行为已构成挪用资金罪。被告人赵兰增身为银行工作人员,违反法律、行政法规的规定,向关系人以外的其他人发放贷款,且造成特别重大的损失;赵兰增还利用职务上的便利,挪用本单位资金归个人使用或借给其他单位进行经营活动,且挪用资金数额巨大,其行为已分别构成违法发放贷款罪、挪用资金罪。北京市人民检察院第一分院指控被告人马汝方、马凤仙、徐光、赵兰增犯罪的事实清楚,证据确实、充分,指控被告人赵兰增犯违法发放贷款罪、单独及伙同马汝方犯挪用资金罪的罪名成立。惟指控被告人马汝方、马凤仙、徐光犯贷款诈骗罪,因三被告人系为了单位的利益实施诈骗银行贷款,且犯罪所得主要由单位使用,故应以合同诈骗罪追究该三被告人的刑事责任。被告人马汝方、马凤仙、徐光犯罪数额特别巨大,马汝方是单位犯罪中直接负责的主管人员,马凤仙以个人身份参与犯罪,徐光为单位犯罪中的直接责任人员,三被告人所犯合同诈骗罪均应依法惩处。对马汝方所犯挪用资金罪亦应惩处。鉴于被告人徐光认罪态度较好,对其可酌予从轻处罚。对被告人赵兰增所犯违法发放贷款罪、挪用资金罪应分别予以惩处。被告人赵兰增违法发放贷款,造成特别重大的损失,被告人赵兰增单独及伙同马汝方挪用资金,数额巨大。据此,根据被告人马汝方、马凤仙、徐光、赵兰增犯罪的事实,犯罪的性质、情节和对于社会的危害程度,依照《中华人民共和国刑法》第二百二十四条第(一)项、第二百三十一条、第一百八十六条第二款、第一百八十五条第一款、第二百七十二条第一款、第五十六条第一款、第五十七条第一款、第二十五条第一款、第二十六条第一款、第四款、第六十九条、第六十四条之规定,判决如下:

1. 被告人马汝方犯合同诈骗罪,判处无期徒刑,剥夺政治权利终身,并处没收个人全部财产;犯挪用资金罪,判处有期徒刑七年,决定执行无期徒刑,剥夺政治权利终身,并处没收个人全部财产。

2. 被告人马凤仙犯合同诈骗罪,判处有期徒刑十二年,剥夺政治权利三年,并处罚金人民币八万元。

3. 被告人徐光犯合同诈骗罪,判处有期徒刑十年,剥夺政治权利两年,并处罚金人民币五万元。

4. 被告人赵兰增犯违法发放贷款罪,判处有期徒刑十三年,并处罚金人民币二十万元;犯挪用资金罪,判处有期徒刑十年,决定执行有期徒刑二十年,并处罚金人民币二十万元。

5. 继续向被告人马汝方、徐光及中国明华有限公司追缴人民币一千八百万元,被告人马凤仙对其中的人民币一千三百万元负有退缴责任,应一并追缴,发还中国民生银行北京中关村支行。

6. 随案移送赃款人民币三万元、港币一千一百元、法郎二千一百元、美元十一元,发还中国民生银行北京中关村支行,不足人民币三千万元之部分,继续向被告人赵兰增追缴,发还中国民生银行北京中关村支行。

一审宣判后,被告人马汝方、徐光、马凤仙均不服,分别向北京市高级人民法院提出上诉。

被告人马汝方上诉称:没有指使他人伪造、变造贷款文件诈骗贷款。其辩护人提出:一审判决改变指控罪名,违反程序法的规定;马汝方及其关联企业将贷款主要用于企业经营,且马汝方具有偿贷能力,其行为性质上属于民事欺诈而非合同诈骗。

被告人马凤仙上诉称:一审判决认定的事实与实际不符。其辩护人提出:明华公司未被判决构成单位犯罪,自然不应判处马凤仙刑罚;马凤仙没有参与贷款诈骗行为,主观上对于明华公司的贷款诈骗不具有明知,故不构成合同诈骗罪的共犯。

被告人徐光及其辩护人的上诉、辩护意见称:其有重大立功情节,一审判决量刑过重。

北京市高级人民法院经审理认为:被告人马汝方、马凤仙、徐光以非法占有为目的,冒用他人名义,使用虚假的贷款证明文件签订借款合同,为明华公司的利益而骗取银行贷款,三被告人的行为均已构成合同诈骗罪,且犯罪数额特别巨大。马汝方身为单位犯罪中直接负责的主管人员,马凤仙以个人身份参与共同犯罪,徐光身为单位犯罪中的直接责任人员,故对三被告人所犯合同诈骗罪均应依法惩处。马汝方与银行工作人员共谋,利用他人的职务便利,挪用资金予以使用,其行为已构成挪用资金罪,且挪用资金数额巨大,对其应予依法惩处。原审被告人赵兰增身为银行的工作人员,违反法律、行政法规的规定,向关系人以外的其他人发放贷款,并造成特别重大的损失;赵兰增利用职务上的便利单独或伙同他人挪用本单位资金归个人使用或借给其他单位进行营利活动,且挪用资金数额巨大,其行为已分别构成违法发放贷款罪、挪用资金罪,亦应依法惩处。一审法院根据马汝方、马凤仙、徐光、赵兰增各自犯罪的事实、性质、情节及对社会的危害程度,依法所作的判决,事实清楚,证据确实、充分,定罪及适用法律正确,量刑适当,审判程序合法,应予维持。依照《中华人民共和国刑事诉讼法》第一百八十九条第(一)项之规定,裁定驳回上诉,维持原判。

二、裁判要旨

No. 3-8-224-10 单位与自然人以非法占有为目的,共同实施利用签订、履行借款合同诈骗银行或其他金融机构贷款,符合合同诈骗罪的构成要件的,应对单位和自然人以合同诈骗罪的共犯论处。

单位与单位、单位与自然人之间可以构成共同犯罪,目前理论上和司法实务中均无疑问。本案中,被告人马汝方、徐光身为犯罪单位明华公司直接负责的主管人员,被告人马凤仙利用与马汝方的亲属关系以个人身份参与,在马汝方的授意、指使下,马凤仙积极参加并与犯罪单位的相关负责人员徐光进行配合,才使犯罪单位明华公司诈骗银行贷款的行为得逞,故足以认定马凤仙个人与明华公司构成共同犯罪。问题在于,刑法未将单位规定为贷款诈骗罪的主体,对单位实施的贷款诈骗行为,根据 2001 年《全国法院审理金融犯罪案件工作座谈会纪要》的有关要求,不能以贷款诈骗罪定罪处罚,也不能以贷款诈骗罪追究直接负责的主管人员和其他直接责任人员的刑事责任。对于单位以非法占有为目的,利用签订、履行借款合同诈骗银行或其他金融机构贷款,符合《刑法》第二百二十四条规定的合同诈骗罪的构成要件的,应以合同诈骗罪定罪处罚。这就意味着,从犯罪人马凤仙的角度,本案应认定为贷款诈骗罪,从犯罪单位明华公司的角度,则应以合同诈骗罪定罪处罚。所以,本案确实存在一个罪名的具体适用问题。对此,我们认为,可以参照最高人民法院《关于审理贪污、职务侵占案件如何认定共同犯罪几个问题的解释》的有关精神,根据全面评价的法律适用原则,结合主犯的犯罪性质来加以具体确定。在实施贷款诈骗行为过程中,作为犯罪单位明华公司的法定代表人兼总经理的马汝方从犯罪起意到具体实施起到了策划、指使的主要作用,明华公司属于共同犯罪中的主犯,作为犯罪单位,明华公司只能构成合同诈骗罪。故此,尽管公诉机关未起诉犯罪单位明华公司,但是法院依照单位与自然人共同犯罪触犯的罪名对相关涉案的三名被告人以合同诈骗罪定罪处罚,是正确的。

案例:宗爽合同诈骗案

案例来源:《刑事审判参考》总第 58 集[第 457 号]

主题词:合同诈骗罪 诈骗罪

一、基本案情

被告人宗爽,男,1971 年 8 月 23 日出生,中专文化,澳大利亚国籍,原系澳大利亚阳光国际投资发展有限公司西安代表处首席代表。因涉嫌犯诈骗罪于 2005 年 2 月 8 日被逮捕。

天津市第一中级人民法院经审理查明:1996 年 5 月,被告人宗爽与天津市松盛商贸有限公司(以下简称“松盛公司”)负责人韩钰松协商,承包经营松盛公司,对外承揽出国签证咨询业务。同年 7 月,宗爽分别与詹洁、张伟签订了“聘请顾问协议书”为其办理出国签证,并收取人民币 3 万元。同年 8 月,宗爽在没有注册资金的情况下,注册成立了以其女友刘薇为法定代表人的天津开发区金世纪发展有限公司(以下简称“金世纪公司”),此后至出逃前,以该公司名义收取赵辉、杨弘强、高永艳、孔美琴、梁东山、王振琪、李正国、李金光等人出国签证费用人民币 21.96 万元、美金 0.65 万元。综上,被告人宗爽共计收取他人签证费用人民币 24.96 万元、美金 0.65 万元,但未给上述人员办理出国签证,全部款项用于支付房租、归还欠款或挥霍等,并于 1997 年 3 月 3 日逃往澳大利亚,后取得澳大利亚国籍。2005 年 1 月 14 日进入我国境内后被抓获归案。

天津市第一中级人民法院认为:被告人宗爽以非法占有为目的,虚构事实,骗取他人钱财,其行为已构成诈骗罪。诈骗数额特别巨大,情节严重。依照《中华人民共和国刑法》第二百六十六条、第六条、第十二条、第三十五条、第六十四条之规定,于 2006 年 1 月 23 日判决如下:

1. 被告人宗爽犯诈骗罪,判处有期徒刑十一年,罚金人民币三十万元,并处驱逐出境。
2. 继续追缴宗爽诈骗所得赃款,依法予以发还。

一审宣判后,被告人宗爽不服,向天津市高级人民法院提出上诉。

宗爽上诉称,一审判决引用的证言不客观,认定其携款外逃没有依据,其所实施的行为属于民事行为,不应按刑事犯罪处理,即便构成犯罪也属于合同诈骗;一审量刑重,请求从轻处罚。宗爽的辩护人提出了以下辩护意见:(1)一审判决认定宗爽收取被害人定金数额的证据不足。除詹洁等人提供了协议书原件和付款凭证,证明确曾付款人民币 13.6 万元、美金 0.15 万元外,其余被害人没有提供相应的付款凭据,不能证明其曾向宗爽付款;(2)宗爽经营金世纪公司、公司员工工资的发放、日常经营的开支等均需要从公司收取的各项费用中支付,一审判决认定宗爽将收取的钱款用于挥霍没有证据证明,且与客观事实不符;(3)一审判决对本案定性错误,宗爽经营的金世纪公司是依法成立的有限责任公司,涉案代办出国签证业务均以公司名义,通过合同形式进行,结合刑法“从旧兼从轻”的定罪原则,应以合同诈骗罪追究宗爽的刑事责任,不应定普通诈骗罪。

天津市人民检察院出庭意见为,原判认定本案的犯罪事实清楚,证据确实、充分,定罪准确,量刑适当,建议天津市高级人民法院驳回上诉,维持原判。

天津市高级人民法院审理后认为:被告人宗爽以为他人办理出国签证手续为名,分别以松盛公司和金世纪公司的名义与他人签订合同,骗取钱财后潜逃境外,其行为已构成犯罪,宗爽关于其行为属于民事纠纷的辩解没有事实和法律依据。一审判决认定的犯罪数额除有被害人提供的收款收据、协议书等书证外,还有被害人证言在案证明,足以认定。被告人宗爽以非法占有为目的,在签订、履行合同过程中,收取他人财物后逃匿,其行为符合《中华人民共和国刑法》关于合同诈骗罪的犯罪构成,同时,本案的相关犯罪行为是作为松盛公司、金世纪公司负责人的宗爽决定,并以公司名义实施,应认定为单位犯罪行为。鉴于原公诉机关没有对相关单位提起公诉,根据法律规定,对宗爽应按单位直接负责的主管人员依法追究合同诈骗罪的刑事责任。依照《中华人民共和国刑事诉讼法》第一百八十九条第(二)项,《中华人民共和国刑法》第二百二十四条第(四)项、第二百三十一条、第三十五条、第六条、第十二条、第六十四条的规定,判决如下:

1. 撤销中华人民共和国天津市第一中级人民法院(2005)一中刑初字第137号刑事判决;
2. 被告人宗爽犯合同诈骗罪,判处有期徒刑六年,并处罚金人民币三十万元和驱逐出境。

继续追缴宗爽犯罪所得赃款,依法发还被害人。

二、裁判要旨

No. 3-8-224-11　以订立合同为名,收取他人钱财后潜逃境外的,以合同诈骗罪论处。

从构成要件上看,诈骗罪与合同诈骗罪主要有以下区别:

第一,犯罪客体不同。诈骗罪侵犯的客体是单一客体,即公私财产所有权,在刑法分则中位于第五章侵犯财产类犯罪之中;合同诈骗罪侵犯的客体是复杂客体,不仅侵犯了公私财产所有权,而且侵犯了国家的合同管理制度,破坏了社会主义市场经济秩序,因而排列在刑法分则第三章破坏社会主义市场经济秩序罪的第八节扰乱市场秩序罪之中。

第二,犯罪主体不同。诈骗罪与合同诈骗罪都可以由自然人构成,但是根据《刑法》第二百三十一条的规定,合同诈骗罪的主体可以由单位构成,而诈骗罪的主体只能由自然人构成。

第三,犯罪手段不同。诈骗罪与合同诈骗罪虽然在客观方面都是采用虚构事实、隐瞒真相的方法,使他人上当受骗,自愿交出财物,但是合同诈骗罪必须是利用合同,即以签订、履行合同为手段,骗取他人财物;诈骗罪则对诈骗的手段没有限定,只要行为人采取欺骗手段骗取他人财物的,均可构成。

由以上两罪的区别可以看出,合同诈骗罪是一种利用合同进行诈骗的犯罪,诈骗行为发生在合同签订、履行过程中,行为人非法占有的财物,是与合同签订、履行有关的财物,这是此罪区别于诈骗罪的主要特征。正确界定合同诈骗罪中的"合同",应当结合合同诈骗罪的客体来考查,合同诈骗犯罪行为人实施犯罪所签订、履行的合同必须是与经济活动有关的合同。合同诈骗罪处于刑法分则第三章破坏社会主义市场经济秩序罪之第八节扰乱市场秩序罪中,从刑法的目的性解释出发,因而合同诈骗罪中的合同,必须存在于合同诈骗罪客体的范围内,能够体现一定的市场秩序,否则便与刑法的立法宗旨不符,而大凡与这种社会关系或法益无关的各种合同、协议,如婚姻、监护、收养、扶养等有关身份关系的协议、行政合同、劳务合同均不在该罪合同之列。例如,行为人利用伪造的遗赠扶养协议向继承人骗取被继承人的遗产的,不属于合同诈骗罪。另外,行为人虽然利用了合同形式,但该合同在当时的条件、环境下并不具有侵犯市场秩序的性质,对行为人也不应以合同诈骗罪论处。例如,行为人以生活窘迫为名,立下借条(合同)骗借他人财物后挥霍一空而不予偿还的,不宜以合同诈骗罪定罪处罚。所以,只要行为人利用了能够体现市场经济秩序,规制各种市场交易行为的合同进行诈骗,该合同就满足了合同诈骗罪中的合同的要求,这种诈骗行为就应以合同诈骗罪论处。

从本案情况看,被告人宗爽分别与詹洁、张伟等人签订聘请顾问协议书,以自己承包的松盛公司及自己成立的金世纪公司的名义,对外承揽出国签证咨询业务,每人收取0.5万元至3.5万元不等的钱款,许诺如办不成出国签证,再如数退还钱款。宗爽所签订的聘请顾问协议书,表面上像一个咨询性质的协议,具有技术服务性质,但根据其提供的所谓服务内容,实质上是一个代办出国签证性质的委托代理合同。这种委托代理合同,具有一定的代理服务内容并体现了一定的市场经济活动的性质,利用这种合同实施的诈骗犯罪严重扰乱了正常的代办出国签证的市场秩序,因此应认定为与经济活动有关的合同。宗爽的诈骗行为发生在合同的签订、履行过程之中,骗取的钱款正是合同约定的报酬标的,在没有为他人办成出国签证的情况下,携款潜逃,可以认定具有非法占有的目的,因此宗爽的诈骗行为,应构成合同诈骗罪。

案例:曹戈合同诈骗案

案例来源:《刑事审判参考》总第76集[第645号]

主题词:合同诈骗罪 合同诈骗罪与票据诈骗罪的区分

一、基本案情

被告人曹戈,男,汉族,1966年8月18日出生,原系宁夏宗正装饰材料有限公司法定代表人。因涉嫌犯合同诈骗罪、信用卡诈骗罪于2008年3月5日被逮捕。

宁夏回族自治区银川市人民检察院以被告人曹戈犯票据诈骗罪、信用卡诈骗罪,向银川市中级人民法院提起公诉。

银川市中级人民法院经审理查明:2005年10月31日,被告人曹戈出具伪造的宗正装饰材料公司(以下简称"宗正公司")与浙江省台州市吉煌公司(以下简称"吉煌公司")签订购销合同,和宁夏永宁县农村信用合作联社(以下简称"永宁县农信社")签订银行承兑汇票承兑合同,约定由永宁县农信社为宗正公司办理人民币(以下币种均为人民币)500万元银行承兑汇票,出票日期2005年11月28日,2006年4月30日期满,宗正公司按承兑金额60%,即300万元作为履约保证金存入永宁县农信社指定的保证金账户。西北亚担保公司(以下简称"西北亚公司")为保证人,负连带责任。宁夏恒通恒基中小型企业信用担保有限公司(以下简称"恒通恒基公司")为宗正公司向永宁县农信社申请银行承兑汇票差额200万元提供反担保,承担连带责任。2005年11月28日,宗正公司从银川市商业银行"凤丽艳"账户汇入宗正公司在永宁县农信社办理银行承兑汇票的保证金账户300万元。永宁县农信社依约于当日给宗正公司办理了两张银行承兑汇票,票号分别为00191406、00191407,金额分别为470万元、30万元。曹戈将30万元银行承兑汇票背书到吉煌公司,将470万元银行承兑汇票通过他人贴现后归还保证金、借款等。承兑汇票到期后,曹戈因不能偿还银行债务而逃匿,永宁县农信社从宗正公司保证金账户扣划300万元,并扣划保证人西北亚公司本金200万元及利息。后西北亚公司将反担保人恒通恒基公司诉至银川市中级人民法院,该院判决由恒通恒基公司偿还西北亚公司200万元。另查明,470万元银行承兑汇票背书栏内吉煌公司财务专用章及法定代表人印章均系伪造。

宁夏回族自治区银川市中级人民法院认为,被告人曹戈以非法占有为目的,伪造购销合同,骗取银行与担保人、反担保人的信任,以办理银行承兑汇票的方式获取银行资金后,因合同到期不能偿还银行债务而逃匿,致使反担保人代为偿还200万元,侵害了反担保人的财产权益,其行为已构成合同诈骗罪,且属于数额特别巨大的加重情形。公诉机关对被告人曹戈犯票据诈骗罪的指控不能成立,予以纠正。被告人曹戈及其辩护人所提本案事实不清、证据不足的辩护理由、辩护意见,与被害单位报案陈述、证人证言、相关书证所证实的事实不符,亦无相应证据佐证,因此不予采纳。依照《中华人民共和国刑法》第二百二十四条第(五)项之规定,判决如下:

被告人曹戈犯合同诈骗罪,判处有期徒刑十三年,并处罚金人民币八万元。

宣判后,被告人曹戈不服,提出上诉,称被告人在主观上没有合同诈骗的故意,不具有非法占有公私财物的目的,被告人是在担保人、反担保人的授意、安排下才准备了购销合同,在担保人陪同下去银行办理了承兑汇票。被告人用自己所有的位于海原县政府南街东侧的营业房产(价值500余万元)为恒通恒基公司提供了反担保,故恒通恒基公司的损失根本不存在。原判认定自己犯合同诈骗罪的事实不清,证据不足,定性错误,应宣告被告人无罪。

宁夏回族自治区高级人民法院经审理认为,曹戈与永宁农信社签订银行承兑汇票承兑合同,约定由永宁农信社为宗正公司办理500万元银行承兑汇票,出票日期2005年11月28日,到期日2006年4月30日,宗正公司应按承兑金额60%作为履约保证金存入永宁县农信社指定的保证金账户,西北亚公司为保证人,保证方式为连带责任,恒通恒基提供反担保,并承担连带责任的事实清楚。被告人曹戈在办理该笔承兑汇票中,弄虚作假,向银行提供伪造的购销合同,诱使银行向其出具合法的500万元承兑汇票,且在贴现后,归还个人借款,造成无力偿还债务的局面,致使担保人代为偿还,实际侵害了担保人的合法财产,曹戈主观上有利用伪造的虚假合同诈骗钱财的故意,且诈骗数额特别巨大,其行为构成合同诈骗罪。经查,无证据证实曹戈用自己所有的位于海原县政府南街东侧的营业房产为恒通恒基公司提供了反担保抵押,更无任何证据证实曹戈是受他人指使办理银行承兑汇票和遭人绑架并抢走库存货物后不得已离开银川的事实,因此,其上诉所提原判认定事实不清,证据不足,定性错误,不构成合同诈骗罪的上诉理由不能成立,不予采纳。原判认定被告人曹戈犯合同诈骗罪的事实清楚,证据确实充分,定罪准确,量刑适当,审判程序合法。依照《中华人民共和国刑事诉讼法》第一百八十九条第(一)项之规定,裁定驳回上诉,维持原判。

二、裁判要旨

No. 3-8-224-12 以伪造的购销合同办理银行承兑汇票,以获取银行资金,合同到期后无力偿还银行债务而逃匿,致使担保人遭受财产损失的,应以合同诈骗罪论处。

无论是担保合同还是反担保合同,担保既是为了保证债权人能够对债务人享有的债权得到履行,也是为了保证债务人能够向债权人履行债务,担保合同从属于主合同,担保合同的对象,应该是主合同的双方而不是单方,在担保人代替主合同债务人承担担保责任使主合同权利义务消灭后,依法因主合同的债权人债权的让渡而享有追偿权,担保人才与主合同债权人脱离关系,而主合同的债务人才能成为唯一相对方。反担保人始终能够成为主合同债务人的相对方,就能够成为主合同债务人诈骗的对象。

本案被告人曹戈与西北亚公司签订的是连带责任反担保合同,这是一个从合同的从合同。曹戈在没有偿还能力的情况下,采取伪造虚构购销合同事实,隐瞒真相的手段与永宁县农信社签订500万承兑汇票承兑合同,对其中的200万元承兑后因其无力履约偿还债务,最终导致反担保人恒通恒基公司为其承担了200万元损失。表面上被告人曹戈似乎占有的是永宁农信社承兑汇票的承兑款,并非恒通恒基公司的担保款,实质上却是间接、变相地实现了非法占有恒通恒基公司的200万元财物的目的,符合《刑法》第二百二十四条第(四)项或第(五)项的规定,与直接非法占有主合同相对方财物的性质是一致的。

根据《刑法》第一百九十四条的规定,票据诈骗罪的行为人必须使用虚假票据进行诈骗,其侵犯的客体是国家对金融票据的管理制度与公私财产所有权。如前所述,永宁县农信社开出的承兑汇票是真实的,并非虚假汇票,曹戈没有使用伪造、变造、作废、冒用他人汇票进行诈骗活动的手段,不构成票据诈骗罪。

案例:刘恺基合同诈骗案

案例来源:《刑事审判参考》总第76集[第646号]

主题词:合同诈骗罪 无履行能力而订立合同

一、基本案情

被告人刘恺基,男,1960年10月3日生,农民。因涉嫌犯合同诈骗罪于2008年9月27日被逮捕。

安徽省六安市人民检察院以被告人刘恺基犯合同诈骗罪,向安徽省六安市中级人民法院提起公诉。

被告人刘恺基及其辩护人对起诉书所指控的基本犯罪事实不持异议,但均辩称刘恺基所属的天陟公司在签订和履行合同过程中,未实施诈骗行为,不构成合同诈骗罪。

安徽省六安市中级人民法院经公开审理查明:2005年,被告人刘恺基经人介绍与安徽省宿州市埇桥区解集乡宣山村村民周宜昌认识,两人商谈后签订了《收购合同》,刘恺基以人民币(以下币种均为人民币)150万元购买周宜昌承包的3700亩林地(林种为防护林,属公益林)的使用权和林木所有权,周宜昌保留7%的股份。另外,合同还约定刘恺基雇佣周宜昌看管该林地,合同签订后,周宜昌将林权转移至刘恺基名下,将林权证交给刘恺基,并多次向刘恺基催要购林款,但刘恺基除陆续支付少量费用外,一直以种种借口推脱,未按合同支付购林款。

2005年5月18日,刘恺基委托安徽皖资会计师事务所对上述林地进行评估,刘恺基在明知该林地属于公益林的情况下,要求该所将该林地按商品经济林进行评估,该所评估后按刘恺基的要求出具《刘恺基先生侧柏商品经济林资产评估报告书》,结论为:侧柏商品经济林活立木公允值33006960元。2005年9月1日,刘恺基持林权证及资产评估报告书在合肥注册成立“安徽凯瑞投资有限公司”,刘恺基任法定代表人,注册资本3000万元(非货币出资)。2006年11月30日,刘恺基将安徽凯瑞投资有限公司变更为“安徽天陟投资有限公司”(以下简称“天陟公司”)。2007年12月2日,又变更为“安徽天陟木业有限公司”,2007年1月刘恺基又委托安徽求是会计师事务所对3700亩林地进行评估,并将皖资会计师事务所的资产评估报告提交给该所,要求该所按皖资所的报告书出具评估报告,并要求评估价值为1亿元人民币。2007年1月13日,该所出具《刘恺基先生侧柏商品经济林资产评估报告》,结论为:侧柏商品经济林活立木公允值7065.52万元。

被告人刘恺基在注册成立公司后,即持林权证及资产评估报告向多家银行申请抵押贷款,但均未成功,公司又无资金来源,无税务申报及经营活动。

2007年3月,被告人刘恺基在明知自己没有履行合同能力的情况下,以投资为名到安徽省六安市叶集改革发展实验区(以下简称“试验区”)进行考察,对试验区有关领导谎称,其在宿县、霍山、肥西等地有多处林地,可以在叶集投资1.2亿元人民币建立18万立方米人造板厂。该厂建立后,可年上缴利税2700万元,安排就业3000余人,且能逐步把叶集打造成华东乃至全国最大的木材加工城。经多次商谈,2007年4月19日刘恺基与叶集经济开发区管委会签订了投资协议,安徽华陆集团通过议标获得施工权。试验区政府按照与刘恺基的协议,先后两次对建厂土地进行挂牌出让,但刘恺基以父亲病危及资金紧张为由未参与竞拍,致土地流拍。7月23日,华陆集团应刘恺基要求交付工程履约金150万元,刘恺基除将其中部分款项用于购置车辆、电脑等设备外,大部分款项均被其取出用于还债或其他消费。同时,刘恺基还多次催促华陆集团早日施工,而华陆集团因刘恺基一直未提供施工条件而未施工。2007年9月刘恺基在无资金、无规划许可证的情况下,又与宝业集团湖北建工第五建设有限公司(以下简称“湖北五建”)签订了 6000万元的土建合同。合同签订后,湖北五建按期进场施工,并应刘恺基的要求交付天陟公司履约保证金300万元。该笔款项到账后,刘恺基将其中150万元退还华陆集团,剩余款项被其取出。2008年1月31日,湖北五建完成了土建工程,但是刘恺基以各种借口拒绝支付任何款项,给湖北五建造成经济损失。

另查明,被告人刘恺基于2006年8月4日因犯行贿罪被安徽省安庆市大观区人民法院判处有期徒刑十个月零五天,于当日刑满释放。2008年7月2日,刘恺基又因其2000年实施非法拘禁犯罪行为,被河北省黄骅市人民法院以非法拘禁罪判处有期徒刑二年,缓刑三年。

安徽省六安市中级人民法院认为,被告人刘恺基以非法占有为目的,在签订合同过程中,采取欺骗方法,骗取300万元履约保证金,其行为构成合同诈骗罪,且犯罪数额特别巨大,应依法惩处。天陟公司设立后,以实施违法犯罪为主要活动,因此,刘恺基以公司名义实施的犯罪行为,依法应当认定为其个人犯罪。被告人刘恺基及其辩护人提出的其不构成合同诈骗罪的意见不能成立,不予采纳。被告人刘恺基属累犯,依法应从重处罚;刘恺基因犯非法拘禁罪被宣告缓刑,在缓刑考验期内又发现判决宣告前还有合同诈骗罪没有判决,依法也能够撤销缓刑,对两罪予以并罚。据此,依照《中华人民共和国刑法》第二百二十四条第(五)项、第六十四条、第六十五条第一款、第七十七条第一款、第六十九条之规定,判决如下:

1. 被告人刘恺基犯合同诈骗罪,判处有期徒刑十二年,并处罚金人民币五万元。

2. 撤销河北省黄骅市人民法院(2008)黄刑初字第132号刑事判决对被告人刘恺基所宣告的缓刑。原判有期徒刑二年,与犯合同诈骗罪所判处的刑罚并罚,决定对被告人刘恺基执行有期徒刑十三年,并处罚金人民币五万元。

3. 对被告人刘恺基的违法所得三百万元予以追缴。

一审宣判后,被告人刘恺基不服,提出上诉。

安徽省高级人民法院审理后,原判认定事实清楚,证据确实充分,定罪准确,量刑适当,审判程序合法。依法裁定驳回上诉,维持原判。

二、裁判要旨

No. 3-8-224-13 没有履行合同的能力,伪造虚假的条件与他人签订合同,在履行合同过程中没有实际履行合同,将所取得的财物挥霍或挪用,应当认定其主观具有非法占有目的,构成合同诈骗罪。

合同诈骗罪是目的犯,必须以行为人具有非法占有目的为构成要件。司法实践中需要法官根据事实对被告人的主观方面进行分析认定其主观上是否具有非法占有之目的,进而确定其行为是否构成合同诈骗罪。主观上非法占有目的的认定,一般可以从以下几方面进行分析:(1)行为人是否具有签订履行合同的条件,是否创造虚假条件;(2)行为人在签订合同时有无履约能力;(3)行为人在签订和履约过程中有无诈骗行为;(4)行为人在签订合同后有无履行合同的实际行为;(5)行为人为取得财物的处置情况,是否有挥霍、挪用及携款潜逃等行为。

在本案中,刘恺基要求评估人员背离事实进行评估属于制造虚假条件的行为,刘恺基持虚假评估报告申请成立公司,进而企图以林权证为担保向银行申请贷款,但贷款申请遭到拒绝,公司并无资金来源也不具备履约能力,但刘恺基仍然以投资为名到叶集试验区商谈投资合同。在其无法兑现承诺时,以各种理由借口推脱。上述事实证明刘恺基在签订合同时无履行能力,依然蒙骗对方,占有对方财产,应认定为非法占有目的,在获取履约保证金后,小部分用于购置车辆和偿还债务,大部分款项被支取转移后去向不明,无法追回,亦反映了其非法占有之目的,应以合同诈骗罪定罪处罚。

No. 3-8-224-14 公司、企业、事业单位设立后,以实施犯罪为主要活动的,应认定为个人犯罪,不以单位犯罪论处。

根据最高人民法院《关于审理单位犯罪案件具体应用法律有关问题的解释》第二条规定,个人为进行违法犯罪活动而设立的公司、企业、事业单位实施犯罪的,或者公司、企业、事业单位设立后,以实施犯罪为主要活动的,不以单位犯罪论处。

本案中,刘恺基申请成立天陟公司后,该公司并无其他业务,只以本案涉及的投资为主要活动,故对刘恺基以该公司名义实施的上述行为依法应当认定为个人犯罪。

案例:杨永承合同诈骗案

案例来源:《刑事审判参考》总第 81 辑[第 716 号]

主题词:合同诈骗罪 职务侵占罪、挪用资金罪的主体 职务的定义

一、基本案情

被告人杨永承,女,1969 年 2 月 9 日出生,汉族,原系上海承联商务咨询有限公司(以下简称"承联公司")法定代表人。因涉嫌挪用资金犯罪于 2010 年 1 月 25 日被刑事拘留,2010 年 2 月 11 日因涉嫌合同诈骗犯罪被逮捕。

上海市奉贤区人民检察院以被告人杨永承犯职务侵占罪向上海市奉贤区人民法院提起公诉。

公诉机关指控,被告人杨永承以非法占有为目的,利用上海威士文通风工程设备有限公司(以下简称"威士文公司")授权其为代理人的职务便利,将收取的货款据为己有,数额巨大,应当以职务侵占罪追究其刑事责任。杨永承犯罪以后自动投案,并如实供述自己的罪行,属自首,可以从轻或减轻处罚,建议判处七年以上有期徒刑。

被告人杨永承对公诉机关指控的事实及罪名均无异议。

奉贤区人民法院经公开审理查明:2006 年 4 月下旬,威士文公司出具法人代表授权书,授权被告人杨永承为该公司代理人,负责杭州市市民中心工程空调配件的跟踪及业务洽谈。后于 2007 年 6 月 12 日,双方签订了经销协议书。协议约定,杨永承为威士文公司的经销商,负责威士文公司的经销销售业务,对外以威士文公司的合同与客户签约,并按威士文公司指定的账户

进行货款结算。后杨永承私刻威士文公司及该公司法人代表的印章,伪造了以其个人经营的承联公司为代理人的“法人代表授权书”,并以承联公司名义,分别与承接杭州市市民中心工程空调安装工程项目的杭州市设备安装有限公司,浙江开元安装集团有限公司机电工程分公司、中天建设集团浙江安装工程有限公司、江西省工业设备安装公司杭州分公司签订了合同。

2007年8月至2009年6月,威士文公司根据杨永承的要求提供了价值人民币(以下币种均为人民币)200余万元的空调设备至上述四家公司。此后,杨永承将上述四家公司在2008年8月至2009年9月间支付给承联公司的货款合计1542976元据为己有,用于个人还债、投资经营及开销等,后关闭手机逃匿。

2010年1月25日,杨永承主动到公安机关投案,如实供述了自己的犯罪事实。

奉贤区人民法院认为,被告人杨永承以非法占有为目的,在履行其与威士文公司的经销协议过程中,采用虚构事实、隐瞒真相的方法,骗取威士文公司财产,且数额特别巨大,其行为构成合同诈骗罪。公诉机关指控杨永承犯职务侵占罪的罪名不当,应予更正。案发后,杨永承能主动到公安机关投案,如实供述自己的犯罪事实,构成自首,依法可以从轻处罚。庭审中杨永承能自愿认罪,亦可酌情从轻处罚;但本案损失未挽回的情况在量刑时应一并酌情予以考虑。为严肃国家法纪,维护社会主义市场秩序,确保公司财产不受侵犯,依照《中华人民共和国刑法》第二百二十四条、第六十七条第一款、第五十六条第一款、第五十五条第一款、第六十四条之规定,判决如下:

被告人杨永承犯合同诈骗罪,判处有期徒刑十二年,剥夺政治权利二年,并处没收财产人民币十万元;责令杨永承退赔被害单位威士文公司一百五十四万二千九百七十六元。

一审宣判后,奉贤区人民检察院提出抗诉。在二审法院审理过程中,上海市人民检察院第一分院认为抗诉不当,向二审分院撤回抗诉。二审法院认为,原判认定原审被告人杨永承犯合同诈骗罪的事实清楚、证据确实充分,定性准确、量刑适当,且审判程序合法;上海市人民检察院第一分院撤回抗诉的要求符合法律规定,裁定准许上海市人民检察院第一分院撤回抗诉。

二、裁判要旨

No.3-8-224-15 获得公司临时授权从事某项具体事务的代理人不能认定为公司的工作人员,因此不能认定其行为构成职务侵占罪与挪用资金罪。其以非法占有为目的在履行合同过程中实施诈骗行为的,应以合同诈骗罪论处。

职务是一项由单位分配给行为人为单位所从事的一种持续的、反复进行的工作,担任职务应当具有相对稳定性的特点,而非单位临时性一次性地委托行为人从事某项事务。在本案中,杨永承仅系威士文公司临时性一次性授权的、仅负责杭州市市民中心工程空调配件的跟踪及业务洽谈的代理人,故杨永承在威士文公司并无职务,不属于该公司的工作人员,其身份不符合职务侵占罪、挪用资金罪的主体特征,不能认定其行为构成职务侵占罪、挪用资金罪。

案例:董满礼合同诈骗案

案例来源:《人民法院案例选》2012年第4辑

主题词:合同诈骗罪　租车诈骗的数额计算

一、基本案情

上诉人(原审被告人):董满礼。

一审法院经审理查明:2009年5月24日,被告人董满礼以做生意用车为由,与淮北市君骋租车城签订汽车租赁协议,约定每日以200元租金承租皖F35380号朗逸牌轿车(价值9.6万元)。同年7月中旬,董满礼伪造皖F35380号车主高永胜的身份证、车辆登记证等证件,冒充高永胜将该车抵押给河南省永城市昌盛寄卖行。后多次向该寄卖行老板孟群英借款8.5万元。同年8月10日,董满礼将该车以9万元的价格转让给孟群英。同年7月24日,董满礼以送朋友去杭州为由,又与该租车城签订汽车租赁协议,以每日200元租金承租皖F36163号朗逸牌轿车(价值9.6万元)。同年9月11日,董满礼将该车抵押给被害人荣红玲,骗取荣红玲6000元。

上述事实,有下列证据证明:

(1)个体工商户营业执照:淮北市君骋租车城业主系范文涛。

(2)租车合同、租车登记表:被告人董满礼于2009年5月24日、7月24日两次与淮北市君骋租车城签订租车合同,先后租赁皖F35380、皖F36163号朗逸牌轿车。

(3)注册登记摘要信息栏、注册登记机动车信息栏、身份证照片、车辆转让协议:被告人董满礼伪造高永胜的身份证、皖F35380号朗逸牌轿车所有人为高永胜,于2009年8月10日,以高永胜的名义将该车转让给孟群英。

(4)借条:2009年9月11日,被告人董满礼将皖F36163号朗逸牌轿车抵押给荣红玲,向荣红玲借款6000元。

(5)扣押物品清单、返还物品清单、领条:淮北市公安局相山分局于2009年12月7日从孟群英、荣红玲处扣押皖F35380号、皖F36163号朗逸牌轿车各一辆,均被被害人范文涛领回。

(6)淮北市价格认证中心(淮)价证鉴(2009)388号、389号价格鉴定结论书:皖F35380号、皖F36163号朗逸牌轿车均价值9.6万元。

(7)被害人范文涛的陈述:2009年5月24日,董满礼租赁一辆皖F35380号朗逸牌轿车,每日租金200元。同年7月24日,其又将一辆皖F36163号朗逸牌轿车租给他。同年10月,其给董满礼打电话要皖F36163号朗逸车,董称在外地,其通过GPS系统断掉该车的电路及油路,后在淮北市中医院附近找到该车。开车的司机说董满礼将车抵押给他了。后其又打电话问董满礼皖F35380号朗逸牌轿车在哪里,董说因欠别人的钱,该车在河南省永城市的朋友处。

(8)被害人孟群英的陈述:2009年7月,高永胜持其身份证、车辆行驶证,登记证书等材料到河南省永城市昌盛信托寄卖行将皖F35380号朗逸牌轿车寄卖。同年8月10日,他将该车以9万元转让给其,并签订转让协议。其曾多次催他将该车办理过户手续,2009年12月5日8时许,其开车时遇到一男一女说该车是他们的,后到淮北市公安局相山分局刑警队处理此事。

(9)被害人荣红玲的陈述:2009年9月的一天,董满礼向其借6000元,并以一辆皖F36163号朗逸牌轿车抵押。之后,董满礼将该车的钥匙交给其,并出具借条:“今借荣红玲人民币6000元,押车人董满礼。”

(10)被告人董满礼的供述:2009年5月24日,其到淮北市君骋租车城租赁皖F35380号朗逸牌轿车后,将该车开到河南省永城市昌盛寄卖行抵押借钱,三次借3.5万元,第四次借钱时,寄卖行陈老板让其将该车的证件拿给他才同意借。其在濉溪县支付180元办理该车的假登记证,又支付80元办理高永胜的假身份证。其把假证件交给陈老板,他又借给其3万元。之后,其所借他的钱加上利息,给他出具9万元的借条。后其无钱归还,将该车以9万元转让给陈老板,其以高永胜的名字签订转让协议。同年7月24日,其又到君骋租车城租皖F36163号朗逸牌轿车给朋友开去杭州。朋友将该车还给其后,荣红玲借其车急用。其向他借6000元,并将该车抵押给他。

公诉机关指控称:2009年5月24日,被告人董满礼以每日200元租金的价格从淮北市君骋租车城承租皖F35380朗逸轿车一辆。董满礼伪造车主证件,将该车先抵押给孟群英借款85000元,后又将该车以90000元转卖给孟群英。经鉴定,该车价值96000元。2009年7月24日,被告人董满礼以同样手段从淮北市君骋租车城承租皖F36163朗逸轿车一辆,后将该车抵押给荣红玲,骗取荣红玲6000元。经鉴定,该车价值96000元。

被告人辩称:其实际只从孟群英处骗取49200元,其他系高利贷利息,不应计入其诈骗数额;第二起中,其主观目的是向荣红玲借钱,是民事合同纠纷,不构成合同诈骗罪。

相山区人民法院经审理认为,被告人董满礼以非法占有为目的,在签订、履行合同过程中,采取伪造身份证及行车证之手段,将租来的车辆予以抵押或转让,骗取他人财物,数额巨大,其行为已构成合同诈骗罪。董满礼两次租赁汽车均是将租赁的车辆用于抵押借款,其目的是非法占有租赁的车辆;其行为侵犯的客体是租赁公司的财产权。起诉书指控的两起事实性质相同,均已构成合同诈骗罪。董满礼将车辆以车主身份抵押或转让给他人以获取现金的行为,是其最终非法占有他人租赁财物的手段行为,是其对赃物的处置问题,故本案的诈骗数额应以两辆涉案轿车的实际价值计算。对董满礼的辩解及其辩护人认为"起诉书指控的第二起事实不构成犯罪及第一起的诈骗数额应认定为49200元"的辩护意见,与事实、法律不符,不予采纳。相山区人民法院依照《中华人民共和国刑法》第二百二十四条第(五)项、第六十四条之规定,作出如下判决:

1. 被告人董满礼犯合同诈骗罪,判处有期徒刑八年,并处罚金二十万元;
2. 被告人董满礼违法所得九万一千元,予以追缴,发还被害人。

一审宣判后,董满礼不服提出上诉。其上诉理由为:原判认定第一起数额96000元不当;第二起不构成犯罪。请求减轻处罚。

安徽省淮北市中级人民法院经审理,确认一审法院认定的事实和证据。二审法院认为,上诉人董满礼第一次租车时支付了先期租赁费,骗取出租人信任后,又租赁一辆车,并将其租赁的两辆车均用于抵押骗取借款。在其无力归还借款后,又伪造他人身份证、车辆登记证等证件,冒用他人名义将其租赁的第一辆车予以转让。据此,其目的是非法占有租赁的车辆。其将租赁的车辆进行抵押骗取借款或转让,是对诈骗租赁车辆的处置,故上诉理由与事实、法律规定不符,不予采纳。综上,原判认定事实清楚、证据确实充分,定罪准确,量刑适当,适用法律正确,应予维持。

安徽省淮北市中级人民法院依照《中华人民共和国刑事诉讼法》第一百八十九条第(一)项之规定,作出如下裁定:驳回上诉,维持原判。

二、裁判要旨

No. 3-8-224-16 租车诈骗行为中,交易对象为汽车租赁公司,应认定为合同诈骗罪;交易对象为自然人的,则应认定为普通诈骗罪,诈骗数额应当以所取得的汽车价值进行计算,行为人预先支付的租金应予以扣除。

从出租汽车的主体来看,既有租赁公司作为出租主体,也有自然人作为出租主体。汽车租赁诈骗犯罪行为,不仅给租赁公司的财产造成了巨大损失,更重要的是破坏了汽车租赁这一市场秩序,因此,对于出租方为租赁公司的这一类租车诈骗案件,不应以普通诈骗罪论处,而应以合同诈骗罪论处。但是,对于出租汽车一方为自然人的汽车租赁诈骗案件,由于其中的汽车租赁关系并不是严格意义上的市场交易行为,而是公民之间的一种临时的有偿或无偿借用关系。在这种情形中,行为人将从他人处租借的汽车,用于变卖、典当或质押套取现金,侵犯的只是车主的财产所有权,因此,这种诈骗行为应以诈骗罪论处。汽车租赁诈骗案件中存在两个诈骗环节,第一个环节是行为人以租车为名将车骗到自己的控制下。这一环节行为人实际取得的是汽车;第二个环节是行为人伪造车主的行驶证、身份证等,将车辆销赃或用于质押、典当以套取现金。这一环节行为人实际取得的是汽车的变卖款、典当款或借款。行为人出于骗租车辆后变现的动机,通过第一个环节的欺诈行为,已非法占有了车辆,这时其诈骗行为已经得逞;至于其是通过直接销赃,还是通过典当、质押借款的方式变现,只是其对赃物的处置问题,而行为人非法占有公私财物后,对财物如何处置,不影响非法占有的成立。因此,汽车租赁诈骗案件中,行为人的"实际取得"应是指所骗租的车辆的价值,而不是行为人将所骗租车辆变现的实际所得数额。对于行为人所支付的这部分租金应否在诈骗数额中扣除,实践中有两种做法:一种做法是认为行为人支付租金,是行为人为了实施诈骗行为所必须付出的"犯罪成本",不应从诈骗数额中扣除。另一种做法是认为行为人要取得车辆的控制权,就必须支付相应的租金,这就使行为人最终实际取得的财物必然是车价与租金的差价,这说明行为人是不可能占有整个车辆的价值的,行为人事先支付的这部分租金应在诈骗数额中扣除。笔者认为,根据诈骗数额认定的"实际取得说",上述第二种做法是比较合理的。特别是,正如上文所指出的,在汽车租赁诈骗案件中,行为人的非法占有目的,有的在租车之前即已产生,有的则是在合法租车后才产生。对于后一种情形,认定行为人所付租金系其为实现犯罪所支付的"犯罪成本"显然是不能成立的。

案例:马中正合同诈骗案

案例来源:《人民法院案例选》2014 年第 1 辑

主题词:合同诈骗罪　交易型合同诈骗中的数额计算

一、基本案情

天津市滨海新区人民检察院指控:2011 年 9 月,被告人马中正化名马忠海,经人介绍认识福建省龙岩市旭日经济贸易有限公司(以下简称"旭日公司")业务员曾健民。马中正对曾健民谎称其所在的内蒙古自治区凉城县同鑫燃料有限责任公司(以下简称"同鑫公司")在天津港存有大量品质很好的电煤可以销售,以骗取曾健民的信任。2011 年 9 月 17 日,马中正化名马忠海以同鑫公司的名义在塘沽新业丽湾酒店 802 房间与旭日公司曾健民签订《煤炭买卖合同》,约定从 2011 年 9 月到 12 月,旭日公司以人民币(以下币种同)每吨 710 元的价格向同鑫公司购买基低位发热量大于 5000 大卡的电煤。2011 年 9 月 23 日、9 月 26 日旭日公司按约定分两次给同鑫公司支付 80%的货款共计 937.2 万元,购买电煤 16500 吨。马中正收到货款后,使用其中 700 余万元分别从其他公司购进发热量不等的沫煤共计 16239 吨混在一起交付给旭日公司,将其余货款用于个人消费,后藏匿。经通标标准技术服务(天津)有限公司对马中正交付的煤炭进行检验,收到基低位发热量为 2745 大卡。旭日公司于 2011 年 10 月 5 日与宁波市江北辽源燃料有限公司(以下简称"辽源公司")签订煤炭购销协议向辽源公司出售该批煤,旭日公司收到马中正交付的该批煤后,因不符合合同要求,赔偿辽源公司船运费、船只滞港费及经济损失共计 991950 元。2011 年 11 月 11 日,旭日公司与常州市瑞都商贸有限公司(以下简称"瑞都公司")签订煤炭购销合同,以每吨 314 元的价格将该 16239 吨煤卖给瑞都公司,挽回经济损失 5099046 元。

公诉机关认为,被告人马中正目无国法、以非法占有为目的,虚构事实,在签订、履行合同的过程中,骗取他人给付的货款,数额特别巨大,其行为触犯了《中华人民共和国刑法》第二百二十四条之规定,应当以合同诈骗罪追究其刑事责任。

马中正在开庭审理中对公诉机关指控的犯罪事实和提供的证据无异议,当庭自愿认罪,但认为旭日公司处理涉案煤炭变现价值过低;马中正的辩护人基于以下理由主张认定合同诈骗罪的事实不清,证据不足,被告人的行为系民事经营行为,应认定为无罪,马中正不具有主观占有故意;质量鉴定机构无合法鉴定资质,且被害人擅自处理涉案煤炭导致其实际质量及价值无法认定;涉及马中正涉案犯罪数额亦无法认定。天津市滨海新区人民法院经公开审理查明:马中正系河北省景县农民,案发前无固定职业。2011 年 9 月,马中正化名马忠海,经人介绍认识福建省龙岩市旭日经济贸易有限公司业务员曾健民、林群,马中正借用同鑫公司营业执照,谎称其系同鑫公司业务经理,在天津港存有大量品质很好的煤可以销售,以骗取曾健民等人的信任。2011 年 9 月 17 日,马中正化名马忠海以同鑫公司的名义在天津市滨海新区塘沽新业丽湾酒店与旭日公司曾健民、林群等人签订《煤炭买卖合同》,约定从 2011 年 9 月到 12 月,旭日公司以每吨 710 元的价格向同鑫公司购买基低位发热量大于 5000 大卡的煤炭,并约定煤炭质量以平仓港 SGS 船采化验为准。后又签订《补充协议》明确第一次交易煤炭数量、质量及运费承担方式。2011 年 9 月 23 日、9 月 26 日旭日公司按照合同约定分两次给同鑫公司支付 80%的货款共计 937.2 万元,购买基低位发热量大于 5000 大卡的煤炭 16500 吨。马中正收到货款后,使用其中 700 余万元分别从其他公司购进发热量不等的各等次煤炭、矿渣及煤矸石等混合物共计 16239 吨混在一起交付旭日公司,将其余货款用于个人消费,后藏匿。经通标标准技术服务(天津)有限公司对马中正交付的煤炭进行检验,收到煤炭基低位发热量为每千克 2745 大卡,远低于每千克基低位发热量大于或等于 5000 大卡的合同要求。另查,旭日公司于 2011 年 10 月 5 日与辽源公司签订煤炭购销协议向辽源公司出售该批煤炭,旭日公司收到马中正交付的该批煤炭后,因不符合合同要求,辽源公司拒绝收货,旭日公司因此赔偿辽源公司船运费、船只滞港费及经济损失共计 991950 元。2011 年 11 月 11 日,旭日公司为避免损失扩大,与瑞都公司签订煤炭购销合同,以每吨 314 元的价格将该 16239 吨煤卖给瑞都公司,挽回经济损失 5099046 元。案发后,公安机关于 2012 年 3 月 5 日将被告人马中正抓获归案。

天津市滨海新区人民法院于2013年4月18日作出(2013)滨刑初字第23号刑事判决:被告人马中正犯合同诈骗罪,判处有期徒刑十二年,并处罚金人民币10万元。宣判后,被告人未提出上诉,检察院亦未抗诉,该判决已发生法律效力。

二、裁判要旨

No. 3-8-224-17 合同诈骗罪数额应当以被害人直接的实际损失数额为计算标准。

实践中,犯罪分子实际所得的数额与被害人实际损失的数额在一定情况下是一致的,在二者不一致的情况下,笔者认为,应当以被害人直接的实际损失数额为诈骗罪的犯罪数额。这是因为,从犯罪对象来讲,诈骗罪是针对整体财产的犯罪,那么在认定诈骗数额时,应把被害人获得的财产利益从诈骗数额中扣除,以被害人实际遭受的直接财产损失为标准计算诈骗数额。从犯罪行为的法益侵害性角度来看,诈骗罪是对被害人财产权益的侵害,以被害人受到的直接实际损失作为犯罪数额,能够较为全面地反映犯罪行为对法益的侵害及其程度。在一些合同诈骗罪中,犯罪分子为了成功实现诈骗目的或者掩饰犯罪目的,往往会支付一些犯罪成本,例如支付中介费、手续费、回扣等,或者用于行贿、赠与等费用,造成被告人实际所得的数额小于被害人损失的数额,这种情况下,这些费用属于被告人为实施犯罪行为所支付的成本,并没有减少法益侵害程度,也没有对财产损失进行弥补,因而不能从犯罪数额中予以扣除。应当注意的是,被害人因为诈骗行为所遭受的损失应当指的是直接损失,而不能包括间接损失。被害人的直接损失指的就是被害人由于受骗而实际交付给犯罪行为人的财物数额减去被害人获得的经济利益,而不能包括被害人因为犯罪行为受到的间接损失。例如,被害人因为受骗,不能如期履行与他人的约定而支付的违约金等。这是因为,间接损失具有范围的不确定性和数额的难以估测性,会随着时间、地点、人员等具体情况的变化而变化。如果将其计入被害人实际损失中,会导致无限制地扩大被害人法益被侵害的范围,出现罚不当罪的结果。因而,被害人因诈骗行为所遭受的实际损失应以直接损失为限。

案例:张海岩等合同诈骗案

案例来源:《刑事审判参考》总第89集[第807号]

主题词:合同诈骗罪 承运过程中的掉包行为定性

一、基本案情

上诉人(原审被告人)张海岩,男,1986年12月2日出生,个体运输。因涉嫌犯诈骗罪于2010年4月9日被逮捕。

其他上诉人(原审被告人)王增平、刘继伟、刘继广、张海龙、孙龙龙等基本情况略。

山东省青岛市市北区人民检察院以被告人张海岩、王增平、刘继伟、刘继广、张海龙、孙龙龙犯盗窃罪,向青岛市市北区人民法院提起公诉。

青岛市市北区人民法院经审理查明:

2009年11月,张海岩与王增平预谋利用张海岩承运青岛渤海农业发展有限公司(以下简称"渤海公司")豆粕之际,伙同王增平、张海龙等人在山东省诸城市相州镇曹家泊等地,用刘继伟、刘继广提供的低蛋白豆粕偷偷调换其运输的含蛋白质43%的豆粕572包,共计40吨,价值146600元。

2009年12月16日至19日,张海岩伙同孙龙龙利用孙龙龙承运渤海公司豆粕之际,采用同样方式偷偷调换孙龙龙运输的高蛋白豆粕429包,共计30吨,价值112400元。

(其他犯罪事实略)

青岛市市北区人民法院认为,被告人张海岩、王增平、刘继伟、刘继广、张海龙、孙龙龙以非法占有为目的,秘密窃取他人财物,数额特别巨大,其行为均构成盗窃罪。依照《中华人民共和国刑法》第二百六十四条、第二十五条第一款、第六十七条第三款、第五十二条、第五十三条、第五十五条第一款、第五十六条第一款、第六十四条之规定,青岛市市北区人民法院判决如下:

1. 被告人张海岩犯盗窃罪,判处有期徒刑十二年六个月,并处罚金六万元,剥夺政治权利一年。

2. 被告人王增平犯盗窃罪,判处有期徒刑十四年,并处罚金九万元,剥夺政治权利二年。

(其他被告人判罚情况略)

一审宣判后,被告人张海岩、王增平、刘继伟、刘继广、孙龙龙均以其行为不构成盗窃罪为由提出上诉。

青岛市中级人民法院经审理查明:2009 年 11 月,上诉人张海岩与上诉人王增平预谋以调包方式骗取其承运的豆粕,由张海岩与委托人签订运输合同,安排车辆提货运输,并提供货物信息给王增平。由王增平联系上诉人刘继广、刘继伟提供假豆粕。刘继广与刘继伟商议后认为有利可图,遂决定由刘继伟将生产的假豆粕运至调包地点进行调包。张海岩在使用自己车辆实施四次犯罪后,又联系使用上诉人孙龙龙的车辆,伙同孙龙龙采取同样手段实施诈骗。张海龙还纠集个体车主曹庆俊,采取同样手段实施诈骗。张海岩参与合同诈骗价值 25. 9 万元,王增平、刘继伟、刘继广参与合同诈骗价值 32. 9805 万元,张海龙参与合同诈骗价值 10. 7605 万元,孙龙龙参与合同诈骗价值 11. 24 万元。案发后,张海岩家属退赔 2 万元,孙龙龙家属退赔 1. 5 万元。扣押刘继伟 6450 元。

青岛市中级人民法院认为,原审判决认定上诉人张海岩、王增平、刘继伟、刘继广、张海龙、孙龙龙犯罪的基本事实清楚,证据确实、充分,但适用法律错误,定性不当。六上诉人以非法占有为目的,在签订、履行合同过程中,骗取对方当事人财物,张海岩、张海龙、孙龙龙的参与数额巨大,王增平、刘继伟、刘继广的参与数额特别巨大,六上诉人均构成合同诈骗罪。综合本案的社会危害,各上诉人在犯罪中的地位、作用和其他影响量刑的情节,依照《中华人民共和国刑事诉讼法》第一百八十九条第(二)项,《中华人民共和国刑法》第二百二十四条第(五)项、第二十五条第一款、第二十六条第一款、第二十七条、第五十二条、第五十三条、第六十四条之规定,青岛市中级人民法院判决如下:

1. 撤销青岛市市北区人民法院(2011)北刑初字第 29 号刑事判决对各被告人的定罪量刑。
2. 上诉人张海岩犯合同诈骗罪,判处有期徒刑八年,并处罚金十三万元。
3. 上诉人王增平犯合同诈骗罪,判处有期徒刑十年,并处罚金十五万元。

其他判罚情况略。

二、裁判要旨

No. 3-8-224-18　承运人将处于自己占有之下的货物偷偷掉包,导致收货人产生货物已经按质按量收到的错误认识,应成立诈骗犯罪。

盗窃罪和诈骗罪的本质区别在于被害人对财物是否有转移占有的意思和行为,行为人取得财物是否基于被害人产生的错误认识,并以此进行了财产处分。在被害人不知情的情况下秘密进行的调包行为,是认定盗窃罪还是诈骗罪,关键要看被害人有无转移占有财产的意思和行为。

在合同具体履行过程中,被告人采用偷偷调包的方法,即在被害人完全不知情的情况下以价值较低的货物换取价值较高的货物,同时使用了秘密窃取手段和欺骗手段。由于被告人在取得承运货物后,即取得财物的控制权,其本人作为财物的监管人,发生财物损失的责任归其承担。对于被害人而言,财物无论实际转移至何处,其与被告人之间的占有关系未发生根本的变化。质言之,被告人秘密窃取的相当于自己的财物。因此,该情况下不可能成立盗窃罪。

从行为手段分析,真正促使被告人成功获取财物的关键是在收货环节。因为被告人所使用的以假乱真调包行为,促使收货人、被害人产生货已按质按量收到的错误认识,正是因为这一错误认识,被告人才顺利获得了对涉案财物的控制权。因此,被告人的行为在本质上符合诈骗的特征,应当定性为诈骗犯罪。

No. 3-8-224-19　合同诈骗罪的本质是利用签订、履行合同扰乱市场经济秩序,只有体现一定市场秩序、体现财产转移或交易关系、为行为人带来财产利益的合同才属于合同诈骗罪中的合同。

合同诈骗罪的关键特征是利用签订、履行合同扰乱市场经济秩序。合同诈骗罪中的“合同”

必须是能够体现一定的市场秩序,体现财产转移或者交易关系,为行为人带来财产利益的合同。第一,合同诈骗罪中的"合同"主要是经济合同,诸如监护、收养、抚养等有关身份关系的合同,应当排除在外。第二,签订合同的主体可以是自然人或者单位。第三,合同不管是以口头形式还是书面形式签订,只要能够具备合同的本质特征,即属于合同诈骗罪中的"合同"。

承运合同是市场经济中较为常见的一类合同,本案被告人事先签订合同,并在履行合同过程中将承运的优质豆粕暗中调换为劣质豆粕,事后又按合同约定运送至约定地点,其正是利用合同实施了诈骗活动,不但侵害了他人财物的所有权,而且严重扰乱了正常的市场经济秩序。行为人系出于非法占有他人财物的目的,利用签订、履行合同实施诈骗犯罪活动,因此,应当按照合同诈骗罪定罪处罚。

案例:吴某合同诈骗案

案例来源:《刑事审判参考》总第 89 集[第 808 号]

主题词:合同诈骗罪　挂靠人员的身份　承运过程中的掉包行为定性

一、基本案情

被告人吴某,男,1977 年 5 月 5 日出生。因涉嫌犯职务侵占罪于 2010 年 12 月 28 日被取保候审。

某省某市人民检察院以被告人吴某犯诈骗罪,向某市人民法院提起公诉。

某市人民法院经公开审理查明:"×××088"船挂靠在某市港航联运输有限公司(以下简称"运输公司")名下,被告人吴某系该船实际所有人。2009 年 12 月 29 日 21 时许,吴某承运 CY 金属有限公司(以下简称"CY 公司")经营的面包生铁,在从江苏某钢铁有限公司发货给 HR 制钢有限公司(以下简称"HR 公司")途中,伙同周某、解某、翟某(均已判刑)、胡某(另案处理)等人,在锡澄运河澄南大桥附近,用事先准备好的 4 吨铁渣掺到"×××088"承运的生铁中,置换出价值人民币(以下币种同)10800 元的 4 吨生铁卖给周某等人,得款 6800 元。事后,吴某于 2010 年 1 月 28 日到某市公安分局某派出所投案,如实供述了上述犯罪事实。

某市人民法院认为,被告人吴某以非法占有为目的,在履行承运合同过程中,采用虚构事实、隐瞒真相的方法骗取公私财物,数额较大,其行为构成合同诈骗罪。吴某具有自首情节,当庭自愿认罪,对其可以从轻处罚。公诉机关指控吴某犯合同诈骗罪的事实清楚,证据确实、充分,指控的罪名成立。根据吴某的犯罪情节、悔罪表现,没有再犯罪危险,宣告缓刑对所居住社区没有重大不良影响,可以宣告缓刑。据此,依照《中华人民共和国刑法》第二百二十四条,第二十五条第一款,第六十七条第一款,第七十二条第一款、第三款,第六十四条之规定,某市人民法院以被告人吴某犯合同诈骗罪,判处拘役四个月,缓刑六个月,并处罚金五千元;扣押在案的违法所得 6800 元予以没收,上缴国库。

一审宣判后,被告人吴某没有提出上诉,检察机关也未抗诉,该判决已发生法律效力。

二、裁判要旨

No. 3-8-224-20　运输公司的挂靠人员在劳资关系上完全独立,并非受运输公司委派调度承运货物的,不属于运输公司职员,不符合职务侵占罪的构成要件。

由于严格的行政许可条件,挂靠关系在运输行业普遍存在。如水路运输需要航道航线,而一般个体难以申请到航道,由此导致绝大部分个体船主只能通过挂靠运输公司运营,而运输公司则相应收取一定的挂靠费。本案被告人吴某与某运输公司正是这种典型的挂靠关系。

对于这种挂靠人员能否认定为运输公司的员工,存在不同意见。主张构成职务侵占罪的观点认为,吴某从事个体运输业务必须依附于运输公司,且运输公司对吴某负有一定的管理职责,因此,应当认定吴某是运输公司的员工。我们认为,挂靠人员是否属于运输公司员工,可以通过挂靠人员与运输公司之间是否具有劳资关系、雇佣关系综合认定。首先,从劳资关系分析,运输公司不参与挂靠船只的日常经营,吴某作为个体船主自主经营、自负盈亏,其与运输公司在劳资关系上完全独立。其次,从业务关系分析,吴某是按照承运合同的约定履行义务,并非受运输公司委派、指派或者调度而承运货物。基于上述分析,应当认定吴某不属于运输公司的员工,不存在职务上的便利条件,吴某的行为不符合职务侵占罪的构成特征。

No. 3-8-224-21　承运人以次充好将承运的货物掉包的行为,成立合同诈骗罪。

首先,从犯罪行为的直接对象分析,吴某以次充好的欺骗手段针对的是 HR 公司的,而非 CY 公司。吴某虽然按照运输合同为 CY 公司运输生铁,但其在装运生铁时并未采用任何欺骗手段,且 CY 公司最终没有受到任何经济损失。因此,吴某并未骗取 CY 公司的货物。其次,从货物的归属分析,CY 公司与 HR 公司约定的交货方式为“船上交货”。按照货物运输规则,在无其他特别约定下,CY 公司将货物交付运输后所有权即转移给收货方 HR 公司。质言之,吴某采用以次充好的欺骗手段,侵害的是 HR 公司的财产权益。此外,需要说明的是,运输途中调包行为的受损害方未必是一成不变的,有时因为民事赔偿的缘故,受损害方会在直接受损害方与最终损失承担方之间转移。然而,即便是发生转移,也不会改变犯罪行为所直接侵害对象的事实。因此,受损害方的转移不会对行为定性造成多大的影响。

其次,HR 公司是基于认识错误而处分财产。被害人因陷入认识错误,一般是将涉案财物自愿交付给被告人,然而本案的特殊之处在于涉案财物本来就在吴某的控制之下,此后涉案财物系由吴某交付给 HR 公司,而非 HR 公司将涉案财物交付给吴某。关于 HR 公司的行为是否属于“处分”行为,笔者认为,可以从本案的支付流程进行分析:

(1)处分的标的物并非一定是涉案财物,支付对价也是一种处分行为。如行为人故意以一假古董售于被害人,被害人信以为真并支付巨额对价,就是典型的诈骗行为。因此,本案中,不应将“交付财物”局限理解为所运输的面包生铁。

(2)HR 公司的收货及付款行为可理解为一种反向交付。处分行为已经不是传统的“一手交钱、一手交货”这种直观模式,让渡自己的权利、减免债权等均属新类型的处分。吴某通过欺骗手段,致使 HR 公司未有任何察觉,从而未就其所损失的生铁块主张权利,属于基于认识错误而处分财产。

(3)被害人未必是向行为人交付财物,但行为人因被害人交付财物的行为而受益。随着诈骗手段的不断翻新,交付的方式包括直接交付和间接交付。本案中,HR 公司虽然是向第三方(托运方 HY 公司)交付财物,但正是其收货行为使吴某最终获利,吴某不仅获得足额的运输费,并最终非法获得以次充好换下的面包生铁的财产利益。

再次,吴某系通过欺骗手段非法获取财物的。吴某在运输途中将生铁调包掺入铁渣,系在 HR 公司不知情的状况下进行的,具有秘密窃取的性质,但这只是为其后实施诈骗行为创造条件,吴某并未依靠窃取行为直接取得财物。本案的犯罪过程是一个有机的整体,吴某在掺入铁渣以次充好并销赃后,HR 公司未清点收货前,吴某对该笔财产只是临时占有,并未最终占有,只要 HR 公司在验货时,发现有以次充好的现象,吴某的侵犯财产意图就将被识破,该秘密方式只是吴某实现其非法占有财物目的的辅助手段。因此,本案应当从整体上评价,不仅要考虑前阶段的以次充好的调包行为,还要考虑后面的蒙混过关的行为。

相对于此前的以次充好的行为,吴某的蒙蔽行为更具有诈骗性质。其欺骗性体现在:(1)主观认识上具有诈骗的故意,即被告人主观上存在想用铁渣骗取货主的生铁赚钱的想法;(2)犯罪手段具有欺骗性质,即被告人以次充好并蒙混过关,且该行为是实现被告人犯罪意图的最关键的一环;(3)结果上具有欺骗性,被害人并不知道生铁已被混入铁渣,且按照生铁的价格足额支付,直到使用的时候才发现被掺假。可见,正是采用欺骗手法,吴某才能通过以次充好的方式截留,并取得财物的最终控制权,其行为符合诈骗罪的一般构成特征。承运合同是市场经济中较为常见的一种要式合同,本案被告人事先签订合同,并在履行合同过程中实施了诈骗活动,不但侵害了他人财物的所有权,而且严重扰乱了正常的市场经济秩序。因此,行为人系出于非法占有他人财物的目的,利用签订、履行合同实施诈骗犯罪活动,应当按照合同诈骗罪定罪处罚。综上,某市人民法院认定被告人吴某的行为构成诈骗罪是正确的。

案例:郭松飞合同诈骗案

案例来源:《刑事审判参考》总第93集[第875号]

主题词:合同诈骗罪 合同诈骗罪的既遂标准

一、基本案情

被告人郭松飞,男,1983年9月26日出生,农民。2012年5月4日因涉嫌犯诈骗罪被逮捕。

上海市松江区人民检察院以被告人郭松飞犯诈骗罪,向上海市松江区人民法院提起公诉。

上海市松江区人民法院经公开审理查明:

2011年3月至2012年3月间,被告人郭松飞假借在赶集网上购买二手车,诱骗有意出卖车辆的被害人配合办理过户手续及在未收到购车款的情况下出具收条,郭再向公安机关谎称已付款,借机非法占有被害人的车辆。具体事实如下:

2011年3月25日,被告人郭松飞使用上述手段骗得被害人王井路的牌号为苏DRR717东南牌轿车一辆。经鉴定,被骗车辆价值人民币(以下币种同)27466元。

2012年3月27日,郭松飞使用上述手段诱骗被害人李攀的牌号为沪A7V018的奥迪牌轿车办理过户手续,并让李出具内容为"今收到郭松飞车款伍拾万元整"的收条。在双方报警后,车辆由李攀开至公安机关,并被扣押。经鉴定,被骗车辆价值551232元。同月29日,郭松飞被公安机关抓获。

上海市松江区人民法院认为,被告人郭松飞假借买车,骗取被害人配合完成过户手续,在没有实际付款的情况下,诱骗被害人出具收条,在获取收条后借机非法占有被害人的车辆,其行为构成诈骗罪,且属于诈骗数额特别巨大。据此,依照《中华人民共和国刑法》第二百六十六条、第五十五条第一款、第五十六条第一款、第五十二条、第五十三条、第六十四条之规定,上海市松江区人民法院以被告人郭松飞犯诈骗罪,判处有期徒刑十一年,剥夺政治权利二年,并处罚金人民币二万元;扣押在案的两辆涉案车辆,分别发还被害人王井路和李攀。

一审判决后,被告人郭松飞不服并提出上诉,辩称其已经以现金形式支付了购车款,没有实施诈骗行为。郭松飞的辩护人及上海市人民检察院第一分院均提出,郭松飞的行为构成合同诈骗罪而非诈骗罪,且郭松飞骗取李攀的车辆系犯罪未遂。

上海市第一中级人民法院认为,被害人王井路、李攀的陈述及陪郭松飞买车的黄芳的证言等证据均证实郭松飞在两次交易过程中没有支付购车款,而是假借买车的名义骗取他人财物。郭松飞为实施诈骗与李攀签订了一份二手车交易合同,虽然该份合同约定的价款仅为750元,但双方另外口头约定实际交易价格为52万元,形成了买卖合意。郭松飞与王井路之间虽然无书面协议,但双方亦就二手车买卖的标的、价款、履行期限、地点和方式等意思表示一致,达成了内容明确的口头合同。郭松飞在签订、履行买卖合同的过程中骗取对方当事人的财物,侵犯了赶集网上的二手物品交易秩序,其行为构成合同诈骗罪。在第二次犯罪中,郭松飞虽然诱骗李攀变更了车辆登记,后因郭松飞没有支付购车款,该车并未被李攀实际交付,在报警后又被公安机关扣押,郭始终未能实际控制和支配被骗车辆,李攀亦未实际遭受财产损失,合同诈骗的犯罪结果没有发生,其行为属于犯罪未遂。据此,上海市第一中级人民法院依照《中华人民共和国刑法》第二百二十四条、第二十三条、第五十二条、第五十三条、第六十四条以及《中华人民共和国刑事诉讼法》第二百二十五条第一款第(二)项之规定,判决如下:

1. 维持上海市松江区人民法院(2012)松刑初字第1456号刑事判决第二项,即扣押在案的两辆涉案车辆,分别发还被害人王井路和李攀。

2. 撤销上海市松江区人民法院(2012)松刑初字第1456号刑事判决第一项,即被告人郭松飞犯诈骗罪,判处有期徒刑十一年,剥夺政治权利二年,并处罚金人民币二万元。

3. 改判上诉人郭松飞犯合同诈骗罪,判处有期徒刑七年,并处罚金人民币二万元。

二、裁判要旨

No. 3-8-224-22 通过网络交易平台诱骗二手车卖家过户车辆的行为,成立合同诈骗罪。

合同诈骗罪中的合同须能够体现一定的市场活动和规则秩序,应当限于经济合同。至于合同以书面还是口头形式订立,在所不论。

本案中,虽然本案的书面合同材料不全,但综合从合同关系、交易环境以及法益侵害等方面分析,应当认定郭松飞的行为构成合同诈骗罪。一是郭松飞与王井路、李攀之间存在合同关系。郭松飞与李攀签订二手车交易合同,虽然价款仅为750元,但双方当事人另就交易价格实际约定为52万元。结合书面协议及相关口头约定判断,郭松飞与李攀之间存在合同关系。郭松飞与王井路之间虽无书面协议,但双方亦就二手车买卖的标的、价款、履行期限、地点和方式等意思表示一致,达成了内容明确的口头合同。郭松飞利用买卖合同诱骗王井路及李攀率先履行变更车辆登记、出具收条等约定义务,实施诈骗活动。二是郭松飞的诈骗行为发生在经济活动之中。赶集网内部设立了集中的二手物品交易平台,不特定的交易主体可以自由买卖各类物品,在网络上形成了一个公开市场。王井路及李攀通过赶集网面向不特定的买家出售二手车,而郭松飞亦随机选择卖家并实施诈骗。三是郭松飞的诈骗行为不仅侵犯了他人的财产权利,同时破坏了市场交易秩序。赶集网的交易主体多是出售自有物品的普通公民而非职业经营者,主要凭借自身的社会经验直接交换款物。上述市场相对缺乏统一和规范的交易规则,其正常运行更加依赖交易各方的诚实守信。郭松飞在赶集网上利用合同实施诈骗活动,侵犯了二手市场的交易秩序及合同诈骗罪的法益。

No.3-8-224-23　被骗车辆虽然已经过户,但行为人尚未实际控制占有车辆的,成立合同诈骗罪未遂。

从法理层面解析,对于诈骗犯罪而言,犯罪未遂与既遂的区分标志是犯罪未得逞。刑法理论对于犯罪未得逞有"犯罪构成要件不齐备""犯罪结果未发生"以及"犯罪目的未实现"等多种表述。对于结果犯而言,犯罪未遂与既遂的界限一般在于犯罪结果是否发生以及犯罪分子的犯罪目的是否实现,行为人最终是否实际控制或支配被骗财物。被害人因受欺骗而陷入认识错误,进而将财产转移给行为人或第三人占有之时,是合同诈骗罪的既遂,反之则是未遂。本案中,从客观方面来看,被告人郭松飞诱骗被害人李攀变更车辆登记,后因郭松飞一直没有支付购车款,该车并未被李攀实际交付,在报警后又被公安机关扣押。郭松飞一直未能实际控制和支配被骗车辆,未能实现占有转移。从主观方面看,郭松飞意欲欺诈李攀,使之办理车辆过户手续及出具收条,再向公安机关出示上述材料并借助国家权力非法占有车辆。在郭松飞实施犯罪计划的过程中,因公安机关怀疑郭松飞有诈骗嫌疑并将被骗车辆扣押,郭松飞未能实现预谋的犯罪目的。

从实践方面考察,将机动车登记变更与否作为犯罪未遂和既遂的而区分标准,会造成司法操作的困惑。在其他类型的财产犯罪中,行为人抢劫、盗窃或者抢夺机动车的,几乎不可能在实施犯罪后为车辆办理过户手续,占有转移而非登记变更是上述犯罪既遂的标志,这在实践中并无异议。倘若将登记变更作为诈骗罪既遂的标准,势必造成财产犯罪既遂、未遂标准的紊乱。在涉及机动车的财产犯罪案件中车辆的占有而非登记状态更加关乎当事人的切身利益。被害人拥有登记名义但丧失对车辆的实际控制,意味着其实际遭受了经济损失。反之车辆虽已过户但仍由被害人控制的,财产权利仅有被犯罪侵害的危险和可能性,没有认定为犯罪既遂的必要。

从刑民关系角度考量,被骗车辆所有权转移与否不影响犯罪未遂的认定。民法与刑法的理念不尽相同,民法强调形式判断,而刑法注重实质判断,追求实质合理性。在民事法律层面,交付或者登记等形式要件齐备就可能引起机动车所有权转移的法律效果。但在刑事法律层面,被骗车辆实际控制或支配权发生转移的,才构成犯罪既遂,二者不能等同视之。本案中,被骗车辆已经登记在郭松飞名下,其所有权有可能发生转移,但郭松飞未能实际控制、支配被骗车辆,亦未给李攀造成实际的经济损失,故不成立犯罪既遂。

案例:周有文、陈巧芳合同诈骗案

案例来源:《刑事审判参考》总第93集[第876号]

主题词:合同诈骗罪　两头骗行为中的被害人认定

一、基本案情

被告人周有文,男,1982年4月20日出生,汉族,大学文化,无业。2010年12月24日因涉嫌犯合同诈骗罪被逮捕。

被告人陈巧芳,男,1978年10月14日出生,无业。2010年12月24日因涉嫌犯合同诈骗罪被逮捕。

江苏省南京市人民检察院以被告人周有文、陈巧芳犯合同诈骗罪,向南京市中级人民法院提起公诉。

南京市中级人民法院经公开审理查明:2010年5月至10月间,被告人周有文、陈巧芳以非法占有为目的,假借购买二手房,先向被害人支付购房首付款,谎称向银行贷款支付购房余款,骗取被害人的房产过户后,将房产抵押给他人借款,所得款项用于偿还个人欠款及挥霍。周有文单独或者伙同陈巧芳实施犯罪六起,造成被害人共计人民币(以下币种同)1099.5万元的售房款未能收回;陈巧芳单独或者伙同周有文实施犯罪二起,造成被害人共计332.5万元的售房款未能收回。具体事实分述如下:

1. 2010年5月4日,被告人周有文通过中介与被害人明芳达成协议,约定以200万元的总价购买明芳位于南京市秦淮区曙光里74号-7、74号-8的房产。同年5月13日,周有文以陆磊的名义与明芳签订了存量房买卖合同。在支付了60万元的购房首付款后,该房产被过户到陆磊名下,周有文遂用该房产向陈植兴抵押借款170万元。因无法偿还陈植兴的借款,周有文又将该房产抵押给陈巧玲,向陈巧玲借款200万元,用于偿还陈植兴的借款。至案发,明芳尚有售房款140万元未能收回。

2. 2010年6月16日,周有文通过中介与被害人王小双达成协议,约定以246万元的总价购买王小双位于南京市白下区苜蓿园大街66号51幢204室的房产。同年6月24日,周有文以李星茹的名义与王小双签订了存量房买卖合同。在支付了70万元的购房首付款和2万元定金后,该房产被过户到李星茹名下,周有文遂用该房产向任景山抵押借款220万元。因无法偿还任景山的借款,周有文又将该房产抵押给刘翔,向刘翔借款240万元,用于偿还任景山借款。后在王小双的追偿下,周有文又支付了部分房款,至案发尚有79万元的房款未付。

3. 2010年7月3日,陈巧芳通过中介与被害人张丽萍达成协议,约定以253万元的总价购买张丽萍位于南京市白下区苜蓿园大街69号16幢501室的房产。同年7月15日,双方签订了存量房买卖合同。在支付了78万元的购房首付款后,该房产被过户到陈巧芳名下,陈巧芳遂用该房产向黄文辉抵押借款200万元。因未能偿还黄文辉的借款,该房产被过户到黄文辉名下,黄又将该房产出售给王强。至案发张丽萍尚有售房款175万元未能收回。

(其他四起犯罪事实略)

南京市中级人民法院认为,被告人周有文、陈巧芳以非法占有为目的,在签订、履行合同过程中,骗取卖房人财物,数额特别巨大,其行为均构成合同诈骗罪。

据此,依照《中华人民共和国刑法》第二百二十四条第(三)项、第二十五条第一款、第五十三条、第六十四条之规定,以合同诈骗罪判处被告人周有文有期徒刑十五年,并处罚金人民币一百五十万元;判处被告人陈巧芳有期徒刑十二年,并处罚金人民币五十万元;已扣押在案的赃款发还被害人即卖房人;责令被告人周有文、陈巧芳继续退赔违法所得。

一审宣判后,被告人周有文、陈巧芳均未提出上诉,检察机关亦未提起抗诉,该判决已发生法律效力。

二、裁判要旨

No. 3-8-224-24　支付预付款获得他人房产过户后抵押给第三人获得借款的行为,应当以最初的卖房人为合同诈骗罪的被害人。

表面上看,原房主和抵押权人都是欺骗对象,也都遭受了经济损失:首先,从欺骗对象角度看,被告人存在“两头骗”的行为,即先是骗了原房主,被告人并非真实想买房;之后又骗了抵押权人,被告人隐瞒了其对房屋的处分权是通过欺骗原房主得来的这一事实。其次,从经济损失角度看,原房主只收到房屋首付款,余款未能收回,抵押权人出借的巨额资金被被告人挥霍,至案发也未能收回。然而,从被告人的行为模式及案件最终处理结果分析,笔者认为,本案中作为合同诈骗犯罪的被害人只能认定为原房主,抵押权人不是被害人。

诈骗犯罪的既遂,是以犯罪是否得逞为认定标准的,即被害人失去对财物的控制或者行为人控制了财物,但在适用这一标准时仍应根据所诈骗财物的形态、被害人的占有状态等进行判断。本案中,被告人的最终目的是用房产抵押套现以满足其个人需求。为实现该目的,被告人的行为包括了两个环节:第一个环节是选择卖房人,再想办法将卖房人的房产转变为其自己可以支配的状态;第二个环节是用其已经可以支配的房产抵押向他人借款,以实现其挥霍的目的。在被告人实现其最终目的的一系列行为中,有"骗"的成分,也有真实的部分。"骗"的行为集中在第一个环节,即找好傀儡人物冒充买房人,通过房产中介找到卖房人,假装要买房,让卖房人相信确实有人想从事二手房交易直至配合被告人完成所有的产权过户手续。至此,该房产已实际处于被告人的控制之下,卖房人既失去了房屋的产权又面临无法拿回剩余房款的被侵害状态,至此被告人的诈骗犯罪已经既遂。在第二个环节中,被告人已实际控制的房产只是其后续行为的工具,用房产抵押借款则是其真实意思表示,其没有再实施"骗"的行为,签订借款协议和抵押合同、办理抵押登记手续都是在按程序进行,抵押权人出借钱款则是基于有真实的房子并办理抵押登记手续的前提,被告人的借钱和抵押权人的出借行为均是双方真实意思表示。若把被告人最终用房产抵押套现作为犯罪行为结束的节点,就难免会把被害人确定为抵押权人。

本案中,抵押权人并不是合同诈骗罪的被害人。成立诈骗犯罪要求被害人陷入错误认识之后作出财产处分,在欺诈行为与处分财产之间,必须介入被害人的错误认识。如果被害人不是因欺诈行为产生错误认识而处分财产,就不成立诈骗犯罪。本案中,抵押权人出借钱款是因为双方在房产交易中心办理了真实的房屋抵押担保,正因如此,抵押权人并未过多了解被告人借款的真实目的和实际用途,被告人将来还不还钱或者能不能还钱并非是抵押权人决定出借与否的主要原因。据此可以认为,抵押权人出借钱款并不是基于错误认识而作出的处分,而是其实现个人利益(收取利息)的民事行为。诈骗犯罪中,欺诈行为使被害人处分财产后行为人便获得财产,从而使被害人的财产受到损害,即被告人控制财产意味着被害人丧失财产,两者基本具有同时性。本案中,被告人与抵押权人之间的借款合同是主合同,抵押合同是从合同。如前所述,借款合同是有效的,抵押合同自然也有效,抵押权人在收不回借款时可以实现其抵押权以维护其权利。因此,被告人对借款的控制并不意味着抵押权人对该借款的损失。相反,在房产登记过户后,被告人即控制了原房主的房产,原房主只拿到首付款而无法再拿到剩余房款的受损状态也同时形成。因此,被告人的行为看似"两头骗",但真正受骗的只有原房主。

善意的抵押权人应当受到法律保护。只要抵押权人在抵押物上设置抵押权时不存在故意损害他人利益,出借款项与抵押物价值相当,且已办理抵押登记手续,即可认定抵押权人是善意的,该抵押权应当受到法律保护。本案中,目前尚无证据证实抵押权人与被告人之前有串通行为,抵押权人掏出的是与抵押房产价值相当的"真金白银",且已办理了抵押登记手续,应当认定为善意的物权人。此外,最高人民法院、最高人民检察院于 2011 年 3 月联合出台的《关于办理诈骗刑事案件具体应用法律若干问题的解释》第十条第二款明确规定:"他人善意取得诈骗财物的,不予追缴。"可见,无论从民事相关制度还是刑事司法解释考虑,本案抵押权人的善意抵押行为应当受到法律保护。

从司法处理的角度,涉案房产在先清偿抵押权人的债务后多余的价值才能作为被告人的财产用于弥补被害人损失。因此,对于被告人可供执行的财产,抵押权人的抵押权实现优先于司法机关的追赃。若将抵押权人与原房主同等视为被害人,将可能出现两种情形:一是在被告人财产足够支付的情况下,司法机关对被告人借得的资金进行追缴并发还抵押权人;二是在被告人财产不足以同时支付的情况下,司法机关将按照原房主和抵押权人损失的比例发还。第一种情形导致的结果将是司法机关对民事法律行为的干涉,导致担保物权形同虚设;第二种情形则缺乏法律依据,按照相关司法解释规定,按比例发还适用于诈骗财物权属及其孳息不明确的时候。本案中,被告人与抵押权人设立抵押权时持的是已过户后的新证,在当时原房主尚未报案、房产也尚未涉讼之时应当认定为权属明确,让抵押权人与原房主共担损失是司法机关变相地侵害抵押权人利益的体现,将导致担保物权作为从属权利性质的丧失。

案例:王立强合同诈骗案

案例来源:《刑事审判参考》总第 97 集[第 961 号]

主题词:合同诈骗罪 一房二卖 非法占有目的的认定

一、基本案情

被告人王立强,男,1969 年 8 月 15 日出生。2010 年 5 月 29 日因涉嫌犯合同诈骗罪被逮捕。

山东省济南市天桥区人民检察院指控,济南大有升房地产开发有限公司(以下简称"大有升公司")成立于 1998 年,2003 年更名为济南普天大有房地产开发有限责任公司(以下简称"普天大有公司")。被告人王立强在普天大有公司任职并实际控制该公司期间,在公司资不抵债的情况下,隐瞒真相,于 2007 年 8 月至 2008 年 8 月间,自己或者指使公司其他工作人员以公司名义与客户签订商品房买卖合同,将已经出售的天旺浅水湾项目 4 套房屋再次出售,骗取被害人郭某等 4 客户的购房款共计人民币(以下币种同)155 万元,用于支付公司诉讼费、房租、职工工资、偿还债务等。济南市天桥区人民检察院以被告人王立强犯合同诈骗罪,向天桥区人民法院提起公诉。

济南市天桥区人民法院经公开审理认为,公诉机关的指控成立,以被告人王立强犯合同诈骗罪,判处有期徒刑十三年,并处罚金五十万元。

宣判后,被告人王立强不服,提出上诉。济南市中级人民法院经审理认为,原审法院认定王立强犯合同诈骗罪的事实不清,证据不足,遂裁定撤销原判,发回重审。

济南市天桥区人民法院经重新审理,宣判被告人王立强无罪。

宣判后,济南市天桥区人民检察院以被告人王立强"一房二卖"的行为构成合同诈骗罪,天桥区人民法院认定王立强无罪错误为由提出抗诉。

济南市人民检察院支持抗诉,被告人王立强未提出上诉。

被告人王立强及其辩护人基于以下理由提请法庭维持原判:一是唐某购买其公司开发的 3 套房屋,因逾期交房不到一年即被法院判令其公司承担与唐某预付房款人民币(以下币种同)2022628 元等值的巨额违约金,其公司是在 500 万元银行资金被冻结的情况下,无奈与唐某达成总额仍为 290 万元的和解协议,并在唐某的进一步胁迫下,同时签订了以其公司开发的另外 4 套房屋抵顶 200 万元违约金的协议。所谓的和解协议显失公平,济南市中级人民法院已经将该违约金纠纷案以违约金过高为由发回重审。如果其公司未受到胁迫,显然是不会再与唐某达成上述和解协议的。其公司与唐某之间不是真正的房屋买卖关系,且给唐保留的 1 套房屋价值已经足够赔偿其合法应得的违约金,因此,其公司对唐某不属于诈骗。同时,其公司是在给唐某保留了 1 套房屋作为对其违约金赔偿的前提下,将另外 3 套房屋出售给本案 3 名购房人,完全合法合理,其公司的真实意愿就是将 3 套房屋出售给 3 名购房人,由此也显然不构成诈骗。二是其公司将济南天岳实业有限公司(以下简称"天岳公司")党委书记李某购买的房屋另行出售,是在公司已经决定将天岳公司经理温某无偿占有的该公司 4 套房屋中的 1 套调整给李某的前提下进行的,对前后购房人均有房源保障,因此均不构成诈骗。三是公司进行股权、资产转让时,已经与相关公司就其公司债务承担达成协议,其没有故意隐瞒公司债务。四是公诉机关指控的是单位行为,但没有起诉单位犯罪,于法无据。

济南市中级人民法院经公开审理查明:

大有升公司于 1998 年 2 月成立,2003 年 5 月更名为普天大有公司,被告人王立强自 2003 年 5 月至 2009 年 4 月负责该公司全面工作,系该公司实际控制人。

2000 年 4 月至 2001 年 1 月,唐某先后购买大有升公司开发的一期天旺嘉园小区房屋 3

套,房价总计 262.8 万元,唐某预付购房款 2022628 元,约定其中 1 套于 2001 年 6 月 30 日交房,另 2 套于 2001 年 10 月 30 日交房,大有升公司承诺逾期交房每月按已付房款的 20%或者每日按已付房款的 1%给付违约金。后大有升公司未能如期交房,2002 年 3 月、8 月,唐某向济南市天桥区人民法院分别提起民事诉讼,请求判令被告大有升公司支付逾期交房违约赔偿金共计 2022628 元。同年 7 月,大有升公司的 500 万元资金被济南市天桥区人民法院冻结。2003 年 5 月 18 日,济南市天桥区人民法院判决大有升公司支付唐某上述 3 套房屋逾期交房违约金共计 2022628 元。大有升公司不服提出上诉,济南市中级人民法院经审理认为一审判决支付的违约金数额过高,以事实不清、适用法律不当为由,裁定撤销原判,发回重审。在该案民事重审期间,2005 年 1 月 9 日,普天大有公司与唐某同时签订了普天大有公司赔偿唐某 200 万元逾期交房违约金协议和唐某用天桥区人民法院过付的 200 万元作为购房款购买普天大有公司开发的二期天旺浅水湾 4 套房屋协议。同年 1 月 12 日,天桥区人民法院出具了普天大有公司赔偿唐某 200 万元违约金的民事调解书。唐某将法院划拨的 200 万元汇至普天大有公司的账户用作上述二期天旺浅水湾 4 套房屋的购房款。

2000 年起,天岳公司将其名下的土地转让给大有升公司开发房地产,大有升公司一直拖欠天岳公司的土地转让款。2005 年年初,天岳公司经理温某无偿占有了普天大有公司开发的一、二期房屋各 2 套。2005 年 11 月,普天大有公司与天岳公司党委书记李某商定,由李某偿还普天大有公司在银行的一笔贷款的余款 83249.56 元,普天大有公司将其开发的二期天旺浅水湾房屋 1 套抵偿给李某,双方为此签订了购房合同,此后,李某按月向银行偿还贷款冲抵购房款。2006 年年底,普天大有公司内部商定,将李某购买的上述房屋卖掉,将温某无偿占有的二期房屋中的 1 套调整给李某,但此事未告知李某、温某。

普天大有公司在经营中,因与承建商发生纠纷,以致未能如约交房,导致业主、承建商、贷款银行等纷纷起诉。自 2005 年 12 月起,普天大有公司连年出现巨额亏损。2007 年 8 月至 2008 年 8 月,王立强自己或者指使公司其他工作人员以公司名义与客户签订商品房买卖合同,将上述已经出售给唐某、李某的二期天旺浅水湾 4 套房屋再次出售,并将收取的郭某等 4 购房户的购房款共计 155 万元,用于支付公司债务、诉讼费、职工工资、电费等。

2008 年 9 月,王立强代表普天大有公司与福州圣满房地产开发有限公司(以下简称"圣满公司")签订协议,普天大有公司将公司股权及土地等资产转让给圣满公司,并约定了圣满公司应当承担的普天大有公司债务总额。2009 年 4 月,普天大有公司原股东将股权转让给圣满公司的谢某、范某二人。同年 5 月,该公司法定代表人变更为谢某。2010 年 2 月,普天犬有公司更名为济南鑫泽房地产开发有限公司,同年 4 月又更名为大有升公司。

济南市中级人民法院认为,普天大有公司与唐某虽然在形式上签订了天旺浅水湾 4 套房屋销售合同,但实际上是以 4 套房屋抵顶数额过高的双方之间另 3 套房屋买卖的逾期交房违约金,违约金纠纷是双方签订该 4 套房屋销售合同的事实基础。此后,该公司在为唐某保留了其中 1 套房屋的前提下,将其余 3 套房屋转卖,系事出有因。先期违约金纠纷的存在对于评价行为人转售房屋主观上是否具有非法占有他人财物目的具有影响。该公司将已经出售给李某的 1 套房屋再出售给他人,是在已经作出将天岳公司经理温某无偿占有的普天大有公司房屋中的 1 套调整给李某的决定之后进行的。4 套房屋当时均在开发建设之中,均有房源保障。普天大有公司将收取的 4 购房人的购房款用于支付电费、员工工资及诉讼费等公司运营必不可少的费用,也表明其有继续经营的意愿和行为。综合上述事实,王立强及其辩护人提出的普天大有公司具有将 4 套房屋交付后手 4 购房人的真实意思表示的辩解、辩护意见与客观事实相符,不能认定该公司具有非法占有后手购房人购房款的主观目的。就普天大有公司与前手购房人唐某、李某二人的关系而言,不能仅因该公司在没有事先告知二人的情况下将二人所购房屋转卖即认定其具有非法占有二人财物的目的,房屋转售有无事先告知与双方可能引发民事纠纷具有因果关系,而与认定该公司具有非法占有二人财物的目的并不具有必然的因果关系。普天大有公司和圣满公司在实施股权及土地转让时,双方约定的圣满公司为普天大有公司承担的债务是一个总数,没有列明究竟包括哪些债务,如果因本案“一房二卖”而产生了相关债务,也完全可以视为上述债务总额内的一部分,并与其他债务一并平等获得清偿,将因“一房二卖”所可能产生的债务视为约定承担债务之外的超出部分没有事实依据。退一步讲,即使认定该部分债务属于超出部分,也不能仅因客观上存在债务超出即认定普天大有公司故意隐瞒了该部分债务,没有证据证明其故意实施了隐瞒行为。在普天大有公司与圣满公司已经约定由圣满公司承担清偿巨额债务的义务,事实上圣满公司也已经清偿了数千万元债务的情况下,如果仅因涉及本案“一房二卖”的相关债务没有清偿即认定王立强的行为构成诈骗,而已经清偿的债务却不构成诈骗,显然属于客观归罪;不符合主客观相统一的认定犯罪的基本原理。本案涉及的“一房二卖”的行为属于民事法律规范调整的范围,原审判决王立强无罪适用法律准确,抗诉机关及二审出庭的检察员提出的抗诉理由和出庭意见不能成立,不予采纳。据此,依照《中华人民共和国刑事诉讼法》第二百二十五条第一款第(一)项之规定,济南市中级人民法院裁定驳回抗诉,维持原判。

二、裁判要旨

No. 3-8-224-25 “一房二卖”的案件中,行为人将售房款用于继续经营而未用于个人挥霍占有的,应当否定非法占有目的,不成立合同诈骗罪。

普天大有公司不具有刑法上非法占有唐某财物的目的。普天大有公司为唐某保留其中 1 套房屋而将其余 3 套房屋转卖,系因为其认为唐某所主张的违约金赔偿数额过高、和解协议显示公平。这种显失公平是诱发普天大有公司“一房二卖”的主要因素之一。对于这种自认为本属于自己财产,而因为不合理因素转变为他人财产,此后使用不正当手段取回的行为,要区别于一般的非法占有行为,对此类行为应进行非法占有目的的认定,不能仅从形式上侵犯了法益而一律入罪,刑法应当保留必要的克制,体现其附属性、谦抑性。这一理论和做法也已得到司法实践和相关司法解释的认同。如最高人民法院 2005 年印发的《关于审理抢劫、抢夺刑事案件适用法律若干问题的意见》第七条规定:“抢劫赌资、犯罪所得的赃款赃物的,以抢劫罪定罪,但行为人仅以其所输赌资或所赢赌债为抢劫对象,一般不以抢劫罪定罪处罚。构成其他犯罪的,依照刑法的相关规定处罚。”根据这一规定,对于赌徒之间相互以赌资、赌债为抢劫对象的,不以抢劫罪定罪,主要考虑到这类行为“事出有因”,行为人认为其所抢的是本属于其本人的财物。而从一般公众角度来看,被抢方也不应获得涉案财物的所有权。本案中,普天大有公司并没有将唐某用该公司支付的 200 万元违约金购买的 4 套房屋全部转卖他人,而是为唐某保留了 1 套,正是表明其主观上具有这样的意识:唐某应该得到的经济赔偿部分我不动,不合理的、对我显失公平的、本就属于我的财产,我至少要短暂地行使使用权(在案证据不能证实普天大有公司具有拒不支付的故意)。这样的一种主观心态显然不能等同于一般侵犯财产犯罪中的非法占有他人财物的目的。此外,普天大有公司在为唐某保留了 1 套房屋的前提下,将另外 3 套房屋转卖,还有公司当时面临经营困境,急需资金的原因。普天大有公司这样做,是为了短时间内获取资金,是形势所趋。在其理念中,公司只要维持正常经营,其完全可以通过其他形式偿付唐某的债务,如再通过民事诉讼等方式,确定合同履行的方式以及违约金损失的赔偿等。可见,本案中普天大有公司非法占有的目的并不明显。

普天大有公司不具有非法占有二手购房者财物的目的。普天大有公司将上述唐某用显失公平的违约金作为购房款购买的其公司 4 套房屋中的 3 套转卖他人,其主观上具有将 3 套房屋交付二手购房者的真实意思表示。一般的“一房二卖”行为人,在签订二卖合同时,不具有向二手购房人交房的真实意思。而本案普天大有公司“一房二卖”的行为主要针对的是唐某主张违约金过高的行为,即一手购房人。在其看来,转卖的 3 套房屋在二卖合同签订时均在开发建设过程中,在公司维持正常运转的情况下,其可以顺利交房,即如一手购房人主张权利,影响其将转卖房交到二手购房人手里,其也可以通过房源调剂解决此问题。因此,可以基本认定普天大有公司对二手购房者具有交房的真实意思,普天大有公司转卖 3 套房是为了解决资金困难,而不是出于非法占有财物的目的。

普天大有公司与后手再次签订房屋销售合同后,并没有将购房者支付的购房款挥霍,或是用于高风险经营以及其他不当、非法用途,而是用于公司经营和清偿所负债务,这恰恰表明其有继续正常经营的意愿和行为。后被告人王立强将公司股权、土地等转让他人,并与受让方签订了协议,约定了公司股权、土地转让及公司债务承担等内容,双方虽然未就上述一房二卖购房合同今后如何实际履行作出明确安排,但这属于公司变更过程中的未明确事项,不能据此推定王立强此时产生了非法占有他人财物的故意。具体理由如下:

一是王立强在公司变更时并没有实施转移、隐匿公司资产的行为,至于"一房二卖"可能产生的债务当时未予以明确的原因,主要在于公司股权、资产转让、受让双方对于债务承担仅作了概括的总额约定。

二是在公司变更之际,王立强作为转让方与受让方就公司债务作了充分的约定,使包括本案一房二卖所可能产生的债务有了清偿保障。

三是本案没有证据证明涉案房屋的实际归属状态如何,也没有证据证明后手购房人如果没有获得房屋,有没有获得相应的赔偿,即本案侦查机关未就普天大有公司一房二卖是否已经给他人造成经济损失调取任何证据。这些关键证据的缺失,也是本案难以认定行为人主观上具有非法占有目的的原因之一。

在我国法律体系中,刑法是其他部门法的保障法,没有刑法作后盾、作保障,其他部门法往往难以得到彻底贯彻实施。这一定位同时表明,只有当一般部门法不能充分保护某种法益时,才由刑法保护。这就是刑法理论所主张的刑法的附属性、谦抑性。在经济交往中,在不损害公共利益、集体利益或者第三人利益的前提下,应当尽可能遵循当事人意思自治原则,保留由当事人自己处理、解决纠纷的最大空间,刑法应尽可能保持其谦抑性。

就本案而言,普天大有公司签订"一房二卖"有关合同时确实存在特殊原因,在尚未履行合同约定的交房义务时,发生了股权、资产转让等公司变更事项,公司变更相关主体对公司债务如何承担也已作了相关的约定,故认定被告人王立强具有非法占有他人财物的目的的事实难以成立,不符合合同诈骗罪的构成特征。一、二审法院认定无罪是正确的。

案例:王新明合同诈骗案

案例来源:《刑事审判参考》总第100集[第1020号];最高人民法院2016年6月30日第13批指导性案例第62号

主题词:合同诈骗罪 既未遂并存时的数额计算

一、基本案情

被告人王新明,男,1961年9月6日出生,无业。1988年10月因犯盗窃罪,被判处有期徒刑二年。2013年5月3日因涉嫌犯合同诈骗罪被逮捕。

北京市石景山区人民检察院以被告人王新明犯合同诈骗罪,向石景山区人民法院提起公诉,同时石景山区人民检察院提出,王新明部分犯罪行为因意志之外的原因未得逞,系犯罪未遂,可以比照既遂犯从轻或者减轻处罚。

北京市石景山区人民法院经公开审理查明:2012年7月29日,被告人王新明通过使用伪造的户口簿、身份证,冒充房主王叶芳(被告人之父)身份的方式,在石景山区链家房地产经纪有限公司古城公园店,以出售石景山区古城路28号楼44号房屋为由,与被害人徐菁签订房屋买卖合同,约定购房款为人民币(以下币种同)100万元,并当场收取徐菁定金1万元。同年8月12日,王新明又收取徐菁支付的购房首付款29万元,并约定余款过户后给付。后双方在办理房产过户手续时,王新明虚假身份被石景山区住建委工作人员发现,余款未取得。2013年4月23日,王新明被公安机关查获。次日,王新明亲属将赃款退还徐菁,徐菁对王新明表示谅解。

石景山区人民法院认为,被告人王新明以非法占有为目的,冒用他人名义签订合同,骗取对方当事人钱款,数额巨大,其行为构成合同诈骗罪,依法应予惩处。鉴于王新明到案后如实供述犯罪事实,且在亲属的帮助下退赔了全部赃款,取得了被害人的谅解,依法可以对其从轻处罚。公诉机关指控王新明犯合同诈骗罪的事实清楚,证据确实、充分,指控的罪名成立,但认为王新明合同诈骗数额特别巨大且系犯罪未遂的法律适用有误,予以更正。据此,依照《中华人民共和国刑法》第二百二十四条第(一)项、第六十七条第三款、第五十二条、第五十三条、第六十一条之规定,石景山区人民法院以被告人王新明犯合同诈骗罪,判处有期徒刑六年,并处罚金人民币六千元。

一审宣判后,北京市石景山区人民检察院提出抗诉。抗诉意见为:王新明的犯罪数额应当为100万元,属于数额特别巨大(即应当以犯罪总数额100万元确定全案适用的法定刑幅度,在十年有期徒刑、无期徒刑法定刑幅度内量刑——编者注),而原判未评价70万元未遂的事实,仅依据既遂的30万元认定王新明犯罪数额巨大,系适用法律错误。北京市人民检察院第一分院支持上述抗诉意见。

上诉人王新明以原判量刑过重为由提出上诉。北京市第一中级人民法院审理过程中,王新明申请撤回上诉。

北京市第一中级人民法院经公开审理认为,上诉人王新明以非法占有为目的,冒用他人名义签订合同,其行为构成合同诈骗罪,依法应予惩处。一审法院认定的事实清楚,证据确实、充分,定罪准确,审判程序合法,但未评价未遂70万元的犯罪事实不当,予以纠正。根据刑法及相关司法解释关于诈骗犯罪处罚原则的有关规定,考虑王新明合同诈骗既遂30万元,未遂70万元(但可以对该部分减轻处罚),且到案后如实供述犯罪事实,退赔全部赃款取得被害人谅解等因素,原判对其量刑在法定刑幅度之内,且抗诉机关亦未对量刑提出异议,故应予维持。石景山区人民检察院的抗诉意见以及北京市人民检察院第一分院的支持抗诉意见,酌情予以采纳。王新明撤回上诉的申请符合法律规定,依法准许。据此,北京市第一中级人民法院裁定准许上诉人王新明撤回上诉,维持原判。

二、裁判要旨

No.3-8-224-26　行为既遂、未遂并存且分别达到入罪标准时,应先根据《刑法》第二十三条第二款的规定比照既遂犯的法定刑幅度确定未遂部分的法定刑幅度,然后与既遂部分对应的法定刑幅度进行比较后从一重处断。在根据既遂数额确定法定刑时,未遂部分的数额应当作为"其他影响犯罪构成的犯罪数额、犯罪次数、犯罪后果等犯罪事实"适当增加刑罚量。

最高人民法院、最高人民检察院于2011年3月联合出台的《关于办理诈骗刑事案件具体应用法律若干问题的解释》第六条规定:"诈骗既有既遂,又有未遂,分别达到不同量刑幅度的,依照处罚较重的规定处罚;达到同一量刑幅度的,以诈骗罪既遂处罚。"根据该规定,对于诈骗既遂、未遂并存且均单独构罪的,在确定全案适用的法定刑幅度之前,应当就既遂部分与未遂部分分别对应的法定刑幅度进行比较,也就是说,首先需要确定既遂部分与未遂部分分别对应的法定刑幅度。《刑法》第二十三条第二款具有双重功能:在全案认定未遂的情况下,该规定的具体适用体现为未遂情节对基准刑的调节功能;在全案认定既遂但未遂部分单独构罪的情况下,该规定的具体适用体现为在确定未遂部分法定刑幅度过程中对对应既遂犯法定刑幅度的调节功能。

在既未遂并存且未遂部分对应的法定刑幅度重于既遂部分对应的法定刑幅度的情况下,比较难处理的是如何确定未遂部分对应的法定刑幅度。尽管《关于办理诈骗刑事案件具体应用法律若干问题的解释》第六条规定了既未遂并存时,以分别对应的法定刑幅度择一重的处理原则,但并没有明确如何确定未遂部分对应的法定刑幅度,以及能否对未遂部分减轻处罚、如何减轻处罚等具体问题。笔者认为,未遂部分的未遂情节应当仅适用于未遂部分,不能适用于整个犯罪。应当根据未遂情节决定对未遂部分是否减轻处罚后,即先确定未遂部分对应的法定刑幅度,再与既遂部分进行比较。

最高人民法院《关于常见犯罪的量刑指导意见》将量刑过程分为三个不同阶段:"(1)根据基本犯罪构成事实在相应的法定刑幅度内确定量刑起点;(2)根据其他影响犯罪构成的犯罪数

额、犯罪次数、犯罪后果等犯罪事实,在量刑起点的基础上增加刑罚量确定基准刑;(3)根据量刑情节调节基准刑,并综合考虑全案情况,依法确定宣告刑。”对于以既遂部分犯罪事实作为基本犯罪构成事实确定量刑起点的,未遂部分犯罪事实作为“其他影响犯罪构成的犯罪数额、犯罪次数、犯罪后果等犯罪事实”,在根据既遂部分犯罪事实确定的量刑起点的基础上增加刑罚量进而确定基准刑,也就是说,在此过程中,未遂部分犯罪事实连同该部分的未遂情节是作为增加刑罚量的因素即量刑中的从重因素得以体现的,这与将未遂情节作为全案适用的量刑情节进行从宽处罚是截然不同的。对于以未遂部分犯罪事实作为基本犯罪构成事实确定量刑起点的,未遂部分的未遂情节是在量刑的第一阶段即确定量刑起点阶段进行评价的,由于这里不涉及既遂部分犯罪事实,对未遂部分未遂情节的评价仅仅局限于未遂部分犯罪事实范围内,在该阶段对未遂部分未遂情节的评价类似于全案未遂中对未遂情节的评价。因此,无论是否根据未遂部分的未遂情节对确定全案适用的法定刑幅度进行减轻处理,未遂部分的未遂情节在该阶段体现的都是对未遂部分犯罪事实的从宽处罚。

本案中,被告人王新明合同诈骗未遂部分 70 万元,对应法定刑幅度为十年有期徒刑以上刑罚,结合本案的具体情况,应当对该未遂部分减轻处罚,所以确定的未遂部分法定刑幅度应当为三年以上十年以下有期徒刑,与合同诈骗既遂部分 30 万元所对应的法定刑幅度一致。依照《关于办理诈骗刑事案件具体应用法律若干问题的解释》第六条的规定,以合同诈骗罪既遂 30 万元的犯罪事实作为基本犯罪构成事实,确定全案适用的法定刑幅度,并确定量刑起点。将未遂部分 70 万元作为“其他影响犯罪构成的犯罪数额、犯罪次数、犯罪后果等犯罪事实”,确定适当的刑罚增加量,进而在量刑起点的基础上确定基准刑,未遂部分的未遂情节作为未遂部分犯罪事实的一部分,作为量刑过程中的从重因素得以体现。

案例:陈景雷等合同诈骗案

案例来源:《刑事审判参考》总第 102 集[第 1056 号];《人民法院案例选》2016 年第 6 辑

主题词:合同诈骗罪　骗取国家农机购置补贴款的行为定性

一、基本案情

被告人陈景雷,男,1982 年 6 月 2 日出生,个体经营户。2012 年 8 月 28 日因涉嫌犯诈骗罪被逮捕。

被告人胡党根,男,1974 年 7 月 4 日出生,新余市农丰农机合作社法人代表。2012 年 8 月 16 因涉嫌犯诈骗罪被取保候审。

被告人彭小云,男,1973 年 9 月 15 日出生,个体经营户。2012 年 8 月 3 日因涉嫌犯诈骗罪被取保候审。

江西省新余市渝水区人民检察院以被告人陈景雷、胡党根、彭小云犯合同诈骗罪,向新余市渝水区人民法院提起公诉。

新余市渝水区人民法院经公开审理查明:

2010 年 3 月左右的一天,被告人陈景雷找到被告人胡党根,问胡党根是否能买到享受政府补贴的久保田牌插秧机,其加价大量收购,并告知胡党根如何规避检查等。根据规定,购买政府补贴农机的必须是本地农户并且每人限购一台,两年内不得转让。胡党根随即找到本地农户胡文生、李娟、黄且保、蒋春根帮忙,并许诺给每人人民币(以下币种同)500 元好处费。同年 4 月 1 日,胡党根通过胡文生、李娟、黄且保、蒋春根签订补贴协议,以每台 7000 元的价格购买了 4 台久保田牌插秧机(该机市场价每台为 19000 元,政府每台补贴 12000 元)。之后,胡党根以每台 9000 元的价格卖给了被告人陈景雷,陈景雷又以每台 13500 元的价格倒卖至外地。

2010 年 3 月的一天,陈景雷找到被告人彭小云,问彭小云是否能买到享受政府补贴的久保田牌插秧机,其加价大量收购,并告知彭小云如何规避检查等。彭小云随即找到本地农户彭小铁、彭小华、张绍英帮忙。同年 3 月 25 日,彭小云通过彭小铁、彭小华、张绍英签订补贴协议,以每台 7000 元的价格购买了 4 台久保田牌插秧机(其中 1 台是以彭小云自己的名义购买)。之后,彭小云以每台 10500 元的价格卖给了陈景雷,陈景雷又以每台 13500 元的价格倒卖至外地。

2012 年 7 月 26 日和 8 月 3 日,胡党根、彭小云主动到有关部门投案,如实交代了自己伙同陈景雷骗购政府补贴农机的事实。

新余市渝水区人民法院认为,被告人陈景雷、胡党根、彭小云无视国家法律,以非法占有为目的,违反严禁倒卖、空套补贴农机的规定,骗购享有政府补贴的农机进行倒卖,其行为均构成合同诈骗罪。其中陈景雷诈骗的数额为 96000 元,数额巨大;胡党根、彭小云诈骗的数额为 48000 元,数额较大。公诉机关指控陈景雷、胡党根、彭小云的犯罪事实成立,指控的罪名正确,应当予以支持。案发后,胡党根、彭小去能主动到有关部门投案,如实供述犯罪事实,具有自首情节,依法可以从轻处罚,陈景雷归案后,能够如实供述自己的犯罪事实,自愿认罪,依法可以从轻处罚。根据陈景雷、胡党根、彭小云的犯罪事实、犯罪情节及对社会的危害程度,依照《中华人民共和国刑法》第二百二十四条第(一)项,第二十五条第一款,第六十七条第一款、第三款,第七十二条第一款、第三款,第七十三条第二款、第三款,第六十四条之规定,新余市渝水区人民法院判决如下:

1. 被告人陈景雷犯合同诈骗罪,判处有期徒刑三年,并处罚金五万元上缴国库。

2. 被告人胡党根犯合同诈骗罪,判处有期徒刑一年六个月,缓刑二年,并处罚金四万元上缴国库。

3. 被告人彭小云犯合同诈骗罪,判处有期徒刑一年六个月,缓刑二年,并处罚金四万元上缴国库。

一审宣判后,被告人陈景雷不服,向新余市中级人民法院提出上诉。

陈景雷上诉提出:原判定性错误,其行为不构成合同诈骗罪,而应构成非法经营罪;原判量刑过重。

新余市中级人民法院审理查明的事实及证据与一审相同。新余市中级人民法院认为,上诉人陈景雷及原审被告人胡党根、彭小云采取欺骗手段,以符合农机补贴条件的农民名义,与农机主管部门签订购机补贴协议,以低价购得农机具并出售,骗取国家的农机购置补贴款,其行为均构成诈骗罪。其中陈景雷的犯罪金额为 96000 元,数额巨大,应当判处三年以上十年以下有期徒刑,并处罚金;胡党根、彭小云的犯罪金额为 48000 元,数额较大,应当判处三年以下有期徒刑、拘役或者管制,并处或者单处罚金。胡党根、彭小云能主动投案并如实供述犯罪事实,系自首,依法可以从轻或者减轻处罚;陈景雷归案后能如实供述其犯罪事实,系坦白,依法可以从轻处罚。陈景雷所提其构成非法经营罪且原判量刑过重的上诉理由没有事实和法律依据,不予采纳。原判认定的事实清楚,审判程序合法,但定性不准,适用法律错误,应予纠正。据此,依照《中华人民共和国刑事诉讼法》第二百二十五条第一款第(二)项,《中华人民共和国刑法》第二百六十六条,第六十七条第一款、第三款,第七十二条第一款、第三款,第七十三条第二款、第三款,第六十四条之规定,新余市中级人民法院判决如下:

1. 撤销新余市渝水区人民法院(2013)渝刑初字第 00067 号刑事判决。

2. 上诉人陈景雷犯诈骗罪,判处有期徒刑三年,并处罚金五万元。

3. 原审被告人胡党根犯诈骗罪,判处有期徒刑一年六个月,缓刑二年,并处罚金四万元。

4. 原审被告人彭小云犯诈骗罪,判处有期徒刑一年六个月,缓刑二年,并处罚金四万元。

二、裁判要旨

No. 3-8-224-27 农机补贴协议不属于合同诈骗罪中的经济合同,行为人以符合农机补贴条件的名义与农机主观部门签订购机补贴协议,以低价购得农机具并出售骗取农机购置补贴款的行为,不成立合同诈骗罪,应以诈骗罪定罪处罚。

根据《刑法》第二百二十四条的规定,合同诈骗罪的特征是"在签订、履行合同过程中,骗取对方当事人财物"。本案中,三被告人以符合农机补贴条件的农民名义,与农机销售商签订农机购买合同,农机销售商按照农机市场价收取了购机款,可见,农机销售商没有被诈骗。三被告人诈骗的对象不是购买合同一方当事人——农机销售商,也不是另一方当事人——农户,而是国家。有观点据此认为,陈景雷、胡党根、彭小云以符合农机补贴条件的农民名义,与农机主管部门签订购机补贴协议,骗取了国家的农机购置补贴款,构成合同诈骗罪。笔者认为,对合同诈骗中的"合同",应当结合合同诈骗罪侵犯的客体和立法目的予以具体理解和把握。立法者将合同诈骗罪规定在刑法分则第三章"破坏社会主义市场经济秩序罪"的第八节"扰乱市场秩序罪"中,即合同诈骗罪侵犯的法益不仅是他人的财产所有权,而且侵犯了国家合同管理制度,破坏了社会主义市场经济秩序。因此,合同诈骗罪中的"合同"必须能够体现一定的市场秩序,与市场秩序无关以及主要不受市场调整的各种"合同""协议",通常情况下不应视为合同诈骗罪中的"合同"。被告人陈景雷等人以农户名义与农机主管部门签订的购机补贴协议不受市场秩序制约,不属于合同诈骗罪中的"合同"。

案例:吴剑、张加路、刘凯诈骗案

案例来源:《刑事审判参考》总第 114 集[第 1264 号]

主题词:合同诈骗罪　诈骗罪

一、基本案情

被告人吴剑、张加路、刘凯经事先合谋,在无锡市新吴区通过网络指使他人伪造了无锡天宏网络科技有限公司、北京飞龙网络科技有限公司、深圳控股投资有限公司等单位企业法人营业执照和印章,用于实施"网络关键词"诈骗。诈骗过程中,吴剑、张加路、刘凯分别冒充上述公司工作人员,与"网络关键词"持有人取得联系,虚构有买家欲高价收购该"网络关键词"的事实,诱骗其前往谈判,在谈判过程中,继而虚构"网络关键词"资源需要制作网络监测报告、专利证书、国际端口申诉等配套产品才能交易的事实,骗取持有人签订"网络关键词"交易合同,支付有关制作费用。

2015 年 6 月至 10 月间,被告人吴剑、张加路、刘凯时分时合,采用上述手法,先后 5 次骗取李某 1、华某、李某 2 等人的制作费用共计人民币 500800 元。其中,吴剑、张加路参与诈骗 5 次,涉案金额人民币 500800 元;刘凯参与诈骗 4 次,涉案金额人民币 245800 元。

二、裁判要旨

No. 3-8-224-28　合同诈骗罪的成立要求行为人利用合同实施诈骗。行为人与被害人虽订立合同,但被害人并非因虚假合同而陷入认识错误进而处分财物的,不成立合同诈骗,仅成立诈骗罪。

在司法实践中,区分诈骗和合同诈骗还应当注意:第一,不能简单以有无合同为标准来区分合同诈骗罪与诈骗罪。合同诈骗罪的"合同"是指被行为人利用,以骗取他人财物、扰乱市场秩序的合同。它是刑法意义上的合同,是以财产为内容的、体现了合同当事人之间财产关系的财产合同。因此,有关身份关系的合同、行政合同以及不能反映为经济活动的赠与合同、代理合同等,一般不能认定为合同诈骗罪中的"合同"。第二,合同诈骗罪的本质是被害人基于合同陷入错误认识而交付财物。所谓"利用合同",是指通过合同的虚假签订、履行使得相对方陷入错误认识,从而交付财物,实现其非法占有目的。换言之,该合同的签订、履行行为是导致被害人陷入认识错误而作出财产处理的主要原因。利用合同即是其诈骗行为的关键。而对那些即使行为人也采用了合同的形式,但是被害人之所以陷入错误认识并非主要基于合同的签订、履行,而是合同以外的因素使其陷入了错误认识而交付财物的,应认定为诈骗罪。

在本案中,涉及两个行为内容,第一个行为是被告人与被害人签订关键词收购合同,第二个行为是被告人要求被害人完善关键词,并提出很多完善的项目,包括制作关键词检测报告、申请专利、注册国际端口、制作 B2B 证书等,继而被告人再冒充第三方技术服务公司的人员诱使被害人交付有关制作费用,被害人被骗取的正是后者所谓完善关键词的费用。从收购关键词合同的内容来看,并不包括帮助被害人完善关键词并收取费用的内容,即签订收购合同与诱骗完善关键词是两个相对独立的行为,不存在包容关系。本案被告人的犯罪手法多样,通过签订收购合同——诱骗完善关键词——收取所谓的完善关键词制作费用,进而达到骗取财物的目的。可见,签订收购合同只是一个诱饵,被害人并非基于该收购合同交付费用(相反,基于收购合同,应该是被告人向被害人支付收购费),而是基于后续的完善包装关键词的环节,相应地支付了相关费用。因此,从整体评价的角度来看,被告人的多种犯罪手法互相配合,前面的行为都是犯罪过程的环节之一,最终目的就是骗取制作完善关键词的费用。换言之,被告人骗取财物的核心手段就是诱骗被害人完善关键词,而这个手段并不是基于合同,因此本案不符合合同诈骗罪的本质特征,而是被告人的其他欺骗行为,使被害人产生"需要完善关键词"的错误认识而交付财产,故而应认定为诈骗罪。

案例:王喆合同诈骗案

案例来源:《人民法院案例选》2016年第2辑

主题词:合同诈骗罪 非法占有目的

一、基本案情

天津市滨海新区人民检察院指控称:2012年8月9日,被告人王喆利用担任天津保税区天兴货运服务有限公司总经理助理的便利,冒用公司名义,以该公司在天津港汇盛码头有限公司的入库合同协议书中的货物和一张天津市正然劳务服务公司的2012年11月9日到期金额为280万元的中国银行转账支票做抵押,后与被害人李昆泽签订了借款合同,约定借款金额为280万元,借款用途为购买运输车辆。合同签订后被害人李昆泽按照约定将252万元人民币汇入被告人王喆指定的广发银行账户中,被告人王喆在收到款项后未按照约定购买运输车辆,而是将借款用于偿还前期债务以及个人挥霍后逃匿。2013年5月27日,被告人王喆在辽宁省鞍山市铁东区青年街亮帅天朗游戏厅内被抓获。

被告人王喆对公诉机关指控的事实及罪名均不认可,认为自己主观上没有非法占有的目的,客观上没有冒用公司名义骗取财物,被害人对其公司性质有了解,没有形成错误认识,其在借款后也没有挥霍财物和逃匿等行为,且偿还了部分债务,其行为不构成犯罪。

被告人王喆的辩护人提出的辩护意见是:(1)王喆向李昆泽的借款数额为252万元,王喆实际借得的252万元中,包含为刘柱借款50万元,这部分数额不应当计算在王喆借款数额之内;(2)王喆在签订履行借款合同过程中不具有非法占有目的且具有还款行为,被告人王喆提供的协议书并没有使被害人陷入错误认识,三份入库协议书及支票是李昆泽要求王喆提供,而非王喆主动提供的,本案的性质应为民间借贷纠纷。

法院经审理查明:被告人王喆自2011年3月起担任天津港保税区天兴货运服务有限公司总经理助理一职,负责公司的业务工作,并负责保管天津港保税区天兴货运服务有限公司业务专用章,该业务章仅针对公司内部使用,无对外签订协议合同的效力。2012年8月9日,被告人王喆通过中间人刘柱向被害人李昆泽借款,并与被害人李昆泽签订借款合同,合同载明借款人为天津港保税区天兴货运服务有限公司王喆,并约定以天津港保税区天兴货运服务有限公司与天津港汇盛码头有限公司的入库合同协议书中的货物为抵押,向李昆泽借款280万元,用于购买运输车辆,同时约定于2012年11月8日一次性归还上述借款。王喆将其保管的三份天津港保税区天兴货运服务有限公司与天津港汇盛码头有限公司入库合同协议书质押给李昆泽,且在借款合同上加盖了天津港保税区天兴货运服务有限公司业务专用章。另外,王喆还质押给李昆泽一张未填写出票日期、大写金额、收款人及行号的中国银行支票,并手写一份说明,保证该支票到支付日期时银行无条件付款,因支票产生的一切法律责任由王喆个人承担。2012年8月10日,被害人李昆泽用其朋友聂玉军招商银行6212862601586666银行卡向王喆提供的广东发展银行天津滨海支行户名为王胜利的广发银行账号汇款252万元人民币。被告人王喆在收到款项后,于当日向刘柱妻子宗美娜账户转入51.1万元,向李伟账户转入4万元,向赵洋账户转入30万元,向吴岳账户转入10万元,向徐丽平账户转入5万元,8月13日向李伟账户转入43.2万元,向于蓉账户转入7万元,其余款项均被提现或POS消费,未按照约定购买运输车辆。2012年11月,王喆向马志辉银行账户汇入30万元。2012年12月9日至11日,被告人王喆的父母代替王喆向张东东还款95.2万元。2012年12月18日,被害人李昆泽向公安机关报案,公安机关于12月19日立案侦查。

2013年1月5日,被害人李昆泽就同一事实向本院塘沽审判区提起(2013)滨塘民初字第273号民事诉讼,将王喆及天津港保税区天兴货运服务有限公司列为共同被告,同时申请诉前保全被告人王喆父亲王胜利名下天津市滨海新区塘沽跃海园1-904号房屋一套、被告人王喆名下天津市经济技术开发区星月轩5-1-101号、天津市经济技术开发区第三大街87号9-3-401号房屋各一套。被告人王喆的母亲李焕毅作为委托代理人出庭参加了民事庭审,并在民事诉讼过程中就还款事宜与李昆泽进行了多次协商。2013年1月5日,李昆泽还以王喆为被告分别提起了(2013)滨塘民初字第270号、(2013)滨塘民初字第272号两起民事诉讼,主张王喆向其借款280万元后,又因为购买运输车辆,分别于2012年9月7日向其借款20万元,于2012年11月17日向其借款8万元,后李昆泽于2013年11月12日同时撤回对两起案件的诉讼。

2013年5月27日,公安机关在辽宁省鞍山市铁东区青年街亮帅天朗游戏厅内将被告人王喆抓获。2013年6月25日,本院塘沽审判区民事审判庭将本案移送至公安机关处理。

天津市滨海新区人民法院于2014年5月19日作出(2014)滨刑初字第4号刑事判决:被告人王喆无罪。宣判后,天津市滨海新区人民检察院提出抗诉,后在审理过程中,天津市人民检察院第二分院认为抗诉不当,撤回抗诉。天津市第二中级人民法院于2014年9月2日作出(2014)二中刑终字第284号刑事裁定:准许天津市人民检察院第二分院撤回抗诉。

二、裁判要旨

No.3-8-224-29　民间借贷案件中,借款实际用途与约定不符,或约定抵押物无法实现抵押债权,但被告人主观上不具有非法占有目的的,不构成合同诈骗罪。

在民间借贷行为引发的合同诈骗案件中,不能仅以借款的实际用途与合同约定用途不符,或者约定的抵押物无法实现抵押债权为由即认定被告人构成合同诈骗罪,应当严格按照合同诈骗罪的犯罪构成要件加以判断,如果被告人的行为客观上不足以使被害人陷于错误认识从而交付钱款,主观上不具有非法占有的目的,那么被告人的行为就不符合合同诈骗罪的犯罪构成,应当依法宣告被告人无罪。

在民间借贷案件中,存在着一种有别于亲朋好友、邻里同事之间借贷的情形,即所谓的"职业借贷人"出借钱款,其表现形式与内在本质与一般的民间借贷有所不同。这类借款一般签订格式合同,合同内容表面看与一般合同无异,但实际上存在以合法形式掩盖高息贷款行为的情形,往往合同上显示的借款用途与实际的借款用途有所不符。在此类情形引发的诈骗案件中,必须综合全案证据,结合民间借贷案件中的惯例及社会常理,慎重考察一方的借款行为是否真正使另一方产生了错误认识从而交付钱款。

在本案中,首先,在被告人王喆是否冒用公司名义的问题上,被害人李昆泽应当是明知被告人王喆此次借款系个人借款个人使用,但在借款合同中,却将借款人列为天津港保税区天兴货运服务有限公司王喆,并加盖了天兴货运服务有限公司业务专用章。李昆泽与王喆签订合同时可能存在以公司作为掩盖以便于其实现民事债权的情形。其次,关于担保货物的问题。根据王喆提供给李昆泽的三份入库协议书可以明确看出,该货物所有权不属于天津保税区天兴货运服务有限公司,更不属于王喆个人所有,无法实现担保效果。王喆提供这三份协议书的目的更多在于证明其具有一定的职责权限和履约能力,并非真正以这三份协议书中的货物承担担保责任。被害人作为一个具有正常认知水平和社会常识的成年人,其关于不知道该笔货物不属于王喆个人所有的陈述,显然不符合生活常理。再次,被告人王喆质押给李昆泽的一张中国银行转账支票,没有填写日期、出票人、行号以及大写数额等信息,根据《票据法》的相关规定,支票必须记载无条件支付的委托、确定的金额、付款人名称、出票日期、出票人签章等内容,否则支票无效。根据上述规定,王喆质押给李昆泽的显然是一张存在明显重大瑕疵的支票,无法实现抵押效果。对于该支票表面存在的重大瑕疵,李昆泽作为一个向自己不熟悉的人出具巨额资金的成年人,其关于自己不知道支票无效,也不知道支票提不出钱款的陈述也不符合社会常理。现有证据不能证明被害人是基于被告人虚构事实、隐瞒真相的行为陷入了错误认识而交付钱款,因而不符合诈骗罪中欺骗行为使对方产生错误认识的构成要件。

诈骗罪要求被告人主观上具有非法占有目的,这也是区分一般借贷纠纷与诈骗犯罪的重要要件之一,如何判断被告人主观上是否具有非法占有的目的,需要根据案件的实际情况与被告人的客观行为进行司法推定。最高人民法院2001年1月21日《全国法院审理金融犯罪案件工作座谈会纪要》规定了七种可以推定为具有非法占有目的的情形,包括:(1)明知没有归还能力而大量骗取资金;(2)非法获取资金后逃跑的;(3)肆意挥霍骗取资金的;(4)使用骗取的资金进行违法犯罪活动的;(5)抽逃、转移资金、隐匿财产,以逃避返还资金的;(6)隐匿、销毁账目,或者搞假破产、假倒闭,以逃避返还资金的;(7)其他非法占有资金,拒不返还的行为。

本案中,被告人王喆曾经归还过马志辉30万元,被告人王喆的父母曾经替王喆还给过张东东95.2万元。被害人李昆泽向法院提起民事诉讼时申请诉前保全被告人王喆名下一套天津市经济技术开发区星月轩5-1-101号房产,说明王喆具有相当的还款能力。现有证据也不能证明王喆对借款进行了个人挥霍。综合以上证据来看,被告人王喆在借款时以及借款后的一系列行为,都表明其并没有恶意逃避还款,非法占有该笔钱款的故意。

根据各地审理民间借贷纠纷总结经验看,尤其在以不同于亲朋好友、邻里同事之间借贷的所谓"职业借贷人"出借钱款的纠纷中大量存在"以合法形式掩盖高息贷款的非法行为",且职业贷款人组织化程度强,经常出现暴力催讨的情况,容易引发相关风险和社会稳定。职业贷款人经常制造恶意诉讼,用司法强制性的特点来实现其非法目的。结合案卷整体材料,被告人王喆与被害人李昆泽之间存在高利借贷的可能,被害人李昆泽作为一个高利借贷行业的人员,王喆的行为是否足以使其陷入错误认识需要谨慎判断,李昆泽本人可能存在采取非法手段索取债务等情况。本案的处理结果涉及司法权尤其是"刑事司法权介入民间借贷纠纷的程度"和"如何防范恶意诉讼"等是否会纵容民间高利借贷行为的问题。根据现有证据确认的事实,从事相关中介经营行为的被害人李昆泽在明知借款系被告人王喆个人借款、且所谓抵押的货物并非被告人王喆所有、出具的支票具有显而易见的瑕疵的情况下,仍向被告人王喆借出钱款。在此情况下,不能认定被告人王喆具有非法占有的故意。

案例:高淑华、孙里海合同诈骗案

案例来源:《刑事审判参考》总第120集[第1299号]

主题词:合同诈骗罪 非法占有目的

一、基本案情

2011年7月,经河北省推进农村新民居建设工作领导小组审定,唐山市丰润区任各庄镇曹信庄村被列为新民居建设示范村。同年8月18日,曹信庄村村委会与被告人高淑华任董事长、孙里海任总经理的鑫海公司签订意向书,准备在该村开发新民居房产项目。意向书的主要内容是:(1)鑫海公司应尽快办理新民居项目所需的各项手续,当年8月17日向曹信庄村村委会账户汇入400万元保证金,并于当年9月27日前再汇入4600万元启动资金,曹信庄村村委会提供20亩临建用地。(2)鑫海公司如不能在约定时间足额交纳启动资金,曹信庄村村委会有权与他人另议新民居项目,一切临建物归曹信庄村村委会所有,经确认临建物无债务后退还400万元保证金。意向书签订后,鑫海公司依约将400万元保证金汇入曹信庄村村委会账户,随后在临建用地上进行了平整土地等前期准备工作,并委托时任村委会主任付洪钢承建部分临建工程,但未能按约定的时间筹集到4600万元启动资金,也未办理好项目所需的建筑工程规划及开发用地审批等手续,对此,曹信庄村村委会并未向鑫海公司提出解约要求,也未与他人另议该项目。

2011年8月,被告人高淑华、孙里海与武汉新八建设集团有限公司(以下简称"新八公司")项目经理王腊元洽谈合作事宜,约定由新八公司承建曹信庄村新民居项目约46万平方米的建筑工程,并要求先向鑫海公司账户汇入300万元作为保证金。王腊元按要求汇款后鑫海公司与新八公司签订了承建合同,约定合同签订后3个月内保证开工建设。此后,由于鑫海公司未能按合同约定让新八公司按时入场开工,王腊元开始向鑫海公司追要300万元保证金。

2012年2月20日,被告人高淑华、孙里海与世达公司市场部经理马超、项目经理唐山洽谈合作。孙里海告诉马超、唐山,项目是得到国家政策支持的新农村建设项目,并表态保证20日至30日内把所需的所有手续弄全。马超、唐山认为鑫海公司提出的条件非常优惠,如能获得施工协议将会获得超出预期的利润,在仅看了项目效果图的情况下就签订了"鑫海唐山第一城"(曹信庄村新民居项目)住宅楼工程施工协议,约定世达公司承建该项目约20万平方米共价值3.2亿元的工程(合同显示该项目总建筑面积66万平方米,道路、广场、绿地2.13万平方米),并在合同签订后向鑫海公司交纳400万元保证金。协议签订后,孙里海开始以撕毁协议相威胁频繁催促世达公司交保证金。世达公司于当年2月27日将400万元保证金汇入鑫海公司账户,鑫海公司收到后,随即将其中的200万元用于退还2011年8月新八公司王腊元所支付的保证金(欠王腊元的剩余100万元亦在随后不久还清),另200万元用于项目施工及公司日常开支。世达公司与鑫海公司签订施工协议后,于2012年3月组织工人进入临建场地开始建设工人活动房,同年4月竣工。在鑫海公司与世达公司签订的施工协议中,约定签订40天内让世达公司进场正式施工,但鑫海公司未能履约,后又承诺当年5月25日前开工,但也一直未能兑现。在此情况下,世达公司开始追要400万元保证金,高淑华、孙里海表示愿意退还,但由于鑫海公司账上没钱且没有筹集到资金,故一直未能归还。其间,为了应付要账人员,高淑华、孙里海还指使公司财务给世达公司开过两次空头支票。世达公司多次要账未果后,于2012年11月2日向公安机关报案。2013年1月17日,高淑华、孙里海在北京朝阳区某酒店内被公安人员抓获。

二、裁判要旨

No.3-8-224-30 合同诈骗案件中,行为人收取保证金后挪作他用,但其资产仍足以偿还的,不宜认定具有非法占有目的。

被告人高淑华、孙里海收取他人支付的保证金后挪作他用的行为不能认定为具有非法占有的目的,其行为不构成合同诈骗罪。理由是:

第一,鑫海公司的房产项目真实存在。鑫海公司在2011年8月与曹信庄村村委会签订了新民居项目意向书并交纳了400万元保证金,虽然未能按约定交纳后续4600万元启动资金,但此后鑫海公司在临建用地上进行土地平整、修建道路及工人住房等前期准备时,曹信庄村村委会并未制止,也未终止与鑫海公司的合同与他人另议该项目。因此,双方的合作协议实际上一直在履行,即使鑫海公司未告知世达公司曹信庄村有权终止协议,也不能据此认定其有隐真相的行为。鑫海公司在与世达公司签订合同时虽然只提供了项目效果图,但由于"边干边批、先上车后买票"的情况在房地产行业普遍存在,且在案证据显示,被告人孙里海在与世达公司签约时曾告知对方项目是新民居建设,并保证尽快把项目所需手续办理齐全,作为建筑工程领域的公司,世达公司在签约时对于鑫海公司项目手续未办或不全的情况并非一无所知。

第二,认定被告人高淑华和孙里海非法占有世达公司400万元保证金目的的证据不足。从现有证据来看,鑫海公司在曹信庄村新民居项目上确有前期投入,收取的保证金多数用于项目正常开支。鑫海公司与曹信庄村村委会签订意向协议后,在临建用地上进行过土地平整、工人住房及修建道路等前期建设,并形成了相关的财产权益,所收取世达公司的400万元保证金均被用于归还欠款、工程费用及公司的日常开支,高淑华、孙里海没有将这400万元保证金占为己有或挥霍,主观上想将项目运作成功并围绕项目进行了一系列经营行为。

融资行为是判断被告人履约意愿的重要方面,但本案中关于被告人高淑华、孙里海融资行为的证据有限且真假未辨,无从认定。从整体来看,二被告人确实努力地在做曹信庄村新民居项目,尽管在与世达公司签约时有一些欺骗隐瞒行为,但从经验常识判断,房地产开发行业本身具有资金密集型的产业特点,资金投入大,经营风险高,鑫海公司虽然自身实力不足,但如果融资等经营行为得当,不能排除其最终盈利的可能性。因此,应当综合合同签订的背景、被告人为生产经营所作出的努力、钱款的去向和用途等方面来判断被告人是否具有非法占有的目的,而不能简单地从客观上被告人有欺骗行为直接得出被告人主观上具有非法占有目的的结论。

第三,本案资产负债问题并不突出,世达公司的损失能够通过民事途径进行救济,在一定程度上可得到挽回。截至案发时,鑫海公司在曹信庄村村委会账户上还有400万元保证金,在临建项目上也形成了相关的财产权益,不同于常见的合同诈骗犯罪,本案中鑫海公司的资产负债问题并不突出。二被告人从王腊元、世达公司等处收取的保证金主要用于曹信庄村新民居项目的临建设施、公司正常开支或者归还此前吸收的保证金,未见挥霍情况。案发时鑫海公司的账户上虽然没有现金,无法偿还世达公司的保证金,但鑫海公司此前在曹信庄村新民居项目上已完成的临建设施上仍有一定的财产权益,加上该公司此前支付给曹信庄村村委会的400万元保证金,公司的整体资产负债问题不是很突出。如处理得当,世达公司的400万元损失可在一定程度上得到挽回。对于虽有一定的欺骗行为,但不影响被害人通过民事途径进行救济的,不宜轻易认定为诈骗犯罪,这也符合刑法的谦抑性原则。

案例:武志远、李立柱等合同诈骗案

案例来源:《人民法院案例选》2016年第11辑

主题词:合同诈骗　诱骗订立合同

一、基本案情

被告人武志远、李立柱于2013年7月25日成立中科万利公司,并商议招聘话务员采用向网络关键词客户实施电话推荐、内部员工之间互相打配合冒充买家等系列推销方式,骗取客户在该公司包装关键词,购买付费业务。2013年9月至2014年3月7日间,被告人通过招聘被告人施永腾、黄小龙、张慧、唐庆强、武士康、武爽爽(另案处理)等人,在签订、旅行关键词网络服务合同过程中,以虚构买家,维护、优化、转卖关键词等方式,共骗取钱款1315520元。其中,武志远、李立柱的诈骗金额为1315520元,被告人施永腾的诈骗金额为356800元,被告人黄小龙的诈骗金额为34300元,被告人张慧的诈骗金额为283900元,被告人唐庆强的诈骗金额为217230元,被告人武士康的诈骗金额为5万元。北京市昌平区人民法院依照《中华人民共和国刑法》第二百二十四条第(五)项,第二十五条第一款,第二十六条第一款、第四款,第二十七条,第六十七条第三款,第五十五条第一款,第五十六条第一款,第五十二条,第五十三条,第六十一条,第六十四条之规定,判决如下:

1. 被告人武志远犯合同诈骗罪,判处有期徒刑十年六个月,剥夺政治权利二年,罚金人民币一万一千元。
2. 被告人李立柱犯合同诈骗罪,判处有期徒刑十年,剥夺政治权利二年,罚金人民币一万元。
3. 被告人施永腾犯合同诈骗罪,判处有期徒刑四年,罚金人民币四千元。
4. 被告人黄小龙犯合同诈骗罪,判处有期徒刑四年,罚金人民币四千元。
5. 被告人张慧犯合同诈骗罪,判处有期徒刑三年,罚金人民币三千元。
6. 被告人唐庆强犯合同诈骗罪,判处有期徒刑二年,罚金人民币二千元。
7. 被告人武士康犯合同诈骗罪,判处有期徒刑一年二个月,罚金人民币二千元。
8. 在案冻结银行卡及账户内存款和孳息扣划后按比例分别发还被害人;公诉机关随案移送其他物品,予以没收。
9. 责令各被告人在本院认定的犯罪数额内继续退赔被害人的经济损失。

被告人李立柱、张慧以原审事实不清、量刑过重为由提起上诉,后于二审期间申请撤诉。北京市第一中级人民法院经审理,确认一审法院认定的事实和证据,认为一审判决事实清楚,证据确实充分,定罪及适用法律正确,量刑适当,审判程序合法,应予维持。李立柱、张慧撤回上诉的申请符合法律规定。

北京市第一中级人民法院依照《刑事诉讼法》第二百二十五条第一款第(一)项及最高人民法院《关于适用〈中华人民共和国刑事诉讼法〉的解释》第三百零五条第一款、第三百零八条的规定,作出如下裁定:准许上诉人李立柱、张慧撤回上诉。

二、裁判要旨

No. 3-8-224-31 以非法占有为目的,夸大收益并虚构买家诱骗客户签订合同的行为,成立合同诈骗罪。

被告人客观上实施了夸大关键词收益、积极推销、虚构买家、互相配合等一系列诱骗被害人签订合同的行为。各被告人在向被害人推销关键词相关服务时,以关键词业务具有巨额的升值空间为诱饵,使被害人与之签订合同,但事实上这种巨额价值的现实可能性几乎为零。在积极推销后,如果被害人不为所动或不再继续投入办理该公司关键词扩展业务,各被告人就互相配合,冒充买家联系客户,称予以动辄上百万、千万甚至上亿元的价格收购客户关键词,但需客户完善关键词资源,诱使客户继续与该公司签订合同,支付费用。各被害人签订合同、支付费用系由被告人的系列欺骗手段引发,这种欺骗显然已经超出民事诈欺范畴。

被告人主观上具有非法占有他人财产的直接故意。在诱骗客户签订合同支付费用后,原买家立即联系不上,部分被害人发现被骗后要求被告人退款遭拒,可见本案被告人主观上具有非法占有被害人财产的直接故意。

因此,本案不论从主观还是客观方面看,各被告人的行为均在合同诈骗罪的评价范围内。

案例:于典等合同诈骗案

案例来源:《刑事审判参考》第 132 辑[第 1480 号]

主题词:合同诈骗罪 虚假推广

一、基本案情

2018 年 7 月,北京百度网讯科技有限公司(以下简称“百度公司”)的百度小程序产品上线。小程序开发者可依照百度平台规则注册百青藤广告联盟会员,上传开发的小程序,百度公司向小程序定向投放广告,并根据广告在小程序上的实际点击量向会员支付广告分成费用。同年夏天,被告人于典等 4 人到河南省新乡市学习通过相关业务合作骗取百度公司广告费的方法。2019 年 3 月,于典等 6 人在新沂市某大厦成立专门用于骗取百度公司广告费的工作室。同年 6 月,于典又向汤传伟等 3 人传授骗取百度公司广告费的方法,汤传伟等人也成立了类似工作室。自同年 10 月以来,于典等 12 人作为开发者在百度 App 上申请注册百青藤账号,并上传无实际功能的小程序。在通过百度平台审核并获得平台广告代码位后,直接复制提取代码位交由吴某(另案处理)等“网络水军”进行恶意点击。同年 10 月至 11 月间,百度公司共向于典等人支付广告分成费用 136 万余元。2020 年 5 月至 7 月间,于典等 8 人相继被抓获,汤传伟等 4 人主动投案。

二、裁判要旨

No. 3-8-224-32 组织网络水军批量人工点击广告,属于带有欺骗性的无效恶意点击,不是对广告推广合作合同的正常履行,因此从平台处收取广告费的,构成合同诈骗罪。

近年来,制造恶意点击流量的方式大体上经历了两个阶段:前一阶段是通过控制机器人账号、频繁变更 IP 地址等技术手段,进行批量恶意点击;后一阶段是利用通讯群组等社交工具组织网络水军进行批量人工点击,本案就属于后一种情况。对控制机器批量点击行为的法律性质,司法实践中认识比较一致,认为该种行为只是客观上生成了点击量数据,并没有实际用户浏览广告内容,因此不可能产生广告推广发行的市场效果,属于欺骗广告主和广告推广平台的行为,构成刑法意义上的诈骗。而对于后来出现的组织网络水军进行人工点击行为的法律性质,司法实践中存在认识分歧。有观点认为,广告的网络推广目的是获得尽可能多用户的点击浏览,只要是真实的网民点击并浏览了内容即已达到推广目的,网民对广告的关注度及消费意愿的强弱并不影响广告推广行为的有效性,受雇佣的水军对广告的点击浏览与普通网民的点击浏览并无本质区别。为赚取广告费,组织网络水军批量点击被推广的广告,虽然目的不太正当,但实际上产生了广告推广的商业效果,说明行为人履行了合同义务,获得平台的广告分成是基于自身付出的劳务,不属于不劳而获,不具有"非法占有目的",因此不构成诈骗类犯罪。

我们认为,这种观点是错误的。网络广告通过吸引点击进行推广营销的正常状态,通常是用户在自然、随机状态下偶然发现广告信息,出于进一步了解广告内容的动机点击浏览广告。其商业逻辑的核心是用愿意主动了解广告内容,有意识地将自身潜在消费需求与广告作精准对接,因此商业变现的转化率较高,这种点击才是符合广告推广规律的,也是广告主及广告推广平台希望获得的有效流量。为赚取广告分成,人为组织网络水军进行恶意批量点击,虽然形式上也是真实用户点击并浏览了广告内容,但水军用户系出于牟利目的机械完成批量点击浏览任务,完全不具有获取广告信息的主动性,因此基本不可能实现商业转化。从广告的商业逻辑看,这种流量无疑是虚假的、无效的;而从法律角度看,就是为获取不法利益制造的欺骗性表象,是对广告推广合作合同的虚假履行,根本无法实现合同目的,广告推广平台和广告主必然遭受直接经济损失,具有严重的社会危害性,因此构成合同诈骗罪。

80 组织、领导传销活动罪(《刑法》第二百二十四条之一)

案例:危甫才组织、领导传销活动案

案例来源:《刑事审判参考》总第81辑[第717号]

主题词:组织、领导传销活动罪　传销活动的认定　传销活动的组织者、领导者

一、基本案情

被告人危甫才,男,1962年5月7日出生,小学文化,捕前系广东省珠海市康紫源贸易有限公司法定代表人。因涉嫌犯组织、领导传销活动罪于2010年9月15日被逮捕。

广东省深圳市宝安区人民检察院以被告人危甫才犯组织、领导传销活动罪,向深圳市宝安区人民法院提起公诉。

被告人危甫才及其辩护人提出,危甫才不是公司实际的法定代表,其实际营业额只有人民币(以下币种均为人民币)18000元,没有证据证明其发展的下线有240人,其是被人利用而实施犯罪,并基于上述理由请求对危甫才从轻处罚。

深圳市宝安区人民法院经公开审理查明:珠海市林友盛贸易有限公司是一家在珠海没有任何工商登记资料,并假借网络连锁在深圳市宝安区龙华镇大肆发展人员,积极从事非法传销活动的假公司。珠海市林友盛贸易有限公司、衍生出珠海市昌康盛贸易有限公司、珠海市合鑫盛贸易有限公司、珠海市康紫源贸易有限公司、珠海市危友军贸易有限公司、珠海市秦粤贸易有限公司等传销公司,这些公司按照传销人员在公司中各自发展的人数(包括下线及下下线的人数总和)来确定这些传销人员的等级地位。具体确定等级的标准是:发展1～2人属于一级传销商;发展3～9人属于二级传销商;发展10～59人为三级传销商;发展60～240人为四级传销商;发展240人以上属于五级传销商。而注册传销公司的传销人员(传销公司的法定代表及股东)则必须达到五级传销商的资格,被称为传销总裁。根据该传销组织的内部规定,每个被发展进传销公司的人都必须先交3600元购买钢煲或臭氧饮水机一个(如果不要钢煲或饮水机可以返还500元)。加入人员购买上述产品后,即取得该传销组织所谓的营销权,及可以发展其下线人员,以此形成严密的人员网络,从中获取提成。另以下线发展越多提成越多来诱骗新的人员参与传销活动。每介绍一人加入传销公司提成525元,被介绍人成为介绍人的下线,下线再介绍1人,介绍者可提成175元;下下线再发展1人,介绍者可提成350元;下线再发展1人,介绍者可获取280元。

2006年被告人危甫才通过其直接上线张开余的发展,加入了珠海市林友盛贸易有限公司,在宝安区龙华街道以开展推销钢煲、臭氧饮水机等经营活动为名从事传销活动。经过发展下线及下下线,危甫才已经成为传销公司珠海市康紫源贸易有限公司的法人代表,属于五级传销商,其利用传销公司名义直接发展下线及下下线241人以上,经营额至少为87600元。2010

年 8 月 12 日,公安人员将危甫才抓获归案。

深圳市宝安区人民法院认为,被告人危甫才无视国家法律,组织、领导以销售商品等经营活动为名,要求参加者缴纳费用或者购买商品等方式获得加入资格,并按照一定顺序划分等级,直接或间接以发展人员的数量作为计酬或返利依据,引诱参加者继续发展他人参加,骗取财物、扰乱经济社会秩序的传销活动,其行为构成组织、领导传销活动罪。鉴于危甫才走上传销犯罪道路系出于维持家庭生活的目的,可酌情从轻处罚。依照《中华人民共和国刑法》第二百二十四条之一之规定,判决如下:

被告人危甫才犯组织、领导传销活动罪,判处有期徒刑二年,并处罚金人民币二千元。

一审宣判后,危甫才提出上诉。

深圳市中级人民法院经审理后认为,原判认定事实清楚、证据确实充分,定罪准确、量刑适当,审判程序合法。据此裁定驳回上诉维持原判。

二、裁判要旨

No. 3-8-224 之一-1　客观上以经营活动为幌子,直接或间接以发展人员的数量作为计酬或返利依据,并具有等级性的组织结构,骗取财物,扰乱经济和社会秩序的,应以组织、领导传销活动罪论处。

组织领导传销活动罪在客观方面表现为,组织、领导传销活动,骗取财物,扰乱经济和社会秩序。该罪在客观方面有三个特征:(1)经营形式上具有欺骗性,传销组织所宣传的经营活动,实际上是以经营为幌子,有的传销组织甚至没有任何实际经营活动,根本不可能保持传销组织的运转,其许诺或支付给成员的回报,来自于成员缴纳的入门费。因此传销活动本质上具有诈骗性质。(2)计酬方式上,直接或间接以发展人员数量作为计酬或返利依据。(3)组织结构上具有等级性。传销组织中,一般根据加入的顺序,发展成员的多少分成不同的等级。

在本案中,危甫才系珠海市康紫源贸易有限公司的法定代表人,该公司系按照传销人员在公司中各自发展的人数(包括下线及下下线的人数总和)来确定传销人员的等级地位。以下线发展越多、提成越多来诱骗新的人员参与传销活动,该公司在组织结构上具有明显的层级性,并呈金字塔形,在计酬方式上完全以下线发展的人数多少为依据计算和给付上线报酬。所经营的钢煲、臭氧饮水机则是传销的幌子,本质上是借虚假的经营活动骗取他人的入门费,危甫才所实施的行为符合组织、领导传销活动罪的客观特征。

No. 3-8-224 之一-2　在传销活动中起组织领导作用的发起人、决策人、操纵者,以及在传销活动中担负策划、指挥、布置、协调等重要职责,或者在传销活动实施中起到关键作用的人员是传销活动的组织者、领导者,符合组织、领导传销活动罪的主体特征。

传销犯罪是一种涉众型的经济犯罪,在组织结构上通常呈现出金字塔形的特点,司法实务中应当贯彻宽严相济的刑事政策精神,根据传销活动参与者的地位、作用,科学合理地划定打击对象的范围:对于在传销网络建立、扩张过程中起组织、策划、领导作用的首要分子给予刑事处罚;对于并非策划、发起人,但积极加入其中,并在由其实施的传销活动中起组织、领导、骨干作用的,也应以组织者、领导者追究刑事责任;对于参与传销活动的一般人员则可以通过行政处罚,教育遣散等方式进行处理,不宜追究刑事责任。

案例:曹顺等人组织、领导传销案

案例来源:《人民法院案例选》2014 年第 4 辑

主题词:组织、领导传销活动罪　线上高额返利的传销模式

一、基本案情

2011 年 2 月 15 日,刘晓明与被告人曹顺、高红波共同出资成立青岛东方亿家信息科技有限公司(以下简称“亿家公司”),法定代表人为刘晓明,被告人曹顺任总裁,被告人高红波任执行总裁。该公司从事电子商务业务,免费吸收会员,开拓并对接会员、联盟商家这两个团体,会员可以在联

盟商家消费获得一定优惠,商家可以通过亿家公司这个平台得到稳定消费群体,亿家公司可以通过商家返利来获得利润。在经营中,被告人曹顺、高红波等感觉免费会员再发展会员动力较差,业务进展缓慢,遂酝酿搞收费会员制度,通过团队奖励快速扩张。因涉及直销,亿家公司无直销资格,被告人高红波提出与广东康力公司合作,刘晓明与被告人曹顺表示同意。2011 年 10 月,经王东廷介绍,刘晓明代表亿家公司与广东康力公司签订协议,内容是广东康力公司授权亿家公司为其直销服务网店,亿家公司自 2012 年 2 月 1 日至 2012 年 6 月 30 日每月付给康力公司 30 万元,以后每月付给康力公司不低于 50 万元,亿家公司按照业绩提成,合作期三年。协议签订后,双方并未发生业务联系。亿家公司开始发展收费会员并收取了部分会费。2012 年 3 月 9 日,被告人曹顺、高红波等用收取的会费发起成立青岛亿富通工贸有限公司(以下简称"亿富通公司"),法定代表人为曹顺,高红波任总经理,办公地点是青岛市市南区山东路 2 号华仁国际大厦 21F。2012 年 3 月 10 日,由于刘晓明与被告人曹顺、高红波经营理念有分歧,经协商,三方达成协议,被告人曹顺、高红波放弃亿家公司股权,刘晓明一人独有亿家公司全部股权,直销板块业务由被告人曹顺、高红波成立亿富通公司经营,亿富通所产生的一切收益、纠纷、法律问题与刘晓明无关,被告人曹顺、高红波补偿刘晓明 1000 万元。协议签订后,被告人曹顺、高红波给付刘晓明 300 万元。亿富通公司下设行政部、物流部、培训部、技术部、人事部、财务部、客服部等部门,陆续招聘时宁、张森、王宁、刘宇等工作人员,负责日常管理、经营、宣传、推广工作。为完善经营模式,经王东廷介绍,2012 年 3 月 12 日,亿富通公司聘请被告人陈怀宇为高级营销战略顾问,每月报酬 5 万元,每年给付人民币 120 万元以及提成,陈怀宇提供企业发展建议,参加亿富通公司的营销工作会议并提供建议,作为演讲嘉宾参与甲方大型招商及相关活动,提供具有营销及赢利模式市场战略计划方面的建议,对亿富通公司的高级管理人员及高级经销商进行辅导和培训,在亿富通公司的不同发展阶段提出市场战略计划方面的促销策略等。被告人陈怀宇提出设计方案后,经被告人曹顺、高红波同意,正式推行。被告人陈怀宇多次就营销制度对亿富通公司职员及会员进行讲解,阐明发展愿景,并收取亿富通公司报酬 20 万元。亿富通公司创办、开通网站 www. yft2012. net(会员网站),通过网络销售苦荞茶叶、魅力能量液、神六螺旋藻蛋白粉、生态动力等产品。苦荞茶叶公司进价 28. 50 元一斤,卖给会员 400 元一斤;魅力能量液进价 198 元一套,卖给会员 2000 元一套;神六螺旋藻蛋白粉 2000 元一套,生态动力 750 元一盒。依托于该网站,被告人曹顺、高红波等推出"亿富通理财项目",实施传销活动。该项目以高额回报为诱饵,按双轨制多中心的模式发展交费会员。为吸引人员参加,被告人曹顺、高红波等人确定银卡、金卡、白金卡、至尊卡四个级别的会员制度。第一档次是交纳 2000 元(银卡),第二档次是交纳 6000 元(金卡),第三档次是交纳 12000 元(白金卡),第四档次是交纳 24000 元(至尊卡),会员可领取相应价值的产品。成为白金以上级别的会员,同时推荐两名白金以上级别的会员可以得到被推荐会员级别交费额的三倍返还;如果被推荐的人继续推荐其他人加入公司成为交费会员,上线推荐人可以依据层层被推荐人的交费总额和层级得到公司的一定比例的"业绩奖"和"辅导奖"的奖励返还,银卡会员得到 10%的业绩奖,金卡会员得到 12%的业绩奖,白金会员和至尊会员得到 15%的业绩奖;四个级别的会员都可以拿到被推荐人的 5%的辅导奖,银卡会员可以领取一代,金卡会员领取三代,白金卡会员领取六代,至尊卡会员领取八代;公司的奖励还有旅游基金、名车基金等,旅游基金是白金以上级别的会员直接推荐白金以上级别的会员四人,就可以到韩国去旅游。提成的方式叫"小区业绩提成"。"小区业绩提成"是指以发展的两个会员群体新增业绩少的一方的新增业绩为基础按比例进行提成,每周结算,通过网上银行发放提成。这些奖励体现在公司会员系统里面的电子币,如果提取现金的话,需要向公司申请提现。如果会员不发展下一级会员或者已经发展会员但是没有拿回会员费本金的话,从其成为亿富通公司会员的第 91 天开始享受公司一周业绩的 3%或者 5%平均返还会员费的返本奖。如果会员在 91 天内发展的下线会员提成超过了他自己的会费,在 91 天后就不再享受公司返还会员费的返本奖;如果会员在 91 天内发展的下线会员提成没有超过他自己的会费,在 91 天后就可以享受公司返还会员费的返本奖,直到与他的会费持平;在得到的返利与自己的会费持平后,就不再享受返本奖,而只能拿到他发展下级会员的提成。通过上述制度,确定以会员再推荐会员的人数及再推荐会员的交费额为返利依据,诱使会员再推荐会员。被告人曹顺、高红波等通过招商会、互联网、新闻媒体、口碑宣传等各种形式和途径,对亿富通公司的经营模式和经营状况进行宣传,将"亿富通理财项目"宣传为"五网合一、赢在未来"新模式,零风险、投入不同、身份不同、回报不同,以获取高额回报为诱饵,在全国各地大量发展各级会员。在业务发展中,逐渐形成以马辉、孙采灵、梁小龙、王小玉、丛吉光、高岩、杨福才、耿长生、葛俊杰、史航、林秀杰(已判决)等为骨干的十余个会员团队。团队会员到亿富通公司考察、交费,公司报销会员的食宿、交通费用。亿富通公司提供会议室当做教室,让团队领导人方便接待会员、组织会员听课、让公司员工给领导人讲课时串场当主持人,公司提供各方面帮助,以此帮助这些领导人发展团队。会员队伍发展的非常迅速,亿富通公司也按照奖励计划的规定给会员返利9376885.91元。为了刺激团队领导人更好地发展团队,被告人曹顺、高红波于2012年4月用收取的会费购买六辆凯迪拉克汽车,其中三辆发放给史航、林秀杰、葛子萱,另外三辆给曹顺、高红波、陈怀宇,每人一辆。至案发之日,亿富通公司发展会员十余层、上千人,牟取巨额非法所得,所得款项用于交纳公司办公场地房租,办公设施、家具货款,支付进货、返利、返本费用,购买奖励车辆,报销团队费用等。

被告人丛吉光自2012年2月始经马辉推荐成为亿富通公司交费会员,会员昵称叫"吉光普照A"、会员编号是"shp68333",后积极通过讲解奖励制度等方式发展交费会员,并成为团队领导人。至2012年5月,被告人丛吉光在青岛等地建立起成员数百名、数十层级的传销组织,通过亿富通公司返利电子币提现45万余元。

被告人高岩自2012年3月中旬到亿富通公司与被告人曹顺沟通后,成为交费至尊会员,推荐人赵中华,会员号是"6666769"。被告人高岩在吉林省松原市通过电话邀约、在松原市星火医药六店内设点讲授等方式,引诱他人以交费方式加入该公司的"亿富通理财项目",并成为团队领导人。后其教唆罗子龙(另案处理)在湖南省怀化市发展会员多人。至2012年5月,高岩通过上述手段在松原、怀化两地建立起成员400余名、数十层级的传销组织,通过亿富通公司返利电子币提现27万余元。

根据《中华人民共和国刑法》第二百二十四条之一、第二十五条第一款、第六十七条第三款、第六十八条、第五十二条、第六十四条之规定,判决如下:

被告人曹顺犯组织、领导传销活动罪,判处有期徒刑一年十个月,并处罚金人民币十万元(罚金已缴纳)。

被告人高红波犯组织、领导传销活动罪,判处有期徒刑二年,并处罚金人民币十万元(罚金已缴纳)。

(刑期从判决执行之日起计算。判决执行以前先行羁押的,羁押一日折抵刑期一日,即自2012年5月30日起至2014年5月29日止。)

被告人陈怀宇犯组织、领导传销活动罪,判处有期徒刑一年六个月,并处罚金人民币五万元(罚金已缴纳)。

被告人丛吉光犯组织、领导传销活动罪,判处有期徒刑一年六个月,并处罚金人民币五万元(罚金已缴纳)。

被告人高岩犯组织、领导传销活动罪,判处有期徒刑一年六个月,并处罚金人民币五万元(罚金已缴纳)。

宣判后,被告人陈怀宇、丛吉光不服提出上诉,二审维持原判。

二、裁判要旨

No.3-8-224之一-3 线上消费返利经营模式中,不要求会员销售或购买商品,只要求发展人员或缴纳一定费用,取得发展下线的入门资格,并按照发展下线的人数获得报酬的,属于传销行为。

传销活动不要求传销人员销售或购买商品,只要求发展人员或缴纳费用,取得发展下线的入门资格,并按照发展下线的人数获得报酬,既没有商品也不提供服务,不存在真实的交易标的,没有经营活动,是一种虚拟经营行为。在互联网时代,电子商务快速发展,通过线上或线下消费、线上返利的消费返利销售模式本身没有问题。从表象上看,亿富通公司的经营模式属于实体经营,有完善的税务、财会、商品退货以及会员退费制度,并成立了经销商委员会,故不存在虚构产品、欺诈消费者、骗取财物的情况,无引诱和胁迫、无受害者、无扰乱经济社会秩序。但在本案中,亿富通公司通过主观引导,层层发展下线,已经演变成投资推广返利,背离了消费返利的本质,成为金融传销。从亿富通公司的经营情况看,其并无资格经营理财产品,且自有资金不足,为防止资金链断裂,只有靠骗取后面会员缴纳的会费去发放返利、奖励,各会员获得的所谓返利基本上是后面会员所交的会费,要保持亿富通公司的存在和运行,必须有新会员成倍增加;由于参加人员不可能无限增加,其资金链极可能断裂,将严重扰乱社会经济秩序,属于传销行为。

案例:王艳组织、领导传销活动案

案例来源:《刑事审判参考》总第91集[第842号]

主题词:组织领导传销活动罪 传销与直销的区分

一、基本案情

被告人,王艳,女,1984年11月13日出生,现住江苏省盐城市亭湖区开放大道181号。

河南省固始县人民检察院以被告人王艳犯组织、领导传销活动罪,向固始县人民法院提起公诉。

被告人王艳对公诉机关指控的犯罪事实及罪名无异议。其辩护人基于以下理由,建议对王艳适用缓刑:王艳主观恶性小,可塑性强,在大学期间曾加入中国共产党;其既是犯罪者,也是受害者;归案后认罪态度好,行为的社会危害性较小;且身体患有严重的疾病,所在社区愿意帮教。

固始县人民法院经公开审理查明:2006年10月以来,被告人王艳伙同他人在固始县城关,以高额回报为诱饵,积极拉拢他人以人民币(以下币种同)3200元的价格购买伊珊诗深层保湿化妆品,成为武汉新田保健品有限公司的会员,在取得会员资格后,王艳以阶梯状经营模式迅速发展下线,其发展的下线有80余人,违法所得数额20万余元。

固始县人民法院认为,被告人王艳组织、领导传销活动,严重扰乱市场秩序,其行为构成组织、领导传销活动罪。固始县人民检察院指控王艳犯组织、领导传销活动罪的罪名成立,予以支持。王艳的辩护人所提辩护意见,与本案已经查明的事实相符,应予采信。依照《中华人民共和国刑法》第二百二十四条之一、第七十二条第一款、第七十三条之规定,固始县人民法院以被告人王艳犯组织、领导传销活动罪,判处有期徒刑一年,缓刑二年,并处罚金人民币一千元。

一审宣判后,被告人王艳未提出上诉,公诉机关也未抗诉,该判决已发生法律效力。

二、裁判要旨

No. 3-8-224之一-4 应注意区分传销与单层次或多层次的直销行为。

传销与单层次直销的关系问题。单层次直销是商品和服务的生产者将生产的产品通过专卖店或者营销人员直接把产品销售给终端客户,且给予服务的销售方式,是一种合法且受法律保护的经营行为。它与传销具有本质的区别,主要表现在以下几个方面:(1)是否以销售产品为企业营运的基础。直销以销售产品或者提供服务作为公司收益的来源。而传销则以拉人头牟利或者借销售伪劣或质次价高的产品变相拉人头牟利,有的传销甚至根本无销售产品可言。(2)是否收取高额入门费。单层次直销企业的推销员无须缴付任何高额入门费,也不会被强制认购货品。而在传销中,参加者通过缴纳高额入门费或者被要求先认购一定数量质次价高(通常情况下价格严重高于产品价值)的产品以变相缴纳高额入门费作为参与的条件,进而刺激下线人员不择手段地拉人加入以赚取利润。(3)是否拥有经营场所。单层次直销企业都有自己的经营场所,有自己的产品和服务,销售人员都直接与公司签订合同,其从业行为直接接受公司的规范与管理。而传销的"经营者"没有自己的经营场所,也没有从事销售产品或者提供服务的经营活动,只是假借"经营活动"骗取他人信任和逃避有关机关的管理和打击,通过收取高额入门费为整个传销组织的组织者和领导者攫取暴利,其本身不会产生任何的利润和收益,也不会为国家和社会创造任何的经济价值。(4)是否遵循价值规律分配报酬。单层次直销企业的工作人员主要通过销售商品、提供服务获取利润,其薪酬的高低主要与工作人员的销售业绩相挂钩。而通过以高额回报为诱饵招揽人员从事“变相销售”的传销行为,因为其不存在销售行为,故不会产生任何的销售收入,其报酬全部来源于高额的会员费。更主要的是,并非所有传销人员都能够获取报酬,从整体上看,只有处于组织核心和顶层的领导者和组织者才能获取暴利,其余人员均是损失的承担者,不会获取任何收入。(5)是否具有完善的售后服务保障制度。单层次直销企业作为正规经营的经济体,有合格、规范、快捷的售后服务操作流程,通常能够为顾客提供完善的退货保障。而传销活动绝大部分没有产品和服务,即便提供也通常强制约定不可退货或者退货条件非常苛刻。再者,传销组织一般也不会设立专门的售后服务部门,消费者已购的产品难以退货,遇到质量问题也得不到解决,消费者退货和投诉无门的情况普遍存在。(6)是否实行制度化的人员管理。单层次直销形式下,企业对工作人员的管理模式正规、科学,有健全的工会组织,充分尊重人员的自由,保障员工的合法权益。而在传销组织中,上线主要通过非法拘禁、诱骗,甚至在某种情况下采取非常暴力的手段控制下线,并以此对下线产生威慑进而使其继续发展下线。因而在传销活动中,传销人员尤其是处于底层的人员没有人身自由,合法权益难以得到保障。正因如此,传销活动往往诱发其他类型的犯罪,给正常的社会秩序和公民的生命财产安全带来严重影响。

传销行为与多层级直销行为(团体计酬)的关系。从《刑法》第二百二十四条之一关于“直接或者间接以发展人员的数量作为计酬或者返利依据”的规定可以看出,组织、领导传销活动罪规制的是以“人头数”作为计酬标准的犯罪行为;而多层次直销的团体计酬方式则表现为上线以下线的销售业绩为依据计算报酬,而不是下线的人数。这一显著区别一方面体现出以上两种行为的不同;另一方面也表明多层次直销行为不在对传销活动的刑罚打击范围之内。根据最高人民法院《关于情节严重的传销或者变相传销行为如何定性问题的批复》(出台于《刑法修正案(七)》施行之前,现已废止)的规定,对于多层次直销这种“团体计酬”的行为应当以非法经营罪定罪处罚。《刑法修正案(七)》施行之后,对于团体计酬行为是否以非法经营罪定罪处罚,目前还存在争议。因此,司法实践中有必要将传销行为与多层级直销行为(团体计酬)区别开来。

本案中,被告人王艳自2006年至案发期间,发展下线达80余人,违法数额高达20万余元,属于“拉人头”计酬,明显区别于单层次直销的按销售计酬和多层次直销的团体计酬行为,符合组织、领导传销活动罪的构成特征,达到了追究刑事责任的标准,因而固始县人民法院以组织、领导传销活动罪追究王艳的刑事责任是正确的。

81 非法经营罪(《刑法》第二百二十五条)

案例:谢万兴非法经营案

案例来源:《人民法院案例选》2008年第4辑(总第66辑)

主题词:非法经营罪　罚金刑

一、基本案情

被告人谢万兴。

福建省龙岩市新罗区人民法院经审理查明:2007年8月18日凌晨3时许,被告人谢万兴驾驶自有的闽F-15802号小货车从漳州市运载非法渠道购进的449.9条软盒石狮(富健)香烟,被龙岩市新罗区烟草专卖局查扣,随后又在其店和仓库等处检查扣押了各种品牌的非法渠道购进的香烟430.6条(合计880.5条,总价值33331.8元)。另查明被告人谢万兴曾因非法经营香烟行为于2002年3月25日、2004年3月19日、2004年9月23日分别被龙岩市新罗区烟草专卖局行政处罚三次。

福建省龙岩市新罗区人民法院认为:被告人谢万兴曾因非法经营烟草制品行为受过三次行政处罚,又非法经营卷烟,且价值人民币33331.8元,其行为已构成非法经营罪。公诉机关指控的罪名成立。鉴于被告人谢万兴到案后,认罪态度较好,具有悔罪表现,酌情予以从轻处罚。依照《中华人民共和国刑法》第二百二十五条第(一)项、第六十一条、第四十五条、第四十七条、第五十二条、第五十三条的规定,判决如下:

1. 被告人谢万兴犯非法经营罪,判处有期徒刑一年,缓刑一年六个月,并处罚金三万五千元(已缴清)。

2. 扣押的闽 F-15802 号轻型厢式小货车,系作案工具,予以没收,依法处置。

3. 查扣的各种品牌香烟合计 880.5 条,由扣押机关依法处置。

一审宣判后,被告人谢万兴不服提出上诉,其上诉理由是:(1)上诉人非法经营的香烟还没有销售,未获得违法所得,一审并处罚金,没有法律依据。(2)闽 F-15802 号轻型厢式小货车不是作案工具,不应没收。(3)上诉人非法经营的数额相对较小,并未实际销售,社会危害小,且具有悔罪表现,上诉人已被处有期徒刑一年,缓刑一年六个月,一审无法律依据并处罚金三万五千元,并没收不是作案工具的小货车,导致量刑畸重。

福建省龙岩市中级人民法院二审审理认为:上诉人谢万兴曾因非法经营烟草制品行为受过三次行政处罚,仍不思悔改,又非法经营卷烟,价值人民币 33331.8 元,其行为已构成非法经营罪。原判定性准确,适用法律正确,审判程序合法。刑法明确规定非法经营罪应并处附加刑罚金。一审法院对上诉人谢万兴依法判处主刑的同时并处罚金以及根据本案的事实在法定刑幅度内决定罚金的数额并无不妥。故上诉人谢万兴及其辩护人提出的第一点上诉理由不成立,不予采纳。关于上诉人谢万兴及其辩护人提出的第二点上诉理由,经查,闽 F-15802 号轻型厢式小货车系上诉人本人所有,且用于运输非法渠道购进的香烟,属作案工作,依法应予没收,故其该点上诉理由不成立,不予采纳。关于上诉人谢万兴及其辩护人提出的第三点上诉理由,经查,原审在对谢万兴量刑时,已经考虑其认罪态度好,具有悔罪表现,并依法对其作出了从轻处罚,故其该点上诉理由亦不成立,不予采纳。据此,二审法院依照《中华人民共和国刑事诉讼法》第一百八十九条第(一)项的规定,裁定如下:

驳回上诉,维持原判。

二、裁判要旨

No.3-8-225-1 对没有违法所得的非法经营犯罪行为,应依法并处罚金,罚金数额参照被告人非法经营的数额,在该数额的1至5倍之间确定罚金数额。

所谓非法经营罪,是指违反国家规定,非法经营,扰乱市场秩序,情节严重的行为。烟草行业是一种特种行业,国家对烟草专卖点的生产、销售、进出口依法实行专卖管理,并实行烟草专卖许可证制度。国家禁止倒卖烟草专卖品,倒卖烟草专卖品构成犯罪的依法追究刑事责任。最高人民法院、最高人民检察院、公安部、国家烟草专卖局于 2003 年 12 月 23 日通过的《关于办理假冒伪劣烟草制品等刑事案件适用法律问题座谈会纪要》第三条规定,曾因非法经营烟草制品行为受过二次以上行政处罚又非法经营的,非法经营数额在二万元以上的,以非法经营罪定罪处罚。本案被告人谢万兴曾因非法经营烟草制品行为受过三次行政处罚又非法经营,且非法经营数额超过二万元,应当以非法经营罪定罪处罚,这是毫无疑问的。问题是被告人谢万兴非法经营烟草制品尚未销售,没有违法所得,应否并处罚金。根据前述法条规定,罚金数额的确定依赖于被告人违法所得的多少,首先要确定被告人的违法所得数额,才能在其违法所得数额一至五倍之间确定罚金数额。

我们认为,本案虽然没有违法所得但仍然应当并处罚金。理由是,根据《中华人民共和国刑法》第二百二十五条规定构成非法经营罪的,必须并处或者单处罚金。如果被告人的行为构成非法经营罪,而在判处主刑的同时不予判处附加刑罚金则有违刑法的明文规定。那么在没有违法所得的情况下,以什么标准来确定罚金数额?我们认为,应当参照被告人非法经营的数额,在该数额的 1 至 5 倍之间确定罚金数额,因为非法经营犯罪不是单纯的侵犯财产权益的犯罪,其行为的社会危害性在于对市场经济秩序的破坏,非法经营额的大小能反映其行为危害的规模,即使违法所得甚少或者没有违法所得,只要行为造成了相应的危害,情节严重的,就要予以定罪,并结合其非法经营数额的大小处以与主刑相应的罚金刑,只有这样才能真正依法办案,贯彻罪刑法定原则。

案例:胡廷蛟等生产、销售伪劣产品案

案例来源:《刑事审判参考》总第23辑[第144号]

主题词:非法经营罪　情节严重

一、基本案情

被告人胡廷蛟,男,1954年7月10日出生,无业。因涉嫌犯生产、销售伪劣产品罪,于1999年1月6日被逮捕。

被告人唐洪文,男,1967年2月1日出生,无业。因涉嫌犯生产、销售伪劣产品罪,于2000年1月17日被逮捕。

被告人李富国,男,1968年10月1日出生,农民。因涉嫌犯生产、销售伪劣产品罪,于1999年1月6日被逮捕。

被告人龚中雨,男,1956年8月3日出生,农民。因涉嫌犯生产、销售伪劣产品罪,于1999年1月6日被逮捕。

被告人龚锐,男,1978年8月25日出生,农民。因涉嫌犯生产、销售伪劣产品罪于1999年1月6日被逮捕。

海口市新华区人民法院经审理查明:1998年3月,被告人胡廷蛟与唐洪文共谋建立地下工厂,非法经营食盐。二人分别出资9000元和7000元,共同在位于白水塘路的海口市物资局钢材批发市场承租3至4号铺面作为厂房后,先后购买了2公斤无产地、无合格证、无使用说明的"碘",大量仿制海口盐业分公司具有注册商标权的"晶山牌"碘盐包装袋和防伪标识,并准备了3块太阳布、1台农药喷雾器、4台塑料封口机、1把铁锹等生产工具。同年5月,两被告人从琼山市劳务市场雇佣被告人李富国、龚中雨、龚锐和龚寿仪(在逃)私自加工"食用碘盐"。

1998年5月11日至11月7日,被告人胡廷蛟、唐洪文以平均每吨810元的价格从东方市非法盐贩处低价购买粗、细原盐120吨,交给被告人李富国、龚中雨、龚锐和龚寿仪进行加工。加工包装好后,胡廷蛟、唐洪文负责联系买主,又指挥李富国等人将私自生产的"食用碘盐"分别批发销售给海口市、琼山市等地的个体商贩,销售价格平均每吨1220元,销售金额14.64万元。销售得款由胡廷蛟与唐洪文均分,李富国、龚中雨、龚锐各从中获取装、卸车费及包装费等2000元。

1998年11月7日晚9时,海南省盐务局执法人员在被告人胡廷蛟、唐洪文的自水塘地下工厂查扣原盐13.4吨,成品假碘盐1.88吨;仿制海口盐业分公司碘盐包装袋2万个;塑料封口机4部,喷雾器1台;假碘盐生产、送货记录2本。嗣后,胡廷蛟、唐洪文又在水头下村220号新建一地下工厂,继续进行假碘盐的生产、经营活动。同年11月23日,公安人员在海口市、琼山市分别将龚锐、龚中雨、李富国抓获。同月25日晚,公安人员将胡廷蛟、唐洪文抓获,并从其水头下村的地下工厂中缴获原盐7吨、仿制海口盐业分公司"晶山牌"碘盐包装袋4万余个,塑料封口机2部及其他制假工具。经海口市产品质量监督检验所对查获的成品假碘盐抽样检验,其"碘盐"均不含碘。

海口市新华区人民法院认为:被告人胡廷蛟、唐洪文违反我国关于食盐专营管理的规定,非法经营食盐,开办地下工厂,雇工生产、销售假碘盐,违法所得数额巨大,既扰乱了市场秩序,又给消费者的身体健康造成潜在损害,情节严重;被告人李富国、龚中雨、龚锐明知胡廷蛟、唐洪文系个体私自非法经营食盐,且指使其在生产中掺杂使假,在销售中假冒盐业公司的碘盐,为非法获利仍提供帮助,直接参与了生产、销售假碘盐的全过程,上述被告人的行为均已构成非法经营罪。在共同犯罪中,胡廷蛟、唐洪文起组织指挥作用,系主犯。李富国、龚中雨、龚锐在共同犯罪中起次要作用,系从犯,依法应从轻处罚。依照《中华人民共和国刑法》第二百二十五条第(一)项、第二十六条第一、四款、第二十七条、第六十七条第一款之规定,于2000年1月19日判

决如下:

1. 被告人胡廷蛟犯非法经营罪,判处有期徒刑五年,罚金二十万元;
2. 被告人唐洪文犯非法经营罪,判处有期徒刑四年,罚金二十万元;
3. 被告人李富国犯非法经营罪,判处有期徒刑一年零六个月,罚金四千元;
4. 被告人龚中雨犯非法经营罪,判处有期徒刑一年零二个月,罚金四千元;
5. 被告人龚锐犯非法经营罪,判处有期徒刑一年零二个月,罚金四千元。

一审宣判后,胡廷蛟以"原审判决认定的假碘盐数额不准,罚金不符合法律规定,应扣除购原盐款、装卸车费和包装费。主观恶性不大,且获利微薄,未造成实际危害,量刑明显过重"为由提出上诉。唐洪文以"其只是以股份者身份参与,是从犯,且主动投案,应从轻处罚,原判量刑过重"为由亦提出上诉。

海口市中级人民法院经审理认为:原审判决认定事实清楚,证据确实、充分,定罪准确,但对胡廷蛟、唐洪文的罚金畸重;唐洪文主动向公安机关投案,交代犯罪事实,属于自首,原判对唐的量刑偏重,故于2000年4月20日判决:维持对被告人李富国、龚中雨、龚锐的定罪量刑;维持对胡廷蛟定罪及主刑,改判罚金四万元;维持对唐洪文的定罪,改判有期徒刑三年,罚金三万五千元。

二、裁判要旨

No.3-8-225-2 非法经营的专营、专卖物品属于伪劣产品的,应当认定为非法经营罪的情节严重。

从非法经营专营、专卖物品的危害性来看,其行为不仅破坏了国家的商品专营制度,严重扰乱了社会主义市场经济秩序,通常还会产生其他危害后果,如损害人民的身体健康。因此,非法经营的专营、专卖物品的质量,也应是人民法院认定有关行为情节是否严重的标准之一。对于非法经营的专营、专卖物品属于伪劣产品的,应当认定为情节严重。本案被告人生产、销售伪劣碘盐,当属情节严重。

对于这种基于一个犯罪意图,实施一个行为,同时触犯数个不同罪名的刑法理论上的想象竞合犯,根据最高人民法院、最高人民检察院《关于办理生产、销售伪劣商品刑事案件具体应用法律若干问题的解释》第十条的规定:"实施生产、销售伪劣商品犯罪,同时构成侵犯知识产权、非法经营等其他犯罪的,依照处罚较重的规定定罪处罚。"相对于生产、销售伪劣产品销售金额较大、假冒注册商标情节严重而言,本案被告人非法经营情节严重的法定刑较重。因此,对被告人胡廷蛟、唐洪文等人的行为,应以非法经营罪定罪处罚。

案例:高秋生等非法经营案

案例来源:《刑事审判参考》总第29辑[第212号]

主题词:非法经营罪

一、基本案情

被告人高秋生,男,1970年6月14日出生,高中文化,驾驶员。2000年8月24日被逮捕。

被告人林适应,男,1974年5月12日出生,小学文化,驾驶员。2000年8月24日被逮捕。

被告人方枝英,男,1968年12月14日出生,小学文化,驾驶员。2000年8月24日被逮捕。

被告人李奋家,男,1974年1月21日出生,初中文化,驾驶员。2000年8月24日被逮捕。

福建省龙海市人民法院经审理查明:2000年7月17日上午,被告人高秋生、林适应、方枝英、李奋家在明知是烟草制品又无准运证的情况下,受方志雄(另案处理)委托,将假冒的台湾地区产长寿牌香烟318箱,由福建省云霄县莆美镇运往南安市,高秋生、林适应驾驶东风牌厢式大货车(车号闽E01879)运输,方枝英、李奋家驾驶金龙牌旅行车(车号闽E80197)在前面探路,行至厦漳高速公路龙海路段被龙海市公安局查获。

龙海市人民法院认为:检察机关对四被告人犯非法经营罪的指控成立。四被告人在共同犯罪中均起次要作用,都是从犯,且认罪态度较好,应当从轻处罚,被告人高秋生、林适应、李奋家的辩护人建议对三被告人从轻处罚的意见可以采纳。四被告人的行为一经实施,即构成犯罪既遂,三辩护人认为本案是犯罪未遂的意见不予采纳。依照《中华人民共和国刑法》第二百二十五条第(一)项、第二十五条第一款、第二十七条和第六十四条的规定,于 2001 年 5 月 10 日判决如下:

1. 被告人高秋生犯非法经营罪,判处有期徒刑三年;
2. 被告人林适应犯非法经营罪,判处有期徒刑三年;
3. 被告人方枝英犯非法经营罪,判处有期徒刑三年;
4. 被告人李奋家犯非法经营罪,判处有期徒刑三年;
5. 扣押在案的运输工具东风牌货车、金龙牌旅行车各一辆,予以没收。

一审宣判后,四被告人均提起上诉。

高秋生上诉称,原判未认定其系犯罪未遂不妥,量刑畸重。其辩护人辩称:原判认定事实不清,证据不足,要求对假冒香烟进行价值鉴定;原判没有认定未遂不当;上诉人高秋生系从犯,建议对其从轻处罚。

林适应上诉称,其行为即使属于犯罪,情节也是轻微,属未遂,系从犯,要求对其判处免刑。

方枝英上诉称,原判没有认定犯罪未遂不妥,其属从犯,认罪态度好,要求予以从宽处罚并适用缓刑。其辩护人提出,方枝英系从犯,原判量刑偏重,建议适用缓刑,同时提出对假冒香烟进行价值鉴定。

李奋家上诉称,其行为属犯罪未遂,原判未认定明显不妥,量刑偏重。其辩护人以相同的理由提出辩护意见,并建议酌情从轻处罚。

漳州市中级人民法院经审理认为:关于各上诉人及其辩护人提出上诉人行为属犯罪未遂的意见,经查,本案四上诉人未经许可已实施运载经营假冒烟草制品计 318 箱,被公安干警当场抓获,其违反国家规定,在流通领域进行运输的非法经营行为即属既遂。关于上诉人高秋生、方枝英的辩护人要求对已查获的假冒香烟进行价值鉴定的意见,经查,因台湾地区产的长寿牌香烟,在大陆市场没有流通,原判对本案由侦查机关查获的假冒台湾产的长寿牌香烟计 318 箱亦没有价格认定,四上诉人未经许可具体实施运输假冒香烟计 318 箱的行为,已严重扰乱市场秩序,情节严重,所以辩护人的该辩护意见,不符合本案的客观事实。关于上诉人林适应、上诉人方枝英及其辩护人分别要求适用免刑、缓刑的上诉理由、辩护意见,经查,根据本案的具体事实、情节,对上诉人均不宜适用免刑、缓刑。上诉人高秋生、林适应、方枝英、李奋家违反国家规定,未经许可由上诉人高秋生纠集后即互相配合共同为他人实施运载经营假冒烟草制品计 318 箱,扰乱市场秩序,情节严重,四上诉人的行为均已构成非法经营罪。在运输行为的非法经营过程中,四上诉人的共同犯罪行为系起次要作用,属从犯,案发后,认罪态度较好,依法应当从轻处罚。上诉人高秋生在运载经营假冒烟草时又纠集其他三上诉人,其地位、作用略高于其他三上诉人。原审龙海市人民法院认定的事实清楚,证据确实、充分,定罪准确,审判程序合法。但原判对上诉人林适应、方枝英、李奋家的量刑偏重,应予改正。依照《中华人民共和国刑法》第二百二十五条第(一)项、第二十五条第一款、第二十七条、第六十四条和《中华人民共和国刑事诉讼法》第一百八十九条第(一)、(二)项之规定,于 2002 年 3 月 21 日判决如下:

1. 维持龙海市人民法院刑事判决第 1 项中对被告人高秋生的定罪、量刑,第 2、3、4 项中对被告人林适应、方枝英、李奋家的定罪,第 5 项中扣押在案的运输工具东风牌货车、金龙牌旅行车各一辆,予以没收的判决。
2. 撤销龙海市人民法院刑事判决第 2、3、4 项中对被告人林适应、方枝英、李奋家量刑部分的判决。
3. 上诉人林适应犯非法经营罪,判处有期徒刑二年。
4. 上诉人方枝英犯非法经营罪,判处有期徒刑二年。
5. 上诉人李奋家犯非法经营罪,判处有期徒刑二年。

二、裁判要旨

No.3-8-225-3 明知是假冒专营、专卖产品而运输,情节严重的,应以非法经营罪论处。

《中华人民共和国烟草专卖法》第三条规定:"国家对烟草专卖品的生产、销售、进出口依法实行专卖管理,并实行烟草专卖许可证制度。"台湾地区所产香烟在大陆并未获许流通,但香烟属于我国法律规定的专营、专卖物品,因此,违反法律规定,擅自经营假冒台湾产长寿牌香烟的行为,属于非法经营。如果扰乱市场秩序,情节严重的,应以非法经营罪定罪处罚。非法经营罪的成立要求是扰乱市场秩序,情节严重。参照最高人民检察院、公安部《关于经济犯罪案件追诉标准的规定》第七十条的规定,非法经营案件,个人非法经营数额在五万元以上,或者违法所得数额在一万元以上的;单位非法经营数额在五十万元以上,或者违法所得数额在十万元以上的,可以立案、追诉。一般说来,非法经营罪的情节严重、情节特别严重表现为非法经营数额或者违法所得数额较大或巨大,但考虑到非法经营行为的复杂性,实践中存在非法经营数额和违法所得数额无法认定的情形。因此,对构成非法经营罪的情节严重、情节特别严重的认定,应当根据行为人非法经营犯罪数量、数额等情节,综合考虑,正确判定。

本案中,各被告人运输的假冒长寿牌香烟的价值总额的认定,属于货值金额难以确定的情形。两高《关于办理生产、销售伪劣商品刑事案件具体应用法律若干问题的解释》第二条第三款规定:"货值金额以违法生产、销售的伪劣产品的标价计算;没有标价的,按照同类合格产品的市场中间价格计算。货值金额难以确定的,按照国家计划委员会、最高人民法院、最高人民检察院、公安部1997年4月22日联合发布的《扣押、追缴、没收物品估价管理办法》的规定,委托指定的估价机构确定。"而《扣押、追缴、没收物品估价管理办法》第四条规定:"对于扣押、追缴、没收的珍贵文物,珍贵、濒危动物及其制品,珍稀植物及其制品,毒品,淫秽物品,枪支、弹药等不以价格数额作为定罪量刑标准的,不需要估价。"因台湾地区产长寿牌香烟未在大陆市场流通,亦没有同类合格产品的市场价格可参考估价,而非法经营罪并不要求价格数额作为定罪量刑的唯一标准,故被告人的辩护人提出的要求价值鉴定的意见无法律根据,一、二审法院以运输假冒香烟的数量认定被告人的犯罪情节是正确的。

案例:李柏庭非法经营案

案例来源:《刑事审判参考》总第31辑[第234号]

主题词:变相传销 非法经营罪

一、基本案情

被告人李柏庭,男,1963年6月17日出生,大专文化,原系上海金翰电子商贸有限公司法定代表人。因涉嫌犯非法经营罪,于2001年11月1日被逮捕。

上海市黄浦区人民法院经审理查明:2000年3月,被告人李柏庭与曹军(在逃)等人出资人民币100万元,在上海市普陀区星云经济区注册设立了上海金翰电子商贸有限公司(以下简称"金翰公司"),李柏庭担任法定代表人。2000年6月至2001年1月间,为维持金翰公司的经营,李柏庭与他人合谋,在金翰公司的网站上推出了网上购物有奖竞猜活动,即只要到其加盟店购买一单价格为680元的金箔画,即可以取得金翰公司的网上竞猜成员资格和16次网上有奖竞猜机会,竞猜平均中奖率达95%以上。在此期间,李柏庭等还推出了"特许加盟店"的奖励方法,规定特许加盟店每拓展一个加盟店,除可得到2000元的一次性奖金之外,还可享受下属加盟店销售金箔画每单15元的提成等。李柏庭利用以上经营手法,销售金箔画共计84201单,经营额达 5725.668万元,个人违法所得55万元。2001年2月,李柏庭在取保候审期间,携款潜逃,直至2001年9月28日在四川省绵阳市被抓获。

上海市黄浦区人民法院认为:公诉机关指控被告人李柏庭违反国家规定,采用变相传销手段进行经营活动,严重扰乱市场秩序,情节特别严重,其行为已构成非法经营罪的事实清楚,证据确凿,指控罪名成立,依法应予惩处。被告人李柏庭系严重破坏社会秩序的犯罪分子,依法可以附加剥夺政治权利。据此,依照《中华人民共和国刑法》第二百二十五条第一款第(四)项、第

五十五条第一款、第五十六条第一款、第六十四条之规定,于2002年6月5日判决如下:

被告人李柏庭犯非法经营罪,判处有期徒刑十年六个月,剥夺政治权利二年,并处罚金人民币二百万元。

一审宣判后,李柏庭不服,上诉于上海市第二中级人民法院。

上海市第二中级人民法院审理认为:上诉人李柏庭采用高额回报为诱饵,使用后继加入者交付的钱款支付回报金额,进行变相传销,非法经营额达5725.668万元,个人违法所得55万元,其行为已构成非法经营罪,且系情节特别严重,应处五年以上有期徒刑,并处违法所得一倍以上五倍以下罚金或者没收财产。原审法院根据李柏庭犯罪的事实及其非法经营额、违法所得和在取保候审期间携款潜逃等情节,对李柏庭作出的判决并无不当,且审判程序合法。依照《中华人民共和国刑事诉讼法》第一百八十九条第(一)项之规定,于2002年8月12日裁定驳回上诉,维持原判。

二、裁判要旨

No.3-8-225-4 假借有奖销售的名义,以发展下线为主要经营方式,以明显背离商品价值的价格销售商品的,应当认定为变相传销,以非法经营罪论处。

合法的有奖销售和非法的变相传销之间的主要区别是:(1)从销售的方式以及获利途径来看,有奖销售往往有自己的经营场所,以社会一般消费者为销售对象,购买者一般为最终用户,从商品销售收入与经营成本之间的差价中获取利润;传销或变相传销则采取无店铺经营方式,以发展下线为其主要经营方式,组织者往往在同学、朋友、亲属中间寻找销售对象,下线也采用同一方法发展下一层次的参加者。(2)从销售的商品角度来看,有奖销售的商品价格与价值之间的差距处于一合理的幅度,购买者购买商品是以消费商品为目的;而非法传销的商品价格与价值大幅度相背离,违背了等价交换原则,消费者购买商品的目的不再是商品的使用价值,而是把商品当做赚钱的工具,使自己能够从中牟取暴利回馈。(3)从推销、宣传的角度来看,有奖销售与非法传销均需通过相关媒体或者其他方式进行广告宣传,但前者一般以物美价廉、有奖为内容;而后者往往以给予参加者高额回报、提成为内容。

No.3-8-225-5 不以非法占有为目的,以传销方式实施的经营行为,应以非法经营罪论处。

判断行为人是否具有非法占有的目的,是区分以传销方式实施的非法经营罪和诈骗犯罪的根本标准。诈骗犯罪是一种以非法占有为目的的犯罪,而非法经营罪的行为人在主观上仅具有非法牟利的动机,该牟利行为主要不是通过非法占有经营中所得的他人财物来实现,而是通过传销或变相传销的所谓经营活动来实现。因此,从这个意义上来说,传销或变相传销中非法经营行为人主观上不以非法占有为目的。

案例:高国华非法经营案

案例来源:《刑事审判参考》总第42集[第330号]

主题词:外汇按金交易 非法经营罪

一、基本案情

被告人高国华,男,1944年3月19日出生,小学文化,农民。2004年2月23日因涉嫌犯非法拘禁罪被刑事拘留,同年3月30日被逮捕,12月31日被取保候审,2005年2月24日被逮捕。

福建省福清市人民法院经审理查明:2003年5月21日至5月30日,被告人高国华为了赚取日币升值的差价,先后6次向陈彩英(另案处理)订购日币1.4亿元,共折合人民币98.545万元,双方约定按结算当日银行牌价结算。5月30日,高国华向陈彩英支付购买日币的押金日币100万元。5月31日,双方制作了购买日币明细表,由高国华和陈彩英之子翁辉共同签字。8月19日,高国华又向陈彩英支付购买日币押金日币100万元。之后,由于日币升值,高国华要求双方结算,截至同年9月30日,按中国人民银行公布的外汇牌价,高国华可从中获利30多万元人民币,但因陈彩英未予结算而未获取。

2003年10月7日15时许,被告人高国华得知与其有非法债务纠纷的陈彩英之子翁辉的行踪后,即乘坐高鹰(不起诉)驾驶的两轮摩托车到高山镇上街新华书店附近的一游戏机店,将翁辉带出店外,后伙同高鹰强行将翁辉带走。当车行至何世国家楼下时,翁辉趁机逃走,高鹰驾驶摩托车追赶至前岭村华塘边自然村小路,将翁辉抓住并殴打致轻微伤,高国华在接到高鹰的电话通知后,带何桂兴(另案处理)等人赶到现场,将翁辉强行带到高山镇绿丹蓝歌舞厅2号包厢算账,并叫其写下一张54.3万元人民币的借条。当天18时许,翁辉的堂哥翁志坚赶到现场,欲将翁辉带走未果,到21时许,因翁辉家人到高国华家要人,高国华才让翁辉离开包厢。

福清市人民法院认为:被告人高国华以牟利为目的,非法从事外汇买卖,私自订购日币1.4亿元,扰乱金融市场秩序,情节严重,其行为触犯了《刑法》第二百二十五条第(四)项的规定,构成非法经营罪;为索取非法债务,伙同同案人非法剥夺他人的人身自由,并致被害人非法拘禁期间被殴打,其行为触犯了《刑法》第二百三十八条第一款、第三款的规定,构成非法拘禁罪,应依法实行并罚。辩护人提出被告人高国华的行为不构成非法经营罪的辩护意见不予采纳。根据被告人的犯罪事实、性质、情节及社会危害性程度,依照《中华人民共和国刑法》第二百二十五条第(四)项、第二百三十八条第一款、第三款、第六十九条、第二十五条第一款的规定,于2005年3月5日判决如下:

被告人高国华犯非法经营罪,处有期徒刑三年,并处罚金人民币五十万元;犯非法拘禁罪,处有期徒刑六个月。决定执行有期徒刑三年,并处罚金人民币五十万元。

一审宣判后,高国华不服,向福州市中级人民法院提出上诉。

高国华上诉称,其并未实际买卖日币,认定其犯非法经营罪事实不清、证据不足;其实施的非法拘禁行为情节显著轻微,对社会危害不大,不应认为是犯罪。

高国华的二审辩护人提出,外汇按金交易要发生实际外汇交易行为,本案双方针对的是汇差,不是外汇交易的法定形式,不产生扰乱金融市场秩序的后果,不能定为非法外汇按金交易并以非法经营罪处罚;高国华没有非法所得,不应判处罚金;高国华实施的非法拘禁行为情节显著轻微,对社会危害不大,可不以犯罪论处,同时根据《关于人民检察院直接受理立案侦查案件立案标准的规定(试行)》第三条第一款第(一)项的规定,非法拘禁行为持续时间超过24小时的才作为犯罪处理。

福州市中级人民法院经审理认为:被告人高国华以牟利为目的,参与非法外汇按金交易,交易金额达日币1.4亿元,依照现行国家外汇管理法规,以非法买卖外汇论处,根据最高人民法院《关于审理骗购外汇、非法买卖外汇刑事案件具体应用法律若干问题的解释》第三条的规定,其行为构成非法经营罪。此外,被告人高国华为索取非法债务,非法扣押他人,剥夺他人人身自由,其行为又构成非法拘禁罪,应依法数罪并罚。对于被告人及其辩护人提出本案没有实际买卖日币,不能认定为非法按金交易,不构成非法经营罪的诉辩意见,经查,被告人高国华已交付押金并以《购买日元明细表》的形式与交易方签订协议,至其要求结算之日,按银行牌价可获利30多万元人民币,由于交易方不予结算,被告人扣押被害人翁辉,并胁迫其写下欠款54.3万元的借条,上述事实证实高国华参与非法买卖外汇的交易行为已经成立。同时,被告人高国华的非法所得已经产生,只是尚未获得,被告人及其辩护人诉辩称没有非法所得的意见亦不能成立。此外,被告人为索取非法债务而扣押、剥夺他人人身自由,其行为具有社会危害性,应予以追究刑事责任。辩护人提出根据《关于人民检察院直接受理立案侦查案件立案标准的规定(试行)》第三条第一款第(一)项的规定,非法拘禁行为持续时间超过24小时的才作为犯罪处理,经查,上述规定是针对国家机关工作人员利用职权实施的侵犯公民人身权利、民主权利的犯罪案件,不能适用于本案。综上,被告人高国华及其辩护人提出的诉辩理由均不能成立,不予采纳。原判认定事实清楚,证据确实、充分,定性正确,量刑适当,审判程序合法。依照《中华人民共和国刑事诉讼法》第一百八十九条第(一)项之规定,裁定驳回上诉,维持原判。

二、裁判要旨

No.3-8-225-6 非法从事外汇按金交易的,应以非法经营罪论处。

所谓外汇按金交易,是指在金融机构之间及金融机构与投资者之间进行的一种远期外汇买卖方式。外汇按金交易于20世纪80年代产生于伦敦,后流入香港,90年代初我国一些个人和机构曾参与这类交易。在交易时,交易者只付出1%～10%的按金(保证金),就可进行100%额度的交易。外汇按金交易具有以下特点:一是外汇按金交易的中场是无形的、不固定的,直接进行交易,没有交易所这样的中介机构;二是外汇按金交易没有到期日,交易者可以无限期持有头寸;三是外汇按金交易的市场规模巨大,参与者众多;四是外汇按金交易的币种丰富,所有可兑换货币都可作为交易品种;五是外汇按金交易的交易时间是不间断的;六是外汇按金交易要计算各种货币之间的利率差,金融机构须向客户支付或从客户按金中扣除。

非法从事外汇按金交易既属于《中华人民共和国外汇管理条例》第四十条规定的"未经外汇管理机关批准,擅自经营外汇业务"以及第四十五条规定的"私自买卖外汇、变相买卖外汇或者倒买倒卖外汇"行为,也属于全国人大常委会《关于惩治骗购外汇、逃汇和非法买卖外汇犯罪的决定》第四条第一款规定的"在国家规定的交易场所以外非法买卖外汇"行为。

全国人大常委会《关于惩治骗购外汇、逃汇和非法买卖外汇犯罪的决定》第四条第一款规定:"在国家规定的交易场所以外非法买卖外汇,扰乱市场秩序,情节严重的,依照刑法第二百二十五条的规定定罪处罚。"这里的扰乱市场秩序,情节严重,可参照执行1998年最高人民法院《关于审理骗购外汇、非法买卖外汇刑事案件具体应用法律若干问题的解释》第三条的规定:"在外汇指定银行和中国外汇交易中心及其分中心以外买卖外汇,扰乱金融市场秩序,具有下列情形之一的,按照刑法第二百二十五条第(三)项的规定定罪处罚:(一)非法买卖外汇二十万美元以上的;(二)非法所得五万元人民币以上的。"

案例:郭金元等非法经营案

案例来源:《刑事审判参考》总第48集[第378号]

主题词:非法经营罪　犯罪数额

一、基本案情

被告人郭金元,男,1958年2月2日出生,初中文化,农民。2003年4月29日因涉嫌犯非法经营罪被刑事拘留,同年5月29日被逮捕。

被告人肖东梅,又名肖玫,女,1970年1月15日出生,初中文化,农民。2003年4月23日因涉嫌犯非法经营罪被刑事拘留,同年5月29日被逮捕。2003年11月13日,被渭南市中级人民法院取保候审。

陕西市渭南市中级人民法院经审理查明:2002年8月27日,渭南市烟草专卖局稽查大队会同渭南市公安局临渭分局经侦大队在临渭区二马路杨家寨16号被告人郭金元住处,查获郭金元非法经营烟草专卖品各种卷烟共计26个品种5295条,总价值11.53万元。

2003年4月27日晚,被告人郭金元驾驶柳洲五菱微型面包车(陕D17051)先向临渭区宣化路宣化超市邢刚销售黄公主牌卷烟4件,价值2500元;随后到二马路向新康商店刘增年销售5个品种卷烟共计55条,价值1989元;当郭再次准备销烟时被渭南市烟草专卖局稽查大队查扣,当场从车内查获5个品种卷烟155条,价值8550元;当晚又在其家查获各类卷烟13个品牌38条,价值5934元。

2003年4月20日,被告人郭金元在渭南市临渭区固市中学向被告人肖东梅销售骊山牌香烟15件、黄公主牌香烟9件、兰B金丝猴牌香烟8件,销售金额1.76万元。当肖东梅正准备将上述卷烟拉出销售时,被渭南市烟草专卖局稽查大队查扣,并查扣肖东梅非法运输烟草专卖品的汉江牌微型面包车一辆(陕AD5347)。肖东梅于当日下午主动到渭南市烟草专卖局接受处理。

2003年4月,被告人肖东梅将其非法经营的烟草专卖品黄公主牌卷烟25件、软猴王牌卷烟11件、兰B金丝猴牌卷烟62件分别销售给渭南市临渭区的陈树兴、租开育、王运良、李根海、王天社、左安发、贾燕等人,销售金额 7.467 万元。

渭南市中级人民法院认为:被告人郭金元从 2002 年 8 月 27 日至 2003 年 4 月 27 日,先后 3 次非法经营烟草专卖品,非法经营额为 15.1873 万元;被告人肖东梅在 2003 年 4 月先后 2 次非法经营烟草专卖品,非法经营额为 9.227 万元。被告人郭金元、肖东梅未经许可,非法经营《中华人民共和国烟草专卖法》规定的烟草专卖品,均已构成非法经营罪。被告人郭金元的行为属于情节特别严重,被告人肖东梅的行为属于情节严重。陕西省渭南市人民检察院指控的罪名成立。

对于起诉书指控被告人郭金元于 2002 年 8 月 29 日先后向刘增年、杨友民、刘全州等 20 人非法销售价值 35.8281 万元烟草专卖品的事实,经查,从郭金元住处查扣的计划供货账单看,时间概念不清,未能查清进货来源,虽有证人证言,但证言时间不确切,有的有反复,又无其他实物凭证佐证,显属证据不足,不能认定。

起诉书指控被告人郭金元于 2001 年 5 月 11 日将其非法经营的 172 件卷烟,从富平运回渭南时在临渭区大什村被西安市阎良区烟草专卖局查扣,总价值 15.432 万元的事实,经查,此事实已被西安市阎良区烟草专卖局经陕西省烟草专卖局审批,依法作出行政处理,且合法、正确。在累计计算郭金元非法经营烟草价值数额时,不能将该笔数额再累计计算予以刑事处罚,故此笔不应计入被告人郭金元非法经营数额之内。郭金元非法经营情节特别严重,应依法予以惩处。其辩护人的辩护意见部分成立,予以采纳。

被告人肖东梅非法经营情节严重,但案发后,能主动到烟草部门接受处理,应视为投案自首,且认罪态度好,有悔罪表现。故依法对其从轻处罚。其辩护人的辩护意见成立,予以采纳。

渭南市中级人民法院依照《中华人民共和国刑法》第二百二十五条第(一)项、第六十七条第一款、第七十二条第一款、第七十三条第二、三款、第六十四条的规定,于 2003 年 11 月 10 日判决如下:

1. 被告人郭金元犯非法经营罪,判处有期徒刑五年,并处罚金二万元。
2. 被告人肖东梅犯非法经营罪,判处有期徒刑三年,缓刑四年,并处罚金一万元。
3. 随案移送作案工具柳洲五菱微型面包车一辆(陕 D17051)、汉江微型面包车一辆(陕 AD5347)予以没收。

一审宣判后,陕西省渭南市人民检察院提出抗诉,陕西省人民检察院支持抗诉。被告人郭金元不服,提出上诉。

陕西省人民检察院抗诉提出:原审被告人郭金元于 2002 年 8 月 29 日至 9 月 3 日非法经营烟草专卖品价值 35.8281 万元的事实,有刘增年等 20 名证人证言、郭金元供述、从郭家中查扣的计划供烟单等证据证明,原审判决对此起作案事实不予认定是错误的。原审法院对郭金元于 2001 年 5 月 11 日非法经营卷烟 172 件(价值 15.432 万元)的事实,以已被西安市阎良区烟草专卖局行政处罚、作案数额不能累计计算再作刑事处罚为由不予认定,有违最高人民检察院、公安部 2001 年 4 月 8 日公布的《关于经济犯罪案件追诉标准的规定》第七十条和 1996 年 10 月 1 日生效实施的《中华人民共和国行政处罚法》第七条、第二十八条的有关规定,于法无据,是适用法律错误。

上诉人郭金元当庭在二审期间提出,抗诉指控其于 2002 年 8 月 29 日至 9 月 3 日非法经营 35 万余元的事实不清,证据不足,不能成立。理由是:查扣的账单只是其计划供应单,而非已经实施的供货记账单;证人证言是证人被传唤到公安局并在侦查人员出示账单后才承认的;其家于 8 月 27 日被查抄后,其去了乾县,无作案时间;35 万余元的货物不是一个小数目,但侦查机关没有证据证明货物来源,因此不能认定。对抗诉指控其于 2001 年 5 月 11 日非法拉运 15 万余元卷烟应予追究刑事责任的意见,郭金元辩解其行为当时不属于犯罪行为,行政机关当时作出的行政处理的案件管辖、处罚程序、性质认定均是合法的,因此,行政处罚合法正确,其行为当时属于一般违法行为,检察院在两年后将早已作过处理决定的行为加以指控,缺乏法律依据。原审判决认定其于 2003 年 4 月 20 日给肖东梅供烟 1.76 万元的事实不能成立;其实际非法经营数额应为 13.4273 万元,原判量刑过重。

肖东梅在二审期间对于指控其非法经营烟草专卖品的事实供认属实,并辩称自己不懂法,且有投案自首情节,请求法庭给其一个重新做人的机会。

陕西省高级人民法院经审理查明:原审判决认定上诉人郭金元3次作案、非法经营数额15.1873万元;被告人肖东梅2次作案、非法经营数额9.227万元的事实是清楚、正确的,依法应予确认。还查明,2001年5月11日,上诉人郭金元在富平县烟草专卖局购买磨砂猴王、软猴王、窄板猴王等无标卷烟172件,价值15.432万元,当车行至渭南市临渭区大什村时,被阎良区烟草专卖局查扣。后经陕西省烟草专卖局审批,被西安市阎良区烟草专卖局依法予以行政处罚。另外查明,郭金元因非法运输卷烟分别于1999年6月3日和2002年3月14日被华县烟草专卖局给予行政罚款处罚。据此,陕西省高级人民法院认为,上诉人郭金元、被告人肖东梅违反国家烟草专卖法,未经许可,非法买卖卷烟,情节严重,其行为均已构成非法经营罪。对检察院抗诉指控郭金元于2002年8月29日至9月3日向刘增年等20人非法销售卷烟总计价值35.8281万元的事实,经查,(1)2002年8月27日有关机关对郭金元的住宅进行搜查,查扣了价值11.53万元的卷烟,郭金元在事隔两天后又经营价值高达35万元的卷烟,作案的进货来源没有查清。(2)刘增年等20名证人虽然证明曾从郭金元处进过货,但是证明的进货时间不确切,有的证明进货是在七八月,有的证明是八九月;证言内容有瑕疵,所有购烟的品种、数量、价格等均是在办案人员出示计划供货单后,证人经回忆才确认的;证人均证明计划供烟单一式两份,但是侦查机关没有提取到一份证人所持的计划供烟单;许多证人均证明是与郭金元的老婆联系购货的,但郭金元妻子的证言没有问到。(3)该宗作案事实,没有其他实物证据能够证明。(4)一、二审开庭审理中,郭金元均供称其当时不在渭南,没有作案时间,没有供货,故证明该宗作案事实的证据不充分,依法不予认定。对郭金元上诉提出其于2001年5月11日非法拉运卷烟价值15.432万元已经阎良区烟草专卖局行政处罚过,不应再计入犯罪数额予以追究刑事责任的理由,经查,(1)根据我国《行政处罚法》第七条、第二十八条之规定,法律并未禁止对已经行政处罚过的行为予以刑事处罚,所以对已受过行政处罚的行为再予刑事处罚,不违反一事不再罚的原则;(2)根据最高人民检察院、公安部已于2001年4月8日颁布实施的《关于经济犯罪案件追诉标准的规定》,非法经营5万元就要追究刑事责任;国务院2001年7月9日公布的《行政执法机关移送涉嫌犯罪案件的规定》,对行政机关发现犯罪应移交公安机关处理作了具体规定,但阎良区烟草局仍依据国家烟草专卖局的有关行政法规的规定对郭金元作出行政处罚,显属违法,没有法律效力。故对该笔已经行政处罚的非法经营数额应当计入犯罪数额。综上,陕西省人民检察院的部分抗诉意见正确,予以采纳。郭金元的部分上诉理由成立。上诉人郭金元非法经营烟草金额306193元,且在两年内受到二次行政处罚,情节特别严重,应予惩处。被告人肖东梅非法经营数额达9.227万元,情节严重,但肖东梅在案发后能主动到烟草部门接受处理,如实供述自己的犯罪事实,有自首情节,且在一、二审审理中认罪态度好,有悔罪表现,可对其从轻处罚。根据《中华人民共和国刑事诉讼法》第一百八十九条第(一)、(二)项,依照《中华人民共和国刑法》第二百二十五条、第六十七条第一款、第七十二条第一款、第七十三条第二、三款、第六十四条之规定,判决如下:

1. 维持渭南市中级人民法院刑事判决的第2、3项,即被告人肖东梅犯非法经营罪,判处有期徒刑三年,缓刑四年,并处罚金一万元;随案移送作案工具柳洲五菱微型面包车一辆(陕D17051)、汉江微型面包车一辆(陕AD5347)予以没收。

2. 撤销渭南市中级人民法院刑事判决的第1项,即被告人郭金元犯非法经营罪,判处有期徒刑五年,并处罚金二万元的部分。

3. 上诉人郭金元犯非法经营罪,判处有期徒刑六年,并处罚金四万元,罚金从其向阎良区烟草专卖局所缴纳的行政处罚款中予以折抵。

二、裁判要旨

No.3-8-225-7 对于行政机关超越职权范围以罚代刑处置的非法经营数额,应当作为未经处理的犯罪数额予以累计计算。

多次非法经营烟草未经处理的,犯罪数额应当累计计算,但是累计计算的前提条件是未经处理。何为未经处理?“两高”1989年11月6日《关于执行〈关于惩治贪污罪贿赂罪的补充规定〉若干问题的解答》曾规定:多次贪污未经处理,是指两次以上(含两次)的贪污行为,既没有受过刑事处罚(包括免予起诉、免予刑事处分),也没有受过行政处理。可见,未经处理,是指未经刑事处罚,也未经行政处理过。前述《关于办理假冒伪劣烟草制品等刑事案件适用法律问题座谈会纪要》第三条第(三)项明确规定:曾因非法经营烟草制品行为受过二次以上行政处罚又非法经营的,非法经营数额在二万元以上的,构成犯罪。这其中暗含了业已经过行政处罚的数额不计入犯罪数额的精神。

《行政处罚法》第二十八条规定:“违法行为构成犯罪,人民法院判处拘役或者有期徒刑时,行政机关已经给予当事人行政拘留的,应当依法折抵相应刑期。违法行为构成犯罪,人民法院判处罚金时,行政机关已经给予当事人罚款的,应当折抵相应罚金。”可见,已经行政处罚过的行为仍可予以刑事追究,对同一个行为作出行政处罚和刑事处罚两种评价并不矛盾。但该法所指的行政处罚,应是指行政机关超越职权范围“以罚代刑”作出的违法行政处罚。否则,对于行政机关已经行政处罚过的行为,不加区别均可再追究刑事责任,将与前述我国刑法中有关“未经处理的”才累计计算犯罪数额的规定相矛盾,有违立法本意。据此,我们认为,依照我国刑法和行政处罚法的相关规定,业经行政处罚过的非法经营数额应否计入犯罪数额,再予追究刑事责任,不能一概而论。对于行政机关未超越职权范围予以行政处罚的非法经营数额,不得累计计算作犯罪数额。对于行政机关超越职权范围以罚代刑处置的非法经营数额,应当作为未经处理的犯罪数额予以重新计算。

案例:谈文明等非法经营案

案例来源:《刑事审判参考》总第60集[第473号]

主题词:非法经营罪 侵犯著作权罪

一、基本案情

被告人谈文明,男,1971年10月21日出生,大学文化,北京市通广恒泰商贸有限公司法定代表人。因涉嫌犯非法经营罪于2005年10月11日被逮捕。

被告人刘红利,女,1970年11月6日出生,大学文化,北京市通广恒泰商贸有限公司经理。因涉嫌犯非法经营罪于2005年9月8日被取保候审。

被告人沈文忠,男,1971年6月14日出生,硕士研究生文化,无业。因涉嫌犯非法经营罪于2005年10月11日被逮捕。

北京市海淀区人民法院经审理查明:《恶魔的幻影》(又名传奇3)是经新闻出版总署审查批准引进,由中国大百科全书出版社出版、中国广州光通通信发展有限公司运营的网络游戏出版物。2004年6月起,被告人谈文明未经授权或许可,组织他人在破译《恶魔的幻影》游戏服务器端与客户端之间经过加密的用于通讯和交换数据的特定通讯协议的基础上,研发出“007传奇3外挂”计算机软件。后谈文明等人设立“007智能外挂网”网站和“闪电外挂门户”网站,上载007外挂软件和《恶魔的幻影》动画形象,向游戏消费者进行宣传并提供下载服务,并向游戏消费者零售和向零售商批发销售007外挂软件点卡。销售收入汇入名为“王亿梅”的账户。被告人刘红利负责外挂软件销售,被告人沈文忠负责网站日常维护。2005年1月,北京市版权局强行关闭上述网站并将网络服务器查扣之后,谈文明、刘红利、沈文忠另行租用网络服务器,在恢复开通“闪电外挂门户”网站的基础上,先后设立“超人外挂”等网站,继续宣传其陆续研发的“008传奇3外挂”等计算机软件,提供上述软件的下载服务,并使用恢复开通的“闪电外挂门户”网站销售上述两种外挂软件的点卡,销售收入仍汇入名为“王亿梅”的账户。至2005年9月,谈文明、刘红利、沈文忠通过信息网络等方式经营上述外挂软件的金额达人民币2817187.5元。

网络游戏消费者要使用《恶魔的幻影》,在正常情况下,只需通过下载客户端程序后,在互联网上与服务器端连接即可运行游戏;若使用007外挂软件、008外挂软件,则不仅要下载《恶魔的幻影》软件客户端程序,而且要输入《恶魔的幻影》和007外挂软件、008外挂软件所要求的用户名和密码,这样才能最终与《恶魔的幻影》服务器端连接;而若使用超人外挂软件,则无须下载《恶魔的幻影》网络游戏软件客户端程序,就能直接与《恶魔的幻影》服务器端连接,但也必须输入《恶魔的幻影》和超人外挂软件所要求的用户名和密码。使用涉案外挂软件运行《恶魔的幻影》的消费者,要同时向运营商光通公司和外挂经营者谈文明等人付费。

上述涉案系列外挂软件使用了《恶魔的幻影》的地图场景名称等名词;超人外挂程序目录中存在一个与《恶魔的幻影》软件目录相同反映服务器端 IP 地址的配置文件。《恶魔的幻影》客户端程序在内存中的动态表现形式只有以非加密的形式存在,才能被执行。涉案 007 外挂软件、008 外挂软件在运行时,利用上述条件,能绕过客户端程序经加密的静态文件,直接对《恶魔的幻影》客户端程序在内存中的动态表现形式进行修改,并调用《恶魔的幻影》所使用的大量函数,使 007 外挂软件、008 外挂软件功能能添加到《恶魔的幻影》运行过程之中。加载了 007 或 008 外挂软件的《恶魔的幻影》客户端,所发送的对原游戏功能作出修改的数据也可被《恶魔的幻影》服务器端接收和反馈。而使用超人外挂软件的游戏消费者在启动《恶魔的幻影》网络游戏软件后,即使消费者不再亲自操控游戏,该外挂软件也能使处于在线状态的游戏一直进行下去。上述外挂软件的运行,改变了《恶魔的幻影》网络游戏软件设定的游戏规则,使用外挂软件的消费者较之未使用外挂软件的消费者在游戏能力上取得了明显的优势地位,通过外挂软件设置的功能可以更容易和更快地升级或过关,从而造成游戏消费者之间游戏能力明显不平等的局面。

北京市海淀区人民法院认为:被告人谈文明、刘红利、沈文忠以营利为目的,未经批准,开展经营性互联网信息服务,违反国家出版管理规定,利用互联网站开展非法互联网出版活动,出版发行非法互联网出版物,侵害著作权人、出版机构以及游戏消费者的合法权益,扰乱互联网游戏出版经营的正常秩序,情节特别严重,其行为均已构成非法经营罪,依法应予惩处。鉴于谈文明、刘红利、沈文忠在庭审过程中认罪态度较好,对三人均酌予从轻处罚。依照《中华人民共和国刑法》第二百二十五条第(四)项、第二十五条第一款、第五十三条、第七十二条、第七十三条第二款、第三款,《中华人民共和国刑法修正案》第八条,最高人民法院《关于审理非法出版物刑事案件具体应用法律若干问题的解释》第十五条之规定,判决如下:

1. 被告人谈文明犯非法经营罪,判处有期徒刑二年六个月,罚金人民币五万元。
2. 被告人刘红利犯非法经营罪,判处有期徒刑二年,缓刑三年,罚金人民币三万元。
3. 被告人沈文忠犯非法经营罪,判处有期徒刑一年六个月,罚金人民币三万元。

一审宣判后,三名被告人均表示服判,北京市海淀区人民检察院提起抗诉,抗诉理由是:(1)谈文明等三人复制发行《恶魔的幻影》软件的行为构成侵犯著作权罪,原审判决认定事实不当,定性错误。(2)如果认定为非法经营罪,应当同时认定涉案外挂软件既程序违法也内容违法,应适用最高人民法院《关于审理非法出版物刑事案件具体应用法律若干问题的解释》第十一条,而不是第十五条,原审判决适用法律不当,量刑畸轻。北京市人民检察院第一分院的出庭意见是:(1)原审判决认定谈文明等人的行为构成非法经营罪是正确的;(2)原审判决适用法律错误。量刑不当,谈文明等人犯非法经营罪,情节特别严重,应在五年以上量刑。

北京市第一中级人民法院经审理认为:谈文明、刘红利、沈文忠违反国家规定,利用互联网站出版发行非法出版物,严重危害社会秩序和扰乱市场秩序,其行为均已构成非法经营罪,且犯罪情节特别严重,依法应予惩处。谈文明为共同犯罪的起意人及主要行为人,在共同犯罪中起主要作用,系主犯。刘红利、沈文忠为销售及网络维护人员,在共同犯罪中起次要作用,系从犯,可对二人依法减轻处罚并宣告缓刑。一审法院根据谈文明、刘红利、沈文忠犯罪的事实、性质所作判决定罪准确,但适用法律有误、量刑不当,予以纠正。北京市海淀区人民检察院及北京市人民检察院第一分院关于原判适用法律不当的抗诉意见予以采纳。依照《中华人民共和国刑事诉讼法》第一百八十九条第(二)项,《中华人民共和国刑法》第二百二十五条第(四)项、第二十五条第一款、第二十六条第一款、第四款、第二十七条、第七十二条、第七十三条第二款、第三款,最高人民法院《关于审理非法出版物刑事案件具体应用法律若干问题的解释》第十一条、第十二条第二款之规定,判决如下:

1. 撤销北京市海淀区人民法院(2006)海法刑初字第1750号刑事判决主文部分。
2. 原审被告人谈文明犯非法经营罪,判处有期徒刑六年,罚金人民币五十万元。
3. 原审被告人刘红利犯非法经营罪,判处有期徒刑三年,缓刑四年,罚金人民币十万元。
4. 原审被告人沈文忠犯非法经营罪,判处有期徒刑二年,缓刑三年,罚金人民币十万元。

二、裁判要旨

No.3-8-225-8 擅自制作网络游戏辅助软件出售牟利构成犯罪的,不构成侵犯著作权罪,应以非法经营罪论处。

根据《刑法》第二百一十七条的规定,以营利为目的,未经著作权人许可,复制发行其文字作品、音乐、电影、电视、录像作品、计算机软件及其他作品,违法所得数额较大或者有其他严重情节的,以侵犯著作权罪定罪处罚。也就是说,对于计算机软件的著作权,刑法只保护其中的复制发行权。因此,擅自制作网游外挂出售牟利的行为如果侵犯了复制发行权则可能构成侵犯著作权罪;而如果仅仅侵犯著作权中的修改权,则不能以侵犯著作权罪论处。

根据最高人民法院、最高人民检察院《关于办理侵犯知识产权刑事案件具体应用法律若干问题的解释》第十一条第三款的规定,通过信息网络向公众传播他人文字作品、音乐、电影、电视、录像作品、计算机软件及其他作品的行为,应当视为《刑法》第二百一十七条规定的复制发行。根据《计算机软件保护条例》,"修改权是指对软件进行增补、删节,或者改变指令、语句顺序的权利"。就本案而言,涉案的外挂软件的实质功能在于为游戏消费者提供超出传奇3游戏规则范围的额外帮助,起游戏辅助工具的效用,而谈文明等被告人的行为目的也是为游戏消费者提供突破技术保护措施的技术服务从而获利,其制作网游外挂对网络游戏产生影响主要通过以下两个途径:一是通过对硬盘、内存之中的网络游戏客户端程序、数据进行修改或者对服务器端与客户端间的网络数据包拦截、修改来完成;二是直接挂接到网络游戏环境中运行。前者修改了网络游戏程序的代码、数据,属于对网络游戏的修改;后者由于增补了网络游戏软件的功能,同样属于对网络游戏的修改。而软件的复制发行则是指将软件制作一份或者多份,以出售或者赠与方式向公众提供软件的原件或者复制件的行为。谈文明等被告人在制作007、008外挂程序过程中,突破了传奇3游戏软件的技术措施,调用了传奇3的部分数据及图像,在运营外挂程序时挂接在传奇3游戏上运营。但这些行为都是为了实现对传奇3游戏软件的原有功能的增加,不是将所调用的数据或图像进行简单的复制;谈文明等人将外挂程序在互联网上出售牟利也不是将传奇3游戏软件整体或部分复制后出售牟利。因此,擅自制作传奇3外挂出售牟利侵犯的是传奇3游戏软件的修改权而不是复制发行权,而刑法对于计算机软件著作权的保护仅限于软件的复制发行权,故涉案行为不构成侵犯著作权罪。

对于互联网上的出版发行,《出版管理条例》第九条第1款规定:"报纸、期刊、图书、音像制品和电子出版物等应当由出版单位出版。"《互联网出版管理暂行规定》第六条进一步明确:"从事互联网出版活动,必须经过批准,未经批准,任何单位或个人不得开展互联网出版活动。"本案谈文明等被告人制作传奇3外挂后,未经国家有关部门审批,擅自设立"007智能外挂网"网站和闪电外挂门户网站,并通过上述网站在互联网上将未经传奇3著作权人许可擅自制作的传奇3外挂出售牟利,因此属于《关于审理非法出版物刑事案件具体应用法律若干问题的解释》第十五条规定的没有相应资质而从事出版活动的非法经营行为。

案例:陈宗纬等非法经营案

案例来源:《刑事审判参考》总第62集[第489号]

主题词:非法经营罪 证券业务

一、基本案情

被告单位浙江省宁波利百代投资咨询有限公司,住所地浙江省宁波市海曙区开明街396号1202—1206室。法定代表人吕志明。

被告人陈宗纬,男,1965年3月22日出生,大学文化,原系浙江省宁波利百代投资咨询有限公司总经理。因涉嫌犯非法经营罪于2005年1月7日被逮捕。

被告人王文泽,男,1976年1月11日出生,高中文化,原系宁波利百代投资咨询有限公司董事长。因涉嫌犯非法经营罪于2005年1月7日被逮捕。

被告人郑淳中,男,1980年6月19日出生,大专文化,原系宁波利百代投资咨询有限公司副总经理。因涉嫌犯非法经营罪于2005年1月7日被逮捕。

浙江省宁波市中级人民法院经审理查明:2003年12月,被告人陈宗纬、王文泽、郑淳中趁浙江省宁波市海曙区南门街道招商引资之机,冒用他人的身份证,并让他人进行工商登记注册,为己设立宁波利百代投资咨询有限公司。陈宗纬、王文泽、郑淳中分别担任该公司的总经理、董事长、副总经理。该公司经营范围为:实业项目投资策划、咨询,会计业务咨询,企业管理咨询,企业股份制改造、企业转制策划、咨询。

公司成立后,三被告人即通过由台湾人周文龙、萧元才等人设立的南京聪泰投资管理有限公司,为未上市的陕西阳光生物工程股份有限公司、西部世纪软件股份有限公司、西安圣威科技实业股份有限公司、陕西中科航天农业发展股份有限公司4家非上市股份有限公司代理销售股票,并与南京聪泰投资管理公司确定每股对外销售价格及内部交割价。三被告人以股票短期内即可上市并可获取高额的原始股回报为名,指使其公司业务员向他人推销上述公司的股票。

2004年3月30日,浙江省宁波市工商行政管理局以宁波利百代投资咨询有限公司从事上述业务超出校准登记的经营范围为由,作出责令改正并罚款人民币1万元的处罚决定。同年4月,该公司经核准增加了代办产权交易申请手续的经营项目,继续代理销售上述4家公司的股票。至2004年11月底,三被告人共计向216名投资者销售上述陕西省4家非上市股份有限公司的股票总股数达188.85万股,销售总金额达人民币657.77万元,从中获利人民币240余万元。

宁波市中级人民法院认为:被告人陈宗纬、王文泽、郑淳中超越工商核准登记的公司经营范围,未经法定机关批准,向社会公众代理转让非上市股份有限公司的股权,在因超范围经营被行政处罚后,以增加"代办产权交易申请手续"的经营项目为由继续超范围经营,在有关行政执法部门指出其无权经营后仍不停止该经营活动,其行为属未经批准非法经营证券业务,扰乱国家证券市场,且犯罪情节特别严重,均已构成非法经营罪。三被告人为非法经营证券业务而设立公司,且公司成立后以非法经营证券业务为主要活动,故不能以单位犯罪论处,应当认定为自然人犯罪。公诉机关关于本案系单位犯罪的指控不当,应予纠正。被告人郑淳中在共同犯罪中所起作用相对较小,对其可酌情从轻处罚。依照《中华人民共和国刑法》第二百二十五条第(三)项、第二十五条第一款、第六十四条之规定,判决如下:

1. 被告人陈宗纬犯非法经营罪,判处有期徒刑五年六个月,并处罚金人民币二百五十万元。
2. 被告人王文泽犯非法经营罪,判处有期徒刑五年六个月,并处罚金人民币二百五十万元。
3. 被告人郑淳中犯非法经营罪,判处有期徒刑五年,并处罚金人民币二百五十万元。
4. 三被告人违法所得之赃款予以继续追缴。

一审宣判后,三被告人以代理转让非上市股份公司股权不属从事证券业务,未超范围经营,没有犯罪故意为由,向浙江省高级人民法院提出上诉。

浙江省高级人民法院认为,原判认定事实清楚,证据确实、充分,定罪和适用法律正确,量刑适当,审判程序合法。依照《中华人民共和国刑事诉讼法》第一百八十九条第(一)项之规定,裁定驳回上诉,维持原判。

二、裁判要旨

No.3-8-225-9 超越经营范围向社会公众代理转让非上市股份有限公司的股权的,应以非法经营罪论处。

依据《刑法》第二百二十五条第(三)项,违反国家规定,未经国家有关主管部门批准,非法经营证券业务,扰乱市场秩序,情节严重的,构成非法经营罪。因此,对本案三被告人行为定性的关键在于,是否可以将代理转让非上市公司股权的行为认定为"经营证券业务"。如能认定,则具备了依据该项规定认定被告人行为构成非法经营罪的前提;否则,就不能引用此项规定作为裁判依据。对三被告人的行为可认定为经营证券业务。主要理由是:

1. 三被告人的行为符合经营证券业务的实质特征,系变相经营证券业务

证券业务分为证券核心业务和证券外延业务,核心业务包括证券承销、证券自营、证券经纪等,外延业务是除核心业务之外围绕证券发行、交易所产生的业务,如证券投资咨询、财务顾问、资产管理等。我国《证券法》自1999年7月1日施行以来,所规定的证券业务均包括核心业务和外延业务。由于我国证券市场实行证券业务许可制度,只有经过国务院证券监督管理机构批准的证券公司才能经营证券业务,其他任何单位和个人均不得经营证券业务。本案中,被告人陈宗纬、王文泽、郑淳中设立宁波利百代投资咨询有限公司后,即通过南京聪泰投资管理有限公司为陕西省的四家非上市股份有限公司代理销售股票,投资者达216人。这种行为具有证券核心业务中证券承销的实质特征,系变相承销证券,故可以认为经营证券业务。同时,因被告人所设立的公司未取得中国证券监督管理委员会核发的证券业务许可证,其擅自代理销售非上市公司的股票违反了证券法,属于非法经营证券业务。

2. 拆细转让非上市公司股权不是合法的产权交易行为

一般认为,产权是指一定经济主体对资产所有、使用、处分并获得相应收益的权利,包括物权、债权、股权、知识产权等各类财产权利。产权交易就是产权主体将合法拥有的产权,通过产权交易市场实行有偿转让的行为。依据被告人行为时的《公司法》(1999年12月25日修订),以发起方式设立的股份有限公司的股票为记名股票,由全体发起人认购;股东转让记名股票,必须在依法设立的证券交易场所进行,且应当以背书方式或者法律、行政法规规定的其他方式转让。但我国依法设立的证券交易场所只有上海证券交易所和深圳证券交易所,而这两家交易所仅开展上市公司的股份转让业务。鉴于此,为解决实践中大量存在的非上市公司的股份转让问题,各地的普遍做法是制定地方性法规或者规章,允许非上市公司的股权在产权交易所进行转让。从这个角度看,本案中三被告人代理转让陕西省四家非上市股份公司股权的行为,一定程度上具有产权交易性质。

但是,对于非上市公司的股权具体以何种方式转让,有关地方性法规或者规章一般只规定了协议转让方式,都不允许拆细转让。对于实践中出现的拆细转让非上市公司股权的行为,监管部门历来采取禁止的立场。1998年3月25日,国务院办公厅转发了证监会《清理整顿场外非法股票交易方案》,要求把未经国务院批准设立的产权交易所从事的拆细交易和权证交易作为场外非法股票交易行为而加以彻底清理。该文件下发后,证监会对地方产权交易市场作出了不成文的不得拆细、不得连续、不得标准化的"三不"规定。2006年12月国务院办公厅发布的《关于严厉打击非法发行股票和非法经营证券业务有关问题的通知》,2008年1月最高人民法院、最高人民检察院、公安部和中国证券监督管理委员会联合发布的《关于整治非法证券活动有关问题的通知》,均要求打击包括非法代理转让非上市公司股票在内的各种证券违法犯罪活动。由此可见,拆细转让非上市公司的股权历来不属于合法的产权交易方式,因此,本案三被告人称其行为系合法产权交易行为的辩解不能成立。即使不否认被告人的行为在一定程度上具有产权交易性质,但这种性质并不影响认定其行为属于变相经营证券业务。

案例:薛洽煌非法经营案

案例来源:《刑事审判参考》总第75集[第632号]

主题词:非法经营罪　非法的认定

一、基本案情

被告人薛洽煌,男,1980年9月23日,汉族,农民。因涉嫌非法经营罪于2009年1月14日被逮捕。

广东省潮州市湘桥区人民检察院以被告人薛洽煌犯非法经营罪,向潮州市湘桥区人民法院提起公诉。

潮州市湘桥区人民法院经公开审理查明:被告人薛洽煌于2006年11月至2007年11月间,在没有取得《药品经营许可证》的情况下,将其承租的、位于潮州市湘桥区南较路南溪巷9号的金洽药店(属擅自挂名)作为经营场所,将其承租的、位于湘桥区前街安场路安和园C栋楼下的储藏室和湘桥区南较路南溪巷9号对面23号的车库作为仓库,采取借用具有药品经营许可资质的广东省潮安县正人药业有限公司的名义购进、销售药品或以直接购进、销售药品的方式,先后向深圳致君制药有限公司(原深圳制药厂)、普宁市鹏源药业有限公司、揭阳盛达药业有限公司等单位购买复方磷酸可待因溶液(联邦止咳露),盐酸曲马多等药品,这些药品部分销售给普宁市一个叫楚西的人(身份不明),部分放置在金洽药店零售,还有部分直接送到潮州市区的网吧及娱乐场所销售,并从中牟利。在此期间,薛洽煌非法经营复方磷酸可待因溶液等药品的交易金额为人民币(以下币种均为人民币)2133350.5元,从中获利7万多元。

其中,被告人薛洽煌于2006年11月与潮安县正人药业有限公司签订协议,挂靠该公司,借用该公司的《药品经营许可证》由该公司授权其为代理人,与深圳致君制药有限公司签订联邦止咳露等药品的购销合同,向深圳致君制药有限公司等单位购进联邦止咳露等药品。2007年4月29日,薛洽煌因非法经营被潮州市食品药品监督管理局行政处罚。潮安县正人药业有限公司也因非法出租《药品经营许可证》被行政处罚。不久,潮安县正人药业有限公司口头宣布与薛洽煌中止合作。但薛洽煌假借潮安县正人药业有限公司名义继续向深圳致君制药有限公司和其他单位购进药品及销售药品。2007年8月15日,薛洽煌再次被潮州市食品药品监督管理局行政处罚。此后,薛洽煌继续非法经营同类药品。2007年11月3日,广东省潮州市食品药品监督管理局在薛洽煌非法经营的药店及仓库查获药品、银行汇单、送货单、汽车等。

潮州市湘桥区人民法院认为,被告人薛洽煌无视国家法律,非法经营药店,扰乱市场秩序,其行为构成非法经营罪。鉴于联邦止咳露系处方药,非法流入社会后可能造成本地区青少年滥用联邦止咳露,且其经二次行政处罚后仍不思悔改,继续非法经营联邦止咳露等药品,非法经营药品的总交易额达2133350.5元,依法应认定其非法经营情节特别严重。薛洽煌当庭认罪态度较好,依法可以酌情从轻处罚。依照《中华人民共和国刑法》第二百二十五条第(一)项、第五十二条、第五十三条、第六十四条之规定,判决如下:

1. 被告人薛洽煌犯非法经营罪,判处有期徒刑五年,并处罚金人民币十万元,该罚金应于本判决生效次日起缴纳。

2. 随案移送手机3部、扣押于潮州市食品药品监督管理局的作案工具汽车1辆予以没收,上缴国库;2007年11月3日扣押于潮州市食品药品监督管理局的涉案药品予以没收,上缴国库。

一审宣判后,被告人薛洽煌没有上诉,检察机关没有抗诉,判决现已发生法律效力。

二、裁判要旨

No. 3-8-225-10 国家实行经营许可制度的行业,未取得经营许可证,违反法律、行政法规的规定,进行经营活动的,应以非法经营罪论处。

在本案中,根据《中华人民共和国药品管理法》第十四条、第七十三条以及《药品流通监督管理办法》第十条第一款的规定可见,国家对药品实行经营许可管理制度,经营者必须取得经营许可证才能从事许可证规定范围内的经营活动。潮州市食品药品监督管理局证实被告人没有取得药品经营许可证。本案被告人违反上述法律、行政法规的规定,在没有取得药品经营许可证的情况下,借用其他企业的经营条件进行药品经营,其行为应认定为非法经营罪。

案例:梁俊涛非法经营案

案例来源:《刑事审判参考》总第78集[第663号]

主题词:非法经营罪 非法出版物的定性

一、基本案情

被告人梁俊涛,男,1979年6月20日出生,教师。因涉嫌犯非法经营罪于2010年3月26日被逮捕。

黑龙江省齐齐哈尔市建华区人民检察院以被告人梁俊涛犯非法经营罪,向齐齐哈尔市建华区人民法院提起公诉。

齐齐哈尔市建华区人民法院经审理查明:2008 年 9 月至 2009 年 9 月,被告人梁俊涛以营利为目的,通过非法渠道大量购入港台出版社出版的书籍,并在齐齐哈尔大学家属楼 11 号楼 2 单元 201 室张彬经营的"湖南 168"复印社,以购进的港台版书籍为母本进行复制。梁俊涛通过其在淘宝网、孔夫子旧书网开设的"学府书店""书友之家"等网络书店,采用 QQ 聊天等网络方式向北京、兰州、广州、深圳、东莞、湛江、淮北等 30 余座城市的读者销售《胡闹领主×××》《国家囚徒——×××的秘密录音》《公共情妇》《西藏之乱》等攻击我国基本政治制度、诋毁党和国家领导人、煽动民族分裂、挑动社会对立等内容的政治性非法购入的出版物和非法复制的出版物。2008 年 10 月 1 日至 2009 年 9 月 18 日期间,梁俊涛使用 955882092000949506 号(户名梁俊涛)工商银行卡、9558800902102431324 号(户名齐晓丹)工商银行卡、6222020900267460l 号(户名申道连)工商银行卡、6227000990399010722 号(户名齐晓丹)建设银行卡、6228480180083856716 号(户名梁俊涛)农业银行卡销售书籍,该 5 张卡进款总额为人民币(以下币种均为人民币)420045 元。其中,与梁俊涛销售书籍无关的金额为 87809.77 元,故其非法销售出版物的经营数额为 332235.77 元,其中在淘宝网有记载的非法经营数额为 58000 余元。

2009 年 9 月 18 日,公安人员在梁俊涛住所将其抓获,查获并扣押尚未销售的非法出版物及非法复制的出版物 2200 余册,以上被扣押和追缴的书籍被黑龙江省新闻出版局鉴定为非法复制出版物和非法进口出版物。

齐齐哈尔市建华区人民法院认为:被告人梁俊涛违反国家规定,未经许可非法复制、发行非法出版物,扰乱市场秩序,情节特别严重,其行为已构成非法经营罪,应予惩处。梁俊涛自愿认罪,有悔罪表现,可酌情对其从轻处罚。依照《中华人民共和国刑法》第二百二十五条第(一)项、第六十四条、最高人民法院《关于审理非法出版物刑事案件具体应用法律若干问题的解释》第十一条、第十二条第二款第(一)项的规定,判决如下:

被告人梁俊涛犯非法经营罪,判处有期徒刑六年,并处罚金人民币 100000 元;被告人梁俊涛尚未销售的非法出版物及非法复制的出版物 2200 余册依法没收,予以销毁;作案使用的台式电脑、笔记本电脑各 1 台,依法没收,上缴国库。

一审宣判后,被告人梁俊涛不服,以一审判决认定的犯罪数额不准、量刑过重为由向齐齐哈尔市中级人民法院提出上诉。

齐齐哈尔市中级人民法院认为,上诉人梁俊涛违反国家规定,未经许可非法复制、发行非法出版物、扰乱市场秩序,且情节特别严重,其行为构成非法经营罪。对于梁俊涛及其辩护人提出的认定犯罪数额不准的上诉理由及其辩护意见,因有书证、物证、证人证言、鉴定结论、视听材料及梁俊涛的原始供述等证据予以证实,故不予采纳。对于梁俊涛及其辩护人提出的量刑过重的上诉理由及辩护意见,原审法院已对被告人梁俊涛自愿认罪、悔罪表现等酌定量刑情节予以充分考虑,并在法定刑幅度范围内予以从轻处罚,故亦不予采纳。原审判决认定事实清楚、证据确实、充分,定性准确,量刑适当,审判程序合法。依照《中华人民共和国刑事诉讼法》第一百八十九条第(一)项之规定,裁定如下:驳回上诉,维持原判。

二、裁判要旨

No. 3-8-225-11 没有出版资质或未经批准而擅自出版的出版物,属于形式违法的出版物;含有淫秽色情、宣扬暴力迷信以及具有严重政治问题的出版物,为内容违法的出版物。以上两种出版物,均应认定为非法出版物。

根据 1987 年国务院发布的《关于严厉打击非法出版活动的通知》、1991 年新闻出版总署发布的《关于认定、查禁非法出版物的若干问题的通知》、1997 年新闻出版总署出台的《出版管理行政处罚实施办法》的规定,非法出版物可以定义为不是国家批准的出版单位出版的在社会公开发行的图书、报刊和音像出版物,以及违反《出版管理条例》未经批准擅自出版的出版物即为非法出版物。其表现形式为:盗用、假冒正式出版单位或报纸、期刊名义出版的出版物;伪称根本不存在的出版单位或报纸、期刊名称出版的出版物;盗印、盗制合法出版物而公开销售的;公开发行的不署名出版单位或署名非出版单位的出版物;承印者以牟利为目的擅自加印、加制的出版物;被明令解散的出版单位的成员擅自重印或以原单位名义出版的出版物;未经新闻出版行政部门批准的内部资料性出版物;买卖书(刊、版)号出版的出版物;擅自印刷或复制的境外出版物;非法进口的出版物。由此可见,此处的非法出版物实质上是形式违法的出版物,即无出版权或未经批准而擅自出版的出版物。

此外还有一类非法出版物是内容违法的出版物,又称为违禁出版物。根据2001年《出版管理条例》第二十六条、第二十七条的规定,内容违法的出版物主要包括了三个方面的内容:一是淫秽、色情出版物;二是政治性非法出版物;三是宣扬迷信暴力的出版物。根据《新闻出版署出版物鉴定规则》的有关规定,认定出版物内容是否非法,由相关新闻出版单位提供鉴定结论。

最高人民法院1998年公布的《关于审理非法出版物刑事案件具体应用法律若干问题的解释》中的"非法出版物",既包括形式违法的出版物,也包括内容违法的出版物。从内容上分析,既包括宣扬色情、迷信、有政治问题的出版物,也包括淫秽出版物、侵犯著作权的出版物等,从出版主体上分析,既有非法成立的出版单位出版物,也有依法成立的出版单位违法、违规出版的出版物。

被告人梁俊涛没有取得国家批准的出版权,不是适格的出版主体,其销售的书籍经黑龙江省新闻出版局鉴定,包含有攻击我国基本政治制度,诋毁党和国家领导人、煽动民族分裂、挑动社会对立等内容,因此无论从形式上还是内容上而言,梁俊涛复制、翻印、销售的书籍均属于非法出版物。

No. 3-8-225-12 出版、印刷、复制、发行政治性非法出版物的,应以非法经营罪论处。

根据最高人民法院《关于审理非法出版物刑事案件具体应用法律若干问题的解释》第十一条的规定,违反国家规定,出版、印刷、复制、发行本解释第一条至第十条规定以外的其他严重危害社会秩序和扰乱市场秩序的非法出版物,情节严重的,依照刑法第二百二十五条第(三)项的规定,以非法经营罪定罪处罚。

从立法沿革来看,非法经营罪是由1979年刑法规定的投机倒把罪分解而来的。在1997年新刑法出台以前,对于经营内容有问题的非法出版物的行为是以投机倒把罪来定罪处罚的。1997年新刑法吸收了之前的有关内容,将涉及非法出版活动的投机倒把行为分解成侵犯著作权罪、销售侵权复制品罪及非法经营罪等罪名。

非法经营罪是指违反国家规定,非法经营、扰乱市场秩序、情节严重的行为。由于非法经营罪是行政犯,违反国家规定是构成非法经营罪的前提条件。制售政治性非法出版物的行为违反了2001年国务院公布实施的《出版管理条例》的规定,从而具备了行政违法性。

根据最高人民法院《关于审理非法出版物刑事案件具体应用法律若干问题的解释》的规定,出版载有煽动分裂国家、破坏国家统一或煽动颠覆国家政权、推翻社会主义制度的内容出版物,可以构成煽动分裂国家罪或煽动颠覆政权罪。在处理出版、印刷、复制、发行非法出版物的犯罪时,首先要确定非法出版物的内容和性质,当行为人出版、印刷、复制、发行的系最高人民法院《关于审理非法出版物刑事案件具体应用法律若干问题的解释》第一条至第十条规定之外的其他严重危害社会秩序和扰乱市场秩序的非法出版物时,有成立非法经营罪的可能。

本案被告人梁俊涛复制、销售的书籍中包含攻击我国政治制度、诋毁党和国家领导人、煽动民族分裂、挑动社会对立等严重政治问题的内容,根据我国法律规定,这些作品不享有著作权,因此,不能以侵犯著作权犯罪来定罪处罚。而这些书籍的内容又达不到足以煽动分裂国家或煽动颠覆国家政权的严重程度,根据最高人民法院《关于审理非法出版物刑事案件具体应用法律若干问题的解释》第十一条的规定,梁俊涛所复制、销售的书籍就应属于其他严重危害社会秩序和扰乱市场秩序的非法出版物,应定性为非法经营罪。

案例:马智中、王现平非法经营案

案例来源:《刑事审判参考》总第 111 集[第 1211 号]

主题词:非法经营罪 非法出版物的册数认定 经营数额

一、基本案情

2013 年 8 月至 11 月,被告人王现平接受被告人马智中的委托,分三次安排圣杰公司工人为马智中印刷宗教类出版物。前两次共计 5000 册印刷完成并折页后,马智中派人到圣杰公司拉走,第三次 4600 册印刷完成在折页过程中,被临夏回族自治州公安局和兰州市文化局行政执法支队当场查获。马智中在王现平处印刷的上述共计 9600 册出版物均无准印证,经鉴定,该出版物的主要内容系以讲课和讲故事的方式对少年儿童进行宗教理念、宗教教义宣传,宗教色彩浓厚,对少年儿童具有很大的迷惑性,属内容非法的宗教类出版物。2014 年 4 月 11 日,公安机关对马智中在兰州市七里河区龚家湾建兰新村租用的 28 号仓库依法进行检查时,查获其存放的宗教类出版物散页 984690 张、封面及内衬 72000 张。同年 4 月 28 日,公安机关会同兰州市文化局行政执法支队,对甘肃民族出版有限公司位于兰州市龚家湾民乐路 159 号的库房进行查处,查获马智中在该仓库存放的宗教类出版物散页 30000 张、封面及内衬 600000 张。经鉴定,在上述两个仓库内查获的宗教出版物散页的内容系一般宗教典籍,均无准印证,鉴定价格共计 439657 元。

二、裁判要旨

No. 3-8-225-13 非法经营罪中,非法出版物未经装订的情况下,应从实质意义上认定非法印刷行为,页码连贯、内容完整的出版物散页可以折算认定为刑法意义上的"册"。

应从实质意义上认定非法印刷行为。根据《最高人民法院关于审理非法出版物刑事案件具体应用法律若干问题的解释》的规定,非法经营出版物的行为包括非法出版、印刷、复制、发行四种行为,行为人实施其中任何一种即可构成非法经营罪。已完成印刷的出版物散页,在页码连贯、内容完整的情况下,可以已装订完成的出版物为参照折算册数。本案中,被告人马智中在被告人王现平处印刷的非法出版物已完成了印刷工序,内容完整且已标注好页码,部分出版物甚至已完成折页工序。所谓折页,就是将印张按照页码顺序折叠成书刊开本尺寸的书帖,或将大幅面印张按照要求折成一定规格幅面的工作过程。印刷机印出的大幅面纸必须经过折页才能形成产品。完成折页的出版物散页虽然在外观上有别于已装订完毕的出版物,但内容完整且连贯,基本不会影响阅读这一出版物的主要功能,与通常情况下的书籍并无本质区别。此外,由于出版物的页码数是确定的,折页工序是按照散页的页码顺序进行,因此,即使在未完成折页工序的情况下,如果已完成印刷工序,内容完整且标明页码,此种情况下的散页也完全可以根据内容和页码数来折算册数。被告人王现平为被告人马智中印刷的非法出版物按已装订完成的出版物折算认定为 9600 册。

No. 3-8-225-14 非法出版物没有装订且无法查明册数、定价或者销售价格的,可以散页的鉴定价格为依据计算非法经营数额。

出版物的定价或者销售价格以其成本价为基础确定,主要包括纸张、印刷、装订、发行等方面的费用,纸张和印刷费用只是成本的一部分。因此,对于未装订的散页而言,其鉴定价格通常情况下远低于出版物成品的定价或者销售价格,故以散页的鉴定价格为依据计算非法经营数额有利于被告人。本案中,查获的非法出版物散页由于无法以内容和页码为依据折算册数,只能以价格为基础认定非法经营数额。这些散页仅完成了印刷工序,即使不考虑后续装订等工序的成本,仅以单张散页 0.35 元的鉴定价格为标准计算,装订一本市场上正常流通的该出版物的总价也仅为 13 元,远低于该出版物的一般定价或者销售价格。因此,在非法出版物尚未销售或无法查明实际销售价格的情况下,以散页的鉴定价格为依据计算非法经营数额总体上有利于被告人。

案例:刘溪、聂明湛、原维达非法经营案

案例来源:《刑事审判参考》总第 82 辑[第 726 号]

主题词:非法经营罪　空白罪状　变相期货交易

一、基本案情

被告人刘溪,女,1983 年 6 月 30 日出生,原上海同荣投资管理有限公司海外投资部执行董事。因涉嫌犯非法经营罪于 2008 年 5 月 27 日被逮捕。

被告人聂明湛,女,1982 年 12 月 20 日出生,原上海同荣投资管理有限公司海外投资部执行董事。因涉嫌犯非法经营罪于 2008 年 5 月 27 日被逮捕。

被告人原维达,男,1984 年 2 月 6 日出生,原上海同荣投资管理有限公司海外投资部交易总监。因涉嫌犯非法经营罪于 2008 年 4 月 20 日、2010 年 3 月 17 日被取保候审。

上海市浦东新区人民检察院以被告人刘溪、聂明湛、原维达犯非法经营罪,向上海市浦东新区人民法院提起公诉。

被告人刘溪、聂明湛、原维达对指控的犯罪事实无异议,刘溪、聂明湛的辩护人提出刘溪、聂明湛居间介绍的不是期货业务,认定非法经营罪的法律依据不足。

上海市浦东新区人民法院经审理查明:2007 年 12 月至 2008 年 4 月,被告人刘溪、聂明湛租借上海市浦东新区世纪大道 88 号金茂大厦 31 层 26 座为经营场所,以上海同荣投资管理有限公司海外投资部的名义从事黄金投资业务,并雇用被告人原维达为海外投资部交易总监,负责为客户观察市场行情,提供投资建议等。刘溪等人先后招揽杨建芹等八名客户并与其签订客户协议,为其提供 ASA 交易平台上买涨、买跌,客户存入保证金兑换成美元可以放大 100 倍进行交易,刘溪等人从中收取高额佣金。其中,客户夏秀权、王红玉、彭支久的账户由刘溪等人代为操作。期间,杨建芹等人存入指定账户内保证金共计人民币(以下币种均为人民币)405 万余元用于黄金合约买卖,但大都损失严重,部分客户资金甚至损失殆尽。

上海市浦东新区人民法院认为,被告人刘溪、聂明湛、原维达未经国家主管机关批准,在未取得中间介绍业务资格的情况下提供中间介绍黄金买卖业务,且交易方式符合国务院《期货交易管理条例》规定的变相期货交易的构成特征,应依法追究刑事责任,且情节特别严重。刘溪、聂明湛在共同犯罪中系主犯,被告人原维达系从犯,故对原维达依法减轻处罚。三名被告人均能自愿认罪,均可酌情从轻处罚。依照《中华人民共和国刑法》第二百二十五条第(三)项、第二十五条第一款、第二十六条第一款、第二十七条、第五十三条、第六十四条、第七十二条、第七十三条之规定,判决如下:

被告人刘溪犯非法经营罪,判处有期徒刑五年,罚金五十万元;被告人聂明湛犯非法经营罪,判处有期徒刑五年,罚金四十五万元;被告人原维达犯非法经营罪,判处有期徒刑三年缓刑三年,罚金五万元;违法所得九十五万六千五百三十四元五角予以追缴。

一审宣判后,刘溪、聂明湛不服,认为:(1)其从事的是黄金现货买卖中介业务,不是变相期货交易;(2)没有权威部门对涉案行为是否系变相期货交易进行界定,认定变相期货交易的证据不足。基于上述理由,刘溪、聂明湛提出上诉。

上海市第一中级人民法院经审理认为,被告人刘溪、聂明湛、原维达的行为符合《期货交易管理条例》中变相期货交易要求的行为特征,而不是现货交易。且就现货交易而言,交易的对象主要是商品,采用到期一次性结清的结算方式,或采取货到付款、分期付款等方式。而本案刘溪等人不是以黄金为交易对象,而是从期货价格的交易波动中通过买空、卖空来赚取差价获得风险利润,这更符合变相期货交易的特征,其行为构成非法经营罪。被告人刘溪、聂明湛、原维达违反国家有关规定,组织变相期货交易活动,扰乱市场秩序,其行为均已构成非法经营罪,且情节特别严重。原判根据犯罪事实、性质、情节及对社会的危害程度所作的判决并无不当,且审判程序合法。依照《中华人民共和国刑事诉讼法》第一百八十九条之规定,裁定驳回上诉,维持原判。

二、裁判要旨

No. 3-8-225-15 刑法条文中所规定的空白罪状,适用时应当以相关的补充规范为依据。

空白罪状是指刑法仅仅大致规定犯罪行为的范围,而构成要件上的具体内容则由刑法之外的法律、法规等(补充规范)规定的一种罪刑规范。空白罪状较为常见于行政犯罪和经济犯罪。空白罪状的主要特征有三:第一,罪状的设定具有开放性,空白罪状本身不具有独立界定犯罪的功能;第二,罪状基本内容的变化不完全依赖于刑法的修正,我国刑法中规定的补充规范包括法律、行政法规、规定及规章制度等多种形式,上述规定的修改、变化都可能影响空白罪状的内涵与外延;第三,法定刑的配置专属于刑法,这是基于罪刑法定原则和刑法的明确性所提出的基本要求。

在解释空白罪状时,要充分重视刑法规定与补充规范之间的关系。补充规范是刑法启动的前置性判断依据,只有补充规范规定的违法行为,原则上才会被评价为犯罪行为;空白罪状的补充或罪状要素不明确、有争议时,应当严格遵循补充规范中的明文规定。

就本案而言,《刑法》第二百二十五条第(三)项规定的违反国家规定是指违反全国人民代表大会及其常务委员会制定的法律和决定,国务院制定的行政法规、规定的行政措施、发布的决定和命令。与期货有关的文件中,只有国务院2007年发布的《期货交易管理条例》属于国家规定,是本案空白罪状需要原因的补充规范。根据《期货交易管理条例》的有关规定,可以将本案非法经营罪的构成要件填充为,未经国家有关主管部门批准是指未经国务院期货监督管理机构,即中国证监会的批准;非法经营期货业务,是指在期货交易所之外进行期货交易,从事变相期货交易,或者期货公司从事、变相从事期货自营业务等违反《期货交易管理条例》规定的非法经营行为。

No. 3-8-225-16 为获取期货风险利润,使用标准化合约,实行当日无负债结算制度,收取低于合约标的额20%的保证金,进行集中交易的行为应认定为变相期货交易。

变相期货交易的特征可以归纳为:(1)交易集中进行而非个别、分散协商;(2)交易对象为标准化合约;(3)交易实行保证金制度;(4)交易实行当日无负债结算制度;(5)保证金收取比例低于合约标的额的20%。

从本质层面解析,变相期货交易与现货交易的本质区别在于,变相期货交易参与者的主要目的不是转移商品所有权,而是套期保值或者从期货价格的变动中获取投机利益。

本案被告人刘溪等人在ASA交易平台上进行集中交易,使用境外黄金市场预先拟定的标准化的黄金合约;在协约中约定了保证金制度且采用当日无负债结算制度,保证金收取比例仅为合约标的的1%,此外还采用做多、做空的交易方法及对冲机制等其他期货交易机制。从交易目的看,刘溪等人主要是通过买空、卖空、对冲黄金合约等手段从境外市场的价格波动中获得风险利润,而非获得黄金实物的所有权符合变相期货交易的实质。因此其交易方式符合变相期货交易的行为特征,其行为构成非法经营罪。

案例:辛格·普利亚克、张海峰等非法经营案

案例来源:《人民法院案例选》2013年第2辑

主题词:非法经营罪 牵连犯

一、基本案情

被告人:辛格·普利亚克(PtiyankSinghal)、泰耶尔·凯拉什(TayalKailash)(印度共和国国籍)、张海峰、余波、向勇军、余莉。

江苏省无锡市中级人民法院经公开审理查明:(1)2007年下半年,被告人张海峰与被告人辛格·普利亚克通谋,商定由张海峰在国内负责接应、联络买家、提供交易账号和邮寄地址等事项,辛格·普利亚克等人则逃避海关监管,通过夹带和邮寄方式将产自印度的"易瑞沙"等抗肿瘤类药品输入我国境内进行销售,从中牟取非法利益。同年12月至2009年8月间,在未经我国药品监督管理部门审查、批准及未取得《药品经营许可证》的情况下,两人经合谋,采用上述手法多次将走私入境的“易瑞沙”药品共计 1500 余盒销售给朱凤靖(另案处理),销售金额共计 200 余万元。(2)2011 年 3 月 1 日至 4 月 21 日期间,辛格·普利亚克、张海峰、泰耶尔·凯拉什经合谋,未经我国药品监督管理部门审查、批准及未取得《药品经营许可证》,由辛格·普利亚克、泰耶尔·凯拉什采用随身行李夹带等方式,逃避海关监管,先后四次经我国深圳湾口岸携带入境产自印度的“易瑞沙”“格列卫”“特罗凯”“替莫唑胺”等药品共计 1168 盒。尔后,通过张海峰联系,3 人于广州市东悦酒店、广信商业中心酒店、芳村如家快捷酒店等地分 4 次将上述药品销售给被告人余波,销售金额共计 102.02 万元。(3)被告人余波伙同被告人向勇军、余莉,经合谋,为牟取非法利益,于 2008 年至 2011 年 4 月间,在未经我国药品监督管理部门批准取得《药品经营许可证》的情况下,通过余波指使被告人向勇军,先后在互联网上建立了“世纪药房”“肿瘤药房”“同济药房”等网店,进而在互联网上发布求购和供应“易瑞沙”“格列卫”“特罗凯”等抗肿瘤类药品的信息,从事该类药品的非法收购和销售。在具体经营过程中,余波负责上述网店药品的采购、接单、供货、收款;向勇军负责上述网店的运营维护、药品信息的更新和宣传推广;余莉负责“同济药房”网店药品的接单和销售。期间,余波明知张海峰、辛格·普利亚克、泰耶尔·凯拉什、丁雷(另案处理)无药品经营资质,亦不能提供进口药品检验报告和进口药品注册证,且不清楚药品具体来源的情况下,以贩卖牟利为目的,先后 62 次向上述人员购得“易瑞沙”“格列卫”“特罗凯”“替莫唑胺”等抗肿瘤类药品 6610 余盒,收购金额达 800 余万元。尔后,余波、向勇军、余莉共同通过网店,采用网上 QQ 或电话联系接单、物流公司快递投送及代收款、支付宝结算、银行卡转账等方法,将上述部分药品销售给朱梅芳、孙晓镭、张家栋等人。其中,被告人余波、向勇军参与销售药品 3540 余盒,销售金额计 610 余万元;被告人余莉参与销售药品 150 余盒,销售金额计 24 万余元。

江苏省无锡市中级人民法院于 2012 年 6 月 14 日作出(2012)锡刑二初字第 0003 号刑事判决,以非法经营罪,分别判处被告人余波有期徒刑六年六个月,并处罚金人民币一百五十万元;被告人辛格·普利亚克有期徒刑五年,并处罚人民币四十万元,驱逐出境;被告人张海峰有期徒刑五年,并处罚金人民币二十万元;被告人向勇军有期徒刑三年六个月,并处罚金人民币四十万元;被告人泰耶尔·凯拉什有期徒刑一年六个月,并处罚金人民币四万元,驱逐出境;被告人余莉有期徒刑一年,缓刑二年,并处罚金人民币四万元。宣判后,被告人余波、张海峰、向勇军不服,提出上诉。江苏省高级人民法院经审理,确认一审法院认定的事实和证据,认为原判定罪准确,适用法律正确,审判程序合法,量刑适当,于 2012 年 11 月 8 日作出(2012)苏刑二终字第 0015 号刑事裁定,驳回上诉,维持原判。

二、裁判要旨

No. 3-8-225-17 未取得国家药品经营许可证,在不具备药品经营资格的情况下,擅自销售未经国家药品监督管理部门批准进口的药品的行为,构成非法经营罪。

药品安全直接关系到人民群众身体健康甚至生命安全,属于我国《药品管理法》严格限制准入门槛、明确规范批准流程的特殊物品。对于药品的进口,我国《药品管理法》第三十九条明确规定:“药品进口,须经国务院药品监督管理部门组织审查,经审查确认符合质量标准、安全有效的,方可批准进口,并发给进口药品注册证书。”同法第四十八条规定:“禁止生产、销售假药。依照本法必须批准而未经批准生产、进口,或者依照本法必须检验而未经检验即销售的药品,按假药论处。”《刑法》第一百四十一条第二款规定,“假药”是指依据《药品管理法》的规定属于假药和按假药处理的药品、非药品。本案中涉及的药品为印度生产的“易瑞沙”“格列卫”“特罗凯”等抗肿瘤药品,系印度生产厂商基于本国专利法的保护生产的仿制药,我国批准进口的此类抗肿瘤药品均产自英国、瑞士、美国等欧美国家,同时受一系列知识产权保护国际公约的限制,我国并不允许进口该类仿制药品。因此,本案所涉药品违反了国家食品药品监督管理局关于进口药品的审批规定,未经国家药品监督管理部门批准进口销售,为未经进口批准注册,未取得我国药品准入批号的药品,应认定为假药。本案中,被告人销售假药行为发生时间为 2008 年至 2011

年4月间,系在《刑法修正案(八)》生效之前实施的行为,依照刑法“从旧兼从轻”的溯及力原则,被告人行为应当适用《刑法修正案(八)》之前的《中华人民共和国刑法》定罪量刑。而从现有证据来看,尚不能证明被告人的行为具有最高人民法院、最高人民检察院《关于办理生产、销售假药、劣药刑事案件具体应用法律若干问题的解释》中所列举的“对人体健康造成严重危害”的情形。因此,被告人均不构成销售假药罪。药品直接关系到人民群众生命安全,我国法律对于药品经营实行严格的许可和管理制度,只有通过注册审批取得药品批准文号并获得药品生产许可证才能生产药品,只有取得药品经营许可证才能经营药品,因此药品属于我国法律规定专营专卖的物品,本案中被告人未获得药品经营许可证而销售假药的行为,符合《刑法》第二百二十五条第一款的规定,成立非法经营罪。

案例:陈保贵等非法占用农用地案

案例来源:《人民法院案例选》2013年第3辑

主题词:非法经营罪　在养殖水面堆放建筑沙土的行为定性

一、基本案情

宜昌市三峡坝区人民检察院指控:2008年4月至2009年3月期间,被告人陈保贵、王兵伙同宋拥军(另案处理)合伙出资9万元采取私下征用西陵区石板村十组农民土地给予补偿费的方式,未经批准私自开办建筑渣土倒场,收取倒土费谋取非法利益,该期间陈保贵等人共收取倒土费61.46万余元,非法获利15万余元,三人各分得5万余元。被告人陈保贵、王兵为谋取非法利益,违反国家规定,未经批准在农村集体所有制土地上私自设立建筑渣土倒土场,非法获利15万余元,严重扰乱市场秩序,被告人陈保贵、王兵的行为均已触犯《中华人民共和国刑法》第二百二十五条第(四)项,应当以非法经营罪追究其刑事责任。

被告人陈保贵对公诉机关指控的事实无异议,但辩称被倾倒渣土的土地是向农民支付了补偿款后使用的,是将农民的藕田和鱼塘进行了填土,改良成旱地,没有毁坏农用地,其行为不构成犯罪。

辩护人宋卫国提出的辩护意见是,被告人陈保贵的行为没有扰乱市场秩序,也没有违反国家规定,没有毁坏农用地,其行为不构成犯罪。

被告人王兵对公诉机关指控的事实无异议,但辩称没有毁坏农用地,其行为不构成犯罪。

辩护人黄海提出的辩护意见是:(1)被告人王兵等人与农民之间就堆放渣土达成土地使用协议,改成旱地后将土地归还农民,被告人在合法拥有土地使用权基础上获得的利益不违法;(2)被告人的行为没有违反国家规定,不属非法经营行为;(3)法律只对非法占用耕地、林地的亩数规定了追诉标准,但对非法占用农用地多少亩才构成犯罪没有明文规定,不能认为被告人所占用的亩数达到了追诉条件;(4)部分土地已被填平并种植了农作物,不属毁坏。综上,认为指控被告人王兵犯罪的证据不确实充分,王兵的行为不构成犯罪。

宜昌市三峡坝区人民法院经审理查明:2008年4月至2009年3月期间,被告人陈保贵、王兵伙同宋拥军(另案处理)在未办理合法用地手续的情况下,采取私下征用农民土地给予补偿费的方式,私自占用宜昌市西陵区石板村十组16余亩鱼塘、藕田等农用地倾倒建筑渣土,共收取倒土费61.46万余元,非法获利15万余元,三人各分得5万余元。被告人陈保贵、王兵在该村非法占用鱼塘、藕田等农用地改作他用,已造成鱼塘、藕田等农用地无法复原,大量毁坏。

上述事实有下列证据证明:

1. 证人张真荣、罗孝生、刘福稠、余正国的证言证实向陈保贵、王兵支付倒土费后在该地界倾倒建筑渣土的事实。

2. 证人满富贵、曹代兴、周家清、刘成军的证言证实陈保贵、王兵给予其补偿款后征用其承包的鱼塘、藕田倾倒建筑渣土的事实。

3. 证人刘传贤、张才琼的证言证实农村承包土地不能擅自变更使用用途及被破坏鱼塘、藕田的亩数。

4. 书证收条和领款单,证实收取费用及非法获利的事实。

5. 农村土地承包经营权证,证实被占用土地承包使用性质。

6. 被告人陈保贵、王兵的供述,证实本案的事实。

宜昌市三峡坝区人民法院于 2012 年 12 月 26 日作出(2012)鄂三峡刑初字第 052 号刑事判决,判决:

1. 陈保贵犯非法占用农用地罪,判处有期徒刑一年,缓刑二年,并处罚金人民币五万元。

2. 王兵犯非法占用农用地罪,判处有期徒刑十个月,缓刑二年,并处罚金人民币五万元。

宜判后,二被告人均未提出上诉,公诉机关未抗诉,该判决已发生法律效力。

二、裁判要旨

No. 3-8-225-18 未经批准擅自征用农民承包土地开办建筑渣土倒场,收取倒土费的行为,未侵犯国家的特许经营制度,不构成非法经营罪。

《刑法》第二百二十五条第(四)项是非法经营罪的堵截条款,实践中不应滥用。对"其他非法经营行为"的内涵与外延应通过法条本身的明示或暗示,特别是已明确列举的非法经营行为来把握,应当遵循"只含同类规则"的原则来适用。从《刑法》第二百二十五条前三项规定的行为方式可知,侵犯国家特许经营管理制度是非法经营罪的共性特征,由此,也应本着从国家特许经营制度"同类规则"的角度出发,以与《刑法》第二百二十五条前三项非法经营行为具有相当性之精神来理解"其他非法经营行为"的含义。本案中,城市建筑垃圾处置核准虽然需要行政主管部门审批,但并不属于国家特许经营行为,建设部《城市建筑垃圾管理规定》对擅自设立弃置场受纳建筑垃圾的个人行为明文规定了行政处罚措施,并未达到需要动用刑罚制裁的程度。陈保贵等人的行为不构成非法经营罪。

案例:李德茂等 4 人非法经营案

案例来源:《人民法院案例选》2014 年第 1 辑

主题词:非法经营罪 利用互联网经营六合彩的行为定性

一、基本案情

当阳市人民检察院指控:被告人李德茂、汪开香夫妻通过他人认识了在广东利用互联网进行地下六合彩赌博的姚广庆后,于 2010 年 3 月份申请担任了该赌博网站在当阳的代理,二人发展了被告人郭德稳、陈玲等 20 余名下线会员。至 2012 年 2 月间,被告人李德茂在家中用互联网宽带账号、代理账号登录地下六合彩赌博网站,将下线会员所报金额上报给姚广庆,被告人汪开香负责记账,并与姚广庆及被告人郭德稳、陈玲等用银行卡进行投注资金转账、联系。其中李德茂、汪开香从中抽头渔利 4.5 万余元,获得姚广庆提供的工资 2 万余元,投注中奖 5 万余元,共计 12 万余元;被告人郭德稳从 2011 年 8 月至 2012 年 2 月接受下线"码民"投注后通过向赌博网站投注获利 2.9 万余元;被告人陈玲从 2011 年 9 月至 2012 年 2 月间接受下线"码民"投注上报给杜江获利 2200 余元,报往李德茂、汪开香中奖获利 8000 余元,个人投注中奖 2.5 万余元,共计 3.5 万余元。据此公诉机关指控被告人李德茂、汪开香以营利为目的,为赌博网站担任地下六合彩赌博活动的代理,发展下线会员接受投注获利,开设赌场聚众赌博,情节严重;被告人郭德稳、陈玲积极成为下线会员后接受下线"码民"投注,开设赌场聚众赌博获利。四被告人的行为均已构成开设赌场罪。李德茂系主犯,另三被告人系从犯。公诉机关当庭提供了书证、证人证言、被告人供述等相关证据,提请依法追究被告人李德茂、汪开香、郭德稳、陈玲开设赌场罪的刑事责任。

被告李德茂对指控的事实及适用法律无异议,辩称其仅是为上线提供服务后获利,且获利金额只是估算,请求从轻处罚。其辩护人闫红兵辩称:(1)指控汪开香、李德茂夫妇发展下线会员达 20 余人、获利 4.5 万余元只有李德茂的供述,认定该事实的依据不足。(2)公诉机关指控被告人构成开设赌场罪是基于被告人担任了赌博网站的代理、接受投注,但该网站是否赌博网站、李德茂与上线是否代理关系没有上线证据印证,单独看待被告人的行为宜定非法经营罪,相对于上线姚广庆而言,被告人应为从犯,且认定被告人抽头渔利的证据不充分,可在三年以下量刑。(3)被告人到案后能坦白犯罪事实,积极退赃,亦可从轻处罚。

被告汪开香对指控的事实及适用法律无异议,辩称其只是起了转接投注资金的作用,并不是赌博网站的代理;实际只发展了极少数下线会员,其他会员只是挂名,并不管理;自身患有疾病,请求从轻处罚。

被告郭德稳、陈玲对指控的事实及适用法律无异议,请求从轻处罚。

当阳市人民法院经审理查明:被告人李德茂、汪开香夫妻二人通过他人介绍认识在广东利用互联网进行地下"六合彩"博彩活动的上线姚广庆(另案处理),成为姚广庆的下线会员。2010年3月以来,被告人李德茂和汪开香通过姚广庆提供的网址和账号,在当阳接受他人投注并上报给姚广庆,三人先后发展了20余名下线会员。被告人李德茂、汪开香共接受下线投注574090元,报往上线抽头渔利,获利累计4.4万余元,同时获工资酬劳累计2万余元,通过地下六合彩投注中奖55940元。被告人郭德稳在2011年8月至2012年2月间,接受下线"码民"投注267320元,从中抽头渔利累计2.9万余元。被告人陈玲在2011年9月至2012年2月间,接受下线"码民"投注达15万元,累计抽头渔利1万余元,同时通过地下六合彩投注中奖2.5万余元。被告人陈玲案发后主动到公安机关投案,如实供述了其犯罪事实,并退赃1万元。

上述事实,有公安机关的抓获经过、经侦大队的情况说明、当阳市人民法院(2009)当刑初字第106号、(2005)当刑初字第37号刑事判决书、辨认笔录、搜查笔录及扣押物品、文件清单、银行卡交易一览表、银行卡交易明细、银行对账单、取款凭条、转账凭条、现场勘查材料、现场照片、当阳市公安局公共信息网络安全监察大队对汪开香等人涉案网站远程勘验工作记录和固定电子证据清单(含截图)及证人证言、被告人供述、庭审笔录等在卷佐证,足以认定。

湖北省当阳市人民法院于2012年8月9日作出当阳市人民法院(2012)鄂当阳刑初字第00173号刑事判决:

1. 被告人李德茂犯非法经营罪,判处有期徒刑一年,并处罚金五万元。
2. 被告人汪开香犯非法经营罪,判处有期徒刑九个月,缓刑一年,并处罚金三万元。
3. 被告人郭德稳犯非法经营罪,判处有期徒刑六个月,并处罚金三万元。
4. 被告人陈玲犯非法经营罪,判处拘役五个月,缓刑一年,并处罚金二万元。
5. 对各被告人的违法所得予以追缴,对作案工具予以没收,上缴国库。

宣判后,湖北省当阳市人民检察院提起抗诉。宜昌市中级人民法院于2012年11月23日作出(2012)鄂宜昌中刑终字第00210号刑事裁定书,裁定驳回抗诉,维持原判。

二、裁判要旨

No.3-8-225-19 通过互联网接受和报送六合彩投注,未经批准销售六合彩的行为,构成非法经营罪。

传统的"六合彩"是一种印有号码、图形或者文字的书面凭证,地下"六合彩"虽然没有传统彩票的那种书面形式,但社会已经发展到网络信息化时代,各种无纸化交易形式已经普及,彩票的无纸化必然是一种正常的发展趋势。只有理解彩票既包括凭证式的也包括无纸化的,方能与信息化的时代接轨,才能更好地维护国家彩票管理秩序。不仅如此,地下的"六合彩"有发行销售环节,并具有特定的经营性质,地下"六合彩"在运作过程中,有坐庄、报码、认购等多个环节,庄家面向的是不特定的群众。庄家与下家是以特定号码为纽带建立起来的买卖关系;内地"六合彩"的泛滥对我国彩票许可制度造成了直接冲击,其侵犯的客体是市场经济秩序。地下"六合彩"是未经国家允许在境内以香港"六合彩"开奖结果,设置赔率、接受授注的地下违法经营活动,其侵害的客体是国家发行彩票的专营秩序,因此,上述被告人的行为符合违反国家规定,从事地下"六合彩"非法经营罪的犯罪构成,应以非法经营定罪处罚。四被告人通过计算机网络接受和报送"六合彩"投注,是一种非法销售彩票的具体销售方式,并不影响其非法经营的本质属性。

案例:张建刚等非法经营案

案例来源:《人民法院案例选》2014 年第 3 辑

主题词:非法经营罪　生产、销售假药行为

一、基本案情

公诉机关指控:被告人张建刚、张建青、陈崭新、陈立军、蔡海军、叶攀、单齐良、钱伟娣未经许可经营法律、行政法规规定的专营、专卖物品,扰乱市场秩序,情节严重,应当以非法经营罪追究其刑事责任。被告人张建青、陈崭新、叶攀实施犯罪行为后能够主动投案,如实供述自己的罪行,系自首,可以从轻或者减轻处罚。被告人张建刚、张建青、叶攀,被告人陈崭新、陈立军属共同犯罪。在共同犯罪中,被告人张建青、叶攀、陈立军起次要作用,是从犯,应当从轻或者减轻处罚。

被告人张建刚对起诉书的指控没有异议。

被告人张建刚的辩护人提出以下辩护意见:因为本案涉案的药品属于一般行政许可的物品,不属于法律规定的专营专卖的物品,且不符合法律法规及司法解释规定的其他扰乱市场经济秩序的十一种行为。因此被告人张建刚的行为应构成生产销售假药罪,而不是非法经营罪。被告人张建刚的主观恶性和社会危害性较小、有检举其他犯罪行为和规劝同案犯自首的情节、认罪态度好且能真诚悔罪,请求法院对其从轻处罚。

被告人张建青对起诉书指控没有异议。请求法院考虑其是从犯,有自首情节,且无任何前科劣迹,一直参加公益活动,对其从轻处罚。

被告人陈崭新对起诉书指控没有异议。

被告人陈崭新的辩护人提出以下辩护意见:被告人陈崭新是自首,主观恶性较小、社会危害性不大,是初犯、偶犯,认罪态度较好,请求法院对其从轻处罚。

被告人陈立军对起诉书指控没有异议。

被告人蔡海军对起诉书指控没有异议。

被告人蔡海军的辩护人提出以下辩护意见:被告人蔡海军归案后认罪态度较好,积极交代自己的犯罪行为,对整个案件的侦破有积极作用;被告人社会危害性较低,且是家庭的支柱。基于以上意见,请求法院对其从轻处罚。

被告人叶攀对起诉书指控没有异议。

被告人叶攀的辩护人提出以下辩护意见:关于被告人叶攀帮助张建刚转交药品的行为,叶攀仅仅提供交易地点,对犯罪不起主要作用,且没有牟利,因此情节显著轻微,不构成犯罪;被告人无前科劣迹,请求法院对其从轻处罚。

被告人单齐良对起诉书指控没有异议。

被告人单齐良的辩护人提出以下辩护意见:被告人单齐良的犯罪数额只有 5 万元,药品虽然是假药但能治病救人,并且被告人是初犯,请求法院对其从轻处罚。

被告人钱伟娣对起诉书指控没有异议。

被告人钱伟娣的辩护人提出以下辩护意见:本案涉案药品虽为假药,但客观能达到真品的效果,社会危害性较小;被告人是初犯,有抑郁症。请求法院对其从轻处罚。

法院经审理查明:

1. 自 2009 年年初起至 2010 年 12 月止,被告人张建刚利用山东滨州鸿瑞医疗化工公司及浙江省东阳市野风制药公司的实验室相继研制出"GefitinibTablets"(吉非替尼,治疗肺癌药物)、"ImatinibCapsules"(伊马替尼,治疗白血病药物)、"ErlotinlbTablets"(厄洛替尼,治疗肺癌药物)几种药物的半成品,后被告人张建刚在没有取得国家任何生产许可的情况下,到山东省潍坊市生物医药科技园租了一个厂房,购置了包衣机等生产药品的器械设备,雇用了马洪飞(另案处理)帮其生产上述几种药品的成品。马洪飞遂按照被告人张建刚提供的配方及原料生产出大量的吉非替尼、伊马替尼、厄洛替尼几种药品的成品药片。生产出成品药片后由马洪飞交刘海涛(另案处理)邮寄至江西省鹰潭市审计局宿舍张建刚父亲的家中,由被告人张建青负责收取。被告人张建刚为了顺利地将生产出来的药片销售出去,遂按照印度“NATCO”公司的产品包装样式,从浙江义乌等地订制了上述几种药品包装所需的药瓶、外包装盒、说明书,邮寄至江西鹰潭由被告人张建青收取。之后,被告人张建青在明知张建刚生产这几种药品是假药的情况下,仍然根据张建刚的安排对药片进行分类包装,包装好之后又根据张建刚的指示将药品通过快递投送等方式对外销售。被告人张建刚、张建青销售给被告人陈崭新、陈立军吉非替尼 1671 瓶、伊马替尼 325 瓶、厄洛替尼 111 瓶,得药款 1084150 元,销售给被告人叶攀吉非替尼 30 瓶,得药款 1.2 万元。总计生产、销售所得为 1096150 元。

2. 自 2010 年 4 月至 2011 年 1 月,被告人陈崭新、陈立军在明知被告人张建刚所销售的吉非替尼等药品是假药的情况下,为牟利多次以贩卖为目的从被告人张建刚处购买吉非替尼 1671 瓶、伊马替尼 325 瓶、厄洛替尼 111 瓶,药款进货价格为 1084150 元,购药后,被告人陈崭新、陈立军采取当面交货、快递投送等方式对外进行加价贩卖。其中,贩卖给被告人蔡海军吉非替尼 1430 瓶、伊马替尼 316 瓶、厄洛替尼 90 瓶,得药款 1335600 元;贩卖给被告人单齐良吉非替尼 45 瓶、厄洛替尼 6 瓶,得药款 5.7 万元;贩卖给被告人钱伟娣吉非替尼 100 瓶,得药款 10 万元。被告人陈崭新、陈立军合计贩卖药品所得药款共计 1492600 元。至案发时,被告人陈崭新、陈立军剩余尚未销售的药品吉非替尼 66 瓶、伊马替尼 9 瓶、厄洛替尼 15 瓶被公安机关依法扣押。

3. 自 2010 年 4 月至 2010 年 12 月,被告人蔡海军在明知被告人陈崭新、陈立军所销售的吉非替尼等药品是假药的情况下,为牟利多次以贩卖为目的从被告人陈崭新、陈立军处购进吉非替尼 1430 瓶、伊马替尼 316 瓶、厄洛替尼 90 瓶,药款共计 1335600 元。购药后,被告人蔡海军采取当面交货、快递投送等方式对外进行加价贩卖,其中贩卖给陈霞等 14 名患者所得药款为 140950 元,贩卖给吕军吉等 9 名医生(均另案处理)所得药款为 135700 元,贩卖药品合计得款 276650 元。至案发时,被告人蔡海军剩余尚未销售的药品吉非替尼 200 瓶、伊马替尼 72 瓶、厄洛替尼 1 瓶被公安机关依法扣押。

4. 2010 年 5 月至 2010 年 11 月,被告人叶攀在明知被告人张建刚销售的吉非替尼等药品是假药的情况下,仍然为被告人张建刚贩卖药品提供便利条件,帮助被告人张建刚转交三次药品给被告人陈崭新,转交药品的数量分别为吉非替尼 800 瓶、伊马替尼 216 瓶、厄洛替尼 50 瓶,该部分药款为 551000 元。另外,被告人叶攀单独从被告人张建刚处以 400 元每瓶的价格购进吉非替尼 30 瓶,后以每瓶 1200 元的价格贩卖给浙江省金华市广福医院的医生杨军礼(另案处理),得药款 3.6 万元。

5. 2010 年 7 月至 2011 年 1 月,被告人单齐良在明知被告人陈立军销售的吉非替尼等药品是假药的情况下,仍然为了牟利以贩卖为目的从被告人陈立军处以每瓶 1000 元的价格购进吉非替尼 45 瓶、每瓶 2000 元的价格购进厄洛替尼 6 瓶,药款共计 5.7 万元。购药后,被告人单齐良采取当面交货的方式进行加价贩卖,其中,被告人单齐良贩卖给患者家属马洪庆吉非替尼 3 瓶,得药款 8100 元,贩卖给刘桂(另案处理)吉非替尼 18 瓶,厄洛替尼 1 瓶,得药款 23600 元。上述药款共计 31700 元。至案发时,被告人单齐良剩余尚未销售的药品吉非替尼 1 瓶、厄洛替尼 1 瓶被公安机关依法扣押。

6. 2010 年 8 月至 2011 年 1 月,被告人钱伟娣在明知被告人陈立军销售的吉非替尼等药品是假药的情况下,仍然为了牟利以贩卖为目的从被告人陈立军处以每瓶 1000 元的价格购进吉非替尼 100 瓶,药款为 10 万元。购药后,被告人钱伟娣采取当面交货的方式加价进行贩卖,其中,被告人钱伟娣贩卖给患者家属鲍春洁吉非替尼 2 瓶,得药款共计 5000 元。至案发时,被告人钱伟娣剩余尚未销售的药品吉非替尼 12 瓶被公安机关依法扣押。

经国家食品药品监督管理局认定,上述被查扣的吉非替尼等药品应定性为假药。经上海市食品药品检验所检验,上述被查扣的吉非替尼等药品有效成分达到同类正品标准。

案发后,被告人张建青、陈崭新主动到公安机关投案,并如实供述自己的犯罪事实。被告人叶攀委托亲属向淮安市人民政府法制处处长刘宝虎说明情况,并与其约定于 2011 年 3 月 14 日到公安机关投案。叶攀于 2011 年 3 月 11 日被抓获。被告人张建刚、陈崭新、陈立军、蔡海军、叶攀、单齐良、钱伟娣均积极主动退出违法所得。

二、裁判要旨

No.3-8-225-20 未取得生产经营许可证和批准文号而生产销售达到同类正品标准的药物,同时符合非法经营罪与生产销售假药罪的构成要件,从一重罪处断。

1. 涉案药品非属生产、销售伪劣产品罪中的伪劣产品。

本案行为人生产销售的药品经上海市食品药品检验所检验,药品有效成分达到同类正品标准,但其是否为伪劣产品?生产、销售伪劣产品罪中的伪劣产品,指的是以假充真的伪产品;以掺杂、掺假,以次充好的产品及冒充合格产品的不合格产品,此为劣产品。根据2001年4月5日最高人民法院、最高人民检察院《关于办理生产、销售伪劣商品刑事案件具体应用法律若干问题的解释》的规定,"在产品中掺杂、掺假",是指在产品中掺入杂质或者异物,致使产品质量不符合国家法律、法规或者产品明示质量标准规定的质量要求,降低、失去应有使用性能的行为。"以假充真",是指以不具有某种使用性能的产品冒充具有该种使用性能的产品的行为。"以次充好",是指以低等级、低档次产品冒充高等级、高档次产品,或者以残次、废旧零配件组合、拼装后冒充正品或者新产品的行为。"不合格产品",是指不符合《产品质量法》第二十六条第二款规定的质量要求的产品。据此,产品质量应当符合下列要求:(1)不存在危及人身、财产安全的不合理的危险,有保障人体健康和人身、财产安全的国家标准、行业标准的,应当符合该标准;(2)具备产品应当具备的使用性能,但是,对产品存在使用性能的瑕疵作出说明的除外;(3)符合在产品或者其包装上注明采用的产品标准,符合以产品说明、实物样品等方式表明的质量状况。

从上述关于伪劣产品的规定看,涉案药品有效成分达到同类正品标准,说明药品的功用、质量、安全性是达标的,不符合上述关于伪劣产品的特征,因而其并非属于生产、销售伪劣产品罪中的伪劣产品,不构成生产、销售伪劣产品罪。

2. 涉案药品是刑法规制的假药而非劣药。

生产、销售假药罪中的假药,是指依照《药品管理法》的规定属于假药和按假药处理的药品、非药品。根据《药品管理法》第四十八条的规定,本案行为人在没有取得国家任何生产许可的情况下,利用自行研制出癌症药物的半成品生产的符合正品药标准的癌症药,属于按假药论处的药品。

生产、销售劣药罪中的劣药,是指依照《药品管理法》的规定属于劣药的药品。根据《药品管理法》第四十九条的规定,本案涉案药品按照印度NATCO公司的产品包装样式销售,品质符合该类药品标准,非为上述劣药或按劣药论处情形中的药品,故行为人不构成生产、销售劣药罪。

3. 行为人同时构成生产、销售假药罪和非法经营罪。

本案发生在《刑法修正案(八)》施行之前,原刑法关于生产、销售假药罪必须是假药达到"足以严重危害人体健康"的标准。按照2009年5月27日施行的最高人民法院、最高人民检察院《关于办理生产、销售假药、劣药刑事案件具体应用法律若干问题的解释》(已失效)第一条第(五)项规定,没有或者伪造药品生产许可证或者批准文号,且属于处方药的情形,应认定该假药足以严重危害人体健康。本案药品没有药品生产许可证和批准文号,且为治疗癌症的处方药,因而是"足以严重危害人体健康"的情形,故行为人构成生产、销售假药罪。

根据《刑法》第二百二十五条的规定,非法经营指下列四类行为:(1)未经许可经营法律、行政法规规定的专营、专卖物品或者其他限制买卖的物品的;(2)买卖进出口许可证、进出口原产地证明以及其他法律、行政法规规定的经营许可证或者批准文件的;(3)未经国家有关主管部门批准非法经营证券、期货、保险业务的,或者非法从事资金支付结算业务的;(4)其他严重扰乱市场秩序的非法经营行为。而对本案性质的判断,可能要涉及对上述第一类和第四类行为的理解。至于本案,行为人生产、销售治疗癌症药未经许可,但该药品属于法律、行政法规规定的专营、专卖物品或者其他限制买卖的物品。

根据《药品管理法》,以及国家药品监督管理局依法受权发布的《处方药与非处方药分类管理办法》和《处方药与非处方药流通管理暂行规定》有关规定,处方药、非处方药的生产销售、批发销售业务必须由具有药品生产企业许可证、药品经营企业许可证的药品生产企业、药品批发企业经营;处方药、非处方药生产企业必须具有药品生产企业许可证,其生产品种必须取得药品批准文号。药品生产、批发企业不得以任何方式直接向病患者推荐、销售处方药;处方药必须凭执业医师或执业助理医师处方销售、购买和使用。据此,处方药、非处方药的生产、销售必须由有资质的药品企业经营,个人或没有资质的企业无权经营;而处方药销售具有更高的标准和要求,非凭医师处方不得直接向病患者销售。因而,处方药可以认为是法律、行政法规规定的专营、专卖物品。本案的涉案药品吉非替尼、厄洛替尼、伊马替尼是治疗肺癌和白血病的处方药物,行为人实施的是违反未经许可经营法律、行政法规规定的专营物品的行为;同时,其形成了个人对患者、个人对医院或医生为主要销售形式的、具有一定规模的经营网络,其销量之大、违法所得之大、社会影响之大,严重扰乱了涉案药品的市场秩序,属于情节严重的情形,因此构成非法经营罪。

案例:宋宇花非法经营案

案例来源:《人民法院案例选》2015 年第 3 辑

主题词:非法经营罪 司法解释的溯及力

一、基本案情

2013 年 1 月起,被告人宋宇花在未得到许可的情况下,通过信息网络有偿提供删除信息服务,并通过购买淘宝网店货物的方式进行交易。至案发,其共利用网络删帖经营额为 13 万余元。

上海市宝山区人民检察院以被告人宋宇花犯非法经营罪向上海市宝山区人民法院提起公诉,提请法院根据《刑法》第二百二十五条第(二)项、第六十七条第三款之规定,追究被告人的刑事责任。

被告人宋宇花对公诉机关指控的犯罪事实及罪名不持异议。其辩护人对公诉机关指控的事实无异议,但认为宋宇花有偿提供删帖服务的行为发生在最高人民法院、最高人民检察院《关于办理利用信息网络实施诽谤等刑事案件适用法律若干问题的解释》施行之前,不能溯及既往认定宋宇花构成犯罪。

上海市宝山区人民法院于 2014 年 2 月 17 日作出(2014)宝刑初字第 186 号刑事判决:被告人宋宇花犯非法经营罪,判处拘役五个月,并处罚金人民币二万元,对扣押在案的赃证物品及违法所得依法没收。判决作出后,被告人未提出上诉,公诉机关亦未提出抗诉,本判决已生效。

二、裁判要旨

No. 3-8-225-21 行为时的法律已经对行为作出否定性评价,司法解释只是对行为的具体罪状与罪名作出规定的,适用该司法解释不违背罪刑法定原则。

司法解释并不是《刑法》本身,而只是对《刑法》的解释。从这个角度而言,对现行司法解释之前的行为,只要是在现行《刑法》施行之后实施的,就要按照现行司法解释适用《刑法》。况且在本案中,行为时的法律已经对该行为作出否定性评价,现行司法解释不过是对该行为的具体罪状及所应定罪名作出规定,因此,适用现行的司法解释处理该案并不违背立法目的和罪刑法定的原则。

案例:张军、张小琴非法经营案

案例来源:《刑事审判参考》总第 90 集[第 828 号]

主题词:非法经营罪 擅自设立金融机构罪

一、基本案情

被告人张军,男,汉族,1967 年 4 月 18 日出生,初中文化。2010 年 11 月 11 日因涉嫌犯擅自设立金融机构罪被刑事拘留,2010 年 12 月 25 日因涉嫌犯非法经营罪被逮捕,2011 年 9 月 27 日被取保候审。

被告人张小琴,女,汉族,1976年10月10日出生,初中文化。2010年11月19日因涉嫌犯擅自设立金融机构罪被刑事拘留,2010年12月25日因涉嫌犯非法经营罪被逮捕,2011年9月27日被取保候审。

陕西省铜川市印台区人民检察院以被告人张军、张小琴犯非法经营罪,于2010年5月16日向印台区人民法院提起公诉。

被告人张军辩称,其借寄公司没有开业,其没有逼借款人还钱,不构成非法经营罪。

被告人张小琴辩称,其公司未统一办理执照,其没有经营。其辩护人提出,张小琴的行为未触犯《刑法》第二百二十五条的规定,不构成非法经营罪;张小琴的行为是一种典当行为,属于行政法规调整的范围;涉案现金是张军所筹,交易的主要行为是张军所为,张小琴只是在协议上签名,其行为危害极其轻微,应当宣告无罪。

印台区人民法院在审理本案过程中,印台区人民检察院向法院申请撤回对被告人张军、张小琴犯非法经营罪的起诉。

印台区人民法院经审理查明:被告人张军、张小琴未经工商部门登记注册,于2010年6月29日出资在铜川市王益区七一路冷库市场内成立"顺发借寄公司"(因未正式申请登记,故公司名称不规范——编者注),主要从事贵重物品寄押、贷款收取利息业务。2010年8月17日至9月15日,彭卫(另案处理)经与张军联系后,与张小琴三次签订借款合同,分别将从租车行骗租的"现代伊兰特"轿车、"长安"轿车、"海马骑士"越野车各一辆抵押给"顺发借寄公司",从"顺发借寄公司"借款2万元、3万元、5万元,共计10万元,扣除月息15%,实际得款85000元。2010年9月12日,无业人员杨天苍经与张军联系后,与张小琴签订借款合同,将从租车行骗租的一辆"北京现代"轿车抵押给"顺发借寄公司",从"顺发借寄公司"借款3万元,扣除月息15%,实际得款25500元。

印台区人民法院经审理认为,印台区人民检察院申请撤回对被告人张军、张小琴犯非法经营罪的起诉,符合法律规定,依照最高人民法院《关于执行〈中华人民共和国刑事诉讼法〉若干问题的解释》第一百七十七条之规定,裁定准许印台区人民检察院撤回对被告人张军、张小琴犯非法经营罪的起诉。

二、裁判要旨

No.3-8-225-22　未经国家有关主管部门批准,擅自设立金融机构,但尚未对金融安全产生严重危险的行为,不应认定为擅自设立金融机构罪。

根据《刑法》第一百七十四条的规定,擅自设立金融机构罪,是指未经国家有关主管部门批准,擅自设立金融机构的行为。该罪在客观方面的主要特征就是非法设立金融机构。实践中,行为人非法设立金融机构一般表现为两种情形:一是行为人没有向有权批准的中国人民银行等国家有关主管部门依法进行设立申请,二是行为人虽然提交了申请材料,但有关主管部门经审查认为不符合条件而未予批准,没有颁发金融业务许可证的情况。需要强调的是,该罪是指没有取得经营金融业务主体资格的单位或者个人擅自设立金融机构的行为,对于已经取得经营金融业务主体资格的金融机构,如部分商业银行、期货经纪公司为了拓展业务,未向主管机关申报,擅自扩建业务网点、增设分支机构,或者虽向主管机关申报,但主管机关尚未批准就擅自设立分支机构进行营业活动,虽然表面上符合"未经国家有关主管机关批准"的要件,但由于已经取得了经营金融业务的主体资格,故与那些没有主体资格的单位或者个人擅自设立金融机构的社会危害有本质不同,一般不以该罪论处。

《刑法》第一百七十四条规定的金融机构,是指从事或者主要从事吸收存款、发放贷款、办理结算、票据贴现、资金拆借、信托投资、金融租赁、融资担保、外汇买卖等金融业务活动的机构,一般包括商业银行、证券交易所、期货交易所、证券公司、期货经纪公司、保险公司、融资租赁公司、担保公司、农村信用合作社等。从本案"顺发借寄公司"的实际经营业务看,其经营方式符合我国《典当管理办法》中关于典当行的特征,即"当户将其动产、财产权利作为当物质押或者将其房地产作为当物抵押给典当行,交付一定比例费用,取得当金,并在约定期限内支付当金利息、偿还当金、赎回当物的行为”。从典当行为的本质看,典当行应当属于金融机构。由此而论,二被告人违法成立实际从事典当活动的“顺发借寄公司”,在形式上符合擅自设立金融机构罪的构成特征。

从实质上分析,刑法规定擅自设立金融机构罪的立法本意并非如此简单,对该罪的认定应当结合罪质进行判断。由于金融机构所从事的业务在社会经济中担负着特殊功能,其对国民经济的健康发展和金融秩序的稳定起着至关重要的作用,对社会稳定也有着直接的影响,如果放任这些未经批准、擅自设立的金融机构开展金融业务,势必扰乱国家金融秩序,给国家金融安全和社会经济造成危害。该罪不要求有金融业务的具体开展,处罚的只是单纯设立行为,但刑法之所以将此种单纯设立行为直接认定为犯罪,在于该类行为对金融安全具有一种潜在的严重危险。从这一罪质分析,构成擅自设立金融机构罪,本质上必须是对金融安全产生潜在严重危险的行为,如果行为不可能对金融产生严重危险,则不能构成该罪。根据刑法第一百七十四条的字面规定,似乎只要行为人实施了非法设立金融机构的行为,就可构成擅自设立金融机构罪,但在具体案件中,对符合该罪构成特征的行为要认定构成该罪,还必须在情节上认定行为是否可能对金融安全产生严重的危险。

构成擅自设立金融机构罪,首先在形式上,行为人非法设立的机构应当具备合法金融机构的一些必要形式特征,包括机构名称、组织部门、公司章程、营业地点等。因为在实践中,行为人设立的所谓金融机构之所以非法,仅仅是因为欠缺有关国家主管部门的批准要件,而其他要件往往是基本具备的,如此才可能使一般社会公众产生信任,否则也不会有人与其发生金融业务往来。其次在实质上,行为人非法设立的机构应当具备开展相应金融业务的实质能力,包括资金实力、专业人员等,如果不具备开展相应金融业务的实际能力,就没有可能面向社会开展有关金融业务,更谈不上有严重危害金融秩序和金融安全的危险。就本案而言,二被告人共同设立的所谓“顺发借寄公司”,仅是二人自行在该市一冷库市场内租用的一间房屋挂牌营业,没有履行任何包括最基本的在工商部门注册登记的审批手续。从形式方面看,该“公司”既没有冠以典当或其他金融机构的名称,也没有公司章程和相应制度规范,甚至连办公印章都没有;从实质方面看,该“公司”没有足够的运营资金(所贷资金均为业务往来中临时借用),开展的业务极不规范(有关押车贷款协议均为手写),也没有足够的专业从业人员(仅有二被告人且二被告人不具有专业金融知识背景)。综上,“顺发借寄公司”并不具备《刑法》第一百七十四条规定的金融机构的形式要件和实质要件,尚未达到足以威胁金融安全、破坏金融秩序的危害程度,故不能以擅自设立金融机构罪论处。

No. 3-8-225-23 行为人未经许可擅自从事质押贷款业务,数额较小未严重扰乱金融市场秩序的,不以非法经营罪论处。

二被告人的行为属于《刑法》第二百二十五条第(四)项规定的其他扰乱市场秩序的非法经营行为。主要理由有两点:一是既然《刑法》第二百二十五条第(三)项将非法从事“经营证券、期货、保险及资金支付结算业务”纳入非法经营罪的处罚范围,就表明了立法肯定该行为侵害了市场秩序的立场,据此,亦可将其他非法金融活动视为侵害市场秩序,这一推论合乎逻辑,并不违背立法本意;二是虽然非法金融活动直接侵害的是金融管理秩序,但从广义上讲,金融管理秩序亦包含在市场秩序外延之内,且从分则规定看,二者均属于破坏社会主义市场经济秩序犯罪一章,因此,以二被告人的行为扰乱的是金融管理秩序而非市场秩序从而否定其构成非法经营罪的理由难以成立。

在认定二被告人的行为属于《刑法》第二百二十五条第(四)项规定的情形的前提下,对其行为是否认定构成非法经营罪,还应考察其行为是否达到扰乱市场秩序“情节严重”的程度。对此,2010年最高人民检察院、公安部联合印发的《关于公安机关管辖的刑事案件立案追诉标准的规定(二)》将《刑法》第二百二十五条第(四)项的个人犯罪追诉标准规定为“非法经营数额在五万元以上,或者违法所得数额在一万元以上”。本案二被告人非法经营额达到13万元,如果适用该标准,显然应当认定二被告人的行为构成非法经营罪。然而,笔者认为,二被告人非法从

事典当业务的行为不能简单适用该标准。理由如下:

首先,《关于公安机关管辖的刑事案件立案追诉标准的规定(二)》中有关《刑法》第二百二十五条第(四)项追诉标准的规定来源于2001年最高人民检察院、公安部联合印发的《关于经济犯罪案件追诉标准的规定》,《关于公安机关管辖的刑事案件立案追诉标准的规定(二)》沿用这一标准确立的基础,在于其当时主要针对的是生产、流通领域非法经营专营、专卖或者其他限制买卖的物品,及买卖经营许可证或批准文件的行为,作为一般生产、流通领域的非法经营行为,个人的非法经营额达到5万元以上或者违法所得数额在1万元以上,从对市场秩序的侵害来讲,可以认为达到认定情节严重的程度,扰乱了市场秩序;但非法进行金融活动与生产、流通领域的非法经营活动不同,前者往往数额巨大,如果以上述标准认定情节严重,必然产生即使达到上述数额标准,也不一定造成严重扰乱市场秩序的结果,如果适用上述标准,显然过低,造成打击面过大。其次,《关于公安机关管辖的刑事案件立案追诉标准的规定(二)》对《刑法》第二百二十五条第(三)项,即非法经营证券、期货、保险业务的立案追诉标准规定为"非法经营数额在三十万元以上",非法从事资金支付结算业务的立案追诉标准规定为"数额在二百万元以上"。可见,《关于公安机关管辖的刑事案件立案追诉标准的规定(二)》对部分金融业务已规定了特殊的情节严重认定标准,而规定的这一特殊标准显然适用了更高数额标准,就是考虑到非法经营金融业务的特殊性。基于上述分析,本案二被告人中的非法押车贷款同样作为非法金融业务,亦应当参照《关于公安机关管辖的刑事案件立案追诉标准的规定(二)》对第二百二十五条第(三)项规定的数额标准而不是简单适用第(四)项的标准。最后,从《关于公安机关管辖的刑事案件立案追诉标准的规定(二)》的效力来讲,根据最高人民法院2010年下发的《关于在经济犯罪审判中参照适用〈最高人民检察院、公安部关于公安机关管辖的刑事案件立案追诉标准的规定(二)〉的通知》的规定,最高人民法院对相关经济犯罪的定罪量刑标准没有规定的,人民法院在审理经济犯罪案件时,可以参照适用《关于公安机关管辖的刑事案件立案追诉标准的规定(二)》的规定。各级人民法院在参照适用《关于公安机关管辖的刑事案件立案追诉标准的规定(二)》的过程中,如认为《关于公安机关管辖的刑事案件立案追诉标准的规定(二)》的有关规定不能适应案件审理需要的,要结合案件具体情况和本地实际,依法审慎稳妥处理好案件的法律适用和政策把握,争取更好的社会效果。

具体到本案,首先,从犯罪数额看,二被告人的非法经营额仅为13万元,非法所得不满2万元,与有关"非法经营数额在三十万元以上"的标准相去甚远;其次,从经营规模看,二被告人仅同二名当事人进行了押车贷款业务,没有实际牵涉社会不特定多数人,并未造成严重扰乱当地金融秩序的结果;再次,从主观故意看,二被告人主观上只是希望通过该经营活动获取一定经济利益,并无希望或追求扰乱金融秩序的直接故意;最后,从资金能力看,二被告人由于缺乏运营资金,其公司经营客观上难以为继,难以对金融安全造成实质威胁。综上,二被告人非法从事押车贷款的行为,尚未达到情节严重的程度,不构成非法经营罪。

案例:朱胜虎等非法经营案

案例来源:《刑事审判参考》总第90集[第829号]

主题词:罚金刑　减轻处罚

一、基本案情

被告人朱胜虎,男,1977年2月10日出生,农民。因涉嫌犯非法经营罪于2012年4月17日被取保候审。

被告人朱胜弟,男,1978年8月13日出生,农民。因涉嫌犯非法经营罪于2012年5月4日被取保候审。

被告人王欢乐,男,1987年2月19日出生,农民。因涉嫌犯非法经营罪于2012年4月17日被取保候审。

被告人王秋香,女,1980年10月16日出生,农民。因涉嫌犯非法经营罪于2012年5月4日被取保候审。

浙江省温州市龙湾区人民检察院以被告人朱胜虎、朱胜弟、王欢乐及王秋香犯非法经营罪,向温州市龙湾区人民法院提起公诉。

四被告人及辩护人对公诉机关指控的犯罪事实不持异议。四被告人的辩护人均提出本案被告人犯罪情节较轻,社会危害性较小,请求从轻处罚并适用缓刑的辩护意见。

温州市龙湾区人民法院经公开审理查明:

2009 年 9 月至 2012 年 4 月,被告人朱胜虎、朱胜弟在未获取网络经营许可证的情况下,在温州市龙湾区永中街道度山村展新路 4 号经营黑网吧,营业额累计人民币(以下币种同)25 万余元,非法获利约 7 万元。其间,王秋香(朱胜虎的妻子)在该黑网吧负责账目管理。

2010 年 5 月至 2012 年 4 月,朱胜虎、王欢乐在未获取网络经营许可证的情况下,在温州市龙湾区海滨街道蓝田路 59 号、60 号经营黑网吧,营业额累计约 22 万元,非法获利约 8 万元。

在审理过程中,朱胜虎、朱胜弟、王秋香已共同将违法所得 7 万元上缴;朱胜虎、王欢乐已共同将违法所得 8 万元上缴。

温州市龙湾区人民法院认为,被告人朱胜虎、朱胜弟、王欢乐、王秋香结伙以营利为目的,在未获取网络经营许可证的情况下经营黑网吧,扰乱市场秩序,情节严重,其行为均构成非法经营罪。公诉机关指控的罪名成立。朱胜虎、朱胜弟、王欢乐在共同犯罪中起主要作用,属主犯,应当按照其所参与的犯罪处罚;王秋香在共同犯罪中起次要作用,系从犯,应当从轻处罚。四被告人归案后均能如实供述自己罪行,依法均可以从轻处罚。据此,依照《中华人民共和国刑法》第二百二十五条,第二十五条第一款,第二十六条,第二十七条,第六十七条第三款,第七十二条第一款、第三款,第六十四条之规定,判决如下:

1. 被告人朱胜虎犯非法经营罪,判处有期徒刑三年,缓刑五年,并处罚金人民币十五万元。

……

(其他被告人的判罚情况略)

4. 被告人王秋香犯非法经营罪,判处有期徒刑一年六个月,缓刑二年,并处罚金人民币四万元。

5. 随案移送的作案工具、被告人朱胜虎、朱胜弟、王秋香已退违法所得七万元,朱胜虎、王欢乐已退违法所得八万元予以没收。

一审宣判后,原公诉机关温州市龙湾区人民检察院不服,提出抗诉。抗诉机关称,刑法规定非法经营罪的罚金为违法所得一倍以上五倍以下,原审法院认定被告人王秋香涉案违法所得额 7 万元,对王秋香的罚金应当在 7 万元以上,原审法院判处 4 万元罚金显属量刑错误。

温州市中级人民法院经审理认为,原审被告人朱胜虎、朱胜弟、王欢乐、王秋香违反国家规定,在未获取网络经营许可证的情况下经营黑网吧,扰乱市场秩序,情节严重,其行为均构成非法经营罪。朱胜虎、朱胜弟、王欢乐、王秋香具有坦白情节,可以从轻处罚;朱胜虎、朱胜弟的供述以及网吧管理员向林江的证言等证据,已证实在参与永中街道度山村展新路 4 号的黑网吧经营期间,王秋香的作用与地位明显次要,系从犯。考虑到王秋香涉案经营数额、个人实际所得、犯罪持续时间及缴纳罚金能力,原审法院为保证罚金刑发挥应有的刑罚作用,适用从犯情节,对王秋香判处的主刑予以从轻处罚的同时,对其判处的罚金刑予以减轻处罚并无不当。原判定罪准确,量刑适当,审判程序合法,应予维持。据此,依照《中华人民共和国刑事诉讼法》第二百二十五条第一款第(一)项之规定,裁定驳回抗诉,维持原判。

二、裁判要旨

No. 3-8-225-24 具有法定从轻情节的,对主刑从轻处罚时,罚金刑可以减轻处罚。

根据《人民法院量刑指导意见(试行)》的精神,虽然基准刑必然在法定量刑幅度范围内,但通过量刑情节调节后,并不能保证宣告刑仍在法定量刑幅度以内,宣告刑是否仍在法定量刑幅度内取决于犯罪情节的调节结果。通过犯罪情节调节后不管主刑与附加刑是否仍在法定量刑幅度内,只要与犯罪分子所犯罪行和所应承担的刑事责任相适应,即应当确定为宣告刑。最高人民法院2000年出台的《关于适用财产刑若干问题的规定》第二条亦进一步明确规定,判处被告人罚金刑,为避免出现空判或者使犯罪分子切身感受到财产刑的惩戒作用,不仅应当根据被告人的犯罪情节,还应当综合考虑犯罪分子缴纳罚金的能力等情况。由此可见,判处自由刑和罚金刑的依据并不完全相同,判处自由刑的依据因素不可能包括犯罪分子的经济状况,但判处罚金刑却要考虑这一因素。尽管法律并未明确规定罚金刑与自由刑必须同时从轻、减轻,但基于罚金刑与自由刑的判处依据因素不同,其各自调节的幅度也必然不同,调节的结果不能必然保证罚金刑和自由刑同时从轻或减轻,但只要符合罪责刑相适应的原则,实现预定的刑罚效果,即可确定为宣告刑。

我们认为,在对主刑选择从轻的同时对罚金刑也可以适用减轻。一审法院对被告人王秋香非法经营罪的主刑在五年以下有期徒刑幅度内从轻处罚的同时,可以将对其判处的罚金刑从7万元至35万元幅度内减轻至4万元。

一审判决认定王秋香系从犯,对其从轻处罚,从轻判处其主刑,但未明确表述减轻对其判处罚金刑。关于这一表述是否妥当的问题,我们认为,可以通过审判实践的惯行做法进行解释。刑法中有部分罪名的主刑法定幅度规定了下限,如抢劫罪第一量刑档规定处3年以上10年以下有期徒刑,并处罚金,在抢劫未遂的情形下,一般会依照犯罪未遂的规定对主刑减轻处罚,裁判文书中表述为"减轻处罚",而对罚金刑一般不会减轻至1000元以下判处,裁判文书也不会对此进行相关表述。可见,审判实践中,刑事裁判文书表述的从轻、减轻处罚仅指对主刑从轻或者减轻适用。同理,本案一审判决表述对被告人王秋香"从轻处罚",也是指对王秋香的自由刑从轻处罚,而非指对罚金刑从轻处罚。然而,鉴于量刑情节的调节结果理应在裁判文书中明确表述,对罚金刑受量刑情节调节的结果也应当进行表述,特别是在自由刑与罚金刑不同时从轻、减轻处罚时更应当表述清楚,故今后实践中制作裁判文书时对此应当重视,以免引起不必要的争议。

案例:于润龙非法经营案

案例来源:《刑事审判参考》总第92集[第862号];《人民法院案例选》2005年第4辑

主题词:非法经营罪　行政审批被取消与非法经营罪的认定

一、基本案情

被告人于润龙,男,汉族,1966年7月14日出生,个体业主,住吉林省桦甸市胜利街东胜委八组。因涉嫌犯非法经营罪于2002年10月28日被逮捕,2003年4月24日被取保候审,2012年8月13日被逮捕,后又被取保候审。

吉林市丰满区人民检察院向丰满区人民法院依法提起公诉,指控被告人于润龙的行为属于违反国家规定,未经许可经营限制买卖物品的行为,依照《中华人民共和国刑法》第二百二十五条第(一)项之规定,构成非法经营罪。

被告人于润龙及其辩护人对起诉书指控的事实均不持异议,但辩称,国务院《关于取消第二批行政审批项目和改变一批行政审批项目管理方式的决定》(国发〔2003〕5号文件)下发后,黄金收购、销售行为无须获取主管部门的审批许可,于润龙的行为不构成非法经营罪。

吉林市丰满区人民法院经审理查明:2000年9月15日至2002年9月15日,被告人于润龙承包吉林省桦甸市老金厂金矿东沟二坑坑口,共生产黄金约23000克。2002年9月21日,于润龙自驾车辆将其承包金矿自产和收购的共46384克黄金运往吉林省长春市。途中从桦甸市沿吉桦公路行驶至吉林市南出口(红旗)收费站时,被公安人员抓获,涉案黄金全部由吉林市公安局扣押,后出售给中国人民银行吉林市中心分行,总售价为人民币(以下币种同)3843054.58元,出售款上缴国库。

审理期间,公安部办公厅就现阶段如何认定非法经营黄金行为向中国人民银行办公厅发函征求意见。2003年9月19日中国人民银行办公厅对公安部办公厅发出的《〈关于对"非法经营黄金行为"现阶段如何认定的函〉的复函》(银办函〔2003〕483号),提出三点意见:"一、中国人民银行发布的《关于调整携带黄金有关规定的通知》(银发〔2002〕320号)不适用于个人。

二、国发〔2003〕5号文件后,企业、单位从事黄金收购、黄金制品生产、加工、批发、黄金供应、黄金制品零售业务无须再经中国人民银行的批准。

三、《中华人民共和国金银管理条例》与国发〔2003〕5号文件相冲突的规定自动失效。但在国务院宣布《中华人民共和国金银管理条例》废止前,该条例的其他内容仍然有效。”参照上述复函,吉林市丰满区人民法院认为,被告人于润龙在未获取黄金经营许可证的情况下大量收购、贩卖黄金的行为,构成非法经营罪;国发〔2003〕5号文件虽然取消黄金收购许可制度,但其他行政法规、部门规章仍对国内黄金市场秩序进行规制;《中华人民共和国金银管理条例》(以下简称《金银管理条例》)在废止前,该条例的其他条款仍然有效,而根据其他条款,对于润龙的行为应当认定为非法经营。2004年4月29日,吉林市丰满区人民法院遂依照《中华人民共和国刑法》第二百二十五条第(一)项、第十二条、第三十七条之规定,认定被告人于润龙犯非法经营罪,但判处免予刑事处罚。

被告人于润龙不服,向吉林市中级人民法院提起上诉。

吉林市中级人民法院经审理认为,一审判决认定的事实清楚,证据确实、充分,但定性不准,适用法律错误。具体理由如下:(1)国发〔2003〕5号文件发布后,个人经营黄金的行为,不构成非法经营罪。《刑法》第二百二十五条中的“国家规定”,具体到本案,是指《金银管理条例》。《刑法》第二百二十五条第(一)项中的“许可”,具体到本案,是指中国人民银行批准经营黄金的专项许可。国发〔2003〕5号文件发布后,中国人民银行对黄金的经营许可制度被取消,《金银管理条例》关于黄金由中国人民银行统购统配的规定不再适用,单位或者个人经营黄金无须经由中国人民银行审核批准。因此,国发〔2003〕5号文件发布后,单位或者个人经营黄金的行为不适用《刑法》第二百二十五条的规定,不构成非法经营罪。(2)依照《刑法》第十二条所确定的从旧兼从轻原则,通常情况下应当按照行为发生当时已有的法律对行为进行定性。但是,如果审判时法律发生了变化,按照变化后新的法律,不认为是犯罪或者处刑较轻的,应当适用新的法律。上诉人于润龙经营黄金的行为发生在2002年8至9月间,即国发〔2003〕5号文件发布前,按照当时的法律,构成非法经营罪。然而,在一审法院审理期间,国务院发布了国发〔2003〕5号文件,取消了中国人民银行关于黄金经营许可的规定。按照现行规定,其经营对象不属于“未经许可经营法律、行政法规规定的专营、专卖物品或者其他限制买卖的物品”,不构成非法经营罪。依照《中华人民共和国刑事诉讼法》(1996年)第一百八十九条第(二)项、第一百六十二条第(二)项,《刑法》第十二条及最高人民法院《关于执行〈中华人民共和国刑事诉讼法〉若干问题的解释》第一百七十六条第(三)项之规定,吉林市中级人民法院撤销吉林市丰满区人民法院(2003)丰刑初字第218号刑事判决,改判上诉人于润龙无罪。

2006年6月30日丰满区人民法院和丰满区人民检察院共同作出吉市丰检法赔字(2006)第1号共同赔偿决定:“于润龙实施非法经营行为时,按照当时的法律规定构成非法经营罪。但在案件审理期间,由于法律、法规发生变化,于润龙的行为又不构成犯罪,决定共同对2003年2月27日国发〔2003〕5号文件下发后于润龙被羁押的56天承担赔偿责任。”吉林市中级人民法院于2006年9月22日作出(2006)吉中法委赔字第5号决定书,维持了吉市丰检法赔字(2006)第1号共同赔偿决定。

此后,于润龙多次上访,要求返还被扣押的涉案黄金。吉林市相关部门要求复查此案,决定由吉林市中级人民法院启动再审程序。2012年8月13日,吉林市中级人民法院作出(2012)吉中刑监字第25号再审决定,以判决确有错误为由对本案进行再审,同日作出刑事裁定,以事实不清、证据不足为由,发回丰满区人民法院重审。

再审一审法院(丰满区人民法院)经再审认为,被告人于润龙的行为构成非法经营罪。理由是:(1)原审被告人于润龙在未获取黄金经营许可的情况下,大量收购、销售黄金的行为,严重扰乱黄金市场秩序,情节严重,构成非法经营罪。虽然国发〔2003〕5号文件取消黄金收购许可制度,但并不意味着黄金市场可以无序经营,其他相关行政法规、《金银管理条例》等部门规章依然对国内黄金市场发挥监管规制功能。(2)《刑法》第十二条是有关刑法溯及力的规定,该条规定并未对现行行政法规发生变化的情况下如何适用刑法明确适用原则,且国发〔2003〕5号文件也未明确其是否具有溯及力。因此,应当依照《刑法》第二百二十五条第(一)项之规定追究于润龙非法经营罪的刑事责任。(3)鉴于本案审判时国家关于黄金经营管理的行政法规发生变化,于润龙的犯罪情节轻微,且其收购黄金在途中被依法扣押,没有给黄金市场带来不利后果,可以从轻处罚。据此,2012年10月15日再审一审法院依照《中华人民共和国刑法》第二百二十五条第(一)项、第十二条、第三十七条之规定,判决如下:

1. 被告人于润龙犯非法经营罪,免予刑事处罚。
2. 没收被告人于润龙非法经营涉案黄金46384克,上缴国库。

再审一审判决后,检察机关以量刑畸轻为由提出抗诉,于润龙以其无罪为由再次向吉林市中级人民法院提起上诉。

再审二审法院(吉林市中级人民法院)审理查明的事实与再审一审查明的基本一致。经审理,再审二审法院基于与原审二审裁定基本相同的理由,改判再审上诉人于润龙无罪。

二、裁判要旨

No. 3-8-225-25 行为人未经许可从事非法经营行为,审理期间行政审批项目被取消的,不成立非法经营罪。

国发〔2003〕5号文件发布后,《金银管理条例》中关于黄金由中国人民银行统购统配的规定不应再适用,单位或者个人经营黄金均无须经由中国人民银行审核批准,黄金不再属于《刑法》第二百二十五条第(一)项规定中的"专营、专卖物品或者其他限制买卖的物品"。2003年中国人民银行办公厅《〈关于对"非法经营黄金行为"现阶段如何认定的函〉的复函》所提中国人民银行发布的《关于调整携带黄金有关规定的通知》(银发〔2002〕320号)针对的是企业,不包括个人的观点是正确的,但不能基于《〈关于对"非法经营黄金行为"现阶段如何认定的函〉的复函》推出国发〔2003〕5号文件取消行政审批针对的是单位而不是个人的观点。"法无明文授权即禁止,法无明文禁止即自由",是现代法治通行的理念,前者是针对有限政府而言,后者是针对法治社会权利保障而言。国发〔2003〕5号文件发布后,没有任何法律法规规定禁止公民个人从事黄金经营,于润龙从事黄金经营没有违反相关行政许可的国家规定。原审一审、再审一审判决基于《〈关于对"非法经营黄金行为"现阶段如何认定的函〉的复函》得出国发〔2003〕5号文件关于取消许可的规定所针对的不包括个人的观点,属于理解错位。

于润龙的无照经营行为虽然违反《无照经营取缔办法》等相关国家规定,但从一些相关司法实践看,一般不将无照经营、超地域经营、零售变批发经营认定为"严重扰乱市场秩序的非法经营行为"。对该类行为,实践惯例一般是作为行政违法行为进行处理。更何况,本案中,关东金世界是经桦甸市政府批准设立,并由桦甸市个体劳动者私营协会为其办理了集体所有制企业法人的营业执照,且人民银行吉林市支行、桦甸市支行对其在业务上、经营上进行经常性指导。于润龙作为关东金世界名下23业户之一,虽然没有独立的营业执照,但均需向关东金世界交纳管理费,同时也需向税务机关交税。上述情况表明,于润龙实际是挂靠关东金世界从事黄金经营,有当地政府认同和支持的特定背景,应当视为具有营业执照。

案例:张虹飚等非法经营案

案例来源:《刑事审判参考》总第92集[第863号]

主题词:非法经营罪 利用POS机非法套现行为的定性与数额认定

一、基本案情

被告人张虹飚,男,1969年8月22日出生,无业。2011年6月3日因涉嫌犯非法经营罪被逮捕。

被告人倪峥,男,1981年11月30日出生,原中信银行无锡分行信用卡部经理。2011年7月14日因涉嫌犯非法经营罪被逮捕。

被告人付大旗,男,1982年12月12日出生,原中国民生银行无锡分行员工。2011年6月3日因涉嫌犯非法经营罪被逮捕。

江苏省无锡市滨湖区人民检察院以被告人张虹飚、倪峥、付大旗犯非法经营罪,向无锡市滨湖区人民法院提起公诉。

被告人张虹飚及其辩护人的意见是:(1)张虹飚将POS机无偿出借给倪峥等人使用期间的套现数额应当从犯罪总额中扣除;(2)指控张虹飚收取邵明、叶萍、王琪费用的证据不足;(3)张虹飚在共同犯罪中系从犯;(4)张虹飚归案后如实供述犯罪事实,认罪、悔罪态度较好,且其行为未造成金融机构经济损失,应当对其从轻或者减轻处罚。

被告人倪峥及其辩护人的意见是:(1)POS机交易清单中仅有信用卡尾号而无信用卡持卡人姓名的套现金额应当在犯罪总额中扣除;(2)倪峥等人实际控制的信用卡套现的数额应当在犯罪总额中予以扣除;(3)倪峥使用POS机期间,张虹飚套现的数额应当在犯罪总数额中予以扣除;(4)倪峥未与李国良实施利用POS机非法套现的共同犯罪。

被告人付大旗及其辩护人的意见是:(1)犯罪总额没有人民币(以下币种同)500余万元;(2)其在共同犯罪中起次要作用,系从犯;(3)其归案后有检举他人犯罪的立功表现;(4)付大旗的认罪态度较好,行为造成的社会危害相对较小。

无锡市滨湖区人民法院经审理查明:

被告人张虹飚于2007年10月起,为实施信用卡套现行为以收取手续费牟利,先后注册成立了无锡市天之元物资贸易商行、无锡市万家福建材经营部、无锡市彩虹紫砂艺术馆等3家单位,并以上述单位名义通过无锡市金融电子技术服务中心向中国银联股份有限公司江苏分公司申领了3台销售点终端机具(POS机)。后张虹飚以收取1%~5%手续费为条件,在无真实交易的情况下,在上述POS机上套现。同时,张虹飚先后将上述POS机以每月1000元或者5000元不等的价格和帮助"养卡"为条件租给被告人倪峥、付大旗和邵明、叶萍、王琪、连任(均另案处理)等人,用于为他人信用卡套现。2009年2月28日至2010年5月间,张虹飚单独或者伙同倪峥、邵明等人采用上述手法,为自己和他人非法套现共计2250万余元。

2009年2月,倪峥与李国良成立了无锡翔澳艺术培训公司。为解决公司资金困难问题,倪峥、李国良与张虹飚合谋用张虹飚提供的销售点终端机具(POS机)为他人信用卡套现,并收取套现金额的1%~1.5%作为手续费牟利。2009年3月1日至6月15日间,倪峥、李国良用二人实际控制的信用卡及荣嘉男、潘天茅、荣镇、张素玲等人的信用卡刷卡套现,在用部分信用卡套现时,为延长还款期限,在还款日到来时重复刷卡套出现金归还前期欠款,累计循环刷卡套现200万余元。

2009年12月起,倪峥、付大旗与张虹飚合谋,由张虹飚收取1万元租金提供商户名为无锡天之元物资贸易商行、无锡市万家福建材经营部POS机及空白现金支票等物品给倪峥等人用于信用卡刷卡套现。2009年12月21日至2010年3月20日,倪峥伙同付大旗、阙建华、连任、朱星晔、陈斌等人,通过上述手法,先后用实际控制的信用卡及章坤、毛骏玮等50余人的信用卡刷卡循环套现共计430万余元。

被告人倪峥与李国良、付大旗等人共用本人信用卡、实际控制的亲友的信用卡计40余张,套出现金30余万元使用,后被告人倪峥及付大旗利用POS机在信用卡还款日到来时重复刷卡套出现金用以归还前期信用卡内的欠款,累计刷卡套现数额共130余万元。

无锡市滨湖区人民法院认为,被告人张虹飚、倪峥、付大旗违反国家规定,单独或者伙同他人以虚构交易的方式,使用销售点终端机具刷卡套现并从中牟利,非法从事资金支付结算业务,扰乱了国家正常的金融秩序,其行为构成非法经营罪,且属情节特别严重。倪峥、付大旗在共同犯罪中起次要作用,系从犯,应当减轻处罚;在归案后均能如实供述犯罪事实,可以从轻处罚。关于张虹飚及其辩护人提出的意见,法院评判如下:(1)涉案人员的供述均证实张虹飚与邵明、叶萍、王琪合谋,收取一定费用后方将POS机等提供给邵明等人用于非法套现。(2)张虹飚明知倪峥等人租用POS机从事信用卡套现犯罪行为仍提供犯罪工具,是共同犯罪,应当对倪峥等人非法经营的数额承担刑事责任,是否有偿提供不影响犯罪的成立。(3)张虹飚为牟取非法利益,与他人合谋,以收取一定费用为条件将掌握的POS机及银行账户、支票等提供给倪峥、付大旗、邵明等人用于非法套现,同时被告人张虹飚还安排客户在倪峥、付大旗等人掌握POS机期间刷卡套现,安排倪峥、付大旗、邵明、叶萍等人相互调换使用POS机,以逃避监管,故其在共同犯罪中起主要作用,依法应认定为主犯。(4)张虹飚归案后避重就轻,经公安机关多次说服教育后才供述收取倪峥等人费用的事实,在庭审中亦否认收取邵明、叶萍、王琪的费用,依法不属于《中华人民共和国刑法》第六十七条第三款规定的"如实供述自己罪行"。关于被告人倪峥及其辩护人提出的意见,法院评判如下:(1)POS机交易清单中仅有信用卡尾号而无信用卡卡主姓名的情况,系由于银行信用卡交易系统无法辨识已经注销的信用卡卡主导致,但是根据交易记录可得知上述信用卡刷卡的具体时间和金额,故可以认定倪峥为上述信用卡刷卡套现的事实,上述信用卡套现总额应计入犯罪数额。(2)倪峥等人利用POS机为本人及实际控制的信用卡刷卡套现,导致虚假的经济繁荣景象,影响经济统计数据,客观上扰乱了国家金融秩序,故上述套现金额应一并计入犯罪数额。(3)倪峥掌控POS机期间,张虹飚虽在相应的POS机上刷卡套现,但倪峥系实际控制人,故应对该期间使用POS机套现数额承担责任。(4)倪峥在归案后多次作过有罪供述,证明其与李国良共同合谋通过POS机为他人刷卡套现盈利,其供述可以与李国良的供述及证人陆丽娅的证言及相关账册、清单相互印证,证实被告人倪峥与李国良共同犯罪的事实。关于被告人付大旗及其辩护人的意见,法院评判如下:(1)付大旗犯罪总额有POS机交易记录、信用卡交易记录、刷卡人的证言等证据证实。(2)付大旗检举他人犯罪的线索尚未查实,不能认定有立功情节。(3)付大旗在共同犯罪中起次要作用,系从犯,归案后悔罪表现较好,社会危害性相对较小。据此,依照《中华人民共和国刑法》第二百二十五条第(三)项,第二十五条第一款,第二十六条第一款、第四款,第二十七条,第六十七第三款,第六十四条和最高人民法院、最高人民检察院《关于办理妨害信用卡管理刑事案件具体应用法律若干问题的解释》第七条第一款、第二款之规定,无锡市滨湖区人民法院作出如下判决:

1. 被告人张虹飚犯非法经营罪,判处有期徒刑五年,并处罚金人民币五万元。
2. 被告人倪峥犯非法经营罪,判处有期徒刑一年四个月,并处罚金人民币三万元。
3. 被告人付大旗犯非法经营罪,判处有期徒刑一年四个月,并处罚金人民币三万元。
4. 非法所得予以没收,上缴国库。

一审宣判后,三被告人未提出上诉,检察院亦未提起抗诉,该判决已经发生法律效力。

二、裁判要旨

No. 3-8-225-26 利用POS机非法套现行为中,行为人为自己或实际控制的信用卡套取现金的,成立非法经营罪,套现数额应计入非法经营数额。

对信用卡套现类非法经营罪的本质特征可以从以下三个方面进行分析。首先,从客观方面分析,信用卡套现类非法经营罪规制的是行为人在无真实交易背景下向"信用卡持卡人"直接支付现金的行为,对象是信用卡持卡人,并不禁止行为人与持卡人主体重合。特约商户持自己或者实际控制的信用卡刷卡时,行为人具有两种重合的主体身份,一是特约商户,二是代表持卡人。在其虚构的交易行为中,行为人一人担当交易双方的角色。其次,从侵犯的法益分析,信用卡套现行为之所以构成非法经营罪,是因为行为人在未发生真实商品交易情况下,变相将信用卡的授信额度转化为现金,从而使金融机构资金置于高度风险之中,严重扰乱了国家金融管理秩序。本案三被告人用自己或者实际控制的信用卡在自己的POS机上套取现金,已经现实地使银行资金置于高度风险之中,侵犯了设立非法经营罪所要保护的国家正常的金融市场秩序。最后,非法经营罪所体现的规范、指引、教育功能在于从事某种经营应当按照国家规定事先获取经营许可资格,或者遵守特定行业的特定规则。如果行为人未获取相关许可或者违反特定行业的特定规则,就应当认定为非法经营行为,情节严重的即可构成《刑法》第二百二十五条规定的非法经营罪。行为人申领POS机的目的在于实施信用卡套现行为,不论是为他人还是为自己刷卡,均违反了不得虚构交易的特定行业规则,严重扰乱金融管理秩序,故特约商户不论是为他人套现,还是为自己套现,均属于《刑法》第二百二十五条规定的非法经营行为,不能因为特约商户与持卡人身份重合而将此类非法套现行为排除在刑法调整之外。既然为自己或者实际控制的信用卡套取现金,情节严重的,均构成非法经营罪,那么两种情形的套现数额均应计入非法经营犯罪数额。

No. 3-8-225-27 用后次套取的现金归还前次套取现金的,数额应当累计计算。

首先,诈骗与挪用类犯罪侵犯的主要客体是财产所有权,故被害人或者被害单位的财产损失往往是衡量犯罪行为严重程度的主要因素之一,相关司法解释结合行为人主客观方面要素以最终未能归还的实际数额作为认定犯罪数额的标准的原理即在于此。而非法经营罪作为扰乱市场秩序的主要犯罪之一,其危害性主要体现在对正常市场经营秩序的严重扰乱,而不仅仅是金融机构资金的安全性。与内幕交易,操作证券、期货市场行为类似,行为人交易的次数、数额本身就体现出行为扰乱市场经济秩序的严重程度。套现行为制造的虚假交易,使经济总量虚高,还可能导致虚假的经济统计数据和虚假的经济繁荣景象,进而误导经济决策。本案中,张虹飚在短短15个月左右的时间里单独或者伙同多人非法套现2250万元,造成信用卡交易总量的虚假放大,对市场宏观经济秩序造成严重消极影响。倘若以"本数"为犯罪数额,在行为人归还了所套取的"本数"现金金额的情况下,就不能认定为犯罪,则必然背离非法经营罪设置的初衷。其次,从入罪标准看,也应当累计计算。考虑到套现交易金额可能不能直接反映行为对金融机构资金安全性的危害程度,最高人民法院、最高人民检察院《关于办理妨害信用卡管理刑事案件具体应用法律若干问题的解释》将信用卡套现类非法经营行为"情节严重"的入罪标准规定为三项:商户套现交易金额、造成金融机构资金逾期未还金额、造成金融机构经济损失金额。从该规定分析,就第一项而言,即指客观上实际套现交易的数额,因此,对以后次套现归还前次套现的情形,套现数额应当累计计算。

No. 3-8-225-28 明知他人为非法套现而借用 POS 机的,借用期间的套现数额应当计入非法经营数额。

首先,作为共同犯罪中的帮助犯,应当对共同犯罪行为承担全部责任。本案中,张虹飚除自己实施非法套现行为外,在明知他人租借其 POS 机系从事刷卡套现违法活动情况下,仍违反银联公司相关规定将 POS 机租借给他人,并提供个人印章、财务专用章、空白支票等。该情形下,其虽然未实施直接非法经营的实行行为,但向倪峥等人提供了该类犯罪能够实现的关键设备,属于共同犯罪中的帮助犯。帮助犯是指共同犯罪中没有直接参与犯罪的实行行为,而是向实行犯提供帮助,使其便于实施犯罪,或者促使其完成犯罪的人。帮助行为通常表现为提供犯罪工具、指示犯罪目标、查看犯罪地点、排除犯罪障碍以及事前通谋答应事后隐匿罪犯、消灭罪迹、窝藏赃物来帮助实施犯罪等情况。按照共同犯罪"部分行为全部责任"理论,张虹飚应当对提供 POS 机期间套现的金额承担相应的法律责任。其次,非法经营罪的构成不要求以牟利为目的。信用卡套现构成非法经营罪必须具备以下条件:一是行为违反国家规定;二是利用 POS 机虚构交易等方法;三是向信用卡持卡人直接支付现金;四是行为达到情节严重的程度。而行为人是否以牟利为目的、是否最终牟取了利益不影响本罪的成立。故张虹飚为他人实施非法信用卡套现行为提供犯罪工具,有偿与否,不影响对其犯罪数额的认定。

No. 3-8-225-29 POS 机的租用者为出租者套取现金的,套现金额应计入非法经营数额。

作为特约商户,不论是为他人套现,还是为自己套现,其套现数额均应当计入犯罪数额。以这个大原则为前提,如果行为人是 POS 机租用人,持卡人是出租人,行为人为作为出租人的持卡人非法套现的数额应当计入非法经营犯罪数额。首先,倪峥套取现金的行为符合本罪的犯罪构成要件。相关法律和司法解释对构成本罪的主体并没有特别限定,即并不必须是特约商户才能成为本罪的犯罪主体。倪峥违反国家规定,即使是租用 POS 机为 POS 机出租人即信用卡持卡人张虹飚套取现金,情节严重的,其行为也构成非法经营罪。其次,作为 POS 机的实际控制人和使用受益人,应当对使用期间套现数额总额负责。虽然倪峥不是 POS 机的机主,但其是实际控制人,且经倪峥亲手操作为张虹飚套取现金。虽然张虹飚是持卡人,倪峥未收套现手续费,似乎并无直接经济收益,但潜在的、替代性的收益仍然存在,如张虹飚免除部分租用费,由张虹飚安排租用人之间相互调换使用 POS 机以逃避监管等其他形式的利益。况且,倪峥不收手续费的原因不论是双方合意,还是自愿免除,都是其非法经营行为的组成部分,其是否获利不影响非法经营犯罪行为的认定。因此,倪峥应当对其使用 POS 机期间的套现总额承担刑事责任。当然,在这种情况下,张虹飚作为倪峥非法经营的共犯也应当对其作为持卡人的套现数额负刑事责任。

案例:王后平非法经营案

案例来源:《刑事审判参考》总第 92 集[第 864 号]

主题词:非法经营罪　药品挂靠经营行为的定性

一、基本案情

被告人王后平,男,44 岁,无业。2012 年 7 月 12 日因涉嫌犯非法经营罪被逮捕。

江苏省南京市建邺区人民检察院以被告人王后平犯非法经营罪,向南京市建邺区人民法院提起公诉。

被告人王后平及其辩护人对公诉机关指控的犯罪事实及罪名不持异议。辩护人以王后平无前科劣迹,当庭自愿认罪等为由,提请法庭对王后平从轻处罚。

南京市建邺区人民法院经审理查明:2011 年 7 月至 12 月,被告人王后平在未取得《药品经营许可证》的情况下,以其承租的南京市应天大街弘瑞广场 8 幢 318 室作为经营场所,借用具有药品经营许可资质的南京苏耀医药有限公司(以下简称"苏耀公司")的名义采购、销售药品。其间,王后平从长春经开药业有限公司(以下简称"经开公司")购进价值总计为人民币(以下币种同)755.535 万元的消咳宁片(麻黄碱类复方制剂),并将前述药品非法销售给林佳鹏(另案处理)等人。

南京市建邺区人民法院认为,被告人王后平违反国家规定,未经许可,非法经营药品,扰乱市场秩序,情节特别严重,其行为构成非法经营罪。南京市建邺区人民检察院指控王后平犯非法经营罪的事实清楚,证据确实、充分,指控的罪名成立。王后平当庭自愿认罪,酌情从轻处罚。王后平无前科劣迹,且当庭自愿认罪,可以对其从轻处罚,辩护人的相关辩护意见予以采纳。据此,依照《中华人民共和国刑法》第二百二十五条第(一)项、第五十九条之规定,南京市建邺区人民法院以被告人王后平犯非法经营罪,判处有期徒刑九年,并处没收个人财产人民币七百万元。

一审宣判后,被告人王后平不服,向南京市中级人民法院提出上诉。其上诉理由是:(1)其是苏耀公司的员工,与苏耀公司签订劳动合同,客户直接与苏耀公司发生业务关系,不是与其个人发生业务往来,不应由其个人承担责任;(2)其只是在业务管理上存在失误,一审量刑过重;(3)没收个人财产 700 万元过重,其获利不到 30 万元。

二审辩护人的辩护意见是:(1)原判认定王后平借用苏耀公司名义采购、销售药品不能成立,在案证据证实是苏耀公司购买药品;(2)苏耀公司依照规定向经开公司购买 755.535 万元的药品是合法购药行为;(3)王后平销售药品的行为只是违反了行业管理规定,实质上是一种违规销售行为;(4)原判量刑过重,主刑过重,附加刑严重背离案件事实和法律规定。辩护人还出示了江苏省徐州市云龙区大龙湖办事处大韩村居委会出具的证明、上诉人王后平妻子的陈述,用以证实王后平的家庭情况。

出庭检察员的出庭意见是:原审判决认定王后平构成非法经营罪事实清楚,证据确实、充分。王后平借用苏耀公司资质,擅自经营药品,实施了买卖药品的行为,有证人证言、书证等予以证实。王后平明知药品管理的有关规定,仍然违反规定,擅自买药,已经构成非法经营罪。一审法院判决并处没收财产符合法律规定,量刑适当。建议驳回上诉,维持原判。

南京市中级人民法院认定的事实与一审法院基本一致。南京市中级人民法院认为,上诉人王后平违反国家规定,未经许可,非法经营药品,扰乱市场秩序,情节特别严重,其行为构成非法经营罪。另经查:(1)药品管理法规定,无《药品经营许可证》的,不得经营药品。王后平的供述、证人张群、湛承雪等人的证言、南京聚友人力资源有限公司的劳动合同书等证据证实王后平通过挂靠方式借用苏耀公司药品经营资质,从事药品经营。王后平挂靠借用许可的行为实质为无证经营,其是在未经许可实际也不可能得到许可的情况下从事非法经营药品的行为。(2)药品管理法规定,药品经营企业购销药品,必须有真实完整的购销记录。证人蔡华美等人的证言、安徽阜阳第一药业有限公司等公司发票核查情况等证据证实,王后平伪造了向安徽阜阳第一药业有限公司等公司销售消咳宁片的销售记录。同时,证人林佳鹏、华小波等人的证言还证实王后平实际将消咳宁片非法销售给林佳鹏等人。王后平伪造销售记录并将药品非法销售给林佳鹏等人的行为违反了药品管理法的有关规定,亦具有非法经营性质。综上,上诉人王后平违反药品管理法的规定,未经许可从事药品的经营行为构成非法经营罪。上诉人、辩护人提出的本案系公司经营行为等不构成非法经营罪的上诉理由、辩护意见不予采纳。关于上诉人、辩护人提出的原判量刑过重的上诉理由、辩护意见,经查,王后平从经开公司购进755万余元的消咳宁片,并将上述药物非法销售给不具备资质的林佳鹏等人,导致大量的麻黄碱类复方制剂流入非法渠道,犯罪数额巨大,社会危害较大,应当认定为情节特别严重,依法应当判处五年以上有期徒刑,并处违法所得一倍以上五倍以下罚金或者没收财产。证人林佳鹏、华小波的证言,银行卡交易明细,经开公司开具的增值税专用发票证实,王后平仅销售给林佳鹏的消咳宁片获利为170万元左右。据此,原审法院综合王后平的犯罪事实、情节和获利情况,判处其有期徒刑九年,并处没收财产人民币700万元的量刑未违反法律之规定,量刑并无不当。辩护人出示的证据与本案犯罪事实没有关联性,不予采纳。故上诉人的上诉理由、辩护人的辩护意见均不能成立。出庭检察员的意见符合本院查明的事实和法律规定,予以采纳。据此,南京市中级人民法院裁定驳回上诉,维持原判。

二、裁判要旨

No.3-8-225-30 挂靠有经营资质的单位从事药品经营的行为,违反药品管理法、行政许可法的规定,属于无证经营,成立非法经营罪。

根据《药品管理法》第十四条的规定,无《药品经营许可证》的,不得经营药品。《行政许可法》第八十条规定:“被许可人有下列行为之一的,行政机关应当依法给予行政处罚;构成犯罪的,依法追究刑事责任:(一)涂改、倒卖、出租、出借行政许可证件,或者以其他形式非法转让行政许可的……”国家食品药品监督管理局2007年下发的《关于进一步整治药品经营中挂靠经营超方式及超范围经营问题的通知》第一条明确规定:“挂靠经营是指药品经营企业为其他无证单位或个人提供药品经营场地、资质证明以及票据等条件,以使挂靠经营者得以从事药品经营活动。对于药品经营企业,接受挂靠的性质是出租、出借证照;对于挂靠经营者,进行挂靠的性质则是无证经营。超出《药品经营许可证》规定的经营方式、经营范围从事药品经营活动,是《药品管理法》明令禁止的违法行为。”

本案中,被告人王后平在没有得到经营许可也不可能得到经营许可的情况下,通过挂靠有经营资质的单位从事药品经营的行为,违反了《药品管理法》《行政许可法》的相关规定,应当视为无证经营,属于《刑法》第二百二十五条第(一)项规定的“未经许可经营国家专营、专卖物品”的情形,依法应当以非法经营罪定罪处罚。

《药品管理法》第十八条规定:“药品经营企业购销药品,必须有真实完整的购销记录。购销记录必须注明药品的通用名称、剂型、规格、批号、有效期、生产厂商、购(销)货单位、购(销)货数量、购销价格、购(销)货日期及国务院药品监督管理部门规定的其他内容。”本案中,从查证属实的情况看,目前仅查实被告人王后平向林佳鹏、华小波等不具备经营资质的个人销售药品300余万元的事实。王后平违反药品管理法的规定,故意不建立真实的销售记录,且不如实供述其药品销售去向,导致药品流入非法渠道后无法追回,加剧了其行为的社会危害性。从行为定性角度分析,故意不建立真实购销记录的不属于《刑法》第二百二十五条规定的非法经营行为,但是可以作为认定非法经营行为是否构成情节严重的一个重要参考因素。在非法经营行为已构成犯罪的情况下,可以作为酌定从重处罚的情节予以考虑。

案例:曾国坚等非法经营案

案例来源:《刑事审判参考》总第 92 集[第 865 号]

主题词:非法经营罪　组织领导传销活动罪

一、基本案情

被告人曾国坚,男,1974 年 10 月 17 日出生,汉族,无业。2010 年 1 月 15 日因涉嫌犯非法经营罪被逮捕。

被告人黄水娣,女,1976 年 9 月 29 日出生,汉族,无业。2010 年 1 月 15 日因涉嫌犯非法经营罪被逮捕。

被告人罗玲晓,女,1985 年 6 月 10 日出生,汉族,无业。2010 年 1 月 15 日因涉嫌犯非法经营罪被逮捕。

被告人莫红珍,女,1977 年 4 月 2 日出生,汉族,无业。2010 年 1 月 15 日因涉嫌犯非法经营罪被逮捕。

广东省深圳市罗湖区人民检察院以被告人曾国坚、黄水娣、罗玲晓、莫红珍犯非法经营罪,向深圳市罗湖区人民法院提起公诉。

深圳市罗湖区人民法院经公开审理查明:2009 年 6 月始,被告人曾国坚租赁深圳市罗湖区怡泰大厦 A 座 3205 房为临时经营场所,以亮碧思集团(香港)有限公司发展经销商的名义发展下线,以高额回馈为诱饵,向他人推广传销产品、宣讲传销奖金制度。同时,曾国坚组织策划传销,诱骗他人加入,要求被发展人员交纳入会费用,取得加入和发展其他人员加入的资格,并要求被发展人员发展其他人员加入,以下线的发展成员业绩为依据计算和给付报酬,牟取非法利益;被告人黄水娣、罗玲晓、莫红珍均在上述场所参加传销培训,并积极发展下线,代理下线或者将下线直接带到亮碧思集团(香港)有限公司缴费入会,进行交易,形成传销网络:其中,曾国坚发展的下线人员有郑某妮、杨某湘、王某军、杨某芳、袁某霞等人,杨某芳向曾国坚的上线曾某茹交纳人民币(以下未标明的币种均为人民币)2 万元,袁某霞先后向曾国坚、曾某茹及曾国坚的哥哥曾某建共交纳 62000 元;黄水娣发展罗玲晓、莫红珍和龚某玲为下线,罗玲晓、莫红珍及龚某玲分别向其购买了港币 5000 元的产品;罗玲晓发展黄某梅为下线,黄某梅发展王某华为下线,黄某梅、王某华分别向亮碧思集团(香港)有限公司交纳入会费港币 67648 元;莫红珍发展龙某玉为下线,龙某玉发展钟某仙为下线,钟某仙发展周某花为下线,其中龙某玉向莫红珍购买了港币 5000 元的产品,钟某仙、周某花分别向亮碧思集团(香港)有限公司交纳入会费港币 67648 元。2009 年 12 月 8 日,接群众举报,公安机关联合深圳市市场监督管理局罗湖分局将正在罗湖区怡泰大厦 A 座 3205 房活动的曾国坚、黄水娣、罗玲晓、莫红珍等人查获。

深圳市罗湖区人民法院认为,被告人曾国坚、黄水娣、罗玲晓、莫红珍从事非法经营活动,扰乱市场秩序,均构成非法经营罪,且属于共同犯罪。在共同犯罪中,曾国坚积极实施犯罪,起主要作用,是主犯;黄水娣、罗玲晓、莫红珍均起次要作用,系从犯,且犯罪情节轻微,认罪态度较好,有悔罪表现,依法均可以免除处罚。曾国坚犯罪情节较轻,有悔罪表现,对其适用缓刑不致再危害社会。据此,依照《中华人民共和国刑法》第二百二十五条、第二十五条第一款、第二十六条、第二十七条、第七十二条之规定,深圳市罗湖区人民法院以非法经营罪判处被告人曾国坚有期徒刑一年零六个月,缓刑二年,并处罚金一千元;以非法经营罪分别判处被告人黄水娣、罗玲晓、莫红珍免予刑事处罚。

宣判后,被告人曾国坚不服,向深圳市中级人民法院提出上诉,并基于以下理由请求改判无罪:亮碧思(香港)有限公司有真实的商品经营活动,其行为不构成非法经营罪,也没有达到组织、领导传销活动罪的立案追诉标准。

深圳市中级人民法院经审理认为,上诉人曾国坚与原审被告人黄水娣、罗玲晓、莫红珍的行为,应当认定为组织、领导传销活动行为,而不应以非法经营罪定罪处罚。鉴于现有证据不能证明曾国坚、黄水娣、罗玲晓、莫红珍的行为已达到组织、领导传销活动罪的追诉标准,故其行为不应以组织、领导传销活动罪论处。曾国坚的上诉理由成立。据此,依照《中华人民共和国刑事诉讼法》第二百二十五条第一款第(二)项之规定,深圳市中级人民法院判决如下:

撤销深圳市罗湖区人民法院(2011)深罗法刑一重字第1号刑事判决;被告人曾国坚、黄水娣、罗玲晓、莫红珍无罪。

二、裁判要旨

No. 3-8-225-31 组织领导"拉人头"型或"骗取入门费"型的传销活动,未达到立案追诉标准的,不能按照非法经营罪定罪处罚。

2005年8月23日,国务院颁布《禁止传销条例》,将传销活动概括为三种主要表现形式:(1)"拉人头"型,是指组织者或者经营者通过发展人员,要求被发展人员发展其他人员加入,对发展的人员以其直接或者间接滚动发展的人员数量为依据计算和给付报酬,牟取非法利益。(2)"骗取入门费"型,是指要求被发展人员交纳费用或者以认购商品等方式变相交纳费用,取得加入或者发展其他人员加入的资格,牟取非法利益。(3)"团队计酬"型,是指要求被发展人员发展其他人员加入,形成上下线关系,并以下线的(商品、服务)销售业绩为依据计算和给付上线报酬,牟取非法利益。然而,"拉人头"型、"骗取入门费"型传销活动,本质上不属于商业经营活动,审判实践中对此两类传销活动以非法经营罪定罪处罚的争议较大,各地法院实践中的做法不一,有的定非法经营罪,有的定诈骗罪、集资诈骗罪,还有的定非法吸收公众存款罪。这种混乱局面既不利于打击传销活动,也不利于维护司法的公正性、严肃性。因此,在《刑法修正案(七)》起草过程中,"拉人头"型、"骗取入门费"型传销活动的定性问题被纳入了《刑法修正案(七)》的立法建议,起草人员经过充分调研,在多方征求意见的基础上,专条规定了组织、领导传销活动的定性与处罚,并最终在2009年2月召开的全国人大常委会上通过。

从立法原意分析,笔者认为,对于客观表现为组织、领导"拉人头"型或者"骗取入门费"型的传销活动,只能以其是否符合组织、领导传销活动罪的构成特征来判断罪与非罪,不能按照《刑法修正案(七)》施行以前的做法,以非法经营罪定罪处罚,更不能在不具备组织、领导传销活动罪构成要件的情况下适用《刑法》第二百二十五条第(四)项,即非法经营罪的兜底项定罪处罚。

本案中,曾国坚等人实施了通过发展人员,要求被发展人员交纳费用或者以认购商品等方式变相交纳费用,取得加入或者发展其他人员加入的资格,牟取非法利益的传销行为。客观上符合组织、领导传销活动的行为特征。然而,依照最高人民检察院、公安部《关于公安机关管辖的刑事案件立案追诉标准的规定(二)》的规定,组织、领导传销活动罪的立案追诉起点为"涉嫌组织、领导的传销活动人员在三十人以上且层级在三级以上的"。而现有证据显示,本案涉嫌组织、领导的传销活动人员不足30人,亦没有相应证据证明该传销体系的层级在三级以上,按照疑罪从无原则,应当依法改判被告人曾国坚、黄水娣、罗玲晓、莫红珍无罪。

案例:钟小云非法经营案

案例来源:《刑事审判参考》总第100集[第1021号]

主题词:非法经营罪 经营现货黄金延期交收业务的行为

一、基本案情

被告人钟小云,男,1976年7月2日出生,江西沣琳顿投资顾问有限公司法定代表人。2012年4月20日因涉嫌犯非法经营罪被逮捕,2013年1月29日被取保候审,同年11月26日被逮捕。

江西省新余市望城工矿区人民检察院以被告人钟小云犯盗窃罪,向新余市渝水区人民法院提起公诉。

江西省新余市渝水区人民法院经公开审理查明:

2009年10月16日,被告人钟小云注册成立江西沣琳顿投资顾问有限公司(以下简称"沣琳顿公司"),法定代表人为钟小云,经营范围为:信息咨询、投资顾问(期货、证券除外)、企业策划、工艺品销售。沣琳顿公司成立后以塔尔研究欧洲资本公司华泰金恒(北京)投资顾问有限公司(以下简称“华泰金恒公司”)江西总代理的名义从事无实物交割的黄金延期交收业务,下设沣琳顿公司吉安分公司、分宜泰利顾问有限公司为沣琳顿公司代理商。其经营模式是采用保证金制度,“T+O”交易模式,无实物交易,黄金为虚拟。客户以 1∶100 的杠杆比率,按照国际实时走势买涨买跌交易。一手为 100 盎司,根据 1∶100 的杠杆原理放大,即买一手为 100 盎司,每个客户最少交 1000 美元的保证金(美元与人民币的换算比例固定为 1∶6.8)。客户只需交人民币(以下未特别注明的均为人民币)1 万元即可开户,交易最低可买 0.1 手,即 10 盎司。其工作流程是:首先,由客户与钟小云签订贵金属投资协议,并缴纳交易保证金。然后,钟小云将保证金汇入华泰金恒公司,该公司收款后提供给客户交易账号和密码。客户在沣琳顿公司或者华泰金恒公司网站上下载塔尔金汇交易软件后,通过该软件进行集中交易。客户根据黄金价格走势进行“买涨”(即先买进后卖出)“买跌”(即先卖出后买进)操作。客户可以自己操盘或者聘请沣琳顿公司员工操盘,当保证金不足时,客户必须及时追加保证金,否则就会被强制平仓。钟小云通过收取交易手续费、过夜费及华泰金恒公司返还的佣金等方式谋利。自 2009 年 10 月至 2011 年 4 月,钟小云先后招徕喻小花、陈洁、刘婉等数十名客户入金,经营黄金业务。钟小云通过经营该黄金业务,共计收取客户保证金 119.58 万元。

另查明,华泰金恒公司于 2003 年 9 月 24 日注册成立,经营范围为投资、信息咨询(不含中介服务)、企业策划等。2010 年 4 月 28 日公司注销。

新余市渝水区人民法院认为,被告人钟小云设立沣琳顿公司,未经主管部门许可,违反国家规定,扰乱市场秩序,非法经营黄金业务,非法经营额为 119.58 万元,情节特别严重,其行为构成非法经营罪。案发后,钟小云积极进行退赔,有一定的悔罪表现,依法可以酌情从轻处罚。经查,起诉书指控钟小云收取被害人李建华 63 万元,但李建华的报案材料及协议书均证实,其只交纳了保证金 20 万元,故依法认定李建华向钟小云交纳保证金 20 万元。

公诉机关指控钟小云所犯罪行成立,指控罪名正确。但指控钟小云非法经营数额为 159.58 万元有误,应予纠正。关于钟小云及其辩护人所提钟小云的行为不构成非法经营罪的辩解、辩护意见,经查,钟小云设立沣琳顿公司,未经主管部门许可,违反国家规定,非法经营黄金业务,属于其他严重扰乱市场秩序的非法经营行为,故上述意见不能成立,不予采纳。据此,依照《中华人民共和国刑法》第二百二十五条第(三)项、第六十四条之规定,新余市渝水区人民法院以被告人钟小云犯非法经营罪,判处有期徒刑五年六个月,并处罚金人民币二十万元。

一审宣判后,被告人钟小云没有提起上诉,公诉机关亦未抗诉,该判决已发生法律效力。

二、裁判要旨

No.3-8-225-32 未经许可从事现货黄金延期交易的行为属于非法经营变相黄金期货交易,构成非法经营罪。

现货黄金延期交收业务在我国尚属新生事物,国家主管部门对其交易制度及特点尚无明确规定。从国外有关现货黄金延期交收业务的实践情况看,现货黄金延期交收业务与黄金期货交易具有若干相同特征,如交纳保证金、当日无负债结算等。2012 年修改前的《期货交易管理条例》第八十九条第一款规定:“任何机构或者市场,未经国务院期货监督管理机构批准,采用集中交易方式进行标准化合约交易,同时采用以下交易机制或者具备以下交易机制特征之一的,为变相期货交易:(一)为参与集中交易的所有买方和卖方提供履约担保的;(二)实行当日无负债结算制度和保证金制度,同时保证金收取比例低于合约(或者合同)标的额 20%的。”2012 年修改后的《期货交易管理条例》删去了修改前《期货交易管理条例》第八十九条关于变相期货交易的规定。然而,这一修改并不意味着对变相期货交易不再进行监管和规制。相反,任何违反国家规定,非法经营变相黄金期货交易的行为,都应当受到刑法规制。此外,中国人民银行、公安部、国家工商总局、银监会、证监会 2011 年 11 月 20 日联合下发的《关于加强黄金交易所或从事黄金交易平台管理的通知》第一条明确规定:“上海黄金交易所和上海期货交易所是经国务院批准或同意的开展黄金交易的交易所,两家交易所已能满足国内投资者的黄金现货或期货投资需求。任何地方、机构或个人均不得设立黄金交易所(交易中心),也不得在其他交易场所(交易中心)内设立黄金交易平台。"可见,我国对于机构或个人在2011年11月20日前后,在合法交易场所外设立黄金交易平台从事黄金及其衍生品交易已有明确限制。现货黄金延期交收业务除具有一般的实物黄金交易属性外,还具有资本投资的属性,必须经过主管部门审批才可从事经营。本案中,钟小云经营变相黄金期货交易,未经主管部门审批许可,违反了国家规定,属于刑法规制的非法经营行为。

案例:翁士喜非法经营案

案例来源:《刑事审判参考》总第101集[第1042号]

主题词:非法经营罪　违法搭建商铺并出租的行为定性

一、基本案情

被告人翁士喜,男,1975年1月24日出生,北京四喜投资管理有限公司法定代表人。2011年3月8日因涉嫌犯合同诈骗罪被逮捕。

北京市人民检察院第二分院以被告人翁士喜犯合同诈骗罪,向北京市第二中级人民法院提起公诉。

被告人翁士喜及其辩护人提出如下辩解、辩护意见:(1)翁士喜不负责办理购物广场手续,基于相信方孔岳能够办理相关手续而参与购物广场的建设和招租,无诈骗的主观故意,且未实施诈骗行为,其行为属于民事纠纷,不应认定构成犯罪;(2)翁士喜积极主动退款弥补商户损失,如果认定翁士喜构成犯罪,建议法庭对翁士喜从轻处罚。

北京市第二中级人民法院经公开审理查明:2010年1月至10月间,被告人翁士喜伙同方孔岳(另案处理),违反《建筑法》《土地管理法》等相关规定,以北京岳腾基业投资顾问有限公司(以下简称"岳腾基业公司")、北京岳腾基业投资顾问有限公司第一分公司(以下简称"岳腾基业第一分公司")的名义,在北京市通州区新华大街甲256号院内违法搭建商铺,在未经审批,亦未向工程所在地县级以上人民政府建设行政主管部门申请领取施工许可证的情况下,对外招租,承诺定期开业,与王玉俐等350余名商户签订租赁合同并收取租金、履约保证金等,非法经营额共计人民币(以下币种同)1300余万元,严重扰乱市场秩序。在受到政府相关部门查处后,翁士喜等人陆续退还商户钱款。经统计,至案发尚有10名商户共计558740元未退还。2011年2月17日,翁士喜被抓获归案。

北京市第二中级人民法院认为,被告人翁士喜伙同他人违反国家规定,在无规划审批手续,未向工程所在地县级以上人民政府建设行政主管部门申请领取施工许可证的情况下搭建违章建筑并对外招商,扰乱市场秩序,情节严重,其行为构成非法经营罪。北京市人民检察院第二分院指控翁士喜构成犯罪的事实清楚,证据确实、充分,但指控犯合同诈骗罪的罪名有误,应予纠正。鉴于翁士喜在非法经营行为受到政府相关部门查处后积极退赔商户损失,可以对其酌情从轻处罚。翁士喜的辩护人所提翁士喜不构成合同诈骗罪,且具有积极退赔情节,建议法庭对翁士喜从轻处罚的意见予以采纳。据此,依照《中华人民共和国刑法》第二百二十五条第(四)项,第二十五条第一款,第二十六条第一款、第四款,第五十二条,第六十一条以及最高人民法院《关于适用财产刑若干问题的规定》第二条第一款之规定,北京市第二中级人民法院以被告人翁士喜犯非法经营罪,判处有期徒刑三年,并处罚金人民币三十万元。

二、裁判要旨

No. 3-8-225-33　未取得施工许可证违规搭建商铺并出租的行为,构成非法经营罪。

《刑法》第二百二十五条规定的"违反国家规定",是指违反上述法律规定中关于从事经营性活动的许可性规定。根据《建筑法》第七条、第八条的规定,建筑工程开工前,建设单位应当按照国家有关规定向工程所在地县级以上人民政府建设行政主管部门申请领取施工许可证,且申请领取施工许可证应当具备一些前置条件,如已经办理该建筑工程用地批准手续,在城市规划区的建筑工程已经取得规划许可证等。《建筑法》无疑属于"国家规定",因此本案被告人翁士喜未经合法审批,未申领施工许可证,违法搭建商铺的行为显然属于“违反国家规定”。

被告人翁士喜未经许可擅自开工建售收取租金的行为严重扰乱了市场秩序。房地产开发、经营活动对社会影响重大,一直受到国家的严格管控,未经许可私自进行房地产开发、经营活动,不仅破坏了国家对房地产的管理秩序,也使其他从事此类业务的合法经营者直接面对低成本的违规经营活动的竞争,严重扰乱了房地产市场的正常经营秩序。翁士喜还有其他违反国家规定的行为,如翁士喜伙同他人为违法招商成立的岳腾基业第一分公司不具备经营市场商铺的资格,招商过程中亦未就经营范围变更登记,违反了国务院颁布的《公司登记管理条例》。上述违反国家规定的行为,虽然不属于《刑法》第二百二十五条罪状中“违反国家规定”的行为,但该类行为越多,违反程度越重,就越体现出其扰乱市场秩序的严重程度。

翁士喜违规开发、经营房地产的行为属于《刑法》第二百二十五条规定的“情节严重”。翁士喜在非法经营被政府查处后再次出租商铺,涉案数额达 1300 余万元。在政府相关部门对翁士喜的非法经营行为进行查处期间,大量商户要求政府准许开业,发生多次大规模群体聚集、堵塞交通等事件,造成了恶劣的社会影响,翁士喜的非法经营行为应认定为《刑法》第二百二十五条规定的“情节严重”。

案例:王丹、沈玮婷非法经营、虚报注册资本案

案例来源:《刑事审判参考》总第 101 集[第 1043 号];《人民法院案例选》2016 年第 2 辑

主题词:非法经营罪　与具备证券从业资格的公司合作开展咨询业务的行为

一、基本案情

湖南省娄底市检察院以王丹、沈玮婷犯非法经营罪、抽逃出资罪向法院提起公诉。

法院经公开审理查明:

2005 年 11 月,王丹、沈玮婷在广东省深圳市成立了金海岸公司,主要从事电视广告节目制作及电视台广告时段买卖业务。王丹在经营管理金海岸公司过程中,发现销售炒股软件并为股民提供有偿股票投资咨询可牟取暴利,便产生了开展相关业务的念头。2007 年 10 月,王丹以金海岸公司名义开发了一套金牛王选股软件,并办理了著作权登记,权属归公司。2008 年 4 月 15 日,王丹、沈玮婷出资 50 万元在深圳注册成立了金牛王公司,王丹担任法定代表人、总经理。金牛王公司成立后,在未获得中国证监会批准,不具备经营证券业务资质的情况下,王丹、沈玮婷等人以销售金牛王炒股软件为名,非法从事证券咨询业务,非法经营额共计 4526546. 20 元。

因金牛王公司管理混乱,盈利不多,王丹决定逐步停止该公司营业并到湖南省另立公司继续开展相关业务。2008 年 10 月,王丹找人垫资 200 万元,注册成立了智盈公司;2009 年 3 月,王丹又找人垫资 200 万元以陈某某(沈玮婷同母异父之兄)、沈慧某(沈玮婷之兄)的名义注册成立了金诚公司。2008 年 8 月至 2009 年 6 月,王丹聘请若干人员为证券分析师进行股票分析,并以销售金牛王选股软件为名,在未获得中国证监会批准,不具备经营证券业务资质的情况下,开展非法证券咨询活动,其中智盈公司非法经营额计 12898691. 55 元;金诚公司非法经营额计 15594887. 47 元。为顺利通过电视台的资格审查,并掩盖自己不具备证券投资咨询资格的真相,王丹等人与有证券投资咨询资格的湖南金证投资咨询顾问有限公司、北京禧达丰公司签订了所谓的“战略合作协议”,以每年支付数十万元的高额投资顾问费为条件,将公司选聘的多名股评分析师的从业资格证书挂靠到这些公司,并借用这些公司的证券咨询资格证明用于自己股评节目的资格审查。

(虚报注册资本的犯罪事实略)

娄底市中级人民法院认为,王丹、沈玮婷在增加深圳金海岸公司的注册资本时,采取欺诈手段虚报注册资本 700 万元,数额巨大且情节严重,其行为均构成虚报注册资本罪。王丹、沈玮婷等人违反《证券法》等有关法律规定,未经国家有关主管部门批准,非法经营证券业务,严重扰乱市场秩序,情节特别严重,其行为均已构成非法经营罪。据此,依照《中华人民共和国刑法》第二百二十五条第(三)项、第一百五十八条第一款等规定,判决如下:

1. 被告人王丹犯非法经营罪,判处有期徒刑十二年,并处罚金一百二十万元;犯虚报注册资本罪,判处有期徒刑一年,并处罚金十万元,数罪并罚,决定执行有期徒刑十二年六个月,并处罚金一百三十万元。

2. 被告人沈玮婷犯非法经营罪,判处有期徒刑六年,并处罚金六十万元;犯虚报注册资本罪,判处有期徒刑一年,并处罚金十万元,数罪并罚,决定执行有期徒刑六年六个月,并处罚金七十万元。

一审宣判后,王丹、沈玮婷等人提出上诉。

王丹提出:成立深圳金牛王公司、湖南智盈公司、湖南金诚公司是为了销售金牛王智能决策选股软件,在销售软件过程中与有证券咨询资格的湖南金证投资咨询顾问有限公司(以下简称"金证公司")等有合作协议,股评师也系合法挂靠,故不构成非法经营罪。

王丹的辩护人提出:深圳金牛王公司所从事的确系软件销售业务,没有在电视等媒体做广告。王丹先后与湖南金证公司、北京禧达丰公司签订了咨询和资讯战略合作协议,将公司主要从事证券咨询的业务人员的证券咨询手续挂靠在金证公司与北京禧达丰公司,并支付了费用,故不构成非法经营罪。一审以非法经营罪对王丹判处有期徒刑十二年,显属因定性不当、适用法律错误,且量刑畸重。

沈玮婷上诉及其辩护人提出:金海岸公司的经营范围是广告、电视节目制作等,接受智盈公司的委托制作节目符合国家政策,通过了相关卫视台审查的股评节目,属于业务范围;没有证据证实其参与了湖南智盈公司、湖南金诚公司的经营管理,故不构成非法经营罪。

湖南省高级人民法院经审理认为,王丹虽然将张军等人的执业资格证挂靠在具备证券投资咨询资格的公司,但是由于张军等人并未在具备证券咨询资格的机构工作,依照相关规定仍然不得从事证券投资咨询业务,一审认定王丹属非法经营,法律适用准确,量刑并无不当。沈玮婷明知金牛王公司、智盈公司、金诚公司没有证券经营资格,却将王丹安排制作的股评节目通过卫星发送至电视台的相关栏目进行播放,帮助王丹实施了非法经营活动,构成共同犯罪,但原审对沈玮婷量刑过重。据此,判决维持一审对王丹的定罪量刑;对沈玮婷以非法经营罪改判有期徒刑四年六个月,并处罚金六十万元,以虚报注册资本罪判处有期徒刑一年,并处罚金十万元,数罪并罚,决定执行有期徒刑五年,并处罚金七十万元。

二、裁判要旨

No. 3-8-225-34　不具备证券从业资格的公司与具有证券咨询资格的公司合作开展证券咨询业务的,仍然成立非法经营罪。

根据《证券法》第一百二十五条的规定,只有经国务院证券监督管理机构批准,证券公司才能经营证券投资咨询业务。无证券咨询资格的公司与具有证券咨询资格的公司之间的合作协议不能规避其应当接受审批和监管的义务。《证券法》对投资咨询业务所作的限制性规定,是为了维护广大投资者的利益,维护证券市场的健康发展。本案中,被告人王丹等利用智盈公司、金诚公司与有证券咨询资格的金证公司、北京禧达丰公司签订合作协议,并将自己公司选聘的多名股评分析师的从业资格证书挂靠到这些公司,借这些公司的证券咨询资格证明用于自己股评节目的资格审查。王丹、沈玮婷通过该合作方式以规避法律并牟取巨额利益,违背了《证券法》的立法目的,扰乱了正常的证券市场秩序,而其所获利益与从事证券咨询业务之间也存在必然的因果关系。如果刑法对这种规避证券监管的证券咨询行为不予以制裁,势必架空《证券法》对证券市场的规制和监管,助长无资格公司与有资格的公司勾结扰乱证券市场秩序的行为。

案例:吴名强、黄桂荣等非法经营案

案例来源:《刑事审判参考》总第 102 集[第 1057 号]

主题词:非法经营罪　非法生产销售国家管制的二类精神药品

一、基本案情

被告人吴名强,男,1969 年 5 月 19 日出生,农民。2011 年 10 月 21 日因涉嫌犯贩卖、制造毒品罪被逮捕。

被告人黄桂荣,男,1968年1月1日出生,农民。2011年12月29日因涉嫌犯制造毒品罪被逮捕。

被告人吴玉源,男,1979年11月25日出生,农民。2011年10月21日因涉嫌犯制造毒品罪被逮捕。

被告人陈奕金,男,1959年3月3日出生,农民。2011年10月21日因涉嫌犯生产假药罪被逮捕。

广东省潮州市人民检察院以被告人吴名强犯贩卖、制造毒品罪,被告人黄桂荣、吴玉源犯制造毒品罪,被告人陈奕金犯生产假药罪,向潮州市中级人民法院提起公诉。

被告人吴名强、黄桂荣、吴玉源均辩称不知道所生产的是毒品,不构成贩卖、制造毒品罪。被告人陈奕金辩称不知道帮助运输的是假药,不构成生产假药罪。

潮州市中级人民法院经审理查明:被告人吴名强、黄桂荣以牟利为目的,在没有依法取得药品生产、销售许可的情况下,于2010年年底合伙生产盐酸曲马多及其他药品,二人约定共同出资,并由且吴名强负责租用生产场地、购买生产设备和原料、联系接单及销售渠道,黄桂荣负责调试生产设备、配制药品及日常生产管理。其后,吴名强租用陈让群位于潮安区庵埠镇美乡村美珠路路尾的老屋作为加工场地,并雇佣被告人吴玉源从事生产加工,雇佣被告人陈奕金帮助运输原料和生产出的药品成品。吴名强还安排吴玉源找个体印刷厂印刷了"天龙牌"盐酸曲马多包装盒及说明书。陈奕金按照吴名强的指示,多次将加工好的盐酸曲马多药片及包装盒、说明书运送至潮州市潮安区潮汕公路等处交给汪斌(另案处理)等人转卖。经查,2010年年底至2011年9月间,吴名强共卖给汪斌盐酸曲马多65件,汪斌通过物流公司将盐酸曲马多等药品转至河北省石家庄市等地销售,公安机关在涉案的医疗器械经营部提取到部分违法销售的"天龙牌"盐酸曲马多。2011年9月15日,公安机关查处了吴名强等的加工场,现场扣押盐酸曲马多药片115.3千克、生产盐酸曲马多的原料1280.25千克及加工设备等。至查处为止,吴名强等生产和销售盐酸曲马多药片等假药,获取违法收入人民币50750元。

潮州市中级人民法院认为,被告人吴名强、黄桂荣、吴玉源、陈奕金违反药品管理法规,未经许可,合伙非法生产经营国家管制的精神药品曲马多,情节严重,其行为均已构成非法经营罪,应依法予以惩处。公诉机关指控被告人吴名强、黄桂荣、吴玉源犯贩卖、制造毒品罪,指控被告人陈奕金犯生产假药罪的理由依据不足,不予支持。被告人吴名强、黄桂荣共同出资生产假药,其中,被告人吴名强负责购买生产设备和联系销售,被告人黄桂荣负责组织生产,在共同犯罪中均起主要作用,是主犯,依法应当按照其参与的全部犯罪处罚。被告人吴玉源受被告人吴名强和黄桂荣的雇佣和指挥参与制售假药,在共同犯罪中起次要作用,系从犯,依法可从轻处罚。被告人陈奕金帮助运输材料和假药,在共同犯罪中起辅助作用,系从犯,视其犯罪情节轻微,依法可免予刑事处罚。依照《中华人民共和国刑法》第二百二十五条第(一)项,第三十七条,第二十五条,第二十六条第一款、第四款,第二十七条,第六十七条第三款,第六十四条之规定,判决如下:

1. 认定被告人吴名强犯非法经营罪,判处有期徒刑四年十个月,并处罚金人民币二十万元。
2. 被告人黄桂荣犯非法经营罪,判处有期徒刑四年四个月,并处罚金人民币十万元。
3. 被告人吴玉源犯非法经营罪,判处有期徒刑二年八个月,并处罚金人民币五万元。
4. 被告人陈奕金犯非法经营罪,免予刑事处罚。

一审宣判后,被告人吴名强、黄桂荣、吴玉源、陈奕金均未提出上诉,公诉机关亦未抗诉,该判决已发生法律效力。

二、裁判要旨

No. 3-8-225-35 非以作为毒品替代物向毒品市场或吸食毒品群体投放的目的,生产销售受国家管制的第二类精神药品的行为,不构成制造、贩卖毒品罪,符合生产、销售伪劣产品罪、生产、销售假药罪、非法经营罪构成要件的,从一重定罪处罚。

临床上使用的精神药品,与常见的鸦片、海洛因、甲基苯丙胺等毒品还是有所不同,特别是成瘾性、危害性相对较低的第二类精神药品,其同时具有毒品和临床药品的双重性质。盐酸曲马多药片属于第二类精神药品,目前在我国市场上仍然流通,药店里也能买到,只是对其实行严格的管理。作为毒品,盐酸曲马多药片可能被吸毒者吸食,或者在缺少海洛因、甲基苯丙胺时被犯罪分子作为替代品使用,但当以医疗等目的被生产、加工、使用时,它的本质仍然是药品。故实践中对于非法生产、销售盐酸曲马多的行为如何定罪处罚还需谨慎。根据《刑法》和已有相关司法解释的精神,笔者认为,对于临床上使用的国家管制的麻醉药品、精神药品,在有证据证明确实作为毒品生产、销售的才涉嫌毒品犯罪。对非法生产、销售国家管制的麻醉药品、精神药品的行为以制造、贩卖毒品罪定罪,必须同时符合以下条件:(1)被告人明知所制造、贩卖的是麻醉药品、精神药品,并且制造、贩卖的目的是将其作为毒品的替代品,而不是作为治疗所用的药品。(2)麻醉药品、精神药品的去向明确,即毒品市场或者吸食毒品群体。(3)获得了远远超出正常药品经营所能获得的利润。就本案而言,被告人吴名强等以生产药品的故意生产、销售盐酸曲马多,无证据表明生产出的盐酸曲马多流入毒品市场,故不构成贩卖、制造毒品罪。首先,吴名强等的主观犯意是将盐酸曲马多作为药品而非毒品进行生产、销售,吴名强、黄桂荣等人均供述其合资办厂的初衷是生产假药,不仅生产盐酸曲马多药片,还同时生产"感康片"等其他药品,事实上公安机关也查获了"感康片"等其他药品,吴名强找个体印刷厂印刷盐酸曲马多包装盒及说明书的行为也佐证了其主观上系生产假药而不是毒品的故意。其次,无证据表明生产出的盐酸曲马多流入毒品市场,反而有证据表明涉案的盐酸曲马多作为药品在市场上非法流通,公安人员在涉案的医疗器械经营部提取到违法销售的"天龙牌"盐酸曲马多,另案处理的同案人汪斌也在异地被抓获,被河北省司法机关以非法经营罪追究刑事责任。最后,从吴名强等人的牟利情况来看,其并没有赚取超出正常药品价格的高额利润,也表明其并不是针对吸毒分子或贩毒分子销售。综上,本案不宜定贩卖、制造毒品罪。

案例:李彦生、胡文龙非法经营案

案例来源:《刑事审判参考》总第103集[第1077号]

主题词:非法经营罪 经营有偿讨债业务的行为定性

一、基本案情

被告人李彦生,男,1980年6月24日出生,农民。2013年9月12日因涉嫌犯非法经营罪被逮捕。

被告人胡文龙,男,1982年5月30日出生,无业。2013年8月8日因涉嫌犯非法经营罪被刑事拘留,同年9月12日被取保候审。

北京市朝阳区人民检察院以被告人李彦生、胡文龙犯非法经营罪,向北京市朝阳区人民法院提起公诉。

被告人李彦生、胡文龙对指控的事实均无异议,请求从轻处罚。

被告人李彦生的辩护人提出:(1)李彦生帮人讨债的行为并未造成任何不良后果,且在客观上也确实达到了帮事主讨回债务的目的,犯罪情节轻微,社会危害性不大,其行为不构成犯罪;(2)李彦生在案发后积极配合调查,主动交代公安机关尚未掌握的帮助秦某某讨债的事实,有坦白情节;(3)李彦生系初犯,在案发前一贯表现良好,无任何违法记录,案发后主动退赔被害人秦某某5000元赃款,有悔罪表现;(4)李彦生家中有患病的父母和两个年幼的孩子需要其赡养与照顾。综上,建议对李彦生从轻处罚并适用缓刑。

北京市朝阳区人民法院经公开审理查明:

被告人李彦生于2012年8月至2013年8月间,以北京恒通万嘉市场调查中心的名义经营有偿讨债业务。2012年8月,李彦生接受辽宁省大连市人秦某某的委托向山西省太原市人陈某追讨230万元欠款,双方签订了《商账授权代理咨询劳务合同》,约定以收回欠款的20%作为报酬。随后,李彦生伙同被告人胡文龙驾车随秦某某前往太原市,抵达太原市后,秦某某将陈某约出来商量还钱事宜。秦某某在与陈某商谈时,李彦生等人在旁向陈某索要欠款,陈某后归还给秦某某50万元,秦某某按合同约定支付给李彦生10万元报酬,李彦生将其中的3000元给了胡文龙。

2013年7月30日,李彦生接受山东省青岛市人王某某的委托向其前男友姜某某索要10万元欠款,双方签订了《商账授权代理咨询劳务合同》,约定以收回欠款的40%作为报酬。当日上午12时30分许,王某某将姜某某约至朝阳区霄云路庆安大厦内的火锅店包间见面,李彦生与胡文龙等人在场帮忙索要欠款,姜某某表示一次拿不出那么多钱。经讨价还价,最后确定先还给王某某5000元,一个星期后再还5万元,剩下的当年国庆节前还清。李彦生让姜某某重新打了张9.5万元的欠条,并让王某某将之前那张10万元的欠条撕掉。当日17时许,姜某某将5000元送到庆安大厦内的肯德基餐厅,李彦生收了钱,告诉王某某这笔钱他先拿走,等下一笔钱到账后再按照40%拿提成,王某某表示同意。姜某某事后认为自己被敲诈勒索,于2013年8月1日向公安机关报案。8月8日,李彦生打电话给姜某某索要约定的5万元欠款,侦查人员遂在庆安大厦附近蹲点守候,于当日15时许将前来取钱的李彦生、胡文龙当场抓获。

一审期间,朝阳区人民检察院以法律发生变化为由,于2015年1月29日向朝阳区人民法院申请撤回起诉。朝阳区人民法院经审查,认为朝阳区人民检察院撤诉申请符合法律规定,依据最高人民法院《关于适用〈中华人民共和国刑事诉讼法〉的解释》第二百四十二条之规定,裁定准许朝阳区人民检察院撤诉。

二、裁判要旨

No. 3-8-225-36 国家经济贸易委员会、公安部、国家工商行政管理局发布的《关于取缔各类讨债公司严厉打击非法讨债活动的通知》(国经贸综合〔2000〕568号)虽然报请国务院同意,但不属于刑法第九十六条意义上的"国家规定",不能作为认定非法经营罪的依据,非法经营有偿讨债业务的行为不宜认定为非法经营罪。

《刑法》第九十六条规定:"本法所称违反国家规定,是指违反全国人民代表大会及其常务委员会制定的法律和决定,国务院制定的行政法规、规定的行政措施、发布的决定和命令。"具体来说,刑法中的"国家规定"主要包括以下三个方面:(1)全国人民代表大会及其常务委员会通过的法律、带有单行法性质的决定,以及以修正案、立法解释等形式对现行法律作出的修改、补充的规定。全国人大常委会的内设机构如法制工作委员会等发布的文件不属于"国家规定"。(2)国务院制定的行政法规、规定的行政措施、发布的决定和命令。所谓"行政法规"是指由国务院总理签署并以国务院令的形式公布的规范性文件,具体名称有"条例""规定""办法"等,行政法规的发文主体只能是国务院。所谓"行政措施""决定""命令",目前并没有统一的法定解释,根据一般理解,应将其限定为除行政法规以外的由国务院制定、规定和发布的规范性文件,既包括以国务院名义制定或者发布的有关法规性质的文件,也包括由国务院有关部委制定,经国务院批准并以国务院名义发布的文件,如果是国务院有关部委制定并以该部委的名义发布,没有经过国务院批准并以国务院名义发布的,则不属于"国家规定"。(3)国务院办公厅制发(即"国办发")的部分文件。国务院办公厅有权以"国办发"的名义制发文件,部分"国办发"文件会就行政措施作出规定,这部分文件虽然法律位阶低于以国务院的名义发布的规范性文件,但只要有明确的法律依据或者不与行政法规的规定相抵触,经国务院同意并公开向社会发布,其效力和适用范围通常情况下应当高于地方性法规和部门规章,可视为国务院"规定的行政措施、发布的决定和命令"。《关于取缔各类讨债公司严厉打击非法讨债活动的通知》虽然系"经报请国务院同意",但从制发主体以及发布形式来看,均与最高人民法院《关于准确理解和适用刑法中"国家规定"的有关问题的通知》中关于"国家规定"范围的规定不符,不属于刑法第九十六条中的"国家规定":首先,《关于取缔各类讨债公司严厉打击非法讨债活动的通知》中虽然规定禁止开办讨债公司、从事讨债业务,但至今也没有法律、行政法规就未经许可从事讨债业务的行为性质作出明确规定。其次,《关于取缔各类讨债公司严厉打击非法讨债活动的通知》系原国家经贸委、公安部、国家工商行政管理局联合发布的规范性文件,未经国务院常务会议讨论通过,也未以国务院的名义发布。最后,《关于取缔各类讨债公司严厉打击非法讨债活动的通知》发布的对象是"各省、自治区、直辖市、计划单列市及新疆生产建设兵团经贸委(经委、计经委)、公安厅(局)、工商局、国务院有关部门",并未以"国办发"文件的形式通过国务院公报面向全社会公开发布,不符合最高人民法院《关于准确理解和适用刑法中"国家规定"的有关问题的通知》中关于"国办发"文件的规定。因此,《关于取缔各类讨债公司严厉打击非法讨债活动的通知》非国务院"规定的行政措施、发布的决定和命令",不属于《刑法》第九十六条中的"国家规定"。

有偿讨债行为的社会危害性主要体现在对公民个人隐私和正常工作、生活秩序的破坏和干扰,对于正常的市场经济秩序虽有一定的危害,但并非主要方面。就非法经营罪来说,根据《刑法》第二百二十五条关于该罪构成要件的规定,其法益保护的侧重点在于市场经济秩序,因此,有偿讨债行为并不符合非法经营罪的危害实质。如果行为人在讨债过程中采取了非法获取公民个人信息、寻衅滋事、限制人身自由、暴力、威胁等手段且情节严重的,可按照其所触犯的具体罪名如侵犯公民个人信息罪、寻衅滋事罪、非法拘禁罪、非法侵入住宅罪、故意杀人罪、故意伤害罪等罪名予以处理。

在市场经济条件下,债权人既可以通过诉讼、仲裁、调解等途径实现债权,也可以在不违法或不损害公序良俗的前提下自行向债务人追讨,这些手段为国家、社会所鼓励和认可。但是,社会生活的复杂性决定了一些债权人或是由于债务人的躲避,或是出于节约时间,或是不方便通过诉讼等途径实现债权等原因,往往通过支付一定报酬的方式请他人帮助向债务人追讨。只要行为人在追讨时未采取违法犯罪手段,或是虽有违法行为但程度较轻,其社会危害性是有限的,被侵害的对象可以通过追究行为人的民事侵权责任来维护自身的合法权益,国家相关部门也可以对行为人适用治安管理处罚措施予以制裁。这样的处理方式符合刑法的谦抑性原则,即刑法的适用对象只能是具备严重社会危害性的违法行为,作为破坏社会主义市场经济秩序罪的非法经营罪,在适用时更应注意坚持这一原则。

案例:何伟光等非法经营案

案例来源:《人民法院案例选》2016 年第 2 辑

主题词:非法经营罪 民间高利贷的行为定性

一、基本案情

广东省深圳市盐田区人民法院在审理被告人何伟光、张勇泉、何冠元、何嘉伦、韩二红、魏天凤、项月进、汤群、刘少清、林圈链组织、领导、参加黑社会性质组织、非法经营、敲诈勒索、非法拘禁、非法持有枪支一案中,查明何伟光、张勇泉等九名被告人设立公司,在未取得贷款业务经营许可的情形下,以发放高利贷为主要业务,向社会不特定人群发放高利贷(贷款月利息 2%～15%不等),贷款金额上千万元。具体事实如下:

2009 年 2 月,被告人张勇泉、汤群等人在深圳市南山区金三角大厦 704—705 房开设深圳市广诚嘉信投资担保有限公司(以下简称"广诚嘉信公司"),该公司注册登记日为 2009 年 7 月 31 日,张勇泉为公司总经理,汤群为法定代表人,戴枫、蔡世玉、罗子辉、宋小林(以上四人均另案处理)等人为投资人,招收刘少青、林圈链等人为公司职员。该公司在没有取得贷款金融业务主管部门批准的情况下,超越经营范围,以发放高利贷为主要业务。

2009 年 5 月 18 日,张勇泉、汤群、戴枫与何伟光签订协议,约定陆续出资 500 万元,在深圳市盐田区北山道裕民大厦 701 房设立深圳市广诚嘉信投资担保有限公司盐田分公司(未办理营业执照,以下简称"盐田分公司"),何伟光为盐田分公司总经理。盐田分公司成立后,先后招收何冠元、韩二红、何嘉伦、张观兴、戴惠明、朱可可、饶正文、汤松桃等人为追债员,招收魏天凤、黄美贤为公司出纳,聘请许发涛代理做账。盐田分公司专门在盐田区域内从事发放高利贷业务。

广诚嘉信公司及盐田分公司在非法发放高利贷业务中,通过朋友介绍、发广告、派卡片、群发信息等方式,吸收客户前来借贷,借款利息远高于国家规定的银行同期贷款基准利率的 4 倍(贷款月利息 2%～15%不等),借款人除支付利息外,还需支付管理费、通讯费等费用,借款人如果到期未能支付利息的,先行进行电话催债,之后就上门追债,或者通过威胁、恐吓等方式向借款人或者借款人亲属强行索债。

经深圳市司法会计鉴定中心审计,2009 年 3 月至 2010 年 5 月期间,广诚嘉信公司对外放款人民币 24096458 元,对外放款产生的收入为 8033097.64 元[对外放款产生的收入由两部分组成:(1)"对外放款时扣收利息"共 2089477.50 元;(2)"收回本金同时收取利息"及"借款期间分期收取利息"共 5943620.14 元]。2009 年 5 月至 2010 年 3 月,盐田分公司对外放款 8495000 元,对外放款收入为 3393300 元[对外放款产生的收入由两部分组成:(1)"对外放款时扣收利息"共 801400 元;(2)"收回本金同时收取利息"及"借款期间分期收取利息"共 2591900 元]。经核查广诚嘉信公司的工商登记资料,其经营范围不包含对外放贷业务,盐田分公司则未进行任何工商注册登记。

广东省深圳市盐田区人民法院经审理认为:被告人何伟光等人发放高利贷的行为不构成非法经营罪。一审宣判后,公诉机关对盐田区人民法院作出的上述判决提出抗诉。广东省深圳市中级人民法院二审审理后,维持了盐田区人民法院的判决。

二、裁判要旨

No. 3-8-225-37 民间发放高利贷的行为,不构成非法经营罪。

非法经营罪由投机倒把罪转化而来,1997 年《刑法》修正后,投机倒把行为的内容得以细化和明确化,但考虑到经济生活的多变性、复杂性及立法的相对滞后性,非法经营罪得以保留。《刑法》第二百二十五条在明确列举了非法经营专营专卖物品、买卖经营许可证或批准文件等非法经营罪客观行为方式的同时,还为其设置了堵截条款,即"其他严重扰乱市场秩序的非法经营行为"。而在我国社会经济转型时期,市场失范行为不断涌现,使这一具有高度抽象性与概括性的堵截条款日益成为司法机关以不变应万变的"制胜法宝",从而在很大程度上导致非法经营罪的无限扩张。要正确适用非法经营罪的"堵截条款",应当坚持罪刑法定原则与刑法谦抑原则。

非法经营罪中"其他严重扰乱市场秩序的非法经营行为"应从以下几方面予以解读:

一是须为违反国家规定的经营行为。《刑法》第二百二十五条规定,非法经营罪必须"违反国家规定",因此,明确"国家规定"的确切范围,是限制非法经营兜底条款无限扩大适用的基础。最高人民法院 2011 年下发《关于准确理解和适用刑法中"国家规定"的有关问题的通知》对此作了进一步明确,认为以国务院办公厅名义制发的文件,符合以下条件的,亦应视为《刑法》中的"国家规定":(1)有明确的法律依据或者同相关行政法规不相抵触;(2)经国务院常务会议讨论通过或者经国务院批准;(3)在国务院公报上公开发布。除此之外,无论是地方性法规,还是部门规章、地方政府规章,均不在"国家规定"的范畴之内。

二是行为须侵犯国家的特许经营制度。从《刑法》第二百二十五条的立法目的看,设定非法经营罪,意在维护国家对特定经营活动的行政许可制度。故兜底条款中"其他严重扰乱市场秩序的非法经营行为"应当指向除《刑法》第二百二十五条前三项规定的行为以外的,以牟利为目的,侵害国家特许经营许可制度,破坏市场交易正常秩序的行为。

三是行为严重扰乱市场准入秩序,达到必须动用刑罚才能有效制裁的程度,即非法经营行为必须达到"情节严重"的程度才能定罪处罚。非法经营犯罪属贪利性犯罪,对于经营行为来说,最直接客观反映其社会危害性的标准无疑是数额。但司法实践中案件的具体情况是复杂多样的,确定非法经营行为的罪与非罪,不能仅以犯罪数额作为唯一标准。定罪处罚时应当综合考量其他情节因素,如非法经营行为对市场经济秩序造成的实质侵害程度、行为人在一定时期内反复从事非法经营行为的次数、是否造成了重大损失、社会影响是否恶劣等情节。

立足于刑法谦抑性原则的精神,非法经营罪的兜底条款应具有收敛性。由于我国的市场经济是一种"政府主导型"的市场经济,政府在整个经济活动中起主导作用,民众的市场规范意识和整个社会的信用机制都比较淡薄。因此,对于没有严重违反市场经济秩序的基本原则即经济自由原则、等价交换原则、公平原则和诚实信用原则的行为,在未超越刑法对情节轻微危害不大的市场违规行为的容忍度时,都不宜认定为"严重扰乱市场经济秩序的非法经营行为"。毋庸置疑,无序的高利贷行为一定程度上冲击了金融市场秩序,引发一系列社会问题,具有一定的社会危害性。但是,目前我国民间借贷市场活跃,高利贷行为较为普遍,如果统一当做罪案处理,必然导致打击面过宽,也不利于民间融资行为的发展。从我国法律与行政法规的相关规定看,并未对高利贷行为作出禁止性规定,更无任何单行法规中的附属刑法规范作出了对高利贷行为应追究刑事责任的规定。因此,在现有法律框架下,以发放高利贷为业的行为没有违反刑法意义上的“国家规定”,不符合非法经营罪中“其他严重扰乱市场秩序的非法经营行为”之要件。在现行刑法及司法解释对发放高利贷行为定罪量刑依据尚不充足的情况下,刑法应当坚守谦抑性品质,严格依照罪刑法定原则,不宜将此类行为以非法经营罪定罪处罚。

案例:欧敏、关树锦非法经营案

案例来源:《刑事审判参考》总第 105 集[第 1121 号]

主题词:非法经营罪 非法运营长途大巴客运

一、基本案情

被告人欧敏,男,汉族,1965 年 9 月 22 日出生,高中文化,原系“港粤快车”总经理、珠海市港之游运输有限公司法定代表人。2013 年 2 月 1 日被逮捕。

被告人关树锦,男,汉族,1977 年 6 月 17 日出生,高中文化,原系“港粤快车”股东、办公室主任。2013 年 2 月 1 日被逮捕。

广东省深圳市福田区人民检察院以被告人欧敏、关树锦犯非法经营罪,向福田区人民法院提起公诉。

深圳市福田区人民法院经公开审理查明:2012 年 6 月开始,吴振耀(另案处理)为谋取非法利益,在未取得道路运输管理机关颁发的道路运输经营许可证及工商行政管理机关颁发的工商营业执照的情况下,以“港粤快车”的名义,伙同被告人欧敏、关树锦,租赁港之游公司(公司于 2012 年 3 月 16 日成立,法定代表人欧敏,吴振耀占股 40%,欧敏、李东升各占股 30%,经营范围包括县级包车客运业务等)及其他公司所有的大客车,通过电话订票、发售会员卡或者现场售票的方式,组织经营往返于广东省珠海市、深圳市两地的长途客运业务,单程一般收取乘客人民币(以下币种同)50 元/人次的车费。欧敏系“港粤快车”总经理,关树锦系小股东及办公室主任,罗某系财务人员,吴某系车辆调度员,许某系小股东,张某系发车员。经核实,2012 年 8 月至 9 月,“港粤快车”非法经营长途客运业务金额达 180 余万元;2012 年 8 月 1 日至 10 月 15 日,“港粤快车”违法所得达 90 万余元。

深圳市福田区人民法院认为,被告人欧敏、关树锦违反《中华人民共和国道路运输条例》《无照经营查处取缔办法》的规定,在未取得道路运输经营许可证的情况下,擅自从事道路运输经营,严重扰乱市场秩序,情节严重,其行为构成非法经营罪,且系共同犯罪。欧敏在共同犯罪中起主要作用,系主犯;关树锦起次要作用,系从犯,应当从轻处罚。关树锦归案后能够如实供述所犯罪行,认罪态度较好,有一定悔罪表现,可以从轻处罚,且宣告缓刑对其所居住社区没有重大不良影响,依法对其可以适用缓刑。据此,依照《中华人民共和国刑法》第二百二十五条、第二十五条、第二十六条、第二十七条、第六十七条第三款、第七十二条、第七十三条、第五十二条、第五十三条及第六十四条之规定,福田区人民法院判决如下:

1. 被告人欧敏犯非法经营罪,判处有期徒刑二年,并处罚金人民币三万元。

2. 被告人关树锦犯非法经营罪,判处有期徒刑一年六个月,缓刑二年,并处罚金人民币三万元。

一审宣判后,被告人欧敏不服,向深圳市中级人民法院提起上诉。

深圳市中级人民法院经公开审理认为,原判认定的事实清楚,审判程序合法,适用法律正确,遂驳回上诉,维持原判。

二、裁判要旨

No. 3-8-225-38 未经许可擅自从事大巴客运经营,严重扰乱市场秩序,构成非法经营罪。

首先,未取得道路运输经营许可擅自从事长途大巴客运经营活动,违反了国家规定。根据《道路运输条例》(2016 年修正前)第十条的规定,申请从事客运经营的,应当向相应级别的道路运输管理机构提出申请并提交相关材料。道路运输管理机构经审查作出许可或者不予许可的决定。予以许可的,向申请人颁发道路运输经营许可证,并向申请人投入运输的车辆配发车辆营运证。客运经营者应当持道路运输经营许可证依法向工商行政管理机关办理有关登记手续。根据《道路运输条例》(2016 年修正前)第六十四条的规定,未取得道路运输经营许可,擅自从事道路运输经营的,由县级以上道路运输管理机构责令停止经营;有违法所得的,没收违法所得,构成犯罪的,依法追究刑事责任。同时,根据 2011 年修订的《无照经营查处取缔办法》第十四条的规定,对于无照经营行为,由工商行政管理部门依法予以取缔,没收违法所得;触犯刑律的,依照刑法关于非法经营罪、重大责任事故罪、重大劳动安全事故罪、危险物品肇事罪或者其他罪的规定,依法追究刑事责任。根据上述规定,从事客运经营应当具备一定的条件,依照相关规定程序申请获得经营许可。欧敏、关树锦未取得道路运输经营许可,擅自从事客运经营的行为违反了《道路运输条例》(2016 年修正前)和《无照经营查处取缔办法》的相关规定。根据最高人民法院《关于准确理解和适用刑法中"国家规定"的有关问题的通知》(法〔2011〕155 号)的规定,《道路运输条例》(2016 年修正前)和《无照经营查处取缔办法》都属于刑法中的"国家规定",因此,欧敏、关树锦的行为违反了国家规定。

其次,非法从事长途大巴客运经营活动,不但严重扰乱道路运输市场秩序和行业秩序,危害人民群众的生命财产安全,侵害合法经营者的权益,影响行业和社会的稳定,影响道路交通安全和城市形象,而且导致交通事故频发,引发正规营运车主罢工和群众上访甚至暴力抗法的现象在全国范围内都比较普遍。(1)危害人民群众的生命财产安全。(2)引发社会不稳定因素。(3)破坏正常的市场秩序。(4)激发潜在的犯罪心理。本案中,欧敏、关树锦组织非法营运的规模大,参与非法营运的车辆和人员多,虽无证据证明已发生客观危害结果,但潜在的社会危害严重。综合实际危害结果和潜在危害因素分析,应当认定欧敏、关树锦的非法营运行为属于"其他严重扰乱市场秩序的非法经营行为"。

最后,本案中,"港粤快车"股东有 17 人,员工最高峰时有上百名,案发时还有 40 人左右,且分工明确,车辆调度、发车、跟车、客服均有专门管理人员;深圳和珠海每天至少对发 5 班车,周末和节假日班次更多,一般一辆车可以载 40 名左右乘客,周末和节假日几乎是满座(50 名左右)。如此大的规模,已远远超出个人自驾"黑车"的性质范围。本案认定的被告人欧敏、关树锦组织非法营运的时间是 2012 年 6 月至 12 月,统计的 2012 年 8 月至 9 月非法经营长途客运业务的金额(180 余万元),2012 年 8 月 1 日至 10 月 15 日的违法所得金额(90 余万元),即仅统计了其中的一个时间段,其实际经营数额和违法所得数额应当更多。而且欧敏、关树锦在运营车辆多次受到行政处罚的情况下,仍然从事非法营运活动,故从经营数额、违法所得数额以及其他情节来看,应当达到非法经营罪的入罪标准。同时,鉴于非法从事长途大巴客运营运活动的复杂性,对此类行为不宜机械参照适用最高人民检察院、公安部《关于公安机关管辖的刑事案件立案追诉标准的规定(二)》第七十九条第(八)项的规定,故在暂无相关司法解释对此类行为"情节严重"和"情节特别严重"明确认定标准的情况下,深圳市福田区人民法院认定欧敏、关树锦的行为构成"情节严重"是妥当的。

对于社会危害严重的非法营运行为,行政处罚体现出威慑效力不足的问题。本案被告人欧敏、关树锦从事非法营运时间长,在经历多次行政处罚后,依然不断扩大经营规模,体现出交通执法的打击手段和效果不能满足打击此类违法行为的需要。非法从事客运营运的行为屡禁不止,不仅直接侵犯合法经营者的权益,造成行业混乱,且容易引发其他犯罪,故加大打击力度,发挥刑罚的威慑功能具有一定的必要性和合理性。

案例:王海旺非法经营案

案例来源:《刑事审判参考》总第 113 集[第 1237 号]

主题词:非法经营罪　想象竞合　特殊减刑

一、基本案情

2015 年 1 月至 5 月间,被告人王海旺在未取得烟草专卖零售许可证的情况下,在北京市丰台区等地非法经营卷烟。2015年5月18日,丰台区烟草专卖局会同北京市公安局马家堡派出所民警联合执法,在丰台区马家堡小区门口路边王海旺的白色金杯牌汽车内将王海旺查获,从该车内查获玉溪、中华等10个品牌共计709条卷烟,随后在丰台区马家堡角门14号院门口路边,从王海旺之妻张春霞名下银灰色松花江牌汽车内查获玉溪、中华等6个品牌共计569条卷烟。经抽样检查,上述卷烟均为假冒注册商标的伪劣卷烟,鉴定价值人民币37.6618万元。

另查明,被告人王海旺的女儿被诊断患有骨髓增生异常综合征,需进行骨髓移植手术,王海旺为优选供髓者。

二、裁判要旨

No.3-8-225-39 无证经营假冒伪劣卷烟的行为可能同时触犯销售伪劣产品罪、销售假冒注册商标的商品罪与非法经营罪,成立想象竞合,应择一重罪论处。

2010年公布的《最高人民法院、最高人民检察院关于办理非法生产、销售烟草专卖品等刑事案件具体应用法律若干问题的解释》(以下简称《烟草解释》)第一条规定,生产、销售伪劣卷烟、雪茄烟等烟草专卖品,销售金额在5万元以上的,依照《刑法》第一百四十条的规定以生产、销售伪劣产品罪定罪处罚;销售明知是假冒他人注册商标的卷烟、雪茄烟等烟草专卖品,销售金额较大的,依照《刑法》第二百一十四条的规定以销售假冒注册商标的商品罪定罪处罚;违反国家烟草专卖管理法律法规,未经烟草专卖行政主管部门许可,无烟草专卖生产企业许可证、烟草专卖批发企业许可证、特种烟草专卖经营企业许可证、烟草专卖零售许可证等许可证明,非法经营烟草专卖品,情节严重的,依照《刑法》第二百二十五条的规定以非法经营罪定罪处罚。据此,无证销售假烟行为可能触犯的罪名有三个,分别是销售伪劣产品罪、销售假冒注册商标的商品罪和非法经营罪。上述三个罪名并不必然同时构成,行为人构成几个罪名,需要根据具体案件事实进行分析。

具体到本案,首先,被告人王海旺销售假冒中华、玉溪等注册商标的卷烟,货值金额在15万元以上,依照相关司法解释的规定,其行为构成销售假冒注册商标的商品罪;其次,涉案卷烟经鉴定系伪劣产品,王海旺销售假冒卷烟的行为同时构成销售伪劣产品罪;最后,王海旺无证经营假冒卷烟,情节特别严重,其行为还构成非法经营罪。

对于同时构成销售假冒注册商标的商品罪、销售伪劣产品罪和非法经营罪的经营假冒卷烟行为进行定罪处罚,实践中需要注意以下两点:一是此类竞合属于想象竞合而非法条竞合。无证销售假冒卷烟的行为之所以同时触犯三个罪名,并非因该三个罪名的刑法规定存在重复或者交叉关系,而是此类行为的复合性导致其同时侵害数个不同客体所造成的,故应当认定为想象竞合而非法条竞合。也正是基于此,长期以来包括《烟草解释》等在内的相关司法解释无一例外地规定,对此类行为应当择一重罪定罪处罚。二是罪轻罪重不能笼统地从不同罪名的法定最高刑来判断,而是应当根据具体犯罪行为在不同罪名中所对应的法定刑幅度进行判断。

No.3-8-225-40 《刑法》第六十三条第二款中的"特殊情况",是多个情节综合认定的结果。

法定刑以下判处刑罚是我国刑法规定的特别宽宥制度,即不存在法定减轻处罚情节,但是考虑到案件的特殊情况而在法定刑以下判处刑罚的一项制度安排。刑法没有明确何为"特殊情况",这为个案量刑更好地实现法、理、情的融合和平衡提供了弹性空间,而运用不当又有可能损及刑罚适用的统一性和规范性,这也是刑法规定法定刑以下判处刑罚须经最高人民法院核准的原因所在。在司法实践中,一方面,要严格掌握法定刑以下判处刑罚的适用范围,以此确保依法统一规范量刑;另一方面,对于确有特殊情况的案件又要敢于、善于适用,以此体现立法精神,实现宽严相济。

应当指出,案件是否具有法定刑以下判处刑罚的特殊情况,通常并不取决于某一个情节,而是多个情节综合认定的结果。综合本案事实和情节,对被告人王海旺在法定刑以下量刑是适当而必要的。一是行为表现。在案证据证明,王海旺的行为主要表现为明知是假冒注册商标的伪劣卷烟而予以保管、运输、帮助销售。在量刑上与指使或者单独销售卷烟的非法经营行为应有所区别。二是行为后果。王海旺非法经营的伪劣卷烟尚未售出,未造成具体危害结果,对此情节量刑时有必要酌情考虑。三是经营数额。假烟的实际销售价格和真品的市场价格通常是存在较大差别的,这一点在量刑时需要特别加以考虑。四是家庭情况。王海旺 14 周岁的女儿身患骨髓增生异常综合征,多次因失血性休克入院治疗,急需进行骨髓移植手术,手术费用高昂,王海旺既是家庭的经济支柱,又是女儿骨髓移植的优选供髓者。五是罪后情节。王海旺对一审判决认定的事实无异议,真诚悔罪,没有再犯的危险。上述事实和情节涉及基本事实、量刑情节、家庭伦理、未成年人权益保护等各个方面,这些因素的综合考量赋予了本案特殊性,据此在法定刑以下判处刑罚既符合法律,又合乎情理,有利于实现不同政策利益的平衡,实现个案处理法律效果和社会效果的有机统一。

案例:曾海涵非法经营案

案例来源:《刑事审判参考》总第 114 集[第 1253 号]

主题词:非法经营罪　销售稀土

一、基本案情

2010 年 1 月至 2012 年 4 月 17 日,被告人曾海涵租用了韶关市浈江区陵南路 1 号韶关市农业生产资料总公司东河 6 号仓库和韶关市浈江区南郊曲江综合贸易仓库用于存放稀土,并先后聘请了朱某、韩某(另案处理)看管仓库,期间曾海涵聘请工人在 6 号仓库使用粉碎机、洋铲、耙子、电子秤、缝包机等工具,对存放的稀土进行重新包装。之后,曾海涵联系江苏宜兴新威利成公司(以下简称"新威利成公司")销售稀土。

2011 年 6 月 2 日,新威利成公司通过广东和平天晟矿业有限公司将购买稀土的货款 989 万元转账到曾海涵妻子袁某的工商银行账户。收到货款的次日该账户转出 490 万元至曾海涵名下的农行账户。之后,曾海涵指派韩某从韶关先后于 2011 年 6 月 19 日押运 35 吨氧化物稀土、2011 年 7 月 17 日押运 28.65 吨草酸稀土到江苏省宜兴市交付给新威利成公司,新威利成公司收货后当即对上述两批稀土进行抽样检测,并形成分析报告及稀土杂质检测报告。

2012 年 4 月 17 日,韶关市公安局浈江分局根据群众举报,在韶关市浈江区陵南路 1 号的韶关市农业生产资料总公司东河 6 号仓库和韶关市浈江区南郊曲江综合贸易仓库内查获稀土 15959 吨,当场抓获管理人员韩某。经韶关市物价局价格认证中心鉴定,被查获的稀土价值 24328935 元。

2012 年 4 月 20 日,韶关市公安局浈江分局以扣押的涉案稀土数量大,不易搬运、保管为由,将该批稀土交韶关市浈江区财政局拍卖处理,该局将该批稀土交韶关市浈江区公共资产管理中心委托拍卖行进行拍卖。2012 年 4 月 28 日,经韶关市浈江区公共资产管理中心委托,韶关市华逸拍卖行有限公司于 5 月 7 日拍卖成交。

2014 年 3 月 17 日,经江西钨与稀土产品质量司法鉴定中心鉴定确认,曾海涵指派韩某销售到新威利成公司的 35 吨氧化物稀土及 28.65 吨草酸稀土均为离子型稀土矿产品;公安机关在韶关市浈江区前述两个仓库内查获的 159.59 吨稀土中,除有 3.82 吨不属离子型稀土矿产品外,其余的均为离子型稀土矿产品。

另查明,2006 年 6 月,广西崇左市城市工业区管理委员会与江苏宜兴市艮江稀土冶炼厂(以下简称"长江稀土冶炼厂")签订合同,约定将广西崇左市矿产公司的采矿许可证转到长江稀土冶炼厂设立的项目公司名下。同年 7 月,长江稀土冶炼厂成立了项目公司——崇左市广苏稀土有限公司(以下简称"广苏公司"),但因长江稀土冶炼厂并未履行合同义务,采矿许可证并未实际转移。且广苏公司从成立之日起一直处于筹建期间,工商部门明确,该公司筹建期内不得从事生产经营。但该公司成立后,立即开展对六汤稀土矿的勘探、开采、生产工作。同年 12 月,曾海涵和郭茂春与广苏公司合作开采稀土,由郭茂春与广苏公司签订协议,约定由郭茂春进行稀土开采,将产出的稀土如数交由广苏公司,广苏公司负责办理相关证照手续,并支付郭茂春生产承包费。签订协议后,郭茂春设立一车间,曾海涵设立二车间,两车间独立核算,自负盈亏,按协议开采并上交稀土。后因广东公司未按协议回收稀土,2008 年 4 月,郭茂春自行将一车间开采出来的 175.78 吨碳酸盐稀土运回江西定南。同年 11 月,双方签订补充合同,广东公司同意郭茂春对六汤稀土矿现有的碳酸盐稀土库存进行自售。曾海涵于 2008 年 11 月至 2009 年 3 月将二车间开采的碳酸盐稀土(折合稀土氧化物 167.3665 吨)自行运走。2009 年 5 月,郭茂春将广东公司起诉至广西壮族自治区崇左市中级人民法院(以下简称"崇左中院"),要求支付一、二车间的相关货款,广东公司亦对郭茂春提起反诉。同年 10 月,双方达成调解协议并经崇左中院确认,同意郭茂春自行处理 2008 年 4 月自行运走的稀土,并明确了双方之前签订的合同终止履行。

二、裁判要旨

No.3-8-225-41 客观上违反国家规定,但主观上没有违法开采故意的,不构成非法经营罪。

曾海涵的开采行为客观上虽然违反国家规定,但其主观上没有违法开采的故意,且其行为未达到情节严重的程度。根据矿产资源法第三条的规定,开采矿产资源必须经过批准、办理登记,并符合规定的资质条件。然而在履行劳务合同过程中,广东公司隐瞒了采矿许可证照未成功办理的事实,向郭茂春、曾海涵提供了采矿许可证的虚假复印件。故不能认定郭茂春和曾海涵主观上具有违法开采的故意。另外,从本案发生的特殊背景分析,广东公司虽然没有实际获得采矿许可证,但其是经过崇左政府招商引资为开采稀土矿而专门成立,其边开采边申请采矿许可的行为得到当地政府的默许,和一般的未经许可偷采行为不同。

No.3-8-225-42 将碳酸盐稀土加工成草酸盐稀土的行为不属于冶炼分离加工,未违反国家规定

根据《国务院关于促进稀土行业持续健康发展的若干意见》(国发〔2011〕12 号)第二条第五项的规定,对稀土冶炼分离企业实行生产许可。国务院 1991 年颁布的《关于将钨、锡、锑、离子型稀土矿产列为国家实行保护性开采特定矿种的通知》(国发〔1991〕5 号,以下简称《5 号通知》)第四条规定,国家禁止个体从事离子型稀土矿产品的冶炼。如果认定曾海涵销售的稀土矿产品均来源于广东公司,因广东公司生产的是碳酸盐稀土,销售的稀土中有部分是草酸盐稀土,两者属于不同产品,那么曾海涵必然存在加工行为。然而,相关资料显示,将碳酸盐稀土加工成草酸盐稀土的行为不属于冶炼分离,故曾海涵的加工行为未违反上述国家规定。

No.3-8-225-43 因抵债获得而获得稀土,销售对象是有加工稀土资质的企业,其行为属于定向选择,不属于自由买卖。

《矿产资源法》第三十四条规定,国务院规定由指定的单位统一收购的矿产品,"任何其他单位或者个人不得收购""开采者不得向非指定单位销售"。《5 号通知》第五条规定,离子型稀土矿产品属于国家统一收购的矿产品,个人不得收购,严禁自由买卖。《5 号通知》属于国家行政机关在进行行政管理活动时的临时行政措施,属于国家规定。然而,如果认定曾海涵系因抵债获得稀土,那么其并未实施收购稀土的行为,且销售的对象是有加工稀土资质的企业,属于定向选择,故不属于"自由买卖",不应认定其违反矿产资源法和《5 号通知》的规定。从上述文件实际执行情况来看,稀土矿产品销售在国内实际未实行严格管控,故对一般稀土矿产品销售行为以非法经营罪追究刑事责任,目前应持审慎态度。

案例:王力军非法经营案

案例来源:《刑事审判参考》总第 118 集;最高人民法院 2018 年 12 月 19 日第 19 批指导性案例第 97 号
主题词:非法经营罪 实质违法性

一、基本案情

2014 年 11 月 13 日至 2015 年 1 月 20 日期间,被告人王力军未办理粮食收购许可证,未经工商行政管理机关核准登记颁发营业执照,擅自在巴彦淖尔市临河区白脑包镇附近村组无证照经营违法收购玉米,非法经营数额 218288.6 元,将所收购的玉米卖给巴彦淖尔市粮油公司杭锦后旗蛮会分库,非法获利 6000 元。案发后,被告人王力军主动退缴非法获利 6000 元。2015 年 3 月 27 日,被告人王力军主动到巴彦淖尔市临河区公安局经侦大队投案自首。

法院认为,被告人王力军违反国家法律、行政法规规定,未经粮食主管部门许可及工商行政管理机关核准登记颁发营业执照,非法收购玉米,非法经营数额 218288.6 元,数量较大,其行为构成非法经营罪。鉴于被告人王力军主动到公安机关投案自首,有自首情节,主动退缴全部违法所得,有悔罪表现,对其适用缓刑确实不致再危害社会,且不会对所在社区产生重大不良影响,决定对被告人王力军依法从轻处罚并适用缓刑。2016 年 4 月 15 日,巴彦淖尔市临河区人民法院以(2016)内 0802 刑初 54 号刑事判决,认定被告人王力军犯非法经营罪,判处有期徒刑一年,缓刑二年,并处罚金人民币二万元。

最高人民法院于 2016 年 12 月 16 日作出(2016)最高法刑监 6 号再审决定,指令内蒙古自治区巴彦淖尔市中级人民法院对本案进行再审。

再审中,巴彦淖尔市人民检察院提出了被告人王力军的行为虽具有行政违法性,但不具有与《刑法》第二百二十五条规定的非法经营行为相当的社会危害性和刑事处罚必要性,不构成非法经营罪,建议再审依法改判。

巴彦淖尔市中级人民法院经公开开庭审理,认为原审判决认定的被告人王力军于 2014 年 11 月至 2015 年 1 月期间,没有办理粮食收购许可证及工商营业执照买卖玉米的事实清楚,其行为违反了当时的国家粮食流通管理有关规定,但尚未达到严重扰乱市场秩序的危害程度,不具备与《刑法》第二百二十五条规定的非法经营罪相当的社会危害性、刑事违法性和刑事处罚必要性,不构成非法经营罪。原审判决认定王力军构成非法经营罪适用法律错误,检察机关提出的王力军无证照买卖玉米的行为不构成非法经营罪的意见成立,被告人王力军及其辩护人提出的王力军的行为不构成犯罪的意见成立。遂于 2017 年 2 月 14 日作出(2017)内 08 刑再 1 号刑事判决,认定被告人王力军无罪。

二、裁判要旨

No. 3-8-225-44 《刑法》第二百二十五条第四项"其他严重扰乱市场秩序的非法经营行为"是在前三项规定明确列举的三类非法经营行为具体情形的基础上规定的一个兜底性条款。在尚无相关司法解释的情况下,认定无证收购和销售粮食的行为是否构成非法经营罪,应逐级请示最高人民法院,由最高人民法院作出相应判断。

围绕本案裁判要点,结合案件事实及所涉及的法律、法规,有必要从犯罪构成要件符合性、违法性、有责性角度出发,遵循"罪刑法定"原则和刑事司法"谦抑性"理念,厘清行政违法行为与刑事犯罪的界限,阐释非法经营罪中兜底性条款的司法适用规则,以统一类似案件裁判尺度。

《刑法》第二百二十五条关于非法经营罪的规定中,第四项"其他严重扰乱市场秩序的非法经营行为"是在前三项规定明确列举的三类非法经营行为具体情形的基础上规定的一个兜底性条款。对于兜底性条款,应当深刻理解相关法律体系结构及立法背景,分析适用条款后产生的社会效果,慎重适用。因而,对本条兜底性条款的内容和范围,应遵循罪刑法定的原则进行严格解释。

最高人民法院 2011 年 4 月 8 日下发《关于准确理解和适用刑法中"国家规定"的有关问题的通知》(法发〔2011〕155 号,以下简称《通知》)要求:"各级人民法院审理非法经营犯罪案件,要依法严格把握刑法第二百二十五条第(四)的适用范围……有关司法解释未作明确规定的,应当作为法律适用问题,逐级向最高人民法院请示。"对该条兜底性条款适用的慎重程度由此可见一斑。据此,在尚无相关司法解释的情况下,认定无证收购和销售粮食的行为是否构成非法经营罪,必须逐级请示最高人民法院,由最高人民法院作出相应判断。

原审法院未经请示最高人民法院,认定王力军违反国家法律和行政法规规定,未经粮食主管部门许可及工商行政管理机关核准登记并颁发营业执照,非法收购玉米,数额较大,其行为构成非法经营罪并判处有期徒刑缓刑,属于诉讼程序不当、适用法律错误。经最高人民法院指令再审,改判王力军无罪,纠正了错误判决。

No. 3-8-225-45 在适用兜底性条款时,应遵循"罪刑法定"原则严格解释兜底性条款的内容和范围同时树立谦抑性刑事司法理念,充分考量所适用法律产生的社会背景及社会效果。

首先,遵循"罪刑法定"原则严格解释兜底性条款的内容和范围。兜底性条款在发挥其堵截犯罪功能时,必须遵循法条本身应能明示或暗示"其他"的内涵和外延,不到不得已时不用的规则。因此,认定非法经营罪中"其他严重扰乱市场秩序的非法经营行为"应有必要的限定。构成非法经营罪的非法经营行为需要具备两个基本特征:其一,具有行政违法性,即违反国家法律、行政法规的禁止性或者限制性规定,行政违法是构成犯罪的必要前提。"其他严重扰乱市场秩序的非法经营行为"必须是与未经许可经营专营、专卖或限制买卖物品等具有相同性质的行为,侵害的法益应当相同。司法实践中适用应当特别慎重,其他构成该罪的行为须是"法律规定"或司法解释规定可纳入非法经营罪的行为,不得随意扩大适用,须按规定逐级向最高人民法院请示。具体到本案,与非法经营罪明确列举的前三项行为比对分析,粮食既不属于《刑法》第二百二十五条规定的专营、专卖物品,也不属于限制买卖的物品。其二,严重扰乱市场秩序(包括市场准入秩序、市场竞争秩序和市场交易秩序)且达到犯罪程度的社会危害性。严重与否需要从情节和危害后果上加以限定。

其次,树立谦抑性刑事司法理念,充分考量所适用法律产生的社会背景及社会效果。刑法的谦抑性,又称刑法的经济性或者节俭性,是指立法者应当力求以最小的支出(少用甚至不用刑罚)获取最大的社会效益(有效的预防和控制犯罪)。具体而言,"在追究嫌疑人刑事责任时注意克制,不能超过公正报应、有效预防和必要矫正所需要的限度配置和适用刑罚,防止定罪量刑过度。在现有法律范围内不逾越法律规定的框架,在有罪和无罪判断上不勉强定罪。考虑犯罪的社会危害性、原因、被告人情况、认罪态度等诸多情节来综合判断,不按犯罪处理效果更好,裁判结果更容易被社会公众接受,避免判后引发申诉信访问题"。针对具体案件,应当综合案件情况对刑事处罚的必要性进行考量,对于可通过民事、行政法律手段妥善处理的,则无须通过刑罚加以规制。市场经济的本质属性要求刑法对市场经济行为的介入应当保持审慎的态度,秉持谦抑的价值取向,适当限制和减少刑罚的适用。

No. 3-8-225-46 在适用《刑法》第二百二十五条第四项兜底性条款时,应当对行为的违法性进行实质审查。

本案中,被告人王力军没有办理粮食经营许可证和工商营业执照而进行粮食收购活动,确实违反了当时《粮食流通管理条例》《粮食收购资格审核管理暂行办法》的相关规定,违法经营的数额也达到立案标准。如果不考虑《通知》所规定的限制,本案从形式上符合该罪的构成要件,但是否构成犯罪、是否应当追究被告人的刑事责任则需要进一步分析。此类行为入罪应具有与《刑法》第二百二十五条前三项规定的行为严重程度相当的社会危害性,严重与否需要从情节和危害后果上加以限定。本案王力军收购玉米,虽然没有取得许可,形式上属于违法经营,但首先,王力军收购玉米的行为是河套地区农民粮食经纪人普遍的一种行为,其购销行为发生在粮农与粮库之间,起到了粮食买卖的桥梁纽带作用,上门帮助农民脱粒,进而收购粮食,解决了农民卖粮难,起到了便民利民的作用,并没有阻碍、破坏粮食流通的正常渠道,没有影响国家粮食购销市场秩序、粮食价格体系,未对粮食安全造成危害;其次,王力军并没有囤积居奇,哄抬价格,牟取暴利等行为,没有达到严重扰乱市场秩序的程度。客观而言,王力军的行为在一定程度上减轻了农民卖粮的负累,促进流通,有益于粮食市场。因而王力军的收购行为并没有实质的社会危害性,不具备与《刑法》第二百二十五条规定的非法经营罪相当的社会危害性和刑事处罚的必要性,应不构成非法经营罪。

案例:易某某非法经营案

案例来源:《刑事审判参考》总第 122 集[第 1336 号]

主题词:非法经营罪　非法经营烟花爆竹制品

一、基本案情

2013 年 8 月,马某分别与被告人易某某及艾某(另案起诉)商定:由易某某采购玩具枪用 8 发塑料圆盘击发帽;艾某负责储存并联系货运公司、报关中介报关出境到某某国。2013 年 8 月 23 日,易某某应马某要求,以人民币 118800 元向江西省万载县鑫蓝商贸有限公司购买玩具枪用 8 发塑料圆盘击发帽 500 件(每件 2 箱,共 1000 箱)。2013 年 8 月 26 日,鑫蓝商贸有限公司将该批物品从江西省上栗县运输到广东省广州市,并存放在艾某联系的广州市白云区西槎路增宝街增宝仓库内。

之后,艾某联系广州市固为货运有限公司业务员黄某某(另案处理),由黄某某联系货运公司、报关中介后,将其中的击发帽 200 箱伪装成鞋子、石棉瓦报关、运输出境。

2013 年 9 月 9 日,艾某联系黄某某将剩余的击发帽 800 箱报关、运输出境。黄某某联系货运公司、报关中介后,艾某指使被害人吕萌等到增宝仓库装货。2013 年 9 月 10 日 12 时许,搬运工人搬运上述爆炸物时发生爆炸,爆炸当量约为 130 公斤(TNT),导致八人当场死亡及多名群众受伤。经检验,在爆炸现场提取的未爆玩具枪用 8 发塑料圆盘击发帽里火药中检出氯酸钾和红磷成分;在爆炸现场提取的已爆 8 发塑料圆盘击发帽碎片中检出氯离子、氯酸根离子、钾离子和磷元素;在爆炸现场提取的集装箱货车车厢碎片检出氯离子、氯酸根离子、钾离子和磷元素。

二、裁判要旨

No. 3-8-225-47　烟花爆竹制品中虽然含有黑火药或者烟火药成分,但火药经过分装制成烟花爆竹成品后,威力降低、爆炸属性减弱、娱乐属性更强,且行为人不具有获取烟火药或黑火药的爆炸属性的目的,不宜认定为刑法意义上的爆炸物。

《刑法》并未明确规定爆炸物的范围,2014 年修订的《民用爆炸物品安全管理条例》第二条第二款规定:"民用爆炸物品,是指用于非军事目的、列入民用爆炸物品品名表的各类火药、炸药及其制品和雷管、导火索等点火、起爆器材。"最高人民法院《关于审理非法制造、买卖、运输枪支、弹药、爆炸物等刑事案件具体应用法律若干问题的解释》(2009 年修正,以下简称《爆炸物解释》)第一条第六款规定,非法制造、买卖、运输、邮寄、储存炸药、发射药、黑火药一千克以上或者烟火药三千克以上、雷管三十枚以上或者导火索、导爆索三十米以上的,以非法制造、买卖、运输、邮寄、储存枪支、弹药、爆炸物罪定罪处罚。根据上述行政法规和司法解释的规定,刑法意义上的"爆炸物"应包括炸药、发射药、黑火药、烟火药和雷管、导火索、导爆索等物品。

根据 2013 年 3 月 1 日实施的《烟花爆竹安全与质量》4.1 产品类别规定,"8 发塑料圆盘击发帽"属于玩具类摩擦型 D 级烟花。烟花爆竹产品按照药量及所能构成的危险性大小分为 A、B、C、D 四级,D 级适于近距离燃放、危险性很小。

但烟花爆竹制品中含有黑火药或者烟火药成分,不能简单就认定为"爆炸物",并因此将买卖烟花爆竹制品的行为认定为非法买卖爆炸物。首先,烟花爆竹制品一般或含有火药成分或含有引火线等点火引爆物品,如果只要含有这些物品就是爆炸物,那么行政法规和司法解释应当在相关规定明确将烟花爆竹制品列在其中,事实上行政法规和司法解释却并没有如此规定,可见含有火药、引火线等的物品与爆炸物不能直接画等号。其次,从黑火药、烟火药的物质属性来看,火药的危险性大小与其数量多少有直接联系,火药经过分装制成烟花爆竹成品后,威力降低、爆炸属性减弱、娱乐属性更强。因此,将烟花爆竹制品列为刑法意义上的爆炸物会扩大打击面,与普通民众的认识观念、传统习俗不符。

基于上述理由,2016 年修订的《烟花爆竹安全管理条例》第二条规定:"……本条例所称烟花爆竹,是指烟花爆竹制品和用于生产烟花爆竹的民用黑火药、烟火药、引火线等物品。"可见,烟花爆竹包括了成品意义上的烟花爆竹制品和用于生产烟花爆竹制品的民用黑火药、烟火药、引火线等原料。同时,国防科工委、公安部 2006 年出台的《民用爆炸物品品名表》中明确规定,黑火药属于民用爆炸物,但"用于生产烟花爆竹的黑火药除外"。

根据上述规定,涉案的"8发塑料圆盘击发帽"应当认定为含烟火药的烟花爆竹制品,而非刑法意义上的爆炸物。

将购买烟花爆竹制品的行为认定为刑法意义上的非法买卖爆炸物,必须坚持主客观相一致的原则。如果行为人非法买卖烟花爆竹制品的目的是追求产品的娱乐属性、商品属性,而不是为了获取烟火药或黑火药的爆炸属性,客观上也只是将烟花爆竹制品作为烟花爆竹制品使用或出售,就不应将烟花爆竹制品理解为爆炸物品。反之,行为人非法买卖烟花爆竹制品,是为了获取烟花爆竹制品中的黑火药、烟火药,并达到《爆炸物解释》第一条第六款规定的数量标准的,则构成非法买卖爆炸物罪。

No. 3-8-225-48 非法经营烟花爆竹制品的行为应根据《刑法》第二百二十五条第四项"其他严重扰乱市场秩序的非法经营行为"构成非法经营罪。

烟花爆竹不属于《刑法》第二百二十五条第一项规定的"其他限制买卖的物品",不能依据《刑法》第二百二十五条第一项认定未经许可经营烟花爆竹制品的行为构成非法经营罪。我国《刑法》第二百二十五条第一项所规定的"未经许可经营法律、法规规定的专营专卖物品"。这里的未经许可之许可并不是我国《行政许可法》所规定的许可,而是指未经法律授权。违反这个意义上的许可,就是违反国家法律的禁止性规定,具有违法性。违反《专营专卖法》以外的违反行政许可的经营行为不能归入《刑法》第二百二十五条第一项的规定,我国《行政许可法》规定的许可,无论是特许还是一般许可,都是对本来就有权实施的行为设定一定的条件,因此违反这种行政许可,还不能认定为是违反国家法律的禁止性规定。

限制买卖的物品,是指国家在一定时期实行限制性经营的物品。例如民用爆炸物,《民用爆炸物品安全管理条例》第三条规定:"国家对民用爆炸物品的生产、销售、购买、运输和爆破作业实行许可证制度。未经许可,任何单位或者个人不得生产、销售、购买、运输民用爆炸物品,不得从事爆破作业。严禁转让、出借、转借、抵押、赠送、私藏或者非法持有民用爆炸物品。"因此,民用爆炸物属于典型的限制买卖物品。两相比较可见,烟花爆竹和烟花爆竹制品不属于限制买卖物品,因为个人如果不是以经营为目的,而是为了满足燃放、娱乐需要,完全可以自由买卖烟花爆竹或者烟花爆竹制品。

非法经营烟花爆竹制品的行为要认定为《刑法》第二百二十五条第四项"其他严重扰乱市场秩序的非法经营行为"构成非法经营罪,必须和第二百二十五条前三项在社会危害性方面具有相当性,同时符合以下三个特征,即违反国家规定、扰乱市场经济秩序和情节严重。首先,2011年4月8日最高人民法院《关于准确理解和适用刑法中"国家规定"的有关问题的通知》中指出:"根据刑法第九十六条的规定,刑法中的'国家规定'是指,全国人民代表大会及其常务委员会制定的法律和决定,国务院制定的行政法规、规定的行政措施、发布的决定和命令。"被告人易某某擅自经营烟花爆竹制品的行为,违反了《烟花爆竹安全管理条例》第三条的规定。其次,本案中的未经国家许可经营烟花爆竹制品的行为,违反了烟花爆竹安全管理制度,扰乱了市场秩序,产生了刑法意义上的危险后果。再者,可以比照《刑法》第二百二十五条前三项的行为"情节严重"的程度或者第二百二十五条相关司法解释对"情节严重"的规定来确定情节是否严重。根据刑法及相关司法解释的规定,目前认定的非法经营行为有非法经营烟草、出版物和通过信息网络有偿发布或删除信息等,一般以非法经营数额、违法所得数额、实施非法经营行为的次数、实施非法经营行为的后果和影响等作为"情节严重"的考量标准。

案例:周长兵非法经营宣告无罪案

案例来源:《刑事审判参考》总第122集[第1337号]

主题词:非法经营罪 保安服务业

一、基本案情

2010年10月,被告人周长兵设立华北中安(北京)安全技术服务有限公司(以下简称"中安公司")。2010年11月至2011年11月,周长兵在明知中安公司未取得保安服务许可证的情况下,与北京科住物业管理有限公司(以下简称"科住公司")签订三份保安服务合同,向科住公司的半导体所项目部、微电子研究所项目部、学术会堂项目部派驻保安员并提供保安服务,其间收取科住公司支付的保安服务费共计人民币(以下币种同)95万元,盈利1万元左右。中安公司设立后,主要经营保安服务业务。

截至案发,中安公司拥有保安员50余人,规模未达到加盟市保安服务总公司要求的100人条件,本着边经营边招募的想法,而未向公安机关申请保安服务许可证。

二、裁判要旨

No. 3-8-225-49　保安服务业不属于严格意义上的限制经营许可业务,且无实质上犯罪行为及严重后果,不应认定为其他严重扰乱市场秩序的非法经营行为。

《刑法》第二百二十五条规定,非法经营行为,扰乱市场秩序,情节严重的,构成非法经营罪。该条文同时列举了四项非法经营行为,其中第四项是兜底性条款,规定了"其他严重扰乱市场秩序的非法经营行为"。"情节严重"的认定是一种个案认定,多是参照规范性文件的量化标准,而行为是否属于严重扰乱市场秩序的认定是一种类案认定,两者应作为不同层面的问题进行分析。实践中,有的司法工作人员习惯于按照个案中具体数额多少认定"行为是否属于严重扰乱市场秩序的非法经营行为",形成以"情节是否严重"的认定替代"行为是否属于严重扰乱市场秩序的非法经营行为"的认定。《刑法》第二百二十五条第一项至第三项规定的是已被实践检验的类型化行为,无须对经营行为是否严重扰乱市场秩序进行专门评价,但该条第四项规定的非法经营行为包罗万象,复杂多变,难以被一一类型化。因此,《最高人民法院关于准确理解和适用刑法中"国家规定"的有关问题的通知》(以下简称《"国家规定"通知》)要求,各级人民法院审理非法经营犯罪案件,要依法严格把握《刑法》第二百二十五条第四项的适用范围。《"国家规定"通知》所强调的"严格把握"主要是指对"经营行为是否属于严重扰乱市场秩序的非法经营行为"的严格把握(不排除对个别情节严重认定标准的审慎把握)。基于上述分析,无论是根据法理精神还是按照《"国家规定"通知》要求,都有必要对经营行为是否属于《刑法》第二百二十五条第四项规定的严重扰乱市场秩序的非法经营行为进行单独评价。

非法经营罪属于《刑法》第三章"破坏社会主义市场经济秩序罪"第八节"扰乱市场秩序罪",严重扰乱市场秩序,主要是指对市场经济秩序的严重扰乱。因此,对《刑法》第二百二十五条第四项严重扰乱市场秩序的非法经营行为的评价,重点应当围绕市场经济秩序这一法益。而对于主要危害不在市场经济秩序的非法经营行为,既要分析经营行为是否缺少特许的形式要件,更要分析经营行为在实体上是否造成其他严重后果或存在其他严重危险。首先,经营保安服务业务虽然属于行政特许行业,但根据《保安服务管理条例》第八条的规定,只要达到规定的条件就可以向公安机关提出申请,公安机关不批准的应当说明理由。因此,保安服务业务不属于严格意义上的限制经营许可业务。其次,未经行政许可经营保安服务的主要社会危害在于对人民群众人身和财产安全可能造成一定的潜在危险,对保安服务业务经营行为是否属于《刑法》第二百二十五条第四项规定的非法经营行为的认定,重点应当考察经营行为有无实质上违法犯罪行为及严重后果。对没有实施及产生《保安服务管理条例》第四十三条、《公安机关实施保安服务管理条例办法》第四十五条规定的泄露国家秘密、侵犯个人隐私、参与追索债务、采用暴力处理纠纷等后果的经营行为,不应认定为其他严重扰乱市场秩序的非法经营行为。

本案中,中安公司除了没有获取保安服务许可证这一形式要件,并未实施其他违反《保安服务管理条例》《公安机关实施保安服务管理条例办法》的行为。中安公司的各项章程符合《公司法》的规定,其按照合同约定派驻保安员并提供保安服务,按时发放保安员工资,在经营保安服务业务过程中未发生其他危害后果,也未出现其他不好的反映和记录。因此,综合全案案情和基于严格把握的政策精神分析,中安公司的行为不属于严重扰乱市场秩序的非法经营行为,不构成非法经营罪。

案例:董如彬、侯鹏非法经营、寻衅滋事案

案例来源:《刑事审判参考》总第119集

主题词:非法经营罪 寻衅滋事罪

一、基本案情

2011年3月至2013年5月,董如彬、侯鹏违反国家规定,以营利为目的,通过编造虚假信息、帖文,提供网络有偿服务,其中董如彬参与非法经营4起,数额为人民币34.5万元,侯鹏参与非法经营3起,数额为人民币25.5万元。具体如下:(1)2011年3月,董如彬接受黎某某的委托,为黎某某与黄氏四兄弟纠纷一事进行炒作。董如彬邀约并组织人员,虚构事实,撰写黄氏兄弟系黑社会组织成员等帖文在互联网发布。其间,黎某某向董如彬支付人民币9万元。(2)2012年8月,董如彬接受景洪市晟华房地产有限责任公司孙某、孙某某委托,伙同被告人侯鹏,虚构事实,编造晟华公司员工与省住建厅工作人员发生冲突及冲突原因的信息在互联网发布,并收取孙某某人民币15万元。(3)2012年11月,董如彬接受云南呈贡德华企业集团有限公司董事长张某某委托,伙同被告人侯鹏以及段某某、王某某(均另案处理)等人,以炒作宣威火电厂污染致癌为手段,以达到关停火电厂、改善委托方楼盘销售现状的目的。董如彬指使王某某杜撰帖文在互联网发布。其间,董如彬、侯鹏收取张某某人民币10万元。(4)2013年5月,董如彬接受云南旅游包机公司副总经理钱某的委托,商定以人民币8万元的费用炒作钱某被判决一事。董如彬虚构事实撰写帖文,指使被告人侯鹏及冯某将帖文发布至互联网。其间,钱某支付给董如彬人民币5000元。2011年10月至2013年3月,董如彬为提高其网络知名度,增加网民的关注程度,在"10·5"涠公河事件的处理过程中,利用新浪微博、腾讯微博、QQ空间、天涯社区等网络平台散布了大量编造的虚假信息和煽动性言论,引发大量网民围观,严重混淆视听,造成极其恶劣的社会影响,扰乱了公共秩序。2013年9月10日,董如彬被抓获归案;2013年9月12日,侯鹏投案自首。2014年7月15日,昆明市五华区人民法院认定董如彬犯非法经营罪、寻衅滋事罪,决定执行有期徒刑六年零六个月,并处罚金人民币三十五万元;侯鹏犯非法经营罪,判处有期徒刑三年,缓刑三年,并处罚金人民币五万元。2014年12月4日,云南省昆明市中级人民法院裁定驳回上诉,维持原判。

二、裁判要旨

No.3-8-225-50 违反国家规定,以营利为目的,通过信息网络有偿提供发布信息等服务,扰乱市场秩序,情节严重的,应以非法经营罪定罪处罚。

董如彬、侯鹏以营利为目的,违反国家规定,有偿提供编造虚假信息、帖文并上网发布的服务,有组织地进行网络造谣、炒作活动,谋取巨额非法利益;利用社会敏感热点问题,借题发挥,炮制谣言,误导民众,恶意攻击、诋毁国家、政府和执法机关形象,造成极其恶劣的社会影响,严重扰乱了公共秩序。董如彬、侯鹏编造虚假信息的行为损害了国家、社会、集体的利益以及其他公民的合法权利,不属于正确行使言论自由,应当依法追究刑事责任。《刑法》第二百二十五条规定了非法经营罪,违反国家规定,有下列非法经营行为之一,扰乱市场秩序,情节严重的,处五年以下有期徒刑或者拘役,并处或者单处违法所得一倍以上五倍以下罚金;情节特别严重的,处五年以上有期徒刑,并处违法所得一倍以上五倍以下罚金或者没收财产。该条采用列举的方式规定了三项非法经营行为,并在第四项采用兜底条款,规定了"其他严重扰乱市场秩序的非法经营行为"。2013年9月10日起施行的最高人民法院、最高人民检察院《关于办理利用信息网络实施诽谤等刑事案件适用法律若干问题的解释》(以下简称《诽谤解释》)第七条规定,违反国家规定,以营利为目的,通过信息网络有偿提供删除信息服务,或者明知是虚假信息,通过信息网络有偿提供发布信息等服务,扰乱市场秩序,情节严重的,依照《刑法》第二百二十五条第四项的规定,以非法经营罪定罪处罚。该解释同时规定,个人非法经营数额在五万元以上的,应当认定为《刑法》第二百二十五条规定的"情节严重";个人非法经营数额在二十五万元以上的,应当认定为《刑法》第二百二十五条规定的"情节特别严重"。本案中,董如彬、侯鹏主观上以营利为目的,客观上收取"客户"钱财,为其编造事实、杜撰文章,并发布在信息网络,对事件进行炒作,具有“经营”性质;主观上明知是虚假信息,仍违反国家规定实施上述行为,具有“非法”性,扰乱了正常的互联网经营秩序;非法经营额达人民币 34.5 万元。依据《诽谤解释》的规定,董、侯的行为应以非法经营罪定罪处罚,同时属于“情节特别严重”。

No. 3-8-225-51 编造虚假信息,或者明知是编造的虚假信息,在信息网络上散布,或者组织、指使人员在信息网络上散布,起哄闹事,造成公共秩序严重混乱的,以寻衅滋事罪定罪处罚。

糯康犯罪集团所制造的“10·5”湄公河事件导致 13 位中国公民无辜被害,中国政府、司法机关努力捣毁糯康犯罪集团,恢复湄公河航运秩序。董如彬为了吸引眼球,增加其网络上的知名度,罔顾事实真相,编造虚假信息,肆意诋毁我国司法机关和司法工作人员,贬损我国国家形象,起哄闹事,社会影响面广,影响极为恶劣。董如彬发表的 5 条虚假言论被直接转发 21 次,评论 10 次,转发人和评论人的粉丝量共计 91591 人;73 条起哄闹事性质的主要言论,被直接转发、转播 3512 次,评论、回复 3611 次,点击、阅读 589737 次,误导公众对国家权力和司法权威产生怀疑,造成极其恶劣且难以消除的社会影响,危害后果严重。根据《诽谤解释》第五条第二款的规定,编造虚假信息,或者明知是编造的虚假信息,在信息网络上散布,或者组织、指使人员在信息网络上散布,起哄闹事,造成公共秩序严重混乱的,依照《刑法》第二百九十三条第一款第四项的规定,以寻衅滋事罪定罪处罚。

案例:满鑫、孙保锋非法经营案

案例来源:《刑事审判参考》第 132 辑[第 1481 号]

主题词:非法经营罪　第四方支付平台

一、基本案情

2019 年年初,被告人满鑫、孙保锋得知第四方支付平台为赌博网站进行支付结算能获取巨额利润,遂产生经营想法。同年 4 月,满鑫前往重庆某公司定制第四方支付平台即“交投保”平台、租赁服务器,并与孙保锋接触,二人达成由满鑫提供平台、孙保锋提供赌博网站等客户、共同经营均分盈利的协议。后满鑫在重庆市江北区租赁房屋,召集客服、技术人员负责后台维护、收益分发等。满鑫、孙保锋通过网络发展多人为代理(以下简称“码商”),代理发展下线(以下简称“码农”)。“码商”“码农”提供、收集微信、支付宝收款二维码、银行卡并绑定“交投保”平台。当客户在赌博网站充值时,平台随机推送“码农”控制的支付宝或者微信二维码供客户充值,客户扫码将资金转账至“码农”控制的账户后,平台将“码农”确认收款的信息推送给赌博网站,赌博网站给客户上分。平台将赌博网站发起的转账信息通知“码农”,“码农”“码商”、平台先后按约定扣除佣金,将剩余款项转入赌博网站提供的账号。2019 年 5 月至 2019 年 11 月 14 日间,被告人满鑫、孙保锋按照“交投保”平台结算资金流水的 2%~3%不等比例抽成,并按照约定的比例分配,满鑫非法获利 1046 万余元、孙保锋非法获利 1000 万余元。

二、裁判要旨

No. 3-8-225-52 未经国家主管部门批准,运营第四方支付平台,整合微信、支付宝二维码等收付款媒介,非法进行资金流转,属于非法从事资金支付结算业务,构成非法经营罪。同时亦构成帮助信息网络犯罪活动罪,依法择一重罪以非法经营罪处断。

本案中,在案证据难以认定二被告人与上游网站事前通谋共同实施犯罪,甚至无法确定与二被告人对接的“客户”究竟是赌博网站的实际运营者,还是专门承接违法网站运营服务的中间商,因此,无法认定二被告人构成上游犯罪的共同犯罪。

《刑法》第二百二十五条第三项规定的“资金支付结算”属于金融领域概念,是指经国家主管部门批准,银行或者获得支付许可的第三方支付平台方可作为中介提供的货币给付和资金清算服务,其本质系由国家金融行政法规所确立和保护的金融特许专营业务。而《刑法》第二百八十七条之二规定的“提供支付结算等帮助”外延更广,既包括金融领域的资金支付结算业务,也包括支付结算业务之外的衍生服务,如一般“码商”“码农”,提供银行卡、二维码等进行转账、取现,向网络犯罪分子出售、租借银行卡的行为,提供支付通道等行为。如果行为人实施了非法经营罪中的支付结算行为,无疑也应当认定为属于帮助信息网络犯罪活动罪中的提供支付结算帮助行为。二被告人运营涉案平台非法进行资金支付结算的行为同时符合非法经营罪和帮助信息网络犯罪活动罪的构成要件,系法条竞合,根据通说,法条竞合的情况下,应适用重法优于轻法的处断原则,同时,《刑法》第二百八十七条之二第三款亦规定,“有前两款行为,同时构成其他犯罪的,依照处罚较重的规定定罪处罚”,比较两罪的量刑,非法经营罪的法定刑配置重于帮助信息网络犯罪活动罪。因此,本案二被告人运营第四方支付平台非法从事资金支付结算的行为应当以非法经营罪定罪量刑。

案例:上海万晖特工贸有限公司、谢世全非法经营案

案例来源:《刑事审判参考》总第 121 集[第 1318 号]

主题词:非法经营罪　利用疫情哄抬物价

一、基本案情

2020 年 1 月月初,被告人谢世全在经营被告单位上海万晖特工贸有限公司过程中,以 5.125 元/盒的价格从艾迈柯思贸易(上海)有限公司购入一批爱马斯牌一次性使用无纺布口罩(规格:50 只/盒),在名为“上海万晖特耗材”的淘宝店铺以 7 元/盒的价格进行销售。同年 1 月 20 日,国家卫生健康委员会发布公告将新型冠状病毒肺炎纳入《中华人民共和国传染病防治法》规定的乙类传染病,并采取甲类传染病的预防、控制措施。后被告人谢世全明知口罩系疫情防控急需的物品,仍于 1 月 23 日至 1 月 29 日抬高口罩价格,将此前正常售价 7 元/盒,从 21 元/盒陆续涨至 198 元/盒,累计销售 1981 盒,销售金额 174805.4 元,违法所得 160938.4 元。

二、裁判要旨

No.3-8-225-53　根据最高人民法院、最高人民检察院、公安部、司法部 2020 年 2 月 6 日印发的《关于依法惩治妨害新型冠状病毒感染肺炎疫情防控违法犯罪的意见》,利用疫情“哄抬物价”等行为,依法认定是否构成非法经营罪。“哄抬物价”行为究竟是行政违法还是刑事违法,应当综合考虑物品价格上涨的幅度、非法经营数额和违法所得数额、社会危害性确定。

最高人民法院、最高人民检察院之所以将疫情灾害期间情节严重的相关违法经营行为入罪主要基于以下方面的考虑:一是违反国家规定。2011 年最高人民法院发布的《关于准确理解和适用刑法中“国家规定”的有关问题的通知》中规定,根据《刑法》第九十六条的规定,《刑法》中的“国家规定”是指,全国人民代表大会及其常务委员会制定的法律和决定,国务院制定的行政法规、规定的行政措施、发布的决定和命令。而国务院 2003 年公布、2011 年修订的《突发公共卫生事件应急条例》第五十二条明确规定,在突发事件发生期间,散布谣言、哄抬物价、欺骗消费者,扰乱社会秩序、市场秩序的,由公安机关或者工商行政管理部门依法给予行政处罚;构成犯罪的,依法追究刑事责任。因而对相关行为入刑符合法律规定。二是相关行为发生在生产、流通领域,提供了商品或服务,且提供商品或服务的目的是赚取利润,属于典型的经营行为。三是相关行为严重扰乱了市场秩序。疫情危害期间,行为人利用市场上部分物品紧俏以及市民的紧张心理,囤积居奇、哄抬物价,进一步破坏市场和商品交易平衡,不仅危害经济秩序,也危害了正常的社会秩序,不利于疫情危害的治理,应当纳入刑法的规制范围。

此次新型冠状病毒肺炎疫情防控期间,也不乏少数人利用疫情实施相关非法经营行为。对此,最高人民法院、最高人民检察院、公安部、司法部 2020 年 2 月 6 日印发的《关于依法惩治妨害新型冠状病毒感染肺炎疫情防控违法犯罪的意见》进一步重申:“依法严惩哄抬物价犯罪。在疫情防控期间,违反国家有关市场经营、价格管理等规定,囤积居奇,哄抬疫情防控急需的口罩、护目镜、防护服、消毒液等防护用品、药品或者其他涉及民生的物品价格,牟取暴利,违法所得数额较大或者有其他严重情节,严重扰乱市场秩序的,依照刑法第二百二十五条第四项的规定,以非法经营罪定罪处罚。”

行政法规对“哄抬物价”的行为亦进行了规制,实践中,多数的“哄抬物价”行为是根据行政法进行处罚,只有情节严重、社会危害性大的“哄抬物价”行为才应被考虑纳入刑法的规制范围。我们认为,判断“哄抬物价”行为的罪与非罪,可以从以下几个方面进行把握:

首先,应当考虑物品价格上涨的幅度。在疫情未发生时,一种商品正常销售的进销差价率是相对稳定的。疫情发生后,因短期内供求关系发生明显变化,如果购销差价在行政管理许可或者合理的幅度内,则属于正常的经营行为,对于稍微超出幅度的,可以通过行政法加以惩处;相反,如果购销差价明显超过相应幅度,明显超过市场同类商品平均价格,则可能构成非法经营罪。对于是否“牟取暴利”,既要考虑国家有关部门和地方政府关于市场经营、价格管理等规定,又要坚持一般人的认知标准,确保认定结果符合人民群众的公平正义观念。

其次,应当考虑非法经营数额和违法所得数额。此类案件表现为在经营活动中囤积居奇、哄抬物价,且要求“牟取暴利”,故非法经营数额本身的大小,特别是违法所得数额,是评判行为社会危害程度的重要因素。2010年《最高人民检察院、公安部关于公安机关管辖的刑事案件立案追诉标准的规定(二)》第七十九条规定,违反国家规定,从事其他非法经营活动,扰乱市场秩序,具有下列情形之一的,应予立案追诉:(1)个人非法经营数额在五万元以上,或者违法所得数额在一万元以上的;(2)单位非法经营数额在五十万元以上,或者违法所得数额在十万元以上的;(3)虽未达到上述数额标准,但两年内因同种非法经营行为受过二次以上行政处罚,又进行同种非法经营行为的;(4)其他情节严重的情形。因而,对于初次犯罪且非法经营数额或者违法所得数额不大的情形,应当优先适用行政法加以惩处。对于虽然超出有关价格管理规定,但幅度不大,违法所得不多对疫情防控没有重大影响、未造成严重后果的,不应当纳入刑事处罚范围,可以由有关部门予以行政处罚。相反,对于利用物资紧俏的“商机”,坐地起价,牟取暴利的,则应当依法追究刑事责任。

最后,应当综合考虑行为的社会危害性。口罩、抗病毒药品、消毒杀菌用品、相关医疗器械等防疫用品和粮、油、肉、蛋、菜、奶等基本民生商品,与抗击疫情和群众生活关系最为密切,在疫情期间哄抬此类商品物价,进一步加剧了社会不稳定因素,行为的社会危害性大于非法经营其他商品的行为。同时,在办案过程中也要考虑各地疫情防控的差异情况、不同物资的紧缺程度,做到精准发力,避免简单“一刀切”。由于各地面临的疫情形势和防控任务差异较大,同样的哄抬物价行为在疫情风险等级不同地区的社会危害性是不一样的,在办案中要有所体现。在疫情风险等级较高的地区,特别是对市场供应紧张的物资囤积居奇、哄抬价格,社会危害性较大,有必要予以刑事处罚。相反,在疫情风险等级较低的地区,随着相关物资市场供应紧张程度缓解,对于哄抬物价的行为要尽量给行政处罚留有足够空间,确保刑罚的审慎适用,即使要给予刑罚处罚也可以酌情从轻处罚。

82 强迫交易罪(《刑法》第二百二十六条)

案例:郑小平等抢劫案

案例来源:《刑事审判参考》总第17辑[第109号]

主题词:强迫交易罪　非法占有目的

一、基本案情

被告人郑小平,男,1974年4月4日出生,农民。因涉嫌犯抢劫罪,于1999年5月26日被逮捕。

被告人邹小虎,男,1975年6月23日出生,农民。因涉嫌犯抢劫罪,于1999年6月9日被逮捕。

江西省抚州地区中级人民法院经公开审理查明:1998年8月上旬,被告人郑小平、邹小虎与同案人周细熊、姜志敏、万年忠(均批捕在逃)商议贷款。数日后,郑小平、邹小虎、万年忠到抚州市临川区龙溪信用社主任徐德良家要求贷款人民币5万元,因手续不全,遭徐拒绝。邹小虎威胁说:“你不贷也得贷,否则,有你好看的。”事后,邹小虎、郑小平等5人商议请人来威胁徐德良,并由邹小虎等人从临川请来“志武”(真实姓名不详)等3名男青年。同月24日中午,邹小虎带领该3名男青年持铳闯入徐德良家,拔掉电话线,威胁徐说:“如果不贷,今天对你不客气。”徐被迫同意贷款。当日下午,经徐德良签字同意,由郑小平作担保人,邹小虎在龙溪信用社贷得人民币3万元,月息1.68%,同年12月10日到期,未予归还。

1998年8月20日左右,被告人郑小平、邹小虎伙同周细熊、万年忠、姜志敏商议找中国农业银行龙溪营业所主任邓岩贷款,议定由周细熊、郑小平到邓岩乘车回上顿渡的地方拦截并威胁他。第二天,邓岩和其营业所职工吴成庆在宜黄火家岭搭乘宜黄至临川的中巴客车回上顿渡,等候在此的周细熊、郑小平亦跟踪上车。车行不远,周细熊突然打了邓岩胸部一拳,并伙同郑小平强行将邓岩拉下车。周细熊威胁邓岩说:“不识相的东西,以后找你办事要买账。”同月27日,周细熊伙同万年忠以做毛竹生意为由,以万年忠的名义,由周细熊担保,向邓岩所在的营业所违规贷款人民币3万元,期限为3个月。周细熊、万年忠随即提取现金3万元,并于当日下午存入宜黄县桃陂信用社上花分社。此后,郑小平等人先后全部取走。

上述6万元贷款被邹小虎、郑小平等人瓜分后全部挥霍。

1998年11月2日晚,被告人郑小平等3人再次到龙溪信用社徐德良家要求贷款,因徐不在未果。次日上午,郑小平等3人又到徐家,持农村房产证要求徐贷款4.9万元,徐以无贷款指标为由予以拒绝。郑等即赖着不走,并殴打接报案后赶来的公安派出所民警,被当场抓获。

1999年2月15日,邹小虎的父亲代邹小虎归还龙溪信用社贷款16096.2元,其中本金1.5万元,利息1096.2元。

江西省抚州地区中级人民法院认为:被告人郑小平、邹小虎以非法占有为目的,伙同他人持铳或以殴打相威胁,强迫金融机构负责人为其贷款6万元,其行为构成抢劫罪,且数额巨大。其中,郑小平伙同他人为主抢劫3次(1次未遂);邹小虎伙同他人以持铳相威胁为主抢劫1次,参与抢劫1次。公诉机关指控的主要事实和罪名成立。被告人邹小虎的辩护人提出被告人的行为构成强迫交易罪,不构成抢劫罪,经查,被告人等贷款并无正当的经营目的和行为,故不能构成强迫交易罪。被告人的行为属于以特殊形式抢劫金融机构的财物,且数额巨大,应以抢劫罪定罪处罚。鉴于邹小虎在案发后能积极退赃,挽回了被害单位的部分经济损失,对其可酌情从轻处罚。依照《中华人民共和国刑法》第二百六十三条第(三)、(四)、(七)项、第五十六条第一款、第五十五条第一款、第五十二条的规定,于1999年9月29日判决如下:

1. 被告人郑小平犯抢劫罪,判处有期徒刑十五年,剥夺政治权利五年,并处罚金人民币一千元;

2. 被告人邹小虎犯抢劫罪,判处有期徒刑十三年,剥夺政治权利三年,并处罚金人民币六千元。

宣判后,郑小平、邹小虎不服,提出上诉。

郑小平上诉提出:其在本案中只是跑跑腿而已,其行为性质属于采取非法手段贷款,不是抢劫。

邹小虎上诉提出:其在信用社贷款办理了合法手续,威胁徐德良时并没有当场取得贷款,不构成抢劫罪;原判认定他参与第二次抢劫缺乏事实依据;已归还了部分贷款,原判量刑过重,要求从轻处罚。

江西省高级人民法院经审理认为:上诉人郑小平、邹小虎以暴力、威胁的手段逼迫金融机构工作人员提供贷款服务,且多次作案,属情节严重,其行为构成强迫交易罪。原审判决审判程序合法,但认定两上诉人的行为构成抢劫罪不当。依照《中华人民共和国刑事诉讼法》第一百八十九条第(二)项,《中华人民共和国刑法》第二百二十六条、第五十二条的规定,于2001年3月8日判决如下:

1. 撤销江西省抚州地区中级人民法院的刑事判决;

2. 上诉人郑小平犯强迫交易罪,判处有期徒刑二年零六个月,并处罚金人民币一千元;

3. 上诉人邹小虎犯强迫交易罪,判处有期徒刑二年,并处罚金人民币六千元。

二、裁判要旨

No. 3-8-226-1　主观上没有非法占有目的,客观上实施了强迫金融机构工作人员贷款行为的,不构成抢劫罪或敲诈勒索罪,应以强迫交易罪论处。

抢劫罪和敲诈勒索罪作为侵犯财产所有权的犯罪,行为人主观上都必须有非法占有公私财物的目的。如果不能证实行为人有非法占有的目的,就不能以抢劫罪或者敲诈勒索罪对行为人定罪处罚。本案中,被告人郑小平等人以暴力、威胁的方法强迫他人提供贷款,其行为特征与刑法规定的抢劫罪、敲诈勒索罪的某些客观方面特征相似,但是,从主观方面看,被告人郑小平等人使用暴力、威胁等强迫手段的目的,一开始就是为了获取贷款,没有证据证实是为了非法占有贷款或者勒索财物。虽然被告人郑小平等人将获取的贷款全部用于挥霍,但被告人郑小平等人在强迫贷款过程中,均办理了贷款手续,有一次还拿了房产证去抵押,其中第一笔贷款,被告人邹小虎的父亲为其偿还了部分贷款本息,而第二笔尚未到期即案发,虽最后未全部追回,但毕竟贷款在形式上是履行了合法手续的,被告人郑小平等人与金融机构之间的债权债务关系依然存在。即便被告人郑小平等人主观上确有赖账不还的意图,由于债权债务关系的存在,金融机构完全可以通过民事诉讼向其主张债权,因此,被告人郑小平等人强迫贷款的行为与直接以暴力、威胁手段非法占有他人财物,侵犯他人财产所有权的抢劫罪或者敲诈勒索罪有所不同,即行为人强迫他人提供贷款采取了非法手段,但由于在形式上履行了贷款手续,被告人郑小平等人取得的贷款实质上是对金融机构的负债,而不是对金融机构资金所有权的无偿占有。既然不能认定被告人主观上具有非法占有公私财产之目的,就不能以抢劫罪或者敲诈勒索罪追究被告人的刑事责任。

强迫交易罪是指以暴力、威胁手段强买强卖、强迫他人提供服务或者强迫他人接受服务,情节严重的行为。为了维护公平的市场交易秩序,《刑法》第二百二十六条规定了强迫交易罪,不仅意在惩处发生在商品交换过程中的强买强卖行为,也为了惩处服务行业中的强迫他人提供服务或者强迫他人接受服务的行为。金融服务业是市场经济的重要组成部分,贷款是银行或者非银行金融机构提供的一种有偿服务,也是金融市场的一种商业行为,借贷双方都应当遵循平等、自愿、公平、等价有偿和诚实信用的原则。强迫他人提供贷款或者强迫他人接受贷款,情节严重的行为,都是《刑法》第二百二十六条强迫交易罪的打击对象。

强迫交易罪在客观上表现为采取暴力、威胁手段强买强卖商品、强迫提供或者接受服务。侵犯的是复杂客体,一方面侵犯了公平的市场交易秩序,另一方面也侵犯了他人的人身权利。如果强迫交易过程中采取的暴力手段致人重伤、死亡,则应按照牵连犯的处罚原则定故意伤害或者故意杀人罪。但刑法规定强迫交易罪的立法本意主要在于打击那些破坏市场交易秩序的行为,因此,只要存在交易,在交易过程中,任何一方采取了暴力、威胁手段强买强卖商品、强迫提供或者接受服务的,如果暴力手段本身不构成犯罪,情节再严重也只能按强迫交易罪定罪。不能因为行为人采取了暴力、威胁手段,就不管双方是否存在交易的事实,一律按抢劫或者敲诈勒索等侵犯财产罪定罪处罚。当然,如果行为人以市场交易为借口,以暴力或者威胁的手段索取、强拿的财物,远远超过正常买卖、交易情况下被害人应支付的财物,可以根据刑法关于抢劫罪的规定,追究行为人的刑事责任。

本案被告人郑小平、邹小虎以暴力、威胁手段强迫他人为其提供贷款的行为,并非以非法占有为目的,贷款手续的办理及存在,也表明了其行为属于强迫他人提供金融服务。因其以此种手段多次作案,"贷款"后造成的经济损失数额巨大,应属情节严重,其行为完全符合强迫交易罪的构成特征,应以强迫交易罪定罪处罚。

案例:宋东亮等强迫交易、故意伤害案

案例来源:《刑事审判参考》总第 36 集[第 278 号]

主题词:强迫交易罪　故意伤害罪　共同犯罪

一、基本案情

被告人宋东亮,男,1983 年 11 月 15 日生,初中文化程度,农民。因涉嫌犯寻衅滋事罪,于

2003年8月8日被逮捕。

被告人陈二永,男,1979年5月11日生,初中文化程度,农民。因涉嫌犯故意伤害罪,于2003年6月27日被逮捕。

上海市普陀区人民法院经审理查明:2003年4月5日晚,被告人宋东亮在上海市武宁路2345号真西停车场内,让人将12箱蔬菜西兰花放在停放于停车场内的彭文彬的汽车上,欲以每箱60元的价格强行卖给开车到曹安市场购买蔬菜的彭文彬。在遭到彭文彬的拒绝后,宋东亮即打电话给被告人陈二永,陈二永随即到达上述地点。当彭文彬走来时,陈二永首先上前朝彭文彬的胸部猛踢一脚,随后宋东亮、陈二永和"二旦"(在逃)三人用拳殴打彭文彬。当彭文彬逃到自己的货车旁准备装货离开时,陈二永、宋东亮、"二旦"再次来到彭文彬处,宋东亮上前用手抓住彭文彬并将其拖至两车过道中,继续向其索要以上货物的货款。彭文彬再次拒绝后,陈二永又拳打彭文彬,彭用拳还击,陈二永随即掏出水果刀朝彭的腹部、左肩背部、左臀部连刺四刀。之后,三人逃离现场。经司法鉴定,彭文彬降结肠破裂、腹壁下动脉破裂、腹腔积血,构成重伤。

被告人宋东亮及其辩护人辩称:宋东亮将彭文彬拖至两车过道后,未再对彭进行殴打,也没有其他伤害行为,彭的重伤不是宋东亮所造成。陈二永持刀伤害彭文彬的行为系其个人行为,完全出乎宋东亮意料,宋东亮的行为不构成故意伤害罪,且其认罪态度较好,要求对其从轻、减轻处罚。

上海市普陀区人民法院审理后认为:被告人宋东亮采用暴力、威胁方法强迫他人购买其商品,情节严重,其行为已构成强迫交易罪,依法应予处罚。被告人陈二永在参与强迫交易活动的过程中用刀刺伤彭文彬,并造成彭重伤的后果,其行为已构成故意伤害罪。依照《中华人民共和国刑法》第二百三十四条第二款、第二百二十六条、第二十五条第一款之规定,判决如下:

1. 被告人宋东亮犯强迫交易罪,判处有期徒刑一年六个月,并处罚金人民币一千元。
2. 被告人陈二永犯故意伤害罪,判处有期徒刑四年。

一审宣判后,被告人宋东亮、陈二永没有上诉。判决已发生法律效力。

二、裁判要旨

No. 3-8-226-2 在实施强迫交易行为的过程中,其手段行为或方法行为又触犯其他罪名的,应择一重罪处断。

强迫交易罪是以暴力或者威胁为主要手段,在犯罪过程中如果使用了暴力,就有可能造成被害人的死亡或伤害的后果;在实施强迫交易行为的过程中,行为人也可能对被害人实施侮辱、诽谤等行为。因此,行为人在构成强迫交易罪的同时有可能相应地触犯刑法规定的其他罪名而构成其他犯罪。也就是说,行为人在实施强迫交易犯罪行为的过程中,其手段或方法又可能触犯其他罪名,构成其他的犯罪。对于这种情况,应当按照有关牵连犯的刑法处罚原则来处理,即按照"从一重处"的原则对被告人以处刑较重的罪名定罪处罚,而不对其实行数罪并罚。本案中,在实施强迫交易罪的过程中,两名被告人用拳殴打被害人,其间被告人陈二永还用水果刀刺伤被害人,造成被害人重伤的后果,显然,本案被告人同时又构成了故意伤害罪。我国刑法规定,故意伤害他人身体,致人重伤的,处三年以上十年以下有期徒刑;而强迫交易罪的法定刑为三年以下有期徒刑,相比较,法律规定对故意伤害(致人重伤)的处刑比对强迫交易罪的处刑为重,则对本案应当以故意伤害罪定罪处刑。

No. 3-8-226-3 在共同强迫交易过程中,个别行为人临时起意持刀重伤他人的,应当以故意伤害罪论处,对其他参与共同强迫交易的行为人,应以强迫交易罪论处。

本案被告人宋东亮、陈二永为牟取非法利益,共同实施强迫交易的行为,用拳殴打被害人,其已构成强迫交易的共同犯罪行为。在实施强迫交易犯罪过程中,被告人宋东亮仅限于拳打被害人彭文彬,被告人陈二永在被告人宋东亮不知情的情况下,用水果刀刺伤被害人彭文彬,致被害人重伤。被告人宋东亮事先既不知陈二永携带刀具参加强迫交易行为,期间也不能预见陈二永在实施强迫交易行为的过程中,会突然拿出随身携带的水果刀刺被害人,且宋东亮在陈二永持刀刺被害人的时候,站在一旁没有同时加害被害人。陈二永持刀重伤被害人的后果,超出了与宋东亮在实施强迫交易犯罪活动中所形成的共同犯罪故意,被害人被刺而受重伤的后果只能由实施重伤行为的被告人陈二永承担。故一审法院仅对本案被告人陈二永以故意伤害罪定罪处罚,而对被告人宋东亮则改以强迫交易罪定罪处罚,是正确的。

83 伪造、倒卖伪造的有价票证罪(《刑法》第二百二十七条第一款)

案例:王珂伪造、倒卖伪造的有价票证,蔡明喜倒卖伪造的有价票证案

案例来源:《刑事审判参考》总第 54 集[第 426 号]

主题词:伪造、倒卖伪造的有价票证罪　铁路乘车证

一、基本案情

被告人王珂,男,1975 年 11 月 20 日出生,汉族,大专文化,无业。因涉嫌犯倒卖伪造的有价票证罪,于 2001 年 8 月 13 日被逮捕。

被告人蔡明喜,男,1978 年 12 月 9 日出生,汉族,大学文化,无业。因涉嫌犯倒卖伪造的有价票证罪,于 2001 年 8 月 13 日被逮捕。

甘肃省兰州铁路运输法院经审理查明:1999 年 11 月间,被告人王珂在湖北省武汉市让他人伪造空白铁路职工工作证内芯 400 张,封皮 100 个,铁路硬席临时定期乘车证 1057 张,乘车证使用卡 1089 张,出差证明书 1016 张,同时伪造了"铁道部第十四工程局""铁道部第十四工程局证件专用章"等印章、模具 13 枚,私人印章 6 枚。1999 年年底至 2001 年 6 月间,被告人王珂在甘肃天水利用上述材料,伪造铁路职工工作证 24 本、铁路硬席临时定期乘车证、乘车证使用卡、出差证明书各 54 页。除自己使用和送给他人使用外,将其中 19 套(每套含铁路职工工作证 1 本,铁路硬席临时定期乘车证、乘车证使用卡、出差证明书各 2 张),以每套 250 元的价格通过被告人蔡明喜倒卖给兰州铁道学院和兰州大学的在校大学生。2001 年 7 月 1 日兰州铁道学院学生张某在使用伪造的票证乘车时被乘警查获。公安机关查获并扣押了王珂伪造好的和已倒卖给他人的铁路职工工作证 22 本,铁路硬席临时定期乘车证、乘车证使用卡、出差证明书各 41 页,空白各类票、证 3373 张及各种伪造的印章和模具 19 枚。

兰州铁路运输法院认为。铁路乘车证与铁路职工工作证、出差证明书、乘车证使用卡一起使用,其作用与火车客票相同。被告人王珂伪造多份铁路职工工作证、出差证明书、铁路硬席临时定期乘车证、乘车证使用卡,后又多次将伪造的铁路职工工作证、出差证明书、铁路硬席临时定期乘车证、乘车证使用卡进行倒卖,持其伪造的票证乘车者乘车免票的价额之和相当于 5000 余元的火车客票,且被告人王珂伪造的乘车证及其他票证数量之多,犯罪数额应属巨大,其行为已构成伪造、倒卖伪造的有价票证罪。公诉机关指控的罪名成立。但公诉机关以《铁路乘车证管理办法》及兰州铁路局财务处《铁路公用乘车证的价值计算办法》为依据,计算被告人王珂伪造的有价票证票面价额为 16449 元是不正确的,《铁路乘车证管理办法》第四十二条规定的是乘车证加倍补收票款、加收罚款的计算办法,不是计算乘车证价值的依据。由于乘车证及相关票证本身无"票面价额",对于确定其价值数额,从有利于被告人的角度出发,应以持伪造票证乘车者乘车免票的价额计算。被告人王珂、蔡明喜在侦查阶段的供述及庭审中的供述前后一致,并且能相互印证,证实蔡明喜主观上并不明知王珂在伪造铁路乘车证及其他票证,且蔡明喜倒卖乘车证均是应同学要求,向王珂联系购买的,并无积极主动兜售和倒卖牟利,对于收取张某 600 元交给王珂 500 元办理 2 套伪造票证,多余的 100 元应视为蔡明喜从兰州到天水找王珂办证的花费,并非牟利,蔡明喜的行为不符合倒卖伪造的有价票证罪的构成特征,不构成犯罪。公诉机关对被告人蔡明喜的指控,不予支持。被告人蔡明喜的辩解理由予以采纳,被告人蔡明喜的辩护人的辩护意见不符法理,不予采纳。为维护社会经济秩序,打击刑事犯罪活动,对被告人王珂依照《中华人民共和国刑法》第二百二十七条第一款、第五十三条、第六十四条之规定;对被告人蔡明喜依照《中华人民共和国刑法》第十三条,《中华人民共和国刑事诉讼法》第一百六十二条第(二)项、第十五条第(一)项之规定,于 2003 年 8 月 26 日判决如下:

1. 被告人王珂犯伪造、倒卖伪造的有价票证罪,判处有期徒刑四年,并处罚金一万元。被告人蔡明喜无罪。

2. 作案工具及赃物,依法没收。

一审宣判后,被告人王珂以"价值数额认定错误,适用法律错误,量刑畸重"为由,提起上诉。

兰州铁路运输法院经审理认为:上诉人王珂诉称"价值数额认定错误,适用法律错误,量刑畸重"的理由,经查,1999年最高人民法院《关于审理倒卖车票刑事案件有关问题的解释》第一条的数额标准,并不能直接适用于《刑法》第二百二十七条第一款伪造、倒卖伪造的有价票证罪。"伪造、倒卖伪造的有价票证"行为与"倒卖车票"行为相比,社会危害性更大,其定罪量刑的数额标准应低于后者。由于铁路乘车证及其他票证本身无"票面价额",根据本案情况,从有利于上诉人的角度出发,可按照持伪造铁路乘车证及其他票证乘车者乘车免票的价额计算。从本案情况看,公安机关查缴到的上诉人王珂自己使用和倒卖后他人使用伪造票证乘车免票的价额之和,经计算,相当于6011元的火车客票的价额。但上诉人王珂伪造的上千张包括铁路乘车证的各类票证,还未填写,只是半成品。由于乘车证填写不同内容如区间、期间、人数等,其价额亦不同,所以半成品铁路乘车证的价额处于不确定状态。且上诉人王珂伪造铁路乘车证及其他票证数量巨大,其犯罪数额应属于"数额巨大"。原审法院计算数额方法准确,且在法律规定量刑幅度内处罚,并无不当,故上诉人的上诉理由不予采纳。原审判决认定的犯罪事实清楚,证据确实、充分,定罪及适用法律正确,审判程序合法。依照《中华人民共和国刑事诉讼法》第一百八十九条第(一)项、第一百九十七条之规定,裁定如下:

驳回上诉,维持原判。

二、裁判要旨

No. 3-8-227(1)-1 伪造、倒卖伪造的可享有消费优惠的资质证明,应以伪造、倒卖伪造的有价票证罪论处。

《刑法》第二百二十七条第一款规定,伪造或者倒卖伪造的车票、船票、邮票或者其他有价票证,数额较大的,处二年以下有期徒刑、拘役或者管制,并处或者单处票证价额一倍以上五倍以下罚金;数额巨大的,处二年以上七年以下有期徒刑,并处票证价额一倍以上五倍以下罚金。这里的其他有价票证,是指除了车票、船票、邮票以外的,由有关主管部门统一发行和管理的能够体现一定价值的票证。有价票证的情况比较复杂,表现多样,且不同的有价票证其作用、价值也不同,法律很难全面穷尽列举。因此,刑法只列举了实践中较常见危害较为严重的伪造、倒卖伪造的车票、船票、邮票的行为,至于对伪造、倒卖伪造的其他有价票证的行为,只作了概括性规定。这样规定,便于司法机关在查处这类犯罪活动时灵活掌握。结合案情,我们认为,本案中一、二审法院准确把握了有价票证的本质特征,将铁路乘车证及其他证件认定为"有价票证"是正确的。主要理由如下:

1. 乘车证与工作证、出差证明书、乘车证使用卡一起使用,其在使用效果上与火车票相同,伪造、倒卖伪造的乘车证及其他证件,其社会危害性与伪造、倒卖伪造的车票、船票、邮票性质相同。

2. 法律解释不能只看形式,而应该看本质。《刑法》第二百二十七条中的有价票证,并不要求与所列举的车票、船票、邮票的特征完全相同,只要乘车证及其他证件本质上是有价的,符合有价票证的本质特征,就可以认定为有价票证。

3. 最高人民法院1999年通过的《关于审理倒卖车票刑事案件有关问题的解释》明确规定,倒卖火车票坐席、卧铺签字号、订购车票凭证这些无流通性质的票证视同倒卖火车客票,与此同理,铁路乘车证及其他证件同样也应视为有价票证。

4. 至于票证价额不好确定的问题,属于实践操作问题,不应成为否定乘车证及其他凭证属于有价票证的理由。

案例:董佳等伪造有价票证、职务侵占案

案例来源:《刑事审判参考》总第29辑[第213号]

主题词:伪造有价票证罪　职务侵占罪

一、基本案情

被告人董佳,女,1974年1月26日生,原系上海东方明珠电视塔有限公司售票员。因涉嫌犯职务侵占罪,于2001年2月9日被逮捕。

被告人岑炯,男,1976年5月21日生,原系上海东方明珠电视塔有限公司检票员。因涉嫌犯职务侵占罪,于2001年2月9日被逮捕。

被告人胡群,男,1971年10月11日生,原系上海市宝山巴士公交公司职工。因涉嫌犯职务侵占罪,于2001年2月9日被逮捕。

被告人陈宽,男,1964年11月9日生,原系安徽省蚌埠市陈宽设计室业主。因涉嫌犯伪造有价票证罪,于2001年2月9日被逮捕。

被告人田磊,男,1975年10月14日生,原系安徽省蚌埠市中山浴池职工。因涉嫌犯伪造有价票证罪,于2001年2月9日被逮捕。

被告人童乃德,男,1957年11月16日生,原系安徽省合肥市永信彩印厂职工。因涉嫌犯伪造有价票证罪,于2001年2月9日被逮捕。

被告人贺兴元,男,1970年10月9日生,原系安徽省合肥市永信彩印厂负责人。因涉嫌犯伪造有价票证罪,于2001年2月9日被逮捕。

上海市浦东新区人民法院经审理查明:2000年八九月间,被告人董佳、岑炯、胡群经预谋后商定,利用董、岑两人在上海东方明珠广播电视塔有限公司(以下简称"东方明珠公司")工作的便利,伪造东方明珠塔观光券出售牟利,随后由胡群负责伪造观光券。胡群找到任赞军(在逃),任赞军即带胡群至安徽省蚌埠市寻找印刷厂家。在安徽省蚌埠市中山浴池内,被告人田磊得知要伪造东方明珠塔观光券后,称可以帮助联系印刷厂家。田磊通过张虎的介绍找到被告人陈宽,陈宽明知要伪造东方明珠塔观光券,仍去找了安徽省合肥市永信彩印厂印刷工即被告人童乃德,又通过童乃德认识了该厂负责人即被告人贺兴元,贺、童两人在看过东方明珠塔观光券样票后,同意伪造东方明珠塔观光券400本(其中,65元票面和50元票面的各200本,每本50张),并与田磊谈妥收取印刷费用人民币7000元。同年9月,陈宽先后2次将伪造完毕的东方明珠塔观光券交给田磊,再由田磊交给胡群。因伪造的65元票面的观光券质量不好,胡群提走65元票面的观光券仅100本和50元票面的观光券200本,票证价额计人民币825000元。胡群为此向田磊支付费用人民币101000元,田磊支付给陈宽印刷费用人民币79000元,陈宽将其中的1000元支付给贺兴元,并给了童乃德1张欠款人民币6000元的欠条。

上述行为期间,被告人岑炯、胡群与任赞军一起到安徽省蚌埠市对伪造的观光券进行对比验证。事后,被告人董佳将伪造的东方明珠塔观光券在东方明珠观光塔售票处出售,岑炯则检票让购买伪造观光券者进入东方明珠电视塔进行游览观光。至案发时,已扣押伪造并使用的东方明珠塔观光券4313张,其中65元票面存根1392张,50元票面2921张,董佳、胡群、岑炯从而侵占东方明珠公司的票房收入人民币236530元。岑炯先后从董佳、胡群处获取好处费25000元。

2001年1月4日,被告人董佳、胡群在公安机关找其谈话时如实供述犯罪事实。被告人陈宽到案后协助公安机关将童乃德、贺兴元抓获。

浦东新区人民法院认为,被告人董佳、岑炯身为公司工作人员,经与被告人胡群预谋,利用职务上的便利,将本单位的财物占为己有,计人民币236530元,数额巨大,其行为均已构成职务侵占罪。被告人陈宽、田磊、童乃德、贺兴元伪造有价票证,票面数额巨大,其行为均已构成伪造有价票证罪。鉴于被告人董佳、胡群均有自首情节,董佳能退出赃款人民币1万元,认罪态度较好,均依法从轻处罚;被告人岑炯能积极退出赃款人民币2.5万元,酌情从轻处罚;被告人陈宽有协助公安机关缉捕同案犯的立功表现,且能积极退出非法所得人民币7.8万元,依法从轻处罚。依照《中华人民共和国刑法》第二百七十一条第一款、第二十五条、第二百二十七条第一款、

第六十七条第一款、第六十八条第一款、第五十三条、第六十四条之规定,判决如下:

1. 被告人董佳犯职务侵占罪,判处有期徒刑六年,没收财产人民币六千元;
2. 被告人胡群犯职务侵占罪,判处有期徒刑六年,没收财产人民币六千元;
3. 被告人岑炯犯职务侵占罪,判处有期徒刑六年六个月,没收财产人民币六千元;
4. 被告人陈宽犯伪造有价票证罪,判处有期徒刑二年六个月,罚金人民币八十二万五千元;
5. 被告人田磊犯伪造有价票证罪,判处有期徒刑三年,罚金人民币八十二万五千元;
6. 被告人童乃德犯伪造有价票证罪,判处有期徒刑三年,罚金人民币八十二万五千元;
7. 被告人贺兴元犯伪造有价票证罪,判处有期徒刑三年,罚金人民币八十二万五千元。

追缴人民币十二万三千元发还被害单位,未退赔的赃款追缴后发还被害单位。

一审宣判决后,被告人田磊、童乃德不服,向上海市第一中级人民法院提出上诉;其他被告人均服判,没有上诉。

上海市第一中级人民法院经审理认为,原审被告人董佳、岑炯在分别担任上海东方明珠广播电视塔有限公司售票员、检票员期间,与原审被告人胡群预谋,伪造并出售东方明珠塔观光券,侵占公司财物共计人民币236530元,数额巨大,其行为均已构成职务侵占罪;上诉人田磊、童乃德、原审被告人陈宽、贺兴元明知印制的是假票,仍积极参与,票面数额巨大,其行为均已构成伪造有价票证罪。原审根据上诉人及原审被告人的犯罪事实、性质、情节及对社会的危害程度所作的判决并无不当,且审判程序合法。据此,依照《中华人民共和国刑事诉讼法》第一百八十九条第(一)项之规定,裁定如下:

驳回上诉,维持原判。

二、裁判要旨

No. 3-8-227(1)-2 伪造单位对外发行具有经济价值、可流通的票证的,应以伪造有价票证罪论处。

有关伪造有价票证的立法、1997年修订的刑法与1979年刑法存在明显的不同。1979年刑法采取的是列明式规定,根据第一百二十四条的规定,伪造有价票证罪的对象为车票、船票、邮票、税票、货票5种;1997年刑法采取的是例示式规定,根据第二百二十七条的规定,可以成为伪造有价票证罪的对象的,除车票、船票、邮票之外,还包括其他有价票证。这样,在修订后的刑法里,就存在一个如何理解、界定有价票证的问题。具体到本案,即东方明珠广播电视塔观光券是否属于有价票证?结合《刑法》第二百二十七条所列明的车票、船票、邮票3种犯罪对象及伪造有价票证罪所侵害的客体,有价票证应当理解为由有关国家机关、公司、企业、事业单位依法印制,并向社会公众发放、销售,具有一定票面金额,可以在一定范围内流通或者使用,能够证明持票人享有要求发票人或者受票人支付一定数额的财物或者提供特定服务的权利,或者能够证明其已履行了相关法律义务的书面凭证。在具体认定时,应从有价票证制作发行的有权性、票面的有价性、流通使用的公共性及权利内容的凭证性等方面加以把握,诸如机票、演出(电影、球赛等)、旅游景点、博物馆的门票(入场券)等均属有价票证。但是,发票、金融票证、有价证券等因刑法另有专门规定,故不在此列;过期作废或者使用过的票证因不再具有流通或者使用功能,也不应认定为《刑法》第二百二十七条规定的有价票证。本案中的观光券,系东方明珠公司依法印制向社会公众出售,具有票面金额,并以提供观光服务为内容,持票人据其享有入塔观光的权利,完全符合有价票证诸特征,故应认定为有价票证。

No. 3-8-227(1)-3 以非法占有为目的,利用职务上的便利出售伪造的单位有价票证的,应以职务侵占罪论处。

本案被告人董佳、岑炯等以假的观光券冒充真的观光券向游客出售,客观上存在欺骗游客及倒卖伪造票证行为,但不应以诈骗罪和倒卖有价票证罪定罪处罚。董佳等被告人虽实施了以假充真、欺骗游客的行为,但其所意图占有的对象并非游客的财物,而是东方明珠塔的门票收入。欺骗游客、倒卖伪造票证只是被告人达到侵占所在单位东方明珠塔门票收入的一种手段,一种具体的行为方式,意在通过这种“偷梁换柱”的方式来掩盖对单位票款的非法侵占。所以在本案性质的判定中,立足点应当放在非法占有的对象物这点上。首先,本案表面上所直接侵占的是游客的钱款,实质上属于东方明珠公司应得的门票收入,应当认定为东方明珠公司的财产;其次,董佳、岑炯二被告人,一个利用售票员的职务便利,将假票冒充真票出售给游客,一个利用检票员的职务便利,对持假观光券的游客予以放行,进而将假观光券的票款收入人民币236530元占为已有。董佳等被告人的上述行为完全符合职务侵占罪的构成特征,故构成职务侵占罪。

案例:赵志刚伪造有价票证案

案例来源:《刑事审判参考》总第25辑[第170号]

主题词:伪造有价票证罪

一、基本案情

被告人赵志刚,男,1974年3月10日生,江苏省泗洪县人,无业。因涉嫌犯伪造有价票证罪,于1999年3月4日被逮捕。

江苏省泗洪县人民法院经审理查明:1998年10月,被告人赵志刚为牟取非法利益,采取私刻印章、找人印刷等手段,伪造泗洪县猿洲宾馆浴池澡票5200余张,票面价值人民币14800余元。

江苏省泗洪县人民法院认为:被告人赵志刚采取非法手段,伪造有价票证,数额较大,其行为已构成伪造有价票证罪。公诉机关指控赵志刚的犯罪事实清楚,证据确实、充分。鉴于被告人赵志刚归案后认罪态度较好,具有一定的悔罪表现,可酌情从轻处罚。依照《中华人民共和国刑法》第二百二十七条第一款、第七十二条、第七十三条第二、三款之规定,判决如下:

被告人赵志刚犯伪造有价票证罪,判处有期徒刑六个月,缓刑一年,并处罚金一万五千元。

宣判后,被告人赵志刚没有上诉,判决已发生法律效力。

二、裁判要旨

No. 3-8-227(1)-4 伪造单位内流转、具有一定经济价值的票证的,应以伪造有价票证罪论处。

《刑法》第二百二十七条第一款规定,伪造车票、船票、邮票或者其他有价票证,数额较大的,构成伪造有价票证罪。该罪的犯罪对象是车票、船票、邮票或其他有价票证。这里的车票、船票、邮票含义明确,范围固定,一般不存在问题。但对于其他有价票证的认定,则是司法认定的难点。其他有价票证应当是与车票、船票、邮票具有同一属性的有价票证,与车票、船票、邮票一样,是由有关部门统一发行和管理、能够证明持票人已付出票面标明金额的货币,从而有权持票要求相应部门提供一定服务的票证,如飞机票,欣赏表演的门票(电影票、球票、戏票),旅游景点、博物馆的门票等。有价票证一般具有下列特点:一是票证上要有一定的面额,即有价性;二是代表一定的经济利益上的权利,即具有权利性,若只有纪念性、观赏性,如火花、作废的邮票等,则不属于刑法意义上的"其他有价票证";三是票证的使用、发放范围在相当的空间进行,对大多数或不特定的人有效,即公共性,因而诸如仓单、提货单等只对特定人有效的权利凭证,以及只在一个单位内有效的内部凭证等均不在有价票证范围之内;四是票证体现的法律关系具有债权债务关系,其内容为提供或接受一定的服务。就本案而言,被告人赵志刚伪造的是经工商部门核准登记的营业性公共浴池的洗澡票,这种洗澡票是经当地物价部门核定并在当地社会上流通使用,具有确定面额的一种书面凭证,尽管其在发行、使用范围上具有地域性,但从性质上讲,与车票、船票、邮票等具有相同的属性,应当属于刑法规定的其他有价票证。

84 倒卖车票、船票罪(《刑法》第二百二十七条第二款)

案例:刘建场等倒卖车票案

案例来源:《刑事审判参考》总第48集[第379号]

主题词:倒卖车票罪 既遂

一、基本案情

被告人刘建场,男,1959年8月29日出生,初中文化,农民。2004年5月24日因犯倒卖车票罪被判处拘役四个月十五天,并处罚金人民币一万元。因本案于2005年1月10日被刑事拘留,同年1月29日被逮捕。

被告人李向华,女,1976年11月23日出生,初中文化,农民。因本案于2005年1月10日被刑事拘留,同年1月29日被逮捕。

湖南省长沙铁路运输法院经审理查明:2004年12月至2005年1月期间,被告人刘建场、李向华为倒卖火车票而专门在长沙新兴大酒店租用2919号房间,采取每张车票加收15元至30元不等的手续费的方法,购买大量车票加价倒卖牟利。2005年1月10日上午11时左右,公安机关根据群众举报抓获了两被告人,并当场收缴了长沙至北京西、长春、沈阳北等地的火车票110张,票面价值共计人民币15000元。

长沙铁路运输法院认为:被告人刘建场、李向华无视国家法律,以牟利为目的,倒卖火车票,情节严重,其行为均已构成倒卖车票罪。公诉机关指控两被告人所犯罪名成立,证据确实、充分。但关于对两被告人的行为属于犯罪未遂的指控,根据刑法分则和司法解释的规定,倒卖车票情节严重即构成倒卖车票罪,并未以车票是否已加价售出作为构成犯罪既遂的条件,故公诉机关指控不当,应予纠正。依照《中华人民共和国刑法》第二百二十七条第二款、第二十五条第一款、第六十四条及最高人民法院《关于审理倒卖车票刑事案件有关问题的解释》第一条的规定,判决如下:

1. 被告人刘建场犯倒卖车票罪,判处有期徒刑六个月,并处罚金人民币一万五千元。
2. 被告人李向华犯倒卖车票罪,判处拘役三个月二十天,并处罚金人民币一万五千元。

一审宣判后,被告人刘建场、李向华没有提出上诉,公诉机关亦未抗诉,判决发生法律效力。

二、裁判要旨

No.3-8-227(2)-1 以出售牟利为目的购买大量车票尚未售出的,应以倒卖车票罪(既遂)论处。

以出售牟利为目的购买车票的行为符合倒卖车票罪的客观特征,情节严重的,应认定具备倒卖车票罪的犯罪构成要件,以犯罪既遂处理,但在量刑上应当有所区别。

根据最高人民法院《关于执行〈中华人民共和国铁路法〉中刑事罚则若干问题的解释》和最高人民法院《关于审理倒卖车票刑事案件有关问题的解释》的规定,购买车票后高价、变相加价卖出无疑属于倒卖车票的行为。但对于以高价或变相加价出售为目的而购买车票的行为,亦属于倒卖车票行为的表现形式之一。现行刑法所规定的倒卖车票罪实质上是从1979年《刑法》规定的投机倒把罪分解而来,倒卖车票罪中的"倒"与投机倒把罪中的"倒"的含义相同。按照《现代汉语词典》的解释,"倒"为转移、转换,因此,从字面意义理解,在"倒"这一行为之前必然还有一个买进的行为。倒卖应为转手贩卖从中牟利的意思,其实质在于行为人意图出卖后牟利而不限于行为人必须要有出售行为,也就是说,倒卖的本质在于行为人买进后意图通过加价卖出牟利,至于最终是否卖出,是否实现了牟利的目的则在所不论。倒卖车票罪侵犯的直接客体为国家对车票的正常管理制度,当行为人为了加价牟利大量购买车票,无论其是否售出,国家就已经失去了对车票的控制,旅客无法通过正常途径以正常价格购买到所需要的车票,交通秩序受到了破坏,行为人的行为侵犯了国家对车票的正常管理制度。所以,从倒卖行为的本质特征和倒卖车票罪侵犯的客体分析,为了出卖而买当然属于倒卖的应有之义。

85 非法转让、倒卖土地使用权罪(《刑法》第二百二十八条)

案例:王志芳非法转让土地使用权案

案例来源:《刑事审判参考》总第114集[第1252号]

主题词:非法转让土地使用权罪　转让宅基地

一、基本案情

被告人王志芳因拆迁取得位于灵璧县朝阳镇朝阳街的一块425平方米的宅基地,并于1996年3月26日取得该块宅基地的集体土地建设用地使用证,用途为住宅。2001年4月20日,灵璧县人民政府为王志芳的宅基地登记注册发证。2010 年 8 月,王志芳的儿子王冬与灵璧县建设局朝阳规划建设管理所签订了规划综合技术服务协议书,内容为王冬在宅基地上必须按规划进行建设,王冬后按协议一次性缴纳了 2000 元规划综合技术服务费,并在该块宅基地上修建了 5 间砖墙、石棉瓦顶房屋和 1 间小平房。

2011 年 3 月,经被告人王志芳同意,王冬以 68 万元的价格将前述宅基地及附属的 6 间房屋出售给灵璧县朝阳镇裴集村农民赵龙。2011 年 3 月 15 日,赵龙将 68 万元价款全部付清,随后准备在该宅基地上建设新房。2012 年 11 月,灵璧县建设局朝阳规划建设管理所以赵龙未办理建设工程规划许可证为由责令其停止施工。赵龙未停止施工,并于 2013 年 11 月拆除了该宅基地上的原有房屋,并将新房建好后实际使用。案发后经鉴定,涉案宅基地上的 6 间房屋在 2013 年 2 月的价值为 49266 元。

二、裁判要旨

No. 3-8-228-1 农民私自转让宅基地的行为,不宜追究非法转让土地使用权罪的刑事责任。

首先,从农村宅基地制度的政策导向来看,对转让自有宅基地的行为不宜追究刑事责任。

近年来在我国农村,农民之间的房产交易成为一种常见现象,但是,根据"房地一体"的原则,农村房产的交易必然伴随着宅基地使用权的实际转让。受限于农村宅基地使用权流转的严格限制,这些交易在法律方面缺乏保障,而且隐性市场毕竟缺乏正规化和有序化,存在交易风险和纠纷隐患。针对上述情况,一段时期以来,从地方到中央以各种方式探索农民宅基地流转的新途径,尝试宅基地使用权流转的市场化和规范化。在总结各地经验的基础上,2013 年 11 月 12 日党的十八届三中全会通过《中共中央关于全面深化改革若干重大问题的决定》,中共中央、国务院 2016 年 12 月 31 日发布《关于深入推进农业供给侧结构性改革加快培育农业农村发展新动能的若干意见》。从上述我国宅基地制度的政策导向来看,从中央到地方均尝试为农村宅基地流转搭建平台、积极放开政策性束缚。在这种情况下,刑法不宜过度介入农村宅基地使用权流转这一尚未明朗的领域,且本案中的转让自有宅基地的行为在当前的农村普遍存在,从法律效果和社会效果来看,也不宜对农民有偿转让宅基地的行为定罪处罚。

其次,本案未达到非法转让土地使用权罪"情节严重"的入罪标准。在我国关于农村宅基地使用权流转的政策正在逐步放宽的情况下,对于本案这类政策性强,争议问题复杂,社会各方高度关注的新类型案件,认定犯罪更要慎重,应当在穷尽了其他社会管理手段,包括行政、经济手段仍不能解决问题的情况下,才可考虑刑罚手段的介入。即使动用刑罚,也应从严把握。根据最高人民法院《关于审理破坏土地资源刑事案件具体应用法律若干问题的解释》(以下简称《破坏土地资源刑事案件解释》)第一条的规定,非法转让土地使用权罪"情节严重"的标准是指具有非法转让、倒卖基本农田五亩以上、基本农田以外的耕地十亩以上、其他土地二十亩以上,非法获利五十万元以上,或者非法转让、倒卖土地接近上述数量标准并具有曾因非法转让、倒卖土地使用权受过行政处罚、造成严重后果等情形。从立法逻辑上讲,前述五种入罪情形规定所体现的行为危害性应当大体相当,即行为人非法转让、土地使用权应达到一定的土地数量、非法获利达到一定的数额,或者接近上述数量、数额并具有相当程度的恶劣情形。本案中,被告人王志芳违规转让自有宅基地的数量、获利数额和危害后果均未达到前述《破坏土地资源刑事案件解释》规定的入罪标准:(1)本案中的涉案宅基地仅有 425 平方米,远未达到前述"情节严重"情形的最低数量标准。(2)王志芳转让宅基地和房屋的价格虽然超过了 50 万元的非法获利数额标准,但检察机关和原审法院在计算非法获利数额时未扣除王志芳对土地的投入,即整理宅基地所垫的渣土和地基的价值在鉴定时未被剔除。(3)购买王志芳宅基地的赵龙虽非王志芳所在集体经济组织成员,但亦系同一个镇的农民,购买的目的是改善住房条件,购得后也未改作他用,而是将原有房屋拆除后重建,既未改变该项宅基地的性质和土地规划用途,也未造成土地流失的损害后果。故认定王志芳的行为属于非法转让土地使用权"情节严重",依据不足。

最后,参照最高人民法院关于涉农村宅基地刑事案件的批复精神,对于转让自有宅基地的行为不宜按犯罪处理。最高人民法院于 2010 年 11 月 2 日作出《关于个人违法建房出售行为如何适用法律问题的答复》(法〔2010〕395号,以下简称《答复》)。《答复》指出:“在农村宅基地、责任田上违法建房出售如何处理的问题,涉及面广,法律、政策性强。据了解,有关部门正在研究制定政策意见和处理办法,在相关文件出台前,不宜以犯罪追究有关人员的刑事责任……案件处理更应当十分慎重。要积极争取在党委统一领导下,有效协调有关方面,切实做好案件处理的善后工作,确保法律效果与社会效果的有机统一。”《答复》所针对的是在农村宅基地、责任田上违法建房出售如何处理的问题,其主观恶性和社会危害程度明显重于本案中农民将自有宅基地和房屋出售给本集体经济组织以外的其他农民的行为,根据举重以明轻的司法原则,对农民转让自有宅基地的行为也不宜按犯罪处理。

案例:青岛瑞驰投资有限公司、栾钢先非法转让土地使用权案

案例来源:《刑事审判参考》总第130辑[第1451号]

主题词:非法转让土地使用权罪 转让股权

一、基本案情

2009年,被告人栾钢先得到青岛中央商务区A-1-8地块对外招商投资的信息,同年3月31日,被告单位瑞驰投资公司与商务区开发建设公司签订《协议书》,约定由瑞驰投资公司对青岛中央商务区A-1-8地块A区进行开发建设及土地摘牌。同年12月,栾钢先以瑞驰建设公司名义通过招拍挂等方式获得青岛市市北区中央商务区A-1-8-B1地块,面积4255.3平方米,出让价款1.2051366亿元,并与青岛市国土资源和房屋管理局签订国有建设用地使用权出让合同。为实施该项目,2010年1月12日,瑞驰投资公司出资申请登记成立瑞驰建设公司,法定代表人系栾钢先。2010年1月14日,在未支付全部土地使用权出让金、未取得土地使用权证书、未进行投资开发的情况下,瑞驰投资公司与华昱诚置业公司签订协议,约定将瑞驰建设公司100%股份转让给华昱诚置业公司。同年3月、6月,双方陆续签订补充协议。至2010年6月,华昱诚置业公司根据上述协议共向瑞驰投资公司支付4846万元。扣除前期支付的保证金、拍卖费用,瑞驰投资公司通过上述交易共获利3999万元。(关于栾钢先涉及的挪用资金罪部分,因与本案所讨论的非法转让、倒卖土地使用权罪并无牵连,故不再赘述。)

二、裁判要旨

No.3-8-228-2 转让公司股权与转让土地使用权是两个独立的法律关系,以转让公司股权的方式实现土地使用权或房地产项目转让的目的的,不成立非法转让、倒卖土地使用权。

第一,从股权转让与土地使用权转让的法律性质来看,公司股权转让并不会直接导致作为公司独立财产的土地使用权的变动。在土地开发经营过程中,公司内部股权转让与土地使用权转让主要有以下区别:

1. 转让标的不同。股权转让是虚拟资本的转让,受公司法调整,不能认定为任何特定实体资产的转让。股东取得股权,意味着取得了对公司一定程度的财产支配参与权与收益分配权,而不是对某个特定财产的所有权,只有在公司财产分割时才能确认具体财产的权益。而土地使用权的转让,是一种特定实体资产支配权的转让,受《土地管理法》《城市房地产管理法》《城镇国有土地使用权出让和转让暂行条例》等土地法规调整。尽管股权转让中涵盖了包括土地使用权等资产在内的支配权的转移,但不能说股权转让就是土地使用权转让。

2. 转让主体不同。股权转让是公司股东之间或股东向非原公司股东的第三人转让,转让的主体是拥有公司股权的股东,而不是公司本身;根据《公司法》第三条的规定,公司是具有独立法人资格的主体,拥有独立的法人财产。股东完成出资后,其所投入的资产即成为公司的独立资产,股东即丧失对该部分资产的所有权,不得再对已完成出资部分的资产随意支配。土地使用权作为公司资产,所有权人为公司而不是股东,因而发生转让时的主体是公司。

3. 转让后的法律效果不同。股权转让导致公司所有者即股东的变更,其完成的标志是在工商登记部门变更股东登记事项,而不涉及土地使用权主体的变更,土地使用权仍属于原公司所有;土地使用权转让的结果则是变更土地使用权人,其完成的标志为土地使用权证记载的使用主体易名,并重新核发产权证。本案中,尽管瑞驰投资公司将持有的瑞驰建设公司股权对外转让,但转让的只是公司资产收益、参与重大决策等权利,涉案地块的土地使用权人始终登记在瑞驰建设公司名下,并未发生土地权利人变更的事实,不符合非法转让、倒卖土地使用权罪关于土地使用权主体发生变化的要件。

因此,公司产权与股东产权不能混淆,股权转让行为并不等同于对公司特定财产的处置,不能简单得出"转让股权本质上就是转让了土地使用权"的结论。

第二,从非法转让、倒卖土地使用权罪构成要件来看,构成本罪既要具备"以牟利为目的"的主观要件,又要具备扰乱土地使用权正常流转秩序并达到情节严重程度的客观要件,对于在证据上难以认定有主观牟利目的并侵害相应法益的,依法不构成本罪。本案中,股权转让的行为没有改变涉案土地性质,股权转让之后土地使用权人所需承担的义务不变,仍需履行《土地管理法》《城市房地产管理法》及土地出让合同中关于土地开发、土地利用规划等相关规定,其股权转让行为并未导致当地土地使用权市场秩序被严重扰乱的后果,没有对刑法保护的法益造成侵害。况且任何股权变动都会导致资产控制状态的变化,不能仅因股权转让而导致的对于特定资产的间接控制变化就否定行为本身的效力。虽然客观上瑞驰投资公司从股权转让中获得利润,但其收益来自土地交易市场发展过程中带来的股份溢价,属于市场经济允许的商业预期收益。此外,公司股权价值并不单纯对应土地使用权的价值,还可能含有其他固定资产、流动资产、无形资产等价值,将股权价值简单等同于土地使用权的获利数额也是不合理的。

第三,从罪刑法定和保持刑法谦抑性的角度来看,目前并无强制性规定禁止以转让公司股权形式实现土地使用权或房地产项目转让的目的,以此追究行为人的刑事责任依据不足。在《城市房地产管理法》《城镇国有土地使用权出让和转让暂行条例》等现行土地管理法规中,并无将转让股权的行为认定为非法转让、倒卖土地所有权的规定,亦未明文禁止拥有土地使用权的公司股东转让股权的规定,不能将土地使用权的"转让"行为随意扩张解释或类推解释,否则有违罪刑法定原则与刑法谦抑性原则。

第四,从优化生产要素市场化配置、促进土地流转体制机制改革等国家土地政策的发展方向来看,不宜对以股权转让形式出让土地使用权的行为入罪。从国家政策调整的精神来看,在不损害公司及其他债权人利益的情况下,以公司股权转让的重组方式实现土地开发利用,对提高土地利用效率、促进土地资源市场化配置改革、进一步激发全社会创造力和市场活力具有重要意义。房地产类企业在项目开发过程中经常出现通过股权流转实现对土地使用权重新配置的情形,如将此类行为作为犯罪追究,将使股权转让行为产生严重的不安全性和不可预期性,既不利于建设市场化的土地交易秩序,也不符合相关政策精神。刑法作为社会关系调整的最后手段,对未违反民事法律的行为进行刑事追究尤其需要慎重。因此,从刑法谦抑性的角度来讲,对被告单位瑞驰投资公司和被告人栾钢先的行为也不宜认定为犯罪。综上,土地使用权转让和公司股权转让的要件和法律依据不同,将"股权转让行为"认定为"土地使用权转让行为"没有法律依据。对以股权转让方式实现土地使用权流转的行为的认定,具有较强的政策性,应当全面把握犯罪构成要件、案件具体情况及国家土地政策精神,按照罪刑法定的原则综合加以评判。本案中涉案土地使用权利人并没有发生变化,且没有证据显示瑞驰投资公司转让股权的行为有明显的社会危害性,被告人不构成非法转让、倒卖土地使用权罪。

86 提供虚假证明文件罪(《刑法》第二百二十九条第一、二款)

案例:董博等提供虚假财会报告案①

案例来源:《刑事审判参考》总第 37 集[第 285 号]

主题词:提供虚假财会报告罪　直接责任人员

---

① 《刑法修正案(六)》第 5 条对本罪作了修改,相应的,本罪罪名也被司法解释修改为违规披露、不披露重要信息罪。本案发生在《刑法修正案(六)》颁布之前,特此说明。

一、基本案情

被告人董博,男,1975年9月10日生,大专文化,天津广夏(集团)有限公司董事长兼财务总监。因涉嫌犯提供虚假财会报告罪,于2001年10月13日被逮捕。

被告人李有强,男,1941年2月22日生,大专文化,广夏(银川)实业股份有限公司董事局副主席兼总裁。因涉嫌犯提供虚假财会报告罪,于2001年10月13日被依法逮捕,2003年4月23日因患严重疾病被取保候审。

被告人丁功民,男,1961年7月10日生,大学文化,广夏(银川)实业股份有限公司董事、财务总监、总会计师兼董事局秘书。因涉嫌犯提供虚假财会报告罪,于2001年10月13日被逮捕。

被告人阎金岱,男,1962年5月16日生,天津市人,大学文化,天津广夏(集团)有限公司副董事长兼总经理。因涉嫌犯提供虚假财会报告罪,于2001年10月12日被逮捕。

被告人刘加荣,男,1967年12月26日生,大学文化,深圳中天勤会计师事务所合伙人,审计二部经理。因涉嫌犯提供虚假证明文件罪,于2001年10月13日被依法逮捕。

被告人徐林文,男,1967年1月10日生,大学文化,深圳市中天勤会计师事务所合伙人、审计二部会计师。因涉嫌犯提供虚假证明文件罪,于2001年10月13日被依法逮捕。

宁夏回族自治区银川市中级人民法院经审理查明:

(一)关于提供虚假财会报告部分

1999年底至2000年初,为达到夸大广夏(银川)实业股份有限公司(以下简称"银广夏公司")增资配股的目的,时任天津广夏(集团)有限公司(以下简称"天津广夏公司")财务总监的被告人董博,在被告人丁功民授意、被告人李有强的同意下,虚构进货单位北京市瑞杰商贸有限公司、北京市京通商贸有限公司、北京市东风实用技术研究所,谎称从上述单位购入萃取产品原材料蛋黄粉、干姜、桂皮及产品包装桶,价值人民币6659.1646万元,并伪造上述单位的销售发票及天津广夏公司向上述单位汇款的银行汇款单。之后又伪造出口海关报关单4份(货值金额5610万马克),伪造德国捷高公司驻北京办事处支付的出口产品货款银行进账单3份,金额人民币5400万元。同时,被告人董博又指使时任天津广夏萃取有限公司总经理的被告人阎金岱伪造萃取产品生产记录,被告人阎金岱遂让天津广夏公司职工刘文军、李东、郑娟等人伪造萃取产品虚假原料入库单、班组生产记录、产品出库单等,由被告人董博编入天津广夏公司1999年度财务报表中。其中,制作虚假萃取产品出口收入人民币23898.60万元。后该虚假的年度财务报表经深圳中天勤会计师事务所审计后,并入银广夏公司年报,导致银广夏公司向社会发布虚假净利润人民币127786600.85元。

2000年底至2001年初,时任天津广夏公司董事长的被告人董博,在被告人丁功民授意、被告人李有强的认可下,虚构进货单位北京市瑞杰商贸有限公司、北京市京通商贸有限公司,谎称从上述单位购入萃取产品原材料蛋黄粉、干姜、桂皮及产品包装桶,价值人民币24526万元;伪造虚假出口销售合同、银行汇款单(22笔共计人民币24526万元)、销售发票、出口报关单及德国诚信贸易公司支付的货款进账单(5笔共计人民币47625.84万元)等;指使天津广夏公司职工刘文军、郑娟、卢怡冰等人继续采取1999年度的造假手法,制作虚假财务凭据,后由被告人董博编入天津广夏公司2000年度财务报表中。其中,虚做萃取产品出口收入人民币72400万元,后该虚假的年度财务报表由深圳中天勤会计师事务所审计后,并入银广夏公司年报,导致银广夏公司向社会发布虚假净利润人民币417646431.07元。

2001年初,被告人董博为达到虚构天津广夏公司2001年中期财会报告巨额利润的目的,采取虚报销售收入手段,从天津市北辰区国税局领购增值税专用发票500份。除向正常销售单位开具外,董博指使天津广夏公司职员付树通以天津广夏公司名义向天津禾源公司虚开增值税专用发票290份,价税合计人民币221456594.02元,涉及税款人民币37647619.98元,后以销售货款没有全部回笼为由,仅向天津市北辰区国税局交纳"税款"人民币500万元。给天津广夏公司造成直接经济损失人民币500万元。

2001年5月,为掩盖银广夏公司虚报利润的事实,被告人李有强承诺2001年银广夏公司中期利润分红资金由天津广夏公司承担。随后,以购买设备为由,向上海金尔顿投资公司拆借人民币1.5亿元打入天津禾源公司(系天津广夏公司萃取产品总经销),又以销售萃取产品回款的形式打回天津广夏公司,制造虚假销售收入。其中,人民币1.25亿元以天津广夏公司利润形式上交银广夏公司,作为利润分红,达到增资配股的目的,剩余人民币2500万元天津广夏公司自留自支。

2001年8月2日至同年9月7日银广夏公司因涉嫌违规,被中国证监会停牌。9月10日复牌后至10月8日期间连续出现跌停板,从停牌前的8月2日收市价人民币30.79元/股,跌至10月8日收市价人民币6.35元/股。

(二)关于出具证明文件重大失实部分

深圳中天勤会计师事务所接受银广夏公司委托,在由被告人刘加荣、徐林文具体负责对该公司及其子公司1999年度和2000年度的财会报告进行审计中,未遵循中国注册会计师独立审计准则规定的程序,未实施有效的询证、认证及核查程序。该所在对天津广夏公司1999年度和2000年度财务报告审计过程中,依据天津广夏公司自制的销售发票,确认1999年和2000年出口产品收入分别为人民币23898.60万元和人民币72400万元,没有实施向海关询证的必要程序。该所在对天津广夏公司1999年度和2000年度财会报告审计过程中,以天津广夏公司自制和伪造的银行对账单、银行进账单、银行汇款单和购货发票为依据,确认出口产品收款金额和购买原材料付款金额和入库数,没有实施向银行询证的重要程序,没有充分关注购进原材料发票均是普通发票这一重要疑点。该所未对天津广夏公司1999年12月31日和2000年12月31日银行存款余额实施有效的检查及函证程序。特别是被告人刘加荣指派的审计人员在对天津广夏公司进行审计时,严重违反审计规定,委托天津广夏公司被告人董博等人代替审计人员向银行、海关等单位进行询证,致使被告人董博得以伪造询证结果。被告人刘加荣、徐林文在不辨别真伪、不履行会计师事务所三级复核有关要求的情况下,仍先后为银广夏公司出具了1999年度、2000年度“无保留意见”的审计报告,致使银广夏公司虚假的财会报告向社会公众发布,造成投资者的利益遭受重大损失。该所签发的银广夏审计报告的负责人与签字注册会计师为同一人,未遵循审计准则中规定的会计师事务所三级复核的有关要求。同时。被告人刘加荣还违反注册会计师的有关规定,兼任银广夏公司财务顾问。在形式和实质上,均失去独立性。

银川市中级人民法院认为:被告人董博、李有强、丁功民、阎金岱作为银广夏公司和天津广夏公司直接负责的主管人员和其他直接责任人员,明知提供虚假财会报告会损害股东利益却故意为之,采取伪造银行进账单、汇款单,海关报关单、销售合同、购货发票单及虚开增值税专用发票等手段,伪造天津广夏公司1999和2000年度及2001年中期虚假收入和利润,致使银广夏公司向股东和社会公众提供虚假的财会报告,向社会披露虚假利润,银广夏公司涉嫌违规被中国证监会停牌,股票急速下跌,严重损害了股东的利益,四被告人的行为已构成提供虚假财务会计报告罪,依法应予惩处。被告人刘加荣、徐林文代表深圳中天勤会计师事务所在对银广夏公司及天津广夏公司1999和2000年度财务报告审计过程中,未遵循中国注册会计师独立审计准则,未履行必要的审计程序,为银广夏公司出具了1999和2000年度严重失实的审计报告,并造成了严重后果,被告人刘加荣、徐林文应当预见并可以预见其出具的1999年度、2000年度银广夏公司审计报告有可能重大失实,并可能造成严重后果,但没有预见,二被告人的行为已构成出具证明文件重大失实罪,依法应予惩处。公诉机关指控被告人董博、李有强、丁功民、阎金岱犯提供虚假财会报告罪的事实清楚,证据确实、充分,罪名成立。指控被告人董博犯虚开增值税专用发票罪不能成立,被告人董博虽然存在虚开增值税专用发票的行为,但不具备虚开增值税专用发票罪的成立要件,虚开的动机和目的是为了提供虚假财会报告,且所虚开的增值税专用发票没有流向社会,没有骗取税款,只是提供虚假财务会计报告的犯罪手段,对虚开增值税专用发票的行为应当作为提供虚假财会报告罪的犯罪情节予以考虑。指控被告人刘加荣、徐林文犯提供虚假证明文件罪不能成立,因为没有充分证据证明被告人刘加荣、徐林文明知所提供的审计报告缺乏事实和科学根据并故意提供。被告人董博的辩护人提出被告人董博不构成虚开增值税专用发票罪,能如实坦白交代自己犯罪事实,认罪态度较好,有悔罪表现的辩护意见与庭审查明的事实相符,予以采纳;提出被告人董博系本案从犯及不应列为第一被告人的辩护意见不予采纳,各被告人在本案中所处的地位和作用基本相当,本案不宜划分主、从犯,被告人董博系天津广夏公司董事长兼财务总监,是本案行为直接负责的主管人员,将被告人董博列为第一被告人并无不当,其犯罪行为造成的社会危害性严重,综观全案,应予从重处罚。被告人李有强的辩护人提出被告人李有强认罪态度好,有悔罪表现的辩护意见与庭审查明的事实相符,予以采纳;提出人民币1.25亿元作为配股的形式分配给广大的股民,未被挪作其他用途的辩护意见不予采纳,经查,天津广夏公司拆借的人民币1.25亿元系用于虚假的利润分红。被告人丁功民的辩护人提出指控被告人丁功民构成提供虚假财会报告罪的事实不清,证据不足,指控的罪名不能成立的辩护意见与庭审查明的事实不符,不予采纳,经查,被告人丁功民身为银广夏公司财务总监、总会计师,明知提供虚假财会报告会损害股东利益,并故意将天津广夏公司上报的虚假利润作为银广夏公司1999年度和2000年度财会报告提交给深圳中天勤会计师事务所进行审计,有被告人董博、李有强的供述以及证人郑娟的证言予以证明。被告人阎金岱的辩护人提出指控被告人阎金岱构成提供虚假财会报告罪的事实不清,证据不足,应宣告无罪的辩护意见与庭审查明的事实不符,不予采纳,经查,被告人阎金岱身为天津广夏萃取有限公司的总经理,在被告人董博的指使下,为编制天津广夏公司虚假的财务报表,组织他人制作了1999年度虚假的原料入库单、班产记录、产品出库单,是本案的直接责任人员,有被告人董博以及本人供述予以证明。被告人刘加荣的辩护人提出被告人刘加荣不构成提供虚假证明文件罪,应宣告无罪;被告人徐林文的辩护人提出指控被告人徐林文犯提供虚假证明文件罪的事实不清,证据不足,应宣告无罪的辩护意见与庭审查明的事实不符,不予采纳。经查,被告人刘加荣在兼任银广夏公司财务顾问的同时,同被告人徐林文出具1999年度、2000年度银广夏"无保留意见"的审计报告,在已发现银广夏公司、天津广夏公司"利润增长过快""涉外货款以人民币的形式收付"等反常、违法情况,未追加必要的审计程序,实施有效的询证、认证及核查程序,不按会计师事务所三级复核制度要求,出具"无保留意见"的审计报告。被告人刘加荣、徐林文应当预见其出具的审计报告有重大失实,并可能造成严重后果,但没有预见到,其行为已构成出具证明文件重大失实罪。根据上述查明的事实,应当依法追究各被告人的刑事责任,根据各被告人犯罪的事实、性质、情节以及对社会危害程度,对各被告人科以刑罚。为维护市场经济秩序、国家工商管理制度、财务会计管理制度及股东和其他人的合法权益,依照《中华人民共和国刑法》第一百六十一条、第二百二十九条第三款,第二十五条之规定,判决如下:

1. 被告人董博犯提供虚假财务会计报告罪,判处有期徒刑三年,并处罚金人民币十万元。

2. 被告人李有强犯提供虚假财务会计报告罪,判处有期徒刑二年六个月,并处罚金人民币八万元。

3. 被告人丁功民犯提供虚假财务会计报告罪,判处有期徒刑二年六个月,并处罚金人民币八万元。

4. 被告人阎金岱犯提供虚假财务会计报告罪,判处有期徒刑二年六个月,并处罚金人民币三万元。

5. 被告人刘加荣犯出具证明文件重大失实罪,判处有期徒刑二年六个月,并处罚金人民币三万元。

6. 被告人徐林文犯出具证明文件重大失实罪,判处有期徒刑二年三个月,并处罚金人民币三万元。

一审宣判后,各被告人均未上诉,判决发生法律效力。

二、裁判要旨

No.3-8-229(1)(2)-1 单位工作人员受主管人员指使编制虚假财会报表的,属于提供虚假财会报告罪中的直接责任人员。

提供虚假财会报告的客观行为不仅仅是提供行为,同时还内含着一个弄虚作假,制作虚假财会报告的行为,这也是提供虚假财会报告行为的应有之义,没有制假行为,自然无从谈起提供虚假财会报告的问题。所以,在认定提供虚假财会报告罪处罚主体时,需将虚假财会报告的制作和提供两方面的行为主体同时纳入分析、评价的范畴。具体言之,需对提供虚假财会报告罪承担刑事责任的直接负责的主管人员和其他直接责任人员,既包括对公司财务会计报告的真实性、可靠性负有直接责任的公司董事长、董事、总经理、经理、监事,同时还包括直接参与虚假财务会计报告制作的工作人员。前者一般表现为签署、审核财务会计报告的人员和授意、指使编制虚假的或者隐瞒重要事实的财务会计报告的公司负责人,但对制假报假不知情的公司管理人员,工作过失致使虚假财会报告提供出去的,因无主观故意,不应视为直接负责的主管人员;后者一般表现为具体编制或者参与编制虚假的或者隐瞒重要事实的财务会计报告的公司财会人员,因为公司的财会报告通常是由财会人员制作完成的,但不以财会人员为限:首先,凡是参与制作虚假报告的以及为直接编制虚假报告人员提供虚假凭证资料的人员均应视为相关责任人员;其次,是否属于需要追究刑事责任的直接责任人员,取决于该人员在犯罪中的地位和作用,而非是否具有财会人员的身份。基于此,本案被告人阎金岱在被告人董博的指使下,明知相关的会计凭证、资料将用于编制虚假的财会报告并向社会公众公布,仍然组织他人制作1999年度虚假的原料入库单、班产记录、产品出库单,为天津广夏公司谎报萃取产品出口收入提供了重要的帮助,为银广夏公司虚假财会报告的最终得以完成并公之于众起到了关键性的作用,因而将之认定为本案直接责任人员是正确的。

第四章 侵犯公民人身权利、民主权利罪

87 故意杀人罪(《刑法》第二百三十二条)

案例:吴金艳故意杀人案

案例来源:《人民法院案例选》2007年第3辑

主题词:正当防卫 行凶

一、基本案情

附带民事原告人李全有(男)。

附带民事原告人张德华(女)。

被告人吴金艳(女)。

北京市海淀区人民法院经审理查明:北京市海淀区北安河乡北安河村农民孙金刚、李光辉曾是某饭店职工。孙金刚于2003年8月离开饭店,李光辉于同年9月9日被饭店开除。9月9日晚9时许,李光辉、张金强(同系海淀区北安河村农民)将孙金刚叫到张金强家,称尹小红向饭店经理告发其三人在饭店吃饭、拿烟、洗桑拿没有付钱,致使李光辉被开除;并说孙金刚追求尹小红,尹小红却骂孙金刚傻。孙金刚听后很气恼,于是通过电话威胁尹小红,扬言要在尹小红身上留记号。三人当即密谋强行将尹小红带到山下旅馆关押两天。当晚23时许,三人上山在饭店外伺机等候。次日凌晨3时许,三人强行破门而入。孙金刚直接走到尹小红床头,李光辉站在被告人吴金艳床边,张金强站在宿舍门口。孙金刚进屋后,掀开尹小红的被子欲强行带走尹小红,遭拒绝后,便殴打尹小红并撕扯尹小红的睡衣,致尹小红胸部裸露。吴金艳见状,下床劝阻。孙金刚转身殴打吴金艳,一把扯开吴金艳的睡衣致吴金艳胸部裸露,后又踢打吴金艳。吴金艳顺手从床头柜上摸起一把刃长14.5cm、宽2cm的水果刀将孙金刚的左上臂划伤。李光辉从桌上拿起一把长11cm、宽6.5cm、重550克的铁挂锁欲砸吴金艳,吴金艳即持刀刺向李光辉,李光辉当即倒地。吴金艳见李光辉倒地,惊悚片刻后,跑出宿舍给饭店经理拨打电话。公安机关于当日凌晨4时30分在案发地点将吴抓获归案。经鉴定,李光辉左胸部有2.7厘米的刺创口,因急性失血性休克死亡。

检察机关认为:被告人吴金艳无视国法,因琐事故意伤害公民身体健康,且致人死亡,其行为已构成故意伤害罪。被害人李光辉虽然与孙金刚一同进入宿舍,但没有对尹小红、吴金艳实施伤害行为,其拿锁欲击打吴金艳是为了制止孙金刚和吴金艳之间的争斗;且吴金艳当时有多种求助的选择,而李光辉等人的行为也没有达到严重危及吴金艳等人人身安全的程度,危害后果尚未产生,故吴金艳持刀扎死李光辉的行为不属于正当防卫。

附带民事诉讼原告人李全有、张德华诉称:被告人吴金艳的行为致其儿子死亡,应当赔偿丧葬费、赡养费、死亡赔偿金等共计人民币181080元。

被告人吴金艳辩称:自己是出于防卫的意识,在孙金刚殴打欺辱尹小红时,认为孙金刚要强奸尹小红;在孙金刚殴打欺辱自己,并将上衣撕开,致上身裸露时,感到很屈辱,认为孙金刚亦要对其实施强奸,最后在李光辉持铁挂锁欲砸其时,才冲李光辉扎了一刀。如果孙金刚和李光辉不对其和尹小红行凶,其也不会用刀扎。同时表示不应赔偿附带民事原告人的经济损失。

其辩护人杨凤兰认为:被告人吴金艳的行为属于正当防卫,没有超过必要限度,不构成犯罪,不应赔偿附带民事原告人提出的赔偿要求。

北京市海淀区人民法院认为:涉案女工宿舍,是单位向女服务员提供的休息和处理个人隐私事务的住所。未经许可闯入女工宿舍,严重侵犯住宿人的合法权利。本案中,孙金刚、李光辉、张金强事前曾预谋将尹小红带下山关押两天,要在尹小红身上留下记号;继而三人上山,强行进入女工宿舍,图谋不轨。

《刑法》第二十条第一款规定:"为了使国家、公共利益、本人或者他人的人身、财产和其他权利免受正在进行的不法侵害,而采取的制止不法侵害的行为,对不法侵害人造成损害的,属于正

当防卫,不负刑事责任。"第三款规定:"对正在进行行凶、杀人、抢劫、强奸、绑架以及其他严重危及人身安全的暴力犯罪,采取防卫行为,造成不法侵害人伤亡的,不属于防卫过当,不负刑事责任。"

孙金刚等人在凌晨3时左右闯入女工宿舍后,殴打女服务员、撕扯女服务员的衣衫,这种行为足以使宿舍内的三名女服务员因感到孤立无援而产生极大的心理恐慌。在自己和他人的人身安全受到严重侵害的情况下,被告人吴金艳顺手摸到一把水果刀指向孙金刚,将孙金刚的左上臂划伤并逼退孙金刚。此时,防卫者是受到侵害的吴金艳,防卫对象是闯入宿舍并实施侵害的孙金刚,防卫时间是侵害行为正在实施时,该防卫行为显系正当防卫。

当孙金刚被被告人吴金艳持刀逼退后,李光辉又举起长11厘米、宽6.5厘米、重550克的铁锁欲砸吴金艳。对李光辉的行为,不应解释为是为了制止孙金刚与吴金艳之间的争斗。在进入女工宿舍后,李光辉虽然未对尹小红、吴金艳实施揪扯、殴打,但李光辉是遵照事前的密谋,与孙金刚一起于夜深人静之时闯入女工宿舍的。李光辉既不是一名旁观者,更不是一名劝架人,而是参与不法侵害的共同侵害人。李光辉举起铁锁欲砸吴金艳,是对吴金艳的继续加害。吴金艳在面临李光辉的继续加害威胁时,持刀刺向李光辉,其目的显然仍是为避免遭受更为严重的暴力侵害。无论从防卫人、防卫目的还是从防卫对象、防卫时间看,吴金艳的防卫行为都是正当的。由于吴金艳是对严重危及人身安全的暴力行为实施防卫,故虽然造成李光辉死亡,也是在《刑法》第二十条第三款法律许可的幅度内,不属于防卫过当,依法不负刑事责任。

被告人吴金艳于夜深人静之时和孤立无援之地遭受了殴打和欺辱,身心处于极大的屈辱和恐慌中。此时,李光辉又举起铁锁向其砸来。面对这种情况,吴金艳使用手中的刀子进行防卫,没有超过必要的限度。要求吴金艳慎重选择其他方式制止或避免当时的不法侵害的意见,没有充分考虑侵害发生的时间、地点和具体侵害的情节等客观因素,不予采纳。

综上所述,被告人吴金艳及其辩护人关于是正当防卫,不负刑事责任,亦不承担民事赔偿责任的辩解理由和辩护意见,符合法律规定,应予采纳。起诉书指控吴金艳持刀致死李光辉的事实清楚,证据确实、充分,但指控的罪名不能成立。据此,北京市海淀区人民法院依照《中华人民共和国刑事诉讼法》第一百六十二条第(二)项,《中华人民共和国民法通则》第一百二十八条的规定,判决被告人吴金艳无罪,且不承担民事赔偿责任。

一审宣判后,北京市海淀区人民检察院提出抗诉,附带民事原告人李全有、张德华也以原判认定的主要事实不清、吴金艳的行为不属于正当防卫为由提出上诉,请求改判吴金艳承担刑事责任和民事赔偿责任。二审审理期间,北京市检察院第一分院认为北京市海淀区人民检察院的抗诉不当,决定撤回抗诉。

北京市第一中级人民法院查明的事实与一审相同。

北京市第一中级人民法院经审查认为:本案事实清楚,证据确凿,一审根据本案事实、证据作出的宣告吴金艳无罪并不承担民事赔偿责任的刑事附带民事判决,适用法律正确、审判程序合法,应当维持。北京市人民检察院第一分院要求撤回抗诉的决定,予以采纳。据此,北京市第一中级人民法院依照《中华人民共和国刑事诉讼法》第一百八十九条第(一)项和最高人民法院《关于执行〈中华人民共和国刑事诉讼法〉若干问题的解释》第二百四十条的规定,裁定驳回李全有、张德华的上诉,维持原审附带民事部分判决;准许北京市人民检察院第一分院撤回抗诉。

二、裁判要旨

No.4-232-1 男子深夜闯入女性住所实施的暴力及侮辱行为,在具有实施拘禁、强奸、伤害等数个故意犯罪可能性的情况下,虽未实施具体犯罪行为,也应认定为行凶,可以对其实行正当防卫。

在本案中,侵害人李光辉等人实行预谋的内容是要把尹小红带下山关两天,孙金刚还欲在尹小红身上留下记号,并夜闯女工宿舍,且孙金刚进屋后即对尹小红进行殴打、撕扯,致尹小红胸部裸露,后又对吴金艳殴打、撕扯,致吴金艳胸部裸露。孙金刚带尹小红下山到底是强奸、伤害还是绑架、非法拘禁,对吴金艳是伤害还是侮辱,在其闯入宿舍后的行为中,并没有明显地表现出来,即其侵害的主观故意还没有通过其客观行为明确地呈现出来,而其进屋后的一系列行为,却又有实现上述多个故意的可能性。在这种情况下,对于李光辉等人的行为性质,不能用一个具体的罪名予以定性,最确切的用词就是“行凶”。

No.4-232-2 在暴力行为人为男性、被害人为女性的案件中,在判断正当防卫的必要限度时应当特别考虑性别差异给被害人造成的心理恐慌程度。

对于李光辉等人的侵害行为是否达到足以危及人身安全的程度,应该结合侵害行为暴力程度的严重性、紧迫性和受害人的性别、侵害行为发生的时间、地点、环境等因素综合考虑。首先,从侵害人和被侵害人双方的性别对比来看,孙金刚等人是三名年轻力壮的当地男子,受威胁、侵害的是三名外地打工的年轻女子,而其中只有一名女子敢于防卫,另外两名女子在受到侵害、惊吓的情况下无任何反抗之举,且实际上在高度恐慌的情况下也无任何抵抗之力。这里,我们必须站在女性被侵害人的角度,切身考虑到她们特殊的身体柔弱性,体会到她们面对侵害时的心理恐慌程度。一名年轻女子面对三名年轻男子,如果不寻求其他非正常手段,是绝对没有足够的力量能够对抗侵害的。其次,从侵害行为发生时的具体时空环境来看,当时已是凌晨3点,正是夜深人静,人们睡意正浓之时,饭店的客人和厨师早已熟睡;从现场环境来看,饭店大院里,客人住所离女工宿舍尚远,厨师也住在二楼,房门紧闭。在这种时间和地点,三名女子被围困在空间狭小的宿舍里,实际已经处于孤立无援的境地。正是在双方这种力量对比悬殊以及特殊的时空状态下,李光辉举起长11厘米、宽6.5厘米、重550克的铁锁欲砸吴金艳。可能有人认为:李光辉的这一单个侵害行为可能不会危及吴金艳的生命安全。但是,我们必须考虑到,这一侵害行为的强度也有可能危及吴金艳的生命安全,至少是身体健康。同时,我们必须结合李光辉等人的先行侵害行为的性质、所造成的危急程度和受侵害人的性别以及当时的具体环境,来综合评价李光辉这一单个侵害行为的强度以及给吴金艳造成危害的紧迫程度。特别是对于这种紧迫程度,还必须考虑吴金艳在深夜被三名破门而入的男子殴打、侮辱后,女性受侵害人心理产生的恐慌程度。综合考虑上述因素,我们可以判断,吴金艳面对这种危急状况,并没有时间和机会选择其他防卫方式,其持刀刺向李光辉,完全系其不得已而为之的本能防卫反应,吴金艳对于李光辉的侵害行为可以进行特殊防卫。此时还要求其选择其他的求助方式或依赖、等待外援,过于严格。

案例:龚世义等人故意杀人、包庇案

案例来源:《人民法院案例选》2007年第2辑

主题词:故意杀人罪 抛尸 被害人过错

一、基本案情

被告人龚世义。

被告人胡长青。

被告人解海兵。

被告人吴小利。

被告人张二红。

北京市海淀区人民法院经审理查明:被告人龚世义系本市海淀区苏家坨乡前沙涧百汇居饭店(以下简称“百汇居”)店主,被告人胡长青、解海兵、吴小利、张二红均系百汇居服务员。2001年6月以来,被害人冯世刚(男,1963年3月26日出生,人称二哥)经常来该饭店肆意滋事,在此就餐从不付钱,且殴打饭店服务员,驱赶其他就餐人员,致该店生意冷淡。此外冯世刚还多次强令被告人龚世义为其寻觅三陪小姐。因慑服于冯世刚的淫威,被告人龚世义未敢报案,反而对冯世刚好言好语、好菜好酒相待,有时龚世义在给冯世刚钱后,冯世刚才肯罢休。期间,2001年6月,冯世刚因在该饭店找一名女服务员遇到阻挠后,便对服务员董新芝及其他服务员进行殴打;2001年9月,冯世刚在该饭店内无故将服务员强力殴打致伤,伤口缝合20余针;2001年10月份,冯世刚在该饭店内无故殴打服务员张花荣致伤,后将张花荣强奸,张花荣恐再遭侵害而离开该店。

2001 年 12 月 26 日晚 18 时许,被害人冯世刚又再次至“百汇居”。被告人龚世义小心陪侍其酒足饭饱后,冯世刚让龚世义为其找三陪小姐,龚世义拒绝其无理要求并给其人民币 300 元让其离去,后回到饭店宿舍看服务员玩麻将。不料冯世刚追至宿舍继续无理取闹,见到服务员付腊月,执意让付腊月跟其走,在付腊月称其来例假后,冯世刚即对付殴打,并赶走旁人令付脱裤子让其检查,付腊月受辱后哭离房间。此时饭馆大厅有客人到来,冯世刚出去将客人赶走,后闯进被告人龚世义的房间内,见到龚世义的女友被告人张二红,即指着张二红称“你丫歇,这店你明天给我关张,你有女人睡我没有,今天就是她了”,龚说“二哥,这是我媳妇”,冯世刚便说“什么他妈的媳妇不媳妇的,今儿就她陪我”,龚世义说“二哥,这生意没法做了,这店我给你,人也在这儿,她愿意跟你就跟你”,说完龚世义便要离开。冯世刚强阻龚世义离开,将房内电视机掀翻在地,并将张二红手机摔碎。龚世义还要离开,冯世刚便将龚世义拽回按倒在床上挥拳猛打。被告人胡长青闻讯赶来见状,即持铁管对冯世刚头部猛击一下,将冯世刚打倒在地,被告人龚世义起身后对躺在地上的冯世刚语:“二哥,今天对不起你了,是你把兄弟逼到绝路上来了。”随后亦持铁管击打冯世刚的头部,并与胡长青一同用铁丝勒冯世刚颈部,致冯世刚死亡。龚世义、胡长青二人于当晚伙同被告人解海兵、吴小利用车将冯世刚的尸体运离餐厅焚烧后抛于上庄乡上庄水库附近河中。被告人张二红目击了被告人龚世义等人作案的全过程,并在龚世义等人离开餐厅抛尸时打扫作案现场,清扫血迹,帮助掩盖罪行。2002 年 3 月 9 日,被害人冯世刚尸体被人发现;后被告人龚世义、胡长青、解海兵、张二红相继被公安机关抓获归案,被告人吴小利主动到公安机关投案自首。在本案审理期间,民事赔偿部分已经调解解决。

北京市海淀区人民法院认为:被告人龚世义在遭受被害人冯世刚殴打时,被告人胡长青持铁管猛击冯世刚头部将其打倒,被告人龚世义在冯世刚已无实际侵害能力的情况下,仍持铁管连续击打冯世刚的头部,后又与被告人胡长青使用铁丝勒冯世刚的颈部,致冯世刚死亡,二被告人的行为均已构成故意杀人罪,应予惩处。被告人解海兵、吴小利、张二红目睹被告人龚世义、胡长青杀人行为后,解海兵、吴小利帮助被告人龚世义、胡长青焚尸、抛尸,张二红帮助打扫血迹、清理现场,此三被告人的行为均已构成包庇罪,应予惩处。北京市海淀区人民检察院指控被告人龚世义、胡长青犯有故意杀人罪,被告人解海兵、吴小利、张二红犯有包庇罪,事实清楚,证据确凿,指控罪名成立。

尽管被害人冯世刚的劣行有目共睹,有据可查,被告人龚世义、胡长青故意杀人的犯罪行为,确实事出有因,但法庭认为:生命权之于个人所有,非经法律允许,任何人都无权剥夺。现代刑法将刑罚权收归于国家专有,就是要绝对禁止古代同态复仇、私人冤冤相报等野蛮之举,就是要禁止私力膨胀,使社会统一于法制的轨道,彻底实现法治。即使被害人冯世刚罪大恶极,任何个人亦无权夺其生命,而只能通过司法机关使其得到应有的惩罚。任何人超越公权而使用私力非法剥夺他人生命权的行为,都是对法律的违背,都是犯罪,都要受到法律的惩处。同样,明知他人犯罪,但还创造条件,企图帮助犯罪分子逃避法律惩罚,也是与法律的对抗,也是犯罪,亦要受到法律的制裁。被告人龚世义等虽屡受被害人冯世刚欺压,但却不诉诸法律的保护,反而以身试法,理应受到法律的严惩。

法律的正义性、严肃性在于维护法制,维护公民的人身权利及其他合法权益,惩恶扬善。被告人龚世义、胡长青弑人夺命,自难辞其咎。但法律是公平的,以教育与挽救的本意为出发点,刑法本有极大的宽容度,能够充分考虑犯罪行为的具体情节。综观全案,被害人冯世刚于 2001 年 6 月份与被告人龚世义结识后,在长达半年的时间里,经常出入百汇居白吃白喝,寻衅滋事;更为甚者,被害人冯世刚在“百汇居”还恣意殴打服务员,多次致人伤害,还对数名女服务员凌辱,甚至强奸。被告人龚世义及其饭店服务员怵于冯世刚暴戾恣睢,皆忍辱含垢,受其凌辱的女服务员也只能饮恨离去。案发当天,被害人冯世刚毫无廉耻竟要检查对其不从的女服务员是否来了例假,其流氓本质暴露无遗;在其淫欲之心未得到满足的情况下,向龚世义提出让龚世义的女友陪其过夜,在龚世义欲一走了之的情况下,被害人冯世刚却不依不饶,摔电视机、砸手机,更是将龚世义按倒在床上扼颈挥拳进行殴打。冰冻三尺,非一日之寒,被告人龚世义面对冯世刚的多次欺凌,均委曲求全,予以忍让,此次,在用尽好话亦不能制止冯世刚暴行的情况下,自觉长此以往无有尽头,虽知饮鸩止渴难结此事,仍无视国法的存在,弑人生命,被害人冯世刚实属有极大过错,被告人龚世义、胡长青的行为确系义愤杀人。

根据犯罪的事实、犯罪的性质、情节和对于社会的危害程度来决定犯罪分子的刑罚,是我国刑法规定的量刑原则。最高人民法院《全国法院维护农村稳定刑事审判工作座谈会纪要》明确阐述,对于因民间矛盾激化引发的故意杀人犯罪,对于被害方有明显过错或对矛盾激化负有直接责任的故意杀人案件,在量刑上应当与发生在社会上的严重危害社会治安的其他故意杀人犯罪案件有所区别。而刑法理论认为:故意杀人罪的情节较轻,主要是指防卫过当杀人、出于义愤杀人、因受被害人长期迫害而杀人,等等,根据上述我国刑法理论和刑事立法的精神,被告人龚世义、胡长青系受被害人长期迫害,而出于义愤杀人,且被害人冯世刚有极大过错,二被告人故意杀人的行为属于情节较轻,对其二人量刑过重,将有失法律的公平。对被告人龚世义的辩护人关于被告人属于义愤杀人以及被害人有明显过错和激化矛盾的直接责任之辩护意见,应予采纳。

被告人胡长青第一次击打冯世刚后,冯世刚实际已经丧失反抗能力,冯世刚的不法侵害行为已经停止,但被告人龚世义、胡长青却继续对冯世刚进行侵害直至被害人死亡,其行为目的已经不再是防卫被害而是故意侵害,辩护人关于认定被告人龚世义的行为属于正当防卫的辩护意见,曲解了正当防卫的法律本意,亦忽视了被告人的主观故意,不应采纳。被告人龚世义因重大嫌疑在受到公安机关讯问后,供认所有犯罪事实,只属坦白,而非自首;其仅交代同案犯,但并未实施协助公安机关抓获同案犯之客观行为,不属立功,对辩护人关于应认定被告人龚世义自首、立功情节之辩护意见,不应采纳。被告人龚世义、胡长青归案后坦白所有犯罪事实,且被告人龚世义积极退赔,认罪悔罪态度较好,结合被告人犯罪前一贯表现较好的情节,对二被告人可酌予从轻处罚。被告人吴小利主动投案如实供述所有犯罪事实,系自首,依法可从轻处罚。

北京市海淀区人民法院对被告人龚世义、胡长青依照《中华人民共和国刑法》第二百三十二条、第二十五条第一款;对被告人解海兵、张二红依照《中华人民共和国刑法》第三百一十条第一款、第二十五条第一款;对被告人吴小利依照《中华人民共和国刑法》第三百一十条第一款、第二十五条第一款、第六十七条第一款之规定,判决被告人龚世义犯故意杀人罪,判处有期徒刑五年;被告人胡长青犯故意杀人罪,判处有期徒刑五年;被告人解海兵犯包庇罪,判处有期徒刑七个月;被告人吴小利犯包庇罪,判处有期徒刑六个月;被告人张二红犯包庇罪,判处有期徒刑六个月。

一审宣判后,北京市海淀区人民检察院未抗诉,五名被告人均未上诉,一审判决已经发生法律效力。

二、裁判要旨

No. 4-232-3 故意杀人后为掩盖罪行而毁坏、抛弃尸体的,应以故意杀人罪一罪论处。

抛尸、焚尸行为,实际上是对尸体的处分行为。这种行为被视为对死者的亵渎,是对风俗习惯的侵犯。不仅严重伤害社会风化,且容易引起群众之间的矛盾,具有较大的社会危害性。因此,我国刑法专门规定了盗窃、侮辱尸体罪。但是,故意杀人后为毁灭罪证、掩盖罪迹而毁坏、抛弃尸体的,其行为已为故意杀人行为所吸收,仍只认定故意杀人一个罪。因此,故意杀人中的抛尸、焚尸行为,应该作为量刑时的一个重要的酌定情节予以考虑,而不再单独评价。

No. 4-232-4 被害人有重大过错的故意杀人行为,应以情节较轻的故意杀人罪论处。

将义愤杀人等被害人有重大过错的情形考虑为故意杀人罪的情节较轻,既是理论界的普遍观点,也是司法实践部门的基本态度。虽然我国《刑法》或司法解释没有具体规定故意杀人罪情节较轻如何认定,但是刑法理论界都将被害人过错作为其中应该考虑的重要因素。例如,原最高人民法院副院长张军主编的《刑法罪名精释》中认为:故意杀人罪的情节较轻,司法实践中一般是指防卫过当致人死亡的,出于义愤杀人的,因受被害人的长期迫害而杀人的,溺婴的等情形。中国人民大学著名教授王作富主编的《刑法分则实务研究》也认为,故意杀人罪的情节较轻,主要指:当场基于义愤杀人,受被害人嘱托,受被害人长期迫害而激愤杀人,大义灭亲杀人等等。上述观点,均将义愤杀人等被害人有重大过错的情形,作为故意杀人罪的情节较轻进行认定。同时,上述观点均未将抛尸、焚尸作为不认定情节较轻的阻截条件。虽然上述理论观点不具有法律效力,但是在一定程度上反映了司法实践部门和刑法学界的基本态度。

实际上,将被害人存有重大过错作为故意杀人罪的情节较轻来考虑,是有比较充分的理论基础的。这主要是因为,被害人对危害行为的发生存在过错及其过错程度,直接影响到了犯罪人的主观恶性及其人身危险性的认定,并在一定程度上影响到行为因果关系的进程。犯罪行为的社会危害性是主客观的统一,包括犯罪行为造成的客观危害和行为人本身体现出的主观恶性。量刑应与犯罪的社会危害性相适应的量刑原则要求刑罚裁量既要与行为造成的客观危害相适应,也要与行为人的人身危险性相适应。加害型犯罪中,被害人过错的存在对加害人的罪责大小存在一定的影响。而且,从刑罚预防以及刑罚个别化原则的要求出发,针对行为人主观恶性及其人身危害性的不同,在量刑时亦应予体现。由于被害人严重过错而引发犯罪的,加害人的罪过显然要轻于被害人没有过错的加害型犯罪,其改造的难易程度显然也是不同的。在存在被害人的犯罪中,如故意杀人罪的场合,被害人或加害在先,引起他人加害,或者是被害人激化矛盾,引起他人加害,在上述两种情况下,被害人都是有过错的;被害人的过错一定程度上抵消了行为人的部分责任,使行为人的责任减小。

案例:王金良故意杀人、非法拘禁案

案例来源:《人民法院案例选》2007 年第 2 辑

主题词:自首

一、基本案情

被告人:王金良。

河南省三门峡市中级人民法院经审理查明:1994 年 12 月 31 日晚,被告人王金良和朋友楚景良一起到陕县观音堂煤矿职工白江海家,恰遇被害人赵永仁等人在此喝酒,二人便一起加入。当晚 22 时许,被告人王金良和赵永仁等人话不投机,发生口角,王一怒之下,向白江海要了一发子弹,装入随身携带的自制手枪内,朝赵永仁头部开了一枪,致赵永仁当场死亡。作案后,被告人王金良潜逃,河南省三门峡市陕县公安局将其上网以涉嫌故意杀人通缉追逃。

2004 年 6 月 6 日,被告人王金良和陈二娃(另案处理)等人受陈军(另案处理)之托,向雷定远索要雷欠陈军的 25000 元钱。当日上午 11 时许,被告人王金良和陈军、陈二娃等人窜至云南省大理市下关镇福星村,将雷定远的儿子雷耀和雷耀的干爹罗玉高挟持至巍山公路旁的树林里,进行捆绑、威胁。随后,给雷耀母亲打电话索要雷定远欠款。天黑后,被告人王金良等人又用车将罗玉高、雷耀转移至下关镇电力招待所 206 号房间继续拘禁。期间,陈军多次给雷耀母亲打电话要求送款未果。2004 年 6 月 7 日下午 4 时许,大理市公安局将罗玉高、雷耀解救。

2004 年 6 月 29 日,王金良因涉嫌绑架被云南省大理市公安局刑事拘留后,向办案的公安人员如实供述了 1994 年故意杀人的犯罪事实。

三门峡市中级人民法院认为:被告人王金良争强好胜,与他人发生口角,持枪向他人射击,致人死亡,其行为已构成故意杀人罪;被告人王金良为帮人索取债务而拘禁他人,其行为又构成非法拘禁罪,其一人犯数罪,应当数罪并罚。对被告人王金良依法本应予以严惩,但鉴于其在潜逃期间因涉嫌绑架被大理市公安机关拘留后,如实供述了该局办案民警尚未掌握的故意杀人罪行,属自首,故依法可从轻处罚。依照 1997 年《中华人民共和国刑法》第一百三十二条、第四十三条第一款、第五十三条第一款,最高人民法院《关于处理自首和立功具体应用法律若干问题的解释》第二条,《中华人民共和国刑法》第十二条、第二百三十八条、第六十七条第二款、第六十九条之规定,判决如下:

被告人王金良犯故意杀人罪,判处死刑,缓期二年执行,剥夺政治权利终身;犯非法拘禁罪,判处有期徒刑三年,决定执行死刑,缓期二年执行,剥夺政治权利终身。一审宣判后,被告人王金良未提起上诉,人民检察院也未提出抗诉,河南省高级人民法院依法对本案进行了复核,以(2005)豫刑一复字第083号刑事裁定书裁定维持原判,予以核准。

二、裁判要旨

No. 4-232-5 被采取强制措施的犯罪嫌疑人,如实供述办案民警所在的公安机关还未掌握,但是其他地区的公安机关已经掌握的本人其他罪行的,也应以自首论。

《刑法》第六十七条第二款规定,被采取强制措施的犯罪嫌疑人、被告人和正在服刑的罪犯,如实供述司法机关还未掌握的本人其他罪行的,以自首论。最高人民法院《关于处理自首和立功具体应用法律若干问题的解释》第二条亦作了相应的规定,这就是司法实践中所说的准自首,亦称特殊自首。其他罪行是指与司法机关已掌握的或者判决确定的罪行不同种的罪行。但是,何为司法机关还未掌握则没有具体的规定。上网追逃不能一概认定公安机关已掌握了逃犯的犯罪事实,网上逃犯仍然具有成立准自首的可能性,具体到本案,被告人王金良的行为就构成自首。理由如下:

第一,上网追逃只能说明发布通缉信息的原案发地公安机关已经掌握了犯罪嫌疑人(或称被告人、罪犯)过去的犯罪事实,只要其他地方的公安机关不是有目的地上追逃网站上查询、比对,则该犯罪事实对于这些公安机关来说,仍然是还未掌握的犯罪事实,因为这些犯罪事实是处于可知的状态,并不是已知的状态,从实事求是的态度出发,应当认定上网逃犯被网上通缉的犯罪事实,其他公安机关还未掌握。

第二,从《网上在逃人员信息登记表》的相关内容看,多为在逃人员的姓名、性别、出生日期、住址、身份证号码、照片(有的甚至没有照片或是十几年前的照片)以及一些明显的体貌特征等,这些个人信息不具有生物学意义上的唯一性,如DNA图谱、指纹等,要确认当前的犯罪嫌疑人为网上逃犯,必须依据犯罪嫌疑人供述的姓名、出生日期、身份证号码等个人信息上网比对查询才行,倘若犯罪嫌疑人拒不供述自己的真实姓名和真实的个人信息,公安机关便无法上网查询,更谈不上掌握其过去的犯罪事实。虽然不排除公安机关经过侦查能够查清犯罪嫌疑人的真实身份,但从刑法设立自首制度的目的看,就是要用较低的司法成本查明案情,及时进行刑事追诉。因此,认定上网逃犯被网上通缉的犯罪事实其他公安机关还未掌握给网上逃犯留下准自首的空间,有利于节约司法成本,提高司法效率。

第三,虽然网络设施目前已经普及,但是由于主、客观的各种原因,如责任心不强、个人素质不高、设施故障、有意包庇等,有的办案民警不能做到上网查询、比对,因而就不可能掌握网上逃犯过去的犯罪事实。很显然,此种情况下如果犯罪嫌疑人不予供述,则司法机关就不可能对网上通缉的犯罪行为予以追究。因此,只要是在办案民警上网查询、比对前如实供述了被网上通缉的犯罪行为,就应当以自首论。实践中就曾遇到过这样的案例,一名被上网通缉的抢劫犯,在逃跑过程中,又因非法持有枪支罪被拘留、逮捕,最后被判处有期徒刑十个月,直到服刑期满,司法机关均未发现其是网上逃犯,因而,没有对其抢劫罪予以追诉。后来,铁路警方在例行检查时发现其形迹可疑,经上网查询、比对,才发现了其网上逃犯的身份,原犯抢劫罪才得以被追诉。这说明,网上逃犯被网上通缉的犯罪事实并不必然地为所有公安人员掌握。

综上所述,网上逃犯只要能在办案人员实际知悉其被网上通缉的犯罪事实前如实供述该犯罪事实,就应当以自首论,其具有成立准自首的可能性。

案例:夏锡仁故意杀人案

案例来源:《人民法院案例选》2006年第1辑(总第55辑)

主题词:帮助自杀

一、基本案情

被告人夏锡仁,男,汉族,1945年出生,无固定职业和住址。2004年5月12日因本案被刑事拘留,同年6月9日被逮捕。

新疆维吾尔自治区乌鲁木齐市中级人民法院经审理查明:被告人夏锡仁与被害人吴楷容系原配夫妻,夫妻关系一直融洽。2004 年 1 月的一天,吴楷容在结冰的路上行走时滑倒,致一条腿折断。此后,吴楷容陷入伤痛之中,加之面临经济困难,产生自杀念头。被告人夏锡仁在劝说吴楷容打消轻生念头没有效果之后,在眼前艰难处境的压力下也产生不想活的念头,便与吴楷容商量两人一起上吊结束生命。同年 5 月 12 日凌晨 1 时许,夏锡仁在租住的地下室准备了两张一高一矮的凳子,并准备了绳子,接着先将吴楷容扶到矮凳子上,又从矮凳子上扶到高凳子上,让吴楷容站立在凳子上,将绳子一端系在吴楷容的脖子上,另一端系在地下室的下水管上,然后其将吴楷容脚下的凳子拿开,吴楷容脚动了几下即窒息而死。过了十几分钟,夏锡仁也准备上吊自杀,但想到这样会连累房东,即打消自杀念头,于天明时到公安派出所投案自首。

乌鲁木齐市中级人民法院认为:根据本案的事实和证据,被害人吴楷容已有自杀意图,被告人夏锡仁帮助被害人自杀,其主观上明知会出现他人死亡的结果而仍故意为之,客观上其积极主动地帮助被害人吴楷容自杀,导致吴楷容死亡结果的发生,其行为已构成故意杀人罪。公诉机关指控的犯罪事实清楚,定罪正确,本院予以支持。鉴于被告人夏锡仁行为的社会危害性相对较小,犯罪情节较轻,且被告人夏锡仁具有自首情节,可依法从轻处罚。辩护人提出本案社会危害性小,被告人夏锡仁具有自首情节的辩护意见成立,本院予以采纳。但提出犯罪情节轻微,请求免除处罚的意见与本案犯罪情节以及刑法罪责刑相适应的原则不符,本院不予采纳。依照《中华人民共和国刑法》第二百三十二条、第六十七条第一款、第六十四条之规定,判决如下:

1. 被告人夏锡仁犯故意杀人罪,判处有期徒刑 5 年。
2. 作案工具绿色绳子依法没收。

二、裁判要旨

No. 4-232-6 帮助意图自杀的人实现自杀意图的,应以故意杀人罪论处,但应当从轻处罚。

帮助自杀,就是帮助有自杀意图的人实现自杀。在外国刑事立法例上,有关于"教唆、帮助自杀罪"的规定,理论上对本罪界定为鼓励、怂恿、诱使和帮助他人自戕的行为。据有关资料,日本、瑞士、西班牙、韩国、巴西、意大利、泰国、印度、美国等国家均规定了本罪,而且对本罪的构成条件也作了相应的规定。

我国刑法没有将帮助他人自杀的行为规定为一个罪名,这就带来一个认识问题,即对帮助他人自杀的行为应否定罪。帮助他人自杀结束生命,虽然该帮助人主观上没有剥夺他人生命的故意,但其同意帮助他人自杀结束生命,并且帮助意图自杀而死的人实现了这一目的,其行为在性质上属于故意杀人,符合我国刑法规定的故意杀人罪的构成要件,实践中应当按故意杀人罪予以定性处罚。本案中意图自杀的吴楷容,经受不了伤痛的折磨和经济的压力,欲以自杀方式自戕,要求作为其丈夫的被告人夏锡仁帮助实现自杀目的,被告人不仅接受了吴楷容的要求,并且具体实施了帮助其自杀的行为,使吴楷容达到了自杀而死的目的,依据我国刑法的规定和司法实践经验,应当对被告人夏锡仁以故意杀人罪加以处罚。

一般而言,社会危害性的严重程度决定了刑罚的严重程度。帮助他人自杀的危害性显然要轻于谋杀他人的社会危害性,在量刑上前者也明显要轻于后者。按照我国《刑法》第二百三十二条的规定,故意杀人罪的处刑幅度有两个档次,其中第二档次,即情节较轻的,处三年以上十年以下有期徒刑。帮助他人自杀的故意杀人罪,应当认为属于情节较轻,在三年以上十年以下幅度内量刑。在此量刑幅度内,实践中还要根据被帮助自杀的人生前的行为认识能力和其承受痛苦的程度来确定量刑的幅度,一般来说,行为认识能力愈高,承受痛苦的程度愈重,对帮助自杀的人的量刑愈轻。就本案来说,吴楷容是认识能力完全的人,能够清楚地知道自杀行为将要产生结束自己生命的后果,其腿部的伤痛和经济困难压力促使其轻生,作为其丈夫的被告人夏锡仁帮助其实现自杀目的,在此情况下夏锡仁实施了帮助自杀的行为,应当在"情节较轻"的量刑幅度内处以较轻的刑罚。

案例:钟长注故意杀人案

案例来源:《人民法院案例选》2006年第4辑(总第58辑)

主题词:正当防卫

一、基本案情

被告人褚建兴,男,因本案于2004年3月24日被刑事拘留,同年4月21日被逮捕。

被告人张兴涛,女,因本案于2004年2月20日被刑事拘留,同年3月26日被逮捕。

被告人吴晓丽,女,因本案于2004年2月18日被刑事拘留,同年3月26日被逮捕。

被告人钟长注,男,因本案于2004年2月19日被刑事拘留,同年3月26日被逮捕。

被告人陈鹏飞,男,因本案于2004年3月13日被刑事拘留,同年4月21日被逮捕。

被告人唐小春,女,因本案于2004年3月22日被刑事拘留,同年4月23日被取保候审,同月29日被逮捕。

福建省泉州市中级人民法院经审理查明:2003年初,被告人褚建兴与苏敏生合谋制造甲基苯丙胺(俗称冰毒),分工褚建兴租赁制毒场所和雇佣工人制造毒品。自2003年10月至2004年2月,被告人褚建兴及苏基峰先后纠集并指使张家诚、萧世雄、苏清嵩、许全兴、陈甫租赁厦门市海沧工业区沧湖北路301、303号和厦门市高崎新社仑后2组一厂房共制造甲基苯丙胺约50千克。2004年2月7日晚,被告人褚建兴雇佣的张家诚、萧世雄、苏清嵩、许全兴在高崎制毒点制造甲基苯丙胺时,被厦门警方查获,当场查获氯化麻黄碱32.45千克,原料麻黄碱39千克以及大量易制毒化学品和制毒设备。案发后,公安机关从被告人褚建兴在厦门市的住处和宝马车上,缴获甲基苯丙胺988.05克、制毒原料麻黄碱250千克和褚建兴用于制造甲基苯丙胺试验的设备、原料以及褚建兴的赃款,共计人民币820多万元、美元5万多元、港币19.4万元和部分台币、菲币和赃物宝马车、奥迪车等物。

2004年2月8日,被告人褚建兴在广东获悉厦门的制毒窝点被警方查获后,指使被告人张兴涛、吴晓丽到厦门市嘉禾路湖北大厦1913室、1914室取走现金、枪支、弹药等物品到广东惠来高速公路与其会合。2月9日上午,被告人张兴涛、吴晓丽受褚建兴指使,携带现金人民币200多万元、冲锋枪1支、手枪2支、子弹400多发运到广东高速公路惠来路段,交给被告人褚建兴。

2月9日晚,被告人褚建兴与苏基峰驾驶闽D-06500宝马越野车在广东省境内逃窜途中,怀疑被警方跟踪,决定更换车辆继续逃窜。为此,被告人褚建兴多次打电话给被告人钟长注,告知其所在工厂出事了,要钟长注到厦门将其新购买的奥迪车开到福建泉州一带与其交换。被告人钟长注打电话叫朋友黄金银到福厦高速公路南安市水头镇隧道口接应被告人褚建兴与其会合并交换车辆。被告人钟长注目睹被告人褚建兴持有枪支,仍应褚建兴要求帮助藏匿宝马车。被告人褚建兴驾驶奥迪车载苏基峰往福州方向逃窜,仍认为被警方跟踪,怀疑被告人钟长注是检举他们在厦门高崎制毒的举报人,再次返回与被告人钟长注交换车辆,并要求钟长注、黄金银驾驶奥迪车带路至高速公路入口处,褚建兴、苏基峰驾驶宝马车紧随其后行驶过程中,认为被告人钟长注在前带路故意绕圈,且黄金银又中途下车,愈加怀疑钟长注是举报人,遂叫被告人钟长注将奥迪车停在路旁,一同乘坐宝马车。行驶中,苏基峰取走被告人钟长注2部手机,用手铐将钟长注的左手铐在车上,持手枪追问检举之事并击中钟长注腹部1枪,致其腹部表皮及表皮下组织贯通伤。2月10日凌晨4时许,当车行至高速公路泉州市丰泽区庄任村路段,因车胎爆裂停在路边时,被告人钟长注挣脱手铐,拉开车内1枚催泪弹,在与苏基峰搏斗中,抢得1把手枪朝苏基峰连开3枪,其中1枪击中苏基峰胸部,致苏死亡后,持车内的1把冲锋枪从高速公路跳下逃走。此时,被告人褚建兴正下车查看轮胎,返回驾驶室见状即持1把手枪逃到车后高速公路中间隔离带,朝宝马车连开数枪。当钟长注逃出车外时,被告人褚建兴又朝钟长注连开数枪未中,后强行驾驶宝马车逃至福厦高速公路驿坂路段,弃车逃窜。案发后,公安机关从宝马车内缴获现金人民币130多万元、制式枪支6支、各种子弹541发以及使用过的催泪弹、手铐等物。

2004年2月中旬,被告人褚建兴为继续逃窜和准备偷渡回台湾的费用,逃到成都市找前妻即被告人唐小春借钱,告知唐小春因经济纠纷与人打架到成都躲避。被告人唐小春在成都、重庆为褚建兴安排住宿,并提供交通工具。3月初,被告人唐小春从《成都商报》上得知被告人褚建兴是福建泉州高速公路枪杀案的重大嫌疑人,仍应被告人褚建兴的要求保管物品,内有褚建兴准备偷渡回台湾的充气橡皮艇、划桨等物。

2004年3月上旬,被告人陈鹏飞受台湾的"胖哥"指派到重庆市与被告人褚建兴会合,帮助褚偷渡回台,并购买1部酷派跑车用于到福建沿海一带偷渡回台。同年3月13日,被告人褚建兴、陈鹏飞在重庆市被警方抓获,从陈鹏飞的身上缴获小口径制式手枪1支、子弹5发;从褚建兴购买的酷派跑车内查获制式冲锋枪1支、子弹42发、手雷1枚。

泉州市中级人民法院认为:被告人褚建兴伙同他人违反国家对毒品的管理制度,组织、指挥制造毒品甲基苯丙胺,其行为已构成制造毒品罪,且数量达83438克(其中半成品氯化麻黄碱32450克)。被告人褚建兴故意非法剥夺他人生命,其行为又构成故意杀人罪。被告人褚建兴伙同他人违反国家枪支、弹药管理规定,指使同案人张兴涛、吴晓丽运输枪支、弹药,且又伙同他人运输该批枪支、弹药,还单独非法持有枪支、弹药,其行为还分别构成非法运输枪支、弹药罪和非法持有枪支、弹药罪。被告人张兴涛、吴晓丽违反国家枪支、弹药管理规定,非法运输枪支、弹药,其行为已分别构成非法运输枪支、弹药罪,且情节严重。被告人钟长注明知同案人褚建兴等2人可能是犯罪的人而为其藏匿作案工具、带路,在帮助其逃匿的过程中,双方发生争吵并相互开枪射击,双方均属不法行为,钟长注持手枪击中苏基峰胸部,致其当场死亡,其行为已分别构成故意杀人罪、窝藏罪。被告人陈鹏飞违反国家枪支、弹药管理规定,非法持有枪支、弹药,其行为已构成非法持有枪支、弹药罪。被告人唐小春明知同案人褚建兴是违法犯罪的人,而为其藏匿作案工具、提供财物,帮助其逃匿,其行为已构成窝藏罪。被告人钟长注窝藏严重刑事犯罪分子,属情节严重。被害人苏基峰用手铐铐住钟长注、一直持手枪威胁并击伤钟长注,且将钱扔到钟的身上称让他死,被害人苏基峰有严重过错,且由于苏基峰的该行为致使钟长注感到孤立无援、绝望而受到强烈精神刺激,而当场实施杀人行为,是激情杀人,被告人钟长注故意杀人犯罪情节较轻。公诉机关指控上列六被告人的犯罪事实成立,但是,指控部分事实有误,且未指控被告人褚建兴犯非法运输枪支、弹药罪,被告人钟长注犯窝藏罪,被告人张兴涛、吴晓丽犯罪情节严重,被告人钟长注故意杀人犯罪情节较轻等项有误,均应予以纠正。被告人褚建兴、钟长注犯数罪,依法应实行数罪并罚。被告人褚建兴为报复持枪朝被告人钟长注多次射击,但因其意志以外的原因均未击中而未得逞,是犯罪未遂,可以比照既遂从轻处罚。被告人褚建兴在制造毒品共同犯罪中起组织、指挥作用,且毒品数量大,主观恶性深,社会危害性极大,依法应予严惩。鉴于被告人唐小春与同案人褚建兴原是夫妻关系,并已生育一女,平时有往来,犯罪后又能及时中止与褚建兴交往,有明显悔罪表现,且主观恶性较小,可以免予刑事处罚。被告人张兴涛虽能如实供述其犯罪事实,但其行为不符合自首条件。被告人张兴涛的辩护人提出张兴涛有自首情节的辩护理由不能成立,不予采纳。被告人钟长注归案后有坦白情节,可以从轻处罚。被告人钟长注要求减轻处罚的理由不能成立,不予采纳。在共同犯罪中,被告人张兴涛所起作用大于被告人吴晓丽,其作用大小尚不符合区分主、从犯的条件。被告人吴晓丽的辩护人提出吴晓丽是本案从犯的辩护理由不能成立,不予采纳。据此,依照《中华人民共和国刑法》第三百四十七条第二款第(一)项、第二百三十二条、第一百二十八条第一款、第一百二十五条第一款、第三百一十条第一款、第二十五条第一款、第二十三条、第六十九条、第五十七条第一款、第四十八条第一款、第六十四条和最高人民法院《关于审理非法制造、买卖、运输枪支、弹药、爆炸物等刑事案件具体应用法律若干问题的解释》第二条第(一)、(三)项、第五条第一款第(一)、(三)、(四)、(五)项的规定,作出如下判决:

1. 被告人褚建兴犯制造毒品罪,判处死刑,剥夺政治权利终身,并处没收个人全部财产;犯非法运输枪支、弹药罪,判处死刑,缓期二年执行,剥夺政治权利终身;犯故意杀人罪,判处无期徒刑,剥夺政治权利终身;犯非法持有枪支、弹药罪,判处有期徒刑二年六个月。决定执行死刑,剥夺政治权利终身,并处没收个人全部财产。

2. 被告人张兴涛犯非法运输枪支、弹药罪,判处有期徒刑十五年。

3. 被告人吴晓丽犯非法运输枪支、弹药罪,判处有期徒刑十三年。

4. 被告人钟长注犯故意杀人罪,判处有期徒刑七年;犯窝藏罪,判处有期徒刑三年,决定执行有期徒刑九年。

5. 被告人陈鹏飞犯非法持有枪支、弹药罪,判处有期徒刑二年六个月。

6. 被告人唐小春犯窝藏罪,免予刑事处罚。

7. 扣押在案的厦门市湖北大厦1913室和1914室、厦门市嘉禾路293号1301室等三套房产的变价款,予以没收,上缴国库。

一审宣判后,检察院未提起抗诉。褚建兴、钟长注、张兴涛、吴晓丽均不服,分别提出上诉。

褚建兴上诉称:没有纠集、雇佣张家诚、萧世雄等人制造毒品,原有罪供述是刑讯逼供所致;不构成非法运输枪支、弹药罪和故意杀人罪;制造毒品罪的量刑畸重,请求从轻处罚。其辩护人以相同理由提出辩护意见。

钟长注上诉称:不明知褚建兴、苏基峰是犯罪的人,不构成窝藏罪;虽向苏基峰开枪射击,但是否击中不明,不能排除褚建兴朝宝马车开枪时击中苏基峰的可能;是在被铐、被枪击,并在搏斗中才开枪打死苏基峰,符合正当防卫的构成要件,请求依法改判。其辩护人以相同理由提出辩护意见。

张兴涛上诉称:如实供述公安机关尚未掌握的非法运输枪支、弹药的犯罪事实,应以自首论;受褚建兴指使而犯罪,情节较轻,请求减轻处罚。其辩护人以认定张兴涛犯罪情节严重于法无据为由,提出辩护意见。

吴晓丽上诉称:非情节严重,且为从犯,请求依法改判。其辩护人以相同理由提出辩护意见。

二审法院经书面审理查明的事实和证据与一审法院查明的事实和证据一致。二审法院经审理认为:上诉人褚建兴组织、雇佣他人制造毒品甲基苯丙胺,数量达50.988千克以及半成品氯化麻黄碱32.35千克,其行为已构成制造毒品罪。上诉人褚建兴因怀疑钟长注是检举制毒窝点的举报人,在同案人苏基峰对钟长注实施不法侵害遭到反抗时,以非法剥夺他人生命为目的,朝钟连开10多枪,其行为已构成故意杀人罪,但因其意志以外的原因均未击中而未得逞,是未遂,可比照既遂从轻处罚。上诉人褚建兴指使上诉人张兴涛、吴晓丽运输枪支、弹药,其行为已构成非法运输枪支、弹药罪。上诉人褚建兴还非法持有枪支、弹药,其行为已构成非法持有枪支、弹药罪。上诉人张兴涛、吴晓丽受上诉人褚建兴指使,将枪支、弹药从厦门运输到广东,其行为已构成非法运输枪支、弹药罪。原审被告人陈鹏飞违反国家枪支、弹药管理规定,非法持有枪支、弹药,其行为已构成非法持有枪支、弹药罪。原审被告人唐小春明知上诉人褚建兴是犯罪之人,仍为其保存物品,提供帮助,其行为已构成窝藏罪。上诉人钟长注明知上诉人褚建兴是非法持有枪支犯罪之人,仍为其提供帮助,其行为已构成窝藏罪。但原判认定上诉人钟长注构成故意杀人罪不当,应予纠正。上诉人钟长注因被苏基峰怀疑是制毒窝点被警方捣毁的举报人,在被枪击后,又继续铐在车上。在与苏基峰搏斗中,上诉人钟长注为了本人的生命免受仍在进行的不法侵害而开枪打死直接实施不法侵害者苏基峰,符合正当防卫的构成要件,依法不负刑事责任。上诉人褚建兴伙同他人共同制造甲基苯丙胺,分工租赁制毒场所和雇佣工人制造毒品50.988千克,数量大,系主犯,依法应予严惩。上诉人张兴涛、吴晓丽受褚建兴指使非法运输具有杀伤力的制式枪支、弹药,数量大,属情节严重。公安机关仅因上诉人张兴涛是褚建兴女友而将其抓获,并未掌握张兴涛非法运输枪支、弹药的犯罪事实,且张兴涛归案后能够如实供述该犯罪事实,依法应以自首论。综上,原审认定事实清楚,证据确实、充分,审判程序合法。但原判对上诉人钟长注的故意杀人罪定罪不当;对上诉人褚建兴、张兴涛犯非法运输枪支、弹药罪量刑失重,应予纠正。除此之外,对其他被告人的定罪准确,量刑适当。据此,依照《中华人民共和国刑事诉讼法》第一百八十九条第(一)、(二)项和《中华人民共和国刑法》第三百四十七条第二款第(一)项、第二百三十二条、第一百二十八条第一款、第一百二十五条第一款、第三百一十条第一款、第二十五条第一款、第二十六条第一、四款、第二十条第一款、第二十三条、第六十九条、第五十七条第一款、第六十四条、第六十七条以及最高人民法院《关于审理非法制造、买卖、运输枪支、弹药、爆炸物等刑事案件具体应用法律若干问题的解释》第二条的规定，作出如下判决：

1. 维持泉州市中级人民法院〔2005〕泉刑初字第005号刑事判决中的第(三)、(五)、(六)、(七)项，即对上诉人吴晓丽、原审被告人陈鹏飞、唐小春以及没收上诉人褚建兴房产的刑事判决；

2. 撤销泉州市中级人民法院〔2005〕泉刑初字第005号刑事判决中的第(一)、(二)、(四)项，即对上诉人褚建兴、张兴涛、钟长注的刑事判决；

3. 上诉人褚建兴犯制造毒品罪，判处死刑，剥夺政治权利终身，并处没收个人全部财产；犯非法运输枪支、弹药罪，判处无期徒刑，剥夺政治权利终身；犯故意杀人罪，判处无期徒刑，剥夺政治权利终身；犯非法持有枪支、弹药罪，判处有期徒刑二年六个月，决定执行死刑，剥夺政治权利终身，并处没收个人全部财产；

4. 上诉人张兴涛犯非法运输枪支、弹药罪，判处有期徒刑十二年；

5. 上诉人钟长注犯窝藏罪，判处有期徒刑三年。

二、裁判要旨

No. 4-232-7　在实施其他犯罪的过程中，因受到严重危及人身安全的暴力犯罪而采取必要的防卫行为的，成立正当防卫。

我国《刑法》第二十条第一款规定："为了使国家、公共利益、本人或者他人的人身、财产和其他权利免受正在进行的不法侵害，而采取的制止不法侵害行为，对不法侵害人造成损害的，属于正当防卫，不负刑事责任。"这就是刑法确立的正当防卫制度。同时，该条第三款还规定："对正在进行行凶、杀人、抢劫、强奸、绑架以及其他严重危及人身安全的暴力犯罪，采取防卫行为，造成不法侵害人伤亡的，不属于防卫过当，不负刑事责任。"这就是所谓的特殊防卫或称无限度防卫。行为要构成正当防卫，必须同时满足如下五个条件：一是前提条件，即必须有不法侵害行为发生；二是时间条件，即不法侵害必须正在进行；三是对象条件，即防卫行为必须针对不法侵害者本人实行；四是主观条件，即必须是为了使国家、公共利益、本人或者他人的人身和其他权利免受正在进行的不法侵害；五是限度条件，即防卫不能明显超过必要限度造成重大损害。这五个条件必不可少，共同构成正当防卫的成立要件。

在本案中，被告人钟长注在实行窝藏犯罪行为过程中，因褚建兴、苏基峰怀疑其向公安局告密而拷其于车上并枪击其腹部，钟长注出于防卫意图，夺枪杀害苏基峰的行为是否构成正当防卫，要看其是否完全符合正当防卫的几个构成要件。争议比较大的是行为人在犯罪行为过程中，是否可能成立正当防卫，换句话说，其是否有正当防卫的权利。比如说，相互斗殴的场合，双方都有对对方实施不法侵害的故意，客观上也相互实施了侵害行为，就不存在成立正当防卫的可能。而为保护非法利益对他人的不法侵害进行还击的行为，如赌徒对抢劫赌场的行为进行还击，造成抢劫犯的伤害；盗窃犯为了护住赃物对抢劫赃物者进行侵害等，行为人主观上不是为了保护合法权益，因而不能认为是为了保护合法权益，而成立正当防卫。

那么，本案被告人钟长注在实施窝藏褚建兴、苏基峰等罪犯的过程中，是否可以为了保命而杀害加害人，进行正当防卫呢？钟长注的行为符合正当防卫的成立要件，构成正当防卫。从具体案情分析：

首先，褚建兴、苏基峰对其的不法侵害正在进行。苏基峰因怀疑钟长注举报致使厦门制毒点被警方捣毁，而叫钟长注到他们所坐的宝马车上，其主观上是要报复钟长注，在挟持钟长注到宝马车后，褚建兴、苏基峰两人各持有枪，苏基峰用手铐拷住钟长注，一直持手枪威胁并击伤钟长注，且将钱扔到钟的身上说要给他作金银钱，欲致钟于死地，其行为属不法侵害，且现实存在。表面上看，苏基峰对钟长注的不法侵害行为在击伤钟长注后已经暂时停止，但钟长注仍然被控制在宝马车的特定环境内，且褚建兴、苏基峰两人均有枪，钟长注的生命安全时刻处于危险之中，可以认为不法侵害尚在持续之中，此时钟长注开枪打死苏基峰是适时的。不应当苛求苏基峰持枪正在朝钟长注射击时，钟长注才能抢枪反击实施防卫。

其次,钟长注挣脱手铐,拉开车内一枚催泪弹,在与苏基峰搏斗中抢得一把手枪并朝不法侵害人苏基峰连开三枪,其行为所针对的是正在进行不法侵害的苏基峰,符合正当防卫规定的具体条件。

再次,钟长注被挟持到宝马车后,又被苏基峰用手铐拷住,且其腹部遭到枪击,后钟长注挣脱手铐,可以推断被告人钟长注不仅认识到不法侵害正在进行,且其具有保护自身权利免受正在进行的不法侵害的目的,即具有防卫目的。虽然其防卫行为发生于犯罪过程中,但窝藏罪与加害人的故意伤害行为侵害的是明显不同的两种法益,窝藏罪的实行并不能抹杀其生命健康权利的存在和合法保护。

最后,苏基峰持枪威胁、开枪击中钟的腹部等行为均是严重危及钟长注人身安全的暴力犯罪行为,因此,钟长注的防卫可适用特殊正当防卫的条件,防卫不存在过当问题,亦即钟长注的行为的限度是适当的。

案例:李超故意杀人案

案例来源:《人民法院案例选》2006 年第 2 辑(总第 56 辑)

主题词:犯罪的主观方面 故意杀人罪 自首

一、基本案情

被告人(上诉人)李超。

湖南省长沙市中级人民法院经审理查明:被告人李超在上高中时与同班女生龙慧确立了恋爱关系。2004 年 12 月,龙慧向李超提出分手,并和另一高中同学恋爱。李超因不同意分手,多次到龙慧就读的湖南经济管理干部学院(以下简称“经济学院”)对龙慧进行纠缠,并多次打电话到龙慧宿舍对龙慧实施威胁。当李超意识到和龙慧的关系已无法挽回后,遂产生和龙慧同归于尽的念头。2005 年 1 月 10 日中午,李超在其就读的湖南税务高等专科学校附近的百平超市内购得 1 把水果刀。当晚,李超打电话给龙慧,提出和龙慧见最后一面,称以后不再进行纠缠,龙慧遂表示同意。第二天下午 3 时许,李超携带水果刀来到经济学院,和龙慧在该学院图书馆 4 楼的走廊见面。两人交谈至当日下午 6 时 40 分许,李超见龙慧仍决意要和其分手,提出吻别。李超亲吻龙慧后用右手挟住龙慧的脖子,用左手持水果刀朝龙慧的头部、面部连刺数刀,龙慧被刺后坐到地上流血不止。李超见状停止了行凶,责怪龙慧太绝情。龙慧要求李超打电话报警并送其往医院治疗,同时表示要与李超和好。李超认为龙慧还在欺骗他,便再次用水果刀朝龙慧头部、面部等处一顿乱刺,最后因用力过度刺中龙慧下颌部导致刀柄断裂才住手。后李超用龙慧的手机拨打了 110 报警电话,称自己在经济学院图书馆用水果刀刺了女友,想自首。李超打报警电话后起意咬龙慧的阴部,脱下龙慧的裤子,后又转念抠掉龙慧的一只眼球。长沙市公安局新开铺派出所民警接到 110 指挥中心的指令赶到经济学院,因不知道李超的具体位置,就拨打龙慧的手机进行询问。李超接到民警打来的电话将自己的具体位置告诉民警后,用右手挟住龙慧的颈部,用左手手指将龙慧的右眼球抠出。随后,民警赶到现场将李超抓获,将龙慧送往医院进行治疗。龙慧经抢救脱险,其损伤经法医鉴定为重伤并构成五级残疾。

长沙市中级人民法院认为:被告人李超因不能正确处理恋爱纠纷,行凶致人重伤,其行为已构成故意伤害罪。检察机关指控李超犯故意杀人罪的定性不妥。李超在实施犯罪过程中打电话主动向公安机关投案后虽未终止其犯罪行为,但李超主动投案的行为符合自首条件,应认定为自首。李超采取极其残忍手段致龙慧伤残、毁容,其犯罪行为给龙慧身心造成了巨大伤害,在社会上造成极坏影响,毫无悔罪表现,虽有自首情节,不予从轻处罚。经司法精神病鉴定,李超作案时有完全刑事责任能力。依照《刑法》第二百三十四条第二款、第五十七条、第六十七条的规定,于 2005 年 12 月 9 日判决如下:

被告人李超犯故意伤害罪,判处死刑,剥夺政治权利终身。

一审宣判后,被告人李超及其辩护人上诉提出:李超的行为构成故意杀人罪,有自首和未遂的法定从轻情节,要求从轻处罚。检察人员评判提出:“李超在作案过程中犯意在不断变化之中,前阶段有明确的杀人故意和杀人行为,据此认为长沙市人民检察院指控李超的行为构成故意杀人罪并无明显不当;但李超在行凶致刀柄断裂时,明知龙慧并没有死亡的情况下,没有再实施剥夺生命的犯罪行为,打电话报警,后阶段对龙慧实施了用手指挖掉右眼球的伤害行为,据此对长沙市中级人民法院认定李超的行为构成故意伤害罪亦表示支持。李超作案动机极其卑劣,犯罪手段极为残忍,后果特别严重,社会影响极坏。李超在作案过程中打电话报警自首,并等候民警的到来,虽在形式上符合自首,但因李超在报警后又实施了严重的犯罪行为,据此对李超即使认定自首,也不宜从轻处罚。李超以特别残忍的手段造成他人严重残疾,长沙市中级人民法院对李超适用死刑于法有据,罪刑相当,但鉴于龙慧的伤残后果还不是严重残疾中特别严重的,客观上李超报警的行为使龙慧得到了及时的救治,避免了更为严重的后果发生,如果李超能竭尽所能赔偿,并取得被害人的谅解,可给予李超从宽处罚。”

湖南省高级人民法院经公开开庭审理认为:上诉人李超因龙慧不同意与其保持恋爱关系,持刀行凶并用手指抠掉龙慧的右眼球,致龙慧重伤构成严重残疾,其行为已构成故意伤害罪。李超上诉及其辩护人辩护提出“李超的行为构成故意杀人罪”的理由和意见,经查,虽然李超多次供述其主观上是要杀害龙慧,但李超在持刀行凶过程中其主观犯意不坚定、不确定,应依据客观上发生的犯罪后果认定为故意伤害罪。故提出是故意杀人罪的理由和意见不能成立。辩护人辩护还提出“李超有自首和未遂的法定从轻情节”的意见,经查,虽然李超在用水果刀刺伤龙慧后能主动拨打 110 电话报警,并在随后接到公安人员的电话时能将自己的具体位置告知公安人员,使公安人员得以及时赶到现场将李超抓获。但李超在报警后没有停止其犯罪行为,而是继续实施更为严重的犯罪行为并导致主要犯罪结果的发生,不符合自动投案要求在犯罪之后自动投案的时间限制,故李超的归案不能认定为自首。原审认定李超有自首情节不当,应予纠正;故意伤害犯罪是结果犯,不存在未遂形态。故提出系犯罪未遂的意见不能成立。李超以特别残忍的手段致人严重残疾,犯罪情节特别恶劣,对李超依法应适用死刑。鉴于李超犯罪系因恋爱纠纷引起,归案后能坦白认罪,有一定的悔罪表现,客观上其打电话报警的行为使被害人得到了及时的救治,避免了更为严重的犯罪后果发生,且李超的亲属在二审期间能积极代为赔偿,据此对李超适用死刑,可不必立即执行。故李超及其辩护人提出“要求从轻处罚”的理由和意见成立,法院予以采纳。原审判决认定的犯罪事实清楚,证据确实、充分,定罪准确,审判程序合法。依照《中华人民共和国刑法》第二百三十四条第二款、第四十八条第一款、第五十七条第一款和《中华人民共和国刑事诉讼法》第一百八十九条第(一)、(二)项的规定,判决如下:

1. 驳回上诉人李超的部分上诉,维持长沙市中级人民法院(2005)长中刑一初字第 133 号刑事附带民事判决中对李超的定罪部分,撤销该判决中对李超的量刑部分。

2. 上诉人李超犯故意伤害罪,判处死刑,缓期二年执行,剥夺政治权利终身。

二、裁判要旨

No. 4-232-8 主观故意不明确、不坚定,带有假想前提条件的,应当依据犯罪行为的具体表现形式与犯罪后果,确定主观罪过形式。

《刑法》第十四条第一款规定:“明知自己的行为会发生危害社会的结果,并且希望或者放任这种结果发生,因而构成犯罪的,是故意犯罪。”根据行为人对危害结果的发生所持的态度,犯罪故意可分为直接故意和间接故意两种。其中直接故意犯罪中,由于行为人对危害结果的发生持希望的态度,因而在实施犯罪过程中,行为人的活动总是围绕着如何促使危害结果的发生来进行,犯罪目标明确,主观意志坚定。本案中被告人李超虽供称其主观上是要杀死龙慧,并为此准备了水果刀,在行凶时用刀朝龙慧的头部一顿乱刺,因刀柄断裂才停止,但从李超持刀行凶的心态和过程、方式及部位来看,其要杀死龙慧的主观目的不明确,主观意志不坚定,即如龙慧能同意与其和好,就算了,如不肯和好,就采取“自己得不到的,也不让别人得到”的方式,对龙慧处于爱恨交织的心态贯穿于李超的整个作案过程中,导致李超在持刀行凶时表现出犹豫、反复,且存在一定的节制。李超先是和龙慧会面交谈近四个小时,试图使龙慧同意和好而停止犯罪,在用刀刺龙慧致其头、面部流血坐到地上时,一度停止了行凶,但此时龙慧因说了一句愿意和好的话,使李超感到还在被欺骗,才开始又一轮刺杀龙慧。刀柄断裂后,李超没有选择其他方法置龙慧于死地,而是主动打电话报警,并要警察快过来。如李超是在积极追求龙慧死亡结果的发生,从案发当时的客观条件和环境来看,其完全有能力和条件得逞,即使在刀柄断裂的情况下,其也完全有能力和条件设法排除这种困难或阻力,使其犯罪目的得逞。李超在作案的后阶段其主观故意发生了变化,由不确定变成了确定,即表现出确定的伤害故意,对龙慧实施身体上的伤害,先意图用嘴咬龙慧的阴部,后转念用手指挖掉了龙慧的右眼球。所以对李超的行为不能认定为是直接故意杀人。对行为人主观故意不明确、不坚定,带有假想前提条件的,应坚持主客观相统一的原则,不能依行为人所供称的主观故意定罪,而应依据犯罪行为的具体表现形式及犯罪后果结合犯罪主观论罪。因间接故意犯罪在意志因素上对危害结果的发生是持放任态度,不存在未遂形态,由于本案中未出现死亡结果的发生,所以对李超的行为也不能认定是间接故意杀人。综上,对李超的行为应认定为故意伤害罪。

No. 4-232-9　在犯罪过程中主动投案,但之后又继续实施犯罪行为的,不能认定为自首。

《刑法》第六十七条第一款规定:“犯罪以后自动投案,如实供述自己的罪行的,是自首……”由此可见,依照《刑法》的规定,自动投案是有时间前提的,即要求在犯罪之后。在本案中,被告人李超在用刀刺龙慧致刀柄断裂住手后,用龙慧的手机拨打了110报警电话。当接到其报警赶到经济学院的民警不知其所处的具体位置时,回拨电话问李超,李超将自己的具体位置告诉民警,使民警赶到现场将自己抓获。但李超打电话报警的行为不是在犯罪之后,而是在犯罪过程中,而龙慧身体所受损伤最后主要是因为右眼球被挖掉,也即李超的主要犯罪行为及被害人所遭受的主要损害结果是在李超拨打报警电话后发生的。虽然当前司法实践中对自首的主流价值取向是认定不问主观动机,而是以侦查机关能否及时抓获瓦解犯罪,但对类似李超这样在犯罪过程中主动打电话报警的行为甚至实施犯罪前就主动打电话报警的行为,客观上虽然报警行为使公安机关得以及时发现犯罪并抓获犯罪人,仍不能认定为自首。否则,无疑给行为人在犯罪前或犯罪中就可以为自己创造自首从轻的机会,这既与刑法有关自首的规定不相符合,也与刑法预防打击犯罪的基本价值取向是相悖的。此外,根据最高人民法院《关于处理自首和立功具体应用法律若干问题的解释》第一条第(二)项第4款的规定:“犯罪嫌疑人自动投案并如实供述自己的罪行后又翻供的,不能认定为自首……”既然投案后又翻供的都不能认定为自首,由此推理出投案后又继续实施犯罪行为的也不应该认定为自首的法理成立。

案例:孙习军等故意杀人案

案例来源:《人民法院案例选》2006年第2辑(总第56辑)

主题词:故意杀人罪　死刑

一、基本案情

被告人孙习军、王媛。

江苏省连云港市中级人民法院经审理查明:2004年12月7日15时许,被告人孙习军、王媛(系夫妻)经预谋后携带菜刀、绳子、手套、头套等作案工具,爬气窗进入选定的作案对象卓长林(女,23岁,丈夫外出打工)的住处。17时许,二被告人将回到家中的卓女的手脚捆绑并用胶带蒙眼,劫得现金200余元。24时许,二被告人因被被害人认出,决定杀人灭口,遂将卓女挟持至附近的一山坡上,又劫得卓女随身携带的金项链一根及现金200余元,后在王媛的配合下,由孙习军用菜刀切割卓女颈部,致卓女失血性休克死亡。后孙又割下卓女的头颅抛至该市的一条河中。

连云港市中级人民法院认为:被告人孙习军、王媛以非法占有为目的,入户施暴,掠人钱财,后又杀人灭口,其行为均已分别构成抢劫罪和故意杀人罪,系共同犯罪,且故意杀人罪的手段残忍、情节恶劣,依法应予严惩。认定被告人孙习军犯故意杀人罪,判处死刑,剥夺政治权利终身;犯抢劫罪判处有期徒刑十年,剥夺政治权利一年,并处罚金1000元;决定执行死刑,剥夺政治权利终身,并处罚金1000元。认定被告人王媛犯故意杀人罪,判处死刑,剥夺政治权利终身;犯抢劫罪判处有期徒刑十年,剥夺政治权利一年,并处罚金1000元;决定执行死刑,剥夺政治权利终身,并处罚金1000元。

一审宣判后,孙习军以其没有预谋杀人,且有检举他人犯罪以及交代第二被告人藏匿地点的立功表现,请求从轻判处为由提出上诉;王媛以其在作案过程中起次要和辅助作用,系从犯为由提出上诉。

江苏省高级人民法院审理查明:原审判决认定的事实清楚,证据确实、充分,且来源合法,依法予以确认;一审判决对被告人孙习军定罪正确,量刑恰当,审判程序合法,应予维持;对被告人王媛定罪正确,但鉴于王媛在故意杀人犯罪中的地位、作用相对于孙习军较轻,且归案后认罪态度较好,故以故意杀人罪改判死刑缓期两年执行,王媛的抢劫犯罪量刑则予维持。

二、裁判要旨

No.4-232-10　以一般人难以接受的方法杀人的,可以认定为故意杀人罪的手段特别残忍。

对于一般人难以接受的杀人方法,可以认定为特别残忍、特别危险。前者如用多种工具杀害被害人,用一种工具多次杀戮,使被害人长时间经受肉体和精神上的痛苦或杀害被害人,使被害人面目全非、身首异处等;后者如用爆炸或用交通工具等方法杀害被害人等。本案中,孙习军、王媛用菜刀反复切割被害人颈部,致被害人颈部大部分断离,面目全非,后又割下被害人头颅,抛于河中,使被害人身首异处。杀人手段特别残忍。

No.4-232-11　故意杀人罪适用死刑,不仅应当根据行为的客观危害性,还应当考察行为人的主观恶性和人身危险性。

适用死刑的基础依据是从被告人的客观方面来进行的同时,还有必要分析被告人主观方面的情况,从而判断被告人的主观恶性和人身危险性程度。这就是适用死刑的调节依据。

1. 出于违法犯罪或其他恶劣动机的故意杀人。在司法实践中,主要有以下六种情形:(1)图财杀人的;(2)为泄愤报复杀人的;(3)因奸情杀人的;(4)实施其他犯罪为毁灭罪证或灭口杀人的;(5)实施其他犯罪时转化杀人的;(6)其他非法动机而杀人的。犯罪动机的卑劣与否,直接反映被告人的主观恶性及人身危险性的大小。本案中,孙习军、王媛在实施抢劫犯罪后,因被被害人认出,为灭口而决意杀人。两被告人为了在非法劫取他人财物后逃避惩罚,竟然选择了用残忍手段结束他人生命的方法,触犯了刑法上处罚最重的两个罪名,足以证明其主观恶性和人身危险性极其严重。

2. 为达到犯罪目的,犯意极其坚决。犯意坚决,一般表现为追求、希望危害结果的发生。它反映被告人对危害结果的一种坚定追求,表明被告人的主观恶性和人身危险性极其严重。在故意杀人案中,即表现为直接故意杀人。直接故意杀人应当与间接故意杀人在量刑上有所区别。直接故意杀人的,一般应适用死刑。

No.4-232-12　在罪行极其严重的共同故意杀人犯罪中,主犯不能一概判处死刑立即执行,而应当根据其在共同犯罪中的地位、作用的不同,体现量刑上的区别。

整个共同犯罪的罪行极其严重,是对共同犯罪中的被告人适用死刑的基础条件。应当根据整个共同犯罪的后果,决定死刑的数量。在共同犯罪中应慎重适用多个死刑。在罪行极其严重的共同犯罪中,对罪量最大的被告人适用死刑,其他被告人根据其等级的罪量相应地适用等级的刑量,同等罪量的被告人适用同等的刑量。

由此,又可以明确三个问题:一是共同犯罪人可以适用死刑的条件是罪行极其严重。如上所述,故意杀人犯罪既遂即为罪行极其严重,就可以适用死刑。二是明确对共同犯罪人适用死刑量数的依据是共同犯罪的后果。在故意杀人共同犯罪中,共同犯罪的后果既应当包括故意杀人既遂与否及被剥夺生命人数的多少,还应当包括故意杀人共同犯罪对被害人生命以外的社会关系的损害程度。三是强调不管共同犯罪的后果多么严重,都应当严格控制死刑适用的数量。在同一个案件中,判处两名(含本数)以上被告人死刑的,应慎之又慎。

孙习军、王媛共同杀害被害人,罪行极其严重,作为一个整体,具有适用死刑的基础条件。根据本案情况,是否要对两被告人均适用死刑立即执行呢?回答是否定的,理由是:两被告人固然有卑劣的杀人动机,杀人手段也残忍,且有分尸、抛尸的恶劣情节,但两被告人毕竟只杀害一人,如果仅从对等数量来考量,"一命抵一命",还是有其可取因素的。当然,我们绝不主张"一命抵一命",只是强调多个被告人共同杀害一人时,"两命、三命抵一命"应有充分的理由,觉得本案不具有这样充分的理由。因而,必须分析两被告人在共同犯罪中的地位、作用。

在本案中,孙习军、王媛两被告人相互推诿,无法确定是谁先提议杀人,但有证据证实两被告人是经协商后决意杀人的,因而,应该认定两被告人有一个临时的谋划。在实施杀人犯罪过程中,两人行为积极,分工明确、配合默契,共同实施杀害行为,对两被告人均应认定为主犯。王媛二审称其为从犯的上诉理由不能成立。

尽管如此,两被告人在共同犯罪中的地位、作用是有明显差别的。首先,能认定是孙习军首先提议抢劫,对此二被告供述一致。这一认定,实际上在一定程度上证明孙习军在整个犯罪中起主导作用。其次,孙习军和王媛共同行为导致被害人死亡结果的发生。但还应当看到,孙习军切割颈部的行为是被害人死亡的直接原因,而王媛的配合行为是被害人死亡的间接原因。在某种程度上说,孙习军的行为是被害人死亡的主要原因,王媛的配合行为是被害人死亡的次要原因。再次,是孙习军在杀人后又完全断离死者的头颅,抛弃于河中,意欲使人无法确认死者身份。因此,无论从犯罪前的谋划,还是犯罪过程中的行为方式,乃至犯罪后掩盖罪行的程度,两被告人的地位、作用还是有着较为明显的差别的。我们不认定王媛是共同犯罪中的从犯,但可以认定王媛是一个作用小于孙习军的主犯,属于应当适用死刑,但可不予立即执行的情况。

案例:蔡超故意杀人案

案例来源:《人民法院案例选》2008 年第 1 辑

主题词:死刑立即执行　和解　改判死缓

一、基本案情

上诉人(原审附带民事诉讼原告人)陈晶晶。

上诉人(原告被告人)蔡超。

陕西省高级人民法院经审理查明:2006 年 3 月,上诉人蔡超与被害人陈晶晶一同应聘到安康电信分公司江南营业部大众客户服务中心工作,后二人相识并恋爱。在恋爱当中,陈晶晶因蔡超个性强、脾气大而提出同其终止恋爱关系。同年 5 月 14 日晚 11 时许,蔡超酒后找到陈晶晶家吵闹,要求与陈晶晶继续保持恋爱关系,并扬言陈晶晶若不从就杀害其全家。后蔡超之友钱广、李鹏接蔡超电话赶至陈家,至次日凌晨 1 时许将蔡超劝离。5 月 15 日上午 8 时许,蔡超在家睡醒后又给陈晶晶打电话,要求保持恋爱关系,陈晶晶予以拒绝,并以上班工作忙为由将电话挂断,蔡超十分生气,遂决定实施报复。当即乘车前往汉滨区大桥路侧秦巴市场,购得匕首、菜刀、榔头、绳子、透明胶带等物装入随身携带的旅行包内,又于上午 10 时许乘车来到陈晶晶工作的营业大厅,借口有话要相谈诱骗、拉扯陈晶晶离开工作区,并乘车带往家中。进门后,蔡超将陈晶晶拉至自己卧室,搜去手机等物。陈晶晶见状拨打固定电话欲求救,蔡超上前将电话线拔掉,反锁家门及自己卧室房门,拉上客厅、卧室窗帘,强行将陈晶晶的衣服撕光,又从包内倒出购得的作案工具,用绳子将其身体从双手至双脚反绑,又往其口中塞入袜子,并贴上透明胶带将口部封堵。接着,蔡超拿起匕首在陈晶晶乳房及双乳头、胸部、胳膊、大腿等部位刺扎、割划,后又在伤口弹撒烟灰,用烟头烧烫乳头及身体其他部位。之后,蔡超又持榔头砸击其左足等处,用缸子盛得热水在陈晶晶腿部、腹部、胸部淋烫,还两次将热水往其阴部灌烫,看到陈晶晶痛苦不堪,蔡放声大笑。之后,蔡对陈晶晶声称不玩了,该上正路了,在向朋友钱广打电话告别后,持匕首向陈晶晶胸、腹部连刺三刀,后持匕首向自己胸部、腹部连刺两刀。后蔡超给钱广打电话,叫朋友们去家里救自己,钱广又打电话对蔡超的朋友李鹏说蔡超可能在自己家里出事了,让李鹏赶快给蔡超的父母打电话回家,李鹏即电话转告了蔡超之父蔡益平。蔡超父母赶回家后,看到陈晶晶和蔡超倒在血泊中,即拨打 120 急救电话,陈晶晶、蔡超先后被送往医院经抢救脱险。经法医鉴定,陈晶晶腹部损伤致肝、脾、胰破裂构成重伤;腹部损伤致胃破裂、穿孔构成重伤;胸部损伤致急性脓胸构成重伤。陈晶晶的胸腹腔贯通伤所致多器官损伤构成八级伤残。蔡超胸、腹部损伤属重伤。

二审另查明:上诉人蔡超的行为给被害人陈晶晶造成经济损失人民币 295135.3 元。其中,医疗费 212599.7 元;交通费 1980 元;住宿费 394 元;材料打印费 387.6 元;伤残鉴定费 400 元;误工费 5800 元;护理费 12300 元;住院伙食补助费 6642 元;营养费 5000 元;残疾赔偿金 49632 元。

安康市中级人民法院审理认为:被告人蔡超与他人谈恋爱遭拒绝后,采取报复手段,故意非法剥夺他人生命,其行为已构成故意杀人罪(未遂),且其犯罪手段特别残忍,后果特别严重,依法应予严惩。被告人蔡超的犯罪行为给附带民事诉讼原告人陈晶晶造成的经济损失,依法应予赔偿,但鉴于蔡超无赔偿能力,可免予赔偿。依照《中华人民共和国刑法》第二百三十二条、第二十三条、第三十六条、第五十七条第一款之规定,以故意杀人罪判处被告人蔡超死刑,剥夺政治权利终身;免除被告人蔡超赔偿附带民事诉讼原告人陈晶晶各项经济损失。

被告人蔡超以原判定罪不准、其有悔罪表现、量刑畸重为由提起上诉,附带民事诉讼原告人陈晶晶以原判免除被告人蔡超赔偿其各项经济损失违背法律的相关规定为由提起上诉。

二审审理期间,经法院主持调解,被告人父母与附带民事诉讼原告人达成了民事赔偿协议。主要内容为:由蔡超的父母代为赔偿陈晶晶经济损失 12 万元,陈晶晶对蔡超的故意杀人行为表示一定谅解。

陕西省高级人民法院经审理认为:

1. 上诉人蔡超因被害人陈晶晶提出与其解除恋爱关系而报复行凶,持刀在陈晶晶身体要害部位捅刺数下,其行为已构成故意杀人罪,依法应予惩处。案发当日上午,蔡超打电话要求与陈晶晶继续恋爱遭到陈再次拒绝后,即购买了作案工具,在将正在上班的陈晶晶诱骗、拉扯至其家中后,先是对陈长时间肆意摧残、折磨、凌辱,继而持匕首在陈胸、腹部连刺三刀企图将陈杀害,终因医院及时全力抢救,使陈晶晶死里逃生,却仍造成陈身体三处重伤及伤残的严重后果,其行为显系直接故意杀人。故被告人蔡超关于原判定罪不准的上诉理由不能成立。

2. 被告人蔡超杀人的行为已经实施终了,且其当时亦无力继续实施杀人行为,陈晶晶经抢救脱险,属于其犯罪意志以外的原因,使其杀死陈晶晶的犯罪未得逞,不属于犯罪中止。蔡超出于报复的动机实施故意杀人犯罪,且犯罪手段特别残忍,犯罪情节极为恶劣,罪行极其严重,依法应当判处死刑。原判根据其犯罪的事实、犯罪的性质、情节和社会的危害程度,对其所判刑罚并无不当。鉴于蔡超在二审期间具有一定的悔罪表现,其亲属在案发后能及时将被害人陈晶晶送往医院抢救,并在二审期间能尽力代为赔偿陈晶晶的经济损失,取得了陈晶晶对蔡超犯罪行为一定程度的谅解,应视为被告人对被害人的赔偿,并可以酌情从轻处罚。故对蔡超判处死刑,可不立即执行。

3. 被告人蔡超的故意杀人犯罪行为给被害人陈晶晶造成的巨额经济损失,依法应予赔偿。对陈晶晶所主张的经济损失当中的医疗费、交通费、住宿费、材料打印费、伤残鉴定费赔偿请求,依据其举证并经质证后确认的相关票据予以支持;对于误工费、护理费、住院伙食补助费、营养费、残疾赔偿金赔偿请求,依据相关法律、司法解释并结合本案的实际情况计算予以支持;对于后续治疗费的赔偿请求,该项费用可待实际发生后另行起诉;对于精神抚慰金的赔偿请求,因不属于刑事附带民事诉讼范围,对该项请求不予支持;对于被害人与被告人父母达成的民事赔偿协议,本院予以确认。

综上,依照《中华人民共和国刑事诉讼法》第一百八十九条第(二)项及《中华人民共和国刑法》第二百三十二条、第四十八条第一款、第五十七条第一款、第六十一条、第二十三条之规定,作出如下判决:

1. 撤销安康市中级人民法院(2006)安中刑初字第 45 号刑事附带民事判决书之第一、二项,即被告人蔡超犯故意杀人罪,判处死刑,剥夺政治权利终身;免除被告人蔡超赔偿被害人陈晶晶各项经济损失。

2. 上诉人蔡超犯故意杀人罪,判处死刑,缓期二年执行,剥夺政治权利终身。

二、裁判要旨

No.4-232-13 故意杀人(未遂)手段特别残忍,后果特别严重,罪当判处死刑立即执行,但在二审期间被告人真诚悔罪,其亲属代为赔偿被害人的经济损失,并由此获得了被害人及其亲属的谅解而达成和解协议的,可以改判死刑,缓期二年执行。

本案是在肯定一审定罪、量刑并无不当的情况下作了改判,从死刑立即执行改为死刑缓期二年执行。通常情况下,在刑事审判中考虑量刑的诸因素均属已经发生、不可更改的事实,但认罪态度、悔罪表现等犯罪的主观方面在不同的审级中则可能有所改变,并足以影响到刑罚的裁量。本案的改判就属于这种一审判决无误,二审考虑其发生改变的悔罪表现、认罪态度予以改判的情形。

就本案而言,一审基于蔡超出于报复的动机实施故意杀人犯罪,且犯罪手段特别残忍,犯罪情节极为恶劣,确属罪行极其严重的犯罪分子,故未根据其未遂情节适用从轻处罚而将其判处死刑立即执行。二审法院鉴于蔡超在庭审中能如实供述自己身上的两处刀伤系本人自杀所刺,不再推卸是陈晶晶所致,较为深刻地认识到所犯罪行的社会危害性,并愿通过亲属尽力赔偿陈晶晶经济损失,具有悔罪表现,其亲属在案发后能积极将被害人陈晶晶及时送往医院抢救,并在二审期间能尽力代为赔偿陈晶晶的部分经济损失,取得了陈晶晶对蔡超犯罪行为的谅解,故对蔡超作出判处死刑缓期二年执行,剥夺政治权利终身的终审判决。在本案的审理中,二审法院着眼于维护和促进社会和谐稳定的工作大局,立足于本案的具体情况,全面理解和正确执行宽严相济的刑事司法政策,坚持少杀、慎杀,体现了充分贯彻保留死刑,严格控制死刑的刑事政策精神。

案例:王建辉等故意杀人、抢劫案

案例来源:《刑事审判参考》总第48集[第380号]

主题词:主犯 量刑

一、基本案情

被告人王建辉,男,28岁,初中文化,原系天津市武清区杨村镇"迷迪"迪厅经理。2001年9月15日因涉嫌故意杀人被拘留,同年9月25日被逮捕。

被告人王小强,男,23岁,初中文化,原系天津市武清区杨村镇"迷迪"迪厅职员。因本案于2001年9月14日被拘留,同年9月25日被逮捕。

被告人祁明,男,22岁,初中文化,原系天津市武清区杨村镇"迷迪"迪厅职员。因本案于2001年9月15日被拘留,同年9月25日被逮捕。

被告人牛晓龙,男,27岁,初中文化,原系天津市武清区杨村镇"迷迪"迪厅职员。因本案于2001年9月16日被拘留,同年9月25日被逮捕。

被告人王宝松,男,25岁,中专文化,原系天津市武清区杨村镇"迷迪"迪厅职员。因本案于2001年9月14日被拘留,同年9月25日被逮捕。

被告人赵宝龙,男,24岁,初中文化,原系天津市武清区杨村镇"迷迪"迪厅职员。因本案于2001年9月15日被拘留,同年9月25日被逮捕。

被告人尹锟,男,24岁,初中文化,原系天津市武清区杨村镇"迷迪"迪厅职员。因本案于2001年9月14日被拘留,同年9月25日被逮捕。

天津市第一中级人民法院经审理查明:被告人王建辉、王小强、祁明、牛晓龙、尹锟、王宝松、赵宝龙自2000年10月至2003年1月间,分别结伙或单独故意杀人、抢劫他人财物、强奸妇女、故意伤害他人,作案四起。具体是:

2001年1月,被告人王建辉因不满"迷迪"迪厅员工张游刻录迪厅光盘,且怀疑张游偷了祁明的手机,遂告诉祁明、王小强、王宝松、牛晓龙、尹锟等人,在迪厅散场后,由祁明"请吃"夜宵。次日凌晨1时许,王建辉、祁明"邀"张游去吃饭,后伙同牛晓龙、尹锟、王小强、王宝松一同来到梦圆饭店。席间,王小强故意劝酒,并持酒杯砸了张游的头部。在王建辉授意下,牛晓龙拿走张游的背包,后由尹锟将背包交给王建辉,迫使张游一同与其离开梦圆饭店。上述各被告人将张游带至“迷迪”迪厅附近对其进行殴打,致张游昏迷。王建辉唯恐事发,指使王小强、王宝松、牛晓龙、祁明将张游抬进迪厅。又指使在迪厅值班的赵宝龙将迪厅内外的血迹擦掉,后王建辉从张游的背包中翻出人民币2000余元,分给上述各被告人。张游醒后,王建辉又令牛晓龙、王小强、赵宝龙等继续殴打张游,王小强在唆使赵宝龙殴打张游的同时也伙同王宝松、牛晓龙、尹锟、祁明、赵宝龙等人对张游进行殴打,并用啤酒瓶砸张游的头部。王建辉让牛晓龙、尹锟用绳子将张游手脚捆住。王建辉等人唯恐罪行败露,商议如何处置张游,祁明、王宝松、王小强等人提议将张游烧掉或埋掉或扔到河里。后王建辉决定将张游抬到迪厅后院的小屋里,并打着手电指挥其余六被告人将小屋内20余袋各重约50公斤的盐袋全部压在张游身上,致张游窒息死亡。次日凌晨,王建辉与其他被告人密谋后,由王建辉驾驶汽车,伙同被告人王小强、王宝松、牛晓龙、尹锟将张游尸体拉至武清区大黄堡乡小石庄大桥东侧的排污河,凿开冰面,抛入河后逃离现场。案发后,上述王建辉等七被告人先后被公安机关抓获归案。王宝松、王小强归案后,分别协助公安机关将被告人王建辉、尹锟抓获归案。

2001年2月14日晚9时许,被告人王建辉之妻马宏霞在“迷迪”迪厅内与客人孙贵生发生争执,王建辉遂纠集王宝松等4人殴打孙贵生及同伴刘庆杰,致刘庆杰轻微伤(偏重),后抢走刘庆杰人民币3100元及价值人民币6746元的手机等物品。

2000年10月、11月,王建辉在“迷迪”迪厅,以谈工作为名,以暴力相威胁等手段,两次将领舞女青年张某强奸。

2003年1月12日16时许,被告人祁明因制止同室在押犯周喜星在监室内吸烟而发生口角。祁即朝周喜星右面部踢了一脚,致周轻伤(偏重)。

被告人祁明在被羁押期间还揭发了王建辉强奸犯罪事实。

天津市第一中级人民法院认为:被告人王建辉、王小强、祁明、牛晓龙、尹锟、王宝松、赵宝龙纠合在一起,在被告人王建辉的指使下,行凶杀人,抛尸匿迹,其行为均构成故意杀人罪;被告人王建辉、祁明、尹锟、王宝松施以暴力,劫取他人财物据为己有,其行为均构成抢劫罪;被告人王建辉以暴力等手段强奸妇女,其行为构成强奸罪;被告人祁明在羁押期间故意殴打他人,致他人轻伤(偏重),其行为构成故意伤害罪。被告人王建辉、祁明、尹锟、王宝松均犯数罪,应实行数罪并罚。被告人王建辉、王小强、祁明、牛晓龙、尹锟、王宝松在共同犯罪中系主犯,赵宝龙系从犯。被告人祁明、牛晓龙、尹锟所犯罪行特别严重,但在共同犯罪中不同程度受他人指使。被告人王小强、王宝松归案后协助公安机关抓捕同案犯,具有重大立功表现,应当从轻处罚。被告人祁明揭发他人犯罪经查属实,有立功表现,可以从轻处罚。被告人王建辉所提没有指使他人犯罪,亦未起组织、指挥作用的辩解,与庭审查明的事实不符,不予采纳。

2003年10月21日,天津市第一中级人民法院依照《中华人民共和国刑法》第二百三十二条、第二百六十三条、第二百三十六条第一款、第二百三十四条第一款、第五十七条第一款、第二十五条第一款、第二十六条第一、四款、第二十七条、第六十八条第一款、第四十八条第一款、第六十九条、第六十四条的规定,判决如下:

1. 被告人王建辉犯故意杀人罪,判处死刑,剥夺政治权利终身;犯抢劫罪,判处有期徒刑九年,并处罚金人民币一万元;犯强奸罪,判处有期徒刑三年。决定执行死刑,剥夺政治权利终身,并处罚金人民币一万元。

2. 被告人王小强犯故意杀人罪,判处死刑缓期二年执行,剥夺政治权利终身。

3. 被告人祁明犯故意杀人罪,判处死刑缓期二年执行,剥夺政治权利终身;犯抢劫罪,判处有期徒刑八年,并处罚金人民币一万元;犯故意伤害罪,判处有期徒刑二年六个月。决定执行死刑缓期二年执行,剥夺政治权利终身,并处罚金人民币一万元。

4. 被告人牛晓龙犯故意杀人罪,判处死刑缓期二年执行,剥夺政治权利终身。

5. 被告人尹锟犯故意杀人罪,判处死刑缓期二年执行,剥夺政治权利终身;犯抢劫罪,判处有期徒刑八年,并处罚金人民币一万元。决定执行死刑缓期二年执行,剥夺政治权利终身,并处罚金人民币一万元。

6. 被告人王宝松犯故意杀人罪,判处无期徒刑,剥夺政治权利终身;犯抢劫罪,判处有期徒刑八年,并处罚金人民币一万元。决定执行无期徒刑,剥夺政治权利终身,并处罚金人民币一万元。

7. 被告人赵宝龙犯故意杀人罪,判处有期徒刑十五年,剥夺政治权利三年。

8. 犯罪工具绿色三厢夏利汽车一辆(牌照号:津 AK7761)依法予以没收。

宣判后,王建辉、王小强、牛晓龙不服,以原判量刑过重等为由,向天津市高级人民法院提出上诉。

在二审开庭审理中,天津市人民检察院认为,原审判决认定上诉人王建辉犯强奸罪的事实不清,证据不足,王建辉所犯强奸罪不能成立;原审被告人祁明揭发王建辉犯有强奸罪的行为,不应当认定为具有立功表现。

天津市高级人民法院经审理认为:原审判决认定上诉人王建辉、王小强、牛晓龙及原审被告人祁明、尹锟、王宝松、赵宝龙故意杀人犯罪,上诉人王建辉及原审被告人祁明、尹锟、王宝松抢劫犯罪,原审被告人祁明故意伤害犯罪的事实清楚,证据确实、充分,定罪量刑适当,应当予以维持;认定上诉人王建辉强奸犯罪的事实不清,证据不足,应予改判;一审判决认定原审被告人祁明揭发王建辉犯有强奸罪的行为,不属于有立功表现。依照《中华人民共和国刑事诉讼法》第一百八十九条第(一)、(三)项的规定,于 2004 年 12 月 20 日判决如下:

1. 维持天津市第一中级人民法院刑事判决中对被告人王小强、牛晓龙、祁明、尹锟、王宝松、赵宝龙的定罪量刑部分和没收犯罪工具部分;

2. 撤销天津市第一中级人民法院刑事判决中对被告人王建辉的定罪量刑;

3. 上诉人王建辉犯故意杀人罪,判处死刑,剥夺政治权利终身;犯抢劫罪,判处有期徒刑九年,并处罚金人民币一万元。决定执行死刑,剥夺政治权利终身,并处罚金人民币一万元。

二、裁判要旨

No. 4-232-14 数个主犯参与共同犯罪应当判决死刑的,只对其中起最大作用的主犯判处死刑。

从本案的事实来看,被害人的死亡是由混同行为造成的,是指挥者、抬人者和压盐包者三种行为的共同结果,在导致被害人死亡结果方面,上述三者的行为缺一不可。所以凡是积极实施上述三种行为的参与者均属共同犯罪中的主犯,应对被害人的死亡承担全部刑事责任,但也并不意味着所有主犯都要处以极刑。就本案而言,被告人王建辉组织、指挥多人,以特别残忍的手段杀人灭口,抛尸灭迹,且在故意杀人犯罪前后聚众殴打多人,并抢劫财物,作案动机十分卑劣、手段极其残忍、情节特别恶劣,造成的后果极其严重,且主观恶性极深,人身危险性极大,实属罪行极其严重。作为决策者、组织指挥者,王建辉应当对故意杀人犯罪负全部责任,一、二审法院以故意杀人罪判处其死刑立即执行,可谓罚当其罪。被告人祁明、王小强、牛晓龙、尹锟积极参与殴打被害人,之后又共同预谋杀人灭口,且共同将数袋重达 50 公斤的盐包压在被害人身上,是杀人犯罪的积极参与者和主要实施者,地位和作用相当,但相对于王建辉要小一些,应负的责任也相应分散。虽然罪行极其严重,但尚不属非杀不可者。在司法实践中,对共同犯罪中罪行极其严重的犯罪分子是否判处死刑立即执行,应当考虑以下因素:多个主犯中罪行最严重的主犯已经判处死刑立即执行,其他主犯地位、作用相对次要的;共同犯罪人作用、地位相当,责任相对分散的;共同犯罪人责任不清的;同案人在逃,有证据证明被告人起次要作用的;对在案的被告人适用死刑立即执行可能影响对在逃的同案人定罪量刑的;等等。对具有上列因素的,一般不适用死刑立即执行。因此,上述四名被告人还不属于必须处死的,可不判处死刑立即执行。

案例:彭柏松故意杀人案

案例来源:《人民法院案例选》2009 年第 2 辑

主题词:刑事责任

一、基本案情

附带民事诉讼原告人崔大兰、李与番、李文强、李全新、陈立华、李强、李小卫、蒋旭英、刘顺英、潘学亮、姚勇。

上诉人(原审被告人暨附带民事诉讼被告人)彭柏松。

上海市第一中级人民法院经审理查明:被告人彭柏松于2007年10月1日来沪,暂住上海市闵行区梅富路366号克豪宾馆。2007年10月6日6时许,彭吸食毒品甲基苯丙胺后,行至上海市闵行区莘朱路828弄18号门口,见一辆牌号为苏K7G205的依维柯面包车停靠于此,遂登上该车,持刀捅刺驾驶员李兴军胸部,致李因失血性休克而死亡。后彭沿伟业路逃跑,先后持刀捅刺路过该处的行人蒋旭英(孕妇)、刘顺英腹部、手臂等处,致二人重伤。后彭拦乘沪EV1470出租车行至高兴路、畹町路路口时,持刀捅刺该车驾驶员俞浩的胸部及路过此处停车报警的沪DN0413出租车驾驶员姚勇的左上肢、背部等处,致二人轻伤。彭继续逃跑至高兴路莘南农贸市场门口时,持刀捅刺正在路边买早点的行人徐兰芳胸部,致徐因失血性休克而死亡。随后,彭又登上路边正在卸货的豫N45209面包车,持刀捅刺车内的驾驶员潘学亮胸部,致潘重伤。作案后,彭驾驶豫N45209面包车行至高兴路、莘吉路路口时,因撞到卡车被迫停下,彭弃车逃逸,后被追捕的群众当场抓获。上海市人民检察院第一分院以沪检一分刑诉[2008]64号起诉书指控被告人彭柏松犯故意杀人罪,于2008年6月13日向本院提起公诉。附带民事诉讼原告人崔大兰、李与番、李文强、李全新、陈立华、李强、李小卫、蒋旭英、刘顺英、潘学亮、姚勇分别提出附带民事诉讼,请求判令被告人彭柏松赔偿各项物资损失。

上海市第一中级人民法院认为:被告人彭柏松吸毒后,无故持刀捅刺他人,致二人死亡、三人重伤、二人轻伤,其行为已触犯《刑法》第二百三十二条之规定,构成故意杀人罪,且犯罪后果特别严重,应依法严厉惩处。辩护人提出被告人的行为不构成故意杀人罪的意见,与查明的事实不符,不予采纳。

被告人彭柏松还应当对犯罪行为造成附带民事诉讼原告人的经济损失承担民事赔偿责任。

为维护社会治安秩序,保障公民的人身权利不受侵犯,依照上述法律条款及《刑法》第五十七条第一款、第六十四条、第三十六条第一款,《中华人民共和国民法通则》第一百一十九条以及最高人民法院《关于审理人身损害赔偿案件适用法律若干问题的解释》第十七条、第十九条、第二十条、第二十一条、第二十二条、第二十三条、第二十四条、第二十五条、第二十七条、第二十八条、第二十九条之规定,判决如下:

1. 被告人彭柏松犯故意杀人罪,判处死刑,剥夺政治权利终身。

2. 附带民事诉讼被告人彭柏松赔偿附带民事诉讼原告人崔大兰、李与番、李文强、李全新、陈立华经济损失人民币418593.25元;赔偿附带民事诉讼原告人李强、李小卫经济损失人民币499403.5元;赔偿附带民事诉讼原告人蒋旭英经济损失人民币108459.61元;赔偿附带民事诉讼原告人刘顺英经济损失人民币170345.5元;赔偿附带民事诉讼原告人潘学亮经济损失人民币134719.9元;赔偿附带民事诉讼原告人姚勇经济损失人民币7600元;赔偿附带民事诉讼原告人俞浩经济损失人民币16874.45元(上述赔偿款应于本判决生效之日起一个月内缴付)。

3. 作案工具尖刀一把予以没收。

原审被告人彭柏松对刑事部分判决不服,提出上诉。上海市高级人民法院依法组成合议庭,公开开庭审理了本案。上诉人彭柏松及其辩护人提出,彭柏松主观上并无杀人的故意,其持刀捅刺多名被害人的行为构成故意伤害罪;彭系在吸食毒品后行为失控的情况下实施犯罪;彭到案后认罪态度较好,故请求二审法院对彭从轻处罚。

上海市人民检察院认为:原判认定彭柏松故意杀人的犯罪事实清楚,证据确实、充分,适用法律正确,量刑适当,审判程序合法,建议二审法院驳回上诉,维持原判。上海市高级人民法院认为,上诉人彭柏松吸食毒品后,持刀无故捅刺他人,致二人死亡、三人重伤、二人轻伤,其行为已构成故意杀人罪,且罪行极其严重,依法应予惩处。原判认定彭柏松故意杀人的犯罪事实清楚,证据确实、充分,适用法律正确,量刑适当,审判程序合法。彭柏松无法定从轻处罚的情节,彭及其辩护人以彭系在吸食毒品后行为失控的情况下实施犯罪,且到案后认罪态度较好为由,请求对彭从轻处罚,本院不予准许。彭柏松的上诉理由不能成立,辩护人的辩护意见,本院不予采纳,上海市人民检察院建议驳回上诉,维持原判的意见正确,应予支持。现依照《中华人民共和国刑事诉讼法》第一百八十九条第(一)项之规定,裁定如下:

驳回上诉,维持原判。

最高人民法院核准上海市高级人民法院维持一审以故意杀人罪判处被告人彭柏松死刑,剥夺政治权利终身的刑事裁定。

二、裁判要旨

No.4-232-15 因吸毒使本人陷入无刑事责任能力状态而犯罪的,不能减轻刑事责任。

由于被告人彭柏松在审查起诉阶段及庭审中均辩称实施持刀捅人的行为系吸食冰毒后产生幻觉所致,而2007年11月13日上海市精神卫生中心出具的《司法鉴定意见书》是以彭在侦查阶段的供述为基础的。为进一步确定彭柏松是否具有刑事责任能力,合议庭成员经询问公诉人,得知公诉人专程赴上海市精神卫生中心进行了咨询,副主任医师王士诘、医师杨晓明作了如下答复:(1)鉴定结论是以当时的鉴定情况为基础的,《司法鉴定意见书》中已经明确"言谈中未见幻觉妄想等精神病性症状",目前彭柏松的辩解更加说明其具有自我保护能力。(2)吸食海洛因、再吸食冰毒产生幻觉的可能性的确很高,幻觉存在时间因人而异,可能超过3个月(彭柏松在侦查阶段的3个月内,所作的6次有罪供述基本一致),并且幻觉只能在吸毒后才会产生,毒瘾发作不会产生幻觉。彭柏松因吸食海洛因强制戒毒6个月,此次作案后尿检吗啡类阴性、甲基苯丙胺阳性,说明其确实吸食过冰毒,结合彭在作案前的一些反常现象,其辩解产生幻觉存在一定的可能性。但是,即便是产生幻觉,由于吸毒系自陷行为,如同醉酒一样,仍然具有刑事责任能力。因此,吸毒自陷行为不能减轻刑事责任。

案例:陈万寿故意杀人案

案例来源:《刑事审判参考》总第113集[第1242号]

主题词:故意杀人罪 原因自由行为

一、基本案情

被告人陈万寿常年吸毒,导致精神障碍,被强制戒毒二年后仍复吸毒品。2013年9月20日12时许,陈万寿在湛江市麻章区太平镇岭头村家中产生幻觉后,持菜刀闯入邻居陈某某住宅,将陈某某之子陈安某(殁年3岁)挟持,威胁在一旁劝阻的群众。公安人员接警赶到后,陈万寿将陈安某挟持至陈某某家院内,不顾众人的劝解,持菜刀砍切陈安某颈部一刀,致陈安某左颈总动脉、颈内静脉断裂失血性休克当场死亡。

二、裁判要旨

No.4-232-16 因吸食毒品导致精神障碍后实施犯罪行为的,应当承担刑事责任。

被告人陈万寿作案时,处于精神活性物质所致精神障碍发病期,发病主要原因是其常年吸食毒品。其吸毒行为属于可控制行为,具有违法性和自陷性,其因常年吸毒而产生幻觉实施故意杀人的行为,属刑法理论上的"原因自由行为",也称"自陷行为"。

按照我国刑法学界的通说,主客观相统一的原则是认定刑事责任的基本原则。主观罪过是行为人对自己行为的危害结果的心理态度,危害行为是行为人在自己意志支配下的身体动静,主观罪过和危害行为是有机统一的。而在原因自由行为的场合下,行为人的主观罪过与结果行为是"脱节"的。但从因果关系的角度来解释,行为人的结果行为纯粹是其实施犯罪的工具。行为人故意或过失造成自己的无责任能力状态并且在这种状态下造成了危害结果,这种利用自己为工具的行为应当被看作其实行行为,与利用物理工具的行为(如驱赶猛兽杀人)具有相同的刑法意义。在行为人起先没有实施暴行等结果行为的意思,但由于饮酒、吸毒等原因行为而产生了该意思时,可以肯定原因行为与结果之间存在因果关系。在行为人事先就有实施结果行为的意思,出于鼓起勇气等动机而饮酒、吸毒导致丧失责任能力,进而在该状态下实施了结果行为时,也可以肯定原因行为与结果之间的因果关系。既然行为人在实施与结果的发生具有因果关系的行为时具有责任能力,而且具有故意或者过失,就具有了可罚性。因此,根据原因自由行为的法理,对于故意或者过失导致自己陷入限定责任能力状态进而实施犯罪的,应当追究刑事责任,而且不能适用从轻或者减轻处罚的规定。

本案中,被告人陈万寿常年吸毒,2008 年曾被强制戒毒,其对选择继续吸食毒品系违法行为有明确的认知,且曾多次出现幻觉,仍不知悔改,自愿选择继续吸食毒品。陈万寿产生幻觉为长期吸毒所致,属原因自由行为,其因吸毒行为导致精神障碍与被害人的死亡结果存在刑法上的因果关系,其对死亡结果的发生具有支配力。陈万寿虽然因吸毒导致其辨认、控制能力受损,但其自愿吸毒使自己陷入精神障碍而实施杀人行为,与被迫、被诱骗吸毒而实施犯罪的情况不同,其对于危害结果的发生持放任态度,具有完全责任能力,应承担故意杀人罪的刑事责任。

一般来说,原因自由行为引起的犯罪,在处罚上可作为酌定从宽处罚的情节。毕竟这种情形下实施的犯罪行为与正常情况下实施的犯罪行为,在罪质上特别是主观恶性上还是有一定区别的。但是,原因自由行为产生的原因,行为人对原因自由行为的态度及行为所造成的危害后果也是必须考虑的因素。原因自由行为不能成为一律从宽处罚的理由。本案中,被告人陈万寿产生幻觉为长期吸毒所致,不仅属于自陷行为,且其对该自陷行为毫无节制,甚至故意放纵。在这种情况下,原因自由行为就不能成为从宽处罚的理由。加之本案被告人的犯罪性质恶劣、手段残忍,犯罪情节、后果均极其严重,对被告人是否作出宽宥的处理更应持十分慎重的态度。

案例:闫新华故意杀人、盗窃案

案例来源:《人民法院案例选》2005 年第 3 辑

主题词:自首

一、基本案情

被告人闫新华,男,45 岁,无业,曾因扒窃、盗窃、流氓多次被劳动教养,曾因犯惯窃罪、盗窃罪、伪造居民身份证罪被判处有期徒刑,2002 年 12 月 13 日刑满释放。

北京市第一中级人民法院经审理查明:2004 年 1 月 13 日和 2 月 2 日,闫新华先后 3 次在北京市海淀区北蜂窝路 15 号院 1 号楼 307 室,采用钻窗入室等方法盗窃李璐雯、黄莉人民币 2000 余元,银灰色 LGCU101 型 CDMA 移动电话机 1 部、充电器 3 个,赃物经鉴定价值人民币 2349 元。

2004 年 1 月 29 日 18 时许,闫新华在北京市海淀区海安军博存车室内盗窃杨丽芳、郭建忠人民币 700 余元,三星牌移动电话机 1 部等物,赃物经鉴定价值人民币 1991 元。

2004 年 2 月 18 日,闫新华因涉嫌犯盗窃罪被查获归案后,主动交代了以下经庭审查证属实的犯罪事实:

2003 年 10 月中旬的一天 22 时许,闫新华将一妇女带至本市海淀区北蜂窝路 15 号院 1 号楼 207 号家中留宿。次日凌晨 4 时许,闫新华趁该妇女熟睡之机,用铁锤猛砸其头部,致其重度颅脑损伤死亡。后闫新华将该妇女的尸体肢解,抛弃于海淀区莲花桥西北角垃圾堆、宣武区广安门桥下护城河等处。

2003 年 12 月 4 日 23 时许,闫新华携带铁锤、绳子等凶器到本市海淀区北京交通大学东路 41 号院 1 号楼地下室 12 号内,与徐某(女,40 岁)同宿。次日凌晨 6 时许,闫新华趁徐某熟睡之机,用铁锤猛打徐某的头部,并用尼龙绳欲将徐某勒死,因徐某奋力反抗搏斗,闫新华杀人未遂。

2003 年 10 月 9 日 1 时许,闫新华在本市海淀区北蜂窝路 15 号院内,采用改锥撬碎车窗玻璃的方法,盗窃李若忱奥拓牌轿车内的大量安利化妆品等物,赃物经鉴定价值人民币 8713 元。

2003 年 10 月的一天 1 时许,闫新华在本市海淀区北蜂窝路 15 号院内,盗窃张楠的桑塔纳牌 2000 型轿车内户口本、护照等物。

2003 年 11 月的一天 1 时许,闫新华在本市丰台区莲花池西路国税局宿舍厕所内,盗窃北京天岳恒鑫厦物业管理有限公司的日立牌电锤一个,经鉴定价值人民币 693 元。

北京市第一中级人民法院认为,闫新华故意非法剥夺他人生命,致人死亡,其行为已构成故意杀人罪;以非法占有为目的,秘密窃取公民财物,数额巨大,其行为又已构成盗窃罪,且在刑满释放后五年内又犯罪,系累犯。闫新华所犯故意杀人罪虽系自首,所犯部分故意杀人罪属于未遂,但其犯罪的性质极为恶劣,手段凶残,情节、后果特别严重,必须依法严惩,对闫新华所犯故意杀人罪不予从轻处罚。故判决:被告人闫新华犯故意杀人罪,判处死刑,剥夺政治权利终身;犯盗窃罪,判处有期徒刑十年,剥夺政治权利二年,并处罚金人民币一万元,决定执行死刑,剥夺政治权利终身,并处罚金人民币一万元。

一审宣判后,闫新华不服,提出上诉。

二审法院经审理认为:上诉人闫新华的行为构成故意杀人罪、盗窃罪,且系累犯,依法应当从重处罚。但鉴于闫新华在因涉嫌犯盗窃罪被羁押期间,主动供述司法机关尚不掌握的两起故意杀人犯罪事实并指认抛尸现场,系自首,其中一起故意杀人罪系未遂,故对闫新华所犯故意杀人罪可判处死刑,不立即执行,改判上诉人闫新华犯故意杀人罪,判处死刑,缓期二年执行,剥夺政治权利终身;犯盗窃罪,判处有期徒刑十年,剥夺政治权利二年,并处罚金人民币一万元,决定执行死刑,缓期二年执行,剥夺政治权利终身,并处罚金人民币一万元。

二、裁判要旨

No.4-232-17 在羁押期间主动供述司法机关尚未掌握的其他罪行,构成自首的,即使其供述的罪行达到极其严重的程度,也可以根据案情不判处死刑立即执行。

第一,被告人自首情节的司法价值大。从本案被告人自首的罪行看,两起故意杀人犯罪均发生在2003年,案件较长时间未破,公安机关也未能掌握被告人实施犯罪的任何线索。对于第一起故意杀人案,公安机关虽然发现死者尸体及作案现场,但对于死者身份及犯罪嫌疑人等主要案件事实,在被告人主动供述前均未掌握;对于第二起故意杀人案,在被告人供认前,公安机关甚至不知道犯罪发生。可见,正是被告人的主动供述行为,公安机关才得以及时侦破这两起重大犯罪,维护法律的尊严。本案被告人对故意杀人罪的主动供述所成立的余罪自首,表现出被告人在主观上对其所犯重大罪行的悔罪意识,比犯罪分子作案后被通缉迫于压力而投案的自首具有更大的司法价值。对于这样的自首情节,在量刑方面应予考虑。

第二,有利于贯彻国家刑事政策,实现刑罚目的对于犯罪,我国一直实行惩办与宽大相结合的刑事政策,强调宽严相济,在法律适用上,力求做到该严则严,当宽则宽。这一刑事政策在惩罚犯罪的基础上注重发挥刑罚预防犯罪的功能,力求防止和减少犯罪,以实现刑罚的目的。考虑到自首情节对本案被告人从轻处罚,不适用死刑立即执行,可能鼓励和引导一些犯罪的人悔过自新,自动投案或主动供认司法机关未掌握的罪行以接受国家惩处,有利于发挥刑事政策威力,分化瓦解犯罪分子,使案件及时得以侦破,有效实现刑罚目的,正是坚持和贯彻上述刑事政策的结果。

综上,本案被告人罪行极其严重,应当判处死刑,但鉴于其自首情节的司法价值大,从落实自首的立法意图和司法效果以及坚持和贯彻国家刑事政策出发,二审法院依法改判其死刑缓期二年执行。

案例:张志信故意杀人案

案例来源:《人民法院案例选》2006年第3辑

主题词:被害人过错　故意杀人罪　缓刑

一、基本案情

被告人张志信,男,1949年出生。因涉嫌故意杀人罪于2004年3月14日被沈丘县公安局刑事拘留,同年5月1日被逮捕。

河南省沈丘县人民法院经审理查明:被告人张志信之子张黎明(34岁),1993年与项城市师寨村村民师某结婚,1994年与父母分居生活,同年生长子,1996年生次子。游手好闲,不务正业,偷盗成习,为人动辄拼命,危害社会,扰乱四邻,群众恨之入骨,敢怒不敢言。其经常向父母索要钱财,对父母、妻子非打即骂,甚至持刀砍父母。其父母被逼无奈不敢在家居住,先后搬到槐店镇豆庄、石槽乡张庄租房居住,还去过湖北打工。2002年其妻师某提出离婚,因张黎明不同意,便带次子住娘家不归,长子随张志信夫妇生活。张黎明常到岳父母家滋事,曾放火烧其岳父房子。

2003 年 1 月 14 日夜 11 时许,儿子张黎明酒后持刀闯入其母的卧室,其母与小孙子已睡觉,张黎明威逼母亲要钱,其母害怕给其 30 元,张黎明嫌少,仍用刀相逼,并将床上蚊帐一角砍掉,又要砍其母,其母吓得没穿衣服跑到门外喊人,邻居听到喊声赶来,其母见来人即上前求救。这时在另一间房休息的张志信气愤之极,在门口顺手掂把抓钩赶到西屋朝准备睡觉的张黎明头部猛击致死,并连夜将张黎明掩埋。

自张志信于 2003 年 1 月 14 日打死其子,至 2004 年 2 月 24 日案发,一年多内,群众对张黎明被打死已有所耳闻,但均无人报案。2004 年 2 月份,张黎明之妻师某与他人谈及此事,被告发。

案发后,张志信所在行政村群众到县委政法委上访,强烈要求对张志信从轻处理。在法院审理期间,上百户村民联名上书,再次强烈要求从轻判处。

沈丘县人民法院认为:被告人张志信因不堪忍受其子张黎明长期的打骂、侮辱、滋扰,出于义愤而将其子打死,其行为已构成故意杀人罪。综合全案事实情节,案发时被害人持刀逼母、砍母、劫掠财物,致其母赤裸下身而抱住他人求救,被害人有重大过错,张志信故意杀人属情节较轻,该院依照《中华人民共和国刑法》第二百三十二条、第七十二条第一款、第七十三条第二款、第六十一条之规定,判决被告人张志信犯故意杀人罪,判处有期徒刑三年,缓刑五年。

宣判后,没有提起上诉和提出抗诉。

二、裁判要旨

No. 4-232-18　被害人的严重过错导致行为人义愤杀人或者大义灭亲杀人的,一般应认定为情节较轻的故意杀人罪,符合法定条件的,可以适用缓刑。

在本案中,被告人主观上明知其持抓钩猛击其子头部会发生死亡的结果,而希望或放任这种结果的发生;客观上实施了持抓钩猛击其子要害部位,致其子死亡的行为,符合故意杀人罪的构成要件,应构成故意杀人罪。

《刑法》第二百三十二条规定:故意杀人的,处死刑、无期徒刑或十年以上有期徒刑;情节较轻的,处三年以上十年以下有期徒刑。就本案而言,被害人为人凶狠,动辄拚命,其父母经常处于被威胁、恐惧状态。案发时,被害人又持刀逼母、砍母,致其母亲赤裸身体向他人求救,有重大过错,其父张志信基于义愤将其打死,与一般的图财、报复、奸情、拒捕等动机有着质的不同,故法院认定被告人故意杀人属情节较轻,是正确的。此外,本案案发后,群众自发联名上书到县委机关、司法机关痛陈被害人生前劣迹,称其危害社会,死有余辜,认为张志信杀子系大义灭亲,为民除害,强烈要求对张志信从轻处理,量刑判处有期徒刑三年是适当的。该案从作案至案发的一年多时间里,同村群众对张黎明被打死虽有所闻,但无人告发,其间被告人张志信与村民邻里和睦共处,与人为善,表现较好,无违法情况。而且,在艰难生活中承担起对长孙的教育和抚养义务,对其适用缓刑不致再危害社会,故决定以故意杀人罪,判处张志信有期徒刑三年,缓刑五年,既正确适用了法律,又考虑到了群众的意愿和社会效果。

案例:胡时散等故意杀人案

案例来源:《人民法院案例选》2006 年第 3 辑

主题词:限制刑事责任能力　绑架罪　故意杀人罪

一、基本案情

被告人(上诉人)胡时散,又名胡时俊,男,1989 年出生,2004 年 6 月 17 日被逮捕。

被告人白海涛,男,1989 年出生,2004 年 6 月 17 日被逮捕。

被告人蒋玮,又名蒋林俊,男,1990 年出生,2004 年 6 月 17 日被逮捕。

被告人张浩,男,1989 年出生,2004 年 6 月 17 日被逮捕,2005 年 3 月 24 日取保候审。

四川省德阳市中级人民法院经审理查明:被告人胡时散意欲绑架他人勒索钱财并邀约原审被告人白海涛、蒋玮、张浩共同参与。胡时散打听到什邡市雍城中学学生王博(本案被害人,男,被害时14岁)家庭条件较好,决定绑架王博。因王博与胡时散等人相识,胡恐罪行败露,遂提出先将王博杀死再勒索钱财,白海涛、蒋玮表示同意,张浩同意绑架王博但对杀死王博持放任态度。2004年5月24日,胡时散、张浩来到什邡市双盛镇石亭江大河河坝附近选定藏匿被害人王博的地点并准备了绳子、尖刀等作案工具。当日21时许,胡时散、白海涛、蒋玮、张浩来到雍城中学附近,白海涛、蒋玮在学校门口将王博叫住,胡时散招来一出租车将王博骗上车,张浩正欲上车即被其母亲叫回家,胡时散、白海涛、蒋玮将王博带到双盛河坝对王捆绑,骗得王博家中电话号码后,胡时散、蒋玮持刀先后对王胸、腹、头等部位刺杀,白海涛、胡时散、蒋玮又持石头砸打王头部,后三人用石头、瓦块等物将王博掩埋致王死亡。胡时散将所带背包、刀和王博的书包弃于现场附近的水坑内。同月25日,胡时散向王博家打电话索取现金8万元。同日,胡时散、白海涛、蒋玮、张浩先后被抓获归案并带领公安人员指认藏匿王博尸体的现场。

四川省德阳市中级人民法院认为:被告人胡时散、白海涛、蒋玮、张浩共谋绑架勒索并杀害人质的犯罪事实清楚,证据充分。上述行为已触犯我国《刑法》第二百三十二条之规定,构成故意杀人罪,公诉机关的指控成立,各辩护人关于不构成故意杀人罪的辩解不能成立,无罪的辩护意见不予采纳。被告人胡时散在犯罪中起组织指挥作用,是本案主犯,被告人白海涛、蒋玮积极参与实施了犯罪,处于从属地位,系从犯,可比照主犯从轻处罚,被告人张浩亦参与了犯罪,系从犯,但张浩的犯罪情节轻微,依法可以免予刑事处罚。

据此,德阳市中级人民法院作出判决:

被告人胡时散犯故意杀人罪,判处无期徒刑,剥夺政治权利终身。被告人白海涛犯故意杀人罪,判处有期徒刑十五年,剥夺政治权利四年。被告人蒋玮犯故意杀人罪,判处有期徒刑十二年,剥夺政治权利三年。被告人张浩犯故意杀人罪,免予刑事处罚。

一审宣判后,胡时散不服,向四川省高级人民法院提起上诉。

胡时散的上诉理由及其辩护人的辩护意见是:胡时散不构成故意杀人罪,是绑架罪,作案时未满16周岁,依法不应追究刑事责任。

白海涛的辩护人提出:白海涛认罪、悔罪态度好,作案时未成年,是从犯,请求依法从轻、减轻处罚。

蒋玮的辩护人提出:蒋玮的行为应属绑架,应从轻或者减轻处罚。

张浩的辩护人提出:张浩的行为属绑架,且属犯罪中止。

四川省高级人民法院审理查明的事实与原判相同,予以确认。

四川省高级人民法院认为:原判认定被告人胡时散、白海涛、蒋玮、张浩共谋绑架并杀死被害人王博的事实清楚,证据确实、充分。胡时散、白海涛、蒋玮、张浩共谋绑架被害人王博,恐罪行败露杀死被害人王博的行为,构成故意杀人罪,应予严惩。胡时散、白海涛、蒋玮、张浩犯罪时已满十四周岁未满十六周岁,应从轻或者减轻处罚。胡时散提出犯意,在共同犯罪中起组织指挥作用,系主犯;白海涛、蒋玮、张浩起次要作用,系从犯,应从轻、减轻或者免除处罚。胡时散上诉以及胡时散、蒋玮、张浩的辩护人辩护提出胡时散、蒋玮、张浩等人的行为不构成故意杀人罪,应属绑架罪,不应承担刑事责任的理由,与查明的胡时散、蒋玮、张浩等人共谋绑架杀害被害人王博并对其实施捆绑、刀刺、石砸、掩埋等行为致被害人死亡的事实不符,胡时散、白海涛、蒋玮、张浩犯罪时已满十四周岁未满十六周岁,其共同故意剥夺被害人生命的行为,应当负刑事责任,上诉理由、辩护意见不能成立,要求从轻处罚的请求,不予采纳。原判认定事实和适用法律正确,量刑适当,审判程序合法。

据此,四川省高级人民法院依照《中华人民共和国刑事诉讼法》第一百八十九条第(一)项和《中华人民共和国刑法》第十七条第二、三、四款、第二百三十二条、第五十五条第一款、第五十六条第一款、第五十七条第一款、第二十五条第一款、第二十六条第一、四款、第二十七条、第三十七条之规定,裁定如下:

驳回上诉,维持原判。

本裁定为终审裁定。

二、裁判要旨

No. 4-232-19　已满 14 周岁不满 16 周岁的人绑架并杀害被绑架人的,不构成绑架罪,应以故意杀人罪论处。

犯罪行为是刑事立法规范的对象,罪名是对犯罪行为本质特征的概括,刑法确定已满 14 周岁不满 16 周岁的人应负刑事责任范围的统一标准,只是犯罪行为本身,而不是具体罪名。《刑法》第十七条第二款中规定的"故意杀人"是泛指的一种犯罪行为,并非特指第二百三十二条故意杀人罪这一具体罪名。《刑法》第二百三十九条规定的绑架并杀害被绑架人行为,实质上是对绑架和故意杀人两个犯罪行为的结合规定,若存在构成犯罪的绑架行为,则对杀害被绑架人的行为定绑架罪,不另行定罪。根据《刑法》第十七条第二款的规定,已满 14 周岁不满 16 周岁的人虽不对绑架行为负刑事责任,但应对杀害被绑架人的行为负刑事责任。对此年龄段的人以勒索财物为目的绑架并杀害被绑架人的应以故意杀人罪追究刑事责任。

在本案中,四名被告人共谋绑架且主观上均有杀害被绑架人的故意,客观上采取诱骗被害人上车至事前选择的案发现场、共同实施对被害人捆绑、刀刺、石砸、掩埋等手段致被害人死亡,其行为完全符合故意杀人罪的构成要件,对四被告人均应以故意杀人罪追究刑事责任,但应根据各自在共同犯罪中的地位和作用予以处罚。虽然四被告人均为未成年人,但被害人也未成年,基于对未成年人的双重保护的角度出发,一审判决定罪量刑适当,二审应予以维持。

案例:王斌余故意杀人案

案例来源:《人民法院案例选》2005 年第 2 辑

主题词:量刑情节　故意杀人罪

一、基本案情

被告人王斌余,男,1977 年 4 月 30 日出生于甘肃省甘谷县盘安镇尉家沟村,汉族,小学文化,农民,捕前住宁夏回族自治区石嘴山市惠农区河滨街电化厂出租房。因本案于 2005 年 5 月 12 日被刑事拘留,同年 5 月 25 日被逮捕。

宁夏回族自治区石嘴山市中级人民法院经审理查明:2003 年 8 月,王斌余到宁夏亚泰机电设备安装有限公司(以下简称"亚泰公司")打工,2004 年在亚泰公司承包的石嘴山市惠农区西部聚氯乙烯有限公司保温保冷安装工程工地打工。2004 年初和 2005 年初,王斌余分别领取了上年的工资 3000 余元和 9975 元。2005 年 2 月中旬,王斌余介绍其弟王斌银和同乡王路全、王胜伟也来到该工地打工。2005 年 2 月 26 日王斌余向工地借款 50 元,4 月 10 日、4 月 20 日、4 月 30 日王斌余陆续向工地借款共 1150 元,总计借款 1200 元。打工期间,王斌余与一同打工的被害人吴华、苏志刚在工作中产生矛盾,曾被吴华打骂。同年 5 月 5 日下午,王斌余因对工作安排不满,不再出工,但仍吃住在工地。

5 月 11 日上午,王斌余给外出在宁夏中宁县(距惠农区 250 公里)的亚泰公司工程承包人陈继伟打电话,提出辞工返乡,要求付清自己与王斌银以及已经辞工返乡的王路全、王胜伟 2005 年的工资。陈继伟让王斌余到中宁县结算,王斌余未去。当日下午 3 时许,王斌余以人身权利得不到保障,父亲脚骨骨折,自己急需回家,陈继伟不给结算工资为由,到石嘴山市惠农区人事劳动保障局投诉。惠农区人事劳动保障局副局长宋尚礼当即电话通知陈继伟和吴新国前来解决问题,吴新国代表陈继伟来到该局。在宋尚礼主持下,经调解,双方同意五日内结清工资。吴新国还提出王斌余、王斌银不能继续在工地吃住。宋尚礼则要求,如不能提供食宿,吴新国必须先支付给王斌余、王斌银部分生活费,尔后从工资中扣除,吴新国应允。离开人事劳动保障局后,吴新国即给付王斌余 50 元生活费,王斌余嫌少未要。

当晚,王斌余与王斌银回到工地,见宿舍房门被锁,便于晚 10 时 30 分左右来到惠农区河滨街钢电路 63 号吴新国的住处敲门索要生活费。吴新国称自己已睡下,明天再解决,王斌余不同意,双方隔着门发生争吵。吴新国打电话让被害人吴华过来劝走王斌余兄弟。吴华将此事告诉了身边的被害人苏志刚、苏文才和苏香兰。苏志刚先赶到吴新国住处劝王斌余兄弟离开。苏文才、吴华、苏香兰随后赶到现场。王斌余对苏志刚说:“没你的事,你回去吧。”苏志刚讲:“咋没我的事,你老到老陈(陈继伟)那儿告我,我看你今天是欠揍了。”王斌余又说:“你没到6点(晚6点)就把电焊收了,我说你咋了?”二人为此争吵。苏文才见状上前责问并打了王斌余一耳光,双方遂发生厮打。王斌余掏出随身携带的折叠刀,先后将苏志刚、苏文才捅倒在地。此时,王斌银抓住王斌余持刀的手进行劝阻,王斌余推开王斌银,又将吴华、苏香兰捅倒在地。吴新国妻子汤晓琴闻讯从屋内走出,搀扶被刺倒在地的苏志刚,王斌余又将汤晓琴捅成重伤,汤晓琴负伤躲避。此时,王斌余发现吴新国也在场,遂持刀追杀,未果。王斌余返回现场,边喊“让你全家都死”边对已被刺倒在地的苏志刚等人连捅数刀,致苏志刚、苏文才、吴华、苏香兰当场死亡。汤晓琴经送医院抢救,脱离危险。经检验,五名被害人共被捅刺48刀。王斌余乘出租车逃离现场后,将凶器抛入黄河。公安机关接到群众报案后,立即开展侦查工作,确认王斌余为犯罪嫌疑人。王斌余于当日晚11时55分到公安机关投案自首,公安机关扣押了其沾有血迹的衣服及随身携带的人民币1452元。

宁夏石嘴山市中级人民法院依照《中华人民共和国刑法》第二百三十二条、第五十七条第一款的规定,以故意杀人罪判处被告人王斌余死刑,剥夺政治权利终身。判决宣告后,王斌余不服,提出上诉。王斌余上诉和二审开庭时提出,自己是被逼激愤杀人,有投案自首情节,一审量刑过重,请求从轻处罚。其辩护人辩称,王斌余是在讨要工钱无结果,被逼无奈的情况下激愤杀人,情有可原,且能自首,应从轻处罚。

二审开庭时宁夏回族自治区人民检察院认为,王斌余故意杀人与索要工资没有直接关系,王斌余及其辩护人提出的王斌余系激愤杀人的理由不能成立。王斌余接连捅杀四人,重伤一人,在被害人已被刺倒后,又进行第二轮捅刺,手段极其残忍,情节特别恶劣,后果特别严重,虽有投案自首情节,但不能从轻处罚。一审判决认定的事实清楚,证据确实、充分,适用法律正确,量刑适当。

宁夏高级人民法院经审理认为:上诉人王斌余在与被害人争吵、厮打过程中持刀杀死四人,重伤一人,其行为已构成故意杀人罪。王斌余提出辞工,要求结清工资,并向当地人事劳动保障局投诉,系依法行使权利。但案发前,其2003年和2004年的打工工资已经结清;其2005年的工资支付问题,案发当日下午经当地人事劳动保障局调解,双方已达成亚泰公司五日内付清王斌余等人工资的协议;王斌余从2005年2月下旬至4月30日陆续从工地借款1200元,案发时随身携有1452元现金,且当天拒收吴新国给付的50元生活费,有能力解决个人食宿问题。本案虽然发生在王斌余向吴新国索要生活费的过程中,但王斌余既已投诉,并与亚泰公司达成协议,理应按照协议解决问题,且并非生活无着。王斌余与苏志刚、吴华均系打工者,是因平时积怨发生争吵,苏文才先动手打人,直接引发此案。其辩护人提出王斌余是在索要工资无结果的情况下,被逼无奈杀人,应从轻处罚的理由,与事实不符,不能成立,不予采纳。

被害人吴华在打工时曾打骂过王斌余,苏文才在案发当晚的争吵中先动手打王斌余一耳光,被害方在案件起因上有一定过错。对于事出有因,被害方有过错的案件,一般情况下,对被告人可以从轻处罚,但并非不论情节、后果一律从轻处罚。王斌余犯罪以后能自动投案,如实供述自己的罪行,其行为构成自首。依照我国刑法规定,对于自首的犯罪分子可以从轻或者减轻处罚,但并非不论罪行轻重,均应无条件从轻或者减轻处罚。王斌余无视他人的生命权利,不听其弟劝阻,持刀连续捅刺五人,杀害无辜;特别严重的是,王斌余在追杀吴新国未果返回现场后,又对已倒在血泊中的被害人连续补刺,前后共刺杀被害人48刀,必欲置被害人于死地,造成四人当场死亡,一人重伤。王斌余杀人手段极其残忍,情节特别恶劣,犯罪后果极其严重,虽具有可以从轻处罚情节,但不足以从轻处罚。王斌余及其辩护人提出的王斌余属于激愤杀人,构成自首,应当从轻处罚的上诉理由及辩护意见,不能成立,不予采纳。综上,原判认定事实清楚,证据确实、充分,定罪准确,量刑适当,审判程序合法。依照《中华人民共和国刑事诉讼法》第一百八十九条第(一)项以及最高人民法院《关于授权高级人民法院和解放军军事法院核准部分死刑案件的通知》的规定,裁定如下:

驳回上诉,维持原判。核准以故意杀人罪判处被告人王斌余死刑,剥夺政治权利终身。

二、裁判要旨

No. 4-232-20 实施极其严重的犯罪后,具有法定和酌定从轻处罚情节的,一般情况下应当考虑从轻处罚;具有特殊情况的,也可以不从轻处罚。

在本案中,王斌余有自首情节,被害方在起因上有一定过错,这两个量刑要因在评价方向上,无论从责任的观点还是预防的观点看,应该说都是有利于被告人王斌余的,因此从量刑因素的评价方向上,主张对王斌余从轻处罚是有理由的。但是,从预防犯罪的角度看,王斌余杀人虽然事出有因,但是,王斌余在讨薪受到委屈后,他的维权手段应适当。王斌余在索要债务过程中,与前来劝阻的同为来自农村的外出务工者发生争执,在被害方打其一耳光后,就拔出随身携带的尖刀刺死四人、重伤一人,其行为性质已经完全超出维权的手段。作为包工头欠钱这种民事债务不是导致债务人甚至不相关的人丧失生命的理由,法律不允许采取极端的方式来索取债务,解决纠纷。在现代债务纠纷频发的背景下,尤其要强调规则意识,依法维权。王斌余不顾其弟劝阻,用刀刺杀四人后,又将闻讯出来劝架的汤晓琴刺成重伤,在其追杀吴新国未果返回现场后,又对已倒在血泊中的被害人进行刺杀,前后共刺杀被害人 48 刀,将四人当场刺死,反映了其必欲置四名被害人于死地的极端的主观恶性,其人身危险性极大,犯罪后果极其严重,故从一般预防的角度看,不判王斌余死刑是很不当的。

在故意杀人罪中,一般而言,被害方有过错以及被告人具有自首情节对从轻处罚被告人是有决定性的意义的,但是在本案中,被告人是在不听劝阻、反复刺杀多名被害人的情况下,造成四人死亡、一人重伤的极其严重的后果,故这两个可以从轻处罚的情节就不具有对被告人从轻处罚的决定性的意义。

案例:潘永华等故意杀人案

案例来源:《人民法院案例选》2005 年第 1 辑

主题词:共同犯罪　故意杀人罪　量刑

一、基本案情

被告人(上诉人)潘永华,男,1962 年 1 月 5 日出生于上海市,汉族,无业,住上海市青浦区白鹤镇外青松公路 2798 弄 14 号 401 室。因本案于 2002 年 7 月 13 日被刑事拘留,同年 8 月 2 日被逮捕。

被告人(上诉人)尹标,男,1968 年 12 月 11 日出生于安徽省蒙城县,汉族,农民,住安徽省蒙城县柳林镇王桥村。1994 年因犯流氓罪被判处有期徒刑五年,1997 年 3 月 13 日刑满释放。因本案于 2002 年 7 月 15 日被刑事拘留,同年 8 月 2 日被逮捕。

被告人郑三欧,男,1984 年 3 月 18 日出生于安徽省蒙城县,汉族,农民,住安徽省蒙城西安柳林镇曹桥村。因本案于 2002 年 7 月 21 日被刑事拘留,同年 8 月 2 日被逮捕。

被告人杨红兵,男,1966 年 5 月 23 日出生于江苏省昆山市,汉族,个体户,住江苏省昆山市花桥镇新浦杨家浜村。因本案于 2002 年 7 月 14 日被刑事拘留,同年 8 月 2 日被逮捕。

上海市第二中级人民法院经审理查明:被告人潘永华因经常赌博等与其妻陆某感情不睦。2001 年 5 月,陆某向人民法院提起诉讼,要求与潘离婚,潘对此怀恨在心,起意雇凶杀陆。为此,潘找到被告人杨红兵,提出要用枪击的方法杀人,并让杨帮忙找“杀手”,杨同意后于同年 6 月联系被告人尹标,三人在上海市嘉定区安定镇大众宾馆商定由潘出资人民币 7 万元,尹负责杀人,钱款事前由杨保管。之后,被告人潘永华因无资金,犯罪行为没有实施,潘支付给被告人尹标、杨红兵各人民币 2000 元和 1000 元。

2002 年 4 月,被告人潘永华与陆剑经人民法院调解离婚,并约定上海市青浦区白鹤镇镇中新村 11 号楼 401 室房屋归陆所有,陆支付潘人民币 15 万元。潘得款后,再次与被告人杨红兵、尹标共谋杀人。此后,潘向尹提供了陆剑的住址、下班时间等情况,并带尹指认被害人,将人民币 7 万元交给杨。杨与尹约定 7 万元中 5 万元给“杀手”,尹、杨每人得 1 万元。

同年 6 月,被告人尹标纠集外甥被告人郑三欧及王江波,多次提及杀人,郑、王为图钱财表示同意,尹遂向郑、王提供了被害人的相关情况以及其非法持有的一把带有消音器的以火药为动力发射枪弹的“仿六四式”自制手枪,指使郑枪击被害人头部,王江波为郑望风。同年7月11日下午,被告人郑三欧在被害人陆剑的住处上楼守候,王江波在楼下望风。郑在楼道内见下班的被害人陆剑上楼,即枪击陆的头部一枪,致陆颅脑损伤死亡。

被告人潘永华得知被害人死亡后,让被告人杨红兵按约将钱款支付被告人尹标,尹安排被告人郑三欧、王江波逃离上海,并给郑、王人民币1万余元。

上海市第二中级人民法院认为:被告人潘永华、尹标、郑三欧、杨红兵共谋杀人,其行为均构成故意杀人罪;被告人尹标违反国家枪支管理法规,非法持有以火药动力发射枪弹的非军用枪支一支,其行为还构成非法持有枪支罪,情节严重。被告人尹标非法持有子弹的数量不满20发,尚不构成非法持有弹药罪。被告人潘永华因被害人与其离婚雇佣他人杀人,社会危害大,又无法定从轻处罚情节;被告人尹标虽然没有直接实施杀人行为,但其提供枪支,策划、指使杀人,对被告人潘永华、尹标均应予以严惩。被告人郑三欧虽然直接实施了持枪杀害被害人的行为,鉴于其受被告人尹标指使参与犯罪,犯罪时刚满18岁,到案后交代态度较好,对其处死刑,可不立即执行。被告人杨红兵参与共谋,为杀人之事多次联系,保管、转交杀人佣金,并从中获利,其行为在共同犯罪中不是起次要、辅助作用,对辩护人提出杨系从犯的辩护意见,不予采纳。依照《中华人民共和国刑法》第二百三十二条、第一百二十八条第一款、第二十五条第一款、第五十六条第一款、第五十五条第一款、第六十九条、第六十四条和最高人民法院《关于审理非法制造、买卖、运输枪支、弹药、爆炸物等刑事案件具体应用法律若干问题的解释》第五条之规定,被告人潘永华犯故意杀人罪,判处死刑,剥夺政治权利终身。被告人尹标犯故意杀人罪,判处死刑,剥夺政治权利终身;犯非法持有枪支罪,判处有期徒刑五年,决定执行死刑,剥夺政治权利终身。被告人郑三欧犯故意杀人罪,判处死刑,缓期二年执行,剥夺政治权利终身。被告人杨红兵犯故意杀人罪,判处有期徒刑十五年,剥夺政治权利四年。

一审宣判后,潘永华、尹标不服,提出上诉。

潘永华上诉称其能如实交代犯罪事实,认罪态度好,并检举了杨红兵、尹标犯罪事实,有重大立功表现,原判量刑过重,要求从轻处罚;其辩护人据此建议二审从轻处罚。尹标上诉称其没有向郑三欧提供枪支并指使杀人,原判量刑过重,其辩护人以尹标没有直接实施杀人为由,建议二审从轻处罚。

二审法院经审理认为:原判认定被告人潘永华、郑三欧、杨红兵犯故意杀人罪,被告人尹标犯故意杀人罪、非法持有枪支罪的事实清楚,证据确实、充分,适用法律正确,量刑适当,审判程序合法。上诉人潘永华到案后虽然对犯罪事实作了供认,但公安人员经过多方侦查先后将杨红兵、尹标抓获,潘的行为与立功的法律规定不符;上诉人尹标提供枪支并指使郑三欧实施杀人行为的犯罪事实,不仅有郑三欧的供述予以证实,尹标到案后也曾作了供认,现尹上诉否认,显属抵赖。尹标为杀人提供枪支,并策划、指使杀人,在共同犯罪中起了极其重要的作用,尹未直接实施杀人行为,不能成为对其从轻处罚的理由。潘永华、尹标的上诉理由不能成立,两名上诉人及其辩护人要求对潘、尹从轻处罚的意见,均不予采纳。被告人郑三欧犯罪时刚满18周岁,且受尹标指使参与犯罪,到案后交代态度较好,原判对郑予以从轻处罚并无不当。根据《中华人民共和国刑事诉讼法》第一百八十九条第(一)项,《中华人民共和国刑法》第二百三十二条、第一百二十八条第一款、第二十五条第一款、第五十六条第一款、第五十五条第一款、第六十九条、第六十四条和最高人民法院《关于审理非法制造、买卖、运输枪支、弹药、爆炸物等刑事案件具体应用法律若干问题的解释》第五条之规定,驳回上诉,维持原判。

二、裁判要旨

No. 4-232-21 在雇佣犯罪中,雇主没有参与实施实行行为的,属于教唆犯;雇主与被雇佣者共同实施实行行为的,雇主既属于教唆犯,又属于实行犯。量刑时,对雇主与被雇佣者应区别上述情况具体判定,不应一律同罪同罚。

从共同犯罪的地位和作用看,无论雇主是特殊的教唆犯还是教唆犯与实行犯罪兼而有之,雇主均起着主要作用。在雇凶杀人的情况下,一般而言,雇主的罪责大于实行犯,故对雇主与实行犯的量刑应有差别。当然也不能一概而论。

本案被告人潘永华、尹标没有直接实施杀人行为,均判处死刑立即执行,而真正枪击被害人的被告人郑三欧却判处死缓,在量刑上似乎有悖传统的执法理念。但纵观全案,被告人潘永华因被害人与其离婚而雇佣他人杀害被害人,既是本案的发起者,又是共同犯罪的纠集者,还是本案的策划者,并以利诱的方法,将自己的犯罪意图灌输给原本没有杀人故意的尹标等人,其主观恶性大,后果严重,又无法定从轻处罚情节,对其应以故意杀人罪,从严惩处。被告人尹标接受杀人雇佣,自己不实行杀人,纠集刚满 18 周岁的外甥,为其提供枪支,教其开枪,指使其在楼道内枪击被害人头部,并安排其逃逸,在共同犯罪中起了极其重要的作用,即使其没有直接实施杀人行为,也不能成为对其从轻处罚的理由。郑三欧刚满 18 周岁,其受舅舅尹标的教唆、利诱,按照尹的安排,枪杀被害人,到案后交代态度较好,对这样的犯罪人,虽然所犯罪行极其严重,但尚不属于判处死刑必须立即执行的罪犯,故对其判处死缓。当然,这也是慎用死刑的体现。

案例:叶得利、孙鹏辉故意杀人,孙鹏辉窝藏案

案例来源:《刑事审判参考》总第 130 辑[第 1454 号]

主题词:故意杀人罪　死刑

一、基本案情

被告人叶得利与被害人张某霜系浙江温州同乡,二人与他人在江苏省南通市通州区平潮镇租房合伙做承兑贴现生意。其间,二人发生不正当两性关系。2016 年 2、3 月,叶得利因得知、猜疑张某霜与其他男性有不正当男女关系而心生怨恨,产生雇凶杀害张某霜之念。同年 4 月,叶得利通过网络先后与被告人孙鹏辉以及韩卫民联系,雇二人杀害张某霜。4 月 26 日,叶得利在得知张某霜将于 28 日到平潮镇承兑贴现店后,通知孙鹏辉与韩卫民到上海市会合,前往平潮镇杀人。27 日,孙鹏辉乘高铁从辽宁省丹东市,韩卫民驾车并携带尖刀、手套等作案工具从浙江省绍兴市分别前往上海市。二人于当日 22 时许在上海会合,在叶得利指定的地点拿取承兑贴现店钥匙后驾车前往平潮镇。28 日上午,韩卫民、孙鹏辉购买了简易袋、封胶带、擀面杖等作案工具,后于当日下午、晚上及 29 日早上,由韩卫民单独或二人共同潜入承兑贴现店伺机杀人未果。29 日下午,叶得利又指使孙鹏辉、韩卫民以办理承兑贴现业务为名将张某霜骗出,欲杀之亦未果。当日 16 时许,由孙鹏辉在门外望风,约定以拉上门帘作为得手信号,韩卫民再次进入承兑贴现店,用携带的尖刀连续捅刺张某霜数刀,致其死亡。后孙鹏辉发现店内门帘被拉上,并从 QQ 收到韩卫民发来的信息"好了"。韩卫民在行凶过程中胸部中刀,致大出血死亡。当日 19 时许,因韩卫民一直没有出来,叶得利电话指使孙鹏辉进店查看并拿走韩卫民的手机。孙鹏辉进店发现张某霜与韩卫民均已死亡,但未找到韩卫民手机,后窃取韩卫民部分现金逃离现场。孙鹏辉将上述情况告知叶得利后逃往上海。

2016 年 4 月 29 日,被告人孙鹏辉在网上发帖欲以 1000 元购买一张身份证,被告人孙龙岗称其可以出售一张名字为"黄洋"的身份证。当日 22 时 30 分许,二人在上海汇宝购物广场见面。孙鹏辉将犯罪经过告知孙龙岗,孙龙岗仍然向其提供"黄洋"身份证,带其理发并购买衣物、火车票、手机卡等,帮助其逃匿。

被告人叶得利在审理期间检举揭发高兵交通肇事犯罪,经查证属实。叶得利归案后自第四次接受调查起能够如实供述自己的罪行,其家属代交 80 万元用于民事赔偿。被告人孙鹏辉、孙龙岗归案后均如实供述了自己的犯罪事实。

二、裁判要旨

No. 4-232-22　雇凶杀人案件中,应根据行为人的地位和作用认定罪责最严重的主犯,在致一名被害人死亡的案件中,应仅对罪责最为严重者适用死刑立即执行。

雇凶杀人属于一种典型的共同犯罪,存在雇凶者和受雇者两种角色,雇凶者作为犯意发起者,是犯罪产生的源头,受雇者具体实施犯罪行为,导致犯罪结果的发生。一般而言,雇凶者和受雇者的行为互相依赖、互相支配,雇凶者犯罪意图达成的程度、犯罪结果的发生依赖于受雇者具体犯罪行为的实施情况,受雇者犯罪对象的选定、犯罪行为的实施依赖于雇凶者的指示、指挥,雇凶者和受雇者都是主犯,但二者地位、所起作用和承担的罪责仍会存在一定差别。区分二者之间的罪责十分必要,特别是对雇凶杀人致一名被害人死亡的案件,"一命偿一命"既符合罪责刑相适应的刑法基本原则,也顺应朴素的正义观念,除特殊情况外,一般不宜同时判处雇凶者与受雇者死刑并立即执行,可对罪责最为严重者适用死刑立即执行,对其他主犯适用相对较轻的刑罚。

实践中,应从雇凶者和受雇者在共同犯罪中的地位和作用着手,准确认定罪责最为严重者。具体来说,一般可从以下几方面考虑:(1)雇凶者不仅提起犯意,还与受雇者共同直接实施犯罪,雇凶者罪责最为严重;(2)雇凶者虽没有直接实施犯罪,但参与了共同犯罪的策划,以其为主制定犯罪方案,组织、指挥受雇者实施犯罪,雇凶者罪责最为严重;(3)雇凶者雇用有刑事责任能力的未成年人实施犯罪,雇凶者罪责最为严重(如雇用无刑事责任能力的未成年人实施犯罪则属于间接正犯);(4)雇凶者雇用多人作案,各受雇者地位作用相当,责任相对分散或者责任难以分清,雇凶者则应对全案负责,罪责最为严重;(5)受雇者要求退出犯罪、中止犯罪,雇凶者通过提高酬劳等方式坚定受雇者犯罪意志的,雇凶者罪责最为严重;(6)雇凶者仅笼统提出犯意,没有参与策划犯罪,没有实施组织、指挥行为,也没有实行行为的,受雇者积极主动实施犯罪行为,受雇者罪责最为严重;(7)受雇者明显超出雇凶者授意范围实施犯罪,因行为过限造成更严重危害后果,受雇者罪责最为严重;(8)雇凶者撤回犯意,要求受雇者停止犯罪,受雇者仍然坚持实施犯罪行为,受雇者罪责最为严重。

本案中,被告人叶得利作为雇凶者,虽然没有与受雇者韩卫民、孙鹏辉共同直接实施故意杀人行为,但其提起犯意,通过网络发布雇凶杀人信息,为主制订杀人方案,提供资金以及被害人的行踪信息,组织、指挥受雇者实施杀人行为,多次催促受雇者作案,中途通过加价进一步坚定受雇者杀人决心,甚至在案发当天下午,叶得利还曾指使孙鹏辉、韩卫民以办理承兑贴现业务为名将张某霜骗至偏僻处,欲杀害未果。韩卫民杀死张某霜后,叶得利还指示孙鹏辉去现场查看、取回韩卫民手机。综上,叶得利的行为符合前述第二、第五两种情形,在共同犯罪中的地位和所起作用均大于受雇者,应认定为罪责最为严重的主犯。

案例:张俊杰故意杀人案

案例来源:《刑事审判参考》总第65集[第511号]

主题词:故意杀人罪 死刑 自首

一、基本案情

被告人张俊杰,男,1962年7月21日出生,乌鲁木齐铁路局信号工。因涉嫌犯故意杀人罪于2007年3月2日被逮捕。

新疆维吾尔自治区乌鲁木齐铁路运输中级法院经审理查明:2006年11月30日晚,被告人张俊杰因琐事与同在乌鲁木齐铁路运输学校参加培训的铁路职工施玉军、蔡文仲发生口角进而厮打,致蔡文仲轻伤。次日,张俊杰被公安机关取保候审。12月8日,公安机关通知保证人李建方让张俊杰去一趟,张俊杰误认为施、蔡二人不放过自己,自己将被追究刑事责任,即产生如施玉军不同意调解就将其杀死之念。12月10日,张俊杰打听到施玉军正在乌苏火车站值班,即携带菜刀、匕首各一把以及白酒、食品、饮料等物到乌苏火车站,在信号工区宿舍找到施玉军,拿出白酒和食品向施玉军道歉并请求施玉军在其和蔡文仲之间调解,张俊杰见施玉军拒绝其要求,即抽出匕首向施玉军连续捅刺,致其当场死亡。而后,张俊杰将房门反锁,用菜刀将自己双手腕划开,用毛巾蘸血在墙上书写"害人害己,罪有应得,同归于尽,十分公平"16个字,又用匕首在自己胸腹部扎了两刀。期间,张俊杰给李建方发短信告知其将施玉军杀死并准备自杀。李建方随后通知了张俊杰妻子兰素萍并报警,兰素萍赶到现场亦让同事打电话报警。公安人员到达现场后,张俊杰在房间内持匕首以自杀相威胁不让他人靠近,公安人员经劝诫无效,乘其不备冲入房内将其制服抓获。

乌鲁木齐铁路运输中级法院认为:被告人张俊杰因琐事与他人发生争执,进而报复杀人的行为构成故意杀人罪。张俊杰辩称对方先挑衅,没有证据证实。辩护人所提"系自首",与张俊杰没有直接投案,公安人员到达后又以自杀相威胁的事实不符;经鉴定,张俊杰虽有人格障碍,但为有刑事责任能力人,系有预谋的报复杀人,故对辩解和辩护意见均不予采纳。据此,依照《刑法》第二百三十二条、第五十七条第一款的规定,判决如下:

被告人张俊杰犯故意杀人罪,判处死刑,剥夺政治权利终身。

一审宣判后,张俊杰不服,提出上诉,称其受不法侵害在先,有自首情节,可说服家人尽最大可能进行赔偿。

新疆维吾尔自治区高级人民法院经审理后认为:被告人张俊杰的行为已构成故意杀人罪。被害人施玉军并无明显过错,被告人张俊杰亦无自首的主观愿望,故对上诉理由不予采纳。原判认定事实清楚,证据确实、充分,定罪准确,量刑适当,审判程序合法。依照《中华人民共和国刑事诉讼法》第一百八十九条第(一)项之规定,裁定驳回上诉,维持原判,并依法报请最高人民法院核准。

最高人民法院经复核认为:被告人张俊杰因琐事与他人发生矛盾后持刀行凶,故意非法剥夺他人生命的行为,已构成故意杀人罪。犯罪情节和后果严重,应当依法惩处。第一审判决和第二审裁定认定的事实清楚,证据确实、充分,定罪准确,审判程序合法。鉴于本案系被告人与被害人在培训期间因琐事引发,被告人归案后认罪态度较好,其家属能积极赔偿被害人家属的经济损失,原判对张俊杰判处死刑不当。依照《中华人民共和国刑事诉讼法》第一百九十九条和最高人民法院《关于复核死刑案件若干问题的规定》第四条、第八条的规定,裁定如下:

1. 不核准新疆维吾尔自治区高级人民法院(2007)新刑二终字第139号维持第一审以故意杀人罪判处被告人张俊杰死刑,剥夺政治权利终身的刑事裁定。

2. 撤销新疆维吾尔自治区高级人民法院(2007)新刑二终字第139号维持第一审以故意杀人罪判处被告人张俊杰死刑,剥夺政治权利终身的刑事裁定。

3. 发回新疆维吾尔自治区高级人民法院重新审判。

二、裁判要旨

No. 4-232-23 亲友虽然报案,但并未送行为人归案,在警方到达现场后行为人未自愿将自己置于司法机关控制之下的,不成立自首。

在本案中,张俊杰作案后发短信给保证人李建方,李建方打电话向张俊杰确认此事,并表示要报案,张俊杰回答随便,而后李建方与张俊杰妻子兰素萍联系,并在兰授意下报警,兰到达现场,发现确实出事后,亦让同事报警,虽然对他人报警并未反对,且在犯罪现场滞留并未逃离,但是,张俊杰在公安人员到达后,却手持匕首顶住胸部,不让公安人员靠近,表明其拒绝将自己置于公安人员控制之下,故不能认定具有自首情节。

从亲友报案的角度看,根据最高人民法院《关于处理自首和立功具体应用法律若干问题的解释》第一条的规定,公安机关通知犯罪嫌疑人的亲友,或者亲友主动报案后,将犯罪嫌疑人送去投案的,应当视为自动投案。张俊杰的妻子兰素萍虽报案,但并未送张俊杰归案,张俊杰在公安人员到达后,拒绝接受公安机关的控制,不符合司法解释关于将犯罪嫌疑人送去投案这一要件的规定,因此不能认定为自首。

No. 4-232-24 在因双方纠纷引发的故意杀人案中,具有悔罪表现、亲友及时报案并积极赔偿被害方损失的,一般不应判处死刑立即执行。

《全国法院维护农村稳定刑事审判工作座谈会纪要》规定,对于因婚姻家庭、邻里纠纷等民间纠纷矛盾激化引发的故意杀人犯罪,适用死刑一定要十分慎重,应当与发生在社会上的严重危害社会治安的其他故意杀人犯罪案件有所区别。这里的民间纠纷,包括但不限于邻里纠纷,也包括那些因为工作、生活等矛盾引起的纠纷;也不限于农村的民间纠纷,城市中发生的民间纠纷也可以适用《全国法院维护农村稳定刑事审判工作座谈会纪要》规定的精神。

具体到本案,不核准张俊杰死刑,主要有以下理由:

1. 案件起因方面。张俊杰在培训期间与施玉军共同商量请老师吃饭,而施玉军在张俊杰对老师说了后又反悔,张俊杰遂与施玉军、蔡文仲发生争执、打斗,致蔡文仲轻伤,被公安机关取保候审。张俊杰多次寻求和解未果。而后,张俊杰因误认为蔡、施二人不放过自己,自己将被追究刑事责任,工作将保不住,而自己尚有正读高中的女儿与没有工作的妻子需要养活,绝望之下,产生了如施玉军不同意调解,即杀死施玉军之念。案发当日,张俊杰携带食品、匕首、菜刀等物到信号工区宿舍,请求施从中调解,遭施拒绝后,决定与施玉军同归于尽。虽然被害人施玉军在本案中无明显过错,但本案毕竟是同事间因琐事纠纷引发的悲剧,发生在同事熟人之间,不属极端危害社会治安的犯罪。

2. 家属报案。如前所述,由于张俊杰作案后拒绝接受公安机关的控制而不能认定其具有自首情节,但保证人李建方在张俊杰妻子兰素萍授意下报警,兰素萍到现场事后亦报警,致使公安机关及时抓获了被告人,并迅速破案。被告人张俊杰家属的及时报案行为,使得公安机关及时破案,节省了司法资源,同时其通知有关人员代为报案及归案后如实供述罪行亦反映出其一定的悔罪心态,故可作为对被告人酌定从轻的情节考虑。

3. 被告人悔罪,被告人家属积极赔偿被害方损失。张俊杰在二审期间提出愿意赔偿被害方的经济损失,以减轻其罪责,其妻子兰素萍在生活极其困难的情况下用其妹妹的房子作抵押借款三万元,连同其母的两万元养老金,一共筹得五万二千元交至二审法院,希望法院能够从轻判处。被告人的民事赔偿虽不能完全补偿被害方的经济损失,但其家属倾其所能积极赔偿的态度,有利于社会的和谐,故可作为对被告人酌定从轻的情节。

综上,本案被告人因为生活琐事一时冲动而实施的杀人行为,与严重危害社会治安的行凶杀人案件的社会危害性不可等同,考虑到家属及时报案及积极赔偿被害方损失等因素,从慎用死刑的基本刑事政策出发,对其不宜判处死刑立即执行。

案例:被告人胡方权故意杀人、非法拘禁案

案例来源:《刑事审判参考》总第 113 集[第 1239 号]

主题词:故意杀人罪 死刑

一、基本案情

2012 年 6 月 10 日 19 时许,被告人胡方权为向被害人张宏(殁年 44 岁)索债,纠集李同成(另案处理)等人将张宏从浙江省杭州市某酒店带离杭州市。同年 6 月 11 日至 8 月 31 日间,胡方权分别指使或雇用同案被告人张崇宣、金朝国、傅雄武及曾方照、陈晓貌、马兵、金震寰、李英等多人(均已判刑)先后在浙江省温州市永嘉县某街道某村、永嘉县某镇某村及浙江省丽水市青田县方山乡某村等多处租房关押、看管张宏。其间,胡方权多次逼迫张宏电话联系亲友,索要 5000 余万元。因张宏亲属未按胡方权要求的金额及期限汇款,胡方权多次威胁、殴打张宏,并让看管人员用手铐、铁笼拘束张宏。截至 2012 年 8 月 15 日,胡方权共计向张宏亲友索得 620 万元。

2012 年 8 月 31 日深夜,被告人胡方权和金朝国驾车来到浙江省青田县某村关押被害人张宏的地点,伙同金震寰等人将张宏关进一个铁笼,装入所驾驶的奥迪 Q7 轿车后备箱内运往青田县滩坑水库。途中,奥迪 Q7 轿车爆胎,胡方权联系在附近探路的张崇宣驾驶英菲尼迪轿车前来,因该车无法装运铁笼,胡方权又电话联系傅雄武驾驶尼桑皮卡车前来。胡方权等人将关着张宏的铁笼抬到尼桑皮卡车上。然后,胡方权、金朝国乘坐由傅雄武驾驶的尼桑皮卡车,与张崇宣驾驶的英菲尼迪轿车一同驶往青田县滩坑水库,9 月 1 日凌晨,当两车临近水库时,胡方权让傅雄武到英菲尼迪车上停留等候,并让张崇宣换乘到尼桑皮卡车上,然后由金朝国驾驶该皮卡车至滩坑水库北山大桥上调头后靠桥栏杆停下。胡方权、张崇宣、金朝国一起将关着张宏的铁笼从皮卡车上抬起,抛入距离桥面 20 多米的滩坑水库中,致张宏死亡。而后,胡方权等三人与傅雄武会合并逃离现场。胡方权于 2012 年 9 月潜逃偷渡出境,2013 年 2 月 27 日在泰国曼谷被泰国警方抓获,同年 3 月 6 日被押解回国。

另,二审期间,被告人亲属代为赔偿,取得了被害人亲属的谅解。

二、裁判要旨

No. 4-232-25　对严重危害社会治安和影响人民群众安全感的故意杀人案件,被告人主观恶性深、人身危险性大的,即使被告人亲属积极赔偿,得到被害人亲属谅解,也应从严惩处,判处死刑立即执行。

宽严相济是我国的基本刑事政策,即根据犯罪的具体情况,实行区别对待,做到该严则严,当宽则宽,宽严相济,罚当其罪。既要防止片面从严,也要避免一味从宽。从《最高人民法院关于贯彻宽严相济刑事政策的若干意见》可知被告人积极赔偿和被害人及其亲属谅解是重要的酌定从宽处罚情节,但要注意准确、全面把握:第一,被告人案发后对被害人积极进行赔偿,“可以”从宽量刑,而非必须从宽处罚;并且,根据此情节对被告人从宽处罚,被告人不仅要有实际的赔偿,还应当认罪、悔罪。第二,被害人及其亲属谅解而对被告人从轻处罚的上述规定,一般适用于“因婚姻家庭等民间纠纷激化引发的犯罪”。第三,被害人及其亲属谅解的本质是被告人与被害人及其亲属双方在自愿协商一致的基础上,通过被告人真诚悔罪,赔礼道歉并支付被害人的损失,以此来取得被害人及其亲属的谅解,从而修复被破坏的社会关系。在被害人死亡或者无法独立表达意志的情况下,对被害人亲属谅解的背景、原因是否确系真实、自愿,更要从严审查和把握,要注意审查是否违背社会良好风尚和公众朴素的正义情感。第四,被告人积极赔偿和被害人及其亲属谅解虽然是重要的酌定从宽处罚情节,但在严重刑事犯罪中,是否对被告人从宽及从宽的幅度,必须结合犯罪事实、性质及其他情节进行综合衡量,给予适当、准确的评价。

本案中,既有可考虑从严惩处的情节,如系有预谋的直接故意杀人,性质特别恶劣,情节、后果严重,社会危害性大,被告人系累犯,人身危险性大,主观恶性深等;又有可考虑从宽处罚的情节,如二审期间,被告人胡方权的亲属积极代为赔偿,取得被害人亲属谅解。如何评价从严与从宽情节,需要准确把握以下三个方面的因素:

首先,从案件性质来看,本案的起因虽系民间借贷纠纷,但后期发展已明显超出简单的借贷纠纷的性质,演变成严重暴力犯罪。被告人胡方权行为性质特别恶劣。故意杀人系极为严重的暴力犯罪,不但严重侵犯公民个人的人身权利,而且严重危及正常的社会秩序。

其次,从犯罪情节、后果来看,被告人胡方权采用将被害人张宏装入专门制作的铁笼后沉入水库的方式杀人,作案手段残忍,情节特别恶劣,严重危害当地社会治安,影响人民群众安全感。

最后,从被告人的主观恶性及人身危险性来看,被告人胡方权经过预谋,选好地点后纠集他人共同作案。作案后,胡方权潜逃境外,被抓捕归案后,仅供认非法拘禁事实,否认故意杀人事实,且供述屡屡改变。胡方权口供随着司法机关掌握证据的变化而一变再变,百般抵赖,并无认罪、悔罪态度,主观恶性深。

综上,经综合考量从严与从宽情节,最高人民法院对本案总体从严,认定被告人胡方权虽然就民事赔偿与被害人亲属达成了协议,但尚不足以对其从轻处罚,故依法核准被告人胡方权死刑。

案例:赵迎锋故意杀人案

案例来源:《刑事审判参考》总第130辑[第1455号]

主题词:故意杀人罪　自首

一、基本案情

被告人赵迎锋与被害人酒某某于2016年10月17日经法院判决离婚。2019年3月3日上午,赵迎锋在酒某某家中持砍刀、匕首将酒某某及酒某某与前夫薛某甲之女薛某乙杀死。作案后,赵迎锋服毒自杀未果,驾车逃往市郊并将其犯罪事实告知其弟赵某某。赵某某随即报警并寻找赵迎锋,在找到赵迎锋后,再次报警将具体位置告知公安机关,后公安人员将赵迎锋抓获。

二、裁判要旨

No.4-232-26 “送亲投案”能够反映出犯罪嫌疑人对于被送投案没有反抗的主观心态,愿意将自己置于司法机关控制之下,至少并不反对、抗拒,与自首制度设立的初衷相符,因而应当视为“自动投案”。

根据1998年《最高人民法院关于处理自首和立功具体应用法律若干问题的解释》(以下简称《自首解释》)第一条第一项的规定,亲友主动报案后,将犯罪嫌疑人送去投案的,应当视为自动投案。“送亲投案”是指“并非出于犯罪嫌疑人主动,而是经亲友规劝、陪同投案的;公安机关通知犯罪嫌疑人的亲友,或者亲友主动报案后,将犯罪嫌疑人送去投案”的情形。亲友将犯罪嫌疑人送去投案不仅客观上节约了司法资源,深层次上也能够反映犯罪嫌疑人对于被送投案没有反抗的主观心态,愿意将自己置于司法机关控制之下——至少并不反对、抗拒,与自首制度设立的初衷相符,因而《自首解释》将此种情形规定为“应当视为自动投案”。相对于“送亲投案”而言,亲友协助公安机关抓捕犯罪嫌疑人与捆绑送嫌疑人归案则明显不同,该两种情形虽然在一定程度上节约了司法资源,但无论哪一种情形,犯罪嫌疑人均缺乏自愿将自己置于司法机关控制之下接受审查这个核心要件,因此不能视为自动投案。

本案中,被告人赵迎锋在作案后主动联系亲友赵某某等人,并主动告知自己所处位置,当赵某某等亲友找到赵迎锋并再次报警告知警方具体位置时,赵迎锋对此是明知的,在案证据也证实赵迎锋虽已服毒却未丧失行动能力,可以驾车逃走。对于亲友报警,尤其是将具体位置告知公安人员,赵迎锋不但明知,而且没有反抗或抗拒,很大程度上能够反映其投案的主观意愿,这与亲友“捆绑送嫌疑人归案”中,嫌疑人对“归案”抗拒、抵触有着本质区别。从作用角度来讲,亲友将“控制”下的犯罪嫌疑人交付公安机关的行为具有主动性、决定性,远远大于亲友“协助抓捕”的附属性、配合性,完全符合“送亲投案”的实质要求,应当视为自动投案。

综上,被告人赵迎锋作案后逃至郊外,主动联系亲属赵某某,赵某某等人将其找到后随即报警并将具体位置告知警方,属于《自首解释》第一条第一项规定的“亲友主动报案后,将犯罪嫌疑人送去投案的”情形,应当视为自动投案。赵迎锋在归案后如实供述自己的罪行,构成自首。

案例:赵春昌故意杀人案

案例来源:《刑事审判参考》总第60集[第476号]

主题词:自动投案的认定

一、基本案情

被告人赵春昌,男,1960年2月20日出生,农民。因涉嫌犯故意杀人罪于2006年2月23日被逮捕。

河南省安阳市中级人民法院经审理查明:2006年1月31日下午3时许,被告人赵春昌酒后到本村李卫东的小卖部去玩,与正在打扑克的李梅菊发生口角,赵春昌遂拿起灶台上的一把菜刀,照李梅菊头部连砍数刀,李梅菊经抢救无效死亡。经法医学鉴定,李梅菊系他人用“菜刀类”锐器多次砍击造成严重颅脑损伤而死亡。

另查明,被告人赵春昌作案后四处躲藏、逃窜。其间,河南警方给赵春昌之妻韩志云做工作,要求韩协助公安机关抓捕赵春昌或者规劝赵春昌投案自首,韩志云允诺并于2006年2月3日赶到其娘家吉林省辽源市。2006年2月8日河南警方根据韩志云提供的地址,到辽源市山湾乡赵春昌的岳母盛秀兰家,要求盛秀兰及其家人协助公安机关抓捕赵春昌或者规劝赵春昌投案自首。2006年2月9日凌晨3时许,赵春昌逃至盛秀兰家,其妻韩志云遂给赵春昌做工作,规劝赵投案自首,赵春昌同意投案,韩志云遂将此情况电话报告给河南警方,河南警方即通知辽源警方。同时,盛秀兰亦安排儿媳李书芳报警,并到村口带领随后赶到的辽源警方来家中将赵春昌抓获归案。

安阳市中级人民法院经审理认为:被告人赵春昌与他人发生矛盾后,故意持械杀人,并致人死亡,其行为已构成故意杀人罪。被告人虽有自首情节,但不予从轻处罚。依照《中华人民共和国刑法》第二百三十二条、第五十七条第一款、第六十七条第一款,最高人民法院《关于处理自首

和立功具体应用法律若干问题的解释》第一条第一款第(一)项的规定,判决如下:

被告人赵春昌犯故意杀人罪,判处死刑,剥夺政治权利终身。

一审宣判后,被告人赵春昌不服,以被害人有过错,其有自首情节,量刑重为由提出上诉。其辩护人提出,本案被害人有一定过错,被告人有自首情节,真诚悔罪,愿意积极赔偿,应从轻处罚。

河南省高级人民法院经审理认为:被告人赵春昌故意非法剥夺他人生命,其行为已构成故意杀人罪,且其所犯罪行极其严重,应依法惩处。原判认定事实清楚,适用法律正确,定罪准确,量刑适当,审判程序合法。赵春昌的上诉理由及其辩护人的辩护意见均不予采纳。依照《中华人民共和国刑事诉讼法》第一百八十九条第(一)项之规定,裁定驳回上诉,维持原判。并依法报请最高人民法院核准。

最高人民法院经复核认为:被告人赵春昌仅因琐事即公然持菜刀杀死一人,其行为已构成故意杀人罪。其犯罪手段凶狠,情节恶劣,后果严重,应依法惩处。第一审判决、第二审裁定认定的事实清楚,证据确实、充分,定罪准确,审判程序合法。但鉴于被告人赵春昌有自首情节,对其判处死刑,可不立即执行。依照《中华人民共和国刑事诉讼法》第一百九十九条和最高人民法院《关于复核死刑案件若干问题的规定》第四条之规定,裁定不核准并撤销河南省高级人民法院(2006)豫法刑二终字第413号维持第一审以故意杀人罪判处被告人赵春昌死刑,剥夺政治权利终身的刑事裁定,发回河南省高级人民法院重新审判。

二、裁判要旨

No.4-232-27　有证据证明被告人主观上具有投案意愿,客观上具有投案准备,只是因为被公安机关及时抓获而未能投案的,属于经查实确已准备去投案,应视为自动投案;虽有愿意投案的言语表示,但在没有正当理由的情况下无任何准备投案的迹象而被抓获的,不属于准备去投案,不应认定为自动投案。

本案被告人赵春昌在其犯罪事实已被公安机关发觉后外逃期间,其亲属应公安机关的要求,规劝赵春昌投案自首,赵同意投案,其亲属遂将赵愿意投案的情况报告警方,并到村口带领公安人员到家中将在家中等候的赵春昌抓获归案。可以看出,在主观上,赵春昌已经明确表示同意投案;客观上,其亲属打电话将赵春昌投案的意愿通知警方并带领警方在家中将其抓获,赵春昌在被抓获时没有抗拒。上述情节均有证据证实,故足以认定被告人赵春昌确已准备去投案,并且赵春昌在归案后如实供认了自己的罪行,其行为符合自首的构成要件。因此,法院认定被告人赵春昌具有自首情节是正确的。

案例:颜克于等故意杀人案

案例来源:《刑事审判参考》总第60集[第475号]

主题词:故意杀人罪　被害人过错　间接故意

一、基本案情

被告人颜克于,男,1975年12月17日出生,农民。因涉嫌犯故意杀人罪于2007年6月28日被逮捕。

被告人廖红军,男,1975年10月22日出生,农民。因涉嫌犯故意杀人罪于2007年6月28日被逮捕。

被告人韩应龙,男,1973年12月13日出生,农民。因涉嫌犯故意杀人罪于2007年6月28日被逮捕。

浙江省湖州市南浔区人民法院经审理查明:2007年5月25日11时许,被告人颜克于、廖红军、韩应龙与何洪林(另案处理),在湖州市南浔区南浔镇方丈港村发现周家龙有盗窃自行车的嫌疑,遂尾随追赶周家龙至南浔镇的安达码头,廖红军与何洪林对周用拳头打,颜克于、韩应龙分别手持石块、扳手击打周的头部等,致使周头皮裂创流血。周家龙挣脱后,颜克于、廖红军、韩应龙分头继续追赶周家龙。周家龙从停在安达码头的长兴0009货船逃到鲁济宁0747货船,廖红军随颜克于紧跟周家龙追到鲁济宁0747货船,两人将周家龙围堵在鲁济宁0747货船船尾,周家龙被迫跳入河中。韩应龙听到廖红军喊“小偷跳河了”,随即也赶到鲁济宁 0747 货船上。颜克于、廖红军、韩应龙在船上看着周家龙向前游了数米后又往回游,但因体力不支而逐渐沉入水中,颜克于、廖红军、韩应龙均未对周家龙实施任何救助行为,看着周家龙在河中挣扎后沉下水去,直到看不见周家龙的身影,三被告人才下了船离开。接警的公安人员将周家龙打捞上来时,周家龙已溺水死亡。

在审理过程中,被告人韩应龙与被害人周家龙的父母庭外达成和解,被告人韩应龙赔偿被害人周家龙的父母经济损失人民币四万三千元。被害人周家龙的父母请求法院对被告人韩应龙从轻处罚。

湖州市南浔区人民法院认为:被告人颜克于、廖红军、韩应龙因周家龙“偷窃”自行车而殴打、追赶周家龙,从而迫使周家龙逃上货船并跳入河中,三被告人目睹周家龙在水中挣扎,明知此时周家龙有生命危险,却不采取救助措施,最终发生了周家龙溺水死亡的结果,其行为均已构成故意杀人罪,公诉机关指控的罪名成立,依法应予惩处。鉴于三被告人对周家龙死亡结果的发生持放任态度,而非积极追求该结果的发生,且周家龙系自己跳入河中,又会游泳,结合本案犯罪起因,三被告人犯罪的主观恶性较小,属情节较轻。被告人颜克于、廖红军、韩应龙归案后能如实交代自己的犯罪事实,庭审中自愿认罪,分别予以酌情从轻处罚。被告人韩应龙又能赔偿周家龙家属的经济损失,取得周家龙家属的谅解,对被告人韩应龙可适用缓刑。依照《中华人民共和国刑法》第二百三十二条、第二十五条第一款、第七十二条第一款、第七十三条第二款、第三款的规定,判决如下:

1. 被告人颜克于犯故意杀人罪,判处有期徒刑三年九个月。
2. 被告人廖红军犯故意杀人罪,判处有期徒刑三年三个月。
3. 被告人韩应龙犯故意杀人罪,判处有期徒刑三年,缓刑四年。

一审宣判后,三被告人在法定期限内没有上诉,检察机关亦未抗诉,判决发生法律效力。

二、裁判要旨

No. 4-232-28 因先行行为致使被害人处于危险境地的,负有救助义务;有能力履行该义务而拒不履行,致使被害人死亡的,应以故意杀人罪论处。

先行行为应是行为人亲自实施的行为,而不能是行为人以外的第三人。只有因自己行为导致发生(或引起)一定之危险者,始负有防止危险结果发生之义务。本案中,颜克于等被告人对周家龙的殴打、追赶行为导致周家龙跳入河中,在水中挣扎,周家龙的生命已经处于危险状态,而殴打、追赶的先行行为系颜克于等人亲自实施,故对周家龙的危险具有救助义务。船上的其他目击者,即使不救助也不构成不作为犯罪,因未实施先行行为之缘由,不具备防止周家龙死亡的义务。

在本案中,颜克于等人明知周家龙跳河后,因体力不支而在河中挣扎,并渐渐沉入水中,可能会发生溺水死亡的后果,却没有采取任何救助措施,而是目睹周家龙沉入水中后,才离开现场。但是,颜克于等被告人并没有利用溺水这一客观条件而要致周家龙死亡的直接故意,其对周家龙的死亡,仅仅是持放任态度。通常所说的见死不救,指的就是对可能死亡之人不实施救助,而不是指利用危险状态的客观条件致他人于死地。如果周家龙跳水后,要往岸上爬,颜克于等人却实施了阻拦周家龙上岸的行为,迫使周家龙溺水死亡,那么,此时就不是见死不救的问题了,而是直接利用溺水这一客观条件致周家龙死亡,属于直接故意杀人的范畴。因此,本案属于间接故意杀人。

No. 4-232-29 在故意杀人案中,主观上出于间接故意且被害人具有一定过错的,应认定为故意杀人情节较轻,予以从轻处罚。

判断故意杀人是否属于情节较轻,可以从行为人主观过错、案发原因、犯罪手段、因果关系、危害结果等主客观方面综合分析判定。颜克于等被告人的见死不救行为虽然造成了被害人的死亡后果,但综合全案情节,应评价为故意杀人情节较轻。主要理由是:(1)周家龙有实施盗窃自行车的嫌疑,在案件起因上存在一定过错。(2)颜克于等人主观上没有故意杀人的犯罪目的,其对周家龙的死亡后果只是持放任态度而不是积极追求。(3)颜克于等人没有直接实施剥夺他人生命的行为,只是在客观上实施了不正当殴打、追赶周家龙的行为,周家龙基于会游泳而跳入河中,生命处于危险境地后,颜克于等人能够履行救助义务而未履行。(4)本案的因果关系有其特殊性,周家龙的死亡系一果多因,且溺水死亡是直接原因,颜克于等人的不作为只是间接原因。因此,法院认定颜克于等人故意杀人犯罪属情节较轻是正确的。其中,被告人韩应龙积极赔偿,并取得被害人家属的谅解,对其适用缓刑,也符合宽严相济的刑事政策精神。

案例:陈君宏故意杀人案

案例来源:《刑事审判参考》总第117集[第1285号]

主题词:故意杀人罪　不作为

一、基本案情

2011年2月27日凌晨0时7分许,被告人陈君宏担任船长的"恒利88"轮在由南通驶往广东途中,因陈君宏指挥不当,在舟山佛渡岛南侧约2海里处与由台州温岭驶往上海的"浙玉机618"轮雾中相遇,"恒利88"轮的艏尖撞进"浙玉机618"轮右舷中间靠前位置。两船发生碰撞事故后,"浙玉机618"轮因严重受损随即沉没,船员落水。陈君宏明知此时落水船员面临生命危险,仍亲自驾船逃离现场,直至同日1时37分,陈君宏才拨打电话向海事部门报告事故。后在"浙玉机618"轮船员家属催促下,陈君宏于当日3时许返回事故现场施救。"浙玉机618"轮上7名船员因得不到及时救助,其中余国云、王春来、余灵龙、郑国祯、徐良平5人落水死亡,潘伯松、潘云军2人失踪。经宁波海事局调查认定,在上述事故中,"恒利88"轮负主要责任,陈君宏是本起事故的主要责任人。

二、裁判要旨

No.4-232-30　船舶碰撞事故发生后,肇事责任人负有救助义务,应当救助而不救助,致落水船员死亡的,成立以不作为方式实施的故意杀人罪。

先行行为是作为义务的来源之一,海上船舶碰撞使对方船员落水而逃逸的,证明肇事者决意拒绝履行救助义务,放弃处于危险境地的船员的生命,依法可构成不作为的故意杀人罪。申言之,海上船舶肇事通常没有第三方救助的可能,逃逸行为使落水人员丧失唯一的获救机会,认定为故意杀人罪符合案件事实与法律规定。本案船舶碰撞发生在2011年2月27日凌晨0时7分许,既是冬季,又是凌晨,海水温度非常低,落水人员通常在15—20分钟之后便会失去知觉。夜间海上能见度较低,即使有船舶经过案发现场也很难发现落水船员,"恒利88"轮肇事逃逸意味着落水船员失去最后一棵"救命稻草"。对于落水船员因得不到救助可能死亡的危害结果,被告人陈君宏主观上应具有明确的认识,其为了逃避法律追究而逃逸的行为,意味着放任落水船员死亡结果的发生,符合故意杀人罪的主客观要件。

肇事船舶在明知船员落水情况下的逃离现场行为不同于一般的交通肇事逃逸行为。陆上车辆肇事逃逸,被害人会有途经车辆或人员施救的可能,而海上船舶肇事后,被害人很难得到他船的救助,即使附近船舶闻讯赶来,通常也来不及挽回落水人员的生命,即使在水温较高的夏季,海浪、暗流也时刻会吞噬落水人员的生命。相较而言,茫茫大海上发生的逃逸行为,其实际危险性与危害性更为突出,在类似本案的场合下,被告人驾船逃离的行为,几乎意味着宣告落水人员的死亡,对此类行为的定罪处罚应当区别于一般的交通肇事逃逸行为,在其已符合不作为的故意杀人罪构成要件的情况下,应当优先考虑适用该罪名,唯此方能体现罪责刑相适应原则。

案例:吴江故意杀人案

案例来源:《刑事审判参考》总第60集[第474号]

主题词:故意杀人罪　被害人过错

一、基本案情

被告人吴江,男,1984年10月8日出生,北京工业大学学生。因涉嫌犯故意杀人罪于2006

年5月19日被逮捕。

北京市第二中级人民法院经审理查明:被告人吴江与其女友吴俊因经济等问题致感情上产生隔阂。2006年4月8日20时许,吴江将其驾驶的富康牌轿车(车牌号:京HV9076)停放在北京市朝阳区北京工业大学经济管理学院停车场内后,与车内的吴俊聊天。其间,二人再次发生争吵,吴江遂猛掐吴俊颈部,致吴机械性窒息死亡。后吴江将载有吴俊尸体的富康牌轿车弃至北京市东城区东方广场地下停车场内;同月13日,吴江被公安机关抓获归案。

北京市第二中级人民法院认为:被告人吴江故意非法剥夺他人生命,致人死亡,其行为已构成故意杀人罪,且罪行极其严重,依法应予惩处。鉴于吴江归案后能够如实供述所犯罪行,认罪悔罪;其父吴德生在案发后主动报案,并能代替吴江赔偿附带民事诉讼原告人的部分经济损失,故对吴江判处死刑,可不立即执行。根据吴江的犯罪事实,犯罪的性质、情节和对社会的危害程度,依照《刑法》第二百三十二条、第四十八条、第五十一条、第五十七条第一款、第六十四条、第六十一条、第三十六条第一款之规定,判决被告人吴江犯故意杀人罪,判处死刑,缓期二年执行,剥夺政治权利终身。

一审宣判后,被告人吴江没有提出上诉,公诉机关没有提出抗诉。北京市第二中级人民法院依法将本案报请北京市高级人民法院核准。

北京市高级人民法院经复核后认为:一审判决认定的事实清楚,证据确实、充分,定罪及适用法律准确,量刑及对在案物品处理适当,审判程序合法,依照《刑事诉讼法》第二百零一条的规定,裁定核准北京市第二中级人民法院以故意杀人罪判处被告人吴江死刑,缓期二年执行,剥夺政治权利终身的刑事判决。

二、裁判要旨

No.4-232-31 在故意杀人案中,被害人有明显过错或者对矛盾激化负有直接责任的,一般不应当判处被告人死刑立即执行。

本案被告人吴江与被害人吴俊均系在校大学生,二人确立恋爱关系后,吴江经常带吴俊购物、外出游玩,有时在外开房同居。为支付上述高额费用,吴江经常向家里要钱或向老师、同学借钱,还将其父为其购买的富康牌轿车卖掉,用于二人消费。尽管如此,吴江仍不能满足吴俊的物质需求,吴俊经常埋怨吴江没有钱,多次催促吴江向其父亲索要位于市中心的房产,并执意要搬进该房居住,让吴江感到很为难,压力很大。案发当天,二人为此事再次发生争吵,以致吴江认为吴俊是为了钱和房子才与其交往,在激怒之下将吴俊掐死。综上,二人系因经济问题引发的恋爱矛盾。吴俊过高的物质需求给吴江带来巨大的经济压力,系产生矛盾的根本原因;案发当日,吴俊再次让吴江向其父亲索要房产,系激化矛盾的直接原因。从民俗习惯上讲,女方在恋爱期间接受或要求男方给予财物比较普遍,然而,吴俊在度的把握上有失分寸,虽称不上有明显过错,但确有不妥之处,案发当日,又在言语上刺激吴江,对矛盾的激化负有直接责任。被告人吴江系在校大学生,对恋爱矛盾的处理经验不足,案发时受到言语刺激,一时冲动激情杀人,并有殉情自杀的倾向,事后认罪悔罪,如实交代罪行,说明其主观恶性并非极深;其父在其罪行尚未被司法机关发觉时主动报警,并积极筹款赔偿,参与被害人的后事处理,取得了被害人亲属的谅解,应当作为酌定从轻处罚情节考虑。

综上,法院综合全案情节,以故意杀人罪判处被告人吴江死刑,缓期二年执行,正确理解和准确适用了《全国法院维护农村稳定刑事审判工作座谈会纪要》精神,体现了宽严相济的刑事政策要求。

案例:刘兵故意杀人案

案例来源:《刑事审判参考》总第59集[第465号]

主题词:自首的认定

一、基本案情

被告人刘兵,男,1975年6月6日出生,初中文化,个体工商户。因涉嫌犯故意杀人罪于

2006年6月22日被逮捕。

贵州省贵阳市中级人民法院经审理查明:2006年5月26日凌晨1时许,被告人刘兵在贵阳市花溪区贵筑办事处霞晖路自己经营的“1+1”面食店内与被害人韩某(14周岁)发生性关系。因韩某处女膜破裂,刘兵所穿白色横条T恤和裤子上均沾上韩某的血迹。之后,韩某提出要到贵筑办事处云上村二组杨家山其姐的住处,把刘兵与之发生性关系一事告知其姐,并报告派出所。刘兵担心事情败露,遂产生杀人灭口的念头。当刘兵送韩某走到云上村二组杨家山小路时,刘兵用双手将韩某扼掐致死,并将尸体藏匿于路边菜地刺蓬中后逃离现场。经鉴定,被害人韩某系被他人扼压颈部致窒息死亡。案发后,公安机关根据掌握的情况到刘兵家调查,从洗衣机中查获了带血迹的白色横条T恤,刘兵遂交代了所犯罪行。

贵阳市中级人民法院认为:被告人刘兵与被害人发生性关系后因害怕事情败露而产生杀人灭口之恶念,用手扼掐被害人颈部,非法剥夺他人生命,其行为已构成故意杀人罪。刘兵虽能坦白交代自己的罪行,是初犯,认罪态度好,但其手段残忍,情节特别严重,社会影响极坏。依照《中华人民共和国刑法》第二百三十二条、第五十七条第一款之规定,判决如下:

被告人刘兵犯故意杀人罪,判处死刑,剥夺政治权利终身。

一审宣判后,被告人刘兵以具有自首情节、量刑过重为由,向贵州省高级人民法院提出上诉。

贵州省高级人民法院经二审审理认为:上诉人刘兵与未成年被害人韩某发生性关系后因害怕事情败露而产生杀人灭口之恶念,用手扼掐被害人颈部并向被害人口中塞入泥土,致被害人死亡,其行为已构成故意杀人罪。其作案动机卑劣,手段残忍,社会影响极坏,应依法严惩。刘兵是在公安机关已掌握了一定线索且从其家中发现犯罪证据后才供认犯罪事实的,其行为不具备投案的自动性,不构成自首。原判定罪准确,量刑适当,审判程序合法。依照《中华人民共和国刑事诉讼法》第一百八十九条第(一)项的规定,裁定驳回上诉,维持原判,并依法报请最高人民法院核准。

最高人民法院经复核认为:被告人刘兵与未成年人发生性关系后,因害怕事情败露而杀人灭口,其行为已构成故意杀人罪,且犯罪手段残忍,后果严重,无法定从轻、减轻处罚情节。一审判决、二审裁定认定的事实清楚,证据确实、充分,定罪准确,量刑适当,审判程序合法。依照《中华人民共和国刑事诉讼法》第一百九十九条和最高人民法院《关于复核死刑案件若干问题的规定》第二条第一款的规定,裁定核准贵州省高级人民法院(2006)黔高刑一终字第589号维持第一审以故意杀人罪判处被告人刘兵死刑,剥夺政治权利终身的刑事裁定。

二、裁判要旨

No. 4-232-32 根据现有证据可以确定行为人与案件之间存在直接、明确、紧密联系的,可以认定行为人属于犯罪嫌疑人,不属于形迹可疑;不能建立起上述联系,而主要是凭经验、直觉认为具有作案可能的,应认定为形迹可疑,行为人在因形迹可疑受到盘问、教育时,主动交代自己所犯罪行的,应当认定为自动投案,成立自首。

在本案中,被告人刘兵在菜地藏匿尸体时已被云上村杨家山组村民陈华荣等人发现,其逃离后,陈华荣等人即向公安机关报案。公安机关通过现场勘查、询问证人,获悉作案人抛尸时穿白色横条T恤上衣,抛尸后穿深色夹克外衣逃离;公安人员侦查得知,被害人在一个叫刘兵的人所经营的面食馆里打工,食宿均在刘兵家里。根据这些情况,公安人员在贵筑派出所办公室同刘兵进行了谈话,谈话后让其回家吃饭。公安机关汇总调查、谈话情况后认为刘兵有作案可能,决定派公安人员到刘兵家里查看是否有作案证据。公安人员到刘兵家后问刘兵案发当晚的衣着情况,刘兵所述与群众报案情况吻合,并说衣物放在洗衣机里未洗。公安人员当场从洗衣机里的衣物中找出了带血迹的白色横条T恤。公安人员就此质问刘兵,刘兵便供认了其作案的经过,并带领公安人员把作案所穿的鞋、裤子、夹克全部找出。

从本案案发过程可以看出,公安机关在到被告人刘兵家之前,通过现场勘查、尸体检验、询问证人等工作已经怀疑系刘兵作案,但尚无客观性证据将其确定为犯罪嫌疑人。当公安人员从刘兵家起获带血迹的白色横条T恤后,刘兵的犯罪嫌疑程度得以进一步强化。此时,刘兵杀害韩某的罪行已经被发觉,即使刘兵不主动交代,公安机关也可通过血迹鉴定等工作进一步收集证据后,将案件侦破。也就是说,被告人刘兵是在面对有力的客观性证据而无法提供合理解释的情况下被迫供认其罪行的,并非因形迹可疑受到盘问时主动交代所犯罪行,故不具备投案的自动性,不能认定为自首。一、二审法院不采纳被告人刘兵的辩护人所提刘兵具有自首情节的辩护意见,是完全正确的。

案例:彭崧故意杀人案

案例来源:《刑事审判参考》总第55集[第431号]

主题词:吸食毒品 刑事责任能力 故意杀人罪

一、基本案情

被告人彭崧,男,1983年7月19日出生,汉族,初中文化,无业。2005年5月6日因涉嫌犯故意杀人罪被逮捕。

福建省福州市中级人民法院经审理查明:2005年5月5日凌晨,被告人彭崧因服食摇头丸药性发作,在其暂住处福州市鼓楼区北江里新村6座204室内,持刀朝同室居住的被害人阮召森胸部捅刺,致阮召森抢救无效死亡。当晚9时许,被告人彭崧到福建省宁德市公安局投案自首。经精神病医学司法鉴定认为,彭崧系吸食摇头丸和K粉后出现精神病症状,在精神病状态下作案,评定为限定刑事责任能力。

福州市中级人民法院认为:被告人彭崧故意非法剥夺他人生命,并致人死亡,其行为已构成故意杀人罪。被告人彭崧作案后能主动投案,并如实供述自己的罪行,可认定为自首,可以从轻处罚。被告人关于其行为不构成故意杀人罪的辩解不能成立。据此,依照《中华人民共和国刑法》第二百三十二条、第六十七条第一款、第五十七条第一款之规定,于2006年5月10日判决如下:

被告人彭崧犯故意杀人罪,判处无期徒刑,剥夺政治权利终身。

一审宣判后,被告人彭崧不服,提出上诉。其上诉理由和辩护人的辩护意见为:彭崧作案时属于无刑事责任能力人,即使构成犯罪,也只构成过失致人死亡罪,且具有自首情节,被害人本身有过错,应对其从轻、减轻处罚。

福建省高级人民法院审理认为:上诉人彭崧吸食毒品后持刀捅刺他人,致一人死亡,其行为已构成故意杀人罪。上诉人作案后能主动投案,如实供述自己的罪行,具有自首情节,可以从轻处罚。吸毒是国家法律所禁止的行为,上诉人在以前已因吸毒产生过幻觉的情况下,再次吸毒而引发本案,其吸毒、持刀杀人在主观上均出于故意,应对自己吸毒后的危害行为依法承担刑事责任,其吸毒后的责任能力问题不需要作司法精神病鉴定。因此,上诉人及其辩护人认为上诉人作案时是无刑事责任能力人,要求重新进行司法精神病鉴定,以及认为上诉人仅构成过失致人死亡罪的辩解、辩护意见不能成立,不予采纳。原判认定事实清楚,证据确实、充分,定罪准确,量刑适当,审判程序合法。依照《中华人民共和国刑事诉讼法》第一百八十九条第(一)项,《中华人民共和国刑法》第二百三十二条、第六十七条第一款、第五十七条第一款之规定,于2007年2月28日裁定驳回上诉,维持原判。

二、裁判要旨

No.4-232-33 因故意吸食毒品等可致人辨认、控制能力受影响的物品而实施杀人行为的,应当承担刑事责任。

虽然本案被告人彭崧在杀人时控制、辨认能力已经减弱,但这种状态的出现是由于其吸毒所致,因此,其杀人行为可以归责为其吸食毒品的行为。本案中,彭崧在以前已因吸毒产生过幻觉的情况下,明知自己吸食后会出现幻觉仍故意吸食,进而出现精神障碍将阮召森杀死,主观上应当认定为故意使自己陷入该状态,其应承担故意杀人罪的刑事责任。

案例:陈卫国等故意杀人案

案例来源:《刑事审判参考》总第52集[第408号]

主题词:共同犯罪　故意杀人罪

一、基本案情

被告人陈卫国,男,1981年8月15日出生,农民。因涉嫌犯故意杀人罪于2005年10月27日被逮捕。

被告人余建华,男,1986年11月1日出生,农民。因涉嫌犯故意杀人罪于2005年10月27日被逮捕。

浙江省温州市中级人民法院经审理查明:被告人余建华案发前在浙江省温州市瓯海区娄桥镇娄南街某鞋业有限公司务工。2005年9月29日晚,余建华因怀疑同宿舍工友王东义窃取其洗涤用品而与王发生纠纷,遂打电话给亦在温州市务工的被告人陈卫国,要陈前来"教训"王。次日晚上8时许,陈卫国携带尖刀伙同同乡吕裕双(另案处理)来到某鞋业有限公司门口与余建华会合,此时王东义与被害人胡恒旺及武沛刚正从门口经过,经余建华指认,陈卫国即上前责问并殴打胡恒旺,余建华、吕裕双也上前分别与武沛刚、王东义对打。其间,陈卫国持尖刀朝胡恒旺的胸部、大腿等处连刺三刀,致被害人胡恒旺左肺破裂、左股动静脉离断,急性失血性休克死亡。

温州市中级人民法院认为:被告人陈卫国、余建华因琐事纠纷而共同故意报复杀人,其行为均已构成故意杀人罪。犯罪情节特别严重,社会危害极大,应予依法惩处。依照《中华人民共和国刑法》第二百三十二条、第二十五条第一款、第五十六条第一款、第五十七条第一款的规定,于2006年3月17日判决如下:

1. 被告人陈卫国犯故意杀人罪,判处死刑,剥夺政治权利终身;
2. 被告人余建华犯故意杀人罪,判处有期徒刑十五年,剥夺政治权利五年。

宣判后陈卫国、余建华均以没有杀人的故意、定性不准、量刑过重为由提出上诉。

浙江省高级人民法院经审理认为:上诉人陈卫国事先携带尖刀,在与被害人争吵中,连刺被害人三刀,其中左胸部、左大腿的两处创伤均为致命伤,足以证明陈卫国对被害人的死亡后果持放任心态,原审据此对陈卫国定故意杀人罪并无不当。上诉人余建华、陈卫国均供述余建华仅要求陈卫国前去"教训"被害人,没有要求陈卫国携带凶器;在现场斗殴时,余建华没有与陈卫国作商谋,且没有证据证明其知道陈卫国带着凶器前往;余建华也没有直接协助陈卫国殴打被害人。原判认定余建华有杀人故意的依据不足,应对其以故意伤害罪判处。陈卫国犯罪情节特别严重,社会危害极大,应予依法惩处。审判对陈卫国的定罪和适用法律正确,量刑适当,审判程序合法。对余建华的定罪不当,应予改判。依照《中华人民共和国刑事诉讼法》第一百八十九条第(一)、(二)项,《中华人民共和国刑法》第二百三十二条、第二百三十四条、第五十六条第一款、第五十七条第一款的规定,于2006年8月1日判决如下:

1. 驳回上诉人陈卫国的上诉;
2. 撤销原审判决中对上诉人余建华的定罪量刑部分;
3. 上诉人余建华犯故意伤害罪,判处有期徒刑十五年,剥夺政治权利五年。

二、裁判要旨

No. 4-232-34　在共同犯罪过程中,个别行为人实施了超出共同犯罪故意内容的过限行为的,应当根据过限行为的性质对其定罪量刑;其他行为人对此不负刑事责任,应当在共同故意的范围内定罪量刑。

根据我国刑法主客观相统一的原则和共同犯罪的有关理论,每个共同犯罪人承担刑事责任都必须以他对所实施的犯罪行为具备犯罪故意为前提,也必须以其实施的犯罪行为与危害结果具有因果联系为前提。本案中,陈卫国当然应当对其杀人行为承担刑事责任,而对于余建华来说,由于其共同犯罪故意并不包括杀害被害人这一由陈卫国实施的过限行为的内容,且余建华对杀害被害人既无事先的故意,也无事中的明知,其所实施的对打行为与陈卫国杀害被害人的行为没有刑法意义上的必然因果关系,因而不能令余建华对陈卫国所实施的杀人行为承担刑事责任。但是,余建华所实施的行为客观上与被害人死亡仍有一定关联,对余建华量刑时应酌情考虑造成被害人死亡后果的情节。

案例:于爱银等故意杀人案

案例来源:《刑事审判参考》总第 49 集[第 388 号]

主题词:帮助犯 事后不处罚的行为 窝藏、包庇罪 帮助毁灭证据

一、基本案情

被告人于爱银,女,1967 年 12 月 2 日出生,小学文化,农民。因涉嫌犯故意杀人罪于 2001 年 8 月 14 日被刑事拘留,同月 28 日被逮捕。

被告人戴永阳,男,1976 年 9 月 26 日出生,小学文化,农民。因涉嫌犯故意杀人罪于 2001 年 8 月 14 日被刑事拘留,同月 28 日被逮捕。

山东省菏泽市中级人民法院经审理查明:被告人于爱银因与丈夫阚继明关系不睦,2000 年外出济南打工,并与被告人戴永阳相识,后二人非法同居。其间,二人商定结婚事宜。于爱银因离婚不成,便产生使用安眠药杀害丈夫的念头,并将此告知了戴永阳。2001 年 8 月,于爱银因母亲有病,同戴永阳一起回到成武县田集家中。8 月 13 日上午,于爱银与其 10 岁的儿子及戴永阳在田集药店买安眠药未果。下午,三人回到家中,于爱银又以给戴永阳介绍对象为名,到秦淮药店买到 6 片安眠药后回家,乘其丈夫外出买酒之际将安眠药碾碎,并告诉戴永阳要乘机害死其丈夫阚继明。当晚,于爱银与丈夫阚继明及其儿子和戴永阳一起喝酒、吃饭,待阚继明酒醉后,于爱银乘机将碾碎的安眠药冲兑在水杯中让阚继明喝下。因阚继明呕吐,于爱银怕药物起不到作用,就指使戴永阳将她的儿子带出屋外。于爱银用毛巾紧勒酒醉后躺在床上的丈夫的脖子,用双手掐其脖子,致其机械性窒息死亡。戴永阳见阚继明死亡后,将于爱银勒丈夫用的毛巾带离现场后扔掉。次日凌晨,二被告人被抓获归案。

菏泽市中级人民法院认为:被告人于爱银为达到与戴永阳结婚生活的目的,使用安眠药,又用毛巾勒、手掐压颈部,致其丈夫死亡,其行为构成故意杀人罪,公诉机关指控的罪名成立,且动机卑劣、后果特别严重,应依法惩处。被告人戴永阳明知于爱银杀死其丈夫,不但不加阻止,反而听从于爱银的指使,将于爱银的儿子带离现场,以便于爱银顺利实施犯罪;在被害人死亡后,又将作案用的毛巾带走,二人共同逃离现场,毁灭罪证。被告人戴永阳的行为符合共同犯罪的构成要件,其行为已构成故意杀人罪。公诉机关指控其犯包庇罪,罪名不当,应予纠正。被告人于爱银及其辩护人的辩护意见经查不实,不予采纳。被告人戴永阳及其辩护人"不知杀人,不在现场,没有将毛巾带走,要求宣告无罪"的辩护意见,与其供述、证人证言等证据矛盾,不予采纳。在犯罪中,被告人戴永阳起辅助作用,属从犯,应予从轻处罚。依照《中华人民共和国刑法》第二百三十二条、第二十五条、第二十六条第一款和第四款、第二十七条、第五十七条之规定于 2002 年 11 月 5 日判决如下:

1. 被告人于爱银犯故意杀人罪,判处死刑,剥夺政治权利终身。
2. 被告人戴永阳犯故意杀人罪,判处有期徒刑十年。

宣判后,二被告人不服,提出上诉。

于爱银上诉提出,不是为与戴永阳结婚才杀人,戴永阳没有参与杀人。其辩护人提出,于爱银杀人是为了摆脱其丈夫折磨,不应对故意杀人负全部责任。戴永阳及其辩护人上诉提出,于爱银杀人时其不知道,一直没进屋,认为无共同犯罪行为,不构成故意杀人罪,也不构成包庇罪。

山东省高级人民法院经审理认为:上诉人于爱银因离婚不成,主谋杀害其丈夫,情节恶劣,应予严惩。上诉人戴永阳明知于爱银要使用安眠药致死其丈夫,且辅助其实施,其行为构成故意杀人罪。其中,于爱银在共同犯罪中起主要作用,系主犯,应依法惩处;戴永阳在共同犯罪中作用较小,系从犯,原审对其从轻处罚并无不当。二上诉人的上诉理由及其辩护人的辩护意

见,与事实证据不符,均不能成立,不予采纳。一审判决认定事实清楚,定罪准确,量刑适当,审判程序合法,应予维持。根据《中华人民共和国刑事诉讼法》第一百八十九条第(一)项的规定,于2003年4月17日裁定驳回上诉,维持原判。

二、裁判要旨

No.4-232-35 受即将着手实施犯罪的人指使,将相关人员带离现场的,属于为实施犯罪创造便利条件的行为,应当认定为成立共同犯罪,但属于从犯;对于该从犯其后实施的窝藏、包庇或帮助毁灭证据的行为,属于不可罚的事后行为,不能以窝藏、包庇罪或帮助毁灭证据罪追究其刑事责任。

在本案中,被告人戴永阳在明知于爱银要杀死其丈夫的情况下,不但不加阻止,反而在事前准备阶段与于爱银一起去田集药店买安眠药,因药店没有安眠药而未买到;事中实施阶段,知道于爱银已经让其丈夫喝下安眠药、准备勒死其丈夫的情况下,又听从于爱银的指使,将于爱银10岁的儿子带离现场,领到屋外三轮车上玩,以免孩子哭闹阻挠或者惊吓孩子,也消除了孩子作为于爱银勒掐其丈夫致死的目击证人的可能,便利了于爱银顺利实施犯罪;事后在被害人死亡后,又隐匿犯罪证据,将作案用的毛巾装到裤兜里带离现场,逃跑途中扔掉。被告人戴永阳的行为属于复杂共同行为,孤立地看不属于杀人客观要件行为,但经过组合后,与于爱银的行为,相互配合、相互协调、相互补充,形成一个整体,整体的行为能够全面满足杀人的行为要件。戴永阳虽没有直接实施杀人行为,但为于爱银犯罪创造了方便条件,帮助于爱银实施杀人犯罪,也具备共同犯罪的客观要件。因此,戴永阳主观上有共同犯罪的故意(直接故意或者间接故意),客观上有共同犯罪的行为(帮助行为),具备共同犯罪的主客观条件,能与于爱银构成故意杀人共同犯罪。

被告人于爱银因离婚不成,主谋杀害丈夫,事前提出用安眠药杀害丈夫,采取下安眠药、用毛巾勒和手掐颈部的方法,直接造成其丈夫死亡的严重后果,在共同犯罪中处于主导和支配地位,起主要作用,是主犯。被告人戴永阳在明知于爱银要害死其丈夫的情况下,在事前准备阶段与其一起去田集药店买安眠药,因药店没有安眠药而未买到;事中实施阶段,又听从于爱银的指使,将于爱银10岁的儿子带离现场,便利了于爱银顺利实施犯罪;事后,又隐匿犯罪证据,将作案用的毛巾装到裤兜里带离现场,逃跑途中扔掉。被告人戴永阳的行为属于辅助行为,在共同犯罪中起辅助作用,应当被认定为从犯,并结合本案案情予以从轻处罚。

戴永阳犯罪后,隐匿或者毁灭、伪造证据的行为,从客观上说,也必然妨害司法机关对他的追捕、审判活动,具有妨害司法机关刑事诉讼活动的性质。但是,犯罪(包括与他人实施共同犯罪)后自行藏匿或者毁灭、伪造证据的行为,实际上是其先行犯罪的自然延伸,二者存在依附从属和阶段性关系,尽管从犯罪阶段来看存在两个犯罪行为,但因属于吸收犯,应当根据重罪吸收轻罪的处理原则,以故意杀人犯罪一罪处理,不宜按数罪处理。

因此,共同犯罪人相互之间也不能成为帮助毁灭证据罪的主体。简言之,行为人之间凡在事前或事中达成共同犯罪的合意(包括事先未通谋的、事中心照不宣的合意),则无论事前、事中或事后的帮助毁灭罪迹的行为,在犯罪性质上都不再属于刑法意义的帮助毁灭证据行为,而属与其先前共同犯罪存在依附从属和阶段性关系的吸收犯。反观之,假如行为人未曾在事前或事中与某一犯罪行为的实行人或其他帮助人达成参与或默许帮助其实施某一共同犯罪的合意,则其事后所实施的湮灭罪迹等行为,理所当然地属于帮助毁灭证据罪。

案例:周文友故意杀人案

案例来源:《刑事审判参考》总第46集[第363号]

主题词:正当防卫的认定　如实供述的认定　被害人过错

一、基本案情

附带民事诉讼原告人李昌禄,男,1937年7月28日出生,汉族,农民。系被害人李博之父。

附带民事诉讼原告人邹启会,女,1939年10月4日出生,汉族,农民。系被害人李博之母。

被告人周文友,男,1973 年 9 月 23 日出生,汉族,农民。2004 年 8 月 11 日因涉嫌犯故意杀人罪被刑事拘留,同月 29 日被逮捕。

附带民事诉讼被告人赵孝学,女,1954 年 1 月出生,汉族。系被告人周文友之母。

重庆市第三中级人民法院经审理查明:2004 年 7 月 27 日晚,被告人周文友之妹周洪为家庭琐事与其夫李博(被害人)发生争吵,周文友之母赵孝学出面劝解,后李博用板凳打了赵孝学。当晚 23 时许,周文友回家得知此事,遂打电话质问李博,并叫李博回家把事情说清楚,为此,两人在电话里发生争执。次日凌晨 1 时 30 分许,李博邀约任毅、杨海波、吴四方等人乘坐出租车来到周文友家。周文友见状遂持尖刀走出房间来到坝子,与持砍刀的李博对打。在周文友与李博相互对打中,周文友将李博右侧胸肺、左侧腋、右侧颈部等处刺伤,致李博急性失血性休克,呼吸、循环衰竭死亡;李博持砍刀将周文友头顶部、左胸壁等处砍伤,将周文友左手腕砍断。经法医鉴定周文友的损伤程度属重伤。周文友受伤后乘坐出租车前往医院治疗,途经南川市公安局西城派出所时,向派出所报案,称其杀了人,来投案自首,现在要到医院去治伤,有事到医院找他。

另查明,被害人李博死亡后,其损失为:丧葬费人民币 6222 元,死亡补偿费人民币 44300 元,李昌禄赡养费人民币 6859 元,邹启会赡养费人民币 7915 元,误工、交通费人民币 1500 元,共计人民币 66796 元。

重庆市第三中级人民法院认为:被告人周文友故意非法剥夺他人生命,致一人死亡的行为,已构成故意杀人罪。鉴于被告人周文友有自首情节,且被害人李博邀约多人到被告人周文友家,并持砍刀与周文友对砍、对杀,周文友也身负重伤,故被害人李博有重大过错,可对被告人周文友减轻处罚。被告人周文友的犯罪行为给附带民事诉讼原告人李昌禄、邹启会造成的经济损失,应当赔偿。因被害人李博有重大过错,可减轻民事赔偿责任。附带民事诉讼被告人赵孝学没有参与打斗,故不承担民事赔偿责任。依照《中华人民共和国刑法》第二百三十二条、第六十七条第一款和《中华人民共和国民法通则》第一百一十九条、第一百三十一条的规定,于 2005 年 1 月 3 日判决如下:

1. 被告人周文友犯故意杀人罪,判处有期徒刑八年。
2. 被告人周文友赔偿附带民事诉讼原告人李昌禄、邹启会的丧葬费、死亡补偿金、交通费、误工费、赡养费共计人民币四万零七十七元六角。
3. 附带民事诉讼被告人赵孝学不承担民事赔偿责任。

一审宣判后,周文友不服,向重庆市高级人民法院提起上诉称:自己没有非法剥夺被害人生命的主观意图和故意行为,其行为属正当防卫,不应承担刑事和民事责任。其辩护人认为:原判认定事实不清,证据不足;周文友是在自身安危已构成严重威胁之时的正当防卫行为,不应承担刑事和民事责任,请求宣告周文友无罪。

附带民事诉讼原告人李昌禄、邹启会上诉称:原审判决对附带民事赔偿数额处理不当,所划分责任显失公平;请求判决周文友和赵孝学赔偿因李博死亡造成的经济损失丧葬费 6222 元,死亡补偿费 161880 元,被扶养人生活费 14774 元,误工、交通费人民币 1500 元,精神抚慰金 100000 元,共计 284376 元。

重庆市高级人民法院经审理查明:2004 年 7 月 27 日晚,被告人周文友之妹周洪为家庭琐事与其夫被害人李博发生争吵,周文友之母赵孝学出面劝解时被李博用板凳殴打。周文友回家得知此事后,即邀约安礼强一起到李博家找李博,因李博不在家,周文友即打电话质问李博,并叫李博回家把事情说清楚,为此,两人在电话里发生争执,均扬言要砍杀对方。之后,周文友打电话给南川市公安局西城派出所,派出所民警到周文友家劝解,周表示只要李博前来认错、道歉及医治,就不再与李博发生争执,随后派出所民警离开。次日凌晨 1 时 30 分许,李博邀约任毅、杨海波、吴四方等人乘坐出租车来到周文友家。周文友听见汽车声后,从厨房拿一把尖刀从后门出来绕到房屋左侧,被李博等人发现,周文友与李博均扬言要砍死对方,然后周文友与李博持刀打斗,杨海波、任毅等人用石头掷打周文友。打斗中,周文友将李博右侧胸肺、左侧腋、右侧颈部等处刺伤,致李博急性失血性休克,呼吸、循环衰竭死亡;李博持砍刀将周文友头顶部、左胸壁等处砍伤,将周文友左手腕砍断。经法医鉴定周文友的损伤程度属重伤。周文友受伤后乘坐出租车前往医院治疗,途经南川市公安局西城派出所时,向派出所报案,称其杀了人,来投案自首,现在要到医院去治伤,有事到医院找他。

另查明,被害人李博系城镇户口,因李博的死亡给上诉人李昌禄、邹启会造成的经济损失包括:丧葬费人民币 6222 元,死亡补偿费人民币 161880 元,李昌禄赡养费人民币 6859 元,邹启会赡养费人民币 7915 元,误工、交通费人民币 1500 元,共计人民币 184374 元。

重庆市高级人民法院认为:上诉人周文友在其母亲被被害人殴打后欲报复被害人,持刀与被害人打斗,打斗中不计后果,持刀猛刺被害人胸部等要害部位,致被害人死亡,其行为已构成故意杀人罪。鉴于周文友有自首情节,且被害人李博邀约多人到周文友家,并持砍刀与周文友对砍,致周文友重伤,李博有重大过错,可对周文友减轻处罚。周文友的犯罪行为给上诉人李昌禄、邹启会造成的经济损失,应当赔偿。因被害人李博有重大过错,可减轻周文友民事赔偿责任。根据过错相抵的原则,由周文友承担 60%的赔偿责任。被上诉人赵孝学没有参与打斗,故不承担民事赔偿责任。故上诉人李昌禄、邹启会及其诉讼代理人所提判令赵孝学承担民事赔偿责任的上诉理由及代理意见不能成立。原判刑事部分判决认定事实和适用法律正确,量刑适当,审判程序合法,但民事部分判决认定被害人李博系农业户口错误,导致判决赔偿数额不当,应予以纠正。依照《中华人民共和国刑事诉讼法》第一百八十九条第(一)项、第(二)项,《中华人民共和国刑法》第二百三十二条、第六十七条第一款,《中华人民共和国民法通则》第一百一十九条、第一百三十一条的规定,于 2005 年 5 月 16 日判决如下:

1. 维持重庆市第三中级人民法院刑事附带民事判决中对被告人周文友的定罪量刑以及附带民事诉讼被告人赵孝学不承担民事赔偿责任部分。

2. 撤销重庆市第三中级人民法院刑事附带民事判决中对被告人周文友赔偿附带民事诉讼原告人李昌禄、邹启会的赔偿部分。

3. 上诉人周文友赔偿上诉人(原审附带民事诉讼原告人)李昌禄、邹启会因李博死亡造成的经济损失丧葬费、死亡补偿金、交通费、误工费、赡养费共计人民币十一万六百二十四元。

二、裁判要旨

No. 4-232-36 双方均有侵害意图,一方在对方尚未实施危及其人身安全的行为的情况下即实施防卫的,不属于对正在进行的不法侵害所实施的正当防卫,应认定为事先防卫,依法追究其刑事责任。

在本案中,第一,本案的双方均有侵害对方的非法意图,因为双方于案发前不仅互相挑衅,而且均准备了作案工具;第二,周文友在对方意图尚未显现,且还未发生危及其人身安全的情况下,即持刀冲上前砍杀对方,事实上属于一种假想防卫和事先防卫的行为。由此可见,周文友的行为不符合正当防卫规定的条件,不能认定为正当防卫。综上所述,被告人周文友主观上有剥夺他人生命的故意,客观上实施了与他人进行斗殴的行为,并且造成他人死亡的危害后果,依法应当承担故意杀人罪的刑事责任。

No. 4-232-37 自动投案后,所供述的内容能够如实反映犯罪的动机、性质、主要情节等,即使存在具体细节与有关证据不一致的情况的,也应认为其对主要犯罪事实作了供述,应当认定为自首;对其行为性质进行辩解的,与成立自首的客观条件无关,不影响自首的成立。

在本案中,周文友归案后,能够供述自己持刀杀死被害人的事实,且一直稳定,犯罪的性质和主要情节已经清楚,犯罪的动机也已经讲明,应当认为其对主要犯罪事实作了供述。至于周文友辩解自己的行为属正当防卫不构成犯罪,以及作案的具体细节与有关证据不尽一致,只是对犯罪性质的认识理解和记忆的问题,这与否认犯罪或避重就轻不同,实践中我们也不能苛求被告人的供述与其他证据达到完全一致的程度,甚至不容许出现任何差别,造成自首认定条件过严,使犯罪分子自动投案却不能得到从轻或减轻处罚的结果,这与自首制度设立的目的也是背道而驰的。周文友案发后能主动向公安机关投案,并能够承认自己持刀将被害人杀死的过程,符合自首规定的要件,应依法认定为自首。对于被告人对行为性质的辩解,属于被告人的主观认识问题,与自首成立的客观要件无关,不影响自首的成立。而且被告人的辩护权,是其依法享有的宪法权利和诉讼权利,根据《刑事诉讼法》的规定,在整个刑事诉讼过程中,被告人依法享有辩护权,即对自己的行为是否构成犯罪、构成何种犯罪以及应判处的刑罚轻重等问题提出意见,进行辩解。被告人对行为性质的辩解,正是其依法行使辩护权的体现。在审判过程中,只要被告人不否认其供述的犯罪事实,就不影响自首的成立。因此最高人民法院《关于被告人对行为性质的辩解是否影响自首成立问题的批复》就明确规定,被告人对行为性质的辩解不影响自首的成立。

No. 4-232-38 在刑事案件中,不论被害人的过错以何种程度的形式出现,只要能够反映罪行轻重及人身危险性大小等情况的,均可以作为减轻处罚的量刑情节。

1999 年最高人民法院的《全国法院维护农村稳定刑事审判工作座谈会纪要》提出,在故意杀人、故意伤害案件中,对于被害人有明显过错或对矛盾激化有直接责任,或者被告人有法定从轻处罚情节的,一般不应判处死刑立即执行。表明了将被害人过错与法定从轻处罚情节一同视为量刑情节对待,并在司法实践当中作为酌定量刑情节被广泛运用。刑法理论认为:决定量刑情节的要素主要有两点:一是被告人罪行的轻重;二是被告人的人身危险性。被害人过错大小与被告人的罪行的轻重、人身危险性程度成反比。因为被害人有过错,往往能够反证被告人罪行较轻、人身危险性较小。因此,不论被告人的过错以何种程度的形式出现,只要是能够反映被告人罪行的轻重及人身危险性的种种情况,都是量刑的裁量情节。本案中,被害人李博因家庭琐事殴打岳母,对于引发本案负有重大责任,后又带人前往周文友家寻找周文友,持砍刀与被告人周文友对砍,并将周文友砍成重伤,其本身的行为亦具有明显过错。故一、二审法院在考虑到李博的行为有重大过错以及周文友具有投案自首情节之后,决定对周文友作出减轻处罚是适当的。

案例:官其明故意杀人案

案例来源:《刑事审判参考》总第 44 集[第 344 号]

主题词:犯罪故意　被害人过错的判定

一、基本案情

被告人官其明,男,1978 年 7 月 9 日出生,汉族,小学文化程度,农民。因涉嫌犯故意杀人罪,于 2003 年 12 月 31 日被逮捕。

广东省东莞市中级人民法院经审理查明:被告人官其明与东莞市桥头镇丰润酒店服务员张爱华于 2003 年 5 月份确立恋爱关系。后张爱华多次向被告人官其明提出分手,官均不同意。2003 年 11 月 15 日下午 3 时许,官其明到东莞市桥头镇桥光大道华翠旅店,以其身份证登记入住 304 号房间。16 日凌晨 2 时 30 分许,官其明到桥头镇东方娱乐城路口接张爱华下班,后两人一起回到华翠旅店 304 号房间。张爱华再次提出分手,官其明不同意,两人因此发生争吵。官其明一时气愤,使用捂口鼻和双手掐脖子的方法,致张爱华窒息死亡(经法医鉴定,张爱华是被他人捂口鼻及压迫颈部致机械性窒息死亡)。随后,官其明将张爱华的尸体塞到床底下,于早上 7 时许退房逃离现场。同月 28 日,被告人官其明因形迹可疑被江西省上饶市公安局信州分局东市派出所巡防民警盘查,被告人即交代了故意杀人的事实。

广东省东莞市中级人民法院认为:被告人官其明目无国家法律,因恋爱之中女方提出与其分手而心怀愤恨,采用捂口鼻和掐脖子的方法,非法剥夺被害人生命,致一人死亡,情节、后果严重,其行为已构成故意杀人罪。公诉机关指控被告人官其明所犯罪名成立。但被告人官其明具有自首情节,可以从轻处罚。

被告人官其明提出捂被害人的口鼻是为了阻止被害人吵闹,并非有意杀害被害人,其辩护人所提被告人官其明的行为不构成故意杀人罪,而构成过失致人死亡罪,经查,被告人用手捂被害人口鼻被被害人推开后,又将被害人翻倒在床上,并坐在被害人的肚子上,用双手猛掐被害人的脖子,直至被害人死亡。被告人是具有完全刑事责任能力的成年人,知道捂口鼻、掐脖子必然会导致被害人死亡,却仍然实施该行为,积极追求被害人死亡结果的发生,反映出被告人主观上具有非法剥夺被害人生命的故意,其行为完全符合故意杀人罪的法定特征,依法构成故意杀人罪。被告人及其辩护人的此辩护意见据理不足,不予采纳。

辩护人提出被告人官其明具有自首情节,且认罪悔罪态度好,无前科,系初犯、偶犯,经查,被告人官其明在江西省上饶市的一间二手手机店出售手机时,因形迹可疑被上饶市东市派出所民警带回派出所审查,审查中被告人主动如实交代了当地公安机关尚未掌握的其杀害被害人张爱华的罪行,依法应当视为自首;被告人认罪悔罪态度好,无前科,系初犯、偶犯经查亦属实,辩护人的上述辩护意见予以采纳。

辩护人提出本案因恋爱纠纷引发,被害人对本案的发生存在一定的过错,经查,本案确属恋爱纠纷引发,但恋爱自由是法律赋予每一位公民的合法权利,被害人既享有与被告人恋爱的权利,也享有与被告人分手的自由,被害人欲与被告人终止恋爱关系而提出分手,并无明显过错,辩护人的此辩护意见不予采纳。

依照《中华人民共和国刑法》第二百三十二条、第四十八条第一款、第五十七条第一款、第六十七条第一款、第六十四条和最高人民法院《关于处理自首和立功具体应用法律若干问题的解释》第一条第(一)项之规定,判决如下:

被告人官其明犯故意杀人罪,判处死刑,缓期二年执行,剥夺政治权利终身(死刑缓期执行的期间,从判决确定之日起计算)。

一审宣判后,被告人官其明不服,提出上诉。

广东省高级人民法院经审理认为:上诉人官其明无视国法,在谈恋爱的过程中,因被害人提出与其分手而心怀愤恨,采取捂口鼻和掐脖子的方法,非法剥夺被害人的生命,其行为已构成故意杀人罪。且致一人死亡,情节、后果严重,论罪应当判处死刑立即执行,但鉴于官其明有投案自首及认罪态度较好,是初犯、偶犯等情节,判处死刑可不必立即执行。原判认定基本事实清楚,基本证据确实、充分,定罪准确,量刑恰当,审判程序合法。官其明上诉及其辩护律师辩护所提请求对官其明再次从轻处罚的辩解、辩护意见,经查均不能成立,不予采纳。根据《中华人民共和国刑事诉讼法》第一百八十九条第(一)项之规定,裁定如下:

驳回上诉,维持原判。

根据《中华人民共和国刑事诉讼法》第二百零一条,最高人民法院《关于执行〈中华人民共和国刑事诉讼法〉若干问题的解释》第二百七十八条第(一)项的规定,本裁定即为核准以故意杀人罪判处上诉人官其明死刑,缓期二年执行,剥夺政治权利终身的刑事裁定。

二、裁判要旨

No. 4-232-39　在判断对犯罪事实有无认识时,应以一般人认识为标准作出基础性的判断,然后根据行为人的具体情况进行修正。

事实性认识是认定行为人主观故意的基础,当然不能脱离行为人的主观认识,否则就有可能与行为人的实际情况不符,但是,行为人的主观故意是最终由法官来认定的,法官必然要考虑一般人(合理的人)的情况,以一般人(合理的人)能否认识为标准作出基础性的判断,然后根据行为人的具体情况进行修正。

在本案中,被告人官其明用手捂被害人口鼻和掐被害人脖子的行为,必然会使被害人窒息并导致被害人死亡,这是生活常识,一般人都能预见。被告人官其明作为心智健全、具有完全刑事责任能力的成年人,与常人无异,也必然能预见到该结果,被告人仍不顾被害人的反抗而决意实施该行为,主观上具有故意杀人的事实性认识,积极追求被害人死亡结果的发生,反映出被告人主观上具有非法剥夺被害人生命的故意,其行为完全符合故意杀人法定构成特征。

No. 4-232-40　在判断被害人有无过错时,应根据其有无故意或过失实施激化矛盾的行为,且该行为是否为诱发行为人实施犯罪的原因加以判断。

对刑事被害人过错的判断,应采取主客观相一致的标准,具体来说,就是围绕被害人过错的四个基本特征来考察。

第一,被害人主观上存在故意或过失。这包括两方面的含义:一方面,被害人应具有意志能力和责任能力,有充分的意志自由,可以不受限制地作出任何行为。另一方面,故意还表现为被害人对自己行为的性质及后果有一定的认识,通常表现为明知自己的行为违反法律或社会道德,且实施该行为必将损害被告人的合法权益,或实施该行为必将或可能导致被告人实施相应的犯罪行为,仍积极实施该行为;过失则表现为被害人对自己行为的性质及后果应当有一定的认识而没有认识或发生错误认识。正是被害人主观上的故意或过失,为对其进行责难提供了依据。

第二,被害人实施了相应的行为。这里的行为应作广义的理解,包括语言和动作。被害人内心世界的想法只有通过行为表现出来,才能对被告人产生影响,也才能为司法机关判断被害人是否存在过错提供判断的依据。从司法实践中的一些实例来看,通常表现为被害人用言语刺激被告人,使被告人产生犯罪意图;辱骂、殴打被告人,激化与被告人之间的矛盾;以非正当手段要挟被告人,达到某种非法目的等。

第三,被害人实施的是一种违反法律或道德的行为。只有被害人实施的是违反法律或道德的行为,才能体现法律或道德对该行为的否定评价,故能称之为过错。然而,并非被害人实施的一切违反法律或道德的行为都构成被害人过错范畴内的过错行为,被害人过错范畴内的过错行为应是一种具有积极进攻性的、性质严重、程度激烈、危害较大、违反法律或道德的侵害行为,或以某种非正当手段要挟被告人,严重威胁被告人的人身、财产权利,以达到非法目的的行为。

第四,被害人的过错是被告人实施相应犯罪的原因。凡被害人的过错行为,如果诱发被告人产生犯罪意图,或促使被告人加剧犯罪侵犯程度的,则被害人的行为与被告人的犯罪行为存在因果关系,是被告人实施相应犯罪的原因。

当具备以上四个条件时,即可认定被害人存在过错。

在本案中,认定被害人是否存在过错,取决于对被害人提出与被告人分手这一行为性质的判断。《中华人民共和国婚姻法》第二条规定:"实行婚姻自由、一夫一妻、男女平等的婚姻制度。"第三条第一款规定:"禁止包办、买卖婚姻和其他干涉婚姻自由的行为。"婚姻是男女双方恋爱的结果,婚姻自由必然以恋爱自由为基础。相比封建社会的父母之命、媒妁之言、指腹为婚等做法,恋爱自由体现了社会的进步,既合乎法律规定又合乎社会的道德规范。本案被害人提出与被告人分手,正是基于恋爱自由而作出的决定,被告人及其辩护律师据此认为被害人存在过错是不能成立的。

案例:陈宗发故意杀人、敲诈勒索案

案例来源:《刑事审判参考》总第34集[第259号]

主题词:故意杀人罪 敲诈勒索罪及其既未遂的认定

一、基本案情

被告人陈宗发,男,1977年8月13日出生,汉族,初中文化程度,无业。因涉嫌犯故意杀人罪、敲诈勒索罪于2002年12月20日被逮捕。

上海市第一中级人民法院经审理查明:被告人陈宗发在沪为求职之需,多次找人代办虚假学历证明。2002年11月9日,陈宗发与制作假证件的外来人员李建兰取得联系,要求定制一份假文凭。同日中午,陈宗发按约定同李建兰之妻王小兰见面,之后陈将王小兰及同行的王之幼子李浩带至上海天山西路陈的暂住处。双方为制作假文凭的价格发生争执,陈宗发即用橡胶榔头连续猛击王的头部,继而又用尖刀刺戳王的头、胸部,致被害人王小兰当场死亡。陈唯恐罪行败露,又用橡胶榔头击打的方法致李浩死亡。

陈宗发作案后为逃避法律制裁,在暂住处浴缸内,用钢锯、折叠刀等工具,肢解两被害人尸体,并将尸块装于编织袋内,于次日晚丢弃于暂住处附近河道。嗣后,被告人陈宗发用手机发中文短信息给被害人王小兰的丈夫李建兰,以王小兰母子已被绑架为名,向李建兰勒索钱款人民币10万元。后因李及其家人及时报案而未得逞。

被告人陈宗发对公诉机关指控的犯罪事实没有异议;其辩护人对公诉机关指控陈宗发的行为构成故意杀人罪及敲诈勒索罪不持异议,同时认为《司法部司法鉴定中心鉴定书》虽然评定陈宗发作案时具备完全刑事责任能力,但该"鉴定书"又客观反映了陈宗发人格上有缺陷,且陈宗发到案后认罪态度较好,建议法庭对其从轻处罚。

上海市第一中级人民法院认为:被告人陈宗发采用暴力手段,将王小兰及其携行的两岁幼儿李浩杀死,并分尸后丢弃于河道中;陈宗发杀人抛尸后,又以母子被人绑架为名向被害人亲属索取钱款,因案发而未遂。其行为已分别构成故意杀人罪、敲诈勒索罪(未遂),其犯罪手段残忍,社会危害极大,依法应予严惩。根据我国《刑法》的规定,被告人作案时对自己的行为是否具有辨认和控制能力,即作案时有无精神病,决定了被告人是否具有刑事责任能力。《司法部司法鉴定中心鉴定书》的鉴定结论为陈宗发无精神病,具有完全刑事责任能力,故对辩护人的相关辩护意见不予采纳。被告人陈宗发的犯罪行为还造成附带民事诉讼原告人的经济损失,应予赔偿;但是附带民事诉讼原告人关于赔偿死亡补偿费人民币九万元的诉讼请求,缺乏法律依据,不予支持。

上海市第一中级人民法院依照《中华人民共和国刑法》第二百三十二条、第二百七十四条、第二十三条、第五十七条第一款、第六十九条第一款、第六十四条、第三十六条第一款以及《中华人民共和国民法通则》第一百一十九条之规定,判决如下:

1. 被告人陈宗发犯故意杀人罪,判处死刑,剥夺政治权利终身;犯敲诈勒索罪,判处有期徒刑四年。决定执行死刑,剥夺政治权利终身。

2. 被告人陈宗发赔偿附带民事诉讼原告人李建兰、王若虚、宋如乔丧葬费人民币六千元,交通费人民币二千元;赔偿附带民事诉讼原告人李娟抚养费人民币一万六千八百元;赔偿附带民事诉讼原告人王若虚赡养费人民币二千五百二十元;赔偿附带民事诉讼原告人宋如乔赡养费人民币五千四百元。

一审宣判后,被告人陈宗发不服,提出上诉,以其交代态度较好为由,要求从轻处罚;其辩护人要求对陈宗发进行精神病司法鉴定。

附带民事诉讼原告人王若虚、宋如乔亦提出上诉要求被告人陈宗发赔偿死亡补偿费、丧葬费、交通费、赡养费共计人民币二十万一千六百元。

上海市高级人民法院经审理后认为:上诉人陈宗发故意杀害他人,并敲诈被害人亲属钱款,其行为已构成故意杀人罪、敲诈勒索罪(未遂)。陈宗发的犯罪手段残忍,情节特别严重,社会危害极大,依法应予严惩。陈无法定从轻情节,其要求从轻处罚,不予准许。陈宗发在诉讼过程中已作过司法精神病鉴定,司法部司法鉴定中心出具的"鉴定书"明确被鉴定人陈宗发无精神病,在本案中应评定为具有完全刑事责任能力,故辩护人要求对陈宗发予以鉴定的辩护意见不予采纳。上诉人王若虚、宋如乔提出的诉讼请求,原判已在合理范围内予以判决;王若虚、宋如乔要求赔偿死亡补偿费的诉讼请求,不属附带民事诉讼范围,对该诉讼请求不予支持。

上海市高级人民法院依照《中华人民共和国刑事诉讼法》第一百八十九条第(一)项和《中华人民共和国刑法》第二百三十二条、第二百七十四条、第二十三条、第五十七条第一款、第六十九条、第六十四条、第三十六条第一款及《中华人民共和国民法通则》第一百一十九条之规定,裁定:驳回上诉,维持原判。

二、裁判要旨

No. 4-232-41 将被害人杀死后,以被害人被绑架为名向被害人亲属勒索钱财的,不构成绑架罪和诈骗罪,应以敲诈勒索罪论处。

首先,本案的被告人陈宗发根本没有实施过使被害人失去人身自由的绑架行为,也没有限制过被害人的人身自由。被告人因制作假文凭的价格同被害人产生争执,而杀死被害人,显然其行为构成故意杀人罪,至于被告人将被害人杀死之后,以绑架为名勒索钱款的行为,因为被害人已经死亡,不可能成为绑架罪的被绑架对象,没有被绑架人,这与绑架罪的最基本特征,即以暴力、胁迫等手段绑架他人,使之失去人身自由的特征不相符合。所以,本案被告人陈宗发在故意杀人后,以绑架为名,勒索钱款的行为不构成绑架罪。

其次,诈骗罪是指以非法占有为目的,用虚构事实或隐瞒真相的方法,骗取数额较大的公私财物的行为。诈骗罪在客观方面的主要表现为采用虚构事实或者隐瞒真相的欺骗方法,使财物所有人、保管人等产生错觉,信以为真,而仿佛自愿地将财物交出。也就是说,诈骗犯罪的被害人是仿佛自愿地交出其掌有的财物的,其被骗而交出财物的当时似乎是自愿的,这是诈骗罪同抢劫罪、盗窃罪、敲诈勒索罪相区别的一个主要特征。本案被告人将被害人杀死后,以绑架为名,向被害人的亲属勒索钱款,其亲属在当时特定的环境条件下,尽管其完全可能相信被告人虚构的被害人被绑架的事实,但其决不会自愿地向被告人交出钱款,如果向被告人交出被索要的钱款,也只能是在精神上受到胁迫,出于无奈才交出的。所以本案被告人的行为不构成诈骗罪。

最后,行为人是用虚构事实或隐瞒真相的方法,使人受蒙蔽而自愿交付财物,还是用威胁或要挟的方法,使人受到精神强制而被迫交付财物,是诈骗罪同敲诈勒索罪最本质的区别。

本案被告人在自己的暂住处将两被害人杀死后,又通过手机,告知两被害人的亲属李建兰:"女人和小孩已被绑架,要10万元钱,不能报案,否则撕票。"作为两被害人的利害关系人,李建兰深为两被害人的安危而担忧,严重地受到了精神的强制。被告人虚构绑架事实,胁迫李建兰,意在勒索其10万元人民币,被告人的行为符合敲诈勒索罪的构成要件。

No. 4-232-42 在敲诈勒索案件中,不能以被害人是否受到精神强制作为判断本罪既遂与否的标准,应以财物的交付或取得作为认定该罪既遂的标准;对于被害人事先报警,待公安机关布控后交付财物的,应认定为敲诈勒索罪未遂。

敲诈勒索罪是主要侵犯财产的犯罪,首先应当考虑以财物的交付或取得作为认定敲诈勒索罪既遂与未遂的标准,以被害人是否受到精神强制作为判断本罪既未遂的标准是不可取的。就实践来看,通常而言,被害人交付财物和犯罪人取得财物往往是一致的,但也存在不一致的情形。如被害人已按犯罪人的要求将财物交付于特定的地点或交付于犯罪人所指定的特定的人,但犯罪人尚未前往取得就被抓获的情况即是。此时,从表面上看,被害人交付财物和犯罪人取得财物在时间上并不一致。但从实质上看,对这种情况,犯罪人虽未前往实际取得财物,但由于被害人是按犯罪人指定的地点或人进行交付,故仍应视为犯罪人可以实际取得该财物。因此,无论是依交付说(失控说)还是取得说(控制说)都宜认定为既遂。需要说明的是,对于这样的一种特殊情形,即被害人事先报警,公安机关已然布控,只待犯罪人前往指定地点取钱即将其抓获的,对此,则不应认定为既遂,而应为未遂。因为,就被害人而言,其并未真正交付财物或者说并未真正失去对财物的控制,就犯罪人而言,其也不可能实际取得财物或形成对财物的控制。因此,无论是依交付说(失控说)还是取得说(控制说)都宜认定为未遂。

案例:王元帅等抢劫、故意杀人案

案例来源:《刑事审判参考》总第32辑[第242号]

主题词:共同犯罪的犯罪停止形态

一、基本案情

被告人王元帅,男,农民。

被告人邵文喜,男,33岁,农民。1994年4月因犯盗窃罪被判处有期徒刑三年,并处罚金人民币八千元。

北京市第二中级人民法院经审理查明:2002年6月6日,被告人王元帅主谋并纠集被告人邵文喜预谋实施抢劫。当日10时许,二人携带事先准备好的橡胶锤、绳子等作案工具,在北京市密云县鼓楼南大街骗租杨某某(女,29岁)驾驶的松花江牌小型客车。当车行至北京市怀柔区大水峪村路段时,经王元帅示意,邵文喜用橡胶锤猛击杨某某头部数下,王元帅用手猛掐杨的颈部,致杨昏迷。二人抢得杨某某驾驶的汽车及诺基亚牌8210型移动电话机1部、寻呼机1个等物品,共计价值人民币42000元。

王元帅与邵文喜见被害人杨某某昏迷不醒,遂谋划用挖坑掩埋的方法将杨某某杀死灭口。杨某某佯装昏迷,趁王元帅寻找作案工具,不在现场之机,哀求邵文喜放其逃走,邵文喜同意掩埋杨时挖浅坑、少埋土,并告知掩埋时将杨某某的脸朝下。王元帅返回后,邵文喜未将杨某某已清醒的情况告诉王。当日23时许,二人将杨某某运至北京市密云县金叵罗村朱家峪南山的土水渠处。邵文喜挖了一个浅坑,并向王元帅称其一人埋即可,便按与杨某某的事先约定将杨掩埋。王元帅、邵文喜离开后,杨某某爬出土坑获救。经鉴定,杨某某所受损伤为轻伤(上限)。

北京市第二中级人民法院认为:被告人王元帅、邵文喜以非法占有为目的,使用暴力抢劫他人财物,均已构成抢劫罪;二人在结伙抢劫致被害人受伤后,为了灭口共同实施了将被害人掩埋的行为,均已构成故意杀人罪。二人虽然杀人未遂,但王元帅所犯罪行情节严重,社会危害性极大,不足以从轻处罚。考虑到邵文喜在故意杀人过程中的具体作用等情节,对其所犯故意杀人罪酌予从轻处罚。二人均系累犯,应当从重处罚。故判决:被告人王元帅犯故意杀人罪,判处死刑,剥夺政治权利终身;犯抢劫罪,判处无期徒刑,剥夺政治权利终身,并处没收个人全部财产;决定执行死刑,剥夺政治权利终身,并处没收个人全部财产。被告人邵文喜犯故意杀人罪,判处无期徒刑,剥夺政治权利终身;犯抢劫罪,判处有期徒刑十五年,剥夺政治权利三年,并处罚金人民币三万元;决定执行无期徒刑,剥夺政治权利终身,并处罚金人民币三万元。

一审宣判后,王元帅不服,提出上诉。

北京市高级人民法院经二审审理认为:原审被告人邵文喜的行为构成故意杀人罪的犯罪中止,应对其减轻处罚,故改判邵文喜犯故意杀人罪,判处有期徒刑七年,剥夺政治权利一年;犯抢劫罪,判处有期徒刑十五年,剥夺政治权利三年,并处罚金人民币三万元。决定执行有期徒刑二十年,剥夺政治权利四年,并处罚金人民币三万元。驳回王元帅的上诉,维持原判。

二、裁判要旨

No. 4-232-43 在共同犯罪过程中,在没有意思联络的情况下单独中止犯罪,有效防止危害结果发生的,应当认定为犯罪中止;对于不知情的其他行为人,应当认定为犯罪未遂。

在本案中,在当时的环境、条件下,邵文喜能够完成犯罪,但其从主观上自动、彻底地打消了原有的杀人灭口的犯罪意图。因惧怕王元帅,邵文喜未敢当场放被害人逃跑,而是采取浅埋等方法给被害人制造逃脱的机会,其从客观上也未行使致被害人死亡的行为。邵文喜主观意志的变化及所采取的措施与被害人未死而得以逃脱有直接的因果关系,邵文喜有效地防止了犯罪结果的发生,其行为属于自动有效防止犯罪结果发生的犯罪中止。邵文喜在犯罪开始时曾用橡胶锤将被害人打昏,给被害人的身体已经造成损害,根据我国《刑法》的规定,对于中止犯,造成损害的,应当减轻处罚,故对邵文喜减轻处罚是正确的。

相形之下,王元帅所犯故意杀人罪的犯罪形态显然有所不同。王元帅杀人灭口意志坚定,其主观故意自始至终未发生变化,被害人未死、逃脱完全是其意志以外的原因造成的,王元帅构成故意杀人罪犯罪行为实施终了的未遂。

需要说明的是,构成共同犯罪,各行为人在主观方面必须具有共同的犯罪故意,在客观方面实施了共同的犯罪行为。但这并不等于说各行为人在共同犯罪中的犯罪形态就必然是一致的。正如共同犯罪中各行为人的地位、作用会有所不同一样,共同犯罪中各行为人对犯罪后果的心态也可能有所不同。这种差异既可能发生在犯意形成的初始阶段,也可能发生在犯罪实施过程中。

由于犯罪形态的不同,就共同故意杀人罪而言,王元帅和邵文喜所应承担的刑事责任依法亦应有所不同。《刑法》第二十三条第二款规定:"对于未遂犯,可以比照既遂犯从轻或者减轻处罚";《刑法》第二十四条第二款规定:"对于中止犯,没有造成损害的,应当免除处罚;造成损害的,应当减轻处罚。"法律对未遂犯和中止犯分别规定了不同的处罚原则,对前者是得减原则,对后者则是必减原则。所谓必减原则,就是无论何种情由,都必须依法给予从宽处罚,不允许有例外。就本案而言,二审对邵文喜的处罚,就准确体现了《刑法》第二十四条的规定。所谓得减原则,不是说任意地可以从宽,也可以不从宽。根据立法精神、刑事政策和司法实践,应当是指除个别特殊情形外,原则上应予以从宽处罚。与必减原则相比较,审判实践中,较难把握的是得减原则,尤其是何为可以不予从宽处罚的个别特殊情形。由于犯罪情形的多样性和复杂性,要给出一个普遍适用的标准显然不大可能,只能就个罪或个犯的具体情况而论。就本案故意杀人这样的结果犯而言,判断标准除主观恶性程度外,犯罪所造成的实际后果大小,与法定后果的程度差异以及原因等,也是必须要予以考虑的。例如,虽杀人未遂,但手段残忍致人重伤或者严重残疾的,可以成为不予从宽处罚的理由。总之,对法律规定可以从轻或减轻处罚而决定不予从轻或减轻处罚的,一定要审慎把握,应当贯彻罪责刑相适应原则。

案例:王征宇故意杀人案

案例来源:《刑事审判参考》总第 2 辑[第 9 号]

主题词:故意杀人罪　以危险方法危害公共安全罪

一、基本案情

被告人王征宇,男,27 岁,汉族,原系上海市平安保险公司宝山支公司驾驶员。因涉嫌犯危害公共安全罪,于 1996 年 6 月 27 日被逮捕。

上海市第二中级人民法院经审理查明:1996 年 6 月 17 日晚,上海市崇明县公安局组织部分干警及联防队员沿县内交通干道陈海公路设若干关卡检查过往车辆。18 日零时 50 分许,被告人王征宇驾驶牌号为“沪 A-2132”的桑塔纳轿车沿陈海公路自东向西高速驶向高石桥路段。站在该路段机动车道的执勤民警示意王征宇停车接受检查,王征宇为急于赶路没有停车,以每小时 100 公里左右的速度继续向前行驶。由于两位民警躲闪,未造成人员伤亡。此后,王征宇又以同样的速度连续闯过大同路、侯家镇两个关卡,继续向西行驶。在建设路口执行公务的公安干警得知此情况后,即用摩托车、长凳、椅子等物设置路障准备拦截王的车辆,执行公务的人员分别站在路障之间的空当处。其中,民警陆卫涛站在该路段北侧非机动车道接近人行道处。执勤民警让一辆接受检查的出租车驾驶员打开车前大灯,照亮设置的路障和站在路障中间的执行公务人员。王征宇驶近并看到这一情况后,仍拒不接受公安人员的停车指令,驾车冲向路障,致使汽车撞到陆卫涛并将陆铲上车盖,汽车左侧挡风玻璃被撞碎。王征宇撞人后先踩一脚急刹车,但未停车救人,反而立即加速逃离现场。陆卫涛被撞翻滚过车顶坠落于距撞击点 20 米处,致颅脑损伤抢救无效死亡。王征宇逃到新村乡界河码头时,被公安人员抓获。

上海市第二中级人民法院认为:被告人王征宇拒不服从公安人员的停车检查指令,强行闯过公安机关设置的高石桥、大同路、侯家镇、建设路等数处车辆检查关卡,并在建设路口将正在执行公务的民警陆卫涛撞击致死。其撞人后,继续驾车高速闯过城桥镇路口、港东路两关卡后逃逸。王征宇的行为构成以驾车冲闯的危险方法危害公共安全罪。上海市人民检察院第二分院指控被告人王征宇的犯罪事实清楚,证据确凿,但指控的罪名不当。依照 1979 年《中华人民共和国刑法》第一百零六条第一款、第五十三条第一款的规定,于 1997 年 1 月 31 日判决如下:

被告人王征宇犯以驾车冲闯的危险方法危害公共安全罪,判处死刑,剥夺政治权利终身。

一审宣判后,被告人王征宇不服,以没有驾车撞人及危害公共安全的故意,驾车撞死民警是过失所致,其行为构成交通肇事罪为由上诉于上海市高级人民法院。

上海市高级人民法院经审理认为:一审判决认定的犯罪事实清楚,证据确实、充分,审判程序合法,但对王征宇的定罪不当。王征宇为逃避公安机关车辆检查,驾车连续高速冲闯公安机关设置的数处关卡,在建设路口驾车冲向执行公务的公安人员,置他人生命于不顾,将公安人员陆卫涛冲撞翻过车顶,仍继续高速驾车强行闯过关卡,致使陆被撞击坠地后造成颅脑损伤死亡。对这种结果的发生,王征宇持放任态度,其行为已构成故意杀人罪。依法应予严惩。依照《中华人民共和国刑法》第十二条,1979 年《中华人民共和国刑法》第一百三十二条、第五十三条第一款和《中华人民共和国刑事诉讼法》第一百八十九条第(一)、(二)项的规定,于 1998 年 8 月 24 日判决如下:

1. 驳回王征宇的上诉;
2. 撤销上海市第二中级人民法院一审刑事判决的定罪部分;
3. 上诉人(原审被告人)王征宇犯故意杀人罪,判处死刑,剥夺政治权利终身。

二、裁判要旨

No. 4-232-44　为逃避检查等目的,故意驾车冲撞检查人员等特定个人致其死亡的,不构成以危险方法危害公共安全罪,应以故意杀人罪论处。

以危险方法危害公共安全罪是指使用除放火、决水、爆炸、投放危险物质以外的其他危险方法,造成或者足以造成不特定多数人的伤亡或者公私财产重大损失,危害公共安全的行为。区分本罪与故意杀人罪,主要应从犯罪侵犯的客体及犯罪的主观方面来把握。前者侵犯的客体是不特定多数人的生命、健康或者公私财产的安全,且在主观上出于故意;而后者侵犯的客体是特定人员的生命权利。本案被告人王征宇高速驾车冲闯关卡的目的是为逃避公安人员的检查,而不是为危害不特定多数人的人身、健康或公私财产的安全。王征宇驾车冲撞执行公务的人员,针对的对象是特定的个人,并非不特定多数人。王明知建设路口机动车道设有路障及站在路障中间的许多执行公务人员在拦截自己,却没有直接冲向机动车道的路障,而是转向北侧非机动车道,说明他不希望也未放任发生危害多数人人身安全的后果。可见,其主观上不具有危害公共安全的故意,故不应以危害公共安全罪定罪。

在本案中,王征宇明知公安人员陆卫涛站在北侧非机动车道拦截自己,如果继续驾车冲闯可能会造成陆伤亡结果的发生,仍为逃避检查,拒不停车,放任可能发生的后果,强行向陆所站的位置冲闯,致陆被撞击后死亡。对这种结果的发生,王征宇持放任态度。王征宇主观上具有间接杀人的故意,客观上造成陆死亡的结果,其行为符合间接故意杀人罪的特征,故应对其以故意杀人罪定罪。

案例:王勇故意杀人案

案例来源:《刑事审判参考》总第 3 辑[第 19 号]
主题词:量刑情节　被害人过错

一、基本案情

被告人王勇,男,24 岁,工人。因涉嫌犯故意杀人罪,于 1996 年 3 月 11 日被逮捕。

刑事附带民事诉讼原告人董锡厚,男,61 岁,退休干部。系被害人董德伟之父。

西安市中级人民法院经审理查明:1996 年 1 月 12 日晚 10 时许,被告人王勇得知其父出事即赶回家中,适逢兵器工业部 213 研究所职工董德伟到其家,王勇得知其父系被董德伟所打,为此发生争吵、厮打。被告人王勇用菜刀在董德伟颈部、头、面部连砍数刀,将董德伟当场杀死后王勇逃离现场。被告人王勇于 1 月 14 日投案自首。

西安市中级人民法院认为:被告人王勇故意非法剥夺他人生命,已构成故意杀人罪,且犯罪手段凶残,情节特别严重,应依法严惩。但王勇有投案自首情节,被害人又有明显过错,对王勇可以从轻判处。被告人王勇的犯罪行为给被害人家庭造成的经济损失,依法应予赔偿。附带民事原告人董锡厚要求被告人赔偿经济损失的诉讼请求,于法有据,应予支持,应根据被害人家庭的经济损失情况及被告人的实际赔偿能力作出判决。依照 1979 年《中华人民共和国刑法》第一百三十二条、第四十三条第一款、第五十三条第一款、第六十三条、第三十一条的规定,于 1996 年 10 月 22 日判决如下:

1. 被告人王勇犯故意杀人罪,判处死刑,缓期二年执行,剥夺政治权利终身;
2. 被告人王勇赔偿附带民事诉讼原告人董锡厚经济损失人民币七千元。

一审宣判后,附带民事诉讼原告人董锡厚以对王勇犯罪应当判处死刑立即执行、赔偿数额太少为由,向陕西省高级人民法院提出上诉。

陕西省高级人民法院经审理查明:1996 年 1 月 12 日晚 8 时 30 分许,兵器工业部 213 所职工董德伟酒后在该所俱乐部舞厅跳舞时,无故拦住被告人王勇之父王钢成,让王给其买酒喝,被王拒绝。董继续纠缠,并强行在王的衣服口袋里掏钱,致使二人推拉、厮打。厮打中,董致王头皮血肿、胸壁软组织损伤。后王钢成被送医院住院治疗。

晚10时许,被告人王勇得知其父出事即赶回家中,适逢董德伟上楼来到其家,即与董德伟发生争吵、厮打。厮打中王勇在其家厨房持菜刀一把,向董德伟头、面部连砍八刀,将董德伟当场杀死。经法医鉴定,董德伟系被他人持锐器砍切头、颈部致开放性颅脑损伤合并失血性休克而死亡。被告人王勇作案后,乘车连夜逃往咸阳。次日下午,王勇在其亲属陪同下到公安机关投案自首。

陕西省高级人民法院认为:被告人王勇故意非法剥夺他人生命,已构成故意杀人罪,且犯罪手段凶残,情节特别严重,应依法严惩。但被害人董德伟无故打伤被告人王勇的父亲,又找到王勇家,对引发本案有一定的过错责任,且被告人王勇作案后能投案自首,故应依法从轻判处。由于被告人王勇的犯罪行为给被害人家庭造成的经济损失依法应予赔偿。附带民事原告人董锡厚上诉请求增加民事赔偿数额的理由,经查,原审法院已根据被害人家庭的经济损失情况及被告人的实际赔偿能力作出了适当判处,故其上诉理由不再支持。原判决定罪准确,量刑适当,审判程序合法。依照《中华人民共和国刑事诉讼法》第一百八十九条第(一)项的规定,于1997年12月1日裁定如下:

驳回上诉,维持原判。

二、裁判要旨

No.4-232-45 对于自首的犯罪分子,一般应当从轻或者减轻处罚。犯罪较轻的,一般应当免除处罚。

《刑法》第六十七条规定,犯罪以后自动投案,如实供述自己的罪行的,是自首。对于自首的犯罪分子,可以从轻或者减轻处罚。其中,犯罪较轻的,可以免除处罚。“犯罪以后自动投案”,通常是指犯罪事实或者犯罪分子未被司法机关发现,或者虽被发现,但犯罪分子是在尚未受到传讯、未被采取强制措施时自动投案的情形。它既包括犯罪分子自己主动投案,也包括经亲属说服动员,在亲属陪同下投案。对此,司法解释也有明确规定。犯罪分子具备这一法定的从轻处罚的情节,可以从轻或者减轻处罚,有的甚至可以免除处罚。法律没有规定应当从轻、减轻、免除处罚,而只是规定了可以,这就要求司法机关在处理案件时要根据犯罪的情节、后果、投案自首的具体情况等确定是否从轻、减轻、免除处罚。但是,法律规定的可以不能简单地理解为既可以这样,也可以那样,而应理解为一般情况下应当照此办理。在死刑案件中,自首往往是决定杀与不杀的重要因素,务必予以重视,要全面分析、权衡。实践中,有的法院对于死刑案件,认为后果严重,自首仅是可以从轻、减轻的情节,因而一般均不予从轻,这种做法是不对的。

本案被告人王勇作案后逃往外地,后在其亲属劝说下,在亲属的陪同下投案,并如实供述了自己的犯罪事实,按照有关司法解释的规定,属于投案自首,对其应予从轻处罚。

案例:宋有福等故意杀人案

案例来源:《刑事审判参考》总第5辑[第35号]

主题词:犯罪意图的认定

一、基本案情

被告人宋有福,男,34岁,汉族,农民。因涉嫌犯故意杀人罪,于1997年8月21日被逮捕。

被告人许朝相,男,36岁,汉族,农民。因涉嫌犯故意杀人罪,于1997年9月1日被逮捕。

刑事附带民事诉讼原告人张玉华,女,39岁,农民,系被害人宋起锋之妻。

安徽省阜阳市中级人民法院经审理查明:被告人宋有福与被害人宋起锋系邻里。因道路纠纷等,两家素有积怨,宋有福便蓄意报复宋起锋。1997年7月31日,宋有福到其连襟被告人许朝相家帮助干农活,邀许找人教训宋起锋,许当即答应并商定于次日夜间动手。次日晚9时许,许朝相又邀约李艳坤(在逃)各带一把剑到达约定地点与宋有福会面。当晚11时许,三人蒙面持剑,翻墙跳入宋起锋家院内。此时,宋起锋女儿宋某某打开室门欲上厕所,被李艳坤捂住其嘴推回室内。宋某某挣扎、呼喊,惊动了宋起锋夫妇,宋起锋夫妇出屋察看动静时,许朝相朝宋起锋胸部猛刺一剑,后与宋有福、李艳坤越墙逃离现场。宋起锋被送往医院时已死亡。经法医鉴定,宋起锋系被刺破主动脉弓,引起大失血而死亡。

阜阳市中级人民法院认为:被告人宋有福纠集许朝相报复被害人宋起锋,致其死亡,已构成故意杀人罪,且情节严重,应依法负刑事责任和相应的民事责任。附带民事原告人张玉华要求被告人赔偿经济损失的诉讼请求,于法有据,应予支持,应根据被害人家庭的经济损失情况及被告人的实际赔偿能力作出判决。依照《中华人民共和国刑法》第十二条第一款,1979 年《中华人民共和国刑法》第一百三十二条、第三十一条及第五十三条第一款的规定,于 1998 年 1 月 9 日判决如下:

1. 以故意杀人罪分别判处被告人宋有福、许朝相死刑,缓期二年执行,剥夺政治权利终身;
2. 被告人宋有福、许朝相分别赔偿附带民事诉讼原告人张玉华经济损失人民币一万元。

一审宣判后,被告人宋有福以其未提出过要杀死被害人,定故意杀人罪不当,量刑过重为由,提出上诉;被告人许朝相以其并非要杀死被害人,定故意杀人罪不当,量刑过重为由,提出上诉;阜阳市人民检察院以二被告人为泄私愤持剑报复他人并将人刺死,后果严重,原判量刑畸轻为由提出抗诉;附带民事诉讼原告人张玉华上诉要求增加赔偿数额。

安徽省高级人民法院经审理认为:宋有福为报复被害人,指使许朝相等人携剑共同实施犯罪,许朝相在犯罪中见被害人等人大声呼救,即对被害人胸部猛刺一剑后逃离现场。许朝相的行为显然系为达到宋有福唆使的报复被害人的目的,而放任被害人死亡结果的发生,应属间接故意杀人。宋有福在预谋犯罪时虽未有明确的杀害被害人的犯意,但其在实施犯罪时见报复被害人的目的已达到,也即逃离现场,故其与许朝相系间接故意杀人的共犯,且二人在犯罪中作用相当,无主从犯之分,应负相同罪责。二上诉人的上诉理由均不能成立。宋有福、许朝相深夜持剑蒙面窜入被害人住宅,并将被害人杀死,犯罪情节恶劣,后果严重,社会危害性极大,应依法严惩。公诉机关抗诉要求判处二被告人死刑的理由成立,予以采纳。二上诉人的犯罪行为给被害人家庭造成的经济损失依法应予赔偿。附带民事原告人张玉华上诉请求增加民事赔偿数额的理由,经查,原审法院已根据被害人家庭的经济损失情况及被告人的实际赔偿能力作出适当判决,故其上诉理由不再支持。原判定罪准确,审判程序合法。依照《中华人民共和国刑事诉讼法》第一百八十九条第(二)项和《中华人民共和国刑法》第十二条第一款及 1979 年《中华人民共和国刑法》第一百三十二条、第二十二条第一款、第五十三条第一款和第三十一条的规定,于 1998 年 7 月 7 日作出如下判决:

1. 维持阜阳市中级人民法院刑事附带民事判决中对被告人宋有福、许朝相的定罪和附带民事判决部分;
2. 撤销一审判决中对被告人宋有福、许朝相的量刑部分;
3. 以故意杀人罪分别判处上诉人宋有福、许朝相死刑,剥夺政治权利终身。

安徽省高级人民法院依法将此案报请最高人民法院核准。

最高人民法院经复核认为:被告人宋有福因与宋起锋有积怨,在纠集许朝相实施报复加害行为过程中,将宋起锋刺死,二被告人的行为均构成故意杀人罪,犯罪情节严重。一、二审判决认定的基本事实清楚,证据确实、充分,定罪准确,审判程序合法。鉴于二被告人作案手段并非残忍,主观上对危害结果持放任态度,不是预谋杀人,对其判处死刑,可不立即执行。一审判决量刑适当,二审改判失当。依照《中华人民共和国刑法》第十二条第一款,1979 年《中华人民共和国刑法》第一百三十二条、第四十三条第一款、第五十三条第一款,《中华人民共和国刑事诉讼法》第一百九十九条和最高人民法院《关于执行〈中华人民共和国刑事诉讼法〉若干问题的解释》第二百八十五条第(三)项的规定,于 1999 年 11 月 3 日判决如下:

1. 撤销二审判决中对二被告人的量刑部分;
2. 以故意杀人罪分别判处被告人宋有福、许朝相死刑,缓期二年执行,剥夺政治权利终身。

二、裁判要旨

No. 4-232-46 在杀人案件中,犯罪意图不明确的,不得认定为直接故意杀人。

被告人宋有福因邻里道路纠纷等,起意对宋起锋实施报复——教训教训宋起锋。于是纠集其连襟许朝相等人,深夜持剑进入宋起锋家宅院,在宋起锋夫妇到院内察看动静时,许朝相刺中宋起锋一剑,致其死亡。从被告人宋有福纠集被告人许朝相要教训教训被害人的目的来看,其主观故意确实不十分明确,也就是说,不能认定为预谋杀人。但当被告人许朝相刺中被害人一剑以后,即与被告人宋有福逃离现场,对被害人死亡结果的发生采取了放任态度,这种结果实际也在二被告人预谋持剑教训的犯意之中,二人构成共犯。一审判决采纳公诉机关指控的罪名,对二被告人定故意杀人(间接)罪是正确的。

No. 4-232-47 对于致使被害人死亡的杀人案件,量刑时应当考虑案件的起因、被告人动机的卑劣程度以及主观恶性的大小等因素。

第一,因邻里纠纷引起的杀人案件,虽然也属于危害严重的案件,但同那些因劫财、奸情等杀人案件还是有区别的。对于造成被害人死亡后果的杀人案件,由于案件的起因不同,被告人的动机的卑劣程度及主观恶性大小不完全一样,对社会的危害也不完全相同,在量刑上亦应有所区别。被告人宋有福与邻里的道路纠纷是家族历史性的,且发生过争吵、打架,宋有福也曾被打过,故早就怀恨在心。此次是因违反计划生育政策被罚款而怀疑是被害人从中作梗,加速了报复、教训被害人的行为,事先预谋并非要杀死被害人,只是议论要“打一顿出出气,教训教训他”,故二被告人的主观恶性相对较小。

第二,本案虽然造成了被害人死亡的后果,但纵观二被告人犯罪的全过程,主观上对危害后果是持放任态度,放任的程度也是不一样的。宋有福是为了报复、教训被害人,事先还讲了“别打那么狠”的话,逃离现场放任了后果的发生;许朝相在整个犯罪过程中受宋的指使,但其在被害一方呼救时,为逃跑刺中被害人一剑,不计被害人的死活,而放任了危害后果的发生,这种犯罪本身是定伤害还是杀人罪在理论上就有争论,所以,即使按后果认定为杀人罪,也不能认为犯罪手段十分残忍、情节特别恶劣。

第三,本案是间接故意杀人。间接故意杀人,对被害人是死是活,并不积极追求,而是听之任之,采取放任态度。间接故意杀人的主观恶性和对社会的危害程度比直接故意杀人要小,处刑时应注意加以区别,判处死刑更应特别慎重。

案例:叶永朝故意杀人案

案例来源:《刑事审判参考》总第6辑[第40号]
主题词:特殊防卫的法律特征及其认定

一、基本案情

被告人叶永朝,男,1976年7月30日生。因涉嫌犯故意杀人罪,于1997年2月21日被逮捕,同年5月21日被监视居住。

浙江省台州市路桥区人民法院经审理查明:1997年1月上旬,王为友等人在被告人叶永朝开设的饭店吃饭后未付钱。数天后,王为友等人路过叶的饭店时,叶向其催讨所欠饭款,王为友认为有损其声誉,于同月20日晚纠集郑同伟等人到该店滋事,叶持刀反抗,王等人即逃离。次日晚6时许,王为友、郑国伟纠集王文明、卢卫国、柯天鹏等人又到叶的饭店滋事,以言语威胁,要叶请客了事,叶不从,王为友即从郑国伟处取过东洋刀往叶的左臂及头部各砍一刀。叶拔出自备的尖刀还击,在店门口刺中王为友胸部一刀后,冲出门外侧身将王抱住,两人互相扭打砍刺。在旁的郑国伟见状即拿起旁边的一张长方凳砸向叶的头部,叶转身还击一刀,刺中郑的胸部后又继续与王为友扭打,将王压在地上并夺下王手中的东洋刀。王为友和郑国伟经送医院抢救无效死亡,被告人也多处受伤。经法医鉴定,王为友全身八处刀伤,左肺裂引起血气胸、失血性休克死亡;郑国伟系锐器刺戳前胸致右肺贯穿伤、右心耳创裂,引起心包填塞、血气胸而死亡;

叶永朝全身多处伤,其损伤程度属轻伤。

台州市路桥区人民法院认为:被告人叶永朝在分别遭到王为友持刀砍、郑国伟用凳砸等不法暴力侵害时,持尖刀还击,刺死王、郑两人,其行为属正当防卫,不负刑事责任。依照《中华人民共和国刑法》第十二条第一款、第二十条第一款、第三款的规定,于 1997 年 10 月 14 日判决如下:

被告人叶永朝无罪。

一审宣判后,台州市路桥区人民检察院向浙江省台州市中级人民法院提出抗诉,其主要理由是:叶永朝主观上存在斗殴的故意,客观上有斗殴的准备,其实施行为时持放任的态度,其行为造成二人死亡的严重后果。叶永朝的犯罪行为在起因、时机、主观、限度等条件上,均不符合《中华人民共和国刑法》第二十条第三款的规定。

台州市中级人民法院经审理认为:叶永朝在遭他人刀砍、凳砸等严重危及自身安全的不法侵害时,奋力自卫还击,虽造成两人死亡,但其行为属正当防卫,依法不负刑事责任。依照《中华人民共和国刑事诉讼法》第一百八十九条第(一)项的规定,于 1998 年 9 月 29 日裁定如下:

驳回抗诉,维持原判。

二、裁判要旨

No. 4-232-48　在受到严重人身侵害时实施特殊防卫行为,造成不法侵害人伤亡,即使行为人自己未受到实际伤害或者伤害较轻的,也不属于防卫过当,应成立正当防卫,不负刑事责任。

特殊防卫的前提必须是严重危及公民人身安全的暴力犯罪。首先,不法侵害行为是针对人身安全的,即危害公民的生命权、健康权、自由权利和性权利,而不是人身之外的财产权利、民主权利等其他合法权益,对其他合法权益的不法侵害行为采取防卫行为的,适用一般防卫的规定。这是特殊防卫区别于一般防卫的一个重要特征。如抢夺犯罪行为,所侵犯的客体是财产权利,对抢夺行为进行的防卫则不应当适用特殊防卫。其次,针对人身安全的不法侵害行为具有暴力性,属于犯罪行为。这与一般防卫的只属"不法"性侵害有明显不同。如行凶、杀人、抢劫、强奸、绑架行为,均属严重犯罪行为。应当指出的是,对杀人、抢劫、强奸、绑架应作广义的理解,它不仅仅指这四种犯罪行为,也包括以此种暴力性行为为手段,而触犯其他罪名的犯罪行为,如以抢劫为手段的抢劫枪支、弹药、爆炸物行为,以绑架为手段的拐卖妇女、儿童行为。此外,针对人的生命、健康采取放火、爆炸、决水等其他暴力方法实施侵害,也是具有暴力性的侵害行为。再次,这种不法侵害行为应当达到一定的严重程度。必须是严重危及人身安全,即这种危害有可能造成人身严重伤害,甚至危及生命。对一些充其量只能造成轻伤害的轻微暴力侵害,则不能适用特殊防卫。因此,对行凶行为要注意区分危害的严重性程度。《刑法》第二十条第三款规定的行凶行为仅指严重危及人身安全的非法伤害行为,如使用凶器暴力行凶,有可能致人重伤的伤害行为。

根据《刑法》第二十条第三款的规定,只要符合以上条件,则防卫人采取的防卫手段、造成的结果法律没有限制,即使造成不法侵害人伤亡的,依法也不属于防卫过当,不负刑事责任。

在本案中,被告人叶永朝向王为友追索饭款是合理、合法的行为,王为友吃饭后不但不还欠款,在被合理追索欠款后,还寻衅报复滋事,在本案的起因上负有责任。叶永朝虽准备了尖刀随身携带,但从未主动使用,且其是在王为友等人不甘罢休,还会滋事的情况下,为防身而准备,符合情理,并非准备斗殴。斗殴是一种违法行为,其特征是斗殴参加人互相均有非法伤害的故意,双方均属不法行为。本案中,王为友纠集人员到叶永朝所开的饭店滋事,并持东洋刀向叶永朝左臂、头部砍击两刀,属严重侵害他人人身安全的行凶行为。叶永朝在被砍两刀后,持尖刀反击,其间,向持凳砸自己的郑国伟反击一刀,并在夺过王为友的东洋刀后,停止了反击的防卫行为。这表明叶永朝是被迫进行防卫,其在防卫的时间、对象上均符合法律的规定。

叶永朝在防卫行为开始前和开始防卫后,身受犯罪分子行凶伤害致轻伤,能否认定王为友等人的行为系严重危及人身安全的暴力犯罪?首先,法律并未规定特殊防卫的行为人必须身受重伤、已被抢劫、强奸既遂等才可以进行防卫。因此,叶永朝身受轻伤,只要其受伤情形足以表明对方侵害的严重暴力性质,就符合法律规定。其次,防卫的目的恰恰是使行凶、杀人、抢劫、强奸、绑架等暴力犯罪不能得逞。因此,即使防卫人根本没有受到实际伤害,也不应影响特殊防卫的成立。本案中,王为友等人手持东洋刀,且已砍在防卫人身上,如不对其进行有力的反击,如何制止其犯罪行为?因此,行为人放任甚至不排除希望将对方刺伤、刺死,在适用《刑法》第二十条第三款规定时,不应成为障碍。因为叶永朝在受到严重人身侵害的情况下进行防卫,是法律允许的,具有正义性,虽造成两人死亡的严重后果,但仍符合《刑法》第二十条第三款的规定,故不负刑事责任。一、二审法院的判决、裁定根据从旧兼从轻的原则适用该款规定是正确的。

案例:张杰故意杀人案

案例来源:《刑事审判参考》总第6辑[第42号]

主题词:自首的认定

一、基本案情

被告人张杰,男,44岁。因涉嫌犯故意杀人罪,于1997年9月25日被逮捕。

某市中级人民法院经审理查明:1993年,被告人张杰与其邻居被害人张杰之妻方某勾搭成奸。1995年5月,被害人张杰与方某离婚。1996年10月,被告人张杰与方某结婚。

1997年8月29日18时许,被害人张杰到被告人张杰居住的××市柯城区巨化文苑村4幢101室拿小孩衣服。被告人开门后,见是妻子的前夫,便将门关上。被害人见状继续敲门,并用力将门推开,欲进房内。被告人用力抵住门不让其进,二人发生争吵。被告人即用菜刀猛砍被害人左颈部一刀,并将被害人往外推。被害人因流血过多摔倒在公用走廊上。被告人见状即从家中拿出毛巾捂住被害人颈部,并请人叫救护车。被害人因左颈总动脉破裂大出血,经送医院抢救无效死亡。

某市中级人民法院依照《中华人民共和国刑法》第十二条第一款,1979年《中华人民共和国刑法》第一百三十二条、第五十三条第一款的规定,于1998年4月2日判决如下:

被告人张杰犯故意杀人罪,判处死刑,缓期二年执行,剥夺政治权利终身。

一审宣判后,某市人民检察院以原判量刑不当,被告人张杰罪行极其严重、不杀不足以平民愤为由,向某省高级人民法院提出抗诉;被告人张杰以没有杀人故意,有自首情节,量刑过重为由,提出上诉。

某省高级人民法院经审理认为:一审法院认定被告人张杰犯故意杀人罪的事实清楚,证据确实、充分。被告人张杰及其辩护人对原判认定的事实提出的异议及提出被告人无杀人故意、有自首情节等问题,经查均不能成立。被告人张杰为琐事之争不计后果持刀行凶杀人,且归案后认罪态度极差,依法应予严惩。某市人民检察院抗诉有理,应予采纳。依照《中华人民共和国刑法》第十二条第一款,1979年《中华人民共和国刑法》第一百三十二条、第五十三条第一款和《中华人民共和国刑事诉讼法》第一百八十九条第(二)项的规定,于1998年9月30日判决如下:

1. 驳回上诉人张杰的上诉;
2. 撤销原判决对张杰的量刑部分,维持原判决的其他部分;
3. 以故意杀人罪判处上诉人张杰死刑,剥夺政治权利终身。

某省高级人民法院依法将本案报请最高人民法院核准。

最高人民法院经复核认为:被告人张杰因琐事纠纷,持刀朝被害人要害部位猛砍一刀,致被害人死亡,其行为构成故意杀人罪,后果特别严重,应依法惩处。鉴于其有投案和抢救被害人的表现,对其判处死刑,可不立即执行。一、二审判决认定的事实清楚,证据确实、充分,定罪准确,审判程序合法,一审判决量刑适当。依照《中华人民共和国刑法》第十二条第一款,1979年《中华人民共和国刑法》第一百三十二条、第四十三条第一款、第五十三条第一款和《中华人民共和国刑事诉讼法》第一百九十九条,最高人民法院《关于执行〈中华人民共和国刑事诉讼法〉若

干问题的解释》第二百八十五条第(三)项的规定,于1999年11月4日判决如下:

1. 撤销某省高级人民法院刑事判决中对被告人张杰的量刑部分;
2. 被告人张杰犯故意杀人罪,判处死刑,缓期二年执行,剥夺政治权利终身。

二、裁判要旨

No.4-232-49 自动投案后未如实供述所犯罪行的,不成立自首。

被告人杀人后,当到达现场的民警问被告人张杰是谁干的时,被告人承认是他干的,并说"先救人,然后我到派出所投案自首"。根据最高人民法院《关于处理自首和立功具体应用法律若干问题的解释》第一条的有关规定,应属自动投案。但被告人到案后否认故意杀人,辩称:"是被害人到其厨房拿菜刀砍我时,我才夺刀防卫将被害人杀死。"但是,根据现场目击证人汪德洪、胡金凤等人的证言证实,被害人未带凶器,且自始至终未进入被告人张杰家门内,被害人不可能到被告人家的厨房拿菜刀。因此,被告人张杰关于正当防卫的辩解实属为自己开脱罪责的狡辩,不能认定其如实供述罪行。由于被告人张杰到案后未如实供述杀人过程中的重要事实,不能认定自首。

No.4-232-50 因婚姻家庭矛盾实施杀人行为后,又实施抢救行为的,应当酌情从轻处罚。

被害人张杰受伤倒地后,被告人张杰从家中拿出毛巾捂住被害人颈部,并请人叫救护车,实施了一定的抢救行为。这说明被告人张杰有一定的悔罪表现。因婚姻家庭矛盾引发的杀人案件不同于抢劫、强奸等严重危害社会治安的"严打"案件。根据《刑法》第四十八条第一款的规定,死刑只适用于罪行极其严重的犯罪分子。可见,立法对死刑的适用是极其严格的,是否属于罪行极其严重,应根据全案情节综合考虑,不能简单地以犯罪造成的危害结果认定,而应纵观全案作出判断。

本案被告人张杰持菜刀击砍被害人左颈部,致被害人死亡,后果严重,应予以严惩。但被告人张杰对到达现场的公安人员承认被害人受伤是其所为,可视为投案,且被告人杀人后有抢救被害人的表现,具有酌定从轻处罚的情节。

案例:曹成金故意杀人案

案例来源:《刑事审判参考》总第21辑[第129号]

主题词:间接故意 犯罪停止形态 非法持有枪支、弹药罪

一、基本案情

被告人曹成金,男,1973年5月27日出生,汉族,中专文化,原系江西省永修县松山纺织器厂子弟小学教师。因涉嫌犯故意杀人罪(未遂),于2000年11月22日被逮捕。

安徽省铜陵市铜官山区人民法院经审理查明:被告人曹成金与熊燕原有恋爱关系。2000年4月,两人在广州分手后,曹两次来铜陵市找熊燕,要求其回江西,熊不愿意。2000年11月12日下午1时许,曹携带被其锯短枪管、子弹已上膛的单管猎枪及四发子弹再次来到铜陵市,要求熊燕跟其回家,熊不肯。后熊燕约其朋友郑林、高翔、王琳等人一起在铜陵体育馆二楼台球室与曹成金见面,熊仍表示不愿随曹回江西。当日傍晚,熊燕与郑林等人离开体育馆,曹成金跟随其后,在淮河中路人寿保险公司门前路段,熊燕与郑林等人拦乘出租车欲离去时,曹成金阻拦不成,遂掏出猎枪威逼熊燕、郑林下车。郑林下车后乘曹不备,扑上抢夺曹的猎枪。曹急忙中对着郑林小腿内侧的地面扣动扳机,子弹打破了郑林的长裤,并在郑林的左膝内侧留下3mm×5mm表皮擦伤。后公安人员赶到将已被郑林等人制服的曹成金抓获。

铜陵市铜官山区人民法院根据查证属实的证据所认定的事实,认为被告人曹成金的行为构成非法持有枪支、弹药罪,且情节严重。依照《中华人民共和国刑法》第一百二十八条第一款、第六十一条、第六十四条的规定,于2001年3月5日判决如下:

1. 被告人曹成金犯非法持有枪支、弹药罪,判处有期徒刑五年;
2. 没收猎枪一把,子弹四发。

一审判决宣判后,曹成金不服,对犯非法持有枪支、弹药罪不持异议,但以犯罪不属情节严重为由,向铜陵市中级人民法院提出上诉。

铜陵市中级人民法院经审理认为:上诉人曹成金违反枪支管理规定,无证持有枪支、弹药,其行为已构成非法持有枪支、弹药罪。上诉人曹成金在处理与他人的事务时,因不能如愿而持枪进行威胁,并对阻止其非法行为的他人进行射击,造成他人轻微伤的后果,应认定其非法持有枪支、弹药犯罪情节严重。上诉人曹成金关于犯非法持有枪支、弹药罪不属情节严重,并要求宽大处理的辩解和辩护意见,不予采纳。依照《中华人民共和国刑事诉讼法》第一百八十九条第(一)项的规定,于 2001 年 4 月 4 日裁定驳回上诉,维持原判。

二、裁判要旨

No. 4-232-51 非法持有枪支、弹药实施间接故意杀人行为未造成危害结果的,不构成故意杀人罪(未遂)或者故意伤害罪(未遂),应以非法持有枪支、弹药罪论处。

本案被告人曹成金的行为没有发生死亡或者伤害的严重后果,其行为是否构成故意杀人罪(未遂)或者故意伤害罪(未遂),应取决于这种结果是否由于其意志以外的原因所致。从案件起因上看,被告人曹成金与郑林等人没有利害关系,事先不存在非法剥夺郑林等人生命或者伤害郑林等人的直接故意;在其到铜陵市劝说熊燕随其回江西被拒绝后,掏出非法携带的枪支,现行证据只能证实是为了吓唬郑林等人,不能证实是为了实施故意杀人或者伤害行为;在争夺枪支的过程中,曹成金突然对郑开枪,此行为具有突发性,是一种不计后果的行为,在主观上应认定为是一种间接故意,即对其行为可能造成他人或死亡、或受伤、或者无任何物质损害结果,都是行为人放任心理所包含的内容,并非是单纯希望发生危害结果。正因为在间接故意中,行为人对危害结果的发生与否是持一种放任态度,当法律上的危害结果发生时,则已成立犯罪既遂,如造成被害人死亡的,应以故意杀人罪定罪处罚;造成被害人受伤(轻伤以上)的,应以故意伤害罪定罪处罚;而没有造成人员伤亡,也是行为人这种放任心理所包含的,而不是什么意志以外的原因所致,无所谓得逞与否,犯罪未遂也就无从谈起了。因此,对本案被告人曹成金的行为,不能以故意杀人罪(未遂)或者故意伤害罪(未遂)追究刑事责任。但根据《刑法》第一百二十八条第一款的规定,违反枪支管理规定,非法持有枪支、弹药的,处三年以下有期徒刑、拘役或者管制;情节严重的,处三年以上七年以下有期徒刑。被告人曹成金是不符合配备、配置枪支、弹药条件的人员,其违反枪支管理规定,擅自持有枪支、弹药,其行为已构成非法持有枪支、弹药罪;曹成金非法携带枪支、弹药进入公共场所,且不计后果,非法开枪,虽未造成他人死、伤的严重后果,亦应认定为情节严重。安徽省铜陵市铜官山区人民法院改变起诉指控罪名,以非法持有枪支、弹药罪,判处被告人曹成金五年有期徒刑,铜陵市中级人民法院的裁定维持原判,均是正确的。

案例:梁小红故意杀人案

案例来源:《刑事审判参考》总第 16 辑[第 102 号]

主题词:故意杀人罪 绑架罪 敲诈勒索罪 自首

一、基本案情

被告人梁小红,男,1979 年 12 月 23 日出生,农民。因涉嫌犯故意杀人罪、敲诈勒索罪,于 1999 年 6 月 10 日被逮捕。

云南省红河哈尼族彝族自治州中级人民法院经审理查明:1999 年 5 月 27 日 21 时许,被告人梁小红冒充王刚(云南省建水县第三中学学生,时年 14 岁)的亲戚打电话到云南省建水县第三中学小卖部,谎称王刚的父亲因出车祸住院,将王刚骗至建水县曲江大桥西侧泵房处后,与王刚发生争执,梁小红遂勒王刚的颈部、捂王刚的嘴,致王刚昏迷。梁小红以为王刚死亡,将王藏匿于附近的水沟中。次日凌晨,梁小红将写好的恐吓信放置于王刚家门口,称王刚被绑架,让王的母亲拿 2.5 万元到曲江大桥处赎人。同月 30 日,王刚的尸体在曲江河内被发现。经鉴定,王刚系溺水死亡。

红河哈尼族彝族自治州中级人民法院认为:公诉机关指控梁小红杀死被害人王刚并书写恐吓信的事实成立,但认为梁小红的行为构成故意杀人罪和敲诈勒索罪不妥。被告人梁小红以勒索财物为目的绑架他人致人死亡的行为,构成绑架罪。梁小红在公安机关未掌握其犯罪事实的情况下,向公安机关如实交代了罪行,应认定为自首,可以从轻处罚。依照《中华人民共和国刑法》第二百三十九条、第五十七条第一款、第六十七条、第三十六条和最高人民法院《关于处理自首和立功具体应用法律若干问题的解释》第一条第(一)项的规定,于1999年11月29日判决如下:

被告人梁小红犯绑架罪,判处死刑,缓期二年执行,剥夺政治权利终身;赔偿附带民事诉讼原告人王兴成经济损失一万元。

一审宣判后,附带民事诉讼原告人王兴成服判,不上诉;梁小红不服,向云南省高级人民法院上诉称:因田里用水与王刚之父发生过矛盾,自己把王刚骗出学校是想说服王刚让王刚帮助解决矛盾;自己没有准备凶器,没有杀害王刚的意图,且公安人员一调查自己就如实交代了犯罪事实。梁小红的辩护人提出,梁小红致王刚昏迷后,误认为王刚已死亡,将王藏匿于无水的水沟中,由于当晚下大雨,才致王刚溺水死亡,梁小红的行为符合(间接)故意杀人罪的特征;梁小红给王刚父母写恐吓信的目的是转移公安机关的侦查视线,而非为勒索财物,不构成敲诈勒索罪;梁小红在公安人员盘问时,主动交代罪行,符合最高人民法院《关于处理自首和立功具体应用法律若干问题的解释》的规定,应视为自首。红河哈尼族彝族自治州人民检察院亦提出抗诉。其理由为:一审判决定性不准、适用法律不当、量刑畸轻。梁小红不具有以勒索财物为目的的主观故意,梁小红将被害人杀害后,又给被害人的父母写恐吓信进行敲诈,其行为构成故意杀人罪和敲诈勒索罪。梁小红亦不具有自首情节。

云南省高级人民法院经二审审理认为:梁小红在与王刚发生争执时,故意对王刚勒颈、捂嘴,致使王刚昏迷后,将王刚丢弃于水沟致使王刚溺水死亡的行为,已构成故意杀人罪。梁小红在杀害被害人王刚后为转移公安机关侦查视线而写敲诈信的行为不构成敲诈勒索罪,梁小红在公安机关掌握一定的证据并将其作为犯罪嫌疑人进行讯问后,如实供述罪行,不具有自首情节。被告人及其辩护人关于梁小红具有自首情节的辩解、辩护意见不予采纳。被告人梁小红杀害王刚的情节恶劣,后果严重,应予依法惩处,检察机关关于梁小红犯故意杀人罪和量刑畸轻的抗诉理由成立。依照《中华人民共和国刑事诉讼法》第一百八十九条第(二)项,最高人民法院《关于执行〈中华人民共和国刑事诉讼法〉若干问题的解释》第二百五十七条第二款和《中华人民共和国刑法》第二百三十二条、第五十七条第一款的规定,于2000年5月25日判决如下:

1. 撤销云南省红河哈尼族彝族自治州中级人民法院(1999)红刑初字第188号刑事附带民事判决中的刑事判决部分;

2. 被告人梁小红犯故意杀人罪,判处死刑,剥夺政治权利终身。

云南省高级人民法院依法将本案报请最高人民法院核准。

最高人民法院经复核认为:被告人梁小红将王刚骗出,采用勒颈、捂嘴的手段,致王刚昏迷,认为王刚死亡后又将其藏匿于水沟中,致王刚溺水死亡的行为,已构成故意杀人罪,应依法惩处。梁小红在公安机关将其作为犯罪嫌疑人进行讯问后才交代所犯罪行,不具有自首情节。二审认定的事实清楚,证据确实、充分,定罪准确,量刑适当。一、二审审判程序合法。依照《中华人民共和国刑事诉讼法》第一百九十九条和最高人民法院《关于执行〈中华人民共和国刑事诉讼法〉若干问题的解释》第二百八十五条第(一)项的规定,于2001年3月11日裁定如下:

核准云南省高级人民法院(2000)云高刑终字第199号以故意杀人罪判处被告人梁小红死刑,剥夺政治权利终身的刑事判决。

二、裁判要旨

No. 4-232-52 在实施故意杀人行为后,为转移侦查视线、掩盖罪行而书写、投送勒索钱财信件的,不构成敲诈勒索罪,应以故意杀人罪一罪论处。

首先,梁小红的行为不构成绑架罪。绑架罪是指以勒索财物为目的,使用暴力、威胁或者其他方法,绑架他人或者绑架他人作为人质的行为。在主观方面,绑架罪要求行为人具有勒索财物的目的。在客观方面,绑架罪表现为使用暴力、胁迫的手段绑架他人的行为。司法实践中,绑架罪的行为人在使用暴力或者胁迫过程中往往造成人质的伤害或者死亡,行为人也可能出于杀人灭口的目的将“人质”杀害。但只要行为人实施绑架行为时是以勒索财物为目的,或者以被绑架人为人质,而不是以杀害或伤害为目的的,就应定绑架罪。本案中,梁小红在与被害人争执过程中采用勒颈、捂嘴的手段致被害人昏迷,后将破害人丢弃于水沟中,主观上是想杀害被害人。为转移公安机关的侦查视线,梁小红书写勒索信,但他未去收取赎金。所以,梁小红在主观上不具有勒索财物的目的。而且,梁小红给王刚父母写勒索信时,被害人已经死亡,不存在以被绑架人为人质的情况。在客观上,梁小红在与王刚争执的过程中采用勒颈、捂嘴的手段致王刚昏迷,后将王刚丢弃于水沟中,致被害人溺水死亡,梁小红并未实施绑架行为。因此,梁小红的行为不构成绑架罪。

其次,被告人梁小红的行为也不构成敲诈勒索罪。敲诈勒索罪,是指以非法占有为目的,对被害人以威胁或者要挟的方法,强行索取数额较大的公私财物的行为。行为人在主观上,以非法占有为目的;在客观上,表现为采用威胁或要挟的手段强行索取公私财物的行为。本案中,梁小红不具有非法占有的目的,他在王刚死亡后给王刚亲属书写恐吓信,虚拟被害人被绑架并要求赎人,只是为转移公安机关的侦查视线,掩盖杀人罪行,而不是为勒索并非法占有他人财物。在客观上,梁小红虽然写了勒索信,但并未索取财物,故梁小红的行为不构成敲诈勒索罪。

梁小红在与被害人发生争执时,故意勒被害人王刚的颈部,捂王刚的嘴,致被害人昏迷后又将被害人丢弃于水沟中,致被害人溺水死亡,其行为已构成故意杀人罪。因为梁小红是出于杀害被害人王刚的故意实施了勒颈部、捂嘴等杀人行为。在王刚昏迷后,梁小红将王丢弃于水沟中,并不是杀人行为的中止,而是在其主观上认为王刚已死亡的情况下实施的抛“尸”行为,这并不改变其杀人的性质。

No. 4-232-53 在公安机关将其作为犯罪嫌疑人进行讯问后交代所犯罪行的,不成立自首。

云南省高级人民法院和最高人民法院经进一步查证、查明,公安机关根据证人关于梁小红的体貌特征与犯罪嫌疑人的体貌特征一致的证言,特别是在找到梁小红,发现其右面颊部有一条与证人陈述的犯罪嫌疑人相符的疤痕时,即确认梁小红是重要的犯罪嫌疑人,并将其带回派出所。经过教育后,梁小红才开始交代犯罪事实。因此,梁小红是在公安机关将其作为犯罪嫌疑人进行讯问后,才交代罪行,并非是在公安机关完全不掌握其犯罪线索的情况下,主动交代罪行。其行为不符合最高人民法院《关于处理自首和立功具体应用法律若干问题的解释》的规定,不能认定为自首。

案例:王洪斌故意杀人案

案例来源:《刑事审判参考》总第 12 辑[第 80 号]

主题词:直接故意 自首

一、基本案情

被告人王洪斌,男,36 岁,汉族,工人。因涉嫌犯故意杀人罪,于 1998 年 10 月 21 日被逮捕。

内蒙古自治区呼伦贝尔盟中级人民法院经审理查明:被告人王洪斌于 1998 年 7 月 19 日晚 7 时许,因怀疑其妻与单位负责人范文刚有不正当两性关系,打电话将范叫到家中质问。当范文刚否认时,被告人王洪斌便从其家阳台取出私藏的改制枪支和子弹,返回客厅向范开枪射击。范文刚被击中后,王洪斌与返回家中的妻子和闻讯赶来的被害人之妻等人一起将范送往医院抢救,后王洪斌到公安机关投案。经法医鉴定,范文刚因开放性颅脑损伤而死亡(枪弹丸所致)。

被告人王洪斌于 1988 年间,在内蒙古自治区牙克石市伊图里河镇购买高压气枪一支,改制成能发射小口径子弹的枪支后,与子弹 50 发一并储存。

呼伦贝尔盟中级人民法院认为:被告人王洪斌的行为已构成故意(间接)杀人罪,因其具有自首和抢救被害人的情节,可从轻判处。依照《中华人民共和国刑法》第二百三十二条、第一百二十五条第一款、第六十九条、第六十七条、第五十七条第一款、第三十六条和《中华人民共和国民法通则》第一百一十九条的规定,于 1999 年 2 月 12 日判决如下:

1. 被告人王洪斌犯故意(间接)杀人罪,判处无期徒刑,剥夺政治权利终身;犯非法制造、储存枪支、弹药罪,判处有期徒刑五年。决定执行无期徒刑,剥夺政治权利终身。

2. 赔偿附带民事诉讼原告人田慧清经济损失一万三千六百元。

一审宣判后,被告人王洪斌服判,不上诉。检察机关以"被告人王洪斌构成直接故意杀人罪,情节恶劣,后果严重,应判处死刑"为由,向内蒙古自治区高级人民法院提出抗诉。附带民事诉讼原告人以"原判赔偿数额少,应增加赔偿数额"等为由,提出上诉。

内蒙古自治区高级人民法院经审理查明:1998 年 7 月 19 日晚 7 时许,被告人王洪斌因怀疑其妻董玉梅与单位负责人范文刚有不正当两性关系,打电话将范叫到家中质问。因范文刚否认此事,王洪斌便从阳台取出私藏的改制枪支和子弹,返回客厅向范头部开枪射击,致范开放性颅脑损伤而死亡。其妻董玉梅回家见状,打电话将范文刚之妻田慧清等人叫来,王洪斌与赶来的田慧清等人一同将范送往医院。之后,王洪斌又与他人一同到公安机关,谎称范文刚系来其家借枪,自己摆弄枪支走火致死。另外,被告人王洪斌于 1988 年间,在内蒙古自治区牙克石市伊图里河镇购买高压气枪一支,改制成能发射小口径子弹的枪支后,与子弹 50 发一同藏匿家中。

内蒙古自治区高级人民法院认为:原审被告人王洪斌无端猜疑被害人范文刚与其妻有不轨行为,持枪向范要害部位开枪射击,致其死亡,同时还非法改制、私藏枪支和子弹,并以此作为作案工具,造成严重后果,其行为已构成故意杀人罪和非法制造、储存枪支、弹药罪。且故意杀人犯罪情节特别恶劣,罪行极其严重,社会危害性大,应予严惩。原审判决对被告人犯非法制造、储存枪支、弹药罪的量刑和附带民事判决部分适当,审判程序合法。王洪斌借故持枪向被害人头部射击,并致其死亡,共行为显属直接故意犯罪;王洪斌作案后,并未及时有效地抢救被害人,而是与事后赶来的被害人之妻等人一同送被害人去医院,且被害人未经抢救已经死亡;王洪斌虽同他人到公安机关报案,但并未承认被害人的死亡是其所致,在公安机关鉴定被害人枪弹伤不能自己致成后,才被迫承认基本犯罪事实,故不具有自动投案的主观意愿和实际表现,自首不能成立。因此,原审对王洪斌犯故意杀人罪从轻处罚不当。检察机关提出的抗诉意见成立,应予支持。鉴于原审已对附带民事诉讼原告人作了一定的经济赔偿,故其上诉理由不再采纳。依照《中华人民共和国刑事诉讼法》第一百八十九条第(一)、(二)项,最高人民法院《关于执行〈中华人民共和国刑事诉讼法〉若干问题的解释》第二百五十七条第二款,《中华人民共和国民事诉讼法》第一百五十三条第(一)项,《中华人民共和国刑法》第二百三十二条、第一百二十五条第一款、第六十九条、第五十七条第一款、第三十六条和《中华人民共和国民法通则》第一百一十九条的规定,于 1999 年 5 月 25 日判决如下:

1. 维持呼伦贝尔盟中级人民法院刑事附带民事判决中的定罪、附带民事判决及非法制造、储存枪支、弹药罪的量刑部分;

2. 撤销呼伦贝尔盟中级人民法院刑事附带民事判决中对被告人王洪斌故意杀人罪的量刑部分;

3. 原审被告人王洪斌犯故意杀人罪,判处死刑,剥夺政治权利终身;犯非法制造、储存枪支、弹药罪,判处有期徒刑五年。决定执行死刑,剥夺政治权利终身。

内蒙古自治区高级人民法院依法将此案报请最高人民法院核准。

最高人民法院经复核认为:被告人王洪斌因怀疑被害人范文刚与其妻有不轨行为,持枪向范文刚要害部位开枪射击,致其死亡,其行为已构成故意杀人罪,且情节恶劣,后果严重,应依法惩处;其改制枪支和私藏枪支、子弹的行为,还构成非法制造、储存枪支、弹药罪,亦应依法惩处。二审法院认定的事实清楚,证据确实、充分,定罪准确,量刑适当,审判程序合法。依照《中华人民共和国刑事诉讼法》第一百九十九条和最高人民法院《关于执行〈中华人民共和国刑事诉讼法〉若干问题的解释》第二百八十五条第(一)项的规定,于 2000 年 4 月 4 日裁定如下:

核准内蒙古自治区高级人民法院(1999)内刑终字第 118 号对被告人王洪斌以故意杀人罪

判处死刑,剥夺政治权利终身;以非法制造、储存枪支、弹药罪判处有期徒刑五年,决定执行死刑,剥夺政治权利终身的刑事判决。

二、裁判要旨

No. 4-232-54 在故意杀人案中,向被害人要害部位实施打击行为的,应当认定为直接故意杀人。

在司法实践中,区分直接故意杀人和间接故意杀人的关键是看行为人在实施杀人行为时抱有什么样的心理态度,亦即其意志因素是什么?对被害人死亡结果的发生是持希望、追求的态度,还是持放任的态度?

从本案来看,被告人王洪斌系在室内近距离向被害人头部开枪射击,其明知在这样近的距离向人头部开枪射击,会击中人的要害部位并致人死亡,仍决意为之。这反映出王洪斌主观上是追求、希望被害人死亡结果发生的,并非是对可能发生的致人死亡的后果持听之任之的放任态度。这种主观意志的确定性与客观行为和行为结果的一致性,充分说明王洪斌的行为构成直接故意杀人。

No. 4-232-55 为逃避法律制裁而向有关机关报假案的,不属于自动投案,不成立自首。

本案被告人王洪斌随同他人到公安机关,谎称是被害人玩枪走火致死,其目的是开脱自己,逃避法律制裁。在公安机关作了枪痕、枪支鉴定,证实被害人的枪弹伤不能自己致成后,王洪斌才在第三次供述之后开始承认枪杀被害人的犯罪事实,这更不属于投案后如实供述自己的罪行。鉴于王洪斌系报假案而不是自动投案,且到案后在开始阶段不如实供述自己的罪行,因此,对其不能认定为自首。

案例:阎留普等故意杀人案

案例来源:《刑事审判参考》总第 8 辑[第 58 号]

主题词:多种量刑情节的适用

一、基本案情

被告人阎留普,男,1952 年 4 月 19 日出生,农民。因涉嫌犯故意杀人罪,于 2000 年 1 月 21 日被逮捕。

被告人黄芬,又名黄小芹,女,1965 年 6 月 16 日出生,农民。因涉嫌犯故意杀人罪,于 2000 年 1 月 21 日被逮捕。

河南省濮阳市中级人民法院经审理查明:1983 年被告人黄芬被人贩子拐骗到河南省南乐县与被告人阎留普结婚。1989 年 5 月 2 日晚 10 时许,被告人黄芬被本村村民阎建立强奸,阎留普发觉后与阎建立厮打,被阎建立用匕首刺伤。阎建立作案后潜逃。为给阎留普治伤,阎留普的家人牵走阎建立家的耕牛,卖得 900 元钱以充抵医疗费。阎建立被抓获归案后,南乐县人民法院以强奸罪、故意伤害罪数罪并罚,判处阎建立有期徒刑十年。阎建立为此怀恨在心。

1997 年 11 月阎建立出狱后,以讨要耕牛为名,多次向阎留普及其兄弟勒索钱财,还多次拦截、威胁被告人黄芬。1999 年 2 月,经人调解,阎留普之兄阎聚普给付阎建立现金 1900 元,但阎建立不肯罢休,以其母牛每年可生一头牛犊为借口,另索要现金 8000 元,阎留普下跪求饶亦无济于事,阎建立扬言如不给钱就要杀阎留普全家。为此阎留普一家终日提心吊胆,不敢在家居住,将子女寄住于他人家中,二被告人则躲藏在阎留普母亲家中。

2000 年 1 月 12 日凌晨 6 时许,阎建立来到阎留普夫妇临时住所威胁、索要钱财,阎留普用事先准备好的粪叉将阎建立打倒在地后并将阎建立按住,黄芬则持菜刀朝阎建立身上砍,刀被阎建立夺走后,黄芬又拿起粪叉把打了阎建立数下。阎留普让黄芬拿来其事先准备好的杀猪刀,阎留普朝阎建立背部、胸部、头、面部猛刺十余刀,阎建立被刺破心脏,因失血性休克而死亡。二被告人作案后即向公安机关投案自首。

濮阳市中级人民法院认为:被告人阎留普、黄芬非法剥夺他人生命,其行为已构成故意杀人罪。在共同犯罪中,阎留普起主要作用,系主犯,黄芬起次要作用,系从犯。被害人阎建立因犯强奸罪、故意伤害罪被判处有期徒刑十年,出狱后不思悔改,向被告人阎留普及其亲属无理勒索钱财,多次拦截被告人黄芬。在被告人阎留普的亲属被迫交出1900元钱之后,继续向被告人阎留普勒索钱财8000元,并扬言不给钱就杀其全家,致使被告人阎留普、黄芬一家终日为此提心吊胆,不敢在家居住。在被告人一家被迫躲避时,阎建立闯入二被告人的临时住所,威胁二被告人的人身安全。被害人阎建立实属有极大过错,二被告人之行为属激愤杀人,又具有防卫性质,且在作案后能主动投案自首,应予从轻、减轻处罚、依照《中华人民共和国刑法》第二百三十二条、第六十七条第一款、第二十五条第一款、第二十六条第一款、第四款、第二十七条、第七十二条第一款、第七十三条第二款的规定,于2000年4月3日判决如下:

1. 被告人阎留普犯故意杀人罪,判处有期徒刑六年;
2. 被告人黄芬犯故意杀人罪,判处有期徒刑二年,缓刑三年。

一审宣判后,二被告人未上诉,濮阳市人民检察院未抗诉。

二、裁判要旨

No.4-232-56 在故意杀人案中,同时具有多项法定从轻、减轻和酌定从轻、减轻情节的,一般不应顶格判处刑罚,应综合全案具体情况确定合适的刑罚。

本案被告人阎留普、黄芬犯故意杀人罪,造成一人死亡的后果,依照《刑法》第二百三十二条的规定,有两个量刑档次,即死刑、无期徒刑、十年以上有期徒刑和三年以上十年以下有期徒刑。具体确定哪一个量刑档次,是本案首先应当解决的问题。被告人阎留普、黄芬是出于激愤杀人,又具有防卫性质,且被害人有严重过错,故其杀人犯罪应与严重危害社会治安的故意杀人案件有所区别。最高人民法院《全国法院维护农村稳定刑事审判工作座谈会纪要》对此已作了明确的阐述。因此,应当认定被告人阎留普、黄芬犯罪的情节较轻,应当在三年以上十年以下有期徒刑的幅度内量刑。

被告人阎留普作案后投案自首,依照《刑法》第六十七条第一款的规定,可以从轻、减轻处罚或者免除处罚;被害人阎建立在案件的起因上有严重过错,是量刑的酌定情节,对被告人可酌情考虑从轻处罚。故对被告人阎留普不应顶格判处十年有期徒刑,但被告人阎留普持刀刺死被害人阎建立,系主犯,也不应对被告人阎留普免除或者减轻处罚。综合全案的具体情况,濮阳市中级人民法院对被告人阎留普以故意杀人罪,判处有期徒刑六年,是适宜的。

被告人黄芬系从犯,依照《刑法》第二十七条的规定,应当从轻、减轻处罚或者免除处罚;作案后即投案自首,依照《刑法》第六十七条第一款的规定,可以从轻、减轻处罚或者免除处罚;再考虑被害人阎建立的行为对本案的发生具有严重过错这一酌定情节。在量刑时应考虑对被告人黄芬减轻处罚或者免除处罚。鉴于被告人黄芬伙同阎留普非法剥夺他人生命,其所犯故意杀人罪历来是我国刑法打击的重点,为了保护公民的人身安全,维护社会稳定,也不应对被告人黄芬免除处罚。濮阳市中级人民法院根据本案的具体情况,对被告人黄芬减轻处罚,在法定最低刑三年有期徒刑以下量刑,以故意杀人罪判处被告人黄芬有期徒刑二年,缓刑三年,完全符合法律规定,也符合本案实际。

案例:杨政锋故意杀人案

案例来源:《刑事审判参考》总第7辑[第50号]
主题词:故意挤占车道的行为定性　故意杀人罪

一、基本案情

被告人杨政锋,男,24岁,汉族,农民。因涉嫌犯故意杀人罪,于1998年5月6日被逮捕。

附带民事诉讼原告人徐静,女,28岁,汉族,系被害人韩瑞勇之妻。

附带民事诉讼原告人韩松辰,男,6岁,汉族,系被害人韩瑞勇之子。

附带民事诉讼原告人韩兴华,男,70岁,汉族,系被害人韩瑞勇之父。

附带民事诉讼原告人雷玉梅,女,64岁,汉族,系被害人韩瑞勇之母。

附带民事诉讼原告人韩瑞芳,女,36岁,汉族,系被害人韩瑞勇胞姐。

陕西省咸阳市中级人民法院经审理查明:1997年6月30日中午12时许,被告人杨政锋驾驶"151"型解放牌货车在从礼泉县城返回的途中,绕县城西环路行驶。当行驶至北环路十字路口时,礼泉县交通局路政大队执勤人员示意停车,杨政锋驾车强行冲过。后执勤人员陈浩明、刘惊雷、刘劲松、邹兵建遂乘一辆三轮摩托车追赶。被告人杨政锋为阻止摩托车超越自己驾驶的货车,沿路曲线行驶,当摩托车行至大货车左侧时,杨政锋左打方向盘,占道逼车,将三轮摩托车逼入路边的阴沟后继续逃跑。此时,礼泉县交警大队干警韩瑞勇驾驶一辆北方牌小汽车路过,即停车询问。刘惊雷、刘劲松二人向韩瑞勇说明情况后,上了韩瑞勇驾驶的小汽车继续追赶。在礼泉县赵镇索村路段追上杨政锋开的大货车后,韩瑞勇连续鸣笛,打左转向灯,示意超车。当韩瑞勇驾车处于大货车左侧时,被告人杨政锋仍左打方向盘占道逼车,阻止追赶,将韩瑞勇驾驶的北方牌小汽车逼向路边与树木相撞,韩瑞勇当场死亡,刘惊雷、刘劲松受轻伤,北方牌小汽车严重损坏,损失价值29445元,案发后,被告人杨政锋潜逃,后被抓获归案。

咸阳市人民法院认为:被告人杨政锋驾车强行冲过执勤工作人员的拦挡,后又曲线占道行驶,逼挡乘车追赶的执勤交警超车,致使摩托车翻下路基,北方牌小汽车与路边树木相撞,一人死亡,二人轻伤,车辆严重损坏,情节恶劣,后果严重。但起诉书指控被告人杨政锋犯故意杀人罪不当。被告人杨政锋虽有逼挡超车的行为,但并未直接碰撞车辆。其致车辆损毁的行为,构成破坏交通工具罪,应予适当处罚。被告人杨政锋的行为给被害人韩瑞勇的家庭及亲属造成较大的经济损失,依法应赔偿被害人的车辆损失、抚养、赡养、丧葬等费用,但附带民事诉讼原告人提出的精神赔偿没有法律依据,不予支持。依照《中华人民共和国刑法》第十二条第一款,1979年《中华人民共和国刑法》第一百一十条、第五十三条第一款、第三十一条及《中华人民共和国民法通则》第一百一十九条的规定,于1999年1月21日判决如下:

1. 被告人杨政锋犯破坏交通工具罪,判处无期徒刑,剥夺政治权利终身;
2. 被告人杨政锋赔偿附带民事诉讼原告人经济损失人民币八万元。

一审宣判后,被告人杨政锋不服,向陕西省高级人民法院提出上诉。杨政锋上诉称,其在侦查阶段所作的有罪供述,是刑讯逼供所致,并否认路政人员追赶和占道逼车的事实;其辩护人认为,杨政锋既无犯罪故意也无犯罪行为,认定其犯罪的证据不足。

附带民事诉讼原告人徐静、韩兴华、雷玉梅、韩松辰、韩瑞芳对一审判决中的附带民事诉讼部分不服,向陕西省高级人民法院提出上诉,要求增加赔偿数额。

陕西省高级人民法院经审理查明:1997年6月30日上午,上诉人杨政锋驾驶解放牌"151"型大卡车到礼泉县城缴纳养路费并购买汽车配件,因钱未带够,于中午12时左右从县城返回。在返回途中,为逃避交纳过桥费,便绕县城西环路行驶,至北环路十字路口时,遇见县交通局路政大队执勤人员示意停车,杨政锋驾车强行冲过,执勤人员陈浩明、刘惊雷、刘劲松、邹兵建遂乘一辆三轮摩托车追赶。上诉人杨政锋便沿路曲线行驶,阻挡摩托车超越其驾驶的卡车,至泔河丁字路口时,摩托车从卡车左侧超车,杨政锋左打方向盘,占道逼车,至摩托车翻下路基熄火,杨继续驾车逃跑。此时,适逢礼泉县交警大队干警韩瑞勇驾驶一辆北方牌小汽车路过,见状随即停车。刘惊雷、刘劲松说明情况后,即乘坐韩瑞勇驾驶的小汽车继续追赶。追至礼泉县赵镇李村路段时,韩连续鸣号并打左转向灯,示意超车,当韩瑞勇所驾小车行至大卡车左侧与大卡车车厢前部齐平时,被告人杨政锋又左打方向盘占道逼车,致韩瑞勇所驾驶的汽车与路旁树木相撞,韩瑞勇当场死亡,刘惊雷、刘劲松受轻伤,北方牌小汽车严重损坏。杨政锋及同车的赵建璋听到小车撞树的声音,杨政锋并从后视镜中看到小车撞在树上飞起来,遂将车向前滑行60米左右停下来。此时,乘路过车辆追来的陈浩明上前摘了杨的车牌。杨政锋趁机潜逃,后在兰州市被抓获归案。关于杨政锋上诉称其在侦查阶段所作的有罪供述,是刑讯逼供所致,否认路政人员追赶和占道逼车的事实。经查,杨政锋在侦查阶段所作的有罪供述与同车的赵建璋及被害人刘惊雷、刘劲松的证言相吻合,侦查人员出具了未对其刑讯逼供的证明,故其否认犯罪事实属抵赖。关于其辩护人称杨政锋没有犯罪故意和犯罪行为的意见,经查,杨政锋在侦查阶段供认其左打方向盘占道逼车,是故意整治追赶他的人,被害人刘惊雷、刘劲松的陈述亦可证明。其辩护意见不予采纳。

陕西省高级人民法院认为:上诉人杨政锋作为经过正规培训取得驾驶执照的正式司机,明知自己所从事的是高度危险性作业,在驾车高速曲线行驶占道逼车可能对追赶他的车辆产生危害后果,却先后两次故意左打方向盘,限制追赶车辆的前进路线,致摩托车翻下路基,小车撞树,车毁人亡,显然对危害结果的发生持放任态度,故其行为已经构成故意杀人罪。原判对杨政锋以破坏交通工具罪定性不当,应予纠正。上诉人徐静等要求追加赔偿数额,经查,原判已根据被害人亲属所遭受的经济损失及杨政锋的赔偿能力作了适当判处,其上诉请求不予支持。依照《中华人民共和国刑法》第十二条第一款和 1979 年《中华人民共和国刑法》第一百三十二条、第五十三条第一款、第三十一条及《中华人民共和国刑事诉讼法》第一百八十九条第(二)项的规定,于 1999 年 8 月 31 日判决如下:

1. 维持咸阳市中级人民法院刑事附带民事判决的第二项,即被告人杨政锋赔偿附带民事诉讼原告人经济损失人民币八万元;

2. 撤销咸阳市中级人民法院刑事附带民事判决的第一项,即被告人杨政锋犯破坏交通工具罪,判处无期徒刑,剥夺政治权利终身;

3. 被告人杨政锋犯故意杀人罪,判处无期徒刑,剥夺政治权利终身。

二、裁判要旨

No. 4-232-57　驾车故意挤占车道阻止追赶车辆、致使他人车毁人亡的,不构成破坏交通工具罪,应以故意杀人罪论处。

在通常情况下,故意杀人罪和破坏交通工具罪是容易区分的。但当行为人利用非常见方法杀人,并同时造成其他重大物质损害的后果时,如何定罪容易产生分歧。本案中,被告人杨政锋实施的是一个行为,其主观故意内容只能从其行为中分析认定。从本案的具体情况来看,被告人杨政锋的行为造成了车辆损毁和人员死亡两个后果。但这种后果又很难分清行为人的主观故意究竟是为了毁车而致人死亡,还是为了杀人而致车毁,或者对哪一个后果持放任态度。也就是说,其主观故意对认定本案性质也很难发挥作用。在这种情况下,应当从其行为,进而从其主观故意分析其犯罪所侵犯的客体。本案中,被告人杨政锋驾驶货车沿路曲线行驶,挤占车道,在韩瑞勇驾驶汽车处于货车左侧时左打方向盘,将汽车逼向路边,虽然发生了小汽车与路边树木相撞,小汽车严重损坏的结果,但其目的是阻挡追赶的车辆超车,以逃避交管部门检查。被告人杨政锋实施上述行为时针对的只是追赶的小汽车,使之无法超车,以逃避处罚,因而不符合破坏交通工具罪侵害的客体必须是公共安全的要求。被告人的行为对象是特定的,行为的危害后果也是特定的,故不能以破坏交通工具罪定罪处罚。

被告人杨政锋虽然没有追求韩瑞勇死亡的直接故意,但当韩瑞勇驾驶的小汽车处于杨政锋驾驶的货车左侧时,杨政锋作为经过正规培训取得驾驶执照的正式司机,应当知道在驾车高速曲线行驶的情况下占道逼车可能发生车辆倾覆、人员伤亡的严重后果,仍然左打方向盘,挤占小汽车车道,放任危害后果的发生,终将小汽车逼向路边与树木相撞,造成一人死亡、二人轻伤、小汽车严重损坏的后果,被告人杨政锋放任被害人韩瑞勇所驾追赶车辆车毁人亡的后果发生,其主观上具有间接杀人的故意,其行为符合故意杀人罪的特征,故对杨政锋应以故意杀人罪定罪处刑。陕西省高级人民法院改判杨政锋故意杀人罪是正确的。

案例:刘加奎故意杀人案

案例来源:《刑事审判参考》总第 6 辑[第 43 号]

主题词:故意杀人罪　被害人过错

一、基本案情

被告人刘加奎,男,35 岁。因涉嫌犯故意杀人罪,于 1997 年 11 月 19 日被逮捕。

湖北省襄樊市中级人民法院经审理查明:被告人刘加奎和被害人马立未同在随州市五眼桥

农贸市场相邻摊位卖肉。1997年10月22日上午11时许，被告人刘加奎之妻胡坤芳在摊位上卖肉时，有客户来买排骨，因自己摊上已售完，便介绍左边摊主王×卖给客户，此时，被害人马立未之妻徐翠萍即在自己摊位上喊叫更低的价格，但客户嫌徐摊位上的排骨不好，仍买了王×摊位的排骨。为此，徐翠萍指责被告一方，继而与胡坤芳发生争执厮打，二人均受轻微伤，被群众拉开后，徐又把胡摊位上价值300多元的猪肉甩到地上。市场治安科明确“各自看各自的伤，最后凭法医鉴定结果再行处理”。但是马立未夫妇拒绝市场治安管理人员的调解，在事发当日和次日多次强迫被告人刘加奎拿出360元钱给徐翠萍看病，并殴打了刘加奎夫妇。被告人刘加奎在矛盾发生后，多次找市场治安科和随州市公安巡警大队等要求组织解决，并反映马立未方人多势众纠缠不休，请有关组织对自己给予保护。被害人马立未以刘加奎要向其妻赔礼道歉、承认错误为条件，托人给刘捎话要求私了，刘加奎拒绝并托亲属找公安机关要求解决。马立未知道后威胁说：“黑道白道都不怕，不给我媳妇看好病绝不罢休！”11月24日下午3时许，刘加奎被迫雇车同马立未一起到随州市第一医院放射科给徐翠萍拍片检查，结果无异常。马立未仍继续纠缠，刘加奎十分恼怒，掏出随身携带的剔骨刀朝马立未背部刺一刀，马立未、徐翠萍见状迅速跑开，徐翠萍跑动时摔倒在地，刘加奎朝徐的胸、背、腹部连刺数刀，又追上马立未，朝其胸、腹、背部等处猛刺十余刀，然后持刀自杀(致肝破裂)未遂，被群众当场抓获。马立未因被刺破肺脏致大出血而死亡；徐翠萍的损伤属重伤。

襄樊市中级人民法院认为：被告人刘加奎持刀行凶，杀死一人，重伤一人，其行为已构成故意杀人罪，杀人情节恶劣，手段残忍，本应依法严惩。但本案事出有因，被害人对案件的发生和矛盾的激化有一定过错。被告人归案后，认罪态度尚好，有悔罪表现，依照《中华人民共和国刑法》第二百三十二条、第四十八条第一款、第五十七条第一款的规定，于1998年2月22日判决如下：

被告人刘加奎犯故意杀人罪，判处死刑，缓期二年执行，剥夺政治权利终身。

一审宣判后，被告人刘加奎向湖北省高级人民法院提出上诉，其上诉称：为争卖排骨之事，与被害人马立未夫妇发生矛盾后，被害一方多次殴打侮辱、敲诈勒索我们，并非是一审判决所称的一定过错，而是一种侵犯人权的犯罪行为。在医院为徐翠萍拍片检查结果无异常的情况下，马立未仍无理要求拿10万、8万为其妻徐翠萍整容，这是我行凶的直接原因。请考虑我在事情发生后曾找过多个部门得不到解决的情况下犯罪，要求从轻处罚。襄樊市人民检察院以被告人刘加奎在公共场所预谋杀人，手段残忍，后果严重，社会影响极坏，依法应当判处其死刑立即执行为由，提出抗诉。

湖北省高级人民法院经开庭审理查明的被告人刘加奎的犯罪事实与一审判决认定的基本一致。但认定起诉指控并已被一审判决确认的“徐翠萍拍片检查后无异常时马立未仍提出无理要求”这一情节，只有被告人刘加奎一人供述，没有其他证据能够印证，不能成立。

湖北省高级人民法院认为：该案被害一方虽有一定过错，但被告人刘加奎用剥夺他人生命的犯罪手段报复被害人，手段残忍，情节恶劣，后果特别严重，应依法严惩。公诉机关抗诉要求判处被告人刘加奎死刑的理由成立，予以采纳。依照《中华人民共和国刑事诉讼法》第一百八十九条第(二)项和《中华人民共和国刑法》第二百三十二条、第五十七条第一款的规定，于1998年6月24日判决如下：

1. 撤销襄樊市中级人民法院刑事判决中对刘加奎的量刑部分；
2. 上诉人刘加奎犯故意杀人罪，判处死刑，剥夺政治权利终身。

湖北省高级人民法院依法将此案报请最高人民法院核准。

最高人民法院经复核认为：被告人刘加奎持刀行凶杀人的行为已构成故意杀人罪。一、二审判决认定的事实清楚，证据确实、充分，定罪准确，审判程序合法。一审判决根据本案的起因及矛盾发展上被害人一方有一定过错的具体情节，对被告人刘加奎判处死刑，缓期二年执行，剥夺政治权利终身，并无不当；检察机关抗诉后，二审判决改判被告人刘加奎死刑立即执行失当。依照《中华人民共和国刑法》第二百三十二条、第四十八条第一款、第五十七条第一款，

《中华人民共和国刑事诉讼法》第一百九十九条和最高人民法院《关于执行〈中华人民共和国刑事诉讼法〉若干问题的解释》第二百八十五条第(三)项的规定,经院审判委员会讨论决定,于1999年9月6日判决如下:

1. 撤销湖北省高级人民法院二审判决中对被告人刘加奎的量刑部分;
2. 被告人刘加奎犯故意杀人罪,判处死刑,缓期二年执行,剥夺政治权利终身。

二、裁判要旨

No. 4-232-58 在故意杀人案中,被害人有明显过错或对矛盾激化负有直接责任的,一般不应当判处死刑立即执行。

本案纯属因生产生活、邻里纠纷等民间矛盾激化引发的故意杀人刑事犯罪案件。综观全案的发展过程,被害人一方在案件起因及矛盾激化发展上有一定过错。被告人刘加奎提出,从事发到对马立未夫妇行凶前,曾多次找工商局和公安局巡警大队反映,要求解决。在有关部门让先各自治伤,然后再双方协商解决的情况下,被害人马立未再三无理相逼,刘加奎自己妻子的伤得不到治疗还要被逼迫给人家治伤,已产生一定的恐惧心理。被告人在11月23日曾向其妻流露过要与马立未同归于尽的想法。被告人行凶杀人后立即自杀(致肝破裂)未遂,归案后认罪态度尚好。

最高人民法院1999年10月27日《全国法院维护农村稳定刑事审判工作座谈会纪要》中,对故意杀人的处刑问题明确规定,对于被害人一方有明显过错或者对矛盾激化负有直接责任的,一般不应当判处死刑立即执行。本案被告人刘加奎杀人,与被害方苦逼而被告人寻求组织解决未果有直接关系。一审判决认定刘加奎犯故意杀人罪,判处死刑缓期二年执行,并无不当,不是确有错误,检察机关抗诉理由不成立,二审改判不当。因此,最高人民法院在复核该案时,经院审判委员会讨论并作出决定,撤销了湖北省高级人民法院二审判决中对被告人刘加奎的量刑部分,仍以故意杀人罪判处其死刑,缓期二年执行,剥夺政治权利终身。

案例:张义洋故意杀人案

案例来源:《刑事审判参考》总第32辑[第241号]

主题词:自动投案的认定

一、基本案情

被告人张义洋,男,1978年4月2日出生,教师。因涉嫌犯故意杀人罪于2002年6月5日被逮捕。

某市中级人民法院经审理查明:被告人张义洋与被害人管贵忠结婚后,因怀疑管贵忠婚前行为不检点而时常发生争吵。2002年5月22日晚8时许,酒后的张义洋被其父母、姐姐拽回家,服了安定药欲睡觉。在卧室内张义洋又与管贵忠发生口角,管收拾行李欲外出打工,张不同意,发生厮打。厮打中,张义洋将管贵忠推倒在床上,用手卡扼管的颈部,致管窒息死亡。张义洋的亲属闻讯后遂向公安机关报案,并对因服了"安定药"而已熟睡的张进行看守以防止其外逃。当公安人员赶到后,张义洋的亲属带领公安人员到张的睡觉处将张抓获。经法医鉴定:死者管贵忠系遭扼颈致机械性窒息而死亡。

某市中级人民法院认为:被告人张义洋故意杀人的犯罪事实清楚,证据确实、充分,且犯罪情节恶劣,应依法惩处。对辩护人提出的被告人有自首情节的意见,经查,案发后,张义洋的姐姐张敏虽然打电话向公安机关报案,张义洋的亲友也在张义洋睡觉的屋外守护,但并未主动将张义洋送去投案,张义洋是在屋内熟睡时被公安人员抓获的,其行为不符合最高人民法院《关于处理自首和立功具体应用法律若干问题的解释》第一条第(一)项规定的条件,不能视为自动投案,张义洋不符合自首的条件,对辩护人的意见不予采纳。依照《中华人民共和国刑法》第二百三十二条、第五十七条第一款的规定判决:被告人张义洋犯故意杀人罪,判处死刑,剥夺政治权利终身。

一审宣判后,被告人张义洋不服,以其有自首情节,应对其从轻处罚为主要理由向某省高级人民法院提出上诉。其辩护人的辩护意见与张的上诉理由基本相同。

某省高级人民法院经审理认为:原判认定张义洋故意杀人的犯罪事实清楚,证据确实、充分,定罪准确,审判程序合法。对张义洋及其辩护人提出的上诉理由和辩护意见,经查,张义洋作案后其亲属一面及时报案,一面看守着睡熟的张防其外逃;当公安人员赶到后,其亲属又带公安人员到张睡觉处将其抓获,张归案后亦如实地供述了犯罪事实,故依法可视为自首。对张义洋及其辩护人提出的张具有自首情节,可从轻处罚的上诉理由和辩护意见予以采纳。对张义洋判处死刑,可不立即执行。据此,依照《中华人民共和国刑事诉讼法》第一百八十九条第(二)项和《中华人民共和国刑法》第二百三十二条、第五十七条第一款、第六十七条第一款、第四十八条及最高人民法院《关于处理自首和立功具体应用法律若干问题的解释》第一条第(一)项之规定,判决:撤销某市中级人民法院一审刑事判决中对被告人张义洋的量刑部分;上诉人张义洋犯故意杀人罪,判处死刑,缓期二年执行,剥夺政治权利终身。

二、裁判要旨

No. 4-232-59 犯罪嫌疑人的亲友报案后,由于客观原因未将犯罪嫌疑人送去投案,但予以看守并带领司法机关工作人员将其抓获的,或者强制将其送去投案的,应认定为犯罪嫌疑人自动投案。

根据《刑法》第六十七条第一款的规定,自动投案和如实供述自己的罪行,是成立自首的两个必要的法定条件。关于如何认定这里的自动投案,最高人民法院《关于处理自首和立功具体应用法律若干问题的解释》第一条第(一)项指出:“自动投案,是指犯罪事实或者犯罪嫌疑人未被司法机关发觉,或者虽被发觉,但犯罪嫌疑人尚未受到讯问、未被采取强制措施时,主动、直接向公安机关、人民检察院或者人民法院投案。”同时规定:“并非出于犯罪嫌疑人主动,而是经亲友规劝、陪同投案的;公安机关通知犯罪嫌疑人的亲友,或者亲友主动报案后,将犯罪嫌疑人送去投案的,也应当视为自动投案。”

从《关于处理自首和立功具体应用法律若干问题的解释》规定的“亲友主动报案后,将犯罪嫌疑人送去投案的,也应当视为自动投案”的内容看,凡此种情形视为自动投案的,其条件是:第一,亲友主动报案;第二,亲友将犯罪嫌疑人送去投案。在这里,送去投案的基本含义应当是送去,即要有送的行为。但这并不等于全部含义,即不能仅以这句话表面意思对送去一词作狭义的理解,限定为亲友将犯罪嫌疑人亲自送到司法机关的行为,而应当对这一规定从本质意义上作广义的理解。从亲友将犯罪嫌疑人送去投案这一行为的本身看,它的直接作用和效果就是使犯罪嫌疑人犯罪后不与司法机关对抗和逃匿,不至于隐匿于社会继续犯罪,有利于案件的及时侦破和审判。因而将犯罪嫌疑人送去投案的这一规定的本质含义是使行为人实施犯罪行为后能将其有效地置于司法机关的控制之下,并使其承担相应的法律后果,这也是刑法规定的构成自首两个必要法定条件之一的自动投案的本质属性。因此,只要犯罪嫌疑人的亲友能将犯罪嫌疑人置于司法机关的有效控制之下的,都应当看做将犯罪嫌疑人送去投案。

本案犯罪嫌疑人的亲属主动报案,但在报案后,由于犯罪嫌疑人醉酒后服安定药而熟睡的客观原因,没有将其送去投案,而是予以看护,防止其外逃,并带领公安人员将其抓获。对此同样应当视为自动投案,这是因为:第一,所谓送去投案,其语义本身并不排除亲友强行将犯罪嫌疑人送去投案的情形。第二,从前文亲友规劝、陪同投案的表述可以看出,规劝反映了行为人从不愿投案到愿意投案的意思表示。亲友规劝、陪同投案和亲友送去投案并列,说明二者是有别的。第三,如果犯罪嫌疑人本身完全自愿投案,则无论是其独自投案,还是在亲友陪同、送往下投案,均属于典型的自动投案,没有解释为视为自动投案的必要。第四,本案被告人张义洋醉酒后服用安眠药处于熟睡状态,没有意思和意志能力。虽不能证明其愿意投案,但亦不能证明其反对投案。在此种情况下,其亲属将其控制并引领公安人员将其抓获,并不属于强制送去投案。当然,如果犯罪嫌疑人明确拒绝并强烈反抗投案,且被强制到案后拒不如实供述犯罪事实,则是否构成自动投案乃至自首,就应另当别论了。本案显然不属于这种情形。

案例:张怡懿等故意杀人案

案例来源:《刑事审判参考》总第 32 辑[第 240 号]

主题词:审判时怀孕的妇女　限定刑事责任能力

一、基本案情

被告人张怡懿,女,1978 年 3 月 8 日出生于上海市,汉族,初中文化程度,无业。因涉嫌犯故意杀人罪,于 2000 年 9 月 25 日被刑事拘留,同年 10 月 25 日被逮捕。

被告人杨臖,女,1978 年 9 月 27 日出生于上海市,汉族,初中文化程度,无业。因涉嫌犯故意杀人罪,于 2000 年 10 月 30 日被刑事拘留,同年 11 月 30 日被逮捕。

上海市第二中级人民法院经审理查明:章桂花与张怡懿系母女。张怡懿与同学杨臖关系较密,因杨多次向张借钱后不还,引起章桂花不满,遂到杨家干涉,并阻止张怡懿与杨臖交往,杨臖对章怀恨在心。2000 年 7 月,杨臖对张怡懿谈起张母章桂花如死亡,张则可获自由,且可继承遗产,张亦认为母亲管束过严,两人遂共谋杀害章桂花。同年 8 月 23 日晚,张怡懿在上海市永兴路 595 弄某号家中给其母章桂花服下安眠药,趁章昏睡之机,将杨臖提供的胰岛素注入章体内。因章桂花不死,张怡懿又用木凳等物砸章头部。次日中午,杨臖至张怡懿家,见章桂花仍未死亡,即与张共同捆绑章的手,张用木凳猛砸章头部。被害人章桂花终因颅脑损伤而死亡。嗣后,张怡懿、杨臖两人取走章的存折、股票磁卡等,由杨藏匿。张怡懿购买水泥,并将章桂花的尸体掩埋于家中阳台上。

10 月 8 日,公安机关在对犯罪嫌疑人张怡懿采取强制措施后,又查证杨臖涉嫌参与共同杀人。但其时杨臖正怀孕,故未对其采取相应的强制措施。10 月 20 日杨臖产下一男婴并将其遗弃(此节因证据原因未予指控),公安机关遂于 10 月 30 日将其刑事拘留。

被告人张怡懿及其辩护人对事实没有异议,其辩护人对上海市公安局安康医院《精神疾病司法鉴定书》作出的关于张怡懿属于“边缘智能”的鉴定结论提出质疑,并要求重新鉴定。

被告人杨臖辩称,其没有杀人的具体行为。杨臖的辩护人认为杨在共同杀人犯罪中仅起次要作用;公安机关掌握杨臖涉嫌参与杀人犯罪事实时,杨正怀孕,因此,对杨臖应视为“审判时怀孕的妇女,不适用死刑”。

公诉人认为:杨臖在审判时已分娩,客观上已不具备《刑法》第四十九条的法定事实;刑法规定“审判的时候怀孕的妇女,不适用死刑”的规定是出于对胎儿的保护考虑。杨臖产下婴儿后遗弃,再对其适用《刑法》第四十九条与立法精神不符。

根据张怡懿的辩护人对鉴定结论提出的申请,法庭依法委托上海市精神疾病司法鉴定专家委员会作精神医学复核鉴定,结论为张怡懿具有部分(限定)刑事责任能力。再次开庭时,控、辩双方对精神医学复核鉴定均无异议。

上海市第二中级人民法院认为:被告人张怡懿、杨臖共同故意杀死一人,其中,被告人张怡懿积极实施杀人行为;被告人杨臖在犯罪中出谋划策,并捆绑被害人,共同致人死亡,两被告人的行为均已构成故意杀人罪。杨臖的辩护人提出杨臖在共同犯罪中起次要作用的辩护意见与事实不符,不予采纳。张怡懿系限定刑事责任能力的精神病人,依照《刑法》第十八条第三款“尚未完全丧失辨认或者控制自己行为能力的精神病人犯罪的,应当负刑事责任,但是可以从轻或者减轻处罚”的规定,对张从轻处罚。公安机关已掌握杨臖涉嫌参与杀人的犯罪事实,又得知杨怀孕,但暂缓采取强制措施,依照《刑法》第四十九条的规定,对杨仍可视为审判的时候怀孕的妇女,不适用死刑。杨臖的辩护人提出对杨不应适用死刑的辩护意见可予采纳。依照《中华人民共和国刑法》第二百三十二条、第五十七条第一款、第十八条第三款、第四十九条、第二十五条第一款、第六十四条的规定,于 2001 年 6 月 19 日以故意杀人罪分别判处被告人张怡懿、杨臖无期徒刑,剥夺政治权利终身;违法所得予以追缴。

一审判决后,张怡懿以没有与杨臖共谋杀人,仅在杨的指使下被动实施犯罪为由,提出上诉,并认为原判对其判处与杨同样的刑罚不当。

上海市高级人民法院经审理认为:张怡懿、杨臖因怨恨章桂花,杨提议将章桂花杀害,张不仅表示同意,且与杨共同至医院配得安眠药,并直接实施杀人犯罪行为。2000 年 8 月 23 日晚,杨髾不在场,张单独给章桂花服用安眠药,又用木凳猛砸章桂花的头部,其故意杀人的行为主动积极。原判根据张怡懿、杨髾的犯罪事实和各自具备的法定从轻情节,以故意杀人罪判处两人无期徒刑,适用法律正确,张的上诉理由不能成立,要求从轻、减轻处罚的意见,不予采纳。原判认定事实清楚,证据确实、充分,定罪准确,量刑适当,审判程序合法。故依照《中华人民共和国刑事诉讼法》第一百八十九条第(一)项的规定,于 2001 年 9 月 17 日裁定驳回上诉,维持原判。

二、裁判要旨

No. 4-232-60 公安机关待犯罪嫌疑人分娩后再采取强制措施的,应认定为审判时怀孕的妇女。

由于公安机关已明知涉案的嫌疑人杨髾怀孕而不对其采取有关强制措施,而是待其分娩后再予拘押,使得在表面上杨髾不再具有依据法律规定原本应当具有的特别保护条件。显然,造成这一情形并非因法律所致,而是由于公安机关基于某种原因未能严格依照《刑事诉讼法》以及公安部的有关规定,及时对杨髾采取相关强制措施所致,由此产生的后果也就当然不应由被告人杨髾来承担。况且,即便对杨髾是在其分娩后才采取强制措施,也不能改变杨髾在分娩前就已被公安机关列为犯罪嫌疑人的事实。从有利于被告人的原则出发,人民法院对本案被告人杨髾视为审判时怀孕的妇女而不适用死刑是正确的。

No. 4-232-61 对犯罪时属于限定刑事责任能力的精神病人,一般不宜适用死刑。

从表象上看,尽管这些人实施的杀人、重伤害、强奸等严重犯罪行为,客观危害性较大,但对其行为起支配作用的,实际是受紊乱的精神活动制约而有所缺损的意识力和意志力。所以,相对精神正常的人来说,限定刑事责任能力的精神病人的主观恶性较小。故法律规定对限定刑事责任能力的人一般要从轻或减轻处罚。从刑种适用的角度看,司法实践中,对限定刑事责任能力的精神病犯罪人一般不宜适用死刑,尤其是死刑立即执行,这也是刑法人道主义的基本体现。本案诉讼过程中,一审法院依照《刑事诉讼法》的相关规定,委托上海市精神疾病司法鉴定专家委员会作复核鉴定,结论为张怡懿(轻度)精神发育迟滞,作案行为虽有现实动机,但受智能低下的影响,对作案行为的实质辨认能力不全,应评定为部分(限定)刑事责任能力,被告人张怡懿为摆脱其母亲对其的约束,残忍地杀害了其生母,后果极其严重,但考虑其为限定刑事责任能力人,故对其依法从轻处罚判处无期徒刑是适当的。

案例:王志峰等故意杀人、保险诈骗案

案例来源:《刑事审判参考》总第 28 辑[第 198 号]

主题词:故意杀人罪 保险诈骗罪 抢劫罪

一、基本案情

被告人王志峰,男,1969 年 12 月 4 日出生,汉族,初中文化,无职业。曾因盗伐林木被劳动教养三年。因涉嫌犯故意杀人罪、保险诈骗罪,于 1999 年 8 月 6 日被逮捕。

被告人王志生,男,1976 年 3 月 3 日出生,汉族,初中文化,无职业。因涉嫌犯故意杀人罪、保险诈骗罪,于 1999 年 8 月 6 日被逮捕。

黑龙江省齐齐哈尔市中级人民法院经审理查明:被告人王志峰在齐齐哈尔市打工时与被害人朱启成相识,王认为朱比较有钱,遂起意先抢了朱的钱后再买人寿保险来骗取保险金。1999 年 1 月 23 日王志峰以合伙做生意为名将朱启成骗至其老家内蒙古图里河镇。25 日凌晨 4 时许,王志峰乘朱启成睡熟时,用斧子向朱启成头部猛击数下,致其死亡,并搜走朱启成随身携带的人民币 5300 余元。后又用棉被、衣物等将尸体包住,运至附近的防洪坝挖坑掩埋。经法医鉴定,朱启成系被钝器击打头部造成颅骨粉碎性骨折颅脑严重损伤而死亡。

杀死朱启成后,王志峰返回齐齐哈尔市其暂住地,用抢来的一部分钱先后在太平洋保险公司为自己购买了人寿保险 7 份,保险金额总计 14 万余元。其后便与其弟被告人王志生共同预谋商定杀死被害人刘世伟,自己再借尸诈死实施保险诈骗。1999 年 3 月 20 日 14 时许,王志峰以请客为名,将刘世伟骗至王志生在齐齐哈尔市开办的隆威音像店内一起喝酒吃饭。在将刘世伟灌醉后,二被告人即共同将刘摁倒在床上,用衣物捂压刘的口鼻致其死亡。经刑事技术鉴定,刘世伟生前被他人用软物捂闷口鼻及按压颈部造成机械性窒息死亡。

次日晨,王志峰用事先准备好的汽油浇在尸体上和室内,点燃后逃往外地躲藏起来,王志生则向公安机关报案谎称死者系其兄王志峰,并让其家人等共同欺骗公安机关,以骗取公安机关的证明后再向太平洋保险公司骗取保险金。因公安机关及时侦破此案,王志生尚未来得及向太平洋保险公司申请赔付,保险诈骗未得逞。

被告人王志峰对公诉机关指控其杀人、保险诈骗的犯罪事实无异议,但辩称王志生未参与和其共同杀害刘世伟。其辩护人辩称,王志峰杀死朱启成的行为属于抢劫犯罪,且系主动供述,应视为自首,杀死刘世伟的行为应以保险诈骗罪论处。被告人王志生则否认检察机关对其指控的犯罪事实,其辩护人辩称指控王志生犯罪的证据不足。对附带民事诉讼原告人的诉讼请求二被告人均以无能力赔偿为由进行了答辩。

齐齐哈尔市中级人民法院经审理后认为:被告人王志峰为购买人寿保险而杀死朱启成抢劫财物,又为诈骗保险金与被告人王志生共同预谋并杀死刘世伟,其行为已分别构成抢劫罪、故意杀人罪;被告人王志生为帮助王志峰骗取保险金,与王志峰共同预谋并杀死刘世伟,其行为已构成故意杀人罪。二被告人犯罪手段凶狠、残忍,罪行极其严重,应予严惩。王志峰归案后主动交代司法机关尚未掌握的其杀死朱启成劫取财物的犯罪事实,应认定为自首,可对其所犯的抢劫罪行从轻处罚。检察机关指控二被告人犯有保险诈骗罪,定性不准,不予支持。王志峰的辩护人提出的其杀死刘志伟的行为应以保险诈骗罪定罪处罚的辩护意见不予采纳。二被告人的犯罪行为给被害人造成的经济损失应予赔偿,经查,附带民事诉讼原告人朱德千的经济损失合理部分为丧葬费 1200 元,抚养费 11934 元,赡养费 2652 元,死亡补偿费 34817 元,合计人民币 50603 元;附带民事诉讼原告人刘立军夫妇的经济损失合理部分为丧葬费 1200 元、赡养费 2652 元,死亡补偿费 34817 元,合计人民币 38669 元。据此,依照《中华人民共和国刑法》第二百三十二条、第二百六十三条第(五)项、第三十六条第一款、第五十二条、第六十七条第二款、第六十九条第一款和第五十七条的规定,于 2001 年 12 月 15 日判决如下:

1. 被告人王志峰犯故意杀人罪,判处死刑,剥夺政治权利终身;犯抢劫罪,判处死刑,缓期二年执行,剥夺政治权利终身,并处没收个人全部财产,决定执行死刑,剥夺政治权利终身,并处没收个人全部财产。
2. 被告人王志生犯故意杀人罪,判处死刑,剥夺政治权利终身。
3. 被告人王志峰赔偿附带民事诉讼原告人朱德千经济损失人民币 50603 元。
4. 被告人王志峰、王志生共同赔偿附带民事诉讼原告人刘立军经济损失人民币 38669 元。

一审宣判后,被告人王志峰、王志生不服,均以杀死刘世伟系王志峰一人所为,王志生没有参与杀死刘世伟为由提出上诉。

黑龙江省高级人民法院经审理后认为:原审认定事实清楚,证据确实、充分,上诉人王志生、王志峰所提关于王志生没有参与杀害刘世伟的上诉理由不能成立。上诉人王志峰为骗取保险金而先后杀死两人,并抢走现金 5000 余元,其行为已构成故意杀人罪、抢劫罪,且所犯罪行极其严重,应依法严惩。上诉人王志生参与预谋杀人、提供杀人场所,并杀死 1 人的行为已构成故意杀人罪,所犯罪行亦极其严重,理应依法严惩。原审对上诉人王志峰、王志生的犯罪行为定罪准确,量刑适当,审判程序合法。依照《中华人民共和国刑事诉讼法》第一百八十九条第(一)项的规定,于 2002 年 4 月 24 日裁定驳回上诉,维持原判。

二、裁判要旨

No. 4-232-62　为获取实施保险诈骗所需费用而杀人取财的,属于抢劫罪与保险诈骗罪(预备)的想象竞合,应从一重罪处断,以抢劫罪论处。

被告人王志峰以合伙做生意为名将被害人朱启成骗至其老家,随后杀死朱启成并劫走其随身携带的钱财,其后又以抢来的钱为自己购买7份人寿保险,完成其欲进行保险诈骗的第一步。从这个阶段看,一方面,根据最高人民法院2001年5月22日通过的《关于抢劫过程中故意杀人案件如何定罪问题的批复》的规定,王志峰的上述行为符合为劫取财物而预谋故意杀人的特征,应以抢劫罪定罪处罚;另一方面,根据《刑法》第二十二条"为了犯罪,准备工具、制造条件的,是犯罪预备"的规定,王志峰的上述行为也不妨视为是其在为实施保险诈骗犯罪制造条件,做第一步的准备,即杀人抢钱用来为自己买人寿保险。

No.4-232-63 将他人杀死制造被保险人死亡假象以骗取保险金的,属于故意杀人罪与保险诈骗罪的想象竞合,应从一重罪处断,以故意杀人罪论处。

王志峰与王志生预谋以宴请为名在王志生经营的音像店内杀死被害人刘世伟,并焚烧尸体和音像店,借以造成王志峰被意外烧死的假象。王志峰、王志生共同杀死刘世伟后,王志峰逃往外地躲藏起来,王志生则出面向公安机关报假案,以骗取公安机关出具有关王志峰确已被意外烧死的证明后再向太平洋保险公司骗取保险金。从这一阶段看,王志峰、王志生的上述行为同样可以从两个方面定性:一是二人共同杀死刘世伟的行为,已构成故意杀人罪;二是二人共谋杀死刘世伟、制造王志峰被意外烧死的假象,是进一步为共同实施保险诈骗制造条件,做准备,同样也可认为是保险诈骗的预备行为。

以上事实和分析可以表明:被告人王志峰的两次杀人行为,都可以分别从两个方面进行评价。虽然其最终目的是为了保险诈骗,但无论如何,两次已经实施并完成的都是一个完整的行为,依据禁止重复评价的原则,或是根据想象竞合犯的理论,在裁判时,只能选择定一个罪,而不能对同一行为既定抢劫罪,又定保险诈骗罪(预备),或者既定故意杀人罪,又定保险诈骗罪(预备)。因此,本案以两个重罪即抢劫罪和故意杀人罪对王志峰定罪处罚是正确的。

No.4-232-64 制造已发生保险事故的假象,但尚未向保险公司申请赔付时案发的,属于保险诈骗罪的预备。

只有行为人开始向保险公司虚构保险事故,申请赔付保险金时,才可能对保险诈骗罪所保护的法益造成实际的威胁。当行为人自行制造已发生保险事故的假象,但尚未来得及据此向保险公司申请赔付前,实质上仍是在为保险诈骗作准备,还谈不上保险诈骗罪的着手。

案例:李春林故意杀人案

案例来源:《刑事审判参考》总第25辑[第171号]

主题词:故意杀人罪　盗窃罪

一、基本案情

被告人李春林,男,1973年3月9日出生,初中文化,无业。1994年因犯抢劫罪被判处有期徒刑七年,1999年8月刑满释放。因涉嫌犯故意杀人罪,于2001年2月28日被逮捕。

北京市第二中级人民法院经审理查明:2000年9月,被告人李春林到被害人刘立军承包经营的速递公司打工,并与刘立军共同租住在北京市东城区花园东巷3号。同年11月,刘立军以人民币2万元将速递公司的经营权转包给李春林。因刘立军多次向李春林催要转包费,李无钱支付,遂起意杀死刘立军。

2001年1月21日6时许,被告人李春林趁刘立军熟睡之机,持斧头猛砍刘的头部和颈部,将刘的颈右侧动脉及静脉切断,致刘因失血性休克合并颅脑损伤而死亡。后又将死者身上的1800元人民币和旅行包内一工商银行活期存折连同灵通卡(存有人民币1万元)及其密码纸、西门子移动电话、充电器等款物拿走。李春林用灵通卡分三次从自动取款机上将存折内1万元人民币取出后,购买了电视机、移动电话、毛毯等物。

2001年2月3日,公安机关在被告人李春林家中将其抓获。

北京市第二中级人民法院认为:被告人李春林为图私利竟故意非法剥夺他人生命,致人死亡,并窃取他人财物,数额巨大,其行为已分别构成故意杀人罪和盗窃罪。所犯故意杀人罪,性质恶劣,情节、后果特别严重,社会危害性极大,应依法惩处;所犯盗窃罪,情节严重,亦应依法惩处。北京市人民检察院第二分院指控被告人李春林犯有故意杀人罪、盗窃罪的事实清楚,证据确凿。被告人李春林认罪态度好,但不足以对其从轻处罚,故其辩护人要求从轻处罚的辩护意见不予采纳。依照《中华人民共和国刑法》第二百三十二条、第二百六十四条、第五十七条第一款、第六十五条第一款、第六十九条、第六十四条的规定,于 2001 年 8 月 6 日判决如下:

被告人李春林犯故意杀人罪,判处死刑,剥夺政治权利终身;犯盗窃罪,判处有期徒刑六年,并处罚金人民币六千元。决定执行死刑,剥夺政治权利终身,并处罚金人民币六千元。

一审判决宣判后,在法定上诉、抗诉期限内,被告人李春林没有上诉,检察机关没有抗诉。北京市第二中级人民法院依法将本案报送北京市高级人民法院核准。

北京市高级人民法院经复核认为:被告人李春林为图私利故意非法剥夺他人生命,并窃取他人财物,数额巨大,其行为已分别构成故意杀人罪和盗窃罪。所犯故意杀人罪,杀死 1 人,罪行极其严重;所犯盗窃罪,盗窃数额巨大,依法应对李春林所犯故意杀人罪、盗窃罪实行数罪并罚。李春林系刑满释放后五年内又犯罪的累犯,依法应从重处罚。北京市第二中级人民法院根据李春林犯罪的事实、犯罪的性质、情节和对于社会的危害程度所作的判决,定罪及适用法律正确,量刑适当,审判程序合法,应予核准。根据最高人民法院《关于授权高级人民法院和解放军军事法院核准部分死刑案件的通知》的规定,依照《中华人民共和国刑事诉讼法》第二百条第一款的规定,于 2001 年 10 月 30 日裁定如下:

核准北京市第二中级人民法院以被告人李春林犯故意杀人罪,判处死刑,剥夺政治权利终身;犯盗窃罪,判处有期徒刑六年,并处罚金人民币六千元,决定执行死刑,剥夺政治权利终身,并处罚金人民币六千元的刑事判决。

二、裁判要旨

No. 4-232-65 为逃避债务而杀害债权人的,不属于抢劫罪,应以故意杀人罪论处。

第一,在抢劫过程中故意杀人以抢劫罪定罪处罚的行为必须是当场使用暴力故意杀人并当场劫取被害人财物的行为。其中,故意杀人是劫取财物的手段行为,劫取财物是行为人杀人的目的,符合刑法理论上的牵连犯。因此,最高人民法院《关于抢劫过程中故意杀人案件如何定罪问题的批复》明确规定:“行为人为劫取财物而预谋故意杀人,或者在劫取财物过程中,为制服被害人反抗而故意杀人的,以抢劫罪定罪处罚。”而在本案中,被害人刘立军转让的是速递公司的承包经营权,即使李春林将刘立军杀害,李也不能当场占有该公司。至于速递公司的承包经营权,由于李春林已通过合法方式取得,显然无须杀害刘立军。只是由于李春林仍欠刘立军两万元的转包费,李春林为逃避支付而将刘立军杀害,其故意杀人的动机是为了逃避债务。虽然李春林将债权人杀害是为了逃避债务,目的是非法占有债权人的两万元转包费,但这种占有方式并不是刑法意义上的当场劫取财物。因此,不符合构成抢劫罪只能是当场劫取财物的客观特征。

第二,《刑法》第二百六十三条明确规定抢劫罪的犯罪对象是公私财物。从当场劫取财物这一抢劫犯罪的客观特征来看,这里的财物须具有即时取得、可转移的特点,当场不能取得、不能转移的财物一般不能成为抢劫罪的犯罪对象。以逃避债务为目的故意杀人,仅可以使原有的债权债务关系归于消灭,本案被告人并没有当场取得实际已由被告人行使的承包经营权,即缺少抢劫罪的犯罪对象。

第三,从犯罪的主观故意来看,在抢劫罪中,应是先产生非法占有的目的,后发生非法占有的行为,即行为人非法占有目的应产生于行为人实际占有他人财物之前。而在以逃避债务为目的的故意杀人行为中,行为人在产生非法占有他人财物的主观犯意之前,已实际占有了债权项下的财物,不需要通过故意杀人去劫取。

No. 4-232-66 故意杀人后临时起意非法占有被害人财物的,应以故意杀人罪和盗窃罪实行并罚。

被告人李春林杀害刘立军后,又将死者身上的 1800 元人民币和旅行包内一工商银行活期存折连同灵通卡(存有人民币1万元)及其密码纸、西门子移动电话、充电器等款物拿走,并用灵通卡分三次从自动取款机上将存折内1万元人民币取出。由于李春林的这一非法占有目的产生于故意杀害刘立军之后,其非法占有行为与故意杀人行为之间不存在事实上的牵连或者吸收关系,既不能将故意杀人认定为非法占有财物的手段行为,也不能将非法占有认定为故意杀人的从行为,而是独立于故意杀人之外的行为。在这里,由于财物所有人已死亡,不复存在对所有人使用暴力、胁迫等手段抢劫的问题。李春林取得财物的手段如同从无人在场的他人处拿走财物一样,实际上是一种秘密窃取他人财物的行为。因此,对于这种故意杀人后见财起意,乘机非法占有被害人财物的行为,构成犯罪的,应以盗窃罪定罪处罚。

案例:计永欣故意杀人案

案例来源:《刑事审判参考》总第24辑[第153号]

主题词:故意杀人罪 盗窃罪 自首的认定

一、基本案情

被告人计永欣,男,1971年4月1日出生,汉族,无业。因涉嫌犯故意杀人罪,于2000年4月5日被逮捕。

黑龙江省大庆市中级人民法院经审理查明:2000年3月1日上午9时许,被告人计永欣到肇州县肇州镇被害人林向荣(系计父朋友)家,以其开车时将他人的猪撞死,需要赔偿为借口,向林向荣借钱。林向荣知道计在说谎并对其予以指责。双方为此发生争执、厮打。在厮打过程中,计永欣用林向荣家的烟灰缸击打林的头部,又用斧子、菜刀砍林头、颈部,致林向荣当场死亡。之后,计永欣进入林的卧室,搜得人民币5100元及部分衣物逃离现场。2000年3月16日,计永欣逃至汤原县其舅家,告知其舅杀人情形,其舅劝计永欣投案自首,计表示同意。其舅担心计永欣反悔,于当晚让计的舅妈向公安机关报案。公安机关遂将计永欣抓获归案。计永欣归案后如实供述了其杀人事实。

大庆市中级人民法院认为:被告人计永欣因借钱不成,与被害人林向荣发生争吵、厮打,在厮打中将被害人林向荣杀死,其行为已构成故意杀人罪,依法应予严惩。鉴于被告人计永欣作案后能在亲属的规劝下投案自首,依法可从轻处罚。依照《中华人民共和国刑法》第二百三十二条、第五十七条第一款、第六十七条第一款的规定,于2000年8月9日判决:

被告人计永欣犯故意杀人罪,判处死刑,缓期二年执行,剥夺政治权利终身。

一审宣判后,大庆市人民检察院以被告人计永欣系何丽华(计永欣的舅妈)向公安机关举报被抓获,被告人本人并未主动投案,且计永欣在公安机关抓捕时报的是假姓名、假住址,不具有投案的真实意思表示,不能认定自首;计永欣杀人手段残忍,社会危害极大,原判量刑畸轻为由,向黑龙江省高级人民法院提出抗诉。

黑龙江省高级人民法院经审理认为:原审被告人计永欣以谋财为目的,进入被害人林向荣家谎称借钱,遭拒绝后竟持械行凶,先后用烟灰缸、刀、斧砸、砍林头、颈等要害部位三十余下,将林杀死后搜走现金及衣物,其行为已构成抢劫罪。原判认定的事实清楚,证据确实、充分,但定罪不当。原审被告人计永欣在亲属规劝下,虽同意自首,但并无自动投案行为,且其在被捕时报假名、假地址,旨在逃避法律制裁,不能认定其自首。原审被告人计永欣的舅妈向公安机关举报计永欣杀人犯罪,是大义灭亲。检察机关的抗诉理由成立。依照《中华人民共和国刑事诉讼法》第一百八十九条第(二)项和《中华人民共和国刑法》第二百六十三条第(五)款、第五十七条第一款的规定,于2001年6月5日判决如下:

1. 撤销大庆市中级人民法院(2000)庆刑一初字第52号刑事附带民事判决的第一项,即被告人计永欣犯故意杀人罪,判处死刑,缓期二年执行,剥夺政治权利终身;

2. 被告人计永欣犯抢劫罪,判处死刑,剥夺政治权利终身,并处罚金人民币三千元。

黑龙江省高级人民法院依法将此案报请最高人民法院核准。

最高人民法院经复核认为:被告人计永欣的杀人行为已构成故意杀人罪,且犯罪后果严重,应依法惩处。一、二审判决认定的事实清楚,证据确实、充分,审判程序合法。但二审以抢劫罪定罪不当,应予纠正。鉴于计永欣的亲属在计永欣作案后积极规劝其投案自首,并主动到公安机关报案,计永欣归案后亦能坦白其犯罪事实,故对被告人计永欣判处死刑,可不立即执行。依照《中华人民共和国刑事诉讼法》第一百九十九条、最高人民法院《关于执行〈中华人民共和国刑事诉讼法〉若干问题的解释》第二百八十五条第(三)项和《中华人民共和国刑法》第二百三十二条、第五十七条第一款的规定,于2002年1月2日判决如下:

1. 撤销黑龙江省高级人民法院(2000)黑刑一终字第365号刑事判决中对被告人计永欣的定罪量刑部分;

2. 被告人计永欣犯故意杀人罪,判处死刑,缓期二年执行,剥夺政治权利终身。

二、裁判要旨

No. 4-232-67 为劫取财物而预谋杀人或者在劫取财物过程中为制服被害人反抗而故意杀人的,应以抢劫罪一罪论处。

No. 4-232-68 故意杀人后又窃取被害人财物的,应以故意杀人罪和盗窃罪实行并罚。

最高人民法院《关于抢劫过程中故意杀人案件如何定罪问题的批复》中规定:"行为人为劫取财物而预谋故意杀人,或者在劫取财物过程中,为制服被害人反抗而故意杀人的,以抢劫罪定罪处罚。"此一规定表明,抢劫罪的手段可以是故意杀人行为,但此限制条件必须是"为劫取财物而预谋故意杀人,或者在劫取财物过程中,为制服被害人反抗而故意杀人"。易言之,从时间上看,行为人劫取财物的目的在先,故意杀人的手段在后;从手段与目的关系来分析,故意杀人的手段服务于抢劫财物的目的,抢劫财物和故意杀人之间存在着明显的目的与手段的关系。如果行为人先因他故,实施了杀人行为,尔后又临时起意取走被害人财物的,因为先前的杀人行为与事后的取财行为之间并无手段与目的的关系,不能认定为抢劫罪,而只能分别认定为构成故意杀人和盗窃罪。在本案中,被告人计永欣到被害人家是为了借钱,现有证据并不能证明其具有抢劫财物的故意和目的。当其遭到被害人的拒绝和责骂时,双方为此发生争吵、厮打。在厮打过程中,被告人恼羞成怒、不择手段地将被害人砍死,既非预谋杀人,更非为劫取财物而预谋杀人,其杀人不是劫财的手段,劫财也不是杀人的动机和目的。

被告人计永欣杀人后又取财的行为,是在先后两种不同的犯罪故意支配下实施的两个独立的行为,所侵犯的是两种不同的客体,应分别定罪,数罪并罚。

No. 4-232-69 仅有自首的意思表示但并未自动投案的,不成立自首;被告人的亲属有积极规劝行为并主动报案的,可以适当减轻对被告人的处罚。

自动投案和如实交代自己的罪行,是认定自首的两个必备条件。根据最高人民法院《关于处理自首和立功具体应用法律若干问题的解释》中对自动投案的规定,犯罪嫌疑人自动投案包括本人主动投案,在亲友的规劝、陪同下投案或是由亲友送去投案等。自动投案必须要有已实际实施了投案的行为或者经查实确已准备去投案或正在投案途中的事实。如果犯罪嫌疑人仅有投案的意思表示(明示或默示),而无实际的投案行为或者不能证明确已准备去投案,就不能认定为自首。在本案中,被告人计永欣案发后逃至其舅家,将其杀人的情况告诉了其舅,其舅劝说计永欣投案自首,计表示同意。后其舅担心计永欣反悔,背着计永欣让计的舅妈向公安机关报案,公安机关遂将计永欣抓获归案。计永欣虽有投案自首的意思表示,但并未直接到公安机关投案,也未委托其亲属代为投案,其亲属报案后也未送其投案,故按照法律规定,计永欣的行为不能认定为自首。根据本案的情况,对被告人虽不认定为自首,但对于被告人的亲属能够积极规劝被告人投案自首,并主动报案,被告人在归案后又能如实供述犯罪事实的情形,人民法院也应当通过审判给予充分的肯定,只有这样才能真正体现政策的感召力,才能争取犯罪分子的亲属,取得更佳的社会效果。故最高人民法院认为检察机关关于原判量刑畸轻的抗诉理由不能成立,二审法院对被告人改判死刑立即执行有欠妥当,决定对被告人计永欣判处死刑,缓期二年执行。

案例:阿古敦故意杀人案

案例来源:《刑事审判参考》总第 24 辑[第 152 号]

主题词:刑事责任能力

一、基本案情

被告人阿古敦,男,1981 年 7 月 13 日出生,学生。因涉嫌犯故意杀人罪,于 1999 年 11 月 12 日被逮捕。

内蒙古自治区锡林郭勒盟中级人民法院经审理查明:1999 年 10 月 29 日下午 4 时 20 分许,被告人阿古敦在其家中见被害人冯延红到其对面邻居乌日娜家敲门,因无人开门返身下楼。阿古敦遂乘乌日娜家无人之机,用事先配制的钥匙打开乌日娜家房门,进入室内翻找现金。阿古敦行窃时在乌日娜家阳台上看到冯延红骑摩托车返回,便虚开房门持擀面杖藏在门后。当冯延红进入乌日娜家时,阿古敦持擀面杖朝冯头部猛击两下,因冯戴头盔未被打倒,阿古敦便逃回自己家中。后阿古敦准备外出时,在楼道内听到冯延红正在乌日娜家打电话,误认为冯已认出自己,即返回家拿了一把杀牛单刃弯刀进入乌日娜家,持刀将冯延红逼到卧室,朝冯腰、腹、头部连捅数刀,将冯刺倒在地,随后又朝冯颈部连捅数刀,致冯延红气管、双侧颈动脉被割断,因失血性休克而死亡。

锡林郭勒盟中级人民法院认为:被告人阿古敦私自配制他人家门钥匙行窃,并杀害他人,其行为已构成故意杀人罪。鉴于阿古敦系在校学生,认罪态度较好,有悔罪表现,其亲属能积极赔偿被害人经济损失,予以从轻处罚。依照《中华人民共和国刑法》第二百三十二条、第四十八条第一款、第五十七条第一款的规定,于 2000 年 6 月 26 日判决如下:

被告人阿古敦犯故意杀人罪,判处死刑,缓期二年执行,剥夺政治权利终身。

一审宣判后,被告人阿古敦服判,不上诉。内蒙古自治区人民检察院锡林郭勒盟分院以被告人阿古敦犯罪情节特别恶劣,手段极其残忍,一审判决量刑畸轻为由,向内蒙古自治区高级人民法院提出抗诉。

内蒙古自治区高级人民法院经审理认为,原审被告人阿古敦私自配制他人家门钥匙行窃并持械对他人行凶,为掩盖罪行,又持刀杀害他人,其行为已构成故意杀人罪。犯罪情节恶劣,手段残忍,罪行极其严重。被告人阿古敦虽具有认罪态度较好和其亲属积极赔偿被害人经济损失等酌定情节,但不足以从轻处罚,应依法从重惩处。原审判决定罪准确,审判程序合法。被告人及其辩护人提出的辩解和辩护意见不予采纳。检察机关提出的抗诉理由成立,应予采纳。依照《中华人民共和国刑事诉讼法》第一百八十九条第(二)项,《中华人民共和国刑法》第二百三十二条、第五十七条第一款的规定,于 2000 年 11 月 13 日判决如下:

1. 维持一审判决中对被告人阿古敦的定罪部分;
2. 撤销一审判决中对被告人阿古敦的量刑部分;
3. 被告人阿古敦犯故意杀人罪,判处死刑,剥夺政治权利终身。

内蒙古自治区高级人民法院依法将此案报送最高人民法院核准。

最高人民法院经复核认为:被告人阿古敦持刀杀死被害人冯延红的行为,已构成故意杀人罪。犯罪情节恶劣,后果严重,应依法惩处。鉴于被告人阿古敦患有分裂型人格障碍,系限制责任能力人,依法可从轻处罚。依照《中华人民共和国刑事诉讼法》第一百九十九条和最高人民法院《关于执行〈中华人民共和国刑事诉讼法〉若干问题的解释》第二百八十五条第(三)项,《中华人民共和国刑法》第二百三十二条、第十八条第三款、第五十七条第一款的规定,判决如下:

1. 撤销内蒙古自治区高级人民法院(2000)内刑终字第 261 号刑事判决和内蒙古自治区锡林郭勒盟中级人民法院(2000)锡刑初字第 12 号刑事判决中对被告人阿古敦的量刑部分;
2. 被告人阿古敦犯故意杀人罪,判处无期徒刑,剥夺政治权利终身。

二、裁判要旨

No. 4-232-70 对于实施犯罪时属于限制刑事责任能力的精神病人,一般情况下应当予以从轻或减轻处罚。

《刑法》第十八条第三款规定:"尚未完全丧失辨认或者控制自己行为能力的精神病人犯罪

的,应当负刑事责任,但是可以从轻或者减轻处罚。”该款是对那些属于限制刑事责任能力的精神病人应当如何处罚的规定。所谓尚未完全丧失辨认或者控制自己行为能力,是指精神病人在实施危害社会的行为时,由于精神障碍,致使其辨认能力减弱,控制能力下降。这种精神病人一般包括以下两类:一是处于早期或部分缓解期的精神病人;二是某些非精神病性精神障碍人。这类精神病人在实施危害社会的行为时,一方面,具有一定的辨认或者控制自己行为的能力,因此应当承担刑事责任;另一方面,其辨认能力或者控制能力又因精神疾病而受到明显削弱,所以在追究刑事责任时可以从轻或减轻处罚。值得注意的是,虽然该款规定的是可以而不是应当从轻或者减轻,但应当理解为在一般情况下都应该予以从轻或者减轻处罚。

本案被告人阿古敦在潜入邻居家行窃中看到被害人冯延红去而复返,见冯延红在邻居家打电话而误认为冯已认出自己,意欲杀人灭口,持刀将冯延红杀害。阿古敦故意杀人的犯罪情节恶劣,后果严重,应予依法惩处。但最高人民法院在复核中发现阿古敦有精神病家族史,遂委托内蒙古自治区精神疾病司法鉴定委员会对阿古敦犯罪时的精神状态进行鉴定。经鉴定,阿古敦犯罪时患有分裂型人格障碍,属限制责任能力人。据此,最高人民法院认为,阿古敦犯罪时具有辨认和控制能力,应当对其所犯罪行承担刑事责任。但鉴于其犯罪时因精神障碍导致辨认能力、控制能力削弱,属于限定刑事责任能力人,根据其犯罪的事实、情节和后果,结合其精神障碍的类别和辨认、控制行为能力的程度,依照《刑法》第十八条第三款的规定,对其可予从轻处罚。遂判决撤销一、二审判决中对被告人阿古敦的量刑部分,以故意杀人罪判处被告人阿古敦无期徒刑,剥夺政治权利终身。

案例:蒋勇等过失致人死亡案

案例来源:《刑事审判参考》总第 57 集[第 450 号]

主题词:共同间接故意杀人　过失致人死亡罪

一、基本案情

被告人蒋勇,男,1976 年 9 月 6 日出生,初中文化,农民。因涉嫌犯故意杀人罪于 2005 年 9 月 14 日被逮捕。

被告人李刚,男,1982 年 9 月 9 日出生,初中文化,农民。因涉嫌犯故意杀人罪于 2005 年 9 月 14 日被逮捕。

江苏省无锡市惠山区人民法院经审理查明:被告人蒋勇、李刚受人雇佣驾驶苏 B-A2629 农用车于 2005 年 8 月 13 日上午 9 时许在江苏省无锡市惠山区钱桥镇华新村戴巷桥村道上行驶时,与当地徐维勤驾驶的农用车对向相遇,双方为了让道问题发生争执并扭打。尔后,徐维勤持手机打电话,蒋勇、李刚以为徐维勤纠集人员,即上车调转车头欲驾车离开现场。徐维勤见状,即冲上前拦在苏 B-A2629 农用车前方并抓住右侧反光镜,意图阻止蒋勇、李刚离开。蒋勇、李刚将徐维勤拉至车后,由李刚拉住徐维勤,蒋勇上车驾驶该车以约 20 公里的时速缓慢行驶。后李刚放开徐跳上该车的后车厢。徐维勤见状迅速追赶,双手抓住该车的右侧护栏欲爬上该车。蒋勇在驾车过程中,从驾驶室的后视窗看到徐维勤的一只手抓在右侧护栏上,但未停车。李刚为了阻止徐维勤爬进车厢,将徐维勤的双手沿护栏扳开。徐维勤因双手被扳开而右倾跌地且面朝下,被该车的右后轮当场碾轧致死。该车开出十余米时,李刚拍打驾驶室车顶,将此事告知了蒋勇,并下车先行离开。蒋勇见状将农用车开到厂里后逃离无锡,后被公安机关抓获。同年 8 月 18 日,李刚向公安机关投案并如实供述了上述犯罪事实。

无锡市惠山区人民法院认为:被告人蒋勇、李刚因让道问题与被害人徐维勤发生争执并扭打后,为了摆脱徐维勤的纠缠而驾车离开。蒋勇在低速行驶过程中看到徐维勤的手抓住护栏,其应当预见驾车继续行驶可能发生危害结果,因急于摆脱徐维勤的纠缠,疏忽大意而没有预见。李刚在车厢内扳徐维勤抓住护栏的双手时,已经预见到这一行为可能发生危害结果,但基于被告人蒋勇驾车行驶的速度缓慢,轻信低速行驶过程中扳开徐维勤双手的行为能够避免危害结果的发生。综观被告人蒋勇、李刚各自的主客观因素,可以认定蒋勇、李刚共同的主观目的是为了摆脱徐维勤的纠缠,但二人之间并无意思上的沟通。在危害结果可能发生的情况下,蒋勇、李刚分别违反了应有的预见义务和应尽的避免义务,从而导致了徐维勤死亡结果的发生。蒋勇、李刚并无共同的致害故意,只是由于对预见义务和避免义务的违反而造成致害的结果,其行为均符合过失致人死亡罪的基本特征。李刚自动投案,并如实供述犯罪事实,系自首,可以从轻处罚。公诉机关指控蒋勇、李刚的行为构成故意杀人罪的定性不准,应予纠正。据此,依照《中华人民共和国刑法》第二百三十三条、第六十七条第一款的规定,于2006年3月7日以过失致人死亡罪,分别判处被告人蒋勇有期徒刑四年六个月,被告人李刚有期徒刑三年六个月。

一审宣判后,被告人蒋勇、李刚未提起上诉,公诉机关也未提出抗诉,判决已经发生法律效力。

二、裁判要旨

No. 4-232-71 各行为人在同时侵害被害人时,缺乏共同犯意联络,虽然相信会避免结果发生,但最终致使被害人死亡的,不构成共同(间接)故意杀人罪,应分别以过失致人死亡罪论处。

首先,被告人蒋勇与李刚之间存在相互信赖的关系,其行为与被害人徐维勤死亡之间有承继性的因果关系。蒋勇虽然发现徐维勤的手抓住护栏,但在低速缓慢行驶的过程中,信赖李刚能够稳妥处理徐维勤的纠缠,故而在有条件加速的情况下没有采取过激的行为,仍然保持缓慢的速度行驶,一方面有意识地保护李刚的人身安全,另一方面也不希望徐维勤受到严重的损伤。李刚在扳开徐维勤双手时信赖被告人蒋勇保持低速缓慢行驶的状况能避免危害结果的发生,意识到可能产生的危险性,故也没有采取更为激烈的行为使徐维勤的双手摆脱护栏。但是,蒋勇的驾车行为和李刚扳开徐维勤双手的行为,与徐维勤的跌地被碾压致死之间存在着承继性的因果关系。也就是说,如果仅有蒋勇的驾车行为或者李刚的扳手行为,一般情况下不可能直接出现被害人徐维勤被碾压致死的结果。正是由于蒋勇、李刚之间存在着互助、互动的关系,从而使他们与徐维勤双手被扳开后身体平衡失去控制造成跌地被碾压致死之间形成共同的承继性的因果关系,进而导致了致人死亡的结果。

其次,蒋勇、李刚虽然各自的行为方式不同,但是他们的罪过形态是相同的。蒋勇看到徐维勤的手抓住护栏而继续驾车行驶,且在有意识的状态下保持低速缓慢行驶,可以判定其已经预见到可能会造成徐维勤人身伤害,但在低速行驶下轻信李刚能够避免危害结果的发生。李刚在车厢内采取扳开徐维勤抓住护栏的双手的行为以摆脱纠缠时,应当说也已经预见到这一行为可能会造成徐维勤身体伤害,但基于蒋勇驾车行驶的速度缓慢,轻信低速行驶过程中扳开徐维勤双手的行为一般也能够避免危害结果的发生。他们在主观上并不希望危害结果的发生,客观上均过于轻信自己和另一方一定的节制性行为可以避免,终因没有采取有效的避免措施而发生了致人死亡的结果,均属于过于自信的过失。

最后,我国《刑法》第二十五条第二款规定:"二人以上共同过失犯罪,不以共同犯罪论处;应当负刑事责任的,按照他们所犯的罪分别处罚。"该条规定实际上承认了共同过失犯罪的合理存在,只不过不以共同犯罪处理而已。共同过失问题在我国司法实践中并不是一个陌生的概念,如最高人民法院《关于审理交通肇事刑事案件具体应用法律若干问题的解释》中就有交通肇事罪的共犯问题的规定,处于监督与被监督关系的重大责任事故类犯罪也普遍存有共同过失。本案实际上是一起比较典型的共同过失犯罪案件,按照我国现行刑法规定,不能以共同犯罪论处,只能对他们分别定罪处罚。

综上,法院根据两被告人各自的过失行为对于被害人死亡结果的责任程度,分别对二人以过失致人死亡罪定罪处罚是恰当的。

案例:彭建华等故意杀人、聚众斗殴案

案例来源:《人民法院案例选》2009年第1辑

主题词:故意杀人罪　聚众斗殴罪

一、基本案情

原审被告人彭建华(上诉人,未成年人)、彭健(未成年人)、向大云、胡凯、钱欢欢。

上海市第一中级人民法院经审理查明:2006 年 4 月 11 日晚 8 时许,原审被告人胡凯、钱欢欢与周健全、魏路路等人在回上海市金山区枫泾镇长征村暂住处途中,与彭波(在逃)因琐事发生争执,彭波回其打工的晶琴乐器公司后告诉同在该公司打工的老乡田茂家(在逃),田即通过魏路路打电话联系胡凯。双方约定通过打群架的方式解决双方纠纷。当晚 10 时许,田茂家纠集彭建华、彭健、向大云等老乡共 30 余人,胡凯、钱欢欢也纠集了何继春等 10 余人。双方均持铁棒等凶器至金山区枫泾镇工业园区环东一路与钱明东路十字路口附近进行斗殴。胡凯、钱欢欢一方见对方人多,遂逃离现场,田茂家一方即进行追赶。田茂家、彭波、彭建华、彭健、向大云等人追上何继春后,对何继春进行殴打,何继春被迫跳入路边池塘,彭建华、彭健、向大云、田茂家在池塘边捡起石块向池塘内冒出头的何继春投掷,使何的头部不能浮出水面,致何继春在该池塘内因溺水死亡。案发后,胡凯、钱欢欢主动至公安机关投案。

上海市第一中级人民法院认为:被告人彭建华、彭健、向大云积极参加聚众斗殴,并致一人死亡,其行为均构成故意杀人罪。被告人胡凯、钱欢欢因琐事纠集多人持械与他人斗殴,其行为均构成聚众斗殴罪。被告人彭建华、彭健、向大云均积极参加聚众斗殴,且实施了追赶被害人及向被迫跳入池塘的被害人投掷石块的行为,三人均系本案聚众斗殴致被害人死亡后果的共同加害人。彭建华、彭健、向大云追赶被害人及向在池塘中游泳的被害人投掷石块的行为,与被害人死亡的结果具有刑法上的因果关系,三被告人均应对聚众斗殴造成被害人死亡的后果承担相应的刑事责任。彭建华、彭健、向大云均积极参加聚众斗殴,且系被害人死亡结果的共同加害人,其行为不符合从犯的法定条件。被告人胡凯、钱欢欢纠集 10 余人持械至约定地点与他人斗殴,且斗殴行为已实际发生,并造成了人员伤亡的严重后果,其行为不属于聚众斗殴的未遂。彭建华、彭健系未成年人,胡凯、钱欢欢具有自首情节。据此,依照《中华人民共和国刑法》第二百九十二条第一款第(四)项、第二款、第二百三十二条、第二十五条第一款、第十七条第三款、第六十七条第一款、第五十六条第一款,最高人民法院《关于审理未成年人刑事案件具体应用法律若干问题的解释》第十四条之规定,作出如下判决:被告人彭建华犯故意杀人罪,判处有期徒刑八年;被告人彭健犯故意杀人罪,判处有期徒刑八年;被告人向大云犯故意杀人罪,判处有期徒刑十年,剥夺政治权利三年;被告人胡凯犯聚众斗殴罪,判处有期徒刑四年;被告人钱欢欢犯聚众斗殴罪,判处有期徒刑三年。

一审宣判后,被告人彭健以其行为与被害人的死亡之间不具有刑法上的因果关系,其行为应构成聚众斗殴罪为由,向上海市高级人民法院提出上诉。其他四名被告人均未提出上诉。

二审法院经审理查明的事实与一审相同。二审法院认为,原判定罪量刑并无不当,上诉人的上诉理由不能成立,遂裁定驳回上诉,维持原判。

二、裁判要旨

No. 4-232-72 在聚众斗殴中,斗殴的一方为躲避另一方的追赶而逃跑,在逃跑过程中跳入池塘逃生而被投掷石块溺水死亡的,可以认定为聚众斗殴致人死亡,应以故意杀人罪或故意伤害罪论处。

聚众斗殴致人死亡的,按照《刑法》第二百九十二条第二款的规定,应当以故意伤害罪或故意杀人罪定罪处罚,但对于认定何种罪名,并非单纯按照重伤或者死亡的结果定罪,而是应当结合被告人的客观行为和主观故意进行综合判断,以确定其罪名。本案对被告人彭建华、彭健、向大云的行为应认定为故意杀人罪,理由是:

1. 三人积极参加聚众斗殴,并实施了追赶、殴打被害人及向跳入池塘内的被害人扔掷石块的行为

本案被告人彭建华、彭健、向大云三人在田茂家、彭波的纠集下,积极参加聚众斗殴,并持铁棒追赶被害人何继春,三人均系聚众斗殴的积极参加者。本案三名被告人均否认实施了殴打被害人的行为,且证人的指认在殴打被害人这一事实上,除均明确指认田茂家实施了持铁棒殴打何继春的行为外,对本案三名被告人是否实施了殴打行为的讲法不相一致。因此,本案没有认定三人实施了在池塘边持铁棒殴打被害人的行为,但本案证人证言及被告人的供述,均能够证

明三人与田茂家等人一起持铁棒追赶何继春,在迫使何继春跳入池塘逃生后,又实施了用石块朝正在池塘中游泳的被害人头部扔掷的行为。

2. 三人追赶被害人并向跳入池塘内的被害人扔掷石块的行为与被害人死亡结果的发生具有刑法上的因果关系

本案定性产生争议的关键点之一在于如何看待三名被告人的行为与被害人死亡结果的因果关系。对刑法上的因果关系的认定在理论和实践中均存在一些分歧意见,但从我国对刑法上因果关系认定的主要观点来看,刑法上的因果关系是指客观方面危害行为与危害后果的客观联系,包括必然因果关系和偶然因果关系。在偶然因果关系的认定中,应当对介入因素是否足以中断前行为与危害结果之间的因果关系进行判断。在介入因素是被害人的行为的时候,应当看该被害人的行为是被迫的行为,还是其在能够选择的情况下的主动行为,如果在行为人的先前行为下,被告人不得已而选择躲避方式而引起危害后果,且该躲避方式并非超出常理、为普通人所不能预见的,并不中断该因果联系。具体到聚众斗殴中,被害人因为被殴打而跳水逃避的情形,如果发生被害人溺水死亡的后果,行为人殴打被害人的行为与死亡结果的因果关系,虽有被害人的跳水行为介入,但该介入因素系被害人在行为人先前行为造成其被伤害的现实威胁下被迫选择的,并不能中断行为人殴打行为与被害人死亡结果的因果关系。除非被害人仅仅面临非常轻微伤害的威胁,其跳水逃避行为超出常人所能预见,才能中断该因果关系。

本案中,造成被害人何继春溺水死亡的结果有两方面的原因:一方面是被害人在遭到本案三名被告人等人持铁棒追赶,以及田茂家等人持铁棒殴打后,因势单力孤,不得已而跳入池塘逃避;另一方面是被害人在跳入池塘后游泳逃生的过程中,遭到本案三名被告人等人在岸边向其浮出水面的头部投掷石块,致其头部不能浮出水面。本案同案犯田茂家持铁棒对何继春实施殴打,使何继春被迫跳入池塘的行为,并非造成被害人何继春死亡的唯一原因,被告人彭建华、彭健、向大云等人持铁棒追赶、围攻被害人以及在池塘边向正在游泳的被害人投掷石块的行为,与被害人死亡的结果也具有刑法上的因果关系,该因果关系并不因被害人选择跳水逃避而中断。

3. 三名被告人对死亡结果的发生持放任的主观心理态度

对于聚众斗殴中殴打他人致人跳水逃避而溺水死亡的,是定故意伤害罪还是故意杀人罪,关键还要看被告人对其行为造成被害人死亡结果所持的主观心理态度。对于殴打他人致人逃避而跳水的,一般行为人主观上均具有伤害他人的故意,如发生被害人溺水死亡的后果,可以认定为故意伤害罪,但是否能够认定行为人主观上具有杀害他人的直接或者间接故意,则还要综合具体案情进行综合判断,如果行为人在被害人跳水后即离开的,一般除非行为人明知该被害人不会游泳或者行为人明知该被害人跳入的水域是非常凶险,难以生还的,不能认为行为人具有主观上明知会发生被害人死亡的结果而直接追求或者放任结果发生的心理态度;如果行为人在被害人跳水后没有离开,而是继续实施危害行为,如用石块、竹篙等打击在水中的被害人,或者看着被害人在水中呼救而不予救助或守在岸边不允许他人救助,不允许被害人从水中上岸等,则可以视情形认定被告人具有致被害人死亡的直接或间接故意。

本案三名被告人在被害人跳入池塘后,均目睹被害人正在游泳逃生,还用石块等向正在游泳的被害人扔掷,使其头部不能浮出水面,三名被告人中虽有两名系未成年人,但两人均已年满十六周岁,三人对于向正在游泳的人头部扔掷石块,可能造成被害人头部不能浮出水面从而溺水死亡,应该是明知的,这点从三名被告人在离开现场数小时后又回到现场察看的情节来看,也可以印证三人主观上对可能造成被害人溺水死亡是明知的,但三名被告人为实现殴打被害人以泄愤之目的,仍故意实施投掷石块等加害行为,三人主观上对死亡后果的发生应当属于间接故意,即放任死亡后果的发生。

No. 4-232-73　聚众斗殴中一方到达斗殴地点后未实施斗殴行为,而被另一方殴打造成伤害的,该方人员不构成聚众斗殴罪的未遂。

聚众斗殴罪属于行为犯,且系复合型犯罪。行为人实施了聚众行为后,就属于已经着手进行犯罪。聚众后,因故最终没有实施斗殴行为,对首要分子和积极参加者可以认定为聚众斗殴罪(未遂)。行为人已经实施聚众斗殴行为的,即构成犯罪既遂,是否造成伤亡后果,不影响既遂的成立。但对于斗殴行为是否实施的判断,不是单纯看一方或者一方中的其中数人是否主动实施了斗殴行为,而是要看全案中斗殴行为是否开始实施,只要双方聚众后实际发生了斗殴行为,不论斗殴中是哪方主动实施,或者有多少人参与了实际的斗殴,都不影响既遂的认定。本案中,胡凯、钱欢欢纠集10余人持械至约定地点与他人聚众斗殴,虽见对方人多而逃跑,但对方已经追赶上来,与两人纠集的一方人员实际发生斗殴,并造成了人员伤亡的后果。因此,两人的行为不能认定为聚众斗殴的未遂。

案例:李官容抢劫、故意杀人案

案例来源:《刑事审判参考》总第73集[第611号]

主题词:犯罪中止 犯罪未遂

一、基本案情

被告人李官容,男,1977年5月18日出生,农民。因涉嫌抢劫犯罪于2008年7月4日被逮捕。

福建省上杭县人民法院经审理查明:2008年6月上旬,被告人李官容因急需用钱而预谋对其认识的被害人潘荣秀(女,时年20岁)实施抢劫后杀人灭口。2008年6月19日20时许,李官容在县城租用闽FE0860小轿车,携带作案工具绳子、锄头等,以一同到龙岩玩为由将潘荣秀骗上车。李官容驾车在杭永公路、上杭县城区至旧县乡角龙村公路行驶,伺机寻找抢劫地点。20日凌晨,在上杭县庐丰畲族乡安乡大桥附近,李官容停车,用绳子将潘荣秀绑在座位上,抢走潘荣秀提包内的现金人民币(以下均为人民币)130余元及白色奥克斯859型手机一部(价值990元)、农业银行金穗卡一张,并逼迫潘荣秀说出金穗卡密码。20日4时许,李官容用绳子猛勒潘荣秀的脖子致其昏迷,并用绳子将潘荣秀的手脚捆绑后扔到汽车后备箱。李官容在回上杭县城途中发觉潘荣秀未死遂打开后备箱,先用石头砸潘荣秀的头部,后用随身携带的小剪刀刺潘荣秀的喉部和手臂,致潘荣秀再次昏迷。20日6时许,李官容恐潘荣秀未死,在上杭县临城镇城西村"诚意食杂礼品经营部"购买一把水果刀,并将车开到杭永公路绿蒙牛场旁的汽车训练场准备杀害潘荣秀。苏醒后的潘荣秀挣脱绳索,乘李官容上厕所之机,打开汽车后备箱逃至公路上向过路行人曾庆攀呼救,曾庆攀用手机报警。李官容见状即追赶潘荣秀,并用水果刀捅刺潘荣秀的腹部,因潘荣秀抵挡且衣服较厚致刀柄折断而未能得逞。李官容遂以"你的命真大,这样做都弄不死你,我送你去医院"为由劝潘荣秀上车。潘荣秀上车后李官容又殴打潘荣秀。当车行驶到上杭县紫金公园门口时,李官容开车往老公路方向行驶,潘荣秀在一加油站旁从车上跳下向路人呼救。李官容大声说"孩子没了不要紧,我们还年轻,我带你去医院"以搪塞路人,并再次将潘荣秀劝上车。李官容威胁潘荣秀不能报警否则继续杀她,潘荣秀答应后,李官容遂送潘荣秀去医院。途中,潘荣秀要回了被抢的手机、银行卡等物,并打电话叫朋友赶到医院。20日8时许,李官容将潘荣秀送入上杭县医院治疗,并借钱支付了4000元医疗费。经鉴定,潘荣秀的伤情程度为轻伤。

上杭县人民法院经审理认为:被告人李官容以非法占有为目的,以暴力手段强行劫取他人财物,且实施抢劫后为了灭口,故意非法剥夺他人生命,其行为已构成抢劫罪和故意杀人罪,应依法数罪并罚。李官容在实施故意杀人犯罪过程中由于意志以外的原因而未得逞,是犯罪未遂,可以比照既遂犯从轻或者减轻处罚。对于被告人的辩解及其辩护人的辩护意见,经查:(1)李官容在主观上并没有自动放弃杀人的故意,而是在客观上已是白天,路上行人多,潘荣秀有反抗能力,李官容在担心路人已报警、罪行已败露的情况下,被迫停止犯罪,属于犯罪未遂。(2)李官容因急需钱用预谋对潘荣秀实施抢劫并杀人灭口。李官容在劫取潘荣秀的财物后,怕罪行败露而实施了一系列的杀人灭口行为,虽因其意志以外的原因而未得逞,但已致潘荣秀轻伤,犯罪情节极为恶劣,社会危害极大,因此,不宜减轻或免除处罚。鉴于李官容故意杀人未遂,能送潘荣秀到医院治疗,并交纳了4000元医疗费,可以对李官容从轻处罚。(3)李官容系初犯,缴纳了罚金,认罪态度较好,且将被抢赃物归还被害人,对其所犯抢劫罪亦可酌情从轻处罚。据此,上杭县人民法院依照《中华人民共和国刑法》第二百六十三条、第二百三十二条、第二十三条、第六十九条、第六十一条、第六十二条、第四十五条、第四十七条、第五十五条、第五十六条、第五十二条、第六十四条和最高人民法院《关于抢劫过程中故意杀人案件如何定罪问题的批复》的规定,于2008年12月12日判决如下:

1. 被告人李官容犯抢劫罪,判处有期徒刑六年,并处罚金人民币二千元;犯故意杀人罪(未遂),判处有期徒刑十年,剥夺政治权利二年,决定执行有期徒刑十四年,剥夺政治权利二年,并处罚金人民币二千元。

2. 随案移交的作案工具予以没收,备案存查;随案移交的物证拍照随案存查。

宣判后,在法定期间内,被告人李官容没有上诉,检察机关也没有抗诉。

二、裁判要旨

No.4-232-74 并非完全自动放弃的重复侵害行为,既有自动性,又有被迫性;以自动性为主的,应认定为犯罪中止;以被迫性为主的,应认定为犯罪未遂。

虽然被告人最后放弃犯罪并送被害人到医院治疗,但认真分析原因不难发现,被告人的被迫性大于自动性。(1)放弃杀人犯罪的被迫性大于自动性。被害人从汽车后备箱逃出到公路上向路人求救后,被告人驾车追赶被害人,并持水果刀捅刺被害人的腹部,因刀柄折断而未得逞后,被告人才提出送被害人到医院治疗。而被告人在将被害人劝说上车后,又殴打被害人,当车行驶到上杭县紫金公园门口时,被告人不是往上杭医院方向行驶,而是往老公路方向行驶,被害人见状后在加油站旁从车上跳下,再次向路人求救。此时已是早晨,路上人多,被害人具有一定的反抗能力,被告人在客观上无法继续实施杀人灭口的行为,只好再次劝说被害人上车并送她到医院。且在被害人上车后,被告人又以不能报警,如果报警会弄死被害人相威胁。可见,被告人主要是基于在当时的时间、地点等客观环境下无法继续实施杀人行为的考虑才被迫无奈停止了犯罪,相比较而言,被告人主观上自动放弃的特征不明显。(2)救治被害人的被迫性大于自动性。被告人将被害人送医救治虽然有一定的自动性,但更多的是被迫性。被告人供称,被害人从后备箱跑到公路上呼救时,已经是白天了,路上也有很多人,当时有三四辆摩托车及一辆中巴车经过,被害人每辆车都拦,其怕有人报警,这时没有办法了,所以送被害人去医院,然后和她协商私了此事,叫她不要报警。到医院后,被告人也是在被害人朋友林文胜的要求和监督下筹集并支付医疗费的。可见,被害人是智斗歹徒,先承诺私了,待其朋友到达确保其人身安全后再报警将被告人抓获归案。被告人之所以将被害人送医救治,不仅客观上不得已,主观上也存在误解,被迫性大于自动性。综上,对本案应当以故意杀人罪(未遂)论处。

案例:侯卫春故意杀人案

案例来源:《刑事审判参考》总第73集[第610号]

主题词:醉酒状态 故意杀人罪

一、基本案情

被告人侯卫春,男,1970年2月28日出生,农民。1998年12月26日因犯故意伤害罪被判处有期徒刑六个月,1999年2月2日刑满释放,2006年10月25日因多次实施酒后寻衅滋事违法行为被劳动教养一年零六个月,2008年3月6日解除劳动教养,同年4月3日因涉嫌犯故意杀人罪被逮捕。

河南省驻马店市中级人民法院经审理查明:2008年3月18日晚,被告人侯卫春邀请被害人侯党振(男,殁年67岁)到其家喝酒至深夜,后送侯党振回家。当行至侯军勇(侯党振之子,侯党振在其家居住)家大门口时,侯卫春对侯党振实施殴打,又迅速从其家拿来菜刀,对躺在地上的侯党振的头部、躯干部一阵乱砍后回家。次日凌晨6时许,侯卫春从家中出来查看侯党振的情况,并用人力三轮车将侯党振送到当地诊所,但侯党振已因钝性外力作用于头部、胸部、会阴部等处,锐器损伤头面部,造成颅脑损伤,胸部肋骨多发性骨折,最终因创伤性休克而死亡。

驻马店市中级人民法院认为:被告人侯卫春故意非法剥夺他人生命,致人死亡,其行为已构成故意杀人罪。侯卫春酒后无故反复殴打他人,后又持刀朝被害人要害部位反复砍击,致被害人死亡,手段残忍、性质恶劣。侯卫春虽系酒后杀人,但有关司法精神病鉴定结论证实其在实施犯罪时系普通醉酒状态,具有完全刑事责任能力,应对其犯罪行为造成的后果承担责任,依法应予严惩。依照《中华人民共和国刑法》第二百三十二条、第五十七条第一款、第三十六条、第六十四条之规定,判决如下:

被告人侯卫春犯故意杀人罪,判处死刑,剥夺政治权利终身。

一审宣判后,侯卫春不服,提出上诉。侯卫春提出,一审量刑过重,其当时系因酒精刺激,在神志不清的情况下作案,没有杀人动机和目的,且对被害人有施救行为,并能积极配合公安人员调查,认罪态度好,请求法院予以从轻或减轻处罚。

河南省高级人民法院经公开审理认为:原判认定事实清楚,证据确实、充分,定罪准确,量刑适当,审判程序合法。依照《中华人民共和国刑事诉讼法》第一百八十九条第(一)项之规定,裁定驳回上诉,维持原判,并依法报请最高人民法院核准。

最高人民法院经复核认为:被告人侯卫春酒后无故殴打被害人,后又持刀反复砍击被害人要害部位,致被害人死亡,其行为已构成故意杀人罪,且手段残忍,后果严重,应依法惩处。第一审判决、第二审裁定认定的事实清楚,证据确实、充分,定罪准确,审判程序合法。但鉴于侯卫春犯罪时处于醉酒状态,对自己行为的辨认和控制能力有所减弱;其与被害人素无矛盾,案发后对被害人有施救行为,且归案后认罪态度较好,有悔罪表现,对其判处死刑,可不立即执行。依照《中华人民共和国刑事诉讼法》第一百九十九条和最高人民法院《关于复核死刑案件若干问题的规定》第四条的规定,裁定如下:

1. 不核准河南省高级人民法院(2009)豫法刑一终字第 7 号维持第一审以故意杀人罪判处被告人侯卫春死刑,剥夺政治权利终身的刑事裁定。

2. 撤销河南省高级人民法院(2009)豫法刑一终字第 7 号维持第一审以故意杀人罪判处被告人侯卫春死刑,剥夺政治权利终身的刑事裁定。

3. 发回河南省高级人民法院重新审判。

二、裁判要旨

No. 4-232-75 在醉酒状态下实施故意杀人行为的,一般不应判处死刑立即执行,但单纯的醉酒状态不足以作为酌定从轻处罚情节,是否予以从轻处罚,应结合其他认罪、悔罪等情节予以综合考虑。

本案被告人侯卫春在案发当天多次与他人饮酒,晚上又主动邀请被害人到其家中饮酒,最终导致行为失控,致被害人死亡。侯卫春系自陷于醉酒状态,在醉酒原因上存在明显过错,应当为其醉酒状态下的杀人行为承担刑事责任。但是考虑到:

第一,侯卫春与被害人平日关系较好,素无矛盾,没有杀害被害人的动机,也就是说,其没有故意醉酒后实施杀人犯罪的预谋,这与为了实施犯罪而故意醉酒的情形在非难程度上具有显著不同。

第二,侯卫春的醉酒与本案的发生之间并非是一种必然联系,只是一种偶然联系。在认识因素上,只能认定侯卫春明知其酒后容易滋事,且意志因素上没有希望或者积极追求这种结果尤其是杀人结果的发生,这一点从其酒醒后积极施救并认罪、悔罪的行为可以看出;同时,由于醉酒严重影响了侯卫春的辨认、控制能力,故不能简单地根据其使用菜刀反复砍击被害人要害部位的客观行为来评价其意志因素,进而认为其犯意坚决。就其犯罪故意的认识因素和意志因素而言,侯卫春的主观恶性尚不属极深。

第三,虽然侯卫春在案发前有过多次酒后滋事伤人经历,可认为其具有一定人身危险性,但其此前酒后违法经历多系随意殴打、无故辱骂他人等没有严重后果发生的轻微违法犯罪行为,与多次或连续实施严重刑事犯罪、执意报复社会、危害社会治安和群众安全感的犯罪分子相比,这种人身危险性尚不属极大,不能作为适用死刑立即执行的人身危险性依据。而且,侯卫春的违法犯罪行为多与饮酒存在密切联系,只要剥夺其饮酒条件或使其戒除酗酒恶习,便可有效防止再犯,此亦说明其人身危险性并非极大。

第四,侯卫春在案发次日清晨酒醒后主动将被害人送至当地诊所救治,其施救行为虽未能挽救被害人的生命,但说明其有一定的悔罪表现。侯卫春归案后能够坦白交代,认罪态度较好,具有酌定从轻处罚情节。

第五,侯卫春虽有前科,但所犯前罪较轻。综合考虑侯卫春的罪责严重程度,并结合其醉酒状态下辨认、控制能力较弱的实际,其尚不属于必须判处死刑立即执行的对象。

案例:张东生故意杀人案

案例来源:《刑事审判参考》总第72集[第598号]

主题词:故意杀人 自首 亲属不配合

一、基本案情

被告人张东生,男,1983年11月11日出生,农民。因涉嫌犯故意杀人罪于2006年2月14日被逮捕。

河北省保定市中级人民法院经审理查明:2006年1月15日下午,被告人张东生到河北省保定市兴华路兴华小区1号楼3单元402室找到在此租住的被害人魏慧。被告人张东生以魏慧多次欺骗自己为由与之发生争吵,后张东生持砍刀冲魏慧头部及上肢连砍数刀后逃离现场。魏慧经抢救无效死亡。

保定市中级人民法院认为:被告人张东生持械故意剥夺他人生命,其行为已构成故意杀人罪。情节恶劣,后果严重,应予严惩。根据公诉机关当庭所出示的证据,辩护人所提被告人张东生有自首情节及被害人有过错的意见不能成立。依照《中华人民共和国刑法》第二百三十二条、第五十七条第一款、第三十六条的规定,判决如下:

被告人张东生犯故意杀人罪,判处死刑,剥夺政治权利终身。

一审宣判后,被告人张东生及其辩护人以张东生有投案自首情节等为由提出上诉,请求二审法院从宽处罚。

河北省高级人民法院经二审审理查明的事实与一审相同。另查明:被告人张东生被公安机关锁定为重大犯罪嫌疑人后,在返回其家的胡同口被公安人员抓捕时称:"我是张东生,我要自首。"当其家人不配合公安人员工作时,张东生没有任何劝阻言行。

河北省高级人民法院认为:张东生不能正确处理个人情感问题,持刀行凶,故意非法剥夺他人生命,其行为已构成故意杀人罪,且犯罪手段残忍、后果严重,应依法严惩。张东生及其辩护人所提有自首情节的上诉理由,经查,张东生的行为不符合最高人民法院《关于处理自首和立功具体应用法律若干问题的解释》的有关规定,不具备自首的条件,所诉有自首情节的上诉理由于法无据,不予采信。原判决认定事实和适用法律正确,量刑适当,审判程序合法。依照《中华人民共和国刑事诉讼法》第一百八十九条第(一)项、第一百九十七条、第一百九十九条之规定,裁定驳回上诉,维持原判,并依法报请最高人民法院核准。

最高人民法院经复核认为:被告人张东生不能正确处理个人情感问题,持刀行凶,故意非法剥夺他人生命,其行为已构成故意杀人罪,且犯罪手段残忍。但被告人张东生被公安机关锁定为重大犯罪嫌疑人后,在返回其家的胡同口看到前来抓捕的公安人员时称:"我是张东生,我要自首。"当其家人不配合公安人员工作时,张东生没有任何劝阻言行。根据《关于处理自首和立功具体应用法律若干问题的解释》的有关规定,被告人张东生的行为应当视为自动投案。被告人张东生投案后能如实交代自己的犯罪事实,具有自首情节,依法可以从轻处罚。对其可以不判处死刑立即执行。第一审判决、第二审裁定量刑不当。依照《中华人民共和国刑事诉讼法》第一百九十九条和最高人民法院《关于复核死刑案件若干问题的规定》第四条的规定,裁定不核准被告人张东生死刑,发回河北省高级人民法院重新审判。

二、裁判要旨

No. 4-232-76 实施犯罪后具备自首要件,但其亲属不配合抓捕的,不影响自首的成立。

在本案中,张东生投案后在家人围困、阻挠抓捕的情况下,虽然没有主动劝阻家人,但毕竟没有脱逃,主观上并无逃跑或抗拒抓捕的意思表示,客观上也没有实施配合家人阻挠抓捕的行为,只是态度有些消极,说明被告人当时主观上处于一种较为复杂的内心矛盾斗争之中,就其当时所处情境而言,出现这种想法也是正常的。从张东生的客观表现分析,当时他身处如此混乱的场面之中,既没有鼓动亲友闹事,更没有趁机逃脱,说明他并没有放弃自动投案的想法,不能因为他没有劝阻言行而否定其已作出的投案表示和行为。因此,这一阶段张东生家属不配合抓捕的行为不影响其自动投案的成立。

案例:焦祥根、焦祥林故意杀人案

案例来源:《刑事审判参考》总第75集[第633号]

主题词:故意杀人罪 故意杀人罪的教唆犯

一、基本案情

被告人焦祥根,男,1969年6月2日出生,农民。因涉嫌犯故意杀人罪于2008年5月19日被逮捕。

被告人焦祥林,男,1974年9月19日出生,农民。因涉嫌犯故意杀人罪于2008年5月19日被逮捕。

安徽省黄山市人民检察院以被告人焦祥根、焦祥林犯故意杀人罪,向黄山市中级人民法院提起公诉。

被告人焦祥根对公诉机关指控的犯罪事实无异议。其辩护人提出,焦祥根故意杀人的犯意系被告人焦祥林诱发,焦祥根是焦祥林杀害被害人唐邦明的工具。

被告人焦祥林辩称其没有精心策划被害人,被害人系焦祥根所杀害,其行为不构成故意杀人罪。

黄山市中级人民法院经公开审理查明:被告人焦祥根、焦祥林系同胞兄弟,与家人共同经营管理并不属其家所有的安徽省黄山市黄山区耿城镇城澜村中棚组"小岭洞"山场。1999年前后,焦祥林与被害人唐邦明炒股时相识。焦祥林为谋取唐邦明的房产,于2007年11月14日虚构"中林国际集团有限公司",并许诺优厚条件任命唐邦明为该公司财务总监,以骗取唐的信任。2008年3月22日,焦祥林谎称公司要给唐邦明分房及年薪人民币(以下币种均为人民币)10万元,让唐邦明书写收到购房款50万元的收条以便公司会计做账。唐邦明出具收条后,焦祥林私自在收条的空白处添加内容,伪造了房屋买卖协议,企图找机会凭此协议侵占唐邦明的房产。焦祥林明知焦祥根极力反对村委会将"小岭洞"山场转与他人开发经营,便欲利用焦祥根的心理谋取唐邦明的房产。2008年春节之际,焦祥林多次哄骗焦祥根,称有人要买"小岭洞"山场,焦祥根表示"谁来买山场就干掉谁",焦祥林默认。2008年4月9日,焦祥林再次对焦祥根提及有人要来买山场,焦祥根让焦祥林将要买山场的人带来。次日7时许,焦祥林以"中林国际集团有限公司"要开发"小岭洞"山场为由,约唐邦明下班后到城澜村中棚组看山场。同日16时许,焦祥林告知焦祥根将有一"老板"前来看山场,焦祥根表示"谁来山场就干掉谁",并携带柴刀到"小岭洞"山场等候。同日17时许,焦祥林带唐邦明来到"小岭洞"山场,行至山场一小木棚处时,遇到在此等候的焦祥根,焦祥林故意与唐邦明谈论买山场之事以让焦祥根听到。焦祥根听见后立即上前辱骂唐邦明,将唐邦明打倒在地,后骑在唐的背上,向后猛勒唐的领带,致唐机械性窒息死亡。其间,焦祥林假意劝阻焦祥根不要殴打唐邦明。焦祥根恐唐邦明未死,用石头又砸击唐的背部数下,并用事先准备的钢丝绳套在唐的颈部扎紧,用唐的皮带捆扎唐的双脚。之后,焦祥根让焦祥林回家取来锄头和铁锹,与焦祥林一起将唐邦明的尸体驮至附近"封门口"山场的一烧炭洞处,用柴刀将唐邦明衣裤割开脱下后烧毁,将尸体放入烧炭洞中掩埋。随后,焦祥根、焦祥林携带从唐邦明身上搜出的手机、钥匙、铂金戒指、水果刀等物品回到家中。

黄山市中级人民法院认为,焦祥根故意非法剥夺他人生命,其行为构成故意杀人罪。关于焦祥根的辩护人提出的辩护意见,经查,焦祥根明确提出剥夺他人生命,且积极实施杀人行为,明知故意杀人的法律后果而实施犯罪,故该辩护意见不能成立,不予采纳。被告人焦祥林为达到谋取他人房产的目的,利用被告人焦祥根非法剥夺他人生命,其行为构成故意杀人罪。被害人的死亡是焦祥林精心策划所致,亦是其积极追求的结果,其辩护人提出的辩护意见不能成立,不予采纳。依照《中华人民共和国刑法》第二百三十二条、第二十五条第一款、第四十八条第一款、第五十七条第一款之规定,判决如下:

1. 被告人焦祥根犯故意杀人罪,判处死刑,剥夺政治权利终身;
2. 被告人焦祥林犯故意杀人罪,判处死刑,缓期两年执行,剥夺政治权利终身。

一审宣判后,被告人焦祥林以没有精心策划杀人等理由提出上诉。

安徽省高级人民法院经二审审理认为,被告人焦祥林为达到谋取他人房产的目的,哄骗被害人到偏僻的山场,利用被告人焦祥根具体实施非法剥夺被害人生命的行为,达到谋财害命的目的,焦祥林和焦祥根的行为均构成故意杀人罪。焦祥根的辩护人所提焦祥根是被人利用,罪行和量刑均应轻于焦祥林的辩护意见,经查,焦祥根在未弄清真相的情况下杀害无辜,犯罪手段特别残忍,应依法惩处,对该辩护意见不予采纳。被害人的死亡是焦祥林精心策划所致,是其积极追求的结果,其杀人时始终在场,并积极协助和参与埋尸,原判认定其行为构成故意杀人罪并无不当。原判认定的事实清楚,证据确实、充分,定罪准确,量刑适当。依据《中华人民共和国刑事诉讼法》第一百八十九条第(一)项、第二百零一条、第一百九十九条之规定,裁定驳回上诉,维持原判,并依法报请最高人民法院核准。

最高人民法院经复核认为,被告人焦祥林故意非法剥夺被害人生命,其行为构成故意杀人罪。焦祥根唯恐自己山场被人买走,曾经扬言"谁来买山场就杀谁",并让焦祥林将被害人带到山场,直接将被害人杀死,在共同犯罪中起主要作用,系主犯,应按照其所参与的全部犯罪处罚。焦祥根用被害人的领带勒死被害人后,唯恐被害人未死,又用石头砸击被害人背部,作案后掩埋尸体,焚烧被害人衣服,藏匿被害人物品,犯罪情节恶劣,手段残忍,后果和罪行极其严重,应依法惩处。第一审判决、第二审裁定认定的事实清楚,证据确实、充分,定罪准确,量刑适当,审判程序合法。依照《中华人民共和国刑事诉讼法》第一百九十九条和最高人民法院《关于复核死刑案件若干问题的规定》第二条第一款之规定,裁定核准安徽省高级人民法院维持第一审以故意杀人罪判处被告人焦祥根死刑,剥夺政治权利终身的刑事裁定。

二、裁判要旨

No. 4-232-77 以欺骗手段诱使他人产生犯意,并为其创造条件的,属于教唆与帮助行为,与被欺骗者构成共同犯罪。

认定共同犯罪须具有主客观两方面的条件,即各行为人具有共同的犯罪故意和共同的犯罪行为。共同故意意味着各行为人都明知共同犯罪行为的性质、危害结果,并且希望或放任危害结果的发生,也要求各行为人主观上有意思联络,都认识到自己不是孤立地实施犯罪,而是同他人一起共同犯罪。至于各行为人的犯罪动机是否一致,不影响共同犯罪的成立。

本案中,被告人焦祥林和焦祥根的行为符合共同犯罪的主客观条件,应认定为共同犯罪。

从主观方面看,二被告人的杀人动机不同,焦祥根系为了避免被害人承租、占有其家经营的山场而杀人,焦祥林系为了占有被害人的房产而杀人,但二人都具有杀害被害人的犯罪故意,主观上都明知杀人犯罪行为的性质、危害结果,并且都希望危害结果发生。认定二人是否有犯罪故意,关键看二人对杀人行为有无意思联络。从二被告人的供述看,二人对"有人卖山场怎么办"一事多次进行交流,焦祥根向焦祥林明确表示"谁来就干掉谁",焦祥林未予反对还强化其态度。可以说二人对"谁来买山场就杀谁"的决定已形成共同的意思联络。特别是在焦祥林告诉焦祥根"有个老板要来买山场"后,焦祥根让焦祥林把此人带上山来看看,实际上已经将犯罪对象特定化。二被告人显然已经形成了共同杀人的故意。

从客观方面看,焦祥林虽然没有自己动手实施杀人行为,但其在诱使、刺激焦祥根形成故意杀人犯意后,将被害人骗至山场,并故意与其谈论购买山场之事,使其成为焦祥根杀害的对象,客观上为焦祥根杀害唐邦明创造了必不可少的条件,是一种教唆且重要的帮助行为。在焦祥根实施杀人行为过程中,焦祥林假意劝阻,但没有真正阻止焦祥根杀害唐邦明,且事后与焦祥根一起掩埋唐邦明的尸体。可以认定二被告人相互配合,共同实施了故意杀人行为,构成共同犯罪。

在本案中,被告人焦祥根虽因缺乏理性判断而被焦祥林利用,但焦祥根具有完全刑事责任能力,其杀人意图系自行产生,意志自由未受到焦祥林的限制,杀人也是为了维护自家经营山场的利益,并不属于焦祥林犯罪的工具。因此焦祥林不构成间接正犯。

案例:龙世成、吴正跃故意杀人、抢劫案

案例来源:《刑事审判参考》总第 75 集[第 634 号]

主题词:抢劫罪　共同犯罪的主犯认定

一、基本案情

被告人龙世成,男,苗族,1986 年 4 月 23 日出生,初中文化,无业。因涉嫌犯抢劫罪于 2006 年 12 月 31 日被逮捕。

被告人吴正跃,男,苗族,1987 年 3 月 21 日出生,初中文化,无业。因涉嫌犯抢劫罪于 2006 年 12 月 31 日被逮捕。

云南省红河哈尼族彝族自治州人民检察院以被告人龙世成、吴正跃犯抢劫罪,向红河哈尼族彝族自治州中级人民法院提起公诉。

红河哈尼族彝族自治州中级人民法院经公开审理查明:2006 年 11 月 28 日 22 时许,被告人龙世成、吴正跃经预谋,携带匕首、塑料胶带、尼龙绳等作案工具,在云南省个旧市租乘被害人李波驾驶的奇瑞牌出租车(价值人民币 2 万元,以下币种均为人民币)至红河州财校附近公路边,持匕首戳刺李波,劫得现金 100 余元和价值 400 元的 NEC. N620 型手机 1 部。后龙世成驾车至个旧市锡城镇戈贾森林公园,将李波拖至公路旁猴子山树林里,二人分别用匕首朝李波颈、胸、背部连捅数十刀,致李当场死亡。

同月 24 日 22 时 30 分许,被告人龙世成、吴正跃经预谋,携带水果刀、塑料胶带等工具,在昆明市租乘被害人保佑文驾驶的桑塔纳出租车至昆明卷烟厂附近龙泉路“友缘”招待所门口时,二人持刀威胁并用塑料胶带捆绑保佑文,劫得现金 420 元,价值 661 元的小灵通手机 1 部,交通银行卡和农业银行卡各一张,并逼迫保佑文说出银行卡密码,后将保捆绑弃于一废弃防空洞内。二人驾车逃离途中,将车丢弃,从保佑文交通银行卡上取走 1800 元。

红河哈尼族彝族自治区中级人民法院认为,被告人龙世成、吴正跃以非法占有为目的,以暴力手段抢劫他人财物,其行为均构成抢劫罪;二人在抢劫完毕后,为灭口而故意非法剥夺他人生命,其行为又均构成故意杀人罪,依法应数罪并罚。二被告人犯罪情节特别恶劣,手段特别残忍,后果和罪行极其严重,应依法严惩。依照《中华人民共和国刑法》第二百三十二条、第二百三十六条、第二十五条、第六十九条、第四十八条、第五十七条第一款之规定,判决如下:

1. 被告人龙世成犯故意杀人罪,判处死刑、剥夺政治权利终身;犯抢劫罪,判处有期徒刑十五年,并处罚金人民币二万元;决定执行死刑,剥夺政治权利终身,并处罚金人民币二万元。

2. 被告人吴正跃犯故意杀人罪,判处死刑,剥夺政治权利终身;犯抢劫罪,判处有期徒刑十五年,并处罚金人民币二万元;决定执行死刑,剥夺政治权利终身,并处罚金人民币二万元。

宣判后被告人龙世成、吴正跃提出上诉。龙世成上诉称,原判未认定其在共同犯罪中的作用小于吴正跃,量刑失当,请求改判。吴正跃上诉称,其与龙世成在共同犯罪中的作用可以分清,其归案后如实交代了两次犯罪的详细情况;其亲属愿意赔偿民事诉讼原告人一定经济损失;其有认罪悔罪表现。

云南省高级人民法院经二审审理认为,原判定罪准确,量刑适当,审判程序合法,依照《中华人民共和国刑事诉讼法》第一百八十九条第(一)项、第一百九十九条之规定,裁定驳回上诉、维持原判,并依法报请最高人民法院核准。

最高人民法院经复核认为,被告人龙世成、吴正跃以非法占有为目的,采取暴力、胁迫手段抢劫他人财物,其行为均构成抢劫罪。龙世成、吴正跃抢劫后,为灭口杀死被害人,其行为还构成故意杀人罪。龙世成、吴正跃抢劫财物数额巨大,抢劫后为灭口杀死一人,情节恶劣,手段残忍,后果和罪行极其严重,应依法惩处并数罪并罚。在共同犯罪中,龙世成首先持刀捅刺被害人,两次作案后负责驾车逃跑,毁灭大部分罪证,并占有较多赃物,其作用相对较大。吴正跃在共同犯罪中作用相对较小,且归案后认罪态度较好,综合考虑全案的犯罪事实和情节,对吴正跃判处死刑,可不立即执行。第一审判决、第二审裁定认定的事实清楚、证据确实充分、定罪准确、审判程序合法,对龙世成量刑适当,对吴正跃犯故意杀人罪的量刑不当,犯抢劫罪的量刑适当。依照《中华人民共和国刑法》第二百三十二条、第二百三十六条、第二十五条、第六十九条、第四十八条、第五十七条第一款和《中华人民共和国刑事诉讼法》第一百九十九条之规定以及最高人民法院《关于复核死刑案件若干问题的规定》第七条之规定,判决如下:

1. 核准云南省高级人民法院(2007)云高刑终字第1494号刑事裁定中维持第一审对被告人龙世成以故意杀人罪判处死刑,剥夺政治权利终身;以抢劫罪判处有期徒刑十五年,并处罚金人民币二万元;决定执行死刑,剥夺政治权利终身,并处罚金人民币二万元。

2. 撤销云南省高级人民法院(2007)云高刑终字第1494号刑事裁定和红河哈尼族彝族自治州中级人民法院(2007)红中刑初字第123号刑事附带民事诉讼中对被告人吴正跃犯故意杀人罪的量刑部分和决定执行刑罚部分。

3. 被告人吴正跃犯故意杀人罪,判处死刑,缓期二年执行,剥夺政治权利终身,与原判抢劫罪判处其有期徒刑十五年,并处罚金人民币二万元并罚;决定执行死刑,缓期二年执行,剥夺政治权利终身,并处罚金人民币二万元。

二、裁判要旨

No.4-232-78 共同实施抢劫故意杀人行为致一人死亡的案件中,应当综合考虑被告人在共同犯罪中的具体作用、主观恶性、人身危险性的大小来确定主犯,不得以无法区分主从为由一律适用死刑,至多只应判处一人死刑。

共同抢劫故意杀人致一人死亡的案件,主犯的地位、作用看似相当,但根据各人犯罪的具体情节,实际上存在进一步区分罪责大小的必要性和余地。这既是贯彻宽严相济刑事政策的具体要求,也是罪责刑相适应原则的具体体现,不能以分不清主次为由,简单地一律判处死刑。从实践看,应综合考虑各被告人在共同犯罪中的具体作用及主观恶性、人身危险性等因素来准确确定定罪大小。

首先可以从各被告人在犯罪中的具体行为来分析其地位、作用。在犯罪预备阶段,预谋过程中提起犯意的被告人往往会积极实施犯罪,对共同犯罪有一定的控制力,作用相对突出,起意后积极准备工具、直接参与抢劫杀人行为的整体罪责也可能较大。在犯罪实行阶段,关键看谁的行为对被害人死亡的结果所起的作用相对较大。在犯罪的后续环节,通常有毁灭罪证、分赃等环节,一般参与抛尸、分尸或实施其他毁灭罪证行为的被告人作用较大,分赃多的比分赃少的作用大,负责销赃的被告人作用大。

其次从被告人的主观恶性、人身危险性而言,还应当考察各被告人自身的情况,犯罪前后的表现,成年人与未成年人共同犯罪的,成年人的罪责较大,有累犯、再犯情节的被告人罪责更大。作案后有自首、立功、认罪悔罪、积极赔偿、取得被害人谅解的被告人罪责较小。

本案是一起二人共同抢劫杀人致一人死亡的案件。在犯罪预备阶段,对于谁是犯意的提出者根据现有证据无法查明,在犯罪实施阶段,证据表明,龙世成首先持刀捅刺了被害人,为抢劫罪的完成提供了条件,作用大于吴正跃。在犯罪后续阶段,龙世成丢弃、毁灭了大部分罪证、分得赃物较多,可以认为其在该阶段的作用大于吴正跃。综合本案,应认定龙世成的罪责大于吴正跃,本案只造成一人死亡,应只判处一人死刑。

案例:白云江、谭蓓蓓故意杀人、抢劫、强奸案
案例来源:《刑事审判参考》总第 114 集[第 1256 号]
主题词:故意杀人罪　死刑

一、基本案情

2013 年 5 月,被告人白云江从他人处获知被告人谭蓓蓓(白云江之妻)在与其恋爱期间还曾与多名男子发生两性关系。白云江为此很生气,经常打骂谭蓓蓓,谭蓓蓓遂产生寻找少女供白云江奸淫,使白云江达到心理平衡之念。同年 6 月 25 日 18 时许,白云江之女白某甲将同学苏某某(被害人,女,时年 16 岁)带回位于黑龙江省桦南县白云江夫妇的住处留宿。当日 21 时许,白云江、谭蓓蓓将以前购买的数片氯硝安定片剂碾碎后放入两盒酸奶中,谭蓓蓓将酸奶给苏某某、白某甲喝下,致苏某某、白某甲昏迷。白云江欲奸淫苏某某,后自动放弃。次日,苏某某、白某甲参加中考时在考场中分别出现昏睡、呕吐等症状,不能正常考试。

2013 年 7 月,被告人白云江又购买了一瓶氯硝安定,并与谭蓓蓓将数片氯硝安定片剂碾碎后掺入一盒酸奶,伺机作案。同月 24 日 15 时许,怀孕八个多月的谭蓓蓓在桦南县文林街遇到被害人胡某某(女,殁年 16 岁),即以腹痛需要帮助为由,将胡某某骗至其住处。白云江假装感谢胡某某,让胡某某喝下掺入氯硝安定的酸奶,致胡某某昏迷,并用此前购买的手铐将胡某某铐在床头栏杆上。白云江欲对胡某某实施奸淫,因胡某某正值经期及白云江的生理原因而未得逞。白云江、谭蓓蓓因恐罪行败露决定杀人灭口,共同采用枕头捂压口鼻、按压手脚的方法致胡某某窒息死亡,并将胡某某的尸体装入旅行箱,驾车运至桦南县福山村西南勃利铁路林场松林掩埋。

被告人白云江、谭蓓蓓见白云江的同学康某某佩戴价值较高的首饰(共计价值 56829 元),产生抢劫之念。白云江、谭蓓蓓预谋将康某某骗至住处抢劫后杀害,并购买了编织袋、胶带、手机卡等物,将数片氯硝安定片剂碾碎后用注射器注入一罐易拉罐啤酒和一瓶饮料中。2013 年 7 月 19 日 16 时许,白云江、谭蓓蓓以请吃饭为名邀请康某某及妻子董某某到二人住处。席间,因白云江不断问及康某某、董某某的经济状况,引起康某某反感,白云江、谭蓓蓓尚未将注入氯硝安定的啤酒让康某某饮用,康某某即带着董某某离开。后白云江、谭蓓蓓为继续实施抢劫,还多次分别邀约康某某、董某某,康某某、董某某均未前往。

二、裁判要旨

No. 4-232-79　共同故意杀人案件中,有两名以上主犯的,如果仅致一人死亡又依法应当判处死刑的,原则上不能同时判处两名被告人死刑,而应进一步区分其地位和作用只对其中地位、作用最突出,罪责最严重者判处死刑。

在两人共同犯罪均系主犯的案件中,如果仅致一人死亡又依法应当判处死刑的,原则上不能同时判处两名被告人死刑,而应当仔细区分、综合判定各被告人在共同犯罪中的地位、作用,尽可能进一步区分罪责大小,只对其中地位、作用最突出,罪责最严重者判处死刑。审判中要防止为了追求严惩,以难以分清罪责为由,简单地一律判处死刑的做法。同时,需要注意的是,有的案件中,罪责相对较大的被告人因具有法定从宽处罚情节而不能判处死刑的,如犯罪时未成年或者系怀孕的妇女,作案后自首、立功等,此时不能为了追求适用死刑,而把共犯中罪责相对较轻又没有法定从宽处罚情节的被告人升格判处死刑。尽管这种区分确实有困难,但仍可以从犯罪过程的各个阶段对各被告人的作用进行综合分析、认定。就故意杀人犯罪而言,主要有提起犯意,纠集同案人,准备作案工具,选择、确定犯罪目标,制定犯罪计划,对参与人员进行分工,实施具体犯罪过程中的行为(如实施直接致人死亡的行为),资助同案人出逃等环节。

本案有三起犯罪事实,最主要的一起是强奸、杀害被害人胡某某的事实,这也是判处被告人白云江极刑、被告人谭蓓蓓重刑的原因。在该起犯罪中,谭蓓蓓最先提出骗少女到家里供白云江强奸的犯意,白云江同意并购买氯硝安定,谭蓓蓓将胡某某骗回家后,白云江让胡某某喝下放有氯硝安定的酸奶,白云江强奸胡某某未遂,二人共同将被害人杀害。白云江、谭蓓蓓均起主要作用,均系主犯。再对二被告人的作用大小进行比较,白云江、谭蓓蓓虽然对参与本案的基本事实供认,但对于一些具体行为,如谁提议杀人、谁为主致被害人死亡供述不一。谭蓓蓓供述较为稳定,一直称白云江提议杀人,白云江用枕头捂胡某某头,她按脚。白云江供述前后有变化。从谭蓓蓓供述稳定、白云江供述变化来看,谭蓓蓓供述更为可信;从作案时谭蓓蓓怀有八个多月身孕的具体情况分析,白云江所称谭蓓蓓为主杀人的可能性不大。综合二被告人的供述及二人个体特征来分析,白云江在共同犯罪中的作用较谭蓓蓓更大,应对其适用死刑。

案例:姚国英故意杀人案

案例来源:《刑事审判参考》总第 76 集[第 647 号]

主题词:故意杀人罪 被害人过错情节较轻

一、基本案情

被告人姚国英,女,1966 年 8 月 20 日出生,小学文化,农民。因涉嫌犯故意杀人罪于 2010 年 5 月 11 日被逮捕。

浙江省衢州市衢江区人民检察院以被告人姚国英犯故意杀人罪,向衢州市衢江区人民法院提起公诉。

被告人姚国英及其辩护人对起诉书指控的罪名及犯罪事实不持异议。其辩护人提出,被害人好逸恶劳,长期以赌博为业,对被告人实施家庭暴力侵害、虐待长达十多年,对被告人的肉体和身心造成严重伤害,被害人具有重大过错;被告人的杀人行为属情节较轻情形,且有投案自首情节,家有未成年女儿需要抚养,请求法院对其从轻处罚,宣告缓刑。

衢州市衢江区人民法院经公开审理查明:被告人姚国英与被害人徐树生系夫妻关系,结婚十余年间徐树生经常无故打骂、虐待姚国英。2010 年以来,徐树生殴打姚国英更为频繁和严重。2010 年 5 月 10 日晚,徐树生又寻机对姚国英进行长时间打骂;次日凌晨 5 时许,姚国英因长期遭受徐树生的殴打和虐待,心怀怨恨,遂起杀死徐树生之念。姚国英趁徐树生熟睡之际,从家中楼梯处拿出一把铁榔头,朝徐树生头、面部等处猛击数下,后用衣服堵住其口、鼻处,致徐树生当场死亡。当日 8 时 30 分许,姚国英到衢州市公安局衢江分局上方派出所投案。

衢州市衢江区人民法院认为,被告人姚国英持械故意杀害其丈夫徐树生,其行为构成故意杀人罪。但姚国英的杀人故意系因不堪忍受被害人徐树生的长期虐待和家庭暴力而引发,因此其杀人行为可认定为故意杀人罪中的情节较轻。案发后,姚国英主动到公安机关投案,如实供述自己的罪行,是自首,依法可从轻处罚。鉴于被告人长期遭受虐待和家庭暴力而杀夫的行为,受到民众高度同情,社会危害性相对较小,且被告人具有自首情节,认罪态度较好,家中又有未成年的女儿需要抚养,根据其犯罪情节和悔罪表现,对其适用缓刑不致再危害社会,可依法宣告缓刑。依照《中华人民共和国刑法》第二百三十二条、第六十七条第一款、第七十二条第一款、第六十四条之规定判决:

被告人姚国英犯故意杀人罪,判处有期徒刑三年,缓刑五年。

一审宣判后,被告人姚国英未提出上诉,公诉机关亦未提出抗诉,判决已发生法律效力。

二、裁判要旨

No. 4-232-80 因长期受到虐待和家庭暴力而杀害丈夫的,应以情节较轻的故意杀人罪论处。

《刑法》第二百三十二条规定:"故意杀人的,处死刑、无期徒刑或者十年以上有期徒刑;情节较轻的,处三年以上十年以下有期徒刑。"其中实务界与理论界通常将以下情节视为"情节较轻":(1)防卫过当的故意杀人;(2)义愤杀人;(3)激情杀人;(4)受嘱托帮助他人自杀;(5)生父母溺婴。前三类情形的共同特点在于,被害人在案发起因上有严重过错,即被害人出于主观的故意或过失,侵犯他人合法权益,对诱发被告人的犯意、激发被告人事实犯罪具有直接或间接的作用。

将被害人具有严重过错作为故意杀人罪的情节较轻情形的法理依据在于:刑事法律负有平衡被告人与被害人之间利益的任务。生命权是公民的最高权利,无疑受到法律的严格保护,但法律在保护被害人权益的前提下,也不应忽略对被告人权益的保护。当被害人的行为违背公序良俗、违反有关法律法规及其他规章制度,在道义上或法律上具有可谴责性或可归责性,且该行为是诱发被告人产生犯罪动机或使犯罪动机外化最主要的因素时,就应当认定被害人具有重大过错,在该情形下,对被告人就应考虑按照情节较轻处理。

在相关司法解释性文件中,被害人过错已被明确作为量刑的一个重要因素,特别是在故意杀人罪中,如1999年10月27日《全国法院维护农村稳定刑事审判工作座谈会纪要》规定:“对于被害人一方有明显过错或矛盾激化负有直接责任的……一般不应判处死刑立即执行。”2007年1月15日最高人民法院《关于为构建社会主义和谐社会提供司法保障的若干意见》第18条明确规定,因被害方的过错行为引发的案件应慎用死刑立即执行。

结合本案,我们认为,受虐杀夫的行为,从杀人原因和审判效果两方面看,应当认定被害人存在严重过错,属于故意杀人罪中的情节较轻的情形。

从杀人原因看,受虐妇女长期遭受丈夫或男友虐待,有学者引入受虐妇女综合征的概念来解释这种故意杀人行为,该心理症状由暴力周期和后天无助感两个方面组成。由于长期遭受暴力并处于恐慌之中,受虐妇女在心理上逐渐瘫痪,这种精神上的钳制羁押到一定程度,一旦爆发就容易丧失理智而失控。由于受虐妇女自身反抗能力的限制和出于对施暴丈夫的恐惧,失控杀夫的时间往往不是不法侵害正在进行时而无法因正当防卫而减轻或免除处罚。鉴于此司法实践中一般将因长期受虐而杀夫的行为认定为故意杀人罪中情节较轻的情形。

从刑罚的生活效果看,对因长期遭受虐待而杀夫的妇女进行量刑时,按照情节较轻处理,对于遏制家庭暴力的滋生具有积极意义,能获得较好的生活效果。

同时受虐杀夫是一种针对性很强的杀人,行为人再次犯同种罪行的可能性甚微,加之行为人主观恶性较小,在道义上得到大家的同情,严惩这样没有人身危险性的受虐妇女,可能带来严重的社会家庭问题,不利于社会的和谐发展。

在本案中,被告人姚国英与被害人徐树生结婚十多年,被害人经常无故打骂虐待被告人,被告人也曾向公安机关、村委会求助但难以彻底解决问题。案发后当地妇联递交了要求对被告人姚国英轻判的申请报告,当地政府出具了有600多位群众签名要求对被告人姚国英从轻处罚的请愿书。

综上本案是一起非常典型的因长期遭受虐待和家庭暴力引发杀夫的案件,被害人在案发起因上有重大过错,被告人受到民众同情,应认定为情节较轻的情形。

案例:覃玉顺强奸、故意杀人案

案例来源:《刑事审判参考》总第77集[第657号]

主题词:故意杀人罪　死刑适用

一、基本案情

被告人覃玉顺,男,1968年4月22日出生,农民。因涉嫌犯故意杀人罪、强奸罪于2007年10月30日被逮捕。

四川省凉山彝族自治州人民检察院以被告人覃玉顺犯故意杀人罪、强奸罪,向凉山彝族自治州中级人民法院提起公诉。

被告人覃玉顺辩称,被害人代某的肠子不是其扯断的。其辩护人提出,覃玉顺能如实交代犯罪行为,认罪态度较好,请求对覃从轻处罚。

凉山彝族自治州中级人民法院经不公开审理查明:2007年9月23日15时许,被告人覃玉顺在四川省会理县太平镇小村村1组大火房山(地名)山坡上找蝉壳,遇见在此放羊的被害人代某(女,时年18岁)。覃见四周无人,产生强奸代某的念头。覃玉顺趁代某不备,从后面将代抱住,遭代某反抗,覃便用随身携带的尖刀将代胸部刺伤,强行将代奸淫。事后代某指责覃玉顺,覃又用刀捅刺代某腹部,并将代某推下山坡,捡一块石头砸向代某,但未砸中。代某受伤昏迷。覃玉顺以为代某已经死亡,便逃至黄泥包包(地名)附近坐下抽烟。代某醒来后,捡起一根木棒拄着,走到黄泥包包处呼救。覃玉顺听到代某的呼救声,再次跑到代某面前,将其用于支撑的木棒抢下丢弃,并用尖刀捅刺代某的腰部。代某反抗时将覃玉顺的刀抢落,覃用手将代某露出的肠子扯断,又捡起地上的刀,向代某的腹部、腿部连刺数刀,后因见村民赶来,才逃离现场。代某经抢救脱离生命危险,损伤程度为重伤。

凉山彝族自治州中级人民法院认为,被告人覃玉顺违背妇女意愿,使用暴力手段奸淫妇女,其行为构成强奸罪;覃玉顺因遭受害人指责,又用刀捅刺被害人,并扯断被害人露出的肠子,致人重伤,其行为又构成故意杀人罪。覃玉顺故意杀人虽属未遂,但其犯罪手段特别残忍,情节特别恶劣,社会影响极坏,不足以从轻处罚。对覃玉顺及其辩护人所提辩解和辩护意见不予采纳。依照《中华人民共和国刑法》第二百三十六条第一款、第二百三十二条、第十三条、第六十九条、第五十七条第一款之规定,判决如下:

被告人覃玉顺犯故意杀人罪,判处死刑,剥夺政治权利终身;犯强奸罪,判处有期徒刑十年;决定执行死刑,剥夺政治权利终身。

一审宣判后,被告人覃玉顺提出上诉。覃玉顺辩称,其未强奸代某,也未想杀死代某;一审认定其构成故意杀人未遂,但未比照既遂犯从轻或减轻处罚,量刑过重。其辩护人提出,覃玉顺只想阻止代某呼救,并非想将其杀死,本案应定性为故意伤害罪;一审认定覃玉顺构成故意杀人罪,但未比照既遂犯从轻或减轻处罚,量刑偏重;覃玉顺认罪、悔罪态度较好,请求对覃玉顺从轻或减轻处罚。

四川省高级人民法院经二审审理认为,原判认定事实和适用法律正确,量刑适当,审判程序合法。依照《中华人民共和国刑事诉讼法》第一百八十九条第(一)项、第一百九十九条之规定,裁定驳回上诉,维持原判,并依法报请最高人民法院核准。

最高人民法院经复核认为,被告人覃玉顺违背妇女意志,采用暴力手段奸淫妇女的行为构成强奸罪;覃玉顺强奸被害人后为防止罪行败露而故意非法剥夺被害人生命的行为又构成故意杀人罪。覃玉顺持刀捅刺被害人代某胸部后将代奸淫,为掩盖罪行而持刀捅刺代的腹部致代小肠外露并滚下山坡,在发现代未死后,再次持刀捅刺并扯断代小肠,犯罪动机卑劣,手段特别残忍,情节特别恶劣,罪行极其严重,应依法严惩并数罪并罚。虽覃玉顺故意杀人系未遂,但根据本案的事实、性质、情节和对社会的危害程度,依法可不从轻处罚。第一审判决、第二审裁定认定覃玉顺强奸并杀害代某致重伤的事实清楚,证据确实充分,定罪准确,量刑适当,审判程序合法。依照《中华人民共和国刑事诉讼法》第一百九十九条和最高人民法院《关于复核死刑案件若干问题的规定》第二条第一款之规定,裁定如下:

核准四川省高级人民法院(2008)川刑终字第773号维持第一审对被告人覃玉顺以故意杀人罪判处死刑,剥夺政治权利终身;以强奸罪判处有期徒刑十年,决定执行死刑,剥夺政治权利终身的刑事裁定。

二、裁判要旨

No.4-232-81 罪行极其严重、手段特别残忍、情节特别恶劣的故意杀人未遂,可不从轻处罚,考虑适用死刑立即执行。

《刑法》第二十三条规定:"已经着手实行犯罪,由于犯罪分子意志以外的原因而未得逞的,是犯罪未遂。对于未遂犯,可以比照既遂犯从轻或者减轻处罚。"这种规定的根据在于,以犯罪未遂论处的行为完全符合犯罪构成要件,其社会危害性得到了应受刑法处罚的程度,故应当负刑事责任。同时,以犯罪未遂论处的行为的社会危害性通常小于犯罪既遂,故对未遂犯原则上可以比照既遂犯从轻或减轻处罚。可以而非应当从宽处罚,意味着刑法对未遂犯采取的从宽原则是得减主义而非必减主义,即通常给予从宽处罚,但法官根据案件的具体情况,也可以不予从宽处罚。这一原则也适用于处理犯罪未遂与死刑适用的关系。刑法规定,死刑只适用于罪行极其严重的犯罪分子,一般认为,没有造成被害人死亡的故意杀人未遂情形,因社会危害性小于故意杀人罪既遂,因此一般不判处死刑立即执行。但有原则就有例外,对于犯罪动机极其卑劣、情节特别恶劣、手段特别残忍,致被害人严重伤害、社会影响极坏的案件,也可考虑判处死刑立即执行。

本案被告人覃玉顺强奸被害人代某后欲杀人灭口,在持刀捅刺时因发现村民赶来而被迫放弃继续实施杀人行为,被害人经及时抢救亦未发生被告人所追求的结果,故被告人的行为属于故意杀人未遂。但从覃玉顺犯罪的具体情况看,存在诸多应予从严惩处的情节。具体包括:(1)覃玉顺持刀捅刺被害人,发现被害人未死后又多次持刀捅刺并扯断被害人小肠,杀人犯意十分坚决,情节十分恶劣,手段十分残忍。(2)被害人虽幸免于死,但伤势十分严重。案发时被害人仅18岁,身心受到极大摧残。(3)被告人的犯罪行为在当地造成极其恶劣的社会影响,引起了一定程度的恐慌,被害人亲属、当地基层组织和干部群众均强烈要求判处被告人死刑。(4)被告人认罪悔罪态度不好,对强奸被害人以及扯断被害人小肠的情节予以否认。综合主客观情节,被告人覃玉顺故意杀人虽系未遂,但其行为已造成极其严重的后果,主观恶性极深,人身危险性极大,其未遂情节不足以对其从轻处罚,应依法判处死刑。

案例:吕志明故意杀人、强奸、放火案

案例来源:《刑事审判参考》总第80集[第699号]

主题词:故意杀人罪　送亲归案　自动投案的认定

一、基本案情

被告人吕志明,男,1979年5月29日出生,农民。因涉嫌犯故意杀人罪、强奸罪、放火罪于2009年8月20日被逮捕。

黑龙江省双鸭山市人民检察院以被告人吕志明犯故意杀人罪、强奸罪、放火罪,向双鸭山市中级人民法院提起公诉。

被告人吕志明及其辩护人提出,吕志明系主动投案,具有自首情节;吕志明认罪态度好、悔罪,请从轻处罚。

双鸭山市中级人民法院经审理查明:被告人吕志明与被害人徐某某(女,殁年32岁)系邻居,均已离婚。2009年7月22日20时许,吕志明酒后遇到徐某某,纠缠并要求与其发生性关系,遭徐某某拒绝。当日21时许,吕志明翻围墙跳进徐某某家院内,进入室内后再次要求与徐某某发生性关系,被徐某某拒绝,吕即用拳头将徐某某打倒,用铁丝和胶带捆、缠徐的手和嘴,对徐某某实施强奸。吕志明恐徐某某报案,便用徐某某家炕上的背包将徐勒死,并用打火机点燃现场衣物、被褥焚烧尸体,后逃离现场。同年8月5日,吕志明告知其姐姐、姐夫,案发当晚曾与被害人发生性关系,其姐夫让其向公安机关说明此事,并经其同意,主动联系公安机关,公安人员遂前来将吕志明带走。双鸭山市中级人民法院认为,被告人吕志明使用暴力手段,强行与被害人徐某某发生性行为,又恐罪行败露,将徐勒死,并湮灭罪迹,无视公共安全,在徐居住的屋内放火焚烧徐的尸体,其行为已构成强奸罪、故意杀人罪、放火罪。对吕志明所犯数罪,应依法并罚。吕志明辩称具有自首情节,经查符合法律规定,应予采纳。鉴于吕志明犯罪手段极其残忍,犯罪后果极其严重,虽有自首情节,不足以从轻处罚。依照《中华人民共和国刑法》第二百三十六条、第二百三十二条、第一百一十四条、第六十七条第一款、第五十七条第一款、第六十九条规定,判决如下:

被告人吕志明犯故意杀人罪,判处死刑,剥夺政治权利终身;犯强奸罪,判处有期徒刑九年;犯放火罪,判处有期徒刑三年;决定执行死刑,剥夺政治权利终身。

一审宣判后,被告人吕志明以其具有自首情节,原判量刑过重为由提出上诉。其辩护人提出相同的辩护意见。

黑龙江省高级人民法院经二审审理认为,上诉人吕志明使用暴力手段,强行与被害人发生性关系,在将被害人勒死后,又放火焚尸灭迹,其行为已分别构成强奸罪、故意杀人罪、放火罪。上诉人犯罪动机卑劣,手段残忍,后果严重,社会危害性极大,虽有自首情节,不足以从轻处罚。对上诉人及其辩护人所提量刑过重、应从轻处罚的意见不予采纳。一审判决认定的事实清楚,证据确实充分,定罪准确,量刑适当,审判程序合法。依照《中华人民共和国刑事诉讼法》第一百八十九条第(一)项、第一百九十九条之规定,裁定驳回上诉,维持原判,并依法报请最高人民法院核准。

最高人民法院经复核认为,被告人吕志明违背妇女意志,以暴力手段强行奸淫妇女,其行为已构成强奸罪;为防止罪行败露而故意非法剥夺他人生命,其行为已构成故意杀人罪;为湮灭罪证而故意在被害人所住房屋内纵火,足以危害公共安全,其行为又构成放火罪。吕志明强行奸淫被害人,后恐罪行败露而杀人灭口,又焚烧被害人尸体致房屋同时受损,犯罪动机卑劣,手段残忍,情节恶劣,罪行极其严重,应依法惩处。吕志明犯有数罪,应依法并罚。虽然吕志明的亲属对其归案起到一定的协助作用,但不足以从轻处罚。第一审判决、第二审裁定认定被告人吕志明强奸、故意杀害徐某某、放火的事实清楚,证据确实充分,定罪准确,量刑适当,审判程序合法。但吕志明在犯罪以后并未自动投案,认定其行为构成自首不当,应予纠正。依照《中华人民共和国刑事诉讼法》第一百九十九条和最高人民法院《关于复核死刑案件若干问题的规定》第二条第二款的规定,裁定如下:

核准黑龙江省高级人民法院(2010)黑刑一终字第122号维持第一审对被告人吕志明以故意杀人罪判处死刑,剥夺政治权利终身;以强奸罪判处有期徒刑九年;以放火罪判处有期徒刑三年,决定执行死刑,剥夺政治权利终身的刑事裁定。

二、裁判要旨

No. 4-232-82 自动投案以犯罪嫌疑人具有投案目的为必要,犯罪嫌疑人的亲友并不知道犯罪嫌疑人实施了犯罪行为,出于让其撇清犯罪嫌疑而非接受司法机关处理的目的,主动联系司法机关的,不构成送亲归案情形的自动投案,不应认定为自首。

根据最高人民法院《关于处理自首和立功具体应用法律若干问题的解释》规定,自动投案是指犯罪事实或犯罪嫌疑人未被司法机关发觉,或虽被发觉,但犯罪嫌疑人尚未受到讯问、未被采取强制措施时,主动、直接向公安机关、人民检察院或人民法院投案。其中同时列举了七种应当视为自动投案的情形,第七种情形是:公安机关通知犯罪嫌疑人的亲友或亲友主动报案后,将犯罪嫌疑人送去投案的,应当视为自动投案。2010年《关于处理自首和立功若干具体问题的意见》中说明,犯罪嫌疑人被亲友采取捆绑等手段送到司法机关,或在亲友带领侦查人员来抓捕时无拒捕行为,并如实供述犯罪事实的,不能认定为自动投案。

《关于处理自首和立功具体应用法律若干问题的解释》和《关于处理自首和立功若干具体问题的意见》尽管对自动投案采取了较宽的认定标准,但始终要求自动投案具有主动性和自愿性,即行为人是在意志自由的前提下主动地、自愿地将自己置于司法机关的管束、控制下,准备接受司法机关的处理。自动投案对于投案目的有特定要求,即行为人必须明确告知其到司法机关的目的是投案,接受司法机关的处理。如果行为人主动到司法机关的目的是为自己开脱罪责,则不符合自动投案的本质要求,不能认定为自动投案。

本案被告人吕志明经亲属劝说后,同意亲属联系公安人员,其目的并非要将自己主动交给司法机关处理,而是心存侥幸,试图通过虚构被害人曾自愿与其发生性关系以掩饰自己的犯罪事实,撇清自己的涉案嫌疑。吕志明到案后在口头讯问中仍否认实施犯罪行为,直至次日才被迫供认犯罪,这表明,吕志明不具有将自己主动置于司法机关控制下接受审查处理的投案目的,不具有投案的主动性和自愿性,不属于自动投案,且到案初期拒不供认犯罪事实,不能认定为自首。

《关于处理自首和立功具体应用法律若干问题的解释》中规定了送亲归案的情形,但送亲归案认定为自动投案的重要前提是犯罪嫌疑人的亲友已知道犯罪嫌疑人实施了犯罪行为,仍然主动联系有关机关或人员,目的是将犯罪嫌疑人有效置于司法机关的控制下,使犯罪嫌疑人承担相应的法律后果,如果亲友并不知犯罪嫌疑人实施了犯罪行为,亲友主动联系司法机关的目的并非让犯罪嫌疑人接受司法机关的处理,而是为了撇清犯罪嫌疑,则不应认定为自动投案。吕志明的亲属主动联系公安人员,目的在于让吕到公安机关说明情况,撇清涉案嫌疑,并不具有主动报案的性质。

案例:袁翌琳故意杀人案

案例来源:《刑事审判参考》总第80集[第700号]

主题词:故意杀人罪　自动投案的认定

一、基本案情

被告人袁翌琳,女,1982年8月25日,原系北京市金智汇达信息技术有限公司总经理助理。因涉嫌犯故意杀人罪于2009年6月17日被逮捕。

北京市人民检察院第一分院以被告人袁翌琳犯故意杀人罪,向北京市第一中级人民法院提起公诉。

北京市第一中级人民法院经审理查明:被告人袁翌琳于2009年5月10日凌晨,在北京市海淀区复兴路乙63号北京卫戍区招待所320室,因与男友路星(殁年22岁)发生感情纠纷,趁路星熟睡之际,持事先准备的尖刀猛刺路星胸部数刀,路星因被刺破左肺、心脏致急性失血性休克死亡。后袁翌琳将其杀人及欲自杀的情况打电话告知其亲属,其亲属随即报警,并协助公安人员赶到案发现场将自杀的袁翌琳送往医院救治。后袁翌琳被抓获归案。

北京市第一中级人民法院认为,被告人袁翌琳故意非法剥夺他人生命,致人死亡,其行为已构成故意杀人罪,且犯罪情节恶劣,后果严重,依法应予惩处。鉴于被告人袁翌琳在案发后打电话联系亲属,告知其将路星杀害并欲自杀,亲属在得知该情况后边报警边赶往案发现场,因袁翌琳亲属的报警行为,使公安机关赶到现场后将自杀的袁翌琳送往医院并予以控制,袁翌琳虽未亲自投案,但袁翌琳的被抓获与其亲属的代替投案行为之间有紧密联系,故可视为袁翌琳自动投案;袁翌琳投案后如实供述了犯罪事实,应认定为自首,依法可对其从轻处罚。在本院审理期间,袁翌琳及其亲属能够积极赔偿被害人亲属的经济损失,并得到被害人亲属的谅解,依法可对其酌予从轻处罚。北京市人民检察院第一分院指控被告人袁翌琳犯故意杀人罪的事实清楚、证据确凿、指控的罪名成立。根据被告人袁翌琳犯罪的事实、犯罪的性质、情节和对于社会的危害程度,依照《中华人民共和国刑法》第二百三十六条、第五十六条、第五十五条第一款、第六十七条第一款、第六十四条、第六十一条和最高人民法院《关于处理自首和立功具体应用法律若干问题的解释》第一条第一项第三目、第二项第一目、第三条及最高人民法院《关于刑事附带民事诉讼范围问题的规定》第四条的规定,以故意杀人罪判处被告人袁翌琳有期徒刑十五年,剥夺政治权利三年。

宣判后,被告人袁翌琳没有提起上诉,检察机关亦没有抗诉,判决已发生法律效力。

二、裁判要旨

No.4-232-83　犯罪嫌疑人的亲属主动联系公安机关而嫌疑人未采取反抗和逃避抓捕行为的,应当认定为自动投案;到案后能够如实供述犯罪事实,应认定为自首。

最高人民法院《关于处理自首和立功具体应用法律若干问题的解释》规定:"并非出于犯罪嫌疑人主动,而是经亲友规劝、陪同投案的;公安机关通知犯罪嫌疑人的亲友,或者亲友主动报警后,将犯罪嫌疑人送去投案的,也应当视为自动投案。"不难看出,最高人民法院《关于处理自首和立功具体应用法律若干问题的解释》的自动投案包括了犯罪嫌疑人的亲友主动帮犯罪嫌疑人投案,而不是传统理解的犯罪嫌疑人本人自动或主动投案。换言之,最高人民法院《关于处理自首和立功具体应用法律若干问题的解释》允许犯罪嫌疑人到案时持有相对消极的主观心态,甚至可以带有一定的被迫性,但只要犯罪嫌疑人不反对其亲属的报警及公安机关的抓捕,客观上也没有实施逃避侦查的对抗性行为,就可以视为自动投案。显然最高人民法院《关于处理自首和立功具体应用法律若干问题的解释》的规定更加强调犯罪嫌疑人到案的非对抗性而不是主动性,更强调自首构成要件中的客观行为和实际效果,而不是执著于判断犯罪嫌疑人的主观心态是否积极,这在一定程度上既突破了传统上对于投案自动性的习惯性认识,又保留投案自动性的合理内涵,确立了可称为非对抗性的认定标准。投案的非对抗性标准充分体现了投案自动性的核心价值,较之投案自动性,对犯罪分子主观方面自主性的要求虽有所降低,但是符合刑罚目的和自然伦理的要求,也有利于提高司法效率、节约司法资源。

本案中被告人袁翌琳将被害人杀死后,通过电话将杀人及准备自杀的情况告诉了自己的亲属,其亲属在得知情况后迅速报警,并在电话中做袁翌琳的思想工作,尽力稳定袁翌琳的情绪。在得知袁翌琳作案的详细地点后,其亲属在电话中告诉袁翌琳,正和公安人员赶往案发现场,但袁翌琳未予回应而自杀。袁翌琳亲属的报警行为为公安机关侦查破案提供了详细的线索,使公安人员能够在案发后及时赶到现场,将自杀的袁翌琳送往医院并予以控制,袁翌琳的被抓获与其亲属的代替投案行为之间有紧密的联系,其亲属的报警行为客观上起到了降低追诉成本,节约司法资源的效果。袁翌琳没有采取反抗和逃避抓捕的行为,被公安机关控制后始终配合公安机关如实供述自己的犯罪事实,认罪悔罪,综合本案情况,符合自首的实际效果、客观行为、主观心态三方面的要件,应当认定自首。

案例:王宪梓故意杀人案

案例来源:《刑事审判参考》总第 112 集[第 1223 号]

主题词:故意杀人罪 自首

一、基本案情

2009 年,被告人王宪梓与被害人何云圣(男,殁年 20 岁)相识并成为朋友,后二人因琐事产生矛盾。2013 年 1 月 17 日上午,王宪梓以王鑫的名字承租黑龙江省双城市双城镇洗涤剂家属楼房屋一套。当日 17 时许,王宪梓将何云圣约至该房,二人发生争执,王宪梓用腰带勒何云圣颈部,致何云圣机械性窒息死亡。次日,王宪梓购买电锯、手锯、尖刀等工具,在租住房内将何云圣的尸体肢解,后将装有尸块的三个拉杆箱等物掩埋至双城市双城镇通达路西侧树林内。经王宪梓亲属举报,公安人员于 2013 年 1 月 21 日在双城市将王宪梓抓获。

二、裁判要旨

No. 4-232-84 被告人亲属主动报案并带领公安人员抓获被告人的,不构成自首,但对被告人量刑时可据此从轻处罚。

自动投案是成立自首的必备条件。自动投案应具有主动性和自愿性的要求。2010 年发布的《关于处理自首和立功若干具体问题的意见》(以下简称《自首立功意见》)将犯罪嫌疑人没有投案主动性和自愿性的行为,认为是被动归案的情形,即被亲友采取捆绑等手段送到司法机关,或者在亲友带领侦查人员前来抓捕时无拒捕行为的,均不能认定为自动投案。本案中,被告人王宪梓的母亲报案并带领公安人员抓获王宪梓,在整个过程中,王宪梓没有主动投案、自愿投案的意思表示和行为,而是被动归案,故王宪梓自首情节不成立。

被告人王宪梓亲属举报王宪梓并带领公安人员抓获王宪梓的行为,属于"大义灭亲"。犯罪人亲友带领公安人员抓获犯罪人,可以使犯罪人及时归案,避免犯罪人实施其他危害社会的行为,有助于提高司法机关办案效率,节约司法资源;同时,我国是一个非常重视亲情的国家,亲属能够舍弃亲情主动将犯罪人交付国家审判,表明其对党和国家政策法律高度信任,这是两权相衡下的一种正义选择,理应得到司法机关的认可和实际响应。对具有"大义灭亲"情形的被告人予以从宽处罚,符合现行刑事政策精神。《最高人民法院关于贯彻宽严相济刑事政策的若干意见》中规定:"对于亲属以不同形式送被告人归案或协助司法机关抓获被告人而认定为自首的,原则上都应当依法从宽处罚;有的虽然不能认定为自首,但考虑到被告人亲属支持司法机关工作,促使被告人到案、认罪、悔罪,在决定对被告人具体处罚时,也应当予以充分考虑。"《自首立功意见》更是明确规定:"犯罪嫌疑人被亲友采用捆绑等手段送到司法机关,或者在亲友带领侦查人员前来抓捕时无拒捕行为,并如实供认犯罪事实的,虽然不能认定为自动投案,但可以参照法律对自首的有关规定酌情从轻处罚。"因此,"送子归案"虽不能认定被告人构成自首,但在量刑上应予以充分考虑,尤其在是否适用死刑立即执行的问题上,需要特别慎重。从司法的社会价值取向和人文关怀考虑,对被告人予以从轻处罚,社会效果和法律效果更好,更能充分体现政策导向。

案例:周元军故意杀人案

案例来源:《刑事审判参考》总第 80 集[第 701 号]

主题词:故意杀人罪　自首的认定

一、基本案情

被告人周元军,男,汉族,农民,1971 年 1 月 23 日出生于湖南省溆浦县。因涉嫌故意杀人罪于 2008 年 8 月 21 日被刑事拘留。

湖南省怀化市人民检察院以被告人周元军犯故意杀人罪,向怀化市中级人民法院提起公诉。

怀化市中级人民法院经公开审理查明:被告人周元军因怀疑其妻周会珍与他人有不正当男女关系,二人经常吵架,夫妻关系不睦。2008 年 8 月 20 日,周会珍要求与周元军离婚。当日 17 时 30 分许,周元军持事先准备的尖刀来到湖南省溆浦县周会珍之弟周日东的租住处卧室内捅刺周会珍后背、前胸各一刀。周会珍呼救,周会珍之母刘秀妮闻讯赶到客厅后,周元军先持刀捅刺刘秀妮腹部一刀,致刘秀妮肝脏破裂大出血死亡后,又继续捅刺周会珍,致周会珍重伤后潜逃,后因畏罪触电自杀,后被人发现后报警并送医院抢救。民警接到"有人触电自杀"的报案后赶到医院,经组织辨认确认该触电男子系周元军后,遂安排专人(便衣)守候在病房内对其实施控制。周元军被救醒后即告知在场人员自己的身份及杀害妻子和岳母的情况。

怀化市中级人民法院法院经审理认为,被告人周元军因婚姻家庭纠纷,故意持刀刺杀他人的行为已构成故意杀人罪。其致一人死亡、一人重伤,罪行极其严重。虽然周元军苏醒后如实告知在场人员其杀人的事实,但公安机关此前已掌握其基本犯罪事实并对其予以了实际控制,依法不能认定为自首。周元军应当赔偿因自己的犯罪行为给附带民事诉讼原告人造成的经济损失。依据《中华人民共和国刑法》第二百三十六条、第五十七条第一款、第三十六条第一款及《中华人民共和国民法通则》第一百一十九条之规定,判决如下:

1. 被告人周元军犯故意杀人罪,判处死刑,剥夺政治权利终身。
2. 被告人周元军赔偿附带民事诉讼原告人周会珍经济损失 87988.2 元。

一审宣判后,被告人周元军及其辩护人上诉提出:辩护人有明显过错,周元军苏醒后即告知在场人员自己的身份,供认杀了自己的妻子和岳母,且其当时不知道自己被控制,从周元军的主观心态上看,完全具备自动投案的主观意愿,应当认定为自动投案,其后又如实供述犯罪事实,系自首。原判量刑过重,请求依法改判。

湖南省高级人民法院审理认为,原判认定事实清楚,证据确实充分。被告人周元军因不能正确处理夫妻感情纠纷而持械刺杀他人,致一人死亡、一人重伤,其行为已构成故意杀人罪。被害人刘秀妮在案件中没有过错。周元军苏醒后如实向在场人员交代犯罪事实时,公安机关已掌握其犯罪事实,且已对其人身予以实际控制,周元军的该行为不能认定为自动投案,故其不具有自首情节。周元军犯罪情节特别恶劣,犯罪后果特别严重,原判对其量刑适当。依照《中华人民共和国刑事诉讼法》第一百八十九条第(一)项之规定,裁定驳回上诉,维持原判。对被告人周元军的死刑判决依法报请最高人民法院核准。

最高人民法院复核后,认为本案事实清楚,证据确实充分,定罪准确,审判程序合法。鉴于本案因婚姻家庭矛盾引发,周元军的行为虽不构成自首,但其能如实供述自己的罪行,有认罪、悔罪表现,不宜判处周元军死刑立即执行,故对周元军的死刑判决不予核准,发回湖南省高级人民法院重新审判。

湖南省高级人民法院重新审判后认为,被告人周元军持械刺杀他人,致一人死亡、一人重伤,其行为已构成故意杀人罪。周元军犯罪后果严重,犯罪手段残忍,犯罪情节恶劣,应依法惩处。被害人周会珍、刘秀妮无明显过错。考虑到本案因为婚姻家庭矛盾引发,周元军归案后认罪态度好,具有一定的悔罪表现,对其判处死刑可不必立即执行。依照《中华人民共和国刑事诉讼法》第一百八十九条第(三)项之规定,以故意杀人罪判处被告人周元军死刑,缓期二年执行,剥夺政治权利终身。

二、裁判要旨

No. 4-232-85 不知自己已经被公安机关控制而向在场人员陈述犯罪事实,不能认定为自动投案,不构成自首。

根据最高人民法院《关于处理自首和立功具体应用法律若干问题的解释》第一条第(一)项的规定,犯罪嫌疑人在自动投案前所处的状态有两种情形:一是犯罪嫌疑人或犯罪事实尚未被司法机关发觉;二是犯罪嫌疑人或犯罪事实虽已被司法机关发觉,但犯罪嫌疑人尚未受到讯问或被采取强制措施。

第二种情形中规定的讯问应当以是否掌握了足以合理怀疑查问对象实施犯罪的证据为标准,若已掌握则是讯问,若否,则只是询问、盘问。而此处的强制措施与刑事诉讼法所规定的强制措施并非同一概念,只要司法机关已对犯罪嫌疑人实施了实际的人身控制,即使不完全符合或未严格履行刑事诉讼法规定的强制措施的条件和程序,也属于已经采取了强制措施,相反只要犯罪嫌疑人在投案时,只要其还有行为自由决定能力,即使其已经被采取了法律规定的五种强制措施,其投案仍应认定为自动投案。刑事诉讼法规定强制措施,目的在于明确司法机关对公民实施人身控制或限制的条件和程序,避免强制措施的滥用,造成对公民人身权利的侵犯,同时也为审查强制措施的合法性提供判断标准。最高人民法院《关于处理自首和立功具体应用法律若干问题的解释》中规定强制措施意在明确自动投案的前提和时间条件,合理划定自动投案的范围。投案行为是否符合自首制度的立法精神,是否有利于节约司法资源,取决于犯罪嫌疑人的投案行为能否发生或是否发生了其将自身作为犯罪嫌疑人置于公安机关实际控制之下的效果,判断的标准是犯罪嫌疑人实施投案行为之前,其人身活动是否处于自由、自主状态,司法机关是否将其作为犯罪嫌疑对象对其人身予以强制或控制。因此此处的强制措施是指司法机关将犯罪嫌疑人作为嫌疑对象对其人身实施的实际控制。

在本案中,被告人周元军醒来时,公安机关对其采取的人身控制应当视为已经对其实施了强制措施,其不具备自动投案的客观条件,即使其有投案的意愿和行为,亦不能认定为其系自动投案。

案例:李吉林故意杀人案

案例来源:《刑事审判参考》总第 80 集[第 705 号]

主题词:故意杀人罪 如实供述后翻供与自首的认定

一、基本案情

被告人李吉林,男,1982 年 12 月 31 日出生于湖南省宜章县,汉族,农民工。于 2007 年 4 月 4 日被逮捕。

被害人肖某,女,殁年 23 岁,湖南省郴州市北湖区妇幼保健医院职工。

湖南省郴州市人民检察院以李吉林犯故意杀人罪,向湖南省郴州市中级人民法院提起公诉。

被告人李吉林辩称,被害人先捅其两刀,其是在被害人死后才掐的被害人。

湖南省郴州市中级人民法院经公开审理查明:被告人李吉林与被害人肖某系男女朋友关系。2007 年 3 月初,肖某打电话向正在广东省韶关市打工的李吉林提出分手。李吉林怀恨在心,欲杀死肖某后自杀,遂于 2007 年 3 月 6 日从其打工地携带一把铁锤回到湖南省郴州市。当日下午 3 时许,李吉林入住乐仙大酒店 711 房,将铁锤藏于床下。后又到郴江商贸城等地购买了杀猪刀,红色纤维绳和透明胶并藏于 711 房电视柜内。当晚,肖某应李吉林之邀前来赴约。晚上 9 时许,肖某执意与李吉林分手并提出离开,李趁肖不备,用铁锤朝肖头部砸数下,致使肖颅骨骨折、脑组织外溢、后李又将肖抱到床上,持杀猪刀向肖的心脏部位刺了一刀,并用双手掐肖的脖子。肖某因钝器致重度颅脑损及锐器损伤左肺动脉、静脉大失血而当场死亡。随后,李吉林先后用刀剖腹、割腕、割喉等方法自杀未果,因疼痛难忍拨打“110”报警。公安人员接到报警后,赶到现场将李吉林控制并送入医院治疗。

湖南省郴州市中级人民法院认为,被告人李吉林因与被害人肖某恋爱不成而怀恨在心,经过预谋,用铁锤和杀猪刀将肖某杀死,其行为构成故意杀人罪。公诉机关指控的罪名成立,且犯罪事实清楚、证据确实充分。李吉林从其在公安机关的最后一次供述至开庭审理时辩称肖某先实施了用刀捅刺的行为，而在被抓获后的前几次供述中均未提及，因该辩解无其他证据予以支持，故不予采纳。李吉林精心准备作案工具，先持铁锤击打被害人头部，在被害人求饶的情况下仍不罢手，又持杀猪刀刺击被害人的心脏部位，还用手掐被害人的脖子，直至被害人死亡，其犯罪手段特别残忍，情节特别恶劣，社会危害性极大，依法应对其予以严惩。李吉林在自杀未果后拨打“110”报警，并供述自己的作案动机及全过程，属于自首，但依法不予从轻处罚。依照《中华人民共和国刑事诉讼法》第一百六十二条第(一)项、《中华人民共和国刑法》第二百三十二条、第五十七条第一款、第六十七条第一款、《中华人民共和国民法通则》第一百一十九条以及最高人民法院《关于审理人身损害赔偿案件适用法律若干问题的解释》第十七条第三款、第二十七条、第二十九条之规定，判决如下：

被告人李吉林犯故意杀人罪，判处死刑，剥夺政治权利终身。

宣判后，被告人李吉林提出上诉。其辩护人提出：被害人在恋爱时曾花去其5万元左右，且是被害人先捅了其两刀，因此，被害人有一定过错，一审判决对此没有认定；李吉林有自首情节，愿意赔偿，有悔过自新表现，可以从轻处罚，一审量刑过重。湖南省人民检察院提出，李吉林有自首情节且本案起因于恋爱纠纷，建议改判死刑缓期二年执行。

湖南省高级人民法院经审理认为，被告人李吉林维持恋爱关系不成，持械故意非法剥夺他人生命，且致一人死亡，其行为构成故意杀人罪。李吉林犯罪后主动投案并如实供述其主要犯罪事实，系自首，但犯罪手段特别残忍，犯罪后果特别严重，且被害人不存在过错，依法不予从轻处罚。李吉林的辩解及其辩护人辩护所提意见无事实根据和证据支持，不能成立，湖南省人民检察院所提意见亦不能成立。原审判决认定的犯罪事实清楚，证据确实充分，定罪准确，量刑适当，审判程序合法。依照《中华人民共和国刑事诉讼法》第一百八十九条第(一)项和《中华人民共和国刑法》第二百三十二条、第五十七条第一款、第六十七条第一款之规定，裁定驳回上诉，维持原判，并依法将本案报请最高人民法院核准。

最高人民法院经复核确认的事实与湖南省郴州市中级人民法院、湖南省高级人民法院认定的事实一致。最高人民法院经复核认为，被告人李吉林故意非法剥夺他人生命，并致人死亡，其行为构成故意杀人罪。李吉林自侦查局阶段后期始，推翻其最初的部分供述，称在杀害肖某之前，因发生争吵肖先捅了其腹部两刀。经查，李吉林的翻供不能成立，其不如实供述主要犯罪事实，故不成立自首。李吉林因恋爱不成竟起杀人歹念，并采取锤砸、刀捅的手段杀死被害人，犯罪手段极其残忍，犯罪后果和罪行极其严重，应依法严惩。第一审判决、第二审裁定认定的事实清楚，证据确实充分，定罪准确，量刑适当，审判程序合法。依照《中华人民共和国刑事诉讼法》第一百九十九条和最高人民法院《关于复核死刑案件若干问题的规定》第二条第一款之规定，裁定如下：

核准湖南省高级人民法院(2009)湘高法刑终字第60号维持第一审对被告人李吉林以故意杀人罪判处死刑，剥夺政治权利终身的刑事裁定。

二、裁判要旨

No. 4-232-86 自动投案如实供述罪行后又翻供的，不能认定为自首。

根据最高人民法院《关于处理自首和立功具体应用法律若干问题的解释》第一条第二项的规定，“如实供述自己的罪行，是指犯罪嫌疑人自动投案后，如实交代自己的主要犯罪事实”，“犯罪嫌疑人自动投案并如实供述自己的罪行后又翻供的，不能认定为自首，但在一审前又能如实供述的，应当认定为自首”。司法实践中成立自首要求如实供述的主要犯罪事实一般是指对认定行为人的行为性质有决定意义以及对量刑有重大影响的事实，对主要犯罪事实翻供的，不能成立自首。

在本案中，如果认可李吉林关于被害人先捅其两刀的供述，则意味着李吉林的行为性质由故意杀人行为转为带有防卫性质的行为，由有预谋的恶性杀人行为转为临时的应急行为，意味着刑法对李吉林行为性质及主观恶性的评价将发生重大变化。而且，如果其翻供成立，意味着必然认定被害人在案件发生过程中存在严重过错，对李吉林的刑事责任的大小评价产生重大影响。因此李吉林关于被害人先捅其两刀的供述是对影响其定罪量刑的重要情节的翻供,应当认定为对案件主要犯罪事实的翻供。由于李吉林在侦查阶段后期推翻了其之前已经供述的故意杀人行为事实,且该翻供不合情理也与在案其他证据相矛盾不具有可信性,在一审判决前仍坚持该翻供,故不能认定为如实交代了主要犯罪事实,从而不能认定其行为构成自首。

案例:杨彦玲故意杀人案

案例来源:《刑事审判参考》总第 80 集[第 714 号]

主题词:故意杀人罪

一、基本案情

被告人杨彦玲,女,汉族,1974 年 7 月 17 日出生于陕西省三原县,初中文化,农民,住三原县渠岸乡兴隆村 4 组。2007 年 12 月 7 日因涉嫌犯故意杀人罪被监视居住,次日被刑事拘留,2008 年 1 月 7 日被逮捕。

陕西省咸阳市人民检察院以被告人杨彦玲犯故意杀人罪,向陕西省咸阳市中级人民法院提起公诉。

被告人杨彦玲对起诉书指控其投放重金属铊实施故意杀人的主要犯罪事实无异议。其辩护人起初,公安人员在讯问杨彦玲重金属铊的来源时,杨供述在上互联网时看到卖铊人的电话并取得联系,对方告之银行账号和户名,其通过银行汇款的方式购买。公安人员调出杨彦玲的银行汇款凭条,根据凭条记载信息将卖铊给杨彦玲的犯罪嫌疑人唐明才抓获。后唐明才因犯非法买卖危险物质罪被司法机关另案处理。因此,杨彦玲的行为构成立功,可以从轻处罚。

咸阳市中级人民法院经公开审理查明:被告人杨彦玲通过互联网得知重金属铊可致人伤害、死亡,想到其经常因家庭琐事遭丈夫白建平殴打,遂产生用铊报复白建平之念。2007 年 3 月,杨彦玲根据互联网上的信息,通过银行汇款方式邮购到硫酸铊,2007 年 6 月,杨彦玲利用给白建平拿饮料之机,向饮料中放入硫酸铊,白建平饮用少许后,白建平前妻之子白航将剩余饮料喝完。7 月 17 日,白航出现双足背痛,腹泻症状被送往医院治疗。8 月 29 日不治死亡。11 月 10 日,杨彦玲又向白建平饮用的豆浆中放入硫酸铊,白建平饮用后二三日内未出现中毒症状,杨彦玲遂再次向白建平饮用的豆浆中放入硫酸铊被白饮用。11 月 22 日,白建平出现远足端麻木、剧痛症状被送医院治疗,11 月 29 日不治死亡。经鉴定,白建平、白航均系重金属铊中毒死亡。

咸阳市中级人民法院认为,被告人杨彦玲多次故意采用投毒手段杀害丈夫白建平及继子白航,其行为已构成故意杀人罪。杨彦玲主观恶性深,罪行极其严重,应依法严惩。杨彦玲为公安机关提供线索抓获唐明才的行为不构成立功。因杨彦玲的犯罪行为给附带民事诉讼原告人孙艳莉造成的经济损失,应依法予以赔偿,赔偿项目及数额应依法确定。依照《中华人民共和国刑法》第二百三十二条、第五十七条第一款、第三十六条,《中华人民共和国刑事诉讼法》第一百一十九条及最高人民法院《关于审理人身损害赔偿案件适用法律若干问题的解释》第二十一条、第二十二条、第二十三条、第二十七条、第二十九条之规定,判决如下:

1. 被告人杨彦玲犯故意杀人罪,判处死刑,剥夺政治权利终身。
2. 被告人杨彦玲赔偿附带民事诉讼原告人孙艳莉经济损失人民币 231507.5 元。

宣判后,被告人杨彦玲上诉提出,其向公安机关如实交代了从唐明才处购买重金属铊的事实,公安机关根据其供述的线索抓获唐明才,构成立功,请求二审予以从轻处罚。

陕西省高级人民法院经公开审理认为,被告人杨彦玲采用投毒手段杀害丈夫白建平、在继子白航饮用白建平服剩的有毒饮料时不予制止,且在医院救治白航时隐瞒真相不报,致白航中毒死亡,其行为已构成故意杀人罪,犯罪手段残忍,后果严重,应依法予以惩处。杨彦玲在侦查阶段对于重金属铊的来源、购买方式、汇款地点的供述系如实供述交代自己的犯罪行为,所涉内容均属本案相关犯罪事实,故其行为不构成立功。原判认定事实清楚,证据确实充分,定罪准确,量刑适当,审判程序合法。依照《中华人民共和国刑事诉讼法》第一百八十九条第(一)

项,第一百九十九条之规定,裁定驳回上诉,维持原判,并依法报请最高人民法院核准。

最高人民法院复核认为,被告人杨彦玲因家庭矛盾,报复投毒,致无辜儿童死亡后再次投毒杀夫,其行为已构成故意杀人罪。犯罪性质恶劣,情节、后果特别严重,社会危害性大,应依法惩处。第一审判决、第二审裁定认定的事实清楚,证据确实充分,定罪准确,量刑适当,审判程序合法。依照《中华人民共和国刑事诉讼法》第一百九十九条和最高人民法院《关于复核死刑案件若干问题的规定》第二条第一款的规定,裁定如下:

核准陕西省高级人民法院(2009)陕刑三终字第4号维持第一审对被告人杨彦玲以故意杀人罪判处死刑,剥夺政治权利终身的刑事裁定。

二、裁判要旨

No.4-232-87 如实供述其所参与的对合型犯罪中对方的犯罪行为,属于如实供述自己罪行的内容,不构成立功。

对合型犯罪又称为对合犯,是指某一犯罪的实施或完成必须基于行为双方的对应行为,双方互为特定犯罪构成的必要构成。对合型犯罪分为三种情形:一是双方的罪名与法定刑相同,如重婚罪;二是双方的罪名和法定刑都不相同,如行贿罪与受贿罪;三是只处罚一方的行为,如贩卖淫秽物品牟利罪,只处罚贩卖者不处罚购买者。

根据最高人民法院《关于处理自首和立功具体应用法律若干问题的解释》第五条对刑法所规定的立功作了进一步的解释:犯罪分子到案后有检举、揭发他人犯罪行为,包括共同犯罪案件中的犯罪分子揭发同案犯共同犯罪以外的其他犯罪,经查证属实;提供侦破其他案件的重要线索,经查证属实;阻止他人犯罪活动;协助司法机关抓捕其他犯罪嫌疑人(包括同案犯);具有其他有利于国家和社会的突出表现的,应当认定为有立功表现。其中检举、揭发他人犯罪行为或提供侦破其他案件的重要线索均要求犯罪分子交代的内容独立于其本人实施的犯罪,法律着重强调了他人犯罪行为、其他案件。

在对合型犯罪中,参与双方的行为均系对方行为成立的必要条件,一方交代了自己的犯罪事实必然包含了对方的犯罪事实,同样,交代对方的犯罪事实也必然包含了自己的犯罪事实。这种相互包含的必然性决定了犯罪分子的供述必然属于与自己实施的犯罪相关的问题,换言之,交代的对方行为不属于"他人的犯罪行为"或"其他案件的重要线索"。

根据《刑事诉讼法》第九十三条的规定,犯罪嫌疑人对侦查人员的提问应当如实回答。在对合型犯罪中,参与犯罪的一方如实供述自己的犯罪行为系其法定义务,由于对合型犯罪的特殊性,其供述必然包含了另一方的犯罪行为。反之,一方若不想供述另一方的犯罪行为,就至少必须隐瞒自身的部分犯罪事实,因而违反了如实供述的法定义务。

本案中被告人杨彦玲购买铊与唐明才出售铊互为必要条件。唐明才通过互联网面向社会不特定公众出售铊,危害了公共安全,其行为触犯了非法买卖危险物质罪,杨彦玲购买铊的行为则是为杀害其丈夫的预备行为,虽然未触犯相同罪名,但行为性质上,购买行为与出售行为仍相互依存,具有对合性。杨彦玲交代了购买铊的经过以及汇款的银行,并辨认汇款凭条的内容,这些供述确实揭发了唐明才涉嫌犯非法买卖危险物质罪的事实和线索,但同时这些内容也属于杨彦玲自己实施故意杀人罪预备的一部分,并非单独的立功情节。

本案关于重金属铊的来源、汇款对象、联络方式、汇款银行等均属于杨彦玲实施故意杀人犯罪预备过程中发生的事实,也是证明杨彦玲杀死白建平、白航的关键证据,均属于杨彦玲应当交代的内容,系其法定义务,而非与本案事实无关的提供立功线索的行为。

案例:张杰、曲建宇等故意杀人案

案例来源:《刑事审判参考》总第114集[第1259号]

主题词:故意杀人罪 协助抓捕型立功

一、基本案情

被告人张杰与被害人杨立邦(男,殁年28岁)举行婚礼后同居,但未办理结婚登记手续。杨立邦吸食毒品,二人发生矛盾,张杰起意杀害杨立邦。被告人高长江、孟繁旭、曲建宇曾跟被告人王国兴学习汽车喷漆技术。2013年,张杰与王国兴相识后发生性关系。同年2月,张杰两次提出让王同兴帮忙杀害杨立邦,王国兴均未同意,并劝张杰通过法律途径解决。同年4月18日,张杰又提出让王国兴找人杀害杨立邦,王国兴同意,并纠集了高长江、孟繁旭、曲建宇,要求该三人帮忙教训杨立邦。当晚,王国兴驾车载张杰、高长江、孟繁旭、曲建宇来到张杰、杨立邦家楼下。张杰与王国兴商定,张杰先回家查看情况,再给王国兴发短信。王国兴要求高长江、孟繁旭、曲建宇作案时帮助按住杨立邦,该三人均未反对。次日0时许,张杰在家待杨立邦入睡后发短信给王国兴,王国兴等人上楼进入张杰、杨立邦家。王国兴持事先准备的金属管击打杨立邦头部,高长江、孟繁旭、曲建宇按照王国兴和张杰的要求按住杨立邦,张杰将陆眠宁药注入杨立邦体内,高长江、孟繁旭、曲建宇松手后,王国兴又持金属管击打杨立邦头部,致杨立邦颅脑损伤死亡。此后,王国兴让孟繁旭到楼下车内取袋子,曲建宇趁机逃离现场。因孟繁旭取来的袋子太小,张杰、王国兴、高长江、孟繁旭用棉被、电线等将杨立邦尸体包裹捆绑后抬到楼下,此时曲建宇带领亲友刘井海等人亦来到楼下,高长江、孟繁旭见状逃走。张杰、王国兴将杨立邦尸体放入王国兴驾驶的轿车内,欲驾车逃跑时车轮卡在路面,刘井海电话报警称有人打架受伤,曲建宇未离开现场。公安人员赶来后,曲建宇指认正在清理障碍准备逃走的张杰、王国兴涉案,公安人员遂将张杰、王国兴抓获。曲建宇归案后给高长江打电话,得知高长江在工作单位后,带领公安人员到高长江单位将其抓获。途中,曲建宇又将孟繁旭的工作单位告诉公安人员,公安人员到孟繁旭单位将其抓获。

二、裁判要旨

No.4-232-88 协助抓捕型立功应具备客观上有协助行为、成功抓获其他犯罪嫌疑人、协助行为确实起到实际作用三个条件。应从实质上对协助作用的有无和大小进行“量”的把握,而不宜不加区分地简单援引相关规范性文件规定,将其一律认定为立功。

最高人民法院《关于处理自首和立功若干具体问题的意见》(法发〔2010〕60号)对协助抓捕型立功作了更加详细的规定。任何形式的协助抓捕型立功,都必须符合以下三个条件:一是客观上有协助行为。如果是通过提供各类抓捕线索进行协助,线索来源应当有正当性,不能是通过贿买、胁迫、违反监规等途径获取的线索。此外,也不能是犯罪前、犯罪中掌握或者使用的同案犯联络方式、藏匿地址,以及同案犯的基本情况(姓名、住址、体貌特征等)。二是成功抓获其他犯罪嫌疑人。若未能抓获其他犯罪嫌疑人,不能认定为立功。三是协助行为确实起到实际作用。这一点是判断是否构成立功的关键,也往往容易产生分歧。

从现有规范性文件来看,成立协助抓捕型立功都强调协助行为必须起到实际作用,而非可有可无、无关紧要。换言之,如果没有被告人的协助,公安机关难以抓获其他犯罪嫌疑人,正是有了被告人的协助,公安机关才能顺利抓获。因此,对于协助行为,不仅要从形式上或者类型上进行把握,还要从实质上对协助作用的有无和大小进行“量”的把握,而不宜不加区分,简单援引相关规范性文件规定的协助行为类型一律认定为立功。协助行为没有实际作用的,不构成立功;协助行为起到实际作用的,可以构成立功,具体作用大小在确定从宽幅度时要有所考虑。本案中,虽然曲建宇在公安人员抓获张杰和王国兴时有现场指认这一协助行为,但当时现场的情况是:曲建宇的亲友刘井海已电话报警,公安人员赶到现场时已有明确抓捕对象,当时系凌晨,现场除张杰、王国兴、曲建宇及曲建宇亲友外,并无他人,被害人的尸体在王国兴驾驶的轿车内,张杰和王国兴正在用铁锹清理障碍准备驾车逃走。在当时特定时空环境下,即便没有曲建宇的指认,公安人员也很容易辨识并抓获张杰、王国兴,因此,曲建宇的指认行为对抓获同案犯不具有实质作用,不宜认定有立功表现。

案例:刘祖枝故意杀人案

案例来源:《刑事审判参考》总第84集[第746号]

主题词:故意杀人罪 帮助自杀 不作为

一、基本案情

被告人刘祖枝,女,1961 年 11 月 30 日出生。因涉嫌犯故意杀人罪于 2010 年 12 月 14 日被逮捕。

北京市人民检察院第二分院以被告人刘祖枝犯故意杀人罪,向北京市第二中级人民法院提起公诉。

被告人刘祖枝对指控的犯罪事实无异议,但辩称其不是故意杀害丈夫秦继明。其辩护人提出,秦继明系自杀,刘祖枝没有杀人故意,案发前秦继明多次有过自杀想法,刘祖枝只是为秦继明的自杀创造条件,其行为不必然导致秦继明服毒死亡,该结果在刘祖枝的意料之外,故刘祖枝的行为不构成犯罪。同时,刘祖枝一贯表现良好,多年来悉心照顾秦继明及其家人,归案后如实供述犯罪事实,并能够认罪、悔罪,且得到被害人亲属的谅解,请求法院对刘祖枝公正判决。

北京市第二中级人民法院经审理查明:被告人刘祖枝系被害人秦继明(男,殁年 49 岁)之妻。秦继明因患重病长年卧床,一直由刘祖枝扶养和照料。2010 年 11 月 8 日 3 时许,刘祖枝在其暂住地北京市朝阳区十八里店乡西直河孔家井村 1869 号院出租房内,不满秦继明病痛叫喊,影响他人休息,与秦发生争吵。后刘祖枝将存放在暂住地的敌敌畏倒入杯中提供给秦继明,由秦继明自行服下,造成秦继明服毒死亡。

北京市第二中级人民法院认为,被告人刘祖枝与患重病长年卧床的丈夫秦继明因故发生争吵后,不能正确处理,明知敌敌畏系毒药,仍向秦继明提供,导致秦继明服毒死亡,其行为构成故意杀人罪,应依法惩处。鉴于本案系家庭纠纷引发,刘祖枝长年坚持扶养、照料患重病卧床的秦继明,秦因不堪忍受病痛折磨,曾多次有轻生念头,且刘祖枝将敌敌畏倒入杯中提供给秦继明,由秦继明自行服下,是在双方发生争吵时冲动所为,故刘祖枝故意杀人的主观恶性与人身危险性与普通故意杀人存在一定区别。同时,刘祖枝归案后如实供述自己的罪行,且能够认罪、悔罪,秦继明的亲属亦对刘祖枝表示谅解,请求法院对其从宽处理,故本院对刘祖枝予以从轻处罚。关于刘祖枝所提不是故意杀害秦继明的辩解及其辩护人所提刘祖枝没有杀人的犯罪故意,秦继明系自杀,刘祖枝的行为不构成犯罪的辩护意见,经查,刘祖枝在与秦继明发生言语冲突后,明知将敌敌畏提供给长年患病卧床并有轻生念头的秦继明,会导致秦继明服毒身亡的后果发生,仍不计后果而为之,事发后又不采取任何积极的措施送秦继明到医院救治,放任危害后果的发生,导致秦继明死亡;秦继明虽是自行服下刘祖枝提供的敌敌畏,但刘祖枝的行为与死亡结果之间存在因果关系,故刘祖枝的行为构成故意杀人罪,应依法惩处。故本院对该辩解及辩护意见不予采纳。对辩护人所提刘祖枝具有法定、酌定从轻处罚情节的辩护意见,经查属实,本院予以采纳。依照《中华人民共和国刑法》第二百三十二条、第五十五条第一款、第五十六条第一款、第六十七条第三款、第六十一条之规定,判决如下:

被告人刘祖枝犯故意杀人罪,判处有期徒刑七年,剥夺政治权利一年。

一审宣判后,被告人刘祖枝未提出上诉,检察机关亦未提出抗诉,判决已发生法律效力。

二、裁判要旨

No. 4-232-89 明知他人有强烈自杀倾向仍然通过言行强化他人自杀决意,并提供自杀工具、帮助他人完成自杀行为的,应当以故意杀人罪追究刑事责任。

对帮助自杀的行为是否追究刑事责任要根据帮助者的主观和客观两个方面的情况而定:如果帮助者没有意识到他人有强烈的自杀倾向,且所提供的帮助行为与自杀后果之间不具有刑法上的因果关系,对帮助者不追究刑事责任。如果帮助者主观上明知他人有强烈的自杀倾向,客观上仍通过言行进一步强化他人自杀的决意,并提供自杀工具或者帮助他人完成自杀行为的,应当认定帮助行为与他人死亡后果之间具有刑法上的因果关系,对帮助者应当以故意杀人罪追究刑事责任。

本案中,被害人秦继明多年患有遗传性小脑萎缩症,近年来病情恶化,因不堪病痛折磨,常在夜间叫喊,并多次产生自杀念头。案发当日,秦继明因病痛再次在深夜叫喊,引发女儿秦丽华和刘祖枝的不满。秦继明赌气说想死,刘祖枝一气之下将家中的农药敌敌畏倒入杯子,并提供给秦继明,同时说了一些"该死的相""你不是想死吗,倒点药,看你喝不喝""有本事你就喝"等之类的对秦继明有精神刺激的言语,导致秦继明服下杯中的敌敌畏。可见,刘祖枝主观上明知秦继明有强烈的自杀倾向,并意识到将敌敌畏提供给秦继明会发生秦继明服毒身亡的后果,客观上仍向秦继明提供农药,并通过言语刺激进一步增强秦继明的自杀决意,最终导致秦继明服毒身亡。刘祖枝所实施的行为与秦继明的死亡后果之间具有刑法上的因果关系,应当认定其行为构成故意杀人罪。

No. 4-232-90 负有救助义务的人,当时能够履行而不履行其救助义务,构成不作为的故意杀人。

不作为犯罪是指行为人负有实施某种积极行为的特定法律义务,且能够履行而不履行.从而导致危害后果发生的情形。不作为犯罪的成立需要具备以下条件:(1)行为人负有特定的作为义务;(2)行为人能够履行而不履行;(3)不履行作为义务与危害结果之间具有因果关系。作为义务的来源主要有四种,即法律明文规定的作为义务、职务或者业务要求的作为义务、法律行为引起的作为义务、先行行为引起的作为义务。

本案中,被告人刘祖枝对秦继明负有救助的义务。该义务来源包括先行行为产生的义务、法律明文规定的义务和基于社会公共伦理而产生的道德义务。首先,刘祖枝具有先行行为产生的义务。先行行为产生的义务,是指由于行为人先前实施的行为致使法律保护的某种法益处于危险状态,从而产生的防止危害结果发生的义务。刘祖枝向秦继明提供农药,并通过言语刺激进一步强化他人自杀的决意,刘祖枝的这一先行行为导致其负有防止秦继明死亡结果发生的义务。其次,刘祖枝具有法律规定的义务。婚姻法规定夫妻有互相扶养的义务,这种扶养包括夫妻在日常生活中的互相照料、互相供养和互相救助。刘祖枝是秦继明之妻,刘祖枝看到秦继明喝下农药毒性发作而不将其送往医院救治,违反了夫妻间互相救助的法律义务。此外,刘祖枝具有由社会道德伦理衍生的救助义务。如果秦继明的服毒地点是在人口较为密集的广场等公共场所,如果刘祖枝不实施救助,他人还可以实施救助。然而,本案发生在较为封闭的私人住所,不可能期待他人实施救助行为,因此刘祖枝具有由社会道德伦理衍生的救助义务。

根据本案情况,刘祖枝有能力救助而未实施救助,秦继明喝药的时间是在凌晨3时许,之后就开始吐白沫,并出现呼吸困难。在场的女儿秦丽华问刘祖枝怎么办,刘祖枝回答不知道。当秦丽华给其他亲戚打电话说秦继明"快不行了"时,刘祖枝不让说是其给秦继明提供了农药。后当秦丽华提出要打"120"急救电话将秦继明送去医院,刘祖枝又说秦继明快不行了就不用送了。从凌晨3时许秦继明喝药到凌晨4时许死亡,在长达一个多小时的时间内,刘祖枝一直待在家里,没有采取任何有效的救助措施,且阻止女儿秦丽华采取救助措施,故属于有能力救助而不予救助。综合上述两点,刘祖枝对秦继明有义务、有能力救助而不予救助,放任秦继明中毒身亡的结果发生,符合不作为故意杀人罪的特征。

案例:张春亭故意杀人、盗窃案

案例来源:《刑事审判参考》总第81辑[第718号]

主题词:余罪自首的认定 故意杀人罪 盗窃罪

一、基本案情

被告人张春亭,男,1949年4月22日出生,中国农业银行长岭县支行退休职工。因涉嫌犯故意杀人罪、盗窃罪于2009年12月10日被逮捕。

吉林省松原市人民检察院以被告人张春亭犯故意杀人罪、盗窃罪,向松原市中级人民法院提起公诉。

被告人张春亭对公诉机关指控的事实和罪名无异议,但辩称其故意杀人和盗窃事实均是其主动向公安机关交代的。其辩护人提出,张春亭在公安机关讯问故意杀人犯罪时,主动交代了伙同孙宝军盗窃中国农业银行长岭县支行(以下简称"长岭农行")金库及杀害孙宝军的事实,对故意杀人罪属坦白,对盗窃罪属自首。

松原市中级人民法院经公开审理查明:2002 年年初,被告人张春亭与长岭农行守库员孙宝军密谋盗窃该行金库,并由孙事先盗得金库钥匙和密码。2002 年 5 月 23 日,长岭农行进行内部装修,监控设备均被拆除。二人见时机成熟,即约定当晚动手。当日 22 时许,张春亭潜入长岭农行办公楼院内,按事先约定在二楼窗台处拿到孙宝军所放的金库钥匙和写有密码的字条进入金库,窃得现金人民币(以下币种均为人民币)150 万元后逃离现场。后张春亭未按约定分给孙宝军 70 万元,先后仅分给孙 30 万元赃款。孙宝军一直向张春亭索要剩余的 40 万元。因张春亭使用赃款投资建厂亏损,已无力支付孙宝军剩余的 40 万元,又恐孙将盗窃长岭农行金库之事泄露,遂产生杀人灭口之念。2009 年 10 月 22 日 14 时许,张春亭以支付余款为由,驾驶尼桑轿车搭载孙外出,伺机作案。当日 22 时许,当行至吉林省长岭县长岭镇龙凤村附近时,张春亭趁孙宝军下车小便之机,用事先备好的绳索紧勒孙的颈部致其机械性窒息死亡。

松原市中级人民法院认为,被告人张春亭以非法占有为目的,伙同他人窃取银行金库 150 万元;数额特别巨大;事后又因分赃不均,唯恐罪行败露而杀人灭口,其行为分别构成盗窃罪、故意杀人罪。关于张春亭的辩解及其辩护人提出的辩护意见,经查,张春亭在公安机关确定其有杀人作案嫌疑,被刑事拘留并经多次讯问后才交代其故意杀人以及伙同孙宝军盗窃长岭农行 150 万元的犯罪事实。其供认故意杀人犯罪,不符合主动坦白的条件。其交代伙同孙宝军盗窃银行 150 万元的犯罪事实,属于交代故意杀人犯罪事实的部分内容,是杀害孙宝军的起因,虽然盗窃犯罪应单独定罪,但依照最高人民法院《关于处理自首和立功具体应用法律若干问题的解释》的有关规定,该种情形不符合自首的构成条件,故张春亭及其辩护人的辩护意见不能成立,不予采纳。张春亭故意杀人动机卑劣,手段残忍,后果特别严重,应依法严惩。依照《中华人民共和国刑法》第二百三十二条、第二百六十四条、第五十七第一款、第六十九条之规定,松原市中级人民法院判决如下:

被告人张春亭犯故意杀人罪,判处死刑,剥夺政治权利终身;犯盗窃罪,判处无期徒刑,并处没收个人全部财产;决定执行死刑,剥夺政治权利终身,并处没收个人全部财产。

一审宣判后,被告人张春亭以其主动交代伙同孙宝军盗窃长岭农行的事实应认定自首等理由提出上诉。其辩护人亦提出张春亭对盗窃罪构成自首等辩护意见。

吉林省高级人民法院经二审审理认为,被告人张春亭在公安机关不掌握其盗窃犯罪的情况下,主动交代其伙同孙宝军盗窃银行金库的事实,对其盗窃犯罪可以认定为自首,但不足以对其从轻处罚。根据《中华人民共和国刑事诉讼法》第一百九十九条第(一)项及最高人民法院《关于处理自首和立功具体应用法律若干问题的解释》第二条之规定,裁定驳回上诉,维持原判,并依法报请最高人民法院核准。

最高人民法院经复核认为,被告人张春亭故意非法剥夺他人生命,其行为构成故意杀人罪,伙同他人盗窃金融机构,其行为又构成盗窃罪。张春亭伙同他人盗窃金融机构资金,数额特别巨大,又为灭口而杀害盗窃犯罪的共同作案人,犯罪情节恶劣,社会危害极大,罪行极其严重,应依法惩处并数罪并罚。第一审判决、第二审裁定认定的事实清楚、证据确实充分,定罪准确、量刑适当、审判程序合法。依照《中华人民共和国刑事诉讼法》第一百九十九条和最高人民法院《关于复核死刑案件若干问题的规定》第二条第一款的规定,裁定核准吉林省高级人民法院(2010)吉刑一终字第 157 号维持第一审对被告人张春亭以故意杀人罪判处死刑,剥夺政治权利终身;犯盗窃罪,判处无期徒刑,并处没收个人全部财产;决定执行死刑,剥夺政治权利终身,并处没收个人全部财产的刑事裁定。

二、裁判要旨

No. 4-232-91　交代司法机关尚未掌握的案发起因构成其他犯罪的,应当认定为自首。

认定余罪自首有两个条件:一是该罪行司法机关尚未掌握,二是该罪行与司法机关已经掌握的属于不同种罪行。根据 2010 年最高人民法院制定的《关于处理自首和立功若干具体问题的意见》的规定,虽然如实供述的其他罪行的罪名与司法机关已掌握的犯罪罪名不同,但如实供述的其他犯罪与司法机关已掌握的犯罪属于选择性罪名,或者在法律、事实上密切关联应当认定为同种罪行。

法律上密切关联是指已掌握的犯罪的构成要件中包含着易于构成其他犯罪的情形,如因受贿被采取强制措施后,又交代受贿为他人谋取利益的行为而构成滥用职权罪。

事实上的密切关联是指已掌握的犯罪与未掌握的犯罪之间存在手段与目的等关系,且易结合发生的情形,如持枪杀人被采取强制措施后,又交代其盗窃或私自制造枪支的行为,交代枪支来源而另行构成的涉枪犯罪应当认定与故意杀人罪属于同种罪行。

本案中在张春亭交代其杀人犯罪事实之前,公安机关根据对其故意杀人犯罪调查取证的情况,了解到张春亭与孙宝军之间有异常债务关系,但并未掌握张春亭杀害孙宝军的起因,特别是张春亭伙同孙宝军盗窃长岭农行金库的事实。张春亭实施的盗窃犯罪与故意杀人犯罪客观上具有一定的关联,盗窃后分赃不均引发的矛盾导致张春亭产生杀害孙宝军的动机。但盗窃罪于故意杀人罪是相对独立的犯罪,盗窃犯罪并不必然导致故意杀人罪的发生。故对张春亭所犯盗窃罪应当认定为自首。

需要指出的是,认定被告人是否构成自首与对其是否从宽处罚这是两个不同层面的问题。对于符合自首构成条件的,应当依法认定。对于罪行极其严重、主观恶性极深、人身危险性极大的犯罪分子,根据《关于处理自首和立功若干问题的意见》的规定,即使认定自首也不影响依法严惩,可以不从宽处罚。

案例:汪某故意杀人、敲诈勒索案

案例来源:《刑事审判参考》总第 84 辑[第 747 号]

主题词:余罪自首　事实上的密切关联

一、基本案情

被告人汪某,男,1984 年 12 月 6 日出生,农民。因涉嫌犯故意杀人罪、敲诈勒索罪于 2009 年 10 月 14 日被逮捕。

某市人民检察院以被告人汪某犯故意杀人罪、敲诈勒索罪,向某市中级人民法院提起公诉。

被告人汪某在庭审中对起诉书指控其犯故意杀人罪、敲诈勒索罪的事实无异议。其辩护人提出汪某主观恶性较小,具有自首情节,建议法院对其从轻处罚。

某市中级人民法院经公开审理查明:2009 年 6 月左右,被告人汪某在某县某旅游用品厂打工期间认识被害人云某(男,殁年 23 岁)。同年 7 月至 8 月期间,汪某租房经营服装店,后因生意不景气等原因而将服装店转让给云某。同年 9 月 21 日晚,汪某到云某经营的服装店和云某聊天、吃饭。后二人在某县工业园区因琐事发生争吵、厮打。厮打过程中,汪某用云某身上的挎包带勒云某的颈部,致云某窒息死亡后,将云某的尸体抛入附近下水道内。同月 23 日,汪某持云某的身份证以云某的名义到银行办理一张储蓄卡。24 日汪某用云某的手机号码通过打电话并发短信的方式要求云某家属向云某的账户汇入 13 万元。否则就会揭露云某的隐私,甚至对云某实施伤害行为。25 日,因云某亲属向公安机关报案,汪某最终未得逞。

另查明:2009 年 10 月 2 日,公安机关经调查得知,案发当晚云某和汪某一起喝酒、吃饭后失踪,通过调取云某账户的开户行监控录像并组织人员进行辨认确定开户人是汪某,从而确定汪某有重大作案嫌疑。次日中午,公安机关派员找汪某了解情况,汪某没有交代犯罪事实。当日晚上,公安机关围绕云某银行卡开户情况再次询问汪某时,汪某才交代故意杀人、敲诈勒索的犯罪事实,并带领公安人员找到被害人尸体。

某市中级人民法院认为,被告人汪某故意非法剥夺他人生命的行为构成故意杀人罪;其以非法占有为目的,敲诈勒索他人数额巨大财物的行为构成敲诈勒索罪;依法应数罪并罚。汪某敲诈勒索他人财物因意志以外的原因而未得逞,系犯罪未遂,可以比照既遂犯从轻处罚。汪某归案后供述的故意杀人罪行与司法机关已掌握的敲诈勒索罪行在事实上有密切关联,不构成自首。但鉴于汪某认罪态度好,有悔罪表现,对汪某判处死刑,可不立即执行。依照《中华人民共

和国刑法》第二百三十二条、第二百七十四条、第六十九条、第二十三条、第四十八条第一款、第五十七条第一款之规定,判决如下:

被告人汪某犯故意杀人罪,判处死刑,缓期二年执行,剥夺政治权利终身;犯敲诈勒索罪,判处有期徒刑三年;决定执行死刑,缓期二年执行,剥夺政治权利终身。

宣判后,被告人汪某未提出上诉,检察机关也未提出抗诉。

某省高级人民法院经复核认为,原审判决认定的事实清楚,证据确实、充分,定罪准确,量刑适当,审判程序合法。依照《中华人民共和国刑事诉讼法》第二百零一条、最高人民法院《关于执行〈中华人民共和国刑事诉讼法〉若干问题的解释》第二百七十八条第二款第一项之规定,某省高级人民法院裁定核准某市中级人民法院对被告人汪某以故意杀人罪判处死刑,缓期二年执行,剥夺政治权利终身;以敲诈勒索罪判处有期徒刑三年;决定执行死刑,缓期二年执行,剥夺政治权利终身的刑事判决。

二、裁判要旨

No. 4-232-92 如实供述的罪行与司法机关已经掌握的罪行在事实上密切关联的,不构成自首。

1998 年最高人民法院出台的《关于处理自首和立功具体应用法律若干问题的解释》第二条规定:“根据刑法第六十七条第二款的规定,被采取强制措施的犯罪嫌疑人、被告人和已宣判的罪犯,如实供述司法机关尚未掌握的罪行,与司法机关已掌握的或者判决确定的罪行属不同种罪行的,以自首论。”刑法理论界和实务界把《关于处理自首和立功具体应用法律若干问题的解释》规定的这种自首称为准自首或者余罪自首。2010 年最高人民法院印发的《关于处理自首和立功若干具体问题的意见》第三条进一步规定:“犯罪嫌疑人、被告人在被采取强制措施期间如实供述本人其他罪行,该罪行与司法机关已掌握的罪行属同种罪行还是不同种罪行,一般应以罪名区分。虽然如实供述的其他罪行的罪名与司法机关已掌握犯罪的罪名不同,但如实供述的其他犯罪与司法机关已掌握的犯罪属选择性罪名或者在法律、事实上密切关联……应认定为同种罪行。”

在法律上密切关联的犯罪,是指不同犯罪的构成要件有交叉或者不同犯罪之间存在对合(对向)关系、因果关系、目的关系、条件关系等牵连关系。

在事实上密切关联的犯罪,是指不同犯罪之间在犯罪的时间、地点、方法(手段)、对象、结果等客观事实特征方面有密切联系。如某人用炸药报复杀人,其因故意杀人被捕后,主动供述了其购买了较大数量硝酸铵等原料制造炸药的行为,其行为又构成非法制造爆炸物罪,与司法机关此前掌握的故意杀人罪不是同一罪名,但因其在供述故意杀人犯罪事实时,必须如实供述作为犯罪工具的爆炸物的来源,因而,其所触犯的两个罪名在事实上有紧密关联,其主动供述制造炸药的行为不能认定为自首。

《刑事诉讼法》第九十三条规定,“犯罪嫌疑人对侦查人员的提问,应当如实回答。但是对与本案无关的问题,有拒绝回答的权利”。可见,侦查人员的提问,只要与其所实施的犯罪事实有关,如起因、动机、时间、地点、目的、方法(手段)、结果等均是犯罪自然发展过程中的要素,犯罪嫌疑人均有如实回答的义务。如果涉及其中任何一个要素的行为单独构成另一犯罪,就应当认定涉嫌的两个犯罪在法律、事实上有密切关联,作案人均有义务如实交代。质言之,这几个不同的犯罪实质是同一犯罪过程中连续实施、衔接紧密的不同部分,犯罪嫌疑人、被告人在供述司法机关已经掌握的部分时,有义务供述同一犯罪过程中密切关联的其他部分。因此,行为人因涉嫌某一犯罪被抓获后,供述与该涉嫌犯罪在法律、事实上密切关联的其他犯罪是履行如实供述的义务,不应当认定为自首。

本案被告人汪某供述的故意杀人罪行与公安机关已经掌握的敲诈勒索罪行,既不存在罪名交叉关系,也不存在对合(对向)、因果、目的、条件等密切的法律关系,因此,汪某的故意杀人罪与其所犯的敲诈勒索罪不具有法律上的关联。然而,汪某所犯的两个罪行在事实上存在密切关联。通常情况下,公民身份证往往与其本人人身紧密相随,汪某开立敲诈勒索账户的身份证如何得来、云某为何将自己的身份证交给汪某、云某本人身在何处等,这些事实都是汪某在交代敲诈勒索犯罪时必须交代的内容。如果其不交代在敲诈勒索前实施的故意杀人罪行,其后所实施的敲诈勒索事实就不完整、不清楚。因此,汪某在特定的时空范围内,连续实施的两个犯罪行为前后衔接、紧密联系,构成一个完整的犯罪过程,故不构成余罪自首。

案例:张士禄故意杀人案

案例来源:《刑事审判参考》总第113集[第1240号]

主题词:故意杀人罪 死刑

一、基本案情

被告人张士禄与被害人张文平(殁年69岁)均系河南省方城县二郎庙乡安楼村村民。2007年秋,因张文平饲养的牛吃了张士禄家的庄稼,二人发生纠纷。张文平之子张留江得知此事后曾携刀找过张士禄,因张士禄当时不在家而未找到。张士禄得知此事后,心中恼怒。2007年10月9日18时许,张士禄酒后持杀猪刀至张文平家,持刀朝张文平胸部捅刺一刀,致张文平心脏被刺破大失血而死亡。张文平之妻贾书琴(时年66岁)见状上前阻拦,张士禄又持刀刺扎贾书琴背部、左前臂致其轻微伤。后张士禄又刺扎张文平儿媳郭丽肖(时年22岁)右臂一刀致其轻微伤。此时,张士禄亲属赶到现场将杀猪刀夺了,并将张士禄拖走。次日凌晨,公安人员在张士禄亲属的带领下在一机井房内将张士禄抓获。

二、裁判要旨

No.4-232-93 对民间矛盾激化引发的犯罪,因被害方过错或者基于义愤引发的或者具有防卫因素的突发性犯罪,应酌情从宽处罚。即使被害人亲属不予谅解,要求严惩意愿强烈,但综合考虑案件犯罪事实、情节的基础上,仍可不判处死刑立即执行。

根据《最高人民法院关于贯彻宽严相济刑事政策的若干意见》(以下简称《意见》)第二十二条的规定,对于因恋爱、婚姻、家庭、邻里纠纷等民间矛盾激化引发的犯罪,因被害方过错或者基于义愤引发的或者具有防卫因素的突发性犯罪,应酌情从宽处罚。此类被告人犯罪系事出有因,与发生在社会上针对不特定多数人的严重危害社会治安的暴力犯罪,在主观恶性、人身危险性和社会危害性上有明显差别,故在对被告人量刑时应体现差别。

本案中,被告人张士禄及被害人亲属均证实因被害人张文平家的牛吃了张士禄家的庄稼,双方发生纠纷,属于民间矛盾引发的案件;且张文平之子张留江为此曾携刀找过张士禄,虽然二人当时未碰面,但此举具有挑衅性质,引起张士禄的不满,村干部亦反映张文平经常将牛放到他人庄稼地里,村民对此也多有不满。故被害人张文平在案件起因上虽不构成过错,但亦负有一定的责任,且在一定程度上激化了双方的矛盾。因此,在量刑时,对被告人张士禄应酌情从宽处罚。同时本案中,被告人张士禄的亲属先有在犯罪现场阻止张士禄继续实施犯罪的行为,后有带领公安人员将张士禄抓获的行为,张士禄归案后,如实供述持刀杀害张文平的事实,认罪、悔罪,根据《意见》的规定,此情节应在量刑上加以体现。由于被告方赔偿能力有限,被害方坚决不同意调解,强烈要求判处被告人死刑,还曾进京上访,并扬言若愿望得不到满足,将杀掉被告人一家。当地村干部和村邻均认为,被告人幼年丧母,无兄弟姐妹,相对而言处于弱势,并非罪大恶极。综上,从本案的起因、犯罪情节、被告人认罪态度、案发地群众意见等方面综合考虑,被告人张士禄属于可不判处死刑立即执行的犯罪分子。虽然被告人及其亲属赔偿能力有限,被害人亲属不予谅解,且要求严惩的意愿强烈,但在全面考察本案的犯罪事实、性质、情节的基础上,结合被告人的主观恶性、人身危险性、社会危害性等因素,根据"严格控制和慎重适用死刑"的刑事政策要求,对被告人亦不应判处死刑立即执行。

案例:刘兴华故意杀人案

案例来源:《人民法院案例选》2015年第3辑

主题词:故意杀人罪 家庭暴力

一、基本案情

被告人刘兴华,曾因犯盗窃罪于2003年9月27日被判处有期徒刑一年。

2010年10月开始,被告人刘兴华与被害人文代琼开始同居生活。2013年5月间,文代琼提出分手,被告人刘兴华不同意,多次骚扰文代琼,在双方之前就职单位领导两次调解下,刘兴华口头同意不再骚扰文代琼。2013年6月22日21时许,被告人刘兴华再次来到乐清市石帆街道霞雪村文代琼暂住处骚扰,文代琼打110报警,民警出警对双方进行了调解后离开。之后,被告人刘兴华借收拾东西为由进入文代琼的暂住处,又对文代琼进行了骚扰并索要分手费,文代琼再次打电话报警。此时,被告人刘兴华起意杀死文代琼,先拿毛巾捂文代琼的嘴巴,被文代琼挣脱,接着被告人刘兴华又用菜刀将一条电线分开,想用带电的电线电死文代琼,文代琼挣脱后往外跑并喊救命,逃到河边时被被告人刘兴华抓住,此时,被告人刘兴华企图与文代琼同归于尽,将文代琼抱起放到河边的栏杆上欲推到河里。文代琼边喊救命边拼命挣扎,并用双手紧紧抱住栏杆。后闻讯赶来的群众将被告人刘兴华制止。

另查明:被告人刘兴华家属于2013年7月1日与被害人文代琼达成协议,文代琼对被告人刘兴华的行为表示谅解。

浙江省乐清市人民法院于2014年1月23日作出(2013)温乐刑初字第1589号刑事判决:以故意杀人罪判处被告人刘兴华有期徒刑七年。宣判后,原审被告人刘兴华向浙江省温州市中级人民法院上诉称,本案系感情纠纷引发,其并未有杀人的故意,请求二审予以改判。浙江省温州市中级人民法院于2014年3月6日作出(2014)浙温刑终字第231号刑事裁定:驳回上诉,维持原判。

二、裁判要旨

No. 4-232-94 家庭、婚恋关系中的刑事案件不应一律从轻处理,行为人过往的施暴史应当作为量刑时的考量因素。

目前,司法实践中存在一种认识误区,即凡是因恋爱、婚姻、家庭纠纷引起的刑事案件一律从轻处理,而未对纠纷中是否涉及家庭暴力进行仔细甄别。这种“一刀切”的做法,严重误解了宽严相济刑事政策的精神内涵,向社会释放了错误的刑事政策信号,纵容了涉家庭暴力犯罪的发生与蔓延。对于分手引发的故意杀人、伤害案件,法院有必要以社会性别理念为指导,查清基本犯罪事实之外的涉家暴情节,并将其作为影响定罪量刑的重要事实。本案中,被告人三番五次骚扰在先,具有家暴史,在索取分手费未果后起了杀心,犯罪动机卑劣,其先后采取了勒脖、电击、投河等方式欲置被害人于死地,不杀死被害人不罢休,表明其主观恶性及人身危险性均较大,故不应认定为犯罪情节较轻。

案例:何建达故意杀人、抢劫案

案例来源:《人民法院案例选》2015年第4辑

主题词:故意杀人罪　未遂与中止的区分

一、基本案情

天津市人民检察院第一分院指控称:被告人何建达因对生活不满,遂生杀人之念。2014年4月21日15时许,被告人何建达至本市河北区元纬路与四马路交口军民里30—101单元一无名按摩店内,与店内服务员韩明艳发生性关系后,持事先准备的尖刀捅刺被害人韩明艳头部、颈部等处数刀,并抢走被害人韩明艳现金500余元,后逃离现场。被害人韩明艳因抢救及时脱离生命危险。经鉴定,韩明艳失血性休克损伤程度为重伤二级;其头部、颈部皮肤的损伤程度为轻伤二级,其面部、躯干、左上臂、右手软组织的损伤程度均为轻微伤。

被告人何建达辩称:行凶过程中,其主动停止捅刺被害人,并给她电话让她求救,属于犯罪中止;没有实施抢劫行为,是被害人主动提出给其钱财;原审量刑过重。

辩护人辩护称:何建达行凶的目的是抢劫,而非杀人,本案应以抢劫罪一罪定罪,原审认定何建达构成故意杀人罪不符合事实,请求依法改判。

法院经审理查明:何建达因工作、生活问题,产生厌世情绪,并生杀人之念。2014 年 4 月,何建达来津。同年 4 月 21 日 15 时许,何建达行至本市河北区元纬路与四马路交口军民里 30—101 单元一无名按摩店外,见该店内只有被害人韩明艳一人,决定实施犯罪。何建达以嫖娼为名进入店内,与韩明艳发生性关系后,持事先准备的尖刀捅刺韩明艳头部、颈部等处数刀。之后,何建达在韩明艳失去抵抗能力的情况下,又在现场强索钱财,劫取韩明艳现金 500 余元。何建达逃离现场后,韩明艳挣扎向邻居求救,后被送往医院救治,因抢救及时脱离生命危险。经鉴定,被害人韩明艳失血性休克损伤程度为重伤二级;其头部、颈部皮肤的损伤程度为轻伤二级,其面部、躯干、左上臂、右手软组织损伤程度均为轻微伤。同年 7 月 7 日,公安机关将何建达抓获归案。

天津市第一中级人民法院于 2014 年 12 月 19 日作出(2014)一中刑初字第 81 号刑事判决:被告人何建达犯故意杀人罪,判处无期徒刑,剥夺政治权利终身;犯抢劫罪,判处有期徒刑五年,并处罚金人民币五百元,决定执行无期徒刑,剥夺政治权利终身,并处罚金人民币五百元。

宣判后,何建达提出上诉,天津市高级人民法院于 2015 年 2 月 13 日作出(2015)津高刑一终字第 9 号刑事裁定:驳回上诉,维持原判。

二、裁判要旨

No. 4-232-95 行为人已经给被害人造成具有致死危险的伤害后,因为被害人及时自救而未实现杀人目的的,属于犯罪未遂。

所谓放弃重复侵害行为是指行为人实施了足以造成既遂危害结果的第一次侵害行为,由于其意志以外的原因而未发生既遂的危害结果,在有当时继续实施重复侵害行为的实际可能时,行为人自动放弃了实施重复侵害行为,因而使既遂的危害结果没有发生的情况。学界比较认同的说法是自动放弃重复侵害行为符合犯罪中止的所有要件,应将其定性为犯罪中止。构成重复侵害行为需具备以下条件:(1)主观方面。行为人出于直接故意对他人实施侵害行为,同时,在放弃重复侵害行为中,主观上发生了根本性的变化,行为人仍认识到侵害行为可能发生危害结果,却反对这种结果的发生。(2)客观方面。行为人实施了对目标人的第一次侵害行为,且并没有使预期的危害结果发生。(3)程度方面。在特定的放弃重复侵害行为中,侵害未得逞并不代表未发生任何危害结果,该结果只有在一定程度内才能构成放弃重复侵害行为,否则就超出了这一范畴。如果侵害行为造成被害人重伤,若不采取抢救措施将发生死亡的结果,这种情况下,如行为人及时施救有效避免了被害人死亡结果的发生,则可能构成"自动有效防止犯罪结果发生"型的犯罪中止,但非放弃重复侵害行为的中止;如行为人未予施救,但犯罪结果最终也没有发生,则可能构成犯罪未遂。放弃重复侵害行为的内涵之一就是由于行为人的放弃而使既遂结果未发生,而在上述情况下,侵害行为足以导致既遂结果的出现,行为人仅仅放弃侵害是不够的,既遂结果仍会发生,这就需要采取积极的防止措施,故此,就不符合放弃重复侵害行为的内涵和特征了。

本案中,何建达的行为并不属于自动放弃重复侵害行为的犯罪中止,具体理由如下:首先,从犯罪过程、犯罪手段来看,何建达捅刺被害人头部、颈部多刀,被害人伤势严重,何建达也供述过,认为被害人活不了了。何建达在离开现场时的心态,至少是一个放任被害人死亡的心态。其次,从犯罪结果来看,何建达捅刺被害人要害部位多刀,被害人现场失血很多,伤情很重,被害人的得救主要仰赖于自己呼救后,得到及时的救治。因何建达没有采取任何积极救治措施,被害人得救主要是抢救及时,所以,何建达的行为不符合自动放弃重复侵害行为的特征,由于其未采取任何救治措施,亦不能构成犯罪中止。本案因被害人并未死亡,何建达的行为构成故意杀人罪的未遂。

案例:张某故意杀人案

案例来源:《刑事审判参考》总第 85 集[第 761 号]

主题词:故意杀人罪 死缓的适用 宽严相济刑事政策

一、基本案情

被告人张某,男,1989年5月21日生。因涉嫌犯故意杀人罪于2008年10月24日被逮捕。

某市人民检察院以被告人张某犯故意杀人罪,向某市中级人民法院提起公诉。

被告人张某辩称,其母李某长期对其打骂,用刀砍其祖母,并将其祖母居住的房子欺骗过户到李某名下,而其父张某甲则长期纵容其母,致使其在精神上不堪忍受。

张某的辩护人请求法院在对张某量刑时考虑以下事实和情节:张某的父母对张某长期使用暴力管教和对张某祖母的不敬行为导致张某人格发育存在一定缺陷,长期的压抑激发了张某的犯意;张某归案后能够坦白,认罪、悔罪态度较好。

某市中级人民法院经公开审理查明:被害人张某甲、李某系被告人张某的父母。张某因李某曾经殴打其祖母并将其祖母居住的房子欺骗过户到李某名下,李某对其自幼经常打骂,管教方式粗暴,而对李某积怨很深。2007年9月,张某因朋友向其借款,遂隐瞒张某甲、李某,将家中房产证作抵押从银行贷款人民币(以下币种均为人民币)6万元,并将部分贷款出借给其朋友,剩余部分全部挥霍。张某甲、李某得知后,经常对张某大加责骂。张某不堪忍受,遂计划杀害张某甲、李某。2008年10月12日,张某通过其同事找来一包“毒鼠强”。当晚6时许,张某将从淮北市“和美豆浆大王”快餐店购买的紫菜蛋汤等三个菜带回家中供张某甲、李某食用,并将“毒鼠强”放入紫菜蛋汤后借故离开。当晚8时许,张某返回家中看见张某甲、李某已呈中毒症状,便从房间找来一根背包带,勒张某甲颈部,后又在房间找来一把单刃尖刀,刺张某甲颈部一刀,刺、割李某颈部数刀,致张某甲、李某死亡。经法医鉴定,张某甲系被他人投毒后用柔软条状物体勒颈,致毒鼠强中毒合并机械性窒息死亡;李某系被他人投毒后用锐器刺戳、切割颈部致毒鼠强中毒合并失血性休克死亡。

某市中级人民法院认为,张某的行为构成故意杀人罪,张某主观恶性极大,手段极其残忍,后果特别严重,社会影响极其恶劣。依照《中华人民共和国刑法》第二百三十二条、第五十七条第一款之规定,某市中级人民法院以张某犯故意杀人罪,判处其死刑,剥夺政治权利终身。

一审宣判后,张某向某省高级人民法院提出上诉。上诉理由与一审期间的辩解基本相同。张某的辩护人另提出,张某是家中独子,对于悲剧的发生追悔莫及,还有年迈的奶奶需要其赡养、照顾,请求法院给张某一次重新做人的机会。

某省高级人民法院经审理认为,上诉人张某所犯故意杀人罪发生在亲属之间,其祖母及其他亲属多次要求不判处张某死刑立即执行,且在归案后能坦白罪行,有悔罪表现,对其判处死刑可不立即执行。原判认定的事实清楚,证据确实、充分,定罪准确,审判程序合法。依照《中华人民共和国刑事诉讼法》第一百八十九条第(二)项和《中华人民共和国刑法》第二百三十二条、第五十七条第一款、第四十八条之规定,某省高级人民法院维持某市中级人民法院(2009)×刑初字第17号刑事判决中对张某的定罪部分,撤销某市中级人民法院(2009)×刑初字第17号刑事判决中对张某的量刑部分,判处上诉人张某死刑,缓期二年执行,剥夺政治权利终身。

判决生效后,最高人民检察院依照审判监督程序向最高人民法院提起抗诉。最高人民检察院认为,原审被告人张某所犯罪行极其严重,虽有坦白和悔罪表现,但不足以从轻处罚,依法应当判处死刑立即执行,某省高级人民法院第二审判决量刑不当,应予纠正。

最高人民法院经审理认为,原审被告人张某因对其父张某甲、其母李某使用暴力方式管教和李某殴打其祖母并将其祖母居住的房子欺骗过户心生怨恨,遂采取投毒、勒颈、刀刺的方式将张某甲、李某杀死的行为,构成故意杀人罪。张某犯罪情节特别恶劣,危害后果特别严重。然而,本案系近亲属之间犯罪,被害人有一定过错,与发生在社会上的严重危害社会治安犯罪的社会危害性有所不同;张某归案后能主动坦白罪行,并认罪、悔罪,在服刑期间也有良好表现,故对张某判处死刑可不立即执行。对张某及其辩护人所提请求维持第二审判决的辩护意见,予以采纳。某省高级人民法院第二审判决认定的事实清楚,证据确实、充分,定罪准确,量刑适当,审判程序合法。依照《中华人民共和国刑事诉讼法》第二百零六条及最高人民法院《关于执行〈中华人民共和国刑事诉讼法〉若干问题的解释》第三百一十二条第(一)项之规定,裁定驳回最高人民检察院高检刑抗(2011)1号刑事抗诉,维持某省高级人民法院(2009)×刑终字第0211号刑事判决。

二、裁判要旨

No. 4-232-96 近亲属之间发生的故意杀人案件,被害人存在一定过错,基于改造预防犯罪与化解社会矛盾的考虑,对被告人可不判处死刑立即执行。

本案原审被告人张某作案手段十分残忍,犯罪意志十分坚决,危害后果十分严重,以一般故意杀人犯罪论,应当判处张某死刑立即执行。然而,本案具有诸多特殊之处:犯罪发生在近亲属之间;诱发案件发生的原因较为复杂;被害人存在一定过错;被告人犯罪时刚满19周岁,刚过可以判处死刑的年龄;其社会危害性、对社会公众安全感的影响均与严重危害社会治安犯罪有所不同。对于上述特殊情况,要客观、全面、综合把握,以贯彻落实宽严相济刑事政策,科学体现罪责刑相适应原则。

故意杀人犯罪案件中,被害人即便有过错,也不可像民事责任那样要求被害人分担部分刑事责任。然而,被害人是否有过错的认定直接影响到被告人主观恶性和人身危险性的评价,从而影响罪行评价,最终影响到量刑。本案被害人李某的严重过错是诱发本案发生的重要诱因,从中体现出被告人张某的主观恶性和人身危险性程度较一般故意杀人犯罪要低。另一名被害人张某甲在孝敬老人、管教子女方面也存在一定的过错,且对李某的严重过错也难辞其咎,因此对张某的主观恶性和人身危险性程度在总体评价上应作从轻考虑。

张某犯罪时刚满19周岁,性格可塑性强,有较大改造空间。根据社会防卫论的研究成果,要从根本上预防犯罪,必须准确分析犯罪的社会原因和个体原因,有针对性地进行防范和矫治。被告人张某决意实施犯罪,有其性格偏激的原因,而这一性格的形成又与其家庭教育密不可分。加上张某正处于未成年人向成年人过渡的阶段,对这一过渡年龄阶段的犯罪人,只要有足够的改造空间,被害人家属及广大民众无明显抵制情绪,就不应放弃以教育为主的方式改造和预防犯罪。对张某判处死缓不仅有利于社会矛盾化解,还准确体现了罪责刑相适应,很好地实现了法律效果和社会效果的有机统一。

案例:邓明建故意杀人案

案例来源:《刑事审判参考》总第89集[第810号]

主题词:故意杀人罪 帮助自杀

一、基本案情

被告人邓明建,男,1969年9月23日出生,农民。因涉嫌犯故意杀人罪于2011年5月31日被逮捕。

广东省广州市番禺区人民检察院以被告人邓明建犯故意杀人罪,向番禺区人民法院提起公诉。

被告人邓明建对指控的犯罪事实无异议。邓明建的辩护人基于以下理由建议法庭对邓明建从宽处罚:邓明建的犯罪动机具有一定特殊性;邓明建犯罪情节较轻,归案后具有认罪、悔罪情节,且系初犯,犯罪前一贯表现良好。

广州市番禺区人民法院经审理查明:被告人邓明建是被害人李术兰之子。李术兰于1991年前后身患脑中风致右半身不遂,后经治疗病情有所缓解,但1996年前后病情再次复发,并伴有类风湿等疾病导致手脚疼痛、抽筋。除了邓明建外,李术兰还生有三名子女,但一直是由邓明建照料李术兰的生活起居,并负责李术兰的求医诊疗。李术兰不堪忍受长期病痛折磨,曾产生轻生念头。2010年4月,邓明建父亲病故后,邓明建因家庭经济拮据需要依靠打工维持生计,遂将李术兰从四川老家带到广州市番禺区租住处加以照顾。其间,李术兰因病情拖累多次产生轻生的念头。2011年5月16日9时许,李术兰请求邓明建为其购买农药。邓明建顺从李术兰的请求,去农药店购得两瓶农药,并将农药勾兑后拧开瓶盖递给李术兰服食,李术兰喝下农药即中毒身亡。后公安机关接到举报后,赴现场查验尸体时发现死因可疑,经初步尸检后认为死者死于有机磷中毒,遂将邓明建带回派出所调查,邓明建如实交代了以上犯罪事实。

广州市番禺区人民法院认为,被告人邓明建无视国家法律,明知农药能毒害生命,出于为母亲李术兰解除病痛,在李术兰的请求之下,帮助李术兰服用农药结束生命,其行为构成故意杀人罪。鉴于邓明建上述犯罪行为发生于家庭直系亲属之间,且系在被害人产生轻生念头后积极请求情况下所为,故其犯罪行为应当与普通严重危害社会的故意杀人行为相区别。邓明建主观恶性相对较小,社会危害亦相对较轻,属于故意杀人罪中"情节较轻"情形,可以在"三年以上十年以下有期徒刑"法定刑幅度内量刑。同时,邓明建归案后能够如实供述自己的罪行,依法可以从轻处罚。根据前述法定刑幅度和具体量刑情节,并综合考虑邓明建犯罪的具体事实、认罪悔罪态度以及众多亲友联名求情等因素,决定对邓明建从轻处罚并适用缓刑。依照《中华人民共和国刑法》第二百三十二条、第六十七条第三款、第七十二条、第七十三条之规定,广州市番禺区人民法院以被告人邓明建犯故意杀人罪,判处有期徒刑三年,缓刑四年。

一审宣判后,被告人邓明建未提出上诉,公诉机关亦未提出抗诉,该判决已发生法律效力。

二、裁判要旨

No. 4-232-97 帮助自杀行为与死亡结果之间存在因果关系,侵犯死者生命权,构成故意杀人罪,但可认定为情节较轻的故意杀人。

通常认为,帮助自杀,是指他人已有自杀意图,行为人对其给予精神鼓励,使其坚定自杀意图,或者提供物质、条件上的帮助,使其实现自杀意图的行为。基于上述概念分析,帮助自杀与直接动手杀人不同。对于直接动手杀人,即便是应他人请求而为之,理论界和实务界普遍认为不应认定为帮助自杀,构成故意杀人罪;但对于仅提供帮助,而未直接动手实施杀人的行为,是否应当认定为故意杀人罪,存在较大争议。目前,主流观点是帮助自杀行为构成故意杀人罪。主要理由是:帮助自杀行为与死亡结果之间存在因果关系,侵犯了死者的生命权。本案中,被告人邓明建明知农药有剧毒性,仍将勾兑好的农药递给李术兰,邓明建主观上对李术兰的死亡持放任态度,符合故意杀人罪的主观条件。同时,邓明建客观上也实施了非法剥夺他人生命的行为,符合故意杀人罪的客观条件。

其一,邓明建实施了非法剥夺他人生命的行为。邓明建对李术兰负有赡养义务。在李术兰诸求帮助自杀的情况下,邓明建不但没有劝阻,反而为其购买农药,并在勾兑后拧开瓶盖把农药递给李术兰,为李术兰自杀提供了条件。在李术兰服下农药后,邓明建没有积极实施救助,而是看着李术兰中毒身亡。邓明建虽然没有实施灌药行为,但从性质上分析,其行为属于非法剥夺他人生命的行为。

其二,邓明建的行为与李术兰的死亡结果之间存在刑法意义上的因果关系。案发前,李术兰因不堪病痛折磨而产生了轻生念头,只是由于卧病在床,无法自行实施自杀行为。在李术兰的请求下,邓明建明知农药有剧毒性,仍向李术兰提供农药。虽然其只是将农药递给李术兰,但其明知李术兰得到农药服下后,必然导致死亡结果的发生。

其三,邓明建的行为具有刑事违法性,且不存在违法性阻却事由。帮助自杀行为涉及刑法理论中的被害人承诺问题。在当代刑事理论体系中,被害人承诺作为违法性阻却事由,存在一定的限制。一般认为,除国家利益、社会公共利益外,即使是纯属于公民个体的私权,也并非完全由权利主体自由处分。如生命权就不可自由处分,经被害人承诺而杀人的,仍然构成故意杀人罪。我国刑法没有专门就被害人承诺问题进行规定,司法实践中对有被害人承诺情形的故意杀人,原则上都不将被害人承诺作为杀人犯罪的阻却事由,但可以作为减轻刑事责任的理由。本案中,邓明建帮助自杀的行为虽然系在李术兰的请求下实施,但由于其侵害的生命权超过了被害人承诺可处分的范围,故不能排除其行为的刑事违法性,仍然构成犯罪。

《刑法》第二百三十二条规定,故意杀人,情节较轻的,处三年以上十年以下有期徒刑。对于何谓"情节较轻",尚无司法解释明确规定。司法实践中,一般将义愤杀人、防卫过当杀人、帮助自杀、生母因无力抚养亲生婴儿而溺婴等行为认定为故意杀人罪的"情节较轻"。

首先,本案的社会危害相对较小。严重危害社会治安的故意杀人犯罪社会危害大,处理上要体现依法从严的政策精神,而民间矛盾激化引发的故意杀人犯罪社会危害相对要小,处理上要体现依法从宽的政策精神。特别是发生在亲属间且得到被害人承诺的故意杀人犯罪,其社会危害性更小,处理上理应体现从宽的政策精神。本案中,邓明建完全是根据李术兰的意愿前往购买农药并向其提供农药,作案时邓明建仅是将农药递给李术兰,由李术兰决定是否喝下,而没有采取强行灌药的方式。其行为虽然造成了李术兰死亡的结果,但也帮助李术兰实现了解除病痛折磨的愿望,故该杀人行为的社会危害较小。

其次,邓明建的主观恶性和人身危险性较小。行为人的主观恶性和人身危险性主要通过犯罪动机、犯罪手段、犯罪情节、是否有前科劣迹等方面来体现。动机卑劣、手段残忍、情节恶劣、有前科劣迹的,主观恶性和人身危险性往往大。对于犯罪动机可宽恕性强,民众普遍在道义上给予同情理解的,犯罪人的主观恶性和人身危险性通常较小。本案中,李术兰长期遭受病痛折磨,多次产生轻生念头并请求邓明建帮助其自杀。李术兰共生有四名子女,但其一直是与邓明建共同生活,并仅由邓明建照料和负责医治。特别是李术兰患有脑中风等疾病导致生活基本不能自理二十多年来,邓明建始终悉心照料,其是在李术兰多次请求下,出于为李术兰解除疾病痛苦,才顺从了李术兰的请求,其情可悯。在众亲友和邻居眼中,邓明建是一名"孝子"。邓明建归案后如实供述了自己的罪行,认罪态度好。综合评价,邓明建主观恶性和人身危险性不大,可以认定邓明建的行为属于故意杀人罪中的"情节较轻"。

案例:赵新正故意杀人案

案例来源:《刑事审判参考》总第89集[第811号]

主题词:自首　自动投案

一、基本案情

被告人赵新正,男,汉族,1953年11月6日出生,个体工商户。因涉嫌犯故意杀人罪于2009年12月31日被逮捕。

陕西省渭南市人民检察院以被告人赵新正犯故意杀人罪,向渭南市中级人民法院提起公诉。

被告人赵新正对公诉机关指控的犯罪事实及罪名无异议,但辩称其写了自首材料,系在准备投案时被公安机关抓获。其辩护人提出,赵新正系在准备投案途中被公安机关抓获,应当认定为自首,请求从轻处罚。

渭南市中级人民法院经公开审理查明:2009年11月30日8时许,被害人马西滨(殁年31岁)到陕西省渭南市开发区夕阳红敬老院向被告人赵新正催要欠款时,二人发生争执,赵新正持匕首朝马西滨胸部等处捅刺数刀,致马西滨当场死亡。随后,赵新正将马西滨的尸体拖至卫生间,又驾驶马西滨的轿车将马的手机、手表、钱包等随身物品抛扔在前往西安市临潼区的路上,并将该轿车弃于临潼区常堡建材市场一门店前。之后,赵新正返回,在卫生间用菜刀将马西滨的尸体肢解,将尸块、作案用的匕首、肢解尸体用的菜刀、马西滨所穿衣服等物分别装入家中两个皮箱及纸袋内,并于次日凌晨抛于渭河中。

渭南市中级人民法院认为,被告人赵新正持械杀死被害人马西滨,其行为构成故意杀人罪。赵新正杀人手段残忍,情节特别恶劣,依法应予惩处。对赵新正及其辩护人所提赵新正有自首情节的辩解、辩护意见,经查,赵新正被抓获时,公安人员从其身上提取到其于2009年12月1日书写的"投案自首情况说明",但2009年12月3日3时许,公安人员在和赵新正通话,敦促其投案时,赵新正并未明确表示其要投案,且当日18时许,公安人员在西安市将其抓获后,其也未供述自己准备投案,故在案证据不能证明赵新正系在投案途中被公安机关抓获,不能认定其有自首情节。据此,依照《中华人民共和国刑法》第二百三十二条、第五十六条第一款、第三十六条第一款之规定,渭南市中级人民法院以被告人赵新正犯故意杀人罪,判处死刑,剥夺政治权利终身。

一审宣判后,被告人赵新正上诉,提出其有自首情节,请求从轻处罚。

陕西省高级人民法院经公开审理认为,上诉人赵新正不能正确处理债务纠纷,持械杀死他人,并肢解尸体,其行为构成故意杀人罪。赵新正犯罪手段凶残,情节特别恶劣,社会危害性极大,应当依法严惩。关于赵新正的上诉理由,经查,虽然赵新正在被抓获时从其身上提取到其书写的"投案自首情况说明",但公安机关出具的"敦促赵新正投案自首的证明"及证人徐德仓的证言均证实赵新正尚无投案自首的准备,不能认定其有投案自首情节。原判认定的事实清楚,证据确实、充分,定罪准确,量刑适当,审判程序合法。据此,陕西省高级人民法院依照《中华人民共和国刑事诉讼法》第一百八十九条第(一)项、第一百九十九条之规定,裁定驳回上诉,维持原判,并依法报请最高人民法院核准。

最高人民法院经复核认为,被告人赵新正不能正确处理债务纠纷,持刀杀死被害人马西滨并肢解尸体,其行为构成故意杀人罪。赵新正犯罪手段特别残忍,情节特别恶劣,罪行极其严重,应当依法严惩。第一审判决、第二审裁定认定的事实清楚,证据确实、充分,定罪准确,量刑适当,审判程序合法。据此,依照《中华人民共和国刑事诉讼法》第一百九十九条和最高人民法院《关于复核死刑案件若干问题的规定》第二条第一款之规定,裁定核准陕西省高级人民法院维持第一审以故意杀人罪判处被告人赵新正死刑,剥夺政治权利终身的刑事裁定。

二、裁判要旨

No. 4-232-98 自动投案包括确已准备去投案,行为人必须为投案进行了安排或筹划,才能认定存在准备去投案。

最高人民法院《关于处理自首和立功具体应用法律若干问题的解释》第一条对自动投案作了扩大化解释。根据该条规定,经查实确已准备去投案,或者正在投案途中,被公安机关捕获的,也应当视为自动投案。

"准备去投案"需要一定的行为予以体现。在该情形中,行为人虽然尚未实施直接的、实际的投案行为,但并不意味着行为人不实施任何行为。"准备去投案"不仅是一种心理活动,还必须为投案进行了"安排或筹划"。而"安排或筹划"必须通过行为人实施一定的行为得以体现,因为抽象的心理活动不仅没有法律意义,在客观上也无法查实。只有具体的、现实的行为才能够成为"准备去投案"的证据,如正在实施了解投案对象或者场所路线、为投案准备交通工具等行为时被抓获,这些情况一经查实,即可认定为"准备去投案"。

犯罪嫌疑人确曾为投案实施了一定的准备行为,但是准备的时间与被抓获的时间间隔较长,行为人犹豫不决,迟迟不实施实质的投案行为,甚至在准备投案之后反悔。笔者认为,这种情况不能认定为"确已准备去投案"。因为《关于处理自首和立功具体应用法律若干问题的解释》将"确已准备去投案"规定为"自动投案"的一种情形,主要是考虑到可能存在犯罪嫌疑人确实已经实施了投案的准备行为,但尚未直接投案时就被抓获的情况,即只是因为准备投案的行为与抓捕行为之间存在巧合,导致犯罪嫌疑人未能按照自己的设想完成投案行为。在该情况下,归案并不违背犯罪嫌疑人的真实意愿。质言之,"确已准备去投案"具备自动投案内在要求的主动性。相反,如果犯罪嫌疑人在准备投案之后犹豫不决,迟迟不实施投案行为,表明其心理上尚未准备好自动投案,甚至在心理上发生变化,由最初的自愿投案变成不愿投案,从而失去了自动投案的主动性。因此,在司法实践中有必要严格区分"确曾准备"与"确已准备"。从时间进程分析,"确曾准备"阻断了投案的自动性,因而不能认定为自动投案。

本案中,赵新正及其辩护人认为赵新正准备去投案的最重要的依据是 2009 年 12 月 3 日 18 时许公安机关抓获赵新正时,从赵新正身上提取到的一份其被抓获前两日书写的"投案自首情况说明"。从有利于被告人原则出发,从被告人身上提取到这类材料一般不仅可以认定被告人在归案前曾流露出投案自首的意图,而且这种意思表示不仅停留在心理活动,而是以一种现实有形的、以文字的书面形式表达出来的,如果没有相反证据证明该意图的虚假性,一般宜认定属于"确已准备去投案"情形。然而,从具体个案出发,赵新正的行为不能认定为"确已准备去投案"。

首先,证人徐德仓(赵新正的朋友)的证言证实赵新正没有自首的意愿。而且从赵新正身上提取的“投案自首情况说明”的落款时间是2009年12月1日,但其在12月3日被抓获前仍在实施转移财产的行为。由此表明,即使赵新正在书写该自首材料时确曾有投案的意图,但其投案的自动性也已经因其随后的行为而中断。

其次,陕西省渭南市公安局高新区分局的侦查人员李进荣和孙亚莉出具的情况说明证实,赵新正没有主动投案的意愿。2009年12月3日凌晨3时至4时许,孙亚莉在看管赵新正的妻子时,赵新正给其妻子打电话,孙亚莉和李进荣多次敦促赵新正投案,而赵新正谎称自己在外地,两三天后回渭南自首,随后便将手机关机。赵新正对此情节一直供认,并在庭审中供称是为了拖延时间,因为还有转让财产之事没有处理完,不想让公安人员知道其行踪。上述证据证实,赵新正在书写“投案自首情况说明”之后的两天时间,不但未实施任何准备投案的行为,相反,在公安人员多次敦促下,还隐瞒真相,并争取时间转移财产。由此,足以证明其被抓获时没有投案自首的意图。

案例:胡金亭故意杀人案

案例来源:《刑事审判参考》总第90集[第830号]

主题词:老年人犯罪 “以特别残忍手段致人死亡”

一、基本案情

被告人胡金亭,男,1936年8月22日出生,农民。2002年9月因犯拒不执行判决罪被判处有期徒刑六个月,2003年2月6日刑满释放;2011年11月16日因涉嫌犯故意杀人罪被逮捕。

浙江省金华市人民检察院以被告人胡金亭犯故意杀人罪,向金华市中级人民法院提起公诉。同时,金华市人民检察院提出,胡金亭实施犯罪时已满七十五周岁,提请人民法院依法从轻处罚。

被告人胡金亭及其辩护人对起诉书指控的犯罪事实无异议,但提出胡金亭犯罪时已满七十五周岁,请求人民法院依法从轻处罚。

金华市中级人民法院经公开审理查明:被告人胡金亭认为村干部黄建忠等三人分地时对其不公,一直欺压自己,遂对黄建忠等怀恨在心,预谋将黄建忠杀害,并为此准备了杀人工具尖刀一把。2011年11月7日19时30分许,胡金亭得知黄建忠与其他工作人员来村里做群众工作,即一边尾随其后,一边用脏话挑衅黄建忠,途中趁黄建忠不备之机,用事先准备的尖刀朝黄建忠左侧后背猛刺一刀。黄建忠因左肺下叶破裂、心脏破裂致心肺功能衰竭、失血性休克而死亡。当晚,胡金亭主动拦下警车向公安机关投案。

金华市中级人民法院认为,被告人胡金亭携尖刀故意杀人,并致被害人死亡,其行为构成故意杀人罪。胡金亭犯罪时已满七十五周岁,且具有自首情节,依法本可以从轻处罚,但鉴于胡金亭主观上具有事先准备尖刀的故意,且预谋杀害三人,客观上又尾随、辱骂黄建忠并公然持刀猛刺黄建忠的背部,致黄建忠心、肺破裂后死亡,应当认定“以特别残忍手段致人死亡”,依法应当严惩。依照《中华人民共和国刑法》第二百三十二条、第六十七条第一款、第四十九条第二款、第五十七条第一款之规定,金华市中级人民法院以被告人胡金亭犯故意杀人罪,判处死刑,剥夺政治权利终身。

一审宣判后,被告人胡金亭提出上诉,理由是:一审认定其“以特别残忍手段致人死亡”属于认定错误;胡金亭主动投案自首,犯罪时已年满七十五周岁,原判量刑不当,请求依法改判。

浙江省高级人民法院经审理认为,被告人胡金亭为泄私愤,预谋故意非法剥夺他人生命,其行为构成故意杀人罪。胡金亭实施犯罪时已年满七十五周岁,其作案手段不属于特别残忍,依法对其可不适用死刑。胡金亭犯罪时虽已年满七十五周岁并具有自首情节,但其所犯罪行极其严重,不足以对其从轻或者减轻处罚。依照《中华人民共和国刑法》第二百三十二条、第十七条第一款、第四十九条第二款、第五十七条第一款、第六十七条第一款以及《中华人民共和国刑事诉讼法》第一百八十九条第(二)项之规定,判决如下:

1. 撤销浙江省金华市中级人民法院(2012)浙金刑一初字第1号刑事附带民事判决中对被告人胡金亭的量刑部分,维持判决的其他部分。

2. 被告人胡金亭犯故意杀人罪,判处无期徒刑,剥夺政治权利终身。

二、裁判要旨

No. 4-232-99 《刑法》第四十九条第二款中的"特别残忍手段杀人"是对善良风俗、伦理底线、人类恻隐心的严重侵犯,应当从杀人手段以及行为过程等方面进行认定。

一般手段杀人与以特别残忍手段杀人,两者的相同之处在于侵害了被害人的生命权,两者的区别在于对善良风俗、伦理底线、人类恻隐心的侵犯程度不同。因此,对故意杀人罪中特别残忍手段的理解和认定,应当符合社会民众一般的观念。笔者认为,在具体案件中,对特别残忍手段可以综合以下几方面理解和认定:(1)杀人手段:使用焚烧、冷冻、油煎、毒蛇猛兽撕咬、分解肢体、剥皮等凶残狠毒方法杀死被害人的。(2)行为过程:犯罪行为持续时间长、次数频繁、折磨被害人的主观故意强。(3)以其他让社会公众普遍难以接受的手段和方式杀害被害人的。

本案中,胡金亭在作案手段上选择的是持刀杀人,而并非其他非常见的凶残狠毒方法;在行为次数上仅捅刺了一刀,并非连续捅刺;在被害人失去反抗能力之后并没有再次捅刺。综上,胡金亭的犯罪手段一般,一审法院认定其作案以"特别残忍手段"不当,二审法院认定其作案手段不属于"以特别残忍手段致人死亡",依法不适用死刑是正确的。

以特别残忍手段致人死亡仅仅是"情节特别恶劣"的情形之一,"情节特别恶劣"涵盖范围更广。如果将"以特别残忍手段致人死亡"替换为"情节特别恶劣",无疑扩大了已满75周岁老年人适用死刑的限制范围,有违《刑法》第四十九条第二款的立法初衷。

本案中,一审法院在认定"以特别残忍手段致人死亡"时,将胡金亭有预谋、事先准备凶器以及在公开场合行凶等事实情状作为认定"特别残忍手段"的依据,实际混淆了"特别残忍手段"与"情节特别恶劣"的认定,不当扩大了对老年人犯罪死刑适用的范围,与"有关老年人免除死刑"的立法精神相背离。二审法院认定胡金亭的故意杀人行为不属于"特别残忍手段"是正确的。

案例:李国仁故意杀人案

案例来源:《刑事审判参考》总第90集[第831号]

主题词:自首　等待抓捕期间又实施犯罪

一、基本案情

被告人李国仁,男,1968年8月9日出生,农民。因涉嫌故意杀人罪于2006年6月29日被逮捕。

湖南省郴州市人民检察院指控被告人李国仁犯故意杀人罪,向郴州市中级人民法院提起公诉。

郴州市中级人民法院经公开审理查明:被告人李国仁与弟媳尹三妹(被害人,时年37岁)及同村村民李国玉(被害人,时年50岁)均在湖南省桂阳县流峰镇富社村居住,素来不和。2006年6月11日,李国仁拔掉了尹三妹栽在两家共用田埂上的韭菜,尹三妹得知后多次叫骂,二人为此发生纠纷。6月13日8时许,尹三妹又以此事为由对李国仁叫骂,李国仁追打尹三妹未果。当日14时许,尹三妹与李国仁夫妇在村子水井边再次发生口角,被人劝开后,李国仁从家中拿出一把柴刀,将尹三妹家的房门撞开后朝尹三妹的头部及右手连砍数刀,将尹三妹砍倒在地。之后,李国仁想起李国玉以前与自己发生过纠纷,遂又持刀冲进李国玉家,朝李国玉的头部、左肩部猛砍数刀,又朝前来阻拦的李国玉的妻子陈桂娥(被害人,殁年50岁)头部猛砍两刀(致陈桂娥当场死亡),并继续追砍李国玉。村民闻讯赶来后,李国仁逃回家中,并拨打电话向派出所报案称自己杀了人。当日15时许,派出所民警董运新等人前来抓捕李国仁,李国仁误以为是被害人亲属前来报复,便朝第一个冲进其家的董运新的头部猛砍一刀,将董运新砍伤。随后,李国仁被当场抓获。经鉴定,被害人陈桂娥被锐性外力砍击头部致开放性颅脑损伤而死亡,被害人尹三妹的损伤构成重伤,被害人李国玉的损伤构成重伤并八级伤残,被害人董运新的损伤构成轻伤并十级伤残。

郴州市中级人民法院认为,被告人李国仁故意非法剥夺他人生命,其行为构成故意杀人罪。李国仁故意杀人致一人死亡、二人重伤、一人轻伤,情节特别恶劣,后果特别严重,依法应当严惩。关于辩护人所提本案案发的起因为被害人尹三妹挑衅叫骂,被害人存在重大过错的辩护意见,经查,李国仁与尹三妹之间的纠纷完全可以通过合法途径解决,尹三妹的叫骂不能成为其持刀砍死陈桂娥、砍伤多人的理由,该辩护意见不予采纳。关于辩护人所提李国仁具有投案自首情节的辩护意见,经查,李国仁作案后即向公安机关投案,归案后如实供述自己的罪行,应当认定具有自首情节。但鉴于其犯罪的情节、后果,该自首情节不足以影响量刑。据此,依照《中华人民共和国刑事诉讼法》(1996年)第一百六十二条第(一)项,《中华人民共和国刑法》第二百三十二条、第四十八条、第五十七条、第六十条之规定,郴州市中级人民法院以被告人李国仁犯故意杀人罪,判处死刑,剥夺政治权利终身。

一审宣判后,被告人李国仁基于以下理由提出上诉:李国仁不是故意杀人,被害人尹三妹的叫骂行为对引发本案负有一定责任;被害人李国玉曾打伤李国仁一直未承担医药费,存在一定过错;李国仁被押解出村时,被被害人亲属砍伤双腿;李国仁具有自首情节,请求对其从轻处罚。

湖南省人民检察院认为,被告人李国仁的行为构成故意杀人罪,情节特别恶劣,后果特别严重,李国仁虽然具有自首情节,但不足以对其从轻处罚。李国仁的上诉理由不能成立。原判认定的事实清楚,证据确实、充分,定性准确,量刑适当,应予维持。

湖南省高级人民法院经审理认为,被告人李国仁因琐事而心生报复念头,持刀故意非法剥夺他人生命,致一人死亡、二人重伤和一人轻伤,其行为构成故意杀人罪。经查,李国仁因心胸狭隘而报复他人,持刀连续砍击多人要害部位,非法剥夺他人生命的意图明显,并造成一人当场死亡、二人重伤、一人轻伤的严重后果,其行为符合故意杀人罪的特征。李国仁与被害人尹三妹之间的纠纷完全可以通过合法的途径解决,该事由不能成为李国仁故意杀人的理由,被害人李国玉、陈桂娥在本案中均没有过错。被害人董运新属于正当履行职务,亦不存在过错。李国仁在被押解途中被受害人家属砍伤双腿,不属于本案审查、认定的范围。综上,上诉人李国仁的相关上诉理由及其辩护人的相关辩护意见均不能成立。关于李国仁及其辩护人所提李国仁具有自首情节的意见,经查,李国仁杀人后虽然主动报警,但在侦查人员对其实施抓捕时继续实施犯罪,故其行为不符合自首的法律规定。原判认定李国仁具有自首情节不当,应予纠正。李国仁犯罪情节恶劣,后果特别严重,依法应予严惩。原判认定的事实清楚,证据确实、充分,定罪准确,量刑适当,审判程序合法。据此,依照《中华人民共和国刑事诉讼法》(1996年)第一百八十九条第(一)项和《中华人民共和国刑法》第二百三十二条、第五十七条第一款的规定,裁定驳回上诉,维持原判。

最高人民法院经复核审理认为,被告人李国仁因琐事持刀报复砍杀他人,致一人死亡、二人重伤、一人轻伤,其行为构成故意杀人罪。李国仁虽然曾打派出所电话表示要投案,但之后又继续实施杀人行为,不构成自首,且犯罪手段残忍,情节恶劣,后果特别严重,罪行极其严重,应当依法严惩。第一审判决、第二审裁定认定的事实清楚,证据确实、充分,定罪准确,量刑适当,审判程序合法。据此,依照《中华人民共和国刑事诉讼法》(1996年)第一百九十九条和最高人民法院《关于复核死刑案件若干问题的规定》第二条第一款的规定,裁定核准被告人李国仁死刑。

二、裁判要旨

No.4-232-100 犯罪后主动报警投案,等待抓捕期间又实施犯罪的,不认定为自首。

主动报警表示投案,等待抓捕期间又实施犯罪的,大致包括以下四种情形。前三种情形,理论界和实务界已达成共识,均认为不构成自首,关键是第四种情形是否构成自首,还存在一定的争议。

第一种情形,后罪与所自首之罪属于同一罪行的不同阶段的,不能认定为自首。这种情形,所自首之罪没有结束,其投案的行为或者意思表示充其量是其对先前罪行的事先通告,而不能认定是自动投案的表现,不能认定为自首。

第二种情形,后罪与所自首之罪属于同种罪行的,不能认定为自首。根据最高人民法院《处理自首和立功具体应用法律若干问题的解释》的规定,被采取强制措施的犯罪嫌疑人、被告人和已宣判的罪犯,如实供述司法机关尚未掌握的罪行,与司法机关已掌握的或者判决确定的罪行属同种罪行的,可以酌情从轻处罚,但不以自首论。这一规定表明,同种数罪的自首异于异种数罪的自首。同理,在又犯新罪的情况下,犯罪嫌疑人被公安机关抓获可能与其之前的投案无关,那么其之前的投案并如实供述罪行只能看做供述同种余罪。

第三种情形,后罪与所自首之罪虽然属于不同罪名,但两罪之间存在密切关联的,不能认定为自首。根据最高人民法院《关于处理自首和立功若干具体问题的意见》第三条的规定,是否属于同种罪行,一般应以罪名区分,但如实供述的犯罪与司法机关已经掌握的犯罪属选择性罪名或者在法律、事实上密切关联,仍应认定为同种罪行。如犯罪嫌疑人实施强奸后报警,在等候抓捕过程中又杀死被害人的;或者犯罪嫌疑人在投案途中威胁证人,又构成妨害作证罪的,虽然前罪、后罪并非同种罪行,但两罪之间在事实、法律上密切关联,其投案行为也不能认定为自首。

第四种情形,后罪与所自首之罪不属同种罪行,且两罪在事实上、法律上无密切关联。

笔者认为,对于第四种情形能否认定成立自首,主要应当从时间条件上进行认定。自动投案的时间性要求意味着犯罪嫌疑人一旦实施了投案的行为,就不能继续实施犯罪。如果犯罪嫌疑人在其打电话表示投案后,还继续实施犯罪,表明其主观上并未彻底放弃和终止继续犯罪的意图,缺乏自愿将自己置于司法机关的控制之下接受审查和裁判的主观意愿,不属于自动投案,不具备自首的本质特征,不构成自首。

本案中,李国仁在打电话报警后,仍持刀砍击来人头部,表明其在主观上没有放弃继续犯罪的念头,客观上也造成了抓捕民警轻伤的危害后果,其行为是之前故意杀人犯罪的继续,故其打电话投案的行为不能认定为自动投案。

一般认为,自首的本质是犯罪嫌疑人在犯罪后能够主动将自己交付国家追诉,具有主动性和自愿性。《处理自首和立功具体应用法律若干问题的解释》和《关于处理自首和立功若干具体问题的意见》对自动投案的规定也体现了这一要求。如《关于处理自首和立功若干具体问题的意见》规定,对犯罪嫌疑人被亲友采用捆绑等手段送到司法机关的不认定自首,就在于其投案不符合犯罪嫌疑人的意愿;而对于明知他人报案而在现场等待,抓捕时无拒捕行为的认定为自首,就在于其投案符合犯罪嫌疑人的意愿。因此,在实践中,认定犯罪嫌疑人是否属于自动投案,不仅要看其是否有投案的意思表示和行为,还要看其投案行为是否符合其真实意愿。对于投案符合犯罪嫌疑人真实意愿的,即使其没有明确的投案行为,但其行为符合《处理自首和立功具体应用法律若干问题的解释》《关于处理自首和立功若干具体问题的意见》的规定情形,也应当认定其属于自动投案,构成自首;相反,对于投案不符合犯罪嫌疑人真实意愿,即使其实施了投案的行为,也不能认定为自首。

需要注意的是,认定犯罪嫌疑人是否具有投案的主动性、自愿性,要结合其在等待抓捕期间的具体行为来判断和认定。本案中,被告人李国仁在打电话报警后躲在自家门后,实施了持刀砍民警的行为,尽管其主观上错误地将抓捕民警误以为是被害人的亲属,但即使来人是被害人的亲属,也存在两种可能:如果被害人的亲属是配合公安人员实施抓捕的,被告人的行为仍然属于抗拒抓捕,不构成自首;如果被害人的亲属前来是为了实施报复,被告人也只有在其权利遭受正在进行的不法侵害时才能实施防卫。而李国仁却是在还没有看清来人是谁的情况下就实施了持刀砍击行为,表明其行为不具有防卫性质,主观上没有束手就擒的意愿,其电话报警后又实施与报警所涉之罪系同种罪行或者存在密切关联的罪行,表明其不具备自动投案的主动性和自愿性,不构成自首。

案例:孟庆宝故意杀人案

案例来源:《刑事审判参考》总第111集[第1212号]

主题词:故意杀人罪 自首

一、基本案情

被告人孟庆宝与被害人王某某系夫妻关系。孟庆宝因反对王某某与其他人交往而与王某某产生矛盾,王某某提出离婚,遭到孟庆宝拒绝。

2013年7月24日,孟庆宝在家中与王某某发生口角,孟庆宝用双手掐住王某某颈部,致王某某因颈部受钝性外力作用导致机械性窒息而死亡。案发后,孟庆宝在家中企图自杀未果。次日16时许,孟庆宝拨打其岳父王家某的电话,告知其将王某某杀害并准备自杀,后王家某向沈阳市皇姑区北陵派出所报警。26日5时22分,沈阳市于洪区造化派出所民警接到有人投湖自杀的报警电话,孟庆宝已被群众救起。民警询问其投湖原因,其称将妻子杀害,后又昏迷。民警待其苏醒后将其带至造化派出所,后了解到孟庆宝的妻子已在家中被害死亡。民警遂再次询问孟庆宝,孟庆宝详细交代了故意杀人的犯罪事实。

二、裁判要旨

No.4-232-101 犯罪后自杀被救起,在接受尚未掌握犯罪人罪行的当地公安人员一般性盘问时,主动如实供述自己罪行的,应认定为"自首"。

根据《刑法》第六十七条的规定,成立自首需要具备"主动投案"和"如实供述自己的罪行"两个条件。关于何为"主动投案",根据最高人民法院制定的《关于处理自首和立功若干具体问题的意见》第一条的规定,主动投案情形之一是在司法机关未确定犯罪嫌疑人,仅因形迹可疑被盘问、教育后,尚在一般性排查询问时,主动交代了犯罪事实的。根据该意见的细化释明,上述情形成立自首应当满足以下条件:(1)进行盘问的司法机关尚未掌握犯罪人的罪行;(2)犯罪人仅因形迹可疑接受一般性的盘问,而非有针对性的盘查;(3)犯罪人主动、如实供述犯罪事实。

对于畏罪自杀被救起后向不知晓具体案情的公安人员主动供述犯罪事实的行为,是否认定为自首,应当按照形迹可疑型自首的上述构成要件,综合考虑犯罪人的自杀动机行凶与自杀的时间空间距离、侦查人员与盘问人员的同一关系、案件事实的知晓范围与程度等予以客观认定,而不能将犯罪人放弃生命的行为简单等同于逃避法律制裁,从而一概地排除适用自首制度。

本案中,2013年7月25日晚,被告人岳父王家某虽报案,但当晚公安机关现场勘查直至23时结束,未正式立案,亦未把孟庆宝列为犯罪嫌疑人进行通缉或者录入全国公安信息网络在逃人员信息数据库,直至26日,才正式立案。故在此之前,应当认为孟庆宝的犯罪事实尚未被其他地区公安机关掌握。26日清晨,派出所接到报警,称一男子投湖,民警出警时并不知投湖男子身份及其罪行,投湖行为本身亦无法与杀人犯罪建立联系,即行为人与具体案件之间的客观联系尚未被公安机关明确,属于"犯罪事实尚未被司法机关发现"的情形。孟庆宝投湖自杀被救起后,民警对其进行盘问的主要内容为投湖原因,属于因形迹可疑而盘问,孟庆宝在投湖现场即主动交代了自己的杀人罪行,虽杀人的细节并不完整,但不能否认民警知悉孟庆宝杀害妻子事实的源头系孟庆宝自述,应当视为自动投案。被带至派出所后,孟庆宝如实供述了犯罪事实,其行为符合形迹可疑型自首的上述构成要件,依法成立自首。

孟庆宝作案后投湖自杀,表明其未能及时将自己置于国家法律有效管控之下,但不能简单认为其就是在逃避法律制裁,从而据此改变其后投案行为的性质,应当严格按照刑法及司法解释来认定。另外,刑法规定"对自首的犯罪分子,可以从轻或者减轻处罚",至于是从轻处罚还是减轻处罚以及具体幅度,由司法机关根据行为对司法机关侦破案件所起到的作用来判定。本案被告人的自首情节对案件侦破的实际意义相对较弱,但不能据此否定其行为构成自首。

案例:李中海故意杀人案

案例来源:《刑事审判参考》总第95集[第925号]

主题词:故意杀人罪 交通肇事逃逸后的间接故意杀人行为

一、基本案情

被告人李中海,男,1980年7月16日出生。因涉嫌犯交通肇事罪于2012年5月7日被逮捕。

上海市虹口区人民检察院以被告人李中海犯故意杀人罪,向上海市虹口区人民法院提起公诉。

上海市虹口区人民法院经审理查明:2005年10月16日凌晨3时许,被告人李中海驾驶一辆牌号为豫PKC2××的两轮摩托车于上海市共康路附近营运载客时搭载了被害人章诚,后当李中海沿上海市江杨南路由北向南骑行至江杨南路桥北埢处时,因操作不当造成两轮摩托车车头撞击到路边隔离带,导致章诚从摩托车后座甩出后倒地。李中海下车查看后,发现章诚躺在机动车道内因受伤而无法动弹,为逃避自身责任,李中海不顾章诚可能被后续过往车辆碾压身亡的危险,在未采取任何保护措施的情况下,自行驾车逃逸。后章诚被一辆途经该处的大货车碾压,当场致死。案发后,经现场勘查、调查取证、技术鉴定,交警部门认定李中海对本起事故负全部责任。同时,《尸体检验报告书》认定:"被害人章诚系因在交通事故中造成复合伤而死亡"。

上海市虹口区人民法院认为,被告人李中海违反交通法规,在发生交通事故后,为逃避法律追究,明知不履行其先行行为产生的法定义务可能导致被害人死亡的危害结果,仍然放任该危害结果的发生,最终导致被害人死亡,其行为构成故意杀人罪。上海市虹口区人民检察院指控被告人李中海犯故意杀人罪罪名成立。机动车车辆驾驶人应当遵守道路交通安全法律的相关规定,当车辆发生交通事故后即负有抢救受伤人员并迅速报告执勤交通警察或者交通管理部门的法定义务。李中海先前的交通肇事行为是过失行为,但当其发现并已明知被害人在凌晨时分受伤摔倒在交通干线的机动车道上而无法动弹,存在被后续车辆碾压致死的高度危险,其应当并有能力履行救助、报警的法定义务而不履行,且在未采取任何保护性措施的情况下,不顾被害人安危,自行驾车逃逸,其主观上属于放任危害结果发生的间接故意罪过形式;客观上正是其不作为致使被害人被后续车辆碾压致死,其不作为与被害人的死亡结果发生存在刑法上的因果关系。综观其客观行为表现和考察其犯罪心理状态,李中海的行为已经具备了故意杀人罪的构成要件,故关于辩护人提出的李中海的行为符合交通肇事罪中因逃逸致人死亡的加重情节而不构成故意杀人罪的辩护意见,辩护人的相关辩护意见与事实和法律不符,法院不予采纳。李中海犯罪后能自动投案并如实供述自己的罪行,系自首,依法可以从轻处罚。据此,为维护社会秩序,保护公民生命权利不受侵犯,依照《中华人民共和国刑法》第二百三十二条、第五十六条第一款、第五十五条第一款及第六十七条第一款之规定,上海市虹口区人民法院以故意杀人罪判处被告人李中海有期徒刑十二年,剥夺政治权利三年。

一审判决后,被告人未提起上诉,检察院亦未抗诉,该判决已发生法律效力。

二、裁判要旨

No. 4-232-102 交通肇事后明知逃逸可能导致被害人死亡而仍然放任结果发生的,成立(间接)故意杀人罪。

对本案李中海的行为是否构成不作为的间接故意杀人罪,可以从不作为犯罪的"应为能为而不为"这一行为模式着手分析。

1. "应为"——不纯正不作为犯罪的行为人必须负有作为义务。《道路交通安全法》第七十条规定:"在道路上发生交通事故,车辆驾驶人应当立即停车,保护现场;造成人身伤亡的,车辆驾驶人应当立即抢救受伤人员,并迅速报告执勤的交通警察或者公安机关交通管理部门。"本案被告人李中海作为一名机动车车辆驾驶人,理应遵守《道路交通安全法》的相关规定,当车辆发生交通事故后,其负有抢救受伤人员并迅速报告执勤交通警察或者交通管理部门的法定作为义务。

2. "能为"——不纯正不作为犯罪的行为人有能力履行特定的作为义务而不履行。法律要求行为人履行作为义务,是以行为人能够履行义务为前提的。只有在行为人有能力履行而不履行的前提下,才是不作为。本案中,李中海因驾车时操作不当,引发交通事故后,自身并未受伤,其完全有能力对被害人加以救助、施以援手或者采取一定的防范措施,以避免危害结果的发生。

3. “不为”——不纯正不作为犯罪的行为人因不履行特定作为义务,可能或者已经造成的危害结果与作为犯罪可能或者已经造成的危害结果具有等价性。之所以要具备等价性条件,是因为不纯正不作为与作为共用一个犯罪构成要件,刑法对不纯正的不作为犯罪并未作出专门规定,在罪刑法定原则的内在约束下,只有与作为具有等价性的不纯正不作为才能纳入刑法的评价范围。本案中,李中海驾车时因操作不当致使被害人在凌晨时分受伤摔倒在交通干线的机动车道上无法动弹,存在被后续车辆碾压致死的高度危险,在这种情况下,李中海交通肇事后的逃逸行为所可能造成的危害结果与作为的杀人行为所可能造成的危害结果具有等价性。

李中海的逃逸行为与被害人的死亡结果之间具有刑法上的因果关系。在具有介入因素的情形中,有必要判断该介入因素能否中断前行为与最终结果之间的因果关系。

理论界一般认为,在有第三人行为介入情形中,对前行为与最终结果之间刑法上因果关系的判断,至少需要综合考虑三个方面因素:第一,最早出现的实行行为导致最后结果发生的可能性高低;第二,介入因素异常性的大小;第三,介入因素对结果发生的影响力大小。对照上述三个方面,具体结合本案案情分析:虽然本案交通肇事发生时间为凌晨时分,但当时该路段的车辆往来仍较为频繁,在此情况下,被告人李中海交通肇事后逃逸,将被害人留置于有车辆来往的机动车道内,发生更为严重的伤亡后果的可能性极高。据此,可以认定李中海为逃避责任而对被害人不予救助的行为导致被害人被后续车辆碾压致死这一危害结果发生的可能性极高,其他因素介入的异常性较小,从而对最终发生伤亡结果的影响力较大。因此,交通肇事后逃逸行为与被害人死亡结果之间具有刑法上的因果关系。

在司法实践中,如何正确区分交通肇事案件中逃逸者的罪过形式系过于自信的过失还是间接故意杀人,直接影响到逃逸者行为的定性。笔者认为,对上述两者的区别认定可以从认识因素和意志因素两个方面入手分析。首先,从认识因素上分析,间接故意是“明知”结果发生的可能性,轻信过失是“预见到”结果发生的可能性。两者的区别在于行为人对结果发生的可能性转化为现实性的认识程度不同。其次,从意志因素分析,对间接故意和轻信过失来说,行为人对行为的性质、对象和结果均有所认识,对结果的发生也均不抱有希望的态度,两者最大的区别在于间接故意是不希望也不反对,而轻信过失是坚决否定、反对。具体结合本案案情,李中海先前的交通肇事行为虽是出于过失,但当其明知被害人在凌晨时分因自己驾车肇事导致受伤摔倒在交通干线的机动车道上无法动弹,存在被后续车辆碾压致死的高度危险时,仍未采取任何救助措施或者防范措施,而是选择了自行逃逸。在此情况下,李中海的行为属于典型的放任危害结果发生的情形,其罪过形式属于间接故意,认定李中海对被害人死亡结果的发生持轻信过失的心理缺乏事实依据。

综上,本案被告人李中海作为一名机动车车辆驾驶人,在其发生交通事故后,应当负有救助、报警的法定作为义务,但其有能力履行而不履行,并明知不履行可能导致被害人死亡结果发生的情况下,仍然放任该危害结果的发生,最终导致被害人死亡,应当构成故意杀人罪。

案例:杜成军故意杀人案

案例来源:《刑事审判参考》总第 95 集[第 927 号]

主题词:故意杀人罪 患有轻度精神障碍的被告人的量刑

一、基本案情

被告人杜成军,男,农民。1996 年 8 月 14 日因犯故意伤害罪被判处有期徒刑五年;2007 年 9 月 28 日因涉嫌犯故意杀人罪被逮捕。

陕西省榆林市人民检察院以被告人杜成军犯故意杀人罪,向榆林市中级人民法院提起公诉。

被告人杜成军一审当庭未予辩解。辩护人提出,杜成军患有轻度精神发育迟滞伴精神障碍,具有法定从轻处罚情节,请求对杜成军予以从轻判处。

榆林市中级人民法院经审理查明:1996 年 7 月 7 日,被告人杜成军携带一根十二节铁鞭来到同村村民马尚友家中,欲与马尚友之妻施某发生性关系。遭到拒绝后,杜成军持铁鞭击打施某,施某跑出门外,杜成军抓住施某的二儿子马某东(时年9岁),将马某东的头部与炕栏撞击一下后,将马某东扔在院子的地上。施某听到马某东的哭声跑回家,杜成军拿起施家的扁担击打施某和马某东的头部,又踩了马某东的头部两脚后逃离现场。经鉴定,马某东的伤情构成重伤,施某的伤情构成轻伤。杜成军因犯故意伤害罪被判处有期徒刑五年,并赔偿二被害人经济损失共计6470.2元人民币。杜成军刑满释放后,认为马尚友家人害其坐牢,一直怀恨在心,遂多次滋事欺负马尚友家人,并伺机报复。2007年9月8日9时许,杜成军见马尚友的大儿媳被害人张英(殁年23岁)抱着儿子被害人马某星(殁年1岁)去同村村民杜修山家串门,便尾随至杜修山家院子,用院中一根木棍击打张英的头部一下。张英放下怀中的马某星抱住头部,在场村民刘亚梅准备抱起马某星时被杜成军用胳膊肘撞倒,张英抱起马某星跑进杜修山家窑内。杜成军追进去,先将马某星打倒在地,又将张英压倒在沙发上殴打。杜成军的母亲师仰玲、父亲杜怀、村民马守珍闻讯赶到进行劝止,张英趁机抱起马某星跑出门外,杜成军又追上用木棍将张英打倒在地。之后,杜成军持木棍和杜修山家铁鏊击打张英、马某星母子头面部,致马某星头颅骨粉碎性骨折当场死亡,致张英急性失血性休克死亡。另查明,杜成军患有轻度精神发育迟滞伴精神障碍。

榆林市中级人民法院认为,被告人杜成军因故意伤害被害人张英的亲属被判刑而迁怒于被害人全家。在刑满释放后,杜成军多次向被害人一家挑衅闹事,被害人一家多次忍让。案发当日,杜成军见到二被害人后,便产生恶念,并残忍将二被害人杀害,其行为构成故意杀人罪。虽然杜成军经鉴定患有轻度精神发育迟滞伴精神障碍,但其系报复杀人,且使用特别残忍手段,杀死其中一名年仅1岁的幼儿,主观恶性极大,后果特别严重,造成非常恶劣的社会影响,依法应当严惩。据此,依照《中华人民共和国刑法》第二百三十二条、第十八条第三款、第五十七条第一款之规定,榆林市中级人民法院以被告人杜成军犯故意杀人罪,判处死刑,剥夺政治权利终身。

一审宣判后,杜成军提出上诉,认为原判对其量刑畸重,请求对其从轻处罚。辩护人提出,杜成军精神发育迟滞并伴有精神障碍,具有法定从轻情节,应当对其从轻或者减轻处罚。

陕西省高级人民法院经审理认为,上诉人杜成军多年前因对被害人张英的婆婆实施性骚扰遭到拒绝后殴打被害人婆婆及小叔子,致一人重伤,一人轻伤,被判刑后对被害人一家怀恨在心,刑满释放后不思悔改,伺机报复被害人家人,持木棍、铁鏊以特别残忍手段殴打二被害人,致二被害人死亡,其行为构成故意杀人罪。虽然杜成军有轻度精神障碍,但其作案有明确的针对性和报复性,从其平常表现看,其所患精神障碍对其辨认和控制自己行为的能力大小影响不大。且其犯罪动机十分卑劣,手段特别残忍,后果特别严重,罪行极其严重,社会危害性和人身危险性极大,依法应予严惩。据此,依照《中华人民共和国刑事诉讼法》(修改前)第一百八十九条第(一)项之规定,裁定驳回上诉,维持原判,并依法报送最高人民法院核准。

最高人民法院经复核认为,被告人杜成军非法剥夺他人生命,其行为构成故意杀人罪。杜成军因故意伤害他人被判刑,在刑满释放后,伺机蓄意报复被害人,持木棍击打、铁鏊捅戳二被害人头面部,致二人死亡,其犯罪性质特别恶劣,手段特别残忍,后果特别严重,社会危害性极大,罪行极其严重,应当依法惩处。其轻度精神障碍在案发时对其辨认能力和行为控制能力影响甚微,不足以从轻处罚。第一审判决、第二审裁定认定的事实清楚,证据确实、充分,定罪准确,量刑适当,审判程序合法。据此,依照《中华人民共和国刑事诉讼法》(修改前)第一百九十九条和最高人民法院《关于复核死刑案件若干问题的规定》第二条第一款之规定,裁定核准陕西省高级人民法院维持第一审以故意杀人罪判处被告人杜成军死刑,剥夺政治权利终身的刑事裁定。

二、裁判要旨

No.4-232-103 严重暴力犯罪案件中,被告人患有轻度精神障碍对认识与控制能力影响不大的,可以不从轻处罚。

《刑法》第十八条第三款规定:"尚未完全丧失辨认或者控制自己行为能力的精神病人犯罪的,应当负刑事责任,但是可以从轻或者减轻处罚。"笔者认为,对于该条规定应当作如下理解:

首先,精神病的种类很多,不可认为所有的精神病人都没有责任能力。虽然患有精神病,但如果尚未完全丧失辨认和控制能力,就表明行为人还具有一定的自由意志,在其行为成立犯罪的情况下,应当承担责任;其次,"尚未完全丧失辨认或者控制自己行为的能力",表明行为人对自己实施的行为具有一定的辨认和控制能力,只是由于精神病而有所减弱而已。虽然患有精神病,但如果对其实施的行为具有与正常人相同的辨认和控制能力,或者完全不具有辨认控制能力,均不能适用《刑法》第十八条第三款的规定;最后,对责任能力减弱的精神病人犯罪的,只是"可以"从轻或者减轻处罚,而不是"应当"从轻或者减轻处罚。如果所实施的犯罪受到辨认和控制能力减弱的影响,可以根据受到影响程度的大小决定是否从轻或者减轻处罚。精神障碍对行为人行为能力的影响也有大小轻重之分,对于有较大影响的,对行为人应当减轻处罚或者在法定刑幅度内从轻判处刑罚;对于影响较小的,对行为人可以不从轻判处刑罚。刑法并没有规定对限制行为能力人一律从轻处罚,对罪行极其严重且辨认和控制自己行为能力轻微减弱的犯罪人不予从轻处罚,并不违背立法本意。

就本案而言,被告人杜成军的精神障碍对其辨认和控制自己行为的能力影响较小。对杜成军这样犯罪动机卑劣,主观恶性和人身危险性极大,犯罪手段特别凶残,犯罪后果特别严重,确属罪行极其严重的重大暴力犯罪分子,依法判处死刑立即执行,充分体现了罪责刑相适应的刑法基本原则,也充分发挥了刑法惩治犯罪、保护人民、维护社会稳定的基本功能。

案例:连恩青故意杀人案

案例来源:《刑事审判参考》总第 117 集[第 1286 号]

主题词:故意杀人罪 刑事责任能力

一、基本案情

2012 年 3 月,连恩青因鼻部疾病,在浙江省温岭市第一人民医院就诊时接受了该医院耳鼻喉科医生蔡朝阳的手术治疗。此后,连恩青认为手术效果不佳,遂多次到该医院复查、投诉,并要求再次手术,未果。其间,连恩青还多次到其他医院就诊,均诊断其鼻部无异常,为此,连恩青对蔡朝阳医生及该医院为其处理投诉事宜的耳鼻喉科医生王云杰、为其进行 CT 检查的医生林海勇心生怨恨,预谋报复杀人。2013 年 10 月 25 日,连恩青携带木柄铁锤、尖刀来到浙江省温岭市第一人民医院门诊大楼,进入王云杰诊室,站在王云杰背后持铁锤击打王云杰头部,因铁锤木把断裂,又掏出尖刀捅刺王云杰,王云杰逃离诊室,连恩青持刀追赶,追上王云杰后连续捅刺其胸腹部、背部等处,还持刀捅刺劝阻其行凶的医生王伟杰右腋下一刀,在摆脱王伟杰后再次捅刺王云杰胸部。随后,连恩青持刀寻找蔡朝阳,用尖刀敲碎诊室门玻璃后离开,又持刀到放射科 CT 室,误将医生江晓勇认作林海勇,上前持刀捅刺江晓勇胸腹部三刀,得知其并非林海勇时便停止行凶。连恩青随即被在场人员及闻讯赶来的保安当场抓获,最终王云杰经抢救无效当日死亡,江晓勇的损伤构成重伤,王伟杰的损伤未达轻伤。经浙江省立同德医院司法鉴定所鉴定,连恩青作案时意识清晰,作案动机现实,辨认和控制能力存在,具有完全刑事责任能力。

二、裁判要旨

No. 4-232-104 对精神障碍者刑事责任能力进行判断分两个层次:第一层次是判断行为人是否有精神障碍,及患有何种精神障碍;第二层次是进一步判断行为人是否因精神障碍而致辨认或者控制行为的能力减弱或丧失。若患有精神障碍,但作案时意识清晰,动机现实,辨认和控制能力存在,则不应否定故意杀人罪的成立。

刑事责任能力是指行为人能够辨认或者控制自己行为,并对自己行为负责任的能力。《刑法》第十八条规定,精神病人在不能辨认或者控制自己行为的时候造成危害结果,经法定程序鉴定确认的,不负刑事责任;间歇性的精神病人在精神正常的时候犯罪,应当负刑事责任;尚未完全丧失辨认或者控制自己行为能力的精神病人犯罪的,应当负刑事责任,但是可以从轻或减轻处罚。判断行为人是否因精神障碍而影响其刑事责任能力需经过两个层次的判断。

第一层次是判断行为人是否有精神障碍以及患有何种精神障碍,本案中,连恩青作案前曾在上海市精神卫生中心进行了为期2个多月的精神疾病方面的治疗,被诊断为持久妄想性障碍,作案时距出院10天时间;浙江省立同德医院对连恩青归案后进行司法精神病鉴定,认为患有疑病症,未达到妄想的程度,作案时意识清晰,作案动机现实,辨认和控制能力存在,有完全刑事责任能力。持久妄想性障碍主要特征是患者头脑中存在根深蒂固的错误观念,表现为坚持自己身体有病,对实际情况歪曲或无中生有;疑病症表现为患者确实存在一定疾病,关注自身健康程度与实际健康状况很不相称,各种客观检查结果和医生的解释都不能打消其顾虑。本案中,连恩青经手术治疗鼻部疾病后,自身感觉呼吸困难、胸闷,经不同医院检查后,均认为鼻部疾病并未达到其认为的严重程度,连恩青对此产生焦虑情绪,其易激动、偏执的表现与疑病症相关。

第二层次是进一步判断行为人是否因精神障碍而致辨认或者控制行为的能力减弱或丧失,本案中,连恩青的作案过程反映其具有完整的辨认和控制自己行为的能力。首先,作案动机现实,认为其就医的不同医院的医生通过网络串通,伪造虚假的CT片,掩盖其疾病,导致自身严重不适,因此存有报复杀人的预谋;其次,作案对象明确,确定其报复的对象分别为进行手术的蔡朝阳医生、为其处理投诉事宜的耳鼻喉科医生王云杰、为其进行CT检查的医生林海勇,并准备好了铁锤和尖刀,当天进入各自的诊室内进行伤害行为,当其在CT室发现捅刺对象为江晓勇而非林海勇时,即停止行凶;最后,供述稳定一致,连恩青归案后第一次供述就详细交代了作案过程以及就医情况,与在案其他证据能相互印证,此后供述稳定一致,综合表现其精神障碍不致辨认或者控制行为的能力减弱。连恩青作案时意识清晰,动机现实,具有完全的辨认能力和控制能力,具有完全刑事责任能力。

案例:喻春等故意杀人案

案例来源:《刑事审判参考》总第95集[第928号]

主题词:自首　共同犯罪案件中的如实供述

一、基本案情

被告人喻春,男,农民。2012年7月18日因涉嫌犯故意杀人罪被逮捕。

被告人喻威,男,1989年12月3日出生,农民。2012年7月18日因涉嫌犯故意杀人罪被逮捕。

被告人余自兵,男,1989年3月19日出生,农民。2012年7月18日因涉嫌犯故意杀人罪被逮捕。

上海市人民检察院第二分院以被告人喻春、喻威、余自兵犯故意杀人罪,向上海市第二中级人民法院提起公诉。

上海市第二中级人民法院经公开审理查明:2012年6月10日19时许,被告人喻春在上海市宝山区联谊路101号棋牌室内赌博时,与桑山、唐德国因赌资赔付发生口角,继而发生互殴。喻春打电话纠集其子被告人喻威去现场。喻威接到电话后持铁锹赶到现场,欲用铁锹殴打被害人桑山时,铁锹头掉落。双方被围观群众劝开后,喻春、喻威离开现场。此后,喻威打电话纠集被告人余自兵去棋牌室。约十分钟后,喻春手持两把西瓜刀,喻威手持一把西瓜刀返回上述棋牌室门前。喻春双手执刀与桑山对砍。喻威见状与喻春共同追打桑山至棋牌室隔壁的江南风味小吃店的厨房内。其间,驱车赶到现场的余自兵在厨房内持刀砍击桑山。桑山身受多处创伤后被他人送往宝山区仁和医院抢救,因大失血于当日20时30分死亡。喻春、喻威亦受伤,余自兵驾车将喻春、喻威送往宝山中心医院接受治疗,又将作案刀具丢入克山路湄浦河桥下河道内。当日晚,喻春在宝山中心医院被公安人员抓获。同年6月11日,喻威向公安机关投案。次日,余自兵向公安机关投案,且如实供述了其与喻春、喻威将桑山砍死的犯罪事实。

上海市第二中级人民法院认为,被告人喻春、喻威、余自兵共同杀害被害人桑山,其行为均构成故意杀人罪。经查,被害人桑山具有多处刀伤,不可能系余自兵一人在厨房内完成,故喻威虽有自动投案情节,但其既未供述其父砍到过桑山,也未供述其自己砍到过桑山,与事实明显不符,故认定其到案后没有供述主要犯罪事实,依法不能认定其具有自首情节。余自兵自动投案后如实供述犯罪事实,系自首,对其可以从轻处罚。据此,依照《中华人民共和国刑法》第二百三十二条、第二十五条第一款、第六十五条第一款、第六十七条第一款、第四十八条、第五十条第二款、第五十七条第一款、第五十六条第一款、第五十五条第一款、第六十四条之规定,上海市第二中级人民法院判决如下:

1. 被告人喻春犯故意杀人罪,判处死刑,缓期二年执行,剥夺政治权利终身,限制减刑。

2. 被告人喻威犯故意杀人罪,判处无期徒刑,剥夺政治权利终身。

3. 被告人余自兵犯故意杀人罪,判处有期徒刑十五年,剥夺政治权利四年。

一审宣判后,被告人喻威不服,以其具有自首情节对其应当从轻处罚为由向上海市高级人民法院提出上诉;余自兵亦以量刑过重为由提出上诉。

上海市高级人民法院经公开审理认为,上诉人喻威、余自兵与原审被告人喻春共同杀死一人,其行为均构成故意杀人罪。喻威未如实供述犯罪事实,不具有自首情节。余自兵自动投案且如实供述犯罪事实,应当认定具有自首情节,但原审对其判罚已体现从轻处罚政策,二上诉人的上诉意见不予采纳。据此,依照《中华人民共和国刑事诉讼法》第二百二十五条第一款第(一)项之规定,上海市高级人民法院裁定驳回喻威、余自兵的上诉,维持原审各项判决。

二、裁判要旨

No. 4-232-105 共同犯罪案件中,犯罪嫌疑人在其他同案犯供述后被迫如实供述,且未供述主要犯罪事实的,不成立自首。

喻威是否如实供述主要犯罪事实,可以从以下几个方面进行分析:

1. 从所交代事实对定罪量刑的影响认定被告人是否如实供述主要犯罪事实。

犯罪事实既包括定罪事实,也包括量刑事实。对于犯罪事实是否属于主要犯罪事实的认定,除了要看该犯罪事实是否属于犯罪构成事实,还要看该犯罪事实是否对量刑产生重要影响。在涉自首认定的案件中,主要犯罪事实的认定事关犯罪嫌疑人、被告人是否具有自首的认定,因此有必要探讨。最高人民法院《关于处理自首和立功若干具体问题的意见》第二条规定:"犯罪嫌疑人多次实施同种罪行的,应当综合考虑已交代的犯罪事实与未交代的犯罪事实的危害程度,决定是否认定为如实供述主要犯罪事实。虽然投案后没有交代全部犯罪事实,但如实交代的犯罪情节重于未交代的犯罪情节,或者如实交代的犯罪数额多于未交代的犯罪数额,一般应认定为如实供述自己的主要犯罪事实。"参考这一规定,笔者认为,一般应当根据犯罪嫌疑人、被告人所供述的犯罪事实对定罪量刑的影响程度,区分出主要犯罪事实和次要犯罪事实。如果无法区分犯罪嫌疑人、被告人已交代的犯罪事实与未交代的犯罪事实的主次,或者未交代的犯罪事实对定罪量刑的影响明显大于已交代的犯罪事实,则不应认定犯罪嫌疑人、被告人如实供述了主要犯罪事实。本案中,在确认被害人桑山的刀伤并非被告人余自兵所砍的前提下,意味着被告人喻春、喻威必定有一人砍到过被害人。而砍到过被害人的犯罪事实对量刑的影响明显大于准备砍击或者实施砍击但未砍到的犯罪事实。因此,喻威仅交代其拽住被害人的脖子让余自兵砍,虽持刀准备砍击但未砍到的行为,不能认定其如实供述了主要犯罪事实。

2. 从交代同案犯关联事实的程度分析被告人是否如实供述主要犯罪事实。认定共同犯罪人的自首,关键在于准确把握共同犯罪人"自己的罪行"范围。最高人民法院《关于处理自首和立功具体应用法律若干问题的解释》第一条第(二)项规定:"共同犯罪案件中的犯罪嫌疑人,除如实供述自己的罪行,还应当供述所知的同案犯,主犯则应当供述所知其他同案的共同犯罪事实,才能认定为自首。"即共同犯罪人自首时,除了交代自己所犯的罪行外,还需交代其所知的同案犯实施的共同犯罪事实。各种共同犯罪人自首时所供述的罪行范围,与其在共同犯罪中所起的作用和具体分工是相适应的,这是由共同犯罪的特性与自首的性质决定的。

本案能够排除三被告人以外其他人作案,且喻威自始参加行凶全过程,是积极组织、参与本次殴斗的成员,应当能够证明喻春是否行凶,即要么承认自己行凶,要么证明喻春亦行凶。而喻威则既不供述自己对桑山实施过砍击行为,也不供述其父对桑山实施过砍击行为,而只是一口咬定其没有看到,并把相关罪责都推到余自兵身上。这种行为实质上是为了侧面反驳起诉书对其父亲的指控。虽然中国历来具有"亲亲相隐"的传统,2012 年修改后的《刑事诉讼法》也明确规定父母、配偶、子女具有强制到庭的豁免权,但这些传统和法律规定,仅表明不能因为犯罪嫌疑人、被告人不交代其亲属犯罪事实或者不到庭指证其亲属犯罪事实,就对其从重处罚,而不意味着不交代其亲属犯罪事实或者不到庭指证其亲属犯罪事实还能具备法定从宽处罚的条件。据此,笔者认为,喻威没有供述同案犯的主要犯罪事实。

3. 从如实供述的时间节点分析被告人是否如实供述主要犯罪事实。刑法设立自首的初衷,在于鼓励犯罪嫌疑人或者被告人(限于准自首情形)认罪、悔罪,真正将自己主动交付于司法机关监管。从“如实供述自己罪行”的相关规定看,的确没有对如实供述的时间节点进行明确规定,然而,如实供述的时间节点能够体现出供述者是否具有将其主动交付于司法机关监管的意愿。换言之,如果犯罪嫌疑人如实供述的时间节点是在其他同案犯已作相关供述之后,其是被迫作出如实供述的,那么其在实质上就不具有主动交付于司法机关监管的意愿,不符合自首制度设立的初衷,故不能认定构成自首。本案中,喻威一到案即供述了其和其父参与了与被害人桑山殴斗的犯罪事实,但是没有供述其纠集余自兵参与殴斗的犯罪事实。直到余自兵到案后交代了其受喻威纠集才参与殴斗的犯罪事实,喻威才供述了自己纠集余自兵的行为。可见,喻威在纠集余自兵的问题上避重就轻,且将造成被害人桑山死亡的砍击行为推卸给余自兵,反映出其具有逃避法律追究的主观心态,不符合自首的设立精神,故对此情形下的如实供述,一般不能认定为如实供述了主要犯罪事实。综上,上海市第二中级人民法院认定被告人喻威不具有自首情节是正确的,对其判罚体现了罪责刑相适应原则。

案例:冯维达、周峰故意杀人案

案例来源:《刑事审判参考》总第 96 集[第 943 号]

主题词:自首

一、基本案情

被告人冯维达,男,汉族,1979 年 11 月 8 日出生,农民。2005 年 9 月因犯非法拘禁罪被判处拘役六个月;2011 年 7 月 22 日因涉嫌故意杀人罪被逮捕。

被告人周峰,男,汉族,1984 年 12 月 21 日出生,农民。2011 年 7 月 22 日因涉嫌故意杀人罪被逮捕。

浙江省杭州市人民检察院以被告人冯维达、周峰犯故意杀人罪,向杭州市中级人民法院提起公诉。

被告人冯维达辩称,在与二被害人发生冲突的过程中,其并非有意追赶二被害人,因被害人砍其轿车,其为向二被害人索赔而在追赶过程中不小心撞上被害人的摩托车。其辩护人提出,被告人冯维达只想逼停被害人要求赔偿,发生碰撞时冯维达踩了刹车,本案应当定性为交通肇事逃逸,冯维达自动投案并如实供述自己的罪行,应当认定为自首。

被告人周峰辩称,其没有让冯维达摆平被害人,当看到二被害人驾驶摩托车经过时其也没有让冯维达追赶,故其行为不构成故意杀人罪。其辩护人基于以下理由请求法庭对周峰从轻处罚:本案系冯维达临时起意追赶被害人,周峰不构成故意杀人罪的共犯;周峰对犯罪性质的辩解不影响自首的成立;被害人具有过错。

杭州市中级人民法院经公开审理查明:2011 年 6 月 17 日凌晨 2 时许,被告人周峰驾驶牌号为“浙 A722××”的雪佛兰轿车至浙江省杭州市余杭区崇贤镇众望街“星期八烧烤店”吃夜宵时遇到其熟悉的被害人祁亮(殁年 27 岁)等人。祁亮遂通知范玉民(另案处理)过来持刀挑衅。周峰驾车离开时打电话让被告人冯维达开车前来摆平此事。祁亮听到周峰打电话联系他人,遂打电话纠集被害人侯树伟(殁年 19 岁)、祈雷(另案处理)等人前来,并持砍刀、木棍围住周峰的轿车,祁亮还持械砍砸周峰的轿车。周峰驾车冲出并赶到崇贤镇农业银行附近与驾驶凯迪拉克轿车前来的冯维达会合。此时,寻找周峰的祁亮驾驶摩托车搭载侯树伟携带砍刀、木棍正好从周峰、冯维达会合处经过,周峰即向冯维达指认祁亮、侯树伟系欺负他之人,并率先驾驶轿车顶上摩托车。祁亮、侯树伟驾乘摩托车转弯,冯维达即驾驶凯迪拉克轿车调头追赶,周峰驾车紧随其后。追逐过程中,冯维达加速行驶,在崇贤镇众望街94号路段撞上摩托车,致摩托车倒地滑行数米,祁亮、侯树伟被撞倒在人行道上,撞击后冯维达又驾车行驶数十米,后因轮胎严重破损无法行驶而弃车换乘周峰驾驶的轿车逃离现场。祁亮、侯树伟均因与地面撞击、摩擦致颅脑损伤死亡。

杭州市中级人民法院认为,被告人周峰遭到他人寻衅后,为泄愤报复而纠集被告人冯维达并指认对方人员,冯维达、周峰先后驾驶汽车高速追逐对方人员,由冯维达不计后果地高速猛烈撞击被害人驾驶的摩托车,致二被害人死亡,其行为均构成故意杀人罪。公诉机关指控的罪名成立。现场痕迹反映出冯维达在撞击摩托车之前车速快且未刹车,且撞击之后继续驾车行驶100余米,因车胎爆破无法前行才停止,因此,冯维达对二被害人的死亡后果持希望或者放任的态度,符合故意杀人罪的构成特征。周峰虽未明确指使冯维达撞击二被害人,但其纠集冯维达驾车前来的目的是泄愤报复对方,明知冯维达驾车高速追逐的行为可能导致二被害人伤亡结果的发生,非但未制止反而驾车紧跟,且在冯维达撞击二被害人后,驾车带冯维达逃离现场,逃离途中也未对冯维达的撞击行为表示任何反对或者不满,由此体现出冯维达高速撞击二被害人的行为并未超出周峰报复、摆平对方的概括性故意。故相关辩护意见与查证的事实不符,不予采纳。冯维达、周峰投案后能够如实供述本人实施的主要客观犯罪行为,符合自首条件;但二被告人未如实供述本人主观故意的内容,实际未真诚悔罪。二被害人在本案起因上有一定过错,辩护人所提被害人有过错的辩护意见予以采纳。鉴于冯维达故意杀人犯罪的社会危害性极大,犯罪后果极其严重,根据被害人的过错程度以及冯维达的自首程度,尚不足以对冯维达从宽处罚。鉴于周峰未直接加害二被害人,可视其自首情节、赔偿情况以及被害人过错的程度,依法可以从轻处罚。据此,依照《中华人民共和国刑法》第二百三十二条、第二十五条第一款、第六十七条第一款、第五十七条第一款、第五十六条第一款、第五十五条第一款之规定,判决如下:

1. 被告人冯维达犯故意杀人罪,判处死刑,剥夺政治权利终身。
2. 被告人周峰犯故意杀人罪,判处有期徒刑十五年,剥夺政治权利三年。

一审宣判后,被告人冯维达不服,向浙江省高级人民法院提起上诉。冯维达及其辩护人基于以下理由提出原判量刑过重,请求法庭对冯维达从轻处罚:冯维达没有杀人的故意及动机;原判认定二被害人未砍击冯维达所开车辆及车挡风玻璃破裂是碰撞后碎裂的证据不足;即使冯维达驾车追逐放任危害结果发生,也系间接故意;被害人具有过错;冯维达具有自首情节。

被告人周峰不服,向浙江省高级人民法院提起上诉。周峰及其辩护人基于以下理由提出原判量刑过重,请求法庭对周峰从轻处罚:周峰没有实施共同杀害被害人的行为;周峰具有自首情节。

二审出庭检察员认为,原判认定的事实清楚,证据确实、充分,定性准确,量刑适当,二上诉人的上诉理由及辩护意见均不能成立,遂建议驳回上诉,维持原判。

浙江省高级人民法院经公开审理认为,原判认定上诉人冯维达、周峰故意杀人的事实清楚,证据确实、充分。冯维达、周峰虽然均系主动投案,但并未如实供述自己的主要犯罪事实,原判认定二上诉人构成自首不当,应予更正。原判定罪正确,量刑适当,审判程序合法。冯维达、周峰要求改判的理由不足,不予采纳。据此,浙江省高级人民法院依法裁定驳回被告人冯维达、周峰的上诉,维持原判,并将判处被告人冯维达死刑的裁定依法报请最高人民法院核准。

最高人民法院复核认为,被告人冯维达受同案被告人周峰纠集,故意非法剥夺他人生命,其行为构成故意杀人罪。在共同犯罪中,冯维达直接实施致死二被害人的行为,系罪责最为严重的主犯。冯维达被纠集至现场后即在居民区驾驶轿车高速行驶,故意撞击二被害人驾乘的摩托车致二被害人死亡,犯罪情节特别恶劣,犯罪后果特别严重,罪行极其严重,依法应当严惩。第一审判决、第二审裁定认定的事实清楚,证据确实、充分,定罪准确,量刑适当,审判程序合法。据此,最高人民法院依法裁定核准浙江省高级人民法院维持第一审以故意杀人罪判处被告人冯维达死刑,剥夺政治权利终身的刑事裁定。

二、裁判要旨

No.4-232-106 如实供述自己的罪行不仅要求行为人如实供述客观行为,还要求如实供述犯罪时的主观心态。行为人对于主观心态的辩解是否影响如实供述的成立,应当根据其是否改变或否定依照在案证据认定的案件事实为标准。

"如实供述",顾名思义,是指实事求是地、客观地供述犯罪事实。如实供述自己的罪行,要求行为人真实、完整地交代自己的主要犯罪事实。具体包括三层含义:其一,行为人供述的内容应当是犯罪事实。其二,行为人供述的内容应当是本人的犯罪事实,即是由行为人自己实施,并由其自己承担刑事责任的罪行(共同犯罪中还包括其知道的共同犯罪人的犯罪事实)。其三,行为人供述的内容应当是主要犯罪事实。如果行为人只交代自己次要的犯罪事实而回避主要犯罪事实,则不能认定为"如实供述"。司法实践中,"如实供述"的认定是一个非常复杂的问题。如对行为人将故意杀人辩解为过失致人死亡的情形,因为罪过的形式和内容有巨大反差(将故意辩解为过失),一般认定行为人没有如实供述主要犯罪事实没有争议。但在行为人承认其罪过形式是故意,辩称只是伤害故意,而没有杀人故意的情况下,对这种将重罪故意辩解为轻罪故意的情形,是否认定为如实供述主要犯罪事实存在一定分歧。

虽然最高人民法院2010年出台的《关于处理自首和立功若干问题的意见》以"真实情况"来解释"如实",但"真实情况"的表述仍然过于模糊。对此,笔者认为,"如实供述"的认定虽然是刑事实体法要研究的问题,但犯罪事实的认定和定罪量刑必须依靠《刑事诉讼法》解决,脱离案件证据和程序规范,对"如实供述"的认定就会陷入纯理论探讨的泥沼。因此,"如实供述"的判断应当以根据在案证据查明的案件事实为认定标准。限于人的认识能力、认识水平以及客观实际,绝对的犯罪客观真实是无法复原的,但依照法定程序,通过在案证据"重现"的犯罪事实,就应当视为案件事实。

具体到对行为人主观心态的认定上,笔者认为,应当按照主客观相统一原则把握行为人是否"如实供述"犯罪主观心态,即以行为人对主观心态的辩解是否改变或者否定依照在案证据认定的案件事实为标准:如果行为人的辩解具有合理的根据能够成立,或者不能被在案证据排除的,就属于没有改变或者否定案件事实,不影响"如实供述"的成立;反之,则影响"如实供述"的成立。对于上述将重罪故意辩解为轻罪故意的情形,可以通过这个标准来分析行为人对主观心态的辩解是否影响"如实供述"的成立:根据行为人和被害人的关系(是否有矛盾,矛盾大小)、行为人作案时的行为表现(是否扬言杀人,是否追杀)、被害人的创口部位(要害部位还是非要害部位)、创口数量(多处创口还是一处创口)、行为人作案后的态度(是否有抢救被害人的行为)等在案证据证实的情节,若在案证据足以认定行为人实施的是重罪故意行为,则行为人的辩解不能成立,不能认定其构成自首;反之,若在案证据不能认定行为人实施了重罪故意行为,或者不能排除其有实施轻罪故意行为可能的,则应当认定行为人的辩解成立,认定其构成自首。

被告人冯维达自动投案后供述的犯罪事实有以下变化:其首次供述不承认驾车转弯是为了追赶被害人,在整个侦查阶段否认两次撞击被害人的摩托车,且至二审庭审均否认有撞击被害人摩托车的主观故意,辩称撞击前踩了刹车但没刹住,是不小心撞到了摩托车。但同案被告人周峰的供述、多名目击证人的证言及监控录像均证实,冯维达在看到二被害人后即驾车追赶,两次撞击被害人驾乘的摩托车;交通事故勘查笔录亦证实,冯维达作案时所驾凯迪拉克轿车的制动痕迹开始于撞击点(说明撞击前没有刹车),而技术验证报告证实,该凯迪拉克轿车的制动性能正常,证明冯维达所提"撞击前踩了刹车但没刹住"的辩解不能成立。上述在案证据足以证明冯维达是故意撞击被害人的摩托车,其是精神和智力正常的成年人,对驾驶轿车高速撞击两轮摩托车可能造成被害人死亡这一结果是明知的,至少有放任被害人死亡的故意。因此,冯维达一直否认有故意杀人的主观心态与庭审查明的案件事实不符,其对主观心态的辩解(将故意辩解为过失)已经达到了否定案件事实的程度,属于未如实供述自己的主要犯罪事实,二审认定其不能构成自首是正确的。

案例:许涛故意杀人案

案例来源:《刑事审判参考》总第113集[第1244号]

主题词:故意杀人罪 自首

一、基本案情

2011年4月,被告人许涛与被害人任某某通过网络相识,许涛采取欺骗手段取得任某某好感后二人建立恋爱关系。其间,许涛与任某某高息借款12万元,全部被许涛使用,尚余部分借款许涛无力偿还。2012年12月,许涛与任某某分手后,仍纠缠任某某并对其实施暴力行为。2013年5月,任某某与他人确定恋爱关系。同年8月,许涛以"高利贷要账人员"名义,以电子邮件的方式威胁、恐吓任某某限期还款。8月29日,许涛谎称已准备好钱款,让任某某与许涛假扮的"高利贷要账人员"约定当晚在许涛家中还款。当许涛与任某某来到许涛家后,许涛用力扼压任某某颈部,致任某某机械性窒息死亡。次日,许涛到公安机关投案,供称其与任某某相约自杀,致任某某死亡。

二、裁判要旨

No.4-232-107 自动投案后,虚构作案动机,对定罪量刑有重大影响的,不宜认定为自首。

首先,本案中被告人没有如实供述主要犯罪事实。根据《最高人民法院关于处理自首和立功具体应用法律若干问题的解释》(以下简称《自首解释》)第一条第二项的规定,如实供述自己的罪行,是指犯罪嫌疑人自动投案后,如实交代自己的主要犯罪事实。《自首解释》对如实供述的范围和程度提出了定量要求,即不要求犯罪嫌疑人必须交代全部犯罪事实,特别是细枝末节的边缘事实,而是将如实供述的内容限定于"主要犯罪事实"的范畴。主要犯罪事实包括定罪事实和重大量刑事实两部分。因为有犯罪构成要件框定,对于定罪事实的理解不存在多大难度,争议相对较少,但对于对量刑有重大影响的事实、情节的认定极易产生分歧。对量刑有重大影响的事实、情节,通常是指决定对犯罪嫌疑人应当适用的法定刑档次是否升格的情节,以及在总体危害程度上比其他部分事实、情节更重大的事实、情节。对于刑法规定的法定量刑情节,认定其是否对量刑有重大影响较为容易,但对于酌定量刑情节及多个量刑情节竞合的情形,操作起来相对困难。

故意杀人案件的案发起因及犯罪嫌疑人的作案动机可以反映其主观恶性与人身危险性的大小,属于重要的酌定量刑情节。但在多数情况下,案发起因及作案动机对量刑不会产生重大影响。因此,犯罪嫌疑人只要如实供述了故意杀人罪的要件事实,即便对案发起因事实或作案动机情节有所隐瞒、编造,亦不影响自首的成立

本案中,许涛隐瞒其冒充债主身份,以还债为由将任某某骗至案发现场,并编造与任某某相约自杀的虚假案情,上述情况是否影响许涛自首的认定,需要考量所编造的相约自杀情节是否会对量刑产生重大影响。相约自杀是二人以上互相约定自愿共同自杀的行为。司法实践中,相约自杀案件中以故意杀人罪追究未自杀者刑事责任的,主要存在于教唆自杀、帮助自杀及直接杀死对方三种情形之中。但是,除特定情况下的教唆自杀外,其他相约自杀的行为通常被认定为情节较轻的杀人行为,一般适用三年以上十年以下有期徒刑的法定刑幅度。依照许涛的辩解,本案中的相约自杀行为从性质上讲是一种承诺(受托)杀人,量刑通常较轻,与有预谋的故意杀人相比,适用轻重明显有别的法定刑档次,许涛所隐瞒的事实情节显然对量刑有重大影响。

其次,被告人所作其与被害人系相约自杀的辩解不属于对行为性质的辩解。对于自动投案的犯罪嫌疑人对罪责进行辩解的情况,应当注意将如实供述与合理辩解加以区分,不能因为犯罪嫌疑人对犯罪行为有所辩解,就认为其认罪态度不好,进而否定自首的成立;也不能因为犯罪嫌疑人总体上承认"事是自己干的",就罔顾辩解的性质与内容,而一概认定自首成立。关键是要审查犯罪嫌疑人所作辩解内容关涉事实叙述还是规范判断。如实供述属于事实判断,要求犯罪嫌疑人对作案过程的叙述与客观情况相符合,不得虚构事实、隐瞒真相以逃避或包揽罪责。只要犯罪嫌疑人的供述与经审理查明的事实一致,就应当认定为如实供述。而对行为性质的辩

解属于规范判断,是犯罪嫌疑人对其行为的法律意义和价值的个人见解,涉及其行为是否构成犯罪、此罪彼罪及罪轻罪重等方面。因此,对行为性质的辩解是犯罪嫌疑人在客观地供述自己罪行的基础上,对其罪责有无及大小所作出的阐释、主张。如果犯罪嫌疑人投案以后,编造事实为自己开脱罪行,则不符合如实供述自己罪行的条件,且使其对行为性质的辩解丧失事实基础。本案中,被告人许涛在事实叙述中隐瞒冒充债主身份,以还债为由将任某某骗至案发现场的事实,并编造与任某某相约自杀的情节,从而将典型的、性质恶劣的故意杀人行为辩解为相约自杀行为,属于对犯罪事实的直接否认,而非对行为性质的辩解。一旦司法机关采信其辩解,将直接使其获得不应有的大幅度从宽处罚,从而逃避法律的严惩。

最后,被告人如实供述部分案发起因情节系在司法机关掌握其相关犯罪事实之后。司法实践中,犯罪嫌疑人投案后如实供述犯罪事实的时段各有不同。最高人民法院《关于处理自首和立功若干具体问题的意见》(以下简称《自首意见》)指出,犯罪嫌疑人自动投案时虽然没有交代自己的主要犯罪事实,但在司法机关掌握其主要犯罪事实之前主动交代的,应认定为如实供述自己的罪行。《自首意见》没有要求犯罪嫌疑人到案之初即交代主要犯罪事实,但基于自首制度的价值和立法本意,犯罪嫌疑人如果如实供述过迟,既影响其投案的价值,增加司法机关的办案负担,亦体现不出其认罪悔罪的态度,故将如实供述的截止时间限定在司法机关掌握其主要犯罪事实之前合乎情理与法理。本案中,被告人许涛杀害前女友任某某后,删除相关重要电子数据,投案后又谎称相约自杀。该行为主观上掩盖了许涛真实的作案动机,客观上误导了侦查机关的侦查方向,以致侦查机关作出许涛和任某某系相约自杀的错误认定。在本案审查起诉期间,检察机关审查后认为案情蹊跷,经补查补正并退回补充侦查,在耗费大量司法资源的情况下才将真实案情查清。在事实证据面前,在司法机关已掌握其冒名讨债的情况下,许涛直到原审庭审时才承认其虚构网名、冒充债主向任某某讨债等事实。故许涛虽在一审判决前对冒充债主身份等事实予以供认,但系在公安机关、检察机关收集到相关证据、掌握其主要犯罪事实之后交代,不符合如实供述自己罪行的时机条件。

案例:乐燕故意杀人案

案例来源:《刑事审判参考》总第 98 集[第 992 号]

主题词:故意杀人罪　不作为故意杀人

一、基本案情

被告人乐燕,女,1991 年 12 月 19 日生,无业。2013 年 6 月 22 日因涉嫌犯故意杀人罪被刑事拘留,同月 26 日被指定监视居住。

江苏省南京市人民检察院以被告人乐燕犯故意杀人罪,向南京市中级人民法院提起公诉。

被告人乐燕的辩护人提出以下辩护意见:乐燕在其同居男友李文某被判刑后履行了对幼儿的抚养责任,并非一直怠于履行抚养义务;乐燕对两个亲生女儿的死亡主观上是过失心态,不构成故意杀人罪;乐燕自幼未受到父母的关爱,未接受良好的教育,归案后认罪态度较好,可以对其从轻处罚。

南京市中级人民法院经审理查明:被告人乐燕系非婚生子女,自幼由其祖父母抚养,16 岁左右离家独自生活,有多年吸毒史,曾因吸毒被行政处罚。2011 年 1 月乐燕生育一女李梦某(殁年 2 岁,生父不详)后,与李文某同居。2012 年 3 月乐燕再生育一女李某(殁年 1 岁)。在李文某于 2013 年 2 月 27 日因犯罪被羁押后,乐燕依靠社区发放的救助和亲友、邻居的帮扶,抚养两个女儿。乐燕因沉溺于毒品,疏于照料女儿。2013 年 4 月 17 日,乐燕离家数日,李梦某由于饥饿独自跑出家门,社区干部及邻居发现后将两幼女送往医院救治,后乐燕于当日将两女儿接回。2013 年 4 月底的一天下午,乐燕将两幼女置于其住所的主卧室内,留下少量食物、饮水,用布条反复缠裹窗户锁扣并用尿不湿夹紧主卧室房门以防止小孩跑出,之后即离家不归。

乐燕离家后曾多次向当地有关部门索要救助金,领取后即用于在外吸食毒品、玩乐,直至案发仍未曾回家。2013 年 6 月 21 日,社区民警至乐燕家探望时,通过锁匠打开房门后发现李梦某、李某已死于主卧室内。经法医鉴定,两被害人无机械性损伤和常见毒物中毒致死的依据,不排除其因脱水、饥饿、疾病等因素衰竭死亡。当日14时许,公安机关将乐燕抓获归案。经司法鉴定,乐燕系精神活性物质(毒品)所致精神障碍,作案时有完全刑事责任能力。

南京市中级人民法院认为,被告人乐燕身为被害人李梦某、李某的生母,对被害人负有法定的抚养义务。乐燕明知将两名年幼的孩子留置在封闭房间内,在缺乏食物和饮水且无外援的情况下会饿死,仍离家一个多月,不回家照料女儿,其主观上具有放任两女儿死亡的故意,客观上也实施了不抚养、不照料并断绝二被害人获取外援的可能性,最终致使二人死亡,其行为构成故意杀人罪。乐燕多次放弃抚养义务,多次置被害人于危险境地,并屡教不改,其犯罪情节特别恶劣,犯罪后果特别严重;鉴于乐燕审判时已怀孕,归案后认罪态度较好,依照《中华人民共和国刑法》第二百三十二条,第十四条第一款、第二款,第四十九条第一款,第五十七条第一款之规定,南京市中级人民法院以被告人乐燕犯故意杀人罪,判处无期徒刑,剥夺政治权利终身。

一审宣判后,被告人乐燕未提起上诉,检察机关亦未抗诉,该判决已发生法律效力。

二、裁判要旨

No. 4-232-108 负有抚养义务的人将婴儿留置在与外界完全隔绝的房间内,放任婴儿死亡危险的,构成故意杀人罪。

在"遗弃"没有独立生活能力婴幼儿的情形下,遗弃罪与故意杀人罪的区别主要在于:在特定的时空条件下,被害人之生命安危是否依赖于对其负有特定抚养义务的行为人,如果存在这种支配依赖关系,而行为人不仅自己不履行抚养义务,还切断、排除了其他人对被害人进行救助的可能,主观上对被害人死亡结果持放任态度,那么行为人就构成故意杀人罪;相反,抚养义务的不履行如果不会给被害人生命带来必然的、紧迫的现实危险,客观上仍存在其他人介入履行抚养义务的可能,行为人主观上既不希望也不放任死亡结果的发生,那么行为人就属于遗弃罪。例如,将婴儿扔在有人经常路过的地方,婴儿有可能被人施救,生命面临的危险尚不紧迫,行为人有合理依据相信婴儿无生命危险的,就属于遗弃行为;反之,如果将婴儿扔在偏僻处所,婴儿难以被人施救,生命面临必然、紧迫的现实危险的,那么行为人对可能造成的婴儿死亡后果持无所谓的放任态度,就应当认定属故意杀人。本案被告人乐燕将两名年幼子女放在家里后独自离家,仅留下少量食物和饮水,外出一个多月不归,必然使两名年幼子女面临紧迫的生命危险,并且将门、窗封死,也排除了孩子外出获得他人实施救助的可能,所以,乐燕的行为不属于遗弃罪。乐燕既有抚养义务,也有抚养能力,将两名幼儿置于封闭房间内,仅预留少量饮食,且排除了幼女得到其他救助而生存下去的可能,对两幼女生命安危处于具有支配关系的保证人地位;主观上,乐燕为了外出吸毒、玩耍娱乐而离家长期不归,完全置子女生命安危于不顾,最终导致两名子女因缺少食物和饮水而死亡,即对死亡结果的发生持放任态度,故乐燕的行为并非过失致人死亡,完全符合故意杀人罪的构成要件。需要强调的是,不作为犯罪是应作为而不作为,主要是从违反作为义务的角度对犯罪类型进行的区分,不排除行为人会实施一些积极的举动。本案中,虽然被告人乐燕实施了封堵窗户、锁闭卧室门等积极行为,但主要是为了防止其外出期间亲生女儿跑出,并非要置女儿于死地,其行为之所以构成故意杀人罪,主要是因为其不仅实施了上述积极行为,还外出长期不归,致使家中所留少量食物、饮水不足以支撑年幼子女生存需要,以致子女饥渴而死,其不作为行为对本案性质起决定作用,故认定其系不作为故意杀人。

案例:万道龙等故意杀人案

案例来源:《刑事审判参考》总第98集[第993号]

主题词:故意杀人罪 遗弃婴儿

一、基本案情

被告人万道龙,男,1982年4月24日出生,农民。2010年8月3日因涉嫌犯故意杀人罪被逮捕。

被告人徐爱霞,女,1987 年 3 月 25 日出生,农民。2010 年 7 月 17 日因涉嫌犯故意杀人罪被取保候审。

黑龙江省宝清县人民检察院以被告人万道龙、徐爱霞犯故意杀人罪,向宝清县人民法院提起公诉。

被告人万道龙、徐爱霞均无辩解。万道龙的辩护人提出,万道龙的行为系犯罪未遂,且系初犯,犯罪后具有明显悔罪表现,请求对其从轻或者减轻处罚。

宝清县人民法院经审理查明:2010 年 7 月 16 日,被告人万道龙、徐爱霞得知自己刚出生 4 天的女儿万某某被确诊为梅毒携带者且治愈后将留有残疾时,决定遗弃万某某。当日下午,万道龙将万某某弃于黑龙江省宝清县妇幼保健院北面路边菜园内。因担心过路行人发现抱走万某某,万道龙与徐爱霞商定将万某某捡回扔到宝清县人烟稀少的龙头桥水库。当晚,万道龙驾驶摩托车载着万某某前往龙头桥水库,途经宝清县小城子镇东泉村小西山时,发现山中有片林地,便将万某某弃于林地后驾车回家。次日晨,一村民上山采蘑菇时发现尚存活的万某某,将其救回并报案。

宝清县人民法院认为,被告人万道龙、徐爱霞采用将出生仅 4 天的女婴遗弃深山野林的手段,非法剥夺他人生命,其行为构成故意杀人罪。公诉机关指控的事实清楚,证据确实、充分,指控罪名成立。二被告人系共同犯罪,在实施故意杀人犯罪过程中,因意志以外的原因而未得逞,系犯罪未遂,可比照既遂犯从轻或减轻处罚。二被告人庭审中认罪态度好,有悔罪表现,酌情可以从轻处罚,对万道龙辩护人提出的意见予以采纳。据此,宝清县人民法院以故意杀人罪分别判处万道龙有期徒刑四年、徐爱霞有期徒刑二年。

一审宣判后,二被告人没有提起上诉,检察机关亦未抗诉,该判决已发生法律效力。

二、裁判要旨

No. 4-232-109　拒不履行抚养义务,将婴儿遗弃在获救希望渺茫的深山野林里,应认定为不作为故意杀人。

区分遗弃罪与采取遗弃手段实施的故意杀人罪,主要可从行为人的主观故意和客观行为两方面来分析。通常,故意杀人的行为人主观上对自己的遗弃行为会导致被遗弃人死亡的危害后果有明确认识,并且对死亡结果的发生持希望或者放任态度。而遗弃的行为人可能认识到,也可能没有认识到自己的遗弃行为会给被害人的生命、健康带来危险,其主观上并不希望、不愿意、不放纵被害人死亡或者伤害的结果发生,即如果被害人死亡或者受伤,都是违背其意愿的。要准确判断行为人主观上是遗弃故意还是杀人故意,还应当根据主客观相一致的原则,结合具体案情和行为人实施的客观行为来综合分析。遗弃罪与故意杀人罪在客观方面的最重要区别在于"遗弃"行为是否会使被遗弃者面临生命被剥夺的紧迫危险,因此,遗弃的时间、地点、对象、手段就影响到对行为性质的判断。实践中,遗弃既可以采取积极的行为实施,也可以消极不作为实施,如果构成遗弃罪,本质上必须是对作为义务的违反,且不会使被遗弃者的命运处于行为人排他性的支配之下。例如,父母将新生婴儿弃于超市入口、车站站台、集市路边等地,这些地方人流量大,婴儿获得他人救助而存活下来的可能性较大,此种遗弃行为就构成遗弃罪而非故意杀人罪;反之,故意将无自主行为能力的被害人遗弃在不能获救或获救希望渺茫地点的,此种"遗弃"行为就属于故意杀人。综上,区分遗弃罪与以遗弃方式的故意杀人罪的关键点在于:行为人实施遗弃行为时,其是否考虑并给予被害人获得救助的机会。如果是,则可以遗弃罪定罪;否则,应当以故意杀人罪定罪。

本案中,被告人万道龙、徐爱霞获悉自己刚出生 4 天的女儿罹患重病,不仅不予救治,反而狠心抛弃,先是遗弃在妇幼保健院附近的菜园里,因担心过路行人发现并施救,又将女婴载至深山野林中予以遗弃,二被告人不愿意让女婴获救、希望女婴死亡的主观故意十分明显。因此,本案以故意杀人罪定性是准确的。由于女婴被群众及时发现救回,二被告人系故意杀人未遂,可以比照既遂犯从轻或者减轻处罚。

案例:黄志坚故意杀人案

案例来源:《刑事审判参考》总第98集[第994号]

主题词:故意杀人罪 量刑情节的掌握

一、基本案情

被告人黄志坚,男,1975年9月1日出生,个体户。2010年4月30日因涉嫌犯故意杀人罪被逮捕。

福建省厦门市人民检察院以被告人黄志坚犯故意杀人罪,向厦门市中级人民法院提起公诉。

被告人黄志坚及其辩护人基于以下理由提请法庭对其从轻处罚:本案系事出有因,黄志坚系义愤杀人;被害人具有过错且对矛盾激化负有主要责任;黄志坚具有自首情节,且有认罪、悔罪表现,能够部分赔偿给被害人家属造成的经济损失。

厦门市中级人民法院经审理查明:2009年以来,被告人黄志坚与被害人黄朝法(殁年61岁)两家人因土地租金、饲料款、邻里纠纷等矛盾经常吵架。在黄朝法的儿子黄某敏自杀后,黄朝法的儿媳吴某某认为是黄志坚夫妇造成的,因此经常到黄志坚的养猪场吵闹,两家之间的矛盾进一步加深。2010年4月18日16时许,吴某某与黄志坚的妻子王某某发生争吵进而打斗,双方均受伤。之后,黄朝法到黄志坚的养猪场找黄志坚理论并发生争执,黄志坚即持钢管多次击打黄朝法头部,致黄朝法受伤倒地。随后,黄志坚又冲到黄朝法家中,持钢管击打黄朝法的孙子被害人黄以轩(殁年4岁)、孙女黄以晴(时年9岁)、妻子李劝(时年54岁),致三人先后受伤倒地。尔后,黄志坚返回其养猪场,见受伤的黄朝法欲起身离开,再次持钢管击打其头部、颈部,致黄朝法当场死亡。黄以轩经送医院抢救无效于同月26日死亡。经鉴定,黄朝法、黄以轩均系因头部遭钝性物体打击致重度颅脑损伤死亡,黄以晴所受损伤为重伤,伤残等级为九级,李劝所受损伤系轻伤,伤残等级为八级。黄志坚作案后即拨打110报警并带领公安人员到案发现场,向公安人员如实供述了犯罪事实。

厦门市中级人民法院认为,被告人黄志坚因民间矛盾纠纷,采用持钢管击打头部的方式故意非法剥夺他人生命,致二人死亡、一人重伤、一人轻伤的严重后果,其行为构成故意杀人罪。公诉机关指控的犯罪事实清楚,证据确实、充分,指控的罪名成立。虽然黄志坚犯罪后自动投案并如实供述罪行,具有自首情节,且其家属能代为赔偿被害人家属的部分经济损失,但黄志坚除杀害与其有矛盾纠纷的被害人外,还将无辜幼童作为犯罪对象,造成两名未成年被害人一死、一重伤的严重后果,犯罪手段极其残忍,后果极其严重,不足以从轻处罚。据此,依照《中华人民共和国刑法》第二百三十二条、第六十七条第一款、第五十七条第一款、第六十四条、第三十六条第一款之规定,厦门市中级人民法院以被告人黄志坚犯故意杀人罪,判处死刑,剥夺政治权利终身。

一审宣判后,被告人黄志坚不服,向福建省高级人民法院提起上诉。

福建省高级人民法院经审理认为,原判认定的事实清楚,证据确实、充分,定罪准确,量刑适当,审判程序合法,遂裁定驳回上诉,维持原判,并将维持判处上诉人黄志坚死刑的裁定部分依法报请最高人民法院核准。

最高人民法院经复核审理认为,被告人黄志坚因不能正确处理邻里纠纷,持金属水管故意剥夺他人生命,其行为构成故意杀人罪,且致二人死亡,一人重伤,一人轻伤,犯罪手段极其残忍,后果和罪行极其严重,依法应当严惩。其虽有自首情节,但不足以从轻处罚。第一审判决、第二审裁定认定的事实清楚,证据确实、充分,定罪准确,量刑适当,审判程序合法。据此,最高人民法院依法裁定核准被告人黄志坚死刑。

二、裁判要旨

No. 4-232-110 同时存在从重处罚与从轻处罚情节的,在量刑时应当先考虑所有的从重情节拟定刑罚之后再考虑从轻处罚情节,将刑罚幅度向下适当降低。

最高人民法院《关于常见犯罪的量刑指导意见》规定:"量刑时要充分考虑各种法定和酌定量刑情节,根据案件的全部犯罪事实以及量刑情节的不同情形,依法确定量刑情节的适用及其调节比例……具体确定各个量刑情节的调节比例时,应当综合平衡调节幅度与实际增减刑罚量的关系,确保罪责刑相适应。”根据上述精神,基于量刑情节的复杂性,就本案所涉及的逆向情节并存的情况而言,笔者认为,应当综合比较分析后予以判断。具体而言,包括三个步骤:一是考察案件各量刑情节对于量刑的影响程度。二是将这些情节对量刑的影响程度的大小进行分析比较,考察是否有一方情节占据较显著的优势。对于显著优势情节,一般应当在综合案情的前提下优先适用。三是如果逆向情节相互间并无优势而大致相当(主要是指只有从轻情节和从重情节并存的情形),则先考虑从重情节估量出刑种与刑度,然后考虑从轻情节,确定最终的刑罚。

准确适用优势量刑情节应当把握以下原则:(1)罪中情节一般优于罪前、罪后情节。(2)单一的应当型情节与可以型情节相比,单一的法定情节与酌定情节相比,前者一般为优势情节。(3)从重与减轻情节并存时,减轻情节一般为优势情节。(4)从重与免刑情节并存时,免刑情节一般为优势情节。(5)优势情节可以由多个同向情节累积形成。(6)应当型情节相对于可以型情节、法定情节相对于酌定情节的优势不是绝对的。从重情节与从轻情节并存的情况比较常见,这种逆向情节并存的情况往往难以确定优势一方。此种情况下,一般应当先考虑所有的从重处罚情节,在此基础上先拟定一个要判处的刑罚,之后在从重处罚的基础上再考虑所有的从轻处罚情节,将拟处的刑罚幅度向下适当降低,即“先从重再从轻”。

本案即是一起从宽情节与从严情节逆向并存的案件。笔者认为,应当以综合比较的方法对本案并存的逆向情节加以分析,最终确定应当判处的刑罚。本案的从严情节包括:(1)被告人黄志坚在与邻居发生矛盾时不能以合法方式正确对待和处理,以无辜妇孺为泄愤对象,致二死(含一幼童)、一重伤(幼童)、一轻伤(妇女,八级伤残),罪行及后果极为严重,社会危害极大。(2)黄志坚在整个作案过程中有二次加害、入户杀人、杀害无辜妇孺等情节,均体现了黄志坚极为坚决的杀人犯意,以及为泄愤而滥杀无辜的极深的主观恶性。本案的从宽情节包括:(1)案发起因是由于民间矛盾、邻里纠纷激化引发,属于最高人民法院《关于贯彻宽严相济刑事政策的若干意见》中所列可以酌定从轻处罚的情节;(2)被告人作案后具有自首情节,系法定的从轻处罚情节。经对本案两种逆向情节加以综合分析判断,笔者认为,本案中从严情节具有比较明显的优势,理由如下:(1)本案的从重情节多属于罪中情节,而从宽情节多属于罪前、罪后情节。罪中情节更能直接体现犯罪行为本身的危害性,在犯罪构成上起决定作用,对量刑的影响至关重要。本案的从宽情节如民间矛盾引发、自首,均属于罪前或者罪后情节,而从严情节如作案手段极其残忍、持凶器入户行凶、二次加害、杀人意志极为坚决、犯罪后果极其严重等均为罪中情节。相比之下,从严情节对于量刑的影响更大。(2)本案的从宽情节程度及价值均有限。(3)被告人黄志坚的自首价值有限。(4)本案从严处罚符合相关法律规定及刑事政策的要求,第一,从保护未成年人的角度,本案从重惩处符合当前刑事司法政策。第二,从打击严重暴力犯罪的角度分析,对本案被告人黄志坚从重处罚与刑事政策的精神要求一致。严重暴力犯罪危害人民群众的生命健康,一直是我国司法机关打击的重点。

本案从宽情节在程度和对量刑的影响方面较为有限,相对而言,从严情节性质明确、程度强烈,在对量刑的影响力上占据了较为明显的优势。一、二审法院以被告人黄志坚犯故意杀人罪,依法判处死刑,剥夺政治权利终身,定罪正确,量刑适当。

案例:尹宝书故意杀人案

案例来源:《刑事审判参考》总第100集[第1022号]

主题词:故意杀人罪　老年人犯罪的死刑适用

一、基本案情

被告人尹宝书,男,1938年2月12日出生。2011年4月13日因涉嫌犯故意杀人罪被逮捕。

辽宁省沈阳市人民检察院以被告人尹宝书犯故意杀人罪,向沈阳市中级人民法院提起公诉。

被告人尹宝书对指控的犯罪事实无异议,但辩称其行为不构成故意杀人罪。其辩护人提出,尹宝书具有自首情节,对其可以从轻或者减轻处罚。同时,本案系邻里纠纷激化引发,被害人存在过错,尹宝书系防卫过当。

沈阳市中级人民法院经公开审理查明:被告人尹宝书与被害人吴兆义(男,殁年65岁)、被害人王玉瑛(女,殁年62岁)夫妇同住沈阳市苏家屯区十里河镇柳三家子村,系邻居关系,两家因栅栏占道及堆放粪堆问题产生矛盾。2011年4月2日6时许,尹宝书发现其栽种在吴兆义家粪堆附近的两棵柳树棒被人拔掉,质问吴兆义时双方发生口角,继而厮打。厮打中,尹宝书用其栽种的柳树棒击打吴兆义头面部数下,致吴兆义因头面部损伤导致颅脑损伤当场死亡。嗣后,尹宝书到吴兆义家将吴的妻子王玉瑛叫到粪堆附近。王玉瑛发现吴兆义倒地后,与尹宝书发生厮打,尹宝书用柳树棒击打王玉瑛头面部数下,致王玉瑛因头面部损伤导致颅脑损伤当场死亡。当日,尹宝书委托其表弟尹宝伦代为报案,后在家中被公安机关抓获。

沈阳市中级人民法院认为,被告人尹宝书的行为构成故意杀人罪。关于尹宝书所提其不构成故意杀人罪的辩解,经查,尹宝书与被害人吴兆义发生口角后,持柳树棒击打吴兆义头面部数下,致吴兆义当场死亡,尹宝书对吴兆义行凶后未有悔过之意,将被害人王玉瑛叫到案发现场后,又持柳树棒击打王玉瑛头面部,致其死亡。从尹宝书使用的凶器类型、致伤部位、力度及造成的后果来看,尹宝书客观上实施的行为反映其具备故意杀人的主观故意,其行为符合故意杀人罪的构成要件,应当认定为故意杀人罪,故对尹宝书的辩解不予采纳。关于其辩护人提出尹宝书具有自首情节,可对其从轻或者减轻处罚的辩护意见,经查,公诉机关提供的刑事案件登记表、案件来源、侦破报告及证人尹宝伦、关玉坤的证言可以证实尹宝书案发后委托尹宝伦代为报警,且庭审时如实供述主要犯罪事实,应当认定为自首,但尹宝书连续杀害两名被害人,后果特别严重,不予从轻处罚。关于其辩护人所提本案系邻里纠纷激化引发,被害人存在过错,尹宝书系防卫过当的辩护意见,经查,尹宝书与被害人吴兆义因粪堆及栅栏占道问题产生矛盾后,本应妥善解决,但尹宝书采取极端方式,被害人在本案中无过错,尹宝书的行为亦不符合防卫过当的构成要件,故对辩护人所提辩护意见不予采纳。尹宝书仅因邻里纠纷而剥夺二被害人生命,虽然具有自首情节,但不足以对其从轻处罚。尹宝书故意杀人,犯罪后果特别严重,应予严惩。据此,依照《中华人民共和国刑法》第二百三十二条、第五十七条第一款、第六十七条第一款之规定,沈阳市中级人民法院以被告人尹宝书犯故意杀人罪,判处死刑,剥夺政治权利终身。

一审宣判后,被告人尹宝书不服,向辽宁省高级人民法院提起上诉,称其行为不构成故意杀人罪,且有自首情节,一审量刑过重。其辩护人提出,本案系邻里纠纷引发,被害人存在过错,尹宝书有自首情节,且其无前科,系初犯,并系老年人犯罪。

辽宁省高级人民法院经公开审理后认为,上诉人尹宝书因邻里纠纷而与被害人产生矛盾,持柳树棒连续击打二被害人头部,其行为构成故意杀人罪。尹宝书犯罪手段残忍,致二人死亡,犯罪后果和罪行极其严重,依法应当判处死刑。关于尹宝书及其辩护人所提尹宝书具有自首情节,本案系邻里纠纷引发,尹宝书无前科,系初犯,并系老年人犯罪的辩护意见,经查属实,但不足以对其从轻处罚。关于尹宝书所提不构成故意杀人罪,一审量刑过重的上诉理由,经查没有法律依据,不予采纳。关于其辩护人所提被害人存在过错的辩护意见,经查没有事实依据,不予采纳。原判认定事实清楚,证据确实、充分,定罪准确,量刑适当,审判程序合法。据此,依照《中华人民共和国刑事诉讼法》(1996年)第一百八十九条第(一)项之规定,辽宁省高级人民法院裁定驳回上诉,维持原判,并依法报请最高人民法院核准。

最高人民法院经复核认为,被告人尹宝书故意非法剥夺他人生命,其行为构成故意杀人罪。尹宝书仅因邻里纠纷,连续杀死二人,犯罪情节恶劣,后果和罪行极其严重,依法应当严惩。鉴于尹宝书作案后委托他人报案,并在家中等候公安人员抓捕,到案后如实供认犯罪事实,有自首情节,且在本院复核期间已年满75周岁,依法对其可不判处死刑立即执行。第一审判决、第二审裁定认定的事实清楚,证据确实、充分,定罪准确,审判程序合法。据此,依照《中华人民共和国刑事诉讼法》(2012年)第二百三十五条、第二百三十九条和最高人民法院《关于适用〈中华人民共和国刑事诉讼法〉的解释》第三百五十条第(五)项、第三百五十三条第一款之规定,裁定不核准并撤销辽宁省高级人民法院维持第一审以故意杀人罪判处被告人尹宝书死刑,剥夺政治权利终身的刑事裁定;发回辽宁省高级人民法院重新审判。

二、裁判要旨

No. 4-232-111 对于《刑法》第四十九条中的"特别残忍手段"应作限制性理解,不能仅因行为人使用了暴力手段就认定为手段特别残忍。

2011年施行的《刑法修正案(八)》在《刑法》第四十九条中增设的第二款规定:"审判的时候已满七十五周岁的人,不适用死刑,但以特别残忍手段致人死亡的除外。"该条文完善了《刑法》在死刑适用方面对特殊年龄主体的规定,体现了刑罚人道主义和尊老的传统文化,也是对严格控制和慎重适用死刑政策的深入贯彻,符合刑事立法的文明进步趋势。对"特别残忍手段"的认定不能泛化。"特别残忍手段",是刑事司法实践中的常用词,在暴力犯罪案件中尤为常见,存在泛化适用的问题。究竟哪些情形可以称得上"特别残忍手段",需要逐步统一认识、加强规范。全国人大常委会法制工作委员会刑法室编著的《中华人民共和国刑法释义》对"特别残忍手段"的释义是:采用毁容、挖人眼睛、砍掉双脚等特别残忍的行为。实践中,一般认为,出自冷酷坚决的犯意,给被害人的肉体和精神造成特别严重的痛苦、折磨、恐惧的,可视为特别残忍手段。"特别残忍手段"都应当是给被害人肉体上带来极大痛苦、公众心理上难以接受的作案手段。因此,不能认为只要使用了暴力手段,就属于手段特别残忍。本案中,被告人尹宝书从现场随手捡起柳树棒,先后击打两名被害人的头部,致二人死亡。从尹宝书的作案工具、击打方式看,其作案手段尚不属于《刑法》规定的"特别残忍手段",故不宜认定为《刑法》第四十九条第二款规定的"以特别残忍手段致人死亡"。在这种情况下,综合考虑本案系农村邻里纠纷引发,尹宝书具有自首情节,归案后认罪态度较好等多种因素,对尹宝书不应判处死刑。

案例:张静故意杀人案

案例来源:《刑事审判参考》总第101集[第1045号]

主题词:故意杀人罪 主观心态的认定

一、基本案情

被告人张静,女,1992年9月15日出生,农民工。2012年8月23日因涉嫌犯故意杀人罪被逮捕。

浙江省宁波市人民检察院以被告人张静犯故意杀人罪,向宁波市中级人民法院提起公诉。

被告人张静辩称其没有杀死被害人的故意。张静的辩护人认为张静的行为仅构成过失致人死亡罪,不构成故意杀人罪,请求法庭对张静从轻处罚。

宁波市中级人民法院经公开审理查明:被告人张静与被害人张丽敏均在浙江省慈溪市务工,二人共同租住于慈溪市周巷镇城中村傅家兴二弄14号102室。2012年8月13日1时许,张静用手机上网时发现一条"用绳子勒脖子会让人产生快感"的信息,决定与张丽敏尝试一下,并准备了裙带作为勒颈工具。随后,张静与张丽敏面对面躺在床上,张静将裙带缠系在张丽敏的颈部,用双手牵拉裙带的两端勒颈。其间,张丽敏挣扎、呼救。两人的亲友、邻居等人闻声而至,在外敲窗询问,张静答称张丽敏在说梦话。后张静发现张丽敏已窒息死亡,遂割腕自杀,未果。当日8时许,张静苏醒后报警求救,经民警询问,其交代了自己的犯罪事实。案发后双方家属达成赔偿和解协议,

宁波市中级人民法院认为,被告人张静与被害人张丽敏相约做"用绳子勒脖子产生快感"的游戏,张静用裙带勒张丽敏颈部,且在张丽敏呼救时依然勒颈,放任张丽敏死亡结果的发生,其行为构成故意杀人罪。公诉机关指控的罪名成立。张静作为成年人,理应对勒颈可以致人死亡的常识有所认识,且当被害人被勒颈产生激烈反应,伴有脚踢床板,喊叫救命等行为时,张静更应明知其行为可能会产生致人死亡的结果,但仍放任被害人死亡结果的发生,其行为符合故意杀人罪的特征。鉴于张静案发后主动报警,如实供认自己的犯罪事实,构成自首,并积极向被害人的亲属赔偿经济损失且获得谅解,依法可以减轻处罚。据此,依照《中华人民共和国刑法》第

二百三十二条、第六十七条第一款之规定,宁波市中级人民法院以被告人张静犯故意杀人罪,判处有期徒刑七年。

一审宣判后,被告人张静以定性不当为由,向浙江省高级人民法院提起上诉。浙江省高级人民法院经公开审理认为,原判认定的事实清楚,证据确实、充分,定罪和适用法律正确,量刑适当,审判程序合法,遂裁定驳回上诉,维持原判。

二、裁判要旨

No.4-232-112 行为人明知窒息游戏具有高度危险,在行为过程中不顾被害人剧烈反抗仍然继续游戏放任死亡结果发生的,成立(间接)故意杀人罪。

本案中,被告人张静虽然出于寻求刺激快感的目的与被害人相约进行窒息游戏,但作为成年人对其行为所面临的高度危险是明知的。游戏进行过程中被害人出现了剧烈的挣扎反抗,因此被告人对勒颈行为已现实威胁到被害人的生命安全也应当是明知的。在这种情况下,张静并未放弃继续勒颈,在追求让被害人产生"快感"的同时,放任了被害人死亡结果的发生,其主观上更符合间接故意犯罪的特征。

案例:王志才故意杀人案

案例来源:《人民法院案例选》2016年第1辑;最高人民法院2011年12月20日第一批指导性案例第4号

主题词:故意杀人罪 死缓的适用

一、基本案情

被告人王志才与被害人赵某某(女,殁年26岁)在山东省潍坊市科技职业学院同学期间建立恋爱关系。2005年,王志才毕业后参加工作,赵某某考入山东省曲阜师范大学继续专升本学习。2007年赵某某毕业参加工作后,王志才与赵某某商议结婚事宜,因赵某某家人不同意,赵某某多次提出分手,但在王志才的坚持下二人继续保持联系。2008年10月9日中午,王志才在赵某某的集体宿舍再次谈及婚恋问题,因赵某某明确表示二人不可能在一起,王志才感到绝望,愤而产生杀死赵某某然后自杀的念头,即持赵某某宿舍内的一把单刃尖刀,朝赵的颈部、胸腹部、背部连续捅刺,致其失血性休克死亡。次日8时30分许,王志才服农药自杀未遂,被公安机关抓获归案。王志才平时表现较好,归案后如实供述自己罪行,并与其亲属积极赔偿,但未与被害人亲属达成赔偿协议。

山东省潍坊市中级人民法院于2009年10月14日以(2009)潍刑一初字第35号刑事判决,认定被告人王志才犯故意杀人罪,判处死刑,剥夺政治权利终身。宣判后,王志才提出上诉。山东省高级人民法院于2010年6月18日以(2010)鲁刑四终字第2号刑事裁定,驳回上诉,维持原判,并依法报请最高人民法院核准。最高人民法院根据复核确认的事实,以(2010)刑三复22651920号刑事裁定,不核准被告人王志才死刑,发回山东省高级人民法院重新审判。山东省高级人民法院经依法重新审理,于2011年5月3日作出(2010)鲁刑四终字第2-1号刑事判决,以故意杀人罪改判被告人王志才死刑,缓期二年执行,剥夺政治权利终身,同时决定对其限制减刑。

二、裁判要旨

No.4-232-113 因婚恋矛盾激化引发的故意杀人案件,被告人犯罪手段残忍,但有坦白悔罪、积极赔偿情节的,可以依法判处死刑缓期两年执行。

被告人王志才的行为已构成故意杀人罪,罪行极其严重,论罪应当判处死刑。鉴于本案系因婚恋纠纷引发,王志才求婚不成,恼怒并起意杀人,归案后坦白悔罪,积极赔偿被害方经济损失,且平时表现较好,故对其判处死刑,可不立即执行。同时考虑到王志才故意杀人手段特别残忍,被害人亲属不予谅解,要求依法从严惩处,为有效化解社会矛盾,依照《中华人民共和国刑法》第五十条第二款等规定,判处被告人王志才死刑,缓期二年执行,同时决定对其限制减刑。

案例:李飞故意杀人案

案例来源:《人民法院案例选》2016年第1辑;最高人民法院2012年9月18日第三批指导性案例第12号

主题词:故意杀人罪 死缓的适用

一、基本案情

2006年4月14日,被告人李飞因犯盗窃罪被判处有期徒刑二年,2008年1月2日刑满释放。2008年4月,经他人介绍,李飞与被害人徐某某(女,殁年26岁)建立恋爱关系。同年8月,二人因经常吵架而分手。8月24日,当地公安机关到李飞的工作单位给李飞建立重点人档案时,其单位得知李飞曾因犯罪被判刑一事,并以此为由停止了李飞的工作。李飞认为其被停止工作与徐某某有关。

同年9月12日21时许,被告人李飞拨打徐某某的手机,因徐某某外出,其表妹王某某(被害人,时年16岁)接听了李飞打来的电话,并告知李飞,徐某某已外出。后李飞又多次拨打徐某某的手机,均未接通。当日23时许,李飞到哈尔滨市呼兰区徐某某开设的"小天使形象设计室"附近,再次拨打徐某某的手机,与徐某某在电话中发生吵骂。后李飞破门进入徐某某在"小天使形象设计室"内的卧室,持室内的铁锤多次击打徐某某的头部,击打徐某某表妹王某某头部、双手数下。稍后,李飞又持铁锤先后再次击打徐某某、王某某的头部,致徐某某当场死亡、王某某轻伤。为防止在场的"小天使形象设计室"学徒工佟某报警,李飞将徐某某、王某某及佟某的手机带离现场抛弃,后潜逃。同月23日22时许,李飞到其姑母李某某家中,委托其姑母转告其母亲梁某某送钱。梁某某得知此情后,及时报告公安机关,并于次日晚协助公安机关将来姑母家取钱的李飞抓获。在本案审理期间,李飞的母亲梁某某代为赔偿被害人亲属4万元。

黑龙江省哈尔滨市中级人民法院于2009年4月30日以(2009)哈刑二初字第51号刑事判决,认定被告人李飞犯故意杀人罪,判处死刑,剥夺政治权利终身。宣判后,李飞提出上诉。黑龙江省高级人民法院于2009年10月29日以(2009)黑刑三终字第70号刑事裁定,驳回上诉,维持原判,并依法报请最高人民法院核准。最高人民法院根据复核确认的事实和被告人母亲协助抓捕被告人的情况,以(2010)刑五复66820039号刑事裁定,不核准被告人李飞死刑,发回黑龙江省高级人民法院重新审判。黑龙江省高级人民法院经依法重新审理,于2011年5月3日作出(2011)黑刑三终字第63号刑事判决,以故意杀人罪改判被告人李飞死刑,缓期二年执行,剥夺政治权利终身,同时决定对其限制减刑。

二、裁判要旨

No.4-232-114 因民间矛盾引发的故意杀人案件,被告人手段残忍且系累犯,但被告人亲属主动协助公安机关将其抓捕归案并积极赔偿的,可判处死刑缓期两年执行并决定限制减刑。

被告人李飞的行为已构成故意杀人罪,罪行极其严重,论罪应当判处死刑。本案系因民间矛盾引发的犯罪;案发后李飞的母亲梁某某在得知李飞杀人后的行踪时,主动、及时到公安机关反映情况,并积极配合公安机关将李飞抓获归案;李飞在公安机关对其进行抓捕时,顺从归案,没有反抗行为,并在归案后始终如实供述自己的犯罪事实,认罪态度好;在本案审理期间,李飞的母亲代为赔偿被害方经济损失;李飞虽系累犯,但此前所犯盗窃罪的情节较轻。综合考虑上述情节,可以对李飞酌情从宽处罚,对其可不判处死刑立即执行。同时,鉴于其故意杀人手段残忍,又系累犯,且被害人亲属不予谅解,故依法判处被告人李飞死刑,缓期二年执行,同时决定对其限制减刑。

案例:刘天赐故意杀人案

案例来源:《人民法院案例选》2016年第3辑

主题词:故意杀人罪 被害人特殊体质

一、基本案情

天津市人民检察院第一分院指控:2012年10月3日17时许,被告人刘天赐在其居住处,因琐事殴打被害人刘桐致其死亡,并将尸体掩埋于院内。被告人刘天赐为掩饰犯罪行为,假意与村民寻找被害人刘桐。后因尸体腐败发生膨胀,被告人刘天赐多次用自制扎枪捅扎尸体进行放气。2012 年 12 月初,被告人刘天赐为毁尸灭迹,将尸体肢解后抛弃。经鉴定,被害人刘桐系死亡后被他人用锐器分尸。

公诉机关认为,被告人刘天赐故意杀人致人死亡,并在作案后分尸灭迹,其行为触犯了《中华人民共和国刑法》第二百三十二条规定,犯罪事实清楚,证据确实、充分,应当以故意杀人罪追究其刑事责任。

被告人刘天赐承认公诉机关指控其杀人分尸的犯罪事实,但辩解其只是打了被害人刘桐一个耳光导致被害人癫痫发作,其实施了救助行为但未能阻止被害人死亡。其辩护人认为公诉人指控被告人刘天赐故意杀人的罪名不能成立,应以过失致人死亡罪和侮辱尸体罪对被告人刘天赐定罪量刑。

法院经审理查明:被告人刘天赐与被害人刘桐(女,殁年 13 岁)均系天津市静海县中旺镇大庄子村村民,刘桐有癫痫病史。2012 年 10 月 3 日 17 时许,被害人刘桐在刘天赐家大门口附近玩耍,被告人刘天赐在明知刘桐患有癫痫病,且癫痫病发作后会致人死亡的情况下,因琐事对刘桐进行打骂,致刘桐癫痫病发作。刘天赐没有对被害人进行救助,导致被害人死亡。当日及之后数日,被告人刘天赐为掩盖罪行将尸体掩埋于院内,并假意与村民多次外出寻找被害人刘桐。其间,被告人刘天赐认为已掩埋的尸体腐败膨胀,遂多次用自制扎枪捅扎尸体放气。2012 年 12 月初,被告人刘天赐为毁尸灭迹,在家中用剪刀将尸体肢解成九块,将躯干及四肢分装在两个白色编织袋内,驾驶家中摩托车分别将上述两包尸块抛弃至天津市静海县中旺镇大庄子桥附近青静黄排水渠北侧河堤及静海县中旺镇大庄子村村南护村河内,将尸体头部抛至青静黄排水渠内。经侦查,公安人员于 2013 年 4 月 10 日在刘天赐家中将其抓获归案。经鉴定,被害人刘桐系死亡后被他人用锐器分尸。

天津市第一中级人民法院于 2014 年 2 月 20 日作出(2013)一中刑初字第 108 号刑事附带民事判决:

1. 被告人刘天赐犯故意杀人罪,判处无期徒刑,剥夺政治权利终身。

2. 扣押在案的剪刀、铁锨、摩托车等作案工具,依法予以没收。

3. 被告人刘天赐赔偿附带民事诉讼原告人刘均祥、杨秀芬丧葬费人民币 32699.5 元(于判决生效后一个月内付清)。

宣判后,公诉机关认为被告人刘天赐故意杀人,致人死亡并肢解尸体,其犯罪手段极其残忍,犯罪情节、后果均特别严重,依法应予严惩,且无法定、酌定从轻、减轻处罚情节,原判量刑畸轻,被害人家属要求抗诉,故提出抗诉。附带民事诉讼原告人就附带民事部分提出上诉。

二审法院在审理期间,经刘天赐亲属与被害人亲属协商,自愿达成刑事附带民事赔偿协议。附带民事诉讼原告人撤回上诉,检察机关撤回抗诉。天津市高级人民法院于 2014 年 8 月 18 日作出(2014)津高刑一终字第 39 号刑事附带民事裁定:准许天津市人民检察院撤回抗诉。准许上诉人刘均祥、杨秀芬撤回上诉。

二、裁判要旨

No. 4-232-115 明知被害人特殊体质而实施轻微暴力致其病发,且未进行正确救助致被害人死亡的,构成故意杀人罪。

现代刑法理论通说,将犯罪行为分为作为与不作为两种基本类型,作为是指积极的行为,即行为人以积极的身体活动实施刑法所禁止的危害行为;不作为是指消极的行为,即行为人在能够履行自己应尽义务的情况下,不履行该义务。作为与不作为并非非此即彼的关系,而可能结合为一个犯罪行为。结合本案,即是一个杀人行为包括了复数行为,既包括明知被害人患有癫痫病,且癫痫病发作会致人死亡,仍不计后果掌掴被害人致其癫痫病发作的作为行为,也包括被害人癫痫病发作后,没有实施正确救助方式的不作为行为。

1. 本案中,一方面,被告人刘天赐掌掴被害人虽属于轻微暴力行为,通常情况下不足以诱发被害人生命危险,但被害人患有癫痫病,属于特殊体质,刘天赐的掌掴行为因此诱发了刘桐的生命危险。另一方面,刘天赐作为成年人,又与被害人刘桐同村,且与刘桐的爷爷系邻居,对刘桐患有癫痫病以及癫痫病发作会致人死亡的情况是明知的,仍不计后果掌掴被害人的行为属于用积极的身体活动实施法所禁止的危害行为,是作为行为。

2. 被害人癫痫发作后,没有实施正确救助方式的不作为行为。不作为行为即"应为能为而不为"。首先,必须负有作为义务。不作为犯罪的作为义务来源主要有:(1)法律上的明文规定。(2)行为人职务上、业务上的要求。(3)行为人的法律地位或法律行为所产生的义务。(4)行为人自己先前行为具有发生一定危害结果的危险,负有防止其发生的义务。其次,行为人能够履行义务。法律不能给人们强加力所不能及的义务。只有在行为人能够履行而不履行的情况下,才是不作为。最后,行为人不履行特定义务。行为人因不履行特定的作为义务造成或可能造成的危害结果与作为犯罪造成或可能造成的危害结果具有"相当性"。

本案中,首先,被告人刘天赐在明知被害人有癫痫病史,且癫痫病发作可能出现死亡危害结果的情况下,因琐事掌掴被害人致其癫痫病发作,刘天赐即负有防止危害结果发生的义务。其次,刘桐病情发作后,刘天赐完全有能力采取及时通知被害人亲属,拨打"120"急救电话或者向他人求助等措施,以避免危害结果的发生。最后在被害人癫痫发作后,虽然刘天赐供述其对被害人实施了心肺复苏及人工呼吸的救助,但其选择的方式并非正确的救助方式,不能认定为法所期待的恰当行为。刘天赐没有实施普遍被认可的方式对被害人进行救助,且客观上是阻却了被害人得到正确救助的机会,导致被害人最终因得不到及时救助而死亡,该结果与作为的杀人行为所造成的危害结果具有相当性。因此,刘天赐不正确实施救助的行为属于不作为行为。上述作为行为与不作为行为结合形成了刘天赐的杀人行为。

实践中遇到轻微暴力致特殊体质被害人死亡的案件,通常根据因果关系"条件说"得出是否存在因果关系的结论。"条件说"认为,在行为与结果之间,如果存在"没有前者就没有后者"的条件关系,就认为存在刑法上的因果关系。在被害人特殊体质案件中,没有行为人的轻微暴力就没有被害人的损害结果。将"条件说"运用到本案中,被害人刘桐死亡的主要原因是在受到刘天赐外界刺激后其癫痫病发作而死亡。尽管被告人的伤害行为只是被害人死亡的诱因,但根据"条件说",如果被告人没有掌掴被害人刘桐,则被害人死亡结果不会发生,二者之间形成了"没有前者就没有后者"的条件关系,则该掌掴行为无疑是被害人死亡的原因之一,二者之间存在因果关系。

另外,分析本案的因果关系时,还需要重点把握因果关系的多样性。刑法因果关系属于自然因果关系的一种,自然因果关系是复杂多样的,这种多样性同样存在于刑法因果关系中。本案即是多因一果的情况,行为人的行为,结合被害人自身特殊体质,共同诱发死亡的危害结果。值得注意的是,本案的行为是复数行为,行为是作为与不作为的结合。被告人刘天赐掌掴被害人,致被害人癫痫病发作的作为行为,被害人癫痫病发作后,刘天赐未采取正确救助方式的不作为行为以及被害人的癫痫病发作,三者共同导致了被害人的死亡结果,与被害人的死亡结果之间均存在因果关系。因此,刘天赐的行为与被害人的死亡结果之间具有刑法上的因果关系。

综上,本案被告人刘天赐明知被害人刘桐患有癫痫病,且癫痫病发作会致人死亡,仍因琐事掌掴被害人,放任危害结果发生,致被害人癫痫病发作;在被害人刘桐癫痫病发作后,明知不采取恰当的救助措施可能导致被害人死亡结果发生,仍未采取正确救助措施,放任该危害结果的发生,最终导致被害人死亡,应当构成故意杀人罪。

案例:吴某某、郑某某故意杀人案

案例来源:《刑事审判参考》总第 105 集[第 1124 号]

主题词:故意杀人罪　抗家暴而实施故意杀人行为的量刑

一、基本案情

被告人吴某某,男,1989 年 4 月 22 日生。2013 年 6 月 24 日因涉嫌犯故意杀人罪被逮捕。

被告人郑某某,女,1972 年 8 月 24 日生。2013 年 6 月 24 日因涉嫌犯故意杀人罪被逮捕。

江苏省淮安市人民检察院以吴某某、郑某某犯故意杀人罪,向淮安市中级人民法院提起公诉。

淮安市中级人民法院经公开审理查明:被害人吴某军(男,殁年44岁)与被告人吴某某、郑某某分别系父子、夫妻关系。吴某军婚后经常酗酒闹事、欺负村邻,其父母、兄弟、妻儿均曾遭其辱骂或者殴打致伤。郑某某右眼被吴某军脚踢失明。吴某军之女吴某因不堪忍受虐打曾割腕自杀,后离家外出。2011年1月一天晚上,吴某军在江苏省淮安市淮阴区渔沟镇朱湖村(现韩圩村)家中酒后闹事,无故用农具砸打吴某某头部,致吴某某额部受伤出血。吴某某负气离家外出,后被郑某某劝回。吴某军见郑某某母子二人回家后,找茬辱骂、殴打郑某某。吴某某心生气愤,尾随吴某军至屋外将其推倒,并与吴某军厮打。因吴某军在厮打过程中声称报复,吴某某拾起地上一根废弃电线缠绕吴某军颈部进行勒拽,郑某某在拉拽吴某某时发现该情形,想到已不堪忍受吴某军打骂,便帮助吴某某一起勒拽电线,致吴某军机械性窒息当场死亡。当晚,郑某某、吴某某将吴某军的尸体埋藏于自家主屋东北角的小棚内。2013年5月23日,吴某某在浙江省湖州市南浔镇被公安机关抓获归案。次日,郑某某到公安机关投案,如实供述了犯罪事实。吴某军的近亲属均对吴某某、郑某某的犯罪行为表示谅解。

淮安市中级人民法院认为,被告人吴某某、郑某某共同以暴力手段非法剥夺他人生命,其行为均已构成故意杀人罪。二被告人系因不堪忍受被害人吴某军的暴戾,出于激愤实施犯罪行为,可以认定为故意杀人罪情节较轻的情形。吴某某首先产生犯意并实施杀人行为,在共同犯罪中起主要作用,系主犯。郑某某在共同犯罪中起次要作用,系从犯,依法予以从轻处罚。郑某某在案发后主动到公安机关投案,如实供述犯罪事实,系自首,依法予以从轻处罚。吴某某在得知郑某某归案后如实供述犯罪事实,依法予以从轻处罚。吴某军长期虐待、打骂家人,其行为违背公序良俗,严重破坏家庭关系,在案发起因上存在重大过错;吴某某、郑某某素无劣迹,是家庭暴力的受害者,因心中积怨爆发失去理智而实施杀人行为,其犯罪行为得到被害人近亲属的谅解及居住地群众的同情,对二被告人从轻处罚符合法律规定及宽严相济刑事政策。吴某某、郑某某犯罪情节较轻,社会危害性相对较小,依法对二被告人在三年以上十年以下有期徒刑的量刑幅度内处罚。根据郑某某的犯罪情节和悔罪表现,对其宣告缓刑不致再危害社会。据此,依照《中华人民共和国刑法》第二百三十二条,第二十五条第一款,第二十六条第一款、第四款,第二十七条,第六十七条第一款、第三款,第七十二条第一款之规定,淮安市中级人民法院以故意杀人罪,分别判处被告人吴某某有期徒刑七年;判处被告人郑某某有期徒刑三年,缓刑四年。

一审宣判后,被告人吴某某、郑某某均未提出上诉,检察机关亦未抗诉,该判决已发生法律效力。

二、裁判要旨

No.4-232-116 因长期遭受虐待而在被害人再次实施家庭暴力时杀害被害人的,可以认定为故意杀人罪情节较轻的情形。

故意杀人罪中的"情节较轻",需由法官结合个案情况具体裁量。从以往的案例来看,对于激情杀人或者义愤杀人等情形,能否认定为"情节较轻",通常要考虑以下几个因素:一是被告人的主观恶性,包括被害人在案发起因上是否有重大过错、被告人犯罪动机是否卑劣等;二是杀人手段属于一般还是残忍,如以特别残忍手段杀人,则通常不宜认定为情节较轻;三是犯罪后果是否严重,如导致二人以上死亡的严重后果,通常不能认定为情节较轻;四是被害方及社会公众特别是当地群众对被告人行为作出的社会评价。就本案而言,被告人吴某某及其母郑某某、其妹吴某,均长期遭到其父吴某军虐待,郑某某一只眼睛被吴某军殴打失明,吴某因不堪忍受吴某军虐待曾割腕自杀,后离家外出,吴某军的其他家人亦曾遭到吴某军打骂,案发当日,吴某军又对二被告人打骂施虐。因此,从案发起因来看,被害人吴某军存在严重过错,二被告人并无过错。从吴某某的犯罪行为来看,可以认定其系因不堪忍受吴某军长期家庭暴力以及再次施暴报复的现实威胁,激愤之下而杀害吴某军,既无卑劣的犯罪动机,犯罪情节也无特别恶劣之处。吴某某随手从地上捡起废弃的电线勒死吴某军,犯罪手段一般,犯罪后果也不属于特别严重。当地村民对二被告人均持同情态度,对吴某军的施虐言行均表示谴责,要求对二被告人从宽处罚,吴某军的父母兄弟也均对二被告人表示谅解。综合考量以上因素,对吴某某和郑某某的故意杀人犯罪行为均可认定为情节较轻。

案例:洪斌故意杀人案

案例来源:《人民法院案例选》2016 年第 11 辑

主题词:故意杀人罪　相约自杀

一、基本案情

法院审理查明:2012 年,被告人洪斌与被害人庄某某认识后发展成同居关系。后二人因欠下巨额赌债无力偿还,萌生一起密闭烧炭自杀的念头。2014 年 10 月 6 日至 7 日期间,二人在暂住处厦门市思明区大洋山庄小区龙虎南三里×号×××室商定一起自杀后,共同准备了盆具、木炭、沙子、胶带等物品,洪斌用胶带将住处次卧的窗缝封住。10 月 7 日 20 时许,二人在住处一起吃饭、喝酒,并服用洪斌提供的用于催眠的药品三唑仑。次日凌晨,二人分别写下遗书,洪斌将三只盛有燃着木炭的不锈钢盆放置于次卧内,待庄某某进入该卧室后,用胶带将卧室的门缝封住,二人一起躺于床上。6 时许,洪斌醒来,发现庄某某已经死亡。中午,洪斌出门购买了木炭、安眠药、胶带,返回住处继续烧炭,准备再次用同样的方法自杀,并服下安眠药佐匹克隆。15 时许,庄某某的母亲许某达到该暂住处,发现洪斌躺在客厅沙发上呈睡眠状态,庄某某躺在次卧床上已经死亡。小区物业保安打电话报案后,公安人员到达现场将洪斌抓获。经法医鉴定,庄某某系饮酒及服入三唑仑后因一氧化碳中毒而死亡。到案后,洪斌如实供述了基本犯罪事实。

福建省厦门市中级人民法院于 2015 年 9 月 18 日作出(2015)厦刑初字第 85 号刑事判决:被告人洪斌犯故意杀人罪,判处有期徒刑五年。

宣判后,洪斌未提起上诉,检察机关未提起抗诉,判决已生效。

二、裁判要旨

No. 4-232-117　在相约自杀案件中,幸存者因教唆或帮助他人自杀而构成故意杀人罪。若幸存者既没有卑劣的犯罪动机,也没有对被害人进行强制、教唆或诱骗,人身危险性较小的,应认定为“情节较轻”。

所谓相约自杀,指二人以上自愿约定共同自杀的行为。实践中的相约自杀有多种具体表现形式:一是相约双方均自杀身亡,显然无需进行刑法评价;二是相约双方在同一时间、地点分别各自实施自杀,一方死亡而另一方未得逞,双方仅有时空关联而无行为关联,未逞者不存在教唆或帮助,其行为与对方死亡结果之间不具有因果关系,也不构成犯罪;三是相约一方先杀死另一方后再自杀,在此情形下,未逞者并非教唆或帮助行为,而是基于被害人承诺的受嘱托杀人;四是相约双方同时相互实施自杀行为,由于两人行为存在互相帮助与交叉融合,属于参与自杀行为,在此情形下,未逞者是否构成故意杀人罪,面临刑法的综合评价。本案即属于最后一种情形,对此应当从全案证据证实的事实出发,坚持主客观相一致的原则,围绕未逞者行为与对方死亡结果之间是否具有刑法因果关系进行分析。

首先,被告人洪斌实施了刑法所规制的剥夺他人生命的行为。二人共同准备了自杀用的炭盆、木炭、沙子等工具,在具体实施自杀行为前,洪斌提供其早已获取的违禁药品三唑仑,用胶带封死门窗缝隙并点燃木炭端进房内。经对二人行为的对比可见,在具有意思能力和行为能力的情况下,被害人仅在相约自杀的预备阶段实施了准备工具的行为,在实施阶段,所有构成自杀手段的具体行为均系洪斌实施。洪斌针对被害人的行为已经形成明确、具体、直接的杀害行为,应当评价为非法剥夺他人生命。

其次,洪斌的行为与被害人的死亡结果之间具有刑法因果关系。判断行为人的行为与危害结果之间是否存在刑法因果关系的核心在于判断该行为是否提供了原因力。本案的法医学尸体检验鉴定书证实,被害人系饮酒及服入三唑仑后因一氧化碳中毒死亡,从洪斌密闭烧炭行为的指向、力度与对结果的驱动来看,该行为为被害人的死亡结果提供了原因力,而被害人自身实施的陪同准备自杀工具的行为尚不足以构成原因力。

最后,在故意杀人案件中,被害人承诺不构成违法阻却事由。根据自我答责原则推断出个人对生命的处分权是一种绝对自由的观点,与我国现行宪法、法律的规定以及社会主义法理是不相符的。我国宪法和法律明确尊重和保障人权,生命权作为最基本的人权体现出至高无上性,但其绝非一种单纯的人身法益,而是个体与社会相互影响作用的综合体。任何权利和自由都不可能是无限制的。在重视个体权利价值的当代社会仍有必要在生命的保护上坚持一种消极的、极为例外的家长主义制约,及在刑法的视角下,生命权不在个人自由处分的法益范围之内,被害人承诺不能成为杀人犯罪的违法阻却事由。

案例:袁明祥、王汉恩故意杀人案

案例来源:《刑事审判参考》总第 110 集[第 1200 号]

主题词:故意杀人罪 追诉时效

一、基本案情

1993 年 3 月 4 日晚,被告人袁明祥从父亲潘益群处获知,当日下午村民罗灿平(被害人,殁年 22 岁)携刀在其家门口徘徊。袁明祥认为罗灿平要报复自己,遂邀约被告人王汉恩打罗灿平,后二人各携带一把菜刀,在福泉市风山镇牛角田村一油菜田中守候。当日 23 时许,罗灿平回家路过油菜田,袁明祥拦住罗灿平,二人发生争执扭打。袁明祥按倒罗灿平并骑压在罗身上,王汉恩随后用手殴打罗灿平,后又拿出携带的菜刀乱砍罗灿平头部、脖颈等部位。袁明祥发现罗灿平不再挣扎后,与王汉恩一起逃离现场。经鉴定,罗灿平系被锐器砍伤头、颈部,致右颈部总动脉破损而大失血死亡。

袁明祥 1993 年 3 月 5 日外逃至福泉市兴隆乡时被公安机关抓获,同年 4 月 5 日被逮捕。因同案犯在逃,案件事实无法查清,1994 年 10 月 26 日袁明祥被取保候审。王汉恩作案后潜逃,1993 年 4 月 2 日被批准逮捕。2015 年 7 月 6 日,王汉恩被抓获归案。2015 年 8 月 17 日,袁明祥被取保候审。

二、裁判要旨

No. 4-232-118 对于行为人 1997 年 9 月 30 日以前实施的犯罪行为,诉讼时效适用 1979 年《刑法》第七十七条规定。1979 年《刑法》所规定的"不受追诉期限限制"既适用于已经执行强制措施后逃避侦查或者审判的,也适用于人民法院、人民检察院、公安机关决定(批准)采取强制措施的情形。

《最高人民法院关于适用刑法时间效力规定若干问题的解释》第一条规定:"对于行为人 1997 年 9 月 30 日以前实施的犯罪行为,在人民检察院、公安机关、国家安全机关立案侦查或者在人民法院受理案件以后,行为人逃避侦查或者审判,超过追诉期限……是否追究行为人的刑事责任,适用修订前的刑法第七十七条的规定。"故对本案中被告人袁明祥、王汉恩的犯罪行为是否超过追诉期限,判断的法律依据应为 1979 年《刑法》第七十六条、第七十七条。根据 1979 年《刑法》第七十六条、第七十七条的规定,涉及犯罪的法定最高刑为无期徒刑、死刑,追诉时效期限为 20 年;判断犯罪行为是否不受追诉期限的限制,需考虑两个方面:一是被告人是否曾被采取强制措施;二是在被采取强制措施之后,是否逃避侦查或者审判。

本案中,袁明祥犯罪后虽被采取逮捕、取保候审等强制措施,但未逃避侦查和审判,不符合第七十七条规定的情形,应受追诉时效期限限制,袁明祥被起诉时已过 20 年追诉期。检察机关决定对王汉恩批准逮捕,但因王汉恩作案后潜逃,未能执行逮捕,则对王汉恩批准逮捕是否属于对王汉恩采取强制措施,即成为确认其是否受追诉时效期限限制的关键。《最高人民检察院关于刑法第七十七条有关采取强制措施的规定应如何适用的批复》(高检发研字〔1992〕4 号,以下简称《刑法第七十七条的批复》,已失效)明确规定,1979 年《刑法》第七十七条所规定的不受追诉期限限制的情形,既适用于已经执行强制措施后逃避侦查或者审判的,也适用于人民法院、人民检察院、公安机关决定(批准)采取强制措施后的情形。因此,根据本案的具体情况,王汉恩所实施的故意杀人犯罪不受追诉时效限制,应当追诉。

虽然《最高人民检察院关于废止部分司法解释和规范性文件的决定》废止了《刑法第七十七条的批复》,但该批复被废止是因内容已涵盖在《刑法》第八十八条的规定中,在没有其他法律法规对该问题作出相反规定的情况下,《刑法第七十七条的批复》的精神仍可参照适用。故王汉恩在 1993 年犯罪后被批准逮捕,应视为被采取强制措施,王汉恩的行为符合 1979 年《刑法》第七十七条不受追诉期限限制的情形。

No. 4-232-119　共同犯罪中,部分被告人已过追诉期限不影响对其他被告人的追诉。

对共同犯罪中各被告人的追诉时效应分别评价判断,主要理由是:追诉时效是依照法律规定对犯罪分子追究刑事责任的有效期限,是解决某一犯罪行为经过一定的时限,是否还需要对犯罪分子起诉追究其刑事责任。是否受追诉期限限制,考察的是犯罪分子是否具有逃避侦查或者审判的情形,必然要求结合各被告人的具体情况进行个别化判断。王汉恩潜逃不必然引起袁明祥也不受追诉期限的限制。刑法对法定最高刑为有期徒刑的,规定了确定的追诉时效期限,超过了就不能再追诉;但对法定最高刑为无期徒刑、死刑的,除规定 20 年追诉时效期限外,还规定"如果二十年以后认为必须追诉的,须报请最高人民检察院核准"。

本案中,王汉恩不受追诉期限的限制,袁明祥的犯罪已过追诉期限,根据 2012 年《最高人民法院关于适用〈中华人民共和国刑事诉讼法〉的解释》(已失效)第一百八十一条第一款第六项以及《刑事诉讼法》第十五条之规定,应裁定终止审理;或者若认为必须追诉,则退回检察机关,报请最高人民检察院核准后再依法起诉。因袁明祥、王汉恩就死亡赔偿问题与被害人亲属达成调解协议取得一定程度的谅解;公诉机关亦未启动对袁明祥报请最高人民检察院核准追诉的程序,故法院依法裁定对袁明祥终止审理,对王汉恩依法定罪判刑。

案例:张志明故意杀人案

案例来源:《刑事审判参考》总第 113 集[第 1243 号]

主题词:故意杀人罪　罪数

一、基本案情

2013 年 7 月 25 日 2 时许,被告人张志明酒后在北京市朝阳区西大望路与光华路交叉路口附近,因琐事与被害人赵奎(男,殁年 27 岁)、董金虎二人发生争执。其间,张志明用尖刀向董金虎左面部猛砍一刀,又在路口东侧辅路上用尖刀向赵奎的颈、左肩、胸及左臂等部位猛刺数刀,赵奎因左腋动脉离断及右肺破裂致失血性休克死亡,董金虎面部所受损伤经鉴定为轻伤(一级)。

二、裁判要旨

No. 4-232-120　在一定的概括故意下实施的连续行为,如行为人对行为性质和行为对象均有明确认识,仅对危害结果不明确的情形下,可认定为系在一个主观犯意下实施的整体行为,构成处断的一罪。

区分一罪与数罪的标准,刑法理论上存在各种学说,其中的犯罪构成标准说系通说,亦为司法实践所认可。依据犯罪构成标准说,确定犯罪的单复,即一罪还是数罪,应以犯罪构成的个数为标准:具备一个犯罪构成的,构成一罪;具备数个犯罪构成的,构成数罪。犯罪构成的标准强调的是主观要件和客观要件的统一,故该标准又称为主客观相统一的标准。其中,作为犯罪的主观要件的犯罪心态(故意和过失)以及在该犯罪心态支配下的犯罪的客观要件(行为和结果)在犯罪构成中居于主导地位。在一定意义上可以说,犯罪构成的标准就是行为人在主观心态支配下实施客观行为的认定标准,不同主观心态与不同客观行为的结合决定了某一犯罪行为究竟是一罪还是数罪。

就故意犯罪而言,在行为人实施多个连续的、近似的自然行为时,其主观心理有两种表现形式:同一的犯罪故意或概括的犯罪故意。同一的犯罪故意是指行为人具有数次实施同一犯罪的故意,刑法理论上所称的连续犯多是基于同一的犯罪故意(少部分是概括的犯罪故意),即犯罪心态同一,在该犯罪心态支配下的犯罪行为所触犯的罪名亦同一(其实是犯罪行为同一)。概括的犯罪故意则是指行为人对于认识的具体内容并不明确,但明知自己的行为会发生危害社会的结果,而希望或者放任该结果发生的心理态度。根据行为人认识的具体内容的不同,概括故意可以分为对行为性质认识不明确的概括故意、对行为对象认识不明确的概括故意以及对危害结果认识不明确的概括故意三种。对行为性质和对行为对象认识不明确一般不影响犯罪的成立,此种犯罪心态支配下的行为仍可构成数罪,这便是我们通常所称的概括的犯罪故意作用下的连续犯。

对危害结果认识不明确的概括故意,具体是指行为人故意实施危害行为,明知自己的行为会导致某种危害结果的发生,但对于自己的行为会造成多大的危害结果,波及多少犯罪对象,其认识处于不确定状态,即属于对危害结果范围认识不明确的概括故意。这种概括故意作用下的行为人实施行为时的客观表现以及危害后果可用一罪进行综合评判。

就本案而言,被告人张志明酒后与被害人董金虎、赵奎发生争执,即持刀砍刺被害人,虽没有预谋杀人,但其是将两名被害人作为一个整体予以攻击的。从其攻击被害人的部位来看,张志明先是砍击董金虎,且砍击的是要害部位脸部。在董金虎逃离现场后,其随即将攻击的目标转向赵奎,对赵奎的要害部位连续猛刺七刀。由此可以看出,张志明对其行为的性质及行为对象均有明确的认识,从概括故意的角度来看,被告人张志明在作案过程中系对危害结果的认识不明确,对这种概况故意作用下的行为人行为的定性,应结合其实施行为时的客观表现以及危害后果进行综合评判。张志明作案时是将两名被害人作为一个整体,对其要害部位实施不间断的攻击,在被害人董金虎被攻击逃离现场后,张志明将其攻击行为在被害人赵奎身上实施完毕,故在张志明对危害结果认识不明确的情形下,应以其行为最终实施完毕的结果作为其应当承担刑事责任的结果,构成处断的一罪。因此,结合张志明的客观行为和主观故意来看,对其以故意杀人罪定罪处罚具有法理上的依据。

案例:陈锦国故意杀人案

案例来源:《刑事审判参考》总第114集[第1254号]

主题词:故意杀人罪　死刑

一、基本案情

被告人陈锦国在浙江省浦江县檀溪镇盘山村月牙湖畔经营烧烤摊,2015年7月24日12时许,浦江县檀溪镇人民政府为举办美食节,组织曹红岩、陈新荣等工作人员前往盘山村月牙湖畔进行摊位搬移规劝工作。工作人员在对陈锦国劝说时,陈锦国右手持菜刀、左手持尖刀威胁、阻止工作人员搬移摊位。后陈锦国乘曹红岩不备,持刀朝曹红岩脸部等处砍击多刀,致曹红岩受伤。陈新荣等其他工作人员见状劝陈锦国把刀放下,陈锦国又持尖刀朝上前劝阻的陈新荣腹部捅刺一刀,致陈新荣经抢救无效死亡。经鉴定,陈新荣系因被他人用锐器刺伤腹部致腹腔大血管破裂、急性大出血而死亡;曹红岩所受损伤构成轻伤。

二、裁判要旨

No.4-232-121　对暴力抗拒行政执法的故意杀人案件,应从行政管理的目的与动机是否正当、行政强制程序是否规范、暴力抗法行为是否具有防卫因素等分析被害人是否存在过错,以决定是否适用死刑。

对于以暴力手段抗拒合法的行政执法行为,造成执法人员伤亡的,司法实践中历来将其作为犯罪情节恶劣的情形依法予以严惩。但如果行政执法行为本身严重违法,甚至是个别执法人员假公济私,严重侵犯公民合法权益的,则可认定对引发案件具有过错,进而影响对被告人的量刑。在审判实践中,对此类故意杀人、伤害案件是否适用死刑,需要在查清案件起因的基础上,准确分析被害人有无过错,从而作出公正判决。结合本案的情况,可以从以下几个方面分析被害人有无过错问题。

第一,行政管理的目的与动机是否正当。本案中,被害人陈新荣、曹红岩所在的檀溪镇人民政府为了发展地方经济,利用当地自然条件,出资在辖区盘山村罗家源河的河滩边修建了天然游泳场即月牙湖。根据《地方各级人民代表大会和地方各级人民政府组织法》第六十一条的规定,乡、民族乡、镇的人民政府行使的职权包括“管理本行政区域内的经济、教育、科学、文化、卫生、体育事业”。根据檀溪镇人民政府的会议记录、活动方案和证人证言,为了扩大月牙湖景点的知名度,吸引更多游客到当地旅游消费,增加群众收入,檀溪镇人民政府多次开会集体研究决定在月牙湖畔举办“铜罐饭大赛”美食节活动,并进行宣传报道。多名证人包括被告人陈锦国均表示,村民支持镇政府举办美食节,因为此举能让村民多赚钱。为此,檀溪镇人民政府决定在辖区内举办美食节、决定整治摆摊秩序,被害人陈新荣、曹红岩等执法人员根据镇政府决定要求陈锦国等村民搬移摊位,在行政管理目的和动机上均具有正当性、必要性、合法性。

第二,行政强制程序是否规范。本案中,檀溪镇人民政府决定整治月牙湖游泳场的村民摆摊秩序,在多次通知村民搬移摊位无效的情况下,派行政执法人员到场规劝村民履行搬移摊位的义务,应属于行政强制执行。《行政强制法》第四章规定了行政强制执行的程序,其中第三十五条规定行政机关作出强制执行决定前,应当事先催告当事人履行义务。催告应当以书面形式作出。本案中,檀溪镇人民政府没有采用书面形式催告陈锦国搬移摊位,在程序上有一定瑕疵,但檀溪镇人民政府已经事先口头或打电话多次通知被告人陈锦国挑选、搬移摊位,陈锦国对此亦不否认。陈锦国私自占用公共场所无证经营,即使镇政府以前没有禁止,陈锦国也不可能取得摊位的合法使用权,故镇政府以口头方式通知陈锦国搬移摊位,并未限制、剥夺陈锦国的合法权利,与书面形式催告具有相同的效果。因此,檀溪镇人民政府及其执法人员未书面通知陈锦国搬移摊位的瑕疵,并不构成陈锦国暴力抗拒执法的正当理由。

第三,暴力抗法行为是否具有防卫因素。在暴力抗法引发的故意杀人、伤害案件中,被告人及其辩护人往往提出被告人遭到执法人员辱骂、殴打、伤害或者毁损财物等辩护意见,主张被告人的犯罪行为具有防卫因素,被害人具有过错。实践中,应当根据行政强制措施的实施情况、双方肢体冲突发生的原因、双方的损伤特征和损伤程度、财物毁损的原因和损失价值等实际情况,具体分析判断被告人的暴力抗法行为是否具有防卫因素。本案中,被告人陈锦国经檀溪镇人民政府多次通知均拒绝搬移摊位。案发当日,被害人曹红岩等执法人员在劝说陈锦国自行搬移摊位未果、次日即将举办美食节而舞台尚未搭建的情况下,为排除妨碍而强行搬移陈锦国的摊位,没有粗暴野蛮行为,未造成陈锦国人身或者财产损害,属于行政强制的合理需要,行政强制执行方式合法规范。陈锦国为了阻止执法人员搬移其摊位,持刀砍、划曹红岩面部、颈部等处多下,致曹红岩轻伤,属于对曹红岩人身权利的非法侵害,不具有防卫因素。陈锦国行凶伤害曹红岩之后,不听其家人及村、镇干部劝阻,拒绝放下凶器,还向上前劝阻的一名执法人员颈部挥刀,被执法人员及时躲开,可见其不法侵害行为尚未结束。此时,被害人陈新荣上前劝说陈锦国放下刀。陈锦国见陈新荣走近,即持尖刀猛刺陈新荣腹部一刀,致陈新荣受伤倒地,后经抢救无效死亡。当日对陈锦国人身检查时未发现陈锦国身体有伤。相关目击证人也证实,陈锦国捅刺陈新荣后持刀指向执法人员说“你们还有谁不服的”,足见陈锦国捅刺陈新荣不可能是出于防卫目的,其暴力抗法行为不具有防卫因素。

综上,本案中行政执法人员没有过错,陈锦国的暴力抗拒行为不具有正当性。

案例:刘云芳、王进东、薛红军、刘秀芹故意杀人案——“法轮功”邪教练习者天安门广场自焚案

案例来源:《刑事审判参考》总第119集

主题词:故意杀人罪　邪教

一、基本案情

刘云芳、王进东痴迷于“法轮功”邪教,为达到“圆满”,预谋到天安门广场集体自焚。刘云芳、王进东、薛红军等人在河南开封市,向“法轮功”练习者宣扬以自焚的方式实现“圆满”的邪说,刘云芳制成《圆满》一书,并伙同王进东向"法轮功"练习者散发。2000 年 11 月,刘云芳、王进东专程从河南到北京查看天安门广场的情况,返回后,刘云芳、王进东等人积极策划,组织"法轮功"练习者到天安门自焚。2001 年 1 月 16 日晚,刘云芳、王进东伙同刘葆荣(另案处理)以及"法轮功"练习者郝惠君、刘春玲、刘思影乘火车从河南到北京。刘云芳、王进东到京后,先后购买了汽油和用于灌装汽油的塑料桶、塑料袋等物品,刘秀芹得知刘云芳等人要到天安门广场自焚后,主动提供自己住所作为灌装汽油的地点,帮助自焚者购买灌装汽油用的饮料瓶。2001 年 1 月 23 日,刘云芳、王进东、刘葆荣、郝惠君、刘春玲、刘思影、陈果携带灌有汽油的饮料瓶、打火机、刀片等进入天安门广场。王进东、郝惠君、刘春玲、陈果、刘思影先后将自己身上的汽油点燃自焚,刘云芳、刘葆荣准备自焚时被当场抓获。刘春玲因自焚死亡,刘思影因烧伤引起病变及心脏病变,经抢救无效死亡,王进东、郝惠君、陈果三人被烧致重伤。2001 年 8 月 17 日,北京市第一中级人民法院认定刘云芳、王进东、薛红军、刘秀芹犯故意杀人罪,分别判处无期徒刑、有期徒刑 15 年、有期徒刑 10 年、有期徒刑 7 年。四名被告人认为原判定性不准,量刑不当,提出上诉。北京市高级人民法院审理后裁定驳回上诉,维持原判。

二、裁判要旨

No. 4-232-122　组织、利用邪教组织,制造、散布迷信邪说,组织、策划、煽动、胁迫、教唆、帮助其成员或者他人实施自杀、自伤的,以故意杀人罪或者故意伤害罪定罪处罚。

本案中,北京市人民检察院第一分院指控刘云芳、王进东、刘秀芹犯利用邪教组织致人死亡罪,指控薛红军犯利用邪教组织破坏法律实施罪。《刑法》第三百条第一款规定了组织、利用会道门、邪教组织、利用迷信破坏法律实施罪,第二款规定了组织、利用会道门、邪教组织、利用迷信致人重伤、死亡罪。但是第二款中仅规定了组织、利用会道门、邪教组织或利用迷信蒙骗他人,致人重伤、死亡的法律后果。1999 年《最高人民法院、最高人民检察院关于办理组织和利用邪教组织犯罪案件具体应用法律若干问题的解释》(已失效,以下简称《解释一》)第三条明确规定,利用邪教组织致人死亡,是指组织和利用邪教组织制造、散布迷信邪说,蒙骗其成员或者其他人实施绝食、自残、自虐等行为,或者阻止病人进行正常治疗,致人死亡的情形。在本案当中,四名被告人实施的是自焚和怂恿他人自焚的行为,与此规定不相符。《解释一》第四条规定,组织和利用邪教组织制造、散布迷信邪说,指使、胁迫其成员或者其他人实施自杀、自伤行为的,分别依照《刑法》第二百三十二条、第二百三十四条的规定,以故意杀人罪或者故意伤害罪定罪处罚。《最高人民法院、最高人民检察院关于办理组织和利用邪教组织犯罪案件具体应用法律若干问题的解释(二)》(已失效,以下简称《解释二》)第九条规定,组织、策划、煽动、教唆、帮助邪教组织人员自杀、自残的,依照《刑法》第二百三十二条、第二百三十四条的规定,以故意杀人罪、故意伤害罪定罪处罚。在本案当中,刘云芳、王进东、薛红军三人向"法轮功"练习者宣传,煽动他们到天安门广场自焚,刘云芳、王进东共同组织、策划、准备实施,薛红军积极参与煽动自焚活动,刘秀芹积极为刘云芳等人提供帮助。

在四人的组织、策划和帮助下,有多名"法轮功"练习者到北京天安门广场实施自焚,致二人死亡,三人重伤。四人的行为符合组织、策划、煽动、教唆、帮助邪教组织人员自杀、自残的规定,明知这些行为会造成他人死亡的结果,仍希望这种结果的发生,是一种非法剥夺他人生命的故意,因此应以故意杀人罪定罪处罚。需要说明的是,2017 年 1 月 25 日,最高人民法院、最高人民检察院颁布了《关于办理组织、利用邪教组织破坏法律实施等刑事案件适用法律若干问题的解释》,同时废止了上文提到的两个解释。其第十一条规定了组织、利用邪教组织,制造、散布迷信邪说,组织、策划、煽动、胁迫、教唆、帮助其成员或者他人实施自杀,自伤的,依照《刑法》第二百三十二条、第二百三十四条的规定,以故意杀人罪或者故意伤害罪定罪处罚。第十二条规定了邪教组织人员以自焚、自爆或者其他危险方法危害公共安全的,依照《刑法》第一百一十四条、第一百一十五条的规定,以放火罪、爆炸罪、以危险方法危害公共安全罪等定罪处罚。如果依照现有的司法解释,四名被告人的行为也应当被认定犯故意杀人罪。

案例:阿不来提·赛买提等故意杀人案——新疆“7·5”事件
案例来源:《刑事审判参考》总第119集
主题词:故意杀人罪 暴力恐怖犯罪

一、基本案情

2009年7月5日22时许,依玛木山·阿不都拉等暴徒在新疆维吾尔自治区乌鲁木齐市天山区团结路北三巷持石头、砖块打砸拦停陈某某驾驶的牌照为新AF6157的尼桑轿车,并追打弃车逃生的陈某某。当陈某某跑至团结路塔吉餐厅附近时,阿不来提·赛买提、萨吾尔·麦麦提、依玛木山·阿不都拉、塔依勒·吐洪、阿比迪热合曼江·巴热提等5人一起对陈某某拳打脚踢。阿不来提·赛买提又持木板击打已倒地的陈某某头部数下,致陈某某颅脑损伤死亡。经鉴定,车辆受损价值人民币11080元。随后,阿不来提·赛买提等10人伙同其他暴徒,殴打途经团结路北二巷路口徕再特快餐店的王某,致王某倒地,艾萨·阿卜杜克热木也参与殴打。阿不来提·赛买提搬起路边插太阳伞用的水泥墩,扔砸王某头部,致王某颅脑损伤死亡。

之后,阿不来提·赛买提等10人伙同其他暴徒,对途经团结路北二巷路口徕再特快餐店前的张某某拳打脚踢,致张某某全身多处软组织损伤,蛛网膜下腔出血,左颞部硬膜外血肿,经鉴定属重伤。2009年12月22日,乌鲁木齐市中级人民法院认定阿不来提·赛买提犯故意杀人罪,判处死刑,剥夺政治权利终身,同案被告人以故意杀人罪分别被判处死缓至有期徒刑不等的刑罚。2010年1月7日,新疆维吾尔自治区高级人民法院驳回上诉,维持原判,最高人民法院以故意杀人罪核准阿不来提·赛买提死刑。

二、裁判要旨

No.4-232-123 在“打砸抢烧”严重暴力事件中,行为人以不特定人为侵害对象,大肆打砸、围攻无辜群众,以特别残忍手段致人伤亡的,实施暴力恐怖活动,严重危害公共安全和社会秩序的,应依法严惩,根据各被告人在共同犯罪中的地位和作用、犯罪后果、主观恶性和人身危险性等情况,分别判处死刑、死缓、无期徒刑、有期徒刑。

新疆“7·5”事件是一起由境外分裂势力策划指挥煽动,境内分裂分子组织实施,有预谋、有组织的打砸抢烧严重暴力犯罪活动。数千名恐怖分子在市区多处同时行动,疯狂杀害群众,袭击政府机关、公安民警、居民住所、商店、公共交通设施等,共造成197人死亡、1700多人受伤、331个店铺和1325辆汽车被砸烧,众多市政公共设施损毁。本案是在该背景下所发生的一起严重暴力案件,对无辜群众拳打脚踢,击打他人头部,致使2人颅脑损伤死亡,1人重伤,1车辆被毁坏,侵害了人民群众的生命安全、人身安全、财产安全,犯罪手段极为残忍,犯罪后果严重。《刑法》第五条规定,刑罚的轻重,应当与犯罪分子所犯罪行和承担的刑事责任相适应。最高人民法院《关于贯彻宽严相济刑事政策的若干意见》规定,贯彻宽严相济刑事政策,必须毫不动摇地坚持依法严惩严重刑事犯罪的方针。对严重暴力恐怖犯罪活动,必须依法严惩,以达到遏制犯罪的目的。本案对于不同的犯罪分子区别对待,根据各被告人在共同犯罪中的地位和作用、犯罪后果、被告人的主观恶性和人身危险性等情况,分别判处了1名被告人死刑、3名被告人死缓、2名被告人有期徒刑15年、1名被告人有期徒刑12年,坚持了罪责刑相适应的原则。

案例:糯康犯罪集团故意杀人、运输毒品、劫持船只、绑架案
案例来源:《刑事审判参考》总第119集
主题词:故意杀人罪 刑法的空间效力

一、基本案情

糯康犯罪集团长期在湄公河流域非法拦截、检查来往船只、强取财物。2011年4月2日,桑康·乍萨、扎西卡、扎波以及翁蔑(另案处理)等人,在湄公河“挡石栏”滩头,将中国货船“渝西3号”船长冉某某和老挝金木棉公司客船“金木棉3号”船长罗某某劫持为人质。4月3日,又在

“孟巴里奥”附近水域将中国货船“正鑫1号”“中油1号”“渝西3号”劫持至“三颗石”附近,并将张某等15名中国船员扣押为人质。之后,“正鑫1号”船长钟某某被强行带走并与罗某某、冉某某一同关押。罗某某、冉某某在被关押期间,遭到捆绑、殴打,被迫与老挝金木棉公司和“正鑫1号”出资人于某某联系交钱赎人。经于某某与糯康的代表弄罗(另案处理)谈判,4月6日下午,弄罗将收到的赎金2500万泰铢交付给依莱后,罗某某、冉某某、钟某某获释。三艘中国货船及船员被缅甸政府解救。

2011年9月至10月月初,糯康犯罪集团长期盘踞在湄公河流域“散布岛”一带,为获取泰国不法军人的支持,糯康与桑康·乍萨、依莱、翁蔑、弄罗策划劫持中国船只、杀害中国船员,并在船上放置毒品栽赃陷害船员。按照糯康的安排,依莱在湄公河沿岸布置眼线、选定停船杀人地点,并和弄罗与泰国不法军人具体策划栽赃查船等事宜。2011年10月5日,根据糯康的授意,在桑康·乍萨的指挥下,翁蔑带领温那、碗香、岩湍、岩梭等人(均另案处理),携带枪支驾乘快艇,在湄公河“弄要”附近,劫持了中国船只“玉兴8号”“华平号”,捆绑控制了船员,并将事先准备的毒品分别放置在两艘船上。扎西卡、扎波、扎拖波接到翁蔑等人通知后赶到“弄要”参与武装劫船。两船被劫至泰王国清莱府清盛县湄赛路1组湄公河岸边一鸡素果树处停靠。翁蔑、扎西卡、扎波等人在船上迅即向中国船员开枪射击后驾乘快艇逃离,在岸边等候的泰国不法军人随即向两艘中国船只开枪射击,而后登船继续射击,并将中国船员尸体抛入湄公河。案发当天经现场勘查,在“玉兴8号”驾驶室发现杨某甲尸体,在“玉兴8号”“华平号”上共查获919600粒毒品可疑物。2011年10月7日至11日,在泰王国清盛港附近陆续打捞出被蒙眼、蒙嘴、捆绑双手的中国船员黄某等12人的尸体。经鉴定,被害的13名中国船员均为枪弹伤导致死亡,查获的毒品可疑物系甲基苯丙胺,净重84516.01克。

2012年11月6日,云南省昆明市中级人民法院依法判决糯康、桑康·乍萨、依莱犯故意杀人罪、运输毒品罪、绑架罪、劫持船只罪,判处死刑,并处没收个人全部财产;扎西卡犯故意杀人罪、绑架罪、劫持船只罪,判处死刑,并处没收罚金人民币50万元;扎波犯故意杀人罪、绑架罪、劫持船只罪,判处死刑缓期执行,并处没收罚金人民币50万元;扎拖波犯劫持船只罪,判处有期徒刑八年。2012年12月26日,云南省高级人民法院维持原判,2013年1月29日,最高人民法院依法核准糯康、桑康·乍萨、依莱、扎西卡四人死刑。

二、裁判要旨

No. 4-232-124 凡在中国船舶和航空器内犯罪,适用我国《刑法》,船舶的归属包括船籍国主义和旗国主义,即在船籍国为我国或者船舶悬挂了我国国旗的船舶上犯罪,中国具有管辖权;此外根据保护管辖原则,外国人在中国领域外对中国国家或者公民犯罪,按照《刑法》规定最低刑为三年以上有期徒刑的,可以适用我国《刑法》,但是按照犯罪地的法律不受处罚的除外。

根据属地管辖原则,我国《刑法》第六条规定,凡在中华人民共和国领域内犯罪的,除法律有特别规定的以外,都适用我国《刑法》。中国船舶以及中国航空器内也被视为我国领土,关于中国船舶,通常采用船籍国主义和旗国主义两种观点,前者指船舶船籍国为我国,后者指悬挂了我国国旗的船舶,在该两类船舶上发生的犯罪,中国具有管辖权。本案中,糯康犯罪集团劫持中国船只、杀害中国船员,并在船上放置毒品栽赃陷害船员,在船籍国为中国的船舶上实施了一系列犯罪行为,中国根据属地管辖原则,依法具有管辖权。根据保护管辖原则,我国《刑法》第八条规定,外国人在中华人民共和国领域外对中华人民共和国国家或者公民犯罪,而按本法规定的最低刑为三年以上有期徒刑的,可以适用本法,但是按照犯罪地的法律不受处罚的除外。本案中,涉案被害人都是中国人,无论是劫持船只罪、故意杀人罪还是绑架罪,在我国《刑法》中都是法定最低刑为三年以上有期徒刑的严重犯罪。糯康犯罪集团长期在湄公河流域实施劫船、绑架等行为,严重危害该流域的航行自由与安全,依据保护管辖原则,我国对该案享有刑事管辖权。此外,我国已经签署加入了《禁止非法贩运麻醉药物和精神药物公约》,其第四条规定,犯罪发生在犯罪时悬挂其国旗的船只或按其法律注册的飞行器上,该缔约国具有管辖权,即我国法院对本案中的涉毒犯罪具有管辖权。

No. 4-232-125 实施多个分别具有多个犯意的犯罪行为,造成多个法益遭受侵犯的情形,应实行数罪并罚。

本案中,糯康等被告人及其辩护人提出劫持船只罪、运输毒品罪、故意杀人罪属于牵连犯应择一重处的意见。糯康犯罪集团为报复中国船只,实施劫持船只、运输毒品、杀害船员的行为,是数犯意、数实行行为、造成数法益侵害的情形,分别触犯不同罪名,构成三个独立的犯罪。首先,糯康集团采用武装暴力劫持正在航行的中国船只,直接对船员人身财产安全及船舶航行安全造成侵害,构成劫持船只罪;同时,糯康等人明知是毒品,仍将毒品从散布岛运到我国船舶上再运至泰国清盛港附近构成运输毒品罪;另外,糯康集团预谋杀害中国船员并枪击致 13 名船员死亡,构成故意杀人罪。糯康犯罪集团实施的各项犯罪都具有严重的法益侵害性,都是重罪,只有数罪并罚才能全面、完整评价,才能真正体现罪责刑相适应原则。其次,虽然故意杀人和运输毒品犯罪行为与劫持船只的犯罪行为之间的确存在一定的客观联系,但这种联系并不是牵连关系,劫持船只行为在先,行为已经完成,结果已经发生,构成既遂,之后又实施杀人的行为,其劫持船只和故意杀人两个行为具有明显的阶段性和独立性,犯意无直接关联,不成立牵连犯。最后,即使本案各犯罪行为之间存在牵连关系,也应当数罪并罚。本案无论定任何一个罪名对本案都是评价不足的,无法真正体现罪责刑相适应原则,只有数罪并罚才能完整评价糯康犯罪集团所实施犯罪的社会危害性,行为的严重法益侵害性。

案例:王英生故意杀人案

案例来源:《刑事审判参考》总第 119 集

主题词:故意杀人罪　暴力伤医

一、基本案情

2012 年 10 月 14 日,王英生到天津中医药大学第一附属医院针灸科找医生康某某为其脑血栓病进行针灸治疗。接受治疗后,王英生自感病痛无缓解,反而有所加重,认为康某某对其治疗不当,并多次向亲属表示对康某某的不满。此后,王英生又至其他医院及诊所接受治疗,仍感到身体不适,即认为自身病情加重系康某某针灸治疗所致,遂产生杀害康某某进行报复之念,王英生事先了解康某某的出诊时间并预谋作案。2012 年 11 月 29 日 11 时许,王英生携带家中的斧子至天津中医药大学第一附属医院针灸科,在康某某工作的诊室外伺机作案。当日 13 时许,王英生见康某某回到诊室,以要求康为其治疗为由随同进入诊室并将房门关闭。趁康某某不备,王英生双手持斧朝康某某头部猛砍,康受伤后逃向房门,因伤势过重而倒地。王英生唯恐康某某不死,又持斧子朝康某某头部猛砍数下,致康某某重度颅脑损伤经抢救无效死亡。作案后,王英生从该诊室的窗户跳下受伤,后被民警抓获。2013 年 2 月 4 日,天津市第一中级人民法院认定王英生犯故意杀人罪,判处死刑,剥夺政治权利终身。一审宣判后,被告人王英生以量刑过重为由提出上诉。2013 年 4 月 24 日,天津市高级人民法院驳回上诉,维持原判。2014 年 4 月 9 日,最高人民法院核准王英生死刑。

二、裁判要旨

No. 4-232-126 暴力伤医案件不仅对医生的身体健康和生命安全造成直接的危害,还对医患关系、医疗制度乃至社会的医疗秩序造成严重的损害,对于犯罪手段残忍、主观恶性深、人身危险性大的被告人或者社会影响恶劣的涉医犯罪行为,应当依法从严惩处。

患者、患者家属亲友或第三方因医疗关系而对医护工作人员实施暴力、胁迫和攻击等行为,且对医护工作人员的身体或精神造成伤害或威胁的,为暴力伤医行为。暴力伤医案件的社会影响恶劣,是因为除了对医护人员的身体健康和生命安全造成直接的危害,还给医护人员的职业认同感带来巨大冲击,严重影响了执业环境,进一步加剧了医患矛盾,同时严重干扰医院正常的医疗秩序,影响其服务供给能力,给医院、其他患者以及社会公正造成重大损失。本案中,王英生将自身疾病无法治愈,归责于天津中医药大学第一附属医院针灸科的康某某,在报复动机的驱使下,在医院正常的诊疗时间段内,假装作为患者进入诊室,在康某某毫无防备的情况下,持斧子多次砍击康某某的头部,造成康某某死亡的后果。王英生的犯罪手段极其残忍,情节极其恶劣,罪行极其严重,其暴力伤医行为依法构成故意杀人罪,综合其犯罪情节、犯罪性质、犯罪后果,应依法判处死刑。应补充说明的是,2013 年 12 月,原国家卫计委会同中央综治办、中共中央宣传部、最高人民法院、最高人民检察院等十一个部门联合印发《关于维护医疗秩序打击涉医违法犯罪专项行动方案》,要求通过开展维护医疗秩序打击涉医违法犯罪专项行动,保障医患双方合法权益,为广大患者和医务人员营造良好的医疗环境,切实维护社会和谐稳定。2014 年,最高人民法院、最高人民检察院、公安部、司法部、原国家卫生和计划生育委员会联合印发了《关于依法惩处涉医违法犯罪维护正常医疗秩序的意见》,进一步明确了对六类涉医违法犯罪行为的处罚。在全面查明案件事实的基础上依法准确定罪量刑,对于犯罪手段残忍、主观恶性深、人身危险性大的被告人或者社会影响恶劣的涉医犯罪行为,依法从严惩处。

案例:被告人张帆、张立冬、吕迎春等故意杀人、利用邪教组织破坏法律实施案

案例来源:《刑事审判参考》总第 119 集

主题词:故意杀人罪 利用邪教组织破坏法律实施罪

一、基本案情

吕迎春于 1998 年加入“全能神”邪教组织。2008 年始,吕迎春作为“长子”(“全能神”邪教组织头目)纠合在山东招远的“全能神”教徒进行聚会,宣扬“全能神”教义。张帆从 2007 年开始接触并信奉“全能神”,2008 年与吕迎春通过互联网结识并频繁联系,多次跟随吕迎春到招远参加“全能神”教徒聚会。2008 年年底,张帆先后将张立冬、陈秀娟(张帆之母)、张航、张某等家人发展为“全能神”教徒。2009 年,张帆与家人移居招远市,张帆被“二见证人”(“全能神”邪教组织头目)范龙凤、李有旺(均另案处理)确认为“长子”。此后,张帆与吕迎春在招远市城区及下辖的玲珑镇、蚕庄镇、齐山镇等多地,秘密纠合“全能神”教徒 40 余名聚会百余次。其间,吕迎春、张帆印制、散发了《话在肉身显现》《七雷发声》等“全能神”宣传资料数十册,并利用互联网,先后在境内外网络空间内,制作、传播有关“全能神”的文章 97 篇,空间访问量总计 17 万余次。张立冬还积极出资,在招远市租赁或者购买多处房屋及店面,作为“全能神”教徒住所和活动场所,并出资购买交通工具、电脑、手机,安装宽带,供传播“全能神”使用。此外,张立冬听从吕迎春、张帆指使,将家庭财产 1000 余万元以“奉献”给“教会”的名义,存于吕迎春、张帆名下。2014 年 5 月 28 日 15 时许,张帆、张立冬、吕迎春、张航、张巧联及张某(张帆之弟,12 周岁)在招远市“麦当劳”府前广场餐厅就餐。其间,张立冬、张巧联到金都购物中心购买了两支拖把、手机等物品。21 时许,张帆、吕迎春授意张航、张巧联、张某向餐厅内其他顾客索要联系方式,为发展“全能神”组织成员做准备。当张航两次向吴某某索要手机号码遭到拒绝后,张帆、吕迎春指认吴某某为“恶灵”,张帆开始咒骂“恶灵”“魔鬼”,上前抢夺吴某某手机并让其离开餐厅。再次遭到拒绝后,张帆遂持餐厅内座椅砸击吴某某。吴某某反抗,张立冬、吕迎春、张航上前与张帆共同将吴某某打倒在地,张帆多次叫嚣“杀了她,她是恶魔”,并用手撑着餐桌反复跳起用力踩踏吴某某头面部。后张帆将拖把分别递给张立冬和张某,指使张立冬、张航、张巧联、张某上前“诅咒”、殴打吴某某。张立冬抡起拖把连续猛击吴某某头面部,直至将拖把打断,又在吕迎春指使下将吴某某从桌椅之间拖出,并上前用脚猛力踢、踩、跺吴某某头面部。张航也使用椅子、笤帚殴打吴某某背、腿部,吕迎春踢踹吴某某腰、臀部,并唆使张巧联、张某殴打吴某某。其间,吕迎春用拳头击打餐厅工作人员并扬言“谁管谁死”,阻止餐厅工作人员和其他顾客解救吴某某,还与张帆一起将餐厅柜台上的头盔砸向工作人员阻止报警。公安人员接警到达现场后,张立冬、张某仍殴打吴某某,后公安人员在周围群众的帮助下,将 6 人制服并抓获。“120”急救医生到场后确认吴某某已死亡。经鉴定,吴某某系生前头面部遭受有较大面积质地坚硬钝物打击并遭受有一定面积质地较硬钝物多次作用致颅脑损伤死亡。2014 年 10 月 11 日,烟台市中级人民法院认定张帆、张立冬犯故意杀人罪、利用邪教组织破坏法律实施罪,决定执行死刑,剥夺政治权利终身;认定吕迎春犯故意杀人罪、利用邪教组织破坏法律实施罪,决定执行无期徒刑,剥夺政治权利终身;认定张航、张巧联犯故意杀人罪,分别判处有期徒刑十年、七年。2014 年 11 月 27 日,山东省高级人民法院驳回上诉,维持原判。2015 年 1 月 26 日,最高人民法院依法核准被告人张帆、张立冬死刑。

二、裁判要旨

No. 4-232-127 利用制造、散布迷信邪说等手段蛊惑、蒙骗他人,发展、控制成员,危害社会的非法组织为邪教组织,组织和利用邪教组织非法举行集会、游行、示威,煽动、欺骗、组织其成员或者其他人聚众围攻、冲击、强占、哄闹公共场所及宗教活动场所,扰乱社会秩序的,以利用邪教组织破坏法律实施罪定罪处罚,若同时实施了故意杀人犯罪的,应以利用邪教组织破坏法律实施罪、故意杀人罪数罪并罚。

1999 年最高人民法院、最高人民检察院《关于办理组织和利用邪教组织犯罪案件具体应用法律若干问题的解释》(已失效)第一条规定,《刑法》第三百条中的"邪教组织",是指冒用宗教、气功或者其他名义建立,神化首要分子,利用制造、散布迷信邪说等手段蛊惑、蒙骗他人,发展、控制成员,危害社会的非法组织。第二条规定,组织和利用邪教组织并具有下列情形之一的,依照《刑法》第三百条第一款的规定,即依利用邪教组织破坏法律实施罪定罪处罚,其中第二项为:非法举行集会、游行、示威,煽动、欺骗、组织其成员或者其他人聚众围攻、冲击、强占、哄闹公共场所及宗教活动场所,扰乱社会秩序的。本案中,吕迎春、张帆信奉"全能神",冒用基督教名义,编造歪理邪说,将自己神化为"全能神"的"长子""神自己",多次纠合教徒秘密聚会,利用各种方式制作、传播邪教组织信息,蛊惑蒙骗他人,发展控制成员,进行非法活动。"全能神"教完全符合司法解释关于邪教组织特征的定义。本案中,张帆、张立冬、吕迎春等人,在发展"全能神"教过程中,散发了《话在肉身显现》《七雷发声》等"全能神"宣传资料数十册,并利用互联网,先后在境内外网络空间内,制作、传播有关"全能神"的文章,同时多次组织了教徒的非法聚会,应构成利用邪教组织破坏法律实施罪。此外,因意图发展组织成员而向吴某某索要电话号码遭到拒绝,在光天化日之下,当着众多就餐人员的面纠集邪教成员将吴某某殴打致死。张帆、吕迎春指认吴某某为"恶灵","那名女子是恶魔、邪灵,就是要打死她""不害怕法律,我们相信神",并指使成员使用椅子、笤帚殴打吴某某背、腿部,踢踹其腰背部,并猛力踢、踩、跺其头面部,致其因较硬钝物多次作用而颅脑损伤死亡,属于在公众场合下组织其成员殴打他人,扰乱社会秩序,应以利用邪教组织破坏法律实施罪定罪处罚。张帆、吕迎春等人形成伤害吴某某身体的故意,而殴打致死也属于其故意范围内容,在张帆等人的指使下,张立冬等成员积极实施猛击、踢踹等行为,最终导致了被害人吴某某的死亡,所有成员均应对吴某某死亡负责,所有成员均构成故意杀人罪。综上,张帆利用邪教组织严重扰乱社会秩序,并于公众场合实施故意杀人犯罪,犯罪手段残忍,犯罪情节恶劣,犯罪后果严重,败坏社会风气,应依法以利用邪教组织破坏法律实施罪、故意杀人罪数罪并罚。

案例:沈超故意杀人、抢劫案

案例来源:《刑事审判参考》总第 120 集[第 1300 号]

主题词:故意杀人罪　犯罪记录封存　假释撤销

一、基本案情

2014 年 7 月 12 日至 13 日,被告人沈超于假释考验期限内,在吉林省长春市汽车经济技术开发区(以下简称"汽开区")以独行的女性为抢劫目标,持刀抢劫三起,在实施抢劫后或实施抢劫过程中杀害或伤害被害人,劫得款物共计价值人民币(以下币种同)9985 元,并致一人死亡,一人重伤。2014 年 7 月 22 日,沈超被抓获。具体事实如下:2014 年 7 月 12 日 14 时许,被告人沈超尾随被害人周某某到汽开区 39 街区 716 栋 3 单元楼道内,持刀挟持周某某,劫得现金 30 元和三张银行卡,并逼迫周某某说出银行卡密码,因周某某向楼外跑并大声呼救,沈超追上后用刀刺周某某的胸部、肋部、臂部数刀,致周某某左肺静脉破裂导致失血死亡。沈超逃离现场后,于当日 15 时许使用周某某的银行卡在银行 ATM 机取款,因密码错误,取款未果。

2014 年 7 月 13 日 13 时许,在汽开区 47 街区综合市场附近,被告人沈超尾随被害人张某某至 46 街区 850 栋 5 单元楼道内,持刀挟持后刺张某某腰部一刀、劫得价值 6334 元的黄金项链一条。经法医鉴定,张某某腹部外伤致右肾破裂及结膜系膜破裂并手术修补构成重伤二级;右手食指及中指皮肤裂伤构成轻微伤;腹部外伤致右肾破裂及结肠浆膜破裂修补术后,构成九级伤残。

2014 年 7 月 13 日 16 时许,在汽开区 50 街区综合市场附近,被告人沈超尾随被害人赵某某至 50 街区 21 栋 4 单元楼道内,持刀挟持赵某某后劫得现金 50 元和价值 3571 元的黄金项链一条。

二、裁判要旨

No. 4-232-128 犯罪记录封存不等于犯罪记录消灭,前罪符合犯罪记录封存条件,在前罪假释期内再犯新罪的,应撤销假释,实行数罪并罚。

2012 年《刑事诉讼法》第二百七十五条(即 2018 年修正后的《刑事诉讼法》第二百八十六条)规定了未成年人的犯罪记录封存制度。最高人民法院、最高人民检察院、公安部、国家安全部、司法部《关于建立犯罪人员犯罪记录制度的意见》以及立法机关相关立法说明都明确表示,我国建立未成年人犯罪记录封存制度是为了贯彻落实党和国家对违法犯罪未成年人的"教育、感化、挽救"方针和"教育为主、惩罚为辅"原则,消除"犯罪标签"对受过刑事处罚的未成年人在入伍、就业方面的影响,最终目的是帮助失足青少年回归社会。该制度的本质是"封存"而非"消灭",因此,不能将"犯罪记录封存"等同于"犯罪记录消灭",并进而禁止在此后的刑事诉讼中对犯罪记录进行法律评价。司法机关为办案需要可以使用已封存之犯罪记录也是实践中通行的做法。

刑法和刑事诉讼法制度在实践中相互影响。犯罪记录封存制度虽然规定在《刑事诉讼法》中,但相关刑法制度会影响对该制度的理解和适用。针对未成年人的犯罪记录封存制度,《刑法修正案(八)》也增加了相应内容,对累犯制度作出了相应调整。比如,在具体操作上,根据 2012 年《公安机关办理刑事案件程序规定》第三百二十条第一款、2012 年《人民检察院刑事诉讼规则(试行)》(已失效)第五百零三条和《人民检察院办理未成年人刑事案件的规定》第六十二条之规定,办案机关应当在收到人民法院生效判决后,对犯罪记录予以封存。而根据《刑法》相关规定,刑罚执行过程中可以对符合条件的罪犯进行减刑、假释,而犯罪记录是审理减刑、假释案件的基础事实,如果片面强调犯罪记录已封存,不得在裁判中使用就有可能导致符合条件的罪犯无法适用假释、减刑程序的情况。一项有利于罪犯的刑法制度(减刑、假释制度)却因为有利于罪犯的另一项刑事诉讼法制度(犯罪记录封存制度)的存在无法适用,从法理和情理上来讲都是不妥当的,司法机关应当根据实际情况有所取舍。我们认为,尽管犯罪记录已经封存,但在审理减刑、假释案件的诉讼中仍应对犯罪记录进行援引和评价。同理,罪犯假释期间违反《刑法》第八十六条第三款规定的,应撤销假释,收监执行未执行完毕的刑罚,在审理撤销假释案件过程中也可以对封存的犯罪记录进行援引和评价,这样才不至于因为未成年人的犯罪记录封存而架空《刑法》关于减刑、假释的规定。

犯罪记录封存制度是一项平衡社会公共利益与未成年犯罪人权益的举措,在理解和适用犯罪记录封存制度时,要注意平衡未成年犯罪人权益保护与惩罚犯罪及满足合理的社会防卫需要之间的关系,在权衡犯罪记录封存制度和相关刑法制度立法目的的基础上决定法律适用问题,不可片面强调"教育、感化、挽救",也不可进行绝对的机械理解。除非法条有明确规定,如未成年人犯罪不构成累犯的规定,否则以犯罪记录封存为由而杜绝未成年人案件减刑、假释的适用,既违背了设立该制度的初衷,又不利于打击犯罪和保护未成年人权益。

最高人民法院、最高人民检察院、公安部、司法部《关于进一步加强社区矫正工作衔接配合管理的意见》第十九条规定:"撤销缓刑、撤销假释裁定书或者对暂予监外执行罪犯收监执行决定书应当在居住地社区矫正机构教育场所公示。属于未成年或者犯罪的时候不满十八周岁被判处五年有期徒刑以下刑罚的社区服刑人员除外。"根据该规定,犯罪记录封存后,罪犯在缓刑假释考验期内违反相关规定,法院在审理撤销缓刑假释案件的诉讼中可以援引和评价并可在撤销缓刑、撤销假释裁定书体现被封存的犯罪记录,只是考虑到保密义务问题,不在居住地社区矫正机构教育场所公示撤销缓刑、撤销假释裁定书。本案中,被告人沈超在假释考验期内犯新罪,对其撤销假释依法数罪并罚,属于依法惩罚犯罪的问题:一方面实现了假释制度的立法目的,另一方面也与犯罪记录封存制度促使罪犯更好地回归社会的立法初衷并不冲突。如果仍以需遵守保密义务为由而不撤销假释依法数罪并罚的话,则有将"教育、感化、挽救"方针异化为"纵容"之嫌,也使假释制度形同虚设,实不足取。

88 过失致人死亡罪(《刑法》第二百三十三条)

案例:田玉富过失致人死亡案

案例来源:《人民法院案例选》2007 年第 2 辑

主题词:过失致人死亡罪　被害人过错

一、基本案情

被告人田玉富。

湖南省麻阳苗族自治县人民法院经审理查明:2005 年 6 月,被告人田玉富与其妻康滕青为违法生育第三胎而被本县板栗树乡计划生育工作人员带至县计划生育技术指导站实施结扎手术。6 月 25 日上午 11 时许,被告人田玉富为使其妻逃避结扎手术,而对计生工作人员谎称其妻要到指导站住院部三楼厕所洗澡。骗取计生工作人员信任后,在厕所里,被告人田玉富先用手掰开木窗户,然后用事先准备好的尼龙绳系在其妻胸前,企图用绳子将其妻从厕所窗户吊下去逃跑,但由于绳子在中途断裂,致使康滕青从三楼摔下后当场死亡。

麻阳苗族自治县人民法院认为:被告人田玉富为帮助其妻康滕青逃避计划生育做结扎手术,用绳子将康捆住从高楼吊下,应当预见自己的行为会造成严重后果而没有预见,致其妻死亡,其行为触犯《中华人民共和国刑法》第二百三十三条,构成过失致人死亡罪。公诉机关指控被告人田玉富的犯罪事实清楚,证据确实、充分,罪名成立,提请依法追究刑事责任的意见予以采纳。被告人田玉富犯罪以后认罪态度好,有悔罪表现,对其适用缓刑确实不致再危害社会,适用《中华人民共和国刑法》第七十二条第一款,第七十三条第二、三款的规定,从轻处罚。据此,作出如下判决:

被告人田玉富犯过失致人死亡罪,判处有期徒刑三年,缓刑三年。

宣判后,被告人未提出上诉,公诉机关也未抗诉,一审判决发生法律效力。

二、裁判要旨

No. 4-233-1　被害人有过错的过失致人死亡行为,构成过失致人死亡罪,但被害人的过错可以作为减轻罪责的酌定情节。

在本案中,田玉富夫妇为了逃避计划生育措施,冒险用绳从楼上滑下,结果因绳索断裂造成田妻死亡。在这种冒险行为中,田玉富夫妇均存在共同的过失,即认为系上绳索可以从高楼安全下滑,不会造成损害结果,属于疏忽大意的过失。正是由于存在共同过失,且被害人与被告人身份的特殊性,所以法院认为其犯罪情节较轻,并可以适用缓刑。这种处理无疑是合法、恰当的。

案例:曲龙民等过失致人死亡案

案例来源:《人民法院案例选》2009 年第 4 辑

主题词:过失犯罪　注意义务

一、基本案情

被告人曲龙民。

被告人刘峻玮。

被告人刘颖心。

北京市朝阳区人民法院经审理查明:2008 年 4 月 3 日,被告人曲龙民、刘峻玮代表北京长丰康盛房地产经纪有限公司朝阳第十五分公司与郭德海(男,56岁,北京市人)签订了房屋出租代理合同。同年4月18日该公司又与北京紫松琳房地产经纪有限公司的销售经理即被告人刘颖心签订了房屋租赁合同。后被告人曲龙民、刘峻玮明知所代理出租的郭德海所有的本区建国门外光辉南里5号楼2单元209室安装的燃气热水器存在安全隐患,并向郭德海承诺在出租该房屋前予以修理排除,但却在房屋未排除安全隐患的情况下将该室出租给北京紫松琳房地产经纪有限公司。被告人刘颖心作为该公司房屋租赁的负责人,在对所租赁房屋内的设备是否安全产生质疑时未坚持进行检查,且轻信被告人刘峻玮所讲租赁房屋内的设备安全完好,并违反所签协议居住3至5人的约定,即于同年4月21日安排了10名公司员工入住,24日凌晨,致使居住在该室的公司员工田甜(女,22岁,河北省人)等9人因长时间持续使用燃气热水器而致一氧化碳中毒死亡,只有单独一人居住在该室小间卧室内的被害人王俊幸免。后被告人曲龙民、刘峻玮、刘颖心被抓获归案。

北京市朝阳区人民法院经审理后认为:被告人曲龙民、刘峻玮在与原房主签订租赁房屋合同时,已知房屋热水器排气设施不安全,存在安全隐患,但在没有采取措施排除隐患的情况下将房屋出租予他人,主观上存在过失,客观上实施了相应的行为,造成了9人死亡的严重后果;另被告人刘颖心在负责承租房屋时,应对房屋是否安全负有检查责任而没有尽到,违反了租住合同的约定。且安排超出租住合同约定的人员居住,主观上亦有过失,客观上实施了行为。三被告人的行为已触犯了《刑法》,构成过失致人死亡罪,应予惩处。北京市朝阳区人民检察院指控被告人曲龙民、刘峻玮、刘颖心犯过失致人死亡罪的事实清楚,证据确实、充分,指控的罪名成立。被告人曲龙民的辩护人关于被害人的公司没有按照所签订的合同去执行,却安排多名员工入住,而被害人又长时间地使用热水器等因素才造成严重后果发生,被告人曲龙民属初犯,当庭认罪态度较好等辩护意见本院予以采纳。但认为被告人曲龙民对危害结果的发生不能预料,被害人的公司与被害人都负有重大责任,建议法院对其减轻处罚的辩护意见不能成立,本院不予采纳。被告人刘峻玮的辩护人关于被告人刘峻玮已尽了部分应注意的义务,并具有自首情节,建议法院对其适用缓刑的辩护意见本院不予采纳。被告人刘颖心关于其在主观上不能预见所租的房屋存在安全隐患,且出租方也没有告诉其房屋存在安全隐患的辩解及被告人刘颖心的辩护人关于被告人刘颖心无罪的辩护意见,经查:被告人刘颖心在为本公司员工租房过程中,应考虑租住房屋对员工是否安全,且应对安全情况进行检查,并应按规定居住人数合理安排,而其却轻信他人没有任何依据的承诺,未做安全检查,且违反所签合同的规定,安排多人居住,亦是造成本案多人死亡的原因之一,且被告人刘颖心在供述中也曾对热水器是否应该安装排气管有过供述,故被告人刘颖心的辩解及辩护人的辩护意见不能成立,不予采纳。综上,根据三被告人犯罪的事实、犯罪的性质、情节和对社会的危害程度,北京市朝阳区人民法院依照《中华人民共和国刑法》第二百三十三条、第六十一条之规定,判决如下:

1. 被告人曲龙民犯过失致人死亡罪,判处有期徒刑五年;
2. 被告人刘峻玮犯过失致人死亡罪,判处有期徒刑五年;
3. 被告人刘颖心犯过失致人死亡罪,判处有期徒刑三年。

一审宣判后,三被告人均不服提出上诉,曲龙民、刘峻玮的上诉理由均为原判量刑过重;刘颖心的上诉理由为:刘峻玮未告知其热水器有问题,其无法预见出租房存在安全隐患,原判量刑过重。

二审认定事实和证据与一审认定一致。二审法院认为,上诉人曲龙民、刘峻玮明知其代为出租的房屋内安装的热水器排气设施缺失,存在安全隐患,仍在未采取措施排除安全隐患的情况下将该房屋出租给他人;上诉人刘颖心在负责承租房屋时,明知自己负责租赁的房屋是用于本公司员工的住宿,其应当对该出租屋内各项设施的安全性进行必要的检查,以保证员工住宿的安全,但其因疏忽大意未认真履行安全检查职责。三上诉人在主观上均存在过失,且造成在该室居住的9人因燃气泄漏中毒死亡的严重后果,其行为均构成过失致人死亡罪,依法应予惩处。综上,原判决定罪和适用法律正确,量刑适当,审判程序合法,遂裁定驳回曲龙民、刘峻玮、刘颖心的上诉,维持原判。

二、裁判要旨

No. 4-233-2 过失犯罪应当根据违反注意义务的程度确定责任大小和量刑幅度,具有业务能力负有相关业务上注意义务的人,其注意义务要重于社会一般人。

在本案中,被告人曲龙民、刘峻玮身为房屋出租公司的员工,基于业务上的要求,应对其出租房屋的安全性负责,及时发现和排除安全隐患,其负有避免危害结果发生的注意义务不言而喻;刘颖心身为承租人,其明知所承租的房屋是为公司员工使用,按照常理,亦应对房屋的安全性负责,负有避免危害结果发生的注意义务。此外,基于出租房屋属于曲龙民、刘峻玮的业务行为,其所负的注意义务属于业务上的密切注意义务,程度高于刘颖心所负的一般程度之注意义务。

判断行为人对某一事项具有注意能力应坚持主客观相一致的原则,既要考虑行为人的年龄、知识、智力发育、工作经验以及所担负的职务、技术熟练程度等因素,又要考虑行为人当时所处的具体环境和条件,将这两方面的情况综合加以考虑,进行科学分析,作出符合行为人实际情况的判断。

在本案中,曲龙民、刘峻玮身为房屋出租公司员工,受过对房屋结构、安全性以及燃气设施等方面的专门培训,且其已经知道所出租房屋的燃气热水器的通风存在问题,二人理应具有预见危害后果发生的注意能力。刘颖心作为社会一般人,理应有能力预见燃气热水器排风设施的重要性以及没有排风设施的危险性;另刘峻玮的供述也证明了刘颖心在签订合同时知道热水器没有安装排气管;此外,刘颖心的供述也证明在主观上已经认识到热水器可能存在安全隐患,只是轻信了中介公司的话,没有进一步采取防范措施。可见,刘颖心在本案中具有预见危害结果发生的注意能力亦无疑问。

综上,在本案中,三被告人的行为实质上均是在具有注意能力的前提下违反了注意义务,且造成严重后果,均构成过失致人死亡罪。此外,鉴于曲龙民、刘峻玮属于业务行为,其违反的是业务上的注意义务,程度较高,根据罪责刑相适应原则,判处其有其徒刑五年。刘颖心作为社会一般人,违反一般注意义务,程度较低,判处其有期徒刑三年。

案例:刘旭过失致人死亡案

案例来源:《人民法院案例选》2007 年第 1 辑

主题词:过失致人死亡罪　意外事件

一、基本案情

自诉人暨附带民事诉讼原告人张微。

被告人刘旭。

北京市宣武区人民法院经审理查明:2004 年 4 月 29 日 11 时许,被告人刘旭驾驶车号为京 CZ7172 的白色捷达牌轿车行驶至本市宣武区宣武门路口由东向南左转弯时,适遇张立发(殁年 69 岁)骑车由东向西横过马路,二人因让车问题发生争吵。被告人刘旭驾车前行至宣武门西南角中国图片社门前后靠边停车,与随后骑自行车同方向而来的张立发继续口角,后被告人刘旭动手推了张立发的肩部并踢了张立发腿部。张立发报警后双方被民警带至广内派出所。在派出所解决纠纷时,被害人张立发感到胸闷不适,于 13 时到首都医科大学宣武医院就诊,15 时许经抢救无效死亡。经法医鉴定:张立发因患冠状动脉粥样硬化性心脏病,致急性心力衰竭死亡。被害人张立发的家属因张立发死亡所造成的经济损失共计人民币 205433. 59 元。

自诉人张微诉称:被害人张立发突发心脏病完全是由于被告人的殴打行为所致,被告人的行为虽不能直接引起被害人的死亡,但却是导致被害人死亡的诱因,因此,在被告人明知被害人年老体弱,应当预见其殴打行为会造成被害人严重伤害的情况下,依旧对被害人实施殴打行为,致使被害人死亡,被告人对死亡结果的发生是存在过失的,其行为符合《中华人民共和国刑法》第二百三十三条之规定,已构成过失致人死亡罪。

被告人刘旭及其辩护人的主要辩护意见为,自诉人张微指控被告人刘旭对被害人张立发进行拳打脚踢不是事实,被告人刘旭对被害人张立发所踢的两脚并非致命处,被告人刘旭的行为与被害人张立发的死亡没有直接的因果联系,对发生死亡结果是无法预见的,因此被告人刘旭不应承担刑事和民事责任。

北京市宣武区人民法院认为:被告人刘旭与被害人张立发因交通问题发生口角及肢体接触,现有证据证实被告人刘旭推了被害人张立发肩部以及踢了被害人腿部。但在打击的力度及部位方面,被告人刘旭的行为尚未达到可能造成被害人张立发死亡的强度。被告人刘旭在事发当时无法预料到被害人张立发患有心脏病并会因心脏病发作导致死亡结果的发生,对于被害人张立发的死亡,被告人在主观上既无故意也没有过失,被害人张立发的死亡更多是由于意外因素所致,被告人刘旭的殴打行为只是一个诱因,故被告人刘旭不应承担过失致人死亡的刑事责任。自诉人张微指控被告人刘旭犯过失致人死亡罪不能成立。关于附带民事赔偿部分,虽然被告人刘旭的行为不构成犯罪,但考虑到被告人刘旭在本案起因方面负有不可推卸的责任且其行为是造成被害人死亡的诱因,因此,被告人刘旭对因被害人张立发死亡给其家属所造成的实际经济损失应酌情承担一定比例的民事赔偿责任;但对于自诉人张微要求被告人刘旭赔偿精神抚慰金人民币十万元的诉讼请求,理由不充分,故本院不予支持。被告人刘旭及其辩护人关于被告人刘旭不应承担刑事责任的辩解及辩护意见,本院予以采纳;但关于被告人刘旭不承担民事责任的辩解及辩护意见,本院不予采纳。

据此,北京市宣武区人民法院依照《中华人民共和国刑事诉讼法》第一百六十二条第(二)项,最高人民法院《关于执行〈中华人民共和国刑事诉讼法〉若干问题的解释》第二百零五条及《中华人民共和国民法通则》第一百一十九条,作出如下判决:

1. 被告人刘旭无罪。
2. 被告人刘旭赔偿附带民事诉讼原告人张微人民币十万零五千元。

二、裁判要旨

No. 4-233-3 不知他人患有心脏病,在争吵过程中推搡并脚踢他人非要害部位,致使他人心脏病发作经抢救无效死亡的,不构成过失致人死亡罪,属于意外事件,不承担刑事责任,但应承担民事赔偿责任。

本案的行为人刘旭对被害人张立发实施了殴打行为,由此引发了被害人心脏病发作,从而造成被害人死亡,从这个角度来看,行为人的行为与被害人的死亡存在因果关系。但问题在于这个"因果关系"应该如何从刑法意义上加以评价。

首先,刑法意义上的因果关系应该是必然的直接因果关系,即行为与结果之间存在着必然的、内在的、合乎规律的引起与被引起的联系,通常只有这种因果关系才能令行为人对其引起的结果负责任。而本案中,造成被害人张立发死亡的直接原因是心脏病,行为人的殴打行为只是引发被害人心脏病的诱因,被害人很可能是由于受到殴打而产生情绪激动从而引发心脏病造成死亡结果的发生,即行为人的行为与被害人的死亡结果之间还存在着被害人情绪激动、心脏病发作等一系列中间环节,而从一般的社会常识来分析,这些中间环节并不是行为人的行为所必然引发的结果,因此,二者之间不存在直接的、必然的因果联系。

其次,我国刑法中的犯罪构成是主客观诸要件的统一,某一行为构成犯罪,除具备行为与结果之间的因果关系外,行为人还必须在主观上具有故意或过失。本案中,行为人的行为与被害人的死亡结果之间虽然存在着一定的因果关系,但是,在这二者之间,还存在着中间环节,而这些中间环节更多的是一种意外,行为人在实施殴打行为时,既不可能认识到被害人具有严重的心脏病,也不可能预料到自己击打被害人肩部和腿部的行为会引发被害人心脏病发作,行为人在行为当时无法预料到被害人死亡结果的发生,被害人的死亡更多是由于意外因素所致,行为人在主观上既无故意也没有过失,故不应承担过失致人死亡的刑事责任。

虽然行为人的行为在刑法上不构成犯罪,但是从民法角度来看,行为人对被害人进行了殴打,被害人由于受到殴打引发心脏病发作造成死亡,在这个过程中,行为人是有过错的,而且也不存在任何免责事由,因此,行为人对被害人因死亡所造成的经济损失应承担民事赔偿责任。但同时,考虑到被害人死亡的直接原因是其内在的心脏病造成的,行为人的行为只是造成被害人引发心脏病死亡的诱因,因此行为人应根据其在事件中的过错程度承担民事赔偿责任。

案例:李满英过失致人死亡案

案例来源:《刑事审判参考》总第32集[第243号]

主题词:过失致人死亡罪　交通肇事罪　重大责任事故罪　重大劳动安全事故罪　自首的认定

一、基本案情

被告人李满英,男,1981年11月7日出生,汉族,初中文化,农民。因涉嫌犯过失致人死亡罪,于2001年12月12日被逮捕。

天津市西青区人民法院经审理查明:2001年11月9日18时许,被告人李满英无证驾驶一辆无牌号摩托车,在华北石油天津物资转运站大院内行驶时,将正在散步的张岳琴撞倒。李满英随即同他人将张岳琴送到医院,经抢救无效死亡。李满英在医院内被接到报警后前来的公安人员抓获。

西青区人民法院认为:被告人李满英无证驾驶无牌号摩托车,在非公共交通范围内,撞倒他人,致人死亡,且负全部责任,其行为已构成过失致人死亡罪。公诉机关指控的罪名成立,应予支持。李满英在事故发生后,为抢救被害人而未能自动投案,到案后能够如实供述本人罪行,虽不能认定为自首,但应当作为酌定从宽量刑情节予以考虑,且李满英能够积极赔偿被害人损失。鉴于此,依照《中华人民共和国刑法》第二百三十三条、第六十七条第一款和第七十二条第一款的规定判决:被告人李满英犯过失致人死亡罪,判处有期徒刑二年,缓刑二年。

一审宣判后,被告人未上诉,公诉机关也未提出抗诉,判决已发生法律效力。

二、裁判要旨

No.4-233-4　驾驶交通工具在非公共交通范围内致人死亡,构成过失犯罪的,应以过失致人死亡罪论处;该行为同时又符合重大责任事故罪或者重大劳动安全事故罪的构成要件的,应按照特别法条优于普通法条的适用原则,以重大责任事故罪或者重大劳动安全事故罪论处。

一般而言,机关、企事业单位、厂矿、学校、封闭的住宅小区等内部道路均不属于公共交通管理范围。在上述区域道路上因使用交通工具致人伤亡,在排除行为人出于主观故意以及不能构成过失以危险方法危害公共安全罪的情况下,如构成过失犯罪,需要定罪处罚的,不能按交通肇事罪处理。原则上讲,一般应首先考虑以过失致人死亡罪追究刑事责任,如该行为同时又符合重大责任事故罪或重大劳动安全事故罪的构成要件,则应按特别法条优于普通法条的适用原则,以重大责任事故罪或重大劳动安全事故罪等罪名追究刑事责任。具体地说,其一,在工厂、矿山、林场、建筑企业或者其他企业、事业单位内部交通范围内,该单位职工使用交通工具违章生产作业,因而发生重大伤亡事故或者造成其他严重后果的,应以重大责任事故罪追究刑事责任;如该职工使用交通工具但并非是从事单位的生产作业,虽造成重大伤亡事故或者造成其他严重后果的,仍应以过失致人死亡罪追究刑事责任。其二,在工厂、矿山、林场、建筑企业或者其他企业、事业单位内部交通范围内,该单位用于生产、运输的交通工具不符合国家劳动安全规定,经有关部门或人员提出后,仍不采取措施,因而发生重大伤亡事故或者造成其他严重后果的,应以重大劳动安全事故罪追究相关责任人的刑事责任;如不符合上述情况,虽因使用交通工具造成重大伤亡事故或者造成其他严重后果的,仍应以过失致人死亡罪追究行为人的刑事责任。本案被告人李满英无证驾驶一辆无牌号摩托车,在华北石油天津物资转运站大院内这一非公共交通管理范围内行驶时,将正在散步的张岳琴撞死,其性质不属于交通肇事罪,但符合过失致人死亡罪的构成要件,以过失致人死亡罪追究其刑事责任是正确的。

No.4-233-5　因抢救被害人未来得及自动投案即被抓获,到案后主动如实供述犯罪事实,经查明确具有准备投案的意思表示的,可认定为自首;不具有准备投案意思表示的,在量刑时应考虑积极抢救被害人以及到案后如实供述等情节,酌情从宽处理。

认定准备投案,应当具有可供查实的投案的准备行为,或者具有准备投案的意思表示。本案被告人在送被害人到医院抢救后,应该说是有时间和条件先行电话投案或委托他人投案的,但其没有实施任何投案的准备行为,也没有向任何人表示过准备投案。因此,仅凭其辩称有准备投案的内心意愿,尚不足以认定其准备投案,故本案不能认定被告人有自首情节。由于本案被告人具有为减轻犯罪后果积极抢救受害人以及到案后如实供述的行为,故在量刑时应当酌情予以考虑。此外,应当注意的是,刑法并没有明文规定交通肇事案件排除自首的适用,刑法总则中关于自首的规定当然适用于刑法分则的所有罪名包括交通肇事罪。交通肇事案件中不仅存在自首,且自首的认定条件是同一的。只不过根据现行《刑法》的规定,交通肇事后自首、交通肇事逃逸后自首、交通逃逸致人死亡后自首,适用的法定刑幅度有所区别而已。至于在非公共交通管理范围内发生的车辆肇事案件,无论确定适用何种罪名,同样也存在自首问题。

案例:穆志祥过失致人死亡案

案例来源:《刑事审判参考》总第28辑[第201号]

主题词:因果关系　意外事件　过失致人死亡罪

一、基本案情

被告人穆志祥,男,44岁,汉族,农民。因涉嫌犯过失致人死亡罪,于1999年9月9日被刑事拘留,同月24日被取保候审。

江苏省灌南县人民法院经审理查明:1999年9月6日10时许,被告人穆志祥驾驶其苏GM2789号金蛙农用三轮车,载客自灌南县孟兴庄驶往县城新安镇。车行至苏306线灌南县硕湖乡乔庄村境内路段时,穆志祥见前方有灌南县交通局工作人员正在检查过往车辆。因自己的农用车有关费用欠缴,穆志祥担心被查到受罚,遂驾车左拐,驶离306线,并在乔庄村3组李学华家住宅附近停车让乘客下车。因车顶碰触村民李学明从李学华家所接电线接头的裸露处,车身带电。先下车的几名乘客,因分别跳下车,未发生意外,也未发现车身导电。后下车的乘客张木森由于在下车时手抓挂在车尾的自行车车梁而触电身亡。张木森触电后,同车乘客用木棍将三轮车所接触的电线击断。

现场勘验表明,被告人穆志祥的苏GM2789号金蛙农用三轮车出厂技术规格外形尺寸为长368cm、宽140cm、高147cm。穆志祥在车顶上焊接有角铁行李架,致使该车实际外形尺寸为高235cm。按有关交通管理法规的规定,该种车型最大高度应为200cm。李学明套户接李学华家电表,套户零线、火线距地面垂直高度分别为253cm、228cm,且该线接头处裸露。按有关电力法规的规定,安全用电套户线对地距离最小高度应为250cm以上,故李学明所接的火线对地距离不符合安全标准。

灌南县人民法院认为:被告人穆志祥的行为虽然造成了他人死亡的结果,但既不是出于故意也不存在过失,而是由于不能预见的原因引起的,属意外事件,不构成犯罪。公诉机关指控被告人穆志祥犯过失致人死亡罪的定性不当,指控的罪名不能成立,不予支持。依照《中华人民共和国刑事诉讼法》第一百六十二条第(二)项、最高人民法院《关于执行〈中华人民共和国刑事诉讼法〉若干问题的解释》第一百七十六条第(三)项和《中华人民共和国刑法》第十六条的规定,于2000年5月30日判决:

被告人穆志祥无罪。

一审宣判后,灌南县人民检察院在法定期限内向连云港市中级人民法院提出抗诉,认为原判对原审被告人穆志祥犯罪性质认定错误,原审被告人穆志祥在主观上有过失,客观上造成了张木森死亡的结果,穆志祥的行为与张木森死亡有必然的因果关系,故穆志祥的行为不属意外事件,而符合过失致人死亡罪的犯罪构成要件,应当定罪处罚。

连云港市中级人民法院在审理过程中,连云港市人民检察院认为抗诉不当,申请撤回抗诉,连云港市中级人民法院认为连云港市人民检察院撤回抗诉的申请,符合法律规定,依照《中华人民共和国刑事诉讼法》第一百七十二条的规定,于2000年6月19日裁定:准许连云港市人民检察院撤回抗诉。

二、裁判要旨

No. 4-233-6　私自违规改装车辆高度后,车辆接触他人所接不符合安全高度的电线裸露处而带电,致使乘客触电身亡的,因违规改装车辆的行为与死亡结果之间不存在刑法意义上的因果关系,属于意外事件,不构成犯罪。

在本案中,被告人穆志祥虽然私自对车辆进行改装,致使车辆高度违反了交通管理法规的规定,但这一行为本身并不能直接引起乘客张木森死亡的后果,不是导致张木森死亡的直接原因。张木森死亡的直接原因是触电,引起触电的直接原因一是李学明所接照明线路高度不符合安全用电的套户线路对地距离;二是其所接电线接头处无绝缘措施,使电线接头裸露处放电。穆志祥的三轮车角铁行李架超高,恰巧又接触在不符合安全高度的电线裸露处而带电,正是这两方面因素的偶合才致乘客张木森触电身亡的事故发生。因此,应当说穆志祥的违规行为与张木森死亡的后果没有必然的、直接的内在联系,故其行为与张木森的死亡无刑法上的因果关系。如果案情是因穆志祥私自改装车辆超高的行为,造成交通事故,从而导致人员伤亡的,其改装车辆的行为就与死亡后果之间存在因果关系了。

综上,被告人穆志祥私自改装车辆违规超高的行为,虽与被害人张木森触电身亡的结果有一定的联系,但其行为与被害人张木森死亡的后果没有刑法上的因果关系,且主观上也不存在过失。张木森触电身亡系被告人穆志祥不能预见的原因所引起,属于刑法上的意外事件,被告人穆志祥不构成犯罪。

案例:王长友过失致人死亡案

案例来源:《刑事审判参考》总第 20 辑[第 124 号]

主题词:假想防卫　过失致人死亡罪

一、基本案情

被告人王长友,男,1969 年 6 月 8 日出生,农民。因涉嫌犯故意杀人罪于 1999 年 5 月 13 日被逮捕。

内蒙古自治区通辽市中级人民法院经审理查明:1999 年 4 月 16 日晚,被告人王长友一家三口入睡后,忽听见有人在其家屋外喊叫王与其妻佟雅琴的名字。王长友便到外屋查看,见一人已将外屋窗户的塑料布扯掉一角,正从玻璃缺口处伸进手开门闩。王即用拳头打那人的手一下,该人急抽回手并跑走。王长友出屋追赶未及,亦未认出是何人,即回屋带上一把自制的木柄尖刀,与其妻一道,锁上门后(此时其十岁的儿子仍在屋里睡觉),同去村书记吴俊杰家告知此事,随后又到村委会向大林镇派出所电话报警。当正与其妻报警后急忙返回自家院内时,发现自家窗前处有俩人影,此二人系本村村民何长明、齐满顺来王家串门,见房门上锁正欲离去。王长友未能认出何、齐二人,而误以为是刚才欲非法侵入其住宅之人,又见二人向其走来,疑为要袭击他,随即用手中的尖刀刺向走在前面的齐满顺的胸部,致齐因气血胸,失血性休克当场死亡。何长明见状上前抱住王,并说:"我是何长明!"王长友闻声停住,方知出错。

通辽市中级人民法院认为:被告人王长友因夜晚发现有人欲非法侵入其住宅即向当地村干部和公安机关报警,当其返回自家院内时,看见齐满顺等人在窗前,即误认为系不法侵害者,又见二人向其走来,疑为要袭击他,疑惧中即实施了"防卫"行为,致他人死亡。属于在对事实认识错误的情况下实施的假想防卫,其行为有一定社会危害性,因此,应对其假想防卫所造成的危害结果依法承担过失犯罪的刑事责任,其行为已构成过失致人死亡罪。通辽市人民检察院指控被告人王长友犯罪的事实清楚,证据确实、充分,但指控的罪名不当,应予纠正。依照《中华人民共和国刑法》第二百三十三条、第六十四条的规定,于 1999 年 11 月 15 日判决如下:

被告人王长友犯过失致人死亡罪,判处有期徒刑七年,没收其作案工具尖刀一把。

一审宣判后,被告人王长友未上诉。通辽市人民检察院以"被告人的行为是故意伤害犯罪,原判定罪量刑不当"为由,向内蒙古自治区高级人民法院提出抗诉。

内蒙古自治区高级人民法院经审理认为:被告人王长友因夜晚发现他人欲非法侵入其住宅

之事,即向村干部和当地公安派出所报警,在返回住宅时发现两个人影在其家窗户附近,错误地认为是侵害者,由于其主观想象,将齐满顺事实上并不存在的不法侵害,误认为是已经存在,进而实施了假想的防卫,并致齐满顺死亡,应依法承担过失犯罪的刑事责任。通辽市中级人民法院认定被告人王长友由于对不法侵害的认识错误而导致的假想防卫,造成他人死亡后果发生的事实清楚,证据确定、充分,定罪和适用法律正确,审判程序合法。通辽市人民检察院提出的抗诉理由不予采纳。依照《中华人民共和国刑事诉讼法》第一百八十九条第(一)项,于 2000 年 1 月 23 日裁定如下:

驳回抗诉,维持原判。

二、裁判要旨

No.4-233-7 因假想防卫致使被害人死亡的,不构成故意杀人罪;确有过失的,应以过失致人死亡罪论处。

根据《刑法》第十四条的规定,故意犯罪是指行为人明知自己的行为会发生危害社会的结果,并且希望或者放任这种结果发生;而假想防卫则是建立在行为人对其行为性质即其行为不具有社会危害性的错误认识的基础上发生的。假想防卫虽然是故意的行为,但这种故意是建立在对客观事实错误认识基础上的,自以为是在对不法侵害实行正当防卫。行为人不仅没有认识到其行为会发生危害社会的后果,而且认为自己的行为是合法正当的,而犯罪故意则是以行为人明知自己的行为会发生危害社会的后果为前提的。因此,假想防卫的故意只有心理学上的意义,而不是刑法上的犯罪故意。也就是说,假想防卫的行为人,在主观上是为了保护自己的合法权益免遭侵害,其行为在客观上造成的危害是由于认识错误所致,其主观上没有犯罪故意,因此,假想防卫中是不可能存在故意犯罪的。本案被告人王长友正是在这种错误认识的基础上,自以为是为了保护本人人身或财产的合法权益而实施的所谓的正当防卫,因此,他主观上根本不存在明知其行为会造成危害社会结果的问题,被告人王长友主观上既不存在直接故意,也不存在间接故意。被告人王长友假想防卫行为造成他人无辜死亡的结果,在客观上虽有一定的社会危害性,但不成立故意杀人罪或伤害罪,而仅成立"应当预见自己的行为可能发生危害社会的后果,因为疏忽大意而没有预见,以致发生这种结果的"过失致人死亡罪。因此,一、二审法院变更指控罪名,以过失致人死亡罪对被告人王长友定罪量刑是正确的。

案例:王刚强等过失致人死亡案

案例来源:《刑事审判参考》总第 44 集[第 345 号]

主题词:过失致人死亡罪 滥用职权罪

一、基本案情

被告人王刚强,男,1979 年 9 月 20 日出生,汉族,高中文化,原系陕西高陵县运输管理站职工。因涉嫌犯滥用职权罪,于 2002 年 4 月 7 日被刑事拘留,同年 4 月 17 日被取保候审。

被告人王鹏飞,男,1970 年 12 月 6 日出生,汉族,高中文化,原系陕西高陵县运输管理站职工。因涉嫌犯过失致人死亡罪,于 2001 年 7 月 26 日被取保候审。

陕西省高陵县人民法院经审理查明:1999 年 8 月 5 日晚 9 时 30 分左右,高陵县交通运输管理站泾渭分站 9 名工作人员由王鹏飞带队,为稽查规费(养路费、管理费)在离陵县泾渭镇西铜公路下隧道西口进行巡查,执行公务。此时,高陵县泾渭镇梁村六组村民张志学无证驾驶陕 A-48684"时风"牌柴油三轮车拉其妻赵会玲到高陵县开发区电管所缴纳电费返回,行至该隧道处,发现交通运输站泾渭分站工作人员在隧道西口查车,随即在隧道东口处调头欲避开检查。王鹏飞看见后,令王刚强等执法人员前往拦截。张卜塬、尚稳、裴红斌等人即乘坐王刚强驾驶的无牌长江 750 偏三轮摩托车前往追赶,并示意张志学停车检查。张志学未停车,继续沿西铜一级公路辅道向南逆行,摩托车紧随追赶,与柴油三轮车相距约 20 米。当行至急转弯处,王刚强等人听见"嗵、嗵"几声,看见前面尘土飞扬,冒黑烟,估计柴油三轮车翻车。王刚强随即调转车头返回途中告诉后面乘车赶来的王鹏飞被追车辆翻车后,众人一起返回单位。当站领导得知上述事件后,让当晚上路检查的工作人员就发生的事对外一致否认。附近群众得知车翻人伤后,赶到现场将张志学、赵会玲二人送到西安市草滩镇华山医院抢救,张志学因伤情严重又被转西安市中心医院抢救。同年8月6日晚,张志学在西安市中心医院抢救无效死亡。2000年4月13日,高陵县公安局法医对赵会玲身体检查后,结论为“赵会玲肇事致左上肢损伤,属重伤”。案件发生后,高陵县交通运输管理站泾渭分站与张志学之弟张志杰在马家湾乡政府司法所主持调解下达成协议,由泾渭分站给付赵会玲困难补助费3.5万元。

被告人王刚强及其辩护人辩称,张志学没有驾驶证,所驾驶的车也没有行驶证。翻车是其违法驾驶逃费,缺乏驾驶技能所致。本人是正常执行公务,不构成过失致人死亡罪。

被告人王鹏飞及其辩护人辩称,王鹏飞执行公务、稽查张志学的车辆是合法的。张自身碰撞翻车对王鹏飞来说是不能预见的意外事件,王不构成犯罪。

刑事附带民事诉讼被告人高陵县交管站辩称,该站派出工作人员依法在本管辖区域道路上履行对运输车辆的监督检查公务,不存在越权、滥用职权问题。事故是因张志学无照驾驶所致,与执行巡查公务没有关系,该站对此不应承担任何民事赔偿责任。事故发生后,该站本着扶贫帮困的精神已给付张家3.5万元。

高陵县人民法院审理后认为:被告人王刚强、王鹏飞受单位领导安排,以工作人员身份持行政执法证,上路对车辆规费进行抽查、检查和巡查,依法检查规费缴纳情况,是维护国家运输管理秩序的正当执法行为。被害人张志学为逃避检查,无证照驾车逆道仓皇行驶,是导致车翻一人死亡一人重伤的主要原因。王刚强、王鹏飞的行为不构成犯罪,高陵县人民检察院指控王刚强、王鹏飞犯过失致人死亡罪不能成立,不予支持。王刚强、王鹏飞等人在检查中对逃避车辆实施紧追,超越职权范围,且事故发生后又没有到现场查看并对被害人施救,有悖职业道德,对本次事故的发生及后果亦负有一定的过错责任。该责任应由其所在单位即本案附带民事诉讼被告人在其过错范围内承担相应的民事责任。鉴于高陵县交通运输管理站已给付附带民事诉讼原告人3.5万元,故对附带民事诉讼原告人再次要求赔偿的请求不予支持。依据《中华人民共和国刑事诉讼法》第一百六十二条第(二)项的规定,判决宣告被告人王刚强、王鹏飞无罪;驳回附带民事诉讼原告人赵会玲的诉讼请求。

一审宣判后,高陵县人民检察院提出抗诉,附带民事诉讼原告人赵会玲提出上诉。

西安市中级人民法院审理后,法院审委会多数人意见认为,王刚强、王鹏飞的行为不构成犯罪。理由是:王刚强、王鹏飞系高陵县交管站的工作人员,依照有关文件规定二被告人上路巡查是正当的执法行为,而对无证驾驶逃避检查的车辆进行追赶,属违规行为。高陵县人民检察院抗诉未考虑《陕西省公路检查站管理暂行办法》第八条已明确规定的“交通征费稽查人员可持规定的检查证件,上路抽检养路费、车辆购置附加费的缴纳”等相关内容,故对其抗诉理由不予支持。由于王刚强、王鹏飞的追赶行为所造成的车翻伤亡结果,高陵县交管站应承担60%的民事赔偿责任,被告人张志学无照驾驶、逆道行驶,在主、客观方面均有严重过错,应承担40%的责任。少数人意见认为,王刚强、王鹏飞的行为已构成犯罪。理由是:王刚强、王鹏飞超越职权范围,对逃避检查车辆进行追赶,二被告人应该预见到追赶行为可能造成车翻人亡的后果,但轻信能够避免,而造成一死一伤的结果,其行为已构成过失致人死亡罪,应追究刑事责任。高陵县检察院抗诉有理,应予支持。二被告人和高陵县交通管理站共同承担民事责任。因西安市中级人民法院对二被告人是否构成犯罪和构成何罪意见不一,故请示陕西省高级人民法院。

陕西省高级人民法院审委会一致意见认为:被告人王刚强、王鹏飞等人上路检查车辆规费缴纳情况,是合法的行政执法行为。但对王刚强、王鹏飞在上路检查车辆规费时,能否对逃逸车辆进行追赶,二被告人的行为是否构成犯罪形成两种意见:

多数人意见认为:

1. 被告人王刚强、王鹏飞对逃避检查的逃逸车辆进行追赶,属超越职权范围的违规行为,理由是:(1)高陵县交通运输管理站《关于认真做好运政执法工作的若干规定》第四条规定,上路巡查时,必须3人以上,并有专人负责,专人处理,对不接受检查逃逸、强冲不停的车辆,严禁追、撵、堵截,做到文明执法、文明管理。(2)高陵县交通局局长魏忠德证明,交管站平时在公路上流动检查时,车如果跑掉可以记下车号,但不能追赶。同时证明,交管站是事业单位,交通局把行政执法的一部分权力委托给交管站行使,有国家法律规定和委托书。(3)高陵县交通局魏忠德局长在1997年度高陵县交通局年终总结大会上向运政执法人员明确要求:在上路检查车辆时,严禁追撵车辆。(4)高陵县交通运输交管站站长王永贵证明:交管站规定在公路上巡查时绝对不允许追赶车辆。

2. 从被告人王鹏飞、王刚强在本案中的具体行为看,二被告人已构成过失致人死亡罪。被告人王鹏飞见柴油三轮车在隧道东口停下,接着欲掉头逃逸,便让执法人员"过去看一下"。被告人王刚强便驾驶三轮摩托车与其他三名执法人员追赶逃逸的柴油三轮车。由于三轮车主张志学无证驾驶车辆,为逃避检查,慌忙逆行驶入一级公路辅道,又超速行驶。王刚强、王鹏飞应当遇见到其追赶逃避规费车辆,可能会导致被追车辆的碰撞翻车等事故的发生,但由于其疏忽大意而未预见,以致被追赶车辆车翻人亡的严重结果发生。且被告人对于因自己的先行行为造成的严重后果,不闻不问,反而调头返回单位,单位领导又与其订立攻守同盟,故二被告人的行为,已构成过失致人死亡罪,并应与单位共同承担相应的民事赔偿责任。

少数人意见认为,根据国务院、陕西省西安市的有关文件规定,被告人王刚强、王鹏飞持上级主管部门颁发的行政执法证,上路巡查车辆规费交纳情况是正当的执法行为。对逃避检查的逃逸车辆能否进行追赶,没有明确的法律、法规文件规定。不能追赶的证据仅是高陵县交管站的内部规定和部门领导的证言,不能作为不能追赶定罪的法律依据,王刚强、王鹏飞等人的追赶行为系集体执行公务中的违反内部规定的行为,且张志学无照驾驶、逃避检查、逆道行驶,在主、客观方面均有严重过错,亦应承担相应的责任,故同意西安市中级人民法院多数人意见,王刚强、王鹏飞不构成犯罪,只承担民事赔偿责任。因陕西省高级人民法院对该案定性亦有不同意见,故请示最高人民法院。

最高人民法院经研究批复认为:被告人王刚强、王鹏飞的行为构成滥用职权罪。

二、裁判要旨

No.4-233-8 公路稽查人员在执行公务过程中追赶违章车辆,致使被追赶人死亡的,不构成过失致人死亡罪,应以滥用职权罪论处。

在本案中,被告人王刚强、王鹏飞在执行公务中超越职权的行为构成了滥用职权罪而不构成过失致人死亡罪。理由为:

1. 滥用职权罪侵犯的客体是国家的正常管理活动,而过失致人死亡罪侵犯的客体是公民的人身权利。王刚强、王鹏飞在上路检查车辆规费缴纳情况时,违反高陵县交通运输管理站高交管字(1997)14号《关于认真做好运政执法工作的若干规定》第四条"上路巡查时……对不接受检查逃逸、强冲不停的车辆,严禁追、撵、堵、截"的规定,滥用职权,擅自追赶逃避检查的车辆,其行为侵犯了国家机关的正常管理活动。

2. 滥用职权罪的主体是特殊主体,即必须是国家机关工作人员,而过失致人死亡罪的主体是一般主体。王刚强、王鹏飞虽然不是国家机关工作人员,但其所在的高陵县交通运输管理站受该县交通局的委托,行使部分行政执法权,且本案是在其行使行政执法权的过程中发生的,根据全国人大常委会《关于〈中华人民共和国刑法〉第九章渎职罪主体适用问题的解释》"在依照法律、法规规定行使国家行政管理职权的组织中从事公务的人员,或者在受国家机关委托代表国家机关行使职权的组织中从事公务的人员……在代表国家机关行使职权时,有渎职行为,构成犯罪的,依照刑法关于渎职罪的规定追究刑事责任"的规定,二被告人具有滥用职权罪的主体资格。

3. 滥用职权罪在主观上对滥用职权是故意的,对危害后果是过失的。王刚强、王鹏飞故意违反本站的有关规定,其行为符合滥用职权罪的主观要件。

4. 滥用职权罪在客观上实施了超越职权或不正当行使职权的行为,而过失致人死亡罪在客观上没有实施滥用职权的行为。

综上,王刚强、王鹏飞的行为符合滥用职权罪的特征,而不符合过失致人死亡罪的特征,故应以滥用职权罪追究其刑事责任。

案例:杨春过失致人死亡案

案例来源:《刑事审判参考》总第 75 集[第 635 号]

主题词:过失致人死亡罪　间接故意与过于自信过失的区分

一、基本案情

被告人杨春,男,1985 年 5 月 22 日出生,原系江苏省无锡市汇家乐水业有限公司员工。因涉嫌犯故意伤害罪于 2009 年 1 月 9 日被逮捕。

江苏省无锡市滨湖区人民检察院以被告人杨春犯故意伤害罪,向滨湖区人民法院提起公诉。

被告人杨春辩称,不知道被害人在车上,其是在感觉车子颠簸后,下车才发现被害人被车碾轧了。

无锡市滨湖区人民法院经公开审理查明:2008 年 12 月 4 日 14 时许,被告人杨春驾驶牌号为苏 B30687 的轻型货车至无锡市滨湖区景丽东苑 20-11 号车库吴雪琴经营的杂货店送桶装纯净水,杨春将水卸在吴雪琴店门口,吴要求杨将桶装水搬入店内,遭杨拒绝。随后杨春驾驶车辆欲离开,吴雪琴遂用右手抓住汽车的副驾驶室车门,左手抓住车厢挡板,阻止杨离开。杨春见状仍驾车向前低速行驶数米并右转弯,致吴跌地后遭汽车右后轮碾轧,吴因腹部遭重力碾轧造成左肾破裂,多发骨折致失血性休克,经送医院抢救无效于当日死亡。

滨湖区人民法院认为,被告人杨春因琐事与被害人吴雪琴争吵后,为摆脱吴的纠缠,欲驾车离开现场。在低速行驶中,杨春从驾驶室窗口处看到吴抓在车上,已经预见到自己继续驾驶的行为可能发生危害社会的结果,但因过于自信认为吴会自动撒手,不会发生危害结果,最终导致汽车缓行转弯时,被害人吴雪琴掉地,并遭汽车后轮碾轧致死,其行为构成过失致人死亡罪。依照《中华人民共和国刑法》第二百三十三条之规定,以被告人杨春犯过失致人死亡罪,判处有期徒刑四年。

一审宣判后,被告人杨春未提出上诉。

无锡市滨湖区人民检察院抗诉称,被告人杨春的行为构成故意伤害罪,理由如下:杨春主观上具有伤害的间接故意;杨春客观上实施了伤害他人身体的行为,最终产生致人死亡的结果;一审判决认定杨春过于自信的过失没有事实根据。

无锡市中级人民法院经审理认为,被告人杨春明知被害人吴雪琴悬吊在其右侧窗外,已经预见到其低速行驶可能致使吴雪琴掉地受伤,但轻信吴雪琴会自动放手而避免严重后果的发生,最终造成吴雪琴死亡的严重后果,其行为构成过失致人死亡罪。杨春与吴雪琴虽因琐事发生口角,但无明显的争执与怨恨;杨春关于案发当时急于脱身,且驾车低速行驶,认为吴雪琴会自己松手,不可能造成严重后果以及未能及时意识到吴雪琴倒地后可能会被右转过程中的车后轮碾轧的辩解符合情理;综合法医鉴定以及杨春在事后能积极协助抢救被害人等行为,应当认定被害人吴雪琴的死亡并非杨春的主观意愿,杨春主观上不具有伤害的故意,因此抗诉机关的抗诉理由和意见不予采纳。根据《中华人民共和国刑事诉讼法》第一百八十九条第(一)项之规定,裁定驳回抗诉,维持原判。

二、裁判要旨

No. 4-233-9　根据案件的起因、行为当时的条件、行为方式以及行为人对结果的事后态度考察,行为人已经预见危害结果的发生,但依据一定条件相信自己可以避免危害结果发生,具有避免危害结果发生意愿的,应当认定为过于自信的过失;造成他人死亡的,应以过失致人死亡罪论处。

故意伤害罪(致死)与过失致人死亡罪的区分在司法实践中是经常遇到但比较难以解决的问题。二罪在客观上均造成了被害人死亡结果的发生,且行为人对于死亡结果均出于过失。二罪的本质区别在于,故意伤害罪(致死)是故意伤害罪的结果加重犯,以成立故意伤害罪为前提。而过失致人死亡罪,行为人既无伤害的故意,更无杀人的故意,对危害结果持否定的态度。本案中判断被告人杨春是过于自信的过失还是伤害的故意,关键在于判断行为人是不希望结果发生,还是根本不在乎危害后果是否发生,无论是否发生均不违背其意志。

判断行为人对危害后果持何种态度,应当首先考察案件的起因,被害人与被告人的关系,双方冲突的程度,以及是否存在足以使被被告人放任危害结果发生的心理因素。本案中,杨春与被害人吴雪琴初次相识,不存在积怨,双方没有发生明显的争执,接触时间短,彼此不至于产生过大的仇恨,综合上述情况,杨春驾车离开应该是急于脱身,没有放任被害人身体伤害的现实动因。

其次,从行为条件和行为方式看,过于自信的过失是行为人已经预见结果发生的可能性,但坚持实施行为,是因为行为人根据一定条件相信自己可以避免结果发生,行为人的这种自信不是毫无根据,而是具有一定现实有利条件的。如果行为当时根本就不具备避免危害结果的有利条件,或行为人没有认识到这些条件,或行为人不想利用这些条件避免危害结果,则说明行为人对危害结果的发生持放任的态度。本案案发,被告人杨春刚发车,车速较慢,车身不高,被害人完全能双脚着地,这些情况充分表明杨春是在试图摆脱被害人的纠缠,希望自己稳速慢行的过程中被害人能自动放手。基于社会一般人的认识标准,被害人应该认识到行驶中的车辆严禁攀爬、悬吊及此行为可能导致的后果。综合上述情况,应当认为杨春当时认识到了行为能够避免结果发生的一些条件,这些条件也客观存在,因此其主观上应是过于自信的过失。

最后,在危害结果发生后,行为人事后的态度也在一定程度上反映了行为时的心理态度,过于自信过失的行为人不希望危害结果发生,所以一旦发生危害结果,行为人非常懊悔,往往采取各种补救措施,防止危害扩大,尽量减少损害。而间接故意行为人对危害结果的发生往往无动于衷,一般不采取任何措施。联系本案,被害人被碾轧后因此发现车后轮有不正常跳动立即下车查看,随后留在现场积极协助抢救被害人直至被抓获,并支付了即时发生的抢救费用,其采取的上述补救措施表明其内心懊悔,被害人死亡结果完全违背其主观意愿,而非放任危害后果的发生。

案例:季忠兵过失致人死亡案

案例来源:《刑事审判参考》总第 89 集[第 812 号]

主题词:过失致人死亡罪　疏忽大意的过失的认定

一、基本案情

被告人季忠兵,男,1974 年 11 月 28 日出生于江苏省海门市,汉族,初中文化,原系上海汇津装饰工程有限公司油漆工。因本案于 2007 年 8 月 20 日被逮捕。

上海市宝山区人民检察院以被告人季忠兵犯故意伤害罪,向上海市宝山区人民法院提起公诉。

上海市宝山区人民法院经公开审理查明:2007 年 6 月 30 日 17 时 20 分许,被告人季忠兵在上海市宝山区塘祁路 101 号上海汇津装饰工程有限公司锅炉房,因打开水与被害人汪亚龙发生争执,继而相互推搡扭打。在推搡扭打过程中,季忠兵用放于锅炉房边上的桶(内有香蕉水)泼洒汪亚龙,香蕉水瞬间起火燃烧,致使汪亚龙因高温热作用致休克而死亡。

上海市宝山区人民法院认为,被告人季忠兵间接故意伤害他人,并致一人死亡,其行为构成故意伤害罪;鉴于季忠兵系初犯,且能赔偿被害人的经济损失,可酌情从轻处罚。根据《中华人民共和国刑法》第二百三十四条第二款之规定,以犯故意伤害罪判处被告人季忠兵有期徒刑十年。

一审宣判后,被告人季忠兵不服,提出上诉,提出其不明知桶内装有香蕉水,没有故意泼洒被害人,桶是在其与被害人扭打过程中被打翻的,其行为属于过失犯罪而非故意犯罪。

上海市第二中级人民法院经公开审理查明:2007 年 6 月 30 日 17 时 20 分许,被告人季忠兵到上海市宝山区塘祁路 101 号上海汇津装饰工程有限公司锅炉房门口打开水,因故与被害人汪亚龙发生争执,继而相互推搡扭打。其间,季忠兵拎起放于锅炉房边上的一个油漆桶甩向汪亚龙,致盛放桶内的香蕉水泼洒在汪亚龙身上,香蕉水随即起火燃烧,汪亚龙和季忠兵均被烧着。嗣后,两人被送往医院救治,汪亚龙因高温热作用致休克而死亡。

上海市第二中级人民法院认为,被告人季忠兵因过失致一人死亡,其行为已构成过失致人死亡罪。原审判决定性不当,应予以纠正。鉴于季忠兵已赔偿被害人家属的部分经济损失,可酌情从轻处罚。据此,依照《中华人民共和国刑事诉讼法》第一百八十九条第(二)项及《中华人民共和国刑法》第二百三十三条之规定,判决如下:

1. 撤销上海市宝山区人民法院(2008)某刑初字第36号刑事判决。
2. 被告人季忠兵犯过失致人死亡罪,判处有期徒刑四年。

二、裁判要旨

No.4-233-10 行为人应当预见会发生危害社会的结果而没有预见的,构成疏忽大意的过失。

故意伤害(致人死亡)罪与过失致人死亡罪最大的区别在于行为人是否存在伤害的故意。明知自己的行为会发生危害社会的结果,并且希望或放任这种结果发生的,是故意。故意包括认识因素上的明知与意志因素上的希望或者放任两个方面。所以,即使是间接故意的行为人,其主观上也必须对行为的危害结果存在明知程度的认知,如果不明知其行为会发生该危害结果,就不能构成故意犯罪。就意志因素方面来说,故意犯罪中,无论是直接故意还是间接故意,危害后果的发生都不违背行为人的意志。而疏忽大意的过失犯罪中不要求行为人明知后果的发生,且危害后果的发生与行为人的意志相违背。

本案中,被害人最终由于香蕉水燃烧导致死亡,结合在案证据,对该结果不能认定为系季忠兵故意所为。香蕉水是一种化学混合性溶液,又称稀料,工业用途非常广,主要用作喷漆的溶剂或稀释,常温下为无色透明,具有较强的挥发性,易燃,带有浓烈的刺鼻气味,类似香蕉味,故称香蕉水,主要由二甲苯、工业乙醇、醋酸乙酯、丙酮等配合而成,不溶于水。香蕉水从桶中溢出,系季忠兵用桶扔向被害人时发生的结果,而季忠兵在扔出该桶时,桶的盖子是密封的;季忠兵明知该桶内有香蕉水,也并没有将桶盖掀开,直接用香蕉水泼洒被害人,因此,对香蕉水烧伤被害人的后果应该没有持希望的态度。季忠兵对烧伤的后果也不能认定为放任。季忠兵虽明知桶内是香蕉水,但当时桶盖密封,扔出去未必就能导致桶内液体流出,季忠兵抄起该桶即向被害人扔去,认定其具有用该桶本身伤害被害人的故意更符合其主观心态。对此,根据主客观相统一的原则,也只能要求季忠兵对其用油漆桶攻击被害人所造成的直接后果承担责任。即如果油漆桶的撞击导致被害人构成轻伤以上结果,被告人对此承担故意责任,如果超出该范围,被告人不具有故意犯罪的主观罪过,否则将违背刑法罪责刑相适应的原则。

在该案中,被告人季忠兵主观上系疏忽大意的过失。意外事件与疏忽大意的过失之间的区别在于,行为人是否负有应当预见结果发生的义务。疏忽大意过失的行为人对危害结果应当预见而没有预见,即行为人负有预见危害结果的义务,并且也能够预见。而意外事件的行为人则对行为后果不具有预见的义务。判断是否具有预见义务要坚持主客观相统一的原则,综合考虑案发时行为人的心态、年龄、心智、工作经验以及案发时的环境等多种因素。对被告人认知因素的考量,不能仅凭被告人一人的供述,既要考虑到被告人的个体因素,也要考虑社会一般人的认知因素。本案中的被告人季忠兵,是职业装饰工程公司的油漆工,熟知香蕉水遇高温易燃的特性,至少可以推知其明知这一特性。季忠兵在锅炉房内持装有香蕉水的桶殴打他人,即负有防止香蕉水燃烧的义务,客观上对可能导致的危害后果也是能够预见的。因此本案被告人季忠兵的行为成立过失致人死亡罪。

案例:肖某过失致人死亡案

案例来源:《刑事审判参考》总第98集[第996号]

主题词:故意伤害致人死亡　体罚子女致死

一、基本案情

被告人肖某,女,1985年10月17日出生,个体户。2012年7月6日因涉嫌犯虐待罪被逮捕。

H市区人民检察院以被告人肖某犯过失致人死亡罪,向H市区人民法院提起公诉。

被告人肖某对指控的事实无异议。其辩护人提出,肖某是初犯、认罪态度较好,得到被害人家属的谅解,且仍有一名年幼女儿需要照顾,建议法庭对其从轻处罚。

H市区人民法院经审理查明:被告人肖某与被害人庄某某(殁年3岁)系母子关系。2011年年底,肖某和丈夫将儿子庄某某从老家接到H市的家中抚养。2012年5月30日21时许,因庄某某说谎不听话,肖某用衣架殴打庄某某大腿内侧位置并罚跪约一个小时。次日1时许,因庄某某在床上小便,肖某亦用衣架殴打庄某某的大腿内侧,用脚踢其臀部。当日5时许,肖某和丈夫发现庄某某呼吸困难,即将庄某某送到H市人民医院抢救,庄某某经抢救无效于当日死亡,医院警务室报案后,公安人员赶到医院将肖某带回公安机关处理。经鉴定,庄某某符合被巨大钝性暴力打击致胰腺搓碎、睾丸挫碎、双侧后腹膜积血、全身多处皮下组织出血引起失血性休克合并创伤性休克死亡。案发后,被害人的父亲、祖父母对肖某的行为表示谅解,请求对肖某从轻处罚。

H市区人民法院审理认为,被告人肖某在管教孩子过程中,过失致小孩死亡,其行为构成过失致人死亡罪,依法应当惩处,鉴于肖某发现被害人呼吸困难后,主动送被害人到医院抢救,且明知医院警务室报案后,仍在现场等候处理,归案后亦能如实供述其犯罪事实,可以认定为自首;肖某由于生活、工作上的各种压力,致使其与儿子之间缺乏沟通,采取错误、粗暴的方式教育小孩,导致悲剧的发生;被害人的父亲、祖父母对肖某的行为表示谅解。综合肖某的具体犯罪情节以及尚有一年幼女儿需要照顾的情况,对肖某从轻处罚并适用缓刑。据此,依照《中华人民共和国刑法》第二百三十三条,第六十七条第一款,第七十二条第一款,第七十三条第二款、第三款之规定,H市区人民法院以被告人肖某犯过失致人死亡罪,判处有期徒刑三年,缓刑四年。

一审宣判后,被告人肖某未提起上诉,检察机关亦未抗诉,该判决已发生法律效力。

二、裁判要旨

No. 4-233-11 对年幼的未成年子女实施足以造成严重后果的体罚殴打行为,造成未成年子女死亡的,属于故意伤害致人死亡。

虐待罪的暴力可以包括直接的暴力行为,但这些行为单独来看一般都不构成犯罪,而是在一定时期内具有多发性、持续性,虐待致人死伤的结果一般是由于长期累积而逐渐导致的。换言之,表现为在一定时期内行为人持续不断地实施虐待行为,如果把这些连续的行为割裂看,单次行为很难达到犯罪的程度,一般不具备独立评价的意义。因此,偶尔的殴打行为、体罚行为以及因为家庭纠纷而动辄打骂等行为,不能认定为虐待行为。从本案来看,被告人肖某长期在外打工,被害人庄某某一直在老家生活,肖某将孩子接来一起生活后,案发前对孩子并无虐待行为。由于长期分开生活而造成的生活习惯等方面的差异,以及肖某自身教育方法失当,导致其在出现问题后采取了简单粗暴的体罚方法来教育被害人,但这种偶发性的、非持续性的体罚行为不符合虐待罪的客观特征,且被害人死因经鉴定为胰腺挫碎、睾丸挫碎、双侧后腹膜积血、全身多处皮下组织出血引起失血性休克合并创伤性休克死亡,也不是长期虐打累积的结果。因此,肖某的行为不构成虐待罪。

对于因管教目的实施体罚,发现子女伤亡后积极施救的,虽然从情理上分析,一般可反映出行为人不追求故意伤害的结果,但不能一概对具有类似情节的均认定为过失致人死亡罪,还应结合客观行为分情况处理:(1)在行为人动机无恶意,造成伤亡后果后悔罪救助的前提下,若体罚子女的手段毫无节制,大大超出了年幼子女所能承受的程度,足以造成重伤或死亡后果的,就不排除认定行为人主观上对伤害结果具有间接故意,从而认定为故意伤害罪,本案即属此种情况。(2)在无恶意动机且案后悔罪救助的前提下,如果体罚子女只是一般的轻微殴打行为,本不足以导致轻伤以上后果,但由于被害人自身隐性体质问题或者其他偶然因素介入导致重伤或死亡的情况下(如被害人患有心脏疾病受刺激下致心功能衰竭,或掌推被害人跌倒后磕碰石块),若行为人对此并不明知,则一般应认定为过失致人死亡;即使行为人知道被害人有疾病,但若之前曾有过轻微的打骂行为并未造成被害人身体伤害,而案发时类似的行为却发生了伤亡后果(如被害人该段时间感染心肌炎,行为人的强烈呵斥或轻微击打导致其心梗死亡),则无法认定行为人具有追求和放任危害结果发生的意图,通常也认为构成过失致人死亡。

本案被告人肖某的行为应属于故意伤害致人死亡。肖某先是当晚21时许用衣架殴打庄某某并罚跪约一个小时,仅隔数小时后的次日1时许,又用衣架长时间殴打并用脚踢庄某某。被害人年仅3岁,即使一般不具有致死危险性的衣架,在持续长时间的击打下,亦足以对其造成伤亡危险,何况其所遭到的较长时间、较大强度的体罚殴打,已大大超出了一个3岁幼童所能承受的限度。通过考察案发起因和案发后行为可知,肖某应不具有致被害人死亡的故意。但肖某本身即是有意识的通过体罚以达到惩罚、警戒被害人的目的,其对于行为会造成被害人身体的不适甚至伤害,是有认识且不排斥的。根据客观上较长时间、较密集频率的体罚行为、被害人伤情及死因,足以证实被害人生前遭受了较大强度的暴力。肖某明知被害人作为年仅3岁的幼童,体质及抗击力相当柔弱,仍实施了足以造成严重后果的体罚殴打,故肖某对伤害结果持有放任心态是能够认定的。综上,本案应认定肖某构成故意伤害罪,原审法院认定为过失致人死亡罪,有待商榷。

案例:张润博过失致人死亡案

案例来源:《刑事审判参考》总第103集[第1080号]

主题词:过失致人死亡罪 轻微暴力致人死亡

一、基本案情

被告人张润博,男,1963年11月17日出生。2013年7月11日因涉嫌犯故意伤害罪被逮捕。

北京市人民检察院第二分院以被告人张润博犯故意伤害罪,向北京市第二中级人民法院提起公诉。

被告人张润博对指控的犯罪事实无异议,但辩称其没有伤害被害人的故意。其辩护人提出,张润博的行为不构成故意伤害罪,应以过失致人死亡罪对其从轻处罚。

北京市第二中级人民法院经公开审理查明:2013年5月13日14时许,被告人张润博在北京市西城区白纸坊东街十字路口东北角,因骑电动自行车自南向北险些与自西向东骑自行车的被害人甘永龙(男,殁年53岁)相撞,两人为此发生口角。其间,甘永龙先动手击打张润博,张润博使用拳头还击,打到甘永龙面部致其倒地摔伤头部。甘永龙于同月27日在医院经抢救无效死亡。经鉴定,甘永龙系重度颅脑损伤死亡。

在一审期间,经法院主持调解,张润博的近亲属自愿代为一次性赔偿被害人家属各项经济损失人民币50万元。被害人家属对张润博的行为表示谅解,同意对张润博从宽处罚,并撤回附带民事诉讼。

北京市第二中级人民法院认为,被告人张润博在因琐事与被害人发生争执并相互殴打时,应当预见自己的行为可能造成被害人伤亡的后果,由于疏忽大意未能预见,致被害人倒地后因颅脑损伤死亡,其行为已构成过失致人死亡罪。鉴于张润博具有到案后如实供述犯罪事实,且积极赔偿被害方经济损失,取得被害方谅解等情节,对其从轻处罚。公诉机关指控张润博犯罪的事实清楚,证据确实、充分,但指控其犯故意伤害罪的证据不足,应根据在案证据依法认定张润博犯罪行为的性质。据此,以过失致人死亡罪判处被告人张润博有期徒刑六年。

宣判后,被告人张润博未上诉,原公诉机关提出抗诉,北京市人民检察院支持抗诉。

检察机关抗诉认为:原判认定事实清楚,证据确实、充分,程序合法,量刑适当,但定性错误,应认定为故意伤害罪。主要理由:一是被告人张润博具有预见自身行为可能造成他人身体受到伤害的认识因素,且具有预见的能力;二是张润博基于该认识因素实施了击打被害人头面部的行为,体现了故意伤害他人身体的意志因素,其对伤害行为造成的后果持放任心态;三是张润博的行为客观上造成被害人受到伤害的后果,被害人被打后头部触地,其死亡的后果系被告人拳打后触地直接造成,故被害人的死亡结果与张润博的拳击行为存在因果关系;四是在案证据能够充分证明被告人的故意伤害行为,被告人亦有伤害他人的故意,不符合过失致人死亡罪的构成要件,依法应认定为故意伤害罪。

原审被告人张润博及其辩护人在二审中辩称,原判认定事实清楚,定罪准确,量刑适当,建议维持原判。主要理由:一是被告人在行为发生时其客观表现反映主观上不具有主动攻击、伤害他人身体的故意;二是被告人在受到对方殴打,为防止有病身体遭受撞击而推挡对方,亦不符合故意犯罪的要件;三是将双方临时因为口角而发生的撕扯认定为互殴,进而认为被告人具有伤害他人的故意不准确;四是被告人的行为在客观上并未直接造成被害人身体的伤害,被告人打到被害人脸颊仅是被害人摔倒的部分原因,还受到被害人案发前饮酒、争吵情绪激动、患有糖尿病等因素影响;五是因摔伤而导致的重度颅脑损伤及脑疝不是被害人的全部死因,死因还包括肺部感染等并发症。

北京市高级人民法院经审理认为,被告人张润博在因琐事与被害人发生争执中,使用拳头击打被害人面部时,应当预见其行为可能发生被害人伤亡的后果,由于疏忽大意未能预见,造成被害人倒地致颅脑损伤死亡,其行为符合过失致人死亡罪的构成要件,原判依法认定过失致人死亡罪并无不当。北京市人民检察院第二分院以及北京市人民检察院关于本案构成故意伤害罪的抗诉意见和支持抗诉、出庭意见,不予采纳。张润博关于其没有伤害被害人故意的辩解以及辩护人所提本案成立过失致人死亡罪的辩护意见,酌予采纳。鉴于张润博到案后能如实供述犯罪事实,积极赔偿被害方经济损失,取得被害方谅解等情节,对其可酌予从轻处罚。原审人民法院根据张润博犯罪的事实,犯罪的性质、情节和对于社会的危害程度所作的判决,定罪和适用法律正确,量刑适当,审判程序合法,应予维持。据此,依法裁定驳回北京市人民检察院第二分院的抗诉,维持原判。

二、裁判要旨

No. 4-233-12 轻微殴打导致被害人倒地磕碰死亡的,应认定为过失致人死亡罪。

综合全案来看,被告人虽然并不希望被害人死亡的结果发生,主观上缺乏致死的直接故意,但其明显具有实施击打行为对被害人造成轻微痛苦的意图。并且,其行为受制于愤怒情绪,具有攻击性且力度容易失控,所以,其应当承担避免对方因攻击行为而摔倒磕碰致死的注意义务。一旦危害结果发生,则依法要承担相应的刑事责任。这里的主要问题是,对被告人认定放任的故意犯罪还是疏忽大意的过失犯罪。

在认定轻微暴力致人死亡案件时,应当注意区分生活中一般的殴打故意及行为与刑法上的伤害故意及行为。日常的攻击、打人行为基于罪刑相当原则和结果加重犯理论,在一般人看来具有高度致害危险性的,才可以认定故意伤害(致人死亡)罪;否则,宜认定过失致人死亡罪。就本案而言,被告人在受到对方攻击的情况下出拳击打被害人,打中被害人一下,被害人倒地后即停止侵害,其直接打击部位也未见任何伤害后果,故其行为仍应属于"日常的攻击"的范畴,不宜等同于刑法上的"故意伤害(致人死亡)行为"。从实践来看,多数拳打脚踢等轻微殴打行为致人死亡的案件中,被告人的行为并未直接造成被害人轻伤以上的后果,而是多因被害人倒地磕碰或者原有病症发作等复杂原因导致死亡,类似于民间的"失手打死人"情形,将此认定过失致人死亡罪,更易为社会公众接受。就本案而言,被害人在起因上有一定责任,被告人在对方先辱骂、动手的情况下出手打中被害人一下,行为比较克制,到案后即交代犯罪事实并一直如实供述,认罪、悔罪态度好,双方就民事赔偿问题已达成协议,并取得被害人亲属的谅解,对此案以过失致人死亡罪认定,不仅能够做到罚当其罪,社会上也易于接受。

89 故意伤害罪(《刑法》第二百三十四条)

案例:李尚琴等故意伤害案

案例来源:《人民法院案例选》2007 年第 2 辑

主题词:故意伤害罪 被害人过错 人身危险性

一、基本案情

被告人李尚琴。

被告人李素琴。

北京市海淀区人民法院经审理查明:被告人李素琴与被害人张铁柱离婚后同住本市海淀区清河永泰北路23号院3号楼2门231室。张铁柱因不满法院对房屋产权的判决结果,多次在该住处对被告人李素琴和李尚琴等人滋事,并曾因涉嫌放火烧该住处于2002年被北京市海淀分局采取强制措施。李素琴因此不得不经常性地拨打"110"报警寻求警方保护,案发前她曾一共报过22次警,曾经有一天更是报警3次。2004年1月21日凌晨2时许,张铁柱持木柄铁锤击打睡在客厅的李尚琴的儿子孟宪宝,孟被击伤(经鉴定为轻伤)。在北屋睡觉的李尚琴、李素琴及李素琴之子张悦(男,15岁)听见孟宪宝的叫喊声后,冲出门与张铁柱搏斗,抢下铁锤。后李尚琴看见张铁柱手中握有打火机且地上有汽油流淌,遂将打火机打掉在地,三人合力将张铁柱按倒在地上。适时,李尚琴见儿子孟宪宝头部大量流血,情急间持木柄铁锤击打仍在地上挣扎的张铁柱后脑一下,并随即与张悦一同送孟宪宝去医院。此时张铁柱躺在地上已经一动不动。被告人李素琴持木柄铁锤继续击打张铁柱的腿部、膝盖、胳膊、手部、肩部等部位。后李素琴报警,警察来到现场,将张铁柱送往医院,并将李素琴抓获归案。被害人张铁柱因失血性休克合并闭合性脑损伤于2004年1月21日上午抢救无效死亡。当日,被告人李尚琴在北京市清河急救中心被抓获归案。

检察机关认为:被告人李尚琴为了使本人和家人的人身、财产权利免受不法侵害,采取了制止不法侵害的防卫行为,但明显超过必要限度,致人死亡,其行为已构成故意伤害罪;李素琴在被害人已经失去反抗能力后,持械殴打被害人,致人死亡,其行为亦构成故意伤害罪。被告人李尚琴系防卫过当,应当减轻处罚;被告人李素琴有自首情节,可以从轻或者减轻处罚。

北京市海淀区人民法院认为:被告人李尚琴为了使本人和他人的人身、财产权利免受被害人张铁柱正在进行的不法侵害,而与被告人李素琴等人合力反抗,并使用铁锤击打张铁柱头部,此行为与李素琴的后期继续击打行为,合并造成张铁柱死亡的后果,其行为虽有正当防卫之性质,但明显超过必要限度,已构成故意伤害罪,应予惩罚。被告人李素琴在张铁柱已经失去侵害能力的情况下,继续持械殴打,并与李尚琴的前期击打行为合并造成张铁柱死亡的后果,其行为已构成故意伤害罪,应予惩罚。北京市海淀区人民法院指控被告人李尚琴、李素琴犯有故意伤害罪的事实清楚,证据确实、充分,指控罪名成立。被告人李尚琴持铁锤击打张铁柱的时间,系在其与李素琴等人已经将张铁柱按倒在地之时,此时张铁柱虽有继续侵害的能力,但其危险性已经不足以严重危及他人人身安全,辩护人徐岳满认为,李尚琴的行为系无限防卫权类型的正当防卫行为之辩解,夸大了张铁柱被按倒在地后实施继续侵害行为的危险性,对其相应辩护意见不应采纳。被告人李尚琴正当防卫明显超过必要限度,结合其在归案后及在庭审过程中,认罪、悔罪态度较好等具体情节,依法应当减轻处罚,并依法宣告缓刑。被告人李素琴犯罪以后自动投案,如实供述自己的犯罪事实,是自首,结合本案被害人侵害行为在先并具有较大过错等具体情节,依法可减轻处罚,并依法宣告缓刑,其辩护人的相关辩护意见,本院予以采纳。对被告人李尚琴依照《中华人民共和国刑法》第二百三十四条第二款,第二十条第一款、第二款,第七十二条第一款,第七十三条第二款、第三款;对被告人李素琴依照《中华人民共和国刑法》第二百三十四条第二款,第六十七条,第七十二条第一款,第七十三条第二款、第三款之规定,判决被告人李尚琴犯故意伤害罪,判处有期徒刑一年,缓刑一年;被告人李素琴犯故意伤害罪,判处有期徒刑三年,缓刑三年。

二、裁判要旨

No. 4-234-1 被害人存在重大过错的,可对被告人从轻或者减轻处罚。

将被害人存有重大过错作为量刑时的重要情节来考虑,是有比较充分的理论基础的。这主要是因为,被害人对危害行为的发生存在过错及其过错程度,直接影响到对犯罪人的主观恶性及其人身危险性的认定,并在一定程度上影响到行为因果关系的进程。犯罪行为的社会危害性是主客观的统一,包括犯罪行为造成的客观危害和行为人本身体现出的主观恶性。量刑应与犯罪的社会危害性相适应的量刑原则,要求刑罚裁量既要与行为造成的客观危害相适应,也要与行为人的人身危险性相适应。在加害型犯罪中,被害人过错的存在对加害人的罪责大小存在一定的影响。而且,从刑罚预防以及刑罚个别化原则的要求出发,针对行为人主观恶性及其人身危害性的不同,在量刑时亦应予体现。由于被害人严重过错而引发犯罪的,加害人的罪过显然要轻于被害人没有过错的加害型犯罪,其改造的难易程度显然也是不同的。在存在被害人的犯罪中,如故意伤害罪的场合,被害人或加害在先,引起他人加害,或者是被害人对矛盾激化负有过错,引起他人加害,在上述两种情况下,被害人都是有过错的;被害人的过错一定程度上抵消了行为人的部分责任,使行为人的责任减小。

No. 4-234-2 事前无预谋,在情绪激愤的状况下临时起意犯罪,事后不逃避法律制裁的,人身危险性较小,可以适用缓刑。

我国《刑法》第七十二条规定了缓刑的适用条件,即:被判处拘役、三年以下有期徒刑的犯罪分子,根据犯罪分子的犯罪情节和悔罪表现,适用缓刑确实不致再危害社会。其前提性条件是三年以下有期徒刑、拘役这一刑种条件,其实质性条件是“不致再危害社会”,实质性条件的判断依据是犯罪情节和悔罪表现。对被告人适用缓刑是否会导致犯罪人再危害社会,实质上是考察犯罪人的再犯可能性,也就是犯罪人的主观恶性有多深。应该说,对犯罪人人身危险性的判断,是考虑能否适用缓刑的关键。

从上述规定可以看出,判断犯罪人的人身危险性,是依据犯罪情节和犯罪人的悔罪表现,这是我国刑法的既有规定。本案两名犯罪人,在案发前均无前科劣迹,且据群众介绍,都是安分守己的善良公民,本次犯罪,实属因被害人的长期迫害和案发当日的恶意侵害引发。这一点,从二人在犯罪过程中的具体表现也可以看出。李尚琴在儿子遭受伤害后,击打了被害人张铁柱一锤,就没有继续伤害张铁柱,而是领着儿子去医院检查。而被告人李素琴在持铁锤继续击打张铁柱时,击打的部位是腿部、膝盖、胳膊、手部、肩部等非致死部位。在法庭问其为何继续击打张铁柱,为何这样连续性击打时,她回答是因为回忆起张铁柱以往对其实施的种种恶行,在一种充满怨愤和悲伤的情况下不自觉而为。在其头脑清醒后,才意识到了事情的严重性,所以立即报警,并等待警察来处理。两名被告人在案发后,均未逃跑,而是自觉地接受警察处理,并对罪行供认不讳。由此可以看出,二被告人对于犯罪,既无预谋,也无逃避罪责的想法,而是在一种情绪激愤的状况下临时起意伤害他人,并自觉接受法律的处理。二被告人的这种主观恶性,显然与蓄意伤人、事后逃避法律制裁的犯罪人,有着明显的差别。

正因如此,法院最终综合考虑两名被告人犯罪前的表现、犯罪时的具体情节和悔罪表现,以及被害人具有重大过错,被告人李尚琴具有防卫过当情节,被告人李素琴具有自首情节等,认定两名被告人的主观恶性不深,人身危险性较小。所以,本案最终对二被告人适用缓刑,也是适当的。

案例:余正希故意伤害案

案例来源:《刑事审判参考》总第 124 集[第 1368 号]

主题词:故意伤害罪 被害人过错

一、基本案情

2016 年 7 月 15 日晚,被告人余正希与被害人王某因琐事发生口角,被在场群众劝阻。后余正希为泄愤,持一把菜刀返回现场与王某打架。过程中,余正希持刀砍打王某,致王某的身体多处受伤,余正希也被王某打伤,后余正希逃离现场。案发后,余正希的家属已代其向王某先行支付赔偿款 12550 元。经法医鉴定:王某的身体损伤程度评定为轻伤二级,余正希的身体损伤程度评定为轻微伤。

一审法院认为,被告人余正希持械故意伤害他人身体,致一人轻伤,其行为已构成故意伤害罪,依法应予以惩处,并应赔偿被害人王某因本案而遭受的物质损失。鉴于余正希归案后如实供述自己的罪行,且案发后能积极赔偿被害人的部分经济损失,依法予以从轻处罚。王某在本案中有一定过错,依法可以减轻余正希 20% 的民事赔偿责任。判决:1. 被告人余正希犯故意伤害罪,判处有期徒刑一年二个月;2. 应赔偿附带民事诉讼原告人王某的医疗费、后续治疗费、住院伙食补助费、误工费、护理费、营养费、鉴定费、交通费共计 43530.53 元,抵除余正希一方前已支付的款项 12550 元,余款 30980.53 元应于本判决发生法律效力之日起十日内付还;3. 驳回附带民事诉讼原告人王某的其他诉讼请求。

宣判后,附带民事诉讼原告人王某对该案附带民事部分判决不服,上诉称整个案件都是余正希故意挑起事端,其在本案中没有任何过错,原审判决认定其在本案中有一定过错不当。

潮州市中级人民法院认为,被告人余正希故意伤害他人身体,致一人轻伤,其行为已构成故意伤害罪,应依法予以惩处。余正希故意伤害致王某轻伤,应对王某因此而遭受的物质损失承担相应的民事赔偿责任。原审判决审判程序合法,但认定王某在本案中有一定过错并据此减轻余正希应当承担的民事赔偿责任不当,应予纠正,判决如下:

1. 维持潮州市潮安区人民法院(2016)粤 5103 刑初 524 号刑事附带民事判决的第三项;

2. 撤销潮州市潮安区人民法院(2016)粤 5103 刑初 524 号刑事附带民事判决的第二项;

3. 原审被告人余正希应赔偿上诉人王某因本案而遭受的物质损失共计 54413.16 元,抵除余正希一方前已支付的款项 12550 元,余款 41863.16 元应于本判决发生法律效力之日起十日内付还。

二、裁判要旨

No.4-234-3 刑法意义上的被害人过错,是指被害人出于主观上的过错实施了错误或不当的行为,且该行为违背了法律或者社会公序良俗、伦理规范等,侵犯了被告人的合法权益或其他正当利益,客观上激发了犯罪行为的发生。

实践中认定被害人具有刑法意义上的过错,应具备以下条件:

第一,过错行为的实施者是被害人。如果过错行为是第三人所实施的,而被告人却针对被害人实施了犯罪行为,那么不能认定被害人有过错。

第二,被害人实施的行为违反了法律规定,或者违背社会公序良俗、伦理规范,应当受到社会的否定性评价。同时,这种应受谴责性应当达到一定的程度,即并非所有的过错都属于刑法意义上的过错,轻微的过错,不属于刑法意义上的被害人过错。在司法实践中,通常认为,只有被害人的言语或行为对被告人的合法权益或者社会公共利益造成比较恶劣的影响或比较严重的损害,为常人所不能容忍时,才属于刑法评判的范畴。比如,因夫妻矛盾引发的杀妻案件中,如果是因为妻子有婚外性关系,违背夫妻忠诚义务的,通常认为属于被害人过错;如果仅仅因为夫妻双方日常争执引发案件,通常不认为被害人有过错。

第三,被害人主观上具有过错。即被害人主观上是故意或过失的心态,应当受到法律或道德上的谴责。至于不可归咎于被害人的其他行为,则不能认定为被害人过错。

第四,过错行为与犯罪行为的发生之间具有关联性。这表现在以下几个方面:一是时间上的相近性,必须是过错行为在前,犯罪行为在后,且不能相隔太久。如果过错行为已经发生很久,被告人在多年之后实施犯罪行为的,通常情况下不再认定是被害人的过错激发了犯罪的发生。二是利益上的关联性,利益关联性是被害人行为构成过错的事实条件。比如,甲住在乙家与乙同居数年,后二人在生活中发生矛盾,乙欲结束这种同居关系而不让甲在其家继续居住,甲搬出后恼怒,于某夜潜入乙家将乙杀死。本案的诱因是乙不让甲在乙家居住,但乙的行为并未侵犯甲的正当利益,因而不构成过错。两人同居关系与案件的发生并没有利益关联性,故而本案中乙与甲同居之后又将甲从其家中赶出,都不属于被害人过错。三是作用上的因果性,即被害人的过错行为与犯罪行为的发生之间具有引起与被引起的因果关系,被害人的行为直接激化或加剧了被告人的犯罪。

本案中,首先,王某的陈述和证人杨某的证言均证实被告人余正希与王某第一次、第二次发生争吵均是由余正希先挑起事端。其次,王某和证人周某、杨某均证实案发时是余正希先持刀砍人,之后王某才拿起凳子抵挡并打余正希,而不是王某先拿凳子打余正希。王某在拿起凳子抵挡的过程中虽然致余正希轻微伤,但这是由于余正希的先行侵犯行为所引起的。王某的行为与余正希的犯罪行为之间不具有因果性,也就不具有关联性,故王某的行为不属于刑法意义上的过错行为。

综上,二审法院依法认定王某在本案中不存在过错,并据此对附带民事诉讼部分进行改判是正确的。

案例:黄中权故意伤害案

案例来源:《人民法院案例选》2009 年第 3 辑

主题词:事后防卫 自救行为

一、基本案情

附带民事诉讼原告人姜再生。

被告人黄中权。

长沙市芙蓉区人民法院经审理查明:2004 年 8 月 1 日 22 时 40 分,被告人黄中权驾驶一辆浅绿色湘 AT4758 捷达出租车,在长沙市远大路军凯宾馆附近搭载姜伟和另一青年男子。当车行至南湖市场的旺德府建材超市旁时,姜伟持一把长约 20 公分的水果刀与同伙对黄中权实施抢劫,从其身上搜走现金 200 元和一台 TCL2188 手机。两人拔下车钥匙下车后,姜伟将车钥匙丢在汽车左前轮旁的地上,与同伙朝车尾方向逃跑。黄中权拾回钥匙上车将车左前门反锁并发动汽车,准备追赶姜伟与其同伙,因两人已不知去向,黄中权便沿着其停车处左侧房子绕了一圈寻找两人。当车行至该市场好百年家居建材区 D1-40 号门前的三角坪时,黄中权发现姜伟与同伙正搭乘一辆从事营运的摩托车欲离开,便驾车朝摩托车车前轮撞去,摩托车倒地后姜伟与同伙下车往市场的布艺城方向逃跑。黄中权又继续驾车追赶,姜伟拿出刀边跑边持刀回头朝黄挥舞。当车追至与两人并排时,姜伟的同伙朝另一方向逃跑,姜伟则跑到旺德府超市西北方向转角处由矮铁柱围成的空坪内,黄中权追至距离姜伟 2 米处围栏外停车与其相持,大约十秒钟后,姜伟又向距围栏几米处的布艺城西头楼梯台阶方向跑,黄中权迅速驾车从后撞击姜伟将其撞倒在楼梯台阶处。随后,黄中权拨打"110"报警,并向公安机关交代了案发经过。经法医鉴定,姜伟系因巨大钝性外力作用导致肝、脾、肺等多器官裂伤引起失血性休克死亡。姜伟未婚,生前与父亲姜再生共同生活,无抚养对象。根据姜再生提供的证据和有关规定计算,姜伟的死亡赔偿金为 47940 元、丧葬费为 4367 元、交通费 548.4 元,共计经济损失 52855.4 元。

公诉机关长沙市芙蓉区人民检察院指控黄中权的行为构成故意伤害罪,并提交了相应证据,提请法院依法判处。

附带民事诉讼原告人姜再生诉称黄中权的犯罪行为造成姜伟的死亡,应赔偿附带民事诉讼原告人姜再生丧葬费、交通费、住宿费、误工费、伙食费、死亡赔偿金、被抚养人生活费、精神抚慰金,共计经济损失 126054.6 元。

被告人黄中权辩称其是在姜伟拿刀向自己冲过来时才有意识去撞他的,并表示不承担附带民事赔偿责任。其辩护人提出:黄中权在遭受抢劫后,为了夺回自己被抢财物而追赶姜伟,因姜伟持刀威胁,抗拒抓捕,才开车撞击姜伟,致姜伟死亡。其行为属于正当而合法的自救行为,符合正当防卫的法定条件,依法不应负刑事责任。其代理人称姜伟在实施犯罪过程中死亡,无权获得民事赔偿。

长沙市芙蓉区人民法院经审理认为:被告人黄中权为追回被抢财物,以驾车撞人的手段故意伤害他人身体,并致人死亡,其行为已构成故意伤害罪,公诉机关指控的罪名成立。针对辩护人提出的前述辩护意见,经审查认为:本案姜伟与同伙实施抢劫后逃离现场,针对黄中权的不法侵害行为已经结束。此后黄中权驾车寻找并追赶姜伟及同伙,姜伟一边逃跑一边持水果刀对坐在车内的黄中权挥动,其行为是为阻止黄中权继续追赶,并未形成且不足以形成紧迫性的不法侵害,故黄中权始终不具备正当防卫的时间条件,辩护人关于正当防卫的辩护意见法院不予采纳。黄中权作为普通公民可以采取抓捕、扭送犯罪嫌疑人的自救行为,但所采取的方法必须与自救行为的性质、程度相适应。其采取以交通工具高速撞人的严重暴力伤害行为,显然超出了自救行为的范畴,具有社会危害性,应承担刑事责任。故对辩护人关于黄中权采取的是合法正当的自救行为的辩护意见,法院亦不予采纳。黄中权的犯罪行为给附带民事诉讼原告人造成的经济损失应予以赔偿。法院对附带民事诉讼原告人姜再生提出的合理请求予以支持,对超出法律规定和无证据支持的部分,法院不予支持。黄中权犯罪后,自动投案并如实供述主要犯罪事实,系自首,依法应对其减轻处罚。因本案被害人姜伟有重大过错,可酌情对黄中权从轻处罚,同时相应减轻黄中权的民事赔偿责任。依照《中华人民共和国刑法》第二百三十四条第二款、第六十七条第一款,《中华人民共和国民法通则》第一百一十九条、第一百三十一条,最高人民法院《关于审理人身损害赔偿案件适用法律若干问题的解释》第一条、第十七条第一、三款、第二十九条、第三十五条的规定,判决:

1. 被告人黄中权犯故意伤害罪,判处有期徒刑三年六个月;

2. 被告人黄中权在本判决生效后三十日内赔偿附带民事诉讼原告人姜再生各项经济损失共计 36998.78 元(52855.4×70%)。

一审判决后,被告人黄中权及附带民事诉讼原告人姜再生均不服,分别提出上诉。被告人黄中权上诉称:自己的行为不构成犯罪,原告人姜再生的经济赔偿请求亦缺乏理论基础,请求法院二审改判。姜再生上诉称:姜伟被被告人黄中权撞击致死已发生各项经济损失计 126047.60 元,应由被告人赔偿,请求法院二审改判。

二审法院经审理认为:黄中权驾车撞击姜伟的行为已不再具有防卫特征,而是故意伤害犯罪;黄中权报警后能如实供述基本犯罪事实,成立自首;黄中权因故意伤害犯罪致姜伟死亡,对此所发生的经济损失应承担赔偿责任。长沙市芙蓉区人民法院一审判决认定基本事实及证据均正确,审判程序合法,适用法律亦正确,量刑及民事责任处理适当,应予维持,裁定:驳回上诉人姜再生、黄中权的上诉,全案维持原判。

二、裁判要旨

No.4-234-4 被他人抢劫以后,驾车撞击抢劫的犯罪分子致其死亡的,系事后防卫,不成立正当防卫。

根据我国《刑法》第二十条的规定,正当防卫必须同时具备以下五个要件:(1)必须是为了使国家、公共利益,本人或者他人的人身、财产权利和其他权利免受不法侵害而实施的;(2)必须有不法侵害行为发生;(3)必须是正在进行的不法侵害;(4)必须是针对不法侵害者本人实行;(5)不能明显超过必要限度造成重大损害。本案中被告人的行为不构成正当防卫。理由是:正当防卫的目的是为了制止不法侵害,避免危害结果发生,因此,不法侵害必须是正在进行的,而不是尚未开始,或者已实施完毕,或者实施者确已自动停止。从刑法理论上讲,在不法侵害行为尚未开始,或者已经结束的情况下,对不法侵害者实行的防卫行为,称为防卫不适时。防卫不适时包括两种不同情况:一种是事前防卫或事前加害,这是在侵害还未开始时,或尚未面临不法侵害的直接威胁时进行的防卫;另一种是事后防卫或事后加害,或迟误防卫,这是在侵害结束之后实行的防卫。防卫不适时不符合正当防卫的时间条件,因而不具备正当防卫的性质,属于非正当防卫,应当承担刑事责任。本案中,被害人姜伟与其同伙在出租车内对黄中权实行了抢劫行为,抢劫既遂后拔下出租车钥匙后逃跑,针对黄中权的不法侵害已告结束,不具有继续或重新对黄中权实行加害行为的现实危险性。被告人在抢劫行为完成后,继续寻找、追踪被告人,并以驾车撞人的手段伤害犯罪人身体的行为构成事后防卫,属于防卫不适时,不成立正当防卫。

No.4-234-5 具有社会相当性的自救行为,不以犯罪论处。

自救行为,又称自助行为,是指权利被非法侵害的人,依靠自己的力量,来保全自己的权利或恢复原状的行为。自救行为在民法上一般被视为免除损害赔偿责任的一种情况,在刑法理论上则是被认为排除犯罪性行为的一种情况。但自救行为在我国刑法中并无明确规定。我们从理论上对自救行为的构成要件作如下探讨:(1)自救行为必须是针对某种对法益造成损害的行为。(2)必须是自身的合法权益受到了不法侵害,这是自救行为成立的客观基础。(3)不法侵害已经结束,这是自救行为成立的时机条件。自救行为作为一种事后救济,必须以不法侵害已经结束为前提。不法侵害尚未发生而"自救"的,属于假想防卫;不法侵害尚在进行中的,多数情况下属于正当防卫,特定情况下也可能成立紧急避险。(4)必须处于特定的紧急情况下,即不能及时请求国家机关公力救济,如果行为人不立即进行自我救助,其权利将明显陷于归于失效,或无法保全,抑或无法得到实质恢复的境地。(5)自救行为应当具有社会相当性。实施的自救行为的手段、方法、程度必须适当。根据法益平衡原则,自救行为的手段、方法、程度必须以不超过必要限度为基准,不应造成自救人与加害人权利明显失衡的状态。因此,自救行为要符合公序良俗、社会公德以及社会主义法制原则,符合法律对于社会秩序的整体要求。本案被告人的行为满足了自救行为的部分要件,但是其行为不具有社会相当性,行为的手段、方法、程度不适当。被告人为了挽回200元现金和一台TCL2188手机的财产损失,采取了用机动车撞击犯罪人身体的手段,致使犯罪人死亡,明显超过了必要的限度,造成自救人与犯罪人的权利明显不公的结果,即为了维护较少的财产权益而损害了他人的生命权,不符合法益平衡原则,也有违公序良俗,故不构成自救行为。

案例:毕素东故意伤害案

案例来源:《人民法院案例选》2006年第2辑(总第56辑)

主题词:自首

一、基本案情

被告人毕素东,男,28岁,农民。

北京市第二中级人民法院经审理查明:毕素东与妻子张艳丽均系江苏省来京务工人员。2003年元旦,两人因感情不和开始协商离婚并分居,但一直没有办妥离婚手续。同年5月12日晚,毕素东工作单位的经理王国玉告诉毕素东,其老家的人打电话说其子生病了,毕素东听后便去找张艳丽。20时许,毕素东来到张艳丽暂住的北京市朝阳区平房乡黄杉木店村一出租房时,发现位兴君(男,时年39岁)坐在屋内,因怀疑位兴君与张艳丽关系暧昧而与位兴君发生争执。争执过程中,毕素东持砖头击中位兴君的头部,致使位兴君颅脑损伤死亡。

案发后,经人报警,派出所找到王国玉,告诉其毕素东打架的情况。毕素东作案后,回到工作单位,向王国玉承认了其持砖头故意伤害位兴君的事实,王国玉劝其自首,毕素东同意,表示要去投案,后公安人员来到其工作单位,将毕素东带走。

北京市第二中级人民法院认为:毕素东故意伤害他人身体,致人死亡,其行为已构成故意伤害罪,依法应予惩处。毕素东作案后,在他人的规劝下表示要去投案自首,且未逃走,后被公安人员捕获;归案后,如实交代主要犯罪事实,其行为依法应视为自首。同时鉴于本案具体情节,对毕素东予以从轻处罚。故认定毕素东犯故意伤害罪,判处有期徒刑十五年,剥夺政治权利三年。

宣判后,毕素东对判决不服,提出上诉。

北京市高级人民法院经审理,依法裁定驳回上诉;维持原判。

二、裁判要旨

No.4-234-6 实施犯罪行为后,经他人规劝表示同意自首且未逃走,归案后能如实供述罪行的,应当认定为自首。

《刑法》第六十七条第一款规定:"犯罪以后自动投案,如实供述自己的罪行的,是自首……"从该条文可以看出,构成自首应当具备两个要件:一是自动投案;二是如实供述自己的罪行。自动投案是自首成立的首要要件。最高人民法院《关于处理自首和立功具体应用法律若干问题的解释》规定了自动投案和视为自动投案两种情形。《关于处理自首和立功具体应用法律若干问题的解释》第一条规定:"自动投案,是指犯罪事实或者犯罪嫌疑人未被司法机关发觉,或者虽被发觉,但犯罪嫌疑人尚未受到讯问、未被采取强制措施时,主动、直接向公安机关、人民检察院或者人民法院投案。"还规定:"犯罪嫌疑人向其所在单位、城乡基层组织或者其他有关负责人员投案的……经查实确已准备去投案,或者正在投案途中,被公安机关捕获的,应当视为自动投案。"根据上述规定,自动投案包含以下内容:(1)投案时间发生在犯罪之后,犯罪人尚未归案之前;(2)必须是基于犯罪分子本人的意志而归案;(3)必须向有关机关或者个人承认自己实施了特定犯罪;(4)必须将自己置于有关机关或个人的控制之下;(5)必须有为本人的行为承担法律责任的意愿。

本案被告人毕素东在作案后,回到工作单位,向单位负责人承认其实施了故意伤害本案被害人的行为,具备了向能够负责向司法机关转报案件的个人,承认自己实施了特定犯罪的条件。尽管被告人实施犯罪行为时,现场有多名目击证人,且公安机关根据目击证人的证言,已经查清了犯罪人,但此时尚未将其捕获,其符合自动投案的时间条件。而且,本案被告人毕素东经他人规劝,表示要投案自首,无论出于真心悔罪,还是慑于法律的威严,自动归案是其本人意志的体现。此后,本案被告人毕素东没有逃走,直至被公安人员捕获,其没有不服从监控,甚至有意逃脱监控的行为。上述行为也反映了本案被告人毕素东有为本人的行为承担法律责任的意愿。因此,本案被告人毕素东的行为符合《关于处理自首和立功具体应用法律若干问题的解释》第一条规定的视为自动投案的要件。同时,本案被告人毕素东在自动投案后,如实供述了其犯罪的故意和实施的行为,交代了自己用砖头故意伤害被害人的主要犯罪事实,应当视为自首。

案例:赵金明等故意伤害案

案例来源:《刑事审判参考》总第55集[第434号]

主题词:因果关系

一、基本案情

被告人赵金明,男,1982年12月27日生,初中文化程度,农民。因本案于2005年10月10日被逮捕。

被告人李旭,男,1980年1月1日生,初中文化程度,农民。因本案于2005年10月19日被逮捕。

湖北省汉川市人民法院经审理查明:被告人赵金明与马国超曾经有矛盾,案发前赵金明听说马国超放风要把自己砍掉,决定先下手为强。2003年8月14日晚7时许,被告人赵金明在汉川城区欢乐商城得知马国超在紫云街出现后,邀约被告人李旭及韩成雄、韩愈杰、韩波、汪冲、谢泉(均另案处理)前往帮忙,并在一租住处拿一尺多长的砍刀七把,一行人乘"面的"到紫云街。在车上被告人赵金明发给每人砍刀一把,车行至紫云街看见马国超正在街上同人闲聊后,被告人赵金明等人下车持刀向马国超逼近,距离马国超四五米时被马发现,马国超见势不妙立即朝街西头向涵闸河堤奔跑,被告人赵金明持刀带头追赶。被告人李旭及韩成雄、韩愈杰、韩波、汪冲跟随追赶。当被告人赵金明一行人追赶40余米后,马国超从河堤上跳到堤下的水泥台阶上,摔倒在地后又爬起来扑到河里,并且往河心里游。被告人赵金明等人看马国超游了几下,因为怕警察来了,就一起跑到附近棉花田里躲藏,等了半小时未见警察来,被告人等逃离现场。同年8月16日马国超尸体在涵闸河内被发现。经法医鉴定,马国超系溺水死亡。

汉川市人民法院认为:被告人赵金明、李旭等为报复被害人,主观上有故意伤害他人身体的故意,客观上实施了持刀追赶他人的行为,并致被害人死亡后果的发生,其行为均已构成故意伤害(致人死亡)罪。被害人被逼跳水的行为是被告人等拿刀追赶所致,被害人跳水后死亡与被告人的行为有法律上的因果关系,即使被告人对被害人的死亡结果是出于过失,但鉴于事先被告人等已有伤害故意和行为,根据主客观相一致原则,亦应认定构成故意伤害(致人死亡)罪。被告人李旭明知被告人赵金明等有伤害他人的故意,且明知拿刀会有伤人的后果。受邀约参与并持刀进行了追赶,构成故意伤害(致人死亡)罪的共犯,但系从犯,根据其地位、作用及本案具体情况,可减轻处罚。依照《中华人民共和国刑法》第二百三十四条第二款、第二十五条、第二十六条、第二十七条、第五十六条之规定,于2006年7月7日判决如下:

1. 被告人赵金明犯故意伤害罪,判处有期徒刑十五年,剥夺政治权利三年。

2. 被告人李旭犯故意伤害罪,判处有期徒刑十年。

一审宣判后,被告人赵金明、李旭不服,提出上诉。

湖北省孝感市中级人民法院经审理认为:上诉人赵金明、李旭等人为报复马国超持刀对其追赶,致马国超在追逼下跳水溺水死亡,其行为均已构成故意伤害(致人死亡)罪。原审判决认定事实清楚,证据充分,定性准确,量刑适当,审判程序合法。依照《中华人民共和国刑事诉讼法》第一百八十九条第(一)项之规定,裁定驳回上诉,维持原判。

二、裁判要旨

No.4-234-7 持刀追砍致使他人泅水逃避而溺水死亡的,追砍行为与被害人溺水死亡之间具有刑法意义上的因果关系,应以故意伤害(致人死亡)罪论处。

因果关系是哲学上的一个重要范畴。一般认为,引起一定现象发生的现象是原因,被一定现象引起的现象是结果,这种现象与现象之间的引起与被引起的联系,就是因果关系。刑法上所关注的因果关系,是危害行为同危害结果的关系。其目的是为了确定危害社会的结果是由谁的行为所引起的,从而为追究刑事责任提供客观基础。这一特定目的就决定了刑法上的因果关系关注的是,在具体案件中,当一特定的危害结果发生时,行为人的行为对危害结果是否起了作用,起了多大作用,行为人应承担多大的责任。因此,在对具体案件中的危害行为与危害结果之间的因果关系进行判断时,主要从以下三个方面考察:

1. 行为人的行为是否属于引起危害结果的原因,即是否存在事实上的因果关系。刑法因果关系成立的前提是行为与危害结果之间首先存在事实上的因果关系。所谓事实上的因果关系。就是先行为与后结果之间引起与被引起的关系。从逻辑上讲,也就是"必要条件关系",这种必要条件是指"如果没有被告人的行为,就不会发生这一危害结果"。

2. 行为对于危害结果产生所起作用的程度。事实因果关系除存在有与无之别外,还存在程度之别,即行为对结果产生所起作用的大小问题。这种程度直接影响到行为的责任认定。由于客观上引起危害结果产生的因素很多,从逻辑上说,这些众多因素都是该结果产生所不可缺少的必要条件。但事实上,对于危害结果的产生来说,有的行为可能起了决定性的作用,有的行为对于结果所起的客观作用相对较小,有的行为对于结果的产生只起了比较轻微的作用。同样,行为与危害结果的联系方式也是多种多样的。因此,在审判实践中,必须根据行为与结果联系的紧密程度、行为导致危害结果产生的力量大小、犯罪构成对行为与结果之间联系的要求程度等因素综合评判。在作具体分析时,必须全面弄清对结果产生起作用因素的分量,分析各种因素对结果起作用的程度,在对所有这些因素进行全面分析的基础上,确定具体的危害行为在其中起了什么作用;如果有多个危害行为同时存在,还应分析多个行为之间的关系。

3. 行为的社会危害程度。根据刑法规定,只有达到一定严重程度的行为才能构成犯罪。因此,在确定刑法因果关系时,应注重考察下述三点:一是客观上危害行为实际造成的危害结果的严重程度。危害结果越严重,客观责任也就越大,如果案件中涉及多人的危害行为,那么需要承担责任者的范围也就相应越大;反之亦然。二是危害行为本身所具有的造成特定危害结果产生的可能性程度,也就是行为中所包含的造成危害结果产生的具体危险性。一般来说,如果行为造成某一结果需要起配合作用的因素愈多,这一行为造成结果产生的可能性也就愈小;反之亦然。这种行为造成结果的概率,在一定程度上表明了行为当时具有的社会危险性大小以及行为人的受谴责程度。三是危害行为本身客观上违反社会规范的程度。对于明显严重违反国家法律的行为,其行为对社会正常秩序的威胁严重,归责的必要性就大,对这种危害行为与危害结果之间的因果关系联系程度就可能要求较弱;而对行为违规程度较轻的,对于行为与结果之间的因果联系要求一般也就可能较高。如果行为本身没有违反社会规范,在通常情况下,其行为与结果之间的因果关系就可能不认为具有刑法意义。

基于上述理论分析,赵金明等人持刀追砍的行为与被害人死亡的结果之间具有刑法上的因果关系。主要理由如下:

1. 赵金明等人持刀追砍被害人的行为,具有严重的社会危害性。赵金明等人手持利刃在大街上追砍被害人,不仅直接危及被害人的生命和健康,而且对现场周围公民的生命和健康也构成了潜在的威胁,严重破坏了正常的社会秩序,属于事先有预谋、有组织的共同故意伤害行为。

2. 被害人马国超泅水逃避的行为,是一种在当时特定条件下正常的自救行为。面对七名持刀暴徒近距离的追砍,必然导致被害人逃避,被害人快速奔跑是其自救的本能反应。由于现场紧邻河道,被害人的主观选择受到较大限制,其根据自身会水的特点选择泅水逃生,既是被迫无奈的行为,又是在当时特定条件下正常的行为。

3. 被害人溺水身亡在特定的条件下具有较高的现实可能性。虽然在一般情况下,一个会水的成年人溺水死亡的可能性并不大,但基于本案的具体情况,该可能性转化为现实性的概率大大增加:一是被害人在狂奔和跳堤摔倒的情况下仓促下水,没有做下水前必要的准备;二是案发时系夜晚,被害人下水的河段不安全因素较多;三是逃生的恐惧心理将大大影响被害人正常的思维判断和体能发挥。在泅水逃生中,由于上述种种不利因素的汇集,加上被害人自身的原因导致了溺水死亡结果的发生,具有较高的现实可能性。

由此可见,上述事实原因、中介因素与危害结果之间环环相扣、紧密衔接,应该认定赵金明等人持刀追砍行为与被害人溺水身亡的结果之间存在刑法上的因果关系。本案中因果关系的联系方式属于间接联系类型,即事实原因与危害结果之间没有发生直接联系,而是介入了一些被害人个人因素,这时原因行为与危害结果之间的联系就是间接联系。

案例:李明故意伤害案

案例来源:《刑事审判参考》总第 55 期[第 433 号]

主题词:正当防卫　防卫意图

一、基本案情

被告人李明,男,1978 年 12 月 23 日出生,汉族,高中文化,北京胜利饭店临时工。因涉嫌犯故意伤害罪于 2002 年 10 月 15 日被逮捕。

北京市第一中级人民法院经审理查明:2002 年 9 月 17 日凌晨,上诉人李明与其同事王海毅、张斌(另案处理)、孙承儒等人在北京市海淀区双泉堡环球迪厅娱乐时,遇到本单位女服务员王晓菲等人及其朋友王宗伟(另案处理)等人,王宗伟对李明等人与王晓菲等人跳舞感到不满,遂故意撞了李明一下,李明对王宗伟说:"刚才你撞到我了。"王宗伟说:"喝多了,对不起。"两人未发生进一步争执。李明供称其感觉对方怀有敌意,为防身,遂返回其住处取尖刀一把再次来到环球迪厅。其间王宗伟打电话叫来张艳龙(男,时年 20 岁)、董明军等三人(另案处理)帮其报复对方,三人赶到环球迪厅时李明已离去,张艳龙等人即离开迪厅。李明取刀返回迪厅后,王宗伟即打电话叫张艳龙等人返回迪厅,向张艳龙指认了李明,并指使张艳龙等人在北沙滩桥附近的过街天桥下伺机报复李明,当日凌晨 1 时许,李明、王海毅、张斌、孙承儒等人返回单位,当途经京昌高速公路辅路北沙滩桥附近的过街天桥时,张艳龙、董明军等人即持棍对李明等人进行殴打。孙承儒先被打倒,李明、王海毅、张斌进行反击,期间,李明持尖刀刺中张艳龙胸部、腿部数刀。张艳龙因被刺伤胸部,伤及肺脏、心脏致失血性休克死亡。孙承儒所受损伤经鉴定为轻伤。李明作案后被抓获。

北京市第一中级人民法院认为:被告人李明故意伤害他人身体,致人死亡,其行为已构成故意伤害,犯罪后果特别严重,依法应予惩处。鉴于被害人对本案的发生负有重大过错,故依法对被告人李明予以从轻处罚。北京市人民检察院第一分院指控被告人李明犯故意伤害罪的事实清楚,证据确凿,指控罪名成立,对于被告人李明的辩护人提出的李明行为的本身是正当防卫,只是由于没有积极救治被害人导致李明承担间接故意伤害的法律后果的辩护意见,经查:正当防卫成立的要件之一即防卫行为的直接目的是制止不法侵害,不法侵害被制止后不能继续实施防卫行为,而被告人李明持刀连续刺扎被害人张艳龙要害部位胸部数刀,在被害人倒地后还对其进行殴打,故李明具有明显伤害他人的故意,其行为符合故意伤害罪的犯罪构成,辩护人的此项辩护意见不能成立,不予采纳。根据被告人李明犯罪的事实、犯罪的性质、情节和对于社会的危害程度,依照《中华人民共和国刑法》第二百三十四条第二款、第五十六条、第六十一条之规定,于 2003 年 5 月 13 日判决如下:

李明犯故意伤害罪,判处有期徒刑十五年,剥夺政治权利三年。

一审宣判后,李明不服,提出上诉。李明上诉称,其在遭到不法侵害时实施防卫,造成被害人死亡的结果属于防卫过当,原判对其量刑过重,请求从轻处罚。其辩护人认为,李明的行为属于正当防卫过当,原审判决认定事实错误,对李明量刑过重,请求二审法院依法改判。

北京市高级人民法院认为:上诉人李明为制止正在进行的不法侵害而故意伤害不法侵害者的身体,其行为属于正当防卫,但其防卫明显超过必要限度,造成被害人死亡的重大损害后果,其行为构成故意伤害罪,依法应予减轻处罚。李明及其辩护人所提李明的行为属于防卫过当,原判对其量刑过重的上诉理由和辩护意见成立,予以采纳。原审人民法院认定李明犯故意伤害罪正确且审判程序合法,但对本案部分情节的认定有误,适用法律不当,对李明的量刑过重,依法应予改判。据此,依照《中华人民共和国刑事诉讼法》第一百八十九条第(二)项及《中华人民共和国刑法》第二百三十四条第二款、第二十条第二款、第六十一条之规定,于 2003 年 8 月 5 日判决如下:

1. 撤销北京市第一中级人民法院(2003)一中刑初字第 996 号刑事判决;
2. 上诉人李明犯故意伤害罪,判处有期徒刑五年。

二、裁判要旨

No. 4-234-8 为预防不法侵害而携带防范性工具并使用的,不阻却正当防卫的成立。

本案被告人李明在与他人发生摩擦后,为防对方报复,返回住所携带刀具防身,这是一种预防措施,是行为人为了防范自己的合法权益遭受不法侵害,在侵害发生之前做防范的准备,预先采取必要的防范措施,其目的也是为了防卫。但这种预防措施并不是针对正在进行的不法侵害,而是可能发生的不法侵害,与刑法所规定的正当防卫的产生条件并不完全一致。被告人只是意识到不法侵害有可能发生,为预防不法侵害的发生,携带防范性工具——管制刀具。而事态的发展则是动态的,可能发生防范效果,也可能不发生,防范效果是否发生取决于行为人是否遭受不法侵害。因此,如果没有不法侵害的发生,被告人的刀也不会派上用场,更不会杀死被害人。而在不法侵害发生时,被告人使用它反击不法侵害,其行为及结果均表明携带刀具的目的是抵御不法侵害,而不是针对和伤害某一特定人。因此,不能因为其携带管制刀具是违法的,就否定其行为的防卫性质。所以,本案被告人为预防不法侵害的发生携带防范性刀具,不能阻却其在遭遇不法侵害时运用该刀具实施的防卫行为成立正当防卫。只要其行为对不法侵害者所造成的损害与其保护的合法权益的价值之间不明显失衡,且防卫的效果又是针对正在进行的不法侵害,就应当认定为正当防卫。当然,也只有在预防措施的效果是针对不法侵害的发生而进行时,方成立正当防卫。在预先采取防范措施的场合,防范的对象一般是不特定的,在有的情况下,其行为是针对不法侵害人发生作用,而在有的情况下,则会损害无辜者的合法权益。因此,如果该行为不是对不法侵害发生了效果,而是造成其他无辜人员的伤亡或者财产损失,也不能成立正当防卫,应依具体情况对该危害行为追究相应的刑事责任。

No. 4-234-9 区分正当防卫和互相斗殴的关键在于有无防卫意图。

所谓防卫意图,是指防卫人在实施防卫行为时对其防卫行为以及行为的结果所应具有的心理态度。防卫意图包括防卫认识和防卫目的两方面内容,其中,防卫认识是产生防卫意图的前提,防卫目的是防卫意图的核心。

所谓防卫认识,是指行为人在面临不法侵害时,对与防卫有关的诸多事实因素的认识。一般而言,防卫认识包括以下基本内容:其一,认识到侵害合法权益的不法侵害的存在。行为人只有认识到存在不法侵害,才能产生防卫意图,如果行为人认识到不存在不法侵害而实施所谓的反击行为的,不属于正当防卫,而属于加害行为。至于不法侵害的性质,不要求行为人认识,因为在紧迫的情况下,不法侵害是犯罪行为还是一般违法行为,行为人没有时间也没有义务加以判断。至于不法侵害所侵害的合法权益的性质,行为人也无须确认。因为,根据《刑法》的规定,无论是国家利益、集体利益,还是本人利益、他人利益,只要是合法权益,任何人都有权加以保护。其二,认识到某种合法权益受到正在进行的不法侵害的危害,并确定不法侵害人。如果行为人明知不法侵害尚未发生或者已经结束,而对侵害者实施加害行为的,表明行为的意图是不正当的,不成立正当防卫;如果行为人明知他人没有实施不法侵害,却对其实施了加害行为,也不能构成正当防卫。

所谓防卫目的,是指行为人在防卫认识的基础上,在防卫动机的促使下,实施防卫行为所希望达到的结果。正当防卫要求必须以保护合法权益,制止不法侵害为目的,这是由正当防卫的法律属性决定的。刑法设立正当防卫的宗旨在于及时有效地制止不法侵害,保护合法权益,并不是以加害不法侵害人为目的。因此,如果行为人在防卫过程中追求危害社会的结果,便失去了防卫的目的,同时也违背了正当防卫的宗旨。防卫目的是确定防卫意图的关键,决定着防卫意图的正当性,如果行为人以加害他人为目的,那么,其主观意图也就是非法的,当然不能成立正当防卫。

互殴行为之所以不能构成正当防卫,正是因为斗殴双方缺乏防卫意图。在互相斗殴中,斗殴双方都具有殴击、伤害对方的故意,双方都以侵害对方为目的,并在此意图支配下积极实施侵害对方的行为,根本不存在正当防卫所要求的防卫意图,因此,斗殴双方的任何一方均不得主张正当防卫的权利。在互殴场合下,可能是一方先动手,另一方后动手,但这并不能改变互殴的法律性质,只要双方都有互相侵害对方的犯罪意图而故意互相侵害,就不能成立正当防卫。当然,如果一方本无侵害对方的故意,完全是由于对方的不法侵害而被迫还手,则不能认定为互殴。此外,如果一方已经退出互殴现场,而另一方仍穷追不舍,并加大了侵害力度,在此情况下,对于退出一方来说,对方的攻击行为就变成一种正在进行的不法侵害,退出一方则有权实行正当防卫。

由于互殴行为和正当防卫行为在其主观构成上有着显著的区别,因此,在司法实践中,判断某一行为属于互殴还是正当防卫,可以从行为人主观上的认识因素和意志因素两方面来进行。从认识因素来说,互殴行为一般多具有预谋性,行为人对互殴的时间、地点、相对人比较明确,有相对具体的计划,往往为之做充分准备,并很可能携带互殴所需凶器等。而正当防卫行为一般多具有突发性,侵害事件突然发生,行为人对该侵害事件发生的时间、地点以及相对人事先往往并不明知,为了保护自己的合法权益,被迫采取措施进行抵御或者反击。从意志因素看,互殴行为具有主动性和不法侵害性,互殴行为人主观上都有侵害对方的故意,在此侵害对方的故意意图支配下,其行为往往表现出明显的主动性,斗殴双方一般会主动采取促使其侵害意图达成的多种措施以使对方遭受侵害,并积极追求或放任对方伤害结果的发生。正当防卫行为则具有被动性和防卫性。在突遭他人不法侵害的情况下,防卫人往往没有选择的余地,只能被动采取措施,加入到事件中。其可能被动防御,也可能主动反击,但不管以何种方式,行为人的主观目的在于制止不法侵害,保护合法权益,行为往往表现出防卫性和一定的节制性。

案例:陈智勇故意伤害案

案例来源:《人民法院案例选》2008 年第 4 辑

主题词:故意伤害　报复　被害人跳楼死亡

一、基本案情

被告人陈智勇,男,33 岁,农民。

北京市第二中级人民法院经审理查明:被告人陈智勇和被害人费春林、路忠、樊士方等人同在北京市丰台区岳各庄村 43 号院西侧白色楼房暂住。2004 年 4 月 13 日,陈智勇酒后回到上述楼房 3 层楼道处时,因故与费春林、路忠、樊士方、庞永生等人发生争执,被害人费春林曾对陈智勇进行殴打,后被他人劝开。此后,陈智勇图谋报复,遂纠集张坤等人返回到上述地点,陈智勇和张坤持刀破门闯入费春林(男,时年 46 岁)、路忠(男,时年 45 岁)、樊士方暂住的该楼 325 房间卧室内,致使费春林、路忠、樊士方从三层窗户跳下,最终造成路忠颅脑损伤合并创伤失血性休克死亡、费春林经医院抢救无效感染中毒性休克死亡和樊士方轻伤的后果。

北京市第二中级人民法院认为:被告人陈智勇因琐事与被害人发生争执后不能正确处理,竟纠集他人持刀闯入被害人的屋内,欲对被害人进行故意伤害,造成被害人从三层楼跳下,最终导致2人死亡、1人轻伤的严重后果,其行为已构成故意伤害罪,犯罪性质恶劣,情节、后果严重,应依法惩处。被告人陈智勇确曾实施了非法侵入他人临时住宅的行为,虽然其未伤害到被害人的身体,但陈智勇非法侵入他人住宅的目的是为了伤害他人的身体,同时其也实施了具体的行为,故陈智勇的行为应认定为故意伤害,而不是非法侵入他人住宅。鉴于被害人在案件的起因上负有一定责任,故以故意伤害罪判处陈智勇无期徒刑,剥夺政治权利终身。

一审宣判后,陈智勇不服,提出上诉。北京市高级人民法院经审理裁定驳回上诉,维持原判。

二、裁判要旨

No.4-234-10 图谋报复持刀闯入他人住宅欲行伤害,致使被害人跳楼死亡的,应以故意伤害罪论处。

本案被告人陈智勇因琐事与被害人发生争执后,自感"吃亏"的他即纠集他人图谋报复。在持刀将被害人堵截在案发房间后,通过砍、砸、踹屋门的方式,企图破门而入,并扬言:"出来就砍死你们。"可见,被告人非法侵害他人身体健康的主观故意明显,符合故意伤害罪的主观特征。从客观表现看,在伤害故意的支配下,被告人实施了纠集他人、持刀砍砸门、破门闯入被害人临时住处、挥刀欲对被害人进行侵害等一系列行为。为了躲避即将施加其身的不法侵害,被害人被迫选择跳楼,最终导致2人死亡、1人轻伤的严重后果。因此,从案件查明的事实和在案证据看,导致被害人伤亡后果的发生,虽然有其他因素的介入,且被告人未直接接触到被害人的身体,但正是其实施的持刀破门闯入等一系列行为迫使被害人从三层楼跳下。换言之,即便被害人不选择跳楼,遭受被告人不法侵害亦不可避免,正是充分认识到该后果即将发生,被害人才最终选择跳楼躲避。北京市公安局法医检验鉴定中心检验报告结论亦证实被害人的损伤符合高坠形成。可见,从整体上说,本案危害后果的发生与被告人的行为之间存在直接的、必然的因果关系。据此,被告人的行为完全符合故意伤害罪的主客观特征。

在本案中,被告人陈智勇非法侵入被害人临时住宅的意图是很明确的,就是报复被害人,对被害人施以不法侵害,被告人虽然实施了非法侵入被害人临时住宅的行为,但该行为只是其实现伤害被害人的必要手段而已。被告人有伤害被害人的明确故意,实际上也实施了一系列的具体行为,最终导致被害人伤亡的后果出现,故对被告人应以故意伤害罪论处。

案例:王俊超等故意伤害案

案例来源:《人民法院案例选》2009年第2辑

主题词:故意伤害罪 致人死亡

一、基本案情

被告人(暨附带民事诉讼被告人)王俊超、肖召飞、柴孩。

附带民事诉讼被告人鲁山县人民医院。

河南省鲁山县人民法院经审理查明:被告人王俊超和被害人秦新奎系在鲁山县看守所服刑时同室羁押而相识。2004年1月11日,秦刑满释放后到王家暂住。第三日上午,被告人王俊超发现口袋少了10元钱,随后发现秦在本村小卖部消费了10元钱,便怀疑秦新奎偷窃,王俊超等人推打秦新奎,让其离开王家。下午2时许,被告人王俊超、肖召飞等人一同去王家奶牛场时,秦新奎一直在后跟着,王俊超再次要求秦离开,秦新奎未离去。当行至村南干渠桥时,被告人王俊超、肖召飞、柴孩等人对秦拳打脚踢,用皮带抽打,将秦打翻后离去。王俊超家人知道后将秦送至医院救治。

秦新奎住院18天,于2004年元月31日晚8时30分死亡。2004年2月20日,平顶山市公安局法医学检验鉴定中心出具鉴定结论为:死者秦新奎符合饿死,其损伤程度为重伤。2006年10月19日,又补充鉴定结论为:死者秦新奎符合钝性物体打击头部,致颅内硬膜下血肿及脑出血,全身多器官功能衰竭而死亡。

另查明,附带民事诉讼被告人鲁山县人民医院为救治秦新奎垫付了医疗费 2880 元,陪护费 670 元,秦新奎死亡后,垫付了尸体火化费 300 元。

河南省鲁山县人民法院认为:被告人王俊超、肖召飞、柴孩共同故意伤害他人身体,造成被害人秦新奎重伤,后导致死亡的严重后果,其行为均构成故意伤害罪。公诉机关指控被告人的犯罪事实及罪名成立,应予确认。被告人王俊超案发后能主动投案,并如实供述犯罪事实,属自首,可对其减轻处罚。被告人柴孩作案时不满十六周岁,当庭自愿认罪,亦可对其减轻处罚。鲁山县人民医院在救治被害人秦新奎过程中是否存在不作为问题,因不属于刑事附带民事诉讼范围,原告在提起附带民事诉讼过程中,把其列为附带民事诉讼被告,系诉讼主体不适格,当另行提起民事诉讼。故原告要求县人民医院承担民事赔偿责任的请求,不应在本次诉讼活动中支持。鲁山县人民医院在救治死者秦新奎过程中所花医疗、陪护及火化费用已由该单位支出,表示不再追索,本院予以准许。被害人秦新奎被殴打受伤住院期间,其父秦运清接到派出所通知后不到医院护理,对受伤住院的儿子不尽看护义务,虽无过错,但未尽到应尽的责任,应承担部分责任,可相应减轻三被告人应承担的民事赔偿责任。依照有关法律规定,判决:

1. 被告人肖召飞犯故意伤害罪,判处有期徒刑十年。
2. 被告人王俊超犯故意伤害罪,判处有期徒刑七年。
3. 被告人柴孩犯故意伤害罪,判处有期徒刑四年。
4. 附带民事诉讼被告人王俊超、肖召飞、柴孩共同赔偿附带民事诉讼原告秦运清、李秋风经济损失共计 76933.6 元。
5. 驳回附带民事诉讼原告秦运清、李秋风的其他诉讼请求。

一审判决后,被告人肖召飞不服,上诉称指控其犯故意伤害罪事实不清,证据不足,罪名不能成立,请求改判无罪。

二审法院审理后认为:上诉人肖召飞伙同原审被告人王俊超、柴孩共同故意伤害他人身体,造成被害人秦新奎重伤,其行为均构成故意伤害罪。原审被告人王俊超案发后能主动投案,并如实供述犯罪事实,属自首,可对其从轻处罚。原审被告人柴孩作案时不满十六周岁,当庭自愿认罪,亦可对其从轻处罚。在二审期间,上诉人肖召飞、原审被告人王俊超、柴孩自愿与附带民事诉讼原告人达成附带民事调解协议,得到了被害人近亲属的谅解,据此,在量刑时可酌定从轻处罚。原审判决认定事实清楚,定罪准确,审判程序合法,但因二审中,当事人间就附带民事赔偿达成调解协议,取得了一定谅解,且原判对上诉人肖召飞、原审被告人王俊超、柴孩量刑确有不当,本院可予改判。根据本案的事实及各被告人在共同犯罪中的地位、作用,依照《中华人民共和国刑事诉讼法》第一百八十九条第(二)项和《中华人民共和国刑法》第二百三十四条第二款、第二十五条第一款、第二十六条第一款、第十七条第一、二、三款之规定,判决:

1. 维持鲁山县人民法院(2007)鲁刑未初字第 27 号刑事附带民事判决中定罪部分,即被告人王俊超、肖召飞、柴孩犯故意伤害罪。
2. 撤销鲁山县人民法院(2007)鲁刑未初字第 27 号刑事附带民事判决中对上诉人肖召飞、原审被告人王俊超、柴孩的量刑部分,即被告人肖召飞犯故意伤害罪,判处有期徒刑十年;被告人王俊超犯故意伤害罪,判处有期徒刑七年;被告人柴孩犯故意伤害罪,判处有期徒刑四年。
3. 被告人王俊超犯故意伤害罪,判处有期徒刑五年。
4. 被告人肖召飞犯故意伤害罪,判处有期徒刑四年零六个月。
5. 被告人柴孩犯故意伤害罪,判处有期徒刑三年。

二、裁判要旨

No. 4-234-11　故意伤害致被害人重伤入院,在治疗期间被害人家属未尽护理义务,被害人因饥饿而死亡的,不能认定为故意伤害致人死亡。

本案中被害人于 1 月 13 日被打伤住院到 1 月 31 日晚死亡期间经过一段时间的治疗,其死亡后果是通过两个原因行为完成的:其一是被告人的故意伤害行为;其二是饥饿。第一个行为产生的必然后果是被害人构成重伤。在这个因果链中,伤害行为是重伤的原因,重伤是伤害行为的结果,这是一个必然的因果关系。但是随着事件的发展,被害人因重伤住院过程中,其父母不到医院对其进行照顾,在长达10多天的继续治疗过程中长期饥饿,最终死亡。在伤害行为与死亡后果之间出现了饥饿这个原因的介入,如果没有被害人饥饿的介入,其死亡的后果只是具有一种可能性,处于一种不能确定的状态,由于当时救治及时,这种重伤后果不致继续扩大。但在医治过程中,饥饿这种介入因素,足以能够成为死亡后果产生的主要原因,对因果关系发展起到支配作用,此时伤害行为与死亡后果的关系中断。这个过程不妨用这样的公式表示:伤害→重伤+饥饿→死亡。被告人应该对其伤害行为造成重伤后果负全部责任,伤害→重伤只是造成死亡的后果的条件之一,不构成刑法意义上的因果关系,严格地说被告人不应对死亡的后果负刑事责任。

案例:武荣庆故意伤害案

案例来源:《人民法院案例选》2009年第2辑

主题词:自首

一、基本案情

上诉人(原审被告人)武荣庆。

上海市第二中级人民法院经审理查明:2002年12月17日21时许,被告人武荣庆搭识妇女蒋金娥后与其一起至蒋的暂住地上海市曹杨三村115号503室卖淫嫖娼,后两人因故发生争执,武荣庆扼住蒋金娥颈部,持随身携带的刀具刺戳蒋的胸、腹、背部等处数刀,致蒋机械性窒息合并大出血而死亡,其行为构成故意伤害罪。公诉机关指控的罪名成立。鉴于现有证据难以证明被害人有向被告人索要超额嫖资的敲诈行为,故对被告人的辩解及其辩护人的相关辩护意见不予采纳。另查明,案发后武荣庆即逃逸,但在现场留下一枚烟蒂,该烟蒂被公安机关提取并做了DNA采样。2005年8月28日,武荣庆因涉嫌贩卖毒品被上海市虹口公安分局采取强制措施,经DNA数据滚动比对被确定为本案的重大犯罪嫌疑人,上海市普陀公安分局遂对其换押进一步审查,在换押途中,公安机关问其是否曾经犯过事,其表示没有,途经曹杨三村即案发地时公安机关再次问其是否犯过事,武荣庆才供述了伤害蒋金娥的犯罪事实。法院认为,武荣庆不符合自首的法律规定,不能认定为自首,故对辩护人提出武荣庆属自首的辩护意见不予采纳。综合本案犯罪事实和情节,以故意伤害罪判处被告人武荣庆无期徒刑,剥夺政治权利终身。

判决后,被告人不服,向上海市高级人民法院提出上诉。被告人武荣庆及其辩护人均提出,武荣庆主动交代犯罪事实的行为应认定为具有自首情节。武荣庆还辩称,武系在被害人蒋金娥索要超额嫖资,两人发生纠纷的情况下,才对其实施伤害行为,被害人存在过错。

上海市高级人民法院审理查明,武荣庆因涉嫌贩卖毒品被上海市虹口公安分局刑事拘留后,未主动交代故意伤害被害人蒋金娥的犯罪事实。随后经DNA比对,武荣庆被确认为本案重大犯罪嫌疑人,在上海市普陀公安分局将武荣庆从虹口看守所换押至普陀的途中,武才供述了故意伤害被害人蒋金娥的犯罪事实,武荣庆的行为不属于自动投案,不能认定为自首。此外,现有证据难以证明被害人有过错,因此武荣庆的辩解亦没有事实依据。武荣庆的上诉理由及其辩护人的辩护意见均不能成立,原判认定武荣庆故意伤害的犯罪事实清楚,证据确实、充分,适用法律正确,量刑适当,审判程序合法。依照《中华人民共和国刑事诉讼法》第一百八十九条第(一)项之规定,裁定驳回上诉,维持原判。

二、裁判要旨

No.4-234-12 因犯他罪被采取强制措施期间,经DNA比对成为本案犯罪嫌疑人后,虽如实供述罪行,但缺乏自首的其他必要条件的,不能认定为自首。

仅有如实供述行为不足以认定为自首,还要看被告人是不是存在自动投案的行为,或者被告人虽未自动投案,但其供述的是不是司法机关尚未掌握的罪行。在本案中,是公安机关通过DNA数据滚动比对将武荣庆确定为本案重大犯罪嫌疑人的,即司法机关已经掌握了该罪行,武荣庆在随后的换押途中才供述了该罪行,这就排除了适用关于如实供述司法机关尚未掌握的罪行的情况。

本案被告人武荣庆到案后虽能如实供述自己的罪行,但该供述是在其已经被确定为本案重大犯罪嫌疑人,被采取强制措施并受到讯问时作出的,既不满足自动投案的条件,也不是如实供述尚未被司法机关掌握的罪行,故不能认定为自首。

案例:曾劲青等保险诈骗、故意伤害案

案例来源:《刑事审判参考》总第 38 集[第 296 号]

主题词:故意伤害罪　被害人同意

一、基本案情

被告人曾劲青,男,1967 年 10 月 6 日出生于福建省建瓯市,大学文化,中国平安人寿保险股份有限公司南平中心支公司职员。因涉嫌犯保险诈骗罪,于 2003 年 8 月 15 日被刑事拘留,2004 年 3 月 5 日被逮捕。

被告人黄剑新,男,1961 年 3 月 18 日出生于福建省南平市,初中文化,个体工商户。因涉嫌犯故意伤害罪,于 2003 年 8 月 13 日被刑事拘留,同年 9 月 1 日被逮捕。

福建省南平市延平区人民法院经审理查明:2003 年 4 月间,被告人曾劲青因无力偿还炒股时向被告人黄剑新所借的 10 万元债务,遂产生保险诈骗的念头。被告人曾劲青于 2003 年 4 月 18 日在中国太平洋人寿保险股份有限公司南平中心支公司(以下简称"太平洋保险南平支公司")以自己为被保险人和受益人,投保了两份太平如意卡 B 款意外伤害保险,保额为 16.4 万元;于 2003 年 4 月 21 日在中国人寿保险公司南平分公司(以下简称"人寿保险南平分公司")投保了三份人身意外伤害综合保险(中国人寿卡),保额为 18.9 万元;于 2003 年 4 月 22 日在其单位中国平安人寿保险股份有限公司南平中心支公司(以下简称"平安保险南平支公司")投保了 6.5 万元的人身意外伤害保险。被告人曾劲青为了达到诈骗上述保险金及其单位平安保险南平支公司为在职普通员工承保的 30 万元人身意外伤害团体保险金的目的,找到被告人黄剑新,劝说黄剑新砍掉他的双脚,用以向上述保险公司诈骗,并承诺将所得高额保险金中的 16 万元用于偿还所欠黄剑新 10 万元债务本金及红利。被告人黄剑新在曾劲青的多次劝说下答应与曾劲青一起实施保险诈骗。之后,由被告人曾劲青确定砍脚的具体部位,由黄剑新准备砍刀、塑料袋等作案工具,在南平市辖区内寻找地点,伺机实施。2003 年 6 月 17 日晚 9 时许,被告人曾劲青按事先与被告人黄剑新之约骑上自己的两轮摩托车到南平市滨江路盐政大厦对面,载上携带砍刀等作案工具的被告人黄剑新到南平市环城路闽江局仓库后山小路,被告人黄剑新用随身携带的砍刀将曾劲青双下肢膝盖以下脚踝以上的部位砍断,之后,被告人黄剑新将砍下的双脚装入事先准备好的塑料袋内,携带砍刀骑着曾劲青的摩托车逃离现场,在逃跑途中分别将两只断脚、砍刀及摩托车丢弃。被告人曾劲青在黄剑新离开后呼救,被周围群众发现后报警,后被接警而至的"110"民警送医院抢救。案发后,被告人曾劲青向公安机关、平安保险南平支公司报案谎称自己是被三名陌生男子抢劫时砍去双脚,以期获得保险赔偿。2003 年 8 月 11 日,被告人曾劲青的妻子廖秋英经曾劲青同意向平安保险南平支公司提出 30 万元团体人身险理赔申请,后因公安机关侦破此案而未能得逞。经法医鉴定与伤残评定,被告人曾劲青的伤情属重伤,伤残评定为三级。被告人曾劲青于 2003 年 6 月 17 日至 7 月 10 日在中国人民解放军第九十二医院(以下简称"九二医院")住院治疗 23 天,共花去医疗费 10055.05 元。

南平市延平区人民法院认为:被告人曾劲青作为投保人、被保险人和受益人,伙同他人故意造成自己伤残,企图骗取数额特别巨大的保险金,其行为已构成保险诈骗罪;被告人黄剑新故意伤害他人身体,致人重伤,其行为已构成故意伤害罪。公诉机关指控被告人曾劲青犯保险诈骗罪、黄剑新犯故意伤害罪罪名成立。公诉机关认定被告人曾劲青为实施保险诈骗制造条件,系犯罪预备的指控不当,因被告人曾劲青通过其妻子廖秋英于 2003 年 8 月 11 日,已向平安保险南平支公司申请金额为 30 万元的人身意外伤害团险理赔,从其开始申请理赔之日起,系其着手实施了保险诈骗的行为,由于其意志以外的原因而未能骗得保险金,因此,该案犯罪形态属犯罪未遂而不是犯罪预备。公诉机关指控被告人黄剑新犯保险诈骗罪不能成立,按照《中华人民共和国刑法》第一百九十八条的规定,保险诈骗罪的犯罪主体属特殊主体,只有投保人、被保险人或者受益人才能构成保险诈骗罪,另外保险事故的鉴定人、证明人、财产评估人故意为保险诈骗行为人提供虚假的证明文件,为其进行保险诈骗提供条件的,以保险诈骗罪的共犯论处,这是刑法对保险诈骗罪的主体及其共犯构成要件的严格界定,而本案被告人黄剑新既不是投保人、被保险人或者受益人,也不是保险事故的鉴定人、证明人、财产评估人,不具有保险诈骗犯罪的主体资格和构成其共犯的主体资格,因此,被告人黄剑新的行为不构成保险诈骗罪。被告人曾劲青曾因故意犯罪被判处有期徒刑,在假释期满后五年以内再犯应当判处有期徒刑以上刑罚之罪,系累犯,依法应当从重处罚;但其在实施保险诈骗过程中有 30 万元因意志以外的原因而未得逞,系犯罪未遂,另 41.8 万元属犯罪预备,依法可予减轻处罚。被告人黄剑新致被害人曾劲青重伤,应承担相应的民事赔偿责任,考虑系原告人曾劲青叫被告人黄剑新砍去其双脚,原告人曾劲青自己亦有过错,故双方各自承担一半的民事责任。对于被告人黄剑新及其辩护人提出被告人黄剑新不具备保险诈骗罪的主体资格不构成保险诈骗罪的辩解和辩护意见,理由成立,予以采纳。对于被告人曾劲青及其辩护人提出被告人曾劲青未实际骗取保险金,不构成保险诈骗罪的辩解和辩护意见,因保险诈骗罪作为一种直接故意犯罪,其中必然存在未完成形态,只要行为人实施了诈骗保险金的行为,不论是否骗到保险金,即不论诈骗是否成功,情节严重的,均可以构成本罪,而本案被告人曾劲青诈骗保险金额达 71.8 万元,其中 30 万元属犯罪未遂,另 41.8 万元属犯罪预备,数额特别巨大,被告人曾劲青的行为构成保险诈骗罪未遂,故被告人曾劲青所提该点辩解和辩护人所提上述辩护意见,依据不足,不予采纳。依照《中华人民共和国刑法》第一百九十八条第一款第(五)项、第二百三十四条第二款、第三条、第二十二条、第二十三条、第六十五条第一款、第二款、第五十二条、第三十六条第一款和《中华人民共和国民法通则》第一百一十九条的规定,判决如下:

1. 被告人黄剑新犯故意伤害罪,判处有期徒刑六年。

2. 被告人曾劲青犯保险诈骗罪,判处有期徒刑五年六个月,并处罚金人民币三万元。

被告人曾劲青所并处的罚金应于本判决生效之日起三十日内缴纳。

3. 附带民事诉讼被告人黄剑新应赔偿附带民事诉讼原告人曾劲青经济损失共计人民币五万三千四百九十二元五角。该款应于本判决生效之日起三十日内付清。

4. 驳回附带民事诉讼原告人曾劲青的其他诉讼请求。

一审宣判后,被告人曾劲青、黄剑新均不服,向南平市中级人民法院提出上诉。上诉人曾劲青及其辩护人提出,保险诈骗罪只有既遂才构成,上诉人未领到保险金,且与其共同实施保险诈骗行为的黄剑新原判也未认定构成保险诈骗罪,要求改判无罪。

上诉人黄剑新及其辩护人提出,上诉人黄剑新伤害他人的行为是受曾劲青教唆和胁迫,原判对其量刑畸重。

南平市中级人民法院经审理认为:上诉人曾劲青作为投保人、被保险人和受益人,伙同他人故意造成伤残,企图骗取数额特别巨大的保险金,其行为已构成保险诈骗罪;上诉人黄剑新故意伤害他人身体,致人重伤,其行为已构成故意伤害罪。对上诉人曾劲青及其辩护人提出保险诈骗罪只有既遂才构成,其未领到保险金,且与其共同实施保险诈骗行为的黄剑新原判也未认定构成保险诈骗罪,因此要求改判上诉人曾劲青无罪的诉辩意见,根据最高人民法院《关于审理诈骗案件具体应用法律若干问题的解释》第一条第六款“诈骗未遂,情节严重的,也应定罪处罚”的规定,上诉人曾劲青已着手实施诈骗人民币三十万元的保险金,虽因意志以外的原因诈骗未遂,但数额特别巨大,情节严重,应予定罪处罚。而上诉人黄剑新不具有保险诈骗犯罪的主体资格和构成共犯的主体资格,按照《中华人民共和国刑法》第三条法无明文规定不为罪的原则,上诉人黄剑新的行为不构成保险诈骗罪。故上诉人曾劲青的上诉理由和其辩护人的辩护意见均不能成立,本院不予支持。对上诉人黄剑新及其辩护人提出原判对其量刑畸重的诉辩意见,原判根据其犯罪事实和法律规定,对其处以的刑罚适当。故其上诉理由和辩护意见亦均不能成立。原判认定事实清楚,证据确凿,定罪准确,量刑适当,审判程序合法。

依照《中华人民共和国刑事诉讼法》第一百八十九条第(一)项之规定,裁定驳回曾劲青、黄剑新的上诉,维持原判。

二、裁判要旨

No.4-234-13 经被害人同意,故意造成被害人重伤的,应以故意伤害罪论处。

黄剑新在曾劲青的请求下持砍刀将曾劲青的双脚砍断致重伤,符合刑法有关故意伤害罪的规定,应承担刑事责任和民事赔偿责任。一、二审法院均主张第二种意见,我们认为这是恰当的。根据我国《刑法》第二十条、第二十一条的规定,只有正当防卫和紧急避险这两类行为,才属于排除犯罪性(或社会危害性)的行为,行为人不负刑事责任。至于应被害人邀请而实施的杀、伤被害人或帮助杀、伤被害人的行为,如实施安乐死、杀死被害人、伤残被害人、帮助自杀、自残等,因不具有法定的排除犯罪性行为的属性,本质上仍然是犯罪行为,行为人仍应负刑事责任。《刑法》第三十六条第一款也规定:"由于犯罪行为而使被害人遭受经济损失的,对犯罪分子除依法给予刑事处罚外,并应根据情况判处赔偿经济损失。"根据上述规定,尽管本案中被告人黄剑新是在被害人曾劲青的一再要求下才将其双脚砍断致重伤,但让其承担刑事责任和民事赔偿责任是符合法律规定的。人的生命和健康是宝贵的,法律不容许一个人违法地实施任何杀、伤他人的行为,包括应他人邀请的杀、伤行为。

案例:黄德波故意伤害案

案例来源:《人民法院案例选》2005 年第 3 辑

主题词:故意伤害罪　正当防卫的认定

一、基本案情

被告人黄德波。

江苏省淮安市中级人民法院经审理查明:2001 年 9 月 8 日 10 时左右,被告人黄德波在鲍集镇肖嘴农贸市场卖梨时,被害人朱德军到其摊位上尝完梨后欲离开不买,黄德波上前向其索要吃梨款,双方因此发生争执,朱德军和同行俞永亮、朱艳德等人即与黄德波缠打。缠打过程中,黄德波两次被打倒在地,后朱德军又将黄德波打倒在沈定松卖农具的摊位上,黄德波随手拿起一把草钩欲继续打斗,被摊主沈定松夺下,其又从该摊位上拿起一把镰刀用力横扫,将朱德军砍伤,后朱德军经抢救无效死亡。经鉴定,朱德军系被单刃锐器刺戳胸部致失血性休克死亡。作案后,被告人逃离现场并长期隐匿外地,直至 2004 年 12 月 17 日被抓获。

淮安市中级人民法院认为:被告人黄德波因琐事故意伤害他人身体,致人死亡,其行为已构成故意伤害罪,依法应予惩处。公诉机关指控的罪名成立,予以支持。针对被告人提出系防卫伤人及其辩护人提出被告人属防卫过当应减轻处罚的辩解及辩护意见,经审查认为,被告人黄德波与朱德军等人因不能冷静处理在市场交易过程中所产生的普通民事纠纷致矛盾升级,发生打斗。双方在主观上均有侵害对方的故意,在客观上亦实施了针对对方的加害行为。在双方徒手打斗的过程中,被告人先后两次拿起锐器,并最终将被害人朱德军砍伤致死,此伤害行为不具有正当防卫的属性,故对上述辩解及辩护意见不予采纳。但鉴于被害人朱德军在本案起因上存有过错,依法可对被告人黄德波予以从轻处罚。

民事部分经审理认为,被告人的犯罪行为给附带民事诉讼原告造成的经济损失,依法应予赔偿。附带民事诉讼原告所提要求被告人黄德波赔偿被害人朱德军的医疗费、丧葬费及死亡赔偿金的诉讼请求,符合法律规定。鉴于被害人对于损害结果的发生也有一定的过错,可酌情减轻被告人黄德波的民事责任,决定由被告人赔偿附带民事诉讼原告经济损失的 80%。

综上所述,依照《中华人民共和国刑法》第二百三十四条、第五十六条第一款、第五十五条第一款、第三十六条第一款,最高人民法院《关于执行〈中华人民共和国刑事诉讼法〉若干问题的解释》第一百条,《中华人民共和国民法通则》第一百一十九条、第一百三十一条,最高人民法院《关于审理人身损害赔偿案件适用法律若干问题的解释》第十七条第一款、第三款、第二十七条、第二十八条、第二十九条的规定,淮安市中级人民法院于 2005 年 6 月 23 日作出(2005)淮刑一初

字第15号刑事附带民事判决:

1. 被告人黄德波犯故意伤害罪,判处有期徒刑十五年,剥夺政治权利五年;

2. 被告人黄德波赔偿附带民事诉讼原告朱立波、冯秀珍、朱文婷、朱静文、朱青松的经济损失人民币十二万八千四百五十元(限于判决生效后一个月内付清)。

一审判决作出后,被告人未提出上诉,公诉机关亦未提出抗诉,一审判决发生法律效力。

二、裁判要旨

No.4-234-14 在互殴过程中,处于弱势的一方使用器械伤害强势的一方,致对方受伤并造成死亡结果的,不构成防卫过当,应以故意伤害罪论处。

在因互殴致人重伤或者死亡的案件中,行为人往往以防卫过当为由进行辩解,要求减轻或者免除处罚。但根据《刑法》第二十条第二款的规定,防卫过当是指为了使国家、公共利益、本人或者他人的人身、财产和其他权利免受正在进行的不法侵害,而对不法侵害者所实施的明显超过必要限度造成重大损害的行为。也就是说,防卫过当要求行为人的行为具有防卫性和目的的正当性,只是由于行为人在实施防卫过程中针对不法侵害所采取的防卫行为明显超过必要限度,才造成重大的损害。而在互殴中,在主观上,互殴双方均具有侵害他人的故意,在客观上,互殴双方均实施了加害行为。所以,互殴双方的行为均属于不法侵害,一般不成立正当防卫。但是例外的情况是:(1)一方放弃斗殴逃避,另一方不肯罢休,逃避一方有正当防卫的权利;(2)在斗殴过程中,一方行为的性质发生急剧的变化,另一方存在正当防卫的权利。上述两种情况,均是因情况发生变化,互殴转变为一方殴打或攻击另一方。被殴打方已从互殴时的侵害者转变为被侵害者。根据我国《刑法》第二十条的规定,被侵害人为维护合法权益不受侵害而实施的制止不法侵害的行为属于正当防卫。据此,上述两种情况中的被攻击方依法享有正当防卫的权利。被侵害人出于防卫目的而依法实施的制止不法侵害的行为,依法具有正当防卫的性质。

在本案中,被告人黄德波与被害人朱德军等人因不能冷静处理在市场交易过程中所产生的普通民事纠纷致矛盾升级,发生打斗。双方在主观上均有侵害对方的故意,在客观上亦实施了针对对方的加害行为。虽然被害人朱德军在起因上存在过错,但现有证据证实双方先争吵十余分钟继而打斗,这只是一种互殴行为,并不是单方不法侵害行为。在双方徒手打斗的过程中,被告人先后两次拿起锐器,并最终将被害人朱德军砍伤致死,因此,此伤害行为不具有正当防卫的属性,至于起因上被害人的过错,只能作为对被告人从轻量刑的一个情节而已。

因此,就本案而言,被告人黄德波的行为显然不符合上述两种情况,一审法院依法对被告人黄德波的行为不认定为防卫过当,并以故意伤害罪定罪判刑是正确的。

案例:陈晓燕等故意伤害案

案例来源:《人民法院案例选》2007年第1辑

主题词:故意伤害罪

一、基本案情

被告人陈晓燕、缪开荣、王晨毅、苏韵华。

江苏省南通市崇川区人民法院经审理查明:南通市社会福利院(以下简称"福利院")普儿班两名精神发育迟滞(重度)女孩分别自2003年、2005年年初来月经后,因痴呆不能自理,给护理工作带来难度。为此,该院普儿班护理组保育员多次向该院副院长陈晓燕汇报此事。2005年4月10日,被告人陈晓燕在南通市南公园饭店缪开荣驾驶的汽车里向该院院长被告人缪开荣汇报了上述事实,建议将该两名精神发育迟滞(重度)女孩的子宫切除,缪开荣当即表示同意。后被告人陈晓燕打电话给被告人苏韵华(南通大学附属医院妇产科主治医师)称,福利院有两名痴呆女孩来了月经不能自理,要做子宫切除手术。苏韵华答应为此事进行联系和安排,其与被告人王晨毅(南通医科大学妇产科副主任医师)联系并告知此事后,王晨毅表示同意并与南通市城东医院(以下简称"城东医院")有关人员就该两名女孩的子宫切除之事进行了联系,定好在城东医院做该手术。同年4月14日上午,福利院保育员严某将两名女孩送至城东医院,办理了住院的有关手续,并做了术前检查,检查结果表明该两名女孩均属正常盆腔。当天中午,被告人陈晓燕代表福利院在城东医院关于该两名女孩的手术同意书上签字。当天下午,被告人王晨毅、苏韵华在未向他们所在医院科室主任汇报且未按医院规定办理有关会诊登记手续的情况下,前往城东医院,由被告人王晨毅主刀,被告人苏韵华做助手,分别对该两名女孩做了子宫体全切除手术。经南通市公安局、南通市中级人民法院、南通市人民检察院法医鉴定,两女孩子宫体被切除,属重伤。

该案事发后,被告人缪开荣、陈晓燕于 2005 年 4 月 15 日向其上级主管单位南通市民政局汇报了上述子宫切除事件,被告人王晨毅、苏韵华于 2005 年 4 月 20 日分别向所在单位医务处汇报了上述子宫切除事件,被告人缪开荣、陈晓燕按民政局通知,被告人王晨毅、苏韵华按所在单位通知先后于 2005 年 4 月 20 日、21 日到南通市公安局崇川分局交代了上述对两名女孩的子宫体全切除的事实。

上述事实有四被告人的供述、江苏省精神疾病司法鉴定委员会《江苏省司法精神医学鉴定书》,南通市公安局南通物鉴法门〔2005〕249 号、〔2005〕250 号《关于通某损伤程度的法医学会诊鉴定书》和《关于富某损伤程度的法医学会诊鉴定书》、未到庭证人贾桂林等证人证言等证据证明。

江苏省南通市崇川区人民法院认为:被告人缪开荣、陈晓燕在对被害人行使监护人职责过程中,为降低监护难度,由被告人陈晓燕提议,并经被告人缪开荣决定对两被害人全子宫切除;被告人苏韵华在被告人陈晓燕与其联系后,伙同被告人王晨毅,在无手术的情况下对两被害人施行子宫体全切除手术,致两被害人构成重伤,严重侵害了被害人的健康权,四被告人的行为均已构成故意伤害罪,且系共同犯罪。案发后,被告人缪开荣、陈晓燕向主管单位民政局,被告人王晨毅、苏韵华向所在单位医务处分别汇报了上述子宫切除经过。被告人缪开荣、陈晓燕按民政局通知,被告人王晨毅、苏韵华按所在单位通知都能及时到公安机关交代犯罪事实,均属自首,依法均可以减轻处罚。四被告人的犯罪情节一般,主观恶性较小,均可酌情从轻处罚。

据此,南通市崇川区人民法院依照《中华人民共和国刑法》第二百三十四条、第六十七条第一款、第四十一条、第七十二条第一款、第七十三条第二、三款之规定,作出(2005)崇刑初字第 179 号刑事判决:以故意伤害罪,判处被告人陈晓燕有期徒刑一年,缓刑二年;判处被告人缪开荣管制六个月;判处被告人王晨毅管制六个月;判处被告人苏韵华管制六个月。

宣判后,四被告人不服一审判决,提出上诉。

陈晓燕上诉称:(1)切除两痴呆女子宫的行为是职务行为。(2)能否做切除子宫手术最终由医生决定,实施手术时,上诉人没有参与,即使是共同犯罪,本人的责任也不应高于医生。(3)重度精神发育迟滞的女性没有婚姻和生育的权利,故为防止痴呆女意外怀孕,对已来月经的痴呆女行绝育手术不违法。(4)一审认定两痴呆女不存在痛经与事实不符。请求宣告无罪。

缪开荣上诉称:(1)手术的决定是职务行为,不属个人行为,不应对个人处罚;目的是为解除两痴呆女的痛苦,提高她们的生活质量,而非加害,主观上不具备故意伤害罪的主观要件;且其行为不具有社会危害性,不具备故意伤害罪的客观要件。(2)一审未认定两痴呆女有痛经史与事实不符。(3)法律未明文规定对痴呆女不可以切除子宫,法律无明文规定不为罪。(4)法律规定痴呆患者不可以结婚,因而也就没有生育权,一审认定侵犯两痴呆女的生育权与法律相悖。请求宣告无罪。

王晨毅上诉称:(1)一审法院否定两痴呆女存在痛经与事实不符。(2)本人对两痴呆女所实施的手术治疗过程是正常的医疗过程,因此所出现的误诊误治现象至多构成医疗事故,而非犯罪。(3)判决书否认鼓楼医院鉴定结论于法无据。(4)本人主观上没有伤害两痴呆女身体的故意,且履行的行为是职务行为,不符合故意伤害罪的主客观要件。(5)没有共同犯罪的故意,不成立共犯。

苏韵华上诉称:(1)本人无伤害他人的主观故意。(2)一审法院否认痴呆女痛经与事实不符。

江苏省南通市中级人民法院经审理认为:上诉人缪开荣、陈晓燕分别作为福利院的院长、副院长,理应正确地履行其法定职责,负有保护福利院痴呆儿童的人身、财产及其他合法权利的监护职责和义务,然上诉人缪开荣、陈晓燕未尽监护人职责,为降低监护难度,由上诉人陈晓燕提议,并经上诉人缪开荣决定切除两被害人子宫;上诉人苏韵华在上诉人陈晓燕与其联系后,伙同上诉人王晨毅,违反医院的外出会诊的操作规程,在两被害人无手术的情况下擅断地对两被害人发育正常的子宫施行子宫体全切除手术,导致两被害人身体组织器官缺失,致两被害人重伤,四上诉人的行为均已构成了故意伤害罪。本案系共同犯罪,各上诉人在犯罪过程中的地位、作用相当,均起主要作用。案发后,上诉人缪开荣、陈晓燕及王晨毅、苏韵华能分别向主管单位民政局及所在单位医务处汇报上述子宫切除的事实,并分别按民政局及所在单位通知及时到公安机关交代上述事实,均属自首,依法可以减轻处罚。四上诉人的犯罪情节一般,主观恶性较小,依法可以酌情从轻处罚。

对上诉人陈晓燕、缪开荣、王晨毅、苏韵华所称的"两痴呆女存在痛经"的理由及上诉人缪开荣、王晨毅的辩护人就该点的辩护意见,经查,鉴于本案的几个相关证人对"痛经事实"的证言不一致,存在矛盾,且无其他证据予以证实,故对上诉人及其辩护人的该点上诉及辩护理由本院不予采纳。

对上诉人王晨毅所称的"南京鼓楼医院的鉴定结论应予采信"的理由及其辩护人就该点的辩护意见,经查,第一,该鉴定意见的"依据"部分提到"该两名患者严重智障,属婚姻法禁止生育人群,应行绝育",该条对"禁止生育""绝育"的表述无法律依据,因为我国法律只规定了禁止结婚的情形,并没有具体规定禁止结婚的人群就无生育权,更无"绝育"的强制性规定。第二,该"依据"部分提到"该两名智障女经鉴定无生活自理能力,有痛经",该条对"痛经"的表述不符合事实,因"痛经"系医学上的临床疾病,应有临床诊断病历以及结论等予以证实,结合本案的相关证据来看,仅是证人凭自己的主观判断认为两智障女患有"痛经",无其他证据予以佐证。第三,该"依据"部分提到"为智障女实施子宫切除在全国各地医院是约定俗成的事情",但"约定俗成"的事情并不必然合法,更不能违法。第四,该"依据"部分提到"国外如美国、澳大利亚均有司法批准切除智障女子宫的先例",该引述不当,本案应适用中国法律,外国的法律规定及做法不能作为处理本案的依据,且引述所列举的国家对此均有严格的司法批准程序。第五,该"依据"部分提到"医务人员受其监护人之委托对无自理能力的患者实施有益于患者的手术,虽不在切除子宫的明文条款内,对于此类患儿的特殊情况亦可说是手术的特例"。该表述既称不在切除子宫指征的明文条款内,又说是手术的特例,显然不具有客观性,也不具有合法性,且该表述实际上也承认了切除该两名被害人的子宫不在切除子宫指征的明文条款内,而这与南通市公安局作出的《关于通某损伤程度的法医学会诊鉴定书》《关于富某损伤程度的法医学会诊鉴定书》中所引用东南大学附属中大医院的《人身损害医学鉴定书》的鉴定结论并不矛盾,但该条认定此类情况作为手术指征的特例则缺乏相应的医学依据,鉴于该鉴定意见"依据"缺乏相应的法学和医学理论支撑,该鉴定意见的结论也就缺乏客观、公正、科学性,故本院对该份证据不予采信。本院对《调查》的分析、认证:该《调查》认为两名被害人存在"痛经"的情况,本院前已阐述,认为两被害人"痛经"不具备真实性的法律特征,故本院对该份证据也不予采信。鉴于该鉴定意见的"依据"缺乏客观、公正、科学性,故其结论本院难以采信,对上诉人及其辩护人的该点上诉及辩护理由本院也不予采纳。

对上诉人陈晓燕、缪开荣所称"其行为属职务行为"的上诉理由及缪开荣的辩护人就该点的辩护意见,经查,福利院作为两被害人的监护人,应当履行好对该两名女孩的人身、财产及其他合法权益的监护职责和义务,监护人不得做侵犯被监护人合法权益的事情,更不能以伤害被监护人身体的方法来减轻监护难度。上诉人缪开荣、陈晓燕作为福利院的领导负有对两被害人的具体监护职责和义务,无任何法律依据或行政规范授权二被告人可以作出伤害两被害人身体健康的决定,也无权以剥夺两被害人正常生理功能的方法损害其身体器官以追求她们生活质量的提高,在无明确的子宫切除手术的情况下,超出正当的监护职责范围,擅作决定对该两被害人施行子宫体全切除手术,致二被害人重伤,侵犯了两被害人的人身权利,上诉人缪开荣、陈晓燕的行为不属其监护职责的范围,因而不属职务行为,故对上诉人及其辩护人的该点上诉及辩护理由,本院不予采纳。

对上诉人陈晓燕所称的“手术最终由医生决定,其责任不应高于医生”、王晨毅上诉所称的“其行为不属共同犯罪”的理由及王晨毅的辩护人就该点辩护意见,经查,上诉人陈晓燕为减轻护理难度主动向上诉人缪开荣建议切除该两被害人的正常子宫,并联系上诉人苏韵华,代表福利院在手术同意书上签字;上诉人缪开荣擅作决定同意切除该两名被害人的子宫;上诉人苏韵华为此事积极联系上诉人王晨毅,并安排和参加该两名被害人的子宫切除手术;上诉人王晨毅明知两被害人为正常盆腔,无明确的子宫切除手术的手术指征,仍对该子宫切除手术表示同意,并积极联系城东医院,安排并参加该子宫切除手术。四上诉人经陈晓燕、苏韵华的联络,在主观上存在积极追求该两名被害人正常子宫被次全切除的结果发生的共同故意,客观上各自实施了对被害人子宫体全切除的伤害行为,构成故意伤害共同犯罪。从各上诉人的行为来看,上诉人陈晓燕在犯罪过程中主动提议并具体联系和安排手术,在手术同意书上签字,案发后谋划应对媒体,一审法院根据其在共同犯罪过程中的地位和作用定罪量刑并无不当之处。故对上诉人及其辩护人的该点上诉及辩护理由本院不予采纳。

对上诉人陈晓燕、缪开荣所称“该案两被害人法律禁止结婚,故对两痴呆女行绝育手术不违法,没有侵犯被害人的生育权”的理由及上诉人缪开荣的辩护人就该点的辩护意见,经查,我国婚姻法虽然规定了禁止结婚的情形,但并没有禁止生育的规定。故两上诉人及辩护人以两被害人不享有生育权,以致可以对其身体内正常生育器官强制切除以行绝育的辩解和辩护理由没有法律依据,故对上诉人及其辩护人的该点上诉及辩护理由本院也不予采纳。

对上诉人缪开荣、王晨毅、苏韵华所称“其行为不具备故意伤害罪的主客观要件”的理由及上诉人缪开荣、王晨毅的辩护人就该点的辩护意见,经查,四上诉人均供述对两被害人实施全子宫切除手术是为减少护理麻烦和难度都是明知的,且作为福利院的主管领导和职业医生对手术会造成被害人正常生育器官的严重缺失构成伤害均应是明知的,仍然决定和积极实施,导致发生两被害人重伤的结果,主观上均有追求该结果发生的故意、客观上策划实施了行为,四上诉人的行为均符合故意伤害罪的主客观要件,至于上诉人提出是提高两被害人生活质量的动机则是在案发后,对该行为动机的辩解,不影响本罪的成立。故对上诉人及其辩护人的该点上诉及辩护理由本院也不予采纳。

对上诉人缪开荣所称的“法律无明文规定切除子宫是犯罪,则其行为不构成犯罪”的理由及其辩护人就该点的辩护意见,经查,根据我国《刑法》第二百三十四条明文规定,故意伤害罪是指故意伤害他人身体的行为。该条文中的“身体”即是指人体的各个组成部分,包括人的躯体和器官,上诉人及其辩护人该上诉和辩护意见是对法律的曲解。故对上诉人及其辩护人的该点上诉及辩护理由本院也不予采纳。

对上诉人王晨毅所称的“其切除两被害人的子宫属医疗事故,不是犯罪”的理由及其辩护人就该点的辩护意见,经查,上诉人王晨毅作为职业医生,违反其就职医院外出会诊的管理规程,既无城东医院的会诊请求,又无本医院的委派手续,在手术时即已明知被害人属正常盆腔,无手术,在手术同意书上添加了“相关法律责任由福利院负责”并由上诉人陈晓燕签字后,仍然对两被害人施行了次全子宫切除术,且切除的子宫体未作病理化验而直接处理,故其行为属故意行为,而不属于过失的范畴,不属医疗事故,故对上诉人及其辩护人的该点上诉及辩护理由本院也不予采纳。

综上所述,原审人民法院认定的事实清楚,证据确实、充分,定性正确,量刑恰当,审判程序合法,应予维持。为维护社会治安秩序,保护公民的人身权利不受侵犯,依照《中华人民共和国刑事诉讼法》第一百八十九条第(一)项之规定,裁定驳回上诉,维持原判。

二、裁判要旨

No. 4-234-15 并非出于正当医疗目的,故意切除他人正常身体器官,符合故意伤害罪构成特征的,应以故意伤害罪论处。

首先,身体,作为人生存于世的物质载体,是生命个体的存在和得以延续的保证,任何人都不得侵害。身体健康权为大家所共识,若遭受侵犯,行为人应承担法律责任自不待言。健康的器官同样是保证人之生存的重要前提,任何人亦不得侵犯,违者则构成故意伤害,情节严重构成犯罪的,应依法追究刑事责任。本案中四被告人对智障女健康子宫实施切除手术,使他人重要器官从身体中分离,即侵犯了他人的身体,应认定为符合故意伤害罪中"故意伤害他人身体"的构成要件。

其次,生育权的有无不能作为剥夺他人生育器官的理由。生育权是人类繁衍的基本保证,是人类与生俱来的权利。作为个体存在的人,生活在社会中时,其行使生育权时必须遵守一定的行为规范。但是不是能就此进行逆向推演,如一些已生育的妇女,是不是因已生育,相应的其生育器官也就丧失作用或不需要生育,该生育器官就可以顺理成章地予以切除呢?显然不能得出这样的结论!

最后,智障女是否属于法律上禁止结婚的人员,我国婚姻法未作明确规定。在立法中,对特殊人群的婚姻及生育作必要的限制,是出于优生优育的考虑,但是绝不意味着健康的生育器官可以被切除。

综上分析,智障女并不是可以实施子宫切除手术的充分和必要条件,上述辩护不能构成切除他人子宫的正当理由。

从本案中可以看出:无论是私法上的监护人,还是公法上的监护人,在履行监护职责时都必须遵守法律的规定,不得以牺牲被监护人的某一或某些人身利益而换取监护难度的下降,否则将应承担责任,直至追究刑事责任。

案例:韩善达等故意伤害案

案例来源:《人民法院案例选》2009 年第 5 辑

主题词:故意伤害罪　寻衅滋事罪

一、基本案情

被告人韩善达。

被告人苏洋。

被告人胡中波。

江苏省赣榆县人民法院经审理查明:2008 年 4 月 23 日凌晨 5 时许,被告人韩善达、苏洋、胡中波经预谋,在其三人承包经营的赣榆县青口至王集客运专线车线路上金山镇朱汪村南北路路段,以驾驶苏 GC3745 微型面包车途经此处的范圣红私自带客为由,对范圣红进行拳打脚踢,致范圣红腰部 L1、L2 右侧横突多发骨折,经法医鉴定构成轻伤。

案发后,被告人胡中波到公安机关投案,并如实供述全部犯罪事实。三被告人已赔偿了受害人范圣红的经济损失。

江苏省赣榆县人民法院认为:被告人韩善达、苏洋、胡中波三人系承包经营赣榆县青口至王集客运专线车的个体户,三被告人殴打被害人范圣红的行为是因为范圣红私自在其承包经营的客运线路上拉客影响其生意,客观上伤害了范圣红,并致其构成轻伤,三被告人的行为侵犯了公民身体健康权,符合故意伤害罪的构成要件,对三被告人应以故意伤害罪定罪处罚,公诉机关指控三被告人犯寻衅滋事罪定性错误,本院依法予以纠正。被告人胡中波案发后自首,依法予以从轻处罚。三被告人归案后认罪态度均较好,且已赔偿了被害人的经济损失,依法酌情予以从轻处罚。

依据《中华人民共和国刑法》第二百三十四条第一款、第二十五条第一款、第六十七条第一款、第七十二条第一款、第七十三条第二、三款的规定,判决被告人韩善达犯故意伤害罪,判处有期徒刑一年,缓刑一年零六个月;被告人苏洋犯故意伤害罪,判处有期徒刑一年,缓刑一年零六个月;被告人胡中波犯故意伤害罪,判处有期徒刑八个月,缓刑一年。

判决后,三被告人均未提出上诉,公诉机关亦未提出抗诉。

二、裁判要旨

No. 4-234-16　因特定事由殴打特定对象,致其伤害的,不构成寻衅滋事罪,应以故意伤害罪论处。

1. 故意伤害罪和寻衅滋事罪的区别

故意伤害罪是故意非法损害他人身体健康的行为。寻衅滋事罪是在公共场所无事生非,殴打伤害无辜,肆意挑衅,破坏社会公共秩序,情节恶劣或情节严重或造成公共场所秩序严重混乱的行为。故意伤害罪和寻衅滋事罪的区别主要表现在以下几个方面:

第一,犯罪动机不同。故意伤害罪的行为人往往出于恩怨、报复、嫉妒等多种动机做出故意伤害行为。寻衅滋事罪是从 1979 年《刑法》流氓罪中分解出来的一个罪名,行为人往往出于"流氓动机",逞强争霸或者显示威风、找乐趣而无事生非,随意殴打他人。

第二,犯罪对象不同。故意伤害罪侵害的对象是特定事情的关系人,是明确的。寻衅滋事罪侵害的对象往往是不特定的,既可以是熟悉的人,也可以是陌生的人。

第三,犯罪客体不同。故意伤害罪属于侵犯公民人身权利的犯罪,客体是他人的人身健康权。寻衅滋事罪属于妨害社会管理秩序的犯罪,客体是公共秩序,在发生了人身伤害结果的寻衅滋事案件中,也包含他人的人身健康权。

第四,犯罪的客观方面不同。故意伤害罪表现为采用各种方法非法损害他人身体健康,可以表现为积极的作为,也可以表现为消极的不作为。寻衅滋事罪主要表现为四种情况:第一,随意殴打他人,情节恶劣的;第二,追逐、拦截、辱骂他人,情节恶劣的;第三,强拿硬要或者任意毁损、占用公私财物,情节严重的;第四,在公共场所起哄闹事,造成公共场所秩序严重混乱的。

第五,人身伤害结果的法律意义不同。(一)在刑事实体法中的意义。故意伤害罪造成人体伤害的结果则分为轻伤、重伤和死亡三种,轻微伤不构成故意伤害罪。寻衅滋事罪对他人人身损害结果仅限于造成轻伤以下的后果,因寻衅滋事致人重伤、死亡的,以故意伤害罪、故意杀人罪论处。(二)在刑事程序法中的意义。寻衅滋事罪属于公诉案件。而故意伤害罪(轻伤)分两种情况:一是自诉案件。被害人可以直接向人民法院起诉,人民法院应当依法受理,对于其中证据不足、可由公安机关受理的,或者人民法院认为对被告人可能判处三年有期徒刑以上刑罚的,应当移送公安机关立案侦查。二是公诉案件。被害人可以向公安机关提出控告,公安机关应当受理。

2. 本案被告人的行为构成故意伤害罪

在本案中,被告人韩善达、苏洋、胡中波三人系承包经营客运专线车的个体户,因为听说被害人私自在其承包经营的客运线路上拉客,于是经过预谋以被害人私自拉客影响其生意为由,殴打被害人范圣红,并致其构成轻伤。三被告人的行为是因为特定的事由引起的,三被告人在案发前虽然并不认识被害人,但其针对的对象是已确定的,即是私自拉客的被害人,三被告人的行为侵犯的客体是特定人的人身健康权,符合故意伤害罪的构成要件,公诉机关的定性是不准确的,对三被告人应以故意伤害罪定罪处罚。

3. 本案被告人的行为不构成寻衅滋事罪

本案中三被告人并非随意殴打伤害无辜,肆意挑衅,发泄或者显示威风,没有破坏社会公共秩序的行为,并且侵害的对象不是不特定的人,而是案发之前已经商定的特定的人,因此,被告人的行为不符合寻衅滋事罪的构成要件,不能以寻衅滋事罪定罪处罚。

案例:杨某某故意伤害案

案例来源:《刑事审判参考》总第 55 集[第 432 号]

主题词:先行行为　故意伤害罪

一、基本案情

附带民事诉讼原告人(被害人)张某某,男,1987 年 6 月 12 日生,学生。

法定代理人冯某某,女,系张某某之母。

被告人杨某某,女,1987年3月5日生,学生。因涉嫌犯故意伤害罪于2005年8月9日被逮捕。

法定代理人暨附带民事诉讼被告人董某某,女,系杨某某之母。

附带民事诉讼被告人河南省洛阳市第一中学。

河南省涧西区人民法院经审理查明:被告人杨某某因与被害人张某某谈恋爱而产生矛盾,杨某某即购买两瓶硫酸倒入喝水的杯中,随身携带至其就读的洛阳市第一中学。2004年10月23日21时40分许,杨某某在该校操场遇到张某某,两人因恋爱之事再次发生激烈争执,杨某某手拿装有硫酸的水杯对张某某说:"真想泼到你脸上",并欲拧开水杯盖子,但未能打开。张某某认为水杯中系清水,为稳定自己情绪,接过水杯,打开杯盖,将水杯中的硫酸倒在自己的头上,致使其头、面、颈、躯干及四肢等部位被硫酸烧伤。经法医鉴定其伤情为重伤,伤残程度为一级。经鉴定,张某某先期手术治疗费用50000元左右,后续费用目前尚无法评估。其受伤后,花去医疗费45756.48元、鉴定费1270元、交通费863.5元、住宿费80元、营养费1420元、住院伙食补助费1420元、后期治疗费50000元、残疾赔偿金57411.6元、护理费103250元,共计259471.58元。案发后,杨某某的亲属已先行支付给张某某医疗费16650元。审理过程中,附带民事诉讼原告人与洛阳市第一中学自行达成协议,由洛阳市第一中学一次性付给张某某人民币35000元(已执行),张某某及其法定代理人撤回对洛阳市第一中学的附带民事诉讼。

涧西区人民法院认为:被告人杨某某明知自己的行为会造成他人身体伤害,仍放任伤害结果的发生,致他人严重残疾,其行为已构成故意伤害罪。其辩护人提出杨某某犯罪时未满十八岁,犯罪后其亲属能赔偿被害人的部分经济损失的辩护理由成立,依法应当从轻处罚。其辩护人提出被害人张某某在案件起因上有重大过错的辩护理由不能成立。由于本案伤害后果极其严重,社会危害性极大,辩护人提出要对杨某某减轻处罚的辩护意见不予采纳。杨某某因其犯罪行为给附带民事诉讼原告人造成的经济损失,应由其法定代理人代为赔偿。洛阳市第一中学在本案中有一定过错,应承担相应的赔偿责任,鉴于双方已达成和解协议,附带民事诉讼原告人申请撤回对该校的附带民事诉讼,予以准许。附带民事诉讼原告人的合法诉讼请求,应予支持。依照《中华人民共和国刑法》第二百三十四条第二款、第十七条第三款、第三十六条第一款及《中华人民共和国民法通则》第一百一十九条、第一百三十一条、第一百三十三条的规定,判决如下:

1. 被告人杨某某犯故意伤害罪判处有期徒刑十年。

2. 被告人杨某某给附带民事诉讼原告人张某某造成经济损失259471.58元,扣除其已支付的16650元和洛阳市第一中学支付的35000元,余款207821.58元由杨某某于十日内付清。

一审宣判后,杨某某不服,提起上诉。其上诉理由是:(1)其主观上只想拿硫酸吓唬被害人,无伤害故意;(2)被害人受伤后,其还追着让他赶紧去医院;(3)本案起因是违反中学生早恋规定引发,被害人在案件起因上有过错;(4)其系未成年人,原判对其量刑过重。请求二审减轻处罚。

河南省洛阳市中级人民法院经审理认为:上诉人杨某某在谈恋爱的过程中,因被害人提出分手而心怀恼恨,即购买危险品硫酸随身携带。当二人为恋爱发生争执,被害人误将上诉人预备的硫酸倒向本人身上时,上诉人明知该行为会造成被害人的人身伤害,仍放任伤害结果的发生,致被害人重伤并造成严重残疾,其行为已构成故意伤害罪,且后果严重。原审法院鉴于上诉人犯罪时未满十八周岁,其行为系间接故意犯罪,主观恶性相对较小,又系初犯、偶犯,其亲属能赔偿附带民事诉讼原告人的部分经济损失等情节,对其从轻判处有期徒刑十年并无不当。原判认定事实和适用法律正确,量刑适当,审判程序合法。上诉人杨某某提出减轻处罚的上诉意见,不予采纳。依照《中华人民共和国刑事诉讼法》第一百八十九条第(一)项之规定,裁定驳回上诉,维持原判。

二、裁判要旨

No.4-234-17 明知自己的先行行为会造成他人身体伤害,而放任伤害结果的发生,造成轻伤以上结果的,应以故意伤害罪论处。

本案被告人杨某某多次供述,其因被害人提出断绝恋爱关系而心生怨恨,购买了硫酸随身携带,以此吓唬被害人,其在校学过化学知识,清楚知道硫酸会对人体造成严重伤害。所以,从认识因素上分析,杨某某对硫酸可能造成严重的人身伤害后果是明知的。当被害人拿过水杯打开杯盖的时候,杨某某明知杯中盛有硫酸,有可能发生伤人的危害后果,却故意不告知被害人,将被害人置于危险境地;杨某某购买硫酸同时又购买碳酸钠,其在准备犯罪工具时,知道如何防止或减小硫酸对人体伤害的程度。但在被害人倾倒硫酸后,行为人并未用预先准备的碳酸钠对其施救,也未采取其他措施以防止或减小危害后果。所以,从意志因素上分析,杨某某对危害结果的发生持放任态度。因此可以判断,被告人杨某某在认识因素和意志因素上均符合间接故意犯罪的主观特征。

综上所述,本案被告人杨某某主观上具有间接伤害他人的犯罪故意,客观上不履行采取积极有效措施以防止危害后果发生的义务,给他人造成了严重的伤害后果,其行为符合故意伤害罪的犯罪构成特征,构成(间接)故意伤害罪。一、二审法院考虑到本案因是中学生因恋爱问题引发,且犯罪时被告人未满十八周岁,对其从轻判处有期徒刑十年是适当的。

案例:王兴佰等故意伤害案

案例来源:《刑事审判参考》总第 52 集[第 409 号]

主题词:共同犯罪　实行过限　故意伤害罪

一、基本案情

被告人王兴佰,男,1969 年 8 月 19 日出生,汉族,初中文化,农民。因涉嫌犯故意伤害罪于 2003 年 11 月 12 日被逮捕。

被告人韩涛,男,1987 年 1 月 5 日出生,汉族,初中文化,农民。因涉嫌犯故意伤害罪于 2004 年 2 月 13 日被逮捕。

被告人王永央,男,1984 年 5 月 11 日出生,汉族,小学文化,农民。因涉嫌犯故意伤害罪于 2004 年 4 月 20 日被逮捕。

山东省青岛市中级人民法院经审理查明:2003 年,被告人王兴佰与被害人逄孝先各自承包了本村沙地售沙。被告人王兴佰因逄孝先卖沙价格较低影响自己沙地的经营,即预谋找人教训逄孝先。2003 年 10 月 8 日 16 时许,被告人王兴佰得知逄孝先与妻子在地里干活,即纠集了被告人韩涛、王永央及崔某某、肖某某、冯某某等人。在地头树林内,被告人王兴佰将准备好的 4 根铁管分给被告人王永央等人,并指认了被害人逄孝先。被告人韩涛、王永央与崔某某、肖某某、冯某某等人即冲入田地殴打被害人逄孝先。其间,被告人韩涛掏出随身携带的尖刀捅刺被害人逄孝先腿部数刀,致其双下肢多处锐器创伤致失血性休克死亡。被告人王永央看到韩涛捅刺被害人并未制止,后与韩涛等人一起逃离现场。2003 年 10 月 15 日,被告人王兴佰被抓获归案。2004 年 1 月 16 日,被告人韩涛投案自首。2004 年 4 月 1 日,被告人王永央被抓获归案。崔、肖、冯等人仍在逃。被告人王兴佰在被羁押期间,检举他人犯罪,并经公安机关查证属实。

审理期间,在法院主持下,附带民事诉讼原告人与被告人双方就附带民事诉讼问题达成了调解:被告人王兴佰、韩涛及其法定代理人、被告人王永央等共同赔偿附带民事诉讼原告人经济损失人民币 297000 元。

被告人韩涛对指控事实无异议。被告人王兴佰及其辩护人辩称,被告人王兴佰只是想教训逄孝先,没有对被害人造成重伤、致残或者剥夺生命的故意。被告人韩涛持刀捅伤被害人致其死亡,完全超出了被告人王兴佰的故意范围,属于实行过限,应由韩涛个人负责。被告人王永央亦辩称致人死亡的后果应由被告人韩涛一人承担。

山东省青岛市中级人民法院认为:被告人王兴佰因行业竞争,雇佣纠集人员伤害他人;被告人韩涛、王永央积极实施伤害行为,致被害人死亡,其行为均构成故意伤害罪。虽有证据证实,被告人韩涛持刀捅刺的行为是导致被害人逄孝先死亡的主要原因,但证据同时证实,被告人王兴佰事先未向参与实施伤害者明示不得使用尖刀等锐器,被告人王永央实施伤害行为时,发现被告人韩涛持刀捅刺被害人也未予以制止,故被告人韩涛的持刀捅刺行为并非实行过限的个人行为,被告人王兴佰、韩涛、王永央应共同对被害人逄孝先的死亡后果负责。被告人王兴佰、韩涛在犯罪中起主要作用,系主犯。被告人王永央在犯罪中起次要作用,系从犯,依法予以减轻处罚。被告人王兴佰有立功表现且积极赔偿被害人的经济损失,依法予以从轻处罚;被告人韩涛犯罪时不满18周岁且有自首情节,依法予以从轻处罚。依照《中华人民共和国刑法》第二百三十四条、第五十六条第一款、第二十五条第一款、第二十六条第一、四款、第二十七条、第十七条第三款、第六十七条第一款、第六十八条第一款、第七十二条第一款、第七十三条第二、三款及最高人民法院《关于对故意伤害、盗窃等严重破坏社会秩序的犯罪分子能否附加剥夺政治权利问题的批复》、最高人民法院《关于刑事附带民事诉讼范围问题的规定》第四条之规定,判决如下:

1. 被告人王兴佰犯故意伤害罪,判处有期徒刑十年,剥夺政治权利三年。
2. 被告人韩涛犯故意伤害罪,判处有期徒刑十二年。
3. 被告人王永央犯故意伤害罪,判处有期徒刑三年,缓刑四年。

一审宣判后,公诉机关未抗诉,各被告人亦未上诉,判决已发生法律效力。

二、裁判要旨

No. 4-234-18　被教唆人实施的行为超出教唆范围的,教唆者对超出部分不负刑事责任;教唆内容较为概括的,只要被教唆人的行为未明显超过必要限度,教唆者均应负相应的刑事责任。

在司法实践中,对于教唆故意范围的认定,主要看教唆者的教唆内容是否明确,即教唆犯对被教唆人的实行行为有无明确要求;或正面明确要求用什么犯罪手段达到什么犯罪后果,如明确要求用棍棒打断被害人的一条腿;或从反面明确禁止实行犯采用什么手段,不得达到什么犯罪结果等,如在伤害中不得使用刀具、不得击打被害人头部、不得将被害人打死等,如果教唆内容明确,则以教唆内容为标准判断实行者的行为是否过限。如果教唆内容不明确,则属于一种盖然的内容,一般情况下不应认定实行行为过限,除非实行行为显而易见地超出教唆内容。

No. 4-234-19　共同实施犯罪时,其他行为人对个别行为人超出共同故意实施的行为不知情的,不对此承担刑事责任;知情的,除存在有效的制止行为外,应当共同承担刑事责任。

就本案而言,王兴佰预谋找人教训一下被害人,至于怎么教训,教训到什么程度,并没有特别明确的正面要求;同时,王兴佰事前也没有明确禁止韩涛、王永央等人用什么手段、禁止他们教训被害人达到什么程度的反面要求。所以,从被告人王兴佰的教唆内容看属于盖然性教唆。在这种情形下,虽然王兴佰仅向实行犯韩涛、王永央等提供了铁管,韩涛系用自己所持的尖刀捅刺的被害人,且被害人的死亡在一定程度上也确实超乎王兴佰等人意料,但因其对韩涛的这种行为事前没有明确禁止,所以仍不能判定韩涛行为属于过限行为,教唆者王兴佰仍应对被害人的死亡承担刑事责任。对于共同实行犯王永央而言,虽然被告人韩涛持刀捅刺被害人系犯罪中韩涛个人的临时起意,被告人王永央看到了韩涛的这一行为但并未予以及时和有效的制止,所以,对于王永央而言,也不能判定韩涛的行为属于实行过限,王永央也应对被害人的死亡结果负责。

案例:陈国策故意伤害案

案例来源:《刑事审判参考》总第50集[第394号]

主题词:故意伤害罪　自首的认定

一、基本案情

被告人陈国策,男,1979年7月15日生,高中文化,保安职业。因涉嫌犯故意伤害罪于2004年6月18日被逮捕。

福建省泉州市中级人民法院经审理查明:2004年5月16日凌晨5时许,被告人陈国策驾驶两轮摩托车在泉州市鲤城区浮桥东浦顺济桥头环岛旁公路上与驾驶组装三轮摩托车路经该处的被害人张修宝发生碰撞。被告人陈国策打电话召集唐洪、伍永刚、刘大春、孟清松(同案人,均已判刑)与张亿华、王洲等人来到撞车地点,而张修宝也叫来俞忠华、熊月水等人。双方在理赔过程中,因张亿华以保护现场为由阻止张修宝将肇事三轮摩托车上的豆腐搬上另一部摩托车,而与张修宝发生冲突,张亿华先推张修宝,张修宝即持一把菜刀与其对打,并砍伤张亿华和陈国策手部,致二人轻微伤。陈国策、唐洪、伍永刚、刘大春、孟清松等人便分别持从路边找到的铁棍一起围追张修宝,陈国策喊打并首先持铁棍击中张修宝的头部致其倒地后,又与唐洪、伍永刚、刘大春等人一起持铁棍对倒地的张修宝乱打,致张修宝头部及身体多处受创伤。张修宝经送医院抢救无效于同月 18 日死亡。经鉴定,张修宝系严重颅脑损伤致神经系统功能衰竭而死亡。

在案发过程中,被告人陈国策先后三次报警称,其摩托车被一无牌机动三轮车撞倒,对方逃离;其摩托车被一机动三轮摩托车撞倒,摩托车受损,报警人受伤;顺济桥头有人拿刀砍人。泉州市浮桥派出所接泉州市公安局指挥中心转来的关于顺济桥浮桥东浦转盘有人打架的报警信息,即派员赶往现场,发现被害人已被送医院抢救,陈国策仍留在现场,公安人员遂将陈国策带到成功医院治疗。经讯问,陈国策对伤害张修宝的犯罪事实供认不讳。

泉州市中级人民法院认为:被告人陈国策因琐事与被害人张修宝产生纠纷后,纠集多人与被害方互殴,伙同他人持铁棍围殴张修宝,致张修宝死亡,其行为均已构成故意伤害罪。陈国策虽在案发过程中多次报警,但没有主动向公安机关交代自己的犯罪行为,而是公安机关经了解后,认为陈国策有重大犯罪嫌疑对陈进行审查,陈国策才承认自己的犯罪事实,故陈国策有自首情节的辩护理由不能成立。依照《中华人民共和国刑法》第二百三十四条第二款、第四十八条第一款、第五十七条第一款的规定,于 2005 年 3 月 19 日判决如下:

被告人陈国策犯故意伤害罪,判处死刑,缓期二年执行,剥夺政治权利终身。

宣判后,陈国策不服,上诉于福建省高级人民法院。

陈国策上诉称,被害人先持刀砍伤张亿华和自己,对案件的发生有过错;案发过程中其多次报警,案发后在现场等候警察前来处理,并如实向警方供述犯罪行为,原判未认定自首不当。

福建省高级人民法院经审理认为:上诉人陈国策伙同他人持铁管追打被害人并致被害人死亡,其行为均已构成故意伤害罪。陈国策在案件发生过程中先后三次拨打报警电话,案发后留在现场等候警察处理,并能如实供述主要犯罪事实,应认定陈国策具有自首情节,依法可从轻处罚。原判认定的事实清楚,证据确实、充分,定罪正确,审判程序合法,但对陈国策量刑偏重。据此,依照《中华人民共和国刑事诉讼法》第一百八十九条第(二)项之规定,于 2005 年 8 月 15 日判决如下:

1. 撤销泉州市中级人民法院的刑事判决;
2. 上诉人陈国策犯故意伤害罪,判处无期徒刑,剥夺政治权利终身。

二、裁判要旨

No. 4-234-20　在犯罪过程中报警,但报警内容未涉及本人的犯罪行为,案发后滞留现场等候警方处理,并在警方讯问时如实供述主要犯罪事实的,成立自首。

1. 被告人陈国策滞留作案现场等候警方处理的行为,具有自动性,应当视为自动投案

根据最高人民法院《关于处理自首和立功具体应用法律若干问题的解释》第一条第(一)项的规定:"自动投案,是指犯罪事实或者犯罪嫌疑人未被司法机关发觉,或者虽被发觉,但犯罪嫌疑人尚未受到讯问、未被采取强制措施时,主动、直接向公安机关、人民检察院或者人民法院投案……"虽然陈国策的行为不是司法解释规定的典型、常见的"自动投案"情形,但刑法设立自首制度的目的,就是鼓励犯罪人自动投案和如实供述,以达到利用较低的司法成本查明案情,及时进行刑事追诉的目的。由于本案的报警电话是被告人陈国策自己打的,应当知道警察会很快赶到现场,其完全有条件在实施故意伤害犯罪行为以后、警察到来之前离开现场。案发后、警察赶来之前,同案人唐洪、孟清松、刘大春三人已顺利离开现场的事实,说明陈国策案发后留在犯罪现场并非来不及离开;陈国策仅有手部被被害人持刀砍致轻微伤,亦不影响其离开现场。因此,陈国策关于其案发后留在现场是为等候警察前来处理的辩解理由应予采信。而本案的被告人和其他同案人均为外地人,案发现场又在闹市,纠纷双方素不相识,如果没有陈国策的自动到

案和如实供述,本案的侦破和证据的收集难度必然增加。从该角度考量,认定陈国策有投案自首情节并予以体现政策,符合刑法关于自首制度的立法宗旨,也可以取得良好的社会效果。因此,对于案发过程中,无论是被告人本人报警或由他人报警,也不论报警内容是否涉及被告人的犯罪行为,只要有证据证实被告人案发后滞留现场是出于等候警方处理之目的,即可认定被告人到案具有自动性,视为自动投案。

2. 被告人陈国策在被警方带到医院治疗期间,如实供述了本人及同案人的主要犯罪事实,符合如实供述罪行的条件

虽然被告人陈国策在见到警方后没有立即供述自己的犯罪事实,而是警方通过一定的调查行为,认为陈国策有重大犯罪嫌疑对其进行审查后,陈国策才承认自己的犯罪事实,但由于陈国策在互殴过程中受伤,在疗伤成为首要任务的情况下,不应苛求陈国策没有立即向警方交代自己的犯罪事实。只要在警方询问(或者讯问)过程中,如实供述本人及同案人的主要犯罪事实的,应当认定为“如实供述自己的罪行”。

案例:洪志宁故意伤害案

案例来源:《刑事审判参考》总第49集[第389号]

主题词:故意伤害罪 量刑特别程序

一、基本案情

被告人洪志宁,男,1954年10月2日出生,小学文化,无业。1994年9月23日因犯容留他人卖淫罪被判处有期徒刑七年,因涉嫌犯故意伤害罪于2004年8月24日被逮捕。

福建省厦门市中级人民法院经审理查明:被告人洪志宁与曾银好均在福建省厦门市轮渡海滨公园内经营茶摊,二人因争地界曾发生过矛盾。2004年7月18日17时许,与洪志宁同居的女友刘海霞酒后故意将曾银好茶摊上的茶壶摔破,并为此与曾银好同居女友方凤萍发生争执。正在曾银好茶摊上喝茶的陈碰狮(男,48岁)上前劝阻,刘海霞认为陈碰狮有意偏袒方凤萍,遂辱骂陈碰狮,并与陈扭打起来。洪志宁闻讯赶到现场,挥拳连击陈碰狮的胸部和头部,陈碰狮被打后追撵洪志宁,追出两三步后倒地死亡。洪志宁逃离现场,后到水上派出所轮渡执勤点打探消息时,被公安人员抓获。

经鉴定,陈碰狮系在原有冠心病的基础上因吵架时情绪激动、胸部被打、剧烈运动及饮酒等多种因素影响,诱发冠心病发作,冠状动脉痉挛致心跳骤停而猝死。

厦门市中级人民法院认为:被告人洪志宁故意伤害他人身体,致被害人死亡,其行为已构成故意伤害罪。被告人洪志宁在刑满释放后五年内再犯应当判处有期徒刑以上刑罚之罪,系累犯,应从重处罚。鉴于被告人洪志宁归案后能坦白认罪,且考虑被害人原先患有冠心病及心肌梗死的病史,其死亡原因属多因一果等情节,可以从轻处罚。依照《中华人民共和国刑法》第二百三十四条第二款、第六十五条第一款的规定,判决如下:

被告人洪志宁犯故意伤害罪,判处有期徒刑十年零六个月。

宣判后,被告人洪志宁不服,上诉提出,其只是一般的殴打行为,原判定罪不准;被害人死亡与其只打两三拳没有关系,不应负刑事责任,请求二审给予公正裁判。

福建省高级人民法院经审理认为:被告人洪志宁故意伤害他人身体致人死亡的行为,已构成故意伤害罪。洪志宁关于原判对其定罪量刑错误的上诉理由,经查,首先,被告人拳击行为发生在被害人与其女友刘海霞争执扭打中,洪志宁对被害人头部、胸部分别连击数拳,其主观上能够认识到其行为可能会伤害被害人的身体健康,客观上连击数拳,是被害人死亡的因素之一,因此,对被告人应当按照其所实施的行为性质以故意伤害定罪。虽然死亡后果超出其本人主观意愿,但这恰好符合故意伤害致人死亡的构成要件。故原判定罪准确,洪志宁关于定罪不准确的上诉理由不能成立。其次,被告人拳击行为与被害人死亡结果之间具有刑法上的因果关系。被告人对被害人胸部拳击数下的行为一般情况下不会产生被害人死亡的结果,但其拳击的危害行为,与被害人情绪激动、剧烈运动及饮酒等多种因素介入“诱发冠心病发

作”导致了死亡结果的发生。被害人身患冠心病被告人事先并不知情,是一偶然因素,其先前拳击行为与被害人死亡结果之间属偶然因果关系,这是被告人应负刑事责任的必要条件。因此,被告人的行为与被害人死亡的结果具有刑法上的因果关系,洪志宁关于对被害人死亡不负刑事责任的上诉理由不能成立。原判认定事实清楚,证据确实、充分,定罪准确,审判程序合法。被告人洪志宁系累犯,依法应从重处罚。鉴于本案的特殊情况,原判对洪志宁的量刑过重,与其罪责明显不相适应,可在法定刑以下予以减轻处罚。据此,撤销厦门市中级人民法院刑事判决中对被告人洪志宁的量刑部分,以洪志宁犯故意伤害罪,在法定刑以下判处有期徒刑五年,并依法报送最高人民法院核准。

最高人民法院经复核后认为:被告人洪志宁殴打他人并致人死亡的行为,已构成故意伤害罪。洪志宁曾因犯罪被判刑,刑满释放后五年内又犯罪,应依法从重处罚。但被害人患有严重心脏疾病,洪志宁的伤害行为只是导致被害人心脏病发作的诱因之一。根据本案的特殊情况,对被告人洪志宁可以在法定刑以下判处刑罚。一、二审判决认定的事实清楚,证据确实、充分,定罪准确,审判程序合法。二审判决量刑适当。依照《中华人民共和国刑法》第六十三条第二款和最高人民法院《关于执行〈中华人民共和国刑事诉讼法〉若干问题的解释》第二百七十条的规定,裁定核准福建省高级人民法院以故意伤害罪,在法定刑以下判处被告人洪志宁有期徒刑五年的刑事判决。

二、裁判要旨

No. 4-234-21 在不知被害人患病的情况下故意实施伤害行为,致使被害人病发身亡的,不构成过失致人死亡罪,应以故意伤害罪论处。

在司法实践中,故意伤害致人死亡与过失致人死亡往往容易混淆,也多有争议。因为它们在客观方面都造成了被害人死亡的结果,在主观方面都没有杀人的动机和目的,也不希望或者放任死亡结果的发生,在致人死亡这个后果上均属过失。但它们之间的根本区别在于,故意伤害致死虽然无杀人的故意,但有伤害的故意,而过失杀人既无杀人的故意,也无伤害的故意。从本案来看,被告人主观上具有伤害他人身体的故意,客观上实施了伤害他人的行为,虽然致人死亡的后果超出其本人主观意愿,但符合故意伤害致人死亡的构成要件。

根据《刑法》第二百三十四条第二款的规定,故意伤害他人致人死亡的,应在十年以上有期徒刑、无期徒刑或者死刑的法定刑幅度内量刑。本案被告人洪志宁故意伤害致他人死亡,虽然不具有法定减轻处罚的情节,而且还具有累犯这一法定从重处罚情节,但是,被害人的死亡系一果多因,其死亡的直接原因是冠心病发作,冠状动脉痉挛致心跳骤停而猝死,被告人的伤害行为只是导致被害人心脏病发作的诱因之一。根据刑法的一般原理,被告人只对自己的行为负责,当其行为与其他人的行为或一定自然现象竞合时,由他人或自然现象造成的结果不能归责于被告人。如前所述,被害人心脏病发作的诱因众多,将这些诱因共同产生的被害人心脏病发作而死亡这一后果之责任,全部由被告人承担,显然与其罪责不相适应。但是,刑法对故意伤害他人致人死亡的法定刑,是以故意伤害行为系被害人死亡的直接原因甚至唯一原因作为标准配置的。一审法院对被告人洪志宁判处十年零六个月的量刑明显过重,与其罪责不相适应。二审法院考虑即使在法定最低刑幅度内量刑仍属过重,遂依据《刑法》第六十三条第二款的规定,在法定刑以下对被告人洪志宁判处五年有期徒刑,并报最高人民法院核准,这是符合罪刑相适应原则及特别减轻处罚法定核准程序的。

案例:范尚秀故意伤害案

案例来源:《刑事审判参考》总第45集[第353号]
主题词:正当防卫 紧急避险 防卫过当

一、基本案情

被告人范尚秀,男,1962年3月22日出生,汉族,小学文化,农民。2003年9月9日,因涉嫌犯故意伤害罪被老河口市公安局监视居住。

湖北省襄樊市中级人民法院经审理查明:被告人范尚秀与被害人范尚雨系同胞兄弟,范尚雨患精神病近10年,因不能辨认和控制自己的行为,经常无故殴打他人。2003年9月5日上午8时许,范尚雨先追打其侄女范莹辉,又手持木棒、砖头在公路上追撵其兄范尚秀。范尚秀在跑了几圈之后,因无力跑不动,便停了下来,转身抓住范尚雨的头发将其按倒在地,并夺下木棒朝持砖欲起身的范尚雨头部打了两棒,致范尚雨当即倒在地上。后范尚秀把木棒、砖头捡回家。约1个小时后,范尚秀见范尚雨未回家,即到打架现场用板车将范尚雨拉到范尚雨的住处。范尚雨于上午11时许死亡。下午3时许,被告人范尚秀向村治保主任唐田富投案。

湖北省襄樊市中级人民法院认为:被告人范尚秀为了使自己的人身权利免受正在进行的不法侵害,而持械伤害他人身体,造成他人死亡的后果,属明显超过必要限度造成他人损害,其行为已构成故意伤害罪。公诉机关指控的罪名成立。被告人作案后投案自首,依法应从轻处罚。被告人范尚秀辩解称其用木棒致死被害人不是故意的,是不得已而为之的自卫行为的理由,与庭审查明的事实相符,依法应当减轻处罚。鉴于被告人的悔罪表现,可对被告人适用缓刑。依照《中华人民共和国刑法》第二百三十四条第二款、第二十条第二款、第七十二条之规定,于2003年12月27日判决如下:

被告人范尚秀犯故意伤害罪,判处有期徒刑三年,缓刑三年。

宣判后,范尚秀服判,检察机关不抗诉,判决发生法律效力。

二、裁判要旨

No. 4-234-22 对于不能辨认或者不能控制自己行为的精神病人实施的不法侵害,可以实施正当防卫,但不能超过必要限度造成重大损害。

在本案中,由于被害人系不能辨认和控制自己行为性质的精神病人,并且持有木棒、砖头等凶器,对被告人而言,具有较大的人身危险性,被告人在被害人手中仍持有砖头的情况下,使用夺下的木棒进行防卫,从防卫手段上讲,与侵害行为是相适应的,但在被告人已将被害人按倒在地后,被害人对被告人的人身危险性已大大减弱,被告人使用木棒两次击打被害人的要害部位,并导致被害人死亡,则明显超过必要的限度,属于防卫过当。

被告人使用木棒连续击打被害人的要害部位,对造成被害人人身损害的后果,应当是明知的。考虑到被告人与被害人系同胞兄弟、见被害人未回家后又到现场去寻找,认定被告人故意杀人的理由不充足,故以故意伤害罪对被告人定罪处罚较为适宜。

案例:乌斯曼江等故意伤害案

案例来源:《刑事审判参考》总第44集[第347号]

主题词:自动投案

一、基本案情

被告人乌斯曼江,男,26岁,维吾尔族,在东营市东营区云门山路"喀什餐厅"打工。2003年9月9日因涉嫌犯故意伤害罪被刑事拘留,同年9月23日被逮捕。

被告人吐尔逊,男,32岁,维吾尔族,在东营市东营区云门山路"喀什餐厅"打工。2003年9月9日因涉嫌犯故意伤害罪被刑事拘留,同年9月23日被逮捕。

山东省东营市中级人民法院经审理查明:2003年9月6日上午,因同在"喀什餐厅"打工的被害人艾山江酒后拿鸡腿让被告人吐尔逊吃,引起吐尔逊的不满,遂对艾山江拳打脚踢。当晚,被告人乌斯曼江和艾山江在暂住处,因艾山江硬劝乌斯曼江喝酒,引起乌斯曼江的强烈不满,喝醉后遂抓住艾山江的头往墙上撞,并用夹煤用的铁夹子、铁锨等凶器殴打艾山江,铁锨柄断裂后继续殴打艾山江致使其瘫倒在地上被他人抬到床上。次日8时左右,吐尔逊来到暂住处见艾山江未起床,遂向艾身上踹了一脚后离开。后他人发现艾山江死亡并报警。经鉴定,被害人艾山江系在醉酒状态下遭受钝器打击,致创伤性休克引发多器官功能不全死亡,醉酒加速其死亡。案发后,乌斯曼江被公安机关以"目击证人"身份带回接受询问,在前两次的询问中未交代自己伤害艾山江的行为,当晚9时许公安机关将其确定为犯罪嫌疑人后交代了殴打被害人艾山江的基本事实。次日,吐尔逊到公安机关投案。

东营市中级人民法院认为:虽然乌斯曼江和吐尔逊都对艾山江实施了故意伤害行为,但其行为是相互分离的,也没有主观上共同的故意,不能构成共同犯罪,应当对两人分别处理。被告人乌斯曼江故意伤害他人身体,致人死亡,其行为已构成故意伤害罪。鉴于被害人艾山江的醉酒是加速其死亡的原因之一,对被告人乌斯曼江量刑时可以酌情从轻处罚。乌斯曼江是被作为"目击证人"带回公安机关的,非主动到案且未如实供述犯罪事实,其行为不构成自首。本案中,吐尔逊虽然对艾山江实施了伤害行为,但没有证据证明吐尔逊的行为对艾山江的身体造成了实际的伤害以及伤害的程度,因此,不能认定吐尔逊的行为构成犯罪。东营市中级人民法院依法以故意伤害罪判处被告人乌斯曼江有期徒刑十二年;判处被告人吐尔逊无罪。

二、裁判要旨

No. 4-234-23　以目击证人身份被不知情的司法工作人员带回询问,且不主动如实供述罪行的,不能认定为自动投案。

分析本案的案情,被告人乌斯曼江的行为不具备自首的成立条件。一是被告人乌斯曼江不是自动投案。案发后,因两位目击证人离开现场,公安人员是在不明真相的情况下将被告人乌斯曼江作为"目击证人"带回公安机关询问的,并非其主动投案。被告人乌斯曼江也没有将伤害被害人艾山江的行为如实向公安机关讲明,而是在公安机关掌握了两位目击证人的证言和被害人的死亡原因之后才供述的。此外,没有证据证明案发后被告人乌斯曼江对艾山江采取了抢救措施,也没有证据证明乌斯曼江有打电话报警的行为,因此,其行为不具有"投案"的性质。二是被告人乌斯曼江没有如实供述:被告人乌斯曼江在第一、第二次询问中没有如实供述基本犯罪事实,其供述基本犯罪事实是在公安机关认定其为犯罪嫌疑人之后,而且其在供述中明显想推卸责任,因此,根据法律规定,被告人乌斯曼江的行为不构成自首。

案例:赵泉华故意伤害案

案例来源:《刑事审判参考》总第 38 集[第 297 号]

主题词:正当防卫　非法侵入住宅罪

一、基本案情

被告人赵泉华,男,1951 年 7 月 28 日出生,汉族,工人,初中文化程度,系上海市海滨印刷厂职工,住上海市河南北路 365 弄 20 号。因涉嫌犯故意伤害罪于 2000 年 4 月 16 日被取保候审。

上海市闸北区人民法院经审理查明:被告人与被害人王企儿及周钢因故在上海市某舞厅发生纠纷。事后王自感吃亏,于 2000 年 1 月 4 日 19 时许,与周钢共同到赵泉华家门口,踢门而入,被在家的被告人赵泉华用凶器打伤。经法医鉴定,王企儿头、面部多处挫裂伤,属轻伤。

上海市闸北区人民法院认为:被告人赵泉华故意伤害他人身体,致人轻伤,其行为构成故意伤害罪,依法应予惩处,鉴于赵泉华案发后的行为可视为投案自首,依法可以从轻处罚。依照《中华人民共和国刑法》第二百三十四条第一款、第六十七条第一款和第七十二条的规定,判决:被告人赵泉华犯故意伤害罪,判处拘役三个月,缓刑三个月。

一审宣判后,被告人赵泉华不服,提出上诉,认为其行为属正当防卫。

上海市第二中级人民法院经公开审理查明:被告人赵泉华与王企儿、周钢原本不相识,双方在舞厅因琐事发生争执。事后,王企儿、周钢等人多次至赵泉华家,采用踢门等方法,找赵泉华寻衅,均因赵泉华避让而未果。2000 年 1 月 4 日晚 7 时许,王企儿、周钢再次至赵泉华家,敲门欲进赵家,赵未予开门。王、周即强行踢开赵家上锁的房门(致门锁锁舌弯曲)闯入赵家,赵为制止不法侵害持械朝王、周挥击,致王企儿头、面部挫裂伤,经法医鉴定属轻伤;致周钢头皮裂伤、左前臂软组织挫裂伤,经法医鉴定属轻微伤。事发当时由在场的赵的同事打"110"报警电话,公安人员到现场将双方带至局里。

上海市第二中级人民法院认为:王企儿、周钢为泄私愤曾多次上门寻衅,此次又强行踢开赵家房门闯入赵家实施不法侵害。赵泉华为使本人的人身和财产权利免受正在进行的不法侵害而采取的制止不法侵害的行为,虽造成不法侵害人轻伤,但赵的行为未明显超过必要限度造成重大损害,符合我国刑法关于正当防卫构成要件的规定,是正当防卫,依法不应承担刑事责任。原判决未对王企儿、周钢的不法侵害行为作出正确认定,仅根据赵泉华对王企儿造成的伤害后果,认定赵泉华的行为构成犯罪并追究刑事责任不当,应予纠正。赵泉华的上诉理由应予采纳。依照《中华人民共和国刑事诉讼法》第一百八十九条第(二)项和《中华人民共和国刑法》第二十条第一款的规定,判决:

1. 撤销上海市闸北区人民法院(2000)闸刑初字第628号刑事判决;
2. 上诉人(原审被告人)赵泉华无罪。

二、裁判要旨

No. 4-234-24 对他人非法侵入住宅的行为,居住权人有权依法实施正当防卫。

本案被告人赵泉华与王企儿、周钢原本不相识,双方在舞厅因琐事发生争执。人们在社会生适中相互之间产生矛盾、发生摩擦是经常发生的,但王企儿、周钢等人事后多次到赵泉华家,采用踢门等方法,找赵泉华寻衅,均因赵泉华避让而未果,说明被告人赵泉华不想再发生争执,也说明了其根本没有非法伤害对方的主观故意。然而王企儿、周钢却屡屡找赵泉华寻衅。2000年1月4日晚,王企儿、周钢再次至赵泉华家,在踢开赵家房门后强行闯入赵家,致赵家房门锁锁舌弯曲,家中凌乱,一些物品被损坏。王企儿、周钢不经住宅主人同意,强行破门闯入他人住宅。侵犯了他人的合法权利,性质当然是一种不法侵害行为。我国《宪法》第三十九条规定,中华人民共和国公民的住宅不受侵犯,禁止非法搜查或者非法侵入公民的住宅。我国《刑法》第二百四十五条规定了非法侵入住宅罪,非法侵入他人住宅的,处三年以下有期徒刑或者拘役。非法侵入他人住宅,表现为未经住宅主人同意,非法强行闯入他人住宅,或者经住宅主人要求其退出仍拒不退出,妨害他人正常生活和居住安全的行为。对非法侵入住宅的行为,住宅主人有权自行采取相应的制止措施,包括依法对非法侵入者实施必要的正当防卫。

No. 4-234-25 防卫行为虽然明显超过必要限度,但防卫结果并未造成重大损害的,或者防卫结果客观上虽造成重大损害但防卫措施并未明显超过必要限度的,不属于防卫过当,应认定为正当防卫。

就本案而言,本案被告人赵泉华一人要对付王企儿、周钢两人的不法侵害,其采取的防卫措施,虽较激烈,但还说不上明显超过必要限度,且防卫结果仅造成一人轻伤一人微伤,也没有造成重大损害。因此,赵泉华的防卫行为完全符合《刑法》第二十条第二款关于正当防卫的规定,依法不应对王企儿的轻伤后果承担刑事责任。

案例:夏侯青辉等故意伤害案

案例来源:《刑事审判参考》总第36集[第279号]

主题词:刑法溯及力 故意伤害罪

一、基本案情

被告人夏侯青辉,男,1976年8月22日出生,因涉嫌犯故意伤害罪,于2002年9月9日被逮捕。

被告人夏侯玲平,男,1972年7月3日出生,原系分宜海螺水泥厂工人。因涉嫌犯故意伤害罪,于2002年9月9日被逮捕。

南昌铁路运输法院经审理查明:1994年12月15日11时许,在铁路分宜车站货场施工工地上,被告人夏侯玲平以被害人伍志凌踩到其菜地为由,与之发生激烈争执。夏侯玲平遂回村邀集被告人夏侯青辉等人,手持棍、锹等对伍志凌进行围殴。在殴打中,夏侯青辉持木棍朝伍志凌头部猛击一下,致伍当场倒地,四肢抽搐,经送医院抢救至今仍昏迷不醒,呈"植物人"状态。2002年9月13日,南昌铁路公安局医学鉴定结论认定,被害人伍志凌意识丧失,呼之无反映,无应答,损伤程度为重伤甲级。

南昌铁路运输法院审理后认为:被告人夏侯青辉、夏侯玲平故意伤害他人身体健康,致人重伤,其行为均已构成故意伤害罪。被告人夏侯青辉到案后提供重要线索协助抓获被告人夏侯玲平,根据最高人民法院《关于处理自首和立功具体应用法律若干问题的解释》第五条的规定,应当认定为有立功表现,依法可从轻处罚。鉴于二被告人归案后,能积极赔偿被害人经济损失,可酌情从轻处罚。依照《中华人民共和国刑法》第十二条第一款、第二百三十四条第二款、第五十六条第一款、第二十五条第一款、第六十八条第一款的规定,判决如下:

1. 被告人夏侯青辉犯故意伤害罪,判处有期徒刑九年六个月,剥夺政治权利一年。

2. 被告人夏侯玲平犯故意伤害罪,判处有期徒刑九年六个月,剥夺政治权利一年。

一审宣判后,在法定期间内,夏侯青辉、夏侯玲平均未提出上诉,检察院也未提出抗诉。

二、裁判要旨

No. 4-234-26 对刑法修订前发生,刑法修订后交付审判的以特别残忍的手段致人重伤造成严重残疾的案件,应当适用修订后的刑法规定,在三年以上十年以下有期徒刑的幅度内量刑。

新旧刑法对故意伤害罪的法定刑规定有所不同:1979 年《刑法》第一百三十四条第二款规定:犯故意伤害罪,致人重伤的,处三年以上七年以下有期徒刑;致人死亡的,处七年以上有期徒刑或者无期徒刑。1983 年全国人大常委会《关于严惩严重危害社会治安的犯罪分子的决定》对此又作了修改。《关于严惩严重危害社会治安的犯罪分子的决定》规定:故意伤害他人身体,致人重伤或者死亡,情节恶劣的,可以在刑法规定的最高刑以上处刑,直至判处死刑。根据该规定,在刑法修订前,对故意伤害致人重伤的行为,如属情节恶劣的,可判处七年以上有期徒刑、无期徒刑直至死刑。修订后的《刑法》第二百三十四条第二款规定:“……致人重伤的,处三年以上十年以下有期徒刑;致人死亡或者以特别残忍手段致人重伤造成严重残疾的,处十年以上有期徒刑、无期徒刑或者死刑……”据此规定,在刑法修订后,对故意伤害致人重伤的行为,除属“以特别残忍手段致人重伤造成严重残疾的”应在十年以上有期徒刑、无期徒刑或者死刑的幅度内确定相应的刑罚外,只能在三到十年有期徒刑的幅度内确定相应的刑罚。

现行《刑法》规定“以特别残忍手段致人重伤造成严重残疾”的,应在十年以上有期徒刑、无期徒刑或者死刑幅度内确定刑罚的情形,应理解为包括手段和结果两个必要条件。也就是说,只有同时具备手段特别残忍,后果系重伤,且达到严重残疾标准这两个要件才能适用该情形,缺一不可。判定是否属于重伤,目前仍应以最高人民法院、最高人民检察院、司法部、公安部 1990 年 7 月颁布实施的《人体重伤鉴定标准》为依据;判定是否属于严重残疾,根据最高人民法院 1999 年 10 月印发的《全国法院维护农村稳定刑事审判工作座谈会纪要》的精神,在有关司法解释出台前,可统一参照 1996 年国家技术监督局颁布的《职工工伤与职业病致残程度鉴定标准》,将其中的一至六级残疾认定为属于刑法所讲的“严重残疾”。当前审判中的主要问题是如何把握什么是“手段特别残忍”。从审判实践来看,将那些采用锐器、剧烈腐蚀物等毁人容貌、挖人眼睛、割人耳鼻、砍人手足等残损他人身体的行为,认定为“手段特别残忍”应当是合乎立法本意的。值得注意的是,在认定故意伤害手段是否属于特别残忍的问题上,决不能以出现的伤害后果是否特别严重来反推伤害的手段是否残忍,伤害后果严重并不意味着伤害手段就特别残忍。如果只看到伤害后果特别严重,而不另外分析其伤害手段是否属于特别残忍,不加区分地一律认定为“以特别残忍手段致人重伤造成严重残疾”的情形,则必导致立法关于“手段特别残忍”的要件被虚置,这显然有违立法本意。就本案而言,行为人故意伤害致人重伤且造成被害人一直处于“植物人”状态,虽伤害后果特别严重,但其伤害手段仅是当头一棍而已,手段不能认定为特别残忍。

综上,本案根据行为时法即《关于严惩严重危害社会治安的犯罪分子决定》,可在七年以上有期徒刑、无期徒刑直至死刑这一幅度内确定相应的刑罚。但根据审判时法,由于本案并不属于以特别残忍手段致人重伤造成严重残疾的情形,故只能在三年以上十年以下有期徒刑的幅度内确定相应的刑罚。两相比较,后法为轻,应适用现行《刑法》,在三年以上十年以下有期徒刑的幅度内量刑。

案例:李小龙等故意伤害案

案例来源:《刑事审判参考》总第 34 集[第 261 号]

主题词:行凶 特殊防卫

一、基本案情

被告人李小龙,男,生于 1977 年 5 月 20 日,汉族,小学文化,河南省淮阳县人,住该县四通镇姚新庄村三组,捕前系该县春蕾杂技团演员。2000 年 8 月 14 日因涉嫌故意伤害罪被甘肃省武威市公安局拘留,同年 9 月 23 日被逮捕。系本案被告人李从民之长子。

被告人李从民,男,生于 1947 年 5 月 20 日,汉族,初中文化,河南省淮阳县人,住该县四通镇姚新庄村三组,捕前系该县春蕾杂技团负责人。2000 年 8 月 4 日因涉嫌故意伤害罪被甘肃省武威市公安局拘留,同年 9 月 23 日被逮捕。

被告人李小伟,男,生于 1980 年 2 月 6 日,汉族,文盲,河南省淮阳县人,住该县四通镇姚新庄村三组,捕前系该县春蕾杂技团演员。2000 年 8 月 14 日因涉嫌故意伤害罪被甘肃省武威市公安局拘留,同年 9 月 23 日被逮捕。系本案被告人李从民之次子。

被告人靳国强,男,生于 1968 年 10 月 10 日,汉族,小学文化,河南省鹿邑县人,捕前系该县春蕾杂技团演员。2000 年 8 月 14 日因涉嫌故意伤害罪被甘肃省武威市公安局拘留,同年 9 月 23 日被逮捕。

被告人李凤领,男,生于 1977 年 11 月,汉族,小学文化,河南省柘城县人,捕前系该县春蕾杂技团司机。2000 年 8 月 14 日因涉嫌故意伤害罪被甘肃省武威市公安局拘留,同年 9 月 23 日被逮捕。

甘肃省武威地区中级人民法院经审理查明:2000 年 8 月 13 日晚 21 时许,河南省淮阳县春蕾杂技团在甘肃省武威市下双乡文化广场进行商业演出。该乡村民徐永红、王永军、王永富等人不仅自己不买票欲强行入场,还强拉他人入场看表演,被在门口检票的被告人李从民阻拦。徐永红不满,挥拳击打李从民头部,致李倒地,王永富亦持石块击打李从民。被告人李小伟闻讯赶来,扯开徐永红、王永富,双方发生厮打。其后,徐永红、王永军分别从其他地方找来木棒、钢筋,与手拿鼓架子的被告人靳国强、李凤领对打。当王永富手持菜刀再次冲进现场时,赶来的被告人李小龙见状,即持"T"型钢管座腿,朝王永富头部猛击一下,致其倒地。王永富因伤势过重被送往医院抢救无效死亡。经法医鉴定,王永富系外伤性颅脑损伤,硬脑膜外出血死亡。徐永红在厮打中被致轻伤。

武威地区中级人民法院认为:被告人李小龙、李从民、李小伟、靳国强、李凤领在遭被害人方滋扰引起厮打后,其行为不克制,持械故意伤害他人,致人死亡,后果严重,其行为均已构成故意伤害罪。公诉机关指控罪名成立。被告人李小龙在共同犯罪中,行为积极主动,持械殴打致人死亡,系本案主犯,应从严惩处。被告人李从民、李小伟、靳国强、李凤领在共同犯罪中,起辅助作用,系本案从犯。考虑被害人方在本案中应负相当的过错责任,对各被告人可减轻处罚。各被告人的犯罪行为使被害人及其家庭所遭受的物质损失,应依法据实判赔。根据《中华人民共和国刑法》第二百三十四条第二款、第二十五条第一款、第二十六条第一款、第二十七条和《中华人民共和国民法通则》第一百一十九条之规定,于 2001 年 6 月 22 日判决如下:

1. 被告人李小龙犯故意伤害罪,判处有期徒刑十四年。
2. 被告人李从民犯故意伤害罪,判处有期徒刑九年。
3. 被告人李小伟犯故意伤害罪,判处有期徒刑七年。
4. 被告人靳国强、李凤领犯故意伤害罪,各判处有期徒刑四年。
5. 李小龙等五被告人共同赔偿附带民事诉讼原告人王顺国医疗费 710.2 元、丧葬费 1200 元、死亡补偿费 7000 元。五被告人互负连带责任。

一审宣判后,上述各被告人均以其行为属于正当防卫,不应负刑事责任及民事责任为由,提出上诉。

甘肃省高级人民法院经审理后认为:在本案中,被告人一方是经政府部门批准的合法演出单位。被害人一方既不买票,又强拉他人入场看表演。被告人李从民见状要求被害人等人在原来票价一半的基础上购票观看演出,又遭拒绝,并首先遭到徐永红的击打,引发事端。双方在互殴中,被害人持木棒、钢筋等物殴打上诉人。当王永富持菜刀冲进现场行凶时,被李小龙用钢管座腿击打到头部,致其倒地。此后,李小龙等人对王永富再未施加伤害行为。王永富的死亡,系李小龙的正当防卫行为所致。徐永红的轻伤系双方互殴中所致。本案中,被害人一方首先挑起事端,在实施不法侵害行为时,使用了凶器木棒、钢筋、菜刀等物,其所实施的不法侵害行为无论强度还是情节都甚为严重;并且在整个发案过程中,被害人一方始终未停止过不法侵害行为,五上诉人也始终处于被动、防御的地位。根据《中华人民共和国刑法》第二十条的规定,为了使国家、公共利益、本人或者他人的人身、财产和其他权利免受正在进行的不法侵害,而采取的制止不法侵害的行为,对不法侵害人造成损害的,属于正当防卫,不负刑事责任。同时,该条第三款规定了无过当防卫条款,即:对正在进行行凶、杀人、抢劫、强奸、绑架以及其他严重危及人身安全的暴力犯罪,采取防卫行为,造成不法侵害人伤亡的,不属于防卫过当,不负刑事责任。其目的就是鼓励公民同违法犯罪行为作斗争,保护国家、公共利益、本人或者他人的人身、财产和其他合法权利不受侵害,五上诉人的行为符合上述规定,其主张正当防卫的上诉理由成立,予以采纳。依照《中华人民共和国刑事诉讼法》第一百八十九条第(二)项、第一百九十七条及《中华人民共和国刑法》第二十条第一、三款之规定,于2002年11月14日判决如下:

1. 撤销甘肃省武威地区中级人民法院(2001)武中刑初字第20号刑事附带民事判决;
2. 对上诉人(原审被告人)李小龙、李从民、李小伟、靳国强、李凤领宣告无罪。

二、裁判要旨

No. 4-234-27 持足以严重危及他人重大人身安全的凶器、器械伤人的,可以认定为行凶。对正在行凶的人实施正当防卫致其死亡的,属于特殊防卫,依法不承担刑事责任。

对行凶的理解应当遵循上述关于特殊防卫条件的基本认识,即首先行凶必须是一种已着手的暴力侵害行为,其次行凶必须足以严重危及他人的重大人身安全。故行凶不应该是一般的拳脚相加之类的暴力侵害,持械殴打也不一定都是可以实施特殊防卫的行凶。只有持足以严重危及他人的重大人身安全的凶器、器械伤人的行为,才可以认定为行凶。

在本案中,被害人一方仗势欺人,滋事生非,自己既不买票,还强拉他人入场看表演。当被告人李从民为息事宁人作出让步,要求被害人等人在原来票价一半的基础上购票看演出时,又首先遭到被害人方的不法侵害。在被告人方进行防卫反击时,被害人一方又找来木棒、钢筋、菜刀等足以严重危及他人重大人身安全的凶器意欲进一步加害被告人方,使被告人方的重大人身安全处于现实的、急迫的、严重的危险之下,应当认定为行凶。此时,被告人李小龙为保护自己及他人的重大人身安全,用钢管座腿击打王永富的头部,符合特殊防卫的条件,虽致王死亡,但依法不负刑事责任。本案其他被告人在防卫反击中,致徐永红轻伤,防卫行为没有明显超过必要限度,且也未造成不法侵害人重大损害,故同样不负刑事责任。二审法院依法宣告本案各被告人无罪的判决是正确的。

案例:吴学友故意伤害案

案例来源:《刑事审判参考》总第28辑[第200号]

主题词:教唆犯 犯罪未遂 实行过限

一、基本案情

被告人吴学友,男,23岁,农民。因涉嫌犯抢劫罪,于2002年3月4日被逮捕。

江西省瑞昌市人民法院经审理查明:2001年元月上旬,被告人吴学友应朋友李洪良(另案处理)的要求,雇请无业青年胡围围、方彬(均不满18周岁)欲重伤李汉德,并带领胡围围、方彬指认李汉德并告之李汉德回家的必经路线。当月12日晚,胡围围、方彬等人携带钢管在李汉德回家的路上守候。晚10时许,李汉德骑自行车路过,胡、方等人即持凶器上前殴打李汉德,把李汉德连人带车打翻在路边田地里,并从李身上劫走人民币580元。事后,吴学友给付胡围围等人"酬金"人民币600元。经法医鉴定,李汉德的伤情为轻微伤甲级。

被告人吴学友辩解其没有雇佣胡围围等人进行抢劫,只是雇佣他们伤害被害人。其辩护人辩称,由于胡围围等人实施的被雇佣的故意伤害行为尚不构成犯罪,故吴学友亦不构成犯罪。

瑞昌市人民法院认为:被告人吴学友雇请胡围围、方彬等人故意伤害被害人李汉德致其轻微伤甲级,其行为已构成故意伤害罪(教唆未遂)。被雇佣人胡围围等人超过被告人吴学友的授意范围而实施的抢劫行为,属“实行过限”。根据刑法规定的罪责自负原则,教唆人只对其教唆的犯罪负刑事责任,而被教唆人实行的过限行为应由其自行负责。公诉机关指控的事实成立,但指控罪名不当,应予纠正。因被教唆人胡围围等人实施的伤害行为后果较轻,尚不构成故意伤害罪,故可以对吴学友从轻或减轻处罚。吴学友教唆未满 18 周岁的人实施故意伤害犯罪,应当从重处罚。根据《中华人民共和国刑法》第二百三十四条第一款、第二十五条第一款、第二十九条第一款、第二款的规定,于 2002 年 5 月 16 日判决:

被告人吴学友犯故意伤害罪(教唆未遂),判处有期徒刑六个月。

一审宣判后,在法定期限内,被告人吴学友没有上诉,瑞昌市人民检察院也没有提出抗诉,判决已发生法律效力。

二、裁判要旨

No. 4-234-28 被雇佣人所实施的行为尚未达到犯罪程度的,对雇佣人应以所教唆之罪的未遂追究其刑事责任。

《刑法》第二十九条第二款规定:“如果被教唆的人没有犯被教唆的罪,对于教唆犯,可以从轻或者减轻处罚。”此即是关于教唆未遂的处罚规定。根据此项规定,对教唆未遂的教唆犯一般都要定罪处罚(对于行为人而言,更应如此,除非根据《刑法》第十三条认为系“情节显著轻微,不认为是犯罪的”或者根据《刑法》第三十七条认为系“犯罪情节轻微不需要判处刑罚,可以免予刑事处罚”的)。实践中,所谓教唆未遂的情形,既可表现为被教唆人没有实施被教唆之罪,也可以表现为被教唆人虽实施了被教唆的犯罪行为,但由于某种原因未能达到法定的后果而未达到犯罪程度等。此外,如教唆人教唆 A 罪,而被教唆人却实施了 B 罪,也可以视为“没有犯被教唆之罪”。实践中,还有一种常会出现的情况是:教唆人教唆 A 罪的加重形态,而被教唆人却仅实施了 A 罪的基本形态,或者教唆人教唆 A 罪的基本形态,而被教唆人却实施了 A 罪的加重形态。前种情况由于被教唆人的实行行为没有达到教唆、雇佣的要求,教唆、雇佣人仅对已发生的实际后果负责,不按加重形态论处。后种情况被教唆人虽然超出了教唆授意的程度,但被教唆人所犯之罪又确系按教唆人授意所为,故教唆人仍应对被教唆人实际实行的犯罪后果承担相应的刑事责任。需要指出的是,教唆犯不是罪名,不能定教唆罪,对于教唆犯,应当按照其所教唆的实际内容确定罪名。根据上述规定和理解,对雇佣犯罪中的雇佣者而言,只要其具备了雇佣犯罪的意图,而且实施了雇佣犯罪的行为(不论被雇佣的人有无按其雇佣要求实行了雇佣犯罪行为,或实行到何种程度,一般都应按其所雇佣的犯罪罪名,对其追究其雇佣犯罪的刑事责任),除非其雇佣犯罪情节显著轻微,可不认为是犯罪,或者是雇佣犯罪情节轻微可不需要判处刑罚。就本案被告人吴学友的雇佣犯罪行为来看,从其雇佣对象(未成年人)、雇佣意图和要求(重伤他人)等方面均表现出了较为严重的社会危险性,不属于情节显著轻微或者情节轻微不需要判处刑罚。故尽管在雇佣犯罪结果上,胡围围等人未能按吴的雇佣要求完成重伤行为,尚未达到构成故意伤害罪的程度,但吴学友雇佣他人犯罪的行为已经成立,应单独以故意伤害罪(未遂)追究其相应的刑事责任。

No. 4-234-29 被雇佣人超出雇佣范围实施其他犯罪的,雇佣人对此不承担刑事责任。

在雇佣犯罪关系中,如果被雇佣人没有实施被雇佣的犯罪行为,则雇佣人和被雇佣人之间不存在共同犯罪关系,对雇佣人一般应按其所雇佣的犯罪罪名单独追究其雇佣犯罪未遂的刑事责任。相反,在被雇佣者实行了所雇佣的犯罪的情况下,除要求雇佣行为与被雇佣者的实行行为之间具有因果关系外,还要求雇佣人所授意之罪与被雇佣人实行之罪具有同一性。只有在这种情况下,雇佣人和被雇佣人才能就所雇佣之罪的罪名构成共同犯罪。如果被雇佣人在实施雇佣犯罪的过程中又另行实施了雇佣之罪以外的他种犯罪,对此,雇佣人和被雇佣人之间就该过限的行为不存在共同犯罪关系。因为,就该过限的行为而言,双方没有共同故意,被雇佣人单方的过限行为超出了雇佣人的雇佣意图和要求之外。对此,雇佣人只按其所雇佣的犯罪负刑事责任,而“过限行为”则应由被雇佣人个人负责。在本案中,被告人吴学友只是雇佣胡围围等人故意伤害,而胡围围等人在实施伤害行为时又另行对同一对象实施了抢劫行为,此抢劫行为超出了吴学友雇佣的内容范围,与吴的雇佣行为之间没有因果关系。吴学友与胡围围等人之间,在过限的抢劫行为上不成立共同犯罪关系,吴仅对其雇佣的故意伤害行为负刑事责任,至于胡围围等人实行的抢劫过限行为,应根据罪责自负原则由胡围围等人自行负责。因此,一审法院变更公诉机关指控罪名,改对被告人吴学友以故意伤害罪定罪处罚是恰当的。

案例:黄土保等故意伤害案

案例来源:《刑事审判参考》总第 28 辑[第 199 号]

主题词:教唆犯　犯罪中止　故意伤害罪

一、基本案情

被告人黄土保,男,1957 年 4 月 19 日出生。因涉嫌犯故意伤害罪,于 2000 年 2 月 15 日被逮捕。

被告人洪伟,男,1965 年 4 月 5 日出生。1996 年 6 月 27 日因犯故意伤害罪被珠海市香洲区人民法院判处有期徒刑一年六个月,1997 年 6 月 12 日刑满释放。因涉嫌犯故意伤害罪,于 2000 年 9 月 15 日被逮捕。

被告人林汉明(化名林海健),男,1974 年 10 月 6 日出生。因涉嫌犯故意伤害罪,于 2000 年 9 月 15 日被逮捕。

被告人谢兰中,男,1977 年 6 月 15 日出生。因涉嫌犯故意伤害罪,于 2000 年 9 月 16 日被逮捕。

被告人庞庆才(化名潘观明),男,1973 年 4 月 18 日出生。因涉嫌犯故意伤害罪,于 2000 年 9 月 16 日被逮捕。

被告人林汉宁,男,1979 年 10 月 28 日出生。因涉嫌犯故意伤害罪,于 2000 年 9 月 16 日被逮捕。

广东省珠海市香洲区人民法院经审理查明:2000 年 6 月初,刘汉标(另案处理)被免去珠海市建安集团总经理职务及法人代表资格后,由珠海市兴城控股有限公司董事长朱环周兼任珠海市建安集团公司总经理。同年 6 月上旬,被告人黄土保找到刘汉标商量,提出找人利用女色教训朱环周。随后,黄土保找到被告人洪伟,商定由洪伟负责具体实施。洪伟提出要人民币 4 万元的报酬,先付人民币 2 万元,事成后再付人民币 2 万元。黄土保与刘汉标商量后,决定由刘汉标利用其任建源公司董事长的职务便利,先从公司挪用这笔钱。同年 6 月 8 日,刘汉标写了一张人民币 2 万元的借据。次日由黄土保凭该借据到建源公司财务开具了现金支票,并到深圳发展银行珠海支行康宁分理处支取了人民币 2 万元,分两次支付给洪伟。洪伟收钱后,即着手寻觅机会利用女色来引诱朱环周,但未能成功。于是,洪伟打电话给黄土保,提出不如改为找人打朱环周一顿,黄土保表示同意。之后,洪伟以人民币 1 万元雇佣被告人林汉明去砍伤朱环周,后黄土保因害怕打伤朱环周可能会造成的法律后果,又于 7 月初,两次打电话给洪伟,明确要求洪伟取消殴打朱环周的计划,同时商定先期支付的 2 万元冲抵黄土保欠洪伟所开饭店的餐费。但洪伟应承后却并未及时通知林汉明停止伤人计划。林汉明在找来被告人谢兰中、庞庆才、林汉宁后,准备了两把菜刀,于 7 月 24 日晚,一起潜入朱环周住处楼下,等候朱环周开车回家,晚上 9 点 50 分左右,朱环周驾车回来,谢兰中趁朱环周在住宅楼下开信箱之机,持菜刀朝朱环周背部连砍 2 刀、臀部砍了 1 刀,庞庆才用菜刀往朱环周的前额面部砍了 1 刀,将朱环周砍致重伤。事后,洪伟向黄土保索要未付的人民币 2 万元。7 月 25 日,黄土保通过刘汉标从建源公司再次借出人民币 2 万元交给洪伟。洪伟将其中的 1 万元交给林汉明作报酬,林汉明分给谢兰中、庞庆才、林汉宁共 4500 元,余款自己占有。

被告人黄土保辩称,自己没有参与打人,不构成故意伤害罪。其辩护人辩称,黄土保在犯罪预备阶段已自动放弃犯罪,是犯罪中止,应当免予刑事处罚。

被告人洪伟及其辩护人辩称,黄土保交给洪伟的钱,其中有 2 万元是抵消黄土保在餐厅的签单。洪伟在本案中仅起联络作用,对本案不应承担主要刑事责任。

被告人林汉明、谢兰中、庞庆才、林汉宁对起诉书指控的犯罪事实供认不讳。

香洲区人民法院经审理后认为:被告人黄土保、洪伟、林汉明、谢兰中、庞庆才、林汉宁共同故意伤害他人身体,致人重伤,其行为均已构成故意伤害罪。公诉机关指控被告人黄土保、洪伟、林汉明、谢兰中、庞庆才、林汉宁犯故意伤害罪,事实清楚,证据确实、充分,应予支持。被告人黄土保为帮人泄私愤,雇佣被告人洪伟组织实施伤害犯罪,虽然其最终已打消犯意,但未能采取有效手段阻止其他被告人实施犯罪,导致犯罪结果发生。考虑到其在共同犯罪中的教唆地位和作用,其单个人放弃犯意的行为不能认定为犯罪中止,故对其辩解及其辩护人的辩护意见不予采纳。被告人洪伟在共同故意犯罪中掌握着佣金的收取和分配,负责组织他人实施犯罪,起承上启下的纽带作用,并非一般的联系环节。因此,对其辩解及其辩护人的辩护意见亦不予采纳。

附带民事诉讼原告人朱环周由于被告人黄土保、洪伟、林汉明、谢兰中、庞庆才、林汉宁的共同故意伤害行为而造成的物质损失,应当由上列被告人承担赔偿责任。附带民事诉讼原告人朱环周所提出的赔偿其医疗费人民币 87502.76 元、护理费 11600 元、营养费 9000 元、误工费 29400 元的诉讼请求,合法有理,应予支持。后续治疗费的诉讼请求,因缺乏医院的诊断证明,证据不足,不予支持。精神损害赔偿请求,没有法律依据,不予支持。被告人黄土保、洪伟、林汉明、谢兰中、庞庆才、林汉宁承担民事赔偿责任的大小,应根据其在本案中的作用及其履行能力确定,并共同承担连带赔偿责任。被告人黄土保在庭审期间表示愿意承担赔偿费 90000 元,应予准许。被告人黄土保在犯罪预备阶段,主观上自动放弃犯罪故意,并以积极的态度对待附带民事赔偿,有悔罪表现,故对其可以酌情从轻处罚。被告人洪伟刑满释放后五年内再犯罪,是累犯,依法应当从重处罚。被告人林汉明准备犯罪工具,制定犯罪计划,直接组织实施伤害犯罪;被告人谢兰中、庞庆才,直接实施伤害被害人,均应酌情从重处罚。被告人林汉宁在共同犯罪中,负责接应,作用较轻,可以酌情从轻处罚。根据各被告人的犯罪事实及其情节,依照《中华人民共和国刑法》第二百三十四条、第二百七十二条第一款、第六十五条、第六十九条、第三十六条,《中华人民共和国民法通则》第一百一十九条的规定,判决如下:

1. 被告人黄土保犯故意伤害罪,判处有期徒刑三年。
2. 被告人洪伟犯故意伤害罪,判处有期徒刑五年。
3. 被告人林汉明犯故意伤害罪,判处有期徒刑四年。
4. 被告人谢兰中犯故意伤害罪,判处有期徒刑四年。
5. 被告人庞庆才犯故意伤害罪,判处有期徒刑四年。
6. 被告人林汉宁犯故意伤害罪,判处有期徒刑三年。
7. 被告人黄土保、洪伟、林汉明、谢兰中、庞庆才、林汉宁应赔偿附带民事诉讼原告人朱环周医疗费人民币 87502.76 元、护理费 11600 元、营养费 9000 元、误工费 29400 元、残疾者生活补助费 45106.56 元,共人民币 182609.32 元。被告人黄土保承担 90000 元、被告人洪伟承担 22609.32 元;被告人林汉明、谢兰中、庞庆才各自承担 20000 元;被告人林汉宁承担 10000 元。上述各被告人对上述债务承担连带赔偿责任。

一审宣判后,上述各被告人均未提出上诉,公诉机关亦未抗诉。判决刑事部分已发生法律效力。附带民事诉讼原告人就民事部分提出上诉,二审法院已裁定维持原判。

二、裁判要旨

No. 4-234-30 在被教唆人实施犯罪预备以前,教唆人劝说被教唆人放弃犯罪意图的,在被教唆人实施犯罪预备时,教唆人制止被教唆人实施犯罪预备的,在被教唆人实行犯罪后而犯罪结果尚未发生时,教唆人制止被教唆人继续实行犯罪并有效防止犯罪结果发生的,成立犯罪中止;教唆人明知被教唆人又教唆第三人犯所教唆之罪的,在确保被教唆人能及时有效地通知、说服、制止第三人停止犯罪预备或制止第三人实行犯罪并有效防止犯罪结果发生的情况下,才能成立犯罪中止;教唆人虽意图放弃犯罪,并积极实施了一定的补救措施,但未能有效防止犯罪结果发生的,不成立犯罪中止,在量刑时可酌情从轻处罚。

在本案中,被告人黄土保同意洪伟负责组织对被害人实施伤害犯罪,应视为教唆行为已实行完毕。其后,洪伟为实施黄土保所雇佣的犯罪,又雇佣了林汉明,林汉明又进而雇佣了其他被告人,并进行了犯罪预备。这显然是一个多层次的雇佣、教唆关系,对此黄土保应当是知情的,这一点可以从洪伟对黄土保提议"找人打被害人一顿"反映出来。此后,被告人黄土保主观上因害怕打人的后果而决定放弃伤害计划,客观上也两次电话通知洪伟放弃伤人行动,并已就先期支付的犯罪佣金作出了清欠债务的处分。从表面上看,黄土保对其直接雇佣、教唆的人,已实施了积极的补救措施,似可成立犯罪中止。伤害行为和结果最终的实际发生,似乎只是由于洪伟的怠于通知所造成。但黄土保作为第一雇佣、教唆人,其对洪伟的再雇佣情况也是知情的,因此,其对其他被雇佣、教唆人亦负有积极采取相应补救措施的责任,至少其要确保中间人洪伟能及时有效地通知、说服、制止其他被雇佣、教唆人彻底放弃犯罪意图,停止犯罪并有效地防止犯罪结果的发生。显然,黄土保未能做到这一点,因此而导致犯罪行为和结果的实际发生。对此黄土保有相应的责任,故不能认定其构成犯罪中止。

本案还有值得注意的一点是:在林汉明等人实施完伤害犯罪后,应洪伟的要求,黄土保仍支付了当初答应支付的剩余"犯罪佣金"2万元,供各被雇佣、教唆人分享。这一事后情节对被告人的先前行为的性质判定具有重要的参考意义。

综上,本案被告人黄土保的行为不属于犯罪中止,香洲区人民法院的判决是妥当的。尽管对黄土保的行为不认定为犯罪中止,但考虑到其在被教唆人实施犯罪预备阶段,主观上能主动放弃犯罪故意,客观上能积极实施一定的补救措施,据此,香洲区人民法院决定对其在量刑上予以酌情从轻处罚,也是适宜的。

案例:胡咏平故意伤害案

案例来源:《刑事审判参考》总第30辑[第224号]

主题词:正当防卫

一、基本案情

被告人胡咏平,男,1980年5月9日出生,汉族,初中文化,农民。因涉嫌犯故意伤害罪于2002年4月27日被逮捕。

福建省厦门市杏林区人民法院经审理查明:2002年3月19日下午3时许,被告人胡咏平在厦门伟嘉运动器材有限公司打工期间与同事张成兵(在逃)因搬材料问题发生口角,张成兵扬言下班后要找人殴打胡咏平,并提前离厂,胡咏平从同事处得知张成兵的扬言后即准备两根钢筋条并磨成锐器后藏在身上。当天下午5时许,张成兵纠集邱海华(在逃)、邱序道随身携带钢管在厦门伟嘉运动器材有限公司门口附近等候。在张成兵指认后,邱序道上前拦住正要下班的胡咏平,要把胡拉到路边,胡咏平不从,邱序道遂打了胡咏平两个耳光。胡咏平遭殴打后随即掏出携带的一根钢筋条朝邱序道的左胸部刺去,并转身逃跑。张成兵、邱海华见状,一起持携带的钢管追打胡咏平。邱序道受伤后被"120"救护车送往杏林医院救治。胡咏平被殴打致伤后到曾营派出所报案,后到杏林医院就诊时,经邱序道指认,被杏林公安分局刑警抓获归案。经法医鉴定,邱序道左胸部被刺后导致休克、心包填塞、心脏破裂,损伤程度为重伤。

厦门市杏林区人民法院认为:被告人胡咏平在下班的路上遭到被害人邱序道的不法侵害时,即掏出钢筋条刺中被害人邱序道,致其重伤,其行为已构成故意伤害罪。邱序道殴打被告人胡咏平时并未使用凶器,其侵害行为尚未达到对胡咏平生命构成威胁的程度,胡咏平却使用凶器进行还击,致使被害人重伤,其防卫行为明显超过必要限度,属防卫过当,依法应当减轻处罚。依照《中华人民共和国刑法》第二百三十四条第二款、第二十条第二款、第六十四条的规定,于2002年7月25日判决:被告人胡咏平犯故意伤害罪,判处有期徒刑一年;扣押在案的作案工具钢筋条二把予以没收。

一审判决后,厦门市杏林区人民检察院以被告人胡咏平主观上具有斗殴的故意,被害人的不法侵害行为不具有伤害人身的严重性和急迫性,胡咏平的行为不属于防卫性质为由,向厦门市中级人民法院提出抗诉。

厦门市中级人民法院经公开开庭审理后认为:原审被告人胡咏平在下班的路上遭到被害人邱序道殴打时,为了制止正在进行的不法侵害,掏出钢筋条刺伤被害人邱序道,其行为属于防卫行为,但鉴于被害人邱序道实施不法侵害时并未使用凶器,尚未严重危及人身安全,而原审被告人胡咏平却使用锐利的钢筋条进行防卫,并致被害人邱序道重伤,其防卫行为明显超过必要限度,属于防卫过当,应当负故意伤害罪的刑事责任,但依法应当减轻处罚。原判定罪准确,量刑适当,审判程序合法。抗诉机关的抗诉意见缺乏法律和事实依据,不予采纳。依照《中华人民共和国刑事诉讼法》第一百八十九条第(一)项的规定,于 2002 年 9 月 30 日裁定驳回抗诉,维持原判。

二、裁判要旨

No. 4-234-31　在人身安全受到威胁后准备适当的防卫工具,在遭受不法侵害时利用该工具进行反击的,不影响正当防卫的成立。

首先,行为人在人身安全受到威胁后但尚未受到危害前便准备工具的行为本身并不能说明是为了防卫还是为了斗殴,其目的只能根据相关事实和证据确定,而不能恣意推测。本案中胡咏平始终供称,其准备工具是为了防卫,如果张成兵不叫人打他,他不会主动去打人。事实也表明,胡咏平从同事处得知张成兵扬言在下班后要叫人殴打他后,并未纠集他人准备与张成兵一伙人斗殴,也不知道张成兵会叫多少人,在什么时间、什么地点殴打他,为应对现实的威胁,以防不测,事先准备防卫工具本身不足以表明胡咏平就具有与对方争勇斗狠、打架或斗殴的故意。而且胡咏平确实是在下班路上被张成兵一伙拦住殴打后才反击的,且反击一下就逃离,而未主动出击,也未连续反击。这说明胡咏平准备工具的目的是为了防卫而不是斗殴。因此,本案现有事实和证据均不能表明胡咏平事先准备工具是为了与张成兵等人斗殴。

其次,公力救济手段毕竟有限,特别是像本案,胡咏平所受到的威胁并非确定且重大,时间、地点又不确定,此种情形公安机关通常多为事后救济,即使其事先向公司领导或公安机关报告,恐也难以得到有效保护。正因如此,为了更加有效地保护公民的生命和财产安全,我国刑法才规定了正当防卫制度。公民既然有正当防卫权,当其人身安全面临威胁时,就应当允许其做必要的防卫准备。本案被告人胡咏平在其人身安全受到威胁后遭到危害前准备防卫工具,并无不当,也不为法律所当然禁止。

最后,在价值取向上,刑法应当弘扬正义,惩恶扬善。胡咏平系从外地来厦门打工,为人一贯忠厚老实,当面临人身安全威胁时,势单力孤,处于弱者的不利地位。张成兵扬言要找人殴打胡咏平,并提前离厂去纠集打手。邱序道、邱海华二人明知打人违法,仍积极充当帮凶,且携带凶器。面对人多势众、气势汹汹的一方的恶意寻衅,事先准备防卫工具,以防不测,是自然的反应,对此不应有过度的苛求与限制。因此,纵使在本案被告人胡咏平准备钢筋条是为了防卫还是为了斗殴难以界定的情况下,也应当作出有利于胡咏平的推定,只有这样,才能符合惩恶扬善的刑法本意。

综上,认定本案被告人胡咏平事先准备工具的目的是为了防卫而非斗殴,是合乎本案事实与情理的。

应当指出的是,当公民受到人身威胁时,要尽可能向单位领导或公安机关报告,通过组织手段解决矛盾,防范危害。确有必要做防卫准备时,选择的防卫工具、防卫准备方式要适当,要注意防卫准备行为本身不能触犯法律的禁止性规定,如不能非法持有枪支防身,不能采用私设电网等足以危害公共安全的行为防范盗窃、非法入侵,等等。但是否有报告,是否事先准备防卫工具以及准备什么样的防卫工具,均属于另一个问题,不影响防卫性质的认定。

No. 4-234-32　对正在进行的尚未达到相当严重程度的不法侵害,采取相应措施予以制止的,不属于事先防卫,应认定为正当防卫;防卫行为明显超过必要限度造成重大损害的,属于防卫过当,应当承担相应的刑事责任。

本案中被害人邱序道与他人结伙持械堵截胡咏平,其殴打胡咏平两耳光的行为,表明其对胡咏平的不法侵害已经开始并正在进行,虽然该侵害行为还比较轻微,但从当时的情形看,不能证明其会就此罢休而不会施加更为暴力的手段。胡咏平如果不反抗或迅速逃离,不排除可能会遭受更为严重的侵害。胡咏平此时选择进行防卫,是适时的,并不属于事前防卫。抗诉机关认为,邱序道用拳掌殴打胡咏平脸部的行为还不属于不法侵害,只有持凶器殴打或将人打成轻伤以上的行为才属于不法侵害,显然混淆了正当防卫的前提条件和限度条件的区别。正当防卫的限度条件是指基于制止不法侵害的目的,防卫不得明显超过必要限度并造成重大损害。也就是说,只有在判断正当防卫是否明显超过必要限度时,分析不法侵害的程度才有意义,不法侵害的程度只是判断防卫是否适度的一个指标,但绝非能否进行防卫的前提条件。根据刑法的规定,除非对正在进行的行凶、杀人、抢劫、强奸、绑架等严重危及人身安全的暴力犯罪,防卫人可以实施无限度防卫外,对其他正在进行的不法侵害所采取的防卫措施都不得明显超过必要限度并造成重大损害。本案中被告人胡咏平所实施的防卫行为,已造成不法侵害人邱序道重伤,从结果上看属于造成重大损害。胡咏平所遭受的不法侵害,仅是一般的拳掌殴打,并不属于严重危及其人身安全的暴力犯罪,故其不应采取明显超过必要限度的防卫措施。胡咏平在遭到邱序道打两个耳光这一比较轻微的不法侵害的情况下,随即持尖锐的钢筋条捅刺邱序道的前胸,防卫行为明显超过必要限度,且已造成邱序道重伤,依法应认定为防卫过当,承担相应的刑事责任。

案例:江某故意伤害案

案例来源:《刑事审判参考》总第 25 辑[第 172 号]

主题词:自诉案件　自首的认定

一、基本案情

自诉人刘某,男,1972 年 2 月 28 日出生,小学文化,农民。

被告人江某,男,1972 年 1 月 20 日出生,初中文化,驾驶员。

自诉人刘某以被告人江某犯故意伤害罪,向某县人民法院提出控诉,并要求被告人江某赔偿经济损失。

自诉人刘某诉称:2001 年 1 月 10 日凌晨,听到外面有动静就出来察看,发现江某家门口着火,就向江某家赶去。在途中,从对面过来一人用手电筒照我,说是我放的火(听声音是江某)。并用手电筒打我的头部,致我轻伤。因治伤支付医疗费 800 元,误工 1 个月。要求追究被告人江某的刑事责任,并赔偿医疗费 800 元、误工费 600 元和精神损失费 2000 元,共计 3400 元。

被告人江某对自诉人刘某的指控和诉讼请求未提出异议。其辩护人提出:江某认罪态度较好,并积极赔偿了自诉人的经济损失;江某具有自首情节,且犯罪情节轻微,要求免予刑事处罚;自诉人刘某要求赔偿精神损失没有法律依据。

某县人民法院经审理查明:2001 年 1 月 10 日凌晨 3 时许,江某发现自己家门前的草垛着火,随手抓起床头的手电筒赶往现场。黑暗中撞见一人即刘某,江某认为是放火者,遂用手电筒击打刘某头部,致刘某右额部裂伤,并将刘某扭送当地公安机关报案。经公安机关查证,刘某不是放火者。

刘某的头部伤经鉴定属轻伤,刘某因治疗支付医疗费 800 元,误工 1 个月。

在本案审理过程中,江某主动支付赔偿款 1000 元。

某县人民法院认为:被告人江某故意非法损害他人身体健康,致人轻伤,其行为已构成故意伤害罪。自诉人刘某指控被告人江某犯故意伤害罪的事实清楚,证据确实、充分,指控的罪名成立。被告人江某的辩护人提出"江某具有自首情节,且犯罪情节轻微,要求免予刑事处罚"的辩护意见,经查,被告人江某虽在报案过程中向公安人员陈述了其用手电筒砸伤刘某的事实,但他当时的身份是报案人和财产损失的受害者,而不是去投案的,其行为不具有自动投案的条件,不能成立自首,故辩护人的此点辩护意见不予采纳。被告人江某在庭审中认罪态度较好,且在开庭前已主动支付赔偿款,有认罪、悔罪表现,可酌情从轻处罚,辩护人关于"江某认罪态度较好,并积极赔偿了自诉人的经济损失"的辩护意见,有事实根据,予以采纳。由于被告人江某的犯罪行为给自诉人刘某造成了经济损失,依法应予赔偿,但自诉人刘某要求赔偿精神损失没有法律依据,自诉人刘某的此项诉讼请求不予支持,辩护人的该辩护意见,有法律依据,予以采纳。依照《中华人民共和国刑法》第二百三十四条第一款、第七十二条第一款、第七十三条第二、三款和《中华人民共和国民法通则》第一百一十九条的规定,于2001年2月22日判决如下:

1. 被告人江某犯故意伤害罪,判处有期徒刑六个月,缓刑一年;
2. 被告人江某赔偿自诉人刘某医疗费、误工费共计一千四百元。

宣判后,被告人江某和自诉人刘某均服判,判决发生法律效力。

二、裁判要旨

No. 4-234-33　自诉案件的被告人到案后如实陈述事实、未逃避审查和裁判的,成立自首。

江某的行为能否认定为自首,关键在于其到公安机关报案的行为,能否认定为自动投案。根据最高人民法院《关于处理自首和立功具体应用法律若干问题的解释》第一条第(一)项的规定:"自动投案,是指犯罪事实或者犯罪嫌疑人未被司法机关发觉,或者虽被发觉,但犯罪嫌疑人尚未受到讯问、未被采取强制措施时,主动、直接向公安机关、人民检察院或者人民法院投案……"其核心是行为人实施犯罪行为后自动将自己置于司法机关的控制之下,并承担相应的法律后果。如果江某到案后故意隐瞒了对自己不利的事实,则其仅是放火案的报案人,当然不能认定为自动投案。但是,在故意伤害案中,江某属于被告人。在江某到公安机关如实陈述案件事实之前,其故意伤害的犯罪事实并没有被司法机关所掌握,到案后亦没有隐瞒对自己不利的行为,也没有在认识到自己的行为构成犯罪后改变供述,或者逃避审查和裁判。至于江某没有认识到自己的故意伤害行为构成犯罪,属于对案件事实性质的认识错误,只要其没有逃避审查和裁判,不影响自首的成立。因此,江某在到公安机关陈述案件事实时,既是放火案的报案人,又是故意伤害案的投案人。与正当防卫致人死伤后自己到司法机关投案,如实陈述案件过程并无两样。故对江某的行为应当认定为自首。

案例:苏良才故意伤害案

案例来源:《刑事审判参考》总第21辑[第133号]

主题词:正当防卫　故意伤害致人死亡罪

一、基本案情

被告人苏良才,男,1975年12月21日出生,原系福建省泉州市黎明大学97级学生。因涉嫌故意伤害犯罪,于1998年8月7日被逮捕。

附带民事诉讼原告人张永太,男,1952年9月27日出生,农民。系被害人张秋挺之父。

福建省泉州市中级人民法院经审理查明:1997年12月间,泉州市卫生学校97级学生平仙凤在泉州市刺桐饭店歌舞厅跳舞时,先后认识了苏良才和张阳挺,并同时交往。交往中,张阳挺感觉平仙凤对其若即若离,即怀疑是苏良才与其争女友所致,遂心怀不满。1998年7月11日晚,张阳挺以"去找一个女的"为由,叫了其弟张秋挺和同乡尤忠伟、谢朝炳、邱自守一起来到鲤城区米仓巷5号黎明大学租用的宿舍,将苏良才叫出,责问其与平仙凤的关系,双方发生争执。争执中,双方互用手指指着对方。尤忠伟见状,冲上前去踢了苏良才一脚,欲出手时,被张阳挺拦住,言明事情没搞清楚不要打。随后,苏良才返回宿舍。张阳挺等人站在门外。苏良才回到宿舍向同学苏金海要了一把多功能折叠式水果刀,并张开刀刃插在后裤袋里,叫平仙凤与其一起出去。在门口不远处,苏良才与张阳挺再次争执,互不相让,并用中指比划责骂对方。当张阳挺威胁:"真的要打架吗?"苏良才即言:"打就打!"张阳挺即出拳击打苏良才,苏良才亦还手,二人互殴。被害人张秋挺见其兄与苏良才对打,亦上前帮助其兄。苏良才边打边退,尤忠伟、谢朝炳等人见状围追苏良才。苏良才即拔出张开刀刃的水果刀朝冲在最前面的被害人张秋挺猛刺一刀,致其倒地,后被送往医院经抢救无效死亡。

福建省泉州市中级人民法院认为:被告人苏良才因故与他人产生纠纷并动手打架,竟持刀刺中他人,致人死亡,其行为构成故意伤害罪。公诉机关指控罪名成立。被告人的辩护人提出被告人的行为属防卫过当之理由与事实不符,不予采纳。被告人苏良才的犯罪行为给附带民事诉讼原告人造成经济损失应当赔偿。附带民事诉讼原告人及其委托代理人的意见合理部分予以采纳。但被害人之兄张阳挺的过错在先,对本案的发生应负一定责任。根据《中华人民共和国刑法》第二百三十四条第二款、第五十六条第一款、第三十六条第一款及《中华人民共和国民法通则》第一百一十九条的规定,于1999年10月26日判决如下:

1. 被告人苏良才犯故意伤害罪,判处有期徒刑十四年,剥夺政治权利三年;
2. 被告人苏良才赔偿附带民事诉讼原告人张永太经济损失人民币三万五千元。

宣判后,苏良才不服,以其是在受到正在进行的不法行为侵害而防卫刺中被害人的,主观上并无互殴的故意,应认定防卫过当,且系初犯、偶犯为由,向福建省高级人民法院书面提出上诉。

福建省高级人民法院经审理认为:上诉人苏良才因琐事与被害人胞兄张阳挺争吵、斗殴,并持刀将被害人刺伤致死,其行为已构成故意伤害罪,且后果严重。上诉人苏良才第一次被张阳挺叫出门时,虽然被张的同伙尤忠伟踢了一脚,但被张阳挺制止,并言明"事情没搞清楚不要打",可见当时尤忠伟的行为还是克制的。事后苏良才不能冷静处置,回至宿舍向同学要了一把折叠式水果刀,并张开刀刃藏于裤袋内出门,说明此时苏良才主观上已产生斗殴的犯意。在张阳挺的言语挑衅下,苏良才扬言"打就打",并在斗殴中持刀刺死帮助其兄斗殴的被害人。上述事实表明,苏良才无论在主观方面还是客观方面都具有对对方不法侵害的故意和行为。因此,苏良才的行为不符合正当防卫中防卫过当的本质特征,但被害人负有过错责任。苏良才上诉理由不予采纳。依照《中华人民共和国刑事诉讼法》第一百八十九条第(一)项和《中华人民共和国刑法》第二百三十四条第二款、第五十六条第一款、第三十六条的规定,于2000年5月10日裁定驳回上诉,维持原判。

二、裁判要旨

No.4-234-34 在互殴过程中,一方将另一方刺伤后经抢救无效死亡的,不属于正当防卫,应以故意伤害致人死亡罪论处。

在本案中,被告人苏良才第一次被张阳挺叫出门时,与张阳挺发生争执,被张的同伙尤忠伟踢了一脚。事后苏良才不能冷静处置,而心怀不满,回至宿舍向同学要了一把折叠式水果刀,并张开刀刃藏于裤袋内出门,说明此时苏良才主观上已产生斗殴的故意。在张阳挺的言语挑衅下,苏良才声言"打就打",并在斗殴中持刀刺死帮助其兄斗殴的被害人。苏良才无论在主观方面还是客观方面,都具有对对方进行不法侵害的故意和行为。也就是说,苏良才并非不愿斗殴,退避不予还手,在无路可退的情况下,被迫进行自卫反击,且对方手中并未持有任何凶器。显然,苏良才的行为是为了逞能,目的在于显示自己不惧怕对方,甚至故意侵犯他人的人身权利,是一种有目的的直接故意犯罪行为,主观上具有危害社会的犯罪目的,不具有防卫过当所应具有的防卫性和目的的正当性,不符合正当防卫中防卫过当的本质特征。因此,一、二审法院依法对苏良才的行为不认定为防卫过当,并以故意伤害罪定罪判刑,是正确的。

案例:张建国故意伤害案

案例来源:《刑事审判参考》总第22辑[第138号]

主题词:正当防卫

一、基本案情

被告人张建国,男,36岁,北京市朝阳区雅宝路服装市场个体工商户。因涉嫌犯故意伤害罪,于1998年8月19日被逮捕。

附带民事诉讼原告人黎国模,男,52岁,汉族,工人。

北京市朝阳区人民法院经审理查明:1998年7月13日19时许,被告人张建国到朝阳区安慧北里"天福园"酒楼与马润江、付洪亮一起饮酒。当日21时许,张建国与马润江在该酒楼卫生间内与同在酒楼饮酒的徐永和(曾是张建国的邻居)相遇。张建国遂同徐永和戏言:"待会儿你把我们那桌的账也结了。"欲出卫生间的徐永和闻听此言又转身返回,对张建国进行辱骂并质问说:"你刚才说什么呢?我凭什么给你结账?"徐边说边扑向张建国并掐住张的脖子,张建国即推挡徐永和。在场的马润江将张、徐二人劝开。徐永和离开卫生间返回到饮酒处,抄起两个空啤酒瓶,将酒瓶磕碎后即寻找张建国。当张建国从酒楼走出时,徐永和嘴里说"扎死你",即手持碎酒瓶向张建国面部扎去。张建国躲闪不及,被扎伤左颈、面部(现留有明显疤痕长约12cm)。后张建国双手抱住徐永和的腰部将徐摔倒在地,致使徐永和被自持的碎酒瓶刺伤左下肢动、静脉,造成失血性休克,经医院抢救无效死亡。被告人张建国于当日夜到医院疗伤时,被公安民警传唤归案。

朝阳区人民法院认为:徐永和、张建国两人因一句戏言发生争执,在被他人劝开后,徐永和持碎酒瓶伤害被告人张建国的行为属不法侵害。被告人张建国在被徐永和扎伤左颈、面部的情况下,为阻止徐永和继续实施伤害行为,躲至徐永和身后,抱住徐永和的腰并将徐摔倒在地,致使徐永和被自持的碎酒瓶扎伤致死。被告人张建国为使本人的人身免受正在进行的不法侵害而采取的制止不法侵害的行为,属正当防卫,对不法侵害人造成的损害,不负刑事责任,亦不承担民事赔偿责任。依照《中华人民共和国刑法》第二十条第一款的规定,于1999年8月13日判决如下:

被告人张建国无罪,且不承担民事赔偿责任。

一审宣判后,附带民事诉讼原告人黎国模以张建国应承担民事赔偿责任为由,向北京市第二中级人民法院提出上诉。北京市朝阳区人民检察院以被告人张建国的行为属于互殴中故意伤害他人,已构成故意伤害罪,不属正当防卫为由提出抗诉。北京市人民检察院第二分院经审查,于1999年11月11日决定撤回对该案的抗诉。

北京市第二中级人民法院经审理于1999年12月16日作出裁定,准许北京市人民检察院第二分院撤回抗诉,并驳回附带民事诉讼原告人的上诉。

二、裁判要旨

No. 4-234-35 互殴停止后,为制止他方突然袭击而采取的防卫行为,属于正当防卫,防卫未明显超过必要限度的,不负刑事责任,亦不承担民事责任。

本案的发展过程可以分为两个阶段:第一阶段即争执阶段。徐永和酒后因对被告人张建国的一句戏言不满,与张发生争执打斗。此时,双方相互争执,行为性质属于互殴。第二阶段即争执结束后的阶段。经人劝解,徐永和与张建国分开,互殴结束。但徐永和并未善罢甘休,而是抄起两个空酒瓶,将酒瓶磕碎后持碎酒瓶寻衅滋事。徐永和看见张建国从酒楼出来,口中说"扎死你",手则持碎酒瓶向张建国面部扎去。张建国躲闪不及被扎伤左颈、面部,这属于互殴停止后,一方又进行突然袭击的情形。此时,因互殴已经停止,张建国被迫进行防卫,而徐永和属于不法侵害人。面对不法侵害,张建国当然有正当防卫的权利。从实际情况来看,张建国在意识到不法侵害正在发生后,为制止不法侵害,采取了抱住徐永和后腰将徐摔倒的防卫方法。张建国出于防卫目的而实施的制止徐永和不法侵害的行为,具备法律规定的正当防卫的条件,而且防卫手段、强度亦未超过必要的限度。徐永和被自己手持的碎酒瓶扎伤致死是张建国本人意料不到的。

综上,张建国在互殴停止后制止徐永和突然袭击的行为系正当防卫。对防卫行为造成的后果,张建国不负刑事责任,亦不承担民事责任。一审法院的判决及二审法院的裁定均是正确的。

案例:李小平等人故意伤害案

案例来源:《刑事审判参考》总第18辑[第111号]

主题词:减轻处罚 故意伤害罪

一、基本案情

被告人李小平,男,1949年11月26日出生,原系广东省中山市理科虫草制品有限公司(以下简称"虫草公司")总经理。因涉嫌犯故意伤害罪,于1998年4月10日被逮捕,1999年3月5日因病被取保候审。

同案被告人井照卫、张书凯、刘绍伟、王耀生、池文军、何红涛、张学军、王光辉均原系虫草公司职工。

广东省中山市中级人民法院经审理查明:1998年3月2日晚7时许,被告人刘绍伟、王光辉在中山市虫草公司大门右侧处见同乡郭景兰(女)与被害人蒋良利发生争吵,便上前质问并不顾他人劝阻动手殴打蒋良利。蒋良利见势不妙跑向临近部队前面空地,闻讯赶来的被告人王耀生、张书凯、何红涛、井照卫、池文军、张学军一道追截蒋良利,王耀生、张书凯将躲藏在草丛中的蒋搜出,上述被告人上前一起殴打蒋良利,后张书凯、何红涛将蒋押往虫草公司。蒋良利的同乡李俭、欧海等10多人得知消息后,持铁水管、木棍等工具前来解救,蒋趁机脱身,并与李俭、欧海等人用铁水管等工具猛砸虫草公司的电动闸门,要求交出打人者,双方在电动闸门内互相对峙,互用铁水管等工具乱捅乱扔。被告人李小平接到报告后来到拉闸门前进行劝解,见未能有效平息事态,遂对本公司员工说:“冲出去打,把他们抓起来!”该公司的几十名员工随即手持铁水管、木棍等工具一涌而出,追打见状四散逃跑的蒋良利、欧海等人。欧海被打伤后逃脱,被害人蒋良利跑至广盛公司对面公路时,被何红涛抓住,与随后赶来的王耀生、张书凯、刘绍伟、井照卫、池文军、张学军、王光辉等人分别用铁水管、木棍和拳脚殴打蒋良利致不能动弹。蒋良利经送医院抢救无效死亡。经法医鉴定:蒋良利系他人用钝器打击左腰部致脾脏破裂,出血性休克而死亡;欧海伤势属轻伤。

案发后,被告人所在的虫草公司向被害人蒋良利家属赔偿人民币10万元,被告人李小平个人赔偿人民币5万元。

中山市中级人民法院认为:被告人李小平等人无视国家法律,采用暴力手段故意伤害他人身体,致一人死亡,一人轻伤,其行为均已构成故意伤害罪,依法均应惩处。被告人王光辉犯罪时不满18周岁,依法应当减轻处罚。鉴于被告人所在公司及李小平个人在案发后能积极对被害人家属予以经济赔偿,有悔罪表现,可酌情从轻处罚。依照《中华人民共和国刑法》第二百三十四条第二款、第十七条第三款、第五十六条第一款的规定,于1998年8月11日判决,以故意伤害罪,分别对被告人李小平、王耀生、张书凯判处有期徒刑十一年,剥夺政治权利三年;对被告人刘绍伟、何红涛、井照卫、池文军、张学军判处有期徒刑十年,剥夺政治权利三年;对被告人王光辉判处有期徒刑六年。

一审宣判后,被告人李小平、井照卫、张书凯均以自己的行为属正当防卫,不负刑事责任为由提出上诉;被告人刘绍伟、王耀生、池文军均认为自己的行为属防卫过当,以一审量刑过重为由提出上诉;被告人何红涛、张学军、王光辉服判,不上诉。

广东省高级人民法院经审理查明:本案起因系被害人蒋良利路经上诉人井照卫之妻郭××身边时用秽语调戏侮辱郭,据此双方发生争吵所致,当被害人方与被告人方在虫草公司门口互相打斗期间,虫草公司财务总监姚××及李小平闻讯后先后赶到现场劝阻,但被害人方仍不罢休,反而猛砸电动栅栏门并砸烂一辆职工自行车。此时,李小平在劝阻无效的情况下,遂对闸内员工说:“冲出去打,把他们抓起来。”从而导致蒋良利被何红涛、王耀生、张书凯、刘绍伟、井照卫、池文军、张学军、王光辉等人持铁水管、木棍殴打,致蒋良利左腰脾脏破裂出血性休克死亡。

广东省高级人民法院认为:上诉人李小平、井照卫、张书凯、刘绍伟、王耀生、池文军,原审被告人何红涛、张学军、王光辉无视国家法律,故意伤害他人身体致一人死亡,其行为均已构成故意伤害罪,应依法判处。王光辉犯罪时未满18岁,依法应减轻处罚。根据本案的特殊情况,对李小平等8人亦可减轻处罚。原审判决定罪准确,审判程序合法。但未认定本案起因是由被害方引起和在双方对峙中多人出面劝阻等情节不妥,且量刑不当,应予纠正。李小平上诉及辩护人提出不构成犯罪;井照卫、张书凯上诉及辩护人提出属正当防卫;刘绍伟、王耀生、池文军上诉称属防卫过当的理由,经查均不能成立,但根据本案的特殊情况,依法可以减轻处罚。依照《中华人民共和国刑事诉讼法》第一百八十九条第(二)项的规定,于2000年3月22日判决:

撤销广东省中山市中级人民法院(1998)中中刑初字第28号刑事判决,以故意伤害罪,分别对上诉人王耀生、张书凯判处有期徒刑六年;对上诉人刘绍伟、井照卫、池文军,原审被告人何红涛、张学军判处有期徒刑五年;对上诉人李小平、原审被告人王光辉判处有期徒刑三年。

广东省高级人民法院依法将此案报请最高人民法院核准。

最高人民法院经复核查明:1998 年 3 月 2 日 19 时许,被告人刘绍伟与王光辉(同案被告人,已判刑)在途经广东省中山市理科虫草制品有限公司大门外时,遇见本厂女工郭××与被害人蒋良利正在争吵,便前去质问并动手殴打蒋良利,引起双方互殴。随之闻讯赶来的被告人王耀生、张书凯、井照卫、张学军手持铁水管等工具也参与殴打蒋良利等人,迫使蒋良利逃至附近的部队院内躲藏。此时,被告人何红涛、池文军也赶来与上述被告人共同搜索、殴打蒋良利,并共同将蒋良利押往虫草公司。途中,遇上了前来解救蒋良利的李俭、欧海等人,蒋良利寻机脱身,上述各被告人退入本公司大院。随后,蒋良利、李俭等人聚集在虫草公司门前,要求交出打人凶手,双方发生争吵并隔着电动栅栏门使用铁水管、木棍等工具相互乱扔乱捅,形成对峙局面。期间,理科虫草制品有限公司财务总监姚××和蒋良利的表姐夫邹景才均力劝双方停止斗殴未果。被告人李小平闻讯赶至现场劝解,仍未奏效。当蒋良利等人猛砸大门并砸烂一辆停放在门外的自行车时,李小平指使本公司员工冲出去打,把对方的人抓起来。随即,理科虫草制品有限公司的数十名员工手持铁水管、木棍等工具冲出大门追打已逃跑的蒋良利、欧海等人。欧海被打伤后逃脱。蒋良利在逃至离理科虫草制品有限公司院门外约 50 米时,被追赶上来的何红涛拽住,何红涛与随后赶来的王耀生、张书凯、刘绍伟、井照卫、池文军、张学军、王光辉分别用铁水管、木棍以及拳脚共同殴打蒋良利,至蒋倒地。蒋良利经送医院抢救无效死亡。经法医鉴定:蒋良利系被他人用钝器打击左腰部致脾脏破裂出血性休克死亡;欧海系轻伤。

最高人民法院认为:被告人李小平、王耀生、张书凯、刘绍伟、何红涛、井照卫、池文军、张学军等人非法故意伤害他人身体并致人死亡和轻伤,其行为均已构成故意伤害罪,后果严重,依法均应惩处。一、二审人民法院判决认定的犯罪事实清楚,证据确实、充分,定罪准确,审判程序合法。但二审法院认定被害人一方在案件起因上有明显过错以及被告人李小平于案发期间叫人报警缺乏事实依据,对被告人李小平、王耀生、张书凯、刘绍伟、何红涛、井照卫、池文军、张学军在法定刑以下减轻处罚量刑不当,应予纠正。依照最高人民法院《关于执行〈中华人民共和国刑事诉讼法〉若干问题的解释》第二百七十条的规定,于 2001 年 2 月 17 日裁定如下:

一、撤销广东省高级人民法院(1999)粤高刑终字第 74 号刑事判决;

二、发回广东省高级人民法院重新审判。

二、裁判要旨

No. 4-234-36 所审案件涉及政治、外交、统战、民族、宗教等国家利益的特殊需要,被告人又确实不具备法定减轻处罚情节,对其判处法定最低刑仍过重的,经最高人民法院核准,可以在法定刑以下判处刑罚。

1997 年《刑法》第六十三条第二款规定:“犯罪分子虽然不具有本法规定的减轻处罚情节,但是根据案件的特殊情况,经最高人民法院核准,也可以在法定刑以下判处刑罚。”即对于有特殊情况的案件,犯罪分子不具有刑法所规定的减轻处罚情节,但报经最高人民法院核准,也可以在法定刑以下判处刑罚。这里关键在于何为“特殊情况”。所谓“特殊情况”,主要是指案件的处理具有特殊性,一般应是指涉及政治、外交、统战、民族、宗教等国家利益的特殊需要。当这种情况下,被处罚的被告人又确实属于不具有刑法所规定的预备犯、未遂犯、中止犯、从犯、胁从犯、未成年人犯、限制责任能力的精神病犯、聋哑犯、盲人犯以及具有自首、立功和防卫过当等法定减轻处罚情节,对其判处法定最低刑还是过重时,才能适用本条规定在法定刑以下判处刑罚。

No. 4-234-37 在故意伤害案中,事后积极赔偿且被害人存在一定过错的,可以酌定从轻处罚,但不应在法定刑以下判处刑罚。

本案众被告人非法故意伤害他人身体并致人死亡和轻伤的行为,均已构成故意伤害罪,一、二审法院以故意伤害罪定罪准确。量刑上,一审法院考虑到当时作案人数多,殴打现场较为混乱,究竟被告人中谁是致死被害人的直接凶手已无法查清,故只能认定各被告人对被害人被伤害致死共同承担责任。同时还考虑到被害方在本案中也存在过错以及案发后被告人所在单位和被告人李小平个人对被害人亲属积极予以经济赔偿,被害人亲属有请求司法机关对本案被告人予以从轻处罚的要求,决定酌情从轻判罚本案被告人(其中被告人王光辉因犯罪时未成年,依法予以减轻处罚)是较为适当的。而二审法院在未能提出新的减轻处罚理由的情况下,即适用《刑法》第六十三条的规定,对本案被告在法定刑以下减轻处罚,显然与该法条规定的要求不符。且在具体量刑时,二审判决不仅对具有主犯身份的被告人李小平的量刑比其他被告人低,而且与具有法定减轻处罚情节的被告人王光辉的处罚相同,有悖于刑法关于对主犯应当按照其所参与的或者组织、指挥的全部犯罪处罚的规定。由此可见,二审法院在本案不具有特殊情况以及一审法院的量刑未明显过重的情况下,对本案某些被告人在法定刑以下量刑是不适宜的。

案例:杜益忠故意伤害案

案例来源:《刑事审判参考》总第58集[第459号]

主题词:故意伤害致人死亡罪　坦白　量刑

一、基本案情

被告人杜益忠,男,1966年4月3日出生,无业。因犯绑架勒索罪,于1995年6月22日被温州市龙湾区人民法院判处有期徒刑五年,1998年6月12日刑满释放。因涉嫌犯故意伤害罪于2005年8月5日被逮捕。

浙江省温州市中级人民法院经审理查明:2000年11月12日凌晨0时许,温州市鹿城区青年叶建敏(在逃)及顾胜连、徐驰、朱一成等人一起在温州市鹿城区民航路“阿武大排档”吃夜宵。在喝酒过程中,叶建敏与顾胜连因琐事发生口角。叶建敏因此怀恨在心而离开,继而纠集了被告人杜益忠及洪波、李曙荣(均系同案被告人,分别于2001年、2002年以故意伤害罪被判处有期徒刑)等人,并分发凶器准备报复顾胜连。当日凌晨1时许,叶建敏伙同杜益忠及洪波、李曙荣分别携带凶器,到达温州市民航路“阿武大排档”。由李曙荣等人持尖刀守住排档门口,叶建敏伙同杜益忠及洪波分别持西瓜刀、尖刀、土制火药枪等凶器,冲入“阿武大排档”内,洪波持土制火药枪威胁在场的徐驰、朱一成等人不许帮忙,叶建敏即持西瓜刀砍击顾胜连的手臂、手掌各一刀,杜益忠持尖刀朝顾胜连左大腿猛刺一刀,逃离现场。经鉴定,被害人顾胜连全身多处刀伤,因左下肢股动、静脉断裂,失血性休克而死亡。

温州市中级人民法院认为:被告人杜益忠结伙持刀伤害他人,并致人死亡,其行为已构成故意伤害罪,公诉机关指控的罪名成立。被告人杜益忠系致被害人死亡的直接行为人,又系累犯,应予严惩。依照《中华人民共和国刑法》第二百三十四条第二款、第六十五条、第五十七条第一款、第三十六条第一款及相关民事法律之规定,判决如下:

被告人杜益忠犯故意伤害罪,判处死刑,剥夺政治权利终身;判令杜益忠赔偿附带民事诉讼原告人经济损失人民币共计三十一万元(包括同案犯已赔偿的六万二千元)。

一审宣判后,被告人杜益忠不服,提出上诉。

二审审理期间,被告人杜益忠的亲属代其履行了一审判决确定的民事赔偿义务人民币二十四万八千元。

浙江省高级人民法院审理后认为:被告人杜益忠受人纠集,结伙持刀伤害他人,致人死亡,其行为已构成故意伤害罪。杜益忠系致被害人死亡的直接行为人,又系累犯,应予严惩。原判定罪正确,审判程序合法。鉴于杜益忠主动交代关键犯罪情节,认罪态度好,其亲属在本案二审期间代为赔偿了一审判决确定的全部款项,取得了被害人亲属的谅解,对杜益忠判处死刑,可不立即执行。依照《中华人民共和国刑事诉讼法》第一百八十九条第(二)项,《中华人民共和国刑法》第二百三十四条第二款、第四十八条、第五十七条第一款之规定,判决如下:

1. 撤销原审判决中对上诉人杜益忠的量刑部分,维持判决的其余部分;
2. 上诉人杜益忠犯故意伤害罪,判处死刑,缓期二年执行,剥夺政治权利终身。

二、裁判要旨

No.4-234-38　在故意伤害致人死亡案件中,如实供述公安机关尚未掌握的其致人死亡的关键情节的,可以酌情从轻处罚,一般不判处死刑立即执行。

本案一审法院对被告人杜益忠适用死刑,主要是从其犯罪行为对被害人人身权利造成特别严重后果角度考虑的,即其在与他人共同实施故意伤害行为过程中造成了被害人死亡的严重后果,且系累犯,人身危险性较高,依法应予从重处罚。二审法院审理认为,案发后,被告人杜益忠逃匿多年,在杜益忠归案前,公安机关只知道杜益忠参与了此案,并不知致命伤是由杜益忠造成的。被告人杜益忠归案后即供认,被害人大腿上的一刀系其用尖刀所捅刺,一审庭审及二审提审时均作稳定供述。据现有证据,可认定参与本案的有四人,即杜益忠、叶建敏、洪波、李曙荣。叶建敏没有归案。已归案并被判刑的洪波、李曙荣供述,洪波持枪威胁在现场人员,李曙荣、杜益忠分别持焊有自来水管共约长50厘米双面刃的尖刀。此节不仅与杜益忠本人的口供相印证,而且与证人朱一成、王大凤等人的证言一致。但是,由于事发突然,又是深夜,在场其他证人均分不清行凶人,除杜益忠本人供认外,没有人指证杜益忠捅人,更没有人指证杜捅刺了被害人的大腿,所有的同案犯及证人均说是叶建敏砍击了被害人身体。根据法医尸体检验报告,被害人大腿上的伤为一刺创,锐器捅伤。叶建敏所持的西瓜刀难以形成,而另一持尖刀的李曙荣是在门口,没有进入现场。故可排除叶建敏、李曙荣造成本案致命伤的形成。综上,杜益忠的供认,对认定致命伤是谁形成的这一关键事实,有重要作用,其归案后如实供述自己犯罪事实的行为,应属于认罪态度好,在一定程度上反映了其悔罪心理及人身危险性的降低;况且,在二审期间,杜益忠的亲属积极代为承担了全部附带民事诉讼的赔偿责任,附带民事诉讼原告人表示愿意接受这笔赔偿,并对杜益忠表示了一定的谅解。参照最高人民法院《关于附带民事诉讼范围问题的规定》第四条的规定,对此可作为酌定量刑情节予以考虑。因此,虽然被告人杜益忠所犯罪行极其严重,论罪应对其判处死刑立即执行,但其如实供认公安机关没有掌握的致人死亡的关键情节,且其家属积极赔偿了附带民事诉讼原告人的经济损失,可以酌情从轻处罚,二审法院综合考虑全案情节,改判其死刑缓期二年执行,给予杜益忠改过自新的机会是适当的,正确贯彻了我国宽严相济的刑事政策,体现了法律效果与社会效果的统一。

案例:刘传林故意伤害案

案例来源:《刑事审判参考》总第117集[第1287号]

主题词:故意伤害罪　死刑

一、基本案情

2015年5月,刘传林与刘元生因琐事在刘元生侄子刘某某家发生打斗,刘传林受伤,后刘传林要求刘某某赔偿医疗费未果,遂起意用硫酸泼洒刘某某的孩子。刘传林从他人处骗得硫酸后,将硫酸倒入平日用于喝茶的塑料水壶。2015年8月17日,刘传林将刘某某的儿子刘甲(8岁)、女儿刘乙(5岁)骗至后山树林偏僻处,强行给刘甲灌食硫酸,刘甲反抗,刘传林将刘甲按倒在地,将硫酸泼洒在刘甲的脸上、身上,刘甲挣脱后回村中求救;刘传林又强行给刘乙灌食硫酸,并朝刘乙脸上、身上泼洒。作案后,刘传林主动向公安机关投案。刘乙抢救无效当日死亡,经鉴定系被他人用强腐蚀性物质作用于体表和上呼吸道,致极重度烧伤,因呼吸、循环衰竭死亡;刘甲头面部、胸部、双眼球被硫酸烧伤,双眼无光感,容貌重度毁损,评定为重伤一级、一级伤残。

二、裁判要旨

No.4-234-39　对于以特别残忍手段致人重伤造成严重残疾的故意伤害案件,适用死刑时应当更加严格把握,对于以特别残忍手段造成被害人重伤或造成特别严重残疾的被告人,可以适用死刑立即执行。

从近年的司法实践来看,对故意伤害案件适用死刑,要综合考虑犯罪的起因、动机、目的、手段等情节,犯罪的后果,被告人的主观恶性和人身危害性等因素,全面分析影响量刑的轻重情节,根据被告人的罪责,并考虑涉案当地的社会治安状况和犯罪行为对人民群众安全感的影响,区分案件的不同情况对待,以确保死刑的慎重适用。其中,对于故意伤害致人死亡的被告人决定是否适用死刑时,要将严重危害社会治安的案件与民间纠纷引发的案件进行区分,将手段特别残忍、情节特别恶劣的与手段、情节一般的进行区分,将预谋犯罪与激情犯罪进行区分,等等。对于以特别残忍手段致人重伤造成严重残疾的故意伤害案件,适用死刑时应当更加严格把握,并不是只要达到"严重残疾"的程度就必须判处被告人死刑,而是要根据致人"严重残疾"的具体情况,综合考虑犯罪情节和"严重残疾"的程度等情况,慎重决定。对于以特别残忍手段造成被害人重伤致特别严重残疾的被告人,可以适用死刑立即执行。

本案是一起采用灌食、泼洒硫酸方式实施的恶性故意伤害犯罪案件。从起因来看,本案属于由民间矛盾激化引发,与针对不特定对象实施的严重危害社会治安的故意伤害犯罪有所不同,且被告人作案后投案自首,但是,本案从犯罪性质到犯罪情节、犯罪后果,都需要体现从严惩处:其一,犯罪手段特别残忍,犯罪情节恶劣,后果极其严重。刘传林利用被害人刘甲、刘乙对长辈的信任,将二被害人骗至村外,当着自己孙子(时年5岁)的面,强行向刘甲灌食硫酸,遭到反抗后又朝刘甲身上泼洒,致刘甲面目全非。其孙子吓得大哭后,刘传林仍不罢手,又朝刘乙强行灌食和泼洒硫酸,致刘乙体表和上消化道极重度烧伤死亡。刘甲消化道烧伤,双眼睑外翻、双眼球烧毁,鼻部大部分缺失变平畸形,口唇严重外翻,张口度仅能容二指,颏颈前部瘢痕严重连痂挛缩,左耳廓完全缺失,构成重伤一级、一级伤残。其二,被害方对引发案件没有过错。根据查明的事实,刘某某既未唆使其叔叔刘元生殴打刘传林,也未参与刘元生和刘传林的打斗,对刘传林的损伤无法定赔偿义务。虽然刘某某未主动阻止刘元生与刘传林的打斗,但事发后已因此向刘传林道歉,并被刘传林的亲戚殴打,在情理上也不亏欠刘传林。在此情况下,刘传林仍起意报复刘某某,明知硫酸具有强腐蚀性,能严重毁容或致人死亡,仍预谋向刘某某两个年幼的孩子灌食、泼洒硫酸,可谓犯罪动机十分卑劣。其三,刘传林虽投案自首,但认罪态度一般,无明显悔罪表现。刘传林作案后向亲属表示感觉出了气,为家族争了光,归案后也仅承认向二被害人泼洒硫酸,二被害人的损伤是其所致,始终否认向二人强行灌食硫酸的犯罪情节,供述避重就轻,开庭时明确表示无法赔偿。经法院工作,刘传林的亲属仍拒绝代为赔偿,被害方对刘传林也不予谅解。此外,本案性质恶劣、后果极其严重,在当地引起极为恶劣的影响。综合上述理由,最高人民法院认为,本案是以特别残忍手段造成被害人死亡和特别严重残疾的案件,刘传林属罪行极其严重,故依法核准刘传林死刑。

案例:宋会冬故意伤害案

案例来源:《人民法院案例选》2009年第1辑

主题词:减轻处罚　法定情节　酌定量刑情节

一、基本案情

被告人宋会冬。

内蒙古自治区包头市中级人民法院经审理查明:2007年2月23日晚7时许,被害人贾敏在包头市"小不点"烧烤东河店因结账问题与该店员工发生争执,正在前厅服务的被告人宋会冬、宋龙(同案被告人,已判刑)见状,先后冲上前用拳头击打贾敏,双方发生厮打。贾敏被拥出前厅后,宋会冬拿起店内的凳子追打贾敏,宋龙及该店其他员工赵龙、刘月喜、孙强、高小乐(均为同案被告人,已判刑)先后追出店内,对贾敏和与其同来的孟碧海拳打脚踢。此时接到报警的派出所民警赶到现场,对双方当事人进行了询问。当晚8时许,被害人贾敏、孟碧海到包头市中心医院就诊输液,24日凌晨3时许,贾敏在医院死亡。经鉴定,被害人贾敏生前患有严重的冠状动脉硬化性心脏病,在外界因素(如外伤、饮酒、情绪激动等因素)的刺激下,导致冠心病急性发作,造成心肌供血不足,心力衰竭而死亡,系心源性猝死。

包头市中级人民法院认为:被告人宋会冬等六被告人作为饭店员工,不能妥善处理与顾客的矛盾,却殴打顾客,最终导致被害人受伤而死亡的严重后果,其行为均已构成故意伤害罪。鉴于本案被害人的直接死因是心源性猝死,系多种因素导致的结果,被告人的伤害行为只是导致被害人冠心病发作的诱因之一,对被告人宋会冬可在法定刑以下量刑。依照《中华人民共和国刑法》第二百三十四条、第六十七条第一款、第十七条第一款、第二款、第三款、第三十七条、第七十二条第一款、第七十三条第二款、第六十三条之规定,认定被告人宋会冬犯故意伤害罪,判处有期徒刑四年,并依法报请最高人民法院核准;其他五名被告人认定为从犯,均已减轻处罚。

一审判决作出后,被告人未提起上诉,检察机关也未提起抗诉。

内蒙古自治区高级人民法院经审理认为:宋会冬等人因琐事与顾客发生厮打,致使被害人死亡,其行为均已构成故意伤害罪,依法应予惩处。鉴于本案被害人的直接死因是心源性猝死,系因(如外伤、饮酒、情绪激动等)多种因素导致的结果,被告人的伤害行为只是导致被害人冠心病发作的诱因之一。且被告人认罪、悔罪态度好,能积极赔偿附带民事诉讼当事人的经济损失,并取得谅解,附带民事诉讼原告人已明确表示建议对各被告人从轻处罚。对于在法定刑以下量刑,同级检察院也未提出抗诉。故同意包头市中级人民法院对被告人宋会冬在法定刑以下量刑的刑事判决,根据《中华人民共和国刑法》第六十三条第二款的规定(犯罪分子虽然不具有法定的减轻处罚情节,但是根据案件的特殊情况,经最高人民法院核准,也可以在法定刑以下判处刑罚),依法报请最高人民法院核准。

最高人民法院经审理认为:被告人宋会冬参与殴打被害人,致被害人死亡,其行为构成故意伤害罪。被告人宋会冬虽不具备法定减轻处罚情节,但鉴于本案被害人死亡的直接原因是心脏病急性发作引起的猝死,宋会冬等人的殴打行为系心脏病发作的刺激因素之一,且宋会冬等人的亲属积极赔偿了被害人亲属的经济损失,取得了被害人亲属的谅解,宋会冬归案后认罪态度较好等情节,可对被告人宋会冬在法定刑以下判处刑罚。一审判决认定的事实清楚,证据确实、充分,定罪准确,在法定刑以下判处刑罚适当,审判程序合法。依照《中华人民共和国刑法》第六十三条第二款和最高人民法院《关于执行〈中华人民共和国刑事诉讼法〉若干问题的解释》第二百七十条之规定,裁定如下:

核准内蒙古自治区包头市中级人民法院〔2007〕包刑一初字第49号对被告人宋会冬以故意伤害罪判处有期徒刑四年的刑事判决。

二、裁判要旨

No.4-234-40 不存在法定的减轻处罚情节,但存在对被告人减轻处罚的酌定情节,人民法院可以依法对被告人减轻处罚,并层报最高人民法院核准。

根据《刑法》第二百三十四条的规定,犯故意伤害罪致人死亡的,处十年以上有期徒刑、无期徒刑或者死刑。从本条规定可以看出,在没有法定减轻处罚情节时,犯故意伤害罪伤害致人死亡的,应当在十年以上量刑。但在本案中,被告人宋会冬等实施的伤害行为情节并不严重,一般情况下只能造成被害人的轻伤。被害人死亡的直接原因是心脏病急性发作引起的猝死,被告人的伤害行为只是导致被害人冠心病发作的刺激因素之一,是与情绪激动、饮酒等其他因素共同引发被害人心脏病发作。根据法医鉴定,可以得出这样的结论,被告人宋会冬的伤害行为是被害人贾敏死亡的诱因之一,也就是说,宋会冬的伤害行为与被害人的死亡有刑法上的因果关系,这是被告人负刑事责任的必然条件。被告人宋会冬的伤害行为,与被害人情绪激动、饮酒共同引起了心脏病的发作,仅有宋会冬的伤害行为,在一般情况下不会导致被害人的死亡,而被害人贾敏患有心脏病是被告人宋会冬在实施伤害行为时不可能预见的,贾敏心源性猝死这一后果的责任全部都由被告人宋会冬承担,显然与其所实施的具体伤害行为罪责不相适应。且被告人宋会冬归案后能够积极赔偿被害人亲属的经济损失,取得了被害人亲属的谅解,认罪态度较好,这些都是在法定刑以下量刑的酌定情节。根据这些酌定情节,对被告人宋会冬在法定刑以下量刑符合刑法罪刑相适应的原则,实现了法律效果和社会效果的有机统一。

案例:熊华君故意伤害案

案例来源:《刑事审判参考》总第 80 集[第 698 号]

主题词:故意伤害罪　自首的认定

一、基本案情

被告人熊华君,男,1977 年 2 月 5 日出生,因涉嫌犯故意伤害罪,于 2007 年 7 月 20 日被逮捕。

湖北省武汉市武昌区人民检察院以被告人熊华君犯故意伤害罪,向武汉市武昌区人民法院提起公诉。

武昌区人民法院经公开审理查明:2007 年 6 月 22 日 13 时,被告人熊华君在位于武汉市武昌区和平大道 745 号铁道部第四勘察设计院(以下简称"铁四院")门口,因安装报警装置与铁四院值班室内午休的保安唐某某发生口角,后相互扭打,其间被告人熊华君用安装报警装置所用的起子将唐某某的颈部捅伤,致使其左侧颈外动脉破裂急性大失血休克而死亡。案发后,在场的另一名保安送唐某某去医院,同时通知了铁四院公安处。熊华君在现场等待公安人员到来,并供认了上述犯罪事实。经报警,武昌区公安分局杨园街派出所民警至案发当晚将熊华君带回派出所接受讯问。

2007 年 7 月 5 日,被告人熊华君的家属与被害人唐某某的家属针对民事赔偿事宜,自愿达成和解协议,由熊华君家属及熊华君所在单位共同赔偿人民币 40 万元(已支付),被害人的家属据此向司法机关书面请求减轻对被告人熊华君的刑事处罚。

武昌区人民法院依照《中华人民共和国刑法》第二百三十四条第二款、第四十七条、第六十七条及最高人民法院《关于处理自首和立功具体应用法律若干问题的解释》第一条第一项的规定,于 2007 年 10 月 19 日对被告人熊华君判决如下:

被告人熊华君犯故意伤害罪,判处有期徒刑三年。

一审宣判后,被告人熊华君服判,不上诉。公诉机关武昌区人民检察院亦未提出抗诉。

二、裁判要旨

No. 4-234-41　实施犯罪行为后,明知他人已经报案而自愿留在现场配合抓捕并接受讯问、如实供述自己罪行的,应当认定为自首。

关于现场待捕能否认定为自首的问题,2010 年最高人民法院《关于处理自首和立功若干具体问题的意见》明确规定,"明知他人报案在现场等待,抓捕时无拒捕行为,供认犯罪事实的"应当视为自动投案。根据该意见的规定,并非所有留在现场等待抓捕的行为都成立现场待捕型自首,还应具备以下四个条件。

1. 现场待捕的非被动性。本案中,当另一名保安送被害人去医院抢救,现场仅有熊华君与两名同事的情况下,熊华君始终没有试图离开,显示出将自己置于司法机关控制下的自愿性和候捕的自动性。

2. 明知他人已经报案。包括行为人听见、看见或明确被告知已有人报案和依照一般常识判断,案发后现场应当有人报案的情形。本案发生于中午 1 时许,现场共 5 人,熊华君捅伤被害人后,在场一名保安先去了案发现场最近的办公楼,根据当时情况,熊华君应推断出此保安向有关机关报案的可能性。

3. 被抓捕时行为的服从性。在公安人员到场后主动承认犯罪行为,表现为基于本人意志,自愿置身于司法控制之下。犯罪嫌疑人对于公安人员到现场的抓捕在行为上应表现为顺从配合,这种顺从配合不仅要表现在被抓捕时,还应表现为在此后的押解过程中。本案中,熊华君面对最先来到现场的铁四院公安处民警时,就承认自己的犯罪行为,并按其要求前往铁四院公安处的办公室,随后又被闻讯赶来的杨园街派出所民警押解带回派出所。在整个抓捕、押解过程中,熊华君不抗拒不脱逃,按照公安人员的要求顺利到达羁押场所。

4. 供认犯罪事实的彻底性。犯罪嫌疑人应如实供述自身罪行,对犯罪事实供认不讳,这是自首"如实供述"条件的要求。犯罪嫌疑人对自己行为性质的辩解不应被视为对如实供述自身罪行行为的否定。熊华军归案后如实供述了案件的发生经过,在法庭上对自己的犯罪事实也供认不讳。

综上所述,被告人熊华君理应知道他人已经报案而自愿在现场等待,配合公安机关的抓捕,并如实供认罪行,应认定为自首。

案例:杨伟故意伤害案

案例来源:《刑事审判参考》总第84辑[第745号]

主题词:从旧兼从轻原则犯罪行为的追诉期限计算

一、基本案情

被告人杨伟,男,1971年7月12日出生,原系河南省开封市公安局新门关派出所联防队员:因涉嫌故意伤害罪于2008年5月23日被逮捕。

河南省开封市禹王台区人民检察院于2008年10月17日以被告人杨伟犯故意伤害罪,向开封市禹王台区人民法院提起公诉。

开封市禹王台区人民法院经审理查明:1992年7月6日,被告人杨伟与邓建学(均为开封市公安局新门关派出所联防队员)被开封市公安局新门关派出所派往禹王台区演武厅街西口,制止被害人皮海彬酒后滋事。杨伟、邓建学欲将皮海彬扭送至派出所,皮不听劝阻,双方发生扭打。邓用膝盖顶撞皮的阴部,用拳击打皮的胸部,并致皮倒地。皮倒地后,杨伟朝皮的躯干部分踢踹了一脚。皮被送往医院后死亡。经法医鉴定,皮海彬系在醉酒和轻度心肌炎的情况下,外力作用于胸腹部等敏感部位,导致迷走神经反射性抑制心跳骤停而死亡。

开封市南关区人民检察院于1992年11月17日以被告人邓建学犯过失杀人罪,向开封市南关区(现禹王台区)人民法院提起公诉。在本案审理期间,被告人邓建学于1993年12月30日因病死亡,法院裁定终止审理。本案在1992年发生后直至2008年4月11日期间当地侦查机关未对杨伟进行立案处理,杨伟在案发后亦未有逃避侦查的行为。开封市公安局禹王台分局于2008年4月11日开始对杨伟故意伤害案立案调查。

开封市禹王台区人民法院认为,被告人杨伟伙同他人在履行职务过程中,外力作用于被害人胸腹部等敏感部位,导致被害人在醉酒和患轻度心肌炎的情况下迷走神经反射性抑制心跳骤停而死亡,其行为构成故意伤害罪。杨伟在共同犯罪中起次要作用,系从犯,应当减轻处罚。依照《中华人民共和国刑法》第十二条和1979年《中华人民共和国刑法》第一百三十四条第二款,第二十四条,第六十七条第一款,第六十八条第二、三款之规定,判决如下:

被告人杨伟犯故意伤害罪,判处有期徒刑三年,缓刑四年。

二、裁判要旨

No.4-234-42 没有逃避侦查或者审判,对犯罪行为的追诉应当受到追诉期限的限制,追诉期限应当根据犯罪行为所对应的法定最高刑加以确定。法定最高刑的确定不应计入从轻、减轻、免除处罚或从重处罚情节的考虑,即不应根据实际可能判处的刑期确定法定最高刑。

关于未逃避侦查的行为是否不受追诉期限限制的问题,应当结合1979年《刑法》第七十七条和最高人民法院《关于适用刑法时间效力规定若干问题的解释》第一条的规定进行综合分析。1979年《刑法》第七十七条规定:"在人民法院、人民检察院、公安机关采取强制措施以后,逃避侦查或者审判的,不受追诉期限的限制。"最高人民法院《关于适用刑法时间效力规定若干问题的解释》第一条规定:"对于行为人1997年9月30日以前实施的犯罪行为,在人民检察院、公安机关、国家安全机关立案侦查或者在人民法院受理案件以后,行为人逃避侦查或者审判,超过追诉期限或者被害人在追诉期限内提出控告,人民法院、人民检察院、公安机关应当立案而不予立案,超过追诉期限的,是否追究行为人的刑事责任,适用修订前的刑法第七十七条的规定。"根据上述规定,我们认为,对于1997年9月30日以前实施的犯罪行为,行为人没有逃避侦查或者审判,侦查机关没有立案侦查,人民法院也没有受理案件,超过追诉期限的,不再追究行为人的刑事责任;被害人即使在追诉期限内提出控告,侦查机关应当立案而不立案,超过追诉期限的,也不再追究行为人的刑事责任。

联系本案,侦查机关在1992年案发后仅启动了追究主犯邓建学刑事责任的程序,杨伟在该案中也接受了公安机关的调查,并没有逃避侦查的行为。公安机关在案发后直至2008年4月11日这段期间未对行为人进行立案处理,因此,对杨伟追究刑事责任应当受到追诉期限的限制。具体应受多长时效期限的限制,应当根据杨伟故意伤害行为对应的法定最高刑确定。

本案发生于1992年,全国人民代表大会常务委员会发布的《关于严惩严重危害社会治安的犯罪分子的决定》对致人死亡的故意伤害行为规定了七年以上有期徒刑、无期徒刑、死刑的法定刑,而1997年修订《刑法》对致人死亡的故意伤害行为规定了十年以上有期徒刑、无期徒刑、死刑的法定刑。两者规定的法定最高刑均为死刑;但从法定最低刑的比较来看,1997年修订《刑法》规定的法定最低刑为十年,1979年《刑法》与《关于严惩严重危害社会治安的犯罪分子的决定》规定的法定最低刑为七年,后者轻于前者,按照从旧兼从轻原则,应适用1979年《刑法》与《关于严惩严重危害社会治安的犯罪分子的决定》的相关规定。

1979年《刑法》第一百三十四条第二款与《关于严惩严重危害社会治安的犯罪分子的决定》第一条第(二)项规定的三种法定刑是一个量刑幅度内的三个量刑档次。量刑幅度是与刑法规定的具体犯罪危害后果相对应的。最高人民法院《关于人民法院审判严重刑事犯罪案件中具体应用法律的若干问题的答复(三)》第三十九条规定:"刑法第七十六条(1979年《刑法》第七十六条与1997年《刑法》第八十七条的规定相同——笔者注)按照罪与刑相适应的原则,将追诉期限分别规定为长短不同的四档,因此,根据所犯罪行的轻重,应当分别适用刑法规定的不同条款或相应的量刑幅度,按其法定最高刑来计算追诉期限。如果所犯罪行的刑罚,分别规定有几条或几款时,即按其罪行应当适用的条或款的法定最高刑计算;如果是同一条文中,有几个量刑幅度时,即按其罪行应当适用的量刑幅度的法定最高刑计算。"根据这一规定,致人死亡情形的故意伤害行为对应的七年以上有期徒刑、无期徒刑、死刑,是一个量刑幅度中的三个量刑档次,而非三个量刑幅度。

对犯罪行为对应的法定刑的确定不应计入从轻、减轻、免除处罚情节,即不应根据实际可能判处的刑期确定法定最高刑。在确定犯罪行为对应的法定最高刑时,不应计入从轻、减轻、免除处罚或从重处罚情节的考虑。这里有必要论及法定刑和宣告刑的区分。法定刑是根据犯罪性质、危害后果、情节等确定的刑罚。而宣告刑是行为人在接受审判后,人民法院根据其犯罪性质,综合各种从重或者从轻、减轻、免除处罚情节,以法定刑为基准而判定的刑罚。根据刑法的相关规定,追诉时效期限的长短是根据犯罪行为对应的法定最高刑确定的,而不是根据犯罪行为对应的宣告刑确定的。这是因为在对行为人追诉前,不可能确切知道对其应适用的宣告刑,故只能根据其行为的一般情形确定法定最高刑,再根据法定最高刑确定追诉时效。如果以可能对应的宣告刑作为追诉标准,则可能会出现漏诉的情况,最终不利于惩罚犯罪。所以,司法机关对犯罪行为是否追诉应根据犯罪性质、危害后果、情节对应的法定刑幅度进行判断,而不必考虑行为人是否存在从轻、减轻、免除处罚或者从重处罚情节。

关于犯罪行为对应法定最高刑的确定,我们认为,可以具体参照以下原则:

第一,对于数额犯,应根据犯罪数额对应的刑法条款规定的刑罚幅度确定法定最高刑。

第二,对于情节犯,应根据犯罪情节对应的刑法条款规定的刑罚幅度确定法定最高刑。

第三,对于结果犯,应根据犯罪结果所对应的刑法条款规定的刑罚幅度确定法定最高刑。值得注意的是,《关于严惩严重危害社会治安的犯罪分子的决定》对故意伤害犯罪判处死刑的情况附加了情节恶劣的限定。对此处"情节恶劣"的理解,直接影响到本案法定最高刑的确定。我们认为,此处的情节恶劣是从属于"致人死亡"这一犯罪结果的,不是一个独立的法定情节。该类情节原则上只会影响到宣告刑的判定,而不涉及法定刑。基于这一分析,依照《关于严惩严重危害社会治安的犯罪分子的决定》的相关规定,对致人死亡情形的故意伤害行为,均应按照最高刑死刑确定追诉期限。

第四,对于集团犯罪,由于刑法对一般参与者与首要分子明确规定了不同的量刑幅度,所以应在甄别身份后确定法定最高刑。

第五,对于共同犯罪,确定从犯追诉期限时所适用的法律条款与确定主犯追诉期限所适用的法律条款应当同一。不论从犯的参与程度,即使从犯有从轻、减轻情节,其追诉期限与主犯的追诉期限应当一致,这是共同犯罪追诉的一体性以及保证诉讼程序完整性的要求。

被告人杨伟所实施的故意伤害行为,虽然其行为不是导致被害人死亡的直接原因,且情节较为轻微,但是作为共同犯罪的参与人,既然其参与行为造成了死亡结果,就应按照致人死亡情形的故意伤害行为确定追诉期限,即应按照《关于严惩严重危害社会治安的犯罪分子的决定》所规定的法定最高刑——死刑确定二十年的追诉期限。

案例:刘世伟故意伤害致人死亡案

案例来源:《人民法院案例选》2012 年第 4 辑

主题词:限制减刑制度　溯及力

一、基本案情

上诉人(原审被告人):刘世伟。

广州市中级人民法院经审理查明:2010 年 4 月 7 日晚,被告人刘世伟与郑某甲、黄某某(均另案处理)乘坐黄某甲(另案处理)驾驶的摩托车途经广州市番禺区石基镇旧水坑新社路时,恰逢被害人郑某某的三轮摩托车在其前方行驶,被告人刘世伟等人企图超越被害人郑某某驾驶的三轮摩托车但未果。当行驶至新社路与三方路交叉路口时,被告人刘世伟等人乘坐的摩托车超过被害人郑某某驾驶的三轮摩托车后,被告人刘世伟与被害人郑某某发生口角,继而发生打斗。被告人刘世伟和黄某某在附近一商店内购买了两把菜刀后共同追砍被害人郑某某,砍伤被害人郑某某的肩背部、腰腹部及大腿,致被害人郑某某伤重死亡。经法医鉴定,郑某某的死因系锐器作用于全身多处致其失血性休克死亡(右耳后至右肩部见长为 18 厘米的哆开创口;左肩部见长为 16 厘米、16 厘米、15 厘米的三处创口,可见左肩胛骨劈裂;右肩部见长为 13 厘米、12 厘米、10 厘米的三处创口,可见右肩胛骨劈裂;背部见长为 11 厘米、16 厘米、13 厘米的三处创口,其中 11 厘米的创口深及胸腔;右腋下至右腹部见长为 22 厘米的创口,见肋骨骨折;右腰部见长为 10 厘米的创口,见肌肉离断;右上臂外侧见长为 13 厘米、12 厘米、3.5 厘米的三处创口,可见右肱骨劈裂;右大腿中段后侧见长为 15 厘米创口,见肌肉离断)。案发后,被告人刘世伟逃离现场。2010 年 5 月 10 日,被告人刘世伟在四川省泸州市被公安人员抓获。

被告人刘世伟庭审时辩称,案发时其喝了很多酒,神志不清,且是被害人郑某某先动手打他。其辩护人提出:除被告人刘世伟对被害人实施伤害行为外,还有其他同案人对被害人实施了伤害行为,现有证据并不能证实是由被告人刘世伟实施的故意伤害行为致被害人郑某某死亡。

广东省广州市中级人民法院认为,被告人刘世伟无视国家法律,伙同他人故意非法伤害他人身体,致一人死亡,其行为已构成故意伤害罪,且情节恶劣,手段特别残忍,依法应予严惩。被告人刘世伟曾因故意犯罪被判处有期徒刑,刑罚执行完毕后五年之内再犯应当判处有期徒刑以上刑罚之罪,是累犯,应当从重处罚。

关于辩护人提出本案尚有同案人参与犯罪致责任难以界定的辩护意见,经查,本案虽有同案人黄某某参与持刀伤害被害人郑某某,暂未归案(现已抓获归案);但被告人刘世伟与同案人黄某某所持的菜刀是刘世伟本人从超市中购得,现场的监控录像清晰证实被告人刘世伟一直在追砍被害人郑某某,不停地砍劈被害人的背部,并在被害人不支倒地后,还继续朝被害人身体砍劈。期间,同案人黄某某一直在刘世伟的后面,在被害人郑某某不支倒地之后,其才赶上实施砍劈行为。从法医鉴定结论及被害人的尸体照片来看,死者体表见多处巨大创口,创腔内见多处骨折及左肺下叶破裂,由此可见被告人刘世伟在持刀砍劈被害人的过程中,所用力度极大,其主观恶性大,手段特别残忍。因此,被告人刘世伟与同案人黄某某共同持刀将被害人郑某某伤害致死,刘世伟实施了主要的伤害行为,作用重要,应承担故意伤害致人死亡的刑事责任。辩护人提出的该项辩护意见,据理不足,本院不予采纳。

被告人刘世伟仅因琐事与被害人郑某某发生争执打斗后,即去购买两把菜刀,并将其中的一把交给同案人黄某某,然后一起对被害人郑某某实施伤害。其和同案人黄某某持菜刀追砍被害人郑某某,并在郑某某倒地后还实施砍击行为,其犯罪手段残忍,主观恶性及人身危险性极大,罪行极其严重,且属累犯,依法应判处死刑立即执行。但鉴于本案系因琐事临时引发,被告人刘世伟并非预谋作案,到案后对购刀及伤害的主要犯罪事实供认不讳,认罪态度较好,对其判处死刑,可不立即执行。综合被告人刘世伟的犯罪情节及人身危险性等情况,依法对其限制减刑。依照《中华人民共和国刑法》第二百三十四条第二款、第六十五条第一款、第六十一条、第四十八条第一款、第五十条第二款、第五十七条第一款,《中华人民共和国刑法修正案(八)》第四条第二款,《中华人民共和国民法通则》第一百一十九条,最高人民法院《关于审理人身损害赔偿案件适用法律若干问题的解释》第十七条、第二十条、第二十七条、第二十八条、第二十九条、第三十五条的规定,作出如下判决:

1. 被告人刘世伟犯故意伤害罪,判处死刑,缓期二年执行,剥夺政治权利终身。

2. 对被告人刘世伟限制减刑。

一审宣判后,被告人刘世伟上诉提出:被害人先动手打其,有一定过错。一审适用 2011 年 5 月才生效的《刑法修正案(八)》限制减刑错误。

广东省高级人民法院认为,刘世伟伙同同案人故意伤害他人身体,致一人死亡,其行为已构成故意伤害罪。刘世伟是累犯,应当从重处罚。刘世伟仅因琐事与被害人争执打斗,即购买菜刀,与同案人一起追砍被害人致死,主观恶性大,作案手段凶残,人身危险性大,本应判处死刑立即执行。但本案系临时起意,且刘世伟如实供述犯罪事实,认罪态度较好,对其判处死刑可不立即执行。一审法院适用《刑法修正案(八)》第四条第二款对刘世伟限制减刑符合法律的规定。一审判决认定的事实清楚,证据确实、充分,定罪准确,量刑适当,适用法律正确,审判程序合法。依照《中华人民共和国刑事诉讼法》第一百八十九条第(一)项之规定,裁定:驳回上诉,维持原判。

二、裁判要旨

No. 4-234-43 《刑法修正案(八)》生效之前实施的犯罪,本可以判处死缓但因实际惩罚力度不够而可能被判处死刑立即执行的案件,可以考虑在判处死缓的同时决定限制减刑,不违反禁止溯及既往的原则。

“保留死刑,严格控制和慎重适用死刑”的死刑政策要求,对于不是必须判处死刑立即执行的罪犯,可以判处死刑缓期两年执行,之前的刑法没有规定死缓罪犯的最低执行刑期,社会公众普遍认为死缓罪犯的实际执行刑期过短,影响社会安全,而且与死刑立即执行差别悬殊。《刑法修正案(八)》首次规定的限制减刑制度延长了因累犯以及故意杀人、强奸、抢劫、绑架、放火、爆炸、投放危险物质或者有组织的暴力性犯罪,以及被判处死刑缓期两年执行的犯罪分子的实际执行刑期,有利于减少死刑与死缓之间过分悬殊的差距,能够为宽严相济刑事政策以及严格控制和慎重适用死刑政策的司法贯彻奠定良好的基础。最高人民法院《关于〈中华人民共和国刑法修正案(八)〉时间效力问题的解释》第二条规定:“2011 年 4 月 30 日以前犯罪,判处死刑缓期执行的,适用修正前刑法第五十条的规定。被告人具有累犯情节,或者所犯之罪是故意杀人、强奸、抢劫、绑架、放火、爆炸、投放危险物质或者有组织的暴力性犯罪,罪行极其严重,根据修正前刑法判处死刑缓期执行不能体现罪刑相适应原则,而根据修正后刑法判处死刑缓期执行同时决定限制减刑可以罚当其罪的,适用修正后刑法第五十条第二款的规定。”

最高人民法院之所以在限制减刑的溯及力方面区分不同情形处理的原因在于死缓限制减刑的立法目的。应当强调的是,对判处死刑缓期执行的被告人限制减刑,并不是单纯为了加重死缓刑的严厉性,而是为进一步严格执行死刑政策创造条件,即通过延长部分死缓犯的实际执行期,充分发挥死缓刑的严厉性,改变以往“死刑过重、生刑过轻”的刑罚执行不平衡现象。对死缓犯限制减刑应当以有利于严格执行死刑政策为前提。凡是判处死刑缓期执行不需限制减刑已经符合罪刑相适应原则或者能够实现裁判效果的案件,不应当再限制减刑。只有对于以往本可以判处死刑缓期执行,但因死刑缓期执行的实际执行期过短,惩罚力度不够,进而判处了死刑立即执行的案件,由于有了限制减刑制度,能够有效制裁犯罪,才可以考虑在判处死缓的同时决定限制减刑。因此,本案中,对刘世伟限制减刑并不违背刑法溯及力的规定,且这一处理基于《刑法修正案(八)》关于死缓限制减刑制度的立法目的出发,同时贯彻了严格控制和慎重适用死刑政策,故二审法院予以维持。

案例:巫仰生等故意伤害案

案例来源:《人民法院案例选》2013 年第 1 辑

主题词:故意伤害罪 因果关系

一、基本案情

广东省潮州市湘桥区人民检察院以被告人巫仰生、谢礼盛、刘哲、张伟、张英秋、蔡财彬、郑中海犯故意伤害罪(致人重伤),向潮州市湘桥区人民法院提起公诉。后潮州市湘桥区人民检察院在被害人许某源死亡后变更起诉,指控上述七被告人犯故意伤害罪(致人死亡)。附带民事诉讼原告人方某叶、刘某红、许锐某同时提起附带民事诉讼要求赔偿。

被告人巫仰生辩解称:其只是致被害人受伤,没有致被害人死亡。其辩护人辩护称:巫仰生的伤害行为与被害人许某源的死亡结果之间不具有刑法上的因果关系,请求对其从轻处罚。

被告人谢礼盛、刘哲、张伟辩解称:是被害人的家属放弃治疗导致被害人死亡,其只是致被害人重伤。

被告人张英秋辩解称:其只是致被害人重伤,没有致被害人死亡。其辩护人辩护称:被害人的死亡与张英秋的行为没有刑法上的因果关系。

被告人蔡财彬辩解称:被害人是因其家属停止治疗而导致死亡。其辩护人辩护称:公诉机关变更起诉指控蔡财彬故意伤害致人死亡的证据不足,现有证据只能认定蔡财彬及同案人致人重伤。

被告人郑中海辩解称:其只是故意伤害致人重伤。其辩护人辩护称:被害人的死亡与郑中海没有法律上的关系,不能排除因其他原因而死亡。

法院经审理查明:被害人许某源与杜某杰,于 2010 年 12 月 2 日凌晨,到潮州市新桥西路新乡村“老乌烧烤”吃烤鱼时,因该店没有卖烤鱼一事与店主张某德发生争吵,店内一员工将此事经电话告诉被告人巫仰生(系店主继子)。被告人巫仰生便打电话告诉被告人张伟、谢礼盛称其店内有人闹事,叫他们过去帮忙。被告人张伟遂叫了被告人郑中海、张英秋、同案人吴学良(已判决)一起过去帮忙,到场后,两被害人被一叫“刘二”的人劝走上了一辆三轮车。此时,被告人谢礼盛及其纠集的被告人蔡财彬、刘哲、同案人林川(另案处理)坐一小汽车到了现场,后被告人谢礼盛、刘哲、同案人林川冲去拦住三轮车上的两被害人,并殴打两人。此后在离开现场时,被害人许某源下车打电话,被告人一伙遂又冲上去殴打许某源,将许某源打倒在地。后被告人巫仰生叫其继父张某德打 120 救人,其他人离开现场。被害人许某源被打伤,经鉴定:被害人许某源系头部外伤致脑挫伤、硬脑膜外血肿、硬脑膜下血肿、蛛网膜下腔出血并昏迷,伤情为重伤;伤残程度评定为一级。

被害人许某源于受伤当日被送到潮州市潮州医院住院治疗,2011 年 3 月 24 日潮州医院应被害人许某源家属的要求,拔除被害人的气管插管,降低用药档次,并于同年 4 月 1 日停止输液。后被害人许某源于 2012 年 1 月 8 日死亡。

被害人许某源于受伤当日被送潮州市潮州医院住院治疗,至 2011 年 9 月 13 日其亲属为其办理住院结算手续,连同门诊费用、药品费用共用去医疗费人民币 25.490649 万元。被害人许某源死亡后,其亲属于 2012 年 3 月 13 日到医院办理第二次住院结算手续,共用去医疗费 5.773909 万元。综上医疗费共计 31.264558 万元。

另查明:被害人许某源的父亲已去世,其母亲为方某叶,妻子为刘某红,其有一个哥哥、一个姐姐,其子许锐某是其与前妻所生。

再查明:在本案审理过程中,附带民事诉讼原告人方某叶、刘某红、许锐某和被告人谢礼盛、蔡财彬、郑中海达成赔偿协议,由被告人谢礼盛的亲属赔偿附带民事诉讼原告人因本案而遭受的经济损失 16 万元,由被告人蔡财彬的亲属赔偿附带民事诉讼原告人因本案而遭受的经济损失7.8万元,由被告人郑中海的亲属赔偿附带民事诉讼原告人因本案而遭受的经济损失6.988万元。附带民事诉讼原告人方某叶、刘某红、许锐某撤回向本院提起的对被告人谢礼盛、蔡财彬、郑中海的附带民事诉讼,并出具谅解书对上述三被告人表示谅解,并请求对被告人谢礼盛从轻处罚,对被告人蔡财彬、郑中海从轻、减轻处罚。本院经审查后同意附带民事诉讼原告人方某叶、刘某红、许锐某撤回对被告人谢礼盛、蔡财彬、郑中海的附带民事诉讼。

潮州市湘桥区人民法院于2012年9月20日作出(2012)潮湘法刑初字第28号刑事附带民事判决:

1. 被告人巫仰生犯故意伤害罪,判处有期徒刑十年。

2. 被告人谢礼盛犯故意伤害罪,判处有期徒刑八年。

3. 被告人刘哲犯故意伤害罪,判处有期徒刑八年。

4. 被告人张伟犯故意伤害罪,判处有期徒刑七年。

5. 被告人张英秋犯故意伤害罪,判处有期徒刑二年。

6. 撤销广东省揭阳市中级人民法院(2009)揭中法刑假字第154号刑事裁定书对被告人蔡财彬的假释。被告人蔡财彬犯故意伤害罪,判处有期徒刑三年,连同前犯罪被判处有期徒刑因假释尚未执行的余刑有期徒刑二年四个月十五天,决定执行有期徒刑五年。

7. 被告人郑中海犯故意伤害罪,免予刑事处罚。

8. 被告人巫仰生应赔偿附带民事诉讼原告人方某叶、刘某红、许锐某的经济损失27.4675万元,被告人刘哲应赔偿附带民事诉讼原告人方某叶、刘某红、许锐某的经济损失16.4805万元,被告人张伟应赔偿附带民事诉讼原告人方某叶、刘某红、许锐某的经济损失16.4805万元,被告人张英秋应赔偿附带民事诉讼原告人方某叶、刘某红、许锐某的经济损失10.9870万元,四被告人对上述赔偿款项相互承担连带赔偿责任,限于本判决发生法律效力之日起五日内付清。宣判后,附带民事诉讼原告人方某叶、刘某红、许锐某和被告人巫仰生、谢礼盛、张伟、蔡财彬不服,均向潮州市中级人民法院提出上诉。

潮州市中级人民法院于2012年12月10日以同样的事实作出(2012)潮中法刑一终字第50号刑事附带民事判决:

1. 维持潮州市湘桥区人民法院(2012)潮湘法刑初字第28号刑事附带民事判决第一至七项对上诉人巫仰生、谢礼盛、张伟、蔡财彬、原审被告人刘哲、张英秋、郑中海的定罪、量刑部分。

2. 撤销潮州市湘桥区人民法院(2012)潮湘法刑初字第28号刑事附带民事判决的第八项。

3. 上诉人巫仰生应赔偿上诉人方某叶、刘某红、许锐某的经济损失29.812881万元,原审被告人刘哲应赔偿上诉人方某叶、刘某红、许锐某的经济损失17.887728万元,原审被告人张伟应赔偿上诉人方某叶、刘某红、许锐某的经济损失17.887728万元,原审被告人张英秋应赔偿上诉人方某叶、刘某红、许锐某的经济损失11.925152万元,并对上述赔偿款项相互承担连带赔偿责任,限于本判决生效之日起五日内履行。

二、裁判要旨

No.4-234-44 故意伤害致人重伤后,被害人家属主动要求拔除气管插管、停止输液导致被害人死亡的,伤害行为与死亡结果之间不存在刑法意义上的因果关系。

在存在介入因素的情况下,判断先前行为与危害结果之间的因果关系是否被切断而导致不存在刑法意义上的因果关系,主要考虑介入因素的异常性以及同先前行为之间的关系,即介入因素的出现是异常还是正常的、介入因素是独立于先前行为还是从属于先前行为。如果介入因素异常、介入因素本身独立于先前行为、先前行为导致结果发生的可能性较小,则应当肯定先前行为与结果之间不存在刑法意义上的因果关系,或者说因果关系已经断绝;反之,如果介入因素的出现是正常的、介入因素本身从属于先前行为、先前行为导致结果发生的可能性较大,则应当认为先前行为与结果之间存在刑法意义上的因果关系,或者说因果关系并未被切断。被告人巫仰生等人在将被害人许某源殴打致重伤并住院治疗后,许某源经积极治疗后病情稳定,并未立即死亡。虽然巫仰生等人的行为有可能导致许某源死亡,具有致许某源死亡的危险性,但它也仅仅是停留在可能性和危险性而已,并没有合乎规律地引起许某源死亡结果的发生。相反,在继续治疗过程中,被害人家属实施了独立于伤害行为之外的一系列放弃积极治疗的行为:先是主动要求将许某源由重症监护室转出到普通病房,后又主动要求拔除气管插管、停止输液,最后又放弃护理等。本案中正是由于介入了被害人家属放弃治疗的积极因素,才最终导致许某源的死亡。由于在被告人巫仰生等人的伤害行为之后,又介入了独立于先前的伤害行为之外的被害人家属主动要求拔除气管插管、停止输液等多个独立于伤害行为的积极因素,并最终导致被害人死亡,因此,巫仰生等人的伤害行为与被害人死亡之间的因果关系已因被害人家属行为的介入所阻断,即巫仰生等人的行为仅与许某源的重伤具有刑法意义上的因果关系,而与许某源之死不具有刑法意义上的因果关系。

案例:王建秋、赫喜贵等人故意伤害、聚众斗殴、寻衅滋事案

案例来源:《人民法院案例选》2014年第3辑

主题词:故意伤害罪　被害人特殊体质与因果关系认定

一、基本案情

被告人:王建秋、赫喜贵、郭伟、王蒙华、见飞、刘建军、黄长平、兰辉辉、侯开斌、张战锋、王少峰、杨运健、张俊杰、张艺博、轩玉辉、韩宠、杨伟、马利兵、夏荣华、张鹤、王南江、武威风、王昆仑、朱付涛、崔波、李成飞。

新疆生产建设兵团农八师中级人民法院经审理查明:2012年5月10日17时许,被告人郭伟、王蒙华和被害人李海龙三人酒后到“石河子宾馆”东门,欲进入宾馆游泳馆游泳。因石河子宾馆原游泳馆已经变更为“凯撒皇宫娱乐会所”,正在装修,宾馆东门被锁住。被告人郭伟、王蒙华两人即拍打铁门让东门旁值班室内的“凯撒皇宫娱乐会所”员工开门。值班室内的“凯撒皇宫娱乐会所”员工被告人王建秋及女员工黄俊荣遂告知二人此门不能通行。被告人郭伟、王蒙华为此与王建秋发生争吵,进而相互辱骂。被告人郭伟、王蒙华遂用砖、石将值班室东侧临街窗户砸烂,致使在值班室内的被害人黄俊荣受到惊吓。被告人王建秋见状即告知被告人王少峰,说有人砸玻璃,让其赶快集合员工。被告人王少峰遂纠集20余名正在接受培训的男员工持木棒、钢管等,冲到“石河子宾馆”东门门口,追赶李海龙、郭伟、王蒙华等人。在追赶中上述员工将所持木棒、钢管丢弃,未用于殴斗。被告人郭伟、王蒙华见院内冲出人群,即和被害人李海龙沿石河子市东小路向南逃跑。被告人见飞、刘建军、黄长平、侯开斌先在“石河子宾馆”东门南约50米处将被害人李海龙抓住并进行踢打。随后被告人见飞、黄长平继续追赶被告人郭伟,被告人刘建军、侯开斌则将李海龙交给随后赶到的被告人王建秋等人。被告人王建秋即将李海龙押往“石河子宾馆”东门值班室处,在行至“石河子宾馆”东门南侧时,被告人王建秋将被害人李海龙殴打倒地。同时,被告人杨运健、王少峰、张俊杰、张艺博、马利兵等人将被告人郭伟抓住带往“石河子宾馆”东门。在途经“石河子宾馆”东门对面“新颖平价自选商店”门口时,赶来的被告人王建秋又上前对郭伟实施了殴打,被告人杨运健、张俊杰、张艺博、轩玉辉、韩宠、杨伟、马利兵、夏荣华、张鹤、王南江、武威风、王昆仑、朱付涛、崔波、李成飞见状即一拥而上对被告人郭伟拳打脚踢。众人将郭伟带至“石河子宾馆”东门时,见被害人李海龙躺在宾馆东门口地上,被告人张战锋、赫喜贵、见飞、兰辉辉即上前对李海龙腹部、背部进行踢打。后被告人王少峰、朱付涛、马利兵将躺在地上的李海龙抬至石河子宾馆东门内值班室门口。期间“凯撒皇宫娱乐会所”股东王涛打电话报警。公安人员赶到现场,将被告人郭伟、王蒙华和李海龙带至北子午路派出所调查。在讯问过程中李海龙突感不适,石河子市公安局北子午路派出所民警即将李海龙送往石河子市人民医院救治,同年5月11日20时10分,李海龙经抢救无效死亡。经新疆新医司法鉴定所病理检验、新疆维吾尔自治区公安厅物证鉴定中心法医学尸体检验文审复核意见:李海龙颈部、胸部、背部、四肢等多处有青紫、擦伤,其损伤特征符合钝性外力所致,为非致命伤,属轻微伤。李海龙系心脏瓣膜发育不全、急性心肌炎、急性肝坏死疾病造成心、肝脏以及多器官功能衰竭而死亡,轻微伤和饮酒是导致死亡的诱发因素。

另查明:

1. 2012 年 5 月 11 日,黄俊荣因不全流产在石河子市人民医院住院治疗。

2. 经石河子市公安局法医学人体损伤程度鉴定,被告人郭伟的损伤程度为轻微伤。

3. 2012 年 5 月 16 日,被告人王建秋主动到公安机关投案,如实供述主要犯罪事实。

4. 本案附带民事诉讼部分,经石河子市人民法院主持调解附带民事诉讼原告人李泽、吴爱平与被告人王建秋、王少峰、见飞、刘建军、黄长平、兰辉辉、侯开斌、张战锋、赫喜贵等人达成调解协议。附带民事诉讼原告人书面请求对上述九被告人从轻处罚。

5. 庭审后被告人郭伟、王蒙华的亲属分别补偿附带民事诉讼原告人 1 万元、5000 元,上述款项已给付完毕。

新疆维吾尔自治区石河子市人民法院于 2013 年 3 月 18 日作出(2012)石刑初字第 506 号刑事判决:

1. 被告人郭伟犯寻衅滋事罪,判处有期徒刑十个月。

2. 被告人王蒙华犯寻衅滋事罪,判处有期徒刑十个月。

3. 被告人王少峰犯故意伤害罪,判处有期徒刑四年。

4. 被告人王建秋犯故意伤害罪,判处有期徒刑三年零六个月。

5. 被告人赫喜贵犯故意伤害罪,判处有期徒刑三年。

6. 被告人兰辉辉犯故意伤害罪,判处有期徒刑三年。

7. 被告人武威风犯聚众斗殴罪,判处有期徒刑一年;其余被告人张战锋、刘建军、黄长平、侯开斌、见飞、杨运健、张俊杰、轩玉辉、韩宠、杨伟、马利兵、夏荣华、张鹤、王南江、王昆仑、朱付涛、崔波、李成飞、张艺博均被判处缓刑。

宣判后,王建秋、赫喜贵不服,提出上诉。新疆生产建设兵团农八师中级人民法院于 2013 年 5 月 9 日作出(2013)兵八刑终字第 21 号刑事判决:

1. 维持石河子市人民法院(2012)石刑初字第 506 号刑事判决的第一、二、三、四、六、七、八、九、十、十一、十二、十三、十四、十五、十六、十七、十八、十九、二十、二十一、二十二、二十三、二十四、二十五、二十六项和第五项的定罪部分。

2. 撤销石河子市人民法院(2012)石刑初字第 506 号刑事判决的第五项量刑部分。

3. 上诉人(原审被告人)赫喜贵犯故意伤害罪,判处有期徒刑三年,缓刑三年。

二、裁判要旨

No. 4-234-45 行为人所实施的通常情况下不足以致人死亡的暴力,因为被害人特殊体质的存在,导致被害人死亡的,应当肯定行为与结果之间的因果关系。

就致具有特殊体质的被害人死亡这一类型案件来说,特殊体质并不是介入因素,而是行为时已经存在的特定条件,所以,由于被害人具有特殊体质,行为人所实施的通常情况下不足以致人死亡的暴力,导致了被害人死亡的结果,应当肯定其二者之间具有因果关系。但是,在认定具有因果关系之后,确定行为人是否应当承担刑事责任的归责问题上,则必须坚持客观归责的判断,充分考虑危险的现实化。因为在很多案件中,特别是具有第三方介入因素的案件中,仅仅具有条件关系,还不足以肯定由行为人承担刑事责任。对此,还需要考虑以下两点因素:

一是行为人对被害人存在的潜在危险源认知程度及经验的判断大小。如果行为人根据案发的时间、地点、双方实力以及被害人特征等多方面因素,认为其轻微的暴力行为不足以导致被害人受伤或死亡的后果,那么一般情况下即便其加害行为与被害人死亡之间有因果关系,其也不应当承担刑法的不利评价。反之,其行为应当接受刑法的不利评价。

本案中,首先,被害人一方与王建秋、赫喜贵一方在人数及实力上具有明显差距,被害人一方弱势,王建秋、赫喜贵一方强势。其次,被害人一方案发时处于醉酒状态,而王建秋、赫喜贵一方在案发时具备正常的判断、控制能力,在注意到被害人一方处于醉酒状态时,应当认识到其暴力行为与正常人相比会造成更大的危害后果,但由于其并未采取相关避险措施,继续对被害人实施暴力行为,最终导致被害人的死亡,所以,其主观上对被害人存在危险源的认知程度及经验的判断方面是有过错的。

二是介入因素异常性的大小和介入因素对结果发生作用力的大小。如果介入因素超出一般人对同类事物的社会经验,且介入因素对结果发生的作用力大于行为人的加害行为,那么,即便其加害行为与被害人死亡之间有因果关系,其也不应当承担刑法的不利评价,反之亦然。

本案中,被害人自身虽然心脏瓣膜发育不全,而且案发前处于醉酒状态,但根据现有证据不足以证实醉酒因素的介入会导致被害人死亡,因此被害人李海龙自身所遭遇的潜在的危险源在客观上很弱。反而正是由于王建秋、赫喜贵等人对被害人腹部、胸部的殴打,才导致其本身潜在的危险源与外来原因共同作用,导致了死亡结果的发生。所以,王建秋、赫喜贵等人对被害人的暴力行为与被害人自身的潜在危险源相比,作用力较大,王建秋、赫喜贵等人应当对被害人的死亡承担刑事责任。

根据以上两点,笔者同意认定王建秋、赫喜贵等人对被害人的暴力行为与被害人死亡之间有刑法上的因果关系,且需对被害人死亡的后果承担责任的观点。

案例:赵纯玉、郭文亮故意伤害案

案例来源:《人民法院案例选》2015 年第 3 辑

主题词:故意伤害罪　实行过限

一、基本案情

天津市人民检察院第二分院指控称:2013 年 12 月初,被告人郭文亮因对被害人刘凤起心存怨恨,为报复泄愤指使被告人赵纯玉教训殴打刘凤起。郭文亮承诺事成之后给予赵纯玉 2 万元人民币。二被告人商定由郭文亮观察刘凤起行踪后通报赵纯玉实施伤害行为。郭文亮指使赵纯玉购买两张电话卡用于二人联系。二被告人两次伺机伤害刘凤起未果。2013 年 12 月 8 日 20 时许,赵纯玉按照郭文亮的安排再次驾车并携带铁管在刘凤起日常活动的本市河西区陵水道刘凤起经营的“感觉酒吧”附近守候,伺机行凶。当晚 21 时许,郭文亮通过电话告知赵纯玉,刘凤起正在陵水道与枫林路交口处的“宝来栗子店”买东西。赵纯玉遂赶至“宝来栗子店”,在刘凤起身后趁刘不备持铁管打击刘头部致刘倒地,又用铁管击打刘凤起身体数下,后逃匿至郭文亮的酒吧将打人的情况告知郭文亮。事后,郭文亮两次给赵纯玉共计 4 万元人民币。刘凤起经抢救无效于 2014 年 1 月 2 日死亡。经鉴定,被害人刘凤起系被他人用钝性物体击打头部致颅脑损伤后并发感染死亡。刘凤起头部、腿部及左手等部位多处骨折。据此,公诉机关指控被告人赵纯玉、郭文亮的行为触犯《刑法》第二百三十四条的规定,应当以故意伤害罪追究刑事责任。

被告人赵纯玉辩称:其不是故意击打被害人刘凤起的头部,被告人郭文亮没有花钱雇佣其教训刘凤起,愿意委托亲属对刘凤起亲属进行赔偿。其辩护人提出:(1)起诉书指控郭文亮雇佣赵纯玉对刘凤起实施加害行为的证据不足,不应当认定;(2)赵纯玉击打到刘凤起头部是因刘凤起躲闪中失手打中,刘凤起在住院治疗 25 天后死亡,存在多因一果的可能性;(3)赵纯玉具有重大坦白情节,依法应从轻处罚。

被告人郭文亮辩称:其没有花钱雇佣被告人赵纯玉教训被害人刘凤起,其曾经明确告知赵纯玉不要击打刘凤起的头部等身体要害部位,愿意委托亲属对刘凤起亲属进行赔偿。其辩护人提出:(1)刘凤起的死因存在多因一果的可能性。(2)郭文亮的犯意是打折刘凤起的胳膊或腿,赵纯玉对刘凤起的加害行为超出了郭文亮的授意范围,刘凤起的死亡结果出于郭文亮意志之外。因此,郭文亮不应对刘凤起的死亡结果承担责任。(3)郭文亮能够如实供述自己所犯罪行,表示愿意赔偿被害人亲属的经济损失。

法院经审理查明:被告人郭文亮在经营酒吧过程中与相邻酒吧的经营者被害人刘凤起之间存在矛盾。2013 年 12 月初,郭文亮为泄私愤,向被告人赵纯玉提出欲让赵纯玉殴打刘凤起实施报复。赵纯玉当即应允,后用他人的身份证购买了两张电话卡用于其与郭文亮相互联系。2013

年12月7日、8日晚,郭文亮观察刘凤起的活动情况,并通过电话将刘凤起的体貌特征和行踪告知赵纯玉。赵纯玉随身携带铁质自来水管按照事先约定在陵水道一停车场附近等候,伺机行凶。2013年12月8日晚21时30分,郭文亮见刘凤起到天津市河西区枫林路与陵水道交口处的"宝来栗子店"买食品,立即打电话通知在附近等候的赵纯玉。赵纯玉得知此情况后步行赶至"宝来栗子店"售货窗口前,站在刘凤起身后持铁质自来水管击打刘凤起的头部致其倒地后,继续击打腿部数下,随后跑到郭文亮经营的酒吧内将殴打情况告知郭文亮,离开郭文亮处后将作案时使用的铁质自来水管及所穿衣服丢弃于附近居民区内的垃圾桶内。刘凤起头部、腿部多处骨折,被闻讯赶到的亲属送往医院抢救,于2014年1月2日医治无效死亡。经鉴定,刘凤起系被他人用钝性物体打击头部致颅脑损伤后并发感染死亡。公安机关经侦查,于2014年2月19日将赵纯玉抓获,次日凌晨将郭文亮抓获。

天津市第二中级人民法院于2014年11月27日作出(2014)二中刑初字第0133号刑事判决:

1. 被告人赵纯玉犯故意伤害罪,判处死刑,缓期二年执行,剥夺政治权利终身。
2. 被告人郭文亮犯故意伤害罪,判处有期徒刑十年。

宣判后,赵纯玉、郭文亮向天津市高级人民法院提出上诉。天津市高级人民法院于2015年2月25日作出(2015)津高刑一终字第0006号刑事裁定:驳回上诉,维持原判。

二、裁判要旨

No.4-234-46　实行行为超出教唆范围的,如果实行行为与所教唆之罪属于同一性质的犯罪,教唆者在事前未提出有效防止错误且事后未有效补救的,应视为是对实行行为的认可,不构成实行过限,应对实行行为承担刑事责任。

实行过限,是指实行犯实施了超出共同犯罪故意的行为。如何准确认定实行过限,笔者认为,比较部分行为人的实行行为与原共谋犯罪的性质差异情况是关键。一般而言,如果部分行为人的实行行为与原共谋之犯罪属于同一性质的犯罪,即触犯的罪名相同,则对其中起组织、教唆作用的主犯而言不属于共同犯罪的实行过限,除非原共谋确定的侵害对象非常明确具体。本案中,被告人郭文亮的行为构成故意伤害,赵纯玉的行为则构成故意伤害致人死亡,与郭文亮触犯同一罪名,致人死亡的结果也在故意伤害罪此罪的幅度内。

根据教唆内容的确定性程度可以分为确定的教唆、未必的教唆、概然的教唆与选择的教唆。其中概然的教唆又分为全概然性教唆与半概然性教唆。全概然性教唆,是指教唆人的教唆毫不明确,不但让教唆人犯什么罪不明确,而且犯罪对象也不明确。这种情况下,只要由于教唆犯的教唆使被教唆人产生了犯意并予以实施,就不违背教唆犯主观意志,都应视为教唆犯教唆的结果,不属于共犯过限,其刑事责任由教唆犯与被教唆人共同承担。半概然性教唆具有相对的确定性,在教唆对象(被教唆人)、教唆内容(所教唆的具体犯罪)、所教唆的行为对象三者中,至少有两者必须是明确的。此种教唆中常出现"收拾一顿""给他点颜色看看""教训教训他"等言语,在不同情境下,不同素质的人听起来,可能会产生严重的歧义。尽管如此,根据具体情境、共犯之间的关系、共犯与被害人的关系、纠纷的性质等,仍可确定一个大致的故意范围。教唆人的罪责范围应包括被教唆人在不确定的故意范围内所造成的一切危害结果。至于对象的多寡、结果的轻重,均不影响共同犯罪行为的认定。因此,在半概然性教唆的情形下,出现实行过限的概率是很小的,除非被教唆人实施了与教唆内容明显不同质的行为等情形。本案应属于半概然性教唆的情形,二被告人事先预谋时就伤害刘凤起达成的合意为打断其胳膊或腿部,但并未就在实施犯罪过程中采取的手段、使用的凶器及控制打击刘凤起身体部位、打击力度、伤害程度等细节进行商议,并未提出防止死亡结果发生的措施。此种情形下,郭文亮应当能够预见赵纯玉实施加害行为时并不能控制其行为的准确性,以确保不击中头部等要害部位,因此致人死亡的后果也是在此不确定的故意范围内的。

如果教唆犯在场,且有条件制止而未制止,应推定为是对实行行为的默许,不成立实行过限。但如果实行行为存在速度过快等其他情形,教唆犯根本没有时间或条件作出反应,此时能否成立实行过限还应一并参考教唆犯事后的态度。如果教唆犯不在场,也应如前所述,在分析其教唆内容的基础上,根据其事后对此实行行为的态度来综合判断是否属于实行过限。本案中,郭文亮不在现场,但从其事后表现来看,其得知赵纯玉实施了击打头部等行为后,并未采取任何补救措施,且先后两次给了赵纯玉共计 4 万元人民币,这些表明郭文亮对刘凤起受伤的程度和可能造成的危害结果持一定程度的放任态度,也是对赵纯玉实行行为的认可,因此不能认定为实行过限,教唆犯郭文亮应对被害人死亡的结果承担刑事责任。

案例:陈黎明故意伤害案

案例来源:《刑事审判参考》总第 86 集[第 775 号]

主题词:死缓 数罪并罚

一、基本案情

被告人陈黎明,男,汉族,1969 年 9 月 26 日出生,农民。2002 年 12 月 31 日因犯敲诈勒索罪被浙江省临安市人民法院判处有期徒刑一年,2003 年 9 月刑满释放,2006 年 1 月 26 日因涉嫌犯强奸罪、抢劫罪、敲诈勒索罪被逮捕。

浙江省杭州市人民检察院以被告人陈黎明犯强奸罪、抢劫罪、敲诈勒索罪,向杭州市中级人民法院提起公诉。2006 年 8 月 23 日杭州市中级人民法院以强奸罪、抢劫罪、招摇撞骗罪判处被告人陈黎明死刑,剥夺政治权利终身,并处罚金人民币(以下币种同)五千元。2006 年 12 月 27 日浙江省高级人民法院改判被告人陈黎明死刑,缓期二年执行,剥夺政治权利终身,并处罚金五千元。2007 年 2 月 2 日浙江省高级人民法院将二审判决书向被告人陈黎明宣告送达。2007 年 4 月杭州市人民检察院发现被告人陈黎明还犯有抢劫罪、敲诈勒索罪两项漏罪,并以陈黎明犯抢劫罪、敲诈勒索罪向杭州市中级人民法院提起公诉。2007 年 4 月 24 日杭州市中级人民法院对陈黎明所犯漏罪定罪处罚,与原判刑罚并罚后,决定执行死刑,缓期二年执行,剥夺政治权利终身,并处罚金二万五千元。宣判后,陈黎明未提出上诉。浙江省高级人民法院经复核,裁定核准对被告人陈黎明执行死刑,缓期二年执行,剥夺政治权利终身,并处罚金二万五千元。

2007 年 10 月 22 日杭州市人民检察院以被告人陈黎明犯故意伤害罪,向杭州市中级人民法院提起公诉。陈黎明对公诉机关指控的基本事实无异议。其辩护人提出,陈黎明不属死刑缓期执行期间内故意犯罪。

杭州市中级人民法院经审理查明:2007 年 7 月 21 日 9 时许(浙江省高级人民法院核准被告人陈黎明所犯漏罪与原判刑罚并罚决定执行死刑缓期二年执行,剥夺政治权利终身,并处罚金二万五千元期间),被告人陈黎明在浙江省临安市看守所 306 监室内,因看电视时对电视人物的籍贯有分歧,与同监室的被害人涂俊成发生争吵。陈黎明首先出手殴打涂俊成,后双方发生扭打,被同监室人员拉开。在民警和协警先后两次劝阻、训诫后,陈黎明仍用拳头殴打涂俊成鼻部,造成涂俊成鼻骨骨折,经鉴定损伤程度已构成轻伤。

杭州市中级人民法院认为,被告人陈黎明在死刑缓期执行期间因有漏罪接受审判,同时又犯新罪故意伤害罪,应当属于死刑缓期执行期间故意犯罪。依照《中华人民共和国刑法》第二百三十四条第一款、第六十五条第一款之规定,对被告人陈黎明新犯故意伤害罪应当判处有期徒刑三年。依照《中华人民共和国刑法》第五十条、《中华人民共和国刑事诉讼法》(1996 年)第二百一十条第二款和最高人民法院《关于执行〈中华人民共和国刑事诉讼法〉若干问题的解释》第三百三十九条第二款之规定,本判决生效以后,经最高人民法院核准,对被告人陈黎明应当执行死刑。

宣判后,被告人陈黎明不服,提出上诉。浙江省高级人民法院经审理后,认为一审判决适用法律不当,审判程序错误,裁定撤销原判,发回杭州市中级人民法院重新审判。杭州市中级人民法院依法经重新审理后,认为被告人陈黎明在死刑缓期执行期间因有漏罪接受审判,同时又故意犯新罪,属于死刑缓期执行期间故意犯罪,应当依法执行死刑,并依法报请浙江省高级人民法院复核。宣判后,陈黎明不服,提出上诉。浙江省高级人民法院裁定驳回陈黎明的上诉,维持原判,并依法报请最高人民法院复核。

最高人民法院经依法复核,核准浙江省高级人民法院维持第一审对被告人陈黎明决定执行死刑的刑事裁定。

二、裁判要旨

No. 4-234-47　被告人在死刑缓期执行期间因有漏罪被起诉,在漏罪审理期间又故意再犯新罪的,应认定属于死刑缓期执行期间故意犯罪。

《刑法》第七十条、第七十一条对漏罪与犯新罪分别确立了"先并后减"及"先减后并"的并罚原则。其原理在于漏罪仅是被告人在宣告判决以前未主动交代全部犯罪事实或者司法机关未全部查清犯罪事实,刑法、刑事诉讼法并不存在强制被告人坦白、认罪的规定,因此对漏罪确立"先并后减"的并罚原则,漏罪与未漏罪情形之间不存在处罚轻重的差异;而犯新罪是被告人在判决宣告以后的羁押期间或者服刑期间,又继续犯新罪,不但从中体现出被告人的主观恶性和人身危险性没有消除,而且体现出其对劳动改造的抵制态度,因此有必要区别犯新罪和未犯新罪的处罚轻重,确立"先减后并"的并罚原则具有内在合理性。本案中,被告人陈黎明实施故意伤害的犯罪行为发生在其因犯强奸罪第一次被核准判处死刑缓期执行的二年考验期限内,且陈黎明已收到浙江省高级人民法院的判决书,其主观上明知自己实施故意伤害的犯罪行为尚处于死刑缓期执行的二年考验期限内,还故意实施故意伤害犯罪行为,由此不但体现出陈黎明的主观恶性和人身危险性没有消除,而且体现出其对劳动改造和监狱制度的藐视和抵制态度,与未实施故意犯罪情形相比,应当对其从重处罚。

首先,从判决效力分析。2007 年 4 月 24 日,被告人陈黎明因犯有抢劫罪、敲诈勒索罪两项漏罪,被杭州市中级人民法院判处刑罚,并与前罪判处的死刑缓期执行并罚,再次判处陈黎明死刑缓期执行。虽然一审法院作出了新的判决,但就前罪判处陈黎明死刑缓期执行的终审判决已经生效,并没有因为一审法院对漏罪作出新的判决而失效。再者,前罪终审判决由浙江省高级人民法院作出,一审法院的判决在诉讼程序层面也不具备撤销上一级法院已作出的终审判决的效力。换言之,浙江省高级人民法院先前以强奸罪核准对陈黎明判处死刑缓期执行的终审裁定、复核判决书依然有效。基于这一分析,陈黎明所犯前罪的死刑缓期执行期间的起算日期,不应因为一审法院对漏罪作出的新判决而发生改变。

其次,从刑事政策分析。刑法对在刑事诉讼过程中基于侥幸心理,有意隐瞒犯罪事实导致漏罪再次审判漏罪因而损耗司法资源的被告人,虽然未确立从重处罚的原则,但至少应当禁止该类事由的发生成为对被告人有利的一个情节。如果前罪的死刑缓期执行期间因漏罪被起诉而不认定为死刑缓期执行期间,则意味着对犯新罪的罪犯而言,在死刑缓期执行期间发现漏罪被起诉的结果更为有利。这种结果必然会大大激发行为人犯罪后隐瞒犯罪的心理,显然与刑事政策背道而驰。

1992 年最高人民法院《关于罪犯在死刑缓期执行期间因有漏罪被判决后仍决定死刑缓期执行的是否需要重新核准死缓期间从何时起计算问题的电话答复》针对罪犯在死刑缓期执行期间被发现漏罪的情形,规定其死刑缓期执行期间重新计算,其本意旨在强调死刑缓期执行期间届满之日必须依据新判决确定之日予以计算,即将罪犯的死缓考验期限延长至漏罪判决的死缓考验期限,而不是缩短或扣减前罪判决的死缓考验期限。这与 2012 年最高人民法院公布的《关于罪犯因漏罪、新罪数罪并罚时原减刑裁定应如何处理的意见》规定的罪犯服刑期间被发现漏罪,会导致其此前减刑裁定无效的结果(仅在此后减刑时,对决定减刑的频次、幅度酌予考虑)吻合。故依据《关于罪犯在死刑缓期执行期间因有漏罪被判决后仍决定死刑缓期执行的是否需要重新核准死缓期间从何时起计算问题的电话答复》的规定,不能推断出罪犯在原死刑缓期执行判决确定之日至新死刑缓期执行判决确定之日这段期间,不属于罪犯的死刑缓期执行期间。对《关于罪犯在死刑缓期执行期间因有漏罪被判决后仍决定死刑缓期执行的是否需要重新核准死缓期间从何时起算问题的答复》的内容要紧密结合刑法总则的相关规定进行理解,不可片面由

《关于罪犯在死刑缓期执行期间因有漏罪被判决后仍决定死刑缓期执行的是否需要重新核准死缓期间从何时起算问题的答复》的字面文义推断出罪犯在原死刑缓期执行判决确定之日至新死刑缓期执行判决确定之日这段期间,不属于罪犯的死刑缓期执行期间。

案例:高某某故意伤害案

案例来源:《刑事审判参考》总第 124 集[第 1369 号]

主题词:故意伤害罪 死缓考验期故意犯罪

一、基本案情

被告人高某某因犯故意杀人罪被判处死刑,缓期二年执行,剥夺政治权利终身,并限制减刑;在服刑期间,高某某被同监狱罪犯张某某(被害人)打骂,便怀恨在心,将张某某烫伤。经鉴定,张某某的损伤程度为轻伤一级。法院认为,被告人高某某主观上有伤害他人的故意,客观上实施了伤害他人的行为,并造成被害人轻伤一级的后果,其行为已构成故意伤害罪。鉴于被害人对本案的引发存在过错,可以对高某某从轻处罚。判决被告人犯故意伤害罪,判处有期徒刑一年;判决生效以后,层报最高人民法院核准对被告人高某某执行死刑。

一审宣判后,在法定期限内没有上诉、抗诉。河南省许昌市中级人民法院依法报请河南省高级人民法院复核。河南省高级人民法院裁定同意原判,同时依法报请最高人民法院核准。

最高人民法院复核认为,被告人构成故意伤害罪,但鉴于被害人在本案起因上具有明显过错等情节,高某某故意犯罪尚未达到情节恶劣的程度,第一审判决和复核审裁定对高某某决定执行死刑的刑罚不当,裁定不核准河南省高级人民法院同意第一审决定对被告人高某某执行死刑,剥夺政治权利终身的刑事裁定,并发回重审。

河南省许昌市中级人民法院经重审后认为,被告人在受到张某某打骂后,不通过正当渠道反映,而是伺机报复,致张某某轻伤一级,应以故意伤害罪追究高某某的刑事责任,但鉴于被告人不存在不服管教、故意违反监规的问题,且张某某在本案起因上存在明显过错系引发被告人此次犯罪的主要原因。故对高某某所犯故意伤害罪予以从轻处罚,高某某的行为不属"情节恶劣"。判决被告人高某某犯故意伤害罪,判处有期徒刑一年;与其前犯故意杀人罪所判处的刑罚并罚,决定执行死刑,缓期二年执行,剥夺政治权利终身,对被告人高某某限制减刑。宣判后,被告人未提出上诉,检察机关亦未抗诉。判决发生法律效力。

二、裁判要旨

No.4-234-48 《刑法修正案(九)》关于死刑缓期执行期间故意犯罪"情节恶劣的"才能执行死刑的规定,应当适用于该修正案实施之前已经判决并生效的死刑缓期执行罪犯。

根据 1979 年《刑法》第四十六条的规定,对于判处死刑缓期执行的罪犯,在死刑缓期执行期间,"如果抗拒改造情节恶劣、查证属实的,由最高人民法院裁定或者核准,执行死刑"。1997 年《刑法》第五十条作出修改,规定"如果故意犯罪,查证属实的,由最高人民法院核准,执行死刑",限定了死缓罪犯变更为执行死刑的范围。2015 年 11 月 1 日施行的《刑法修正案(九)》再次作出修改,规定"如果故意犯罪,情节恶劣的,报请最高人民法院核准后执行死刑;对于故意犯罪未执行死刑的,死刑缓期执行的期间重新计算,并报最高人民法院备案"。进一步严格了死刑缓期执行罪犯变更执行死刑的条件,对于死刑缓期执行罪犯故意犯罪的刑罚处理更轻。根据《刑法》第十二条"从旧兼从轻"的溯及力原则,该规定对于 2015 年 11 月 1 日之前判处的死刑缓期执行罪犯及这一类罪犯在 2015 年 11 月 1 日之前实施的故意犯罪行为,均应予以适用。因此,《最高人民法院关于〈中华人民共和国刑法修正案(九)〉时间效力的解释》第二条规定,"对于被判处死刑缓期执行的犯罪分子,在死刑缓期执行期间,且在 2015 年 10 月 31 日以前故意犯罪的,适用修正后刑法第五十条第一款的规定"。

本案中,罪犯高某某于 2014 年 7 月 12 日被河南省高级人民法院裁定核准死刑,缓期二年执行,并限制减刑。2014 年 8 月 23 日又犯故意伤害罪,依照当时有效的《刑法》(《刑法修正案(九)》实施之前的 1997 年《刑法》)第五十条第一款之规定,应当报请最高人民法院核准后执行死刑,故第一审判决和复核审裁定决定对高某某执行死刑在当时是适当的。但在最高人民法院复核期间,《刑法修正案(九)》实施,因高某某的死刑执行裁定尚未生效,根据从旧兼从轻的原则,即应当适用修正后的《刑法》第五十条第一款规定予以审查。在最高人民法院不予核准并发回重审后,某某中级人民法院适用修正后的《刑法》第五十条第一款规定作出判决,也是正确的。

No. 4-234-49 死刑缓期执行期间故意犯罪"情节恶劣"的认定,应当根据故意犯罪的动机、手段、造成的危害后果等犯罪情节,并结合罪犯在缓期执行期间的改造、悔罪表现等,综合作出判断。

对修正后《刑法》第五十条第一款中的"情节恶劣"该如何把握,目前尚没有司法解释予以规定。最高人民法院既不认同将其与《刑法》其他故意犯罪条文中规定的"情节恶劣"作同一理解,也不认同以其故意犯罪所判处的刑罚为准,即凡被判处三年有期徒刑以上刑罚或者五年有期徒刑以上刑罚的,均应当执行死刑。理由如下:

第一,现行《刑法》分则中关于"情节恶劣"的规定共有十条,其中有九条将"情节恶劣"规定为构成犯罪的基本条件,也就是入罪条款的,针对的是故意犯罪的一般情形;另外,就是强奸罪条文中"强奸妇女、奸淫幼女情节恶劣的"处十年以上有期徒刑、无期徒刑或者死刑的规定。如果将"情节恶劣"理解为故意犯罪的一般情形,意味着所有的故意犯罪都属于"情节恶劣"的情形,就抵消了《刑法修正案(九)》对死缓罪犯故意犯罪执行死刑增加"情节恶劣"这一限制条件的意义,不符合立法原意。如果将"情节恶劣"理解为强奸罪条文中所规定的可能判处十年有期徒刑以上刑罚的严重情形,则死缓罪犯变更执行死刑的条件过于严格,既不符合民意,也不利于刑罚执行机关对罪犯的改造和管理。

第二,在我国刑法理论中,"情节恶劣"既包括对被告人主观心态或人格的判断,也包括对其客观行为表现的判断。如果按其故意犯罪可能判处的刑罚搞"一刀切",不能应对实践中千差万别的情形。

设置死缓制度的目的决定了死缓的适用条件,同样也就决定了死缓的撤销条件。因此,应当追本溯源,从"为什么对被告人缓期执行"出发。死缓制度设置的目的是减少和限制死刑,体现了社会主义人道精神。一方面,死缓的适用对象仍是罪行极其严重的犯罪分子。另一方面,刑事责任的评价要素既包括犯罪行为的社会危害性大小,也包括犯罪人的主观恶性和人身危险性大小。对于罪犯在缓期执行期间的故意犯罪,判断是否属于"情节恶劣"应予执行死刑,也应从其所犯新罪体现出来的主观恶性和人身危险性来评价。在司法实践中,可以根据犯罪的动机、手段、造成的危害后果等犯罪情节,并结合罪犯在缓期执行期间的改造、悔罪表现等,综合作出判断。

从犯罪原因上看,如果事出有因,被害人有一定的过错或者责任,或者系受被害人刺激而为,则说明其主观上并没有积极地对抗改造;如果是出于狭隘心态针对他人或者不特定多数人实施犯罪,并且没有可归责的其他原因,则充分说明其主观上仍仇恨社会、抗拒改造。

从犯罪手段及后果上看,如果其犯罪手段节制,未造成特别严重后果,说明内心对法制尚有敬畏之心,仍有改造余地;如果其行为毫无节制,受制于意外因素才被终止,或者造成特别严重的后果,则说明其行为不计后果,无视甚至蔑视法制,没有再改造的可能性。

从死缓罪犯在缓期执行期间的整体表现来看,如果其在考验期间一贯表现不好,经常有不服管教、故意违反监规的行为,说明其主观上具有拒绝改造的心态,应当从严对待;如果其在考验期间一贯表现良好,积极接受改造,应当从宽对待。

死缓罪犯新犯故意犯罪被判处三年有期徒刑以上刑罚或者五年有期徒刑以上刑罚的,可以作为判断"情节恶劣"的重要参考,但不能一概而论,仍应结合上述三个情节予以综合判断。比如,出于正当防卫的目的而实施犯罪,可能也会被判处五年以上有期徒刑;如果实施以不特定多数人为犯罪对象的故意犯罪,如放火、爆炸、决水、投毒等,即使因未遂仅被判处三年以上五年以下有期徒刑的,但已反映出其极端仇视社会的心理和反社会人格,主观恶性和人身危险性极大,也应当判决报请最高人民法院核准死刑。

本案中,从犯罪前因上看,高某某不存在不服管教的问题,且被害人存在明显的过错;从犯罪表现上看,也是泄愤之举,并非要严重伤害被害人;其实际接受监狱改造时间很短,就此判定其抗拒改造,有“不教而诛”之嫌。认定高某某的故意犯罪不属于“情节恶劣”,对其不执行死刑,是适当的。

案例:李某故意伤害案

案例来源:《刑事审判参考》总第90集[第832号]

主题词:故意伤害罪 主观认识要素

一、基本案情

被告人李某,女,1991年12月20日出生,农民。2009年10月28日因涉嫌犯帮助毁灭证据罪被取保候审。

北京市人民检察院第二分院以被告人李某犯故意伤害罪,向北京市第二中级人民法院提起公诉。

被告人李某及其辩护人提出,李某受其老板孙丽娟指使参与作案,其并不清楚孙丽娟的真实目的,没有伤害被害人张国忠(孙丽娟丈夫)的故意;据孙飞所供,张国忠系被孙丽娟、孙飞用被子捂死,指控张国忠因甲苄噻嗪中毒死亡不准确;作案过程中李某只是协助他人抱住张国忠的腿,情节显著轻微,且系未成年人,被胁迫参加犯罪,应当免予刑事处罚。

北京市第二中级人民法院经审理查明:被告人李某在孙丽娟(已判刑)经营的足疗店务工。2009年7月16日23时许,李某受孙丽娟指使,在北京市平谷区平谷镇乐园西小区42楼2单元5号房间内,协助孙丽娟之妹孙飞(已判刑),使用注射器将甲苄噻嗪注射液(又名赛拉嗪,系鹿用麻醉药物)多次注入张国忠体内,致张国忠甲苄噻嗪中毒死亡。

北京市第二中级人民法院认为,被告人李某伙同他人故意伤害被害人身体,致人死亡,其行为构成故意伤害罪,且犯罪情节、后果严重,依法应予惩处。公诉机关指控李某所犯罪名成立。关于李某被胁迫参与犯罪,情节显著轻微,请求对李某免予刑事处罚的辩护意见,不予采纳;辩护人所提李某犯罪时系未成年人,在犯罪中起协助作用的意见成立,予以采纳。鉴于李某犯罪时尚未成年,在共同犯罪中起次要作用,系从犯,且积极赔偿被害人亲属经济损失,取得被害人亲属的谅解,依法可以对其减轻处罚,并适用缓刑。据此,北京市第二中级人民法院依照《中华人民共和国刑法》第二百三十四条第二款,第二十五条第一款,第二十七条,第十七条第一款、第三款,第六十一条,第七十二条,第七十三条第三款之规定,以被告人李某犯故意伤害罪,判处有期徒刑三年,缓刑五年。

宣判后,被告人李某未提出上诉,检察机关未抗诉,判决已发生法律效力。

二、裁判要旨

No.4-234-50 协助他人向被害人注射麻醉药物导致被害人死亡,但主观上对死亡结果缺少认识的,仅成立故意伤害致人死亡罪。

李某协助他人向被害人注射麻醉药物的行为直接导致了被害人的死亡,其实施的行为与死亡结果间无疑具有因果关系,认定李某构成犯罪的客观要件均已齐备,关键是要正确认识和评价李某实施行为时的主观心态,即罪过的有无和罪过的性质,具体可从意识要素和意志要素两方面分析。意识要素,即对犯罪事实的认识,包括对实行行为、对象、结果、因果关系等的认识。根据具体犯罪构成的事实不同,所要认识的对象也有所不同。譬如,对故意杀人罪,行为人必须认识到其实施的行为是致他人死亡的行为。意识要素中还要求对危害结果发生的可能性具有一定的认识,即行为人对此种可能性的有无及大小要有所认识。意志要素,即对犯罪结构的主观态度,是持希望还是无所谓抑或否定之态度。《刑法》第十四条第一款规定:“明知自己的行为会发生危害社会的结果,并且希望或者放任这种结果发生,因而构成犯罪的,是故意犯罪。”这里的“明知自己的行为会发生危害社会的结果”即是意识要素的内容,而“希望或者放任”即为意志要素的内容。根据上述规定,如果行为人不仅对犯罪事实具有一定的认识,而且希望或者放任犯罪结果发生的意志,则应当认定其具有犯罪故意的罪过。而犯罪过失则是指行为人在意识要素或者意志要素方面存在欠缺,具体可分为疏忽大意的过失(欠缺意识要素)和过于自信的过失(欠缺意志要素)。

首先,从意识要素分析。本案被告人李某作案时不满十八周岁,虽然认识事物的能力不及成年人,但根据其认知的实际情况,其应当知道注射特定药物应当由专业医务人员实施,不能由非医务人员实施。虽然李某并不知道所注射药物的性状和功效,但其老板孙丽娟明确告诉其该药物是"管睡觉"的,目的是让被害人在头脑不清醒时在离婚协议书上签字。据此,可以认定李某作案时已对所注射的物品是具有麻醉作用的药物具有一定认识。在作案过程中,李某帮助孙飞至少两次将针剂注入被害人体内,应当认定其明知自己的行为可能会对被害人造成伤害。这一结论符合社会一般人对私自注射麻醉药物可能导致的后果的认识,也与李某认识能力的实际情况相符。关于李某是否明知其行为会导致被害人死亡的问题更为复杂。笔者认为,在认定被告人这一意识要素时应当结合具体案情予以分析。作案所用药物由孙丽娟提供,其对药品的性状、功效、适用对象有明确的认识,而李某作案前未接触过此类药物,仅听孙丽娟说是"管睡觉的",故李某能认识到该药物具有麻醉作用,但对该药的具体功效、适用对象的认知有限。孙丽娟为达到离婚目的,指使孙飞与李某参与作案,李某本人与被害人并无利害冲突,如明知该药可能致人死亡,未必会参与作案。根据现有在案证据,难以认定李某对注射药物导致被害人死亡的结果知道或者应当知道。

其次,从意志要素分析。李某系受人指使协助作案,其对可能发生的伤害结果持放任态度,属间接故意。但对被害人死亡的结果,明显持反对的态度,属于应当预见而未预见情形,因此,不构成故意杀人罪,而仅构成故意伤害罪。致使被害人死亡的结果仅能作为加重结果情节予以评价,不能作为李某实施行为时希望或者放任的结果内容。

综上,李某认识到其实施的是会伤害他人身体健康的行为,本应预见到其行为可能会导致被害人死亡,但因疏忽大意而未预见,从而导致被害人死亡结果的出现,故李某的行为构成故意伤害罪的结果加重犯。

案例:肖胜故意伤害案

案例来源:《刑事审判参考》总第 100 集[第 1026 号]

主题词:故意伤害罪　医闹行为的定性

一、基本案情

被告人肖胜,男,1984 年 12 月 17 日出生。2013 年 10 月 11 日因涉嫌犯寻衅滋事罪被逮捕。

湖南省长沙市岳麓区人民检察院以被告人肖胜犯寻衅滋事罪,向岳麓区人民法院提起公诉。

长沙市岳麓区人民法院经公开审理查明:2013 年 9 月 23 日 9 时许,被告人肖胜对其在湖南省中医研究院附属医院美容科所做的胡须移植手术效果不满意,携带一把菜刀来到该院美容科导诊台,持菜刀朝参与过其手术的护士彭芬以及站在彭芬附近的冯苗苗、李海兰身上砍击,致 3 名被害人先后倒地。冯苗苗起身逃跑,肖胜追上冯苗苗,又持菜刀朝冯苗苗头部、手部砍击数刀。经鉴定,彭芬、冯苗苗、李海兰均受轻伤。

长沙市岳麓区人民法院认为,被告人肖胜因对美容手术效果及医生、护士的解释不满意,感觉受到欺骗,遂产生报复动机,持刀对参与手术的护士及另外两名护士行凶,致三人轻伤,犯罪动机和目的明确,犯罪对象具有针对性,并非随意殴打,故其行为构成故意伤害罪。公诉机关指控的事实成立,但指控的罪名不当,应予变更。据此,依照《中华人民共和国刑法》第二百三十四条第一款之规定,以被告人肖胜犯故意伤害罪,判处有期徒刑三年。

宣判后,被告人肖胜未提起上诉,公诉机关亦未抗诉,该判决已发生法律效力。

二、裁判要旨

No. 4-234-51 因医疗纠纷而殴打他人的行为不符合寻衅滋事的构成要件。

对于事出有因的殴打他人行为,案发起因影响对该行为是否属于“寻衅滋事”的认定。2013年发布的最高人民法院、最高人民检察院《关于办理寻衅滋事刑事案件适用法律若干问题的解释》第一条第二款、第三款规定:“行为人因日常生活中的偶发矛盾纠纷,借故生非,实施刑法第二百九十三条规定的行为的,应当认定为‘寻衅滋事’,但矛盾系由被害人故意引发或者被害人对矛盾激化负有主要责任的除外。行为人因婚恋、家庭、邻里、债务等纠纷,实施殴打、辱骂、恐吓他人或者损毁、占用他人财物等行为的,一般不认定为‘寻衅滋事’,但经有关部门批评制止或者处理处罚后,继续实施前列行为,破坏社会秩序的除外。”根据该规定,对于事出有因的殴打他人行为,如果起因是与他人肢体碰撞、言语不和等日常生活中的偶发矛盾,属于小题大做、借题发挥的寻衅滋事,除非该矛盾是被害人故意引发或者被害人对矛盾激化负有主要责任,即以认定寻衅滋事为原则,不认定为例外。本案中,被告人肖胜在湖南中医研究院附属医院美容科做了胡须移植手术后,手术部位皮肤发炎、长痘,其对术后效果不满,两次到该医院美容科向医务人员“要说法”,对医务人员称发炎是正常现象、涂点消炎药可好的解释也不满意,属于典型的医疗纠纷,与《关于办理寻衅滋事刑事案件适用法律若干问题的解释》规定的婚恋、家庭、邻里、债务等纠纷的性质类似,而非在就诊过程中因言语不和等日常琐事与医务人员偶发矛盾。肖胜出于积怨报复行凶,属于有预谋的故意伤害,而非借故生事的寻衅滋事。

虽在公共场所殴打他人,但未破坏社会秩序的,不构成寻衅滋事罪。寻衅滋事罪和故意伤害罪侵犯的客体不同,前者是社会秩序,后者是人身权利。对于发生在公共场所的殴打他人行为,如果造成公共场所秩序严重混乱,同时符合寻衅滋事罪和故意杀人罪、故意伤害罪等罪的构成要件的,根据《关于办理寻衅滋事刑事案件适用法律若干问题的解释》第七条的规定,依照处罚较重的犯罪定罪处罚。本案案发地为医院美容科导诊台至诊室外的走廊,走廊放有患者等候就诊的椅子,属候诊区域。根据《公共场所卫生管理条例》(国发〔1987〕24号)第二条的规定,医疗机构候诊室属于公共场所。如果被告人肖胜持刀行凶的行为造成医院秩序严重混乱,符合寻衅滋事罪的客体要件。肖胜的行为对医院工作秩序虽造成一定影响,但没有达到影响该医院或者该院美容科正常运营的严重程度。故肖胜持刀行凶的行为侵犯的客体主要是他人的身体健康权,而非社会秩序,其行为更符合故意伤害罪的客体要件。

案例:曾某故意伤害案

案例来源:《人民法院案例选》2016年第4辑

主题词:故意伤害罪 未成年被告人的故意认定

一、基本案情

被告人曾某,家住福建省厦门市思明区湖滨东路94号1001室。

厦门市思明区人民检察院指控称:2013年12月9日23时40分许,被害人曾飚在厦门市思明区湖滨东路94号1001室住处,因与其妻子褚惠容感情纠葛,夫妻双方发生争执并相互扭打。被告人曾某在旁见到褚惠容被打,心生恼怒,遂使用单刃刀连续捅刺被害人曾飚,造成其颈部、背部七处受创。被害人曾飚随即被其家属送往厦门市中山医院抢救,后因抢救无效于次日3时死亡。被告人曾某则在家中拨打110报警,自称杀害了被害人曾飚。经法医鉴定,被害人曾飚因身体多次被单刃锐器刺伤,造成右侧颈内动脉断裂等致大出血死亡。

被告曾某对指控的主要事实无异议,但辩称其主观上并没有杀死其父曾飚的故意,仅是想制止父母之间的扭打行为,情急之下做出的伤害行为。辩护人认为被告人曾某的客观行为具有防卫性,系防卫过当,主观上对其父之死既不希望也不放任,并没有故意杀人的主观故意,应认定为故意伤害罪。同时,被告人曾某系未成年人,还有自首情节,请求法庭对其减轻处罚并适用缓刑。

法院经审理查明:被害人曾飚与其妻褚惠容婚后育有一子即被告人曾某,一家三口与曾飚父母曾仙发、郑淑惠共同居住在厦门市思明区湖滨东路94号1001室。2013年下半年,曾飚夫妻因感情不和经常争吵并拟定离婚协议,欲待曾某初三毕业后正式分居,并由褚惠容抚养曾某。2013年12月9日晚,曾飚夫妇因感情问题再次发生争执。22时许,褚惠容至曾飚房间欲与曾飚继续理论时见曾飚把门反锁,遂跑到厨房拿出两把刀。被告人曾某看到后跟进厨房将刀夺下,并将一把水果刀藏至右裤口袋内。此时,曾飚冲进厨房与褚惠容继续争吵,被告人曾某欲劝开二人,遂挥拳击打曾飚左下巴部位。见曾飚退后,褚惠容则冲上前与曾飚扭打至客厅。被告人曾某见状遂持该水果刀连续捅刺曾飚,造成曾飚受伤倒地,颈部、背部七处受创。被告人曾某呆愣在原地,褚惠容、曾仙发、郑淑惠随即拨打120并将曾飚送往厦门大学附属中山医院救治。次日0时14分,被告人曾某在家中拨打110报警称杀害其父曾飚。3时10分,曾飚因右侧颈内动脉断裂致大出血抢救无效死亡。

福建省厦门市思明区人民法院于2014年12月3日作出(2014)思刑初字第1165号刑事判决:

1. 被告人曾某犯故意伤害罪,判处有期徒刑五年。
2. 扣押在案的作案工具水果刀一把予以没收。

一审判决后,公诉机关没有抗诉,被告人未提出上诉,判决已发生法律效力。

二、裁判要旨

No. 4-234-52 未成年人心智尚未发育成熟,在判断其犯罪故意时,应综合案件情况认定罪名。

本案被告人系刚满15周岁的未成年人,未成年人的心智特征与成年人有较大的差异,其心智发育程度、社会责任感远远低于成年人。在审理过程中不能按照成年人的标准,仅凭伤害的部位系颈部、胸部等致命部位,在没有更多证据证明的情况下即认定其具有故意杀人的主观故意。本案被告人主观故意的内容,应结合具体案情,从犯罪的起因,使用的犯罪工具,打击的部分,打击的力度,犯罪的时间、地点、环境、行为人对被害人是否有抢救的意愿或行为,有无预谋犯罪,以及行为人与被害人之间的关系等多方面加以综合分析判断。

1. 从父子感情关系来看未见父子之间有更多的积怨。
2. 从案发的过程来看,本案系偶发性犯罪,而非被告人蓄意为之。
3. 从被告人的案后表现来看。案发后,被告人呆愣在原地,这符合被告人事后对其彼时心理活动的描述,也符合未成年人的心智特征。"当时更多的是想保护母亲不受伤害,至于这么做会有什么后果没有去想。"

案例:李虎、李善东等故意伤害案

案例来源:《刑事审判参考》总第105集[第1125号]

主题词:故意伤害罪　立功

一、基本案情

被告人李虎,男,1982年12月29日出生。2014年9月26日因涉嫌犯故意伤害罪被逮捕。

被告人李善东,男,1985年7月10日出生。2014年9月26日因涉嫌犯故意伤害罪被逮捕。

被告人吴贵德,男,1977年1月10日出生。2015年4月10日因涉嫌犯故意伤害罪被逮捕。

被告人姜庭、杨华军、黄民赛(基本身份情况略),均于2014年9月26日因涉嫌犯故意伤害罪被逮捕。

浙江省宁波市人民检察院指控被告人李虎、李善东、吴贵德、姜庭、杨华军、黄民赛犯故意伤害罪,向宁波市中级人民法院提起公诉。

被告人李虎的辩护人提出李虎有协助公安机关抓获同案犯的立功表现等法定从轻处罚情节。

宁波市中级人民法院经审理查明:2014年8月22日凌晨1时许,被告人李虎、李善东、吴贵德、姜庭、杨华军、黄民赛在浙江省宁波市镇海区骆驼街道山外山酒店对面用餐后,李善东、姜庭、杨华军、黄民赛沿骆驼街道兴业路步行返回住处。李虎和吴贵德在山外山酒店门口因故同醉酒的被害人方裕(殁年44岁)发生争执。后李虎、吴贵德上车沿兴业路行驶至骆驼街道宜家商务宾馆门口遇见李善东等人。吴贵德停车后,李虎唆使李善东、姜庭、杨华军、黄民赛去教训方裕。该六人返回至兴业路180号东辉羽毛球馆门口附近时,吴贵德发现方裕即向李善东等人指认。李善东、姜庭、黄民赛、杨华军遂上前对方裕拳打脚踢。其间,李善东捡起路边的砖头猛击方裕头部,致其重度颅脑损伤死亡。

另查明,公安机关于同日8时许抓获被告人姜庭、杨华军、黄民赛,根据调取的视频监控录像,初步确定共同殴打被害人方裕的有四人(另一人即被告人李善东),而案发前被告人李虎与李善东等人一起就餐,遂将李虎作为知情人员传唤至公安机关询问,李虎未供述指使他人殴打被害人的犯罪事实,但提供了李善东在曙光丽亭酒店附近的饭店工作的信息,后公安机关因证据不足让李虎离开公安机关。同日,公安机关通过调查发现曙光丽亭酒店附近粒粒香饭店内的一名厨师的体貌特征与监控视频中的一名嫌疑人相似,遂秘密对该饭店进行布控,并将李虎带至该饭店进行指认。李虎确认该嫌疑人即是李善东,公安机关将李抓获归案。经审讯,李善东供述了受李虎指使殴打被害人的犯罪事实,公安机关遂于同日13时许将李虎抓获归案。

宁波市中级人民法院认为,被告人李虎、李善东、吴贵德、姜庭、杨华军、黄民赛的行为均已构成故意伤害罪。公安机关经侦查发现李善东有犯罪嫌疑,并在李善东工作单位将其控制。在此情况下,将李虎带至该饭店对李善东进行指认,李虎只是指认以确定同案犯李善东的身份,不属于协助公安机关抓获同案犯。故李虎的行为不构成立功。在共同犯罪中,李善东、李虎起主要作用,系主犯;吴贵德、姜庭、杨华军、黄民赛起次要作用,系从犯。李善东、李虎能如实供述犯罪事实,并有一定的赔偿表现,均予以从轻处罚。吴贵德系从犯,予以减轻处罚。姜庭、杨华军、黄民赛系从犯,并能如实供述犯罪事实,有一定的赔偿表现,均予以减轻处罚。依照《中华人民共和国刑法》第二百三十四条,第二十五条第一款,第二十六条第一款、第四款,第二十七条,第六十七条第三款,第四十八条第一款,第五十七条第一款,第五十五条第一款,第五十六条第一款,最高人民法院《关于对故意伤害、盗窃等严重破坏社会秩序的犯罪分子能否附加剥夺政治权利问题的批复》之规定,以故意伤害罪分别判处被告人李善东死刑,缓期二年执行,剥夺政治权利终身;判处被告人李虎有期徒刑十三年,剥夺政治权利三年;判处被告人吴贵德有期徒刑九年;判处被告人姜庭、杨华军、黄民赛各有期徒刑五年。

宣判后,被告人李虎、李善东、吴贵德均不服,分别提出上诉。其中,李虎提出其具有立功表现等上诉理由。

浙江省高级人民法院经审理认为,上诉人李虎、李善东、吴贵德及原审被告人姜庭、杨华军、黄民赛故意伤害致人死亡的事实清楚,证据确实、充分,其行为均已构成故意伤害罪。关于李虎所提构成立功的上诉理由,经查,李虎在接受公安机关询问时故意隐瞒其指使他人殴打被害人的事实,公安机关亦未掌握其犯罪事实,故李虎协助司法机关指认同案犯的行为系作为证人身份所为,彼时其尚未归案,因而不构成立功。二审期间,李虎、吴贵德家属分别代为赔偿被害人家属经济损失人民币五万元、二万元,获得被害人亲属的谅解,可在原判基础上再予从宽处罚。据此,以故意伤害罪改判李虎有期徒刑十年、剥夺政治权利一年,吴贵德有期徒刑七年。

二、裁判要旨

No. 4-234-53 故意隐瞒参与共同犯罪的事实而指认同案犯的行为,不构成立功。

《刑法》第六十八条并未对构成立功时间条件进行限定,根据最高人民法院《关于处理自首和立功具体应用法律若干问题的解释》第五条的规定,"犯罪分子到案后有检举、揭发他人犯罪行为……应当认定为有立功表现",由此可见,司法解释采取了限制解释的立场,只有"到案后"才可能构成立功。被告人李虎协助司法机关抓捕同案犯时,司法机关尚未掌握其涉案,李虎有完全的人身自由。故李虎协助司法机关抓捕同案犯的行为并非在"到案后"实施,其行为不构成立功。

立功制度蕴含的功利主义价值取向更为突出,其基本出发点就在于,通过对立功的犯罪分子在量刑时从宽处罚,鼓励犯罪分子检举、揭发他人犯罪,协助司法机关侦破案件,抓获其他犯罪嫌疑人,或者做出其他对社会有贡献的行为。换言之,立功是一种"将功赎罪"的刑罚奖励制度。为了克服追求功利主义可能带来的负面影响,对可构成立功的领域范围(主要限于与查缉犯罪相关)及时间条件予以限制,以体现公正价值,确有必要性。特别是从司法实践来看,因最高人民法院《关于处理自首和立功具体应用法律若干问题的解释》将"其他有利于国家和社会的突出表现"也视为立功,如果不将立功限定为"到案后",则立功的范围漫无边际、认定上流于随意,将给犯罪分子逃避法律制裁以可乘之机,有损法律的权威和公正。"到案后"一般情况下意味着犯罪分子的人身自由已受到一定程度的控制,犯罪分子将功赎罪的主观愿望才明晰化,也能防止立功制度的滥用。因此,最高人民法院《关于处理自首和立功具体应用法律若干问题的解释》将立功的起始时间明确为"到案后",是科学的。"到案后"一般应理解为犯罪分子在被有关机关或个人控制之下或者其自愿置于有关机关或个人的控制之下。当然,对"到案后"也不能机械地理解为司法机关为办案之目的而控制犯罪分子之后,还可以包括其他有关机关、单位等发现犯罪分子有违法犯罪嫌疑而接触、控制犯罪分子之后。实践中,犯罪分子主动到有关机关投案交代自己的罪行并揭发他人犯罪,只是由于种种原因公安司法机关对其犯罪行为未予及时立案的,也不影响对其立功情节的认定。

本案中,被告人李虎在第一次接受询问时,公安机关虽然有条件对李虎进行约束、控制,但因未发现其有犯罪嫌疑而在客观上没有对李虎采取强制措施,而是让其自行离开,李虎故意隐瞒涉案事实,也没有任何投案的意愿。因此,李虎在接受公安机关第一次询问时,不属于"到案"。李虎故意隐瞒自己指使李善东等人殴打被害人的犯罪事实,有逃避法律追究的意图;其后以"证人"身份协助司法机关对同案犯李善东进行指认,也未体现任何"将功赎罪"的意愿。因此,严格来讲,即使被告人李虎指认同案犯的行为对司法机关抓捕同案犯起到一定协助作用,也不能认定是发生在"到案后"。法院对其协助抓捕行为不认定为立功是正确的。

案例:李英俊故意伤害案

案例来源:《刑事审判参考》总第105集[第1126号]

主题词:故意伤害罪　正当防卫

一、基本案情

被告人李英俊,男,1966年10月20日出生。2011年9月30日因涉嫌犯故意伤害罪被逮捕。

辽宁省抚顺市人民检察院以被告人李英俊犯故意伤害罪,向抚顺市中级人民法院提起公诉。

被告人李英俊辩称其系为了保护家人的安全才持铁管打了被害人,没有伤害被害人的故意。

抚顺市中级人民法院经公开审理查明:被告人李英俊系辽宁省抚顺市顺城区会元乡马金村村民。2011年8月26日4时许,李英俊夫妇在家中睡觉时被院内狗叫声吵醒,其妻刘占元走到院门口,看见刘振强(被害人,男,殁年42岁)持尖刀刺其院门,并声称要"劫道"。李英俊随后赶来,见状立即回院内取来一根铁管,并打电话通知村治保主任刘首钢等人前来帮忙。刘振强又来到李英俊家厨房外,用尖刀割开厨房纱窗,被刘占元发现后躲进院内玉米地。李英俊持铁管进玉米地寻找刘振强,在玉米地里与持尖刀的刘振强相遇,二人发生打斗。李英俊持铁管击打刘振强头部,致其倒地。后刘振强被送往医院救治,因颅脑损伤于次日死亡。

抚顺市中级人民法院认为,被害人刘振强在凌晨4时许持刀砍击被告人李英俊家大门并声称要"劫道",后又闯入李家带有围墙的后院,划开厨房纱窗,其行为已经严重危害李家人的人身和财产安全。李英俊为保护自己及家人的安全持铁管击打刘振强,致其死亡,该行为符合无过当防卫的条件,构成正当防卫。公诉机关指控李英俊犯故意伤害罪的罪名不能成立。据此,依照《中华人民共和国刑法》第二十条第三款之规定,判决如下:被告人李英俊无罪。

一审宣判后,抚顺市人民检察院提出抗诉。其抗诉意见是:(1)被害人躲进玉米地后,不法侵害的现实威胁已消失,不存在实施防卫的紧迫性,被告人李英俊的行为不具有防卫性质。(2)李英俊系故意伤害未对其与家人实施任何不法侵害的被害人,不具备正当防卫的前提条件。(3)李英俊主观上具有主动加害意图,不具有防卫目的。

二审中,辽宁省人民检察院提出如下意见:(1)本案不属于无过当防卫。被害人刘振强在凌晨到被告人李英俊家用刀劈刺大门,并闯入李家后院划开纱窗,其行为已严重危及李英俊及其家人的人身安全。数名村民闻讯赶到李家后,能够控制现场局势,且刘振强已躲进李家玉米地,严重危及人身安全的危险及防卫的紧迫性均已消失,因而不构成无过当防卫。(2)本案属一般的正当防卫,但防卫明显过当。刘振强持刀劈刺李家院门并进入李家院内后,不法侵害已经开始,刘振强躲进院内玉米地后,李英俊持铁管进入玉米地搜索时,对可能发生的致人伤亡的后果持希望或放任态度,二人相遇后李英俊持铁管击打刘振强头部,致刘振强死亡,防卫明显超过必要限度,但应当减轻或免除处罚。

被告人李英俊及其辩护人提出,其为了保护家人的安全持铁管击打被害人,没有伤害故意,其行为构成正当防卫。

辽宁省高级人民法院经公开审理认为,被告人李英俊对正在进行的行凶暴力犯罪采取防卫行为,造成不法侵害人死亡,不属于防卫过当,不负刑事责任。李英俊持铁管进玉米地寻找被害人刘振强时,虽然在场人员已经报警,但现场局势并未得到控制,持刀藏匿在李家封闭院落内的刘振强依然对李家人构成现实威胁,且其后续行为足以证实其并未放弃实施不法侵害。李英俊持械进入玉米地寻找刘振强,属于公民依法行使保护自身权利的行为,不能据此认定李英俊有加害故意。刘振强藏匿在李家封闭院落内的玉米地里,并持尖刀刺扎李英俊,故其行为属于正在进行的严重危及人身安全的行凶暴力犯罪,李英俊的防卫行为应适用《刑法》关于无过当防卫的规定,构成正当防卫。据此,依照《中华人民共和国刑事诉讼法》第二百二十五条第一款第(一)项之规定,裁定驳回抗诉,维持原判。

二、裁判要旨

No. 4-234-54 在自家院内搜寻藏匿的不法侵害人时,发生打斗致人死亡,构成正当防卫。

根据《刑法》第二十条第三款的规定,对正在进行行凶、杀人、抢劫、强奸、绑架以及其他严重危及人身安全的暴力犯罪,采取防卫行为,造成不法侵害人伤亡的,不属于防卫过当,不负刑事责任。刑法理论上一般将这种情形称为无过当防卫或特殊防卫。构成无过当防卫,除了在防卫目的、防卫起因、防卫客体、防卫时间等方面要符合正当防卫的一般要求外,还要具备两个条件:一是行为人面临行凶、杀人、抢劫、强奸、绑架以及与前述行为危害程度相当的严重暴力犯罪,行为人的人身安全受到严重威胁,甚至是侵害;二是行为人实施防卫不受防卫限度条件的限制,即使造成不法侵害人伤亡,也不属于防卫过当。结合本案的具体情况,笔者认为,被告人李英俊的行为构成无过当防卫。

被害人刘振强躲进玉米地后其实施的不法侵害并未结束。刘振强凌晨持刺刀砍击被告人李英俊家大门,后翻墙进入李家院内划割厨房纱窗,其行为严重威胁李英俊及家人的人身安全,属正在进行的不法侵害。刘振强划割纱窗被李英俊妻子发现后躲入院内的玉米地,虽未继续行凶,但其躲避的目的是准备逃离现场还是伺机行凶,根据现有证据无法查明。同时,在案证据证实刘振强患有精神病,案发时处于精神异常状态,攻击他人的可能性较大。由于该玉米地与李家住房均用围墙围在一个大院落内,且玉米地与住房距离较近,刘振强躲在玉米地内对李家人仍有现实威胁,也可认为是侵害状态的延续,故认为被害人躲入玉米地后不法侵害仍然存在的意见有一定道理。

被告人李英俊在多名村民前来帮助的情况下持械进入玉米地寻找被害人刘振强的行为具有正当性、合理性,不应认定其具有加害故意。面对躲在自家院内玉米地里的持刀男子,由于不能确定其是否再次实施侵害,李英俊有权利保护自身及家人的安全,其进玉米地搜寻持刀人的目的是排除现实危险,携带铁管防身也是人之常情,即使其认识到可能与对方发生打斗,对对方造成伤害,也不影响其目的的正当性。选择等待警察到场处置虽然也是一种处理方式,但在自家院内搜捕潜在侵害人是公民应有的权利,况且案发时为凌晨,光线较暗,刘振强躲过在场人员的监控潜入室内行凶的可能性是客观存在的。因此,李英俊在警察到来之前自行搜捕不法侵害人,既是合法的,也是合理的。

被告人李英俊在玉米地中与被害人刘振强发生打斗,并将刘振强打倒的行为属于无过当防卫。当时在院内的多名证人均证实李英俊进入玉米地后听到铁器撞击声,一定程度上印证了李英俊所供打斗情节。结合李英俊打倒刘振强后立即呼叫他人,其家人积极协助救治的情节看,其在打斗中无明显的杀伤意图,打击手段亦有节制,对其供述应予采信。因此,李英俊在遭到刘振强持刀攻击的情况下持铁管还击并将刘振强打倒的行为,符合《刑法》第二十条第三款规定的无过当防卫的构成要件,系正当防卫。

案例:孟令廷故意杀人、故意伤害案

案例来源:《刑事审判参考》总第 97 集[第 965 号]

主题词:自首 余罪自首

一、基本案情

被告人孟令廷(化名孟令敏),男,1962 年 9 月 5 日出生,原系长沟峪煤矿干部。2010 年 7 月 8 日因涉嫌犯故意伤害罪被逮捕。

北京市人民检察院第一分院以被告人孟令廷犯故意杀人罪、伪造居民身份证罪、故意伤害罪,向北京市第一中级人民法院提起公诉。

被告人孟令廷对公诉机关指控的犯罪事实未提出异议。其辩护人提出,孟令廷在廊坊市公安局看守所羁押期间主动交代了自己的杀人事实,应当认定具有自首情节。

北京市第一中级人民法院经公开审理查明:

被告人孟令廷因不能正确处理邻里纠纷,于 1997 年 7 月 26 日 5 时许,持菜刀等作案工具来到北京市房山区佛子庄乡北窑村安立东家,持菜刀猛砍安立东的长子安庆兵(殁年 22 岁)、次子安庆忠及女儿安庆红,致安庆兵死亡,安庆忠、安庆红轻伤。而后,孟令廷又因怀疑其弟媳刘某(殁年 32 岁)与他人有不正当男女关系而携带菜刀来到该村刘某家中,持刀猛砍刘某的头面部等处 20 余刀,致刘某死亡。

孟令廷在逃期间,使用其弟"孟令敏"的身份信息,通过他人伪造居民身份证两张并使用。2010 年 6 月 11 日 1 时许,孟令廷在河北省廊坊市广阳区南尖塔镇,因琐事与合租一个单元房的任某发生矛盾。孟令廷持菜刀砍击任的朋友许振发,致许轻伤(偏重)。同月 28 日,孟令廷以"孟令敏"的身份被廊坊市公安机关刑事拘留。同年 7 月 4 日,孟令廷主动交代了其真实身份及 1997 年 7 月 26 日故意杀人的犯罪事实。

北京市第一中级人民法院经审理认为,被告人孟令廷故意非法剥夺他人生命的行为,已构成故意杀人罪;其逃匿期间伪造居民身份证的行为,又构成伪造居民身份证罪;其逃匿期间故意损害他人身体健康致人轻伤的行为,还构成故意伤害罪。对孟令廷所犯数罪依法应予并罚。关于辩护人所提孟令廷在廊坊市公安局看守所羁押期间主动交代了自己的杀人事实,应当认定具有自首情节的辩护意见,经查,依据相关司法解释的规定,孟令廷杀人的罪行已被录入全国公安信息网络在逃人员信息数据库,应当视为公安机关已经掌握,故孟令廷的上述行为不构成自首。孟令廷不能正确解决问题,持刀连砍 4 人,造成 2 人死亡、2 人轻伤的严重后果,犯罪手段凶残,情节恶劣,后果和罪行极其严重。孟令廷犯罪后不思悔改,畏罪潜逃多年又接连犯新罪,主观恶性深,人身危险性大,依法应当严惩。据此,依照《中华人民共和国刑法》第十二条第一款,1979 年《中华人民共和国刑法》第一百三十二条、第四十三条、第五十三条第一款,《中华人民共和国刑法》第二百八十条第三款、第二百三十四条第一款、第六十七条、第六十一条、第六十九条,最高人民法院《关于处理自首和立功具体应用法律若干问题的解释》第二条之规定,北京市第一中级人民法院判决如下:

被告人孟令廷犯故意杀人罪,判处死刑,剥夺政治权利终身;犯伪造居民身份证罪,判处有期徒刑一年六个月;犯故意伤害罪,判处有期徒刑一年六个月;决定执行死刑,剥夺政治权利终身。

一审宣判后,被告人孟令廷提出上诉。北京市高级人民法院经审理,裁定驳回孟令廷的上诉,维持原判。最高人民法院经复核于 2012 年 8 月 15 日核准了北京市高级人民法院关于维持判处上诉人孟令廷死刑的裁定。

二、裁判要旨

No.4-234-55　被采取强制措施期间,所供述的不同余罪已为司法机关掌握的,不成立自首。

对于在被采取强制措施期间,如实供述司法机关尚未掌握的本人其他罪行的情况,理论界一般称为余罪自首。对于余罪自首的认定,应当从以下三个方面进行审查:

第一,必须是如实供述余罪。最高人民法院《关于处理自首和立功若干具体问题的意见》规定,如实供述自己的罪行,"除供述自己的主要犯罪事实外,还应包括姓名、年龄、职业、住址、前科等情况"。该规定要求行为人不仅要供述所犯余罪罪行,还要交代其真实身份。对于隐瞒自己的真实身份等情况,影响对其定罪量刑的,不能认定为如实供述自己的罪行。被告人孟令廷因故意伤害被公安机关刑事拘留,在羁押期间向公安机关不仅主动交代了自己故意杀人的罪行,还如实供述了自己的真实身份,即之前是冒用其弟"孟令敏"的姓名等身份情况,其真实身份是孟令廷。

第二,所供余罪必须是本人的其他罪行,与所犯新罪不属于选择性罪名或者不存在事实、法律上的关联。最高人民法院《关于处理自首和立功具体应用法律若干问题的解释》第二条规定,"被采取强制措施的犯罪嫌疑人、被告人和已宣判的罪犯,如实供述司法机关尚未掌握的罪行,与司法机关已掌握的或者判决确定的罪行属不同种罪行的,以自首论"。《关于处理自首和立功若干具体问题的意见》对"不同种罪行"的认定又作了进一步规定:"犯罪嫌疑人、被告人在被采取强制措施期间如实供述本人其他罪行,该罪行与司法机关已掌握的罪行属同种罪行还是不同种罪行,一般应以罪名区分。虽然如实供述的其他罪行的罪名与司法机关已掌握犯罪的罪名不同,但如实供述的其他犯罪与司法机关已掌握的犯罪属选择性罪名或者在法律、事实上密切关联,应认定为同种罪行。"虽然孟令廷如实供述的故意杀人犯罪与司法机关已掌握的故意伤害犯罪,犯罪事实均系孟令廷因与被害人产生矛盾后,持菜刀砍击被害人,但两者分属不同罪名,且不存在法律或事实上的关联,属于不同种罪行。

第三,所供述余罪必须为司法机关所掌握。对何为"司法机关还未掌握的本人其他罪行",《关于处理自首和立功若干具体问题的意见》规定:"犯罪嫌疑人、被告人在被采取强制措施期间,向司法机关主动如实供述本人的其他罪行,该罪行能否认定为司法机关已掌握,应根据不同情形区别对待。如果该罪行已被通缉,一般应以该司法机关是否在通缉令发布范围内作出判断,不在通缉令发布范围内的,应当认定为还未掌握,在通缉令发布范围内的,应视为已掌握;如果该罪行已录入全国公安信息网络在逃人员信息数据库,应视为已掌握。如果该罪行未被通缉、也未录入全国公安信息网络在逃人员信息数据库,应以该司法机关是否已实际掌握该罪行为标准。"需要指出的是,该条意见针对的是行为人身份信息明确的情形。如果行为人潜逃期间或者因新罪到案后为掩盖漏罪或者前科,长期使用化名或者自报虚假身份,即便该行为人被公安机关上网通缉,该余罪亦难以为司法机关所掌握。因此,不能简单以"是否在司法机关通缉令发布范围内"或"该罪行是否录入全国公安信息网络在逃人员信息数据库"作为司法机关是否掌握的标准,而应本着实事求是、具体情况具体分析的态度审查判断,不宜搞"一刀切"。认定司机机关是否掌握余罪罪行,既不能把握得过窄,影响行为人交代余罪的积极性,又不能放得过宽,导致行为人借助余罪自首减轻罪责。对于行为人采用化名的情形,司法审判中应当综合审查在案证据,结合公安机关侦查惯例等情况,具体分析司法机关有无掌握其余罪的条件与可能,对于行为人外逃后长期使用化名,司法机关对其真实身份的查证又无其他任何线索的,如果行为人因实施其他犯罪到案后如实交代真实身份信息及所犯余罪,可以认定构成余罪自首。如果司法机关有明确、清晰的查证身份线索,不宜认定行为人对余罪构成自首。

就本案而言,首先,根据公安机关出具的《在逃人员登记/撤销表》及《协查通报》,被告人孟令廷因故意杀人逃跑后,公安机关于1997年10月7日向各地公安机关、看守所等发布了抓捕孟令廷的协查通报;于2002年4月1日又在全国范围内对孟令廷上网追逃。虽然孟令廷因故意伤害在廊坊市公安局看守所羁押期间,如实供述了自己的杀人罪行,但公安机关具备了解和掌握其所犯余罪的客观条件和正规途径。其次,孟令廷使用“孟令敏”的化名已有数年,并以“孟令敏”的身份信息伪造了身份证。公安机关在孟令廷主动交代前,并不掌握其真实身份信息,但孟令廷所持有的第一、二代身份证,均系伪造且被公安机关起获,其冒充他人身份信息的情况已露出破绽。同时,孟令廷冒充的是其弟“孟令敏”的身份信息,根据公安机关侦查惯例,公安人员按照正常的工作程序,在调取“孟令敏”的户籍材料,查证行为人与“孟令敏”身份关系的活动中,亦能了解孟令廷的真实身份及所犯余罪罪行。由此可见,孟令廷使用“孟令敏”化名,对公安机关掌握其余罪罪行并不构成实质障碍。故孟令廷在廊坊市公安局看守所羁押期间,如实供述自己真实身份及杀人罪行的行为不符合“如实供述司法机关还未掌握的本人其他罪行”的规定,不应认定为自首。

案例:张保泉故意伤害案

案例来源:《人民法院案例选》2016 年第 9 辑

主题词:故意伤害罪　打击错误

一、基本案情

2015 年 9 月 17 日 0 时许,被告人张保泉为向张某波追讨欠款,携带一支可拆成二截的自制“铁枪”,驾驶摩托车窜到饶平县黄冈镇霞东下埭地头宫 6 号张某波租屋附近,将张某波拦住。张保泉与张某波发生争吵,张某波的朋友被害人郑某佳等人在旁劝架。期间,张保泉从摩托车上拿出两截自制“铁枪”,将之连接成一支长约 1.8 米、双头锋利的“铁枪”,挥动着去劈打在其身前的张某波。“铁枪”没劈中张某波,但张保泉在挥动“铁枪”向后甩的同时却刺中站在其身后的郑某佳。郑某佳被刺中左大腿后流血倒地,当场死亡。作案后,张保泉驾车携带“铁枪”逃离现场。当天晚上 10 时许,张保泉在亲属的陪同下主动到饶平县公安局城南派出所投案。

经法医鉴定:郑某佳符合被他人用利器刺伤左大腿大血管致失血性休克死亡。

潮州市中级人民法院认为,被告人张保泉故意伤害他人身体,致一人死亡,其行为已构成故意伤害罪,应依法予以处罚。被告人张保泉前因故意犯罪被判处有期徒刑,刑罚执行完毕以后,在五年以内故意再犯应当判处有期徒刑以上刑罚之罪,是累犯,应依法予以从重处罚。被告人张保泉犯罪以后自动投案,如实供述自己的罪行,系自首,依法予以从轻处罚。依照《中华人民共和国刑法》第二百三十四条第二款、第六十五条第一款、第六十七条第一款的规定,判决:被告人张保泉犯故意伤害罪,判处有期徒刑十二年。

一审宣判后,被告人张保泉未提出上诉,公诉机关亦未抗诉,该判决已发生法律效力。

二、裁判要旨

No. 4-234-56　行为人所认识的事实与实际发生的事实在同一构成要件范围内,打击错误不影响故意的成立。

对于同一犯罪构成要件内的打击错误的情形应该如何处理,在刑法理论界存在一定的争议。主要有两种观点:具体符合说与法定符合说。具体符合说认为,在打击错误的情况下,行为人所认识的事实与实际发生的事实具体地相一致时,才成立故意的既遂犯;法定符合说则认为,在打击错误的情况下,行为人所认识的事实与实际发生的事实,只要在犯罪构成范围内是一致的,就成立故意的既遂犯,就不影响对其行为性质的判断及刑事责任的承担。笔者赞同法定符合说,即在同一犯罪构成要件内的打击错误不阻却故意的成立,不能改变行为人的行为性质。

本案中,张保泉出于伤害他人的故意,实施了故意伤害的行为,结果误伤并致郑某佳死亡,其行为完全符合故意伤害罪的构成要件,应负故意伤害罪的刑事责任。虽然张保泉由于失误而导致实际侵害对象与其本欲侵害的对象不一致,但由于张保泉主观上具有伤害故意,客观上也实施了故意伤害行为,而且其故意伤害行为也造成了他人死亡的危害后果,二者侵犯的法益和社会危害性相同,二者在《刑法》规定的故意伤害罪的犯罪构成范围内也是完全一致的,因而其行为构成故意伤害罪,而非过失致人死亡罪。

案例:孙道嵩、吕轶飞故意伤害案

案例来源:《人民法院案例选》2016年第9辑

主题词:故意伤害罪 多因一果

一、基本案情

法院审理查明:被告人孙道嵩、吕轶飞与被害人吴某某系偶然相遇的路人。2015年1月30日,孙道嵩、吕轶飞在无锡市崇安区汉昌东街乐家时尚酒店门口,因琐事与被害人吴某某(醉酒状态)发生口角并引起争执后,对吴某某进行拳打脚踢,致使其头部等处受伤。后吴某某被送至无锡市第三人民医院抢救时已死亡。经法医鉴定,吴某某系因酒后头面部遭外伤作用引起弥漫性蛛网膜下腔出血致急性中枢神经功能障碍死亡。被害人吴某某在案发时自身存在脑部疾病、心血管疾病、急性乙醇中毒等情况。案发后,孙道嵩、吕轶飞在公安机关如实供述了其犯罪事实。

江苏省无锡市崇安区人民法院经审理认为:被告人孙道嵩、吕轶飞故意伤害他人身体,致1人死亡,其行为均已构成故意伤害罪,系共同犯罪。在共同犯罪中,被告人孙道嵩、吕轶飞作用相当,不区分主从犯。

无锡市崇安区人民法院于2015年11月2日作出判决,认定被告人孙道嵩、吕轶飞犯故意伤害罪,分别判处有期徒刑十年,剥夺政治权利一年。

一审宣判后,孙道嵩、吕轶飞均不服,向无锡市中级人民法院提出上诉称:法医学尸体检验鉴定意见书对吴某某自身脑部疾病、心血管疾病、急性乙醇中毒等与其死亡结果之间是否有因果关系及对其死亡的影响程度未作明确分析论证,不能全面客观反映上诉人的行为与吴某某死亡结果间的因果关系;吴某某的死因除了殴打外,还有其脑部疾病、醉酒等其他重要原因。辩护人提交了有专门知识的人胡某某、庄某某(现供职于北京华夏物证鉴定中心)以北京某科鉴咨询服务中心的名义出具的法医学书证审查意见书,其中提出的审查意见为被害人吴某某的死亡直接原因符合心源性猝死;他人殴打、醉酒状态、争吵、情绪激动等情况属于诱发因素。

出庭履行职务的检察员提出的意见是:原审判决认定事实正确,证据确实充分,定罪准确,审判程序合法,但考虑到被害人死亡结果的多因性,一审对被告人均判处十年有期徒刑的量刑存在罪责明显不相适应的情况。建议二审法院依据《刑法》第六十三条第二款特殊情况在法定刑以下量刑之规定改判。

无锡市中级人民法院认为:上诉人孙道嵩、吕轶飞采用拳打脚踢的方式故意伤害他人身体,致一人死亡,其行为确均已构成故意伤害罪,系共同犯罪。

被害人的死因符合酒后头面部遭外伤作用引起弥漫性蛛网膜下腔出血致急性中枢神经功能障碍死亡。理由是:(1)从形式要件看,无锡市公安局物证鉴定所出具的法医学尸体检验鉴定意见是由具有合法有效鉴定资质的鉴定人员依法作出的鉴定,鉴定过程客观、程序合法,鉴定方法科学,鉴定意见明确、合理,可以作为定案依据。(2)从实质要件看,上诉人孙道嵩、吕轶飞共同对被害人头面部实施了暴力击打行为的事实清楚,证据确实充分;被害人脑底血管虽有的见管壁厚薄不均,有的见玻璃体样变性,但肉眼观脑基底动脉环未见畸形、动脉瘤及破裂;两上诉人的共同伤害行为与被害人的死亡在因果联系上更为直接和密切。故法医学尸体检验对被害人死亡原因的鉴定意见符合客观实际,应予采纳,两上诉人均应对其共同犯罪行为所造成的危害后果承担刑事责任。

关于上诉人孙道嵩、吕轶飞及其辩护人、出庭检察员就本案量刑提出的上诉理由、辩护意见和出庭意见,法院认为,依据《刑法》第二百三十四条规定,故意伤害他人身体致人死亡,应处10年以上有期徒刑、无期徒刑或者死刑。原审法院在量刑时根据上诉人孙道嵩、吕轶飞的犯罪事实,结合被害人生前急性乙醇中毒在其死亡结果中亦属参与因素,两上诉人积极赔偿并取得谅解、归案后均能如实供述自己的罪行等量刑情节,对其予以最大幅度的从轻处罚后在法定量刑幅度内判处起点刑,所处量刑并无不当,符合罪责刑相适应的刑法原则。

无锡市中级人民法院于2016年1月21日作出裁定,驳回上诉,维持原判。

二、裁判要旨

No. 4-234-57　故意伤害案件中,若行为人的殴打行为与被害人自身疾病所起作用大致相当,则应在法定刑幅度内根据殴打行为的作用大小进行量刑,而非在法定刑以下量刑。

多因一果案件中,法定刑以下量刑的基本条件包括:第一,被害人存在特种严重疾病,被告人事先并不知情,是偶然因素。第二,被告人的伤害行为与被害人死亡结果之间纯属偶然间接事实因果关系,被害人自身疾病等因素对死亡结果具有一触即发的绝对直接原因力。本案中,虽然被害人自身存在脑部疾病、心血管疾病,但殴打行为仍然是最主要的致死原因,被害人的基础性病变一直存在并非偶发。被告人的伤害行为与死亡结果之间显然具有抽象直接的因果关系,该种因果关系在延续过程中虽然有其他背景性因素的介入,但是尚不足以达到阻断原有因果关系运行,从而致使伤害行为和被害人死亡结果之间呈现间接关联的状态。介入因素自始与偶然的行为并行共同促成了最终的死亡结果。因此,本案中被告人的故意伤害致死行为,不符合例外地在法定刑以下量刑的条件。

案例:陈炳廷故意伤害案

案例来源:《人民法院案例选》2016 年第 11 辑

主题词:故意伤害罪　防卫过当

一、基本案情

广东省广州市天河区人民法院经审理查明:2014 年 7 月 18 日凌晨 3 时许,有一名男子(另案处理)在广州市天河区沙东大街 46 号一楼的乐美超市与超市老板被告人陈炳廷因买卖果冻琐事发生口角,后该男子纠合被害人吴锦彬与涉案人员吴锦杨、吴俊强、吴佳来等多人(均另案处理)到乐美超市借故滋事。期间吴锦彬、吴锦杨、吴俊强等人先动手挑衅、损毁该超市内摆卖的果冻,并欲殴打被告人陈炳廷。被告人陈炳廷见状持酒瓶反击,先后数次殴打吴锦彬的头部致其受伤,吴锦彬倒地后被告人陈炳廷仍继续持酒瓶重击其头部一次,最终致吴锦彬伤重昏迷。后吴锦杨、吴俊强等人持酒瓶、雨伞等殴打陈炳廷致其受伤,并随意毁损超市内摆放的饼干以及收银机等财物后共同逃离现场。事发后,被告人陈炳廷明知其妻子高金红已报警求助而留待现场等候公安人员到场出警,并根据公安人员的安排前往医院治疗,后被告人陈炳廷到公安机关如实供述主要犯罪事实。2014 年 7 月 21 日,公安人员前往超市将被告人陈炳廷带回调查。经法医鉴定,被害人吴锦彬头部受伤后,即行手术治疗抢救,术后其意识状态及对外界刺激反应无明显改善,受伤治疗 4 个月后复查,仍处于对外界刺激无反应的植物生存状态,其损伤程度属重伤一级;2014 年 12 月 4 日,被害人吴锦彬抢救无效死亡,其死因系头部受钝性暴力作用致重型颅脑损伤,继发脑水肿坏死造成神经中枢功能衰竭。被告人陈炳廷的损伤程度属轻微伤,被毁损的财物共价值 1529 元。案发后,被告人陈炳廷的家属代其向被害人吴锦彬的家属支付治疗费用 1 万元;在法院一审期间,又代其交纳赔偿款 5 万元。

广州市天河区人民法院于 2016 年 1 月 22 日作出(2015)穗天法刑初字第 397 号刑事判决:

1. 被告人陈炳廷犯故意伤害罪,判处有期徒刑五年六个月。
2. 被告人陈炳廷缴纳的赔偿款五万元,发还被害人吴锦彬的家属。

一审宣判后,被告人陈炳廷向广州市中级人民法院提出上诉。在二审期间,上诉人陈炳廷的家属又代其交纳赔偿款五万元。

广州市中级人民法院审理认为:上诉人陈炳廷故意伤害他人身体,致一人死亡,其行为已构成故意伤害罪,依法应予惩处。上诉人陈炳廷防卫明显超过必要限度造成重大损害,属防卫过当,依法减轻处罚。上诉人陈炳廷案发后明知他人报警而留待现场等候公安人员到场处理,归案后如实供述主要犯罪事实,系自首,依法可从轻处罚。上诉人陈炳廷家属在二审期间主动代其再次赔偿被害人家属部分经济损失,综合本案的起因、上诉人的作案手段及情节,可再对其从轻处罚。

广州市中级人民法院于 2016 年 5 月 4 日作出(2016)粤 01 刑终 621 号刑事判决:

1. 维持广州市天河区人民法院(2015)穗天法刑初字第 397 号刑事判决第一项对上诉人陈炳廷的定罪部分及第二项。

2. 撤销广州市天河区人民法院(2015)穗天法刑初字第 397 号刑事判决第一项对上诉人陈炳廷的量刑部分。

3. 上诉人陈炳廷犯故意伤害罪,判处有期徒刑三年。

二、裁判要旨

No. 4-234-58 防卫人针对众多侵害人中一人进行集中攻击,判断防卫行为是否明显超过必要限度造成重大损害,不仅应将防卫人与个别侵害人的行为及状态进行比较,也应综合双方的全部力量对比进行考量。

在司法实践中,不乏多人对被告人实施不法侵害,而被告人择一侵害人进行集中反击,致人重伤甚至死亡的案例。以一对一的攻击手段、方式和力度来看,可能该特定侵害人并未对防卫人实施较为严重的不法侵害,防卫人对该侵害人的攻击往往超过必要限度造成重大损害,对防卫人行为性质的认定也存在较大的争议。

防卫人集中攻击某一特定侵害人的心理动因,可能是为了显示自己反抗的决心以威慑对方;可能是择一弱者攻击以便于逃跑或削弱对方实力;可能是在慌乱之中来不及判断,只能本能地选择离自己最近、最容易攻击的对象进行反击;也可能是明知自己无法逃脱,但希望对方付出同等的代价。不可否认,在侵害人为多人的情况下,假如防卫人泛泛攻击所有侵害人造成轻微伤,不但无法有效阻止不法侵害,反而可能激起侵害人的怒火,使侵害升级,其效果往往不如集中攻击一人的威慑效果好。

在一对一的情况下,如果侵害人因防卫行为而放弃不法侵害或丧失反抗能力,防卫人再进行攻击,无疑是故意犯罪;而在多人侵害的情况下,即使一名侵害人倒地,其他侵害人继续实施不法侵害,那么防卫人再次攻击该侵害人的性质如何,需要针对具体情况进行判断。我们认为应当将以下因素纳入考量依据:防卫人能否立即正确地判断侵害人仅是一时摔倒,还是已经丧失反抗能力;侵害人倒地后是否呼喝同伙为其报复;侵害人倒地后,双方力量对比是否因此发生变化;其他侵害人是否继续实施不法侵害,以及进一步攻击行为如何;侵害人摔倒的位置是否影响防卫人逃走或继续实施防卫行为等。

本案中,被害人吴某某用手殴打陈炳廷,而陈炳廷则使用酒瓶三次砸打被害人的头部。从一对一的情况看,陈炳廷攻击的手段和力度超过了被害人的侵害力度。但是从现场情况看,陈炳廷没有时间停手仔细观察,一时难以判断被害人仅是摔倒还是丧失反抗能力,陈炳廷从狭窄的收银处出来,被害人正好倒在路上,无论陈炳廷逃跑还是继续防卫,都需要经过被害人;对方 10 名左右同伙并没有离场,对陈炳廷的攻击还在继续,陈炳廷仍处于劣势。因此,陈炳廷对被害人的攻击虽然明显超出必要限度,但从不法侵害整体形势上判断,陈炳廷行为的社会危害性是较小的。

案例:王大龙故意伤害案

案例来源:《人民法院案例选》2016 年第 12 辑

主题词:故意伤害罪 事后防卫

一、基本案情

2014 年 6 月 13 日 18 时许,被告人王大龙在本市通州区马驹桥镇某公寓门前路边其水果摊处,无故被李某、丛某、王某和靳某某拳打脚踢后,在上述四人欲离开时,持水果刀将李某、丛某、王某扎伤。经通州区公安司法鉴定中心鉴定,李某、丛某身体所受损伤均为重伤二级,经北京市红十字会急诊抢救中心司法鉴定中心鉴定,王某身体所受损伤为轻微伤。此外,被告人王大龙明知他人报警仍在现场等候民警处理。

北京市通州区人民法院于 2014 年 12 月 31 日作出(2014)通刑初字第 969 号刑事判决:被告人王大龙犯故意伤害罪,判处有期徒刑一年四个月。

一审宣判后,当事人未上诉,判决已经发生法律效力。

二、裁判要旨

No. 4-234-59 不法侵害已经结束而进行防卫,且防卫行为明显超过必要限度,构成事后防卫。

本案中存在现实的不法侵害行为,但不法侵害已经结束。李某等四人对王大龙实施的殴打行为,对于王大龙而言,构成现实的不法侵害,但该不法侵害行为已经结束。综合不法行为的危险程度与主观内容,应当认为被害人李某等人对王大龙的不法侵害行为并未达到严重程度。王大龙所处的客观环境决定其完全可以采取伤人以外的呼救方式获得救济。从双方手段、强度、人员多少以及强弱来看,被告人王大龙处于弱势,但李某等人没有持有工具。从防卫行为所保护的法益性质与防卫行为所造成的损害结果看,李某等人对王大龙进行殴打致王大龙轻微伤,属于一般违法行为,而王大龙持刀重伤李某、丛某,导致王某轻微伤,对比可见,王大龙的行为明显超过了防卫的客观需要,缺乏必要性。

案例:于欢故意伤害案

案例来源:《刑事审判参考》总第119集;最高人民法院2018年6月27日第18批指导性案例第93号

主题词:故意伤害罪 正当防卫

一、基本案情

2014年7月28日,山东源大工贸有限公司(以下简称"源大公司")负责人苏某某及丈夫于某甲向吴某某、赵某某借款100万元,双方口头约定月息10%。至2015年10月20日,苏某某共计还款154万元。其间,吴某某、赵某某因苏某某还款不及时,曾指使郭某某等人采取在源大公司车棚内驻扎、在办公楼前支锅做饭等方式催债。2015年11月1日,苏某某、于某甲再向吴某某、赵某某借款35万元。其中10万元,双方口头约定月息10%;另外25万元,通过签订房屋买卖合同,用于某甲名下的一套住房作为抵押,双方约定如逾期还款,则将该住房过户给赵某某。2015年11月2日至2016年1月6日,苏某某共计向赵某某还款29.8万元。吴某某、赵某某认为该29.8万元属于偿还第一笔100万元借款的利息,而苏某某夫妇认为是用于偿还第二笔借款。吴某某、赵某某多次催促苏某某夫妇继续还款或办理住房过户手续,但苏某某夫妇未再还款,亦未办理住房过户。2016年4月1日,赵某某与杜某甲、郭某某等人将于某甲上述住房的门锁更换并强行入住,苏某某报警。赵某某出示房屋买卖合同,民警调解后离去。同月13日上午,吴某某、赵某某与杜某甲、郭某某等人将上述住房内的物品搬出,苏某某报警,民警告知双方协商或通过诉讼解决。民警离开后,吴某某责骂苏某某,并将苏某某头部按入坐便器接近水面位置。当日下午,赵某某等人将上述住房内物品搬至源大公司门口。当晚,于某甲通过他人调解,与吴某某达成口头协议,约定次日将住房过户给赵某某,此后再付30万元,借款本金及利息即全部结清。同月14日,于某甲、苏某某未去办理住房过户手续。当日16时许,赵某某纠集郭某某、苗某某等人到源大公司讨债。李某接赵某某电话后,伙同严某某、程某某等人到达源大公司。赵某某等人先后在办公楼前呼喊,在财务室内、餐厅外盯守,在办公楼门厅外烧烤、饮酒,催促苏某某还款。其间,赵某某、苗某某离开。20时许,杜某甲、杜某乙赶到源大公司,20时48分,苏某某按郭某某要求到办公楼一楼接待室,于欢及公司员工陪同。21时53分,杜某甲等人进入接待室讨债,将苏某某、于欢的手机收走放在办公桌上。杜某甲用污秽语言辱骂苏某某、于欢及其家人,将烟头弹到苏某某胸前衣服上,将裤子褪至大腿处裸露下体,朝坐在沙发上的苏某某等人左右转动身体。在李某等人劝阻下,杜某甲穿好裤子,又脱下于欢的鞋让苏某某闻,被苏某某打掉。杜某甲还用手拍打于欢面颊,其他讨债人员实施了揪抓于欢头发或按压于欢肩部不准其起身等行为。22时07分,公司员工刘某某打电话报警。22时17分,民警带领2名辅警到达源大公司接待室了解情况,苏某某和于欢指认杜某甲殴打于欢,杜某甲等人否认并称系讨债。22时22分,民警警告双方不能打架,然后带领辅警到院内寻找报警人,并给值班民警打电话通报警情。于欢、苏某某欲随民警离开接待室,杜某甲等人阻拦,并强迫于欢坐下,于欢拒绝。杜某甲等人卡于欢项部,将于欢推拉至接待室东南角。于欢持刃长15.3厘米的单刃尖刀,警告杜某甲等人不要靠近。杜某甲出言挑衅并逼近于欢,于欢遂捅刺杜某甲腹部一刀,又捅刺围逼在其身边的程某某胸部、严某某腹部、郭某某背部各一刀。22时26分,辅警闻声返回接待室。经辅警连续责令,于欢交出尖刀。杜某甲等四人受伤后,分别被杜某乙等人驾车送至冠县人民医院救治。次日2时18分,杜某甲经抢救无效,因腹部损伤造成肝固有动脉裂伤及肝右叶创伤导致失血性休克死亡。严某某、郭某某的损伤均构成重伤二级,程某某的损伤构成轻伤二级。山东省高级人民法院认为,于欢持刀捅刺杜某甲等四人,属于制止正在进行的不法侵害,其行为具有防卫性质;其防卫行为造成一人死亡、二人重伤、一人轻伤的严重后果,明显超过必要限度造成重大损害,构成故意伤害罪,依法应负刑事责任。鉴于于欢的行为属于防卫过当,于欢归案后能够如实供述主要罪行,且被害方有以恶劣手段侮辱于欢之母的严重过错等情节,对于欢应当减轻处罚。2017年6月23日,山东省高级人民法院以故意伤害罪改判于欢有期徒刑五年。

二、裁判要旨

No.4-234-60 采取殴打、侮辱、围堵等损害他人人身安全、人格尊严、人身自由的方式催逼高息借贷具有不法侵害性质,行为人针对正在进行的不法侵害,而采取的制止不法侵害的行为,具有正当防卫的性质,但正当防卫行为不能明显超过必要限度,若明显超过必要限度造成重大损害,则应负相应的刑事责任,但应当减轻或免除处罚。

《刑法》第二十条第一款规定,为了使国家、公共利益、本人或者他人的人身、财产和其他权利免受正在进行的不法侵害,而采取的制止不法侵害的行为,对不法侵害人造成损害的,属于正当防卫,不负刑事责任。正当防卫的成立应当同时符合起因条件、时间条件、主观条件、对象条件、限度条件五个条件。首先,本案于欢持尖刀捅刺他人是由于正在遭受郭某某等人的不法侵害,符合正当防卫的起因条件。本案案发时杜某甲等人对于欢、苏某某实施了限制人身自由的非法拘禁行为,并伴有侮辱行为,对于欢有推搡、拍打、卡项部等肢体行为。当民警到达现场后,于欢和苏某某欲随民警走出接待室时,杜某甲等人阻止二人离开,并对于欢实施推拉、围堵等行为,在于欢持刀警告时仍出言挑衅并逼近,不法侵害客观存在。于欢是在人身安全面临现实威胁的情况下才持刀捅刺,且其捅刺的对象都是在其警告后仍向前围逼的人,可以认定其行为是为了制止不法侵害。其次,于欢捅刺他人时杜某甲等人卡于欢项部,将于欢推拉至接待室东南角,并逐渐逼近于欢,符合不法侵害正在进行的时间条件。如果于欢不拿尖刀捅刺他人,保护自己与母亲,就有可能继续遭受杜某甲等人的不法侵害。再者,于欢用尖刀捅刺他人是认识到了杜某甲等人的侮辱、殴打、围堵行为侵犯了其母亲以及公司员工人格尊严、人身安全及人身自由,主观上具有制止不法侵害的意图。再次,于欢持刀捅刺的杜某甲等四人,均是为了讨债而使用暴力、侮辱等手段进而侵犯了于欢及其母亲的身体健康及人格尊严的施暴者,符合正当防卫的对象条件。最后,在限度条件上,正当防卫的要求是不能明显超过必要限度。本案中,杜某甲等四人为了讨债而侮辱于欢及其母亲的人格尊严,并使用了殴打、限制人身自由的手段,于欢使用尖刀捅刺四人胸部、腹部、背部,超过了其所遭受侵害的程度,最终导致了一人死亡、二人重伤、一人轻伤的后果,不属于没有明显超过必要限度的限度条件。综上,于欢的行为虽具有防卫性质,但属防卫过当。《刑法》第二十条第二款的规定,正当防卫明显超过必要限度造成重大损害的,属于防卫过当,应当负刑事责任。本案系由吴某某等人催逼高息借贷引发,苏某某多次报警后,吴某某等人的不法逼债行为并未收敛。案发当日杜某甲曾当着于欢之面公然以裸露下体的方式侮辱其母亲苏某某,严重违法,于欢在此情形下为了解救自己与母亲持尖刀捅刺杜某甲等四人属防卫过当,但应当减轻处罚。

案例:石龙回故意伤害案

案例来源:《刑事审判参考》总第130辑[第1456号]

主题词:故意伤害罪 正当防卫

一、基本案情

被告人石龙回和被害人李杭分别租住在台州市集聚区某小区同一栋楼的五楼和四楼。案发前十多天,李杭曾因石龙晚上回家发出噪声影响其休息而向石龙回交涉,并通过房东王普法提醒过石龙回。2020年4月2日晚,李杭在朋友家聚餐饮酒后回家。22时许,李杭因石龙回家发出噪声影响其休息,遂上到五楼并用力敲门。石龙回开门后,两人在门口发生争吵对骂,后又发生肢体冲突。石龙回的妻子石江旭见状,走到二人中间进行劝阻,欲将李杭推出门外。李杭用拳头殴打石江旭头面部,石龙回遂用一个空啤酒瓶击打李杭头部致其受伤。李杭经送医抢救无效,于2020年4月9日凌晨死亡。经法医鉴定,李杭左顶颞部系受钝性外力作用致严重颅脑损伤死亡,其受伤当晚的饮酒行为,在一定程度上加重了颅内出血。石江旭系受外力作用致右面部及左手背部少许表皮剥脱,其损伤程度未达轻微伤。

案发后,被告人石龙回报警并在现场等待,后被民警传唤至公安机关,归案后如实供述自己的罪行。在法院审理期间,被告人家属与被害人家属达成了调解协议,并对石龙回表示谅解,请求法庭对其依法从宽处罚。

被告人石龙回对起诉指控其故意伤害的事实和罪名均无异议,但辩称其与李杭争吵过程中,其妻子石江旭来到其与李杭中间位置劝阻,但李杭抓住石江旭头发并进行殴打,其情急之下为解救石江旭才拿啤酒瓶砸李杭,系防卫行为。其辩护人认为石龙回的行为系正当防卫,但超出必要限度,构成防卫过当。同时认为石龙回有自首情节,系初犯、偶犯,又有赔偿情节,取得了被害人家属的谅解;本案系邻里纠纷引起,李杭有一定过错,李杭的死亡还与事先饮酒相关,请求对其予以从宽处罚。

二、裁判要旨

No.4-234-61 在双方因琐事发生打斗的过程中,为保护他人人身权利不受侵害而反击的,仍可以构成防卫。

根据最高人民法院、最高人民检察院、公安部《关于依法适用正当防卫制度的指导意见》(以下简称《正当防卫指导意见》)第九条的规定,防卫行为与相互斗殴具有外观上的相似性,准确区分两者要坚持主客观相统一原则,通过综合考量案发起因、对冲突升级是否有过错、是否使用或者准备使用凶器、是否采用明显不相当的暴力、是否纠集他人参与打斗等客观情节,准确判断行为人的主观意图和行为性质。因琐事发生争执,双方均不能保持克制而引发打斗,对于有过错的一方先动手且手段明显过激,或者一方先动手,在对方努力避免冲突的情况下仍继续侵害的,还击一方的行为一般应当认定为防卫行为。因此,并非因琐事发生争执、冲突,引发打斗的,就一定是相互斗殴;也不能因为因琐事发生争执、冲突,引发打斗的,就不再存在防卫的空间。对于因琐事发生争执引发打斗的案件,判断行为人的行为是否系防卫行为,较之一般案件更为困难,须妥当把握。

本案被害人李杭虽为噪声问题来到石龙回出租房理论,但借着酒后状态猛敲房门,在未经石龙回等人同意的前提下,欲强行进入房内,侵害了石龙回的居住安宁;李杭与石龙回发生争吵后,两人发生对骂、肢体冲突,石江旭见状为避免更大的冲突而进行劝阻,李杭却用拳头击打石江旭头面部,故李杭的行为具有不法性,侵害了石江旭的身体权及健康权。从当时的情境看,石江旭面临客观存在的,且威胁、危害程度可能不断升级的不法侵害,石龙回的行为符合防卫的起因条件。

李杭系一米八以上的壮汉,案发当晚又系酒后状态,从石龙回当时所处情境来看,按照社会公众的一般认知,不法侵害呈现升级趋势,具有一定的危险性,不论是侵入住宅还是侵害他人身体健康,均能认定不法侵害正在进行,且该不法侵害并非显著轻微,具有紧迫性,石龙回的行为符合防卫的时间条件。

石龙回的反击行为是针对不法侵害人进行,《正当防卫指导意见》第七条规定,"正当防卫必须针对不法侵害人进行"。根据上述分析,李杭非法进入出租房、拳打石江旭,系不法侵害人,石龙回的行为符合防卫的对象条件。

石龙回的反击行为是为了他人的人身权利不受侵害。《正当防卫指导意见》第八条规定,"正当防卫必须是为了使国家、公共利益、本人或者他人的人身、财产和其他权利免受不法侵害”。本案中,石龙回清楚地认识到石江旭的人身安全正受到威胁,情急之下用啤酒瓶击打李杭头部是希望制止李杭继续不法侵害石江旭,是为了保护石江旭的合法权益,其行为属于该种情境下一般人的正常反应,符合防卫的意图条件。

石龙回的行为同时具备明显超过必要限度和造成重大损害两个条件。《正当防卫指导意见》第十二条规定,“防卫是否‘明显超过必要限度’,应当综合不法侵害的性质、手段、强度、危害程度和防卫的时机、手段、强度、损害后果等情节,考虑双方力量对比,立足防卫人防卫时所处情境,结合社会公众的一般认知作出判断。在判断不法侵害的危害程度时,不仅要考虑已经造成的损害,还要考虑造成进一步损害的紧迫危险性和现实可能性”。第十三条规定,“‘造成重大损害’是指造成不法侵害人重伤、死亡”。本案中,李杭空手来到石龙回出租房,用拳头击打石江旭头面部,未使用致命性凶器,亦没有严重危及他人人身安全,对石江旭人身权利的侵害较轻,石龙回用啤酒瓶重击李杭的要害部位,并造成李杭死亡的危害结果,符合明显超过必要限度造成重大损害的规定。

综上,并非因琐事发生争执、冲突,引发打斗的,就一定是相互斗殴,就不再存在防卫的空间。在互相打斗过程中,一方为了使前来劝阻的妻子免受不法侵害,造成另一方死亡的,可以构成防卫过当。因此,在界分防卫行为与相互斗殴的过程中,应该根据案件发生的整体经过,立足行为人反击时的具体情境,结合一般人在类似情境下的可能反应,综合考虑案件的起因条件、时间条件、对象条件、意图条件和限度条件。本案中,石龙回的行为具有防卫性质,但防卫行为明显超过必要限度造成重大损害,依法应当认定为防卫过当。

案例:周天武故意伤害案

案例来源:《刑事审判参考》总第115集[第1274号]

主题词:故意伤害罪　艾滋病

一、基本案情

2013年1月16日,被告人周天武因母亲住院去献血,被攀枝花市疾病预防控制中心检测出是艾滋病患者。2013年7月,周天武与吴某某在四川省会东县相识并确立了恋爱关系。2013年8月至2014年6月间,周天武在攀枝花市东区五十四、盐边县新几乡等地与吴某某以男女朋友关系同居。其间,周天武为达到与吴某某长期交往的目的,不但没有告诉吴某某自己患有艾滋病,还在明知自己系艾滋病患者以及该病传播途径的情况下,故意不采取任何保护措施与吴某某发生性关系,致吴某某于2014年6月20日被确诊为艾滋病患者。

二、裁判要旨

No. 4-234-62　明知自己感染艾滋病病毒,故意不采取保护措施与他人发生性关系,致使他人感染艾滋病病毒的,不成立故意杀人罪,应认定为故意伤害罪,按照致人重伤的标准定罪量刑。

虽然至今全世界范围内尚未研制出根治艾滋病的特效药物,也还没有可用于预防的有效疫苗,但是在我国已经广泛采用了“鸡尾酒”疗法,这种治疗方法能够压制艾滋病病毒、不断清除艾滋病病毒。早期艾滋病病毒感染者用药后病毒可以被清除到几乎检测不到,普通的艾滋病病毒感染者终身服药能存活到正常人的平均寿命。因此,从医学的角度来看,感染上艾滋病病毒并不必然导致死亡。事实上,由于我国实施的免费检测、免费治疗政策,大部分艾滋病病毒感染者能够获得及时治疗而不会危及生命,以故意杀人罪来认定类似本案的行为,与故意杀人罪的构成要件不相符。此外,故意杀人罪是结果犯,而从感染艾滋病病毒到发病一般为8—10年,在审理期限内很难认定故意杀人的危害结果是否发生。

艾滋病病毒对人体免疫系统的损害十分致命,但艾滋病病毒又不具有直接致命性,它是通过损害人体免疫系统,降低人体的免疫力,进而构成对人体的危害。艾滋病病人死亡的直接原因通常都是其他的疾病或损伤。对类似本案的行为认定为故意伤害罪将使定罪量刑的标准很统一。行为人一旦把艾滋病病毒传染给他人,那就肯定对他人的身体造成了伤害,从被害人感染艾滋病病毒的那一刻起,故意伤害罪就已经既遂,而不会像认定为故意杀人罪那样出现未遂与既遂不确定的问题。

2017年7月25日起施行的《最高人民法院、最高人民检察院关于办理组织、强迫、引诱、容留、介绍卖淫刑事案件适用法律若干问题的解释》(以下简称《涉卖淫刑案解释》)第十二条第二款规定:"具有下列情形之一,致使他人感染艾滋病病毒的,认定为刑法第九十五条第三项'其他对于人身健康有重大伤害'所指的'重伤',依照刑法第二百三十四条第二款的规定,以故意伤害罪定罪处罚:(一)明知自己感染艾滋病病毒而卖淫、嫖娼的;(二)明知自己感染艾滋病病毒,故意不采取防范措施而与他人发生性关系的。"由上述规定可以看出,《涉卖淫刑案解释》对明知自己感染艾滋病病毒,故意不采取保护措施与他人发生性关系,致使他人感染艾滋病病毒的,认定为故意伤害罪。

本案中,被告人周天武因去医院献血而被确诊感染艾滋病病毒,其明知自己感染艾滋病病毒,而故意不采取任何防护措施与被害人多次发生性关系,主观上具有通过让被害人感染艾滋病病毒的方式伤害其身体健康的故意,客观上所实施的不采取任何防护措施而与被害人多次发生性行为的行为,已经造成被害人感染上艾滋病病毒的危害后果,给被害人的人身健康造成重大伤害,完全符合故意伤害罪的构成要件。艾滋病病毒以对人体免疫系统的损害构成对人体健康的严重危害,身体健康会受到极大的伤害,这种伤害既包括艾滋病病毒本身对身体的损害,也包括长期服药导致的大量副作用,而患者为了维持生命必须终身忍受这种痛苦。因此,感染艾滋病病毒对被害人身体健康的损伤程度与重伤的损伤程度是相当的。因此,《涉卖淫刑案解释》规定,此种情形下一般认定为"重伤",在"三年到十年有期徒刑"幅度内量刑。

案例:曹显深、杨永旭、张剑等故意伤害案

案例来源:《刑事审判参考》总第108集[第1170号]

主题词:故意伤害罪　立功

一、基本案情

2015年6月11日,被告人曹显深欲报复卢德福,纠集被告人杨永旭、张剑等人。杨永旭、张剑拿砍刀追打卢德福。杨永旭持砍刀砍卢德福的背部、腿部各一刀,张剑持砍刀砍卢德福右腿一刀,后逃离现场。卢德福受伤后被送往医院经抢救无效于当日死亡。经鉴定,被害人卢德福系被锐器暴力砍击全身多处并造成左脑动脉静脉完全断裂致失血性休克而死亡。曹显深到公安机关投案,并让其哥哥曹显林寻找、劝说在逃人员张剑和杨永旭归案,其亲属还代为赔偿了被害人亲属经济损失并取得谅解。后张剑和杨永旭到公安机关投案自首。

二、裁判要旨

No. 4-234-63　被告人投案后委托亲属动员在逃的同案犯投案自首的,不能认定为立功。

《刑法》、最高人民法院《关于处理自首和立功具体应用法律若干问题的解释》(以下简称《自首和立功解释》)以及最高人民法院《关于处理自首和立功若干具体问题的意见》(以下简称《自首和立功意见》),所规定的立功的主体都是"犯罪分子",在侦查、审查起诉阶段所对应的主体为犯罪嫌疑人;在审判阶段所对应的主体为被告人。因此,刑法上立功的主体,原则上应限定为犯罪嫌疑人、被告人本人,立功需要具有"亲为性"。犯罪分子的亲属"协助立功"的,不符合立功的主体要件,因此,不能认定为犯罪分子具有立功表现。

《自首和立功意见》虽有兜底条款,但不能认为凡是对侦破案件起到一定的协助作用,节约了一定的司法资源就一律认定为立功。在具体情形的认定上,应当坚持两点:一看是否按照司法机关的安排而配合做出相应行为,以表明其有配合司法机关侦破案件的意愿和行为,如《自首和立功意见》列举的第一、二种协助方式,即"按照司法机关的安排,以打电话、发信息等方式将其他犯罪嫌疑人(包括同案犯)约至指定地点的"和"按照司法机关的安排,当场指认、辨认其他犯罪嫌疑人(包括同案犯)的",强调是按照司法机关的安排而为。二看将重要信息提供的对象是否是司法机关。如《自首和立功意见》列举的第三、四种协助方式,即“带领侦查人员抓获其他犯罪嫌疑人(包括同案犯)的”和“提供司法机关尚未掌握的其他案件犯罪嫌疑人的联络方式、藏匿地址的”,均要求是将重要信息向司法机关提供,之后由司法机关前往抓获。这是为避免“私力缉凶”与“串通买功”现象的发生。

本案中,被告人曹显深规劝同案犯投案,既非在司法机关的安排下进行,也非将杨永旭、张剑二人的藏匿信息告知司法机关,由司法机关前往抓获。张剑则供述,曹显林与其父亲张某某一起找到他后,共同做其思想工作,才自动投案的。杨永旭亦供述,其哥哥杨某某找到其后,动员其去自首,后联系曹显林,由曹显林陪同投案。曹显林则对上述动员经过进行了证实。可见,曹显深并不能提供杨永旭、张剑的详细、具体、准确的藏匿地址,其仅仅是有规劝杨、张二人投案的意愿。杨永旭、张剑的投案,系曹显林与杨、张的亲属共同寻找、动员的结果,并非曹显深直接动员所致,不能认定为曹显深具有立功表现。曹显深的行为虽不认定立功,但可作为悔罪表现,酌情从轻处罚。

案例:张那木拉故意伤害案

案例来源:《刑事审判参考》总第 129 辑[第 1436 号];最高人民法院 2021 年 1 月 12 日第 26 批指导性案例第 144 号

主题词:故意伤害罪 正当防卫

一、基本案情

被告人张那木拉在处理其兄张铁壮的交通事故时,找到了无业人员周振强向办案民警“打招呼”,周振强应允。此后,张那木拉发现周振强与办案民警并不相识,交通事故最终在警方调解下解决。周振强因事故处理中的“面子”问题对张那木拉心生怨恨。

3 月 12 日 8 时许,周振强纠集丛万富、张雷、陈可新,由丛万富驾车,携带了陈可新事先准备好的两把砍刀,至天津市西青区精武镇牛坨子村被告人张那木拉暂住处。四人确认张那木拉在房间后,周振强、陈可新各持一把砍刀,丛万富、张雷分别从鱼塘边拿起铁锨、铁锤再次进入张那木拉暂住处。张铁壮见状将走在最后边的张雷截在外屋,二人发生厮打。周振强、陈可新、丛万富进入里屋,三人共同向屋外拉拽张那木拉,张那木拉向后挣脱。周振强、陈可新见张那木拉不肯出屋,即持刀砍击张那木拉后脑部,张那木拉即随手在茶几上抓起一把尖刀转身向陈可新捅刺一刀,陈可新胸部被捅后退到外屋倒地。其间,丛万富持铁锨又向张那木拉后脑处击打。周振强、丛万富见陈可新倒地后也跑出屋外。张那木拉将尖刀放回原处后发现张雷仍在屋外与其兄张铁壮厮打,为防止张铁壮被殴打,其赶到屋外,随手拿起门口处的铁锨将正挥舞砍刀的周振强打入鱼塘中。周振强爬上岸后张那木拉再次将其打落水中,致周振强左尺骨被打致骨折,其所持砍刀落入鱼塘中。此时,张铁壮已经将张雷手中的铁锤夺下,并将张雷打落鱼塘中。张那木拉随即拨打电话报警并在现场等候公安机关处理。陈可新被送往医院,因心脏被刺破致失血性休克死亡;张那木拉头部损伤构成轻微伤;周振强左前臂构成轻伤。

二、裁判要旨

No. 4-234-64 在认定特殊防卫时,不能简单地从防卫人与不法侵害人实际受到的损伤对比来判断不法侵害是否“严重危及人身安全”。应当以普通人的认识水平,结合现场的实际情况,同时考虑侵害方所持凶器、人数、已经实施的行为以及实施行为的场所等情形,来判断不法侵害是否达到严重危及人身安全的程度。

首先,防卫行为是否明显超过必要限度,应以普通人的认识水平并结合现场实际情况判断,而不是从事后的角度分析侵害程度来确定防卫行为是否超过必要限度。其次,判断防卫行为是否明显超出必要限度的标准,应以侵害行为可能造成的危害程度是否与正在进行的行凶、抢劫、强奸、绑架四种犯罪相当,而不是以实际危害结果是否与上述四种犯罪的既遂结果相当。换言之,在判断是否构成特殊防卫时不能“唯结果论”,不能简单地从防卫人与不法侵害人实际受到的损伤对比来判断不法侵害是否“严重危及人身安全”。应当以普通人的认识水平,结合现场的实际情况,同时考虑侵害方所持凶器、人数、已经实施的行为以及实施行为的场所等情形,来判断不法侵害是否达到严重危及人身安全的程度。

本案中,周振强等四人分别持两把砍刀、一把铁锨、一把铁锤突然闯入被告人张那木拉住处,直接向张那木拉实施了拖拽及用砍刀砍击其后脑部、用铁锨砸击其后脑部等行为。张那木拉面对四名分别手持足以致其死伤凶器的侵害人,且在后脑部已经受到攻击的情况下,不能苛求其在精神高度紧张、情况极为紧迫的情况下,作出对方行为对其可能造成何种程度损伤的精准判断。换言之,不能以周振强一方的侵害行为仅造成张那木拉轻微伤的后果,来反推张那木拉采取的防卫措施明显超过实际受到的损害。周振强一方实施的侵害行为的危险程度,与正在进行的行凶、抢劫、强奸、绑架四种犯罪行为暴力危险程度相当。故张那木拉在人身安全面临严重危险的情况下采取防卫行为,导致一死一伤后果,属于特殊防卫,对伤亡结果不负刑事责任。

No. 4-234-65　判断不法侵害是否结束,要结合不法侵害人是否已经脱离现场、丧失侵害能力、放弃侵害意图等因素综合考量。

本案中,周振强等人的不法侵害并没有结束,周振强等人退出屋后,被告人张那木拉面临的人身危险并没有解除。对张那木拉捅刺陈可新后,又持铁锨将周振强打伤的行为应当给予整体评价,认定不法侵害仍在继续进行,主要理由是:

首先,从时间和地点上看,周振强等人在陈可新被被告人张那木拉捅刺后出屋,张那木拉放下尖刀随即出屋与周振强进行打斗,张那木拉在屋内的捅刺行为和屋外鱼塘边的打斗行为没有间隔,系连贯行为;张那木拉实施的反击行为、实施的场所具有连续性,行为对象虽然分别是陈可新、周振强,但二人的不法侵害系共同行为,可以说张那木拉进行防卫的行为对象具有一致性,张那木拉捅刺陈可新的行为与击打周振强的行为也具有整体性。

其次,从行为性质上看,周振强等三人虽然退至屋外,不再拉拽被告人张那木拉,但仍手持凶器,周振强见到张那木拉后向其挥舞砍刀,仍未放弃不法侵害行为,且张雷与张铁壮在屋外的打斗没有停止,侵害一方对张那木拉的人身安全仍然构成威胁,不法侵害尚未结束。

No. 4-234-66　构成特殊防卫的,判决中应当宣告被告人无罪,而非“不负刑事责任”。

行为是否应当受刑事处罚,与实际是否判处刑罚是不同的范畴,换而言之,行为是否构成犯罪和行为人是否负刑事责任也是两个层面的问题,后者包括行为构成犯罪但具体行为人实际不判处刑罚的情况。本案中,被告人张那木拉的行为导致一死一伤的后果,其行为在形式上似乎符合犯罪构成的客观要件,但由于特殊防卫行为是对社会有利而非危害社会的行为,且是法律规定的排除犯罪的事由,既不具有社会危害性,也不具有刑事违法性,当然也不应当受到刑罚处罚,不属于犯罪行为。

90 组织出卖人体器官罪(《刑法》第二百三十四条之一)

案例:郑伟等组织出卖人体器官案

案例来源:《人民法院案例选》2015 年第 2 辑

主题词:组织出卖人体器官罪　组织的概念

一、基本案情

法院经审理查明:2009 年底至 2010 年初,被告人郑伟在了解到北京市各大医院有大量肾病患者急需实施肾脏移植手术的信息后,经与北京 304 医院泌尿外科主任叶某接洽以能够帮助该医院提供进行肾脏移植手术的患者以及尸体肾源为由,取得对方同意,确定由 304 医院作为其所提供他人已摘除肾脏的移植手术实施地点。同年 3 月,被告人郑伟通过他人结识被告人周鹏,并向周鹏提出通过有偿收购肾脏的方式招募肾脏供体,非法实施人体肾脏摘除手术,由其组织人员将上述肾脏转售给肾病患者,进而谋取经济利益的方案。被告人周鹏对郑伟的上述提议予以应允,随后根据郑伟的要求在徐州寻找实施人体肾脏手术的医疗机构和手术医师。同年

4月至8月,被告人周鹏承租了江苏省徐州市泉山区火花社区卫生服务中心,在此非法实施人体肾脏摘除手术数十例,由被告人郑伟将摘除后的肾脏送往北京304医院,经郑伟组织人员向29名患者收取肾源费用后,联系安排该29名患者在304医院实施了肾脏移植手术。在此期间,被告人郑伟、周鹏招募被告人赵健作为肾脏摘除手术的主刀医师,被告人赵健邀约被告人杨国忠参与实施肾脏摘除手术,被告人杨国忠召集单位同事赵辉(江苏籍,另案处理)作为麻醉师,协助完成手术;被告人郑伟招募被告人支有光负责供体的术后护理工作。

2010年9月至12月,被告人郑伟承租北京市海淀区颐和山庄玉华园××号,将此处作为非法实施人体肾脏摘除手术的地点,实施人体肾脏拆除手术22例,由被告人郑伟将摘除后的肾脏送往北京304医院,经郑伟组织人员向29名患者收取肾源费用后,联系安排该29名患者在304医院实施了肾脏移植手术。被告人周鹏、赵健、杨国忠以及另案处理人员赵辉(江苏籍)在此期间继续参与手术实施相关工作,被告人支有光不仅参与供体术后护理工作,亦与被告人樊海雁协助赵健、杨国忠、赵辉(江苏籍)实施肾脏摘除手术;被告人郑伟招募被告人王芳红、王亚兰,在此从事供体手术前后的护理工作。

被告人郑伟通过下列人员具体从事招募、管理供体以及联系介绍肾病患者的工作:被告人李晓铭自2010年5月、被告人赵辉(黑龙江籍)及周倩自2010年7月开始主要负责介绍肾病患者向被告人郑伟购买肾脏;被告人翟德超、刘保自2010年7月开始主要负责寻找肾脏供体,并在北京市海淀区西北旺镇六里屯村××号租住房屋,用以安置、管理肾脏供体,被告人翟德超还参与介绍肾病患者李剑超向被告人郑伟购买肾脏;被告人王英自2010年9月开始,积极协助被告人郑伟,从事接送手术医生与肾脏供体、与受体商谈价格、向供体支付卖肾款、向翟德超、李晓铭、赵辉、王芳红、王亚兰等人支付报酬等工作;被告人苏振华自2010年11月开始,在北京市海淀区树村后营××号租住房屋,对供体进行管理。后被告人郑伟等15人先后被抓获。

经核实,被告人郑伟等人共非法买卖人体肾脏51个,涉案金额达人民币1034万余元。案发后,公安机关冻结涉案账户资金人民币160余万元,扣押现金人民币21149.5元,扣押大众TIGUAN牌汽车一辆以及大量涉案物品。

北京市海淀区人民法院于2014年3月5日作出(2012)海刑初字第3637号刑事判决:被告人郑伟犯组织出卖人体器官罪,判处有期徒刑十二年,罚金人民币二百万元,剥夺政治权利三年。被告人周鹏犯组织出卖人体器官罪,判处有期徒刑九年,罚金人民币五十万元,剥夺政治权利二年。被告人赵健犯组织出卖人体器官罪,判处有期徒刑七年六个月,罚金人民币十五万元,剥夺政治权利一年。被告人李晓铭犯组织出卖人体器官罪,判处有期徒刑七年六个月,罚金人民币十五万元,剥夺政治权利一年。被告人翟德超犯组织出卖人体器官罪,判处有期徒刑七年六个月,罚金人民币十五万元,剥夺政治权利一年。被告人赵辉犯组织出卖人体器官罪,判处有期徒刑六年六个月,罚金人民币十万元。被告人杨国忠犯组织出卖人体器官罪,判处有期徒刑六年六个月,罚金人民币十万元。被告人支有光犯组织出卖人体器官罪,判处有期徒刑五年六个月,罚金人民币六万元。被告人周倩犯组织出卖人体器官罪,判处有期徒刑五年六个月,罚金人民币六万元。被告人王英犯组织出卖人体器官罪,判处有期徒刑五年,罚金人民币五万元。被告人樊海雁犯组织出卖人体器官罪,判处有期徒刑四年,罚金人民币二万元。被告人刘保犯组织出卖人体器官罪,判处有期徒刑四年,罚金人民币二万元。撤销被告人苏振华犯赌博罪,判处有期徒刑一年,缓刑一年,罚金人民币五千元之缓刑部分;被告人苏振华犯组织出卖人体器官罪,判处有期徒刑三年,罚金人民币一万元,与前罪判处的刑罚并罚,决定执行有期徒刑三年八个月,罚金人民币一万五千元。被告人王芳红犯组织出卖人体器官罪,判处有期徒刑三年六个月,罚金人民币一万元。被告人王亚兰犯组织出卖人体器官罪,判处有期徒刑三年六个月,罚金人民币一万元。在案冻结的人民币一百六十五万八千一百九十一元三角二分及孳息、在案扣押的人民币二万一千一百四十九元五角以及其他相关物品,均依法处置。

宣判后,郑伟、周鹏、赵辉、周倩、樊海雁、王芳红、王亚兰对判决不服,均提出上诉。北京市第一中级人民法院于2014年8月20日作出(2014)一中刑终字第2489号刑事裁定:驳回上诉人的上诉,维持原判。

二、裁判要旨

No.4-234之一-1 组织出卖人体器官罪中的组织行为应作广义理解,包括领导、策划、控制他人出卖人体器官的行为。

对"组织"应作广义理解,是指行为人实施领导、策划、控制他人进行其所指定的行为活动,就该案来说,在案证据证明涉案15名被告人是以郑伟为组织核心而形成的一个分工负责且相互配合,使得各个犯罪环节能紧密衔接的犯罪团伙,在该团伙中,每名被告人都知晓其所从事活动的非法性;且所获报酬也均来自团伙转售他人器官的违法所得,所有成员既有共同犯意,亦有共同分赃之行为,符合共同犯罪的构成,均应以组织出卖人体器官罪定罪。当然,各行为人参与此团伙的时间、实际参加的程度、在共同犯罪中的地位、所起的作用各不相同,应根据具体的犯罪手段、后果及涉案金额等情节,区分主从犯依法判处适当的刑罚。

案例:王海涛等组织出卖人体器官案

案例来源:《刑事审判参考》总第95集[第931号]

主题词:组织出卖人体器官罪 既遂的认定

一、基本案情

被告人王海涛,男,1984年12月26日出生,无业。2012年3月14日因涉嫌犯组织出卖人体器官罪被逮捕。

被告人刘超、孙友玉、李明伟等基本情况略。

江苏省泰兴市人民检察院以被告人王海涛、刘超、孙友玉、李明伟犯组织出卖人体器官罪,向泰兴市人民法院提起公诉。

被告人王海涛辩称,朱其瑞是被告人刘超招揽的出卖肾脏的人,后自行离开,其没有安排朱其瑞去河北省石家庄市的医院实施肾脏移植手术,仅是向朱其瑞提供了介绍去医院做肾脏移植手术人员的联系电话,后由朱其瑞自己联系对方,其未从中得款。被告人刘超、孙友玉、李明伟对起诉书指控的事实和罪名没有提出异议。

泰兴市人民法院经审理查明:2011年9月至2012年2月期间,被告人王海涛纠集被告人刘超、孙友玉、李明伟至泰兴市黄桥镇等地,组织他人出卖活体肾脏。刘超、孙友玉主要利用互联网发布收购肾源广告以招揽"供体"(指自愿出卖自己器官的人);李明伟主要负责收取供体的手机和身份证、管理供体、为供体提供食宿、安排供体体检及抽取配型血样等;王海涛主要负责联系将肾脏卖出。四名被告人先后组织朱其瑞、徐欣、钟明志、杨维东等多名供体出卖活体肾脏,其中朱其瑞由刘超招揽至泰兴市黄桥镇,后朱其瑞离开,王海涛又向朱其瑞提供了介绍去医院做肾脏移植手术人员的联系电话,朱其瑞于2011年12月在河北省石家庄市一家医院实施了肾脏移植手术,得款人民币(以下币种同)3.5万元,经鉴定其左侧肾脏缺失,构成重伤;徐欣在孙友玉招揽及王海涛安排下,于2012年12月在印度尼西亚雅加达市一家医院实施了肾脏移植手术,得款3.8万元,后因无法联系其损伤程度未能鉴定;王海涛从中得款3.8万元,并将此款用于钟明志、杨维东等供体的食宿支出。案发时,钟明志、杨维东尚未实施肾脏移植手术。

泰兴市人民法院经审理认为,被告人王海涛、刘超、孙友玉、李明伟组织多人出卖人体器官,情节严重,其行为均构成组织出卖人体器官罪,且系共同犯罪,依法应当予以惩处。王海涛在共同犯罪中起主要作用,系主犯,依法应当按照其所参与的全部犯罪处罚;刘超、孙友玉、李明伟在共同犯罪中起次要作用,系从犯,依法应当减轻处罚;四被告人归案后均能如实供述自己的罪行,依法均可以从轻处罚;其中李明伟主动缴纳财产刑保证金,依法可以酌情从轻处罚。据此,依照《中华人民共和国刑法》第二百三十四条之一第一款,第二十五条第一款,第二十六条第一款、第四款,第二十七条,第六十七条第三款,第六十四条之规定,泰兴市人民法院判决如下：

1. 被告人王海涛犯组织出卖人体器官罪，判处有期徒刑五年，并处罚金人民币四万元。

……(其他判罚情况略)

宣判后，被告人王海涛、刘超、孙友玉、李明伟未提出上诉，检察机关未抗诉，该判决已发生法律效力。

二、裁判要旨

No.4-234之一-2 组织出卖人体器官罪是行为犯，不以出现实际的身体伤害结果为成立要件，实施组织他人出卖人体器官的行为，即成立既遂。

组织出卖人体器官罪属于典型的行为犯，行为犯不以犯罪结果发生作为既遂认定的要件。我国《刑法》分则规定了不少“组织型”犯罪，如第二百二十四条之一规定的组织领导传销活动罪、第三百三十三条规定的非法组织卖血罪、第三百五十八条规定的组织卖淫罪，等等。根据刑法通说的观点，组织型犯罪是行为犯，而行为犯一般不要求危害结果必然实现，只要危害行为实施完毕即构成犯罪既遂。“组织型”犯罪作为行为犯中的一种独特类型，其既遂、未遂的认定是以行为人的组织、策划或指挥行为是否实施完成来作为界定标准。具体到本罪，只要行为人基于出卖人体器官的目的，实施了指挥、策划、招揽、控制自愿出卖自身器官的人的行为，即构成本罪的既遂，而不需要出现器官被实际摘取等特定的后果。

组织出卖人体器官罪所侵犯的客体是复杂客体，只要侵犯其一即可认定既遂。本罪既侵犯了公民的人身权利，也侵犯了国家医疗秩序。组织出卖人体器官行为，一方面容易诱使、鼓励处于经济困境的人为摆脱困境而出卖器官，严重损害出卖人的身体健康和生命安全；另一方面这种非法人体器官交易因缺乏监管，无法保证所出卖器官的安全性，这也可能危及器官受移植者的身体健康和生命安全。组织出卖人体器官行为使原本分散的、零星的出卖人体器官行为，由于组织行为的存在变得更具群体性、规模化，导致器官移植活动脱离国家监管，严重破坏了国家器官移植医疗管理秩序。因此，即使出卖者未被实际摘取器官，但只要组织者的组织出卖人体器官行为实施完毕，国家器官移植医疗管理秩序受到严重侵害，组织行为即构成既遂。

以实际摘取器官与否作为本罪的既、未遂认定标准，与预防和惩治犯罪的立法意图相悖。组织出卖人体器官的行为客观上为人体器官的非法买卖推波助澜，只有斩断组织出卖行为这个非法买卖人体器官犯罪利益链条的关键节点，才能切断人体器官的非法来源，维护规范有序的器官移植医疗秩序。司法实践中，由于非法买卖人体器官犯罪一般具有被害人自愿有偿出卖器官(非自愿的情况下，应当以故意杀人罪、故意伤害罪等其他犯罪论处)、犯罪分子组织分工细化和作案隐蔽等特点，案件侦破、证据收集和认定往往会面临较大的困难。如果坚持以器官是否被摘取作为既遂、未遂的认定标准，显然不利于有效打击此类犯罪，与组织出卖人体器官罪的社会危害性以及当前打击此类犯罪的严峻形势不相适应。

判断本案四被告人的行为是否属于“情节严重”，不仅要综合犯罪动机、目的、行为、手段、客观损害等进行判断，而且要根据本罪侵害复杂客体的实际，结合针对侵犯公民人身权利罪、危害公共卫生罪等犯罪的法律以及相关司法解释的规定和精神进行判断。具有以下情形之一的，可以认定为组织出卖人体器官罪的情节严重：在医疗机构中执业的医务人员组织出卖的；组织多人(指三人以上，含三人)或者多次(指三次以上，含三次)出卖人体器官的；通过网络发布信息招揽、组织出卖的；组织未成年人出卖人体器官的；造成出卖人或者受移植人重伤、死亡等严重后果的；组织他人出卖人体器官非法获利数额巨大的；组织他人出卖人体器官造成恶劣的社会影响的，等等。具体到本案，王海涛等四被告人在长达半年多的时间内，通过网络先后招揽、组织多人出卖人体器官，形成了分工明确的犯罪团伙；其中有两名出卖者实际实施了器官移植手术，一人经鉴定为重伤；该犯罪组织甚至组织向境外出卖人体器官，造成了恶劣的影响。综合这些情节，认定四被告人的行为构成组织出卖人体器官罪的情节严重，是适当的。

被害人朱其瑞(器官出卖人之一)在等候王海涛安排器官移植期间因故离开，后王海涛向朱其瑞提供了介绍去异地医院做肾脏移植手术人员的联系电话,朱其瑞自行联系对方并接受了器官移植手术,王海涛等人未从该次移植手术中获取中介款。笔者认为,朱其瑞器官被摘除的后果是否应当纳入王海涛等人组织行为的范围,可以从以下两个方面进行分析:其一,朱其瑞为出卖自身器官而接受王海涛等人招揽来到江苏省泰兴市,王海涛等人为朱其瑞提供食宿、安排验血配型并发布供体信息,此时王海涛等人对朱其瑞出卖人体器官的组织行为即已实施完成,即便朱其瑞最终未能移植器官,也不影响对王海涛等人组织其出卖人体器官行为的认定。其二,朱其瑞虽然在等候安排移植器官期间因故离开,但在离开时刘超曾明确要求朱其瑞随时等候指令接受配型移植,后朱其瑞也是按照王海涛等人的指令及提供的联系渠道,在异地成功实施了器官移植手术,其出卖器官的全过程均系通过王海涛等人的指示、安排最终得以完成。因此,朱其瑞器官被摘除的后果应当纳入王海涛等人组织行为的范围。

91 强奸罪(《刑法》第二百三十六条)

案例:韩自华强奸案

案例来源:《人民法院案例选》2007 年第 3 辑
主题词:强奸罪　胁迫

一、基本案情

被告人韩自华,男,1971 年 3 月 17 日出生,云南省石林县人,汉族,小学文化,农民。

云南省石林彝族自治县人民法院经审理查明:2006 年 7 月 13 日,被告人韩自华得知其妻吕某某与被害人杨某某的丈夫陆某某发生性关系后,遂与其妻商量让被害人杨某某与韩自华发生一次性关系以“补偿”。于是在当日上午,韩自华及其妻喊杨某某到自己家中,韩欲与杨某某发生性关系,遭到杨某某的反抗而未得逞。韩提出若不答应,则要叫人来打陆某某。当日下午 2 时许,杨某某来韩家中商量解决办法,韩再次提出:让杨某某陪他发生一次性关系来“补偿”,否则就要找人打陆某某,让其家破人亡。吕某某也从中做杨的工作,且答应此事不让其他人知道,杨某某为了维护家人安全不得不答应其条件。当日下午,韩自华携带镰刀到跳神凹(地名)的地里等候在此施肥的杨某某,将杨某某叫到事先铺好蒿枝的包谷地中发生了性关系。杨某某于次日下午向公安机关报案。

云南省石林彝族自治县人民法院认为:被告人韩自华在得知其妻与被害人之夫发生不正当性关系后,心怀不满,通过语言威胁、恫吓,对被害人实施精神压力,迫使被害人不得不答应其性要求,其行为已构成强奸罪,应负刑事责任。公诉机关指控的事实和罪名成立,对被告人韩自华依法应予惩处。被告人韩自华及其辩护人的辩解和辩护意见不能成立,本院不予采纳。但鉴于被告人韩自华属初犯、偶犯;归案后又能如实供述自己的犯罪事实,认罪态度较好,有悔罪表现,适用缓刑不致再危害社会,故可依法酌情从轻处罚并适用缓刑。依照《中华人民共和国刑法》第二百三十六条和第七十二条之规定,作出如下判决:

被告人韩自华犯强奸罪,判处有期徒刑三年缓刑四年。

二、裁判要旨

No. 4-236-1　妇女因受胁迫而应约与之发生性行为,应当认定为违背妇女意志,以强奸罪论处。

该案在男女之间发生性行为之前,不违背妇女意志,但在形式上,男方对女方有勉强其性交的形式。持这种观点的人认为:在此情况下发生的两性关系,要对双方平时的关系如何,性行为是在什么环境和什么情况下发生的,事情发生后女方的态度怎样,在什么情况下告发的等事实和情节,认真审查清楚,进行全面分析,以判断是否确实违背了妇女的意志,然后确定案件的性质。如果确实违背妇女意志的,应以强奸罪论处。本案的犯罪人韩自华得知其妻吕某某与杨某某的丈夫陆某某发生性关系后,遂与吕某某商量让杨某某与韩自华发生一次性关系来作为“补偿”。当日上午,韩自华及吕某某喊杨某某到家中,韩欲与杨某某发生性关系,遭到杨某某的反抗而未得逞。韩提出若不答应,则要叫人来打陆某某。当日下午2时许,杨某某来韩家中商量解决办法,在韩自华、吕某某答应此事不让其他人知道的情况下,杨某某答应了韩自华夫妇的要求。下午16时许,杨某某到跳神凹(地名)施肥,让韩自华跟随到地里,两人即在他人的玉米地中发生了性关系。犯罪人韩自华通过语言威胁、恫吓,对被害人施加精神压力,迫使被害人不得不答应其性要求,其行为已违背妇女的意志构成强奸罪。

案例:谭荣财等强奸、抢劫、盗窃案

案例来源:《刑事审判参考》总第63集[第495号]

主题词:强奸罪　强制猥亵妇女罪

一、基本案情

被告人谭荣财,男,1983年7月5日出生,初中文化,工人。2003年5月27日因涉嫌犯抢劫罪、强奸罪被逮捕。

被告人罗进东,男,1985年5月21日出生,初中文化,无业。2003年5月27日因涉嫌犯抢劫罪、强奸罪被逮捕。

(其他被告人略)

广东省阳春市人民法院经审理查明:2003年5月23日20时许,被告人谭荣财、罗进东与赖洪鹏(另案处理)在阳春市春城镇东湖烈士碑水库边,持刀对在此谈恋爱的蒙某某、瞿某某(女)实施抢劫,抢得蒙某某230元、瞿某某60元,谭荣财、罗进东各分得80元。抢劫后,谭荣财、罗进东、赖洪鹏用皮带反绑蒙某某双手,用粘胶粘住蒙的手腕,将蒙的上衣脱至手腕处,然后威逼瞿某某脱光衣服、脱去蒙的内裤,强迫二人进行性交给其观看。蒙因害怕,无法进行。谭荣财等人又令瞿某某用口含住蒙的生殖器进行口交。在口交过程中,蒙某某趁谭荣财等人不备,挣脱皮带跳进水库并呼叫救命,方才逃脱。

2003年5月期间,被告人谭荣财、罗进东伙同他人先后在阳春市春城镇三桥等处先后5次持刀抢劫现金、手机等财物共计价值人民币(以下均同)5879元。2000年9月19日凌晨3时40分,谭荣财在阳春市圭岗镇明景游戏室,从屋顶揭瓦入室,将严仕章的一辆价值3705元的轻骑Qm100/6摩托车盗走。

阳春市人民法院认为,被告人谭荣财、罗进东等人以非法占有为目的,使用暴力手段劫取他人财物,其行为已构成抢劫罪;二被告人在抢劫过程中,违背妇女意志,使用暴力胁迫的手段,强迫他人与妇女发生性关系,其行为已构成强奸罪。被告人谭荣财秘密窃取他人财物,数额较大,其行为已构成盗窃罪。被告人谭荣财、罗进东参与抢劫多次,在共同抢劫犯罪中起主要作用,是主犯,应当按照其所参与的全部犯罪处罚。鉴于被告人谭荣财在盗窃犯罪时未满18周岁,被告人罗进东在参与的6次抢劫犯罪,有4次作案时未满18周岁,依法应当对二被告人未满18周岁时参与的犯罪行为从轻处罚。二被告人犯数罪,依法应当数罪并罚。公诉机关指控的事实清楚,证据确实、充分,罪名成立,予以采纳。被告人谭荣财、罗进东的辩解、辩护意见不能成立,不予采纳。依照《中华人民共和国刑法》第二百六十三条第一款、第二款第(四)项、第二百三十六条第一款、第二百六十四条、第二十五条、第二十六条第一款、第四款、第二十七条、第十七条第一、三款、第五十五条第一款、第五十六条、第六十九条的规定,判决如下:

1. 被告人谭荣财犯抢劫罪,判处有期徒刑十三年,剥夺政治权利三年,并处罚金人民币三千元;犯强奸罪,判处有期徒刑九年;犯盗窃罪,判处有期徒刑十个月,并处罚金人民币一千元;决定执行有期徒刑二十年,剥夺政治权利三年,并处罚金人民币四千元。

2. 被告人罗进东犯抢劫罪,判处有期徒刑十一年,剥夺政治权利三年,并处罚金人民币三千元;犯强奸罪,判处有期徒刑八年,决定执行有期徒刑十八年,剥夺政治权利三年,并处罚金人民币三千元。

一审宣判后,被告人谭荣财、罗进东不服,向广东省阳江市中级人民法院提出上诉。

被告人谭荣财、罗进东上诉称,其强迫蒙某某与瞿某某发生性关系的目的是寻求精神上的刺激,调戏取乐,只是观看,没有强奸的故意和目的,原审法院定强奸罪有误,请求撤销原审法院的定罪量刑。

阳江市中级人民法院认为,被告人谭荣财,罗进东以非法占有为目的,以暴力胁迫的手段劫取他人财物,其行为已构成抢劫罪;被告人谭荣财采用秘密方法,入室窃取他人财物,数额较大,其行为构成盗窃罪。被告人谭荣财,罗进东持刀胁迫二人脱光衣服,强迫二人性交,后又强迫瞿某某口含蒙某某生殖器再进行性交,其主观上是寻求精神上的刺激,调戏取乐,没有强奸的目的,客观上没有强奸行为,原审法院认定该行为构成强奸罪不当,应以强制猥亵妇女罪论处,故谭荣财、罗进东的该行为均已构成强制猥亵妇女罪。谭荣财、罗进东的该上诉理由成立,应予采纳。被告人谭荣财、罗进东在本案中犯数罪,依法应数罪并罚。原审判决认定事实清楚,证据确实、充分,审判程序合法,但适用法律部分错误,定罪量刑部分不当。依照《中华人民共和国刑事诉讼法》第一百八十九条第(二)项,《中华人民共和国刑法》第二百六十三条第(四)项、第二百六十四条、第二百三十七条第一款、第十七条第一款、第三款、第二十五条、第五十五条第一款、第五十六条、第六十九条的规定,判决如下:

1. 撤销阳春市人民法院(2003)春法刑初字第 108 号刑事判决的第一、二项,即被告人谭荣财犯抢劫罪,判处有期徒刑十三年,剥夺政治权利三年,并处罚金人民币三千元;犯强奸罪,判处有期徒刑九年;犯盗窃罪,判处有期徒刑十个月,并处罚金人民币一千元,决定执行有期徒刑二十年,剥夺政治权利三年,并处罚金人民币四千元。被告人罗进东犯抢劫罪,判处有期徒刑十一年,剥夺政治权利三年,并处罚金人民币三千元;犯强奸罪,判处有期徒刑八年,决定执行有期徒刑十八年,剥夺政治权利三年,并处罚金人民币三千元。

2. 上诉人(原审被告人)谭荣财犯抢劫罪,判处有期徒刑十三年,剥夺政治权利三年,并处罚金人民币三千元;犯强制猥亵妇女罪,判处有期徒刑三年;犯盗窃罪,判处有期徒刑十个月,并处罚金人民币一千元,决定执行有期徒刑十五年,剥夺政治权利三年,并处罚金人民币四千元。

3. 上诉人(原审被告人)罗进东犯抢劫罪,判处有期徒刑十一年,剥夺政治权利三年,并处罚金人民币三千元;犯强制猥亵妇女罪,判处有期徒刑三年,决定执行有期徒刑十三年,剥夺政治权利三年,并处罚金人民币三千元。

二、裁判要旨

No. 4-236-2 为寻求精神刺激,强迫他人性交和猥亵供其观看的,分别构成强奸罪和强制猥亵妇女罪。

共同犯罪的实行犯有两种,一种是行为人自己直接实行犯罪构成客观要件行为的直接实行犯,一种是利用他人作为犯罪工具实行犯罪行为的间接实行犯。一般情况下,强奸罪或强制猥亵妇女罪的行为人为满足性欲、追求性刺激,均亲自直接实施强奸或猥亵行为;但在特殊情况下,行为人不必直接实施实行行为,而让其他人代为实施强奸或猥亵行为,亦能达到宣泄性欲,或者追求其他目的的效果,如打击报复、羞辱被害人等。这种情况下,未直接实施实行行为的行为人实际上是利用其他人作为犯罪工具,其虽然没有亲自直接实施强奸、猥亵行为,但行为人本人仍然构成间接实行犯,应当按照实行正犯来处理。

本案被告人谭荣财、罗进东为追求精神刺激,用暴力胁迫的方式,利用蒙某某作为犯罪工具,强迫蒙某某与瞿某某先后发生性交行为和猥亵行为供其观看,其虽然没有亲自实施强奸、猥亵瞿某某的行为,但其强迫蒙某某实施上述犯罪行为,实际是将无犯罪意图的蒙某某作为犯罪工具实施了其本人意欲实施的犯罪行为,因此,对二人应当按实行正犯来处理。

No. 4-236-3 生命受到现实威胁,被迫与他人性交的,属于紧急避险行为,不构成犯罪。

紧急避险行为中行为人因受威胁而为的损害他人利益的行为,与共同犯罪中胁从犯因被胁迫实施的犯罪行为虽有一定的相似性,即行为人均是在受人胁迫的前提下,实施了损害第三人利益的行为,但是,二者的区别还是比较明显的:一是从危险的紧急性来看,紧急避险中的危险是正在发生的危险,后者既可以是正在发生的危险,也可以是将来可能发生的危险。二是从保护的利益来看,紧急避险保护的是合法权益,包括国家、公共利益、本人或者他人的人身、财产或其他权利,后者既可以是保护合法权益,还可以是保护非法权益,如本人或他人的非法所得、不良隐私、违法犯罪行为等。三是行为人意志自由丧失程度不一致。紧急避险中的行为人在当时的危险状态下,其完全无选择意志的自由,即其实施损害第三人利益的行为是在别无他法可以避免危险时才允许,也就是"不得已"而为之。胁从犯虽然是被胁迫而参加犯罪,但其还是有一定程度的自由意志,其参加犯罪仍然是其自行选择的结果。四是是否承担刑事责任不同。紧急避险未超过必要限度的,不负刑事责任,超过必要限度造成不应有的损害的,应当负刑事责任,但是应当减轻或者免除处罚;胁从犯则均应负刑事责任,只是可以减轻或者免除处罚。可见,基于上述不同,对于紧急避险,从权益衡量原理出发,允许为了保护较大的合法权益而牺牲较小的合法权益,并将之看做是对社会有益的行为;后者基于可期待性原理,对被胁迫参加犯罪的行为人只在量刑上予以适当考虑。

在本案中,蒙某某被他人持刀威胁,要求其和瞿某某性交,否则蒙某某、瞿某某会遭受生命危险。蒙某某在二人生命受到紧迫威胁的情况下,在没有其他方法避险的情况下不得已侵犯了瞿某某的性权利,属于为了避免造成较大合法权益的损害而侵犯他人较小合法权益的行为,系紧急避险行为,不构成犯罪。

案例:何荣华强奸、盗窃案

案例来源:《刑事审判参考》总第52集[第411号]

主题词:自首

一、基本案情

被告人何荣华,化名周华才、周红伟,男,1974年12月2日出生,小学文化,农民。因涉嫌犯强奸罪于2006年3月24日被逮捕。

浙江省衢州市中级人民法院经审理查明:

(一)强奸部分

1998年10月12日晚8时许,被告人何荣华伙同同村的童冬喜(已判刑),将童冬喜前一天刚结识的女青年胡某某从江山火车站旅社带出,到江山市城南经济开发区游玩,后在王天仙饭店吃夜宵并喝酒,使胡某某喝醉酒。当晚12时许,何荣华与童冬喜将胡强行挟持到童冬喜家中,趁胡某某因醉酒躺倒在童冬喜房内地毯上之机,先后对胡实施了数次奸淫。

(二)盗窃部分

2004年11月29日至2006年3月下旬,被告人何荣华单独或伙同他人在杭州市余杭区、江山市清湖镇盗窃作案5次,窃得财物价值共计人民币4万余元。

被告人何荣华1998年10月伙同童冬喜强奸作案后即化名"周华才""周红伟"潜逃在外。江山市公安局经侦查,查明何荣华涉嫌共同强奸犯罪,遂签发逮捕证对其进行网上通缉,网上通缉资料中附有何荣华的基本情况及照片等详细信息。被告人何荣华外逃期间并伙同其同乡徐以友等人共同盗窃作案,徐以友对何荣华的身份及涉嫌1998年的强奸犯罪等情况均知悉。2006年3月23日,杭州市公安局抓获涉嫌盗窃犯罪的徐以友等人,并通知掌握徐以友伙同"周华才"等盗窃犯罪事实的江山市公安局。江山市公安局在杭州又抓获了"周华才",在对涉嫌盗窃犯罪的"周华才"审讯时,发现"周华才"无法对其所述的身份情况自圆其说,后"周华才"主动交代其真名为何荣华及于1998年伙同童冬喜实施强奸犯罪的事实。同日,徐以友亦向江山市公安局交代了"周华才"系何荣华的化名及何荣华涉嫌强奸的相关情况。

衢州市中级人民法院认为,被告人何荣华伙同他人共同强奸妇女,其行为已构成强奸罪;单独或伙同他人盗窃数额巨大的公私财物,又构成盗窃罪。公诉机关关于被告人何荣华因涉嫌盗窃犯罪被公安机关抓获后,主动交代公安机关尚未掌握的其真实身份及于1998年伙同他人共同强奸的犯罪事实,可以自首论的意见,因被告人何荣华先前涉嫌强奸犯罪的事实已被江山市公安局掌握,何荣华也因此被网上通缉,网上所附资料全面、明确,且本案中尚有参与共同盗窃的徐以友知悉何荣华真实身份及何荣华涉嫌强奸的事实,即使何荣华不主动交代,江山市公安局也能查实"周华才"即系 1998 年涉嫌强奸犯罪且已被网上通缉的何荣华,故依法不宜认定被告人何荣华有余罪自首的情节,但被告人何荣华能主动交代其强奸犯罪事实,仍可据此对其所犯强奸罪酌情从轻处罚。据此,依照《中华人民共和国刑法》第二百三十六条第三款第(四)项、第二百六十四条、第二十五条第一款、第五十六条第一款、第五十五条第一款、第五十二条、第五十三条、第六十九条、第六十四条及《最高人民法院关于处理自首和立功具体应用法律若干问题的解释》第四条之规定,于 2006 年 8 月 9 日判决如下:

1. 被告人何荣华犯强奸罪,判处有期徒刑十三年六个月,剥夺政治权利三年;犯盗窃罪,判处有期徒刑四年,并处罚金人民币三万元,决定执行有期徒刑十六年,剥夺政治权利三年,并处罚金人民币三万元(限判决生效后一个月内缴纳完毕);

2. 被告人何荣华盗窃所得的赃款、赃物继续责令退赔,返还给被害人。

一审判决宣告后,被告人何荣华未提出上诉,公诉机关亦未提出抗诉,判决发生法律效力。

二、裁判要旨

No. 4-236-4 被采取强制措施的犯罪嫌疑人、被告人和正在服刑的罪犯,如实供述司法机关还未有一定的客观线索,没有证据合理怀疑的本人其他罪行的,应当认定为自首。

所谓余罪自首,又称准自首,根据我国《刑法》第六十七条第二款的规定,是指被采取强制措施的犯罪嫌疑人、被告人和正在服刑的罪犯,如实供述司法机关还未掌握的本人其他罪行的情形。1998 年最高人民法院《关于处理自首和立功具体应用法律若干问题的解释》对余罪自首作了进一步解释:被采取强制措施的犯罪嫌疑人、被告人和已宣判的罪犯,如实供述司法机关尚未掌握的罪行,与司法机关已掌握的或者判决确定的罪行属不同种罪行的,以自首论。

根据以上立法和司法解释的规定,成立余罪自首要求主体所如实交代的罪行,必须是司法机关尚未掌握的,如已经为司法机关所掌握则不能构成余罪自首。如何理解尚未掌握?在司法实践中不无争议,需要具体分析。我们认为,这里的尚未掌握,一般是指司法机关还未有一定的客观线索、证据合理怀疑被采取强制措施的犯罪嫌疑人、被告人和正在服刑的罪犯还犯有其他罪行。同时,这里的尚未掌握的司法机关也不能简单理解,即不仅仅是指正在侦查、起诉、审判的司法机关,也包括其他的司法机关。具体而言,如果犯罪嫌疑人、被告人的所犯余罪尚未被查明、通缉,或者虽已被通缉,但通缉资料不全面,内容不明确,现行犯罪的侦查、起诉和审判的司法机关并不掌握或者很难、几乎不可能通过比对查证等方式在当时掌握该犯罪嫌疑人的所犯余罪的,则此时的司法机关仅指直接办案机关;如果在犯罪嫌疑人、被告人所犯前罪已被通缉,对现行犯罪的侦查、起诉和审判的司法机关可以通过通缉资料掌握该犯罪嫌疑人、被告人所犯前罪的情况下,此时的司法机关应当包括通缉令覆盖范围内的所有司法机关。比如,一个犯罪分子杀人以后逃跑,公安机关发布通缉令,通缉期间该犯罪分子因盗窃被抓获,抓获后交代了杀人的事情,这种情况就不能认定是余罪自首。因为这种情况下的犯罪事实一般在侦查、起诉、审判阶段都能够得到查实,所以这里指的"尚未掌握"的司法机关不能理解为其交代事实的那个司法机关没有掌握,也包括其他司法机关尚未掌握。但是,如果犯罪嫌疑人或被告人先行实施的犯罪行为虽已被其他司法机关掌握,但因地处偏僻、路途遥远或通讯不便等原因,客观上使现行羁押犯罪嫌疑人、被告人的司法机关在对现行犯罪的侦查、起诉和审判过程中,难以了解到或发现该先行发生的犯罪事实的,可以将该先行实施的犯罪视为司法机关尚未掌握的罪行,这时的司法机关其实是指直接办案的司法机关。因此,这里司法机关的外延应当根据具体案情具体分析,不能简单化作一致界定。

由于余罪自首缺乏构成一般自首要求的主动投案条件,故对于余罪自首中的司法机关尚未掌握这一要件须从严把握,防止有些负案在逃的犯罪分子因现行犯罪被抓获时故意隐瞒身份,在讯问过程中再交代真实身份,从而获取自首从宽处罚、规避法律的行为。当然,对于那些符合余罪自首法定条件的犯罪分子,应当及时兑现政策,在量刑时作为从宽情节予以考虑。

案例:滕开林等强奸案
案例来源:《刑事审判参考》总第 50 集[第 395 号]
主题词:强奸罪 共犯

一、基本案情

被告人滕开林,男,1937 年 8 月 5 日出生,农民。因涉嫌犯强奸罪于 2001 年 8 月 18 日被逮捕。

被告人董洪元,男,1946 年 3 月 12 日出生,农民。因涉嫌犯强奸罪于 2001 年 8 月 18 日被逮捕。

江苏省淮安市楚州区人民法院经审理查明:被告人滕开林与被害人王某系公媳关系。2001 年 8 月 18 日,被告人滕开林、董洪元晚饭后乘凉时,滕开林告诉董洪元,儿媳王某同他人有不正当两性关系,而自己多次想与她发生性关系均遭拒绝,但是“只要是外人,都肯发生性关系”,并唆使董洪元与王某发生性关系。董洪元遂答应去试试看。滕开林又讲自己到时去逮个“息脚兔”(即“捉奸”),迫使王某同意与自己发生性关系。当日晚 9 时许,董洪元在王某房间内与其发生性关系后,滕开林随即持充电灯赶至现场“捉奸”,以发现王某与他人有奸情为由,以将王某拖回娘家相威胁,并采用殴打等手段,强行对被害人实施奸淫。因生理原因,滕开林的强奸行为未能得逞。

淮安市楚州区人民法院认为,被告人滕开林、董洪元以奸淫为目的,采取暴力、胁迫手段,强行与被害人发生性关系,其行为均构成强奸罪。公诉机关指控罪名成立。二被告人系共同犯罪,其中,被告人滕开林提出预谋、策划,并采用暴力、威胁手段,积极实施对被害人王某的奸淫行为,在共同犯罪中起主要作用,系主犯,应依法惩处;被告人董洪元参与预谋、策划,其与被害人发生性关系,虽系被害人自愿,但其行为客观上为被告人滕开林奸淫王某提供了便利条件,且其行为均在二被告人预谋范围内;在共同犯罪中起辅助作用,系从犯,依法应当从轻处罚。被告人滕开林因意志以外的原因而奸淫未成,系犯罪未遂,依法可以比照既遂犯从轻处罚。被告人董洪元提出其未参与预谋、不构成强奸罪的辩护意见,无事实和法律依据,不予采纳。依照《中华人民共和国刑法》第二百三十六条第一、四款、第二十七条第一、二款、第二十五条第一款、第二十六条第一、四款、第二十七条第一、二款、第五十五条第一款、第五十六条第一款之规定,于 2001 年 11 月 21 日判决如下:

1. 被告人滕开林犯强奸罪,判处有期徒刑五年,剥夺政治权利一年。
2. 被告人董洪元犯强奸罪,判处有期徒刑三年。

宣判后,二被告人均未上诉,检察机关也未抗诉,判决发生法律效力。

二、裁判要旨

No. 4-236-5 通奸后,又帮助他人强奸该妇女的,应以强奸罪的共犯论处。

在本案中,二被告人的行为成立共同犯罪。首先,被告人董洪元与被告人滕开林事前有关于滕开林强奸王某的共同预谋,且其行为均在预谋范围之内。董洪元与滕开林晚饭后乘凉时到厕所处,滕开林告诉董洪元,儿媳王某同他人有不正当两性关系,而自己多次想与她发生性关系均遭拒绝,但是“只要是外人,都肯发生性关系”,并唆使董洪元与王某发生性关系。董洪元遂答应去试试看。这时滕开林又讲自己到时去逮个“息脚兔”,意思是董洪元与王某发生性关系后,滕开林立即现场捉奸,然后迫使王某同意与其发生性关系。对于滕开林的这一意图,董洪元是明知的,二人事前就具有让滕开林强奸王某的共同意思联络。同时,被告人董洪元、滕开林先后与王某发生性行为,均在二被告人事前预谋的范围之内。被告人董洪元得到被告人滕开林的唆使后,即到王某房间与王某发生了性关系。此时,被告人滕开林一直在外等待时机,待董洪元“得手”后,滕开林随即持充电灯进入某房间,待董洪元离开后,滕开林以此事和将王某带回娘家相威胁,并殴打王某,迫使被害人与其发生性关系。对此,正如被告人董洪元供述,他们二人“心中都有数”,自己做了滕开林的“炮灰”(意思是指做了滕开林的帮手)。可见,董洪元的先期通奸行为与滕开林的后期强迫王某就范发生性关系,均在二被告人的事前共同预谋范围之内,滕开林的强奸行为并没有超出二人事前的共同预谋。

其次,董洪元与王某的通奸行为,是被告人滕开林强奸王某行为的重要组成部分,是强奸罪的帮助行为。被告人滕开林知道王某平常愿意与外人发生性关系,就唆使董洪元先与王某通奸,并告知他到时候去逮个"息脚兔"。滕开林这样安排,是要把抓到王某与他人通奸作为把柄,以此来迫使王某同意与其发生性关系。同样,董洪元也知道自己与王某发生性关系,可以使滕开林现场捉奸,可以为滕开林强奸王某提供便利条件。尽管董洪元与王某发生性关系,没有违背王某的意志,但是其通奸行为是后来强奸行为的铺垫,为滕开林随后的强奸行为创造了方便条件,成了滕开林强奸被害人王某的借口。从整体来看,董洪元先期通奸行为为滕开林后期强奸行为提供了帮助,董洪元与滕开林在共同预谋的支配下,相互配合、相互联系,形成一个统一的犯罪活动整体。其中,滕开林迫使王某与自己发生性关系,是强奸罪的实行犯,而董洪元是强奸犯罪的帮助犯。二人的行为都是共同强奸犯罪的组成部分,只是存在共同犯罪分工不同,不影响强奸共同犯罪的成立。

No. 4-236-6　通奸后,又帮助他人强奸该妇女的,不能认定为轮奸。

轮奸是指两个以上有合意的男人先后共同强行对同一妇女进行奸淫的行为。由于轮奸给被害妇女的身心健康造成很大危害,我国刑法规定具有轮奸这一情节时,将在强奸罪基本刑的基础上加重刑罚。轮奸必须同时具备以下条件:一是各行为人具有共同强奸的意思联络,不仅自己具有强奸被害人的故意,而且明知其他行为人也具有对被害人强行奸淫的故意;二是必须对同一被害人先后实施奸淫行为;三是各行为人与被害人发生性关系,均违背被害人意愿。

在本案中,二被告人都没有让董洪元强行与王某发生性关系的主观意图,客观上董洪元与王某发生性关系时,因为董洪元是外人,王某也确是同意和自愿的。虽然二被告人都对同一被害人王某先后实施了奸淫行为,但是只有滕开林与王某发生性关系时,违背了女方意愿,而董洪元与女方发生性关系没有违背女方意愿,并不具备轮奸中每个行为人与被害人发生性关系均违背女方意愿的条件。此外,由于轮奸是强奸罪基础上的加重处罚情节,如果把没有违背女方意愿的奸淫行为与他人的强奸行为,作为轮奸处罚,就会明显违背轮奸的立法本意和罪责刑相适应原则。因此,董洪元的通奸和滕开林的强奸行为,不能认定为轮奸。

案例:唐胜海等强奸案

案例来源:《刑事审判参考》总第 36 集[第 281 号]

主题词:强奸罪　未遂

一、基本案情

被告人唐胜海,男,1981 年 11 月 16 日出生,高中文化,无业。因涉嫌犯强奸罪于 2003 年 5 月 29 日被逮捕。

被告人杨勇,男,1984 年 8 月 21 日出生,中技文化,工人。因涉嫌犯强奸罪于 2003 年 5 月 29 日被逮捕。

南京市下关区人民法院依法经审理查明:2003 年 4 月 28 日凌晨 1 时许,被告人唐胜海、杨勇从该市"太平洋卡拉 OK"娱乐场所,将已经处于深度醉酒状态的女青年王某带至该市下关区黄家圩 8 号的江南池浴室,在 111 号包间内,趁王某酒醉无知觉、无反抗能力之机,先后对其实施奸淫。唐胜海在对王某实施奸淫的过程中,由于其饮酒过多未能得逞;杨勇奸淫得逞。案发后,唐胜海协助公安人员抓获同案犯杨勇。

唐胜海辩解其与王某发生性关系时,由于自己饮酒过多,未能奸入。其辩护人辩称,认定发生性行为时,王某酒醉无知觉、无反抗能力,证据不足。因此,指控唐胜海违背王某意志,犯强奸罪不能成立。

杨勇及其辩护人辩称,杨与王某发生性关系时,王并没有醉到无知觉的程度。王某平常能喝酒,且对当天自己与唐胜海、杨勇在一起将会发生的事情是明知的。所谓"违背其意志"只有王某一人事后的陈述,没有其他证据印证。因此,指控杨勇犯强奸罪的证据不足。

南京市下关区人民法院审理后认为,被告人唐胜海、杨勇违背妇女意志,轮流奸淫妇女,其行为均已构成强奸罪,应依法予以惩处。唐胜海协助公安机关抓获同案犯,有立功表现,同时考虑到其个人奸淫目的未得逞,可以对其减轻处罚。两被告人及其辩护人关于发生性行为时,王某并没有达到酒醉无知觉、无反抗能力程度的辩解和辩护意见,经查与事实不符,不予采纳。依照《中华人民共和国刑法》第二百三十六条第二款第(四)项、第二十五条第一款、第二十三条、第六十八条第一款之规定,于2003年10月9日判决如下:被告人唐胜海犯强奸罪,判处有期徒刑七年;被告人杨勇犯强奸罪,判处有期徒刑十年。

一审宣判后,两被告人不服,上诉于南京市中级人民法院。

在二审法院审理过程中,两被告人申请撤诉,二审法院裁定准许。现一审判决已发生法律效力。

二、裁判要旨

No. 4-236-7　在轮奸案件中,部分人强奸既遂,部分人强奸未遂的,对各行为人以强奸罪既遂定罪并按轮奸情节予以处罚。

轮奸是指两个以上男子出于共同的奸淫认识,在同一段时间内,先后对同一妇女(或幼女)轮流实施奸淫的行为。轮奸是法律所明确规定的强奸罪的加重量刑情形之一,作为强奸罪加重处罚的一种法定情形,它解决的仅是对行为人所要适用的法定刑档次和刑罚轻重问题。各行为人只要实施了轮奸行为,就应当对其适用相应的法定刑,反之,如行为人未实施轮奸行为,则不具有该加重处罚情形。至于轮奸中各行为人是否奸淫得逞的具体情形,包括均得逞、因意志以外原因均未得逞或者一人以上得逞、一人以上未得逞的,则属于强奸罪既遂或未遂所要解决的问题。这是因为,首先,所谓未遂,仅是犯罪的一种未完成形态而已,轮奸并非独立一罪,只是强奸罪的一种情形。因此,轮奸本身并没有独立的既未遂问题,只有强奸罪的既未遂问题。认为轮奸也有既未遂的观点,是把认定轮奸这一强奸罪的加重处罚情形与认定强奸罪既未遂形态相混淆了,是不可取的。其次,如根据轮奸也有既未遂的观点,对轮奸中一人以上奸淫得逞、一人以上奸淫未得逞的情形,是对全案以轮奸未遂定,还是仅对奸淫未得逞的个人以轮奸未遂定,势必难以作出合理的回答。如果说全案应定轮奸未遂罪,那么,无疑会轻纵已奸淫既遂的其他轮奸人;反之,如果说仅对奸淫未遂的被告人定轮奸未遂罪,而对其他被告人仍以轮奸既遂定,那么,轮奸到底是既遂还是未遂,势必难以自圆其说。

我们认为,对轮奸中一人以上强奸既遂,一人以上未遂的情形,由于各行为人均实施了轮奸行为,故首先应对各被告人以强奸罪定罪并按轮奸情节予以处罚。其次,由于轮奸是基于共同奸淫认识的共同实行行为,按照强奸罪中认定既未遂的一般原理,即只要实行犯强奸既遂的,对其他共犯,无论其为帮助犯、教唆犯、组织犯还是共同实行犯,都应按强奸罪既遂论。当然,所谓"都应按强奸罪既遂论",并不是说具体量刑时就无需区别对待。相反,对帮助犯、从犯的一般应当依法给予从宽处罚,而对个人奸淫未得逞的共同实行犯也可以酌定从轻处罚。

具体到本案,被告人唐胜海、杨勇违背妇女意志,实施了轮流奸淫妇女的行为,其中一人既遂(强奸妇女的既遂标准为性器官插入说,奸淫幼女的既遂标准为性器官接触说),一人未遂,从共同犯罪的形态看,对两人均应以强奸既遂论,且须按轮奸情节确定所适用的法定刑。对个人奸淫未得逞的被告人唐胜海,由于其具有立功这一法定从宽情节,同时又具有可酌定从轻处罚的情节,故依此决定对其予以减轻处罚也是可以的。

No. 4-236-8　强奸罪中暴力、胁迫以外的其他手段通常包括以下情形:(1)采用药物麻醉、醉酒等类似手段,使被害妇女不知抗拒或无法抗拒后,再予以奸淫的;(2)利用被害妇女自身处于醉酒、昏迷、熟睡、患重病等不知抗拒或无法抗拒状态,乘机予以奸淫的;(3)利用被害妇女愚昧无知,采用假冒治病或以邪教组织、迷信等方法骗奸该妇女的;(4)采用其他类似手段的。

强奸罪的本质是违背妇女意志。判断所发生的性行为是否违背妇女意志,首先要看行为人是否采取了强奸罪法条所规定的手段,即是否采用了暴力、胁迫或其他手段,进而与该妇女发生了性行为。实践中,对采用暴力手段强行与被害妇女进行性行为或者采用胁迫手段,迫使被害妇女不得不与自己进行性行为的,认定为强奸罪,一般不难。难点主要在于如何把握暴力、胁迫以外的"其他手段"。所谓"其他手段",一般认为应当包括以下情形:(1)采用药物麻醉、醉酒等类似手段,使被害妇女不知抗拒或无法抗拒后,再予以奸淫的;(2)利用被害妇女自身处于醉酒、昏迷、熟睡、患重病等不知抗拒或无法抗拒的状态,乘机予以奸淫的;(3)利用被害妇女愚昧无知,采用假冒治病或以邪教组织、迷信等方法骗奸该妇女的等。具体到本案,被告人唐胜海、杨勇与被害妇女王某在一起饮酒,明知王某已醉酒到无知觉(无意志表达能力不知抗拒或无法抗拒),仍将其带到他地乘机将其奸淫,符合强奸罪的构成。王某醉酒已达到无知觉状态(无意志表达能力、不知抗拒或无法抗拒),有被害人陈述、同案犯口供、有关目击证人证言相验证,足以认定。辩护人有关王某平常能喝酒,且对当天自己与唐胜海、杨勇在一起将会发生的"事情"(指默示同意发生性行为)应当明知的辩护意见,难以成立。因为,王某平常能否喝酒,与本案性行为发生时,王某是否处于醉酒状态并无关系。王某当天独自一人与唐胜海、杨勇在一起饮酒,并不能得出王某就是同意与二被告人发生性关系。

案例:曹占宝强奸案

案例来源:《刑事审判参考》总第30辑[第228号]

主题词:强奸罪　刑事附带民事诉讼

一、基本案情

被告人曹占宝,男,28岁,农民,因涉嫌犯强奸罪,于2001年3月14日被逮捕。

天津市宝坻区人民检察院以曹占宝犯强奸罪向宝坻区人民法院提起公诉,但起诉书未认定被害人已自杀死亡之事实。宝坻区人民法院受理后,被害人亲属向人民法院提起了附带民事诉讼。在审查受理附带民事诉讼时,法院了解到被害人因遭强奸,精神抑郁,于2001年5月21日已服毒自杀身亡,遂向公诉机关提出补充起诉的建议。宝坻区人民检察院补充了起诉事实,于2001年6月21日就本案重新起诉。

天津市宝坻区人民法院依法审理查明:

2000年3月10日,被告人曹占宝在天津市蓟县旅游局招待所永昌信息部内遇到前来找工作的河北某县农村女青年赵某某,遂以自己的饲料厂正需雇佣职工推销饲料为名,答应雇佣赵。3月12日曹占宝以带赵某某回自己的饲料厂为由,将赵骗至宝坻区。当晚,曹占宝将赵某某带至宝坻区城关二镇南苑庄的一旅店内,租住了一间房,使用暴力两次强行奸淫了赵某某。赵某某在遭强奸后,一直精神抑郁,曾经医院诊断为神经反应症,于2001年5月21日服毒自杀身亡。

宝坻区人民法院认为:被告人曹占宝在以招聘为名骗取被害人赵某某信任后,继而使用暴力强行奸淫了赵某某,最终造成赵某某服毒自杀,其行为已构成强奸罪。被害人赵某某因被强奸所造成的医疗费、交通费等费用,被害人赵某某的亲属因赵某某自杀所造成的丧葬费、赡养费等物质损失,应由被告人曹占宝负责赔偿。根据《中华人民共和国刑法》第二百三十六条第三款第(五)项、第五十六条第一款、第三十六条第一款的规定,判决:被告人曹占宝犯强奸罪,判处有期徒刑十五年,剥夺政治权利三年;赔偿附带民事诉讼原告人经济损失七万一千八百九十元。

一审宣判后,在法定期限内,被告人未上诉,检察机关也未提出抗诉,判决已发生法律效力。

二、裁判要旨

No.4-236-9　强奸导致被害人自杀的,属于因强奸造成其他严重后果的情形。

1979年《刑法》第一百三十九条曾规定强奸、奸淫幼女"情节特别严重的或者致人重伤、死亡的"处十年以上有期徒刑、无期徒刑或者死刑。那么何为"致人重伤、死亡",何为"情节特别严重"呢?对此,最高人民法院、最高人民检察院、公安部《关于当前办理强奸案件中具体应用法律若干问题的解答》(以下简称《解答》)第四条曾明确解释:"强奸致人重伤、死亡是指强奸、奸淫幼女导致被害人性器官严重损伤或者造成其他严重伤害,甚至当场死亡或者经治疗无效死亡的。因强奸妇女或者奸淫幼女引起被害人自杀、精神失常以及其他严重后果的,属于情节特别严重之一"。1997年《刑法》第二百三十六条第三款对此细化规定为强奸、奸淫幼女有下列情形之一的处十年以上有期徒刑、无期徒刑或者死刑:“(一)强奸妇女、奸淫幼女情节恶劣的;(二)强奸妇女、奸淫幼女多人的;(三)在公共场所当众强奸妇女的;(四)二人以上轮奸的;(五)致被害人重伤、死亡或者造成其他严重后果的”。可见,现行刑法关于强奸罪的修改,吸收、采纳了《解答》的有关规定。追溯上述立法精神来看,就本案而言,因被告人曹占宝的强奸行为所导致的被害人服毒自杀身亡的后果,虽不属于强奸致被害人死亡,但却属于因强奸造成其他严重后果,因此,本案应适用刑法第二百三十六条第三款第(五)项的规定,对被告人曹占宝在十年以上有期徒刑的幅度内量刑。需要指出的是,所谓因强奸造成其他严重后果,除包括因强奸妇女或者奸淫幼女引起被害人自杀或者精神失常这两种常见的情形外,结合目前的司法实践看,还应包括因强奸妇女或者奸淫幼女造成被害人怀孕分娩或堕胎等其他严重危害被害妇女或幼女身心健康的严重后果。

No. 4-236-10 强奸导致被害人自杀的,被害人亲属有权就此遭受的物质损失提起附带民事诉讼,人民法院应当予以受理并依法作出判决。

本案被害人赵某某遭强奸是在2001年3月12日,服毒自杀的时间是同年5月21日,时间上有相当的间隔。因此,判定被害人的自杀是否属于因强奸所引起,至关重要。本案受理法院为此做了大量的调查核实工作。调查核实的大量事实均表明,赵某某被强奸后,精神受到强烈刺激,情绪十分反常,曾由亲属送往医院诊断治疗。医院的诊断结论表明系神经反应症。在上述期间,赵某某一直深居简出,可以排除其他原因致其自杀的可能性,曹占宝的强奸是引起赵某某自杀身亡的内在原因,二者之间存在着必然的因果关系。《刑法》第三十六条第一款规定:“由于犯罪行为而使被害人遭受经济损失的,对犯罪分子除依法给予刑事处罚外,并应根据情况判处赔偿经济损失”。最高人民法院《关于执行〈中华人民共和国刑事诉讼法〉若干问题的解释》第八十四条也规定因犯罪行为遭受物质损失的已死亡被害人的亲属有权提起附带民事诉讼。因此,本案被害人赵某某的亲属,就赵某某因被告人曹占宝强奸行为而自杀所遭受的物质损失有权提起附带民事诉讼。

案例:李尧强奸案

案例来源:《刑事审判参考》总第36集[第280号]

主题词:轮奸 强奸罪

一、基本案情

被告人李尧,男,1985年7月4日出生,汉族,初中文化,无业。因涉嫌犯奸淫幼女罪,于2000年11月28日被逮捕。

黑龙江省哈尔滨市香坊区人民法院依法经开庭审理查明:2000年7月某日上午,被告人李尧伙同未成年人申某某(1986年11月9日出生,时龄13周岁)将幼女王某(1992年5月21日出生)领到香坊区幸福乡东柞村村民张松岭家的玉米地里,先后对王某实施轮流奸淫。2000年11月2日,因被害人亲属报案,李尧被抓获。

香坊区人民法院认为,被告人李尧伙同他人轮奸幼女,其行为已构成奸淫幼女罪,且系轮奸。公诉机关指控的罪名成立,应予支持。李尧犯罪时不满16周岁,依法可予减轻处罚。依照《中华人民共和国刑法》第二百三十六条第三款第(四)项、第十七条第二款、第二十五条第一款的规定,于2001年5月8日判决:被告人李尧犯奸淫幼女罪,判处有期徒刑八年。

一审宣判后,被告人李尧的法定代理人黄玉珍不服,以原判量刑畸重为由,提出上诉。

哈尔滨市中级人民法院审理后认为,根据最高人民法院2000年2月13日通过的《关于审理强奸案件有关问题的解释》中“对于已满14周岁不满16周岁的人与幼女发生性关系构成犯罪的,依照刑法第十七条、第二百三十六条第二款的规定,以强奸罪定罪处罚”的规定,原审认定被告人李尧犯奸淫幼女罪,适用罪名不当,应予改判;原判对被告人李尧虽已依法予以减轻处罚,但根据本案情况,量刑仍然偏重。依照《中华人民共和国刑事诉讼法》第一百八十九条第(二)项和《中华人民共和国刑法》第二百三十六条第三款第(四)项、第十七条第二款

和最高人民法院《关于审理强奸案件有关问题的解释》中的有关规定,于2001年7月27日判决如下:

1. 撤销黑龙江省哈尔滨市香坊区人民法院(2001)香刑初字第98号刑事判决书对被告人李尧犯奸淫幼女罪,判处有期徒刑八年的定罪量刑部分;

2. 原审被告人李尧犯强奸罪,判处有期徒刑六年。

二、裁判要旨

No.4-236-11 与不满14周岁的未成年人轮流奸淫同一妇女(或幼女)的,构成强奸罪,应以轮奸论处。

根据《刑法》第二百三十六条第三款第(四)项的规定,二人以上轮奸的,作为强奸罪情节严重的情形之一,可以处十年以上有期徒刑、无期徒刑或者死刑。所谓轮奸,是指两个以上的行为人基于共同认识,在一段时间内,先后连续、轮流地对同一名妇女(或幼女)实施奸淫的行为。轮奸作为强奸罪中的一种情形,其认定关键,首先是看两个以上的行为人是否具有在同一段时间内,对同一妇女(或幼女),先后连续、轮流地实施了奸淫行为,并不要求实施轮奸的人之间必须构成强奸共同犯罪。换言之,轮奸仅是一项共同的事实行为,只要行为人具有奸淫的共同认识,并在共同认识的支配下实施了轮流奸淫行为即可,而与是否符合共同犯罪并无必然关系。实践中,轮奸人之间通常表现为构成强奸共同犯罪,但也不排除不构成强奸共同犯罪的特殊情形,例如本案即是。本案中,虽然另一参与轮奸人,因不满14周岁,被排除在犯罪主体之外,二人之间不构成强奸共同犯罪(共同实行犯)。但对本案被告人而言,其具有伙同他人在同一段时间内,对同一幼女,先后连续、轮流地实施奸淫行为的认识和共同行为,因此,仍应认定其具备了轮奸这一事实情节。换一角度说,申某某对王某实施奸淫行为时虽不满14周岁,依法不负刑事责任,但不能因此否认其奸淫行为的存在。相反,被告人李尧与申某某对同一幼女轮流实施了奸淫行为,却是客观存在的事实。因此,即使申某某不负刑事责任,亦应认定李尧的行为构成强奸罪,且属于"轮奸"。

立法规定了轮奸这一量刑情节,表明立法者认为轮奸比单独实施的强奸犯罪更为严重,对被害人的危害更大。若坚持"轮奸"的行为人必须构成强奸共同犯罪(共同实行犯),参与轮奸的人都必须具备犯罪主体的一般要件,否则就不认定为轮奸,显然既不利于打击犯罪分子,也不能有力地保护被害人的合法权益,有违立法本意。

对奸淫幼女的行为应如何适用罪名问题,刑法实施以后,有关司法解释有过不同的规定。1997年最高人民法院《关于执行〈中华人民共和国刑法〉确定罪名的规定》,将《刑法》第二百三十六条第一、二款分别确定为强奸罪和奸淫幼女罪两个罪名。2000年2月最高人民法院制定了《关于审理强奸案件有关问题的解释》(以下简称《解释》),其中规定"对于已满14周岁不满16周岁的人,与幼女发生性关系构成犯罪的,依照刑法第十七条、第二百三十六条第二款的规定,以强奸罪定罪处罚"。可见,该《解释》实质上已将《刑法》第二百三十六条第二款的罪名又修改回为强奸罪,只不过适用的前提仅是"对于已满14周岁不满16周岁的人,与幼女发生性关系构成犯罪的"(对16周岁以上的人与幼女发生性关系构成犯罪的,无法适用该《解释》)。其后,2002年最高人民法院、最高人民检察院联合颁布的《关于执行〈中华人民共和国刑法〉确定罪名的补充规定》(以下简称《补充规定》),又进一步明确地表明,取消奸淫幼女罪的罪名,将《刑法》第二百三十六条第二款的行为亦定名为强奸罪。《解释》中因犯罪主体年龄不同适用不同罪名的情形得以解决。本案中,被告人李尧对幼女实施奸淫行为发生在2000年7月,犯罪时已满14周岁不满16周岁,一审审判时《解释》已经颁布实施。根据司法解释相冲突的情况下,新的司法解释优于旧的司法解释的一般适用原则,本案一审就应该适用《解释》的规定,以强奸罪罪名定罪。而一审法院于2001年审理本案时,对李尧仍以奸淫幼女罪定罪显然不当,二审改定为强奸罪是正确的。需要说明的是,目前,《补充规定》已经颁布实施,因此,今后审判奸淫幼女构成犯罪的案件,都应当无一例外地按《补充规定》适用罪名,即以强奸罪定罪处罚。

案例:丁立军强奸、抢劫、盗窃案

案例来源:《刑事审判参考》总第28辑[第202号]

主题词:累犯 数罪并罚

一、基本案情

被告人丁立军,男,1951年1月18日出生,农民。1992年8月4日因犯强奸罪被判处有期徒刑九年,1997年9月5日被假释,假释考验期至1999年5月2日止。因涉嫌犯强奸、抢劫、盗窃犯罪于2001年8月17日被逮捕。

山东省青岛市中级人民法院经审理查明:被告人丁立军于1998年6月至2001年4月期间,携带匕首、手电筒等作案工具,先后在莱西市马连庄镇、韶存庄镇、河头店镇、周格庄街道办事处、水集街道办事处的10余处村庄,骑摩托车或自行车于夜间翻墙入院,持匕首拨开门栓,或破门、窗入室,采取暴力威胁等手段,入户强奸作案近40起,对代某某、倪某某、姜某某等32名妇女实施强奸,其中强奸既遂21人,强奸未遂11人。在入户强奸作案的同时,被告人丁立军还抢劫作案5起,盗窃作案1起,劫得金耳环等物品,价值人民币970余元;窃得电视机1台,价值人民币200余元。

被告人丁立军于1999年4月至2001年7月期间,携带匕首、手电筒等作案工具,骑摩托车或自行车先后在莱西市韶存庄镇、河头店镇、日庄镇的10余处村庄,采取翻墙入院、破门入室等手段,盗窃作案14起。盗窃王某某、郭某某、吕某某等14人的摩托车、电视机、酒、花生油等物品,价值合计人民币16600余元。案发后共追回赃物价值人民币8800余元,其余被其挥霍。

被告人丁立军及其辩护人对公诉机关指控的犯罪事实无异议。其辩护人提出,被告人丁立军有自首情节;所盗窃物品大部分已追回发还失主,且归案后认罪态度较好,要求对其从轻处罚。

青岛市中级人民法院认为:被告人丁立军数十次以暴力或胁迫的方法入户强奸妇女多人,构成强奸罪,情节恶劣,后果特别严重,社会危害极大,依法必须严惩。在入户强奸犯罪的同时抢劫作案5起,构成抢劫罪;盗窃作案15起,且盗窃数额巨大,构成盗窃罪;被告人丁立军有部分行为系在假释考验期限内重新犯罪,应当撤销假释,将前罪没有执行完的刑罚和后罪所判处的刑罚,实行数罪并罚;被告人丁立军还有部分行为系在假释考验期满后重新犯罪,构成累犯,依法应当从重处罚。公诉机关指控被告人丁立军犯强奸、抢劫、盗窃罪的事实成立,应予支持。关于被告人丁立军的辩护人所提,被告人丁立军有自首情节,认罪态度较好,所盗窃物品大部分已追回发还失主,要求对其从轻处罚的辩护意见,经查虽然属实,但被告人丁立军曾因强奸犯罪被判处有期徒刑九年,被假释后又在假释考验期内、期满后大肆连续实施强奸、抢劫、盗窃犯罪,且其强奸犯罪的情节恶劣,造成的后果特别严重,社会危害极大,同时还系累犯,故依法不对其从轻处罚。依照《中华人民共和国刑法》第二百三十六条第三款(二)项、第二百六十三条(一)项、第二百六十四条、第五十七条第一款、第五十六条第一款、第八十六条第一款、第六十九条、第七十一条、第六十四条、第六十五条的规定,于2002年1月31日判决如下:

1. 撤销山东省青岛市中级人民法院〔1997〕青刑执释字第1019号对被告人丁立军准予假释的刑事裁定。

2. 被告人丁立军犯强奸罪,判处死刑,剥夺政治权利终身;犯抢劫罪,判处有期徒刑十二年,剥夺政治权利二年,罚金人民币二千元;犯盗窃罪,判处有期徒刑四年;连同前犯强奸罪没有执行的刑罚一年八个月并罚,决定执行死刑,剥夺政治权利终身,罚金人民币二千元。

一审宣判后,被告人丁立军未上诉。该案依法报山东省高级人民法院复核。

山东省高级人民法院经复核认为:被告人丁立军在假释考验期间、期满后大肆进行强奸作案,且犯有抢劫罪、盗窃罪,社会危害极大,虽有自首情节,亦不予从轻处罚。原审判决定罪准确,量刑适当,审判程序合法,唯认定累犯不当,应予纠正。依照《中华人民共和国刑事诉讼法》第二百条、《中华人民共和国刑法》第二百二十六条第三款第(二)项、第二百六十三条第三款第

(一)项、第二百六十四条、第五十七条第一款、第八十六条第一款、第六十九条、第七十一条、第六十七条的规定,于2002年6月17日核准被告人丁立军死刑。

二、裁判要旨

No.4-236-12 在假释考验期间直至期满后连续犯罪的,应当撤销假释,实行数罪并罚。

假释是对服刑期间表现较好的罪犯附条件的提前释放。所谓"附条件"主要表现之一就是在裁定假释的同时,对被假释的罪犯依法设定假释考验期限。被假释的犯罪分子在假释考验期内必须严格遵守有关法律、行政法规以及公安部门有关假释的监督管理规定,服从公安机关的监督。如果被假释的犯罪分子在假释考验期内没有违反法律、行政法规以及公安部门有关假释的监督管理规定的行为,就认为原判刑罚已经执行完毕。反之,就应当对其撤销假释,收监执行原判未执行完毕的刑罚。其中,如果被假释的犯罪分子,在假释考验期内又重新犯罪的,则应当撤销假释,对其新犯的罪作出判决并与前罪的余刑实行并罚。这是假释考验制度的基本内涵和原则。司法实践中,由于受各种条件的限制和影响,假释监督有时不能真正到位,以致出现假释监督考察机关对假释考验期间内罪犯的违法违规的行为乃至犯罪活动和线索不能及时发现和掌握,甚至在假释考验期间又犯新罪的罪犯直至假释期满后才被抓获归案的情况。对此是否应当撤销假释,最高人民法院曾于1985年在《审判严重刑事犯罪案件中具体应用法律的若干问题的答复(三)》(以下简称《答复三》)第三十六条中规定,"对于被假释的犯罪分子,如果在假释考验期满后,才发现该罪犯在假释考验期内又犯新罪,对尚未超过追诉时效期限的,应当依照1979年刑法第七十五条的有关规定,撤销假释,把前罪没有执行的刑罚和后罪所判处的刑罚,按照1979年刑法第六十四条的规定,决定执行的刑罚。"《答复三》中第三十六条仅是对期满后发现罪犯在假释考验期限内又犯新的个罪的情况作了规定,而对罪犯假释考验期间直至期满后连续实施新的犯罪行为的,是否撤销假释,并未进一步明确。如本案被告人丁立军在假释考验期间持续大肆强奸妇女,又犯有抢劫、盗窃罪,假释期满两年后才被抓获,其间,被告人一直不断地实施新的犯罪。对此有人认为,此种情形应当视为刑罚已执行完毕,对假释考验期间又犯新罪这一情况,作为对被告人从重处罚的情节。我们认为这种做法不符合假释制度的立法本意,也有违《答复三》的基本精神。如前所述,假释是附条件的提前释放,罪犯在考验期内必须严格遵守《刑法》第八十四条的规定,否则就得按《刑法》第八十六条的规定撤销假释,以保证假释制度的严肃性。刑法及《答复三》的本意是不论行为人的犯罪行为连续与否,也不论其犯罪行为是在何时被发现,只要有一项罪行是在假释考验期内实施且依法未超过追诉时效,就应当依法撤销其假释,实行并罚。所以,尽管本案中被告人丁立军的大部分犯罪行为是在假释考验期满后实施的,也不能因为在考验期内被告人实施的犯罪没有被及时发现这一客观原因,从而对其不予撤销假释。相反,应当基于被告人是在假释考验期内就已开始犯新罪这一事实,根据《刑法》第八十六条对假释考验期间又犯新罪的处理原则,以及《答复三》中第三十六条的基本精神,对被告人丁立军撤销假释,按照《刑法》第七十一条实行并罚。从另一角度讲,被告人丁立军的犯罪行为一直处于连续状态,作为连续犯,对其进行处罚时,从整体上考虑被告人的社会危害性较为适当,不宜再分假释期满前后两个阶段分别处罚。因此,本案一审和死刑复核程序中对被告人撤销假释,将新罪与前罪并罚是正确的。

No.4-236-13 在假释考验期间直至期满后连续犯罪的,其假释期满所犯的部分罪行不再认定为累犯。

根据《刑法》第六十五条规定,累犯是指"被判处有期徒刑以上的犯罪分子,刑罚执行完毕或赦免以后,在五年以内再犯应当判处有期徒刑以上刑罚之罪的"。同时,该条第二款又规定,所谓刑罚执行完毕,对于被假释的犯罪分子,从假释期满之日起计算。在本案中,被告人丁立军假释考验期满前后又犯新罪,乍一看,其连续犯罪中的一部分罪行是在假释考验期满后所犯,似乎可以构成累犯。但本案的特殊性在于,丁立军的连续犯罪中又有一部分罪行是在假释考验期内所犯,对此又应首先依法撤销假释。如前所述,假释是附条件的提前释放,犯罪分子因犯新罪被撤销假释后,其前罪的余刑仍须执行,而不是前罪的刑罚已经执行完毕。因此,其整个的连续犯罪就缺乏构成累犯的前提条件。如前所述,丁立军的犯罪行为一直处于连续状态,作为连续犯,对其进行处罚时,从整体上考虑其社会危害性应较为妥当,也不宜分为假释期满前后两个阶段再按两个同种罪分别定罪量刑。同时,按照《刑法》第七十一条的规定,对其新犯之罪要按先减后并的方式进行并罚,这也已体现了从重处罚的精神,无需再按累犯对待。如果对其假释期满后的一部分罪行再认定为累犯,则不可避免地同刑法关于假释、数罪并罚等规定发生冲突,并给法律适用造成不必要的困难。

案例:谢茂强等强奸、奸淫幼女案

案例来源:《刑事审判参考》总第26辑[第178号]

主题词:强奸罪　包庇罪　重大立功

一、基本案情

被告人谢茂强,男,1975年2月12日出生,无业。因涉嫌犯强奸罪,于2000年12月7日被逮捕。

被告人黄冬冬,男,1982年12月23日出生,无业。因涉嫌犯强奸罪,于2000年12月7日被逮捕。

被告人杨金龄,男,1978年1月30日出生,无业。1993年6月30日因犯抢劫罪、故意伤害罪被判处有期徒刑八年,2000年2月25日刑满释放。因涉嫌犯强奸罪、包庇罪,于2000年12月7日被逮捕。

江西省抚州市中级人民法院经审理查明:

被告人谢茂强、黄冬冬、杨金龄伙同杨金鑫、邓辉(均在逃)、杨高(另案处理)于2000年10月间先后9次将10名在校女中学生挟持或骗至谢茂强家中或他人家中,采用殴打、威胁或诱骗等手段进行奸淫或轮奸。其中谢茂强奸淫了郭×、熊××(系幼女),并参与轮奸了涂×(系幼女)、曾××(系幼女)、吴×。黄冬冬奸淫了曾×、郭×、刘×、万××(系幼女),并参与轮奸了曾×(系幼女)、涂×(系幼女)、曾××(系幼女)、卢×、吴×、协助谢茂强对熊××(系幼女)实施了奸淫。杨金龄协助谢茂强对熊××(系幼女)实施了奸淫。

2000年11月2日,黄冬冬被公安机关抓获后又脱逃,并打电话给杨金龄。杨金龄即与黄冬冬见了面,并与黄冬冬的父亲黄金来(不起诉)、母亲陈凤仙一起商议帮助黄冬冬潜逃的方法。当晚7时许,公安机关传讯杨金龄,杨拒不交代黄冬冬的躲藏地点。

抚州市中级人民法院认为,被告人谢茂强、黄冬冬采取殴打、威胁等手段,奸淫少女和幼女多人,其行为均已构成强奸罪、奸淫幼女罪,且情节特别恶劣,二被告人均系主犯。被告人杨金龄协助谢茂强奸淫幼女1名,其行为已构成奸淫幼女罪,系从犯。杨金龄拒不向公安机关提供黄冬冬脱逃后的躲藏地点,其行为还构成包庇罪。且系累犯。公诉机关指控三被告人的罪名成立。被告人黄冬冬属未成年人犯罪,具有法定从轻处罚情节,应对其从轻处罚。被告人谢茂强检举他人犯罪属实,构成立功。但该情节不足以对其从轻处罚。依照《中华人民共和国刑法》第二百三十六条第一款、第二款、第三款第(二)项、第(四)项、第三百一十条第一款、第二十五条第一款、第二十六条第一款、第二十七条、第五十六条第一款、第十七条第三款、第四十九条、第六十八条第一款、第六十九条的规定,于2000年5月28日判决如下:

1. 被告人谢茂强犯奸淫幼女罪,判处死刑,剥夺政治权利终身;犯强奸罪,判处有期徒刑十五年,剥夺政治权利四年,决定执行死刑,剥夺政治权利终身;

2. 被告人黄冬冬犯奸淫幼女罪,判处无期徒刑,剥夺政治权利终身;犯强奸罪,判处无期徒刑,剥夺政治权利终身,决定执行无期徒刑,剥夺政治权利终身;

3. 被告人杨金龄犯奸淫幼女罪,判处有期徒刑四年;犯包庇罪,判处有期徒刑三年,决定执行有期徒刑六年。

一审宣判后,被告人谢茂强以其有检举他人犯罪的重大立功表现,原判量刑过重为由,提出上诉,要求从轻处罚。被告人杨金龄以没有包庇黄冬冬的故意,只是知情不告,不构成包庇罪为由,提出上诉。

江西省高级人民法院经审理认为:原判认定事实清楚,证据确实、充分。上诉人谢茂强检举他人犯罪行为属实,构成立功,但不构成重大立功。原判量刑适当,上诉人要求从轻处罚意见,不予采纳。被告人杨金龄协助他人奸淫幼女1人,其行为已构成奸淫幼女罪,系从犯,且其还具有《刑法》第六十五条第一款的情节,系累犯。杨金龄系黄冬冬奸淫幼女的共犯,杨金龄在案发后包庇黄冬冬,目的是为了掩盖本人的罪行,其行为不构成包庇罪。原审法院认定杨金龄的行为构成包庇罪定罪不当。杨金龄上诉提出其不构成包庇罪的意见,予以采纳。根据最高人民法院《关于审理强奸案件有关问题的解释》的规定,原审法院对谢茂强、黄冬冬强奸妇女和奸淫幼女的行为,分别以强奸罪和奸淫幼女罪数罪并罚,认定罪名不当,适用法律有误。原判对上诉人谢茂强、原审被告人黄冬冬犯强奸罪、上诉人杨金龄犯奸淫幼女罪的定罪和量刑是正确的,审判程序合法。依照《中华人民共和国刑事诉讼法》第一百八十九条第(一)项、第(二)项和最高人民法院《关于执行〈中华人民共和国刑事诉讼法〉若干问题的解释》第二百五十七条第一款第(二)项的规定,于2001年12月25日判决如下:

1. 撤销抚州市中级人民法院(2001)抚刑初字第32号刑事判决;
2. 上诉人谢茂强犯强奸罪,判处死刑,剥夺政治权利终身;
3. 原审被告人黄冬冬犯强奸罪,判处无期徒刑,剥夺政治权利终身;
4. 上诉人杨金龄犯奸淫幼女罪,判处有期徒刑四年。

二、裁判要旨

No.4-236-14 既实施了强奸妇女行为,又实施了奸淫幼女行为的,应以强奸罪一罪论处。

被告人谢茂强、黄冬冬以奸淫为目的,伙同他人采取诱骗、殴打、威胁等手段多次实施了奸淫幼女和少女的行为,符合刑法规定的奸淫幼女和强奸的犯罪特征,根据最高人民法院1997年12月11日公布的《关于执行〈中华人民共和国刑法〉确定罪名的规定》[以下简称《罪名规定(一)》],本应分别认定其行为构成奸淫幼女罪和强奸罪。但是根据最高人民法院2000年2月16日公布的《关于审理强奸案件有关问题的解释》(以下简称《解释》)第二款"对于行为人既实施了强奸妇女行为又实施了奸淫幼女行为的,依照《刑法》第二百三十六条的规定,以强奸罪从重处罚"的规定,对本案被告人谢茂强、黄冬冬的行为只能定强奸罪。本案一审时,《解释》已经生效,故一审法院将谢茂强、黄冬冬的行为认定为奸淫幼女罪和强奸罪是不妥的,二审法院改判谢茂强、黄冬冬犯强奸罪是正确的。需要指明的是,最高人民法院、最高人民检察院于2002年3月又通过了《关于执行〈中华人民共和国刑法〉确定罪名的补充规定》,该《补充规定》对《罪名规定(一)》有所修改,其中之一是取消了奸淫幼女罪罪名。也就是说,无论是强奸妇女,还是奸淫幼女,今后应适用统一的强奸罪罪名。这一修改,更符合《刑法》第二百三十六条第二款关于"奸淫不满十四周岁的幼女的,以强奸论,从重处罚"的规定,因此,在今后的案件审理中应当注意把握。

No.4-236-15 检举他人较轻罪行,审查中又发现检举人重大罪行的,检举行为不构成重大立功,可以考虑作为酌定量刑情节。

本案被告人谢茂强归案后,检举了蔡维在农贸市场持刀砍伤付××和刘金根强奸尧××的犯罪事实,经公安机关查证属实。其中,蔡维在此之前已因涉嫌寻衅滋事罪被公安机关抓获,现已由检察院以寻衅滋事罪向法院起诉。从指控的事实看,蔡维的犯罪行为只能被判处有期徒刑,因此,谢茂强检举蔡维的行为亦就只能认定为一般立功。而刘金根被抓获后,除供述强奸尧××的事实外,又坦白自己另有强迫交易、交通肇事、收购赃物的行为,公安机关认为刘金根的其他犯罪行为涉嫌黑社会性质犯罪,现正在侦查之中。从上述情况看,刘金根被立案侦查的涉嫌犯罪事实多于谢茂强检举的事实,其涉嫌的全部犯罪事实如查证属实,可能会被判处较重的刑罚,但并不能由此而认定谢茂强的行为属于重大立功。《刑法》第六十八条第一款规定,犯罪分子有揭发他人犯罪行为,经查证属实的,或者提供重要线索,从而得以侦破其他犯罪案件的应当认定为立功。最高人民法院《关于处理自首和立功具体应用法律若干问题的解释》第七条规定,犯罪分子有检举、揭发他人重大犯罪行为,经查证属实;提供侦破其他重大案件的重要线索,经查证属实的应当认定为重大立功。上述法律和司法解释,对区分立功和重大立功作出了明确的规定。本案中,谢茂强归案后检举了刘金根强奸尧××的事实,属于揭发他人犯罪的行为,并经公安机关查证属实,符合刑法关于立功的规定,可认定是立功。但谢茂强没有检举刘金根的其他重大犯罪或提供有关线索。谢茂强在检举刘金根的强奸犯罪时,并不知道刘金根还有其他犯罪行为,故其检举的内容仅限于强奸一罪。公安人员在对刘金根强奸犯罪进行审查时,刘金根主动交代了其他重大犯罪,属刘金根归案后的坦白行为。公安机关最终查实的刘金根犯罪事实中,除强奸尧××与谢茂强的检举有关,其余均与谢茂强的检举无关,故不能因为谢茂强检举了刘金根强奸尧××,公安机关在查证过程中又发现了刘金根有其他重大罪行,并可能被判处较重刑罚,就认为刘金根的其他重大犯罪被侦破亦与谢茂强的检举有关,从而认定谢茂强的检举属于重大立功。对这种被告人仅检举他人较轻犯罪,审查中又发现被检举人有重大罪行的情况,只能根据被告人的检举内容、查证情况及被检举犯罪可能被判处的刑罚来认定被告人的行为构成一般立功还是重大立功。

需要说明的是,如果被告人仅检举他人一罪,侦查机关据此深挖又发现其他重大犯罪,虽然发现的重大犯罪并非被告人检举而不能认定被告人有重大立功表现,但考虑到其毕竟对侦查机关发现其他重大犯罪有一定的作用,因此,也可考虑作为酌定情节在量刑时予以考虑。

No. 4-236-16 同案犯之间相互包庇的,不构成包庇罪。

《刑法》第三百一十条规定,包庇罪是指明知是犯罪的人而为其作假证明包庇的行为。本罪的犯罪主体为一般主体,即达到刑事责任年龄,具备刑事责任能力的自然人均可构成本罪。本罪侵犯的客体是司法机关对犯罪分子追诉的活动。窝藏、包庇的对象只限于犯罪分子,包括实施了犯罪行为应受刑罚惩罚的人、在逃尚未归案的犯罪嫌疑人和已被采取刑事强制措施或者已被判刑而被剥夺、限制自由的犯罪嫌疑人、刑事被告人、罪犯。本罪的主观方面是故意,表现为明知是犯罪分子而进行窝藏、包庇,如果事先有通谋,事后进行包庇的,应以共同犯罪论处。如果不知是犯罪分子而为其提供便利条件的,客观上帮助犯罪分子逃避法律制裁的,不构成本罪。本罪在客观方面表现为明知是犯罪分子而向司法机关作假证明或帮助其湮灭罪迹、隐匿、毁灭罪证的行为。本案中,被告人杨金龄得知黄冬冬因涉嫌强奸被抓获又从公安机关脱逃的消息后,即赶去与黄冬冬见面,并与黄冬冬的父母一起商议帮助其潜逃的方法。其本人被公安机关传讯时,又拒不交代黄冬冬的藏匿地点,实施了包庇黄冬冬的行为。但其行为在主、客观上与包庇罪的犯罪构成是不同的。首先,杨金龄在本案中与黄冬冬等人共同挟持并威胁幼女熊××,后又协助他人对熊××实施奸淫,与黄冬冬系共同犯罪,其行为亦应依法追究。杨金龄包庇黄冬冬的行为,实际上是害怕黄冬冬被抓后暴露自己而采取的一种自我保护措施,其表面行为是包庇黄冬冬,但最终目的是为了掩盖自己与黄冬冬的共同犯罪行为,使自己逃避惩罚。其次,杨金龄的行为在客观上既侵犯了司法机关对黄冬冬的追诉活动,同时也妨害了司法机关对其本人的追诉活动。对这种为了使自己和同案犯共同逃避司法机关追究而实施的包庇同案犯的行为,在定性时应以其行为的主要目的为依据。本案被告人杨金龄为掩盖本人罪行而在案发后包庇同案犯黄冬冬的行为不适用刑法关于包庇罪的规定,二审法院改判杨金龄不构成包庇罪是正确的。但其包庇黄冬冬的行为毕竟妨害了司法机关的侦查活动,故可作为酌定从重情节在量刑时考虑。

案例:王卫明强奸案

案例来源:《刑事审判参考》总第7辑[第51号]

主题词:婚内强奸

一、基本案情

被告人王卫明,男,1970年5月20日出生,工人。因涉嫌犯强奸罪,于1997年10月14日被刑事拘留,同月27日被释放,同年12月11日被取保候审。

上海市青浦县人民法院经不公开审理查明:1992年11月,被告人王卫明经人介绍与被害人钱某相识,1993年1月登记结婚,1994年4月生育一子。1996年6月,王卫明与钱某分居,同时向上海市青浦县人民法院起诉离婚。同年 10 月 8 日,青浦县人民法院认为双方感情尚未破裂,判决不准离婚。此后双方未曾同居。1997 年 3 月 25 日,王卫明再次提起离婚诉讼。同年 10 月 8 日,青浦县人民法院判决准予离婚,并将判决书送达双方当事人。双方当事人对判决离婚无争议,虽然王卫明表示对判决涉及的子女抚养、液化气处理有意见,保留上诉权利,但后来一直未上诉。同月 13 日晚 7 时许(离婚判决尚未生效),王卫明到原居住的桂花园公寓 3 号楼 206 室,见钱某在房内整理衣物,即从背后抱住钱某,欲与之发生性关系,遭钱拒绝。被告人王卫明说:"住在这里,就不让你太平。"钱挣脱欲离去。王卫明将钱的双手反扭住并将钱按倒在床上,不顾钱的反抗,采用抓、咬等暴力手段,强行与钱发生了性行为。致钱多处软组织挫伤、胸部被抓伤、咬伤。当晚,被害人即向公安机关报案。

青浦县人民法院认为:被告人王卫明主动起诉,请求法院判决解除与钱某的婚姻,法院一审判决准予离婚后,双方对此均无异议。虽然该判决尚未发生法律效力,但被告人王卫明与被害人已不具备正常的夫妻关系。在此情况下,被告人王卫明违背妇女意志,采用暴力手段,强行与钱某发生性关系,其行为已构成强奸罪,应依法惩处。公诉机关指控被告人王卫明的犯罪罪名成立。被告人关于发生性行为系对方自愿及其辩护人认为认定被告人采用暴力证据不足的辩解、辩护意见,与庭审质证的证据不符,不予采纳。依照《中华人民共和国刑法》第二百三十六条第一款、第七十二条第一款的规定,于 1999 年 12 月 21 日判决如下:

被告人王卫明犯强奸罪,判处有期徒刑三年,缓刑三年。

一审宣判后,被告人王卫明服判,未上诉。

二、裁判要旨

No. 4-236-17 在离婚判决已经作出尚未生效期间,丈夫强行与妻子发生性关系的,应以强奸罪论处。

我们认为,夫妻之间既已结婚,即相互承诺共同生活,有同居的义务。这虽未见诸法律明确规定或者法律的强制性规定,但已深深植根于人们的伦理观念之中,不需要法律明文规定。只要夫妻正常婚姻关系存续,即足以阻却婚内强奸行为成立犯罪,这也是司法实践中一般不能将婚内强奸行为作为强奸罪处理的原因。因此,在一般情况下,丈夫不能成为强奸罪的主体。但是,夫妻同居义务是从自愿结婚行为推定出来的伦理义务,不是法律规定的强制性义务。因此,不区别具体情况,对于所有的婚内强奸行为一概不以犯罪论处也是不科学的。例如在婚姻关系非正常存续期间,如离婚诉讼期间,婚姻关系已进入法定的解除程序,虽然婚姻关系仍然存在,但已不能再推定女方对性行为是一种同意的承诺,也就没有理由从婚姻关系出发否定强奸罪的成立。就本案而言,被告人王卫明两次主动向法院诉请离婚,希望解除婚姻关系,一审法院已判决准予被告人王卫明与钱某离婚,且双方当事人对离婚均无争议,只是离婚判决书尚未生效。此期间,被告人王卫明与钱某之间的婚姻关系在王卫明主观意识中实质已经消失。因为是被告人主动提出离婚,法院判决离婚后其也未反悔提出上诉,其与钱某已属非正常的婚姻关系。也就是说,因被告人王卫明的行为,双方已不再承诺履行夫妻间同居的义务。在这种情况下,被告人王卫明在这一特殊时期内,违背钱某的意志,采用扭、抓、咬等暴力手段,强行与钱某发生性行为,严重侵犯了钱某的人身权利和性权利,其行为符合强奸罪的主观和客观特征,构成强奸罪。上海市青浦县人民法院认定被告人王卫明犯强奸罪,并处以刑罚是正确的。

案例:白俊峰强奸案

案例来源:《刑事审判参考》总第 3 辑[第 20 号]

主题词:婚内强奸

一、基本案情

被告人白俊峰,男,27 岁,农民。因涉嫌犯强奸罪,于 1995 年 7 月 27 日被逮捕。

辽宁省义县人民法院经审理查明:被告人白俊峰与被害人姚××1994 年 10 月 1 日结婚,婚后夫妻感情不好,多次发生口角。姚××于 1995 年 2 月 27 日回娘家居住,并向白俊峰提出离婚要求。经村委会调解,双方因退还彩礼数额发生争执,未达成协议。

1995年5月2日晚8时许,被告人白俊峰到姚家找姚××索要彩礼,双方约定,次日找中间人解决,后白俊峰回家。晚9时许,白俊峰再次到姚家。姚××对白俊峰说:“不是已经说好了吗,明天我找中间人解决吗?”并边说边脱衣服上炕睡觉。白俊峰见状,亦脱衣服要住姚家。姚父说:“小红,你回老白家去。”白俊峰说:“不行,现在晚了。”此时,姚××从被窝里坐起来,想穿衣服。白俊峰将姚按倒,欲与其发生性关系。姚××不允,与白厮掳。白俊峰骑在姚身上,扒姚的衬裤,姚抓白俊峰的头发。白俊峰拿起剪刀,将姚的内裤剪断。姚××拿起剪刀想扎白俊峰,被白俊峰抢下扔掉,后强行与姚发生了性关系。姚××与白继续厮打,薅住白的头发,将白的背心撕破。白俊峰将姚××掽倒,用裤带将姚的手绑住。

村治保主任陈××接到姚父报案后,来到姚家,在窗外看见白俊峰正趴在姚××身上,咳嗽一声。白俊峰在屋内听见便喊:“我们两口子正办事呢!谁愿意看就进屋来看!”陈××进屋说:“你们两口子办事快点,完了到村上去。”陈给姚××松绑后,回到村委会用广播喊白俊峰和姚××二人上村委会。此间,白俊峰又第二次强行与姚××发生了性关系。白俊峰对姚××蹂躏达五个多小时,致姚××因抽搐昏迷,经医生抢救苏醒。姚家共支付医疗费301.8元。

义县人民法院认为:被告人白俊峰在与姚××的婚姻关系存续期间,以强制的手段,强行与姚××发生性关系的行为,不构成强奸罪。依照《中华人民共和国刑事诉讼法》第一百六十二条第(二)项的规定,于1997年10月13日判决如下:

被告人白俊峰无罪。

一审宣判后,在法定期限内被告人白俊峰没有上诉,检察机关也没有提出抗诉。

二、裁判要旨

No.4-236-18 在婚姻关系正常存续期间,丈夫违背妻子的意志,采用暴力手段,强行与妻子发生性关系的,不构成强奸罪。

无论是现行刑法,还是1979年《刑法》,对于丈夫能否成为强奸罪的主体都没有排除或者规定。在国外,某些国家的刑事立法明确规定,丈夫强奸妻子的不构成强奸罪。例如德国、瑞士刑法典就把强奸罪的对象限制为无夫妻关系的女性。在美国某些州,强奸罪仅仅是指男方未经不是他妻子的女方同意,使用暴力与其发生性关系的行为。

我国地域广阔、民族众多,不同地区、不同民族的风俗习惯不同,此类案件情况又往往比较复杂,不能简单地确定行为构成罪或者不构成罪,否则有悖于国情,有害于我国的法制建设。对丈夫强奸妻子案件的审理,应该依据刑法和婚姻法等有关法律规定,区分不同的婚姻状况以及行为人的暴力方式、方法,造成的危害后果等具体事实、情节,分别依法处理。其中,有的行为可以构成强奸罪;有的不构成强奸罪但可能构成其他相关的犯罪。

本案被告人白俊峰的行为不构成强奸罪,主要理由是:

1. 婚姻状况是确定是否构成强奸罪中违背妇女意志的法律依据

强奸罪是指以暴力、胁迫或者其他手段,违背妇女的意志,强行与其发生性交的行为。是否违背妇女意志是构成强奸罪的必备法律要件。虽然婚内夫妻两人性行为未必都是妻子同意,但这与构成强奸罪的违背妇女意志强行性交却有本质的不同。根据婚姻法的规定,合法的婚姻,产生夫妻之间特定的人身和财产关系。同居和性生活是夫妻之间对等人身权利和义务的基本内容,双方自愿登记结婚,就是对同居和性生活的法律承诺。因此,从法律上讲,合法的夫妻之间不存在丈夫对妻子性权利自由的侵犯。相反,如果妻子同意与丈夫以外的男子发生性关系却构成对合法婚姻的侵犯。所以,如果在合法婚姻关系存续期间,丈夫不顾妻子反对、甚至采用暴力与妻子强行发生性关系的行为,不属刑法意义上的违背妇女意志与妇女进行性行为,不能构成强奸罪。同理,如果是非法婚姻关系或者已经进入离婚诉讼程序,婚姻关系实际已处于不确定中,丈夫违背妻子的意志,采用暴力手段,强行与其发生性关系,从刑法理论上讲是可以构成强奸罪的。但是,实践中认定此类强奸罪,与普通强奸案件有很大不同,应当特别慎重。

2. 被告人白俊峰与姚××的婚姻关系合法有效

白俊峰与姚××之间的婚姻关系一方面是合法有效的,在案发前,虽然女方提出离婚,并经过村里调解,但并没有向人民法院或婚姻登记机关提出离婚,没有进入离婚诉讼程序。夫妻之间相互对性生活的法律承诺仍然有效。因此白俊峰的行为不构成强奸罪。

案例:许哲虎强奸案

案例来源:《人民法院案例选》2008 年第 1 辑

主题词:共同强奸　生理原因　未得逞　既遂

一、基本案情

被告人许哲虎。

吉林省珲春市人民法院经审理查明:2002 年 2 月初的一天上午,被告人许哲虎伙同李珍哲(因还有其他强奸事实,已判刑十一年)、李文哲(在逃)在珲春市河南街李珍哲家以殴打、威胁等手段,先后对被害人许某实施奸淫。李珍哲实施奸淫以后,被告人许哲虎在对被害人许某实施奸淫过程中,由于其生殖器未勃起而未得逞,李文哲亦因同样原因而奸淫未得逞。珲春市人民检察院以被告人许哲虎犯强奸罪向珲春市人民法院提起公诉。

珲春市人民法院认为:被告人许哲虎伙同他人违背妇女意志,以暴力、威胁等手段,轮流奸淫妇女的行为,已构成强奸罪,且属共同犯罪。被告人许哲虎在共同犯罪中其个人奸淫目的未能得逞,且起辅助、次要的作用,系从犯,且认罪态度较好,依法减轻处罚。故依照《中华人民共和国刑法》第二百三十六条第三款第(四)项强奸罪,第二十五条第一款共同犯罪,第二十三条未遂,第二十七条从犯之规定,判决如下:

被告人许哲虎犯强奸罪,判处有期徒刑三年六个月。

一审宣判后,公诉机关未提出抗诉,被告人也未提起上诉,一审判决已经发生法律效力。

二、裁判要旨

No. 4-236-19　在轮奸过程中,只要一人奸淫既遂,其他行为人即使奸淫未得逞,亦应认定为强奸既遂。

轮奸是指两个以上男子出于共同的奸淫认识,在同一段时间内,先后对同一妇女轮流实施奸淫的行为。轮奸是强奸罪加重处罚的法定量刑情形之一,它解决的仅仅是对行为人所要适用的法定刑档次和刑罚轻重问题。各行为人只要实施了轮奸行为,就应当对其适用相应的法定刑。犯罪未遂,仅是犯罪的一种未完成形态而已,轮奸并非独立的一罪,只是强奸罪的一种情形。因此,轮奸本身并没有独立的既、未遂问题,只有强奸罪的既、未遂问题。对轮奸中一人以上强奸既遂,一人以上未遂的情形,由于各行为人均实施了轮奸行为,故首先应对各行为人以强奸罪定罪并按轮奸情节予以处罚。由于轮奸是基于共同奸淫认识的共同实行行为,按照强奸罪中认定既未遂的一般原理,即只要实行犯强奸既遂的,对其他共犯都应按强奸既遂论。但是对其中帮助犯、从犯,应当依法从轻或减轻处罚。

就本案而言,被告人许哲虎伙同他人违背妇女意志,实施了轮流奸淫妇女的行为,其中一人既遂,二人未遂,从共同犯罪的形态看,对三人均应以强奸既遂论,且须按轮奸情节确定所适用的法定刑。对个人奸淫未得逞的被告人许哲虎,由于其具有从犯这一法定从宽情节,同时又具有可酌定从轻处罚的情节,故依此决定对其予以减轻处罚,是符合罪刑相适应原则的。

案例:盛柯强奸案

案例来源:《人民法院案例选》2008 年第 1 辑

主题词:妇女意志　强奸罪

一、基本案情

被告人盛柯。

江苏省无锡市南长区人民法院审理查明:2006 年 10 月 14 日下午,被告人盛柯和被害人曹某某在网上约定由盛柯支付曹某某 1500 元去开房间进行性交易。当日二人在约定地点见面后,被告人盛柯为了达到少付钱款的目的,先将曹某某骗至无锡市南禅寺商业区,当二人走至二楼一无人的楼道内时,盛柯提出要与曹某某就地发生性关系,曹某某不允,被告人盛柯即打了曹某某一耳光,见其未反抗,就与曹某某发生了性关系,其间因听见楼道内有声响而停止。被告人盛柯即以只要曹某某好好地陪其一晚便可将钱还她为由,强行从曹某某的包内取出人民币 160 元放入自身口袋。之后,被告人盛柯带曹某某去开房间,曹某某乘被告人盛柯向其朋友要身份证开房间时,乘机逃脱,并立即向公安机关报案。

无锡市南长区人民法院认为:两人虽然是在网上聊天认识,并有性交易的约定,但被害人曹某某对改变事先约定的发生性行为的场合明确表示不同意在先,被被告人打了一个耳光后,表现顺从在后。被害人没有明显反抗的行为表示,是因为一是案发现场僻静无人,二是从证人陈杨的证言也谈到其看见当时被害人逃跑时脸上的表情较为恐惧,三是被害人在法院审理过程中,称自己当时认为反抗没有用,符合其不愿被人知道自己是来进行性交易的,更不愿受到查处的常理。因此,综合各方面的证据全面分析,在当时特定的环境和条件下,被害人没有明显的反抗行为,并不能代表她是自愿的。被告人盛柯使用打耳光的暴力手段,违背妇女意志与被害人发生性关系,后又为防止其逃跑而强行取走被害人包中的 160 元钱,显见其明知被害人当时不愿意与其发生性行为。因此,被告人的行为已构成强奸罪。考虑到被告人盛柯在犯罪前确有去进行性交易的情节,可酌情从轻处罚;被告人盛柯到案后如实供述罪行,认罪态度较好,可酌情从轻处罚。综上,决定对被告人盛柯适用从轻处罚。依照《中华人民共和国刑法》第二百三十六条第一款之规定,于 2007 年 2 月 13 日以被告人盛柯犯强奸罪,判处有期徒刑三年。

宣判后,被告人盛柯未提出上诉,公诉机关也未提出抗诉。判决已发生法律效力。

二、裁判要旨

No. 4-236-20 强奸罪的认定不能从被害妇女事前同意或有无反抗表示作为必要条件,只要明知妇女不同意而与之发生性关系的,即可认定为违背妇女意志,构成强奸罪。

本案被害人有固定职业,根据其陈述,其在历史上有因卖淫被公安机关行政处罚的污点。因此,她知道卖淫是违法的,也是羞耻的,其当然不想让这种丑行在光天化日下进行,也不想让人知道她的这一隐私,更害怕他人告发而受到查处。当她拒绝盛柯提出的在公共场合发生性行为要求而被盛柯打了一个耳光后,其行为上出现顺从是合乎逻辑的。作为一个卖淫者,她是处于被社会唾弃的处境,没有人会同情她或帮助她。因此,当时她是处于孤立无援、不易摆脱的境地,她是因恐惧、胆怯的心理而不敢反抗。至于被害人是否存有想在事后收取嫖资,是否是因被抢钱后才去报警这一疑点,我们认为:可以排除。第一,当曹某某被打耳光以后,甚至二人发生性行为之后,曹某某从未提到要求付钱之事,被告人盛柯也对付钱之事只字不提。相反,他还强行夺去了曹某某的 160 元钱,以防止她逃跑。第二,证人证言也谈到其看见当时被害人逃跑时脸上的表情较为恐惧。据此,我们可以排除曹某某想在事后收取嫖资的可能,这也印证了曹某某当时是由于恐惧、胆怯而不敢反抗的事实。综上,本案以强奸罪定罪处罚,是正确的。

案例:张某等强奸案

案例来源:《人民法院案例选》2009 年第 4 辑

主题词:强奸罪 共同犯罪 轮奸

一、基本案情

被告人张某,17 岁。

被告人刘某,17 岁。

天津市西青区人民法院经审理查明:2008 年 5 月 27 日凌晨,张某、刘某、周某 A、周某 B 等人预谋强奸马某。周某 A 提出其可以将马某骗至天津市西青区大寺镇青凝侯村"吉利"砂锅店,灌醉酒后,由四人对马某进行奸淫,其他三人表示同意。此后,周某 A 用刘某的手机联系马某来吃饭,马某同意。周某 A、周某 B、张某乘车到附近购买了避孕套并将马某接到砂锅店,刘某在店内等候。四人在和马某吃饭时,轮流对马某敬酒并乘马某上厕所之机商定了强奸马某的先后顺序。凌晨 2 时许周某 A 先行与马某发生性关系(马某承认自愿),后周某 B 强行与被害人马某发生性关系,随后张某欲与被害人马某发生性关系时,被害人马某报警,因马某讲不清具体地点,民警无法到达案发地,张某与刘某也未再与马某发生性关系。四人离开后,被害人于 5 月 27 日上午再次报警,张某、刘某于 2008 年 5 月 27 日被抓获归案。

天津市西青区人民法院认为,被告人张某、刘某伙同他人以暴力手段强行与妇女发生性关系,其行为均已构成强奸罪。公诉机关指控的罪名成立。在共同犯罪中,被告人张某、刘某起次要作用,系从犯,应依法减轻处罚。被告人张某、刘某犯罪时未满 18 周岁,应减轻处罚。二被告人辩护人的辩护意见,本院予以采信。

据此,天津市西青区人民法院依照《中华人民共和国刑法》第二百三十六条、第二十五条第一款、第二十七条、第十七条第一、三款之规定,判决:

被告人张某犯强奸罪,判处有期徒刑一年六个月。

被告人刘某犯强奸罪,判处有期徒刑十个月。

二、裁判要旨

No. 4-236-21 在强奸共同犯罪中,虽只有部分行为人完成强奸行为,但其他行为人在强奸中起到帮助作用的,应以共同强奸既遂论处。

在本案中,张某、刘某、周某 A、周某 B 四人预谋由周某 A 将被害人马某骗出,通过灌酒的方式达到对其奸淫的目的,四人具有强奸的共同故意。此后,四人又按照分工由周某 A 将马某骗出,周某 A、周某 B、张某乘车到附近购买了避孕套,在吃饭时四人轮流对马某敬酒,并在此期间商定了强奸马某的先后顺序,随后周某 A 先行与马某自愿发生性关系,周某 B 强行与被害人马某发生性关系,而张某和刘某最终因故未能与马某发生性关系。可见,刘某和张某虽然最终未能按计划与马某强行发生性关系,但在整个犯罪的过程中二人都积极参与,起到了帮助和辅助的作用,因此,张某和刘某与两名案外人构成强奸罪,且属于共同犯罪。既然构成共同犯罪,虽然二人最终并未强行与被害人发生性关系,由于共同犯罪人之一的周某 B 构成强奸既遂,因此,张某和刘某也构成强奸罪既遂,而不是未遂或者中止,应当按照强奸既遂对其进行处罚。

No. 4-236-22 在共同强奸犯罪中,一人强奸得逞,其他人未得逞的,应当以全部既遂论,但不能认定为轮奸。

按照刑法的规定,轮奸是二人以上轮流强奸被害人的一种行为,因此,轮奸必定属于共同强奸犯罪的一种形式。但是构成共同强奸却并不一定构成轮奸。在一起共同强奸犯罪中,虽然有二人以上的行为人参与,但可能最终实施奸淫行为的只有一人,其他人可能是仅仅提供了犯罪的预备或者辅助工作。对后者虽然也要认定为强奸犯罪既遂,但却并不能因此而将其也认定为奸淫行为的实施者,进而认定其与完成奸淫的行为人构成轮奸。可见轮奸和其他共同强奸犯罪的重要区别就在于:轮奸共同犯罪应当具有两个或两个以上亲自实施完成了奸淫的行为人,而一般共同强奸犯罪则无需这种要求。

本案是一起一般共同强奸犯罪,而不能适用轮奸这一法定加重处罚情节。在本案中,只有周志成一人亲自强制实施完成了奸淫行为,被告人张某某虽然企图实施强奸,但并没有得逞,他虽然也是共同强奸犯罪的既遂犯,但并没有完成奸淫行为;被告人刘某某则根本没有采取任何强制力准备与马某发生性行为,因此更谈不上奸淫行为。在只有周志成一人实施了奸淫行为的情况下,虽然本案被告人均可构成共同强奸犯罪,并都构成强奸犯罪的既遂,但对被告人张某某和刘某某不能适用轮奸这一法定加重处罚情节。由此可见,法院的裁判是正确的。

案例:周建军强奸案

案例来源:《人民法院案例选》2006 年第 3 辑

主题词:强奸罪　严重后果的认定

一、基本案情

被告人周建军,男,1967 年 5 月 26 日生,农民,住肥西县严店乡新周村新周队。因本案于 2004 年 7 月 3 日被刑事拘留,同年 8 月 9 日被逮捕。

安徽省肥西县人民法院经审理查明:2004 年 3、4 月份的一天晚上 9 时许,被告人周建军途经沈某某家新宅门前,见沈家室内亮着灯便叫开门进入沈家。入室后,被告人周建军见沈某某(1989 年 3 月 18 日生,初中二年级在校学生)一人在家,遂生歹念。寒暄几句后,被告人周建军将沈按倒在床上,强行脱掉沈的裤子将其奸淫。行奸后,被告人周建军以"这是丑事(指性行为),父母知道要挨打,说出去不能做人"等相要挟,迫使该女不敢告发。几天后的一天晚上 9 时许,被告人周建军又趁沈某某一人在自家新宅看门之机来到沈家,谎称自己与该村一成年女青年周某也发生过性关系,周至今未敢说出。后强行将沈奸淫。其后,被告人周建军又乘沈某某一人在自家老宅看门之机,先后两次对该女实施奸淫。

2004 年 7 月 1 日,沈某某被检查系早孕,并行药物流产。合肥市公安局亲缘关系鉴定书鉴定:极强力支持周建军是沈某某所怀胎儿的生物学父亲。案发后,被害人因害怕别人叫她"孩子母亲"而不敢上学,甚至不敢出门,精神上遭受严重打击。

肥西县人民法院认为,被告人周建军趁未成年少女一人在家之机,采用暴力、胁迫及精神控制等手段,多次对其奸淫,其行为已触犯刑律,构成强奸罪。公诉机关对其指控罪名成立。被告人周建军多次强奸未成年被害人,并造成其怀孕堕胎的严重后果,对被告人周建军应在十年以上处刑。被告人周建军在强奸过程中,实施了强行将被害人按倒在床上、强行脱被害人的裤子的行为,并威胁被害人不要将此事讲出去,否则要挨打。被告人还称他与另一成年女青年发生过性关系她也不敢说出去等,其暴力、胁迫手段明显。被告人周建军对被害人沈某某实施强奸时,沈均有不同程度的反抗,显然违背了被害人的意志。被告人周建军在对被害人实施侵害后,利用其系未成年人,采取言语胁迫、编造谎言等方法,对其实施精神控制,迫使被害人未能及时告发,不影响其犯罪构成。为了维护社会秩序,保护少女的身心健康不受侵犯,惩罚犯罪,根据《中华人民共和国刑法》第二百三十六条第一款、第三款第(五)项之规定,判决如下:

被告人周建军犯强奸罪,判处有期徒刑十二年。

一审宣判后,周建军不服,以与受害人发生性关系系被害人自愿行为为由提出上诉。其辩护人提出被害人在后几次性行为中反抗不明显,请求对周从轻处罚。

二审查明的事实与一审相同。二审法院认为,周建军及其辩护人提出的上诉理由及辩护意见不能成立,不予采纳。上诉人周建军强奸行为使被害人早孕堕胎,后果严重,对其应在十年以上量刑。原判根据本案事实、情节,对上诉人周建军量刑有期徒刑十二年适当。原审判决认定事实清楚,适用法律正确,量刑适当,审判程序合法,依照《中华人民共和国刑事诉讼法》第一百八十九条第(一)项的规定,裁定如下:

驳回上诉,维持原判。

二、裁判要旨

No. 4-236-23　多次强奸未成年女性,致其堕胎辍学,遭受严重精神打击的,应当认定为强奸罪中的造成其他严重后果。

本案一审法院认定周建军的行为造成其他严重后果,并适用《中华人民共和国刑法》第二百三十六条第三款第(五)项,对周建军判处有期徒刑十二年,二审法院支持了一审法院的判决结果。《中华人民共和国刑法》第二百三十六条第三款是对犯强奸罪情节特别严重给予从重处罚的具体规定。其中该款前四项对具体行为作了明文规定,而在第(五)项中除规定了致使被害人重伤、死亡以外,还规定了造成其他严重后果的。在审判实践中,对造成其他严重后果的应如何理解,各地掌握不尽相同。本案被害人是一名正在读初中的花季少女,在被强奸后导致怀孕堕胎,不仅在身体上遭到重大伤害,在精神上同样遭到严重打击。案发后,因害怕别人叫她孩子母亲而不敢返回学校上学,甚至于不敢出门,经常是独自在家紧闭大门,或是闷闷不乐,或是以泪洗面,可见其精神上所遭受的巨大打击。综合全案分析,对周建军以造成其他严重后果的来认定和在十年以上处刑是符合立法本意的。

案例:林跃明强奸案

案例来源:《人民法院案例选》2005 年第 2 辑

主题词:强奸罪　轮奸

一、基本案情

被告人(上诉人)林跃明,男,1984 年 1 月 18 日出生于福建省永春县,汉族,小学文化,驾驶员,住永春县蓬壶镇美山村二组,因本案于 2003 年 8 月 11 日被刑事拘留,同月 27 日被逮捕。

福建省永春县人民法院经审理查明:2003 年 7 月 26 日晚,被告人林跃明伙同吕小飞、林吉忠(均另案处理)乘坐一部摩托车在永春县蓬壶镇铁厂桥头遇见被害人林某(弱智少女),被告人林跃明将林某硬拉上车,然后载到蓬壶镇往仙洞交叉路边,要求与林某发生性关系,遭到拒绝后,三人强行脱掉林某内外裤,欲行强奸。因林某激烈反抗而未能得逞。后被告人林跃明将林某载到林吉忠家,采用口咬林某脸部和肩部的暴力手段,脱掉林某的内外裤,强行实施了奸淫行为。

案发后,被告人林跃明于 2003 年 8 月 11 日到公安机关投案。

永春县人民法院认为,被告人林跃明违背妇女意志,采用暴力手段,伙同他人轮流欲对被害人林某进行奸淫,由于被告人林跃明意志以外的原因未能得逞,属犯罪未遂;后被告人林跃明又对林某采用暴力手段强行奸淫,其行为构成强奸罪。案发后,被告人林跃明主动到公安机关投案,如实供述犯罪事实,自首成立;又由于该行为系犯罪未遂,可以比照既遂犯从轻或减轻处罚,故依法予以减轻处罚。故根据《中华人民共和国刑法》第二百二十六条第一款、第三款第(四)项、第二十五条第一款、第二十三条、第六十七条第一款的规定,判决被告人林跃明犯强奸罪,判处有期徒刑七年。

宣判后,林跃明不服,上诉称原判认定其系轮奸未遂不当,导致量刑偏重,请求大幅度减轻刑罚。

泉州市中级人民法院二审审理认为,原判决认定事实清楚,证据属实,上诉人林跃明违背妇女意志,采用暴力手段强行与妇女发生性行为,其行为已构成强奸罪。上诉人第一次强奸时由于意志以外的原因未能得逞,属未遂,可以从轻处罚,原判认定其系轮奸行为依据不足,因此,原判以上诉人的行为系属轮奸行为并适用相应法律条款处罚不当,应予纠正。上诉人在案发后能主动投案,并如实供述主要犯罪事实,系属自首,予以从轻处罚。然上诉人在同一日内先后将被害人挟持至不同地点两次实施强奸,其社会危害性较大,依法应当从重处罚。其诉称量刑偏重无理,不予采纳。原判定罪准确,量刑适当,审判程序合法。据此,依照《中华人民共和国刑事诉讼法》第一百八十九条第(一)项、《中华人民共和国刑法》第二百三十六条第一款、第二十三条、第六十七条第一款的规定,裁定驳回上诉,维持原判。

二、裁判要旨

No. 4-236-24　在强奸案中,一人强奸既遂,其他行为人强奸未遂的,或者共同强奸未遂的,构成强奸罪,但不能认定为轮奸。

我们认为,被告人林跃明等人第一次强奸被害人的行为不构成轮奸。轮奸,是指两个以上男子在基于同一故意在共同强奸犯罪中,轮流奸淫同一妇女的行为。由于轮奸对被害人身心伤害更大,比单独实施强奸犯罪有着更为严重的社会危害性,故立法把轮奸作为强奸罪的加重情节,规定了更为严厉的法定刑。但是,轮奸的认定,不仅要出于刑法保护法益的目的,同时也要考虑到刑法保障被告人权益的使命,即不仅要体现刑法的保护功能,而且不能忽视刑法的保障功能。

由于强奸罪的实行行为是一种典型的复合行为,即包括暴力、胁迫或者其他方法等制服被害人的强制行为和奸淫行为。如果将轮奸解释为共同强奸,那么只要两人以上男子共同实施强奸行为,即使未得逞,也构成轮奸。然而在这种情况下,被害人所受到的身心伤害与普通强奸相比,只存在量的差异,并没有质的差别,如果将此认定为轮奸,即将法定刑升格,将导致刑法过于突出保护功能,而忽视了保障功能。因此,应当将轮奸限制解释为轮流奸淫,即只有当出现两人以上轮流奸淫妇女的结果时,才成立轮奸,从而做到不枉不纵,更好地体现立法的初衷。

案例:林明龙强奸案

案例来源:《刑事审判参考》总第 75 集[第 636 号]

主题词:强奸罪　赔偿被害人与死刑适用

一、基本案情

被告人林明龙,男,1975 年 6 月 26 日出生,无业。1993 年 1 月 17 日因犯盗窃罪被判处有期徒刑六年;2001 年 3 月 20 日因犯盗窃罪被判处有期徒刑二年二个月,2002 年 10 月 18 日刑满释放;2006 年 1 月 6 日因盗窃被劳动教养一年三个月;2008 年 8 月因犯盗窃罪被判处有期徒刑一年,并处罚金人民币二千元;2009 年 3 月 21 日刑满释放;2009 年 4 月 3 日因涉嫌犯强奸罪被逮捕。

浙江省温州市人民检察院以被告人林明龙犯强奸罪向温州市中级人民法院提起公诉。

温州市中级人民法院经公开审理查明:2002 年 10 月 25 日零时许,被告人林明龙尾随被害人刘某(女,殁年 16 岁)至温州市鹿城区黄龙住宅区登峰组团 11 幢二楼至三楼楼梯转弯的平台时,欲与刘某发生性关系,遭拒绝,即采用手臂勒颈等手段,致刘某昏迷。在刘某昏迷期间,林明龙对刘实施了奸淫,且窃取刘某手机一部(价值人民币 765 元,以下币种均为人民币)和现金 300 元后逃离现场。案发后,经鉴定,刘某因钝性外力作用致机械性窒息死亡。

温州市中级人民法院认为,被告人林明龙违背妇女意志,使用暴力手段强行与妇女发生性关系,并致被害人死亡,其行为已构成强奸罪。林明龙的犯罪情节特别恶劣,罪行极其严重,社会危害性极大,且在刑满释放后五年内又犯新罪,系累犯,应予严惩。辩护人关于林明龙的亲属已经筹集资金对被害人家属积极赔偿,且林明龙认罪态度好,请求对林明龙从轻处罚的理由不足,不予采纳。林明龙的犯罪行为对被害人家属已经造成了一定的经济损失,附带民事诉讼原告人要求赔偿的合理部分应予支持。依照《中华人民共和国刑法》第二百三十六条第三款第五项、第六十五条第一款、第六十四条、第五十七条第一款、第三十六条第一款和《中华人民共和国民法通则》第一百零六条第二款、第一百一十九条及最高人民法院《关于审理人身损害赔偿案件适用法律若干问题的解释》第十七条第三款、第二十七条、第二十九条,最高人民法院《关于附带民事诉讼范围问题的规定》第一条之规定,判决如下:

一、被告人林明龙犯强奸罪,判处死刑,剥夺政治权利终身。

二、责令被告人林明龙退赔非法所得手机一部,人民币三百元。

三、判令被告人林明龙赔偿附带民事诉讼原告人经济损失共计人民币二十万三千零五十七元五角。

一审宣判后,被告人林明龙提出上诉。林明龙及其辩护人提出,其系主动供认强奸事实,应认定自首;其系醉酒后的无意识作案,强奸属临时起意,归案后认罪态度好,家属积极赔偿,被害人家属已谅解,请求法院从轻改判为死缓。

浙江省高级人民法院经审理认为,被告人林明龙的行为构成强奸罪。林明龙的犯罪情节恶劣,后果严重,社会危害极大,且系多次犯罪的累犯,依法应予严惩。林明龙上诉及其二审辩护人要求从轻改判的理由不足,不予采纳。原判定罪和适用法律正确,量刑适当,审判程序合法。依照《中华人民共和国刑事诉讼法》第一百八十九条第一项和《中华人民共和国刑法》第二百三十六条第三款第五项、第六十五条第一款、第五十七条第一款之规定,裁定驳回上诉,维持原判,并依法报请最高人民法院复核。

最高人民法院经复核认为,被告人林明龙采用暴力手段强行与被害人发生性关系,致被害人死亡的行为构成强奸罪,其犯罪情节特别恶劣,后果严重,所犯罪行极其严重,且系累犯,应依法从重处罚。第一审判决、第二审裁定认定的事实清楚、证据确实充分,定罪准确,量刑适当,审判程序合法。依照《中华人民共和国刑事诉讼法》第一百九十九条和最高人民法院《关于复核死刑案件若干问题的规定》第二条第一款之规定,依法核准浙江省高级人民法院维持第一审以强奸罪判处被告人林明龙死刑,剥夺政治权利终身的刑事裁定。

二、裁判要旨

No. 4-236-25 死刑案件中,被告人亲属积极赔偿并取得被害方谅解,仅是酌定量刑情节,不应认定为应当从轻处罚情节。

最高人民法院《关于贯彻宽严相济刑事政策的若干意见》第二十三条规定:"被告人案发后对被害人积极进行赔偿,并认罪、悔罪的,依法可以作为酌定量刑情节予以考虑。因婚姻具体等民间纠纷激化的犯罪,被害人及其家属对被告人表示谅解的,应当作为酌定量刑情节予以考虑。"被告人认罪悔罪,并通过积极的物质赔偿,弥补犯罪对被害人家属的伤害,对被告人主观恶性的评价有一定影响。被害人家属作为犯罪后果的直接承受者,对犯罪行为有着切肤之痛,其对被告人表示谅解,在一定程度上反映了犯罪社会影响的减弱。通常这种谅解是以被告人积极赔偿,认罪悔罪为前提的,所以在一定程度上反映了被告人人身危险程度的变化。

被告人积极赔偿认罪悔罪,或被害方谅解,属于犯罪后情节,在一定程度上影响了被告人主观恶性和人身危险性的评价。因此,在量刑时应当予以充分考虑。但量刑是一个综合衡量的过程,其中犯罪性质和犯罪行为给社会造成的危害程度是决定被告人刑罚的最基本因素,片面夸大积极赔偿或谅解等罪后情节的作用,忽视犯罪性质和犯罪行为本身的社会危害都是不正确的。在司法实践中,在决定被告人最终刑罚时,还需要结合宽严相济刑事政策的要求进行综合评判。因民间纠纷激化引发的犯罪,因发生在特定的当事人之间,其社会危害性与严重危害社会治安的犯罪有区别,在处理时,如果被害方对被告人表示谅解,原则上应从轻处罚,而人民法院还应当加大对此类案件的民事调解工作力度,化解当事人双方的矛盾,促成被害方的谅解。只要赔偿得好,被害方又同意,就可以大胆地从轻,一般都不考虑判处死刑立即执行,这是贯彻宽严相济刑事政策的要求,不属于"以钱买命"。但对严重危害社会治安、严重影响人民群众安全感、犯罪情节特别恶劣、犯罪后果特别严重的案件,以及犯罪分子主观恶性极深、人身危险性极大的案件,即使被告人积极赔偿获得被害方谅解,但论罪应当判处死刑的,还是应当依法判处死刑。要着重考虑犯罪行为的社会危险性以及由此造成的严重社会影响,对量刑社会效果的评价不能仅局限于赔偿和被害方谅解。

强奸致人死亡是严重危害社会治安的犯罪,与因婚恋、家庭、邻里矛盾等民间纠纷引发的故意杀人、伤害犯罪存在明显区别,这类犯罪针对的对象往往不特定,严重损害人民群众的安全感,属于宽严相济刑事政策中从严惩处的重点对象。

在本案中,林明龙深夜尾随未成年被害人到住处,在居民楼楼道上将被害人强奸致死,犯罪性质特别严重,情节特别恶劣,犯罪后果特别严重,并在当地造成了恶劣的社会影响,属于罪行极其严重的犯罪分子,应当依法严惩。对于这类犯罪,不宜像对待民间纠纷引发的案件那样积极主动地进行调解,对于私下达成协议的,要充分考虑被告人是否真诚认罪悔罪,尤其要注意审查协议的过程和内容是否合法,被害方的谅解意愿是否真实,即便认定具有积极赔偿和被害方谅解的情节,考虑从轻时也应当从严把握。本案中林明龙家属私下找被害人家属进行协商,达成书面谅解协议,根据协议,林明龙家属赔偿45万元,从协议内容看,大部分赔偿款以不判处林明龙死刑立即执行为前提,这种出于获取巨额赔偿款目的而表示的谅解,很难说是真诚的谅解。本案被告人林明龙多次犯罪,不肯改造,主观恶性极深、人身危险性极大,对如此恶劣的犯罪分子,如果仅因被告人家庭有钱就可以从轻处罚,实质上意味着有钱就可以买命,不仅严重破坏法律的平等和公正,而且会损害人民法院的司法权威。

案例:刘正波、刘海平强奸案

案例来源:《刑事审判参考》总第77集[第658号]

主题词:强奸罪 同时犯与共同犯罪

一、基本案情

被告人刘正波,男,1976年7月1日出生,农民。因涉嫌犯强奸罪于2009年5月27日被逮捕。

被告人刘海平,男,1976年4月7日出生,无业。因涉嫌强奸罪于2009年12月21日被逮捕。

湖南省邵阳市大祥区人民检察院以被告人刘正波、刘海平犯强奸罪,向湖南省邵阳市大祥区人民法院提起公诉。

湖南省邵阳市大祥区人民法院经不公开审理查明:2008年9月20日20时许,被告人刘正波、刘海平及黄登科、"小伢子"等人与被害人刘某甲(女)、刘某乙(女)在邵阳市北塔区江北广场"老字号家常馆"吃饭后,黄登科提议将刘某甲、刘某乙分别带走发生性关系,刘正波、刘海平等人均表示同意。随后,刘正波、黄登科将刘某甲带至大祥区敏州路左岸宾馆278号房间。刘正波威胁并殴打刘某甲,黄登科用手掐住刘某甲的脖子,并和刘正波一起强行脱去刘某甲的衣服。黄登科用手指戳破刘某甲的处女膜后,与刘正波轮流对刘某甲实施了强奸。刘海平、"小伢子"将刘某乙带至大祥区雨溪镇松坡公园一山坡上后,欲强行与刘某乙发生性关系,刘某乙反抗并在用手机接听一个电话后称已经报警,刘海平与"小伢子"被迫放弃强奸刘某乙的计划。

邵阳市大祥区人民法院认为,被告人刘海平、刘正波伙同他人违背妇女意志,采取暴力手段强行与被害人发生性关系,其行为构成强奸罪。刘正波参与策划并积极实施殴打、强行与被害人发生性关系,在共同强奸犯罪中起主要作用,系主犯;刘海平参与策划并着手实施犯罪,在共同犯罪中起次要作用,系从犯,应减轻处罚。刘海平在实施强奸犯罪的过程中,因意志以外的原因未能得逞,系犯罪未遂。依照《中华人民共和国刑法》第二百三十六条第一款、第三款第四项,第二十六条第一款、第四款,第二十七条,第二十三条之规定,判决如下:

一、被告人刘正波犯强奸罪,判处有期徒刑十二年。

二、被告人刘海平犯强奸罪,判处有期徒刑四年。

一审宣判后,二被告人均提出上诉。被告人刘正波上诉提出:其在共同犯罪中系从犯,原判量刑偏重,请求从轻处罚。被告人刘海平上诉提出:其与刘正波实施犯罪的时间地点及对象不同,不能认定二人系共同犯罪;其行为系犯罪中止,原判认定为犯罪未遂错误;原判没有采信被害人对减轻处罚的请求及谅解书不当,请求判处缓刑或免予刑事处罚。

湖南省邵阳市中级人民法院经审理查明:被害人刘某甲(女)与刘某乙(女)均系某技校学生。2008年9月20日,黄登科(在逃)与粟贵兵(另案处理)住宿在湖南省邵阳市大祥区敏州路"左岸贵宾楼"278号房间。当日16时许,黄登科给刘某乙打电话谎称刘某乙的朋友粟云华病了,要其到"左岸贵宾楼"看望。刘某乙与刘某甲赶到该宾馆278房间,见粟云华不在,便在房间内与黄登科、粟贵兵、刘进明(在逃)一起玩。18时许,粟贵兵打电话让上诉人刘海平请他吃饭,刘海平即与上诉人刘正波一起驾驶摩托车赶到"左岸贵宾楼"。20时许,刘正波、刘海平等7人一起到北塔区江北广场"老字号家常馆"2楼包厢吃饭。刘正波、刘海平等人让刘某乙、刘某甲喝啤酒,刘某乙与刘某甲不愿意喝,并离开了包厢。粟贵兵称刘某乙与刘某甲是在社会上玩的女人,黄登科即提出将刘某乙、刘某甲分别带出去发生性关系,刘正波、刘海平等人均表示同意。饭后,刘正波、黄登科驾驶摩托车带着刘某甲,刘海平、刘进明驾驶摩托车带着刘某乙离开"老字号家常馆"。刘正波、黄登科将刘某甲带进"左岸贵宾楼"278号房间后,将刘某甲按倒在床上欲与之发生性关系。刘某甲反抗,刘正波、黄登科就对刘某甲进行威胁和殴打,并先后对刘某甲实施了强奸。刘海平、刘进明将刘某乙带进大祥区雨溪镇松坡公园门口。刘海平拖着刘某乙走进公园内一台阶处,强行抱住刘某乙,刘某乙一边反抗一边讲她要回去。这时刘正波打电话给刘海平询问刘海平在何处,刘海平说在松坡公园,并问刘正波在何处,刘正波说在房间里。

刘海平接完电话后,有人打着手电筒从公园内往刘海平、刘某乙处行走,刘海平见此处不方便与刘某乙发生性关系,就将刘某乙带至公园内一小山旁,刘海平抱住刘某乙欲与刘某乙发生性关系。刘某乙一边推刘海平一边大声让刘海平走开,刘海平随即用手捂住刘某乙的口部,刘某乙朝刘海平手上咬了一口。在刘海平准备用手抓住刘某乙时,刘海平接到刘正波打过来的话,刘海平问刘正波那边情况如何,刘正波称黄登科对刘某甲实施了殴打,并已经与刘某甲发生了性关系。刘某乙此时也接到电话,并对刘海平谎称其已经让学校班主任报警,要刘海平、刘进明送她回去。刘海平不敢继续与刘某乙发生性关系,并和刘进明驾驶摩托车将刘某乙送至邵阳市汽车南站附近的凯天宾馆。另查明,一审审理过程中,上诉人刘海平的亲属对刘某乙进行了一定的经济补偿,得到刘某乙的谅解,刘某乙出具报告请求对刘海平判处缓刑。

邵阳市中级人民法院认为,上诉人刘正波、刘海平分别伙同他人,违背妇女意志,强行与妇女发生性关系,其行为均构成强奸罪。其中,刘正波的行为系二人以上轮奸,刘海平的行为系犯罪未遂,在强奸刘某甲的过程中,刘正波起主要作用,系主犯,在强奸刘某乙的犯罪中,刘海平起主要作用,系主犯。刘正波与刘海平虽均有与被害人发生性关系的意图,但犯意不明确,且系各自伙同他人分别实施犯罪,犯罪时间、空间及对象均不同,二人无共同强奸刘某乙、刘某甲的犯罪故意和犯罪行为,其行为在主客观上不符合共同犯罪的构成要件,不构成共同犯罪。刘海平犯罪情节较轻,认罪态度较好,确有悔罪表现,且得到被害人谅解,综合本案实际情况,对刘海平予以从轻处罚,对其适用缓刑确实不致再危害社会,可以对刘海平宣告缓刑。根据《中华人民共和国刑法》第二百三十六条第一款、第三款第四项,第二十三条,第二十六条第一款、第四款,第七十二条第一款,第一百八十九条第一项、第二项之规定,判决如下:

一、驳回上诉人刘正波的上诉及上诉人刘海平的部分上诉。维持湖南省邵阳市大祥区人民法院(2010)大刑初字第1号刑事判决第一项对上诉人刘正波的刑事判决。

二、撤销湖南省邵阳市大祥区人民法院(2010)大刑初字第1号刑事判决第二项对上诉人刘海平的刑事判决。

三、上诉人刘海平犯强奸罪,判处有期徒刑三年,缓刑三年。

二、裁判要旨

No. 4-236-26 缺少犯意联络和协同行为,同时实施犯罪行为的,不构成共同犯罪。

根据《刑法》第二十五条第一款的规定,共同犯罪是指二人以上共同故意犯罪。一般认为,共同犯罪必须具备主观上的共同犯罪故意和客观上的共同犯罪行为两个必要条件。

在司法实践中对共同犯罪故意的认定需要关注以下两个方面内容:一是共同犯罪故意的认识因素和意志因素。二是共同犯罪人之间的犯意联络。共同犯罪的犯意联络是指各行为人关于相互协同实施特定犯罪行为的意思沟通,这种意思沟通可以采用明示或默示的方式进行,其实质上是指各行为人共同实施特定犯罪行为的"合意"。共同犯罪行为人必须对共同犯罪具有故意,但如果各行为人之间欠缺相互协同实施特定犯罪行为的意思沟通,则不构成共同犯罪,只不过是同时犯,作为单独犯只对自己所实施的犯罪行为承担责任。

在本案中,黄登科提出将刘某乙、刘某甲分别带出去发生性关系,刘正波、刘海平等人均表示同意并分别伙同他人将被害人带出去意图发生性关系。此种情形不能认定刘海平与刘正波之间有共同的强奸故意。虽然刘正波与刘海平均有与被害人发生性关系的意图,但并无证据证实二被告人存在强奸被害人的故意,亦不能推定二被告人存在强奸被害人的故意。刘正波与刘海平系分别伙同他人将被害人带出去后在意图与被害人发生性关系时因遭被害人反抗而产生强奸犯罪故意,可见,被告人的强奸犯罪故意是分别形成的,也是在不同时间形成的。刘海平与刘正波在不同的时间、空间针对不同的侵害对象采取不同的手段、行为方式、并无协同实施强奸犯罪的意思沟通和具体行为。期间,二被告人虽有电话联络,但只是互相询问对方的进展情况,并非进行意思沟通,不能认定双方存在共同强奸犯罪的合意。

共同犯罪的成立还需要各行为人在客观上具有协同行为,各行为人基于意思联络,通过相互协作和配合实施特定的犯罪行为,共同实现预期的犯罪目的,才成立共同犯罪。从犯罪事实的构成要素看,二被告人实施强奸犯罪的时间、地点、侵害对象不同,各自独立形成一个完整的强奸犯罪事实。其次,从共同犯罪必要的协同行为看,二被告人是各自实施强奸犯罪不存在相互联系和配合。各自的强奸行为彼此独立、分开进行,不存在相互利用、补充、分工和配合。

综上,被告人刘正波与刘海平主观上没有共同犯罪故意,客观上没有共同的强奸行为,故不构成共同犯罪,二被告人只对自己所实施的犯罪行为承担责任。

No. 4-236-27 因被害人谎称报案而停止实施犯罪,属于因意志以外的原因而未得逞,构成犯罪未遂,不应认定为犯罪中止。

根据《刑法》第二十三条第一款的规定,已经着手实行犯罪,由于犯罪分子意志以外的原因而未得逞的,是犯罪未遂。第二十四条第一款规定,在犯罪过程中,自动放弃犯罪或者自动有效地防止犯罪结果发生的,是犯罪中止。刑法理论通说以行为人是否自动停止犯罪行为的实施来区分犯罪未遂与犯罪中止。犯罪未遂系行为人由于意志以外的原因而没有得逞,一方面,这种意志以外的原因是违背行为人的犯罪本意,行为人并非主动停止犯罪行为;另一方面,这种意志以外的原因足以阻止行为人的犯罪意志,作为一种客观障碍导致行为人无法继续实施犯罪行为,进而避免行为人所追求的犯罪结果出现。相比之下,犯罪中止是指行为人认识到客观上可能继续实施犯罪会既遂,但基于自己的意志决定自愿放弃原来的犯罪意图,不再希望犯罪结果发生。

在本案中,被害人接听电话并称已报警,刘海平并未听清被害人的通话内容,故对被害人报案的说法信以为真。在刘海平当时的认识状态下,如果继续实施犯罪,极有可能被警方逮捕,这一客观障碍足以阻止刘海平的犯罪意志。综上所述,刘海平的行为不属于犯罪中止,应认定为犯罪未遂。

案例:冯绍龙等强奸案

案例来源:《刑事审判参考》总第 80 集[第 713 号]

主题词:强奸罪 被告人亲属“代为立功”的情形

一、基本案情

被告人冯绍龙,男,1990 年 9 月 23 日出生,汉族,大专文化,无业。因涉嫌犯强奸罪于 2009 年 12 月 9 日被逮捕。

被告人余乐峰,男,1986 年 10 月 29 日出生,汉族,大专文化,学生。因涉嫌犯强奸罪于 2009 年 12 月 9 日被逮捕。

被告人于明,男,1989 年 6 月 30 日出生,汉族,高中文化,无业。因涉嫌犯强奸罪于 2009 年 12 月 9 日被逮捕。

江西省南昌市高新技术产业开发区人民检察院以被告人于明犯强奸罪,向南昌市高新技术产业开发区人民法院提起公诉。

南昌市高新技术产业开发区人民法院经不公开审理查明:2009 年 11 月 7 日 21 时许,被告人冯绍龙、余乐峰、于明经预谋将被害人王某带至旅馆内,三人以暴力、威胁手段先后将王某强行奸淫。案发后,冯绍龙协助公安机关将于明抓获。

另查明,被告人于明在被羁押期间,向看守所民警反映其同乡于君雄系在逃人员,于君雄经常在江西省九江市、景德镇的宾馆居住,有时也会回江西省都昌县狮山乡老屋村的家中住宿。于明的父亲于承春得知该情况后,与其他亲属经多方打听、跟踪,于 2010 年 2 月 26 日协助公安机关在江西省都昌县万户镇将于君雄抓获归案。

南昌市高新技术产业开发区人民法院认为,被告人冯绍龙、余乐峰、于明违背妇女意志,采取暴力胁迫手段,强行与妇女发生性关系的行为已构成强奸罪。公诉机关指控的罪名成立。并且三被告人在同一段时间,对同一妇女连续、轮流实施奸淫,属《刑法》第二百三十六条第三款第四项规定的“二人以上轮奸”。于明向公安机关反映的于君雄的线索并不具体、不明确,于明亲属亦不是依据该线索协助公安人员将于君雄抓获,抓获地点与于明提供的地点并不一致,于明不符合立功的主体条件,不构成立功,但可对其酌情从轻处罚。被告人冯绍龙协助公安机关抓获同案犯,具有立功表现,可减轻处罚。依照《中华人民共和国刑法》第二百三十六条第三款第四项、第二十五条第一款、第六十八条第一款,最高人民法院《关于处理自首和立功具体应用法律若干问题的解释》第五条之规定,判决如下:

1. 被告人冯绍龙犯强奸罪,判处有期徒刑九年零十一个月。
2. 被告人余乐峰犯强奸罪,判处有期徒刑十年零一个月。
3. 被告人于明犯强奸罪,判处有期徒刑十年。

一审宣判后,被告人余乐峰、于明提出上诉。余乐峰提出尚未奸入,应认定强奸未遂的上诉理由;于明提出其提供其他案件在逃嫌疑人的信息,配合公安机关将嫌疑人抓获,具有立功表现,请求从轻处罚的上诉理由。

江西省南昌市中级人民法院二审认为,原判认定的事实清楚,证据确实充分,定罪准确,量刑适当,审判程序合法。依照《中华人民共和国刑事诉讼法》第一百八十九条第一项之规定,裁定驳回上诉,维持原判。

二、裁判要旨

No. 4-236-28 被告人亲属向司法机关提供他人犯罪线索、协助抓捕其他犯罪嫌疑人,不得认定为具有立功表现;但在具备一定条件时,可以酌情从轻处罚。

刑法设立立功制度的目的在于,提高司法机关的办案效率、分化瓦解犯罪,以及通过立功减轻刑罚促使犯罪分子悔罪。从提高司法机关的办案效率这一目的而言,无论是被告人本人还是其亲属的协助行为都应得到鼓励和支持,但如果将被告人亲属的行为认定为被告人本人的立功,则无法实现促使犯罪分子真心悔过并改过自新的目的。为将上述两个立法目的有效结合起来,应当认为,被告人亲属代为立功的行为,不应认定为立功,但在具备一定条件时,可以酌情对被告人从轻处罚。

在宽严相济刑事政策下,国家鼓励犯罪分子以多种有益于国家、社会的方式积极立功,争取宽大处理。同时,在结合司法实践经验的基础上,为避免或减少不正当立功形式的出现,实现立功制度的公正性,严格限制立功的成立要件,更加注重立功的正当性和亲力性。在此情况下,被告人亲属代为立功的,因被告人未亲自实施立功行为,认定其立功缺乏正当性依据,不能认定被告人立功成为应有之义。基于此,2009 年最高人民法院、最高人民检察院联合出台的《关于办理职务犯罪案件认定自首、立功等量刑情节若干问题的意见》(以下简称《职务意见》)中明确规定立功必须由犯罪分子本人实施,亲友代为实施的,不应认定为犯罪分子的立功表现,同时对立功线索来源作出限制性规定,明确以非法手段或途径获取的以及因职务获取的等均不能认定为立功。其后 2010 年 12 月 22 日《关于处理自首和立功若干具体问题的意见》明确规定,犯罪分子亲友为使犯罪分子“立功”,向司法机关提供他人犯罪线索、协助抓捕犯罪嫌疑人的,不能认定为犯罪分子有立功表现。可见无论立功形式如何,其主体就是犯罪分子,而非他人。

在被告人亲属代为立功的情况下,对被告人从轻处罚须具有以下条件:(1)被告人亲属的立功结果是基于被告人提供的线索或相关信息;(2)被告人及其亲属获取线索来源及亲属在代为立功过程中,不能通过非法手段或有违法行为。如此,在亲属代为立功过程中,要求被告人必须在某种程度亲自参与,这是对其从轻处罚的前提,代为立功的整个过程具备合法性是对被告人从轻处罚的法定条件。

结合本案,被告人于明的父亲根据于明提供的在逃犯的藏匿地点,经多方打听和跟踪,最终确定了在逃犯的确切地点,从而协助公安机关将其抓获归案。于明只提供了在逃犯可能的藏匿地点,其提供的地点并不具体、明确,对公安机关直接抓捕在逃犯不具有实际意义,无法构成立功。其父根据该线索进一步努力,锁定了在逃犯的藏匿地点,并协助公安机关将在逃犯抓获,于明及其父亲的行为客观上节省了司法资源,并对国家、社会是有益的,应当得到鼓励和支持,因此虽无法认定于明立功,但可对其酌情从轻处罚。

案例:孙金亭强奸案

案例来源:《人民法院案例选》2012 年第 3 辑

主题词:强奸罪 婚内强奸

一、基本案情

被告人:孙金亭。

2006 年 10 月,被告人孙金亭经人介绍与被害人顾某某相识,2008 年 9 月 24 日双方登记结婚。在领取结婚证书的当晚,被告人孙金亭提出要与被害人顾某某发生性关系,遭到顾某某的拒绝。之后,双方既未同居,财产也各归各所有,2010 年 3 月被害人顾某某向上海市浦东新区人民法院起诉离婚,同年 5 月 18 日,上海市浦东新区人民法院认为双方感情尚未达到破裂程度,驳回顾某某要求与被告人孙金亭离婚之诉,双方均未上诉,判决于 2010 年 6 月 9 日生效。2010 年 6 月 14 日 13 时许,被告人孙金亭至上海市浦东新区新金桥路 2077 号上海京瓷电子有限公司被害人顾某某工作单位门口,强行将顾某某拉上出租车,带至上海市浦东新区祝桥镇盐仓老街 412 弄 2 室孙金亭的暂住处,采用言语威胁、殴打等手段,强行与被害人顾某某发生性关系。2010 年 6 月 15 日凌晨,公安机关接群众报警后至现场将被害人顾某某解救,同时将被告人孙金亭抓获。

2010 年 6 月 21 日,被害人顾某某再次向上海市浦东新区人民法院起诉要求与被告人孙金亭离婚,同年 7 月 28 日,上海市浦东新区人民法院判决准予顾某某与被告孙金亭离婚。

上述事实有下列证据证实:被害人顾某某的陈述笔录,证人顾建凡、孙春美、计风南、周彩云、顾军卫和顾珏等人的证言笔录,验伤通知书、照片、现场勘查笔录、上海市公安局鉴定书、民事判决书、动迁协议书、案发经过等证据。

被告人孙金亭及其辩护人提出:对本案的事实定性无异议。希望法庭对被告人孙金亭从轻处罚。理由为:(1)案发时被告人与被害人仍是合法夫妻关系。(2)被害人有多获得动迁拆迁补偿的目的,才和被告人结婚。被告人文化程度不高,其行为是认为自己的利益被损害后的反应过激行为。

法院认为,夫妻同居义务是从自愿结婚行为推定出来的伦理义务,不是法律规定的强制性义务。本案被害人顾某某与被告人孙金亭结婚系顾某某之父顾建凡所逼,非顾某某自愿。双方在领取结婚证书后从未同居过,双方的财产也各归各所有。顾某某向法院起诉离婚也表明两人的夫妻关系实际上只是一种名义上的夫妻关系。被告人孙金亭也认识到其与顾某某的婚姻关系实质上已经消失,此时孙金亭与顾某某的婚姻已属非正常的婚姻关系,虽然婚姻关系仍然存在,但已不能再推定女方对性行为是一种同意的承诺,也就是说顾某某已不再承诺履行夫妻间同居的义务。被告人孙金亭在这种特殊的非正常婚姻存续期内,采用殴打、威胁等暴力手段,强行与被害人发生性行为,严重侵犯了被害人的人身权利和性权利,其行为符合强奸罪的主观和客观特征,构成强奸罪。公诉机关指控的罪名成立,应予支持。孙金亭自愿认罪,酌情从轻处罚。辩护人所提的相关意见,予以采纳。依照《中华人民共和国刑法》第二百三十六条、第七十二条、第七十三条之规定,作出如下判决:

1. 被告人孙金亭犯强奸罪,判处有期徒刑三年,缓刑三年。
2. 未经对方同意,禁止在三年内接触、滋扰被害人及其近亲属。

判决后,被告人未提起上诉,公诉机关未提起抗诉,本案判决已生效。

二、裁判要旨

No. 4-236-29 在非正常的婚姻状态下,即使双方属于合法的婚姻关系也不能阻却被告人成立强奸罪。

司法实务与理论界关于婚内无奸的理由是站不住脚的。其一,婚姻的合法性不等于性行为的合法性。其二,夫妻性关系是一种平等、对应的权利义务关系,建立在平等基础上的性权利自然排斥另一方以不平等乃至暴力方式实现权利之可能,任何一方不情愿地屈从自己的意志被迫履行性义务,都违反了性权利平等原则。其三,秩序的稳定总是相对的,稳定中的量的变化总是在持续地进行:当一种秩序的存在需要牺牲社会上一半人的权利的时候,该秩序存在的合理性便值得我们怀疑了。而且,还必须看到隐藏在秩序背后更为可怕的危机,如:家庭的破裂、杀夫惨案的发生或者是对女性权利更为肆虐的侵犯和剥夺等,而这些必将成为社会秩序稳定的隐患。如果妻子坚持控告丈夫婚内强奸,说明婚姻在提起控诉前就已经丧失了它的生命力,家庭因此应该解体,这是婚内强奸行为本身破坏了家庭和社会的稳定,而不应将此归咎于妻子。以牺牲妻子的合法权益为代价来维护"家庭和社会的稳定",这是典型的性别霸权主义。其四,取证困难不能成为否定婚内强奸的理由。其五,"强奸"中的"奸"字的含义是"性交"。"强奸"的违法性并非体现在"奸"字上,而是体现在"强"字上,违背妇女意志,强行性交是强奸罪的本质特征。我国刑法关于强奸罪的规定并没有将丈夫排除在强奸罪的主体之外。

案例:玄某、刘某等强奸案

案例来源:《人民法院案例选》2013 年第 2 辑

主题词:强奸案　轮奸的未遂

一、基本案情

天津市河东区人民检察院以津河东未检刑诉(2010)3 号起诉书指控被告人玄某、刘某、孙某、朱某犯强奸罪,于 2010 年 2 月 8 日提起公诉,附带民事诉讼原告人刘某提起附带民事诉讼。

玄某等四被告人对指控事实未表异议,但玄某辩护人称:被害人有机会摆脱而未摆脱,说明其与玄某有一定感情基础,严重后果非玄某造成;玄某有立功表现。刘某及辩护人称:被害人有主动亲吻刘某行为。附带民事诉讼原告人诉讼代理人称:被害人年仅 14 岁,不能称双方有感情基础,玄某名为交友实为强奸;玄某行为不属于立功且对其应按轮奸处理;孙某、朱某均系犯罪既遂;四被告人犯罪行为恶劣且有非法拘禁的情节应从重处罚。

经审理查明:被告人玄某通过互联网聊天时与被害人相识。2009 年 10 月 18 日 8 时许,玄某将被害人带至河东区东福里大楼 1 号楼 1 门 202 号被告人刘某居住处,采用暴力、威胁的手段多次对被害人实施强奸行为。2009 年 10 月 20 日凌晨,被告人刘某、孙某、朱某伙同钱某(另案处理)经预谋后,采用胁迫手段对被害人实施轮奸行为。期间,孙某、朱某因其身体原因与被害人发生性关系未得逞。10 月 21 日,被害人在犯罪现场被家属解救,且将玄某抓获后并报警。经公安民警讯问后,玄某交代了刘某等人在犯罪现场附近的零点网吧上网,公安机关及被害人家属前往零点网吧将刘某、朱某抓获。11 月 5 日孙某被公安机关抓获。

天津市河东区人民法院 2010 年 4 月 13 日作出(2010)东刑初字第 34 号刑事判决:

1. 被告人玄某犯强奸罪,判处有期徒刑五年六个月。
2. 被告人刘某犯强奸罪,判处有期徒刑六年六个月。
3. 被告人孙某犯强奸罪,判处有期徒刑四年。
4. 被告人朱某犯强奸罪,判处有期徒刑四年。
5. 驳回附带民事诉讼原告人的诉讼请求。

一审宣判后,被告人玄某、刘某、朱某以量刑过重为由,上诉于天津市第二中级人民法院。

天津市第二中级人民法院于 2010 年 6 月 3 日以(2010)二中刑终字第 207 号刑事判决:驳回上诉,维持原判。

二、裁判要旨

No. 4-236-30　参与轮奸的行为人因自身原因未能与被害人发生性关系的,成立强奸未遂,比照既遂犯从轻、减轻处罚。

一般共同犯罪理论中判定共同犯罪完成的标准确实是只要一人既遂,则应认定全部行为人均既遂。特别是结果犯,一个共犯的行为造成该犯罪结果的发生,整个犯罪就构成既遂。但就行为人而言,各共犯行为具有独立性,一个实行犯的既遂、未遂并不意味着其他实行犯的既遂、未遂。轮奸的参与人都应为实行犯、亲手犯。行为人与被害人在分别发生性关系时,具有独立性、不可替代性,因此,在轮奸中各被告人的行为并不完全符合共同行为的特征。各共犯只有在自己的行为符合具体犯罪构成时才能构成强奸既遂。

案例:吴玉滨强奸、猥亵儿童案

案例来源:《人民法院案例选》2013 年第 4 辑

主题词:强奸罪 公共场合当众强奸

一、基本案情

被告人:吴玉滨。

2011 年 7 月 11 日上午,被告人吴玉滨使用署名汪思文的工作证件在包头开往杭州的 T281/4 次旅客列车上进行售货工作。7 月 12 日凌晨 1 时至 3 时 30 分许,在列车运行途中,被告人吴玉滨看到硬卧车厢铺位上正在休息的女生,遂起歹意,于是窜至列车 10 号硬卧车厢 1、2 号下铺、11 号硬卧车厢 18 号中铺,对该铺位正在睡觉的女生何某(幼女,2001 年 3 月 27 日出生)、郁某(幼女,2001 年 4 月 12 日出生)、杜某(幼女,2001 年 1 月 30 日出生)采用强行亲吻、抠摸阴部等方式进行猥亵。期间,被告人吴玉滨还窜至列车 10 号硬卧车厢 16 号下铺,对该铺位正在睡觉的女生蒋某(幼女,2001 年 8 月 29 日出生)猥亵后,又强行扒掉其内裤对其实施了奸淫行为。7 月 12 日凌晨 3 时 50 分许,列车乘警接到受害人杜某及陪同老师报案后,将被告人吴玉滨抓获。

呼和浩特铁路运输中级人民法院于 2012 年 2 月 6 日作出(2012)呼铁中刑初字第 1 号刑事判决:

1. 被告人吴玉滨犯强奸罪,判处无期徒刑,剥夺政治权利终身;犯猥亵儿童罪,判处有期徒刑五年;决定执行无期徒刑,剥夺政治权利终身。

2. 随案移送的署名汪思文的健康证明、培训合格证、安全技术合格证依法没收。宣判后,被告人吴玉滨没有上诉,检察院也未提起抗诉,判决已发生法律效力。

二、裁判要旨

No. 4-236-31 火车卧铺车厢是服务大众的活动场所,符合公共场所的特征,在火车卧铺车厢实施强奸行为符合"在公共场所强奸"的加重构成。

公共场所是与私人场所相对而言,是指人群经常聚集、供公众使用或服务于人民大众的活动场所。它的特点是:人员相对集中,相互接触频繁,流动性大。在公共场所当众强奸妇女的所谓"当众"是指能为不特定的 3 人以上所见的情形。本案犯罪地点是在火车卧铺车厢,是服务大众的活动场所,符合公共场所的特点。本案虽然发生在凌晨时分,旅客多在睡觉,但同格卧铺有旅客看到犯罪行为的实施过程,并出具了相关证言,可以看出,犯罪行为是能为不特定的 3 人以上所见到。同格卧铺旅客包括被害人共有 6 人,被害人在下铺,同格卧铺其他旅客要想看见犯罪行为是很轻而易举的,路过旅客也可能看到,即众人是能够看见犯罪行为的。但众人是否看见,并不是法律所明确要求的,即法律并不是规定"在公共场所当众看见"。本案同格卧铺"众人"是完全可以看见的,也就是说本案对罪犯实施犯罪行为是具有"公然性"的。从《刑法》第二百三十六条、第二百三十七条规定的"在公共场所当众强奸妇女"的加重情节的立法目的上来看,就是要惩戒犯罪人无视公共影响的胆大妄为。本案具有"在公共场所当众"的公然性特征,既揭示犯罪人主观的重大恶性,又对被害人的身心造成了严重损害,所以,应依据《刑法》第二百三十六条、第二百三十七条的规定对犯罪人予以严惩。

案例:李振国故意杀人、强奸案

案例来源:《人民法院案例选》2014 年第 2 辑;《刑事审判参考》总第 96 集[第 946 号]

主题词:强奸罪 强奸过程中致人死亡

一、基本案情

被告人:李振国,曾用名李西彦,男,汉族,1968 年 12 月 14 日出生,农民。因涉嫌犯故意杀人罪于 2011 年 12 月 27 日被逮捕。

法院经审理查明:1998 年元旦前,被告人李振国从东北回到山东老家祭祀。同年 1 月 5 日下午,李振国得知同村女青年李某某的父母均在外地打工,李某某独自在家的消息后,产生强奸念头。当日19时许,李振国拨开大门的门闩后进入李某某家中,正在西屋洗头的李某某发现后喊叫,李振国遂躲入东屋。李某某边喊边进入东屋,李振国抓着李某某的头发将其摔倒在地,用石块、手电筒、拳头击打李某某的头部,用手掐李某某的颈部,致李某某昏迷。之后,李振国将李某某抱到堂屋内的床上强奸。作案后,李振国见李某某已死亡,遂将尸体藏匿于李某某家堂屋东套间地窖内,将大门锁好后逃离现场。经鉴定,被害人李某某系被他人用质地较硬的钝器打击头部致严重颅脑损伤死亡。2011年12月8日,李振国在吉林被公安机关抓获归案。

山东省日照市中级人民法院于2013年4月28日作出(2012)日刑初字第19号刑事判决,以强奸罪判处被告人李振国死刑,缓期二年执行,剥夺政治权利终身,并限制减刑。宣判后,被告人李振国服判不上诉,检察机关不抗诉。日照市中级人民法院依法报请山东省高级人民法院复核。山东省高级人民法院于2013年7月31日作出(2013)鲁刑三复字第39号刑事裁定,核准日照市中级人民法院以强奸罪判处被告人李振国死刑,缓期二年执行,剥夺政治权利终身并限制减刑的刑事判决。

法院生效裁判认为:被告人李振国以暴力手段强奸妇女,其行为构成强奸罪,依法应予惩处。公诉机关指控被告人李振国构成强奸罪的罪名成立,予以支持;李振国强奸妇女并致被害人死亡,属于强奸罪的结果加重情形,公诉机关指控李振国构成故意杀人罪的罪名不能成立,不予支持。鉴于被告人李振国认罪态度较好,并赔偿被害人亲属部分经济损失,故对其判处死刑,可不立即执行。但李振国在强奸犯罪中使用暴力致被害人死亡,情节极其恶劣、后果极其严重,应限制减刑。

二、裁判要旨

No.4-236-32 行为人出于奸淫目的而实施暴力手段导致被害人死亡的,应以强奸致人死亡论处。

强奸犯罪行为通常是一种复合行为(奸淫幼女、精神病患者或程度严重的智障者除外),即包括手段行为和目的行为。手段行为(暴力、胁迫或者其他使被害人不能反抗的行为)是强奸罪客观构成要件中必不可少的行为要素,手段行为和目的行为(奸淫行为)共同构成了完整意义上的强奸行为。行为人为制服被害人反抗,便于实施奸淫,而故意对被害人加害,这种故意加害行为在性质上仍属于手段行为,应与出于报复、灭口等动机而对被害人故意伤害、杀害的行为区别开来。本案中,李振国预谋强奸,被发现后先采用暴力致被害人昏迷而后又实施奸淫行为,无证据证明李振国有报复、灭口等强奸意图之外的动机,鉴定意见证实被害人系被他人用质地较硬的钝器打击头部致严重颅脑损伤死亡,即被害人死亡的结果系强奸犯罪的手段行为所致,符合强奸致人死亡的情形,不应以故意杀人罪、强奸罪数罪并罚。

No.4-236-33 使用足以致人伤亡的暴力手段实施强奸,导致被害人死亡的,应认定为强奸致人死亡。

首先,强奸行为人使用暴力或者其他手段对被害人进行加害,其目的是压制被害人的反抗,使其奸淫得逞。因此,通常情况下,行为人不会采用足以致死的暴力或者其他手段,先杀死被害人与后实施奸淫行为在逻辑上存在一定矛盾。但是,如果行为人使用的暴力或者其他手段并未立刻导致被害人死亡,则行为人完全可以在被害人丧失反抗能力但未死亡时实施奸淫行为,此时先实施的手段行为与后实施的目的行为并不矛盾。其次,刑法将强奸"致使被害人重伤、死亡"的情形规定为强奸罪的加重犯,意味着立法上已将足以致使他人伤亡的暴力或者其他手段纳入强奸罪的范畴。与抢劫、绑架等犯罪一样,强奸罪也是典型的复合行为犯,即由数个相对独立的行为复合而成的犯罪形态。强奸罪包括手段行为和目的行为,手段行为即使用暴力、胁迫或者其他手段压制被害人反抗的行为,目的行为即行为人对反抗能力被抑制的被害人实施奸淫的行为,二者共同构成了完整意义上的强奸行为。刑法规定的强奸"致使被害人重伤、死亡",既包括目的(奸淫)行为导致被害人重伤、死亡的情形,也包括手段行为导致被害人重伤、死亡的情形。前者主要指因强奸妇女、奸淫幼女导致被害人性器官严重损伤,或者造成其他严重伤害,甚至当场死亡或者因治疗无效死亡等情形;后者主要指因对被害人实施殴打、勒颈、麻醉等行为致被害人重伤、死亡。从行为人的主观心态分析,其对致被害人重伤、死亡的结果可能出于过失,也可能出于间接故意,个别情况下不排除行为人具有直接故意。如行为人明知注射过量麻醉药会致人死亡,为奸淫被害人而对其进行过量注射,并在其死亡前实施奸淫,此时行为人采取的麻醉手段兼具压制反抗和灭口的性质,对死亡结果持直接故意的心态。值得注意的是,一般情况下手段行为实施在前,目的行为实施在后,但在强奸行为达到既遂后实施完毕前行为人仍有可能使用暴力或者其他手段持续压制被害人的反抗,使其强奸行为得以完成。此时行为人使用的暴力或者其他手段与目的行为并存,并且服务于目的行为,故仍属强奸罪的手段行为,由此造成被害人伤亡的,属于强奸罪的加重犯。例如,行为人在奸淫被害人时为阻止其呼救,持续捂压其口鼻致被害人死亡,构成强奸罪的加重犯。

本案中,被告人李振国预谋入室强奸,被被害人李某发现后将李某打昏,而后实施奸淫行为。鉴定意见证实李某系被质地较硬的钝器打击头部致严重颅脑损伤死亡,李某死亡的结果系强奸罪的手段行为导致,行为人对被害人死亡的结果持间接故意心态,属于刑法规定的强奸致人死亡的情形,不应再认定为故意杀人罪。

案例:张甲、张乙强奸案

案例来源:《刑事审判参考》总第 87 集[第 790 号]

主题词:强奸罪　轮奸的主从犯认定

一、基本案情

被告人张甲,男,1984 年 11 月 10 日出生,务工。因涉嫌犯强奸罪于 2010 年 7 月 30 日被逮捕。

被告人张乙,男,1987 年 5 月 20 日出生,务工。因涉嫌犯强奸罪于 2010 年 7 月 30 日被逮捕。

Z 市某区人民检察院以被告人张甲、张乙犯强奸罪,向 Z 市某区人民法院提起公诉。

Z 市某区人民法院经审理查明:被告人张甲和张乙共谋强奸被害人杨某(女,时年已满 16 周岁)。2010 年 6 月 28 日 13 时许,张乙到被害人杨某家中,以有朋友打电话找她为名,将杨某骗至张甲、张乙在 Z 市某区暂住的出租屋后,张乙实施暴力,欲强行与杨某发生性关系而未得逞。而后,张甲强奸杨某得逞。案发后,被害人杨某向公安机关报案。公安机关于当日下午将张甲、张乙抓获归案。

Z 市某区人民法院认为,被告人张甲、张乙共谋强奸被害人杨某,系违背妇女意志,以暴力、胁迫手段强行与妇女发生性关系,其行为均构成强奸罪,且具有轮奸情节。张乙在强奸妇女过程中,因意志以外的原因而未能得逞,是犯罪未遂,依法可以减轻处罚。据此,依照《中华人民共和国刑法》第二百三十六条第三款第(四)项、第二十三条、第五十五条第一款、第五十六条第一款之规定,Z 市某区人民法院判决如下:

1. 被告人张甲犯强奸罪,判处有期徒刑十年,剥夺政治权利一年。
2. 被告人张乙犯强奸罪,判处有期徒刑五年。

宣判后,被告人张甲、张乙均提出上诉。

张甲上诉提出,将被害人骗至案发现场的是张乙,其事先不知情,二人未共谋强奸被害人;被害人是自愿与其发生性关系,没有反抗。其辩护人提出,张甲与张乙无共谋,且张乙强奸未得逞,不能认定张甲具有轮奸情节;原判量刑过重。

被告人张乙上诉提出,其未与张甲共谋强奸,其行为不构成轮奸。其辩护人提出,张乙与张甲事前并无强奸共谋,张乙强奸未遂,不能认定其具有轮奸情节;原判量刑过重。

Z 市中级人民法院经审理认为,被告人张甲、张乙违背妇女意志,轮流以暴力、胁迫手段强行与妇女发生性关系,其行为均构成强奸罪,并具有轮奸情节。在共同强奸犯罪中,张乙系从犯,依法可以减轻处罚。原判认定的事实清楚,定罪准确,量刑适当,审判程序合法,但适用《中华人民共和国刑法》第二十三条错误,认定张乙在共同犯罪中构成犯罪未遂不当,应予纠正。据此,依照《中华人民共和国刑法》第二百三十六条第三款第(四)项、第二十五条第一款、第二十七条、第五十五条第一款、第五十六条第一款以及《中华人民共和国刑事诉讼法》第一百八十九条第(一)项之规定,Z市中级人民法院裁定驳回上诉,维持原判。

二、裁判要旨

No.4-236-34 二人以上基于共同的强奸故意先后对同一被害人实施强奸行为,无论是否得逞,均应认定为具有轮奸情节,且均成立强奸既遂。

二名以上行为人只要基于共同的强奸故意,在同一段时间先后对同一被害人实施强奸行为的,就应当依法认定为具有轮奸情节;各行为人的强奸行为是否得逞,并不影响对各行为人具有轮奸情节的认定。本案中,被告人张甲和张乙二人达成强奸被害人杨某的通谋,并对被害人杨某轮流实施强奸行为,虽然张乙的行为未得逞,但并不影响对二被告人具有轮奸情节的认定。

根据共同犯罪"一人既遂,全体既遂"的基本原理,只要共同行为人中有一人的犯罪行为得逞,各共同行为人的犯罪行为均应认定为犯罪既遂,部分行为人的强奸行为未得逞,不影响犯罪既遂的认定。当然,如果共同行为人的强奸行为均未得逞,则应当认定所有行为人的犯罪形态为未遂。本案中,被告人张甲和张乙共同实行强奸被害人的行为,其中张甲得逞,张乙未得逞,但二被告人的行为依法均应认定为强奸犯罪既遂。

No.4-236-35 二人以上共同实施强奸行为,未得逞的一方并不一定认定为强奸罪的从犯,而应当根据其在共同犯罪中的具体分工、地位、作用实际参与程度综合认定主从犯。

对从犯的认定,应当根据犯意的形成、犯罪的共谋、是否参与了全部犯罪活动、是否实施了实行行为、实行行为在整个犯罪构成要件中的关键程度和所起的作用、危害后果的发生与其实行行为的关联程度、分赃情况等因素综合审查。

在同案犯都是实行犯的案件中,对主、从犯的认定应当综合考虑以下因素:

首先,应当审查行为人是否是犯意提起者,即考查行为人是否造意犯。如果是,具体又分以下三种情况处理:(1)行为人提出犯意并参加了具体犯罪实行行为的,一般不认定为从犯。(2)行为人提出犯意,但并未参加具体犯罪的实施,具体犯罪是由其他具有完全刑事责任能力的人独立实施完成的,应当根据其提出的犯意对实施犯罪者的影响大小来处理。如果实施者之前并无犯罪意图,经行为人提出犯意后才萌生犯意的,则行为人的犯意发起在共同犯罪中起主要作用,一般不应认定为从犯。(3)如果实施者原本就有犯罪意图,行为人提出的犯意对实施者实施犯罪的决意影响不大,且之后行为人未参加具体犯罪的,可以认定为从犯,但集团犯罪的首要分子或者有组织犯罪中的组织犯除外。

其次,考查各实行犯在案件中的具体分工、地位、作用。对各实行犯具体分工的考查,指的主要是考查具体行为与犯罪构成客观方面的关联程度。关联越紧密的,认定从犯的可能性就越小。

对各实行犯地位的考查,指的主要是考查行为人在共同犯罪中是指挥还是听命于其他同案犯。如果其行为系受其他同案犯指挥,则认定其为从犯的概率较大;相反,如果其是指挥他人作案,原则上不应认定为从犯;如果行为人之间没有指挥与被指挥的关系,则一般按其在犯罪中的分工及其行为造成的后果认定主、从犯。

对各实行犯作用的考查,指的主要是考查行为人的具体行为与犯罪后果之间的因果关系。行为人的分工一般与犯罪后果有关联。比如,行为人不直接实施犯罪构成行为的,其行为与犯罪后果的关联程度一般要小于直接实施犯罪构成行为的行为人。因此,具体行为与犯罪后果之间的因果关系往往是认定主、从犯的重要因素。

再次,考查各实行犯在案件中的活跃程度。行为人在案件中的积极活跃程度也是认定主、从犯的因素之一。有的行为人虽然不是造意犯,但在犯罪过程中表现十分积极,也不宜认定为从犯。

最后,考查各实行犯参与犯罪过程的时间长短。行为人参与案件过程的长短也可作为认定主、从犯的因素。在同一案件中,甲参与了共谋、踩点、准备作案工具、实施具体犯罪、销毁赃物等全过程,乙只参与了该案的某一阶段,在甲、乙分工、地位、作用相当的情况下,如果该案确实需要区分主、从犯,则参与案件过程较短的乙一般可以认定为从犯。

本案中,被告人张乙首先提出强奸杨某的犯意,被告人张甲表示同意,之后二人商定轮流强奸被害人杨某的具体分工和细节。之后,张乙独自将杨某骗至其出租屋,并且先对杨某实施强奸行为,此时,张乙的行为已经完成了强奸罪的构成要素。在共同犯罪过程中,张乙系犯罪意图的提出者,且系其将杨某骗至案发地,并率先实施了强奸行为,因此,其在共同犯罪中所处的地位和作用并不比张甲小,其参与犯罪的环节比张甲多,参与犯罪的过程比张甲更为完整。虽然张乙最终因为杨某奋力反抗,没有完成强奸行为,但其先前实施的暴力强奸行为使杨某的反抗能力在一定程度上减弱,从而使张甲得以顺利完成强奸行为。从这一角度分析,杨某最终被张甲强奸的后果,是张乙与张甲二人共同行为所致。基于上述分析,本案二审法院基于张乙的犯罪行为与犯罪后果无直接因果关系而将张乙认定为从犯,值得商榷。

综上,在轮奸犯罪案件中,虽然未得逞者的强奸行为对被害妇女或者幼女的身心健康直接造成的危害程度低于已得逞者,但对未得逞者是否认定为从犯,应当结合案件实际情况,综合未得逞者在案件中的分工、地位、作用、实际参与程度等多方面因素予以全面分析,不应仅仅从其是否完成自身的强奸行为进行片面认定。

案例:苑建民、李佳等绑架、强奸案

案例来源:《刑事审判参考》总第 87 集[第 792 号]

主题词:强奸罪　轮奸

一、基本案情

被告人苑建民,男,1971 年 11 月 8 日出生,农民。因涉嫌绑架罪、强奸罪于 2009 年 9 月 18 日被逮捕。

被告人王连军(绰号“劲头”),男,1968 年 2 月 24 日出生,农民。因涉嫌绑架罪、强奸罪于 2009 年 10 月 20 日被逮捕。

被告人唐刚(又名唐志强),男,1991 年 8 月 14 日出生,农民。因涉嫌绑架罪于 2009 年 9 月 18 日被逮捕。

被告人李佳,男,1991 年 9 月 20 日出生,农民。因涉嫌绑架罪、强奸罪于 2009 年 9 月 18 日被逮捕。

河南省信阳市人民检察院以被告人苑建民、王连军、李佳犯绑架罪、强奸罪,被告人唐刚犯绑架罪,向信阳市中级人民法院提起公诉。

信阳市中级人民法院经审理查明:2009 年 8 月 5 日,被告人苑建民、王连军、唐刚伙同赵国庆(另案处理)预谋去信阳市绑架“小姐”勒索财物。次日凌晨,苑建民等租车来到信阳市新马路大众保健城,以“包夜”为名,将女服务员葛某、许某、小芝(真实姓名不详)诱骗出大众保健城后,强行带至驻马店市正阳县慎水乡三黄鸡场唐刚家中。被告人李佳得知唐刚绑架并将人质带至家中后,驾车赶至唐刚家中,并应苑建民的要求,驾车带上唐刚去正阳县城购买饮料、面包等食品供人质与苑建民等人食用。其间,李佳提出对被害人许某实施强奸,得到苑建民等人的同意和协助。李佳对许某实施强奸行为完毕后离开现场。之后,苑建民、王连军又分别对许某实施了强奸。8 月 6 日上午 9 时,苑建民以将人质贩卖相威胁,向大众保健城老板李军打电话并勒索现金人民币(以下币种同)4 万元。得款后,赃款被苑建民、王连军、唐刚等挥霍。

2009 年 8 月至 9 月,公安机关在正阳县内分别将唐刚、苑建民、李佳、王连军抓获。

信阳市中级人民法院认为,被告人苑建民、王连军、唐刚以勒索财物为目的,绑架他人,被告人李佳提供帮助行为,四人的行为均构成绑架罪,且系共同犯罪;李佳在绑架期间强奸他人,其行为构成强奸罪,苑建民、王连军在绑架期间强奸他人,构成强奸罪,且系轮奸。信阳市人民检察院指控的事实及罪名成立。苑建民、王连军、李佳一人犯数罪,应当数罪并罚。苑建民、王连军提起犯意,纠集成员,积极实行绑架行为,在绑架犯罪中起主要作用,系主犯;李佳在绑架犯罪中起辅助作用,系从犯。苑建民、王连军因故意犯罪被判处有期徒刑并在刑罚执行完毕后五年内又犯应当判处有期徒刑以上刑罚的犯罪,是累犯,依法应当从重处罚。李佳、唐刚犯罪时未满十八周岁,依法应当从轻或者减轻处罚。据此,依照《中华人民共和国刑法》第二百三十九条第一款、第二百三十六条第一款、第二百三十六条第三款第(四)项、第二十五条第一款、第二十六条第一款、第五十九条、第五十七条第一款、第六十一条、第六十五条第一款、第六十九条、第十七条第三款、第五十二条、第二十七条之规定,信阳市中级人民法院判决如下:

1. 被告人苑建民犯绑架罪,判处无期徒刑,附加剥夺政治权利终身,并处没收个人全部财产;犯强奸罪,判处有期徒刑十二年;数罪并罚,决定执行无期徒刑,附加剥夺政治权利终身,并处没收个人全部财产。

2. 被告人王连军犯绑架罪,判处无期徒刑,附加剥夺政治权利终身,并处没收个人全部财产;犯强奸罪,判处有期徒刑十二年;数罪并罚,决定执行无期徒刑,附加剥夺政治权利终身,并处没收个人全部财产。

3. 被告人唐刚犯绑架罪,判处有期徒刑十年,并处罚金五千元。

4. 被告人李佳犯绑架罪,判处有期徒刑三年,并处罚金五千元;犯强奸罪,判处有期徒刑五年;数罪并罚,决定执行有期徒刑七年,并处罚金五千元。

一审宣判后,被告人王连军不服,基于以下理由提出上诉:其事先不知其行为是绑架;其没有与人质发生性关系;侦查人员具有刑讯逼供行为;其在南阳市曾以赵志强之名向公安机关揭发苑建民等人绑架的犯罪事实。被告人唐刚以其系从犯、一审判决量刑过重为由,提出上诉。

河南省高级人民法院经审理查明的犯罪事实与一审相同。河南省高级人民法院认为,上诉人王连军、唐刚、原审被告人苑建民、李佳以勒索财物为目的,绑架他人,构成绑架罪,且系共同犯罪;苑建民、王连军、李佳在绑架期间强奸他人,构成强奸罪;苑建民、王连军系轮奸,李佳在绑架期间与苑建民、王连军之间没有强奸犯意联络和协同行为,故其不构成轮奸;苑建民、王连军、唐刚在绑架犯罪中起主要作用,系主犯。苑建民、王连军系累犯,应当从重处罚。李佳、唐刚犯罪时未满十八周岁,李佳在绑架犯罪中起次要作用,系从犯,依法均应当从轻或者减轻处罚。苑建民、王连军、李佳一人犯数罪,依法应当数罪并罚。关于上诉人王连军所提其事先不知其行为是绑架的上诉理由,经查,苑建民、唐刚均供述与王连军三人事先预谋去信阳市绑架"小姐",故该理由不成立;关于王连军所提其没有与人质发生性关系的上诉理由,经查,其本人曾供述与一名"小姐"发生性关系,该供述与被害人许某、葛某的陈述能够相互印证,故该上诉理由不成立;关于王连军所提侦查人员具有刑讯逼供行为以及是其揭发苑建民等人绑架犯罪事实的上诉理由,经查无证据予以证实,故不予采纳;关于唐刚所提其是从犯,一审量刑过重的上诉理由,经查,唐刚事先参与预谋,积极找车,提供自家房屋供犯罪使用,并至信阳市绑架人质,且到南阳市取钱分赃,体现出其在共同犯罪中积极主动,起主要作用,系主犯,一审量刑适当,故其上诉理由不成立。原审判决定罪准确,量刑适当,审判程序合法。依照1996年《中华人民共和国刑事诉讼法》第一百八十九条第(一)项之规定,河南省高级人民法院裁定驳回上诉,维持原判。

二、裁判要旨

No. 4-236-36 行为人实施强奸行为后离开现场,其他帮助犯起意轮奸同一被害人的,离开的行为人不成立轮奸。

轮奸是指两名以上男子基于共同强奸犯罪的故意,对同一妇女分别实施强奸行为。轮奸是法律明确规定的一种强奸罪的加重情节,而非独立的一种犯罪。轮奸必须同时具备以下条件:一是各行为人具有共同强奸的犯意联络,即不仅自己具有实施强奸的故意,而且明知其他行为人也具有实施强奸的故意;二是必须是对同一被害人先后实施强奸行为。本案中,被告人李佳对被害人许某强奸行为实施完毕后即离开现场,不应认定其具有二人以上轮奸的加重情节。

共同犯罪行为人必须对共同犯罪具有故意,如果各犯罪行为人并无共同犯罪故意的认识因素和意志因素,也缺少相互协同实施特定犯罪行为的意思沟通,则不构成共同犯罪,行为人仅对自己实施的犯罪行为承担刑事责任。

本案中,李佳提出其意欲对被害人许某实施强奸时,苑建民等人表示同意,并把其他两位被害人叫离,为李佳强奸许某提供方便。从这个角度而言,苑建民等人对李佳实施强奸行为在主观上明知且达成合意。然而,李佳此时并不知道苑建民、王连军之后会对许某实施强奸,其在强奸行为实施完毕后即离开现场,其间没有与苑建民、王连军就分别实施强奸许某的行为进行意思沟通。苑建民、王连军的强奸故意是李佳离开现场后形成的,其对同一被害人许某实施的强奸行为,李佳并不知情。因此,李佳没有与他人实施轮奸的共同故意,仅需对自己实施的强奸行为负责。

需要指出的是,本案被告人李佳不构成轮奸,但不影响对被告人苑建民、王连军构成轮奸的认定。即便在李佳离开现场后,只有苑建民一人对被害人许某实施强奸,也同样应当认定苑建民构成轮奸。因为苑建民为李佳实施强奸提供帮助的行为,已经构成强奸罪的共犯,之后又单独实施强奸行为,完全符合轮奸的认定条件。

案例:韦风强奸、故意杀人案

案例来源:《刑事审判参考》总第 90 集[第 834 号]

主题词:强奸罪　不作为的故意杀人

一、基本案情

被告人韦风,男,1976 年 12 月 26 日出生,无业。2011 年 8 月 9 日因涉嫌强奸罪被逮捕。

江苏省无锡市人民检察院以被告人韦风犯强奸罪、故意杀人罪,向无锡市中级人民法院提起公诉。

被告人韦风对起诉书指控的事实及罪名无异议。其辩护人提出,韦风的行为属于刑法规定的强奸"造成其他严重后果"的情形,不构成故意杀人罪。

无锡市中级人民法院经审理查明:2011 年 6 月 26 日晚,被告人韦风驾驶摩托车外出。当晚 10 时 40 分许,在无锡市崇安区广勤中学附近看到被害人李某(女,殁年 17 岁)独行,即上前搭讪,后将李某强行带至无锡市通江大道安福桥南岸桥洞下斜坡处,并采用语言威胁、拳打、卡喉咙等暴力手段欲对李某实施强奸,因遭到李某反抗而未果。李某在逃离过程中滑落河中。韦风看到李某在水中挣扎,明知李某处于危险状态而不履行救助义务,并逃离现场。后李某溺水死亡。

无锡市中级人民法院认为:被告人韦风采用暴力手段,强奸妇女,构成强奸罪,系未遂。韦风因实施强奸行为置被害人李某于危险境地,李某落水后,其负有救助义务,在有能力救助的情况下不予救助,最终导致李某溺水死亡,该行为符合间接故意杀人的法律特征,不属于刑法规定的强奸"造成其他严重后果"的情形。韦风故意杀人,致一人死亡,后果极其严重,应当对其判处死刑,但鉴于其系间接故意杀人,且有坦白情节,对其判处死刑,可不立即执行。韦风两次曾因犯罪被判过刑,人身危险性较大,又未能赔偿被害人近亲属的经济损失,亦未取得被害人近亲属的谅解,据此决定对其依法适用限制减刑。依照《中华人民共和国刑法》第二百三十二条、第二百三十六条第一款、第四十八条第一款、第二十三条、第六十七条第三款、第六十九条、第五十七条第一款、第五十条第二款之规定,无锡市中级人民法院判决如下:

1. 被告人韦风犯故意杀人罪,判处死刑,缓期二年执行,剥夺政治权利终身;犯强奸罪,判处有期徒刑三年;决定执行死刑,缓期二年执行,剥夺政治权利终身。

2. 对被告人韦风限制减刑。

一审宣判后,被告人韦风未上诉,检察机关也未提出抗诉。无锡市中级人民法院将此案依法报送江苏省高级人民法院核准。江苏省高级人民法院经复核认为,原审判决对被告人韦风定罪准确,量刑恰当,审判程序合法,遂裁定核准无锡市中级人民法院对被告人韦风的定罪量刑。现判决已发生法律效力。

二、裁判要旨

No.4-236-37 强奸过程中被害人在逃离过程中失足落水,行为人未实施救助导致被害人死亡,应当单独评价为不作为的故意杀人。

对于被害人李某逃离过程中落水身亡这一事实,应该结合不作为犯罪理论进行评价。根据不作为犯罪理论,先行行为造成法益侵害现实危险的,行为人均应当承担避免危险实际发生的法定义务,如果行为人不积极履行救助义务,就构成刑法中的不作为犯罪。本案中,韦风因为先前置李某于危险境地的行为,使其负有刑法意义上的"保证人"义务,即在李某落入水中时,韦风负有采取有效措施救助李某的特定义务。韦风不履行这一特定的"保证人"义务,未采取任何措施救助被害人,最终导致李某溺水身亡,其行为违反了刑法的命令性规范,应当受到刑法的否定性评价,构成不作为的故意杀人罪。

一般情况下,一个行为原则上只能存在一种犯罪停止形态,即一个行为一旦停止于某一犯罪形态,其就不可能同时停止于另一犯罪形态。如果犯罪行为已经处在停止状态,之后发生的事实就不应再纳入已经停止的犯罪予以评价。但是对于部分犯罪,由于刑法明文将某些后果的发生作为基本犯的加重情节,而这部分后果往往是在犯罪行为实施完毕后发生的。如暴力干涉婚姻自由罪中,"致使被害人死亡的,处二年以上七年以下有期徒刑",这里的"致使被害人死亡"是加重情节,并不必然是暴力直接致使被害人死亡,而极有可能是因为其他与婚姻紧密相关的因素所导致。从这一角度分析,作为加重情节的后果并不要求具有直接因果关系。因此,如果被害人因被强奸而投河自尽的行为,应当属于强奸罪的加重情节。那种以具有直接因果关系为由,主张被害人李某逃离过程中失足落水身亡的事实不应纳入强奸罪评价,难以经得住推敲。

笔者认为,在刑法明确将某些后果规定为加重情节的犯罪中,只要具有刑法上的因果关系,不区分直接和间接,都应当纳入该罪评价,但具有其他行为介入因果关系的除外。如果具有其他行为介入,则发生因果关系的断绝。本案中,李某失足落水身亡的事实是否纳入强奸罪评价,关键在于发生李某失足落水身亡的结果之前是否具有其他行为等因素的介入。很显然,韦风因为先行行为导致其具有救助的作为义务,其不采取任何救助措施就离开现场,实质上是一种不作为。按照通说观点,不作为也是一种行为,即韦风实施了一种行为,只不过这种行为是以不作为方式实施的。这种不作为行为的介入,使原有的因果关系发生断绝,断绝后发生的行为与后果应当单独作为一个罪质来评价因果关系。而恰恰是这点,在实践中往往被忽略。本案中,那种主张将韦风失足落水身亡的事实纳入强奸罪评价的观点,忽视了不作为也是一种行为,忽视了这种行为给因果关系所带来的影响。

案例:卓智成等强奸案

案例来源:《刑事审判参考》总第98集[第979号]

主题词:强奸罪 违背妇女意志的认定

一、基本案情

被告人卓智成,男,1977年10月30日出生,无业。2001年8月6日因犯故意伤害罪被判处有期徒刑五年。2005年9月10日刑满释放。2010年1月14日因涉嫌犯强奸罪被刑事拘留,同年2月11日因涉嫌犯嫖宿幼女罪被逮捕。

被告人周某,男,1991年6月23日出生,无业。2009年9月4日因犯寻衅滋事罪被判处拘役四个月。同年9月28日刑满释放。2010年2月11日因涉嫌犯强迫卖淫罪、强奸罪被逮捕。

被告人钱志,男,1990年12月2日出生,无业。2010年7月30日因涉嫌犯强迫卖淫罪被逮捕。

福建省建阳市人民检察院以被告人周某犯强迫卖淫罪、强奸罪,被告人钱志犯强迫卖淫罪,被告人卓智成犯嫖宿幼女罪,向建阳市人民法院提起公诉,后变更起诉,指控卓智成、周某、钱志犯强奸罪。

被告人卓智成辩称,其没有同被害人黄某、刘某发生性关系。刘某身材高大、发育正常,其不知道刘某系幼女,公诉机关指控的事实不清,证据不足。

被告人周某、钱志提出二人没有殴打、威胁被害人以迫使被害人与卓智成发生性关系等辩解意见。

建阳市人民法院经审理查明:

2009年4月初的一天中午,因被告人卓智成要找女孩陪睡,被告人周某联系范某(未满14岁,未追究刑事责任)帮助物色。在建阳市某中学门口,范某将初二女学生被害人黄某(时年13岁)强行带走。被告人周某、钱志、范某将黄某带到建阳花园酒店内,在房间门口威胁黄某陪卓智成睡觉。黄某不从,范某遂殴打黄某,与周某一起强行将黄某拉进房间。因黄某不配合,卓智成走出房间责备周某等人。范某又进入房内卫生间威胁、殴打黄某,黄某被迫与卓智成发生了性关系。事后卓智成付给周某现金700元。

数日后,卓智成又要周某等人帮其找女孩陪睡。2009年4月的一天下午,在建阳市华荣金座公交站,钱志、周某与范某强行将女学生被害人陈某(时年16岁)带到建阳花园酒店内,威胁陈某,要陈某陪卓智成睡觉。陈某不从,范某、钱志、周某便殴打、威胁陈某,陈某只好同意。范某将陈某带入卓智成的房间后与周某等人守在门口,陈某被迫与卓智成发生了性关系。

事后,卓智成付给周某现金600元。十几天后,钱志应卓智成要求,再次要陈某陪卓智成睡觉。陈某不从,钱志遂言语威胁,迫使陈某到建阳花园酒店房内与卓智成发生了性关系。事后卓智成付给钱志现金300元。

2010年1月7日下午,卓智成又要周某找女孩与其发生性关系。周某便与陈某玲(未满14岁,未追究刑事责任)到建阳某中学初二年段,将站在教室门口的女学生被害人刘某(时年13岁)强行带到建阳花园酒店进行恐吓,又按卓智成要求把刘某带到建阳华荣金座大厅,卓智成看后表示满意。周某遂威胁刘某与卓智成发生性关系。回到花园酒店后,刘某被迫到卓智成开的815房,卓智成亲吻、抚摸刘某,且双方性器官有接触。事后卓智成付给周某现金700元,周某分给陈某玲100元。之后,周某、陈某玲又将刘某带至建阳朝晖宾馆,周某强行与刘某发生了性关系。

建阳市人民法院认为,被告人卓智成为满足个人淫欲,多次要求被告人周某、钱志寻找女孩与其发生性关系,周某、钱志等人为获取卓智成给予的好处费,违背他人意志,先后以暴力、胁迫手段迫使被害人黄某、陈某、刘某与卓智成发生性关系,周某强行与刘某发生性关系,三被告人的行为均构成强奸罪。公诉机关指控的罪名成立。卓智成、周某强奸妇女、奸淫幼女三人四次,均属强奸妇女、奸淫幼女多人,钱志强奸妇女、奸淫幼女二人三次。卓智成、周某、钱志在共同犯罪中均系主犯,均应按照其所实施的全部犯罪处罚。卓智成系累犯,依法应当从重处罚。周某曾因犯寻衅滋事罪被判刑,释放后仍不思悔改,依法可以酌情从重处罚;周某在强迫黄某、陈某与卓智成发生性关系时未满18周岁,依法应当从轻或者减轻处罚;周某归案后如实供述罪行,且自愿认罪,依法可以从轻处罚。钱志归案后如实供述罪行,自愿认罪,且在共同犯罪中的作用相对较小,依法可以从轻处罚。据此,依照《中华人民共和国刑法》第二百三十六条第一款、第二款、第三款第(二)项,第二十五条第一款,第十七条第一款、第三款,第六十五条第一款,第六十七条第三款之规定,建阳市人民法院判决如下:

1. 被告人卓智成犯强奸罪,判处有期徒刑十三年。
2. 被告人周某犯强奸罪,判处有期徒刑十年。
3. 被告人钱志犯强奸罪,判处有期徒刑五年。

一审宣判后,被告人卓智成、周某、钱志均不服,均向南平市中级人民法院提起上诉。卓智成的上诉理由是未与被害人黄某、陈某发生过性关系,不知被害人刘某是幼女,也无法知道刘某是非自愿的。周某的上诉理由是其没有实施暴力、威胁被害人的行为,是在刘某同意的情况下与刘某发生性关系的。钱志的上诉理由是没有殴打、威胁黄某,也没有威胁陈某。

南平市中级人民法院认为,被告人卓智成、周某、钱志基于共同的犯罪认识,违背妇女意志,迫使本案三名未成年被害人与卓智成发生性关系,周某亦强行与其中一名被害人发生性关系,其行为均构成强奸罪。原判认定的事实清楚,证据确实、充分,定罪准确,量刑适当,审判程序合法。据此,依照 1996 年《中华人民共和国刑事诉讼法》第一百八十九条第(一)项之规定,南平市中级人民法院裁定驳回上诉,维持原判。

二、裁判要旨

No. 4-236-38 行为人明知中间人系使用暴力胁迫手段迫使被害人同意与其发生性关系的,成立强奸罪,中间人成立强奸罪的共犯。

强迫卖淫罪与强奸罪共犯(即帮助犯)易发生混淆。强迫卖淫罪是迫使他人向不特定人员提供性服务以牟利的行为,行为对象不限于妇女(幼女),还包括男子;强奸罪的帮助犯是帮助实行犯排除妨碍或者不利条件,便于实行犯完成奸淫妇女(幼女)行为。两者的主要区别在于:

在强迫妇女卖淫的情况下,嫖客与强迫妇女卖淫者之间没有犯意联络,嫖客主观上是通过支付金钱财物换取性服务,没有强行与他人发生性关系的犯罪意图,客观上没有强行实施性行为;而强迫者一般具有通过被控制妇女的卖淫行为营利的目的,客观上对妇女实施暴力、胁迫是为了迫使妇女答应从事卖淫活动,嫖客与强迫者的主观故意内容和实施的行为相对独立,不构成共同犯罪。多数情况下,被迫卖淫的妇女与他人发生性行为时具有表面"同意"的特征,且被迫卖淫的对象具有人数多、不特定的特征,卖淫行为具有持续性。

在帮助实行犯强奸的情况下,实行犯主观上具有强行与妇女发生性关系,或者明知被害人是幼女而与其发生性关系的犯罪意图,帮助犯对此情况亦知晓,但仍对被害妇女施以强制,或者对被害幼女施以介绍、引诱、欺骗等行为,目的在于为实行犯实现奸淫行为扫除障碍或者提供便利,帮助犯与实行犯之间有犯意联络,客观上促成了奸淫行为的实施,故属于共同强奸犯罪。在帮助实行犯强奸的场合,帮助犯的帮助对象是特定的,一般是威逼利诱妇女、幼女与特定对象发生性关系,即使实行犯给予帮助犯一定金钱财物作为"酬劳",但收取金钱财物并非必要条件,有别于强迫卖淫中迫使被害人与不特定人员发生性关系必然存在金钱财物对价,且强迫卖淫者通常以此作为相对稳定的牟利手段。

本案中,被告人卓智成为满足淫欲,以提供金钱财物为诱饵指使被告人周某、钱志等人为其物色未成年少女特别是处女,其中,明知周某等人殴打、威胁被害人黄某、陈某与其发生性关系,明知被害人刘某系幼女,仍先后对三被害人实施奸淫,其行为构成强奸罪。黄某、陈某、刘某均为在校女中学生,与卓智成发生性关系系被迫,并不是为了以此换取金钱财物,卓智成主观上也并非出于"嫖宿"目的,故虽然其事后给予周某、钱志等人一定钱款,但不能认定为"嫖资",其行为也不属于"嫖宿"。被告人周某、钱志为牟取物质利益,根据被告人卓智成的授意和要求,积极为卓智成物色在校少女供卓智成奸淫,并在三被害人不同意的情况下,以言语威胁、实施暴力等强制手段为卓智成的奸淫行为扫清障碍,使得强奸行为最终都得以顺利进行。故周某、钱志的行为完全符合强奸共犯的特征,均构成强奸罪。周某、钱志并非强迫三被害人与不特定的人发生性关系以牟取利益,故不构成强迫卖淫罪。周某另有一起单独强奸刘某的事实。因此,法院依法以强奸罪追究三被告人的刑事责任,定性是准确的。

案例:谈朝贵强奸案

案例来源:《刑事审判参考》总第 98 集[第 980 号]

主题词:强奸罪　共同家庭生活关系

一、基本案情

被告人谈朝贵,男,1966 年 8 月 20 日出生,无业。2012 年 9 月 29 日因涉嫌犯强奸罪被逮捕。

上海市金山区人民检察院以被告人谈朝贵犯强奸罪,向金山区人民法院提起公诉。

上海市金山区人民法院经审理查明:2011 年七、八月至 2012 年 8 月间,被告人谈朝贵与其女友孙某及孙某的女儿被害人廖某(1999 年 7 月 25 日出生)在同一暂住地共同生活。其间,谈朝贵趁与廖某单独相处之机,对廖某多次实施奸淫。2012 年 8 月底,廖某被查出怀孕,后到医院引产。经对廖某引产后的胚胎组织进行 DNA 鉴定,确认不排除廖某和谈朝贵为廖某引产后的胚胎组织所属个体的生身父母。

上海市金山区人民法院认为,被告人谈朝贵多次奸淫幼女,致幼女怀孕,情节恶劣,其行为构成强奸罪,且依法应当从严惩处。公诉机关指控谈朝贵犯强奸罪的事实清楚,证据确实、充分,指控的罪名成立。据此,依照《中华人民共和国刑法》第二百三十六条、第五十五条第一款、第五十六条第一款之规定,金山区人民法院以被告人谈朝贵犯强奸罪,判处有期徒刑十三年,剥夺政治权利二年。

一审宣判后,被告人谈朝贵没有提起上诉,检察机关亦未抗诉,该判决已发生法律效力。

二、裁判要旨

No. 4-236-39 与幼女有共同家庭生活关系的人多次奸淫幼女致其怀孕的,可以认定为奸淫幼女情节恶劣。

根据最高人民法院、最高人民检察院、公安部、司法部联合下发的《关于依法惩治性侵害未成年人犯罪的意见》第二十五条的规定:"针对未成年人实施强奸、猥亵犯罪的,应当从重处罚,具有下列情形之一的,更要依法从严惩处:(1)对未成年人负有特殊职责的人员、与未成年人有共同家庭生活关系的人员、国家工作人员或者冒充国家工作人员,实施强奸、猥亵犯罪的……"可见,有"共同家庭生活关系"的人对幼女实施强奸、猥亵犯罪的,是应当从重从严处罚的情节之一。如此规定,主要是考虑到此类人员对未成年人实施性侵害犯罪,严重挑战社会伦理道德底线;同时,此类人员具有接触未成年人的便利条件,实施性侵害行为更为隐蔽,一般人难以发现,持续时间通常更长,未成年被害人更难以抗拒和向有关部门揭露,社会危害更大。与幼女具有"共同家庭生活关系",顾名思义,也就是与幼女具有在一个家庭中共同生活的关系。而所谓"家庭",一般认为是指在婚姻关系、血缘关系、收养关系等基础上产生的,共同生活的人们所构成的社会生活单位,是具有血缘、婚姻、收养等关系的人们长期居住的共同群体。实践中,考察是否具有"共同家庭生活关系",应当立足家庭的概念,准确把握"共同家庭生活关系"内涵中具有的"质"和"量"的要求。从"质"上来说,需要形成实际上的共同生活关系,如事实上的抚养关系、监护关系等;从"量"上来说,需要具有共同生活的长期性、确定性和稳定性,如果仅有几次的共同居住或者较短时间的共同居住就不属于这里所指的"共同家庭生活关系"。

本案中,被告人谈朝贵和被害人廖某的母亲孙某是男女朋友关系,二人虽然未办理正式结婚手续,不是合法夫妻,但是二人从 2011 年七、八月至 2012 年 8 月这一期间同居,廖某跟随孙某共同生活,也与谈朝贵在同一住所共同居住,这种共同的生活单位实质上形成了家庭关系。谈朝贵在这种较长时间稳定的共同生活期间,与廖某形成了事实上的抚养关系,即与廖某具有了共同生活关系。因此,无论从"质"上还是"量"上,谈朝贵均属于与廖某具有"共同家庭生活关系"的人。

《刑法》第二百三十六条第三款规定:"强奸妇女、奸淫幼女,有下列情形之一的,处十年以上有期徒刑、无期徒刑或者死刑:(一)强奸妇女、奸淫幼女情节恶劣的;(二)强奸妇女、奸淫幼女多人的;(三)在公共场所当众强奸妇女的;(四)二人以上轮奸的;(五)致使被害人重伤、死亡或者造成其他严重后果的。"其中,对于第(二)项至第(四)项加重处罚情节,《刑法》规定较为明确,而对奸淫幼女致幼女怀孕,是否可以认定为第五项规定的"其他严重后果",或第(一)项规定的"情节恶劣",由于《刑法》没有明确,相关司法解释亦未规定,各地法院理解掌握的标准不尽相同。奸淫幼女造成幼女怀孕,确实会给被害人造成很大的身心创伤,影响幼女的健康成长。但同时还要看到,怀孕系强奸的附随后果,且发现怀孕的阶段及采取干预措施的不同,对被害人身心伤害大小存在很大差异,严重程度也有很大区别,不同情况下的严重程度与刑法所明确列举的应当判处十年以上有期徒刑的情形并不是完全相当。如果不加以区分,一概将奸淫幼女致其怀孕解释为"其他严重后果",未免失之于绝对,同时也违反了罪责刑相适应原则。

《关于依法惩治性侵害未成年人犯罪的意见》第二十五条从特殊身份犯罪主体、特定犯罪场所、危害性大的犯罪手段及行为、特别弱势犯罪对象、相对严重犯罪后果、被告人有性侵前科劣迹等方面,对强奸、猥亵未成年人犯罪的一些酌定从严处罚情节作了明确。该条第(六)项规定,造成未成年被害人怀孕等后果的情形,是"更要依法从严惩处"的情形之一。因此,根据上述规定,如果单纯就奸淫幼女致其怀孕来说,该种情况属于"更要依法从严惩处",但并不意味着一定要加重处罚,在何种情况下加重处罚,应当根据案件的具体情况判断,原则上应当与《刑法》第二百六十三条第三款第(二)至第(四)项所列情节严重性相当。并不是说,只要奸淫幼女致其怀孕,并同时具有《关于依法惩治性侵害未成年人犯罪的意见》第二十五条所列的某一项情节,就必然认定为"情节恶劣"。本案中,被告人谈朝贵多次趁与廖某单独相处之机,对廖某实施奸淫,严重挑战社会伦理道德底线,同时,谈朝贵对廖某多次实施奸淫,持续时间长,其行为社会危害性大,社会影响特别恶劣。谈朝贵的行为不但造成廖某怀孕,且同时符合《关于依法惩治性侵害未成年人犯罪的意见》第二十五条第(一)项规定的"与未成年人有共同家庭生活关系的人员实施强奸犯罪"和第(五)项规定的"多次实施强奸"的两种"更要依法从严惩处"的情形,可以认定为属于"情节恶劣"。

案例:刘某强奸案

案例来源:《刑事审判参考》总第98集[第981号]
主题词:强奸案　未成年人与幼女自愿发生性关系行为的定罪量刑

一、基本案情

被告人刘某,男,1994年12月15日出生,学生。2011年4月20日因涉嫌犯强奸罪被逮捕。

江西省S县人民检察院以被告人刘某犯强奸罪,向S县人民法院提起公诉。

被告人刘某及其辩护人提出:刘某系未成年人,与被害人自愿发生性关系,情节较轻,归案后认罪态度好,有悔罪表现,请求从轻、减轻处罚。

S县人民法院经审理查明:被告人刘某与被害人赖某某(1997年5月10日出生)系S县某中学初三年级同学,自2010年上半年认识后成为男女朋友。2011年2月至4月4日期间,刘某在明知赖某某不满14周岁的情况下,仍多次与其发生性关系,之后被赖某某的父母发现报案而案发。

S县人民法院认为,被告人刘某明知被害人赖某某不满14周岁仍与其发生性关系,其行为已构成强奸罪,公诉机关指控的犯罪事实清楚,证据确实、充分,指控的罪名成立。刘某在犯罪时不满18周岁,系未成年人,依法应当从轻或者减轻处罚。且刘某在归案后如实供述罪行,认罪态度好,可以从轻处罚。刘某犯罪情节较轻,有悔罪表现,没有再犯罪危险,宣告缓刑对所居住社区没有重大不良影响,依法可以对其宣告缓刑。据此,S县人民法院依照《中华人民共和国刑法》第二百三十六条第一款、第二款,第十七条第三款,第六十七条第三款,第七十二条第一款,第七十三条第二款、第三款之规定,以被告人刘某犯强奸罪,判处有期徒刑二年六个月,缓刑三年。

一审宣判后,被告人没有提出上诉,检察机关亦未提出抗诉,判决已发生法律效力。

二、裁判要旨

No.4-236-40　已满16周岁的未成年人与幼女在恋爱过程中发生性关系的,成立强奸罪,但可以宣告缓刑。

最高人民法院《关于审理未成年人刑事案件具体应用法律若干问题的解释》(法释〔2006〕1号)第六条明确规定:"已满十四周岁不满十六周岁的人偶尔与幼女发生性行为,情节轻微、未造成严重后果的,不认为是犯罪。"2013年最高人民法院、最高人民检察院、公安部、司法部《关于依法惩治性侵害未成年人犯罪的意见》第二十七条再次重申了上述原则。由此可见,司法机关在处理青少年之间自愿发生性关系问题上,一直坚持适度介入、慎重干预的刑事政策。在适用《关于依法惩治性侵害未成年人犯罪的意见》第二十七条的相关规定,对未成年人与幼女在正常交往过程中自愿发生性关系,在确定罪与非罪的界限时,应当注意把握以下三点:

其一,行为人一般应当处于已满14周岁不满16周岁的年龄阶段。基于特别保护不满14周岁幼女身心健康的立场,对与之自愿发生性关系不以犯罪论处的范围应当严格把握,不能放得过宽。而已满14周岁不满16周岁系刑法确定的相对负刑事责任年龄界限,故对不以犯罪论处的主体范围掌握在此年龄段较为妥当。笔者认为,不宜机械地以16周岁为界限,对16周岁前的行为不以犯罪论处,而对刚满16周岁以后实施的行为即以强奸罪论处。但对于已满16周岁的未成年人实施类似行为的案件认定不构成强奸罪,相对于不满16周岁的人,在把握上应当更为严格。

其二,行为人应当是与年龄相当的幼女在正常交往、恋爱过程中基于幼女自愿而与之发生性关系。对于行为人使用暴力、胁迫或者诱骗等手段奸淫幼女的,即使其不满16周岁,对其也不宜排除在刑事处罚范围之外。对于不满16周岁的未成年人与幼女之间的年龄究竟相差几岁才能认定为双方年龄相当,各国规定不一。笔者认为,此处适当的年龄差距限定在4周岁左右相对较为合理。举例而言,已满14周岁的男方与不满10周岁的幼女发生性关系,或者已满15周岁不满16周岁的男方与不满12周岁且双方年龄差距在4岁以上的幼女发生性关系,即使男方辩称系与幼女正常恋爱交往,一般也不宜适用《关于依法惩治性侵害未成年人犯罪的意见》第二十七条的规定,对男方不以犯罪论处。

其三,综合考察,未成年人与幼女发生性关系情节轻微、未造成严重后果。《关于依法惩治性侵害未成年人犯罪的意见》的相关表述虽是"偶尔"发生性关系,但主要是为了与此前司法解释的规定保持一致,实践中并不能简单地以次数论。也就是说,发生性关系的次数是判断行为情节是否轻微的其中一项因素,但并非决定性因素,决定性因素是行为人是否与年龄相当的幼女在正常交往、恋爱过程中基于幼女自愿而与之发生性关系,如果是,一般可以认定为情节轻微。

本案中,被告人刘某与被害人赖某某系初中同学,二人产生早恋,时年刘某已满16周岁,明知赖某不满14周岁,仍多次与其发生了性关系,后因赖某某父母发现报案而案发。相较于强行奸淫幼女,刘某所实施的行为虽不属十分严重,但从维护对幼女特殊保护的更高原则立场考虑,其已不属最高人民法院《关于审理未成年人刑事案件具体应用法律若干问题的解释》和《关于依法惩治性侵害未成年人犯罪的意见》中对未成年行为人可不以强奸犯罪论处的情形。法院依法认定刘某构成强奸罪,对刑事政策的把握是准确的。

《关于依法惩治性侵害未成年人犯罪的意见》第二十八条进一步规定:"对于强奸未成年人的成年犯罪分子判处刑罚时,一般不适用缓刑。"最高人民法院《关于审理未成年人刑事案件具体应用法律若干问题的解释》、最高人民法院《关于贯彻宽严相济刑事政策的若干意见》等一系列文件均规定了对未成年犯罪要坚持"教育为主,惩罚为辅"的原则和"教育、感化、挽救"的方针。而奸淫幼女、猥亵儿童等性侵害儿童犯罪,属于《刑法》规定的法定从重处罚情形,甚至有的还需要加重处罚。因此,这里就存在从宽与从严情节并存时如何把握量刑尺度的问题。对未成年人奸淫幼女案件,鉴于未成年人身心发育不成熟、易冲动、好奇心强、易受外界不良影响,同时也相对易教育、改造等特点,从严的幅度要明显有别于成年被告人,能够从宽处罚的要依法从宽。因此,奸淫幼女情节较轻,符合缓刑适用条件的,可以依法适用缓刑。

在判断是否属于情节较轻时,要综合考虑是否使用暴力、胁迫等强制手段或者利诱、欺骗等不正当手段,对幼女身心健康是否造成严重伤害,案发后是否取得被害人及其亲属真诚谅解等因素。对于未成年人与年龄相当的幼女在正常交往恋爱过程中,因懵懂无知,一时冲动,自愿发生性关系,没有对幼女身心造成严重伤害的,如果构成强奸罪,确属情节较轻,有悔罪表现,没有再犯罪危险,宣告缓刑对所居住社区没有重大不良影响的,一般可以宣告缓刑。本案中,被告人刘某与被害人赖某某系同学,二人自2010年上半年即成为男女朋友,2011年2月至4月间多次自愿发生性关系,刘某时年刚满16周岁(2个月),赖某某已满13周岁(差3个月满14周岁),二人均属懵懂少年。刘某所犯强奸罪情节较轻,且认罪态度好,有悔罪表现,没有再犯罪危险,宣告缓刑对所居住社区没有重大不良影响,故人民法院依法认定其构成强奸罪,同时宣告缓刑,较好把握了对未成年被告人和未成年被害人进行双向保护的刑事政策。

案例:王某强奸案

案例来源:《刑事审判参考》总第98集[第982号]

主题词:强奸罪　强奸过程中不救助致被害人死亡的定性

一、基本案情

被告人王某,男,1975年1月18日出生,农民。2011年1月21日因涉嫌犯故意杀人罪被逮捕。

某省某市人民检察院以被告人王某犯故意杀人罪、强奸罪,向某市中级人民法院提起公诉。

被告人王某及其辩护人提出如下意见:王某没有推熊某下河,不构成故意杀人罪;被害人熊某掉入河中时,王某没有拉住;王某不会游泳,所以没有救熊某。公诉机关指控王某犯强奸罪、故意杀人罪证据不足。

某市中级人民法院经审理查明:2010年12月28日19时许,黄某(同案被告人,已判刑)邀约袁某(同案被告人,已判刑)骑摩托车到某省某市××路附近,将被害人熊某(女,殁年19岁)、陈某(女,15岁)接到位于××镇××村黄某家二楼卧室内,途中袁某在一家超市买得一瓶"遂州八珍"牌泡酒和花生等食物。黄某、袁某共谋诱骗熊某、陈某喝酒,灌醉后实施奸淫。四人饮完第一瓶酒后,黄某从袁某处拿钱又购买一瓶"丰谷"牌白酒,其间黄某言语威胁熊某、陈某不准离开。当晚9时许,被告人王某在外饮酒后回到家中,黄某将与袁某的犯意告诉王某,王某即拿出100元给黄某再购买了2瓶"丰谷"牌白酒,王某、黄某、袁某与熊某、陈某一起继续喝酒。当饮至第四瓶酒时,陈某因酒醉要求休息,黄某即将陈某带到隔壁卧室,王某亦示意袁某离开黄某的卧室。王某趁熊某酒醉昏睡无力反抗之机脱去其衣裤,将熊某强奸并射精在地上。王某将地上的精液擦洗干净后,又用水清洗自己生殖器和熊某的生殖器,熊某被冷水惊醒后即穿上衣服哭着跑出该房屋。王某之母陶某正好在门外窥看到该经过,进入房间打王某耳光,并叫其将熊某追回来。王某遂追赶熊某至屋后的河边,将熊某抱住摸其胸部欲再施奸淫,熊某反抗并称要告发王某。慌逃中,熊某掉入2米深左右的河里,王某等待其沉水后离开。经鉴定,熊某系溺水死亡,会阴部可见充血。

某市中级人民法院认为,被告人王某违背妇女意志强行与妇女发生性关系,其行为构成强奸罪。经查:(1)公诉机关指控王某犯强奸罪证据充分,能够形成证据链证明其指控犯罪事实。主观上王某强奸犯意明确,违背妇女意志证据充分。王某强奸熊某后仍欲再次强奸,致熊某掉入河中,王某无任何施救行为,亦未告诉他人帮助救人,对熊某的死亡持放任态度,应当对熊某的死亡承担法律后果,符合"强奸造成其他严重后果"的情况,应当认定为强奸罪的加重处罚情节。(2)公诉机关指控王某构成故意杀人罪的证据未形成完整的证据锁链,未达到排他性、唯一性的标准,故指控的罪名不能成立,不予支持。王某在强奸共同犯罪中起主要作用,系主犯;王某伙同他人采取灌酒方式致使被害人熊某失去反抗能力进而实施强奸,后欲再次实施强奸时致熊某溺水,其不施救助致人死亡,主观恶性深,后果极为严重,社会影响恶劣,依法应当予以严惩。据此,依照《中华人民共和国刑法》第二百三十六条第三款第(五)项、第二十五条第一款、第二十六条第一款、第五十七条第一款之规定,某市中级人民法院以被告人王某犯强奸罪,判处死刑,剥夺政治权利终身。

一审宣判后,被告人王某不服,提出上诉。

某省高级人民法院审理期间,被告人亲属积极赔偿被害人亲属经济损失,得到被害人亲属的谅解。某省高级人民法院依照《中华人民共和国刑事诉讼法》(1996年)第一百八十九条第(二)项之规定,改判被告人王某犯强奸罪,判处死刑,缓期二年执行,剥夺政治权利终身。同时,对王某限制减刑。

二、裁判要旨

No. 4-236-41　因实施强奸导致被害人落水后不实施救助行为导致被害人死亡的,其不救助行为应单独认定为故意杀人罪。

被告人王某的不作为杀人与通常的作为杀人在社会危害性、主观恶性、人身危险性方面具有相当性。

一是王某的在先行为制造了可能侵害法益的现实危险,其有义务同时也具备条件和能力避免该危险。被告人王某为强奸而实施了暴力手段,这一先行行为客观上引发了被害人熊某落水的危险。正是由于王某制造出熊某落水的危险,故王某理应承担随之产生的救助义务。基于此,王某不实施救助行为与普通路人对于无关的人见死不救的行为本质上存在差异,王某应当承担相关刑事法律后果。

二是王某的不作为具有独立的主观罪过形式,该罪过的内容与支配其在先行为的罪过内容存在明显差异。熊某落水时正值深夜,河边行人罕至,王某应当知道不及时救助熊某,就会产生熊某溺水死亡的后果,在此情况下,王某既不亲自实施救助,也不寻求他人帮助,坐视熊某溺亡后转身离去,属于刑法上典型的不作为行为。这种不作为的行为表明,王某对熊某死亡的结果持无所谓的态度,熊某死亡并不违背王某的本意,故王某在主观上符合杀人(间接故意)的主观特征。

三是王某的不作为行为与其先行行为在行为方式上可以作出明确区分,具有相对独立性。

四是王某的不作为行为直接导致了死亡结果的发生,在危害结果上与作为型的故意杀人行为并无二致。

五是王某的在先行为所构成的强奸罪,在犯罪构成方面难以涵盖不作为行为,仅认定强奸罪一罪将导致遗漏评价。故综合分析,应当认定王某的行为构成独立的故意杀人罪。

有观点认为,若以强奸罪和故意杀人罪并罚,可能会降低王某的量刑:其强奸罪不足以判死刑,其故意杀人罪因系不作为犯罪,也不足以判死刑。笔者认为,上述观点值得商榷,理由是:首先,罪刑法定原则是刑法基本原则,若行为人的数个罪名本不足以判处死刑,就绝不能将本不应判处死刑的数罪合并为一罪处理,人为地将刑罚加重到死刑。其次,不作为的故意杀人行为的社会危害性,并不必然小于作为的故意杀人,其区别仅在于杀人行为的方式不一样,但其危害后果、社会危害性、行为人的主观恶性和人身危险性等基本相当,因此在量刑时,法律没有规定不作为的故意杀人就要轻于作为的故意杀人。对行为人具体判处刑罚的轻重,仍应当依据犯罪情节、后果、社会危害程度、主观恶性、人身危险性等方面来综合考虑。就本案被告人王某的全案行为看,其先强奸,而后又追赶被害人熊某到河边并欲再次强奸,致熊某逃避中掉入河中,在能够施救的情况下不但不予施救,反倒坐观熊某沉入水中,确认其溺水死亡后才离开现场,足见其主观恶性深、社会危害性大,对其强奸罪依法虽然判处不了十年以上有期徒刑,但其后阶段的不作为杀人可以依法酌情从重判处。因此,即使是对王某以强奸罪和故意杀人罪依法并罚,也不会出现对其量刑有大的偏差的情况。

综上,一、二审法院认定被告人王某构成强奸一罪有误,认定王某分别构成强奸罪和故意杀人罪,依法予以并罚,更符合罪刑法定和罪责刑相适应原则。

案例:李明明强奸案

案例来源:《刑事审判参考》总第98集[第983号]

主题词:强奸罪　轮奸

一、基本案情

被告人李明明,男,1988年12月5日出生,农民。2011年11月30日因涉嫌犯强奸罪被逮捕。

河南省宜阳县人民检察院以被告人李明明犯强奸罪,向宜阳县人民法院提起公诉。

宜阳县人民法院经审理查明:2008年5月8日晚,被告人李明明伙同同案被告人楚海洋(已判刑)酒后骑摩托车在宜阳县某镇一村庄附近见到初中生陈某(女,时年13岁)、孙某(女,时年14岁)及孙某的弟弟,李明明和楚海洋采取持棍棒及语言威胁的方法赶走孙某的弟弟及闻讯赶来寻找陈、孙二人的多名教师,强行将陈、孙二人带到一旅社。李明明在108房间对陈某实施了强奸,楚海洋在105房间欲对孙某实施强奸,因自身原因未得逞。李明明得知已有人报警后,骑摩托车送陈、孙二人返回,途中强奸了孙某。

宜阳县人民法院认为,被告人李明明违背妇女意志,以暴力、胁迫手段,强行与妇女发生性关系的行为构成强奸罪。李明明强奸二人,其中一人还系幼女,依法应当从重处罚。据此,依照《中华人民共和国刑法》第二百三十六条第一款、第二款之规定,宜阳县人民法院以被告人李明明犯强奸罪,判处有期徒刑八年。

一审宣判后,宜阳县人民检察院提起抗诉,主要理由是:被告人李明明伙同楚海洋分别强奸陈某和孙某,其后李明明知道楚海洋在旅社内强奸了孙某,在送二被害人回去的路上又强奸孙某,构成轮奸,李明明还属于强奸犯罪情节恶劣,对其应当在十年有期徒刑以上量刑。

洛阳市中级人民法院经审理认为,被告人李明明在得知已有人报警的情况下,将二被害人送走,楚海洋亦明确表示让李明明将二被害人送走,现有证据证实楚海洋不知晓李明明在回去的途中还要强奸孙某,二人之间缺乏共同强奸孙某的故意,不构成轮奸。李明明伙同楚海洋采取持棍棒及语言威胁的方法在学校附近赶走多名教师及孙某的弟弟,将两名初中学生带走强奸,李明明已知有人报警,仍在送返二被害人的途中强奸孙某,情节恶劣,宜阳县人民检察院提出的李明明强奸行为属于情节恶劣的抗诉意见,予以采纳。原审认定的事实清楚,证据确实、充分,定罪准确,审判程序合法,但适用法律错误,且量刑不当,应予改判。据此,依照《中华人民共和国刑法》第二百三十六条第一款、第二款、第三款第(一)项和《中华人民共和国刑事诉讼法》(1996年)第一百八十九条第(二)项之规定,判决如下:

1. 撤销宜阳县人民法院(2012)宜刑初字第37号刑事判决。
2. 被告人李明明犯强奸罪,判处有期徒刑十年。

二、裁判要旨

No. 4-236-42　共同犯罪人未经共谋在不同地点先后强奸同一被害人的,不构成轮奸。

在我国刑法中,轮奸的法律性质有两个方面的特征:其一,轮奸是强奸罪的共同犯罪形态,需要依照共同犯罪的构成要件加以判断,同时轮奸还是强奸罪的共同实行犯的唯一形式,即每个共同犯罪人均应是实行犯;其二,轮奸是强奸罪的加重处罚事由。轮奸情节的认定应当符合以下两方面的标准:(1)主观要件。各共同犯罪人必须具有共同实行犯罪的故意,各共同犯罪人的行为在他的支配下成为一个统一整体,即均有共同实施强奸的故意;(2)客观要件。各共同犯罪人必须实行同一犯罪构成客观要件的行为,即均对同一对象实施了强奸,并且行为人的行为在时间、空间上是有联系的,或相互补充、或相互协助,与犯罪结果之间都存在因果关系。

本案中,李明明和楚海洋主观上未有强奸孙某的共同故意。李明明在返回途中将孙某强奸,楚海洋并不知情,也不能认定楚海洋在强奸孙某之后,其还知晓李明明此后还会强奸孙某,故李明明强奸孙某的故意超出了此前其和楚海洋分别强奸陈某和孙某的共同故意界限。李明明和楚海洋的行为不具备成立轮奸的时空要件。行为人的行为必须与轮奸的结果之间具有因果关系。换言之,因各共犯的行为紧密相连,相互协助或者相互补充,对轮流奸淫行为的完成具有原因力,故而行为人既要对自己直接实施的奸淫行为与结果承担责任,也要对共同故意涵盖范围内其他共同实行犯的奸淫行为承担责任。李明明的送返行为割断了此前的共同犯罪和此后李明明强奸孙某的行为在时间、空间上的联系。楚海洋未与李明明进行过共谋,主观上不知晓李明明在送二被害人回家途中的行为,客观上未参与,亦未对李明明的继续强奸起到任何协助作用。李明明之后的行为与楚海洋、李明明二人之前的共同犯罪行为已无任何关联。因此本案中李明明的行为不构成轮奸。

案例:淡某甲强奸、猥亵儿童案

案例来源:《刑事审判参考》总第98集[第985号]

主题词:强奸罪　死刑适用

一、基本案情

被告人淡某甲,男,1971年3月7日出生,劳务人员。2008年5月27日因涉嫌犯强奸罪被逮捕。

某市人民检察院以被告人淡某甲犯强奸罪、猥亵儿童罪,向某市中级人民法院提起公诉。

被告人淡某甲否认指控的犯罪事实,辩称其与被害人淡某乙发生性关系是基于金钱关系,且当时问过淡某乙已满14周岁;起诉书指控的其他罪行均不是事实。其辩护人提出,起诉书指控淡某甲强奸、猥亵儿童的事实不清、证据不足。

某市中级人民法院经不公开审理查明:

被告人淡某甲从1989年至2008年期间,采用给零食、给零钱、公开"丑闻"、逼写欠条等手段,引诱、胁迫被害人,在自己家中、公园等处先后多次对幼女黎某某、蒙某甲、淡某乙、蒙某乙实施猥亵、奸淫;对幼女周某某实施奸淫;多次对幼女淡某丙实施猥亵。具体事实如下:

1. 1989年至1991年,被告人淡某甲在自己房间内每隔几天猥亵黎某某一次;1991年至2004年,淡某甲在自己房间内每隔几天奸淫黎某某一次。

2. 1998年下半年至2000年,被告人淡某甲在自己房间内每隔几天猥亵蒙某甲一次;2000年至2006年,淡某甲在自己房间内每隔几天奸淫蒙某甲一次。

3. 2000年下半年至2004年,被告人淡某甲在自己房间每隔几天猥亵淡某乙一次;2004年至2008年5月,淡某甲在自己房间每隔几天奸淫淡某乙一次;2008年5月,淡某甲在某公园猥亵淡某乙一次。

4. 2006年下半年至2008年春节,被告人淡某甲在自己房间内分别或者同时猥亵淡某乙、淡某丙,每人约被猥亵5次。

5. 2007年5月至6月,被告人淡某甲在自己房间内猥亵蒙某乙约3次;2007年6月至2008年4月,淡某甲在自己房间内每隔几天奸淫蒙某乙一次。

6. 2008年1月下旬,被告人淡某甲在自己房间内奸淫周某某一次。

某市中级人民法院认为,被告人淡某甲目无国法,以胁迫或者其他手段,多次违背妇女意志,强行对多名幼女实施猥亵、奸淫,侵害幼女的身心健康,其行为构成强奸罪、猥亵儿童罪。淡某甲一人犯数罪,依法应当并罚。认定淡某甲实施猥亵、强奸犯罪的证据,不仅有各被害人的陈述、医疗诊断证明书,而且有淡某甲书写的威胁信、被害人书写的欠条和保证书等。上述威胁信、欠条、保证书从被告人住所提取,经鉴定确认分别为被告人、被害人所写。故本案证据已经形成稳固的证据锁链。淡某甲长期、多次奸淫多名幼女,犯罪性质和情节极其恶劣,主观恶性极深,罪行极其严重,依法应当严惩。据此,依照《中华人民共和国刑法》第二百三十六条第二款、第三款第(一)项、第(二)项,第二百三十七条第一款、第三款,第六十九条,第五十七条第一款,第六十四条,第十二条之规定,某市中级人民法院于2011年6月30日判决如下:

淡某甲犯强奸罪,判处死刑,剥夺政治权利终身;犯猥亵儿童罪,判处有期徒刑五年;决定执行死刑,剥夺政治权利终身。

宣判后,被告人淡某甲不服,向某省高级人民法院提起上诉。

某省高级人民法院经审理认为,上诉人淡某甲的行为构成强奸罪、猥亵儿童罪,依法应当并罚。淡某甲长期引诱、胁迫、控制并多次奸淫多名幼女,给被害人的身心健康和未来生活带来严重损害,并造成恶劣的社会影响,犯罪动机卑劣,情节特别恶劣,后果特别严重,主观恶性极大,且没有任何法定从轻、减轻情节,依法应当严惩。淡某甲提出的上诉理由和指定辩护人提出的辩护意见与查明的事实不符,不予采纳。原判认定的事实清楚,证据确实、充分,定性准确,量刑适当,审判程序合法。据此,依照《中华人民共和国刑事诉讼法》(1996年)第一百八十九条第(一)项之规定,某省高级人民法院于2012年5月2日裁定驳回上诉,维持原判,并依法报请最高人民法院核准。

最高人民法院经复核认为,被告人淡某甲长期猥亵、奸淫幼女多人,对被害人的身心健康造成严重损害,犯罪情节特别恶劣,社会危害性大,罪行极其严重,依法应当从重处罚。对淡某甲所犯数罪,依法应当并罚。第一审判决、第二审裁定认定的事实清楚,证据确实、充分,定罪准确,量刑适当,审判程序合法。据此,依照《中华人民共和国刑事诉讼法》(1996年)第一百九十九条和最高人民法院《关于复核死刑案件若干问题的规定》第二条第一款之规定,于2012年12月11日裁定核准被告人淡某甲死刑。

二、裁判要旨

No.4-236-43 以胁迫或其他手段长期强行奸淫幼女多名,导致幼女身心健康遭到严重损害的,应当认定为罪行极其严重,应判处死刑立即执行。

近年来,以不满14周岁的幼女作为犯罪对象的强奸罪在司法实践中时有发生。在此类奸幼型强奸案件中,部分案件没有出现被害人重伤、死亡的危害后果,但存在行为人长期奸淫多名幼女、对幼女使用胁迫手段、严重损害幼女身心健康等情节。此类案件是否属于"罪行极其严重",如何把握死刑适用标准,司法实践中认识不一致。笔者认为,判断奸幼型强奸案件是否达到"罪行极其严重"的死刑适用标准,应当依照刑法、司法解释的相关规定并结合司法审判经验,根据具体案件的事实、犯罪性质、情节和社会危害程度,着重从侵害对象、侵害人数、侵害次数或者持续时间、作案手段、危害后果等方面综合分析判断。

从侵害对象看,一般来说,幼女年龄越小,身体发育越不成熟,受到的伤害越大,故对被告人的惩罚相应也应越严厉。从侵害人数看,强奸罪侵害的人数越多,则罪行越严重。对于奸幼型强奸案件,侵害人数达到3人以上的,应在"十年以上有期徒刑、无期徒刑或者死刑"的量刑档次内从重量刑。是否适用死刑,应从奸淫的幼女人数、强奸既遂人数、作为实行犯强奸的人数等方面具体分析。从侵害手段看,奸淫幼女犯罪的成立,不要求行为人采取特定手段,也不论幼女是否自愿,只要行为人明知是不满14周岁的幼女而与其发生性关系的,都应当以强奸罪论处。如果采取暴力、胁迫手段奸淫幼女,或者当着幼女亲属、熟人的面奸淫幼女,或者使用残酷、变态手段奸淫幼女的,一般都应当作为强奸罪的酌定从重处罚情节考虑。从危害后果看,对于奸幼型强奸案件来说,即使没有出现幼女重伤、死亡后果,但随着被害人年龄增长,被强奸的经历将长期、严重地损害其身心健康,给幼女造成严重的心理创伤,留下挥之不去的心理阴影。其危害性主要表现在:一是由于行为人违背幼女意志,强行与幼女发生性行为,直接侵害了被害人的身心健康、性羞耻心理。二是在行为人以揭发隐私的胁迫手段长期奸淫幼女的情况下,幼女整日生活在担心"丑闻败露"的恐惧之中,不敢违抗行为人的意愿,也不敢将遭受强奸之事告诉任何人,承担着巨大的心理压力。三是幼女在今后的生活中,受到亲属的责骂以及来自社会的嘲讽、歧视后,会产生深深的自责心理和负罪感,极端情况下可能导致自杀,或者产生"破罐破摔"心理,不再珍惜自己的名誉、家庭,或者对男性产生仇视、报复心理,成为潜在的犯罪人。因此,在对奸幼型强奸案件决定是否适用死刑时,要特别重视被害人遭受的心理创伤程度,全面、客观地评价强奸罪行是否属于"罪行极其严重"。

本案中,被告人淡某甲从1989年至2008年案发期间,采取引诱、胁迫等手段多次对幼女黎某某、蒙某甲、淡某乙、蒙某乙实施猥亵、奸淫,对幼女周某某奸淫一次,多次对幼女淡某丙实施猥亵,可以认定淡某甲强奸妇女、奸淫幼女的次数非常多、持续时间特别长。被害人的身心健康因淡某甲的长期奸淫而受到严重摧残。综上所述,被告人淡某甲人格极其卑劣,主观恶性极大,所犯强奸罪行极其严重,依法应当判处死刑立即执行。

案例:孟某等强奸案

案例来源:《刑事审判参考》总第102集[第1061号]

主题词:强奸罪 违背妇女意志的认定

一、基本案情

被告人孟某,男,1992年2月18日生,学生。2014年4月25日因涉嫌犯强奸罪被逮捕。

被告人次某,男,1990年1月3日生,学生。2014年4月25日因涉嫌犯强奸罪被逮捕。

被告人索某,男,1992年12月8日生,学生。2014年4月25日因涉嫌犯强奸罪被逮捕。

被告人拉某,男,1993年1月13日生,学生。2014年4月25日因涉嫌犯强奸罪被逮捕。

被告人多某,男,1991年10月11日生,学生。2014年4月25日因涉嫌犯强奸罪被逮捕。

湖北省武汉市人民检察院以被告人孟某、次某、索某、多某、拉某犯强奸罪,向湖北省武汉市中级人民法院提起公诉。

被告人孟某、索某、多某及其辩护人提出,被害人在整个过程中没有拒绝、反抗、呼救,系自愿与被告人发生性行为。被告人次某的辩护人亦提出不能排除被害人系自愿与次某发生性关系的可能性。被告人拉某的辩护人提出拉某系从犯等辩解意见,请求减轻或从轻处罚。

湖北省武汉市中级人民法院经审理查明:2014 年 3 月 16 日凌晨 3 时许,被告人孟某在武汉市洪山区鲁磨路的 VOX 酒吧内与被害人朗某(美国籍)跳舞相识,后孟某趁朗某醉酒不省人事之际,骗取酒吧管理人员和服务员的信任,将朗某带出酒吧。随后,孟某伙同被告人次某、索某、多某、拉某将朗某带至武汉东湖新技术开发区政苑小区"星光大道 KTV"的 202 包房。接着,多某购买避孕套,并向次某、索某和拉某分发。次某、索某和拉某趁朗某神志不清,先后在包房内与其发生性关系。孟某和多某欲与朗某发生性关系,但因故未得逞。当日,朗某回到任教学校后,即向公安机关报警。经鉴定,被害人朗某双上臂及臀部多处软组织挫伤。

同年 3 月 18 日,被告人孟某、次某、索某、多某、拉某分别在其学生公寓内被公安机关抓获。

湖北省武汉市中级人民法院一审认为,被告人孟某等五人在被害人处于醉酒无意识状态下,骗取酒吧工作人员的信任,谎称系被害人的朋友,从酒吧带走被害人,预谋实施性侵害,并利用被害人不知反抗、不能反抗的状态和不敢反抗的心理,违背被害人意志,共同对被害人实施了性侵行为,其行为均已构成强奸罪。公诉机关指控的罪名成立。被告人孟某、次某、索某、拉某在共同犯罪中起主要作用,系主犯。被告人多某在共同犯罪中起次要作用,系从犯,依法应当对其从轻处罚。依据《中华人民共和国刑法》第二百三十六条第三款第(一)项及第(四)项、第二十五条第一款、第二十六条第一款、第二十七条第一款、第五十五条、第五十六条、第六十七条第三款的规定,判决如下:

1. 被告人孟某犯强奸罪,判处有期徒刑十五年,剥夺政治权利三年。
2. 被告人次某犯强奸罪,判处有期徒刑十三年,剥夺政治权利二年。
3. 被告人索某犯强奸罪,判处有期徒刑十三年,剥夺政治权利二年。
4. 被告人拉某犯强奸罪,判处有期徒刑十二年,剥夺政治权利一年。
5. 被告人多某犯强奸罪,判处有期徒刑十年,剥夺政治权利一年。

一审宣判后,五被告人均不服,以被害人无明显反抗行为,系自愿与其发生性关系为由,向湖北省高级人民法院提出上诉。

湖北省高级人民法院二审认为,一审认定的事实清楚,证据确实、充分,定罪准确,审判程序合法。裁定驳回上诉,维持原判。

二、裁判要旨

No. 4-236-44 被害人无明显反抗行为或意思表示不能当然推定被害人对性行为表示同意。明知被害人处于醉酒状态,利用其不知反抗、不能亦不敢反抗的状态与被害人发生性关系的,属于违背妇女意志强行发生性关系,构成强奸罪。

违背妇女意志,是指未经妇女同意而强行与之发生性交的行为。判断是否违背妇女意志,关键要看妇女对发生性行为是否同意,至于妇女表示同意是发生性交之前还是性交过程中,均不影响同意的成立。但女方无明显反抗行为或反抗意思表示时,不得据此推定为默示状态下的不违背妇女意志。笔者认为,对妇女是否同意不能以其有无反抗为标准。由于犯罪分子在实施强奸时的客观条件和采用的手段不同,对被害妇女的强制程度也相应的有所不同,因而被害妇女对犯罪行为的反抗形式和其他表现形式也会各有所异,有的因害怕或精神受到强制而不能反抗、不敢反抗或不知反抗。因此,不能简单地以被害妇女当时有无反抗意思表示,作为认定其是否同意的唯一条件。对妇女未作反抗或者反抗表示不明显的,要通观全案,具体分析,综合认定。一般而言,可以从案发时被害妇女的认知能力、反抗能力以及未作明确意思表示的客观原因等方面进行判断。本案中,被害人因为醉酒已失去了正常的分辨能力和认知能力,不能正确认知自身处境,不能正确表达内心真实意愿,其间可能对被告人的一些言行产生错误的理解和反应,但不应据此认定被害人对被告人要求发生性行为默示同意。被害人在到达案发现场前后,因醉酒对自身所处的环境、状况以及可能遭遇的危险并不能正确认知;在案发过程中神情呆滞伴有哭泣;在案发清醒后立即报案。这些情况可以证实被害人在心理上对性行为的发生并非持有自愿认可的态度。被害人之所以未作明确意思表示,是因为客观上不具备明确表达不同意的条件。

案例:刘某某强奸案

案例来源:《人民法院案例选》2016 年第 4 辑

主题词:强奸罪　对幼女年龄的明知

一、基本案情

被告人:刘某某。

2013 年 8 月上旬,被告人刘某某多次到天津市静海县子牙商业街的川香食府吃饭,与女服务员姜某某(2000 年 3 月 29 日出生)相识。8 月中旬,刘某某带姜某某至旅馆内,强行与姜某某发生两性关系。此后至 10 月 17 日间,刘某某与姜某某又先后在多家旅馆多次发生两性关系,并致姜某某怀孕后堕胎。10 月 24 日,姜某某报案。10 月 28 日,公安机关将刘某某抓获归案。

在一审审理期间,姜某某提起附带民事诉讼。经调解,双方达成协议,刘某某及其家属一次性赔偿被害人姜某某经济损失 1.5 万元,被害人对其表示谅解。

刘某某辩称:其不明知被害人未年满 14 周岁;其与被害人是恋爱关系,并没有强迫对方发生性关系;已得到被害人谅解,并且其未满 18 周岁。请求法院从轻处罚。

刘某某的辩护人认为:被害人亲属的证言证明,户口簿上登记的被害人年龄并非实际年龄,所以不能以被害人亲属的口述年龄为准,不能认定被害人为幼女;被害人陈述第一次与刘某某发生性关系时被强迫,但刘某某供述六次性关系都是被害人自愿的,且双方第一次发生性关系是一起去的宾馆,所以不能认定为强迫;且被害人一直对刘某某说自己是十六七岁。综上,刘某某不明知被害人为幼女,不存在强奸的主观故意,根据我国刑法中主客观相统一的原则,应当认定刘某某无罪。

天津市静海县人民法院依据《中华人民共和国刑法》第二百三十六条第二款、第十七条之规定,判决被告人刘某某犯强奸罪,判处有期徒刑六年。

宣判后,刘某某提出上诉。

天津市第一中级人民法院审理后,对刘某某提出的一审量刑过重的上诉理由予以采纳,遂判决刘某某犯强奸罪,判处其有期徒刑四年。

二、裁判要旨

No. 4-236-45　在性侵幼女案件中,在认定行为人是否明知对方年龄上,应贯彻对幼女的最高限度保护和对性侵幼女的最低限度容忍原则,除非辩方有确凿的证据能证明行为人不明知,一般可以推定行为人明知对方系幼女。

为贯彻特殊保护幼女的刑事政策,司法机关在对被告人是否明知女方系幼女认定上应该宽松掌握。一方面,最高人民法院、最高人民检察院、公安部、司法部联合出台的《关于依法惩治性侵害未成年人犯罪的意见》并没有借鉴英美刑法中的严格责任,还是恪守大陆刑法中的责任主义原则,要求行为人对幼女主观上需要明知对方系幼女。另一方面,幼女身心、智力发育都不成熟,性防卫能力较低,《关于依法惩治性侵害未成年人犯罪的意见》贯彻的指导思想就是对幼女的最高限度保护和对性侵幼女的最低限度容忍。为了平衡责任主义和对幼女的特殊保护,针对性侵未满 12 周岁的幼女,《关于依法惩治性侵害未成年人犯罪的意见》第十九条实际上采取了对行为人明知幼女的推定原则;针对已满 12 周岁未满 14 周岁的幼女,司法机关在认定被告人是否明知女方系幼女认定上应该宽松掌握。控方只要能证明被告人可能知道对方系幼女,即可认定被告人主观上明知对方系幼女。对辩方提出的不明知对方系幼女的辩解理由,除非有确切的证据证明行为人确实不知道对方系幼女,才可以采纳。

92 强制猥亵、侮辱罪(《刑法》第二百三十七条)

案例:何斌勇强制猥亵妇女案①

案例来源:《人民法院案例选》2012年第3辑

主题词:禁止令 禁止令的适用与内容

一、基本案情

被告人:何斌勇(系未成年人)。

闵行区人民法院经审理查明:被告人何斌勇与被害人刘×曾经建立恋爱关系,后被害人刘×决意分手,被告何斌勇则不愿终止。2010年7月21日18时30分许,被告人何斌勇尾随被害人刘×至上海市闵行区颛兴东路1550弄剑桥馨苑小区,双方再次发生争执,被告人何斌勇遂将被害人刘×拉入小区东侧约10米处、颛兴东路北侧绿化带内,采用暴力的方式用手伸进刘×的上衣、短裤内,强行抚摸刘×乳房、生殖器。被告人何斌勇在明知他人报警的情况下在现场等待,而被公安人员当场抓获。

公诉机关指控被告人何斌勇犯强制猥亵妇女罪,被告人对此指控无异议。

闵行区人民法院认为:被告人何斌勇采用暴力强制猥亵妇女,其行为已构成强制猥亵妇女罪。被告人何斌勇犯罪时未满18周岁,依法应当从轻处罚。被告人何斌勇有自首情节,依法可以从轻处罚。据此,为维护社会治安秩序,保障公民的人身权利不受侵犯,依照《中华人民共和国刑法》第二百三十七条第一款,第十七条第一款、第三款,第六十七条第一款,第七十二条,第七十七条第二款及最高人民法院《关于〈中华人民共和国刑法修正案(八)〉时间效力问题的解释》第一条之规定,判决被告人何斌勇犯强制猥亵妇女罪,判处拘役六个月,同时判决禁止被告人何斌勇在缓刑考验期限内接触本案被害人刘×,禁止进入被害人刘×工作单位和居住处。

二、裁判要旨

No.4-237-1 在对被判处管制和宣告缓刑的犯罪分子适用禁止令时,应当综合考虑犯罪分子的犯罪事实、性质、情节、对社会危害的程度以及犯罪分子的个人情况、认罪悔罪表现。适用禁止令必须具有必要性,在具体案件中,应从促进罪犯教育矫正、有效维护秩序两方面进行衡量。禁止令的内容应当具有针对性,不能片面依据所犯罪行的客观危害大小决定是否适用,还应与行为人行为所需禁止的情形相适应。禁止令的内容应当具有现实可行性且不得重复禁止,应当考虑维护犯罪分子的基本生活条件。

《刑法》第七十二条第二款规定:"宣告缓刑,可以根据犯罪情况,同时禁止犯罪分子在缓刑考验期限内从事特定活动,进入特定区域、场所,接触特定的人。"其中"犯罪情况"是人民法院适用禁止令的主要考虑因素,包括犯罪分子的犯罪事实、性质、情节、对社会危害的程度及犯罪分子的个人情况、认罪悔罪表现等。另外,结合"犯罪情况",对犯罪分子适用禁止令还必须达到"必要"的程度。禁止令在性质上虽然是对管制和缓刑执行方式的完善,不是一种新的刑罚,但其适用毕竟对犯罪人的行为进行了限制,增加了犯罪人的负担,为维护犯罪人的合法权益,防止禁止令的滥用,对犯罪分子适用禁止令必须具有必要性。"必要性"是一个抽象的概念,结合增设禁止令的目的,在具体案件中,应从促进罪犯教育矫正、有效维护社会秩序两方面进行衡量。

本案系强制猥亵妇女案,属于侵害公民人身权利的犯罪类型,社会危害性大,性质严重。考虑到被告人曾多次纠缠被害人,并与被害人发生争执,且被告人正处于生理发育期,对两性关系好奇程度比较高,自制力弱,如果不对被告人的行为进行限制,就很有可能对被害人造成潜在的威胁,进而扰乱社会治安秩序。另外,被告人文化程度较低,其在明知他人报警的情况下仍在现场等待,不思悔改,说明被告人对自己行为的法律性质及社会危害性认识不到位,在这种情况下单纯适用缓刑难以保证被告人以后不会再犯同样的罪行。因此,对本案被告人适用禁止令有助于确保缓刑效果的实现,符合刑事禁止令促进罪犯教育矫正、有效维护社会秩序的目的,具有必

---

① 《中华人民共和国刑法修正案(九)》将原条文中强制猥亵的对象"妇女"修改为"他人"。

要性。

禁止令的形式包括禁止缓刑犯、管制犯从事特定活动、进入特定区域、场所以及接触特定的人,简称“三禁止”。在具体案件中,对犯罪人适用何种禁止以及适用特定禁止的程度和范围是重要问题。

刑事禁止令的内容首先应具有针对性。也就是说,法官在适用刑事禁止令时应充分考虑与所犯罪行的关联程度,有针对性地宣告,不能片面依据其所犯罪行的客观危害大小决定是否适用禁止令,同时,还应与行为人行为所需禁止的情形相适应。其次,禁止令的内容应该具有现实可行性,否则适用禁止令就流于形式。再次,不得重复禁止。对法律法规已明确规定禁止的内容,再通过禁止令予以禁止就没有必要。最后,禁止令的内容应考虑维护犯罪分子的基本生活条件。具体到本案,被告人实施强制猥亵行为属于临时起意,被害人刘×属于刑法学关于犯罪对象的分类中“特定的人”,犯罪场所系被害人刘×经常活动的场所。综合考虑法庭认定的犯罪事实、情节以及被告人的自身情况,与被告人何斌勇所犯罪行关联密切的主要是“特定人”和“特定场所”两个方面,具体就是被害人刘×以及刘×经常活动的场所或者区域。综上,与被告人所需要禁止的情形相适应,法院有针对性地作出禁止被告人何斌勇接触本案被害人刘×,禁止进入被害人刘×工作单位和居住处的判决。

案例:杜周兵强奸、强制猥亵妇女、猥亵儿童案

案例来源:《刑事审判参考》总第 98 集[第 986 号]

主题词:强制猥亵妇女罪　自首

一、基本案情

被告人杜周兵,男,1982 年 2 月 6 日出生。2013 年 9 月 30 日因涉嫌犯强奸罪被逮捕。

浙江省宁波市人民检察院以被告人杜周兵犯强奸罪、强制猥亵妇女罪、猥亵儿童罪,向宁波市中级人民法院提起公诉。

被告人杜周兵的辩护人提出,杜周兵因涉嫌犯强奸罪、强制猥亵妇女罪接受公安机关讯问时,主动交代其还猥亵幼女黎某某的事实,构成猥亵儿童罪的自首。

宁波市中级人民法院经不公开审理查明:2009 年至 2013 年期间,被告人杜周兵在宁波市鄞州区塘溪镇内,多次借故进入多名幼女或者妇女的家中,采用暴力、胁迫等手段对被害人实施奸淫或者强制猥亵。杜周兵被抓获后,除交代上述事实外,还主动供述其在 2010 年或者 2011 年的一天猥亵黎某某(女,1999 年 5 月 23 日出生)的事实。

宁波市中级人民法院认为,被告人杜周兵以暴力、胁迫等手段奸淫不满 14 周岁的幼女,以暴力、胁迫等手段强制猥亵妇女和猥亵儿童,其行为分别构成强奸罪、强制猥亵妇女罪和猥亵儿童罪,应当数罪并罚。杜周兵奸淫幼女多人,并强制猥亵妇女、猥亵儿童,犯罪性质恶劣;社会危害大,依法应当严惩。杜周兵归案后如实供述主要犯罪事实,可以从轻处罚。杜周兵如实供述司法机关尚未掌握的猥亵儿童的犯罪事实,与司法机关已经掌握的强制猥亵妇女的犯罪事实属于同种罪行,可以酌情从轻处罚。据此,依照《中华人民共和国刑法》第二百三十六条,第二百三十七条第一款、第三款,第六十七条第三款,第五十七条第一款,第六十九条之规定,宁波市中级人民法院判决如下:

被告人杜周兵犯强奸罪,判处无期徒刑,剥夺政治权利终身;犯强制猥亵妇女罪,判处有期徒刑三年;犯猥亵儿童罪,判处有期徒刑一年;决定执行无期徒刑,剥夺政治权利终身。

一审宣判后,被告人杜周兵未提起上诉,公诉机关亦未抗诉,该判决已发生法律效力。

二、裁判要旨

No. 4-237-2　强制猥亵妇女罪与猥亵儿童罪为同种罪行,因强制猥亵妇女罪而被采取强制措施的犯罪嫌疑人到案后如实供述司法机关尚未掌握的猥亵儿童罪的犯罪事实,不成立自首。

最高人民法院 1998 年出台的《关于处理自首和立功具体应用法律若干问题的解释》规定:

"被采取强制措施的犯罪嫌疑人、被告人和已宣判的罪犯,如实供述司法机关尚未掌握的罪行,与司法机关已掌握的或者判决确定的罪行属不同种罪行的,以自首论。被采取强制措施的犯罪嫌疑人、被告人和已宣判的罪犯,如实供述司法机关尚未掌握的罪行,与司法机关已掌握的或者判决确定的罪行属同种罪行的,可以酌情从轻处罚;如实供述的同种罪行较重的,一般应当从轻处罚。"实践中对哪些罪行属于同种罪行,存在不同认识。根据最高人民法院 2010 年下发的《关于处理自首和立功若干具体问题的意见》的规定,"同种罪行"包括三种情况:罪名相同的罪行、属于同一选择性罪名的罪行以及法律或者事实上密切关联的罪行。

强制猥亵妇女罪与猥亵儿童罪罪名不同,也不属于选择性罪名,但是两种犯罪在法律上、事实上均具有密切关联,可以视为同种罪行。具体理由是:第一,强制猥亵妇女罪与猥亵儿童罪在法律上具有密切关联。强制猥亵妇女罪与猥亵儿童罪在客观方面均包含违背被害人意志,采用抠摸、搂抱、手淫、鸡奸等淫秽下流手段进行猥亵等行为。构成猥亵儿童罪虽然不要求行为人采用暴力、胁迫手段,但实践中对陌生儿童进行猥亵时往往也会采取一定的暴力、胁迫手段。从主观方面看,两罪均有满足不正常性欲的动机,行为人受性欲驱动对女性被害人实施猥亵时,往往对被害人是否属于幼女不加以区分,只要能满足其性欲即可。第二,强制猥亵妇女罪与猥亵儿童罪在事实上具有密切关联。在某些猥亵犯罪中行为人基于满足特殊性需求,犯罪易于得逞等考虑,随机选择某一年龄段的陌生被害人作案,其对被害人的年龄只有大致的判断。对于行为人而言,先后对两名十几岁的年幼女性实施猥亵,其犯罪手段以及犯罪目的是没有差别的,即使因被害人不满或者超过 14 周岁而分别构成强制猥亵妇女罪、猥亵儿童罪,仍然是两起性质基本相同的事实。

本案中,被告人杜周兵在近 5 年的时间里,在同一地区多次采取路边拦截、跟随被害人进入其住处等方式,使用暴力、胁迫手段对多名妇女、儿童强行抚摸胸部、阴部等部位实施猥亵。杜周兵选择的作案目标,基本都是年龄较小、反抗能力较弱的女性,至于被害人是否属于幼女,并不影响其实施犯罪计划。杜周兵所犯强制猥亵妇女罪和猥亵儿童罪在实施的时间、地点、对象及手段上具有连贯性和一致性,属于在法律、事实上有密切关联的同种罪行,故人民法院认定杜周兵对猥亵儿童罪不构成自首是正确的。

案例:王晓鹏强制猥亵妇女、猥亵儿童案

案例来源:《刑事审判参考》总第 98 集[第 987 号]

主题词:强制猥亵妇女、猥亵儿童罪　与正常医疗检查的区分

一、基本案情

被告人王晓鹏,男,1977 年 1 月 23 日出生,医生。2013 年 6 月 12 日因涉嫌犯强制猥亵妇女罪、猥亵儿童罪被逮捕。

甘肃省肃北蒙古族自治县人民检察院以被告人王晓鹏犯强制猥亵妇女罪、猥亵儿童罪,向肃北蒙古族自治县人民法院提起公诉。

被告人王晓鹏及其辩护人提出如下意见:王晓鹏超出职权范围进行检查是为了对学生负责,出发点是想把病因查清楚,并无猥亵之念,现有证据不足以证明王晓鹏具有强制猥亵妇女和猥亵儿童的动机与目的,王晓鹏的行为不符合猥亵犯罪的构成要件。

肃北蒙古族自治县人民法院经审理查明:2012 年 5 月 28 日至 31 日,甘肃省肃北县某中学组织学生在肃北县医院体检。被告人王晓鹏利用自己作为尿检项目检验医生的便利,超出尿检医生的职责范围,以"体检复查"为名,对 14 名已满 14 周岁的女学生和 7 名不满 14 周岁的女学生抚摸胸腋部和下腹部、腹股沟区,将裤子脱至大腿根部查看生殖器,用手在阴部进行按压抚摸,对个别女学生以棉签插入阴部擦拭的方式提取所谓"分泌物",进行猥亵。

肃北蒙古族自治县人民法院认为,被告人王晓鹏利用职务上的便利,以"体检复查"为名对 14 名已满 14 周岁女学生和 7 名不满 14 周岁女学生,进行了不同程度的猥亵,其行为分别构成强制猥亵妇女罪和猥亵儿童罪,应当予以并罚。公诉机关指控的犯罪事实清楚,证据确实、充

分,指控的罪名成立。王晓鹏及其辩护人的意见没有事实和法律依据,不予采纳。本案被害人人数多且使未成年女学生的人格、名誉及身心健康受到了极大伤害,社会影响恶劣。据此,依照《中华人民共和国刑法》第二百三十七条第一款、第三款,第六十九条之规定,肃北蒙古族自治县人民法院判决如下:

被告人王晓鹏犯强制猥亵妇女罪,判处有期徒刑三年;犯猥亵儿童罪,判处有期徒刑四年;决定执行有期徒刑六年。

一审宣判后,被告人王晓鹏提出上诉,称没有猥亵的动机与目的,原判将违反医疗规程的医疗检查认定为犯罪行为,属于定性错误。

酒泉市中级人民法院经审理认为,被害人陈述、证人证言、医院尿检常规步骤说明、王晓鹏的供述等证据证实,王晓鹏利用给学生作尿检的职务之便,超越尿检医生职责范围,趁大多数被害女学生从未接受过体检的机会,实施了猥亵行为,且 21 名女学生均向公安机关陈述了其不知抗拒和无法抗拒而使自己的身体遭受不法侵害的事实,王晓鹏的行为违背了她们的意志,是变相的强制,王晓鹏的行为符合强制猥亵妇女罪和猥亵儿童罪的构成要件,其上诉理由不能成立。原判认定的犯罪事实清楚,证据确实、充分,定罪准确,量刑适当,审判程序合法。据此,酒泉市中级人民法院依法裁定驳回上诉,维持原判。

二、裁判要旨

No. 4-237-3　医生利用职务之便超越职责范围,采取非诊疗所必需的身体检查借机猥亵妇女的,应当认定为强制猥亵妇女罪。

基于医生职业的特殊性,需要对医疗对象的身体进行专业检查,故区分医疗检查与猥亵犯罪行为的确有一定难度。实践中,首先要厘清该行为是否具备犯罪的特征,即严重的社会危害性、刑事违法性和应受刑罚惩罚性,具体而言,主要从行为人的主观和客观两个方面进行甄别:

就主观方面而言,医疗检查应当是以治病救人为目的,在遵循相关医疗规范的前提下,对病人进行必要、科学的医务检查和诊治;而猥亵犯罪行为的主观方面需要具备猥亵的故意。强制猥亵妇女罪的故意,即行为人明知自己的行为违背妇女的意志,侵犯了妇女性的自主权和羞耻心,而希望或者放任这一危害结果的发生;猥亵儿童罪的故意,即行为人明知自己的行为侵犯了儿童不受性侵犯的权利,并希望此危害结果的发生。实践中,对于犯罪主观方面的证明,通常有赖于对客观行为的分析判断。就客观方面而言,则应当重点考察行为人是否使用了强制或欺骗等不正当手段,以及是否明显超越了职责范围、是否系诊疗所必须。

本案中,被告人王晓鹏利用未成年女学生对医生权威的信任,以及对体检流程不了解等认识能力的限制,在医院诊室这一特定的封闭场所,使女学生在精神上受到强制,不能或者不知反抗,进而实施猥亵;多名女学生亦证明,在接受身体检查过程中感觉受到了侵犯。提取在案的医院尿检常规步骤材料证明,正常的尿检步骤系由受检者将尿液标本送检验室,检验工作人员进行常规检验,并出具报告单,对尿检结果异常需要镜检者,检验人员提取尿液标本做镜检,对分泌物的检验由患者到相关科室由专业技术人员提供分泌物标本送检。依据该规定进行分析,被告人王晓鹏抚摸女生胸腋部、查看女生生殖器、用手在女生阴部按压等行为明显超越了其职责范围,应当认定其不属于正常的医学检查手段。王晓鹏利用给学生作尿检的职务之便,超越尿检医生职责范围,对 21 名女学生进行变相强制,实施猥亵,人民法院认定其行为已构成猥亵犯罪,是正确的。

No. 4-237-4　强制猥亵对象中既包括已满 14 周岁的妇女又包括未满 14 周岁幼女的,应当进行数罪并罚。

我国《刑法》第二百三十七条明确将强制猥亵妇女罪与猥亵儿童罪规定为两个独立的罪名,表明侵犯的是不同客体,是两罪而非一罪。虽然理论上确实存在判决宣告前的同种数罪是否并罚的争议,但强制猥亵妇女罪与猥亵儿童罪系同一法条下规定的不同罪名,并非同种数罪,予以并罚是有法律依据的。

从我国整个立法体系看,保护未成年人权益的法律体系日益健全,司法保护力度不断增强,将儿童的身心健康作为一个重大的法益加以特殊保护,符合刑事政策和立法精神。我国刑法将妇女的性权利与儿童的身心健康作为不同的法益加以保护,并将儿童的身心健康作为特殊的法益加以重点保护。实践中,在没有"聚众或者在公共场所当众实施"这两项加重情节的情况下,强制猥亵妇女的最高仅能判处五年有期徒刑,最低可能判处拘役;而以强制猥亵妇女罪与猥亵儿童罪并罚,则最高可判处十年以下有期徒刑,量刑幅度更宽,从某种意义上更能贯彻罪责刑相适应原则,并体现从严惩治性侵害儿童的刑事政策精神。

案例:吴茂东猥亵儿童案

案例来源:《刑事审判参考》总第98集[第989号]

主题词:猥亵儿童罪 在公共场所当众猥亵

一、基本案情

被告人吴茂东,男,1971年3月7日出生,教师。2013年6月19日因涉嫌犯猥亵儿童罪被逮捕。

广东省深圳市南山区人民检察院以被告人吴茂东犯猥亵儿童罪,向南山区人民法院提起公诉。

被告人吴茂东及其辩护人提出如下意见:吴茂东亲吻被害人L某脸部的行为不属于猥亵行为;吴茂东没有使用暴力或者威胁手段,未造成被害人身体上的实质损害,犯罪情节相对较轻,社会危害不大;吴茂东认罪态度好,有悔罪表现,愿意积极对被害人予以民事补偿;请求法庭对吴茂东判处三年以下有期徒刑。

深圳市南山区人民法院经审理查明:被告人吴茂东系深圳市南山区某小学语文教师。自2012年11月至2013年5月23日期间,吴茂东利用周一至周五在班级教室内管理学生午休之机,多次将协助其管理午休纪律的被害人Z某、C某、H某(女,时年均7岁)等女学生,叫到讲台上,采用哄、骗、吓等手段,以将手伸进被害人衣裤内抠摸敏感部位等方式进行猥亵;吴茂东还多次利用周五放学后无人之机,以亲吻脸部的方式对被害人L某(女,时年8岁)进行猥亵。吴茂东在实施上述猥亵行为后哄骗被害人不能将事情告诉家长。5月23日中午,吴茂东采用上述方式又一次猥亵被害人C某。5月26日,C某的父母发现被害人行为异常,在向其他被害人了解情况后于5月27日向公安机关报案。报案当日,Z某、C某、H某在其家长的陪同下就医,其中Z某经检验后诊断为细菌性阴道炎。经司法鉴定,Z某、C某、H某会阴、体表均未检见明显暴力损伤痕迹。

深圳市南山区人民法院认为,被告人吴茂东猥亵儿童,其行为构成猥亵儿童罪。公诉机关指控的犯罪事实清楚,证据确实、充分,指控的罪名成立。吴茂东对上述被害人实施猥亵行为的场所是教室内,实施猥亵行为的时间是中午,教室内仍有部分学生午休,且有部分学生曾发现其实施的猥亵行为,故该猥亵行为应当认定为《刑法》第二百三十七条第二款规定的"在公共场所当众"猥亵儿童,应当判处五年以上有期徒刑。吴茂东还多次利用放学后无人之机,亲吻被害人L某脸部,哄骗被害人不要让他人,尤其是被害人父母知晓,说明其主观上具有猥亵的故意,并非一般成年人对孩童喜爱之情的自然流露,应当认定为猥亵行为,故辩护人所提该行为不是猥亵行为的意见,不予采纳。吴茂东身为人民教师,本应是教书育人、遵纪守法的榜样,但却利用教师身份在较长时间内多次猥亵多名学生,不仅给被害人幼小的心灵及其家庭带来难以愈合的创伤,而且严重损害了人民教师的形象,行为性质恶劣,社会影响极坏,对其应当从重处罚。辩护人所提吴茂东犯罪情节较轻,请求对其从轻处罚的辩护意见,不予采纳。吴茂东归案后如实供述自己的罪行,并当庭认罪,依法可以从轻处罚。综合吴茂东的犯罪情节、社会危害程度,依照《中华人民共和国刑法》第二百三十七条、第六十七条第三款之规定,南山区人民法院以被告人吴茂东犯猥亵儿童罪,判处有期徒刑八年。

一审宣判后,被告人吴茂东以原判量刑过重为由提出上诉。

深圳市中级人民法院经审理认为,一审认定的事实清楚,证据确实、充分,上诉人吴茂东关于原判量刑过重的理由不成立,遂依法裁定驳回上诉,维持原判。

二、裁判要旨

No. 4-237-5 在教室讲台猥亵儿童应当认定为在公共场所当众实施猥亵,加重处罚。

根据《辞海》的解释,公共场所是指公众可以去的地方或者对公众开放的地方;公众是指社会上大多数的人或者大众。因此,仅从文义解释的角度分析,公共场所就是指供社会上大多数的人从事工作、学习、文化、娱乐、体育、社交、参观、旅游和满足部分生活需求的一切公用建筑物、场所及其设施的总称。这一解释突出了公共场所系相对于私人场所而言及可由多数人进出、使用的功能特征。从对"公共场所"的最狭义理解来看,一般应当强调该场所"供非固定人员进出、使用"的功能特征,唯此方能体现公共场所的涉众性。学校教室是供学生学习的专门设施,一定时期内使用教室的学生范围相对固定,因此,仅从狭义解释的角度考察,似与一般意义上的公共场所有所不同。但学校教室并非私人场所,而且是供多数学生使用,具有相对的涉众性。考虑到这一点,将教室解释为"公共场所"并未超出"公共场所"概念所能包含的最广含义,也符合一般公民的理解和认知,属于合理的扩大解释。

就性侵害犯罪而言,《刑法》将在公共场所当众实施强奸、猥亵规定为强奸、猥亵犯罪的法定加重处罚情节,主要是因为,性活动具有高度的私密性,而当众对被害人实施强奸、猥亵,既侵犯了普通公民最基本的性羞耻心和道德情感,更重要的是,此种情形对被害人身心造成的伤害更严重,社会影响更恶劣,需要对此类猥亵犯罪配置与其严重性相适应的更高法定刑。最高人民法院、最高人民检察院、公安部、司法部联合下发的《关于依法惩治性侵害未成年人犯罪的意见》第二十三条规定,在校园、游泳馆、儿童游乐场等公共场所对未成年人实施强奸、猥亵犯罪,只要有其他多人在场,不论在场人员是否实际看到,均可以认定为在公共场所"当众"强制猥亵、侮辱妇女,猥亵儿童。"当众"并不要求在场人员实际看到。但基于"当众"概念的一般语义及具有"当众"情节即升格法定刑幅度的严厉性,从空间上来讲,其他在场的多人一般要在行为人实施犯罪地点视力所及的范围之内。也就是说,性侵害行为处于其他在场人员随时可能发现、可以发现的状况。

本案中,被告人吴茂东趁中午学生在教室内午休,将被害人叫到讲台上对被害人进行猥亵,虽然利用了课桌等物体的遮挡,手段相对隐蔽,但此种猥亵行为处于教室内其他学生随时可能发现、可以发现的状况。因此应当认定吴茂东的行为属于在公众场所当众猥亵儿童,应当加重处罚。

案例:于书祥猥亵儿童案

案例来源:《刑事审判参考》总第 114 集[第 1260 号]

主题词:猥亵儿童罪　在公众场所当众猥亵

一、基本案情

被告人于书祥原系东莞市某公园保安队长。2014 年 9 月 14 日 14 时许,于书祥在该公园内上班时,见被害人张某某(女,11 岁)、吴某某(女,11 岁)、李某某(女,11 岁)、杨某(女,12 岁)、刘某某(女,9 岁)等人在娱乐设施"恐怖城"外不敢进入,便假意提出带领张某某等人进入"恐怖城"。在张某某等人同意后,于书祥便带张某某等人进入"恐怖城"内游玩。进入"恐怖城"后,张某某等人出于害怕而围在于书祥身边,于书祥见状便先后伸手搂住张某某、吴某某、李某某、杨某等人的肩膀、腰部,并乘机用手抚摸张某某、吴某某、李某某等人的胸部,后被张某某等人挣脱。14 时 30 分许,于书祥见张某某等人到该公园内"青蛙跳"处游玩,又假意上前帮刘某某系安全带,并乘机用双手推挤压刘某某胸部。

二、裁判要旨

No. 4-237-6 以"在公共场所当众猥亵"加重处罚的前提,是猥亵行为本身足以构成犯罪,同一情节在入罪和加重处罚时不应被重复评价。

1997 年《刑法》修改,将流氓罪进行拆分,其中分离出来的罪名之一即是强制猥亵、侮辱妇女罪及猥亵儿童罪(2015 年修订为强制猥亵、侮辱罪及猥亵儿童罪),并删除了"情节恶劣"的限定条件,同时将“在公共场所当众猥亵”规定为加重处罚情节。我国《治安管理处罚法》第四十四条规定,猥亵他人的,处五日以上十日以下拘留;猥亵智力残疾人、精神病人、不满十四周岁的人或者有其他严重情节的,处十日以上十五日以下拘留。可见,尽管《刑法》删除了“情节恶劣”的限定条件,但同属猥亵行为,引起的法律责任并不相同。在刑事司法适用时仍应秉持谦抑性原则,对刑法意义上的“猥亵”概念予以适度的限制解释。综合考虑猥亵手段、针对的身体部位性象征意义的大小、持续时间长短、对被害人身心伤害大小、对社会风尚的冒犯程度等因素,对刑事处罚的必要性予以实质把握。我国没有性骚扰的法定概念,但对于一些情节显著轻微的性冒犯行为,如在地铁、公交车等公共场所,利用人多拥挤,短暂地隔衣服抚摸、顶擦他人臀部、胸部等,作为治安违法的猥亵行为予以处罚是适当的。

对“猥亵”概念予以适度限制解释的精神,既要体现在入罪标准的把握上,也要体现在对《刑法》第二百三十七条第二款所规定的“在公共场所当众猥亵”这一加重处罚情节的理解方面。该加重情节中的“猥亵”是本身单独评价即足以构成犯罪的严重猥亵行为,而不包括轻微的治安处罚意义上的猥亵违法行为。只有行为人在公共场所当众实施了足以构成犯罪的猥亵行为,才能适用加重处罚情节。

实践中,猥亵行为样态各异,有些本身已达到刑事处罚程度,如手指侵入他人阴道抠摸,或者压制他人反抗抚摸他人胸部持续时间较长,如系在公共场所当众实施,对被告人适用加重情节予以重罚,罚当其罪。而有些猥亵行为则显著轻微,如在地铁车厢利用乘客拥挤恶意触碰他人胸、臀,本属治安管理处罚的对象,只有同时考虑具有在公共场所当众实施、持续时间较长或者其他情节,才可能具有刑事处罚的必要性。因此,如果将那些相对轻微的当众猥亵行为作为加重情节对被告人判处五年以上有期徒刑,就会罪刑失衡,也有违社会一般人的法感情。对那些手段、情节、危害一般、介于违法与犯罪之间的猥亵行为样态,宜突出“在公共场所当众实施”对考量行为是否值得入罪进行刑事处罚方面的影响,避免越过对“猥亵”本身是否构成犯罪的基础判断,而简单化地以形式上具有当众实施情节,即对被告人升格加重处罚。

本案中,根据审理查明的事实,被告人于书祥利用女童年幼胆怯,在游乐场这一公共场所带被害人游玩期间,趁机触碰、抚摸被害人肩膀、腰部、胸部,属于对儿童的猥亵,其中部分被害人被猥亵时,被其他在场被害人看到。从被告人猥亵手段、方式、持续时间、猥亵人数等方面,结合考虑部分猥亵行为被在场人员目睹等情节,综合衡量。可以对其以猥亵儿童罪予以惩处。虽然被告人的部分猥亵行为形式上似也符合“在公共场所当众实施”的规定,但论其猥亵罪行的严重性,尚未达到应判处五年以上有期徒刑的程度,不宜以“在公共场所当众猥亵”加重处罚。

案例:区润生强制侮辱案

案例来源:《刑事审判参考》总第 129 辑[第 1438 号]

主题词:强制侮辱罪　网络犯罪

一、基本案情

2017 年 6 月,被告人区润生在其公共厕所内,将手机伸到厕所和洗澡房之间的透气窗,拍摄被害人吴某某的裸照及洗澡视频。此后,区润生再次到该处采用同样方法拍摄到吴某某母亲涂某某的洗澡视频。同年 12 月,区润生通过微信将其偷拍的两段洗澡视频及截图发给吴某某,以将所拍摄到的视频发送到互联网上相要挟,要求吴某某自拍裸照和自慰视频发送给他。在上述要求遭到吴某某拒绝后,区润生继续用淫秽语言骚扰吴某某,并将自拍的男性生殖器官照片通过微信发送给吴某某,继续威胁吴某某拍裸照和自慰视频发给他,被吴某某拒绝。吴某某于 2018 年 4 月 6 日报警。同年 10 月 15 日,区润生被公安机关抓获归案。

二、裁判要旨

No. 4-237-7　出于寻求性刺激的目的,以偷拍妇女私生活照片上传网络相威胁胁迫妇女自拍侮辱性照片的,应认定为强制侮辱罪。

《刑法》条文在“猥亵”和“侮辱”上作了区分,不宜将所有下流的行为都认定为“猥亵”,从法条解释的意义上分析,将不具有人身接触特点但与猥亵具有同一性的下流行为解释为“强制侮辱”,维护了法条的完整性、体系性。“强制猥亵”和“强制侮辱”有一定的位阶关系,猥亵行为当然性地伤害了妇女在性方面的羞耻心及在性健康方面的人格尊严,所以必然同时“侮辱”了妇女,但对于行为手段、情节与“猥亵”相关但略低于“强制猥亵”的,可单独认定“强制侮辱罪”,在本罪的法定刑幅度内再细分较轻的刑罚区间来处理,以实现罚当其罪,准确定罪量刑。

本案中,被告人区润生的行为应构成强制侮辱罪。具体而言:(1)犯罪客体方面,区润生以将隐私视频上网传播相要挟对被害人实施的一系列行为侵害了妇女性的自主决定权。(2)犯罪目的方面,区润生带有追求性刺激、性满足的目的。(3)犯罪手段方面,区润生利用女性的性羞耻心,以将隐私视频上网曝光为胁迫手段,构成强制侮辱罪中的强制手段。互联网时代,信息传播速度无法预估,网上曝光涉及面更广,传播更快,容易呈指数级增长,较传统的信息传播方式,风险更加不可控,因此这种将隐私视频上网的非暴力胁迫方式,能够对被害人形成更强的精神强制。(4)情节要素方面。区润生以偷拍的视频相威胁,先是对被害人的精神造成强制,又对被害人实施了长达半年之久的骚扰,具有长期性,多次试图索要被害人的自慰视频,并发送自己的不雅照片,侵犯了被害人性自主权。对于这种具有长期性、强制性并且侵害被害人性自主权的行为,依法认定为犯罪,有利于遏制互联网环境下侵犯妇女性自主权的犯罪,有良好的法律效果和社会效果。

93 非法拘禁罪(《刑法》第二百三十八条)

案例:孟铁保等赌博、绑架、敲诈勒索、故意伤害、非法拘禁案

案例来源:《刑事审判参考》总第10辑[第74号]

主题词:故意伤害罪　绑架罪　赌债

一、基本案情

被告人孟铁保,男,1968年出生,山西省清徐县西谷乡人,农民。因涉嫌犯故意伤害罪、赌博罪、绑架罪、敲诈勒索罪、非法拘禁罪,于1998年6月1日被逮捕。

被告人梁宪刚,男,1966年出生,山西省清徐县西谷乡人,农民。因涉嫌犯绑架罪、非法拘禁罪,于1998年6月13日被逮捕。

被告人牛志明,男,1968年出生,山西省清徐县西谷乡人,农民。因涉嫌犯绑架罪,于1998年6月13日被逮捕。

被告人陈治忠,男,1966年出生,山西省清徐县西谷乡人,农民。因涉嫌非法拘禁罪,于1998年6月13日被逮捕。

被告人庞利民,男,1964年出生,山西省清徐县西谷乡人,农民。因涉嫌绑架罪、赌博罪,于1998年6月13日被逮捕。

被告人孟中有,男,1967年出生,山西省清徐县西谷乡人,农民。因涉嫌犯绑架罪,于1998年6月13日被逮捕。

被告人孟宪亮,男,1962年出生,山西省清徐县西谷乡人,农民。因涉嫌犯绑架罪,于1998年6月13日被逮捕。1998年12月11日被取保候审。

被告人薛建平,男,1955年出生,山西省清徐县西谷乡人,农民。因涉嫌犯故意伤害罪、赌博罪、绑架罪、敲诈勒索罪、非法拘禁罪,于1998年6月13日被逮捕。

被告人段青山,男,1956年出生,山西省清徐县西谷乡人,农民。因涉嫌犯故意伤害罪、赌博罪、绑架罪、敲诈勒索罪、非法拘禁罪,于1998年6月13日被逮捕。

被告人张永强,男,1968年出生,山西省清徐县西谷乡人,农民。因涉嫌犯故意伤害罪、赌博罪、绑架罪、敲诈勒索罪、非法拘禁罪,于1998年6月13日被逮捕。1998年12月11日被取保候审。

山西省太原市中级人民法院经审理查明:

1994年冬的一天晚上,被告人孟铁保因赌博纠纷,纠集被告人薛建平等人到马跃发家,向马跃发索要人民币3000元。孟分给薛建平100元。

1995年8月的一天,孟铁保怀疑在清徐县徐沟镇开歌厅的林连发挖走其歌厅的人,向林连发敲诈人民币1400元。

1995年11月至1997年间,孟铁保以营利为目的,在被告人庞利民协助下,设赌抽头,多次在徐沟和文水县谢家寨放资抵扣,投入12万余元资金,非法获利40万元。

1996年2月10日晚,孟铁保为向陈云锁索要赌债7万元,纠集被告人梁宪刚、薛建平、孟宪亮等人,在一饭店门口将陈云锁拦住,孟铁保用火枪托将陈头部打破,又将陈劫持到太原。陈的亲友送来5.5万元后被放回家。事后梁宪刚、薛建平、孟宪亮各得人民币1000元。

1996年3月28日晚八时许,孟铁保、梁宪刚、孟中有为向杜俊杰索要其欠孟铁保的赌债7万元,将杜俊杰劫持到太原市一楼内,用皮带、折叠椅、轮流对杜殴打,杜答应将其重庆长安汽车抵折3万元,其余4万元每月还5000元后,才放杜回家。

1996年3月30日,孟铁保因与本村村民孟铁生有矛盾,将孟铁生劫持到太原市用木棍和皮带殴打孟铁生,致孟铁生轻伤。

1996年4月的一天下午,孟铁保、梁宪刚、孟中有向王铁牛索要其欠孟铁保的赌债1.2万元,三人在徐沟镇将王铁牛劫持到汾河二坝水文部屋内,让王跪下,并分别用手、脚、打气筒轮流对王殴打,王被迫交给孟铁保人民币1万元。

1997年9月,孟铁保在文水县谢家寨放赌时,该村村民岳建唐欠孟赌债9900余元。同年11月4日凌晨,孟铁保指使他人将岳建唐及其子岳永刚劫持到太原体育馆澡堂,孟铁保对岳建唐殴打后,逼岳永刚拿3万元赎人,后岳的亲属将2.6万元和传呼机一部交给庞利民后,孟铁保放岳建唐回家。

1997年11月的一天下午,孟铁保伙同他人将麻耀强劫持到太原市一空房内,向其索要麻欠孟铁保的赌债3万元。孟铁保用桌腿打麻,威逼麻给其家人打电话拿6万元赎人,麻的亲属交给孟铁保3万元后才将麻放回家。

1998年2月24日晚9时,孟铁保与张和平赌博时发生争执,庞利民伙同他人将张和平劫持交给孟铁保,孟铁保又将张劫持到太原市南郊区一村民家中,对张进行殴打,并要求与张和平同行的郑树清拿3.5万元赎人。后张和平的亲属拿2.4万元交给孟铁保,孟放张和平回家。事后,张又交给孟铁保3000元及金戒指一枚。

1998年2月11日和3月的一天晚上,孟铁保纠集"虎儿"(在逃),两次爬墙进入焦铁忠家中,向焦索要赌债1.4万元。在孟铁保的威逼下,焦让他人将1.4万元交给孟铁保。

1998年4月4日晚11时许,孟铁保伙同牛志明向岳国庆索要其欠孟铁保的赌债8000元,并将岳劫持到太原市一招待所内控制3天,岳的妹妹交出4700元后才放岳回家。

1998年5月20日晚,被告人陈治忠、梁宪刚、段青山、张永强为要回陈治忠付给张托兰为其揽工程的押金1.5万元、价值5000元的金表一块及其他花费,经预谋将张托兰骗至太原体育场育花基地工棚,对张进行殴打,威逼张给家人打电话拿4万元赎人,陈治忠与张的家人电话约定在金海马歌厅交付。公安人员在金海马歌厅将陈治忠、张永强抓获,后张永强带公安人员到太原体育场育花基地工棚将梁宪刚和段青山抓获。

太原市中级人民法院认为:被告人孟铁保为索要赌债纠集被告人梁宪刚,庞利民、孟中有、孟宪亮、薛建平、牛志明绑架他人的行为构成绑架罪;被告人梁宪刚、陈治忠、段青山、张永强为索取债务而非法扣押、限制他人人身自由,并殴打他人的行为构成非法拘禁罪;被告人孟铁保还构成故意伤害罪、敲诈勒索罪、赌博罪,庞利民构成赌博罪、薛建平构成敲诈勒索罪,孟铁保在绑架、敲诈勒索犯罪中,陈治忠在非法拘禁犯罪中起主要作用,其他各被告人在共同犯罪中起次要作用。孟铁保在羁押期间检举他人犯罪并查证属实,有立功表现,可从轻处罚。孟宪亮、薛建平主动到公安机关投案自首,可从轻或减轻处罚。张永强协助公安机关抓获其他同案被告人,可酌情从轻处罚。依照《中华人民共和国刑法》第十二条第一款、第二百三十九条第一款、第二百三十八条第一、三款、1979年《中华人民共和国刑法》第一百五十四条、第一百三十四条第一款、第一百六十八条、第二十二条、第二十三条、第二十四条、第六十三条、第六十四条和第六十七条的规定,于1998年12月3日判决如下:

1. 被告人孟铁保犯绑架罪,判处有期徒刑十三年;犯敲诈勒索罪,判处有期徒刑三年;犯故意伤害罪,判处有期徒刑二年;犯赌博罪,判处有期徒刑二年。决定执行有期徒刑十九年。

2. 被告人梁宪刚犯绑架罪,判处有期徒刑七年;犯非法拘禁罪,判处有期徒刑二年。决定执行有期徒刑八年。

3. 被告人孟中有犯绑架罪,判处有期徒刑五年。

4. 被告人庞利民犯绑架罪,判处有期徒刑三年;犯赌博罪,判处有期徒刑一年。决定执行有期徒刑三年零六个月。

5. 被告人牛志明犯绑架罪,判处有期徒刑三年。

6. 被告人孟宪亮犯绑架罪,判处有期徒刑二年,缓刑二年。

7. 被告人薛建平犯绑架罪,判处有期徒刑二年;犯敲诈勒索罪,判处有期徒刑一年。决定执行有期徒刑二年,缓刑二年。

8. 被告人陈治忠犯非法拘禁罪,判处有期徒刑三年。

9. 被告人段青山犯非法拘禁罪,判处有期徒刑二年。

10. 被告人张永强犯非法拘禁罪,判处有期徒刑一年,缓刑一年。

一审宣判后,孟铁保、孟中有、庞利民、孟宪亮、薛建平、段青山和张永强服判,不上诉。梁宪刚、牛志明和陈治忠不服,向山西省高级人民法院提出上诉。

梁宪刚上诉称:其行为不构成绑架罪;在帮助陈治忠向张托兰要被骗的钱的过程中,只起了非常轻微的作用,非法拘禁罪不能成立;量刑过重。

牛志明上诉称:其犯罪情节较轻,量刑过重。

陈治忠上诉称:以非法拘禁罪定性缺乏事实和法律依据,量刑过重。

山西省高级人民法院经审理认为:原判认定的事实清楚,证据确实、充分。原审被告人孟铁保、庞利民不属明显为了收回赌债,或收回的"债"远远多于赌债而绑架张和平、岳建唐的行为,已构成绑架罪;原审被告人孟铁保劫持、殴打孟铁生的行为,已构成故意伤害罪,进入马跃发、焦铁忠、林连发的住宅强索财物的行为构成敲诈勒索罪,以营利为目的设赌抽头、"放资底和"的行为构成赌博罪;原审被告人庞利民参与放赌的行为构成赌博罪,原审被告人薛建平参与入户强索财物的行为构成敲诈勒索罪;上诉人梁宪刚和原审被告人段青山、张永强为索取债务而非法扣押、限制他人人身自由,进行殴打的行为,已构成非法拘禁罪。原审被告人孟铁保在非法拘禁、敲诈勒索共同犯罪中,陈治忠在非法拘禁犯罪中均起主要作用,系主犯,其他各被告人在共同犯罪中起次要作用,系从犯。原审被告人孟铁保在羁押期间能检举揭发他人的犯罪事实,并经查证属实,有立功表现,应当减轻处罚。原审被告人张永强协助公安机关抓获其他同案被告人,应当酌情从轻处罚。但原审被告人孟铁保纠集上诉人梁宪刚、牛志明和原审被告人孟中有、孟宪亮、薛建平劫持并限制陈云锁、杜俊杰、王铁牛、麻耀强、岳国庆等人人身自由,强索赌债的行为,应以非法拘禁罪定罪处刑,原审判决以绑架罪定罪处刑不当;原审被告人孟宪亮、薛建平能主动到公安机关投案自首,应当从轻处罚,但原审被告人薛建平犯数罪,对其适用缓刑不当。上诉人梁宪刚、牛志明关于其行为不构成绑架罪的上诉理由,予以采纳。上诉人陈治忠关于原判认定事实不清、定性不当、量刑过重的上诉理由不能成立,不予采纳。依照《中华人民共和国刑事诉讼法》第一百八十九条第(一)、(二)项、《中华人民共和国刑法》第十二条第一款、第二百三十九条第一款、第二百三十八条第一、三款、1979 年《中华人民共和国刑法》第一百五十四条、第一百三十四条第一款、第一百六十八条、第二十二条、第二十三条、第二十四条、第六十三条、第六十四条和第六十七条的规定,于 2000 年 5 月 22 日判决如下:

1. 维持太原市中级人民法院刑事判决中以被告人孟铁保犯敲诈勒索罪,判处有期徒刑三年,犯故意伤害罪,判处有期徒刑二年,犯赌博罪,判处有期徒刑二年;被告人庞利民犯绑架罪,判处有期徒刑三年,犯赌博罪,判处有期徒刑一年,决定执行有期徒刑三年零六个月;被告人薛建平犯敲诈勒索罪,判处有期徒刑一年;被告人陈治忠犯非法拘禁罪,判处有期徒刑三年;被告人段青山犯非法拘禁罪,判处有期徒刑二年;被告人张永强犯非法拘禁罪,判处有期徒刑一年,缓刑一年的部分。

2. 撤销太原市中级人民法院刑事判决的其他部分。

3. 被告人孟铁保犯绑架罪,判处有期徒刑七年,犯非法拘禁罪,判处有期徒刑三年,与原判其敲诈勒索罪有期徒刑三年、故意伤害罪有期徒刑二年、赌博罪有期徒刑二年并罚,决定执行有期徒刑十四年。

4. 被告人梁宪刚犯非法拘禁罪,判处有期徒刑二年。

5. 被告人孟中有犯非法拘禁罪,判处有期徒刑二年。

6. 被告人牛志明犯非法拘禁罪,判处有期徒刑二年。

7. 被告人孟宪亮犯非法拘禁罪,判处有期徒刑一年,缓刑二年。

8. 被告人薛建平犯非法拘禁罪,判处有期徒刑一年,与原判敲诈勒索罪有期徒刑一年并罚,决定执行有期徒刑一年。

二、裁判要旨

No. 4-238-1 采用劫持、拘押人质、限制他人人身自由的手段强索赌债的,应以非法拘禁罪论处。

《刑法》第二百三十八条第三款的规定:"为索取债务非法扣押、拘禁他人的",以非法拘禁罪定罪处罚。这里的债务,一般理解为合法债务,即民事法律关系上的财产给付义务。这种权利义务关系主要是由民事法律加以调整的,我国《刑法》第二百三十八条第三款之所以规定为索取债务非法扣押、拘禁他人的,以非法拘禁罪定罪处罚,立法本意并不在于以此来体现对债权的特别保护,而是要强调即使是为了索取正当、合法的债务,也不得采取扣押、拘禁他人等限制人身自由的非法方法。非法拘禁罪属于侵犯公民人身权利的犯罪,刑法所保护的公民的人身权利,既然为索取正当、合法的债务非法限制他人人身自由就构成本罪,那么,为索取赌债、高利贷以及嫖资等法律不予保护的非法债务而扣押、拘禁他人的,以非法拘禁罪定罪处罚就更不成问题了。对此,最高人民法院于2000年6月30日通过了《关于对为法律不予保护的债务非法拘禁他人行为如何定罪问题的解释》,明确规定:"行为人为索取高利贷、赌债等法律不予保护的债务,非法拘禁他人的,依照刑法第二百三十八条的规定定罪处罚"。这就为今后司法机关处理类似案件提供了明确的法。

No. 4-238-2 非法劫持并扣押他人后,向被害人亲属索要明显超出赌债数额的财物的,应以绑架罪论处。

在本案中,被告人孟铁保在与张和平因赌博发生争执后,伙同他人将其劫持、殴打、扣押,并向其家属勒索3.5万元钱财的行为,明显超出了索取赌债的范围,是以赌博纠纷为借口和由来,以勒索财物为目的绑架他人,已构成绑架罪;被告人孟铁保伙同他人,将只欠其9900元赌债的岳建唐非法扣押后,向其亲属索要3万元的行为,由于其索要财物的金额大大超出了赌债的数额,被告人行为的目的已不再单纯是索要赌债,而转化成以索债为名,采取绑架的手段来勒索他人的财物,这一行为符合绑架罪以勒索财物为目的绑架他人的特征,应当以绑架罪定罪处罚。

需要指出的是,对这类性质的犯罪行为,以绑架罪定罪处罚时,应当注意,只有行为人勒索的钱财明显大于被害人所欠的法律不予保护的债务,行为的性质已不是为索取债务而非法限制他人人身自由,实质上是以非法拘禁、扣押人质为手段勒索他人钱财,应当以绑架罪定罪处罚。如果行为人索要的钱财没有超出被害人所欠的债务的范围,或者两者之间差额不大,就不能以绑架罪定罪处罚。

案例:颜通市等绑架案

案例来源:《刑事审判参考》总第24辑[第157号]

主题词:合同纠纷 非法拘禁罪 债权债务关系

一、基本案情

被告人颜通市,男,24岁,农民。因涉嫌犯绑架罪,于1998年10月27日被逮捕。

被告人杨以早,男,30岁,农民。因涉嫌犯绑架罪,于1998年10月29日被逮捕。

江苏省赣榆县人民检察院于1999年6月26日以被告人颜通市、杨以早犯绑架罪向赣榆县人民法院提起公诉。

江苏省赣榆县人民法院经公开审理查明:1997年12月19日,被告人颜通市和杨以才(另案处理)与赣榆县柘汪乡东林村村民孙冲签订了购船合同。按合同约定,船价204600元,定金35000元,半个月内付清其余款项。颜通市、杨以才当即交付定金35000元。到了1998年1月4日,颜通市、杨以才未能付清船款,杨以才又与孙冲另签协议,再交付现金40000元,并口头保证,如在1998年1月28日前不能付清船款,情愿75000元不要。颜通市只知杨以才付给孙冲40000元,但对杨以才的口头保证并不知情。到期后,颜通市和杨以才仍未付清船款,孙冲遂将船卖给了他人。此后颜通市、杨以才多次找孙冲协商退款之事,并找到中间人胡勇出面说情,孙冲只同意退还50000元,但颜通市、杨以才不同意。后孙冲付给中间人胡勇30000元,让其转交颜通市、杨以才两人,胡勇得款后没有转交,颜通市、杨以才也不知情。颜通市与杨以才在多次索款无望的情况下,伙同被告人杨以早,于1998年9月10日凌晨,租车到孙冲家,爬墙入院,踢门入室,捆住孙冲之妹孙凤的手脚,强行将孙冲之子孙红志(1周岁)抱走,并向孙冲索要75000元。颜通市、杨以才此时方得知胡勇将孙冲退还的30000元截留。1998年10月23日,孙冲在付给颜通市45000元的情况下,才将孙红志赎回。

赣榆县人民法院认为,被告人颜通市、杨以早为索取债务而采用暴力手段非法扣押、拘禁他人,其行为均已构成非法拘禁罪。关于公诉机关指控被告人颜通市、杨以早犯绑架罪,经查,颜通市和杨以才与孙冲签订了购船合同,并交付定金35000元,后杨以才又与孙冲签订协议,并交付购船款现金40000元,还作了口头保证。此后颜通市和杨以才虽未按合同约定期限付清购船款,但也未能取得所购船只,买卖双方为返还定金及预付购船款发生民事纠纷。颜通市、杨以才在多次索款无望的情况下,才伙同杨以早等人,采取扣押的手段拘禁了两名被害人。本案被告人的犯罪目的仅是想索回已预付的购船款及定金,并没有提出其他额外的勒索要求;且被告人侵害的对象也是特定的,即与之有着买卖、中介关系人的子女。被告人虽然采取了绑架他人的手段,但因其主观上不是以勒索财物为目的,而是以索取债务为目的,故仍应以非法拘禁罪论处。本案案发前,该起船只买卖合同纠纷未经人民法院审理或有关机关调处,买卖双方当事人争议的权利义务关系尚未依法予以确认和实现,其纠纷仍然存在。被告人索要的75000元中,既有购买船只的定金,又有预付的购船款。公诉机关以被告人违约,无权要求返还定金,其绑架他人索要此款,即属于勒索他人,其行为应定绑架罪,这一定性意见不当,不予支持。本案被告人及其辩护人提出的二被告人以索债为目的绑架他人,应以非法拘禁罪定罪量刑的辩护意见,符合本案实际情况,予以采纳。对杨以早的辩护人提出的杨以早系从犯,应减轻或免除处罚的辩护意见,经查,被告人杨以早积极参与了本案的从策划到实施的全过程,起到重要的作用,不能以从犯论处,故对此辩护意见不予采纳。据此,该院依照《中华人民共和国刑法》第二百三十八条第一款和第三款的规定,于1999年7月16日判决如下:

1. 被告人颜通市犯非法拘禁罪,判处有期徒刑三年。
2. 被告人杨以早犯非法拘禁罪,判处有期徒刑三年。

一审宣判后,在法定期限内,被告人颜通市、杨以早均未提出上诉,人民检察院也未提出抗诉,判决已发生法律效力。

二、裁判要旨

No.4-238-3 因合同纠纷而绑架他人为人质的,应以非法拘禁罪论处。

根据《刑法》第二百三十八条第三款的规定,为索取债务非法扣押、拘禁他人的是索债型的非法拘禁罪。根据《刑法》第二百三十九条的规定,以勒索财物为目的绑架他人或者偷盗婴幼儿的是勒索型的绑架罪。勒索型绑架罪与索债型非法拘禁罪在表现形式上存在相似之处,如两罪在客观方面都是采用非法剥夺他人人身自由的方法,且在非法剥夺他人人身自由时,往往也都可能使用暴力、胁迫等强制性手段,两者从表面上看又都是向对方索取财物,因此,比较容易混淆。根据刑法规定,不难看出,两罪的关键区别在于行为人的犯罪目的不同:勒索型绑架罪是以勒索财物为目的,而索债型非法拘禁罪则是以实现自己的债权为目的。正因为如此,在勒索型绑架罪中,绑架人与被害人方之间一般而言不存在任何债权债务关系,而在索债型非法拘禁罪中,行为人与被拘禁人方之间则存在真实的债权债务关系(注:根据最高人民法院《关于索取法律不予保护的债务非法拘禁他人行为如何定罪问题的解释》的规定,行为人为索取高利贷、赌债等法律不予保护的债务,而非法扣押、拘禁他人的,也应当以非法拘禁罪论处,而不能定性为绑架罪)。同时,在索债型非法拘禁罪中,行为人向被拘禁人方索取财物的数额一般都是以实际存在的合法的或者虽不受法律保护但客观存在的赌债、高利贷等的债权债务数额为限。而在勒索型绑架罪中,勒索财物的数额则不可能有什么限制,勒索多少完全取决于绑架人的任意。所以说,即便行为人与被害人之间存在真实的合法的债权债务关系,如果行为人在扣押被害人之后索取了远远超出债权债务额的财物时,这就说明了行为人的犯罪目的已不再局限于索取债务了,同时又具备了勒索财物的目的,对此,应按照一行为触犯数罪名的想象竞合的法律适用原则来处理,即择一重罪论处,应以绑架罪定罪量刑。审判实践中,如果案件中双方对到底存不存在合法、真实的债权债务关系以及存在多大数额、何种类型的债权债务关系等,存有争议纠纷未决时,必须予以彻查清楚后,才能正确区分两罪。

从本案被告人颜通市等人与被害人方孙冲签订的船只买卖合同内容来看,双方首先签订了一个合同,约定被告方先交付定金 35000 元,并在半个月内付清剩余购船款。在未能如期履约的情况下,杨以才又与孙冲签订补充协议,再交付预付款 40000 元,并口头保证,如在 1998 年 1 月 28 日前不能付清船款,情愿 75000 元不要(注:从合同法理论上说,后一个协议,也是一个双方真实意思表示一致的有效的新的口头合同,且后一合同是对前一个合同的部分变更)。由于民事法律有关于给付定金的一方违约的,无权要求返还定金的明确规定,以及行为人承诺到期不能付款的情况下,连 40000 元的预付款也不要的口头约定,因此,假如本案被告人不是采取扣押对方当事人幼子的犯罪方法,而是通过民事诉讼主张对方当事人返还该 75000 元,可能会出现得不到法律支持的情形。但同时也应该看到:首先,本案被告人方实际上并没有得到与占有他们所想购买的标的物即对方的船只,且该船只在被告人方未放弃的情况下已被对方转卖他人。在这种情形下,被告人方坚持要求对方返还已给付的 75000 元,也是正常的心理,相反要求被告人方准确预见这种要求可能不会被法律所支持,则是不适宜的。其次,在合同双方当事人之间,一方坚持要求对方返还已给付的 75000 元,另一方拒绝返还。这里就存在着一个合同纠纷的问题。在该纠纷未经人民法院审理或有关部门调处前,可以说双方当事人所争议的权利义务关系未依法确定。在要不要返还 75000 元的纠纷未经确定之前,就判定被告人方不能主张索还,同样也是不适宜的。第三,民事行为总的来说是当事人的一种意思自治的行为,只要双方当事人的意思表示真实一致即可,民事法律一般不予干涉。例如,一方以极其低价甚至无偿把财物转让或赠送他人,或者一方自愿放弃债权等,民事法律都是不会干涉的,只要当事人是基于自己真实的意思表示,不存在对方欺诈、胁迫等因素,是应当确认其有效的。基于民事行为的这种属性,确定本案被告方不能要求对方返还 75000 元,也是不妥的。以上三点可以说明,本案被告人扣押孙冲幼子的行为,在主观方面,本质上的确是出于索取 75000 元债务的目的,尽管这种债务可能不会得到法律的支持,但被告人在行为时确实认为这种债务是客观、理所应当存在的,且事实上也是一直认为并主张这 75000 元应归其所有,并没有凭空非法占有他人财产的故意内容。这一点,也可以从本案被告人先提出索还 75000 元的要求,继而在得知对方已交给中间人 30000 元的情况下,又仅向对方索还剩余的 45000 元即放回被拘禁人的案情事实中得以明证。可见,本案被告人从始至终都没有任何超出 75000 元以外的其他勒索犯意。综上,我们认为,本案被告人颜通市、杨以早虽以劫持扣押他人的方式索取财物,但其拘押行为是在索取债务的目的支配之下实施的,除要求讨还债务之外并未勒索其他钱财,因此其行为不构成绑架罪而应定非法拘禁罪。人民法院的判决是正确的。

索债型的非法拘禁罪,一般是以行为人和被害人方之间存在着合法的真实的债权债务关系为前提的,是债权人为索债采用了法律所不允许的非法拘禁的方法触犯了刑法。合法的真实的债权债务是基于当事人之间既往的民事行为形成的。搞清形成当事人间债权债务关系存在的既往的民事行为的来龙去脉和前因后果,对办理这类案件非常重要。在此基础上,准确区分是索债型非法拘禁罪还是勒索型绑架罪,还应当结合行为人行为时对债权债务的认识和理解来综合分析。

案例:章浩等绑架案

案例来源:《刑事审判参考》总第 24 辑[第 156 号]

主题词:索债目的　非法拘禁罪　共犯

一、基本案情

被告人章浩,男,38 岁,原中国农业银行泗阳县支行办事员。因涉嫌犯绑架罪,于 2000 年 1 月 24 日被逮捕。

被告人章娟,女,29 岁,原中国人寿保险公司沭阳县支公司营销员。因涉嫌犯绑架罪,于 2000 年 1 月 24 日被逮捕。

被告人王敏,女,20 岁,原泗阳县中亚一店大酒店服务员。因涉嫌犯绑架罪,于 2000 年 1 月 24 日被逮捕。

江苏省宿迁市中级人民法院经审理查明:被告人章浩承租泗阳县中亚一店大酒店,因经营不善而严重亏损,遂产生了绑架勒索财物的犯意。经考察,章浩选定了泗阳县摄影个体户吴艺光之子吴迪(本案被害人,7 岁)为绑架对象,并对吴迪的活动规律进行了跟踪了解。2000 年 1 月 14 日上午,章浩向在自己承包的大酒店做服务员工作的被告人王敏提出:有人欠债不还,去把其子带来,逼其还债。王敏表示同意。当日 13 时 10 分左右,章浩骑摩托车载着王敏至泗阳县实验小学附近,将去学校上学的被害人吴迪指认给王敏,王敏即跟随吴迪至教室,将吴迪骗出。章浩骑摩托车与王敏一起将吴迪带至泗阳县中亚一店大酒店,用胶带将吴迪反绑置于酒店贮藏室内关押。16 时许,章浩电话寻呼被告人章娟(系章浩外甥女),告诉章娟自己绑架了一个小孩,要求章娟帮助自己打电话给被害人家勒索财物,并告知章娟被害人家的电话号码以及勒索 50 万元人民币和一部手机等条件。章娟表示同意。当日 16 时至 17 时许,章娟共 3 次打电话给被害人家,提出了勒索 50 万元人民币和一部手机等条件。次日,章浩赶到泗阳县城,再次要求章娟继续向被害人家打电话勒索,章娟予以拒绝。因被害人家属报案,1 月 17 日凌晨,被告人章娟、章浩、王敏先后被公安机关抓获,被害人吴迪同时被解救、被害人吴迪被绑架长达 63 小时之久,送医院治疗 5 天,诊断为双腕软组织挫伤,轻度脱水。吴迪父母吴艺光、马莲为吴迪治疗共花去医疗费总计人民币 2214.31 元。

宿迁市中级人民法院认为,被告人以勒索财物为目的,绑架他人,被告人章娟在明知被告人章浩实施绑架行为后,打电话勒索财物,章浩、章娟的行为均已构成绑架罪。被告人王敏在被告人章浩谎称扣押人质而索债的认识支配下,非法拘禁儿童,其行为已构成非法拘禁罪。章浩、章娟系绑架的共犯,其中,章浩系主犯;章娟系从犯,可依法予以减轻处罚。三被告人给附带民事诉讼原告人造成的经济损失应予赔偿。公诉机关指控章浩、章娟犯绑架罪的事实清楚,证据确实、充分,指控的罪名正确,予以支持;其指控王敏犯绑架罪,因王敏主观上无绑架勒索财物的故意和目的,故其指控的罪名不准,应予纠正。章浩的辩护人提出章浩归案后认罪态度较好,可以从轻处罚。经查,章浩归案后虽能如实供述自己的犯罪事实,但根据其犯罪的手段、后果及社会影响不足以对其从轻处罚。被告人王敏辩称"自己没有绑架的故意"和其辩护人提出王敏的行为是在受骗的情况下实施的,主观恶性小,归案后认罪态度好,有悔罪表现,可予以从轻处罚。经查,王敏是在章浩谎称扣押人质而索债的故意支配下实施犯罪,作案后章浩也没有把自己的真实目的告诉王敏,王敏在主观上只有非法拘禁的故意,没有绑架的故意,故其辩解和辩护意见成立,予以采纳。被告人章娟的辩护人提出章娟的行为符合犯罪中止的有关规定。经查,章娟在明知章浩实施绑架行为后,帮助章浩实施勒索行为,其后来虽然拒绝继续实施勒索行为,但不足以防止危害结果的发生,不属于犯罪中止,故其辩护意见不能成立,不予采纳。其辩护人还提出被告人章娟属从犯,开始没有共同预谋和参与绑架,归案后能供述同案犯和被害人被关押的地点,能认罪悔罪,对其量刑时可予以减轻处罚,并考虑缓刑。经查,章娟是在章浩实施绑架行为后,帮助实施勒索行为,属从犯,归案后能如实供述同案犯和被害人被关押的地点,能认罪悔罪,其要求减轻处罚的理由成立,予以采纳。但根据其犯罪情节及社会危害,不宜适用缓刑,故要求适用缓刑的意见不能成立,不予采纳。附带民事诉讼原告人吴艺光、马莲要求上列三被告人赔偿被害人吴迪的医疗费,应按照有效单据所证实的数额确认;要求赔偿直接经济损失人民币 35000 元,因当庭未提出充分的证据,不予支持;要求赔偿精神损失人民币 50000 元,因附带民事诉讼仅限于被害人遭受的经济损失,精神损失不属于附带民事诉讼的范围,不予支持。依照《中华人民共和国刑法》第二百三十九条第一款、第二百三十八条第一款、第二十五条第一款、第二十六条第一款和第四款、第二十七条第一款和第二款、第五十七条第一款、第三十六条第一款和《中华人民共和国民法通则》第一百一十九条、第一百三十条的规定,于 2000 年 7 月 7 日作出刑事附带民事判决如下:

1. 被告人章浩犯绑架罪,判处无期徒刑,剥夺政治权利终身,并处没收财产。
2. 被告人章娟犯绑架罪,判处有期徒刑三年,并处罚金五千元。
3. 被告人王敏犯非法拘禁罪,判处有期徒刑三年。
4. 被告人章浩、王敏赔偿附带民事诉讼原告人吴艺光、马莲的经济损失二千五百五十三元零四角九分(其中被害人吴迪的医疗费二千二百一十四元零三角一分,护理费、误工费三百三十九元零一角八分),被告人章娟负连带责任。

一审宣判后,附带民事诉讼原告人吴艺光、马莲不服,提出上诉。理由是:(1)要求增加判决上列三名被告人赔偿精神损失 50000 元;(2)原判对被告人章娟量刑畸轻;(3)被告人王敏应构成绑架罪。

江苏省高级人民法院经二审审理认为,上诉人吴艺光、马莲要求赔偿精神损失 50000 元的上诉请求,无法律依据,不予支持。上诉人吴艺光、马莲认为一审对被告人章娟量刑畸轻、被告人王敏应构成绑架罪的上诉理由,经查,根据《中华人民共和国刑事诉讼法》第一百八十条第二款的规定,附带民事诉讼原告人不能对刑事附带民事案件的刑事部分提起上诉。原审人民法院对被告人章浩、王敏、章娟定罪准确、量刑适当、审判程序合法,原审判决的刑事部分已发生法律效力。上诉人吴艺光、马莲的上诉理由不能成立,不予采纳。依照《中华人民共和国刑事诉讼法》第一百八十九条第(一)项的规定,于 2000 年 9 月 22 日裁定:驳回上诉,维持原判。

二、裁判要旨

No. 4-238-4 基于索债目的,帮助他人实施绑架行为的,应以非法拘禁罪论处。

根据《刑法》第二百三十八条第三款规定,为索取债务非法扣押、拘禁他人的,以非法拘禁罪定罪处罚。据此,构成索债型非法拘禁罪的要件是:1. 行为人主观上以索取债务为目的。2. 在行为人和被拘禁人或被拘禁人的亲属间客观上存在有合法的债权债务关系。根据《最高人民法院关于对为索取法律不予保护的债务非法拘禁他人行为如何定罪问题的解释》的规定,行为人为索取高利贷、赌债等法律不予保护的债务,非法扣押、拘禁他人的,也应依照非法拘禁罪定罪处罚。3. 行为人实施了非法扣押、拘禁等剥夺他人人身自由的行为。根据《刑法》第二百三十九条规定,以勒索财物为目的绑架他人,以绑架罪定罪处罚。构成勒索型绑架罪的要件是:行为人主观上以勒索财物为目的,客观上实施了剥夺他人人身自由的绑架行为。索债型非法拘禁罪和勒索型绑架罪在犯罪手段上都表现为非法剥夺他人人身自由,区别的关键是看行为人主观上是以索取债务为目的,还是以勒索财物为目的。

本案公诉机关指控三被告人系共同犯罪,均构成绑架罪,被告人章浩系主犯,被告人王敏与章娟系从犯。在审理过程中,对于章浩为勒索财物而实施的绑架行为,构成绑架罪,控辩审三方均无异议。但对王敏构成何罪却存在不同意见。控方认为王敏与章浩一同实施绑架被害人吴迪的行为,她与章浩系共同犯罪,应以绑架罪对其定罪量刑;审方判决认为,王敏虽然与被告人章浩共同实施了“绑架”被害人吴迪的行为,但其主观上只有“索取债务”的目的而不具有勒索财物的目的,因此她与章浩之间不存在共同犯罪故意,不能成立共同犯罪,其行为不构成绑架罪,而应以非法拘禁罪对其定罪处罚。意见分歧的原因在于对被告人王敏与被告人章浩能否成立共同犯罪看法不一。

我国《刑法》第二十五条第一款明确规定:“共同犯罪是指二人以上共同故意犯罪。”成立共同犯罪必须同时具备三个条件:(1)犯罪主体必须是两个以上达到刑事责任年龄、具有刑事责任能力的人;(2)具有共同的犯罪故意;(3)具有共同的犯罪行为。这三个条件缺一即不构成共同犯罪。所谓共同的犯罪故意,系指各共同犯罪人基于对共同犯罪行为具有同一认识的基础上,对其所会造成的危害社会的结果,持希望或者放任的心理状态。共同犯罪故意是构成共同犯罪的主观要件,缺乏共同犯罪故意的数人同时对同一对象实施同种犯罪,也只是同时犯,而非共同犯罪。同理,二人以上同时对同一对象实施相互支持、帮助的犯罪行为,因双方的犯罪故意内容不同,没有形成共同的犯罪故意,亦不构成共同犯罪。本案中,被告人章浩对被告人王敏谎称:“有人欠债不还,去把其子带来,逼其还债。”王敏误以为章浩绑架被害人吴迪是为了索取债务,而不知道章浩是为了向其家人勒索财物。王敏虽然与章浩在一起互相配合、共同实施了“绑架”被害人吴迪的犯罪行为,但由于其主观上认为是为了向被害人吴迪的亲属“索取债务”,与共同行为人章浩“勒索财物”的主观故意内容不同,二人没有共同的犯罪故意,因此不构成共同绑架犯罪,只能按各自所构成的犯罪分别定罪量刑。尽管本案中被告人和被害人双方实际上并不存在合法的债权债务关系,也不存在高利贷、赌债等不受法律保护的债权债务关系,但王敏确因受骗不知情,而基于索取债务的主观目的帮助他人实施绑架行为,依照《刑法》第二百三十八条第一、三款的规定,其行为符合索债型非法拘禁罪的特征。因此,法院判决王敏构成非法拘禁罪是正确的。

No. 4-238-5　明知他人实施绑架行为,帮助实施勒索行为的,应以绑架罪的共犯论处。

绑架罪与故意杀人罪等犯罪行为实施完毕以后,犯罪即告结束的既成犯不同,它是继续犯。勒索型绑架罪是以勒索财物为目的,为实现犯罪目的,行为人的绑架行为从绑架实施终了到实现其勒索目的止,一直处于继续状态。在绑架行为持续过程中,任何事前无通谋的人明知绑架行为存在,仍加入帮助绑架行为人实施勒索行为的,构成绑架罪的共犯。本案被告人章娟是在被告人章浩绑架被害人吴迪之后帮助实施勒索财物行为的,这在刑法理论上称之为承继的共同犯罪。所谓承继的共同犯罪,系指在他人实施一部分犯罪之后,行为人才开始参与他人犯罪的情况。

承继的共同犯罪人对于共同犯罪意思发生以前的原先的共同犯罪人的行为,如有加以利用而继续共同实行犯罪的意思,即应对原先的共同犯罪人的行为负共同的责任,因为这种行为也包括在其共同意思之内。负何种罪责与具体量刑并不是一回事。负同种罪责的各个共同犯罪人由于在共同犯罪中所起的作用不同,其处刑轻重仍然应当有所区别。在本案中,被告人章娟虽然是在被告人章浩实施绑架行为之后才应邀帮助实施勒索行为的,但她也正是接受并利用了这种绑架行为向被害人的亲属实施勒索行为,没有前面的绑架也就没有后面的勒索,此时绑架与勒索均在其共同犯意之内。因此,章娟不仅要对勒索行为负责,也应对绑架行为负责,即对绑架罪的整体负责。因此,对章娟应以绑架罪论处。

案例:胡经杰等非法拘禁案

案例来源:《刑事审判参考》总第 55 集[第 435 号]

主题词:挟持人质　非法拘禁罪

一、基本案情

被告人胡经杰,男,26 岁,汉族。2000 年 9 月因犯贩卖毒品罪被判刑一年六个月,2001 年 9 月 21 日刑满释放。因涉嫌犯非法拘禁罪于 2004 年 5 月 1 日被逮捕。

被告人邓明才,男,30 岁,汉族。1996 年 7 月因犯盗窃罪被判刑八年,2002 年 9 月 25 日刑满释放。因涉嫌犯非法拘禁罪于 2004 年 6 月 25 日被逮捕。

重庆市江北区人民法院经审理查明:被告人胡经杰与韩某某原系恋爱关系,2004 年 3 月韩某某开始疏远胡经杰,与龚某关系较好。同年 4 月,胡经杰以龚某与韩某某谈恋爱及自己曾被龚某等人殴打为由,邀约邓明才等人同往龚某的朋友万某某的暂住处寻找龚某欲殴打报复。胡、邓在万的暂住处没有找到龚某,即对万某某进行殴打并用随身携带的小剪刀刺伤万某某背部等处,逼问龚某在何处。万某某被迫与龚某的同事马某某电话取得联系,得知龚某、韩某某与马某某等人正在南山游玩。胡、邓即强行将万某某带出,逼迫万某某随同帮助寻找龚某(途中将万某某带至医院包扎伤口)。韩某某得知万某某被胡经杰等人打伤并带走即与胡经杰、邓明才约定了双方见面地点,并劝胡不要伤害万某某,胡即以"等着收尸"相威胁,韩即报警。在约定见面地点万某某欲逃跑,胡经杰、邓明才对其进行殴打,令万在原地等候。公安民警接警后将胡、邓二人抓获。经医院诊断,万某某身体多处软组织损伤。

重庆市江北区人民法院认为,被告人胡经杰、邓明才以暴力、语言威胁等手段挟持被害人万某某寻找他人,限制被害人万某某的人身自由,其行为均已构成非法拘禁罪。二被告人及辩护人提出的应以非法拘禁罪定罪量刑的辩解、辩护意见,予以采纳。二被告人均系累犯,依法应从重处罚。据此,依照《中华人民共和国刑法》第二百三十八条第一款、第二十五条第一款、第六十五条第一款、第六十四条之规定,作出如下判决:

1. 被告人胡经杰犯非法拘禁罪,判处有期徒刑二年六个月。
2. 被告人邓明才犯非法拘禁罪,判处有期徒刑二年。
3. 作案工具小剪刀,予以没收。

一审宣判后,二被告人在法定期限内均未提出上诉,检察院也未抗诉,判决发生法律效力。

二、裁判要旨

No. 4-238-6 为寻找他人而挟持人质的,应以非法拘禁罪论处。

非法拘禁罪是以拘押、禁闭或者其他强制方法,非法剥夺他人人身自由的行为。绑架罪是利用被绑架人的近亲属或者其他人对被绑架人安危的忧虑,以勒索财物或满足其他不法要求为目的,使用暴力、威胁或者麻醉等方法劫持或以实力控制他人的行为。虽然两罪在行为方式上有着相似的构成要件,即以暴力、胁迫或者其他手段非法剥夺他人人身自由,被非法拘禁或者被绑架人的身体健康、生命安全随时会遭受到侵犯,其亲属或他人也会感到忧虑、担心,但绑架罪与非法拘禁罪的刑罚极为悬殊,因此两罪的正确区分应当特别予以注意。

立法对绑架罪的严厉处罚,显然是针对社会生活中发生的特定的绑架犯罪类型的。这种特定绑架犯罪往往是以勒索巨额赎金或者重大不法要求为目的。因为勒索的赎金或者其他不法要求很高,难以满足,往往被勒索的第三人处在两难的选择之中:要么蒙受巨大损失、作出重大的让步;要么使人质遭受巨大的痛苦甚至牺牲。这种类型的绑架犯罪使用手段的极端性和索取不法要求的重要性是典型的绑架犯罪行为特征,也是对绑架犯罪设置重刑的根本原因。很难想象立法者对于绑架人质索要几千元钱或者其他微不足道条件的犯罪行为有必要规定最低处十年以上有期徒刑的刑罚。合理的解释是,在我国刑法中被科以重刑的绑架罪应当是那种勒索巨额赎金或者其他重大不法要求的绑架类型。在现实生活中,确有一些人因为一时冲动或者因为存在纠纷或者抓住被害人的某些弱点,绑架人质,索要少量钱财或者其他条件的,例如因为被害人拖欠工资、债务,而索要少量超出工资、债务范围的钱财的,或者由于冲动、无知、愚昧扣人质索取少量钱财的,或者扣住岳母要求媳妇回家的,等等。这种情形的绑架,显然不具有与法律的严厉评价相当的不法程度,其实与非法拘禁、敲诈勒索、寻衅滋事的危害程度差别不大,完全可以按照非法拘禁罪或者敲诈勒索罪论处。如《刑法》第二百三十八条第三款及最高人民法院于 2000 年 6 月 30 日通过的《关于对为索取法律不予保护的债务非法拘禁他人行为如何定罪问题的解释》中均肯定了"人质型"非法拘禁罪,即行为人基于某种目的,非法将被害人扣押作为人质,剥夺其人身自由,并胁迫被害人实施一定行为以满足其要求的一种犯罪。其构成特征在于:主观目的是出于解决某种民事纠纷,如经济纠纷、婚姻家庭纠纷等;所谓"人质"应是民事纠纷的当事人或其亲友,与犯罪分子之间关系比较特定,大多有利害关系或经济往来甚至熟识;非法拘禁"人质"的目的是为了解决双方既存的民事纠纷,而不是重大的不法要求。

非法拘禁罪与绑架他人作为人质的绑架罪在犯罪构成上近似。非法拘禁罪要求行为人具有非法剥夺他人人身自由的行为,其目的经常表现为泄愤报复、追讨债务、显示权势等;绑架罪也要求行为人具有非法剥夺他人人身自由的行为,其目的是勒索钱财或满足行为人的不法要求。在界定两罪的区别时,我们要相当谨慎地分析被告人与被害人的关系、被告人所提出的要求实现之难易、被告人对被害人剥夺自由行为的恶劣程度、对第三人及解救方的对抗程度等综合多方面因素情节来分析认定。现实生活中,诸如因无知、愚昧、一时冲动扣留岳母要求媳妇回家、扣押女友的父母迫使女友同意继续谈恋爱等,一般情形下不具有与绑架罪严厉刑罚相当的否定评价程度,不能认定为绑架罪。

案例:雷小飞等非法拘禁案

案例来源:《刑事审判参考》总第 34 集[第 263 号]

主题词:索债　非法拘禁罪

一、基本案情

被告人雷小飞(路易·阿尔伯特·索菲 Louie Albert Slaofei),男,1960 年 9 月 30 日出生,加拿大国籍,硕士文化,雷登国际有限公司驻北京办事处首席代表。因涉嫌犯绑架罪,于 2002 年 4 月 28 日被逮捕。

被告人吴立群,男,1968 年 1 月 28 日出生,高中文化,无业。因涉嫌犯绑架罪,于 2002 年 4 月 23 日被逮捕。

被告人尹春良,男,1965 年 4 月 26 日出生,高中文化,河北省保定市第二建筑安装公司工人。因涉嫌犯绑架罪,于 2002 年 4 月 23 日被逮捕。

北京市第一中级人民法院经审理查明:被告人雷小飞与加拿大阿维马克思集团公司北京办事处亚太区航空主任戴夫·罗西因生意纠纷产生矛盾,后雷小飞找到被告人吴立群帮忙,吴立群又纠集被告人尹春良等人预谋绑架戴夫·罗西。吴立群、吴春良为实施绑架行为承租了北京市大兴区德茂小区 1 号楼 1 门 103 号房屋一处。2002 年 3 月 10 日 17 时许,被告人雷小飞、吴立群、尹春良等人在北京市朝阳区甘露园南里 25 号朝阳园公寓 4 号楼下,将戴夫·罗西骗上吴立群驾驶的汽车后带至北京市大兴区德茂小区 1 号楼 1 门 103 号的租房处,将戴夫·罗西扣押对其威胁,并强迫其打电话,让其公司经理取出戴夫办公室抽屉内的美金 4000 元及护照等物交给吴立群等人。后三被告人伙同他人强迫戴夫·罗西多次给其亲属打电话索要美元 25 万元。2002 年 3 月 15 日 17 时许,公安人员将被告人雷小飞抓获,雷小飞交待了关押戴夫的地点后,公安人员前往上述地点将吴立群、尹春良抓获,同时将被害人戴夫·罗西解救。

对于被告人雷小飞的辩解及其辩护人的辩护意见,经查:被告人吴立群、尹春良均供述在绑架戴夫前多次找雷小飞商量绑架戴夫的事宜,且在绑架戴夫的当天三被告人还在一起预谋如何将戴夫带至关押地点,被害人戴夫的陈述亦证实被绑架后雷小飞对其威胁并索要赎金 50 万美元,且雷小飞在预审期间亦供述其让吴立群等人绑架戴夫,并与吴立群等人合谋实施了绑架行为,故雷小飞的辩解及辩护人的此项辩护意见不能成立,不予采纳。在案证据不足以证实雷小飞向戴夫追索欠款行为的合理性,辩护人亦未提供雷小飞所付债务的有效证明,且雷小飞等人向戴夫的家属索要 25 万美元赎金亦超出雷小飞所称要向戴夫追索欠款的数额,故辩护人的此项辩护意见不能成立,不予采纳。

对于被告人吴立群、尹春良的辩解,经查:雷小飞称戴夫欠其人民币 70 余万元,后找到吴立群帮助追索债务,吴立群、尹春良等人将戴夫拘禁。尹春良在公安机关预审期间供述,吴立群让其帮助雷小飞追回人民币 40 余万元,但雷小飞等被告人拘禁被害人戴夫后向其家属勒索 25 万美金,此时吴立群、尹春良的犯罪故意已由索要债务转变为勒索钱财,故吴立群、尹春良的辩解及吴立群的辩护人的辩护意见不能成立,不予采纳。

北京市第一中级人民法院经审理认为,被告人雷小飞、吴立群、尹春良以勒索财物为目的绑架他人,其行为均已构成绑架罪,均应依法惩处。鉴于被告人雷小飞被抓获后能协助公安机关抓获同案犯吴立群、尹春良,有立功表现,故对雷小飞依法应予从轻处罚。北京市人民检察院第一分院指控被告人雷小飞、吴立群、尹春良犯绑架罪的事实清楚,证据确凿,指控罪名成立。对于被告人雷小飞的辩护人所提雷小飞在犯罪中是从犯,请求从轻或减轻处罚的辩护意见,经查,被告人雷小飞指使吴立群等人绑架戴夫,并共同实施了绑架行为,后威胁被害人给其家属打电话索要赎金,其在共同犯罪中起主要作用,故雷小飞辩护人的此项辩护意见不能成立,不予采纳。对于被告人吴立群的辩护人所提吴立群系从犯,请求对其从轻处罚的辩护意见,经查,吴立群纠集尹春良等人预谋绑架戴夫,为此吴立群等人还在北京市大兴区租房一处,在关押被害人期间,吴立群曾到被害人戴夫的公司取回戴的钱物,在整个犯罪过程中吴立群既是纠集者又是积极参与者,起主要作用,不能认定为从犯,故吴立群的辩护人的此项辩护意见不能成立,不予采纳。依照《中华人民共和国刑法》第二百三十九条第一款、第五十六条第一款、第五十五条第一款、第二十五条第一款、第二十六条第一款、第四款、第六十八条第一款、第三十五条、第六十条及最高人民法院《关于处理自首和立功具体应用法律若干问题的解释》第五条的规定,于2002年12月20日判决如下:

1. 被告人雷小飞犯绑架罪,判处有期徒刑十二年,并处罚金人民币二万四千元,驱逐出境。
2. 被告人吴立群犯绑架罪,判处有期徒刑十一年,剥夺政治权利二年,并处罚金人民币二万二千元。
3. 被告人尹春良犯绑架罪,判处有期徒刑十年,剥夺政治权利二年,并处罚金人民币二万元。
4. 追缴被告人雷小飞、吴立群、尹春良的违法所得美元4000元发还被害人戴夫·罗西。

一审宣判后,雷小飞、吴立群不服,分别向北京市高级人民法院提起上诉。

雷小飞上诉称:其没有事先预谋,其未向戴夫·罗西索要钱财;其与整个事件无关,没有证据证明其犯绑架罪,原审判决认定其犯绑架罪没有根据。二审辩护人提出:雷小飞没有预谋绑架的主观故意,也未实施绑架勒赎的客观行为,原审判决其犯绑架罪,认定事实不清,定性不准;雷小飞与戴夫·罗西之间存在合法的债权债务关系,雷小飞索要的数额并未超过对方所欠的数额,雷小飞的行为应认定为非法拘禁罪;雷小飞无前科,其行为未造成严重后果,且雷小飞有协助公安机关抓获其他同案犯的立功表现,建议二审法院对雷小飞从轻或减轻处罚。

吴立群上诉称:原审判决认定事实不清,定性不准;其没有勒索钱财的目的,是雷小飞让其找对方索要欠款。

出庭检察机关认为:原审判决认定雷小飞、吴立群、尹春良犯罪的事实清楚,证据确实、充分,定罪及适用法律正确,量刑适当,审判程序合法,建议二审法院驳回雷小飞、吴立群的上诉,维持原判。

北京市高级人民法院经审理查明:上诉人雷小飞与加拿大阿维马克思集团公司北京办事处亚太区航空主任戴夫·罗西因生意纠纷产生矛盾后,雷小飞找到上诉人吴立群,吴立群又纠集原审被告人尹春良等人预谋采用劫持戴夫·罗西的方法,向戴夫·罗西索要债务。为此,吴立群、尹春良承租了北京市大兴区德茂小区1号楼1门103号。2002年3月10日17时许,雷小飞、吴立群、尹春良等人在北京市朝阳区甘露园南里25号朝阳园公寓4号楼下,将戴夫·罗西骗上吴立群驾驶的汽车劫持至北京市大兴区德茂小区1号楼1门103号,将戴夫·罗西扣押对其威胁并强迫其打电话,让其公司经理取出戴夫·罗西办公室抽屉内的美元4000元及护照等物交给吴立群等人。雷小飞、吴立群、尹春良还伙同他人胁迫戴夫·罗西多次给其亲属打电话索要25万美元,后又要求付给15万美元。2002年3月15日17时许,公安人员将雷小飞抓获。雷小飞交代了关押戴夫·罗西的地点,后公安人员前往上述地点,将吴立群、尹春良抓获,并将戴夫·罗西解救。

对于雷小飞上诉所提其没有事先预谋,未向戴夫·罗西索要钱财一节,经查:同案人吴立群、尹春良的供述均能证明,雷小飞与戴夫·罗西因经济纠纷产生矛盾后,雷小飞找到吴立群,吴立群又找尹春良等人多次预谋劫持戴夫·罗西;被害人戴夫·罗西的陈述亦证明,其被雷小飞等人劫持、扣押后,雷小飞强迫其打电话让公司经理交出4000美元及护照等物,又多次强迫其跟家属联系索要钱财;戴夫·罗西的陈述与多名证人的证言相一致,且与同案人吴立群、尹春良的供述相吻合,事实清楚,足以认定。雷小飞辩称其与整个事件无关,经查:吴立群,尹春良与雷小飞及被害人戴夫·罗西均无宿怨,吴立群、尹春良的多次供述内容稳定,二人的供述能够相互印证系受雷小飞指使,共同劫持并拘禁被害人戴夫·罗西,后又强迫被害人给其家属打电话索要钱财的事实,雷小飞的辩解,与已查明的事实不符,没有证据证明。

吴立群所提原审判决认定事实不清一节,经查:其受雷小飞的指使,又纠集尹春良等人,共同劫持并拘禁被害人戴夫·罗西,后又强迫被害人给其家属打电话索要钱财,该事实有被害人戴夫·罗西的陈述,多名证人的证言及同案人尹春良的供述在案证明,吴立群的供述与上述证据亦能相互印证,事实清楚,足以认定。

北京市高级人民法院经审理认为,上诉人雷小飞与他人因经济纠纷产生矛盾后,与上诉人吴立群、原审被告人尹春良采用非法扣押、拘禁他人的手段索取债务,根据最高人民法院《关于对为索取法律不予保护的债务非法拘禁他人行为如何定罪问题的解释》,应构成非法拘禁罪,依照我国法律均应予以惩处。鉴于雷小飞被抓获后能协助公安机关抓获同案人吴立群、尹春良,有立功表现,故对雷小飞依法可予从轻处罚。经查,雷小飞所提上诉理由均与已查明的事实不符,不能成立,应予驳回。雷小飞的辩护人所提原审判决认定雷小飞犯绑架罪,定性不准,雷小飞的行为应认定为非法拘禁罪以及雷小飞有协助公安机关抓获其他同案犯的立功表现,建议对雷小飞从轻处罚的意见成立,予以采纳;其他辩护意见没有事实及法律依据,不予采纳。吴立群上诉所提原审判决认定事实不清一节,与已查明的事实不符,不能成立,应予驳回;其所提原审判决定性不准的上诉理由成立,予以采纳。检察机关建议维持原审判决的意见,不予采纳。原审法院根据雷小飞、吴立群、尹春良犯罪的事实,犯罪的性质、情节和对于社会的危害程度所作的判决,认定的事实基本清楚,证据确实、充分,审判程序合法;但原审判决以绑架罪,分别判处雷小飞、吴立群、尹春良刑罚,定罪及适用法律有误,应予改判。据此,依照《中华人民共和国刑事诉讼法》第一百八十九条第(一)、(二)项,《中华人民共和国刑法》第二百三十八条第一、三款、第二十五条第一款、第二十六条第一、四款、第六十八条第一款、第六十四条、第六十一条及最高人民法院《关于对为索取法律不予保护的债务非法拘禁他人行为如何定罪问题的解释》、最高人民法院《关于处理自首和立功具体应用法律若干问题的解释》第五条的规定,于2003年4月14日,判决如下:

1. 维持北京市第一中级人民法院(2002)一中刑初字第3395号刑事判决主文的第四项,即追缴雷小飞、吴立群、尹春良的违法所得美元四千元发还被害人戴夫·罗西。

2. 撤销北京市第一中级人民法院(2002)一中刑初字第3395号刑事判决主文的第一、二、三项,即雷小飞犯绑架罪,判处有期徒刑十二年,并处罚金人民币二万四千元,驱逐出境;吴立群犯绑架罪,判处有期徒刑十一年,剥夺政治权利二年,并处罚金人民币二万二千元;尹春良犯绑架罪,判处有期徒刑十年,剥夺政治权利二年,并处罚金人民币二万元的刑事判决。

3. 上诉人雷小飞犯非法拘禁罪,判处有期徒刑二年。

4. 上诉人吴立群犯非法拘禁罪,判处有期徒刑二年。

5. 原审被告人尹春良犯非法拘禁罪,判处有期徒刑一年六个月。

二、裁判要旨

No. 4-238-7 在索债型拘禁案件中,债务数额难以确定的,应以非法拘禁罪论处。

在索债型扣押、拘禁案件中,行为人认为确实存在债务,而被害人予以否认,或者行为人与被害人虽然均承认存在债务关系,但是双方在具体数额上说法不一致,由于缺乏证据而难以查清原债权债务关系中涉及的具体数额。如果行为人主观上认为确实存在债务或者确认债务为某一数额,即使有证据证明行为人对债务或数额的认识是基于某种错误,行为人也是在索要债务的主观认识之下实施扣押、拘禁被害人的行为,而不存在勒索他人财物的目的,因此应以非法拘禁罪定罪处罚。如果以绑架罪定罪,则有客观归罪之嫌。

No.4-238-8 在索债型拘禁案件中,索要数额超出债务数额不大,或虽然较大但行为人的目的仍为索债的,应以非法拘禁罪论处。

在索债型扣押、拘禁案件中,行为人可能因为多种原因向被害人索要高于原债务数额的财物,有的是出于对被害人久拖不还债务的气愤,有的是为弥补讨债费用或商业损失,有的是借机勒索更多的财物等等。不能仅因索要数额超过原债务,就简单认定上述行为均构成绑架罪,而要具体情况具体分析。如果索要的数额大大超过原债务数额,且与其他情节相结合,足以证明行为人的主观目的已经由索债转化为勒索财物,则该行为已触犯了绑架罪和非法拘禁罪两个罪名,按照想象竞合犯的处罚原则,应以绑架罪定罪处罚。如果索要的数额超过原债务的数额不大,或者虽然索要的数额超过原债务的数额较大,但超出的部分是用于弥补讨债费用或由此带来的其他损失,行为人认为这些费用和损失应由被害人承担,其主要目的仍是索债,而不是勒索财物。从主客观相一致以及有利于被告人的刑法原则上看,上述行为应当以相对较轻的非法拘禁罪定罪,而不宜定绑架罪。如果索要数额大大超过原债务,当被害人拿出与原债务数额相近的财物后,行为人主动停止索要其他财物,这在客观上可以证明行为人并不具备勒索他人财物的目的,也不宜定绑架罪,而应定非法拘禁罪。

本案双方当事人之间确实存在因经济纠纷产生的债权债务关系,但在具体数额上认识不一,而且被告人索要的钱财超出了其自己估算的债务的数额。被告人的行为应认定为绑架罪还是非法拘禁罪,要根据本案的实际情况,结合被告人的主观因素和其他具体情节作出判断。

案例:辜正平非法拘禁案

案例来源:《刑事审判参考》总第26辑[第181号]

主题词:非法拘禁罪

一、基本案情

被告人辜正平,男,1967年9月19日出生。因涉嫌犯非法拘禁罪,于2001年4月24日被刑事拘留,5月1日被逮捕,7月26日被取保候审。

湖南省冷水江市人民法院经审理查明:被告人辜正平在担任冷水江市岩口镇经营管理站站长兼农村合作基金会主任期间,经主管镇基金会工作的副镇长刘振中批准后,分别于1995年11月14日和27日总计贷款13.5万元给冷水江市腾飞装潢公司经理李跃进,两次贷款均由冷水江市中南公司职工刘得勇担保。1996年1月19日,经刘振中批准,辜正平又经办贷款4.4万元给刘得勇做生意。上述贷款发放后,直到1999年8月止,连本带息近30万元无法收回。

1999年7月至8月,岩口镇党委、政府多次召开会议,部署该镇的农村合作基金会清欠工作。会上责成辜正平负责清收上述17.9万元贷款。辜正平经由冷水江市民政局调查了解到债务人刘得勇已与其前妻冷水江市第七中学教师钟益华离婚3年,离婚协议明确了刘得勇的债权、债务与钟益华无关。但辜正平认为刘得勇与钟益华系假离婚,在找不到刘得勇的情况下,要想追回贷款,只有找钟益华。经镇党委副书记潘久筠同意后,1999年8月19日辜正平领人在冷水江市造船厂附近将钟益华及其女儿刘颖(9岁)强行拉上车带到镇政府,并让他人将钟、刘关押进了备有铁门、铁窗的小房间。当日下午6时许,钟益华托人将女儿送到其奶奶张兰芳家。几天后,辜正平见钟益华未设法还款,又提出将刘得勇的母亲张兰芳也关押起来,得到镇党委书记谢凤翔的同意。8月22日当张兰芳到镇政府看望钟益华时,辜正平又将张兰芳与钟益华关进同一房间。

钟益华被非法关押后,冷水江市第七中学领导多次找辜正平及该镇党委书记协商。冷水江市检察院干部赵庆也与校领导一同到镇政府交涉,并指出这是一种犯罪行为,要求立即放人,但均未奏效。8月22日晚,刘得勇从外地回来邀辜正平到其父母家,要求将其母亲及钟益华放出来,由自己顶替,但交涉未果。8月23日,刘得勇又找谢凤翔重申自己的要求亦未被采纳。9月下旬,清欠工作进入尾声,钟益华交了4100元人民币后于9月25日被放回,累计被非法关押37

天。张兰芳交了2100元人民币后于9月28日被放回,累计被非法关押38天。

湖南省冷水江市人民法院认为:被告人辜正平为要刘得勇偿还贷款,在明知刘得勇与钟益华离婚已达3年之久,离婚协议上债权债务处理明确的情况下,却将钟益华及刘得勇的母亲张兰芳二人非法关押30余天。在关押期间,司法工作人员曾予规劝,但其仍置若罔闻。其行为已构成非法拘禁罪,且情节严重。考虑到其是在上级领导的纵容支持下,"因公"索债,可予酌情从轻处罚。依照《中华人民共和国刑法》第三百二十八条、第七十二条的规定,于2001年12月28日判决如下:被告人辜正平犯非法拘禁罪,判处有期徒刑一年,缓刑一年。

一审判决后,辜正平以"非法拘禁行为不是个人行为,而是政府行为,不构成犯罪"为由提出上诉。

湖南省娄底市中级人民法院经审理后认为,上诉人辜正平在清理岩口镇农村合作基金会贷款中,为使债务人刘得勇偿还贷款,而将钟益华、张兰芳非法关押30余天,其行为已构成非法拘禁罪。辜正平出于被责成清收违规贷款的压力,在明知钟益华与债务人刘得勇已离婚多年的情况下,主动提出将钟益华关押并亲自组织实施。后又将刘得勇之母张兰芳关押,以迫使刘得勇偿还贷款。在两被害人被关押期间,不听学校领导和检察干部的劝阻和严正交涉,致两被害人被非法关押30多天,其行为符合非法拘禁罪的构成要件,应负刑事责任。辜正平的上诉理由与客观事实不符,不予采纳。原判认定事实清楚,证据确实充分,适用法律正确,量刑恰当。依照《中华人民共和国刑法》第三百二十八条、第七十二条和《中华人民共和国刑事诉讼法》第一百八十九条第(一)项的规定,于2002年3月8日裁定:驳回上诉,维持原判。

二、裁判要旨

No.4-238-9 为逼迫借款人还债而关押借款人以外的第三人的,应以非法拘禁罪论处。

在司法实践中,就索债型非法拘禁罪来看,债权人为达到要回欠债的目的,通常会直接非法扣押、拘禁债务人本人,但也不排除债权人可能通过非法扣押债务人的亲属为人质或者扣押其他与债务人有密切关系的人为人质来达到迫使债务人还债的目的。《刑法》第二百三十八条第三款规定为索取债务非法扣押、拘禁他人以非法拘禁罪论处,这里立法用的是他人,并未明确限定为债务人本人。可见,他人当然可以包括债务人以外而又与债务人具有某种利害关系的人。

根据《刑法》第二百三十九条的规定,绑架罪包括三种情形:一是以勒索财物为目的绑架他人的,二是以勒索财物为目的偷盗婴幼儿的,三是绑架他人作为人质的。第一、二种情形行为人的犯罪目的都是勒索财物,而第三种情形行为人的犯罪目的条文没有明确揭示。合乎逻辑的解释结论自然是,绑架他人作为人质是为了实现勒索财物以外的不法目的,即行为人绑架他人后提出的是除勒索财物以外的其他不法要求。如行为人为实现某种政治目的绑架他人为要挟等。绑架他人作为人质和为索取债务扣押、拘禁他人的关键区别在于:前者扣押人质是为了实现其某种不法要求,而后者扣押人质是为了索取债务。

案例:李宁等过失致人死亡案

案例来源:《刑事审判参考》总第47集[第370号]

主题词:非法拘禁罪　敲诈勒索罪　过失致人死亡罪

一、基本案情

被告人李宁,男,1975年9月6日出生,汉族,初中文化程度,无业。2000年9月11日因犯抢劫罪被阿克苏市人民法院判处有期徒刑四年,2003年3月13日减刑11个月,同年4月28日刑满释放。2003年5月14日因涉嫌犯故意杀人罪被逮捕。

被告人王昌兵,男,1975年6月1日出生,汉族,高中文化程度,无固定职业。2002年7月30日因涉嫌犯故意杀人罪被逮捕。

新疆维吾尔自治区阿克苏地区中级人民法院经审理查明:

1999年3月26日晚被告人李宁、王昌兵与吐逊江(在逃)在阿克苏市一歌舞厅饮酒时,被害人阎世平进入李、王的包间与之攀谈,其间阎提出与李、王合伙挣钱,李宁等人再三追问如何挣钱,阎称准备绑架一市长的儿子。后被告人李宁、王昌兵乘坐吐逊江驾驶的白色奥拓车将阎拉至阿克苏市团结路一茶园处,李、王等人追问绑架何人,阎世平不说,李宁、王昌兵等遂对阎拳打脚踢。期间,与被害人阎世平相识的一出租车司机上前劝阻,李、王等人停止了殴打并乘车离开,阎世平乘机躲进该茶园地下室通道处。后被告人李宁、王昌兵又返回茶园处,找到阎世平,并将其强行拉上车带至西湖后湖堤处。李宁、王昌兵等人将阎拉下车,拳打脚踢逼问其欲绑架的具体对象,并以此敲诈其钱财。后被害人阎世平为摆脱李宁、王昌兵等人的殴打,趁其不注意跳入西湖中。李宁、王昌兵等劝其上岸,并调转车头用车灯照射水面,见阎仍趟水前行不肯返回,被告人王昌兵让李宁下水拉阎一把,李称其水性也不好,三人为消除阎之顾虑促其上岸,遂开车离开湖堤。后阎世平的尸体在西湖后湖堤附近被发现,法医尸体检验报告证实,阎世平肺气肿、肺水肿,全身体表无明显损伤,结论为溺水死亡,排除暴力致死。

据此,阿克苏地区中级人民法院认为,二被告人殴打被害人,迫使其跳湖逃生,以致溺水死亡,其二人的行为构成(间接)故意杀人罪,且均系本案主犯;公诉机关指控二被告人犯寻衅滋事罪不当,不予支持;被告人李宁在服刑期间不能如实坦白自己的余罪,故对其从重处罚。依照《中华人民共和国刑法》第二百三十二条、第二十五条第一款、第二十六条第一款、第六十九条、第七十条、第五十七条第一款、第三十六条和《中华人民共和国民法通则》第一百一十九条之规定,于2003年7月31日判决如下:

1. 被告人李宁犯故意杀人罪,判处无期徒刑,剥夺政治权利终身,与2000年9月因犯抢劫罪所判有期徒刑四年(已执行完毕)并罚,决定执行无期徒刑,剥夺政治权利终身;

2. 被告人王昌兵犯故意杀人罪,判处有期徒刑十五年,剥夺政治权利五年;

3. 被告人李宁、王昌兵共同赔偿附带民事诉讼原告人童爱云抚养费、交通费、丧葬费、尸体检验费等共计一万零四十七元五角。

一审宣判后,被告人李宁、王昌兵均不服,向新疆维吾尔自治区高级人民法院提起上诉。

被告人李宁上诉称:原判认定在西湖发现的尸体是其3月26日晚殴打之人,缺乏合法有效的证据证明,该尸体未让其及证人辨认,且证人也未能证明当晚殴打阎世平的是其和王昌兵;原判定性不当,适用法律错误,被害人阎世平溺水而亡的后果超出正常人的预想之外,不存在主观上的故意和过失,认定其为累犯与刑法规定相悖,应宣告其无罪。

被告人王昌兵上诉称:原判认定事实错误,确定的作案时间无任何根据,现场勘查笔录也未能证实死者的死亡时间;其与李宁殴打之人与死者阎世平是否为同一人,未经辨认程序,也无其他人指认;原判定性错误,其不符合杀人罪的主观要件,也未实施杀人行为,认定其承担赔偿责任不妥。

新疆维吾尔自治区高级人民法院经审理认为:

原判认定事实清楚,证据确实、充分,但定性不准确。上诉人李宁、王昌兵出于猎奇和敲诈财物的心理殴打被害人,致使被害人为摆脱殴打和纠缠而跳入湖水中,二上诉人预见到其行为可能产生的后果,却自以为是地认为在其离开后被害人会返回上岸,最终导致被害人溺水死亡,其二人的行为构成过失致人死亡罪。二上诉人对确认被害人身份及作案时间问题提出的上诉理由,无事实依据和证据支持,予以驳同;但其提出的定性不当、适用法律错误的上诉有理,予以采纳;且原判对上诉人李宁适用数罪并罚条款不当,予以纠正。依照《中华人民共和国刑事诉讼法》第一百八十九条第(二)项和《中华人民共和国刑法》第二百三十三条、第三十六条第一款之规定,于2004年1月6日判决如下:

1. 维持阿克苏地区中级人民法院刑事附带民事判决中的民事部分;

2. 撤销阿克苏地区中级人民法院刑事附带民事判决中对上诉人李宁、王昌兵的定罪量刑部分;

3. 上诉人李宁犯过失致人死亡罪,判处有期徒刑七年;上诉人王昌兵犯过失致人死亡罪,判处有期徒刑五年。

二、裁判要旨

No.4-238-10 采用暴力手段威胁被害人,意图索取财物,但被害人并未交出财物,后在逃跑过程中意外死亡的,不构成故意杀人罪、非法拘禁罪或者敲诈勒索罪,应以过失致人死亡罪论处。

从本案来看,被害人跳水虽是二被告人侵害行为所致,但被害人作为成年人,有完全的判断和认知能力,能够控制自己的行为和意识,其选择跳水逃走,说明其具备一定的自我救助条件和能力;而且,从本案现有的证据反映,二被告人并不具备对被害人施救的能力。故二被告人不符合行为人负有某种特定义务并能够履行的不作为犯罪的前提,不属于不作为的间接故意犯罪。因此,本案不构成(间接)故意杀人罪。

非法拘禁罪侵犯的客体是他人的人身自由权利,行为人的主观目的主要是剥夺、限制他人人身自由,客观表现是非法拘押、禁闭他人。本案中二被告人虽对被害人实施了一定的强制限制行为,但其主要目的是为获知被害人欲绑架对象和借此敲诈被害人,非法拘禁的客观表现并不明显。其次,非法拘禁致人死亡通常是由被告人的拘禁、伤害行为造成的,大都发生在对被害人的人身自由进行限制的过程当中。而本案中二被告人对被害人的人身自由的限制行为并没有对被害人产生重大伤害,被害人的死亡并不是伤害行为造成的;而且死亡结果发生在对被害人的人身自由限制解除之后,即跳湖逃跑之后。因此,二被告人的行为不构成非法拘禁罪。

二被告人虽对被害人实施了强制威胁手段,意欲非法从被害人处强行索取财物,被害人也因此产生了恐惧心理,但敲诈勒索罪属于结果犯,必须是敲诈勒索公私财物数额较大的才能构成此罪。本案中被害人并未交出财物,被告人没有实现其勒索财物的目的,则当然不构成敲诈勒索罪。同时,二被告人敲诈勒索的行为与被害人死亡的结果之间没有必然联系,也不存在法律上的因果关系,故本案亦不能以敲诈勒索罪处理。

在过失犯罪中,行为人对危害结果的发生既不追求,也不放任,而是应当预见而没有预见,或已经预见却轻信能够避免,主观上反对危害结果的发生。本案中,被告人李宁、王昌兵殴打被害人阎世平,致使被害人跳水逃走以摆脱李、王二人的殴打和纠缠。李宁、王昌兵在阎世平跳水之后,未进一步实施加害行为,而是调转车头用车灯照射水面,劝被害人上岸。见被害人仍趟水前行不肯返回时,被告人王昌兵还曾让李宁下水拉阎一把,因李水性也不好,不敢下水。后三人为消除阎世平的顾虑促使其上岸,遂开车离开湖堤。由此可见,二被告人既不希望、也不放任被害人死亡结果的发生。二被告人离开现场的目的是让被害人消除顾虑,尽快脱离危险之地,并非置被害人于水中而不顾。二被告人对于被害人可能会出现的后果是有所预见的,但轻信被害人在其离开后会返回岸上。因此,二被告人对被害人可能出现的死亡后果是持一种过于自信的过失心态。

综上,二被告人的侵害行为和对可能出现的被害人死亡后果的过失,最终导致了被害人溺水身亡的结果。因此,二被告人的行为构成过失致人死亡罪。

案例:李建增超期羁押他人非法拘禁案

案例来源:《人民法院案例选》2005年第2辑

主题词:非法拘禁罪　滥用职权罪

一、基本案情

被告人李建增,男,1967年11月18日出生,汉族,大专文化,中共党员,1995年8月至案发时任灵宝市公安局阳店派出所所长。

河南省灵宝市人民法院经审理查明:2002年9月1日,灵宝市公安局阳店派出所接到群众报案,反映阳店镇西水头村发生聚众哄抢案件,阳店派出所安排警务去负责办理此案。并于2002年9月24日对犯罪嫌疑人建树谋依法刑事拘留。后由所长李建增交由民警郭建刚(以非法拘禁罪被判免予刑事处罚)具体承办此案。2002年9月30日,灵宝市公安局向灵宝市人民检察院提请批准逮捕建树谋,灵宝市人民检察院审查后认为,建树谋聚众哄抢一案事实不清退回补查。灵宝市公安局补充侦查后再次报捕,2002年12月5日,灵宝市人民检察院作出不批准逮捕决定。在接到不批准逮捕决定后,承办人郭建刚没有依法提出具体意见,向被告人李建增汇报。被告人李建增作为所长,没有依照《中华人民共和国刑事诉讼法》第六十九条第三款、第七十条的规定,责成承办人对建树谋依法立即释放或变更强制措施,而是先让给局里汇报。后又同意将建树谋报劳教,并于2002年12月26日向三门峡市劳动教养委员会呈请对建树谋劳动教养。2003年1月14日,建树谋劳动教养呈报未被批准。次日,灵宝市人民检察院向灵宝市公安局发出《纠正违法通知书》,指出犯罪嫌疑人建树谋的刑事拘留羁押期限已超过了法定期限,应对其尽快报捕或变更强制措施。李建增接到灵宝市人民检察院《纠正违法通知书》后,于2月8日再次派承办人将案件送灵宝市人民检察院报捕。2月19日,灵宝市人民检察院未予批捕,将案卷退回。但李建增仍未将建树谋释放,直至3月6日,郭建刚被检察机关采取强制措施,建树谋才被释放。

灵宝市人民法院认为,被告人李建增身为基层派出所所长,执行公务时,不能正确履行自己的工作职责,致使他人被超期羁押,非法剥夺了他人的人身自由,其行为已构成非法拘禁罪。公诉机关指控罪名成立,应予惩处。被告人李建增能够如实供述案件事实,且犯罪情节轻微,依照《中华人民共和国刑法》第二百三十八条第一、四款,第二十五条第一款,第三十七条之规定,判决被告人李建增犯非法拘禁罪,免予刑事处分。

宣判后,李建增不服,再次提出上诉,三门峡市中级人民法院驳回上诉,维持原判。

二、裁判要旨

No.4-238-11 国家司法工作人员在执行公务时,不正确履行工作职责,致使被害人被超期羁押,情节严重的,不构成非法拘禁罪,应以滥用职权罪论处。

最高人民法院、最高人民检察院、公安部2003年11月12日联合下发的《关于严格执行刑事诉讼法,切实纠防超期羁押的通知》中要求"本通知发布以后,凡违反刑事诉讼法和本通知的规定,造成犯罪嫌疑人、被告人超期羁押的,对于直接负责的主管人员和其他直接责任人员,由其所在单位或者上级主管机关依照有关规定予以行政或者纪律处分;造成犯罪嫌疑人、被告人超期羁押,情节严重的,对于直接负责的主管人员和其他直接责任人员,依照《刑法》第三百九十七条的规定,以玩忽职守罪或者滥用职权罪追究刑事责任"。也认为违反刑事诉讼法,造成犯罪嫌疑人、被告人超期羁押,情节严重的,应以滥用职权罪论处。

从本案来看,李建增身为派出所所长,不严肃执法,迟迟不释放建树谋或是改变强制措施,特别是在检察机关已发出《纠正违法通知书》的情况下,仍不及时释放建树谋,致使建树谋被非法关押长达3个月之久,造成的影响不能不说是恶劣的,符合滥用职权罪的构成要件。因此,本案对被告人李建增以非法拘禁罪论处是不妥的,当然,应当注意本案发生在上述司法解释颁布之前。在上述司法解释颁布以后对于此类行为应以滥用职权罪论处。

案例:田磊等绑架案

案例来源:《刑事审判参考》总第26辑[第180号]

主题词:索取债务 绑架 非法拘禁罪

一、基本案情

被告人田磊,男,30岁,汉族,成都西部汽车城股份有限公司西安分公司经理,因涉嫌犯绑架罪,于1999年9月6日被逮捕。

被告人廖木方,男,36岁,汉族,农民。因涉嫌犯绑架罪,于1999年9月6日被逮捕。

被告人万德友,男,43岁,汉族,铁道部成都机车车辆厂工人,因涉嫌犯绑架罪,于1999年9月6日被逮捕。

被告人丁光富,男,40岁,汉族,铁道部成都机车车辆厂工人,因涉嫌犯绑架罪,于1999年9月6日被逮捕。

陕西省延安市中级人民法院经审理查明:被告人田磊在任成都西部汽车城股份有限公司西安分公司经理期间,销售给被害人刘小平解放柴油车 3 辆,重庆长安面包车 1 辆,总计价款 435000 元,刘仅付价款 130500 元,所欠 304500 元价款按双方协议应在 1998 年 3 月 25 日以前付清。到期后,田磊多次向刘索要未果。1999 年 7 月初,田磊让万德友找两个人来西安帮其索款,事成后给万等人 12 万元酬谢。7 月 3 日,万德友叫同厂的丁光富,丁光富又叫廖木方并让廖带上廖家存放的"冬眠灵"针剂,廖、万、丁三人又购买了 4 支一次性注射器,于 4 日乘火车来到西安。7 月 5 日,田磊在西安租得一辆桑塔纳轿车,并给廖木方、万德友、丁光富每人 1 把水果刀。7 月 6 日下午 7 时许,四被告人到达延安。晚 9 时许,田磊、廖木方与被害人刘小平饭后同车去宾馆,在宾馆附近田让路边等候的万德友、丁光富二人上车,即掉转车头向西安方向驶去。刘小平询问干什么,廖木方即拿出刀子威胁刘不许闹,田磊称去西安把事情说清楚,不会对刘进行伤害。车开出延安后,田磊害怕刘小平闹,停下车在刘的右臂注射"冬眠灵"两支,致刘睡着,次日早 5 时许在西安境内刘小平醒后,田磊让万德友给刘注射"冬眠灵"1 支,刘又睡着。车驶入四川境内刘醒后,廖木方、万德友二人又给刘注射 1 支"冬眠灵"。当车要过四川剑门关时,田磊害怕交警查车,再次让万德友给刘注射"冬眠灵"1 支。7 月 8 日凌晨 2 时许,车到达四川省新都县石板滩镇胜利村,四人将刘抬到与廖木方相识的范某家地下室,此时,刘已气息微弱。后田磊、万德友二人回到成都修车,廖木方、丁光富二人在范家休息。7 月 8 日中午 12 时许,田、廖、万、丁到地下室发现刘小平已死亡。为避免被人发现,田、廖提出将尸体碎尸后,装入桶内沉入河底,其他人同意。四人分工后于 9 日按计划实施。田磊、万德友又将刘的衣服烧毁。7 月 12 日,田磊给刘小平家打电话索要 28 万元,威胁否则采取措施。四被告人被捕后对其犯罪事实均供认不讳。

延安市中级人民法院认为,被告人田磊,廖木方、万德友、丁光富为索取债务,非法绑架他人致人死亡,其行为均构成绑架罪。依照《中华人民共和国刑法》第二百三十九条第一款、第五十七条第一款、第二十五条第一款、第二十六条第一款和第二十七条的规定,于 2000 年 3 月 22 日判决如下:1. 被告人田磊犯绑架罪判处死刑,剥夺政治权利终身;2. 被告人廖木方犯绑架罪,判处死刑,剥夺政治权利终身;3. 被告人万德友犯绑架罪,判处无期徒刑,剥夺政治权利终身;4. 被告人丁光富犯绑架罪,判处有期徒刑十年。

一审宣判后,被告人田磊、廖木方、万德友及其辩护人均以原判定性不准,量刑畸重为由,提出上诉。

陕西省高级人民法院审理后认为,上诉人田磊、廖木方、万德友和原审被告人丁光富为追索债务,采取绑架手段,非法拘禁债务人,使债务人刘小平失去人身自由。田磊等人为了控制刘小平,多次给刘注射冬眠灵,经法医鉴定,没有充分依据证实刘小平系因注射该药而直接致死。故其行为均已构成非法拘禁罪。对田磊、廖木方、万德友和其辩护律师所提四被告人的行为构成非法拘禁罪,不构成绑架罪的上诉理由和辩护意见,予以采纳。依照《中华人民共和国刑事诉讼法》第一百八十九条第(二)项和《中华人民共和国刑法》第二百三十八条第二款、第三款、第五十六条第一款、第二十五条第一款、第二十六条第一款、第二十七条、第六十五条第一款的规定,于 2002 年 1 月 7 日判决如下:1. 撤销延安市中级人民法院(2000)延刑初字第 4 号刑事判决;2. 上诉人田磊犯非法拘禁罪,判处有期徒刑十五年,剥夺政治权利四年;3. 上诉人廖木方犯非法拘禁罪,判处有期徒刑十五年,剥夺政治权利四年;4. 上诉人万德友犯非法拘禁罪,判处有期徒刑十三年,剥夺政治权利三年;5. 原审被告人丁光富犯非法拘禁罪,判处有期徒刑十年,剥夺政治权利两年。

二、裁判要旨

No. 4-238-12　为索要债务而绑架他人并致人死亡的,应以非法拘禁罪论处。

绑架罪是以勒索财物或者扣押人质为目的,使用暴力、胁迫或其他方法,绑架他人的行为。而非法拘禁罪是以非法拘留、禁闭或者其他方法,非法剥夺他人人身自由权利的行为。绑架罪和非法拘禁罪,两者都是侵犯他人人身自由权利的犯罪,而且,绑架罪在客观上必然表现为非法剥夺他人人身自由的行为,且剥夺他人人身自由的方法与非法拘禁罪的方法没有质的区别,都可以是暴力、胁迫或者其他方法;非法拘禁罪也可以由绑架的方式构成,两罪在将被害人绑架、劫持的空间特点上也一样,既可以是就地不动,也可以是将被害人掳离原所在地。审判实践中,两罪界限易混淆多是表现在为索债而绑架、扣押人质的案件中。近年来,社会上出现了不少因债权债务关系引起的"绑架索债型"侵犯公民人身权利的案件,即为追索债款,以强行扣押"债务人或其亲属"的方式,胁迫债务人亲属或债务人履行还债义务,"以钱换人"的犯罪行为。像本案中的田磊等人为索要债务将被害人劫持到四川,非法限制其人身自由的行为即是如此。这种行为形式上与以勒索财物为目的的绑架行为很相似,但在性质上却有着根本区别:第一,两者的犯罪目的截然不同,前者以勒索财物为目的;后者以追索债务为目的,以扣押"人质"作为讨还债务的手段;第二,两者在被绑架人方面存有差异,前者被绑架人自身一般都无什么过错,且可以是任何不特定的人;而后者被绑架人大多自身有一定的过错即欠债不还,且一般只可能是债务人本人或其近亲属。本案被告人以索取债务为目的,绑架债务人的行为,符合《刑法》第二百三十八条第三款为索取债务非法扣押、拘禁他人的规定,其行为性质应属非法拘禁,而不是绑架。因此,在罪名认定上,应是非法拘禁罪,而不是绑架罪。

案例:徐振涛等非法拘禁案

案例来源:《人民法院案例选》2009年第8辑

主题词:非法拘禁罪 抢劫 赌资赌债

一、基本案情

被告人:徐振涛、张维一、李飞、崔岗。

辽宁省辽中县人民法院经审理查明:被告人徐振涛因在与被害人李玉涛赌博时输钱,便怀疑李玉涛在其中使诈,遂伙同被告人张维一、李飞、崔岗等人,于当日到金百合歌厅找到李玉涛,强行将其用车拉到杨雪峰家中。期间,徐振涛等人对李玉涛多次进行殴打,并向李玉涛索要8000元钱用以偿还徐振涛在赌博中输的钱。李玉涛被迫给徐振涛打了一张8000元钱的欠条,并给其朋友打电话筹集现金。次日凌晨1时许,在李玉涛将从朋友处借到的8000元钱交给徐振涛后,徐振涛让李玉涛离开。被害人李玉涛被殴打致鼻骨骨折,经鉴定损伤程度为轻微伤。

辽宁省辽中县人民法院认为,被告人徐振涛为索取所输赌资纠集张维一、李飞、崔岗等人,将被害人强行带走并使用暴力劫取被害人财物,被告人的犯罪手段不符合敲诈勒索罪的犯罪特征,故公诉机关指控罪名不妥。被告人徐振涛、张维一、李飞、崔岗,为索取所输赌资,强行将被害人带走,非法限制其人身自由,其行为均已构成非法拘禁罪,且被告人对被害人具有殴打情节,应依法从重处罚。被告人徐振涛在共同犯罪中起主要作用,系主犯。被告人张维一、李飞、崔岗在共同犯罪中起次要作用,系从犯,应从轻处罚。被告人李飞系在校学生,适用缓刑不致再危害社会,且更有利于其改造,故对被告人李飞依法适用缓刑。判决:被告人徐振涛犯非法拘禁罪,判处有期徒刑一年六个月;被告人李飞犯非法拘禁罪,判处有期徒刑一年,缓刑二年;被告人张维一犯非法拘禁罪,判处有期徒刑八个月;被告人崔岗犯非法拘禁罪,判处有期徒刑八个月。宣判后,四被告人均服判,在法定期限内未提出上诉,公诉机关未提出抗诉,现判决已发生法律效力。

二、裁判要旨

No.4-238-13 赌博参与人员以其所输赌资或所赢赌债为抢劫对象,非法拘禁他人或者以其他方法非法剥夺他人人身自由的,不构成抢劫罪,应以非法拘禁罪论处。

2005年6月8日最高人民法院颁布的《关于审理抢劫、抢夺刑事案件适用法律若干问题的意见》规定:抢劫赌资、犯罪所得的赃款赃物的,以抢劫罪定罪,但行为人仅以其所输赌资或所赢赌债为抢劫对象,一般不以抢劫罪定罪处罚;构成其他犯罪的,依照刑法的相关规定处罚。

据此,在对赌博参与人员抢劫其所输赌资或所赢赌债犯罪案件的不同情形进行类型化分析,并遵循罪责刑相适应基本原则,综合评价被告人的主观故意和客观社会危害性的基础上,可

划分以下情形分别处理:

1. 存在非法拘禁他人或者以其他方法非法剥夺他人人身自由情形的,应当定非法拘禁罪。最高人民法院《关于对为索取法律不予保护的债务非法拘禁他人行为如何定罪问题的解释》(法释[2000]19号)中规定,行为人为索取高利贷、赌债等法律不予保护的债务,非法扣押、拘禁他人的,依照《刑法》第二百三十八条的规定定罪处罚。尽管该解释中仅规定了行为人为索取赌债而非法拘禁的情形,但对于行为人为索取赌资而非法拘禁的情形也应定非法拘禁罪。如上所述,所输赌资或所赢赌债作为犯罪对象,在刑法评价上的意义在于,对于该类犯罪应当将赌博参与人员的犯罪行为与一般人员的抢劫行为区别对待,对特定主体抢劫特定财物的侵财行为一般不单独处罚,重点考查侵犯公民人身权利犯罪,而犯罪对象究竟是所输赌资还是所赢赌债,并不是侵犯公民人身权利犯罪的构成要件,不影响案件的定罪量刑。因此,赌博参与人员抢劫其所输赌资或所赢赌债的案件,如果在过程中存在非法扣押、拘禁他人的情形,应当以非法拘禁罪定罪处罚。对于构成非法拘禁的认定标准可以参考最高人民检察院《直接受理立案侦查案件立案标准的规定(试行)》第3条的规定,非法拘禁持续时间超过24小时的;3次以上非法拘禁他人,或者一次非法拘禁3人以上的;非法拘禁他人,并实施捆绑、殴打、侮辱等行为的;非法拘禁,致人伤残、死亡、精神失常的。

2. 不存在非法拘禁他人或者以其他方法非法剥夺他人人身自由情形的,应当根据被告人使用暴力情况和造成被害人伤害程度区别对待。最高人民法院《关于审理抢劫、抢夺刑事案件适用法律若干问题的意见》(法发[2005]8号)中规定,行为人为索取债务,使用暴力、暴力威胁等手段的,一般不以抢劫罪定罪处罚。构成故意伤害等其他犯罪的,依照《刑法》第二百三十四条等规定处罚。因此,被告人使用暴力故意伤害他人身体,造成被害人轻伤以上损害的,应当定故意伤害罪;被告人使用暴力给被害人造成轻微伤损害的,应当按照《治安管理处罚法》的相关规定处理;被告人没有使用暴力的,对于其抢劫所输赌资或所赢赌债的行为不追究刑事责任,如果被告人的赌博行为构成赌博罪的,应当以赌博罪定罪处罚。

案例:宋某胜等故意伤害、故意毁坏财物案

案例来源:《刑事审判参考》总第115集[第1276号]

主题词:非法拘禁罪　转化犯

一、基本案情

2014年11月,被害人王某与宋某某(女,未成年,另案处理)通过QQ聊天认识,并发生性关系,又以公开宋某某裸照胁迫宋某某与其继续发生性关系。宋某某将此事告知其父被告人宋某胜。2015年1月23日,被告人宋某胜及妻子李某英决定对此事私了,宋某胜让宋某某将王某叫至本村,宋某胜与其子宋某安(在逃)、侄子宋某柱、宋某山在村口等候,当日13时30分许,王某驾车到达村口,被告人宋某胜、宋某安、宋某山持羊角锤、木棍等工具殴打王某,后将王某带至宋某胜家旧院内。其间,宋某胜、宋某群、宋某学、宋某山、宋某柱、李某英、宋某安持棍棒等工具多次殴打王某,并向其家人索要人民币50万元,后王某死亡。经法医鉴定,王某系创伤性休克死亡。

二、裁判要旨

No.4-238-14　无论索取的是合法债务还是非法债务,为索取债务而非法拘禁他人的,不成立绑架罪,应以非法拘禁罪定罪处罚。

设立非法拘禁罪的目的主要在于保护他人的人身权利而非财产权利。依据法律规定,无论行为人索取的是合法债务还是非法债务,一般都定性为非法拘禁。以索取债务为目的的非法拘禁罪与绑架罪的区别在于:一是犯罪对象不同,为索取债务而非法拘禁的对象,与行为人都有某种债权债务关系,表现为"事出有因",并且被害人通常都有一定过错或责任,犯罪对象比较固定;绑架罪中双方一般不具有债权债务关系,或是以无中生有的借口,或是无缘无故向他人索取财物,犯罪对象通常是不特定的具有一定经济实力的人,很多时候双方并不认识,没有矛盾纠纷。二是客观方面不同,非法拘禁行为对人身的伤害程度一般远远小于绑架,非法拘禁造成人身伤亡的危险性远低于绑架。三是主观目的、主观恶性不同,非法拘禁索取财物中,行为人的目的是要回认为是自己应得的财物,而非凭空索取;绑架行为多以无故勒索他人财物为目的。基于上述分析,本案中被告人宋某胜等人因被害人王某与宋某某发生性关系,拘禁王某并向王某的家人索要所谓的赔偿款,其行为符合非法拘禁罪的构成要件,不符合绑架罪的构成要件。

No. 4-238-15 非法拘禁使用暴力致人伤残的,不能单纯地以造成被害人伤残或者死亡的危害结果来确定行为人的罪名,应根据行为人的主观故意内容认定罪名。

《刑法》第二百三十八条规定,犯非法拘禁罪,使用暴力致人伤残、死亡的,依照《刑法》第二百三十四条、第二百三十二条的规定定罪处罚,即转化为故意伤害罪或故意杀人罪,不实行数罪并罚。通常而言,非法拘禁罪必须同时符合以下两个条件才能转化为故意伤害罪或者故意杀人罪:一是在主观故意方面,由非法剥夺他人人身自由的故意转化为非法损害他人身体健康或者非法剥夺他人生命的故意;二是在客观行为方面,必须使用暴力,并因此造成被害人伤残或者死亡的危害结果。对行为人使用暴力致人伤残、死亡的情形,不能单纯地以造成被害人伤残或者死亡的危害结果来确定行为人的罪名,否则容易陷入客观归罪的错误。正确的做法是要区分行为人主观故意的内容是非法剥夺他人生命还是要损害他人身体健康,综合犯罪构成的主客观要件认定罪名,只有这样才符合罪刑相适应原则。

本案中,被告人宋某胜、李某英等人,在得知其未成年女儿与成年男子王某发生性关系之后,基于气愤将被害人王某长时间非法控制之后,对王某进行殴打。根据本案事实,在王某生命处于危险状态时,有被告人给王某服药,并找来村医给王某治疗,各被告人显然不希望王某死亡,不具有非法剥夺他人生命的故意,各被告人的行为不符合故意杀人罪的构成要件,依法应当认定各被告人的行为由非法拘禁罪转化为故意伤害罪。

案例:贾斌非法拘禁案

案例来源:《刑事审判参考》总第98集[第997号]

主题词:非法拘禁罪 索债型非法拘禁

一、基本案情

被告人贾斌,男,1987年2月20日出生,无业。2012年10月12日因涉嫌犯绑架罪被逮捕。

山西省山阴县人民检察院以被告人贾斌犯绑架罪,向山阴县人民法院提起公诉。

被告人贾斌辩称:其不构成绑架罪;其向妻子李宝珠索要人民币(以下币种同)8万元离婚赔偿款并无不当;李欺骗其感情,有过错在先。其辩护人提出:贾斌抱走继女不属于绑架,即使构成犯罪,也属于非法拘禁罪。

山阴县人民法院经审理查明:

2011年3月25日,被告人贾斌与李宝珠结婚。婚后二人共同抚养李宝珠与前男友李宝所生女儿李某某(女,时年3岁)。2012年9月27日,李宝珠欲与李宝复合,遂向贾斌提出离婚。贾斌要求李宝珠退还其为李某某所支出的抚养费、结婚彩礼等共5万元。二人协商未果,当日李宝珠带李某某回娘家居住。次日9时许,贾斌乘出租车到山西省山阴县西沟村李宝珠的娘家,看望继女李某某,并带李某某到附近小卖部购买零食,返回家中发现无人后,便带李某某离开,乘车前往山西省大同市。途中,贾斌给李宝珠发信息、打电话,要求李宝珠准备8万元现金来交换女儿李某某,后又要求李宝珠到大同市见面。李宝珠即报警。当晚23时许,贾斌被公安人员抓获。其间,贾斌对李某某未实施伤害行为。

另查明,2013年2月4日,贾斌与李宝珠就婚姻纠纷向山阴县人民法院提起诉讼,经该院主持调解,双方达成离婚协议,李宝珠对贾斌的行为表示谅解。

山阴县人民法院认为,被告人贾斌挟持其继女李某某的行为构成非法拘禁罪。公诉机关指控贾斌的犯罪事实清楚,但指控贾斌构成绑架罪的罪名不当。贾斌主观上是为解决与妻子的婚姻问题而实施该行为,系事出有因,不符合绑架罪中以勒索财物为目的的特征,且行为上没有采取暴力强制手段,也未造成任何后果,考虑其与继女有别于亲生子女的法律关系,抱走继女远离家庭居所,已形成对受害人人身自由的限制,具有一定的危险性,故认定贾斌构成非法拘禁罪。鉴于本案系因婚姻家庭纠纷引发,贾斌未对被害人实施伤害行为,已取得被害人亲属的谅解,在量刑时应予以考虑。据此,山阴县人民法院以被告人贾斌犯非法拘禁罪,判处有期徒刑八个月。

一审宣判后,被告人贾斌未提起上诉,检察机关亦未抗诉,该判决已发生法律效力。

二、裁判要旨

No. 4-238-16　婚姻关系非正常存续期间,为索要离婚纠纷中的争议财产而将继子女私自带走的行为,构成非法拘禁罪。

继父母与继子女的法律关系是建立在继父母与继子女生父母的婚姻基础上,并且继父母要对继子女形成抚养、教育关系,才能与继子女形成拟制血亲,具有与生父母同等的权利义务。如果贾斌在婚姻关系正常时期将继女私自带走,因其对继女有监护权,只要其对继女无伤害行为,就不违法。但是本案的特殊性在于,其是发生在贾斌与其妻李宝珠协议离婚并已分居期间。虽然从法律形式上说,婚姻关系仍存续,但是双方对结束婚姻的意向已达成一致,只是还存在财产上的纠纷未能解决,导致无法办理离婚手续。从法律角度以及社会习俗等来看,分居后对未成年子女,尤其是幼女的监护权理所当然应归其生母行使。在离婚程序启动后,婚姻双方的权利、义务处于未决状态,相应的,以婚姻关系为基础的其他权利、义务亦应处于未决状态。这种情况下,当事人只应在合理范围内行使必要的权利。此时,当事人对离婚后将会发生改变的权利、义务应暂停行使或者只在必要的、合理的限度内行使。而贾斌出于要挟其妻的目的,私自带走继女,同时索要离婚纠纷所涉财物,该行为已经明显超出其待定监护权的应有的合理限度,使年幼的继女脱离生母照管,侵犯了继女的人身自由权利和儿童的合法权益,其行为具有严重的违法性,具有应受刑罚处罚性。

贾斌的行为不构成绑架罪。刑法对绑架罪的主观方面明确规定为两种目的:一种是索财型,就是以被绑架人的人身安全为要挟,目的是向他人勒索钱财,即通常所说的掳人勒赎或者“绑票”。另一种是指行为人出于勒索钱财以外的其他目的,而劫持被绑架人作为人质的行为。无论是“索财型”绑架还是“人质型”绑架,都是一种严重侵犯公民人身安全的犯罪,行为人都是以被绑架人的生命健康作为威胁,当其非法目的不能实现时,可能会危及被绑架人的人身安全。本案中,被告人贾斌抱走继女,以索要离婚纠纷中所涉财物的行为,既不构成“索财型”绑架罪,也不构成“人质型”绑架罪。首先,在主观要件上,贾斌索要的财产是夫妻在离婚纠纷中,双方存有争议、尚未达成一致意见的财产,其索要财产的数额并未超过合理限度,其主观上不具备“索财型”绑架罪中的恶意勒索他人财物、获取不义之财的目的,故不构成“索财型”绑架罪。其次,贾斌在将其继女挟持期间,并没有以继女的生命安全威胁其妻,也没有以继女的生命相要挟提出其他非法要求,不具有“人质型”绑架罪中为实现非法目的,以被绑架人的生命安全相要挟的客观行为,故不构成“人质型”绑架罪。

贾斌的行为不构成拐骗儿童罪。理论界和实务界普遍认为,拐骗儿童罪往往是以收养为目的,或者以奴役、使唤为目的。本案中,被告人贾斌与其妻离婚期间,双方因对支付离婚补偿款(包括继女的抚养费等)未达成一致,离婚未果,其妻将她亲生女儿带回娘家生活。贾斌为迫使其妻答应离婚条件以及与其见面,而将时年3岁的继女带至外地,并以此为要挟,若其妻不答应他的要求,便不送还继女。贾斌带走继女,并非出于自己收养或者奴役、使唤的目的,不具备使继女长期脱离家庭的意图,仅是通过暂时限制继女的人身自由,来迫使其妻在离婚纠纷中妥协。因此,贾斌的行为不具有收养、奴役等目的,不符合拐骗儿童犯罪的主观要件。

贾斌的行为构成非法拘禁罪。刑法并未规定非法拘禁的目的,主观方面上不要求有特定目的,即只要具备非法剥夺他人人身自由的直接故意并且实施了拘禁行为即可构成本罪。拘禁行为,其方式可以是多种多样的,典型的拘禁方式有捆绑、扣留、关押等。刑法条文中还规定了其他非法剥夺人身自由的方式,虽然没有明确列举,但是只要客观上剥夺了人身自由的即可构成本罪。这种剥夺包括对儿童以哄骗的方式进行“软禁”,给被害人喂食安眠药,使得被害人无法知晓自身处境等,只要是非法剥夺了公民的人身自由权即构成本罪,对行为方式并无限定。本案中,被告人贾斌为解决离婚财产纠纷,向其妻索要婚姻存续期间对其继女的抚养费、二人结婚时的彩礼等费用,而将继女擅自带至外地,并以此胁迫其妻支付上述费用,否则不送还继女。贾斌的行为符合为索要债务而非法扣押他人的情形,依法构成非法拘禁罪。

案例:罗灵伟、蒋鼎非法拘禁案

案例来源:《刑事审判参考》总第99集[第1008号]

主题词:非法拘禁罪　索债型非法拘禁

一、基本案情

被告人罗灵伟,男,1983年4月9日出生,商贩,住浙江省台州市路桥区螺洋街道樟岙村1区28号。2014年1月22日因吸毒被行政拘留十五日。2014年3月6日因涉嫌犯非法拘禁罪被逮捕。

被告人蒋鼎,男,1986年1月17日出生,驾驶员,住浙江省台州市黄岩区西城街道雅林村65号。2005年3月24日因吸毒被强制戒毒六个月。2007年4月26日因吸毒被行政拘留十五日。2009年12月3日因吸毒被行政拘留十五日,后被强制隔离戒毒二年。2014年1月22日因吸毒被行政拘留十五日,后被强制隔离戒毒二年。2014年3月6日因涉嫌犯非法拘禁罪被逮捕。

浙江省台州市黄岩区人民检察院以被告人罗灵伟、蒋鼎犯非法拘禁罪,向台州市黄岩区人民法院提起公诉。

被告人罗灵伟、蒋鼎对公诉机关指控的犯罪事实和罪名不持异议。罗灵伟的辩护人认为本案系民间账目纠纷引起,罗灵伟归案后如实供述犯罪事实,认罪态度较好,并赔偿了被害人的经济损失并取得谅解,且系初犯、偶犯,提请法庭对罗灵伟从轻处罚。

台州市黄岩区人民法院经公开审理查明:2014年1月3日19时许,被告人罗灵伟因怀疑王华祥、陈仙兵、潘岩根在管理其经营的石渣生意期间,在账目上造假侵吞款项,遂与被告人蒋鼎、“阿三”等人将王华祥、陈仙兵、潘岩根三人从台州市路桥区螺洋街道园珠屿村带至黄岩区沙埠镇佛岭水库洋山庙边上,质询账目收支情况,并使用拳脚及持棍殴打王华祥、陈仙兵等人,致王华祥构成轻伤二级。后罗灵伟与王华祥达成协议,将罗灵伟怀疑的账目上被侵吞的3万余元与其欠王华祥的3万余元抵销。整个过程持续4个小时左右。案发后,在刑事诉讼过程中,被害人王华祥提起刑事附带民事诉讼。后经和解,罗灵伟、蒋鼎赔偿了王华祥的医药费等各项经济损失并取得了被害人的谅解。王华祥撤回了刑事附带民事诉讼。

台州市黄岩区人民法院认为,被告人罗灵伟、蒋鼎为索取债务,非法限制他人人身自由并进行殴打,致人轻伤,其行为均构成非法拘禁罪。罗灵伟曾因吸毒被行政处罚、蒋鼎曾因吸毒被行政处罚及强制戒毒,酌情均可以从重处罚。罗灵伟的辩护人所提对罗灵伟从轻处罚的相关辩护意见,与本案查明的事实及相关的法律规定相符,应予采纳。蒋鼎归案后如实供述犯罪事实,认罪态度较好,并赔偿了被害人的经济损失且取得了谅解,酌情可以从轻处罚。据此,依照《中华人民共和国刑法》第二百三十八条第一款、第三款,第二十五条第一款,第六十七条第三款以及《中华人民共和国刑事诉讼法》第二百七十九条之规定,台州市黄岩区人民法院以被告人罗灵伟犯非法拘禁罪,判处有期徒刑九个月;以被告人蒋鼎犯非法拘禁罪,判处有期徒刑九个月。

一审宣判后,被告人罗灵伟、蒋鼎均未提起上诉,检察机关亦未抗诉,该判决已发生法律效力。

二、裁判要旨

No.4-238-17　行为人主观上的索债目的应当从其主观真实意思认定,而不要求客观上存在真实有效的债务债权关系。出于索债目的非法拘禁他人的,成立非法拘禁罪。

如果行为人主观上确实是为索取债务而扣押、拘禁他人的,即使债务关系难以查清或者根本不存在,只是行为人认识错误的,仍然应当认定行为人系为索取债务而实施非法拘禁行为。因为在此种情况下,无论债务是否真实存在,行为人主观上是出于“索债”的目的而实施对他人的扣押、拘禁行为的,其没有产生其他诸如勒索、抢劫犯罪中非法占有他人财物的故意。从另一角度考虑,这种认定是从有利于被告人的原则出发的,符合刑法谦抑性的要求。

本案中,罗灵伟因为怀疑王华祥、陈仙兵、潘岩根在管理其经营的石渣生意期间,在账目上造假侵吞款项,认为王华祥侵吞了其3万余元的货款。为了向王华祥等人索取该笔债务,罗灵伟遂与蒋鼎等人将王华祥、陈仙兵、潘岩根三人强行带上汽车,后在水库洋山庙边对三人实施殴打等行为,非法限制王华祥等人的人身自由4个小时左右。后来罗灵伟与王华祥达成口头协议,将自己欠王华祥的3万余元欠款与该3万余元货款相抵销。综合上述案情分析,罗灵伟主观上确实是为了索要其自认为的“债务”而实施了非法拘禁及殴打等行为。该债务能否查清并不影响其主观上的索债目的。蒋鼎为帮助罗灵伟实现索债的目的,与罗灵伟一起共同实施非法扣押、拘禁他人的行为,亦应确认其主观上的索债目的。

案例:郑师武非法拘禁案

案例来源:《刑事审判参考》总第108集[第1172号]

主题词:非法拘禁罪　原因自由行为

一、基本案情

2014年6月1日,被告人郑师武吸食甲基苯丙胺(冰毒)后,出现被警察追捕的幻觉,便闯入一公司仓库,手持西瓜刀劫持了仓库管理员被害人李文珍,将仓库卷闸门锁上,企图“躲避警察追捕”,并恐吓李文珍不要报警。期间郑师武一直用刀劫持、殴打李文珍。后民警冲入仓库将郑师武制服并抓获归案,缴获其西瓜刀,解救出李文珍。在上述过程中,郑师武造成李文珍背部、左中指、右肘部受伤,经鉴定属轻微伤。案发后经法医鉴定,郑师武案发时患“精神活性物质(甲基苯丙胺)所致精神障碍”。

二、裁判要旨

No.4-238-18　行为人吸毒致幻,产生精神障碍,实施犯罪的,应承担刑事责任。

虽被告人郑师武在作案时处于丧失实质性辨认及控制能力的精神病性障碍状态,但根据原因自由行为理论,对于自愿吸毒者,其有正常的辨认能力和控制能力,明知吸食毒品可以导致自身出现精神活动的变化,在吸食前本可以自由决定自己是否陷入丧失或不完全丧失辨认、控制能力状态,而仍然放纵自己的吸毒行为,其理应对吸毒后实施的犯罪行为承担刑事责任。在本案中,被告人郑师武在犯罪时,由于吸毒导致精神障碍,作案时无辨认能力,但由于其出于自由选择吸食毒品,其吸毒时知道或应该知道可能会有其他不良后果发生,故其吸毒后产生的精神障碍状态不能阻却罪责,其应对自己随后实施的犯罪行为负刑事责任。

No.4-238-19　在幻觉下挟持他人意图“逃避警察抓捕”,绑架犯罪目的不具有客观真实性,依据主客观相一致的原则不认定其“绑架他人作为人质”。

根据《刑法》第二百三十九条第一款的规定,绑架罪要求行为人主观上不仅要有侵害他人人身安全与行动自由的犯罪故意,还需要特定的犯罪目的,即以“勒索财物”或“以人质安全为挟,谋取财物之外利益”之犯罪目的。此犯罪目的是认定绑架罪不可或缺的构成要件要素。在本案中,从主观方面来看,被告人郑师武为了“躲避警察追捕”,持刀挟持被害人李文珍,意图通过绑架被害人作为人质来向他人索要车辆,从而驾驶车辆逃避追捕,其主观方面形式上似乎符合绑架罪所要求的“以人质安全为挟,谋取财物之外利益”的特定犯罪目的。但根据我国刑法主客观相一致原则,构成要件要素中的每一个要素都应该是客观存在的,故“绑架他人作为人质,谋取财物之外利益”应为真实明确之目的。郑师武因吸毒产生精神障碍,作案时产生了与现实情况不相符的幻觉,其被警察追捕的状态是不真实、非客观存在的,仅存在于其自己的幻觉中,故此引起的为了“躲避警察追捕”而持刀挟持李文珍欲“逃避追捕”的所谓犯罪目的并不具有客观真实性,即郑师武事实上并不具备绑架李文珍作为人质以满足其不法要求的目的。

本案中被告人郑师武的行为符合非法拘禁罪的构成要件。绑架罪的主观方面要件是一个复合要件,行为人既有非法拘禁他人而限制人身自由的主观故意,又有通过控制人质而企图实现勒索钱财或者其他目的的主观故意。本案中,被告人郑师武的行为虽然在客观上符合绑架罪的特征,但因其不具有绑架罪所要求的特定犯罪目的,即其犯绑架罪的主观方面构成要件不存在,因而不构成绑架罪。但是对郑师武所实施的挟持他人并将他人囚禁控制在仓库中的行为仍然能够进行刑法意义上的评价,因为该行为符合《刑法》第二百三十八条“非法拘禁他人或者以其他方法非法剥夺他人人身自由”的规定。郑师武非法剥夺了他人的人身自由,客观上实施了非法拘禁他人的行为,其主观上虽然是为了“躲避警察追捕”而持刀挟持人质欲“索车逃离现场”,但该主观故意中包含非法拘禁罪的故意内容,即郑师武亦具备非法剥夺他人人身自由的故意,符合非法拘禁罪的构成要件,构成非法拘禁罪。

94 绑架罪(《刑法》第二百三十九条)

案例:杨锋等抢劫、绑架案

案例来源:《人民法院案例选》2008 年第 3 辑

主题词:绑架罪　抢劫罪　吸收犯

一、基本案情

被告人:杨锋、郭显应。

江苏省无锡市惠山区人民法院经审理查明:2008 年 1 月 19 日中午,被告人杨锋提议并与被告人郭显应合谋后,至无锡市惠山区长安街道水泵厂,采用持刀殴打、威胁等手法,欲向被害人廖秀铝劫取钱财,后因廖秀铝的表哥姚沅彬赶来劝阻等原因而未得逞。后二被告人又继续找廖秀铝欲再行实施抢劫犯罪,因找不到廖秀铝,两被告人又经合谋,于 2008 年 1 月 20 日凌晨 1 时许,持砍刀踢门闯入无锡市惠山区长安街道惠巷医疗器械水泵厂姚伍妹(女,41 岁,系廖秀铝之母)的宿舍,被告人杨锋将砍刀交给郭显应,自己取得屋内菜刀 1 把,两被告人找廖秀铝不得,即向姚伍妹谎称“廖秀铝欠郭显应 1500 元钱”,以此为由要姚伍妹替子还钱,索要未果后,被告人郭显应即将刀架在姚伍妹的次子廖秀停(男,1999 年 5 月 19 日生)的脖子上,提出交付人民币 900 元,不拿钱就杀害廖秀停。姚伍妹见状,拿出随身的 50 元人民币,两被告人嫌少,又继续以杀害廖秀停相威胁逼迫姚伍妹。见姚伍妹再拿不出钱款,两被告人即向姚伍妹索得上述人民币 50 元并将廖秀停作为人质带走,责令姚伍妹于当日上午 10 时前交付剩余赎金人民币 850 元。

江苏省无锡市惠山区人民法院认为,被告人杨锋、郭显应以非法占有为目的,采用暴力手段欲劫取他人钱财,因意志以外的原因未得逞,其行为均已构成抢劫罪,属未遂;继而又以勒索财物为目的,以暴力手段控制并绑架人质,其行为均又构成绑架罪。对被告人杨锋、郭显应所犯数罪,依法应予以并罚。公诉机关指控两被告人犯绑架罪的罪名成立,应予支持,但对两被告人属入户抢劫的指控罪名及情节,经查,两被告人提出要姚伍妹替子还钱不成后,其犯意即发生了转化,实施了用刀架在廖秀停的脖子上,将廖秀停作为人质予以控制,以此向其亲属勒索赎金的行为,当场取得部分赎金人民币 50 元,该行为属于绑架过程中的一部分,不应单独作为抢劫罪予以重复评价,故本院对入户抢劫之指控不予支持。被告人杨锋、郭显应犯两罪时均未满 18 周岁,属未成年人犯罪,应依法从轻或减轻处罚;两被告人所犯抢劫罪属未遂,可比照既遂犯从轻或减轻处罚。又因其归案后均有一定的悔罪表现,可酌情予以从轻处罚。综上情节,本院决定对两被告人犯抢劫罪、绑架罪均予以减轻处罚。对被告人杨锋、郭显应的辩护人提出的“未成年人犯罪;认罪态度较好;建议减轻处罚”的辩护意见,经查属实,本院予以采纳。依照《中华人民共和国刑法》第二百六十三条、第二百三十九条第一款、第二十五条第一款、第二十三条、第六十九条、第十七条第一、三款、第六十四条之规定,作出如下判决:一、被告人杨锋犯抢劫罪,判处有期徒刑一年,并处罚金人民币一千元;犯绑架罪,判处有期徒刑六年,并处罚金人民币两千元,决定执行有期徒刑六年六个月,并处罚金人民币三千元。二、被告人郭显应犯抢劫罪,判处有期徒刑一年,并处罚金人民币一千元;犯绑架罪,判处有期徒刑五年六个月,并处罚金人民币一千五百元,决定执行有期徒刑六年,并处罚金人民币两千五百元。三、犯罪所得赃款人民币五十元予以追缴,发还被害人;犯罪工具砍刀一把予以没收,上缴国库。

二、裁判要旨

No. 4-239-1 当场向人质的亲属勒索财物的,应以绑架罪论处。

两被告人的行为是以抢劫罪(入户)、绑架罪两罪并罚还是以绑架罪一罪论处?此问题的关键在于当场勒索财物的行为能否构成绑架罪。公诉机关认为抢劫犯罪中,行为人应当是以立即实施暴力相威胁,迫使他人立即交出财物,而被实施暴力胁迫的人和交付财物的人可以是不同的人。这种观点否定了在绑架罪中也存在当场勒索财物的情形。而实际上,绑架罪并不绝对排斥绑架人质并当场勒索财物的情形,区分抢劫罪还是绑架罪,关键要看行为人是否实际控制了人质,并以人质为要挟向第三人索要财物,还是直接向被控制人索要财物。即绑架罪与抢劫罪的一大区别在于犯罪对象的相异性和同一性,如果行为对象既针对被绑架者,又针对被勒索、被要挟的第三人,应以绑架罪定罪论处为宜。就本案而言,两被告人采用刀架在廖秀停脖子上的手段,将廖秀停作为人质予以控制,并利用廖母对廖人身安全的担忧,向廖母勒索钱财,而不是向廖秀停本人勒索钱财。因此,两被告人的该行为符合绑架罪的构成要件,应以绑架罪论处。

No. 4-239-2 基于同一动机但不同犯意,针对不同对象实施的两个犯罪行为,不成立吸收犯,而应实行数罪并罚。

公诉机关认为,两被告人对廖秀铝采用暴力等手段,强行索要钱财,因故而未得逞,该行为已构成抢劫罪,属未遂。后两被告人又继续找廖秀铝欲再行实施抢劫犯罪,因未找到廖秀铝而实施了绑架廖秀停的行为。实施的抢劫和绑架出于同一犯罪目的,即非法占有他人财物,其绑架人质的行为是抢劫行为的延伸,前后行为间有因果关系,前行为相对后行为罪行较轻,按照吸收犯重行为吸收轻行为的原则,应以后面实施的绑架罪论处。

但是,两被告人前后两日的行为分别出于抢劫和绑架的犯意,并实施了两罪相应的行为,不符合吸收犯的成立要件。

从吸收犯的基本构成特征来看:(1)行为人实施的数个犯罪行为必须侵犯同一或相同的直接客体,并且指向同一的具体犯罪对象。换言之,侵犯客体的同一性和作用对象的同一性,是构成吸收犯所必须具备的条件。(2)行为人必须基于一个犯意,为了实现一个具体的犯罪目的而实施数个犯罪行为,这是数个犯罪行为构成吸收犯必须具备的主观特征。综合本案,可以看出:(1)两被告人前后两日的行为虽具有一定的延续性,但从其行为来看,先后系出于两个独立的犯意,即抢劫的犯意和绑架的犯意。(2)从实施犯罪的对象来看,也并不是针对同一对象。前日抢劫的对象是廖秀铝,后日绑架的犯罪对象是其弟廖秀停和其母姚伍妹,不符合吸收犯的构成条件,故对两被告人前后两日的行为应分别定罪处罚。

案例:蔡克峰绑架案

案例来源:《人民法院案例选》2006年第1辑

主题词:绑架罪　以恋爱为目的劫持他人

一、基本案情

被告人:蔡克峰。

福建省厦门市同安区人民法院经审理查明:被告人蔡克峰自2004年8月结识并开始追求女青年叶晓春(19岁,厦门市第三医院见习护士),并与其建立恋爱关系,后叶晓春提出与被告人蔡克峰断绝恋爱关系。被告人蔡克峰对此心存不甘,多次前往叶家找叶晓春,要求恢复恋爱关系,但均遭到叶晓春的拒绝,被告人蔡克峰仍不罢休,继续纠缠。2004年11月13日上午8时许,被告人蔡克峰事先携带一把水果刀,窜至厦门市第三医院住院部找叶晓春,欲再次纠缠叶晓春,并达到恢复恋爱关系的目的。当被告人蔡克峰看到叶晓春前来上班时,即上前要求叶晓春与其一同到医院外面交谈,叶晓春谎称须上楼向科室领导请假并走上三楼,被告人蔡克峰即尾随叶晓春到该院住院部三楼妇产科办公室等候。叶晓春为躲避被告人蔡克峰的纠缠,上三楼后即躲进办公室内的更衣室并打电话告诉家人,被告人蔡克峰见状即窜入更衣室后将门反锁,并指责叶晓春为何打电话告诉其家人,同时掏出事先藏于身上的一把水果刀朝叶晓春的左手臂上划了一刀,踢了叶晓春一脚,尔后将叶晓春挟为人质,与接到报警赶到现场解救叶晓春的民警形成对峙。为保护人质即叶晓春的人身安全,现场民警对被告人蔡克峰展开规劝工作,并组织其亲属对被告人蔡克峰进行劝说,被告人蔡克峰仍拒绝缴械和释放人质,同时威胁要将叶晓春杀害后自杀。直至当日下午2时30分,公安民警被迫强行撞门进入办公室,将被告人蔡克峰制服,解救出人质叶晓春,同时缴获作案工具水果刀一把。

厦门市同安区人民法院认为,被告人蔡克峰为达到恢复恋爱的目的,采用暴力、胁迫的方法,挟持他人作为人质,其行为已构成绑架罪,公诉机关指控的罪名成立。被告人蔡克峰及其辩护人提出的公诉机关指控被告人蔡克峰犯绑架罪的定性不当的辩护意见,理由依据不足,不予采纳。被告人蔡克峰归案后能如实交代犯罪事实,认罪态度较好,可酌情从轻处罚。据此,厦门市同安区人民法院依照《中华人民共和国刑法》第二百三十九条、第五十六条、第六十四条之规定,于2005年3月17日作出刑事判决如下:

1. 被告人蔡克峰犯绑架罪,判处有期徒刑十年,附加剥夺政治权利二年并处罚金人民币一千元。

2. 随案移送的作案工具水果刀一把予以没收。

宣判后,被告人蔡克峰不服提出上诉。厦门市中级人民法院经审理后驳回被告人蔡克峰的上诉,维持原判。

二、裁判要旨

No. 4-239-3 以恢复恋爱关系为目的,采用暴力手段劫持他人的,应以绑架罪论处。

绑架罪是指以勒索财物或者扣押人质为目的,使用暴力、胁迫或者其他方法,绑架他人的行为。绑架他人作为人质,是要达到一定的政治目的或其他目的。绑架罪与非法拘禁罪的区别主要在于,绑架罪的构成不仅要求有非法剥夺他人人身自由,而且要求有勒索财物或满足行为人不法要求的目的及与此相应的勒索财物或提出不法要求的实行行为,而非法拘禁罪仅要求行为人具有剥夺他人人身自由的目的。本案中的被告人蔡克峰为达到与被害人叶晓春恢复恋爱关系的目的,持械并采用暴力手段,强行将被害人叶晓春挟持在护士办公室的更衣室内,并持水果刀划伤被害人,在医护人员、其亲属以及公安人员的规劝下,被告人蔡克峰仍拒绝缴械及释放被害人,并威胁要杀害被害人,被告人蔡克峰的行为侵犯的客体是被害人的人身权利,客观上实施了绑架他人作为人质的行为,符合绑架罪的犯罪特征,与非法拘禁罪只是为了非法剥夺他人的人身自由的犯罪特征不符,因此不能以非法拘禁罪定罪处罚。

案例:李城、杨琴绑架案

案例来源:《人民法院案例选》2006年第3辑

主题词:绑架罪 故意杀人罪 故意伤害罪

一、基本案情

被告人李城,男,1973年7月15日出生,农民,住肥西县小庙镇小蜀山村庙湾村民组。因涉嫌犯绑架罪、故意杀人罪于2005年4月14日被刑事拘留,同年4月27日被逮捕。

被告人杨琴,又名杨晓琴,女,1982年4月1日出生,云南省昌宁县人,无业,户籍所在地是云南省昌宁县卡斯镇龙洞村,捕前租住在安徽省淮南市谢家集区老猫洞建井新村40幢201室。因涉嫌犯绑架罪于2005年4月14日被刑事拘留,同年4月27日被逮捕。

安徽省合肥市中级人民法院经审理查明:被告人李城因琐事对其妻弟王世好心存怨恨,遂起意绑架王世好之子王亮。2005年4月12日下午5时许,李城以王亮母亲服毒自杀,在合肥市住院,要带王亮前去探望为由将王亮骗至淮南市,并住进事先由原审被告人杨琴在乐都旅社开好的房间。当晚8时40分至13日下午5时期间,李城数次指使杨琴按照其意思与王世好电话联系,声称王亮在她手中,向王世好勒索赎金3万元,并威胁不准报警。13日下午5时许,王世好将3万元赎金分两次存入事先由杨琴按照李城安排开具的邮政储蓄账户。之后,因怕罪行暴露,李城又起意杀人灭口。当晚8时许,李城将王亮带至淮南市境内的舜耕山上,将王亮上衣掀起裹住头部后,先用手机充电器电线勒住其颈部,并拳击其头部,尔后又抓住其头往地上撞击。在认为王亮已死亡后,李城即逃离现场。经法医鉴定,王亮所受损伤属轻伤。

安徽省合肥市中级人民法院认为,被告人李城为泄愤报复、勒索钱财而绑架无辜儿童,并致被绑架人轻伤,其行为构成绑架罪,且手段残忍,情节恶劣,应依法严惩。但根据《中华人民共和国刑法》的规定,犯绑架罪只有致被绑架人死亡或者杀害被绑架人的,才能判处死刑,被告人李城在绑架中并未造成被害人死亡的结果,故对其不应当判处死刑。被告人杨琴受李城指使,数次与被害人亲属电话联系,索要赎金,并提供控制被害人处所及收取赎金的账户,其行为亦构成绑架罪。在绑架共同犯罪中,被告人李城起主要作用,系主犯,应当按照其参与的全部犯罪处罚;被告人杨琴起次要作用,系从犯,根据其犯罪情节,应当减轻处罚。公诉机关指控罪名成立,但在庭审中提出的量刑意见不当。被告人李城绑架被害人勒索钱财,后怕罪行暴露又采用勒颈、拳击、撞击被害人头部的手段欲杀人灭口,足以认定其主观恶性深,犯罪手段残忍,故对李城的辩护人提出的李城主观恶性不大,犯罪手段并不残忍的辩护意见不予采信。依照《中华人民共和国刑法》第二百三十九条第一款、第二十五条第一款、第二十六条第一、四款、第二十七条、第五十七条第一款、第六十四条之规定,认定被告人李城犯绑架罪,判处无期徒刑,剥夺政治权利终身,并处没收个人全部财产;被告人杨琴犯绑架罪,判处有期徒刑八年,并处罚金人民币一万元;作案工具小灵通手机一部、手机充电器电线予以没收。

一审宣判后,安徽省合肥市人民检察院抗诉提出:李城在绑架犯罪中实施了杀害被绑架人的行为,尽管由于其意志以外的原因没有造成被绑架人死亡的结果,同样应当适用《刑法》第二百三十九条"杀害被绑架人的,处死刑"的规定。安徽省人民检察院支持抗诉的意见,检察员当庭发表的出庭意见认为:一审判决错误理解《刑法》第二百三十九条"杀害被绑架人"的含义,导致适用法律不当,量刑畸轻。

原审被告人李城、杨琴在庭审中对其犯罪事实未作辩解。

李城的辩护人提出:"杀害被绑架人"是指出现杀死被绑架人的死亡结果,而不包括未造成被绑架人死亡结果的故意杀人行为,李城不符合《刑法》第二百三十九条规定的判处死刑的条件,请求驳回抗诉。

安徽省高级人民法院经审理认为,原审被告人李城为泄愤报复、勒索钱财而绑架无辜儿童,为灭口又故意杀人,因其意志以外的原因未遂而致被绑架人轻伤,其行为已构成绑架罪,应依法惩处。原审被告人杨琴受李城指使,数次与被害人亲属电话联系,索要赎金,并提供控制被害人处所及收取赎金的账户,其行为亦构成绑架罪,应依法惩处。在绑架共同犯罪中,李城起主要作用,系主犯,应当按照其参与的全部犯罪处罚;杨琴起次要作用,系从犯,根据其犯罪情节,应当减轻处罚。对合肥市人民检察院的抗诉意见、安徽省人民检察院的支持抗诉意见及出庭意见经审查认为:《刑法》第二百三十九条第一款所规定的"杀害被绑架人",不仅要有故意杀人的行为,还要有死亡结果的发生。本案中原审被告人李城虽犯罪手段残忍、情节恶劣,但其仅致被绑架人轻伤,而并未造成被绑架人死亡的结果,对其不应适用"杀害被绑架人的,处死刑"的规定。原判适用法律和量刑并无不当。故对抗诉意见、支持抗诉意见和出庭意见均不予采纳。辩护人的辩护意见成立,予以采纳。原判事实清楚,证据确实、充分,定罪准确,量刑适当。审判程序合法。据此,依照《中华人民共和国刑事诉讼法》第一百八十九条第(二)项之规定,判决驳回抗诉,维持原判的刑事部分。

二、裁判要旨

No.4-239-4 在绑架过程中对被绑架人实施杀人行为,并造成被绑架人死亡的结果,以绑架罪判处死刑;仅有故意杀人的行为,未造成被绑架人死亡结果的,以绑架罪最高判处无期徒刑;被绑架人未死亡,但遭受严重伤害的,根据主观心态的不同,以故意杀人罪或故意伤害罪与绑架罪实行数罪并罚。

我国《刑法》第二百三十九条明确规定致使被绑架人死亡或者杀害被绑架人的,处死刑。理解法律时,首先应该是文意解释。这里的致使被绑架人死亡既包括故意伤害致死,也包括在绑架过程中过失致人死亡。在绑架过程中致被绑架人死亡的,法律规定必须对犯罪分子判处死刑,这一点是确定无疑的。至于对被告人是判处死刑立即执行还是缓期两年执行,可根据案情具体掌握。例如对故意伤害致死的应判处死刑立即执行,过失致人死亡的可判处死刑缓期两年执行。杀害被绑架人的是指犯罪分子有杀害被绑架人的行为,并且导致了被绑架人的死亡。杀害和故意杀人是两个不同的概念。故意杀人可以出现两种后果,一是被害人死亡,二是因为各种原因被害人没有死亡。杀害只有一种结果,那就是被害人已经死亡。《刑法》第二百三十九条的规定中,将致使被绑架人死亡和杀害被绑架人的情形并列,就是指在绑架的过程中,被绑架人死亡的,都应当判处死刑。被绑架的人质没有发生死亡后果的,只能定绑架罪,最多判处无期徒刑。如果被绑架人没有死,但后果特别严重,导致被害人生不如死的,可以以故意杀人或故意伤害罪与绑架罪实行数罪并罚。

本案中,被告人李城虽然犯罪手段残忍、情节恶劣,但其仅致被绑架人轻伤,而并未造成特别严重的结果,如对其判处死刑,显然不符合罪责刑相适应的原则,也有违《刑法》第二百三十九条第十款的立法本意。因此,一、二审法院没有采纳检察机关要求对被告人李城适用杀害被绑架人的,处死刑的意见,对李城判处无期徒刑,是适当的。

案例:杨占娟等绑架案

案例来源:《人民法院案例选》2009年第4辑

主题词:绑架罪 情节较轻 立功

一、基本案情

上诉人(原审被告人)杨占娟。

原审被告人王其川。

天津市武清区人民法院经审理查明:2008年10月10日7时许,被告人王其川、杨占娟伙同南红雨(另案处理)以勒索钱财为目的,将王晓悦骗至武清区王庆坨镇郑家楼一村民出租房内,南红雨对王晓悦进行殴打并用胶粘带将其捆绑,逼问其家人电话,准备向王晓悦家人勒索钱财。被害人王晓悦趁南红雨不备时逃脱,后被该村群众解救。被告人王其川、杨占娟及南红雨骑摩托车逃离现场。2008年10月14日晚10时许,被告人王其川被群众扭送至公安武清分局刑侦支队。2008年10月14日晚10时许,被告人杨占娟到公安武清分局刑侦支队投案,并如实供述了上述犯罪事实。

天津市武清区人民法院认为,被告人王其川、杨占娟伙同他人以勒索钱财为目的,共同绑架被害人,其行为均已构成绑架罪。公诉机关对二被告人犯罪的指控成立,适用法律条款的意见正确,应予采纳。被告人王其川辩称其绑架行为未超过24小时,不应认定为绑架罪的辩护意见,于法无据,本院不予采纳。对于被告人王其川的辩护人发表的被告人王其川系初犯,其绑架行为未给被害人人身造成严重后果,社会危害性不大的辩护意见,本院予以考虑。对辩护人发表的被告人王其川没有逃跑、主动到案,应属自首的辩护意见,不予采纳。被告人杨占娟在案发后能主动到公安机关投案,并如实供述自己的罪行,是自首,依法可对其减轻处罚。庭审中,被告人王其川、杨占娟认罪态度较好,依法可酌情从轻处罚。依照《中华人民共和国刑法》第二百三十九条第一款、第二十五条第一款、第五十二条、第六十七条第一款、第六十一条之规定,认定被告人王其川犯绑架罪,判处有期徒刑十年,并处罚金人民币一万五千元;被告人杨占娟犯绑架罪,判处有期徒刑九年,并处罚金人民币一万元。

一审宣判后,被告人杨占娟不服,以自己有立功情节,原判量刑过重为由提出上诉。其辩护人认为,杨占娟协助抓获原审被告人王其川,属立功情节,又系初次犯罪,原判量刑过重,请求二审法院减轻处罚。

王其川的辩护人认为,原审被告人王其川自动投案,有自首情节,本次犯罪系未遂,社会危害性较小,应适用《刑法修正案(七)》第六项的规定,请求二审法院对其从轻或者减轻处罚。

天津市人民检察院第一分院认为,原判认定上诉人杨占娟、原审被告人王其川犯绑架罪的事实清楚,证据确实、充分,定罪准确,审判程序合法,对原审被告人王其川的量刑适当,建议二审法院予以维持;上诉人杨占娟协助抓获原审被告人王其川,属于立功,建议二审法院依据法律规定酌情处理。

二审法院另查明,2008 年 10 月 14 日晚 10 时许,上诉人杨占娟打电话约原审被告人王其川到静海县汽车站见面,后与其父将王其川抓获,扭送至公安武清分局刑侦支队,同时,杨占娟自动投案,如实供述了犯罪事实。

天津市第一中级人民法院认为,上诉人杨占娟、原审被告人王其川以勒索钱财为目的绑架他人,其行为均已构成绑架罪,应予处罚。原判定罪准确,审判程序合法。上诉人杨占娟有自首情节,并且与其父一同抓获原审被告人王其川,并将其扭送至公安机关,可认定为立功,依法可减轻处罚。鉴于二审审理期间,《中华人民共和国刑法修正案(七)》公布实施,上诉人杨占娟、原审被告人王其川犯绑架罪,属情节较轻,对上诉人杨占娟、原审被告人王其川依法减轻处罚。对上诉人杨占娟、原审被告人王其川及其辩护人的辩护意见予以采纳。对天津市人民检察院第一分院的意见予以采纳。依照《中华人民共和国刑事诉讼法》第一百八十九条第(三)项,《中华人民共和国刑法》第二百三十九条第二款、第二十五条第一款、第五十二条、第六十七条第一款、第六十一条、第六十八条之规定,判决如下:

1. 撤销天津市武清区人民法院(2009)武刑初字第 32 号刑事判决。

2. 原审被告人王其川犯绑架罪,判处有期徒刑六年,并处罚金人民币一万元。上诉人杨占娟犯绑架罪,判处有期徒刑三年,并处罚金人民币五千元。

二、裁判要旨

No. 4-239-5 在绑架犯罪中,虽然实施了绑架行为,但并未采用暴力强制方法限制人质人身自由,未对人质施加暴力、侮辱行为,未使人质受到人身伤害,或者未取得财物或取得财物数额较小,同时没有其他恶劣情节的,可认定为绑架罪情节较轻。

结合本案,被告王其川、杨占娟实施绑架犯罪的情节、危害及体现出来的人身危险性,均轻于一般的绑架犯罪,具体表现为:(1)其所实施的绑架手段对人质的实际危害较小。其所采取的绑架手段是诱骗而非暴力劫持;对人质的绑架时间较短,不超过 24 小时;同案犯南红雨对人质实施的殴打、捆绑行为,杨、王二被告人并未参与。(2)犯罪行为对被害人的侵害程度较轻。本案被告人主观上虽有勒索财物的目的,但实际上尚未向被害人家属提出勒赎要求。本案被害人王晓悦虽在被绑架期间遭受捆绑和殴打,但其后自行逃脱,并未受到严重的人身伤害。(3)人身危险性相对较小。杨、王二被告人均系初犯,归案后认罪态度较好,确有悔罪表现。特别是被告人杨占娟,具有自首、立功等情节,体现出其相对较小的人身危险性。综上,应当对二被告人适用绑架罪情节较轻的规定。

No. 4-239-6 犯罪嫌疑人与其亲属将同案犯抓获后扭送至有关机关投案的,应当认定为立功。

根据最高人民法院《关于处理自首和立功具体应用法律若干问题的解释》,协助司法机关抓捕其他犯罪嫌疑人是立功。另据最高人民法院研究室《关于刑事被告人协助司法机关抓获其他罪犯如何认定立功问题的电话答复》,协助司法机关抓捕犯罪嫌疑人,应包括协助司法机关抓捕同案其他罪犯的情形。在司法实践中,协助司法机关抓捕同案犯通常表现为:为司法机关指明同案犯住址、藏匿处所或告知车牌号,使司法机关得以抓获同案犯的;帮助司法机关稳住同案犯或引诱同案犯见面,由司法机关实施抓捕的;向司法机关提供同案犯的电话号码、QQ 号码,使司法机关得以抓获同案犯的,等等。在有些紧急情况下,如果坐等司法机关实施抓捕,往往会丧失使犯罪嫌疑人归案的最好时机。事实上,当事人及其家属将同案犯抓捕后扭送至司法机关的行为,既达到了捕获犯罪分子的法律效果,同时又节约了司法资源,完全符合立功制度的立法意旨,相对于协助司法机关抓捕犯罪分子的行为,更应该为法律所认可。本案中,被告人杨占娟通过电话将同案犯王其川约出,见面后与其父一起将王其川抓获并扭送至公安机关,这种行为认定为立功无疑是符合法律精神的。

案例:张浪明等绑架案

案例来源:《人民法院案例选》2009 年第 2 辑

主题词:绑架罪

一、基本案情

被告人(上诉人)张浪明、朱迅发。

被告人钟敬锋。

广东省平远县人民法院经审理查明:2007 年 10 月间,被告人张浪明出资与被告人朱迅发、钟敬锋和钱某、郑某合伙赌博,其间经平远张某教介绍曾在平远进行赌博。后钱、郑两人不辞而别,被告人张浪明甚为恼火。同年 11 月 11 日晚 10 时许,被告人张浪明从钟敬锋和张某教电话中得知钱、郑两人当晚在平远县城的消息后,立即指使曹雄东(另案处理)和被告人朱迅发先后带人驾车上平远捉拿钱、郑两人。12 日凌晨 1 时许,被告人朱迅发和曹雄东等人在平远县城"阳光地带俱乐部"门口将钱、郑两人殴打一通后强行抓上车,被害人郑某因挣扎反抗不肯上车而被刺伤右手臂和右小腿。钱、郑两人随后被押至梅城"金港湾 KTV"酒吧由张浪明事先预订好的 8、9 号房。被告人张浪明、朱迅发及其手下对钱、郑两人进行威胁、恐吓和殴打,随后赶来的被告人钟敬锋亦对郑某拳打脚踢。被告人朱迅发及曹雄东的马仔还抢走钱某现金 7800 元、价值 14484 元的金项链一条、郑某现金 2000 元。三被告人商议后要求钱某打电话给其妻杨某筹钱赎人。凌晨 4 时多,被告人张浪明提出将钱、郑两人转移至侨泰宾馆,由被告人朱迅发、钟敬锋及曹雄东等人将钱、郑两人分别挟持到该宾馆的 505 和 205 号房。被告人张浪明和朱迅发商量后要求钱、郑两人打电话分别筹措 10 万和 30 万元方可了事,后经被害人钱某打电话给其妻杨某凑足 5 万元。当日上午 9 时多,被告人朱迅发指挥手下马仔押着钱某乘出租车到梅县顺风客运站门口,从钱某之妻杨某手中拿到赎金 5 万元后将钱某放开。而郑某因伤势较重,被告人张浪明因害怕出事,遂指使马仔将其送至新城医院治疗,郑某随即报警才得以脱身。所得赎金 5 万元由被告人张浪明、朱迅发分得,并分给参与的马仔;所抢钱某金项链处理得款 2800 元则由张浪明分得 1800 元、朱迅发分得 1000 元。2008 年 4 月 30 日和 5 月 12 日,三被告人相继被抓获归案。后经法医鉴定,被害人郑某、钱某未达到轻伤。

广东省平远县人民法院认为,被告人张浪明、朱迅发、钟敬锋无视国家法律,以满足其不法要求为目的,采用暴力、胁迫的方法挟持人质,强行劫取财物,勒索赎金,其行为均已构成绑架罪,应依法惩处。公诉机关指控的罪名成立。三被告人的辩护人均提出三被告人与两被害人有赌资纠葛,其行为应构成非法拘禁罪的辩护意见,经查与事实、法律不符,故该辩护意见理由不足,不予采纳。辩护人提出被告人朱迅发是从犯的辩护意见,经查,被告人朱迅发在该案中积极组织实施,起了主要作用,因此辩护人所提辩护意见与事实不符,故该辩护意见理由不足,不予采纳。辩护人提出被告人钟敬锋在共同犯罪中起辅助作用,是从犯的辩护意见,经查属实,依法应当减轻处罚。辩护人所提其他辩护意见,经查均与事实不符,理由不足,不予采纳。鉴于三被告人均能积极主动缴交罚金,依法可酌情从轻处罚。根据各被告人的犯罪事实、性质、情节及对社会的危害程度,依据《中华人民共和国刑法》第二百三十九条第一款、第二十五条第一款、第二十七条、第五十二条之规定,判决:一、被告人张浪明犯绑架罪,判处有期徒刑十年五个月,并处罚金人民币一万元;二、被告人朱迅发犯绑架罪,判处有期徒刑十年,并处罚金人民币一万元;

三、被告人钟敬锋犯绑架罪,判处有期徒刑三年六个月,并处罚金人民币五千元。

张浪明、朱迅发提出上诉称,其与被害人之间存在债务纠纷,其行为不构成绑架罪,应为非法拘禁罪。

广东省梅州市中级人民法院确认一审法院查明的事实存在。

广东省梅州市中级人民法院经审理认为,上诉人张浪明、朱迅发、原审被告人钟敬锋无视国家法律,以满足其不法要求为目的,采用暴力、威胁方法挟持人质,强行劫取财物,勒索赎金,其行为均已构成绑架罪。原审被告人钟敬锋在共同犯罪中起辅助作用,是从犯,应减轻处罚。上诉人张浪明、朱迅发、原审被告人钟敬锋均能积极主动缴交罚金,依法可酌情从轻处罚。原判认定事实清楚,证据确实充分,量刑适当,适用法律准确,审判程序合法,应予维持。上诉人张浪明、朱迅发提出的上诉意见理由均不成立,不予采纳。依照《中华人民共和国刑事诉讼法》第一百八十九条第(一)项的规定,裁定如下:

驳回上诉,维持原判。

二、裁判要旨

No. 4-239-7　出资雇请他人为自己赌博,他人背信后将其挟持为人质,劫取人质财物、勒索赎金的,应以绑架罪论处。

在本案中,张浪明等三被告人与钱某、郑某先前无债权债务关系,而是张浪明在钱某、郑某不辞而别、转而为别人出钱赌博,且多次电话及短信均不回复的情况下,心中非常恼火,便布下眼线追查钱、郑两人的行踪消息。一旦得知,马上指派朱迅发和其他人从梅城驾车到平远捉拿钱、郑两人,返回梅城后将钱、郑两人分别关押并殴打钱、郑两人,钟敬锋随后赶到亦对郑某进行殴打。三被告人的言语中均指责钱、郑两人对不住他们,而无要求还债的意思表示。勒索赎金是临时起意,要求钱、郑两人交付赎金而支付此次的费用,三被告人的主观方面还是符合绑架罪的构成要件。而从证据方面可以证实,钱、郑两被害人为三被告人出钱赌博,在此过程中是略赢而非依张浪明所讲输钱。且索取赎金的数额5万元已远远超出张浪明所讲所输数额,从这一点已可以证实并能认定被告人的行为已构成绑架罪。综上,三被告的行为构成绑架罪。

案例:张卫华绑架案

案例来源:《人民法院案例选》2005年第2辑

主题词:绑架罪　量刑

一、基本案情

被告人张卫华,男,初中文化,农民,住涟水县唐镇中营村4组。因涉嫌犯绑架罪于2003年10月16日被刑事拘留,10月22日被逮捕。

江苏省涟水县人民法院经审理查明:被告人张卫华与妻子王桂华婚后相处不睦,王桂华借机住到与其关系暧昧的本村村民顾某家中,张卫华为与王桂华离婚多次要求顾家交出王桂华未果,便产生了劫持顾某之子顾某某以逼迫顾某交出王桂华的念头。2003年10月16日9时许,张卫华来到顾某某(7岁)就读的涟水县唐集镇中营小学将其强行带走,当顾的班主任及其他人阻止时,张卫华从其姐姐家拿来一把菜刀,用刀背架在顾某某的脖子上,并抱着顾站到附近的河塘中,要求顾家交出王桂华,声称如果不答应就与小孩同归于尽。当王桂华和公安处警人员闻讯到场后,张卫华要求民警拦住王桂华,随后将菜刀丢入水中并放走被害人,并随出警人员到派出所接受处理。

涟水县人民法院认为,被告人张卫华为达到个人目的,采用暴力手段绑架他人作人质,其行为已构成绑架罪。鉴于被告人犯罪情节轻微,结合被告人犯罪的动机、手段及社会危害程度等量刑要素,依照《中华人民共和国刑法》第二百三十九条、第五条、第三十七条和第六十一条之规定,判决被告人张卫华犯绑架罪,免予刑事处罚。

一审宣判后,涟水县人民检察院以被告人张卫华不具有法定免除处罚的情节,应适用《中华人民共和国刑法》第二百三十九条第一款的规定对其判处十年以上有期徒刑或者无期徒刑,并处罚金或者没收财产为由,向淮安市中级人民法院提出抗诉。

淮安市中级人民法院经审理认为,被告人张卫华为达到逼迫妻子王桂华出面与其离婚之目的,使用暴力手段挟持被害人顾某某作人质的行为,应当认定为绑架罪。原审法院依照《刑法》第三十七条的规定所作的判决,体现了罪刑相适应的基本原则,并非没有事实和法律依据,依照《中华人民共和国刑事诉讼法》第一百八十九条(一)项之规定,裁定驳回抗诉,维持原判。

二、裁判要旨

No.4-239-8 为离婚等目的,使用暴力手段挟持他人作为人质的,构成绑架罪,犯罪情节轻微危害不大的,可以免予刑事处罚。

在本案中,如果机械适用分则的规定,则无法避免罚不当罪的窘境;反之,若强调罚当其罪,则又无法在刑法分则中找到恰当量刑的明文规定。如何在这样的两难之中寻求公正量刑,解决问题的最佳途径就是通过刑法总则进行法律救济。刑法总则的救济性条款比较多,如第十三条规定,情节显著轻微、危害不大的,不认为是犯罪;第六十三条规定,经最高人民法院核准,也可以在法定刑以下判处刑罚;第三十七条规定,对于犯罪情节轻微不需要判处刑罚的,可以免予刑事处罚。从审判的实际效果看,适用刑法分则的规定对个案定罪,而适用刑法总则的救济性规定予以处罚,不仅能做到罚当其罪,而且不违背罪刑法定的要求。但法官自由裁量适用救济条款,应当是审慎的,必须严守罪刑相适应原则。只有在适用分则罚不当罪时,才考虑依据案情援引总则的条款。结合本案,被告人的犯罪目的明显有别于其他勒索财物的绑架犯罪;被告人在挟持被害人过程中,用刀背架在被害人脖子上,给被害人及其亲属造成了一定的威胁,但在整个犯罪过程中能自主并适当控制行为的暴力程度,避免危险,没有直接伤害和凌虐被害人,总体看其犯罪手段一般;犯罪持续时间较短,当其妻和公安人员到场后,马上放走了被害人,立即终结其犯罪行为,没有造成严重后果;被告人犯罪后主动随公安人员到案,如实供述犯罪事实,认罪悔罪,且被告人系初犯,主观恶性较小。综合本案的全部法定量刑要素和酌定量刑要素。可以认定被告人犯罪情节轻微。如果在十年以上量刑、实属量刑畸重,罪刑不相适应。原审法院充分考虑了案件的具体情况,适用总则对于犯罪情节轻微不需要判处刑罚的,可以免予刑事处罚的规定,免予被告人刑事处罚,体现了刑罚个别化原则,定罪正确,量刑适当,社会效果积极,故二审法院维持了一审判决。

案例:张兴等绑架案

案例来源:《刑事审判参考》总第87集[第794号]

主题词:绑架罪 致使被绑架人死亡

一、基本案情

被告人张兴,男,1989年7月21日出生,湖南省吉首市人。2006年7月26日因犯抢劫罪被判处有期徒刑一年六个月,2009年6月17日因涉嫌犯抢劫罪被逮捕。

被告人符安仁,男,1989年10月1日出生,湖南省吉首市人。2009年6月17日因涉嫌犯抢劫罪被逮捕。

被告人张文青,男,1991年1月18日出生,湖南省吉首市人。2009年6月17日因涉嫌犯抢劫罪被逮捕。

被告人张启刚,男,1985年5月5日出生,湖南省吉首市人。2009年6月17日因涉嫌犯抢劫罪被逮捕。

广东省东莞市人民检察院以被告人张兴、符安仁、张文青、张启刚犯绑架罪,向东莞市中级人民法院提起公诉。

被告人张兴等人辩称,其在控制被害人时没有殴打被害人头部,其行为均不构成绑架罪。

东莞市中级人民法院经审理查明,被告人张兴与被害人王凤英(女,殁年34岁)于2008年12月开始保持不正当两性关系。2009年4月30日晚,张兴在东莞市万江区共联溜冰场见王凤英与另几名男子玩,欲将王带走,但遭王拒绝,二人遂发生矛盾。后张兴纠集被告人符安仁、张文青、张启刚以及符来贵、张启明、陈勇(后三人另案处理)等六人帮忙将王凤英强行带走,反遭与王凤英在一起玩的几名男子殴打。当晚,张兴等人密谋绑架王凤英。次日中午,王凤英打电话约张兴见面,张兴等七人即到东莞市道滘镇小河村一出租屋租下房间,符安仁、张启刚、符来贵、张启明、陈勇五人在该房间守候,由张兴、张文青将王凤英带至该房间。此后,张兴等人殴打王凤英并索要人民币(以下币种同)5000元钱。王凤英被迫拿出1000元后,又打电话给其他亲戚朋友,要他们将钱汇至张兴提供的账户。后张兴等人怕被发现,欲将王凤英转移。张兴、符安仁、张启刚三人挟持王凤英搭乘一辆出租车,张文青等人随后。当张兴等人行至道滘镇绿福酒店门前路段时,所乘出租车与一辆小汽车发生碰撞,张兴、符安仁、张启刚三人逃离,王凤英因钝性外力打击头部致严重颅脑损伤死亡。

东莞市中级人民法院认为,被告人张兴、符安仁、张文青、张启刚以勒索财物为目的绑架他人,其行为均构成绑架罪,依法应当惩处。张兴等人在控制被害人王凤英的过程中,虽有殴打行为,但在转移王凤英途中发生交通事故,在案证据不足以证实王凤英头部损伤系殴打行为所致,且不能排除王凤英头部受到损伤系交通事故所致,故不认定张兴、符安仁、张文青、张启刚的行为属绑架致人死亡情形。据此,依照《中华人民共和国刑法》第二百三十九条第一款、第二十五条之规定,东莞市中级人民法院判决如下:

1. 被告人张兴犯绑架罪,判处有期徒刑十五年,剥夺政治权利五年,并处罚金二万元。
2. 被告人符安仁犯绑架罪,判处有期徒刑十三年,剥夺政治权利三年,并处罚金一万元。
3. 被告人张文青犯绑架罪,判处有期徒刑八年,并处罚金一万元。
4. 被告人张启刚犯绑架罪,判处有期徒刑六年,并处罚金八千元。

宣判后,张兴等人没有提出上诉,检察院亦没有抗诉。该判决已发生法律效力。

二、裁判要旨

No. 4-239-9　绑架行为中,仅存在条件关系意义上的因果关系不足以认定"致使被绑架人死亡",被害人的死亡结果并非由于行为人的故意或者过失行为,而是由于无法预见的介入因素而引起的,不成立"致使被绑架人死亡"。

在具体案件中,对《刑法》规定的"致使被绑架人死亡"情形的认定,要求绑架过程中的行为与死亡结果之间必须具有刑法上的因果关系。如果被害人的死亡结果不是因为行为人的故意或者过失行为,而是因为其他因素的介入所致,那么意味着行为人在绑架过程中的行为与被害人死亡结果之间不存在刑法上的因果关系,即不能认定行为人承担"致使被绑架人死亡"的刑事责任。

对因果关系的考察,应当注重因果联系的内容和性质,并在此前提下进一步考察因果联系在刑法中的表现形式,使其紧紧围绕着解决刑事责任的任务。按照我国刑法理论界通说的观点,对刑法上的因果关系的考察,最根本的就是要审查实行行为在一定的条件下,是否合乎规律地引起危害结果的发生。一方面,作为原因的实行行为,必然具有引起危害结果发生的实在可能性,即作为原因的危害行为,一定包含着引起某种结果发生的根据和内容;另一方面,作为原因的实行行为,必须合乎规律地引起危害结果。实施某种危害行为只是有可能发生某种危害结果,这是因果关系存在的必要前提,但并不等于二者之间必然存在刑法上的因果关系。只有当这种实在可能性合乎规律地引起了危害结果的发生,才能确认行为与结果之间存在刑法上的因果关系。

在认定绑架行为与死亡结果之间是否存在因果关系时,需要考虑介入因素的影响。如果在实行行为与危害结果之间介入了其他因素,则行为人是否对危害结果承担刑事责任要视具体情况而定。

因果关系介入因素可以分为正常介入因素与异常介入因素。如果介入的因素是异常的,并且该异常因素合乎规律地引起了最终的结果,则先前的实行行为与后来的危害结果之间的因果关系中断,即行为人对危害结果不承担刑事责任。在绑架犯罪案件中,异常介入因素一般是指在通常情况下不会介入绑架行为中的因素,而没有该因素的介入一般不会发生致人死亡的结果。然而,如果介入因素是正常的,则因果关系不能中断,行为人依然要对被害人死亡的结果承担刑事责任。

致使被绑架人死亡案件中,非正常因素的介入情形通常表现为以下五种形式:

一是被害人自身的因素。这既包括被害人自身的身体状况,如身体上的疾病,也包括被害人基于其自由意志而实施的行为。

二是自然因素,包括洪水、地震、火灾等因素。并非自然因素一律都会导致因果关系的中断。在绑架过程中,如果该自然因素的介入具有高度的盖然性,行为人对自然因素可能发生的危害后果应当能够预见,则不能以自然因素的介入而中断因果关系。

三是第三方行为,包括第三方无过错行为和第三方有过错行为。第三方无过错行为是指第三方的行为主观上不存在刑法上的过错。如甲绑架被害人乙后,乙乘甲不备,逃离被关押场所,恰逢警方围捕持枪逃犯,在鸣枪警告后,乙因受惊狂奔,警方误认为乙就是逃犯而将其击毙。甲、乙的行为都不能直接引起乙死亡的结果,乙死亡是警方开枪所致,而警方的行为系无过错行为。第三方有过错行为,是指第三方的行为主观上存在刑法上的过错。如甲绑架乙后,在转移乙的过程中,第三人丙酗酒醉驾,将在路边行走的甲和乙撞伤,乙抢救无效死亡。此案中的被害人乙的死亡结果就是由丙造成的。这两个案例中,都不能认定绑架人的绑架行为致使被绑架人死亡。

四是行为人无过错的行为,不能认定“致使被绑架人死亡”。

五是行为人实施的与绑架行为无关的其他有过错行为,该行为致被害人死亡的,一般也不能认定为“致使被绑架人死亡”。

绑架过程中发生被绑架人死亡的结果,对行为人未必都以“致使被绑架人死亡”情形追究刑事责任。上述五种情形下,虽然存在如果没有行为人的绑架行为,就不会发生被害人的死亡结果这种条件关系;但上述诸情形中,被害人的死亡结果都是出于行为人的预料之外,行为人无法预见绑架行为会发生被害人死亡的结果,也无法预见绑架过程中会有介入因素导致被害人死亡的情况。因此,行为人对被害人死亡的结果缺乏承担刑事责任的主观基础,绑架行为与死亡结果之间也就不存在因果关系的相当性。只有绑架行为人实施的故意、过失行为导致被绑架人死亡的,才对“致使被绑架人死亡”承担刑事责任。值得强调的是,这里的故意行为仅是指行为人对其实施行为是故意的,但对被害人死亡结果的发生持否定态度,即被害人死亡的结果出于其意料之外,否则就属于杀害被绑架人的情形。

本案中,张兴等人在绑架被害人后,没有对被害人实施严重的暴力,现有证据也不足以证明被害人死亡的结果是其绑架过程中实施的暴力行为所致。相反,在案证据证明张兴等人将被绑架人转移过程中,由于第三人的原因发生了车祸,即发生类似于上述第三种情形的第三方行为介入的情况,致被绑架人死亡,这种异常介入因素中断了绑架行为与死亡结果之间刑法上的因果关系,因此张兴等人仅对其绑架行为承担刑事责任,而无须对被害人死亡的结果承担刑事责任。

案例:孙家洪、濮剑鸣等绑架、抢劫、故意杀人案

案例来源:《刑事审判参考》总第96集[第946号]

主题词:绑架罪 以勒索财物为目的

一、基本案情

被告人孙家洪(又名孙家红),男,1979年9月4日出生,农民。曾因犯抢劫罪于2000年12月被浙江省瑞安市人民法院判处有期徒刑三年,2002年12月24日释放;2010年10月28日因涉嫌犯故意杀人罪被逮捕。

被告人濮剑鸣,男,1978年5月4日出生,原系上海浦东新区创盈房产有限公司员工。2010年10月28日因涉嫌犯故意杀人罪被逮捕。

被告人夏福军,男,1979年5月14日出生,无业。2010年10月28日因涉嫌犯故意杀人罪被逮捕。

被告人吴桂林,男,1974年10月1日出生,农民。2010年10月28日因涉嫌犯故意杀人罪被逮捕。

上海市人民检察院第一分院以被告人孙家洪、濮剑鸣、夏福军、吴桂林犯绑架罪,向上海市第一中级人民法院提起公诉。

被告人孙家洪、濮剑鸣、夏福军、吴桂林及其辩护人对起诉书指控的事实及罪名均没有异议。

上海市第一中级人民法院经公开审理查明:

(一)绑架事实

被告人濮剑鸣、夏福军同在上海从事房屋中介工作。因经济拮据,濮剑鸣起意以熟人南非籍华人毕某之子为绑架目标,向毕某勒索钱财200万美元。濮纠集了老乡被告人孙家洪、吴桂林共同参与,并事先勘查毕某住处,准备了电击棍、塑料胶带等作案工具。2010年6月某天,濮剑鸣、夏福军、孙家洪、吴桂林等人携带作案工具,由濮驾车至毕家所住大楼地下车库接应,夏、孙望风,吴等人冒充物业人员以检查热水器之名进入毕某家欲绑架毕某之子,适逢毕家有成年男子在场而未能得逞。同年9月8日,濮剑鸣等人再次实施绑架行为,但又因在毕家走廊遭他人盘问而未得逞。

(二)抢劫、故意杀人事实

因两次绑架毕某之子未果,濮剑鸣、夏福军、孙家洪、吴桂林经预谋将作案目标改为驾驶高档轿车的人,意图将被害人带到浙江省平湖市乍浦镇一出租房,逼问出其随身携带的银行卡密码,再让被害人告知家人其去了外地,要求家人汇钱至银行卡,后去银行ATM压机取款,并将作案地点定为上海市浦东新区高档社区停车场。2010年9月15日下午,吴桂林与孙家洪、夏福军驾车至浦东新区金桥镇一停车场伺机作案。当晚10时许,适逢被害人燕某停车离开其驾驶的奥迪Q5越野车(价值人民币612398元),孙、夏、吴即采用捂嘴、用塑料胶带封口、眼及捆绑四肢等方法将燕拖入奥迪车内,随即开车至浦星公路一偏僻处,与濮剑鸣会合。孙家洪、夏福军、吴桂林等人把燕某拖移至濮的轿车上,并搜走燕随身携带的现金人民币1000余元及手机。吴桂林按照濮剑鸣指令将燕某奥迪车开往浦东机场方向丢弃。濮剑鸣驾车与孙家洪、夏福军劫持燕某开往浙江省平湖市乍浦镇,途中向燕某索要钱款和银行卡,因发现燕某随身无银行卡,怕事情暴露,经与吴桂林电话商量后一致决定杀害燕某。濮剑鸣驾车开往浙江省钱塘江大桥途中数次催促孙家洪、夏福军动手,孙遂用塑料胶带封堵燕的口鼻,并与夏合力用毛巾将燕勒死,最后将尸体装入编织袋抛入钱塘江中。

上海市第一中级人民法院认为,被告人孙家洪等人的作案动机是劫持有钱人后当场取其钱财并限制其人身自由,让其骗家人汇款至银行卡,后到银行ATM机上取款。犯罪对象为被害人的随身财物,四被告人并无向被害人家属发出威胁、索取赎金的意思表示。孙家洪等人在劫持燕某后仅从其身上劫取少量现金,却无银行卡,与期望目标相去甚远,因担心燕某报警,为灭口而故意杀害燕某。燕某所驾奥迪车系孙家洪等人在停车场劫持燕某后开至浦星公路转移至濮轿车的作案工具,其价值依法应当计入抢劫数额。综上,孙家洪、濮剑鸣、夏福军、吴桂林以暴力劫持燕某财物后杀害燕某的行为分别构成抢劫罪和故意杀人罪;孙家洪等人以勒索财物为目的,共同绑架毕某之子的行为构成绑架罪(未遂)。孙家洪、濮剑鸣、夏福军在故意杀人共同犯罪中起主要作用,系主犯;吴桂林起辅助作用,系从犯。孙家洪、濮剑鸣等人主观恶性极大,犯罪手段残忍,犯罪后果极其严重,依法应予严惩。据此,依照《中华人民共和国刑法》有关规定,上海市第一中级人民法院判决如下:

1. 被告人孙家洪犯绑架罪,判处有期徒刑七年,并处罚金人民币五千元;犯抢劫罪,判处有期徒刑十三年,剥夺政治权利三年,并处罚金人民币二万元;犯故意杀人罪,判处死刑,剥夺政治权利终身,决定执行死刑,剥夺政治权利终身,并处罚金人民币二万五千元。

2. 被告人濮剑鸣犯绑架罪,判处有期徒刑八年,并处罚金人民币六千元;犯抢劫罪,判处有期徒刑十五年,剥夺政治权利四年,并处罚金人民币二万元;犯故意杀人罪,判处死刑,剥夺政治权利终身,决定执行死刑,剥夺政治权利终身,并处罚金人民币二万六千元。

3. 被告人夏福军犯绑架罪,判处有期徒刑五年,并处罚金人民币三千元;犯抢劫罪,判处有期徒刑十三年,剥夺政治权利三年,并处罚金人民币二万元;犯故意杀人罪,判处死刑,缓期二年执行,剥夺政治权利终身,决定执行死刑,缓期二年执行,剥夺政治权利终身,并处罚金人民币二万三千元。

4. 被告人吴桂林犯绑架罪,判处有期徒刑五年,并处罚金人民币三千元;犯抢劫罪,判处有期徒刑十二年,剥夺政治权利三年,并处罚金人民币二万元;犯故意杀人罪,判处有期徒刑十五年,剥夺政治权利四年,决定执行有期徒刑二十年,剥夺政治权利五年,并处罚金人民币二万三千元。

5. 被告人孙家洪、濮剑鸣、夏福军、吴桂林赔偿附带民事诉讼原告人陈秀荣、燕芝梅、燕艳丽、燕华、燕守会、李希英经济损失共计人民币七十二万九千一百五十八元五角。

6. 作案工具予以没收。

一审判决后,被告人孙家洪、濮剑鸣、吴桂林不服,向上海市高级人民法院提起上诉。

上海市高级人民法院经公开审理,认定一审判决认定的事实清楚,证据确实、充分,定罪准确,量刑适当,程序合法,遂裁定驳回上诉,维持原判,并将复核孙家洪、濮剑鸣死刑的裁定依法报请最高人民法院核准。

最高人民法院经复核核准上海市高级人民法院维持第一审以绑架、抢劫、故意杀人罪判处孙家洪、濮剑鸣死刑的刑事裁定。

二、裁判要旨

No. 4-239-10　绑架罪的成立以具有勒索财物的目的为成立要件,不能仅依据行为人对被害人实施了人身控制行为就认定其"以勒索财物为目的",还要求行为人向第三人提出了勒索财物的意思表示或具有证明行为人具有该目的的其他证据。

(1)绑架罪侵犯的是复杂客体,既侵犯了他人的人身权利,同时也侵犯了他人的财产权利,虽然刑法将绑架罪规定在侵犯人身权利罪一类中,但绑架罪的本质特征是利用第三人对人质安全的担忧来实现勒索财物或者达到其他非法目的,因而,不仅侵害了被害人的人身自由,而且侵犯了第三人的自决权。第三人必须在满足犯罪人非法要求与解救人质之间作出艰难选择。(2)刑法分则对绑架罪罪状的规定,不是对具体犯罪的定义,而是对犯罪类型的描述。《刑法》第二百三十九条采用了一些抽象性、概括性比较强的表述,将这种表述模式下的绑架行为解释为人身控制行为和勒索财物行为的有机结合,能够被一般人接受,没有超出国民的预测可能性。"单一行为说"拘泥于条文中"绑架他人"的规定,割裂了人身控制行为与勒索财物行为相互依存的内在联系,故不可取。(3)根据主客观相统一原则,主观必定见之于客观。"以勒索财物为目的"的主观直接故意必须要有勒索财物之行为或者具有相关证据(非行为)予以证明。如行为人已向被绑架人亲属或者其他人索要过财物,因其向他人索取钱财的客观行为已充分证明勒索财物的主观目的,即构成绑架罪既遂;如行为人仅实施了对被害人的人身控制行为,但有充分证据(被告人供述、被害人陈述、证人证言、物证、书证等)能够证明其主观上是以勒索财物为目的的,亦可以构成绑架罪。但如果行为人仅实施了对被害人的人身控制行为,行为人否认具有勒索目的,现有证据亦不能证明其有勒索目的的,则不能认定构成绑架罪。

本案中,公诉机关认为被告人孙家洪、濮剑鸣、夏福军、吴桂林以勒索财物为目的绑架他人并杀害被绑架人燕某,其行为均构成绑架罪。一审法院认为,孙家洪、濮剑鸣等人意图绑架毕某之子向毕某勒索未果,但劫持燕某并将其杀害之行为是否构成绑架罪,应当从被告人主观上是否以勒索财物为目的,客观上是否向第三人勒索财物行为等具体分析:(1)孙家洪、濮剑鸣等人主观上没有利用第三人对燕某人身安危的担忧而勒索财物的故意。孙、濮等人之前绑架毕某之子未遂并不能推断出其劫持燕某的目的即为勒索财物。孙、濮等人供述将作案目标选择为驾驶高档轿车的人,劫持被害人后逼问出其随身携带的银行卡密码,让被害人告知家人汇钱至银行卡,后去银行 ATM 机取款。四被告人供述稳定一致,相互印证,足以证明谋财对象为驾驶高档轿车的不特定被害人,且让被害人本人通知其家人汇款,并未侵犯第三人的自决权。(2)孙家洪、濮剑鸣等人客观上没有实施向第三人勒索财物的行为。孙、濮等人劫持燕某后仅从其身上搜取现金人民币1000余元和手机,与其期望劫得的财物相距甚远,仅因担心被害人报警,遂起杀人灭口的犯意。燕某曾陈述其家中银行卡上有20万元,孙、濮等人认为钱太少且有风险,不愿通过燕某的家属或者朋友间接取财。可见,孙、濮等人未实施以杀害、伤害燕某等方式向其亲友勒索财物的意思表示和行为。孙、濮等人劫取燕某钱财后为灭口杀害燕某的行为,符合抢劫后故意杀人的行为特征。因此,孙家洪、濮剑鸣等人劫持燕某并将其杀害的行为不构成绑架罪,而构成抢劫罪、故意杀人罪,两罪应当并罚。

No. 4-239-11　绑架罪的"情节较轻"中不包括未遂情节。

笔者认为,影响绑架罪社会危害性轻重的事实要素大致有以下几个方面:(1)犯罪手段。绑架罪是行为人采用暴力、胁迫、诱骗等方法控制被绑架人人身自由,拘禁时间有长短之分,暴力、胁迫、诱骗等手段各不相同亦直接影响到该罪的社会危害程度。(2)犯罪后果。从人身损害方面看,是否造成了被绑架人重伤、轻伤、轻微伤或严重的精神伤害;从财产损害方面看,赎金数额有数额巨大、数额较大或未获取分文的区别,犯罪后果直接反映了行为的社会危害程度。(3)犯罪动机。行为人的动机或出于满足个人私利,或迫于生活压力,或因合法权益不能保障,或出于特定政治目的等,动机不同体现出行为主观恶性程度的差异。(4)犯罪情节。行为人是否放弃勒索赎金;是否主动释放人质;行为人与被害人是否系亲属或熟人关系;行为人是否选择以老人、妇女、儿童或者社会知名人士作为绑架对象等,上述情节对绑架罪的社会危害程度具有直接影响。在正确认定了影响绑架罪社会危害性轻重的事实要素后,还有必要探寻"情节较轻"与侵害法益的实质联系,对"情节较轻"作出价值判断。绑架罪侵害的法益在司法实践中通常表现为:人身法益(人身自由与安全)、财产法益(他人财产所有权)、社会法益(社会秩序与公共安全)。人身法益是刑法保护的重点,绑架罪必然侵犯人身自由,但在人身安全方面却客观存在着侵害程度的差异,被绑架人的人身安全未受实质侵犯,人身自由限制程度较轻等因素,是认定"情节较轻"的首要判断。财产法益、社会法益虽然对判断绑架罪罪质轻重而言不具有决定性意义,但仍会对绑架罪的社会危害性程度产生重要影响。如绑架行为虽然未给被绑架人的人身安全造成严重威胁,但勒索财物数额巨大,手段卑劣,社会影响恶劣,也不能认定为"情节较轻"。

《刑法》总则规定的犯罪预备、未遂、中止等从轻减轻情节基于刑事立法模式以及禁止重复评价的原则,不应适用绑架罪"情节较轻"条款。我国《刑法》分则罪状的立法模式以单独犯的完成形态为基准,任何罪质轻重的评价都是建立在对犯罪完成形态的考察基础上,犯罪的未完成形态对罪质的轻重不能产生实质影响。犯罪预备、未遂、中止等未完成形态是《刑法》总则规定的法定量刑情节,对犯罪的社会危害性程度会产生很大影响,但并不能成为影响罪质轻重的因素,如果将其作为"情节较轻"的判断基础,然后再作为量刑情节适用,显然属于对同一情节的重复评价,违反了禁止重复评价原则。本案中,被告人濮剑鸣、夏福军等人以毕某之子为绑架目标意图向毕某勒索200万美元,事先勘查住处并准备电击棍等作案工具,在实施作案过程中已进入毕某家中,但由于意志以外的原因而未得逞,系绑架未遂,不应适用"情节较轻"条款。

95 拐卖妇女、儿童罪(《刑法》第二百四十条)

案例:吕锦城、黄高生故意杀人、拐卖儿童案

案例来源:《刑事审判参考》总第82辑[第728号]

主题词:拐卖儿童罪　偷盗婴幼儿过程中使用暴力　实行过限

一、基本案情

被告人吕锦城,男,1985年7月17日出生于福建省南安市,农民。2001年5月17日因盗窃被劳动教养一年六个月,2002年8月7日解除劳动教养,2008年10月9日因本案被逮捕。

被告人黄高生,男,1965年9月5日出生于福建省南安市,农民。1988年4月6日因犯盗窃罪被判处有期徒刑三年六个月,1991年1月7日刑满释放,2008年10月9日因本案被逮捕。

福建省泉州市人民检察院以被告人吕锦城、黄高生犯故意杀人罪、拐卖儿童罪,向泉州市中级人民法院提起公诉。

被告人吕锦城对指控的事实无异议,但辩解其不是杀人灭口。其辩护人基于以下理由提请法院对其从轻处罚:被告人吕锦城系间接故意杀人;在拐卖儿童罪中起次要作用,是从犯;归案后协助公安机关抓获被告人黄高生,有立功表现,且能认罪、悔罪。

被告人黄高生对指控的事实无异议,请求从轻处罚。其辩护人提出,指控被告人黄高生犯故意杀人罪的证据不足。

泉州市中级人民法院经审理查明:2008 年 8 月下旬,被告人吕锦城、黄高生商议拐卖儿童赚钱,黄高生提议偷盗其邻居黄金花(被害人,女,殁年 26 岁)夫妇的男婴黄伟艺(2008 年 1 月 4 日出生)贩卖,如果被发现就使用暴力抢走孩子。二人为此进行了踩点,并购买了撬门的工具和行凶的匕首、啤酒瓶等物,黄高生还通过潘荣国(同案被告人,已另案判刑)联系了买主。9 月 2 日 3 时许,黄高生骑摩托车载吕锦城至福建省南安市罗东镇罗溪村黄金花家屋外,由黄高生在屋外接应,吕锦城从屋顶嵌入黄金花家,在客厅盗走黄金花的诺基亚 2610 型手机一部(价值人民币 312 元,以下币种均为人民币)。黄金花喊叫,吕即捂住黄的嘴,并用啤酒瓶砸黄,在未砸中后又用拳头殴打黄。睡在隔壁的黄金花的奶奶戴术治(被害人,殁年 75 岁)听到动静后与吕锦城搏斗,吕将戴推倒在地,后吕锦城见不能制伏被害人,便拔出匕首朝黄金花颈部捅刺一刀,并推倒黄金花,抱着婴儿准备逃离。当发现戴术治坐在地上盯着其看,便又持匕首朝戴颈部捅刺一刀。黄金花因颈部动脉横断致失血性休克死亡,戴术治因右颈静脉离断致失血性休克并脑功能障碍经送医院抢救无效而死亡。吕锦城、黄高生带着黄伟艺逃离现场后,将黄伟艺以 37000 元的价格卖给了潘荣国联系的洪金钟。破案后,黄伟艺被解救。

泉州市中级人民法院认为,被告人吕锦城、黄高生以出卖为目的,结伙偷盗婴幼儿,其行为均构成拐卖儿童罪;吕锦城在偷盗过程中被发现,持刀杀死两人,其行为又构成故意杀人罪;吕锦城犯数罪,应当数罪并罚。公诉机关关于被告人黄高生的行为构成故意杀人罪的指控,经查,没有证据证实黄高生与吕锦城预谋杀害被害人,黄高生主观上无杀害被害人的故意,客观上没有实施杀人行为,不能认定其行为构成故意杀人罪,对黄高生的辩护人提出不构成故意杀人罪的辩护意见予以采纳,但黄高生应对致人死亡的后果承担法律责任。关于吕锦城的辩护人提出吕锦城有立功表现的辩护理由,经查,侦查机关是通过技术侦查手段确定黄高生的位置将黄高生抓获,吕锦城的行为未对抓获黄高生提供直接帮助,不能认定有立功表现。依照《中华人民共和国刑法》第二百三十二条、第二百四十条第一款第(六)项、第(七)项,第二百七十四条,第五十七条第一款,第二十五条第一款,第二十六条第一款、第四款,第二十七条,第二十三条,第四十八条第一款,第六十九条之规定,判决如下:

1. 被告人吕锦城犯故意杀人罪,判处死刑,剥夺政治权利终身;犯拐卖儿童罪,判处无期徒刑,剥夺政治权利终身,并处没收个人全部财产;决定执行死刑,剥夺政治权利终身,并处没收个人全部财产。

2. 被告人黄高生犯拐卖儿童罪,判处死刑,剥夺政治权利终身,并处没收个人全部财产。

一审宣判后,被告人吕锦城上诉提出,其系受被告人黄高生胁迫作案,作案过程中因精神失控而杀害被害人。其辩护人提出,吕锦城刺死黄金花的行为属于间接故意杀人。

被告人黄高生及其辩护人基于以下上诉理由提请对黄高生从轻处罚:(1)被告人黄高生与被告人吕锦城预谋偷抱婴幼儿,如被发觉仅仅是制伏,没有伤害被害人的犯意,黄高生不应对被害人死亡承担责任;(2)根据黄高生的犯罪动机、作案手段,黄高生不属于拐卖儿童情节特别严重。

福建省高级人民法院经审理认为,原判认定事实清楚、证据确实充分,定罪准确、量刑适当,审判程序合法。依照《中华人民共和国刑事诉讼法》第一百八十九条第(一)项的规定,裁定驳回上诉,维持原判,并依法报请最高人民法院核准。

最高人民法院经复核认为,被告人吕锦城与黄高生以出卖为目的,绑架儿童,其行为构成拐卖儿童罪;被告人吕锦城在实施绑架行为时,持刀捅刺二被害人,致二被害人死亡,其行为构成故意杀人罪,应当依法数罪并罚。被告人黄高生所犯拐卖儿童罪造成二人死亡,罪行极其严重,但没有与被告人吕锦城共谋杀人,亦未具体实施杀人的行为,对其判处死刑,可不立即执行。第一审判决、第二审裁定认定的事实清楚、证据确实充分,定罪准确,对吕锦城量刑适当,审判程序合法。但对被告人黄高生量刑不当,对被告人吕锦城、黄高生适用《中华人民共和国刑法》第二百四十条第一款第(六)项不当,应适用《中华人民共和国刑法》第二百四十条第一款第(五)项。依照《中华人民共和国刑事诉讼法》第一百九十九条、最高人民法院《关于复核死刑案件若干问题的规定》第七条和《中华人民共和国刑法》第二百四十条》第一款第(五)项、第(七)项,第四十八条,第五十七条第一款,第二十五条第一款,第二十六条第一款、第四款之规定,判决如下:

1. 核准福建省高级人民法院(2009)闽刑终字第473号刑事裁定维持第一审对被告人吕锦城以故意杀人罪判处死刑,剥夺政治权利终身;犯拐卖儿童罪,判处无期徒刑,剥夺政治权利终身,并处没收个人全部财产;决定执行死刑,剥夺政治权利终身,并处没收个人全部财产的部分。

2. 撤销福建省高级人民法院(2009)闽刑终字第473号刑事裁定和泉州市中级人民法院(2009)泉刑初字第93号刑事附带民事判决中对被告人黄高生以拐卖儿童罪判处死刑,剥夺政治权利终身,并处没收个人全部财产的部分。

3. 被告人黄高生犯拐卖儿童罪,判处死刑,缓期二年执行,剥夺政治权利终身,并处没收个人全部财产。

二、裁判要旨

No. 4-240-1　以贩卖为目的,入室偷盗婴幼儿过程中使用暴力抢走婴儿的行为,应当适用刑法第二百四十条第一款第(五)项的规定。

刑法第二百四十条第一款第(五)项规定了以出卖为目的,使用暴力、胁迫或麻醉方法绑架妇女儿童的情形。被告人吕锦城在偷盗过程中被发现实施暴力行为抢走婴儿的行为与之相符,本罪中儿童是指不满14周岁的人,其中不满1周岁为婴儿,1岁以上不满6岁为幼儿,因此暴力劫走婴儿的行为属于绑架儿童的行为。因此本案不应适用刑法第二百四十条第一款第(六)项以出卖为目的,偷盗婴幼儿的规定而应适用刑法第二百四十条第一款第(五)项的规定。

No. 4-240-2　拐卖儿童过程中,实施杀人行为的,应当以故意杀人罪与拐卖儿童罪数罪并罚。

根据1992年发布的最高人民法院、最高人民检察院《关于执行〈全国人民代表大会常务委员会关于严惩拐卖、绑架妇女、儿童的犯罪分子的决定〉的若干问题的解答》第四条的规定,造成被拐卖妇女、儿童或其他亲属重伤、死亡或其他严重后果的,是指犯罪分子拐卖妇女、儿童的行为直接、间接造成拐卖妇女、儿童或其亲属重伤、死亡、或者其他严重后果的情形。这种情况下,被告人主观上并非以被害人伤亡结果为目的,如果故意伤害、杀害被拐卖人,或为排除妨碍而伤害、杀害被拐卖人亲属的,应当以故意杀人罪、故意伤害罪与拐卖妇女、儿童罪实行并罚。

本案被告人吕锦城入室偷盗婴幼儿时为制止婴儿母亲黄金花的反抗而持刀杀害黄金花,唯恐罪行败露又杀害婴儿曾祖母戴术治。被告人吕锦城持刀捅刺二被害人的行为不属于拐卖儿童罪的手段行为,从其捅刺部位看,主观上有追求或放任被害人死亡结果发生的故意,应单独认定为故意杀人罪。

案例:武亚军、关倩倩拐卖儿童案

案例来源:《刑事审判参考》总第86集[第781号]

主题词:拐卖儿童罪　出卖亲生子女

一、基本案情

被告人武亚军,男,1984年7月7日出生,农民。因涉嫌犯拐卖儿童罪于2009年8月15日被逮捕。

被告人关倩倩,女,1988年4月28日出生,农民。因涉嫌犯拐卖儿童罪于2009年8月15日被取保候审。

山西省临汾市尧都区人民检察院以被告人武亚军、关倩倩犯拐卖儿童罪,向尧都区人民法院提起公诉。

被告人武亚军、关倩倩辩称,其因家庭生活困难将孩子送给条件好的人家抚养,所收取的人民币(以下币种同)26000元是营养费,不是出卖价,其行为不属于出卖亲生子女。

临汾市尧都区人民法院经审理查明:被告人关倩倩于2009年2月8日生育一男孩,后因孩子经常生病,家庭生活困难,被告人武亚军、关倩倩夫妻二人决定将孩子送人。2009年6月初,武亚军、关倩倩找到山西省临汾市先平红十字医院的护士乔瑜,让其帮忙联系。第二天,乔瑜将此事告知张永珍,张永珍又让段麦寸(同案被告人,已判刑)询问情况。段麦寸与关倩倩电话联系后约定付给关倩倩26000元。后段麦寸将此情况告知景九菊(同案被告人,已判刑),景九菊经与赵临珍(同案被告人,已判刑)联系看过孩子后,赵临珍又通过郭秋萍(同案被告人,已判刑)介绍买家。2009年6月13日在赵临珍家中,武亚军、关倩倩将出生仅4个月的孩子以26000元的价格卖给蔡怀光(在逃),赵临珍、景九菊、段麦寸、郭秋萍分别获利1400元、600元、500元、1500元。赵临珍、郭秋萍、王洪生(同案被告人,已判刑)与蔡怀光一同将婴儿送至山东省台儿庄,卖给他人。后武亚军的父亲向公安机关报警称孙子被武亚军夫妇卖掉,2009年7月17日,公安机关解救出被拐卖的婴儿。

临汾市尧都区人民法院认为,被告人武亚军、关倩倩将出生仅4个月的男婴,以26000元的价格出卖给他人,其行为均构成拐卖儿童罪。关于被告人武亚军、关倩倩辩解无罪的意见,经查,武亚军、关倩倩在不了解对方基本条件的情况下,不考虑对方是否具有抚养目的以及有无抚养能力等事实,为收取明显不属于营养费的巨额钱财,将孩子送给他人,属于出卖亲生儿子的行为,应当以拐卖儿童罪论处,且依法应当处五年以上十年以下有期徒刑。鉴于武亚军、关倩倩由于家庭生活困难,将孩子出卖给他人,后孩子被公安机关成功解救,没有造成严重的社会危害后果,且具有认罪、悔罪情节,对二人可在法定刑以下判处刑罚。根据《中华人民共和国刑法》第二百四十条、第七十二条、第六十三条第二款之规定,临汾市尧都区人民法院以被告人武亚军、关倩倩犯拐卖儿童罪,各判处有期徒刑三年,缓刑五年,并处罚金三万元。

宣判后,被告人武亚军、关倩倩在法定期限内没有上诉,检察机关没有提出抗诉,临汾市尧都区人民法院将本案层报最高人民法院核准。

最高人民法院经依法复核,依法裁定核准临汾市尧都区人民法院对被告人武亚军、关倩倩在法定刑以下判处刑罚的刑事判决。

二、裁判要旨

No. 4-240-3 以非法获利为目的,出卖亲生子女的成立拐卖儿童罪。非法获利目的的认定,应当根据案件的具体情况,审查行为人是否将生育作为非法获利的手段、将子女送人的背景和原因、行为时是否考虑对方有无抚养目的与抚养能力、收取的钱财数额多少以及收取钱财过程中的态度进行综合判断,不能唯数额论。

最高人民法院、最高人民检察院、公安部、司法部2010年联合发布的《关于依法惩治拐卖妇女儿童犯罪的意见》的指导精神是要求依法打击将子女当做商品买卖的行为,因此需要严格区分拐卖儿童与民间私自送养、遗弃行为。区分的关键就在于,行为人是否具有非法获利目的。所谓非法获利,就是把子女当做商品,把收取的钱财作为出卖子女的身价。

在具体案件中,对非法获利目的的认定,要注意从以下几个方面的证据综合进行审查:

一是审查是否有证据证实行为人将生育作为非法获利的手段,生育子女后即将子女出卖。对非法获利目的的认定,不能局限于一次行为的评价,要综合被告人的关联行为,准确认定被告人是否属于因经济困难而送养小孩。如果行为人多次将子女送人以换取钱财,则足以体现出其借"送养"之名行敛财之实,具有非法获利目的,应当以拐卖儿童罪论处。

二是审查行为人将子女送人的背景和真实原因,并审查行为时是否考虑对方有无抚养目的、抚养能力。实践中,父母将亲生子女送人的背景、原因很复杂,有的是家庭经济状况异常困难或者突然遭遇重大变故,如亲属身染重病,导致没有能力抚养子女的,或者未婚先育,短期内无法结婚又不具备抚养能力和条件的等。在上述情况下,父母将亲生子女送给他人,首先考虑的是子女以后的成长生活、教育等因素,一般会对收养方是否有抚养目的和抚养能力进行认真斟酌考量。对方给不给抚养费、给多少抚养费,父母不会特别在意。

三是审查行为人收取钱财的多少以及在收取钱财过程中的态度。一方面,要考虑收取钱财的数额是否明显超出了抚育成本或"感谢费"的范围,但不能唯数额论。数额巨大的,未必都能认定行为人具有非法获利目的,如收养人经济状况较好,主动支付数额较大的"感谢费"的情形;收取钱财数额相对小的,也未必一概不认定具有非法获利目的,如父母为了偿还赌债或者挥霍享乐,以"较低价格"将子女"送人",或者父母为出卖子女积极讨价还价,但最终只收取到少量钱财的情形,就足以体现出行为人具有非法获利目的。

本案中被告人关倩倩、武亚军虽辩称系因经济困难而将刚生育的婴儿送人"抚养",并不是出卖亲生子女,但根据查明的案件事实,二人在决定是否将婴儿送人的过程中,积极与中间人讨价还价,根本不考虑对方是否具有抚养目的,也不了解、不关注孩子会被送至何处以及被何人"抚养",由此足以体现出二被告人主观上首先考虑的是将子女作为商品出卖以获取非法利益,其行为不属于民间私自送养或者遗弃子女,法院认定其构成拐卖儿童罪,定性是准确的。

No. 4-240-4　出卖亲生子女成立拐卖儿童罪的,应当根据案件具体情况,贯彻宽严相济的刑事政策,合理量刑。

出卖亲生子女与"人贩子"所采取的收买、拐骗、偷盗、强抢等方式拐卖儿童相比,后者的社会危害更大。对于出卖亲生子女的案件,应当考虑行为人出卖亲生子女的动机,子女被卖出后是否受到摧残、虐待以及是否得到解救等因素,合理确定量刑幅度。如果主观动机、客观情节并非十分恶劣的,一般可以酌情从轻处罚。对于那些一方面具有生活困难、未婚先育等特殊情节,但同时又有充分证据证实系为了非法获利而将子女作为商品出卖的行为人,如果根据案件具体情况,参酌社会一般人的道德伦理观念,考虑被解救儿童仍需由原家庭哺育抚养照顾等因素,在处罚上即使判处法定最低刑仍显过重的,可以在法定刑以下判处刑罚,依法层报最高人民法院核准。

本案中,被告人武亚军、关倩倩生育一男孩,因孩子经常生病,家庭生活困难,二人遂决定将孩子送人,并通过中间人介绍,将该男婴以 26000 元的"价格"卖给他人,后婴儿的爷爷报警后,公安机关将婴儿成功解救,没有造成严重的社会危害后果,且婴儿幼小,迫切需要得到亲生父母的哺育照料,故原审法院对其在法定刑以下判处刑罚,最高人民法院经依法复核,裁定予以核准。

案例:刘友祝拐卖妇女案

案例来源:《刑事审判参考》总第 87 集[第 791 号]

主题词:拐卖妇女罪　出卖无民事行为能力的妇女

一、基本案情

被告人刘友祝,女,1952 年 10 月 27 日出生,农民。因涉嫌犯拐卖妇女罪于 2011 年 8 月 16 日被逮捕。

湖南省邵东县人民检察院以被告人刘友祝犯拐卖妇女罪,向邵东县人民法院提起公诉。

湖南省邵东县人民法院经审理查明:2010 年农历 11 月某天,湖南省邵东县廉桥镇白马铺村村民王秀英在其家附近发现一名流浪妇女(真实身份不明,经鉴定重度精神发育迟滞,无民事行为能力,以下简称"无名妇女"),遂予以收留,并想为该妇女介绍对象。王秀英将该想法告知邻村村民周元英(另案处理),周元英随即找到被告人刘友祝。刘友祝告知周元英邵东县流泽镇大龙村村民肖永秀(另案处理)有个不太聪明的儿子尚未结婚,并与肖永秀约好去白马铺村看人。肖永秀看了该无名妇女后同意买下给他儿子做媳妇,并分别给刘友祝三人人民币(以下币种同)2000 元、1000 元、1600 元不等的好处费。因无名妇女不能做家务,肖永秀于 2011 年 7 月 3

日将无名妇女送回刘友祝家中,并要刘友祝退钱。刘友祝想再次将无名妇女介绍给他人,以便返还肖永秀的钱。2011年7月7日,刘友祝委托周元英为无名妇女做媒。次日,周元英得知邵东县廉桥镇东塘村村民周安飞智力有点问题的儿子尚未结婚,便带着周安飞赶到刘友祝家,周安飞看了无名妇女后,经讨价还价以10628元将其买下。刘友祝分得10028元,周元英分得600元。周安飞家人得知此事后,怀疑该无名妇女系被拐卖,遂要求周安飞将该无名妇女送回。7月18日,周安飞等人将无名妇女送回刘友祝家,并要求刘友祝退钱,遭刘友祝拒绝,周安飞的家人随即报案。公安人员前往刘友祝家中将其抓获。

邵东县人民法院经审理认为,被告人刘友祝明知无名妇女精神发育迟滞,无民事行为能力,先后两次将该无名妇女出卖,从中获取非法利益,其行为构成拐卖妇女罪。依照《中华人民共和国刑法》第二百四十条、第五十二条、第五十三条及最高人民法院《关于审理拐卖妇女案件适用法律有关问题的解释》第一条之规定,邵东县人民法院以被告人刘友祝犯拐卖妇女罪,判处有期徒刑五年,并处罚金一万元。

被告人刘友祝不服一审判决,向邵阳市中级人民法院提出上诉。理由如下:原判查明的部分事实与客观事实不符,其具有借介绍婚姻索取财物的目的,但无出卖目的,且客观上没有实施拐卖妇女的行为,不符合拐卖妇女罪的构成特征,依法不应认定为拐卖妇女罪。

邵阳市中级人民法院经审理认为,上诉人刘友祝明知无名妇女精神发育迟滞,无民事行为能力,而以介绍婚姻为名先后两次将无名妇女的人身作为商品进行出卖,从中获取不正当的利益,其行为已超出所谓介绍婚姻的主观想法,符合拐卖妇女罪的构成特征,构成拐卖妇女罪。刘友祝提出的上诉理由不能成立,不予采纳。原判认定事实清楚,证据确实、充分,定性准确,量刑适当,审判程序合法。据此,依照1996年《中华人民共和国刑事诉讼法》第一百八十九条第(一)项之规定,邵阳市中级人民法院裁定驳回上诉,维持原判。

二、裁判要旨

No.4-240-5 以牟利为目的,积极出卖无民事行为能力的妇女的行为,成立拐卖妇女罪。

以"介绍婚姻"为名出卖妇女并谋取非法利益的拐卖妇女犯罪,与普通的介绍婚姻并收取财物的行为,尽管在形式上具有一定的相似性,但在实质上具有本质的差异。介绍婚姻收取财物通常是指为男女双方居间联系,促成合法婚姻,并收取一方或者双方财物的行为。而拐卖妇女犯罪则是将妇女作为商品出卖谋取非法利益,并非促成合法婚姻,其本质上是否定被拐卖妇女人格的人口贩卖行为。

一般情况下,拐卖妇女犯罪与普通的介绍婚姻行为比较容易区分。拐卖妇女犯罪主观上以出卖被拐卖的妇女谋取非法利益为目的,犯罪行为人之所以拐卖妇女,其目的就是通过出卖妇女谋取非法利益,至于被拐卖的妇女是否同意婚姻,并非犯罪行为人考虑的因素。从客观方面分析,拐卖妇女犯罪客观上是将妇女作为商品进行买卖,被拐卖妇女完全处于被非法处置的地位,丧失了自主决定婚姻的意志自由和行为自由。为了在客观上顺利实施拐卖妇女的行为,行为人一般需要对被拐卖妇女实施非法的人身控制。通常情况下,拐卖妇女犯罪的行为人都是通过欺骗或者强制等方式事先控制妇女的人身自由,然后将被拐妇女出卖给他人。

犯罪行为人以拐卖妇女为目的,实施拐卖妇女的行为即构成拐卖妇女罪,被拐卖妇女的意志并不影响该罪的成立。通常情况下,犯罪行为人对被拐卖的妇女一般都会实施一定的人身控制,但个别案件中,一些被拐卖的妇女可能出于生计或者其他方面的考虑,配合甚至同意犯罪行为人的拐卖行为,但这并不影响对拐卖妇女罪的定性。因为从法益保护的角度看,国家强调对人身自由和人格尊严的法律保护,禁止将任何人当做商品买卖,即使被拐卖的妇女配合、同意犯罪行为人的拐卖行为,也不影响本罪的成立。

明知系被拐卖的妇女仍然为其介绍婚姻收取费用的行为,构成拐卖妇女罪的共犯。实践中,许多婚介人员可能长期从事婚姻介绍工作,并从中收取中介费用(或者好处费),但日常生活中的婚介行为由于尊重当事人的合意,仅是居中介绍婚姻,因此并不违反法律的规定。不过,如果明知系被拐卖的妇女(包括无民事行为能力的妇女),仍然为被拐卖的妇女介绍婚姻并收取中介费用的,应当构成拐卖妇女罪的共犯。不论婚介人员自身是否认识到行为的社会危害性,都不影响拐卖妇女罪的成立。

获取财物价值的大小并不影响拐卖妇女罪的成立。从性质上分析,拐卖妇女犯罪的行为人所获得的财物是以被拐卖妇女的人身为“对价”,通常是向非法收买被拐卖妇女一方收取,在性质上属于非法谋取的利益,数额往往明显超出合理的居间介绍费用。相比之下,婚姻介绍者所获得的财物是“婚介费”“感谢费”,属于居间介绍婚姻的酬劳,该费用可由男女一方或者双方承担,数额一般都会小于出卖妇女的价格。实践中,由于各地经济发展水平的差异,一些地区的婚介费用较高,可能达到数千元乃至上万元,一些经济条件较好的婚姻双方基于感谢的目的可能支付大额的好处费;而在一些经济水平较低的地区,被拐卖的妇女往往只能卖得数千元甚至更低的价钱。因此,实践中应当根据拐卖妇女罪的构成要件来区分罪与非罪的成立,不能仅凭收取的费用高低来判断是否构成该罪。

司法实践中,如果拐卖对象是具备完全民事行为能力的妇女,一般比较容易掌握拐卖妇女犯罪与普通介绍婚姻行为之间的界限。但如果被拐卖妇女是无民事行为能力的妇女,就容易引发争议。精神发育迟滞、无民事行为能力的妇女,因缺乏民事行为能力和自我保护意识,无须使用强制人身自由的手段进行拐卖,故更应注重对该类弱势群体合法权益的维护。本案被害人就是一名精神发育迟滞、无民事行为能力的妇女,因其流落在外,被告人刘友祝等人为谋取非法利益,将其非法出卖给他人。尽管刘友祝等人辩称是给被害人介绍对象,但被害人自身并无民事行为能力,刘友祝等人又并非其监护人,因此其行为实质是拐卖妇女犯罪行为。

首先,被告人刘友祝是为了谋取非法利益而积极联系买家出卖被害人,并非像其辩称的仅是应王秀英的要求为被害人介绍对象从中收取好处费。换言之,刘友祝的行为并非单纯应他人要求介绍婚姻的行为,而是积极非法出卖妇女的行为。

其次,本案被害人经鉴定患有重度精神发育迟滞、无民事行为能力,无法对他人介绍婚姻的行为作出判断,缺乏自由表达意志的能力。被告人刘友祝并非被害人的监护人,其出卖被害人获取利益的行为亦非单纯使被害人受益。从该案实际情况分析,刘友祝出卖被害人的行为就是为了谋取非法利益,其为被害人寻找的买家并不能让其以后的生活更有保障。一是刘友祝为该妇女寻找的对象均系生活无法自理者,他们自身并不具备完全的民事行为能力,更无法照顾被害人日常生活,由此可以推断,刘友祝出卖被害人的行为是为了谋取非法利益,而不是为了保障被害人的生活。二是刘友祝的行为在客观上并未使被害人的生活更有保障。由于被害人重度精神发育迟滞、无民事行为能力,无法承担一个正常妻子可以承担的责任,因此买家的家庭并未收留被害人,而是将其退回。因此,刘友祝单方面以介绍婚姻的形式将被害人出卖的行为,非但未能更好地保障被害人的生活,反而严重侵犯了被害人的人身权利。如果刘友祝主观上是为了被害人以后的生活更有保障,其应当通过公安机关寻找被害人的亲属,使其恢复原有的家庭社会关系,从而切实保障其正常的生活。

最后,刘友祝具有出卖妇女非法牟利的目的,并且通过出卖妇女的行为实际获利。刘友祝先后两次将无民事行为能力的妇女出卖,索取大额非法利益,其所获得的钱款是出卖该妇女的非法所得,并非介绍婚姻的好处费。

综上,本案被告人刘友祝主观上具有出卖妇女谋取非法利益的故意,客观上实施了非法出卖妇女牟利的行为,其行为显然不是普通的介绍婚姻行为,而是拐卖妇女的犯罪行为,根据主客观相统一的原则,应当认定被告人刘友祝构成拐卖妇女罪。

案例:王献光、刘永贵拐卖儿童案

案例来源:《刑事审判参考》总第 90 集[第 835 号]

主题词:拐卖儿童罪　出卖亲生子女

一、基本案情

被告人王献光,男,1985 年 10 月 10 日出生,农民。2005 年 8 月因犯盗窃罪被判处有期徒刑十个月,并处罚金人民币(以下币种同)一千元,2006年2月27日刑满释放,2011年9月19日因涉嫌犯拐卖儿童罪被逮捕。

被告人刘永贵,男,1964年12月6日出生,农民。2011年9月19日因涉嫌犯拐卖儿童罪被逮捕。

北京市朝阳区人民检察院以被告人王献光、刘永贵犯拐卖儿童罪,向北京市朝阳区人民法院提起公诉。

被告人王献光辩称,其目的是送养孩子,6.6万元是抚养补偿费用,其没有预谋拐卖儿童,不构成拐卖儿童罪。其辩护人提出,王献光系送养儿童,指控其具有拐卖儿童故意的证据不足,建议对其宣告无罪。

被告人刘永贵辩称,其系帮助别人介绍收养孩子,不构成拐卖儿童罪。其辩护人提出,刘永贵系居中介绍送养、收养行为,无拐卖儿童的故意,建议对其宣告无罪。

北京市朝阳区人民法院经公开审理查明:被告人王献光与女友鞠明丽于2008年3月5日生下一子王某。2010年1月,刘永贵在互联网上看到一条收养孩子的信息后,即与发信息者(以上简称收养方)取得联系,称可以为其介绍送养人,随后便在网上搜集相关信息。其间,王献光在网上发信息称"送养北京男孩",刘永贵看到该信息后与王献光取得联系,向王称自己的表弟想收养该男孩。刘永贵与收养方商议后,通过电话代表收养方与王献光商定由收养方支付6.6万元给王献光。同时,刘永贵单独与收养方商定事成后由"收养方支付给刘永贵2万元作为报酬"。2010年1月29日,二被告人带王某到朝阳区望京文渔乡餐厅和收养方见面时,王献光被公安人员当场抓获。刘永贵逃跑,后在山东省临沂市被抓获。

北京市朝阳区人民法院认为,被告人王献光、刘永贵以出卖为目的,共同向他人贩卖儿童,其行为均构成拐卖儿童罪。公诉机关指控的罪名成立。二被告人共同故意贩卖儿童,系共同犯罪,且作用相当。王献光前罪所判罚金刑尚未执行,故依法应对其前罪没有执行的罚金刑与后罪所判处的刑罚并罚。王献光曾因犯盗窃罪被判处有期徒刑,在刑罚执行完毕后五年内又犯应当判处有期徒刑以上刑罚之罪,系累犯,应当依法从重处罚。鉴于二被告人已着手实施的犯罪行为因意志以外的原因未得逞,系未遂,对二被告人依法可以减轻处罚。据此,北京市朝阳区人民法院依照《中华人民共和国刑法》第二百四十条、第二十五条第一款、第七十一条、第六十九条、第六十一条、第六十五条第一款、第二十三条、第五十二条、第五十三条之规定,判决如下:

1. 被告人王献光犯拐卖儿童罪,判处有期徒刑二年三个月,并处罚金人民币三千元;与前罪尚未执行的罚金一千元并罚;决定执行有期徒刑二年三个月,并处罚金四千元。

2. 被告人刘永贵犯拐卖儿童罪,判处有期徒刑二年,并处罚金二千元。

一审宣判后,被告人王献光、刘永贵均提出上诉。

被告人王献光上诉提出,其没有拐卖孩子,要求改判无罪。其辩护人提出,一审判决认定事实、适用法律错误,不应对王献光定罪处罚。

被告人刘永贵上诉提出,其不构成拐卖儿童罪。其辩护人提出,刘永贵无拐卖儿童的故意,亦未实施拐卖儿童的行为,不应认定为犯罪。

北京市第二中级人民法院经审理认为,被告人王献光在与被告人刘永贵协商好补偿费后,企图将孩子贩卖给他人,并实施了贩卖行为,二被告人均构成拐卖儿童罪。王献光所提其没有拐卖孩子的故意,要求改判无罪的上诉理由不成立。王献光以非法获利为目的贩卖儿童的犯罪事实,有视听资料、声纹检验报告、工作说明、被告人供述等合法有效的证据证实,且本案并非近亲属间发生的拒绝抚养的遗弃行为,王献光的辩护人所提辩护意见不成立。刘永贵在拐卖儿童过程中居中介绍并收取好处费,构成拐卖儿童罪,刘永贵所提其不构成拐卖儿童罪的上诉理由不成立。刘永贵的辩护人所提刘永贵无拐卖儿童的故意,亦未实施拐卖儿童的行为,不应认定为犯罪的辩护意见不予采纳。原审判决定罪与适用法律正确,量刑适当,审判程序合法。据此,北京市第二中级人民法院依照《中华人民共和国刑事诉讼法》(1996年)第一百八十九条第(一)项的规定,裁定驳回上诉,维持原判。

二、裁判要旨

No.4-240-6 在完全不认识收养方,也没有考查收养方的抚养目的与抚养能力的情况下索要费用出卖亲生子女的,成立拐卖儿童罪。

以非法获利为目的出卖亲生子女的行为认定为拐卖儿童罪,存在多方面的理由:(1)刑法对拐卖儿童罪主体和犯罪对象并未作出排除性的规定,出卖子女牟利的行为认定为拐卖儿童罪,与立法并不冲突。(2)1991年《收养法》曾规定出卖亲生子女情节恶劣的,构成遗弃罪,但现行《刑法》并未将这一规定纳入遗弃罪的范畴,1998年修订的《收养法》也取消了上述规定,这从立法上改变了对出卖亲生子女行为只能认定为遗弃罪的局面,为司法实践中对这种行为认定为拐卖儿童罪留出了空间。(3)司法实践中适度扩张拐卖儿童罪的适用范围,对社会上出现的将生育作为非法获利手段等恶劣行为予以打击,符合社会现实需要。

根据最高人民法院、最高人民检察院、公安部、司法部2010年联合印发的《关于依法惩治拐卖妇女儿童罪的意见》的规定,私自送养子女,收取少量费用,不能以拐卖儿童罪论处,如果具有恶劣情节的,可能构成遗弃罪。拐卖儿童罪,是指以出卖为目的,拐骗、绑架、收买、贩卖、接送、中转儿童的行为。该罪的本质是将人作为商品出卖,一般具有牟利目的。遗弃罪的本质则是逃避应当承担对家庭成员的抚养义务。对私自送养子女行为定性时,应当重点考察两方面的因素:一是出卖人是否具有非法获利的目的;二是收养人的实际收养能力及出卖人对此的认知情况。

本案中,被告人王献光发布送养信息后,与被告人刘永贵进行了接洽,在完全不认识收养方,也没有考察收养方是否有抚养目的和抚养能力的情况下,即通过刘永贵向收养方索要6.6万元,其以送养为名非法获取巨额利益的目的显而易见。故王献光的行为属《关于依法惩治拐卖妇女儿童犯罪的意见》中规定的"根本不考虑对方是否具有抚养目的,为收取钱财将子女'送'给他人"的情形,已构成拐卖儿童罪。

No.4-240-7 居间介绍人与出卖亲生子女者可以成立拐卖儿童罪的共同犯罪。

共同犯罪,是指二人以上共同故意犯罪。成立共同犯罪必须具有共同的犯罪故意和共同的犯罪行为。共同的犯罪故意分为明示的共同故意和默示的共同故意,明示的共同故意包括语言和文字表述等方式,默示的共同故意包括身体姿势、眼神、心照不宣的行为默契等。共同的犯罪行为包括共同的实行行为和组织、教唆、帮助、共谋等行为。本案被告人刘永贵在网上看到有人想收养孩子的信息后,没有查证对方是否有真实的收养意图,就称可以为其介绍,随后便在网上搜集信息,后与在网上发布送养信息的被告人王献光取得联系,并向王献光隐瞒真相,假称自己的表弟想收养王的孩子。主观上,刘永贵应当认识到王献光可能是在出卖儿童,并主动向王献光提出支付6.6万元的补偿费用,且在王不知情的情况下向收养方索要2万元报酬,显然二被告人均想从"送养"孩子的交易中获取非法利益,彼此心照不宣,具有共同的犯罪故意。客观上,刘永贵居中积极联系,并进行先期考察,后与王献光共同到约定地点与对方见面,与王献光有共同犯罪行为。故二被告人构成拐卖儿童罪的共同犯罪。对居间介绍者的主从犯认定问题,《关于依法惩治拐卖妇女儿童犯罪的意见》亦有相关规定:"对于仅提供被拐卖妇女、儿童信息或者相关证明文件,或者进行居间介绍,起辅助或者次要作用,没有获利或者获利较少的,一般可认定为从犯。"本案中,刘永贵虽属居间介绍,但其在网上积极搜寻有关信息,并与双方商谈交易价格,还单独向收养方索要额外的巨额报酬,谈妥后又与王献光一起来到约定地点欲实施交易,其促成交易的行为十分积极主动,在共同犯罪中起主要作用,应当认定与王献光同为主犯。

案例:孙如珍、卢康涛拐卖儿童案

案例来源:《刑事审判参考》总第95集[第932号]

主题词:拐卖儿童罪　居间介绍收养儿童与拐卖儿童的区别

一、基本案情

被告人孙如珍,女,1980年8月2日出生,原系河南省桐柏县安棚乡卫生院医生。2012年5

月 15 日因涉嫌犯拐卖儿童罪被逮捕。

被告人卢康涛,男,1977 年 4 月 23 日出生,原系河南省桐柏县安棚乡卫生院医生。2012 年 5 月 19 日因涉嫌犯拐卖儿童罪被逮捕。

河南省郑州市中原区人民检察院以被告人卢康涛、孙如珍犯拐卖儿童罪,向郑州市中原区人民法院提起公诉。

被告人孙如珍、卢康涛对指控的事实及罪名均无异议。二被告人的辩护人均以孙如珍、卢康涛的行为属于为送养子女居间介绍,二被告人系从犯,且认罪态度好等为由,提请法庭对其从轻处罚。

郑州市中原区人民法院经审理查明:张永才、赵兰香夫妇欲抱养一女孩,并托亲友帮助联系。2011 年年初,被告人孙如珍从郑德晓处得知此事。同年 12 月,朱广纪的妻子孟祥玲来到孙如珍所在的河南省桐柏县安棚乡卫生院妇产科做产前检查。朱广纪夫妇因已生育 3 个女儿,得知胎儿系女孩后,欲放弃胎儿。孙如珍当即表示孩子出生后其可帮助联系收养人。2012 年 3 月 29 日,孟祥玲生下一女婴,朱广纪遂与孙如珍联系,约定朱广纪夫妇委托孙如珍送养女婴,并收取送养费人民币(以下币种同)2 万元。孙如珍通过郑德晓等人与张永才夫妇取得联系,双方约定由张永才夫妇抱养女婴,并支付抱养费 3 万元。同月 31 日,孙如珍与丈夫被告人卢康涛经商议后来到朱广纪家,交给朱广纪夫妇 2 万元,将女婴抱走。后二被告人与张永才夫妇一起到舞阳县人民医院为婴儿检查身体。婴儿被检查后,张永才夫妇表示满意,便交给自称系婴儿舅舅的卢康涛 3 万元,另给了孙如珍 700 元介绍费,将女婴抱走。

郑州市中原区人民法院认为,被告人孙如珍、卢康涛以共同出卖为目的,拐卖一名女婴,其行为均构成拐卖儿童罪,依法应当惩处。经查,二被告人先给付朱广纪 2 万元,后收取张永才夫妇 30700 元,明显具有通过倒卖儿童非法获利的目的,不属于居间介绍,故辩护人所提孙如珍、卢康涛的行为属于为送养子女居间介绍的意见,不予采纳。在共同犯罪中,孙如珍单独与张永才夫妇、朱广纪分别联系并商谈"抱养费",卢康涛未参与上述关键犯罪环节,故孙如珍系主犯,卢康涛系从犯。综合考虑二被告人到案后如实供述所犯罪行以及积极退赃等情节,对孙如珍可以从轻处罚,对卢康涛可以减轻处罚并适用缓刑。据此,依照《中华人民共和国刑法》第二百四十条,第二十五条第一款,第二十六条第一款、第四款,第二十七条,第六十七条第三款,第七十二条第一款、第三款,第七十三条第二款、第三款,第五十二条,第五十三条,第六十一条之规定,郑州市中原区人民法院判决如下:

1. 被告人孙如珍犯拐卖儿童罪,判处有期徒刑五年,并处罚金人民币五千元。
2. 被告人卢康涛犯拐卖儿童罪,判处有期徒刑三年,缓刑四年,并处罚金人民币三千元。

宣判后,被告人孙如珍、卢康涛未提出上诉,公诉机关亦未提出抗诉,一审判决已发生法律效力。

二、裁判要旨

No. 4-240-8 居间介绍收养儿童者直接参与交易并获利的,即使收养方与送养方均不构成拐卖儿童罪,居间介绍者也可以单独成立拐卖儿童罪。

司法实践中,对于在私自收养儿童的过程中居间介绍并收取少量介绍费的,一般不以犯罪论处。但如果明知他人系拐卖儿童的"人贩子",仍然利用从事诊疗、福利救助等工作的便利或者了解被拐卖方情况的条件,从事居间介绍活动的,则应当以拐卖儿童罪的共犯论处。对其中起辅助或者次要作用、没有获利或者获利较少的,可以认定为从犯。如果居间介绍者在介绍过程中直接参与交易并从中获利,其实施的拐卖儿童行为具有相对独立性,即使送养方与收养方都不构成犯罪,介绍者也可能构成拐卖儿童罪。

1. 从隐瞒真实身份分析,被告人的行为不属于居间介绍。孙如珍利用送养方、收养方不想见面的心理从中运作,与收养方交易时刻意隐瞒真实身份,由其丈夫卢康涛冒充女婴的舅舅并收取 3 万元送养费,使对方相信孙如珍只是居间介绍者,该交易有女婴亲属参与。这一情节也说明孙如珍夫妇实际上是独立的交易主体,二人在交易中所起的作用明显不同于一般的居间介绍者。孙如珍由此成为送养方与收养方的实际交易对象,而不仅仅起到牵线搭桥的作用,不属于单纯的居间介绍者。送养方、收养方对孙如珍从中赚取巨额差价的情况也毫不知情。

2. 从交易过程分析,孙如珍的行为实为转手倒卖女婴,其非法获利目的非常明显。孙如珍在了解到收养需求后劝说朱广纪夫妇生下女婴,商定送养费用为2万元,却向收养方索要4万元,后降至3万元。收养方同意后其自行支付2万元将女婴抱走,后与丈夫卢康涛一起将女婴交给收养方,赚取差价1万元。可见,孙如珍与双方商定交易细节,确认有利可图后,才实施交易并先行支付送养费,其目的并不仅是赚取少量介绍费,主要是通过交易女婴赚取巨额差价。

在量刑方面,对夫妻共同实施拐卖儿童犯罪案件的审理,要特别注重贯彻落实宽严相济的刑事政策,尽可能防止案件审判带来负面社会效应。本案中,孙如珍、卢康涛夫妇尚有年幼的孩子需要抚养,又有年迈的父母需要赡养,家庭生活比较困难。法院查明,与送养方、收养方分别联系并商谈"抱养费"等关键犯罪行为均系孙如珍一人实施,卢康涛并没有参与,故法院认定孙如珍在共同犯罪中起主要作用,系主犯,卢康涛起次要作用,系从犯。结合卢康涛归案后认罪、悔罪,家属积极退赃等情节,法院决定对卢康涛判处缓刑。这样的判罚既依法追究了被告人的刑事责任,又维系了被告人的家庭稳定,较好地体现了法律效果与社会效果的有机统一。

案例:郑明寿拐卖儿童案

案例来源:《刑事审判参考》总第98集[第1000号]

主题词:拐卖儿童罪　偷盗婴幼儿

一、基本案情

被告人郑明寿,男,1963年1月14日出生,农民。2008年11月19日因涉嫌犯拐卖儿童罪被逮捕。

福建省浦城县人民检察院以被告人郑明寿犯拐卖儿童罪,向浦城县人民法院提起公诉。

被告人郑明寿辩称:其虽然抱走了男婴,但没有出卖该男婴的目的,更未实际出卖,不构成拐卖儿童罪。

浦城县人民法院经审理查明:被告人郑明寿系福建省浦城县石陂镇碓下村村民。2008年7月24日左右,郑明寿产生将同村吴翠玲代为照料的尚未满月的男婴予以拐卖的念头。同月26日下午,郑明寿到吴翠玲家谈及男婴在闽南可卖到人民币(以下币种同)一两万元。27日20时许,郑明寿趁吴翠玲外出,把躺在婴儿车上的男婴抱走并逃离当地。28日1时许,公安人员抓获郑明寿,将男婴解救。

浦城县人民法院认为,被告人郑明寿以出卖为目的,偷盗婴幼儿的行为构成拐卖儿童罪。公诉机关指控的罪名成立。郑明寿所提没有出卖婴儿的目的的辩解理由,与其作案前告知他人男婴可卖得一两万元及其趁无人之机抱走男婴后沿小路外逃的主客观表现不符,不予采信。据此,依照《中华人民共和国刑法》第二百四十条第一款第(六)项、第五十二条、第五十三条之规定,浦城县人民法院以被告人郑明寿犯拐卖儿童罪,判处有期徒刑十年,并处罚金人民币一千元。

一审宣判后,被告人郑明寿未提起上诉,检察机关亦未抗诉,该判决已发生法律效力。

二、裁判要旨

No.4-240-9　以出卖为目的,使用暴力胁迫或麻醉以外的平和手段直接控制婴幼儿的行为,构成偷盗婴幼儿。

"偷盗婴幼儿"是指以暴力、胁迫或者麻醉以外的平和方法控制婴幼儿的行为,即"偷盗"的外延不仅包括秘密窃取,还包括欺骗、利诱等其他手段。实践中,趁婴幼儿熟睡或者无法察觉,将婴幼儿抱走,属于典型的"偷盗"婴幼儿。采取欺骗、利诱等方式拐走不满6岁的婴幼儿的(通过欺骗、利诱婴幼儿家长或者其他监护人,进而拐走婴幼儿的,不在此范围),应当认定为"偷盗婴幼儿"。主要理由是:不满6岁的婴幼儿根本没有或者缺少基本的辨别是非和自保、自救能力,极易成为拐卖对象,且较之6岁以上儿童和成年人,被拐卖后解救难度更大。因此,对不满6岁的婴幼儿应当给予更为严格的特殊保护。而6岁以上的儿童,自我防护意识和能力有所提高,一般而言,脱离看护人独立活动的范围也有所扩大,可能基于行为人蒙骗产生错误判断,进而被行为人拐走出卖,对该种行为,根据《刑法》规定在五年以上十年以下有期徒刑幅度内判处刑罚,可以做到罪责刑相适应。本案被告人郑明寿趁男婴的看护人吴翠玲离家外出,潜入家中将男婴偷走,属于典型的"偷盗婴幼儿"。

96 收买被拐卖的妇女、儿童罪(《刑法》第二百四十一条第一款)

案例:龚绍吴收买被拐卖的妇女、儿童,强迫卖淫案

案例来源:《刑事审判参考》总第98集[第991号]

主题词:收买被拐卖妇女、儿童罪 收买后的强迫卖淫行为

一、基本案情

被告人龚绍吴,男,1977年9月7日出生,农民。2012年12月12日因涉嫌犯强迫卖淫罪被逮捕。

天津市静海县检察院以被告人龚绍吴犯拐卖妇女、儿童罪,强迫卖淫罪,向法院提起公诉。

静海县法院经审理查明:2009年4月初,被告人龚绍吴在浙江省温州市通过一个叫"阿飞"(另案处理)的人以7000元的价格,收买了被拐骗的河南籍被害人苏某(女,时年18岁),将苏某带到汪祥国、龚花弟夫妇(同案被告人,均已判刑)在天津市东丽区的暂住处予以控制。之后,龚绍吴又回到温州市通过他人以6500元的价格,从李帮福(已判刑)手中收买了广东籍幼女刘某(时年13岁),亦将刘某带到汪祥国、龚花弟的暂住处予以控制。其间,龚绍吴多次将苏某带到天津市河北区五马路东段与其妻子谷国飞(同案被告人,已判刑)经营的洗头房内,强迫苏某卖淫。为防止苏某逃跑,龚绍吴与谷国飞强行给苏某拍摄了裸体照片,威胁其如果逃跑就将照片放到网上或者寄到苏某家中。为防止刘某逃跑,龚绍吴让刘某观看了存放在汪祥国家电脑里的苏某的裸体照片,并对刘某进行威胁,强迫刘某进行卖淫。2009年5月,龚绍吴与汪祥国来到天津市静海县,租用静海镇南纬二路的门市房,强迫苏某、刘某二人在该门市房多次卖淫。

静海县人民法院认为,被告人龚绍吴的行为分别构成收买被拐卖的妇女、儿童罪和强迫卖淫罪,依法应予并罚。公诉机关指控的犯罪事实清楚,证据确实、充分,指控的罪名成立。依照《中华人民共和国刑法》第二百四十一条,第三百五十八条第一款第(二)项、第(三)项,第二十五条,第二十六条,第五十五条,第五十六条,第六十九条之规定,静海县人民法院判决如下:

被告人龚绍吴犯收买被拐卖的妇女、儿童罪,判处有期徒刑二年;犯强迫卖淫罪,判处有期徒刑十五年,并处罚金人民币一万元,剥夺政治权利四年;决定执行有期徒刑十六年,并处罚金人民币一万元,剥夺政治权利四年。

一审宣判后,被告人龚绍吴以量刑过重为由提出上诉。

天津市第一中级人民法院经审理认为,原审判决认定的事实清楚,证据确实、充分,定罪准确,量刑适当,遂裁定驳回上诉,维持原判。

二、裁判要旨

No.4-241(1)-1 收买被拐卖的妇女儿童后强迫卖淫的,分别成立收买被拐卖妇女儿童罪与强迫卖淫罪,实行并罚。

本案中,龚绍吴采取收买被拐卖的妇女、儿童的方式,获取、控制两名被害人,继而强迫其卖淫,以谋取非法利益。龚绍吴收买被拐妇女、儿童,与强迫其卖淫之间,存在手段与目的的牵连关系。关于牵连犯的处罚,我国《刑法》没有明确规定。理论界对于牵连犯的处罚也存在不同认识。有观点认为,牵连犯分别侵犯了不同的法益,属于实质的数罪,应当取消牵连犯的概念,一概实行数罪并罚。但通说仍主张,对于牵连犯的处理原则,如果法律有明确规定的,依照法律的规定数罪并罚,如果法律没有明确规定的,应择一重罪从重处罚。我国刑法对收买被拐卖的妇女、儿童罪规定的法定刑是三年以下有期徒刑、拘役或者管制,相对于拐卖妇女、儿童罪的法定刑,明显要轻。刑法将收买被拐卖妇女、儿童本身规定为独立的犯罪,配置的法定刑较低,但

对被收买的妇女、儿童实施其他犯罪的,应当予以并罚。《刑法》第二百四十一条第二款至第四款规定:“收买被拐卖的妇女,强行与其发生性关系的,依照本法第二百三十六条的规定定罪处罚。收买被拐卖的妇女、儿童,非法剥夺、限制其人身自由或者有伤害、侮辱等犯罪行为的,依照本法的有关规定定罪处罚。收买被拐卖的妇女、儿童,并有第二款、第三款规定的犯罪行为的,依照数罪并罚的规定处罚。”虽然龚绍吴收买被拐妇女、儿童与强迫其卖淫之间,存在手段与目的的牵连关系,但其行为分别侵犯了妇女、儿童独立人格尊严和不受非法买卖的权利,以及被害人的性自主权和社会良好风尚,已经构成数罪,在相关法律及司法解释性文件对此有相应规定的情况下,应当对龚绍吴所犯数罪予以并罚。

97 强迫劳动罪(《刑法》第二百四十四条)

案例:朱斌等强迫劳动案

案例来源:《刑事审判参考》总第 92 集[第 867 号]

主题词:强迫劳动罪　情节严重的认定

一、基本案情

被告人朱斌,男,1983 年 1 月 10 日出生,农民。2012 年 1 月 18 日因涉嫌犯强迫劳动罪被逮捕。

被告人余绍林,男,1978 年 8 月 21 日出生,农民。2012 年 1 月 18 日因涉嫌犯强迫劳动罪被逮捕。

被告人何相洪,男,1973 年 7 月 12 日出生,农民。2012 年 1 月 18 日因涉嫌犯强迫劳动罪被逮捕。

云南省元谋县人民检察院以被告人朱斌、余绍林、何相洪犯强迫劳动罪,向元谋县人民法院提起公诉。

元谋县人民法院经审理查明:2011 年 10 月初,被告人朱斌与元谋县闽福新型墙体材料有限公司(以下简称“闽福机砖厂”)签订劳动合同,承包砖厂砖块的进、出窑和装车工作。朱斌先找到刘开福、杜克、杨忠荣、范开平、叶小红,被告人余绍林找到李华安,同被告人何相洪把所找到的人一起拉到闽福机砖厂,从事砖块进窑、出窑、装车的重体力劳动。之后,朱斌又到云南省各地找到付宝昆、冯仁凯、谢双华、简正黄、彭建河、樊久宣、杨继海、罗党才、杨光亮、王绍文等精神不正常和拾荒的流浪、乞讨人员及李云飞,将他们带到闽福机砖厂干活,由余绍林和何相洪负责看管。余绍林、何相洪每天早上六七点钟叫上述人员起床后干活,到中午 12 时左右供应午饭,13 时左右接着干活,到晚上 19 时左右供应晚饭,有时晚饭后加班到 23 时。晚上,为防止工人逃跑,余绍林和何相洪把工人集中到三间房间里睡觉,把外门锁起来,工人就在住处大小便。干活期间,干不好、干得慢的人被朱斌、余绍林和何相洪辱骂、殴打。2011 年 10 月 26 日,元谋县人力资源和社会保障局对闽福机砖厂用工情况进行检查,并发出整改指令书,要求按时发放工资、清退当时违规使用的 12 名工人。朱斌、余绍林、何相洪不但没有停止用工,反而将用工人数增加至 17 人。元谋县人力资源和社会保障局于 2011 年 11 月 8 日督促闽福机砖厂发放了共计人民币(以下币种同)8160 元的工人工资。但当晚,工人工资即被朱斌收回。经司法精神病鉴定:除李云飞、樊久宣、付宝昆 3 人精神状态正常,为完全民事行为能力外,其余 14 名工人中,杨光亮等 7 人患精神分裂症,为限制民事行为能力,李华安等 5 人患轻度精神发育迟缓,为限制民事行为能力,杨继海、王绍文患重度精神发育迟缓,无民事行为能力。

元谋县人民法院认为,被告人朱斌、余绍林、何相洪以殴打、威胁、辱骂、限制人身自由等方法强迫他人劳动,情节严重,3 被告人的行为均构成强迫劳动罪,且属于共同犯罪。其中,朱斌在与他人签订劳动合同后,为牟取暴利,刻意四处寻找精神病患者以及智力障碍人员,利用其法律意识薄弱、维权能力较差的实际情况,强迫其长时间无偿劳动,并找人专门对其进行管理,限制其人身自由,系本案主犯;余绍林、何相洪听从朱斌的工作安排,对劳动者进行看守、辱骂、殴打,协助朱斌实施强迫劳动行为,系从犯,应当从轻、减轻或者免除处罚。根据《中华人民共和国

刑法》第二百四十四条第一款、第二十五条、第二十六条、第二十七条之规定,元谋县人民法院判决如下:

1. 被告人朱斌犯强迫劳动罪,判处有期徒刑五年,并处罚金人民币一万元。
2. 被告人余绍林犯强迫劳动罪,判处有期徒刑三年六个月,并处罚金人民币六千元。
3. 被告人何相洪犯强迫劳动罪,判处有期徒刑三年六个月,并处罚金人民币六千元。

一审宣判后,3 被告人未提出上诉,检察机关亦未提起抗诉,该判决已发生法律效力。

二、裁判要旨

No. 4-244-1 使用殴打、体罚虐待、非法限制人身自由等足以使他人陷入无法或难以抗拒的境地的方式强迫他人劳动的,应认定为强迫劳动罪。

根据《刑法》第十三条"但书"条款的规定,情节显著轻微危害不大的,不认为是犯罪。鉴于"强迫劳动"是个很宽泛的概念,其法律后果又有民事责任、行政责任和刑事责任三种不同形态。刑法具有谦抑性,只有其他法律不能发挥应有的作用时才能适用刑法。强迫劳动的严重程度影响到强迫劳动行为罪与非罪的认定。对《刑法》分则规定的强迫劳动罪,不能脱离罪量的考察。

区分强迫劳动犯罪行为与一般行政违法行为的关键在于,从社会一般观念、伦理道德角度考察,行为人实施的强迫行为是否足以使他人陷入无法或者难以抗拒和自由选择,而不得不进行劳动的境地。具体而言,可以从"强迫手段与社会一般观念相背离的程度"和"劳动者非自愿性的程度"两个角度,判断强迫行为是否足以使劳动者陷入不能自由选择的境地而需要刑法介入和干预的程度。对于强迫劳动情节显著轻微,刑法干预的必要性不强的,则宜采用非刑罚制裁方式处理。实践中,强迫劳动入罪门槛设置的高与低,打击范围掌握的宽与严,处于动态变化之中,不可脱离特定阶段此类违法犯罪行为以及劳动者权益保障的实际状况。

对于具有以下情形之一的强迫劳动行为,一般应当予以刑罚处罚:(1)强迫 3 人以上劳动的,或者虽未达到 3 人,但强迫劳动持续时间长的;(2)强迫未成年人、严重残疾人、精神智力障碍达到限制民事行为能力程度的人或者其他处于特别脆弱状况的人劳动的;(3)采取殴打、多次体罚虐待、严重威胁、非法限制人身自由等正常人通常无法抗拒、难以抗拒的方式强迫劳动的;(4)从强迫他人劳动中获利数额较大的,数额较大的标准似可参考盗窃罪数额较大的标准确定。

对于那些偶尔强迫他人劳动、持续时间短、被强迫的人数较少、强迫程度较轻、被强迫者虽然不情愿但尚有选择自由的行为,可以不予刑事追究,而通过民事或者行政手段予以处理。另外,对于在正常用工单位日常管理工作中,因管理方式简单粗暴,偶尔发生的以克扣津贴、奖金,扣发、延发工资甚至开除等方式威胁职工加班,从事长时间、高强度劳动的,是否认定构成强迫劳动罪应当严格把握。

根据《刑法》第二百四十四条的规定,强迫劳动情节严重的,处三年以上十年以下有期徒刑,并处罚金。但是,对于何谓强迫劳动"情节严重",立法和司法解释均未明确规定,因此,该情节的认定有赖于司法实践进一步总结积累经验。笔者认为,根据强迫劳动罪的罪状及实践中此类案件审理情况,目前可以结合如下一项或者几项情形,对强迫劳动罪的情节严重进行认定:(1)被强迫劳动者人数在 10 人以上的;(2)被强迫劳动者属于未成年人、严重残疾人、精神智力障碍达到限制民事行为能力程度的人或者其他处于特别脆弱状况的人,且人数在 3 人以上的;(3)以非人道的恶劣手段对他人进行摧残、精神折磨,强迫其劳动的;(4)强迫他人在爆炸性、易燃性、放射性、毒害性等危险环境下从事劳动或从事常人难以忍受的超强度体力劳动的;(5)因强迫劳动造成被害人自残、自杀、精神失常等严重后果,但尚不构成故意杀人罪、故意伤害罪等其他严重犯罪的;(6)强迫劳动持续时间较长的;(7)因强迫劳动被劳动行政部门、公安机关处理、处罚过,又实施强迫劳动构成犯罪的;(8)强迫他人无偿劳动,或所支付的报酬与他人劳动付出明显不成比例,行为人从中获利数额巨大的,数额巨大的标准似可参考盗窃罪数额巨大的标准确定;(9)其他能够反映行为人主观恶性深、动机卑劣以及强迫程度高、对被害人身心伤害大的情节。

本案中,被告人朱斌采取限制人身自由的方式控制、强迫 17 名被害人劳动,除 3 人精神状态正常外,其余14名工人或患精神分裂症,或患精神发育迟缓,为限制民事行为能力和无民事行为能力人,属于特别易受侵害、需要特殊保护的人员;强迫劳动工作强度大、生活条件恶劣,被害人每天被迫从事至少11个小时搬运砖块的重体力劳动,而只供应两顿饭菜,晚上则被集中关押,没有人身自由;在有关执法部门进行检查,要求清退非法用工人员后,仍然增加用工人数,继续强迫劳动,并在第二次检查后,将经执法部门责令补发给工人的工资又强行收回,足见其对劳动者权益和法律权威之肆意践踏和藐视程度。元谋县人民法院依法认定被告人朱斌等人构成强迫劳动罪,且属于情节严重,较好地把握了对严重强迫劳动犯罪从严惩处的刑事政策。

98 非法侵入住宅罪(《刑法》第二百四十五条)

案例:顾振军非法侵入住宅案

案例来源:《人民法院案例选》2005年第2辑

主题词:非法侵入住宅罪

一、基本案情

被告人顾振军,又名顾本君,男,1958年10月10日出生,农民。因涉嫌非法侵入住宅罪于2002年5月12日被依法逮捕,同年6月19日被郸城县公安局取保候审。

河南省郸城县人民法院经审理查明:2002年1月25日,河南省郸城县吴台镇大顾寨行政村村民顾本玉、顾本目二兄弟与本村村民顾孝红因生活中的琐事发生争执,引起厮打。顾孝红打不过二兄弟,使用刀将二人扎伤,然后畏罪潜逃。二兄弟被送往镇医院抢救,因失血过多抢救无效于当日死亡。其兄顾振军见状,异常悲痛,便伙同其弟顾山力、其子顾海西将二兄弟的尸体运至顾孝红家中。次日,在公安机关对二尸体进行解剖后,顾振军又同其弟顾四清(外逃)、顾山力(外逃)、其子顾海西(外逃)将顾本玉的尸体抬至顾孝红父亲顾兴中家堂屋内。以致二尸体被存在两家时间长达107天。后由司法机关出面做工作,才抬出埋葬。5月12日,顾振军因涉嫌非法侵入住宅罪被公安机关依法逮捕,7月26日被检察机关提起公诉。顾对指控无任何异议。

郸城县人民法院认为,被告人顾振军未经他人同意,非法强行侵入他人住宅,将死者尸体摆放在侵害人父亲的家中,致使其无法生活,扰乱居住安宁,其行为已构成非法侵入住宅罪。被告人顾振军的两个兄弟被人伤害致死,值得同情与理解。纵然顾孝红畏罪潜逃,但法网恢恢,自应绳之以法,而不能采取法律不允许的举动。公诉机关指控其非法侵入住宅罪罪名成立。故依照《中华人民共和国刑法》第二百四十五条第一款之规定,以非法侵入住宅罪,判处其拘役1个月零7日。

二、裁判要旨

No.4-245-2-1 将尸体抬入他人住宅摆放,情节严重的,不构成侮辱罪,应以非法侵入他人住宅罪论处。

关于非法侵入住宅罪的性质,国外刑法理论一直存有争议。居住权说认为,刑法规定本罪是为了保护居住权(居住者对是否允许进入住宅的许诺权),故只要进入住宅没有经过居住者的同意,就构成本罪。安宁说认为,刑法规定本罪是为了保护住宅成员的安宁,故只有以危险的方法或怀有恶意进入住宅时,才构成本罪。我国刑法没有对非法侵入住宅罪的行为性质作出明确的规定,但刑法理论界一般都认为本罪侵犯的是他人(公民)的居住安全权利和生活的安宁。本案中,顾振军将尸体强行停放他人家中,致使他人生活不得安宁,安全权利受到严重侵害,具备非法侵入住宅的性质。在农村,走户串门,未经同意入宅是司空见惯、习以为常的现象,则不能将此与非法侵入住宅相提并论。

在司法实践中,有些法院将抬尸侵入他人住宅摆放的行为认定为侮辱罪。其实,这样的定性是错误的。侮辱罪是公然贬低他人人格、名誉的行为,而将尸体抬入他人住宅对他人的名誉和人格没有造成损害,而对他人的住宅安宁造成了侵害,在住宅主人的心理上造成阴影。抬尸侵入他人住宅是比较常见的恶意侵入他人住宅的行为方式,如果情节严重,就应该以非法侵入他人住宅罪进行定罪处罚。

案例:罗付兴盗窃、非法侵入住宅案

案例来源:《人民法院案例选》2009年第3辑

主题词:非法侵入住宅罪 盗窃罪 抢劫罪

一、基本案情

被告人:罗付兴。

浙江省慈溪市人民法院经审理查明:

1. 盗窃事实

2007年12月28日凌晨2时许,被告人罗付兴至慈溪市观海卫镇卫里家园,采用爬窗手段进入该小区A幢601室丁毅家,未窃得财物。

2008年1月5日19时许,被告人罗付兴至慈溪市观海卫镇南市苑,采用爬窗手段进入该小区3幢602室张建娥家,窃得人民币40余元和铂金嵌宝戒指1枚、马生肖玉1块、铂金挂件1件(金首饰及玉均无法估价)及电费、电话费存折等财物。

2008年1月6日19时许,被告人罗付兴至慈溪市观海卫镇卫里家园,采用爬窗手段进入该小区14单元505室梁志东家,窃得人民币500元及方正E400型笔记本电脑1台、文曲星数码相机1架、诺基亚2230型移动电话机1部,物资价值人民币2880元。

2008年1月12日凌晨1时许,被告人罗付兴至慈溪市观海卫镇卫里家园,采用爬窗手段进入该小区A幢605室冯立云家,窃得人民币570元;又采用上述同样手段进入该小区A幢604室汪建家,窃得戴尔笔记本电脑1台(无法估价)。

2008年2月18日凌晨2时许,被告人罗付兴至慈溪市古塘街道华泰家园小区,采用爬窗手段进入该小区10号楼102室李杰三家,窃得熊猫牌香烟1包,价值人民币85元;又采用上述同样手段进入该小区8号楼401室韩志相家,窃得人民币600余元;后又采用上述同样手段进入该小区8号楼402室陈日华家,窃得人民币9000余元及三星牌移动电话机1部(无法估价)。

2008年8月29日20时许,被告人罗付兴至慈溪市古塘街道华泰家园小区,采用爬窗手段进入该小区10号楼301室岑孟依家,窃得老凤祥千足黄金金条3条、联想旭日410M型笔记本电脑1台、软中华香烟4条、黄鹤楼香烟1条、Jesselex25584型手表1只、HAODIM318型手表一只、钱夹及各类会员卡等物,物资价值人民币69070元。案发后,公安机关将追回的金条、笔记本电脑等物发还给被害人岑孟依。

上述事实,由公诉机关提交,并经庭审质证、认证的下列证据予以证明:(1)被害人丁毅、张建娥、梁志东、冯立云、汪建、李杰三、韩志相、陈日华、岑孟依的陈述笔录,分别证明财物被窃的时间、地点、品牌、数量、价值等事实;(2)慈溪市价格认证中心慈认字(2008)775号、841号价格认证报告书,证明涉案财物价值的事实;(3)手印鉴定书、现场勘验检查笔录,分别证明案发的现场以及公安侦查人员从案发现场提取的指印,同时指印经鉴定均为被告人罗付兴手指所留的事实;(4)扣押物品清单、发还物品清单,证明公安机关将追回的赃物发还给被害人岑孟依的事实;(5)被告人罗付兴的辨认笔录及在公安侦查阶段的供述。

2. 非法侵入住宅事实

2008年3月13日凌晨1时许,被告人罗付兴至慈溪市古塘街道华泰家园小区,采用爬阳台手段进入该小区6号楼101室陆月华家行窃,在行窃过程中惊醒了睡在床上的陆月华,被害人陆月华受惊吓后跌落在床下致伤。经慈溪市公安局法医鉴定,被害人陆月华外伤致右肱骨大结节骨折,予保守治疗,目前右肩关节功能部分受限,此伤已构成轻伤;右腹股沟遗留3.2厘米疤痕,此伤已构成轻微伤。

浙江省慈溪市人民法院认为,被告人罗付兴以非法占有为目的,秘密窃取公民财物,数额巨大,其行为已构成盗窃罪。被告人罗付兴采用翻阳台手段入户行窃,惊醒了被害人陆月华,造成被害人陆月华受惊吓跌落床下致右肱骨大结节骨折,其行为已构成非法侵入住宅罪。公诉机关指控被告人罗付兴刀刺被害人陆月华腹部,因证据不足,本院不予认定。故公诉机关指控被告人罗付兴犯抢劫罪不当,本院予以纠正。被告人罗付兴在庭上称其没有用刀刺被害人陆月华,本院予以采纳。被告人罗付兴一人犯两罪,应当两罪并罚。据此,依照《中华人民共和国刑法》第二百六十四条、第二百四十五条第一款、第六十九条之规定,判决如下:

被告人罗付兴犯盗窃罪,判处有期徒刑八年六个月,并处罚金人民币九千元;犯非法侵入住宅罪,判处有期徒刑二年。两罪并罚,决定执行有期徒刑十年,并处罚金人民币九千元。

一审宣判后,被告人罗付兴未上诉、检察机关未抗诉,一审判决已经发生法律效力。

二、裁判要旨

No. 4-245-2-2 入室盗窃过程中,被害人因受惊吓而造成的损害,不构成转化型抢劫罪,若入室盗窃行为不构成盗窃罪的,应以非法侵入住宅罪论处。

1. 根据《刑法》第 269 条的规定,成立转化刑的抢劫罪,必须是行为人于实施盗窃、抢夺、诈骗罪时,为了抗拒抓捕,窝藏赃物或毁灭证据而当场使用暴力或以暴力相威胁,如果行为人没有使用暴力,被害人因受惊吓而造成自身损害的,不构成转化型的抢劫罪。

2. 从刑法理论上来看,入户盗窃实际上包括了前后两个行为,即入户行为和盗窃行为,二者具有手段和目的的牵连关系,宜按从一重罪处断的原则认定和处理。如果盗窃罪成立的话,无疑应以盗窃罪论处,但在不构成盗窃罪的情况下,则应定非法侵入住宅罪。实践中,单一的非法侵入住宅案件较少,多伴随着其他犯罪行为出现。现从犯罪构成要件上作如下分析:(1)犯罪主体。只要符合犯罪的一般主体要求,也就是说,凡达到刑事责任年龄且具有刑事责任能力的自然人,即能构成本罪。(2)犯罪主观方面。非法侵入他人住宅罪的行为人主观上有非法侵入他人住宅的故意,同时,行为人进入他人住宅主观上还违背了住宅主人的意志,这两个方面的要素必须同时具备。(3)犯罪客观方面。入户盗窃行为人客观上实施了非法侵入他人住宅的行为。(4)犯罪客体方面。住宅是公民居住、生活的处所,非法侵入他人住宅必然会使公民的正常生活受到干扰,不但侵犯了他人私有财产的所有权,也侵犯了他人隐私和自由。

从刑事政策的角度来看,入户盗窃严重侵害了公民的住宅安全及人身财产权益,一直是我国刑法打击的重点,宜严肃处理。我国刑法规定盗窃公私财物,数额较大或者多次盗窃的构成盗窃罪。以非法方法入户盗窃但未构成盗窃罪的,根据刑法规定,不论出于什么目的,只要以危险方式或者恶意进入他人住宅,影响住宅成员安宁的,构成非法侵入他人住宅罪。

99 侮辱罪(《刑法》第二百四十六条)

案例:笪开福侮辱案

案例来源:《人民法院案例选》2005 年第 4 辑

主题词:侮辱罪　挖掘他人祖坟　受辱结果　公然性

一、基本案情

被告人(上诉人)笪开福。

江苏省溧水县人民法院经审理查明:溧水县东屏镇徐溪行政村百里自然村村民张某,于 2003 年将祖坟迁至该村北面的坟地。被告人笪开福认为,张某迁来的祖坟占了他家的祖坟地,为此两家发生了纠纷。为泄私愤,被告人笪开福于 2005 年 5 月 20 日凌晨 4 时 30 分许,携带钉耙等工具悄悄来到东屏镇徐溪行政村百里自然村北面的坟地。将张某迁移至此的 15 座祖坟挖平,并将其中 5 座坟中的水泥骨灰盒挖出,弃置于坟坑边。第二天,当地村民发现张某家的祖坟被人挖掘,张家祖坟被挖事件很快为周边村民所知。案发后,张某向公安机关报案。在公安机关工作人员的调查询问中,笪开福对自己挖掘张某家祖坟之事据实相告。

溧水县人民法院认为,被告人笪开福以挖掘他人祖坟的方式公然贬低他人人格,破坏他人声誉,情节严重,其行为已构成侮辱罪。鉴于本案事出有因,被告人笪开福归案后认罪态度尚好,可对被告人笪开福从轻处罚。依据《中华人民共和国刑法》第二百四十六条之规定,于 2005 年 10 月

14日作出〔2005〕溧刑初字第141号刑事判决,被告人笪开福犯侮辱罪,判处拘役五个月。

一审宣判后,被告人笪开福不服,提出上诉。笪开福在上诉中提出如下理由:一是主观上没有侮辱他人的直接故意;二是挖坟行为系秘密进行,行为不具有公然性;三是行为对象不具有特定性;四是客观上没有造成侮辱他人的后果,其情节不属于严重的情形。所以笪开福认为,其行为不能构成侮辱罪。

南京市中级人民法院经二审审理后认为,上诉人笪开福采取挖掘他人祖坟的行为,公然侮辱他人,情节严重,其行为已经构成侮辱罪。原审法院判决认定上诉人笪开福犯侮辱罪的事实清楚,证据确实充分,定性准确,量刑适当,审判程序合法,于2005年12月15日作出〔2005〕宁刑终字第506号裁定,驳回上诉,维持原判。

二、裁判要旨

No.4-246-1-1 以挖掘祖坟等恶劣手段使他人受到侮辱的,即使其挖掘祖坟行为是秘密进行的,但其结果却使他人公然受辱,应以侮辱罪论处。

侮辱罪是以暴力或者其他方法公然贬低他人人格,破坏他人名誉,情节严重的行为。我们认为,从上诉人笪开福挖掘他人祖坟的目的来看,其一,笪开福作为生活在农村的村民完全知道挖掘他人祖坟的行为会造成对他人的侮辱,但是为达到使受害人张某迁走祖坟的目的,故意挖掘他人祖坟,所以其行为具有侮辱他人的故意。其二,笪开福挖掘张家祖坟的行为使得张某及其家人直接受到了侮辱,因为任何一个有正常情感的人,当得知其祖坟被人故意挖掘之后,感情上都会受到伤害。笪开福故意挖掘他人祖坟数量大,造成了对张某及其家人的侮辱,因此,其侮辱对象是特定的,即侮辱对象直接指向张某及其家人。其三,侮辱罪必须是造成被害人遭受侮辱,而且这种侮辱结果必须为其他人所知晓。换言之,行为人必须公然侮辱他人。侮辱罪中的公然侮辱并不是强调行为人行为的公然性,而是强调侮辱行为造成他人受侮之结果的公然性,即侮辱结果是公然的,至于侮辱行为是否公然不影响本罪的成立与否。笪开福挖掘他人祖坟的行为虽然系夜间秘密实施,但其行为造成张某及其家人遭受侮辱的结果为四周乡邻皆知,所以可以认定笪开福的行为系公然侮辱他人的行为。

案例:周彩萍等侮辱案

案例来源:《刑事审判参考》总第26辑[第179号]

主题词:侮辱罪 公诉

一、基本案情

被告人周彩萍,女,1971年12月2日出生,农民。因涉嫌犯非法拘禁罪,于2001年9月5日被逮捕。

被告人倪稳香(系被告人周彩萍之母),女,1945年3月13日出生,文盲,农民。因涉嫌犯非法拘禁罪,于2001年8月7日被取保候审。

被告人周传美(系被告人周彩萍之父),男,1943年5月13日出生,农民。因涉嫌犯非法拘禁罪,于2001午8月7日被取保候审。

江苏省兴化市人民法院经审理查明:

2001年8月1日晚11时许,被告人周彩萍邀约其父母被告人倪稳香、周传美等人到兴化市大邹镇简家村家中,捉其丈夫钱某某与别人通奸。周彩萍等人冲进房后,见钱某某与妇女林某某正睡在一起,即上前掀开被单,抓住林女的头发往客厅拖,边拖边用手抽打林女的脸部,用脚踢林女的身体。倪稳香在帮忙拖拉林女的过程中,剥光了林女身上的睡衣,致林女全身赤裸。钱某某欲上前制止时,遭到周传美的殴打,从二楼跳窗逃走。嗣后,周传美让周彩萍母女用塑料绳和包装带将赤裸的林女捆绑起来,置于客厅。周彩萍又在客厅里装上灯泡并点亮。期间虽有邻居规劝周彩萍、倪稳香、周传美让林女穿上衣服,但三人执意不肯,并扬言该女与钱某某通奸,要出出该女的洋相,让她现现丑,待天亮后再将其扔到户外公路上给大家看。直至次日凌晨3时许,经众邻居的再三劝说周彩萍等人才让林女穿上衣服。期间,林女被全身赤裸捆绑的时间长达2个小时左右,围观村民十余人。后经他人干预,周传美才将捆绑林女的绳子解开。

兴化市人民法院认为:被告人周彩萍、倪稳香、周传美在捉奸中,以暴力殴打手段,用塑料绳和包装带强行将全身赤裸的林女捆绑于客厅里,让10余名群众围观。其主观方面具有贬低、损害他人人格,破坏他人名誉的目的,客观方面公然使用暴力和言语进行侮辱,侵犯了公民的人格和名誉权利,情节严重,其行为均已构成侮辱罪,且属共同犯罪。被告人周彩萍、倪稳香、周传美在实施侮辱犯罪过程中所使用的方法又构成了非法拘禁罪,属牵连犯罪。侮辱罪和非法拘禁罪的法定刑同等轻重,考虑到被告人的犯罪目的在于侮辱他人,故对各被告人应以侮辱罪定罪论处。公诉机关指控被告人周彩萍、倪稳香、周传美犯罪的事实清楚,证据充分,但指控犯非法拘禁罪的罪名不当,应予变更。鉴于被害人林女亦有一定过错,三名被告人归案后认罪态度较好,有一定的悔罪表现,结合三名被告人在共同犯罪中的作用和情节,依照《中华人民共和国刑法》第二百四十六条第一款、第二十五条第一款、第七十二条第一款和第七十三条第三款的规定,于2001年12月27日判决:被告人周彩萍犯侮辱罪,判处拘役六个月;被告人倪稳香、周传美犯侮辱罪,分别判处拘役六个月,缓刑一年。

一审宣判后,三名被告人没有上诉,检察机关亦未抗诉,判决发生法律效力。

二、裁判要旨

No. 4-246-1-2　将被捉奸的妇女赤裸捆绑、拘禁、示众的,应以侮辱罪论处。

侮辱罪和非法拘禁罪同属侵犯公民人身权利罪。侮辱罪是指以暴力或者其他方法,公然贬低、损害他人人格,破坏他人名誉,情节严重的行为。非法拘禁罪,是指以非法拘留、禁闭或其他方法,非法剥夺他人人身自由的行为。上述两罪的区别是明显的,一般情况下不容易发生混淆。但在本案中,三名被告人的犯罪行为具有两重性:即被告人捉奸后使用暴力将全身赤裸的被害人林女捆绑于客厅里,让10余名村民围观,既有侮辱性质,同时又剥夺了被害人的人身自由。正是这种犯罪目的与手段牵连不同犯罪的双重性,导致在本案定性问题上产生了分歧。

对于牵连犯,一般应择一重罪处罚。但如果相互牵连的两个罪名法定刑相同,则应根据被告人的目的行为定罪量刑为宜。首先,就本案而言,被告人的主观目的主要是捉奸后侮辱他人,这一点可以从本案案情的始终得到验证。本案中,三名被告人捉奸后,剥光被害人身上的睡衣,致其全身赤裸,并将其拖往且捆绑于客厅,又在客厅里装上灯泡点亮,让陆续前来的10余名村民观看,并告知村民该女与其丈夫通奸被捉。在邻居劝说让被害人穿上衣服的情况下,被告人仍然不肯,并扬言要出出被害人的洋相,让她现现丑,待天亮后扔到公路上给大家看。被告人对被害人实施捆绑的行为,是为达到侮辱被害人的目的,是实现侮辱的暴力手段,是从属于侮辱目的的;也就是说,相对捆绑行为而言,本案被告人的侮辱行为情节严重,已构成一种独立的犯罪,这与《刑法》第二百三十八条第一款规定的具有殴打、侮辱情节的,从重处罚中的侮辱情节是不相同的。该款是针对行为人以非法剥夺他人人身自由为目的,在实施非法拘禁行为或者在非法拘禁状态持续的过程中,同时又对被拘禁人实施侮辱行为的定罪量刑的规定。这里所讲的侮辱情节,只是非法拘禁中的伴随情节。亦言之,即是非法拘禁中所伴随的"侮辱"行为;同时,这里所讲的侮辱情节,并不要求达到严重程度。只要拘禁人在实施非法拘禁行为或者是在非法拘禁状态持续过程中对被拘禁人同时又实施了侮辱行为的,就应当以非法拘禁罪从重处罚。另外,参照最高人民检察院《关于人民检察院直接受理立案侦查案件立案标准的规定(试行)》中有关国家机关工作人员利用职权非法拘禁他人持续时间超过24小时的才予立案的标准,本案中,被告人作为侮辱手段的捆绑行为能否单独构成非法拘禁罪,还是有疑问的。综上,我们认为,就本案而言,根据被告人的主要故意内容以侮辱罪来定罪量刑是比较适宜的。

No. 4-246-1-3　严重危害社会秩序和国家利益的侮辱行为,应当由检察机关提起公诉。

根据《刑法》第二百四十六条第二款的规定,侮辱罪虽然一般是告诉才处理的案件,但严重危害社会秩序和国家利益的,也可以由检察机关提起公诉。就本案而言,检察机关已就被告人的侮辱犯罪事实提起公诉,只是其指控的罪名不妥,因此,法院直接以侮辱罪改判并不违反《刑法》第二百四十六条第二款的规定。

No. 4-246-1-4 侮辱妇女罪中的侮辱是指为获得性刺激,以淫秽举止或者言语调戏妇女的行为,不同于侮辱罪中基于泄愤报复等动机对妇女的侮辱。

侮辱罪与侮辱妇女罪的法定刑幅度是不同的,后者重于前者。因此,准确区分二者十分重要。《刑法》第二百三十七条规定的侮辱妇女罪,是从1979年《刑法》流氓罪中分离出来的。从立法精神来看,侮辱妇女罪中的侮辱的含义不同于《刑法》第二百四十六条侮辱罪中的侮辱。它主要是指为获得性刺激,以淫秽举止或言语调戏妇女的行为。因此,侮辱妇女罪和侮辱罪的关键区别就在于,前者行为人是基于精神空虚等变态心理,以寻求性刺激或变态的性满足为主要动机,而后者的行为人则主要是基于泄愤、报复等动机,以贬损他人名誉为目的。除此之外,二罪的区别还表现为:1. 行为对象不同。侮辱妇女罪的对象只能是14周岁以上的少女和成年妇女,而侮辱罪的对象则没有性别及年龄上的限制。侮辱罪虽然也可以妇女为对象,但由于其主观目的是贬损他人名誉,因此,其侵犯的对象只能是特定的妇女或特定的人;而侮辱妇女罪的动机是基于精神空虚等变态心理,寻求性刺激或变态的性满足,因此,其侵犯的对象有可能是不特定的妇女。2. 行为方式不同。根据刑法规定,构成侮辱罪必须以公然实施侮辱行为为要件,而侮辱妇女罪的构成则没有此要求,也可以是以非公然的方式进行。聚众或在公共场所当众侮辱妇女的,则适用更重的法定刑幅度。侮辱妇女罪主观上出于寻求性刺激的动机,决定了其侮辱行为必须是当场对被侮辱的妇女实施,而侮辱罪对被害人所实施的侮辱行为,则既可以是当场,也可以是非当场的。就本案而言,尽管被侵犯的对象也是妇女,但本案被告人主要是基于泄愤、报复等动机,以贬损他人名誉为目的,并非出于精神空虚等变态心理,以寻求性刺激或变态的性满足为主要动机。因此,本案只能以侮辱罪定罪论处。

案例:蔡晓青侮辱案

案例来源:《刑事审判参考》总第101集[第1046号]

主题词:侮辱罪 人肉搜索致人自杀

一、基本案情

被告人蔡晓青,女,1991年7月9日出生,个体经营者。2013年12月20日因涉嫌犯侮辱罪被逮捕。

广东省陆丰市人民检察院以被告人蔡晓青犯侮辱罪,向陆丰市人民法院提起公诉。

被告人蔡晓青对公诉机关指控的犯罪事实无异议。其辩护人提出侮辱罪是自诉案件,对蔡晓青提起公诉属于程序不当;被害人徐某自杀与蔡晓青发布微博不存在刑法上的因果关系,蔡晓青不具有法定的严重情节,不构成侮辱罪。

陆丰市人民法院经公开审理查明:被告人蔡晓青因怀疑徐某在陆丰市东海镇金碣路32号其"格仔店"服装店试衣服时偷了一件衣服,于2013年12月2日18时许将徐某在该店的视频截图配上"穿花花衣服的是小偷"等字幕后,上传到其新浪微博上,并以求"人肉搜索"等方式对徐某进行侮辱。同月4日,徐某因不堪受辱在陆丰市东海镇茫洋河跳水自杀。案发后,蔡晓青的父母与徐某父母达成和解协议,蔡晓青父母一次性赔偿徐某父母人民币(以下币种同)12万元,徐某父母出具谅解书,请求司法机关对蔡晓青从轻处罚。

陆丰市人民法院认为,被告人蔡晓青因怀疑徐某在其经营的服装店试衣服时偷了一件衣服,在该店的视频截图配上"穿花花衣服的是小偷"等字幕后,上传到其新浪微博上,公然对他人进行侮辱,致徐某因不堪受辱跳水自杀,情节严重,其行为构成侮辱罪。案发后被告人亲属与被害人亲属达成调解协议,被告人亲属对被害人亲属的经济损失进行赔偿,取得被害人家属的谅解。被告人当庭认罪,确有悔罪表现,依法可以从轻处罚。根据被告人的犯罪事实、情节及对社会的危害程度,依照《中华人民共和国刑法》第二百四十六条之规定,陆丰市人民法院以侮辱罪判处被告人蔡晓青有期徒刑一年。

一审宣判后,被告人蔡晓青不服,向汕尾市中级人民法院提起上诉。蔡晓青上诉提出,其发微博的行为属于正常寻人,不构成犯罪;没有足够证据证明其行为与徐某的自杀行为之间存在因果关系;一审法院量刑过重。其辩护人提出,一审法院认定本案可以提起公诉,属于程序不当,适用法律错误。一审认定上诉人犯侮辱罪的证据不足。

汕尾市中级人民法院经审理认为,上诉人蔡晓青无视国家法律,因怀疑被害人徐某在其经营的服装店试衣服时偷衣服,遂在该店的视频截图配上"穿花花衣服的是小偷"等字幕后,上传到其新浪微博上,公然对他人进行侮辱,致徐某因不堪受辱跳水自杀身亡,情节严重,其行为构成侮辱罪,依法应当惩处。上诉人利用网络侮辱他人,造成的影响大,范围广,并造成了被害人死亡的严重后果,属于严重危害社会秩序,陆丰市人民检察院提起公诉并无不当。一审法院鉴于案发后上诉人亲属与被害人亲属达成调解协议,上诉人亲属对被害人亲属进行经济赔偿并取得被害人亲属的谅解,已依法予以从轻处罚。上诉人及其辩护人所提上诉意见,经查不能成立,不予采纳。一审判决认定的事实清楚,证据确实、充分,适用法律正确,审判程序合法,量刑适当,应予维持。据此,依照《中华人民共和国刑事诉讼法》第二百二十五条第一款第(一)项之规定,汕尾市中级人民法院裁定驳回上诉,维持原判。

二、裁判要旨

No. 4-246-1-5 通过互联网发布信息要求人肉搜索会严重降低被搜索者的社会评价,致使其在现实社会中无法正常工作、学习和生活,严重侵害被搜索者的名誉权,导致被搜索者自杀,达到侮辱他人情节严重的程度,成立侮辱罪。

侮辱罪侵犯的客体为公民的名誉权。名誉权是指公民或者法人对自己在社会生活中所获得的社会评价即自己的名誉,依法所享有的不可侵犯的权利。侮辱的方法有使用暴力、使用言词、图像文字等。就本案来看,被告人蔡晓青把被害人徐某购物的视频监控截图发到微博上,且明确指明徐某是小偷并要求"人肉搜索",这种方式利用了互联网这一新兴媒体,虽然与传统方式不同,但本质上仍属于公然侮辱他人人格的行为。众所周知,在网络发达的当今社会,"人肉搜索"具有非常强烈的放大功能,可以把模糊、分散的线索迅速清晰、集中起来,在趋向集中的过程中可能失控。当被搜索的人是和某个具有消极影响的事件联系在一起时,社会舆论的内容往往是消极为主的,负面影响远大于正面影响,被搜索人的品德、才干、信誉等在社会中所获得的评价明显降低,致使当事人无法在现实社会中正常的工作、学习和生活,名誉权受到严重损害。因此,蔡晓青发微博要求"人肉搜索"的行为属于侮辱行为。被告人的侮辱行为与被害人的死亡结果具有刑法上的因果关系。本案中,被害人徐某作为一个尚未步入社会、生活在经济不发达小镇的在校未成年少女,面对"人肉搜索"的网络放大效应及众多网民先入为主的道德审判,对未来生活产生极端恐惧,最终导致了自杀身亡的严重后果,明显属于"情节严重"的情形。

《刑法》第二百四十六条规定,"犯侮辱罪告诉才处理,但严重危害社会秩序和国家利益的除外",该条规定中的严重危害社会秩序与严重危害国家利益处于选择关系而非并列关系中,只要具备其一,即可由检察机关提起公诉。互联网作为信息时代的新兴媒体,其传播之快、影响之大、受众主动性和参与程度之高,远非传统媒体所能够比拟。不少"人肉搜索"等网络暴力不仅给当事人造成了恶劣的负面影响,还严重危害互联网的安全与管理秩序。本案中,被告人蔡晓青在新浪微博这一主流网络媒体上发布微博对被害人徐某进行侮辱,引发网友对徐某的谩骂,使得徐某的社会评价明显降低,最终导致徐某不堪受辱自杀身亡的严重后果,而该后果又引发社会广泛关注和讨论,严重危害了互联网的安全与管理秩序,属于严重危害社会秩序的情形,应当由检察机关提起公诉。

100 诽谤罪(《刑法》第二百四十六条)

案例:秦志晖(网名"秦火火")诽谤、寻衅滋事案

案例来源:《刑事审判参考》总第119集

主题词:诽谤 寻衅滋事罪

一、基本案情

2013年2月25日,秦志晖明知罗援(中国战略文化促进会常务副会长兼秘书长)系军人,使用昵称为"东土秦火火"的新浪微博账户捏造"罗援之兄罗抗在德国西门子公司任职"的事实,无端质疑罗援及其家人搞"利益交换关系",并在信息网络上散布。该信息被转发2500余次,引发大量网民对罗援的负面评价。2013年7月15日,秦志晖明知"杨澜(阳光媒体集团控股有限公司董事局主席)向希望工程虚假捐赠"系捏造的事实,使用昵称为"淮上秦火火"的新浪微博账户在信息网络上散布该信息被转发700余次,引发大量网民对杨澜的负面评价。2013年7月至8月,秦志晖在信息网络上看到了"兰和被老女人包养"的不实信息后,将上述信息篡改为"兰和被老女人周某某包养",使用昵称为"3662708323_307"的新浪微博账户(昵称曾为"江淮秦火火")多次在信息网络上散布。该信息累计被转发900余次,引发大量网民对兰和的负面评价。2012年11月27日,秦志晖使用昵称为"炎黄秦火火"的新浪微博账户捏造"张海迪(中国残疾人联合会主席)具有德国国籍"的事实并散布,后经网友举报,新浪公司判定上述信息为不实信息,张海迪亦于2012年11月28日通过微博发布澄清声明。秦志晖又于2012年12月31日使用"炎黄秦火火"的新浪微博账户再次发布有关上述信息的博文,在短时间内被转发20余次,引发网民对张海迪的负面评价。2011年7月23日,甬温铁路浙江省温州市相关路段发生特别重大铁路交通事故("7·23"甬温线动车事故)。在事故善后处理期间,2011年8月20日,秦志晖为了利用热点事件进行自我炒作,提高网络关注度,使用昵称为"中国秦火火_f92"的新浪微博账户编造并散布虚假信息,称原铁道部向"7·23"甬温线动车事故中外籍遇难旅客支付3000万欧元高额赔偿金。该微博被转发11000次,评论3300余次,引发大量网民对国家机关公信力的质疑,原铁道部被迫于当夜辟谣。2014年4月17日,北京市朝阳区人民法院认定秦志晖犯诽谤罪,判处有期徒刑二年;犯寻衅滋事罪,判处有期徒刑一年六个月,决定执行有期徒刑三年。

二、裁判要旨

No.4-246-2-1 "捏造并散布""篡改并散布""明知虚假事实而散布"都属于捏造事实诽谤他人的行为方式,"情节严重"应当从"诽谤信息数量""危害后果""主观恶性"三个方面具体判断,捏造事实诽谤他人,且情节严重的,构成诽谤罪;诽谤罪系告诉才处理的案件,若严重危害社会秩序和国家利益的,应当适用公诉程序进行追诉。

根据《刑法》第二百四十六条的规定,捏造事实诽谤他人,情节严重的,构成诽谤罪。诽谤罪系告诉才处理的案件,但是严重危害社会秩序和国家利益的除外。2013年9月,最高人民法院、最高人民检察院颁布实施《关于办理利用信息网络实施诽谤等刑事案件适用法律若干问题的解释》(以下简称《诽谤解释》),该解释对利用信息网络实施诽谤犯罪的司法认定作了明确界定。首先,《诽谤解释》对"捏造事实诽谤他人"作了明确界定,具体包括"捏造并散布""篡改并散布""明知虚假事实而散布"三种行为方式。本案中,秦志晖在网络上看到罗援之兄罗抗在德国西门子公司任职的信息后,捏造罗援之兄在西门子公司任职的事实,无端质疑罗援及其家人搞"利益交换关系",并在信息网络上散布;秦志晖在网络上看到张海迪在德国小住的文章后,捏造张海迪具有德国国籍的事实并在信息网络上散布,此二者均系无中生有,属于"捏造并散布"。秦志晖在网络上看到了"兰和被老女人包养"的不实信息后,在此类信息中加入了周某某的姓名并在信息网络上散布,使得原始信息更具有针对性和欺骗性,已构成对原始信息的实质性修改,属于"篡改并散布"。杨澜向希望工程虚假捐款的不实信息虽然曾在互联网上流传,但在杨澜及中国青少年发展基金会做出澄清的情况下,秦志晖不仅没有尽到基本的核实义务,反而继续捏造、编造虚假事实并散布,足以证明其主观上明知涉案信息的虚假性,属于"明知虚假事实而散布"。其次,《诽谤解释》第二条从"诽谤信息数量""危害后果""主观恶性"三个方面对"情节严重"的标准加以具体化。关于"诽谤信息数量标准",《诽谤解释》规定,同一诽谤信息实际被点击、浏览次数达到5000次以上,或者被转发次数达到500次以上的,应当认定为诽谤行为情节严重;一年内多次实施利用信息网络诽谤他人行为未经处理,诽谤信息实际被转发次数累计计算构成犯罪的,应当依法定罪处罚;关于"危害后果标准",《诽谤解释》规定,造成被害人或者其近亲属精神失常、自残、自杀等严重后果的,应当认定为诽谤行为情节严重;关于"主观恶性标准",《诽谤解释》规定,二年内曾因诽谤受到行政处罚,又诽谤他人的,应当认定为诽谤行为情节严重。最后,《诽谤解释》列举了七种"严重危害社会秩序和国家利益"的情形,分别为:引发群体性事件的;引发公共秩序混乱的;引发民族、宗教冲突的,诽谤多人,造成恶劣社会影响的;损害国家形象,严重危害国家利益的;造成恶劣国际影响的;其他严重危害社会秩序和国家利益的情形。本案中,秦志晖利用信息网络,分别诽谤罗援、杨澜、兰和、张海迪四人,其中关于罗援、杨澜、兰和等三人的诽谤信息被转发次数均达到500次以上应当认定为"情节严重",系诽谤多人并造成恶劣的社会影响,应当适用公诉程序追究秦志晖所犯诽谤罪的刑事责任。

101 侵犯公民个人信息罪[①](《刑法》第二百五十三条之一)

案例:谢新冲出售公民个人信息案

案例来源:《刑事审判参考》总第83辑[第741号]

主题词:出售公民个人信息罪　"公民个人信息"的界定

一、基本案情

被告人谢新冲,男,1979年9月16日出生。因涉嫌犯出售公民个人信息罪于2010年1月19日被逮捕。

被告人刘海亮,男,1980年2月16日出生。因涉嫌犯非法获取公民个人信息罪于2010年1月19日被逮捕。

被告人程春郊,男,1973年9月25日出生。因涉嫌犯非法获取公民个人信息罪于2010年1月19日被逮捕。

被告人张超英,女,1958年3月13日出生。因涉嫌犯非法获取公民个人信息罪于2010年2月2日被逮捕。

北京市人民检察院第二分院以被告人谢新冲犯出售公民个人信息罪,被告人刘海亮、程春郊、张超英犯非法获取公民个人信息罪,向北京市第二中级人民法院提起公诉。

北京市第二中级人民法院经公开审理查明:2009年3月至12月间,时任北京京驰无限通信技术有限公司(以下简称"京驰公司")运维部经理的被告人谢新冲,利用中国移动通信集团北京有限公司授予其所在公司开展手机定位业务的权限,先后多次为被告人刘海亮、程春郊、张超英等人提供的90余个手机号码进行定位,非法获利人民币9万元。其中,刘海亮从谢新冲处非法获取手机定位40余个,并将其中部分转卖给程春郊,刘海亮还从程春郊处非法获取通话清单等信息近10条。程春郊通过刘海亮从谢新冲处非法获取手机定位30余个,后用于公司调查或转卖给他人,程春郊还从他人处非法获取座机名址、移动手机名址等公民个人信息近十条,后转卖给刘海亮。张超英从谢新冲处非法获取手机定位十余个。

北京市第二中级人民法院认为,被告人谢新冲作为电信单位工作人员,违反国家规定,将本单位在履行职责或者提供服务过程中获得的公民个人信息出售给他人,情节严重,其行为已构成出售公民个人信息罪。被告人刘海亮、程春郊、张超英以购买方式非法获取公民个人信息,情节严重,其行为已构成非法获取公民个人信息罪。刘海亮与程春郊的部分行为构成共同犯罪。鉴于四被告人归案后能如实供述自己罪行,可酌情从轻处罚。其中,张超英的犯罪情节较轻,且有悔罪表现,没有再犯罪的危险,可对其宣告缓刑。据此,依照《中华人民共和国刑法》第二百五十三条之一第一款、第二款,第二十五条第一款,第七十二条第一款、第三款,第七十三条第二款、第三款,第五十二条,第五十三条,第六十一条之规定,判决如下:

1. 被告人谢新冲犯出售公民个人信息罪,判处有期徒刑二年二个月,并处罚金人民币二万六千元;

---

① 根据《刑法修正案(九)》,出售、非法提供公民个人信息罪与非法获取公民个人信息罪已经改为侵犯公民个人信息罪。因收入本书的部分案例发生在《刑法修正案(九)》颁布之前,故仍采用原罪名,特此说明。

2. 被告人刘海亮犯非法获取公民个人信息罪,判处有期徒刑一年九个月,并处罚金人民币二万一千元;

3. 被告人程春郊犯非法获取公民个人信息罪,判处有期徒刑一年九个月,并处罚金人民币二万一千元;

4. 被告人张超英犯非法获取公民个人信息罪,判处有期徒刑一年五个月,缓刑一年五个月,并处罚金人民币一万七千元。

宣判后,被告人谢新冲认为原判量刑过重,提出上诉。

北京市高级人民法院经二审审理认为,原判认定事实清楚,定罪准确,量刑适当,审判程序合法。依照《中华人民共和国刑事诉讼法》第一百八十九条第(一)项之规定,裁定驳回上诉,维持原判。

二、裁判要旨

No.4-253之一-1 手机定位属于刑法保护的公民个人信息,出售手机定位信息的,应以出售公民个人信息罪论处。

对于何谓公民个人信息,目前法律上尚无明确界定。手机定位是随着手机在社会生活中的广泛使用而出现的一种技术手段。其做法是通过特定的定位技术来获取移动手机或终端用户的位置信息(经纬度坐标),在电子地图上标出被定位对象的位置。通过对手机号码进行定位,定位人能够知道被定位人的大概位置。但这种位置可能会发生变化,故手机定位属于动态信息。从生活经验看,公民在某个时间内所处的具体位置在一般情况下并不具有明显的隐私性或者权益性,对于其本人或他人而言都并非值得关注的问题。但是,当公民从事某些活动不希望被他人获悉时,因其所处具体方位与所从事的活动之间具有直接联系,一旦被他人获悉,其所从事的活动也就相当程度被暴露,损害其利益,故其所处具体位置就具有明显的隐私性和权益性,属于刑法所保护的公民个人信息。此时,对公民的手机进行定位,就属于侵犯公民隐私的行为。正是基于手机定位存在侵犯公民隐私和权益的危险,当前电信部门把手机定位作为一项特殊业务来开展,有较为严格的办理手续。

根据《刑法》第二百五十三条之一第一款的规定,出售公民个人信息罪是指国家机关或者金融、电信、交通、教育、医疗等单位的工作人员,违反国家规定,将本单位在履行职责或者提供服务过程中获得的公民个人信息,出售给他人,情节严重的行为。据此,构成出售公民个人信息罪要具备多个条件:一是具有特定身份,即属于国家机关或者金融、电信、交通、教育、医疗等单位的工作人员;二是违反了国家的相关规定;三是出售公民个人信息"情节严重"。我国的电信运营单位主要包括中国联通、中国移动、中国电信以及其他一些小的电信公司。本案中,京驰公司经中国移动公司授权开展手机定位业务,主要包括对企业外勤人员的考勤,对智障人员、老人、儿童的监护,但不包括对有语音服务的SIM卡进行定位。对于这些可提供的合法手机定位服务,中国移动公司要求申请定位人必须是企业用户,且被定位人要知情。由于京驰公司可以经营电信业务,谢新冲作为该公司运维部经理,能够实施手机定位工作,故当然属于电信单位的工作人员。被告人谢新冲出售公民个人信息的行为违反了国务院2000年颁布的《中华人民共和国电信条例》第六条和第五十八条的规定,本案被告人谢新冲在案发前曾与中国移动公司签订保密合同,约定不得泄露在履行职务过程中获取的公民个人信息。故谢新冲主观上也明知自己出售公民个人信息的行为具有违法性。

被告人谢新冲出售公民个人信息属于情节严重。一般来说,情节严重的情形包括:多次出售、向多人出售或者出售多人信息的;出售公民个人信息非法获利数额较大的;给公民造成严重经济损失或者严重影响公民个人正常生活的;对国家安全或社会民生造成影响的;将公民个人信息出售给境外机构或者个人的;出售的公民个人信息被用于违法犯罪活动的;等等。谢新冲先后为被告人刘海亮、程春郊、张超英等多人进行手机定位90余个,非法获利人民币9万元,属于多次向多人出售多个公民个人信息,且非法获利数额巨大,应当认定为情节严重。因此,谢新冲的行为构成出售公民个人信息罪。

对于计算手机定位信息的数量,应当根据具体情况进行分析。如果基于同一个人的申请,在相对固定的时间内(如一周、一个月或者一年)对同一部手机进行连续多次定位,可以计算为一条信息,但量刑时不应仅以一条信息而论,还必须考虑这种连续定位行为的危害性,体现与仅定位一次的区别。如果对手机定位后,经过一段时间再次对同一部手机进行定位,特别是申请定位人不是同一人时,则不宜计算为一条信息,可根据实际定位次数计算信息数量。本案中,被告人谢新冲出售的手机定位方式是一个手机号码授权定位一个月,可使用50次,每次都能查到被定位人的大概位置。这种定位方式是对一个手机号码以月为单位以固定次数打包计价出售,虽然在一个月内对同一部手机进行了多次定位,仍可以计算为一条信息,而非多条信息,但在量刑时要体现与仅定位一次的区别。

案例:王健侵犯公民个人信息案

案例来源:《刑事审判参考》第132辑[第1487号]

主题词:侵犯公民个人信息罪　公开信息

一、基本案情

2015年8月13日至9月12日,被告人王健先后6次使用QQ将包含个人姓名、电话等内容的涉案信息出售和提供给杨某某,共计66832条,获利人民币100.2元。2015年11月9日、12月28日,王健先后2次使用QQ将包含个人姓名、电话等内容的涉案信息出售和提供给杨某某,共计5410条,获利人民币30元。上述信息资料共计72242条,共计获利人民币130.2元。2016年3月至4月间,王健与方某某(另案处理)使用QQ多次交换各自掌握的大量信息资料,王健发给方某某的信息共计154440条,方某某发给王健的信息共计84822条。以上信息合计311504条。

根据信息的外在表现形式,涉案的31万余条信息资料可分为以下两类:

第一类是标注为"通讯录""参会表""报名表""酒店客户总表""优质客户资源""邀约客户名称""客户信息""物业信息""车主""分析表"等字样的信息,总计9.2万余条。第二类为包含法定代表人(联系人)姓名、手机号码的"企业信息",例如,"丹阳市红太阳光学眼镜有限公司,谭某某,0511-86××××86,189××××2329,2007年成立,主营产品眼镜、眼镜架等,一人有限公司,注册资本人民币60万元""上海陆风装饰设计有限公司,鲍某某,188××××8353,021-66××××85,上海市宝山区美丹路×××号美兰优湖大厦×××室,个体经营,酒店装饰装潢,注册资本200万"。经统计,被告人王健出售、提供给杨某某的此类"企业信息",共计69511条;王健提供给方某某的此类"企业信息",共计144765条;王健从方某某处获取的此类"企业信息",共计4996条;以上三项合计21.9万余条。关于上述第二类信息的原始来源,公诉机关在案件审理中未提供证据证实系有关人员在履行职责或提供服务过程中获取。被告人王健当庭供称相关信息均源于公开商业网站。为核实王健的说法,经随机抽取6条,王健当场向审判人员、公诉人演示了登录阿里巴巴、百度、天眼查、自助贸易网、中国供应商网、材料网等网站查询企业信息、商贸信息,除了1家公司网页显示"注销状态",其余网页均能显示法定代表人或联系人的手机号码。上述网站,均为非收费网站。综上,根据上述两类信息外在表现形式、内容,结合其他在案证据判断,可以确定标注为"通讯录""参会表""报名表"等第一类信息的原始来源是相关人员在履行职务或提供服务中获取,而第二类信息则应当系从公开的商业网站广告中收集。

二、裁判要旨

No.4-253之一-2　行为人收集并出售、提供他人自愿在公开网站上发布的信息,不成立侵犯公民个人信息罪。

根据《刑法》第二百五十三条之一第一款、第三款,构成侵犯公民个人信息罪必须以"违反国家有关规定"为前提。根据《最高人民法院、最高人民检察院关于办理侵犯公民个人信息刑事案件适用法律若干问题的解释》(以下简称《侵犯公民个人信息案件解释》)的规定,所谓"违反国家有关规定"指的是"违反法律、行政法规、部门规章有关保护公民个人信息"的规定。基于前置国家有关规定的考量,对本案中所涉公开信息的收集后出售、交换、提供行为,不应认定为侵犯公民个人信息罪。

(1)对"违反国家有关规定"的理解

本案中,公诉机关以未经被收集者同意为由,认定被告人的行为构成本罪,其逻辑是在判断争议行为是否属于"违反国家有关规定"时将"未经被收集者明示同意"作为唯一的考量因素。

本案判决时,《民法典》及《个人信息保护法》尚未出台,对于公民个人信息保护的规定散见于《侵权责任法》(已失效)、《民法总则》(已失效)等法律中。当时的法条多为针对个人信息的"受法律保护""不得非法收集、加工"等宣示、概括性的表述。除此之外,网络安全法等法律、法规细化调整一些涉及特定领域的具体行为类型,但总体上并未发展到形成对个人信息保护的细密"法网",尚难供司法人员较为直接地判断实践中的某些行为类型是否违法。因此,在判断某些争议行为是否"违反国家有关规定"时,司法人员虽然可以引用上述概括性法条,但前提必须是在概括性法条的价值引导下,结合信息类型、信息主体的意愿、行为人的使用目的、对信息主体的影响等具体因素进行综合评判。在此情况下,信息主体的意愿当然是需要考虑的重要因素,但仅将"未经被收集者同意"甚至是"明示同意"作为认定争议行为是否具有违法性的唯一考虑因素,而不考虑信息的已公开程度及其对信息主体可能造成的影响等问题,则易失之偏颇。

(2)信息主体的"默示同意"

在大数据时代,法律认可对某些类型个人信息进行商业化利用的合法性。信息主体基于商业目的将个人信息公开前,必然会在信息公开流涌与排他性支配之间进行权衡取舍,其通过公开个人信息获得商业利益必然以对信息排他性支配的削弱甚至丧失为代价。因此,在理解信息主体基于商业目的公开其个人信息的法律意义时,就应当认为其中包含着"默示同意"他人可以进行一般性的收集和使用,不需要再作出二次授权。所以,所谓"未经被收集者同意"不能笼统、狭隘地理解为不管信息是否已公开及公开程度,只要未征得信息主体的明示同意,都不能向他人提供或通过购买、交换从他人处获取。如果一定要将"未经被收集者同意"理解为信息主体明示同意,则信息的流通性势必大打折扣,不仅在实践中无法操作,还必然背离信息主体商业推广的目的。当然,如果是基于特定犯罪目的收集、提供有关人员公开的个人信息,则有可能构成特定犯罪的预备行为或共犯行为,但此时违法性的意义乃是作为目的的后续犯罪行为赋予的,并且显然也超出了"默示同意"的许可使用范围,不能被"默示同意"涵盖。

(3)对本案争议行为是否具有违法性的具体、综合判断

首先,具体到本案,涉案第二类信息提取自公开的商业网站中企业介绍自己生产、经营、销售产品状况的广告信息,其中包含的法定代表人或联系人姓名、手机号码显然是当事人出于便于商业联系、扩大商业影响需要自愿公开的,信息主体在将此类信息公开时,必然能够预见他人可能会基于商业目的对信息进行收集和使用,应当认为其公开行为即包含对他人一般性收集和使用相关信息的"默示同意"。

其次,根据《侵犯公民个人信息案件解释》对不同类型信息在构罪数量上的区别保护,涉案的姓名和手机号码属于一般个人信息,根据日常经验,一般性使用该类信息至多对信息主体的日常生活产生轻微的滋扰,如拨打推销电话、发送推销短信等,不会对信息主体产生或增加明显不利的影响,这也是信息主体在公开其个人电话时能够预见的后果。

案例:周建平非法获取公民个人信息案

案例来源:《刑事审判参考》总第73集[第612号]

主题词:非法获取公民个人信息罪

一、基本案情

被告人周建平,男,1977年9月16日出生。因涉嫌犯非法提供公民个人信息罪于2009年4月14日被逮捕。

广东省香洲区人民法院经审理查明:2008年11月,被告人周建平在广东省广州市注册成立

了广州华探商务调查有限公司。此后,周建平以该公司网页为平台,多次搜集、购买他人电话通话清单、身份资料等信息转卖牟利,直至2009年3月11日被抓获。2008年12月,同案被告人林桂余提出向周建平购买14个电话号码的通话清单。周建平遂向林海棠和网友"皇家大卫"(具体身份不详,均未归案)购得上述电话的通话清单,而后以每份人民币(以下均为人民币)1200元或1500元不等的价格转卖给林桂余,共收取1.6万元。林桂余等人利用周建平提供的其中一人的电话通话清单,冒充机主进行电话诈骗,骗取机主亲友5万元。

香洲区人民法院认为,被告人周建平违反国家法律规定,非法获取公民个人信息,情节严重,其行为已构成非法获取公民个人信息罪。公诉机关指控周建平犯罪的事实清楚,证据确实充分,但适用法律不当,予以纠正。依照《中华人民共和国刑法》第二百五十三条之一第二款之规定,于2009年11月20日作出判决:被告人周建平犯非法获取公民个人信息罪,判处有期徒刑一年六个月,并处罚金人民币两千元。

宣判后,被告人周建平及同案被告人均没有上诉,检察机关亦未抗诉,判决已发生法律效力。

二、裁判要旨

No. 4-253之一-3　不具备特定身份的人非法购买公民通讯清单后又出售牟利的,不构成出售、非法提供公民个人信息罪,应以非法获取公民个人信息罪论处。

非法提供公民个人信息罪系特殊主体犯罪,犯罪主体限于国家机关或者金融、电信、交通、教育、医疗等单位的工作人员。周建平不具备该特定身份,也没有证据证实其与这类人员共同犯罪,故其行为不构成出售、非法提供公民个人信息罪。周建平的行为包括两个环节:先是以搜集、购买等方法非法获取电话通话清单等公民个人信息;后是倒卖牟利。该行为完全符合非法获取公民个人信息罪的构成要件,故在不能认定构成出售、非法提供公民个人信息罪的情况下,完全能以非法获取公民个人信息罪定罪处罚。

被告人周建平辩称,其对同案被告人林桂余购买电话通话清单的用途不知情;林桂余也证实,其向周建平购买通话清单时并未告诉周建平是用来诈骗的。鉴于日常生活中电话通话清单有多种用途,可用于调查婚外情、追索债务,也可用于实施诈骗、敲诈勒索等违法犯罪行为,故不能根据出售行为本身来认定周建平对林桂余等人购买通话清单的目的知情。周建平的行为虽然客观上为林桂余等人的诈骗犯罪创造了条件,起到了帮助作用,但因没有事先通谋,缺少共同犯罪的故意,所以,不构成诈骗罪的共犯。

案例:周娟等非法获取公民个人信息案

案例来源:《刑事审判参考》总第81辑[第719号]

主题词:"非法获取"的界定　非法获取公民个人信息罪的定罪量刑标准

一、基本案情

被告人周娟,女,1975年11月22日出生,上海泰梦信息技术有限公司法定代表人。因涉嫌非法获取公民个人信息罪于2009年9月30日被逮捕。

(被告人李之召、张宜宇、陈遵龙、余银华等9名被告人的基本情况略)

上海市浦东新区人民检察院以上述十名被告人犯非法获取公民个人信息罪,向上海市浦东新区人民法院提起公诉。

上海市浦东新区人民法院经审理查明:2005年2月,被告人周娟注册成立上海泰梦信息技术有限公司,在上海市上南五村56号402室,浦东南路4950弄5号401室设立办公地点。随后,周娟雇佣被告人李之召、张伟、胡梅珍、李雪花、张修、王开生等人,通过互联网非法获取(网上交易或以信息换信息的方式)并出售公民个人信息。2009年3月至9月,周娟将通过互联网非法获取的公民个人信息以刻制成光盘或发送电子邮件等方式出售,并指使被告人胡梅珍、李雪花、张修、王开生送信息和收取货款。周娟对非法所得予以支配,各被告人均从中牟利。案发后,从被告人处扣缴的电脑及硬盘中的资料显示,2009年3月至案发前,周娟获取的股民资料、车主名单、银行卡会员等名单公民个人信息共计98万余条。

2008年6月,被告人李之召离开上海泰梦信息技术有限公司后,先后在上海市原南汇区瑞和路168弄42号1302室、湖北省武汉市江夏区等地设立办公地点。随后,李之召以"上海OK信息""上海易通信息"为名,在互联网上非法获取并出售公民个人信息。2009年6月至9月,李之召雇佣并指使被告人张修送信息和收取货款;2009年8月至9月,李之召雇佣并指使被告人张伟在互联网上发帖联系买家出售信息。李之召对非法所得予以支配,张伟、张修等被告人均从中牟利。案发后从被告人处扣缴的电脑和优盘中的资料显示,2009年3月至案发前,李之召所获取的股民资料、长沙及北京车主、银行客户、保险客户、高收入人群名单等公民个人信息共计3000余万条。

2009年5月至8月,被告人张宜宇先后多次通过互联网从"上海易通信息"、陆亚南(另行处理)等人处非法获取公民个人信息,然后在互联网发帖出售上述信息,从中牟利。案发后,从被告人处扣缴的电脑、硬盘中显示,张宜宇所获取的银行存款客户名单、车主名单、小孩出生资料、联通全库、股民名录、高收入人群、楼盘业主资料等公民个人信息共计1000万余条。(其他事实略)

浦东新区人民法院认为,被告人周娟、李之召、张伟、胡梅珍、李雪花、张修、王开生、张宜宇、余银华、陈遵龙非法获取公民个人信息,数量大,情节严重,其行为已构成非法获取公民个人信息罪。被告人周娟、胡梅珍、李雪花、王开生、张修起辅助作用,系从犯。在被告人李之召、张修、张伟共同犯罪中,李之召起主要作用,系主犯,张修起辅助作用、张伟起次要作用,均系从犯。对被告人胡梅珍、李雪花、张修、王开生、张伟均依法从轻处罚。被告人余银华到案后有检举他人犯罪的立功表现,且犯罪情节轻微,危害不大,可免予处罚。上述被告人均自愿认罪,可酌情从轻处罚。依照《中华人民共和国刑法》第二百五十三条之一第二款、第二十五条、第二十六条、第二十七条、第六十八条第一款、第三十七条、第七十二条、第七十三条、第五十三条之规定,判决如下:

被告人周娟犯非法获取公民个人信息罪,判处有期徒刑一年,罚金人民币二万元。(其他被告人判决情况略)

宣判后,被告人张宜宇向上海市第一中级人民法院提出上诉,后在二审期间申请撤回上诉。二审法院认为,一审法院认定的事实清楚、证据确实充分、定罪准确、量刑适当、审判程序合法,裁定准许撤回上诉。

二、裁判要旨

No.4-253之一-4 未经授权擅自获取公民个人信息的,应以非法获取公民个人信息罪论处。

目前在非法获取公民个人信息犯罪案件中,"以其他方法获取"主要包括冒充相关部门工作人员至电信部门调取通话清单,向掌握大量公民个人信息的人员如房地产公司、电讯公司工作人员购买,获取的信息内容不仅包括公民的电话号码等联系方式,还包括职业、简历、住址等信息。这些行为具有一个共同特征即被告人均是未经授权擅自获取公民个人信息。对于公布在互联网上的信息,如果信息所有者自行或者通过单位将信息公布于网站的,应当推定其同意公开个人信息。即使这些公开的信息被他人搜索到再整理出售,一方面该行为的危害程度有限,另一方面该行为的后果上信息所有者应当预见到的,所以不宜入罪。

在本案中,行为人在网上购买、互易、发布虚假招聘广告骗取求职者个人信息以及利用职务便利私自复制公司客户资料等手段均可认定为非法获取。

No.4-253之一-5 涉案信息数量不大但有其他严重情节的,构成非法获取公民个人信息罪。除了涉案信息数量,量刑时还应综合考虑犯罪动机、犯罪手段、信息类型、犯罪后果等方面的因素。

即使涉案信息数量不大,但有其他严重情节的,也能够构成本罪。如非法获取的手段行为具有较大的破坏性;非法获取他人隐私类信息,严重影响他人工作、学习和生活;非法获取他人信息用于违法犯罪活动;非法获取并出售他人信息,导致他人人身和财产安全遭到严重威胁或危害等,都应属于情节严重的表现。出于牟利的目的而非法获取信息的行为与因日常生活和工作需要而非法获取信息的行为相比,前者主观恶性明显要大,传播范围更广,因此情节更为严重。如果手段行为本身具有违法性或破坏性,如骗取、窃取他人信息,采取破坏性手段侵入他人计算机系统等方式获取信息,比一般的购买、互易信息行为具有更大的危害。非法获取的公民个人信息如果属于公民隐私类信息或泄露后可能产生极其不良后果的信息,相对于非法获取公民的一般信息,情节更为严重。

案例:孙银东非法获取公民个人信息案

案例来源:《人民法院案例选》2013 年第 2 辑

主题词:非法获取公民个人信息罪　非法获取行为的认定

一、基本案情

被告人:孙银东。

浙江省慈溪市人民法院经审理查明:2011 年下半年至 2012 年 4 月 20 日期间,被告人孙银东以营利为目的,在慈溪市古塘街道锦恒大厦 519 室以慈溪市飞箭市场调查有限公司的名义,接受李阳杰、史国达、胡仕洲、孙海波、罗建平、周建汇等人委托,根据委托人提供的被调查人的一些基本情况,联系专业的定位公司购买被调查人的手机定位信息,同时通过 QQ 联系出话单的上家,购买被调查人的手机通话记录或被调查人的航空信息、通话记录、短信息记录等,同时采取跟踪、偷拍或者偷录等方法获取被调查人信息,最后将各类公民个人信息 19 份加价出售给委托人,从中共非法获利人民币 1 万余元。

被告人孙银东到案后,如实供述了自己的罪行。

浙江省慈溪市人民检察院以被告人孙银东犯非法获取公民个人信息罪,向浙江省慈溪市人民法院提起公诉。

浙江省慈溪市人民法院于 2012 年 7 月 23 日作出(2012)甬慈刑初字第 1580 号刑事判决:

1. 被告人孙银东犯非法获取公民个人信息罪,判处有期徒刑六个月,缓刑一年,并处罚金人民币一万五千元;

2. 供犯罪所用的笔记本电脑一台、跟踪器一只等物,予以没收;违法所得人民币一万元,继续予以追缴,上缴国库。

一审宣判后,公诉机关和被告人均未抗诉或上诉,一审判决已经发生法律效力。

二、裁判要旨

No. 4-253 之一-6　采用偷拍、偷录、跟踪等方式获取公民个人信息后出售的行为,构成非法获取公民个人信息罪。

《刑法》所保护的公民个人信息应当具备以下三个特征:(1)与公民直接相关,不为一般人所知悉,能够直接或间接识别自然人,反映了公民的局部或整体特点,具有人身专属性;(2)受法律保护,承载了公民个体特征的信息;(3)信息的保护不以信息所有人请求为前提。本案中被告人所获取的信息包括了被调查人的通话记录、车辆信息、短信记录、航空记录、入住宾馆信息、银行账户信息等,具备了刑法所保护的公民个人信息的特征。

非法获取公民个人信息的手段应当具备三点特征:(1)违背信息所有人的真实意愿;(2)信息所有人的信息受法律保护;(3)获取手段违反法律禁止性规定或公序良俗。本案中被告人使用购买、偷拍、偷录、跟踪等手段,在一定程度上侵犯了公民的隐私权,违反了法律的禁止性规定,情节严重,构成非法获取公民个人信息罪。

案例:胡某等非法获取公民个人信息案

案例来源:《刑事审判参考》总第 99 集[第 1009 号]

主题词:非法获取公民信息罪　公民个人信息的范围及非法获取的认定

一、基本案情

被告人胡某,男,1978 年 3 月 24 日出生。2012 年 1 月 21 日因涉嫌犯非法获取公民个人信息罪被逮捕。

被告人王某,男,1983年9月17日出生。2012年1月21日因涉嫌犯非法获取公民个人信息罪被逮捕。

广东省A市人民检察院以被告人胡某、王某犯非法获取公民个人信息罪,向A市人民法院提起公诉。

被告人胡某、王某对公诉机关指控的事实及罪名无异议。王某的辩护人以王某具有自首情节,系初犯,认罪态度较好,且参与犯罪时间不长等为由,提请法庭对王某从轻处罚。

A市人民法院经审理查明:2011年10月初,马某、刘某(均另案处理)以每月支付人民币3000元报酬、包吃包住等条件,雇用被告人胡某驾驶小汽车对广东省B市某机关领导所配专用公车进行跟踪。为此,马某、刘某向胡某提供了录音笔、望远镜、摄像机、密拍器等器材。同年11月中下旬,胡某向马某提出聘请王某,胡某与王某相互配合进行跟踪、记录。马某遂以同样待遇雇用王某。后胡某、王某一起驾驶小汽车对目标车辆在B市行驶的路线、停车地点进行跟踪和记录,并将记录的行驶路线、停车地点等信息交给马某、刘某。同年12月,为了便于跟踪,胡某、王某购买两个通过互联网使用的汽车定位器,趁目标车辆停在一地下停车场时将定位器秘密安装在该车底盘处。胡某、王某通过互联网查询定位器的实时位置,获取了目标车辆每天所有行驶路线、停车位置的即时信息,直至案发。经鉴定,上述汽车定位器属于窃听专用器材。

A市人民法院认为,被告人胡某、王某通过非法手段获取公民个人信息,情节严重,其行为均构成非法获取公民个人信息罪,二被告人归案后如实供述犯罪事实,依法可以从轻处罚。根据胡某、王某的犯罪情节和悔罪表现,依照《中华人民共和国刑法》第二百五十三条之一第二款、第二十五条第一款、第六十七条第三款、第五十三条、第六十四条之规定,A市人民法院判决如下:

1. 被告人胡某犯非法获取公民个人信息罪,判处有期徒刑二年六个月,并处罚金人民币二万元。

2. 被告人王某犯非法获取公民个人信息罪,判处有期徒刑二年三个月,并处罚金人民币一万五千元。

一审宣判后,被告人胡某、王某均未提起上诉,检察机关亦未抗诉,该判决已发生法律效力。

二、裁判要旨

No.4-253之一-7 公民的个人行踪具有个人专属性,能够反映公民的个人特征,其内容关系到公民日常生活的基本安全性,属于公民个人信息的范围。未经授权或以违法、不正当的方式获取公民个人行踪情节严重的,成立非法获取公民个人信息罪。

《刑法》第二百五十三条之一[《刑法修正案(九)》之前]规定的"公民个人信息",一般是指专属于某一自然人的一切能用于识别其特定身份的重要信息,其不为一般人所知悉,且具有保护价值。只要与公民个人信息相关,公民不想公开,而且与公共利益无关的,都应当纳入"公民个人信息"的范围。如通过手机定位所获取的公民个人行踪情况,属于刑法保护的"公民个人信息"。笔者同意这种观点。手机定位属于动态信息,当公民从事某些活动不希望被他人获悉时,因其所处具体位置与其从事的活动具有直接联系,一旦所处位置被他人获悉,其所从事的活动也就相应暴露,从而可能损害其利益。故其所处的具体位置就具有明显的隐私性和权益性,属于刑法所保护的"公民个人信息"。本案中,被跟踪的车辆为专用公务车,该车的行驶路线、停车地点和时间等信息即反映了乘车人的日常活动情况。被告人胡某、王某获取的被害人的日常行动轨迹和活动地点等信息,涉及家庭住址、单位地址、经常出入的场所等公民隐私和生活习惯性内容,具有个人专属性,能反映出该公民某些个人特征,且信息内容关系到公民日常生活的基本安全性,信息的泄露会使公民彻底失去安全感,严重影响其日常生活。因此,该案中被害人的行踪属于刑法所保护的"公民个人信息"。

根据《刑法》第二百五十三条之一第二款[《刑法修正案(九)》之前]的规定,"窃取或者以其他方法非法获取"均属于"非法获取"。"窃取"是指采取不为权利人所知晓的方法,秘密地取得。而“以其他方法非法获取”则是指以与窃取具有相当社会危害性的方法获取,主要包括:(1)以违法方式获取,即获取公民个人信息的手段违反法律、法规、规章等规范性文件中的禁止性规定;(2)未获得授权而获取,此种情况下行为人没有得到公民本人授权,无权了解、接触相关公民个人信息;(3)以不正当方式获取,此种情况下行为人违背了信息所有人的意愿或者真实意思表示,或者违反了社会公序良俗。本案中,被告人胡某、王某未经他人同意进行秘密跟踪,违背他人意愿,并在目标车辆上安装定位器对车辆进行监视,还使用密拍器进行拍摄,获取该车使用人的个人行踪。汽车定位器属于窃听专用器材,而胡某、王某不是国家执法人员,无权使用此类器材,二人通过上述方法获取公民个人信息明显违法,属于非法获取公民个人信息。

102 暴力干涉婚姻自由罪(《刑法》第二百五十七条)

案例:肉孜暴力干涉婚姻自由案

案例来源:《人民法院案例选》2006年第3辑

主题词:暴力干涉婚姻自由罪　故意伤害罪　非法拘禁罪　强奸罪

一、基本案情

自诉人(附带民事诉讼原告人)阿斯亚,女,1986年出生,维吾尔族,初中文化程度,农民。

被告人肉孜,男,1982年出生,维吾尔族,小学文化程度,新疆伽师县人,农民。因本案于2005年10月28日被逮捕。

新疆维吾尔自治区伽师县人民法院经审理查明:被告人肉孜的父母和自诉人阿斯亚的父母商定让自诉人阿斯亚与被告人肉孜成亲,为此肉孜的父母给自诉人家送去了礼品。因自诉人阿斯亚不同意与被告人肉孜结婚,退回了礼品。2005年8月23日晚,自诉人阿斯亚和姐姐坐畜力车从姑姑家回家时,被告人肉孜及其朋友吾甫尔、喀迪尔、吾麦尔(在逃)等在中途阻止,不顾自诉人阿斯亚极力反抗,用摩托车、汽车强行把自诉人阿斯亚带到伽师县卧力脱格拉克乡、巴楚县等地,强迫自诉人阿斯亚同意与被告人肉孜结婚。在实施强抢过程中,阿斯亚右腿被摩托车排气管烫伤。自诉人的父母闻讯后向公安机关报案。当月25日凌晨,公安人员解救了自诉人阿斯亚,并将被告人肉孜抓获。自诉人阿斯亚右腿被烫伤,花去治疗费为557元、检查费280元、交通费100元、鉴定费280元、误工费105元、护理费105元。经法医鉴定,自诉人阿斯亚的损伤为轻微伤。

自诉人阿斯亚诉称,2005年8月23日晚,我和姐姐坐畜力车回家时,被告人肉孜及其同伙吾甫尔、喀迪尔、吾麦尔等在中途阻止,并用摩托车、汽车强行把我带到伽师县卧力脱格拉克乡、巴楚县等地,强迫我同意与被告人肉孜结婚,为此非法限制了我的人身自由,并将我致伤。被告人的犯罪行为,致使我身心遭受痛苦,并造成经济损失。请求法院对被告人肉孜的犯罪行为依法给予刑事处罚,并判令被告人肉孜赔偿医疗费、误工费、护理费及交通费、鉴定费共计1427元。

被告人肉孜辩称:我与自诉人于2004年3月相识,我们约定结婚后,我的父母给自诉人家送去了彩礼。过了一段时间,自诉人的父母给我们退回了彩礼并说阿斯亚不同意与我结婚。又过了10天,我的朋友吾甫尔、喀迪尔、吾麦尔等给我说:听说阿斯亚要与其他人结婚。我想因为以前她同意与我结婚,就准备抢婚。阿斯亚与其姐姐回家路过时,我们用摩托车把她带到伽师县卧力脱格拉克乡,之后用汽车带到巴楚县。在此过程中,我没有实施不正当的行为,只是劝她与我结婚。我们已经具备结婚的条件,我想办理结婚证与她结婚。我同意赔偿自诉人的经济损失。对我的行为不应给予刑事处罚。其辩护人提出:被告人实施行为的时间很短,情节轻微,因此不构成犯罪。

伽师县人民法院认为,公民享有婚姻自主权,禁止买卖、包办婚姻和其他干涉婚姻自由的行为。被告人肉孜明知其父母给自诉人家送去礼品后,自诉人阿斯亚不同意与被告人结婚,退回了礼品,仍伙同他人强行将自诉人带到伽师县卧力脱格拉克乡、巴楚县等地,强迫自诉人同意与其结婚,其行为构成暴力干涉婚姻自由罪。自诉人的控诉有事实根据和法律依据,本院予以支持。被告人的辩解和辩护人的辩护理由不成立,本院不予采纳。考虑被告人认罪态度、愿意赔偿自诉人经济损失等情节,酌情从轻处罚。该院依照《中华人民共和国刑法》第二百五十七条第一款、第六十一条、第三十六条第一款和《中华人民共和国民法通则》第一百一十九条的规定,判决如下:

1. 被告人肉孜犯暴力干涉婚姻自由罪,判处有期徒刑六个月。

2. 被告人肉孜赔偿自诉人阿斯亚医疗费、误工费、护理费、交通费、鉴定费损失 1427 元,于本判决生效之日起十日内支付。

在法定期限内,自诉人和被告人均未提出上诉。

二、裁判要旨

No. 4-257-1 违背妇女意志,采用暴力手段强迫与其结婚,暴力手段造成轻伤以上后果的,按照故意伤害罪和暴力干涉婚姻自由罪从一重罪处断;非法拘禁妇女的,按照非法拘禁罪和暴力干涉婚姻自由罪从一重罪处断;强行与妇女发生性关系的,不构成暴力干涉婚姻自由罪,应以强奸罪论处。

目前在偏远的乡村和少数民族地区,干涉婚姻自由的现象虽然还较为普遍,但其中构成犯罪的只是个别现象。因为行为人只有直接以暴力干涉他人的婚姻自由,才构成本罪。如果行为人干涉他人婚姻自由,仅仅停留在言语和态度上,并未使用暴力,则不构成本罪。所以,使用暴力干涉,是构成本罪在客观方面所必须具备的要件。本案中,肉孜使用暴力,表现为“抢婚”。据有关资料反映,我国有的少数民族有抢婚这种习俗,而且视这种习俗为结婚的一种方式。对这种抢婚方式,不应作犯罪处理。但是,在实际生活中,有的向女方求婚遭到拒绝后,便纠集一些人,用暴力手段把女方抢到自己家中,其情节严重的,则应当认定这种抢婚行为构成了暴力干涉婚姻自由罪,依法处以刑罚。我国维吾尔族少数民族中没有这种抢婚的习俗,男女结婚不实行抢婚的方式。被告人肉孜在自诉人明确表明拒绝与其结婚的情况下,纠集多人,用汽车和摩托车强行将自诉人抢到别处,迫使自诉人同意与其成婚,这显然是使用暴力干涉自诉人的婚姻自由,且情节相当严重,其行为在客观方面符合暴力干涉婚姻自由罪的特征。

综上分析,伽师县人民法院认定被告人肉孜的行为构成暴力干涉婚姻自由罪是正确的。

103 重婚罪(《刑法》第二百五十八条)

案例:王艳重婚案

案例来源:《人民法院案例选》2008 年第 4 辑

主题词:重婚罪 恶意申请宣告死亡

一、基本案情

自诉人杨国昌,男,无业。

被告人王艳,女,无业。

某人民法院经审理查明:1993 年 11 月 1 日,杨国昌与王艳登记结婚。1994 年 2 月,公司派杨国昌到日本从事劳务工作 2 年。1996 年期满后,杨国昌非法滞留,2002 年 12 月 20 日被遣返回国。杨国昌滞留日本期间,与妻子王艳通信至 1997 年 3 月。1996 年 7 月至 2000 年 9 月,杨国昌多次汇回外币,共折合人民币 56 万余元,王艳均查收。

2001 年 11 月 20 日,王艳以 1996 年起其与杨国昌失去通信联系,杨国昌下落不明已满 4 年为由,申请法院宣告杨国昌死亡,法院在公告满一年后,于 2002 年 12 月 10 日判决宣告杨国昌死亡。

杨国昌于 2002 年 12 月 20 日回国后,主动打电话与王艳联系,并到王艳父母家等王艳;王艳在其父母处得知杨国昌回国,仍不与杨国昌见面和联系。2003 年 3 月 3 日,杨国昌向法院起诉与王艳离婚。2003 年 3 月 10 日,王艳与他人到婚姻登记处登记结婚。2003 年 3 月 12 日至 19 日,王艳在法院审理离婚案件的 3 次庭审中,隐瞒了杨国昌已被宣告死亡及其与他人结婚的事实。2003年3月27日,一审法院判决杨国昌与王艳离婚,并分割了夫妻共同财产。

2003年4月8日,王艳在上诉状中披露杨国昌被宣告死亡和自己与他人结婚的事实。经杨国昌申请,2003年7月7日,原经办法院撤销了宣告杨国昌死亡的判决。2003年8月13日,二审法院经审理,裁定撤销一审法院关于杨国昌与王艳的离婚判决。

2004年4月7日,杨国昌以王艳犯重婚罪,向法院提起自诉。

某人民法院认为,王艳在其与杨国昌婚姻关系存续期间,为达到解除其与杨国昌婚姻关系和占有共同财产的目的,隐瞒其至2000年9月仍在收取自诉人杨国昌汇款的事实,编造杨国昌已于1996年起下落不明满4年的虚假事实和理由,恶意申请宣告杨国昌死亡。尤其是王艳在其父母处得知杨国昌回国并在继续寻找自己的情况下,不顾与杨国昌的婚姻关系依然存在的客观事实,又与他人登记结婚,其行为已构成重婚罪,应依法惩处。根据其犯罪事实、性质、情节和对社会危害程度,并考虑其尚在哺乳期内,故对其适用缓刑。杨国昌指控王艳犯重婚罪的罪名成立。据此,依照《中华人民共和国刑法》第二百五十八条,第四十二条,第四十四条,第七十二条第一款,第七十三条第一款、第三款及《中华人民共和国婚姻法》第十条第(一)项之规定,判决如下:

1. 王艳犯重婚罪,判处拘役6个月,缓刑1年。
2. 王艳与胡某的婚姻无效。

一审判决后,王艳不服,提出上诉。二审法院依法驳回上诉,维持原判。

二、裁判要旨

No. 4-258-1 恶意申请宣告配偶死亡而离婚并与他人结婚的,应以重婚罪论处。

完善的宣告死亡制度应当具有双重功能,既保护善意利害关系人的合法权利,又防范和制裁恶意利用宣告死亡制度对被宣告死亡人的严重侵权行为。法律保护婚姻自由,但必须以行为人不得侵犯他人合法权利和社会公共利益为前提。本案是恶意利用宣告死亡制度,对他人合法权利严重侵权和危害社会公共利益的特殊重婚案件,不能作为一般离婚案件简单适用民法通则司法解释审理,以至严重侵权人未受到制裁,被侵权人未得到法律保护,违反社会公共利益原则和公平原则。对构成重婚罪的,自诉人控告的,可以适用刑法给予刑事制裁。

案例:法兰克·巴沙勒·米伦等重婚案

案例来源:《刑事审判参考》总第97集[第967号]

主题词:重婚罪　外籍人员的重婚行为

一、基本案情

被告人法兰克·巴沙勒·米伦(英文名FRANKBESHARAMILLEN),男,1965年7月23日出生,国籍大不列颠及北爱尔兰联合王国,护照号码5048935××,暂住广东省广州市越秀区淘金东路116号××房。2013年3月27日因涉嫌犯重婚罪被广州市公安局取保候审,2013年7月22日被广州市越秀区人民法院继续取保候审。

被告人罗敏婷,女,1980年3月16日出生,汉族。2013年2月26日因涉嫌犯重婚罪被广州市公安局取保候审,2013年7月22日被广州市越秀区人民法院继续取保候审。

广东省广州市越秀区人民检察院以被告人法兰克·巴沙勒·米伦、被告人罗敏婷犯重婚罪向广州市越秀区人民法院提起公诉,同时,提出法兰克·巴沙勒·米伦、罗敏婷犯罪以后能自动投案,如实供述自己罪行,是自首,提请越秀区人民法院依法从轻或者减轻处罚。

被告人法兰克·巴沙勒·米伦对公诉机关指控的事实和罪名均无异议,但辩称其认为自己与被告人罗敏婷的关系是"COUPLE(情侣)",不是婚姻意义上的"COUPLE(夫妻)"。其辩护人的主要辩护意见是:(1)本案指控法兰克·巴沙勒·米伦构成重婚罪的法律依据值得商榷。我国的婚姻采取登记制,目前我国的法律是不承认事实婚姻的。现行法律规定,有配偶与他人同居并不构成重婚罪。最高人民法院《关于〈婚姻登记管理条例〉施行后发生的以夫妻名义非法同居的重婚案件是否以重婚罪定罪处罚的批复》(法复〔1994〕10号)已于2013年1月14日被废止

(法释〔2013〕2号)。即使指控的行为发生在该批复废除之前,但是其批复本身不是法律,与我国的法律相冲突的,根据我国适用法律的从旧兼从轻原则,该批复不能作为指控依据。(2)法兰克·巴沙勒·米伦有自首情节,有悔罪表现,其并无故意触犯中国刑法的恶意,在法兰克·巴沙勒·米伦的认识中,在英国只有在教堂中行礼才成立婚姻关系,其亦不知道我国的司法解释,不知道其与被告人罗敏婷的行为会构成重婚罪,请法庭给予被告人一个改过的机会。(3)法兰克·巴沙勒·米伦已经得到英国妻子的谅解,之前其妻子也表示撤回指控。(4)法兰克·巴沙勒·米伦一向遵纪守法,行为良好,是初犯。(5)指控的行为所侵犯的客体是英国的婚姻制度,且被害人是英国人,法兰克·巴沙勒·米伦的行为没有给被害人造成什么严重的后果。因此,请求法庭对法兰克·巴沙勒·米伦从轻处罚并适用缓刑。

被告人罗敏婷对公诉机关指控的事实及罪名均无异议。其当庭供称:2006年下半年,其明知被告人法兰克·巴沙勒·米伦已在英国登记结婚仍和法兰克·巴沙勒·米伦在亚洲国际酒店设宴宴请亲戚。宴席上挂了"马罗婚宴"的横幅,罗代表其,马代表法兰克。他们两人还照了婚纱照。法兰克·巴沙勒·米伦对其通过举办婚宴方式向双方亲朋好友公开他们之间夫妻关系的行为予以认可。其辩护人基于以下理由请求法庭认定罗敏婷的行为情节轻微,对其适用缓刑:(1)罗敏婷与法兰克·巴沙勒·米伦并没有登记结婚。(2)罗敏婷是主动投案自首,并有悔改意愿,而且案发后已经与法兰克分开居住,以实际行动纠正自己的错误。从被害人的陈述及撤诉的意思,可知被害人是谅解罗敏婷的,罗敏婷也并没有对被害人造成实质伤害。(3)罗敏婷系初犯,且是两个孩子的母亲。

被害人JOSEPHINEMILLEN要求法庭判决驱逐法兰克·巴沙勒·米伦出境,与英国家人团聚。

广州市越秀区人民法院经审理查明:

被告人法兰克·巴沙勒·米伦于1991年8月24日在英国与被害人JOSEPflNEMILLEN注册结婚且婚姻关系一直延续至今。2005年,法兰克·巴沙勒·米伦到广东省广州市做生意期间,认识被告人罗敏婷并产生感情。罗敏婷在明知法兰克·巴沙勒·米伦已经注册结婚的情况下,双方仍以夫妻名义同居于广州市越秀区淘金东路112号(即御龙亭C座)805房。2006年下半年,法兰克·巴沙勒·米伦、罗敏婷举办婚宴,宴请双方亲朋好友,公开他们之间的夫妻关系。后法兰克·巴沙勒·米伦和罗敏婷在广州市生育2名儿女。2013年2月26日,法兰克·巴沙勒·米伦、罗敏婷向公安机关投案。

法兰克·巴沙勒·米伦归案后,被害人JOSEPHINEMILLEN于2013年3月向公安机关表示谅解法兰克·巴沙勒·米伦,请求司法机关对其从轻处理。

广州市越秀区人民法院认为,被告人法兰克·巴沙勒·米伦,有配偶仍与他人以夫妻名义共同生活,被告人罗敏婷明知他人有配偶而与他人以夫妻名义共同生活,其行为均构成重婚罪。公诉机关指控法兰克·巴沙勒·米伦、罗敏婷犯重婚罪的事实清楚,证据确实、充分,罪名成立。法兰克·巴沙勒·米伦、罗敏婷犯罪后能自动投案,如实供述自己的罪行,构成自首,依法可以从轻处罚。辩护人关于法兰克·巴沙勒·米伦及罗敏婷的认罪态度、悔罪表现较好以及以法兰克·巴沙勒·米伦已得到被害人谅解等为由,建议对法兰克·巴沙勒·米伦、罗敏婷从轻处罚的辩护意见,予以采纳。据此,依照《中华人民共和国刑法》第六条,第二百五十八条,第六十七条第一款,第七十二条第一款、第三款,第七十三条第一款、第三款的规定,广州市越秀区人民法院判决如下:

1. 被告人法兰克·巴沙勒·米伦犯重婚罪,判处拘役六个月,缓刑六个月。
2. 被告人罗敏婷犯重婚罪,判处拘役六个月,缓刑六个月。

二、裁判要旨

No. 4-258-2 外籍被告人在境外结婚后,又在境内与他人以夫妻名义同居的,应认定为重婚罪。

本案事实清楚,被告人法兰克·巴沙勒·米伦在英国有一个合法的登记婚姻,有合法的妻子和儿女。在该婚姻关系存续期内,法兰克·巴沙勒·米伦在我国境内又和被告人罗敏婷同居。二被告人虽然未在我国民政部门正式登记结婚,但他们通过摆婚宴等方式对外宣布并以夫妻名义共同生活,后共同生育2名儿女。首先,二被告人的行为是否构成犯罪,应当适用我国《刑法》的规定。我国《刑法》第六条第一款规定:"凡在中华人民共和国领域内犯罪的,除法律有特别规定的以外,都适用本法。"该条第三款规定:"犯罪的行为或者结果有一项发生在中华人民共和国领域内的,就认为是在中华人民共和国领域内犯罪。"本案中,法兰克·巴沙勒·米伦与罗敏婷的重婚行为发生在我国境内,应当认定为在我国领域内实施的行为,依法应当适用我国《刑法》的规定。

法兰克·巴沙勒·米伦在英国的婚姻关系,被我国法律所承认,其在我国境内的重婚行为,客观上已导致其同时拥有"两个妻子",其行为明显侵犯了我国的"一夫一妻"制度,依法应当纳入我国《刑法》的规制范围。罗敏婷明知对方有被我国法律所承认的合法婚姻关系,仍与之以夫妻名义公开同居生活,造成对方"一夫两妻"的客观事实,其行为亦侵犯了我国刑法所保护的"一夫一妻"制度,依法亦应纳入我国《刑法》的规制范围。

我国《刑法》第二百五十八条规定:"有配偶而重婚的,或者明知他人有配偶而与之结婚的,处二年以下有期徒刑或者拘役。"对于重婚行为,《中华人民共和国婚姻法释义》称,所谓重婚,是指有配偶的人又与他人结婚的违法行为。有配偶的人,未办理离婚手续又与他人登记结婚,即重婚;虽未登记结婚,但事实上与他人以夫妻名义而公开同居生活的,亦构成重婚。明知他人有配偶而与之登记结婚,或者虽未登记结婚,但事实上与他人以夫妻名义同居生活,也构成重婚。最高人民法院于2001年出台的《关于适用〈中华人民共和国婚姻法〉若干问题的解释(一)》第二条规定,《婚姻法》第三条规定的"有配偶者与他人同居"的情形,是指有配偶者与婚外异性,不以夫妻名义,持续、稳定地共同居住。故《婚姻法》第三条第二款规定的"重婚",包含了《中华人民共和国婚姻法释义》中所称的"虽未登记结婚,但事实上与他人以夫妻名义而公开同居生活"。综上分析,重婚行为有两种:一种是"有配偶而重婚",即指已经结婚的人,在婚姻关系存续期间,又与他人结婚;另一种是"明知他人有配偶而与之结婚",是指本人明知他人有配偶而仍然与他人结婚。这里规定的"结婚",既包括骗取合法手续登记结婚,又包括虽未登记结婚,但以夫妻名义共同生活的。只要是有配偶而又结婚,或者是明知他人有配偶而与之结婚的,无论是骗取合法手续登记结婚,还是未登记结婚,但以夫妻名义共同生活的,都属于重婚。

基于上述分析,本案中,被告人法兰克·巴沙勒·米伦有配偶仍与他人以夫妻名义共同生活,被告人罗敏婷明知他人有配偶而与他人以夫妻名义共同生活,均符合《刑法》第二百五十八条规定中的重婚罪构成特征。

案例:田某某重婚案

案例来源:《刑事审判参考》总第102集[第1062号]

主题词:重婚罪　追诉期限计算

一、基本案情

被告人田某某,男,1963年11月29日出生,无业。因涉嫌犯重婚罪于2012年3月21日被刑事拘留,同年4月1日被取保候审。

北京市朝阳区人民检察院以被告人田某某犯重婚罪,向朝阳区人民法院提起公诉。

被告人田某某对公诉机关指控的罪名没有异议,但辩称其2006年年底即与杨某结束同居关系,2012年3月20日杨某报案时已过了5年的追诉时效。

北京市朝阳区人民法院经不公开开庭审理查明:1988年1月18日被告人田某某与董某某登记结婚。2004年4月,田某某与杨某确定男女朋友关系并同居,同年8月,二人在天津市举办了婚礼。后二人在北京市朝阳区购买了一套房产用于居住,并育有一子。2006年,田某某前往辽宁省大连市工作,且未告知杨某。2007年,杨某到大连市找到田某某,要求与田某某办理结婚登记,田某某表示不能与杨某结婚,并再次离开杨某。2008年年初,田某某回到董某某处生活;

同年5月,在未通知杨某的情况下,田某某将登记在其名下的富东家园房产出售。2012年3月20日杨某找到田某某并报警,公安人员接报后将田某某抓获。

北京市朝阳区人民法院经审理认为,被告人田某某有配偶而与他人以夫妻名义共同生活,其行为构成重婚罪。关于田某某所提其重婚行为已过追诉时效的辩解,经查,田某某与杨某自2004年9月起以夫妻名义共同生活并育有一子,属于事实婚姻。田某某虽于2006年独自前往外地工作,但其离家后杨某多方寻找,二人的事实婚姻仍处于持续状态,并未解除。田某某于2008年年初才回到妻子董某某处生活,故认定2006年年底田某某的重婚行为并未终了,本案尚在追诉期限内,对田某某当庭的辩解,不予采纳。鉴于田某某对指控的基本犯罪事实能够如实供述,对其依法从轻处罚并适用缓刑。据此,依照《中华人民共和国刑法》第二百五十八条,第六十七条第三款,第六十一条,第七十二条第一款,第七十三条第二款、第三款之规定,朝阳区人民法院以被告人田某某犯重婚罪,判处有期徒刑十个月,缓刑一年。

一审宣判后,被告人田某某提出上诉,上诉理由同一审辩解意见。北京市第二中级人民法院经审理,裁定驳回田某某的上诉,维持原判。

二、裁判要旨

No.4-258-3 已婚者与他人建立事实婚姻关系,重婚行为的终了应当以一方作出解除事实婚姻关系的意思表示,且婚姻关系因该意思表示实质上得以解除为标准,追诉期限自重婚行为终了之日起计算。

就重婚罪而言,重婚不法行为和不法状态自始至终同时存在,持续侵害一夫一妻制的婚姻制度,完全符合继续犯的特征,属于继续犯。重婚登记或者事实婚姻关系的确立只意味着重婚行为的开始而不是终了,不应把后婚婚姻关系的确立与以后的以夫妻名义共同生活行为割裂开来,而应当将二者视为完整统一的重婚行为,前者是后者开始的标志。《刑法》第八十九条规定:"追诉期限……犯罪行为有连续或者继续状态的,从犯罪行为终了之日起计算。"因此,重婚罪的追诉期限应当从重婚行为终了之日起计算。后婚系事实婚姻的,重婚行为是否终了应当着重考虑两个因素:一是行为人是否作出解除事实婚姻的意思表示;二是该意思表示实质上是否起到解除婚姻关系的作用。

后婚系事实婚姻的,行为人单方作出解除婚姻关系的意思表示后,如另一方对此予以认可,二人不再以夫妻名义共同生活,此种情况下即可认定事实婚姻关系自此解除,如有遗留的财产分割、子女抚养问题,可在日后通过民事纠纷解决渠道解决;如另一方对此不予认可,则说明双方对是否继续保持事实婚姻关系存在争议,从保护弱势群体、维护社会公序良俗的角度出发,应综合考虑夫妻双方的态度,财产分割、子女抚养等问题的解决情况等因素判断婚姻关系是否解除。本案中,被告人田某某与杨某举行婚礼后同居两年,共同购买了住房并育有一子,双方形成了较为紧密的事实婚姻关系。杨某在大连市找到离京的田某某后要求登记结婚,说明杨某仍愿意与田某某保持婚姻关系,田某某再次离开杨某时并未妥善解决财产分割、子女抚养等问题,二人的婚姻关系何去何从具有一定的不确定性。在此情况下,不能轻易认定二人的事实婚姻关系自2007年田某某在大连市再次离开杨某起解除,否则既不利于保护婚姻关系中的弱者、打击犯罪,也不符合社会公众对婚姻关系的一般认知。田某某于2008年秘密将购买的二人共同居住的房屋出售,并回到其妻子董某某处生活,自此时起其与杨某的事实婚姻关系已不可能继续存在,故可认定二人的事实婚姻关系自此解除,田某某的重婚行为实施终了。因此,被告人所犯重婚罪的追诉期限应自2008年起计算,至杨某报案时尚在追诉时效之内。

案例:夏国学重婚案

案例来源:《人民法院案例选》2016年第11辑

主题词:重婚罪 登记瑕疵

一、基本案情

1998年,夏国学与被害人于某某在内蒙古赤峰市工作时相识交往,后于某某怀孕,由于夏国学毕业后未服从组织分配自行回乡,无法落户,二人无法办理结婚登记手续。后夏国学委托他人为自己与于某某办理结婚登记手续。1999年6月7日,内蒙古自治区赤峰市喀喇沁旗民政局在夏国学和于某某均未亲自到场的情况下,为二人办理了结婚登记手续,中间人将结婚证交给夏国学后夏国学又转交给于某某。此后,两人一直以夫妻名义共同居住生活,并育有一女。2004年,夏国学通过网络认识黄某后开始交往,于某某得知后二人争吵不断,夏国学与黄某的关系也是断断续续。2008年夏,国学还曾与于某某签署了《婚姻协议》表示夏国学如果再有出轨行为,于某某提出离婚时,家里一切财产归于某某所有。2011年年底夏国学搬离与于某某的家,与黄某同居。2011年6月8日,被告人夏国学在未与于某某解除婚姻关系的情况下,与黄某在内蒙古自治区赤峰市喀喇沁旗民政局办理了结婚登记手续,领取结婚证,并以夫妻名义共同居住生活。2013年7月,于某某向海淀法院起诉离婚,夏国学对二人结婚证的效力提出质疑。后夏国学于2013年10月11日向喀喇沁旗人民法院提起行政诉讼,要求法院判处被告喀喇沁旗婚姻登记处撤销其与于某某的婚姻登记。喀喇沁旗人民法院以超过诉讼时效为由驳回夏国学的起诉。2014年5月,被害人于某某向公安机关报警称夏国学涉嫌重婚,公安机关经立案侦查于2014年5月25日将夏国学抓获归案。

北京市海淀区人民法院于2014年12月15日作出(2014)海刑初字第2337号刑事判决,认定被告人夏国学犯重婚罪,判处有期徒刑十个月。

宣判后,被告人夏国学不服,向北京市第一中级人民法院提出上诉。

北京市第一中级人民法院以同样的事实于2015年4月22日作出(2015)一中刑终字第633号刑事裁定:驳回上诉人夏国学的上诉,维持原判。

二、裁判要旨

No. 4-258-4　前婚的婚姻登记存在程序上的瑕疵,但被告人明知自己已登记结婚而又与他人结婚的,构成重婚。

婚姻关系双方或一方当事人未亲自到婚姻登记机关进行婚姻登记,且不能证明婚姻登记系男女双方的真实意思表示,当事人对该婚姻登记不服提起诉讼的,人民法院应当依法予以撤销。从立法目的上看,要求婚姻双方当事人必须亲自到场虽属于程序性规定,但却是为保证当事人双方自愿缔结婚姻的实体条件服务的,双方是否亲自到场不重要,重要的是保证当事人的自愿。本案中,夏国学与于某某的结婚登记虽存在二人未亲自到婚姻登记机关办理的程序瑕疵,但夏国学的供述以及于某某的陈述均能证明二人在办理结婚登记时均处于自愿,仅因夏国学的户籍问题才未能按照正常程序办理登记。此后,夏国学与于某某以夫妻名义共同生活十余年,并育有一女。二人的婚姻不仅符合结婚的实质要件,且已经完成结婚登记的形式要件,只不过结婚登记程序存在瑕疵,该瑕疵并不阻却婚姻的成立及效力。被告人主观明知自己已登记结婚而与他人结婚的,构成重婚。

104 破坏军婚罪(《刑法》第二百五十九条)

案例:李某破坏军婚案

案例来源:《刑事审判参考》总第130辑[第1457号]
主题词:破坏军婚罪　同居

一、基本案情

被害人彭某于2004年12月入伍,系现役军人。2015年10月,彭某与侯某登记结婚,并于次年生育一子。被告人李某与侯某是同事关系,且知悉侯某的丈夫是现役军人。2018年8月,李某与侯某在合肥宾馆发生两性关系。此后,双方多次在蚌埠市、合肥市、南京市、亳州市等地宾馆开房并共同居住,直至2020年6月。其间,侯某于2019年6月生育一子侯某乙。2020年7月,彭某怀疑侯某与他人有不正当两性关系,遂委托深圳市核子生物科技有限公司进行亲子鉴定。同年7月8日,该公司认定彭某与侯某乙之间非生物学父亲关系。此后,彭某向公安机关报案。2020 年 8 月 24 日,李某到公安机关接受调查。2020 年 8 月 27 日,经蚌埠市公安司法鉴定中心鉴定,李某是侯某乙所属男性个体生物学父亲,亲权指数为 5.10×10^{10}。现彭某与侯某之间的婚姻关系破裂。

二、裁判要旨

No. 4-259-1 破坏军婚罪中认定“同居”的实质标准是是否对军人婚姻关系造成实质性破坏。明知他人是现役军人配偶而多次在宾馆开房发生性关系,且共同生育子女造成双方婚姻关系实质破裂的,应认定为同居,成立破坏军婚罪。

《刑法》第二百五十九条破坏军婚罪侵犯的是军人婚姻关系这一特殊的客体,保障的是现役军人的婚姻权益。对破坏军婚罪中“同居”的认定,在遵循刑法形式解释的同时,更应遵循对本罪实质意义上的解释,强调对军人婚姻产生实质性破坏的否定评价。

在司法实践中认定破坏军婚罪,关键是要划清“同居”与通奸的界限。所谓与现役军人的配偶“同居”,应当包括在较长时间内公开或者秘密地在一起生活的情形。这种关系以不正当的两性关系为基础,往往还伴有经济上和其他生活方面的特殊关系,显然不同于一般的通奸关系。通奸以临时性为特征,而“同居”则具有连续性、延续性。如果只是偶尔或断续地与现役军人的配偶通奸,不能认为是“同居”,也就不能以犯罪论处。

通奸与同居并不是截然可分、一成不变的。通奸也可以转化为同居。从单独一次通奸来看,时间上有间断、地点亦不固定,但长期通奸关系保持一年以上,时间相对持续、地点相对固定,尤其是在经济上、生活上有着密切联系的,已具备同居的实质内容,对于婚姻尤其是军婚的破坏程度亦无异于同居,其实质已属于同居。破坏军婚罪保护的法益是现役军人的婚姻家庭关系,突出了现役军人配偶对婚姻的忠实义务。长期通奸造成军人婚姻关系破裂的,应当以破坏军婚罪追究刑事责任。

《最高人民法院印发〈关于破坏军人婚姻罪的四个案例〉的通知》(1985 年 7 月 18 日,法[研]发〔1985〕16 号)发布的案例明确,在办理破坏军人婚姻案件中遇到被告人与现役军人的配偶长期通奸造成军人夫妻关系破裂的严重后果类似情况的,应当适用 1979 年《刑法》第一百八十一条的规定予以判处,即明确将长期通奸造成军婚破坏的情形等同于同居行为。修订后的《刑法》关于破坏军婚罪的罪状并无变化。在关于破坏军婚罪中对“同居”的理解和适用应当保持一定的连续性和一致性,这对军婚的特别保护具有现实必要性和特殊重要性。

本案中,被告人李某在明知侯某丈夫是现役军人的情况下,仍然在将近两年的时间内多次多地与侯某在宾馆开房间发生性关系,共同居住,而且造成了生育一子的严重后果。彭某在得知侯某有婚外情以及侯某乙并非亲生后,双方婚姻关系已达到实质破裂的程度。李某的行为严重损害了现役军人的婚姻权益,已经对现役军人的婚姻关系产生了实质性的破坏,并造成不可逆转的影响。

105 虐待罪(《刑法》第二百六十条)

案例:蔡世祥故意伤害案

案例来源:《刑事审判参考》总第 52 集[第 410 号]

主题词:虐待罪 故意伤害罪

一、基本案情

被告人蔡世祥,男,1966 年 7 月 1 日出生,农民,小学文化。因涉嫌犯故意伤害罪于 2004 年 3 月 18 日被刑事拘留,同年 3 月 24 日被逮捕。

辽宁省义县人民法院经审理查明:被告人蔡世祥与其子蔡木易(本案被害人,死亡时 14 岁)一起生活。因蔡木易患有先天性病毒性心抽,蔡世祥酒后经常对其进行殴打,并用烟头烫、火钩子烙身体、用钳子夹手指、冬季泼凉水等方法对其进行虐待。2004 年 2 月 8 日夜,蔡世祥发现蔡木易从家中往外走,遂拳击其面部,用木棒殴打其身体,次日晨,蔡木易称腹痛不能行走,被其姑母蔡亚琴发现后送医院治疗无效,于 2004 年 3 月 17 日 21 时许死亡。经鉴定,蔡木易生前被他人以钝性致伤物(如拳脚等)伤及腹部,致十二指肠破裂,弥漫性胸、腹膜炎、感染性中毒休克死亡;蔡木易生前十二指肠破裂的伤情程度属重伤。

义县人民法院认为,被告人蔡世祥长期对与其共同生活的未成年家庭成员进行殴打,致被害人伤后不及时对被害人进行诊治,造成被害人因伤死亡的严重后果,其行为已构成虐待罪,且情节特别恶劣。公诉机关指控的犯罪事实清楚,证据充分。蔡世祥的行为同时也触犯了故意伤害罪罪名,由于故意伤害罪罪名涵括在虐待罪的罪名概念中,应被虐待罪吸收,二者属法条竞合关系,故蔡世祥应以虐待罪定罪,从重处罚。公诉机关指控被告人犯故意伤害罪的罪名不成立。根据蔡世祥的犯罪事实、性质、情节以及对社会的危害程度,依照《中华人民共和国刑法》第二百六十条的规定,判决如下:

被告人蔡世祥犯虐待罪,判处有期徒刑七年。

宣判后,义县人民检察院提起抗诉,其理由如下:1. 被告人蔡世祥的虐待行为不能吸收其实施的故意伤害行为,虐待罪与故意伤害罪之间不是法条竞合关系,原判对法律理解有误,适用法律不当,定性不准。2. 蔡世祥故意伤害他人并致人死亡,依照《刑法》第二百三十四条规定,应当对其判处十年以上有期徒刑。原判量刑不当。锦州市人民检察院支持义县人民检察院的抗诉意见。

锦州市中级人民法院经公开审理查明的事实和证据与一审认定的事实和证据相同。

锦州市中级人民法院认为,公诉机关指控原审被告人蔡世祥殴打被害人蔡木易并致蔡木易死亡的犯罪事实清楚。根据《中华人民共和国刑法》第二百三十四条、第二百六十条的规定,故意伤害罪与虐待罪的罪状各不相同,二罪之间并不发生法条竞合关系,一审法院以法条竞合处理原则,认定蔡世祥犯虐待罪属适用法律不当。蔡世祥用暴力手段故意伤害被害人的身体,并致其死亡,其行为已构成故意伤害罪。综上,原判定性错误,抗诉机关提出的第一项抗诉理由成立,予以支持。

原审被告人蔡世祥的伤害行为已造成被害人死亡的犯罪结果,根据《刑法》第二百三十四条之规定,应当对其判处十年以上有期徒刑、无期徒刑或者死刑。原判对蔡世祥判处有期徒刑七年的量刑不当,应予改判。抗诉机关提出的第二项抗诉理由成立,予以支持。

依照《中华人民共和国刑事诉讼法》第一百八十九条第(二)项、《中华人民共和国刑法》第二百三十四条第二款之规定,判决如下:

1. 撤销义县人民法院的刑事判决。
2. 原审被告人蔡世祥犯故意伤害罪,判处有期徒刑十二年。

二、裁判要旨

No. 4-260-1　在经常性虐待过程中,明知会给被害人身体造成伤害,且客观上已经给被害人造成伤害后果的,应当认定为故意伤害罪。如果将该伤害行为分离出来独立评价,其他虐待行为能够满足虐待罪构成要件的,应当以虐待罪与故意伤害罪数罪并罚;如果将伤害行为分离后,其余虐待行为不构成虐待罪的,应以故意伤害罪一罪论处。

在本案中,被告人蔡世祥在家庭生活中,长期以实施暴力行为的方式对其抚养的被害人进行虐待,情节恶劣,即使没有此次行为,其之前实施的一系列虐待行为也足以构成虐待罪。蔡世祥此次行为是因发现被害人外出后,而采取激烈的暴力手段殴打被害人,其暴力程度远远超过家庭虐待中的一般殴打行为,且造成致被害人死亡的严重结果,其主观故意已经不再是虐待,而是明确、直接伤害被害人身体健康了。因此,应当以虐待罪与故意伤害罪两个独立的罪名评价本案行为人的行为,实行数罪并罚。但根据《刑法》第二百六十条的规定,犯虐待罪尚未致被害人重伤或死亡的,告诉的才处理。本案行为人在最后一次殴打被害人前所实施的虐待行为,尚未造成被害人重伤或死亡的结果,被害人生前也未对此提起告诉,不能对行为人的虐待行为追究刑事责任。因此,二审法院以故意伤害罪对行为人的定罪量刑是正确的。

案例:李艳勤故意伤害案

案例来源:《刑事审判参考》总第 98 集[第 995 号]

主题词:虐待罪 家庭成员的范围

一、基本案情

被告人李艳勤,女,1983 年 4 月 5 日出生,农民。2012 年 5 月 17 日因涉嫌犯虐待罪被逮捕。

山西省长治市人民检察院以被告人李艳勤犯故意伤害罪,向长治市中级人民法院提起公诉。

被告人李艳勤对指控的事实无异议。其辩护人提出,起诉书指控李艳勤的行为构成故意伤害罪的定性不准,应当构成虐待罪。

长治市中级人民法院经审理查明:被告人李艳勤与申某某于 2010 年 9 月开始同居生活。2011 年 2 月申某某的女儿申某然(被害人,殁年 5 岁)开始与李艳勤、申某某一起生活。李艳勤常以申某然不写作业、不听话为借口,采用掐、拧、踢、烫、殴打或者使其挨冻等方式虐待申某然,致申某然头面部、颈部、胸腹部、四肢经常受伤。2012 年 3 月 27 日申某某到外地打工,李艳勤与申某然到山西省平顺县租房共同生活。同年 4 月 29 日晚,李艳勤在其租住处,因琐事殴打申某然,致其腹部受伤。申某然告知李艳勤腹部疼痛,李艳勤看到申某然腹部有擦伤,且有血液渗出,但置之不理,并于次日中午再次用拳头朝申某然的腹部使劲击打,致申某然腹部伤情加重。同年 5 月 3 日下午,李艳勤又殴打申某然背部,脚踢申某然臀部,致使申某然跪倒在地。同月 4 日晚,申某然开始出现呕吐症状。5 日,在申某然病情加重体力不支的情况下,李艳勤仍让双手有伤的申某然洗衣服、倒脏水。6 日 19 时许,李艳勤发现申某然躺在床下,身体发凉,李艳勤拨打了 120 急救电话,但申某然因身体遭到钝性暴力作用导致肠管破裂,继发腹腔感染,致感染性休克死亡。

长治市中级人民法院认为,被告人李艳勤对被害人申某然长期进行殴打且最终导致其死亡的行为,构成故意伤害罪。李艳勤在长达一年多的时间里,借"教育"之名,对申某然进行了残酷的殴打,申某然身心遭受了巨大伤害,并最终导致了申某然死亡结果的发生。李艳勤作案手段残忍,后果严重,其行为泯灭了人性良知,严重违反了社会道德和公序良俗,社会影响极坏,为切实保护少年儿童的合法权益不受侵犯,对其应当依法严惩。鉴于李艳勤能够承认其主要犯罪事实,并有抢救被害人的行为,对其判处死刑,可不立即执行。据此,依照《中华人民共和国刑法》第二百三十四条第二款、第五十七条第一款之规定,长治市中级人民法院判处被告人李艳勤犯故意伤害罪,判处死刑,缓期二年执行,剥夺政治权利终身。

一审宣判后,被告人李艳勤向山西省高级人民法院提起上诉。其上诉理由为:(1)一审判决定性错误,应当以虐待罪定罪处罚,而非故意伤害罪;(2)故意伤害的事实不清,造成被害人肠管破裂的原因不明;(3)一审判决量刑过重,提请对其从轻处罚。

山西省高级人民法院经审理认为,一审认定的事实清楚,证据确实、充分,定罪准确,量刑适当,遂裁定驳回上诉,维持原判。

二、裁判要旨

No. 4-260-2 对与其共同生活的非婚同居者的未成年子女长期实施冻饿、打骂等虐待行为的,成立虐待罪。

虐待罪的主体刑法有特殊规定,即家庭成员,有必要对此加以分析。家庭成员是指在一个家庭中共同生活的成员。比较典型的是由法定关系组成的家庭,如夫妻之间;由血亲组成的家庭,如父母与子女、祖父母与孙子女、兄弟姐妹之间等;由拟制血亲形成的家庭,如养父母与养子女、继父母与继子女。这些关系都要求成员在一起共同生活。现实生活中的虐待行为不仅发生在家庭成员之间,还会发生在师生、雇主与雇员之间等,刑法之所以只规定家庭成员之间的虐待才构成犯罪,旨在特殊保护处于婚姻、家庭关系中的成员。因为婚姻家庭中受虐待的被害人,通常无法挣脱或者很难挣脱这种家庭关系的束缚,在这种关系中往往处于弱势的一方。居于优势一方可能会借助家庭的掩护,长期对被害人进行虐待,家庭以外的人难以干预,导致被害人缺乏有力的救济途经,且长期的虐待对被害人、对家庭乃至对社会都会产生负面效应。鉴于此,刑法将发生在家庭成员之间的虐待行为规定为虐待罪。虽然同居二人没有办理正式结婚手续,不是合法夫妻,与对方子女未能形成法定的继子女关系,但实际上,同居者的双方以同居的形成组成了家庭并且共同生活在一起,具备了家庭的形式与实质,同居者及其子女应当视为家庭成员,发生在这些家庭成员之间的虐待行为,其危害与发生在典型的家庭成员之间的虐待并无本质区别,应当属于刑法调整的对象。非婚同居者之间系家庭成员,同居双方抚养的未成年子女若共同生活,也与同居者之间构成家庭成员关系,因此,对与其同居者子女长期虐待的,亦构成本罪。本案中,被告人李艳勤与被害人申某然的父亲申某某同居生活,在申某某外出打工时,李艳勤负责料理小孩的日常生活,双方已经形成了实质上的家庭关系,李艳勤可以成为虐待罪的主体。

被告人李艳勤在 2012 年 4 月 29 日之前,对被害人申某然实施的长期殴打等虐待行为符合刑法所规定的虐待罪的犯罪构成,已经构成虐待罪。而从 2012 年 4 月 29 日当晚开始至被害人死亡前,李艳勤对被害人连续实施的殴打腹部的行为又构成故意伤害罪。这两个犯罪行为是在被告人不同的、独立的主观故意下先后实施的,侵害了不同的客体,李艳勤的行为从犯罪构成上说,已经构成了两罪,且构成要件之间不存在交叉、包容或者吸收关系,不属于法条竞合、想象竞合或者行为吸收关系,不存在必须选择适用一个罪名而排除其他罪名的情形。因此,对李艳勤本应当以虐待罪和故意伤害罪数罪并罚。

案例:朱朝春虐待案

案例来源:《刑事审判参考》总第 98 集[第 998 号]

主题词:虐待罪　家庭成员

一、基本案情

被告人朱朝春,男,1974 年 1 月 15 日出生,无业。2011 年 8 月 17 日因涉嫌犯虐待罪被逮捕。

湖北省武汉市汉阳区人民检察院以被告人朱朝春犯虐待罪,向汉阳区人民法院提起公诉。

被告人朱朝春及其辩护人基于以下理由均提出对朱朝春不应适用《刑法》第二百六十条第二款以及即使构成犯罪也应当从轻处罚的意见:朱朝春殴打刘祎的行为不具有经常性、持续性的特点;刘祎与朱朝春不属于同一家庭成员:刘祎自杀的原因无法查清,不应认定系朱朝春的行为致使刘祎自杀;朱朝春的行为即使构成犯罪,也应当认定为具有自首情节,且其采取积极措施救治刘祎,认罪态度好,请求从轻处罚。

武汉市汉阳区人民法院经公开审理查明:

1998 年 9 月,被告人朱朝春与被害人刘祎(女,殁年 31 岁)结婚。2007 年 11 月,二人协议离婚,但仍以夫妻名义共同生活。2006 年至 2011 年期间,朱朝春多次因感情问题以及家庭琐事对刘祎进行殴打,致使刘祎多次受伤。2011 年 7 月 11 日,朱朝春又因女儿教育问题和怀疑女儿非自己亲生等事项再次与刘祎发生争执。朱朝春拿皮带对刘祎进行殴打,致使刘祎持匕首自杀。朱朝春随即将刘祎送医院抢救。经鉴定,刘祎体表多处挫伤,因被锐器刺中左胸部致心脏破裂大失血,抢救无效死亡。

另查明,朱朝春在将刘祎送往医院后,主动打电话报警,后公安人员将朱朝春带回审查,朱朝春如实供述了殴打刘祎的犯罪事实。

武汉市汉阳区人民法院认为,被告人朱朝春经常性、持续性地采取殴打等手段损害家庭成员身心健康,致使被害人刘祎不堪忍受身体上和精神上的摧残而自杀身亡,朱朝春的行为构成虐待罪。关于朱朝春及其辩护人所提朱朝春不构成虐待罪的相关辩解、辩护意见,经查:(1)刘祎手写的 1998 年至 2005 年期间被朱朝春多次殴打及精神虐待的记录;证人朱世清、许惠芳、刘练、周安定等的证言,均证明朱朝春长期殴打刘祎致使其身体和精神受到侵害;2001 年 1 月、2006 年 1 月、2011 年 3 月和 6 月朱朝春实施的几次比较严重的殴打行为,有刘祎的伤情照片以及刘祎受伤后至医院治疗的数份门诊病历、出院记录、出院诊断证明等证据予以证实,故朱朝春对刘祎的虐待具有经常性、持续性。(2)朱朝春与刘祎于2007年10月协议离婚后,仍以夫妻名义共同生活,共同抚养子女,相互之间存在扶养关系,双方亲属和周围群众也认为二人是夫妻,故刘祎与朱朝春应当认定为同一家庭成员。(3)由于朱朝春长期、多次对刘祎进行虐待,致使刘祎无法忍受而自杀死亡,朱朝春的虐待行为与刘祎的死亡结果之间具有刑法上的因果关系。综上,对上述辩解、辩护意见不予采纳。关于朱朝春及其辩护人所提请求从轻处罚的意见,情况属实,理由成立,予以采纳。据此,依照《中华人民共和国刑法》第二百六十条第二款、第六十七条第一款以及最高人民法院《关于处理自首和立功具体应用法律若干问题的解释》第一条之规定,武汉市汉阳区人民法院以被告人朱朝春犯虐待罪,判处有期徒刑五年。

一审宣判后,被告人朱朝春不服,以"没有实施虐待行为,一审判决定罪不准,量刑过重等"为由向武汉市中级人民法院提起上诉。

武汉市中级人民法院经审理认为,被告人朱朝春虐待共同生活的家庭成员刘祎,致使刘祎自杀身亡,其行为构成虐待罪。作案后朱朝春具有自首情节,一审已对其依法从轻处罚,故朱朝春所提上诉理由不能成立。一审判决认定的事实清楚,证据确实、充分,定罪准确,量刑适当,审判程序合法。

依照《中华人民共和国刑事诉讼法》(1996年)第一百八十九条第(一)项之规定,武汉市中级人民法院裁定驳回上诉,维持原判。

二、裁判要旨

No. 4-260-3 夫妻离婚后仍然共同生活的,属于虐待罪意义上的家庭成员。

对于家庭成员的认定,不能仅限于具有婚姻法规定的基于婚姻和血亲基础形成的四类家庭关系的主体,对于具有同居、扶养、寄养等"类家庭"关系的主体,也应纳入家庭成员的范畴。事实上,联合国文件以及很多国家、地区的立法规定,都已经把具有"类家庭"关系的主体规定为家庭成员。在司法实践中,对家庭成员的界定宜作宽泛理解,除了婚姻法规定的具有四类家庭关系的主体外,具有恋爱、同居、扶养等关系的主体,也应当视为"家庭成员"。夫妻离婚后仍然在一起共同生活的,二人之间的关系与《婚姻法》规定的夫妻关系相比,除了没有履行婚姻登记手续以及其在民事法律关系上有别于夫妻之外,其余方面差别不大。双方具有夫妻之间特有的亲密关系,无论是从大众的通常观念来看,还是出于司法实践的需要,都应当将之认定为家庭成员。本案中,无论是在被告人朱朝春和被害人刘祎婚姻关系存续期间还是在二人协议离婚之后,朱朝春均对刘祎实施过多次殴打,对刘祎造成了严重的身体和精神侵害。案发当日,朱朝春再次对刘祎进行殴打,致使刘祎因无法继续忍受而自杀身亡。朱朝春对刘祎的死亡后果承担刑事责任符合法理常情。

案例:蔡亚珊虐待案

案例来源:《人民法院案例选》2016年第4辑

主题词:虐待罪 持续加害致儿童重伤

一、基本案情

北京市朝阳区人民检察院指控被告人蔡亚珊犯虐待罪,向法院提起公诉并依据被害人构成轻伤的后果,建议对被告人判处有期徒刑一年至二年。法院审理案件过程中,被害人陈某某(女,时年4岁)及其亲生父母陈嵬、张云燕提起刑事附带民事诉讼并申请进行伤残鉴定和重新进行伤情鉴定。经鉴定,被害人陈某某损伤程度为重伤(偏轻),伤残程度属九级。此后,公诉机关变更起诉,指控被告人蔡亚珊的行为造成被害人重伤的后果,构成虐待罪并建议判处有期徒刑三年至五年。

庭审中,被害人陈某某的诉讼代理人认为,被告人蔡亚珊的行为构成故意伤害罪,应对其从重处罚。被告人蔡亚珊当庭对案件事实基本予以认可,其辩护人辩称被告人蔡亚珊自愿认罪,系初犯、偶犯。本案系因家庭纠纷矛盾激化引发的犯罪,被告人有悔罪表现,并积极赔偿了被害人的经济损失,建议法院对被告人从轻处罚。鉴定人出庭就本案的关键证据(即被害人伤情鉴定的鉴定意见)接受询问。鉴定人证实被害人陈某某的胰腺损伤是外力击打所致,排除病变、运动损伤的可能,是病历资料揭示的2010年10月14日这一次损伤构成重伤(偏轻)的后果。鉴定人倾向认为重伤后果系一次损伤导致,但不能明确排除腹部、背部多次受到外力造成的可能。

法院经审理查明:被告人蔡亚珊和陈嵬于2008年5月结婚。2009年年初,陈嵬和前妻张云燕所生的女儿陈某某与陈嵬、蔡亚珊一起生活。自2010年以来,被告人蔡亚珊因家庭矛盾,为发泄心中不满,先后多次掐陈某某的脸、嘴、身上,用擀面杖殴打、用脚踢踹其全身多个部位,用开水烫伤其身体和双脚,导致陈某某多次就诊并入院治疗。被告人蔡亚珊后于2011年12月14日被查获归案。

北京市朝阳区人民法院于2013年6月13日作出(2012)朝刑初字第2832号刑事附带民事判决,认定被告人蔡亚珊犯虐待罪,判处有期徒刑五年;被告人蔡亚珊赔偿附带民事诉讼原告人陈某某经济损失。

宣判后,被告人未上诉,公诉机关未提起抗诉。附带民事诉讼原告人及法定代理人对刑事、民事部分的判决结果均无异议,判决已发生法律效力。

二、裁判要旨

No.4-260-4 家庭成员虐待儿童而无法确定造成重伤的具体伤害行为时,应将重伤认定为持续虐待的结果,以虐待罪的加重结果犯定罪处罚。

虐待致人重伤与故意伤害致人重伤的加重情节相似,但引起重伤的原因却并不相同。虐待致人重伤是由长期的打骂、摧残行为导致的结果,被害人的重伤后果系因长期受虐待而积累所致;而故意伤害造成的危害后果,往往都是一次行为造成。如果在虐待过程中,行为人基于伤害被害人的故意施加暴力并造成了重伤的后果,就不能构成虐待罪,而应定性为故意伤害罪。在无法查明造成重伤后果的具体伤害行为的情形下,应将虐待中的重伤后果评价为构成虐待罪的结果加重犯,以虐待罪一罪定罪处罚。

1. 从被告人的主观故意分析,被告人在公安机关多次供述其因婚姻生活不顺心而产生虐待被害人的想法,在长达一年多的时间内,其多次以殴打、用开水烫等多种方式对被害人连续施暴,事后又让被害人父亲带被害人就医治疗。因此,在主观故意上,认定被告人是通过虐待被害人来发泄自己对婚姻生活的不顺心,相较于认定被告人是基于追求或者放任造成被害人重伤的后果进行施暴更为合理。

2. 从被告人的行为方式分析,被告人既采用了积极作为的方式(如殴打、用开水烫)进行施暴,又采用了消极不作为的方式(如被害人生病后不给予及时医治,待被害人病情加重后才带其去救治)加以虐待,被告人的施暴行为在方式、手段等方面保持前后一贯的连续性,伤害行为是整个虐待行为中的一个组成部分,是被告人不法行为的持续表现之一。将伤害行为单独加以评价,与除此之外的其他虐待行为予以并罚,这显然是否认虐待手段可以包括伤害行为,与立法本意相悖,构成了对虐待行为的重复评价。

3. 从被害人的致伤原因分析,本案中,虐待的过程具有连贯性且时间跨度大,从鉴定人的鉴定意见和本案的其他证据无法认定造成被害人重伤后果的具体伤害行为。在无法查清造成重伤后果的具体伤害行为的情况下,结合对被告人主观心态的分析,应认定重伤的结果系由长期的虐待行为累积所致,被告人构成虐待罪的结果加重犯。

106 组织残疾人、儿童乞讨罪(《刑法》第二百六十二条之一)

案例:翟雪峰、魏翠英组织儿童乞讨案

案例来源:《刑事审判参考》总第98集[第1001号]

主题词:组织儿童乞讨罪

一、基本案情

被告人翟雪峰,男,1967年4月20日出生,农民。2011年3月30日因涉嫌犯组织儿童乞讨罪被逮捕。

被告人魏翠英(别名位翠英,与被告人翟雪峰系夫妻),女,1965年3月26日出生,农民。2011年3月30日因涉嫌犯组织儿童乞讨罪被逮捕。

河南省太康县人民检察院以被告人翟雪峰、魏翠英犯组织儿童乞讨罪,向太康县人民法院提起公诉。

被告人翟雪峰及其辩护人提出:翟雪峰组织儿童外出卖艺,不是沿街乞讨;外出时其与儿童家长都一一签订了合同,交了定金;儿童是自愿跟随其卖艺,在卖艺过程中没有对儿童使用过暴力、胁迫;被害人冯某某是被翟满响打死的,翟雪峰没有责任;被害人朱某某的失踪与翟雪峰无关;翟雪峰没有殴打过被害人任某某,其对任某某耳朵、舌头、鼻子等部位的伤不知情;翟雪峰不构成犯罪。

被告人魏翠英提出,其没有组织儿童乞讨,只是帮助翟雪峰和他带的儿童做饭、洗衣服。

太康县人民法院经审理查明:2005年至2009年期间,被告人翟雪峰伙同其妻魏翠英先后组织被害人冯某某、朱某某、任某某等多名五六岁的儿童,分别到河南、湖南、广西等地,以演杂技为名,利用暴力、胁迫手段让其沿街乞讨。翟雪峰将儿童分组,其中,让翟满响协助管理被害人冯某某等儿童。翟满响在带冯某某外出乞讨时,因冯某某对其言语顶撞,遂将冯某某伤害致死。被害人朱某某被带出乞讨时丢失,下落不明。同时,造成任某某身体多处受伤的严重后果。

太康县人民法院认为,被告人翟雪峰、魏翠英以演杂技为名,利用暴力、胁迫等手段组织多名儿童乞讨,其行为构成组织儿童乞讨罪,且系共同犯罪。其间,乞讨儿童冯某某被他人伤害致死,朱某某失踪,任某某身体多处受损伤,翟雪峰及其妻子魏翠英负有不可推卸的责任。二被告人组织儿童乞讨情节严重,社会影响恶劣,依法应当惩处。魏翠英在共同犯罪中所起作用相对较小,依法可以对其酌情从轻处罚。据此,依照《中华人民共和国刑法》第二百六十二条之一、第二十五条第一款、第五十二条、第五十三条之规定,太康县人民法院判决如下:

1. 被告人翟雪峰犯组织儿童乞讨罪,判处有期徒刑六年,并处罚金人民币五千元。

2. 被告人魏翠英犯组织儿童乞讨罪,判处有期徒刑四年,并处罚金人民币五千元。

宣判后,被告人翟雪峰、魏翠英以其行为不构成组织儿童乞讨罪、原判量刑过重为由向周口市中级人民法院提出上诉。

周口市中级人民法院经审理认为,上诉人翟雪峰、魏翠英利用暴力、胁迫手段组织多名儿童沿街乞讨的事实清楚,证据确实、充分,其行为构成组织儿童乞讨罪。二上诉人关于其行为不构成组织儿童乞讨罪的意见,不予支持。关于上诉人魏翠英提出原判量刑过重的意见,经查,证明魏翠英参与殴打被害人的证据中,只有夏某某、李某二人的证言,且后者证言只提到"魏翠英有时也骂他们",二审中提交的有关证据也证实魏翠英只是农闲时间跟着丈夫翟雪峰外出,大部分时间在家务农,因此,魏翠英在共同犯罪中所起作用较小,系从犯,依法应当从轻处罚。据此,依照《中华人民共和国刑事诉讼法》(1996年)第一百八十九条第(二)项之规定,周口市中级人民法院判决如下:

1. 维持太康县人民法院(2011)太少刑初字第20号刑事判决第一项关于被告人翟雪峰的定罪、量刑部分以及第二项关于被告人魏翠英的定罪。

2. 撤销太康县人民法院(2011)太少刑初字第20号刑事判决第二项关于被告人魏翠英的量刑部分。

3. 被告人魏翠英犯组织儿童乞讨罪,判处有期徒刑三年,并处罚金人民币五千元。

二、裁判要旨

No. 4-262之一-1　组织儿童乞讨罪中的暴力、胁迫不以达到足以压制儿童反抗的程度为必要,而只需要足以使儿童产生恐惧心理即可。

我国《刑法》分则多处使用"暴力"的表述,"暴力"一般是指造成被害人生理或者心理上的强制状态的有形强制力或者武力,"胁迫"(有时称为"威胁")常与"暴力"同时使用,一般是指以将要实施暴力或者其他恶害为内容,使被害人受到精神强制的行为。从程度上来讲,"暴力"的上限最高可达到故意杀人的程度,其下限通常必须达到足以妨碍被害人的意志自由;而“胁迫”通常使被害人产生恐惧心理,并在一定程度上影响其意志自由。在认定是否构成组织儿童乞讨罪中的“暴力、胁迫”时,应当充分考虑儿童身心脆弱、易受伤害等特点,程度标准不宜要求过高,无须达到足以压制儿童反抗的程度。只要在常人看来,足以使儿童产生恐惧心理,即满足客观入罪条件。一般而言,对儿童实施抽耳光、踢打等轻微暴力,或者采取冻饿、凌辱、言语恐吓、精神折磨、有病不给治疗、限制人身自由、灌服精神镇定麻醉类药物等方式,组织儿童乞讨的,均符合组织儿童乞讨罪的入罪条件。

No. 4-262 之一-2　组织儿童乞讨罪中的组织不以被组织者达到三人为要件。

有些罪状本身暗含了对组织对象的最低人数要求,例如组织、领导传销活动罪,如果成员少于 3 人,显然不符合传销活动的本质。有些罪状虽未对组织对象的人数提出明确要求,但是基于法益侵害的严重程度差别较大,为了限制刑事处罚范围,故在不具备其他严重情节的情况下,可以对人数作出限制性解释,即通常被组织者达 3 人以上,才构成犯罪。组织残疾人、儿童乞讨罪与妨害社会管理秩序的组织犯罪不同,由于该罪的行为对象是特定的“弱者”,即使通过暴力、胁迫,发起、策划、指导、安排 1 名残疾人、儿童乞讨,也会贬损其人格尊严,助长儿童形成好逸恶劳或反社会性格,对残疾人、儿童身心健康造成严重伤害,同时还易诱发被组织者实施其他违法犯罪,妨害社会管理秩序,社会危害性大,因此,即使组织 1 名残疾人、儿童乞讨也构成犯罪,有必要予以刑事制裁。那种要求被组织乞讨者达 3 人以上才构成犯罪的观点,显然忽视了该类犯罪社会危害的严重性。与对组织卖淫等犯罪中的“组织”概念进行限制解释不同,对组织残疾人、儿童乞讨罪的“组织”作适度的扩大解释,避免因该罪门槛过高而放纵部分犯罪分子,合乎该罪最大限度保护社会弱势群体权益的立法宗旨,亦未超出“组织”概念文义的涵摄范围和正常公民的预测可能性。

最高人民法院研究室
北京大学刑事法治研究中心

组织编写

人民法院刑事指导案例裁判要旨通纂

下卷·第三版

陈兴良 张军 胡云腾 主编

凡　例

一、本书结构

1. 章节设置:本书的章节与《中华人民共和国刑法》(以下简称《刑法》)分则对应(其中第十章“军人违反职责罪”因无案例而暂未列出)。
2. 罪名排列:本书各章节下罪名,按《刑法》条文顺序排列。
3. 案例结构:本书收录的案例由“基本案情”和“裁判要旨”两部分构成。

二、本书案例来源

1. 最高人民法院发布的指导性案例。
2.《刑事审判参考》(最高人民法院刑事审判第一、二、三、四、五庭主办)。
3.《人民法院案例选》(最高人民法院中国应用法学研究所编)。
4.《中华人民共和国最高人民法院公报》(简称《最高人民法院公报》,最高人民法院办公厅主办)。

三、裁判要旨编号

收入本书的裁判要旨以法条及罪名为依据进行编排,以便读者查找。现示范如下:

编号	编号含义
NO. 4-232-1	《刑法》分则第四章第二百三十二条(故意杀人罪)下第一个裁判要旨。
NO. 3-8-225-1	《刑法》分则第三章第八节第二百二十五条(非法经营罪)下第一个裁判要旨。
NO. 3-5-194(1)-1	《刑法》分则第三章第五节第一百九十四条第一款(票据诈骗罪)下第一个裁判要旨。
NO. 2-114、115(1)-1-1	《刑法》分则第二章第一百一十四条、第一百一十五条第一款第一个罪名(放火罪)下第一个裁判要旨。

四、最高人民法院发布的指导性案例的处理

1. 将最高人民法院发布的刑事指导性案例按本书体例进行整理,编入相应罪名下。
2. 在本书详目中,以“ * ”标注出最高人民法院发布的刑事指导性案例,以便读者查找。

五、案例索引

为方便读者查询案例,本书设置了案例索引。

六、主题词索引

为方便读者查询相关主题,本书设置了主题词索引。

要　目

(下卷)

详　目

（下　卷）

第五章　侵犯财产罪

* 最高人民法院 2013 年 1 月 31 日第四批指导性案例第 14 号。

---

* 最高人民法院 2014 年 6 月 23 日第七批指导性案例第 27 号。

第六章 妨害社会管理秩序罪

* 最高人民法院 2014 年 6 月 23 日第七批指导性案例第 28 号。

No. 6-1-280(1)-1-2 通过伪造公司印章的手段,为他人引存放贷获取报酬的,其行为同时构成伪造公司印章罪和诈骗罪的,按牵连犯的处理原则从一重罪处断;其行为不构成诈骗罪的,应以伪造公司印章罪论处。 …… 1520

121 非法出售、提供试题、答案罪(《刑法》第二百八十四条之一第三款)

案例:王学军等非法获取国家秘密、非法出售、提供试题、答案案 …… 1520

一、基本案情 …… 1520

二、裁判要旨 …… 1521

No. 6-1-284之一(3)-1 《刑法》第二百八十四条之一非法出售、提供试题、答案罪中"法律规定的国家考试"范围包括法律作出隐含式原则性规定、行政法规和部门规章进行明确细化的考试。 …… 1521

No. 6-1-284之一(3)-2 非法出售、提供的试题、答案即使与原题、标准答案有所出入,也不影响非法出售提供试题、答案罪的成立。 …… 1522

No. 6-1-284之一(3)-3 非法获取属于国家秘密的试题、答案后又非法出售、提供的,同时成立非法获取国家秘密罪与非法出售、提供试题、答案罪,应实行数罪并罚。 …… 1522

122 非法获取计算机信息系统数据、非法控制计算机信息系统罪(《刑法》第二百八十五条第二款)

案例:董勇、李文章非法获取计算机信息系统数据案 …… 1523

一、基本案情 …… 1523

二、裁判要旨 …… 1524

No. 6-1-285(2)-1 利用木马程序获取他人账号信息将账号内的虚拟财产转移至自己账号出售牟利的行为,应当以非法获取计算机信息系统罪定罪处罚。 …… 1524

案例:岳曾伟等人非法获取计算机信息系统数据案 …… 1524

一、基本案情 …… 1524

二、裁判要旨 …… 1525

No. 6-1-285(2)-2 购买网络游戏账号及密码侵入他人游戏空间窃取游戏金币并出售的行为,构成非法获取计算机信息系统数据罪。 …… 1525

案例:吴冰非法获取计算机信息系统数据案 …… 1525

一、基本案情 …… 1525

二、裁判要旨 …… 1526

No. 6-1-285(2)-3 利用充值系统漏洞篡改系统数据非法获取游戏币,没有损害信息系统功能的,不成立破坏计算机信息系统罪,仅成立非法获取计算机信息系统罪。 …… 1526

案例:张竣杰等非法控制计算机信息系统案 …… 1526

一、基本案情 …… 1526

二、裁判要旨 …… 1526

No. 6-1-285(2)-4 应通过是否对计算机信息系统功能进行实质性破坏、是否造成信息系统不能正常运行以及是否对信息系统内有价值的数据进行增加或删改,来区分破坏计算机信息系统罪和非法控制计算机系统罪。 …… 1526

123 破坏计算机信息系统罪(《刑法》第二百八十六条)

案例:吕薛文破坏计算机信息系统案 …… 1527

一、基本案情 …… 1527

二、裁判要旨 …… 1528

二、裁判要旨 …… 1537
No.6-1-290(1)-1 我国公民在国外犯罪,法定最高刑为三年以下有期徒刑,但犯罪情节严重的,应当追究刑事责任。 …… 1537
No.6-1-290(1)-2 我国公民在国外犯罪,法定最高刑为三年以上有期徒刑的,无论被告人实际判处的刑罚高于或者低于三年有期徒刑,均应追究刑事责任。 …… 1537
No.6-1-290(1)-3 我国公民在国外犯罪的,应由被告人离境前的居住地或者户籍所在地的人民法院管辖。 …… 1537
125 聚众扰乱公共场所秩序、交通秩序罪(《刑法》第二百九十一条)
案例:余胜利、尤庆波聚众扰乱交通秩序案 …… 1538
一、基本案情 …… 1538
二、裁判要旨 …… 1538
No.6-1-291-1 聚众扰乱交通秩序罪的成立,要求行为人同时实施了"聚众堵塞交通或破坏交通秩序"与"抗拒、阻碍国家治安管理工作人员依法执行职务"的行为,但并不要求后者必须达到情节严重的程度。 …… 1538
126 编造、故意传播虚假恐怖信息罪(《刑法》第二百九十一条之一第一款)
案例:袁才彦编造虚假恐怖信息案 …… 1540
一、基本案情 …… 1540
二、裁判要旨 …… 1540
No.6-1-291 之一(1)-2-1 以编造虚假恐怖信息的方式进行敲诈勒索的,属于想象竞合犯,应以一重罪处断。 …… 1540
No.6-1-291 之一(1)-2-2 编造虚假恐怖信息,造成有关部门实施人员疏散的,应当认定为编造虚假恐怖信息造成严重后果。 …… 1540
案例:熊毅编造虚假恐怖信息案 …… 1541
一、基本案情 …… 1541
二、裁判要旨 …… 1542
No.6-1-291 之一(1)-2-3 编造虚假恐怖信息,严重扰乱社会秩序,但未造成人员伤亡,也未在公众中引起极度恐慌并造成重大经济损失的,不应认定为"造成严重后果"。 …… 1542
127 编造、故意传播虚假信息罪(《刑法》第二百九十一条之一第二款)
案例:刘星星编造、传播虚假信息案 …… 1543
一、基本案情 …… 1543
二、裁判要旨 …… 1543
No. 6-1-291 之一(2)-1 编造、故意传播虚假信息罪是情节犯,编造、传播虚假信息行为必须达到严重扰乱社会秩序的程度才构成犯罪。 …… 1543
No. 6-1-291 之一(2)-2 相关职能部门采取紧急应对措施是严重扰乱社会秩序的形式标准之一;但职能部门采取紧急应对措施避免危害结果扩大,不能成为阻却犯罪成立的理由。 …… 1543
128 高空抛物罪(《刑法》第二百九十一条之二)
案例:廖善香过失致人死亡案 …… 1544
一、基本案情 …… 1544
二、裁判要旨 …… 1544

---

* 最高人民法院 2021 年 1 月 12 日第 26 批指导性案例第 146 号。

148 非法进行节育手术罪(《刑法》第三百三十六条第二款)

案例:徐如涵非法进行节育手术案 …… 1769

一、基本案情 …… 1769

二、裁判要旨 …… 1771

No. 6-5-336(2)-1 最高人民法院《关于审理非法行医刑事案件具体应用法律若干问题的解释》对于非法行医罪中严重损害就诊人身体健康的认定标准同样适用于非法进行节育手术罪。不应将致人重伤简单等同于严重损害就诊人身体健康。 …… 1771

案例:陈菊玲非法进行节育手术案 …… 1772

一、基本案情 …… 1772

二、裁判要旨 …… 1772

No. 6-5-336(2)-2 判决宣告以前犯同种数罪的,一般应并案按照一罪处理,不实行并罚。 …… 1772

No. 6-5-336(2)-3 在审理过程中,法院发现被告人犯有同种数罪但被人为分案处理的,可以建议检察机关并案起诉;检察机关不予并案处理的,应仅就起诉的犯罪事实作出裁判,在审理后起诉的犯罪事实时,可以适用《刑法》第七十条关于漏罪并罚的规定。 …… 1772

No. 6-5-336(2)-4 对人为分案处理的同种数罪实行并罚时,决定执行的刑罚应当与并案以一罪处理时所应判处的刑罚基本相当,不得加重被告人的处罚。 …… 1773

149 污染环境罪(《刑法》第三百三十八条)

案例:程凤莲污染环境案 …… 1773

一、基本案情 …… 1773

二、裁判要旨 …… 1773

No. 6-6-338-1 对于未经审批超标排放污水的行为,可先行审查排污行为是否符合超标排放的入罪标准,再认定所排放的污染物类型。 …… 1773

案例:宁夏明盛染化有限公司、廉兴中污染环境案——腾格里沙漠污染案 …… 1774

一、基本案情 …… 1774

二、裁判要旨 …… 1774

No. 6-6-338-2 自然人或者单位违反国家规定,排放、倾倒或者处置有放射性的废物、含传染病病原体的废物、有毒物质或者其他有害物质,严重污染环境的行为,应构成污染环境罪,该罪主体既可以是单位,也可以是自然人,对于基于单位利益实施污染环境的行为,应采取双罚制的原则,同时处罚单位和直接责任人员。 …… 1774

案例:宝勋精密螺丝(浙江)有限公司等污染环境暨附带民事公益诉讼案——“10·12”跨省倾倒固体废物污染长江案 …… 1775

一、基本案情 …… 1775

二、裁判要旨 …… 1776

No. 6-6-338-3 自然人或者单位违反国家规定,排放、倾倒或者处置有放射性的废物、含传染病病原体的废物、有毒物质或者其他有害物质,严重污染环境的行为,应构成污染环境罪,非法排放、倾倒、处置危险废物一百吨以上的,应属“情节严重”;主观上不要求行为人对发生重大环境污染事故有认识,只要行为人认识到其行为会使环境受到严重污染或破坏即可;明知他人无危险废物经营许可证,向其提供或者委托其收集、贮存、利用、处置危险废物,严重污染环境的,以共同犯罪论处。 …… 1776

案例:董传桥、张锁等十九人污染环境案 …… 1777

一、基本案情 …… 1777

犯罪人均属罪行极其严重,即使共同犯罪人到案也不影响对在案被告人适用死刑的,可以依法判处在案被告人死刑。 …… 1891
案例:高洪雷等贩卖、运输毒品,介绍卖淫案 …… 1892
一、基本案情 …… 1892
二、裁判要旨 …… 1892
No. 6-7-347-69 在毒品共同犯罪中作用相对较大的主犯因具有法定从宽情节而未判处死刑的,对其他罪责相对较小的主犯不应"升格"判处死刑。 …… 1892
案例:常茂、吴江运输毒品案 …… 1893
一、基本案情 …… 1893
二、裁判要旨 …… 1893
No. 6-7-347-70 对于涉案毒品数量刚超过实际掌握的死刑数量标准,依法应当适用死刑的,一般只对其中罪责最大的一名主犯适用死刑。 …… 1893
No. 6-7-347-71 涉案毒品数量达到巨大以上,罪责稍次的主犯具有法定、重大酌定从重处罚情节,判处二人以上死刑符合罪刑相适应原则,并有利于全案量刑平衡的,可以依法判处二人以上死刑。 …… 1893
案例:姚某贩卖毒品案 …… 1893
一、基本案情 …… 1893
二、裁判要旨 …… 1894
No. 6-7-347-72 未满十八周岁的未成年人因毒品犯罪被判处五年以下有期徒刑,犯罪记录根据《刑事诉讼法》第二百七十五条的规定予以封存的,成年后再犯毒品犯罪,不能认定为毒品再犯,从重处罚。 …… 1894
案例:周崇敏贩卖毒品案 …… 1895
一、基本案情 …… 1895
二、裁判要旨 …… 1895
No. 6-7-347-73 一审宣判后上诉期间再犯新罪的,即便判处的刑期已经届满也不能视为刑罚执行完毕,不符合一般累犯的成立条件。 …… 1895
案例:张应宣运输毒品案 …… 1896
一、基本案情 …… 1896
二、裁判要旨 …… 1896
No. 6-7-347-74 运输毒品罪的成立不以主观上具有走私、贩卖、制造目的为要件,只要运输毒品达到一定数量,即可构成运输毒品罪。 …… 1896
案例:易卜拉欣·阿卜杜西默德·阿布多什走私毒品案 …… 1897
一、基本案情 …… 1897
二、裁判要旨 …… 1898
No. 6-7-347-75 非法携带恰特草入境我国,构成走私毒品罪。 …… 1898
案例:林清泉制造毒品案 …… 1898
一、基本案情 …… 1898
二、裁判要旨 …… 1899
No. 6-7-347-76 制造毒品案件中,含甲基苯丙胺的液态毒品与含甲基苯丙胺的晶体状毒品在毒品性质、毒品含量及社会危害性上均有区别,应慎用死刑。 …… 1899
案例:陈春莲贩卖毒品案 …… 1899
一、基本案情 …… 1899
二、裁判要旨 …… 1900

第七章 危害国防利益罪

第八章 贪污贿赂罪

* 最高人民法院 2012 年 9 月 18 日第三批指导性案例第 11 号。

* 最高人民法院 2011 年 12 月 20 日第一批指导性案例第 3 号。

第九章 渎职罪

第五章 侵犯财产罪

107 抢劫罪(《刑法》第二百六十三条)

案例:吴灵玉等抢劫、盗窃、窝藏案

案例来源:《刑事审判参考》总第63集[第499号]

主题词:立功 他人犯罪行为

一、基本案情

被告人吴灵玉,男,1981年2月2日出生,初中文化,农民。2004年11月因犯抢劫罪被判处有期徒刑七个月,罚金人民币两千元,2005年1月14日刑满释放。因涉嫌犯抢劫罪于2005年9月2日被逮捕。

被告人杨代国,男,1980年4月28日出生,小学文化,无业。因涉嫌犯抢劫罪于2005年9月2日被逮捕。

被告人张福伟,男,1975年11月5日出生,初中文化,农民。因涉嫌犯抢劫罪于2005年9月2日被逮捕。

被告人史雷超,男,1984年2月13日出生,初中文化,农民。因涉嫌犯抢劫罪于2005年9月2日被逮捕。

被告人同海潮,男,1979年5月20日出生,初中文化,农民。2004年11月因犯盗窃罪被判处有期徒刑十个月,罚金人民币二千元,2005年6月1日刑满释放。因涉嫌犯窝藏罪于2005年9月2日被逮捕。

北京市第二中级人民法院经审理查明:被告人吴灵玉、杨代国、张福伟、史雷超预谋抢劫,2005年7月29日13时许,四被告人在北京市丰台区世界公园西墙外发现一辆停在路边的面包车,按照吴灵玉的安排,四被告人对面包车内的被害人任峰、段秀桃进行抢劫。其间,被告人吴灵玉持随身携带的尖刀猛扎任峰胸部、腿部及腕部数刀,造成任峰右肺上叶贯通创,致急性失血性休克死亡。四被告人抢得人民币520元、移动电话2部,所抢钱款已被挥霍。被告人同海潮明知吴灵玉、杨代国、张福伟、史雷超系犯罪后潜逃,为四被告人提供隐藏处所,帮助逃匿。

被告人同海潮于2005年7月20日13时许,在北京市丰台区郑常庄"家世界"超市停车场,盗窃他人电动自行车一辆,该车价值人民币1090元。同海潮于2005年8月5日因涉嫌窝藏赃物被公安机关传唤后,揭发了公安机关尚未掌握的吴灵玉等人抢劫犯罪的事实。

北京市第二中级人民法院认为,被告人吴灵玉、杨代国、张福伟、史雷超以非法占有为目的,采用暴力手段,当场劫取公民财物,其行为均已构成抢劫罪,且致人死亡,犯罪情节、后果特别严重,依法应予惩处。被告人同海潮明知他人犯罪予以窝藏,其行为已构成窝藏罪;其还盗窃他人车辆,数额较大,其行为亦构成盗窃罪,依法均应惩处并合并处罚。被告人吴灵玉、同海潮曾因故意犯罪被判处有期徒刑,在刑满释放后五年内又故意犯应判处有期徒刑以上刑罚之罪,系累犯,依法应从重处罚。鉴于被告人同海潮归案后,如实供述公安机关还未掌握的本人盗窃罪行,具有自首情节,依法对其所犯盗窃罪从轻处罚。故依法判决:

1. 被告人吴灵玉犯抢劫罪,判处死刑,剥夺政治权利终身,并处没收个人全部财产;
2. 被告人杨代国犯抢劫罪,判处有期徒刑十五年,剥夺政治权利三年,罚金人民币三万元;
3. 被告人张福伟犯抢劫罪,判处有期徒刑十五年,剥夺政治权利三年,罚金人民币三万元;
4. 被告人史雷超犯抢劫罪,判处有期徒刑十二年,剥夺政治权利二年,罚金人民币二万四千元;
5. 被告人同海潮犯窝藏罪,判处有期徒刑四年;犯盗窃罪,判处有期徒刑六个月,罚金人民币一千元,决定执行有期徒刑四年,罚金人民币一千元。

一审宣判后,被告人同海潮提出上诉,其上诉理由是:其被抓获后交代了吴灵玉等人抢劫的事实,一审判决未认定其具有立功表现。

北京市人民检察院的出庭意见是:建议维持对吴灵玉、杨代国、张福伟、史雷超的定罪量刑及对同海潮的定罪。对同海潮应认定具有立功情节,建议依法改判。

北京市高级人民法院审理认为,原审被告人吴灵玉、杨代国、张福伟、史雷超以非法占有为目的,采用暴力手段,当场劫取他人财物,其行为均已构成抢劫罪,且具有抢劫中致人死亡的严重情节,依法应予惩处。上诉人同海潮明知他人犯罪仍予以窝藏,其行为已构成窝藏罪;其还盗窃他人财物,数额较大,亦构成盗窃罪,依法应与其所犯窝藏罪并罚。吴灵玉、同海潮曾因故意犯罪被判处有期徒刑,在刑满释放后五年内又故意犯应判处有期徒刑以上刑罚之罪,系累犯,依法应从重处罚。鉴于同海潮归案后,如实供述公安机关尚未掌握的本人盗窃罪行,具有自首情节,且同海潮揭发他人重大犯罪行为,经查证属实,有重大立功表现,依法对其所犯窝藏罪减轻处罚,对其所犯盗窃罪免予刑事处罚。故依法判决:

1. 维持一审刑事附带民事判决主文第一、二、三、四项;

2. 上诉人同海潮犯窝藏罪,判处有期徒刑二年;犯盗窃罪,免予刑事处罚。

二、裁判要旨

No.5-263-1 掩饰、隐瞒犯罪所得、犯罪所得收益罪的犯罪嫌疑人,在供述中揭发所得或所得收益来源的犯罪人具体犯罪行为的,应当认定为揭发他人犯罪行为,成立立功。

对于窝藏、包庇罪等连累犯而言,只要求行为人主观上明知系犯罪的人、犯罪分子或犯罪所得及其产生的收益即可,即属于一种概括性的明知,不需要对基本犯的具体犯罪行为有明确的认识。掩饰、隐瞒犯罪所得、犯罪所得收益罪、帮助犯罪分子逃避处罚罪等属于此类连累犯。这类连累犯的犯罪构成并不能涵摄基本犯的具体犯罪行为,其并无如实供述基本犯的具体犯罪行为的义务。因此,对于这类连累犯而言,揭发基本犯的具体犯罪行为就超出了其如实供述的范围,属于揭发他人犯罪行为,应当认定为立功。在本案中,同海潮系窝藏犯,其只需如实供述明知吴灵玉等人系犯罪人即可,至于吴灵玉等人所犯何罪,则在所不论,其揭发吴灵玉等人的具体抢劫犯罪行为超出了如实供述的范围,系揭发他人犯罪行为,应当认定为立功。

案例:王建利等抢劫案

案例来源:《刑事审判参考》总第61集[第482号]

主题词:抢劫罪 数额巨大 文物

一、基本案情

被告人王建利,男,1971年4月30日出生,初中文化,无业。因涉嫌犯抢劫罪于2007年2月5日被逮捕。

被告人夏成强,男,1970年8月19日出生,小学文化,无业。因涉嫌犯抢劫罪于2007年2月5日被逮捕。

被告人王建波,男,1968年6月28日出生,初中文化,农民。因涉嫌犯抢劫罪于2007年2月5日被逮捕。

被告人李鹏举,男,1968年9月22日出生,初中文化,出租车司机。因涉嫌犯抢劫罪于2007年2月5日被逮捕。

被告人高忠义,男,1966年12月30日出生,小学文化,无业。因涉嫌犯抢劫罪于2007年2月5日被逮捕。

被告人徐灿全,男,1983年10月16日出生,小学文化,农民。因涉嫌犯抢劫罪于2007年2月5日被逮捕。

内蒙古自治区锡林郭勒盟中级人民法院经审理查明:2007年1月,在山东省济宁市一姓程的人跟被告人王建利和夏成强说某遗址的汉白玉龙雕能卖好价钱,并给了王建利地址和手机图片。被告人王建利、高忠义和王同心(另案处理)三人在一起吃饭时,王建利将此事对王同心说了,王同心答应去找车和人。1月24日早晨,葛瑞钢(另案处理)驾驶面包车先后拉上被告人王建波、李鹏举、徐灿全、王建利、高忠义、夏成强前往某遗址。在途经张家口市吃饭时,六名被告人商量,如果有人就把他捆了,夏成强遂从一个商店里买了两根尼龙绳、6 副手套。1 月 25 日凌晨 2 时许,6 名被告人来到某遗址大院门口,王建波用撬棍撬开了大门锁,王建利、王建波、李鹏举、徐灿全、夏成强 5 人手持铁棒、砍刀,王建波打烂玻璃后几人闯进值班室,对值班人员张跃忠进行殴打、捆绑。李鹏举抢走了张跃忠的手机,王建波用一块布堵住张跃忠的嘴,王建利留在屋里看守张跃忠,后又与其他被告人一起在院内将一块汉白玉龙雕装上车抢走。6 名被告人开车行驶到北京市延庆县附近被公安人员抓获,被抢劫的汉白玉龙雕和手机被追回。经鉴定,被抢劫的汉白玉龙雕为国家一级文物;被抢劫的手机价值 350 元;被害人张跃忠左手损伤程度为轻伤。

内蒙古自治区锡林郭勒盟中级人民法院认为,被告人王建利、夏成强、王建波、李鹏举、高忠义、徐灿全以非法占有为目的,采取暴力手段将国家一级文物抢走,其行为已构成抢劫罪。公诉机关指控的罪名成立。鉴于被抢劫的文物被追回,没有损坏,被告人积极赔偿被害人的经济损失,具有悔罪表现,酌情予以从轻处罚。对于辩护人提出的“文物没有损坏,积极赔偿被害人的经济损失,具有悔罪表现,请求予以从轻处罚”的辩护意见,予以采纳,其他辩护意见不予采纳。依照《中华人民共和国刑法》第二百六十三条第(四)项、第二十五条第一款的规定,判决如下:

1. 被告人王建利犯抢劫罪,判处有期徒刑十五年,并处罚金一万元;
2. 被告人夏成强犯抢劫罪,判处有期徒刑十三年,并处罚金八千元;
3. 被告人王建波犯抢劫罪,判处有期徒刑十三年,并处罚金八千元;
4. 被告人李鹏举犯抢劫罪,判处有期徒刑十三年,并处罚金八千元;
5. 被告人高忠义犯抢劫罪,判处有期徒刑十年,并处罚金五千元;
6. 被告人徐灿全犯抢劫罪,判处有期徒刑十年,并处罚金五千元;
7. 作案工具“金杯”牌面包车一辆,予以没收,上缴国库。

一审宣判后,王建利、夏成强、王建波、李鹏举、徐灿全提出上诉,主要上诉理由:本案属一般情节的抢劫犯罪,虽然抢劫的龙雕柱被鉴定为国家一级文物,但没有具体价值认定,国家一级文物与《刑法》第二百六十三条第(四)项规定的“数额巨大”并不等同,不应以《刑法》第二百六十三条第(四)项予以量刑。

内蒙古自治区高级人民法院认为,被告人的行为构成抢劫罪,虽然被抢的汉白玉龙雕属国家一级文物,无法评定其经济价值,但是其珍贵程度远远超过“数额巨大”的认定标准,故抢劫馆藏一级文物应在十年以上有期徒刑、无期徒刑或者死刑的法定刑幅度内量刑。据此,依照《中华人民共和国刑事诉讼法》第一百八十九条第(一)项的规定,裁定驳回上诉,维持原判。

二、裁判要旨

No. 5-263-2 抢劫国家二级以上文物的,应当认定为抢劫数额巨大。

虽然司法解释对抢劫文物如何量刑没有规定,但对盗窃文物如何量刑却有司法解释可以参照。最高人民法院《关于审理盗窃案件具体应用法律若干问题的解释》规定分别将盗窃国家三级文物与盗窃数额较大适用同一量刑幅度,将盗窃国家二级文物与盗窃数额巨大适用同一量刑幅度,将盗窃国家一级文物与盗窃数额特别巨大适用同一量刑幅度,也就是说盗窃国家不同等级文物与盗窃相应数额在刑法上是作同等评价的。

根据 2000 年 11 月 17 日最高人民法院发布的《关于审理抢劫案件具体应用法律若干问题的解释》第四条的规定,抢劫数额巨大的认定标准,参照各地确定的盗窃数额巨大的认定标准执行。据此,抢劫“数额巨大”的标准既然司法解释已明确规定为参照盗窃数额巨大的标准认定,那么,参照上述《解释》的规定,盗窃二级以上文物应与盗窃数额巨大适用同一量刑幅度,那么抢劫国家二级以上文物的亦应当认定为适用抢劫数额巨大的量刑幅度,依照《刑法》第二百六十三条第(四)项在十年有期徒刑以上的法定刑幅度内量刑,如此符合法律解释逻辑,也符合刑法和司法解释的本意。

案例:弓喜抢劫案

案例来源:《刑事审判参考》总第 61 集[第 481 号]

主题词:抢劫罪 数额巨大

一、基本案情

被告人弓喜,男,1984 年 1 月 19 日出生,中专文化,农民。因涉嫌犯抢劫罪于 2007 年 9 月 7 日被逮捕。

北京市通州区人民法院经审理查明:2007 年 8 月 23 日 22 时许,被告人弓喜到其曾经工作过的北京市通州区潞城镇甘兴化工厂内,持壁纸刀向值班会计赵志江索要人民币 1 万元,并将赵颈部划伤(经法医鉴定为轻伤),因赵志江逃脱而未取得钱财。被告人弓喜次日被抓获归案。

北京市通州区人民法院认为,被告人弓喜以非法占有为目的,采用暴力手段强行劫取他人数额巨大的财物,致人轻伤,其行为已构成抢劫罪,应依法惩处。北京市通州区人民检察院指控被告人弓喜犯抢劫罪,事实清楚,证据确实充分,指控的罪名成立。被告人弓喜的辩解不能成立,不予采纳。根据被告人弓喜犯罪的事实、性质、情节及对于社会的危害程度,依照《中华人民共和国刑法》第二百六十三条第(四)项、第五十五条第一款、第五十六条第一款、第五十二条、第五十三条、第六十四条之规定,判决如下:

1. 被告人弓喜犯抢劫罪,判处有期徒刑十年,剥夺政治权利二年,并处罚金人民币二万元;

2. 作案工具壁纸刀一把,予以没收。

一审宣判后,被告人弓喜以"没有向被害人索要钱财,更无抢劫故意,其行为仅构成故意伤害罪"为由提出上诉。

北京市第二中级人民法院认为,上诉人弓喜以非法占有为目的,采用暴力手段当场强行劫取他人财物,致人轻伤,其行为已构成抢劫罪,应依法惩处。对于弓喜所提没有抢劫故意,请求二审改判其犯故意伤害罪的上诉理由,经查,被害人赵志江的陈述证实弓喜进入赵的办公室后突然对其进行殴打,并当场向其索要人民币 1 万元,案发后公安机关从弓喜身上也起获了赵志江所在财务室的钥匙,且弓喜在侦查阶段前期的供述与赵志江的陈述可相互印证,无证据证实其前期供述系公安机关非法取得,故弓喜的上诉理由不能成立,不予采纳。一审法院定罪准确,判处没收作案工具亦无不当,审判程序合法。但上诉人弓喜虽然使用暴力索要数额巨大的财物,实际并未抢得被害人财物,依法不应认定其抢劫数额巨大,一审判决认定其抢劫数额巨大不当,系适用法律错误,并由此导致量刑过重,依法应予改判。据此,依照《中华人民共和国刑事诉讼法》第一百八十九条第(一)项、第(二)项、《中华人民共和国刑法》第二百六十三条、第五十二条、第五十三条、第六十一条、第六十四条之规定,判决如下:

1. 维持北京市通州区人民法院(2007)通刑初字第 885 号刑事判决第二项,即作案工具壁纸刀一把,予以没收。

2. 撤销北京市通州区人民法院(2007)通刑初字第 885 号刑事判决第一项,即被告人弓喜犯抢劫罪,判处有期徒刑十年,剥夺政治权利二年,并处罚金人民币二万元。

3. 上诉人弓喜犯抢劫罪,判处有期徒刑六年,并处罚金人民币一万二千元。

二、裁判要旨

No. 5-263-3 抢劫罪加重处罚情节中抢劫数额巨大,应以实际抢得的财物数额认定。

(一)没有实际抢得数额巨大财物的,不认定为抢劫数额巨大,符合有关司法解释规定的精神。《关于审理抢劫、抢杀刑事条件适用法律若干问题的意见》。

对于抢劫未遂,是指在不考虑八种加重处罚情节的前提下,行为人未抢到财物,也未造成被害人轻伤以上的伤害后果,而不是指在未出现加重处罚情节时也可以就加重处罚情节本身构成未遂形态。

进一步看,抢劫数额巨大等加重处罚情节都应以实际出现为认定标准,对于客观上未出现的,不能认定。对这八种加重处罚情节的认定,与抢劫罪本身是否既遂,是两个层面的问题,不能在行为人客观上没有这八种加重处罚情节的条件下,仅因行为人有意图便认定具有这八种加重处罚情节。

(二)没有实际抢得数额巨大财物的,不认定为抢劫数额巨大,可以做到罪刑均衡。

抢劫罪的基础法定刑是三至十年有期徒刑,抢劫数额巨大是法定刑升格条件,一旦认定,对被告人就应在十年以上有期徒刑、无期徒刑或者死刑的幅度内量刑,即使以未实际抢到财物为由从轻处罚,所判处的刑罚也会明显较重,且会导致重罪轻判、轻罪重判的结果,违背罪刑均衡原则。

案例:李春伟等抢劫案

案例来源:《刑事审判参考》总第 61 集[第 480 号]

主题词:未成年人犯罪　免予刑事处罚

一、基本案情

被告人李春伟,男,1989 年 2 月 18 日出生,在读高中学生。因涉嫌犯抢劫罪于 2006 年 5 月 8 日被取保候审。

被告人史熠东,男,1989 年 3 月 2 日出生,在读高中学生。因涉嫌犯抢劫罪于 2006 年 5 月 8 日被取保候审。

上海市闵行区人民法院经审理查明:2006 年 5 月 3 日 23 时 40 分许,被告人李春伟、史熠东结伙,在上海市闵行区莘朱路 1398 弄 69 号上海新成保温材料有限公司附近,采用扼颈、捂嘴等方法,从途经该处的被害人高某某处劫得现金人民币 1700 余元及价值人民币 100 元的迪比特手机 1 部。2006 年 5 月 8 日,被告人史熠东因形迹可疑受到公安机关查询时,主动交代了上述抢劫事实,并协助公安机关抓获犯罪嫌疑人李春伟。案发后,赃款、赃物已发还给被害人。

上海市闵行区人民法院认为,被告人李春伟、史熠东以非法占有为目的,采用暴力手段劫取他人财物,其行为均已构成抢劫罪。根据本案的事实、情节、性质和对社会的危害程度,结合两名被告人犯罪时未成年、史熠东还有自首情节和立功表现,依法对两名被告人予以减轻处罚。依照《中华人民共和国刑法》第二百六十三条、第二十五条第一款、第十七条第一款、第三款、第六十七条第一款、第六十八条第一款、第七十二条、第五十二条之规定,判决如下:

1. 被告人李春伟犯抢劫罪,判处有期徒刑一年,缓刑一年,并处罚金人民币二千元。

2. 被告人史熠东犯抢劫罪,判处有期徒刑六个月,缓刑一年,并处罚金人民币一千元。

一审宣判后,被告人史熠东以量刑过重为由,向上海市第一中级人民法院提出上诉。

史熠东的法定代理人、辩护人提出,史熠东犯罪时未成年,有自首和立功情节,在共同犯罪中属从犯,又系初犯,且本案的赃款、赃物已扣押并发还给被害人,请求对史熠东免予刑事处罚。

上海市人民检察院第一分院检察员出庭意见为,原判认定事实清楚,证据确实充分,定性正确,量刑适当,审判程序合法。

上海市第一中级人民法院经审理认为,上诉人史熠东、原审被告人李春伟以非法占有为目的,采用暴力手段劫取他人财物,其行为均已构成抢劫罪。两名被告人犯罪时均未成年,其中上诉人史熠东还具有自首、立功情节。原判认定事实清楚,定性正确。史熠东、李春伟在共同抢劫中的地位和作用相当,并无主从之分,故辩护人提出史熠东属从犯的意见不能成立。但上诉人史熠东悔罪态度较好,且具有自首和立功情节,依法应免予刑事处罚,故对史熠东的法定代理人、辩护人的相关意见予以采纳。依照《中华人民共和国刑事诉讼法》第一百八十九条第(二)项、第二百六十三条、第二十五条第一款、第十七条第一款、第三款、第六十七条第一款、第六十八条第一款、第七十二条、第五十二条、第三十七条、第六十四条、最高人民法院《关于处理自首和立功具体应用法律若干问题的解释》第一条、第五条、最高人民法院《关于审理未成年人刑事案件具体应用法律若干问题的解释》第十七条之规定,判决如下:

1. 维持上海市闵行区人民法院(2006)闵刑初字第 1385 号刑事判决的第一项,即被告人李春伟犯抢劫罪,判处有期徒刑一年,缓刑一年,并处罚金人民币二千元。

2. 撤销上海市闵行区人民法院(2006)闵刑初字第1385号刑事判决的第二项,即被告人史熠东犯抢劫罪,判处有期徒刑六个月,缓刑一年,并处罚金人民币一千元。

3. 被告人史熠东犯抢劫罪,免予刑事处罚。

4. 扣押在案的赃款、赃物发还被害人,水果刀一把予以没收。

二、裁判要旨

No.5-263-4 对于实施法定最低刑为三年以上有期徒刑犯罪的未成年人,符合自首、立功或者其他法定条件的,可以判处免予刑事处罚。

首先,最高人民法院《关于审理未成年人刑事案件具体应用法律若干问题解释》第十七条的规定并未涵括所有免予刑事处罚的情形,也未禁止对犯法定刑为三年以上有期徒刑之罪的未成年被告人免予刑事处罚。

免予刑事处罚,应当符合《刑法》第三十七条的一般规定,即属于犯罪情节轻微不需要判处刑罚的。《关于审理未成年人刑事案件具体应用法律若干问题解释》第十七条是就未成年人犯罪问题对《刑法》第三十七条免予刑事处罚条件的具体化,为了充分贯彻教育为主,惩罚为辅的原则,并尽可能地增强审判中的可操作性,避免因自由裁量不当而对部分应免予刑事处罚的未成年被告人判处了刑罚。正因为规定的是应当免予刑事处罚的条件,所以起草时结合司法经验使用了较为严密的文字表述,以确保应当免予刑事处罚的都是犯罪情节轻微的未成年被告人。这样,该条文也就不可能把所有可能免予刑事处罚的情形都涵括进来,因此《关于审理未成年人刑事案件具体应用法律若干问题解释》第十七条第(六)项还规定了兜底条款,以涵括对于司法实践中出现的其他可免予刑事处罚的情形。

其次,可能被判处拘役,三年以下有期徒刑是指宣告刑而非法定刑,也就是说法定刑为三年徒刑以上时,也存在免予刑事处罚的可能。理由在于:(1)《关于审理未成年人刑事案件具体应用法律若干问题解释》第十七条明确使用了"可能被判处……"的表述,按照文义解释方法,显然是指宣告刑而不是法定刑;如果是指法定刑,则应当通过文字来直接表明。(2)《关于审理未成年人刑事案件具体应用法律若干问题解释》第十七条不可能把法定刑为三年以上有期徒刑的犯罪排除在可适用免予刑事处罚的范围之外。因为被告人的犯罪情节是否轻微,虽然主要但并不完全是由法定刑的高低来决定的,对于犯法定刑为三年以上有期徒刑的犯罪,根据具体案情也完全可能属于犯罪情节轻微。同时,《刑法》第三十七条并没有以法定刑作为适用免予刑事处罚的条件,因此《关于审理未成年人刑事案件具体应用法律若干问题解释》第十七条也不可能僭越立法权来不当缩小免予刑事处罚的适用范围。可见,本案被告人所犯抢劫罪的法定刑虽为有期徒刑三年以上,也可以根据具体案情决定是否适用免予刑事处罚。

案例:吴大桥等抢劫案

案例来源:《人民法院案例选》2007年第3辑

主题词:抢劫罪 入户抢劫

一、基本案情

被告人:吴大桥、吴孟伏(又名吴孟福)、易建国、吴胜利。

湖南省长沙市中级人民法院经审理查明:2006年3月23日上午,被告人吴大桥、吴孟伏、易建国由被告人吴胜利带路对挖掘机停放工地进行踩点。次日凌晨1时许,被告人吴大桥、吴孟伏、易建国、吴胜利四人携带改装的射钉枪、水果刀、手套、手电、塑料袋、胶带纸等作案工具,乘由被告人吴大桥、易建国租用的1台平板拖车,窜至望城县丁字镇何桥村毛塘组华电铁路中铁五局工地附近,为防止惊动看守挖掘机的农户,四名被告人步行到达工地,根据事先分工,被告人易建国用事先配置的挖掘机钥匙把挖掘机开上平板拖车,被告人吴大桥、吴孟伏、吴胜利则进入看守挖掘机的农户杨团力家,被告人吴大桥持改装射钉枪,被告人吴孟伏持水果刀,被告人吴胜利持手电,由被告人吴大桥对被害人杨团力、李运兰进行暴力威胁,同时由被告人吴大桥动手将被害人杨团力、李运兰、杨森林、王兴兰全家四人的手、脚、嘴用胶带纸和绳子进行捆绑,接着被告人吴大桥再次威胁被害人"莫报案,否则一枪打死你崽,为你崽伢子准备一副棺材",被告人吴孟伏则将电话线扯断以防止被害人报警,三名入室的被告人将被害人杨团力家门自外反捆住后乘拖车离开现场。当日中午1时许,挖掘机被拖至湖北省武汉市江夏区安山镇马法公路1公里处,即普安村二组路段正准备销赃时,被跟踪追来的望城县公安局人赃俱获。经价格鉴定:被抢的日本小松PC200-6型挖掘机价值308000元。经枪支鉴定:送检的枪支为射钉枪改装而成,具有以火药为动力发射金属弹丸的非军用枪支结构。

长沙市中级人民法院认为:被告人吴大桥、吴孟伏、易建国、吴胜利以非法占有为目的,采取持刀、枪威胁以及捆绑他人等手段,劫取他人财物,其行为均已构成抢劫罪,且数额巨大。在共同犯罪中,被告人吴大桥、吴孟伏、易建国、吴胜利均起主要作用,均系主犯。被告人吴胜利辩称其在本案中起次要作用、系从犯,经查,被告人吴胜利既参与了本案抢劫犯罪的策划过程,又按分工联系了销赃,且作案过程中还控制了被害人,故在共同犯罪中起主要作用,应认定为主犯,其辩解意见与客观事实不符,不予以采纳。

依照《中华人民共和国刑法》第二百六十三条第(四)、(七)项,第二十五条第十款,第二十六条第一、四款,第五十五条第一款,第五十六条第一款,第五十七条第一款的规定,长沙市中级人民法院判决被告人吴大桥犯抢劫罪,判处无期徒刑,剥夺政治权利终身,并处没收个人全部财产;判决被告人吴孟伏犯抢劫罪,判处有期徒刑十五年,剥夺政治权利三年,并处罚金三万元;被告人易建国犯抢劫罪,判处有期徒刑十四年,剥夺政治权利三年,并处罚金二万元;被告人吴胜利犯抢劫罪,判处有期徒刑十年,并处罚金一万元。

二、裁判要旨

No. 5-263-5 以实施抢劫为目的,只要其入户实施了暴力行为,即使劫财行为发生在户外,也应认定为入户抢劫。

抢劫罪作为一种严重的犯罪,其犯罪客体是双重客体,即被害人的人身权利和财产权利。在认定行为人的行为是否属于入户抢劫时,不能采取机械的方法,而要具体联系抢劫罪所侵犯的客体的双重属性予以综合分析。也就是说,被告人以实施抢劫行为为目的,只要其入户实施了暴力行为,即使劫财行为发生在户外,也应认定为入户抢劫。这种理解符合最高人民法院的相关司法解释的精神。2005年6月8日最高人民法院《关于审理抢劫、抢夺刑事案件适用法律若干问题的意见》就"户"的范围、入户目的的非法性和暴力或暴力胁迫行为的实施时空范围进行了明确的规定,这为我们在司法实践中严格准确把握入户抢劫情节提供了法定的可操作性标准。该司法解释没有要求将入户劫取财物作为入户抢劫的必需要件,而只要求暴力或者暴力胁迫行为必须发生在户内。在本案中,被告人非法侵入被害人的住宅后,对其实施了暴力捆绑行为,尽管劫财行为不是发生在户内,但并不足以影响到入户抢劫的认定。

案例:庄保金抢劫案

案例来源:《刑事审判参考》总第8辑[第59号]

主题词:自首　自动投案　入户抢劫

一、基本案情

被告人庄保金,男,1968年12月11日出生,农民。因涉嫌犯抢劫罪,于1998年8月31日被逮捕。

江西省吉安地区中级人民法院经审理查明:1998年7月30日上午,被告人庄保金向江西省永丰县龙冈镇供销社江上分店承包人罗继永赊购一包肥料,遭罗拒绝,即产生晚上去罗继永店内盗窃的念头。当日23时许,庄保金溜进罗继永店内,躲在柜台后面。罗继永关门熄灯睡觉后,庄保金从柜台后面出来准备行窃,经过罗继永身旁,被惊醒的罗继永发现。罗抓住其右脚,庄保金从地上摸起一块砖头朝罗继永头部猛砸数下,致罗昏死。然后打开罗继永店内的办公桌抽屉,劫得现金人民币二千三百元后逃离现场。罗继永被人发现时,已经死亡。经法医鉴定,罗继永系被钝器打击头部致颅骨骨折、脑组织损伤而死亡。

侦查人员在侦破此案、排查犯罪嫌疑人的过程中,发现庄保金表现反常:主要是庄保金一改以前好打听、爱凑热闹的习惯,从不接触公安人员,不去发案现场,也不打听案情,好像变了个人似的。同时,侦查人员还了解到:庄保金之妻曾向人透露,发案那天后半夜,庄保金只穿了短裤回家,可能是去搞"伙计"(当地称姘头为"伙计")。据此,公安人员认为庄保金有犯罪重大嫌疑,对其传唤。庄保金一经传唤,即供认了犯罪事实。公安人员根据庄保金的供述,到其家中查获了其劫得的现金人民币两千余元及其作案时穿的衣服、鞋子。

吉安地区中级人民法院认为:被告人庄保金以非法占有为目的,深夜潜入罗继永的供销店内行窃,被罗继永发现后使用暴力将罗打死;其行为已构成抢劫罪,手段残忍,后果严重。但鉴于庄保金在公安机关并未掌握其犯罪事实,仅将其作为重大作案嫌疑人传讯时,即如实供述了自己的罪行,对其行为应视为自首,依法应当从轻处罚。依照《中华人民共和国刑法》第二百六十三条第(五)项、第六十七条第一款、第四十八条第一款、第五十七条第一款的规定,于 1998 年 12 月 11 日判决如下:

被告人庄保金犯抢劫罪,判处死刑,缓期二年执行,剥夺政治权利终身,并处罚金人民币一千元。

一审宣判后,被告人庄保金服判,不上诉。

江西省人民检察院吉安分院认为:公安机关经过侦查已将庄保金列为重大犯罪嫌疑对象,庄保金被依法传唤后不得不交代自己的犯罪事实,不能认定自首;庄保金犯罪情节恶劣,后果严重,一审判决对其量刑畸轻。遂提出抗诉。

江西省人民检察院在二审开庭审理过程中提出:原审被告人庄保金交代之前,公安人员已掌握了其犯罪的部分证据,原审认定庄保金自首属适用法律错误;庄保金的行为构成抢劫罪,作案手段残忍,致人死亡;供销店是被害人的居住地,庄保金系入户抢劫,情节严重;庄保金具有入户抢劫和致人死亡两项法定从重处罚情节,没有法定从轻、减轻情节,故请求二审法院对原审被告人庄保金从严惩处。

江西省高级人民法院经审理认为:原审被告人庄保金行窃被人发现后,使用暴力将人打死,根据《刑法》第二百六十九条关于犯盗窃罪为抗拒抓捕而当场使用暴力应以抢劫罪定罪处罚的规定,其行为已构成抢劫罪。庄保金作案地白天系被害人罗继永的经营场所,晚上系其住所,庄保金深夜潜入作案,应确认其为入户抢劫。庄保金犯罪情节恶劣,后果特别严重,应依法严惩。原审判决定罪准确,审判程序合法。原审被告人庄保金在公安机关将其列为犯罪重大嫌疑对象,依法传唤、审讯时交代了犯罪事实,仅仅是认罪态度较好,原审判决认定庄保金具有自首情节并在处刑上予以考虑不当。抗诉机关的抗诉理由成立,应予支持。依照《中华人民共和国刑事诉讼法》第一百八十九条第(二)项、《中华人民共和国刑法》第二百六十九条、第二百六十三条第(一)、(五)项、第五十七条第一款的规定,于 1999 年 5 月 25 日判决如下:

1. 撤销吉安地区中级人民法院的刑事判决;
2. 原审被告人庄保金犯抢劫罪,判处死刑,剥夺政治权利终身,并处罚金一千元。

江西省高级人民法院依照最高人民法院《关于执行〈中华人民共和国刑事诉讼法〉若干问题的解释》第二百七十四条第二款的规定,将此案报送最高人民法院核准。

最高人民法院经复核认为:被告人庄保金深夜潜入罗继永商店行窃,被罗发现后当场使用暴力致罗死亡的行为,已构成抢劫罪。犯罪情节恶劣,后果严重,应依法惩处。庄保金在案件发生后,被列为犯罪重大嫌疑对象,虽一经传唤即供认罪行,但不应视为自首。庄保金不具有法定从轻处罚的情节。依照《中华人民共和国刑事诉讼法》第一百九十九条和最高人民法院《关于执行〈中华人民共和国刑事诉讼法〉若干问题的解释》第二百八十五条第(一)项的规定,于 2000 年 3 月 28 日裁定如下:

核准江西省高级人民法院以抢劫罪判处被告人庄保金死刑,剥夺政治权利终身,并处罚金一千元的刑事判决。

二、裁判要旨

No.5-263-6 经传唤如实供认犯罪事实的,不成立自首。

《刑法》第六十七条第一款规定:"犯罪以后自动投案,如实供述自己的罪行的,是自首"。根据这一规定,成立自首必须同时具备两个条件:一是行为人犯罪后自动投案,二是行为人如实供述自己的罪行。本案被告人庄保金被侦查机关传唤后交代了自己所犯罪行,具备了如实供述自己的罪行这一条件,其是否也具备了自动投案这一条件呢?

关于自动投案,最高人民法院《关于处理自首和立功具体应用法律若干问题的解释》第一条第(一)项规定:"……罪行尚未被司法机关发觉,仅因形迹可疑,被有关组织或者司法机关盘问、教育后,主动交代自己的罪行的;……应当视为自动投案。"按照这一规定,庄保金是否因形迹可疑受到公安人员盘问,成为其是否构成自首的一项重要条件,即如果庄保金是因形迹可疑受到公安人员盘问,如实供述了自己的罪行,应认定其自首;如果庄保金是被作为犯罪嫌疑人被侦查机关讯问,供认了犯罪事实的,就不应认定其自首。

形迹可疑,是指特定人的举动、神态不正常,使人产生疑问。这种疑问是臆测性的心理判断,它的产生没有也不需要凭借一定的事实依据,是一种仅凭常理、常情判断而产生的怀疑。犯罪嫌疑,是指侦查人员凭借一定的事实根据或者他人提供的线索,认为特定人有作案嫌疑。这种嫌疑是逻辑判断的结果,它的产生必须以一定的客观事实为根据,是一种有客观根据的怀疑。

在本案中,侦查人员已了解到庄保金有作案时间,且庄保金在该时间内的表现反常,在公安机关开展侦破工作后表现也明显反常,据此确定庄保金有重大作案嫌疑,故对其依法传唤。因此,庄保金是公安机关在侦破案件中确认的犯罪嫌疑人,而不是公安人员因偶然原因接触到的形迹可疑人。一审法院认定庄保金的行为构成自首不当,二审法院的认定是正确的。

No.5-263-7 入室盗窃后为抗拒抓捕而当场使用暴力的,应当认定为入户抢劫。

公民住宅,是居住者感到人身安全的场所之一。家庭成员多有男女老少,防范能力较弱或者根本没有防范能力,因此,进入公民住宅实施的非法侵害,对公民社会安全感的威胁和破坏更为严重,其社会危害性在一般意义上比发生在其他场所的非法侵害要大,因此,入户抢劫成为一项法定的必须从严惩处的情节。入室盗窃的人是怀着秘密窃取他人财物的意图进入他人住宅的;其行为被事主发现后,对事主使用暴力,其危害性与入户抢劫并无本质差别。所以,对这种行为在认定抢劫罪的同时,还应当认定为入户抢劫。

被告人庄保金的最初犯意是盗窃罗继永承包的供销店,在盗窃行为被发现后当场对罗继永使用暴力并致其死亡,根据《刑法》第二百六十九条、第二百六十三条的规定,其行为构成抢劫罪。因庄保金实施犯罪的地点又是罗继永的住所,庄保金是夜间进入作案,故对庄保金应同时认定为入户抢劫。

案例:张红军抢劫、盗窃案

案例来源:《刑事审判参考》总第109集[第1182号]

主题词:抢劫罪 转化型抢劫

一、基本案情

2013年8月11日,被告人张红军到被害人许某家,翻墙入室进行盗窃,窃取现金300元。张红军欲离开时被许某发现,为抗拒抓捕在户内将许某打伤后逃离,造成许某眼外伤、左眼钝挫伤、上颌骨骨折和牙震荡。经鉴定,许某的损伤程度为轻微伤。同日,被告人张红军到被害人张某家,翻墙入室进行盗窃,窃取现金60元、三星牌手机1部(价值50元)、杂牌手机1部、戒指2个和公交卡2张等物品。同日,被告人张红军到李某家,翻墙入室进行盗窃,窃取现金2000余元、卡西欧数码相机1台(价值360元)和公交卡1张。2012年7月底的一天,被告人张红军到被害人田某的办公室内,窃取现金4000元和1条玉溪香烟。

二、裁判要旨

No.5-263-8 入户盗窃数额较少财物,在户内为抗拒抓捕当场使用暴力的,认定为“入户抢劫”。

根据《刑法》第二百六十九条的规定,犯盗窃、诈骗、抢夺罪,为窝藏赃物、抗拒抓捕或者毁灭罪证而当场使用暴力或者以暴力相威胁的,依照刑法第二百六十三条的规定,以抢劫罪定罪处罚。其中,构成转化型抢劫的前提条件,包括虽盗窃数额较小,但具有入户或者在公共交通工具上盗窃等情形。

第一,从法条内容来看,转化型抢劫的主观要件是“为窝藏赃物、抗拒抓捕或者毁灭罪证”,这种情形既可以发生在犯罪既遂后,也可以发生在犯罪实施过程中。如果严格要求转化前的行为构成犯罪,则可能出现仅因盗窃等行为的数额未达到构罪标准,而放纵使用较强暴力拒捕的行为或者出现对造成严重犯罪后果的行为难以适当追责的情形。第二,从罪质内容来看,本条规定的转化型抢劫与《刑法》第二百六十三条规定的抢劫罪,虽然获取财物与实施暴力的前后顺序不同,但两者均以抢劫罪定罪处罚,即刑法对两种行为的否定性评价是一致的,二者的罪质是相同的。因此,抢劫罪的构成要件中没有数额方面的要求,对转化型抢劫也不应该有数额要求。

但不要求前罪既遂,并不意味着没有任何限制。《刑法》第十三条规定“情节显著轻微危害不大的,不认为是犯罪”的底线必须遵守。根据2016年最高人民法院《关于审理抢劫刑事案件适用法律若干问题的指导意见》(以下简称《抢劫指导意见》)的规定,“犯盗窃、诈骗、抢夺罪”主要是指行为人已经着手实施盗窃、诈骗、抢夺行为,一般不考察盗窃、诈骗、抢夺行为是否既遂。但是所涉财物数额明显低于“数额较大”的标准,又不具有最高人民法院《关于审理抢劫抢夺刑事案件适用法律若干问题的意见》(以下简称《两抢意见》)第五条所列五种情形之一的,不构成抢劫罪。这里的五种情形是指:(1)盗窃、诈骗、抢夺接近“数额较大”标准的;(2)入户或者在公共交通工具上盗窃、诈骗、抢夺后在户外或交通工具外实施上述行为的;(3)使用暴力致人轻微伤以上后果的;(4)使用凶器或者以凶器相威胁的;(5)具有其他严重情节的。

入户盗窃在户内使用暴力或以暴力相威胁,应当以“入户抢劫”论处。对“户”的认定尤为重要《关于审理抢劫案件具体应用法律若干问题的解释》和《两抢意见》对此予以明确界定:“户”是指供他人生活的与外界相对隔离的住所。上述概念反映出两个特征:第一,要具有日常生活性,这是“户”的功能特征;第二,要具有封闭性和排他性,这是“户”的场所特征。根据上述特征可知,正是由于行为人未经允许侵犯了居住者对“户”的排他性权利,该行为才应当受到严惩;如果经过允许入户在户内临时起意实施不法行为的,则不具有非法侵入的特性,故不能将此“入户”作为加重处罚的情节。因此,认定“入户抢劫”自然要求只有在户内实施暴力或者以暴力相威胁,如此才能体现出“入户”的非法性。对于入户实施盗窃、诈骗、抢夺的,为窝藏赃物、抗拒抓捕或者毁灭罪证,也必须是在户内使用暴力或者以暴力相威胁的,才能认定“入户抢劫”;如果在户外使用暴力或者以暴力相威胁,则只能认定普通抢劫。《抢劫指导意见》也对此作出明确规定:“入户……盗窃、诈骗、抢夺后,为了窝藏赃物、抗拒抓捕或者毁灭罪证,在户内……当场使用暴力或者以暴力相威胁的,构成‘入户抢劫’……”

本案中,被告人张红军为盗窃非法进入被害人许某的住所窃取现金300元,根据《刑法修正案(八)》的规定,张红军的行为已经构成入户盗窃。张红军基于盗窃目的非法入户,为抗拒被害人的抓捕而在户内当场使用暴力致被害人轻微伤,根据《抢劫指导意见》的规定,张红军的行为应转化为“入户抢劫”。

案例:戚道云等抢劫案

案例来源:《刑事审判参考》总第14辑[第89号]

主题词:抢劫罪　强抢债权凭证

一、基本案情

被告人戚道云,男,1948年5月出生,汉族,原上海金山万安建筑装潢工程公司经理。因涉嫌犯抢劫罪,于1998年2月27日被逮捕。

被告人王荣,男,1968年8月20日出生,汉族,农民。因涉嫌犯抢劫罪,于1998年11月20日被逮捕。

被告人张连官,男,1963年9月3日出生,汉族,原系上海市金山区石化市政管理委员会工作人员。因涉嫌犯抢劫罪,于1998年11月20日被逮捕。

被告人沈正元,男,1955年11月9日出生,汉族,工人。因涉嫌犯抢劫罪,于1998年11月20日被逮捕。

被告人张水龙,男,1958年2月11日出生,无业。因涉嫌犯抢劫罪,于1998年11月20日被逮捕。

被告人沈永权,男,1958年1月30日出生,汉族,无业。因涉嫌犯抢劫罪,于1998年11月20日被逮捕。

上海市金山区人民法院经审理查明:1995年10月,被告人戚道云承包的上海金山万安建筑装潢工程公司与江苏省南通市工程承包人施锦良签订《建筑安装工程合同》。合同签订当日,施锦良与被害人倪新昌各出资人民币5万元,作为工程质量保证金,交付给戚道云。后因工程未能如期施工,倪新昌多次向戚道云索要保证金未果。戚道云因无力偿还,遂找被告人张连官商量对策。张连官提出其认识安徽来沪人员王荣,可叫王荣带人将事情"搞定"。戚道云表示同意。

1997年9月4日,被告人戚道云、王荣、张连官、沈正元、张水龙合谋以戚道云还款为由,将被害人倪新昌骗至位于上海市金山区石化平乐小学内戚道云所在的公司,然后由王荣等人以强制手段向倪索要欠款凭证,以达到消灭债务的目的。戚道云许诺事成之后付给王荣等人酬金人民币2万元。

次日,被告人戚道云、张连官、沈正元、张水龙、沈永权五人,携带人民币2万元等候在平乐小学。当晚7时许,被告人王荣纠集周勇(在逃)等多人携带木棍、铁管赶至。晚8时许,被害人倪新昌及同乡顾伯昌、黄佰冲乘出租汽车赶至平乐小学,即被王荣等人强制隔离。王荣等人将倪新昌带至戚道云的办公室,令倪交出欠款凭证,倪不从。王荣等人用玻璃杯敲击倪新昌的脸部,致倪面部2处皮肤裂伤。倪新昌被迫将欠款凭证交出并在由戚道云起草的收到10万元欠款的收条上签字。嗣后,王荣和周勇等人用车将倪新昌等人分别送至野外。倪新昌因治伤花去医疗费1483元,交通费1118.50元,误工损失费1000元,营养费140元,鉴定费300元,合计经济损失人民币4041.50元。

金山区人民法院认为,被告人戚道云、王荣、张连官、沈正元、张水龙、沈永权以非法占有为目的,采用暴力、胁迫手段,索回欠款凭证,并逼迫被害人倪新昌在已写好的10万元虚假收条上签名,以消灭债务,其行为均已构成抢劫罪。被告人戚道云、王荣组织实施抢劫,被告人张连官为戚道云出谋划策,积极联络王荣进行抢劫,均起主要作用,系主犯;被告人沈正元、张水龙、沈永权参与抢劫,起次要作用,系从犯,且犯罪较轻,均应减轻处罚。根据本案的具体情况,依照1979年《刑法》第五十九条第二款的规定,可以对被告人戚道云、王荣、张连官在法定刑以下判处刑罚。依照1997年《刑法》第十二条第一款、1979年《刑法》第一百五十条第二款、第五十二条、第五十九条第二款、第三十一条、第六十条、1997年《刑法》第二十六条第一款、第四款、第二十七条和《中华人民共和国民法通则》第一百一十九条的规定,于2000年6月27日判决如下:

1. 被告人戚道云犯抢劫罪,判处有期徒刑六年,剥夺政治权利一年;
2. 被告人王荣犯抢劫罪,判处有期徒刑六年,剥夺政治权利一年;
3. 被告人张连官犯抢劫罪,判处有期徒刑五年,剥夺政治权利一年;
4. 被告人沈正元犯抢劫罪,判处有期徒刑二年;
5. 被告人张水龙犯抢劫罪,判处有期徒刑一年;
6. 被告人沈永权犯抢劫罪,判处有期徒刑六个月;

7. 追缴被告人王荣非法所得人民币1万元;

8. 被告人戚道云、王荣、张连官各赔偿附带民事诉讼原告人倪新昌经济损失人民币八百零八元三角,被告人沈正元、张水龙、沈永权各赔偿附带民事诉讼原告人倪新昌经济损失人民币四百零四元一角五分。

一审宣判后,被告人戚道云、张连官、沈正元不服,向上海市第一中级人民法院提出上诉。

上海市第一中级人民法院认为:上诉人戚道云等人以非法占有为目的,采用暴力、胁迫手段,强行索还欠款凭证,并让倪新昌在10万元的收条上签名,以消灭债务的行为均已构成抢劫罪。戚道云上诉提出本案是经济纠纷,其不构成抢劫罪,并否认逼迫倪新昌在其起草好的收条上签字的事实。经查,上诉人戚道云与倪新昌等人签订建筑安装工程合同后,收取了倪新昌等人人民币10万元质量保证金。后戚道云未依约履行义务,依法应返还倪新昌等人所交纳的质量保证金。为消灭10万元的债务,戚道云纠集了上诉人张连官、沈正元及原审被告人王荣、张水龙、沈永权,采用暴力、胁迫手段夺取了倪新昌等人的债权凭证,不仅侵害了倪新昌的财产利益,同时也侵害了倪新昌的人身权利。此行为已由经济纠纷转化为刑事犯罪,符合抢劫罪的特征,应以抢劫犯罪论处。戚道云威逼倪新昌交出欠款凭证及要倪在其起草的收条上签名的事实,有被害人的陈述、现场目击者的证言和多名同案被告人供述相互印证,足以证实。其上诉否认威逼倪新昌在其起草好的收条上签字,与查明的客观事实不符。上诉人张连官提出本案是抢劫未遂,其不是主犯。经查,张连官与同案犯事先进行预谋,事后又着手实施预定的犯罪,并使犯罪的结果得以发生,系犯罪既遂。张连官认为是抢劫未遂,显与法律规定相悖。张连官首先提出叫原审被告人王荣带人将被害人"搞定",并积极联络王荣和参与了整个犯罪过程,其组织作用明显,依法应认定为主犯。上诉人沈正元提出其有自首、立功情节。经查,沈正元被公安机关抓获后,能如实交代自己参与共同犯罪的事实,并供出同案犯,属于坦白,但不构成自首或立功,其上诉理由亦不能成立。原审认定的犯罪事实清楚,定性准确,量刑适当,审判程序合法。依照《中华人民共和国刑事诉讼法》第一百八十九条第(一)项的规定,于2000年10月17日裁定如下:

驳回上诉,维持原判。

二、裁判要旨

No.5-263-9 为消灭债务而采用暴力、胁迫手段强行索回债权凭证的,应以抢劫罪论处。

首先,被告人戚道云的行为侵犯的是倪新昌的合法财产。从行为表面来看,戚道云等人所抢的对象是一张欠条,侵犯的仅仅是被害人的债权性证明文书,而非实实在在的财物。但是,刑法规定的抢劫罪所侵犯的不仅仅是有形的实实在在的财物,而且更主要的是侵犯了公私财产的所有权。欠款凭证本身虽不是财产,但却是财产权利的主要证明凭证,有时甚至是唯一的证明凭证,丧失这种凭证,债权人就难以甚至根本无法向债务人主张自己的财产权利,甚至最终会丧失财产所有权。因此,可以说,在特定情况下,欠款凭证往往就等于同值的财产。

其次,被告人戚道云等人所实施的行为,最终目的就是非法占有本不属于自己所有的10万元人民币。有种观点认为,从本案的具体情况来看,戚道云已经事先占有了10万元人民币,其只是想赖账不还,认定其具有非法占有目的似乎不妥。这种观点,实质上是对抢劫罪中非法占有目的的误解。非法占有目的与事先对他人财产的占有状态并非一回事。戚道云事先占有他人的质量保证金10万元是基于双方签订合同的事实,在合同未能履行的情况下,戚道云本应归还该笔质量保证金。也就是说,这一占有状态是有前提条件的,即双方履行合同的基础上。如果占有10万元质量保证金的前提条件不存在了——合同解除,那么,戚道云就应当归还这10万元,财产所有权仍然属于倪新昌、施锦良。戚道云强行索还欠条,并逼迫倪新昌在事先制作好的假收条上签字的行为不是想赖账,而是从根本上消灭自己所欠的账——10万元的债务,戚道云的最终目的就是要非法占有本属于倪新昌、施锦良的10万元人民币,不再归还。

案例:周建平等抢劫、敲诈勒索案

案例来源:《刑事审判参考》总第18辑[第114号]

主题词:抢劫罪　公共交通工具　劫持被害人

一、基本案情

被告人周建平,男,1978年12月13日出生,汉族,无业。因涉嫌犯绑架罪,于1997年11月13日被逮捕。

被告人卫杨林,男,1979年1月23日出生,汉族,无业。因涉嫌犯绑架罪,于1997年11月13日被逮捕。

被告人吴江,男,1979年9月16日出生,汉族,农民。因涉嫌犯绑架罪,于1997年11月13日被逮捕。

被告人刘有志,男,1980年4月16日出生,汉族,农民。因涉嫌犯绑架罪,于1997年11月13日被逮捕。

河南省信阳市人民法院经审理查明:1997年10月8日,被告人周建平、卫杨林、吴江、刘有志伙同周西兵、吉传成(均在逃)经预谋后,一起抵达河南省信阳市。由周建平和刘有志购买弯刀两把,在信阳市友谊宾馆门外守候,伺机抢劫信阳地区运输公司承包装饰工程承包人邓锦雄的钱财。当日下午2时许,当邓锦雄行至信阳地区运输公司后门处时,被告人周建平、卫杨林、吴江伙同周西兵将邓锦雄劫持到出租车内,按住邓的头部,并持刀威胁其不得叫喊反抗。随后,指使出租车司机将车开到国道312线往洋河乡去的龙山果园附近,将邓锦雄拉下车后进行威胁、恐吓,抢走邓的钻石戒指一枚、现金250元、"爱立信"318型移动电话一部,并威胁邓于当晚8点再送4万元到西关桥头后将邓放回。同日晚8时许,当被告人周建平、卫杨林、吴江三人再次向邓锦雄索要4万元时,被闻讯赶来的公安人员抓获归案。

信阳市人民法院认为:被告人周建平、卫杨林、吴江、刘有志伙同他人以暴力劫持、持刀威胁手段抢劫他人钱财,且数额巨大,其行为均已构成抢劫罪,信阳市人民检察院起诉关于被告人犯抢劫罪的指控成立;被告人周建平、卫杨林、吴江以威胁手段向被害人强行索要现金4万元,数额巨大,其行为又构成敲诈勒索罪,系未遂,应数罪并罚。周建平等人利用出租车抢劫,故辩护人认为此案不属在公共交通工具上抢劫的理由成立。被告人刘有志主动中止犯罪,且作案时不满18周岁,刘有志及其辩护人要求从轻处罚的意见予以采纳。对被告人周建平、卫杨林、吴江依照《中华人民共和国刑法》第二百六十三条第(四)项、第二百七十四条、第二十三条、第二十五条、第五十六条、第六十九条,对被告人刘有志依照《中华人民共和国刑法》第二百六十三条、第二十五条、第二十四条、第十七条第一款、第三款的规定,于1998年4月29日判决如下:

1. 被告人周建平犯抢劫罪,判处有期徒刑十年,剥夺政治权利三年,并处罚金二千元;犯敲诈勒索罪,判处有期徒刑三年,决定执行有期徒刑十二年。剥夺政治权利三年,并处罚金二千元。

2. 被告人卫杨林犯抢劫罪,判处有期徒刑十年,剥夺政治权利二年,并处罚金二千元;犯敲诈勒索罪,判处有期徒刑二年,决定执行有期徒刑十一年,剥夺政治权利二年,并处罚金二千元。

3. 被告人吴江犯抢劫罪;判处有期徒刑十年,剥夺政治权利一年,并处罚金二千元;犯敲诈勒索罪,判处有期徒刑一年,决定执行有期徒刑十年,剥夺政治权利一年,并处罚金二千元。

4. 被告人刘有志犯抢劫罪(中止),判处有期徒刑六个月,并处罚金二千元。

一审宣判后,被告人周建平、卫杨林、吴江以量刑过重、认定敲诈勒索罪不当等为由,向信阳地区中级人民法院提出上诉。

信阳地区中级人民法院经审理认为:上诉人周建平等人以非法占有为目的,抢劫他人财物,构成抢劫罪;以威胁的手段勒索他人财物,其行为构成敲诈勒索罪,周建平上诉称不构成敲诈勒索罪的理由不能成立。信阳市人民法院认定的事实清楚,证据充分,定性准确,量刑适当,审判程序合法。依照《中华人民共和国刑事诉讼法》第一百八十九条第(一)项的规定,于1998年8月21日裁定如下:

驳回上诉,维持原判。

二、裁判要旨

No.5-263-10 将出租车作为犯罪工具而不直接对出租车上的人员实施抢劫的,不能认定为在公共交通工具上抢劫。

最高人民法院2000年11月28日颁布的《关于审理抢劫案件具体应用法律若干问题的解释》第二条规定:在公共交通工具上抢劫,既包括在从事旅客运输的各种公共汽车、大中型出租车、火车、船只、飞机等正在运营中的机动公共交通工具上对旅客、司售、乘客人员实施的抢劫,也包括对运行途中的机动公共交通工具加以拦截后,对公共交通工具上的人员实施的抢劫。本案中几名被告人所利用的出租车不是大中型出租车,不属于公共交通工具的范畴。他们只是把出租车作为犯罪工具,并非直接对出租车上的人员实施抢劫。所以,本案不属于在公共交通工具上实施抢劫。

No.5-263-11 劫持并控制被害人人身自由,抢走被害人随身携带物品的,不构成绑架罪,应以抢劫罪论处。

抢劫罪与绑架罪在犯罪手段、犯罪客体等方面都较为相似,他们的主要区别在于:一是主观故意的内容不完全相同。前者以非法占有他人财物为目的,后者属概括的故意,有的以勒索财物为目的,有的以扣押人质(基于政治等方面的原因)为目的,它只要求行为人对犯罪事实有概括的认识就可以构成故意犯罪。二是犯罪的方式不同。前者当场对被害人使用暴力、胁迫或者其他方法将财物劫走,后者则以暴力、胁迫或者其他方法劫持他人,再以伤害或者杀死人质相威胁向被绑架人的亲属或其他人或单位勒索财物或者向有关方面提出非法要求。从侵犯的客体看,两罪都有可能同时侵犯被害人的人身权利和财产权利,但抢劫罪是以非法占有他人财物为目的而使用暴力的行为,非法占有他人财物是其首要目的。而绑架罪侵犯的首先是被害人的人身权利,包括健康和生命权利,所以我国台湾地区又称此种犯罪为掳人勒赎罪。因此,我国刑法将抢劫罪置于侵犯财产罪一章,而将绑架罪置于侵犯公民人身权利、民主权利罪一章中,强调的是对公民人身权利的保护。

本案被告人共同预谋,对被害人实施了暴力,将其劫持到出租车上,抢走其随身携带的财产而后又将其放掉,从其行为特征看,主要目的是为了得到被害人的财产,虽然对其人身自由有一定时间的直接控制,目的是为顺利地实施抢劫,符合抢劫罪犯罪特征。因此,对被告人抢走被害人随身携带财物的行为应认定为抢劫罪。

案例:黄斌等抢劫(预备)案

案例来源:《刑事审判参考》总第22辑[第139号]

主题词:抢劫罪 预备 着手

一、基本案情

被告人黄斌,男,31岁,湖南省芷江侗族自治县人,无业。1988年10月因犯流氓罪被芷江侗族自治县人民法院判处有期徒刑四年。因涉嫌犯抢劫罪,于1998年4月21日被逮捕。

被告人舒修银,男,22岁,湖南省芷江侗族自治县人,农民。因涉嫌犯抢劫罪,于1998年4月21日被逮捕。

湖南省新晃侗族自治县人民法院经审理查明:1998年3月的一天,被告人黄斌邀被告人舒修银去外地抢劫他人钱财,并一同精心策划,准备了杀猪刀、绳子、地图册等作案工具,从芷江侗族自治县流窜到贵州省铜仁市伺机作案,并在该市购买了准备作案用的手套两双。3月20日晚7时许,黄斌、舒修银在铜仁汽车站以100元的价钱骗租一辆车号为贵D-30306的豪华夏利出租车前往湖南省新晃侗族自治县,准备在僻静处抢劫司机吴某夫妇驾驶的出租车。当车行至新晃后,黄斌、舒修银仍感到没有机会下手,又以50元的价钱要求司机前往新晃县波洲镇。当车行至波洲镇时,由于司机夫妇的警觉,向波洲镇政府报案,黄斌、舒修银的抢劫未能着手实行。黄斌、舒修银被捕后,对其准备作案工具、图谋抢劫出租车的事实供认不讳。

新晃侗族自治县人民法院认为,被告人黄斌、舒修银以非法占有为目的,企图以暴力手段抢劫他人驾驶的出租车,并为此而准备工具、制造条件,其行为已构成抢劫罪。在准备实施抢劫行为时,由于意志以外的原因而未得逞,属于犯罪预备,依法可以从轻处罚。在共同犯罪中,被告人黄斌起主要作用,系主犯,且有前科,应从重处罚;被告人舒修银起次要作用,系从犯,可从轻处罚。依照《中华人民共和国刑法》第二百六十三条、第二十二条、第二十五条第一款、第二十六条第一款、第四款、第二十七条和第六十四条的规定,于 1998 年 7 月 13 日判决如下:

1. 被告人黄斌犯抢劫罪(预备),判处有期徒刑四年,罚金人民币三千元;
2. 被告人舒修银犯抢劫罪(预备),判处有期徒刑二年,罚金人民币二千元;
3. 作案工具杀猪刀一把,纱手套二双,地图册一本,尼龙线二支,予以没收。

一审宣判后,被告人黄斌、舒修银不服,以自己的行为是"犯罪中止"为理由,提出上诉。

湖南省怀化市中级人民法院审理后认为,被告人黄斌、舒修银以非法占有为目的,准备以暴力手段抢劫他人驾驶的出租车,其行为均已构成抢劫罪。黄斌、舒修银准备工具、制造条件后,在欲实施犯罪时由于意志以外的原因而未能着手,属于犯罪预备。黄斌、舒修银上诉称其行为是犯罪中止的理由与客观事实不符,不予采纳。在共同犯罪中,黄斌系主犯,且有前科,舒修银系从犯。原审法院认定的事实清楚,证据确实充分,量刑适当。审判程序合法。依照《中华人民共和国刑事诉讼法》第一百八十九条第(一)项的规定,于 1998 年 11 月 12 日裁定如下:

驳回上诉,维持原判。

二、裁判要旨

No. 5-263-12 在抢劫过程中已经开始实施暴力威胁等方法行为的,应认定为抢劫罪的着手。

是否已经着手实行犯罪,是犯罪预备和犯罪未遂的本质区别。倘若行为人已经着手实行犯罪,那就不可能再有犯罪预备的问题了。判断是否着手,刑法理论上向有客观说和主观说的纷争。如有的客观说者认为,着手是犯罪实行行为的开始,只有当行为人已开始实行某种犯罪法定构成要件的行为才是着手;有的主观说者认为,凡是根据行为人的行为能够明显识别其犯罪意图时,就可以认定为犯罪着手。理论上的争论,其意无非是想为司法认定犯罪着手提供一个整齐划一的标准。我们认为,由于各罪的实行行为千差万别,因而,各罪的着手也各有不同,力图总结出一个通用标准,用意虽好,但难免会以偏概全。司法实践中,判断是否着手,还是应根据具体案件的具体情况,结合刑法条文的有关规定,具体分析、认定。具体到抢劫案件而言,由于抢劫罪的成立,必须以行为人已实施了暴力、威胁等法定的犯罪行为为要件,因此,只有行为人已开始了实施上述特定的手段行为,才能视为犯罪着手。

No. 5-263-13 情节显著轻微、危害不大的抢劫预备行为,不以犯罪论处。

对预备犯的处理,国外刑事立法的通例是:在总则中不规定预备犯的处罚原则,而仅在分则条文后,对一些重罪的预备犯明文规定需要处罚。反之,对未明文规定的,则不处罚。我国《刑法》第二十二条第二款规定:"对于预备犯,可以比照既遂犯从轻、减轻或者免除处罚。"单从这一条文来看,似乎我国对预备犯是采均须定罪处罚的原则,至多是定罪免予处罚。其实不然,由于我国《刑法》第十三条在规定犯罪概念时,又同时规定"但情节显著轻微危害不大的,不认为是犯罪。"因此,司法实践中,对那些情节显著轻微危害不大的预备犯,如一些轻罪的预备犯,不予追究,不仅有依据,而且也是必要的。对预备犯是否定罪,如何量刑,是否从轻,是从轻、减轻还是免除处罚,总的来说,要看其预备行为的社会危害性程度。

案例:王佩林抢劫案

案例来源:《人民法院案例选》2008 年第 3 辑

主题词:抢劫罪 入户抢劫

一、基本案情

被告人:王佩林。

河南省安阳市殷都区人民法院经审理查明:2003 年 7 月 29 日 17 时 30 分许,被告人王佩林伙同王五栓(已判刑),王云燕(另案处理)经预谋后,以为客户清洗饮水机为由进入位于安阳市殷都区小花园 21 中家属院 1 单元 6 楼北户被害人王蒙家中,乘独自在家中的王蒙不备,用自带的塑料胶带、尼龙绳子、刀具等作案工具,使用暴力手段强行将被害人王蒙捆绑在椅子上,劫取现金人民币 300 余元和铂金戒指、项链等首饰(经鉴定价值人民币 375 元),并致使被害人王蒙上颌骨,胫骨二处骨折,经鉴定已构成轻伤。案发后,铂金戒指、项链等首饰已追回并退还被害人。

安阳市殷都区人民法院认为,被告人王佩林伙同他人采用暴力手段,入户强行劫取他人私有财物,并致人轻伤,其行为已构成抢劫罪。安阳市殷都区人民检察院指控被告人王佩林犯抢劫罪罪名成立。在三人共同犯罪中,被告人王佩林积极、主动实施了整个犯罪,起主要作用,系主犯,应按其在共同犯罪中所起的主要作用予以处罚,故对辩护人辩称被告人在共同犯罪中所起作用相对较小的意见不予采纳。被告人王佩林有自首情节,可以从轻或者减轻处罚,其认罪态度较好,有悔罪表现,可以酌情从轻处罚。依照《中华人民共和国刑法》第二百六十三条第(一)项、第二十五条第一款、第二十六条第一款、第四款、第六十七条、第五十五条第一款、第五十六条第一款之规定,安阳市殷都区人民法院判决如下:被告人王佩林犯抢劫罪,判处有期徒刑十一年,剥夺政治权利二年,并处罚金人民币三千元。

二、裁判要旨

No. 5-263-14 入户前即具有犯罪动机,入户后实施抢劫,不论入户是否合法,均应以入户抢劫论处。

由于《刑法》对入户抢劫的规定语焉不详,区分入户抢劫和户内抢劫的标准在司法实践中争议很大。认定是否为"入户抢劫"首先应区分行为人的动机。如果行为人入户前即具有犯罪的动机,无论这种动机是抢劫的故意或盗窃的故意,无论是合法入户还是非法入户,均认定为入户抢劫;如果行为人没有犯罪的故意进入户内后突发故意进行抢劫的,应结合行为人入户的方式来判断,即非法入户并突发故意的,认定为入户抢劫;合法入户并突发故意的,不认定为入户抢劫。王佩林虽然是利用给被害人王蒙家送过水,认识被害人王蒙,假借为客户清洗饮水机为由得以入户这一合法方式入户,但其实施抢劫的犯罪故意产生于入户行为之前,而且王佩林在户内对被害人实施了暴力行为,可认定为入户抢劫。

案例:秦红抢劫案

案例来源:《刑事审判参考》总第 109 集[第 1181 号]

主题词:抢劫罪 入户抢劫

一、基本案情

2007 年 8 月 14 日 10 时许,被告人秦红到唐从波家找唐从波,见只有唐从波的母亲苏凤兰和两个小孩在家,便要求在其家中休息,苏凤兰答应了秦红的请求,秦红就到唐从波家寝室休息。后秦红趁苏凤兰外出之机,将其存放在枕头下的一部黑色直板手机揣进口袋。当秦红将从箱子里窃取的 1060 元现金清点完毕,正欲揣进自己口袋之时,被外出回来的苏凤兰发现并抓住,秦红用力强行挣脱,捡起一根木棒并亮出一根带黑花点的布绳,对苏凤兰以进行殴打和捆绑相威胁,从而阻止苏凤兰的追赶,并将现金和手机拿走逃离现场。

二、裁判要旨

No. 5-263-15 "入户抢劫"中的"入户"以侵害户内人员的人身、财产为目的。因访友等原因经户内人员允许入户后,临时起意实施盗窃,因被发现而当场使用暴力或者以暴力相威胁的,不认定为"入户抢劫"。

关于"入户"的目的问题,最高人民法院 2000 年公布的《关于审理抢劫案件具体应用法律若干问题的解释》(以下简称《抢劫解释》)和2005年印发的《关于审理抢劫、抢夺刑事案件适用法律若干问题的意见》(以下简称《两抢意见》)均有过规定。其中,《抢劫解释》第一条规定,"'入户抢劫'是指为实施抢劫行为而进入他人生活的与外界相对隔离的住所"。鉴于司法实践中对"入户"目的与"入户抢劫"的关系等方面仍存在一定争议,《两抢意见》又明确了"认定入户抢劫"应当注意"入户"目的的非法性。《两抢意见》规定"进入他人住所须以实施抢劫等犯罪为目的。抢劫行为虽然发生在户内,但行为人不以实施抢劫等犯罪为目的进入他人住所,而是在户内临时起意实施抢劫的,不属于'入户抢劫'"。

以上司法解释比较恰当地解决了"入户抢劫"的认定范围问题。而对于那些为了实施诈骗、抢夺财物而进入他人住宅,因被揭穿和制止而当场使用暴力或者以暴力相威胁,是否亦应认定为"入户抢劫",仍有待厘清。2016年最高人民法院新颁布的《关于审理抢劫刑事案件适用法律若干问题的指导意见》(以下简称《抢劫指导意见》)对入户目的的非法性作了进一步明确:"认定'入户抢劫',要注重审查行为人'入户'的目的,将'入户抢劫'与'在户内抢劫'区别开来。以侵害户内人员的人身、财产为目的,入户后实施抢劫,包括入户实施盗窃、诈骗等犯罪而转化为抢劫的,应当认定为'入户抢劫'。因访友办事等原因经户内人员允许入户后,临时起意实施抢劫,或者临时起意实施盗窃、诈骗等犯罪而转化为抢劫的,不应认定为入户抢劫。"这一规定将"入户抢劫"中的"入户"目的扩大为"以侵害户内人员的人身、财产为目的"。换言之,即使不以犯罪为目的,而只是出于一般违法目的,只要是"以侵害户内人员的人身、财产为目的"而入户,而后实施抢劫的,均可认定为"入户抢劫"。这样规定,更有利于有力地保护公民的住宅安全,更严厉地打击入户抢劫犯罪。

作为入户发生的转化型抢劫的前提行为,就不应当只限于入户盗窃,而是应当包括入户诈骗、抢夺。至于出于其他合法的或者不是以侵害户内人员的人身、财产为目的(如赌博、卖淫嫖娼等)的进入他人住宅,临时起意当场实施抢劫行为,一般不能认定为"入户抢劫"。本案中,秦红是以访友为目的,在征得被害人同意后进入其家中,在被害人家中休息时,趁被害人外出之机实施的盗窃行为,因被发现而以暴力相威胁,转化为抢劫犯罪。故根据上述司法解释的规定,因无证据证明秦红进入被害人家中的目的具有非法性,无证据证明其具有侵害被害人及其家人的人身、财产目的,属于《抢劫指导意见》所规定的"因访友办事等原因经户内人员允许入户后,临时起意实施抢劫,或者临时起意实施盗窃、诈骗等犯罪而转化为抢劫"的情形,本着有利于被告人的原则,其行为不宜认定为"入户抢劫"。

案例:陈桂清抢劫案

案例来源:《人民法院案例选》2007年第4辑

主题词:抢劫罪　抢劫性勒索

一、基本案情

上诉人(原审被告人):陈桂清。

福建省泉州市人民法院经审理查明:被告人陈桂清与林琛华、朱文清经事先预谋后,于2004年12月27日11时许窜至南安市水头镇金明酒店守候,当被害人柯联合欲进入闽CF6399佳美轿车驾驶室时,被告人陈桂清持匕首与朱文清将柯联合挟持在车后座后,由林琛华驾驶该车开往泉港区。途中,陈桂清及朱文清、林琛华强行搜走柯联合身上和车内的人民币31700元,又用纱布蒙住被害人柯联合的眼睛后威逼柯打电话叫家人拿钱,柯联合被迫打电话向林荣契借款人民币10万元并要林荣契送到泉州市第一医院。当天下午5时许,被告人陈桂清与林琛华、朱文清继续挟持被害人柯联合到指定的地点接款,柯联合在泉州市第一医院里喷水池边的人行道接到林荣契的10万元人民币后将款交给被告人陈桂清和朱文清。尔后,被告人陈桂清及林琛华、朱文清将车钥匙交还柯联合并将柯放走,三人逃离现场进行分赃。案发后,公安机关从林琛华处追回现金1600元返还给被害人柯联合。

泉州市中级人民法院认为:被告人陈桂清以非法占有为目的,伙同他人,采用暴力手段,劫取他人财物13万余元,其行为已构成抢劫罪,且抢劫数额巨大。据此,依照《中华人民共和国刑法》第二百六十三条第(四)项、第五十七条第一款、第二十五条第一款、第六十四条之规定,判决如下:

一、被告人陈桂清犯抢劫罪,判处无期徒刑,剥夺政治权利终身,并处没收个人全部财产;

二、责令被告人陈桂清继续退赔被害人柯联合经济损失人民币13.01万元。

一审宣判后,被告人陈桂清不服,提出上诉。陈桂清的上诉理由:同案人林琛华、朱文清叫其去讨赌债,事前不知道要去抢劫,无预谋;没有殴打被害人,分赃少;归案后认罪态度好,原判量刑过重,请求从轻处罚。

福建省高级人民法院经审理认为:一审判决定罪准确,量刑适当,审判程序合法。据此,依照《中华人民共和国刑事诉讼法》第一百八十九条第(一)项的规定,裁定驳回上诉,维持原判。

二、裁判要旨

No. 5-263-16 未实际通过第三人对被绑架者安危的忧虑而索取财物的,不构成绑架罪,应以抢劫罪论处。

对本案的定性有两种不同的观点:一种观点认为构成绑架罪;另一种观点认为构成抢劫罪。两罪的主要区别在于,抢劫罪的行为一般具有当场性;绑架罪的行为以杀害、伤害等方式向被绑架人的亲属或其他人发出威胁,索取赎金或提出其他非法要求,一般不具有当场性。在本案中,被告人陈桂清及其同伙虽然也采取了暴力、胁迫手段挟持被害人,并实施了勒索财物的行为,但其实施的行为均只针对被害人柯联合,虽柯联合向其朋友林荣契借钱,但被告人陈桂清等人并未告知林荣契其已控制柯联合,需要用钱来赎回柯联合,故其行为没有指向第三人,因此,该行为不符合绑架罪中行为人向被绑架人的亲属或其他人发出威胁索取赎金的特征,不能以绑架罪定罪。

案例:王忠强等抢劫案

案例来源:《人民法院案例选》2007年第4辑

主题词:抢劫罪 敲诈勒索罪 敲诈式抢劫

一、基本案情

上诉人(原审被告人)王忠强。

山东省东营市东营区人民法院经审理查明:2005年9月5日,被告人王忠强、张辉辉、郭军(以上二人另案处理)伙同王振(在逃)预谋搭乘出租车以“被车碰头”为由敲诈出租车司机的钱物,后四人骗乘鲁ET0800号出租车到南里村,在对司机敲诈未果的情况下,被告人王忠强采用殴打、威胁的方式当场劫取出租车司机现金40余元,三星A288手机一部,经鉴定价值180元。

2005年9月6日,被告人王忠强、张辉辉、郭军采用同样的方式将鲁ET0333号出租车骗至东营区西四路西营桥附近,在对司机敲诈未果的情况下,被告人王忠强采用殴打、威胁的方式当场劫取出租车司机现金95元。

山东省东营市东营区人民法院审理认为:被告人王忠强无视国法,以非法占有为目的,结伙抢劫他人财物,数额较大,其行为构成抢劫罪,依法应追究刑事责任。在共同犯罪中,被告人王忠强积极参与,与其他同案人作用相当,故不分主从,根据被告人王忠强在共同犯罪中所起的作用予以量刑。被告人王忠强归案后认罪态度较好。遂依照《中华人民共和国刑法》第二百六十三条、第二十五条第一款之规定,以抢劫罪判处被告人王忠强有期徒刑五年,并处罚金二千元。

宣判后,被告人王忠强以“一审判决定性错误,只是敲诈勒索,不构成抢劫罪;量刑过重”为由,提出上诉。

二审庭审中,其辩护人提出“从主观方面,上诉人王忠强及其同伙均无抢劫的故意,只有敲诈勒索的故意;从客观方面,上诉人虽使用了轻微的暴力威胁,但也只是让被害人产生畏惧心理,并无伤害被害人的意思,被害人尚有相当程度的意思自由,还有回旋的余地,故从犯罪构成看,上诉人的行为更符合敲诈勒索罪的犯罪特征。即使上诉人的行为构成抢劫罪,也应考虑其行为接近于敲诈勒索行为,未造成严重后果,且有悔罪表现,对上诉人应从轻处罚”的辩护意见。

山东省东营市人民法院经审理认为:上诉人王忠强与张辉辉、郭军、王振四人于深夜,为达到非法占有他人财物的目的,以被车碰头为借口,当场对出租车司机使用威胁、殴打等暴力手段,使被害人深夜在出租车的狭小空间内处于被四人威胁控制之下不敢反抗;从而被迫当场交出财物,其行为具有当场性、暴力性和公然性,符合抢劫罪的特征,依法应以抢劫罪论处。上诉人王忠强抢劫时虽使用了威胁、暴力手段,但情节一般,且未造成被害人伤亡,归案后认罪态度较好,根据上诉人的犯罪情节并结合本案实际,原审判决认定事实清楚、定罪准确、审判程序合法,但对上诉人王忠强的量刑偏重,应予改判。依照《中华人民共和国刑事诉讼法》第一百八十九条第(二)项、《中华人民共和国刑法》第二百六十三条、第二十五条第一款之规定,维持一审判决对王忠强的定罪部分,撤销其量刑部分,以抢劫罪判处王忠强有期徒刑五年,并处罚金二千元。

二、裁判要旨

No. 5-263-17 利用暴力而非讹诈取得他人财物的,不构成敲诈勒索罪,应以抢劫罪论处。

在司法实践中,抢劫罪与敲诈勒索罪的区分,历来是备受关注的问题。在刑法理论上,一般认为:抢劫罪与敲诈勒索罪的区别主要在于:一是敲诈勒索罪的实施采取胁迫手段或轻微暴力手段,而抢劫罪除了可以采取胁迫手段外,还可以采取暴力或者其他手段;二是抢劫罪必须是行为人当着被害人的面发出威胁,而敲诈勒索罪则是可以当面,也可以不当面威胁;可以由自己发出,也可以由他人转达威胁;三是抢劫罪必须是以实施暴力相威胁,而敲诈勒索罪则可以是以实施暴力相威胁,也可以其他行为作为威胁的内容,如以揭发被害人的隐私、对被害人进行打击报复为威胁内容;四是抢劫罪必须是当场夺取财物或使被害人交付财物,而敲诈勒索罪则可以是使被害人当场也可以是日后交付财物。为了更直观起见二者的区别如下表所示:

罪名	抢劫罪	抢劫罪、敲诈勒索罪交叉部分	敲诈勒索罪
犯罪手段	暴力、胁迫、其他	胁迫、轻微暴力	胁迫、轻微暴力
威胁的方式	直接	直接	直接、间接
威胁的内容	以暴力相威胁	以暴力相威胁	暴力或其他
取得财物的时间性	当场	当场	当场、日后

本案类似于人们通常所说的碰瓷,以坐车被碰头为由,借机索取钱财。对于本案来说,从其行为特征来看,其犯罪手段采用的是暴力,如不给钱便打人、砸车;威胁的方式是直接的、面对面的,由被告人直接向被害人本人发出;威胁的内容是以暴力对被害人人身实施打击;财物是当场取得的。从以上分析可以看出本案既符合抢劫罪的特征又符合敲诈勒索罪的特征。

本案区分的关键:一是取得财物的手段,靠的是暴力还是讹诈;二是被害人的人身自由是否事实上受到了限制。从作案时间上来看,两次都是在深夜,除了双方当事人以外,很少有行人,被害人直接处于被告人控制之下,孤立无援;从作案的空间上来看,两次都是让出租车开到比较僻静的小路边,开始作案;从双方的人员构成来看,被害人一方只有一人,年龄较大,而被告人一方有四人,年龄大都在 20 至 30 岁之间,正值壮年;从作案的手段来看,一人假装碰头,对被害人人身实施暴力。对车辆用石头砸击,另外几人一方面假装劝解,从中调和,另一方面看住被害人不让其走脱。综上,可以看出,暴力是取得钱财的主要手段,假装碰头,只是一个缘起、由头,不是取得钱财的主要原因。深夜在僻静的小路边,被害人一人在出租车内处于四被告人的掌控之下,不给钱显然是不能走脱的,其人身自由事实上受到了限制。因此,本案符合抢劫罪的构成要件,其行为具有当场性、暴力性和公然性。但本案和典型的抢劫罪有明显的区别,一是暴力的程度较低,只是使用了轻微的暴力,没有造成被害人人身伤害,二是取得财物的数量,比较少,没有穷尽被害人身上所有的财物,只是让被害人交出部分钱财了事,反映出被告人的主观恶性较小,因此,量刑时应予考虑。

案例:李秀伯等抢劫案

案例来源:《人民法院案例选》2006年第1辑

主题词:抢劫罪 劫持他人

一、基本案情

被告人李秀伯,男,1969年出生,农民。1991年3月至1992年7月因盗窃被劳动教养;1992年12月因犯盗窃罪被判处有期徒刑七年,1998年7月19日刑满释放。2005年8月17日因涉嫌犯抢劫罪被逮捕。

被告人吴仕桥,男,1981年出生,农民。2005年8月17日因涉嫌犯抢劫罪被逮捕。

江苏省南京市下关区人民法院经审理查明:2005年7月9日,被告人李秀伯、吴仕桥预谋以卖淫女为目标实施抢劫并准备了假身份证、鞋带、弹簧刀、乳胶手套、银行卡等作案工具。次日晚,被告人李秀伯、吴仕桥利用电脑网络聊天室,分别结识了孙某和赵某,并以"包夜"为名约她们到本市下关区锦江之星宾馆8329房间。孙某到达锦江之星宾馆8329房间脱掉衣裤后,两被告人用鞋带捆住其手脚,将其藏于该房卫生间内。稍后,赵某亦到达锦江之星宾馆8329房间,赵脱掉衣裤后,两被告人采取上述同样手段,用鞋带捆住赵某手脚。被告人李秀伯将被捆住手脚的孙某从卫生间抱出置于床上,继而两被告人以弹簧刀相威胁,让孙某和赵某分别打电话向亲戚、朋友筹集人民币4000元,并要求于7月11日上午将钱打入事先准备的银行卡内。在此过程中,被告人吴仕桥从赵某的包内劫得人民币200元。

另查,被告人李秀伯在两被害人打完筹款电话后,将双脚被捆绑的孙某抱入该房卫生间内,松开孙某脚上的鞋带,与其发生了性关系,随后再次捆住其双脚。

7月11日凌晨3时许,被害人赵某的亲属根据赵某在电话中暗示的信息向公安机关报案,公安人员至锦江之星宾馆8329房间将两被告人抓获。案发后,公安机关扣押了赃款人民币200元,并已发还被害人赵某。

南京市下关区人民法院认为,被告人李秀伯、吴仕桥以非法占有为目的,共同采用暴力手段劫取他人财物,其行为均已构成抢劫罪,应依法予以惩处。被告人李秀伯违背妇女意志,以胁迫手段与妇女发生性关系,其行为又构成强奸罪,依法应予数罪并罚。被告人李秀伯提出的其没有准备弹簧刀和银行卡作为作案工具,没有用弹簧刀威胁两被害人,没有在卫生间强行与孙某发生性关系的辩解,与审查查明的事实不符,不予采纳。依照《中华人民共和国刑法》第二百六十三条、第二百三十六条第一款、第二十五条第一款、第六十九条、第五十二条、第五十三条、第六十四条之规定,判决如下:

一、被告人李秀伯犯抢劫罪,判处有期徒刑五年,罚金人民币五千元;犯强奸罪,判处有期徒刑三年,决定执行有期徒刑七年六个月,罚金人民币五千元。

被告人吴仕桥犯抢劫罪,判处有期徒刑五年,罚金人民币五千元。

二、移送在案的犯罪工具:假身份证、鞋带、弹簧刀、乳胶手套、银行卡和犯罪时使用的通讯工具手机2部予以没收。

一审宣判后,被告人李秀伯、吴仕侨未提出上诉。现判决已发生法律效力。

二、裁判要旨

No.5-263-18 劫持他人后,迫使其向亲友筹借钱款,其亲友对被劫持事实并不知情的,应以抢劫罪论处。

行为人以索要财物为目的,采取诱骗手段劫持他人并对其实施暴力,迫使其向亲友筹款的行为不应认定为绑架罪。

首先,对于绑架罪的定义,学界的通说为,绑架罪是以勒索他人财物或其他非经济利益为目的,使用暴力、胁迫或者其他方法挟持或实际控制他人,以及以勒索财物为目的的偷盗婴儿的行为。因此,应当说绑架罪侵犯的主要客体是他人的人身自由。从立法本意来看,刑法将绑架罪规定在侵犯人身权利罪一类中,也是旨在保护公民的人身自由。但由于行为人主观上具有勒索他人财物或其他非经济利益的目的,对公私财产权利和其他合法权益亦构成威胁,因此必须比其他侵犯人身权利的犯罪如非法拘禁罪给予更严厉的打击。也正因为此,立法只突出强调绑架罪的勒索的目的性,而落脚在绑架他人的行为上。即行为人只要出于勒索他人财物或其他非经济利益的目的,并在此目的支配下实施了绑架行为,就具备了绑架罪的全部法定要件。

其次,绑架罪要具备以被绑架人为人质,向被绑架人以外的第三方勒索财物或提出其他非法要求这一基本特征。也就是说,绑架罪中的行为人在侵犯了被绑架人的人身权利的同时,还侵犯了第三方的财产权利或其他合法权益。最高人民法院《关于审理抢劫、抢夺刑事案件适用法律若干问题的意见》在认定抢劫罪与绑架罪的界限中指出,“绑架罪表现为行为人以杀害、伤害等方式向被绑架人的亲属或其他人或单位发出威胁,索取赎金或提出其他非法要求”。因此,就绑架罪而言,其勒索对象是被绑架人的亲属或与其有利害关系的其他人。利用他们惧怕被绑架人遭到伤害的心理,迫使他们交付赎金或满足行为人的其他非法要求。发出上述要求,可以是行为人直接以电话、写信等方式发出,也可以是行为人迫使被绑架人以上述方式发出。

在本案中,李秀伯和吴仕桥劫持两被害人的行为既侵犯了两被害人的人身权利,又侵犯了两被害人的财产权利;由于其行为及行为的目的都是指向两被害人的钱财,因此,我们认为,其行为侵犯的主要客体应当是两被害人的财产权利。

另外,李秀伯和吴仕桥的行为虽然具备了绑架罪的一些外在特征,即先劫持后索财,劫持与索财之间存在一定的时空间隔,但他们劫持两被害人的目的是直接劫取她们的财物,而非以她们为人质来勒索第三人。从李秀伯和吴仕桥的客观行为看,他们劫持两被害人后,是采用暴力手段直接向两被害人本人索要财物,而未以两被害人为人质,直接向两被害人以外的第三人索要财物,即没有进行所谓的拿钱赎人。至于两被害人拿不出李秀伯和吴仕桥索要的钱款数额、李秀伯和吴仕桥迫使两被害人向亲友筹借的行为,其实质还是向被劫持人本人索要。因为,李秀伯和吴仕桥在劫持两被害人后仅是让两被害人向亲友借款,两被害人的亲友并不明知两被害人被绑架,当然也就不存在为此而受到勒索。综上,李秀伯和吴仕桥的行为不构成绑架罪。

李秀伯和吴仕桥的行为符合抢劫罪的构成要件,理由如下:

抢劫罪侵犯的是双重客体,即公民的财产权利和人身权利;主观方面以非法占有为目的;客观方面则是以当场使用暴力或以使用暴力相胁迫的手段当场劫取他人财物。这里的两个当场不应拘泥于较短的时间,在暴力、胁迫手段的持续过程中,即使时间延续较长,同样应视为当场。

在本案中,李秀伯和吴仕桥以诱骗方法劫持两被害人的目的正是为了劫取其财物。在暴力劫取了被害人随身携带的少量钱财后,为劫取更多的钱财,李秀伯和吴仕桥使用暴力手段迫使两被害人向亲友筹款,虽然最终因及时案发而款未到账,但李秀伯和吴仕桥的行为符合当场劫取他人财物这一抢劫罪的客观行为要件,只是由于意志以外的原因,索款未遂。而两被害人筹集的款项之性质,从民事法律关系的角度来讲应是两被害人向亲友的借款。因此李秀伯和吴仕桥的行为,主要侵犯了两被害人的财产权利,同时又侵犯了他们的人身权利,构成抢劫罪,且全案系既遂,索款未遂只能作为量刑时的酌定情节予以考虑。

案例:金海亮抢劫案

案例来源:《人民法院案例选》2008 年第 3 辑

主题词:事后抢劫　抢劫致人死亡

一、基本案情

上诉人(原被告人)金海亮、钟志安、李俊。

广东省广州市中级人民法院经审理查明:广州大道中嘉诚公寓附近的公交站,常有一伙男青年在此抢夺或抢劫他人财物,广州市越秀公安分局便衣大队派出警力进行伏击。2007 年 7 月 5 日 21 时 50 分许,当一辆 280 路公交车停靠该站上下时,被告人金海亮即上车并趁被害人林沛能不备抢去其手机(价值人民币 687 元),同案被告人李俊则假装投币上车,阻挡车门关闭,使被告人金海亮得手后顺利从前门下车逃跑。当被告人金海亮携赃意欲跑向在公交车前方驾驶摩托车予以接应的被告人钟志安时,在此跟踪伏击的陈世豪等四名便衣警察立即亮明身份并上前抓捕,被告人金海亮见状即转身跑向马路对面,陈世豪紧追其后。在马路中间绿化带处,陈世豪追上并抓住金海亮,随即两人扭打在一起。在扭打中,金海亮猛地摔打、挣脱逃跑,陈世豪则随身紧追意欲抓捕,但在闪入广州大道由南往北方向快车道时,陈世豪被路过的一辆小车撞伤(经抢救无效死亡)。被告人金海亮则将抢得的手机弃置路旁继续逃跑,随即被警察和群众抓获。被告人李俊和钟志安也被伏击的警察当场抓获。

广东省广州市中级人民法院认为,被告人金海亮、钟志安、李俊无视国家法律,以非法占有为目的,乘人不备,公然夺取他人财物,数额较大,被告人金海亮为抗拒抓捕而当场使用暴力,其行为已构成抢劫罪,被告人钟志安、李俊的行为均构成抢夺罪。被告人李俊归案后协助公安机关抓获了同案人,有立功表现,依法可从轻处罚。依照《中华人民共和国刑法》第二百六十七条第一款、第二百六十九条、第二百六十三条、第六十八条第一款、第五十二条、第五十三条、最高人民法院《关于审理抢夺刑事案件具体应用法律若干问题的解释》第一条第(一)项、最高人民法院《关于处理自首和立功具体应用法律若干问题的解释》第五条之规定,判决:被告人金海亮犯抢劫罪,判处有期徒刑八年,并处罚金人民币三千元;被告人钟志安犯抢夺罪,判处有期徒刑二年,并处罚金人民币二千元;被告人李俊犯抢夺罪,判处有期徒刑一年,并处罚金人民币一千元。

宣判后,被告人金海亮不服一审判决,向广东省高级人民法院提出上诉。

广东省高级人民法院经审理认为,上诉人金海亮,原审被告人钟志安、李俊无视国家法律,以非法占有为目的,乘人不备,公开夺取他人财物,数额较大。金海亮在被抓捕的过程中当场使用暴力抗拒抓捕,金海亮的行为已构成抢劫罪,李俊、钟志安的行为构成抢夺罪,依法应予以惩处。李俊在归案后,有立功表现,依法可以从轻处罚。原审判决认定事实清楚,证据确实充分,定罪准确,量刑适当,审判程序合法。上诉人金海亮的上诉理由,经查缺乏事实和法律依据,本院不予采纳。依照《中华人民共和国刑事诉讼法》第一百八十九条第(一)项之规定,裁定:驳回上诉,维持原判。

二、裁判要旨

No. 5-263-19 在抢劫过程中导致财物所有人以外的第三人死亡的,不能认定为抢劫致人死亡。

《刑法》第二百六十三条第(五)项规定的致人重伤、死亡是指犯罪人在实施抢劫过程中,因使用暴力直接导致被害人重伤或死亡。主要有三种情况:(1)在实施抢劫过程中,为排除被害人的反抗,故意先重伤他人,然后当场将其财物夺走;(2)在实施抢劫过程中,为排除被害人的反抗,故意重伤他人以夺取财物,使其受伤致死;(3)在实施抢劫过程中,为排除被害人的反抗,故意将其杀死,然后劫取财物。该项所规定的犯罪对象有其特定性和专门指向——均是遭受抢劫的被害人,发生的加重结果均是被害人重伤或者死亡,而犯罪人的行为与加重结果之间有刑法上的因果关系。在本案中,陈世豪并非该起抢劫罪的犯罪对象,陈的死亡不属于《刑法》第二百六十三条第(五)项规定的加重结果,而是伴随着这起抢劫刑事案件而发生的一起交通事故的结果。金海亮的抢夺行为与林沛能财产的丧失之间存在必然因果关系,同时也因金海亮使用暴力拒捕符合刑法上拟制的转化要件,其抢夺行为随之转化为抢劫罪,但金海亮的犯罪行为与陈世豪的死亡不存在刑法上的因果关系。综上,陈世豪意外身亡并不属于抢劫中致人死亡的加重情节。

案例:李政等抢劫案

案例来源:《人民法院案例选》2006 年第 1 辑

主题词:抢劫罪 在公共交通工具上抢劫

一、基本案情

被告人李政。

被告人侍鹏。

江苏省南京市下关区人民法院经审理查明:2004 年 9 月 10 日下午 7 时 30 分许,被告人李政在本市中央门长途汽车站以拉客为名,将被害人马景海带至幕府西路江南加油站相房村 2 号。之后,被告人李政拦下除车主林增发、驾驶员胡志军外另有一名乘客的皖 A-53842 长途客车,并带被害人上车。此时被告人侍鹏伙同侍锋、毕爱军(二人皆另案处理)尾随上车,并将被害人安排在车后部。四人在要求被害人买票过程中,对马景海进行暴力殴打、语言威胁,强行劫取其人民币 8640 元,并威胁不许报案。下车后,四人进行分赃,被告人侍鹏、侍锋、毕爱军各分得 2000 元,被告人李政分得余款。

2005 年 2 月 6 日下午 2 时 30 分许,被告人李政和侍鹏在本市下关区南京商厦门口以拉客为名,将被害人顾桂和带至幕府西路金大加油站。被告人李政拦下车上只有驾驶员尤永一人的苏 K-09486 长途客车后带被害人上车,以同样手段逼迫顾桂和先后拿出人民币计 250 元。被害人顾桂和报案后,公安机关于 2005 年 3 月 20 日将两被告人抓获。

南京市下关区人民法院认为,被告人李政、侍鹏以非法占有为目的,在公共交通工具上采用暴力、胁迫方法,劫取他人财物,其行为已构成抢劫罪,应依法予以惩处。被告人李政曾因犯罪被判处有期徒刑,刑罚执行完毕后五年内再犯应当判处有期徒刑以上刑罚之罪,系累犯,应当从重处罚。被告人侍鹏有立功表现,依法应减轻处罚;南京市下关区人民检察院指控被告人李政、侍鹏犯抢劫罪的事实清楚,证据确实充分,指控的罪名成立;提请对被告人李政从重处罚的理由正确,予以采纳。依照《中华人民共和国刑法》第二百六十三条第(二)项、第六十五条第一款、第六十八条第二款、第五十二条、第五十六条、第六十四条之规定,于 2005 年 8 月 10 日作出判决:

被告人李政犯抢劫罪,判处有期徒刑十二年,剥夺政治权利两年,罚金人民币五千元。被告人侍鹏犯抢劫罪,判处有期徒刑九年,剥夺政治权利一年,罚金人民币五千元。赃款人民币八千八百九十元继续追缴,并发还被害人马景海、顾桂和。

一审宣判后,在法定的期限内,被告人李政、侍鹏均未提出上诉,下关区人民检察院也未提出抗诉,判决已发生法律效力。

二、裁判要旨

No. 5-263-20 是否构成在公共交通工具上抢劫,不以实际上是否对不特定多数人实施抢劫为标准,而以不特定多数人的人身权利和财产权利是否受到威胁为标准。

最高人民法院于 2000 年 11 月 22 日颁布的《关于审理抢劫案件具体应用法律若干问题的解释》第二条对抢劫罪的这种加重情节作了进一步的明确规定:《刑法》第二百六十三条第(二)项规定的在公共交通工具上抢劫,既包括在从事旅客运输的各种公共汽车、大中型出租车、火车、船只、飞机等正在运营中的机动公共交通工具上对旅客、司售、乘务人员实施的抢劫,也包括对运行途中的机动公共交通工具加以拦截后,对公共交通工具上的人员实施的抢劫。该规定针对的是当前较为猖獗的车匪路霸的种种行为,如:(1)以收保护费为由,对司机及乘客强拿硬要、敲诈勒索,或者以带客为名,将被害人骗至过路的长途客车上,一旦被害人拒绝或者反抗,即当场实施暴力抢劫财物。本案例即属于此种情况。(2)在客车营运过程中,一人或数人(团伙犯罪)对某一乘客或者数名乘客在车上实施抢劫行为,或以暴力威逼乘客将财物扔到车下,或者是暴力驱逐乘客下车后在车上实施抢劫。(3)数人合谋拦截车辆后,上车实施抢劫。(4)行为人在车站尾随被害人,上车后在客车营运过程中仅对该特定的被害人实施抢劫行为。评判行为人的抢劫行为是否构成"在公共交通工具上抢劫",不应以行为人实际上是否对不特定多数人实施抢劫为标准,而是应以不特定多数人的人身权利和财产权利是否受到威胁或者抢劫行为足以使得不特定多数人认为受到威胁为表征。在本案中,被告人李政、侍鹏从犯罪预备到抢劫既遂后逃离现场的过程中,每次抢劫行为侵害的对象自始至终都是特定的被害人一人,对车内其他同乘人员没有任何威胁性语言和行为,更没有实施暴力。但实际上,被告人李政、侍鹏对被害人施以拳脚和语言威胁等暴力行为,也会直接威胁到司机以及车内其他同乘人员,至少足以使驾乘的其他人产生恐惧感。

立法者对任何情节加重犯的设立,无不以情节背后的法益为据。换言之,在立法者对“在公共交通工具上抢劫”加重犯所科以较高的刑罚背后,蕴涵的是立法者对公民人身财产安全法益特别是和对公共秩序法益的特别关注和保护。行为人虽然只抢劫特定的一个人,但由于该行为人在公共交通工具上对乘客进行抢劫,其行为直接威胁到公共交通工具上不特定多数乘客的人身和财产安全,给不特定多数人造成心理上的恐惧,同样严重破坏了社会公共秩序。

案例:韦猛抢劫案

案例来源:《刑事审判参考》总第 109 集[第 1180 号]

主题词:抢劫罪 入户抢劫

一、基本案情

2010 年 7 月 6 日 11 时许,被告人韦猛伙同网名“从头来过”的男子(另案处理)经商量以假装租房的名义对带去看房的人在房间内实施抢劫。由“从头来过”与出租人王某某联系,以看房租房为由约好见面看房的时间、地点,韦猛着手准备好作案用的弹簧刀、封口胶等物品。两人于当日来到出租房所在地,随王某某进入房间后即拿出弹簧刀对王某某进行威胁、恐吓,并用封口胶封住王某某的嘴巴,用绳子将王某某绑在凳子上,随后抢走王某某手提包内的现金人民币 500 元和三星牌 J208 型手机一部,经鉴定,被抢手机案发时价值人民币 250 元。

二、裁判要旨

No. 5-263-21 “入户抢劫”中的“户”应同时具备与外界相对隔离的场所特征与供他人家庭生活的功能特征。进入无人居住的待租房屋实施抢劫,不属于“入户抢劫”。

最高人民法院 2000 年公布的《关于审理抢劫案件具体应用法律若干问题的解释》(以下简称《抢劫解释》)和 2005 年印发的《关于审理抢劫、抢夺刑事案件适用法律若干问题的意见》(以下简称《两抢意见》)均对“户”的范围有过明确规定。根据《抢劫解释》第一条的规定,“入户抢劫”,是指为实施抢劫行为而进入他人生活的与外界相对隔离的住所,包括封闭的院落、牧民的帐篷、渔民作为家庭生活场所的渔船、为生活租用的房屋等进行抢劫的行为。《两抢意见》进一步明确了“户”的范围:“户”在这里是指住所,其特征表现为供他人家庭生活和与外界相对隔离两个方面,前者为功能特征,后者为场所特征。一般情况下,集体宿舍、旅店宾馆、临时搭建工棚等不应认定为“户”,但在特定情况下,如果确实具有上述两个特征的,也可以认定为“户”。据此,“入户抢劫”中的“户”,其本质特征表现为“供他人家庭生活的与外界相对隔离的住所”,其中“与外界相对隔离”是“户”的场所特征,“供他人家庭生活”是“户”的功能特征,二者应同时具备,缺一不可。

抢劫犯罪中的“入户抢劫”之所以成为加重处罚情节之一,是因“入户抢劫”不仅侵犯了公民的财产权利和人身权利,同时还侵犯了公民的住宅安宁、正常生活。只有在有人居住生活的房屋内抢劫,才可能侵犯公民的住宅和生活安宁,这种抢劫行为才具有一般抢劫行为所不具有的特殊社会危害性,才能作为加重处罚情节,判处十年以上有期徒刑的重刑。如果行为人在无人居住生活的房屋内抢劫,其行为不会对他人的住宅和生活安宁造成任何侵害,该种抢劫行为与一般抢劫行为的社会危害性无异,自然不能认定为“入户抢劫”。

本案中,被告人韦猛伙同他人作案的房屋是与外界相对隔离的房屋,具备场所特征。该房屋虽系待租,却是封闭的,需要王某某拿钥匙开启方能进入,显然是与外界相对隔离的,故符合“户”的场所特征。但该房屋不具备“户”的功能特征。该房屋既不是供受害人王某某本人或者其家人生活居住使用的,也不是有他人正在居住使用的房屋,而是等待他人租住的房屋,被告人作案时无人在此居住,因此不具有“户”的功能特征。

案例:刘海等抢劫案

案例来源:《人民法院案例选》2008 年第 4 辑

主题词:抢劫罪 抗拒抓捕

一、基本案情

被告人刘海、房充。

江苏省无锡市中级人民法院经审理查明:2007 年 8 月 20 日晚,被告人刘海、房充伙同他人携带作案工具到江苏省宜兴市团氿湿地公园附近小区欲行盗窃,因时机不成熟而未果。随后,刘海持尖刀、房充携“T”型撬锁工具到团氿湿地公园内伺机作案。当晚 10 时许,两被告人看到正在公园内散步的被害人王明光(男,殁年 39 岁)、蒋某某(女,时年 27 岁),刘海提议抢劫,并先冲至王明光身后,用手卡住王明光的颈部并持刀抵住王的腰部,将王明光打倒在地。与此同时,房充上前将蒋某某打倒,劫得蒋某某价值人民币(下同)1350 元的三星 D528 型手机和现金 150 元,并持工具威胁蒋不许呼救。房充随之又与刘海共同对王明光殴打,劫得价值 360 元的三星 C158 型手机和现金 700 余元。刘海、房充欲逃跑时,王明光就地取得 1 根竹棒追撵并击打两被告人,刘海遂持刀刺扎王明光胸、背部等处,又将王摔倒在地,房充亦对倒地的王明光进行踢打,后两被告人分别逃离现场。被害人王明光因胸、背部遭受利器刺戳造成左肺静脉破裂、肺破裂导致失血性休克而死亡。

2007 年 8 月 24 日,被告人房充归案后协助公安机关抓获被告人刘海。

无锡市中级人民法院认为,被告人刘海、房充以非法占有为目的,分别携带作案工具,共同以暴力手段劫取公民财物。随即,为抗拒被害人王明光的抓捕,两被告人又共同殴打被害人王明光,其中被告人刘海持刀刺戳被害人王明光并致其死亡。被告人刘海、房充的行为均已构成抢劫罪,并造成一人死亡的严重后果。公诉机关指控被告人刘海、房充的主要犯罪事实清楚,证据确实充分,但适用法律不当,应予纠正。被告人房充归案后有协助司法机关抓获同案被告人刘海的重大立功表现。据此,根据罪责刑相适应的原则,依照《中华人民共和国刑法》第二百六十三条、第二十五条第一款、第四十八条第一款、第六十八条第一款、第五十七条第一款、第五十六条第一款之规定,判决如下:

一、被告人刘海犯抢劫罪,判处死刑,剥夺政治权利终身,并处没收个人全部财产。

二、被告人房充犯抢劫罪,判处有期徒刑七年,剥夺政治权利二年,并处罚金三千元。

一审判决后,被告人刘海、房充均未提出上诉,人民检察院亦未提起抗诉。无锡市中级人民法院依法报请江苏省高级人民法院复核。

江苏省高级人民法院经复核认为,原审判决对被告人刘海定罪准确,量刑适当,审判程序合法,裁定同意江苏省无锡市中级人民法院(2008)锡刑初字第 3 号以抢劫罪判处被告人刘海死刑,剥夺政治权利终身,并处没收个人全部财产的刑事判决。并依法报请最高人民法院核准。

最高人民法院经复核认为,江苏省无锡市中级人民法院原审判决、江苏省高级人民法院裁定认定的事实清楚,证据确实充分,定罪准确,量刑适当,审判程序合法,裁定核准江苏省高级人民法院(2008)苏刑三复字第 20 号同意原审对被告人刘海以抢劫罪判处死刑,剥夺政治权利终身,并处没收个人全部财产的刑事裁定。

二、裁判要旨

No. 5-263-22 实施抢劫行为并劫得财物后,在逃跑过程中为抗拒被害人抓捕而将其杀死的,应以抢劫罪一罪论处。

首先,被告人刘海、房充在主观上存在共同抢劫的犯罪故意。抢劫罪是指以暴力、胁迫或者其他方法抢劫公私财物,作为抢劫方法和手段的暴力是行为人当场对被害人或抓捕人的身体实施打击、强制或者以此相威胁以实现其劫财的目的,在这种暴力行为下可能造成的人身损害会存在程度不同,轻者只有皮肉之苦,重者可致人死亡。因此,抢劫犯罪中致人死亡的情形在主观上不仅包括过失致人死亡,也应含有故意的主观心态。本案两被告人分别携带作案工具共同预谋抢劫,其目的是为了劫取他人财物,主观上存在暴力劫财的故意,杀死被害人的暴力行为也涵盖在抢劫的主观故意之中。

其次,在客观上,被告人刘海、房充当场实施了以杀人作为暴力手段劫取他人财物的犯罪行为。我国《刑法》第二百六十九条规定行为人为抗拒抓捕而当场使用暴力或者以暴力相威胁的以抢劫罪论处,2001年5月最高人民法院《关于抢劫过程中故意杀人案件如何定罪问题的批复》也明确指出:“行为人为劫取财物而预谋故意杀人,或者在劫取财物过程中,为制服被害人反抗而故意杀人的,以抢劫罪定罪处罚。行为人实施抢劫后,为灭口而故意杀人的,以抢劫罪和故意杀人罪定罪,实行数罪并罚。”本案被告人刘海持刀抵住被害人王明光实施劫财行为时,已经用刀捅伤了王明光。被害人王明光、蒋某某的财物遭劫后,王明光追赶被告人刘海、房充的行为属于抓捕行为,被害人追捕的过程是抢劫现场的延伸。被告人刘海、房充为抗拒抓捕并实现最终占有所劫财物的目的,继续对王明光实施暴力并将其当场杀死,是抢劫犯罪暴力的延续。因此,本案两被告人的犯罪行为属于劫财过程中为制服被害人反抗和抗拒抓捕当场使用暴力的行为,应以抢劫罪一罪论处,在此过程中杀死被害人的行为系抢劫犯罪中的致人死亡的加重结果之情形,不属于抢劫以后为灭口而故意杀人的情况。

案例:张文光抢劫案

案例来源:《人民法院案例选》2006年第4辑

主题词:借条　抢劫罪

一、基本案情

被告人张文光,男,1970年出生,汉族,小学文化,农民。因涉嫌犯抢劫罪于2005年6月11日被刑事拘留,同年7月8日被逮捕。

贵州省安顺市中级人民法院经审理查明:

2004年2月到2005年4月,被告人张文光分三次向被害人钟巢夫妇借款18.5万元(月息2%至5%),张文光每月均如期还息,共付利息款3万余元。后因无法还债,为抢回自己向被害人钟巢夫妇借款时所出具的借条和用作抵押的房产证,被告人张文光事先购买了铁锤,于2005年6月9日凌晨1时许,携铁锤至被害人在安顺市西秀区华西办事处太平村187号所开的“钟巢药店”处,以归还借款为由进入药店,随后持铁锤分别打击店主张琼和钟巢夫妇的头部,将二人打倒在地后拿起房产证和借条逃离现场。被害人钟巢、张琼伤后经住院治疗,共支付医疗费14349.82元。经法医鉴定,被害人钟巢和张琼之伤分别为八级、十级伤残,均属重伤。

安顺市中级人民法院认为,被告人张文光为毁证灭债,采用暴力手段强行取回由其出具的借条及用作抵押的房产证,致二被害人重伤,其行为已构成抢劫罪。被告人张文光的犯罪行为给被害人钟巢、张琼造成了人身伤害,其应对二被害人所花医疗费、鉴定费和误工费等费用予以赔偿。被告人张文光归案后虽如实交待其犯罪事实,但其犯罪情节恶劣,手段残忍,应予严惩。依照《中华人民共和国刑法》第二百六十三条第(一)、(四)、(五)项、第五十七条第一款和《中华人民共和国民法通则》第一百一十九条的规定,作出如下判决:

1. 被告人张文光犯抢劫罪,判处死刑,剥夺政治权利终身,并处没收个人全部财产;

2. 被告人张文光赔偿附带民事诉讼原告人钟巢、张琼医疗费、误工费、营养费、交通费、法医鉴定、伤残赔偿金等共计六万六千零三十八元八角二分。

宣判后,被告人张文光对刑事判决部分不服,提出“没有抢劫犯意、一审量刑过重”的上诉理由。其辩护人提出相同的辩护理由,并认为被告人的行为构成故意伤害罪。

二审开庭审理过程中,检察机关、上诉人及其辩护人对一审认定的基本事实及证据均不持异议。检察机关认为上诉人张文光为逃避欠款,使用暴力手段,抢回自己向被害人钟巢夫妇借款时所出具的借条和用作抵押的房产证,其行为构成抢劫罪,但对被告人是否应判处死刑立即执行,建议合议庭慎重考虑。被告人张文光认为自己没有抢劫犯意,其辩护人也持同样意见。二审法院认为,原审被告人张文光为毁证灭债,采用暴力手段劫取借条及其用作抵押借款的房产证,其行为已构成抢劫罪。一审审判程序合法,认定事实清楚,证据确实充分,定性准确。但鉴于本案犯罪后果不属极其严重,被告人认罪态度较好,对被告人判处死刑,可不立即执行。依照《中华人民共和国刑事诉讼法》第一百八十九条第(二)项及《中华人民共和国刑法》第二百六十三条第(一)、(四)、(五)项、第五十七条第一款、第四十八条的规定,作出如下判决:

1. 维持贵州省安顺市中级人民法院〔2005〕安市刑二初字第25号刑事附带民事判决第一部分的定罪部分,撤销其量刑部分。

2. 上诉人(原审被告人)张文光犯抢劫罪,判处死刑,缓期二年执行,剥夺政治权利终身,并处没收个人全部财产。

二、裁判要旨

No. 5-263-23 借条作为债权凭证,属于刑法上的财物。

借条虽然不是现金、物品或者有价证券,但它却是一种证明债权的凭证,失去这一凭证,在没有其他相关证据予以证明的情况下,债权人就将丧失债权。所以,应当把借条这一财产权益性凭证纳入抢劫所侵犯公私财物的范围。

No. 5-263-24 为毁灭债务,使用暴力手段当场劫取债权人借条的,应以抢劫罪论处。

从犯罪对象上说,借条不应被排除于公私财物范围之外。抢劫犯罪以占有他人财物为目的,通常情况下,表现为行为人自己当场直接夺取、取走被害人占有的财物,或者迫使被害人当场交付财物。最终,一方用非法的手段获得财物,而另一方丧失财物,产生经济损失。财物多表现为有经济价值的有体物,但又不限于此。从功效上讲,抢劫一些无体物、债权等,与抢劫有体物会产生同样的结果,即都会造成被害人的经济损失,导致严重的社会危害。虽然借条并不具有直接的使用价值,但是,作为一种权益性凭证,它对于特定的财产关系起着证明作用。在民法上,借条是证明债权人与债务人之间存在债权债务关系的重要证据,在某些情况下,债权人丧失借条就无法主张权利,从而造成相当数量的经济损失。就本案而言,行为人使用暴力手段抢回借条予以销毁,目的是使自己本应承担的18.5万元的债务消失,如此,即相当于获取了18.5万元的现金。对于被害人来说。因为丧失借条而无法主张债权,实际上等于失去了18.5万元的现金。所以,这种情况下抢劫借条与抢劫其他财物一样,都侵犯了被害人的财产权利,符合抢劫罪的客观构成要件。虽然本案中的借条还存在另外一个问题,即债权人与债务人之间的借贷属高利贷,但这不影响本案的定性。因为,高利贷虽然违反我国合同法关于自然人之间借贷最高利率限定的规定,但借贷合同的主体部分是有效的,对于债权人应当获得的本金及合法利息,法律是予以保护的。所以,债权人与债务人之间的高利贷借贷关系不能否定抢劫罪的成立。

抢劫借条的行为具有严重的社会危害性,如果其他构成要件具备,应当以抢劫罪予以处罚。根据我国《刑法》第二百六十三条的规定,抢劫罪侵犯的客体是公民的人身权利和财产权利,本案被告人的行为致二被害人重伤,同时失去主张权利的凭证,符合抢劫罪之客观构成要件。

No. 5-263-25 债务人以外的其他人抢劫借条的,不构成抢劫罪。

抢劫借条的行为并不当然都成立抢劫罪,还要根据具体案件情况而论。如果是债务人之外的人抢劫借条,又没有与债务人共谋或受其指使,这种情况下,虽然债权人可能失去财产,但行为人却不能获得财产,不符合抢劫罪客观构成要件中获取他人财物的规定,则不能成立抢劫罪,如果触犯其他罪名,可依相关规定处理。

No. 5-263-26 在非营业期间,对既为商铺又为居所的处所进行抢劫的,应当认定为入户抢劫。

2000年11月17日颁布的最高人民法院《关于审理抢劫案件具体应用法律若干问题的解释》第1条对入户抢劫作了规定,“户”是指住所,表现为供他人家庭生活和与外界相对隔离两个方面,前者为功能特征,后者为场所特征。刑法将入户抢劫规定为加重情节,目的就是为了充分保护公民的居住安全。所以,对于在同为商用与居住用的店铺内实施抢劫,应分不同情况来认定。如果在营业时间内,店铺的功能主要用于经营,也不与外界相隔离,不具备户的两个基本特征,这时候行为人入店实施抢劫的,不能认定为入户抢劫。但店铺在非营业期间,其功能已经发生了相应的变化,它成为家庭生活、居住的场所,同时也与外界相对隔离,这时候行为人进入实施抢劫的,不但侵犯了被害人的人身、财产权利,同时也危害了公民的居住安全,对其应认定为入户抢劫。

案例:金军抢劫案

案例来源:《人民法院案例选》2005 年第 4 辑

主题词:酌定量刑情节 亲属协助破案 抢劫罪

一、基本案情

被告人金军,男,32 岁,初中文化。因犯抢劫罪于 1997 年 7 月 24 日被判处有期徒刑 4 年,2001 年 3 月 20 日刑满释放。

北京市第一中级人民法院经审理查明:2002 年 2 月 3 日晚,金军以找"小姐"为名将被害人邓某骗至一饭店附近其女友杨某的暂住处,趁邓某不备,使用木凳、切菜板等猛击邓的头部,并将其手脚捆绑,为制止其呼救,又用透明胶带粘住其嘴并用菜刀击打头部。金军劫取邓某人民币 1300 余元、索尼牌无线移动电话机 1 部,所抢款物共计价值人民币 4300 余元。作案后,金军逃离现场。次日早晨,房东发现其出租房内被打伤并捆绑着处于半昏迷状态的邓某,遂报警。邓某经医院抢救无效死亡。法医鉴定结果为:邓某系被钝器打击头部致急性闭合性颅脑损伤(重型),小脑扁桃疝形成,引起中枢性呼吸循环功能衰竭死亡。

被告人金军之弟金辉得知金军涉嫌犯罪后,劝其投案自首未果,于 2002 年 8 月 17 日早晨拦截巡逻警车,举报金军藏匿的地点及其身体特征,带领民警到沙子口富莱茵洗浴中心将金军抓获。

北京市第一中级人民法院认为,被告人金军的行为已构成抢劫罪,在抢劫过程中致人死亡,犯罪性质极为恶劣,后果特别严重,且系累犯,依法应予从重处罚。依照《中华人民共和国刑法》第二百六十三条第(五)项、第六十五条第一款、第五十七条第一款、第三十六条、第六十四条及《中华人民共和国民法通则》第一百一十九条之规定,作出判决:以抢劫罪,判处金军死刑,剥夺政治权利终身,并处没收个人全部财产;继续追缴被告人金军犯罪所得人民币四千三百元,发还被害人亲属;被告人金军赔偿附带民事诉讼原告人程志洁经济损失人民币四千元、邓程抚养费人民币九千二百元。

一审宣判后,被告人金军不服,提出上诉。

北京市高级人民法院经审理认为,上诉人金军以非法占有为目的,采用暴力手段,抢劫他人财物,其行为已构成抢劫罪,且在抢劫过程中致被害人死亡,犯罪性质极为恶劣,情节后果特别严重,且系累犯,依法应予从重处罚。但鉴于金军之弟金辉在公安机关尚不掌握金军下落时,主动报案,提供金军藏匿的地点及其身体特征等情况,并带领公安人员抓获犯罪嫌疑人金军,故对金军所犯抢劫罪判处死刑,可不立即执行。依照《中华人民共和国刑事诉讼法》第一百八十九条第(一)项、第(二)项、《中华人民共和国刑法》第二百六十三条第(五)项、第六十五条第一款、第四十八条、第五十七条第一款、第三十六条、第六十四条的规定,改判上诉人金军犯抢劫罪,判处死刑,缓期二年执行,剥夺政治权利终身,并处没收个人全部财产。

二、裁判要旨

No. 5-263-27 被告人的亲属协助公安机关破获案件的,可以在量刑时作为被告人的酌定从轻情节。

在本案中,金军虽然不是自动投案自首或在亲属规劝下自首,不具备法律规定的可以从轻、减轻处罚的自首情节,但鉴于被告人亲属举报并协助抓捕行为与一般的社会公众协助抓捕行为有一定差别,应当予以鼓励,并在量刑时有所体现。因为被告人的亲属基于亲情关系,往往不愿提供有关被告人下落的线索或主动帮助公安、司法机关对被告人进行抓捕,在被告人才已罪后潜逃的案件中,被告人的亲属对于被告人犯罪前的生活、工作状况比较了解,而且出于种种原因,被告人在潜逃后往往也会与家人亲属主动进行联络,如果被告人亲属在案发后能够主动与有关机关配合,提供有关被告人可能藏匿的地点和下落的线索,则有利于司法机关及时将被告人抓获,这对于惩处犯罪、遏制重大犯罪发生,维护社会治安、节省司法资源,无疑具有积极意义。被告人亲属配合有关机关抓捕活动的行为动机一般是出于法制意识的增强,当然也有很多亲属出于希望自己的协助抓捕行为能够使被告人在最终获刑时予以体现,给予其从轻判处、改过自新的机会的考虑而实施的,这也是被告人亲属积极提供协助的最大动力所在,尤其是被告人按罪可能判处死刑的情况。如果在亲属积极提供协助将被告人抓获归案后,仍对被告人判处死刑立即执行,则不利于鼓励亲属的此类有益行为,影响其进行协助的积极性,当然,这并不是说只要有亲属协助抓捕对被告人就不应判处极刑,因为这种情况并非法定从轻情节而只是一种酌定情节,如何体现需要根据案件的具体情况在量刑时予以考虑。

案例:张玉红等抢劫案

案例来源:《人民法院案例选》2009 年第 1 辑

主题词:共犯中止的认定　犯意切断　防止危害发生

一、基本案情

被告人张玉红。

被告人王飞强。

上海市金山区人民法院经审理查明:2007 年 7 月期间,被告人张玉红、王飞强因赌博输钱而预谋实施抢劫,并准备了汽动枪一支、匕首一把、自制的“爆炸装置”一只(经鉴定为烟火剂成分),由被告人王飞强选择了被害人周志军作为实施抢劫的对象,两人制定了详细的抢劫计划。

2007 年 8 月上旬一天,被告人张玉红、王飞强伙同他人携带上述作案工具至金山区廊下镇景阳村新建丰 2 组 1098 号被害人周志军家附近欲实施抢劫,因见被害人家附近有警车巡逻而感到心里害怕,未能着手实施。后被告人张玉红多次向被告人王飞强提出实施抢劫,被告人王飞强因心中害怕以拖延打发。被告人张玉红因急需钱,表示无法再等下去,后直接向被告人王飞强提出索要汽动枪等作案工具,于是被告人王飞强分两次将汽动枪一支、自制的“爆炸装置”一只交给了被告人张玉红。

2007 年 8 月 25 日凌晨 2 时许,被告人张玉红伙同左双其(在逃)经事先预谋,携带匕首一把、砍刀一把、胶带一卷、自制的“爆炸装置”四只(经鉴定为烟火剂成分)以及王飞强所提供的汽动枪一支和自制爆炸物(经鉴定为烟火剂成分)一只等作案工具,至金山区廊下镇景阳村新建丰 2 组 1098 号周志军家,先后闯入被害人周保全、周志军房间内,采用对被害人刀砍、捆绑、用胶带封嘴以及言语威胁等手段,劫得现金人民币 10000 元、18K 彩金项链带挂件一根、PT950 铂金手链一根、足金黄金嵌宝石戒指一枚(合计价值人民币 4981 元)及上海农村商业银行卡、建设银行龙卡各一张(内分别有存款人民币 340259.38 元和人民币 173912.06 元),并逼迫被害人讲出两张银行卡的取款密码。随后,被告人张玉红至金山区廊下镇农业银行 ATM 机上查询银行卡金额,查完后欲返时被巡逻至此的民警抓获。与此同时负责看押被害人的左双其因久等被告人张玉红未归且联系不上,遂挟持被害人周志军为其开车至浙江省平湖市后逃逸。经鉴定,被害人周志军、周保全分别构成轻伤和轻微伤。

上海市金山区人民法院认为,本案相关证据均经庭审质证属实,且真实合法,相互印证,形成严密证据链,足以认定被告人王飞强参与预谋、选择作案对象、准备并提供作案工具的事实及被告人张玉红伙同左双其对被害人周志军家实施入户抢劫的事实。被告人张玉红因形迹可疑被抓获时,公安人员当场从其身上查获匕首、戒指(带血)等物时,其未立即交待上述抢劫事实,且又无法说明物品合法来源以及银行卡的开户情况,据此公安人员足可判断出其存在重大作案嫌疑,并掌握了重要的证据,故对其自首辩解不予认定。被告人王飞强提供作案工具给被告人张玉红,其虽辩解当时心中害怕不想参与,但主观上应明知被告人张玉红拿工具目的是为了实施抢劫,其未予以阻止,反而予以提供工具,放任其继续实施抢劫行为,故应认定为抢劫的共犯,对其辩解不予采信。

金山区人民法院认为,被告人张玉红、王飞强伙同他人以非法占有为目的,采用暴力、胁迫等手段入户抢劫公民财物,其中劫得财物合计价值人民币 14981 元及内有现金人民币 514171.44 元的银行卡,并致一人受轻伤、一人受轻微伤,其行为已构成抢劫罪。被告人张玉红、王飞强抢劫银行卡后因意志以外的原因未实际使用,系抢劫数额巨大的未遂,可以比照既遂犯从轻或者减轻处罚。被告人张玉红在共同犯罪各个环节中均有参与,在具体实施抢劫过程中行为积极,起主要作用,系主犯。被告人王飞强在共同犯罪准备阶段有积极行为,但在具体实施抢劫过程中只起到提供作案工具的次要作用,相对作用较小,故认定为从犯,应当减轻处罚。

依据《中华人民共和国刑法》第二百六十三条第(一)项、第(四)项、第二十五条第一款、第二十六条第一款、第四款、第二十七条、第二十三条、第五十五条第一款、第五十六条第一款、第六十四条之规定,判决:

1. 被告人张玉红犯抢劫罪,判处有期徒刑十四年,并处罚金人民币二万元,剥夺政治权利二年。

2. 被告人王飞强犯抢劫罪,判处有期徒刑九年。并处罚金人民币一万元,剥夺政治权利一年。

3. 在案扣押的作案工具予以没收。责令被告人张玉红、王飞强于判决生效之日起十日内退赔被害人经济损失人民币一千元。

一审宣判后,被告人王飞强不服提出上诉。上诉人王飞强提出,其对抢劫一事不知情,其已经犯罪中止;其辩护人提出,王飞强只构成绑架罪的共犯,不构成抢劫罪的共犯。

上海市第一中级人民法院审理后认为:相关证据印证了王飞强与张玉红共同实施抢劫行为的故意,并且王飞强在明知张玉红欲再次抢劫而向其提供作案工具。故驳回上诉人王飞强的上诉,维持原判。

二、裁判要旨

No. 5-263-28 共犯中止的成立,既需主观上切断犯意联络并告知其他犯罪人,还需客观地积极阻止其他共犯的行为以及有效地防止危害结果的发生。

在本案中,被告人王飞强因害怕被他人认出,而未着手实施后来具体的抢劫行为,并且其因心中害怕,多次拖延、打发了张玉红的犯罪邀请,单从其个体而言,其内心对继续犯罪有消极的心理,甚至从某种意义上讲,其已经不想再参与对周某的抢劫,似乎是主动放弃了犯罪。但是,被告人王飞强与张玉红的预谋、抢劫计划以及实施方案等,他们的主观犯意和客观行为已形成一个有机整体,互相产生的依赖、加功,行为具有不可分割的特征,简单说,部分行为之全部责任。行为人王飞强虽然消极地停止了个体的犯罪行为,但其未能切断与张玉红之间抢劫的行为联系,也未能采取积极的行为阻止张玉红等人继续实施犯罪,在知道张玉红取走犯罪工具是为了着手抢劫的前提下,仍放任其取走,没有能有效地防止危害结果的发生,因而,其行为不构成共同犯罪犯罪中止的有效性要件。行为人王飞强不仅要对自己的行为及结果承担责任,还要对共犯张玉红的行为及结果负责。

案例:明安华抢劫案

案例来源:《刑事审判参考》总第21辑[第131号]

主题词:入户抢劫 自首

一、基本案情

被告人明安华,男,1974年1月17日出生于湖北省竹溪县,后随母迁住河南省南阳市百里溪南村,农民。因涉嫌犯抢劫罪,于1999年9月8日被逮捕。

某市中级人民法院经审理查明:被告人明安华因好吃懒做、乱花钱而与其继父李冬林关系不睦。1999年5月4日,明安华欲去河北打工向李冬林要钱,李未给,明安华十分恼怒。次日凌晨1时许,明安华手持铁棍,翻窗进入李冬林经营的粮油门市部二楼李的卧室,再次向李要钱,遭到李拒绝,即用铁棍向李冬林头部猛击三下。因李欲呼喊,明又用手掐李的颈部,致李昏迷。明安华找到室内李冬林的保险柜钥匙,将保险柜内的6.3万元现金拿走后逃至湖北省竹溪县。李冬林伤后经抢救脱险。经鉴定,李冬林的伤情为重伤。

被告人明安华逃至湖北省竹溪县后,将其“打人拿钱”一事告知了其朋友王胜兰,王劝其到公安机关投案自首,明安华因不知道李冬林是否死亡,决定先到竹溪县公安局了解情况。1999年7月24日,明安华化名“李阳”,到竹溪县公安局了解李冬林是否死亡,竹溪县公安局根据某市公安局的协查通报,将明安华抓获,经讯问,明安华如实供述了自己的主要犯罪事实。

某市中级人民法院认为,被告人明安华以非法占有为目的,以暴力手段,非法占有他人合法财物,其行为已构成抢劫罪。明安华虽与被害人李冬林系家庭共同成员,但在案发现场的粮油门市部,明安华仅是参与经营,不是财产所有人。明安华以暴力强行占有他人合法财产,其行为符合抢劫罪的主客观构成要件,应以抢劫罪定罪处罚。公诉机关指控被告人明安华的犯罪事实成立,予以支持,但指控的罪名不当。依照《中华人民共和国刑法》第二百六十三条第(一)、(四)、(五)项、第五十七条之规定,判决如下:

被告人明安华犯抢劫罪,判处无期徒刑,剥夺政治权利终身,并处罚金人民币五千元。

宣判后,明安华不服,向该省高级人民法院提出上诉。

明安华上诉称:原判认定事实错误,是因家庭琐事打伤李冬林,拿走的是自己拥有所有权的家庭财产,不应认定为抢劫罪。在外逃期间到公安机关投案,供认了犯罪事实,应认定为自首。

该省高级人民法院经审理认为:上诉人明安华虽与其父母共同生活多年并参与了家庭经营活动,但其本人仅为家庭成员中的经营者。明安华深夜入室,采取暴力手段抢劫父母的财产,其行为已构成抢劫罪,且数额巨大,抢劫中致人重伤,本应依法严惩,但鉴于本案的特殊情况,依法可对上诉人明安华从轻处罚。明安华在外逃期间,竹溪县公安机关已掌握其犯罪事实,其到公安机关的目的并非去自动投案,虽在被讯问中供认了犯罪事实,但不符合自首的条件。故其上诉理由不能成立,不予采纳。原判程序合法。依照《中华人民共和国刑事诉讼法》第一百八十九条第(一)项之规定,于2000年11月30日裁定驳回上诉,维持原则。

二、裁判要旨

No.5-263-29 财产共有人以共有财产为犯罪对象进行抢劫的,应以抢劫罪论处。

在本案中,应当明确的是被告人明安华抢劫的对象即粮油门市部的经营所得,是否属于明安华、李冬林等人的共有财产。我们认为,虽然该粮油门市部是以李冬林为主经营,并且明安华已是成年人,有独立生活的能力,但由于未分家析产,明安华作为与李冬林共同生活的家庭成员也参与了该粮油门市部的经营,事前亦未约定经营利润的分配方案,因此,对于粮油门市部的经营所得,仍应认定为李冬林、明安华等人的共同共有财产。就这一点而言,一、二审法院认定明安华抢劫的对象仅是其父母的财产,是错误的。

No.5-263-30 进入共同生活的家庭成员的住所实施抢劫的,不应认定为入户抢劫。

本案中,被告人明安华深夜进入李冬林的卧室进行抢劫,在形式上符合入户抢劫的构成特征,但是,明安华与李冬林属于共同生活的家庭成员,无论其进入继父李冬林的居室是否得到李冬林的同意,都不属于非法侵入;同时,从我国的传统伦理道德观念来看,无论子女是否成年或者与父母分开居住,子女进入父母的卧室或者住宅,都是正常的。因此,对于明安华进入其继父李冬林卧室实施的抢劫行为,不能认定为入户抢劫。

No.5-263-31 犯罪以后不是以投案为目的而是为了解案情而到公安机关的,不能认定为自首。

根据《刑法》第六十七条第一款的规定,犯罪以后自动投案,如实供述自己的罪行的,是自首,并可以从轻、减轻或者免除处罚。最高人民法院《关于处理自首和立功具体应用法律若干问题的解释》第一条第一款第(二)项第一目规定:“如实供述自己的罪行,是指犯罪嫌疑人自动投案后,如实交代自己的主要犯罪事实。”本案中,在明安华到湖北省竹溪县公安局之前,竹溪县公安局已收到了某市公安局的协查通报,已掌握了其犯罪事实,如果明安华到竹溪县公安局后说明是来投案的,因其随后如实供述了自己的主要犯罪事实,应当认定为自首。然而,明安华到公安机关的目的并不是投案,而是了解被害人是否死亡。竹溪县公安局根据某市公安局的调查通报将明安华抓获后,虽然明安华如实供述了自己的主要犯罪事实,因其欠缺自动投案这一条件,故不能认定为自首。

案例:扎西达娃等抢劫案

案例来源:《刑事审判参考》总第 26 辑[第 184 号]

主题词:抢劫罪 未成年犯 无期徒刑

一、基本案情

被告人扎西达娃,男,1984 年 1 月 17 日出生,藏族,无业。因涉嫌犯抢劫罪,于 2000 年 10 月 26 日被逮捕。

被告人索朗扎西,男,1983 年 9 月 5 日出生,藏族,农民。因涉嫌犯抢劫罪,于 2000 年 10 月 26 日被逮捕。

被告人尼玛扎西,男,1983 年 5 月 1 日出生,藏族,无业。因涉嫌犯抢劫罪,于 2000 年 10 月 26 日被逮捕。

被告人次仁格桑,男,1986 年 1 月 17 日出生,藏族,无业。因涉嫌犯抢劫罪,于 2000 年 10 月 26 日被逮捕。

西藏自治区拉萨市中级人民法院依法经审理查明:2000 年 9 月 23 日 15 时许,被告人扎西达娃、索朗扎西、尼玛扎西、次仁格桑在一块闲聊时,议论到西藏自治区勘探集团公司退休职工翁俊兴有许多钱。

在索朗扎西的提议下,四被告人预谋抢劫翁俊兴的钱财。之后,扎西达娃安排次仁格桑去翁俊兴的住房周围察看情况兼望风,自己则伙同索朗扎西、尼玛扎西借故进入翁俊兴的住处。当听到次仁格桑按约定发出附近无人的信号后,扎西达娃又让索朗扎西将次仁格桑也叫进屋里。扎西达娃随即按原定计划从背后用手勒住翁俊兴的脖子,尼玛扎西则持事先准备好的石块击打翁俊兴的额部、脸部,后二人又共同将翁俊兴摁倒在床上,使其不能反抗。期间,索朗扎西、次仁格桑则在屋里四处搜寻财物,并从一军用挎包中找到 1 把匕首、1 条领带及若干人民币。索朗扎西用该领带勒紧翁俊兴的脖子,被扎西达娃、尼玛扎西劝阻。索朗扎西将领带松开后,又与次仁格桑一起用匕首撬屋里的箱子。翁俊兴此时开始大声喊救,索朗扎西便拿起屋内的铁锹砍砸翁俊兴的手,并将匕首递给了扎西达娃,尼玛扎西则用脚猛踢翁俊兴的腹部。扎西达娃用匕首架在翁俊兴的脖颈处进行威胁,但翁俊兴仍高声呼救。扎西达娃询问他人要不要把翁俊兴杀掉,尼玛扎西等人起初不同意,后见翁俊兴仍在继续喊叫,唯恐事情败露,便示意扎西达娃下手杀死翁俊兴。于是,扎西达娃用匕首朝翁俊兴的颈部、胸部、腹部等处连捅 7 刀致其死亡。

经法医鉴定,被害人翁俊兴系被他人用单刃锐器刺击躯干部致失血性休克死亡。在杀死被害人后,四被告人用被子、大衣覆盖在尸身上,将匕首及被害人的身份证等物品扔入附近的厕所或藏匿在墙缝中,锁上房门以后,携带从被害人处劫取的现金共计人民币 8700 元逃离现场。同年 10 月 9 日,公安人员将潜逃至外地的四被告人全部抓获归案,并查获部分赃款人民币 3233.5 元及用赃款购买的赃物。

拉萨市中级人民法院认为,被告人扎西达娃、索朗扎西、尼玛扎西、次仁格桑实施暴力抢劫他人钱财的行为,均已构成抢劫罪,且有入户抢劫、抢劫致人死亡的严重情节,情节特别恶劣,后果特别严重。在共同犯罪中扎西达娃、索朗扎西、尼玛扎西起主要作用,系本案主犯;次仁格桑在共同犯罪中起辅助作用,系本案从犯,且犯罪时未满 16 周岁,依法予以减轻处罚。依照《中华人民共和国刑法》第二百六十三条第(一)项、第(五)项、第五十七条第一款、第二十五条第一款、第二十六条第一款、第二十七条、第四十九条、第十七条第一款、第二款、第三款、第六十四条的规定,于 2001 年 6 月 16 日判决如下:

1. 被告人扎西达娃犯抢劫罪,判处无期徒刑,剥夺政治权利终身,并处罚金三千元;
2. 被告人索朗扎西犯抢劫罪,判处无期徒刑,剥夺政治权利终身,并处罚金三千元;
3. 被告人尼玛扎西犯抢劫罪,判处无期徒刑,剥夺政治权利终身,并处罚金三千元;

4. 被告人次仁格桑犯抢劫罪,判处有期徒刑四年,并处罚金一千元;

5. 追缴的赃款人民币三千二百三十三元五角依法退还被害人亲属,作案工具依法予以没收。

一审宣判后,被告人尼玛扎西以其在共同犯罪中仅起辅助作用,应为从犯;且犯罪时未成年,归案后认罪态度好,依法应从轻、减轻处罚,原判对其判处无期徒刑量刑畸重为由,向西藏自治区高级人民法院提出上诉。其他被告人未上诉。

西藏自治区高级人民法院经审理认为,上诉人尼玛扎西以及原审被告人扎西达娃、索朗扎西、次仁格桑以非法占有为目的,实施暴力当场劫取他人钱财的行为,均已构成抢劫罪,且抢劫数额巨大,又具有入户抢劫和抢劫致人死亡的情形,扎西达娃、索朗扎西、尼玛扎西均系本案主犯,次仁格桑系从犯,依法均应惩处。但鉴于上诉人尼玛扎西及原审被告人索朗扎西的作用较扎西达娃要小,量刑上应有所区别。上诉人尼玛扎西的上诉理由中关于原判量刑过重的意见成立,予以采纳。原判认定的事实清楚,证据确实充分,定罪准确,对原审被告人扎西达娃、次仁格桑量刑适当。审判程序合法。但对上诉人尼玛扎西及原审被告人索朗扎西的量刑不当,应予纠正。依照《中华人民共和国刑事诉讼法》第一百八十九条第(二)项和《中华人民共和国刑法》第二百六十三条第(一)项、第(四)项、第(五)项、第二十五条第一款、第二十六条第一款、第四款、第二十七条、第四十九条、第十七条第一款、第二款、第三款、第五十二条、第六十四条的规定,于2001年10月23日判决如下:

1. 维持西藏自治区拉萨市中级人民法院(2001)拉刑初字第16号刑事判决中对原审被告人扎西达娃、次仁格桑的定罪量刑和追缴赃款、没收犯罪工具部分;

2. 撤销西藏自治区拉萨市中级人民法院(2001)拉刑初字第16号刑事判决中对上诉人尼玛扎西及原审被告人索朗扎西的量刑部分;

3. 被告人尼玛扎西犯抢劫罪,判处有期徒刑十五年,并处罚金人民币三千元;

4. 被告人索朗扎西犯抢劫罪,判处有期徒刑十五年,并处罚金人民币三千元。

二、裁判要旨

No. 5-263-32 在劫取财物过程中,为制服被害人反抗而故意杀人的,应以抢劫罪论处。

就本案而言,扎西达娃等四名未成年被告人预谋抢劫,在抢劫实施过程中,为阻止被害人高声呼救,避免罪行败露,故意杀害被害人的行为,属于在劫取财物过程中,为制服被害人反抗而故意杀人,而非在实施抢劫后,为灭口而故意杀人,因此,应当以抢劫罪一罪定罪处罚。

No. 5-263-33 罪行极其严重的未成年被告人如无其他法定从重情节的,一般不应判处无期徒刑。

一般而言,对罪行极其严重的未成年被告人除另有法定或酌定从重情节外,不判处无期徒刑是较为适宜的。不过,对于罪行极其严重的未成年犯罪人也并不是一律不能判处无期徒刑。对于那些罪行极其严重,同时又具有一个或多个法定从重处罚情节的未成年犯罪人,法官仍可以根据案件的具体情况,酌情决定是否适用无期徒刑的刑罚。就本案而言,被告人索朗扎西、尼玛扎西在共同犯罪中虽起主要作用,且对造成被害人死亡负有共同责任,但与本案第一主犯相比,仍有适用从轻处罚的余地,故二审法院以抢劫罪分别改判被告人索朗扎西、尼玛扎西有期徒刑十五年是适宜的。至于本案第一主犯即故意杀人的实行犯,二审法院考虑到本案毕竟具有多个从重情节,故维持对其的无期徒刑判决也还是可以的。

案例:郭玉林等抢劫案

案例来源:《刑事审判参考》总第27辑[第189号]

主题词:共同抢劫　罪责　自首

一、基本案情

被告人郭玉林,男,21岁,汉族,初中文化,农民。因涉嫌犯抢劫罪,于2001年7月11日被逮捕。

被告人王林,男,34岁,回族,小学文化,农民。因涉嫌犯抢劫罪,于2001年7月11日被逮捕。

被告人李建伏,男,21岁,回族,初中文化,农民。因涉嫌犯抢劫罪,于2001年7月11日被逮捕。

被告人陈世英,男,20岁,汉族,初中文化,农民。因涉嫌犯抢劫罪,于2001年7月11日被逮捕。

上海市第二中级人民法院经审理查明:2001年6月3日晚,被告人郭玉林、王林、李建伏和陈世英在上海一家招待所内合谋,欲行抢劫,其中王、李各携带一把尖刀,陈提出,其认识一名住在光林旅馆的中年男子赵某,身边带有一千多元现金,可对其抢劫,其余三人均表示赞成。四名被告人于当晚商定,用陈的一张假身份证另租旅馆,然后由陈以同乡想见赵某叙谈为幌子,将赵某诱至旅馆,采用尼龙绳捆绑、封箱胶带封嘴的手段对其实施抢劫。次日上午,郭玉林、王林、李建伏和陈世英到位于光林旅馆附近的长城旅馆开了一间房,购买了作案工具尼龙绳和封箱胶带,陈世英按预谋前去找赵某,其余三人留在房间内等候。稍后,赵某随陈来到长城旅馆房间,王林即掏出尖刀威胁赵某,不许赵反抗,李建伏、郭玉林分别对赵某捆绑、封嘴,从赵身上劫得人民币50元和一块光林旅馆财物寄存牌。接着,李建伏和陈世英持该寄存牌前往光林旅馆取财,郭玉林、王林则留在现场负责看管赵某。李、陈离开后,赵某挣脱了捆绑欲逃跑,被郭、王发觉,郭立即抱住赵某,王则取出尖刀朝赵某的胸部等处连刺数刀,继而郭接过王的尖刀也刺赵某数刀。赵某被制服并再次被捆绑住。李、陈因没有赵的身份证而取财不成返回长城旅馆,得知了赵某被害的情况,随即拿了赵的身份证,再次前去光林旅馆取财,但仍未得逞。四名被告人遂一起逃逸。赵某因大失血死亡。此外,被告人郭玉林、王林和李建伏还结伙流窜持刀抢劫4次,劫得人民币2000余元和手机、照相机、传真机等财物。

上海市第二中级人民法院认为,被告人郭玉林、王林、李建伏和陈世英分别结伙采用持刀行凶、绳索捆绑和胶带封嘴等手段,多次强行劫取财物,并致1人死亡,其行为均构成抢劫罪。被告人郭玉林、王林持刀加害被害人的事实,有郭、王两人的相互指证,还有陈世英、李建伏的间接印证,王林也曾多次供认自己实施了加害行为,故应认定郭、王两人共同对被害人实施了加害行为。郭玉林在公安机关第一次被盘问时,未如实供述抢劫事实,在同案犯已经供述之后,郭仍未供认其持刀行凶的事实,故不符合自首条件。王林在抢劫过程中持刀加害被害人的事实,是杀人抢劫的主要事实,王当庭否认,依法不能认定为自首。李、陈对郭、王两人为制止被害人反抗、脱逃而持刀行凶应有预见,故应承担抢劫致人死亡的罪责。陈世英因行迹可疑被公安机关盘问后,即如实供述了罪行,可认定为自首。依照《中华人民共和国刑法》第二百六十三条第(四)项、第(五)项,第五十七条第一款,第五十六条第一款,第五十五条第一款,第六十七条第一款,第二十五条第一款,第六十四条和最高人民法院《关于处理自首和立功具体应用法律若干问题的解释》第一条第(一)项的规定,判决如下:

1. 被告人郭玉林犯抢劫罪,判处死刑,剥夺政治权利终身,并处没收财产人民币五万元。

2. 被告人王林犯抢劫罪,判处死刑,剥夺政治权利终身,并处没收财产人民币五万元。

3. 被告人李建伏犯抢劫罪,判处有期徒刑十五年,剥夺政治权利四年,并处罚金人民币二万元。

4. 被告人陈世英犯抢劫罪,判处有期徒刑十一年,剥夺政治权利三年,并处罚金人民币一万元。

5. 犯罪工具单刃折叠尖刀两把及尼龙绳等予以没收,违法所得予以追缴。

一审宣判后,被告人郭玉林、王林不服,向上海市高级人民法院提出上诉。被告人陈世英、李建伏服判,未上诉。

被告人郭玉林上诉称其未持刀加害被害人;王林上诉称其有自首和立功的情节。

上海市高级人民法院经审理认为:郭玉林持刀对被害人行凶的事实,得到其余三名被告人供述的印证,故郭的上诉理由不能成立。

王林因形迹可疑被公安机关盘问,如实供述了公安机关尚未发觉的杀人抢劫事实。但王林在一审当庭陈述时,否认其有持刀加害被害人的行为,即否认了其抢劫犯罪中极为严重和主要的犯罪事实,依照最高人民法院《关于处理自首和立功具体应用法律若干问题的解释》第一条第(二)项"犯罪嫌疑人自动投案并如实供述自己的罪行后又翻供的,不能认定为自首"的规定,对王不能认定为自首。王林到案后揭发了同案犯与其共同犯罪的事实,依照最高人民法院《关于处理自首和立功具体应用法律若干问题的解释》的规定,不构成立功,故王林的上诉理由也不能成立。

综上,原判认定被告人郭玉林、王林、李建伏、陈世英抢劫犯罪的事实清楚,证据确实充分,定罪量刑均无不当,审判程序合法。依照《中华人民共和国刑事诉讼法》第一百八十九条第(一)项的规定,裁定驳回上诉,维持原判。

二、裁判要旨

No.5-263-34 在共同抢劫犯罪中,行为人虽未实施杀害行为,但其他共同犯罪人致使被害人死亡,并未超出其主观认识范围的,对于致人死亡后果应当承担刑事责任。

在共同抢劫犯罪中,即使部分行为人不希望使用暴力或者仅仅使用暴力相威胁,但对其他共同犯罪人可能使用暴力应当是有预见并予以认可的,这也是抢劫罪与非暴力性财产犯罪的一个重要不同。因此,要求抢劫犯罪的共同犯罪人共同对其他共同犯罪人使用暴力造成的伤亡后果承担责任,并不违背主、客观相一致原则。

在本案中,郭玉林、王林、李建伏和陈世英四被告虽然事先预谋约定的是采用尼龙绳捆绑和胶带封嘴的暴力手段进行抢劫,但不能据此排除李建伏、陈世英二被告对郭玉林、王林二被告持刀行凶造成的被害人死亡后果所应承担的刑事责任。李建伏、陈世英二被告对于郭玉林、王林二被告抢劫过程中可能使用的持刀伤害被害人的行为在主观上是有认识并予以认可的。对此,从以下三个方面的事实可以得到充分证明:其一,李、陈二被告对被告人郭玉林、王林在实施抢劫之前身上携有尖刀是明知的;其二,在抢劫实施的过程中,在对被害人用绳子捆绑、胶条封嘴之后,王林拿出尖刀对被害人进行威胁,李、陈二被告当时是在场的;其三,李、陈二被告第一次取财不成返回现场后,已知悉了被害人因逃跑、反抗遭郭玉林、王林加害,既未采取救助措施,也没有放弃继续犯罪的意思表示,而是拿了被害人的身份证再去取财,积极追求犯罪目的的实现,说明其对郭、王的加害行为是认可的。

No.5-263-35 虽如实供述犯罪行为,但在此后审理中又对主要犯罪事实予以否认的,不应认定为自首。

被告人王林因形迹可疑被公安机关盘问,如实供述公安机关尚未发觉的杀人抢劫事实,但之后又否认其有持刀加害被害人的行为。否认主要犯罪事实的,可认定翻供,对案情细节的否认以及合理辩解均不得视为翻供。在抢劫罪中,行为人实施持刀伤害被害人行为的这一事实应当认定为主要犯罪事实。因为,抢劫罪侵犯的是双重客体,持刀伤害致使被害人死亡不仅是作为一个重要的量刑情节而存在的,同时,也是构成抢劫罪的一个不可或缺的暴力要件,对于定罪量刑均具有十分重要的意义,与犯罪事实的细节不可同日而语。被告人王林对该节事实矢口否认,并将其推诿他人,避重就轻,理当认定为翻供,故判决关于被告人不构成自首的认定是正确的。

案例:曾贤勇抢劫案

案例来源:《刑事审判参考》总第27卷[第190号]

主题词:携带凶器 银行营业大厅 抢劫客户现金 未遂 死刑

一、基本案情

被告人曾贤勇,男,27岁,初中文化,无业。因涉嫌犯抢劫罪,于2001年3月15日被逮捕。

贵州省贵阳市中级人民法院经审理查明:2001年3月1日下午,被告人曾贤勇携带斧头窜至本市富水北路中国工商银行富水北路支行营业厅内,在贵阳市海天房产开发公司女职员罗某拿出现金放在柜台准备办理存款业务时,将其现金计人民币27600元悉数抢走,欲逃跑时被群众于厅内当场抓获,并被搜出随身携带的斧头一把。

贵州省贵阳市中级人民法院认为,被告人曾贤勇携带凶器抢夺他人财物,数额巨大,其行为已构成抢劫罪。公诉机关指控罪名成立,应予确认。辩护人关于被告人的犯罪行为应认定为抢夺罪的辩护意见,因《中华人民共和国刑法》第二百六十七条第二款已有明确规定;关于其犯罪未遂辩护意见,因被告人曾贤勇系将被害人的钱抢劫后在逃匿的时候被抓获的,其犯罪行为已经实施完毕,故该两点辩护意见均不予采纳。依照《中华人民共和国刑法》第二百六十七条第二款、第二百六十三条第(四)项之规定,判决如下:

1. 被告人曾贤勇犯抢劫罪,判处死刑,剥夺政治权利终身,并处没收个人全部财产;

2. 作案凶器斧头一把依法没收销毁。

一审宣判后,被告人曾贤勇不服,以"量刑过重"为由向贵州省高级人民法院提出上诉,其辩护人提出本案应定性为抢夺,一审量刑过重。

贵州省高级人民法院经审理认为:一审认定上诉人曾贤勇于2001年3月1日下午携带斧头抢走储户资金27600元的犯罪事实清楚、证据确实充分,依法予以确认。辩护人所提"定性应为抢夺"的辩护意见,因上诉人曾贤勇为实施犯罪而携带斧头进行抢夺,依照《中华人民共和国刑法》第二百六十七条第二款及最高人民法院《关于审理抢劫案件具体应用法律若干问题的解释》第六条之规定,其行为应以抢劫罪定罪处罚,辩护意见于法无据,不予采纳。上诉人曾贤勇携带凶器进入金融机构劫夺储户资金,数额巨大,其行为已构成抢劫罪。原判定罪准确,审判程序合法,鉴于上诉人曾贤勇在犯罪中对被害人的人身未造成任何伤害,在抓捕时没有持械反抗,本案尚未造成严重后果,根据罪刑相适应原则,原判量刑过重。故上诉人曾贤勇及其辩护人所提"量刑过重"的上诉理由及辩护意见成立,本院予以采纳。依照《中华人民共和国刑事诉讼法》第一百八十九条第(二)项、《中华人民共和国刑法》第二百六十七条第二款、第二百六十三条第(三)、(四)项、第五十七条及最高人民法院《关于审理抢劫案件具体应用法律若干问题的解释》第六条之规定,判决如下:

1. 维持贵州省贵阳市中级人民法院(2001)筑刑一初字第75号刑事判决对被告人曾贤勇的定罪部分,撤销其量刑部分;

2. 上诉人(原审被告人)曾贤勇犯抢劫罪,判处无期徒刑,剥夺政治权利终身,并处没收个人全部财产。

二、裁判要旨

No. 5-263-36 随身携带具有严重危害性的器械进行抢夺的,应以抢劫罪论处。

如果行为人携带枪支、爆炸物、管制刀具等国家禁止个人携带的器械进行抢夺的,一律以抢劫罪定罪处罚;如果行为人携带上述国家禁止个人携带的"器械"之外的"其他器械"进行抢夺的,则需视其是否为实施犯罪而定。如果行为人随身携带国家禁止个人携带的器械以外的其他器械抢夺,但确有证据证明不是为了实施犯罪准备的,不应以抢劫罪定罪。在本案中,被告人曾贤勇携带斧头实施抢夺,斧头虽然不在国家禁止携带的器械之列,且被告实施犯罪行为中始终未使用斧头,但其随身携带斧头属为实施抢夺而特别准备当可认定:一则斧头不属随身携带品,无缘无故将斧头携带于身不合常理;二则被告人未能就其随身携带斧头作出合理解释。故一、二审判决认定曾贤勇携带斧头的目的就是为了能够顺利实施抢夺,以抢劫罪对曾贤勇定性是正确的。

No. 5-263-37 在银行或者其他金融机构的营业大厅抢劫客户现金的,不能认定为抢劫金融机构。

正在银行或者其他金融机构等待办理业务的客户毕竟不是金融机构本身,故被告人曾贤勇的行为不宜视为对金融机构实施抢劫。但是,如果被害人的现金已递交银行或者其他金融机构工作人员,则被告人的行为应以抢劫银行或者其他金融机构论处。

No. 5-263-38 携带凶器抢夺当场被抓获的,应以抢劫未遂论处。

抢劫罪侵犯的是复杂客体,既侵犯财产权利又侵犯人身权利,具备劫取财物或者造成他人人身伤害后果两者之一的,均属抢劫既遂;既未劫取财物,又未造成他人人身伤害后果的,属抢劫未遂。同样的道理,《刑法》第二百六十三条规定的八种加重处罚情节中除"抢劫致人重伤、死亡的"这一结果加重情节之外,其余七种加重处罚情节也存在既遂、未遂问题,其中属抢劫未遂的,应当根据刑法关于加重情节的法定刑规定,结合未遂犯的处理原则量刑。在本案中,被告人未实施暴力,不存在人身伤害问题,既遂、未遂问题应从是否取得财物方面来认定。被告人曾贤勇乘被害人等待存款之机,从被害人手中抢得现金,在此瞬间,从被害人的角度似乎已失去对该现金的控制,但是从行为人曾贤勇的角度结合银行营业大厅这一特定环境,被告人并未实际控制、取得该财物,且在其尚未跑出银行营业大厅即被当场抓获,故仍属犯罪未遂。

No. 5-263-39 携带凶器在抢夺过程中未使用暴力,且系未遂的,不宜判处死刑。

对于符合八种加重处罚情节的抢劫行为具体量刑,仍需根据具体案情区别对待。其中,是否使用暴力以及暴力方式、暴力程度如何,应当加以充分考虑。另外,符合八种处罚情节的抢劫行为,如果具有自首、立功等法定从轻、减轻情节的,或者属于犯罪未遂的,仍然应当依法从轻、减轻处罚。在本案中,被告人曾贤勇携带凶器抢夺,虽依法按照抢劫论处,且抢劫数额巨大,但被告人自始至终未使用暴力或者以暴力相威胁,未对被害人造成任何人身上的伤害,且具有未遂这一法定从轻、减轻处罚情节,故二审撤销对被告人的死刑判决是正确的。

案例:苗振经抢劫案

案例来源:《刑事审判参考》总第 30 辑[第 230 号]

主题词:暂停死刑执行 交代共同犯罪事实

一、基本案情

被告人苗振经,男,43 岁,汉族,小学文化,农民。1991 年 6 月因犯盗窃罪被阜南县人民法院判处有期徒刑三年,1993 年 11 月 5 日释放。因涉嫌犯抢劫、盗窃罪于 1999 年 3 月 19 日被逮捕。(同案被告人戎泽强、卢士军、卢洪湖略)

安徽省阜阳市中级人民法院经审理查明:被告人苗振经在 1995—1998 年间,伙同戎泽强、卢士军、卢洪湖等人采取蒙面入户,持刀威胁、捆绑被害人等手段,实施抢劫犯罪 9 起,并多次实施盗窃犯罪。其中被告人苗振经参与抢劫 9 起,未遂 2 起,劫取财物总价值 3.8 万余元。参与盗窃 19 起,盗得财物总价值 20.7 万余元。被告人戎泽强参与抢劫 7 起,盗窃 20 起,被告人卢士军参与抢劫 4 起,盗窃 11 起,被告人卢洪湖参与盗窃 4 起。

阜阳市中级人民法院审理后认为,被告人苗振经等人多次结伙持械入户抢劫或盗窃他人财物的行为已分别构成抢劫罪、盗窃罪,以抢劫罪判处被告人苗振经死刑,剥夺政治权利终身,并处没收财产二万元;以盗窃罪判处被告人苗振经有期徒刑十五年,并处罚金三万元。决定执行死刑,剥夺政治权利终身,并处没收财产五万元。其他被告人被分别判处死缓刑和有期徒刑。

一审宣判后,被告人苗振经、戎泽强、卢洪湖不服,提出上诉。安徽省高级人民法院经审理认为,原判认定的事实清楚,证据确实充分,适用法律正确,量刑适当。审判程序合法。依照《中华人民共和国刑事诉讼法》第一百八十九条的规定,裁定驳回上诉,维持原判。核准被告人苗振经死刑。

阜阳市中级人民法院在收到对被告人苗振经的死刑执行命令后,如期对苗振经执行死刑。在对苗振经验明正身时,苗振经主动交代了其伙同他人共同抢劫、敲诈勒索的犯罪事实。阜阳市中级人民法院将此情况及时报告安徽省高级人民法院,安徽省高级人民法院据此裁定停止对被告人苗振经执行死刑。经公安机关查证,苗振经主动交代的其伙同他人共同抢劫、敲诈勒索的犯罪行为基本属实。阜阳市中级人民法院决定对苗振经另案处理,对同案被告人戎泽强、卢士军、卢洪湖则仍按安徽省高级人民法院的裁定执行。

阜阳市人民检察院以苗振经犯抢劫罪、敲诈勒索罪向阜阳市中级人民法院再行提起公诉。

阜阳市中级人民法院经公开审理查明:1994年4月14日夜,被告人苗振经伙同谢继虎、刘鹏等人持火药枪和尖刀,采取挖墙入户,以暴力威胁的手段抢劫被害人刘永久人民币3000元。离开时又以杀害刘的两个孩子相威胁,让刘准备现金7000元,于7日后送到临泉县某镇西边的木料行。刘被迫于7日后到指定地点交给苗振经3000元。

阜阳市中级人民法院审理后认为:被告人苗振经上述行为已构成抢劫罪和敲诈勒索罪。苗振经在判决宣告以后,刑罚执行完毕以前,有漏罪未追究,应当对漏罪分别量刑后与前罪所判处的刑罚依法数罪并罚。苗振经系累犯,应从重处罚。苗振经如实供述司法机关尚未掌握的其抢劫罪、敲诈勒索罪犯罪事实,其中抢劫罪属同种罪行,可酌情从轻处罚;对敲诈勒索罪,应以自首论,从轻处罚。决定对被告人苗振经以抢劫罪判处无期徒刑,剥夺政治权利终身;以敲诈勒索罪判处有期徒刑一年,与原判尚未执行的刑罚死刑、剥夺政治权利终身,并处没收财产五万元并罚,决定执行死刑,剥夺政治权利终身,并处没收财产五万元。

宣判后,被告人苗振经不服提出上诉。安徽省高级人民法院经审理后认为,原判事实清楚,适用法律准确,量刑适当,审判程序合法。依照《中华人民共和国刑事诉讼法》第一百八十九条的规定,裁定驳回上诉,维持原判,并核准被告人苗振经死刑。

二、裁判要旨

No.5-263-40 在执行死刑前交代司法机关尚未掌握的其伙同他人共同犯罪事实的,应暂停死刑执行,对新罪作出判决,然后按数罪并罚的规定决定执行的刑罚。

本案被告人苗振经在核准死刑的判决送达以后如实供述司法机关尚未掌握的抢劫等犯罪事实,并揭发了同伙参与抢劫的犯罪事实,其供述和揭发行为虽在核准死刑的裁定生效之后,但根据最高人民法院《关于处理自首和立功具体应用法律若干问题的解释》第五条、第六条的规定,共同犯罪案件的犯罪分子到案后,揭发同案犯共同犯罪事实的,不属于立功。故本案不属于核准死刑的人民法院经审查确认罪犯揭发重大犯罪事实或者有其他重大立功表现属实的,可以视具体情况,予以改判的案件。此外,也不属于核准死刑的人民法院确认原判决确实有错误的,应当依法予以改判的案件。本案虽然作出了新的判决,但新的判决只是针对原判的漏罪,即新发现的犯罪事实,而非改变原判决认定的犯罪事实及定罪量刑,因此不能适用审判监督程序。本案中,被告人苗振经在阜阳市中级人民法院向其送达安徽省高级人民法院核准死刑的裁定后,又供述了司法机关尚未掌握的其伙同他人共同抢劫的犯罪事实,属于在刑罚执行完毕以前又发现被判刑的犯罪分子在判决宣告以前还有其他罪没有判决的情况,应当对新发现的罪作出判决,把前后两个判决所判处的刑罚,依照《刑法》第六十九条的规定,决定执行的刑罚。

案例:杜祖斌等抢劫案

案例来源:《刑事审判参考》总第33集[第255号]

主题词:共同犯罪 自动投案的认定

一、基本案情

被告人杜祖斌,男,1983年7月21日出生,初中文化,无业。因涉嫌犯抢劫罪,于2002年4月19日被逮捕。

被告人周起才,男,1983年7月29日出生,初中文化,农民。因涉嫌犯抢劫罪,于2002年4月19日被逮捕。

山东省潍坊市中级人民法院经审理查明:2002年3月29日,被告人杜祖斌、周起才共谋到山东省潍坊市抢劫出租车司机。30日晚9时,二被告人携带购买的两把匕首,使用假名住进潍坊市白天鹅宾馆。31日晚8时许,二被告人搭乘潍坊市奎文区樱桃园梨园村刘建光驾驶的红色夏利出租车(车号鲁G-08953),杜祖斌坐在副驾驶员的座位上,周起才坐在后排座位上,谎称去军埠口水库附近找个朋友。当车行至潍城区军埠口镇水库路南首“华鸾酒店”门前时,司机刘建光借故将车停在路边,杜祖斌即掏出匕首威逼刘建光继续往前开。刘见状敞开车门欲脱身时,杜祖斌揪住刘的衣服,周起才抓住刘的头发,将其拽回到车座上,二被告人遂用匕首朝刘建光腹部、背部等处连捅数刀,抢走其爱立信T18手机一部,价值人民币458元。刘建光因多处创伤、开放性胸腹外伤、血气胸,导致失血性休克与血气胸窒息而死亡。案发后,二被告人逃离现场。

2002年4月1日凌晨3时,被告人杜祖斌在潍坊市坊子老火车站附近一电话亭打“110”投案,并在此等候公安人员将其抓获归案。在公安机关接受讯问时,杜祖斌交代了犯罪经过,但谎称同案犯是一东北青年。

潍坊市中级人民法院认为,被告人杜祖斌、周起才以非法占有为目的,采用暴力手段抢劫他人财物,致人死亡,其行为均已构成抢劫罪。被告人杜祖斌及其辩护人提出的“案发后被告人杜祖斌已主动投案,应认定为自首”的辩护意见,经查,案发当晚被告人杜祖斌打“110”投案后,未能如实供述同案犯周起才,依照最高人民法院《关于处理自首和立功具体应用法律若干问题的解释》,共同犯罪案件中的犯罪嫌疑人,除如实供述自己的罪行,还应当供述所知的同案犯,才能认定为自首,故该辩护意见不能成立。被告人周起才的辩护人提出的“整个作案过程均由杜祖斌提议策划,周起才处于从犯地位,应从轻或者减轻处罚”的辩护意见,经查,被告人周起才与被告人杜祖斌共同预谋,积极参与共同犯罪,不分主从,故其辩护意见不能成立。二被告人的辩护人分别提出的“二被告人年龄小,辨别能力差,认罪态度好,建议从轻或减轻处罚”的辩护意见于法无据,故亦不予支持。被告人杜祖斌、周起才流窜作案,手段特别残忍,后果特别严重,社会危害性极大,均应依法予以严惩。但鉴于被告人杜祖斌作案后能主动投案,有悔罪表现,对其判处死刑,可不立即执行。二被告人的犯罪行为给附带民事诉讼原告人造成的经济损失,依法应予赔偿。其中应当赔偿被害人刘建光父亲刘夕和、母亲张美芳的赡养费96000元,丧葬费2965元。附带民事诉讼原告人的其他诉讼请求,超出了有关附带民事法律规定赔偿的范围及数额,其要求于法无据,不予支持。依照《中华人民共和国刑法》第二百六十二条第(五)项、第二十五条、第四十八条、第五十七条第一款、第五十九条、第三十六条、《中华人民共和国民法通则》第一百一十九条、最高人民法院《关于刑事附带民事诉讼范围问题的规定》第一条、第二条的规定,于2002年7月10日判决如下:

1. 被告人周起才犯抢劫罪,判处死刑,剥夺政治权利终身,并处没收个人全部财产。

2. 被告人杜祖斌犯抢劫罪,判处死刑,缓期二年执行,剥夺政治权利终身,并处没收个人全部财产。

3. 被告人杜祖斌、周起才赔偿附带民事诉讼原告人刘夕和、张美芳各项经济损失共计人民币九万八千九百六十五元。

一审宣判后,被告人杜祖斌服判不上诉,被告人周起才不服,以“整个作案过程均由杜祖斌提议策划,系从犯;作案时年龄小,阅历浅,系初犯,量刑重”为由,向山东省高级人民法院提出上诉。

山东省高级人民法院经审理认为,上诉人周起才、原审被告人杜祖斌以暴力手段结伙抢劫,其行为已构成抢劫罪,且致一人死亡,罪行极其严重,应依法严惩。原审被告人杜祖斌主动投案,有悔罪表现,可以判处死刑同时宣告缓期二年执行。上诉人周起才提出的“整个作案过程均由杜祖斌提议策划,系从犯;作案时年龄小,阅历浅,系初犯,量刑重”的上诉理由,经查,上诉人周起才尽管没有首先提议抢劫,但共同策划,积极参与犯罪,并在抢劫过程中持刀行凶,亦起主要作用,应为主犯;上诉人周起才尽管系初犯,但犯罪时已满18周岁,且犯罪手段特别残忍,后果特别严重,根据上诉人周起才的犯罪事实、情节、性质和社会危害后果等,原审判决罚当其罪。综上,上诉人周起才的上诉理由不能成立,不予采纳。原审判决认定事实清楚,证据确实充分,定罪准确,量刑适当,审判程序合法。依照《中华人民共和国刑事诉讼法》第一百八十九条第(一)项之规定,于2002年10月8日裁定驳回上诉,维持原判。

根据最高人民法院《关于授权高级人民法院和解放军军事法院核准部分死刑案件的通知》的规定,本裁定即为核准以抢劫罪判处被告人周起才死刑,剥夺政治权利终身,并处没收个人全部财产的刑事裁定。

根据《中华人民共和国刑事诉讼法》第二百零一条的规定,该裁定即为核准以抢劫罪判处被告人杜祖斌死刑,缓期二年执行,剥夺政治权利终身,并处没收个人全部财产的刑事裁定。

二、裁判要旨

No.5-263-41 自动投案后,没有如实供述同案犯的,不属于如实供述自己的罪行,不能认定为自首。

在共同犯罪案件中,行为人在共同犯罪中所处的地位、所起的作用和参与犯罪的程度不同,成立自首所要求的如实供述自己的罪行的范围也是不同的。共同实行犯成立自首,不仅要求其在自动投案后,如实供述自己直接实施的犯罪行为,还应如实供述与其共同实施犯罪的其他实行犯。否则,这种供述就是不彻底的、不如实的,因而不构成自首。具体到本案,被告人杜祖斌、周起才共同策划并共同实施了抢劫犯罪,如果被告人杜祖斌自动投案后如实供述自己的罪行,必然要交代与其一起策划、实施抢劫犯罪的同案犯周起才。但被告人杜祖斌在自动投案后,在供述主要犯罪事实过程中,包庇周起才,谎称同案犯是一东北青年,故意给公安机关抓获同案犯制造障碍,转移公安机关的视线。因此,这种行为不属于如实供述自己的罪行,杜祖斌的行为不能认定为自首。

No.5-263-42 作案后打电话向公安机关报案,并等候公安人员将其抓获归案的,应当认定为自动投案。

杜祖斌在作案后并没有隐匿或者逃跑,而是在公安机关并不掌握其犯罪事实的情况下,打电话报告公安机关,并等候公安人员将其抓获。这种行为符合最高人民法院《关于处理自首和立功具体应用法律若干问题的解释》第一条关于自动投案的规定,应当认定为自动投案。

虽然自动投案不是法定的从轻处罚情节,但能从一定程度上反映出杜祖斌的悔罪表现,也给公安机关侦破案件提供了便利,在量刑时可以酌情予以考虑。

案例:杨保营等抢劫、绑架案

案例来源:《刑事审判参考》总第35集[第272号]

主题词:索要财物 暴力劫持他人 非法拘禁 抢劫

一、基本案情

被告人杨保营,男,1979年8月3日出生,汉族,初中文化,农民。因犯盗窃罪于1999年2月9日被判处有期徒刑一年零六个月,2000年4月18日刑满释放。因涉嫌犯抢劫、绑架罪,于2002年3月13日被逮捕。

被告人吴润鹏,男,1979年7月14日出生,汉族,初中文化,无业。因涉嫌犯抢劫、绑架罪,于2002年3月13日被逮捕。

被告人李波,男,1976年7月28日出生,汉族,高中文化,个体经营者。因涉嫌犯抢劫、绑架罪,于2002年3月13日被逮捕。

山东省某市中级人民法院经审理查明:

(一)抢劫部分

2002年1月8日18时许,被告人杨保营、吴润鹏、李波三人以租车为名,从淄博市周村区骗乘杨延寿驾驶的红色三厢夏利出租车,行至邹平县长山镇附近时,三被告人对杨延寿拳打脚踢后,将出租车抢走,该车价值17500元。

2002年1月16日19时许,被告人杨保营、吴润鹏、李波三人以租车为名,从德州市华联商厦附近骗乘陈培友驾驶的红色三厢夏利出租车,行至商河县玉皇镇附近时,三被告人用绳子将陈培友捆住,并对其殴打后,劫走现金四十余元及出租车,该车价值27500元。

2002年1月27日17时许,被告人杨保营、吴润鹏以租车为名,从河北省黄骅市骗乘张绪义驾驶的红色三厢夏利车,行至山东省庆云县河堤附近时,被告人吴润鹏从后面搂住张绪义的脖子进行抢劫,张绪义脱身逃走,二被告人将其车劫走。该车价值15225元。

(二)绑架部分

2002年1月11日23时许,被告人杨保营、吴润鹏、李波驾车窜至张店海燕歌舞厅门前,将田某劫持至车上,用宽胶带将田某的眼睛、双手缠住,挟持至惠民县一旅馆内非法拘禁,向其索要钱物,持续至13日将田某挟持回其住处从其存折中支取现金5000元后,将其释放。

某市中级人民法院认为:被告人杨保营、吴润鹏、李波以非法占有为目的,采用暴力手段多次劫取他人财物,数额巨大;以勒索财物为目的,采用暴力手段绑架他人,均构成抢劫罪、绑架罪。被告人杨保营系累犯,应从重处罚。被告人杨保营系自首,可对其从轻处罚。依照《中华人民共和国刑法》第二百六十三条、第二百三十九条第一款、第六十九条、第五十七条、第二十七条、第二十五条、最高人民法院《关于处理自首和立功具体应用法律若干问题的解释》第二条之规定,判决如下:

1. 被告人杨保营犯抢劫罪,判处无期徒刑,剥夺政治权利终身,并处罚金二万元;犯绑架罪,判处有期徒刑十二年,并处罚金一万元;决定执行无期徒刑,剥夺政治权利终身,并处罚金三万元。

2. 被告人吴润鹏犯抢劫罪,判处有期徒刑十三年,并处罚金一万元;犯绑架罪,判处有期徒刑十一年,并处罚金三千元;决定执行有期徒刑二十年,并处罚金一万三千元。

3. 被告人李波犯抢劫罪,判处有期徒刑十一年,并处罚金一万元;犯绑架罪,判处有期徒刑十年,并处罚金三千元;决定执行有期徒刑二十年,并处罚金一万三千元。

宣判后,被告人杨保营、吴润鹏分别以属于从犯、量刑过重等为由,向山东省高级人民法院提出上诉。

山东省高级人民法院经审理认为:被告人杨保营、吴润鹏,李波以非法占有为目的,采用暴力手段多次劫取他人财物,数额巨大,均已构成抢劫罪,依法应予处罚。被告人杨保营关于"属于从犯"的上诉意见与事实不符,不予采纳;被告人杨保营系累犯,依法应从重惩处,原审判决在法定幅度之内对其量刑,并无不妥。被告人杨保营、吴润鹏、李波在抢劫犯罪中共同预谋、分工合作、密切配合、不分主从,被告人吴润鹏及其辩护人关于"属于从犯"的上诉理由及辩护意见,不予采纳。被告人杨保营、吴润鹏、李波对被害人田某实施捆绑及较长时间的非法拘禁行为,主观目的系劫取财物,而非勒索财物,该行为应定性为抢劫,而非绑架。依照《中华人民共和国刑事诉讼法》第一百八十九条第(一)项、第(二)项、《中华人民共和国刑法》第二百六十三条第(四)项、第六十五条、第六十九条、第五十七条第一款、第二十五条第一款之规定,判决如下:

1. 撤销某市中级人民法院(2002)刑二初字第25号刑事判决对上诉人杨保营、吴润鹏、李波犯绑架罪的定罪量刑,即被告人杨保营犯绑架罪,判处有期徒刑十二年,并处罚金一万元;被告人吴润鹏犯绑架罪,判处有期徒刑十一年,并处罚金三千元;被告人李波犯绑架罪,判处有期徒刑十年,并处罚金三千元。

2. 被告人杨保营犯抢劫罪,判处无期徒刑,剥夺政治权利终身,并处罚金二万元。

3. 被告人吴润鹏犯抢劫罪,判处有期徒刑十三年,并处罚金一万元。

4. 被告人李波犯抢劫罪,判处有期徒刑十一年,并处罚金一万元。

二、裁判要旨

No. 5-263-43 以索要财物为目的,实施暴力手段劫持被害人将其非法拘禁并对其索要财物的,不构成绑架罪,应以抢劫罪论处。

在本案中,杨保营等三被告人的行为虽然具备了勒索绑架的一些外在特征,比如,采用暴力手段将被害人劫持至外地,实行较长时间的非法拘禁,先劫持后索财、劫持与索财之间存在一定的时空间隔等,但是,本案三被告人实施这些行为的目的是向被绑架人本人索要财物,未曾向被绑架人以外的第三人索要财物,不具有以被绑架人为人质,向被绑架人以外的第三方索要财物的勒索绑架的基本特征,故不应将该行为认定为绑架罪。

在本案中,三被告人暴力劫持被害人并予以较长时间的非法拘禁,在构成抢劫罪的同时,还构成非法拘禁罪。但鉴于本案中非法拘禁与抢劫之间存在目的与手段上的牵连关系,根据牵连犯择一重罪从重处罚的一般处理原则,应以抢劫罪一罪从重处罚。

案例:王团结等抢劫、敲诈勒索案

案例来源:《刑事审判参考》总第36集[第282号]

主题词:抢劫、挟持被害人 勒索被害人亲友 抢劫未得逞又勒索

一、基本案情

被告人王团结,男,1976年12月9日出生,汉族,初中文化,农民。因涉嫌犯抢劫、绑架罪,于1999年9月20日被逮捕。

被告人潘友利,男,1978年10月20日出生,汉族,小学文化,农民。1996年因犯盗窃、抢劫罪被判处有期徒刑2年,1997年12月21日刑满释放。因涉嫌犯抢劫、绑架罪,于1999年9月20日被逮捕。

被告人黄福忠,男,1974年6月30日出生,汉族,初中文化,农民。因涉嫌犯抢劫、绑架罪,于1999年9月20日被逮捕。

福建省泉州市丰泽区人民法院经审理查明:被告人王团结、潘友利、黄福忠预谋共同抢劫。1999年8月7日凌晨,三被告人从泉州市鲤城区浮桥镇华荣宾馆,雇乘闽C-T1450号出租车行至南安市丰州镇梧山村一偏僻处,对该出租车驾驶员孙建福进行殴打、持刀威胁,抢走孙建福随身携带的摩托罗拉手提电话、传呼机各1部(计价值人民币350元)、现金人民币300余元以及出租车的有关营运证件。三被告人觉得钱少,又以孙建福曾经拉载他们多收取了20元车费为由,强迫孙建福答应"赔偿"人民币3000元。孙建福表示只有到泉州市区的家里才能拿钱给他们。三被告人即驾驶该出租车随孙建福前往泉州市区取钱。由于该出租车中途出故障,三被告人又挟持孙建福另雇出租车,来到泉州市丰泽区少林路仁风路口孙建福之兄孙海坛开办的餐馆处。三被告人向孙海坛谎称孙建福开车时撞到了人送医院抢救需要交押金,孙海坛信以为真,即拿出人民币300元和3本银行存折交给孙建福。离开孙海坛的餐馆后,孙建福将钱和存折交给了三被告人。三被告人挟持孙建福到银行取钱未果,即去吃夜宵,又到泉州华艺宾馆开房一起睡到天明。当天上午8时许,三被告人再次挟持孙建福到银行取钱,由于没有身份证又未能取到钱,三被告人即放走孙建福,并要求孙建福取到钱后再与他们联系。之后三被告人多次打电话威胁孙建福将钱汇入他们指定的户头,否则就要销毁出租车的有关证件,炸毁出租车,并砸、烧其兄孙海坛的餐馆。由于孙建福向公安机关报案,同年8月12日,被告人王团结在泉州华晋大酒店接钱时被公安人员抓获。在被告人王团结的协助配合下,公安人员又先后在泉州市丰泽区霞淮新村、泉州游乐园抓获被告人潘友利、黄福忠。案发后,公安机关缴获孙建福被抢走的摩托罗拉手提电话1部、银行存折3本和出租车的行车证、运输证等,已返还给孙建福。

泉州市丰泽区人民法院认为:被告人王团结、潘友利、黄福忠以非法占有为目的,共同使用暴力、胁迫手段当场劫取他人财物,其行为均已构成抢劫罪;其后又对被害人实施威胁,强行索要财物,数额较大,其行为还均构成敲诈勒索罪。由于三被告人意志以外的原因,敲诈勒索未能得逞,属犯罪未遂,可以比照既遂犯从轻处罚。被告人王团结归案后协助公安机关抓获同案犯,有立功表现,可以从轻处罚,但其在敲诈勒索犯罪中所起的作用较大。被告人潘友利曾因故意犯罪被判处有期徒刑,在刑罚执行完毕后5年内再故意犯应当判处有期徒刑以上刑罚之罪,是累犯,应当从重处罚,但其归案后能坦白交代,认罪态度较好,可酌情从轻处罚。依照《中华人民共和国刑法》第二百六十三条、第二百七十四条、第二十五条第一款、第二十三条、第六十五条第一款、第六十八条第一款、第六十九条、第六十四条的规定,于2000年9月30日判决如下:

1. 被告人王团结犯抢劫罪,判处有期徒刑五年,并处罚金人民币二千元;犯敲诈勒索罪,判处有期徒刑八个月。决定执行有期徒刑五年四个月,并处罚金人民币二千元。

2. 被告人潘友利犯抢劫罪,判处有期徒刑六年,并处罚金人民币二千元;犯敲诈勒索罪,判处有期徒刑七个月。决定执行有期徒刑六年三个月,并处罚金人民币二千元。

3. 被告人黄福忠犯抢劫罪,判处有期徒刑五年六个月,并处罚金人民币二千元;犯敲诈勒索罪,判处有期徒刑六个月。决定执行有期徒刑五年九个月,并处罚金人民币二千元。

宣判后,被告人黄福忠不服,以没有参与敲诈勒索,在共同犯罪中作用较小,不是主犯,原审

量刑过重为由,向泉州市中级人民法院提起上诉。

泉州市中级人民法院经审理认为,原审判决认定上诉人黄福忠伙同原审被告人王团结、潘友利抢劫、敲诈勒索的犯罪事实、情节清楚,证据确实充分,应予确认。上诉人黄福忠和原审被告人王团结、潘友利的行为均已构成抢劫罪、敲诈勒索罪,依法应数罪并罚。上诉人黄福忠在抢劫犯罪中行为积极,在敲诈勒索犯罪中作用较小,原审判决已予考虑,其上诉理由均不能成立,不予采纳。原审判决定罪准确,量刑适当,审判程序合法,应予维持。依照《中华人民共和国刑事诉讼法》第一百八十九条第(一)项的规定,裁定驳回上诉,维持原判。

二、裁判要旨

No. 5-263-44 在抢劫被害人后又挟持被害人前往其亲友处取钱,但不是以被害人被挟持的意思向被害人亲友进行勒索的,应以抢劫罪论处。

本案三被告人采用殴打、持刀威胁手段当场抢走被害人随身携带的财物后,又继续威胁被害人索取财物,并将被害人挟持到其兄的餐馆,谎称被害人开车时撞到人需要钱交押金,由被害人向其兄拿钱和存折交给被告人。由于被告人并未向被害人之兄表示被害人已被绑架,也非直接向被害人之兄实施勒索,被害人之兄并不知道被害人此时正被挟持,也未感受到被勒索,之所以出钱的目的是帮助被害人解决因为撞人的治疗押金问题,而非受到被告人的要挟或勒索。故应认定被告人是在向被害人本人索取钱财,而非转向被害人之兄进行勒索,被告人侵害的对象始终是被害人本人。

三被告人虽将被害人挟持,时间长达几小时,空间也在不断改变,但客观方面并不符合绑架罪的构成要件,而应视为是第一阶段抢劫行为的继续。也就是说,本案被告人对被害人采用挟持取财的手段,并非绑架罪构成要件所要求的绑架行为,而只是为完成其抢劫目的所使用的一种比较特殊的犯罪手段,因此,将这一犯罪手段看做构成抢劫罪客观方面所要求的暴力手段是适宜的。且三被告人在第二阶段的行为也不违背抢劫罪"当场实施暴力或以暴力相威胁当场劫取被害人财物"的本质特征。换言之,"当场"并非是一个绝对时间、空间概念,它允许具有一定的时间连续性和空间的可转换性。本案不存在构成绑架罪的问题,不能因为本案存在挟持、控制被害人的因素就简单地认定为构成绑架罪。对挟持被害人前往其亲友处取钱的行为,是定绑架罪还是定抢劫罪,关键要看被告人是否以被害人被挟持的意思向被害人亲友进行勒索。如果被害人的亲友不知被害人被挟持,而因为其他缘故向被害人支付钱财,或被害人自己借故借钱的,均不能认定被告人构成绑架罪,而应把相应的挟持手段看做是被告人为抢劫被害人钱财所实施的一种暴力手段。

No. 5-263-45 在抢劫未得逞而放走被害人后,又以其他手段威胁被害人要求其交付财物的,应以敲诈勒索罪论处,并与此前所实施的抢劫罪实行数罪并罚。

三被告人在存折未能取款的情况下放走被害人,但并未放弃非法占有他人财物的目的,也就是说,不能认定被告人系抢劫行为中止。其后,三被告人要求被害人继续取钱,将钱汇入他们指定的户头,并以要销毁出租车的有关证件,炸毁车辆,砸、烧被害人之兄的餐馆等,对被害人进行威胁。三被告人劫持被害人并向被害人索取财物未得逞后,又以威胁的手段意图得到前阶段未能得到的非法利益,此行为,虽然都是以非法获取他人财物为目的,但犯罪手段和方式截然不同,特别是在第三阶段,行为人放弃了前两阶段所采用的暴力手段,转而采用要挟的方式,不仅犯罪阶段明显,而且后阶段的敲诈勒索行为与前阶段的抢劫行为并不存在手段与目的、原因与结果的关系,属于刑法所规定的两种各自独立的不同犯罪,所以,本案不符合牵连犯的情况。

本案三被告人后阶段的敲诈勒索行为与前阶段的抢劫行为并不存在前行为是后行为发展的所经阶段,或者后行为是前行为发展的自然结果的关系。所以,本案亦不符合吸收犯的情况。综上所述,对不具有任何牵连关系或者吸收关系的数个犯罪行为,且不具有其他应当以一罪论处情形的,一般应实行数罪并罚。因此,一、二审法院对本案三被告人以抢劫罪和敲诈勒索罪分别定罪、数罪并罚是正确的。

案例:陆剑钢等抢劫案

案例来源:《刑事审判参考》总第37集[第288号]

主题词:入户抢劫 户的理解

一、基本案情

被告人陆剑钢,男,1978年12月3日生。1999年因犯盗窃罪被判处有期徒刑一年六个月,缓刑二年。因涉嫌犯抢劫罪,于2003年8月25日被逮捕。

被告人范红进,男,1979年11月3日生。2001年因犯寻衅滋事罪被判处有期徒刑7个月,2001年12月21日刑满释放。因涉嫌犯抢劫罪,于2003年8月25日被逮捕。

被告人邵敬琼,男,1984年8月4日生。因涉嫌犯抢劫罪,于2003年9月19日被逮捕。

被告人黄智伟,男,1984年11月3日生。因涉嫌犯抢劫罪,于2003年9月25日被逮捕。

被告人徐增涛,男,1981年12月21日生。2002年12月因犯寻衅滋事罪和聚众斗殴罪被判处有期徒刑六年,在江苏省通州监狱服刑。因涉嫌犯抢劫罪,于2003年9月3日被提押至靖江市看守所候审。

江苏省靖江市人民法院经审理查明:2001年12月31日晚,汤某、苏某等人在本市靖城镇车站路煤石公司宿舍4号楼301室褚志荣家中以"青儿"的形式进行赌博。21时许,被告人陆剑钢、范红进、邵敬琼、黄智伟与常刘均(另案处理)得知这一情况后,遂结伙采用持刀威胁等手段,至褚志荣家劫得褚志荣、汤某、苏某等人的人民币1000余元及价值人民币425元的摩托罗拉牌GC87C型移动电话机1部。所劫人民币由被告人等分用,移动电话机由被告人黄智伟丢弃。

2002年1月5日19时许,被告人陆剑钢、范红进、徐增涛乘坐黄海明驾驶的牌号为苏MF3341的出租车,当车行驶至靖城镇虹桥新村时,三被告人采用持刀威胁等手段,劫得黄海明人民币500余元及价值人民币980元的诺基亚牌3310型移动电话机1部。所劫人民币由三被告人分用,移动电话机被被告人陆剑钢销赃得款人民币250元。

2003年7月22日,被告人陆剑钢向靖江市公安局投案自首并有立功表现。

案发后,被告人陆剑钢、黄智伟分别退出人民币1500元和450元,均已发还被害人。

另查明,自2001年以来被害人褚志荣一直在自家开设赌场并因此受到过公安机关的行政处罚。

靖江市人民法院认为,被告人陆剑钢、范红进、邵敬琼、黄智伟、徐增涛分别结伙,以非法占有为目的,采用暴力、胁迫等手段劫取他人财物,均已构成抢劫罪。被告人范红进在刑罚执行完毕后五年内再犯新罪,系累犯,依法应从重处罚;被告人徐增涛在判决宣告以后,刑罚执行完毕以前,发现宣告前尚有其他罪未判决,依法应当实行数罪并罚;鉴于被告人陆剑钢犯罪后自首并有立功表现,依法予以从轻处罚;鉴于被告人邵敬琼、黄智伟犯罪时不满18周岁,依法予以减轻处罚,公诉机关指控被告人陆剑钢、范红进、邵敬琼、黄智伟、徐增涛犯抢劫罪的事实清楚,证据确实充分,指控的罪名正确,控辩双方提请从重、从轻处理的理由成立,予以采纳。被告人陆剑钢、邵敬琼、黄智伟的辩护人所提起诉书指控入户抢劫的证据不足的辩护意见。因被告人陆剑钢、邵敬琼、黄智伟等共谋、实施抢劫的对象系参赌人员,且在场的除参赌人员外,还有其他人员,抢劫的地点不属与外界相对隔离的场所,公诉机关指控被告人陆剑钢、范红进、邵敬琼、黄智伟的行为属入户抢劫不当,该辩护意见予以采纳。被告人黄智伟的辩护人所提被告人黄智伟在共同犯罪中系从犯的辩护意见,因被告人黄智伟在共同犯罪中参与共谋,参与实施了持刀抢劫行为,其作用虽小于被告人陆剑钢等人,但并非处于次要地位,尚不足以认定为从犯,故不予采纳。依照《中华人民共和国刑法》第二百六十三条、第二十五条第一款、第六十五条第一款、第六十七条第一款、第六十八条第一款、第十七条第一、三款、第七十条、第六十九条、第五十六条第一款、第五十五条第一款的规定判决如下:

1. 被告人陆剑钢犯抢劫罪,判处有期徒刑五年六个月;剥夺政治权利一年;罚金人民币六千元。

2. 被告人范红进犯抢劫罪,判处有期徒刑八年;剥夺政治权利二年;罚金人民币八千元。

3. 被告人邵敬琼犯抢劫罪,判处有期徒刑二年;罚金人民币三千元。

4. 被告人黄智伟犯抢劫罪,判处有期徒刑二年;罚金人民币三千元。

5. 被告人徐增涛犯抢劫罪,判处有期徒刑四年;剥夺政治权利一年;罚金人民币四千元。与原判决实行数罪并罚,决定执行有期徒刑九年六个月;剥夺政治权利一年;罚金人民币四千元。

一审宣判后,各被告人均未提出上诉,公诉机关亦未抗诉,判决发生法律效力。

二、裁判要旨

No. 5-263-46 进入他人作为赌博场所的住所劫取参赌人员财物的,不应认定为入户抢劫。

本案被告人实施抢劫行为时主观上明确指向的是参赌人员,在得知褚志荣家正在设局赌博后,事先商议好抢劫参赌人员;客观上也仅以参赌人员为抢劫对象,所劫取的赃款、赃物全部为参赌人员的财物,未另外危及户内财产。尽管被告人闯入了居民住所,并对居民住所内的人员实施了抢劫,但是,由于被告人主观上没有对住户实施抢劫的犯罪故意,客观上也没有实施针对住户及财产抢劫的行为,被告人的这种入户,实际上是进入赌博场所,而非家庭生活场所。所以,靖江市人民法院对陆剑钢等被告人的抢劫行为定抢劫罪,但未认定为入户抢劫是正确的。

案例:刘群等抢劫、诈骗案

案例来源:《刑事审判参考》总第 37 集[第 289 号]

主题词:重大立功　死缓　从轻处罚

一、基本案情

被告人刘群,男,1970 年 2 月 13 日生,汉族,高中文化,无业。因涉嫌犯抢劫罪,于 1997 年 8 月 14 日被逮捕。

被告人李国才,男,1961 年 12 月 30 日生,汉族,高中文化,个体经营者。因涉嫌犯销赃罪,于 1997 年 8 月 15 日被逮捕。

河北省保定市中级人民法院经公开审理查明:

(一)抢劫事实

1. 1996 年 3 月 21 日晚 8 时许,被告人刘群与古玉斤(在逃)预谋后,到事先踩好点的内蒙古自治区呼和浩特市地矿局南街 7 号院金宇集团股份有限公司宿舍楼外,当被害人温彦祯开车返回车库时,刘群、古玉斤用事先准备好的匕首将温杀死,后将其尸体装入温驾驶的奔驰 300sel 轿车(价值人民币 77.43 万元)后备箱内,并将该车抢走开到河北省无极县李破角(在逃)家等处藏匿,途中将温的尸体扔至山西省大同市同丰路雁皇岭公路桥下防渗渠内。案发后,轿车被提取发还给呼和浩特市中保财产公司。被害方因寻找、丧葬温彦祯,遭受经济损失人民币 29352 元。

2. 1997 年 6 月初,被告人刘群、李国才伙同古玉斤、李破角预谋抢劫,并事先在河北省深泽县石油招待所作了抢劫演练。同年 6 月 6 日上午,刘群、古玉斤来到安国市欲抢劫汽车,李国才也按约定单独开车到安国市南马村北军警皮鞋厂附近接应,因未找到适当的目标,抢劫未得逞。次日下午 1 时许,刘群、古玉斤骗租薛小年驾驶的桑塔纳出租车(价值人民币 8 万元)至军警皮鞋厂附近时,刘群、古玉斤用匕首将薛杀死,后将薛拖进附近麦地里,当二人驾驶抢劫的桑塔纳出租车行至深泽县段庄村南公路上时,与一辆小拖拉机相撞,二人弃车逃跑。当日刘群被抓获。被告人李国才于 1997 年 6 月 8 日到公安机关投案。附带民事诉讼原告人薛强支付修车费、其父丧葬费共计人民币 16100 元。

(二)诈骗事实

1. 1995 年 8 月 4 日,被告人刘群、李国才伙同古玉斤、张占双、李印奎及赵某(均在逃),使用伪造的进账单,以"二连市北方边贸公司驻呼办事处"的名义,诈骗呼和浩特市医药采购供应站青霉素等六种药品价值人民币 152690 元,除部分药品留在李国才处外,其余药品卖给无极县药品经销商翟素月,销赃得款人民币 4 万余元,刘群、李国才各分得部分赃款。

2. 1995年9月16日,被告人刘群、李国才伙同古玉斤、李印奎及赵某,使用伪造的进账单,以“中国国际旅行社黑龙江分社旅游贸易公司驻太原办事处”的名义,诈骗太原市山西纺织印染厂棉纱10吨,价值人民币260130元。后将所骗棉纱卖到高阳县胜利纺织站,销赃得款人民币198700元,刘群、李国才各分得部分赃款。

3. 1995年11月25日,被告人李国才伙同张占双、李印奎及李志军(在逃),使用伪造的进账单以“吉林省延吉市边贸公司驻石家庄办事处”的名义,诈骗河北省石家庄市国棉四厂沙卡布47件、平布31件,价值人民币366086.53元,销赃后,李国才分得部分赃款。

4. 1996年2月7日,被告人刘群、李国才伙同古玉斤及赵某,使用空头转账支票,以“太原市国际旅行社贸易部驻天津办事处”的名义,诈骗天津太平(集团)有限公司第二药品公司康泰克药品34件,总价值人民币62339.68元。销赃后,刘群、李国才各分得部分赃款。同年2月9日,被告人刘群、李国才伙同古玉斤采用同样手段,诈骗上海汽车工业天津开发区汽车销售公司桑塔纳2000型轿车1辆,价值人民币21.6万元,销赃得款人民币15万元,刘群、李国才各分得部分赃款。案发后,该车已提取发还被骗方。

综上,放告人刘群参与抢劫两次,抢劫物品价值人民币85.43万元,抢劫中致2人死亡;参与诈骗4次,诈骗物品总价值人民币691159.68元。被告人李国才参与抢劫(预备)1次;参与诈骗5次,诈骗物品总价值人民币1057246.21元。

(三)盗窃事实

1996年秋天,被告人刘群与古玉斤商量后,由刘群、李破角从呼和浩特市驾驶刘群之母于颖的蓝色福田牌汽车至河北省无极县,送给刘景威。

被告人刘群归案后,先后两次揭发宋全成拐卖妇女多人的犯罪事实,宋全成被判处无期徒刑;刘群被公安机关抓获以后,主动供述了公安机关尚未掌握的诈骗犯罪事实和第一次伙同古玉斤在呼和浩特市抢劫杀人的犯罪事实。李国才向深泽县公安机关投案自首。

保定市中级人民法院认为,被告人刘群以非法占有为目的,伙同他人采用暴力手段劫取他人财物,其行为构成抢劫罪。被告人李国才与刘群等预谋抢劫,并按约定到指定地点开车接应,因未找到合适的作案对象而抢劫未得逞,其行为构成抢劫罪(预备)。被告人刘群、李国才以非法占有为目的,伙同他人采用欺骗手段,骗取他人财物,其行为构成诈骗罪,且诈骗数额特别巨大。被告人刘群将所有权属于其母亲的汽车私自送与他人,依法可不按犯罪处理。被告人刘群因抢劫被采取强制措施后,如实供述司法机关尚未掌握的诈骗罪行;被告人李国才自动投案后,如实供述其所犯诈骗罪事实,二被告人对诈骗部分事实,有自首情节。被告人李国才否认参与抢劫预谋、演练的理由与事实不符。被告人刘群归案以后,主动供述其伙同古玉斤等在呼和浩特市抢劫杀人的事实属实;检举揭发他人重大犯罪行为,经查属实,应认定为有重大立功表现。被告人刘群参与诈骗他人财物,有自首情节,并有重大立功表现,应当减轻处罚。被告人李国才参与诈骗有自首情节,可以从轻处罚。被告人刘群参与抢劫致二人死亡,抢劫数额巨大,情节恶劣,后果严重,虽有重大立功表现,但不足以从轻处罚。被告人李国才系抢劫预备犯,可减轻处罚。关于被告人刘群的犯罪行为,给附带民事诉讼原告人造成了经济损失,依法应由其予以赔偿。依照《中华人民共和国刑法》第十二条、第二百六十三条第(四)、(五)项、第二百六十六条、第二十二条、第三十六条、第五十二条、第五十六条第一款、第五十七条第一款、第六十七条、第六十八条、第六十九条及最高人民法院《关于审理盗窃案件具体应用法律若干问题的解释》第一条第(四)项、最高人民法院《关于处理自首和立功具体应用法律若干问题的解释》第一条第(二)项、第二条、第七条之规定,判决如下:

1. 被告人刘群犯抢劫罪,判处死刑,剥夺政治权利终身,没收个人全部财产;犯诈骗罪,判处有期徒刑八年,剥夺政治权利一年,罚金人民币四万元,决定执行死刑,剥夺政治权利终身,没收个人全部财产。

2. 被告人李国才犯诈骗罪,判处有期徒刑十四年,剥夺政治权利二年,罚金人民币八万元;犯抢劫罪(预备),判处有期徒刑三年,罚金人民币二千元,决定执行有期徒刑十六年,剥夺政治权利二年,罚金八万二千元。

3. 被告人刘群分别赔偿附带民事诉讼原告人田秀琴经济损失人民币二万九千三百五十二元;赔偿附带民事诉讼原告人薛强经济损失人民币一万六千一百元。

一审宣判后,被告人刘群以有自首情节、系从犯、有重大立功表现为由提出上诉;被告人李国才以有自首情节、系从犯为由提出上诉。

河北省高级人民法院经审理认为:被告人刘群以非法占有为目的,伙同他人采用暴力手段劫取他人财物,其行为构成抢劫罪。刘群抢劫中致二人死亡,抢劫数额特别巨大。被告人李国才与刘群等预谋抢劫,并按约定到指定地点开车接应,因未找到合适的作案对象而抢劫未得逞,其行为构成抢劫罪(预备)。被告人刘群、李国才以非法占有为目的,伙同他人采用欺骗手段,骗取他人财物,其行为构成诈骗罪,二人诈骗数额特别巨大。原判决对全案认定事实清楚,定性准确,对李国才量刑适当,全案审判程序合法。被告人刘群所犯抢劫犯罪情节特别恶劣,后果特别严重,依法应当判处死刑,但考虑到刘群有重大立功表现和坦白等应当考虑从轻处罚的情节,可不立即执行。依照《中华人民共和国刑事诉讼法》第一百八十九条第(一)、(二)项、第一百九十七条之规定,判决如下:

1. 驳回被告人李国才上诉。

2. 维持保定市中级人民法院(2002)保刑初字第2010号刑事判决第二项和对被告人刘群的定罪部分,即被告人李国才犯诈骗罪,判处有期徒刑十四年,剥夺政治权利二年,罚金人民币八万元;犯抢劫罪(预备),判处有期徒刑三年,罚金人民币二千元,决定执行有期徒刑十六年,剥夺政治权利二年,罚金人民币八万二千元;被告人刘群犯抢劫罪、诈骗罪。

3. 撤销保定市中级人民法院(2002)保刑初字第2010号刑事判决第一项中对被告人刘群的量刑部分,即被告人刘群犯抢劫罪,判处死刑,剥夺政治权利终身,没收个人全部财产;犯诈骗罪,判处有期徒刑八年,剥夺政治权利一年,罚金人民币四万元,决定执行死刑,剥夺政治权利终身,没收个人全部财产。

4. 被告人(原审被告人)刘群犯抢劫罪,判处死刑,缓期二年执行,剥夺政治权利终身,没收个人全部财产;犯诈骗罪,判处有期徒刑八年,剥夺政治权利一年,罚金人民币四万元;决定适用死刑,缓期二年执行,剥夺政治权利终身,没收个人全部财产。

二、裁判要旨

No. 5-263-47 犯有数罪的犯罪分子归案后,既有主动供述同种犯罪的坦白情节,又有主动供述不同种犯罪的自首情节,还有检举揭发他人犯罪线索经查证属重大立功表现的,可以予以从轻处罚。

本案被告人刘群因第二次抢劫犯罪归案以后,在公安机关尚未掌握其他罪行的情况下,主动供述了第一次抢劫的犯罪事实和诈骗的犯罪事实,检举揭发宋仝成拐卖妇女的犯罪线索,经查证属实,宋仝成被判处无期徒刑。根据最高人民法院《关于处理自首和立功具体应用法律若干问题的解释》(以下简称《解释》)的有关规定,被告人刘群主动供述了第一次抢劫的犯罪事实因与第二次抢劫属同种罪,应属主动坦白;主动供述司法机关未掌握的诈骗的犯罪事实,应属自首;检举揭发他人拐卖妇女的犯罪线索,经查证属实并被判处无期徒刑,构成重大立功表现。本案被告人刘群揭发宋仝成拐卖妇女犯罪行为,查证属实,宋仝成被判处无期徒刑,按照《解释》的规定构成重大立功表现。在裁量刑罚时,对其所犯诈骗罪,因自首并有重大立功表现,依法应当减轻处罚;对其所犯抢劫罪,由于抢劫数额巨大,情节恶劣,后果严重,虽然有重大立功表现,也可以不予减轻处罚,但在量刑上还是要体现政策,适当予以从轻考虑。

No. 5-263-48 适用死刑缓期执行不以具有法定从轻、减轻情节为条件,但具有法定从轻、减轻情节的,一般不应适用死刑立即执行。

在司法实践中,对于具有法定可以从轻、减轻情节的犯罪分子,如果认为罪行极其严重,对其可不予从轻、减轻处罚,仍然应当依法判处其死刑的,在决定是否必须立即执行死刑的时候,应当充分考虑这些法定从轻、减轻处罚情节。因为,自首、立功特别是重大立功表现,在一定程度上表明了犯罪分子有悔罪之意,愿意接受国家法律的制裁,或者以实际行动补偿自己对社会的侵害,其人身危险性也有所减小,通过刑罚改造后复归社会的可能性增大。在对其不予从轻、减轻处罚的情况下,如果仍然判处死刑立即执行,不仅会降低宽严相济刑事政策的社会感召力,而且也不能取得犯罪分子亲属和社会公众的同情。因此,对于具有法定从轻特别是减轻处罚情节的犯罪分子,一般不应适用死刑立即执行。

本案被告人刘群所犯抢劫罪情节特别恶劣,后果特别严重,依法应当判处死刑。河北省高级人民法院在二审中全面审查案件事实,严格掌握刑事政策,充分考虑被告人刘群有检举揭发他人严重犯罪的重大立功表现和如实供述司法机关尚未掌握的同种犯罪事实等法定和酌定的从轻处罚情节,认为被告人刘群可不立即执行死刑,依法以抢劫罪改判被告人刘群死刑,缓期二年执行,是正确和恰当的。

案例:杨廷祥等抢劫案

案例来源:《刑事审判参考》总第 39 集[第 309 号]

主题词:个体家庭旅馆　抢劫　入户

一、基本案情

被告人杨廷祥,男,1971 年 8 月 25 日生,初中文化,农民。因涉嫌犯抢劫罪,于 2002 年 12 月 28 日被逮捕。

被告人杨廷志,男,1973 年 11 月 23 日生,初中文化,农民。因涉嫌犯抢劫罪,于 2002 年 12 月 28 日被逮捕。

被告人杨廷俊,男,1973 年 8 月 22 日生,小学文化,农民。因涉嫌犯抢劫罪,于 2002 年 12 月 28 日被逮捕。

山东省潍坊中级人民法院经审理查明:

1. 被告人杨廷祥、杨廷志经预谋后,于 2002 年 8 月 14 日上午来到寿光市汽车站,以租车要账为名,骗乘寿光市圣城东路鲍翅王大酒店出租司机孙俊峰驾驶的红色桑塔纳轿车。当车行至寿光市钓鱼台村时,二被告人持刀威胁孙俊峰,将其手脚捆绑并用胶带纸封嘴后,抢劫孙俊峰现金 400 余元及三星 N188 手机 1 部,共计价值人民币 1000 余元。

2. 杨廷祥、杨廷志、杨廷俊三被告人经预谋后,于 2002 年 10 月 26 日晚,窜至东营市西四路粮贸招待所,用事先准备好的假身份证办理住宿手续,伺机作案。次日凌晨 4 时许,三被告人窜至 107 室,持刀迫使住在该房间的济南喜相逢公司业务员刘芹文喝下事先准备好的安定药粉后,将其捆绑,劫取现金 200 余元、摩托罗拉 2000 手机 1 部以及衬衣、充电器等物品,共计价值人民币 1800 余元。

3. 2002 年 10 月 28 日晚,被告人杨廷祥、杨廷志、杨廷俊窜至青岛市四方区顾红卫开办的家和旅馆,以住宿为名,用被告人杨廷祥持有的名为刘俊平的假身份证登记住宿。次日凌晨 4 时许,三被告人以退房为名,骗开顾红卫兼作办公、值班之用的房间房门后,将顾及其妻子赵永美、儿子等人捆绑,并用胶带纸封嘴,逼顾、赵等人喝下事先准备好的安眠药后,劫取现金 200 余元、面额为 28000 元的存折 2 张以及男式西服、女式真皮大衣、凤凰相机、海尔小飞燕手机、金项链等物品。为逼迫赵永美说出存折密码,被告人杨廷志用刀将其捅致轻微伤,后因赵提供的系假密码,存折未能提现。所劫财物共计价值人民币 6100 余元。

4. 2002 年 11 月,被告人杨廷祥、杨廷志预谋抢劫一轿车作为作案工具。同年 11 月 13 日中午,二被告人窜至青州市火车站,以租车为名,骗乘青州市王府街道办事处刘家村扈培珍驾驶的黑色奥迪 100 轿车,当车行至昌乐县南郝镇下洼村附近时,被告人杨廷祥持刀将扈培珍捅致轻微伤后,劫得该车,价值人民币 55000 元。

5. 2002 年 11 月底,被告人杨廷祥、杨廷志再次共谋抢劫,并准备了安定针剂、注射器、刀子、绳子等作案工具。同年 11 月 27 日上午,被告人杨廷祥、杨廷志窜至临朐县公路局家属院胡光顺家,采取持刀威胁、捆绑、封嘴、注射安定针剂等方法,抢劫现金 1200 余元、存单 5 张及价值

25081.30 元的三星 T108 彩屏手机、理光相机、金银首饰等物品。后二被告人持抢劫的存单,用名为"刘俊平"的假身份证和胡光顺妻子李学爱的身份证到邮政储蓄所提取现金 87000 元,并转存 50228 元后逃走,共计抢劫价值人民币 163500 余元。

综上,2002 年 8 月至同年 11 月,被告人杨廷祥、杨廷志、杨廷俊结伙,携带刀子、尼龙绳、胶带、安定片、安定针剂及注射器等作案工具,先后窜至寿光市、东营市、青岛市、青州市、临朐县等地,采取捆绑、刀捅、威逼、胶带纸封嘴、打安定针剂、灌安定药等手段,抢劫作案 5 起,抢劫现金人民币 139220 余元及奥迪轿车、金银首饰、照相机、手机等物品,共计价值人民币 227400 余元。其中,被告人杨廷祥、杨廷志参与全部作案;被告人杨廷俊参与作案 2 起,抢劫价值人民币 7900 余元。案发后,追缴赃款人民币 139028 元、追缴赃物折款人民币 78193 元,共计折合人民币 217221 元,已全部发还被害人。

另查明,被告人杨廷志归案后,带领公安人员到被告人杨廷俊的家门口,公安机关将被告人杨廷俊抓获。

潍坊市中级人民法院认为,被告人杨廷祥、杨廷志、杨廷俊以非法占有为目的,采取暴力、胁迫等手段劫取他人财物,均已构成抢劫罪。公诉机关指控的罪名和基本事实成立。其中,被告人杨廷祥、杨廷志系多次抢劫且抢劫数额巨大,入户抢劫时所实施的犯罪手段性质特别恶劣,后果严重,依法应予严惩。本案被害人顾红卫的住房已改造为家庭式旅馆,且该旅馆正在营业中,被告人杨廷祥、杨廷志、杨廷俊在该旅馆针对旅馆主人实施的抢劫不属入户抢劫,被告人杨廷祥、杨廷志的辩护人关于此次抢劫不应认定为入户抢劫的辩护意见,予以采纳。被告人杨廷志归案后,协助公安机关抓获同案犯,有立功表现,依法可予从轻处罚。被告人杨廷祥系流窜抢劫作案多次,且抢劫数额巨大,情节特别恶劣,论罪当判处死刑,但鉴于其归案后认罪态度较好,且本案赃款、赃物大部分被追回等具体情节,依法判处死刑,可不立即执行。据此,依照《中华人民共和国刑法》第二百六十三条第(一)、(四)项、第二十五条、第六十八条第一款、第四十八条第一款、第五十七条第一款、第五十九条、第五十二条、第五十三条、最高人民法院《关于处理自首和立功具体应用法律若干问题的解释》第五条之规定,判决如下:

1. 被告人杨廷祥犯抢劫罪,判处死刑,缓期二年执行,剥夺政治权利终身,并处没收个人全部财产;
2. 被告人杨廷志犯抢劫罪,判处无期徒刑,剥夺政治权利终身,并处没收个人全部财产;
3. 被告人杨廷俊犯抢劫罪,判处有期徒刑八年,并处罚金人民币五千元。

一审宣判后,潍坊市人民检察院未抗诉,被告人杨廷样、杨廷志、杨廷俊未上诉,潍坊市中级人民法院依法报请山东省高级人民法院核准。

山东省高级人民法院经复核认为:被告人杨廷祥伙同他人采取暴力、胁迫等手段,劫取他人财物,其行为已构成抢劫罪。被告人杨廷祥系多次抢劫且抢劫数额巨大,入户抢劫时所实施的犯罪手段性质特别恶劣,后果特别严重,论罪当判处死刑,但鉴于其归案后认罪态度好,且赃款、赃物大部分被追回等具体情节,依法判处死刑,可不必立即执行。原审判决认定事实清楚,证据确实充分,定罪准确,量刑适当,审判程序合法。依照《中华人民共和国刑事诉讼法》第二百零一条、《中华人民共和国刑法》第二百六十三条第(一)、(四)项、第二十五条、第四十八条、第五十七条第一款之规定,裁定核准。

二、裁判要旨

No.5-263-49 在个体家庭旅馆内对旅馆主人实施抢劫的,因其住所具有开放性,不能认定为入户抢劫。

以个体家庭旅馆是由先前的家庭住所改造的,且部分承担着旅馆主人的家庭生活起居功能为由,直接将个体家庭旅馆认定为"户"不能成立。在家庭住所改造为家庭旅馆之后,即不再具有与外界相对隔离的场所特征。判断是否具有开放性的关键,并不在于建筑物的空间结构,而是他人出入的自由程度。刑法将入户抢劫规定为加重情节,一个很重要的原因是此类抢劫行为非法侵入了他人住宅,侵犯到了他人的住宅权利和对于住宅的安全感,因而具有双重危害性。

所以,即便本案个体家庭旅馆在空间物理结构上与原来作为家庭住所时并无两样,因其先前作为住所所具有的封闭性特征随着性质功能的改变已经不复存在,所以不能再视之为"户"。

在本案中,杨廷祥具体实施抢劫的场所,在作为被害人顾红卫家庭生活起居场所的同时,还是被害人顾红卫经营旅馆的办公场所。因为旅馆是24小时营业的,这就意味着,一方面,被害人顾红卫的居住场所具有开放性,客人可以随时到这里办理住宿等事务;另一方面,被害人顾红卫的居住场所不以家庭生活起居为限。该居住场所的功能是不固定、可以随时变换的,而且这种功能上的不确定性,不存在时间段的限制,因而在具体功能上不具有可区分性,不宜认定为"户"。

案例:朱永友抢劫案

案例来源:《刑事审判参考》总第41集[第322号]

主题词:盗窃未遂 施暴 实行过限

一、基本案情

被告人朱永友,男,1970年9月28日出生,初中文化,无业。因涉嫌犯抢劫罪,于2002年6月14日被逮捕。

连云港市中级人民法院经审理查明:

1999年6月,被告人朱永友伙同韩滨(朱永友作案后潜逃,韩滨已因犯抢劫罪被判刑)预谋盗窃,经朱永友事先"踩点",二人商定到被害人叶剑家盗窃。同月23日凌晨2时许,朱、韩二人持刀到江苏省连云港市新浦区新站街福利一路18号的叶剑住处,翻墙入院,进入房内。二人正欲盗窃时,发现了正在室内休息的叶剑夫妇,为防止被叶剑夫妇察觉,朱永友即持刀向叶剑颈部、身上乱刺,韩滨则用毛巾捂叶剑之妻聂丹妮的嘴,并用刀对聂乱刺。因聂反抗并大声呼救,二人仓皇分散逃跑。韩滨在逃离时,还对闻讯赶来的聂学军腹部猛刺一刀。

经鉴定,叶剑气管、食道、喉裂伤,修补后感染水肿,分泌物多导致呼吸困难,颈脊髓半切症,属重伤;聂学军胃右静脉破裂,小网膜破裂出血,腹腔内积血,须手术治疗,属重伤;聂丹妮右手多处锐器创,属轻微伤一级。

案发后,被告人朱永友潜逃,2002年5月13日主动向连云港市公安局新浦分局浦西派出所投案。

连云港市中级人民法院认为,被告人朱永友以非法占有为目的,进入他人住宅进行盗窃,在实施盗窃行为时,对他人当场实施暴力的行为,已构成抢劫罪,系共同犯罪。依照《中华人民共和国刑法》第二百六十九条、第二百六十三条第(一)、(五)项、第二十五条第一款、第五十七条第一款、第三十六条第一款及《中华人民共和国民法通则》第一百一十九条之规定,于2002年11月20日判决如下:

1. 被告人朱永友犯抢劫罪,判处死刑,缓期二年执行,剥夺政治权利终身,并处没收个人财产人民币五千元。

2. 被告人朱永友赔偿附带民事诉讼原告人叶剑医疗费、护理费、营养费、住宿费、误工费等人民币十二万三千七百一十九元八角五分。

一审宣判后,朱永友以原判定性不当和本人行为构成自首为由,上诉于江苏省高级人民法院。

江苏省高级人民法院经审理后认为,上诉人朱永友以非法占有他人财产为目的,伙同韩滨入户抢劫,并当场使用暴力致一人重伤、一人轻微伤的行为,已构成抢劫罪,且系共同犯罪。原判认定的事实清楚,证据确实充分,定罪正确,上诉人关于原判定性不当的上诉理由不能成立。上诉人朱永友作案潜逃后,于2002年5月13日向其户籍所在地派出所自动投案,并如实供述了其作案的时间、地点、过程,根据最高人民法院《关于处理自首和立功具体应用法律若干问题的解释》第一条第(二)项之规定,可视为其已如实交代自己的主要犯罪事实,属自首行为,故其关于认定自首的上诉理由应予采纳,依法可以对其从轻处罚。依照《中华人民共和国刑事诉讼法》

第一百八十九条第(一)、(二)项、《中华人民共和国刑法》第二百六十三条第(一)、(五)项、第二十五条第一款、第五十七条第一款、第三十六条第一款、第六十七条之规定,于2003年1月25日判决如下:

1. 维持江苏省连云港市中级人民法院刑事附带民事判决的第(二)项,即被告人朱永友赔偿附带民事诉讼原告人叶剑医疗费、护理费、营养费、住宿费、误工费等人民币十二万三千七百一十九元八角五分;

2. 撤销江苏省连云港市中级人民法院刑事附带民事判决的第(一)项;

3. 上诉人(原审被告人)朱永友犯抢劫罪,判处无期徒刑,剥夺政治权利终身,并处没收个人财产人民币五千元。

二、裁判要旨

No. 5-263-50　在盗窃过程中为防止被害人发觉,对被害人实施暴力行为的,应以抢劫罪论处。

行为人在实施盗窃过程中被发现等情况的发生,完全属于意志以外的原因,行为人必然意识到其已不可能继续通过秘密窃取方法达到非法占有他人财物的目的,此时无论其选择逃跑还是改变犯罪手段以继续实现非法占有他人财物的目的,其实施的前期行为业已构成盗窃未遂。如果行为人为了排除被害人的反抗转而对被害人实施暴力或以暴力相威胁,从而达到非法强行占有他人财物的目的,则属于犯意转化,其后续行为完全符合《刑法》第二百六十三条典型的抢劫罪的构成要件,而不宜认定为转化的抢劫罪。

本案被告人朱永友在盗窃过程中,由于担心其盗窃行为被正在熟睡的被害人发现而当场使用暴力,导致一人重伤、一人轻微伤的行为,其主观目的并非为了窝藏赃物、抗拒抓捕或者毁灭罪证,而是为了非法强行占有被害人财物。换言之,朱永友的主观犯意已由秘密窃取公私财物转化为当场使用暴力手段劫取公私财物,已构成了抢劫罪。

No. 5-263-51　在共同犯罪中,实行犯实施的行为超出共同犯罪人共同谋议之罪的范围或程度的,属于实行过限行为,其他共同犯罪人对此不承担刑事责任。

在共同犯罪中,共同犯罪人无论是否直接参与实行行为,都应对危害结果共同承担责任,原因在于其参与实施的组织、教唆、帮助或者实行行为对于整体犯罪结果的发生客观上具有一定程度的原因力,并具备一定的主观罪过。但是,如果实行犯实施了某种超出共同犯罪人共同谋议之罪范围或程度要求的行为,其他犯罪人对其实行过限的行为,既无共同行为,也无共同故意,因此,应由实行过限行为人独立承担实行过限的责任。韩、朱二犯共谋盗窃时目标明确,即共同盗窃叶剑夫妇,盗窃过程中又临时产生抢劫的共同犯意,并致一人重伤、一人轻微伤,因此,即使被害人聂丹妮并非本案被告人朱永友所伤,但根据共犯理论,朱仍应对此后果负责。然而,韩滨重伤聂学军的行为,完全缘于其个人临时起意所致,显然超出共同谋议的范围,韩对聂学军行凶时朱永友并不在场,对此毫不知晓,因此朱对韩单独实施的上述行为不具有主观上的罪过,不应对此承担责任。一、二审认定朱永友致一人重伤、一人轻微伤的结论是正确的。

案例:王跃军等抢劫、盗窃案

案例来源:《刑事审判参考》总第41集[第323号]

主题词:飞车行抢　抢劫罪

一、基本案情

被告人王跃军,男,1978年7月29日出生,汉族,初中文化,工人。因涉嫌犯抢夺罪,于2001年5月19日被刑事拘留,同年7月6日被逮捕。

被告人张晓勇,男,1978年8月18日出生,汉族,初中文化,工人,1996年因盗窃罪被判处有期徒刑二年,1997年10月5日刑满释放。因涉嫌犯抢夺罪,于2001年5月19日被刑事拘留,同年7月6日被逮捕。

山西省太原市中级人民法院经审理查明:2001年5月10日晚10时许,被告人王跃军、张晓勇经预谋,由王跃军驾驶白色新田125摩托车载张晓勇至万柏林区漪汾街路南自行车道,尾随骑自行车的女青年赵静至千峰北路路口处时,在车速较快的情况下,由被告人张晓勇用力抢夺赵静的右肩挎包,并加速逃离现场,将挎包抢走,致赵静当场摔倒,送医院抢救无效,因重度颅脑损伤死亡,被抢挎包内装有人民币20余元、IC电话卡等物。

2001年4月15日晚8时许,被告人王跃军窜至太原市万柏林区西山矿务局西铭小区31路4号楼1单元5号王某家,钻窗入室,盗窃现金1万元。后用赃款购买新田125摩托车1辆,诺基亚3210手机1部,其余赃款挥霍。破案后,追回摩托车、手机,发还失主。

2001年5月4日凌晨2时许,被告人王跃军窜至太原市万柏林区西山矿务局建北小区商业房18号王某的商店,用事先准备好的锯条锯开后窗钢筋,钻窗入室,盗窃现金人民币150余元及多种香烟,价值人民币1386元。赃款、赃物已被挥霍。

太原市中级人民法院认为:被告人王跃军、张晓勇目无国法,明知自己驾驶摩托车抢夺他人财物可能造成被害人伤亡,却放任结果的发生,致使被害人死亡,其行为构成故意杀人罪。被告人王跃军以非法占有为目的,秘密窃取他人财物,数额巨大,其行为构成盗窃罪。公诉机关指控罪名成立。被告人王跃军、张晓勇共同预谋后作案,并有分工,均系主犯。被告人张晓勇又系累犯,应当从重处罚。被告人王跃军、张晓勇为抢夺挎包,对被害人赵静伤亡的结果持放任态度,是间接故意犯罪,被害人赵静被害后死亡,应以故意杀人罪定罪处罚,二被告人的辩护人关于本案定性的辩护意见均缺乏法律依据,不予采纳。关于二被告人的认罪态度的辩护意见属实,但不是法定从轻情节,且不足以影响量刑。关于被告人王跃军的辩护人"盗窃罪是自首"的辩护意见,经查被告人王跃军在被采取强制措施后,能如实供述司法机关尚未掌握的盗窃罪行,应以自首论,可从轻处罚,故对辩护人的该意见予以采纳。二被告人对其犯罪行为给附带民事诉讼原告人造成的经济损失应予赔偿。依照《中华人民共和国刑法》第二百三十二条、第二百六十四条、第十四条、第五十七条第一款、第二十五条第一款、第二十六条第一款、第四款、第六十七条第二款、第三十六条第一款、第六十五条第一款、第六十一条、第五十二条、第六十九条、《中华人民共和国民法通则》第一百一十九条和最高人民法院《关于自首和立功具体应用法律若干问题的解释》第二条之规定,判决如下:

1. 被告人王跃军犯故意杀人罪,判处死刑,剥夺政治权利终身,犯盗窃罪,判处有期徒刑三年,并处罚金一万元,决定执行死刑,剥夺政治权利终身,并处罚金一万元。

2. 被告人张晓勇犯故意杀人罪,判处死刑,剥夺政治权利终身。

3. 被告人王跃军、张晓勇赔偿附带民事诉讼原告人经济损失四万八千一百五十一元。

一审宣判后,二被告人向山西省高级人民法院提起上诉。

王跃军上诉称:(1)本案定性错误。上诉人是公然抢夺他人财物的故意,并没有侵犯被害人人身的故意。本案符合抢夺罪的犯罪构成,应定为抢夺罪。(2)本案量刑过重。其辩护人辩称:(1)行为人主观上有非法占有公私财物的目的,客观上是乘人不备,实施了被害人不知反抗从而夺取被害人财物的行为,符合抢夺罪的法定特征;(2)对被害人的死亡主观上没有故意,是由于被告人过于自信的过失导致被害人死亡结果的发生;(3)对致被害人死亡的结果,超越了二人共谋的范围,不能构成共同犯罪,且被告人认罪态度好,应从轻处罚。

张晓勇上诉称:(1)原判违反了刑法的主客观相统一的原则,存在客观归罪的情况;(2)原判定性错误,上诉人的行为应构成抢夺(致人死亡)罪,而不是故意杀人罪;(3)原判量刑重,没有反映出直接故意与间接故意的差别。其辩护人辩称:(1)对被告人张晓勇的行为应定抢夺致人死亡罪;(2)被告人张晓勇在案发后能够主动交代自己的犯罪行为,在侦破此案中也能积极和公安机关配合,具有酌定可以从轻情节;(3)量刑过重。

山西省高级人民法院经审理查明,上诉人王跃军、张晓勇共同抢取被害人赵静右肩挎包,致其当场摔倒死亡和被告人王跃军盗窃的犯罪事实清楚、证据充分。二审审理期间,就民事赔偿问题,被告方与被害方经调解达成民事赔偿协议,由被告方共同赔偿被害方人民币 6 万元(已执行 5.5 万元)。

山西省高级人民法院认为,上诉人王跃军、张晓勇以非法占有他人财物为目的,其行为虽然是将强力作用于被抢取的财物,但该强力可能会造成他人伤亡的结果,上诉人是明知的,且放任危害的结果发生,抢走被害人财物并致被害人死亡,既侵犯了被害人的人身权利,又侵犯了被害人的财产权利,已构成抢劫罪。上诉人王跃军以非法占有他人财物为目的,秘密窃取他人财物,数额巨大,其行为构成盗窃罪。考虑到本案的具体情节和被告方与被害方达成民事赔偿协议以及上诉人认罪态度好的情况,依法对上诉人王跃军、张晓勇不适用死刑。对上诉人和辩护人所提对被害人死亡主观上没有故意和致被害人死亡超越了二人共谋的范围的上诉、辩护意见不予采纳,对所提定性不准、认罪态度好和量刑重的上诉、辩护意见应予采纳。依照《中华人民共和国刑事诉讼法》第一百八十九条第(二)项,以及《中华人民共和国刑法》第二百六十三条、第二百六十四条、第十四条、第五十七条第一款、第二十五条第一款、第二十六条第一款、第四款、第六十七条第二款、第三十六条第一款、第六十五条第一款、第六十一条、第五十二条、第六十九条和最高人民法院《关于自首和立功具体应用法律若干问题的解释》第二条之规定,判决如下:

1. 撤销太原市中级人民法院的刑事附带民事判决。

2. 被告人王跃军犯抢劫罪,判处无期徒刑,剥夺政治权利终身,并处罚金二千元,犯盗窃罪,判处有期徒刑三年,并处罚金一万元,决定执行无期徒刑,剥夺政治权利终身,并处罚金一万二千元。

3. 被告人张晓勇犯抢劫罪,判处无期徒刑,剥夺政治权利终身,并处罚金二千元。

二、裁判要旨

No.5-263-52 驾驶机动车辆抢取财物,造成被害人人身伤亡后果的,应以抢劫致人重伤、死亡论处。

在本案中,二被告人对被害人的死亡结果持放任的间接故意,积极追求抢取财物的结果,其主观上具有侵犯财产权利和人身权利的双重故意,客观上实施了飞车行抢使被害人不能反抗的强制性夺取财物的行为,并致使被害人死亡。二被告人的行为符合《刑法》第二百六十三条第(五)项抢劫致人重伤、死亡的规定,应该在十年以上有期徒刑、无期徒刑或者死刑,并处罚金或者没收财产的幅度内量刑。可见,二审法院准确把握法律规定和犯罪界限,定罪准确,量刑适当。

案例:姜继红等抢劫、盗窃案

案例来源:《刑事审判参考》总第 43 集[第 338 号]

主题词:连续抢劫　同一犯意

一、基本案情

被告人姜继红,男,1982 年 8 月 20 日出生,汉族,农民。2002 年 7 月 15 日因犯盗窃罪被判处有期徒刑二年,并处罚金人民币 500 元。2004 年 1 月 30 日被减刑释放。因涉嫌犯盗窃罪、抢劫罪,于 2004 年 7 月 15 日被逮捕。

被告人成盛,男,1987 年 6 月 14 日出生,汉族,农民。因涉嫌犯盗窃罪、抢劫罪,于 2004 年 7 月 15 日被逮捕。

被告人廖幽,男,1989 年 9 月 1 日出生,汉族,无职业。因涉嫌犯盗窃罪、抢劫罪,于 2004 年 7 月 15 日被逮捕。

被告人聂乓霞,男,1989 年 8 月 7 日出生,汉族,农民。因涉嫌犯盗窃罪、抢劫罪,于 2004 年 7 月 15 日被逮捕。

被告人李小兵,男,1988 年 8 月 12 日出生,汉族,农民。因涉嫌犯盗窃罪、抢劫罪,于 2004 年 7 月 15 日被逮捕。

被告人蔡仁叁,男,1973年3月22日出生,汉族,农民。因涉嫌犯盗窃罪、抢劫罪,于2004年7月15日被逮捕。

长沙铁路运输法院经审理查明:

(一)抢劫

1. 2004年6月17日10时许,被告人姜继红、成盛、廖幽、蔡仁叁伙同龙爱博(另案处理)窜到娄底火车站货场准备盗窃,由蔡仁叁在该站东头货场煤坪处接货,姜继红、成盛、廖幽、龙爱博爬上41036次货车C644807643号车厢准备掀盗模子铁,因被押运员吴建宏发现并阻止,廖幽遂持木棍威胁吴,待吴不敢反抗后,四人抢得模子铁500公斤,价值人民币1000元。案发后,侦查人员从蔡仁叁处收缴了全部赃物。

2. 2004年6月19日14时许,被告人姜继红、成盛、廖幽、聂乓霞、李小兵伙同龙爱博从娄底火车站货场窜上一列娄底开往株洲方向的货车第二节车厢准备掀盗模子铁,被押运员郭春辉发现并予以阻止,六被告人遂对郭进行威胁,强迫郭蹲下后掀下模子铁130公斤,价值人民币260元,随后李小兵下车捡赃。接着,姜继红提议抢劫押运员的手机和钱,成盛就去抢郭挂在腰间的手机,郭跑向第三节车厢,姜继红、成盛、廖幽、聂乓霞、龙爱博追到第三节车厢,姜继红拿起一块模子铁砸向郭的右足背,致其轻微伤,郭不敢反抗,成盛解下郭腰间价值人民币375元的"诺基亚"牌3310型手机交给姜继红,随后在姜继红的指使下,成盛将郭春辉捆绑起来,从郭身上搜得人民币1660元交给姜继红。在抢完郭春辉后,被告人姜继红、成盛、廖幽、聂乓霞和龙爱博又开始抢第三节车厢的押运员张小玲,成盛从张的钱包内抢得人民币70元交给姜继红,并将张小玲捆绑起来。之后,聂乓霞、龙爱博留在第三节车厢看守两名押运员,被告人姜继红、成盛、廖幽又爬到第一节车厢,从该车厢押运员许建辉处抢得人民币90元,并将许建辉的手脚捆住,然后又回到第二节和第三节车厢搜押运员的行李,成盛从张小玲的行李中搜出价值人民币385元的"诺基亚"牌3310型手机1台。姜继红与成盛各分得手机1部和赃款400元,廖幽和龙爱博各分得赃款300元,聂乓霞分得赃款295元。破案后收缴了部分赃款赃物。

(二)盗窃

1. 2004年6月4日下午,被告人姜继红、成盛伙同黄毛、罗奎、毛刚等人在娄底火车站货场东头调车线的一列货物列车上盗得豆粕500公斤(10包),价值人民币1025元。案发后,收缴了部分赃物。

2. 2004年6月6日下午,被告人姜继红、成盛、蔡仁叁伙同黄毛、罗奎、毛刚在上述同一地点的货物列车上盗得模子铁210公斤,价值人民币420元。

3. 2004年6月7日下午,被告人姜继红、成盛、蔡仁叁伙同黄毛、罗奎、毛刚在上述同一地点的货物列车上盗得模子铁1050公斤,价值人民币2100元。

4. 2004年6月11日下午,被告人姜继红、成盛、蔡仁叁伙同黄毛、罗奎、毛刚在上述同一地点的货物列车上盗得"利生"牌面粉650公斤(26包),价值人民币1820元。破案后收缴了部分赃物。

5. 2004年6月12日下午,被告人姜继红、成盛、蔡仁叁等人在上述同一地点的货物列车上盗得模子铁750公斤,价值人民币1500元。

长沙铁路运输法院认为,被告人姜继红、成盛、廖幽、聂乓霞、李小兵目无国法,以非法占有为目的,采取暴力和以暴力相威胁的手段,抢劫公私财物,其行为已经构成抢劫罪,被告人姜继红、成盛、蔡仁叁共同秘密窃取铁路运输物资,数额较大,其行为均已构成盗窃罪。被告人姜继红、成盛在2004年6月19日的抢劫过程中起主要作用,系主犯,被告人聂乓霞、廖幽、李小兵在6月19日的抢劫过程中起次要作用,系从犯,依法应从轻或减轻处罚;被告人姜继红系累犯,应从重处罚;被告人成盛、廖幽、聂乓霞、李小兵犯罪时未满18周岁,依法应从轻或减轻处罚。公诉机关指控六被告人所犯罪名成立,证据确实充分。但将2004年6月19日的抢劫行为认定为4次不当,应认定为1次,且将被告人廖幽认定为主犯不准,该次抢劫在犯意的提起、行为的实施、赃物的分配等方面,被告人姜继红、成盛均起主要作用,而廖幽起次要作用,应认定为从犯。控辩双方关于被告人成盛、廖幽、聂乓霞、李小兵犯罪时未满18周岁,认罪态度较好及被告人聂乓霞、李小兵在共同犯罪中起次要作用,系从犯,依法应从轻或减轻处罚的意见,经查属实,予以采纳。辩护人张志军、刘迎春提出的2004年6月19日的抢劫行为应认定为一次而不是多次的意见属实,亦予以采纳。为严明国法,维护社会治安和铁路站车秩序,确保公民的人身权利和公私财产权利不受侵犯,惩罚犯罪,依照《中华人民共和国刑法》第二百六十三条、第二百六十四条、第二十五条第一款、第二十六条第一、四款、第二十七条、第十七条第一、二、三款、第六十五条第一款、第六十九条、第六十四条、第五十三条之规定,于2004年12月7日判决如下:

1. 被告人姜继红犯抢劫罪,判处有期徒刑七年,并处罚金人民币五千元,犯盗窃罪,判处有期徒刑二年,并处罚金人民币五千元,数罪并罚,决定执行有期徒刑八年,并处罚金人民币一万元。

2. 被告人成盛犯抢劫罪,判处有期徒刑三年,并处罚金人民币五千元,犯盗窃罪,判处有期徒刑六个月,并处罚金人民币五千元,数罪并罚,决定执行有期徒刑三年,并处罚金人民币一万元。

3. 被告人廖幽犯抢劫罪,判处有期徒刑二年,并处罚金人民币一千元。

4. 被告人聂乓霞犯抢劫罪,判处有期徒刑一年,并处罚金人民币一千元。

5. 被告人李小兵犯抢劫罪,判处有期徒刑八个月,并处罚金人民币一千元。

6. 被告人蔡仁叁犯盗窃罪,判处有期徒刑一年六个月,并处罚金人民币四千元。

7. 本案所扣押的赃款赃物发还被害单位。

宣判后,被告人姜继红不服,提出上诉。

广州铁路运输中级法院经审理认为,上诉人姜继红、原审被告人成盛、廖幽、聂乓霞、李小兵与他人结伙,以非法占有为目的,采取暴力和以暴力相威胁的手段,抢劫公私财物,其行为均已构成抢劫罪。上诉人姜继红、原审被告人成盛、蔡仁叁与他人结伙,以非法占有为目的,秘密窃取铁路运输物资,数额较大,其行为均已构成盗窃罪。对姜继红、成盛应按抢劫罪、盗窃罪依法实行数罪并罚。在2004年6月19日的共同抢劫犯罪过程中,姜继红、成盛起主要作用,系主犯;廖幽、聂乓霞、李小兵起次要作用,系从犯,依法应从轻或减轻处罚。姜继红曾因犯盗窃罪被判处有期徒刑,刑罚执行完毕后在5年内又犯应当判处有期徒刑以上刑罚之罪,是累犯,依法应当从重处罚。成盛犯罪时未满18周岁,依法予以从轻处罚;廖幽、聂乓霞、李小兵犯罪时未满16周岁,依法予以减轻处罚。六被告人归案后认罪态度较好,有悔罪表现,可酌情予以从轻处罚。关于姜继红所提"2004年6月17日的犯罪不应认定为抢劫罪、不应认定他是2004年6月19日抢劫犯罪的第一主犯、他在共同犯罪中是从犯和量刑过重"的上诉理由,经查,在2004年6月17日的共同犯罪过程中,因押运员吴建宏不准掀盗模子铁,廖幽即从吴建宏手中抢过木棍,并持木棍威胁吴建宏。因此,这次犯罪行为应认定为抢劫罪。原审判决根据各被告人在2004年6月19日的共同抢劫犯罪过程中,在犯意提起、行为实施和赃物分配等方面的作用,认定姜继红和成盛均系此次犯罪主犯,并未认定姜继红是第一主犯。此外,成盛系犯罪时不满18周岁的人,依法应当从轻处罚,而姜继红不具有任何法定从轻处罚情节。从共同盗窃犯罪的现有证据看,无法区分各被告人的作用大小,不宜区分主从犯。原审判决根据姜继红的犯罪事实和在犯罪中的作用以及系累犯等情节,依法在法定刑幅度内对其所处刑罚适当,不存在量刑过重。综上,姜继红上诉所诉理由均不能成立,不予采纳。原审判决认定的事实清楚,证据确实充分,定性准确,量刑适当,适用法律正确,审判程序合法。依照《中华人民共和国刑事诉讼法》第一百八十九条第(一)项之规定,裁定驳回上诉,维持原判。

二、裁判要旨

No.5-263-53 基于同一犯意在同一地点连续对多人实施抢劫的,不应认定为多次抢劫。

对于行为人基于一个犯意实施犯罪的,如在同一地点同时对在场的多人实施抢劫的;或基于同一犯意在同一地点实施连续抢劫犯罪的,如在同一地点连续地对途经此地的多人进行抢劫的;或在一次犯罪中对一栋居民楼房中的几户居民连续实施入户抢劫的,一般应认定为一次犯罪。也就是说,行为人在同一地点连续对多人同时实施抢劫的,虽属抢劫多人,但由于是基于同一犯意,不仅具有犯罪时间的连续性,还具有犯罪地点的相近性,不属于多次抢劫。因此,对于被告人姜继红、成盛、廖幽、聂乓霞、李小兵伙同龙爱博在正在营运的同一货物列车上先后对押运员郭春辉、张小玲、许建辉进行抢劫的行为,应当认定为1次抢劫。

案例:祝日峰、祝某强抢劫案

案例来源:《刑事审判参考》总第112集[第1226号]

主题词:抢劫罪 犯罪预备 多次抢劫

一、基本案情

2014年5月18日,被告人祝日峰、祝某强预谋持刀抢劫带包的单身女性,二人商量好由祝日峰持刀架在被害人脖子上,威胁其交出钱财,祝某强负责抢劫财物。为了实施抢劫,祝日峰、祝某强将拖鞋换成运动鞋,祝日峰准备了一把水果刀藏在外套内侧口袋中,为了防止被查,祝日峰有意让祝某强不要携带手机。当日22时许,被告人祝日峰、祝某强上街物色作案目标。二人连续物色三名女子进行尾随,但皆因时机不对,只好作罢。后二人走至城建局附近时,被巡逻民警查获,作案的刀具也被依法扣押。

二、裁判要旨

No. 5-263-54 "多次抢劫"中抢劫次数的计算以进入着手实行阶段的行为数为准,多次抢劫预备不属于"多次抢劫"。

"多次抢劫"之所所是抢劫罪加重处罚情节,是因为行为人出于非法占有他人财物的目的,一而再、再而三地以暴力或者暴力相威胁的方法劫取财物,显示了行为人具有主观恶性深和社会危害大的情节,理应承担加重的刑罚。"多次"起点的确定,既要反映社会生活中一般人的认识观念,又要与刑法其他条文中的"多次"的含义保持连贯性、一致性。《最高人民法院关于审理抢劫、抢夺刑事案件适用法律若干问题的意见》(以下简称《两抢意见》)第三条明确规定:"对于'多次'的认定,应以行为人实施的每一次抢劫行为均已构成犯罪为前提,综合考虑犯罪故意的产生、犯罪行为实施的时间、地点等因素,客观分析、认定。"对于多次抢劫预备行为,由于行为人尚未着手实行犯罪,惯犯特征并不明显,况且"多次抢劫"的起点刑为十年有期徒刑以上的重刑,故不宜将社会危害性并不十分严重的多次抢劫预备行为纳入其中。就本案而言,被告人祝日峰、祝某强共实施了三次预备抢劫的行为,每次都是跟踪他人,每次都因各种原因而放弃,但二人均已实施准备工具、制造条件的行为。因此,对二人的三次行为均应认定为抢劫预备行为。但是,由于预备行为还不具备犯罪构成的完整要件,因此,不能将二人的三次抢劫预备行为认定为"多次抢劫"。

案例:陆骅等抢劫案

案例来源:《刑事审判参考》总第42集[第331号]

主题词:协助司法机关抓捕同案犯 立功

一、基本案情

被告人陆骅,男,1988年5月31日出生,学生。2004年12月20日被逮捕。

被告人茅顺君,男,1987年8月7日出生,初中文化,无业。2005年1月18日被逮捕。

被告人石国伟,男,1990年1月28日出生,学生。2005年3月4日被取保候审。

上海市闸北区人民法院经审理查明:被告人陆骅伙同被告人茅顺君、石国伟预谋抢劫。2004年11月12日23时许,陆、茅、石三人共同至上海市西藏南路大吉路口,对途经该处的陈晓龙、陈逢华、陶泽林、沈柳捷、王瑛等人进行殴打和威胁,将陈晓龙、陈逢华、沈柳捷、王瑛强行带至本市西林后路100弄8号门口,陶泽林在途中逃走报警。在西林后路100弄8号门口,陆、茅、石又将上述四人逼至附近的公共厕所内,由茅看管、陆殴打、石胁迫等,劫得陈逢华的价值人民币1310元的诺基亚6610型手机一部;陈晓龙的价值人民币1150元的诺基亚6100型手机一部;沈柳捷的现金80余元及公共交通卡2张(内共有24.50元,底卡各价值30元)。后三名被告人逃逸,逃跑途中茅顺君被公安人员抓获,并协助公安机关抓获陆骅。

被告人陆骅到案后于2004年11月12日带领公安人员至石国伟家抓捕石,因石不在家,陆骅电话告知石国伟,抢劫案已被公安机关侦破,并叫石至公安机关自首。石国伟于次日投案自首。

上海市闸北区人民法院认为,被告人陆骅、茅顺君、石国伟以非法占有为目的,当场使用暴力、胁迫手段劫取他人财物,其行为均已构成抢劫罪,均应依法惩处。公诉机关指控的罪名成立。陆骅在共同犯罪中起主要作用,是主犯;茅顺君、石国伟在共同犯罪中起次要作用,是从犯,依法从轻处罚。茅顺君犯罪时已满16周岁未满18周岁,石国伟犯罪时已满14周岁未满16周岁,均依法减轻处罚。陆骅到案后协助公安机关抓获了同案犯石国伟,符合最高人民法院《关于处理自首和立功具体应用法律若干问题的解释》的规定,有立功表现,辩护人提出陆骅有立功表现、应依法从轻处罚的辩护意见予以采纳。茅顺君到案后协助公安机关抓获了同案犯陆骅,有立功表现,依法从轻处罚。石国伟有自首情节,依法从轻处罚。依照《中华人民共和国刑法》第二百六十三条、第二十五条第一款、第二十六条第一款、第四款、第二十七条、第六十七条第一款、第六十八条第一款、第十七条第一款、第二款、第三款和第六十四条的规定,于2005年4月30日判决如下:

1. 被告人陆骅犯抢劫罪,判处有期徒刑六个月,罚金人民币五百元。
2. 被告人茅顺君犯抢劫罪,判处拘役六个月,罚金人民币五百元。
3. 被告人石国伟犯抢劫罪,判处拘役四个月,宣告缓刑四个月,罚金人民币五百元。
4. 追缴赃款、赃物发还各被害人。

判决后,三被告人均未上诉,检察机关亦未抗诉,判决发生法律效力。

二、裁判要旨

No.5-263-55　对公安机关抓捕同案犯确实起到协助作用的,无论协助方法的形式如何,均应认定为具有立功表现。

对于协助抓获同案犯的行为是否认定为立功表现,关键在于行为人在公安机关抓获同案犯的过程中是否确实起到了协助作用。这种协助作用包括经被告人当场指认、辨认同案犯而抓获的,带领公安人员前往抓获的,以及提供不为司法机关掌握或司法机关按正常工作程序无法掌握的同案犯的藏匿地点而抓获的,等等。只要行为人的行为对于司法机关抓获同案犯起到了协助作用,就应当认定行为人具有立功表现。结合本案分析,被告人陆骅到案后带领公安人员至石国伟家抓捕石,已经表明陆骅向公安机关提供了石的可能藏匿地点等基本情况,对公安机关抓获石国伟已经起到了一定的协助作用,同时,据石国伟归案后的供述,其系接到陆骅劝说自首的电话后至公安机关自首的。因此,陆骅劝说石自首的行为与石国伟的自动投案之间,仍存在因果关系。这种劝说自首行为也成为协助司法机关抓捕同案犯的具体表现,在同案犯石国伟据此归案后,应当认定陆骅在使同案人石国伟到案的问题上确实起到了协助作用。至于石国伟的行为成立自首则是另一层面评判的问题,不影响陆骅具有立功表现的认定。

案例:魏建军抢劫、放火案

案例来源:《刑事审判参考》总第51集[第401号]

主题词:抢劫　放火毁灭罪证　误认

一、基本案情

被告人魏建军,男,1967年生,小学文化,农民。因涉嫌犯抢劫罪、故意杀人罪,于2004年12月18日被逮捕。

河北省唐山市中级人民法院经审理查明:2004年10月21日,被告人魏建军听说同村村民刘恩明代收了电费款后,遂萌生抢劫之念。次日2时许,魏建军携带农用三轮车半轴、刮脸刀片、皮手套等作案工具,翻墙进入刘思明家,发现刘正在东屋睡觉,便打开西屋窗户,用刮脸刀片划破纱窗后钻入西屋,翻找钱款未果,又至东屋寻找,刘被惊醒。魏建军持农用三轮车半轴朝刘头部猛击,见刘不动,在认为刘思明已死亡的情况下,便用刘家的钳子将写字台抽屉锁撬开将里面的3700元电费款拿走。为毁灭罪证、掩盖罪行,魏建军用随身携带的打火机点燃一纤维编织袋扔在刘所盖的被子上,又将西屋炕上的被子和床单点燃,导致刘思明颅脑损伤后吸入一氧化碳窒息死亡,价值729元的物品被烧毁。案发后,追缴赃款2000元,其余被魏挥霍。

唐山市中级人民法院认为,被告人魏建军以非法占有为目的,持械入户抢劫他人财物,其行为已构成抢劫罪,且情节恶劣,后果严重;并在实施抢劫行为之后为毁灭罪证放火焚烧公民财物,危害公共安全,其行为已构成放火罪。公诉机关指控魏建军抢劫犯罪的事实清楚,证据确实充分,罪名成立,但其指控魏建军犯故意杀人罪的罪名不当,魏建军在实施放火行为之前主观上认为被害人已经死亡,其实施放火行为之时不具备杀死被害人的主观故意,对于辩护人所提魏建军的行为构成抢劫罪不构成故意杀人罪的辩护意见,予以采纳。依照《中华人民共和国刑法》第二百六十三条第(一)项、第一百一十五条第一款、第五十七条第一款、第六十九条之规定,于2005年5月18日判决如下:

被告人魏建军犯抢劫罪,判处死刑,剥夺政治权利终身,并处没收个人全部财产;犯放火罪,判处有期徒刑三年,决定执行死刑,剥夺政治权利终身,并处没收个人全部财产。

一审宣判后,魏建军以量刑畸重的理由向河北省高级人民法院提出上诉。

河北省高级人民法院经审理认为,原审判决认定的事实清楚,证据确实充分,定罪准确、量刑适当,审判程序合法。依照《中华人民共和国刑事诉讼法》第一百八十九条第(一)项的规定,裁定驳回上诉,维持原判,并依法核准对被告人魏建军的死刑判决。

二、裁判要旨

No.5-263-56 在抢劫过程中致人重伤,后为毁灭罪证致人死亡的,应以故意杀人罪论处。

在本案中,被告人魏建军因贪图他人钱财而起抢劫之念,携带作案工具翻墙进入被害人家中,在翻找钱财时被人发觉而持械朝被害人头部猛击,误认为被害人已死亡,将钱财拿走,后为掩盖罪行、毁灭罪证。点燃被害人尸体及被褥等物品,致被害人颅脑损伤后吸入一氧化碳窒息死亡。从其行为实施过程看,魏建军持械猛击被害人头部的行为(第一行为)未造成被害人死亡,被害人是因魏建军随后实施的放火行为(第二行为)导致吸入过量一氧化碳而窒息死亡的。虽然这种情况下客观上有前后两个行为,是后行为最终造成的死亡结果,但前行为与死亡结果之间的因果关系并未因后行为的介入而中断,应肯定前行为与危害结果之间的因果关系。而且前后两个行为是行为人在一个概括的杀人故意下连续实施的,无论是前行为还是后行为造成的实际损害结果,与行为人意欲实现的结果完全一致,故应以故意杀人罪既遂论处。

No.5-263-57 抢劫过程中使用暴力致人昏迷,误认为被害人已死亡,为毁灭罪证又实施其他犯罪行为造成被害人死亡的,应以抢劫罪论处。

本案被告人魏建军在抢劫过程中使用暴力致人重伤昏迷,后为放火毁灭罪证致人窒息死亡,由于其在实施放火行为之前主观上认为被害人已经死亡,实施放火行为之时不具备杀死被害人的主观故意,并非抢劫完成后为了灭口而故意杀人,故不构成故意杀人罪,应认定为抢劫罪。同时,魏建军为毁灭罪证而实施的放火行为,符合放火罪的犯罪构成要件,还构成了放火罪,法院以抢劫罪和放火罪进行并罚是正确的。

案例:范昌平抢劫、盗窃案

案例来源:《刑事审判参考》总第51集[第402号]

主题词:死缓 发现漏罪 重新核准 计算期间

一、基本案情

被告人范昌平,男,1969年4月11日出生,小学文化,农民。1991年7月20日因犯抢劫罪、盗窃罪被安徽省颍上县人民法院判处有期徒刑十年,1998 年 4 月 23 日刑满释放。2003 年 4 月 21 日,因犯抢劫罪、盗窃罪,被安徽省阜阳市中级人民法院以(2003)阜刑初字第 68 号刑事判决判处死刑,缓期二年执行,剥夺政治权利终身,并处没收个人全部财产。2003 年 8 月 18 日,安徽省高级人民法院裁定核准阜阳市中级人民法院与(2003)阜刑初字第 68 号刑事判决。

在死缓执行期内,司法机关发现罪犯范昌平在判决前还参与了其他抢劫、盗窃的犯罪事实。2003 年 12 月 18 日,阜阳市人民检察院以被告人范昌平犯抢劫罪、盗窃罪,向阜阳市中级人民法院提起公诉。

安徽省阜阳市中级人民法院经审理查明:1999 年夏,被告人范昌平伙同周启仁、顾洪群(同案人,已判刑)共谋盗窃,由顾洪群带路,三人到安徽省颍上县十八里铺乡老庄村村民汪士翠家。顾洪群在院外放风,范昌平、周启仁翻墙入室进行盗窃。在翻找钱物过程中,汪士翠被惊醒,周启仁持刀对汪进行威胁,后抢走现金 120 元、金项链一条、耳环一副(价值人民币 920 元),共计人民币 1040 元。

1999 年 12 月,被告人范昌平、顾洪群分别至颍上县城关镇友谊巷居民白荣阶家、颍河乡下元村刘文义家,盗窃现金 4000 元、康佳牌 25 寸彩电 1 台、VCD 机 1 台、茅台酒 4 瓶(价值人民币 4200 元),共计人民币 8200 元。

阜阳市中级人民法院认为,被告人范昌平伙同他人采用暴力手段,入户抢劫,其行为已构成抢劫罪;以非法占有为目的,秘密窃取他人财物,数额较大,其行为已构成盗窃罪。范昌平犯数罪,且该数罪系在原判决宣告以后、刑罚执行完毕以前的漏罪,依法应对漏罪和原判的刑罚数罪并罚。范昌平系累犯,依法应从重处罚。其如实供述犯罪事实,认罪态度较好,可酌情从轻处罚。

2004 年 6 月 30 日,阜阳市中级人民法院依照《中华人民共和国刑法》第二百六十三条第(一)项、第二百六十四条、第二十五条第一款、第六十九条、第七十条、第六十五条第一款、第十二条第一款和 1979 年《中华人民共和国刑法》第六十一条第一款及最高人民法院《关于处理自首和立功具体应用法律若干问题的解释》第四条的规定,作出(2004)阜刑初字第 87 号刑事判决,判决如下:

被告人范昌平犯抢劫罪,判处有期徒刑十二年,并处罚金人民币二千元;犯盗窃罪,判处有期徒刑二年,并处罚金人民币二千元,连同原判死刑缓期二年执行,剥夺政治权利终身,并处没收个人全部财产。决定执行死刑,缓期二年执行,剥夺政治权利终身,并处没收个人全部财产。

一审宣判后,在法定期限内,范昌平未提出上诉,人民检察院也未提出抗诉。阜阳市中级人民法院依法将此案报请安徽省高级人民法院核准。

安徽省高级人民法院经复核,作出(2005)皖刑复字第 63 号刑事裁定,核准安徽省阜阳市中级人民法院(2004)阜刑初字第 87 号刑事判决。

二、裁判要旨

No. 5-263-58 被判处死刑缓期二年执行的犯罪分子,在死缓执行期间发现判决宣告前还有其他罪没有判决,经对漏罪判决后,仍决定执行死刑缓期二年执行的,应报请高级人民法院重新核准。

安徽省阜阳市中级人民法院根据《刑法》第七十条的规定,对范昌平作出的(2004)阜刑初字第 87 号刑事判决,虽然与(2003)阜刑初字第 68 号刑事判决结果一致,但是该判决是基于范昌平在死缓执行期间发现漏罪而重新启动的一审程序,是对范昌平全部犯罪行为进行重新评判后所作出的判决,其性质仍为一审判决。故(2004)阜刑初字第 87 号刑事判决,必须报请安徽省高级人民法院重新核准后,才能发生法律效力。对于(2004)阜刑初字第 87 号刑事判决,范昌平可以提出上诉,检察机关也可以抗诉。安徽省高级人民法院在复核时,完全可以根据最高人民法院《关于执行〈中华人民共和国刑事诉讼法〉若干问题的解释》第二百七十八条的有关规定,按照案件的具体情形作出予以核准、发回重审或改判的处理决定。

No.5-263-59 被判处死缓的犯罪分子,又因其他原因重新被判处死缓,其死缓执行期间从重新判处死缓的判决确定之日起计算,已经执行的原死缓期间不计算在新的死缓判决的执行期间之内。

安徽省阜阳市中级人民法院根据《刑法》第七十条的规定,基于发现范昌平在死缓执行期间有漏罪而作出的(2004)阜刑初字第87号刑事判决,该判决通过数罪并罚的方式吸收了(2003)阜刑初字第68号刑事判决的内容,因此,(2003)阜刑初字第68号刑事判决已经没有独立存在的意义,死缓执行期间也自然要从发生法律效力的判决确定之日起计算。

死刑缓期二年执行中的二年是死缓的执行期间,具有考验罪犯的意义,如果罪犯在二年之内没有故意犯罪,对罪犯就不再执行死刑,因此,死刑缓期二年执行中的二年不属已经执行的刑期,不能予以折抵。据此,对范昌平死刑缓期执行的期间,应从新的死缓判决确定之日起计算,也就是从安徽省高级人民法院(2005)皖刑复字第63号刑事裁定宣告或送达范昌平之日起计算,原死缓判决已经执行的期间不应计算在新的死缓执行期间之内。

案例:何木生抢劫案

案例来源:《刑事审判参考》总第23辑[第147号]

主题词:抢劫 入户抢劫 非法入户

一、基本案情

被告人何木生,男,1976年12月26日出生,农民。因涉嫌犯抢劫罪,于2000年10月27日被逮捕。

江西省会昌县人民法院经审理查明:1998年3月14日晚,被告人何木生在一发廊内对其同伙何良清、何元达、何东仁(均在逃)说,其女友兰会娇被兰桂荣(系兰会娇之父)介绍嫁往广东,得去找兰桂荣要钱。次日上午10时许,何木生携带照相机和4副墨镜,何良清携带1把菜刀,与何元达、何东仁一起分乘两辆摩托车来到兰桂荣家。兰不在家,何木生对兰的妻子和女儿拍了照。下午2时许,在返回的路上,何木生将兰桂荣从一辆微型车上拦下,要兰赔偿其4000元钱,并对兰进行拍照。兰拒绝赔偿后,何良清即踢了兰一脚。兰桂荣见状就说:"有什么事到家里去好好说。"到兰桂荣家后,兰说没有钱。何木生说:"不拿钱我不怕,照了你们的相,会有人来杀你们。"接着,何良清又拿出菜刀扔在桌子上,叫兰把手指剁下来,在此情况下,兰桂荣即到外面向他人借了2000元钱,交给何木生。此款后被四人均分。

2000年9月22日零时许,会昌县公安局民警张鸿斌等三人在执行公务时,发现被告人何木生在某温泉接待室内,民警王清平大喊一声"何木生",何木生遂拿起一根铜管,朝堵在门口的张鸿斌的额头打去,致其轻微伤乙级。

会昌县人民法院认为:被告人何木生使用暴力手段阻碍国家机关工作人员依法执行职务,其行为已构成妨害公务罪。被告人何木生伙同他人以非法占有为目的,虽然对被害人采取暴力相威胁的行为,但不足以使其不可抗拒。事后被害人被迫独自外出借钱给被告人,此时被害人完全脱离了被告人等的控制,本可以向有关部门报案,但在又怕日后遭到被告人等的报复的情况下向他人借齐2000元钱给被告人何木生。其行为符合敲诈勒索罪的特征。依照《中华人民共和国刑法》第二百七十四条、第二百七十七条第一款之规定,于2001年4月26日判决如下:

被告人何木生犯敲诈勒索罪,判处有期徒刑三年;犯妨害公务罪,判处有期徒刑二年。决定执行有期徒刑五年。

宣判后,何木生服判,未上诉。会昌县人民检察院以被告人何木生等非法占有人民币2000元的行为构成抢劫罪,一审判决定性错误,导致适用法律不当,量刑畸轻为由,向江西省赣州市中级人民法院提出抗诉。

赣州市中级人民法院开庭审理中,出席二审法庭的赣州市人民检察院检察员提出,对被告人何木生应认定为入户抢劫,并在十年以上有期徒刑幅度内量刑。

赣州市中级人民法院经审理认为:原审判决对被告人何木生犯妨害公务罪定性准确,量刑适当。被告人何木生等人当场出示菜刀并叫兰桂荣将手指剁下来,是以当场使用暴力相威胁,符合抢劫罪的构成特征。被告人何木生等人系在兰桂荣同意下进入其住所,故排除入户之非法性,入户抢劫不能成立。鉴于本案系由民事纠纷引发,不同于一般抢劫犯罪;被告人何木生系初犯、偶犯,可酌情从轻处罚。依照《中华人民共和国刑法》第二百六十三条、第二百七十七条第一款及《中华人民共和国刑事诉讼法》第一百八十九条第(二)项规定,于 2001 年 7 月 19 日判决如下:

1. 维持会昌县人民法院刑事判决中对被告人何木生犯妨害公务罪的定罪量刑部分;

2. 撤销会昌县人民法院刑事判决中对被告人何木生犯敲诈勒索罪的定罪量刑部分;

3. 被告人何木生犯抢劫罪,判处有期徒刑四年,并处罚金人民币四千元;犯妨害公务罪,判处有期徒刑二年。决定执行有期徒刑五年,并处罚金人民币四千元。

二、裁判要旨

No. 5-263-60　当场使用暴力或以暴力相威胁,勒索他人财物的,应以抢劫罪论处。

抢劫罪是指以非法占有为目的,以暴力、胁迫或者其他方法,当场强行劫取他人财物的行为。当场不是一个纯粹的时空概念,而是一定物质内容的存在形式。脱离了物质内容的时间和空间是不存在的,也无从把握。对于在以暴力威胁实施的抢劫罪中,当场的认定,必须结合行为人的暴力威胁以及所形成的对被害人的身体和精神强制的方式和程度,具体案件、具体分析认定。只要暴力威胁造成了强制,且该强制一直持续,即使时间延续较长,空间也发生了一定的转换,同样可以认定符合当场的要求。本案被告人何木生的行为符合当场使用暴力威胁这一抢劫罪的构成要件。应当以抢劫罪定罪处罚。

本案被告人虽然实施了多种形式的客观行为,但这些行为是基于同一故意,为了实现同一犯罪目的即非法占有他人财物而实施的,客观上被告人取得 2000 元钱款也是该各种不同形式的行为的综合结果。因而,不能片面、孤立地看待上述不同行为,而应该视其为仅仅是暴力威胁这一整体行为的不同方面。既然该一整体行为包含了当场实施暴力及现实暴力的胁迫,那就足可认定被告人的行为具备了当场实施暴力威胁这一抢劫罪的构成要件。认定实施暴力威胁后是否属于即时、当场取得财物,关键在于时间是否自然终止或者因为外力的影响而被中断,在时间自然延续过程中的空间变换不能认为是事后,更不能因此否认其当场性。本案自被告人实施暴力威胁行为到被害人兰桂荣外出借款并交给被告人是一个自然的连贯过程,期间并未中断,故认定其为即时、当场取得是正确的。

No. 5-263-61　不是以非法侵入的方式到他人住所实施抢劫的,不能认定为入户抢劫。

最高人民法院《关于审理抢劫案件具体应用法律若干问题的解释》第一条还对入户抢劫作了具体的解释性规定:"刑法第二百六十三条第(一)项规定的'入户抢劫',是指为实施抢劫行为而进入他人生活的与外界相对隔离的住所,包括封闭的院落、牧民的帐篷、渔民作为家庭生活场所的渔船、为生活租用的房屋等进行抢劫的行为。"入户抢劫并非单纯地在户内抢劫,它还内在地涵括了一个非法侵入他人住宅的行为。

在本案中,被告人何木生等人拦下兰桂荣时,即明示了索要钱财的目的。兰在知悉该目的的情况下,叫他们"有什么事到家里去好好说",虽然其作出这一意思表示之前,被告人何木生一伙的何良清踢了他一脚,显非情愿,似不能否定何木生等人闯入被害人住宅的非法性,但被告人何木生与被害人的女儿确曾相熟,也曾常到其家中。综合本案全部情况判断,对被告人何木生等人宜排除其入户之非法性。既然只有入户抢劫之形式特征,而不具有非法入户之实质内容,本案没有认定何木生构成入户抢劫是正确的。

案例:粟君才等抢劫、非法持有枪支案

案例来源:《刑事审判参考》总第 55 集[第 436 号]

主题词:携带枪支抢劫　未使用　持枪抢劫

一、基本案情

被告人粟君才,男,1975 年 12 月 25 日生,汉族,初中文化,农民。因涉嫌犯抢劫罪于 2006

年3月17日被逮捕。

被告人吕成德,男,1979年3月5日生,汉族,初中文化,农民。因犯盗窃罪于2003年7月8日被判处有期徒刑三年六个月;因涉嫌犯抢劫罪于2006年3月17日被逮捕。

被告人吕聪军,男,1984年11月27日生,汉族,高中文化,农民。因涉嫌犯抢劫罪于2006年3月17日被逮捕。

被告人莫立民,男,1985年8月1日生,汉族,初中文化,农民。因涉嫌犯抢劫罪于2006年3月17日被逮捕。

上海市第二中级人民法院经审理查明:

(一)抢劫金店、非法持有枪支的事实

2006年2月,被告人粟君才在广东省东莞市纠集被告人吕成德、吕聪军、莫立民共谋到外地"搞钱"。为此,粟君才出资从黑市购买了一辆牌照号为粤P36028的黑色尼桑风度套牌轿车;经吕成德联系从他人处取得1支非军用手枪及3发子弹,其中一发子弹被粟君才在试射手枪时打掉。同月底,4名被告人携带手枪、子弹、撬棒驾车至湖南省郴州市、株洲市寻找作案目标未果。其间,粟君才指使吕成德、吕聪军在株洲市从他人车辆上窃得湘B25563车牌,准备在作案时使用。同年3月1日,被告人粟君才伙同被告人吕成德、吕聪军、莫立民驾车至上海市嘉定区,到丰庄路419号老庙黄金真新店门前"踩点"。粟君才提议趁早晨金店内值班人员打开卷帘门之机抢劫该店黄金饰品,吕成德、吕聪军、莫立民表示同意。其后,粟君才指使吕成德、莫立民购买了菜刀、封箱带等作案工具。3月5日清晨,粟君才驾车与吕成德、吕聪军、莫立民一起前往老庙黄金真新店,途中将轿车上使用的粤P36028车牌卸下更换上窃得的湘B25563车牌。4名被告人到达老庙黄金真新店后由粟君才作了具体分工。同日6时40分许,当该金店内值班人员将卷帘门上提时,4名被告人按事先分工,由莫立民携带手枪在金店外望风,粟君才、吕聪军、吕成德戴上帽子和手套,携带菜刀、封箱带等作案工具先后进入金店内,粟君才冲上前捂住值班人员张某的嘴,将其按在地上,并持菜刀对张进行威胁,令其不要出声。三人用封箱带将张某的双眼蒙上,嘴封住,将其双手和双腿分别捆绑后再将双手绑在大腿上后,由吕聪军看管。粟君才、吕成德撬开店内北侧柜台,搬出柜台底下放置的1、2、4号3个保险柜。之后粟君才将轿车开上人行道停靠在金店门前,吕成德和吕聪军合力将三个保险柜陆续搬入轿车。其间,莫立民也进入金店意图搬运保险柜。4名被告人将劫得的上述保险柜,用车运至上海市嘉定区南翔镇一仓库内撬开,从中取出现金人民币11000余元,以及价值人民币914044元的黄金饰品1043件,随后,销毁、丢弃作案工具并于当晚将3个保险柜分别抛弃在河道里。同年3月6日,4名被告人将所劫黄金饰品藏在一台电视机内运至江苏省无锡市,并将该电视机托运至广东省东莞市。次日,被告人粟君才、吕成德又通过同样途径,将1支手枪及2发子弹藏在一袋石灰内托运至广东省东莞市。3月9日,公安人员在广东省东莞市城东区抓获4名被告人,通过缴获的两张货物编号分别为55-810-2及55-832-1的货物运单,查获被劫的挂有老庙黄金标牌的黄金饰品(已发还被害单位上海老庙黄金真新银楼有限公司)及非军用手枪1支和国产六四式子弹2发。经鉴定,该非军用手枪系以火药发射为动力,可以击发并具有杀伤力,且枪上有射击残留物。

(二)入户抢劫

1998年9月16日9时许,被告人粟君才伙同黎志军(已被判处无期徒刑)经事先预谋,携带铁制撬棍至广西柳州市永前路一区47号3楼,以找人为由,骗被害人彭某开门后冲入屋内,黎志军捂住彭的嘴,粟君才用撬棍猛击彭的头部数下,将彭打昏,劫得五洲牌小型保险柜1个(内有公章和发票)、爱立信牌788型移动电话1部、松下牌EK-2097EF型数字式BP机1只、NEC牌0588系列移动电话电池1块及充电器1个、松下牌980VCD机遥控器1个、女式毛衣1件,共计价值人民币3015元。黎志军在乘出租车逃跑途中被公安人员抓获,而粟君才逃逸。赃物被缴已发还被害人。经鉴定,被害人彭某的损伤构成重伤。

上海市第二中级人民法院认为,被告人粟君才、吕成德、吕聪军、莫立民以非法占有为目的,采用暴力方法共同劫取金店财物,数额巨大;粟君才还伙同他人入户抢劫,致1人重伤,其行为均构成抢劫罪,依法应予惩处。粟君才、吕成德违反枪支管理规定,共同非法持有枪支,其行为均又构成非法持有枪支罪,依法应数罪并罚。公诉机关指控4名被告人的罪名成立。被告人粟君才在抢劫金店中不仅是组织策划者,而且在抢劫过程中持菜刀威胁,并与同案人共同捆绑金店值班人员,抢劫的财物数额巨大;其在入户抢劫中持铁棍猛击被害人头部,致1人重伤,其犯罪情节特别恶劣,罪行极其严重,其无法定从宽处罚情节,依法应予严惩,其辩护人的相关辩护意见不予采纳。被告人吕成德、吕聪军、莫立民积极参与实施抢劫金店的犯罪,吕成德、吕聪军不仅与粟君才共同捆绑值班人员,还将装有巨额黄金饰品等财物的保险柜搬出,在共同犯罪中起重要作用,不属于从犯,吕成德、吕聪军的辩护人提出二人系从犯的辩护理由不能成立,要求对吕成德、吕聪军从轻处罚的辩护意见不予采纳;吕成德曾因犯盗窃罪被判处有期徒刑,刑罚执行完毕后5年内又犯抢劫罪和非法持有枪支罪,系累犯,依法应予从重处罚。被告人莫立民虽然没有直接对值班人员实施暴力,但其在抢劫前与吕成德一起购买作案工具,抢劫时持枪在外负责望风,后又共同搬运、撬开保险柜等,其行为属于共同犯罪中的不同分工,其所起的作用和地位与其他人相同,不属于从犯。莫立民的辩护人提出莫立民系从犯的辩护理由不能成立,但鉴于莫立民在共同犯罪中情节相对较轻,其辩护人提出对其从轻处罚的辩护意见予以采纳。依照《中华人民共和国刑法》第二百六十三条第(一)项、第(四)项、第(五)项、第一百二十八条第一款、第二十五条第一款、第六十五条第一款、第四十八条第一款、第六十九条第一款、第五十六条第一款、第五十七条第一款、第五十五条第一款、第六十四条以及最高人民法院《关于审理非法制造、买卖、运输枪支、弹药、爆炸物等刑事案件具体应用法律若干问题的解释》第五条第一款第(二)项之规定,判决如下:

1. 被告人粟君才犯抢劫罪,判处死刑,剥夺政治权利终身,并处没收财产人民币五万元;犯非法持有枪支罪,判处有期徒刑三年,决定执行死刑,剥夺政治权利终身,并处没收财产人民币五万元。

2. 被告人吕成德犯抢劫罪,判处死刑,缓期二年执行,剥夺政治权利终身,并处没收财产人民币四万元;犯非法持有枪支罪,判处有期徒刑三年,决定执行死刑,缓期二年执行,剥夺政治权利终身,并处没收财产人民币四万元。

3. 被告人吕聪军犯抢劫罪,判处无期徒刑,剥夺政治权利终身,并处罚金人民币三万元。

4. 被告人莫立民犯抢劫罪,判处有期徒刑十五年,剥夺政治权利五年,并处罚金人民币二万元。

5. 继续追缴违法所得,发还被害单位上海老庙黄金真新银楼有限公司;缴获的手枪、子弹和犯罪工具予以没收。

一审宣判后,粟君才、吕聪军、莫立民不服,提出上诉。

粟君才及其辩护人提出:粟君才主动交代其入户抢劫的犯罪事实,有法定从轻情节,原判量刑过重,请求二审从轻判处。

吕聪军、莫立民及其辩护人提出:二被告人系从犯,原判量刑过重的上诉理由,请求二审从轻判处。

上海市高级人民法院认为,粟君才主动交代其入户抢劫的犯罪事实属于同种余罪情节,该情节只是酌定从轻情节,由于其所犯罪行极其严重,不足以据此对其从轻处罚,粟君才及其辩护人提出的上诉意见不予采纳;吕聪军、莫立民在粟君才提出抢劫后,主观上积极附和,客观上参与了共同商议、踩点、准备作案工具等犯罪策划行为,抢劫过程中,吕成德对值班人员实行捆绑、莫立民持枪在外望风,后二人又参与共同搬运、撬开保险柜、分赃等,二被告人实施的行为是共同犯罪中的不同分工行为,不应认定为从犯。吕聪军、莫立民及其辩护人提出二被告人系从犯,原判量刑过重的上诉理由不能成立,请求二审从轻判处的上诉意见不予采纳。一审判决认定事实清楚,证据确实充分,量刑适当,审判程序合法。依照《中华人民共和国刑事诉讼法》第一百八十九条第(一)项之规定,裁定如下:

驳回上诉,维持原判。

二、裁判要旨

No.5-263-62 为抢劫而携带枪支,在抢劫中未使用枪支进行威胁或伤害的,不能认定为持枪抢劫。

为抢劫而携带枪支并不一定就属于持枪抢劫,是否属于持枪抢劫要从行为人的主观目的和客观行为的一致性上进行判断。如果行为人到案后交代携带枪支的目的是为了在抢劫过程中起到威慑作用,但客观上行为人并没有持枪进行威胁或伤害,那么就不能认定是持枪抢劫。

在本案中,四名被告人为了抢劫金店而将手枪带至现场,被告人粟君才安排行为人莫立民携带手枪在金店外望风,其间,莫立民还携带手枪进入金店意图搬运保险柜。但根据各被告人的交代和金店被绑值班人员的陈述,在抢劫金店过程中莫立民并没有向金店值班人员显露枪支。虽然粟君才供称,携带手枪的目的主要是为了在抢劫后的驾车逃跑过程中对抓捕人员起威慑作用或打爆追捕车辆的轮胎,但这一情况毕竟没有实际发生。因此,对本案被告人为抢劫而携带枪支,但实际未使用的行为,不能认定为持枪抢劫。

案例:沈传海等抢劫案

案例来源:《人民法院案例选》2009 年第 4 辑

主题词:抢劫罪　未遂　数额

一、基本案情

被告人沈传海、史秀纯。

山东省日照市岚山区人民法院经公开审理查明:2008 年 8 月 16 日 23 时许,被告人沈传海、史秀纯伙同李明亮(另案处理),酒后在日照市岚山区岚山头街道海州路居“祥龙宾馆”附近,对王某义拳打脚踢,强行抢了王某义的黑色挎包一个,沈传海、史秀纯、李明亮三人逃跑中,被王某义与他人将持该挎包的被告人沈传海追上,并夺回挎包,后公安机关民警前来将沈传海抓获。该挎包内有现金 12594 元及价值 200 元的中天牌手机一部。王某义被殴打致头面部、右小腿软组织损伤,经法医鉴定构成轻微伤。案发当晚,被告人史秀纯也被公安机关抓获归案。

上述事实,被告人沈传海、史秀纯在开庭审理过程中无异议,并有被害人王某义的陈述,证人潘某军、张某国的证言,辨认笔录,价格鉴定结果报告及刑事科学技术照片,法医学活体检验鉴定书,公安机关的接受刑事案件登记表、发破案经过、抓获经过证明、办案说明、户籍材料等证据予以证实,证据确实充分,足以认定。此外,四川省金堂县人民法院(1995)金刑初字第 144 号刑事判决书、山东省即墨市人民法院(2006)即刑初字第 277 号刑事判决书等证据,证实被告人沈传海、史秀纯曾因犯罪被判刑情况。

日照市岚山区人民法院根据上述事实和证据认为,被告人沈传海、史秀纯以非法占有为目的,采取暴力手段,劫取他人财物,侵犯了公民的财产权利和人身权利,其行为均构成抢劫罪,应追究刑事责任。公诉机关的指控成立。被告人沈传海、史秀纯共同故意实施抢劫犯罪,系共同犯罪。二被告人都积极作为,不宜区分主从犯。被告人史秀纯的辩护人关于史秀纯系从犯的辩护意见,不予采纳。被告人沈传海、史秀纯在案件审理过程中自愿认罪,所抢得的财物被追回,均可以酌情从轻处罚。被告人史秀纯曾因寻衅滋事罪被判处有期徒刑,刑罚执行完毕后,在五年内再犯应当判处有期徒刑以上刑罚之罪,系累犯,依法应从重处罚。二被告人抢劫数额巨大,应依照《刑法》的相关规定处以刑罚。二被告人已经着手实行抢劫行为,由于其意志以外的原因而未得逞,系犯罪未遂,可以比照既遂犯减轻处罚。被告人史秀纯的辩护人关于史秀纯系犯罪未遂,认罪态度较好,事先无预谋,主观恶性小的辩护意见,予以采纳。对被告人沈传海依照《中华人民共和国刑法》第二百六十三条及该条第(四)项、第二十三条、第二十五条第一款、第五十二条、最高人民法院、最高人民检察院、司法部《关于适用普通程序审理“被告人认罪案件”的若干意见(试行)》第九条之规定,判决:被告人沈传海犯抢劫罪,判处有期徒刑三年,并处罚金一万元。对被告人史秀纯依照《中华人民共和国刑法》第二百六十三条及该条第(四)项、第二十三条、第二十五条第一款、第五十二条、第六十五条第一款、最高人民法院、最高人民检察院、司法部《关于适用普通程序审理“被告人认罪案件”的若干意见(试行)》第九条之规定,判决:被告人史秀纯犯抢劫罪,判处有期徒刑三年零六个月,并处罚金一万元。

一审宣判后,被告人沈传海、史秀纯在法定期限内未上诉,公诉机关也未抗诉,一审判决发生法律效力。

二、裁判要旨

No. 5-263-63 在抢劫犯罪中,夺取财物后逃跑过程中被害人旋即将财物夺回的,应认定为抢劫未遂。

被告人在实施抢劫行为时是否已经劫取财物,应采用失控+控制说,即应以被抢财物是否脱离所有人、保管人的控制并且实际置于行为人、被告人控制之下为标准。从本案案发经过可以认定,沈传海、史秀纯等人抢下了王某义的挎包,并要逃跑,但王某义立即起身追被告人,沈传海、史秀纯、李明亮三人分头逃跑,但持挎包逃跑的沈传海未脱离王某义的视线范围和追逐范围,王某义尚未完全丧失对自己财产的控制,最终沈传海被追进一死胡同,王某义将挎包夺回。可见,被告人沈传海等人虽然将挎包夺下,但由于被害人的自救行为而未能实际抢得财物,应认定为犯罪未遂。

No. 5-263-64 在抢劫罪中,事前并不知道所抢财物数额的,应以其实际所抢财物数额认定。

抢劫数额一万元以上构成抢劫数额巨大,处十年以上有期徒刑。本案中,被告人只供述事前只想抢下被害人的挎包,当时未去想所抢包里有无钱物、有多少钱物。

就犯罪主观要件而言,本案被告人实行的抢劫犯罪属直接故意犯罪。直接故意中被告人的认识因素主要包括:(1)行为人明知自己行为的内容与危害性质为抢劫。(2)行为人明知自己的行为会发生被害人财物被抢的危害结果。但对危害结果、所抢钱物或多或少的认识不要求很具体,只要求认识到会发生被害人钱物被抢这一危害结果的基本性质。

可见,被告人沈传海、史秀纯等人以非法占有为目的去实施抢劫行为,事前并没有预谋要抢多少钱物,但所抢钱财的多少均未超出其抢劫故意,法律也未要求实施抢劫行为时的被告人对所抢钱物的多少有具体认识。

案例:李斗等抢劫案

案例来源:《人民法院案例选》2008 年第 2 辑

主题词:抢劫罪　数额

一、基本案情

上诉人(原审被告人)李斗。

被告人李洪生。

被告人姜宏雪。

被告人于宝龙。

赤峰市中级人民法院经审理查明:被告人李斗、李洪生为劫取财物,密谋挟持赤峰英才学校校长焦万树,并为此准备了刀子、绳子、木棍、胶带、蒙眼布等作案工具。而后,又找到被告人姜宏雪、于宝龙帮忙,对被害人焦万树及其妻蒲杰日常出入进行跟踪,伺机作案。2006 年 4 月 17 日 21 时许,被告人李斗、李洪生、姜宏雪乘坐被告人于宝龙驾驶的出租车,到赤峰市红山区长青小区被害人焦万树居住的林业局 1 号楼下,李斗、李洪生、姜宏雪采用搂脖子、捂嘴、蒙眼睛等暴力手段,将外出归家的蒲杰挟持到赤峰市红山区文钟镇十五里铺李斗养鸡场院一平房内。中途李洪生下车继续寻找焦万树。尔后,李斗将蒲杰手、脚捆绑在椅子上,交由姜宏雪看管,又和于宝龙驾车接上李洪生到焦家楼下,李斗让于宝龙用抢得的蒲杰的小灵通给焦万树打电话,谎称“蒲杰晕在出租车上,快下楼来接”,将焦万树骗至楼下后,李斗将焦摔倒,采用拧胳膊、蒙面,李洪生采用折叠刀刺等手段,将焦制服,挟持到养鸡场内。李斗、李洪生又用木棍击打、刀子刺、捆绑等暴力手段,逼迫焦万树交出财物。李洪生、姜宏雪持劫取的焦家楼房钥匙租车潜入焦家,劫取价值人民币8190元的首饰、雕件等物品及余额133800元的活期存折和余额18704.67元的银联卡各一张。次日9时许,李斗、李洪生、姜宏雪又对焦万树拳打脚踢,并以对蒲杰“下手”相威胁,持刀逼迫焦再筹措人民币70万元。焦万树被迫以急需用钱为由向朋友、同事打电话借款人民币55万元,汇入被劫取的银联卡内。李斗、李洪生先后在劫取的活期存折内支取人民币133799元,在银联卡内支取人民币47000元。案发后,追缴赃款13.1万元,内存人民币521696.17元的银联卡一枚及全部首饰、雕件并退还被害人。

焦万树被解救后,住院治疗85天,花去医疗费21518.03元。诊断为:一、右第一掌骨基底部开放性骨折伴腕骨关节脱位;二、右眼眶内壁、下壁骨折,内陷,视力下降;三、右鼻骨骨折,双膝关节外伤损伤;四、外伤后颅脑神经症;五、右拇指、右大腿、右髌前、左腰部刀砍伤清创缝合治疗。经法医鉴定,焦万树的眼眶部、掌骨的损伤构成轻伤。

赤峰市中级人民法院认为,被告人李斗、李洪生、姜宏雪、于宝龙以非法占有为目的,将被告人挟持、非法拘禁后,采用暴力手段迫使被害人当场交出财物,其行为均已构成抢劫罪。系共同犯罪。在共同犯罪中,被告人李斗、李洪生、姜宏雪均起主要作用,系主犯。被告人于宝龙在共同犯罪中起次要作用,系从犯,可以减轻处罚。被告人姜宏雪犯罪时不满十八周岁,应当从轻处罚。四被告人挟持、非法拘禁被害人,并用击打、刀刺等暴力手段致被害人身体多处损伤,其中轻伤两处,且抢劫数额巨大,犯罪行为恶劣,依法应予严惩。四被告人共同致附带民事诉讼原告人焦万树损伤后所产生的医疗费等经济损失,应由四被告人共同承担,并负连带赔偿责任。被告人姜宏雪系未成年人,无财产和经济收入,应由其法定代理人暨附带民事诉讼被告人姜华承担民事赔偿责任。附带民事诉讼原告人要求四被告人赔偿抢劫未追回的损失5.1万元,不属于附带民事诉讼赔偿范围,其要求赔偿医疗费的请求本院予以支持。被告人李斗、李洪生采用暴力手段迫使被害人当场立即筹措交出财物,其行为符合抢劫罪的特征,二被告人不具有非法占有为目的,不构成抢劫罪的辩解及李斗辩护人辩护观点不能成立。李斗关于协助公安机关抓捕同案犯的辩解缺乏依据,不能成立。被告人姜宏雪在明知挟持被害人索要财物后又潜入被害人家劫取物品及看管被害人,参与了整个犯罪过程,其法定代理人姜华提出的辩解与本案事实不符,本院不予采纳。被告人于宝龙在明知被告人李斗使用其出租车挟持被害人,并得到李斗承诺事成后给其一定数量钱款后仍积极参与,虽在共同犯罪中未起主要作用,但并非受胁迫参与犯罪,其是胁从犯的辩解不能成立。公诉机关指控的罪名成立,本院予以采纳。依照《中华人民共和国刑法》第二百六十三条第(四)项、第二十五条第一款、第二十六条第一、四款、第十七条第三款、第二十七条、第三十六条、第四十八条、第五十七条第一款和《中华人民共和国民法通则》第一百一十九条之规定,判决:一、被告人李斗犯抢劫罪,判处死刑,缓期二年执行,剥夺政治权利终身,并处没收个人全部财产。二、被告人李洪生犯抢劫罪,判处无期徒刑,剥夺政治权利终身,并处罚金人民币3万元。三、被告人姜宏雪犯抢劫罪,判处有期徒刑十年,并处罚金人民币1万元。四、被告人于宝龙犯抢劫罪,判处有期徒刑八年,并处罚金人民币1万元。五、被告人李斗、李洪生、于宝龙附带民事诉讼被告人姜宏雪共同赔偿附带民事诉讼原告人焦万树医疗费21518.03元,并负连带赔偿责任。

宣判后,被告人姜宏雪以“不是主犯,罚金过高量刑重”为由提出上诉。

内蒙古自治区高级人民法院经审理认为,上诉人姜宏雪作案时虽不满18周岁,但他明知是抢劫、且自始至终参与了抢劫活动,据此,原审法院对其定罪量刑及罚金并无不当之处,其上诉理由不能成立。原审认定上诉人姜宏雪、被告人李斗、李洪生、于宝龙犯抢劫罪的事实清楚,证据确实充分,定罪准确,量刑适当,审判程序合法。依照《中华人民共和国刑事诉讼法》第一百八十九条第(一)项、《中华人民共和国刑法》第二百六十三条第(四)项、第二十五条第一款、第二十六条第一款、第四款、第十七条第三款、第二十七条、第四十八条第一款、第五十七条第一款之规定,裁定:驳回上诉,维持原判。

二、裁判要旨

No. 5-263-65 采用暴力手段挟持他人,限制他人人身自由并当场向被害人索要财物的,或从被害人处劫取钥匙后取财的,应以抢劫罪论处。

在本案中,被告人李斗等人的行为虽然具备绑架罪的一些特征,如采用暴力手段将被害人劫持到养鸡场平房内,实行较长时间的非法拘禁,先劫持后索要财物,但实施行为的目的是向被绑架人本人索要财物,没有向被绑架人以外的第三人或单位索要财物,故不应将该行为认定为绑架罪。

四被告人以暴力手段挟持被害人焦万树夫妇后,当场劫取焦家楼房钥匙,去其家中劫走8190元的首饰等物品,133800元的活期存折和余额18704.67元的银联卡,并迫使被害人通过电话联系借款,汇入被告人已劫取的银联卡内人民币55万元,以上行为都具备当场使用暴力和当场取得财物的特征,故四被告人构成抢劫罪。

No. 5-263-66 若抢劫所得信用卡内金额是依照行为人要求汇入的,无论是否实际使用、消费,均应按卡内总金额计算抢劫数额。

关于本案抢劫数额,的确是值得注意的一个问题。一般情况下,应适用最高人民法院《关于审理抢劫、抢夺刑事案件适用法律若干问题的意见》第六条,即抢劫信用卡后来实际使用消费的,不计数额。但如果被告人明知卡内数额,且知道密码,被告人继续持有信用卡,就可以推定被告人具有非法占有的目的,卡内数额应纳入抢劫数额。本案被告人不但明知卡内数额,且卡中数额是事先通过威胁手段汇人的,并且已支取过六次,因此完全可以认定其对这笔数额具有非法占有的目的,该项数额应计入抢劫数额。

案例:姚小林等抢劫案

案例来源:《刑事审判参考》总第109集[第1185号]

主题词:抢劫罪 抢劫信用卡

一、基本案情

2017年5月14日晚,被告人姚林、沈龙、杨冬、沈伟、李亚、李平伙同刘某等人经事先预谋,以被害人张国某、张启某在赌博中利用扑克牌诈赌为由,由李亚开车,采用拘禁、殴打、搜身、持刀威胁等手段,对被害人张国某、张启某、胡某某实施抢劫,劫得被害人张国某的黄金戒指1枚(价值4886元),劫得被害人张启某黄金项链1根(价值13571元)、现金400元、工商银行卡1张。后姚小林逼问被害人张启某说出工商银行卡的密码,指使沈龙和刘某从该卡内取出现金20000元,后又指使杨冬以转账的方式转走该卡内资金50000元,后因被害人张启某报案该50000元被银行冻结而未被取走。在抢劫过程中,致被害人张启某眼部挫伤、致被害人胡某某上嘴唇黏膜破损,两人的伤势均构成轻微伤。

二、裁判要旨

No. 5-263-67 抢劫犯罪中劫取信用卡的,以行为人实际获取的财物认定抢劫数额。对于行为人抢劫信用卡后,如系由于意志以外的原因未能实际使用、消费的部分,虽不计入抢劫数额,但应作为量刑情节考虑。

对于实物类财产来说,控制该财产就是直接对财物本体进行控制,这种控制关系一般具有排他性,当一方将财物置于自己的实力支配下时另一方也就失去了对该财物的控制。但信用卡属于一种记载财物的金融凭证,信用卡与所记载的财物本身存在密切的联系,但又与所记载的财物存在相对分离,信用卡本身被控制并不意味着信用卡内所记载的财物也完全被控制。在抢劫犯罪案件中,行为人劫取了信用卡甚至获取了密码均不等于行为人已经获取了信用卡上所记载的财物。鉴于信用卡所具有的抽象财物与具体财物的双重属性,在抢劫信用卡类犯罪中,只有以行为人从信用卡中实际获取的财物数额为抢劫数额的的认定标准,才能完整、客观体现抢劫信用卡行为的社会危害性。

关于这一问题,最高人民法院《关于审理抢劫、抢夺刑事案件适用法律若干问题的意见》(以下简称《两抢意见》)中规定:"抢劫信用卡后使用、消费的,其实际使用、消费的数额为抢劫数额;抢劫信用卡后未实际使用、消费的,不计数额,根据情节轻重量刑。"《关于审理抢劫刑事案件适用法律若干问题的指导意见》(以下简称《抢劫指导意见》)明确规定:"通过银行转账或者电子支付手机银行等支付、平台获取抢劫财物的,以行为人实际获取的财物为抢劫数额。"《两抢意见》与《抢劫指导意见》中都坚持了"实际损失标准"原则。而对于抢劫信用卡后没有实际使用、消费的情形,《抢劫指导意见》作补充:"由于行为人意志以外的原因无法实际使用、消费的部分,虽不计入抢劫数额,但应作为量刑情节考虑。"此处"由于行为人意志以外的原因"是指行为人主观上有继续使用、消费信用卡的意愿,但由于账户冻结、密码输入错误被吞卡、取款或消费额度限制等客观方面原因导致未能继续使用、消费该信用卡。

本案中,被告人姚小林等人在劫取被害人的信用卡并逼问出密码后,并不意味着已经占有了该信用卡内的全部财物,被告人从该卡内取出现金 20000 元时,该 20000 元属于已被行为人占有的财物,应认定为抢劫数额。而被告人以转账的方式转走该卡内的 50000 元,由于银行转账不能全部即时到账,所以转账款在实际到账时才能视为在行为人的占有之下,在到账之前仍存在被冻结、挂失等可能性而导致无法到账。本案因被害人在案发后及时报案,银行将该笔款项冻结而未能到账,故该笔 50000 元并未被行为人实际占有,不以计入抢劫数额,本案如在《抢劫指导意见》出台之后审理,可使用该规定,但在量刑时应酌情考虑从重处罚。

案例:徐军入户抢劫案

案例来源:《人民法院案例选》2007 年第 1 辑

主题词:入户抢劫 认识错误

一、基本案情

被告人徐军。

江苏省泗阳县人民法院经审理查明:2003 年 1 月 16 日晚上,被告人徐军与马继中、宋献东、徐洛、葛大旭(均另案处理)等人酒后途经泗阳县来安乡徐园村王庄组王家国家大院时,听到院内有狗叫声,被告人徐军即建议将狗偷走。在砸门以为无人情况下,被告人徐军与携带砍刀的马继中、携带铁棍的宋献东翻入院内,在先药狗未成情况下,被告人徐军提议将狗打死,被告人徐军与马继中等人打狗惊醒了被害人王家国,被害人王家国遂起床持铁锹站在门口吆喝不准打狗。被告人徐军即上前夺锹并谎称狗咬人。此时马继中持刀砍向被害人并对被害人辱骂,不准王家国反抗。在三人与王家国纠缠之际,徐洛和葛大旭翻入院内将狗(价值 150 元)扔到墙外,后被告人徐军与马继中、宋献东相继翻出墙外,将狗拖走以 50 元卖掉。另查明,受害人的院落原为废旧工厂,面积约两亩,被害人王家国于 1994 年买下,作为夫妻生活居住的场所。被害人王家国损伤为轻微伤。

泗阳县人民法院认为,被告人徐军以非法占有为目的,入户盗窃他人财物被发现后当场使用暴力,劫取他人财物,其行为构成抢劫罪,且属入户抢劫。以抢劫罪判处被告人徐军有期徒刑十年,并处罚金一千元。一审宣判后,被告人徐军不服,以根据外部特征,被害人居住地方为废旧工厂,其主观不知该处为住户,不应认定为入户抢劫为由,提起上诉。

宿迁市中级人民法院经审理认为:被告人徐军伙同他人非法侵入他人住宅以暴力手段当场劫取公民财物,其行为构成抢劫罪。虽然被害人居住地原为厂房,但已多年不再用于生产、经营,由被害人购买作为家庭生活场所居住,不论其外部特征如何,均不影响其成为王家国家庭生活场所,因此应认定为户。被告人的上诉理由不能成立,故作出终审判决:维持原判,驳回上诉。

二、裁判要旨

No. 5-263-68 在抢劫案件中,对户的理解存在认识错误的,不影响对入户抢劫的认定。

在本案中,虽然被害人居住地原为厂房,但已由被害人购买作为固定的家庭生活场所居住,且被害人住所有院墙,形成了与外界相对隔离的住所特征,不论其外部印象如何,即使该院子范围相对普通农家院子要大,被害人已经将该场所作为自己具有安全感和依赖感的住所,具有户的固定用于家庭生活的功能特征和与外界相隔离住所的场所特征,应界定为户。

认定入户抢劫,要求抢劫行为客观上发生在属于“户”的场所,这不难理解。但是,当行为人实际进入的是“户”时,对于入户的评价是否仅限于纯客观的评价,还是同时包含主观的评价在内,刑法立法上没有明确规定。应该认为:入户抢劫中的“户”是客观存在的,行为人对“户”的主观评价,不影响对“户”的确认。本案中,被告人入户的目的即偷狗具有非法占有的故意,不管被告人是否承认其对“户”具有明知的意识,已不影响其行为构成入户抢劫。

所谓入户抢劫,即指进入户内实施抢劫,故不但要求入户行为的非法性,进入场所为“户”,而且要求暴力、威胁或其他强制行为发生在户内,否则不能以入户抢劫论。《关于审理抢劫、抢夺刑事案件适用法律若干问题的意见》规定,入户盗窃被发现,行为人为窝赃、抗拒抓捕或毁灭罪证等当场使用暴力威胁,如果暴力或威胁行为发生在户内,则以入户抢劫论处,如果暴力行为发生在户外以一般抢劫处理。《关于审理抢劫、抢夺刑事案件适用法律若干问题的意见》也体现要求暴力行为发生于户内的精神。在本案中,被告人的暴力行为发生在户内,符合入户抢劫的犯罪特征。

案例:张宜同抢劫案

案例来源:《人民法院案例选》2006年第3辑

主题词:抢劫罪　非法侵入住宅罪　非法拘禁罪

一、基本案情

被告人张宜同。

江苏省宿迁市中级人民法院经审理查明:案发前,被告人张宜同为苏州卡薇日化公司代理销售商品,由于缺乏周转资金,曾向他人提出借款,但没有借到。2004年6月15日晚上,被告人张宜同携带一把玩具枪、一把匕首和一卷透明胶带,翻墙入院,进入本组村民林树军家,持“枪”逼林树军夫妇用胶带自绑双腿,后张宜同又将两人双手从背后用胶带绑住,威逼林树军夫妇借钱。林树军夫妇不得已说出家中钱藏在床下。张宜同从床下取出一万元现金并写了一张借条给林树军,并向林树军夫妇磕头表示对不起后携款回家。当晚,被害人亲属报警后,侦查人员在被告人家中将其抓获,并将一万元现金扣押后返还林树军夫妇。

宿迁市中级人民法院认为,被告人张宜同非法进入居民家中,以暴力取得他人财物,且数额巨大,其行为已构成抢劫罪。公诉机关指控被告人犯抢劫罪,罪名正确,事实清楚,证据确实充分,予以支持。被告人张宜同辩解其目的是借款,没有抢劫故意。其辩护人提出被告人的主观故意难以确定,且被告人写了借条后其行为转化为借贷关系。经查,被告人以暴力迫使被害人交出现金,虽然被告人写了一张借条,但借贷关系并不因此有效成立。被告人的辩解和辩护人的辩护意见不成立,不予采信。辩护人还提出被告人归案后能认罪悔罪,并且已因本案被予以治安处罚,可以从轻处罚的意见,经查,有事实依据,予以采信。据此,依照《中华人民共和国刑法》第二百六十三条第(一)、(四)项的规定,作出如下判决:被告人张宜同犯抢劫罪,判处有期徒刑十一年、罚金人民币一万元。

判决后,被告人没有上诉,检察机关也没有抗诉,判决现已发生法律效力。

二、裁判要旨

No. 5-263-69　暴力劫取现金后,向被害人出具借条的,不能视为民事借贷,具有非法占有目的的,应以抢劫罪论处。

根据我国刑法学界和实务界的通说,构成抢劫罪要求行为人主观上具有非法占有目的。而所谓非法占有目的,则是指明知是公共的或他人的财物,而意图把它非法转归自己或第三者占有。在实践中,一些犯罪分子往往以借钱为名,行抢劫之实,非法占有公私财物,其行为自然构成抢劫罪。但是,应当注意区分以借贷为名的抢劫罪与暴力借贷之间的界限,不能一概将暴力借贷行为认定为抢劫罪。抢劫罪的主观上具有非法占有他人公私财物的目的,而暴力借贷则往往以一时使用为目的,在将来要归还。因此,两者之间的区分关键在于行为人主观上有没有具有非法占有目的。如果行为人主观上没有非法占有目的,而只是为了一时使用(不是永久占有),即使采用非法手段掌握他人财物,因其主观上不具备这种非法占有目的,所以也不宜认定为抢劫罪。参照现行司法解释,我们也可以得出上述结论。以盗窃罪为例,根据司法解释,偷开机动车送回的,不构成盗窃罪,这即说明仅有一时使用的目的不能认定为非法占有为目的。

问题是如何判断行为人主观上是否有非法占有目的,我们认为可以通过以下几个方面来加以判断:第一,根据行为人实施非法取得财物行为的动机和背景。比如行为人非法取得财物是否因一时急需,是否具有归还能力和归还意思,等等。第二,根据行为人实施非法取得公私财物的具体情节。比如侵财的对象是否是熟人,侵财数额是否是一定的金额,有无设立借条,等等。第三,根据行为人行为后的表现。比如是否非法取财后逃跑的,是否肆意挥霍非法取得的财物的,是否将非法取得的财物进行违法犯罪活动的,等等。

当然,实践中如何具体认定暴力借贷的行为人主观上是否具有非法占有目的,仍需法官结合具体案情作出判断。对于不构成抢劫罪的暴力借贷行为,可根据行为是否具有应当追究刑事责任的严重社会危害性和具体案情,以非法侵入住宅罪、非法拘禁罪等追究行为人的刑事责任。

案例:盛伟抢劫案

案例来源:《人民法院案例选》2005 年第 1 辑

主题词:抢劫罪　敲诈勒索罪

一、基本案情

被告人盛伟,男,1974 年 8 月 12 日生,汉族,初中文化,农民。

被告人闫德武,男,1972 年 12 月 30 日生,汉族,初中文化,农民。

江苏省徐州市鼓楼区人民法院经审理查明:2001 年 2 月 8 日中午,张瑞(另案处理)回到其居住的徐州市黄河东岸 3 号楼 812 室时,发现与其姘居的刘萍与韩福栋在一起且将门反锁,张瑞即以韩福栋与刘萍通奸为由,对韩进行殴打,持菜刀将其头部砍伤(经法医鉴定构成轻微伤),逼迫其写下 20000 元借据一张。而后,张瑞与其朋友本案被告人闫德武取得联系,称有事要闫过来帮忙。闫在前往途中又电话联系被告人盛伟与其共同前往。当闫德武到达张瑞家中后,张瑞将其怀疑韩福栋与刘萍通奸的情况告知闫德武,让其帮忙“吓唬”韩福栋。之后,闫德武又将张瑞的意思告知随后赶到的盛伟,张瑞也将韩福栋所写的“借据”交给闫、盛二人看。接着,张瑞、盛伟、闫德武三人一起对韩福栋进行殴打,逼迫韩写出家庭住址、放存折的位置并交出家中的钥匙及随身携带的爱立信 388 型手机一部。然后被告人盛伟、闫德武赶到韩福栋家中取出活期加密存折三本(内存人民币 3 万元)交给张瑞。随后,被告人盛伟、闫德武按照张瑞安排挟持韩福栋到附近银行取钱,下楼后在搭乘出租车时韩福栋趁二人不备逃离。

2001 年 3 月 17 日,公安机关在韩福栋的指认下,将盛伟抓获,3 月 20 日,在盛伟的协助下,公安机关将闫德武抓获。

徐州市鼓楼区人民法院认为,被告人盛伟、闫德武以非法占有为目的,当场使用暴力强行劫取他人钱财,数额巨大,其行为已构成抢劫罪。二被告人在共同犯罪中起辅助作用,系从犯,依法予以减轻处罚;二被告人在着手实施犯罪过程中,由于意志以外的原因而未得逞,系未遂,予以从轻处罚。被告人盛伟归案后协助公安机关抓获同案犯闫德武,具有立功表现。公诉机关指控二被告人事实清楚,证据确实充分,但定性不当,应予改变。二被告人的辩护人关于二被告人行为构成敲诈勒索罪的辩护观点亦不予采纳。依据《中华人民共和国刑法》第二百六十三条第(四)项、第五十五条、第五十六条、第二十三条、第二十五条、第二十七条、第三十六条、第六十八条及最高人民法院《关于处理自首和立功具体应用法律若干问题的解释》第五条之规定,判决如下:

1. 被告人盛伟犯抢劫罪,判处有期徒刑六年,并处罚金人民币三千元,附加剥夺政治权利一年。

2. 被告人闫德武犯抢劫罪,判处有期徒刑六年,并处罚金人民币三千元,附加剥夺政治权利一年。

宣判后,被告人闫德武以一审判决认定事实不清,其行为不构成抢劫罪为由提出上诉,依据是张瑞在殴打被害人韩福栋并逼迫其写欠条时,其不在场,因而不具有非法占有目的,只是出于义气帮助"索债",故不构成犯罪。

徐州市中级人民法院经二审审理后认为,原判决定性准确,适用法律正确,审理程序合法,遂依据《中华人民共和国刑事诉讼法》第一百八十九条第(一)项之规定,裁定驳回上诉,维持原判。

二、裁判要旨

No.5-263-70 逼迫被害人签订借据,后又当场实施暴力抢得财物,并挟持被害人去金融机构取款的,不构成敲诈勒索罪,应以抢劫罪论处。

在司法实践中,经常会遇到此类问题,犯罪行为同时具有抢劫罪与敲诈勒索罪的行为特征,定性时易产生分歧。本案中,存在一个犯罪性质转化的问题——由敲诈勒索罪转化成抢劫罪。犯罪行为的第一阶段,即张瑞砍伤被害人并逼迫其书写2万元借据的行为应当认定为敲诈勒索行为。理由为:张瑞实施暴力行为的主观目的是其怀疑被害人与其女友有不轨行为,而恼羞成怒,将被害人砍伤,而并非为了抢劫财物。此后为了报复被害人,以奸情相要挟,逼迫被害人写下借据。该行为在这一阶段更符合敲诈勒索罪的行为特征。但后来被告人盛伟、闫德武与张瑞殴打并抢得被害人手机,随后挟持被害人去银行取钱的行为,行为性质更符合抢劫罪的暴力性、当场性特征,从而被告人的整个行为性质转化成为了抢劫罪。不能对敲诈勒索罪与抢劫罪进行数罪并罚是因为被告人的整个犯罪行为具有连贯性、整体性,不能将这个连贯的犯罪过程割裂开来看。

案例:赵东波等故意杀人、抢劫案

案例来源:《刑事审判参考》总第64集[第506号]

主题词:抢劫罪　故意杀人罪

一、基本案情

被告人赵东波,男,1988年11月22日出生,初中文化,农民。因涉嫌犯抢劫罪于2006年9月13日被逮捕。

被告人赵军,男,1987年10月14日出生,初中文化,农民。因涉嫌犯抢劫罪于2006年9月13日被逮捕。

天津市第一中级人民法院经审理查明:2006年8月8日晚,被告人赵东波、赵军预谋抢劫电动三轮车,并商定将司机杀死灭口。当晚11时许,赵东波携带木棍伙同赵军在天津市蓟县城关镇征程网吧门口,租乘被害人高新驾驶的电动三轮出租车。当车行驶至蓟县洇溜镇郑各庄村北公路时,赵东波持木棍猛击高新头部,高新弃车沿公路逃跑。赵东波、赵军二人追上高新将其打倒在路边的渠沟内,赵军捡来石头砸高新。赵东波、赵军逼高新交出数十元现金后,脱下高新的上衣将其捆绑在树上。高新挣脱后又逃跑,赵东波追上后将高新摔倒在地,赵东波、赵军二人分别猛掐高新颈部,赵军捡来一块混凝土块,与赵东波轮番猛砸高新的头、胸、腹等部位,致高新死亡。赵东波、赵军二人驾驶劫取的电动三轮车(价值人民币3000元)逃离现场。经鉴定,高新系被他人用钝性物体多次打击身体致多脏器损伤,后合并扼颈致机械性窒息死亡。

天津市第一中级人民法院认为,被告人赵东波、赵军共同预谋抢劫、杀人犯罪,以暴力手段劫取被害人财物后,又将被害人杀害灭口,其行为均已构成抢劫罪和故意杀人罪,应依法数罪并罚。被告人赵东波犯罪时未满十八周岁,依法可以从轻处罚。依照《中华人民共和国刑法》第二百六十三条、第二百三十二条、第五十七条第一款、第二十五条第一款、第二十六条第一、四款、第六十九条的规定,判决如下:

1. 被告人赵东波犯抢劫罪,判处有期徒刑八年,并处罚金人民币五千元;犯故意杀人罪,判处无期徒刑,剥夺政治权利终身,决定执行无期徒刑,剥夺政治权利终身,并处罚金人民币五千元;

2. 被告人赵军犯抢劫罪,判处有期徒刑十年,并处罚金人民币五千元;犯故意杀人罪,判处死刑,剥夺政治权利终身,决定执行死刑,剥夺政治权利终身,并处罚金人民币五千元。

一审宣判后,被告人赵军不服,提出上诉。赵军上诉提出,原判量刑过重。其辩护人认为,赵军在本案中所起的作用明显小于赵东波,赵军刚成年且认罪悔罪,请求二审综合考虑,从轻处罚。

天津市高级人民法院经审理认为,原判认定的事实清楚,证据确实充分,定罪准确,量刑适当,审判程序合法。被告人赵军在与赵东波共同预谋后,积极实施犯罪,首先用石头砸被害人,在被害人逃跑时又首先用足以致命的大石头砸被害人要害部位,然后掐住被害人颈部,为赵东波砸被害人提供便利,犯罪态度坚决,所起作用与赵东波相当,虽然犯罪后认罪悔罪,但罪行极其严重,不适宜从轻处罚。依照《中华人民共和国刑事诉讼法》第一百八十九条第(一)项的规定,裁定驳回上诉,维持原判。并依法报送最高人民法院复核。

最高人民法院经依法复核,裁定核准天津市高级人民法院维持第一审以故意杀人罪判处被告人赵军死刑,剥夺政治权利终身,与其所犯抢劫罪判处的刑罚并罚,决定执行死刑,剥夺政治权利终身,并处罚金人民币五千元的刑事裁定。

二、裁判要旨

No.5-263-71 预谋抢劫并杀人灭口,按预谋内容实施抢劫完毕后,又杀人灭口的,应以抢劫罪和故意杀人罪实行并罚。

本案二被告人具有两个犯意,并先后实施了抢劫和杀人灭口两个行为。首先,二被告人预谋抢劫并杀人灭口,虽然没有明确预谋是先抢劫还是先杀人,但杀人的目的是为了灭口却是明确的,因此,可以认定被告人具有劫取财物和杀人灭口两个犯意。其次,本案属于抢劫完毕后又杀人灭口的情形。本案抢劫过程实际上可区分为两个阶段,第一阶段:被告人赵东波持木棍猛击被害人高新头部后,高新即弃车沿公路逃跑,如果二被告人只为了劫财,将车骑走就实现了主要的劫财目的;第二阶段:赵东波、赵军二人追上高新将其打倒在地,逼高新交出数十元现金后,脱下高新的上衣将其捆绑在树上,但高新挣脱后又逃跑。此阶段,如果二被告人没有杀人灭口的目的,完全可以任由被害人逃跑,自己也可以携赃而逃。但是,二被告人却再一次追上被害人,实施暴力将被害人砸死,而后才驾驶劫取的电动三轮车逃离现场,可见其主观上故意杀人灭口的故意是十分明显的。

综上,法院认定被告人的行为构成抢劫罪和故意杀人罪两罪,对其实行两罪并罚是正确的。

案例:罗登祥抢劫、故意杀人、脱逃案

案例来源:《刑事审判参考》总第5辑[第36号]

主题词:抢劫罪 故意杀人罪

一、基本案情

被告人罗登祥,男,30岁,农民。因涉嫌犯抢劫、故意杀人、脱逃(未遂)罪,于1997年2月14日被逮捕。

新疆维吾尔自治区吐鲁番地区中级人民法院经审理查明:1995年10月间,被告人罗登祥在新疆维吾尔自治区泽普县结识了犯罪嫌疑人王涛(在逃),两人商定用安眠药将运输棉纱的司机迷昏后劫取棉纱,并一同购买了安眠药。随后两人往返于库尔勒至乌鲁木齐之间,寻找作案机会。

1995年12月中旬,罗登祥、王涛到新疆维吾尔自治区和硕县乌什塔拉镇。12月20日早晨,二人搭乘和田地区第一汽车运输公司杨衡(被害人,男,20岁)驾驶的载有10吨棉纱从当地驶往乌鲁木齐的东风半挂车(车辆价值4.5万元,棉纱价值23万元)。天黑时,车行至国道314线甘沟路段199.5公里处,王涛趁杨衡停车换轮胎之机,意欲杀害杨衡,持石头朝其头部砸了一下,致杨衡倒地。之后王涛抬着被害人的头部,罗登祥抬着被害人的双脚(腿、脚还在动),将被害人扔到路基下。因怕被人发现,两人走下路基,抬着被害人继续往下拖了几米。王涛又持石头朝被害人砸了几下,并用石头将被害人压住。然后由被告人罗登祥驾车,两人一起逃离现场。被害人杨衡因头部受打击,造成严重颅脑损伤、脑挫裂伤死亡。1996年3月中旬,被告人罗登祥以

21.7万元的价格将棉纱卖给他人,罗登祥得款14万元。案发后,公安机关追回赃款21.53万元、东风半挂车一辆,均发还受害单位。

被告人罗登祥在羁押期间,于1996年5月1日晚与同监舍另外三名在押人员挖洞准备逃跑,被看守人员发现,脱逃未遂。

吐鲁番地区中级人民法院认为:被告人罗登祥目无国法,与他人一起抢劫东风半挂车一辆及车上的棉纱,价值27.5万元,其行为构成抢劫罪;在抢劫过程中,当王涛持石头将被害人砸倒以后,罗登祥与王涛将被害人两次拖丢路基下,致被害人死亡,其行为构成故意杀人罪。在监舍挖洞潜逃未逞,其行为又构成脱逃(未遂)罪。公诉机关关于被告人罗登祥犯有抢劫罪、故意杀人罪、脱逃(未遂)罪的指控,事实清楚,证据确实充分。依照《中华人民共和国刑法》第十二条第一款、1979年《刑法》第一百五十条第二款、第一百三十二条、第一百六十一条、第五十三条第一款、第六十四条的规定,于1997年11月18日判决如下:

被告人罗登祥犯抢劫罪,判处死刑,缓期二年执行,剥夺政治权利终身;犯故意杀人罪,判处有期徒刑十二年,剥夺政治权利二年;犯脱逃(未遂)罪,判处有期徒刑二年,决定执行死刑,缓期二年执行,剥夺政治权利终身。

一审宣判后,被告人罗登祥服判,不上诉。新疆维吾尔自治区人民检察院吐鲁番检察分院认为被告人罗登祥抢劫数额特别巨大,致被害人死亡,手段残忍,情节、后果均特别严重,关押期间又脱逃未遂,应判处死刑,立即执行,以原判被告人罗登祥死刑,缓期二年执行,量刑畸轻为由向新疆维吾尔自治区高级人民法院提出抗诉。

新疆维吾尔自治区高级人民法院经审理认为:一审判决认定原审被告人罗登祥犯抢劫罪、故意杀人罪、脱逃(未遂)罪的犯罪事实清楚,证据确实充分,定罪准确,审判程序合法,对故意杀人罪、脱逃(未遂)罪的量刑适当。但以抢劫罪判处其死刑,缓期二年执行不当,应予纠正。依照《中华人民共和国刑法》第十二条第一款、1979年《中华人民共和国刑法》第一百三十二条、第一百五十条第二款、第一百六十一条第一款、第五十三条第一款、第六十四条和《中华人民共和国刑事诉讼法》第一百八十九条第(二)项的规定,于1998年4月21日判决如下:

1. 维持吐鲁番地区中级人民法院刑事判决中对被告人罗登祥犯故意杀人罪、脱逃(未遂)罪的定罪量刑和抢劫罪的定罪部分;

2. 撤销吐鲁番地区中级人民法院刑事判决中对被告人罗登祥犯抢劫罪的量刑部分;

3. 原审被告人罗登祥犯抢劫罪,判处死刑,剥夺政治权利终身;犯故意杀人罪,判处有期徒刑十二年,剥夺政治权利二年;犯脱逃(未遂)罪,判处有期徒刑二年,决定执行死刑,剥夺政治权利终身。

新疆维吾尔自治区高级人民法院依法将此案报请最高人民法院核准。

最高人民法院经复核认为:一、二审法院认定被告人罗登祥的犯罪事实清楚,证据确实充分,对脱逃罪部分定罪准确,量刑适当,审判程序合法。但对被告人罗登祥在抢劫过程中杀人致人死亡的行为定故意杀人罪不准确,应予以纠正。依照《中华人民共和国刑事诉讼法》第一百九十一条、《中华人民共和国刑法》第十二条第一款、1979年《中华人民共和国刑法》第一百五十条、第一百六十一条第一款、第五十三条第一款、第六十四条的规定,于1999年9月6日判决如下:

1. 撤销新疆维吾尔自治区高级人民法院刑事判决和吐鲁番地区中级人民法院刑事判决中对被告人罗登祥故意杀人罪的定罪量刑部分;

2. 核准新疆维吾尔自治区高级人民法院刑事判决中认定被告人罗登祥犯抢劫罪,判处死刑,剥夺政治权利终身;犯脱逃(未遂)罪,判处有期徒刑二年,决定执行死刑,剥夺政治权利终身。

二、裁判要旨

No. 5-263-72 在抢劫过程中使用暴力致人死亡的,或者直接以杀人为手段实施抢劫的,应以抢劫罪一罪论处。

抢劫罪是一种既侵犯他人财产权利又侵犯他人人身权利的暴力性犯罪。在抢劫过程中致人死亡,包括故意伤害致人死亡以及为抢财物不顾他人死活间接故意杀人、直接故意杀人致人死亡的,都是抢劫暴力犯罪的一种结果,是抢劫罪的组成部分。在抢劫财物过程中致人死亡的案件中,其杀人行为实际是实施抢劫行为的使用暴力部分,只定一个抢劫罪,符合抢劫罪的犯罪构成和基本特征。如果单独定罪,抢劫罪的犯罪构成已不完全;抢劫行为如果仅抢得少量财物,又很难判处重刑。这样一来,图财害命这种抢劫杀人犯罪的本质特征就不能通过正确的定罪量刑得到揭示。这种既不符合法律规定,也不符合司法实际的分别定罪处刑的方法显然是不可取的。因此,凡在实施抢劫财物行为过程中,因使用暴力,如殴打、伤害、捆绑、禁闭等行为而致人死亡的,或者直接使用暴力将人杀死的,均应定抢劫罪一罪。这样可以做到更加准确地定罪量刑。

本案被告人罗登祥和犯罪嫌疑人王涛预谋抢劫而搭乘杨衡拉棉纱的汽车,已经着手准备实施犯罪,在犯罪过程中,王涛持石头将杨衡砸倒,二人将杨衡抬到路基下,王涛又持石头多次砸向被害人,直接杀人的故意十分明显,而后,又用石头压住被害人,然后由罗登祥驾车逃离现场,致杨衡死亡,应属在实施抢劫财物行为过程中故意杀人致人死亡的情况。对此,最高人民法院的判决认定被告人罗登祥的行为只构成抢劫罪一个罪是正确的。

No. 5-263-73 抢劫行为实施完毕后,为灭口等目的又实施杀人行为的,应以抢劫罪和故意杀人罪实行并罚。

对于直接故意剥夺他人生命,再掠走其财物的行为如何定性,实践中、理论上做法不一,应当根据具体情形分别对待;对于已实施完抢劫行为,即财物已经到手后,再为灭口等目的而实施杀人行为的,司法实践中的做法基本统一,即定抢劫罪和杀人罪两罪,理论界也予以认同,我们认为是正确的。因为对后一种行为,行为人是以两个故意、两个行为(抢劫、杀人),实施了两个独立的犯罪,符合数罪的特征。

案例:张君等抢劫、杀人案

案例来源:《刑事审判参考》总第18辑[第113号]

主题词:犯罪集团 抢劫罪 故意杀人罪 盗窃弹药罪

一、基本案情

被告人张君,男,34岁,农民。1983年10月因犯流氓罪被判处有期徒刑三年。因涉嫌犯抢劫罪、故意杀人罪,于2000年9月30日被逮捕。

被告人李泽军,男,29岁,农民。因涉嫌犯抢劫罪、故意杀人罪,于2000年9月30日被逮捕。

被告人陈世清,男,35岁,农民。因涉嫌犯抢劫罪、故意杀人罪,于2000年9月30日被逮捕。

被告人赵正洪,男,29岁,无业。因涉嫌犯抢劫罪、故意杀人罪,于2000年9月30日被逮捕。

被告人严若明,男,36岁,个体运输户。因涉嫌犯抢劫罪,于2000年10月16日被逮捕。

被告人李金生,男,41岁,农民。因涉嫌犯故意杀人罪,于2000年10月16日被逮捕。

被告人秦直碧,女,49岁,无业。因涉嫌犯抢劫罪,于2000年9月30日被逮捕。

被告人全泓燕,女,36岁,无业。因涉嫌犯故意杀人罪,于2000年9月30日被逮捕。

被告人严敏,女,33岁,无业。因涉嫌犯抢劫罪,于2000年9月30日被逮捕。

被告人许军,男,35岁,原系中国农业银行安乡县支行职员。因涉嫌犯抢劫罪,于2000年10月16日被逮捕。

被告人王雨,男,31岁,原系湖南省津市市煤建公司职工。因涉嫌犯抢劫罪,于2000年10月16日被逮捕。

被告人莫金英,女,52岁,无业。因涉嫌犯非法买卖枪支、弹药罪,于2000年10月19日被逮捕。

被告人纳波,男,39岁,农民。因涉嫌犯非法买卖枪支、弹药罪,于2000年10月19日被逮捕。

被告人朱加武,男,38 岁,农民。因涉嫌犯非法买卖枪支罪,于 2000 年 12 月 27 日被逮捕。

被告人王俊,男,28 岁,无业。因涉嫌犯非法买卖枪支、弹药罪,于 2000 年 12 月 13 日被逮捕。

被告人陈世星,男,53 岁,无业。因涉嫌犯非法买卖枪支、弹药罪,于 2000 年 10 月 19 日被逮捕。

被告人杨明燕,女,28 岁,原系重庆市涪陵区民政局福利院工人。因涉嫌犯私藏枪支、弹药罪,于 2000 年 9 月 30 日被逮捕。

被告人杨明军,男,30 岁,原为重庆长江水运股份有限公司公安科工人。因涉嫌犯非法买卖弹药罪,于 2000 年 9 月 30 日被逮捕。

重庆市第一中级人民法院和常德市中级人民法院分别经审理查明:1991 年 6 月至 1994 年 11 月,被告人张君先后在湖南、广西、云南、重庆等地,单独持枪、持械抢劫、故意杀人 6 次,致 5 人死亡,1 人轻伤,抢得人民币 22000 元。1993 年 4 月和 1995 年 1 月,张君分别伙同刘保刚(已死亡)、被告人严敏,在湖南、重庆持枪抢劫 2 次,致 1 人死亡,1 人轻伤,抢得人民币 5 万元。1995 年 12 月至 2000 年 9 月,张君先后纠集被告人秦直碧、全泓燕以及李泽军、陈世清、赵正洪、严若明、李金生、许军、王雨等人,进行各种犯罪技能训练,以湖南省常德市、重庆市涪陵区为据点,在重庆、湖南、湖北等地,大肆进行抢劫、故意杀人等犯罪活动。其中抢劫 7 次,致 7 人死亡,5 人重伤,9 人轻伤,1 人轻微伤,劫得财物价值人民币 526. 4 万余元,抢劫出租轿车 4 辆;故意杀人 5 次,杀死 6 人;抢劫、故意杀人 1 次,劫得财物价值人民币 32580 元,致 2 人死亡;抢劫、故意杀人、抢劫枪支、弹药 1 次,劫得人民币 400 元,出租轿车 1 辆,致 6 人死亡,抢劫经警的微型冲锋枪 2 支,子弹 20 发,故意杀人致 1 人死亡,4 人轻伤,1 人轻微伤。为了实施抢劫、故意杀人犯罪活动,张君先后非法购买军用手枪 15 支,子弹 2500 余发,手榴弹 1 枚,手雷 2 枚,指使他人购买霰弹猎枪 23 支,猎枪子弹 2000 余发。张君犯罪集团抢劫、杀人的具体犯罪事实如下:

(一)1994 年 2 月 8 日晚,被告人张君在广西壮族自治区宁明县城中镇环城街 104 号“军用服装店”,趁店主严旺财不备,持铁锤猛击严头部后,又用匕首刺严颈、腹部,致严旺财当场死亡,抢得人民币 6000 余元。

(二)1994 年 11 月 23 日,被告人张君携带五四式手枪至重庆市江北区建新农贸市场伺机抢劫。当日 16 时许,张君见个体经营者王礼明收完货款后离开,即尾随王礼明至江北区观音桥中医院路一公厕内,持枪威逼王交出现金,遭王反抗,张君即开枪击中王礼明头部,抢走王装有人民币 6000 余元的腰包后逃离现场。王礼明经送医院抢救无效死亡。

(三)1995 年 1 月 25 日上午,被告人张君、严敏共谋后,窜至重庆市渝中区建设银行新华路支行伺机抢劫。按事先分工,张君携枪在外等候,严敏进入银行营业厅观察到李久川、许娣萍的取款情况后,按约定向张君伸出五个手指,示意有 5 万元后离开,张君尾随李、许二人。李久川、许娣萍同行一段分手后,张君尾随李久川至渝中区和平路二巷内,持五四式手枪对李进行威胁,李见状往前跑,张君追上前对其连开数枪,将李久川击倒在地,抢走装有人民币 5 万元的皮包后逃离现场。事后,严敏分得赃款 5000 元。李久川经抢救脱离危险。2000 年 7 月,李因枪伤复发医治无效死亡。

(四)1995 年 12 月 22 日 18 时 30 分许,被告人张君与秦直碧携带五四式手枪、手榴弹、起子、编织袋等作案工具,驾驶摩托车至重庆市友谊华侨股份有限公司沙坪坝分店,二人来到该店黄金柜台,张君持枪、手榴弹威胁营业员和顾客,秦直碧进入柜台内用起子撬开柜台锁劫取柜内的黄金首饰。该店清洁女工李建清见状高声呼喊,被张君开枪击中致死。张君又开枪威胁店内人员后,与秦直碧将黄金、铂金首饰连同托盘装入编织袋中。逃离时,张君又开枪击中行人易勇、冯小玲致二人轻伤。此次劫得黄金首饰 3737. 149 克,铂金首饰 47. 906 克。共计价值人民币 455404. 25 元。

(五)1996 年 12 月 25 日 18 时 40 分许,被告人张君携带五四式手枪,严若明携带铁锤、起子、编织袋等作案工具,至重庆市渝中区上海第一百货公司重庆店黄金柜台。张君持手枪对营业员进行威胁,严若明翻入柜台,端出黄金首饰盘。此时,该店司机唐明亮从门外进来,张君开枪击中唐明亮致其重伤。严若明将黄金首饰连同托盘装入编织袋,与张君迅速逃离现场。逃跑过程中,张君开枪将向光银击成重伤,郑中华击成轻伤。此次劫得黄金首饰5043.147克,价值人民币630393.38元。

(六)1997年11月27日18时许,被告人张君与李泽军、严若明携带五四式手枪、凿刀、编织袋等作案工具,至湖南省长沙市雨花区东塘潇湘友谊商城一楼黄金首饰柜台。张君掏出手枪勒令营业员让开,李泽军、严若明跳进柜台,用凿刀撬开首饰柜,将装有黄金饰品的首饰盒装入编织袋。在抢劫过程中,张君开枪击中商城营业员吴浩、余乐、谭美萍,致吴浩、余乐当场死亡,谭美萍轻伤。张君、李泽军、严若明携带所抢金器跑出商场后,张君又开枪将正在商场外打电话报警的营业员黄佳手背击伤,随后三人驾摩托车逃离现场。此次劫得黄金首饰10977.43克,价值人民币1372179元。

(七)1998年10月,被告人张君决定抢劫湖北省武汉市武汉广场管理有限公司黄金柜台后,即安排秦直碧租用武汉广场附近的江汉区新华街精武路44号门面房开火锅店,为其抢劫作案提供掩护。1998年12月底,张君纠集李泽军、陈世清、赵正洪在常德市桃林宾馆对抢劫武汉广场黄金柜台进行了具体分工。随后,张君先到武汉,并叫杨明燕赶到武汉住在秦直碧所开火锅店内。1999年1月3日,赵正洪、李泽军、陈世清按张君的安排赶到武汉。次日18时50分,李泽军、陈世清、赵正洪按计划到指定地点与张君碰头,4人租乘丁正强驾驶的鄂AX1685号富康出租车到达武汉广场西侧5号门时,张君拿出五四式手枪威胁丁正强,令其跟随李、赵、陈进入商场。张君将车停于商场西侧5号门前,将车厢、车门打开准备接应。赵正洪进入商场后朝保安罗刚射击,因枪卡壳未打响,丁正强趁机逃脱。张君因停车受到商场保安罗凯阻拦,即向罗凯开枪,击落罗的帽子,随即从5号门冲人商场,与赵正洪开枪击中顾客刘晓兵、保安张波,致张波重伤,刘晓兵轻伤。李泽军、陈世清跳入黄金柜台,李用钢钎撬开柜锁,陈将盛有黄金首饰的托盘叠放于柜台上,张君、赵正洪持枪戒备并将黄金饰品连同托盘装入事先准备的口袋中。李泽军还撬开收银台,劫走人民币3.3万元。随后,4人冲出5号门,将装有黄金首饰的袋子放入出租车,由张君驾车准备逃走。此时,巡警方亮、陈胜琪赶到,与张君、李泽军、赵正洪发生枪战。张君绕到方亮、陈胜琪身后,开枪击中方亮、陈胜琪,致方亮重伤,陈胜琪轻伤。交战中还致民工王小明死亡,市民孙建国轻伤。张君回到车上驾车载着李泽军、陈世清、赵正洪沿广场旁边的滑坡路逃窜。4人逃至武汉市新华小路78号停车,将黄金首饰取出。张君随即拦截鄂AT8191号富康出租车,开枪击伤驾驶员张昆,劫车后与李泽军、赵正洪、陈世清驾车逃离现场。此次共劫得人民币3.3万元,黄金首饰21878.672克,价值人民币2634215元。

(八)1999年12月,被告人张君决定抢劫重庆市商业银行陕西路支行朝东路储蓄所,先后多次组织李泽军、陈世清、赵正洪到重庆市渝中区朝天门附近熟悉环境,并在常德市郊进行了抢劫模拟演练。2000年6月17日和18日,张君两次召集李泽军、陈世清在重庆市中山宾馆进行具体分工,并发给二人五四式手枪各1支。6月18日晚,张君让秦直碧于次日上午9时在指定地点等候接应。6月19日上午,张君与李泽军、陈世清携带五四式手枪、手套、假发等作案工具先后到达现场附近。9时许,重庆市商业银行陕西路支行朝东路储蓄所职员张劲、陈影携带装有营业资金的提袋,在经警覃正佳、李子维的护送下进入朝东路,张君向李泽军、陈世清发出信号,李泽军首先开枪将经警覃正佳击倒,陈世清开枪将另一经警李子维击伤后,又持枪追上提着钱袋的女职员张劲,开枪将张劲打死,抢得人民币142434.74元。张君听到枪声后,在现场附近开枪将事先招租的渝B56551号奥拓出租车司机罗运洪打死,劫车后接应李泽军、陈世清逃离现场。

(九)1999年下半年,被告人张君预谋在湖南省安乡县作案,遂利用各种手段拉拢在中国农业银行安乡县支行工作的许军。2000年初,张君向许军打探安乡县哪些人有钱。许军告知有某局长和农业银行行长胡梦廉等人,并向张君提供了二人的个人和家庭具体情况,与张君共同策划抢劫。张君遂安排陈世清准备铁锤、铁锹、手套及装尸用的塑料袋、布袋等作案工具,与李泽军、赵正洪数次开车至安乡县某局长家附近守候,均因其不在家而未得逞。张君又与许军策划抢劫胡梦廉。2000 年 8 月 15 日 18 时许,张君通过许军得知胡梦廉在家的情况后,与陈世清、赵正洪携带铁锹、塑料袋等作案工具驾车前往胡家,许军站在胡家附近为张君通报胡家有关情况,直至张君到达胡家门口后方才离去。21 时许,张君骗开门进入胡梦廉家,持装有消声器的五四式手枪逼住胡梦廉、张元珍夫妇,然后令赵正洪将一张床单撕成条状后将胡梦廉夫妇双手捆住,并用电话通知李泽军赶到胡梦廉家。张君从胡家搜得人民币 1.6 万余元和户名为“张怡书”“刘华”的存折 3 张(存款金额人民币 406691.4 元),以及手表、移动电话、照相机、金首饰、纪念币等财物(价值人民币 16580 元)。张君威逼胡梦廉讲出存折密码。次日凌晨 1 时许,张君、李泽军、赵正洪三人将胡梦廉夫妇押上陈世清驾驶前来接应的车辆。凌晨 3 时许,车行至津市市保河堤镇云台村 8 组地段,张君与赵正洪、李泽军三人将胡梦廉夫妇押进路边棉花地,张君持带消声器的手枪朝胡梦廉、张元珍连开数枪,将二人打死。李泽军、陈世清、赵正洪三人用塑料袋、布袋将尸体装好抬入车后备箱中,4 人将车开至常德市鼎城区石公桥镇杨腊溪村冲柳河滩,李泽军、陈世清、赵正洪三人挖坑将胡梦廉夫妇尸体掩埋。

(十)2000 年 8 月 30 日晚,被告人张君、李泽军、陈世清、赵正洪在湖南省常德市银河大酒店客房策划次日抢劫中国农业银行常德市江北支行的运钞车,并决定租一辆出租车将司机骗至偏僻处杀死将该车作为作案工具。次日中午 12 时 30 分,张君在常德市城区骗租王吉勇驾驶的湘 JX0623 号出租车,按约定在常德市海关附近将李泽军、赵正洪接上车后开车出城。陈世清依约携带 3 支手枪及 9 个弹匣等作案工具在城区等候。当日 14 时许,车行至常德市鼎城区石公桥镇杨腊溪村地段的河堤上,张君令王吉勇停车,持枪对着王称要借车使用一下,令王坐到后排。王吉勇见状悄悄断开座套下的低压保护开关。赵正洪上前开车,但未能将车发动,王吉勇趁张君让其修车之机往河堤下跑去,张君持枪并开枪将王吉勇击倒,李泽军上前朝其头部连开二枪,然后将王吉勇放在出租车后备箱中。3 人上车后由张君开车,仍不能发动,此时听见后备箱中有声音,张君又令李泽军“补火”。李遂持王吉勇放在车上用于防身的尖刀,打开汽车后备箱朝王的胸部连刺 5 刀,致其当场死亡。因车仍不能发动,3 人弃车逃离现场,并拿走王吉勇的诺基亚 5110 型手机等物。

(十一)2000 年 8 月 31 日晚,被告人张君与李泽军、陈世清在湖南省常德市陈乐家中策划次日在中国农业银行常德市江北支行北站分理处抢劫运钞车和押钞经警枪支。次日 17 时许,张君持五四式手枪 1 支,并发给李泽军、陈世清、赵正洪五四式手枪各 1 支和 1 个装满子弹的弹匣。17 时 40 分,李泽军、陈世清、赵正洪到达预定地点等候。18 时许,张君租乘刘辉驾驶的湘 JX1128 号桑塔纳出租车尾随湘 J00230 号运钞车,并用手机告知赵正洪运钞车马上就到,令 3 人做好准备。18 时零 4 分,运钞车停在北站分理处前人行道,张君让刘辉将车停在距分理处西侧约 50 米处,以便接应。李泽军、陈世清、赵正洪同时按预定计划向运钞车靠拢,赵正洪先上前向刚走进营业厅的经警肖卫东射击,将肖击倒,随即又开枪击倒分理处门口的出纳王平。随后,李泽军向从运钞车驾驶室后座下来的经警王建国连开数枪,王头部被击中一枪倒地,李泽军上前抢过 79 式微型冲锋枪。陈世清亦同时向刚走到车右后侧的出纳李敬开枪,随即又向坐在驾驶室的司机周军射击。尔后,赵正洪走到肖卫东身旁对其补枪,李泽军抢得肖的微型冲锋枪提在手中。陈世清又转身朝李敬补枪,从其腰间取下钥匙交给李泽军,然后爬上运钞车后排朝周军颈部补枪。并从车上抢得一装有 400 元零钞的塑料袋。此时,李泽军用钥匙开运钞车后门未成,将钥匙交给赵正洪,赵将钥匙扭断在锁孔内。因分理处警报器鸣响,李泽军等 3 人遂向张君接应处逃窜。在李泽军等人抢劫时,张君开枪将刘辉打死,将其尸体拖下车后,又将骑自行车路过此地的市民孟庆忠打死,并开枪打伤市民程益军及学生邓舟,然后开车接应李泽军等 3 人逃离现场。逃跑途中撞伤幼女谭希,陈世清、赵正洪开枪打伤市民姚必华、汪国良。4 人将出租车弃于常德市武陵区东郊乡甘露寺村一小巷内后分别逃窜。

重庆市第一中级人民法院认为:

被告人张君在 1991 年 6 月至 2000 年 9 月间,单独、伙同他人或组织、指挥他人共同持枪、持械在重庆、湖南、湖北、云南、广西等地,抢劫、故意杀人、抢劫枪支、弹药22次,致28人死亡,5人重伤,15人轻伤,2人轻微伤,劫得财物价值人民币536.9万余元,抢劫出租轿车5辆;抢劫执行任务经警微型冲锋枪2支,子弹20发。张君为了实施抢劫、故意杀人,单独或指使他人非法购买军用手枪15支,子弹2500余发,手榴弹1枚,手雷2枚,霰弹猎枪23支,猎枪子弹2000余发。张君的行为分别构成抢劫罪,故意杀人罪,抢劫枪支、弹药罪,非法买卖枪支、弹药罪,公诉机关指控的罪名成立。张君多次持枪抢劫财物数额巨大,并致多人重伤、死亡,且入户抢劫及抢劫银行,情节特别严重;采取极其残忍的手段恣意杀人,致多人伤亡,后果特别严重;组织、指挥其他犯罪成员持枪抢劫经警枪支,情节特别严重。张君先后将被告人秦直碧、全泓燕以及李泽军、陈世清等人招至麾下,进行犯罪技能训练,先后在重庆、湖南、湖北等地,有组织、有计划地进行一系列抢劫、故意杀人犯罪活动,成员固定,组织严密,作案时间长、次数多,手段残忍,形成了抢劫、故意杀人犯罪集团。张君在该犯罪集团的形成、发展过程中,以及在该犯罪集团的每次犯罪活动中,均起组织、策划、指挥作用,是首要分子,应对该犯罪集团所犯全部罪行承担责任。

被告人秦直碧以非法占有为目的,先后3次参与张君组织的持枪抢劫犯罪活动,致4人死亡、3人重伤、7人轻伤,抢得财物价值人民币326.2万余元,抢劫出租轿车3辆;并接受张君指派,3次非法运输枪支、弹药,其行为分别构成抢劫罪,非法运输枪支、弹药罪。公诉机关指控的罪名成立。秦直碧多次积极参与该犯罪集团的抢劫犯罪活动,系犯罪集团主要成员,并在其直接参与实施的共同抢劫犯罪中起主要作用是主犯,应对其参与的全部犯罪承担责任。

被告人全泓燕以非法占有为目的,与张君共谋杀人抢劫出租车,选定抢劫作案地点;与张君共同枪杀无辜,非法剥夺他人生命,致1人死亡;受张君指派2次非法运输弹药,并在其住所内藏匿霰弹猎枪7支,猎枪子弹800发,军用子弹1201发,其行为分别构成抢劫罪,故意杀人罪,非法运输弹药罪,非法私藏枪支、弹药罪。公诉机关指控的罪名成立。全泓燕积极参与张君犯罪集团的犯罪活动,系该犯罪集团成员,且在其直接参与实施的共同故意杀人中起主要作用,是主犯,应对其参与的全部犯罪承担责任。

被告人严敏以非法占有为目的,伙同他人持枪抢劫1次,致1人死亡,劫得人民币5万元;受张君指派非法运输军用子弹110发,其行为分别构成抢劫罪,非法运输弹药罪。公诉机关指控严敏犯抢劫罪和非法运输弹药罪的罪名成立,但指控非法运输枪支的罪名不成立。严敏伙同他人持枪抢劫财物数额巨大,并致人死亡,情节严重;非法运输弹药数量大,情节严重。

被告人莫金英为非法牟利,向张君非法出售五四式手枪13支、子弹2400余发、弹匣13个,其行为构成非法买卖枪支、弹药罪。公诉机关指控的罪名成立。莫金英非法出售枪支、弹药数量大,且造成多人伤亡和巨额公私财物损失的严重后果,情节特别严重。

被告人纳波、朱加武为非法牟利,共同向张君非法出售五四式手枪1支,纳波还单独非法出售军用子弹30发、手榴弹1枚。纳波的行为构成非法买卖枪支、弹药罪,朱加武的行为构成非法买卖枪支罪。公诉机关指控的罪名成立。纳波、朱加武非法出售的枪支造成了多人伤亡和巨额公私财物损失的严重后果,情节特别严重。

被告人王俊为非法牟利,从他人手中取得五四式手枪1支非法加价转卖给被告人张君,其行为构成非法买卖枪支罪。公诉机关指控的罪名成立。王俊非法出售的枪支造成了多人伤亡和巨额公私财物损失的严重后果,情节特别严重。

被告人陈世星介绍他人非法买卖五四式手枪1支,非法出售军用子弹110发、手雷2枚,其行为构成非法买卖枪支、弹药罪。公诉机关指控的罪名成立。陈世星介绍非法买卖的枪支造成了多人伤亡和巨额公私财物损失的严重后果,情节特别严重。鉴于陈世星在非法买卖枪支中起介绍作用,且如实供述自己的罪行,认罪态度好,可酌情从宽处罚。

被告人杨明燕为张君犯罪集团非法运输五四式手枪7支、子弹3盒、霰弹猎枪8支;明知张君及其犯罪集团成员在武汉广场抢劫后,为张君销毁作案工具,其行为构成非法运输枪支、弹药罪,包庇罪。公诉机关指控的罪名成立。杨明燕非法运输枪支数量巨大,情节严重。鉴于杨明燕非法运输枪支、弹药系受张君指使,且在非法运输枪支、弹药中的地位和作用相对于张君、李泽军、陈世清较小等具体情节,可酌情从宽处罚。

被告人杨明军利用保管弹药的工作之便,先后窃取六四式手枪子弹 455 发,并非法提供给被告人张君,其行为构成盗窃弹药罪。公诉机关指控其非法出售弹药的证据不足,罪名不当。杨明军盗窃弹药数量大,情节严重。鉴于其盗窃的弹药未被张君等人用于实施犯罪,可酌情从轻处罚。

依照《中华人民共和国刑法》第二百六十三条第(一)、(三)、(四)、(五)、(七)项、第二百三十二条、第一百二十八条第一款、第一百二十七条第一款、第二款、第一百二十五条第一款、第三百一十条第一款、第二十五条第一款、第二十六条第二、三、四款、第四十八条第一款、第五十五条第一款、第五十七条第一款、第六十四条、第六十九条、第三十六条第一款、第十二条、1979 年《中华人民共和国刑法》第一百一十二条、第二十二条第一款、第四十三条第一款、第五十一条第一款、第五十三条第一款、全国人大常委会《关于严惩严重危害社会治安的犯罪分子的决定》第一条第(四)项、《中华人民共和国民法通则》第一百一十九条的规定,于 2001 年 4 月 25 日判决如下:

被告人张君犯抢劫罪,判处死刑,剥夺政治权利终身,并处没收个人全部财产;犯故意杀人罪,判处死刑,剥夺政治权利终身;犯非法买卖枪支、弹药罪,判处死刑,剥夺政治权利终身;犯抢劫枪支、弹药罪,判处死刑,剥夺政治权利终身。决定执行死刑,剥夺政治权利终身,并处没收个人全部财产;已追回的违法所得人民币 2550 元予以追缴。

被告人秦直碧犯抢劫罪,判处死刑,剥夺政治权利终身,并处没收个人全部财产;犯非法运输枪支、弹药罪,判处无期徒刑,剥夺政治权利终身。决定执行死刑,剥夺政治权利终身,并处没收个人全部财产;已追回的违法所得人民币 16935 元予以追缴。

被告人全泓燕犯故意杀人罪,判处死刑,剥夺政治权利终身;犯抢劫罪(预备),判处有期徒刑十年,剥夺政治权利二年,并处罚金人民币三万元;犯非法运输弹药罪,判处有期徒刑十年,剥夺政治权利二年;犯私藏枪支、弹药罪,判处有期徒刑七年。决定执行死刑,剥夺政治权利终身,并处罚金人民币三万元。

被告人严敏犯抢劫罪,判处死刑,剥夺政治权利终身,并处没收个人全部财产;犯非法运输弹药罪,判处有期徒刑十三年,剥夺政治权利四年。决定执行死刑,剥夺政治权利终身,并处没收个人全部财产;已追回的违法所得人民币 2386 元予以追缴。

被告人莫金英、纳波犯非法买卖枪支、弹药罪,均判处死刑,剥夺政治权利终身。

被告人朱加武、王俊犯非法买卖枪支罪,均判处死刑,剥夺政治权利终身。

被告人陈世星犯非法买卖枪支、弹药罪,判处死刑,缓期二年执行,剥夺政治权利终身。

被告人杨明燕犯非法运输枪支、弹药罪,判处死刑,缓期二年执行,剥夺政治权利终身;犯包庇罪,判处有期徒刑十年,剥夺政治权利二年。决定执行死刑,缓期二年执行,剥夺政治权利终身。

被告人杨明军犯盗窃弹药罪,判处无期徒刑,剥夺政治权利终身。

被告人张君赔偿附带民事诉讼原告人黄仲素赡养费人民币 5400 元、罗坤抚养费人民币 1620 元、林洪玫支付的丧葬费人民币 1500 元,赔偿附带民事诉讼原告人林洪玫、黄仲素、罗坤因被害人罗运洪死亡的补偿费人民币 53500 元;赔偿附带民事诉讼原告人向光银的治疗费人民币 18000 元。

常德市中级人民法院认为:被告人李泽军、陈世清、赵正洪、严若明、许军、李金生、王雨在首要分子张君的组织、领导下,为共同实施抢劫、故意杀人等暴力犯罪活动,以湖南省常德市、重庆市涪陵区为窝点,进行各种犯罪技能训练,精心物色犯罪目标,在长时间内大肆共同进行抢劫、故意杀人犯罪活动,并在犯罪过程中形成了成员固定、分工明确、组织严密的犯罪组织,已构成抢劫、故意杀人犯罪集团。

被告人李泽军以非法占有为目的,采取暴力手段劫取公私财物的行为,已构成抢劫罪,且系入户抢劫、抢劫银行、抢劫数额巨大、抢劫中致人重伤、死亡、持枪抢劫;非法剥夺他人生命的行为,已构成故意杀人罪,且手段特别残忍,情节特别恶劣,后果特别严重;以暴力手段强行劫取枪支、弹药的行为,已构成抢劫枪支、弹药罪;违反国家有关枪支、弹药管理法规,私自买卖枪支、弹药的行为,已构成非法买卖枪支、弹药罪,且情节严重。公诉机关指控的罪名成立。李泽军系犯罪集团的主要成员,是主犯,应对其参与的全部犯罪负责。

被告人陈世清以非法占有为目的,采取暴力手段劫取公私财物的行为,已构成抢劫罪,且系入户抢劫、抢劫银行、多次抢劫和抢劫数额巨大、抢劫中致人重伤、死亡、持枪抢劫;非法剥夺他人生命的行为,已构成故意杀人罪,且手段特别残忍,情节特别恶劣,后果特别严重;以暴力手段强行劫取枪支、弹药的行为,已构成抢劫枪支、弹药罪;违反国家有关枪支、弹药管理法规,私自买卖枪支、弹药的行为,已构成非法买卖枪支、弹药罪,且情节严重;故意伤害他人致人重伤的行为,已构成故意伤害罪。公诉机关指控的罪名成立。陈世清系犯罪集团的主要成员,是主犯,应对其参与的全部犯罪负责。陈世清被公安机关通缉后,在亲友的规劝下,电话向公安机关投案,如实供述自己的罪行,应认定为自首。但其罪行极其严重,不宜从轻处罚。

被告人赵正洪以非法占有为目的,采取暴力手段劫取公私财物的行为,已构成抢劫罪,且系入户抢劫、抢劫银行、抢劫数额巨大、抢劫中致人重伤、死亡、持枪抢劫;非法剥夺他人生命的行为,已构成故意杀人罪,且手段特别残忍,情节特别恶劣,后果特别严重;以暴力手段强行劫取枪支、弹药的行为,已构成抢劫枪支、弹药罪;违反国家有关枪支、弹药管理法规,私自买卖枪支、弹药的行为,已构成非法买卖枪支、弹药罪,且情节严重;采用暴力相威胁的手段,强索他人财物数额较大的行为,已构成敲诈勒索罪。公诉机关指控的罪名成立。李泽军系犯罪集团的主要成员,是主犯,应对其参与的全部犯罪负责。

被告人严若明以非法占有为目的,采取暴力手段劫取公私财物的行为,已构成抢劫罪,且系抢劫数额巨大、抢劫中致人重伤、死亡、持枪抢劫。公诉机关指控的罪名成立。严若明系犯罪集团的主要成员,是主犯,应对其参与的全部犯罪负责。

被告人许军以非法占有为目的,伙同他人积极策划以暴力手段劫取他人财物,积极指示抢劫目标的行为,已构成抢劫罪,系入户抢劫,抢劫数额巨大。公诉机关指控的罪名成立。许军系犯罪集团成员,在共同抢劫犯罪中起主要作用,系主犯。

被告人李金生非法剥夺他人生命的行为,已构成故意杀人罪,且情节恶劣,后果严重。公诉机关指控的罪名成立。李金生系犯罪集团成员,在共同故意杀人犯罪中起主要作用,系主犯。李金生在解除劳动教养后实施犯罪,应酌情从重处罚。

被告人王雨以非法占有为目的,参与策划并实施抢劫作案,劫取他人财物的行为,已构成抢劫罪,且系抢劫数额巨大,抢劫中致人重伤、死亡,持枪抢劫;参与策划非法剥夺他人生命的行为,已构成故意杀人罪,且情节严重。公诉机关指控的罪名成立。王雨系犯罪集团成员,在其参与的共同抢劫、故意杀人犯罪中未直接使用暴力,起次要作用,系从犯,依法应当从轻处罚。

依照《中华人民共和国刑法》第二百六十三条第(一)、(三)、(四)、(五)、(七)项,第二百三十二条,第一百二十七条第二款,第一百二十五条第一款,第二百三十四条第二款,第二百七十四条,第二十六条第一、二、四款,第二十七条,第五十六条第一款,第五十五条第一款,第五十七条第一款,第六十九条和第三十六条第一款、《中华人民共和国民法通则》第一百一十九条、第一百三十条的规定,于2001年4月21日判决如下:

被告人李泽军犯抢劫罪,判处死刑,剥夺政治权利终身,并处没收个人全部财产;犯故意杀人罪,判处死刑,剥夺政治权利终身;犯抢劫枪支、弹药罪,判处死刑,剥夺政治权利终身;犯非法买卖枪支、弹药罪,判处无期徒刑,剥夺政治权利终身。决定执行死刑,剥夺政治权利终身,并处没收个人全部财产。

被告人陈世清犯抢劫罪,判处死刑,剥夺政治权利终身,并处没收个人全部财产;犯故意杀人罪,判处死刑,剥夺政治权利终身;犯抢劫枪支、弹药罪,判处死刑,剥夺政治权利终身;犯非法买卖枪支、弹药罪,判处无期徒刑,剥夺政治权利终身;犯故意伤害罪,判处有期徒刑五年。决定执行死刑,剥夺政治权利终身,并处没收个人全部财产。

被告人赵正洪犯抢劫罪,判处死刑,剥夺政治权利终身,并处没收个人全部财产;犯故意杀人罪,判处死刑,剥夺政治权利终身;犯抢劫枪支、弹药罪,判处死刑,剥夺政治权利终身;犯非法买卖枪支、弹药罪,判处死刑,剥夺政治权利终身;犯敲诈勒索罪,判处有期徒刑三年。决定执行死刑,剥夺政治权利终身,并处没收个人全部财产。

被告人严若明、许军犯抢劫罪,均判处死刑,剥夺政治权利终身,并处没收个人全部财产。

被告人李金生犯故意杀人罪,判处死刑,剥夺政治权利终身。

被告人王雨犯抢劫罪,判处无期徒刑,剥夺政治权利终身,并处没收个人全部财产;犯故意杀人罪,判处有期徒刑十五年,剥夺政治权利五年。决定执行无期徒刑,剥夺政治权利终身,并处没收个人全部财产。

被告人李泽军、严若明共同赔偿余天觉、何四媛经济损失人民币 26740 元;被告人李泽军、陈世清、赵正洪共同赔偿刘楚和、谢圣娥、覃雪萍、刘梦雅经济损失人民币 22540 元;被告人李泽军、陈世清、赵正洪共同赔偿孟现亮、瞿明英、孟蕾经济损失人民币 14620 元;被告人李泽军、陈世清、赵正洪共同赔偿谭希经济损失人民币 6572.50 元。

一审宣判后,被告人秦直碧、全泓燕、严敏、莫金英、纳波、朱加武、王俊、陈世星、杨明燕、杨明军不服,向重庆市高级人民法院提出上诉。被告人李泽军、严若明、许军、李金生不服,向湖南省高级人民法院提出上诉。

重庆市高级人民法院经审理认为:上诉人秦直碧以非法占有为目的,先后 3 次参与张君抢劫、杀人犯罪集团组织的持枪抢劫和运输枪支、弹药犯罪活动,其行为已构成抢劫罪,非法运输枪支、弹药罪。秦直碧具有抢劫银行、多次抢劫、抢劫数额巨大、抢劫中致人重伤、死亡、持枪抢劫的情节,犯罪情节特别严重;非法运输枪支、弹药多次,情节严重。秦直碧在 3 次参与犯罪集团首要分子张君组织的持枪抢劫中,积极完成张君指派的任务,为该犯罪集团完成犯罪起了重要作用,是犯罪集团的主要成员,系主犯,应对其参与的全部犯罪承担责任。

上诉人全泓燕为加入以张君为首的犯罪集团,与张君共同枪杀无辜,致 1 人死亡;受张君指派两次非法运输弹药,并在其住所内藏匿大量枪支、弹药;以非法占有为目的,与张君共谋杀人抢劫出租车,选定抢劫作案地点,其行为已构成故意杀人罪,非法运输弹药罪,私藏枪支、弹药罪,抢劫罪。全泓燕持枪杀人,手段残忍,后果严重;私藏枪支、弹药数量大,情节严重;为张君杀人抢劫选择作案地点的行为,属犯罪预备,可依法从轻处罚。全泓燕积极参与张君组织、领导的犯罪集团的犯罪活动,系该犯罪集团成员,且在其直接参与实施的共同故意杀人中起主要作用,是主犯,应对其参与的全部犯罪承担罪责。

上诉人严敏以非法占有为目的,伙同张君共同持枪抢劫 1 次,致 1 人死亡,劫得人民币 5 万元;受张君指派非法运输军用子弹 110 发,其行为已构成抢劫罪,非法运输弹药罪。严敏具有参与持枪抢劫、抢劫数额巨大、抢劫中致人死亡的情节,犯罪情节严重;非法运输的弹药数量大,情节严重。

上诉人莫金英向张君非法出售五四式手枪 13 支、子弹 2400 余发、弹匣 13 个,其行为已构成非法买卖枪支、弹药罪。非法出售枪支、弹药数量大,且造成多人伤亡和巨额公私财物损失的严重后果,情节特别严重。

上诉人纳波、朱加武共同向张君非法出售五四式手枪 1 支,纳波单独非法出售军用子弹 30 发、手榴弹 1 枚,纳波的行为构成非法买卖枪支、弹药罪,朱加武的行为构成非法买卖枪支罪。非法出售的枪支造成多人伤亡和巨额公私财物损失的严重后果,情节特别严重。

上诉人王俊通过陈世星介绍从他人手中非法取得五四式手枪 1 支,加价转卖给张君,其行为已构成非法买卖枪支罪。非法出售的枪支造成多人伤亡和巨额公私财物损失的严重后果,情节特别严重。

上诉人陈世星介绍他人非法买卖五四式手枪 1 支,非法出售军用子弹 110 发、手雷 2 枚,其行为已构成非法买卖枪支、弹药罪。其介绍非法买卖的枪支造成多人伤亡和巨额公私财物损失的严重后果,情节特别严重。

上诉人杨明燕为张君犯罪集团非法运输五四式手枪 7 支、子弹 3 盒、霰弹猎枪 8 支;明知张君等人抢劫后,为张君销毁作案工具,其行为已构成非法运输枪支、弹药罪,包庇罪。其所运枪支数量巨大,情节严重;包庇严重危害社会治安的犯罪分子,情节严重。

上诉人杨明军利用保管弹药的工作之便,先后窃取六四式手枪子弹455发,非法提供给张君,其行为已构成盗窃弹药罪。其盗窃弹药数量大,情节严重。

原审被告人张君的行为构成抢劫罪,故意杀人罪,抢劫枪支、弹药罪,非法买卖枪支、弹药罪。张君具有多次持枪抢劫、抢劫数额巨大、抢劫中致多人重伤、死亡、入户抢劫及抢劫银行的情节,情节特别严重;采取极其残忍的手段恣意杀人,致多人死亡,后果特别严重;组织、指挥其他犯罪成员共同持枪抢劫经警枪支,情节特别严重;非法买卖的枪支、弹药数量巨大,情节严重。张君纠合秦直碧、全泓燕以及李泽军、陈世清等人,先后在重庆、湖南、湖北等地,有组织、有计划地进行一系列抢劫、故意杀人犯罪活动,成员固定,组织严密,作案时间长、次数多,犯罪手段残忍,形成了抢劫、故意杀人犯罪集团。张君是该集团的首要分子,应对该犯罪集团所犯的全部罪行承担责任。张君因其犯罪行为给原审附带民事诉讼原告人造成的损害应依法赔偿经济损失。

综上,重庆市高级人民法院认为,原审判决定罪正确,量刑和民事赔偿适当,审判程序合法。上诉人的上诉理由和辩护人的辩护意见不能成立。依照《中华人民共和国刑事诉讼法》第一百八十九条第(一)项的规定,于2001年5月20日作出如下裁定:

驳回上诉,维持原判。

湖南省高级人民法院经审理认为:上诉人李泽军、严若明、许军、李金生和原审被告人陈世清、赵正洪、王雨在张君的组织、指挥下,精心选择犯罪目标,准备作案工具,进行各种犯罪技能训练,在"湘、渝、鄂"地区实施了一系列抢劫、故意杀人等暴力犯罪活动,且作案时间长,次数多,犯罪成员基本固定,实施犯罪中分工明确,犯罪组织严密,作案手段残忍。其犯罪组织的特征符合我国刑法规定的犯罪集团构成要件,构成了抢劫、故意杀人犯罪集团。

上诉人李泽军采取暴力手段劫取公私财物的行为,已构成抢劫罪,且具有入户抢劫,抢劫银行,抢劫数额巨大,抢劫中致人重伤、死亡,持枪抢劫等情节;非法故意剥夺他人生命的行为,已构成故意杀人罪,且手段特别残忍,情节特别恶劣,后果特别严重;以暴力手段强行劫取枪支、弹药的行为,已构成抢劫枪支、弹药罪;参与非法买卖枪支、弹药的行为,已构成非法买卖枪支、弹药罪,且情节严重。李泽军系该犯罪集团的主要成员,是主犯,应按其所参与的全部犯罪处罚。

上诉人严若明采取暴力手段劫取公有财物的行为,已构成抢劫罪,且具有抢劫数额巨大,抢劫中致人重伤、死亡,持枪抢劫等情节。严若明在与张君抢劫上海市第一百货公司重庆店黄金屋和与张君、李泽军抢劫长沙友谊商城的两次犯罪中,多次共同策划、事先踩点、准备作案工具、进行犯罪技能训练;在抢劫中,行为积极主动,并具体实施了抢劫行为,是该犯罪集团的主要成员,是主犯,应按其所参与的全部犯罪处罚。

上诉人许军与张君积极策划以暴力手段劫取公私财物,积极指示抢劫目标的行为,已构成抢劫罪。且具有入户抢劫,抢劫数额巨大的情节。许军系该犯罪集团成员,在共同抢劫犯罪中起主要作用,系主犯。

上诉人李金生在张君的指挥下,非法故意剥夺他人生命的行为,已构成故意杀人罪,且罪行极其严重。李金生系该犯罪集团成员,在共同故意杀人犯罪中起了主要作用,是主犯。

原审被告人陈世清采取暴力手段劫取公私财物的行为,已构成抢劫罪,且具有入户抢劫,抢劫银行,多次抢劫和抢劫数额巨大,抢劫中致人重伤、死亡,持枪抢劫等情节;非法故意剥夺他人生命的行为,已构成故意杀人罪,且手段特别残忍,情节特别恶劣,后果特别严重;以暴力手段强行劫取枪支、弹药的行为,已构成抢劫枪支、弹药罪;参与非法买卖枪支、弹药的行为,已构成非法买卖枪支、弹药罪,且情节严重;故意伤害他人身体健康,致人重伤的行为,已构成故意伤害罪。陈世清系该犯罪集团主要成员,是主犯,应按其所参与的全部犯罪处罚。被告人陈世清被公安机关通缉后,在亲友的规劝下,电话向公安机关投案,且投案后能如实供述自己的罪行,应认定为自首。但陈世清所犯罪行极其严重,手段特别残忍,情节特别恶劣,后果特别严重。其虽有自首情节,亦不能从轻处罚。

原审被告人赵正洪采取暴力手段劫取公私财物的行为,已构成抢劫罪,且具有入户抢劫,抢劫银行,多次抢劫和抢劫数额巨大,抢劫中致人重伤、死亡,持枪抢劫等情节;非法故意剥夺他人生命的行为,已构成故意杀人罪,且手段特别残忍,情节特别恶劣,后果特别严重;以暴力手段强行劫取枪支、弹药的行为,已构成抢劫枪支、弹药罪;参与非法买卖枪支、弹药的行为,已构成非法买卖枪支、弹药罪,且情节严重;采用暴力威胁的手段,强索他人财物,数额较大的行为,已构成敲诈勒索罪。赵正洪系该犯罪集团主要成员,是主犯,应按其所参与的全部犯罪处罚。

原审被告人王雨参与策划并实施抢劫作案,劫取公有财物的行为,已构成抢劫罪,且具有抢劫数额巨大,抢劫中致人重伤、死亡,持枪抢劫等情节;参与策划非法故意剥夺他人生命的行为,已构成故意杀人罪,且情节严重。王雨系该犯罪集团成员,但在其参与的共同抢劫、故意杀人犯罪中只起了次要作用,系从犯,依法应当从轻处罚。

综上,湖南省高级人民法院认为,原审判决定罪正确,量刑和民事赔偿适当,审判程序合法。上诉人的上诉理由和辩护人的辩护意见不能成立。依照《中华人民共和国刑事诉讼法》第一百八十九条第(一)项的规定,于 2001 年 5 月 18 日作出如下裁定:

驳回上诉,维持原判。

二、裁判要旨

No. 5-263-74　三人以上为实施犯罪而结成较为固定的犯罪组织的,是犯罪集团。

犯罪集团是指 3 人以上为实施犯罪而组成的、较为固定的犯罪组织。犯罪集团一般具有以下 5 个特征:(1)人数较多(3 人以上),重要成员固定或基本固定。(2)经常纠集在一起进行一种或数种严重的刑事犯罪活动。(3)有明显的首要分子。有的首要分子是在纠集过程中形成的,有的首要分子在纠集开始时就是组织者和领导者。(4)有预谋地实施犯罪活动。(5)不论作案次数多少,对社会造成的危害或其具有的危险性都很严重。

被告人张君为实施抢劫、杀人犯罪活动,从 1995 年 1 月至 2000 年 9 月,先后纠集被告人秦直碧、全泓燕以及李泽军、陈世清、赵正洪、严若明、李金生、许军、王雨等人,以湖南省常德市、重庆市涪陵区为据点,进行各种犯罪技能训练,有组织、有预谋地大肆进行抢劫、杀人犯罪活动,作案时间长,次数多,犯罪手段残忍,对社会造成的危害特别严重。该组织具有人数较多,主要成员固定,经常纠集在一起进行有预谋的抢劫、杀人犯罪活动,有明显的首要分子,作案次数多,对社会造成的危害特别严重的特征,一、二审法院认定其为抢劫、故意杀人犯罪集团是正确的。在该犯罪集团中,张君在犯罪集团的形成、发展过程中,以及在每次犯罪活动中,均起组织、策划、指挥作用,是该犯罪集团的首要分子。李泽军、陈世清、赵正洪、严若明、秦直碧多次参加犯罪集团的抢劫、杀人犯罪活动,是该犯罪集团的主要成员,李金生、许军、王雨、全泓燕参加了犯罪集团的抢劫、杀人犯罪活动,是该犯罪集团成员。

No. 5-263-75　一般情况下,对集团犯罪案件,应坚持并案审理。

根据最高人民法院、最高人民检察院、公安部 1984 年 6 月 15 日《关于当前办理集团犯罪案件中具体应用法律的若干问题的解答》第三条的规定。对集团犯罪案件要坚持全案审判的原则。否则,不仅可能造成定罪不准,量刑失当,而且会造成死无对证,容易漏掉同案成员的罪行,甚至漏掉罪犯。对于确实需要分案审判的,也必须做到统一事实,统一定罪,统一量刑,确保案件的审判质量。张君抢劫、故意杀人犯罪集团的被告人分别居住于湖南、重庆、云南等地,其犯罪地涉及湖南、重庆、湖北、广西、云南等地,根据《中华人民共和国刑事诉讼法》第二十四条的规定,上述地区的人民法院均具有管辖权。鉴于湖南、重庆为主要犯罪地和居住地,且主要被告人在两地被抓获、被拘捕、被关押,以及由两地公安机关分别侦查取证,如由一地法院审判,涉及案犯押解、案件移交等诸多工作,耗时费力。为保证案件及时交付审判,便于诉讼,决定全案由重庆市和湖南省两地法院分案审判。同时决定两地在同一时间起诉,同一时间开庭,同一时间宣判,做到事实、定罪、量刑三统一。由于两地公安、检察、法院协调一致,相互配合,密切协作,较好地保证了案件的审判质量。实践证明,这一部署是成功的。当然,这种分案审理是针对特殊案件的特殊办法。一般情况下,对共同犯罪案件、集团犯罪案件,应坚持一案审理。

No.5-263-76　抢劫行为实施完毕后为了灭口、抗拒抓捕、逃跑等又实施杀人行为的,应以抢劫罪和故意杀人罪实行并罚。

对于在抢劫后为灭口而杀人、抢劫后为抗拒抓捕而杀人和抢劫后在逃跑过程中杀死行人的,由于行为人已经完成抢劫行为,即抢劫的财物已经到手,又为了灭口、抗拒抓捕或逃窜实施杀人行为,其杀人行为已不属于抢劫罪的手段行为,而是在新的犯罪动机支配下实施的故意杀人行为。因此,认定为抢劫罪和故意杀人罪两个罪,并实行数罪并罚。

No.5-263-77　为了劫财而先实施杀人行为的,或者在抢劫过程中为制服被害人或排除妨碍而实施杀人行为的,应以抢劫罪一罪论处。

理由是:(1)抢劫行为是一种复合行为,包括目的行为和手段行为。抢劫罪的目的行为是侵犯财产的非法谋财行为,抢劫罪的手段行为是为保证实现目的行为而采取的侵犯公民人身的暴力、胁迫或者其他行为。其中暴力行为是抢劫罪最常见的手段行为。只要行为人所采取的暴力行为是用来排除被害人反抗从而劫取财物的手段,则不论这一暴力行为是扭抱、捆绑、禁闭等较轻的暴力强制行为,还是严重侵害被害人人身的殴打、伤害以致杀害的行为,均属于我国刑法规定的抢劫罪的暴力行为。(2)在抢劫犯罪中,经常发生以杀人为手段劫取财物的案件。如果把故意杀人排除在抢劫罪条文里的致人死亡之外,显然不符合立法原意,也违背了犯罪构成理论。根据犯罪构成理论,任何一种犯罪必须具备该罪所必须的构成要件。在杀人抢劫案件中,如果把杀人行为划归故意杀人罪,则抢劫罪里没有了暴力行为,也就不成其为抢劫罪了;如果把杀人行为既作为故意杀人罪的行为,又作为抢劫罪的暴力手段行为,一个行为同时作为两个罪的构成要件,显然违背了我国刑法的犯罪构成理论。因此,《中华人民共和国刑法》第二百六十三条第(五)项抢劫致人重伤、死亡中的死亡,应当包括故意伤害致人死亡、间接故意杀人致人死亡和直接故意杀人致人死亡。当然,抢劫罪中的致人死亡包括故意杀人在内是有条件的,即杀人必须是在实施抢劫过程中,作为暴力劫取财物的手段行为当场实施的。如果行为人在抢劫后出于灭口、复仇或其他动机而又杀死被害人的,当然应定抢劫和故意杀人两个罪。(3)有人担心对抢劫杀人的行为只定抢劫罪,而不定故意杀人罪,不两罪并罚,会导致打击不力,轻纵罪犯。其实这个担心是没有必要的。抢劫罪和故意杀人罪的法定最高刑都是死刑,而且从最低刑看,抢劫罪的处罚要更严厉一些。因为故意杀人罪情节较轻的最低刑为三年有期徒刑,而抢劫罪致人死亡的最低刑为十年有期徒刑。此外,抢劫罪还比故意杀人罪多设置一个附加刑,即可以并处罚金或者没收财产。所以,对抢劫杀人行为认定为抢劫罪,完全符合罪刑相适应的要求,能够依法给犯罪分子以严厉的惩罚,不会轻纵罪犯。

No.5-263-78　抢劫完毕后为逃跑而杀死司机劫取机动车辆作为逃跑工具的,不以故意杀人罪和抢劫罪并罚,应以抢劫罪一罪论处。

对于抢劫后为逃跑而杀死司机劫取出租车作为交通工具的行为,一、二审判决、裁定认定为抢劫罪。理由是:虽然行为人的杀人行为是在抢劫完成之后实施的,但其杀人行为是为了抢劫出租车作为逃跑的交通工具。因此,这是一个新的抢劫行为,亦应认定为抢劫罪。

No.5-263-79　利用保管本单位弹药的职务之便,将本人保管的弹药据为己有后予以出卖的,不构成非法买卖弹药罪,应以盗窃弹药罪论处。

被告人杨明军利用职务之便,将其保管的长江水运股份有限公司公安科的455发六四式手枪子弹提供给张君。起诉认定杨明军的行为构成非法买卖弹药罪,一审判决和二审裁定则认定杨明军的行为构成盗窃弹药罪。这一裁判是正确的。理由是:非法买卖弹药罪,是指违反法律规定,私自购买或者出售弹药的行为。盗窃弹药罪,是指秘密窃取弹药的行为。两个罪侵犯的客体均是社会的公共安全,犯罪对象均是弹药,在主观方面均是故意。但二者在主体和客观方面均有区别。非法买卖弹药的主体,既包括个人,也包括单位;而盗窃弹药罪的主体为一般主体,单位不构成本罪。非法买卖弹药罪在客观方面,表现为非法买卖,是指没有法律上的依据,也未经国家有关主管部门的许可,私自购买或者出售弹药的行为;而盗窃弹药罪在客观方面表现为实施了秘密窃取的行为。杨明军利用保管本单位弹药的职务之便,将其保管的弹药据为己有的行为,即我们通常所说的监守自盗。其行为符合盗窃弹药罪的基本特征,应认定为盗窃弹药罪。至于他将盗窃后的弹药如何处分,是据为己有,还是送与他人或非法出售,并不影响本罪的构成,只是量刑时考虑的情节。

案例:赖忠等故意伤害案

案例来源:《刑事审判参考》总第38集[第298号]

主题词:抢劫罪 故意伤害罪

一、基本案情

被告人赖忠,男,1968年2月15日出生,汉族,初中文化,无业。曾因敲诈勒索于1996年12月被免予起诉。因涉嫌犯抢劫罪于2003年4月30日被逮捕。

被告人苏绍俊,男,1969年4月4日出生,汉族,初中文化,个体户。因涉嫌犯抢劫罪于2003年6月26日被逮捕。

被告人李海,男,1975年11月24日出生,汉族,小学文化,赣州市新涛实业公司员工。曾因犯盗窃罪、抢劫罪于1993年12月被判处有期徒刑6年,1997年6月18日被假释。现因涉嫌犯抢劫罪于2003年4月25日被逮捕。

被告人徐旭明,男,1973年2月10日出生,汉族,高中文化,无业。因涉嫌犯抢劫罪于2003年10月27日被逮捕。

赣州市章贡区人民法院经审理查明:2002年2月20日中午,被告人赖忠携带人民币1万元,伙同孙志坚到赣州市章贡区沙河镇东坑村一荒山上与被害人谢春生及夏慈秀等人赌博。被告人赖忠及孙志坚在赌博中输给谢春生人民币9500元。被告人赖忠怀疑谢春生在赌博中作弊,即回到城区内,邀集被告人李海、苏绍俊、徐旭明等人,携带砍刀等凶器乘坐出租车返回沙河镇东坑村,欲强行索回输掉的9500元。下午3时许,赖忠、李海、苏绍俊、徐旭明等人乘坐的出租车在沙河镇公路上与谢春生、夏慈秀等人相遇。赖忠要求谢春生退回输掉的9500元,遭到谢春生的拒绝。赖忠遂持刀朝谢春生头部砍击,李海、苏绍俊、徐旭明等人也持刀砍谢春生肩部和腿部,并将谢春生砍倒在地。夏慈秀等人见状,遂凑足9500元交与赖忠一伙,赖忠等人收钱后,即逃离现场。经鉴定,被害人谢春生的损伤程度为轻伤甲级,伤残八级。2002年3月,徐旭明、赖忠主动到公安机关投案。

赣州市章贡区人民法院认为:被告人赖忠、李海、苏绍俊、徐旭明索回的财物仅是自己输掉的赌资,主观上不具有非法占有的目的,不符合抢劫罪的构成要件,不构成抢劫罪。被告人赖忠、李海、苏绍俊、徐旭明为索回输掉的赌资,共同伤害他人身体,致人轻伤甲级,均已构成故意伤害罪,应依法惩处。被告人赖忠、徐旭明具有自首情节,可以从轻处罚。被告人李海曾因故意犯罪被判处有期徒刑,在假释期满之日起五年内又犯应当判处有期徒刑以上刑罚之罪,系累犯,应当从重处罚。据此,依照《中华人民共和国刑法》第二百三十四条第一款、第二十五条第一款、第六十七条第一款、第六十五条的规定,判决如下:

1. 被告人赖忠犯故意伤害罪,判处有期徒刑三年。
2. 被告人李海犯故意伤害罪,判处有期徒刑三年。
3. 被告人苏绍俊犯故意伤害罪,判处有期徒刑二年六个月。
4. 被告人徐旭明犯故意伤害罪,判处有期徒刑二年。

赣州市章贡区人民检察院不服,抗诉称被告人赖忠等人的行为均已构成抢劫罪。在二审审理过程中,江西省赣州市人民检察院认为抗诉不当,申请撤回抗诉。

江西省赣州市中级人民法院认为:原审被告人赖忠、李海、徐旭明、上诉人苏绍俊为索回输掉的赌资,共同故意伤害他人身体,致一人轻伤甲级,其行为均已构成故意伤害罪。江西省赣州市人民检察院撤回抗诉的要求,符合法律规定。依照《中华人民共和国刑事诉讼法》第一百八十五条第二款、最高人民法院《关于执行中华人民共和国刑事诉讼法若干问题的解释》第二百四十一条之规定,裁定如下:准许江西省赣州市人民检察院撤回抗诉。

二、裁判要旨

No. 5-263-80 使用暴力手段抢回所输赌资的,不构成抢劫罪,暴力行为造成轻伤以上后果的,应以故意伤害罪论处。

(一)从犯罪客体看

法律规定财产所有权的转让、取得必须通过合法的手段,赌博是违法行为,赌博不能改变财产的所有权,通过赌博赢得的钱不受法律保护,被害人赢得的钱即便为被害人占有,也不表明其当然享有合法的所有权。因此,被告人赖忠等人未侵害被害人的财产所有权。赌博是违法行为,赌资是赃款,依法应予没收,上缴国库,归国家所有。但是,在赌博行为尚未被公安机关发觉、查处之前,赌资或赌博所得赃款尚未被有权机关依法扣押、占有、保管、控制,还不能视为就是国家财产。因此,被告人赖忠等人从被害人手中抢回赌资的行为未侵害国家的财产所有权。审判实践中,抢劫国家财产通常是通过对国家财产的合法占有、保管、控制人的人身实施侵害来实现的;在本案中,受到侵害的只是临时占有赌资的被害人,被告人赖忠等人并未对国家财产的合法占有、保管、控制人的人身实施侵害。

(二)从主观方面看

抢劫罪的主观方面是,明知是他人、法人、国家合法所有的财产,对财产合法持有人、保管人使用暴力、胁迫手段将之占为已有。在本案中,被告人赖忠等人主观认为,被害人采用作弊手段进行赌博,故其赢得的赌资的所有权不属于被害人,仍应属于自己,因此,才使用暴力手段索回自己所输掉的赌资。在本案中,由于赌资未被公安机关扣押,被告人赖忠等人不可能认为赌资应为国家所有。因此,被告人赖忠不属于明知赌资是他人、国家合法所有,而欲非法占为已有。

(三)从主观恶性、社会危害性看

抢劫罪侵犯公民的人身权、财产权,严重地危害社会治安,有较大的社会危害性,是刑法打击的一种严重刑事犯罪,并规定了严厉的刑罚。在本案中,被告人赖忠在赌博中与被害人发生纠纷,在协商不成时,采用暴力手段强行索回赌资,致被害人轻伤甲级,该行为的主观恶性、社会危害性与典型的抢劫犯罪相比,差异明显。罪刑相适应是刑法的基本原则,其义是应根据被告人犯罪的主观恶性、犯罪情节、社会危害性,而确定与之相当的罪名和刑罚。如对被告人赖忠等人的行为定抢劫罪,不仅与其行为性质不符,且所处的刑罚与其所犯罪行亦会明显不相适应。例如本案,被告人抢回的赌资是9500元,属数额巨大,应处十年以上有期徒刑,量刑明显畸重。如定故意伤害罪,根据其犯罪事实和情节,应处三年以下有期徒刑,则属罪刑相当。

(四)从社会效果看

如对被告人赖忠等人的行为定抢劫罪,容易使人误解,以为赌博赢的钱,同样会受到法律的保护,与我国法律规定赌博违法相悖(当然如果不是赌博行为当事人抢回自己输掉的赌资,而是其他的人抢劫即所谓的黑吃黑,则是另一回事)。此外,刑罚的根本目的是教育改造罪犯,对被告人赖忠等人的行为以故意伤害罪处三年以下有期徒刑足以实现教育改造罪犯的目的;如以抢劫罪处三年至十年以下有期徒刑,不仅处罚过重,还使罪犯长期投入劳改,浪费国家的监狱资源,使罪犯产生对政府、社会的对抗情绪,不利于罪犯的改造和社会的长治久安。

综合以上各方面的理由,应对被告人赖忠等人的行为定故意伤害罪。

案例:包胜芹等故意伤害、抢劫案

案例来源:《刑事审判参考》总第14辑[第88号]

主题词:教唆犯 抢劫罪

一、基本案情

被告人包胜芹,男,1964年9月28日出生,农民。因涉嫌犯故意伤害罪、抢劫罪,于2000年2月23日被逮捕。

被告人程健,男,1977年8月11日出生,农民。因涉嫌犯故意伤害罪、抢劫罪,于2000年2

月 23 日被逮捕。

被告人严善辉,男,1981 年 2 月 4 日出生,农民。因涉嫌犯故意伤害罪、抢劫罪,于 2000 年 2 月 23 日被逮捕。

江苏省泗洪县人民法院经审理查明:被告人包胜芹与其妻子陈女于 1989 年结婚,次年生育一女,夫妻感情一般。自 1997 年始,陈女就外出打工,每年只在春节期间回家。

2000 年 1 月 26 日,陈女从苏州打工回家后,表示要与被告人包胜芹离婚。包胜芹为了打消陈女的离婚念头,且使其不能外出打工,即于次日上午找到被告人程健(系包胜芹义侄),唆使程健找人将陈女手指剁下两个或将陈女耳朵割下一个,并将陈女带回的值钱物品抢走,以制造假象,防止引起陈女的怀疑。同时以抢走的钱物许诺作为程健等人的报酬。程健于当天找到被告人严善辉,告知详情。严善辉答应与其一同作案。当日晚,程健携带作案工具与严善辉一同前往包胜芹家附近潜伏,并于次日凌晨 1 时许,在包胜芹家院墙上挖开一洞,进入包胜芹与陈女居住的卧室。严善辉按住陈女头部,程健向陈女要钱,陈女告知钱放在衣橱里。程健抢得陈女外出打工带回的人民币 700 元,以及手机一部和充电器一只,后又抢得陈女的金项链一条、金戒指一枚,价值人民币 4000 余元。之后,程健又持其携带的杀猪刀将陈女左耳朵上部割下(经法医鉴定,构成重伤),随即逃离现场。

泗洪县人民法院认为,被告人包胜芹唆使他人故意非法损害他人身体健康、抢劫他人财物;被告人程健、严善辉受包胜芹唆使,共同故意非法损害他人身体健康,致人重伤,并入户抢劫他人财物三被告人的行为均已构成故意伤害罪、抢劫罪,应数罪并罚。在共同犯罪中,包胜芹、程健系主犯;严善辉系从犯,可减轻处罚。检察机关指控三被告人犯故意伤害罪、抢劫罪的事实清楚,证据确实充分。依照《中华人民共和国刑法》第二百三十四条、第二百六十三条第(一)项、第二十九条第一款、第二十六条第一、四款、第二十七条、第五十六条第一款、第五十五条第一款和第六十九条的规定,于 2000 年 4 月 18 日判决如下:

1. 被告人包胜芹犯故意伤害罪判处有期徒刑七年,剥夺政治权利一年;犯抢劫罪,判处有期徒刑十年,剥夺政治权利三年,并处罚金人民币二千元,决定执行有期徒刑十六年,剥夺政治权利四年,并处罚金人民币二千元。

2. 被告人程健犯故意伤害罪,判处有期徒刑七年,剥夺政治权利一年;犯抢劫罪,判处有期徒刑十年,剥夺政治权利三年,并处罚金人民币二千元,决定执行有期徒刑十六年,剥夺政治权利四年,并处罚金人民币二千元。

3. 被告人严善辉犯故意伤害罪,判处有期徒刑五年,剥夺政治权利一年;犯抢劫罪,判处有期徒刑八年,剥夺政治权利二年,并处罚金人民币一千元,决定执行有期徒刑十二年,剥夺政治权利三年,并处罚金人民币一千元。

一审宣判后,被告人包胜芹、严善辉均以自己的行为不构成抢劫罪为由,向江苏省宿迁市中级人民法院提出上诉。

宿迁市中级人民法院经审理认为,上诉人包胜芹主观上具有教唆原审被告人程健、上诉人严善辉伤害、抢劫陈女的故意,客观上实施了教唆行为;上诉人严善辉在程健的教唆下,主观上有伤害、抢劫之故意,客观上实施了伤害、抢劫行为,因此二上诉人的行为均已构成故意伤害罪、抢劫罪。其上诉理由不能成立,应当驳回。一审判决认定事实清楚,证据确实充分,定罪准确,量刑适当,审判程序合法,应予维持。依照《中华人民共和国刑事诉讼法》第一百八十九条第(一)项的规定,于 2000 年 6 月 21 日裁定:

驳回上诉,维持原判。

二、裁判要旨

No. 5-263-81　教唆他人侵入自己的住宅抢劫家庭共有财产的,构成抢劫罪的教唆犯,并应认定为入户抢劫。

本案的特殊性在于,本案发生时被告人包胜芹与被害人陈女并未离婚。根据婚姻法的规定,夫妻在婚姻关系存续期间所得财产,归夫妻共同所有。由此看来,本案被抢财物应属于被告人与被害人(夫妻)的共同财产。所谓夫妻共同财产,是指男女双方从结婚登记确立夫妻关系开始,到双方离婚或一方死亡之时为止的期间内,双方或一方劳动所得和其他合法所得财产。它不同于夫妻个人财产各为个人所有,而应由夫妻双方依法平等占有、使用和处分。夫妻任何一方,未经与他方协商同意(事前或事后)都无权擅自占有或处分夫妻共同财产,否则就构成对另一方的民事侵权行为。其中,如果以暴力为手段非法占有夫妻共同财产的,则有可能构成犯罪。本案被告人包胜芹教唆他人抢劫自己与妻子的共同财产,并许诺以其作为被教唆人(实行犯)实施被教唆之罪的报酬,已不再属于一般情况下夫妻一方擅自占有、处分夫妻共同财产的民事侵权行为,而是非法占有他人财物的刑事犯罪行为。其中,被抢财物的夫妻共同财产属性,并不影响被告人包胜芹犯罪行为性质的确认,即不影响其抢劫(教唆)罪名的成立,而仅可能影响本案具体抢劫数额的认定。因此,教唆他人抢劫自己与妻子的共同财产,同样可以成为抢劫罪的主体,与抢劫罪构成要件中的犯罪对象范围或主观目的并不矛盾。

值得注意的是,由于包胜芹教唆的是入户抢劫,共同犯罪人即被告人程健、严善辉实际实施的也是入户抢劫,所以对上述各被告人应当按刑法第二百六十三条第(一)项规定量刑。

案例:蒋志华故意伤害案

案例来源:《刑事审判参考》总第 14 辑[第 87 号]

主题词:抢劫罪　故意伤害罪

一、基本案情

被告人蒋志华,男,23 岁,汉族,原系江西省吉安市汽车修配厂工人。因涉嫌犯故意伤害罪,于 1999 年 1 月 7 日被逮捕。

附带民事诉讼原告人罗涛增,男,64 岁,系本案被害人。

附带民事诉讼原告人刘凤英,女,62 岁,系本案被害人。

江西省吉安市人民法院经审理查明:在传销活动中,被告人蒋志华成为附带民事诉讼原告人罗涛增、刘凤英之子罗耀钦的下线传销人。1998 年 4 月份,国家明令取缔传销活动后,蒋志华多次找其上线罗耀钦等人退还传销款未果。

1998 年 6 月 30 日晚 8 时许,被告人蒋志华又来到罗涛增家找其子要求罗耀钦退还欠款,恰巧罗耀钦不在家。蒋志华便质问罗涛增退钱一事怎么办,并要求罗涛增帮其子偿还"欠款"。罗涛增以传销退款一事与自己无关为由拒绝付款。蒋志华即从罗家房内拿出一把菜刀,持刀向罗涛增要钱,又遭到罗的拒绝,蒋便朝罗身上连砍数刀。罗涛增之妻刘凤英见状呼喊求救,蒋志华在逃跑时又将刘推倒在地致其跌伤。经法医鉴定,罗涛增右手前臂尺骨开放性骨折,全身多处皮肤裂伤,属轻伤,为九级伤残;刘凤英左桡骨远端骨折,第一腰椎压缩性骨折,属轻伤,为十级伤残。罗涛增住院 15 天,共花费医疗费 5931.79 元,其中其单位已为其报销了 2890.01 元。刘凤英花费医疗费:349.22 元,后医院出具了其需卧床休息 3 个月的证明。伤残鉴定费共 200 元。被告人蒋志华在侦查期间已垫付部分医疗费 2000 元。

吉安市人民法院认为,被告人蒋志华与罗涛增之间并无任何法律意义上的债权债务关系,向罗涛增索要钱财的行为即属非法,在索要不成后又持刀架在罗涛增的脖子上实施暴力威胁,继而又当场实施暴力砍伤被害人罗涛增,其行为已构成抢劫罪,吉安市人民检察院以故意伤害罪罪名起诉,定性不准,不予支持;被告人蒋志华在实施抢劫过程中使用暴力手段砍伤被害人罗涛增,推倒刘凤英跌伤并致残,应予赔偿由此造成的被害人的经济损失。罗涛增被砍伤后,致右手终身残疾,精神上受到的损害也应予以赔偿;被害人罗涛增花费的 5931.79 元,因其单位已为其报销 2890.01 元,故对于已报销的部分,在赔偿时应予核减。其伤残补助费依照有关司法解释规定应按城镇住户居民的平均生活标准予以偿付。被害人刘凤英虽无固定职业,但其受伤后误工属实,应赔偿其误工费用。依照《中华人民共和国刑法》第二百六十三条、第三十六条第一款及《中华人民共和国民法通则》第一百一十九条、最高人民法院《关于贯彻执行〈中华人民共和国民法通则〉若干问题的意见(试行)》第一百四十三条第一款、第一百四十四条和第一百四十

六条的规定,于 1999 年 7 月 30 日判决如下:

1. 被告人蒋志华犯抢劫罪,判处有期徒刑五年,并处罚金人民币 1000 元;

2. 被告人蒋志华赔偿附带民事诉讼原告人罗涛增医疗费 3041.78 元、伤残鉴定费 200 元、护理费 150 元、营养费 75 元、伙食补助费 120 元、交通费 100 元、伤残补助费 16272 元,精神损害赔偿费 2000 元;赔偿附带民事诉讼原告人刘凤英医疗费 349.22 元,护理费 920 元,营养费 460 元,伤残补助费 8136 元,误工费 1017 元,以上各项共计人民币 32811 元(已付 2000 元)。

一审判决后,被告人蒋志华不服,向吉安地区中级人民法院提出上诉。其上诉称,原判定性不当,其行为应构成故意伤害罪;原判其赔偿罗涛增、刘凤英伤残补助费 24408 元是错误的,应该是 12204 元;原判其赔偿罗涛增精神损害费 2000 元没有法律依据。

附带民事诉讼原告人罗涛增、刘凤英对一审判决中的附带民事诉讼部分不服,亦向吉安地区中级人民法院提出上诉,要求增加赔偿数额,并称原判将罗涛增所在单位为其报销的 2890.01 元医疗费从被告人应赔偿的数额中扣除是错误的。

吉安地区中级人民法院经审理认为,上诉人蒋志华虽与附带民事诉讼上诉人罗涛增无债权债务关系,与其子罗耀钦也无法律意义上的债权债务关系,但鉴于本案发生属事出有因,上诉人因传销纠纷,而持刀威胁并伤害他人,造成二人轻伤并致残的后果,其行为已构成故意伤害,并应赔偿由此造成的二被害人的经济损失。原判认定的事实清楚,证据确实充分,但将上诉人蒋志华自行处理传销纠纷过程中伤害他人的行为认定为抢劫罪,属定性不当;将附带民事诉讼原告人罗涛增单位已报销的医疗费 2890.01 元从上诉人应予赔偿的数额中予以扣除不妥;判处上诉人赔偿罗涛增精神损害费 2000 元于法无据。上诉人蒋志华提出的原判其赔偿罗涛增精神损害费 2000 元于法无据的上诉意见是正确的,应予支持,但其提出的罗涛增、刘凤英的伤残补助费应是 12204 元是对法律的误解不予支持;附带民事诉讼上诉人罗涛增、刘凤英提出的罗涛增所在单位报销的 2890.01 元不应扣除是正确的,应予支持,但其提出的增加赔偿数额的要求,因理由不充分,证据不足不予支持。依照《中华人民共和国刑事诉讼法》第一百八十九条第(二)项和《中华人民共和国刑法》第二百三十四条第一款、第三十六条第一款及《中华人民共和国民法通则》第一百一十九条和最高人民法院《关于贯彻执行〈中华人民共和国民法通则〉若干问题的意见(试行)》第一百四十三条第一款、第一百四十四条和第一百四十六条的规定,判决如下:

1. 撤销吉安市人民法院(1999)吉刑初字第 72 号刑事判决;

2. 上诉人蒋志华犯故意伤害罪,判处有期徒刑三年;

3. 上诉人蒋志华赔偿上诉人罗涛增医疗费 5931.73 元,伤残鉴定费 200 元,护理费 150 元,营养费 75 元,伙食补助费 120 元,交通费 100 元,伤残补助费 16272 元;赔偿上诉人刘凤英医疗费 349.22 元,护理费 920 元,营养费 460 元,伤残补助费 8136 元,误工费 1017 元。以上各项共计人民币 33731.01 元(已付 10000 元)。

二、裁判要旨

No. 5-263-82 当场使用暴力夺取债务人或债务人亲友的财物造成债务人或债务人亲友轻伤以上后果的,不构成抢劫罪,应以故意伤害罪论处。

本案被告人蒋志华虽与被害人罗涛增无任何债权债务关系,但其与被害人之子罗耀钦之间却客观存在着就传销款项返还的经济纠纷,尽管该纠纷所产生的债权债务并不受法律保护,但却是本案发生的直接前因;被告人蒋志华在多次向罗耀钦索还传销款未果的情况下,遂向与其共同生活的尊亲属即被害人罗涛增追索,也合乎当地社会习俗。当然,被害人拒绝被告人的追索要求也是正当合法的。被告人在遭被害人拒绝后,采用暴力手段加害被害人,并造成二人轻伤的后果,其行为虽已构成故意伤害罪,但自始至终并不具有抢劫的犯意。因为被告人的本意只是想索回原本属于自己的欠款,而无意占有被害人的财产。如将该行为认定为抢劫罪,势必有违主客观相一致的定罪原则。因此,对于债务纠纷当事人间所发生的暴力或以暴力相威胁的索债行为,行为人尽管在客观上采取了暴力、胁迫的手段,但主观上毕竟只是想收回本人的债权或者以货抵债,而不具有非法占有的目的,不能认定为抢劫罪。可见,二审法院以故意伤害罪改判,在适用法律上是正确的。一审法院以抢劫罪判处被告人蒋志华有期徒刑五年,定性有误。需要说明的是,一审法院不仅定性有误,即便被告人构成抢劫罪,按本案的情况,也应当属于入户抢劫。而入户抢劫的法定起刑点即为十年以上有期徒刑,在无法定减轻处罚条件下,判处有期徒刑五年有期徒刑在法定刑幅度的选择上也是不妥的。

案例:韩维等抢劫案

案例来源:《刑事审判参考》总第59集[第466号]

主题词:抢劫罪 入户抢劫

一、基本案情

被告人韩维,男,1983年9月18日出生,初中文化,农民工。因涉嫌犯抢劫罪于2005年12月16日被逮捕。

被告人赵诣,男,1973年7月1日出生,小学文化,农民工。因涉嫌犯抢劫罪于2005年12月16日被逮捕。

被告人周四海,男,1977年10月4日出生,初中文化,农民工。因涉嫌犯抢劫罪于2005年12月16日被逮捕。

被告人何狄,男,1981年10月22日出生,初中文化,农民工。因涉嫌犯抢劫罪于2005年12月16日被逮捕。

湖北省某县人民法院经审理查明:2005年11月9日晚8时许,被告人韩维、赵诣、周四海预谋抢劫刘亮的手机,因赵诣认识刘亮,于是商定由赵诣带路,韩维、周四海实施抢劫。之后,三被告人窜至湖北省某县西口镇坪村4组,韩维、周四海以刘亮的同学"袁志强"之名敲开刘亮家屋门,假意邀请刘亮出去宵夜,将刘亮骗至该镇铜观村公路边,韩维以听手机音乐为由将刘亮的手机骗到手,随即把手机放入自己口袋。刘亮向其索要,韩维、周四海便对刘亮进行殴打,并又从其身上搜走现金50元。之后,韩维、周四海逃离现场,与赵诣会合。经该县价格认证中心鉴定,被抢的中兴C705型手机价值300元。

2005年11月13日晚10时许,被告人韩维、赵诣、周四海、何狄预谋到湖北省某县西口镇陈家冲抢劫。当晚,由韩维带路和望风,四被告人窜至陈家冲村2组何亚东、张和平租用的住房,赵诣、周四海、何狄撞门入室,在一楼拿了菜刀、柴刀和木棒,到二楼将何亚东、张和平从各自卧室带到一楼厅堂,并对他们威逼、殴打,令他们交出钱和手机,未果。三被告人即用领带和电线将何亚东、张和平手脚捆住,用毛巾堵住其嘴巴,尔后,在室内搜寻现金,未逞,便将屋内一部东芝牌影碟机和一台鼓风机劫走,四被告人将大门反锁后逃离现场。经该县价格认定中心搭定被抢的影碟机和鼓风机价值为130元。

湖北省某县人民法院认为,被告人韩维、赵诣、周四海、何狄以非法占有为目的,采取持刀威胁、言语恐吓和殴打等手段劫取他人财物,其行为构成抢劫罪,其中进入被害人何亚东、张和平共同租用的房屋内抢劫应认定为入户抢劫。故依据《中华人民共和国刑法》第二百六十三条第(一)项的规定,认定被告人韩维、赵诣、周四海、何狄犯抢劫罪,分别判处韩维有期徒刑十二年,并处罚金五千元人民币;判处赵诣有期徒刑十一年,并处罚金四千元人民币;判处周四海有期徒刑十一年,并处罚金四千元人民币;判处何狄有期徒刑十年,并处罚金三千元人民币。

一审宣判后,各被告人均未上诉,检察院亦未抗诉,判决已发生法律效力。

二、裁判要旨

No.5-263-83 共同租住的房屋,只要是供生活专用,与外界相对隔离,且承租人之间具有独立空间的,应认定为入户抢劫中的户。

2000年最高人民法院《关于审理抢劫案件具体应用法律若干问题的解释》(以下简称《解释》)第一条规定,入户抢劫是指为实施抢劫行为而进入他人生活的与外界相对隔离的住所,包括封闭的院落、牧民的帐篷、渔民作为家庭生活场所的渔船、为生活租用的房屋等进行抢劫的行为。2005年最高人民法院《关于审理抢劫、抢夺刑事案件适用法律若干问题的意见》(以下简称《意见》)第一条指出:入户抢劫的“户”在这里是指住所,其特征表现为供他人家庭生活和与外界相对隔离两个方面,前者为功能特征,后者为场所特征。可见,对“户”的场所特征,《解释》和《意见》表述基本一致;而对于“户”的功能特征,《解释》强调的是供他人生活所用,《意见》强调的是家庭生活所用。根据《现代汉语词典》的解释,生活是指生存;活着,人为了生存和发展而进行的各种活动以及衣、食、住、行等方面的情况。家庭生活则是指以婚姻和血缘为纽带的基本社会单位,包括父母、子女及生活在一起的其他亲属为了生存和发展而进行的各种活动。虽然从语义上看,生活所包含的主体范围比家庭生活要广,但是不能根据用语的变化而简单地认为认定“户”的标准发生了根本性的变化。通过以下分析,可以看出两种不同表述对于认定“户”的功能特征的共同基础和实质标准上的一致性。

1. 从立法意图上看,刑法把入户抢劫规定为抢劫罪的八种加重处罚情节之一,目的在于强化对公民住所安全的保护。因为“户”不仅是公民享受生活自由和安宁的重要场所,而且是公民财产的安全存放场所,是人们心中最具安全感的地方。如果在这种地方人身和财产权利都得不到有效保障,会引起人们巨大的心理恐慌和对社会秩序信赖的削弱,以致极大地损害和扰乱公民的生活秩序,威胁整个社会的安定。进入“户”实施的抢劫犯罪行为,对公民的社会安全感的威胁和破坏更为严重,刑法将入户抢劫规定为抢劫罪的加重处罚情节,就是为了保护家庭这一社会生活中最为重要的法益。据之,此处的“户”一般应与家庭生活相关。所谓家庭生活,通常具有两个特点:一是居住成员间具有亲属关系,二是居住的成员比较固定。只要具备上述两个特征的,就应认定为刑法意义上的“户”。

我们认为,这仅是对一般常态而言,并不绝对要求“户”内居住的人员关系必须具有亲属关系,也就是说并不限于住所必须为一个家庭生活所用。只要这种住所具有与外界相对隔离的特征,居住的成员比较固定,成为居住成员的生活场所,就可以认定为刑法意义上的“户”,而不应受到住所中的人员和人员关系的限制。如两个家庭共同租用一个独立楼房,供两个家庭共同生活之用,虽然共用一个房门出口及卫生间和厨房,但仍应认定为“户”,因为对这种“户”的非法侵入实施抢劫与对典型意义上的一个家庭居住的“户”非法侵入实施抢劫的社会危害性并无质的差别,同样威胁到社会生活基本单位的安宁,造成人们巨大的心理恐慌。随着人口就业流动的增加,多数异地就业人员会租房而住,其中会有相当部分的人合租一套房,如两家人共租一个两居室,如果对这种情形下的住所不能在刑法上予以同等保护,则有失刑法社会公正保护效果的实现。

2. 从社会生活现实看。根据《新华大字典》解释,“户”的字源本义为单扇门,引申为住户、人家。住户是指住在某处的人家。人家指家族、家庭、家室;一家人;同居一家和组成一个家庭的人们。家庭是指以婚姻和血缘为纽带的基本社会单位,包括父母、子女及生活在一起的其他亲属。但这是一般传统意义上的理解,随着社会的发展,人们的生活方式日益多元化,家庭结构发生了巨大的变化,家庭生活早已超越了传统的表现,仅以过去狭义的家庭生活为标准来界定“户”这一基本的社会生活单位,已经不能适应变化了的社会情况。比如在现代社会中,不能认为丧偶老人或单身成年人的独居住所不属于社会生活的基本单位,不能称为“户”。而且,我们认为,在刑法的语境中,《意见》采用家庭生活描述“户”的功能特征,并没有变更《解释》中有关“户”的功能特征的界定,其主要用意是要将“户”与用于经营或公共活动的场所相区别,使认定标准更为具体化。因此,将“户”仅理解为组成一个家庭的成员共同生活的住所是不全面的,从这个角度来说,《解释》中将“户”的功能特征表述为供他人生活,更能适应社会生活的现实。

通过以上分析可以看出,刑法意义上的“户”与公民的私人生活密不可分,是指与外界相对隔离,供公民日常生活的特定空间。一般而言,在生活中。这种“户”作为生活空间应具备两个本质特性:一是私密性,就是人们在户内享有私生活的自由和安宁,免受他人干扰和窥视,并受到法律的充分保护;二是排他性,就是人们对户的空间区域享有占有、使用、支配和自由进出的权利,非经同意或法定事由,他人不得随意出入。虽然《解释》与《意见》在用语表述上存在差异,但上述特点都是"户"的特征的应有之义,也是认定"户"的基本依据。因此,在司法实践中,认定非家庭成员共同生活的住所是否属于刑法上的"户",不能简单地一概而论,应当结合上述本质特征来进行审查判断。

对入户抢劫中"户"的理解:

就本案而言,四被告人进入并实施抢劫的场所是被害人何亚东、张和平合租的房屋,二人并非一家人,除了房屋中共用部分外,他们的卧室是各自分开的,他们中任何一人的卧室对于另一人来说是相对独立的空间,在这个空间内,各自享有私生活的自由,不受他人的干扰,二人合租的房屋相对于他人和外界也同样具有隐私性和排他性,虽然二人不具有家庭成员关系,但合租的房屋系供生活所用,具有私人住所的特点,应当属于刑法意义上的"户"。值得注意的是,不具有家庭成员身份的人共同租用的住所,如果每一个承租人相对于其他人都没有相对独立的空间,该房屋应属于群体共同休息和活动的公共场所,就不能认定为刑法意义上的"户"。当然,家庭成员共同居住的住所,隐私性和排他性则是以整体体现的,即使各成员没有相对独立的空间,也不影响成立"户"。

综上所述,本案被告人韩维、赵诣、周四海、何狄为抢劫进入被害人何亚东、张和平合租的房屋内,并当场采取暴力手段劫取财物的行为应认定为入户抢劫,法院对本案的认定是正确的。

案例:侯吉辉等抢劫案

案例来源:《刑事审判参考》总第62集[第491号]

主题词:抢劫罪 共同犯罪

一、基本案情

被告人侯吉辉,男,1980年2月3日出生,小学文化,农民。因涉嫌犯抢劫罪于2005年7月8日被逮捕。

被告人匡家荣,男,1980年11月14日出生,初中文化,农民。因涉嫌犯抢劫罪于2005年7月8日被逮捕。

被告人何德权,男,1975年11月30日出生,初中文化,农民。因涉嫌犯抢劫罪于2005年7月8日被逮捕。

江苏省无锡市中级人民法院经公开审理查明:2005年5月被告人侯吉辉向被告人匡家荣提议至无锡抢劫,同月26日侯吉辉和匡家荣乘火车至无锡。6月初,侯吉辉、匡家荣为实施抢劫,以打工为名至无锡市肉类交易市场191号摊位,经该摊位老板周陶敏同意后与被告人何德权一起在周的租住处(无锡市锡澄二村22号303室)食宿。期间,侯吉辉、匡家荣多次与何德权就抢劫进行预谋,并由侯吉辉从周陶敏摊位上取得剔骨刀一把,由匡家荣带回并藏匿于住处。

2005年6月9日中午,侯吉辉、匡家荣、何德权随被害人俞彩凤(周陶敏之妻,39岁)回到住处,三被告人经再次合谋后,侯吉辉先到卫生间,以卫生间窗帘放不下为由,将被害人俞彩凤骗至卫生间门口,随后跟出的匡家荣即持事先准备的剔骨刀从背后驾在俞彩凤脖子上说:"不要动,把钱拿出来。"俞彩凤遂大声呼救并反抗,侯吉辉即捂住俞彩凤的嘴。并将其扑翻在地,然后骑在俞彩凤身上继续捂嘴并卡住其喉咙,匡家荣在用胶带纸捆绑俞彩凤未果的情况下,即持剔骨刀对俞彩凤胸腹部、背部等处刺戳数刀,侯吉辉用被子捂住被害人的头部,将俞彩凤当场杀死。何德权随后将尸体拖拽并和侯吉辉、匡家荣一起在俞彩凤衣裤内及室内劫取人民币1000余元等财物后逃离现场。2005年6月10日,侯吉辉、匡家荣、何德权因形迹可疑被公安机关盘问,侯吉辉、匡家荣如实供述了上述抢劫犯罪事实,后何德权亦作了供述。

无锡市中级人民法院认为,被告人侯吉辉、匡家荣、何德权以非法占有为目的,共同抢劫他人财物,并致一人死亡,其行为均已构成抢劫罪,依法应予严惩。被告人侯吉辉、匡家荣在共同犯罪中起主要作用,系主犯;被告人何德权在共同犯罪中起次要作用,系从犯,应当从轻处罚,被告人侯吉辉、匡家荣因形迹可疑被司法机关盘问后,主动交代了抢劫犯罪事实,系自首,但两被告人多次进行抢劫预谋,其主观恶性、人身危险性极大,且作案手段残忍,情节恶劣,后果严重,依法不予从轻。据此,依照《中华人民共和国刑法》第二百六十三条第(五)项、第二十五条第一款、第二十六条第一款、第二十七条、第五十七条第一款、第五十六条、第六十七条第一款、第三十六条第一款、最高人民法院《关于处理自首和立功具体应用法律若干问题的解释》第一条第(一)项之规定,判决如下:

1. 被告人侯吉辉犯抢劫罪,判处死刑,剥夺政治权利终身,并处没收个人全部财产;

2. 被告人匡家荣犯抢劫罪,判处死刑,剥夺政治权利终身,并处没收个人全部财产;

3. 被告人何德权犯抢劫罪,判处有期徒刑十四年,剥夺政治权利四年,并处罚金人民币五千元。

一审宣判后,侯吉辉不服,提出上诉。其主要上诉理由及其在二审庭审中的主要辩解理由为:其在预谋抢劫时无杀人的故意,在实施抢劫过程中,为阻止匡家荣持刀对被害人行凶,其右手曾被匡家荣所持之刀划伤。原判对其量刑过重,请求对其从轻处罚。其辩护人当庭发表的主要辩护意见为:1. 侯吉辉有自首情节;2. 犯罪预谋中并无杀人的意图,被害人系被匡家荣所杀,被害人死亡的结果出于侯吉辉意志以外;3. 原判认定侯吉辉将被害人摊位上的剔骨刀交给匡家荣带回住处的事实不清;4. 侯吉辉有阻挡匡家荣杀人的情节;5. 侯吉辉归案后认罪态度好,且系初犯,希望对其从轻处罚。

原审被告人匡家荣辩护人当庭发表的主要辩护意见为:1. 匡家荣有自首情节;2. 匡家荣有检举同案犯共同犯罪事实的行为。请求二审法院根据相关刑事政策和上述从轻情节对匡家荣作出裁判。

原审被告人何德权当庭的主要辩护意见为:其未同意也未参与侯、匡二人的抢劫行为,后参与在被害人家找钱的行为,系在匡家荣手持带血剔骨刀,其内心恐惧的情况下所为。

二审出庭履行职务检察员当庭发表的意见为:原判认定三原审被告人抢劫致人死亡的事实清楚,证据确实充分。三原审被告人手段残忍,主观恶性和人身危险性极大,犯罪后果特别严重,应当从重惩处。原判对三原审被告人定罪量刑适当,应予维持。

江苏省高级人民法院经公开审理查明:被告人侯吉辉原曾在无锡本案被害人家的个体卖肉摊(摊主周陶敏)上打过工。2005 年 5 月,侯吉辉碰到被告人匡家荣等人,在谈到如何出去搞钱时,侯吉辉提出其在无锡打工时的老板有钱,可以带他们去。5 月下旬到无锡后,经商议决定由侯吉辉带匡家荣一起到周陶敏家肉摊上打工。以便利用打工期间与被害人一家同住一套房子的条件伺机动手。5 月底,经摊主周陶敏同意,侯、匡二人住进了被害人租住的套房,并与其二人同住一室、早于侯、匡二人 20 多天到周陶敏肉摊上打工的被告人何德权相识。其后,在侯、匡二人商议抢劫老板时,认为何德权与其同住,最好拉何入伙。后侯、匡二人分别对何讲,老板对伙计很抠,每天有 1 万多元的营业额,平时流动资金有三四万元,不如把老板绑起来把钱抢走,每人能分到 1 万多元,要何一起参加。何说:如果每人能分到 10 万、8 万的,还可以搏一搏,你们这样不值得。后侯、匡二人继续做何的工作,何表示:你们干的事与我无关,最多我不去报警。6 月 8 日三被告人中午下班回到住处后,侯、匡二人认为老板这几日回安徽老家办事,时机已到,商量马上要对老板娘动手,何德权听后即离开,直到晚上 8 点左右才回住处。侯、匡二人因老板娘当日下午出去有事而在当日未及下手。次日中午三被告人下班回到住处后,侯、匡二人认为再不动手,待老板回来就来不及了。午饭后匡家荣在其住的房间内从床铺下抽出预先从打工摊位上拿回的剔骨刀,准备马上动手。侯、匡二人随即走出三人住的房间,侯吉辉在卫生间以窗帘拉不下为由,诱使老板娘(俞彩凤)走到卫生间门口,匡家荣乘机从身后持刀架在老板娘的脖子上,并说:不要动,把钱拿出来。被害人见状大声呼救、反抗,侯吉辉为阻止其呼救,捂住被害人的嘴,并将被害人扑翻在地,而后坐在被害人身上继续捂嘴并卡住被害人的喉咙,匡家荣在冲进其住的房间拿出胶带纸捆绑被害人双腿被挣脱,被害人仍在大声呼救反抗的情况下,即持剔骨刀对被害人胸腹部、背部等处刺戳数刀,同时侯吉辉用被子捂住被害人的头部。致被害人俞彩凤当场死亡。何德权在房间内听到客厅中的打斗声渐小后走出房门,见状后何问侯、匡二人:你们把老板娘搞死了?匡家荣随即叫何德权一起到老板娘房间去找钱。三人在被害人家中共找出人民币1000余元。后匡家荣叫何德权和其一起将躺在卫生间门口的被害人的尸体拖拽了一下,三被告人分别将身上沾有血迹的衣服换掉后,携带以上赃款逃出被害人家。

案发后经法医鉴定:被害人俞彩凤面部、胸腹部、背部有多处创口,胸主动脉断裂,胸腹腔大量积血,系由于遭锐器刺戳致失血性休克而死亡。

2005年6月10日,被告人侯吉辉、匡家荣、何德权在逃至杭州南站后,因形迹可疑被公安机关盘问,被告人侯吉辉、匡家荣首先如实供述了本案抢劫犯罪事实,后在当地公安机关基本掌握案件事实后,何德权亦作了供述。

江苏省高级人民法院认为,对于上诉人侯吉辉及其辩护人就本案事实问题提出的上诉理由、当庭辩解和辩护意见,经查,原判认定部分事实证据不足,部分辩解和辩护意见所涉事实不能完全排除,部分辩解和辩护意见不能成立,故对相应成立的辩解和辩护意见,予以采纳,并可作为对上诉人侯吉辉量刑时酌定从轻的情节。对相应不能成立的意见不予采纳。具体理由如下:

1. 上诉人侯吉辉归案后,始终供述匡家荣在作案中使用的剔骨刀,系匡家荣在作案前从被害人摊位上窃取;原审被告人匡家荣归案后,始终供述其在作案中使用的剔骨刀,系侯吉辉在作案前为作案而从被害人摊位上窃取后交给其带回藏匿。根据以上互为矛盾的供述,原判认定匡家荣作案所用剔骨刀系侯吉辉从周陶敏摊位上取得的事实证据不足。

2. 上诉人侯吉辉归案后始终供述其在抢劫过程中,曾因阻止匡家荣持剔骨刀捅被害人,而致其右手中指、无名指被划伤;原审被告人何德权在二审庭审中证明,其三人逃到杭州南站后,其曾听到侯吉辉埋怨匡家荣不该将被害人杀死;结合归案时侦查机关所摄侯吉辉的右手伤情照片,尚不能完全排除上诉人以上辩解事实存在的可能。

3. 根据案发后三原审被告人的多次供述、二审阶段对三原审被告人的讯问、一、二审的当庭质证,尚不能证明侯吉辉、匡家荣在预谋抢劫时有明确致被害人死亡的主观故意;但侯吉辉明知匡家荣持剔骨刀与其共同为抢劫而对被害人实施暴力过程中,在应当预见到被害人有被致死可能的情况下,为了排除妨碍、制止反抗而始终对被害人捂卡口喉,对匡家荣致被害人死亡的行为起到了配合帮助的作用,对被害人被致死的后果负有重要责任。故辩护人关于被害人死亡的结果系出于侯吉辉意志以外原因的辩解与事实不符。

对于原审被告人何德权的当庭辩解,经查:根据现有证据,侯吉辉、匡家荣二人为抢劫而以打工为名,到被害人家与何德权同住一室而相识后,曾多次拉拢何共同实施抢劫,何一直未明确允诺,且有躲避侯、匡二人的行为;本案抢劫行为实施前,何德权并未在侯、匡二人商量马上动手时有表态应允、接受分工的行为;在侯、匡二人以暴力行为致被害人死亡后,何德权应匡家荣的要求参与了在被害人家翻找财物的行为。据此,原判认定作案前何德权与侯、匡二人就抢劫多次进行预谋,并与侯、匡二人共同致被害人死亡的事实证据不足。原审被告人何德权在二审庭审中的辩解意见与事实基本相符,予以采纳。

上诉人侯吉辉、原审被告人匡家荣以非法占有为目的,共同预谋、携带凶器,当场实施暴力抢劫他人财物,并致一人死亡,已构成抢劫罪,且系共同犯罪,在犯罪过程中侯、匡二人均起主要作用,故均系主犯。其行为严重侵犯了公民的人身和财产权利,危及社会公共秩序和公民的安全感,手段残忍,后果极其严重,主观恶性、人身危险性、社会危害性极大,应依法严惩。上诉人侯吉辉在共同犯罪中提起犯意,提供作案对象,积极预谋,在抢劫过程中积极实施对被害人的暴力行为,对被害人死亡的后果负有重要责任。但鉴于其在抢劫犯罪中实施的暴力行为并非被害人死亡的直接原因;案发后有自首行为;具有部分酌定从轻情节;案发后有认罪、悔罪表现等,故对其判处死刑可不立即执行。故侯吉辉的辩护人对侯吉辉量刑情节及其量刑问题提出的意见成立,予以采纳。原审被告人匡家荣积极参与预谋,在抢劫犯罪过程中持剔骨刀对被害人捅刺多刀,致被害人死亡。其对本案被害人死亡的犯罪后果负有直接责任。其虽有犯罪后自首、检举同案犯共同犯罪事实的行为等从轻情节,但不足以对其从轻处罚。原判对其量刑并无不当。

故匡家荣辩护人就匡家荣量刑情节提出的意见与事实相符,但就量刑问题提出的意见不予采纳。

原审被告人何德权在明知侯、匡二人为抢劫而实施暴力并已致被害人死亡的情况下,应匡家荣的要求参与侯、匡二人共同非法占有被害人财物的行为,系在抢劫犯罪过程中的帮助行为,亦构成抢劫罪的共同犯罪,在共同犯罪中起辅助作用,系从犯。其行为亦侵犯了公民的人身权利和财产权利,应依法惩处。因其在被害人死亡前并无与侯、匡二人共同抢劫的主观故意和客观行为,故对其应适用刑法第二百六十三条一般抢劫罪的规定予以处罚。鉴于原审被告人何德权在本案抢劫犯罪中的从犯作用、被动参与犯罪且未实施抢劫犯罪中的暴力行为、主观恶性、人身危险性、社会危害性相对较轻等情节,对其应在法定量刑幅度内从轻处罚。依照《中华人民共和国刑事诉讼法》第一百八十九条、《中华人民共和国刑法》第二百六十三条第(五)项、第二百六十三条、第二十五条第一款、第二十六条第一款、第二十七条、第五十七条第一款、第四十八条第一款、第五十六条、第六十七条第一款、第三十六条、最高人民法院《关于处理自首和立功具体应用法律若干问题的解释》第一条第(一)项之规定,判决如下:

1. 维持江苏省无锡市中级人民法院(2005)锡刑二初字第 038 号刑事附带民事判决的第(二)项,即:

原审被告人匡家荣犯抢劫罪,判处死刑,剥夺政治权利终身,并处没收个人全部财产。

2. 撤销江苏省无锡市中级人民法院(2005)锡刑二初字第 038 号刑事附带民事判决的第(一)、(三)项,即对原审被告人侯吉辉、何德权的判决部分;

3. 上诉人(原审被告人)侯吉辉犯抢劫罪,判处死刑,缓期二年执行,剥夺政治权利终身,并处没收个人全部财产;

4. 原审被告人何德权犯抢劫罪,判处有期徒刑四年,并处罚金人民币一千元;

5. 案发后侦查机关追缴三原审被告人的赃款发还被害人家属,不足部分继续予以追缴,发还被害人家属。

二、裁判要旨

No. 5-263-84　事先虽无抢劫通谋,但明知他人实施抢劫行为,在他人暴力行为结束后,参与取财的,应以抢劫罪的共犯论处。但对于暴力行为导致的死亡后果,不承担刑事责任。

行为人虽在事先未与他人形成共同犯意,但其在明知他人犯罪性质的情况下,于事中参与了他人犯罪的后续行为。其行为一方面形成事中对他人犯罪目的的认可和主观故意内容上的沟通,另一方面其客观行为对他人实现犯罪目的起到了积极帮助作用,根据主客观相一致的定罪原则,应与他人以共同犯罪论处。

就本案而言,被告人何德权事前虽未同意参与侯、匡二人抢劫犯罪的提议,事中亦未实施对被害人的暴力行为,但基于其对侯、匡二人抢劫犯意的了解,在听到侯、匡二人与被害人的打斗和被害人的呼救声渐小,走到现场目睹倒在血泊中的被害人和手持剔骨刀的匡家荣,以及身上有血迹的侯吉辉后,其在明知侯、匡二人的行为性质、目的及已造成的犯罪后果之情形下,在侯、匡二人抢劫犯罪行为处于持续状态期间,应匡家荣的要求参与了共同搜取被害人家中财物的行为,因此,应当与侯、匡二人构成抢劫罪共犯。

就本案被害人被侯、匡二人暴力致死的事实及后果而言,何德权在事前既无共同犯意,在事中亦无实施共同暴力行为,因此,根据刑法罪责自负原则,何德权对侯、匡二人在其参与抢劫犯罪前暴力致被害人死亡的行为及其后果不应承担刑事责任,否则有违罪责刑相一致的基本原则。与此相应,《刑法》第二百六十三条第(五)项规定的加重条款,对何德权亦不应适用。此外,需要指出的是,对于《刑法》第二十七条第二款对于从犯,应当从轻、减轻处罚或者免除处罚的规定,应当理解为在该从犯所应当适用的法定量刑幅度内从轻、减轻或者免除处罚,而非简单地比照主犯的量刑幅度从轻、减轻或者免除处罚。

综上,本案二审法院依照《刑法》第二百六十三条一般抢劫罪的规定,对何德权在十年以下三年以上有期徒刑量刑幅度内从轻改判刑罚是恰当的。

案例:王国全抢劫案

案例来源:《刑事审判参考》总第 60 集[第 477 号]

主题词:抢劫罪 抢劫致人死亡

一、基本案情

被告人王国全,男,1966 年 4 月 3 日出生,初中文化,无业。因涉嫌犯抢劫罪于 2005 年 7 月 23 日被逮捕。

河南省郑州市中级人民法院经公开审理查明:2005 年 3 月 19 日 17 时许,被告人王国全以找保姆为名,将被害人张耀萍骗至郑州市管城区南曹乡七里河村东航海路与机场高速桥东南角的公共绿地处,王国全将随身携带的三唑仑片放入娃哈哈 AD 钙奶中,骗张耀萍饮用,趁张服药神志不清之机,抢走张 200 余元现金。在强行摘取被害人耳环时,遭张耀萍反抗,王国全对其面、胸、腹部进行殴打,并用双手掐其脖子,抢走黄金耳环一对。次日上午 10 时许,张耀萍的尸体在该绿地东南边的水沟里被发现。经法医鉴定,张耀萍系被他人扼颈后溺水致窒息而死亡。

另查明,2004 年 5 月至 2005 年 6 月期间,被告人王国全单独或伙同肖全良,采取暴力或者诱骗被害人饮用放有镇静剂“三唑仑”的饮料从而致其神志不清的手段,分别抢劫 7 名被害人的现金、黄金首饰、手机等财物。

郑州市中级人民法院认为,检察机关指控王国全犯抢劫罪的事实清楚,证据确实充分,应予支持。被告人王国全以非法占有为目的,单独或伙同同案人利用麻醉药物致使他人丧失反抗能力,多次强行劫取他人财物,其行为构成抢劫罪,抢劫财物数额巨大,且致一人死亡。依照《中华人民共和国刑法》第二百六十三条第(四)、(五)项、第二十五条第一款、第二十六条第一、四款、第三十六条、第六十四条、第五十七条第一款之规定,判决被告人王国全犯抢劫罪,判处死刑,剥夺政治权利终身,并处没收个人全部财产。

一审宣判后,王国全不服,提出上诉。

河南省高级人民法院经审理认为,上诉人王国全以非法占有为目的,单独或与同案人结伙,采取暴力或者投放镇静药物等手段,抢劫他人财物,其行为已构成抢劫罪,应依法惩处;且上诉人王国全具有多次抢劫、抢劫致人死亡等严重情节,所犯罪行极其严重,社会危害性极大,依法应予严惩。原审判决认定事实清楚,适用法律正确,定罪准确,量刑适当,审判程序合法。依照《中华人民共和国刑事诉讼法》第一百八十九条第(一)项之规定,裁定驳回上诉,维持原判。

最高人民法院复核认为,被告人王国全以非法占有为目的,单独或伙同同案人,采取暴力或者利用麻醉药物致使他人丧失反抗能力的手段,多次强行劫取他人财物,其行为构成抢劫罪。在共同犯罪中起主要作用,系主犯。且其具有抢劫致人死亡、多次抢劫、抢劫数额巨大等严重情节,主观恶性深,犯罪后果特别严重。实属罪行极其严重。虽有坦白同种余罪、如实交代同案人罪行的情形,不足以对其从轻处罚。第一审判决、第二审裁定认定的事实清楚,证据确实充分,定罪准确,量刑适当。审判程序合法。依照《中华人民共和国刑事诉讼法》第一百八十九条和最高人民法院《关于复核死刑案件若干问题的规定》第二条第一款之规定,裁定如下:

核准河南省高级人民法院维持第一审以抢劫罪判处被告人王国全死刑,剥夺政治权利终身,并处没收个人全部财产的刑事裁定。

二、裁判要旨

No. 5-263-85 抢劫行为导致被害人自控、自救能力丧失或明显减弱,因而陷入无法自救的危险之中,最终出现死亡等加重结果的,应当认定为抢劫致人死亡。

抢劫行为必须与被害人死亡结果之间具备因果关系不中断的条件下,即肯定抢劫对象的死亡与抢劫犯罪行为人的行为有刑法上的因果关系情况下,才能认定抢劫致人死亡成立。

抢劫致人死亡中的“致”,是招致、引起(后果)的含义,没有局限于直接造成。按此解释,在抢劫中杀害被害人或过失致人死亡,抢劫行为与死亡结果之间具有直接、必然的因果关系,毫无疑问应当认定抢劫致人死亡;在抢劫过程中,虽然抢劫行为并非直接导致被害人死亡,被害人死亡由多种因素造成,但抢劫行为是引起被害人死亡的主要原因,或者抢劫行为与死亡结果仅仅存在偶然因果关系,只要因果关系没有中断,仍然可以认定为抢劫致人死亡。也就是说,抢劫致人死亡只要求抢劫行为与死亡结果具有紧密联系即可,即使介入第三方的行为,只要不足以改变抢劫行为系造成被害人死亡最主要因素的认定,就属于抢劫致人死亡。

据此,在司法实践中,抢劫致人死亡主要有三种情形:一是使用暴力追求或者放任被害人死亡结果的发生;二是使用暴力抢劫过程中过失致人死亡;三是抢劫时置被害人于危险状态而不予救助,放任其死亡结果的发生。

抢劫致人死亡中,行为人对于被害人死亡的结果不一定均持积极的追求态度。抢劫犯罪属于侵财犯罪,行为人的最终目的是获取他人财物,对被害人人身权利的侵犯主要是为了使财产所有人、持有者、保管者等不敢反抗、丧失反抗或者不能反抗,从而实现获取财物的目的。抢劫犯罪虽然是直接故意犯罪,但是直接故意的对象是财产和被害人的人身,对于被害人的死亡结果则不一定是积极追求的态度。抢劫致人死亡的主观心态不但包括故意而且包括过失。

就本案而言,如果确系被告人王国全在实施抢劫过程中将被害人推入水中,致被害人溺水身亡,根据有关司法解释,当然可以认定王国权抢劫致人死亡。在案证据显示被害人的死亡时间与被告人作案时间相距很短,被害人尸体内仍检出三唑仑成分,可以判断被害人死亡时仍处于麻醉药的药效时间内,此时无论发生何种情形,被告人将含有三唑仑的饮料骗被害人饮用,使其神志不清,是最终导致其溺水死亡的最主要原因。显然,王国全的抢劫行为与被害人张耀萍死亡结果之间存在不中断的因果关系。被告人王国全为抢劫而麻醉被害人,致使被害人神志不清,失去自控、自救能力;抢劫后,王国全又将失去意识的被害人独自留在开放的空间,这一行为具有足以产生危害结果的危险性,可能导致加重结果的发生,如被害人因神志不清而跌入水中溺亡等。对被害人可能发生的这种危险性,被告人王国全应当是明知的,其无论故意或过失均应对被害人死亡结果承担刑事责任。综上,本案符合抢劫致人死亡的构成要件,被告人应当为被害人的死亡结果承担刑事责任。

案例:郭建良抢劫案

案例来源:《刑事审判参考》总第 109 集[第 1183 号]

主题词:抢劫罪　抢劫致死

一、基本案情

2015 年 1 月 31 日,被告人郭建良随身携带透明胶带、菜刀、帽子、口罩等作案工具,见被害人刘约华(女,殁年 32 岁)独自回家,即紧随其后,强行进入刘约华家中。刘约华见状呼救,郭建良持菜刀朝刘约华手部、头部砍击,用胶带捆绑刘约华的双手、双脚等部位,将刘约华背至二楼北卧室置于床上,又用床上的秋衣、秋裤等再次捆绑刘约华的手脚,逼迫刘约华说出钱财存放地点。郭建良在二楼翻找财物未果后下楼欲继续翻找,与刘约华之弟刘松(被害人,时年 24 岁)相遇,郭建良持菜刀朝刘松手部、头部砍击。其间,刘约华在二楼窗户向邻居呼救时从窗口处坠落,致重度颅脑损伤死亡。郭建良威逼刘松进入卫生间,将刘松双手捆绑住后逃离。刘松被刀砍致头顶部裂伤及右手背、手指外伤,其损伤程度属轻微伤。

二、裁判要旨

No. 5-263-86　抢劫过程中,抢劫对象因呼救而死亡的,抢劫与死亡结果之间存在刑法上的因果关系,成立抢劫致死。

在抢劫案件中,行为人没有直接对被害人实施伤害、杀害行为,而被害人死亡的,如何认定二者之间的因果关系?此种情形下,抢劫行为与被害人死亡结果之间必须具备因果关系不中断的条件,即在抢劫对象的死亡与抢劫犯罪行为人的行为有刑法上的因果关系的情况下,才能认定"抢劫致人死亡"情节成立。刑法上的因果关系是指危害行为与危害结果之间引起与被引起的合乎规律的联系。"抢劫致人死亡",既可以解释为抢劫行为造成被害人死亡,也可以解释为因抢劫而招致被害人死亡。在"抢劫致人死亡"情节的认定中,抢劫行为与被害人死亡结果之间的因果关系应不限于直接、必然因果关系,也包括间接、偶然因果关系。在抢劫过程中介入其他因素导致被害人死亡的,虽然被害人的死亡由多种因素造成,但只要抢劫行为与被害人死亡之间的因果关系没有中断,仍然可以认定为抢劫致人死亡。

因果关系是一种特定条件下的客观联系,不能离开客观条件认定因果关系,因此,在认定抢劫行为与被害人死亡结果之间的因果关系时必须紧密结合案件实际情况。在本案审理中,被害人为呼救而将头伸出窗外从而坠楼死亡,也就是在被告人的抢劫行为中介入了其他因素(被害人行为)。在行为人的抢劫行为介入了其他因素时,要根据具体情况综合判断抢劫行为与被害人死亡结果之间的关系,具体应当考察以下四个方面的因素:(1)抢劫暴力行为导致危害结果发生的可能性大小;(2)介入因素的异常性大小;(3)介入因素对结果发生作用的大小;(4)介入因素是否属于行为人的作用范围。如果抢劫行为的实施导致被害人不得不或者说在通常情况下会实施介入行为,则该介入行为对抢劫行为与被害人死亡结果之间的因果关系没有影响;如果被害人的介入行为属于通常情况下不会实施的行为,即异常行为,该行为对死亡结果又起到了决定性作用,则抢劫行为与被害人死亡结果之间的因果关系中断。

本案中,被告人郭建良为劫取财物先殴打被害人,继而捆绑被害人的手腕、脚腕和双腿,而后将被害人放置于二楼卧室的床上,并再次捆绑被害人的手脚。被害人为避免自己及家人的人身、财产遭受不法侵害而爬至二楼窗户呼救,因被告人在楼下翻找财物又不敢大声呼喊,且由于双手、双脚均被捆绑只能把头伸出窗外小声呼救,从而导致坠楼身亡。被害人所实施的呼救行为属于通常情况下一般人都会实施的行为,或者说是在案发当时被害人不得不实施的行为,该介入行为并非异常行为,不能中断抢劫行为与被害人死亡结果之间的因果关系。因此,被害人的死亡与郭建良的抢劫行为之间仍然存在因果关系,应当认定郭建良具有"抢劫致人死亡"的情节。

案例:张正权等抢劫案

案例来源:《刑事审判参考》总第59集[第467号]

主题词:抢劫罪 预备 想象竞合

一、基本案情

被告人张正权,男,1988年11月5日出生,无业。因涉嫌犯抢劫罪于2006年12月8日被逮捕。

被告人张文普,男,1988年8月19日出生,无业。因涉嫌犯抢劫罪于2006年12月8日被逮捕。

被告人徐世五,男,1989年4月1日出生,无业。因涉嫌犯抢劫罪于2006年12月8日被逮捕。

浙江省安吉县人民法院经审理查明:2006年11月初,被告人张正权、张文普因经济紧张,预谋到偏僻地段对单身女性行人实施抢劫,并购买了尖刀、透明胶带等作案工具。11月6日至9日,张正权、张文普每天晚上携带尖刀和透明胶带窜至安吉县递铺镇阳光工业园区附近,寻找作案目标,均因未找到合适的作案对象而未果。11月9日晚,张正权、张文普在伺机作案时提出如果遇到漂亮女性,就先抢劫后强奸,并采用手机游戏定输赢的方式确定张正权先实施强奸行为。11月11日晚,张正权、张文普纠集被告人徐世五参与抢劫作案,提出劫得的钱财三人平分,徐世五同意参与抢劫作案,但表示不参与之后的强奸犯罪。张正权即交给徐世五一把单刃尖刀。三人商定:发现作案目标后,由张文普、徐世五各持一把尖刀将被害人逼至路边,张正权用胶带将其捆绑后实施抢劫。当晚,三人寻找作案目标未果。11月12日晚,张正权、张文普、徐世五在递铺镇铜山桥附近寻找作案目标时被公安巡逻队员抓获。

安吉县人民法院认为,被告人张正权、张文普、徐世五以非法占有为目的,经事先预谋并准备工具、制造条件,预备采用持刀威胁、捆绑的暴力手段劫取他人钱财,三被告人的行为均已构成抢劫罪(犯罪预备)。公诉机关指控三被告人犯抢劫罪(犯罪预备)的罪名成立。对于三被告人犯强奸罪(犯罪预备)的指控,经审理认为,张正权、张文普虽在抢劫犯罪预备时产生在可能的条件下实施强奸犯罪的主观故意,但仅是强奸的犯意表示;徐世五明确表示不参与强奸行为,无强奸的主观故意,三人没有强奸的具体行为,故指控犯强奸罪(犯罪预备)的罪名不能成立。三被告人系抢劫犯罪预备犯,依法可比照既遂犯从轻、减轻处罚或免除处罚。徐世五犯罪时未满十八周岁,且系从犯;张正权在犯罪预备的开始阶段未满十八周岁;三被告人归案后均能如实供述犯罪事实,认罪态度较好。鉴于三被告人的犯罪情节及现实社会危害性,对张正权、张文普予以减轻处罚,对徐世五免除处罚。据此,依照《中华人民共和国刑法》第二百六十三条,第二十五条第一款、第二十七条、第二十二条、第十七条第一、三款、第五十二条、第三十七条、最高人民法院《关于审理未成年人刑事案件具体应用法律若干问题的解释》第十七条之规定,判决如下:

1. 被告人张正权犯抢劫罪(犯罪预备),判处有期徒刑八个月,并处罚金人民币一千元;
2. 被告人张文普犯抢劫罪(犯罪预备),判处有期徒刑十个月,并处罚金人民币一千元;
3. 被告人徐世五犯抢劫罪(犯罪预备),免予刑事处罚。

一审宣判后,三被告人均未上诉,公诉机关亦未抗诉,判决发生法律效力。

二、裁判要旨

No. 5-263-87 为实施抢劫而购置工具,并携带工具至作案点潜伏,伺机作案的,应当认定为抢劫罪的预备行为。

根据《刑法》第二十二条第一款的规定,犯罪预备是指为了犯罪,准备工具、制造条件的行为。据此,成立犯罪预备应当具有四个特征,即行为人主观上是为了实行犯罪,客观上实施了犯罪预备行为,事实上未能着手实行犯罪,未能着手实行犯罪是由于行为人意志以外的原因。犯罪预备作为故意犯罪的初期形态,虽然还没有着手实行犯罪,但客观上造成了对法益的现实威胁或者侵害的现实可能性,依照刑法应当追究刑事责任;由于预备犯还没有造成犯罪结果,对法益的侵害通常小于既遂犯,因此刑法规定对于预备犯,可以比照既遂犯从轻、减轻或者免除处罚。

犯意表示行为只是单纯流露犯意,不是实现犯意的具体行为,没有对法益构成现实威胁,因此,犯意表示并不是我国刑法所规定的可以构成犯罪的"危害社会的行为",只有建立在为了该犯意表示而"准备工具、制造条件"的基础之上的具体行为,才能评价为"危害社会的行为",从而可能成立犯罪预备。

根据刑法规定,犯罪预备要求的行为包括两类:1. 准备工具,即准备实行犯罪的工具,如购买犯罪工具、制造犯罪工具、改装物品使之适应犯罪需要以及盗窃他人物品作为犯罪工具等。2. 制造条件,即除准备工具以外的一切为实行犯罪制造条件的预备行为,可以表现为:(1)制造实行犯罪的客观条件,如调查犯罪场所和被害人行踪、出发前往犯罪场所或者守候被害人的到来、诱骗被害人前往犯罪场所等;(2)创造实行犯罪的主体条件,如勾结纠集犯罪同伙、寻找共犯人等;(3)制造实行犯罪的现实作案条件,如商议犯罪的实行计划、进行分工等。

在本案中,被告人张正权、张文普、徐世五共同预谋到偏僻地段针对单身女性行人实施抢劫,并先后购买了匕首、透明胶带等作案工具,多次携带匕首和透明胶带到安吉县递铺镇阳光工业园区附近潜伏,伺机等候合适的目标出现后实施抢劫,这些行为都是典型的抢劫犯罪预备行为,远远超出犯意表示的范畴,客观上造成了对法益的现实威胁,应当以抢劫罪(犯罪预备)定罪处罚。

No. 5-263-88 同一行为既构成强奸罪的犯罪预备又构成抢劫罪的犯罪预备的,根据禁止重复评价原则,应择一重罪处断。

刑法理论上的禁止重复评价原则,是指在定罪量刑时禁止对同一犯罪构成事实予以两次或两次以上的法律评价,据此,当然包括禁止对同一行为被两个或两个以上的犯罪构成同时评价。从功能上讲,该原则是对罪责刑相适应原则的一种贯彻,对于犯罪人的人权保障具有重要意义。本案中,被告人张正权、张文普、徐世五预谋实施抢劫犯罪过程中,张正权与张文普曾商议如果遇有漂亮女性则实施强奸,徐世五明确表示不参与强奸犯罪,无强奸的共同故意,自然不能认定为强奸罪。但对于被告人张正权、张文普,其商议实施强奸的行为在成立抢劫罪(犯罪预备)的同时是否能够构成强奸罪(犯罪预备)?结论是否定的。理由是:基于禁止重复评价原则,如果同一行为既为抢劫犯罪的预备行为,又为强奸犯罪的预备行为时,不能被抢劫、强奸的犯罪构成所同时评价,也就是说不能同时成立抢劫罪(犯罪预备)和强奸罪(犯罪预备)。从本案被告人张正权、张文普、徐世五实施的整个行为过程看,其先后购买并携带匕首、透明胶带等作案工具到安吉县递铺镇阳光工业园区附近潜伏,伺机等候作案目标出现的行为应视为刑法意义上的一个行为,虽然可以将三被告人的犯罪预备行为既可以理解为抢劫犯罪准备工具、创造条件,也可视为强奸犯罪准备工具、创造条件,但从禁止重复评价原则出发,作为一个行为只能为一个犯罪构成所评价,而不能被两个犯罪构成予以重复评价,在刑法没有明文规定的情况下,不能既认定为抢劫罪的预备,又认定为强奸罪的预备,而应按照择一重罪的原则定罪处罚。从本案情况看,我们认为,应当选择抢劫罪对被告人张正权、张文普定罪处罚。从罪质看,强奸罪侵犯的客体为人身权,而抢劫罪侵犯的是复杂客体,既侵犯人身权,又侵犯财产权,抢劫罪的罪质重于强奸罪;从刑罚处罚看,抢劫罪与强奸罪可处自由刑的幅度相同,但抢劫犯罪还应当并处财产刑,因而也是抢劫罪重于强奸罪;从本案实际情况看,张正权、张文普的一系列准备工具、预谋分工、寻找作案目标等行为,对实施抢劫犯罪来说是确定的,而对是否实施强奸犯罪则是附条件的,因为二被告人预谋当抢劫对象如果是漂亮女性才同时实施强奸犯罪,该条件是否能成就,取决于抢劫犯罪的实施情况及合适犯罪对象的出现,具有一定偶然性,因此从犯意确定角度看,以抢劫罪对二被告人定罪处罚更为准确。

综上所述,法院对被告人张正权、张文普、徐世五的预备行为仅定抢劫罪(犯罪预备),而没有同时认定为强奸罪(犯罪预备)是正确的。

案例:程晓平等抢劫案

案例来源:《人民法院案例选》2009 年第 5 辑

主题词:抢劫罪 共同犯罪

一、基本案情

被告人程晓平。

同案被告人王小洋。

同案被告人李凡。

同案被告人李雪波。

同案被告人李恩忠。

同案被告人程俊。

某法院经审理查明:2006 年 9 月份,被告人程晓平与李凡(同案被告人,已判刑)在梧州市密谋抢劫非法传销组织召开“申购会”时收集的“申购款”,并商定由程晓平到重庆市物色人员来梧州市实施抢劫,由李凡打听和提供“申购会”的相关信息。2006 年中秋节期间,程晓平回到重庆,通过其弟程俊(同案被告人,已判刑)联系到李恩忠(同案被告人,已判刑),李恩忠同意参与抢劫并找到李雪波(同案被告人,已判刑),李雪波同意参与抢劫后找到王小洋(同案被告人,已判刑),吴喜金(在逃)听到李恩忠和程俊谈起抢劫的事后要求参加抢劫。2006 年 10 月 19 日,程俊、李恩忠、王小洋、李雪波和吴喜金到达梧州市,在程晓平的带领下住进程晓平、李凡事先租赁的出租屋。期间,程晓平、李凡、王小洋和李恩忠等人聚集在该出租屋密谋如何进行抢劫。同时,程晓平、李凡带李恩忠、王小洋到有可能召开“申购会”的地方“踩点”,李恩忠、王小洋购买了水果刀、菜刀、电棍等作案工具。同月 22 日 12 时许,程晓平从李凡处得知当天 13 时许传销人员将在梧州市大学路宏发大厦 8 楼召开“申购会”,便用手机通知程俊、李恩忠等人。随后,程晓平向由程俊带到宏发大厦附近的李恩忠、王小洋、李雪波、吴喜金介绍传销人员开会的具体位置及携带“申购款”人员的特征。14 时许,当传销人员姚德广、傅道龙收集“申购款”下楼,经过宏发大厦四层至一层楼梯时,潜伏在宏发大厦西座楼梯间伺机作案的王小洋、李雪波、李恩忠、吴喜金四人持电棍、刀具将姚德广捅伤致死,将傅道龙捅伤,并当场劫取现金 8 万多元。四人得逞后逃离现场。事后,程晓平分得赃款现金 2 万元。2006 年 10 月 26 日,程晓平被抓获归案。经法医鉴定,姚德广系因外伤致心脏破裂引起大失血而死亡;傅道龙受伤程度为轻伤。

某法院认为,被告人程晓平、王小洋、李凡、李雪波、李恩忠、程俊以非法占有为目的,伙同他人以暴力手段当场劫取他人财物,数额巨大,并致一人死亡、一人轻伤,其行为已触犯了《中华人民共和国刑法》第二百六十三条第(四)、(五)项之规定,构成抢劫罪,公诉机关指控被告人程晓平、王小洋、李凡、李雪波、李恩忠、程俊犯抢劫罪罪名成立。被告人程晓平、王小洋、李凡、李雪波、李恩忠、程俊在共同抢劫犯罪中均起主要作用,均是主犯,依法按照其所参与的全部犯罪处罚。对于程晓平、王小洋、李凡、李恩忠、李雪波、程俊及其辩护人均认为程晓平、王小洋、李凡、李恩忠、李雪波、程俊是从犯的意见,法院认为,程晓平与李凡是抢劫的犯意提起者,在抢劫过程起到了组织、策划作用,且带李恩忠等人去踩点;王小洋、李雪波、李恩忠直接参与、实施了抢劫;程俊在本案中,纠集了李恩忠等人参与抢劫,且在抢劫过程中起到了联络、传递信息和带路的作用,因此,程晓平、李凡、王小洋、李雪波、李恩忠和程俊均起主要作用,是主犯,对六被告人及其辩护人认为六被告人均不是主犯的辩解和辩护意见,法院不予采纳。六被告人对被害人实施抢劫作案,抢劫的数额巨大,并致一人死亡,一人轻伤,其犯罪手段残忍、情节恶劣、后果严重、社会危害性大,应依法予以惩处。为了保护公民的人身权利和财产权利不受非法侵犯,根据六被告人犯罪事实、性质、情节及对社会的危害程度,法院依照《中华人民共和国刑法》第二百六十三条第(四)、(五)项、第二十五条第一款、第二十六条第一、四款、第六十五条、第五十五条第一款、第五十六条第一款、第五十七条第一款、第六十八条第一款、第六十四条、最高人民法院《关于处理自首和立功具体应用法律若干问题的解释》第七条、最高人民法院《关于刑事附带民事诉讼范围问题的规定》第一条第二款、《中华人民共和国民法通则》第一百一十九条、第一百三十条及最高人民法院《关于审理人身损害赔偿案件适用法律若干问题的解释》第三条第一款、第十七条、第二十八条、第二十九条、第三十条之规定,对被告人程晓平以抢劫罪,判处死刑,剥夺政治权利终身,并处罚金人民币 15 万元。

一审宣判后,原审被告人程晓平、王小洋、李凡、李雪波、程俊对刑事部分判决不服,分别提出上诉。程晓平上诉提出,其自始至终强调抢劫时不得伤人,是直接实施抢劫的同案人造成本案一死一伤的结果,其不应承担本案的总体结果。程晓平的辩护人除提出与程晓平上诉意见相同的辩护观点外,另提出程晓平有自首、立功情节,请求二审法院依法对程晓平予以改判。

二审法院经审理认为,程晓平与李凡均是本案的犯意提出者,且程晓平与李凡是按照二人事先的分工去实施抢劫的,不存在谁指使谁的事实。对于程晓平自始至终强调抢劫时不得伤人,是直接实施抢劫的同案人造成本案一死一伤的结果,其不应承担本案总体结果的辩解,法院认为,本案是共同犯罪,程晓平自始至终起着组织指挥的作用,是主犯,依法应当按照其组织指挥的全部犯罪处罚,其应对全案负最主要的责任。对于程晓平的辩护人提出程晓平有自首、立功情节,应从轻处罚,经法院审理查明,公安机关是在经过侦查后将程晓平列为抢劫的犯罪嫌疑人并在群众指认下将程晓平抓获归案的,且程晓平是被刑事拘留以后才供述自己参与抢劫的事实,故程晓平的行为不符合自首的条件。程晓平是本案最主要的主犯,其供出同案犯的姓名或使用的手机号码是属于如实供述犯罪事实的表现,依法不能认定为立功表现。原审判决认定事实及适用法律正确,定罪准确,量刑适当,审判程序合法。上诉人程晓平、王小洋、李凡、李雪波、程俊的上诉理由均不能成立。依照《中华人民共和国刑事诉讼法》第一百八十九条第(一)项之规定,裁定驳回上诉,维持原判。

最高人民法院经复核认为,被告人程晓平以非法占有为目的,组织、指使他人使用暴力当场劫取财物,数额巨大,并致一人死亡、一人轻伤,其行为已构成抢劫罪。情节特别恶劣,后果特别严重,应依法惩处。在共同犯罪中,程晓平先与李凡合谋抢劫,然后负责物色实施抢劫的人员,为实施抢劫的人员事先租赁好出租屋,带同伙去抢劫现场踩点,电话通知同伙到抢劫地点,指认抢劫对象,明知同伙持凶器进行抢劫而放任被抢对象伤亡结果的发生,事后分得较多的赃款,在共同抢劫犯罪中起主要作用,是主犯,应按其所组织指挥的全部犯罪处罚。第一审判决、第二审裁定认定的事实清楚,证据确实充分,定罪准确,量刑适当,审判程序合法。依照《中华人民共和国刑事诉讼法》第一百九十九条和最高人民法院《关于复核死刑案件若干问题的规定》第二条第一款的规定,核准广西壮族自治区高级人民法院(2008)桂刑三终字第21号维持第一审以抢劫罪判处被告人程晓平死刑(并函告一、二审法院,对程晓平并处罚金刑不当,应当对程晓平并处没收个人全部财产)。

二、裁判要旨

No.5-263-89　没有直接实施抢劫行为的组织者,应当对共同抢劫中的伤亡结果承担刑事责任。

从共同犯罪人分工的角度来看,程晓平是本案的组织犯。组织犯是位于实行犯的背后,实施组织、领导、策划和指挥行为的幕后者。在本案中,程晓平负责组织人员实施抢劫行为。程晓平与李凡合谋抢劫并进行分工,李凡负责提供抢劫对象的相关信息,程晓平负责组织找参与抢劫的人。在抢劫准备阶段,程晓平带同伙去抢劫现场踩点,电话通知同伙到抢劫地点,指认抢劫对象。由此,可以认定程晓平在本案中是组织犯,组织、指挥其同伙实施犯罪行为。

我国《刑法》明确规定了组织者应当对组织指挥的全部犯罪负责,但刑法理论没有明确组织者对此负刑事责任的根据。在大陆法系的刑法理论中,组织犯由于对犯罪构成要件的实现具有功能性支配作用,因而获得了正犯品质。从实质价值的层面理解实行行为,对组织行为以具有功能性支配为由纳入到实行行为范畴是具有说服力的。在这里,支配理论是以实质价值评价为基点,在区别正犯与共犯时指出,正犯成立的关键并不在于行为人在多大程度上直接通过自己的行为实现了该犯罪的全部构成要件,而在于他的行为对于犯罪构成要件的全部实现是否产生了决定性或重大的作用。正犯的成立是以行为人对实现构成要件行为的有效控制为实质条件的。从支配理论的角度来看,被告人程晓平辩称,始终强调抢劫时不得伤人,是直接实施抢劫的同案人造成本案一死一伤的结果,其不应承担本案的总体结果,但是,作为组织者的程晓平对本案的发生、发展具有实际支配性,体现为事先组织策划,事中指挥,对于犯罪构成要件的实现起了决定性作用。从行为共同性的角度来看,程晓平的辩解,事实上割裂了组织犯与实行犯之间行为的相互辅助性,违背了共犯之间部分行为全部责任的原理。从责任故意的角度来看,在程晓平组织、指挥抢劫犯罪过程中,尽管意志上不希望伤人,但对其同伙的行为及其可能产生的后果有明确认识,放任严重结果的发生。因此,根据《刑法》第二十六条第四款的规定,对于集团犯罪之外的组织者也应当按照其组织指挥的全部犯罪处罚,故其应对全案负最主要的责任。

案例:张慧等抢劫案

案例来源:《人民法院案例选》2009年第6辑

主题词:抢劫罪　敲诈勒索罪

一、基本案情

被告人:张慧。

被告人:廉高锋。

北京市昌平区人民法院经审理查明:被告人张慧、廉高锋伙同“宝军”“老丁”(二人均姓名不祥,另案处理)于2007年6月29日2时许,经预谋后,驾驶一辆夏利车(车牌号:京JL2331)行驶至昌平区北七家镇鲁疃村昊腾服装厂北侧时,故意撞上王广德(男,21岁)驾驶的131型卡车后部,后采用殴打的方法强行劫取王的现金人民币500元。

同日凌晨2时30分许,被告人张慧、廉高锋及“宝军”“老丁”再次以相同的方法,在昌平区北七家镇八仙别墅北门西侧公路处,对驾驶农用运输四轮车的段忠海(男,40岁)进行抢劫时,被巡逻民警发现并抓获。

北京市昌平区人民法院根据事实与证据认为:被告人张慧、廉高锋以非法占有为目的,采用暴力手段强行劫取他人财物,其行为已构成抢劫罪,依法应予惩处。北京市昌平区人民检察院指控被告人张慧、廉高锋犯抢劫罪的事实清楚,证据充分,罪名成立。被告人张慧、廉高锋关于其行为不是抢劫,应是敲诈勒索的辩解意见及被告人张慧的辩护人关于被告人张慧不构成犯罪的辩护意见,因本案被害人陈述、证人证言及二被告人的供述证明,二被告人伙同他人采用暴力手段当场劫取被害人财物,其行为应构成抢劫罪。二被告人的辩解及辩护人的辩护意见,缺乏事实及法律依据,本院不予采纳。依照《中华人民共和国刑法》第二百六十三条、第二十三条、第二十五条第一款、第六十四条之规定,判决如下:

一、被告人张慧犯抢劫罪,判处有期徒刑四年,罚金人民币八千元。

二、被告人廉高锋犯抢劫罪,判处有期徒刑三年六个月,罚金人民币七千元。

一审宣判后,两被告人均未上诉,公诉机关未抗诉,一审判决生效。

二、裁判要旨

No.5-263-90 故意制造交通事故,并对被害人的人身使用暴力或暴力威胁取得财物的,不构成敲诈勒索罪,应以抢劫罪论处。

抢劫罪的目的是劫取财物,作为实现此目的之手段——暴力行为——必须是直接作用于人身,才能使被害人不能反抗,并最终达到当场夺取财物的目的。而敲诈勒索的手段行为无论是暴力还是威胁抑或是要挟,都是要对被害人心理施压,从而使被害人经过权衡以后放弃反抗,交出财物,即使其中使用了暴力来实施敲诈勒索行为,这种暴力也只能是起到使被害人不敢反抗的作用,而不能是暴力直接强制人身导致被害人不能反抗。所以,敲诈勒索中暴力的内容针对的是人身以外的其他对象。

同样,敲诈勒索罪尽管可以用暴力相威胁,但必须排除一种暴力,这就是作为排除被害人反抗的手段的暴力,即必须排除当场对人身使用暴力,当场取财的情况。因此,当碰瓷过程中的行为人的威胁内容是“如果不给钱,我马上杀了你或者把你打成残废”这样的暴力威胁时,应当构成抢劫罪。但是如果其威胁内容是“如果不给钱,我将来杀了你或者把你打成残废”抑或是“如果不给钱,我把你的车毁了,把你家的房子烧了”之类的发生在将来的针对人身的暴力或者针对人身以外的其他财物的暴力的话,则应当以敲诈勒索罪论处。

综上,我们认为,抢劫罪与敲诈勒索罪最容易发生混淆的当场使用暴力手段,当场取财和以当场使用暴力相威胁,当场取财的情况下,两罪的真正区别在于暴力指向的对象不同——抢劫罪的暴力及威胁指向的是人身,敲诈勒索罪的暴力及威胁必须排除人身。因此,碰瓷过程中使用的暴力及威胁是否指向人身是如何定罪的关键。

案例:周应才等抢劫、掩饰、隐瞒犯罪所得案

案例来源:《人民法院案例选》2009 年第 1 辑

主题词:重大立功

一、基本案情

被告人:周应才、冯玉伟、孙良胜、李永衡、张磊、余行华、李国余、沙先花、左明生、赵晟晟、沈宇、龚海剑等 12 人。

上海市第一中级人民法院经审理查明:2006 年 11 月至 2007 年 1 月间,被告人周应才等 12 人多次结伙、共谋,采用持械砸打游戏机并胁迫店内人员的方法,劫取游戏机房内的游戏机主板等财物。其中周应才、冯玉伟、孙良胜、李永衡参与抢劫 13 次,劫取财物价值 7.3 万余元;余行华参与抢劫 8 次,劫取财物价值 4.8 万余元;李国余参与抢劫 6 次,劫取财物价值 3 万余元;沙先花参与抢劫 5 次,劫取财物价值 2.5 万余元;张磊参与抢劫 7 次,劫取财物价值 4.9 万余元;沈宇参与抢劫 5 次,劫取财物价值 3.2 万余元;龚海剑参与抢劫 3 次,劫取财物价值 2.1 万余元;左明生参与抢劫 3 次,劫取财物价值 1.6 万余元;赵晟晟参与抢劫 2 次,劫取财物价值 1.5 万余元。此外,2005 年 11 月,被告人沙先花明知他人向其兜售的东南得利卡 DN6493K9 型汽车(价值 69469 元)系赃车,仍介绍给其他人收购。被告人左明生被公安机关抓获后,有检举揭发同案犯抢劫犯罪的线索,并带领公安人员抓获同案犯。被告人张磊被抓获后,先后带领公安人员抓获了多名同案犯。

上海市第一中级人民法院认为,被告人周应才等 12 人分别结伙抢劫公私财物,其行为均已构成抢劫罪;其中除被告人赵晟晟外,其余 11 名被告人均系多次抢劫。被告人沙先花明知赃车而介绍买卖,其行为已构成掩饰、隐瞒犯罪所得罪。关于公诉机关认定的各被告人抢劫数额,由于各被告人劫取的游戏机主板等物品已全部灭失,且被害人无法提供购买被劫物品的发票等单据,故《物品财产估价鉴定结论书》中对被劫物品价值的鉴定结论,目前依据尚不充分。因此,以直接认定抢劫的实物为宜。关于被告人左明生、张磊的辩护人提出的左明生与张磊两人具有重大立功表现的辩护意见。根据最高人民法院《关于处理自首和立功具体应用法律若干问题的解释》的相应规定,重大立功包括犯罪分子有检举、揭发他人重大犯罪行为,经查证属实;协助司法机关抓捕其他重大犯罪嫌疑人(包括同案犯)等。而重大犯罪、重大案件的标准,一般是指犯罪嫌疑人、被告人可能被判处无期徒刑以上刑罚。上海第一中级人民法院认为,尽管左明生检举并协助抓获的被告人张磊,张磊协助抓获的被告人周应才等人,其法定刑幅度均为十年以上有期徒刑、无期徒刑或者死刑,但综合评判本案相关被告人的客观犯罪事实,均尚不足以判处无期徒刑以上刑罚。故左明生、张磊两人的行为,难以认定为具有重大立功表现,仅构成一般立功。综合各被告人的自首、立功、系未成年人及交待同种罪行等情节,分别判处四年六个月至十五年有期徒刑,并处罚金与剥夺政治权利;犯罪工具予以没收,违法所得予以追缴。

审理过程中,对于公诉机关认定的各被告人抢劫数额能否采信存有分歧。一种观点认为,抢劫数额所依据的鉴定结论具有合理性,可以采信;另一种观点认为,关于被劫物品价值的鉴定结论依据不充分,指控的抢劫数额难以采信。合议庭采信了后一种观点。

判决后,被告人周应才等12人均未提出上诉,检察机关亦未提出抗诉。

二、裁判要旨

No.5-263-91　重大立功认定标准中的可能被判处无期徒刑以上刑罚,应理解为排除罪后情节而可能判处无期徒刑以上的宣告刑。

对可能被判处无期徒刑以上刑罚的理解,应理解为排除罪后情节而可能判处无期徒刑以上的宣告刑,不能一概以法定刑幅度内含有无期徒刑就认为是可能判处无期徒刑。这里的罪后情节,主要是指行为人实施犯罪以后的能够影响量刑的情节,如自首、立功等。比如说,被检举、揭发人仅入户抢劫一次,无其他从重、加重情节,虽然其法定刑幅度为十年以上有期徒刑、无期徒刑或者死刑,但通常情况下,被检举、揭发人判处十年有期徒刑左右就行了,不可能被判处无期徒刑以上刑罚,此时就不存在认定检举、揭发人具有重大立功表现的空间。再有,被检举、揭发的犯罪嫌疑人本可能判处无期徒刑,但因其到案后有立功表现或被查明是少年犯,而被减轻判处十四年有期徒刑,此种情况并不影响认定检举、揭发人具有重大立功表现。

从本案来看,左明生、张磊所协助抓获的同案犯,均在没有自首、立功等罪后情节、因素的情况下,被判处十五年有期徒刑以下刑罚,不能认定为"可能被判处无期徒刑以上刑罚"。据此,两名被告人的行为难以认定为重大立功,仅构成一般立功。

案例:张令等抢劫、盗窃案

案例来源:《刑事审判参考》总第73集[第614号]

主题词:重大立功的认定

一、基本案情

被告人张令,男,1988年3月15日出生,农民。因涉嫌犯抢劫罪、盗窃罪于2008年7月24日被逮捕。

被告人樊业勇,男,1987年3月5日出生,学生。因涉嫌犯抢劫罪、盗窃罪于2008年7月24日被逮捕。

重庆市第二中级人民法院经审理查明:

1. 抢劫事实。2008年6月18日晚,被告人张令、樊业勇从陈显定处劫取人民币(以下均为人民币)100元、手机一部及价值4480元的大阳牌摩托车一辆;2008年7月3日,张令、樊业勇共谋对陈贤权实施抢劫,樊业勇持刀划破陈贤权的面部,张令则持双刃匕首朝陈贤权的腹部等处捅刺数刀,致陈死亡。两人从陈贤权处劫取现金90元、联想牌手机一部、银钢牌摩托车一辆(两件价值合计5070元)。

2. 盗窃事实。2008年4月1日至7月4日,被告人张令、樊业勇共同盗窃了李美贵价值4760元的钱江牌摩托车、喻发清价值2496元的银钢牌摩托车、宁三青价值4160元的豪鹰牌摩托车、宋永腊价值3000元的劲隆牌摩托车各一辆。张令单独盗窃了王旭升价值1900元的豪达牌摩托车、匡后学价值3800元的鑫源牌摩托车各一辆。

重庆市第二中级人民法院认为,被告人张令、樊业勇以非法占有为目的,采取暴力手段劫取他人财物,作案二次,致一人死亡,其行为构成抢劫罪。二人秘密窃取他人财物,数额巨大,其行为构成盗窃罪。对二人应数罪并罚。在共同犯罪中,二人均积极实施犯罪行为,不宜划分主从犯。根据《中华人民共和国刑法》第二百六十三条第(五)项、第二百六十四条、第六十九条、第二十五条第一款、第五十七条第一款、第四十八条第一款、第六十四条之规定,判决如下:

1. 被告人张令犯抢劫罪,判处死刑,剥夺政治权利终身,并处没收个人全部财产;犯盗窃罪,判处有期徒刑五年,并处罚金人民币五千元;决定执行死刑,剥夺政治权利终身,并处没收个人全部财产。

2. 被告人樊业勇犯抢劫罪,判处死刑,缓期二年执行,剥夺政治权利终身,并处没收个人全部财产;犯盗窃罪,判处有期徒刑四年,并处罚金人民币四千元;决定执行死刑,缓期二年执行,剥夺政治权利终身,并处没收个人全部财产。

3. 责令被告人张令、樊业勇退赔人民币一百元、摩托车价款四千四百八十元及手机一部,发还被害人陈显定;退赔摩托车价款四千七百六十元、二千四百九十六元、四千一百六十元、三千元,分别发还失主李美贵、喻发清、宁三青、宋永腊。

一审宣判后,被告人张令、樊业勇对判决不服,提起上诉。张令提出其没有放任被害人陈贤权死亡的故意,该次抢劫系樊业勇提起犯意,原判量刑过重;其辩护人提出一审判决认定张令刺中被害人陈贤权腹部致其死亡的事实不清,张令协助抓获樊业勇,构成重大立功。樊业勇提出其是从犯,主动交代犯罪事实;其辩护人提出抢劫陈贤权系张令提出犯意,樊业勇对被害人的死亡所起作用不大,且有施救行为,不应对被害人死亡承担刑事责任,另以樊业勇构成自首且认罪态度好为由请求对其从轻处罚。

重庆市高级人民法院二审审查查明:2008年7月4日,上诉人张令因实施盗窃被群众抓获移交公安机关后,供述了其伙同樊业勇实施盗窃的事实并协助公安机关抓获了樊业勇。二审期间,张令的亲属交纳了9万元至法院,代为赔偿原审附带民事诉讼原告人的经济损失。

重庆市高级人民法院认为,在谁最先提出抢劫陈贤权的犯意问题上,上诉人张令、樊业勇归案后一直互相推诿,现有证据只能认定二人相互邀约作案;根据二名上诉人的供述及《鉴定文书》等书证,认定被害人陈贤权腹部伤口系张令所致的证据确实充分。樊业勇在共同犯罪中实施了捆绑、持刀威胁等行为,并划伤被害人面部,虽然其试图救助被害人,但在明知被害人受伤严重的情况下,没有采取实质性的救助行为,弃被害人于偏僻现场而不顾,最终导致被害人因失血性休克死亡,由此可以认定被害人的死亡后果系张令、樊业勇的共同行为造成,二人均应对被害人死亡的后果承担刑事责任;樊业勇供述抢劫犯罪事实时,公安机关已经掌握了该犯罪线索且已确定其为嫌疑人,不能认定为自首。原判认定犯罪事实清楚,证据确实充分,定罪准确,审判程序合法,鉴于二审中查明张令有立功情节,其亲属积极代为赔偿被害人亲属的经济损失,对其可判处死刑缓期执行。根据《中华人民共和国刑事诉讼法》第一百八十九条第(二)项、《中华人民共和国刑法》第二百六十三条第(五)项、第二百六十四条、第二十五条第一款、第五十七条第一款、第四十八条第一款、第六十九条、第六十四条之规定,对被告人张令犯抢劫罪的主刑改判为死刑,缓期二年执行,数罪并罚执行刑罚作出相应变动,其余维持。

二、裁判要旨

No. 5-263-92 供述并协助抓获轻罪同案犯,该同案犯后被查明犯有重罪,可能被判处无期徒刑以上刑罚的,不能认定为重大立功,可成立一般立功。

本案被告人张令,在自己因盗窃被抓获的情况下,既没有供述自己的抢劫事实,也没有揭发樊业勇的抢劫事实,可见其主观上并不希望他们犯下的抢劫事实被司法机关发现,其对司法机关抓获樊业勇之后所查证的犯罪事实结果在内心意志上是持反对之态。

在协助抓捕型立功中,认定是否属于最高人民法院《关于处理自首和立功具体应用法律若干问题的解释》中的重大犯罪嫌疑人应当有一定的时间要求,即应当以实施协助抓捕行为时犯罪分子所揭发的犯罪事实或者侦查机关所掌握的犯罪事实为依据。犯罪分子协助抓捕其他犯罪嫌疑人时,根据犯罪分子揭发的犯罪事实或者侦查机关已经掌握的犯罪事实可能判处无期徒刑以上刑罚的,应认定该犯罪分子为重大犯罪嫌疑人;根据当时犯罪分子揭发的犯罪事实或者司法机关已经掌握的犯罪事实虽然尚不能明确能否判处无期徒刑以上刑罚,但根据已经掌握的犯罪线索,通过继续侦查所查证的犯罪事实,确定可能判处无期徒刑以上刑罚的,也可以认定为重大犯罪嫌疑人;但是,如果根据当时犯罪分子揭发的犯罪事实或者侦查机关已经掌握的犯罪事实不能确定为重大犯罪嫌疑人,而是根据抓捕之后查明的其他犯罪事实才确定其为重大犯罪嫌疑人的,不属于《解释》第七条中的重大犯罪嫌疑人。

综上,对本案被告人张令的协助抓捕行为宜认定构成一般立功,而非重大立功。

案例:王志坚抢劫、强奸、盗窃案

案例来源:《刑事审判参考》总第 73 集[第 613 号]

主题词:抢劫罪加重情节

一、基本案情

被告人王志坚,男,1970 年 8 月 9 日出生,农民。2005 年 8 月 29 日因犯盗窃罪被判处有期徒刑八个月,因涉嫌犯抢劫罪于 2006 年 4 月 21 日被逮捕。

河北省秦皇岛市中级人民法院经审理查明:2006 年 2 月 12 日至 3 月 11 日期间,被告人王志坚伙同他人冒充警察,采用暴力手段在河北省秦皇岛市、唐山市等地的建筑工地、工人宿舍及小卖部实施抢劫犯罪 8 起,劫得财物折合人民币(以下均为人民币)23 万余元,在抢劫过程中王志坚采用暴力手段强奸妇女一人。2006 年 3 月 14 日,被告人王志坚又伙同他人盗窃唐山市滦县商业城牛占山家的批零商店,窃得财物折合人民币 4 万余元。王志坚到案后,带领公安人员抓获了同案犯张治国。

秦皇岛市中级人民法院认为,被告人王志坚伙同他人采用暴力和胁迫手段劫取财物,其行为构成抢劫罪;在抢劫过程中,被告人王志坚以胁迫手段强行与被害人赵某发生性行为,其行为构成强奸罪;被告人王志坚还伙同他人以非法占有为目的,秘密窃取他人财物,数额特别巨大,其行为构成盗窃罪。公诉机关指控的罪名成立。被告人王志坚在共同犯罪中积极参与,系主犯,其所犯抢劫罪有入户多次、冒充警察、数额巨大等情节,且其在抢劫过程中强奸被害人,主观恶性极深,人身危险性极大,罪行极其严重。被告人王志坚在刑罚执行完毕后五年内又犯罪,是累犯,应依法从重处罚,因此其虽有协助抓捕同案犯等立功情节,亦不能对其从轻处罚。依照《中华人民共和国刑法》第二百六十三条第(一)、(四)、(六)项、第二百三十六条、第二百六十四条、第六十五条、第五十七条第一款、第六十九条、第二十五条第一款、第二十六条,判决如下:

被告人王志坚犯抢劫罪,判处死刑,剥夺政治权利终身,并处没收个人全部财产;犯盗窃罪,判处有期徒刑十二年,并处罚金人民币一万元;犯强奸罪,判处有期徒刑八年,决定执行死刑,剥夺政治权利终身,并处没收个人全部财产。

一审宣判后,被告人王志坚和同案犯不服,均提出上诉。被告人王志坚和辩护人主要提出:1. 王志坚坦白交代了自己的犯罪事实,协助公安机关抓捕同案犯张治国构成立功,应当从轻处罚;2. 一审判决量刑过重。同案犯张治国主要提出,其没有冒充警察抢劫。

河北省高级人民法院经公开审理认为,原判认定的事实清楚,证据确实充分,定罪准确,量刑适当,审判程序合法。依照《中华人民共和国刑事诉讼法》第一百八十九条第(一)项之规定,维持原审对被告人王志坚的死刑判决,并依法报请最高人民法院核准。

最高人民法院经复核认为,被告人王志坚的行为构成抢劫罪、强奸罪和盗窃罪,依法应数罪并罚。鉴于被告人王志坚被抓获以后协助公安机关抓获同案犯张志国,有立功表现,在抢劫中没有致死、致伤被害人,暴力行为有所节制,且其所犯前罪系较轻的盗窃犯罪,故对其判处死刑,可不立即执行。第一审和第二审判决认定的事实清楚,证据确实充分,定罪准确,审判程序合法,但量刑不当。依照《中华人民共和国刑事诉讼法》第一百九十九条和最高人民法院《关于复核死刑案件若干问题的规定》第四条之规定,裁定不核准并撤销河北省高级人民法院(2007)冀刑一终字第204号以下相关内容判决:维持第一审以抢劫罪判处被告人王志坚死刑,剥夺政治权利终身,并处没收个人全部财产;以盗窃罪判处有期徒刑十二年,并处罚金人民币一万元;以强奸罪判处有期徒刑八年,决定执行死刑,剥夺政治权利终身,并处没收个人全部财产的刑事判决。将本案发回河北省高级人民法院重新审判。

二、裁判要旨

No. 5-263-93 进入工作场所或职工宿舍进行抢劫的,不能认定为入户抢劫。

进入建筑工地或工人宿舍进行抢劫的,不宜认定为入户抢劫。最高人民法院《关于审理抢劫、抢夺刑事案件适用法律若干问题的意见》第一条明确了户的范围:"户指住所,其特征表现为供他人家庭生活和与外界相对隔离两个方面,一般情况下,集体宿舍、旅店宾馆、临时搭建工棚等不应认定为户。"此解释明确将户界定为家庭生活的住所。其理论依据在于,刑法保护家庭住宅的不可侵犯性,入户抢劫结合了非法侵入他人住宅罪和抢劫罪的双重罪质,具有加重的社会危害。家庭生活一般是指具有血缘或拟制关系的亲属组成的家庭成员相对固定地居住在一起,由于《刑法》保护社会公众普遍认同的基本价值观念——家庭生活的安全性、私密性,所以,对家庭生活的侵害应承担更大的刑事责任。工人宿舍不具备家庭生活的实质,建筑工地不能认定为住所,所以,对侵入该二处地点的行为不宜认定为入户。

No. 5-263-94 冒充保安进行抢劫的,不能认定为冒充军警进行抢劫。

我们认为,冒充保安不能认定为冒充警察。首先,"军警"从文义上解释,应当仅限于现役军人、警察两类,如果将军警类推至有一定维护安全职能的保安,则系类推解释,有违罪刑法定原则。相关司法解释对军警人员的范围的解释也持严格限制的态度,如最高人民法院《关于审理抢劫、抢夺刑事案件适用法律若干问题的意见》第九条将冒充正在执行公务的人民警察和冒充抓赌、抓嫖的治安联防队员进行了区分,前者规定为招摇撞骗罪,后者规定为敲诈勒索罪。其次,从立法目的上来看,之所以将冒充军警的行为作为加重情节来处罚,是因为此种行为在侵犯了公私财产所有权和公民人身权利之外,还败坏了军队和警察在人民群众中良好的声誉和形象,破坏了军民、警民关系。而本案中,王志坚等犯罪团伙十余人,其中个别人头戴保安帽,尽管口头上向被害人表明要查身份证、抓小偷,但实际上利用的仅是被害人一时搞不清保安有没有权利进行搜查的这种迷惑而达到迅速进入现场的目的,在进入现场后犯罪人即不再掩饰真实身份,被害人也能在最初的迷惑中迅速识破抢劫犯的身份。这种状况说明,被告人仅利用特殊身份来进行犯罪预备,并没有利用特殊身份进行抢劫,且由于虚假身份已揭穿,客观上并没对人民警察的良好形象造成影响,所以,不符合刑法加重处罚的要旨。基于以上原因,我们认为对于冒充保安的情节不宜认定为冒充警察来处罚。

No. 5-263-95 在抢劫过程中,又实施强奸行为,未造成被害人伤亡等严重后果的,不宜判处死刑。

在本案中,单独就强奸罪来看,此罪是一起普通的强奸犯罪,没有造成被害人伤亡的后果,即使考虑在抢劫过程中实施这一恶劣情节,论罪也不至于适用死刑,从一、二审对所犯强奸罪的量刑也可明确这一点;再单就抢劫罪来看,被告人所犯抢劫罪虽数额巨大,也不至于判处死刑;对此二罪数罪并罚,体现的原则应是限制加重,而不能对所犯情节估堆评价,从而增加刑期甚至提高刑种,否则将违反罪刑相适应的原则。基于此,不能因为被告人王志坚在抢劫过程中实施了一起强奸犯罪而对被告人判处死刑。近年来的司法实践已逐渐明朗,将惩治的价值取向偏重于人身权利,即是否造成被害人伤亡的后果是能否对被告人适用死刑的重要因素。本案被告人在抢劫过程中暴力行为有所节制,客观上没有造成被害人重伤或死亡的严重后果,人身权利方面的客观危害后果尚未达到极其严重的地步,因此,在处理上要注意严格把握此类案件与主观上不顾忌他人死活,滥用暴力致死、致伤被害人,特别是那些直接采取危及被害人生命的方式进行抢劫的案件,在主观恶性和客观后果等方面的区别。虽然抢劫致人重伤、死亡,与入户或在公共交通工具上抢劫、抢劫银行或者其他金融机构、多次抢劫或者抢劫数额巨大、冒充军警人员抢劫等其他情节均应在十年以上量刑,但在具体量刑时仍应对严重危害人身安全的抢劫犯罪在适当范围内有所侧重,不能片面强调其他加重情节的数量。从社会效果看,这样做有利于引导、分化抢劫犯罪分子,降低抢劫犯罪的暴力程度。如果不问被害人生死,只要其他情节严重,一律核准死刑,则使此类有一定节制的抢劫犯罪与滥用暴力、致人伤亡的严重抢劫犯罪在量刑上无法区别,从而可能助长犯罪分子无节制地实施暴力的现象,难以达到最大限度地保护公民人身权利的目的。

案例:王志国、肖建美抢劫案

案例来源:《刑事审判参考》总第 109 集[第 1184 号]

主题词:抢劫罪　冒充军警人员抢劫

一、基本案情

2013 年 8 月 24 日 22 时许,被告人肖建美与被告人王志国在容城县新容花园广场旁边的树林里,假称是派出所的,着便装以抓嫖娼的名义向被害人赵某某索要钱款,否则将其送往派出所,在此期间二被告人使用掐脖子、揪头发、拽胳膊等暴力手段,最终抢走赵某某现金 230 元和白色耳麦一副。经估价白色耳麦价值 40 元,所得赃款均已挥霍,白色耳麦扔在路边。2013 年 8 月 28 日,被害人赵某某对二人身份产生怀疑并多次守候在案发地点,后在案发地点找到王志国和肖建美,便追赶二被告人,并向公安机关报警,被告人王志国被当场抓获,被告人肖建美逃跑后于 2013 年 9 月 19 日在家中被高碑店市公安局抓获归案。

二、裁判要旨

No. 5-263-96　“冒充军警人员抢劫”的行为应达到一般人能够相信其身份的程度,冒充行为没有达到使一般人误信的,不认定“冒充军警人员抢劫”。

《刑法》第二百六十三条规定了抢劫罪的八种加重处罚情形,其中包括“冒充军警人员抢劫”。对于“冒充军警人员抢劫”的含义应当从严格意义上进行理解,作出一定程度的限缩解释。理由如下:第一,符合刑法解释学的基本原理。对一个法律条文中并列规定的几项内容,应进行同类解释。《刑法》第二百六十三条规定的八种加重处罚情节,应认为它们在社会危害性上具有同质性。抢劫罪的八种加重处罚情节中,“抢劫致人重伤、死亡”和“抢劫数额巨大”直接体现出对客体侵害的严重程度,具有相当大的社会危害性,必须依法严惩。根据同类解释规则,其他六种加重处罚情节的社会危害性也应与其大体相当。因此,有必要进行限制解释,缩小其含义。第二,符合立法目的。将“冒充军警人员抢劫”作为加重处罚情节,主要是考虑到这种行为严重损坏了军警的形象和声誉,出于对军警良好形象的维护而作出该项规定。但并非所有的冒充行为都能真正达到冒充效果,以致对军人和警察的形象造成损害。冒充行为在整个抢劫犯罪实施过程中没有起到实质的促进作用,冒充失败的情况下,冒充行为也未造成军警形象、声誉的损害,不宜一概认定为“冒充军警人员抢劫”。第三,符合罪责刑相适应的刑法原则。刑法设定“冒充军警人员抢劫”这一法定加重处罚情节,说明该行为的社会危害性较普通抢劫犯罪更为严重。冒充军警人员抢劫的行为除了造成军警形象、声誉的损害,也使被害人在误认为对方是军警人员的情况下,降低防备意识,不敢反抗,或者失去了反抗的最佳时机,因而该种抢劫行为相较于普通抢劫表现出更大的社会危害性。如果行为人“冒充”军警人员的行为根本不会使人认为其是军警人员,那么这种抢劫行为与一般抢劫行为的社会危害性并无差别,再以“冒充军警人员抢劫”加重处罚,罪刑不相适应。基于上述理由,根据最高人民法院《关于审理抢劫刑事案件适用法律若干问题的指导意见》(以下简称《抢劫指导意见》)的规定,认定“冒充军警人员抢劫”,要注重对行为人是否穿着军警制服、携带枪支、是否出示军警证件等情节进行综合审查,判断是否足以使他人误以为是军警人员。对于行为人仅穿着类似军警的服装或仅以言语宣称系军警人员但未携带枪支、也未出示军警证件而实施抢劫的,要结合抢劫地点、时间、暴力或威胁的具体情形,依照常人判断标准,确定是否认定为"冒充军警人员抢劫"。

故"冒充军警人员抢劫"包括以下三个条件:(1)冒充军警的行为应具有一定的表现形式。表现形式主要包括行为人主动亮明自己的军警人员身份、出示军警证件、身着军警制式服装、携带警械、驾驶军警车辆等。当然,还需根据实际情况考察行为人的主观方面,要求出于抢劫的目的,避免客观归罪。(2)冒充军警的行为应达到使一般人能够相信其身份的程度。冒充军警抢劫与一般抢劫的差别在于前者同时还损害了军人、警察的形象。按照普通人的辨识能力可以识破,未能使一般人轻易相信,既没有构成一定的威胁程度,也没有损害军人、警察的形象,其社会危害性与一般抢劫无异,此行为不宜认定"冒充军警人员抢劫",可作为酌定从重的情节为宜。(3)冒充军警的行为不可简单地依据结果来认定。冒充行为存在被害人相信与不信两种结果,虽然被害人是否相信对于冒充行为的认定具有一定影响,但并非只要被害人识破了行为人的假军警身份,就一概不认定为"冒充军警人员抢劫"。《抢劫指导意见》在此处使用的是"常人标准",即假如行为人的伎俩高超,足以使一般人信以为真,如果恰巧被具有军警专业知识的被害人轻易识破,虽然行为人冒充失败,但不可因此而不追究其责任,对此仍应认定为"冒充军警人员抢劫"而加重处罚。

本案中,二被告人在抢劫时自称是派出所的便衣民警,虽然具有冒充军警人员的行为,但二人仅仅是口头宣称系警察,既没有穿着警察制服,也没有驾驶警用交通工具或使用警用械具等,没有出示警察证件,以普通人的辨识能力能够轻易识破其假警察身份。案发后,被害人每天晚上去案发现场,试图抓住对其实施抢劫的两名男子,由此也可看出,被害人在案发当时根本不相信二被告人是警察,二被告人的冒充行为明显没有达到应有的程度和效果,也没有损害警察的形象,社会危害性与一般抢劫无异,不认定"冒充军警人员抢劫"为宜。

案例:杨辉等破坏电力设备案

案例来源:《刑事审判参考》总第70集[第575号]

主题词:转化型抢劫罪

一、基本案情

被告人杨辉,男,1982年3月16日出生,农民。因涉嫌犯破坏电力设备罪于2006年10月13日被逮捕。

被告人石磊,男,1982年3月10日出生,农民。因涉嫌犯破坏电力设备罪于2006年10月13日被逮捕。

(其他被告人略)

广东省广州市白云区人民法院经审理查明:

2006年7月至9月,被告人杨辉、石磊等人驾驶面包车、携带铁剪等作案工具,在广州市白云区、花都区等地多次盗剪正在使用中的电缆。在其实施部分犯罪时,还持铁水管拦截、殴打和控制途经现场的群众。具体犯罪事实如下:

1. 2006年7月8日4时许,被告人杨辉、翟保龙、卢世强、石磊伙同他人,窜至广州市白云区太和镇头陂村三队至十二队龙陂迳路段,盗剪正在使用中的BVV-70mm^{2}铜芯电缆526米(价值人民币33806元),致90户居民停电12小时。

2. 2006年8月16日3时许,被告人杨辉、翟保龙、卢世强、石磊、张华伟、井正龙、苏传新伙同他人,窜至广州市花都区新华街三东村十二队仙泉水世界附近,盗剪正在使用中的BVV-95mm^{2}铜芯电缆350米(价值人民币27864元),致350户居民停电15小时。

3. 2006年8月21日3时许,被告人杨辉、翟保龙、卢世强、石磊、张华伟、井正龙伙同他人,窜至广州市白云区钟落潭镇良田十二队季彩组祠堂附近,盗剪正在使用中的BVV-120mm^{2}铜芯电缆700米(价值人民币69671元),致500户居民停电10小时。

4. 2006年8月23日3时许,被告人杨辉、翟保龙、卢世强、石磊、张华伟、井正龙、苏传新伙同他人,窜至广州市白云区钟落潭镇冠登服饰有限公司附近,盗剪正在使用中的BVV-120mm^{2}铜芯电缆500米(价值人民币49765元),致两间工厂和一个建设工地停电12小时。

5. 2006年8月31日3时许,被告人杨辉、翟保龙、卢世强、石磊、张华伟、井正龙、苏传新、姚强伙同他人,窜至广州市白云区钟落潭镇雅园新村华源酒店至佳盛毛织厂附近,盗剪正在使用中的BVV-240mm^{2}铜芯电缆400米(价值人民币89000元),致185户居民停电12小时。

6. 2006年9月4日3时许,被告人杨辉、翟保龙、卢世强、石磊、张华伟、井正龙、苏传新、姚强伙同他人,窜至广州市白云区人和镇民强村陂仔鱼塘附近,盗剪正在使用中的BVV-50mm^{2}铜芯电缆1300米(价值人民币54275元),致278亩鱼塘增氧供电停止108小时。

7. 2006年9月6日3时许,被告人杨辉、翟保龙、卢世强、石磊、张华伟、井正龙、苏传新、姚强、苏超伙同他人,窜至广州市白云区钟落潭镇东凤村牌坊附近盗剪电缆,见被害人梁昌庭、邝永贤等人驾车途经该处时,即持铁水管拦截,并将邝驾驶的汽车玻璃砸烂,剪得正在使用中的BVV-240mm^{2}铜芯电缆700米(价值人民币155750元)、BVV-120mm^{2}铜芯电缆800米(价值人民币88472元),致35户居民停电65小时。

8. 2006年9月9日3时许,被告人杨辉、翟保龙、卢世强、石磊、张华伟、井正龙、苏传新、姚强伙同他人,窜至广州市白云区钟落潭镇进龙街附近盗剪电缆,见被害人邱大前驾摩托车途经该处时,即持铁水管殴打邱,并对闻讯出来的附近居民张广根进行控制和威胁,剪得正在使用中的BVV-95mm^{2}铜芯电缆900米(价值人民币79614元),致120户居民停电10小时。

白云区人民法院认为,在第七、第八起犯罪中,被告人杨辉等人不仅盗剪正在使用中的电缆,还采取暴力手段控制过往群众,使之不敢反抗、报警,并强行劫取剪下的电缆,其行为同时符合破坏电力设备罪和抢劫罪的构成要件,属法条竞合,应遵循重法条优于轻法条的适用原则,结合本案事实,对相关被告人实施的该二起犯罪以抢劫罪定罪处罚。被告人杨辉、石磊等人结伙破坏正在使用中的电力设备,危害公共安全,造成严重后果,其行为均已构成破坏电力设备罪;上述8人及苏超还结伙以暴力手段抢劫公私财物,数额巨大,其行为又构成抢劫罪。杨辉在共同犯罪中起主要作用,是主犯;其他被告人在共同犯罪中起次要作用,是从犯。依照《中华人民共和国刑法》第二百六十三条第(四)项、第一百一十九条第一款、第六十九条、第二十五条、第二十六条第一、四款、第二十七条、第六十五条第一款、第十七条第一、三款、第五十五条、第五十六条、第五十二条、第五十三条、第六十四条之规定,判决如下:

1. 被告人杨辉犯抢劫罪,判处有期徒刑十四年,剥夺政治权利四年,并处罚金十万元;犯破坏电力设备罪,判处有期徒刑十三年,剥夺政治权利四年;决定执行有期徒刑二十年,剥夺政治权利五年,并处罚金十万元。

2. 被告人石磊犯抢劫罪,判处有期徒刑十三年,剥夺政治权利四年,并处罚金八万元;犯破坏电力设备罪,判处有期徒刑十二年,剥夺政治权利三年;决定执行有期徒刑十七年,剥夺政治权利五年,并处罚金八万元。

(其他被告人略)

一审宣判后,被告人石磊提出上诉,石磊及其辩护人提出:(1)被告人威吓、控制过往群众的目的是便于盗窃电缆,其行为属于"牵连犯"而非"法条竞合犯";(2)抢劫罪与破坏电力设备罪的法定刑一致,原判认为抢劫罪重于破坏电力设备罪错误;(3)石磊只构成破坏电力设备罪。

广州市中级人民法院认为,被告人石磊等人虽采取暴力手段控制过往群众,但殴打、威胁过往群众的目的是为了使盗剪电缆这一犯罪行为得以完成,并非为占有过往群众的随身财物,客观上也只实施了危害公共安全的行为。而抢劫罪是对公私财物的所有者、保管者或者守护者当场使用暴力、胁迫或者其他对人身强制的方法,立即抢走财物或者迫使被害人立即交出财物的行为。本案中,过往群众并非被剪电缆的所有者、保管者或守护者,故石磊等人的行为均应构成破坏电力设备罪,原判定性错误,应予纠正。依照《中华人民共和国刑事诉讼法》第一百八十九条第(二)项、《中华人民共和国刑法》第一百一十九条第一款、第十七条第一、三款、第二十五第一款、第二十六条第一、四款、第二十七条、第四十五条、第四十七条、第六十五条第一款、最高人民法院《关于审理破坏电力设备刑事案件具体应用法律若干问题的解释》第一条第(四)项的规定,判决如下:

1. 撤销广东省广州市白云区人民法院(2007)云少刑初字第72号刑事判决的第一至九项中对各被告人犯抢劫罪的定罪和量刑。

2. 上诉人石磊犯破坏电力设备罪,判处有期徒刑十二年,剥夺政治权利三年。

3. 原审被告人杨辉犯破坏电力设备罪,判处有期徒刑十三年,剥夺政治权利四年。

(其他被告人略)

二、裁判要旨

No. 5-263-97 在实施盗窃犯罪过程中,以暴力手段控制、殴打无抓捕意图的过往群众的,不构成抢劫罪。

抢劫罪是指以非法占有为目的,以对被害人当场实施暴力或者以当场实施暴力相威胁,或者以使被害人不能抗拒的方法,迫使其当场交出财物或者夺走其财物的行为。在抢劫罪中,行为人采用暴力、胁迫或其他手段,对被害人实施人身攻击,使之产生恐惧,不能反抗或不敢反抗,以达到非法占有他人财物的目的。行为人的抢劫行为有两个指向目标:一种是为劫取财物,对财物所有人、保管人或持有人实施暴力、胁迫或其他人身强制行为(手段行为),这种行为侵害的客体是人身权利;一种是劫取财物的行为(目的行为),它侵害的客体是他人的财产权。与抢劫罪的双重客体相对应,抢劫罪的行为对象因此也是双重的,即除了财物外,还包括人。"人"作为抢劫罪的行为对象,即被害人,常态表现的是针对财物的所有者、保管者或持有者,而不是与对象财物无关的其他人。因为针对财物所有人、保管人或持有人之外的在场人实施暴力,一般情况下达不到迫使财物所有人、保管人、持有人被迫交出财物的目的,不符合抢劫罪的暴力劫财的本质特征。当然,在特定情况下,如在盗窃现场,行为人对财物所有者和协助抓捕的群众实施暴力,也可以实现暴力劫财的效果,符合刑法有关以抢劫定罪的规定。本案中,各被告人长期以盗剪电缆为生,组织严密,分工明确,形成了比较固定的盗窃团伙,他们一般采取秘密窃取的方法盗剪电缆,但当有群众从案发现场附近经过时,为保证犯罪行为的顺利实施,即持凶器控制过往群众,若遇反抗,则殴打反抗者。各被告人采用暴力手段控制过往群众的目的是为了顺利实施盗剪电缆这一犯罪行为,而不是为了占有过往群众的财物。客观上,各被告人也只是实施了盗剪电缆的行为,并未劫取被其控制之群众的财物;同时在本案,的过往群众也非被剪电缆的所有人或守护人,也无抓捕被告人的意图或行为。各被告人实施暴力,控制过往群众的行为只是手段行为,剪取电缆才是其目的行为,上述行为特征符合破坏电力设备罪和故意伤害罪的牵连犯,应择一重罪处罚。就本案而言,各被告人的行为仅构成破坏电力设备罪,而非抢劫罪。

No. 5-263-98 在盗窃电力设备过程中,为抗拒抓捕而当场使用暴力或者以暴力相威胁的,构成转化型的抢劫罪。

首先,转化型抢劫罪的成立并不以前行为构成犯罪为必要。尽管《刑法》第二百六十九条表述的是犯盗窃、诈骗、抢夺罪,但并不意味着要求这些行为事实上已经构成犯罪。因为抢劫罪的成立没有数额限制,故转化型抢劫罪的成立也不应有数额限制,由于转化型抢劫行为人也是当场使用暴力或以暴力相威胁,与普通抢劫并无本质区别,所以只能将其理解为行为人有犯盗窃罪、诈骗罪、抢夺罪的故意和行为,才谈得上向抢劫罪的转化,否则会不当缩小转化型抢劫罪的打击范围,有违立法意图。对此,有关司法解释也予以了肯定。1988年最高人民法院、最高人民检察院发布的《关于如何适用刑法第一百五十三条的批复》指出:"在司法实践中,有的被告人实施盗窃、诈骗、抢夺行为,虽未达到'数额较大',但为窝藏赃物、抗拒逮捕或者毁灭罪证而当场使用暴力或者以暴力相威胁,情节严重的,可按照刑法第一百五十三条的规定,依照《刑法》(注:1979年《刑法》)第一百五十条抢劫罪处罚";2005年最高人民法院《关于审理抢劫、抢夺刑事案件适用法律若干问题的意见》中也再次对此予以明确。据此,只要行为人故意实施了盗窃、诈骗、抢夺行为,无论是否达到构成犯罪的标准,都符合转化型抢劫罪成立的前提条件。

其次,《刑法》第二百六十九条规定的盗窃、诈骗、抢夺罪应理解为类罪。上述否定说的论据之一为,盗窃罪、诈骗罪、抢劫罪都规定在侵犯财产罪一章,其侵犯的共同客体是公私财物的所有权,因此,具有转化为抢劫罪的客体基础;而破坏电力设备罪规定在危害公共安全罪一章,与财产犯罪侵犯的客体不同,不能转化。我们认为,抢劫罪属于侵犯财产犯罪,因此,转化型抢劫罪,其先行行为之对象必须是公私财物,犯罪主观方面也必须具有非法占有的目的。以特定财物为犯罪对象,如盗窃电力设备,与盗窃普通财物在侵犯公私财物所有权这一客体上并无本质的不同,只是罪名有差异。在此情况下,盗窃电力设备的行为构成破坏电力设备罪与盗窃罪的想象竞合,虽然有的情况下不以盗窃罪定罪而以破坏电力设备罪定罪,这是因为在想象竞合的情况下,某一行为同时触犯两个罪名应择一重罪论处,并非其行为不属盗窃行为,不构成盗窃罪,而是根据相关法律适用原则,不以盗窃罪定罪处罚而已。且如前所述,应将《刑法》第二百六十九条规定的犯盗窃、诈骗、抢夺罪理解为实施了盗窃、诈骗、抢夺性质的行为,而不拘泥于罪名,此外,从转化抢劫的立法意图出发,这些特殊盗窃、诈骗、抢夺虽在罪名上有所区别,侵犯的对象有所区别,而其本质上是一样的,都以非法占有为目的,秘密窃取公私财物,或以虚构事实或隐瞒真相的方法骗取他人财物,或公开抢夺公私财物,因此,从理论上讲,普通的盗窃罪、诈骗罪、抢夺罪可以转化为抢劫罪,那么,特殊的盗窃罪、诈骗罪、抢夺罪更可以转化为抢劫罪。如果因为刑法将特殊的盗窃罪、诈骗罪、抢夺罪从普通盗窃罪、诈骗罪、抢夺罪种中分离出来规定为不同罪名,反而使得这些特殊罪不能转化为抢劫罪,这显然破坏了刑法体系解释的当然结论,有违罪刑相适应的原则。因此,《刑法》第二百六十九条规定的盗窃、诈骗、抢夺罪应理解为类罪,而非特指盗窃、诈骗、抢夺三个个罪。

需要指出的是,肯定盗窃电力设备的行为在法定条件下可以转化为抢劫罪,并不意味着最终对行为人以抢劫罪定罪处罚。根据最高人民法院《关于审理盗窃案件具体应用法律若干问题的解释》第十二条的规定,盗窃使用中的电力设备,同时构成盗窃罪和破坏电力设备罪的,应择一重罪处罚。因此,当对盗窃行为选择破坏电力设备罪处罚较重,而盗窃行为又具备转化型抢劫罪的构成时,对行为人应在破坏电力设备罪和抢劫罪中择一重罪处罚。

案例:丁金华等抢劫、绑架案

案例来源:《人民法院案例选》2010 年第 1 辑

主题词:抢劫罪 绑架罪

一、基本案情

被告人丁金华。

被告人廖强。

被告人彭振飞。

被告人吴国军。

被告人刘征。

被告人曾才。

广东省广州市海珠区人民法院经审理查明:被告人丁金华、廖强、彭振飞、吴国军伙同“旺妹子”“二妹子”等同案人(均另案处理)经事前商量向被害人周军要钱。2007 年 1 月 27 日 21 时许,被告人丁金华、廖强、彭振飞等人持两把砍刀到本市海珠区下泉塘新街三巷七号被害人周军的住处,殴打、威胁被害人周军及其家人李林华、王爱芳、周发林,抢得被害人的人民币 1200 元和普天 3668 型、科盛’KSl68 型小灵通手机各 1 台(共价值人民币 612 元),并致李林华、王爱芳受轻微伤。

同日 23 时许,上述被告人又将被害人周军挟持并拘禁在被告人吴国军事先预订的本市海珠区泰宁村南泰路金湘宾馆 202 号房。随后被告人吴国军又纠集被告人刘征、曾才到宾馆,共同威逼被害人周军打电话给其哥哥周易筹款人民币 5000 元过来赎人。次日凌晨 4 时许,公安人员在本市海珠区南泰路老四川饭店抓获上述六名被告人,并解救出被害人周军。

广州市海珠区人民法院经审理认为:被告人丁金华、廖强、彭振飞以非法占有为目的,伙同同案人采用暴力办法,入户劫取公民财物,其行为均已构成抢劫罪。被告人丁金华、廖强、彭振飞、吴国军、刘征、曾才以勒索财物为目的,绑架他人,其行为均已构成绑架罪。对被告人丁金华、廖强、彭振飞依法应当实行数罪并罚。被告人丁金华、廖强、彭振飞、吴国军在共同犯罪中起主要作用,是主犯,应当按照其所参与的全部犯罪处罚;被告人刘征、曾才在共同犯罪中起次要、辅助作用,是从犯,依法对其减轻处罚。被告人彭振飞归案后认罪态度较好,可酌情从轻处罚。依照《中华人民共和国刑法》第二百六十三条第(一)项、第二百三十九条第一款、第六十九条、第二十六条第一、四款、第二十七条、第五十六条第一款、第六十四条之规定,判决如下:

一、被告人丁金华犯抢劫罪,判处有期徒刑十年,剥夺政治权利三年,并处罚金人民币五千元;犯绑架罪,判处有期徒刑十年,并处罚金人民币五千元。总和刑期二十年,剥夺政治权利三年,并处罚金人民币一万元。决定执行有期徒刑十六年,剥夺政治权利三年,并处罚金人民币一万元。

二、被告人廖强犯抢劫罪,判处有期徒刑十年,剥夺政治权利三年,并处罚金人民币五千元;犯绑架罪,判处有期徒刑十年,并处罚金人民币五千元。总和刑期二十年,剥夺政治权利三年,并处罚金人民币一万元。决定执行有期徒刑十六年,剥夺政治权利三年,并处罚金人民币一万元。

三、被告人彭振飞犯抢劫罪,判处有期徒刑十年,剥夺政治权利三年,并处罚金人民币五千元;犯绑架罪,判处有期徒刑十年,并处罚金人民币五千元。总和刑期二十年,剥夺政治权利三年,并处罚金人民币一万元。决定执行有期徒刑十五年零六个月,剥夺政治权利三年,并处罚金人民币一万元。

四、被告人吴国军犯绑架罪,判处有期徒刑十年,并处罚金人民币五千元。

五、被告人刘征犯绑架罪,判处有期徒刑六年,并处罚金人民币二千元。

六、被告人曾才犯绑架罪,判处有期徒刑六年,并处罚金人民币二千元。

七、扣押的作案工具砍刀 2 把、塑胶警棍 1 条,予以没收。

一审宣判后,被告人丁金华以原判定性错误,其行为只构成抢劫罪为由;被告人廖强、彭振飞以其行为只构成敲诈勒索罪,且是从犯为由;被告人吴国军以其是从犯,且没有拿到家属的钱,是犯罪未遂,原判量刑过重为由;被告人刘征、曾才以其行为不构成绑架罪为由,分别提出上诉。

广州市中级人民法院经审理认为,原判认定的事实清楚,证据确实、充分,定罪准确,量刑适当,审判程序合法。各上诉人所提上诉意见,经查均不成立,不予采纳。依照《中华人民共和国刑事诉讼法》第一百八十九条第(一)项之规定,裁定驳回上诉,维持原判。

二、裁判要旨

No. 5-263-99 在抢劫过程中,当场劫取的财物未达到预定目标,又将被害人劫持到其他场所,继续向被害人的亲友勒索财物的,构成抢劫罪与绑架罪,应实行数罪并罚。

1. 符合我国刑法的罪数理论。我国刑法理论界的通说认为,犯罪构成标准是区分一罪与数罪的标准,即确定罪数之单复的标准,应是犯罪构成的个数,行为人的犯罪事实具备一个犯罪构成的为一罪,行为人的犯罪事实具备数个犯罪构成的为数罪。具体到上述第二种情况,行为人在已经劫取到部分财物,抢劫犯罪已经既遂的情况下,为取得更多的财物而将被害人绑架,继续向被害人的家属勒索赎金,在此过程中,行为人先后产生了两个犯罪故意,并实施了当场劫取被害人财物和绑架被害人作为人质勒索财物两个行为,分别具备了抢劫罪和绑架罪两个犯罪构成,因此,应认定为抢劫罪和绑架罪,实行数罪并罚。

2. 不违反禁止重复评价原则。对于第一种情况若以绑架罪和抢劫罪实行并罚,实质上是将一个暴力劫持或拘禁行为既用作绑架罪的构成要件,又用作抢劫罪的构成要件,有违禁止重复评价的刑法原则。因此,《意见》认为绑架过程中又当场劫取被害人随身携带的财物的,同时触犯绑架罪和抢劫罪两罪名,应择一重罪定罪处罚,这无疑是正确的。但在第二种情况下,由于行为人主观上存在两个犯罪故意,客观上也实施了两个犯罪行为,因此,对行为人以抢劫罪和绑架罪实行并罚,并不存在重复评价的问题。

3. 符合罪责刑相适应的刑法基本原则。抢劫罪和勒索财物型绑架罪都是严重侵犯公民人身权利、财产权利的犯罪。行为人在劫取被害人财物后,又将被害人绑架并向其家属勒索赎金,表明行为人的主观恶性和社会危害性极大,因此,只有对其以抢劫罪和绑架罪实行并罚,才能做到罪责刑相适应,而不至于放纵犯罪分子。

具体就本案而言,六被告人的整个犯罪过程可以分为两个阶段来分析:第一阶段是被告人丁金华、廖强、彭振飞伙同同案人在被害人周军家里殴打被害人及其家属,当场劫取被害人的财物。被告人这一阶段的行为完全符合抢劫罪的构成特征,即当场使用暴力,当场取得被害人的财物,其行为应以抢劫罪论处。第二阶段是被告人丁金华、廖强、彭振飞伙同同案人将被害人周军挟持到被告人吴国军在金湘宾馆开的 202 号房,被告人吴国军随后纠集被告人刘征、曾才到上述地点看管被害人,共同威逼被害人打电话给其哥哥筹钱赎人。被告人这一阶段的行为完全符合绑架罪的构成特征,即控制被害人,以被害人的人身安全要挟其家属并勒索家属的财物,其行为应以绑架罪论处。因此,被告人丁金华、廖强、彭振飞的行为构成抢劫罪和绑架罪,依法应当实行数罪并罚,被告人吴国军、刘征、曾才的行为构成绑架罪。

No. 5-263-100 绑架罪的既遂与未遂的区分,以劫持被绑架人并实际控制为标准,不以勒索财物或其他目的实现为标准。

1. 单一行为论符合《刑法》规定的绑架罪的构成要件。《刑法》第二百三十九条对绑架罪的罪状描述是以勒索财物为目的绑架他人的,或者绑架他人作为人质的,由此可见,构成绑架罪的主观要件是出于勒索财物或者获取其他不法利益的目的,客观要件是使用暴力、胁迫或者其他方法绑架他人,即只要行为人出于勒索财物或者获取其他不法利益的目的,实施了绑架他人的行为,就构成绑架罪。而前两种观点实际上是将勒索行为也作为绑架罪客观方面的构成要件,与现行《刑法》关于绑架罪罪状的规定相悖,有违罪刑法定的原则。

2. 有利于被害人人身安全的保护。绑架罪是一种严重侵犯公民人身权利的犯罪,设立本罪的宗旨在于对公民的人身权利予以重点保护,至于财产等其他权利或利益则属于次要客体。从有利于保护被害人人身安全的角度出发,确立单一行为论的既遂标准,有利于加大对此类犯罪的打击力度,威慑潜在的犯罪分子。

3. 单一行为论能够使犯罪中止和共同犯罪问题得到正确合理的解决。在单一行为论的前提下,同样存在着犯罪中止,只要行为人在实施绑架的过程中自动放弃绑架行为,就可以认定为犯罪中止;而在实施绑架行为后,自动放弃本可继续实施的勒索行为或者主动释放被害人的,根据《刑法修正案(七)》的规定,也可以作为《刑法》第二百三十九条中的情节较轻情形予以从轻处罚。另外,由于绑架罪是继续犯,其继续状态包括绑架行为实施后持续控制被害人、实施勒索财物行为等,直至结束对被害人的控制。对继续犯来说,犯罪达到既遂后,犯罪行为彻底结束前其他人参与该犯罪活动的,仍属事前无通谋的共同犯罪,或称之为事中共犯。

因此,根据单一行为论,被告人丁金华、廖强、彭振飞已将被害人周军劫持并实际控制,其绑架犯罪行为已经构成犯罪既遂;被告人吴国军、刘征、曾才虽然是在前述被告实际控制被害人后才参与犯罪,但属于事中共犯,应当认定为绑架罪的共犯。至于勒索的财物是否到手,并不影响对上述被告人绑架既遂的认定。

案例:虞正策强奸、抢劫案

案例来源:《刑事审判参考》总第 70 集[第 580 号]

主题词:入户抢劫

一、基本案情

被告人虞正策,男,1950 年 12 月 24 日出生,农民。因涉嫌犯强奸罪、抢劫罪于 2008 年 5 月 30 日被逮捕。

安徽省安庆市中级人民法院经审理查明:2008 年 5 月 4 日中午,被告人虞正策遭其子殴打后,心里难受,准备找其姐谈心诉苦,因其姐不在家而未果。当日傍晚,虞正策到本村村民石新岩家喝酒、闲聊至 22 时许,后又至本村村民石某某家,欲与石某某发生性关系,因发现石家有人便离开。虞正策随即至本村独居妇女项某某(被害人,殁年 83 岁)家房屋后,扒开院墙砖头,撬开厨房后门,进入项某某的卧室,并采取用被子蒙头、卡脖子、捂嘴等暴力手段对项某某实施奸淫,致项某某因外力扼压颈部、口腔致机械性窒息死亡。在强奸过程中,虞正策发现项某某戴有一副金耳环(价值人民币 513 元),即强行扯下,带回家中藏匿。

安庆市中级人民法院认为,被告人虞正策的行为已分别构成强奸罪、抢劫罪,应数罪并罚,罪行恶劣,危害后果严重,社会危害性大。公诉机关指控虞正策的犯罪事实清楚,证据确实充分,定罪准确。关于虞正策的辩护人提出虞正策的行为不构成入户抢劫的辩护意见,经查,虞正策进入被害人项某某房间是为了实施强奸,而不是抢劫,系在强奸过程中临时起意,强行扯下项某某的一对金耳环。根据主客观相一致的刑法原则,对该项辩护意见予以采纳。据此,依法判决如下:

被告人虞正策犯强奸罪,判处死刑,剥夺政治权利终身;犯抢劫罪,判处有期徒刑五年,并处罚金人民币一万元,决定执行死刑,剥夺政治权利终身,并处罚金人民币一万元。

一审宣判后,被告人虞正策提出上诉。

安徽省高级人民法院经不公开审理认为:被告人虞正策酒后潜入被害人项某某屋内,以暴力手段对项某某实施奸淫,其行为构成强奸罪;在强奸过程中,强行拽下项某某的金耳环,其行为又构成抢劫罪,应当数罪并罚。原判认定的事实清楚,证据确实充分,定性准确,量刑适当,审判程序合法。据此,裁定驳回上诉,维持原判,并依法报请最高人民法院核准。

最高人民法院经复核认为,被告人虞正策采用暴力手段强行与妇女发生性关系,致被害人死亡,其行为构成强奸罪;在强奸过程中强行劫取他人财物,又构成抢劫罪,应当数罪并罚。所犯强奸罪情节恶劣,后果严重,社会危害大,应依法惩处。第一审判决、第二审裁定认定的事实清楚,证据确实充分,定罪准确,量刑适当。审判程序合法。据此,依法裁定核准安徽省高级人民法院维持第一审对被告人虞正策以强奸罪判处死刑,剥夺政治权利终身;以抢劫罪判处有期徒刑五年,并处罚金人民币一万元,决定执行死刑,剥夺政治权利终身,并处罚金人民币一万元的刑事裁定。

二、裁判要旨

No. 5-263-101 以强奸目的入户,在强奸过程中临时起意劫取财物的,不能认定为入户抢劫。

最高人民法院《关于审理抢劫、抢夺刑事案件适用法律若干问题的意见》(以下简称《意见》)规定,认定入户抢劫应注意入户目的的非法性,即进入他人住所须以实施抢劫等犯罪为目的。据此,认定本案被告人虞正策的行为是否构成入户抢劫,关键在于其入户的目的是什么。事实上,虞正策是以强奸为目的进入被害人住所的,不符合入户抢劫的成立要件,因而虞正策在强奸过程中临时起意劫取财物的行为不能认定为入户抢劫。具体理由如下:

1.《意见》关于进入他人住所须以实施抢劫等犯罪为目的,指仅以实施抢劫及盗窃、诈骗、抢夺等图财型犯罪为目的而进入他人住所。

《刑法》第二百六十三条规定了入户抢劫的加重处罚情节,另根据《刑法》第二百六十九条的规定,实施盗窃、诈骗、抢夺等行为在一定条件下可转化为抢劫罪。因此,当行为人以抢劫为目的入户,或者以盗窃、诈骗、抢夺等犯罪为目的入户并转化为抢劫罪的,才可以认定为"入户抢劫"。《意见》提出以实施抢劫等犯罪目的作为入户抢劫的成立要件,不是对刑法规定的扩张解释,而是对入户抢劫含义的明确。这在最高人民法院《关于审理抢劫案件具体应用法律若干问题的解释》(以下简称《解释》)中也有所体现。《解释》第一条规定,入户抢劫是指为实施抢劫行为而进入他人生活的与外界相对隔离的住所,包括封闭的院落、牧民的帐篷、渔民作为家庭生活场所的渔船、为生活租用的房屋等进行抢劫的行为。入户盗窃后因被发现而当场使用暴力或以暴力相威胁的,均认定为入户抢劫。

2.《意见》中的抢劫等犯罪不宜理解为所有犯罪,仅应解释为抢劫及盗窃、诈骗、抢夺等图财型犯罪。

《意见》在规定入户目的的非法性时,明确了进入他人住所须以实施抢劫等犯罪为目的,意在严格入户抢劫的认定条件,将以实施抢劫等图财型犯罪为目的入户与以实施其他犯罪为目的入户区别开来,以做到准确定性和量刑均衡,同时,这也是保证入户抢劫必须符合抢劫罪构成要件的必然要求。因为如果不加区分,对以实施任何犯罪为目的入户而临时起意抢劫的行为都以入户抢劫论处,行为人就可能被判处十年以上有期徒刑、无期徒刑或者死刑。这将使刑法规定的入户抢劫范围无限扩大,容易导致轻罪重判。为此,《意见》特别强调指出:"行为人不以实施抢劫等犯罪为目的进入他人住所,而是在户内临时起意实施抢劫的,不属于'入户抢劫'"。

根据本案证据,被告人虞正策被儿子殴打后,为宣泄而同人饮酒、聊天,后入户实施强奸犯罪。现场勘验、检查笔录证实,现场并无搜寻、抢劫其他财物的情况,且在案证据证实虞正策仅抢走了一副耳环,这说明虞正策并非为图财而入户抢劫,因而不符合入户抢劫的目的要件要求。

3. 将入户同时作为强奸和抢劫的手段行为,是对同一行为的重复评价,也违反了主客观相一致的定罪原则。

禁止对同一犯罪人的同一犯罪行为进行多次定罪或者处罚,是大陆法系国家和英美法系国家的通行规则,也是我国刑法理论和实践中遵循的基本原则,目的是为了禁止对同一行为进行重复的刑法评价,保护被告人的权利,实现罪刑相当。在本案中,被告人虞正策入户是实施强奸犯罪的手段行为,因而不能作为抢劫的手段行为再行评价,因为虞正策入户并不是为了实施抢劫犯罪。如果将以强奸目的入户,在强奸过程中临时起意劫取财物的行为认定为入户抢劫,则是对同一入户行为的重复评价,会导致将该入户行为分别认定为强奸和抢劫的手段。这不仅与禁止重复评价原则相左,也违反了主客观相一致的定罪原则。因为虞正策入户不是为了实施抢劫犯罪,或者说,其入户时并不具有抢劫的主观故意,如果将入户强奸行为认定为入户抢劫,则割裂了被告人的犯罪故意与危害行为的有机联系。

综上,被告人虞正策以实施强奸犯罪为目的进入被害人住所,在强奸过程中临时起意劫取财物的行为,不应认定为入户抢劫,本案一、二审法院对此情节的认定是正确的。

案例:姜金福抢劫案

案例来源:《刑事审判参考》总第28辑[第204号]

主题词:未满十六周岁 抢夺 转化型抢劫

一、基本案情

被告人姜金福,男,1986年6月30日生,汉族,初中文化程度,无业。因涉嫌犯抢劫罪,于2002年3月27日被逮捕。

上海市长宁区人民法院经审理查明:2002年3月13日晚7时许,被告人姜金福在上海市浦东新区阳光三村崮山路西大门附近,乘被害人不备,抓住被害人孙焱的左手腕,抢夺得被害人孙焱手中的三星牌388型移动电话1部,价值人民币3777元。之后,姜金福乘出租车逃跑,被害人孙焱亦乘出租车紧追其后。至浦东新区张扬路、巨野路路口时,被告人姜金福下车继续逃跑,并用路旁的水泥块砸向协助抓捕的出租车驾驶员严安源头面部,致严安源头面部多处软组织挫伤,鼻骨骨折,经鉴定,该伤属轻伤。

上海市长宁区人民法院认为,被告人姜金福以非法占有为目的,乘人不备,公然夺取他人财物,价值人民币3000余元,数额较大;被告人姜金福在逃跑途中,为抗拒抓捕而实施暴力,将协助抓捕的人员砸成轻伤,其行为已构成抢劫罪,依法应予处罚。鉴于被告人姜金福犯罪时不满16周岁,系初犯,案发后认罪悔罪态度较好,故依法予以减轻处罚。公诉机关的指控事实清楚,证据确凿,指控成立,应予支持。依照《中华人民共和国刑法》第二百六十九条、第二百六十三条、第十七条第二款、第三款、第五十三条、第六十四条之规定,于2002年7月12日判决:被告人姜金福犯抢劫罪,判处有期徒刑一年六个月,并处罚金人民币五百元。

一审宣判后,在法定期限内,被告人未上诉,公诉机关也未提出抗诉,判决已发生法律效力。

二、裁判要旨

No. 5-263-102　不满 16 周岁的人犯抢夺罪,为抗拒抓捕而当场实施暴力致人轻伤的,应负刑事责任,以抢劫罪论处。

不满 16 周岁的人犯抢夺罪虽依法不负刑事责任,但当其行为符合转化型抢劫罪构成时,则需对其抢劫罪承担刑事责任,不能因为行为人不满 16 周岁,对其抢夺罪不负刑事责任进而否认其不可以构成转化型抢劫犯罪,甚至得出其对转化型抢劫罪也不负刑事责任的结论。抢劫罪较之单纯侵犯他人财产权的抢夺罪具有更为严重的社会危害性,法律并不要求构成抢劫罪要具备数额较大的条件,且规定凡年满 14 周岁具有刑事责任能力的自然人都应当承担刑事责任。将抢夺后又当场实施暴力抗拒抓捕致人轻伤或重伤等行为,《刑法》规定转以抢劫罪论处,而不是分别论罪并罚,体现了立法者对转化型抢劫从严评价的意图。因此,尽管将姜金福的行为分隔开来看,即其先行的抢夺行为依法不负刑事责任,其后续的伤害行为依法亦不负刑事责任,但如果将其行为作为连续的、整体的来看,就应对其适用转化型抢劫犯罪的规定,要负刑事责任。

案例:王国清等抢劫、故意伤害、盗窃案

案例来源:《刑事审判参考》总第 13 辑[第 86 号]

主题词:转化型抢劫　当场　使用暴力　自首　实行过限

一、基本案情

被告人王国清,男,1978 年 1 月 15 日出生,无业。因涉嫌犯抢劫罪、故意伤害罪、盗窃罪,于 2000 年 8 月 10 日被逮捕。

被告人李德玉,男,1970 年 3 月 30 日出生,农民。因涉嫌犯盗窃罪、销售赃物罪,于 2000 年 8 月 10 日被逮捕。

被告人李中保,男,1974 年 8 月 22 日出生,农民。因涉嫌犯盗窃罪,于 2000 年 8 月 10 日被逮捕。

北京市第一中级人民法院经审理查明:

2000 年 7 月 4 日 22 时许,被告人王国清在北京市通州区永顺西街下车时,与骑摩托车行至此处的朱太平相碰撞,双方发生争执,王国清即持随身携带的尖刀向朱太平的胸部、腰部猛刺。朱太平因心脏被刺破,致失血性休克死亡。

2000 年 7 月 22 日上午,被告人王国清、李中保在北京市颐和园德和园内,共同窃得一名游客的摩托罗拉 T2688 型移动电话机 1 部,价值人民币 1600 元。被告人李德玉明知该电话系盗窃所得,仍予以销赃。

2000 年 7 月 22 日中午,被告人王国清、李中保、李德玉共谋盗窃,后由王国清在北京市颐和园广场南侧一饭馆内窃得一游客理光牌照相机 1 架,价值人民币 540 元;在海淀区西苑同庆街北京佳达龙鹏通讯公司内窃得望远镜 1 架,价值人民币 268 元。

2000 年 7 月 23 日 8 时许,被告人王国清、李中保、李德玉在北京市海淀区颐和园东宫门售票处商定,由李德玉负责望风,王国清、李中保混入购票的人群中行窃。王国清、李中保窃得游客曹某价值人民币 1595 元的摩托罗拉牌移动电话机 1 部,欲逃离现场时被发现。北京市公安局海淀分局东宫门派出所民警袁时光与在场群众张林、何琦即上前抓捕。当袁时光等人追赶王国清等人至颐和园东宫门邮电局附近时,王国清掏出随身携带的尖刀刺破袁时光腹主动脉,致袁时光因急性失血性休克死亡;将张林右臂及左胸刺伤,构成轻伤;将何琦右前胸刺伤,构成轻微伤。李中保趁机逃跑,被在场群众抓获。后王国清、李德玉亦被抓获归案。

北京市第一中级人民法院认为:被告人王国清以非法占有为目的,多次秘密窃取他人财物,数额较大,已构成盗窃罪;被告人王国清在盗窃他人财物被发现后,以暴力抗拒抓捕,致 1 人死亡,2 人受伤,其行为已构成抢劫罪,且抢劫情节、后果均特别严重,社会危害性极大,必须依法严惩;被告人王国清还持刀故意伤害他人身体,致人死亡,其行为又构成故意伤害罪。鉴于其在被抓获后供述了司法机关尚未掌握的故意伤害罪的犯罪事实,可视为自首,故对其所犯故意伤害罪应依法从轻处罚。被告人李中保、李德玉以非法占有为目的,以秘密手段窃取他人财物,数额较大,其行为均已构成盗窃罪,应依法惩处。鉴于被告人李中保有重大立功情节,故予以从轻处罚。被告人李德玉明知是犯罪所得的赃物,仍予以销售,其行为已构成销售赃物罪,亦应依法惩处。依照《中华人民共和国刑法》第二百六十九条、第二百六十三条第(五)项、第二百三十四条第二款、第二百六十四条、第三百一十二条、第五十七条第一款、第二十五条第一款、第六十七条第二款、第六十八条第一款、第六十九条、第六十四条、第六十一条的规定,于2000年9月4日判决如下:

1. 被告人王国清犯抢劫罪,判处死刑,剥夺政治权利终身,并处没收个人全部财产;犯故意伤害罪,判处无期徒刑,剥夺政治权利终身;犯盗窃罪,判处有期徒刑二年,并处罚金人民币二千元。决定执行死刑,剥夺政治权利终身,并处没收个人全部财产。

2. 被告人李德玉犯盗窃罪,判处有期徒刑一年,并处罚金人民币一千元;犯销售赃物罪,判处有期徒刑六个月,并处罚金人民币一千元。决定执行有期徒刑一年零三个月,并处罚金人民币二千元。

3. 被告人李中保犯盗窃罪,判处有期徒刑六个月,并处罚金人民币一千元。

宣判后,李德玉、李中保服判,没有上诉;王国清不服,向北京市高级人民法院提出上诉。

王国清上诉称,原审判决认定的事实不清,其在2000年7月23日上午没有偷东西,是李中保偷的,扎人前不知道袁时光是警察。其辩护人提出:认定王国清犯故意伤害罪的证据不足;王国清有自首情节,一审在数罪并罚后决定执行刑罚时没有体现从轻处罚,建议二审予以考虑。

北京市高级人民法院经审理认为:上诉人王国清在盗窃他人财物被发现后,以暴力抗拒抓捕,致1人死亡,2人受伤,其行为应依照《刑法》对抢劫罪的规定定罪处罚;上诉人王国清还持刀故意伤害他人身体,其行为已构成故意伤害罪,且致人死亡。王国清所犯抢劫罪、故意伤害罪罪行极其严重。上诉人王国清以非法占有为目的,多次秘密窃取他人财物,数额较大,其行为已构成盗窃罪。对其所犯盗窃罪、故意伤害罪应与抢劫罪并罚。鉴于其被抓获后供述了司法机关尚未掌握的故意伤害的事实,可视为自首,对其所犯故意伤害罪依法予以从轻处罚。原审被告人李中保、李德玉以非法占有为目的,秘密窃取他人财物,数额较大,其行为均已构成盗窃罪,依法均应予惩处。鉴于原审被告人李中保有协助公安机关抓捕同案犯的重大立功表现,故予以从轻处罚。原审被告人李德玉明知是犯罪所得的赃物,仍予以销售,其行为已构成销售赃物罪,依法应与其所犯盗窃罪并罚。上诉人王国清的上诉理由没有事实依据,不予以采信。其辩护人的辩护意见没有事实和法律依据,不予采纳。原审人民法院根据王国清、李中保、李德玉犯罪的事实、犯罪的性质、情节和对于社会的危害程度所作的判决,定罪及适用法律正确,量刑适当,审判程序合法,应予维持。依照《中华人民共和国刑事诉讼法》第一百八十九条第(一)项的规定,于2000年11月7日裁定:驳回上诉,维持原判,并根据最高人民法院《关于授权高级人民法院和解放军军事法院核准部分死刑案件的通知》的规定,核准对被告人王国清以抢劫罪判处死刑;剥夺政治权利终身,并处没收个人全部财产;以故意伤害罪,判处无期徒刑,剥夺政治权利终身;以盗窃罪,判处有期徒刑二年,并处罚金人民币二千元,决定执行死刑,剥夺政治权利终身,并处没收个人全部财产的刑事裁定。

二、裁判要旨

No. 5-263-103 转化型抢劫的当场,是指犯罪现场以及行为人刚离开即被发觉而被追捕的过程。

行为人因在盗窃、诈骗或者抢夺公私财物过程中被发现而当场使用暴力或以暴力相威胁的,才构成转化型抢劫罪。所谓当场,应是行为人实施盗窃、诈骗或者抢夺犯罪的现场,行为人刚一离开现场就被发觉而被追捕的过程,是其犯罪现场的延伸,也应视为当场。也就是说,如果犯罪分子在逃离现场时被人发现,在受到追捕或者围堵的情况下使用暴力的,也应认定为当场使用暴力。如果行为人在实施盗窃、诈骗、抢夺犯罪过程中未被发觉,而是隔了一段时间以后,在其他地方被抓捕而行凶拒捕,则不适用《刑法》第二百六十九条的规定,而应按所触犯的罪名单独定罪,再与原来的罪实行并罚。

No.5-263-104 在盗窃、诈骗或抢夺公私财物过程中,单纯为了挣脱抓捕而冲撞他人并未造成严重后果的,不能认定为使用暴力或者以暴力相威胁,不构成转化型抢劫罪。

使用暴力和以暴力相威胁,是指犯罪分子对被害人或者抓捕人故意实施撞击、殴打、伤害等具有一定强度的危及人体健康和生命安全的行为,或以立即实施这种暴力相威胁。如果暴力强度很小,情节显著轻微,或者无加害他人的意图,只是为了挣脱抓捕而冲撞了他人并未造成严重后果的,可不认为是使用暴力,不以抢劫罪论处。

No.5-263-105 盗窃罪转化为抢劫罪之后,盗窃财物的数额、对象和使用暴力的程度和后果,均视为抢劫罪的量刑情节。

针对转化型抢劫罪的法定刑,《刑法》第二百六十九条规定,依照第二百六十三条的规定处刑。但《刑法》第二百六十三条规定了两个量刑档次,本案被告人王国清在盗窃后为抗拒抓捕使用暴力致抓捕人袁时光死亡的行为,是否属于《刑法》第二百六十三条规定的抢劫致人死亡,直接关系到对被告人王国清的量刑。我们认为,为抗拒抓捕而当场使用暴力或者以暴力相威胁,是盗窃罪转化为抢劫罪的条件,在盗窃罪转化为抢劫罪之后,盗窃的财物数额、对象和使用暴力的程度和后果,均应视为抢劫罪的量刑情节。也就是说,盗窃财物后为抗拒抓捕而当场使用暴力致抓捕人死亡的行为,应当认定为《刑法》第二百六十三条规定的抢劫致人死亡,并应对被告人在十年以上有期徒刑、无期徒刑或者死刑,并处罚金或者没收财产的档次和幅度内量刑。一、二审法院根据本案被告人王国清在盗窃他人财物被发现后当场使用暴力抗拒抓捕致人死亡的犯罪事实、情节、后果和对社会的危害程度,依法以抢劫罪判处其死刑,是符合《刑法》规定的。

No.5-263-106 一人犯数罪但只对其中一罪自首的,自首从轻的效力仅及于自首之罪。

被告人王国清除犯有抢劫罪外,还以非法占有为目的,多次秘密窃取他人财物,数额较大,其行为已构成盗窃罪;其持刀故意伤害他人身体,其行为还构成故意伤害罪,应依法对被告人王国清实行数罪并罚。由于王国清所犯故意伤害罪是在其被抓获后、司法机关尚未掌握的情况下主动供述的,根据《刑法》第六十七条第二款的规定,应以自首论,并可以从轻或者减轻处罚。根据最高人民法院《关于处理自首和立功具体应用法律若干问题的解释》第一条第一款第(二)项第一目犯有数罪的犯罪嫌疑人仅如实供述所犯数罪中部分犯罪的,只对如实供述部分犯罪的行为,认定为自首的规定,只能对其所犯故意伤害罪从轻处罚。一、二审法院以故意伤害罪判处被告人王国清无期徒刑,已经体现了自首从轻的原则。由于被告人王国清所犯抢劫罪,罪行极其严重,依法必须判处死刑。在数罪并罚后,其所犯故意伤害罪被判处无期徒刑已被所犯抢劫罪被判处死刑所吸收,故在决定执行刑罚时,只能按照数罪并罚的原则决定执行死刑,被告人王国清的辩护人提出的"一审在数罪并罚后决定执行刑罚时没有体现从轻处罚"的辩护意见,不能成立。

No.5-263-107 在共同犯罪中,超出共同故意而实施的行为,属实行过限;对于过限行为,其他行为人不负刑事责任。

共同故意是构成共同犯罪的必要条件。在本案中,被告人王国清、李中保、李德玉共同故意实施盗窃犯罪,由李德玉负责望风,王国清、李中保混入购票的人群中行窃,只是分工不同。是否亲自、直接实施盗窃行为,不影响共同盗窃犯罪的成立。3被告人均应对共同盗窃行为负刑事责任。但是,盗窃被发现后,被告人王国清为抗拒抓捕而对抓捕人当场使用暴力,并致1人死亡,2人受伤的行为,由于没有证据证实在被告人王国清对抓捕人使用暴力之前,3被告人已有被发现后即使用暴力的共同故意;在盗窃行为被发现之后,被告人李中保和李德玉亦没有对抓捕人使用暴力。虽然被告人李中保和李德玉利用王国清的暴力行为暂时逃离现场,但不应对王国清的暴力行为承担刑事责任。因此,被告人李中保、李德玉不是抢劫罪的共犯,只对盗窃行为承担刑事责任。

案例:尹林军、任文军盗窃案
案例来源:《刑事审判参考》总第109集[第1186号]
主题词:抢劫罪、转化型抢劫

一、基本案情

2012年11月,被告人尹林军、任文军预谋共同入户盗窃。二人撬开一户防盗门,窃取黄金手镯1只(价值9864元),"OMEGA"女式手表1块(价值500元),"BALLY"女式手表1块(价值500元)和现金600元。其间,被害人陈金林返回家中,发现了藏在室内的尹林军,遂抓住尹林军衣领将其推到墙上,打其脸部几拳致尹林军面部受伤流血。尹林军为尽快脱逃,在陈金林抓住其衣领不放的过程中,与陈金林从室内拉扯到四楼楼梯后摔倒,尹林军即将上衣脱掉,从二楼楼梯口的窗户翻出走,任文军在此过程中逃离。

二、裁判要旨

No.5-263-108 转化型抢劫中暴力程度应当达到足以压制反抗的程度,盗窃后为抗拒抓捕实施暴力程度不明显的摆脱行为,不符合转化型抢劫的暴力行为特征,不成立抢劫罪。

转化型抢劫是转化犯的一种形式。所谓转化犯,是指在轻罪行为的实施过程中或者轻罪状态的持续过程中,由于出现了法律规定的行为、方法或者后果等转化条件,而使轻罪转化为重罪,并以转化后的重罪定罪处罚的犯罪形态。转化犯通常具有如下四个特征:(1)法定性。只有法律明确规定,才能成立转化犯。(2)转变性。基础行为与转化行为的关系如下:首先,转化行为是在基础行为之上实施的;其次,转化行为是基础行为人基于新的主观故意实施的新行为;最后,转化行为与基础行为的性质不同。正因在前罪基础上实施了性质不同的转化行为,才能依照他罪定罪惩罚,如果后续行为没有超越前罪罪质,则一般只能以前罪处罚。(3)趋重性。转化后的行为性质和惩罚力度均要重于基础行为。(4)唯一性。对于转化犯在定罪量刑、诉讼追诉等方面均依照新罪处理。

《刑法》第二百六十九条规定的情形属于典型的转化犯,基础行为是行为人实施盗窃、诈骗、抢夺行为,转化条件是为了窝藏赃物、抗拒抓捕或者毁灭罪证而当场使用暴力或者以暴力相威胁,转化后的新罪是抢劫罪。抢劫罪在罪质和罪责方面均更重,故对其犯罪构成要件应从严解释,防止扩大打击面。因此,这里的"暴力"只能是狭义的"暴力",即对被害人不法使用有形力,使被害人不能反抗或者不敢反抗,通常具有主动性、强制性、攻击性等特点。司法实践中,认定"暴力"需要注意以下几点:(1)暴力的对象是人。抢劫罪通过压制人的反抗来获取利益,转化型抢劫的暴力手段同样针对的是人,是对盗窃、诈骗、抢夺行为人窝藏赃物、毁灭罪证起阻碍作用或者对行为人实施抓捕的人。(2)使用的时空条件是当场。这里的"当场"是指实施盗窃、诈骗、抢夺罪的现场,或者刚一逃离现场即被人发现和追捕的过程中。只有使用暴力的行为与盗窃等行为具有时间、地点、事实和追索事态方面的连续性时,才能成立转化犯罪。因此,行为人入户或者在公共交通工具上盗窃、诈骗、抢夺后,只有在户内或者公共交通工具上当场使用暴力或者以暴力相威胁的,才能构成"入户抢劫"或者"在公共交通工具上抢劫"。(3)暴力的程度是足以压制人的反抗,但不要求事实上压制了人的反抗,更不要求具有危害人身安全的性质。转化型抢劫与抢劫虽然认定性质相同,但行为人的主观恶性和行为动机毕竟不同,行为人最初目的是盗窃、诈骗、抢夺,为窝藏赃物、抗拒抓捕或者毁灭罪证才使用暴力或者以暴力相威胁,因此对其暴力程度应当有所限制,应以被害人不敢抓捕或者不能抓捕为限。如果行为人不具有伤害意图,只是为摆脱和逃跑而推推搡搡,没有造成轻伤以上后果的,则可不认定使用暴力,不以抢劫罪定罪处罚。最高人民法院《关于审理抢劫刑事案件适用法律若干问题的指导意见》(以下简称《抢劫指导意见》)亦对此作出明确规定,指出"对于以摆脱的方式逃脱抓捕,暴力程度较小,未造成轻伤以上后果的,可不认定为'使用暴力',不以抢劫罪论处"。

本案中,被告人行为已构成盗窃罪。尹林军离开前遇到返回家中的被害人陈金林,陈金林随即抓住尹林军的衣领殴打其面部几拳,尹林军并未主动回击,而是想尽快摆脱被害人的抓捕。尹林军逃离途中,因被害人拉扯其衣领不放,将被害人扯至楼下;其间,被害人还踢踹尹林军,致二人摔倒,后尹林军借势脱掉外衣逃离。整个过程中,尹林军没有对被害人主动使用暴力,仅是躲闪被害人的殴打和追捕,虽致被害人摔倒,但没有造成轻伤以上的后果,依照前述观点和《抢劫指导意见》的规定,尹林军的摆脱行为不应认定为转化型抢劫的暴力行为,对其不应以抢劫罪定罪处罚。

案例:李智豪抢劫案

案例来源:《刑事审判参考》总第 110 集[第 1201 号]

主题词:抢劫罪　转化型抢劫

一、基本案情

被告人李智豪预谋以购车为名抢车,在网上看到被害人谢军卫发布的出售二手车信息后,通过电话同对方取得联系,并约定了看车地点。2015 年 3 月 11 日,李智豪携带枪支来到约定地点,谢军卫的侄子谢冬冬、弟弟谢营军驾驶欲售车辆前来商谈车辆买卖问题。试驾过程中,李智豪提出让谢营军进行驾驶自己要查看车辆的其他问题,利用谢营军下车不备之机,李智豪迅速驾车逃离,谢冬冬随即打电话将该情况告知了谢军卫。谢军卫使用手机根据被抢车辆上安装的GPS,对被抢车辆进行定位,自己开车去追,同时让朋友刘万才开车帮忙追赶被抢车辆。谢军卫用电话告诉刘万才被抢车辆的位置信息,刘万才开车带领秦万福按照谢军卫的指示一直追赶被抢车辆,后在西城区右安门附近将驾车的李智豪截住。李智豪见状掏出枪支对二人进行威胁,二人被迫让开道路,李智豪遂驾车逃离。后李智豪在被公安机关抓获归案。

二、裁判要旨

No. 5-263-109　在转化型抢劫中,“当场”是指盗窃、诈骗、抢夺罪的现场,在现场或者刚一离开现场就被人及时发觉而立即追捕的过程中,也可视为现场的延伸。

根据《刑法》第二百六十九条的规定,转化型抢劫需要具备前提条件(犯盗窃、诈骗、抢夺罪)、目的条件(为窝藏赃物、抗拒抓捕或者毁灭罪证)、手段条件(使用暴力或者以暴力相威胁)和时空条件(当场)。本案中,被告人的行为能够构成转化型抢劫,核心问题在于是否具备时空条件。当场应综合考虑以下三个方面:

(1)时空的接续性。“当场”从字面上看,就是当时和现场,是时间上连续性和空间上连接性的统一体。具体来说,前后行为在空间上应当具有连接性,即前犯罪行为现场或者与之紧密联系的场所;在时间上应具有连续性,前后行为连续而未间断。只有在前提行为与暴力、胁迫之间存在不间断的时空联系时,才能转化为抢劫罪。一般来说,如果行为人作案时并未被发觉和追捕,而在其他时间或地点被发现、追捕的,应认为不符合“当场”的条件,当然,二者之间应允许存在短时间、短距离的间隔。

(2)先后行为之间的关联性。前后行为除了时空上的紧密联系,还要求具有引起与被引起的关联性,即事后的暴力、胁迫行为是前面的盗窃、诈骗、抢夺等行为而引起的。

(3)追捕事态的继续性。从犯罪过程上看,前行为—被发现—被追捕—实施暴力或者以暴力相威胁是一个连续的过程,是不间断的。如果行为人成功脱逃,事后被他人发现而被追捕,或者因为其他犯罪行为被抓捕,即使当场使用的暴力或者以暴力相威胁,该暴力行为相对于前行为而言不再是“当场”实施。持续不断的追捕过程既包括行为人尚未离开前行为现场或者刚离开现场就被人发觉并立即抓捕,也包括发现行为人并对其实施一定时间的监视后再实施抓捕。只要行为人始终处于追捕人的视线范围之内,不论持续多久,追捕的距离有多长,其暴力行为均属于当场实施。

只要被告人始终在视线范围之内,追捕行为一直处于持续状态,那么就视为案发现场一直在延长,截获被告人的地方就可以视为“当场”,观察的方式不能局限于肉眼观察。本案中,被告人是通过被抢车辆上的 GPS 导航对被告人进行追赶,且实施抢夺的地点距离被告人被截获的地点有数十公里之远。随着经济社会的发展和科技水平的提高,如追赶行为本身,没有必要限定于仅靠双腿追赶,借助于自行车、汽车等其他设备并不违背追赶行为的本质。因此,本案中借助

GPS来掌握被告人的行踪,完全可以视为被告人在追赶人的视线范围之内。本案中,谢军卫立即根据被抢车辆上的GPS使用手机对车辆进行定位,自己进行追赶,并让朋友刘万才也进行追赶,后刘万才根据GPS定位一直追赶并在右安门附近拦截住了李智豪。可以看出,被告人一方的追赶行为一直处在持续状态之中,中间虽有中断,但这种中断是很短暂的而不是长时间的,不影响追赶行为的整体连续性,被告人的行踪也始终在被害人一方的掌握之中。因此,虽然被告人抢夺地距离被截获地有数十公里之远,但这段距离应该被视为抢夺现场的延长。在这种情况下,被告人李智豪被堵截拦停后持枪威胁被害人一方的追赶人员,属于"当场"以暴力相威胁,构成转化型抢劫罪。

案例:张某某抢劫、李某某盗窃案

案例来源:《刑事审判参考》总第32辑[第244号]

主题词:共同盗窃　部分共犯实施暴力　转化型抢劫

一、基本案情

被告人张某某,男,1960年4月2日生,农民。因涉嫌犯抢劫罪于2000年4月6日被逮捕。

被告人李某某,男,1958年11月10日生,农民。因涉嫌犯抢劫罪于2000年4月6日被逮捕。

某县人民法院经审理查明:1988年12月4日晚,被告人张某某、李某某伙同张某良(另案处理,已判刑)携带镰刀在某国道某县境内,乘道路堵车之机,欲共同对被堵车辆行窃。8时许,张某某、张某良登上姜某某驾驶的解放牌汽车,将车上拉运的白糖往下扔,李某某负责在下边捡拾、搬运,共窃得白糖6袋,每袋50公斤。当司机姜某某从后视镜上发现有人扒货时,即下车查看,当场抓住张某某。张某某为脱身,用镰刀朝姜某某的脸上砍了一下,经法医鉴定姜的面部伤构成轻伤。同时张某良也捡起石头威胁姜某某及前来协助的货主刘某。姜某某及刘某见此情形连忙驾车离开现场,并在一报警点报了案。出警的公安人员赶赴现场后,将正在搬运赃物的张某良、张某某、李某某截住,当场抓获张某良,但张某某、李某某逃跑。1999年9月21日和1999年9月22日,张某某、李某某分别到某县公安局投案。案发后,经某县价格事务所评估鉴定,被盗白糖的价值共计人民币1200元。

某县人民法院审理后认为,被告人张某某、李某某以非法占有为目的,共同盗窃他人财物,数额较大,其行为均已构成盗窃罪。在共同盗窃过程中,张某某为抗拒抓捕而当场使用暴力,致被害人轻伤,其行为依法应由盗窃罪转化为抢劫罪。公诉机关指控张某某犯抢劫罪罪名成立,应予支持。张某某在案发后能自动向公安机关投案,并如实交代本人的犯罪事实,构成自首,可以从轻处罚。在共同盗窃过程中,李某某没有为抗拒抓捕、窝藏财物或毁灭罪证而当场使用暴力或者以暴力相威胁,故李某某的行为不符合由盗窃罪转化为抢劫罪的构成要件。公诉机关指控李某某犯抢劫罪定性不当,应予纠正。李某某虽能向公安机关自动投案,但在一审前始终未能如实供述自己的罪行,不属于自首。在共同扒车盗窃中,李某某起辅助作用,系从犯,可以从轻处罚。依照《中华人民共和国刑法》第十二条、第二百六十九条、第二百六十三条、二百六十四条、第二十五条第一款、第二十七条、第六十七条第一款的规定于2000年5月11日判决:被告人张某某犯抢劫罪,判处有期徒刑五年,并处罚金人民币一千五百元;被告人李某某犯盗窃罪,判处有期徒刑六个月,并处罚金人民币一千五百元。

一审宣判后,张某某、李某某均未提出上诉,公诉机关也未提出抗诉,判决已发生法律效力。

二、裁判要旨

No.5-263-110　在盗窃共同犯罪中,部分共犯因为抗拒抓捕当场实施暴力而转化为抢劫罪的,其他共犯若未参与或未赞同的,不构成转化型抢劫罪。

由盗窃罪转化为抢劫罪的特征是先窃取财物后使用暴力,要认定各个盗窃共犯的行为是否转化成为抢劫罪,关键要看行为人在窃取财物之后是否当场使用暴力或者以暴力相威胁。其中,对部分没有当场使用暴力或者以暴力相威胁的行为人,则要看其是否同意其他共犯当场使用暴力或者以暴力相威胁。如果是,其行为就由盗窃转化为抢劫;反之,其行为就不发生转化,仅负盗窃罪的刑事责任。从本案的全过程来看,张某良、张某某先后上车盗窃白糖,李某某在下面路上将扒下的白糖往路边转移,此时三人的行为属共同盗窃。当司机从后视镜上发现有人扒货时,即停车查看,将从车上刚下来的被告人张某某当场抓住。张为了脱身,用随身携带的镰刀将司机的面部砍伤,张某良为帮助张某某脱身,也过来捡起石头威胁司机及货主。至此,张某某、张某良的犯罪性质已经发生了转化。而此时李某某正在距现场几十米远的地方搬运赃物,李某某既没有赶赴现场对被害人使用暴力或者以暴力相威胁,也没有对张某某、张某良使用暴力表示认同的意思表示。由此可见,在对被害人使用暴力和以暴力相威胁这个关键环节上,李某某与张某某、张某良之间既无共同的故意,也无共同的行为,不具备共同犯罪的要件。因此,李某某的行为不符合转化型抢劫罪的特征,法院判决认定其犯盗窃罪而没有认定其犯抢劫罪是正确的。

案例:翟光强等抢劫案

案例来源:《刑事审判参考》总第 109 集[第 1187 号]

主题词:抢劫罪　转化型抢劫　承继的共犯

一、基本案情

2012 年 12 月 28 日凌晨,被告人胡丛建、孟祥友在黄骅港海防路中铁公司路口北侧,盗窃停在路边的王吉春大货车油箱内柴油时,被停在该路段南侧的大货车司机刘春风、刘光父子发现。刘春风、刘光下车后,胡丛建、孟祥友遂持斧子与刘春风、刘光打斗。胡丛建将刘春风左肘砍伤,致其轻微伤。后刘春风、刘光将孟祥友制服并绑在二人驾驶的大货车后侧。胡丛建逃跑,并打电话叫来被告人翟光强等四人。一人驾车望风,翟光强等三人各持斧子下车与王吉春、刘春风、刘光打斗,并将两辆大货车玻璃、大灯砸碎。后胡丛建驾驶轿车,从路两侧绿化带由西向东,冲撞两辆大货车之间的王吉春、刘春风、刘光。翟光强见王吉春跑过来,用斧子猛砍王吉春头部,致王吉春颅脑损伤,经抢救无效死亡。刘光也被殴打致轻微伤。后六名被告人驾驶两辆轿车逃离现场。胡丛建、孟祥友将抢来的 175 升柴油卖给他人,经鉴定,柴油价值 1358 元。

二、裁判要旨

No. 5-263-111　先行为人实施盗窃行为,为抗拒抓捕当场使用暴力,后行为人加入犯罪的情形下,先行为人与后行为人构成事前无通谋的共同犯罪,成立抢劫罪的共同犯罪,后行为人只对与自己的行为具有因果性的结果承担责任。

本案中,被告人胡丛建、孟祥友实施盗窃时被刘春风、刘光父子发现后,持斧子与刘春风、刘光打斗,致刘春风轻微伤,对该行为依照抢劫定罪处罚均无异议。关键是本案的后续行为,即被告人孟祥友当场被抓,被告人胡丛建逃跑后又纠集翟光强等四人暴力劫夺孟祥友,造成王吉春死亡(翟光强所致)、刘光轻微伤的行为。

(1)后续行为不构成寻衅滋事罪。根据最高人民法院、最高人民检察院《关于办理寻衅滋事刑事案件适用法律若干问题的解释》(以下简称《寻衅滋事解释》)第一条的规定,寻衅滋事罪的行为人在主观上应具有"为寻求刺激、发泄情绪、逞强耍横等,无事生非"或者"因日常生活中的偶发矛盾纠纷,借故生非"的犯罪目的。本案中,除了考察被告人的客观行为,还应当注重考察行为人的主观故意,被告人胡丛建暴力抗拒抓捕逃跑后,即电话联系翟光强等四人,告知了前因,邀约一同去劫夺被抓的孟祥友,翟光强等同意一块去救人,各被告人的犯罪目的和对象明确,并非为寻求精神刺激去随意殴打他人,而是要劫夺因盗窃被被害人抓获的孟祥友,不属于"无事生非",亦不属于"借故生非"。主要危害的是特定被害人的生命健康和财产权利,因此该行为不符合寻衅滋事罪的构成要件。且寻衅滋事罪最高刑罚为五年有期徒刑,无法体现罪责刑相一致原则。

(2)转化行为与后续行为是一个连续整体。根据《刑法》第二百六十九条的规定,犯盗窃罪为抗拒抓捕而"当场"使用暴力的,才能按抢劫罪定罪处罚。对"当场"不能机械理解,它应该是个综合性的概念,涵盖了时间上的连续性和空间上的延续性,允许存在点与点之间的短暂间隔,应该是指行为人实施盗窃现场及抗拒抓捕的整个过程和现场。本案中,被告人胡丛建、孟祥友实施盗窃时当场抗拒抓捕,结果胡丛建逃脱、孟祥友被抓,如果胡丛建逃脱后未返回现场救人,那么转化抢劫行为结束。但是胡丛建逃脱后立即联系了翟光强等人,邀约救人。后胡丛建开车带着其他被告人到达现场,采取暴力手段强行劫夺走了孟祥友。因此,转化行为与后续行为的目的都是暴力抗拒抓捕,整个过程是连续的,在时间和空间上不能割裂看待,定罪上自然也不能分开对待。

(3)本案属于事前无通谋的共同犯罪。共同犯罪是指二人以上共同故意犯罪。主观上要求共同犯罪人有共同的故意,共同实行的意思可以形成于实行行为之前或实行行为之时。从这一点出发,共同犯罪可以分为事前通谋的共同犯罪和事前无通谋的共同犯罪。事前无通谋的共同犯罪,则是指在刚着手或实行犯罪的过程中形成共同故意犯罪的。事前无通谋的共同犯罪中,存在承继的共同犯罪现象。前行为人的先行行为的效果在持续,后行为人在明知这种状态的情况下参与进去,后行为人就与前行为人成立共同犯罪。但是这种承继的共同犯罪人,只能对与自己的行为具有因果性的结果承担责任,利用前行为人已经造成的结果不等于后行为人的行为与该结果之间具有因果关系。本案中,被告人翟光强等虽然与胡丛建、孟祥友此次事先并无盗窃、抢劫犯罪的通谋,但明知胡丛建、孟祥友在盗油时被发现,孟祥友被抓获后,仍支持胡丛建实施抗拒抓捕行为,持自制钢管斧头去劫夺孟祥友,与被告人胡丛建形成解救孟祥友、抗拒抓捕的共同犯罪故意,系事前无通谋的共同犯罪,与孟祥友、胡丛建一起成立转化抢劫。胡丛建、翟光强等人一起参与实施了劫夺孟祥友的行为,在此过程中,致被害人王吉春死亡、被害人刘光受轻微伤,该危害后果与五被告人的行为之间具有因果关系,故该五人均应对王吉春死亡和刘光轻微伤的结果承担刑事责任。而孟祥友由于人身被控制无法活动,胡丛建等五人的后行为其无法控制也不能制止,已超出其犯罪故意的范围,王吉春死亡和刘光轻微伤的结果与其先行行为无因果关系,故其不应该对王吉春死亡和刘光轻微伤的结果承担刑事责任,其在先前与胡丛建共同抗拒抓捕的过程中,胡丛建将刘春风左肘砍伤,致刘春风轻微伤,孟祥友仅对该先行为造成被害人轻微伤的结果承担刑事责任。

案例:贺喜民抢劫案

案例来源:《刑事审判参考》总第 38 集[第 300 号]

主题词:转化型抢劫 当场 继续犯

一、基本案情

被告人贺喜民,男,1972 年 1 月 9 日出生,汉族,初中文化程度,无业。因涉嫌犯盗窃罪于 2003 年 10 月 22 日被刑事拘留,同年 11 月 27 日被依法逮捕。

上海市黄浦区人民法院经审理查明:2003 年 10 月 21 日,被告人贺喜民与同乡逢日亮(另行处理)在上海市南京西路 88 号麦当劳快餐厅内,乘正在用餐的潘海滨不备之机,从潘海滨挂在椅背上的夹克衫内侧口袋里窃取皮夹一只塞进自己的牛津包。随即离开麦当劳快餐厅又至附近的新世界商厦地下一楼肯德基快餐厅内欲再次行窃未果。当其欲离开商厦时,早已跟踪伏击的两名公安执勤人员陈国宝、邢臻捷即上前抓捕,被告人贺喜民为抗拒抓捕,脚蹬抱住其双腿的陈国宝右眼部,同时从裤袋内掏出一把弹簧折刀,欲打开行凶。后被过路青年李一凡一拳击中脸部,震落其手中的弹簧刀。在众人协助下,被告人贺喜民被制服。在其携带的牛津包内查获被窃的皮夹一只,内有人民币 1970 元,价值人民币 100 余元的公共交通卡一张,以及设有密码内存有人民币 6088.03 元的工商银行浦江卡一张等物品。

庭审中,被告人贺喜民对其盗窃事实不持异议,但辩解称其不知陈国宝是公安人员;没有踢陈的眼睛;刀是从口袋内滑出来的,没有抗拒抓捕行为。其辩护人认为,证人陈国宝、邢臻捷的证词内容细节描写相同,其真实性值得怀疑;证人李一凡证词反映当时被告人趴在地上,此节与陈国宝、邢臻捷的证词及起诉书的指控不一致;被告人在麦当劳快餐厅内实施盗窃的过程已经结束;被告人在陈国宝等人没有表明身份的情况下对其抓捕时实施了一些行为,但不是抗拒抓捕,故被告人的行为构成盗窃罪,而不构成抢劫罪。

上海市黄浦区人民法院认为,被告人贺喜民以非法占有为目的,趁人不备,在公共场所秘密窃取他人财物,数额较大,当公安执勤人员对其实施抓捕时,贺又当场使用暴力,抗拒抓捕,其行为符合转化型抢劫罪的法律特征,应以抢劫罪定罪处罚。关于被告人贺喜民的辩解,经查,贺喜民脚蹬陈国宝面部不仅有陈的证言,且有证人邢臻捷的证词印证;贺喜民掏出弹簧刀欲行凶一节,除了陈国宝、邢臻捷的证言外,另有证人李一凡亲眼目睹且迅即拳击贺喜民面部并致其弹簧刀震落的证词印证在案,此节事实清楚,证据确实,应予认定。关于对被告人实施抓捕的人是否是公安人员并不影响被告人贺喜民抗拒抓捕转化为抢劫犯罪的性质。关于辩护人的辩护意见,经查,证人陈国宝、邢臻捷的证词对本案细节描写一致,正相互印证了本案客观事实的真实性;由于对被告人贺喜民的抓捕过程时间短、速度快,被告人虽然跌倒过,但不能否定李一凡拳击其面部并震落弹簧刀的客观事实;被告人贺喜民虽在麦当劳快餐厅盗窃结束,但其盗窃行为始终在公安执勤人员的监视控制之下,被告人盗窃得手后迅速离开麦当劳快餐厅继而转至相邻的肯德基快餐厅欲再行窃,应视为盗窃现场的延伸,当其盗窃未成欲离开时,被跟踪的公安执勤人员当场抓捕,被告人贺喜民此时持刀反抗,即为当场实施暴力,其行为性质亦由此发生转化。据此,依照《中华人民共和国刑法》第二百六十九条、第二百六十三条之规定,判决如下:

被告人贺喜民犯抢劫罪,判处有期徒刑三年六个月,并处罚金人民币四千元。

一审宣判后,被告人贺喜民未提起上诉,人民检察院也未提出抗诉,判决已发生法律效力。

二、裁判要旨

No. 5-263-112　在实施盗窃等犯罪行为以后,虽然已离开犯罪现场,但在相隔短暂的时空范围内该犯罪行为仍处于继续状态,以暴力或以暴力相威胁抗拒抓捕的,应以转化型抢劫罪论处。

在犯盗窃等罪的现场使用暴力或者以暴力相威胁的,固然应当认定符合转化型抢劫罪的当场要件;但即便是已离开犯盗窃等罪的现场,只要其后的暴力或以暴力相威胁行为是在相隔短暂的时空范围内实施的,只要一般的社会观念认为行为人先前的盗窃等行为在该时空范围内仍处于继续状态,则也应认定行为人的行为符合转化型抢劫罪的当场要件。

在本案中,根据现有证据,被告人贺喜民实际有两次盗窃行为,前一次盗窃行为是在麦当劳快餐厅实施,已构成既遂;后一次是在相邻的肯德基快餐厅,属于犯罪预备。贺喜民的两次盗窃,符合连续犯的特点。作为裁判上的一罪,对连续犯,是作为一个整体进行刑法评价的。申言之,对贺喜民的两次盗窃行为在裁判上是作为一个盗窃罪评价的。基于此,在判断贺喜民后来实施的暴力行为是否在其犯盗窃罪的当场时,应当以其后一次盗窃行为的实施现场为基点并适当向前延伸进行考察。而从本案案情来看,在贺喜民正欲离开肯德基快餐厅所在商厦时,也即刚走出其第二次盗窃行为的现场时即遭到了公安人员的抓捕,贺随后便以暴力抗拒。由此可见,在贺喜民的暴力拒捕行为与其先前实施的盗窃行为之间虽然存在一定的时空间隔,但此种间隔是极为短暂的;而且,贺的两次盗窃行为实质均处于公安人员的监控之下。据此,依照以上分析,应当认定贺的暴力拒捕行为是在其盗窃当场实施的,应当认定贺的行为已完全充足转化型抢劫罪的构成条件,有关法院以抢劫罪追究其刑事责任是正确的。

案例:穆文军抢劫案

案例来源:《刑事审判参考》总第41集[第321号]

主题词:盗窃未遂　暴力抗捕　转化型抢劫　公共交通工具

一、基本案情

被告人穆文军,男,1963年4月4日出生,农民。因涉嫌犯抢劫罪于2004年2月17日被逮捕。

长沙铁路运输法院经审理查明:2004年1月16日21时许,被告人穆文军在上海至贵阳的L157次旅客列车的6号车厢内,盗窃一名穿红衣服女旅客的财物,被该旅客的同行人发现而未得逞;而后穆文军又盗窃另一名旅客的财物,刚将手伸进挎包内时就被周围旅客发现,列车上的旅客即对其进行抓捕。穆文军为了逃跑便拔出随身携带的匕首威胁上前抓捕的旅客,当匕首被一名旅客夺走后,穆又抽出一把弹簧刀继续威胁上前抓捕的旅客,并将旅客李选平的右手指刺伤,经法医鉴定为轻微伤。后众旅客将穆抓获扭送乘警处理。

长沙铁路运输法院认为,被告人穆文军以非法占有为目的,秘密窃取旅客财物(未遂),在被旅客发现后为抗拒抓捕而当场持刀对旅客行凶,并刺伤旅客,其行为的性质已由盗窃犯罪转化为抢劫犯罪,对其应当依照《中华人民共和国刑法》第二百六十九条、第二百六十三条的规定定罪处罚,且系在公共交通工具上抢劫,应当适用《中华人民共和国刑法》第二百六十三条第(二)项之规定处罚。公诉机关指控被告人所犯罪名成立。穆文军关于被旅客发现后就停止了盗窃行为,是犯罪中止;拿出匕首是为了避免被打,吓唬旅客,不构成抢劫罪的辩解,经查,被告人先后两次盗窃旅客财物,均已将手伸进旅客的口袋,因被他人发现而盗窃未得逞,不是被告人自动放弃犯罪行为;在被旅客发现后抽出随身携带的匕首、弹簧刀威胁旅客,且在抗拒抓捕的过程中将一名旅客刺伤,其行为的性质已经发生转化,应以抢劫罪论处。被告人的上述辩解属于对法律的认识错误,不予采纳。依照《中华人民共和国刑法》第二百六十九条、第二百六十三条第(二)项、第五十六条第一款、第五十五条第一款、第五十三条、第六十四条之规定,于 2004 年 5 月 21 日以抢劫罪判处被告人穆文军有期徒刑。

宣判后,穆文军不服,上诉于广州铁路运输中级法院。

穆文军上诉提出,其第二次盗窃时被旅客发现后就停止了盗窃行为,是盗窃未遂;为了避免被旅客追打才拿出匕首吓唬旅客,并非使用暴力拒捕,不构成抢劫罪。

广州铁路运输中级法院经审理认为,上诉人穆文军无视国家法律,以非法占有为目的,在公共交通工具上窃取旅客财物(未遂),在被旅客发现后为抗拒抓捕而当场持刀对旅客行凶,并刺伤旅客,其行为已构成抢劫犯罪。关于穆文军提出其在盗窃未遂的情况下,为了避免被打才拿出匕首吓唬旅客,不构成抢劫罪的上诉理由,经查,上诉人在旅客列车上先后两次盗窃旅客财物,均因被旅客发现而未得逞,在旅客对其进行抓捕的过程中,为抗拒抓捕,当场抽出随身携带的匕首、弹簧刀威胁旅客,并将一名旅客刺伤,其行为的性质已由盗窃犯罪转化为抢劫犯罪,应以抢劫罪论处。故上诉人的上诉理由不能成立,不予采纳。原审判决认定的事实清楚,证据确实充分,定性准确,量刑适当,适用法律正确,审判程序合法。依照《中华人民共和国刑事诉讼法》第一百八十九条第(一)项之规定,于 2004 年 7 月 13 日裁定驳回上诉,维持原判。

二、裁判要旨

No.5-263-113 在盗窃未遂的情况下,为抗拒抓捕而当场使用暴力或者以暴力相威胁的,应以抢劫罪论处。

在本案中,被告人穆文军在运行中的列车上盗窃,被发现后为抗拒抓捕又持凶器行凶,不仅侵犯了公民的财产权利、人身权利,还严重扰乱了社会治安,使广大旅客对乘火车旅行产生极大的不安全感,行为本身足以反映了其社会危害性程度。如果要求以成立盗窃罪作为构成抢劫罪的前提条件,则由于盗窃罪以盗窃数额作为定罪量刑的主要依据,而本案没有盗窃到具体财物,盗窃数额无法确定,对抓捕人的伤害也没有达到构成故意伤害罪的程度,那么本案就难以按照犯罪处理。这显然与本案的社会危害性程度及法律规定不相符合。

成立转化型抢劫罪的前提条件是实施盗窃、诈骗、抢夺行为,因此,只要行为人在实施盗窃行为过程中,为窝藏赃物、抗拒抓捕或者毁灭罪证而当场使用暴力或者以暴力相威胁的,就应当以抢劫罪定罪处罚,盗窃是否既遂不影响抢劫罪的成立。

No.5-263-114 在公共交通工具上盗窃,为抗拒抓捕而当场使用暴力,转化为抢劫罪的,应认定为在公共交通工具上抢劫。

对于在在公共交通工具上盗窃,为窝藏赃物、抗拒抓捕或者毁灭罪证并在公共交通工具上当场使用暴力的,认定为在公共交通工具上抢劫,既没有违背抢劫加重犯的构成理论,也没有违反禁止重复评价原则。同时,由于公共交通工具是绝大多数公民的主要出行方式,也是国家鼓励的出行方式,在公共交通工具上盗窃,并为窝藏赃物、抗拒抓捕或者毁灭罪证当场使用暴力或者以暴力相威胁的,不仅使公民对乘公共交通工具出行产生极大的不安全感,还易引起社会的恐慌心理,具有严重的社会危害性,对该行为认定为在公共交通工具上抢劫是适当的。

案例:谷贵成抢劫案

案例来源:《刑事审判参考》总第 56 集[第 441 号]

主题词:转化型抢劫 未遂标准

一、基本案情

被告人谷贵成,男,1973 年 9 月 17 日出生,初中文化,农民。2005 年 5 月因盗窃被处以行政拘留七日。因涉嫌犯抢劫罪于 2005 年 9 月 1 日被逮捕。

北京市丰台区人民法院经审理查明:2005 年 8 月 7 日 10 时许,被告人谷贵成在北京市丰台区丽泽桥东方家园建材城停车场内,用随身携带的改锥撬开车锁,盗窃被害人尹楠格雷牌自行车 1 辆(经鉴定该车价值人民币 80 元),在被保安员潘文浩发现后,为抗拒抓捕,用改锥将保安员颈部划伤,经法医鉴定为轻微伤。

北京市丰台区人民法院认为,被告人谷贵成无视国法,盗窃他人财物,被发现后,为抗拒抓捕而当场使用暴力,致一人轻微伤,其行为已构成抢劫罪,应予惩处。被告人谷贵成关于其行为是盗窃而不是抢劫的辩解意见没有法律依据,不予采信。据此,依照《中华人民共和国刑法》第二百六十九条、第二百六十三条、第五十二条、第五十三条、第六十一条之规定,判决如下:被告人谷贵成犯抢劫罪,判处有期徒刑四年,并处罚金人民币八千元。

一审宣判后,被告人谷贵成不服,以没有抗拒抓捕,其行为不构成抢劫罪,一审定性不准为由,向北京市第二中级人民法院提出上诉。

北京市第二中级人民法院认为,上诉人谷贵成盗窃他人财物被发现后,为抗拒抓捕当场使用暴力,致一人轻微伤,已构成抢劫罪,依法应予惩处。鉴于谷贵成抢劫犯罪系未遂,依法可对其减轻处罚。对于谷贵成所提没有抗拒抓捕,其行为不构成抢劫罪,一审定性不准的上诉理由,经查,谷贵成盗窃他人财物被发现后,当场使用暴力抗拒抓捕的事实,有证人潘文浩、张洪涛的证言、人体损伤程度鉴定书等证据证明,足以认定,对其行为依法应以抢劫罪定罪处罚,故谷贵成的上诉理由无事实和法律依据,不能成立,不予采纳。一审法院认定上诉人谷贵成犯抢劫罪的事实清楚,证据确实充分,定罪正确,审判程序合法,但未认定其抢劫犯罪系未遂,导致量刑畸重,依法予以改判。据此,依照《中华人民共和国刑事诉讼法》第一百八十九条第(二)项、《中华人民共和国刑法》第二百六十九条、第二百六十三条、第五十二条、第五十三条、第二十三条、第六十一条之规定,判决:

1. 撤销北京市丰台区人民法院刑事判决;
2. 上诉人(原审被告人)谷贵成犯抢劫罪,判处有期徒刑一年,并处罚金人民币一千元。

二、裁判要旨

No. 5-263-115 在转化型抢劫中,对于未抢得财物或未造成他人轻伤以上伤害后果的,应以转化型抢劫罪的未遂论处。

转化型抢劫与普通抢劫同属一罪,犯罪构成要件完全相同、故其既未遂区分标准也应当一致。换言之,只要具备劫取财物或者造成他人轻伤以上后果两者之一的,均属犯罪既遂;如果行为人并未实际劫得财物,也未造成他人轻伤以上伤害,则不能认为行为人的行为已齐备抢劫罪构成的全部要件,不能认定为犯罪既遂,而应认定构成犯罪未遂。

在本案中,谷贵成被当场抓获,所盗窃的财物被当场起获并已发还,其并未实际劫取到财物;在抓获过程中,谷贵成实施暴力抗拒抓捕的行为致一人轻微伤的后果,根据《意见》第十条关于既未劫取财物,又未造成他人人身伤害后果的,属抢劫未遂的规定,谷贵成的行为不属于劫取财物或者造成他人轻伤以上后果之一的情形,不符合抢劫既遂的特征,因此,对谷贵成的行为应认定为抢劫未遂。综上,我们认为,二审法院认定被告人谷贵成构成抢劫罪未遂,并对其减轻处罚是正确的。

案例:张红亮等抢劫、盗窃案

案例来源:《刑事审判参考》总第 75 集[第 637 号]

主题词:抢劫罪 共同抢劫致死的死刑适用 抢劫罪与绑架罪的区分

一、基本案情

被告人张红亮,男,1974 年 4 月 6 日生,汉族,无业。1999 年 11 月 2 日因犯抢劫罪被河南省尉氏县人民法院判处有期徒刑八年,2004 年 12 月 5 日被释放;2007 年 9 月 15 日因本案被逮捕。

被告人徐小四,男,1973 年 8 月 21 日生,汉族,无业。2007 年 8 月 8 日,因犯盗窃罪被河南省禹州市人民法院判处拘役三个月,2007 年 9 月 15 日因本案被逮捕。

被害人常东山(男,殁年 40 岁)。

河南省许昌市人民检察院以被告人张红亮、徐小四等犯抢劫罪、盗窃罪向许昌市中级人民法院提起公诉。

被告人张红亮辩称:(1)其所犯罪名应是绑架罪、抢劫、盗窃罪;(2) 对指控的犯罪事实没有异议,但第一起抢劫事实是徐小四提议把常东山弄死,是徐小四拿车上的锤子把常东山敲死,其没有参与分尸。其辩护人提出:(1)起诉书指控的第一起抢劫事实,不能确定究竟是谁用铁锤朝常东山头部猛砸致使常东山死亡,因而认定该起抢劫的主要事实证据仍然存疑,对张红亮的量刑应留有余地;(2)公诉机关指控的第二、三起抢劫事实应认定为绑架,因此张红亮的行为不具有多次抢劫和冒充军警人员抢劫等加重情形;(3)第二起盗窃事实是张红亮主动交代,是自首,张红亮协助公安机关抓获其他嫌疑人,有立功表现,可以从轻处罚。

被告人徐小四辩称:(1)第一起抢劫案中,是张红亮拿锤子砸死常东山的;(2)第三起抢劫案中,其只是带领其他同案被告人指认了被害人,向被害人要钱时其不在场。其辩护人提出:(1)第一起抢劫中,徐小四开始只同意抢劫,不同意杀人,徐小四是受张红亮指使在确认常东山已经死亡的情况下击打常东山的;(2)第三起抢劫中,徐小四的作用仅仅是指认了被害人,没有直接参与,而且分赃较少,并且因为徐小四的阻拦才使该起抢劫中的被害人的人身没有受到伤害;(3)徐小四主动坦白第三起抢劫犯罪事实,可以从轻处罚。

(一)第一审法院的审理情况

河南省许昌市中级人民法院经审理查明:

1. 关于抢劫事实

(1)2007 年 5 月初,被告人张红亮向被告人徐小四提议以卖给被害人常东山毒品为由,让常东山准备现金到禹州进行交易,到禹州后将常东山杀死并抢劫其财物,徐小四表示同意。同年 5 月 7 日,张红亮与常东山见面,并约定第二天进行交易。8 日早上,张红亮为便于作案,租了一辆黑色桑塔纳轿车,并从住处拿了一把铁锤放到车上。上午 8 时左右,张红亮开车接上徐小四后一起来到西湖公园,张红亮将其新买的手机卡给徐小四让其用该号码联系常东山。与常东山见面后,张红亮谎称“要到禹州提货”,常东山遂上车同二被告人一起赶往禹州。行至禹州市顺店镇庄头村东头徐小四承包的饲养室门口,张红亮停下车,以不能让别人看见出货的地点为由让常东山用布蒙住头。常东山刚进屋,张红亮、徐小四先后持铁锤朝常东山头部猛砸数下。将常东山当场砸死后,二被告人抢走常东山现金人民币(以下所涉币种均为人民币)1.4 万元和摩托罗拉手机 1 部。二被告人作案后决定将常东山的尸体进行分割、掩埋。当晚,徐小四砍下常东山的头颅埋于庄头村村头一老坟处。第二天晚上,二被告人用砍刀将常东山的尸体分割并掩埋于庄头村村西一坟头处。此后,二被告人回到饲养室对作案现场进行了清理。案发后,经法医鉴定,死者常东山系他人用钝性物打击头部致颅脑严重损伤而死亡。

(2)2007 年 8 月初,被告人张红亮向被告人程要军提出抢劫被害人孔令臣,程要军表示同意。后程要军将被告人万水朋、陈西信以及“小上海”(在逃)邀到禹州帮忙实施犯罪。同年 8 月 12 日,被告人张红亮伙同程要军、万水朋、陈西信、“小上海”在此预谋后,由张红亮打电话约孔令臣次日上午到禹州市人民法院领取徐小四的判决书(注:徐小四另犯有盗窃罪被判处拘役三个月,孔令臣系其辩护律师),孔令臣表示同意。13 日上午,被告人张红亮租来一辆桑塔纳轿车,拉上其余被告人前往禹州,尔后张红亮指使程要军与孔令臣联系,骗其到禹州市人民法院门口见面。约定后,张红亮驾车行至禹州法院附近下车,后步行至法院门口与孔令臣相见。这时万水朋驾车也赶到法院门口。程要军即与孔令臣相见并邀孔上车,此时张红亮谎称有事离去。孔令臣上车后不久,陈西信用裤子蒙住孔令臣的头部,并威胁其不准乱动,万水朋驾车接上张红亮,"小上海"给孔令臣戴上手铐,又和陈西信一起用张红亮买来的风湿膏、白纱布将孔令臣眼睛蒙上。此后,张红亮驾车与其他被告人一起将孔令臣挟持到禹州市顺店镇庄头村村东头一饲养室内,威胁孔令臣让其向家属索要现金 4 万元,孔令臣被迫以炒股为名向家人索要现金,其家属将 1.4 万元分两次汇到张红亮提供的户名为"曹正伟"的账户上。经张红亮确认到账后将孔令臣放走,次日,张红亮指使他人将该款提出。案发后司法机关追回赃款 8000 元,并将赃款退还给被害人。

(3)2007 年 4 月中旬,被告人张红亮、徐小四、杜占钦、贺建燕一起预谋实施抢劫。徐小四提出抢劫其妻子的表姐姜要彩,其他被告人均表示同意。同年 4 月 28 日上午 8 时许,四被告人来到许昌市望田路小区蹲点守候。徐小四发现姜要彩开车出了小区,四被告人遂租乘一辆出租车尾随其后。当被害人行至许扶路邓庄桥附近时,徐小四乘车返回,张红亮、杜占钦、贺建燕下出租车上前拦截姜要彩。张红亮持假警官证对姜要彩称其要对车上的货物进行检查。张红亮上车后将姜要彩的头部用衣服蒙住,并给姜要彩带上手铐,张红亮驾车与杜占钦、贺建燕一起将姜要彩挟持到张红亮事先租赁的许昌市魏都区丁庄乡山庙村一民房处。此时,徐小四已在该处等候。张红亮、杜占钦、贺建燕威胁姜要彩让其向家人索要 2 万元,姜要彩被迫同意。为便于汇款,张红亮到银行开户,后因故没有办成,遂放弃强迫姜要彩汇款的计划。四被告人劫取姜要彩随身携带的现金 5400 元及摩托罗拉手机 1 部后,将姜要彩放走。

2. 关于盗窃事实

(1)2005 年 11 月 13 日晚上 11 时许,被告人张红亮伙同张红帅(另案处理)预谋后窜至禹州市顺店镇前刘庄村。二人将刘书伟家的大门用绳子拴住,张红帅在一旁望风,张红亮持砖头将刘书伟家门口停放的 3092 型东风自卸车车窗砸碎,用事先准备的车钥匙将车发动后,二人驾车逃离。次日,张红亮将车卖掉,得赃 8000 元。案发后,经鉴定,被盗车辆的价值为 1.62 万元。

(2)2006 年 11 月 15 日,被告人张红亮、杜占钦二人预谋盗窃杨树,后二被告人窜至禹州市顺店镇庄头村。看中该村刘占霞家的两棵大杨树后,决定将这两棵树卖掉。张红亮骑摩托车找来两个收树的人,杜占钦冒充杨树的物主跟收树的人谈好价格后,收树的人将两棵杨树锯倒拉走。张红亮、杜占钦共得赃款 1800 元。案发后,经鉴定,被盗杨树的价值为 4000 元。

河南省许昌市中级人民法院认为,被告人张红亮、徐小四以非法占有为目的,使用暴力当场劫取财物并致一人死亡,其行为均构成抢劫罪;张红亮等秘密窃取他人财物,其行为构成盗窃罪。张红亮具有抢劫罪中三项法定从重处罚情节,即多次抢劫、抢劫致人死亡、冒充军警人员抢劫;在三次抢劫中均系主犯,又系累犯,其虽有配合公安人员诱捕同案犯万水朋和检举在逃犯张高举的立功表现,但其犯罪性质严重,手段特别残忍,情节特别恶劣,依法不予从轻处罚。徐小四虽然主动坦白第三起抢劫犯罪事实,但鉴于其犯罪性质严重,手段特别残忍,情节特别恶劣,依法不予从轻处罚。张红亮、徐小四在抢劫致人死亡这一犯罪中,作用相当,没有主从之分,均应判处死刑……(其他被告人定罪量刑意见,略)。2008 年 7 月 17 日,许昌市中级人民法院判决如下:

一、被告人犯抢劫罪,判处死刑,剥夺政治权利终身,并处没收个人全部财产;犯盗窃罪,判处有期徒刑五年,并处罚金人民币一万元;决定执行死刑,剥夺政治权利终身,并处没收个人全部财产。

二、被告人徐小四犯抢劫罪,判处死刑,剥夺政治权利终身,并处没收个人全部财产,合并原拘役三个月,罚金人民币二千元,决定执行死刑,剥夺政治权利终身,并处没收个人全部财产。

……(其他被告人的判决情况略)

(二) 第二审法院的审理情况

一审宣判后,被告人张红亮、徐小四等提起上诉。

张红亮上诉称:在第一起抢劫中,其没有动手打人,没有分赃;第二、三起抢劫犯罪定性错误,应定绑架罪;其有自首、立功情节,且愿意积极赔偿被害人,对其应当从轻处罚,原判量刑过重。其辩护人辩称:在第一起抢劫中认定张红亮拿铁锤打死被害人的证据不足;在第三起抢劫中张红亮的作用小于徐小四……(其他上诉人理由略)

徐小四上诉称:在第一起抢劫中起作用小于张红亮,砸被害人系受张的指使;其未参与第三起抢劫中,仅指认了被害人;其有立功情节,应当从轻处罚。其辩护人辩称:徐小四在第一起抢劫中不是主犯;徐小四主动坦白了第三起抢劫犯罪事实,对徐应当从轻处罚。

河南省高级人民法院经审理认为,第一审判决事实清楚、证据确实充分,定罪准确,量刑适当,审判程序合法。上诉人张红亮、徐小四等的上诉理由及其辩护人的辩护意见均不能成立,不予采纳。2009 年 1 月 1 日河南省高级人民法院作出驳回上诉、维持原判的裁定,并依法将对张红亮、徐小四的死刑裁定报请最高人民法院核准。

(三) 最高人民法院的审理情况

最高人民法院在死刑复核时,确认了第一、二审法院认定的三起抢劫犯罪中的后两起抢劫事实和盗窃事实。但对三起抢劫中的第一起抢劫事实即涉及命案的关键事实,最高人民法院与第一、二审法院的认定在细节方面存在区别。最高人民法院认定具体事实如下:

2007 年 5 月初,被告人张红亮向被告人徐小四提议以卖给被害人常东山毒品为由,让常东山准备现金到禹州市进行交易,到禹州市后将常东山杀死并抢劫其财物,徐小四表示同意。同月 7 日,张红亮与常东山见面后,约定次日进行交易。次日早上,张红亮租了一辆黑色桑塔纳轿车,拿了一把铁锤放到车上。上午 8 时左右,张红亮开车接上徐小四后一起来到西湖公园,张红亮将其新买的手机卡给徐小四让其用该号码联系常东山。与常东山见面后,张红亮谎称“要到禹州提货”,常东山遂上车同二被告人一起赶往禹州。行至禹州市顺店镇庄头村东头的饲养室门口,张红亮停下车,以不能让别人看见出货的地点为由让常东山用布蒙住头。张红亮扶常东山进入饲养室内,持铁锤猛砸被害人常东山头部,致常东山当场倒地后,继续用铁锤砸常东山头部,并让随后进屋的徐小四也用铁锤砸了常东山头部。常东山因颅脑严重损伤而死亡。张红亮、徐小四抢走现金 1.4 万元和摩托罗拉手机 1 部。作案后张红亮指使徐小四将常东山头颅砍下找地方掩埋。当晚徐小四即砍下常东山的头颅埋于庄头村村头一老坟处。第二天晚上,张红亮、徐小四用砍刀将常东山的尸体分割并掩埋于庄头村村西一坟头处,并对作案现场进行了清理。

最高人民法院经复核认为,被告人张红亮、徐小四采取暴力手段劫取他人财物,其行为构成抢劫罪。张红亮多次抢劫;张红亮和徐小四均抢劫数额巨大,在抢劫过程中,造成一人死亡的严重后果,并曾冒充军警人员,应依法严惩。张红亮伙同他人窃取财物,其行为还构成盗窃罪,且盗窃数额巨大,亦应依法惩处。张红亮虽有配合公安机关抓获同案犯万水朋,提供线索帮助公安机关抓获犯罪嫌疑人张高举的立功表现,但其系抢劫罪的累犯,在多次共同抢劫犯罪中均系主犯,手段残忍,情节恶劣,罪行极其严重,依法对其不予从轻处罚。徐小四实施共同抢劫犯罪,手段残忍,情节恶劣,罪行极其严重,鉴于其在共同抢劫致死常东山的犯罪中地位、作用相对次于张红亮,且能如实供述犯罪事实,有悔罪表现,对其判处死刑,可不立即执行。第一审判决、第二审裁定认定的事实清楚,证据确实充分,定罪准确,审判程序合法,对张红亮量刑适当。最高人民法院遂于 2009 年 6 月 8 日依法判决如下:

一、核准河南省高级人民法院(2009)豫法刑三终字第 00003 号刑事裁定中维持第一审以抢劫罪判处被告人张红亮死刑,剥夺政治权利终身,并处没收个人全部财产;犯盗窃罪,判处有期徒刑五年,并处罚金人民币一万元;决定执行死刑,剥夺政治权利终身,并处没收个人全部财产的部分。

二、撤销河南省高级人民法院(2009)豫法刑三终字第 00003 号刑事裁定和许昌市中级人民法院(2008)许中刑字第 049 号刑事附带民事判决中以抢劫罪判处被告人徐小四死刑,剥夺政治权利终身,并处没收个人全部财产,合并原判拘役三个月,罚金人民币二千元;决定执行死刑,剥夺政治权利终身,并处没收个人全部财产的部分。

三、被告人徐小四犯抢劫罪,判处死刑,缓期二年执行,剥夺政治权利终身,没收个人全部财产,合并原判拘役三个月,罚金人民币二千元,决定执行死刑,缓期二年执行,剥夺政治权利终身,并处没收个人全部财产。

二、裁判要旨

No. 5-263-116　二人或二人以上共同犯罪致一名被害人死亡的案件中,原则上仅能判处一名被告人死刑立即执行。

最高人民法院2010年印发的《关于贯彻宽严相济刑事政策的若干意见》第三十一条规定:"对于多名被告人共同致死一名被害人的案件,要进一步分清各被告人的作用,准确认定各被告人的罪责,以做到区别对待。"原最高人民法院副院长张军在全国高中级贯彻落实宽严相济刑事政策培训班上曾明确强调:"对于数人共同致一人死亡的案件即便是按照'杀人偿命'、'一命抵一命'的传统朴素观念,原则上也不能对两名甚至两名以上的被告人同时适用死刑。"本案被告人张红亮与徐小四共同抢劫被害人常东山一人死亡,根据前述处理原则,是否应判处二被告人死刑,关键在于二被告人的地位作用能否区分,而地位作用的区分,必须结合犯意的提起、犯罪的准备、犯罪的实施以及事后表现等方面来具体分析。一二审法院认为在砸死被害人的问题上,被害人、徐小四的地位和作用无法区分,最高人民法院对证据进行了更加细致的甄别和判断,认定徐小四在犯罪实施方面的作用都小于张红亮。因此最高人民法院认定一二审法院对张红亮的量刑适当,依法核准张红亮死刑,改判徐小四死刑,缓期二年执行。

No. 5-263-117　劫持被害人并要求被害人以勒索之外的名义联系家属汇款到指定账户的,应以抢劫罪论处。

绑架罪的主客观要件,要求既要劫持被绑架人,又要利用第三人对被绑架人的人身安全的顾虑而向第三人索要钱财。联系本案虽然被害人的家属已感觉被害人的人身安全可能受到威胁,但被告人向第三人勒索的主观意识和客观行为上不明显,被害人是以炒股而非以赎身名义向家属要钱,因此,被告人的行为不符合绑架罪的构成特征。

在实践中,被告人控制被害人并通过被害人向其家属所要钱财的情形比较复杂:有的是通过被害人转达勒赎请求,以使被害人亲属确信其被控制的事实并增加威慑力;有的是明确要求被害人不能暴露其被控制的事实,使被害人家属误以为其因正当事由需要钱财而需要;有的是笼统要求被害人向其家属索要钱财,置于被害人以何种名义向其家属索要则在所不问。对此,必须区别情况区别对待。以胁迫第三人为标准,如果胁迫第三人,则认定为绑架罪,若否,则认定为抢劫罪。对于第三种情形,由于第三人对被告人是否胁迫被害人处于不确定的状态,需要视被害人与第三人的沟通情况而定,如果被害人告知第三人其人身被控制而要钱,则被告人构成绑架罪,若否,即使被害人家属感知,在无证据证实被告人有明确的胁迫第三人的主观犯意和客观行为的情形下,以抢劫罪定罪处罚。

抢劫罪的犯罪对象并不要求必须是本人财物。从财物的取得方式看,只要汇款打入被告人指定账户,即应视为其行为既遂,而不应认为只有被告人从账户中取出钱款才应视为行为既遂。被告人通过劫持被害人然后得到汇款,符合抢劫罪所要求的当场施暴,当场取得财物的要件。

案例:郭光伟、李涛抢劫案

案例来源:《刑事审判参考》总第112集[第1224号]

主题词:抢劫罪　死刑

一、基本案情

2014年7月26日起,郭光伟、李涛多次预谋实施抢劫,并购买了手套、绳子等作案工具。同年7月29日,郭光伟、李涛二人在宜昌市猇亭区政府附近,拦下被害人周晓林(女,殁年41岁)驾驶的红色"吉利美日"牌出租车(价值人民币21740元)。郭光伟谎称去三峡机场,并按事前预谋,郭光伟上车后坐在后排,李涛则坐在副驾驶位。当周晓林驾驶车辆行至猇亭区逢桥路延伸段时,郭光伟声称喝醉酒要呕吐,要周晓林停车。周晓林停车后,郭光伟立即用绳子套住周晓林的颈部,周晓林极力反抗,致使绳子滑落。此时,李涛将车钥匙拔出后,对周晓林进行殴打并将绳子拾起套住周晓林的颈部后,又在周晓林的颈部缠绕两圈递给郭光伟。郭光伟接过绳子猛勒周晓林的颈部,李涛则捂住周晓林的嘴,郭光伟、李涛共同致周晓林死亡。

二、裁判要旨

No.5-263-118 在共同致一人死亡的案件中,各被告人都是主犯的,应全面考察犯意形成、犯罪实施、犯罪后各阶段的行为及案外因素等,确定各被告人在共同犯罪中的具体地位、作用及主观恶性、人身危险性。

最高人民法院于2016年发布的《关于审理抢劫刑事案件适用法律若干问题的指导意见》明确指出,对于两名以上被告人共同抢劫致死一名被害人的案件,要注意分清各被告人作用,准确确定各被告人罪责。一案中有两名以上主犯的,要从犯罪提意、预谋、准备、行为实施、赃物处理等方面区分出罪责最大者和较大者。除犯罪手段特别残忍、情节及后果特别严重、社会影响特别恶劣、严重危害社会治安的外,一般不应同时判处两名以上被告人死刑。应当在认真分清罪责的基础上,详细分析各被告人的地位和作用,特别是对罪责大小要作出准确认定,一般只对作用最突出、罪行最为严重的主犯判处死刑立即执行。罪行最严重的主犯如系未成年人而不适用死刑,或者因具有自首、立功等法定从宽处罚情节而不判处死刑立即执行的,不能不加区别地对其他主犯判处死刑立即执行。

区分被告人罪责时,可结合全案的犯罪事实,综合考虑下列因素:

(1)从犯罪动机的角度,一般来说,动机卑劣的被告人主观恶性深,如具有奸夫淫妇谋害本夫、出于恶意竞争杀害竞争对手、预谋杀人或杀人决意明显、性情残暴动辄肆意杀人、抢劫杀害孤寡老人或少年儿童等动机、因素的被告人,罪责相对较大。

(2)从犯意产生的角度,一般来说,提起犯意的被告人罪责相对较大。通常提起犯意的被告人往往会积极实施犯罪,且对共同犯罪行为有一定的控制力,故作用相对突出,罪责相对较大。但如果二人均有犯意,仅一人首先提出,另一人一拍即合并积极参与预谋,起意者在实行阶段作用并不突出的,也可不认定起意者罪责最大。此外,实践中常有各被告人供述不一、互相推诿的情形,这就需要结合各被告人前后供述、自身情况及与被害人的关系等因素,综合认定,确实无法确定起意者的,也可认定为共同起意。

(3)从参与犯罪积极程度的角度,一般来说,主动参加、纠集他人参与犯罪、全程参与、积极实施、直接行凶的被告人罪责相对较大。如某一被告人组织、策划、指挥整个犯罪过程,则应认定其罪责较大,而听从他人指挥实施犯罪的,可认定为罪责相对较小。

(4)从犯罪准备的角度,一般来说,提出并积极准备犯罪工具、物色作案对象、策划犯罪路线、实施踩点等行为的被告人罪责相对较大。

(5)从实施致死行为的角度来看,实施最核心和最重要致死行为的被告人罪责相对较大,即在能够分清各被告人的行为对死亡结果所起的具体作用的情况下,实施直接致死行为的被告人罪责较大。一人下手凶狠,连续捅刺多刀,另一人捅刺一两刀,明显有节制,则捅刺刀数多的被告人罪责较大。一人击打或者捅刺的是被害人的胸腹部等要害部位,另一人捅刺的是腿部、臀部等次要部位,则捅刺要害部位的被告人罪责较大。采取扼掐颈部方法杀人,一人动手掐,另一人按住被害人手脚,则直接扼掐的被告人罪责较大。二人以上先后用同样凶器捅刺被害人的同样部位,伤害程度相当的,则先实施行为的被告人罪责较大。

(6)从案后抛尸、毁灭罪证等的角度,一般来说,作案后提议破坏案发现场、毁灭尸体及作案工具等罪证,并积极实施的,其罪责相对较大。

(7)从赃款赃物处理的角度,一般来说,对赃款赃物的分配具有决定权或者分得较多赃款赃物的被告人罪责相对较大。

(8)从案外因素的角度来看,如被告人的性别、年龄及成长经历,是否有犯罪前科,是否更熟悉作案地点及周边情况,被告人之间的相互关系等,这些因素可以从侧面说明哪个被告人的犯意更坚决,犯罪经验更丰富,犯罪过程中的主导性更强,也可用于区分各被告人的地位作用、罪责轻重。

(9)从犯罪后的表现来看,作案后有自首、立功、认罪悔罪、积极赔偿、主动施救、取得被害人谅解等情节的被告人,罪责要比没有这些情节的被告人相对较小。

如果通过以上各个方面的仔细区分,仍然难以区分罪责大小的,也不宜一律判处两名以上被告人死刑立即执行。如果犯罪性质不是特别恶劣,情节、后果不是特别严重的,基于"严格控制、慎重适用"的死刑政策,也可以对各被告人均不判处死刑立即执行。

本案中,被告人郭光伟和李涛均积极实施抢劫致人死亡的犯罪行为,均系主犯,但从犯罪预谋、准备工具、具体实施等阶段综合判断,郭光伟的地位作用要略大于李涛,罪责最为严重。理由如下:

(1)二被告人虽共同预谋抢劫,但郭光伟提议抢劫黑出租车并杀死被害人,李涛表示同意。在预谋阶段,郭光伟的罪责略大于李涛。

(2)在二被告人准备实施抢劫前,郭光伟提议购买作案工具绳子和手套,李涛随之共同购买。郭光伟在准备作案工具的环节,罪责大于李涛。

(3)在具体实施抢劫杀人过程中,郭光伟实施了持绳子勒死被害人的最主要行为,李涛实施了将绳子套入被害人脖子并捂住被害人口鼻的行为。相对而言,在致死被害人上郭光伟的行为作用更为突出,罪责大于李涛。

(4)从其他因素来看,案发时郭光伟的年龄是32岁,李涛是25岁,郭光伟的社会阅历和成长经历较李涛丰富;郭光伟的户籍地是宜昌市下辖的枝江市,案发地在宜昌市猇亭区,郭光伟在此工作,而李涛是荆门人,案发时从荆门来到猇亭,因此,郭光伟更熟悉猇亭的基本情况等。从常理推断,这些因素也会导致郭光伟在犯罪过程中的主导性更强,罪责相对更大。

综上,在本案只造成一人死亡的情况下,综合共同犯罪的具体情节,可以认定郭光伟的罪责要大于李涛。按照《关于审理抢劫刑事案件适用法律若干问题的指导意见》的精神,最高人民法院依法核准郭光伟死刑,改判李涛死缓,限制减刑是适当的。

案例:夏洪生抢劫、破坏电力设备案

案例来源:《刑事审判参考》总第76集[第643号]

主题词:抢劫罪　抢劫的着手　抢劫次数的认定　抢劫数额计算　破坏电力设备与盗窃罪的竞合

一、基本案情

被告人夏洪生,男,汉族,1971年4月4日出生于吉林省舒兰市,农民。1996年4月18日因犯强奸罪被判处有期徒刑六年,1999年8月7日刑满释放;2003年4月7日因犯强奸罪被判处有期徒刑三年六个月,并处罚金人民币一千元,2005年7月1日刑满释放;2007年4月29日因涉嫌犯抢劫罪被逮捕。

吉林省人民检察院以夏洪生犯抢劫罪、破坏电力设备罪,向吉林省中级人民法院提起公诉。

被告人夏洪生辩称抢郑金莲手提包的行为应定性为抢夺而非抢劫。

吉林省中级人民法院经公开审理查明:

(一)关于抢劫事实

1. 2007年1月28日,被告人夏洪生伙同张金宝(同案被告人,已判刑)预谋抢劫出租车司机。当日15时许,二被告人携带弹簧刀在黑龙江省五常市山河镇骗乘周喜章驾驶的捷达牌出租车,要求周将车开往五常市朝阳川四合屯。行至五常市杜家镇时,周喜章拒绝前行,要求二被告人下车。二被告人担心立即实施抢劫可能被人发觉,遂下车步行至杜家镇开发村综合商店。在该店附近,二被告人骗乘被害人徐民志(殁年32岁)驾驶的松花江牌微型汽车(价值人民币7700元,以下币种均为人民币)返回山河镇。当驶至宝山乡大河桥附近时,夏洪生让徐民志停车,张金宝当即搂住徐民志颈部,夏洪生持弹簧刀连刺徐民志胸部、腹部数刀直至徐不再动弹。后二被告人将徐民志拖至驾驶员后排座位,夏洪生从徐民志身上翻出现金300余元及西门子MC60型手机一部(价值200元)。随后,张金宝驾驶汽车向吉林省舒兰市方向行驶。二被告人以为徐民志已经死亡,为焚尸灭迹,张金宝购买汽油后,在舒兰市水曲柳镇忠厚屯与平安镇霍家屯交界处一村路上,将汽车浇上汽油烧毁。徐民志因左胸部被刀刺伤造成左肺多发破裂,急性大量失血致呼吸、循环衰竭,辅以焚烧窒息而死亡。

2. 2006年12月25日14时许,被告人夏洪生携刀在黑龙江省五常市山河镇大市场搭乘被害人刘亚芹驾驶的三轮出租车。当车行驶至五常市杜家镇开发村四合屯东南山附近时,夏洪生持刀向刘亚芹索要财物,并将其拽出车外,抢得现金50元及飞利浦手机一部(价值100元)。随后,夏洪生持刀连刺刘亚芹的胸腹及面部数刀,至刘亚芹重伤后逃离现场。

3. 2007年3月18日,被告人夏洪生伙同张金宝预谋到银行附近抢劫。当日10时许,张金宝在吉林省舒兰市吉舒街一工商银行内发现被害人郑金莲支取了大额现金。待郑金莲离开银行后,二被告人便尾随其至吉舒街二马路龙凤建材胡同内,夏洪生上前将郑金莲摔倒在地,并强行抢走其手提包(内有现金9100余元),所抢赃款被二被告人均分。

(二)关于破坏电力设备事实

2006年9月16日凌晨,被告人夏洪生伙同张金宝在吉林省舒兰市平安镇房身村朱家屯(小更屯)西侧水田地中,将该屯一台正在使用的50KVA变压器(价值13020元)拆卸,窃取变压器内铜芯(价值7000元)变卖,所得赃款1400元被二被告人挥霍。

吉林省中级人民法院认为,被告人夏洪生以非法占有为目的,采取暴力手段劫取他人财物,为盗窃变压器内铜芯而盗拆变压器之行为,分别构成抢劫罪、破坏电力设备罪。夏洪生在抢劫犯罪中致一人死亡、一人重伤,情节特别恶劣,后果特别严重,社会危害极大。夏洪生系累犯,依法应从重处罚。虽然其有坦白情节,但不足辩解,因夏洪生、张金宝二人在抢郑金莲的财物时对郑金莲实施暴力行为,其行为已经构成抢劫罪,关于此行为应认定是抢夺罪的辩解不予支持。依照《中华人民共和国刑法》第二百六十三条第(四)项、第(五)项,第一百一十八条、第二十五条第一款,第二十六条第一款、第四款,第五十七条第一款,第六十五条第一款,第六十九条之规定,判决如下:

被告人夏洪生犯抢劫罪,判处死刑,剥夺政治权利终身,并处没收个人全部财产;破坏电力设施罪,判处有期徒刑四年;决定执行死刑,剥夺政治权利终身,并处没收个人全部财产。

宣判后,被告人在法定期限内没有上诉,检察院也没有提出抗诉。

吉林省高级人民法院经复核认为:原判认定事实清楚,证据确实充分,定罪准确,量刑适当,审判程序合法。依照《中华人民共和国刑事诉讼法》第二百条第一款之规定,维持原判,并依法报请最高人民法院核准。

最高人民法院经复核确认的事实与原审法院、吉林省高级人民法院复核审时认定的事实一致。

最高人民法院经复核认为,被告人夏洪生伙同他人,采取暴力手段劫取被害人财物,其行为构成抢劫罪。夏洪生多次抢劫,数额巨大,致一人死亡、一人重伤,情节特别恶劣,后果特别严重。夏洪生盗拆正在使用中的电力设备,其行为构成破坏电力设备罪。夏洪生系累犯,依法应从重处罚。虽然夏洪生主动交代了公安机关尚未掌握的抢劫刘亚芹、郑金莲的犯罪事实,具有坦白情节,但不足以从轻处罚。原审判决、吉林省高级人民法院复核审裁定认定的事实清楚,证据确实充分,定罪准确,量刑适当,审判程序合法。依照《中华人民共和国刑事诉讼法》第一百九十九条和最高人民法院《关于复核死刑案件若干问题的规定》第二条第一款之规定,裁定如下:

核准吉林省高级人民法院(2009)吉刑一核字第19号同意原审对被告人夏洪生以抢劫罪判处死刑,剥夺政治权利终身,并处没收个人全部财产;以破坏电力设备罪判处有期徒刑四年;决定执行死刑,剥夺政治权利终身,并处没收个人全部财产的刑事裁定。

二、裁判要旨

No.5-263-119 在抢劫罪中,只有当被害人的人身或财产法益面临急迫的危险时才能认定为着手抢劫。尚未采取任何暴力、胁迫手段,法益所面临危险的急迫性不明显的,应当认为仍处于抢劫行为的预备阶段;因担心被发现而自动放弃犯罪的,应当认定为抢劫预备阶段的中止。

着手实施犯罪意味着给法益已经带来急迫的危险,就抢劫罪而言,只有当犯罪行为人使被害人的人身或财产法益面临急迫的危险时,才宜认定为着手抢劫。具体到抢劫出租车司机这一类型犯罪,着手抢劫的认定标准应与其他类型的抢劫犯罪一致,即以出租车司机的人身和财产法益所面临的危险是否具有急迫性来判断。如果行为人以抢劫为目的乘坐出租车,但还未采取暴力胁迫手段,则法益所面临危险的急迫性并不明显。且一般人携带刀具乘坐出租车与本案在客观方面完全一致,若认定已构成着手实施抢劫,仅依据二被告人的主观故意定罪,难免有主观定罪之嫌,本案中二被告人乘坐周喜章的出租车行驶了一段路程,周喜章拒绝前行,二被告人遂下车,二被告人的行为仍处在预备阶段,且在当时情况下二被告人仍有实施抢劫之可能性而自动放弃犯罪,可认为二被告人构成犯罪预备阶段的中止。

No. 5-263-120 基于同一犯意支配下时间和空间具有同一性或连续性的抢劫行为,应认定为一次抢劫行为。

根据最高人民法院《关于审理抢劫、抢夺刑事案件适用法律若干问题的意见》第三条,对于多次的认定,应当以行为人实施的每一次抢劫行为均已构成犯罪为前提,综合考虑犯罪故意的产生、犯罪行为实施的时间、地点等因素、客观分析认定。对于行为人基于一个犯意实施的犯罪,在同一地点同时对在场的多人实施抢劫的,或基于同一犯意在同一地点实施连续抢劫犯罪的,如在同一地点连续对途经此地的多人进行抢劫的;或在一次犯罪中对一栋居民楼房中的几户居民连续实施入户抢劫的,一般应认定为一次犯罪。本案被告人夏洪生、张金宝根据事先预谋,先后乘坐周喜章、徐民志的出租车实施抢劫,在时间上紧密相连、空间上亦具有连续性,应以一次抢劫犯罪处罚,不再单独定罪量刑。

No. 5-263-121 为劫取财物而预谋故意杀人,或在劫取财物过程中,为制服被害人反抗而故意杀人的,应以抢劫罪一罪论处。

在抢劫杀人犯罪中,认定抢劫罪一罪还是抢劫、故意杀人罪两罪的关键在于,行为人是否基于一个抢劫故意,为非法占有他人财物排除障碍而杀人。在本案中,从被告人夏洪生抢劫刘亚芹的过程看,夏洪生产生犯意后持刀威胁被害人劫取财物,又捅刺被害人系连续发展行为,没有证据表明其在抢劫犯意之外再生故意杀人的犯意,应以抢劫罪一罪论处。

No. 5-263-122 作为犯罪工具而劫取但事后予以焚毁的机动车,应计入抢劫数额。

在类似劫取机动车辆作为犯罪工具或逃跑工具的情形中,行为人以暴力、胁迫手段劫取机动车并不是出于法律上的使用目的,而是作为实施其他犯罪的工具或用于犯罪后逃跑,一般用后即予毁弃,基本上不存在返还的可能。因此,可以认定行为人仍是以非法占有为目的控制和利用机动车辆,在客观上也侵害了被害人的财产法益。行为人毁弃机动车辆,属于“非法占有”之后的处分行为,并不阻碍非法占有的成立。因此劫取机动车作为犯罪工具亦成立抢劫罪,其价值应计入抢劫数额。

No. 5-263-123 以破坏性手段盗窃正在使用的电力设备的,应以破坏电力设备罪与盗窃罪择一重罪处断。在选择何者为重罪时,应当以可能判处的宣告刑进行比较。

在本案中,正在使用的变压器属于关涉公共电力安全的设备。被告人夏洪生以破坏性手段窃取变压器内铜芯,同时符合破坏电力设备罪的犯罪构成与盗窃罪的犯罪构成,系想象竞合,一般应择一重罪处罚。

根据最高人民法院《关于审理破坏电力设备刑事案件具体应用法律若干问题的解释》第三条的规定,“……依照刑法处罚较重的规定定罪处罚”,因此择一重罪应当根据具体量刑情节,考虑判处不同罪名可能的宣告刑,并选择较重的罪名判处。在本案中,如果对夏洪生判处破坏电力设备罪,应处三年以上十年以下有期徒刑,而如果判处盗窃罪,则需要确定盗窃数额并选择相应的法定刑,涉及变压器的价值、铜芯的价值以及最后的销赃数额三个数额。我们认为,盗窃罪的主观方面必须具有非法占有目的,夏洪生以破坏性手段盗拆变压器,目的是取得铜芯,因此以铜芯的价值作为盗窃数额较为合理,其对应的法定刑为三年以下有期徒刑。因此对被告人夏洪生应当选择破坏电力设备罪定罪处罚。

案例:刘兴明等抢劫、盗窃案

案例来源:《刑事审判参考》总第77集[第660号]

主题词:抢劫罪 转化型抢劫的加重构成

一、基本案情

被告人刘兴明,男,1982年9月26日出生,农民。因涉嫌犯抢劫罪、盗窃罪于2009年2月19日被逮捕。

原上海市南汇区人民检察院(现已并入浦东新区人民检察院)以被告人刘兴明等犯盗窃罪、抢劫罪,向原上海市南汇区人民法院提起公诉。因原上海市南汇区人民法院现已并入上海市浦东新区人民法院,本案由上海市浦东新区人民法院继续审理。

被告人刘兴明对公诉机关指控的犯罪事实和罪名没有异议。其辩护人认为被告人刘兴明的行为不构成盗窃罪,更不构成抢劫罪中的持枪抢劫。

上海市浦东新区人民法院经公开审理查明:2008年12月至2009年1月,被告人刘兴明与同案被告人周明权等人经预谋后多次结伙在原上海市南汇区(现已并入浦东新区)实施盗窃,盗窃财物价值共计人民币(以下币种均为人民币)5000余元。2009年1月14日凌晨,刘兴明、周明权又到上海铭世针织有限公司,先用携带的毒鸭肉毒死看门狗,后用大力钳剪断窗栅进入厂房实施盗窃,刘兴明将不同样式的袜子(共6078双,合计价值19036元)扔出窗口,周明权将袜子装进事先准备的蛇皮袋运离现场。后因被巡逻的联防人员徐四清等人发现,刘兴明为抗拒抓捕,使用随身携带的枪支(经鉴定该枪以火药发射为动力,可以击发并具有杀伤力)向徐四清射击,致徐四清轻伤。

上海市浦东新区人民法院认为,被告人刘兴明以非法占有为目的,多次结伙秘密窃取数额较大的公私财物,其行为已构成盗窃罪。刘兴明在2009年1月14日的盗窃犯罪过程中,为抗拒抓捕当场使用枪支对抓捕人员的头面部进行枪击,致人轻伤,应当认定为持枪抢劫行为,辩护人提出刘兴明的行为不构成盗窃罪和持枪抢劫的意见不予采纳。鉴于刘兴明能自愿认罪,且被害人的部分损失已经挽回,可以对刘兴明酌情从轻处罚,辩护人的相关辩护意见,予以采纳。依照《中华人民共和国刑法》第五十六条第一款和第五十五条第一款之规定,判决如下:

被告人刘兴明犯抢劫罪,判处有期徒刑十年六个月,剥夺政治权利二年,并处罚金人民币一万二千元;犯盗窃罪,判处有期徒刑一年,并处罚金三千元;决定执行有期徒刑十一年三个月,剥夺政治权利二年,并处罚金人民币一万五千元。

一审宣判后,被告人刘兴明向上海市第一中级人民法院提出上诉,称没有抢劫的故意,不构成抢劫罪。

上海市第一中级人民法院经公开审理查明的事实及证据与一审相同。上海市第一中级人民法院认为,被告人刘兴明以非法占有为目的,与他人结伙秘密窃取公私财物,且窃取财物的数额较大,其行为已构成盗窃罪。刘兴明在实施盗窃的过程中,为抗拒抓捕当场使用枪支射击实施抓捕的人员,并致一人轻伤,其行为已构成抢劫罪,且属持枪抢劫。对刘兴明依法应以抢劫罪和盗窃罪进行数罪并罚。一审判决认定刘兴明犯抢劫罪和盗窃罪的事实清楚,证据确实充分,定性准确,量刑适当,审判程序合法,依法应予维持。刘兴明的上诉理由缺乏事实和法律依据,不予采纳。据此,依照《中华人民共和国刑事诉讼法》第一百八十九条第一项之规定,裁定驳回上诉,维持原判。

二、裁判要旨

No. 5-263-124 实施盗窃行为后,持枪抗拒抓捕的,应认定为持枪抢劫。

对盗窃后持枪抗拒抓捕行为的司法认定,涉及《刑法》第二百六十三条第(七)项持枪抢劫与第二百六十九条的为抗拒抓捕而当场使用暴力或者以暴力相威胁的理解问题。最高人民法院《关于审理抢劫案件具体应用法律若干问题的解释》第一条第二款明确规定:“对于入户实施盗窃,因被发现而当场使用暴力或以暴力相威胁的行为,应当认定为入户抢劫”。入户抢劫与持枪抢劫均为刑法所规定的抢劫罪的八种加重处罚情节,二者的法律地位与法律效果相当,因此司法解释关于入户抢劫的规定,对持枪抢劫情节的认定具有非常重要的参考意义。此外就立法目的而言,刑法之所以将持枪抢劫规定为加重情节,主要是因为枪支比刀具、棍棒具有更大的威慑力与杀伤力,对他人生命、健康等人身权利之危害尤甚,严重危及社会公共安全。行为人在盗窃过程中随身携带枪支,其主观目的已经包含了为确保顺利取得财物并逃离现场而使用枪支的意图。因此,在考察行为人持枪抢劫的目的时,应综合考量行为人非法占有财物的概括性故意与行为的整体性。

盗窃后持枪抗拒抓捕的行为认定为持枪抢劫,符合罪刑相适应原则。行为人在实施盗窃行为时,携带了国家明令禁止的枪支以备用,并且在被他人发现以后持枪抗拒抓捕,其社会危害性和人身危险性较大,如果适用一般抢劫行为的法定刑则难以实现罪刑均衡。

案例:张校抢劫案

案例来源:《刑事审判参考》总第 79 集[第 685 号]

主题词:抢劫罪　中断的因果关系

一、基本案情

被告人张校,曾用名张啸,男,1985 年 10 月 15 日出生,农民。因涉嫌犯抢劫罪于 2007 年 9 月 4 日被逮捕。

吉林省长春市人民检察院以被告人张校犯抢劫罪,向长春市中级人民法院提起公诉。

长春市中级人民法院经公开审理查明:2007 年 7 月 26 日 21 时许,被告人张校携带尖刀到吉林省长春市朝阳区红旗街湖西路附近,伺机抢劫。张校看见被害人赵彦君背挎包独自行走,即尾随赵至红旗街东一胡同 311 号楼下,趁赵翻找钥匙开门之机,持刀上前抢赵的挎包。因赵彦君呼救、反抗,张校持刀连刺赵的前胸、腹部、背部等处十余刀,抢得赵的挎包一个后逃离现场。挎包内装现金人民币(以下币种均为人民币)1400 余元、三星 T108 型手机一部及商场购物卡 3 张、银行卡、身份证等物品。赵彦君被闻讯赶来的家人及邻居送往吉林省人民医院抢救。次日 12 时许,赵彦君因左髂总静脉破裂致失血性休克,经抢救无效而死亡。

长春市公安局物证鉴定所于 2007 年 7 月 27 日接受委托,同年 9 月 5 日出具的公(长)鉴(法医)字[2007]127 号尸体鉴定书记载:(1)尸体检验,赵彦君颈部 1 处创口,胸部 2 处创口,腹部 2 处创口,背部 2 处创口,四肢 8 处创口,共计 15 处创口;另在左腋下及后背部、左胸壁及背部、腹部正中有 3 处手术缝合创口。解剖见左胸腔血样液体 200 毫升,左肺下叶见 6 厘米长缝合创口,腹腔血染,积血 300 毫升,后腹膜大面积血肿,范围为 15×20 厘米,左髂总静脉分支处见 1.8 厘米创口,未见缝合,静脉管腔内建凝血栓子。(2)分析说明:①尸表检见身体多处创口,各创口创缘整齐,创壁光滑,创腔内无组织间桥,符合锐器致伤特征;②根据案情介绍,2007 年 7 月 26 日晚,死者被人扎伤后送医院抢救,于次日中午死亡;③根据病历记载,腹主动脉损伤,左上肺下极贯穿伤,术中给予腹主动脉修补和左肺贯穿伤修补以及左胸背部、左上、下肢创口清创缝合;④尸表检见多处创口(已缝合),解剖见肺破裂(已缝合),左髂主动脉破裂(已缝合),左髂总静脉破裂口(呈开放状),管腔内见凝血栓子;⑤病理组织学检查见髂动、静脉管壁内出血,符合生前损伤改变,肺脏、肾脏呈失血性休克改变,结合死者面色苍白,球睑结膜苍白以及各内脏呈贫血改变等贫血貌特征象,符合失血性休克导致死亡。(3)结论:赵彦君系左髂总静脉破裂致失血性休克导致死亡。

长春市朝阳区人民法院受理被害人赵彦君之夫韩凯诉吉林省人民医院医疗事故赔偿纠纷案,通过长春市中级人民法院委托长春市医学会进行医疗事故技术鉴定。2009 年 3 月 18 日,长春市医学会作出长春医鉴[2009]17 号医疗事故技术鉴定的鉴定内容为:(1)争议焦点:患方认为赵彦君致死原因是腹部一静脉未缝合,导致大量出血死亡;医方(吉林省人民医院)认为患者死亡原因为外伤大出血。(2)分析意见:①赵彦君为重度开放性腹外伤、胸外伤、失血性休克,急诊行腹、胸部手术符合治疗原则。②在腹部探查中发现左髂总动脉破裂,缝合后查无活动性出血,此时病人血压仍不能升至正常。因病人合并开放性血气胸,急请胸外科参与抢救,故腹腔下引流管一枚后关腹。经腹、胸联合抢救后,病情好转,血压稳定。③术后12小时,腹腔引流管突然大量出血,病人短时间内死亡,无再次剖腹探查机会。④经尸检证实,左髂总静脉破裂未缝合,考虑由于静脉内血栓形成,后腹膜血肿压迫,失血性休克等,导致术中未能及时发现左髂总静脉破裂。⑤术后12小时内未见引流管有活动性出血,后由于血管压力变化,致血栓脱落,引起再次大出血死亡。⑥根据《医疗事故处理条例》第三十三条第(一)、(二)项的规定,“在紧急情况下为抢救垂危患者生命而采取紧急医疗措施造成不良后果的;在医疗活动中由于患者病情异常或者患者体质特殊而发生的医疗意外的”,不属于医疗事故。(3)结论:本例不构成医疗事故。

长春市中级人民法院认为,被告人张校以非法占有为目的,以暴力方法强行劫取他人财物,其行为已构成抢劫罪。公诉机关指控的罪名成立。张校在抢劫犯罪中连刺赵彦君十余刀,致赵彦君死亡,犯罪性质恶劣,手段极其残忍,后果极其严重,主观恶性极深,人身危险性和社会危害极大,应依法严惩。依照《中华人民共和国刑法》第二百六十三条第(五)项、第五十七条第一款、第五十九条之规定,判决如下:

被告人张校犯抢劫罪,判处死刑,剥夺政治权利终身,并处没收个人全部财产。

一审宣判后,被告人张校上诉提出,被害人赵彦君死因不明,一审判决量刑过重,请求从轻处罚。其辩护人提出,赵彦君死因不明,救治医院未发现赵彦君左髂总静脉破裂,造成赵彦君左髂总静脉未缝合致失血性休克,虽不构成医疗事故,但不排除存在医疗过错或医疗过失,不能排除救治措施与赵彦君死亡之间有因果关系。

吉林省高级人民法院经审理认为,被告人张校以非法占有为目的,使用暴力方法劫取他人财物的行为,构成抢劫罪。关于张校及其辩护人所提上诉理由及辩护意见,经查,被害人赵彦君虽是在抢救后死亡,但经鉴定不属于医疗事故,赵彦君的死亡系张校抢劫行为的直接结果,张校及其辩护人的上诉理由及辩护意见均不能成立。原判认定事实清楚,证据确实充分,定罪准确,量刑适当,审判程序合法。依照《中华人民共和国刑事诉讼法》第一百八十九条第(一)项和第一百九十九条之规定,裁定驳回上诉,维持原判,并依法报请最高人民法院核准。

最高人民法院经复核认为,被告人张校采取暴力手段劫取他人财物的行为,构成抢劫罪。张校选择在居民区抢劫,抢劫中致一人死亡,手段特别残忍,情节特别严重,社会危害极大,应依法惩处。第一审判决、第二审裁定认定的事实清楚,证据确实充分,定罪准确,量刑适当,审判程序合法。依照《中华人民共和国刑事诉讼法》第一百九十九条和最高人民法院《关于复核死刑案件若干问题的规定》第二条第一款之规定,裁定如下:

核准吉林省高级人民法院(2009)吉刑三终字第99号维持第一审以抢劫罪判处被告人张校死刑,剥夺政治权利终身,并处没收个人全部财产的刑事裁定。

二、裁判要旨

No.5-263-125 在行为引起被害人死亡结果发生的可能性较大时,医院救治行为中的失误不能中断该行为与被害人死亡结果之间的因果关系,也不影响对被告人的量刑。

我国对结果加重犯的规定在刑法分则的具体罪状中多以致使或造成某种后果予以表述,行为人实施了基本犯罪,引起了可归责于行为人的加重结果,刑法就会规定比基本犯罪更严重的法定刑。结果加重犯的构成,除了要具备基本犯罪行为和加重结果外,还要求有主观罪过、基本犯罪行为和加重结果之间的因果关系。在通常情况下,只要犯罪行为合乎规律地引起了危害结果的发生,即可认定行为与后果间有刑法上的因果关系。但对于结果加重犯,犯罪行为与危害后果间有其他要素介入时,如何判断行为与结果间的因果关系以及确定行为人的刑事责任则是一个难题。

在本案中,被害人的死亡与被告人的抢劫行为之间是否具有刑法上的因果关系是本案争议的焦点。我们认为,刑法关于结果加重犯的罪状描述中的“致”必须达到招引、引来、招致的程度。换言之,这种程度应达到主要原因才能成立。在结果加重犯的抢劫罪中,致人死亡是抢劫这个基本犯罪所引起的加重结果,关于致人死亡与抢劫犯罪之间的因果关系,客观上要求抢劫犯罪必须具有引起加重结果发生的内在危险;主观上要求行为人对死亡结果至少具有过失,也可以是故意。本案中,被告人以非法占有为目的,采用持刀捅刺被害人身体的手段劫取被害人财物,其行为已构成抢劫的基本犯罪。被害人在被害前身体无异常情况,被害后左髂总静脉、动脉等部位出现锐器创口,均属被告人抢劫行为所致,抢劫行为是被害人死亡的先行行为,两者之间存在因果关系,被告人应对被害人的死亡结果承担刑事责任。

所谓中断因果关系,是指某种危害行为引起或正在引起某种危害结果,在因果关系发展过程中,介入了另一原因,从而切断了原来的因果关系。成立中断的因果关系,必须具备以下条件:其一,须有另一原因介入;其二,介入原因须为异常原因;其三,中途介入的原因须合乎规律地引起结果的发生。其具体的判断标准为:一是先前行为对结果发生所起作用的大小。二是介入因素的异常性大小。三是介入因素本身对结果发生所起作用的大小。本案中所要讨论的医院救治中的失误则属于上述介入因素,必须考察被告人抢劫这一先前行为与介入因素——医疗行为对于被害人死亡的结果各自作用的大小、医疗行为异常性大小。

本案经法医鉴定,被害人赵彦君系左髂总静脉破裂致失血性休克导致死亡,从该结论可以看出,被害人的死因是因左髂总静脉破裂,而左髂总静脉破裂是由被告人所捅刺的。在本案的因果关系中,被告人实施的行为本身就具有足以造成危害结果产生的效力,至少是被害人死亡的主要原因,医院救治的失误,并没有使抢劫行为的效果缓和或超越替代了抢劫行为而引起结果发生。在被告人行为引起被害人死亡结果发生的可能性较大而医院抢救行为对结果发生的影响力并非主要的情况下,医院的抢救行为不能中断被告人的抢劫行为与被害人死亡结果之间的因果关系。

一般而言,在被告人行为引起危害结果发生的可能性大而介入因素对危害结果发生的影响力较小的情况下,可以考虑从轻或减轻被告人的刑事责任。但本案中,被告人预谋抢劫,选择在居民区作案,且尾随被害人到家门口实施抢劫,为排除被害人反抗,持类似杀猪刀样式的刀具攻击被害人胸腹背部等要害部位十余刀,行为没有节制,手段特别残忍,主观恶性极深。尽管医院在抢救过程中存在失误之处,但这种失误并非明显失误,且可能存在于一切抢救过程中,不足以影响量刑。

案例:杨飞飞、徐某抢劫案

案例来源:《刑事审判参考》总第 79 集[第 687 号]

主题词:抢劫罪　转化型抢劫未遂

一、基本案情

被告人杨飞飞,男,1987 年 9 月 10 日出生,无业。因涉嫌犯抢劫罪于 2008 年 2 月 20 日被逮捕。

被告人徐某,男,1990 年 7 月 8 日出生,无业。因涉嫌犯抢劫罪于 2007 年 12 月 21 日被逮捕。

上海市徐汇区人民检察院以被告人杨飞飞、徐某犯抢劫罪,向上海市徐汇区人民法院提起公诉,徐汇区人民法院根据上海市第一中级人民法院指定管辖的决定将本案移送上海市长宁区人民法院审理。

被告人杨飞飞、徐某对公诉机关指控的事实及罪名均无异议。杨飞飞的辩护人认为,杨飞飞犯罪情节轻微,危害不大,且系抢劫未遂,认罪态度好,并对被害人作了赔偿,请求法院对杨飞飞免予刑事处罚。被告人徐某及其指定辩护人认为,徐某犯罪时不满 18 周岁,系初犯,有立功、认罪、悔罪等情节,并对被害人作了赔偿,请求法院对徐某减轻处罚。

上海市长宁区人民法院经审理查明:2007 年 11 月 17 日 21 时许,被告人杨飞飞、徐某骑摩托车进入上海南站 3 号轻轨 1 号进出口处自行车停车场内,窃走一电动自行车的电瓶(价值人民币 150 元),上海南站社保队员吴桂林发现后进行拦截。杨飞飞、徐某为抗拒抓捕,分别用大力钳、拳头对吴桂林实施殴打,杨飞飞挣脱吴的抓捕后逃逸,徐某在逃跑途中被抓获,遗留在现场的摩托车和电瓶被公安机关扣押。吴桂林的伤势经鉴定构成轻微伤。

上海市长宁区人民法院认为,被告人杨飞飞、徐某盗窃他人财物,为抗拒抓捕而当场使用暴力,其行为构成抢劫罪。徐某犯罪时不满18周岁,依法应予减轻处罚。杨飞飞、徐某均表示认罪,并在亲属帮助下赔偿被害人的经济损失,依法可以酌情从轻处罚。依照《中华人民共和国刑法》第二百六十九条,第二百六十三条,第二十五条第一款,第十七条第一款、第三款,第五十三条,第六十四条之规定,判决如下:

被告人杨飞飞犯抢劫罪,判处有期徒刑三年,并处罚金人民币三千元;被告人徐某犯抢劫罪,判处有期徒刑一年三个月,并处罚金人民币一千元。

一审宣判后,被告人杨飞飞、徐某及徐某的法定代理人均提出上诉。

上海市第一中级人民法院经二审审理认为,杨飞飞、徐某盗窃他人财物,为抗拒抓捕当场使用暴力,其行为已构成抢劫罪,且系未遂。原审法院对其犯罪的定性和认定的从轻处罚情节并无不当,但未认定本案的抢劫犯罪系未遂,应予纠正。据此,依照《中华人民共和国刑事诉讼法》第一百八十九条第(二)项和《中华人民共和国刑法》第二百六十九条,第二百六十三条,第二十三条,第二十五条第一款,第十七条第一款、第三款,第六十四条之规定,判决如下:

维持原审法院对被告人杨飞飞、徐某定罪的判决,撤销对两名被告人量刑的判决,改判杨飞飞有期徒刑二年十个月,并处罚金三千元;改判徐某有期徒刑一年,并处罚金一千元。

二、裁判要旨

No.5-263-126 盗窃财物后为抗拒抓捕而当场使用暴力,既未劫取财物,也未造成他人轻伤以上后果的,应以转化型抢劫的未遂论处。

从刑法理论分析,转化型抢劫罪存在未遂形态,转化型抢劫罪的成立条件有三:一是行为人先实施盗窃、抢夺、诈骗行为;二是行为人当场使用暴力或以暴力相威胁;三是实施暴力或以暴力威胁的目的是窝藏赃物、抗拒抓捕或毁灭证据。由于行为人已实行了盗窃等行为,且具备当场实施暴力或以暴力相威胁的客观条件,显然属于"已经着手实行犯罪",同时转化型抢劫罪从基本犯罪到实施新行为,再到新行为完成需要一定的时间和空间,也就使犯罪中止或未遂的存在具有现实可能性。

罪刑相适应原则要求对转化型抢劫罪区分既未遂形态。如果对转化型抢劫犯罪不论结果均认定为既遂,就可能导致量刑偏重。本案中二被告人造成被害人轻微伤,且未取得财物,如果没有转化抢劫的行为,只成立普通盗窃罪的未遂,但若因系转化型抢劫而不论结果地认定为抢劫既遂,其处刑就重于普通抢劫,明显罪刑不相适应。

《刑法》第二百六十九条并未否定未遂形态存在。《刑法》第二百六十九条规定的"当场使用暴力或者以暴力相威胁"仅是转化型抢劫罪成立的标志,并不能以此否认既遂、未遂形态的划分。根据《刑法》第二百六十九条的规定,在确定盗窃等行为转化为抢劫罪之后,仍然需要考虑对转化后的抢劫行为能否认定为未遂的问题。认为转化型抢劫罪不存在未遂形态的观点其实是将转化行为本身看做抢劫罪既遂的成立条件,而没有认识到转化行为只是导致整个行为性质的改变,但不能阻却抢劫罪既遂、未遂形态的划分。

转化型抢劫罪与普通抢劫罪的主要区别就在于普通抢劫罪使用暴力、胁迫在先,劫财在后,而转化型抢劫罪占有财物在先,使用暴力、胁迫在后,两者只是占有财物行为先后顺序有差异,在犯罪构成上并未实质区别。

根据最高人民法院《关于审理抢劫、抢夺刑事案件适用法律若干问题的意见》的规定,抢劫罪侵犯的是复杂客体,既侵犯财产权利又侵犯人身权利,具备劫取财物或造成他人轻伤以上后果两者之一的,均属抢劫既遂。同样对于转化型抢劫罪,认定既遂的标准是劫取财物或造成他人轻伤以上后果,未造成上述后果的,应属于未遂。本案中,二被告人虽已经将电瓶拿走,非法占有了该财物,但在抗拒抓捕过程中,二人逃离现场时将电瓶遗留在现场,并未实际劫获财物。行为人的暴力仅造成被害人轻微伤,没有达到造成他人轻伤以上后果,因而应当认定为未遂。

案例:张某等抢劫、盗窃案

案例来源:《刑事审判参考》总第 80 集[第 702 号]

主题词:抢劫罪　形迹可疑型自首

一、基本案情

被告人张某,男,1987 年 5 月 25 日出生,农民。因涉嫌犯抢劫罪于 2006 年 5 月 9 日被逮捕。

被告人刘某,男,1990 年 5 月 6 日出生,农民,因涉嫌犯抢劫罪于 2006 年 5 月 9 日被逮捕。

被告人李某,男,1991 年 10 月 14 日出生,农民。因涉嫌犯抢劫罪于 2006 年 5 月 9 日被逮捕。

江苏省南通市人民检察院以被告人张某犯抢劫罪、盗窃罪,被告人刘某、李某犯抢劫罪,向南通市中级人民法院提起公诉。公诉机关认为,三被告人因形迹可疑被公安人员盘问时,主动交代了犯罪事实,系自首。

被告人张某辩称,抢劫犯罪中未对被害人实施致命伤害。其辩护人提出,张某有自首情节,依法应予从轻处罚。

被告人刘某、李某均辩称,其犯罪时未成年,且有自首情节,依法应予从宽处罚。

南通市中级人民法院经公开审理查明:

1. 关于抢劫事实

2006 年 4 月 6 日晚,被告人张某向被告人刘某、李某提议抢劫出租车司机,刘某、李某二人均表示同意。三被告人准备了剪刀、电线、绳子等作案工具,张某对抢劫进行了分工,并提出:如司机不反抗,抢劫后将其捆绑;如司机反抗,就用剪刀捅刺,将其控制后抢劫。次日凌晨,三被告人携带作案工具,以租车为名,在江苏省南通市经济技术开发区小海镇"江通"网吧门前骗乘被害人黄镇岳驾驶的车牌号为苏 F-Q1041 的出租车。当车行至姜张公路小海镇庙桥村 10 组路段时,张某要求黄镇岳停车,并用电线勒黄的颈部,刘某掏出剪刀,威逼黄交出财物。黄镇岳呼救并反抗,张某用电线猛勒黄的颈部,将电线勒断,又拿绳子企图继续勒黄。李某抱住黄镇岳双腿,刘某用剪刀捅刺黄的颈部。黄镇岳借机逃下车,张某将黄抱住摔倒在路边,并按住黄的头部使其不能反抗,刘某、李某先后持剪刀捅刺黄的头部、颈部等处数下。其间,刘某误将张某、李某二人的手捅伤。三被告人从黄镇岳身上劫得现金人民币(以下币种均为人民币)460.20 元、诺基亚手机一部(价值 1090 元),后逃离现场。黄镇岳经送医院抢救无效死亡。

案发后,群众听见现场传来呼救声,看见有三人从出租车内下车向南逃窜,即报案,公安人员迅速展开侦查。当日凌晨 2 时 40 分许,在距案发地南约 1.5 公里处的通启大桥上,负责走访排查的公安人员发现该三名被告人深夜携带行李在路上行走,其中一人头发潮湿,形迹可疑,遂拦截盘问,并从李某身上搜得诺基亚手机一部(实为被害人手机),三人均不能说清该手机号码。与此同时,公安人员发现张某右手始终缩在衣袖里,问其原因,其自称是残疾人。公安人员强行将其右手拉出,发现其右手缠有纱布,正在滴血,问其因何受伤,其即供述了抢劫出租车的犯罪事实。公安人员随即将三被告人带回审讯,三人均如实交代了抢劫犯罪事实。

被告人刘某归案后,揭发张某有盗窃犯罪,经查证属实。

2. 关于盗窃事实

2006 年 3 月,被告人张某伙同他人到南通市经济技术开发区新开信用社住宅楼,窃得该楼梯间铝合金窗户六扇(价值 1210 元)。

南通市中级人民法院认为,被告人张某、刘某、李某以非法占有为目的,采用暴力手段劫取他人财物,均已构成抢劫罪;张某以非法占有为目的,秘密窃取他人财物,数额较大,又构成盗窃罪,应数罪并罚。在抢劫共同犯罪中,三被告人均起主要作用,均系主犯,刘某、李某犯罪时均未满 18 周岁,依法应予从轻处罚。刘某有立功表现,可予从轻处罚。案发后,李某亲属积极赔偿被害人亲属的部分经济损失,可作为量刑情节酌情予以考虑。张某提议抢劫并负责分工,在抢劫过程中选定作案地点和作案时机,最先动手加害被害人,在被害人逃跑时,追赶、控制被害人,系共同犯罪的组织者和指挥者,应对共同犯罪所造成的后果承担全部责任。关于公诉机关提出三被告人系自首的公诉意见,经查:案发后,公安机关已掌握犯罪嫌疑人为三人,并将此纳入重点排查范围,案发后不久即在案发地不远处发现三被告人,并拦截盘问,但三人没有主动投案;当侦查人员从李某身上搜得来路不明的手机,发现张某右手缠着纱布且正滴血时,已能初步认定三被告人有抢劫重大嫌疑,故三被告人的行为不符合自首的法定构成要件,不能视为自首。据此,依照《中华人民共和国刑法》第二百六十三条第一款第(五)项、第十七条第一、二、三款,第二十五条第一款,第二十六条第一、四款,第四十八条,第四十九条,第六十八条第一款,第二百六十四条,第六十九条,第五十七条第一款,最高人民法院《关于审理未成年人刑事案件具体应用法律若干问题的解释》第十三条,第十四条第一款,第十五条,第十九条之规定,判决如下:

1. 被告人张某犯抢劫罪,判处死刑,剥夺政治权利终身,并处没收个人全部财产;犯盗窃罪,判处有期徒刑六个月,并处罚金人民币一千元;决定执行死刑,剥夺政治权利终身,并处没收个人全部财产。

2. 被告人刘某犯抢劫罪,判处有期徒刑十三年,并处罚金人民币五百元。

3. 被告人李某犯抢劫罪,判处有期徒刑十一年,并处罚金人民币五百元。

宣判后,三被告人均提出上诉。

被告人张某上诉称,其检举他人犯罪,有立功表现,且有自首情节,原判量刑过重。

被告人刘某、李某均上诉称,其系从犯,有自首情节,原判量刑偏重。

二审庭审中,江苏省人民检察院提出,被告人张某具有自首情节,建议对其从轻处罚;被告人刘某、李某不具有自首情节,建议对二人维持原判。

江苏省高级人民法院经二审审理认为,被告人张某、刘某、李某共同预谋劫财,在共同实施抢劫过程中致人死亡,其行为均已构成抢劫罪;张某以非法占有为目的,秘密窃取他人财物,数额较大,其行为又构成盗窃罪。本案抢劫罪系共同犯罪,在共同犯罪中,三被告人均起主要作用,均系主犯。三被告人虽有如实供述犯罪事实的情形,但供述不具有主动性,不属于自动投案,不符合自首的法定构成要件,也不属于仅因形迹可疑,在被司法机关盘问、教育后,主动交代自己罪行的情形,不能认定为自首。因此,三被告人提出具有自首情节及江苏省人民检察院提出张某构成自首的意见不予采纳。刘某、李某二人作案时均未满十六周岁,依法可予从轻处罚;刘某揭发他人盗窃犯罪经查属实,有立功表现,依法可予从轻处罚;但二人作案手段残忍,后果极其严重,一审在量刑时已对上述情节综合考虑,量刑并无不当,故对其二人提出原判量刑偏重的上诉理由不予采纳。张某不构成立功,其提议抢劫负责分工,在实施抢劫过程中首先动手勒被害人颈部,当被害人反抗逃跑时,张某先行制服被害人,虽未直接实施捅刺行为,但其按住被害人头部,让事先安排好的另二被告人实施捅刺行为,在抢劫致死被害人过程中起关键作用,且带领两名未成年人实施犯罪,主观恶性极深,性质尤为恶劣,一审对其量刑并无不当。因此张某提出原判量刑过重以及江苏省人民检察院提出对张某从轻处罚的建议,不予采纳。原判认定事实清楚、证据确实充分,定罪准确,量刑适当,审判程序合法。依照《中华人民共和国刑事诉讼法》第一百八十九条第一项之规定,裁定如下:

驳回上诉,维持原判,并依法报请最高人民法院复核。

最高人民法院经复核认为,被告人张某伙同他人以非法占有为目的,采取暴力手段劫取他人财物,其行为已构成抢劫罪;又伙同他人以非法占有为目的,秘密窃取数额较大的财物,其行为已构成盗窃罪,应依法数罪并罚。在抢劫犯罪中,张某等人杀死被害人,手段极其残忍,情节特别恶劣,罪行极其严重。张某首先提出抢劫犯意并对分工和作案手段作了安排,在实施抢劫过程中首先动手,当被害人反抗逃跑时,又首先追赶并控制住被害人,使其不能反抗,在共同犯罪中起主要作用,系主犯,应依法惩处。第一审判决、第二审裁定认定的事实清楚、证据确实充分、定罪准确、量刑适当、审判程序合法。依照《中华人民共和国刑事诉讼法》第一百九十九条和最高人民法院《关于复核死刑案件若干问题的规定》第二条第一款之规定,裁定核准江苏省高级人民法院维持第一审对被告人张某以抢劫罪判处死刑,剥夺政治权利终身,并处没收个人全部财产;以盗窃罪判处有期徒刑六个月,并处罚金人民币一千元;决定执行死刑,剥夺政治权利终身,并处没收个人全部财产的刑事裁定。

二、裁判要旨

No.5-263-127 因形迹可疑受到盘问,公安人员当场搜查出与犯罪有关的物品,足以认定其有实施犯罪的嫌疑,因而被迫供述自己的犯罪事实的,不应认定为自首。

根据1998年最高人民法院《关于处理自首和立功具体应用法律若干问题的解释》第一条第(一)项的规定,罪行未被司法机关发觉,仅因形迹可疑被有关组织或司法机关盘问、教育后主动交代自己的罪行的,应当视为投案自首。司法实践中存在的难点在于如何区分形迹可疑与犯罪嫌疑,如果行为人交代犯罪时已被认定具有犯罪嫌疑,则不成立形迹可疑型自首。所谓形迹可疑是指行为人的举动、神态不正常,使人产生疑问,这种疑问只是臆断性的心理疑问,没有也不需要一定的事实根据。而犯罪嫌疑则是侦查人员凭借一定的事实根据认定特定人有作案嫌疑。二者区分的关键在于,司法机关是否掌握了行为人犯罪的一定证据或线索,行为人当时不如实交代,能否自圆其说并作出合理的解释。

具体到本案中,公安人员设卡排查时虽掌握犯罪嫌疑人为三人,但对其盘问的原因是深夜携带行李,形迹可疑,缺少具体证据,尚不足以与刚发生的抢劫犯罪产生客观联系。随后公安人员在李某身上搜出一部来路不明的手机且无法说出号码,系赃物属于犯罪证据,且张某右手缠有纱布并滴血,三人均不能作出合理解释,此时公安人员已对其产生了合理的怀疑,已具有犯罪嫌疑。此时张某才交代犯罪事实,属于在证据面前被迫作出的无奈之举,公安人员完全能对手机来源进行进一步调查,属于被动交代,尚不构成自首。

案例:刘长华抢劫案

案例来源:《刑事审判参考》总第80集[第704号]

主题词:抢劫罪 形迹可疑型自首

一、基本案情

上诉人(原审被告人)刘长华,男,1972年1月7日出生,土家族,贵州省镇远县人,高中文化,待业,住所地贵州省镇远县尚寨乡律令村二组。因本案于2008年3月18日被羁押,次日被刑事拘留,2008年4月2日被逮捕。

广东省珠海市香洲区人民检察院以被告人刘长华犯抢劫罪,向广东省珠海市香洲区人民法院提起公诉。

广东省珠海市香洲区人民法院经公开审理查明:2008年3月18日23时许,被告人刘长华携带水果刀、手电筒及手套等工具窜至珠海市香洲区兰埔村一出租屋,以嫖宿为由,与被害人刘小兰发生性关系后,趁刘不备,用拳头猛击刘小兰的头部,欲将刘打昏后劫取财物。因刘小兰呼救,刘长华随即逃跑,刘小兰的朋友马卫尾随追赶,追至珠海市香洲区九州大道银石雅园某路段时被巡逻民警发现。巡逻民警认为刘长华形迹可疑,即上前拦截,抓住刘,从刘的身上搜出手电筒一支、手套一双、水果刀一把,并将刘带回珠海市公安局前山派出所调查。在后追赶的马卫见状随即返回,没有前往公安机关作证,刘小兰亦未报案。刘长华被民警带至派出所后,在2008年3月19日1时53分至2时17分第一次接受民警询问时不承认抢劫的犯罪事实,同日7时至8时第二次接受民警询问时开始交代抢劫的犯罪事实。同日14时,侦查人员在刘长华的指认下,到前山兰埔村一出租屋找到刘小兰协助调查。

广东省珠海市香洲区人民法院认为,被告人刘长华以非法占有为目的,使用暴力试图劫取他人财物,其行为已构成抢劫罪,但由于其意志以外的原因而未得逞,属于犯罪未遂,可以从轻处罚。遂依照《中华人民共和国刑法》第二十三条、第二百六十三条的规定,以抢劫罪判处被告人刘长华有期徒刑三年,并处罚金人民币一千元。

一审宣判后,被告人刘长华不服,以其系抢劫未遂,原判决量刑过重为由提出上诉。

广东省珠海市中级人民法院认为,上诉人刘长华以非法占有为目的,当场采取暴力手段,劫取他人财物的行为已构成抢劫罪。刘长华因意志以外的原因而未得逞,是犯罪未遂,可以比照既遂犯从轻处罚。其在实施抢劫后,被采取强制措施之前,仅因形迹可疑而被巡逻民警调查询问即如实供述抢劫罪行,依照最高人民法院《关于处理自首和立功具体应用法律若干问题的解释》第一条的规定,属于自首,可以减轻处罚。原判决认定事实和定性准确,但未认定立场自首,量刑不当,应予纠正。依照《中华人民共和国刑事诉讼法》第一百八十九条第(三)项、《中华人民共和国刑法》第二百六十三条、第二十三条、第六十七条、最高人民法院《关于处理自首和立功具体应用法律若干问题的解释》第一条的规定,以抢劫罪改判上诉人刘长华有期徒刑二年,并处罚金人民币一千元。

二、裁判要旨

No.5-263-128 侦查机关尚未掌握一定的证据或线索足以合理怀疑行为人,将其与具体案件之间建立直接、明确、紧密的联系的,属于形迹可疑的情形。仅因形迹可疑被盘问、教育后,主动交代了犯罪事实的,应当视为自动投案,成立自首。

自首的成立必须同时具备自动投案和如实供述罪行两个要件,最高人民法院《关于处理自首和立功具体应用法律若干问题的解释》(以下简称《解释》)将“罪行未被司法机关发觉,仅因形迹可疑被有关组织或司法机关盘问、教育后,主动交代自己的罪行”的情形规定为“应当视为自动投案”,最高人民法院《关于处理自首和立功若干具体问题的意见》(以下简称《意见》)又进一步明确规定:“罪行未被有关部门、司法机关发觉,仅因形迹可疑被盘问、教育后,主动交代了犯罪事实的,应当视为自动投案,但有关部门、司法机关在其身上、随身携带的物品、驾乘的交通工具等处发现与犯罪有关的物品的,不能认定为自动投案。”可见,判断行为是否属于形迹可疑还是犯罪嫌疑,关键在于司法机关是否掌握客观并据此足以合理怀疑行为人实施某种犯罪的证据,能否在行为人与具体案件之间建立直接、明确、紧密的联系。

在审判实践中,形迹可疑有两种较为常见的情形。一种情形是司法机关尚未掌握行为人犯罪的任何线索、证据而是根据行为人当时的举动、神色异常而判断行为人可能存在违法犯罪行为。另一种常见的情形是,某一具体案件发生后,司法机关掌握一定线索或证据,明确了侦查方向,圈定了排查范围,在调查或排查过程中发现行为人表现异常,但尚不足以通过现有证据确定其为犯罪嫌疑人。此种情形可以将行为人同具体案件联系起来,但这种联系尚不足以将行为人锁定为犯罪嫌疑人,行为人主动供述罪行成立自首。如果侦查人员从行为人身上或住处查获赃物、作案工具等客观性证据,或者现场募集证人直接指认行为人系作案人,由于已有一定证据指向行为人,其具有较其他排查对象更高的作案嫌疑,便成为犯罪嫌疑人,而不仅仅是形迹可疑。对于侦查机关来说,案件的侦查程度已经可以对行为人采取强制措施。能够在行为人与具体案件之间建立起直接、明确、紧密联系的,行为人属于犯罪嫌疑人。

在本案中,由于被害人刘小兰系卖淫女,因惧怕卖淫行为暴露而在刘长华被抢劫后不敢报警,其朋友马卫在追赶刘长华的过程中见巡逻民警将刘长华截停亦未上前指认刘长华。巡逻民警是因为刘长华深夜被他人追赶,认为其形迹可疑而将其截停的,当时刘长华的抢劫罪行尚未被公安机关掌握。虽然民警在刘长华身上查获了手电筒、手套、水果刀等工具,但这些物品也可以作为正常生活用品予以解释,仅凭这些物品难以将刘长华与具体的抢劫案件之间建立直接、明确、紧密的联系。没有刘长华本人的主动如实供述并带领侦查人员寻找刘小兰配合调查,此案是无法侦破的,故其归案具有自动性,应当认定为自首。

案例:胡国栋抢劫案

案例来源:《刑事审判参考》总第80集[第711号]

主题词:抢劫罪 共同犯罪被告人 自首与立功的界限

一、基本案情

被告人胡国栋,男,1993年8月18日出生,无业。因涉嫌犯盗窃罪于2008年11月15日被逮捕。

浙江省宁波市镇海区人民检察院以被告人胡国栋犯抢劫罪,向宁波市镇海区人民法院提起公诉。

被告人胡国栋及其辩护人对指控事实无异议,胡国栋自愿认罪。

宁波市镇海区人民法院经不公开审理查明:2008 年 10 月 8 日 20 时许,被告人胡国栋伙同同案被告人蒋桃及王焱(另案处理)在浙江省宁波市镇海区骆驼街道华丰花园内,撬锁窃得停放在该小区 21 幢楼下的一辆绿色蒲公英牌电动自行车,价值人民币(以下币种均为人民币)1430 元(宁波市盗窃罪的定罪标准数额为 2000 元)。胡国栋、蒋桃在逃离途中被抓获。后胡国栋主动向公安机关交代:2008 年 9 月 28 日晚,其伙同蒋桃、王焱等八人经事先预谋,携带斧头、砍刀等工具到宁波市镇海区蛟川街道"万里一族"网吧,将被害人孙恒林骗至网吧门口,采用拳打脚踢、搜身等手段劫得孙恒林的钱夹,内有 500 余元现金、银行卡、身份证等物。孙恒林被殴打致轻微伤。

另查明:2008 年 11 月下旬,被告人胡国栋与曾经共同盗窃的同伙张华胜关押在镇海区看守所 1 号监区,胡国栋从张华胜处获悉 2008 年 9 月 28 日与其共同实施抢劫的"平头"(王焱的绰号)因涉嫌盗窃被关押在镇海区看守所 2 号监区。2009 年 1 月 4 日,胡国栋接受公安机关讯问揭发了"平头"已被关押在同一看守所的情况。同月 8 日,胡国栋在公安人员的组织下对照片进行混合辨认,指认王焱即"平头"。次日,同案被告人蒋桃亦指认王焱参与抢劫犯罪的"平头"。同月 12 日,经公安机关讯问,王焱供述了其与胡国栋、蒋桃等八人在镇海区蛟川街道"万里一族"网吧门口抢劫一男子的事实。2009 年 3 月 16 日,宁波市镇海区人民法院以王焱犯抢劫罪,判处有期徒刑四年,并处罚金人民币一千元。

根据上述事实,宁波市镇海区人民法院认为,被告人胡国栋以非法占有为目的,伙同他人采用暴力等手段劫取他人财物,其行为已构成抢劫罪。胡国栋检举同案犯王焱的行为不符合有关立功的法律规定,不构成立功。但鉴于其因实施盗窃违法行为被抓获后主动交代了公安机关尚未掌握的抢劫犯罪事实,系自首,可从轻或减轻处罚;又鉴于其犯罪时未满十六周岁,且能自愿认罪,可依法减轻处罚。据此,依照《刑法》第二百六十三条,第二十五条第一款,第十七条第二款、第三款,第六十七条第二款及最高人民法院《关于处理自首和立功具体应用法律若干问题的解释》第二条的规定,判决如下:

被告人胡国栋犯抢劫罪,判处有期徒刑一年,并处罚金人民币五百元。

一审宣判后,检察机关提出抗诉,认为被告人胡国栋在羁押期间向公安机关检举曾与其一起抢劫的"平头"关押在同一看守所的 2 号监区,并经混合辨认照片,指认王焱即"平头",王焱在接受讯问时供认了伙同胡国栋抢劫的事实。胡国栋具有立功表现,原判未予认定不当。

被告人胡国栋对与原判认定的事实及检察机关的抗诉意见无异议,亦未上诉。其辩护人提出,胡国栋有立功表现,请求二审在原判的基础上再予从宽处理。

浙江省宁波市中级人民法院经二审审理认为,原审被告人胡国栋向公安机关揭发同案犯王焱参与共同犯罪的犯罪事实,并协助公安机关辨认犯罪分子,使王焱的抢劫事实得以查获,其行为依法可以认定为立功。对宁波市镇海区人民检察院的抗诉意见及宁波市人民检察院的出庭意见予以支持,对胡国栋辩护人的辩护意见予以采纳。原判认定的事实清楚,证据确实充分,定罪准确,唯对原审被告人胡国栋揭发同案犯的抢劫犯罪未认定立功不当,予以纠正,依照《中华人民共和国刑事诉讼法》第一百八十九条第(三)项和《中华人民共和国刑法》第二百六十三条,第二十五条第一款,第十七条第二款、第三款,第六十七条第二款,第六十八条第一款以及最高人民法院《关于处理自首和立功具体应用法律若干问题的解释》第二条、第五条的规定,判决如下:

1. 撤销浙江省宁波市镇海区人民法院(2009)甬镇刑初字第 89 号刑事判决第二项,即被告人胡国栋犯抢劫罪,判处有期徒刑一年,并处罚金人民币五百元。

2. 原审被告人胡国栋犯抢劫罪,判处有期徒刑八个月,并处罚金人民币五百元。

二、裁判要旨

No.5-263-129 自首时不仅交代了同案犯的罪行和基本信息,而且提供了司法机关无法通过正常工作程序掌握的同案犯的线索,司法机关通过该线索抓获同案犯,则其行为对司法机关起到了必要的协助作用,应认定为立功。

本案所涉问题的关键,在于如何区分共同犯罪中被告人的自首与立功,实质是如何理解和认定共同犯罪案件被告人自首时所应当供述的同案犯信息的范围问题,换言之,共同犯罪的被告人自首时交代同案犯信息,在何种条件下可以认定为立功。

最高人民法院《关于处理自首和立功具体应用法律若干问题的解释》(以下简称《解释》)第一条第二项规定,共同犯罪案件中的犯罪嫌疑人,除如实供述自己的罪行,还应当供述所知的同案犯,主犯则应当供述所知其他同案的共同犯罪事实,才能认定为自首。如此规定,是由于共同犯罪的整体性特征,共同犯罪被告人如果不交代同案犯的犯罪事实就没有完整供述自己的罪行,则谈不上如实供述和自首。所谓供述同案犯,是指供述同案犯的姓名、住址、联系方式等身份情况和在共同犯罪中的具体表现、地位和作用。这些内容往往会对司法机关抓捕同案犯起到协助作用,因此会导致自首的成立和立功的认定发生一定程度的竞合。《解释》第五条规定,协助司法机关抓捕其他犯罪嫌疑人(包括同案犯)的,应当认定为具有立功表现,此处的关键在于如何准确界定协助的内容。

2008年12月印发的《全国部分法院审理毒品犯罪案件工作座谈会纪要》中提出,共同犯罪中同案犯的基本情况,包括同案犯的姓名、住址、体貌特征、联系方式等信息,属于被告人应当供述的范围,公安机关据此抓获同案犯的,不应认定为有立功表现。2010年12月22日最高人民法院印发《关于处理自首和立功若干具体问题的意见》第五条中对协助抓捕其他犯罪嫌疑人的认定作了规定,具体包括:(1)按照司法机关的安排,以打电话、发信息等方式将其他犯罪嫌疑人(包括同案犯)约至指定地点的;(2)按照司法机关的安排,当场指认、辨认其他犯罪嫌疑人(包括同案犯)的;(3)带领侦查人员抓获其他犯罪嫌疑人(包括同案犯)的;(4)提供司法机关尚未掌握的其他案件犯罪嫌疑人的联络方式、藏匿地址的,等等。

根据上述规定,对于司法机关根据被告人自首时交代的情况抓获同案犯的,能否认定其有立功表现应区分具体情形具体分析。被告人自首时交代了同案犯的罪行和基本信息,又提供了司法机关无法通过正常工作程序掌握的有关同案犯的线索,而司法机关正是通过该线索将同案犯抓获归案的,那么,不论被告人是否带领公安机关前往现场抓捕,都应认定其行为对司法机关抓获同案犯起到了必要的协助作用,构成立功。

在本案中,被告人胡国栋在向公安机关自首其犯抢劫罪的事实时,供述了参与作案的绰号"平头"不知真名的同案犯,并揭发"平头"也被关押在同一看守所的事实,在公安机关的组织下对照片进行了混合辨认,指认了同案犯"平头"。公安人员正是借此线索掌握了王焱参与抢劫的事实。该线索是公安机关通过正常工作程序无法掌握的,因此胡国栋的行为应当认定为立功。

案例:刘伟等抢劫案

案例来源:《刑事审判参考》总第80集[第712号]

主题词:抢劫罪 协助抓捕同案犯的立功认定

一、基本案情

被告人刘伟,男,1989年4月19日出生,小学文化,无业。因本案于2009年1月21日被逮捕。

被告人姬义,男,1985年4月6日出生,小学文化,无业。因本案于2009年1月21日被逮捕。

被告人谢辉,男,1990年7月23日出生,小学文化,无业。因本案于2009年1月21日被逮捕。

被告人赵浩,男,1990 年 7 月 15 日出生,小学文化,农民。因本案于 2009 年 1 月 21 日被逮捕。

天津市人民检察院第一分院以被告人刘伟、姬义、谢辉、赵浩犯抢劫罪,向天津市第一中级人民法院提起公诉。

被告人刘伟对指控的犯罪事实无异议。其辩护人的辩护意见为,刘伟归案后协助公安机关抓获同案犯姬义,应是重大立功,请求对其从轻处罚。被告人姬义对指控的犯罪事实无异议。其辩护人的辩护意见为,姬义系初犯,主观恶性较小,请求对其从轻处罚。被告人谢辉对指控的犯罪事实无异议。其辩护人的辩护意见为,谢辉在共同犯罪过程中起次要作用,是从犯,请求对其从轻处罚。

天津市第一中级人民法院公开审理查明:

1. 2009 年 1 月 7 日 18 时许,被告人刘伟、姬义、谢辉预谋抢劫小超市,因故未得逞。姬义提议抢劫曾经一起做过生意的被害人董宝玲,并提议先将董宝玲杀害后再实施抢劫。当日 23 时许,姬义带领刘伟、谢辉至董宝玲的住处,姬义先诱骗董宝玲开门,刘伟、谢辉趁机闯入董宝玲家中,谢辉拽住董宝玲的手臂,使其无法反抗,刘伟持尖刀朝董宝玲胸部等处猛捅数刀,致董宝玲死亡。而后,三人劫得现金(以下币种均为人民币)1000 元,联想牌笔记本电脑一台,手机三部,千里马轿车一辆(抢劫财物价值合计 34130 元)。

2. 2009 年 1 月上旬的一天 23 时许,被告人刘伟携带砍刀伙同谢辉、赵浩至被害人黄庆财、陈晓玲经营的平价超市,谢辉、赵浩在门口接应,刘伟持砍刀闯入超市,劫取现金 400 元。

3. 2008 年 12 月 23 日 21 时许,被告人刘伟携带尖刀向被害人刘树勋背部猛捅数刀,致刘树勋轻伤,并劫取现金 350 元。

案发后,公安机关先将刘伟、谢辉抓获归案。尔后,刘伟带领公安人员到河北省廊坊市将被告人姬义抓获归案。赵浩亦被公安机关抓获归案。

天津市第一中级人民法院认为,被告人刘伟、姬义、谢辉、赵浩的行为均已构成抢劫罪。刘伟、姬义、谢辉抢劫致人死亡,情节、后果均特别严重,在共同犯罪中,三被告人地位、作用相当。刘伟多次持刀实施抢劫犯罪,并致一人死亡、一人轻伤,作案手段残忍。虽有重大立功和坦白情节,依法不足以从轻处罚。姬义积极提议并预谋以杀害被害人的方式劫取钱财,在共同犯罪中起关键作用,依法应予以严惩。综合全案事实情节,谢辉不属于判处死刑立即执行的犯罪分子。赵浩在共同犯罪中是从犯,应依法从轻处罚。依照《中华人民共和国刑法》第二百六十三条第一项、第四项、第五项,第五十七条第一款,第四十八条,第二十五条,第二十六条第一款、第四款,第二十七条,第六十八条,第三十六条第一款,最高人民法院《关于处理自首和立功具体应用法律若干问题的解释》第四条、第五条、第七条,《中华人民共和国刑事诉讼法》第七十七条第一款之规定,以抢劫罪分别判处被告人刘伟、姬义死刑,剥夺政治权利终身,并处没收个人全部财产;以抢劫罪判处被告人谢辉死刑,缓期二年执行,剥夺政治权利终身,并处没收个人全部财产;以抢劫罪判处被告人赵浩有期徒刑三年,并处罚金人民币一千元。

一审宣判后,被告人刘伟、姬义、谢辉对刑事判决不服,提出上诉。刘伟上诉称,其协助公安机关抓捕同案犯,构成重大立功,并积极坦白余罪。其辩护人认为,刘伟系初犯,且认罪悔罪,建议对其从轻处罚。姬义上诉称,原判事实不清,量刑过重。其辩护人认为,原判认定姬义提议杀害董宝玲的证据不足,其属于从犯,建议对其从轻处罚。谢辉上诉称,原判量刑过重,其辩护人提出,谢辉认罪悔罪,主动坦白交代余罪,请求对其从轻处罚。

天津市高级人民法院经二审审理查明的犯罪事实与一审相同。另查明,谢辉、刘伟被抓获后分别交代了伙同姬义抢劫杀害董宝玲的犯罪事实,且谢辉先于刘伟交代,并交代出姬义案发前在廊坊火车站附近开小卖部,并在火车站附近铁峰旅馆租了一间房与其女友居住、生活,且姬义右手缺失。因刘伟对当地相对较熟,为确保顺利抓获姬义,必要时可由刘伟对姬义及姬义住处予以指认,公安人员驱车押解刘伟来到廊坊市火车站,发现火车站西侧小卖部外面上锁,没有亮灯,可以确认姬义很可能住在铁峰旅馆,公安人员找到当地战前派出所民警配合抓捕,并从旅馆负责人处得知,有一缺少右臂男子在旅馆9号房间与其对象一起租住,公安人员在该房间将姬义当场抓获。经突审,姬义对伙同刘伟、谢辉抢劫杀害董宝玲的犯罪事实供认不讳,且在该房间内当场搜出被抢的联想笔记本电脑。整个抓捕过程中,刘伟并未下车对姬义住处及其本人进行指认。

天津市高级人民法院认为,上诉人刘伟、姬义、谢辉、原审被告人赵浩单独或分别结伙以暴力手段抢劫他人财物,其行为均已构成抢劫罪。刘伟、姬义、谢辉抢劫数额巨大,在抢劫中致人死亡,情节、后果均特别严重,应依法分别予以处罚。在共同犯罪中,刘伟、姬义、谢辉分工配合,均起主要作用。原审被告人赵浩起次要作用,是从犯,依法从轻予以处罚。对于刘伟所提起具有重大立功的上诉理由,经查,谢辉先于刘伟交代了伙同姬义抢劫董宝玲的事实,并交代姬义的惯常住处以及右手缺失的特征,因此,谢辉和刘伟均不属于提供同案犯的藏匿地点,且公安机关是在当地派出所民警和旅馆负责人的协助下将姬义抓获,整个抓捕过程中,刘伟未能起到协助司法机关抓捕同案犯的实际作用,根据最高人民法院《关于处理自首和立功具体应用法律若干问题的解释》,刘伟的行为不构成重大立功。对于姬义及其辩护人所提原判事实不清,请求对其从轻处罚的意见,经查,姬义确定抢劫目标,预谋以杀人方式实施抢劫,并骗开房门,在共同犯罪中亦起主要作用;但考虑到姬义在抢劫中没有实施杀害被害人的行为,在共同犯罪中的作用相对较小,因此,对于上诉人判处死刑,可不立即执行。谢辉及其辩护人所提辩解及其辩护意见,经查于法无据,不予采纳。原判认定犯罪事实清楚、证据确实充分、定罪准确、审判程序合法。但对姬义量刑不当,应予改判。依照《中华人民共和国刑事诉讼法》第一百八十九条第(一)项、第(二)项,第一百九十九条,第二百零一条之规定,判决如下:

1. 维持原判对被告人刘伟、谢辉、赵浩的定罪量刑。

2. 上诉人姬义犯抢劫罪改判死刑,缓期二年执行,剥夺政治权利终身,并处没收个人全部财产。

本判决即为核准以抢劫罪判处上诉人姬义死刑,缓期二年执行,剥夺政治权利终身,并处没收个人全部财产的刑事判决。

对上诉人刘伟以抢劫罪判处死刑的判决依法报请最高人民法院核准。

最高人民法院依法核准了对被告人刘伟的死刑判决。

二、裁判要旨

No.5-263-130 提供同案犯的信息,但并未对公安机关抓捕同案犯起到协助作用,不能认定为立功。

我国刑法所确立的立功制度和对立功从宽处罚的原则,具有重大的意义:一方面,可以激励犯罪分子悔过自新,重新做人,使其能以较为积极的态度协助司法机关工作,提高司法机关办案的效率,节省司法资源;另一方面,可以有效地瓦解犯罪势力,促使其他犯罪分子主动归案,减少因犯罪分子留在社会上而对社会构成的潜在威胁。司法实践中对已到案的犯罪分子协助司法机关抓捕其他犯罪嫌疑人,构成立功的,要把握三个条件:一是确实有协助抓捕的必要;二是客观上有协助司法机关抓捕其他犯罪嫌疑人的具体行为;三是协助行为对抓捕其他犯罪嫌疑人确实起到了作用。犯罪分子到案后如实交代同案犯的基本信息情况的,属于如实交代基本犯罪事实的范畴,不能认定为立功。审查判断协助抓捕行为是否构成立功,关键是审查该协助行为对司法机关的逮捕是否确实起到了作用,如带领公安人员抓捕其他犯罪嫌疑人,并当场指认,就属于起到了协助作用,应认定为立功。

在本案中,现有证据显示,谢辉、刘伟被抓获后分别交代了伙同姬义抢劫杀害董宝玲的犯罪事实,并交代了姬义的基本信息等属于坦白交代基本犯罪事实,仅表明其二人认罪态度好,不属于立功的范畴。有争议的是,公安人员为确保顺利抓捕姬义,而押解刘伟到河北省廊坊市,但刘伟却说不出姬义的具体房间号,公安人员找到当地派出所民警配合而将姬义抓获。由此可见,刘伟对抓获姬义没有起到更实质性的作用,不属于协助司法机关抓捕同案犯。

案例:张才文等抢劫、盗窃案

案例来源:《刑事审判参考》总第 112 集[第 1225 号]

主题词:抢劫罪　立功

一、基本案情

2010 年 8 月 18 日,被告人张才文在山西省怀仁县以搬家为由骗乘被害人李高峰驾驶的农用车(价值 43200 元)来到山西省朔州市朔城区西环路,张才文、李高峰均住进栋梁物流市场的金花旅店。当晚,张才文趁李高峰熟睡之机,偷走李高峰车钥匙将农用车盗走。2010 年 11 月,被告人张才文向其妻外甥全振东(同案被告人,犯罪时未满十六岁,已判刑)提议抢劫车辆运煤,全振东表示同意,二人准备了电警棍、胶带纸、绳索等工具,先后到山西省山阴县、右玉县等地作案未果。同年 12 月 12 日中午,张才文、全振东来到山阴县应山路,骗租被害人郭玉成(殁年 37 岁)驾驶的时代金刚自卸货车(价值 83754 元),张才文坐副驾驶位,全振东坐在后排座。当车行至 209 国道山西省忻州市五寨县至偏关县路段时,张才文按事先约定让郭玉成停车,并示意全振东动手。全振东遂用一段绳子勒住郭玉成颈部,郭玉成反抗,张才文采用持电警棍电击头部和用绳子猛勒颈部的方法,致郭玉成机械性窒息死亡。后张、全二人用胶带纸缠住尸体双腿,将尸体抬下车抛弃于公路边绿化带外的荒草地里。二人待确定郭玉成死亡后驾车逃离。张才文的亲戚、被告人全意成明知该车为张才文和全意成的儿子全振东抢劫所得,仍受张才文的指使将该车车牌拆卸并予以藏匿。

另经审理查明:在本案一审审理期间,被告人张才文检举在 2001 年夏天的一个晚上,其伙同杨有军、梁绍兵、刘运林在河北省献县子牙河新大桥南头,一处住宅内实施盗窃过程中,杨有军使用铁棍打死老人李树新的事实。

二、裁判要旨

No. 5-263-131　共同犯罪中,一方检举揭发同案犯在共同犯罪实施过程中超出共同犯意实施的实行过限行为,不构成立功。

《最高人民法院关于处理自首和立功具体应用法律若干问题的解释》主要规定了五种立功类型:检举揭发型、提供线索型、协助抓捕型、阻止犯罪型、其他表现型。超出该解释范围的事项,都不宜认定为有立功表现。本案中,被告人张才文归案后,揭发本人与他人共同盗窃中他人超出犯意致人死亡的行为,应当纳入第一种类型来研究,即其行为是否应认定为检举揭发型立功。

根据我国《刑法》和有关司法解释的规定,检举揭发型立功有两种情形:一是犯罪分子到案后揭发案外人犯罪行为,经查证属实的;二是犯罪分子到案后揭发同案犯共同犯罪以外的其他犯罪,经查证属实的。这里所谓的揭发"案外人犯罪行为"和"共同犯罪以外的其他犯罪",顾名思义,应当理解为揭发本人没有参加的案外人的犯罪行为,或者是完全独立于共同犯罪的他人犯罪行为。由此可见,检举揭发型立功的特点是,犯罪分子揭发与自己及其犯罪行为无关联的他人的犯罪行为,经查证属实,才能认定为立功。共同犯罪案件中的犯罪分子如果检举揭发自己参与的共同犯罪,除检举揭发人有协助抓捕同案犯的行为外,一般不构成立功。

共同犯罪事实不仅指共同犯罪人共同实施的犯罪行为,还包括共同犯罪人所实施的实行过限行为。实行过限行为,在罪责上由过限行为人自己承担,但不能就此认为过限行为是游离于共同犯罪行为之外的完全独立的行为。过限行为与共同犯罪行为之间在因果关系上存在紧密的事实关联关系。如果没有共同犯罪事实的存在,就不会发生过限行为,过限行为虽然由过限行为人单独实施,但却是在共同犯罪行为实施过程中或实施之后才发生的。

本案中,张才文必须如实供述其参与的共同盗窃犯罪过程中由杨有军单独实施的致人死亡的过限行为,司法机关才能认定张才文如实供述司法机关未掌握的其他罪行。其如实供述杨有军的实行过限行为,属于其应当供述的与共同盗窃犯罪具有密切联系的关联行为,因而不属于"共同犯罪案件中的犯罪分子揭发同案犯共同犯罪以外的其他犯罪"的情形,不构成立功。

案例:孙啟胜抢劫案

案例来源:《人民法院案例选》2009 年第 1 辑

主题词:转化型抢劫罪 未遂

一、基本案情

上诉人(原审被告人)孙啟胜。

上海市闸北区人民法院经审理查明:2008 年 7 月 6 日下午 1 时 35 分许,被告人孙啟胜伙同梅江林(另案处理)及一名绰号叫"老虎"的男子,在上海市中山北路 235 号圣裕大酒店附近,用随身携带的撬锁工具窃得被害人王珺停放在此处的一辆价值人民币 328 元的捷安特 26 寸男式自行车。三人行窃时,被公安机关在监控中发现,随即追踪至中山北路 185 号门口对被告人孙啟胜及其同伙实施抓捕。被告人孙啟胜为挣脱民警周幼龙的抓捕,击打周脸部二拳,造成周下后黏膜破损(经鉴定构成轻微伤)。被告人孙啟胜被当场抓获归案。

上海市闸北区人民法院认为,被告人孙啟胜秘密窃取他人财物,在逃逸过程中为抗拒抓捕而当场使用暴力,其行为已构成抢劫罪,被告人孙啟胜刑满释放五年内再犯依法应当判处有期徒刑以上刑罚之罪,是累犯,应当从重处罚。据此,依照《中华人民共和国刑法》之相关规定,以抢劫罪判处被告人孙啟胜有期徒刑四年,并处罚金人民币四千元;缴获的作案工具依法没收。

一审宣判后,被告人孙啟胜不服,提出上诉。孙啟胜辩称,其只有盗窃自行车的故意,在民警上前抓捕时挣扎了几下,并未挥拳猛击民警脸部,其行为的性质只是盗窃,而不是抢劫。

上海市人民检察院第二分院认为,原判认定事实清楚,证据确实充分,建议驳回上诉,维持原判。

上海市第二中级人民法院经审理认为,上诉人孙啟胜以非法占有为目的,秘密窃取他人的财物,因被民警发现,在逃逸过程中为抗拒抓捕而当场使用暴力,致人轻微伤,其行为已经构成抢劫罪,应依法惩处。对于上诉人孙啟胜所提其在民警抓捕过程中未对民警实施暴力的上诉理由,经查,被害人周幼龙的陈述笔录和辨认笔录、证人金犇、梅江林等人的证言笔录和辨认笔录均证实,孙啟胜在窃得自行车逃逸途中,对抓捕民警周幼龙的脸部用拳击打了两拳,这与孙啟胜在公安侦查阶段的多次供述相互印证,故孙啟胜的上诉理由不能成立。原判认定事实清楚,证据确实充分,适用法律正确,量刑适当,且审判程序合法,上海市人民检察院第二分院的意见正确。裁定驳回上诉,维持原判。

二、裁判要旨

No. 5-263-132 既未劫取财物,又未造成他人人身轻伤伤害后果的,应以抢劫未遂论处。

转化型抢劫罪中是存在既未遂的犯罪形态的。但是不能简单地以基本犯罪的既未遂来作为认定转化型抢劫犯罪既未遂的标准,而应该根据转化型抢劫行为本身的形态来认定。犯罪最基本的特征是具有社会危害性,社会危害性是通过犯罪客体和行为特征综合反映出来的。转化犯的本质并不仅仅是犯罪行为的简单增加或者犯罪结果的加重,而是犯罪行为性质的根本改变。盗窃等基本行为侵犯的只是财产权利,而抢劫罪侵犯的是财产权利和人身权利双重客体。转化型抢劫之所以按照抢劫罪来论处,是因为其先前的盗窃、诈骗、抢夺行为在侵犯财产权利的同时,因使用了暴力或暴力相威胁而对人身权利造成了侵犯,从而与抢劫罪的客体重合,具有同样的社会危害性。转化型抢劫罪虽然是法律拟制的抢劫罪,但其行为的性质就是抢劫罪,与普通抢劫罪的罪质完全相同。所以,也应该按照普通抢劫罪的犯罪构成要件和停止形态来评价。之前的盗窃、诈骗、抢夺行为只是转化的前提条件,而不应作为认定转化抢劫罪是否既未遂的依据。

当盗窃、诈骗、抢夺的犯罪既遂,意味着财物已经取得,则转化为抢劫罪时亦构成既遂,本文中的案例即属于这种情况。当盗窃、诈骗、抢夺犯罪未遂,虽然基本行为未取得财物,但在使用暴力或者以暴力相威胁时,如果造成了人身轻伤以上的后果或者在抗拒抓捕的过程中劫得了财物,则转化的抢劫罪也是成立既遂的。因此,转化型抢劫罪既未遂的形态,应该根据转化后的行为本身的形态来分析,应与认定普通抢劫罪的既未遂标准相一致。即具备劫取财物或者造成他人轻伤以上后果两者之一的,均属抢劫既遂;既未劫取财物,又未造成他人人身轻伤伤害后果的,属抢劫未遂。

No. 5-263-133 二人以上共同故意实施盗窃、诈骗、抢夺行为,为窝藏财物、抗拒抓捕或者毁灭罪证而共同当场使用暴力或以暴力相威胁的,应以转化型抢劫罪的共犯论处。

认定转化型抢劫罪中的共同犯罪,不能一概而论。共同犯罪,不仅要有共同的故意,还要有共同的行为,要从主观和客观方面共同来认定。如果共同犯罪人只有共同盗窃的故意,在逃逸过程中某一行为人实施了暴力或暴力相威胁的行为,而其他共同犯罪人对此全然不知情,抢劫行为是超出其共同犯意之外的,则不能认定其他的共犯人一起转化为抢劫罪。在实施盗窃、诈骗、抢夺的共同犯罪中,共同转化为抢劫罪的行为人必须是主观上有使用暴力或者以暴力相威胁的故意,或者有证据可以推定其明知其他共犯有实施暴力或者以暴力相威胁的故意,客观上实施了暴力或者以暴力相威胁的行为,或利用其他共犯抗拒抓捕制造的便利条件逃避处罚的,才应认定为转化型抢劫罪的共犯。

案例:王艳峰抢劫案

案例来源:《刑事审判参考》总第113集[第1246号]
主题词:抢劫罪　转化型抢劫

一、基本案情

2015年12月11日晚,李某(男,被害人)在朝阳区平房乡一自助银行内使用银行卡从ATM机取款,离开时将卡遗留在ATM机内。李某离开后,被告人王艳峰操作该ATM机时发现机内有他人遗留的银行卡,遂连续取款6次,共计取款1.2万元。李某收到取款短信提示后意识到银行卡遗留在ATM机内,立即返回自助银行,要求仍在操作ATM机的王艳峰交还钱款。王艳峰纠集在附近的工友郭少飞(另案处理)一起殴打李某,致李某受轻微伤。

二、裁判要旨

No. 5-263-134 信用卡诈骗罪是诈骗罪的特别法,可以成为转化型抢劫的前提犯罪。

《刑法》第二百六十九条规定的"犯盗窃、诈骗、抢夺罪"是指具体犯罪行为,还是仅指《刑法》分则第五章规定的盗窃罪、诈骗罪和抢夺罪,直接关系到转化型抢劫的适用范围。如将上述"犯盗窃、诈骗、抢夺罪"解释为《刑法》分则第五章规定的盗窃、诈骗、抢夺罪,形式上符合罪刑法定原则,但存在一定的局限性。《刑法》分则在规定罪名和法定刑时,并不是严格按照对一种行为只认定为一种犯罪的模式,而是根据打击犯罪的需要,将同一性质的行为分置于不同的罪名中予以规定,从而形成法条竞合犯、想象竞合犯、结果加重犯等多种复杂的罪数形态。就盗窃、诈骗、抢夺罪而言,除《刑法》分则第五章规定的三个普通罪名外,还有诸多散见于各章节的相关特殊罪名,如盗伐林木罪、盗掘古墓葬罪、合同诈骗罪、金融诈骗犯罪、战时掠夺居民财物罪等。这些犯罪与普通盗窃、诈骗、抢夺罪存在法条竞合关系,前者是特殊法,后者是一般法。上述特殊类型财产犯罪完全符合普通盗窃、诈骗、抢夺罪的构成要件,因此把这些犯罪归入《刑法》第二百六十九规定的转化型抢劫的前提犯罪,并不违反罪刑法定原则。本案中,被告人王艳峰的前部分行为构成信用卡诈骗罪,而信用卡诈骗罪与诈骗罪具有法条竞合关系,王艳峰的行为符合诈骗罪的构成要件,可以充当转化型抢劫的前提犯罪,因此其实施的全部行为可以认定为抢劫罪。

盗窃、诈骗、抢夺行为在特定情形下能被法律拟制为抢劫罪,原因在于这些行为与抢劫行为侵犯了相同的法益——财产权利。但从《刑法》条文来看,并非所有特殊盗窃、诈骗、抢夺行为所侵害的客体均为财产权利,还包括公共安全、社会管理秩序等客体。当特殊的盗窃、诈骗、抢夺行为不是以财产权利为主要的犯罪客体时,即使行为人实施了为窝藏赃物、抗拒抓捕、毁灭罪证而当场使用暴力或者以暴力相威胁的行为,也不宜认定构成抢劫罪。例如,《刑法》第二百八十条规定的盗窃、抢夺国家机关公文、证件、印章罪,其保护的客体是国家机关的正常管理活动和信誉,如果行为人在盗窃国家机关公文、证件、印章时为抗拒抓捕而当场采取暴力,因其实施的前部分行为不是侵犯财产类犯罪,故不能适用《刑法》第二百六十九条的规定转化为抢劫罪。此外,如果盗窃、诈骗、抢夺行为侵犯的客体性质比较模糊,财产属性不十分明确,一般也不宜纳入转化型抢劫的前提犯罪范围,如盗窃尸体行为,尽管行为人可能出于牟取非法利益的目的盗窃尸体,但其侵害的主要是死者及其亲属的名誉、尊严,故该行为不宜作为转化型抢劫的前提犯罪。概言之,对于《刑法》分则第五章以外的其他章节规定的盗窃、诈骗、抢夺类犯罪,在判断其能否作为转化型抢劫的前提犯罪时,应以犯罪客体为基本判断标准,严格、审慎地认定转化型抢劫。

案例:龚文彬等抢劫、贩卖毒品案

案例来源:《刑事审判参考》总第 70 集[第 581 号]

主题词:抢劫罪 转化型抢劫罪

一、基本案情

被告人龚文彬,男,1987 年 10 月 5 日出生,农民。因涉嫌犯故意伤害罪于 2008 年 6 月 5 日被逮捕。

被告人赵红,男,1979 年 12 月 28 日出生,农民。因涉嫌犯窝藏罪于 2008 年 5 月 15 日被逮捕。

被告人刘旭,男,1982 年 9 月 13 日出生,农民。因涉嫌犯故意伤害罪于 2008 年 4 月 30 日被逮捕。

被告人王显高,男,1984 年 6 月 3 日出生,农民。因涉嫌犯故意伤害罪于 2008 年 6 月 5 日被逮捕。

浙江省温州市中级人民法院经审理查明:被告人赵红为主与被告人龚文彬、刘旭、王显高等人结伙,在浙江省瑞安市以摆摊摸奖的方式设局诈骗钱财,且事先明确如果"摸奖"的人不愿交出钱款,即围住胁迫对方交付。2008 年 4 月 30 日早晨,由赵红驾车与龚文彬、刘旭、王显高、张飞(在逃)等人到瑞安市仙降镇翁蝉村爱喜多鞋服超市前路边摆摊"摸奖"行骗。被害人陈春良"摸奖"发现被骗后不愿交付钱款,龚文彬、刘旭、王显高、张飞等人即将陈围住迫使陈春良交出了 240 元人民币。陈春良遂从自行车上取下一个装有切料刀具的袋子挥打反击,龚文彬、王显高及张飞夺下袋子,并从袋子里各取出一把刀具,伙同刘旭持随身携带的铁棍共同殴打陈春良。其中,龚文彬持刀朝陈春良左大腿砍了一刀,致陈左股动脉、左股静脉断裂大出血而死亡。随后,赵红驾车载龚文彬、刘旭、王显高等人逃离现场。

2008 年 3 月 5 日上午,刘其平(另案处理)和虞铭舒、林超荣约定进行毒品交易,刘其平指使被告人刘旭乘坐刘洋明(另案处理)的摩托车到瑞安市永光村老人亭后面的厕所边与林超荣、虞铭舒联系,后又指使杨法智(另案处理)携带 50.23 克毒品海洛因到该厕所内伙同刘旭,以人民币 15000 元的价格出售给林超荣与虞铭舒。经鉴定,查获的海洛因疑似物重 50.23 克,检出海洛因成分。

温州市中级人民法院认为,被告人龚文彬、刘旭、王显高行骗不成,持械故意伤害他人身体,并致人死亡,其行为均构成故意伤害罪;被告人刘旭帮助他人非法出售毒品海洛因,其行为又构成贩卖毒品罪;被告人赵红明知是犯罪的人,而帮助其逃匿,其行为已构成窝藏罪。公诉机关指控的罪名成立。对刘旭应当数罪并罚。龚文彬持刀行凶,并致死被害人,手段特别残忍,罪行极其严重,社会危害极大,又系累犯,应予严惩。王显高系累犯,应从重处罚。刘旭帮助他人送毒品,系从犯,对其所犯贩卖毒品罪应减轻处罚。赵红指使龚文彬、刘旭、王显高等人设局诈骗钱财,在明知同伙行骗致人死亡之后,为了逃避法律制裁,驾车逃匿,窝藏犯罪情节严重,应予从重处罚。据此,判决如下:

1. 被告人龚文彬犯故意伤害罪,判处死刑,剥夺政治权利终身。

2. 被告人刘旭犯故意伤害罪,判处有期徒刑十一年,剥夺政治权利三年;犯贩卖毒品罪,判处有期徒刑十年,剥夺政治权利三年,并处没收个人财产人民币一万元。决定执行有期徒刑二十年,剥夺政治权利五年,并处没收个人财产人民币一万元。

3. 被告人王显高犯故意伤害罪,判处有期徒刑十二年,剥夺政治权利三年。

4. 被告人赵红犯窝藏罪,判处有期徒刑七年。

一审宣判后,被告人龚文彬、赵红提出上诉。龚文彬上诉提出,其事先未准备犯罪工具,刀具系从被害人手中夺得,在主观恶性程度上有别于事前蓄意犯罪,被害人在本案起因上具有一定过错,原判量刑过重。赵红上诉提出,摆摊诈骗钱财并非以其为主,原判认定窝藏情节严重不当,请求从轻改判。

浙江省高级人民法院经审理后认为,被告人龚文彬、刘旭、王显高、赵红以非法占有为目的,在行骗过程中被人发现后采用暴力威胁手段劫取他人财物并致人死亡,其行为均已构成抢劫罪。犯罪情节严重,社会危害极大,均应依法严惩。刘旭帮助他人非法出售毒品,其行为又构成贩卖毒品罪,依法应予并罚。龚文彬、王显高系累犯,依法应从重处罚。刘旭帮助他人贩卖毒品,系从犯,对其所犯贩卖毒品罪可减轻处罚。鉴于龚文彬行凶刀具系从被害人手中夺得,砍击被害人时有所节制,归案后认罪态度较好等情节,其尚不属必须立即执行死刑的罪犯。原判审判程序合法,对刘旭贩卖毒品的定罪量刑适当,但对龚文彬、王显高、刘旭以故意伤害罪、对赵红以窝藏罪定罪处罚不当,应予改判。基于上诉不加刑原则,改判抢劫罪后不加重刑罚,不再增判罚金刑。据此,判决如下:

1. 驳回被告人赵红的上诉;

2. 撤销温州市中级人民法院(2008)温刑初字第292号刑事附带民事判决中对被告人龚文彬、王显高、刘旭故意伤害罪、赵红窝藏罪的定罪量刑部分及对被告人刘旭的决定刑部分,维持其他部分;

3. 被告人龚文彬犯抢劫罪,判处死刑,缓期二年执行,剥夺政治权利终身;

4. 被告人王显高犯抢劫罪,判处有期徒刑十二年,剥夺政治权利三年;

5. 被告人刘旭犯抢劫罪,判处有期徒刑十一年,剥夺政治权利三年;被告人刘旭犯贩卖毒品罪,判处有期徒刑十年,剥夺政治权利三年,并处没收个人财产人民币一万元。决定对刘旭执行有期徒刑二十年,剥夺政治权利五年,并处没收个人财产人民币一万元;

6. 被告人赵红犯抢劫罪,判处有期徒刑七年。

二、裁判要旨

No. 5-263-135 在诈骗过程中,尚未取得财物就被他人发现,为了继续非法占有财物而使用暴力或以暴力相威胁的,构成抢劫罪,而非转化型抢劫罪。

《刑法》第二百六十三条的抢劫罪与《刑法》第二百六十九条的转化型抢劫罪,关键是从行为人的主观方面进行区分。抢劫罪中行为人当场实施暴力或者以暴力相威胁的行为具有不法占有他人财物的目的,而转化型抢劫罪中行为人当场实施暴力或者以暴力相威胁的目的,是为了窝藏赃物、抗拒抓捕或者毁灭罪证。所谓窝藏赃物,是指行为人在实施盗窃、诈骗、抢夺时,已经将他人财物置于自己的实际控制之下,但被人发现,为了排斥他人取回赃物,当场实施暴力或者以暴力相威胁;所谓抗拒抓捕,是指行为人在实施盗窃、诈骗、抢夺过程中或得手后,被人发现,为了不被被害人、公安人员、群众等抓获归案而对抓捕者实施暴力或者以暴力相威胁;所谓毁灭罪证,是指行为人盗窃、诈骗、抢夺过程中,为了不受法律追究、毁灭与犯罪有关的证据时,而当场对他人实施暴力或者以暴力相威胁。据此,如果行为人不是在窝藏赃物、抗拒抓捕或毁灭罪证的目的支配下实施暴力或者以暴力相威胁的行为,则不能构成转化型抢劫罪。比如,行为人在盗窃、诈骗、抢夺过程中被发现后,为排除妨碍进而占有财物而实施暴力或者以暴力相威胁的,应直接认定构成《刑法》第二百六十三条的抢劫罪。在本案中,各被告人在实施诈骗过程中,被害人发现被骗不愿交付钱款,各被告人即上前围住并胁迫对方交付钱款,此时各被告人以暴力相威胁的目的是欲从被害人处获得财物,而不是为了窝藏赃物、抗拒抓捕、毁灭罪证,故各被告人不具备转化型抢劫罪的主观要件,其行为符合抢劫罪的主观要件,应以《刑法》第二百六十三条的抢劫罪来认定。

案例:韩江维等抢劫、强奸案

案例来源:《刑事审判参考》总第84辑[第750号]

主题词:抢劫罪 共同犯罪的中止

一、基本案情

被告人韩江维,男,1984年6月19日出生,无业。2006年3月6日因犯职务侵占罪被判处有期徒刑八个月,同年7月24日刑满释放。2009年1月22日因本案被逮捕。

被告人张立,男,1983年5月18日出生,无业。2009年1月22日因涉嫌犯故意杀人、抢劫罪被逮捕。

被告人孙磊,男,1986年7月16日出生,无业。2005年10月18日因犯盗窃罪被判处有期徒刑一年,2006年5月20日刑满释放。2009年1月22日因涉嫌犯故意杀人、抢劫罪被逮捕。

河北省邯郸市人民检察院以被告人韩江维犯故意杀人罪、抢劫罪、强奸罪,被告人张立、孙磊犯故意杀人罪、抢劫罪,向邯郸市中级人民法院提起公诉。

被告人韩江维、张立对起诉书指控的犯罪事实无异议。韩江维的辩护人提出,韩江维如实供述所犯罪行,有悔罪表现,建议法庭对韩江维从轻处罚。张立的辩护人提出,张立有悔罪表现,并协助公安机关抓获同案犯,有立功表现,建议法庭对张立从轻处罚。

被告人孙磊辩称,其没有参与预谋抢劫杀人,起诉书指控其实施的犯罪事实错误。其辩护人提出,孙磊具有犯罪中止情节,不构成故意杀人罪。

邯郸市中级人民法院经不公开开庭审理查明:

1. 2008年11月,被告人韩江维与张立、孙磊共谋抢劫杀害被害人张某(女,殁年23岁)。孙磊将张某位于河北省武安市的租住处指认给韩江维、张立后,三人多次携带尖刀、胶带等工具到张某的租住处准备抢劫。因张某未在家,抢劫未果。同年12月25日晚,韩江维、张立携带尖刀、胶带再次到张某的租住处附近伺机作案:当日23时40分许,张某驾车回到院内停车时,张立持刀将张某逼回车内,并用胶带捆住张某双手,韩江维从张某身上搜出其家门钥匙。张立进入张某家劫得现金人民币(以下币种均为人民币)4000余元及银行卡、身份证、照相机等物。韩江维、张立逼张某说出银行卡密码后,驾驶张某的汽车将张挟持至武安市矿建路的中国银行,张立用张某的银行卡通过自动取款机取出现金3900元。后韩江维、张立将张某挟持至武安市矿山镇矿山村一废弃的矿井旁,韩江维在车上将张某强奸。随后韩江维、张立用胶带缠住张某的头部,将张某抛入矿井内,致其颈髓损伤导致呼吸衰竭死亡。韩江维、张立共劫得张某的现金7900余元及一辆汽车、一部诺基亚手机、一部小灵通、一部照相机等物(合计价值100465元)。

2. 2008年10月,被告人韩江维与张立、孙磊共谋抢劫,并准备了尖刀、胶带等作案工具。孙磊将租住在邯郸市农林路的贾某家指认给韩江维和张立,因该住户家中有人而抢劫未果。后孙磊又将居住在武安市阳光小区的刘某家指认给韩江维和张立,因三人未能弄开楼道口的防盗门而抢劫未果。

邯郸市中级人民法院认为,被告人韩江维、张立、孙磊为劫取财物而预谋实施故意杀人,后韩江维、张立按照预谋抢劫他人财物,并在抢劫后杀人,其行为均构成抢劫罪。韩江维在抢劫过程中还强奸被害人,其行为又构成强奸罪。孙磊参与了为抢劫而杀害被害人的预谋,后又多次带领另两名被告人到被害人住处蹲守,构成抢劫罪的共犯。公诉机关指控故意杀人罪罪名不当。韩江维、孙磊系累犯,应从重处罚。韩江维虽能如实供述犯罪事实,但其犯罪情节恶劣,手段极其残忍,不足以从轻处罚。张立带领公安人员抓获韩江维,构成重大立功:孙磊在后两起抢劫犯罪中,因意志以外的原因而未能得逞,属于犯罪未遂。但在第一起抢劫犯罪中,孙磊参与了为劫取财物而杀害被害人张某的预谋全过程,并带领韩江维、张立去指认了张某的住处,还多次伙同韩江维、张立至张某住处蹲守,因张某未回家而未得逞。后当韩江维、张立再次实施抢劫时,孙磊因故未去,但孙磊明知其他被告人要实施共同预谋的犯罪行为而不予制止,未能有效防止共同犯罪结果的发生,其行为属于犯罪既遂。孙磊在共同犯罪中起次要作用,系从犯,应当从轻、减轻处罚。依照《中华人民共和国刑法》第二百六十三条、第二百三十六条、第六十八条、第

五十六条、第五十七条第一款、第二十七条之规定,判决如下:

1. 被告人韩江维犯抢劫罪,判处死刑,剥夺政治权利终身,并处没收个人全部财产;犯强奸罪,判处有期徒刑五年,剥夺政治权利一年;决定执行死刑,剥夺政治权利终身,并处没收个人全部财产。

2. 被告人张立犯抢劫罪,判处死刑,缓期二年执行,剥夺政治权利终身,并处没收个人全部财产。

3. 被告人孙磊犯抢劫罪,判处有期徒刑十五年,剥夺政治权利五年,并处罚金二万元。

一审宣判后,被告人韩江维以其在犯罪中起次要作用,系从犯,一审量刑重为由提出上诉;被告人孙磊以其行为不构成抢劫共犯为由提出上诉。

河北省高级人民法院经二审审理认为,上诉人韩江维、孙磊、原审被告人张立为劫取财物而预谋故意杀人,韩江维、张立按照预谋抢劫他人财物,抢劫中杀害被害人,其行为均构成抢劫罪,且犯罪手段残忍,犯罪情节、犯罪后果均特别严重。韩江维在抢劫过程中强奸被害人,其行为还构成强奸罪。孙磊参与了为抢劫而杀害被害人张某的预谋,后多次带领韩、张二人至张某住所伺机作案,构成抢劫罪共犯。韩江维、孙磊系累犯,依法应从重处罚。韩江维在抢劫张某过程中,积极参与预谋、实施和分赃,抢劫过程中还强奸张某,在共同犯罪中起主要作用,其上诉理由不能成立:孙磊参与抢劫、杀害张某的预谋过程,并带领韩、张二人指认了张某的住所,还曾伙同韩、张多次携带作案工具至张某住处蹲守,伺机实施犯罪,构成抢劫罪共犯,应对共同犯罪承担刑事责任,其上诉理由不能成立。原判决认定事实清楚,证据确实充分,定罪准确,量刑适当,审判程序合法。依照《中华人民共和国刑事诉讼法》第一百八十九条第(一)项、第一百九十九条之规定,裁定驳回韩江维、孙磊上诉,维持原判,并将韩江维的死刑裁定依法报请最高人民法院核准。

最高人民法院经复核认为,被告人韩江维以非法占有为目的,伙同他人采取暴力手段劫取被害人财物,其行为构成抢劫罪。韩江维在抢劫过程中违背妇女意志,强行与被害人发生性关系,其行为又构成强奸罪。韩江维伙同他人多次抢劫,抢劫数额巨大,在抢劫过程中强奸被害人并致被害人死亡,犯罪情节特别恶劣,社会危害大,罪行极其严重。在共同抢劫犯罪中,韩江维起主要作用,系主犯,应当按照其所参与的全部犯罪处罚。韩江维曾因犯罪被判刑,在刑罚执行完毕后五年内又犯罪,系累犯,说明其主观恶性深,人身危险性大,依法应从重处罚。对韩江维所犯数罪,应依法并罚。第一审判决、第二审裁定认定的事实清楚,证据确实充分,定罪准确,量刑适当,审判程序合法:依照《中华人民共和国刑事诉讼法》第一百九十九条和《最高人民法院关于复核死刑案件若干问题的规定》第二条第一款之规定,裁定如下:

核准河北省高级人民法院维持第一审对被告人韩江维以抢劫罪判处死刑,剥夺政治权利终身,并处没收个人全部财产;以强奸罪判处有期徒刑五年,剥夺政治权利一年;决定执行死刑,剥夺政治权利终身,并处没收个人全部财产的刑事附带民事裁定。

二、裁判要旨

No. 5-263-136 共同犯罪的参与者中途主动退出但未采取任何措施阻止其他共犯继续犯罪的,仍应以犯罪既遂论处,但可依法从轻处罚。

对于共同实行犯,各共犯人之间按照分工,相互利用,相互配合,共同完成犯罪,其责任原理是部分实行之全部责任,故只有当共同犯罪人均中止犯罪,没有发生犯罪结果时,构成整个共同犯罪的中止。对于部分人主动放弃犯罪的,则要根据具体情形认定犯罪停止形态。主要有以下三种情形:第一,如果共同犯罪中的部分人主动放弃犯罪,并有效阻止其他人继续犯罪,或者阻止犯罪结果发生的,主动放弃者属于犯罪中止。此种情形下的其他共犯人,如果系经劝说后自动停止犯罪的,也属于犯罪中止。如果系因客观原因而未能完成犯罪的,则属于犯罪未遂。第二,如果共同犯罪中的部分人主动退出,但没有采取任何措施阻止其他共犯继续犯罪的,对主动退出者仍应当认定为犯罪既遂,如因其提前退出而导致在共同犯罪中所起的作用较小,可依法对退出者从轻处罚。第三,如果部分人在实行过程中主动停止犯罪,且积极采取措施阻止其他人继续犯罪,但最终未能有效阻止犯罪结果发生的,对主动退出者是否认定犯罪中止,存在争议。

教唆犯是促使本来没有犯意的人实施犯罪。教唆者在被教唆者产生犯意之后实施犯罪之前撤回自己的教唆,并劝说被教唆者放弃犯罪,但最终未能阻止被教唆者继续实行犯罪的,教唆犯的停止形态应认定为既遂。如果教唆者撤销教唆后,被教唆者接受教唆犯的劝说,最终放弃或者有效防止犯罪结果发生的,则教唆犯和实行犯均构成犯罪中止。如果教唆者撤回教唆后,原有的教唆无法对被教唆者提供心理上的支持,被教唆者的犯罪行为是在新的动机作用下实施的,此种情况下教唆犯仍构成犯罪中止。

帮助犯是指故意帮助他人实行犯罪。这种帮助可以分为物理(有形)帮助和心理(无形)帮助。物理帮助,是指帮助者在他人实行犯罪之前或者实行犯罪过程中给予行为上的帮助,使他人易于实行犯罪或者易于完成犯罪行为。如提供资金、作案工具,传授使用作案工具的方法,提供被害人的住址、电话、作息规律等重要个人信息等。心理帮助,是指帮助者实施的使本有犯意的人强化其犯意的言语激励等行为。帮助犯在提供帮助后,如果主动停止帮助,及时阻止实行犯实施犯罪或者有效防止犯罪结果发生的,可以构成犯罪中止。如果帮助犯在实行犯着手前主动退出犯罪,且已消除其帮助行为与犯罪结果之间的因果关系的,则属于预备阶段的中止。如果帮助犯仅是自行退出,而没有消除已提供的帮助与犯罪结果之间的因果关系的,则属于犯罪既遂。如果帮助犯为消除已提供的帮助付出了诚挚的努力,但仍未能阻止实行犯实施犯罪或者有效防止犯罪结果发生的,虽构成犯罪既遂,但在量刑时对帮助犯为积极阻止犯罪付出的努力应作适当考虑,可以从轻处罚。

在本案中,孙磊在抢劫被害人张某的共同犯罪中不属于实行犯,也不属于教唆犯,而是帮助犯。综观全案,孙磊提供的帮助包括物理帮助和心理帮助。从物理帮助分析,韩江维和张立并不认识张某,更不知道其住址,正是孙磊提出了抢劫张某,指认了张某的具体住址,并多次与韩、张二人一起蹲守。如果缺少孙磊的这种帮助,韩江维、张立对张某的抢劫就不可能实施成功。从心理帮助分析,孙磊虽然不是起意者,但其参与了预谋,并提出要杀人灭口,这是一种强化共犯犯意的行为,而韩江维和张立也正是按照当初与孙磊的预谋去实施抢劫杀人行为的。孙磊在多次参与蹲守未遇张某后,虽然未再继续参与作案,但显然没有消除其物理帮助和心理帮助的影响。韩江维、张立之所以抢劫张某成功,与孙磊的帮助行为脱不开干系。孙磊要构成犯罪中止,就必须消除其提供的帮助,使其帮助行为与犯罪结果之间断绝因果关系。例如,他可以劝说韩、张二人放弃抢劫张某,或者提前通知张某做好防范准备,或者及时报警使韩、张无法继续实施抢劫张某的行为。但实际情况是,孙磊仅是单纯放弃自己继续犯罪,而未采取措施防止共同犯罪结果的发生,其帮助行为与韩江维、张立后续的抢劫犯罪结果之间具有因果关系,故应认定构成犯罪既遂。

案例:宋江平、平建卫抢劫、盗窃案

案例来源:《刑事审判参考》总第 83 辑[第 739 号]

主题词:抢劫罪　共同犯罪　死缓限制减刑的适用

一、基本案情

被告人宋江平,男,1986 年 9 月 22 日出生,无业。2001 年 4 月 17 日因犯抢劫罪被判处有期徒刑七年,并处罚二千元,2006 年 2 月 28 日刑满释放。2008 年 9 月 18 日因涉嫌抢劫罪、盗窃罪被逮捕。

被告人平建卫,男,1990 年 2 月 19 日出生,农民。2008 年 9 月 18 日因涉嫌犯抢劫罪、盗窃罪被逮捕。

河北省承德市人民检察院以被告人宋江平、平建卫犯抢劫罪、盗窃罪,向承德市中级人民法院提起公诉。

被告人宋江平、平建卫对公诉机关指控的犯罪事实均无异议。宋江平的辩护人提出,宋江平不是抢劫犯意的提出者,也未持刀直接致死被害人。平建卫的辩护人提出,平建卫认罪态度好,此次犯罪系受他人引诱,主观恶性不深,应认定为从犯,建议对平建卫从宽处罚。

承德市中级人民法院经开庭审理查明:

1. 2008 年 8 月,被告人宋江平在河北省承德市结识了被告人平建卫、李雪朋(同案被告人,已判处无期徒刑)后,提出带二人到河北省平泉县平泉镇抢劫客官洗浴中心,平、李二人表示同意。三人到平泉镇后,宋江平又纠集张长海(同案被告人,已判处无期徒刑)参与作案。2008 年 8 月 24 日晚,宋江平、平建卫等四人到客官洗浴中心附近准备抢劫,因无作案机会而未得逞。8 月 27 日零时许,宋江平等四人再次到客官洗浴中心准备抢劫,因突遇他人又未得逞。随后,张长海提出抢劫附近的天一网吧。当日 2 时许,在宋江平的组织、指挥下,张长海以还钱为由,骗在该网吧值夜班的路建军(被害人,男,殁年 20 岁)打开房门,平建卫、李雪朋持刀捅刺路建军胸腹部等处数十刀,致其心肺破裂及开放性血气胸合并失血性休克死亡。而后,宋江平等四人劫走路建军的黄金戒指、紫光牌手机、手包以及网吧内的 KEDE 牌手表等物品(价值共计 3946 元)及现金 400 余元。

2. 2008 年 8 月 19 日凌晨,被告人宋江平纠集平建卫、李雪朋到河北省承德县上板城镇,跳窗进入孙立伟经营的手机店,盗走手机 4 部、小灵通 1 部、手机卡 15 张、手机电池 27 块、振华牌 928 型手机附件 1 套、复读机 1 台、手机充电器 12 个、内存卡 3 张等物品,共计价值 2313 元。

3. 2008 年 8 月 25 日中午,被告人宋江平、平建卫伙同张长海、李雪朋到河北省平泉县平泉镇西城社区顺达胡同林振阁闲置的房屋内,盗走屋内的暖气片 4 组及暖气管 24.5 米,销赃后得赃款 1150 元。

承德市中级人民法院认为,被告人宋江平、平建卫的行为分别构成抢劫罪、盗窃罪。二被告人伙同他人持刀抢劫,致一人死亡,犯罪情节和后果特别严重。在抢劫共同犯罪中,宋江平提议抢劫,平建卫等人积极参与,均系主犯,应当按照所参与或组织、指挥的全部犯罪处罚。对二被告人所犯抢劫罪、盗窃罪,应当依法并罚。据此,依照《中华人民共和国刑法》第二百六十三条第(五)项,第二百六十四条,第二十六条第一款、第四款,第四十八条第一款,第五十七条第一款,第六十九条之规定,判决如下:

1. 被告人宋江平犯抢劫罪,判处死刑,剥夺政治权利终身,并处没收个人全部财产;犯盗窃罪,判处有期徒刑二年,并处罚金人民币三千元;决定执行死刑,剥夺政治权利终身,并处没收个人全部财产。

2. 被告人平建卫犯抢劫罪,判处死刑,剥夺政治权利终身,并处没收个人全部财产;犯盗窃罪,判处有期徒刑一年六个月,并处罚金人民币二千五百元;决定执行死刑,剥夺政治权利终身,并处没收个人全部财产。

一审宣判后,被告人宋江平、平建卫均提出上诉。宋江平的上诉理由及其辩护人的辩护意见是,宋江平不是犯意的提出者,没有实施具体的杀人行为,原判对其量刑过重。平建卫的上诉理由及其辩护人的辩护意见是,平建卫系被胁迫参与犯罪,属从犯,原判对其量刑过重。

河北省高级人民法院经二审审理认为,上诉人宋江平、平建卫的行为分别构成抢劫罪、盗窃罪。在抢劫共同犯罪中,宋江平提出犯意,纠集平建卫等人作案,积极策划、组织、指挥,应当按照其所组织、指挥的全部犯罪处罚。平建卫积极参与抢劫,持刀捅刺被害人二十余刀,直接致被害人死亡,亦系主犯,应当按照其所参与的全部犯罪处罚。二上诉人在共同犯罪中作用相当。对二上诉人的上诉理由及辩护人所提辩护意见不予采纳。原判认定的事实清楚,证据确实充分,定罪准确,量刑适当,审判程序合法。依照《中华人民共和国刑事诉讼法》第一百八十九条第(一)项、第一百九十九条之规定,裁定驳回上诉,维持原判,并依法报请最高人民法院核准。

最高人民法院经复核认为,被告人宋江平、平建卫以非法占有为目的,伙同他人采取暴力手段劫取财物,其行为均构成抢劫罪。宋江平、平建卫以非法占有为目的,伙同他人采取秘密手段窃取公民财物,数额较大,其行为又均构成盗窃罪。对二被告人所犯数罪,应依法并罚。宋江平、平建卫在共同犯罪中均起主要作用,均系主犯,应当按照其所组织、指挥和参与的全部犯罪处罚。在共同抢劫犯罪中,宋江平系组织、策划和指挥者,指使平建卫等人将被害人路建军杀死,罪行极其严重,应依法惩处。平建卫在共同抢劫犯罪中的作用相对小于宋江平,且认罪态度较好,对其判处死刑,可不立即执行;但鉴于平建卫系致死路建军的直接责任者之一,犯罪手段残忍,具有一定人身危险性,应当对其限制减刑。第一审判决、第二审裁定认定的事实清楚,证据确实充分,定罪准确,审判程序合法,对宋江平的量刑适当。依照《中华人民共和国刑法》第二百六十三条第(五)项,第二百六十四条,第二十六条第一款、第四款,第四十八条第一款,第五十条第二款,第五十七条第一款,第六十九条,《中华人民共和国刑事诉讼法》第一百九十九条,最高人民法院《关于复核死刑案件若干问题的规定》第七条和最高人民法院《关于死刑缓期执行限制减刑案件审理程序若干问题的规定》第六条第二款的规定,判决如下:

1. 核准河北省高级人民法院(2009)冀刑四终字第154号刑事裁定中维持第一审对被告人宋江平以抢劫罪判处死刑,剥夺政治权利终身,并处没收个人全部财产;以盗窃罪判处有期徒刑二年,并处罚金人民币三千元,决定执行死刑,剥夺政治权利终身,并处没收个人全部财产的部分。

2. 撤销河北省高级人民法院(2009)冀刑四终字第154号刑事裁定和承德市中级人民法院(2009)承市刑初字第21号刑事附带民事判决中对被告人平建卫以抢劫罪判处死刑,剥夺政治权利终身,并处没收个人全部财产;以盗窃罪判处有期徒刑一年六个月,并处罚金人民币二千五百元,决定执行死刑,剥夺政治权利终身,并处没收个人全部财产的部分。

3. 被告人平建卫犯抢劫罪,判处死刑,缓期二年执行,剥夺政治权利终身,并处没收个人全部财产;犯盗窃罪,判处有期徒刑一年六个月,并处罚金人民币二千五百元;决定执行死刑,缓期二年执行,剥夺政治权利终身,并处没收个人全部财产。

4. 对被告人平建卫限制减刑。

二、裁判要旨

No.5-263-137 共同犯罪中对判处死刑缓期执行的被告人,可以根据其主观恶性、人身危险性的大小,必要时决定限制减刑。

对判处死刑缓期执行的被告人决定限制减刑应当遵循罪刑法定、罪刑相适应与有利于严格执行死刑政策三项基本原则。

根据《刑法》第五十条第二款的规定,对被判处死刑缓期执行的被告人,仅在三种情形下可以同时决定限制减刑:(1)累犯;(2)因实施故意杀人、强奸、抢劫、绑架、放火、爆炸、投放危险物质7种具体犯罪而被判处死刑缓期执行;(3)因实施有组织的暴力性犯罪而被判处死刑缓期执行。对除此三种情形之外判处被告人死刑缓期执行的,一律不得限制减刑。

限制减刑应当仅适用于判处死刑立即执行过重,但判处死刑缓期执行不限制减刑又偏轻的案件。从《刑法》第五十条第二款的规定看,尽管刑法已将死刑缓期执行限制减刑的范围限制于前述三种情形,但因刑法规定是否限制减刑要由人民法院根据"犯罪情节等情况"作出决定,存在一定弹性或者裁量余地,故在司法适用中十分有必要强调遵循罪刑相适应原则。具体而言,对判处死刑缓期执行的被告人决定是否限制减刑,要综合考虑犯罪的性质,犯罪的起因、动机、目的、手段等情节,犯罪的后果,被告人的主观恶性和人身危险性等因素,全面分析量刑情节,严格依法适用,确保实现法律效果与社会效果的有机统一。对于判处死刑缓期执行不需限制减刑,就能做到有效制裁犯罪的案件,绝不应当对被告人限制减刑。工作中遇到是否须限制减刑把握不准的案件,则更应注重评估裁判的效果,避免简单适用限制减刑。

从立法目的看,对判处死刑缓期执行的被告人限制减刑,并不是为了单纯加重死刑缓期执行刑的严厉性,而是为进一步严格执行死刑政策创造条件。即通过延长部分死刑缓期执行罪犯的实际执行期,改变以往"死刑过重、生刑过轻"的刑罚执行不平衡现象。如果认为刑法规定死刑缓期执行限制减刑制度只是单纯增强了死刑缓期执行刑的严厉性,而不从立法目的来把握限制减刑的适用条件,就会造成对限制减刑的不当适用甚至滥用,出现死刑未得到控制而生刑又加重了的违背立法目的的现象。因此,在审判工作中对判处死刑缓期执行的被告人限制减刑,必须以有利于严格执行死刑政策为前提。

近年来为严格控制和慎重适用死刑,对于二人或者多人共同犯罪致一人死亡的案件,要进一步区分主犯之间的罪责大小,仅对其中罪责最大的主犯判处死刑立即执行。这种政策把握在2010年最高人民法院印发的《关于贯彻宽严相济刑事政策的若干意见》中有明确规定,即"对于多名被告人共同致死一名被害人的案件,要进一步分清各被告人的作用,准确确定各被告人的罪责,以做到区别对待;不能以分不清主次为由,简单地一律判处重刑"。这里的"重刑"主要是指死刑立即执行。在有些案件中,数名主犯之间罪责差别不大,罪责相对略小的主犯被判处了死刑缓期执行。对这类主犯是否限制减刑,关键看其主观恶性和人身危险性的大小。如果被判处死刑缓期执行的被告人犯罪手段残忍,犯罪性质和情节恶劣,或者是累犯或者有前科,表现出较大的主观恶性和人身危险性的,在符合《刑法》第五十条第二款规定的前提下,可以决定对其限制减刑。这样把握,既体现出严格执行死刑政策,又充分体现了对此类主犯的严惩,实现与判处死刑立即执行主犯之间的量刑平衡。

本案被告人平建卫一方面在抢劫共同犯罪中行为积极主动,首先动手捅刺被害人,其供述自己一人捅刺了被害人多刀,且系从正面捅刺,是致死被害人的直接责任人之一,罪行极其严重,论罪可以判处死刑立即执行。另一方面平建卫虽罪行极其严重,但系被宋江平纠集参与作案,在作案过程中听从宋江平指挥,一定程度上处于受支配地位,且犯罪时刚满18周岁,归案后认罪、悔罪态度尚好,从严格执行死刑政策角度出发,尚不属于判处死刑必须立即执行。抢劫罪是《刑法》第五十条第二款规定的可以限制减刑的7种具体犯罪之一,鉴于前两点理由,且为实现与第一主犯宋江平之间的量刑平衡,对平建卫判处死刑缓期执行,应当同时决定对其限制减刑。

本案的犯罪时间发生在2008年,而《刑法修正案(八)》自2011年5月1日起公布施行,似乎不能依据《刑法修正案(八)》对被告人平建卫限制减刑。但如前所述,死刑缓期执行限制减刑制度是从严格执行死刑政策的角度来适用的。限制减刑的对象是按照修正前刑法应当判处死刑立即执行,但因形势变化、宽严相济刑事政策的进一步贯彻以及死缓制度的完善,依照修正后刑法可不判处死刑立即执行者。相对于判处死刑立即执行而言,对被告人判处死刑缓期执行并限制减刑属于较轻的刑罚。在此种条件下,适用修正后的刑法对被告人有利,也完全符合"从旧兼从轻"的刑法适用原则。正是基于这些理由,最高人民法院《关于〈中华人民共和国刑法修正案(八)〉时间效力问题的解释》第二条第二款规定:"被告人具有累犯情节,或者所犯之罪是故意杀人、强奸、抢劫、绑架、放火、爆炸、投放危险物质或者有组织的暴力性犯罪,罪行极其严重,根据修正前刑法判处死刑缓期执行不能体现罪刑相适应原则,而根据修正后刑法判处死刑缓期执行同时决定限制减刑可以罚当其罪的,适用修正后刑法第五十条第二款的规定。"今后,对于此类案件适用限制减刑的时间效力问题,均应当依照司法解释的该项规定办理。

案例:陈惠忠等抢劫案

案例来源:《刑事审判参考》总第82辑[第730号]

主题词:抢劫罪 "吊模宰客"

一、基本案情

被告人陈惠忠,男,1961年1月3日出生,无业。因犯票据诈骗罪于1997年被上海市虹口区人民法院判处有期徒刑四年,并处罚金人民币二万元,2000年8月10日刑满释放。

被告人葛仕金,男,1967年10月31日出生,无业。因犯抢劫罪于1995年被判处有期徒刑三年,缓刑三年。因犯敲诈勒索罪于2001年被判处有期徒刑二年,2003年2月26日刑满释放。

被告人降寒冰,女,1982年12月5日出生,农民。

被告人姚粽又,男,1982年5月30日出生,农民。

被告人陈炜,女,1970年11月8日出生,农民。

以上被告人均因涉嫌抢劫罪于2010年4月29日被逮捕。

上海市浦东新区人民检察院以被告人陈惠忠等涉嫌抢劫罪,向上海市浦东新区人民法院提起公诉。

上海市浦东新区人民法院经审理查明:2010 年 2 月起,被告人陈惠忠、葛仕金等人合伙租用上海惠顺经贸有限公司的部分 KTV 包房,招募被告人降寒冰、姚粽又、陈炜等人以提供色情服务引诱他人前来消费,强迫他人支付高额费用。2010 年 3 月 24 日 23 时 40 分许,新加坡籍被害人洪某被引诱至上述地点,经陈炜安排接受异性服务。在洪某结清陈炜及卖淫女的费用后,被告人降寒冰、姚粽又等人又将洪某带进另一处包房,持虚开的洋酒、零食等消费清单向被害人索取人民币(以下币种均为人民币)17000 余元。被害人洪某拒绝支付并欲离开,遭降寒冰、姚粽又等人言语威吓、拳打脚踢、拉扯、捂嘴后,被迫通过移动 POS 机刷卡支付 17000 元。陈惠忠按事先约定将该款予以分配。被害人洪某离开后即报警。陈惠忠、葛仕金、降寒冰、姚粽又、陈炜均被当场抓获。陈惠忠等人退出了全部赃款。经法医学鉴定,被害人洪某全身多处软组织挫伤,口腔内粘膜损伤,属轻微伤。

上海市浦东新区人民法院认为,被告人陈惠忠、葛仕金、降寒冰、姚粽又、陈炜以非法占有为目的,采用暴力、胁迫手段当场共同劫取财物,其行为均构成抢劫罪。在共同犯罪中,陈惠忠、葛仕金、降寒冰、姚粽又起主要作用,系主犯。被告人陈炜起辅助作用,系从犯,对其依法减轻处罚。陈惠忠、葛仕金曾受过刑事处罚,对其可酌情从重处罚。陈惠忠等人在事发后退出了全部赃款,又可酌情从轻处罚。依照《中华人民共和国刑法》第二百三十六条、第二十五条、第二十六条第四款、第二十七条、第六十四条、第五十五条第一款、第五十六条第一款、第五十三条之规定,判决如下:

被告人陈惠忠犯抢劫罪,判处有期徒刑六年,剥夺政治权利一年,并处罚金六千元;被告人葛仕金犯抢劫罪,判处有期徒刑六年,剥夺政治权利一年,并处罚金六千元;被告人降寒冰犯抢劫罪,判处有期徒刑五年四个月,剥夺政治权利一年,并处罚金五千五百元;被告人姚粽又犯抢劫罪,判处有期徒刑五年四个月,剥夺政治权利一年,并处罚金五千五百元;被告人陈炜犯抢劫罪,判处有期徒刑二年二个月,并处罚金三千元;已退的赃款发还被害人。

一审判决后,被告人陈惠忠、降寒冰、姚粽又以不构成抢劫罪为由向上海市第一中级人民法院提出上诉。上海市第一中级人民法院经审理后依法驳回上诉,维持原判。

二、裁判要旨

No. 5-263-138 以各种名目诱骗被害人消费购物,通过抬高消费金额等手段谋取高额利润的过程中,若以非法占有为目的,当场实施暴力相威胁或直接实施暴力而劫取财物的,应以抢劫罪论处。

吊模宰客,是指一些地方形容不法分子以各种名目诱骗游客到酒吧、咖啡厅、KTV、美容院等场所消费、购物,通过抬高消费金额等手段谋取高额利润,吊模则从消费金额中抽取一定比例的违法犯罪活动。实践中对吊模宰客行为认定罪名不一,通常涉及诈骗罪、强迫交易罪、敲诈勒索罪、抢劫罪。行为人采取何种手段往往视被害人的反应而变化,吊模宰客的具体行为止步于不同阶段,所对应罪名也会不同,不能千篇一律地用一个罪名去套所有的吊模宰客犯罪,要严格根据查明的事实来分析行为特征以及与相关犯罪构成要件的契合度。如行为人在吊模宰客的过程中,如果以当场实施暴力相威胁或直接实施暴力劫取财物则构成抢劫罪。

本案中被告人陈惠忠等人利用经营幌子索取被害人钱财,被害人接受异性服务的费用是单独与陈炜和卖淫女结算,并已实际结清。陈惠忠等人开出的账单项目绝大部分不是被害人实际消费,而是虚构的,账单金额更是根据对被害人经济实力的判断虚开的,由此表明,陈惠忠等人显然不具有正常经营的性质,其吊模宰客行为不是为了获取基本合理的对价,而是为了非法占有被害人钱财。陈惠忠等人在犯罪过程中同时实施了以握有嫖娼把柄相威胁以及多人围堵、殴打的行为,综合案发环境、被害人反应等因素分析,陈惠忠等人采用的暴力手段已经当场对被害人人身造成了伤害。被害人被多人围在较为封闭的空间内无法脱身,一有反抗或不配合即遭殴打,人身安全及行动自由均遭到严重侵害,处于现实的危险中。被害人客观上处于无力反抗的状态,主观上处于不得不从的心理劣势。被害人脱身后随即报警,说明被害人交付财物主要是急于摆脱正在遭受的人身危险而非顾虑接受异性服务的负面影响。综上,陈惠忠等人的行为系当场实施暴力,并当场取得钱财,符合抢劫罪的特征,应认定为抢劫罪。

案例:蔡苏卫等抢劫案

案例来源:《刑事审判参考》总第 84 辑[第 749 号]

主题词:抢劫罪　非法占有目的的认定

一、基本案情

被告人蔡苏卫,男,1962 年 11 月 2 日出生,商人。因涉嫌犯绑架罪于 2010 年 3 月 12 日被逮捕。

被告人赵磊,男,1964 年 4 月 5 日出生,无业。因涉嫌犯绑架罪、非法持有枪支、弹药罪于 2010 年 3 月 12 日被逮捕。

被告人冯德义,男,1963 年 2 月 1 日出生,无业。因涉嫌犯绑架罪于 2010 年 3 月 12 日被逮捕。

被告人胡欣,男,1972 年 10 月 10 日出生,无业。因涉嫌犯故意伤害罪于 2010 年 5 月 17 日被逮捕,2011 年 3 月 16 日被取保候审。

江西省南昌市人民检察院以被告人蔡苏卫、赵磊、冯德义犯抢劫罪,被告人赵磊、胡欣犯故意伤害罪,被告人赵磊犯非法持有枪支罪,向南昌市中级人民法院提起公诉。

江西省南昌市中级人民法院经审理查明:

1. 抢劫事实

2009 年 12 月初,为获取巨款去澳门赌博,被告人蔡苏卫、赵磊商议,以竞标为由去湖南省汝城县向被害人胡玉龙"借款",并由赵磊准备枪支,将其强行劫持至南昌市。同月 5 日,赵磊指使余建民(另案处理)租赁南昌市洪城时代广场 1 栋 2203 室作为将来限制胡玉龙的人身自由场所。同月 10 日,蔡苏卫电话纠集被告人冯德义一同前去"借款",并安排其负责开车以及看管胡玉龙。

同月 11 日 14 时许,赵磊从家中携带 3 支枪、1 副手铐及 59 发子弹,同蔡苏卫、冯德义三人在南昌会合,由冯德义驾驶一辆越野车(车号赣 AG3606)前往湖南省汝城县。当日 21 时许,三人登记入住该县汝城大酒店。次日 21 时许,蔡苏卫以谈业务为由将胡玉龙骗至该酒店。23 时许,又按计划以外出吃夜宵为由将胡玉龙骗上越野车。冯德义驾驶该车驶离酒店,蔡苏卫、赵磊即各自掏出 1 支枪,赵磊则用手铐将胡玉龙铐在车门。然后,三人威逼胡玉龙,强行向其"借款"人民币(以下币种均为人民币)2000 万元,胡玉龙被迫答应。蔡苏卫又返回酒店驾驶胡玉龙的全顺牌小车。四人分乘两辆车连夜驶往南昌。

同月 13 日 7 时许,冯德义驾车来到南昌市洪城时代广场,将胡玉龙带进该小区 1 栋 2203 室。蔡苏卫驾车随后到达。在出租房内,蔡等人限制胡玉龙的人身自由,胡玉龙被迫以帮他人借钱竞标为由打电话向亲友筹集银行承兑汇票 11 张(价值 2000 万元),并指示其公司员工熊小贞将汇票交给蔡苏卫。同月 14 日 17 时许,在南昌市沿江路迪欧咖啡店,蔡苏卫从熊小贞处接到该 11 张银行承兑汇票并出具了收条。

此后,蔡苏卫、赵磊持汇票前往广东省,冯德义则留下看管胡玉龙。同月 15 日,赵磊返回南昌市,蔡苏卫一人持承兑汇票前往澳门特别行政区赌博。同月 16 日中午,蔡苏卫返回南昌,将银行承兑汇票还给胡玉龙。当日 16 时许,三被告人带胡玉龙来到南昌市老福山中国银行,蔡苏卫将从澳门赌博后带来的 650 万元分给赵磊 245 万元,分给冯德义 125 万元,通过转账付给胡玉龙 30 万元作为利息,余款 250 万元则归其自己所有。随后,胡玉龙被允许离开。

2. 非法持有枪支事实

2010 年 2 月 3 日公安民警在南昌市福田花园 B 栋 1503 室被告人赵磊家中查获猎枪 2 支、手枪 1 把、猎枪弹 56 枚。经鉴定,2 支猎枪均以火药为动力,具备杀伤力,可认定为枪支;猎枪弹

56枚为十二号猎枪弹,具备杀伤力;手枪机件不完整,无法完成击发。

3. 故意伤害事实

2009年12月25日,被害人蔡苏兵打电话给被告人赵磊催要"欠款",赵磊认为受到了侮辱,欲伺机报复。同月28日11时许,赵磊纠集被告人胡欣、"长毛"(另案处理)等人来到南昌市二七南路676号江西美鹰汽车用品有限公司,找到正在该处洗车的蔡苏兵。赵磊持一把砍刀朝蔡苏兵腰部砍了一刀,"长毛"持一根钢管击打蔡苏兵手部,胡欣则用拳头殴打蔡苏兵,强行将蔡苏兵带至南昌市塘山镇愉恬家园小区内一农贸市场,赵磊、胡欣等继续用拳头殴打蔡苏兵,胡欣并用跳刀刺了蔡苏兵右脚脚踝一刀。后三人将蔡苏兵带至南昌市下沙窝加油站交给其兄蔡苏卫。经鉴定,被害人蔡苏兵损伤程度构成轻伤乙级。

南昌市中级人民法院认为,被告人蔡苏卫、赵磊、冯德义以非法占有为目的,采取持枪威胁、限制人身自由的方法抢劫他人财物,劫得银行承兑汇票11张,价值2000万元,其行为构成抢劫罪;被告人赵磊违反枪支管理规定,非法持有枪支2支以上,情节严重,其行为构成非法持有枪支罪;被告人赵磊、胡欣故意伤害他人,致一人轻伤乙级,其行为构成故意伤害罪。对被告人赵磊应数罪并罚。在抢劫犯罪中,蔡苏卫、赵磊系主犯,冯德义系从犯,对冯德义可以从轻处罚。胡欣具有累犯情节,予以从重处罚,但积极赔偿被害人损失并得到被害人谅解,在故意伤害中作用相对较小和认罪态度较好,可酌情予以从轻处罚。依照《中华人民共和国刑法》第二百六十三条第(四)项、第(七)项,第一百二十八条,第二百三十四条第一款,第二十五条,第二十六条,第二十七条,第五十五条,第五十六条,第五十七条,第五十九条,第六十四条,第六十五条,第六十九条和最高人民法院《关于审理非法制造、买卖、运输枪支、弹药、爆炸物等刑事案件具体应用法律若干问题的解释》第五条之规定,南昌市中级人民法院判决如下:

被告人蔡苏卫犯抢劫罪,判处无期徒刑,剥夺政治权利终身,并处没收个人全部财产。被告人赵磊犯抢劫罪,判处有期徒刑十五年,剥夺政治权利五年,并处罚金二十万元;犯非法持有枪支罪,判处有期徒刑三年;犯故意伤害罪,判处有期徒刑一年零六个月;决定执行有期徒刑十七年,剥夺政治权利五年,并处罚金二十万元。被告人冯德义犯抢劫罪,判处有期徒刑十三年,剥夺政治权利三年,并处罚金十万元。被告人胡欣犯故意伤害罪,判处有期徒刑十一个月。同时,判令追缴违法所得人民币六百五十万元上缴国库。

一审判决后,蔡苏卫、赵磊、冯德义向江西省高级人民法院提起上诉。上诉人蔡苏卫、赵磊、冯德义及其辩护人辩称三位上诉人不构成抢劫罪,应以强迫交易罪论处,原判定性错误导致量刑过重。

江西省高级人民法院经审理后认为,上诉人及其辩护人提出原判定性错误导致量刑过重的理由不能成立,原判定性和量刑并无不当,所提改判请求不予支持。原审判决认定事实清楚,定罪准确,量刑适当,审判程序合法。依照《中华人民共和国刑事诉讼法》第一百八十九条第一项之规定,裁定驳回上诉,维持原判。

二、裁判要旨

No. 5-263-139 以借钱为名使用暴力手段劫取财物使用后归还并支付利息的,属于抢劫既遂后的后续行为,仍应以抢劫罪论处。

行为人是否具有非法占有目的,应当从犯罪动机、是否具有还款意愿以及犯罪形态等角度进行分析。

第一,从犯罪动机分析。在犯罪预备阶段,蔡苏卫、赵磊为了获取巨额钱款去澳门从事赌博活动,商议以竞标为由去湖南省汝城县向被害人胡玉龙借款,并作了具体分工,准备了枪支等作案工具,租赁房屋作为关押被害人的场所。可见,蔡苏卫等人明知胡不会同意借款,从一开始就是以借为名实现非法占有的目的。

第二,从是否具有归还借款的意愿分析。蔡苏卫和赵磊此前在澳门赌博已经输了几千万元,根本没有归还巨额借款的经济能力。蔡等人明知赌博是高风险的行为,且本身就是非法行为,还以通过不法手段获取的汇票在澳门换作筹码从事赌博活动,其对最终不能归还借款已有心理预期,只是如果侥幸赌博赢利就归还借款并偿付利息。

第三,从犯罪形态分析。最后归还借款并偿付利息只是犯罪既遂后的行为,不能因为蔡苏卫等人事后归还借款并偿付利息而否定三被告人此前的暴力占有他人财物及非法占有的目的。经由上述分析,应当认定蔡苏卫等三被告人主观上具有非法占有目的。

以借钱为名,通过暴力手段劫取财物使用后归还并偿付利息的行为,应当以抢劫罪定罪处罚。值得指出的是,被告人事后归还抢劫财物并偿付利息的行为,作为犯罪既遂后恢复原状、减轻或避免被害人更大损失的行为,可作为酌定量刑情节予以考虑。

在本案中,蔡苏卫等三被告人强行将被害人从湖南省汝城县带到江西省南昌市早已准备好的出租屋内,以借钱为名,采用暴力威胁手段,逼迫被害人以帮他人借钱竞标为由打电话向亲友筹集银行承兑汇票11张(价值2000万元),并指示其公司员工熊小贞将汇票交给蔡苏卫。蔡苏卫等三被告人的行为已经构成抢劫罪。蔡苏卫持汇票前往澳门赌博,虽然赢利后将汇票返还被害人并偿付利息,然后将其释放,但这些行为属于抢劫既遂后的后续行为,不影响对蔡苏卫等三被告人行为的定性。

案例:郭学周故意伤害、抢夺案

案例来源:《刑事审判参考》总第79集[第683号]

主题词:故意伤害罪　抢夺罪

一、基本案情

被告人郭学周,男,1976年7月26日出生,初中文化,农民。因涉嫌犯故意伤害罪、抢劫罪于2009年9月22日被逮捕。

广东省潮安县人民检察院以被告人郭学周犯故意伤害罪、抢劫罪,向潮安县人民法院提起公诉。

潮安县人民法院经公开开庭审理查明:2009年6月下旬,在潮安县凤塘镇平艺陶瓷厂务工的被告人郭学周被辞退,被害人郑铭才到该厂接替郭学周的工作。郭学周认为其被辞退系郑铭才从中作梗所致,对郑铭才怀恨在心,遂决意报复。2009年7月3日上午,郭学周携带菜刀一把,来到平艺陶瓷厂附近路口守候。当郑铭才驾驶摩托车上班途经该路口时,郭学周上前质问郑铭才并向其索要“赔偿款”人民币(以下币种均为人民币)1万元遭拒,郭学周遂持刀将郑铭才的头部和手臂砍致轻伤。郑铭才被砍伤后弃车逃进平艺陶瓷厂,郭学周持刀追赶未成,遂返回现场将郑铭才价值为4320元、车牌号为粤M8Y857的豪爵牌GN125H型摩托车骑走,后以1000元卖掉。

潮安县人民法院认为,被告人郭学周的行为构成故意伤害罪、抢夺罪,依法应予数罪并罚,并赔偿附带民事诉讼原告人郑铭才因本案而遭受的经济损失。郑铭才提出的赔偿请求合法合理,应予支持。公诉机关指控的郭学周的行为构成故意伤害罪成立,但指控郭学周的行为构成抢劫罪定性不当,应予纠正。依照《中华人民共和国刑法》第二百三十四条第一款、第二百六十七条第一款、第六十九条、第三十六条第一款和最高人民法院《关于执行〈中华人民共和国刑事诉讼法〉若干问题的解释》第一百七十六条第(二)项、《中华人民共和国民法通则》第一百一十九条、第一百三十四条第一款第(七)项、最高人民法院《关于审理人身损害赔偿案件适用法律若干问题的解释》第十七条第一款、第十九条、第二十条、第二十一条第一款、第二十三条第一款、第三十五条以及《中华人民共和国民事诉讼法》第六十四条第一款、最高人民法院《关于刑事附带民事诉讼范围问题的规定》第一条之规定,潮安县人民法院依法判决如下:

1. 被告人郭学周犯故意伤害罪,判处有期徒刑二年;犯抢夺罪,判处有期徒刑一年六个月,并处罚金人民币二千元,总和刑期三年六个月,决定执行有期徒刑三年六个月,并处罚金人民币二千元。

2. 被告人郭学周应于本判决发生法律效力之日起十日内赔偿附带民事诉讼原告人郑铭才

经济损失(含医疗费、误工费、护理费、住院伙食补助费)人民币一万四千五百八十二元九角。

3. 驳回附带民事诉讼原告人郑铭才的其他诉讼请求。

宣判后,潮安县人民检察院提出抗诉,抗诉意见为:一审法院对被告人郭学周的抢夺罪定性不准,适用法律错误。被告人郭学周在故意伤害被害人后,萌发开走其遗留在现场的摩托车,其有非法占有他人财物的故意;郭学周先前对被害人的砍击行为及后来的持刀追砍行为,均已使被害人产生内心恐惧而不敢反抗,故见郭学周开走摩托车也不敢追赶;郭学周是在被害人不敢反抗的情形下公然劫取摩托车,并非乘被害人不备抢夺财物,其行为不符合抢夺罪的构成要件,而符合抢劫罪的构成要件,故应对郭学周以故意伤害罪和抢劫罪二罪并罚。

被告人郭学周及其辩护人提出如下上诉理由和辩护意见:(1)郭学周的行为不构成抢夺罪。郭学周因为害怕被害人及被害人的老乡的追赶,为了早点逃离现场,才驾驶被害人的摩托车离开的,主观上并没有非法占有该车的目的,该行为不应认定为犯罪。(2)原审判决对郭学周的故意伤害罪量刑过重,请求二审法院从轻改判。

潮州市中级人民法院经审理查明的事实与一审一致。潮州市中级人民法院认为,上诉人郭学周因持刀故意伤害他人身体,致一人轻伤;又以非法占有为目的,抢夺他人数额较大的财物,其行为分别构成故意伤害罪、抢夺罪,依法应予数罪并罚。抗诉机关所提的抗诉意见不能成立,不予采纳。上诉人及辩护人提出的上诉理由亦不能成立,不予采纳。原审判决认定的事实清楚,定罪和适用法律正确,量刑适当,审判程序合法。根据《中华人民共和国刑事诉讼法》第一百八十九条第(一)项之规定,依法裁定如下:驳回抗诉、上诉,维持原判。

二、裁判要旨

No. 5-263-140 实施故意伤害行为后,若并非利用被害人不能反抗或不敢反抗的处境,临时起意取走被害人逃离后遗留在现场的财物的,不构成抢劫罪,应以抢夺罪论处,并与故意伤害罪实行并罚。

2005年最高人民法院《关于审理抢劫、抢夺刑事案件适用法律若干问题的意见》(以下简称《意见》)第八条规定:“行为人实施伤害、强奸等犯罪行为,在被害人未失去知觉,利用被害人不能反抗、不敢反抗的处境,临时起意劫取他人财物的,应以此前所实施的具体犯罪与抢劫罪实行数罪并罚;在被害人失去知觉或没有发觉的情形下,以及实施故意杀人犯罪行为后,临时起意拿走他人财物的,应以此前所实施的具体犯罪与盗窃罪实行数罪并罚。”《意见》第八条规定的第一种情形,体现在以下四个方面:一是行为人在取走财物前实施了故意伤害或强奸等暴力行为;二是行为人取走财产属于临时起意。三是行为人取走被害人财物时,被害人有一定的知觉。四是行为人取走财物时,利用了先前的暴力行为对被害人的影响力,并使被害人处于不能反抗或不敢反抗的状态。其中第四个因素是关键因素,如果行为人实施暴力行为时或完毕后,由于时空转换或救助机会出现等原因,被害人的人身危险已经解除,行为人的先行暴力行为对被害人的影响力已消失或中断,不会再使被害人不敢反抗或不能反抗后,行为人临时起意将被害人财物取走的,其取财行为并不具有暴力性特征,故不能认定为抢劫行为。

从本案的案卷材料及现场情况看,被告人郭学周在持刀砍伤被害人后,虽然持刀追赶,但随即放弃。被害人进入工厂后随即叫工友帮其报警,郭学周慑于被害人工友追赶而折返。此时,被害人的人身安全已得到完全保障,郭学周先前的暴力伤害行为已告中断,其对被害人的人身侵害在时间上和空间上不具有延续性,其折返现场后将摩托车开走的行为不具备有暴力取财的特征,不符合《意见》第八条的规定,不能据此认定为抢劫罪。

其次,被告人郭学周的行为也不符合“携带凶器抢夺构成抢劫罪”的情形。2000年最高人民法院《关于审理抢劫案件具体应用法律若干问题的解释》(以下简称《解释》)第六条规定:“携带凶器抢夺,是指行为人随身携带枪支、爆炸物、管制刀具等国家禁止个人携带的器械进行抢夺或为了实施犯罪而携带其他器械进行抢夺的行为。”《解释》第六条将携带凶器抢夺行为界定为两种情形:一是行为人随身携带枪支、爆炸物、管制刀具等国家禁止个人携带的器械进行抢夺的行为,携带这些器械实施抢夺行为的,应当认定为携带凶器抢夺,以抢劫罪定罪;二是行为人为了实施犯罪而携带其他器械进行抢夺的行为。对这种行为的认定不能一概而论,而应当从行为人携带器械的主观目的方面进行分析。只有对行为人为了实施犯罪而携带其他器械进行抢夺的行为,才能认定为抢劫罪。

本案证据证实,被告人郭学周携带菜刀是为了砍伤被害人,在被害人逃入工厂后,携刀返回,回到砍击现场才临时起意将被害人摩托车开走。郭学周返回现场这一段行为,并没有再次携刀犯罪的目的,而是完成伤害犯罪后携带凶器离开现场的必然伴随行为。故其行为不符合刑法第二百六十七条及《解释》第六条规定的携带凶器抢夺的情形,不能据此认定为构成抢劫罪。

抢夺罪,是指以非法占有为目的,当场夺取他人数额较大的财物的行为。该罪的客观方面具体表现为以下三种形式:(1)乘人不备而夺取;(2)在他人来不及夺回时而夺取;(3)制造他人不能夺回的机会而夺取。由此可见,乘人不备而夺取财物只是抢夺罪的一种最常见的表现形式,而非唯一表现形式,也不意味着它是抢夺罪的必然客观构成要件。只要行为人以非法占有为目的,采取了公然夺取的手段,且夺取的财物达到抢夺罪的数额构成标准后,就可认定该行为构成抢夺罪。

本案被告人郭学周在持刀砍伤被害人后,返回现场将摩托车开走的行为虽不具备乘人不备这一要件,但主观上有非法占有他人财物的目的,客观上实施的是利用被害人来不及夺回的情形而公然夺取财物,其行为完全符合抢夺罪的构成要件。

案例:秦电志故意杀人、故意伤害、放火、抢劫、盗窃案

案例来源:《刑事审判参考》总第 112 集[第 1222 号]

主题词:抢劫罪　盗窃罪

一、基本案情

2015 年 1 月 28 日 17 时许,秦电志因购买彩票累计赊欠李丽及其丈夫王建光人民币约 1 万元。秦电志假意应承到银行取款,骗得王建光驾驶吉利牌汽车载其到王庆坨镇。当车行至王庆坨镇中国邮政储蓄银行附近时,秦电志掏出随身携带的尖刀朝王建光面部、颈部捅刺数刀,劫得人民币 200 余元,并将其捆绑。其间,李丽见王建光不归,致电王建光询问情况,秦电志逼迫王建光撒谎搪塞,为防止王建光报警,将王建光的手机拿走。随后,为泄愤,又持刀朝王建光腹部捅刺一刀。唯恐李丽察觉报警,秦电志将王建光挪至副驾驶座椅予以捆绑,后自己驾车返回体育彩票店。行驶至一高速桥涵洞旁无名路上时,秦电志误认为王建光欲抢刀反抗,再次持刀朝王建光胸部捅刺数刀,致王建光昏厥。携带尖刀返回体育彩票店后,秦电志将王建光的手机交予李丽,并告知李丽其已将王建光捅伤。李丽掏出手机准备报警,秦电志恐罪行败露上前阻止,撕打过程中李丽倒地,秦电志遂掏出随身携带的尖刀,朝李丽头、颈、胸、腹部及背部猛捅数十刀,致李丽受伤倒于室内东侧床与冰柜夹角处。为毁灭罪证,秦电志将所购体育彩票堆放于室内单人床上,用打火机引燃彩票及床单,秦电志发现放在床上一黑色女士书包内装有大量现金,遂将该包盗走,窃得人民币 4000 余元。后秦电志为防止火情被人发现,将室外卷帘门关闭并逃离作案现场,造成体育彩票店内空调、液晶电视、冰箱、冰柜、彩票机、电脑等物品损毁。作案后,秦电志逃匿并于同年 1 月 29 日 21 时许被抓获归案。经鉴定,李丽系被他人用单刃刺器刺破心脏、双肺致失血性休克死亡。王建光胸部、腹部的损伤程度分别构成重伤二级;面部的损伤程度构成轻伤一级;颈部的损伤程度构成轻微伤。

二、裁判要旨

No. 5-263-141　抢劫罪的成立要求暴力行为与取财之间应存在因果关系,杀死被害人后临时起意拿走被害人财物的,应以盗窃罪论处。

行为人实施一系列具有关联性犯罪行为的,应当遵循主客观一致的原则,严格遵循罪刑法定原则,依法、科学地确定罪名。

在本案中,被告人秦电志对王建光的暴力行为可以分为报复施暴、劫取财物、劫财后的施暴三个阶段。秦电志最初对王建光施暴时并无劫财目的,并不是为了非法占有财物,而仅仅是为了报复。因此,如何对第一阶段即初始的暴力行为定性就成为关键。第一阶段的暴力并非与秦电志的劫财行为毫无关系。秦明志劫财的故意内容产生于其第一阶段的暴力实施过程中,而基于第一阶段的暴力所形成的对被害人精神上的胁迫,足以满足抢劫罪的"胁迫"这一手段要件。"胁迫"作用与取得财物之间存在因果关系,因此,秦电志的劫财行为构成抢劫罪。不能因为秦电志实施第一阶段的暴力行为时仅有报复故意没有劫财故意而无视其犯意的发展变化。犯意由报复变化为劫财,是其主观故意的完整内容。定罪的主客观一致原则,应当包括主客观内容发展变化后,以变化后的主观、客观内容作为定罪的事实基础的内容。就本案而言,秦电志从王建光处劫得200余元后,其抢劫犯罪就属于既遂状态。此后,秦电志在抢劫现场即被害人的汽车内持续控制被害人,实际于抢劫罪而言已经是没有意义的行为。在抢劫行为已经完成且既遂的前提下,该客观状态的持续不构成抢劫行为的延续和抢劫现场的延伸。其再次实施的暴力行为与已经完成的劫取财物状态之间不存在关联。侵犯的法益具有独立性,应当单独评价。

秦电志持刀捅刺王建光的妻子李丽要害部位数十刀致李丽倒地,后又纵火焚烧现场,在焚烧时发现现场床上装有现金的女士包,又实施了将现金占为己有的行为。秦电志实施的上述行为中,危害李丽的行为构成故意杀人罪,纵火焚烧现场的行为构成放火罪没有争议。最高人民法院《关于审理抢劫、抢夺刑事案件适用法律若干问题的意见》第八条规定:"行为人实施伤害、强奸等犯罪行为,在被害人未失去知觉,利用被害人不能反抗、不敢反抗的处境,临时起意劫取他人财物的,应以此前所实施的具体犯罪与抢劫罪实行数罪并罚;在被害人失去知觉或者没有发觉的情形下,以及实施故意杀人犯罪行为之后,临时起意拿走他人财物的,应以此前所实施的具体犯罪与盗窃罪实行数罪并罚。"本案中,秦电志取走财物时,李丽尚未死亡,仍有呻吟或抖动。然而,此时被害人的呻吟或抖动,是濒死时无意识的生理反应,而非抢劫情形下的不能反抗、不敢反抗。因此秦电志取走财物的行为属于"在被害人失去知觉或者没有发觉的情形下,以及实施故意杀人犯罪行为之后,临时起意拿走他人财物的,应以此前所实施的具体犯罪与盗窃罪实行数罪并罚"的情形,成立盗窃罪。

案例:刘飞抢劫案

案例来源:《刑事审判参考》总第85集[第764号]

主题词:抢劫罪 以危险方法危害公共安全罪 "碰瓷"行为的定性

一、基本案情

被告人刘飞,男,1990年7月28日出生,农民。2008年8月7日因犯聚众斗殴罪被判处有期徒刑二年六个月,缓刑三年。2010年4月27日因涉嫌犯抢劫罪被逮捕。

天津市人民检察院第一分院以被告人刘飞犯抢劫罪,向天津市第一中级人民法院提起公诉。

被告人刘飞及其辩护人均提出,刘飞的行为应当定性为故意伤害,不构成抢劫罪。

天津市第一中级人民法院经审理查明:2009年5月12日21时许,被告人刘飞与吴乃刚、任贵滨、王磊(均另案处理)共同预谋以制造交通事故的方式,讹诈途经天津市的外地货运汽车司机钱财。刘飞乘坐吴乃刚驾驶的夏利轿车,到天津市北辰区津保桥至外环线匝道处伺机作案,任贵滨与王磊驾驶另一辆夏利轿车在附近望风。当日23时许,被害人李更堂(殁年46岁)驾驶的蓝色货运汽车经津保桥西端右转进入匝道入口,准备倒车经匝道驶入外环线,吴乃刚发现后即驾驶夏利轿车与货运汽车尾部相撞。刘飞与吴乃刚遂下车以修车为名向李更堂讹诈钱财,李更堂叫另一司机徐玉玺(被害人,时年37岁)下车并报警。吴乃刚从车里取出一把西瓜刀对李更堂进行威胁,索要钱财。此时,徐玉玺下车从背后抱住吴乃刚,与李更堂一起将吴乃刚拽到护栏边,刘飞见状即从车里取出一根镐把,先后朝着李更堂的头部、背部、腿部和徐玉玺的头部、面部等部位击打,将二人打倒在地,致李更堂重型颅脑损伤经抢救无效死亡,致徐玉玺轻伤。后刘飞与吴乃刚逃离现场。

天津市第一中级人民法院认为,被告人刘飞因聚众斗殴犯罪被判刑,在缓刑考验期内不思悔改,伙同他人利用故意制造交通事故的方式讹诈钱财,并持械当场使用暴力,致一人死亡、一人轻伤。刘飞的行为构成抢劫罪,且犯罪情节、后果均特别严重,又系缓刑考验期内再犯罪,应当依法撤销缓刑,连同前罪所判刑罚,实行数罪并罚。依照《中华人民共和国刑法》第二百六十三条第(五)项,第五十七条,第七十七条,第六十九条,第二十六条第一款、第四款,第五十七条第一款,第六十四条之规定,天津市第一中级人民法院判决如下:

被告人刘飞犯抢劫罪,判处死刑,剥夺政治权利终身,并处没收个人全部财产;撤销天津市红桥区人民法院(2008)红刑初字第156号刑事判决对刘飞以聚众斗殴罪判处有期徒刑二年六个月,缓刑三年的缓刑部分;数罪并罚,决定执行死刑,剥夺政治权利终身,并处没收个人全部财产。

宣判后,被告人刘飞以原判量刑过重为由提出上诉。

天津市高级人民法院经依法审理,裁定驳回上诉,维持原判,并依法报请最高人民法院复核。

最高人民法院经复核,依法裁定维持第二审维持原判的刑事附带民事裁定。

二、裁判要旨

No.5-263-142　驾驶机动车在城市道路上故意制造碰撞事故借以勒索钱财的“碰瓷”行为,通常不具有与放火、爆炸等危险方法相当的危险扩散性与广泛的杀伤力、破坏性,不足以严重危及不特定多数人的人身财产安全,不应以危险方法危害公共安全罪论处。如果特定案件中,行为人选择的作案时间、方式、地点必然给公共安全带来严重危险的,则应当认定为危害公共安全的行为。

鉴于以危险方法危害公共安全罪是一种较为严重的犯罪,在具体案件中认定行为是否适用“以其他危险方法危害公共安全”的兜底规定时应当从严把握,以防止以危险方法危害公共安全罪被滥用。从立法原意和经验法则把握,作为同一条文中的犯罪行为,“其他危险方法”应当与放火、决水、爆炸、投放危险物质行为在客观危害程度方面具有相当性,具体应从手段的相当性与危险结果的相当性两个方面进行把握。

所谓手段的相当性,是指作案手段在性质上与放火、决水、爆炸、投放危险物质具有可比性。放火、决水、爆炸、投放危险物质属于攻击性很强、危害性很大的行为,严重危及不特定多数人的人身、财产安全,一旦实施,即具有广泛的杀伤力和破坏性。如果一种行为虽然造成严重后果,但是客观上根本不具有严重危及不特定多数人的人身、财产安全的可能,就不具有与防火、决水、爆炸、投放危险物质的可比性,不能认定为“其他危险方法”。例如,偷盗路面井盖虽然可能会威胁不特定人的生命健康和财产安全,但一般情况下,危害后果的范围、程度有限,而且一旦发生一次损害,容易为其他人发现与防范,偷盗井盖带来的危险不具有扩散性和广泛的杀伤力、破坏性,与放火、投毒、爆炸、投放危险物质等能够造成不特定多数人重大伤亡和财产损失的本质特征存在明显差别。即使在个别情况下,偷盗井盖行为确实造成人员伤亡,也可考虑以破坏交通设施罪或(间接)故意伤害罪处理,而不应首先考虑适用以危险方法危害公共安全罪。

所谓危险结果的相当性,是指行为的实施足以使不特定多数人的人身和财产遭受重大损害,即一般情况下,如果没有意外因素的阻止或极其偶然因素的干扰,就会导致不特定多数人的人身和财产损失。例如,行为人向人群中投掷一颗炸弹,该炸弹投出后意外落入下水道中(路面井盖被盗走),结果仅导致两人轻微伤。在该案中,投掷炸弹具有导致意外因素的阻止或极其偶然因素的干扰的高度危险,未造成实际严重损害结果系受到极其偶然因素的干扰,构成以危险方法危害公共安全罪。如果即使没有意外因素的阻止或极其偶然因素的干扰,行为一般也不会导致不特定多数人的人身和财产损失,则行为就不构成《刑法》第一百一十四条规定的“其他危险方法”。

对于“碰瓷”者而言,驾车冲撞他人车辆也是一种危险行为,行为人通常在选取作案路段、行驶速度、“碰瓷”方式等方面都会有一定节制。实践中,大量“碰瓷”者是利用道路混乱、机动车起步阶段以及违规变道行驶等条件,在车流量小、行人稀少或道路进出口等路段,行车速度慢,驾车与被害车辆发生碰撞,继而要求对方赔偿。与放火、爆炸等危险方法相比,上述“碰瓷”行为所造成的危险不具有扩散性和广泛的杀伤力、破坏性,不足以严重危及不特定多数人的人身财产安全,实际造成车毁人亡的严重损害后果的也不多见。对这类行为一般不能以以危险方法危害公共安全罪论处。

关于是否足以严重危害公共安全的问题,属于对危险发生的一种可能性判断,应当以认识和判断力处于正常、平均水平的人来判断。在时间、路段、路况、车速、“碰瓷”方式等诸多因素中,具备哪几项或者达到什么程度,可以认定“碰瓷”具有足以造成严重后果的高度危险,往往是见仁见智。例如,在高速公路上“碰瓷”,一般来说对公共安全有较高危险,但如果当时是夜间,通行车辆较少,碰撞发生后,行为人或被害人及时设置路障标识,或采取防范措施,那么,其“碰瓷”行为就不足以严重危害公共安全。因此,是否严重危害公共安全,必须综合考虑“碰瓷”发生时的各种情形谨慎判断。

本案中,被告人刘飞等人选择的“碰瓷”方式是驾驶小汽车撞击正在倒车的货车尾部。经查,货车倒车速度及刘飞驾车故意追尾的车速均不高,刘飞所驾小汽车保险杠和前车灯损坏,被撞货车也只是轻度受损,加上案发时系深夜,途经车辆不多,因此刘飞驾车“碰瓷”的行为尚不足以使被撞车辆失去控制、倾覆,或者造成其他危及公共安全的重大事故,不应认定为以危险方法危害公共安全罪中的“其他危险方法”。

No. 5-263-143　借“碰瓷”行为获取钱财的行为应当根据具体案件中行为人获取钱财的方式准确认定。“碰瓷”行为后又使用暴力或实施暴力相威胁而索取财物的,应以抢劫罪论处。

第一种情形:如果行为人以非法占有为目的,故意制造交通事故,并造成事故系被害人过错所致的假象,继而以此为要挟,迫使被害人赔偿,行为整体上符合敲诈勒索罪的要挟、强迫特征,应当以敲诈勒索罪论处。

第二种情形:如果行为人故意制造交通事故,隐瞒事故真相,使被害人基于事故产生原因的错误认识而给付“赔偿”,行为人的行为就符合诈骗罪的构成特征,应当以诈骗罪论处。

第三种情形:行为人兼有欺骗与胁迫行为的,应根据行为人主要取财手段的特征,以敲诈勒索罪或者诈骗罪论处,而不宜进行数罪并罚。

第四种情形:如果行为人驾车碰撞他人车辆后,又以暴力或实施暴力相威胁而索取钱财的,构成抢劫罪。

第五种情形:“碰瓷”之后没有进一步实施诈骗、敲诈勒索或抢劫行为的,对于只撞毁车辆,符合故意毁坏财物罪构成要件的,可以故意毁坏财物罪论处;致人伤亡的,根据具体情况,可以故意伤害罪或故意杀人罪论处;既符合故意毁坏财物罪,同时符合故意伤害罪或故意杀人罪的,按照想象竞合犯的原则处理。

本案中,被告人刘飞等人预谋“碰瓷”敲诈勒索被害人,同时又准备了西瓜刀和镐把等作案工具。在碰撞发生后,刘飞同伙吴乃刚对被害人进行敲诈,被害人拒绝交付钱财,准备打电话报警,同案犯吴乃刚即从车里取出一把西瓜刀对被害人进行威胁,向其索要钱财;遭遇被害人反抗时,刘飞又持镐把先后击打两名被害人,并致一死一伤。因此,吴乃刚的行为从起初的敲诈勒索转变为直接实施抢劫,且其行为不属于诈骗过程中为窝藏赃物、抗拒抓捕、毁灭罪证实施暴力转化为抢劫罪的情形;其敲诈勒索被害人的事实,在量刑时可作为酌定量刑情节考虑,无须再单独定罪。根据共同犯罪的规定和基本原理,刘飞具有敲诈不成即抢劫的概括的共同预谋,又在同伙着手实行抢劫时,加入实施暴力行为,故即使其实施暴力后未进一步实际劫取财物,也不能割裂暴力行为与非法占有财物目的的内在联系,其行为完全符合抢劫罪的构成特征,应当以抢劫罪论处。

案例:徐凤抢劫案

案例来源:《刑事审判参考》总第 86 集[第 776 号]

主题词:自首

一、基本案情

被告人徐凤,女,1977 年 6 月 16 日出生,汉族,大学文化,吸毒人员,无业。因涉嫌犯抢劫罪于 2011 年 3 月 2 日被逮捕。

上海市虹口区人民检察院指控,2010 年 10 月 20 日 16 时许,被告人徐凤携带放有艾司唑仑安眠药的蛋挞至上海市虹口区天宝西路 241 弄,冒充社区干部送温暖,进入被害人葛兰芬(女,时年 80 岁)家中与葛兰芬闲聊,诱骗葛兰芬食用其携带的蛋挞。葛兰芬食用后不久即入睡,徐凤趁机取下葛贴身放置的钱包逃逸。包内有人民币(以下币种同)3100 元、价值共计 2596 元的铂金 PT900 戒指一枚和 18K 黄金嵌翡翠戒指一枚、葛兰芬的身份证、医保卡等财物。2010 年 11 月 7 日,公安机关在现场提取到徐凤的唾液样品,遂通知徐凤到公安机关接受尿样检查,徐凤到公安机关后主动供述了上述事实。公诉机关为指控上述犯罪事实,提供了被害人葛兰芬的陈述,证人徐根娣、骆秀华、袁贤忠等的证言,现场勘验、检查笔录,扣押物品、文件清单及照片,鉴定意见,检验报告,财物价格鉴定结论,被告人徐凤的供述等证据。

公诉机关认为,被告人徐凤以麻醉方法入户劫取他人财物,应当以抢劫罪追究其刑事责任,徐凤有自首情节,应当依照《中华人民共和国刑法》第二百六十三条第(一)项、第六十七条第一款之规定,对徐凤定罪处罚。

上海市虹口区人民法院经公开审理认为,公诉机关指控被告人徐凤使用麻醉方法实施抢劫,只有徐凤的庭前供述,没有其他证据印证,但徐凤在庭审中否认在蛋挞中预先投放过安眠药,且在作案现场没有提取到安眠药残留物,鉴定中心出具的鉴定意见、检验报告均载明被害人葛兰芬的尿检未出现常见安眠镇静药物成分,故指控徐凤犯抢劫罪的证据不足。徐凤以非法占有为目的,秘密窃取他人财物,数额较大,其行为构成盗窃罪,且徐凤具有自首情节,依照《中华人民共和国刑法》第二百六十四条、第六十七条第一款和第六十四条之规定,以徐凤犯盗窃罪,判处有期徒刑一年六个月,并处罚金二千元。缴获的赃物、赃款发还被害人。

判决后,虹口区人民检察院提出抗诉,建议二审法院依照《中华人民共和国刑法》第二百六十三条第(一)项之规定,以抢劫罪判处徐凤十年以上有期徒刑,理由是:一审判决没有认定被告人徐凤给被害人葛兰芬食用放有安眠药的蛋挞,系认定事实错误;认定徐凤的行为不构成抢劫罪,系定性不当,导致量刑畸轻。

被告人徐凤在二审庭审中否认其在蛋挞中放过安眠药。辩护人提出,检察机关指控徐凤预先在蛋挞中投放安眠药的证据不足,以抢劫罪追究徐凤刑事责任的抗诉理由不能成立,一审法院认定徐凤构成盗窃罪的事实清楚,请求驳回抗诉,维持原判。

上海市第二中级人民法院经公开审理认为,被告人徐凤以非法占有为目的,采用麻醉方法当场劫取他人财物,其行为构成抢劫罪,并系入户抢劫。检察机关的抗诉理由成立,对徐凤的辩解及辩护人的辩护意见不予采纳。徐凤到案后虽然主动如实供述犯罪事实,但在一审庭审中翻供,并在一审判决前未能如实供述,依法不认定为自首。依照《中华人民共和国刑事诉讼法》(1996 年)第一百八十九条第(三)项,《中华人民共和国刑法》第二百六十三条第(一)项、第五十六条第一款、第五十五条第一款、第六十四条以及最高人民法院《关于审理抢劫案件具体应用法律若干问题的解释》第一条、最高人民法院《关于处理自首和立功具体应用法律若干问题的解释》第一条之规定,撤销一审法院对被告人徐凤犯盗窃罪的刑事判决,以抢劫罪判处徐凤有期徒刑十年,剥夺政治权利二年,并处罚金二万元。

二、裁判要旨

No. 5-263-144 公安机关确定犯罪嫌疑人并以其他名义通知其到案后,如实供述犯罪事实的,不成立自动投案。

自首构成的条件有两项:一是要自动投案;二是要如实供述犯罪事实。自动投案分为两种类型:第一种是典型的自动投案,实践中又称“亲投”;第二种是视为自动投案的情形,实践中常称为“代投”“陪投”“托投”“送投”等十二种情形。典型的自动投案,是指最高人民法院《关于处理自首和立功具体应用法律若干问题的解释》第一条第(一)项规定的“犯罪事实或者犯罪嫌疑人未被司法机关发觉,或者虽被发觉,但犯罪嫌疑人尚未受到讯问、未被采取强制措施时,主动、直接向公安机关、人民检察院或者人民法院投案”。典型的自动投案应当具备以下三个条件:一是时间上,行为人的归案时间必须符合法律规定;二是主观上,行为人的归案必须具有主动性、自愿性;三是客观上,行为人的归案必须是直接归案,而不是间接归案。

从时间条件分析,徐凤的行为符合典型自动投案的时间特征。本案发生后,被害人葛兰芬已报案,公安人员在犯罪现场调取到了被告人徐凤的唾液样品,从而将其确定为犯罪嫌疑人,因此,徐凤到案时,显然不符合“亲投”中“犯罪未被发觉或者犯罪嫌疑人未被发觉”的前两种情形。但徐凤到案时,并未受到讯问,也未被采取强制措施,在接到公安机关让其接受尿检的通知时,其完全可以拒绝前往或者选择潜逃,因此,徐凤的行为符合典型自动投案的时间特征。

从主观条件分析,徐凤的行为不具有典型自动投案的主动性和自愿性。主动性、自愿性是自动投案的本质特征。实践中,对犯罪嫌疑人是否具有投案的主动性和自愿性,需要根据其客观行为与外在表现综合分析认定。通常情况下,客观行为与主观意愿是相统一的,犯罪嫌疑人主动自愿认罪的主观意愿会促使其主动到案;同样,主动到案的客观行为也可以反映出犯罪嫌疑人认罪悔罪、自愿接受法律惩罚的主观意愿。本案中,徐凤之所以去公安机关,并非因其主观上有认罪、悔罪意愿,而是在公安机关掌握一定证据,将其确定为犯罪嫌疑人,并以吸毒人员需要定期尿检为名通知其到公安机关接受检测的。吸毒人员定期接受尿检,是公安机关管理吸毒人员的一项重要措施,具有一定的强制性。徐凤接到通知后到达公安机关接受尿检前,并不知晓其犯罪事实已经暴露,其自行前往公安机关的目的是接受尿检,并非是因犯罪后萌生了悔罪心理,也没有接受法律惩罚的意愿。因此,徐凤前往公安机关的行为没有体现出其主观上有投案的主动性和自愿性。

从客观条件分析,徐凤的行为不具备典型自动投案的直接性。投案的直接性分三层含义:一是指行为人到案的目的就是要向司法机关认罪,而非试图打探案情或者麻痹司法机关以消除怀疑等;二是指行为人前往到案的直接对象就是公安机关、人民检察院、人民法院这三个机关,以此区别于行为人向其所在单位、城乡基层组织或者其他有关负责人员投案的情况;三是指行为人前往到案的行为必须是自己亲自、直接所为,而非是委托他人或间接所为,以区别于“送投”“代投”等多种“视为自动投案”的情形。本案中,徐凤接到尿检通知后去公安机关,其目的都是接受尿检,而非向公安机关认罪,故其到案目的不具备直接性。

徐凤的行为不属于“视为自动投案”的十二种情形。根据《关于处理自首和立功具体应用法律若干问题的解释》第(一)条第一项和最高人民法院《关于处理自首和立功若干具体问题的意见》第一条第一款的规定,视为自动投案的情形共有 12 种,其中 7 种出自《关于处理自首和立功具体应用法律若干问题的解释》,5 种出自《意见》。徐凤的行为显然不属于《关于处理自首和立功具体应用法律若干问题的解释》所涉 7 种情形中的任何一种情形,也不属于《关于处理自首和立功若干具体问题的意见》的第一、二种情形。以下仅就徐凤的行为是否符合《关于处理自首和立功若干具体问题的意见》第三、四、五种情形进行分析。

《关于处理自首和立功若干具体问题的意见》规定的第三种情形要求犯罪嫌疑人主动交代罪行的行为必须发生在“司法机关未确定犯罪嫌疑人”时,而徐凤在其交代罪行前早已被公安机关锁定为犯罪嫌疑人,因此徐凤的行为不符合《关于处理自首和立功若干具体问题的意见》规定的第三种情形。

《关于处理自首和立功若干具体问题的意见》规定的第四种情形是因特定违法行为被采取劳动教养、行政拘留、司法拘留、强制隔离戒毒等行政、司法强制措施期间,主动向执行机关交代尚未被掌握的犯罪行为的。本案中,被害人葛兰芬苏醒后即报案,并向公安机关陈述了犯罪嫌疑人的外貌、年龄等,公安机关又从现场提取到留有徐凤唾液的餐巾纸,现场除了徐凤和葛兰芬的痕迹,无第三人参与作案的痕迹,公安机关遂将徐凤锁定为犯罪嫌疑人,并为了防止打草惊蛇而以吸毒人员需定期尿检为名将徐凤通知到案。很显然,公安机关在给徐凤发出通知时,已经掌握了徐凤的基本犯罪事实。尽管徐凤到案后即供述主要犯罪事实,但因这些犯罪事实之前已被公安机关所掌握,故不符合《关于处理自首和立功若干具体问题的意见》规定的第四种情形。

《关于处理自首和立功若干具体问题的意见》规定的第五种情形是兜底情形。在实践中,对于兜底条款如何理解或把握,一直是一个难题。根据同类解释的规则,兜底条款作为在同一法律条文中的规定,其规定的行为的价值、特征与该条中其他条款规定的具体行为具有"相当性",即具有"本质一致性、行为相似性、功效等同性":一是兜底条款规定行为的本质特征应当与同条中其他条款明确列举行为的本质特征具有一致性;二是兜底条款规定行为的具体情节与同条中其他条款明确列举行为的具体情节具有相似性;三是兜底条款规定行为对社会产生的效应应当与同条中其他条款明确列举的行为的效应具有相当性。刑法设立自首制度的初衷有两个:一是鼓励犯罪人认罪悔罪,充分实现刑法对罪犯的惩罚与教育目的;二是节约司法资源,提高司法效率,尽可能地降低办案成本,从而实现刑法经济原则。基于这一立法原意,实践中要认定行为属于《关于处理自首和立功若干具体问题的意见》规定的第五种投案情形必须符合以下三个条件:一是行为必须具备自动投案的主动性和自愿性;二是行为与典型的自动投案,《关于处理自首和立功具体应用法律若干问题的解释》《关于处理自首和立功若干具体问题的意见》明确列举的前11种视为自动投案的行为在具体情节上具有相似性;三是认定行为为自动投案与认定典型的自动投案或者将前11种情形视为自动投案对实现立法初衷的意义相当。

本案中,徐凤并非出于投案的主动、自愿性,其如实供述犯罪,也是在其人身自由被公安机关实际控制的前提下作出的,因此其行为在主动性和自愿性上与典型的自动投案和前11种视为自动投案的行为相比较,不具备"一致性";其到案后如实供述的情节,与典型的自动投案和前11种视为自动投案的行为相比较,不具有"相似性";徐凤归案前,公安机关已经展开了一定深度的侦查,取得了犯罪嫌疑人留在现场的唾液样本,进行了DNA鉴定,并与吸毒人员DNA样本数据库进行了比对,确定了徐凤系犯罪嫌疑人,因此,徐凤的如实供述并没有为司法机关降低成本,与典型的自动投案和前11种视为自动投案相比较,在对实现立法初衷的意义上不具有相当性。综合上述三点,徐凤的归案行为,既不属于11种明确的视为投案情形,也不属于兜底条文中规定的"其他应当视为自动投案"的情形。

No. 5-263-145 被告人在一审庭审时对主要犯罪事实翻供的,不属于如实供述。

《关于处理自首和立功具体应用法律若干问题的解释》第一条第(二)项规定:"如实供述自己的罪行,是指犯罪嫌疑人自动投案后,如实交代自己的主要犯罪事实……犯罪嫌疑人自动投案并如实供述自己的罪行后又翻供的,不能认定为自首,但在一审判决前又能如实供述的,应当认定为自首。"要正确理解上述规定,必须把握好以下三个概念:一是何为主要犯罪事实;二是何为翻供;三是翻供发生在什么阶段才会影响自首的成立。

一般而言,主要犯罪事实是指对犯罪嫌疑人行为性质的认定有决定意义的事实、情节(定罪事实)以及对量刑有重大影响的事实、情节(重大量刑事实)。实践中,对是否如实交代定罪事实的争议不大,但对是否如实交代重大量刑事实却屡有争议。其中,重大量刑事实主要是指对犯罪嫌疑人应适用的法定刑档次是否升格或降格具有重大影响的事实、情节,以及在总体危害程度上比其他部分事实、情节更大的事实、情节,即应区分已如实供述与未如实供述部分的严重程度。重大量刑事实既包括对犯罪嫌疑人加重或从重处罚的事实、情节,如犯罪嫌疑人持枪抢劫了财物后主动投案,交代系采用威胁的方法从被害人手中劫取了财物,未交代持枪抢劫的情节,因法律规定持枪抢劫系决定抢劫罪法定刑档次升格的情节,故该种情况下不能认定犯罪嫌疑人交代了重大量刑事实;也包括对犯罪嫌疑人减轻或从轻处罚的事实、情节,如防卫挑拨的情况,犯罪嫌疑人预谋杀死被害人,故意挑逗被害人对自己实施侵害行为,借机将被害人杀死,事后称自己系防卫过当,该种情况下犯罪嫌疑人隐瞒了其故意杀人的犯罪事实,而虚假供述防卫过当这一从轻情节,也属未如实交代重大量刑事实。本案被告人徐凤给被害人葛兰芬食用的蛋挞中是否预先投放过安眠药,是认定其随后取财行为构成抢劫罪还是盗窃罪的关键定罪事实。因此,其是否如实交代该部分事实,涉及是否认定其"如实交代自己的主要犯罪事实"。

从《关于处理自首和立功具体应用法律若干问题的解释》第一条第(二)项的字面含义分析,本项所指的翻供,仅指用虚假的事实供述推翻先前真实的事实供述这一种情形(本文以下所讨论的翻供也仅针对此种情形展开)。构成该种情形翻供,须具备以下三个条件:(1)先前的供述为真。如果先前为虚假供述,那么后来的翻供无论真假,均不能构成自首。应注意的是,须以生效判决认定的事实来判断先前供述是否属实(如果再审改判的,则以再审后生效判决认定的事实为准)。(2)后面的供述为假。无论后面供述是无罪、罪轻的供述,还是有罪、罪重的供述,只要前面是真,后面为假,则均应认定为本情形的翻供。(3)翻供的内容须涉及主要犯罪事实,即指涉及定罪或重大量刑情节的事实等。概括起来可表述为:"先前为真,后面为假,内容为主要犯罪事实。"符合上述三个条件的翻供,即可成立本条规定的翻供,对这种行为人,即使其有自动投案,也不能认定为自首。就本案而言,是否预先在被害人葛兰芬食用的蛋挞中投放过安眠药是本案的定罪事实。被告人徐凤最初一直供述了上述事实,但在一审庭审时翻供,而二审法院结合本案的其他证据,认定了该事实的存在(前述已对此简析)。据此,可以判定,徐凤最初承认投放过安眠药的供述是真,一审庭审时否认投放过安眠药的供述是假,该部分的供述是主要定罪事实。综上,徐凤在一审庭审时的供述属于对《关于处理自首和立功具体应用法律若干问题的解释》第一条第(二)项的翻供。

影响自首成立的翻供时间必须是在第一次如实供述后至一审判决前的阶段。根据《关于处理自首和立功具体应用法律若干问题的解释》第一条第(二)项的规定,法律对如实供述的时间作了两个节点规定:一是自动投案后作出过如实供述的时间节点,一般为第一次讯问时间。除非因时间所限,第一次讯问未能完成对所有犯罪事实的讯问。这就需要认真审查第一次讯问笔录记载的时间与行为人到案时间的间隔。只有这样,才能体现节约司法资源的宗旨和减小行为人人身危险性的目的,实现自首制度的价值。二是如实供述后又翻供的时间节点为一审判决前。此包含三层意思:第一层意思是,一审判决前的如实供述纳入是否如实供述的评价,一审判决后的供述不再纳入自首制度中如实供述的评价,但仍可以作为对其认罪态度的评价。第二层意思是,到案后即如实供述,一审判决前任何阶段翻供,只要在一审判决前又恢复如实供述的,仍可认定为自首制度中的如实供述。第三层意思是,一审判决前还未重新回到如实供述的,先前的如实供述以及此后的供述均不再认定为如实供述。本案被告人徐凤归案后,在侦查、起诉阶段一直如实供述主要犯罪事实,但在一审庭审时,对在被害人葛兰芬食用的蛋挞中是否预先投放过安眠药这一定罪事实翻供,且在一审判决前未恢复如实供述,故不应认定为自首。

案例:王伟华抢劫案

案例来源:《刑事审判参考》总第86集[第777号]

主题词:限制刑事责任年龄 转化型抢劫

一、基本案情

被告人王伟华,男,1996年3月5日出生于四川省乐山市五通桥区,汉族,小学文化,住乐山市五通桥区金粟镇姜市街1055号7栋2楼1号。2010年10月29日因涉嫌犯抢劫罪被乐山市公安局市中区分局依法逮捕。

乐山市市中区人民检察院以被告人王伟华犯抢劫罪,向乐山市市中区人民法院提起公诉。

乐山市市中区人民法院经不公开开庭审理查明:2010年9月29日12时40分许,被告人王伟华窜至乐山城区"莱佛士地景"18幢2单元17楼时,发现该处住户戴本清家房门虚掩,遂潜入该住户房内盗得项链两根、项链坠一个,后被戴本清发现并将其挡在户内。王伟华为达到逃离现场的目的,当场将戴本清头部、手部咬伤后挣脱逃出房间至该小区正门入口时,被该小区保安人员挡获。小区保安人员从其鞋内搜出项链两根、项链坠一个。公安人员接到报警后赶到现场将王伟华抓获归案。经鉴定,王伟华窃得的项链两根、项链坠一个共价值人民币(以下币种同)

2728 元。案发后,该物品已发还被害人。诉讼中,被告人王伟华对公诉机关指控的犯罪事实无异议,并自愿认罪,其亲属代其缴纳罚金 500 元。

乐山市市中区人民法院认为,被告人王伟华在实施盗窃行为后,为抗拒抓捕当场使用暴力,其行为已触犯刑律,构成抢劫罪。被告人王伟华犯罪时已满十四周岁不满十六周岁,应当对其从轻或减轻处罚;其自愿认罪,案发后犯罪所得已经追回发还失主,可酌情对其从轻处罚。根据被告人王伟华的犯罪事实、性质、认罪态度及对社会的危害程度,不宜对其适用缓刑,决定对其减轻处罚。依照《中华人民共和国刑法》第二百六十九条、第二百六十三条第(一)项,第五十二条,第四十五条,第四十七条,第十七条第二条、第三款,第六十一条和最高人民法院、最高人民检察院、司法部《关于适用普通程序审理"被告人认罪案件"的若干意见(试行)》第九条之规定,乐山市市中区人民法院以被告人王伟华犯抢劫罪,判处有期徒刑三年六个月,并处罚金五百元。

一审宣判后,被告人王伟华以原判量刑过重为由,向四川省乐山市中级人民法院提出上诉,请求撤销原判,减轻处罚,改判缓刑。其主要上诉意见是:自己在盗窃时未想过抢劫,是在被房主发现时为挣脱他,才在楼梯口电梯处咬伤其左耳和右手背,其不是在屋内实施的咬人行为,一审对其量刑过重。辩护人提出的主要辩护意见是:(1)王伟华犯罪情节轻微,社会危害性不大,主观恶性小;(2)王伟华犯罪时才十四周岁,系初次犯罪,已赔偿了被害人的全部损失,取得了被害人的谅解,犯罪后有悔罪表现。综上,请求对其适用缓刑。

二审审理中,辩护人当庭出示了被害人戴本清出具的谅解书,证明戴本清对王伟华的行为予以谅解。该证据经庭审质证,被告人王伟华、出庭检察员均无异议,乐山市中级人民法院予以采信。

乐山市中级人民法院审理后认为,被告人王伟华在入户盗窃数额较大的公私财物后,为抗拒抓捕而当场使用暴力的事实清楚,证据确实、充分,其行为符合转化型抢劫犯罪的客观构成要件。其实施被指控的犯罪时已满十四周岁不满十六周岁,根据《中华人民共和国刑法》第十七条第二款的规定,对其盗窃行为不负刑事责任;根据《中华人民共和国刑法》第二百六十三条、第二百六十九条和最高人民法院《关于审理未成年人刑事案件具体应用法律若干问题的解释》第十条第一款之规定,已满十四周岁不满十六周岁的未成年人,不管在何种情况下,均不能适用《中华人民共和国刑法》第二百六十九条的规定转化为抢劫罪,故其盗窃后为抗拒抓捕而当场使用暴力的行为不构成抢劫罪。其后续暴力行为属故意伤害行为,因该行为未致人重伤或死亡的后果,故其暴力行为不构成故意伤害罪。被告人王伟华因不满十六周岁不予刑事处罚,依法责令其法定代理人加以管教。原公诉机关指控王伟华犯抢劫罪不成立。对被告人王伟华的上诉意见和辩护人的辩护意见因与本案查明的事实和法律规定不符,不予采纳。原判认定事实清楚,审判程序合法,但适用法律错误,应予改判。依照《中华人民共和国刑法》第十七条第二款、第四款,第二百六十三条,第二百六十九条,最高人民法院《关于审理未成年人刑事案件具体应用法律若干问题的解释》第十条第一款和《中华人民共和国刑事诉讼法》(1996 年)第一百八十九条第(二)项、最高人民法院《关于执行〈中华人民共和国刑事诉讼法〉若干问题的解释》第一百七十六条第(六)项之规定,乐山市中级人民法院裁定撤销乐山市中区人民法院(2010)乐中刑初字第 316 号刑事判决,被告人王伟华不负刑事责任。

二、裁判要旨

No. 5-263-146 已满十四周岁不满十六周岁的人盗窃、诈骗、抢夺他人财物,为窝藏赃物、抗拒抓捕或者毁灭罪证,当场使用暴力,不成立转化型抢劫。

从现有司法解释的规定也可以推导出相对刑事责任能力年龄的人不能成为转化型抢劫罪的犯罪主体。最高人民法院《关于审理未成年人刑事案件具体应用法律若干问题的解释》第十条第一款规定:"已满十四周岁不满十六周岁的人盗窃、诈骗、抢夺他人财物,为窝藏赃物、抗拒抓捕或者毁灭罪证,当场使用暴力,故意伤害致人重伤或者死亡,或者故意杀人的,应当分别以故意伤害罪或者故意杀人罪定罪处罚。"可见,相对刑事责任年龄的人实施了转化型抢劫的行为,形式上符合转化型抢劫罪的要件,只对暴力行为造成重伤或死亡结果的,以故意伤害罪或者故意杀人罪定罪处罚。该规定严格限缩了相对刑事责任年龄的人实施此类行为的处罚范围,处罚罪名上也不以抢劫罪论处,体现了刑法对未成年人犯罪从宽处罚的立法精神。本案被告人王伟华虽然有咬伤被害人的行为,但由于被害人的伤情并不构成重伤,因此,被告人也不构成故意伤害罪。

案例:张超抢劫案

案例来源:《刑事审判参考》总第 87 集[第 793 号]

主题词:抢劫罪 抢劫赌资的行为定性

一、基本案情

被告人张超(又名张国海),男,1989 年 1 月 22 日出生,农民。2006 年 5 月 25 日因犯抢劫罪被深圳市龙岗区人民法院判处有期徒刑二年,2010 年 3 月 12 日因涉嫌犯抢劫罪被逮捕。

河南省光山县人民检察院以被告人张超犯抢劫罪,向光山县人民法院提起公诉。

光山县人民法院经公开审理查明:2010 年 2 月 3 日晚,被告人张超同黄刚、陈杨杨在光山县城新越招待所 303 房内赌博,次日凌晨 2 点左右散场,张超输了人民币(以下币种同)200 余元。离开现场后,张超指使李军(另案处理)等人持水果刀、木棒到 303 房内抢走陈杨杨现金 1350 元、三星牌 S8300 型手机一部。随后张超带领李军等逃离现场,张超分得赃款 400 元。陈杨杨报警后,公安民警当日凌晨将张超抓获归案。

光山县人民法院经审理认为,被告人张超以非法占有为目的,指使他人使用暴力、威胁手段,当场劫取他人财物,其行为构成抢劫罪。公诉机关指控张超犯抢劫罪的事实清楚,证据确实、充分,罪名成立。辩护人所提同案犯李军等人的抢劫行为不是被告人授意指使的意见,与庭审查明事实不符,不予采纳。在共同犯罪中,张超系组织者,是主犯,依法应当按照其所组织的全部犯罪处罚;张超曾因犯抢劫罪被判处有期徒刑,刑满释放后五年内又故意犯应当判处有期徒刑以上刑罚之罪,是累犯,依法应当从重处罚;庭审中张超认罪态度较好,其亲属主动为其缴纳罚金,对其可酌情从轻处罚。据此,依照《中华人民共和国刑法》第二百六十三条,第二十五条第一款,第二十六条第一款、第四款,第五十二条,第六十一条,第六十五条第一款之规定,光山县人民法院以被告人张超犯抢劫罪,判处有期徒刑四年,并处罚金五千元。

一审宣判后,被告人张超未提起上诉,检察机关没有抗诉,判决已发生法律效力。

二、裁判要旨

No. 5-263-147 行为人赌博完毕后返回现场抢走远远超出其所输赌资数额的财物的行为,成立抢劫罪。

最高人民法院 2005 年 6 月 8 日发布的《关于审理抢劫、抢夺刑事案件适用法律若干问题的意见》第七条规定,“抢劫赌资、犯罪所得的赃款赃物,以抢劫罪定罪,但行为人仅以其所输赌资或所赢赌债为抢劫对象,一般不以抢劫罪定罪处罚。构成其他犯罪的,依照刑法的相关规定处罚”。

对赌博完毕后返回赌博现场抢走赌资行为的定性,在适用《关于审理抢劫、抢夺刑事案件适用法律若干问题的意见》第七条的规定时,应当重点审查以下两个方面的要素:

一是时空条件。《关于审理抢劫、抢夺刑事案件适用法律若干问题的意见》第七条规定的仅以其所输赌资或者所赢赌债作为抢劫对象的行为,应当发生在赌博现场。《关于审理抢劫、抢夺刑事案件适用法律若干问题的意见》之所以规定抢劫所输赌资或者所赢赌债行为不构成抢劫罪,是基于抢回所输赌资或者所赢赌债行为的主观故意内容不符合抢劫罪的主观特征。抢回所输赌资或者所赢赌债的行为人对所输赌资或者所赢赌债的权属性质存在模糊认识,而实施抢劫的行为人对于他人财物的权属性质认识很明确。对赌博现场的理解,与犯罪现场一样,要适度作扩大解释,不能严格从文义角度作限制理解。那种认为只要赌博完毕,离开了或者离开过赌博场所,就不认定为“赌博现场”的观点,值得商榷。笔者认为,如果时间上、空间上具有一定的接续性、邻接性,如行为人仅离开半小时就返回赌博场所,或者仅离开赌博房间不远,在宾馆同层走廊或者大堂处,实施抢回所输赌资或者所赢赌债的行为,也应认定为在赌博现场实施的行为。基于这一思路,笔者认为,本案被告人张超虽然是在赌博完毕离开后返回原赌博房间实施抢劫,但仍应当认定其行为发生在赌博现场。

二是数额条件,即抢取财物没有明显超出自己所输赌资或者所赢赌债的范围。在司法实践中,不能强求行为人在慌乱之中抢回的数额刚好与自己所输赌资或者所赢赌债的数额相等。然而,也不能将所抢数额与所输赌资或者所赢赌债数额的差距无限放大,即在所抢数额明显超出自己所输赌资或者所赢赌债数额时,也不以抢劫罪论处。本案被告人张超所输赌资为 200 余元,但其指使李军等人持水果刀、木棒返回到新越招待所 303 房(赌博现场)抢走陈杨杨现金 1350 元和三星牌 S8300 型手机一部,所抢现金数额明显超出其所输赌资,所抢手机更不属于其所输赌资。上述事实体现出张超具有非法明显的占有他人财物的主观故意,其行为不适用《关于审理抢劫、抢夺刑事案件适用法律若干问题的意见》关于赌博者抢回所输赌资的相关规定,应当以抢劫罪论处。

案例:刘某抢劫、强奸案

案例来源:《刑事审判参考》总第 89 集[第 814 号]

主题词:抢劫罪　强奸罪　刑法上的因果关系

一、基本案情

被告人刘某,男,1982 年 11 月 12 日出生,无业。因涉嫌犯抢劫罪、强奸罪于 2011 年 8 月 26 日被逮捕。

某市人民检察院以被告人刘某犯抢劫罪、强奸罪,向某市中级人民法院提起公诉。

某市中级人民法院经审理查明:2010 年 8 月 8 日 23 时许,被告人刘某将被害人唐某骗至其位于某市的一出租房内,穿插使用暴力殴打、持刀威胁、用竹签及针刺戳等手段逼迫唐某打电话向朋友筹款现金人民(以下币种同)20 万元,因唐某未筹到钱,刘某只好逼迫唐某写下 20 万元的欠条。其间,刘某还两次违背唐某意志,强行与唐某发生性关系。次日 17 时 30 分许,唐某因无法忍受刘某不停的暴力折磨,趁刘某不注意爬上窗台跳楼逃离,造成右股骨上段,左耻骨上肢、左坐骨支骨等多处严重骨折。经鉴定,唐某损伤程度已构成重伤。当日,刘某在某省人民医院门口被公安机关抓获。

某市中级人民法院经审理认为,被告人刘某以非法占有为目的,将被害人唐某骗至出租房内,当场使用暴力手段劫取数额巨大的财物,迫使唐某跳楼逃生至重伤,其行为构成抢劫罪。其间,刘某两次违背唐某意志强行与其发生性关系,其行为还构成强奸罪。公诉机关指控的罪名成立。经查,刘某实施的暴力行为与唐某重伤后果之间有直接、必然的因果联系,其虽未劫得财物,但其抢劫行为已造成唐某重伤,依法应当认定为抢劫罪既遂,故对刘某的辩护人所提出的刘某属于抢劫罪未遂的辩护意见不予采纳。刘某在抢劫过程中还先后两次对唐某实施强奸行为,严重侵犯了唐某的人身权利,依法应当严惩,故对辩护人所提刘某应当从轻处罚的辩护意见不予采纳。据此,依照《中华人民共和国刑法》第二百六十三条第(四)项、第二百三十六条第三款第(五)项、第六十九条、第五十六条第一款、第五十五条第一款、第五十九条之规定,某市中级人民法院以被告人刘某犯抢劫罪,判处无期徒刑、剥夺政治权利终身,并处没收个人全部财产;犯强奸罪,判处有期徒刑十年,剥夺政治权利一年;两罪并罚,决定执行无期徒刑,剥夺政治权利终身,并处没收个人全部财产。

一审宣判后,被告人刘某不服,向某省高级人民法院上诉称:被害人唐某是自愿与其发生性关系而非强迫所致;欠条系唐某当晚与其赌博输钱后所写;其行为不应当认定为抢劫罪,二审应当改判。

某省高级人民法院经审理认为,原判认定事实清楚,适用法律正确,量刑适当,审判程序合法。上诉人刘某所提原判定性有误、量刑太重的理由不予采纳。据此,依照《中华人民共和国刑事诉讼法》第一百八十九条第(一)项之规定,某省高级人民法院裁定驳回上诉,维持原判。

二、裁判要旨

No.5-263-148 行为人未停止暴力侵害的情况下,被害人的介入行为不中断暴力侵害行为与人身伤害结果之间的因果关系。

刑法上的因果关系,是指在一定的条件下,行为合乎规律地引起危害结果发生的关系。一方面,作为原因的实行行为,必然具有引起危害结果发生的实在可能性,即作为原因的危害行为一定包含着引起某种结果发生的根据和内容;另一方面,作为原因的实行行为,必须合乎规律地引起危害结果。刑法上的因果关系是特定条件下一种不以人的意志为转移的客观联系。由于因果关系的复杂性,现实中存在多因一果、一因多果等复杂情形。在因果关系的发展进程中,如果介入了第三方的因素,如被害人的行为,则应当在进一步考察行为人的行为是否合乎规律地引发了犯罪结果的发生、介入因素与行为人的行为的关联程度、介入因素是否异常以及对结果发生的原因力大小等基础上,综合判断行为人的行为与危害结果之间是否存在刑法上的因果关系。在具体案件中,一般将行为人的行为与介入因素之间的关联依照紧密程度大小依次排列为必然、经常、偶然、无关等情形,行为与结果在刑法上的因果关系也依照上述次序而递减。

在抢劫、强奸等暴力犯罪中,行为人实施的暴力行为通常会引起被害人的反抗或逃离行为。本案中,被害人唐某作为一名女性,独自面对身体素质远强于自己的刘某,在刘某不停地穿插对其实施一系列殴打、强奸等暴力行为的情况下,其跳楼逃离的行为符合常识常情。在此种情况下,刘某的暴力侵害行为与唐某的介入行为之间存在必然关联,由此造成的被害人重伤后果与刘某的暴力行为之间存在必然直接联系,刘某的暴力行为能够合乎规律地引发唐某的跳楼逃跑行为,唐某的跳楼逃跑行为未中断刘某的暴力行为与重伤后果之间刑法上的因果关系。

No.5-263-149 行为人实施多个暴力行为导致被害人人身伤害后果的,构成不同犯罪的,该伤害后果可在各犯罪构成中分别予以评价。

本案中,唐某的重伤后果与刘某的抢劫行为、强奸行为均有刑法上的因果关系,将重伤后果在抢劫罪、强奸罪中分别予以评价,不属于禁止重复评价的情形。鉴于多种暴力手段只造成了一个伤害后果,在对被告人实行数罪并罚时应当尽可能根据罪责刑相适应原则把握罪刑的整体平衡。

案例:尹志刚、李龙云抢劫案

案例来源:《刑事审判参考》总第89集[第815号]

主题词:抢劫罪 入户抢劫

一、基本案情

被告人尹志刚,男,36岁,小学文化,无业。曾因犯故意杀人罪于1992年2月被判处无期徒刑,剥夺政治权利终身,经减刑后于2006年6月13日刑满释放。2010年5月28日因涉嫌犯抢劫罪被逮捕。

被告人李龙云,男,36岁,小学文化,农民。曾因犯故意杀人罪、强奸罪于1991年2月被判处无期徒刑,剥夺政治权利终身,经减刑后于2008年6月13日刑满释放。2010年5月28日因涉嫌犯抢劫罪被逮捕。

北京市朝阳区人民检察院以被告人尹志刚、李龙云犯抢劫罪向朝阳区人民法院提起公诉。

被告人尹志刚否认起诉书指控的事实,辩称其没有指使李龙云抢劫李静钱款,其分得人民币(以下币种同)3万余元是伪造现场,不是抢劫。其辩护人提出:尹志刚与李龙云共谋得款57000元不构成抢劫罪,尹志刚没有授意李龙云抢李静钱款,其不构成抢劫罪。

被告人李龙云对抢劫李静300余元的事实不持异议,但辩称从尹志刚手中得款19000元不是抢劫。其辩护人提出:李龙云在共同犯罪中作用较小,归案后能认罪悔罪,建议对其从轻处罚。

朝阳区人民法院经审理查明:被告人尹志刚与朋友王红岩、李静(王红岩的女友)共同居住在王红岩承租的朝阳区翠城新园小区309号楼2门402室。2010年3月间,尹志刚起意并与李龙云共谋劫取王红岩的钱款。同年3月29日1时许,趁王红岩不在家,李龙云使用尹志刚事先提供的房门钥匙,进入王红岩的租住地,使用胶带对正在房间内睡觉的李静实施捆绑,劫得现金320元;李龙云还伪造现场,用胶带将尹志刚捆绑,将王红岩委托尹志刚代为保管的57000元中的19000元现金劫走逃离,余款38000元被尹志刚据为己有。案发后,二被告人共同退还王红岩45000元。

朝阳区人民法院认为,被告人尹志刚、李龙云以非法占有为目的,结伙入户劫取他人财物,且数额巨大,二被告人的行为均构成抢劫罪。尹志刚、李龙云均系累犯,依法均应当从重处罚。鉴于尹志刚、李龙云如实供述主要犯罪事实,且案发后退还被害人大部分钱款,故对二被告人所犯罪行均酌情予以从轻处罚。尹志刚及其辩护人所提尹志刚没有指使李龙云抢劫李静钱款的辩护意见,与查证事实不符,不予采信。尹志刚关于其分得3万余元是伪造现场,不是抢劫,李龙云关于其从尹志刚手中劫款19000元不是抢劫的辩解,以及尹志刚辩护人关于尹志刚与李龙云共谋得款57000元不构成抢劫罪的辩护意见,缺乏事实和法律依据,不予采纳。依照《中华人民共和国刑法》第二百六十三条第(一)项、第(四)项,第五十二条,第五十三条,第六十五条第一款,第二十五条第一款,第六十一条,第六十四条之规定,朝阳区人民法院以被告人尹志刚犯抢劫罪,判处有期徒刑十二年,剥夺政治权利三年,罚金二万四千元;以被告人李龙云犯抢劫罪,判处有期徒刑十二年,剥夺政治权利三年,罚金二万四千元。

一审宣判后,被告人尹志刚以其行为属于诈骗为由提起上诉;被告人李龙云以其分得的1.9万元是尹志刚给予的好处费,不是抢劫所得为由提起上诉。

北京市第二中级人民法院经审理认为,被告人尹志刚、李龙云以非法占有为目的,采用暴力手段当场劫取他人钱款,其行为均构成抢劫罪,且系入户抢劫,抢劫数额巨大。尹志刚、李龙云均系累犯,依法均应当从重处罚。鉴于案发后,二被告人能退还被害人大部分钱款,故对二人所犯罪行均可酌情予以从轻处罚。二人的上诉理由与查明的事实不符,不予采纳。第一审人民法院认定的事实清楚,证据确实、充分,定罪及适用法律正确,量刑适当,审判程序合法。据此,北京市第二中级人民法院裁定驳回尹志刚、李龙云之上诉,维持原判。

二、裁判要旨

No. 5-263-150 行为人提供钥匙给同伙让同伙抢劫共同居住者的,行为人与同伙均成立入户抢劫。

首先,对于"户"的理解,最高人民法院《关于审理抢劫、抢夺刑事案件适用法律若干问题的意见》第一条规定:"户"在这里是指住所,其特征表现为供他人家庭生活和与外界相对隔离两个方面,前者为功能特征,后者为场所特征。根据相关规范性文件的规定,入户抢劫的认定主要考虑两个方面:一是入户目的的非法性,即进入他人住所须以实施抢劫等犯罪为目的;二是暴力或者暴力胁迫行为必须发生在户内。

本案中,被告人尹志刚与李龙云事先预谋抢劫,李龙云进入屋内捆绑被害人李静,并暴力胁迫劫取户内钱财。很显然,李龙云入户目的的非法性暴露无遗,暴力胁迫行为也发生在户内,且对被害人李静而言,非同住人李龙云以抢劫等犯罪目的入户对另一同住人实施抢劫,后者家庭生活安全性、私密性以及住宅不受侵犯的权利均被实际侵害。这种侵害并不因同住人尹志刚的参与而消减。因此,李龙云的行为应当认定为属于入户抢劫。

其次,在共同犯罪中,共同犯罪人应当对不超出其共同犯意的犯罪后果承担共同的刑事责任,同住人与其他非同住人共同预谋入户对其他同住人实施抢劫,对共同造成的侵犯他人家庭生活安全性、私密性的加重后果均应当承担刑事责任。至于同住人是带领他人入户还是帮助他人入户,只是具体行为方式的不同,不影响入户抢劫的认定。因此,二被告人都应当认定为入户抢劫,尹志刚也应当对入户抢劫的加重后果承担刑事责任。

No. 5-263-151 共同居住的情形下,财物处于共同居住人共同占有之下,无论该财物是否由行为人代为保管,行为人与同伙抢劫共同居住人财物的行为均成立抢劫罪。

本案在定性上产生分歧,主要缘于对57000元处于何人占有的状态存在不同的理解。一般而言,财物所有权人亦是占有人,二者是重合的,但随着社会经济的发展,财物在流转过程中可能产生占有权与所有权的分离。对共同居住情形下财物占有、控制的认定,应当结合居住空间的私有性和整体性两方面进行考量:首先,各居住人基于财物所有权及生活空间的私密性,当然地占有各自生活空间内的财物。其次,由于共同居住空间的统一性,其对外是作为单一空间被整体评价,根据人们对于整体性空间安全的一般性认识,各共同居住人(无论寄住人还是共同承租人)均被视为整体空间财物的看管人。在某共同居住人离开空间时,其财物既处于财物所有权人的控制、支配之下,也处于空间内的其他共同居住人的看管下,在空间内其他共同居住人为多人的情况下,相互之间为共同看管关系,而非排斥性独占,除非财物所有权人在离开时作出明确交代。简言之,在共同居住人外出情况下,其财物实际处于双重占有、控制之下:一是本人基于财物所有权而当然占有和控制着财物;二是根据一般的空间安全观念,其他共同居住人亦被认为是财物看管人,对财物具有临时的控制力。如果有人(包括共同居住人)采用暴力、胁迫等手段当场劫取其他共同居住人的财物,符合抢劫罪的犯罪构成,应当认定构成抢劫罪,而不论被抢财物的所有权人是否在场。

本案中,李静、尹志刚寄住在王红岩承租的房屋中,三人形成共同居住关系。王红岩起初委托尹志刚将57000元带回共同居住处,尹志刚因该委托而成为该钱款的临时占有人,且属排除所有权人王红岩本人的单独占有。尹志刚将钱款带回共同居住处后,虽还没有进行相关交付,但王红岩作为所有权和房屋的承租人对该钱款已恢复一定程度的占有状态,该笔钱款已不再处于尹志刚的单独占有之下。同时,李静、尹志刚作为共同居住人,二人在王红岩不在场时,不仅对室内其他财物,且对该57000元钱款,均具有共同看管责任。尹志刚和李龙云基于非法占有王红岩57000元钱财的目的,相互配合,使用暴力手段控制王红岩财物看管人之一的李静之后,将李静的财物及其房屋内尹志刚身上所带王红岩所有的57000元钱款非法占为己有,该行为系"使用暴力劫取他人财物",符合抢劫罪的行为特征。同时,由于二被告人系当着财产保管人的面取得财产,而非"秘密窃取他人财物",故不构成盗窃罪;二被告人所劫得的钱款亦非完全处于尹志刚代管之下,故亦不符合侵占罪的构成特征。

案例:徐伟抢劫案

案例来源:《刑事审判参考》总第89集[第818号]

主题词:抢劫罪　因果关系中断

一、基本案情

被告人徐伟,男,1981年8月22日出生,工人。

江苏省丹阳市人民检察院以被告人徐伟犯抢劫罪,向江苏省丹阳市人民法院提起公诉。

被告人徐伟辩称,其主观上对被害人朱金芳的死亡结果没有预见,被害人朱金芳的死亡是汽车撞击导致的,而不是由抢劫造成的,其归案后才知道被害人朱金芳经抢救无效死亡的情况。其辩护人的辩护意见是被告人徐伟的抢劫行为与被害人朱金芳的死亡结果之间不具有直接的因果关系,被害人朱金芳客观上是被汽车撞死的,被害人朱金芳的盲目自救行为与交通事故因素的介入中断了被告人徐伟的抢劫行为与被害人朱金芳的死亡结果之间的因果关系。因此,本案不宜适用"抢劫致人死亡"的法律规定。

江苏省丹阳市人民法院经公开审理查明:

被告人徐伟事先购置了水果刀和墨镜等作案工具,以乘车为名,于2011年4月29日晚7时30分许乘坐被害人朱金芳驾驶的车牌号为苏LZ8243的吉利牌出租轿车。当车行至沪宁高速公路河阳段沪宁高速由东向西约220公里处时,被告人徐伟让被害人朱金芳在应急道上停车,随即在车内持水果刀顶住被害人朱金芳胸部,对朱金芳实施抢劫,并致被害人朱金芳的右侧肩部受伤,创腔5厘米,深达骨质。被害人朱金芳下车呼救,被牌号为沪EV0824的大众途观轿车撞倒,经抢救无效于当日死亡。徐伟趁被害人朱金芳慌乱逃生之机,攀爬护栏逃离现场。后被告人逃至广东省中山市西海工业区旺达灯饰玻璃厂打工,于2011年11月24日被抓获归案。徐伟劫得钱包一只,内有人民币700余元。

2011年5月31日,镇江市公安局交通巡逻警察支队高速公路一大队出具道路交通事故证明:朱金芳系苏LZ8243的吉利牌轿车的驾驶人,因被人抢劫,在应急车道内停车后离开车辆。现有证据已无法查实、查清交通事故原因。

江苏省丹阳市人民法院认为,被告人徐伟以非法占有为目的,采用暴力手段劫取他人财物致人死亡,其行为已构成抢劫罪。虽然被告人徐伟的抢劫行为没有直接造成被害人朱金芳的死亡结果,但是被告人徐伟的抢劫行为与被害人朱金芳的死亡之间具有刑法上的因果关系,被告人徐伟应当负抢劫致人死亡的刑事责任。被告人徐伟归案后能够如实供述自己的罪行,依法可以从轻处罚。依照《中华人民共和国刑法》第二百六十三条第(五)项、第六十七条第三款、第五十六条第一款、第五十五条第一款、第六十四条的规定,判决如下:

1. 被告人徐伟犯抢劫罪,判处有期徒刑十四年六个月,剥夺政治权利四年。

2. 作案工具墨镜一副予以没收,尚未追缴的赃物继续予以追缴。

一审宣判后,被告人徐伟在法定期限内没有上诉,公诉机关亦未提出抗诉,判决已发生法律效力。

二、裁判要旨

No. 5-263-152 被害人被过路车辆撞死,不中断抢劫行为与死亡结果之间的因果关系。

被告人徐伟采用刀具威胁、掐脖子等手段实施抢劫行为,不仅实际造成了被害人右侧肩部一处5厘米的创口,且对被害人的精神形成了巨大的威胁。也就是说,暴力抢劫行为已经对被害人造成实际的身体伤害和精神威胁,在这一特定的时空环境下,被告人徐伟的暴力抢劫行为是迫使被害人朱金芳出于本能而选择仓皇逃生并积极呼救的唯一外在因素。被告人徐伟与被害人朱金芳几乎同时下车,被害人下车呼救时不法侵害并未结束,被害人尚未脱离被告人的控制领域,此时被害人由于被告人的抢劫行为而慌乱无措,被害人跑上快车道呼救实属别无选择。法律不能过分苛求被害人朱金芳在面临重大而紧迫的生命威胁时仍保持足够的理性与镇定,以谨慎选择其他更好的处置方案。没有徐伟的暴力劫取财物行为,被害人就不会慌不择路地逃向快车道。所以,被告人徐伟的抢劫行为与朱金芳仓皇逃离行为之间具有直接的因果关系。

刑法上的因果关系是考查犯罪构成的重要内容之一,只有行为和结果之间具备了刑法上的因果关系,行为才具备被认定为刑事犯罪的可能性。如果行为和结果之间没有引起与被引起的关系,只是时间或者其他情形下的巧合偶遇,则不能将该行为评价为引起该危害结果的原因,进而认定为犯罪。根据刑法因果关系中断的理论,其他车辆撞死被害人这一外在因素的介入,并不能中断徐伟抢劫与发生被害人死亡结果之间的因果关系。因为判断因果关系是否中断,关键要认定介入的原因是否属于异常原因,如果介入的原因属于通常的介入因素,则不能中断因果关系的发展。本案中,被害人朱金芳在夜深人静的高速公路上突然遭受暴力抢劫受伤,且被告人的暴力威胁还在继续,尽快脱离危险境地是人的本能反应,其本身并无过错;虽是夜晚,但高速路上车流量仍很大,过往车辆司机也无法预料会突然有人闯入快车道;司机本身无过错,其驾车行为属于通常的介入因素。如果没有被告人徐伟的抢劫行为,被害人的死亡结果便不可能发生。所以,被告人徐伟的抢劫行为与被害人朱金芳的死亡结果之间具有引起与被引起的关系,即过路车辆撞死被害人并不能中断被告人徐伟抢劫与死亡结果之间的因果关系,被害人死亡应认定系抢劫的结果。

对于“抢劫致人死亡”这一结果加重犯的认定,首先必须要求行为人对该死亡结果的发生存在主观过错,即要求行为人对被害人的死亡结果具有预见可能性,以行为人“应当和可能预见被害人死亡的结果”为限,对于没有预见可能性而发生被害人死亡的加重结果的,不能将加重结果的罪责归于行为人,只能将其作为一种量刑情节加以考虑。本案中,被告人徐伟选择在夜晚的全封闭高速公路这一特定时间、特定地点持刀抢劫,并且已经用事先准备的水果刀刺伤了被害人朱金芳,被告人徐伟应当预见到被害人朱金芳极有可能会下车呼救,对被害人下车呼救时可能因慌不择路不遵守交通规则,而被高速公路上高速行驶的来往车辆撞死存在预见可能性。

案例:黄卫松抢劫案

案例来源:《刑事审判参考》总第 91 集[第 844 号]

主题词:抢劫罪 入户抢劫

一、基本案情

被告人黄卫松,男,1986 年 6 月 3 日出生,农民。2003 年 7 月 9 日因犯抢劫罪被判处有期徒刑三年六个月,并处罚金人民币五千元,2005 年 12 月 14 日刑满释放;2012 年 7 月 26 日因涉嫌犯抢劫罪被逮捕。

浙江省台州市黄岩区人民检察院以被告人黄卫松犯抢劫罪,向台州市黄岩区人民法院提起公诉。

被告人黄卫松对公诉机关指控的犯罪事实和罪名不持异议。

台州市黄岩区人民法院经审理查明:2012 年 7 月 25 日 22 时 30 分许,被告人黄卫松来到台州市黄岩区东城街道山亭街路上,见被害人龚某向其招嫖,遂起意抢劫,黄卫松随龚某来到山亭街羊头塘里 35 号二楼,在龚的出租房内与龚发生性关系后,持事先准备的弹簧刀威胁龚,劫得龚价值人民币(以下币种同)1091 元的黄金戒指两枚和现金 300 余元。在逃离现场过程中,黄卫松遭到龚某、方象初、陈意林等人抓捕时,持刀朝对方乱挥乱刺,致龚某、方象初、陈意林身体多处受伤,后被群众抓获。现赃物赃款已追回返还龚某。

台州市黄岩区人民法院认为,被告人黄卫松以非法占有为目的,采用暴力手段强行劫取他人财物,其行为构成抢劫罪,依法应予惩处。公诉机关指控被告人的罪名成立,但指控黄卫松入户抢劫不妥,应予纠正。黄卫松归案后能够如实供述犯罪事实,认罪态度较好,依法予以从轻处罚。根据本案犯罪事实、性质、情节,依照《中华人民共和国刑法》第二百六十三条、第六十七条第三款之规定,台州市黄岩区人民法院以抢劫罪判处被告人黄卫松有期徒刑五年,并处罚金人民币二千元。

一审宣判后,台州市黄岩区人民检察院以被告人黄卫松的行为构成"入户抢劫"为由提出抗诉。同时认为,一审法院未认定黄卫松有"入户抢劫"的加重情节,属于适用法律错误,导致量刑畸轻,要求二审纠正。台州市人民检察院支持该抗诉意见。

台州市中级人民法院经审理认为,"入户抢劫",是指为实施抢劫行为而进入他人生活的与外界相对隔离的住所。本案案发时被害人龚某已在站街招嫖,并没有在其出租房内进行家庭生活,而是将该出租房作为从事卖淫活动的场所,此时该出租房发挥的是性交易场所的功能,而非家庭生活功能。因此,本案被害人的出租房在案发期间不具有"户"的功能特征,被告人不属于"入户抢劫"。原判定罪和适用法律正确,量刑适当,审判程序合法,遂依照《中华人民共和国刑事诉讼法》第二百二十五条第(一)项之规定,裁定驳回抗诉,维持原判。

二、裁判要旨

No. 5-263-153 卖淫女从事卖淫活动时其出租房不属于《刑法》第二百六十三条意义上的"户",行为人在出租房内实施抢劫行为不构成入户抢劫。

根据最高人民法院《关于审理抢劫案件具体应用法律若干问题的解释》和最高人民法院《关于审理抢劫、抢夺刑事案件适用法律若干问题的意见》的相关规定,认定"入户抢劫",行为必须具备以下三个要件:一是符合"户"的范围。"户"是指住所,其特征表现为供他人家庭生活和与外界相对隔离两个方面,前者为功能特征,后者为场所特征。二是"入户"目的的非法性。进入他人住所须以实施抢劫等犯罪为目的。三是暴力或者暴力胁迫行为必须发生在户内。

"户"的构成需同时具备场所和功能两方面特征。换言之,"户"既要具备与外界相对隔离,具有一定的封闭性的场所特征,也要具备供家庭生活起居使用的功能特征。本案在审理过程中,主要有以下两种观点:一种观点认为,卖淫女虽然在其住所内从事卖淫活动,但这仅能表明其住所兼具性交易场所的性质,其作为住所主要发挥的仍是生活功能,因而应当认定为刑法意义上的"户"。另一种观点认为,卖淫女出租房的性质必须结合抢劫行为实施当时的实际状况进行区分判断。对于以家居场所掩盖非法营利活动的住所,抢劫行为发生时该场所实际承载的功能特征即是该场所的实质功能特征。

卖淫女出租房兼具卖淫活动场所和家居生活住所的性质。详言之,卖淫女在从事卖淫活动时,其出租房所承载的功能性质表现为卖淫活动场所;卖淫女在不从事卖淫活动时,其出租房所承载的功能性质表现为家居生活住所。该出租房表现为卖淫活动场所和家居生活住所的双重功能特征,在一定条件下两个特征可以相互转化。当没有嫖客进入出租房时,该出租房供卖淫女进行日常生活起居之用,同时具有相对封闭性和私密性,应当被认定为刑法意义上的"户"。相反,当卖淫女决定在该出租房内接纳嫖客时,该出租房实际承载的功能便转化为淫乱牟利的场所。此时,该出租房虽然具有"户"的场所特征,但不具有户的功能特征。

现实生活中,入户包括合法入户和违法入户。违法入户抢劫的情况比较简单,构成入户抢劫也没有疑问,如破门而入、冒充军警人员入户、用欺骗等手段入户等。因其入户不合法,无论其入户目的是否是抢劫,只要入户后实施了抢劫犯罪,均应当认定为"入户抢劫"。合法入户后,因为某种原因而进行抢劫,是否构成"入户抢劫",情况比较复杂。笔者认为,对合法入户后因为某种原因而实施抢劫的,对其入户非法性的认定不能一概而论,需要进一步区分两种情况:一种情况是入户前或者入户时就有抢劫犯罪动机的,即以合法形式掩盖非法目的,此种情况下即使是合法入户也应当认定具有入户的非法性,如利用债务关系、利用亲属关系、利用水电等物业管理维修人员身份作掩护有预谋地实施"入户抢劫"等情形。对于这些行为,行为人在入户时已具有抢劫犯意,虽然其入户行为得到主人的邀请或者许可,且是以平和的方式入户,但这是由于其以合法形式掩盖了非法目的,主人的邀请或者许可是受蒙骗而作出的非真实的意思表示。入户作为其犯罪行为的步骤之一,一开始就具有欺骗性和非法性。因此,以欺骗方式"合法"入户只是刑法上的手段行为,应当认定具有入户的非法性。另一种情况是合法入户时没有抢劫犯罪动机,临时起意抢劫,即以合法行为开始,以犯罪行为告终的,这种情况不宜认定为"入户抢劫",如讨债不成激愤抢劫,以及亲属之间临时起意抢劫的,应当按照一般抢劫犯罪处理。值得注意的是,在合法入户的情况下,行为人一般为亲属、朋友、房屋设施维修人员等,审查合法入户的被告人事前有无抢劫动机比较复杂,要结合入户原因、犯罪预备、抢劫手段和数额等因素,综合认定。

本案中,被告人黄卫松在入户之前既有嫖娼的故意,也有抢劫的故意。黄卫松以嫖娼的方式,诱使卖淫女带其到出租房内。黄卫松的行为与上述以合法形式掩盖非法目的的情形相似(黄卫松的嫖宿行为本身就是违法的,但"入户抢劫"中的非法性是指侵入的非法性)。黄卫松的嫖宿故意与其以平和方式进入出租房存在因果关系,其以平和方式入户与抢劫行为存在手段和目的的关系。因此,黄卫松具有入户目的的非法性。

综上所述,本案被告人黄卫松虽然具有入户目的的非法性、暴力发生在户内两个要件,但是由于卖淫女的出租房在犯罪时不属于刑法意义上的"户",因此,不属于"入户抢劫"。

案例:刘长庚抢劫案

案例来源:《刑事审判参考》总第 91 集[第 846 号]

主题词:抢劫罪　入户抢劫

一、基本案情

被告人刘长庚,男,1978 年 3 月 6 日出生,无业。2011 年 8 月 15 日因涉嫌犯抢劫罪被逮捕。

江苏省无锡市开发区人民检察院以被告人刘长庚犯抢劫罪,向无锡市高新技术产业开发区人民法院提起公诉。

无锡市高新技术产业开发区人民法院经公开审理查明:2011 年 8 月 1 日 13 时许,被告人刘长庚携带事先准备好的水果刀在无锡市新区硕放街道附近伺机抢劫。后在庵西路 17 号东侧被害人吴某租住的出租房门外遇见吴某,遂持刀威胁吴某意图劫取财物。吴某因害怕进入出租房内躲避。刘长庚追赶吴某入室,继续采用捂嘴、持刀划伤吴某等手法,劫得吴某人民币 200 元并致吴某颈部多处受伤。经法医鉴定,吴某构成轻伤。

无锡市高新技术产业开发区人民法院认为,被告人刘长庚采用暴力、胁迫手段,入户抢劫私人财物,其行为构成抢劫罪。刘长庚在公安机关侦查阶段虽没有自动投案,但如实供述自己的罪行,依照《中华人民共和国刑法》第六十七条第三款的规定,可以从轻处罚。据此,依照《中华人民共和国刑法》第二百六十三条第(一)项、第六十七条第三款、第五十六条第一款之规定,无锡市高新技术产业开发区人民法院以被告人刘长庚犯抢劫罪,判处有期徒刑十年,剥夺政治权利三年,并处罚金人民币五千元。

一审宣判后,被告人刘长庚未提出上诉,检察机关未抗诉。一审判决已发生法律效力。

二、裁判要旨

No. 5-263-154 行为人从户外追赶被害人进入户内实施抢劫,应认定为入户抢劫。

根据2005年6月8日最高人民法院出台的《关于审理抢劫、抢夺刑事案件适用法律若干问题的意见》的规定,认定"入户抢劫"时,应当注意以下三个问题:一是"户"的范围。"户"在这里是指住所,其特征表现为供他人家庭生活和与外界相对隔离两个方面,前者为功能特征,后者为场所特征。二是"入户"目的的非法性。进入他人住所须以实施抢劫等犯罪为目的。三是暴力或者暴力胁迫行为必须发生在户内。基于上述规定,笔者认为,"入户抢劫"的基本结构为:入户前持有非法的入户目的→入户行为→户内以暴力或者暴力胁迫行为实施抢劫或者转化型抢劫。换言之,只有先后满足上述三个条件,才能构成"入户抢劫"加重情节。

抢劫行为虽然发生在户内,但行为人不以实施抢劫等犯罪为目的进入他人住所,而是在户内临时起意实施抢劫的,不属于入户抢劫。理论界和实务界对如何理解此处的"进入他人住所须以实施抢劫等犯罪为目的"尚未达成统一认识,大致存在以下三种观点:第一种意见认为,进入他人住所必须以实施抢劫为目的,其他任何目的都不能认定为"入户抢劫"。第二种意见认为,只要入户目的具有非法性,即可认定为"入户抢劫"。第三种意见认为,"入户"应当以实施犯罪为目的,即行为人进入他人住所的目的及后续行为应当达到刑罚处罚的程度。

笔者同意第三种意见,理由是:(1)《关于审理抢劫、抢夺刑事案件适用法律若干问题的意见》明确规定进入他人住所须以实施抢劫等犯罪为目的。其中的"等"字便说明"入户"的目的不局限于抢劫犯罪一种,这是文义解释的应有之义。第一种意见显然缩小了"入户抢劫"的范围。(2)如以其他非法目的,如讨要赌债进入他人住宅而临时起意实施抢劫,尽管抢劫行为也发生在户内,客观上也侵犯了他人的住宅权利以及人身、财产权利,但该行为表现出的行为人的主观恶性与人身危险性,尚难以成为适用"入户抢劫"在十年以上有期徒刑、无期徒刑或者死刑量刑的理由。换言之,若对任何持非法目的进入被害者家中实施抢劫的行为,均认定为"入户抢劫",并适用十年以上有期徒刑、无期徒刑或者死刑,必然会导致量刑畸重,有违罪责刑相适应原则。因此,将"入户抢劫"的目的扩大理解为"入户"的"非法性",明显扩大了"入户抢劫"的范围,容易造成罚不当罪的情况。(3)就体系解释的角度而言,限定"入户"目的达到犯罪的程度,而又不局限于抢劫一种情形,与《关于审理抢劫、抢夺刑事案件适用法律若干问题的意见》关于"入户盗窃"转化为"入户抢劫"的规定精神保持一致。

本案中,刘长庚在户外持刀威胁被害人劫取财物,见被害人吴某逃跑后,遂将吴某追赶至吴某家中,并继续采用捂嘴、持刀划伤吴某等暴力手段实施抢劫。这些事实足以表明刘长庚在"入户"前已经对吴某实施了抢劫行为,在吴某躲进家中后仍尾随其后,继续在室内实施抢劫,因此,其"入户"目的应当认定为实施抢劫。

"入"的判断应当从客观和主观两个方面进行。客观方面,所谓"入",现代汉语词典中解释为"进去"或者"进来",与"出"相对,作为一个动词,"入"在时间上应当为一个点。由于刑法不仅处罚犯罪既遂、未遂行为,而且处罚预备行为,所以,广义的行为概念既包含实行行为,也包含预备行为。换言之,无论是在犯罪预备阶段还是犯罪着手实行阶段,行为人以实施抢劫等犯罪为目的进入他人住所,均应当认定为"入户"。实践中,抢劫这一犯罪过程从着手实施,到最终犯罪实施完毕,持续的时间可能从几个小时到几天。例如,犯罪分子在外地抢劫被害人,后又劫持被害人至其家中继续实施抢劫。又如,犯罪分子入户实施抢劫中,使用劫得的信用卡外出取钱。主观方面,"入"户必须是未经被害人同意的,是一种未经许可的进入行为。

从刑事政策的角度分析,“入户”的判断应当采取严格解释,强调入户与抢劫之间的关联关系,只有入户时具有非法目的才符合“入户抢劫”的主观要件。因为刑法之所以将“入户抢劫”单独列出来,作为加重情节规定更为严重的刑罚,主要是因为“入户抢劫”不仅侵犯了公民的人身和财产安全,而且侵犯了公民的住宅安全。申言之,“入户抢劫”是非法侵入他人住宅与抢劫他人财物两种违法犯罪行为的结合。“入户”行为本身已具有独立的社会危害性,且这种危害与抢劫的危害相结合,使其具有了较户外抢劫更大的社会危害性,因而应当得到法律的加重处罚。

本案中,刘长庚追赶吴某进入其日常生活的出租屋,主观上没有得到吴某的同意而进入,客观上实施了进入“户”内行为,且“入户”是为了实施抢劫行为,完全符合“入户”的法律特征。

“入户抢劫”的强制性手段应当以发生在户内为必要。法律规范意义上的行为与日常生活中单个的动作有别,刑法上的行为一般由多个动作组成,如持枪杀人,不是仅指扣扳机一个单一的动作。抢劫行为从着手实施到最终犯罪实施完毕的整个过程,包括多个动作,如手持工具的动作、言语威胁的动作、追赶被害人的动作等。这些动作可能发生在不同的场合,如有的在户外、有的在户内。“入户抢劫”中“在户内实施暴力或者暴力胁迫行为”,不应机械地理解为整个抢劫行为在户内开始实施并在户内结束,否则将大大缩小对“入户抢劫”犯罪的打击面,甚至为一些不法分子规避法律提供了“挡箭牌”。根据相关法律对住宅权利特殊保护规定的精神,笔者认为,对“在户内实施暴力或者暴力胁迫行为”不应作过于严格的解释,即只要行为人的抢劫暴力行为有一部分发生在户内,就应当认定为“入户抢劫”。

本案中,刘长庚携带工具从户外开始对吴某实施抢劫,并追赶吴某到户内,在户内继续实施暴力行为,符合在户内实施暴力行为的要件,应当认定为“户内实施暴力抢劫行为”。

案例:李培峰抢劫、抢夺案

案例来源:《刑事审判参考》总第 92 集[第 868 号]

主题词:抢劫罪 “加霸王油”的行为定性

一、基本案情

被告人李培峰,男,1982 年 4 月 30 日出生,农民。2012 年 4 月 1 日因涉嫌犯抢劫罪被逮捕。

上海市浦东新区人民检察院以被告人李培峰犯抢劫罪、抢夺罪,向浦东新区人民法院提出公诉。

上海市浦东新区人民法院经公开审理查明:

1. 关于抢劫事实

(1)2012 年 2 月 7 日 4 时许,被告人李培峰经预谋,驾驶牌号为豫 PC-5561、挂豫 PC-776 的集装箱卡车,至上海市宝山区沪太路 5688 号上海宝山宝刘加油站加入 291.4 升 0 号柴油后,为逃避支付加油费,驾车驶离加油站。该加油站工作人员经艇抓住驾驶室门阻拦,李培峰便加大油门,迫使经艇放手后驶离加油站。经鉴定,涉案柴油价值人民币(以下币种同)2124.31 元。

(2)2012 年 2 月 20 日 12 时许,李培峰经预谋,驾驶牌号为豫 PC-5561、挂豫 PC-776 的集装箱卡车,至上海市浦东新区杨高北路 3000 号上海杨园加油站加入 234.68 升 0 号柴油后,为逃避支付加油费,驾车驶离加油站。该加油站工作人员傅卫东抓住驾驶室门及座椅阻拦,李培峰行驶十余米后,强行扯开傅卫东的手后驾车逃离,并致使傅倒地受伤。经鉴定,涉案柴油价值 1710.82 元。

2. 关于抢夺事实

2011 年 12 月 13 日 5 时许,李培峰经预谋,驾驶牌号豫 PC-5561、挂豫 PC-776 的集装箱卡车,至上海市宝山区宝杨路 3076 号上海华迪加油站加入 323 升 0 号柴油后,为逃避支付油费,乘工作人员不备,高速驾车驶离加油站。经鉴定,涉案的柴油价值 2354.67 元。

此外,李培峰还采用相同手法在其他三个加油站分别加入 0 号柴油 257.07 升、308.64 升、297.26 升。经鉴定,价值分别为 1866.75 元、2249.99 元、2167.03 元。

2012 年 2 月 28 日,李培峰接到公安机关电话通知后主动投案,如实供述了上述抢劫事实和在华迪加油站的抢夺事实,其后,又如实供述了其他三起抢夺事实。

案发后,李培峰在家属的帮助下向被害单位退赔了涉案全部油款。

上海市浦东新区人民法院认为,被告人李培峰以非法占有为目的,采用暴力方法劫取单位财物,其行为构成抢劫罪;以非法占有为目的,乘人不备公然抢夺单位财物,数额巨大,其行为构成抢夺罪,应当两罪并罚。李培峰犯罪后自动投案,如实供述抢劫犯罪事实,系自首,对抢劫犯罪可以从轻处罚;到案后如实供述抢夺犯罪事实,可以从轻处罚;李培峰能够积极退赔犯罪所得,可以酌情从轻处罚。据此,上海市浦东新区人民法院依照《中华人民共和国刑法》第六十七条第一款、第六十七条第三款、第六十九条、第五十三条之规定,以被告人李培峰犯抢劫罪,判处有期徒刑四年九个月,罚金人民币六千元;以犯抢夺罪,判处有期徒刑三年六个月,罚金人民币四千元;决定执行有期徒刑七年六个月,罚金人民币一万元。

被告人李培峰不服,向上海市第一中级人民法院提出上诉。其上诉理由为:其对原判认定的事实并无异议,但提出其并未使用暴力手段,主观上也未具有伤害被害人的故意,其行为不构成抢劫罪,且其具有自首情节,原判量刑过重。

上海市第一中级人民法院经审理认为,上诉人李培峰以非法占有为目的,乘人不备公然抢夺单位财物,数额巨大,其行为构成抢夺罪。李培峰在抢夺过程中为抗拒抓捕而当场使用暴力,其行为构成抢劫罪。依法应予两罪并罚。一审法院根据本案的犯罪事实、性质、情节以及对社会的危害程度等,所作判决并无不当,且审判程序合法。据此,上海市第一中级人民法院依照《中华人民共和国刑事诉讼法》(1996年)第一百八十九条第(一)项之规定,裁定驳回上诉,维持原判。

二、裁判要旨

No.5-263-155 在加油站加油之后为逃避支付油费,趁加油站工作人员不备驶离加油站,应认定为抢夺罪。

1. "加霸王油"的行为缺少秘密性的要件,不成立盗窃罪

我国刑法中,盗窃罪以秘密性为成立要件。(1)从立法结构分析,"公开窃取"在我国刑法中并无存在的空间。虽然英美法系的英国、美国以及大陆法系的德国、法国、日本在理论上多认可"公然窃取"的存在,但那是因为上述国家在刑法中都没有将抢夺作为独立犯罪类型加以规定。如将未使用暴力的公然夺取行为归入盗窃罪的范畴,将使用暴力的抢夺行为纳入抢劫罪名下,从而使抢夺行为分别列入盗窃罪和抢劫罪。而我国刑法中存在抢夺罪的立法规定,公然夺取行为可以通过抢夺罪进行规制,故"公然窃取"没有存在的空间。(2)从刑法解释学分析,"公开窃取"逾越了刑法解释的边界。我国刑法对"盗窃"的文义解释为"用不合法的手段秘密地取得","公开窃取"的观点与盗窃"秘密取得"的本义不符。(3)从司法实践分析,盗窃罪和抢夺罪区分的关键在于盗窃罪是秘密取得他人财物,抢夺罪是公然夺取他人财物。秘密性作为盗窃罪的必备要件,存在两个认定标准:一是客观标准,即盗窃行为在客观上具有不为他人发觉的可能性,这主要是针对被害人而言。行为人采取被害人及周围其他人都难以发觉的方式取得财物是秘密窃取,行为人采取被害人难以发觉而周围其他人能够发觉的方式取得财物也是秘密窃取。二是主观标准,盗窃行为人在主观上具有不为他人发觉的意思,即自认为其盗窃行为是秘密进行的。行为人采取自认为被害人不能发觉的方式取得财物,即使实际上被害人已经发觉,只要该行为客观上同时存在被害人难以发觉的可能性,该行为仍然不丧失秘密性。

本案中,李培峰在加油站为集装箱卡车加油后,为逃避支付油费,多次乘被害单位员工不备驾车驶离加油站,该行为在客观上不具有秘密性,能够为被害单位的员工即时发现,故不能被认定为盗窃罪。

2. "加霸王油"的行为中,行为人既未虚构事实或隐瞒真相,加油站工作人员也并未陷入认识错误而处分财产,不成立诈骗罪

在"加霸王油"情形下,行为人不存在虚构事实或者隐瞒真相的行为。行为人加油但不想付钱的意图是一种主观意识状态,那种认为这种加油不想付钱的意图属于事实或真相的观点是有失偏颇的。事实是指事情的真实情况,真相是指事物的真实面貌,它们都是事情或事物的客观

存在状态。本案中,李培峰加油但不想付钱的意图是一种主观意识活动,不属于事实或真相。

在“加霸王油”情形下,被害单位的员工并未基于错误认识而处分财物。区分诈骗罪和其他侵财犯罪的重要标准是看“受骗人是否基于认识错误处分(交付)财产”,而“交给”行为不能与“交付(处分)”行为混为一谈,“交出”并不等于失控。本案中,被害单位员工将油加入被告人的油箱,并非基于认识错误而交付财物,只是依照惯例先加油再收款。从主观上看,被害人没有放弃财物的意思表示;从客观上看,虽然油已经在被告人的油箱,但如果行为人不支付对价,被害人可以随时追索并恢复对财物的直接控制,其并未丧失对财物的控制和支配力。

在“加霸王油”情形下,被告人并未取得财物。刑法中的取得并不完全等同于民法中的占有。加油之后,根据民法上占有的观念,被告人已经占有了该财物,但从行使效力上看,被告人并未取得对该财物占有的绝对性和排他性。在行为人支付对价之前,被害单位仍然保持着对该财物的控制,因此不能认为行为人已经取得了财物。

基于上述三点,本案被告人李培峰在加油站为卡车加油后,为逃避支付油费,多次乘被害单位财物管理人不备驾车驶离加油站的行为,不符合诈骗罪的行为特征,其行为不构成诈骗罪。

3. “加霸王油”的行为成立抢夺罪

抢夺罪是指乘人不备、公然夺取公私财物的行为。公然夺取,是指行为人当着公私财物所有人、管理人或者其他人的面,乘人不防备,将公私财物据为已有或者给第三人所有;也有的采取可以使被害人立即发现的方式,公然把财物抢走,但不使用暴力或者以暴力相威胁。本案中,从客观方面看,李培峰采取了乘人不备、公然夺取被害单位财物的行为。李培峰当着被害单位财物管理人的面,乘人不防备驾车逃跑,并将被害单位的财物据为己有,其间并未使用暴力或者以暴力相威胁,完全符合公然夺取的特征,应以抢夺罪追究其刑事责任。

同时,值得注意的是,在加油站工作人员抓住驾驶室门或者座椅阻拦时,李培峰继续加速行驶以迫使工作人员放手,甚至导致工作人员倒地受伤,此时李培峰的行为性质发生了转化,应当依照《刑法》第二百六十九条的规定构成转化型抢劫,以抢劫罪论处。

案例:刘星抢劫案

案例来源:《刑事审判参考》总第 96 集[第 949 号]

主题词:犯罪中止

一、基本案情

被告人刘星,男,1991 年 5 月 19 日出生,无业。2010 年 2 月 11 日因犯盗窃罪被判处拘役三个月,同年 3 月 21 日刑满释放;2012 年 1 月 11 日因涉嫌犯抢劫罪被逮捕。

内蒙古自治区巴彦淖尔市人民检察院以被告人刘星犯抢劫罪,向巴彦淖尔市人民法院提起公诉。

被告人刘星对起诉书指控其犯抢劫的事实及罪名无异议,但辩称其只是准备抢劫,未确定抢劫汽车。

巴彦淖尔市中级人民法院经审理查明:2011 年 9 月 24 日中午,薛占全(已另行处理)从内蒙古自治区包头市回到巴彦淖尔市乌拉特前旗乌拉山镇,与被告人刘星会合后,薛占全提出以杀人埋尸的手段抢劫的犯意,刘星表示同意。二人遂驾驶刘星的摩托车先后两次到乌拉山附近寻找埋尸的地点未果,遂将买来作案用的铁锹藏匿于乌拉山镇卧羊台公园一草丛内,之后返回乌拉山镇又各自购买尖刀一把随身携带。第二日,薛占全又打电话给刘星提出共同实施抢劫的犯意,遭到刘星的拒绝。第三日 19 时许,薛占全来到乌拉特前旗白彦花镇街上,租用李怀斌的蒙 B-DD658 号比亚迪牌轿车(价值约合人民币 49503 元,以下币种同)前往乌拉特前旗先锋镇张楞社,欲途中实施抢劫但未果。当日 20 时许,薛占全在白彦花镇街上,租用被害人刘兰庭的蒙 B-S5692 号夏利牌轿车(价值 30544 元)前往张楞社。当车行驶至先锋镇分水村三其社附近时,薛占全找借口要求停车,并和刘兰庭一同下车。在刘兰庭准备上车时,薛占全持随身携带的刀捅刺刘兰庭左肩颈结合处、左肩、左背部、腰部 10 刀,致刘兰庭左锁骨下动脉破裂引发大出血死亡。后薛占全驾驶该车将刘兰庭尸体抛至先锋镇分水村根子厂社附近草地内,从刘兰庭处劫得现金100元、诺基亚手机一部。

巴彦淖尔市中级人民法院认为,被告人刘星与薛占全预谋以杀人埋尸的手段抢劫财物,共同寻找埋尸地点并购买了作案工具,二人的行为构成抢劫罪,且系共同犯罪。薛占全在共同犯罪中起主要作用,系主犯,刘星在共同犯罪中起辅助作用,系从犯。刘星与薛占全共同预谋抢劫杀人、共同准备犯罪工具、制造犯罪条件,其虽然在预备阶段停止实施犯罪行为,但其未有效制止薛占全的继续犯罪行为,未能避免危害结果的发生,其应当对全案抢劫杀人既遂后果承担法律责任。据此,依照《中华人民共和国刑法》第二百六十三条第(四)项、第(五)项,第二十五条,第二十六条,第二十七条,第五十七条第一款,第六十四条之规定,巴彦淖尔市中级人民法院以被告人刘星犯抢劫罪,判处有期徒刑五年,并处罚金人民币一万元。

宣判后,被告人刘星没有提起上诉,检察机关亦未抗诉,该判决已发生法律效力。

二、裁判要旨

No. 5-263-156　预备阶段共同犯罪人单纯放弃个人继续犯罪,未阻止他人实行行为或者有效防止危害结果发生的,不能成立犯罪中止。

共同犯罪从形式上可区分为简单共同犯罪和复杂共同犯罪,二者评判犯罪中止的成立存在不同。简单共同犯罪中,二人以上共同故意实行犯罪,若部分共同实行犯在犯罪过程中自动放弃犯罪,又成功阻止其他共同实行犯放弃犯罪,犯罪过程不再延续的,各共同实行犯均成立犯罪中止;该放弃犯罪者虽未能说服他人的,但通过自身努力有效避免危害结果发生的,其依然构成犯罪中止,而相对其他未放弃者而言,危害结果的未发生是意志以外因素所致,则构成犯罪未遂;该放弃犯罪者若未能有效劝服其他实行犯,或者未能采取合理、有效措施,避免危害结果发生,致使犯罪既遂的,各实行犯均应对危害结果承担刑事责任。复杂共同犯罪中,虽然内部存在分工,各共犯对犯罪过程参与程度不同,但对是否成立犯罪中止的判断,基本原则等同于简单共同犯罪,主要把握放弃犯罪者终止自身行为、对其他共犯是否成功施加影响或有效避免危害结果的发生等几方面内容。对其他非主动放弃犯罪的共犯的犯罪形态的把握,就要看危害结果未发生的状态与其主观心态是否背离,是否因其主动放弃犯罪心态下付出的努力,或者成立犯罪中止,或者成立犯罪未遂。若未能有效避免犯罪结果发生的,均构成犯罪既遂。本案中,刘星系复杂共同犯罪中的帮助犯,其虽然放弃继续实施犯罪,但未有效阻止实行犯薛占全放弃继续实施犯罪,也未有效防止犯罪结果的发生,薛占全继续实行并完成抢劫行为,故刘星的行为不构成犯罪中止,应当认定为抢劫既遂。

虽然根据犯罪中止理论的通说,共同犯罪人单纯放弃继续犯罪,未能阻止他人实行行为或有效防止危害结果发生的行为,不成立犯罪中止,其仍具备承担犯罪既遂责任的主客观条件,但毕竟其主观上存在放弃继续犯罪的愿望,客观上未再继续扩大其在共同犯罪中的影响,也未再对危害结果的产生施加作用力,相较未放弃的共同犯罪人而言,其行为的社会危害性较小,个体的主观恶性、人身危险性也较低,所应背负的刑事责任理应有所区别。共同犯罪人即便放弃犯罪的行为不足以成立犯罪中止的,也应根据其在共同犯罪中的实际作用、危害大小并适当考虑其放弃犯罪的意愿及所做努力施以相应刑罚。本案中,刘星仅参与犯罪预备阶段的准备工作,没有参与同案被告人后期实施的犯罪行为,对后期危害结果的发生也持消极态度,客观上其未进一步扩大其个体行为所致恶害,参与共同犯罪程度较浅,在共同犯罪中所起作用相对较小,系从犯。故法院对刘星依法予以减轻处罚,体现了罪责刑相适应的原则。

案例:习海珠抢劫案

案例来源:《刑事审判参考》总第102集[第1063号]

主题词:抢劫罪　使用暴力胁迫手段消除债务行为的定性

一、基本案情

被告人习海珠,男,1973年10月27日出生,个体经营户。因涉嫌犯强迫交易罪于2011年

12月31日被逮捕。

(其他被告人的基本情况及处理结果略)

江西省新余市人民检察院以被告人习海珠等人犯强迫交易罪、抢劫罪、故意伤害罪向新余市中级人民法院提起公诉。

被告人习海珠对公诉机关指控其犯抢劫罪辩解称,被害人彭桂根的陈述不属实,同案被告人艾宇刚等人殴打彭桂根是因为矿山纠纷而非为了抢劫,且彭桂根所写收条已灭失,其不构成抢劫罪。

新余市中级人民法院经公开审理查明:2009年4月,被害人彭桂根、习金华、彭淑韦合伙经营位于江西省新余市渝水区下村镇的高山选矿厂。2010年4至5月间,被告人习海珠为迫使彭桂根等人转让该厂,多次指使习小红、习思平,以每去一次每人发50元钱为条件,组织本村部分老人、妇女到厂里,采取关电闸、阻拦货车装货等方式阻碍生产,并对工人进行威胁。2010年11月、2011年4月,彭桂根、习金华、彭淑韦三人先后被迫将该选矿厂以390万元的价格转让给习海珠。习海珠陆续支付了彭桂根222万元,但仍欠彭桂根75万元,彭桂根多次讨要。2011年7月3日21时许,在新余市暨阳五千年娱乐城301包厢内,习海珠指使艾宇刚等人殴打彭桂根,并逼迫彭桂根写下收到习海珠购买高山选矿厂所欠75万元的收条。经鉴定,彭桂根所受身体损伤构成轻微伤乙级。

另查明,2011年9月8日晚,被告人习海珠、习勇兵等人与李良、被害人王庆等人在新余市华祥苑茶楼商谈履行购矿合同一事。其间,李良要求习勇兵离开,习勇兵与王庆发生争执。习海珠指使陈海峰(在逃)等人持刀将王庆砍至轻伤。

新余市中级人民法院认为,被告人习海珠等人以关电闸、阻拦货车装货等胁迫手段强迫被害人彭桂根等人转让高山选矿厂,情节严重,其行为已构成强迫交易罪;习海珠等人故意伤害被害人王庆身体,致其轻伤,其行为又构成故意伤害罪。关于习海珠等人是否构成抢劫罪的问题,经查,虽无法认定彭桂根书写收条的具体内容,但习海珠等人采取暴力手段逼迫彭桂根书写收条,其目的是消除或减少习海珠所欠彭桂根的债务,侵犯了彭桂根的财产权利,故习海珠等人还构成抢劫罪。习海珠等人所犯数罪,依法应予并罚。在抢劫共同犯罪中,习海珠授意犯罪,系主犯。该抢劫犯罪因意志以外的原因而未得逞,系抢劫未遂,依法可减轻处罚。据此,依照《中华人民共和国刑法》第二百二十六条、第二百六十三条、第二百三十四条第一款、第二十三条、第二十五条第一款、第六十九条之规定,判决如下:被告人习海珠犯强迫交易罪,判处有期徒刑三年;犯抢劫罪,判处有期徒刑二年;犯故意伤害罪,判处有期徒刑一年,决定执行有期徒刑五年六个月。

一审宣判后,被告人习海珠提出上诉。主要理由是:本案事实不符合抢劫犯罪当场取得财物的特征;即便认定为抢劫罪,也应认定为犯罪中止,而非未遂,更不应认定为既遂。新余市人民检察院提起抗诉。主要理由是:本案证据可以证实,被告人习海珠等人逼迫被害人彭桂根所写收条的内容为"收到习海珠购买高山选矿厂所欠75万元",习海珠等人的抢劫行为已实施终了,债务已经消灭,属于抢劫犯罪既遂,对习海珠所犯该罪应在有期徒刑十年以上量刑。

江西省高级人民法院经审理认为,被告人习海珠等人以暴力、胁迫手段逼迫被害人彭桂根写下75万元收条的犯罪行为,当场完成了"归还"75万元欠款的全部手续,使彭桂根难以向其追债,进而实现了消灭合法债务、非法占有彭桂根合法财产的犯罪目的,符合抢劫罪的构成要件,且应认定为犯罪既遂。检察机关关于习海珠等人构成抢劫既遂的抗诉意见成立,应予采纳。江西省高级人民法院判决如下:被告人习海珠犯强迫交易罪,判处有期徒刑三年;犯抢劫罪,判处有期徒刑十一年,并处罚金人民币二万元;犯故意伤害罪,判处有期徒刑一年,决定执行有期徒刑十二年,并处罚金人民币二万元。

二、裁判要旨

No. 5-263-157 在拖欠被害人欠款的情况下,以暴力胁迫手段逼迫被害人写下收条的行为,构成抢劫罪既遂。

我国现行《刑法》中并没有直接规定侵犯财产罪的犯罪对象包括财产性利益,也没有单独设立利益罪,但是,刑法理论界普遍的观点认为,财产性利益可以作为财产犯罪的对象。随着社会交易方式、财产形态的日渐多样化,作为刑法中的财产犯罪的对象,“财产”概念的内涵和外延也呈现逐渐扩张趋势。财产既包括有形的财物,也包括各种财产性利益。加强对财产性利益的法律保护,是市场经济发展的必然要求。我国《刑法》第五章规定的侵犯财产罪,对相关罪名的罪状表述多采用“财物”这一概念,如“以暴力、胁迫或者其他方法抢劫公私财物的”,构成抢劫罪。单从文义来看,相关罪状表述似乎将财产犯罪的对象限定为有形的“财物”,但是,财产性利益具有财产价值,可以转化为现金或者其他财物,因此,从对财产权的法益保护角度来看,此处所谓的“财物”,不仅包括有形的“财物”,也应当包括以其他形式存在的财产性利益。抢劫有形财物与抢劫财产性利益所侵害的对象都是财产,如仅因财产的表现形式不同就加以区别对待,显然是不公平的。本案中,被告人习海珠等人以暴力、胁迫手段逼迫被害人彭桂根书写75万元收条,侵犯的就是彭桂根的财产性利益。

以财产性利益为犯罪对象的抢劫案件,应当以财产性权益是否在客观上受到实际侵害作为判断既遂和未遂的标准。本案在犯罪既遂和未遂的问题上产生争议,主要是由于抢劫对象特殊,并非实实在在的75万元现金,而是能够体现消除75万元债权的收条。即使在以有形财物作为犯罪对象的抢劫犯罪中,被害人对被抢财物的所有权也没有丧失,只是丧失了占有而已,对此,显然不能以被害人可以通过提起民事诉讼主张自己对被抢财物的所有权为由认定本案情形属于犯罪未遂。此外,即使彭桂根提起民事诉讼,是否能够胜诉,也并不确定。因此,不能以被害人可以通过民事诉讼等方式获得救济为由认定本案情形属于犯罪未遂。从对财产权的侵犯角度来看,对于以有形财物作为抢劫对象的案件,被害人拥有财产权的主要方式就是对财物的占有,一旦被害人因犯罪行为丧失对财物的占有,其财产权就遭到了实际侵害,对此类案件,应当以行为人是否实际劫取财物作为判断既遂和未遂的标准。对于以财产性利益作为抢劫对象的案件,被害人的财产权并不直接体现为对有形财物的实际占有,而是体现为各种财产权利义务关系,如果因犯罪行为改变了原有的财产权利关系,导致被害人丧失了财产性利益,被害人的财产权就遭到了实际侵害,对此类案件,应当以行为人是否改变了原有的财产权利关系作为判断既遂和未遂的标准。

案例:董某某、宋某某抢劫案

案例来源:《人民法院案例选》2016年第2辑;最高人民法院2013年1月31日第四批指导性案例第14号

主题词:抢劫罪 禁止令适用

一、基本案情

被告人董某某、宋某某(时年17周岁)迷恋网络游戏,平时经常结伴到网吧上网,时常彻夜不归。2010年7月27日11时许,因在网吧上网的网费用完,二被告人即伙同王某(作案时未达到刑事责任年龄)到河南省平顶山市红旗街社区健身器材处,持刀对被害人张某某和王某某实施抢劫,抢走张某某5元现金及手机一部。后将所抢的手机卖掉,所得赃款用于上网。

河南省平顶山市新华区人民法院于2011年5月10日作出(2011)新刑未初字第29号刑事判决,认定被告人董某某、宋某某犯抢劫罪,分别判处有期徒刑二年六个月,缓刑三年,并处罚金人民币一千元。同时禁止董某某和宋某某在36个月内进入网吧、游戏机房等场所。

宣判后,二被告人均未上诉,判决已发生法律效力。

二、裁判要旨

No. 5-263-158 对于被判处管制或宣告缓刑的被告人,可以根据其犯罪的具体情况以及禁止事项与所犯罪行的关联程度,对其适用“禁止令”。

本案中,被告人主要是因上网吧需要网费而诱发了抢劫犯罪;二被告人长期迷恋网络游戏,网吧等场所与其犯罪有密切联系;如果将被告人与引发其犯罪的场所相隔离,有利于家长和社区在缓刑期间对其进行有效管教,预防再次犯罪;被告人犯罪时不满十八周岁,平时自我控制能力较差,对其适用禁止令的期限确定为与缓刑考验期相同的三年,有利于其改过自新。

案例:焦某某等人抢劫、盗窃、寻衅滋事案

案例来源:《人民法院案例选》2016 年第 10 辑

主题词:盗窃罪　偷开机动车

一、基本案情

被告人焦某某,曾用名"焦湘豫",绰号"小龙",农民。因涉嫌犯抢劫罪于 2014 年 12 月 14 日被浙江省宁波市公安局镇海分局抓获羁押,同月 15 日被刑事拘留,2015 年 1 月 20 日被依法逮捕。现羁押于浙江省宁波市镇海区看守所。

被告人仲某某,绰号"小威",农民。因涉嫌犯抢劫罪于 2014 年 12 月 14 日被浙江省宁波市公安局镇海分局抓获羁押,同月 15 日被刑事拘留,2015 年 1 月 20 日被依法逮捕。现羁押于浙江省宁波市镇海区看守所。

被告人孙某,绰号"小虎",农民。因涉嫌犯抢劫罪于 2014 年 12 月 14 日被浙江省宁波市公安局镇海分局抓获羁押,同月 15 日被刑事拘留,2015 年 1 月 20 日被依法逮捕。现羁押于浙江省宁波市镇海区看守所。

法院经审理查明以下犯罪事实:

(1)抢劫、盗窃。2014 年 12 月 13 日下午,被告人焦某某、仲某某、孙某等人经事先预谋,准备好口罩、手套、刀具等作案工具意欲实施抢劫。当晚 20 时许,三被告人驾驶面包车在马路上寻找抢劫目标,面包车驶至宁波市江北区洪塘街道宁沁路与江北大道交叉口时发生故障。三被告人遂采用工具撬锁、发动等方式,窃得被害人叶某停放在上述宁沁路口的浙 B×××××银色长安面包车 1 辆,价值人民币 8000 元。三被告人驾驶盗窃所得的车辆继续寻找目标。次日凌晨 4 时许,三被告人驾车驶至镇海区蛟川街道银凤晓月小区北门附近时,见单身一人行走的被害人徐某,遂决定对其抢劫。被告人焦某某将面包车驶近徐某后,三被告人下车将被害人徐某强行拖上面包车,并采用胶带捆绑、封堵被害人的手脚、眼睛和嘴巴等手段控制被害人,劫得被害人包内现金人民币 500 余元、"步步高"X1ST 手机 1 部及银行卡等物,实物价值人民币 1190 元。后三被告人将被害人带至镇海区九龙湖镇汶溪村桃窑一空置房内,采用言语威胁、刀具划刺被害人四肢等手段逼迫被害人徐某说出银行卡密码,后由被告人仲某某看管被害人,被告人焦某某、孙某至邮政储蓄银行镇海区长石营业所的 ATM 机上,从被害人徐某的银行账户内劫得人民币 2000 元。后三被告人将被捆绑的被害人徐某遗弃在上述空置房内驾车驶离现场,行驶至本区骆驼街道胜光村宁波绕城高速附近时因面包车发生故障,三被告人将该车遗弃在上述绕城高速南侧树林边后逃离。三被告人逃离后,被害人徐某自行解开捆绑四肢的胶带后获救。经法医鉴定,被害人徐某因锐器作用致四肢多处皮肤划伤、裂伤,损伤属于轻伤二级。

另查明,公安机关扣押涉案赃款人民币 1800 元并已发还被害人徐某,涉案面包车已被追回并发还被害人叶某。

(2)寻衅滋事。2014 年 11 月 30 日凌晨 1 时许,被告人孙某伙同他人在河南省泌阳县迎宾路移民办楼下的"老字号"大排档吃夜宵,席间因琐事与邻桌正在吃饭的孟某等人发生争执,继而引起打斗,被告人孙某伙同他人用随身携带的伸缩甩棍、酒瓶等击打对方,致被害人孟某、马某受伤。经法医鉴定,被害人马某的伤势构成轻伤二级,被害人孟某的伤势构成轻微伤。

浙江省宁波市镇海区人民检察院指控被告人焦某某、仲某某犯抢劫罪、盗窃罪,被告人孙某犯抢劫罪、盗窃罪、寻衅滋事罪,向宁波市镇海区人民法院提起公诉。

被告人焦某某、仲某某、孙某对起诉书指控的犯罪事实均无异议,并表示自愿认罪。

辩护人辩称被告人焦某某、仲某某、孙某能如实供述自己的犯罪事实并自愿认罪,请求法院对其从轻处罚。浙江省宁波市镇海区人民法院于 2015 年 5 月 25 日作出(2015)甬镇刑初字第 225 号刑事判决:

1. 被告人焦某某犯抢劫罪,判处有期徒刑六年九个月,并处罚金人民币一千元;犯盗窃罪,判处有期徒刑七个月,并处罚金人民币二千元。决定执行有期徒刑七年,并处罚金人民币三千元。

2. 被告人仲广威犯抢劫罪,判处有期徒刑六年三个月,并处罚金人民币一千元;犯盗窃罪,判处有期徒刑六个月,并处罚金人民币二千元。决定执行有期徒刑六年六个月,并处罚金人民币三千元。

3. 被告人孙某犯抢劫罪,判处有期徒刑六年三个月,并处罚金人民币一千元;犯盗窃罪,判处有期徒刑七个月,并处罚金人民币二千元;犯寻衅滋事罪,判处有期徒刑一年九个月。决定执行有期徒刑八年,并处罚金人民币三千元(限判决生效后一个月内向本院缴纳)。

4. 犯罪工具美工刀二把、折叠刀二把、小砍刀一把、手套四副、口罩三副、胶带一卷、开锁工具一套、甩棍一根,予以没收;责令被告人焦某某、仲某某、孙某继续退赔被害人徐某某经济损失人民币一千八百九十元。

一审宣判后,三被告人均表示不上诉。

二、裁判要旨

No. 5-263-159　为实施抢劫而偷开他人机动车,使用完毕后遗弃的行为,即使事后被公安机关追回并发还被害人,也应当以抢劫罪与盗窃罪数罪并罚。

2013年最高人民法院、最高人民检察院《关于办理盗窃刑事案件适用法律若干问题的解释》第十条中所规定的"偷开他人机动车将车辆遗弃导致丢失的"中的"丢失"是指失去、遗失的状态,而非永远失去的结果。被告人焦某某等人将被盗面包车使用完毕后遗弃到远离原处的地方,对于被害人来说面包车就处于丢失、失控的状态。虽然公安机关最终将被盗车辆追回,并发还给被害人但仍然不能阻碍"丢失"这种状态的发生。故被告人焦某某等人的行为属于将车辆遗弃导致丢失的情形,应当以抢劫、盗窃罪数罪并罚。

案例:钟某抢劫案

案例来源:《刑事审判参考》总第108集[第1173号]

主题词:抢劫罪　累犯

一、基本案情

2012年1月11日,被告人钟某(1991年12月14日出生)至吴江经济技术开发区一巷子内,采用卡脖子、拳打脚踢等手段,劫取被害人石媛媛现金400余元及总价值420元的数码相机、MP4、挎包及钱包等财物,并致石媛媛轻微伤。案发后,公安机关追回全部赃款(物),并已发还给石媛媛。归案后,钟某如实供述了自己的犯罪事实。

另查明,被告人钟某于2009年2月至2009年9月间(作案时已满16周岁不满18周岁),在吴江市多地,先后盗窃作案7起,窃得财物共计3580元;于2010年7月8日(作案时已满18周岁)在吴江市平望镇入户窃得其伯父钟某某现金2280元。吴江市人民法院于2010年12月6日以盗窃罪判处被告人钟某有期徒刑九个月,并处罚金人民币一千元,2011年4月17日刑满释放。

二、裁判要旨

No. 5-263-160　被告人前次犯罪跨越18周岁且被判处有期徒刑,在刑罚执行完毕后5年内再犯应当判处有期徒刑以上刑罚之罪的,18岁后实施的前罪不是应当判处有期徒刑以上刑罚的,不构成累犯;18周岁后实施的故意犯罪处于可能判处有期徒刑与拘役、管制、单处罚金等刑罚的临界点的,一般不认定为累犯。

根据《刑法》第65条第1款,累犯需要满足以下条件:一是前后罪均须为故意犯罪,二是前后罪均应判处有期徒刑以上刑罚,三是刑罚执行完毕后5年以内。同时,为体现对未成年犯罪人的特殊保护,如果前罪系不满18周岁时实施的,也不能认定为累犯。

如果被告人前罪跨越18周岁,既不能因为前罪中有18周岁前实施的犯罪,就一概认为不构成累犯,也不能完全不考虑18周岁前后数罪的罪质及应判处的刑罚,只根据宣告刑或合并执行的刑罚是否是有期徒刑以上刑罚,来认定是否构成累犯。应当以18周岁后实施的犯罪的罪质及应判处的刑罚为判断的侧重点,结合18周岁前所犯之罪合并执行的刑罚执行完毕的期限,判断是否构成累犯。

如果前罪为不同种数罪,只考虑18周岁后所犯之罪来认定是否构成累犯即可。如果前罪为同种数罪或连续犯,即使最终判处的刑罚不体现每起犯罪独立的宣告刑,也可以根据其数罪情节分别对应的量刑幅度,确定18周岁后实施的犯罪是否应当判处有期徒刑以上刑罚。如果应当判处有期徒刑的,在其他条件也符合的情况下,可以认定被告人系累犯。如果综合考虑被告人19周岁前后所实施的全部罪行而对其判处有期徒刑,但单独考虑19周岁后实施的部分犯罪行为的性质、情节,或者被告人具有自首、立功、从犯等从轻、减轻处罚情节,处于可判处有期徒刑与拘役、管制、单处罚金等刑罚的临界点的,那么,从存疑有利于被告人及特殊保护未成年人的原则考虑,一般不宜认定为累犯。

本案中,被告人钟某2010年7月8日18周岁后,在吴江市平望镇入户盗窃现金2280元;还于2009年2月至2009年9月间(作案时已满16周岁不满18周岁),先后盗窃作案7起,窃得财物共计3580元,法院综合考虑盗窃事实、情节,判处钟某有期徒刑九个月。本案审理时最高人民法院于2010年发布的《人民法院量刑指导意见(试行)》规定,构成盗窃罪,达到数额较大起点的,可以在三个月拘役至六个月有期徒刑幅度内确定量刑起点。就盗窃犯罪而言,钟某具有全部退赃、自愿认罪、盗窃亲属财物等从轻情节,以及入户盗窃等从重情节,钟某应判处的刑罚为有期徒刑六个月以下,或者拘役六个月以下。鉴于钟某实施的多起盗窃跨越18周岁年龄段,而18周岁后实施的盗窃犯罪应判处的刑罚处于有期徒刑与拘役的临界点,不是必然应当判处有期徒刑,未认定钟某构成累犯。

108 盗窃罪(《刑法》第二百六十四条)

案例:董保卫等盗窃、收购赃物案

案例来源:《刑事审判参考》总第48集[第381号]

主题词:自首　投案动机　如实供述

一、基本案情

被告人董保卫,男,1976年10月1日出生,初中文化,农民。因涉嫌犯盗窃罪,于2003年10月17日被逮捕。

被告人李志林,男,1961年3月3日出生,高中文化,原系北京市制动密封材料厂门卫。因涉嫌犯盗窃罪,于2003年10月17日被逮捕。

被告人董曙光,男,1973年7月8日出生,小学文化,农民。因涉嫌犯盗窃罪,于2003年10月17日被逮捕。

被告人卢启学,男,1965年3月4日出生,初中文化,农民。因涉嫌犯盗窃罪,于2003年10月17日被逮捕。

北京市朝阳区人民法院经审理查明:2003年9月1日1时许,被告人董保卫、董曙光等人在被告人李志林的协助下进入位于北京市朝阳区的北京市制动密封材料厂行窃。在将该厂库房大门上的挂锁破坏以后,被告人董保卫、董曙光等人窃走锻钢毛坯8.8吨(价值人民币5.544万元)。被告人卢启学在明知上述物品系赃物的情况下,仍以人民币1.1万元的价格予以收购并转卖。案发后,公安机关追缴被告人李志林分得的赃款人民币1500元。

被告人董曙光在犯罪后,因只分得少部分赃款,又听说举报能领奖金,即向被盗单位举报了其与他人盗窃该单位物品的情况,并由被盗单位的人员带至公安机关报案。诉讼过程中,董承认其参与了盗窃活动,但辩称其不明知是去实施盗窃。

北京市朝阳区人民法院认为,被告人董保卫、李志林、董曙光以非法占有为目的,共同秘密窃取国有财产,且所窃物品价值数额巨大,三被告人的行为均已构成盗窃罪,应予惩处。被告人卢启学明知是犯罪所得的赃物而予以收购,其行为已构成收购赃物罪,亦应惩处。公诉机关指控被告人董保卫、李志林、董曙光犯盗窃罪,被告人卢启学犯收购赃物罪的罪名成立,但认定赃物数量有误,予以纠正。被告人李志林、董曙光的辩解,均与事实不符,不予采纳。被告人卢启学的辩护人提出的辩护意见自相矛盾,不予支持。被告人董保卫、李志林在共同盗窃犯罪中起主要作用,系主犯。被告人董曙光起次要作用,系从犯,依法予以从轻处罚。涉案的人民币1500元,应退赔被盗单位。据此,依照《中华人民共和国刑法》第二百六十四条、第三百一十二条、第二十五条第一款、第二十六条第一款、第二十七条、第五十六条第一款、第五十五条第一款、第五十二条、第五十三条、第六十四条的规定,判决如下:

1. 被告人董保卫犯盗窃罪,判处有期徒刑八年,剥夺政治权利一年,罚金人民币八千元。
2. 被告人李志林犯盗窃罪,判处有期徒刑八年,剥夺政治权利一年,罚金人民币八千元。
3. 被告人董曙光犯盗窃罪,判处有期徒刑五年,罚金人民币五千元。
4. 被告人卢启学犯收购赃物罪,判处有期徒刑一年,罚金人民币一千元。
5. 涉案的人民币一千五百元,退赔北京市制动密封材料厂。
6. 责令被告人董保卫、李志林、董曙光各退赔人民币一万七千九百八十元,退还北京市制动密封材料厂。

宣判后,被告人董保卫、李志林、董曙光三人不服,提出上诉。

董保卫上诉称,其曾协助公安人员抓捕同案犯卢启学,有立功表现,原判量刑过重。

李志林上诉称,其协助公安人员抓捕同案犯董曙光,有立功表现,原判量刑过重。其辩护人认为,原判认定李志林犯盗窃罪的事实错误,适用法律不正确,李志林的行为构成受贿罪,建议二审法院依法改判。

董曙光上诉称,其有自首情节,一审未予认定,原判量刑过重。

北京市人民检察院第二分院的审查意见是:原判认定事实清楚,证据充分;董保卫的上诉理由不能成立,李志林属于盗窃共犯,没有立功表现,建议驳回董保卫、李志林的上诉;董曙光虽然开始承认参与盗窃,但其供述不稳定,对犯罪目的予以否认,希望二审法院对董曙光是否构成自首核实证据,作出相应裁判。

北京市第二中级人民法院经审理认为,董保卫、李志林、董曙光以非法占有为目的,伙同他人秘密窃取单位财物,行为均已构成盗窃罪,且盗窃数额巨大,依法应予惩处。卢启学明知是犯罪所得的赃物而予以收购,行为已构成收购赃物罪,依法亦应惩处。董保卫、李志林在共同盗窃中起主要作用,系主犯;董曙光在共同盗窃中起次要作用,系从犯。对于董保卫、李志林分别所提其有协助公安人员抓捕同案犯的立功表现,原判量刑过重的上诉理由,经查,二人所提具有立功情节的上诉理由没有事实和法律依据,不能成立,原判考虑董保卫、李志林在共同犯罪中所起的作用,依法在量刑幅度内分别裁量的刑罚并无不当。故董保卫、李志林的上诉理由均不能成立,不予采纳。对于李志林的辩护人所提原判认定李志林犯盗窃罪的事实错误,适用法律不正确,李志林的行为构成受贿罪的辩护意见,经查,在案证据证实李志林在盗窃现场,参与盗窃活动,原判认定李志林犯盗窃罪的证据充分,李志林的辩护人的辩护意见不能成立,不予采纳。董曙光所提其有自首情节,原判量刑过重的上诉理由,经查,董曙光主动向被盗单位举报了其与他人盗窃该单位物品的情况,并由被盗单位人员带至公安机关报案,按照有关法律规定,董曙光属于自动投案并如实供述自己的罪行,应认定为自首,至于投案的动机和其在一审期间对行为性质的辩解,不影响自首的成立。董曙光的上诉理由予以采纳。原审法院对董保卫、李志林、卢启学定罪及适用法律正确,所判主刑和附加刑适当,对继续追缴赃款的处理亦正确,审判程序合法,应予维持;但原判对董曙光的自首情节未予认定,导致对董曙光量刑畸重,应予纠正。鉴于董曙光系共同犯罪中的从犯,且有自首情节,依法应对其减轻处罚。北京市人民检察院第二分院建议驳回董保卫、李志林上诉的审查意见成立,予以采纳。据此,依照《中华人民共和国刑事诉讼法》第一百八十九条第(一)项、第(二)项,《中华人民共和国刑法》第二百六十四条、第三百一十二条、第二十五条第一款、第二十六条第一款和第四款、第二十条、第六十七条第一款、第五十六条第一款、第五十五条第一款、第五十二条、第五十三条、第十一条、第六十四条及最高人民法院《关于处理自首和立功具体应用法律若干问题的解释》第一条的规定,判决如下:

1. 维持北京市朝阳区人民法院刑事判决的第一项、第二项、第四项、第五项、第六项。

2. 撤销北京市朝阳区人民法院刑事判决第三项,即被告人董曙光犯盗窃罪,判处有期徒刑五年,罚金人民币五千元。

3. 上诉人(原审被告人)董曙光犯盗窃罪,判处有期徒刑二年,并处罚金人民币二千元。

二、裁判要旨

No. 5-264-1 自动投案符合法律及司法解释关于自首条件规定的,应当成立自首,其投案动机不影响自首成立。

自首的立法精神主要是为瓦解分化犯罪分子,提高刑事案件的办案效率,节约司法成本,从犯罪分子投案及供述行为的客观结果考虑,只要有利于司法机关查明有关事实并顺利进行审判,就可认定为自动投案,因此,投案后又逃跑的,不应当认定为自首。至于犯罪分子出于何种动机,对于认定自动投案及自首并不起决定作用。因此,犯罪分子在被采取强制措施前,主动到有关单位反映案件事实,没有隐瞒自己在其中的作用,没有逃避可能的刑事处理,不论其反映案件事实的真实目的如何,均应认定为自动投案。

在本案中,董曙光因为只分得少部分赃款,又听说举报能领取奖金,遂到被盗单位举报,但在举报的同时,并没有隐瞒自己在犯罪过程中的作用,如实交代了有关案件事实经过,也没有逃避可能的司法审查。尽管其投案的动机是为获取有关奖赏,尽管其辩称主观上不明确知道是共同盗窃,但其举报并接受审查的行为,在客观上造成了协助公安机关破获此案的结果,提高了破案效率,节约了司法成本,这完全符合自首的有关立法精神。因此,应认定其行为为主动投案。

No. 5-264-2 如实交代其主要犯罪行为的客观事实,仅否认主观内容,例如主观罪过或对行为性质的认识等,仍应认定为如实供述,不影响自首的成立。

如实供述的核心内容是客观事实而非主观心理。故合法辩解和不如实供述的区别就在于,不承认或推翻有罪供述的内容是主观认识还是客观事实。如果行为人不否认或基本不否认犯罪行为的客观事实方面,能如实交代行为的客观方面,而仅否认主观内容方面,不论是否认其主观犯罪故意,还是否认其客观行为的犯罪性质,均属于辩解,不影响自首的成立。但需注意的是,在共同犯罪中,犯罪故意的串通,即共谋本身不仅是一种主观心理态度,而且是一种客观行为,属于应如实交代的客观事实,辩解中对主观故意的否定不包含对共谋行为及内容的否定,如果犯罪分子不如实交代共谋的过程及内容,就不能认为是作了如实供述,也就不应认定为自首。

在本案中,董曙光仅否定了其具有明知共同盗窃的主观故意,但对整个盗窃过程及其在盗窃过程中的行为并未隐瞒或推诿,此种行为是其正常行使辩护权的表现,仍属于如实供述自己的罪行。被告人董曙光对犯罪行为性质的辩解,依据司法解释的有关规定,不影响自首的成立。

案例:王春明盗窃案

案例来源:《刑事审判参考》总第 45 集[第 354 号]

主题词:自首　传唤

一、基本案情

被告人王春明,男,1975 年 10 月 15 日出生,初中文化,农民。因涉嫌犯盗窃罪于 2004 年 5 月 14 日被取保候审。

山东省青州市人民法院经审理查明:2004 年 3 月某天晚上 10 时许,被告人王春明在青州市造纸厂路口西鑫胜配货站门前,盗窃田永忠停放在此处的海陵二轮摩托车 1 辆,经鉴定该车价值 1960 元。同年 5 月份,被告人王春明在得知该车车主是田永忠后,向田永忠索要 500 元现金后将摩托车退还给了田永忠。同年5月14日,被告人王春明被传唤到公安机关后,主动交代了上述犯罪事实。

山东省青州市人民法院认为,被告人王春明采取秘密手段窃取他人财物,数额较大,其行为已构成盗窃罪,应予刑事处罚。被告人王春明在接到传唤后主动归案,如实供述犯罪事实,系自首,可予以从轻处罚。公诉机关指控成立,予以支持。依据《中华人民共和国刑法》第二百六十四条、第六十七条第一款、第五十二条之规定,判决如下:

被告人王春明犯盗窃罪,单处罚金人民币三千元。

一审判决后,被告人王春明服判,在法定期限内没有提起上诉,公诉机关在法定期限内没有提起抗诉,判决已发生法律效力。

二、裁判要旨

No.5-264-3　被公安机关传唤到案后,如实供述自己的犯罪行为的,应当认定为自首。

首先,传唤不属于强制措施。被传唤后归案符合《关于处理自首和立功具体应用法律若干问题的解释》第一条第(一)项规定的"在未受到讯问、未被采取强制措施之前"的时间范围。传唤和拘传不同,传唤是使用传票通知犯罪嫌疑人在指定的时间自行到指定的地点接受讯问的诉讼行为,它强调被传唤人到案的自觉性,且传唤不得使用械具。而拘传则是强制犯罪嫌疑人依法到案接受讯问的一种强制措施。通常情况下,拘传适用于经过依法传唤,无正当理由拒不到案的犯罪嫌疑人。可见,传唤与拘传有着本质的不同,法律并未将传唤包括在强制措施之内。

其次,经传唤归案的犯罪嫌疑人具有归案的自动性和主动性。犯罪嫌疑人经传唤后,自主选择的余地还是很大的,其可以选择归案,也可拒不到案甚至逃离,而其能主动归案,就表明其有认罪悔改、接受惩罚的主观目的,即具有归案的自动性和主动性。

案例:沈某某盗窃案

案例来源:《刑事审判参考》总第40集[第315号]

主题词:盗窃罪　盗窃数额　认识错误

一、基本案情

被告人沈某某,女,1981年8月19日出生,汉族。因涉嫌犯盗窃罪,于2003年1月3日被逮捕。

某市某区人民法院经审理查明:2002年12月2日晚12时许,被告人沈某某在某市某区"皇家银海大酒店"3614房与潘某某进行完卖淫嫖娼准备离开时,乘潘不备,顺手将潘放在床头柜上的嫖资及一只"伯爵牌"18K黄金石圈满天星G2连带男装手表拿走,后藏匿于其租住的某市某区荷城甘泉街90号二楼的灶台内。次日上午,潘某某醒后发现自己的手表不见了,怀疑系沈所为,便通过他人约见了沈某某。潘询问沈是否拿了他的手表,并对沈称:该表不值什么钱,但对自己的意义重大,如果沈退还,自己愿意送2000元给沈。沈某某坚决否认自己拿走了该表。潘某某报案后,公安机关遂将已收拾好行李(手表仍在灶台内,被告人未予携带或藏入行李中)准备离开某市的沈某某羁押。沈某某在被羁押期间供述了自己拿走潘手表的事实及该手表的藏匿地点,公安人员据此起获了此手表,并返还给被害人。另经查明,在讯问中,沈某某一直不能准确说出所盗手表的牌号、型号等具体特征,并认为该表只值六七百元;拿走潘的手表是因为性交易中潘行为粗暴,自己为了发泄不满。经某市某区价格认证中心鉴定:涉案手表价值人民币123879.84元。

某市某区人民法院认为:被告人沈某某秘密窃取他人数额较大的财物,其行为已构成盗窃罪。虽然被害人将手表与嫖资放在一起,但被害人并未申明手表亦是嫖资的一部分,该手表仍为被害人所有;被告人拿走嫖资并顺手拿走手表时,被害人虽没有睡着,但被害人对此并未察觉,故被告人的行为仍然符合"秘密窃取"的特征。因此,公诉机关指控被告人犯盗窃罪的罪名成立,应予支持。被告人沈某某关于其行为并非"秘密窃取"的辩解和其辩护人关于被告人沈某某不具有非法占有目的的辩护意见,均无事实根据,不予采纳。被害人将价值巨大的手表与嫖资放在一起,一方面足以使对名表缺乏起码认识的被告人产生该表价值一般(而非巨大)的错误认识;另一方面也可能让一个以卖淫为生计的被告人产生牟利的贪念。被告人在被羁押后、知悉其所盗手表的实际价值前,一直误认为其所盗取的只是一只价值数百元的普通手表。结合被告人的出身、年龄、职业、见识、阅历等状况来看,被告人误认所盗手表的价值是真实可信的,并非被告人故意规避。此节也可以从被告人始终不能准确说出该表的牌号、型号等能体现价值巨大的特征以及在盗得手表后没有马上逃走或者将财物及时处理掉,乃至收拾好行李准备离开某市时手表仍在灶台内并未随身携带或藏入行李中得到验证。被害人在向被告人追索手表的过程中,虽表示愿意用2000元换回手表,但仅称该表"对自己意义重大",并未明确表明该表的实际价值,相反却明确表示该表并不太值钱。此节事实,并不足以使被告人对所盗手表的实际价值产生新的认识,相反更可能加深被告人对该表价值的误认。综上,被告人顺手拿走他人手表的行为,主观上虽有非法占有他人财物的目的,但被告人当时没有认识到其所盗手表的实际价值,其认识到的价值只是"数额较大",而非"数额特别巨大"。也就是说,被告人主观上只有非法占有他人"数额较大"财物的故意,而无非法占有"数额特别巨大"财物的故意。由于被告人对所盗物品价值存在重大误解(或者认识错误),其所认识的数额远远低于实际数额,根据主客观相统一的刑法原则,故不能让其对所不能认识的价值数额承担相应的刑事责任,而应按其盗窃时所能认识到的价值数额作为量刑标准。鉴于被告人犯罪后主动坦白其盗窃事实,且所盗手表已被追缴并退还失主,属于犯罪情节轻微。依照《中华人民共和国刑法》第二百六十四条、第三十七条的规定,作出如下判决:被告人沈某某犯盗窃罪,免予刑事处罚。

一审宣判后,某市某区人民检察院以被告人沈某某犯盗窃罪数额特别巨大,原判量刑畸轻为由,向某市中级人民法院提出抗诉。由于被告人下落不明,二审中该案依法中止审理。

二、裁判要旨

No. 5-264-4 对盗窃的财物存在重大认识错误,严重低估财物价值,不应按被盗窃财物的实际价值定罪处罚,而应依行为人主观认知的财物价值认定。

判断行为人是否对所盗物品价值存在重大认识错误,主要应从行为人的个人情况及其行为前后的表现来综合分析:本案被告人沈某某出生于贫困山区,从没有见过此类手表,也不知道或者听说过有此类名贵手表;沈某某年龄不大,从偏远农村来到城市时间不长,其工作环境又是一普通发廊,接触外界人、事、物相当有限,基本上无从接触到带有如此昂贵手表的人;案发地附近的市场上也没有此类名表出售,最好的商场内出售的最好的手表也不过千元左右。因此,以本案沈某某的出身、作案时的年龄、职业、见识、阅历等状况来看,其对所盗手表的实际价值没有明确地或概括地认识是有可信基础的。被害人将价值如此巨大的手表与几百元的嫖资随便放在一起,也有使对手表本来就缺乏认识的沈某某产生该表价值一般(而非巨大)错误认识的客观条件。被告人沈某某到案后,在历次讯问中,始终不能准确说出该表的牌号、型号等具体特征,而且一直认为该表只值几百元钱。这表明其对名表确实一无所知,也不关心该表的实际价值。在盗得手表后,沈某某既没有马上逃走、也没有将财物及时处理掉,乃至收拾好行李准备离开某市时手表仍在灶台内,未予随身携带或藏入行李,也说明被告人对该表的实际价值既没有明确的认识,也没有概括的认识。如果被告人对该表的实际价值有所认识,按常理是不可能不随身带走或转卖的。被害人在追索手表的过程中,虽表示愿意以2000元换回手表,但其仅称该表"对自己意义重大",并未明确表明该表的实际价值,而只表示该表并不太值钱。此节事实,并不足以使被告人对所盗手表的实际价值产生新的认识,相反却更可能加深被告人对该表价值的误认。综上,我们认为,被告人顺手拿走他人手表的行为,主观上虽有非法占有他人财物的目的,但被告人当时确实没有认识到(包括概括的认识)其所盗手表的实际价值。其认识到的所盗手表的价值只是数额较大而已,而非事实上的数额特别巨大。也就是说,被告人主观上只有非法占有他人数额较大财物的故意,而无非法占有数额特别巨大财物的故意。因此,被告人对其所盗手表存在重大的认识错误,是可以确认的。

案例:南昌洙等盗窃案

案例来源:《刑事审判参考》总第35集[第273号]

主题词:累犯 追诉时效

一、基本案情

被告人南昌洙,1959年5月13日出生,朝鲜族,农民。因犯盗窃罪,被判处有期徒刑两年六个月,1997年2月3日刑满释放。因涉嫌犯盗窃罪,于2003年9月11日被逮捕。

被告人南昌男,1964年3月12日出生,朝鲜族,农民。因涉嫌犯盗窃罪,于2003年9月11日被逮捕。

吉林省龙井市人民法院经审理查明:1998年3月,被告人南昌洙、南昌男在龙井市开山屯镇光新村盗窃一头耕牛,价值人民币2500元。销赃后,赃款由二被告人挥霍。

1998年9月,被告人南昌男伙同他人(已死亡),在龙井市开山屯镇济东村盗窃一头耕牛,价值人民币1200元,并将耕牛屠宰后食用。

2003年8月8日,被告人南昌洙、南昌男在龙井市东盛涌镇长南村附近盗窃4头耕牛,价值共计人民币6800元。销赃时被公安人员抓获。

吉林省龙井市人民法院认为:被告人南昌洙、南昌男秘密窃取他人财物的行为已构成盗窃罪。被告人南昌洙于1998年3月所实施的盗窃行为,已过追诉期限,依法不予追究;被告人南昌洙在刑满释放五年之后再犯应当判处有期徒刑以上刑罚之罪,依法不构成累犯,公诉机关该两项指控不当,应予纠正。被告人南昌男在公安机关抓获后,如实供述公安机关尚未掌握的其他盗窃犯罪事实。可酌情从轻处罚。依照《中华人民共和国刑法》第二百六十四条、第八十七条第(一)项、第二十五条第一款、第五十二条、第六十四条以及最高人民法院《关于处理自首和立功具体应用法律若干问题的解释》第四条之规定,判决如下:

1. 被告人南昌洙犯盗窃罪,判处有期徒刑二年,并处罚金六千元;
2. 被告人南昌男犯盗窃罪,判处有期徒刑三年,并处罚金八千元;
3. 追缴非法所得人民币一千元,予以没收,上缴国库。

宣判后,二被告人均未提出上诉,公诉机关亦未提出抗诉。判决发生法律效力。

二、裁判要旨

No.5-264-5 所犯之罪已过法定追诉期限,且不存在延长追诉期限的法定事由,而后又犯新罪且被司法机关立案侦查的,不属于追诉时效中断的情形,不能重新计算前罪的追诉期限。

本案被告人南昌洙伙同南昌男于1998年3月盗窃他人耕牛,价值人民币2500元,被告人南昌洙的该起盗窃犯罪行为的追诉时效应为五年,而被告人南昌洙直至2003年8月才被立案侦查,在此之前,没有发生在司法机关立案侦查以后逃避侦查以及被害人对其提出控告但司法机关不予立案等可导致追诉期限延长的法定事由,因此,就被告人南昌洙该起盗窃行为而言,明显已过追诉期限。首先,被告人南昌洙两次盗窃行为不属追诉时效中断的情形。被告人南昌洙1998年3月所实施的盗窃犯罪,在2003年3月追诉期限即已届满,此后所犯新罪,已经不属于《刑法》规定的“在追诉期限以内又犯罪”的情形,不能因此再重新计算前罪的追诉期限。其次,被告人南昌洙两次盗窃行为不属连续犯。我们认为,连续犯是指基于同一或者概括的犯罪故意,连续实施数个独立的犯罪行为,触犯同一罪名的情形。连续犯中,行为人在开始实施第一个犯罪行为时,即有连续实施数个犯罪行为的犯罪意图,或者是为完成一个预定的犯罪计划,或者是为实现一个总的目标,或者是预见到了总的犯罪结果。这是连续犯与同种数罪的主要区别所在。被告人南昌洙前后两个盗窃行为虽均独立构成盗窃罪,但该两个行为时间间隔在五年以上,很难认定其在实施前次盗窃犯罪时,对五年之后再次实施的盗窃犯罪已经具有主观上的连续故意,因此,不应将其实施的两次盗窃行为作为连续犯罪,不能以犯后罪为由重新起算其前罪的追诉期限。被告人南昌洙于1998年3月伙同他人实施的盗窃行为已过追诉期限,依法不应追究其该起盗窃行为的刑事责任。

No. 5-264-6 被判处有期徒刑以上刑罚的犯罪分子,在刑罚执行完毕五年之内又犯应当判处有期徒刑以上刑罚之罪,但新罪被发现之时,已过追诉时效期限的,不应认定为累犯。

累犯是刑法基于再次犯罪行为及改造需要对犯罪人作出的更为严重的否定评价。它不同于犯罪学上的累犯,不仅仅是一个单纯的身份概念,而是犯罪人与犯罪行为的统一体,其中,犯罪行为更为刑法所关注。因为累犯作为一项量刑制度,是针对需要依法裁量决定刑罚的具体犯罪行为而言的,再犯应当判处有期徒刑以上之罪,既是构成累犯的基本条件,也是累犯应当从重处罚的法律后果必要的载体。因此,刑法规定的应当判处有期徒刑以上之罪必须是依法应予追究刑事责任之罪,否则,累犯法律制度将无从适用,从重处罚的规定也将无从落实。被告人南昌洙刑满释放后所实施的第一起盗窃行为,由于已经过了追诉时效,依法不应再追究其刑事责任,不能认定为再犯应当判处有期徒刑以上之罪;第二起盗窃行为是在刑罚执行完毕五年以后所实施的,也不符合累犯的法定期限要件。

案例:薛佩军等盗窃案

案例来源:《刑事审判参考》总第 27 辑[第 191 号]

主题词:盗窃罪　盗窃毒品　自首　自动投案

一、基本案情

被告人薛佩军,男,38 岁,无业。因涉嫌犯非法持有毒品罪,于 2000 年 10 月 23 日被逮捕。

被告人刘继昌,男,34 岁,无业。因涉嫌犯非法持有毒品罪,于 2000 年 10 月 23 日被逮捕。

被告人刘磊,男,27 岁,无业。因涉嫌犯非法持有毒品罪,于 2000 年 10 月 23 日被逮捕。

被告人徐建军,男,38 岁,北京龙发汽车服务有限公司总经理。因涉嫌犯非法持有毒品罪,于 2000 年 10 月 23 日被逮捕。

北京市第二中级人民法院经审理查明:刘继昌、徐建军均为吸毒人员。刘继昌得知张敢(已判刑)处有毒品,即与徐建军商量将该毒品盗走。徐建军找薛佩军让其找人帮助实施盗窃,为此薛佩军找到刘磊和李双彬(在逃)。2000 年 9 月 13 日 20 时许,刘继昌、徐建军、薛佩军、刘磊、李双彬在北京市首都国际机场飞行员宿舍 208 室内,盗走张敢存放此处的耐克牌蓝色旅行包 1 个,内有安非他明类毒品 MDA 药片 4 万余片,总计十余千克,及密码箱(价值人民币 400 元)1 个(内有快译通掌上电脑 1 个,价值人民币 930 元)。毒品已起获并没收。

被告人刘继昌、徐建军、刘磊作案后被抓获归案,薛佩军在投案过程中被公安机关抓获。公安机关在抓捕刘磊时,从刘磊身上查获德国产 T38 制式手枪 1 支,子弹 3 发,并从其在北京的暂住处搜缴小口径子弹 89 发。

被告人刘继昌、徐建军、刘磊对北京市人民检察院第二分院指控其犯有盗窃罪未提出异议;刘继昌的辩护人认为,认定刘继昌盗窃数额特别巨大缺乏法律依据,且犯罪情节一般,毒品未流入社会。刘磊的辩护人认为,刘磊系从犯,应从轻处罚。薛佩军的辩护人认为,薛佩军的行为不构成盗窃罪,应认定为窝藏罪,且认定数额特别巨大缺乏法律依据,毒品未流入社会,薛佩军有立功表现。

北京市第二中级人民法院认为:刘继昌、徐建军、薛佩军、刘磊以非法占有为目的,采用秘密窃取的手段,盗窃安非他明类 MDA 毒品达十余千克,4 万余片,其行为均已构成盗窃罪,依法应予惩处。鉴于被告人刘继昌、徐建军,薛佩军有一定的立功表现,对上述三人所犯盗窃罪从轻判处。刘磊违反枪支弹药管理规定,私自非法持有枪支和弹药,其行为已构成非法持有枪支、弹药罪,亦应惩处。公诉机关指控被告人刘继昌、徐建军、薛佩军犯有盗窃罪;被告人刘磊犯有盗窃罪、非法持有枪支、弹药罪的事实清楚,证据充分。刘继昌、薛佩军的辩护人认为认定刘继昌、薛佩军盗窃数额特别巨大缺乏法律依据,且该案犯罪情节一般,毒品未流入社会的辩护意见予以采纳。被告人薛佩军的辩护人认为薛佩军有立功表现的意见成立,酌予采纳。被告人薛佩军的辩护人另提薛佩军的行为不构成盗窃罪,应认定薛佩军犯窝藏罪,经查,被告人薛佩军主观上确有盗窃的故意,并且参与了盗窃犯罪的全部过程,事后亦有窝藏赃物的行为,薛佩军事后窝藏赃物的行为系盗窃犯罪的继续,不应仅以部分事实来确定本案全部事实的性质,故辩护人的该项意见不予采纳。被告人刘磊的辩护人认为刘磊系从犯,应从轻处罚,经查,被告人刘磊积极参与了盗窃犯罪的全部过程,又是盗窃犯罪的主要实施者,系本案的主犯,故辩护人的意见不予采纳。依照《中华人民共和国刑法》第二百六十四条、第一百二十八条第一款、第五十六条第一款、第五十五条第一款、第二十五条第一款、第二十六条第一款、第四款,第六十一条、第六十八条第一款,第六十九条及最高人民法院《关于审理盗窃案件具体应用法律若干问题的解释》第五条第八项、最高人民法院《关于审理非法制造、买卖、运输枪支、弹药、爆炸物等刑事案件具体应用法律若干问题的解释》第五条第一款第二项、最高人民法院《关于处理自首和立功具体应用法律若干问题的解释》第五条之规定,判决如下:

1. 被告人刘继昌犯盗窃罪,判处有期徒刑十五年,剥夺政治权利三年,罚金人民币一万五千元。

2. 被告人刘磊犯盗窃罪,判处有期徒刑十四年,剥夺政治权利三年,罚金人民币一万四千元;犯非法持有枪支、弹药罪,判处有期徒刑二年,决定执行有期徒刑十五年,剥夺政治权利三年,罚金人民币一万四千元。

3. 被告人徐建军犯盗窃罪,判处有期徒刑十四年,剥夺政治权利三年,罚金人民币一万四千元。

4. 被告人薛佩军犯盗窃罪,判处有期徒刑十三年,剥夺政治权利三年,罚金人民币一万三千元。

一审宣判后,被告人薛佩军不服,提出上诉。理由是:其不明知是参与盗窃,也不明知盗窃的是毒品,且其有自首、立功情节,一审判决量刑过重。辩护人的辩护意见是:薛佩军不明知盗窃的是毒品,其主观上不存在非法占有毒品的目的,且系本案从犯,又具有自首、立功情节,毒品未流入社会,社会危害性不大,一审判决量刑畸重。

北京市人民检察院的出庭意见是:一审判决认定刘继昌、徐建军、刘磊、薛佩军的犯罪事实清楚,证据确实充分,定性准确,审判程序合法,且对刘继昌、徐建军、刘磊量刑适当,建议予以维持。薛佩军自首一节属实,建议二审法院依法对其减轻处罚。

北京市高级人民法院经审理认为,薛佩军及刘继昌、徐建军、刘磊以非法占有为目的,采取秘密窃取的手段,盗窃安非他明类毒品 MDA 药片十余千克及密码箱等物品的行为,均已构成盗窃罪。刘磊违反枪支弹药管理规定,非法持有枪支和弹药,其行为又已构成非法持有枪支、弹药罪。一审法院对刘继昌、徐建军,刘磊定罪及适用法律正确,所处刑罚适当,审判程序合法,予以维持。薛佩军犯罪后主动与公安人员联系未果,后又委托他人与公安人员联系,准备投案,后被抓获,其行为属于在投案过程中被公安机关捕获,应当视为自动投案,且其投案后如实供述所犯罪行,根据最高人民法院《关于处理自首和立功具体应用法律若干问题的解释》第一条的规定,应认定为自首,依据《中华人民共和国刑法》第六十七条第一款的规定,对其予以减轻处罚。据此,依据《中华人民共和国刑事诉讼法》第一百八十九条第一项、第二项的规定,维持一审判决对刘继昌、徐建军、刘磊的定罪量刑;撤销对薛佩军所犯盗窃罪的量刑部分,改判有期徒刑六年,罚金人民币六千元。

二、裁判要旨

No. 5-264-7 准备投案,但由于客观原因,未能及时将自己置于司法机关控制之下,后被抓获的,也应认定为自动投案。

认定自动投案,投案的方式并非要求犯罪嫌疑人的投案行为必须将自己直接置于司法机关控制之下,只要有证据证明投案人具有投案的意思表示,并有投案的具体行为,均应认定为自动投案。

No. 5-264-8 盗窃毒品等违禁品的,应以情节轻重作为定罪量刑的主要依据,违禁品的种类、数量是判断情节轻重的主要依据。

对于毒品等违禁品,因其本身不为法律所保护,没有合法的市场交易价格,故最高人民法院在《关于审理盗窃案件具体应用法律若干问题的解释》第五条第(八)项规定,盗窃违禁品,按盗窃罪处理的,不计数额,根据情节轻重量刑。但是,盗窃违禁品的数量大小也是认定情节的一个重要参考。考虑到情节轻重的弹性较大,具体认定起来较为困难,实践中掌握的标准也不尽一致,最高人民法院 2000 年《全国法院审理毒品犯罪工作座谈会纪要》规定了一个参考标准,即,认定盗窃毒品犯罪数额,可以参考当地毒品非法交易的价格。在本案中,被告人盗窃安非他明类毒品 MDA 十余千克、4 万余片,数量属于特别巨大。即使参考北京地区毒品黑市交易价格计算,其盗窃毒品的参考数额亦属特别巨大,根据本案的犯罪情节,一、二审法院在情节特别严重的法定刑幅度内追究被告人的刑事责任是适当的。

案例:吴孔成盗窃案

案例来源:《刑事审判参考》总第 62 集[第 493 号]

主题词:保外就医　重新犯罪

一、基本案情

被告人吴孔成,男,1972 年 5 月 4 日出生,初中文化,无业,1992 年 9 月因犯抢劫罪被判处有期徒刑十四年(刑期自 1992 年 4 月 16 日起至 2006 年 4 月 15 日止),1993 年 7 月经劳改局批准保外就医。因涉嫌犯盗窃罪于 2005 年 4 月 29 日被羁押,同年 6 月 3 日被逮捕。

江苏省宜兴市人民法院经审理查明:1995 年 4 月 25 日凌晨,被告人吴孔成伙同黄真福、王守江、黄东志、陈宏海(另案处理)等人,携带撬棒等工具撬锁进入双龙商场、商业公司、新华建材店、利民浴室,窃得现金 1900 余元,赃物合计价值人民币五千余元。

当日上午,被告人吴孔成与王守江、黄东志、李代田(另案处理)在其同乡罗吉友经营的金张渚饭店合谋,盗窃张渚镇迎春新村 15 幢 205 室秦奋勇家的财物。后被告人吴孔成伙同王守江、黄东志,携带撬棒等工具,撬锁入室;窃得现金九万余元,赃物合计价值人民币 6885 元。

江苏省宜兴市人民法院认为,被告人吴孔成以非法占有为目的,合伙盗窃他人财物合计人民币十万三千余元,数额特别巨大,其行为已构成盗窃罪。被告人吴孔成因犯抢劫罪被判处有期徒刑十四年,1993 年 7 月经批准保外就医,在保外就医期间,被告人吴孔成未经批准擅自外出,参与盗窃犯罪,其擅自外出期间不计入刑罚执行期,故应将前罪没有执行的刑罚和后罪所判处的刑罚实行并罚。依照《中华人民共和国刑法》第二百六十四条、第二十五条第一款、第七十一条、第六十九条、第五十六条第一款、第六十四条的规定,判决被告人吴孔成犯盗窃罪,判处有期徒刑十二年,并处罚金人民币一万元,剥夺政治权利三年;连同前罪尚未执行完毕的有期徒刑十年十一个月二十一天,决定执行有期徒刑二十年,并处罚金人民币一万元,剥夺政治权利三年。

一审宣判后,被告人吴孔成不服,向无锡市中级人民法院提起上诉,上诉理由是:原判决认定吴孔成前罪未执行完毕的刑期期限缺乏证据证明,据此数罪并罚缺乏事实与法律依据。

无锡市中级人民法院经审理认为,原审判决认定事实清楚,证据确实充分,定罪准确,量刑适当,审判程序合法,依法裁定驳回上诉,维持原判。

二、裁判要旨

No. 5-264-9　在保外就医期间又犯新罪的,前罪未执行的刑期应以罪犯重新犯罪之日起计算。

1. 从罪犯的人身危险性而言,犯罪之日的界点更为科学。作为监外执行的方式之一,保外就医是以罪犯本身没有社会危险性为前提的,是对没有社会危险性的患严重疾病的罪犯的一种特殊待遇。被批准保外就医的罪犯重新犯罪表明其具有严重的社会危害性和人身危险性,丧失了继续保外就医的法定资格条件,不应再享有监外执行的优待。

2. 从刑罚执行的目的看,以犯罪之日为界点更为合理。本案情形中,只有在罪犯重新犯罪之日起即停止计算前罪已执行刑期,才能充分体现立法严惩的精神,起到威慑、遏制犯罪的效果。

3. 从相关法律规定的正确理解和把握而言,以犯罪之日作为基准是准确的。《罪犯保外就医执行办法》规定,保外就医罪犯未经公安机关批准擅自外出期间不计入执行刑期。举轻以明重,当某个相对较轻的行为导致一定的法律评价时,一个相对严重的行为也至少导致这一法律后果的产生。监外再次犯罪远比擅自外出的性质更为严重,当然自犯罪之日后的期间也不应计入执行刑期。

4. 从法律效果与社会效果看,以犯罪之日为界点是适当的。法律施行意在鼓励民众遵守法律,违法时自觉接受制裁,营造良好的社会秩序。由于保外就医是监外执行方式,罪犯实际上获得行动的自由,再犯罪后可能因逃避抓捕等原因,无法立即收监。有的甚至可能持续数年,流散社会威胁社会稳定和安全。以抓获之日、采取强制措施之日、新罪判决之日等为基准计算未执行的刑罚会导致负面引导——越晚案发、越晚被抓获、越晚被判决,所迟延的时间均被计入前罪执行的期间,从而引导或鼓励罪犯在再犯新罪时竭力逃脱国家机关的抓捕,加剧罪犯的抗拒心理,不利于社会稳定与和谐。而且,发现被告人犯罪或抓获、采取强制措施的时间,会随不同案件的情况而有差异,如以上述时点作为起算未执行刑期,会产生同类情况实际处理不同的结果,有悖于司法公正。

案例:朱影盗窃案

案例来源:《刑事审判参考》总第 62 集[第 492 号]

主题词:盗窃罪 诈骗罪

一、基本案情

被告人朱影,女,1963 年 3 月 20 日出生,小学文化,无业。因涉嫌犯诈骗罪于 2008 年 1 月 25 日被逮捕。

山东省威海市环翠区人民法院经审理查明:2007 年 11 月 1 日 11 时许,被告人朱影伙同李夏云(另案处理)到环翠区羊亭镇港头村王本香家,以驱鬼为由,诱骗王拿出人民币 430 元及价值人民币 1840 元的黄金首饰作为道具,交给被告人“施法驱鬼”。朱影将上述财物用纸包好后,在“施法”过程中,乘被害人王本香不备,用事先准备好的相同纸包调换装有财物的纸包,待“施法”完毕,将该假纸包交还被害人,并嘱咐 3 日后才能打开,随后将被害人的上述财物带离现场。

2007 年 11 月某日及同月 17 日,朱影伙同李夏云又先后到威海经济技术开发区城子村丛日芬家中、南曲阜村于立芳家中,采用上述相同手段,骗窃丛日芬人民币 1500 元;骗窃于立芳人民币 4300 元及价值人民币 3220 元的黄金饰品。

综上,被告人朱影共参与作案 3 起,犯罪金额为人民币 11290 元。

山东省威海市环翠区人民法院认为,被告人朱影伙同他人以非法占有为目的,采用秘密手段窃取他人财物,数额巨大,其行为已构成盗窃罪。朱影与他人共同犯罪过程中,先采用虚构事实的方法欺骗他人拿出财物,后又乘机采用调包的手段窃取该财物,欺骗行为与盗窃行为联结,但其非法取得财物的主要方式是秘密窃取,蒙蔽他人的行为并不直接获得所要非法占有的财物,而只是为实现盗窃创造条件,故其行为不应认定为诈骗罪。公诉机关指控朱影非法占有他人财物的事实清楚,证据确实充分,但指控其犯诈骗罪的罪名不当,予以变更。被告人朱影归案后如实供述犯罪事实,可酌情从轻处罚。依照《中华人民共和国刑法》第二百六十四条、第二十五条第一款、第五十二条、第五十三条之规定判决如下:

被告人朱影犯盗窃罪,判处有期徒刑三年,并处罚金人民币二万元。

一审宣判后,被告人朱影未提出上诉,检察机关亦未抗诉,判决已发生法律效力。

二、裁判要旨

No. 5-264-10 以非法占有为目的,利用虚构事实的方法引诱他人取出财物,而后以调包的手段将财物秘密窃取的,应以盗窃罪论处。

首先,本案中被害人暂时交付财物的目的是让被告人利用财物“施法驱鬼”,虽然形式上财物已经交付被告人实际持有不在被害人手中,但仍在被害人法律意义上的控制范围内。因为在当时的情况下,行为过程均发生在被害人的家中,被害人对于其家中的财物当然具有实际地控制,被害人即使将财物交给被告人,根据社会的一般观念,被害人仍然支配和控制着该财物,即被害人暂时交付财物而没有转移财物控制权。因此,这种交付不能认定为具有处分财物的意思和行为。对被害人来说,被告人趁被害人不备调包取走财物,被害人当时不知情、事后才知道,在这种情况下,虽然财物在被告人手中暂时持有,但被害人在主观上既没有让被告人取得财物控制权的意思,客观上被告人也没有取得财物的实际控制,被害人仅是让其利用财物施法驱鬼,并不带走财物,因而被害人虽然受骗了,但他并没有因此而具有将财物转移给被告人支配与控制的处分意思和行为。被告人取得财物的支配与控制完全是后来的掉包秘密窃取行为所致。

其次,被告人非法取得财物主要是以调包的秘密窃取手段来实现的。被告人以施法驱鬼诱使被害人将财物作为道具交给被告人,属于欺诈的性质,但被告人并非依靠该欺诈行为直接取得财物,而这只是为其之后实施秘密窃取行为创造条件。其对财物只是暂时持有,被告人施法驱鬼时,被害人仍然没有失去财物占有权,随时可以让被告人停止施法交还财物。因此,通过欺诈取得对财物的暂时持有,不是被告人的目的行为,而只是其实现占有财物目的的辅助手段行为。相对于前述欺诈行为而言,被告人的调包行为属于秘密窃取的性质。因而被告人最终通过调包手法取得财物控制的行为符合盗窃罪秘密窃取的行为特征。

案例:马俊等盗窃、隐瞒犯罪所得案

案例来源:《刑事审判参考》总第 61 集[第 483 号]

主题词:盗窃罪　共同犯罪　隐瞒犯罪所得

一、基本案情

被告人马俊,男,1982 年 11 月 27 日出生,小学文化,农民。因涉嫌犯盗窃罪于 2007 年 4 月 11 日被逮捕。

被告人余大贵,男,1979 年 6 月 18 日出生,初中文化,农民。因涉嫌犯盗窃罪于 2007 年 4 月 11 日被逮捕。

被告人陶军,男,1973 年 2 月 18 日出生,初中文化,农民。因涉嫌犯盗窃罪于 2007 年 2 月 16 日被逮捕。

被告人王伟环,男,1983 年 7 月 30 日出生,高中文化,农民。因涉嫌犯盗窃罪于 2007 年 2 月 16 日被逮捕。

被告人陈小灵,男,1982 年 12 月 31 日出生,高中文化,经商。因涉嫌犯盗窃罪于 2007 年 2 月 16 日被逮捕。

广东省潮安县人民法院经审理查明:2006 年 12 月间,被告人余大贵欲盗窃广东省潮安县官塘镇南松(潮安)玻璃工艺有限公司(以下简称"南松公司")仓库中的工艺玻璃珠出售牟利,遂与被告人马俊共谋实施盗窃。马俊为此纠集了多名其他同案人(均另案处理)共同参与,余、马二人找到在该公司任保安员的被告人陶军,合谋盗窃工艺玻璃珠,并商定由陶军利用值班之机提供该公司人员的情况。其间,余大贵找到原在南松公司任仓库保管员的被告人王伟环,告知其准备盗窃之事,提出盗窃得手后将赃物出售给王伟环。为购进赃物后转手出售牟利,王伟环表示同意购买。之后,余大贵、马俊与王伟环商定到时以现金交易方式按每公斤 100 元的价格将所盗的工艺玻璃珠销售给王伟环。但余大贵私下与王伟环商定每公斤的实际交易价格为人民币 130 元,每公斤由余大贵另得 30 元。因现金不足,王伟环找到此前同在南松公司务工的被告人陈小灵,告知余大贵一伙要盗窃南松公司的工艺玻璃珠出售,问陈小灵是否要购买,陈小灵表示同意收购该批工艺玻璃珠。

2006 年 12 月 30 日晚,余大贵将其一伙的行动告知王伟环,要王准备现金交易。王伟环为收购赃物做了准备,并联系陈小灵,要陈小灵于当晚前往潮安县铁铺镇交易。次日凌晨,余大贵、马俊伙同事先纠集的其他同案人一起窜到南松公司的仓库,采用撬开仓库排风口的方式,潜入仓库内,合伙将存放于仓库内的成品工艺玻璃珠 72 箱(共值人民币 450625.81 元)盗走。

余大贵一伙盗窃得手后,即与王伟环联系,并将赃物运至铁铺镇小溪村。王伟环即联系陈小灵,陈小灵携带人民币 40000 元赶到该处。王伟环让同案人赖烽等人(另案处理)到该处帮忙。现场清点和看货后,王伟环向余大贵一伙购买了该批工艺玻璃珠 72 箱后,当场与陈小灵商定以每公斤人民币 160 元的价格,转手出售给陈小灵,陈小灵即付给王伟环人民币 40000 元。王伟环收款后,将其中的人民币 30000 元私下付给余大贵。因王伟环无法当场付清货款,余大贵、马俊一伙遂与王伟环一起离开现场到潮州市区一旅社共同住宿。陈小灵在赖烽等人的帮助下,当夜将全部赃物运往东莞市,并于 2006 年 12 月 31 日下午在东莞市将其中的 44 箱工艺玻璃珠出售给同案人"陈宗强"(另案处理),后将其中部分赃款人民币 150000 元交由赖烽带回转交给王伟环,王伟环接到款项后,当场将款项付给余大贵、马俊等人,余大贵、马俊一伙将赃款瓜分。2007 年 1 月 2 日,陈小灵将余下货款人民币 56000 元付给王伟环。破案后,追回赃物工艺玻璃珠 28 箱及赃款人民币 15000 元发还受害单位。

广东省潮安县人民法院认为,被告人余大贵、马俊、陶军以非法占有为目的,合伙采用秘密手段,窃取他人财物,数额特别巨大,其行为已构成盗窃罪。被告人王伟环为非法牟利,事先与余大贵一伙通谋,事后对余大贵一伙盗窃所得的赃物予以收购,系余大贵一伙盗窃犯罪的共犯,其行为已构成盗窃罪、被告人陈小灵明知是他人犯罪所得财物,仍为非法牟利而予以收购、销售,其行为已构成隐瞒犯罪所得罪。被告人余大贵、马俊在共同犯罪中均起到主要作用,系主犯,应按其组织、实施的全部犯罪进行处罚;其中,余大贵协助公安机关抓获马俊,有立功情节,依法予以从轻处罚;被告人陶军、王伟环在共同盗窃犯罪中均起辅助作用,系从犯,依法均予以从轻处罚。公诉机关指控被告人余大贵、马俊、陶军、王伟环犯盗窃罪的事实清楚,证据确实充分,罪名成立:但指控被告人陈小灵与余大贵等人事先通谋于事后收购余大贵等人盗窃的赃物的事实缺乏依据,故指控陈小灵是盗窃犯罪的共犯不当,应予纠正。依照《中华人民共和国刑法》第二百六十四条、第三百一十二条、第六十八条第一款、第五十六条第一款、第五十五条第一款、第五十二条、第五十三条、第六十四条,最高人民法院《关于执行〈中华人民共和国刑事诉讼法〉若干问题的解释》第一百七十六条第(二)项之规定,判决如下:

1. 被告人马俊犯盗窃罪,判处有期徒刑十三年,剥夺政治权利四年,并处罚金人民币四万元。
2. 被告人余大贵犯盗窃罪,判处有期徒刑十二年,剥夺政治权利四年,并处罚金人民币四万元。
3. 被告人陶军犯盗窃罪,判处有期徒刑八年,并处罚金人民币二万元。
4. 被告人王伟环犯盗窃罪,判处有期徒刑八年,并处罚金人民币二万元。
5. 被告人陈小灵犯隐瞒犯罪所得罪,判处有期徒刑二年,并处罚金人民币二万元。

一审判决后,五被告人均没有上诉,检察机关没有抗诉,判决已发生法律效力。

二、裁判要旨

No.5-264-11 未与盗窃犯通谋,事后出资收购赃物的,不构成盗窃罪的共犯,应以隐瞒犯罪所得罪论处。

在认定销赃行为人与盗窃实行犯是否有事前通谋时,需要特别注意以下三点:一是事前通谋的时间仅限于犯罪既遂之前,销赃行为人必须在盗窃犯罪未完成之前与盗窃实行犯存在意思联络,在盗窃犯罪既遂之后才进行意思联络的,不属事前通谋;二是销赃行为人仅知道盗窃实行犯可能要去实施盗窃,但在盗窃前未与盗窃实行犯形成意思联络,在盗窃完成后才与盗窃实行犯共谋实施销赃等行为的,不属于事前通谋;三是只要销赃行为人在盗窃前向盗窃实行犯承诺,盗窃完成后为实行犯收购、销售盗窃所得的赃物,就可认定双方存在事前通谋,不要求销赃行为人对盗窃犯罪的时间、地点、方法、对象、目标等具体情节都参与共谋或全面了解。

本案的盗窃实行犯是余大贵、马俊等人,王伟环只是在盗窃前与余共谋,答应事后收购余等人所盗的赃物,其未参与盗窃作案,因此,王伟环只是构成共同盗窃的帮助犯,并非盗窃的实行犯。陈小灵在余大贵等人盗窃以前,没有就收购赃物一事与余等人有过直接事前联系;而王伟环让陈小灵购买赃物一事,系王伟环个人决定,余大贵等人在盗窃前、盗窃中均不知道陈小灵将向王伟环收购所盗赃物,因此,就王、陈事先商定收购赃物的行为,不能认定为陈小灵与余大贵等盗窃实行犯的事前通谋;同时本案也没有证据证明陈小灵就收购赃物一事,与余大贵等人形成长期、稳定、默契的"合作关系"。因此可以认定,被告人陈小灵在余大贵等人盗窃实施前以及实施中,均没有与余大贵等盗窃实行犯有过共同盗窃的意思联络,因此,陈小灵不具备成立共同盗窃中帮助犯的主观要件。

对于被告人陈小灵而言,其在王伟环与其联系时,已明确得知其即将收购的赃物是余大贵一伙将要盗窃的工艺玻璃珠。因此,陈在收购赃物前,已经认识到余大贵等人将要实施盗窃行为。但是,陈小灵收购赃物之前,余等人盗窃的犯罪决意在此之前早已形成,陈的行为对此决意并不产生强化作用(即心理帮助);余大贵等在盗窃前以及盗窃中,也均不知道陈小灵即将购买赃物一事,陈的行为也没有使余等实行犯在行窃过程中产生一定心理上的鼓励。因此,可以认定,陈小灵在本案中没有对余等实行犯实施心理帮助行为。

综上,被告人陈小灵没有与余大贵等盗窃实行犯事前通谋;在余等人盗窃过程中,陈的主观上也没有帮助余等实行犯盗窃的犯罪故意;客观上对余等实行犯实施的盗窃行为既没有实施心理帮助行为,也没有实施物理帮助行为;其收购赃物的行为也不是对余等实行犯实施盗窃的帮助行为,而是单纯的事后销赃行为,故其行为不属于共同盗窃的帮助行为,不构成盗窃共犯。

案例:钱炳良盗窃案

案例来源:《刑事审判参考》总第 41 集[第 325 号]

主题词:盗窃罪　盗窃数额

一、基本案情

被告人钱炳良,男,1974 年 4 月 10 日出生,初中文化,原系江阴市亚特机械制造有限公司职工。因涉嫌犯盗窃罪于 2002 年 1 月 8 日被逮捕。

江苏省无锡市中级人民法院经审理查明:2001 年 8 月至 2002 年 1 月,被告人钱炳良在华泰证券江阴营业部(以下简称"华泰营业部")交易大厅,通过偷窥和推测的方法先后获得在该营业部开户的殷阿祥、蒋汝初、叶梅英等 16 人的股票账户账号及交易密码后,利用电话或在证券公司的交易大厅内进行电脑操作等委托方式,在殷阿祥、蒋汝初、叶梅英等 16 人的股票账户上高买低卖某一股票,同时通过自己在华泰营业部及国信证券江阴营业部(以下简称"国信营业部")开设的股票账户上低买高卖同一股票,从中获利,共给被害人造成 37.1 万余元的经济损失,钱炳良共获取非法利润 14.3 万余元。案发后,钱炳良退出人民币 23 万余元,已发还各被害人。

无锡市中级人民法院认为,被告人钱炳良以非法占有为目的,秘密窃取他人财产,数额特别巨大,其行为已构成盗窃罪。关于认定钱炳良盗用蒋汝初、叶梅英、曹承玲 3 位股民账户进行非法交易的证据问题,经查,钱炳良账户及蒋汝初、叶梅英、曹承玲 3 人账户的证券交易交割单、资金对账单、交割查询报表及历史明细查询表证实,钱炳良账户与蒋汝初、叶梅英、曹承玲 3 人账户存在对应买卖关系,且钱炳良账户系低买高卖,蒋汝初、叶梅英、曹承玲 3 人账户系高买低卖;钱炳良账户委托明细,蒋汝初、叶梅英、曹承玲 3 人账户委托查询报表及钱炳良手机通话单证实,钱炳良拨打华泰营业部、国信营业部证券交易委托电话的事实,与上述对应买卖一致;被害人蒋汝初、叶梅英、曹承玲的证言证实,没有与钱炳良账户进行过股票交易。上述证据足以证明钱炳良盗用蒋汝初、叶梅英、曹承玲 3 位股民账户进行非法交易的事实,被害人账户多次高买低卖违背常理。被告人及其辩护人的此项辩解及辩护意见不予采纳。关于被害人账户股票价值的计算问题,以案发当日的收盘价计算是合理的,钱炳良恶意侵入盗买盗卖股票的风险不应由被害人承担。关于被害人账户及被告人账户的成交时间有差异的问题,经查,被害人账户及被告人账户的成交时间不一致的,不能确认系对应买卖双方,此部分可不计入钱炳良获利数额,被告人的此项辩解成立,但仍应认定为钱炳良盗买盗卖所致。关于钱炳良的行为是构成操纵证券交易价格罪还是盗窃罪的问题,经查,操纵证券交易价格罪,是指以获取不正当利益或者转嫁风险为目的,利用资金优势、持股优势、信息优势制造市场假象,诱导投资者作出违背其本来意愿的决定,扰乱证券市场秩序、情节严重的行为,而钱炳良以非法占有为目的、盗用他人账号和交易密码,采用在被害人账户上高买低卖某一股票,同时在自己的账户上低买高卖同一股票的方法改变财产的持有状态,将他人财产据为己有,钱炳良的主观故意和行为不符合操纵证券交易价格罪的构成要件,应当构成盗窃罪。被告人及其辩护人的意见不予采纳。钱炳良检举他人的违法行为,不能查实,其行为不构成立功。关于钱炳良及其辩护人提出的"钱炳良案发后积极退赔被害人的损失,系初犯,请求从轻处罚"的辩解辩护意见,经查属实,予以采纳。案发后,钱炳良积极退赃,可以酌情从轻处罚。

无锡市中级人民法院根据《中华人民共和国刑法》第二百六十四条、第五十六条的规定,于2003年6月20日判决如下:

被告人钱炳良犯盗窃罪,判处有期徒刑十年,剥夺政治权利二年,并处罚金人民币三万元。

一审宣判后,钱炳良不服,上诉于江苏省高级人民法院。

钱炳良上诉提出:其行为应构成操纵证券交易价格罪,不构成盗窃罪;一审认定其盗用蒋汝初、叶梅英、曹承玲账户的证据不足;一审判决在计算、认定盗窃数额上存在错误与疏漏;扣押的合法财产应予退还。

江苏省高级人民法院经审理认为,上诉人钱炳良以非法占有为目的,盗用他人账号和交易密码,采用在他人账户上高买低卖某一股票,同时在自己的账户上低买高卖同一股票的方法改变财产的持有状态,将他人财产据为己有,其行为符合盗窃罪的构成要件,应当以盗窃罪定罪处罚。一审判决认定钱炳良盗用蒋汝初、叶梅英、曹承玲账户的证据确实充分,已经形成完整的证据锁链,钱炳良的上诉理由不能成立。关于一审判决在盗窃数额的计算与认定上存在疏漏及错误的上诉理由,经查,原审判决根据本案的事实及证据,对被害人账户与钱炳良账户成交时间不一致的股票买卖,均未确认为对应买卖双方,此部分数额也未计入钱炳良获利数额;对公诉机关重复计算的获利数额,一审判决也已予以扣除,故此上诉理由不能成立。关于其合法财产应予退还的上诉理由,经查,上诉人钱炳良盗用他人账户买卖股票,由此给被害人造成三十余万元的经济损失,公安机关用钱炳良退出的人民币23万余元发还被害人,以弥补被害人的损失并无不当,且一审判决已根据钱炳良积极退赃的情节在量刑上酌情从轻处罚。一审判决定罪准确,量刑适当,审判程序合法。

江苏省高级人民法院依据《中华人民共和国刑事诉讼法》第一百八十九条第一项之规定,于2003年9月8日裁定驳回上诉,维持原判。

二、裁判要旨

No.5-264-12 非法侵入他人股票账户,利用窃取的账号、密码与自己的股票账户进行交易非法牟利的,应以盗窃罪论处。

在传统的盗窃案件中,盗窃罪在客观上表现为行为人通过秘密手段直接非法占有公私财物,本案被告人钱炳良不是直接非法占有被害人账户上的股票和资金,而是通过支付"对价"秘密窃取被害人账户上的股票,给付股票秘密将被害人股票账户上的资金转归已有,即通过买、卖股票的形式非法占有了其中的差价款。这种作案手段虽与传统的盗窃手段不同,但仍符合盗窃罪的构成特征:在主观上,钱炳良是为了通过盗买盗卖股票非法占有被害人的财产;在客观上,钱炳良是在被害人不知情的情况下,非法占有了被害人的财产。由于钱炳良非法占有盗买盗卖股票的"获利"款,直接来源于被害人的财产损失,这种盗窃手段与直接非法占有被害人的财产在本质上是相同的,其行为符合盗窃罪的主、客观构成要件,应以盗窃罪定罪处罚。

No.5-264-13 对于非法侵入他人股票账户,利用窃取的账号、密码与自己的股票账户进行交易非法牟利的,应将获利数额认定为盗窃数额。

行为人秘密侵入被害人账户后,通过被害人账户与自己账户的对应买卖即通过自己账户高抛或低吸,被害人账户低抛或高吸完成一次盗窃。由于证券市场的集合竞价方式,交易成功与否有多种因素决定,行为人意图使被害人账户与自己账户进行相对买卖的委托不可能均算成功,导致被害人账户低抛(或高吸)的委托与市场其他客户成交,这样,很多次交易使被害人遭受了损失,但行为人却没有获利。因此,以行为人的获利数额来认定盗窃数额较为妥当。对于被害人的损失,可以按照最高人民法院《关于审理盗窃案件具体应用法律若干问题的解释》第五条第(十三)项的规定,作为量刑情节予以考虑。

案例:陈家鸣等盗窃、销赃案

案例来源:《刑事审判参考》总第22辑[第140号]

主题词:盗窃罪 共同犯罪 事前通谋

一、基本案情

被告人陈家鸣,男,41岁,无业。因涉嫌犯销赃罪,于1998年4月14日被逮捕。

被告人经俊杰,男,33岁,无业。因涉嫌犯盗窃罪,于1998年4月14日被逮捕。

被告人经俊义,男,35岁,无业。因涉嫌犯盗窃罪,于1998年3月23日被逮捕。

被告人王建勇,男,39岁,工人。因涉嫌犯盗窃罪,于1998年3月4日被逮捕。

天津市第二中级人民法院经审理查明:

1997年10月,被告人经俊杰通过其兄被告人经俊义得知被告人陈家鸣能"卖车"后,即分别伙同经俊义和被告人王建勇在天津市窃得大发牌汽车2辆,共价值人民币3.2万元,开往沈阳交由陈家鸣销赃。陈销赃后未将赃款分给经氏兄弟。

1998年1月,被告人陈家鸣在沈阳的朋友得知陈能弄到"便宜"车,便托其购买2辆黑色桑塔纳2000型轿车。陈用电话与经俊义联系,提出要2辆黑色桑塔纳轿车。因上次销赃之事,经氏兄弟对陈产生不满,不愿与其合作。陈便于当月下旬到天津找到经氏兄弟,提出要"买"车,经氏兄弟碍于朋友情面,表示按其要求在当月给陈弄到车。为盗窃桑塔纳轿车,经俊杰先窃得1辆价值人民币2.6万元的大发牌汽车作为作案工具,后伙同经俊义、王建勇于1月22日晚在天津市体院北居民区,窃得价值人民币14.72万元的黑色桑塔纳2000型轿车1辆。经氏兄弟让陈家鸣验车,并欲告知此车来源,陈阻止并言明"别告诉我车是怎么来的,我只管卖车"。后陈家鸣让王建勇随同到天津提车的买主同往东北将卖车款带回,当王建勇一行途经辽宁省开原市时被当地交警查获。随后,公安机关于2月23日将经俊义抓获。经俊杰、陈家鸣闻讯后潜逃。

负案在逃的经俊杰认为,陈家鸣仍有汽车销路,又分别于1998年2月23日窃得价值人民币2.6万元的大发牌汽车1辆,2月16日窃得价值人民币11万元的灰色桑塔纳轿车1辆,全交由陈家鸣销赃。陈家鸣将大发汽车卖掉,留下桑塔纳轿车自用待卖。同年3月3日经俊杰窃得价值人民币3万元的大发牌汽车1辆为作案工具,在天津市和平区陕西路窃得黑色桑塔纳2000型轿车1辆,价值人民币16.4万元,通过陈家鸣联系到东北买主。经俊杰与买主将车开往东北,途经天津市宁河县时被交警查获。后公安机关于3月9日将陈家鸣抓获归案。

案发后,公安机关已将追缴的大发牌汽车2辆、桑塔纳轿车3辆发还失主。

天津市第二中级人民法院认为:被告人经俊杰单独或伙同被告人经俊义、王建勇盗窃大发牌汽车5辆、桑塔纳轿车3辆,共计价值人民币53.52万元;被告人经俊义、王建勇参与共同盗窃大发牌汽车2辆、桑塔纳轿车1辆,共计价值人民币17.92万元。其行为均已构成盗窃罪,且数额特别巨大,情节严重。在共同盗窃活动中,经俊杰系主犯,经俊义、王建勇系从犯。考虑到经俊杰归案后,能如实交代部分罪行,认罪悔罪态度较好,且被盗车辆大部分被追回,可酌情从轻处罚。被告人陈家鸣销赃3辆大发牌汽车,得赃款1.45万元,其行为已构成销赃罪;事先与经俊杰等人通谋,事后并代为销售,参与共同盗窃桑塔纳轿车1辆,价值人民币14.7万元,其行为又构成盗窃罪。鉴于其在共同盗窃犯罪中作用小于其他主犯,可酌情从轻处罚。依照《中华人民共和国刑法》第二百六十四条、第三百一十二条、第二十五条第一款、第二十六条、第二十七条、第六十九条和第六十四条的规定,于1998年9月4日判决如下:

1. 被告人经俊杰犯盗窃罪,判处有期徒刑十五年,罚金二万元;

被告人经俊义犯盗窃罪,判处有期徒刑十一年,罚金一万元;

被告人王建勇犯盗窃罪,判处有期徒刑十年,罚金一万元;

被告人陈家鸣犯盗窃罪,判处有期徒刑七年,罚金一万元;犯销赃罪,判处有期徒刑二年零

六个月,罚金一万元,决定执行有期徒刑八年,罚金二万元;

2. 继续追缴被告人陈家鸣犯罪所得人民币1.45万元;

3. 缴获的改锥、钳子、点火器等作案工具,依法予以没收。

一审宣判后,被告人经俊杰、经俊义在法定期间内未提出上诉;被告人王建勇、陈家鸣提出上诉。被告人王建勇以量刑过重为由请求从轻处罚,被告人陈家鸣上诉辩称其向经俊义联系买车不是事先通谋,没有参与盗窃,其行为不构成盗窃罪。

天津市高级人民法院经审理后认为,被告人经俊杰、经俊义、王建勇勾结一起秘密窃取机动车辆销售,其行为均构成盗窃罪;陈家鸣事先与盗窃案犯通谋,应以盗窃共犯论处;陈家鸣明知是盗窃的车辆仍予销售,其行为又构成销赃罪。原审判决事实清楚,证据确实充分,量刑适当,审判程序合法。各上诉人的上诉理由均不能成立。依照《中华人民共和国刑事诉讼法》第一百八十九条第(一)项的规定,于1998年11月3日裁定如下:

驳回上诉,维持原判。

二、裁判要旨

No. 5-264-14　事前与盗窃犯通谋,虽未参与盗窃,但事后参与销赃的,应以盗窃罪的共犯论处。

认定事前通谋的共犯,必须同时具备两个要件:一是加入犯必须在本犯未完成犯罪之前与其有意思联络;二是加入犯必须在事后实施了销赃犯罪构成要件的行为。行为人仅知道某人可能要盗窃,但事前未与其形成意思联络,事后与之共谋销赃的,或者虽与盗窃犯有事前意思联络,但事后未再实施销赃等行为的,均不能构成盗窃共犯。

就本案而言,陈家鸣亲往天津向经俊杰等人要求购车,陈家鸣在经氏兄弟等人盗窃第一辆桑塔纳轿车时,事先与他们有过通谋活动,在盗窃得手后安排销赃等行为均有证据证明,尽管这一事先通谋活动,不是典型的相互明示,但双方应该是默示的、心照不宣的。这一点可从以下情况得以验证:

1. 陈家鸣此前已为经氏兄弟销售过赃车,该次又主动要求购车是在明知经氏兄弟只会通过盗窃获得其所要轿车的前提下提出的,且是在经氏兄弟实施盗窃行为前提出;

2. 经氏兄弟盗窃桑塔纳轿车的犯意系由陈家鸣的要求所引起,而且是完全按陈所要求的品牌、颜色、车型盗窃的;

3. 陈家鸣在提车时,制止经氏兄弟言明车的来源,恰恰表明其明知的心态,不能以此否认双方已实际形成的事先意思联络。因此,在此节中,就经俊杰等人盗窃得手的那一辆桑塔纳轿车而言,陈家鸣与经俊杰等人构成事前通谋的盗窃共犯。

案例:翟高生、杨永涛等盗窃、抢劫案

案例来源:《刑事审判参考》总第111集[第1214号]

主题词:盗窃罪　共谋共同正犯

一、基本案情

被告人翟高生、杨永涛、程龙喜、王杰经合谋和踩点,于2011年7月26日凌晨1时许,用翻墙、撬窗等手法,先后两次进入无锡凯尔科技有限公司仓库内窃得各种型号的手机摄像头共计73750个,赃物价值共计人民币250余万元。其中,四被告人窃得摄像头56盒(2万余只),在驾车返回途中,杨永涛因故中途下车离开,另三人待其下车后商议返回仓库盗窃剩余摄像头,又窃得5万余只后返回苏州。事后,由杨永涛负责联系销赃,获赃款18万余元由四被告人共同拆分。

二、裁判要旨

No. 5-264-15　共同犯罪中,部分行为人在犯罪实施完毕后离开,如其主观对后续犯罪有概括的故意,客观行为对后续犯罪追认,应对其余行为人继续实施的犯罪负责。

本案涉及共同犯罪理论中比较复杂的共谋共同正犯问题。共谋共同正犯与实行共同正犯

相对应。实行共同正犯,指二人以上均直接实施了实行行为的共同正犯。本案中,杨永涛与同案被告人共谋盗窃后并直接参与了第一次的盗窃行为。该第一次盗窃行为中,杨永涛与程龙喜、王杰均属于实行共同正犯。而从外部行为特征上考察,在共同犯罪中,可能出现一部分人已着手实行,另一部分人并未参与实行的现象。"共谋共同正犯"指二人以上共谋实行某种犯罪行为,但只有一部分人基于共同的意思实行了犯罪,没有直接实行犯罪的共谋人与实行了犯罪的人,一起构成所共谋之犯罪的共同正犯。本案中,被告人杨永涛参与共谋盗窃后仅参与了第一次盗窃行为,而未直接参与第二次盗窃行为,但第二次盗窃行为却是其提议下形成的盗窃共同故意内容之下的犯罪行为。因此,杨永涛对第二次盗窃行为属于共谋共同正犯。

真正要解决本案例涉及的问题,还必须根据刑法通行理论及《刑法》第二十五条的规定。

(1)杨永涛主观上对实施盗窃犯罪具有概括故意,且同案被告人的盗窃行为在其策划的共同故意范围内。

概括故意,是指行为人明知自己的行为会产生危害社会的结果,但对侵害范围和侵害性质的认识尚不明确,而希望或者放任结果发生的心理态度。概括故意从认识内容上可以分为对行为手段、性质认识不明确的概括故意,对行为对象认识不明确的概括故意和对危害结果认识不明确的概括故意。本案中,杨永涛对于第二次盗窃行为的主观故意就属于对危害结果范围认识不明确的概括故意,行为人故意实施危害行为,明知自己的行为会导致某种危害结果的发生,但对于造成多大的危害结果的认识处于不确定状态。此种主观状态也可以理解为具有犯罪的间接故意,对发生危害后果存在放任的心态。

本案中,杨永涛伙同翟高生等人秘密窃取公司财物,其首先提起犯意,并在盗窃活动中负责组织、策划、窃取、销赃、分赃等工作,系犯罪团伙的重要成员;虽然杨永涛没有直接参与第二次盗窃,但由于其在被盗公司工作过,对环境较为熟悉,并在实施合谋时将上述情况告诉翟高生等人,故其在第一次盗窃中所起作用十分重要,客观上也为第二次实施盗窃提供了极大的便利,没有其在先的组织策划行为,后一次盗窃行为完成的可能性较小,两次行为具有紧密的联系。因此,杨永涛作为犯意的提出者,能明确认识到其行为会造成他人财物损失的后果,但是对造成多大的损失并不明确,因为具体盗窃的数量、财物总价值是难以在事先确定的,即杨永涛具有对危害结果的范围认识不明确的概括故意。换言之,杨永涛对第二次盗窃行为在主观上为间接故意。

(2)杨永涛参与销赃行为表明他在事后追认了全部的盗窃活动。

首先,销赃行为是盗窃活动的重要后续行为,虽然属于事后不可罚行为,但销赃数额的多少在一定程度上可以影响量刑的幅度。其次,行为人积极参与销赃表明其主观上具有强烈的非法占有该部分财物的意图,并积极追求该非法利益。最后,积极参与销赃系对全部盗窃活动的一种事后追认,该行为后果的发生不违背其主观意愿。本案中,杨永涛在案发次日得知他人再次返回案发现场实施盗窃的情况后并未提出异议,并且积极联系买主,着手实施销赃,充分表明了其对翟高生等人第二次实施的盗窃行为是认同的。

综上,本案中的二次盗窃,均在被告人杨永涛提议形成的共同故意的范围内。在共同故意的形成过程中,杨永涛起重要的、关键的作用,甚至支配作用,是犯意的提出者,是整个盗窃活动的组织策划者。除非其在第一次盗窃后,明确提出不再盗窃,仅以第一次盗窃已经得手的财物为限。但是对第二次盗窃行为,杨永涛在第二次盗窃得手后负责联系销赃,使盗窃的利益目的得以实现。因此,杨永涛对于第二次盗窃行为虽没有明确、具体的认识,但该盗窃行为完全包含在其实施盗窃的概括故意之中,而非实行过限行为。

根据《最高人民法院关于审理掩饰、隐瞒犯罪所得、犯罪所得收益刑事案件适用法律若干问题的解释》第五条的规定,事前与盗窃、抢劫、诈骗、抢夺等犯罪分子通谋掩饰、隐瞒犯罪所得及其产生的收益的,以盗窃、抢劫、诈骗、抢夺等犯罪的共犯论处。本案中,杨永涛等四人在实施盗窃前进行了共谋和踩点,杨永涛由于曾经在被盗公司工作过,其在策划、组织盗窃的过程中起到了较大的作用,其销赃行为应作为共同盗窃犯罪的一部分行为,应该以盗窃罪的共犯论处,而不能单独认定为掩饰、隐瞒犯罪所得罪。

案例:康金东盗窃案

案例来源:《刑事审判参考》总第21辑[第135号]

主题词:盗窃罪 利用工作便利 骗取财物保管权

一、基本案情

被告人康金东,男,37岁,原系河南省中南机械厂驾驶员。因涉嫌犯职务侵占罪,于2000年2月3日被逮捕。

河南省方城县人民法院经审理查明:1999年12月24日,被告人康金东得知本厂业务员李国忠、张勇要去福建泉州送货(人造金刚石),遂萌发非法占有的念头,并于25日下午准备了调换金刚石的10个黑色塑料袋和河沙。同月26日晚6时,康金东受中南机械厂厂办指派,驾驶一辆金龙面包车送李国忠、张勇二人及所带金刚石去南阳火车站。在火车站,康金东趁李、张二人吃饭之际,提出修补汽车轮胎,李、张遂要求跟车同往,康婉言拒绝,同时表示自己不会离开车,能保证车上所载货物的安全,李、张便信以为真,并反复嘱托,要其一定看管好车上货物。康金东遂单独将车开至一汽车修理铺,趁修理人员维修轮胎时,康金东进入车内,用事先准备好的小刀将装有人造金刚石的纸箱胶粘带划开,又用事先准备好的河沙换走人造金刚石161190克拉,总价值24.2766万元,之后又用事先准备好的胶粘带将纸箱按原样封好,把调换下来的人造金刚石装入蛇皮袋中放于车内最后一排座位下面。康金东修好汽车轮胎返回后,李、张二人出于信任,未将所带货物予以检验就乘上火车前往福建泉州。当晚21时,被告人康金东将调换出的金刚石带回家中藏匿,案发后被全部追回。

另据查明,河南中南机械厂1999年12月24日开始实施的《关于对销售人员实行模拟客户的管理办法》中规定,金刚石产品经销售人员领出后即视同借款,由于销售人员自身原因所造成的损失,由销售人员自己承担。

河南省方城县人民法院认为:河南中南机械厂系国有企业,被告人康金东是该企业职工,李国忠、张勇也系该企业职工,虽然有模拟客户的有关规定,但金刚石的财产所有权还是中南机械厂。被告人康金东借口修轮胎,李、张因为康是该企业的职工才让其代管,康金东利用职务上的便利,将本单位财物非法占为己有,数额巨大,其行为已构成职务侵占罪。公诉机关指控被告人康金东犯盗窃罪和被告人及其辩护人辩称不构成职务侵占罪的理由不能成立,不予支持。被告人康金东有悔罪表现,且没有给企业造成损失,可以从轻处罚。依照《中华人民共和国刑法》第二百七十一条第一款的规定,于2000年12月5日判决如下:

被告人康金东犯职务侵占罪,判处有期徒刑六年。

宣判后,方城县人民检察院以一审判决定性不准,适用法律不当,且量刑畸轻为由,向南阳市中级人民法院提出抗诉。

南阳市中级人民法院经审理认为:被告人康金东以非法占有为目的,采取秘密手段窃取公私财物,其行为已构成盗窃罪,且数额巨大,但案发后赃物已全部追回,未造成损失,可从轻处罚。方城县人民检察院的抗诉理由成立,予以采纳。辩护人认为原判定性准确、量刑适当的理由不能成立。依照《中华人民共和国刑事诉讼法》第一百八十九条第(二)项、《中华人民共和国刑法》第二百六十四条、第五十二条之规定,于2001年3月8日判决如下:

1. 撤销方城县人民法院的刑事判决;

2. 被告人康金东犯盗窃罪,判处有期徒刑十年,并处罚金人民币一万元。

二、裁判要旨

No.5-264-16 利用熟悉工作环境或工作条件的便利,采用侵占、窃取、骗取或其他手段,将单位财物非法据为己有,数额较大的,不构成职务侵占罪,应以盗窃罪论处。

在本案中,根据河南省中南机械厂的规定,对金刚石负有保管、管理职责的是李国忠、张勇,被告人康金东作为从事运输劳务的人员没有保管、管理金刚石的职责。康金东盗窃金刚石实际上是利用工作上的便利条件,将本单位的财物窃为己有。利用职务上的便利与利用工作上的便利有着本质上的差别。所谓利用职务上的便利,是指利用自己主管、管理、经手、经营财物的便利条件;而利用工作上的便利,是指行为人无职务,而只是利用熟悉工作环境或工作条件的便利。这种便利与职务没有关系。对于利用工作上的便利条件,将本单位财物非法据为己有的,由于不符合职务侵占罪的构成条件,不能以职务侵占罪定罪处罚。因此,康金东的行为不能构成职务侵占罪。

No. 5-264-17　以欺骗方式取得他人财物的保管权,而后秘密窃取代为保管的财物,数额较大的,应以盗窃罪论处。

在本案中,从被告人康金东非法占有金刚石的经过来看,康金东趁李国忠、张勇吃饭之际,以修轮胎为由,并婉拒李、张二人陪同前往,单独将车开走,骗得了金刚石的代为保管权;又趁修理人员修理轮胎时进入车内,用小刀将装有金刚石的纸箱胶带划开,将事先准备好的河沙调换金刚石。虽然康金东取得了对金刚石的合法持有权,但并非是简单地将合法持有转变为非法占有,而是利用了合法持有的便利条件实施其秘密窃取行为。同时,康金东在得知本厂业务员李国忠、张勇要去福建泉州送货(人造金刚石)时,便产生了非法占有的故意,并准备了作案工具——用于调换金刚石的10个黑色塑料袋和河沙。其非法占有的主观故意明显产生于其取得代为保管金刚石之前,其代为保管不过是为其实施秘密窃取行为创造的便利条件。因此,被告人康金东的行为不符合职务侵占罪的构成特征,而构成盗窃罪。

案例:买买提盗窃案

案例来源:《刑事审判参考》总第19辑[第122号]

主题词:累犯　刑罚执行完毕　罚金刑

一、基本案情

被告人鄂尔古丽·买买提,女,30岁,无业。1998年3月,因犯盗窃罪被判处有期徒刑一年六个月,并处罚金人民币1000元(未规定执行期限,亦未执行)。1999年4月15日,刑满释放。因涉嫌犯盗窃罪,于2000年6月16日被逮捕。

西城区人民法院经审理查明:2000年5月20日12时许,被告人鄂尔古丽·买买提在北京动物园售票处前,乘被害人伊利亚·扎卡(阿尔巴尼亚人)不备,从伊利亚·扎卡的左裤兜内窃得人民币1100元。后被抓获。

西城区人民法院认为:被告人鄂尔古丽·买买提以非法占有为目的,秘密窃取他人数额较大钱财的行为,侵犯了他人所有的合法财产权利,已构成盗窃罪。被告人鄂尔古丽·买买提系累犯,应从重处罚,并属具有严重情节。鉴于被告人鄂尔古丽·买买提认罪态度较好,可酌情从轻处罚。依照《中华人民共和国刑法》第二百六十四条、第六十五条第一款、第七十一条、第六十九条、第五十二条、第五十三条及最高人民法院《关于审理盗窃案件具体应用法律若干问题的解释》第六条第(三)项的规定,于2000年10月19日判决如下:

被告人鄂尔古丽·买买提犯盗窃罪,判处有期徒刑四年,并处罚金人民币二千元,与前罪没有执行的罚金人民币一千元并罚。决定执行有期徒刑四年,并处罚金人民币三千元。

宣判后,鄂尔古丽·买买提没有上诉,检察机关未抗诉,判决发生法律效力。

二、裁判要旨

No. 5-264-18　被判处有期徒刑以上刑罚的犯罪分子,主刑执行完毕而附加罚金刑未执行完毕,五年以内再犯应当判处有期徒刑以上刑罚之罪的,应当认定为累犯。

被告人鄂尔古丽·买买提因犯盗窃罪在主刑执行完毕以后、附加刑未执行以前,又在五年以内犯应当判处有期徒刑以上刑罚之罪,由于行为人主刑执行完毕后,在附加刑执行期间再故意犯罪,其主观恶性应大于在附加刑执行完毕以后再犯新罪,如将刑罚执行完毕理解为包括主刑和附加刑,那么对于主刑执行完毕后,附加刑执行期间再犯新罪的,应认定为累犯而从重处罚;同时,由于主刑已执行完毕,也不能在主刑上对行为人实行数罪并罚,这显然不符合立法本意。因此,刑罚执行完毕中的刑罚仅指主刑,对被告人鄂尔古丽·买买提应认定为累犯。

No. 5-264-19 对于犯罪分子在主刑执行完毕之后，附加罚金刑未执行完毕以前又犯新罪的，应当根据刑法的规定，将前罪没有执行的罚金刑与后罪所判处的刑罚进行并罚。

罚金是人民法院判处犯罪分子向国家缴纳一定数额金钱的刑罚方法，属于财产刑的一种。根据最高人民法院《关于适用财产刑若干问题的规定》第五条的规定，罚金应在判决生效以后的三个月内执行完毕。但由于罚金的执行受到犯罪分子本人的经济情况、缴纳罚金的主观态度以及人民法院执行的力度等方面的影响，在司法解释规定的期限内，罚金刑未能执行的情况是客观存在的。只要罚金未执行，从数罪并罚、前罪刑罚执行情况的角度看，就不能视为刑罚执行完毕。

根据《刑法》第五十三条的规定，罚金的执行有以下五种方式：(1)一次缴纳；(2)分期缴纳；(3)强制缴纳；(4)随时追缴；(5)减免缴纳。

最高人民法院《关于适用财产刑若干问题的规定》第五条规定的罚金刑应当在判决发生法律效力后三个月内执行完毕，仅是指上述执行方式中一次缴纳和分期缴纳完毕这两种方式。

根据《刑法》第五十三条的规定，对于判决以后，罚金没有执行完毕的，只要犯罪分子不具备由于遭遇不能抗拒的灾祸缴纳确实有困难的可依法减免这一条件的，人民法院在任何时候发现被执行人有可以被执行的财产，都应当随时追缴。

虽然附加刑既可以独立适用，也可以附加适用，但附加刑是从刑，是补充、增强主刑适用效果的刑罚种类。由附加刑的属性所决定，数罪中被判处的附加刑既不能被主刑所吸收，不同种附加刑之间一般也不能相互吸收，否则会使刑法对某种犯罪专门规定附加刑的意义丧失。同理，因不同种刑罚之间无可比性，附加刑与主刑之间，不同种附加刑之间也不能采用限制加重原则合并处罚。

数罪并罚制度中的刑罚包括主刑和附加刑，只要行为人所犯的后罪是在前罪被判处的刑罚，包括主刑和附加刑执行完毕之前的，在对后罪作出判决时，均应适用数罪并罚制度；只有行为人所犯的后罪是在前罪被判处的所有刑罚，包括主刑和附加刑都执行完毕之后，对后罪判决时才不适用数罪并罚制度。本案被告人鄂尔古丽·买买提在原判有期徒刑执行完毕以后，附加罚金刑未执行以前，又犯新罪，对其未执行的罚金，应当在对新罪作出判决时予以并罚。

案例：高金有盗窃案

案例来源：《刑事审判参考》总第7辑[第52号]

主题词：共同犯罪　身份犯

一、基本案情

被告人高金有，男，1957年5月21日出生，个体户。因涉嫌犯贪污罪，于1998年8月15日被逮捕。

被告人傅爱云，女，1960年1月6日出生，原系陕西省铜川市城区信用社川口业务处主任。因涉嫌犯窝藏罪，于1998年8月19日被逮捕。

陕西省铜川市中级人民法院经审理查明：1998年7月初，中国人民银行陕西省铜川市分行业务部出纳申玉生(在逃)，多次找被告人高金有商议盗窃申与另一出纳共同管理的保险柜内的现金，高未同意。后申玉生多次约高吃饭、喝酒，做高的思想工作，并把自己的作案计划、安排告诉高，同时还几次让高看自己掌管的钥匙。高金有同意作案后，申即向高金有要了一把中号螺丝刀和一只蛇皮口袋放在自己的办公桌内，又用事先准备好的钢锯条，将业务部的钢筋护窗栏锯断，为作案后逃离现场作准备。7月23日上午10时许，申玉生将高金有带至铜川市分行业务部熟悉地形，并暗示了存放现金的保险柜和开启保险柜的另一把钥匙的存放地点。7月27日晚，申玉生找到被告人高金有，告知其近日将提款40万元存放保险柜的情况，并详细告诉高金有作案的时间、步骤、开启保险柜的方法及进出路线等。

7月30日上午7时，申玉生将被告人高金有带进该行业务部套间，藏在自己保管的大壁柜内。其他工作人员上班后，申玉生与另一出纳员从金库提回现金40万元，放进保险柜内的顶层。10时许，本市邮政财务科取走现金10万元。10时30分左右，申进入套间向被告人高金有指认了放款的保险柜,后与其他本行职员聊天。10时40分,申玉生乘其他工作人员外出吃饭离开办公室之际,打开壁柜将自己保管的保险柜钥匙交给高金有,并告知人都走了,自己即离开业务部去吃饭。被告人高金有撬开另一出纳员的办公桌抽屉,取出钥匙,打开保险柜将30万元人民币装入旅行袋里,又在办公室将申玉生等人的办公桌撬开,然后从后窗翻出办公室逃离现场。

8月1日晚,申玉生将作案经过告诉了其妻傅爱云,让傅通知高金有带款在本市青年旅社等候。8月2日中午,被告人博爱云找到了高,讲了申的要求。当日下午,高金有依申的要求到了青年旅社。8月3日晨见面后,二人一同来到高金有家,高拿出旅行袋说钱都在里面。申要高一起逃走,高不同意,申即给高留下3万元,然后携带其余赃款潜逃。破案后,从被告人高金有家中起获赃款3万元。

陕西省铜川市中级人民法院认为,被告人高金有潜入金融机构盗窃,情节特别严重,数额特别巨大,其行为已构成盗窃罪,铜川市人民检察院指控其犯罪的事实清楚、证据充分,但指控的罪名不当。被告人高金有的辩护人辩称,高在本案中系从犯。经查,被告人高金有积极实施盗窃犯罪,应系主犯,故其辩护理由不能成立;公诉机关指控被告人傅爱云犯有窝藏罪的事实清楚,证据充分,罪名成立,鉴于其犯罪情节及悔罪表现,可酌情从轻处罚。依照《中华人民共和国刑法》第二百六十四条第(一)项、第三百一十条第一款、第二十五条第一款、第二十六条第一款、第五十七条第一款、第七十二条第一款的规定,于1998年12月15日判决如下:

一、被告人高金有犯盗窃罪,判处死刑,剥夺政治权利终身,并处没收财产人民币一千二百元。

二、被告人傅爱云犯窝藏罪,判处有期徒刑三年,缓刑四年。

一审宣判后,被告人高金有以自己不是主犯,应以申玉生的身份定贪污罪,原判量刑过重等为由,向陕西省高级人民法院提出上诉。铜川市人民检察院亦以原判定性不当,提出抗诉。二审期间,陕西省人民检察院认为抗诉不当,撤回抗诉。陕西省高级人民法院裁定准予撤回抗诉,并继续审理本案。

陕西省高级人民法院经审理认为:上诉人高金有撬开另一出纳员的抽屉,窃取另一把保险柜钥匙,后用该钥匙和申玉生交给的钥匙打开保险柜,窃走柜内存放的现金30万元,这些行为都是高金有单独实施的,也是造成30万元现金脱离存放地点、失去该款保管人控制的直接原因。申玉生虽为业务部出纳,也掌管着另一把保险柜钥匙,作案前进行了周密的准备,将高带进业务部藏匿,将其他工作人员叫出去吃饭,是利用职务之便为高金有实施盗窃提供和创造条件,但是,仅以其个人职务便利尚不足以与高共同侵吞这笔巨额公款,因而不能以申玉生的身份和其行为确定本案的性质。上诉人高金有在窃取巨款的共同犯罪中起了主要作用,原判认定其为主犯正确。鉴于另一案犯申玉生在逃,高金有归案后能如实坦白交代自己的罪行,认罪态度较好,有悔罪表现,故对其判处死刑,但不立即执行。依照《中华人民共和国刑事诉讼法》第一百八十九条第(一)、(二)项、《中华人民共和国刑法》第二百六十四条第(一)项、第二十五条第一款、第二十六条第一款、第四十八条第一款的规定,于1999年6月29日判决如下:

1. 维持铜川市中级人民法院刑事判决第二项,即被告人傅爱云犯窝藏罪,判处有期徒刑三年,缓刑四年。

2. 撤销铜川市中级人民法院刑事判决第一项,即被告人高金有犯盗窃罪,判处死刑,剥夺政治权利终身,并处没收财产人民币一千二百元。

3. 上诉人(原审被告人)高金有犯盗窃罪,判处死刑,缓期二年执行,剥夺政治权利终身,并处没收财产人民币一千二百元。

二、裁判要旨

No.5-264-20　非国家工作人员与国家工作人员相勾结,利用国家工作人员提供的便利条件,窃取国家工作人员与其他国家工作人员共同保管的财物的,对非国家工作人员应以盗窃罪论处。

共同犯罪案件性质的确定取决于共同故意与共同行为是否符合法定某一具体犯罪的构成

要件。虽然本案被告人高金有与在逃犯罪嫌疑人申玉生都具有共同将银行现金非法占为己有的共同犯意,但如确定本案系共同贪污犯罪,还必须具备行为人共同利用职务便利侵吞、窃取、骗取或者以其他方法非法占有公共财物的共同行为。这种共同行为可从以下两个方面来考察:

一是各共同犯罪人实施犯罪都利用了职务上的便利,对于不具备特定身份的其他共犯则必须利用了有特定身份的犯罪人的职务之便。本案被告人高金有利用申玉生的职务之便熟悉了作案现场的环境,掌握了打开保险柜的另一把钥匙的存放处,以及巨额现金存放的具体部位。但是高金有撬开另一出纳员的办公桌窃取钥匙,以及用两把钥匙打开保险柜,窃走巨额现金的行为,虽与利用申的职务之便有联系,但并不是全部利用了申玉生的职务便利。换句话说,仅仅利用申玉生的职务便利,尚不能顺利地窃取存放在申与他人共同保管的保险柜内的巨额现金。

二是各共同犯罪人实施了共同的贪污行为。在共同犯罪中,虽然存在着不同的分工和不同共犯参与犯罪的程度不同,以及各自发挥的作用不同的情况,但是所有行为都必须围绕着一个犯罪目的而彼此配合、互相衔接。本案被告人高金有撬开办公桌、窃取钥匙、窃走现金的行为过程,不是申玉生的职务行为,也不在申的职务所及范围内,与申的职务无关。此一行为无论是申本人实施,还是申与高共同实施,或如本案,仅是申提供前提条件,由高单独实施,都不刑法规定的职务犯罪行为,而是典型的盗窃行为。

案例:刘作友等人盗窃案

案例来源:《人民法院案例选》2007 年第 2 辑

主题词:盗窃罪 骗取借记卡及密码

一、基本案情

被告人(上诉人):刘作友,男,1967 年 9 月 14 日出生,汉族,初中文化,农民,住新化县上梅镇黄泥坳村第 6 村民小组。

被告人(上诉人):曾新民,男,1969 年 4 月 16 日出生于湖南省新化县,汉族,小学文化,农民,住新化县上梅镇燎原村第 7 村民小组。

被告人(上诉人):刘春新,男,1975 年 1 月 27 日出生,汉族,初中文化,农民,住新化县上梅镇燎原村第 1 村民小组。

被告人(上诉人):曾珍,化名唐糖,女,1954 年 9 月 15 日出生,汉族,高中文化,农民,住新化县上梅镇燎原村第 7 村民小组。

被告人:袁振庭,男,1978 年 2 月 10 日出生,汉族,初中文化,农民,住新化县科头乡新建村第 4 村民小组。

湖南省长沙市雨湖区人民法院经审理查明:

(一)被告人刘作友等人盗窃事实

2005 年 12 月 15 日上午 10 时许,被告人刘作友、袁振庭、曾新民、刘春新、曾珍伙同白蝶辉(在逃)共同乘坐由被告人刘春新驾驶的湘 K63712"五菱"微型车从新化县窜至长沙市汽车南站附近,按事前预谋和分工,刘作友假扮从长沙到湘阴县的出租车车主,刘春新假扮出租车驾驶员,袁振庭、曾珍及白蝶辉假扮乘客,将游志红骗上微型车。当车向湘阴方向行驶一段距离后,曾新民假扮刚下车的乘客拦住微型车,谎称其装有 1 万余元的钱包丢失在车内,假装找包,并提出怀疑钱包被车上乘客拾得。袁振庭、曾珍及白蝶辉为诱骗被害人游志红,相继主动将随身携带物品掏出以示清白。在袁振庭、曾珍等人劝说下,游志红被迫将行李交给曾新民检查。曾新民发现行李中有 2 张银行卡,便称怀疑游志红将拾得的现金存入银行,而要求核查银行卡上的存款。游志红被迫将 2 张银行卡交给曾新民,并说出卡的密码。当游志红提出与曾新民一同前往银行核查时,曾新民以游志红会借机逃跑为借口,拒绝游志红的要求。此时,刘作友便冒充中间人提出由其持卡到银行查询,骗得游志红的信任后,曾新民将 2 张银行卡转交给刘作友,刘作友持卡分别从农业银行、邮政储蓄的自动取款机上取走 8450 元。在此期间,白蝶辉借检查游志红行李之机,窃得游志红现金 450 元和价值 700 元的金戒指 1 枚、三正牌 808 型手机 1 部(无法鉴定其价值)。刘作友取款后回到车上后,假称经查询,游志红未拾得曾新民丢失的现金,并将2张银行卡还给游志红。

(二)被告人刘作友等人抢劫事实

2005年12月15日下午3时许,被告人刘作友、袁振庭、曾新民、刘春新、曾珍伙同白蝶辉在实施上述犯罪后又驾驶湘K63712五菱微型车窜至长沙市芙蓉区万家丽广场附近。曾新民假扮出租车车主,刘春新假扮出租车驾驶员,袁振庭、曾珍、白蝶辉假扮前往新化县的乘客,将准备去新化县的陆继国骗上车。当车行驶一段距离后,刘作友假扮刚下车的乘客拦住汽车,谎称其钱包丢失在车上,怀疑车上乘客拾得,要求检查车上乘客的钱包和银行卡。曾新民、刘春新、袁振庭、曾珍及白蝶辉为诱骗被害人陆继国,相继接受刘作友的检查以示清白,骗得陆继国将1张银行卡交给刘作友,但陆继国假报了银行密码。刘作友将银行卡交给曾新民、白蝶辉去银行取款。因密码错误,无法取款。曾新民、白蝶辉即电话告之刘作友。为获得密码,刘作友、袁振庭采取殴打、威胁手段,强迫陆继国说出银行卡的密码后,曾新民、白蝶辉从银行卡上取走11450元。

长沙市雨湖区人民检察院指控称:被告人刘作友、曾新民、袁振庭、刘春新、曾珍犯抢劫罪、诈骗罪。

被告人刘作友及其辩护人称指控事实不清;被告人曾新民及其辩护人认为:在第二起犯罪事实中,其他同案犯对被害人实施暴力逼取密码的行为,超出共同犯罪故意,属实行过限行为,故对其不应以共同抢劫犯罪论处;被告人刘春新及其辩护人辩称:其主观上没有抢劫犯罪故意,其行为不构成抢劫犯罪;被告人曾珍及其辩护人辩称:在第一起犯罪事实中,其伙同同案人通过虚构事实等手段骗取他人财物,是诈骗行为。在第二起犯罪事实中,其未殴打或以暴力威胁被害人。在共同犯罪过程中,其所起作用小,是从犯。

长沙市雨湖区人民法院认为:被告人刘作友、袁振庭、曾新民、刘春新、曾珍以非法占有为目的,采取暴力手段,劫取他人财物,其行为构成抢劫罪,且抢劫数额巨大。被告人刘作友、袁振庭、曾新民、刘春新、曾珍以非法占有为目的,秘密窃取他人财物,数额较大,其行为构成盗窃罪。被告人刘作友、袁振庭、曾新民、刘春新、曾珍犯数罪,应数罪并罚。在共同抢劫犯罪中,被告人刘作友、袁振庭,系主犯;被告人曾新民、刘春新、曾珍系从犯,应减轻处罚。在共同盗窃犯罪中,被告人刘作友、曾新民系主犯;被告人袁振庭、刘春新、曾珍系从犯,应减轻处罚。被告人曾新民在刑罚执行完毕后五年内故意再犯应判处有期徒刑以上刑罚的本案犯罪,系累犯,应从重处罚。依照《中华人民共和国刑法》第二百六十三条第(四)项、第二百六十四条、第二十五条第一款、第二十六条第一、四款、第二十七条、第六十五条第一款、第五十五条第一款、第五十六条第一款、第六十九条、第六十四条之规定,原审判决如下:

1. 被告人刘作友犯抢劫罪,判处有期徒刑十年,剥夺政治权利二年,并处罚金一万元;犯盗窃罪,判处有期徒刑二年六个月,并处罚八千元;决定执行有期徒刑十一年六个月,剥夺政治权利二年,并处罚金一万八千元;

2. 被告人袁振庭犯抢劫罪,判处有期徒刑十年,剥夺政治权利二年,并处罚金一万元;犯盗窃罪,判处有期徒刑二年,并处罚金六千元;决定执行有期徒刑十一年,剥夺政治权利二年,并处罚金一万六千元;

3. 被告人曾新民犯抢劫罪,判处有期徒刑八年,并处罚金八千元;犯盗窃罪,判处有期徒刑二年六个月,并处罚金八千元,决定执行有期徒刑九年六个月,并处罚金一万六千元;

4. 被告人刘春新犯抢劫罪,判处有期徒刑五年,并处罚金六千元;犯盗窃罪,判处有期徒刑二年,并处罚金六千元,决定执行有期徒刑六年,并处罚金一万二千元;

5. 被告人曾珍犯抢劫罪,判处有期徒刑五年,并处罚金六千元;犯盗窃罪,判处有期徒刑二年,并处罚金六千元;决定执行有期徒刑六年,并处罚金一万二千元;

6. 没收作案交通工具湘K63712微型车,上缴国库;继续追缴涉案财物,返还给被害人。

一审宣判后,刘作友、曾新民、刘春新、曾珍分别提出上诉。

上诉人刘作友称,原审判决认定事实不清,量刑过重,请求二审法院依法改判。

上诉人曾新民上诉称:在第二起犯罪事实中,其他同案犯对被害人实施暴力逼取密码的行为,超出共同犯罪故意,属实行过限行为,故对其不应以共同抢劫犯罪论处,原审判决认定事实不清,量刑过重。

上诉人刘春新及其辩护人辩称:其主观上没有抢劫犯罪故意,其行为不构成抢劫犯罪。在第一起共同犯罪中,其既不是组织者,也不是积极参与者,是从犯。

上诉人曾珍上诉称:在第一起犯罪事实中,其伙同同案人通过虚构事实等手段骗取他人财物,是诈骗犯罪行为。在第二起犯罪事实中,其未殴打或以暴力威胁被害人。在共同犯罪过程中,其所起作用小,是从犯。原审判决定性错误,量刑过重。

上诉人曾珍的辩护人辩称:在第二起犯罪事实中,曾珍伙同其他同案犯共谋骗取他人财物,但没有以暴力手段劫财的共同故意。在犯罪过程中,其他同案犯采取暴力手段逼取密码的行为,超出共同犯罪故意,属实行过限行为,故对曾珍不应以抢劫共犯论处。

二审查明的事实、证据与一审查明的事实、证据一致。二审法院认为:原审判决认定基本事实清楚,证据确实充分,定罪准确,量刑适当,审判程序合法。依照《中华人民共和国刑事诉讼法》第一百八十九条第(一)项之规定,裁定如下:

驳回上诉,维持原判。

二、裁判要旨

No.5-264-21 骗取持卡人的银行卡及其密码后,未经持卡人知晓而取款的,不构成诈骗罪,应以盗窃罪论处。

众所周知,诈骗罪的基本流程是:行为人以非法占有为目的实施欺诈行为—被害人产生错误认识—被害人基于错误认识处分财产—行为人取得财产—被害人受到财产上的损害。本案中,被害人是产生了错误认识,但是被害人基于这种错误认识只交付了借记卡和告知了密码,并没有基于所有人的意思而放弃借记卡,更没有处分借记卡上的钱款的意思,因此不能算是一种处分行为。所以,对本案被告人骗取被害人的信任交出借记卡和告知密码的行为不能认定为诈骗罪。

区分诈骗罪与盗窃罪的一个关键点在于究竟是哪一行为使被告实现了非法占有。在本案中,被害人交付借记卡和告知密码的行为并未使被告人实现对钱款的占有,使被告人真正实现非法占有的是被告人从取款机取款的行为。未经持卡人知晓,非法持有他人借记卡从取款机取款的行为完全符合秘密窃取的性质,因此本案被告人的行为完全符合盗窃罪的客观构成要件要素,另外也完全符合客体、主体与主观方面的构成要件要素,所以可以认定被告等人盗窃罪名成立。

案例:申宇盗窃案

案例来源:《人民法院案例选》2008 年第 3 辑

主题词:盗窃罪 未遂

一、基本案情

被告人申宇。

北京市海淀区人民法院经审理查明:2007 年 2 月 12 日 11 时许,被告人申宇在本市海淀区羊坊店路联通华盛通信技术有限公司北京分公司库房内,在与北京北奥利康搬家有限责任公司送货员崔晓宝、李鹏办理货物交接手续的过程中,乘崔晓宝、李鹏不备窃取二人负责运送的三星 SCH-W579 型手机一箱,内有三星 SCH-W579 型手机 10 部,经鉴定价值人民币 55000 元。崔晓宝、李鹏发现手机丢失后报警,民警在库房内起获被盗的手机,并将被告人申宇抓获归案。赃物已被发还。

北京市海淀区人民法院认为,被告人申宇以非法占有为目的,秘密窃取他人财物,数额巨大,其行为已构成盗窃罪,应予惩处。被告人申宇作为库房管理员,在没有他人在场的情况下将涉案手机藏于库房的其他位置后,便已完成盗窃行为,实际控制了手机;而崔晓宝、李鹏作为物流公司的送货员,库房并非他们的控制范围,丢失手机后即丧失了对手机的控制,如不报警寻求公安机关的帮助,其无法重新取得对手机的控制,因此,被告人申宇窃取手机的行为已经实施完毕并实际控制了手机,具备了盗窃罪的构成要件,属犯罪既遂。鉴于被告人申宇在被抓获归案后及庭审过程中均能如实供述犯罪事实,认罪态度较好,且被盗手机已全部发还,未给被害人造成实际经济损失,故本院对其酌予从轻处罚。依照《中华人民共和国刑法》第二百六十四条、第五十三条之规定,判决:被告人申宇犯盗窃罪;判处有期徒刑五年,罚金人民币五千元。

一审宣判后,被告人申宇不服提出上诉。

申宇的上诉理由为其行为是犯罪未遂,原判量刑过重。

申宇的辩护人的主要辩护意见是:原判对部分犯罪事实认定不准,认定申宇系盗窃既遂不妥。申宇的行为是盗窃未遂,且具有自首情节,未给被害单位造成经济损失,主观恶性小,认罪态度好,原判量刑偏重,请求二审法院对申宇从轻处罚。

北京市第一中级人民法院认为,崔晓宝、李鹏清点发现所送手机丢失一箱后,确认手机不是在运输途中丢失,遂将寻找手机的范围锁定在申宇看管的库房内,并及时报警,在民警到来后,将被盗手机起获,客观上有效地阻止了申宇犯罪目的的实现。申宇并未完全取得对所窃财物的实际控制,因此,他的盗窃行为属于因意志以外的原因而未得逞,是盗窃未遂。据此改判被告人申宇犯盗窃罪,判处有期徒刑三年,缓刑四年,并处罚金人民币三千元。

二、裁判要旨

No. 5-264-22 在盗窃案件中,没有取得财物的完全控制,应以盗窃未遂论处。

《刑法》第二十三条第一款规定:“已经着手实行犯罪,由于犯罪分子意志以外的原因而未得逞的,是犯罪未遂。”根据这一规定,犯罪未遂必须具备以下特征:(1)行为人已经着手实行犯罪。(2)犯罪未得逞。所谓犯罪未得逞,是指行为人所追求的、行为性质所决定的危害结果没有发生。[①] 按照主客观相一致的原则,它既要求行为人所追求的危害结果没有发生,又要求行为性质所决定的危害结果没有发生。(3)犯罪未得逞是由于犯罪人意志以外的原因。盗窃罪作为《刑法》分则的一个具体罪名,盗窃未遂无疑应当符合《刑法》总则规定的犯罪未遂的条件。因此,我们可以将盗窃未遂的特征综合概括为:行为人已经着手实施了盗窃行为,但由于意志以外的原因,其主观的盗窃犯罪意图未能全部展开,客观的盗窃结果未能发生,从而使盗窃犯罪在未完成的状态下停止下来。

盗窃是指以不为受害人察觉的方法窃取财物的行为。任何盗窃本身都具有隐蔽性的特点。申宇将手机藏在库房角落中应当是其进行盗窃时选择的一种方法,或者说是其盗窃行为的一个组成部分,而不是其追求的结果。如前所述,单次盗窃作为结果犯,其犯罪未遂的基本特征是行为人主观的犯罪意图未能全部展开,客观的盗窃结果未能发生。这也是主客观相一致的刑法原则的要求。在本案中,正是由于崔晓宝、李鹏的积极寻找并且报警,才获取了藏匿的手机。这直接导致了客观上申宇藏匿手机的行为没有造成危害结果,主观上他的犯罪意图未能完全实现。

案例:程少杰盗窃、传授犯罪方法案

案例来源:《刑事审判参考》总第 128 辑[第 1419 号]

主题词:盗窃罪　盗窃未遂

一、基本案情

2017 年 6 月 26 日,被告人程少杰使用手机号在浙江泽生电子商务有限公司运行的同城商城 App 平台注册账户,利用该平台的系统漏洞,以发负数金额红包的方式分四次向其账户内充值共计人民币 550100 元,再将账户内余额提现到绑定的银行卡,后被平台发现。其间,程少杰共计提现 21050 元,另有 94398 元在提现申请中,其余 434652 元尚未申请提现。案发后,

---

① 参见张明楷:《刑法学》,法律出版社 2003 年版,第 293 页。

程少杰于 2017 年 6 月 29 日,通过微信转账的方式将人民币 21050 元退还至受害人周金艳的微信账户。

二、裁判要旨

No. 5-264-23 明确以数额特别巨大之财物作为目标,即使未能窃得财物或实际窃得的财物价值不大的,也应认定为“数额特别巨大”,但应认定成立盗窃未遂,适用未遂的相关规定。

当其针对特定目标实施盗窃,由于意志以外原因未得逞或者仅部分得逞时,如果不考虑主观故意所针财物的价值,简单地以实际窃得的财物数额论,则明显有客观归罪之嫌,容易导致刑罚过剩或刑罚不足等问题。一方面,当行为人针对价值微小的财物实施偷盗行为,如只是想偷盗一床被子用于御寒,却没想到被子里藏有巨额现金,如果不考虑其主观认识因素,单纯以实际得手数额来认定将导致在十年以上量刑,明显过重;另一方面,当行为人以价值特别巨大之财物为盗窃目标,如潜入博物馆意图盗窃某件珍贵文物,但因警报声响而未得手时,如果以实际得手数额来认定,则无法对行为人以盗窃罪来进行处罚,明显是放纵犯罪。面对上述问题,相关司法解释及时作出了回应,规定如果行为人以数额特别巨大的财物为犯罪目标时,即使最终未窃得任何财物,仍然可以盗窃罪(未遂)来定罪处罚。2013 年发布的《最高人民法院、最高人民检察院关于办理盗窃刑事案件适用法律若干问题的解释》(以下简称《盗窃解释》)明确规定:“盗窃未遂,具有下列情形之一的,应当依法追究刑事责任:(一)以数额巨大的财物为盗窃目标的;(二)以珍贵文物为盗窃目标的……”同样,2011 年发布的《最高人民法院、最高人民检察院关于办理诈骗刑事案件具体应用法律若干问题的解释》(以下简称《诈骗解释》)第五条第一款也有类似规定:“诈骗未遂,以数额巨大的财物为诈骗目标的,或者具有其他严重情节的,应当定罪处罚。”

财产犯罪中的“数额(特别)巨大”并非单纯的量刑情节,而是加重构成要件。根据犯罪构成及未遂犯的基本原理,故意的加重犯同故意的基本犯一样,均存在未遂形态。当行为符合加重的犯罪构成,只是没有发生既遂结果时,应当成立加重犯的未遂犯,适用分则的加重法定刑,同时适用总则关于未遂犯的规定。而且,当行为人以数额特别巨大财物为明确目标时,即使因意志以外的原因未得逞,犯罪数额也容易确定,按照数额特别巨大的未遂犯来处理也不存在数额难以认定的问题。为此,最高人民法院《关于审理抢劫刑事案件适用法律若干问题的指导意见》“二、关于抢劫犯罪部分加重处罚情节的认定”第 3 条规定“对以数额巨大的财物为明确目标,由于意志以外的原因,未能抢到财物或实际抢得的财物数额不大的,应同时认定‘抢劫数额巨大’和犯罪未遂的情节,根据刑法有关规定,结合未遂犯的处理原则量刑。”

参照上述规定,本案被告人程少杰以数额特别巨大的财物(人民币 550100 元)为盗窃目标,由于意志以外的原因仅少部分得逞(21050 元),法院将其认定为“盗窃数额特别巨大”的未遂是适当的。

No. 5-264-24 以数额特别巨大的财物为明确目标,仅窃取到部分财物时,应当针对既遂与未遂情形分别量刑,并从一重处;达到同一量刑幅度的,以既遂处罚。

《盗窃解释》第十二条第二款明确规定:“盗窃既有既遂,又有未遂,分别达到不同量刑幅度的,依照处罚较重的规定处罚;达到同一量刑幅度的,以盗窃罪既遂处罚。”2016 年,最高人民法院审判委员会通过的 62 号指导案例——王新明合同诈骗案,确定了在数额犯中,犯罪行为既遂与未遂并存且均构成犯罪的情况,在确定全案的法定刑幅度时,先就未遂部分进行是否减轻处罚的评价,确定未遂部分所对应的法定刑幅度,再与既遂部分对应的法定刑幅度比较,确定全案适用的法定刑幅度。确定法定刑幅度后,将其他情节作为量刑的调节要素进而确定基准刑。

具体到本案中来,被告人程少杰以数额特别巨大之财物(人民币 550100 元)为盗窃目标,既有成功提现 21050 元的既遂数额,又有因其意志以外的原因而未得逞的未遂数额。在既遂、未遂并存的情况下,法院对二者进行分别评价后,其未遂部分属于“数额特别巨大”,根据《刑法》总则关于未遂的规定选择三年到十年有期徒刑的法定刑幅度,结合被告人已经既遂的部分以及坦白等量刑情节,以盗窃罪判处被告人程少杰有期徒刑四年六个月,并处罚金人民币4万元。

案例:黄磊等盗窃案
案例来源:《人民法院案例选》2008年第3辑
主题词:盗窃罪　职务侵占罪　利用职务便利

一、基本案情

被告人董磊、赵鹏飞、郭胜利。

河南省辉县市人民法院经审理查明:被告人董磊、赵鹏飞系常村镇固南砖厂铲车司机。2007年4至5月份,两被告人在下班后的深夜,多次秘密窃取该砖厂中自己上班期间开的铲车燃料柴油,共计950公升,合价值人民币4417.5元。

2007年3至4月份,被告人董磊、郭胜利采取同样的手段窃取该砖厂柴油计565公升,合价值人民币2627元。河南省辉县市人民检察院以被告人董磊、赵鹏飞、郭胜利犯盗窃罪向辉县市人民法院提起公诉。

案发后,三被告人已将柴油折价款退还被害人。

河南省辉县市人民法院认为,被告人董磊、赵鹏飞、郭胜利以非法占有为目的,秘密窃取单位财物,数额较大,其行为均已构成盗窃罪。公诉机关指控的罪名成立,本院予以支持。在共同犯罪过程中,被告人董磊、赵鹏飞、郭胜利均积极参与犯罪,起主要作用,系主犯,应按其参与的全部犯罪处罚。鉴于三被告人案发后认罪态度均较好,有悔罪表现,可适用缓刑。依照《中华人民共和国刑法》第二百六十四条、第二十五条第一款、第二十六条第一、四款、第七十二条、第七十三条第二、三款之规定,判决如下:

1. 被告人董磊犯盗窃罪,判处有期徒刑二年,缓刑二年,并处罚金人民币一万三千元;

2. 被告人赵鹏飞犯盗窃罪,判处有期徒刑一年三个月,缓刑一年六个月,并处罚金人民币八千元;

3. 被告人郭胜利犯盗窃罪,判处有期徒刑六个月,缓刑一年,并处罚金人民币4000元。

宣判后,三被告人均未提出上诉,公诉机关亦未抗诉,现判决已发生法律效力。

二、裁判要旨

No.5-264-25　利用对环境熟悉的便利条件,窃取本单位财物的,不构成职务侵占罪,应以盗窃罪论处。

职务侵占罪和盗窃罪都是以非法占有为目的,将财物占为己有的行为,且盗窃为职务侵占罪的犯罪手段之一,两罪之间有一定的相似之处,但两罪之间又存在着本质的区别。职务侵占罪的主体为公司、企业或其他单位的人员;盗窃罪的主体则是一般主体,一般自然人即可。职务侵占罪的犯罪客观方面是利用职务上的便利,对于利用工作上的便利,占有本单位财物的行为,不能认定为职务侵占罪;而盗窃罪则不要求利用职务上的便利;职务侵占罪必须以数额较大为构成要件,而盗窃罪不仅可以由数额较大构成,还可以由实施盗窃的次数即多次盗窃构成。

综上,三被告人的行为究竟属何种行为,首先应确定三被告人下班后返回工作场所实施盗窃的行为是否利用了职务上的便利。本案三被告人的工作单位常村镇固南砖厂的企业登记系个体工商户,该砖厂招收多名雇员从事劳务工作,且砖厂对外没有围墙,是开放性的。本案三被告人在砖厂均从事驾驶铲车的劳务工作,领取相应的工作报酬,铲车使用的柴油在该砖厂用油桶存放,工作时间由三被告人自行开锁加油,下班后,该砖厂雇员均回砖厂临时搭建的宿舍休息,砖厂内的所有物品均由负责看场的人员在夜间看管,应包括铲车和加油用的油桶。三被告人下班后对铲车和给铲车加油用的油桶的看管行为即行终止,实际的看管职责应由砖厂看场的人负责,其实施秘密窃取的行为没有利用职务上的便利,仅是利用了白天工作的便利条件,便于及时作案后离开现场。故三被告人下班后实施的秘密窃取本单位财物的行为应认定为盗窃罪,辉县市人民法院的判决是正确的。

案例:梁四海盗窃案

案例来源:《人民法院案例选》2006 年第 1 辑

主题词:盗窃罪 秘密窃取方式

一、基本案情

被告人梁四海,男,1987 年出生。因涉嫌犯盗窃罪于 2005 年 11 月 5 日被刑事拘留,同年 11 月 19 日被逮捕。

河南省三门峡市湖滨区人民法院经审理查明:2005 年 9 月 29 日 22 时许,被告人梁四海在协助三门峡市公安局巡警一大队民警郭华执行公务时,发现郭华的手机掉在地上,就用脚踩住(郭华当时发现手机掉在现场,曾查问被告人等,无人应声),被告人梁四海趁郭华不备,将郭华的一部托普 Q99 型手机拿走,后将该手机销赃得款 350 元。经三门峡市价格认证中心鉴定,被盗手机价值 1120 元。案发后,被盗手机已追回并发还被害人。

湖滨区人民法院认为,被告人梁四海以非法占有为目的,在见到他人的手机掉在地上时,以用脚踩住的隐蔽行为,使被害人查找未得,随后将手机带离现场,从而脱离了被害人的控制而置于其控制之下,并予以销赃,数额较大,其行为已构成盗窃罪。公诉机关指控罪名成立,应予支持。本院综合本案事实、情节,并报院审判委员会讨论决定,依照《中华人民共和国刑法》第二百六十四条、第五十二条、第五十三条之规定,判决如下:

被告人梁四海犯盗窃罪,判处罚金二千元。

二、裁判要旨

No. 5-264-26 采取自认为隐蔽的方式使财物脱离所有人、保管人的有效控制,而置于本人的控制之下的,属于盗窃罪的秘密窃取方式之一,构成盗窃罪。

盗窃罪是以非法占有为目的,秘密地窃取数额较大的公私财物的行为。本案中,被告人在主观方面具有非法占有目的,即明知是他人所有之物,而有意通过破坏财物所有人对财物的合法控制,使之置于自己控制之下。在客观方面,被告人实施了秘密窃取的行为,即采取了自认为不会被财物所有者发觉的方法,暗中窃取财物。本案中,被告人虽然不是趁被害人未觉察而直接从被害人身上将手机拿走,但当被告人见到被害人的手机掉在地上时,其已明知是被害人的手机,但没有想到及时归还失主,而是产生了占为己有的念头,采取用脚把该手机踩住,在被害人等人散去后,将手机盗走这一秘密手段。被告人在主观上表现为故意并非法占有他人财物,客观上也采取了秘密窃取的方式,完全符合盗窃罪的构成要件。所以,应以盗窃罪定罪量刑。

案例:孙莹等盗窃案

案例来源:《人民法院案例选》2006 年第 4 辑

主题词:骗用他人手机 盗窃罪

一、基本案情

被告人薛磊明、孙莹、赵红飞、杨奇、水明明、郝燕宾、解浩。

河南省三门峡市湖滨区人民法院经审理查明:2005 年 6 月 16 日 22 时许,被告人孙莹、赵红飞、杨奇、薛磊明在三门峡市六峰北路“老冯”哨子拉面馆吃饭时,秦涛从路边经过,杨奇看到秦涛脖子上挂有一 MP3 播放器,便对薛磊明提出将 MP3 抢过来后,自己出 100 元购买。薛磊明听后告诉孙莹、赵红飞,并将自带的砍刀交给赵红飞,以备抢劫使用。随后被告人孙莹、赵红飞各持砍刀追赶秦涛至上村村口半坡处,将秦涛砍伤后,抢走 MP3 播放器。经估价鉴定,被抢 MP3 价值 270 元。经法医鉴定,秦涛的伤情为轻伤。

2004 年 10 月 29 日下午,被告人孙莹、解浩到三门峡市建设路百货站家属楼 1 单元 6 楼南户任健家,用事先偷配的钥匙开门入室行窃,盗走 21 寸“创维”彩电一台、“九阳”电磁炉一台、“TCL 牌”DVD 播放机一台、白沙金首饰一套、白金戒指一个、白水晶玛瑙吊坠项链一条。经估价鉴定,被盗物品总价值 2040 元。2004 年 12 月的一天晚上,被告人水明明、郝燕宾伙同郭丽(另案处理)预谋后,由郭丽以与以前的男友冯彬和好为由,将冯彬约至三门峡市商业街“老兵”酒吧。席间,水明明给冯彬打电话称要找郭丽,郭丽以在酒吧内说话不方便为由,将冯彬的一部三星 T408 型手机拿出酒吧外,交给水明明、郝燕宾,后二人将手机销赃,得赃款六百余元,经估价鉴定,该手机价值 1330 元。2005 年 1 月初的一天下午,被告人孙莹、水明明、郝燕宾伙同郭丽预谋后,孙莹与郭丽到三门峡市某中学门口找到郭丽的朋友李冰洁,孙莹趁郭丽和李冰洁说话之机,以借用电话为名,将李冰洁的一部熊猫 700 型手机拿走,后孙莹、水明明、郝燕宾将手机销赃,得赃款四百余元,经估价鉴定,该手机价值 1530 元。2005 年 5 月 30 日下午 4 时许,被告人薛磊明伙同蒋小虎(另案处理)到三门峡市湖滨区刘家渠村 89 号院内,将封国川的红色豪爵 125 型摩托车盗走。经估价鉴定,被盗摩托车价值 2560 元。

湖滨区人民法院认为,被告人孙莹、薛磊明、赵红飞、杨奇采用暴力手段,劫取他人财物,并致被害人轻伤,其行为均已构成抢劫罪。在共同抢劫犯罪中,被告人孙莹、赵红飞持刀威逼,且孙莹将被害人砍成轻伤,应酌予重处。被告人孙莹、水明明、郝燕宾、薛磊明、解浩分别结伙窃取他人财物,其中孙莹参与盗窃 2 次,价值 3570 元;薛磊明参与盗窃 1 次,价值 2560 元;水明明、郝燕宾各参与盗窃 2 次,价值 2860 元;解浩参与盗窃 1 次,价值 2040 元,均系数额较大,其行为均已构成盗窃罪。被告人孙莹、薛磊明一人犯数罪,对其均应当数罪并罚。被告人孙莹参与的盗窃犯罪以及被告人赵红飞、杨奇、水明明、郝燕宾犯罪时均已满 16 周岁不满 18 周岁,系未成年人,对其均应当依法从轻或减轻处罚。被告人孙莹协助抓捕同案犯,被告人赵红飞揭发孙莹、水明明盗窃犯罪事实,均属立功,对其均可从轻或减轻处罚。被告人孙莹主动供述伙同解浩盗窃的犯罪事实,被告人孙莹、水明明、郝燕宾主动供述盗窃两部手机的犯罪事实,属坦白,对其均可酌定从轻处罚。综合本案事实、情节,以被告人孙莹犯抢劫罪,判处有期徒刑四年,并处罚金二千元;犯盗窃罪,判处有期徒刑六个月,并处罚金二千元,决定执行有期徒刑四年,并处罚金四千元。以被告人薛磊明犯抢劫罪,判处有期徒刑三年六个月,并处罚金二千元;犯盗窃罪,判处有期徒刑六个月,并处罚金二千元,决定执行有期徒刑三年六个月,并处罚金四千元。以被告人赵红飞犯抢劫罪,判处有期徒刑三年,并处罚金二千元。以被告人杨奇犯抢劫罪,判处有期徒刑二年六个月,宣告缓刑三年,并处罚金六千元。以被告人水明明犯盗窃罪,判处拘役六个月,并处罚金三千元。以被告人郝燕宾犯盗窃罪,判处拘役六个月,并处罚金三千元。以被告人解浩犯盗窃罪,判处拘役六个月,并处罚金三千元。

上诉人薛磊明上诉称,自己没有授意孙莹和赵红飞去抢劫,没有提供砍刀,没有参与分赃,不构成抢劫罪。

经二审审理查明的事实和认定证据与一审相同。原审被告人杨奇、孙莹、赵红飞在供述中均证实是杨奇向薛磊明提出抢劫秦涛的 MP3 播放器收购,薛磊明为此安排孙莹和赵红飞拿刀去抢劫。孙莹还证实薛磊明参与了销赃,部分赃款和薛磊明一起吃喝花掉了。薛磊明在自书的亲笔供词中亦供述了安排孙莹和赵红飞去抢劫,并和孙莹一起销赃,故上诉人薛磊明上诉称自己没有参与抢劫的上诉理由不能成立。

二审法院认为,上诉人薛磊明、原审被告人孙莹、赵红飞、杨奇采用暴力手段,劫取他人财物,并致被害人轻伤,其行为均已构成抢劫罪。上诉人薛磊明、原审被告人孙莹、水明明、郝燕宾、解浩分别结伙窃取他人财物,数额较大,其行为均已构成盗窃罪。原判事实清楚,证据充分,定罪准确,量刑适当,审判程序合法,上诉人薛磊明的上诉理由不能成立,本院不予采纳。依照《中华人民共和国刑事诉讼法》第一百八十九条第(一)项之规定,裁定如下:

驳回上诉,维持原判。

二、裁判要旨

No. 5-264-27 骗用他人手机,乘机占为己有的,应以盗窃罪论处。

盗窃罪是以非法占有为目的,秘密窃取数额较大公私财物的行为;而诈骗罪是以非法占有为目的,用虚构事实或者隐瞒真相的方法,骗取数额较大公私财物的行为。诈骗罪与盗窃罪的关键区别在于:受骗人是否基于认识错误处分了财物,也就是说,是否将财物转移给行为人占有

和支配,倘若被害人自愿处分了财物,则构成诈骗罪;倘若被害人没有处分财物,则构成盗窃罪。具体到本案:

首先,从主观上看,受骗人没有将手机转移给被告人支配和控制的意思。受骗人将手机交给被告人,只是让他暂时使用,等接听或者呼叫结束,就要当场归还。

其次,从社会的一般理念看,在当时的情况下,虽然手机已交由被告人使用,但是被害人仍然没有丧失对手机的支配和控制,被告人并没有占有手机,其取得手机的支配与控制完全是后来的秘密逃离行为所致。

最后,从物的特性看,手机的用途是用来打电话的,借手机"使用一下"意味着在很短的时间内用后即还,被告人不可能因假借行为而取得对手机的支配和控制,所以,本案不应定性为诈骗。但是,倘若被告人欺骗被害人说借手机使用一天、或者一周、一月等,则应定性为诈骗。再假设被告人欺骗被害人,借被害人的摩托车使用一下而后非法占有,则由于摩托车的特性不同于手机,只要被害人将摩托车交由被告人使用,则被害人就丧失了对摩托车的支配和控制,被告人的行为只能构成诈骗,不可能构成盗窃。

案例:李志良等诈骗案

案例来源:《人民法院案例选》2006 年第 4 辑

主题词:调包方式秘密窃取　盗窃罪

一、基本案情

被告人李志良,男,因本案于 2005 年 5 月 25 日被逮捕。

被告人王连英,女,因本案于 2005 年 5 月 25 日被逮捕。

被告人陈尾连,女,因本案于 2005 年 5 月 25 日被逮捕。

福建省石狮市人民法院经审理查明:2005 年 4 月 12 日上午,被告人李志良、王连英、陈尾连经预谋后,来到石狮市永宁镇港边村石狮市邮电局永宁支局附近,由陈尾连、王连英假托事由上前与被害人朱永英搭讪,被告人王连英谎称其认识一个算命先生,并带被害人找到了佯装成算命先生的被告人李志良。李志良当即欺骗被害人朱永英说其丈夫在近期内将会遭遇车祸,须做法事才能消灾,朱永英信以为真。被告人李志良随即要求朱永英将人民币 1500 元交给他放入其事先准备好的黑色塑料袋中,让其做法事,待做完法事将塑料袋拿回家中存放方能免灾。之后,被告人李志良当着被害人的面做起法事,在做法事的过程中,三被告人趁被害人不注意,将塑料袋调包,后让被害人朱永英带走了一个未装钱的塑料袋。三被告人采取上述手段拿走被害人朱永英人民币 1500 元。2005 年 4 月 14 日,三被告人再次采取同样的手段,在石狮市南洋路狮城帝苑附近,拿走被害人石安秀人民币 10600 元。

石狮市人民法院认为,被告人李志良、王连英、陈尾连共同以非法占有为目的,采用假装替人做法事消灾,并将钱物调包的方式秘密窃取公民财物,总价值人民币 12100 元,属数额较大,其行为均已构成盗窃罪。关于公诉机关指控被告人行为构成诈骗罪的公诉意见,经查,由于被告人采取的是假装欲替被害人做法事消灾,在被害人交出钱财后,采用调包的方式秘密窃取财物。被告人取得被害人财物并非出于被害人的自愿给付,而是在被害人未发觉的情况下暗中将其财物调包。被害人将钱交由被告人的本意在于,欲让被告人做完法事后将财物归还自己,而并非欲将其财物自愿地给付被告人所有。且在做法事过程中,被害人并没有丧失对财物的实际控制权。所以,被告人的犯罪行为符合盗窃罪的构成要件,依法构成盗窃罪。公诉机关对被告人犯诈骗罪的指控不当,应予更正。被告人李志良、王连英、陈尾连在案发后,主动退出全部赃款,相对减低了犯罪的社会危害程度,同时,三被告人在审理期间,主动向法庭预交罚金,悔罪态度较好,可酌情予以从轻处罚。辩护人关于对被告人李志良予以从轻处罚的辩护意见予以采纳。据此,依照《中华人民共和国刑法》第二百六十四条、第二十五条第一款的规定,判决如下:

1. 被告人李志良犯盗窃罪,判处有期徒刑一年六个月,并处罚金人民币一千五百元。

2. 被告人王连英犯盗窃罪,判处有期徒刑一年六个月,并处罚金人民币一千五百元。

3. 被告人陈尾连犯盗窃罪,判处有期徒刑一年六个月,并处罚金人民币一千五百元。

一审宣判后,被告人李志良以其是采用欺诈的手段骗取被害人的钱财,应认定为诈骗罪,原判定罪不当要求予以改判为由,上诉于福建省泉州市中级人民法院。

泉州市中级人民法院经审理后认为,上诉人李志良、原审被告人王连英、陈尾连以非法占有为目的,在假装做法事的过程中,采取调包方式秘密窃取他人财物,其行为均已构成盗窃罪,原审认定事实清楚,证据充分,定罪准确,量刑适当,审判程序合法。在本案中,上诉人及原审被告人虽有实施了欺诈手段让被害人拿出钱来作为做法事的一种道具,但该款并未交给上诉人,而仍是放在被害人跟前,被害人并未对款项失去控制。而上诉人及原审被告人则是在被害人未发觉的情况下采用调包的秘密窃取方式取得该款,即上诉人及原审被告人实施的欺诈行为只是手段行为,而实施的秘密窃取行为才是目的行为。故原判认定上诉人、原审被告人的行为构成盗窃罪并无不当,上诉人提出的上诉理由不能成立,不予采纳。据此,依照《中华人民共和国刑事诉讼法》第一百八十九条第(一)项及《中华人民共和国刑法》第二百六十四条、第二十五条第一款、第六十四条的规定,裁定驳回上诉,维持原判。

二、裁判要旨

No. 5-264-28 以欺骗手段令他人交出财物后,采取调包的方式将财物秘密窃取的,应以盗窃罪论处。

本案中被告人欺骗被害人,在被害人主动交出财物后,在被害人跟前做法事,在此过程中,被告人并没有实际占有和控制财物,被害人也没有实际失去对财物的控制权。其最终取得财物并非是出于被害人的受骗而自愿给付,而是在被害人未发觉的情况下暗中将财物调包,采取的是秘密窃取的方式,行为符合盗窃罪的犯罪特征,依法应认定为盗窃罪。具体理由是:

首先,本案的欺诈行为并不能单独直接成立诈骗犯罪。本案中,三被告人虽然实施了欺诈行为,并使得被害人信以为真,从而仿佛自愿地交出财物。乍一看,此行为似乎完全符合诈骗罪的客观行为特征,可以单独成立诈骗犯罪。但通过进一步分析犯罪行为的进程,我们不难看出,其实被害人虽然主动交出财物让被告人为其做"法事",但被害人将财物交给被告人的本意并非欲将其财物所有权自愿地交付被告人所有,而只是要让被告人暂时保管作为做法事的一种道具,待做完法事后仍欲将其财物取回。而被告人李志良在欺骗被害人时也声称做完法事之后,需将塑料袋带回家中存放几天方可免灾,而并非要求被害人将财物直接交付给他所有。所以被告人李志良的欺骗行为只是后续盗窃行为最终实现的一种过渡方式和手段,是一种手段行为,并不能单独直接成立诈骗犯罪。

其次,从犯罪进程进一步分析,本案被害人不仅没有直接将财物所有权交付被告人所有的意思,同时在被害人主动交出财物后,被告人也没有因此实际占有或控制被害人的财物。被告人李志良虚构被害人家人有灾的事实,虽然达到了欺骗被害人并使之交出财物的效果。但这个欺骗行为本身并没有使被告人实际占有或控制被害人的财物。因为被告人李志良拿到装有财物的黑色塑料袋后,是当着被害人的面在被害人跟前做法事的,此时被害人并没有脱离对财物的实际占有和控制,被告人也没有因此而实际占有或控制财物。也就是说这个行为在本质上并不符合被害人基于对事实的认识错误,而自愿交出财物,后让被告人实际占有和控制财物的诈骗犯罪的客观行为特征,所以从这个层面上分析,本案的行为也不能成立诈骗犯罪。

最后,被告人最终实际取得财物的目的行为是采取调包方式的秘密窃取行为。本案中被告人李志良实施的欺骗被害人,并假装替被害人做法事消灾等一系列行为,只是本案犯罪的手段行为,都是为目的行为服务的。其最终实际取得财物的目的行为,是在做法事消灾时,趁被害人不注意没有发觉的情况下,采取将塑料袋调包的方式,使被害人最后带走了一个没有装钱的塑料袋,从而秘密窃得被害人的财物非法占为已有。所以,被告人最终实际取得被害人财物的直接关键的目的行为并不是被害人基于受骗而自愿给付的行为,而是被告人主动实施调包方式的秘密窃取行为,该行为完全符合盗窃犯罪的行为特征,所以应认定为盗窃罪。

案例:李晓勇等盗窃案

案例来源:《人民法院案例选》2009 年第 1 辑

主题词:共同盗窃 不作为共犯

一、基本案情

被告人李晓勇、郭威、刘伟、李征。

北京市第一中级人民法院经审理查明:

1. 被告人李晓勇在北京邮政速递局市内分拣科工作期间,于 2004 年 12 月 18 日 7 时许,趁分拣车间无人之机,将一封由深圳市寄往"北京经济技术开发区东环北路丙 1 号中汽南方"的特快专递邮件私自开拆,窃取邮件内的机动车钥匙一把及机动车行驶证等物品。同年 12 月 27 日 19 时许,李晓勇按照邮件上写明的邮寄地址,利用所窃取的汽车钥匙,将停放在北京中汽南方华北汽车服务有限公司院内的一辆"陆虎自由人"小型越野客车(车牌号:粤 BBAl53)开走,后李晓勇将该车藏匿于北京市顺义区天竺宏远物流中心地下停车场 07 号车位。经鉴定,被盗车辆价值人民币 466700 元。现该车已被起获并发还被害单位。

2. 被告人李晓勇于 2004 年 10 月底的一天,在北京邮政速递局市内分拣科天竺分拣班车间分拣邮件物品时,趁人不备,窃取其分到的装有瑞士产天梭牌手表 100 块、雷达牌手表 94 块的两个特快专递邮包,所窃手表共计价值人民币 954470 元。被告人李晓勇将所盗窃的手表藏匿于该单位女职工更衣室的空调风机通风口内,并送给被告人李征一块天梭牌手表。案发后,起获并收缴天梭牌手表 99 块、雷达牌手表 75 块,已发还被害单位。

3. 被告人李晓勇、郭威、刘伟、李征于 2004 年 5 月底的一天,在北京邮政速递局市内分拣科天竺分拣班车间上班时,被告人郭威在分拣邮件、向微机输入条形码的过程中,发现多出一个邮件,李晓勇、刘伟、李征均目睹了这一情节。李晓勇当即在郭威的电脑上删除了该邮包的信息,并将该邮包拿走。邮包内装有诺基亚牌移动电话机 55 部,共计价值人民币 70050 元。两天后,被告人李晓勇将变卖移动电话机的赃款分给被告人郭威、李征各人民币 3000 元、分给被告人刘伟人民币 2900 元。案发后被告人郭威、刘伟、李征分别将所分得的赃款退交给公安机关。

综上,被告人李晓勇单独盗窃 2 起,共计价值人民币 1421170 元,已追缴赃物价值人民币 1239385 元,尚有价值人民币 181785 元的赃物未追缴;被告人李晓勇、郭威、刘伟、李征共同盗窃 1 起,价值人民币 70050 元,公安机关已向郭威、刘伟、李征追缴人民币 8900 元,在本院审理过程中,被告人郭威的家属主动帮助退赔人民币 15000 元、刘伟的家属主动帮助退赔人民币 14000 元、李征的家属主动帮助退赔人民币 15000 元,尚有赃款人民币 17150 元未追缴。

被告人李晓勇于 2005 年 1 月 12 日被抓获归案;被告人郭威、刘伟于 2005 年 3 月 17 日到公安机关投案自首;在被告人刘伟的带领下,公安人员于 2005 年 3 月 18 日将被告人李征抓获。

北京市人民检察院第一分院指控:

1. 被告人李晓勇于 2004 年 12 月 18 日 7 时许,在北京邮政速递局市内分拣科上班时,将一封由深圳市寄往"北京经济技术开发区东环北路 1 号中汽南方"的特快专递邮件拆开,盗窃机动车钥匙一把及机动车行驶证等物品,同年 12 月 27 日晚上 19 时许,李晓勇又到北京经济技术开发区东环北路丙 1 号北京中汽南方华北汽车服务有限公司院内,利用所窃的汽车钥匙盗窃"陆虎"牌机动车一辆(车号:粤 BBAl53),价值人民币 466700 元。该车被李晓勇藏匿于本市顺义区天竺宏远物流中心地下停车场 07 号车位,后被起获。

2. 被告人李晓勇于 2004 年 11 月间,在北京邮政速递局市内分拣科天竺分拣班车间内,分拣邮件物品时,趁人不备,盗窃邮包内的天梭牌手表 100 块、雷达牌手表 94 块,共计价值人民币 954470 元。其中天梭牌手表 100 块、雷达牌手表 75 块被李藏匿于该单位女职工更衣室的空调风机通风口内,后被起获。

3. 被告人李晓勇、郭威、刘伟、李征于 2004 年 6 月间,在北京邮政速递局市内分拣科天竺分拣班车间内,盗窃一邮包内诺基亚牌移动电话机 55 部,共计价值人民币 70050 元。

被告人李晓勇、李征作案后被查获归案,被告人郭威、刘伟作案后于 2005 年 3 月 17 日到公安机关投案。

被告人李晓勇辩解称:对指控其盗窃汽车和手机的两起犯罪无异议,但手表是其自己买的,不是偷的。

被告人李晓勇的辩护人的辩护意见是:(1)被告人李晓勇用窃取的汽车钥匙偷开汽车的行为不构成盗窃犯罪,应认定为侵占罪;(2)认定李晓勇盗窃手表的事实不清,证据不足;(3)在盗窃手机的犯罪中,不应认定李晓勇是主犯;(4)李晓勇主观恶性不深,未造成严重后果,具有悔罪表现,依法可以从轻处罚。

被告人郭威辩解称:其有自首情节,请求对其从轻处理。

被告人刘伟辩解称:事先没有预谋盗窃手机,在整个过程中其没有起到什么作用;已经向公安机关退出了所得的赃款,请求从轻处理。

被告人刘伟的辩护人的辩护意见是:刘伟没有实施盗窃手机的行为,没有共同的犯罪故意,其行为不构成盗窃罪。

被告人李征的辩解是:其认罪伏法,希望法庭能给其一个改过自新的机会。

被告人李征的辩护人的辩护意见是:李征主观上没有犯罪故意,客观上没有犯罪行为,不构成共同犯罪。

北京市第一中级人民法院认为,被告人李晓勇、郭威、刘伟、李征身为邮政工作人员,在从事邮政速递快件分拣工作期间,以非法占有为目的,采取秘密窃取的手段,单独或结伙盗窃特快专递邮件内的公私财物,数额特别巨大,其行为均已构成盗窃罪。北京市人民检察院第一分院指控被告人李晓勇、郭威、刘伟、李征犯盗窃罪的事实清楚,证据确实充分,指控罪名成立,依法均应予从重处罚。被告人李晓勇在共同犯罪中起主要作用,是主犯,且系邮政工作人员私自开拆、隐匿邮件窃取财物,依法应予从重处罚;被告人郭威、刘伟、李征亦属邮政工作人员私自开拆、隐匿邮件窃取财物,本应依法从重处罚,鉴于三被告人在共同犯罪中起次要、辅助作用,系从犯;被告人郭威、刘伟主动到公安机关投案自首;刘伟具有带领公安人员抓捕同案犯的立功表现;被告人郭威、刘伟、李征向公安机关退出了所得的赃款;在本院审理期间,被告人郭威、刘伟、李征的家属主动帮助退赔赃款,一定程度上减少了被害人的经济损失,认罪悔罪,故对李征、郭威、刘伟可分别予以减轻处罚,并可以依法适用缓刑。据此,本院根据各被告人犯罪的事实,犯罪的性质、情节和对社会的危害程度,依照《中华人民共和国刑法》第二百五十三条、第二百六十四条、第二十五条第一款、第二十六条第一款和第四款、第二十七条、第五十七条第一款、第六十七条第一款、第六十八条第一款、第七十二条、第六十一条、第六十四条及最高人民法院《关于处理自首和立功具体应用法律若干问题的解释》第五条的规定,判决如下:

1. 被告人李晓勇犯盗窃罪,判处无期徒刑,剥夺政治权利终身,并处没收个人全部财产。
2. 被告人郭威犯盗窃罪,判处有期徒刑三年,缓刑四年,罚金人民币三千元。
3. 被告人李征犯盗窃罪,判处有期徒刑三年,缓刑四年,罚金人民币三千元。
4. 被告人刘伟犯盗窃罪,判处有期徒刑三年,缓刑三年,罚金人民币三千元。
5. 在案扣押的人民币五万二千九百元发还诺基亚(中国)投资有限公司。
6. 继续向被告人李晓勇追缴人民币十八万一千七百八十五元,发还上海新宇钟表集团股份有限公司;继续向被告人李晓勇、郭威、李征、刘伟追缴人民币一万七千一百五十元,发还诺基亚(中国)投资有限公司。

一审宣判后,被告人均未上诉,公诉机关亦未提出抗诉,一审判决已经发生法律效力。

二、裁判要旨

No. 5-264-29　发现他人盗窃财物的犯罪行为不加制止,事后收受他人给予好处的,应认定为不作为的盗窃共犯。

在本案中,刘伟和李征虽然在具体事务上对多出来的邮包不负有什么职责,但作为北京邮政速递局分拣科的员工,他们在工作时对于工作场所内的所有邮包都应承担其力所能及的责任,即使出现的业务问题按照职责划分可能不归他们管,但邮包的安全是整个工作场所内所有员工都应负责的。简言之,因职务要求而产生的防止结果发生的特别义务,不仅可以是职务对行为人具体的工作要求,还可以是职务甚或单位对工作人员一般的概括的要求。这样的推理与普通国民的理解应该是不存在分歧的。行为人对他人的犯罪行为不予阻止放任不管的行为属于不作为的参与,这就涉及是否成立不作为的共犯问题。如果能够认定不作为的参与者与作为的实行犯之间存在明示或默示的共谋,则可以直接认定该不作为的参与者构成共同犯罪;如果无法认定双方存在共谋,则需要根据不真正不作为犯的成立条件判断行为人的行为是否构成不作为的共同犯罪。具有阻止正犯的犯罪行为、防止结果发生的法律义务的人,在违反该义务,使正犯的实行行为易于实施的时候,就构成不作为的帮助犯。在本案中,刘伟和李征在现场目睹了盗窃行为,有义务有能力阻止却未加反对,应当认为是一种默示的共谋,因而可以认定二人构成不作为的盗窃共犯。

案例:阮玉玲盗窃案

案例来源:《人民法院案例选》2008 年第 1 辑

主题词:公共场所 拾得遗忘物 返还 无罪

一、基本案情

被告人阮玉玲。

北京市房山区人民检察院指控称,被害人汪某于 2006 年 3 月 26 日 14 时 20 分携带一部当日购买的黑色三星 D608 手机到北京市房山区燕山迎风大街工商银行新风储蓄所存款,在填写单据时将手机及包装盒放在储户填写单据的办公桌上,填写单据后即到柜台办理存款业务,手机及包装盒遗忘在办公桌上。办理完存款业务后,即离开银行。15 时 5 分,被告人阮玉玲到该银行办理存款业务,在填写开户申请单时发现办公桌上有一手机包装盒,误认为手机为遗失物,将盒子内手机及电池取出带走。汪某在此后又返回银行取走手机包装盒,不久发现包装盒内的手机及电池丢失。汪某向公安机关报案后,公安机关根据银行内的监控录像及从银行纸篓内提取的阮玉玲填写的单据找到阮玉玲,其将手机退还。经北京市房山区燕山价格认证中心鉴定,手机价值人民币 2800 元。

被告人辩称,无窃取他人财物的故意,其行为不构成盗窃罪。

在宣告判决前,北京市房山区人民检察院因事实、证据发生变化决定撤回起诉。

房山区法院认为:北京市房山区人民检察院要求撤回起诉的理由正当,应予准许。依照最高人民法院《关于执行〈中华人民共和国刑事诉讼法〉若干问题的解释》第一百七十七条之规定,裁定如下:

准予北京市房山区人民检察院撤回起诉。

一审裁定后,公诉机关未抗诉,被告人亦未上诉,一审判决已经发生法院效力。

二、裁判要旨

No. 5-264-30 在公共场所拾取他人遗忘物,事后予以返还的,不构成犯罪。

本案的事实是汪某将手机遗忘在填写单据的桌子上,而银行是一个公共场所,并不属于汪某的私人空间,在这种情况下,财物已完全脱离财物所有人或监管人占有。被告人阮玉玲从桌子上拾取汪某丢失的手机的行为并不违法,是合法的持有,未采用秘密手段窃取财物,所以行为不构成盗窃罪;事后又退还了财物,依照《刑法》的规定不构成盗窃罪。

案例:杨光炎盗窃案

案例来源:《人民法院案例选》2007 年第 1 辑

主题词:盗窃罪 敲诈勒索罪

一、基本案情

被告人(上诉人):杨光炎,男,1981 年 10 月 2 日出生,汉族,出生地辽宁省锦州市,初中文化,原系北京曼舞人像摄影店员工。2004年11月29日被逮捕。

北京市东城区人民法院经审理查明:被告人杨光炎于2004年11月6日凌晨3时许,跳窗进入本市东城区景山东街12号北京曼舞人像摄影店内,盗窃该店电脑主机1台,CANON牌DS6041-300D数码相机机身及充电器1套,CANON牌数码相机镜头和内存各1个,CANON牌50E光学相机机身1台,CANON牌35-105镜头1个及电池盒1个,以上物品共价值人民币18060元。后被告人杨光炎拨打电话通知被害人常江店内物品系其所盗,向常江索要人民币1.2万元作为归还物品的条件,并同意常江通过中间人向其支付人民币200元后可先将电脑主机取回。当日20时许,杨光炎收到中间人给付的钱款后被北京市公安局东城分局刑侦支队民警抓获。涉案款、物已全部起获并已由侦查机关发还被害人。

北京市东城区人民法院认为:被告人杨光炎以非法占有为目的,秘密窃取他人财物,且数额巨大,其行为侵犯了公民的合法财产权利,已构成盗窃罪,依法应予刑罚处罚。北京市东城区人民检察院对被告人杨光炎的指控事实清楚,证据确实充分,罪名成立。关于被告人杨光炎的辩解及其辩护人的辩护意见,经查,单位拖欠杨光炎工资一事,仅有杨光炎供述,并无其他证据相佐;证人证言、被害人陈述等证据相互印证,且与被告人在侦查机关的供述吻合,能够证明被告人杨光炎采用秘密窃取的手段,非法取得他人财物,后又以归还财物为条件向被害人索要钱款的事实,该事实足以表明被告人杨光炎具有非法占有他人财物的主观故意,杨光炎出于报复或何种犯罪动机,并不影响其非法占有他人财物的犯罪故意的认定。依照《中华人民共和国刑法》第二百六十四条、第五十二条、第五十三条的规定,判决如下:杨光炎犯盗窃罪,判处有期徒刑三年,并处罚金人民币三千元。

一审宣判后,被告人杨光炎以其行为是敲诈勒索,原判量刑过重为由,提出上诉。其辩护人认为:杨光炎没有非法占有从曼舞人像摄影店拿出的物品的想法,只想通过此办法达到向老板索要拖欠工资的目的,原判认定杨光炎犯盗窃罪,定性错误,希望二审法院对其以敲诈勒索罪(未遂)定罪量刑,并考虑本案事实及被告人的悔罪表现,予以从轻处罚。

二审法院认定的事实及证据与一审认定的事实及证据一致。

二审法院认为:杨光炎所提单位欠其工资的供述,没有其他证据相印证;在案证据证实,杨光炎秘密窃取单位物品后,又以归还物品作为交换条件,向单位经理常江索要巨额钱款,杨光炎具有非法占有他人财物的主观故意和目的;杨光炎以非法占有为目的,用所窃物品为交换条件勒索他人钱款,其行为分别构成盗窃罪和敲诈勒索罪,且两罪之间存在牵连关系,原审法院据此择一重罪认定杨光炎犯盗窃罪,定罪准确,证据充分,并考虑杨光炎的认罪态度及未给被害人造成损失等情节,依法在量刑幅度内对其从轻处罚所判刑罚并无不当。杨光炎所提上诉理由及其辩护人的辩护意见不能成立,不予采纳。一审法院根据杨光炎犯罪的事实、犯罪的性质、情节以及对于社会的危害程度所作出的判决,定罪及适用法律正确,所判主刑及附加刑适当,审判程序合法。依照《中华人民共和国刑事诉讼法》第一百八十九条第(一)项之规定,裁定驳回杨光炎之上诉,维持原判。

二、裁判要旨

No.5-264-31 以勒索财物为目的,秘密窃取财物后,以所窃财物作为交换条件,向被害人索取钱财,符合盗窃案和敲诈勒索罪构成特征的,应按照牵连犯的处理原则,从一重罪处断。

杨光炎实施的第一个盗窃行为,从其后续行为看,系其实现敲诈勒索的手段行为,即杨光炎盗窃照相器材和电脑,真正的目的不在于占有这些财物,而是以所盗取的财物为对价,换取被害人的现金,即犯罪人的真实意图在现金。从整个犯罪过程看,盗窃财物的目的是为敲诈,因此在盗窃行为与敲诈行为之间存在着手段和目的的关系,构成广义上的牵连犯。牵连犯是实质的数罪,无论是刑法还是司法解释,对牵连犯处罚的原则尚未明确,表现在对不同情形下的牵连犯,有的规定数罪并罚,有的是择一重罪从重处罚。按照我国目前通行的理论,牵连犯属处断上的一罪,即牵连犯是实质的数罪,但考虑到几个行为之间的内在联系,故不再数罪并罚,而是择一重罪处罚,本案中,一、二审法院就是持此种观点。

案例:曾智峰等侵犯通信自由案

案例来源:《人民法院案例选》2007 年第 1 辑

主题词:盗窃罪 侵犯通信自由罪

一、基本案情

被告人曾智峰,男,1981 年 3 月 23 日出生,汉族,中专文化,广东省韶关市人,捕前系深圳市腾讯计算机系统有限公司(以下简称"腾讯公司")员工。2005 年 9 月 2 日被逮捕。

被告人杨医男,男,1983 年 3 月 23 日出生,汉族,大学文化,河南省商丘市人,无业。2005 年 9 月 2 日被逮捕。

广东省深圳市南山区人民法院经审理查明:被害人腾讯公司于 1999 年 2 月推出即时通信软件——腾讯 QQ 软件。腾讯 QQ 软件能够为注册用户提供文字语音通讯、传送文件、视音频交流、电子邮箱、网络硬盘、网络游戏等功能。用户向腾讯公司提出申请,在接受由腾讯公司拟定的有关协议后,由腾讯公司向用户派发 QQ 号,并由用户自设密码,用户凭 QQ 号获得本人对 QQ 软件的使用权。依据该协议,腾讯 QQ 号的使用权仅属于初始申请注册人,并禁止转让、继受、售卖;用户若有违反协议或长期不使用 QQ 号码,腾讯公司有权无条件将号码回收。

被告人曾智峰于 2004 年 5 月 31 日受聘于腾讯公司,后被安排到公司安全中心负责系统监控工作。2005 年 3 月初,被告人曾智峰通过购买 QQ 号在淘宝网上与被告人杨医男互相认识,二被告人遂合谋通过窃取他人 QQ 号出售获利。2005 年 3 月至 7 月间,由被告人杨医男将随机选定的他人的 QQ 号(主要为 5、6 位数的号码)通过互联网发给被告人曾智峰。被告人曾智峰本人并无查询 QQ 用户密码保护资料的权限,便私下破解了腾讯公司离职员工柳某使用过但尚未注销的"ioioliu"账号的密码(该账号拥有查看 QQ 用户原始注册信息,包括证件号码、邮箱等信息的权限)。被告人曾智峰利用该账号进入本公司的计算机后台系统,根据被告人杨医男提供的 QQ 号查询该号码的密码保护资料,即证件号码和邮箱,然后将查询到的资料发回给被告人杨医男,由被告人杨医男将 QQ 号密码保护问题答案破解,并将 QQ 号的原密码更改后将 QQ 号出售给他人,造成 QQ 用户无法使用原注册的 QQ 号。经查,二被告人共计修改密码并卖出 QQ 号约 130 个,获利 61650 元,其中,被告人曾智峰分得 39100 元,被告人杨医男分得 22550 元。

深圳市南山区人民法院经认为,被告人曾智峰、杨医男采用篡改他人电子数据资料的方法,侵犯公民通信自由,情节严重,其行为构成侵犯通信自由罪,且系共同犯罪。公诉机关指控的犯罪事实清楚,证据确实充分,但指控罪名不当,依据最高人民法院《关于执行〈中华人民共和国刑事诉讼法〉若干问题的解释》第一百七十六条第(二)项之规定:"起诉指控的事实清楚,证据确实充分,指控的罪名与人民法院审理认定的罪名不一致的,应当作出有罪判决。"本院对公诉机关指控的罪名予以纠正。辩护人所提不构成盗窃罪的辩护意见,予以采纳,但认为不构成犯罪的意见不符合法律规定,不予采纳。在共同犯罪中,二被告人通过内外勾结实施犯罪行为,各有分工,作用相当,故不区分主从犯。二被告人销赃获利 6 万余元的行为虽不足以构成盗窃罪,但作为侵犯通信自由罪的量刑情节进行评价,并属违法所得,依法应予追缴。二被告人在庭审中均承认自己的行为错误,有一定的悔过表现,本院量刑时亦酌情考虑。综合全案事实情节,依照《中华人民共和国刑法》第二百五十二条、第六十四条、《全国人民代表大会常务委员会关于维护互联网安全的决定》第四条第(二)项及最高人民法院《关于执行〈中华人民共和国刑事诉讼法〉若干问题的解释》第一百七十六条第(二)项之规定,作出如下判决:

1. 被告人曾智峰犯侵犯通信自由罪,判处拘役六个月。

2. 被告人杨医男犯侵犯通信自由罪,判处拘役六个月。

3. 追缴被告人曾智峰的违法所得三万九千一百元、被告人杨医男的违法所得二万二千伍百伍拾元,予以没收,上缴国库。

判决后,两被告人未上诉,检察院未抗诉,判决已经发生法律效力。

二、裁判要旨

No.5-264-32 盗卖他人即时通讯软件用户号码,不构成盗窃罪,情节严重的,应以侵犯通信自由罪论处。

QQ号码不是现行《刑法》意义上所称的财产,理由是:(1)QQ号码是否有价值,争议很大,如何用一般等价物计量换算,标准不一。(2)对财物作出民法意义或者刑法意义的区分,符合法律原则和立法精神。特别是成文法体系,因为法律的天然滞后,以调整平等主体之间人身关系和财产关系为己任的民法,必然以开放的姿态面对急剧变化的社会现实;而奉行"罪刑法定"的刑法则必须始终保持谦抑消极的面孔。因此,对财物作出民法意义或者刑法意义的区分不仅在法理上顺理成章,在司法实践中也应当一以贯之。(3)刑法体系是相对封闭的,刑法的解释不能等同类推。QQ号码是否是刑法意义上的财物只能根据现行《刑法》及其有关司法解释作出是否相符的判断。《刑法》第九十二条第(四)项规定的"其他财产",根据文义解释,应理解为与股份等并列而未罗列的其他财产权利凭证。QQ号码显然不是与股票相并列的财产权利凭证。现行最相关的盗窃罪的规定是最高人民法院《关于审理盗窃案件具体应用法律若干问题的解释》中的关于盗接他人通讯线路、复制他人电信号码的规定,显然本案被告的行为不符合上述规定。因此在现行法律体系内,QQ号码是民法意义上的物,但不是刑法意义上的财物,被告不能定为盗窃犯。

《中华人民共和国刑法》第二百五十二条规定:"隐匿、毁弃或者非法开拆他人信件,侵犯公民通信自由权利,情节严重的,处一年以下有期徒刑或者拘役。"随着科技的进步和互联网的普及,书信在通信方式上的统治地位逐渐削弱,而以互联网为媒介的电子邮件和其他文字、语音、视频日益成为重要的通信联络方式。为此,全国人民代表大会常务委员会于2000年12月28日通过的《关于维护互联网安全的决定》第四条第(二)项规定:"非法截获、篡改、删除他人电子邮件或者其他数据资料,侵犯公民通信自由和通信秘密的,依照刑法有关规定追究刑事责任。"本案中,二被告人作为熟悉互联网和计算机操作的QQ用户,篡改了一百三十余个QQ号码的密码,使原注册的QQ用户无法使用本人的QQ号与他人联系,造成侵犯他人通信自由的后果,情节严重,其行为符合上述法律规定,应构成侵犯通信自由罪。原审判决综合考虑本案属于新类型案件以及两被告的基本情况,根据罪刑相当的原则,以侵犯通信自由罪判处两被告人拘役六个月的刑罚是合适的。事实上,本案判决后,两被告服判,公诉机关未抗诉,受害人QQ号码用户和腾讯公司对判决也是基本满意的,该案的审判取得了法律效果和社会效果的统一。

案例:秋立新盗窃案

案例来源:《人民法院案例选》2007年第1辑

主题词:累犯 数罪并罚

一、基本案情

被告人秋立新,男,39岁,汉族,北京市人,无业;曾因犯盗窃罪于1995年6月8日被判处有期徒刑八年,服刑期间因犯脱逃罪判处有期徒刑三年、犯盗窃罪判处有期徒刑一年,与原判刑期残刑六年零十四天,剥夺政治权利一年,决定执行有期徒刑九年,剥夺政治权利一年;经减刑于2004年12月6日释放;于2005年5月27日因本案被捕。

北京市朝阳区人民法院经审理查明:被告人秋立新于2005年5月20日9时50分许,在本市朝阳区垡头乡陶庄早市的20号摊位内,趁无人之机,窃得摊主李洪芳(女,20岁,吉林省人)的挎包1个,内有人民币2142元,托普牌ZTC318型移动电话1部、UTS700-U型小灵通电话1部以及"三达牌"烟斗2个(上述物品共计价值人民币630元)。被告人秋立新被当场抓获。赃款、赃物均已被公安机关起获并发还被害人。

北京市朝阳区人民法院认为,被告人秋立新无视国法,以非法占有为目的,采用秘密手段窃取他人财物,数额较大,其行为触犯了刑律,已构成盗窃罪,应予惩处。公诉机关指控被告人秋立新犯盗窃罪的事实清楚,证据确实充分,罪名成立。被告人秋立新曾因犯盗窃罪被判处有期徒刑以上刑罚,但仍不思悔改,此次刑罚执行完毕后五年内再次犯应判处有期徒刑以上刑罚之罪,系累犯,依法应予从重处罚,根据最高人民法院《关于审理盗窃案件具体应用法律若干问题的解释》第六条第(三)项第四目之规定属于具有其他严重情节。鉴于其此次犯罪系未遂,且当庭自愿认罪,具有一定的悔罪表现,未给被害人造成财产损失,故对其所犯盗窃罪依法予以减轻处罚。被告人秋立新的辩护人的相关辩护意见,本院予以采纳。依照《中华人民共和国刑法》第二百六十四条、第六十九条、第七十一条、第二十三条、第六十五条第一款、第五十二条、第五十三条、第六十一条及最高人民法院《关于审理盗窃案件具体应用法律若干问题的解释》第六条第(三)项第四目之规定,判决如下:

被告人秋立新犯盗窃罪,判处有期徒刑二年,罚金人民币二千元,与前罪未执行完毕的附加刑剥夺政治权利六个月零十七天,决定执行有期徒刑二年,剥夺政治权利六个月零十七天,罚金人民币二千元。

一审判决后,被告人未上诉,公诉机关未抗诉,判决已发生法律效力。

二、裁判要旨

No.5-264-33 前罪主刑执行完毕后,附加刑尚未执行完毕前,又犯新罪,符合累犯成立条件的,应构成累犯。前罪尚未执行完毕的附加刑,应与新罪判处的刑罚依照刑法有关规定实行数罪并罚,并应以行为人因再次犯罪被羁押之日作为前罪附加剥夺政治权利刑执行中止的起算日。

根据立法本意以及《刑法》总则第六十五条、第七十一条规定的内容,可以确定《刑法》总则第六十五条所指的刑罚执行完毕应理解为主刑执行完毕,第七十一条所指的刑罚执行完毕应理解为主刑和附加刑均执行完毕,之所以对《刑法》总则第六十五条中作上述理解,理由有三:一是如果将该条中刑罚执行完毕理解为既包括主刑又包括附加刑,则将给审判实践中累犯的认定带来很大的困难,由于剥夺政治权利、罚金等均为附加刑刑种,而目前因为犯罪分子缺乏支付能力,罚金刑普遍存在难以执行的问题,这就意味着在罚金刑执行之前,犯罪分子在主刑执行完毕后再次实施犯罪均不能认定为累犯,这必将使累犯的时效期限突破五年,且难以实际操作,也与我国《刑法》设定累犯制度的立法本意背道而驰;二是刑罚一词在该条行文中先后出现三次,内容分别为有期徒刑以上刑罚和刑罚执行完毕,从保持整条文字表述的一致性理解,该条中的刑罚一词是特指有期徒刑以上的主刑;三是《刑法》总则第六十五条第二款关于被假释的犯罪分子构成累犯的规定恰恰印证了上述观点,我国《刑法》中关于假释期限的规定均是针对主刑刑期设定的,故对于被假释的犯罪分子,法律明确规定累犯的期限从假释期满之日起计算,而不包括附加刑执行期满。综上,对秋立新适用累犯条款符合立法本意和法律规定。

此外,应注意的是,新罪无论是否判处了同种附加刑,前罪判处的未执行完毕的附加刑均应与新罪判处的刑罚实行数罪并罚,即在新罪判处的主刑执行完毕后,继续执行前罪未执行完毕的附加刑。这主要是因为,《刑法》第六十九条关于数罪并罚的规定既包括主刑也包括附加刑,而《刑法》第七十一条中关于"刑罚执行完毕前"的表述包括主刑和附加刑均执行完毕前,再犯新罪,均应实行数罪并罚,这虽然与《刑法》第六十五条的规定存在一定程度的竞合,但二者之间规定的内容并不矛盾,对于犯罪分子适用累犯的规定并不影响对于未执行完毕的附加刑与新罪实行数罪并罚。

就附加刑的执行中止起算日而言,在被告人因犯新罪被侦查机关羁押前,其原判附加剥夺政治权利刑由其居住地的公安机关执行,不因被告人又犯新罪而中断,而被告人从因犯新罪被侦查机关羁押之日起,由犯罪地的公安机关对其进行羁押,而被告人居住地的公安机关丧失了对其继续执行附加剥夺政治权利刑的可能,原判未执行完毕的剥夺政治权利刑因为被告人被羁押而中止。故应以犯罪分子因再次犯罪被羁押之日作为前罪附加剥夺政治权利刑执行中止的起算日。

案例:程森园抢劫案

案例来源:《人民法院案例选》2006 年第 3 辑

主题词:入室盗窃　抢劫罪　量刑情节

一、基本案情

被告人程森园,又名程森源,男,1967 年 3 月 12 日出生于安徽省黄山市徽州区,汉族,初中文化,农民,住黄山市徽州区岩寺镇石岗村蔡塘 25 号。2004 年 11 月因盗窃被浙江省临安市人民法院判处拘役五个月,2005 年 3 月 10 日,因涉嫌抢劫被刑事拘留,2005 年 3 月 18 日被逮捕。

安徽省黄山市徽州区人民法院经审理查明:2004 年 2 月 2 日晚 11 时许,被告人程森园窜至黄山市徽州区纺织器材厂宿舍区 A 幢 302 室行窃,盗得人民币 960 元后被失主吕挺炜发现,吕挺炜在室外迅速追上了逃跑中的被告人程森园,欲将其扭送到公安派出所处理。被告人程森园为抗拒抓捕,当场挥拳殴打吕挺炜的脸部,并乘机挣脱逃走。

2005 年 3 月 10 日,被告人程森园主动到公安机关投案,如实供述了自己的犯罪事实,并退还赃款 960 元。

黄山市徽州区人民法院认为,被告人程森园以非法占有为目的,入户盗窃被发现后,在逃离过程中,使用暴力抗拒抓捕,其行为已构成抢劫罪,应依法予以惩处。公诉机关指控的事实和罪名成立,被告人程森园为摆脱吕挺炜等人的抓捕,当场使用暴力将吕挺炜打伤,其行为显然符合转化型抢劫罪的犯罪特征,应当认定被告人程森园的行为构成抢劫罪。应依据《中华人民共和国刑法》第二百六十九条、第二百六十三条的规定予以惩处。案发后,被告人程森园主动投案并如实供述了犯罪事实,且积极退出赃款,其家属也已代其缴纳了罚金,符合《中华人民共和国刑法》第六十七条之规定,依法可以减轻处罚,故采纳其辩护人要求减轻处罚的辩护意见,综合本案的犯罪事实、情节、认罪悔罪表现以及对社会的危害程度,依照《中华人民共和国刑法法》第二百六十九条、第二百六十三条、第六十七条第一款、第六十三条、第五十二条、第五十三条及最高人民法院《关于审理抢劫、抢夺刑事案件适用法律若干问题的意见》的有关规定,判决如下:被告人程森园犯抢劫罪,判处有期徒刑一年,并处罚金三千元。

一审宣判后,在法定期限内,被告人未上诉,检察机关亦未抗诉,一审判决已发生法律效力。

二、裁判要旨

No. 5-264-34　入室盗窃后,为抗拒抓捕在室外使用暴力的,应以抢劫罪论处,但不能认定为入户抢劫。

最高人民法院《关于审理抢劫案件具体应用法律若干问题的解释》第一条规定的入户抢劫是指实施抢劫行为而进入他人生活的与外界相对隔离的住所,包括封闭的院落、牧民的帐篷、渔民作为家庭生活场所的渔船,为生活租用的房屋等进行抢劫的行为。对于入户盗窃,因被发现而当场使用暴力或以暴力相威胁的行为,应当认定为入户抢劫。根据这一解释精神,应理解为入户盗窃转化为入户抢劫,其暴力或暴力胁迫行为必须发生在户内。而在本案中,被告人程森园虽是入户盗窃,但是在逃跑时被被害人吕挺炜追至户外,被告人才为抗拒抓捕而当场使用暴力,其行为的时间和空间都发生转移。不符合入户抢劫的犯罪特征,不能认定为入户抢劫。

No. 5-264-35　同时具有从重处罚情节和从轻、减轻量刑情节的,应当依据全案的性质、情节及行为人的主观恶性等因素,综合考虑后确定刑罚。

就本案中被告人程森园的表现而言,被告人作案后一直潜逃在外,并且又犯有新罪被判处拘役,期满释放后投案,虽然不构成累犯,但可以说被告人有一定的主观恶性和社会危害性,应予以从重惩处。被告人程森园在其家属的积极劝说下,作案一年后到当地公安机关投案,如实供述了自己的犯罪事实,并退出赃款,这是一种积极的行为,是认罪、悔罪、要求改过自新的具体体现。在此过程中,其家庭的引导、帮助有很好的作用,这在以后对其监督、教育、改造都将是积极的。同时也说明被告人因被判处拘役在监所得到了一定的教育和改造。此时如果对被告人程森园再处以较重的刑罚,显然会对被告人今后的改造以及其家庭的帮助作用产生负面影响,也有悖于刑法惩罚之目的。刑罚只是一种手段,教育、改造才是目的。另一方面,虽然本案被告人对自己的犯罪行为和社会危害已有一定的认识,不再具有社会危害性,但如果处罚过轻或适用缓刑,在社会上又会造成一定的负面影响,使一些犯罪分子有机可乘,钻法律空子。因此给予被告人适当的惩罚,对于教育社会大众,惩戒犯罪分子,帮助其改过自新、重新走上社会是十分必要的。就本案而言,被告人程森园有自首情节,完全符合《刑法》第六十七条的规定,依法可以从轻或减轻处罚,在本案中是从轻还是减轻?这在于法官如何运用自由裁量权,从而真正做到量刑均衡,罚当其罪。故一审法院综合考虑被告人犯罪的具体情节以及犯罪后的各种表现,最后以普通抢劫罪对被告人定罪并适用减轻情节处刑一年并处罚金三千元是比较妥当的。

案例:肖明明故意杀人案

案例来源:《刑事审判参考》总第 62 集[第 490 号]

主题词:盗窃罪 故意杀人罪 入户抢劫

一、基本案情

被告人肖明明,男,1988 年 12 月 1 日出生,初中文化,无业。因涉嫌犯故意杀人罪于 2007 年 2 月 8 日被逮捕。

河北省廊坊市中级人民法院经审理查明:2007 年 2 月 2 日 7 时许,被告人肖明明至本村张志海家盗窃财物,当其从张志海家西屋衣柜中翻找财物时,将在床上睡觉的张蕊(女,14 周岁)惊醒,肖明明恐事情败露,遂起杀人之念,即上前将张蕊按倒在地上,双手猛掐张蕊的脖子,致张蕊昏迷,后肖明明将张蕊拖到东屋,用菜刀切、割张蕊颈部,致张蕊大失血死亡。肖明明把张蕊藏匿到床下后逃离现场。

廊坊市中级人民法院认为,被告人肖明明在盗窃过程中被人发现,采用手掐、刀割被害人张蕊颈部的手段,致张蕊死亡的行为构成故意杀人罪。根据被告人肖明明犯罪的事实、犯罪的性质、情节及对社会的危害程度,依照《中华人民共和国刑法》第二百三十二条、第五十七条第一款之规定,判决如下:被告人肖明明犯故意杀人罪,判处死刑,剥夺政治权利终身。

一审宣判后,被告人肖明明以其有自首情节,系初犯、偶犯为由,提出上诉。

河北省高级人民法院经审理认为,上诉人肖明明因盗窃时被他人发现,恐事情败露而将他人杀死的行为已构成故意杀人罪。肖明明上诉提出其构成自首,应从轻、减轻处罚的理由和意见,经查,公安机关出具的抓获经过证实,侦查人员在案发后调查走访到肖明明时,肖明明双手有划伤,自称被狗抓伤,经过技术人员细致观察,该伤口狗抓不能形成,且肖明明当日清晨曾经外出,不能说明去向,具有重大作案嫌疑。侦查人员立即将肖明明带回公安机关进行审查,肖明明在被审讯时供述了自己的犯罪事实,故该上诉理由和辩护意见不能成立。其所提是初犯、偶犯,经查属实。被告人肖明明虽系初犯、偶犯,但其犯罪手段特别残忍,情节特别恶劣,后果特别严重,不足以对其从轻处罚。原判决认定事实清楚,证据确实充分,适用法律正确,量刑适当。审判程序合法。依照《中华人民共和国刑事诉讼法》第一百八十九条第(一)项、第一百九十九条,最高人民法院《关于执行〈中华人民共和国刑事诉讼法〉若干问题的解释》第二百七十五条第(二)项的规定,裁定如下:驳回上诉,维持原判。

宣判后,本案依法报请最高人民法院核准。

最高人民法院经复核认为,被告人肖明明因盗窃时被人发现,恐事情败露,杀人灭口,其行为已构成故意杀人罪。肖明明归案后虽能如实供述自己的罪行,认罪态度较好,且系初犯,但其杀人手段特别残忍,情节特别恶劣,后果特别严重,不足以对其从轻处罚。第一审判决、第二审裁定认定的事实清楚,证据确实充分,定罪准确,量刑适当。审判程序合法。依照《中华人民共和国刑事诉讼法》第一百九十九条和最高人民法院《关于复核死刑案件若干问题的规定》第二条第一款的规定,裁定如下:核准河北省高级人民法院(2007)冀刑一终字第 208 号维持第一审以故意杀人罪判处被告人肖明明死刑,剥夺政治权利终身的刑事裁定。

二、裁判要旨

No.5-264-36 在盗窃过程中被人发现,为灭口而杀害被害人的,应当以故意杀人罪论处;以数额巨大的财物或者国家珍贵文物等为盗窃对象的,应以盗窃罪和故意杀人罪实行并罚,不能以抢劫罪和故意杀人罪并罚。

我们认为,在盗窃过程中,为灭口而故意杀人的行为,应定故意杀人罪。根据《刑法》第二百六十九条的规定,在盗窃过程中实施暴力,转化为抢劫的情形,要求行为人在主观目的方面必须是为了窝藏赃物、抗拒抓捕或者毁灭罪证。窝藏赃物,是指保护已经取得的赃物不被恢复到应有状态;抗拒抓捕,是指拒绝司法人员的拘捕或公民的扭送;毁灭罪证,是指毁坏、消灭本人犯罪证据。在本案中,被告人肖明明与被害人系邻居,彼此互相熟识;被害人系年仅 14 岁的弱小女孩,并无抓捕被告人的意思和能力;根据被告人的供述,其杀人的原因就是担心被害人将其盗窃的事情说出去,意图杀人灭口。综合上述情况,可见肖明明的杀人灭口目的是非常明确的,其实施暴力的主观目的已不是为了强行劫走财物,而是单纯地为了剥夺他人的生命,具有杀人的故意而非抢劫的故意,不符合《刑法》第二百六十九条规定的转化抢劫的目的要件,应以故意杀人罪定罪处刑。而且,对于行为人的同一犯罪事实,不能援用不同的构成要件重复论罪;在某种因素(如行为、结果)已经被评价为一个犯罪的事实根据时,不能再将该因素作为另一个犯罪的事实根据进行评价。本案被告人仅实施了一个暴力行为,即杀人行为,此行为已作为故意杀人罪的构成要件进行了评价,不能再据此作为认定抢劫罪的根据。本案被告人系在盗窃过程中为灭口而杀人,并非为劫取财物而预谋故意杀人或者在劫取财物过程中为制服被害人反抗而故意杀人,以及实施抢劫后为灭口而故意杀人,不符合最高人民法院《关于抢劫过程中故意杀人案件如何定罪问题的批复》的规定,因此,本案被告人的行为不能以抢劫罪和故意杀人罪并罚。

需要指出的是,本案被告人肖明明的盗窃行为,情节轻微、危害不大,又属未遂,可不认定为犯罪。1998 年 3 月 17 日最高人民法院《关于办理盗窃案件具体应用法律的若干问题的解释》第一条第二款规定:“盗窃未遂,情节严重,如以数额巨大的财物或者国家珍贵文物等为盗窃目标的应当定罪处罚。”结合本案的具体情节,被告人肖明明至其邻居家盗窃财物,并无明确的盗窃目标,且其邻居家为普通农民家庭,经济条件并不好,故被告人的盗窃数额难以认定为巨大,被告人在杀人灭口后,并未取走其邻居家的财物,故其盗窃行为可不认定为犯罪。

No.5-264-37 入户盗窃被发现后为窝藏赃物、抗拒抓捕或者毁灭罪证而当场使用暴力或者以暴力相威胁的,应当认定为入户抢劫。

2000 年 11 月 28 日施行的最高人民法院《关于审理抢劫案件具体应用法律若干问题的解释》(以下简称《解释》)第一条规定:“刑法第二百六十三条第(一)项规定的‘入户抢劫’,是指为实施抢劫行为而进入他人生活的与外界相对隔离的住所,包括封闭的院落、牧民的帐篷、渔民作为家庭生活场所的渔船、为生活租用的房屋等进行抢劫的行为。对于入户盗窃,因被发现而当场使用暴力或者以暴力相威胁的行为,应当认定为入户抢劫。”

《解释》是依据《刑法》作出的,在理解和适用时不能违背《刑法》的基本要求和立法精神。根据《刑法》的规定,一罪的构成,要具备包括主观方面在内的全部构成要件,坚持主观与客观相统一。《刑法》的司法解释必须以《刑法》条文为依据,并忠实于《刑法》条文的立法原意和精神。因此,对该司法解释中关于入户盗窃转化为入户抢劫规定的理解,应以《刑法》关于转化抢劫的规定为前提。《刑法》第二百六十九条既已明确转化的前提只能是窝藏赃物、抗拒抓捕或者毁灭罪证三种情形,解释的规定自然也不能超出这三种。另外,对于《刑法》条文中已经明确且没有歧义的,司法解释也不必加以解释。因此,上述司法解释并未重复列举这三种情形也是合理的,不能因为《解释》没有明确表述这三种情形而片面地理解为所有入户盗窃,因被发现而当场使用暴力或者以暴力相威胁的行为不问具体情况,均一概认定为入户抢劫。因此,在适用《解释》时,入户盗窃转化为入户抢劫,仍必须符合《刑法》第二百六十九条关于转化抢劫的规定。如果行为人在实施暴力时,不具备《刑法》第三百六十九条规定的三种情形,就不能机械套用《解释》,将其行为认定为抢劫。

当然,在处理此类案件时,必须根据案件的具体情况,准确分析主客观要件,才能对案件进行准确的定性。例如,行为人不是为了灭口,而是为了抗拒抓捕而杀人的,行为人为强行劫走财物而杀人的,行为人盗窃的标的物为巨额财产的,行为人盗窃行为情节严重的,在具体定罪上均与本案有所不同,应当予以注意。

案例:王彬故意伤害案

案例来源:《刑事审判参考》总第16辑[第101号]

主题词:盗窃罪 故意伤害罪

一、基本案情

被告人王彬,男,1969年12月29日出生,汉族,山东省临沂市人,农民。因涉嫌犯故意杀人罪,于1997年4月4日被逮捕。

山东省青岛市中级人民法院经审理查明:1997年3月28日10时许,被告人王彬驾驶自己的一辆简易机动三轮车在204国道上行驶。因王彬无驾驶执照,其所驾车辆被执勤交通民警查扣,停放在棘洪滩交通民警中队大院内。当晚10时许,王彬潜入该院内,趁值班人员不备偷取院门钥匙欲将车盗走。值班人员吕某发现后上前制止。王彬即殴打吕某,并用绳索将吕某手、脚捆绑,用毛巾、手帕、布条堵、勒住吕某的口鼻,致吕某窒息死亡。后王彬在发动三轮车时被当场抓获。

青岛市中级人民法院认为,被告人王彬盗取自己暂被国家扣押管理的财产,遇到值班人员制止时,当场使用暴力,致人死亡,其行为构成抢劫罪,且手段残忍,后果严重,应依法惩处。公诉机关指控的犯罪事实清楚,但定性不妥。王彬的辩护人关于王彬的行为构成过失杀人罪的辩护理由没有事实和法律依据,不予采纳,根据1979年《中华人民共和国刑法》第一百五十条、第一百五十三条、第五十三条第一款和第六十条的规定,于1997年7月17日判决如下:

1. 被告人王彬犯抢劫罪,判处死刑,剥夺政治权利终身。

2. 随案移送的供犯罪所用的白手帕、花毛巾、聚乙烯绳依法没收;简易机动三轮车及货物依法发还。

一审宣判后,被告人王彬不服,向山东省高级人民法院提出上诉,称自己无杀人动机,一审判决定性不当,量刑畸重。其辩护人提出,王彬的行为构成过失杀人罪,而非抢劫罪。

山东省高级人民法院经二审审理认为:上诉人王彬为盗窃所有权属于自己但被公安机关依法查扣的机动车辆时,使用暴力伤害他人致死,其行为构成故意伤害罪,应当依法惩处。原审判决审判程序合法,但定性不准,量刑过重。上诉人的上诉理由及其辩护人的辩护意见部分成立,予以采纳。依照1997年《中华人民共和国刑法》第十二条第一款、1979年《中华人民共和国刑法》第一百三十四条、第五十三条第一款、第六十条、全国人大常委会《关于严惩严重危害社会治安的犯罪分子的决定》第一条第(二)项和《中华人民共和国刑事诉讼法》第一百八十九条第(二)项的规定,于1998年9月3日判决如下:

1. 维持青岛市中级人民法院(1997)青刑初字第40号刑事判决第(二)项;

2. 撤销青岛市中级人民法院(1997)青刑初字第40号刑事判决第(一)项;

3. 上诉人王彬犯伤害罪,判处死刑,缓期二年执行,剥夺政治权利终身。

二、裁判要旨

No.5-264-38 盗取自己被公安机关依法查扣的机动车辆的,不构成盗窃罪。为排除妨碍而实施暴力致人伤亡的,不构成转化型抢劫罪,应认定为故意杀人罪或者故意伤害罪。

第一,王彬欲从公安交通管理机关院内将自己已被查扣的车辆秘密开走的行为不同于盗窃。首先,王彬不具有非法占有的目的。尽管私人财产在被国家机关、国有公司、企业、集体企业、人民团体管理、运输、使用时以公共财产对待,但所有权仍属于原所有权人。因此,王彬对于自己的被公安机关查扣的机动车辆,应当具有所有权。在本案中,王彬黑夜潜入交警中队院内,主观上是想取回自己被公安机关查扣的车辆,也就是自己拥有所有权的财产,而不是非法占有自己不享有所有权的财产。其次,从客观上看,王彬在现场并未实施侵犯其他公私财产权的行为。因此,王彬盗取自己被扣机动车的行为不同于盗窃。这也就决定了王彬在盗取自己被扣车辆过程中致人死亡的行为,不能适用1979年《刑法》第一百五十三条的规定认定为抢劫。因为适用该规定的前提必须是被告人已实施了盗窃、诈骗或抢夺犯罪行为。本案中,由于王彬主观上不具有非法占有的目的,客观上未实施盗窃、诈骗、抢夺行为,其行为也就不存在转化为抢劫的问题。

第二,从本案事实看,王彬黑夜进入交警中队院内,没有携带任何凶器,进入现场后径直偷取钥匙准备将车开走,因此,王彬的目的是开走自己被查扣的车辆。对王彬而言,其被值班人员吕某发现并受到制止是意料之外的事情。为盗取自己被查扣的车,王彬虽对吕某使用了暴力,但从主观上看,王彬意图在于排除被害人妨碍自己盗取走车,这一主观意志可从其打击的部位、手段和凶器得到证明。王彬不具有杀人动机,亦无希望或放任被害人死亡后果发生的故意,但王彬对自己的行为将产生伤害被害人的后果是明知且希望的。所以,王彬在盗取自己被公安机关依法查扣的机动车辆过程中致人伤亡的行为构成了故意伤害罪。山东省高级人民法院依法改判,认定王彬犯故意伤害罪是正确的。

案例:何弦、汪顺太非法处置扣押的财产案

案例来源:《刑事审判参考》总第108集[第1177号]

主题词:非法处置扣押的财产罪　非法占有目的

一、基本案情

2011年12月,被告人何弦与其丈夫翁宝祥共同购买黑色丰田锐志轿车一辆,并用该车抵押向银行借款,钟某某为保证人。2013年1月15日,翁宝祥因贩卖毒品被公安人员抓获,该黑色丰田锐志轿车因涉案被扣押。由于银行催还借款,准备起诉保证人钟某某,何弦想要取回被扣押的车辆,便找到丈夫翁宝祥的狱友被告人汪顺太帮忙。汪顺太答应帮忙找人取回车辆,但汪顺太找的人并没有给出明确答复。2013年2月22日9时许,何弦、汪顺太来到公安局后院,在未办理任何返还涉案车辆手续的情况下,用该车另外一把钥匙将停放在涉案车辆车棚内的翁宝祥被扣押的车开走。后二人被公安人员抓获。2013年5月24日,何弦依法将该车领回。

二、裁判要旨

No.5-264-39　本人所有的财物在他人合法占有、控制期间,能够成为本人盗窃的对象,盗取自己被公安机关扣押的车辆的行为,因缺少非法占有目的而不成立盗窃罪,应以非法处置扣押的财产罪论处。

涉案车辆系何弦和翁宝祥共同购买,二人对该车辆有所有权。根据《刑事诉讼法》第143条以及最高人民法院《关于适用〈中华人民共和国刑事诉讼法〉的解释》第369条的规定,经查明确实与案件无关的扣押的以及应当在赔偿被害人损失、执行财产刑后的财物,应及时返还被告人。被司法机关依法扣押的车辆,并没有改变所有权归属,仍属于原所有人所有,公安机关只是暂时保管涉案车辆,对涉案车辆不具有所有权,但具有合法占有权。侵犯财产罪的法益首先是财产所有权及其他本权(主要是合法的他物权及债权),其次是需要通过法定程序改变现状(恢复应有状态)的占有;但在非法占有的情况下,相对于本权者恢复权利的行为而言,该占有不是财产罪的法益,即将被害人恢复权利的行为排除在财产犯罪之外。本案中的涉案车辆系何弦和翁宝祥共同所有的财物,但在司法机关合法占有、控制期间,能够成为何弦盗窃的对象。

盗窃罪的犯罪构成要求行为人主观上必须具有非法占有的目的,如果行为人具有非法占有的目的,在司法机关合法占有、控制期间秘密取回车辆并索赔的,其行为构成盗窃罪,如果同时妨害了司法机关的正常诉讼活动情节严重的,又构成非法处置扣押的财产罪,属于一个自然行为触犯数罪名的想象竞合犯,应从一重罪处断。如果行为人不具有非法占有的目的,则虽有秘密取回车辆的行为,但不能构成盗窃罪。本案中,首先,何弦转移涉案车辆,直接目的是返还银行的贷款,而不是非法占有该车辆。其次,本案案发时间较短,何弦还没有向公安机关索赔的行为,在案也没有其他证据证实何弦具有非法占有的目的,且何弦案发后依法领回了该车辆。因此,本案没有证据证实两被告人对涉案车辆具有非法占有的目的,二被告人的行为不构成盗窃罪。

非法处置扣押的财产罪与盗窃罪在司法实践中一般不易混淆,但是当盗窃的对象是司法机关依法查封、扣押、冻结的财产时,两罪在犯罪的具体外在表现上存在一定的交叉,易造成定性上的混淆。二者区别在于:(1)从犯罪客体方面来看,两罪在刑法上有不同的保护重心和针对对象。盗窃罪的客体主要是为了保护稳定的财产关系和合法的财产利益;非法处置扣押的财产罪侵犯的客体为司法机关的正常活动。(2)从犯罪对象上来看,盗窃罪的犯罪对象是不特定的,包括有体物和无体物;而非法处置扣押的财产罪的犯罪对象必须是特定的,是已被司法机关扣押的财产。(3)两罪的客观方面表现不同。盗窃罪主要表现为以秘密窃取手段进行的侵犯公私财产的行为;而非法处置扣押的财产罪主要表现为隐藏、转移、变卖、故意毁损四种行为方式且必须达到情节严重的程度。(4)两罪主观方面不同。以非法占有为目的是盗窃罪构成的必备主观要件;而非法处置扣押的财产罪的主观方面是出于故意,即应明知侵害的是已被司法机关扣押的财产,但其犯罪目的并不影响该罪的成立,不是构成该罪的必备要件。(5)两罪的犯罪主体不同。非法处置扣押的财产罪的犯罪主体只限于被查封、扣押冻结的财产的所有人;而盗窃罪的犯罪主体则不限于被查封、扣押冻结的财产的所有人。

本案中,被告人何弦、汪顺太的行为构成非法处置扣押的财产罪。首先,从客体上分析,何弦、汪顺太将公安机关依法扣押的车辆予以转移,其行为客观上已严重影响司法机关正常的诉讼活动,且社会影响恶劣,属情节严重。其次,从主观要件上看,公安机关对涉案车辆依法扣押后,何弦找汪顺太帮忙想拿回涉案车辆,且到公安机关涉案车辆停放处看到了自己的车,以上事实足以表明何弦已知晓车辆被依法扣押。最后,从犯罪对象上看,何弦、汪顺太转移的车辆系公安机关依法扣押的财产,符合非法处置扣押的财产罪的犯罪对象特征。因此,本案中何弦、汪顺太的行为并没有直接侵害公私财产所有权关系,而是侵害了司法机关的正常管理秩序,构成非法处置扣押的财产罪。汪顺太虽然不是被查封、扣押、冻结财产的所有人、保管人,但其在本案中处于协助何弦非法处置扣押财产的情形,不具有非法占有的目的。此外,如前所述,二被告人的行为不构成盗窃罪,仅构成非法处置扣押的财产罪一罪。

案例:孔庆涛盗窃案

案例来源:《刑事审判参考》总第16辑[第103号]

主题词:盗窃罪

一、基本案情

被告人孔庆涛,男,1964年9月6日出生,汉族,原系海南中房物业公司职员。因涉嫌犯盗窃罪,于1995年3月27日被逮捕。

海南省海口市振东区人民法院经审理查明:1994年9月,被告人孔庆涛代表其所在的海南立达教育股份有限公司在华夏证券有限公司海口营业部大户室炒股票。期间,海口市建设银行信托投资公司亦在该大户室内进行股票交易操作,孔庆涛便在旁观看,并暗暗记下该信托投资公司操作的股票账户号码和密码。之后,孔庆涛用此账户号码和密码通过电话向华夏证券公司查询,得知海口市建设银行信托投资公司在华夏证券公司的股票账户上有剩余资金人民币三百余万元。

1994年11月6日,被告人孔庆涛分别对其朋友周劲、宋健讲:“我提供信息给你们炒股,赚钱对半分”。周、宋二人表示同意。同月8日,孔庆涛示意周劲、宋健买入股票“渝钛白”后高价卖出。当天下午,周劲即在自己的股东账户内以每股人民币3.53元的即时价格买进“渝钛白”4500股;宋健也用陈国海的股东账户以每股人民币3.50元的即时价格买进“渝钛白”10000股。次日上午8时许,孔庆涛指使周劲、宋健将所买的“渝钛白”股票以人民币5至6元的委托价格卖出。之后,周劲打电话给南方证券公司委托将自己账户中的“渝钛白”股票卖出,其中一笔2500股以每股人民币5.43元的委托价格卖出,另一笔2000股以每股人民币6.50元的委托价格卖出。宋健也委托富南证券公司将陈国海账户内的“渝钛白”股票卖出,其中一笔5000股以每股人民币 5 元的委托价格卖出,另一笔 5000 股以每股人民币 5. 40 元的委托价格卖出。10 时许,孔庆涛在海口市大同一横路七号用公用电话拨打华夏证券公司的股票交易委托电话,用窃取的海口市建设银行信托投资公司的股票账户和密码,委托指令以每股 6. 80 元的价格买入"渝钛白"股票 20 万股,当日,实际成交金额人民币 1172617 元。孔庆涛的上述行为使海口市建设银行信托投资公司损失人民币 45 万元。

由于被告人孔庆涛委托高价买进,使周劲、宋健所委托卖出 14500 股的"渝钛白"股票得以高价成交,共赚得差价人民币 29717. 71 元。事后,孔庆涛从周劲处分得赃款 4000 元,从宋健处分得赃款 8400 元。

海口市振东区人民法院认为,被告人孔庆涛以非法占有为目的,秘密窃取受害单位的股票账户号码和交易密码,在受害单位毫不知情的情况下,盗用该单位名义和账上资金,高价买入包括其朋友在内的股票,从中牟利,且非法占有的财物数额巨大,其行为已构成盗窃罪。被告人孔庆涛的行为已给受害单位造成了 45 万元的巨额损失,故应酌情从重处罚。公诉机关指控被告人孔庆涛犯盗窃罪的事实清楚,证据确实、充分,定性准确;被告人孔庆涛的辩解意见缺乏事实和法律根据,不予采纳。依照《中华人民共和国刑法》第十二条第一款和第二百六十四条的规定,于 1997 年 11 月 5 日判决如下:

被告人孔庆涛犯盗窃罪,判处有期徒刑七年,罚金人民币八千五百元。

一审宣判后,被告人孔庆涛不服,向海口市中级人民法院提出上诉。

海口市中级人民法院经二审审理认为,原判认定事实清楚,证据确凿,定罪准确,量刑适当,审判程序合法。依照《中华人民共和国刑事诉讼法》第一百八十九条第(一)项的规定,于 1998 年 2 月 26 日裁定如下:驳回上诉,维持原判。

二、裁判要旨

No. 5-264-40　窃取他人股票账户账号、密码后侵入该账户,利用该账户与自己或第三人的股票账户进行交易并从中牟利的,应以盗窃罪论处。

孔庆涛行为的特点有二:一是在他人进行股票交易操作时从旁观看,有意识地窃记下他人的股票账户和交易密码。这是其后续行为的重要前提,不知道别人的账户号码和交易密码是无法冒充他人在他人股东账户内实施股票交易操作的。本案被害单位在实施股票交易操作时不注意对其股票账户号码和交易密码进行保密,是本案发生的重要原因。二是在被害单位不知情的情况下,利用被害单位的账户号码和交易密码,以被害单位的名义向被害单位所开户的证券公司下达高价买进某种股票的委托指令,包括自己朋友所高价委托卖出的同种股票,从中谋取交易差价。其实质,就是要将被害单位股票账户上所拥有的资金转移到自己朋友的股票账户上,进而实现自己非法占有该笔股票交易差价(一部分)的目的,侵犯了被害单位的财产所有权,且数额巨大,符合侵犯财产犯罪的基本特征,应予定罪处罚。

No. 5-264-41　盗取他人股票账户账号、密码并利用该账户与第三人交易非法牟利的,其交易数额应以行为人在股票交易中获利的金额认定,被害单位被盗用的资金数额及其损失金额可作为量刑情节考虑。

就本案而言,孔庆涛利用窃取的他人股票账户号码和交易密码,电话委托他人的开户证券公司高价买进 20 万股"渝钛白"股票,包括其朋友抛卖的同种股票 14500 股,共盗用他人账上资金人民币 1172617 元(实际成交数额);其与周劲、宋健共赚得股票交易差价人民币 29717. 71 元,孔庆涛从中分得赃款人民币 12400 元,最终造成被害单位直接经济损失人民币 45 万元。孔庆涛盗用的他人账上资金数额,虽也在一定程度上反映了其行为的社会危害性,但其并非将他人账上资金全部窃为己有。也就是说被害单位并未丧失全部被盗用资金的所有权,被盗用的资金不是也不可能全部成为盗窃所占有的数额,因而,不能作为盗窃数额。孔庆涛与周劲、宋健在本案股票交易行为中共获得的差价数额,是孔庆涛实施本案所占有的实际数额,应当为本案的盗窃数额。至于被害单位的损失数额,虽准确反映了被害单位的受害程度,但根据《关于审理盗窃案件具体应用法律若干问题的解释》第五条第(十三)项关于盗窃行为给失主造成的损失大于盗窃数额的,损失数额可作为量刑的情节的规定,只能作为犯罪情节在量刑时予以考虑。

案例:郝景文等盗窃案

案例来源:《刑事审判参考》总第8辑[第60号]

主题词:盗窃罪 计算机 金融机构

一、基本案情

被告人郝景文,男,1967年11月24日出生,无业。因涉嫌犯盗窃罪,于1998年10月30日被逮捕。

被告人郝景龙,男,1963年6月1日出生,原系中国工商银行江苏省镇江市分行中山路办事处花山湾分理处职员。因涉嫌犯盗窃罪,于1998年10月30日被逮捕。

江苏省扬州市中级人民法院经审理查明:1998年6、7月间,被告人郝景龙、郝景文因经济拮据,商议使用调制解调器通过电话线将自己使用的计算机与银行的计算机系统连接,侵入中国工商银行扬州市分行储蓄网点计算机系统进行盗窃。后郝景文多次到中国工商银行扬州市分行数个储蓄所踩点,并购买了调制解调器2只、遥控玩具1只,郝景龙制作了侵入银行计算机系统装置。1998年8月下旬,郝景文在扬州市郊区双桥乡双桥村王庄村以吕俊昌的名义租借房屋1间,并在房屋内连接电话分机1部。1998年9月7日,郝景文以吕俊昌、王君等16个假名在白鹤储蓄所开立16个活期存款账户。其间郝景龙制作调试侵入银行计算机系统装置。并向郝景文传授安装方法。1998年9月22日凌晨,郝景文秘密潜入白鹤储蓄所,将郝景龙制作的部分侵入银行计算机系统装置与该所计算机连接。当日上午9时许,郝景龙携带另一部侵入银行计算机系统装置从镇江市窜至扬州,来到郝景文租住处。中午12时许,郝景文窜至白鹤储蓄所,并与郝景龙联系,郝景龙指使郝景文打开侵入银行计算机系统装置的遥控开关。中午12时32分至12时42分,郝景龙在郝景文的租住房内操作计算机,分别向事前在白鹤储蓄所以吕俊昌、王君等假名开立的16个活期存款账户上各输入存款4.5万元,共计人民币72万元。嗣后,郝景文、郝景龙从中午12时50分至14时零6分,利用银行的通存通兑业务,在中国工商银行扬州市分行下设的瘦西湖、国庆北路、史可法路、沿河、解放桥、跃进桥、琼花、仙鹤等储蓄网点取款共计人民币26万元。当郝景文、郝景龙窜至汶河储蓄所要求支取人民币4万元时,因该所工作人员向其索要身份证查验,郝景龙、郝景文唯恐罪行败露,遂逃回镇江市。郝景龙分得赃款13.5万元,郝景文分得赃款12.5万元。案发后,侦查机关追回人民币23.265767万元及用赃款购买的电脑主机及万普显示屏2台、格兰仕微波炉1台、TCL牌29寸彩色电视机1台等物,均发还被窃单位。

1995年1月,被告人郝景文伙同张某、曹某(均另案处理)预谋盗窃丹徒县农业银行的“福特”面包车。同年春节期间,郝景文、张某到该车驾驶员蒋某家,趁蒋洗澡之机,用橡皮泥复制了“福特”车钥匙模子,后由郝景文配制了钥匙。3月24日凌晨,郝景文伙同曹某将该车窃走,销赃得款人民币10万元。郝景文分得赃款2.6万元。经核价,该车价值人民币34万元。

1995年8月22日夜,被告人郝景文伙同张某携带氧气瓶、气割枪等作案工具,从镇江市中山大厦录像厅翻天花板潜入万美商场行窃,张某在外望风,郝景文用气割枪割开保险柜,窃得人民币1.2万余元。郝景文分得赃款1.1万余元。

1996年4月23日夜,被告人郝景文携带气割工具,窜至镇江市南门大街金山典当行,用气割枪割开保险柜,窃得人民币5000元。同年9月的一天深夜,郝景文再次窜至该典当行,爬窗入室,撬抽屉窃得各类寻呼机7只。

扬州市中级人民法院认为,被告人郝景文、郝景龙以非法占有为目的,私制侵入银行计算机系统装置,盗窃银行资金,数额特别巨大;被告人郝景文单独或伙同他人盗窃作案4起,数额特别巨大,两被告人的行为均已构成盗窃罪。被告人郝景龙检举被告人郝景文其他重大盗窃事实,经查证属实,属重大立功,依法予以从轻处罚,公诉机关指控被告人郝景文单独或伙同他人盗窃“福特”面包车1辆、镇江市万美商场人民币1.2万余元、镇江市金山典当行人民币5000元及寻呼机7只的事实清楚,证据确实、充分,定性准确,应予采纳。辩护人提出"指控被告人郝景文盗窃'福特'面包车的事实,证据不足"的意见不予采纳。公诉机关指控郝景文盗窃光阳豪爽125太子摩托车、电脑主机和键盘的事实,经查,证据不足,辩护人提出"公诉机关指控郝景文盗窃光阳豪爽125太子摩托车、电脑、键盘两起事实证据不足"的意见应予采纳。至于二被告人及其辩护人提出本案定性不当,应定诈骗罪的意见,经查,二被告人采用秘密手段,非法侵入银行计算机系统,操作计算机将银行资金72万元转入自己的存款账户内,从而占有该资金,其行为已构成盗窃罪。此后,被告人虽公开在储蓄所支取钱款,但该行为仅是秘密窃取银行资金行为的延续,并不改变其行为的性质。故其辩护意见不能成立,不予采纳。被告人郝景龙及其辩护人提出"本案不应认定二人均为主犯",经查,郝景文、郝景龙在共同犯罪中均起主要作用,二被告人均系主犯,其辩护意见不成立。被告人郝景文当庭提交的检举揭发材料,经公安机关查证不能成立,不构成立功。依照《中华人民共和国刑法》第二百八十七条,第二百六十四条第(一)项,第二十五条第一款,第二十六条第一、第四款,第六十八条第一款,第五十六条第一款,第五十七条第一款,第五十九条,第六十四条的规定,于1999年11月22日判决如下:

1. 被告人郝景文犯盗窃罪,判处死刑,剥夺政治权利终身,并处没收财产人民币五万元;
2. 被告人郝景龙犯盗窃罪,判处无期徒刑,剥夺政治权利终身,并处没收财产人民币三万元;
3. 作案工具无绳电话机底座、调制解调器等物予以没收。

一审宣判后,二被告人不服,仍以一审时的辩解理由向江苏省高级人民法院提出上诉。

江苏省高级人民法院经审理认为:上诉人郝景文、郝景龙以非法占有为目的,私制侵入银行计算机系统装置,盗窃银行资金,数额特别巨大;另外,上诉人郝景文单独或伙同他人盗窃作案4起,数额也特别巨大。二上诉人的行为均已构成盗窃罪,应依法惩处。二上诉人的上诉理由,经查不能成立。一审判决认定上诉人郝景文、郝景龙共同盗窃的犯罪事实清楚,证据确实、充分,定罪准确,量刑适当,审判程序合法。依照《中华人民共和国刑事诉讼法》第一百八十九条第(一)项的规定,于2000年1月29日裁定如下:驳回上诉,维持原判决。

根据最高人民法院《关于授权高级人民法院和解放军军事法院核准部分死刑案件的通知》的规定,江苏省高级人民法院的这一裁定并为核准以盗窃罪判处郝景文死刑,剥夺政治权利终身的刑事裁定。

二、裁判要旨

No.5-264-42 非法侵入银行计算机系统,将银行资金划入自己或他人账户,而后到储蓄所提取现金的,应以盗窃罪论处。

(一)被告人将银行资金划入个人存款账户后,已经非法取得了该款的所有权,到储蓄所支取现金只是盗窃行为的自然延续

储户将个人的资金存入银行,由银行占有资金,储户则通过存单实现其对该款的所有权,即通过存单来实现其对该款的处分权——可随时支取该款。这是银行储蓄业务的特点。被告人郝景文、郝景龙通过非法操纵计算机将银行资金72万元划入个人存款账户,自该资金被划入个人存款账户时起,二被告人已经在事实上通过该存款账户取得了划入款项的所有权,即被告人可凭存单随时支取存款账户内的钱款,其盗窃犯罪行为已经实施终了。被告人支取款项只是其盗窃行为的自然延续,不影响其行为的性质。

(二)银行职员向储户兑付储蓄金额现金的行为不是被诈骗

被告人操纵计算机将银行资金划入自己的个人活期存款账户,然后持活期储蓄存折公开到储蓄所支取现金,储蓄所的工作人员根据存折将钱款交给被告人。

被告人所持的个人活期储存折是事先在工商银行储蓄所开立的真实的存折,存折内输入的存钱金额虽然是被告人通过非法手段输入的,但储蓄所的工作人员按照其正常的工作程序,不可能审查发现其已实施完毕的非法输入行为。被告人持存折取钱时,储蓄所的工作人员只是按照其账户内显示的储蓄金额支付被告人所支取的现金,存款账户内有相应的储蓄金额这一事实在储蓄所工作人员眼中是真实存在的。也就是说,储蓄所工作人员基于其不可能知晓的银行资

金已被窃取的事实,兑付已被行为人窃取的金额,他并未被诈骗,对于资金合法所有人银行来说,其资金也是被盗,只是行为人采用了高科技手段,而非传统的撬门入室将他人资金装入自己包内罢了。

案例:赵宏铃等盗窃案

案例来源:《刑事审判参考》总第 110 集[第 1202 号]

主题词:盗窃罪 破坏计算机信息系统罪

一、基本案情

被告人赵宏铃系东阳市横店影视城有限公司网管员。2011 年,赵宏铃通过 PE 光盘启动横店影视城有限公司网络部开发组组长骆勇峰的电脑,盗取了公司检售票系统源程序和服务器密码。2012 年 6 月至 7 月,赵宏铃在其笔记本电脑上编写程序,可以秘密侵入横店影视城有限公司检售票系统,修改梦幻谷景区门票数据,将允许进入人数从一人改成多人,遂产生以此盗取门票收益的想法,便与妻子被告人章菲菲商议、试验并获成功。后赵宏铃通过被告人章菲菲、金俊寻找客源,章菲菲让被告人周衍成为其组织客源,金俊让被告人周衍成、胡海兵、单宇进为其组织客源。具体作案手段为:章菲菲、金俊等人先以 195 元的价格购买一张一人次的梦幻谷原始电子门票卡,由赵宏铃侵入检售票系统,根据卡号将人数修改为 6—8 人,再由周衍成、胡海兵、单宇进组织客源进入景区。周衍成、胡海兵按实际带入游客每人 150 元的价格支付给赵宏铃、章菲菲、金俊,以每人 170 元的价格出售给游客;单宇进按实际带入游客每人 160 元的价格支付给赵宏铃、金俊,以每人 170—190 元的价格出售给游客。

经查,2012 年 7 月至 8 月期间,赵宏铃、章菲菲改卡 20 余张,赵宏铃、金俊改卡 20 余张,周衍成、胡海兵、单宇进在明知赵宏铃、章菲菲、金俊的梦幻谷电子门票为非法修改的门票后,仍积极组织客源,盗取门票收益。其中,赵宏铃参与盗窃数额为人民币 4.2 万余元,章菲菲、金俊参与盗窃数额为人民币 2.1 万余元,周衍成参与盗窃数额为人民币 1.3 万余元,胡海兵参与盗窃数额为人民币 7000 余元,单宇进参与盗窃数额为人民币 5000 余元。

二、裁判要旨

No.5-264-43 非法侵入景点检售系统修改门票的行为,构成破坏计算机信息系统罪,由此窃取数额巨大的景点门票收益行为,又构成盗窃罪,根据《刑法》第二百八十七条之规定应当以盗窃罪定罪处罚。

(1)被告人非法侵入景点检售系统修改门票的行为,符合破坏计算机信息系统罪的构成要件。根据我国《刑法》第二百八十六条的规定,破坏计算机信息系统罪的主体为一般主体,即年满 16 周岁具有刑事责任能力的自然人均可构成。从司法实践来看,构成该罪的通常是那些精通计算机技术、知识的专业人员。本罪在主观方面必须出于故意,主观操作疏忽大意或者技术不熟练而失误,不构成本罪。本罪的客观要件主要有三种行为方式:一是违反国家规定,对计算机信息系统功能进行删除、修改、增加、干扰,造成计算机信息系统不能正常运行,后果严重的;二是违反国家规定,对计算机信息系统中存储、处理或者传输的数据和应用程序进行删除、修改、增加的操作,后果严重的;三是故意制作、传播计算机病毒等破坏性程序,影响计算机系统正常运行。在量刑上,后果严重的,处五年以下有期徒刑或者拘役;后果特别严重的,处五年以上有期徒刑。《最高人民法院、最高人民检察院关于办理危害计算机信息系统安全刑事案件应用法律若干问题的解释》(以下简称《危害计算机信息系统安全的解释》)第四条规定,违法所得五千元以上或者造成经济损失一万元以上的,属于"后果严重";数量或者数额达到上述标准五倍以上的,应当认定为破坏计算机信息系统"后果特别严重"。

本案中,被告人赵宏铃系景区公司的网管员,非法侵入景区检售票系统,故意对景区门票数据进行修改,将允许进入人数从一人改为多人,是一种针对计算机数据进行非法操作,使相应的数据更改的行为,符合上述第二种行为方式。赵宏铃窃取门票收益的违法所得数额达到了 4.2 万余元,根据《危害计算机信息系统安全的解释》规定已属"后果特别严重",故其行为符合破坏计算机信息系统罪的构成要件。

(2)被告人窃取数额巨大的景点门票收益行为,又符合盗窃罪的构成要件。被告人赵宏铃以非法占有为目的,采用秘密手段非法侵入景点检售票系统修改门票,窃取公司数额巨大的景点门票收益,涉嫌触犯盗窃罪。由于其系公司网管员,还进一步涉及盗窃罪与职务侵占罪的区分问题。

被告人赵宏铃所侵占的门票收益属于公司所有。单位职工利用"工作条件",凭借单位职员的特殊身份,熟悉作案环境,更容易接近他人管理、经手的单位财物等,但不会因此对单位财物产生实际控制,其利用这样的便利条件窃取单位财物的,应定性为盗窃罪。而行为人利用"职务之便",对单位财物形成的支配控制关系,包括组织、领导、监管、经营、管理、经手、保管等。行为人利用这样的便利条件窃取单位财物的,才应认定为职务侵占罪。

本案中,赵宏铃系网管员,职责是负责维护公司网络系统的日常维护、电脑软硬件的安装、升级与维护等工作,对景区门票收益并无主管、经手和管理等的职责。为获取景区门票收益而修改景区门票数据,其中所必需的公司检售票系统源程序和服务器密码,赵宏铃在其职责范围内也并不掌握,而系通过 PE 光盘启动公司网络部开发组组长的电脑盗取而来,然后再在其自己的笔记本电脑上编写程序,秘密侵入横店影视城有限公司检售票系统,修改景区门票数据。可见,被告人赵宏铃在获取景区门票收益过程中,未利用其职责范围内的便利,故其行为性质并非职务侵占而系盗窃。

(3)被告人的行为同时触犯了破坏计算机信息系统罪和盗窃罪,根据《刑法》第二百八十七条之规定应当以盗窃罪定罪处罚。被告人赵宏铃在窃取门票收益的过程中,非法侵入景点检售票系统并修改门票数据,同时触犯了破坏计算机信息系统罪和盗窃罪。其中,非法侵入景点检售票系统修改门票数据仅仅是手段行为,其目的在于随后进行的窃取门票收益,二者之间形成了典型的手段与目的的牵连关系。应"从一重定罪"。针对具有牵连关系的两个行为,适用"从一重定罪"原则的前提是《刑法》没有例外规定。如果《刑法》存在例外规定,明确要求以其中某项罪名来认定或者要求并罚的,那么就只能按照刑法的规定来定罪。我国《刑法》就利用计算机实施犯罪作出了例外规定。《刑法》第二百八十七条规定:"利用计算机实施金融诈骗、盗窃、贪污、挪用公款、窃取国家秘密或者其他犯罪的,依照本法有关规定定罪处罚。"本案中,被告人赵宏铃通过非法侵入景点检售票系统修改门票数据的方式,获取了价值 4.2 万元的门票收益,同时构成破坏计算机信息系统罪和盗窃罪,根据《刑法》第二百八十七条的规定,以盗窃罪定罪处罚。

案例:许霆盗窃案

案例来源:《刑事审判参考》总第 119 集

主题词:盗窃罪　利用自动取款机故障

一、基本案情

2006 年 4 月 21 日晚 21 时 50 分许,许霆持其本人在广州市商业银行开户的银行借记卡,到广州市天河区一处广州市商业银行离行式自动柜员机(ATM)上取款,其同伴郭安山(另案处理)在附近等候。许霆所持银行借记卡不具备透支功能,账户余额为 176.97 元。当晚 21 时 56 分,许霆将银行卡插入柜员机,输入密码并查询账户余额后准备取款 100 元,但由于操作不当无意中输入了取款 1000 元的指令,柜员机随即出钞 1000 元。许霆立即查询该卡账户余额,发现余额几乎没有变化,便意识到该自动柜员机出现了异常,能够取出超过账户余额的现金。于是,许霆从当晚 21 时 57 分至 22 时 19 分,连续操作 54 次,每次指令取款 1000 元,共计取款 54000 元。此时,郭安山亦来到该自动柜员机旁找许,二人回到许霆宿舍,许霆将该柜员机出现异常的情况告诉了郭安山,二人又返回该柜员机处。许霆于当晚 23 时 13 分至 19 分又持上述银行卡连续取款 16 次,每次亦取款 1000 元,共计取款 16000 元。郭安山亦用自己的农业银行借记卡取款 3000 元。随即二人回到许霆宿舍,许霆拿了一个塑料袋和郭安山再次来到该柜员机处,郭安山先取款5000元后,许霆又于次日0时26分至1时6分仍采取上述方法取款100次,其中指令取款1000元操作96次,指令取款2000元操作4次,共计取款104000元。综上所述,许霆累计取款171次,取款金额175000元,而其银行账户只被扣款175元。4月24日下午,许霆携款逃匿。2007年5月22日,许霆在陕西省宝鸡市火车站被抓获归案。另查明,涉案的广州市商业银行自动柜员机于2006年4月21日16时许由运营商广州某公司进行完系统升级维护,并将原有软件系统对金额的表示方式改成国际货币通用的带千分符的表示方式,如将"1000"改为"1,000"。4月24日上午,广州市商业银行对全行离行式自动柜员机进行例行检查时,发现该机出现异常,经核查,发现该自动柜员机在系统升级后出现异常,1000元以下(不含1000元)取款交易正常;1000元以上的取款交易,用户输入1000元,柜员机系统错误地将"1000"换为"1",形成交易报文向银行主机报送,而银行主机也仅按照1元的交易金额接纳该笔交易并从用户账上扣款,而柜员机则仍按照1000元的金额吐款。造成这种情况的原因是操作人员在对柜员机软件升级时操作失误,导致柜员机的数字字符处理出错。2008年3月31日,广州市中级人民法院认定许霆犯盗窃罪,判处有期徒刑五年,并处罚金人民币二万元;广东省高级人民法院审理后驳回上诉,维持原判,并报请最高人民法院核准维持在法定刑以下量刑的裁定。最高人民法院核准了在法定刑以下判处许霆有期徒刑五年,并处罚金人民币二万元的裁定。

二、裁判要旨

No. 5-264-44 利用自动取款机故障,取出超过账户余额的钱款而不如实扣账的,成立盗窃罪。

许霆的取款行为可分为两个阶段:第一阶段是第一次取款,无意将100元误输入为1000元,由于自动柜员机的故障,而多占有了银行999元,该阶段的取款不具有非法占有银行财产的故意;第二阶段是发现故障之后,连续利用柜员机漏洞取款170次,取款金额达174000元,而后携款潜逃。我国《刑法》第264条规定,盗窃罪是指以非法占有为目的,盗窃公私财物数额较大或者多次盗窃、入户盗窃、携带凶器盗窃、扒窃公私财物的行为。许霆第二阶段的取款行为,也即第一次无意发现柜员机出错后的连续取款170次的行为,主观上具有非法占有他人财物的故意,客观上违反他人意志,将他人占有的财物转移为自己所有,符合盗窃罪的行为构成要件。第一,许霆于主观上具有非法占有他人财物的故意。许霆在第一次取款并通过查询银行卡余额后,明知柜员机出现了异常,能够超出余额取款且不能如实扣账,能够借此来获得不属于本人银行卡上的资金,却选择利用该漏洞,主动多次实施取款行为,体现其积极追求非法占有银行财产的目的。第二,于客观上违反他人意志,将他人占有的财物转移为自己所有。盗窃罪的成立并不要求秘密窃取,只要违反了他人的意志,出于非法占有的目的,将他人财物转移为自己占有就构成盗窃。许霆面对能"无限吐钞"的自动柜员机,两次从宿舍返回该柜员机处,第二次还携带了塑料袋,共进行了171次取款。其转移财产的方式,则是利用柜员机漏洞,掌握了输入"1000"的指令便能在余额只扣除1元的情况下,获得1000元现金的规律,换言之,其每一次输入取款"1000"元时,即非法占有了银行999元的财产(输入取款"2000"元的指令时,则非法占有了银行1999元的财产)。随后,明知该现金不属于自己账户所有,4月24日下午,许霆携款从广州逃往陕西宝鸡市,最终未能退还赃款,可见其将他人财产转移为自己占有后,迅速对该财产进行使用和处分。综上所述,其行为符合盗窃罪的构成要件,应当以盗窃罪定罪量刑。

案例:范军盗窃案

案例来源:《刑事审判参考》总第64集[第508号]

主题词:盗窃罪 退还赃物 职务侵占罪

一、基本案情

被告人范军,男,1963年9月10日出生,大专文化,广东省饶平县三饶镇永丰源陶瓷有限公司会计。因涉嫌犯盗窃罪于2005年11月22日被逮捕。

广东省饶平县人民法院经公开审理查明:2003年8月,被告人范军在广东省饶平县三饶镇永丰源陶瓷有限公司(私营企业)财务室担任核算成本会计,因参与“六合彩”赌博欠下赌债,遂萌发利用该公司发放员工工资之机,窃取现金的念头。同月的一天,范军乘财务室主任曾再求不备,将曾保管的财务室壁橱钥匙取出后,私自配制了一把。同月 8 日中午,范军乘无人之机,潜入公司财务室,用事先准备好的钥匙打开财务室存放工资的壁橱,从壁橱内存放的准备用于发放员工工资的 39.1 万余元中,盗走 174329 元。返回宿舍后范军写下留言,写明自己的身份和作案原因,并称会连本带利归还该现金。之后范军携款潜逃至江西老家,途中将部分赃款挥霍。后经家人劝说,范军将其盗窃之事电话告知公司老板刘石丰表示道歉,并于同月 21 日偿还赃款 159000 元。后通过同乡余毅成偿还 2600 元。2005 年 11 月 9 日,范军被抓获归案后,其家属代为偿还赃款 12729 元。因范军及其亲友退清全部赃款,永丰源陶瓷有限公司请求对范军予以从轻处理。

广东省饶平县人民法院认为,被告人范军的行为已构成盗窃罪,盗窃数额特别巨大,按刑法规定应在十年以上有期徒刑量刑,但鉴于其属偶犯,作案手段一般,归案后认罪态度好,案发后有悔罪表现,能及时将绝大部分赃款退还给失主,归案后其家属又代其将余下的小部分赃款退还给失主,失主也出具申请书请求对范军给予从宽处罚,因此如对范军在十年以上量刑,不能体现罪刑相适应的原则,故对范军予以减轻处罚。依照《中华人民共和国刑法》第二百六十四条、第五十三条、第六十三条第二款之规定,以盗窃罪判处被告人范军有期徒刑二年,并处罚金人民币三千元。

一审宣判后,被告人范军没有上诉,检察机关没有抗诉。广东省饶平县人民法院依法将本案层报最高人民法院核准。

最高人民法院复核认为,被告人范军采取秘密手段窃取公私财物,其行为已构成盗窃罪,且盗窃数额特别巨大。鉴于被告人范军属偶犯、初犯,积极认罪悔罪,已还清全部赃款并取得被害人的谅解,对社会的危害程度不大,对其可在法定刑以下判处刑罚。饶平县人民法院判决认定的事实清楚,证据确实、充分,定罪准确,量刑适当。审判程序合法。依照《中华人民共和国刑法》第六十三条第二款和最高人民法院《关于执行〈中华人民共和国刑事诉讼法〉若干问题的解释》第二百七十条的规定,裁定如下:核准广东省饶平县人民法院(2006)饶刑初字第 24 号认定被告人范军犯盗窃罪,在法定刑以下判处有期徒刑二年,并处罚金人民币三千元的刑事判决。

二、裁判要旨

No. 5-264-45　秘密窃取他人财物,事后留言表明自己身份并表示日后归还的,应以盗窃罪论处。

首先,范军具有非法占有目的。范军秘密取得现金后将赃款带离该公司时,即已完全排除了权利人对该笔资金的支配,实现了非法占有目的;其取得赃款后,将 159000 元还给被害人的做法,只是其对赃款的一种处分方式,并不影响对其行为时非法占有目的的认定。

其次,范军采取了秘密窃取的作案手段。范军采取的私自偷配钥匙一把,并趁公司午休无人注意之机,进人财务室,打开壁橱,取走现金后又将壁橱锁好的系列行为,均是在该资金的所有人永丰源公司及其老板刘石丰和保管人曾再求未察觉的情况下所为,因此,范军的行为符合盗窃罪中“秘密”窃取的行为特征。其事后留下字条表明作案人身份并声称会连本带利归还给被害人的行为,只能使被害人“事后”知情,而不影响其作案时“秘密”窃取事实的成立。

最后,范军的行为已经构成盗窃罪既遂,且数额特别巨大。范军作案后携款潜逃,已经使公司丧失了对款项的控制,其行为构成盗窃既遂。范军在作案后十几天将绝大部分赃款归还的行为,使公司在最终意义上没有受到很大损失,只是属于事后的悔罪表现,不影响盗窃既遂事实的认定。

No. 5-264-46　利用担任私营企业财务人员的工作便利,窃取企业财物的,不构成职务侵占罪,应以盗窃罪论处。

在单位内部人员窃取本单位财物的情况下,极易发生定盗窃罪与定职务侵占罪、贪污罪的混淆。但需要指出的是,对于上述行为以何种罪名定罪处罚,除准确认定犯罪主体身份外,关键要看行为人实施窃取行为时是利用了职务上的便利还是工作上的便利。应当说,利用职务上的便利与利用工作上的便利两者间有着本质上的差别。所谓利用职务上的便利,是指利用自己主管、管理、经手、经营财物的便利条件。而利用工作上的便利,是指利用自己熟悉工作环境,了解财物保管情况,有机会接近财物保管人或不容易引起怀疑等工作或工作上形成的便利,这种便利与其职务之间没有关系。行为人如果是利用工作上的便利条件窃取本单位财物的,应以盗窃罪定罪处罚;如果是利用职务上的便利的,应以职务侵占罪或贪污罪定罪处罚。

在本案中,范军作为私营企业财务室里一个负责成本核算业务的会计,他不具有主管或管理涉案财物的权力,也不具有经手涉案财物的便利,因为范军自己供述称工资放进保险柜以后,主管会计曾再求就上锁,上锁后钥匙由曾再求保管(正由于如此,其才要偷配一把钥匙);证人曾再求也证实称工资被锁进财务室的保险柜后,钥匙由其一人保管,钥匙被其带走。综上可见,范军在本案中不具有主管、管理或经手涉案财物的便利,即不存在职务上的便利。

既然范军在本案中不具有职务上的便利,那么本案中范军所利用的是否是其工作上的便利呢?纵观全案证据,我们可以认定本案中范军所利用的正是其工作上的便利,理由是:首先,范军本人在公司财务室工作,对作案环境非常熟悉。其次,范军本人有参与公司清点工资、分装工资的工作,而且公司的工资分装后就放在财务室。再次,范军具体盗窃的时机,是选择在中午公司无人之机,此时,壁橱里的现金应属于主管会计曾再求管理,范军此时所窃取的财物并不是其本人经手、主管或管理的财物。综上可见,本案中范军实施盗窃正是利用其因工作关系熟悉作案环境、容易接近单位财物等方便条件,属于利用了其工作上的便利。

综上所述,由于范军在本案中盗窃财物是利用了其工作上的便利而非其职务上的便利,因此其行为构成盗窃罪而非职务侵占罪。

案例:韦国权盗窃案

案例来源:《刑事审判参考》总第 50 集[第 397 号]

主题词:盗窃罪

一、基本案情

被告人韦国权,男,1973 年 12 月 22 日出生,出租汽车司机。因涉嫌犯盗窃罪,于 2005 年 1 月 26 日被逮捕。

陕西省西安市中级人民法院经审理查明:2004 年 4 月 10 日凌晨 5 时许,陕西省新华信房地产开发公司司机郑伟驾驶辛 G-13116(另一副地方牌照为陕 A-L5408)白色凌志 400 轿车返回位于西安市文艺北路的陕西省戏曲研究院家属院的住处。因郑伟醉酒,在其家属院南约 200 米的陕西省歌舞剧院门口将车停放在快行道上,车大灯、车窗玻璃未关,车钥匙未拔,就回家睡觉了。当日凌晨 6 时 30 分许,被告人韦国权骑摩托车前往西安市永宁村小区接夜班司机出租车,途经西安市文艺北路时,发现陕西省歌舞剧院门口快车道上停放一辆白色凌志 400 型轿车,车大灯未熄,4 个车窗玻璃未关,车中无人。约 1 小时后,韦国权开出租车再次途经此路段,发现该车仍然停放原处,即将自己所驾驶的出租车停放好后,走到该车旁,发现车钥匙也未拔,且无人对其干涉,便将车开走,将车停放于西安市建设西路解放军三二三医院停车场,将车锁好。两三天后的一个晚上,韦国权将车开出停放在西安市朱雀路解放军政治学院内,翻找车内物品,发现了该车行驶证和地方牌照,车主王力平的驾驶证、身份证和名片,一部“三星”手机,钱夹、银行卡和 200 美元,一双皮鞋,以及一套高尔夫球杆等物品。随后,韦国权将车辆地方行驶证及地方牌照和军牌照、王力平身份证、银行卡等扔弃,手机、皮鞋及 200 美元使用和挥霍,高尔夫球杆藏匿于其姐家中。为了便利其使用,韦国权后将车更换一个外地车牌,使用过程中先后将车停放于西安市东郊黄河厂、东方厂、青龙小区等地,且对车辆进行了维修、保养。直至 2005 年 1 月,被害人郑伟发现了自己丢失的车辆,公安机关才将韦国权抓获。丢失的车辆、高尔夫球杆、手机等物品已发还被害人。

西安市中级人民法院认为,被告人韦国权采取秘密手段,盗窃他人财物,数额特别巨大,其行为已构成盗窃罪。西安市人民检察院指控被告人韦国权的犯罪事实成立,罪名及法律适用正确,应予支持。被告人韦国权的辩解理由和辩护人的辩护意见均不能成立。考虑到被告人韦国权能主动赔偿被害人的经济损失,且被盗车辆已被追回,并未给失主造成太大经济损失,可依法酌情从轻处罚。为维护社会治安秩序,保障公民的合法财产免遭不法侵害,依照《中华人民共和国刑法》第二百六十四条的规定,于 2005 年 6 月 11 日判决如下:被告人韦国权犯盗窃罪,判处有期徒刑十年,并处罚金一万元。

宣判后,韦国权不服,上诉于陕西省高级人民法院。

韦国权上诉提出,其没有非法占有的主观故意,只是对他人遗忘物的非法侵占,不构成盗窃罪。

陕西省高级人民法院经审理认为,上诉人韦国权以非法占有为目的,采取秘密窃取手段窃取他人财物,其行为已构成盗窃罪。且盗窃数额特别巨大,唯其所盗车辆被追回,能主动赔偿被害人的经济损失,可依法酌情从轻处罚。对韦国权上诉提出其没有非法占有的主观故意,只是对他人遗忘物的非法侵占,其不构成盗窃罪的理由,经查,上诉人韦国权在自认为采取不会被财物的所有人发觉的方法,在发现车辆长时间无人管理后潜入车中,并在确认不会被人发觉的情形下,秘密将车开走,其手段符合盗窃罪的行为特征,并且又更换车牌照,长期占有使用,不予归还,其行为说明了其具有非法占有该车的主观故意。而且车辆为具有特殊属性的登记物,不能因为车辆所有人忘记关闭车窗和将车钥匙忘记在车上就认为是遗忘了汽车,就推定为是他人的遗忘物。因此,韦国权的上诉理由不能成立,不予支持。原审判决定罪准确,量刑适当。审判程序合法。根据《中华人民共和国刑事诉讼法》第一百八十九条第(一)项的规定,于 2005 年 12 月 26 日裁定驳回上诉,维持原判。

二、裁判要旨

No. 5-264-47 以非法占有为目的,私自开走他人忘记锁闭的机动车辆的,应以盗窃罪论处。

侵犯他人财产的所有权,仅属于民事纠纷,不应通过刑法干预。但本案中,被告人韦国权将被害人的汽车开走后,即发现了车主的身份证和联系电话,且其兄也多次敦促其归还,韦国权不是积极联系被害人归还车辆,而是藏匿汽车,并抛弃能够证实该车合法身份的车辆行驶证和牌照。为达到非法占有该车辆的目的,又更换汽车牌照,对车辆进行伪装。韦国权的非法占有目的明显,已严重侵犯了他人财产的所有权,具有较大的社会危害性,应当按照刑法的有关规定追究其刑事责任。

本案中的汽车确系驾驶人郑伟因其饮酒过量的特殊原因,有意识地将车辆停在其住处附近的公路上,并且未关车门和车窗,钥匙遗留在车上,为被告人韦国权将该车开走创造了便利条件,但汽车作为财物,具有财物的特殊属性,即驾驶人在离开时不仅不可能将其带走,而且是有意识地让其保留在停放处,经常要与驾驶人分离。如果不考虑汽车这种特殊的物质属性,将因驾驶人忘记关车窗、车门、没拔钥匙、便于他人开走的汽车认定为遗忘物,既有悖常理,还会使人们对汽车这种财产所有关系的认识产生混乱。因此,汽车不同于《刑法》第二百七十条第二款规定的遗忘物,对本案不能以侵占罪定罪处罚。

案例:陈建伍盗窃案

案例来源:《刑事审判参考》总第 58 集[第 460 号]

主题词:盗窃罪 挪用财务便利 盗窃金融机构

一、基本案情

被告人陈建伍,男,1973 年 11 月 24 日出生,汉族,高中文化,系某县邮政局职工。因涉嫌犯盗窃罪于 2005 年 6 月 15 日被逮捕。

某市中级人民法院经审理查明:被告人陈建伍利用任县邮政局经警队长的工作便利,于 2005 年 4 月的一天,以到邮政局金库检查为由,将邮政局出纳员的金库钥匙骗出,私自配了一把钥匙。4 月 17 日 15 时许,被告人陈建伍到县电工水暖器材商店,购买手电钻 1 个、钻头 4 个、角磨机1个、切片3个。后陈建伍主动代替同事刘治国值夜班。当晚20时许,陈建伍打开邮政局金库的门,接上电源,用电钻切割开一、二层金柜的门。陈又用办公室的斧子砸开4个密码箱,共盗走人民币1208300元。当晚,陈建伍将部分钱款存放在几个亲属家中后,携部分款项驾车逃离。在逃跑途中,将作案工具角磨机、手电钻等抛弃,后又将车辆遗弃。后被抓获,追缴赃款1181220元。

某市中级人民法院认为,被告人陈建伍的行为构成盗窃罪。其主观上明知邮政局金库内存放的是邮政储蓄网点的储汇资金而予以盗窃,具有盗窃金融机构、数额特别巨大的情形,公诉机关指控其盗窃金融机构的犯罪事实清楚,证据确实、充分,指控罪名成立。被告人陈建伍提出的造成的损失小、积极配合办案、有坦白情节的辩解理由成立,应予采纳。其辩护人提出的被告人没有给国家造成重大损失,系初犯,认罪态度好等辩护理由,应予采纳。对于其提出的被告人陈建伍所盗金库是在邮政局办公楼内,不是在储蓄网点,该金库不是金融机构的专用金库,储蓄存款、汇兑款在存入人民银行之前,其所有权、支配权应是邮政局,故陈建伍不构成盗窃金融机构的辩护意见,法院认为,被盗金库虽然也存放邮政局的财物资金和一些邮票,但该县邮政储蓄网点一直将储汇资金放在该金库,邮政局没有别的金库,各邮政储蓄网点也没有别的金库。被告人陈建伍负责看守金库,对该金库内存放的资金的性质是明知的,根据该邮政局出具的说明证实,只有储蓄保险柜和4个储蓄网点保险箱被盗,邮政局财物保险柜、集邮保险柜及内装有价证券的铁皮柜均没有被盗,被盗的资金全部是邮政储蓄的储汇资金,这与被告人陈建伍所述的其盗窃的是邮政储蓄的汇兑款是一致的。储汇资金虽然存放在邮政局办公楼的金库内,但其是独立于邮政局的财物,所有权仍属于邮政储蓄网点,邮政局并没有该款项的使用、收益、处分权。综上,辩护人关于被告人陈建伍不构成盗窃金融机构的辩护观点不能成立,不予采纳。鉴于被告人陈建伍所盗赃款被及时追缴,没有给国家造成重大损失,且积极退赃,能如实供述犯罪事实,有坦白情节,认罪态度好,有悔罪表现,又系初犯,故依据《中华人民共和国刑法》第二百六十四条第(一)项、第五十七条第一款、第六十一条、第五十九条的规定,判决如下:被告人陈建伍犯盗窃罪,判处无期徒刑,剥夺政治权利终身,并处没收个人全部财产。

一审宣判后,被告人陈建伍没有上诉,检察院亦未抗诉,判决发生法律效力。

二、裁判要旨

No.5-264-48 邮政局工作人员利用其对邮局储蓄资金存放环境的熟悉以及其他邮局工作人员对其身份的信任,窃取邮政储蓄资金,数额较大的,不构成职务侵占罪,应以盗窃罪论处。

从本案案情出发,被告人陈建伍仅仅利用的是其担任邮政局的经警队长的工作条件便利,而非其职务便利。具体分析如下:

1. 邮政局的经警队长的职责是负责邮政局的相关工作人员及财物的安全保卫工作,其职责范围内不具备对邮政储蓄资金的管理、主管、经手的权力,其对邮政储蓄资金没有支配、决定、处置或者实际控制权。邮政局的经警队长的工作性质不能与邮政储蓄资金直接接触,其直接接触邮政储蓄资金的行为,与其经警队长的职责无关。

2. 邮政局的经警队长没有持有金库钥匙的权力。陈建伍利用邮政局出纳员对他身份的信任,骗出金库钥匙,私自配制并持有金库钥匙的行为,与其经警队长的职务无关。

3. 邮政局的经警队长没有擅自打开邮政局金库和各金柜门的权力。从陈建伍替同事值班负责看守金库,用电钻切割开一、二层金柜的门,用办公室的斧子砸开4个密码箱,盗走邮政储蓄资金的系列行为看,也与其经警队长职务无关。

综上,本案被告人陈建伍在实施犯罪行为过程中,仅仅利用了他人对其身份的信任以及其因任经警队长熟悉作案环境的便利条件,而上述条件均不属于其职务之便利,因此其行为构成盗窃罪,而不构成职务侵占罪。

No.5-264-49 盗窃邮政局金库内存放的邮政储蓄资金的,应认定为盗窃金融机构。

某县邮政局的储蓄专柜,已经获准取得中华人民共和国金融许可证及营业执照,依法从事吸收公众存款、办理结算业务等金融业务,因此,该储蓄专柜属于国家批准成立的其他金融机构。

由于邮政储蓄专柜是国家的金融机构,其储汇业务是金融业务的一种,储汇资金当然也就是金融资金的一种。从本案的现场勘查笔录和某县邮政局出具的说明来看,现场只有储蓄保险柜和4个储蓄网点保险箱被盗,被盗的资金全部是邮政储蓄专柜的储汇资金。因此,陈建伍盗窃的是金融机构的金融资金。

案例:罗忠兰盗窃案

案例来源:《刑事审判参考》总第24辑[第160号]

主题词:盗窃罪 侵占罪

一、基本案情

被告人罗忠兰,女,19岁,汉族。因涉嫌犯盗窃罪,于1998年3月17日被逮捕。

海南省海口市新华区人民法院经审理查明:1998年2月18日晚,被告人罗忠兰进入海口市金夜娱乐广场851包厢陪伴客人唱"卡拉OK"。当晚10时许,在此消费的客人陈某某将装有现金等物的黑色手提包置于电视机上,到包厢外打电话。嗣后,包厢内其他客人结账后离开娱乐广场。罗忠兰送客人走后返回851包厢,趁正在打扫卫生的服务员未注意之机,将陈某某的手提包拿进包厢的卫生间,盗走包内现金 12000元,将手提包及包内其他物品弃于卫生盆下,熄灭卫生间的灯,锁上卫生间的门后逃离现场。陈某某打完电话回到851包厢欲取包时,发现手提包不见。经与打扫卫生的服务员共同寻找,发现手提包被丢弃在卫生间内卫生盆下。罗忠兰于次日用所盗钱款以其男友的姓名购买诺基亚移动电话机一部、SIM卡一张、备用电池一块、充电器一个;另将7000元现金存入银行,800元现金随身携带。案发后,公安机关已追回全部赃款赃物并退还失主。

新华区人民法院认为,被告人罗忠兰以非法占有为目的,秘密窃取他人财物,数额巨大,其行为已构成盗窃罪。公诉机关指控的犯罪事实清楚,证据充分,足以认定构成盗窃罪。被告人及其辩护人关于"罗忠兰不构成盗窃罪"的辩解和辩护意见与事实不符,不能成立。依照《中华人民共和国刑法》第二百六十四条的规定,于1998年7月9日判决:被告人罗忠兰犯盗窃罪,判处有期徒刑三年,并处罚金三千元。

一审宣判后,被告人罗忠兰不服,以"一审判决定性不准、量刑过重"为理由提起上诉。

海口市中级人民法院经审理后认为,原判认定事实清楚,证据确实、充分,定罪准确,量刑适当。审判程序合法。罗忠兰的上诉理由及其辩护人的辩护意见与事实不符,不予采纳。依据《中华人民共和国刑事诉讼法》第一百八十九条第(一)项的规定,于1998年9月15日裁定:驳回上诉,维持原判。

二、裁判要旨

No.5-264-50 将消费者遗留在娱乐场所包厢内的财物,非法占为己有的,应以盗窃罪论处。

本案发生地点在歌舞厅的包厢内,这里虽属公共娱乐场所,但系专人经营管理,具有空间上的封闭性和使用上的独占性,与人人皆可自由往来的广场、道路、海滩等公共场所有所区别。如同旅馆的客房一样,消费者在使用包厢期间,该包厢原则上即由消费者暂时控制,消费者对存放在包厢内的自有物品具有实际的控制权。在消费者独占使用包厢期间,即便消费者因故临时离开,其对放在包厢内的随身携带的物品仍具有实际的控制权。期间任何人进入该独占空间以非法占有为目的取走消费者存放在此的财物的行为,均属盗窃行为。当消费者正式结账离开包厢后,包厢内的一切物品包括消费者遗留的物品,又复归经营者的控制之下,经营者对消费者遗留的物品负有清点、保管、退还的义务。如经营者对消费者的遗留物拒不退还,属侵占行为。但经营者之外的其他人如以非法占有为目的擅自进入该包厢取走消费者遗留财物的,则仍属盗窃行为,而非侵占行为。

案例:张泽容等盗窃案

案例来源:《刑事审判参考》总第52集[第412号]

主题词:盗窃罪 共同犯罪

一、基本案情

被告人张泽容,女,1975年6月25日出生,汉族,小学文化,无业。因涉嫌犯盗窃罪,于2005年8月31日被逮捕。

被告人屈自强,男,1974年8月5日出生,汉族,大专文化,重庆西机务段工人。因涉嫌犯盗窃罪,于2005年8月31日被逮捕。

重庆市大渡口区人民法院经审理查明:2003年年底的一天,被告人张泽容利用其在舅舅刘德彬家当保姆的机会,偷配了刘家大门和铁门的钥匙。2004年2月的一天,张泽容乘刘家无人之机,使用其私配的钥匙进入刘家,将刘放在卧室柜子里的一张150000元的定期存折及客厅桌子上刘德彬的身份证复印件盗走。事后,张泽容将此情况告知了被告人屈自强,并让屈自强帮忙取钱,屈自强表示同意,并约定取出钱后二人均分。因为领取大额定期存单需要存款人和取款人的身份证,张泽容便找人伪造了两张身份证,一张为刘德彬的,一张为印有屈自强照片的名为漆荣的身份证。同年3月6日,被告人屈自强携带存折和两张假身份证来到中国银行大渡口区茄子溪储蓄所,将存折上的152000元本金及利息共计154704元转为活期存折。随后,屈自强又分别在中国银行马王乡储蓄所、袁家岗储蓄所、两路口储蓄所、杨家坪储蓄所、杨家坪自动取款机上将154704元取走。事后,张泽容从屈自强处拿走70000元,将其中17000元存入银行,其余部分用于偿还赌债等。屈自强则将剩余部分存入银行。2004年7月25日,屈自强得知公安人员在找他,便主动打电话给公安人员,并在单位等候。公安人员到达后,屈自强交代了犯罪事实,并协助公安人员抓获了张泽容。案发后,屈自强退还被害人80000元人民币,张泽容退还给被害人17000元人民币。

重庆市大渡口区人民法院认为,被告人张泽容与屈自强以非法占有为目的,采取秘密手段窃取他人财物,其行为均已构成盗窃罪。重庆市大渡口区人民检察院对二被告人的犯罪指控成立,但指控罪名不当。被告人屈自强有自首和立功表现,依法予以减轻处罚。被告人屈自强已将所得赃款全部退还给被害人,且认罪态度好,酌情予以从轻处罚,并可适用缓刑。被告人张泽容及其辩护人辩解张泽容有自首表现,但无证据证实,本院不予认定。被告人张泽容在审理中认罪态度好,酌情予以从轻处罚。依照《中华人民共和国刑法》第二百六十四条、第六十七条第一款、第六十八条第一款、第七十二条、第七十三条第二款、第三款、第六十二条、第六十三条第一款、最高人民法院《关于处理自首和立功具体应用法律若干问题的解释》第一条第一款、第三条、第五条、最高人民法院《关于审理盗窃案件具体应用法律若干问题的解释》第三条第一款第(三)项、第二款、第十三条之规定,判决如下:

1. 被告人张泽容犯盗窃罪,判处有期徒刑十年,并处罚金二万元;

2. 被告人屈自强犯盗窃罪,判处有期徒刑三年,缓刑五年,并处罚金二万元;

3. 被告人张泽容的违法所得五万三千元人民币以及被告人屈自强的违法所得四千七百零四元,继续予以追缴。

一审宣判后,被告人张泽容不服,以其具有自首情节、原判量刑过重等为由,向重庆市第一中级人民法院提出上诉。

重庆市第一中级人民法院经二审审理认为,上诉人张泽容和原审被告人屈自强采取秘密手段,窃取他人财物,其行为已构成盗窃罪。对于上诉人张泽容辩称其具有自首情节、原判量刑过重的辩解意见,经查,该案系上诉人张泽容将被害人刘德彬的存单和身份证复印件盗窃后,再与屈自强策划将钱取到手。案发后,张泽容有投案自首的充分时间和机会,但其均未把握,现辩称其与屈自强商量过一起投案,无证据证实,故其上诉理由不能成立,本院不予采纳。原判认定事实清楚,证据确实充分,量刑适当,审判程序合法。据此,依照《中华人民共和国刑事诉讼法》第一百八十九条第(一)项的规定,裁定驳回上诉,维持原判。

二、裁判要旨

No. 5-264-51 盗窃他人定期存单并冒名从银行取款,数额较大的,应以盗窃罪论处。

我们认为,对于盗窃与诈骗手法相交织的非法取财行为如何定性,应当主要看行为人非法取得财物时起决定作用的手段。如果起决定作用的手段是秘密窃取,就应当定盗窃罪;如果起决定作用的手段系利用骗术,就应当认定为诈骗罪。定期存单作为一种记名有价支付凭证,在存款未取出之前,其票面数额只具有财产权利上的象征意义,仅仅盗窃定期存单并不能实现对其财产所有人的财产权益的侵犯。只有将存单票面金额内的资金兑现或者转账才能真正占有他人财产,从而实现非法占有他人财产的犯罪目的。本案中,被告人张泽容把他人的定期存单偷出仅仅是完成了盗窃行为的一部分,并没有实现其非法占有他人财产的目的,而张泽容后来伪造身份证,指使屈自强到银行取款,最终取出存单上现金的行为虽然使用了骗术,但该存单是张泽容采取秘密手段盗窃的,骗术是在盗窃行为后实施的,考察被告人非法取得财物的主要手段或者说被害人丧失对财物控制的根本原因在于被害人存单的被盗,也就是说,盗窃在被告人非法占有财物过程中起了决定作用。同时,从财产被害人来看,该财产的真正受害者是失主刘德彬而不是银行,刘德彬财产受侵犯不是因为受到诈骗所致,而是因为存单被秘密盗窃所致,因此其行为的基本特征是盗窃而不是诈骗,应当认定为盗窃罪。

案例:赵某盗窃案

案例来源:《刑事审判参考》总第 32 辑[第 246 号]

主题词:盗窃罪　职务侵占罪

一、基本案情

被告人赵某,男,1982 年 4 月 23 日生,汉族,原系河南省濮阳市腾龙大厦总服务台收银员。因涉嫌犯盗窃罪,于 1999 年 3 月 29 日被逮捕。

河南省濮阳市市区人民法院经审理查明:被告人赵某原系河南省濮阳市腾龙大厦总服务台收银员。腾龙大厦总服务台收银员采用轮流值班制,收银员在值班时收取的钱款保存于总服务台现金抽屉,并应于轮班时交接或上缴。该现金抽屉及钥匙由当值收银员轮流保管使用。1999 年 3 月中旬某日,赵某在腾龙大厦总服务台值班时,利用其当值掌管钥匙之便,私配了一把总服务台现金抽屉的钥匙,伺机行窃。3 月 17 日凌晨 4 时许,赵某选择在他人值班之日,趁无人之际,用私配的钥匙打开存放现金的抽屉,盗出现金 19905 元。之后,赵某将所盗现金装入塑料袋并藏匿于总服务台微机主机壳内,再离开现场。案发后,赵某指认了赃款藏匿处。赃款已全部追缴返还。

赵某及其辩护人辩称,赵某是腾龙大厦的职工,利用职务之便盗窃本单位财物,其行为应构成职务侵占罪而非盗窃罪。赵某的辩护人还辩称,赵某将盗得的现金藏于腾龙大厦总服务台微机主机壳内,尚未取走即案发,应属犯罪未遂;案发后赵某向公安机关交代了赃款藏匿地点,应视为自首。赵某的法定代理人提出,赵某作案时不满 18 周岁,请求依法对其从轻或减轻处罚。

濮阳市市区人民法院认为,被告人赵某以非法占有为目的,秘密窃取他人财物,数额巨大,其行为已构成盗窃罪。公诉机关指控赵某犯有盗窃罪的事实及罪名成立,应予支持。赵某利用职务之便配制钥匙,但却在他人值班之时实施盗窃,其窃取钱财时并没有利用其掌管、管理财物的职务之便,因此,赵某的行为不符合职务侵占罪的特征。赵某及其辩护人辩称赵某的行为构成职务侵占罪的意见不能成立,不予采纳。赵某将所盗现金藏于总服务台微机的主机壳内,虽然没有带出腾龙大厦,但此藏匿地点仅赵某一人知道,腾龙大厦对该财物已失去控制而赵某已将该财物置于自己的控制之下,应属犯罪既遂。赵某的辩护人所提出的关于赵某的行为是犯罪未遂,与事实不符,于法无据,不予采纳。案发后,赵某主动交代赃款藏匿地点,积极协助公安机关追回赃款属实,但赵某并无自动投案行为,不能成立自首。赵某的辩护人所提关于案发后赵某向公安机关交代赃款藏匿地点,应视为自首的意见,不能成立,不予采纳。赵某的法定代理人关于赵某作案时不满18周岁,请求从轻处罚的意见,理由成立,予以采纳。鉴于赵某作案时不满18周岁,案发后能够坦白交代自己的犯罪事实,积极协助公安机关追回赃款,未给业主造成实际经济损失,确有悔改表现,故依法可对其适用缓刑。依照《中华人民共和国刑法》第二百六十四条、第十七条第一款、第三款和第七十二条的规定,于1999年7月22日判决:被告人赵某犯盗窃罪,判处有期徒刑三年,缓刑四年,并处罚金二万元。

二、裁判要旨

No.5-264-52 轮流值班管理公司服务台现金的收银员,在自己当值期间私配服务台现金抽屉的钥匙,在他人值班期间侵占服务台现金,不构成职务侵占罪,应以盗窃罪论处。

本案即是一起单位内部人窃取本单位财物的典型案例。被告人赵某是腾龙大厦总服务台收银员,符合职务侵占罪的主体身份,当然也可以成为盗窃罪的主体;侵犯的对象是腾龙大厦的财物,可以成为职务侵占罪的对象,也可以成为盗窃罪的对象。以上两方面均相同,该以哪种罪名定罪,关键看被告人赵某实施盗窃时是否利用了其职务上的便利。所谓职务之便,如上所述,应当是指直接经手、管理本单位某项财物的职权所形成的便利。腾龙大厦总服务台收银员实行的是轮流值班制,现金抽屉的钥匙也是轮流掌管,被告人赵某利用其掌管钥匙之机配制了钥匙伺机作案,这种准备作案工具的行为不妨可以认为是利用了职务上的便利。但他具体实施盗窃的时机,是选择在他人值班之时。此时,抽屉里的现金应属于当值的收银员直接经手、管理,被告人赵某此时窃取的财物并不是其本人经手、管理的财物。故其盗窃行为不是利用其职务之便。因此,被告人赵某的行为不构成职务侵占罪,应按盗窃罪处理。假如被告人赵某是在其本人值班时窃取其直接经手、管理的现金,则构成职务侵占罪。

案例:孟动等盗窃案

案例来源:《刑事审判参考》总第53集[第420号]

主题词:盗窃罪 克扣财产

一、基本案情

被告人孟动,男,1982年2月12日出生,汉族,大学文化,原系广东省广州市现代五金制品有限公司电脑维护员。因涉嫌犯盗窃罪,于2005年9月23日被逮捕。

被告人何立康,男,1984年1月30日出生,汉族,大学文化,原系山西省太原市第四空间网络中心管理员。因涉嫌犯盗窃罪,于2005年9月23日被逮捕。

上海市黄浦区人民法院经审理查明:被告人孟动于2005年6—7月间在广州市利用黑客程序并通过互联网,窃得茂立公司所有的腾讯、网易在线充值系统的登录账号和密码。同年7月22日下午,孟动通过QQ聊天的方式与被告人何立康取得了联系,并向何提供了上述所窃账号和密码,预谋入侵茂立公司的在线充值系统,窃取Q币和游戏点卡后在网上低价抛售。2005年7月22日18时许,被告人孟动通知何为自己的QQ号试充1只Q币并在确认充入成功后,即在找到买家并谈妥价格后,通知被告人何立康为买家的QQ号充入Q币,并要求买家向其卡号为955882360200191××××的中国工商银行牡丹灵通卡内划款。期间,被告人何立康除按照孟动的指令为买家充入Q币外,还先后为自己及其朋友的QQ号充入数量不等的Q币。自2005年7月22日18时32分至2005年7月23日10时52分,何立康陆续从茂立公司的账户内窃取Q币32298只,价值人民币24869.46元;自2005年7月23日0时25分至4时07分,何立康还陆续从茂立公司的账户内窃取游戏点卡50点134张、100点60张,价值人民币1041.4元。以上两被告人共计盗窃价值人民币25910.86元。案发后,茂立公司通过腾讯科技(深圳)有限公司追回Q币15019个,实际损失17279个,价值人民币13304.83元,连同被盗游戏点卡,合计损失价值人民币14384.33元。本案被告人销赃价格高低不等,每只Q币最高0.6元,最低的0.2元,而被害单位与运营商腾讯公司和网易公司的合同价是每只Q币0.8元。被告人孟动、何立康到案后,在家属的帮助下,分别向公安机关退缴人民币8000元和26000元,其中14384.33元,已由侦查机关发还茂立公司。

上海市黄浦区人民法院认为,被害单位茂立公司作为腾讯、网易公司的代销商,其销售的Q币和游戏点卡是通过支付真实货币并按双方合同约定的折扣购买的,一旦失窃便意味着所有人将丧失对这些财产的占有、使用、处分和收益等全部财产权利。被告人孟动、何立康以非法占有为目的,通过互联网共同窃取被害单位的Q币和游戏点卡,侵犯了被害单位的占有、使用、处分和收益的权利,数额巨大,已构成盗窃罪。何立康能主动投案,如实交代全部犯罪事实,系自首,依法可减轻处罚;到案后有立功表现,依法可予从轻处罚。孟动到案后能如实坦白自己的犯罪事实,可酌情从轻处罚;两名被告人在家属帮助下能退赔被害单位的全部损失,可予酌情从轻处罚。两名被告人系初犯、偶犯,到案后确有认罪悔改表现,依法可适用缓刑。据此,依照《中华人民共和国刑法》第二百六十四条、第二十五条第一款、第六十七条第一款、第六十八条第一款、第七十二条、第七十三条第二款、第六十四条之规定判决如下:

1. 被告人孟动犯盗窃罪,判处有期徒刑三年,缓刑三年,并处罚金人民币三千元;

2. 被告人何立康犯盗窃罪,判处有期徒刑一年六个月,缓刑一年六个月,并处罚金人民币二千元;

3. 扣押在案的被告人孟动犯罪所用的电脑硬盘两块和卡号为955882360200191××××的中国工商银行牡丹灵通卡,予以没收。

一审宣判后,两被告人未提出上诉,公诉机关亦未提起抗诉,判决发生法律效力。

二、裁判要旨

No.5-264-53 盗窃网络虚拟财产的,其数额认定应参照被害人的实际财产损失,而不能将销赃数额认定为盗窃数额。

衡量本案中被害单位被窃Q币和游戏点卡的价格,主要有:(1)运营商腾讯公司和网易公司在线销售价格;(2)玩家之间的离线交易价格;(3)被害单位与运营商腾讯公司和网易公司的合同价;(4)被告人销赃价格。我们认为,应以第三种价格作为计算被盗Q币和游戏点卡价值的标准。主要理由在于:第一,盗窃罪所侵犯的客体是公私财产的所有权,行为人实施盗窃行为,被害人的财产就可能受到损失。本案中,Q币和游戏点卡是腾讯公司和网易公司在网上发行的,通过银行、手机、固定电话等方式,用真实货币购买或充值的一种有价虚拟货币和票证,用户可以用这些虚拟货币和票证获取相关增值服务或购买相关公司提供的等值服务。被害公司作为腾讯、网易公司的代销商,其销售的Q币和游戏点卡是通过支付真实货币并按双方合同约定的折扣购买的,一旦失窃便意味着被害单位丧失对其的占有、使用、处分和收益等全部财产权利。从财产损失的角度,通过合同约定的价格来衡量这些Q币和游戏点卡的价值无疑是最适合的。第二,用前两种价格衡量盗窃数额存在不足。如以运营商销售价格为准,这种价格的高低大多取决于特定游戏的运营和利润状况以及运营商的营销发展策略,具有随时间的变动性;如以玩家之间的离线交易为准,其价格的确定往往具有无序性和不稳定性的特点,难以认定,并带有很强的感情色彩。第三,本案被告人销赃价格高低不等,每只Q币最高0.6元,最低的0.2元,而被害单位与运营商腾讯公司和网易公司的合同价是0.8元。其销赃价格明显低于被害单位与网络公司的合同价,况且被告人还先后为自己及其朋友充人数量不等的Q币,其销赃数额远低于被害人的实际损失数额。因此,依照相关司法解释的规定,也不应当以被告人销赃数额来计算盗窃数额。第四,从刑法谦抑角度出发,本案中被害单位与运营商腾讯公司和网易公司的合同价低于运营商腾讯公司和网易公司在线销售价格,以合同价作为计算的标准也是适宜的。

案例:周建龙盗窃案

案例来源:《刑事审判参考》总第55集[第437号]

主题词:自首

一、基本案情

被告人周建龙,男,1976年11月30日出生。2002年11月因犯盗窃罪被判处有期徒刑一年六个月并处罚金人民币二千元,2003年12月23日刑满释放。因涉嫌犯盗窃罪,于2005年12月

21日被逮捕。

江苏省江阴市人民法院经审理查明:被告人周建龙于2005年8月间,到江阴市月城镇北兆村后高岸圩50号邻居陆金宝家盗窃作案4次,共窃得人民币七千余元。案发后,被告人周建龙向被害人承认盗窃犯罪事实,并退还被害人赃款800元。

江苏省江阴市人民法院经审理认为:被告人周建龙以非法占有为目的,秘密窃取他人财物,数额较大,其行为已构成盗窃罪。被告人周建龙刑满释放后法定期限内又重新故意犯罪,系累犯,属有其他严重情节。被告人周建龙归案后,认罪态度较好,酌情从轻处罚。依照《中华人民共和国刑法》第二百六十四条、第六十五条第一款、第六十四条及最高人民法院《关于审理盗窃案件具体应用法律若干问题的解释》第六条第三款之规定,于2006年2月23日判决如下:

1. 被告人周建龙犯盗窃罪,判处有期徒刑三年,并处罚金人民币三千元。

2. 向被告人周建龙继续追缴人民币六千二百元,发还被害人。

一审宣判后,被告人周建龙不服,向江苏省无锡市中级人民法院提起上诉称:案发后其主动向被害人承认自己的盗窃行为,并退还部分赃款,经侦查机关传唤后,能如实供述自己的罪行,应认定为有自首情节并予从轻处罚,一审量刑过重。

江苏省无锡市中级人民法院经审理查明:被告人周建龙于2005年8月间,先后4次到江阴市月城镇北兆村后高岸圩50号邻居陆金宝家窃得人民币七千余元。2005年8月25日、26日,被告人周建龙在被害人陆金宝家中,向被害人沈秀英(陆金宝妻子)承认自己盗窃犯罪的事实,并写了基本内容为“借沈秀英人民币8200元”的借条及承诺以工资还款的保证书。同年8月29日,被害人陆金宝向江阴市月城派出所报案并提供了周建龙向其承认盗窃事实及书写保证书等情况。同年10月23日被告人周建龙向被害人沈秀英支付人民币800元。同年11月19日被告人周建龙被传唤至江阴市月城派出所,经审讯,交代了盗窃犯罪的事实。

江苏省无锡市中级人民法院认为:上诉人周建龙秘密窃取他人财物,数额较大,其行为已构成盗窃罪。周建龙系累犯,应当从重处罚。周建龙犯罪后向被害人承认自己的犯罪事实,并以借条形式予以确认及制订还款计划,之后向被害人退还部分赃款,经侦查机关传唤后亦能如实供述自己的罪行,其行为对侦查机关侦破该案起了帮助作用,同时也体现了其悔罪的态度并一定程度上弥补了盗窃犯罪对被害人带来的危害,其行为应予肯定并从轻处罚。原审判决认定事实清楚,证据确凿、充分,定性正确,诉讼程序合法,但对周建龙犯罪后向被害人承认盗窃事实的情节未充分考虑致量刑过重,应予改判。周建龙仅向被害人承认盗窃事实的情节尚不符合自首的条件,依法不能认定为自首,但可以从轻处罚,其上诉理由部分予以采纳。依照《中华人民共和国刑事诉讼法》第一百八十九条第(二)项,《中华人民共和国刑法》第二百六十四条、第六十五条第一款、第六十四条之规定,于2006年3月31日判决如下:

1. 撤销江阴市人民法院(2006)澄刑初字第226号刑事判决对上诉人周建龙的量刑部分。

2. 上诉人周建龙犯盗窃罪,判处有期徒刑二年,并处罚金人民币二千元。

3. 未追缴之赃款人民币六千二百元继续予以追缴,并发还被害人。

二、裁判要旨

No. 5-264-54　犯罪后向被害人承认作案,并部分补偿被害人,但没有接受司法机关处理意愿的,不能认定为自首。

行为人向被害人承认作案,但目的只是希望私了,使被害人不报案。但其主观上却并不愿意经由被害人移送司法机关从而接受审查和裁判,自然不能以自动投案论处,不能认定为自首。

周建龙向被害人承认自己的盗窃事实、向被害人书写借条及还款保证书,后归还部分赃款的这一行为,不能说明其主观上愿意接受因被害人告诉引致的司法处理,而是反映出其存在不愿意接受国家审查和裁判,想与被害人私了的心态,因此,周建龙的行为缺乏自愿接受国家审查和裁判的自首本质特征,不能认定为自首,虽然不能认定为自首,但要注意到,周建龙向被害人退还部分赃款的行为,说明其有悔改心理,这可以成为定罪后影响量刑的情节,即从轻处罚的情节。但是,这一行为,对于确认周建龙的行为是否构成自首,没有独立的条件意义。考虑到周建龙在犯罪后向被害人投案,并以劳动所得给被害人部分补偿并得到了被害人的谅解,经侦查机关传唤后如实供述自己的罪行等行为,虽然不构成自首,毕竟反映了行为人的悔罪态度和主观恶性的降低,对侦破案件事实上起到了帮助作用,理应得到从宽处罚。

案例:焦军盗窃案

案例来源:《刑事审判参考》总第 56 集[第 442 号]

主题词:数罪并罚　剥夺政治权利

一、基本案情

被告人焦军,男,1975 年 1 月 16 日出生,初中文化,无业。1994 年 5 月 11 日,因犯流氓罪被判处有期徒刑二年,1995 年 12 月刑满释放;1998 年 3 月 12 日,因犯盗窃罪被判处有期徒刑十年,剥夺政治权利二年,2005 年 9 月 1 日刑满释放。因涉嫌犯盗窃罪,于 2006 年 6 月 16 日被逮捕。

北京市顺义区人民法院经审理查明:焦军于 2005 年 10 月 8 日 15 时许,在北京市顺义区香饼居饭店经理室内,窃走王某的小灵通电话一部,后以人民币 100 元的价格销售;于 2005 年 11 月份的一天,到北京市顺义区建新北区 45-5-402 室刘建平家,撬锁窃得摩托罗拉 V290 型移动电话机一部及项链、戒指等物,物品价值人民币 789 元;于 2005 年 11 月份的一天 9 时许,进入北京市顺义区医院 305 宿舍内,窃得刘竹三星牌 X458 型移动电话机一部,价值人民币 1238 元;于 2006 年 2 月 2 日 9 时许,撬门进入北京市朝阳区花家地小区 19-7-201 室,窃得黄鹏鹏工商银行卡、存折、居民身份证及人民币 100 元;于 2006 年 3 月份的一天,伙同学军、小五(均另案处理)到北京市顺义区西辛南区 27-2-502 室,盗走周秀英家人民币 1500 元、银行储蓄卡 3 张等物品,后 3 人从邮政储蓄卡内提取人民币 1100 元;于 2006 年 4 月 21 日 14 时许,伙同学军、小五到北京市朝阳区新源里东,进入 10-5-67 室,窃得曾成瑜人民币 3900 元及惠普牌笔记本电脑 1 台、移动电话机 1 部等物,赃款及赃物共计价值人民币 12230 元。其还坦白交代,于 2006 年 1 月、5 月,先后到北京市朝阳区左家庄北里 4-3-312 室,顺义区双兴南区 28-1-302 室,分别窃走赵秀兰房产本 1 本、身份证等物、荆玉凤联想计算机 1 台、三星 X199 型移动电话机 1 部(价值人民币 240 元)。上述赃款均被挥霍,赃物亦未追回。

北京市顺义区人民法院认为,被告人焦军以非法占有为目的,单独或伙同他人,秘密窃取公民财物,数额巨大,其行为已构成盗窃罪,依法应予惩处,应与其原犯盗窃罪未执行完毕的剥夺政治权利并罚。被告人焦军曾因犯罪被判处刑罚,在刑满释放后五年内,又犯应当判处有期徒刑以上刑罚之罪,系累犯,应从重处罚。鉴于其在被抓获后,能主动供述公安机关尚未掌握的部分盗窃事实,系坦白,酌情从轻处罚。依据《中华人民共和国刑法》第二百六十四条、第六十五条第一款、第六十九条第二款、第七十条、第六十四条及最高人民法院《关于处理自首和立功具体应用法律若干问题的解释》第四条,于 2006 年 12 月 8 日判决如下:

1. 被告人焦军犯盗窃罪,判处有期徒刑四年零六个月,并处罚金人民币五千元,与原犯盗窃罪未执行完毕的剥夺政治权利一年三个月零十九天并罚,决定执行有期徒刑四年零六个月,并处罚金人民币五千元,剥夺政治权利一年三个月零十九天。

2. 被告人焦军的非法所得一万七千二百九十七元继续予以追缴,追缴后发还各被害人。

3. 起获的赵秀兰户口簿发还被害人赵秀兰;起获的身份证分别发还孙蕾、黄鹏鹏、周秀英、赵祥宝。

4. 作案工具改锥一把、铁钩一个、工具十件予以没收。

一审宣判后,焦军未提出上诉,检察院亦未提出抗诉,判决发生法律效力。

二、裁判要旨

No. 5-264-55　前罪主刑执行完毕或假释后,附加刑剥夺政治权利执行期间,重新犯罪的,执行数罪并罚时,前罪未执行完毕的剥夺政治权利的刑期在因重新犯罪被羁押时中止。

在对后罪进行判决时,被告人被判处有期徒刑的,有期徒刑主刑刑期的计算从判决生效之日起计算,但被告人被实际羁押的时间折抵刑期,因此在计算刑期的起止日期时均是将被羁押之日作为刑期的起算日期,也就是说后罪主刑的起算日期实际上为重新犯罪的被羁押时间。在后罪被判处附加剥夺政治权利的情况下,根据《刑法》第五十八条第一款的规定,剥夺政治权利的效力当然适用于主刑执行期间,那么后罪主刑即有期徒刑的执行期间被告人的政治权利同样被剥夺。如果不中止对前罪的附加刑剥夺政治权利的执行,由于在数罪并罚时,是将后罪所附加的剥夺政治权利与前罪未执行完毕的剥夺政治权利实行限制加重,理论上就会出现剥夺政治权利的重复执行或者说剥夺政治权利期限的重合,将导致被告人剥夺政治权利实际刑期的缩短。这显然不符合立法本意,有违公正。至于不同意见所提剥夺政治权利执行中止于法无据的问题,我们认为,司法解释虽尚未对此作出明确性的规定,但是,在司法中应当对此进行合乎目的性的解释,如服刑期间罪犯脱逃的,法律亦未明确规定执行中止,但中止执行是不言自明的。

如果不中止执行前罪附加刑剥夺政治权利,将使得后罪的一、二审仅仅因为在判决时前罪尚未执行的剥夺政治权利的刑期的不同而作出不同的判决。

将羁押之日作为中止日期与剥夺政治权利的执行特点相适应。当被告人因重新犯罪被羁押后,被强制性地改变了处所,在后罪不需要附加剥夺政治权利的情况下,将此后的时间作为中止时间,在被羁押至中止执行这段时间内,前罪剥夺政治权利的执行机关无法继续执行。而如果将在羁押之前的日期如重新犯罪的时间作为中止时间,在被告人重新犯罪至被羁押的这段时间内,将会放任被告人在剥夺政治权利期间对其政治权利的行使。而且,实践中对大部分案件而言,执行机关也无法及时掌握被告人重新犯罪的时间,将重新犯罪的时间作为中止时间不具有可行性。

同时,将羁押之日作为中止时间也符合主刑刑期的计算方式。除无期徒刑与死刑缓期执行的以外,主刑起算日期实际上为重新犯罪的被羁押时间,如果将此后的时间如拘留时间、逮捕时间、宣判时间或生效时间作为中止时间,在后罪附加判处剥夺政治权利的情况下,只要被羁押时前罪附加刑剥夺政治权利尚未执行完毕,就会存在前后罪剥夺政治权利期限重合的问题。而且,如果将宣判时间作为中止时间,就可能出现前文所述的一审与二审仅仅因为尚未执行完毕的剥夺政治权利的刑期的不同而出现不同的判决;如果将生效时间作为中止时间,很显然,一审判决时无从知道是否将经过二审程序或二审何时宣判,也就无从计算尚未执行完毕的剥夺政治权利的刑期。

案例:王斌盗窃案

案例来源:《刑事审判参考》总第 128 辑[第 1418 号]

主题词:盗窃罪　数罪并罚

一、基本案情

被告人王斌,男,1984 年 12 月 21 日出生。2003 年 2 月因犯抢劫罪、盗窃罪被判处有期徒刑十八年,剥夺政治权利五年,并处罚金人民币七千元,2014 年 11 月 8 日刑满释放。2016 年 12 月因犯盗窃罪被判处有期徒刑一年三个月,并处罚金人民币二千元,2017 年 12 月 15 日刑满释放。2018 年 11 月 28 日经再审,改判为有期徒刑一年三个月,剥夺政治权利二年二个月十日,并处罚金人民币二千元。2018 年 3 月 26 日因本案被逮捕。

2018 年 2 月 17 日 20 时许,被告人王斌与张月明(另案处理)结伙至上海市友谊三村××号××室,由张月明望风,王斌通过翻窗入室的方法进入被害人高海潮家中,窃得其放在过道处柜子里 7 包“熊猫”牌香烟。后二人又至该楼××室,由张月明望风,王斌采用铁棒撬锁的方法进入被害人陈民生家中,因屋内无有价值的财物而未窃得实际物品。次日凌晨 1 时 40 分许,二人又至上海市同兴路××号××楼处,由张月明望风,王斌采用金属纸包住开锁工具的方法撬锁时被被害人吕天龙发现,张月明被当场抓获。

本案审理期间,被告人王斌 2016 年的前罪判决因遗漏剥夺政治权利的并罚被再审纠正。

二、裁判要旨

No.5-264-56　附加剥夺政治权利的效力施用于主刑执行期间，主刑执行期间不计入剥夺政治权利期间；前罪判决遗漏剥夺政治权利的并罚而被再审判决纠正的，前罪再审改判确认的剥夺政治权利执行期间，不影响本罪应予并罚的剩余剥夺政治权利刑期的计算。

剥夺政治权利的效力施用于主刑执行期间，但主刑执行期间并不计入剥夺政治权利的刑期。所以在剥夺政治权利执行期间犯新罪的数罪并罚中，如果新罪不判处附加剥夺政治权利的，并罚剥夺政治权利后，新罪所判的主刑执行期间也需实际执行剥夺政治权利，但该期间不计入所并罚的剥夺政治权利刑期。也即，在数罪并罚中需并罚剥夺政治权利的情况下，被告人所获的实际刑罚量可能要高于被并处的刑罚的总和，这也是剥夺政治权利在数罪并罚中有别于其他刑种的一个显著特点。

被告人王斌因本案被判处拘役六个月，而作出判决时其已被羁押六个月，按照规定，拘役从执行之日起计算，羁押一日，折抵刑期一日。王斌自2018年2月27日被羁押，同年8月26日被取保候审，其被羁押的六个月折抵刑期拘役六个月。根据上文分析，王斌在前判剥夺政治权利执行期间犯新罪，即使剥夺政治权利的实际执行并未因其被羁押而中断，但其被羁押的六个月应当不计入剥夺政治权利的刑期。如果将主刑执行期间也视为对附加剥夺政治权利刑期的执行，则显然不符合上述“剥夺政治权利的效力当然施用于主刑执行期间”的规定，有悖立法的基本精神。

本案特殊之处在于，一方面，被告人王斌2016年的前罪是在2003年的前罪主刑执行完毕，附加刑剥夺政治权利执行期间发生的，但2016年的前罪判决并未对其2003年的前罪判决尚未执行完毕的剥夺政治权利予以并罚，而本案发生时，被告人前罪判决尚未经再审改判，故应为有效。那么，此时认定王斌在本案中系“在附加剥夺政治权利期间犯新罪”则是值得商榷的，因为本案发生时，前罪判决并未判处剥夺政治权利这一项，自然也就不存在“尚未执行完毕的剥夺政治权利”。另一方面，在本案审理期间，2016年的前罪被再审改判，增加了被漏判的附加剥夺政治权利判项，但再审判决同时又确认了其已经执行的剥夺政治权利刑期，其中就包括王斌因本案被羁押的期间。

2016年的前罪判决遗漏并罚剥夺政治权利，并不直接导致其2003年的前罪判决中的附加刑剥夺政治权利执行中断，2003年的前罪判决中的附加剥夺政治权利实际上仍在继续执行。被告人王斌2016年所犯盗窃罪并没有剥夺政治权利这一附加刑，也就是说，王斌本次犯罪并罚的对象不是2016年的前罪判决中的附加刑，而是2003年的前罪判决中尚未执行完毕的剥夺政治权利。这也解释了为什么本罪并罚的尚未执行完毕的剥夺政治权利刑期多于2016年的前罪再审改判确认的刑期。因为作出再审判决时，本案尚未判决，王斌因本案被羁押的期间不能视为执行主刑，故该期间应计入剥夺政治权利执行刑期；而在本案判决时，其被羁押的期间已经折抵为主刑，剥夺政治权利的效力当然施用于此，故不应将该期间计入剥夺政治权利的刑期。因此本案判决中应予并罚的尚未执行完毕的剥夺政治权利刑期应作相应延长。

案例：林志飞盗窃案

案例来源：《人民法院案例选》2009年第8辑

主题词：盗窃罪　诈骗罪

一、基本案情

被告人林志飞。

广东省梅县人民法院经审理查明：2008年4月间，被告人林志飞先后两次假冒中国联通公司的工作人员，伪造证明，将中国联通公司通信发射铁塔擅自卖给废品店老板，先后被卖两处铁塔共计价值455913元人民币，具体犯罪事实如下：

1. 2008年4月初，被告人林志飞窜到位于梅县程江镇锭子桥世纪大道对面由刘权标经营的“锭子废旧购销部”店里，自称是联通公司梅州分公司的工作人员叫刘志峰，谎称公司有架设在梅县石坑镇转水潭处废弃通信发射铁塔要变卖，问刘权标要不要买，刘说要买，并邀同样经营废品收购的老板戴志勇合伙买。2008 年 4 月 11 日,被告人林志飞为了继续取得刘权标、戴志勇的信任,伪造一份联通公司出具的证明,内容为公司位于石坑地区一座 30 米废旧铁塔,经总部同意,以 17000 元转卖给刘权标,由买方进行拆除,并盖上伪造的“中国联通有限公司梅州分公司”假印章。刘权标付了 17000 元后,戴志勇便组织雇请民工进行拆除,并将拆下角铁运回,破案后,被拆除的铁塔经物价部门鉴定价值人民币 181053 元。

2. 2008 年 4 月 21 日下午,被告人林志飞使用同样手段,又伪造联通公司出具的证明,内容为公司位于梅县畲江镇大湖村一座 50 米铁塔,经总部批准,以 45000 元的价格转卖给刘权标,由买方进行拆除,并盖上伪造的“中国联通有限公司梅州分公司”假印章。刘权标付了 45000 元后,戴志勇便组织雇请民工进行拆除,并将拆下角铁运回,破案后,被拆除的铁塔经物价部门鉴定价值人民币 274860 元。

破案后,追回赃款 26000 元及被拆除铁件 5 吨已发还给受害单位。

广东省梅县人民法院认为,被告人林志飞无视国法,以非法占有为目的,假冒联通公司工作人员,非法伪造属联通公司所有的通信铁塔转让证明,骗取他人购买后,采取秘密手段进行拆除,数额特别巨大,其行为已构成盗窃罪,应依法惩处。控方指控的罪名成立。鉴于被告人归案后,悔罪态度较好,其辩护人提请从轻处罚意见,可以酌情采纳。根据被告人的犯罪事实、性质、情节和对社会的危害程度,依照《中华人民共和国刑法》第二百六十四条、第五十二条、第五十三条、第六十四条之规定,判决如下:

1. 被告人林志飞犯盗窃罪,判处有期徒刑十一年,并处罚金人民币五万元;
2. 作案工具 TSD 手机一部,予以没收,上缴国库。

宣判后,被告人没有上诉,人民检察院也没有抗诉,本案已发生法律效力。

二、裁判要旨

No. 5-264-57 虚构事实,欺骗他人使其拿走第三人财物的,不构成诈骗罪,应以盗窃罪论处。

盗窃罪与诈骗罪都是侵犯财产罪,其客体是公共财产和公民财产的所有权,客观方面表现为以各种手段侵害公私财产的行为。盗窃罪是指以非法占有为目的,窃取他人占有的数额较大的财物,或者多次窃取的行为。客观方面表现为秘密窃取数额较大的公私财物或者多次窃取的行为。秘密窃取是指行为人主观上自认为采用了不会被财物所有者、保管者、经手者发觉的方法,暗中窃取财物。本案中,废品收购店老板因受骗而组织雇请民工对联通公司铁塔进行拆除的行为,虽然是在白天公然进行,但作为所有权人的联通公司并不知情,是被告人用虚假手段,背着联通公司实施的企图占有该两座铁塔的不法行为,被告人的行为符合盗窃罪的基本特征。

关于诈骗罪的基本构造是:行为人实施欺骗行为——对方(受骗者)产生错误认识——对方基于错误认识处分财产——行为人或第三者取得财产——被害人遭受财产损害。诈骗罪的客观行为应当具有一定的逻辑顺序,即应包括四个必不可少的环节:(1)行为人实施了欺骗行为;(2)由此受害人产生了错误认识;(3)受害人基于错误认识自愿处分了财产;(4)行为人从中获取了财物或者财产性利益,且数额较大。其中处分财产的行为是诈骗罪区别于盗窃罪的关键。本案中,产生错误认识的是废品收购店老板,遭受财产损害的则是联通公司,所以并不符合诈骗罪中受害者因陷入错误认识而处分财产、遭受财产损害的基本构造。那么本案又是否属于三角诈骗呢?通常的诈骗行为只有行为人与被害人,被害人因为被欺骗而产生认识错误,自己处分自己的财产。但诈骗罪也可能存在被害人与被骗人不是同一人的情况。例如:C 作为 B 的代理人,就 B 的货物买卖与 A 进行洽谈,A 欺骗 C,使 C 处分了 B 的货物,从而导致 B 遭受财产损失。C 是受骗者,也是财产处分人,被害人却是 B,但 A 的行为仍然成立。诈骗罪三角诈骗属于特殊类型的诈骗行为,但是在这种行为下,要求被骗人必须具有处分被害人财产的权限或处于可以处分被害人财产的地位。本案中,废品收购店老板属于被骗人的地位,但其并不具有处分联通公司铁塔的权限,将其视为被告人实施犯罪行为的犯罪工具更为恰当。因此,本案不属于诈骗罪或者其特殊类型三角诈骗的基本构造。

根据定罪必须坚持主客观相统一的原则,应当研讨被告人主观上是想非法占有铁塔,还是想诈骗废品店老板财物。被告人先后两次假冒中国联通公司的工作人员,伪造证明,将联通公司通信发射铁塔擅自卖给废品店老板,并采取拆除通信铁塔前、后分期付款方式取得废品店老板 62000 元人民币,其目的应是非法占有铁塔,而不仅是诈骗废品店老板财物。犯罪手段方面,被告人一方面表现为以秘密的手段非法占有了联通公司的财物,另一方面又表现为用虚构事实的方法骗取了废品收购店老板的财物。本案被告人的行为符合刑法理论上的以别人为自己的犯罪工具的犯罪行为,是间接正犯。间接正犯是指利用合法行为人或无责任能力者,或无犯罪故意者来实行自己的犯罪的情况。由于利用者与被利用者没有共同的犯罪故意,所以利用者与被利用者不成立共同犯罪,视同间接正犯单独实施犯罪。被告人是盗窃罪的间接正犯,废品店老板是被告人的工具,其行为就是被告人的行为,当废品店老板组织雇请民工进行拆除,并将拆下角铁运回,使物品脱离失主控制,被告人盗窃行为就既遂了。

案例:王廷明破坏交通设施案

案例来源:《人民法院案例选》2009 年第 3 辑

主题词:盗窃罪　破坏交通设施罪

一、基本案情

被告人王廷明。

江苏省赣榆县人民法院经审理查明:被告人王廷明破坏公路标志,其行为侵犯了交通运输安全,已构成破坏交通设施罪,应依法追究其刑事责任。而公诉机关指控被告人王廷明盗窃 4 个路名牌的行为不足以使汽车发生倾覆、毁坏危险,盗窃 4 个路名牌的行为不构成破坏交通设施罪。被告人王廷明归案后认罪态度较好,可酌情从轻处罚据此依照《中华人民共和国刑法》第一百一十七条、第六十四条之规定,以破坏交通设施罪判决被告人王廷明有期徒刑三年,并没收其作案工具管钳、钢锯、扳手。

一审宣判后,被告人王廷明不服提出上诉。

二审法院经审理后,裁定驳回上诉,维持原判。

二、裁判要旨

No. 5-264-58　盗窃正在使用中的关键交通设施,危及交通运输安全的,应以破坏交通设施罪论处。

道路交通标志是用图形、颜色、符号与文字,向交通参与者传递特定的信息,用以指示、导向、警告、控制和限定某种交通行为的一种交通管理设施,一般设在路旁或悬挂在道路的上方,使交通参与者获得正确的道路交通信息,从而达到交通的安全、迅速、节能与低公害的目的。

被告人王廷明盗窃正在使用中的限重、限速、十字路口标志牌、路名牌,其犯罪动机虽然是为了非法占有,但其主观上对破坏交通设施持放任态度,其行为破坏了关系到交通运输安全的交通管理设施,应当认定被告人王廷明盗窃限重、限速、十字路口标志牌、路名牌属于破坏交通设施的行为。

从破坏交通设施罪的法律规定看,本罪属于行为犯,并不要求发生了危险的结果,该危险应当被理解为使交通工具发生倾覆、毁坏的现实可能性,这种可能性自行为人实施破坏行为时即存在,因此,只要破坏行为是针对正在使用的交通设施的整体或重要部件,就可以根据行为的危险认定行为造成了危险状态。本案被告人王廷明盗窃正在使用中的限重、限速、十字路口标志牌,并且部分标志牌是在车流量较大的国道上,这些标志的缺失,使得交通参与者不能获得正确的道路交通信息,应当限重、限速的路段而可能未限重、限速,通过十字路口时也可能未进行减速、避让措施,一旦遇到紧急状况,就有能发生危害不特定人生命财产安全的交通事故,这种行为使得相关区域的交通安全处于一种危险状态,因此,可以认定被告人王廷明的行为存在使汽车发生倾覆、毁坏的现实危险性。

综上,本案被告人王廷明盗窃正在使用中的限重、限速、十字路口标志牌,其犯罪动机虽然是为了非法占有,但其主观上对破坏交通设施持放任态度,其行为不仅侵犯了财产关系,而且破坏了关系到交通运输安全的道路交通标志,使得相关区域的交通安全处于一种危险状态,严重危害了交通运输的安全,对于被告人王廷明应以破坏交通设施罪定罪处罚。

案例:杨聪慧等盗窃案

案例来源:《刑事审判参考》总第70集[第582号]

主题词:敲诈勒索罪 盗窃罪

一、基本案情

被告人杨聪慧,男,1986年6月20日出生,无业。因涉嫌犯盗窃国家机关证件罪于2008年4月25日被逮捕。

被告人马文明,男,1989年3月4日出生,无业。因涉嫌犯盗窃国家机关证件罪于2008年4月25日被逮捕。

江苏省苏州市平江区人民法院经审理查明:2008年3月16日至3月20日期间,被告人杨聪慧以盗取他人汽车号牌后敲诈钱财为目的,组织并伙同被告人马文明及甄松、杜秀明、冯子朋、孔大伟(均另行处理),先后在江苏省昆山市集街甲子弄口、苏州市花驳岸8号楼下、苏州市钟楼新村5幢楼下等地,采取强掰车牌的方式多次盗窃汽车号牌。其中,被告人杨聪慧盗窃作案13起,窃得汽车号牌14副;被告人马文明盗窃作案7起,窃得汽车号牌8副。被害人补办车牌所需的费用为人民币105元/副,被告人杨聪慧盗窃机动车号牌补办费用共计人民币1470元,被告人马文明盗窃机动车号牌补办费用共计人民币840元。2008年3月20日凌晨,公安机关将二被告人抓获。

平江区人民法院认为,被告人杨聪慧以非法占有为目的,采用秘密手段窃取他人财物,数额总计人民币1470元,属盗窃数额较大,其行为已构成盗窃罪;被告人马文明以非法占有为目的,采用秘密手段窃取他人财物,数额计人民币840元,接近盗窃数额较大的起点,且具有连续多次窃取机动车号牌并借机敲诈被害人、妨害公安机关实施交通管理等恶劣情节,其行为亦已构成盗窃罪。据此,依照《中华人民共和国刑法》第二百六十四条、第二十五条第一款、第五十二条、第五十三条、第六十四条、第六十八条第一款、第六十五条第一款之规定,对被告人杨聪慧以盗窃罪判处有期徒刑九个月,并处罚金人民币一千元;对被告人马文明以盗窃罪判处有期徒刑七个月,并处罚金人民币一千元。

一审宣判后,二被告人没有提出上诉,公诉机关亦未抗诉,判决已发生法律效力。

二、裁判要旨

No.5-264-59 以敲诈钱财为目的,盗窃机动车号牌的,属于敲诈勒索罪与盗窃罪的牵连犯,应从一重罪处断;未能敲诈到钱财而将车牌随意丢弃的,应以盗窃罪论处。

在本案中,被告人杨聪慧、马文明盗窃他人机动车号牌是为了以此向有关号牌所有人勒索钱财,因为单纯的盗窃机动车牌照对其而言并不具有实质性的意义,机动车号牌本身没有什么经济价值,其盗窃机动车牌照系为了向号牌所有人实施敲诈勒索的行为,达到非法获取钱财的目的。因此,盗窃机动车号牌的行为属于手段行为,勒索钱财行为属于目的行为,所以将盗窃行为认定为与勒索行为具有牵连关系比较妥当。对于牵连犯,一般应择一重罪进行定罪处罚。如果行为人敲诈得手后归还所窃取的车牌,并达到追诉标准的,以敲诈勒索予以定罪是无异议的。如果行为人未能敲诈到钱财并且将车牌随意丢弃的,在此情况下可以盗窃罪予以定罪。或许有人会认为,行为人主观上仅有敲诈勒索的目的,并没有非法占有的目的,处以盗窃罪似乎比较牵强。其实,盗窃的经典表述是以和平手段永久剥夺他人对财物的所有或占有。因此,如果行为人在未能敲诈得手的情况下,将车牌任意丢弃,主观上虽然没有实现非法取财的目的,但其主观上对于造成他人财产损失是故意的,客观上亦造成了被害人为补办车牌带来的利益损失,具有一定的社会危害性,故以盗窃罪予以处罚符合刑法原理。在此涉及的一个问题是盗窃数额如何认定,因为刑法规定一般盗窃行为达到数额较大的才构成犯罪。盗窃罪属于侵财犯罪,其盗窃财产的数额一般就是被害人的财产损失数额。机动车牌照本身不能买卖,不具有经济价值,但其具有使用价值,所有人需支付相应办理牌照的费用才能获取,从这个意义上讲,被害人因盗窃所遭受的经济损失就是需支付的补办牌照费用,虽然此部分费用被告人并未获取,但确属被害人遭受的经济损失,由于侵财犯罪中有些情况下犯罪人非法获财情况与被害人损失情况并不一致,但并不妨碍将其未实际获取的部分认定为犯罪数额,因此本案中以被害人补办车牌所需的费用作为盗窃数额符合侵财犯罪的本质原理。最高人民法院《关于审理盗窃案件具体应用法律若干问题的解释》第十二条第(四)项规定了为练习开车、游乐等目的,多次偷开机动车辆,并将机动车辆丢失的,以盗窃罪定罪处罚。据此,举重以明轻,对盗窃机动车车牌处以盗窃罪也是有法律依据的。如果行为人既敲诈钱财得手又有任意丢弃车牌行为的,可视具体情形处断为一罪或数罪并罚,此处不再赘述。

综上,本案二被告人以勒索钱财为目的多次盗窃他人机动车号牌,未来得及向有关号牌所有人勒索钱财即被抓,虽未实现勒索钱财的目的,但其盗窃行为已经既遂,因此法院对其二人以盗窃罪进行定罪处罚是正确的。

案例:程稚瀚盗窃案

案例来源:《刑事审判参考》总第72集[第602号]

主题词:盗窃 财产性利益

一、基本案情

被告人程稚瀚,男,1974年12月3日出生,大学文化,原系UT斯达康(中国)有限公司深圳分公司职员。

北京市第二中级人民法院经审理查明:2005年3月至8月间,被告人程稚瀚多次通过互联网,经由西藏移动通信有限责任公司(以下简称"西藏移动公司")计算机系统,非法侵入北京移动通信有限责任公司(以下简称"北京移动公司")充值中心,采取将数据库中已充值的充值卡数据修改后重新写入未充值数据库的手段,对已使用的充值卡进行非法充值后予以销售,非法获利人民币377.5万元。案发后,上述款项已被追缴。

北京市第二中级人民法院认为,被告人程稚瀚非法侵入北京移动公司充值中心,利用修改数据库中已充值的充值卡数据的手段,将已充值的充值卡重置为未充值状态,并将其编写的明文密码予以销售,使已不能充值的充值卡重新具有充值功能并被使用,该行为性质系对充值卡进行非法充值后予以使用。作为充值卡有效充值依据的充值卡明文密码,虽然在形式上表现为一串数字,但该串数字与对应的北京移动公司充值中心未充值数据库中的明文密码共同代表了一定金额的电信服务。对客户而言,取得明文密码就取得了对应的充值卡的价值,就可通过充值程序获得一定金额的电信服务,因此,充值卡明文密码代表了充值卡标明的金额,该密码本身具有一定的经济价值,属于财物。

程稚瀚非法侵入北京移动公司充值中心,对已充值的充值卡进行非法充值后予以销售,他人获得充值卡密码通过充值程序充值后,获得了北京移动公司一定金额的电信服务,造成北京移动公司相应资费损失,程稚瀚销售非法充值的充值卡密码也获取了非法利益,其行为已构成盗窃罪,盗窃数额特别巨大,依法应予惩处。鉴于被告人程稚瀚认罪态度较好,其非法所得已全部被追缴,未给北京移动公司造成实际损失,对其酌予从轻处罚。依照《中华人民共和国刑法》第二百六十四条、第五十六条第一款、第五十五条第一款、第五十二条、第五十三条、第六十一条、第六十四条及最高人民法院《关于审理扰乱电信市场管理秩序案件具体应用法律若干问题的解释》第七条之规定,判决如下:

1. 被告人程稚瀚犯盗窃罪,判处有期徒刑十二年,剥夺政治权利二年,并处罚金人民币五万元。

2. 冻结在招商银行股份有限公司深圳高新园支行一卡通账户内的全部款项发还北京移动通信有限责任公司。

一审宣判后,被告人程稚瀚不服,向北京市高级人民法院提出上诉。程稚瀚上诉称:充值卡密码属于商业秘密,不属于"公私财物",不能成为盗窃罪的犯罪对象,其只是侵犯了北京移动公司电信服务业务的专营权,不构成盗窃罪。

北京市高级人民法院经二审审理认为,充值卡的明文密码及与之相对应的密码共同代表着一定金额的电信服务,该密码本身具有一定的财产价值,属于财物范畴,能够作为盗窃罪的对象;而刑法规定的商业秘密,特指不具有直接财产内容的技术信息和经营信息,该信息的价值需要通过生产经营行为才能体现,故充值卡不属于商业秘密的范畴。程稚瀚非法侵入北京移动公司充值中心,对已充值数据库中的充值卡数据修改后,将修改过的数据重新写入未充值数据库,使已经充过值的不具有经济价值的充值卡重新注入资金具有了充值功能,又通过对外公开销售的方式,使这些已经失效的充值卡再次被使用,非法获利并占为已有,给北京移动公司造成了相应的资费损失,其行为侵犯了被害单位的财产所有权,一审法院以盗窃罪对其定罪处罚,适用法律并无不当。据此,依照《中华人民共和国刑事诉讼法》第一百八十九条第(一)项之规定,裁定驳回上诉,维持原判。

二、裁判要旨

No.5-264-60 非法侵入移动公司充值中心修改充值卡数据,并将充值卡明文密码出售的,属于将电信卡非法充值后使用,应以盗窃罪论处。

充值卡的明文密码作为充值卡有效充值的依据,代表着一定金额的电信服务,所以该密码本身具有一定的财产价值,属于财物范畴,能够作为盗窃罪的对象。被告人程稚瀚非法侵入移动公司充值中心数据库修改数据、生成密码后,将充值密码予以销售的行为属于将电信卡非法充值后使用,符合最高人民法院《关于审理扰乱电信市场管理秩序案件具体应用法律若干问题的解释》第七条所规定的行为特征,法院依法以盗窃罪追究其刑事责任是正确的。

案例:许赞良、汤焯杰盗窃案

案例来源:《刑事审判参考》总第115集[第1277号]

主题词:盗窃罪 职务侵占罪

一、基本案情

被告人汤焯杰系中国电信公司员工,其工作职责是在网络监控中心负责技术维护,即发现和处理电信网络故障,保障网络正常运行,不具有管理、经手公司内部宽带的职责,也不具有解绑公司内部宽带账户的权力。2014年5月至9月间,被告人汤焯杰与许赞良合伙通过盗取中国电信内部宽带账号后出售牟利。汤焯杰利用其在中国电信股份有限公司广州分公司的工作便利,负责侵入中国电信业务系统,通过解除宽带账号和设备端口的绑定等手段,盗取中国电信内部宽带账号19个(共价值人民币67090元),后由许赞良负责向社会高价出售牟利。另查,公安机关在许赞良家中查获被盗取的中国电信宽带账号2个,共价值人民币26730元。

二、裁判要旨

No.5-264-61 电信公司内部免费宽带账号具有财产价值,非法获取并转卖的构成侵犯财产类犯罪。

宽带账号对应的是上网产生的流量费用的结算。流量如同生活中的水、电等,是一种无形财产,其生成是有成本的,使用也是有偿的,因此,宽带账号是具有价值的。中国电信原本负担的是其内部员工使用宽带账户产生的流量费用,在宽带账号被盗后,其额外负担了被告人出租给他人使用的宽带账户所产生的流量费用,而他人使用上述流量本应向中国电信支付费用。本案中,有人向被告人购买这种内部账号也印证了该账号的财产性价值。因此被告人用非法手段获得中国电信内部的宽带账号,直接侵犯了国有企业的财产所有权,构成犯罪。

No.5-264-62 利用维修网络的工作便利条件获取电信宽带账号,没有利用职务上的便利,应认定为盗窃罪。

根据《刑法》第271条关于职务侵占罪的规定,利用职务上的便利是指利用自身的职权,或者利用自身因执行职务而获取的主管、管理、经手本单位财物的便利条件。概括来说,也即行为人实施犯罪行为之前,基于其工作职责本身就能在一定程度上合法"占有"该财物,其实施犯罪行为只是将合法占有变为非法占有。而在盗窃罪中,行为人本身并不合法占有涉案财物,相较职务侵占罪,盗窃罪除了手段的非法性,还多了一个转移占有的要件。如果行为人本身已经合法地占有财物,则其行为不应定性为盗窃罪,而是职务侵占罪或侵占罪。

本案中,被告人汤焯杰的工作职责是在网络监控中心负责技术维护,也就是发现和处理电信网络故障,保障网络正常运行。汤焯杰并不具有主管、管理、经手公司内部宽带账号的职责,也不具有解绑公司内部宽带账号的权力,其与占有的单位宽带账号没有职责上的权限或直接关联。也就是说,汤焯杰并不具备职务侵占罪的前提性条件,即不具备基于工作职责合法占有内部免费宽带账号的权限。若员工不具有合法"占有"财物的职权,只是利用工作所带来的能够接触到财物的便利,则不构成职务侵占罪。公司内部员工,除基于职权直接主管、管理、经手本单位财物的之外,其他一些员工虽然不具有这些职权,但由于自身工作的原因,相对于公司外部的人更熟悉作案环境或者比较容易接触到他人主管、管理、经手的本单位财物,那么上述所形成的便利条件应该属于工作便利,而非职务便利。行为人单独或与外人勾结共同实施非法占有他人主管、管理、经手的本单位财物,则构成盗窃罪。本案中被告人利用了自己作为网络维修人员的技术以及易于进入公司计算机系统的工作便利对宽带账号解绑,并没有侵犯职务的廉洁性,其行为应认定为盗窃罪。

案例:代海业盗窃案

案例来源:《刑事审判参考》总第 76 集[第 648 号]

主题词:盗窃罪　缓刑期间再犯新罪的数罪并罚

一、基本案情

被告人代海业,男,1973 年 4 月 26 日出生,汉族,农民。2008 年 8 月 26 日因犯滥伐林木罪被判处有期徒刑一年,缓刑一年,并处罚金人民币(以下所涉币种均为人民币)5000 元,2009 年 9 月 5 日因涉嫌盗窃罪被逮捕。

2009 年 10 月 26 日,河南省信阳市浉河区人民检察院以被告人代海业犯盗窃罪,向浉河区人民法院提起公诉。

被告人代海业对公诉机关指控的罪名和事实均无异议。

信阳市浉河区人民法院经公开审理查明:2009 年 5 月 13 日 22 时许,被告人代海业在信阳市浉河区董家河桥头路口电话亭旁,将王启明的红色三菱 125 摩托车盗走。经鉴定,该车价值 2688 元。

信阳市浉河区人民法院认为,被告人代海业秘密窃取他人财物的行为已构成盗窃罪。被告人代海业在缓刑考验期内又犯新罪,依法应当撤销缓刑。依照《中华人民共和国刑法》第二百六十四条、第六十九条、第七十一条、第七十七条第一款、第五十二条、第五十三条之规定,判决如下:

被告人代海业犯盗窃罪,判处有期徒刑七个月,并处罚金人民币二千元;犯盗伐林木罪,判处有期徒刑一年,缓刑一年,并处罚金人民币五千元,现予以撤销缓刑,余刑十个月零三天;数罪并罚,决定执行有期徒刑十一个月,并处罚金人民币七千元。

一审宣判后,浉河区人民检察院以原审判决适用法律错误,量刑不当为由,向信阳市中级人民法院提出抗诉。

信阳市中级人民法院经审理认为,原审被告人代海业秘密窃取他人财物的行为已构成盗窃罪。原审法院定罪准确、量刑适当,审判程序合法。但与所犯滥伐林木罪数罪并罚,决定执行刑罚时,适用法律错误,致使决定执行的刑期不当。根据《中华人民共和国刑法》第七十七条的规定,原审被告人代海业在缓刑考验期内犯盗窃罪,应当撤销缓刑,对盗窃罪作出判决,把犯滥伐林木罪和盗窃罪所判处的刑罚,依照《中华人民共和国刑法》第六十九条的规定决定执行的刑罚。对原审被告人代海业应在有期徒刑一年至一年零七个月之间决定执行刑期,原审决定执行有期徒刑十一个月确属适用法律错误。抗诉机关的抗诉理由成立,予以采纳。依照《中华人民共和国刑法》第二百六十四条、第七十七条、第六十九条、《中华人民共和国刑事诉讼法》第一百八十九条第(二)项之规定,判决如下:

一、维持浉河区人民法院(2009)浉刑初字第327号刑事判决中对原审被告人代海业犯盗窃罪的定罪量刑部分。

二、撤销浉河区人民法院(2009)浉刑初字第327号刑事判决中对原审被告人代海业所犯盗窃罪与滥伐林木罪数罪并罚,决定执行的刑期部分。

三、原审被告人代海业犯盗窃罪,判处有期徒刑七个月,并处罚金人民币二千元;犯滥伐林木罪,判处有期徒刑一年,缓刑一年,并处罚金人民币五千元,现予以撤销;数罪并罚,决定执行有期徒刑一年零四个月,并处罚金人民币七千元。

二、裁判要旨

No.5-264-63 缓刑考验期间不同于刑罚执行期间,缓刑考验期内再犯新罪,应撤销缓刑,对前罪与后罪所判处的刑罚进行数罪并罚,决定执行的刑期。

缓刑是附条件的不执行,缓刑考验不属于刑罚执行,缓刑考验期间不同于刑罚执行期间。因此,缓刑考验期内犯新罪或发现后罪实行数罪并罚的,应当适用《刑法》第七十七条的规定,而非《刑法》第七十一条的规定。根据《刑法》第七十七条第一款规定,被宣告缓刑的犯罪分子,在缓刑考验期限内犯新罪或者发现判决宣告以前还有其他罪没有判决的,应当撤销缓刑,对新犯的罪或者新发现的罪作出判决,把前罪和后罪所判处的刑罚,依照本法第六十九条的规定,决定执行的刑罚。在本案中,一审法院错误适用了《刑法》第七十一条的规定,因而其所决定执行的刑期不当。

案例:李春旺盗窃案

案例来源:《刑事审判参考》总第77集[第661号]

主题词:盗窃罪 盗窃罪数额计算

一、基本案情

被告人李春旺,男,1966年3月1日出生,无业。因涉嫌犯盗窃罪于2010年4月14日被逮捕。

上海市虹口区人民检察院以被告人李春旺犯盗窃罪,向虹口区人民法院提起公诉。

被告人李春旺对指控的犯罪事实无异议,提出其认罪态度好,有自首情节,请求从轻处罚。

虹口区人民法院经公开审理查明:2005年2月19日晚,被告人李春旺至上海市临潼路120弄号401室(其女友郭某的住处),拉开房门潜入室内,趁无人之际,窃得郭放置于床头柜抽屉内的钱包1个,内有人民币400元,美元200元(折合人民币1655.30元),港币100元(折合人民币106.1元)及中国工商银行信用卡1张(李春旺与郭某交往时已获悉密码)。嗣后,被告人李春旺持窃得的上述信用卡从银行自动取款机上提取了人民币(以下币种均为人民币)9000元,所得赃款全部被挥霍。2010年3月12日,李春旺主动向公安机关投案,并如实交代了上述事实。

虹口区人民法院认为,被告人李春旺以非法占有为目的,采用入户的方法,秘密窃取他人财物,数额巨大,其行为构成盗窃罪。李春旺在事先知晓信用卡密码的情况下,秘密潜入被害人住处窃得信用卡,其从卡内提取的人民币9000元应一并计入入户盗窃数额,属于盗窃数额巨大的情形。另李春旺具有自首情节,依法可以减轻处罚。依照《中华人民共和国刑法》第一百九十六条第三款、第二百六十四条、第六十七条第一款、第六十四条之规定,判决如下:

被告人李春旺犯盗窃罪,判处有期徒刑一年六个月,并处罚金人民币三千元。

一审宣判后,被告人李春旺未提出上诉,检察院亦未抗诉,判决已发生法律效力。

二、裁判要旨

No.5-264-64 在地方指导性意见对入户盗窃和普通盗窃设置了不同量刑标准的情况下,入户盗窃信用卡后所取款项数额,应当计入入户盗窃的数额之中。

上海市高级人民法院的相关指导意见中对普通盗窃和入户盗窃设置了不同的量刑标准,因而在本案中产生了入户盗窃信用卡后取款的数额应当计入入户盗窃数额还是普通盗窃数额之中的问题。

在入户盗窃中存在非法侵入住宅和盗窃两种行为,二者之间属于牵连关系。对于入户盗窃行为而言,非法侵入住宅是从行为、手段行为,盗窃是主行为、目的行为,但两者都是犯罪行为,均存在严重的社会危害性。特别是在现代社会,公民的住宅是私人生活的载体,是最安全、最隐秘、最独立的私生活空间。以非法侵入他人住宅的手段实施其他犯罪行为的,在侵犯公民人身、财产等权利的同时还侵扰了居住者在住宅内的生活安宁,使公民的正常生活受到干扰,社会安全降低。因此,刑法除了单独规定非法侵入住宅罪外,对以入户手段实施的犯罪也体现出从严惩处的精神。如《刑法》第二百六十三条将入户抢劫作为抢劫罪加重处罚的情节之一,要判处十年以上有期徒刑的重刑。最高人民法院《关于审理盗窃案件具体应用法律若干问题的解释》(以下简称《盗窃解释》)第四条中对入户盗窃设置了比普通盗窃相对较低的定罪标准,也体现了这种从严惩处的精神。因此在盗窃的过程中只要存在入户这一情节,就应当将入户情节纳入刑法评价。行为人入户盗窃信用卡后取款,与典型的入户盗窃财物的行为相比,在社会危害性方面并没有明显区别,既侵犯了公民财产权利又侵犯了公民的正常生活和居住安宁。将这种行为认定为入户盗窃才能体现法律和司法解释的从严处罚原则。

根据《刑法》第一百九十六条第三款的规定,盗窃信用卡并使用的,依照盗窃罪定罪处罚。根据这一规定,我们应当将盗窃并使用信用卡的行为作为一个整体来评价。行为人的盗窃行为从窃取信用卡时就已经开始,到使用信用卡获取卡内财物时结束。尤其是行为人在盗窃之前或同时获得了信用卡的密码,此时被害人信用卡内的财产实际已经被行为人所控制,而行为人之后到金融机构取现的行为可以看做是盗窃的一个持续行为,目的是最终实现不正当利益。因此入户盗窃信用卡和使用信用卡应当作为统一不可分割的整体在刑法上进行评价。如果仅因为行为人获取财物的行为是在户外完成的,而不去评价其先前为了窃取信用卡非法侵入住宅的行为,显然是不合理的。

在本案中,李春旺的盗窃行为从其进入被害人的房屋内实施盗窃时就已经开始,至其利用信用卡获取卡内财物时结束,这是盗窃的整个过程。利用信用卡取现从而最终获取卡内财物的行为是盗窃罪行为的持续。虽然盗窃行为与使用行为具有空间上的距离,但因两者之间具有延续性,应将其作为一个整体来评价。

案例:郝卫东盗窃案

案例来源:《最高人民法院公报》2011 年第 5 期

主题词:盗窃罪　近亲属盗窃

一、基本案情

被告人郝卫东,男,18 岁,住陕西省府谷县府谷镇阴塔村。因本案于 2008 年 5 月 29 日被逮捕。

陕西省府谷县人民检察院以被告人郝卫东犯盗窃罪,向陕西省府谷县人民法院提起公诉。

起诉书指控:2008 年 4 月 28 日上午 11 时许,被告人郝卫东到其叔辈爷爷被害人郝喜厚位于府谷镇阴塔村的家院内,见郝喜厚家中无人,想到债主逼债缠身,便产生了盗窃还债之念。郝卫东随后在院内找了一根钢筋棍,将窗户玻璃打碎进入室内,又在室内找了把菜刀,将郝喜厚家写字台的抽屉撬坏,盗走写字台抽屉内放的现金 53000 元,郝卫东以非法占有为目的,秘密窃取他人财物,其行为构成盗窃罪,提请依法予以惩处。

被告人郝卫东及其辩护人对公诉机关指控的事实和罪名无异议。郝卫东的辩护人认为应当对郝卫东的盗窃行为判处缓刑,其辩护理由为:首先,郝卫东是被害人郝喜厚的亲侄孙,而且两人在 2007 年签订过遗赠协议书,可视为近亲属。根据最高人民法院《关于审理盗窃案件具体应用法律若干问题的解释》第一条第(四)项之规定,可以盗窃近亲属财物对郝卫东减轻处罚;其次,郝卫东案发时刚刚成年,无前科,归案后有悔罪表现,且当庭认罪;此外,赃款全部追回,未给失主造成经济损失,并取得被害人谅解,被害人表示不希望追究郝卫东的刑事责任。综上,建议对郝卫东判处缓刑。

陕西省府谷县人民法院一审查明:被告人郝卫东系被告人郝喜厚亲侄孙。2008 年 4 月 28 日上午 11 时许,被告人郝卫东到其叔辈爷爷被害人郝喜厚位于府谷镇阴塔村的家院内,见郝喜厚家中无人,想到债主逼债缠身,便产生了盗窃还债之念。郝卫东随后在院内找了一根钢筋棍,将窗户玻璃打碎进入室内,又在室内找了把菜刀,将郝喜厚家写字台的抽屉撬坏,盗走写字台抽屉内放的现金 53000 元,然后将其中 49000 元存入银行,剩余 4000 元还债。当日下午,郝卫东被公安人员抓获。破案后,存入银行的赃款 49000 元全部追回退还失主,剩余 4000 元由郝卫东父亲郝建国代其赔偿失主。

上述事实,有经当庭质证的下列证据予以证实,足以认定:

1. 被告人郝卫东的供述,证实其将被害人郝喜厚家窗户玻璃打碎进入室内盗窃钱财的犯罪事实。

2. 被害人郝喜厚的陈述,证实其家中被盗的事实及报案的情况。

3. 现场勘查笔录及提取物证登记表,证实失窃现场的情况及作案工具的提取情况。现场提取钢筋棍一根,经被告人郝卫东当庭辨认确认系其作案时所用工具。

4. 中国银行存折、存款汇单,证实被告人郝卫东盗窃被害人郝喜厚 53000 元人民币后,用盗来的钱给郝小勇卡上存了 4000 元人民币,将剩下的 49000 元人民币存入以自己的名字开户的卡上的事实。

本案一审的争议焦点是:本案盗窃数额巨大,按照《中华人民共和国刑法》(以下简称“刑法”)规定应该判处十年以上有期徒刑,但本案发生在亲友之间,被告人郝卫东刚满 18 周岁,且被害人强烈要求免除被告人的处罚,考虑到这些特殊情况应如何对被告人量刑。

陕西省府谷县人民法院认为:被告人郝卫东以非法占有为目的,秘密窃取他人财物,数额特别巨大,其行为构成盗窃罪。本案盗窃数额巨大,按照刑法规定应在十年以上量刑。但是在对郝卫东量刑时有以下几点酌定从轻情节考虑:1. 被告人确系被害人郝喜厚的亲侄孙,从小与被害人生活在一起,双方关系密切,感情较好。双方虽非《中华人民共和国刑事诉讼法》第八十二条所规定的“近亲属”,但属于五代内旁系血亲,属亲属关系。其盗窃自己亲属财物之行为有别于其他盗窃行为,在量刑时也应该区别对待。2. 被告人所盗窃的赃款在案发当天仅隔数小时后即被追回,未给被害人造成任何经济损失。3. 被害人强烈要求法庭对被告人免除处罚,案发后,郝喜厚先后到公检法部门反映,要求免除被告人的处罚,称如果因其报案导致被告人受到刑罚处罚,两家的关系难以处理好,且村里人也认为他得理不饶人。4. 郝卫东归案后认罪态度较好,且系初犯。辩护人的相关辩护意见予以采纳。

据此,陕西省府谷县人民法院依照《刑法》第二百六十四条、第六十三条第二款、第六十四条之规定,于 2008 年 9 月 25 日判决如下:

被告人郝卫东犯盗窃罪,判处有期徒刑五年,并处罚金 20000 元。

一审宣判后,被告人郝卫东没有上诉,公诉机关也没有抗诉。因系在法定刑以下判刑案件,经逐级层报陕西省榆林市中级人民法院、陕西省高级人民法院复核同意后报请最高人民法院核准。

最高人民法院经复核,确认了一审查明的事实。

最高人民法院认为:本案虽系盗窃数额特别巨大,但是发生在有共同生活背景的紧密亲属关系之间,被害人郝喜厚表示谅解且不希望追究郝卫东刑事责任,所盗窃财物于案发后随即追回,并未造成被害人损失,被害人犯罪时刚成年,犯罪主观恶性不深,犯罪实际造成的危害范围和程度有限。根据案件的特殊情况,应当认定为《刑法》第三十七条规定的“情节轻微,不需要判处刑罚”的情形。原判对郝卫东在法定刑以下判处的刑罚量刑仍属过重。

据此,最高人民法院依照《刑法》第六十三条第二款和最高人民法院《关于执行〈中华人民共和国刑事诉讼法〉若干问题的解释》第二百七十条的规定,于 2009 年 11 月 20 日裁定如下:

1. 不核准陕西省府谷县人民法院(2008)府刑初字第103号对被告人郝卫东以盗窃罪,在法定刑以下判处有期徒刑五年,并处罚金人民币20000元的刑事判决。

2. 撤销陕西省府谷县人民法院(2008)府刑初字第103号对被告人郝卫东以盗窃罪,在法定刑以下判处有期徒刑五年,并处罚金人民币20000元的刑事判决。

3. 发回陕西省府谷县人民法院重新审理。

陕西省府谷县人民法院经重新审理认为:被告人郝卫东以非法占有为目的,秘密窃取他人财物,且数额特别巨大,其行为已构成盗窃罪,公诉机关指控罪名成立,依法应予惩处。依据最高人民法院《关于审理盗窃案件具体应用法律若干问题的解释》第一条第四项之规定,偷拿自己家的财物或者其近亲属的财物,一般可不按犯罪处理;对确有追究刑事责任必要的,处罚时也应与一般盗窃案件有所区别。本案中,被告人与被害人郝喜厚虽不是法定的近亲属,但被告人系被害人的亲侄孙,属五代以内旁系血亲,且被告人从小就和被害人一起生活,二人亲情深厚,在被告人犯罪后,被害人还多次向法庭要求对被告人从宽处罚。被告人归案后认罪态度较好,悔罪表现明显,且所盗款项大部分被及时追回,不足部分也由其亲属退赔给了失主。综合考虑本案被告人的犯罪情节、危害后果及其悔罪表现,被告人的犯罪行为应属《刑法》第三十七条规定的"犯罪情节轻微,不需要判处刑罚"的情形,故可对被告人免于刑事处罚。

据此,陕西省府谷县人民法院依据《刑法》第二百六十四条、第三十七条、第六十四条之规定,于2010年1月14日判决如下:

被告人郝卫东犯盗窃罪,免予刑事处罚。

宣判后,被告人郝卫东未提出上诉,公诉机关未提出抗诉,判决已发生法律效力。

二、裁判要旨

No. 5-264-65 在盗窃自己亲属财物的案件中,考虑到被害人与被告人的亲属关系,被害人强烈要求对被告人从宽处罚,且未造成经济损失等因素,可以免予刑事处罚。

《刑法》第三十七条规定,对于犯罪情节轻微不需要判处刑罚的,可以免予刑事处罚。在审理盗窃案件中,盗窃数额是判断情节及社会危害性的重要依据,但不是唯一依据。还应综合考虑案件其他情节及被告人的主观恶性和人身危险性等因素。如果盗窃犯罪的案情特殊,综合判断犯罪情节,确属轻微的,即使犯罪数额巨大,也可以免予刑事处罚。判断某一盗窃行为是否属于犯罪情节轻微需要综合考虑犯罪手段、犯罪对象、退赃情况及社会反应,客观评价刑罚处罚的必要性。

最高人民法院《关于审理盗窃案件具体应用法律若干问题的解释》第一条第四项之规定,偷拿自己家的财物或者其近亲属的财物,一般可不按犯罪处理;对确有追究刑事责任必要的,处罚时也应与一般盗窃案件有所区别。本案中,被告人与被害人郝喜厚虽不是法定的近亲属,但被告人系被害人的亲侄孙,属五代以内旁系血亲,且被告人从小就和被害人一起生活,二人亲情深厚,在被告人犯罪后,被害人强烈要求法庭对被告人从宽处罚。被告人归案后认罪态度较好,悔罪表现明显,且所盗款项大部分被及时追回,不足部分也由其亲属退赔给了失主。综合考虑本案被告人的犯罪情节、危害后果及其悔罪表现,被告人的犯罪行为应属刑法第三十七条规定的犯罪情节轻微不需要判处刑罚的情形,故可对被告人免于刑事处罚。

案例:崔勇、仇国宾、张志国盗窃案

案例来源:《最高人民法院公报》2011年第9期

主题词:盗窃罪

一、基本案情

被告人崔勇,男,31岁,无业,暂居江苏省盐城市盐都区秦南镇,因本案于2009年12月4日被逮捕。

被告人仇国宾,男,24岁,农民,住江苏省盐城市盐都区义丰镇,因本案于2009年12月4日被逮捕。

被告人张志国,男,33岁,农民,暂住江苏省常州市,因本案于2009年12月4日被逮捕。

上海市黄浦区人民法院以被告人崔勇、仇国宾、张志国犯盗窃罪,向上海市黄浦区人民法院提起公诉。

起诉书指控:被告人仇国宾在罗长影的陪同下,持本人身份证到银行办理了和银行POS机捆绑的e时代卡,后该卡由被告人崔勇保管。崔勇经罗长影介绍,将该卡出租给本案被害人牟驰敏使用。牟驰敏在银行ATM机上使用该卡时,因操作不慎被吞卡,牟驰敏即请罗长影联系崔勇、仇国宾到银行帮忙领卡。崔勇经与仇国宾、被告人张志国商议,由仇国宾到银行办理该卡挂失并补办新卡,而后通过取款及转账,将牟驰敏存储于该卡内的人民币298742.09元侵占,三被告人将该款瓜分。崔勇伙同仇国宾、张志国,以非法占有为目的,共同秘密窃取他人财物,数额特别巨大,其行为已触犯《中华人民共和国刑法》(以下简称《刑法》)第二百六十四条,构成盗窃罪,请依法追究三名被告人的刑事责任。本案系共同犯罪,适用《刑法》第二十五条第一款;其中崔勇、仇国宾系主犯,适用刑法第二十六条第一、四款,应当按照其所参与或组织、指挥的全部犯罪处罚;张志国系从犯,应当适用刑法第二十七条,应当从轻或减轻处罚。

被告人崔勇、仇国宾对起诉书指控的事实不持异议。

被告人张志国辩称:本人一直认为涉案银行卡的钱款是被告人仇国宾本人的,且从未和崔勇一起劝说仇国宾将卡中余款转给崔勇。至于崔勇分给本人的钱款,部分是崔勇归还的欠款,部分是本人向崔的借款,故本人的行为不构成犯罪。

三名被告人的辩护人辩称:盗窃行为是将他人控制、占有的财物窃为已有。涉案银行卡是被告人仇国宾以其身份证实名办理的,三名被告人取走的钱款存储于涉案银行卡中,为仇国宾所占有。被害人牟驰敏因操作不慎致卡被吞而要求仇国宾到银行领卡,故被害人与仇国宾之间形成民事上的委托与被委托关系,在此过程中仇国宾负有保管新卡的义务,此时涉案银行卡及卡内存款均在仇国宾实际控制之下。故三被告人的行为不符合盗窃罪“转移占有”的特征;三被告人挂失、补卡等行为是在被害人的要求及委托下公然办理的,手续合法,且被害人在卡被吞且无法联系三被告人时,已明知卡内钱款可能被三被告人取走,故三被告人挂失、补卡、取款等行为,因实际已被被害人觉察而不具备秘密窃取性质。综上,三名辩护人均认为本案不构成盗窃罪。

上海市黄浦区人民法院一审查明:2009年4月,被告人仇国宾委托被告人崔勇在沪帮其办一张可以透支的银行贷记卡,并将身份证等证件交给崔勇,同年五月,崔勇通知仇国宾来沪,在罗长影陪同下,以仇国宾的名义办理了卡号为622202100101559××××和银行POS机捆绑的e时代卡。该卡由崔勇保管。6月上旬,崔勇通过罗长影将该卡出租给被害人牟驰敏使用。6月下旬,牟驰敏在银行ATM机上使用该卡时,因操作不慎被吞卡。牟驰敏即通过罗长影请求崔勇、仇国宾帮助领卡。崔勇得知后,即与仇国宾、被告人张志国商议,由仇国宾到银行挂失并趁机侵占卡内欠款,张志国、仇国宾均表示同意。

同年6月底,被害人牟驰敏与罗长影因联系不到被告人崔勇、仇国宾,驱车到崔勇、仇国宾的老家寻找二人未果,便要求仇国宾的亲属转告仇国宾卡内的钱是牟驰敏做生意赚的,动了要犯法。当晚,仇国宾的女友陈亚告知仇国宾涉案卡内有人民币300000元,牟驰敏已来到老家找仇国宾,要求他不要动用卡内钱款。仇国宾接到电话时,崔勇、张志国均在场。

同年7月2日,被告人崔勇、仇国宾、张志国到上海市中国工商银行股份有限公司延长中路支行(以下简称“工行延长支行”),由仇国宾出面办理涉案银行卡的挂失、补卡手续。因补卡7天后才能领取新卡,三被告人于当天离沪返回苏州,其间三被告人的所有花费均由张志国承担。7月9日三被告人再次来到工行延长支行,由仇国宾出面办理领卡手续,新卡卡号为622202100103290××××,内存人民币29874209元。随后,三被告人到上海市延长中路790号工商银行延长新村支行提取现金人民币68700元,由仇国宾、张志国各分得10000元,余款由崔勇占有。同时,崔勇当场为自己办理了卡号为622202100102608××××的e时代卡1张。三被告人又赶至上海市南京西路的377号工商银行人民广场支行,在崔勇、张志国的劝说下,仇国宾将卡内余额人民币230000元转存至崔勇新卡内。后三人逃离上海,崔勇又分给仇国宾、张志国人民币各10000元,并将人民币50000元转存至张志国前妻周莉的银行账户内。

被告人仇国宾于2009年10月28日主动到原籍公安机关投案自首。被告人张志国于2009年11月4日在江苏省常州市被公安机关抓获归案。被告人崔勇在被强制戒毒期间,于2009年11月5日被公安机关通过网上比对信息查获归案。

案发后,被告人崔勇的家属退缴人民币10000元,被告人仇国宾退缴用赃款购买的戒指一枚,被告人张志国的前妻周莉退缴人民币35000元。

上述事实,有被害人牟驰敏的陈述、证人罗长影的证言及辨认笔录,证人陈亚、周莉的证言,涉案e时代卡的交易明细及商户存根、挂失、申请、取现、转存的相关书证,上海市公安局扣押物品清单,公安机关关于被告人崔勇、仇国宾、张志国到案情况的说明等书证及三被告人的供述等证据证实,足以认定。

本案一审的争议焦点是:被告人崔勇、仇国宾、张志国的行为构成盗窃罪还是侵占罪。

上海市黄浦区人民法院一审认为:

一、被告人崔勇、仇国宾、张志国主观上有非法占有他人财物的目的

根据被告人崔勇、仇国宾、张志国的当庭供述、被害人牟驰敏的陈述以及证人罗长影、陈亚的证言,可以认定三被告人均明知仇国宾名下的涉案银行卡内的钱款不属于仇国宾所有,而是牟驰敏存储的个人财产。当涉案银行卡被吞、牟驰敏要求仇国宾领取银行卡时,三被告人不是协助取回涉案银行卡并交换牟驰敏,而是积极实施挂失、补卡、取款、转账等行为,将卡内钱款瓜分,明显具有非法占有他人财物的目的。

二、被告人崔勇、仇国宾、张志国的行为具有秘密窃取的性质

根据本案事实,被告人崔勇、仇国宾与被害人牟驰敏之间存在以POS机和e时代卡为标的物的特殊租赁关系,即与POS机捆绑的涉案e时代卡属仇国宾名下,而出租给牟驰敏使用。牟驰敏因操作失误致卡被吞,故请求崔勇、仇国宾帮助取卡。此后,当牟驰敏通过罗长影仍无法联系崔勇、仇国宾时,牟驰敏已预感卡内钱款可能会被崔勇、仇国宾取走,且在经查询确认卡内钱款已被转移时,牟驰敏当即断定系崔勇、仇国宾等人所为。据此,三被告人的辩护人认为,三被告人挂失、补卡、取款等行为,因实际已被被害人觉察而不具备秘密窃取性质。法院认为,上述情节不影响三被告人行为的秘密窃取本质。盗窃罪中的秘密窃取是指行为人采用自认为不被财物所有者或保管者当场发觉的手段,违背财物所有者或保管者的意志,将财物转移为自己或第三者占有的行为。盗窃罪中的"秘密窃取"具有主观性、相对性、当场性的特征。主观性是指行为人主观上自认为盗窃行为不会被发觉,至于实际上是否被发觉,不影响秘密窃取的成立;相对性是指行为人自认为盗窃行为不会被财物的所有者或保管者发觉,至于是否会被第三者发觉,不影响秘密窃取的成立;当场性是指行为人自认为在实施盗窃行为当时不会被发觉,至于事后是否被发觉,不影响秘密窃取的成立。本案中,三被告人虽然是公然实施挂失、补卡、取款、转账等行为,但被害人并没有当场发觉,更无法阻止三被告人的行为。被害人虽然对三被告人可能侵犯其财产存在怀疑和猜测,并在案发后第一时间察觉了三被告人的犯罪行为,但这与被害人当场发觉犯罪行为具有本质区别。因此,三被告人的行为完全符合盗窃罪秘密窃取的特征。辩护人的辩护意见不能成立,不予采纳。

三、被告人崔勇、仇国宾、张志国的行为符合盗窃罪转移占有的法律特征

在本案中,被害人牟驰敏从被告人仇国宾处租用与POS机捆绑的涉案e时代卡后,更改了密码,通过持有涉案银行卡并掌握密码,形成对卡内钱款的实际占有和控制。此后,虽然因操作失误致使涉案银行卡被吞,但被害人基于对密码的掌握,依旧保持对卡内钱款的实际控制。卡被吞后,牟驰敏通过罗长影请求被告人崔勇、仇国宾帮忙取卡,该请求内容明确限于取卡,而不涉及对卡内钱款的委托保管。在此期间,牟驰敏曾明确要求仇国宾的女友转告仇国宾不能动用卡内钱款,仇国宾的女友也将牟驰敏的要求如实转告仇国宾。因此,可以认定,牟驰敏从未作出委托被告人保管卡内钱款的意思表示,三被告人对此亦明知。三被告人的辩护人关于被害人请求仇国宾到银行领卡,双方之间即形成民事上的委托关系,涉案银行卡及卡内存款因此而为仇

国宾实际控制的辩护意见不能成立。

如前所述,涉案银行卡被吞后,被害人牟驰敏虽然失去了对卡的实际控制,但基于掌握密码,并未丧失对卡内钱款的占有和控制。被告人崔勇、仇国宾、张志国如果仅仅协助被害人取回涉案银行卡,不可能控制卡内钱款。三被告人是通过积极地实施挂失、补办新卡、转账等行为,实现了对涉案银行卡内钱款的控制和占有。上述行为完全符合盗窃罪"转移占有"的法律特征。三被告人的辩护人关于涉案银行卡内钱款为仇国宾占有、控制,三被告人的行为不具有"转移占有"性质的辩护意见不能成立,不予采纳。

综上所述,被告人崔勇、仇国宾、张志国以非法占有为目的,共同秘密窃取他人财物,数额特别巨大,其行为均已构成《刑法》第二百六十四条规定的盗窃罪,应予刑事处罚。公诉机关指控崔勇、仇国宾、张志国犯盗窃罪的罪名成立。三被告人共同故意实施犯罪行为,根据《刑法》第二十五条第一款之规定,系共同犯罪,应共同承担相应的刑事责任。其中,崔勇、仇国宾在共同犯罪中起主要作用,是主犯,根据《刑法》第二十六条第一、四款之规定,应当按照其所参与的全部犯罪处罚;张志国在共同犯罪中起次要作用,是从犯,根据《刑法》第二十七条之规定,应当减轻处罚,张志国辩护人的相关辩护意见予以采纳。经查,张志国在到案后首次接受提审时即承认其知道涉案银行卡内钱款的性质,供称其参与犯罪是因崔勇曾承诺事成后分其三分之一的钱,崔勇、仇国宾多次供称张志国曾劝说仇国宾将卡中余款转给崔勇,张志国关于其所分钱款是崔勇还的欠款和其向崔勇的借款的辩解,不仅未得到崔勇的印证,其本人亦不能提供相应的证据。故张志国的相关辩解不能成立,不予采纳。仇国宾系自首,根据《刑法》第六十七条第一款之规定,可以减轻处罚。崔勇、仇国宾认罪态度较好,且在庭审中能如实供述自己的罪行,可酌情从轻处罚。三被告人犯罪所得,根据刑法第六十四条之规定,应予追缴,发还被害人。

据此,上海市黄浦区人民法院依照《刑法》第二百六十四条,第二十五条第一款,第二十六条第一、四款,第二十七条,第六十七条第一款,第六十四条之规定,于2010年7月12日判决如下:

一、被告人崔勇犯盗窃罪,判处有期徒刑十年,并处罚金人民币一万元。

二、被告人仇国宾犯盗窃罪,判处有期徒刑六年,并处罚金人民币六千元。

三、被告人张志国犯盗窃罪,判处有期徒刑七年,并处罚金人民币七千元。

四、违法所得依法追缴,发还被害人。

张志国不服一审判决,向上海市第二中级人民法院提出上诉,称其并不明知涉案银行卡内钱款并非原审被告人仇国宾本人所有,其未与原审被告人崔勇等人共谋实施盗窃,且在本案中所起作用较小,要求对其从轻处罚。

上海市第二中级人民法院经二审,确认了一审查明的事实。

上海市第二中级人民法院二审认为:根据本案事实,原审被告人崔勇、仇国宾及上诉人张志国在得知被害人牟驰敏请求帮助领回涉案银行卡后,即商议通过挂失、补领新卡等手段侵吞被害人存储在涉案银行卡内的钱款。嗣后,当牟驰敏通过仇国宾女友转告仇国宾不要动卡内钱款时,崔勇、仇国宾及张志国三人均在场,故张志国上诉称其不知道卡内钱款并非仇国宾所有、未与崔勇、仇国宾共谋窃取钱款,与事实不符,不予采纳。原判认定事实清楚、适用法律正确、量刑适当、审判程序合法,应予维持。

据此,上海市第二中级人民法院依照《中华人民共和国刑事诉讼法》第一百八十九条第(一)项之规定,于2010年9月7日裁定如下:

驳回上诉,维持原判。

本裁定为终审裁定。

二、裁判要旨

No.5-264-66 以非法占有为目的,通过挂失、补卡等手段将银行卡内租用人的存款取出并占为己有,符合转移占有和秘密窃取的基本特征的,应以盗窃罪论处。

盗窃罪中的秘密窃取是指行为人采用自认为不被财物所有者或保管者当场发觉的手段,违背财物所有者或保管者的意志,将财物转移为自己或第三者占有的行为。盗窃罪中的秘密窃取具有主观性、相对性、当场性的特征。主观性是指行为人主观上自认为盗窃行为不会被发觉,至于实际上是否被发觉,不影响秘密窃取的成立;相对性是指行为人自认为盗窃行为不会被财物的所有者或保管者发觉,至于是否会被第三者发觉,不影响秘密窃取的成立;当场性是指行为人自认为在实施盗窃行为当时不会被发觉,至于事后是否被发觉,不影响"秘密窃取"的成立。

在本案中,三被告人虽然是公然实施挂失、补卡、取款、转账等行为,但被害人并没有当场发觉,更无法阻止三被告人的行为。被害人虽然对三被告人可能侵犯其财产存在怀疑和猜测,并在案发后第一时间察觉了三被告人的犯罪行为,但这与被害人当场发觉犯罪行为具有本质区别。因此,三被告人的行为完全符合盗窃罪秘密窃取的特征。辩护人的辩护意见不能成立,不予采纳。

盗窃罪的基本特征在于转移占有,银行卡租用人虽然失去对银行卡的实际控制,但基于掌握密码,并未丧失对卡内钱款的占有和控制,行为人不能直接控制卡内钱款。但如果行为人通过挂失、补办新卡、转账等行为,则实现了对银行卡内钱款的控制和占有,符合盗窃罪转移占有的法律特征。

在本案中,涉案银行卡被吞后,被害人牟驰敏虽然失去了对卡的实际控制,但基于掌握密码,并未丧失对卡内钱款的占有和控制。被告人崔勇、仇国宾、张志国如果仅仅协助被害人取回涉案银行卡,不可能控制卡内钱款。三被告人是通过积极地实施挂失、补办新卡、转账等行为,实现了对涉案银行卡内钱款的控制和占有。上述行为完全符合盗窃罪转移占有的法律特征。

案例:孙伟勇盗窃案

案例来源:《刑事审判参考》总第 84 辑[第 751 号]

主题词:盗窃罪　诈骗罪

一、基本案情

被告人孙伟勇,男,1973 年 3 月 25 日出生,无业。2006 年 8 月因犯销售赃物罪被判处有期徒刑一年三个月,2007 年 5 月 21 日刑满释放,2010 年 8 月 4 日因涉嫌犯盗窃罪被逮捕。

上海市闸北区人民检察院以被告人孙伟勇犯盗窃罪,向闸北区人民法院提起公诉。

上海市闸北区人民法院经公开审理查明:2010 年 4 月 26 日,被告人孙伟勇与梁建强、刘古银(均另案处理)经预谋,由梁建强向其亲戚弓寿喜借来一辆本田牌小汽车,并伪造了弓寿喜的身份证、机动车辆登记证书后,由刘古银冒充弓寿喜,与孙伟勇一起将该车以人民币(以下币种均为人民币)72000 元质押给被害人薛春强,并向薛作出还款赎回的书面承诺。得款后,孙伟勇与梁建强、刘古银共同分掉。同年 5 月 8 日,梁建强等人用事先另配的钥匙从薛春强处将车盗走并归还给弓寿喜。同年 7 月 5 日,孙伟勇被抓获,后检举了他人重大犯罪事实。

上海市闸北区人民法院认为,被告人孙伟勇秘密窃取他人财物,且数额巨大,其行为构成盗窃罪;孙伟勇系累犯,依法应从重处罚;孙伟勇在共同犯罪中起次要作用,系从犯,依法应予从轻处罚,同时,其又有重大立功表现,依法可予减轻处罚;孙伟勇认罪态度较好,且其家属自愿代孙退赃,对孙可酌情从轻处罚。依照《中华人民共和国刑法》第二百六十四条、第二十五条第一款、第二十七条、第六十五条第一款、第六十八条第一款和第六十四条之规定,判决如下:

被告人孙伟勇犯盗窃罪,判处有期徒刑二年九个月,并处罚金 5000 元;追缴非法所得发还被害人。

一审宣判后,被告人孙伟勇以量刑过重为由,向上海市第二中级人民法院提起上诉,请求从轻处罚。

上海市第二中级人民法院经公开审理认为,孙伟勇以非法占有为目的,伙同他人以秘密方法窃取他人财物,其行为构成盗窃罪,且数额巨大。孙伟勇曾因犯罪被判处有期徒刑,刑罚执行完毕后五年内又故意犯应当判处有期徒刑以上刑罚之罪,是累犯,应当从重处罚。孙伟勇有检举他人犯罪的重大立功表现,到案后认罪态度较好,家属又帮助退赃,依法可对其减轻处罚。原判据此对孙伟勇减轻处罚并无不当。现孙伟勇再次要求从轻处罚,不予准许。原判认定事实正确,量刑适当,诉讼程序合法。裁定驳回上诉,维持原判。

二、裁判要旨

No. 5-264-67 伪造证件将他人财物用作质押的行为,不构成诈骗罪。

诈骗罪是指以非法占有为目的,用虚构事实或者隐瞒真相的方法,骗取公私财物,数额较大的行为。在客观方面,诈骗罪的既遂表现为行为人采取虚构事实和隐瞒真相的欺骗方法,使受害人陷入认识错误,并基于该错误认识而实施了处分财产的行为,行为人因此获取数额较大的财物。在诈骗罪中,被害人处分财产必须是基于行为人虚构事实的欺骗行为,导致认识错误,从而表现为仿佛自愿处分财产。如果被害人处分其财产,不是基于这种认识错误,而是基于对价或者真实意愿,则不能认定构成诈骗罪的既遂。

在本案中,孙伟勇等人伪造了弓寿喜的身份证、机动车辆登记证等证件,并由刘古银冒充弓寿喜对小汽车进行质押,对此,薛春强并不知情。薛春强在质押过程中对孙伟勇提供的证件进行了认真、必要的审查,并未发现有任何异常,已经尽到了合理的注意义务。该车辆质押的价款与实际价值之间差异不大,质押价格合理。因此,应当认定薛春强在设立质押时是善意的。虽然孙伟勇等人无权对该小汽车设置质押,但薛春强支付了 72000 元的对价,基于善意取得制度,依法仍然能够取得对小汽车的质押权,且因小汽车已实际交付给薛春强占有,此时对薛春强来说,已经取得对小汽车的占有权,并不存在财产损失。

孙伟勇如果仅实施上述伪造证件进行冒名质押的行为,客观上不能造成薛春强的财产损失,主观上也是企图借助其后的盗窃行为,给被害人造成损失,达到非法占有财物的目的。换言之,孙伟勇虚构事实,仅是为今后实施盗窃设置条件,因这种行为只是造成民事法律关系,并未实际损害法益,故不能认定为诈骗犯罪。

No. 5-264-68 将借用的他人之物用于质押,得款后又从质押权人处窃回的,应以盗窃罪论处。

在本案中,薛春强基于善意取得制度取得对小汽车的占有权,但根据风险责任承担规则,占有期间,风险一般由占有人承担。本案中,在薛春强占有小汽车期间,该小汽车的毁损、灭失风险,包括被盗的风险,由薛春强承担。孙伟勇等人从薛春强处盗窃质押的小汽车,客观上造成小汽车在质押期间灭失的既成事实,导致薛春强要为此承担抵押物灭失的责任。换言之,孙伟勇等人的盗窃行为,使薛春强因质押物的灭失而无法通过回赎收回先前支付的 72000 元,又失去了质押物,致使薛春强受到财产损失;而孙伟勇等人窃取小汽车后归还给弓寿喜,免除了向弓寿喜的赔偿义务,又谋取了 72000 元的非法所得。因此,孙伟勇盗窃质押物的行为应构成盗窃罪。虽然孙伟勇等人在作案前即预谋通过假冒他人证件的方式质押车辆,然后再窃取该质押物。整个作案过程是在一个统一的主观故意指导下实施的。但正如前文所分析,孙伟勇等人先前的冒名质押行为并未造成薛春强财产损失,并未损害实际的法益,不能以诈骗罪论处。而牵连犯的前提是行为人实施的数个行为均构成犯罪且触犯不同的罪名,否则不能以牵连犯论处。在虚构事实时,孙伟强并未非法占有被害人的财产,其非法占有被害人的财产是在盗窃后才得逞的,因此,不能将盗窃侵犯的财产也归入虚构事实的结果中进行评价,否则就是将一个危害结果进行了两次评价。因此,孙伟勇等人的行为仅构成一个盗窃罪。

案例:何伟城等盗窃案

案例来源:《人民法院案例选》2012 年第 4 辑

主题词:盗窃罪 交通协管员非法处理违章记录的行为定性

一、基本案情

上诉人(原审被告人)何伟城。

原审被告人徐景亮。

上诉人(原审被告人)黎志坚。

上诉人(原审被告人)李剑兰。

上诉人(原审被告人)温阳石。

广东省从化市人民法院经公开审理查明:2008 年年初,被告人何伟城与同案人何美婷在从化开办的日用品商店内从事广东省交通违章代办业务,同年 5 月,何伟城和何美婷与从化市公安局交警大队太平中队的交通协管员被告人黎志坚相互纠合,经密谋后,以何伟城在从化、增城等地开办的商店及以何美婷在花都等地开办的店铺内代办交通违章业务的名义,由何伟城和何美婷收取违章人委托缴纳的交通违章罚款后,将这些违章记录通过飞信、手机短信和邮箱等方式分别发送给黎志坚。黎志坚即以何伟城提供或自己通过网上盗取多名民警的账号和密码后登陆广东省交通违法管理系统的手段,非法消除从化、增城、花都、广州、佛山、中山、云浮等地的公安机关的交通违章记录,并共同将交通违章罚款占为己有。作案后,何伟城、何美婷以每宗 100 元分赃给黎志坚。何伟城又于 2009 年 11 月、2010 年 4 月分别与从化街口中队的交通协管员被告人徐景亮、龙潭中队的交通协管员被告人温阳石相互纠合,分工合作,以同样的手段将违章罚款数额改小后再由何伟城到银行缴交罚款的手段,共同非法处理在从化、增城、花都、广州、番禺、南沙、佛山、中山、江门、韶关等地的公安机关交通违章记录,并共同将违章罚款占为己有。作案后,何伟城分别以每宗罚款 80~100 元、40 元分赃给徐景亮、温阳石。被告人李剑兰于 2009 年 9 月至 2010 年 8 月期间在何伟城所开的从化、增城等地店铺内协助何伟城将违章罚单进行整理和汇制表格,并通过 QQ 等方式将表格发给何伟城,再由何伟城将该表格发送给徐景亮、温阳石进行非法处理。

2008 年 5 月至 2010 年 8 月期间,被告人何伟城共参与非法处理交通违章记录 13688 宗,窃取金额 2604300 元;被告人徐景亮参与非法处理交通违章记录 8883 宗,窃取金额 1756100 元;被告人黎志坚参与非法处理交通违章记录 5422 宗,窃取金额 1031700 元;被告人李剑兰协助参与非法处理交通违章记录 11912 宗,窃取金额 2253300 元;被告人温阳石参与非法处理交通违章记录 3029 宗,窃取金额 497200 元。

广东省从化市人民检察院以被告人何伟城、李剑兰犯行贿罪,被告人黎志坚、徐景亮、温阳石犯受贿罪,向广东省从化市人民法院提起公诉。

广东省从化市人民法院经一审审理认为,被告人何伟城、徐景亮、黎志坚、李剑兰、温阳石无视国家法律,相互纠合,分工合作,以秘密手段窃取国家交通违章罚款,数额特别巨大,其行为均已构成盗窃罪。被告人李剑兰在盗窃过程中起次要作用,是从犯,依法应当从轻处罚。鉴于五名被告人归案后能如实供述自己的罪行,依法可以从轻处罚。被告人何伟城、黎志坚、温阳石积极退回部分赃款,可酌情从轻处罚。依照《中华人民共和国刑法》第二百六十四条、第二十七条、第五十二条、第五十三条、第六十七条第三款、第六十四条的规定,判决如下:

1. 被告人何伟城犯盗窃罪,判处有期徒刑十三年八个月,并处罚金三万元。
2. 被告人徐景亮犯盗窃罪,判处有期徒刑十三年四个月,并处罚金二万五千元。
3. 被告人黎志坚犯盗窃罪,判处有期徒刑十一年十个月,并处罚金二万元。
4. 被告人李剑兰犯盗窃罪,判处有期徒刑十年二个月,并处罚金二万五千元。
5. 被告人温阳石犯盗窃罪,判处有期徒刑十年,并处罚金一万元。
6. 缴获的作案工具(略)予以没收。

一审宣判后,广东省从化市人民检察院认为原审判决事实不清,定性和适用法律错误,量刑不当,向广东省广州市中级人民法院提出抗诉。被告人何伟城、李剑兰、黎志坚、温阳石亦提出上诉,认为自己的行为属于滥用职权、职务侵占或行贿罪,一审定性错误。

广州市中级人民法院经二审审理认为,上诉人何伟城、黎志坚、李剑兰、温阳石、原审被告人徐景亮以非法占有为目的,相互纠合,分工合作,采用秘密手段窃取国家交通违章罚款,数额特别巨大,其行为均已构成盗窃罪。原审判决认定的犯罪事实清楚,证据确实、充分,定罪准确,量刑适当,审判程序合法。依照《中华人民共和国刑事诉讼法》第一百八十九条第(一)项之规定,裁定:驳回广东省从化市人民检察院的抗诉以及上诉人何伟城、黎志坚、李剑兰、温阳石的上诉,维持原判。

二、裁判要旨

No.5-264-69 交通协管员为他人代办违章罚款业务收取他人财物后,盗用他人警号非法处理违章记录的行为,将收取的罚款据为己有的,侵犯了国家公共财产权,构成盗窃罪。

本案中,被告人通过盗用民警账号和密码非法进入管理系统,并对违章记录进行非法处理,达到了非法占有国家罚没款的目的,其行为相对于国家来说具有秘密性,符合盗窃罪的构成要件。被告人以这种方式秘密窃取了本应上缴国家的违章罚款,致使国家财产遭受损失,对交警部门对交通违章的执法和管理没有造成实质影响。需要明确的是,被告人非法占有的财物的性质是国家的罚没款,而不是何伟城、李剑兰的个人财物。理由如下:(1)涉案款项是违章行车人员因为违反交通法规而受到的处罚,其依法应当向国家缴纳。(2)何伟城、李剑兰为他人代办违章处罚业务,在收取违章行车人员应缴纳的罚款后,应当将这些款项转交给国家财政。这些款项的国有性质并没有因为何伟城、李剑兰的收取而改变。(3)何伟城、李剑兰在收取违章行车人员应缴纳的罚款后据为已有并分赃,是共同非法占有国家财产的行为,并不是用自己或他人的钱财实施行贿。

案例:王吕奇盗窃案

案例来源:《人民法院案例选》2013年第2辑

主题词:累犯 跨越十八周岁实施同种犯罪

一、基本案情

昆山市人民检察院以被告人王吕奇犯盗窃罪,向昆山市人民法院提起公诉。

被告人王吕奇对起诉书指控的事实和罪名无异议。

法院经审理查明:2012年5月21日上午,王吕奇又伙同他人至昆山市张铺镇江南春堤5幢201室,窃得被害人彭再龙的戴尔牌N4030型笔记本电脑一台(价值1900元)和被害人贺勇的神州天运Q1600型笔记本电脑1台(价值800元),后全部销赃给王威风。被告人王吕奇归案后如实供述了犯罪事实。案发后,公安机关从王威风处调取了涉案的2台笔记本电脑,已发还各被害人;从被告人王吕奇处扣押了仿苹果牌笔记本电脑1台。

另查明:2008年9月至12月期间,王吕奇单独或结伙实施盗窃19起,窃得赃物价值21430元(其中在年满十八周岁前实施盗窃7起,共计价值4230元;在年满十八周岁后实施盗窃12起,共计价值17200元)。后于2009年7月15日被江苏省射阳县人民法院以盗窃罪判处有期徒刑三年,并处罚金2万元。2011年5月25日刑满释放。

昆山市人民法院于2012年11月19日作出(2012)昆刑初字第0830号刑事判决:

1. 被告人王吕奇犯盗窃罪,判处有期徒刑一年六个月,并处罚金三千元。
2. 扣押的仿苹果牌笔记本电脑一台,由公安机关依法作出处理。

宣判后,被告人在法定期限内未提出上诉,公诉机关亦未抗诉,判决已发生法律效力。

二、裁判要旨

No.5-264-70 《刑法》第六十五条规定的"不满十八周岁的人犯罪的除外",指的是行为人犯前罪时不满十八周岁,不适用累犯制度。行为人犯前罪时跨越十八周岁实施同一犯罪行为的,原则上应当认定为不满十八周岁的人犯罪,但十八周岁后实施的行为可以被单独评价为犯罪的,应当认定为已满十八周岁人犯罪。

《刑法修正案(八)》增设了未成年人犯罪不构成累犯制度,即"不满十八周岁的人犯罪的除外"。此处的"不满十八周岁"指的是犯前罪时不满十八周岁,这种理解可以更彻底地保护未成年人,符合我国刑法一贯对未成年人特殊保护的立法精神和宽严相济的刑事政策。行为人跨越十八周岁实施同一犯罪行为的,应当坚持"以未成年人对待为原则,以成年人对待为例外",一般应当认定为不满十八周岁的人犯罪。如果能够明确区分主次罪行,且主要罪行发生在十八周岁之后的,应当认定为犯罪时已满十八周岁。行为人在十八周岁之后实施的同种犯罪行为能够被单独评价为犯罪的,应当认定为已满十八周岁的人犯罪。本案中,被告人王吕奇跨越十八周岁实施的同种犯罪行为能够互相区分,即在十八周岁前实施了 7 起盗窃行为,十八周岁后实施了 12 起盗窃行为,价值人民币 17200 元,可以单独构成盗窃罪属于"已满十八周岁的人犯罪"。被告人在前罪刑罚执行完毕后 5 年之内再犯盗窃罪,构成累犯。

案例:梁伟盗窃案

案例来源:《人民法院案例选》2013 年第 4 辑

主题词:盗窃罪　网络盗窃

一、基本案情

2012 年 1 月 12 日 13 时至 16 时许,被告人梁伟在广东省深圳市龙岗区横岗镇华西村的租房内,利用浙江省湖州市名特优农产品快购有限公司农民巴巴网站积分兑换系统漏洞,采用反复兑换积分的手段,窃取农民巴巴网站积分 31802000 分,后在支付宝网站转兑成人民币 318000 元。之后,梁某心生悔意,遂于当晚 23 时许向农民巴巴网站客服邮箱发了一封"道歉信",信中简要说明了事件情况,告知系统存在漏洞,并表示会配合网站将积分归还。次日,被告人梁某将转兑的部分金额从支付宝账户内提现,之后除用支付宝消费掉小部分外,其余款项也分数次被全部提现。后经网站与梁某及其母亲多次电话联系,均以各种理由拖延还款,之后便一直无法联系上。案发后,318000 元赃款已全部追回并发还被害单位,被害单位对被告人梁伟的行为表示谅解。

浙江省湖州市吴兴区人民法院于 2013 年 6 月 4 日作出 2013 湖吴刑一初字第 122 号刑事判决:

1. 被告人梁伟犯盗窃罪,判处有期徒刑三年,缓刑四年,并处罚金人民币三万元。

2. 扣押于公安机关的作案工具笔记本电脑一台予以没收,由扣押机关处理;扣押于公安机关的银行卡一张发还被告人梁伟。

宣判后,被告人梁伟未提起上诉,公诉机关也未提起抗诉,判决已发生法律效力。

二、裁判要旨

No. 5-264-71　可以兑换成现金的网站积分属于盗窃罪的犯罪对象。行为人利用网站系统漏洞兑换积分并取现的行为构成盗窃罪。

首先,本案中的网站积分,因其可以兑换为现金,具有价值可即时兑现,故属于具有价值和使用价值的财物,属于我国刑法所保护的财产范畴。被告人梁伟的行为客观上侵害了他人的财产所有权和占有权,使他人财物转归其本人所有,造成了他人财产的损失。其次,被告人梁伟在发现网站系统漏洞后连续积极反复兑换积分,主观上非法占有的故意是明显的。被告人利用网站系统漏洞实施的行为,对于网站所有人而言无疑具有秘密性,应当认定系盗窃行为。

案例:王克辉、陈利等盗窃案

案例来源:《人民法院案例选》2013 年第 4 辑

主题词:盗窃罪　网络盗窃

一、基本案情

被告人王克辉。

被告人陈利。

被告人雷春艳。

被告人卢虹谕。

被告人邱春花。

被告人程国军。

2010年9月,被告人王克辉来甬打工,进入宁波市镇海区伊时代网吧工作,担任网吧管理员。期间,王克辉通过QQ与某网络黑客取得联系,向其购买能够远程操控网吧服务器并能删除修改数据的木马程序“PUBWIN收银伴侣”,通过宁波市镇海区蛟川街道梦园网吧网管将其植入梦园网吧服务器,并策动网吧收银员卢虹谕,通过某黑客远程操控修改每日网吧收银数据,网吧收银员拿出收银机修改数据后将多余钱款窃取之后私分。

2010年9月至案发期间,被告人王克辉、陈利、雷春艳、卢虹谕、邱春花、程国军和管浩祥、管林芸、张婷婷(均另案处理)等人以网管、网吧收银员身份伙同某黑客,通过购买删账软件,在网吧服务器上植入木马程序,采用删账软件删除、修改网吧收银数据等手段,或同时或先后对宁波市镇海区蛟川街道梦园网吧、伊时代网吧、辉煌一族网吧,宁波市镇海区浪漫一族网吧,宁波市北仑区新天空网吧、蓝迪网吧,宁波市江东区合生源网吧等7家网吧的服务器植入木马程序,侵入网吧计费系统,删除、修改网吧收银数据秘密窃取财物,数额巨大。

2012年2月11日,王克辉等人被抓获,2012年7月4日宁波市镇海区人民检察院以被告人王克辉等人犯破坏计算机信息系统罪向宁波市镇海区人民法院提起公诉。

宁波市镇海区人民法院于2012年10月29日作出(2012)甬镇刑初字第390号判决:

1. 被告人王克辉犯盗窃罪,判处有期徒刑十年,并处罚金人民币四万元。
2. 被告人陈利犯盗窃罪,判处有期徒刑三年九个月,并处罚金人民币八千元。
3. 被告人雷春艳犯盗窃罪,判处有期徒刑三年,并处罚金人民币八千元。
4. 被告人卢虹谕犯盗窃罪,判处有期徒刑二年六个月,并处罚金人民币五千元。
5. 被告人邱春花犯盗窃罪,判处有期徒刑二年,并处罚金人民币五千元。
6. 被告人程国军犯盗窃罪,判处有期徒刑一年,并处罚金人民币三千元。
7. 责令各被告人继续退赔被害单位经济损失。

宣判后,6名被告人均未上诉,检察机关亦未抗诉,一审判决生效。

二、裁判要旨

No.5-264-72 网吧管理员与黑客内外勾结向服务器计费系统植入木马程序修改计费数据窃取多余钱款的行为,虽然利用了职务便利,仍然应以盗窃罪定罪处罚。

盗窃罪与职务侵占罪的犯意产生时间有所区别,职务侵占罪的犯意产生时间一般在犯罪人获得单位职务之后,而盗窃罪的犯意则产生于获得职务之前。犯罪人产生非法占有单位财务的故意后设法进入单位谋取职位,再利用职务便利实施犯罪行为,则其谋求职务利用职务行为应当认定为犯罪手段,应定性为盗窃罪。本案王克辉等人身为网吧工作人员,利用职务上的便利将木马程序植入服务器网吧计费系统,删除、修改计费数据,并利用网吧收银员的特殊身份,将数据修改后多余的钱款窃取后私分,看似十分符合职务侵占罪的犯罪构成。但是,犯罪人的犯罪行为并非一次即止,而是反复实施,同时对多家网吧实施、数家网吧不间断实施。犯罪人主观上目的指向直接是多家网吧的财产所有权,对职位本身已无丝毫的尊重和爱惜。客观上的行为已经表明其把获得单位的职位当做犯罪的手段。此时再对犯罪行为人获取职位、利用职务的行为评价为“利用职务上的便利”有失偏颇。

案例:张益、高华盗窃案

案例来源:《人民法院案例选》2013年第4辑

主题词:盗窃罪 与职务侵占罪的区别

一、基本案情

公诉机关指控:2012年6月至2012年9月,被告人张益在中天钢铁南厂区门卫工作期间,与罗天伟等人(均另案处理)相互勾结,先后9次为罗天伟等人装运盗窃面包铁等物品的货车放行,涉案赃物共计价值人民币910300元(另有6万元属未遂)。被告人高华参与盗窃一次,窃得价值人民币63450元的废结晶器铜管。被告人张益共分得赃款7万余元。

被告人张益及其辩护人辩称:同伙罗天伟等人为货车司机,利用职务便利,将其负有押运、保管职责的面包铁扣留后运输出厂,本案应定性为职务侵占罪。被告人归案后能如实供述自己的罪行,依法可从轻处罚。

被告人高华对起诉指控的事实无异议。

法院经审理查明:罗天伟等人(均另案处理)为常州市武进区横林通顺运输服务站(以下简称"运输站")的司机,从事中天钢铁厂区内的运输工作,负责把面包铁(即生铁)从炼铁厂铸铁机处运至炼钢厂(中天钢铁将该业务外包给运输站)。被告人张益为中天钢铁保安,负责检查车辆是否有进出厂门的手续。2012年6月至2012年9月,被告人张益在中天钢铁南厂区担任门卫期间,经预谋,先后八次为高华、罗天伟等人盗窃结晶器铜管、面包铁等物品的货车放行,涉案赃物价值人民币858300元,其中高华参与盗窃一起,涉案赃物价值人民币63450元。

江苏省常州市武进区人民法院于2013年7月10日作出(2013)武刑初字第578号刑事判决:

1. 被告人张益犯盗窃罪,判处有期徒刑十年,并处罚金人民币八万元;被告人高华犯盗窃罪,判处有期徒刑三年,并处罚金人民币一万元。

2. 尚未追缴的赃物继续予以追缴。宣判后,被告人均未提出上诉,判决已发生法律效力。

二、裁判要旨

No.5-264-73 单位保安只拥有概括的保护本单位财产安全的义务或只处于占有辅助人地位时,其窃取本单位财物的行为,应成立盗窃罪,而非职务侵占罪。

职务侵占罪与盗窃罪的本质区别在于前者是变合法的管理控制为非法的占有。本案中,罗天伟等人作为运输站员工,与中天钢铁之间存在上下位关系,负责运输的面包铁处于中天钢铁的管理控制之下,罗天伟等人只是财物的辅助占有人,不构成职务侵占罪。

对于公司保安、门卫盗窃本单位财物的行为,应当根据保安、门卫的具体职责进行分析,判断行为人非法占有单位财物时是否利用了职务便利。当保安对特定场所的特定财物有保管职责时,可以认定其利用了职务便利。如果单位财物有明确的管理者、控制者,保安只是具有概括的保护单位财产安全的义务,或只是出于占有辅助人的地位,则不能认定其利用了职务便利。本案中,车上的财物有确定的经手人,张益对财物不存在实际的控制,其是利用其看守厂门的便利条件将车辆放行的,此职务之便与单位财物不存在主管、管理、经手的关系,只能认为是工作便利。

案例:谢友仁、潘锋盗窃案

案例来源:《人民法院案例选》2014年第2辑

主题词:累犯 再审

一、基本案情

2010年7月14日,被告人谢友礼(真实姓名谢友仁)曾因犯抢劫罪,被宁波市江北区人民法院判处有期徒刑二年。2011年10月1日刑满释放。2011年11月16日凌晨,被告人谢友礼伙同他人在北仑区小港街道新模村316号被害人章银平家中窃得"神舟"牌笔记本电脑一台(经鉴定价值人民币500元)、仿"苹果"牌移动电话机一部(经鉴定价值人民币262元)、现金人民币约2000元。2012年3月13日凌晨,被告人谢友礼、潘锋伙同"小辣巴"(音)在北仑区小港街道方前村53号被害人何刘军的暂住房内,窃得现金人民币2400余元。后三人又至该村41号被害人刘结等人的暂住房,窃得背包一只,正在翻找财物时被巡逻人员发现,遂扔下背包逃走。

2012年5月30日,被告人谢友礼因涉嫌犯盗窃罪被抓获,次日被宁波市公安局北仑分局监视居住,同年6月6日被刑事拘留,2012年7月12日被依法逮捕。被告人谢友礼自报户籍所在地贵州省大方县兴隆乡上坝村委会。根据宁波市公安司法鉴定中心出具的骨龄推断意见书,评价被告人谢友礼骨龄符合18周岁以上骨龄标准(检验开始日期2012年9月3日)。

2012年11月20日,宁波市北仑区人民法院对被告人谢友礼犯盗窃罪依法作出判决,判决生效后,宁波市人民检察院按照审判监督程序提起抗诉,认为:原审被告人谢友礼真实姓名为谢友仁,原审案件发生时其已满 18 周岁,不具有未成年人依法应从轻、减轻处罚情节,对其从轻处罚属于适用法律错误,导致量刑不当;原审被告人曾于 2010 年 7 月犯抢劫罪被宁波市江北区人民法院判处有期徒刑二年,2011 年 10 月 1 日刑满释放,其在故意犯罪刑满释放五年内又犯盗窃罪,且前后两次犯罪时都已年满 18 周岁,应当认定其为累犯,原审判决未认定被告人为累犯,亦属于适用法律错误,导致量刑不当。

再审查明:原审被告人谢友礼,真实姓名谢友仁,身份证号码 52242219911228××××,男,出生于贵州省大方县,小学文化,无业,家住大方县兴隆乡上坝村高家湾组。被告人曾于 2010 年 2 月犯抢劫罪在 2010 年 7 月 14 日被宁波市江北区人民法院判处有期徒刑二年,2011 年 10 月 1 日刑满释放。因被告人在宁波市江北区人民法院(2010)甬北刑初字第 159 号刑事案件中亦冒名谢友礼,该院经再审,于 2013 年 4 月 12 日作出(2013)甬北刑再字第 1 号刑事判决;撤销(2010)甬北刑初字第 159 号刑事判决;被告人谢友仁犯抢劫罪,判处有期徒刑五年六个月,并处罚金人民币 5000 元(刑期自判决执行之日起计算。原审判决二年刑期已执行完毕,可折抵刑期。罚金限于判决生效后一个月内缴纳)。

宁波市北仑区人民法院于 2012 年 11 月 20 日作出(2012)甬仑刑初字第 920 号刑事判决:

1. 被告人谢友礼犯盗窃罪,判处有期徒刑八个月(刑期自 2012 年 6 月 6 日起至 2013 年 2 月 3 日止),并处罚金人民币二千元。

2. 被告人潘锋犯盗窃罪,判处拘役六个月,并处罚金人民币二千元。

判决生效后,宁波市人民检察院以原判决认定犯罪主体身份错误,导致适用法律错误,量刑不当为由,按照审判监督程序向宁波市中级人民法院提出抗诉。

宁波市中级人民法院指令宁波市北仑区人民法院再审,该院于 2013 年 5 月 8 日作出(2013)甬仑刑再字第 1 号刑事判决:

1. 维持该院(2012)甬仑刑初字第 920 号刑事判决第二项,即被告人潘锋犯盗窃罪,判处拘役六个月,并处罚金人民币二千元。

2. 撤销该院(2012)甬仑刑初字第 920 号刑事判决第一项,即被告人谢友礼犯盗窃罪,判处有期徒刑八个月,并处罚金人民币二千元。

3. 被告人谢友仁犯盗窃罪,判处有期徒刑九个月,并处罚金人民币三千元,与原犯抢劫罪所判刑罚实行数罪并罚,决定执行有期徒刑六年,并处罚金人民币八千元(刑期自判决执行之日起计算。判决执行以前先行羁押的,羁押一日折抵刑期一日。扣除原犯抢劫罪判决已经执行的刑期后,刑期自 2012 年 6 月 6 日起至 2016 年 11 月 3 日止。罚金限于本判决生效后一个月内缴纳)。

二、裁判要旨

No. 5-264-74 已执行完毕的刑事判决被再审改判后,刑罚执行应以该再审判决为依据重新认定。行为人在原判决执行完毕后再犯新罪的,应当根据再审判决判断成立累犯还是数罪并罚。

本案中,被告人不构成累犯,应实行数罪并罚。其一,谢友仁前次因犯抢劫罪被判处有期徒刑二年,于 2011 年 10 月 1 日刑满释放。但由于谢友仁抢劫案原判决被再审撤销,刑期改判为有期徒刑五年六个月,再审判决作出时间为 2013 年 4 月 12 日,故不能认为抢劫罪的刑罚已经执行完毕,谢友仁在 2011 年 11 月、2012 年 3 月犯盗窃罪不符合累犯的构成要件。其二,谢友仁改判的抢劫犯罪应从判决执行之日起计算,即应当从该判决生效、执行之日起计算。判决作出时间在 2013 年 4 月 12 日,刑期应自判决执行之日起计算,五年六个月的刑期尚未执行完毕,原审抢劫判决已经执行的刑罚,只能折抵刑期,而不能认为是已经执行完毕,在刑罚未执行完毕之后的盗窃犯罪,显然不能认为是刑罚已经执行完毕再实施犯罪的累犯。其三,本案不能既承认前次抢劫判决的效力又认定谢友仁构成累犯。前次抢劫判决认定的事实是谢友仁(冒名谢友礼)系未成年人,如果承认前次抢劫判决的效力,就应承认原审抢劫判决所认定的事实,就必须承认其是未成年人,而未成年人犯罪依法不构成累犯。如果不承认前次抢劫罪判决的效力,就不能认定其抢劫罪的刑罚在其新犯盗窃罪时就已经执行完毕。所以,无论是否承认前次判决的效力,都无法认定谢友仁构成累犯。

案例:王冬岳盗窃案

案例来源:《人民法院案例选》2015年第2辑

主题词:盗窃罪　自首

一、基本案情

被告人王冬岳。

浙江省宁波市北仑区人民法院经审理查明:2012年12月30日17时30分许,被告人王冬岳伙同田甜、田涛,经事先预谋,骑着电动三轮车并携带扳手等作案工具至宁波市北仑区柴桥街道大湾村冷库泵房,采取踹门的方式进入泵房内,盗窃固定在水泵上的15千瓦电动机一台(价值人民币1340元),在行窃时被被害人李国荣发现,后被民警当场抓获。抓获后其供述了曾在2012年12月16日伙同田甜、田涛、向汝震(均另案处理)经事先预谋,骑着电动三轮车、电动自行车,携带扳手等作案工具至宁波市北仑区白峰镇山防新村工地,窃得被害人徐金群及胡永波的直径6.5毫米钢筋0.2吨(价值人民币780元)、铁支架三组(价值人民币1056元)。该四人将窃得的钢筋和铁支架销赃后,田涛独自离开,其余三人再次来到该工地,窃得被害人徐金群和胡永波的铝芯Y132S-4型5.5千瓦电动机二台(价值人民币分别为594元、576元)、宁波创新牌3千瓦切割机一台(价值人民币752元)。案发后,被告人王冬岳、田甜的家属已赔偿被害人徐金群、胡永波及李国荣的损失,被害人对被告人王冬岳表示谅解。

浙江省宁波市北仑区人民法院于2013年9月23日作出(2013)甬仑刑初字第843号刑事判决:被告人王冬岳犯盗窃罪,判处拘役五个月,缓刑十个月,并处罚金人民币二千元。

一审宣判后,公诉机关未提起抗诉,被告人也没有提出上诉,该判决已生效。

二、裁判要旨

No.5-264-75　因一般违法行为而被采取强制措施期间,主动供述与违法行为性质相同的犯罪行为的,不视为自动投案,不成立自首。

2010年12月22日印发的最高人民法院《关于处理自首和立功若干具体问题的意见》第一条规定增加了五类应当视为自动投案的情形,其中包括"因特定违法行为被采取劳动教养、行政拘留、司法拘留、强制隔离戒毒等行政、司法强制措施期间,主动向执行机关交代尚未被掌握的犯罪行为"的情形。其中,"因特定违法行为"中的特定行为不应是犯罪行为的组成部分。犯罪嫌疑人自动投案的本质特征是主动性和自愿性。如果因为被当场抓获后,犯罪嫌疑人如实供述的均是被抓获时发现的违法行为的其他组成部分,那么整个犯罪行为都因被抓获而牵连,不应分开评价为部分主动到案,部分被动到案,而应整体认定为被动到案。被动到案的行为即使仅是一个违法行为,那么由该违法行为牵连或衍生出来的同种违法犯罪行为亦无法被认定为主动投案。本案中,王冬岳等人被当场抓获时的违法行为并非《关于处理自首和立功若干具体问题的意见》第一条第五类所指的"特定违法行为",其已经是犯罪行为的组成部分,不具有自动投案的客观条件。

案例:邓玮铭盗窃案

案例来源:《刑事审判参考》总第85集[第766号]

主题词:盗窃罪　盗窃虚拟财产　数额计算

一、基本案情

被告人邓玮铭,男,1988年7月1日生,原系上海梓安数控有限公司员工。

上海市浦东新区人民检察院指控被告人邓玮铭犯盗窃罪,向浦东新区人民法院提起公诉。

被告人邓玮铭对公诉机关指控的罪名及事实均无异议。

上海市浦东新区人民法院经公开审理查明：

2008年,北京创娱天下信息技术有限公司(以下简称"创娱公司")与拥有网络交易平台"易宝支付"系统的北京通融通信息技术有限公司上海分公司(以下简称"通融通公司")合作,利用通融通公司的第三方支付平台易宝支付销售网络游戏的游戏点数。通融通公司与上海电信有限公司合作,利用上海电信发行的具有支付功能的充值卡"聚信卡"收取销售钱款。2008年7月4日,通融通公司技术人员对易宝支付系统进行升级调试时导致易宝支付系统出现故障,对上海电信有限公司返回的代码不能进行正确的识别。

2008年7月8日至14日间,被告人邓玮铭在对创娱公司运营的网络游戏"炎龙骑士"游戏卡进行充值时,利用易宝支付交易平台正在升级期间的系统漏洞,恶意输入虚假的卡号密码等信息,在没有实际支付充值金额的情况下获取创娱公司价值人民币(以下币种均为人民币)58194元的游戏点数,成功交易238笔,后将该游戏点数在淘宝网上折价售卖,获利11000余元,造成通融通公司财产损失58194元。2010年5月19日,邓玮铭主动到公安机关投案自首并退出全部赃款。

上海市浦东新区人民法院认为,被告人邓玮铭以非法占有为目的,采用秘密手段,窃取他人财物,数额巨大,其行为构成盗窃罪,公诉机关指控的罪名成立。邓玮铭具有自首情节,依法可以减轻处罚。同时,邓玮铭全额退赃,具有认罪、悔罪表现,可以酌情从轻处罚。依照《中华人民共和国刑法》第二百六十四条、第六十七条第一款、第七十二条、第七十三条、第五十三条之规定,上海市浦东新区人民法院以被告人邓玮铭犯盗窃罪,判处有期徒刑二年,缓刑二年,罚金二万元。

宣判后,在法定期限内被告人邓玮铭没有上诉,检察院也没有提出抗拆,该判决已经发生法律效力。

二、裁判要旨

No.5-264-76 利用第三方支付平台的网络系统故障无偿获取游戏点数,造成他人损失数额较大的行为,应以盗窃罪论处。

盗窃罪与诈骗罪在犯罪行为客观方面的表现不同。盗窃罪客观方面的表现是秘密窃取,即行为人采取不为财产权利人或保管人所知的秘密方式将所有人或保管人的财物占为己有。诈骗罪客观方面则表现为行为人通过虚构事实或者隐瞒真相的方法,使被害人产生错误认识,从而自愿交付财物、处分财产。

根据刑法理论上的通说观点,诈骗罪中的被害人必须是能够表示自己真实意思的人,即具有一定认识能力和意志能力的主体,否则就无从判断被害人是否有"错误认识"。对于机器是否属于"有意识的主体",在"许霆盗窃案"的讨论中曾经展开过热烈的讨论,笔者认为人工智能及其操作系统和硬件(设施)如果处于正常工作状态,应当视为管理者意志的体现,可以认为是属于"有意识的主体",故可以成为诈骗的对象。然而,处于故障状态的人工智能系统和机器因已经丧失独立的意思表示能力,不能正确识别相关代码,作出的决定不能代表其管理者的真实意志,不能代表其管理者真正"处分"财物,如同没有行为能力的精神病患者、婴儿、幼儿一样,不能成为诈骗的对象。据此,一般认为,行为人从出现故障的ATM机中恶意取走钱款,ATM机因为未能识别银行卡信息和指令、完全违背其智能操作系统和管理者的要求,吐出存款,不能视为银行的真实意思表示,故而不能认定为诈骗,只能认定为盗窃。本案中的"易宝支付"平台类似于出故障的ATM机器。出现故障的"易宝支付"未能正确识别支付代码,其下达的发货指令不能看做是其管理者和操作系统正常的意思表示和财产处分行为,因此邓玮铭的行为不构成诈骗罪。

No.5-264-77 网络虚拟财产的价值可以参照网络运营商对互联网财产的定价方法计算。

最高人民法院1998年3月17日印发的《关于审理盗窃案件具体应用法律若干问题的解释》(已失效)第五条列举了多种被盗物品的价值计算方法,但未涉及游戏点数的价值计算。司法实践中,对游戏点数等互联网上的财产的价值计算方法主要有:(1)以社会必要劳动时间为准计算互联网财产的价值;(2)根据用户真实货币的投入计算互联网财产价值;(3)根据市场交易价格来确定互联网财产价值;(4)网络运营商对互联网财产的定价;(5)根据受害者的直接损失和间接损失来确定互联网财产价值。本案中,网络运营商对游戏点数有明确的定价,因此可以按照上述第四种方法确定邓玮铭获得的财产的价值。

案例:尚娟盗窃案

案例来源:《刑事审判参考》总第 86 集[第 780 号]

主题词:自首

一、基本案情

被告人尚娟,女,1992 年 2 月 20 日出生。因涉嫌犯盗窃罪于 2011 年 11 月 18 日被取保候审。

北京市西城区人民检察院以被告人尚娟犯盗窃罪,向北京市西城区人民法院提起公诉。

西城区人民法院经公开审理查明:被告人尚娟系北京市西城区月坛北小街六星椒火锅城服务员。2011 年 9 月 2 日 23 时,饭店仅有尚娟和收银员张丹上班。尚娟趁张丹去后厨备菜之机,从张丹放在吧台内的挎包里窃取人民币(以下币种同)1300 元。次日,张丹发现后询问尚娟,尚娟矢口否认行窃事实。饭店经理让张丹当着尚娟的面报警,并安排张丹一直陪同尚娟在饭店大堂后面的员工宿舍内等待警察。在此过程中,尚娟承认了盗窃事实。后民警赶到,将尚娟带至派出所,并在派出所将尚娟随身携带的赃款 1300 元返还张丹。

西城区人民法院认为,被告人尚娟以非法占有为目的,秘密窃取他人数额较大的财物,其行为构成盗窃罪,依法应予惩处。鉴于尚娟自愿认罪,赃款已全部追缴,对尚娟依法可从轻处罚。依照《中华人民共和国刑法》第二百六十四条、第六十七条第三款、第五十二条、第五十三条之规定,以被告人尚娟犯盗窃罪,判处拘役四个月,并处罚金一千元。

一审宣判后,西城区人民检察院提出抗诉,抗诉意见认为,被告人尚娟明知被害人张丹已经报警,在现场等待民警并向张丹承认了盗窃事实。民警到达现场后,尚娟没有拒捕行为,且供认犯罪事实,应当视为自首。一审判决未认定自首属于适用法律不当。

北京市人民检察院第一分院支持抗诉,被告人尚娟未提出上诉。

北京市第一中级人民法院经审理认为,原审被告人尚娟在他人报警后,一直在现场等待民警到来。虽然没有受到人身强制,但张丹在报警后,一直陪同尚娟待在饭店内的员工宿舍内,尚娟在客观上不具备离开现场的可能性,其留在现场等待的行为并不足以反映其主观上具有投案的主动性和自愿性,不应视为自动投案,不能认定为自首。原判认定尚娟犯盗窃罪的事实清楚,证据确实、充分,定罪准确,量刑适当,审判程序合法。鉴于在二审审理期间,北京市关于司法机关办理盗窃刑事案件的处罚标准发生了变化,按此标准,尚娟的盗窃行为属于情节显著轻微,不构成盗窃罪。依照《中华人民共和国刑法》第十二条、第十三条及《中华人民共和国刑事诉讼法》(1996 年)第十五条第(一)项之规定,判决如下:

1. 撤销北京市西城区人民法院(2011)西刑初字第 739 号刑事判决。
2. 原审被告人尚娟无罪。

二、裁判要旨

No. 5-264-78 明知他人报案而留在现场等待,无拒捕行为且如实供述犯罪事实,但客观上不具备逃走条件的,不能认定为自动投案。

1998 年 5 月 9 日施行的最高人民法院《关于处理自首和立功具体应用法律若干问题的解释》第一条第(一)项规定了七种应当视为自动投案的情形。2010 年 12 月 22 日印发的最高人民法院《关于处理自首和立功若干具体问题的意见》第一条规定:"《解释》第一条第(一)项规定七种应当视为自动投案的情形,体现了犯罪嫌疑人投案的主动性和自愿性……"《关于处理自首和立功若干具体问题的意见》在《关于处理自首和立功具体应用法律若干问题的解释》的基础上,增加了五类应当视为自动投案的情形,其中包括"明知他人报案而在现场等待,抓捕时无拒捕行为,供认犯罪事实的"情形。

笔者认为,对于《关于处理自首和立功若干具体问题的意见》规定的"明知他人报案而在现场等待,抓捕时无拒捕行为,供认犯罪事实的”情形,要结合自首的本质特征进行认定。“明知他人报案而在现场等待”成立自首必须是犯罪嫌疑人能逃而不逃。犯罪嫌疑人投案的主动性和自愿性是自动投案的本质特征。因某些客观原因所致,犯罪嫌疑人只能留在现场的情形,无法体现其主动性和自愿性,不能认定为自动投案。“能逃而不逃”应当依据客观条件进行认定。自首的成立本身受制于客观条件。因此,对客观上不具备逃走条件的犯罪嫌疑人,即使存在投案的主动性、自愿性,也不应认定为自首。

本案中,原审被告人尚娟在明知他人报警之后,一直留在现场等待民警。此时,尚娟的犯罪行为已经败露,尽管其没有实施逃走的行为,也没有受到人身强制,但是饭店经理安排张丹一直陪同其留在饭店的员工宿舍内等待民警,就是防止其逃走。因此,尚娟只能待在现场,客观上不具备逃走的条件,不是“能逃而不逃”,不应认定为自动投案。

案例:潘平盗窃案

案例来源:《刑事审判参考》总第 120 集[第 1303 号]

主题词:盗窃罪　自首

一、基本案情

2012 年 5 月 9 日至 5 月 13 日,被告人潘平伙同吴胜(已判刑)等人在浙江省杭州市余杭区、临安市青山湖街道,采用工具撬锁、搭线发车等手段盗窃作案 3 起,窃得摩托车 4 辆,共计价值人民币 10700 元。

审查 2012 年 5 月 13 日,被告人潘平被公安机关抓获归案。因其需要就医治疗被取保候审。后潘平在取保候审期间脱逃,经公安机关多次传讯未到案,后于 2014 年 3 月 4 日向临安市公安局投案。

二、裁判要旨

No. 5-264-79　犯罪嫌疑人在取保候审期间逃跑,逃避侦查,不具备成立自首情节要求的自动性;逃跑后再次投案的,不符合成立自首所要求的自动投案。因此,取保候审期间逃跑后又投案的情形不能认定为“自动投案”,不成立自首,但可以作为归案后如实供述、认罪态度较好等酌定从宽情节。

1. 犯罪嫌疑人被取保候审期间逃跑后又投案的,不符合《刑法》关于自动投案的成立条件。

第一,犯罪嫌疑人在取保候审期间逃跑,逃避侦查,不具备成立自首情节要求的自动性。自动性不仅要求行为人出于本人的意志将自己的人身置于司法机关的控制之下接受审查、制裁,还意味着犯罪嫌疑人的投案应当只针对其犯罪行为本身,而不涉及对其他行为或情节的评价。首先,虽然根据 1998 年《最高人民法院关于处理自首和立功具体应用法律若干问题的解释》(以下简称《自首和立功解释》)第一条规定,并非出于犯罪嫌疑人主动,而是经亲友规劝、陪同投案的;公安机关通知犯罪嫌疑人的亲友,或者亲友主动报案后,将犯罪嫌疑人送去投案的,也应当视为自动投案。但“陪首”和“送首”也是在犯罪嫌疑人同意或者默许接受司法机关制裁的情况下,才能成立。本案中,被告人在取保候审期间脱逃,表明其不愿意接受司法机关的制裁,不能体现其悔罪态度,不符合自首构成要件中“自动性”的要求。其次,《刑法》中的“自动投案”是具体而非抽象的判断,必须结合具体行为加以解释本案中,被告人潘平的自动投案不完全是针对其盗窃犯罪行为,而是包括对其逃跑行为所产生后果的事后补救。如果犯罪嫌疑人不是在取保候审期间脱逃,而是在被公安机关羁押期间逃跑并构成脱逃罪的,那么其之后的投案可以评价为对脱逃罪构成自首。但对于之前的犯罪,则不再构成自首。

第二,逃跑后再次投案的,不符合成立自首所要求的自动投案。一是《刑法》上的自动投案有时间限制。《刑法》第六十七条规定,“犯罪以后自动投案,如实供述自己的罪行的,是自首”。《自首和立功解释》第一条第一项规定的“自动投案”,是指犯罪事实或者犯罪嫌疑人未被司法机关发觉,或者虽被发觉,但犯罪嫌疑人尚未受到讯问、未被采取强制措施时,主动、直接向公安机关、人民检察院或者人民法院投案。根据该规定,自动投案的时间应在犯罪以后、被采取强制措施之前。二是自动投案与如实供述不同。是否如实供述,法律允许犯罪嫌疑人有所反复,但是否自动投案应是一次性判断,具有不可逆性。如果将犯罪以后已经归案又脱逃的状态等同于一直未归案,将会使自动投案的成立时间过于宽泛,认定标准随时可能发生变化,从而造成司法适用的混乱。

第三,认定被告人潘平不属于"自动投案"与《自首和立功解释》的规定并不矛盾。有观点认为,根据《自首和立功解释》第一条第一项中关于"犯罪后逃跑,在被通缉、追捕过程中,主动投案的,应当视为自动投案"的规定,犯罪嫌疑人归案后逃跑又投案的,也应当视为"自动投案"。我们认为,这种理解不当地扩大了自首的认定范围。上述规定针对的是犯罪后始终未被抓捕归案的在逃犯罪人员主动投案的情形。所谓归案,是指犯罪嫌疑人被置于司法机关的控制之下,人身自由受到限制的情形。本案中,被告人潘平不属于"犯罪后逃跑"的情形,而是在被采取强制措施后逃跑,因而不适用《自首和立功解释》中的此项规定。

2. 将取保候审期间逃跑后又投案的情形认定为"自动投案",不符合自首制度的价值导向。虽然刑法实现保护法益机能的主要方式是依靠国家强制力主动打击犯罪,但犯罪嫌疑人主动归案、投案自首,能够节省有限的司法资源,减少社会不安定因素,因而无论从节约司法成本的角度还是从罪责刑相适应的角度,自首都具有重要的价值。

从节省司法成本的角度考察,被采取强制措施期间脱逃后又投案并没有节约司法资源,反而会耗费更多的司法资源。如果仅考虑逃跑之后再主动投案的行为对诉讼活动的影响,似乎在抓捕犯罪嫌疑人方面节约了司法资源,但不能机械地将逃跑行为和投案行为分割开,而应从整体上予以评判。

从罪责刑相适应的角度考察,犯罪以后主动投案,体现了犯罪嫌疑人主动接受审查裁判的意愿,反映其主观恶性和人身危险性相对降低,因而是从宽的处罚情节。被采取强制措施后没有逃跑又自觉接受刑事审判的,尚且不能认定为自首,而被告人潘平被采取强制措施后逃跑,即使其又主动投案,也至多是抵消其逃跑所反映的主观恶性大的情节,若再被认定为自首获得额外"奖励",对没有逃跑的其他被告人而言显然不公,有违罪责刑相适应原则。

3. 将取保候审期间逃跑后又投案的情形认定为"自动投案",与刑事诉讼法的相关规定不协调。从刑法的实质评价分析,在取保候审期间逃跑,不仅表明犯罪嫌疑人对法律缺乏敬畏之心,也表明了其不愿接受法律制裁,主观恶性和人身危险性相对较大,属于量刑时从重的情节。如果认定脱逃后又投案的行为成立自首,可能会冲击刑事强制措施的权威性,不利于维护法律的统一,同时也会变相鼓励已被采取强制措施的犯罪嫌疑人,为获得"自首"这一法定从轻处罚情节而伺机先逃跑再投案,这显然有悖于刑事强制措施的立法目的。

当然,对于取保候审期间脱逃后又主动投案的情节,也有其积极价值,不认定该情形属于自动投案和自首,并不影响将其作为归案后如实供述、认罪态度较好等酌定从宽情节在量刑时予以考虑。司法机关综合评判犯罪嫌疑人脱逃和投案情节对量刑的不同影响后完全可以做到罪责刑相适应,从而起到鼓励被采取强制措施期间脱逃的犯罪嫌疑人主动投案的作用。因此,本案中人民法院依法未认定被告人潘平的投案行为成立自首,但根据其归案后能够如实供述等情节,对其从轻处罚是正确的。

案例:陈某盗窃案

案例来源:《刑事审判参考》总第 87 集[第 795 号]

主题词:盗窃罪　窃取密保卡数据

一、基本案情

被告人陈某,男,汉族,1987 年 8 月 24 日出生,原系 D 市某公司员工。因涉嫌犯盗窃罪于 2008 年 7 月 25 日被逮捕。

D 市第三市区人民检察院以被告人陈某犯盗窃罪,向 D 市第三人民法院提起公诉。

被告人陈某对公诉机关指控的事实和罪名不持异议,其辩护人提出公诉机关指控陈某犯盗窃罪的事实不清,证据不足。

D市第三人民法院经公开审理查明:2008年4月15日,深圳腾讯公司委托D市某公司生产QQ密保卡。生产过程中有一批密保卡因损坏需要重新进行制作,某公司遂将该批密保卡的数据通过内网上传至本公司服务器的共享文档。由于文件没有加密,某公司的普通操作员通过生产车间的电脑就可以进入内部网络查看QQ密保卡数据。被告人陈某发现这一漏洞后,第二天携带一张TransFlash卡及转换器来到生产车间,趁他人不注意时利用其中一台多米诺2号喷码机登录到该公司的服务器,并将需要重新制作的密保卡的数据复制到其携带的TransFlash卡,所涉QQ密保卡卡面金额人民币(以下币种同)49140元。此后,陈某辞职回到老家,并于5月5日至6月19日期间,利用其复制的QQ密保卡数据为其本人及朋友的QQ账户进行充值,累计充值金额5030元。6月2日,腾讯公司接到游戏玩家投诉称所购Q币充值卡余额为零。警方接到报警后,于6月19日将陈某抓获归案。

D市第三人民法院认为,被告人陈某以非法占有为目的,秘密窃取他人财物,数额巨大,其行为构成盗窃罪,依法应当惩处。公诉机关指控陈某犯盗窃罪的罪名成立。陈某的辩护人所提本案犯罪事实不清、证据不足的辩护意见,与被害单位报案陈述、被告人供述、证人证言、相关书证等证据所证事实不符,不予采纳。陈某所盗Q币大部分未予充值,应当依照QQ密保卡等值服务对应的实际所受损失认定盗窃数额;陈某在法庭上如实供述犯罪事实,认罪态度较好,依法可以酌情从轻处罚。据此,依照《中华人民共和国刑法》第二百六十四条、第二十三条、第五十三条之规定,D市第三人民法院以被告人陈某犯盗窃罪,判处有期徒刑一年六个月,并处罚金三千元。

一审宣判后,被告人陈某未提出上诉,公诉机关亦未提出抗诉,判决已发生法律效力。

二、裁判要旨

No.5-264-80 窃取密保卡数据非法充值,导致相应的服务资费损失,应认定成立盗窃罪。

从客体分析,充值后的QQ密保卡承载腾讯公司提供的等值服务资费,具有财产属性,属于公私财物。

首先,QQ密保卡是持卡人支付对价后取得有偿网络服务的指令媒介。本案中,某公司为腾讯公司制作的QQ密保卡本身不具有财产性,但该密保卡是为QQ用户提供充值服务的一种服务卡,QQ用户通过向腾讯公司支付一定的人民币购买QQ密保卡后就能对其QQ账户进行充值,进而获得腾讯公司提供的等值服务,这种有偿服务使密保卡具备了财产性。被告人陈某利用其复制的QQ密保卡对QQ账户进行非法充值,使其本人和朋友可以获得腾讯公司提供的5030元的等值服务,导致腾讯公司对应的等值服务资费5030元遭受损失。

其次,QQ密保卡对应的等值服务资费应当纳入刑法保护的范围。《刑法》规定的财物,通常是指传统观念中以实物形态存在的、有形的、具有经济价值的物质。然而,随着经济社会的发展,财物的存在形态发生了巨大的变化,部分财物开始以非实物形态存在。如随着通讯技术的发展,网民可以随时利用网络服务卡消费相当于货币使用的有价财产权益,网络服务卡基于其便利、安全的充值功能,已受到网民的广泛使用。虚拟财产作为盗窃的犯罪对象已日渐得到司法部门的认同,如相关司法解释已经将电力、煤气等无形财产以及代表一定财产权益的电信卡等作为盗窃的对象。最高人民法院2000年5月12日出台的《关于审理扰乱电信市场管理秩序案件具体应用法律若干问题的解释》第七条规定:“将电信卡非法充值后使用,造成电信资费损失数额较大的,依照《刑法》第二百六十四条规定,以盗窃罪定罪处罚。”第八条规定:“盗用他人公共信息网络上网账号、密码上网,造成他人电信资费损失数额较大的,依照《刑法》第二百六十四条的规定,以盗窃罪定罪处罚。”本案QQ密保卡上的数据与《关于审理扰乱电信市场管理秩序案件具体应用法律若干问题的解释》规定的公共信息网络上网的账号、密码在本质上相似,具备承载和保护一定数额的无形财产的功能,具有普通财物所具有的使用价值和交换价值。因此,陈某盗窃QQ密保卡上的数据并进行非法充值,致使腾讯公司对应的等值服务资费遭受损失的行为,也可以按盗窃罪定罪处罚。

从主观方面分析,陈某具有非法占有的目的。陈某利用复制的QQ密保卡数据为本人及他人的QQ账户进行充值,其目的是无偿获得腾讯公司提供的5030元等值服务,其主观上具有非法占有目的。

从客观方面分析,陈某的行为符合秘密窃取特征。陈某将密保卡数据秘密复制到Trans-Flash卡,并通过密保卡对其本人及其朋友的QQ进行充值,是在其本人所在公司和腾讯公司都不知情的情况下实施的,因此陈某的行为符合秘密窃取的本质特征。

No. 5-264-81　窃取密保卡信息并充值,盗窃行为既已达到既遂,数额应当以实际充值的数额计算。

"失控加控制说"主张以被盗财物是否脱离所有人或者保管人的控制并且实际置于行为人控制之下为标准,如果被盗财物已脱离所有人或者保管人控制并且已实际置于行为人控制之下,应当认定为盗窃罪既遂;反之,就应认定为盗窃罪未遂。本案中,密保卡本身不是财产,但因获得腾讯公司的等值服务而具有财产属性。被害单位实际失去控制的是与密保卡对应的等值服务资费(5030元)。陈某秘密窃取密保卡的数额并非法充值后,该部分财产即脱离了公司的控制,即已实际处于陈某可自由支配的状态,故此时盗窃行为即告完成,在停止形态上应当认定为既遂。另一方面,一个犯罪行为既遂之后就不可能再存在预备、中止、未遂等犯罪形态,更不可能出现部分行为既遂、部分行为未遂的情况。既然陈某的犯罪行为已经既遂,行为人事后对赃物的处理以及被害人事后为防止损失扩大而采取的止损措施,都是犯罪实施后的行为,对盗窃行为人的犯罪停止形态不构成任何影响。因此,行为人是否将全部密保卡充值使用,只能作为量刑情节予以考虑,不会改变行为本身的性质与犯罪停止形态。

按照实际财产损失认定盗窃数额更有利于实现罪刑均衡。首先,如果以复制数据所涉密保卡的卡面金额认定盗窃数额,则充值金额与卡面金额差距越大,对行为人的处罚就显偏重,这与当前刑事审判量刑规范化的精神是背道而驰的。其次,根据最高人民法院《关于审理盗窃案件具体应用法律若干问题的解释》(已失效)第一条的规定,盗窃数额是指行为人窃取的公私财物的数额。行为人窃取的财物数额,应当是指被害方因行为人的窃取行为而实际失去控制的财产损失。本案中,陈某通过秘密手段窃取QQ密保卡上的数据进行充值,其行为实质上是使腾讯公司本应获得的等值服务资费(5030元)遭受损害。再次,根据《关于审理盗窃案件具体应用法律若干问题的解释》(现已失效)第十条的规定,盗窃信用卡使用的,以盗窃罪定罪处罚,其盗窃数额应当根据行为人盗窃信用卡使用的数额认定。被盗无记名信用卡一旦到手,行为人即达到非法控制的目的,这与窃取密保卡数据进行非法充值的性质比较相似,因此,可以比照《关于审理盗窃案件具体应用法律若干问题的解释》的规定认定陈某的盗窃数额。最后,根据《关于审理扰乱电信市场管理秩序案件具体应用法律若干问题的解释》第七条的规定,将电信卡非法充值后使用,造成电信资费损失数额较大的,按照电信资费损失数额以盗窃罪定罪处罚。电信资费与本案密保卡对应的等值服务资费都属于非实体财产,因此参照非法充值电信资费的相关规定,以实际财产损失认定本案盗窃数额比较符合实践做法,有利于量刑平衡。

案例:汪李芳盗窃案

案例来源:《刑事审判参考》总第87集[第796号]

主题词:盗窃罪　盗窃手机SIM卡时的数额计算

一、基本案情

被告人汪李芳,女,1982年6月29日出生,农民。因涉嫌犯盗窃罪于2010年12月15日被逮捕。

上海市闸北区人民检察院以被告人汪李芳犯盗窃罪,向上海市闸北区人民法院提起公诉。

上海市闸北区人民法院经公开审理查明:上海金舟通信器材有限公司(以下简称"金舟公司")是中国移动通信集团上海有限公司(以下简称"移动公司")的代理商,法定代表人为凌翱,营业地在上海市天目西路188号不夜城手机市场4楼80号柜台,4楼42号柜台系办公室兼仓库,被告人汪李芳系 80 号柜台营业员。2010 年 7 月底某日 19 时许,汪李芳趁下班后店内无人之机,从 80 号柜台抽屉中取出 42 号柜台仓库钥匙,进入仓库窃得 1800 张手机 SIM 卡。同年 8 月 7 日 19 时许,汪李芳采用同样方法,再次进入仓库窃得 1600 张手机 SIM 卡。上述 3400 张手机 SIM 卡系金舟公司以人民币(以下币种同)17.1 万元的价格从移动公司购入。汪李芳将窃得的手机 SIM 卡分别销售给冯其、邹世恩等人,得款 6 万余元。同年 11 月 7 日,公安人员将汪李芳抓获。案发后,公安机关将追缴到的 871 张手机 SIM 卡发还给被害人,汪李芳家属退赔了 9.8 万元。另查明,移动公司对金舟公司销售手机 SIM 卡进行了返利。

上海市闸北区人民法院认为,涉案 3400 张手机 SIM 卡虽系被害单位以 17.1 万元从移动公司购入,但被害单位从移动公司取得了返利,故被害单位遭受的实际损失在 10 万元以内。由于核价机关对所窃手机 SIM 卡的实际价值难以估价,应当遵循有利于被告人的原则,认定汪李芳的盗窃数额为 9 万余元:汪李芳以非法占有为目的,盗窃他人价值 9 万余元的财物,数额巨大,其行为构成盗窃罪,依法应予惩处。汪李芳认罪态度较好,其家属帮助其积极退赔被害单位的损失,并取得了被害单位的谅解,对其可以酌情从轻处罚。据此,依照《中华人民共和国刑法》第二百六十四条、第六十四条之规定,上海市闸北区人民法院以汪李芳犯盗窃罪判处有期徒刑五年六个月,并处罚金二万元;退赔的违法所得,发还被害人。

一审宣判后,汪李芳未上诉,上海市闸北区人民检察院提出抗诉。上海市闸北区人民检察院认为,原审被告人汪李芳的盗窃数额应当为 17.1 万元,属数额特别巨大,应当在有期徒刑十年以上量刑。一审判决认定汪李芳盗窃数额为 9 万余元,数额巨大,仅判处其有期徒刑五年六个月,属量刑畸轻,请求依法改判。具体理由是:首先,刑法规定盗窃数额的认定是以被盗物品价格的有效证明或者以市场价的中间价作为依据,而非以被害人实际损失数额作为依据。本案中,汪李芳窃得的 3400 张手机 SIM 卡均系被害人从移动公司购得,这些卡在盗窃行为既遂时并没有产生任何返利,因此所盗物品的价值应当是被害人购卡时支付的对价,即 17.1 万元。其次,返利是移动公司与被害单位之间的约定,系被害单位的经营行为可能带来的一种衍生利益,不应当从盗窃数额中予以扣除。

上海市人民检察院第二分院支持上海市闸北区人民检察院的抗诉意见,并建议二审法院予以纠正。

原审被告人汪李芳对原审判决不持异议。汪李芳的辩护人基于以下理由请求二审法院驳回抗诉,维持原判:(1)不能仅凭移动公司的单方定价认定涉案手机 SIM 卡的价值,商品的价值应当通过市场交易得以体现,原审法院按照市场成交价格认定被窃手机 SIM 卡的价值,符合资产评估的原理;(2)按照疑罪从无、疑罪从轻原则,不应以 17.1 万元认定汪李芳的盗窃数额;(3)汪李芳作为手机 SIM 卡的销售员,基本上是以低于 55 元(标准卡、新畅听卡)、35 元(轻松卡)的价格销售手机 SIM 卡,若以 55 元、35 元认定本案手机 SIM 卡的价值,有失法律的公平,也不利于汪李芳的改造。

上海市第二中级人民法院审理查明的事实、证据与一审法院基本相同。另查明:金舟公司从移动公司以每张 55 元的价格购进神州行新畅听卡、标准卡,以每张 35 元的价格购进神州行轻松卡。此后,金舟公司通过登记客户资料、激活手机 SIM 卡、营销活动等酬金等方式可以从移动公司取得返利;返利取得的时间为激活后一两个月。金舟公司已经取得了全部 7 万余元返利,扣除返利后,金舟公司取得神州行新畅听卡、标准卡的成本价为每张 32 元,取得神州行轻松卡的成本价为每张 18 元。此外,上述手机 SIM 卡在不夜城手机市场的销售价低于金舟公司从移动公司取得的价格,接近成本价,被窃手机 SIM 卡总计价值 9 万余元。

上海市第二中级人民法院认为,商品的价值是指在公开市场上可能实现的交换价值,移动公司销售给代理商手机 SIM 卡的价格,只是移动公司的单方定价,并不能反映手机 SIM 卡的真正价值。移动公司给代理商的返利,是使手机 SIM 卡回归其真正价值的一种手段,返利应在认定手机 SIM 卡价值时予以扣除。原审被告人汪李芳以非法占有为目的,盗窃他人价值 9 万余元的财物,数额巨大,其行为构成盗窃罪,依法应予惩处。对上海市闸北区人民检察院提出的抗诉理由和上海市人民检察院第二分院支持抗诉的意见,不予采纳。依照《中华人民共和国刑事诉讼法》第一百八十九条第(一)项之规定,上海市第二中级人民法院裁定驳回抗诉,维持原判。

二、裁判要旨

No.5-264-82 盗窃罪数额计算应当贯彻实事求是与存疑有利于被告人的原则,在被害单位存在返利的情况下,返利应当从盗窃罪数额中扣除。

根据最高人民法院1998年出台的《关于审理盗窃案件具体应用法律若干问题的解释》(已失效)第五条的规定,被盗物品的价格,应当以被盗物品价格的有效证明确定。对于不能确定的,应当区别情况,根据作案当时、当地的同类物品的价格以人民币核价计算。对于流通领域的商品,按市场零售价的中等价格计算;属于国家定价的,按国家定价计算;属于国家指导价的,按指导价的最高限价计算。单位和公民的生产资料、生活资料等物品,原则上按购进价计算;但作案当时市场价高于原购进价的,按当时市场价的中等价格计算。《关于审理盗窃案件具体应用法律若干问题的解释》第五条虽然规定以被盗物品价格的有效证明确定被盗物品价值,未考虑个别情况下返利对个体定价的调整影响,但其精神主旨贯彻了实事求是和存疑有利于被告人的认定原则。

资产评估的基本方法有市场比较法、成本法、收益法三种。在刑事案件中,资产评估往往是被告人定罪量刑的重要依据,以估测被评估资产的未来预期收益为方法的收益法不适用于刑事案件,价格认证机构通常采取市场比较法或者成本法评估涉案物品的价值。上海市价格认证中心认为:(1)移动公司确定的55元(标准卡、新畅听卡)和35元(轻松卡)的价格,仅仅是一种价格符号,其代理商在市场上的实际公开售价远远低于上述价格,因此本案无论采用何种方法进行价格鉴定,都不可能得出17万余元的价格鉴定意见。(2)价格鉴定的主要方法有市场比较法、成本法和收益法三种,具体选择何种方法对涉案物品财产进行价格鉴定,目前尚无有关法律法规明确规定,实践中一般是由价格认证机构根据涉案物品的具体情况和委托方的要求选择使用。本案手机SIM卡的市场销售价格各不相同,且代理商可能以涉及商业秘密为由拒绝提供手机SIM卡的具体销售信息,因此以市场法进行估价鉴定在技术条件上存在障碍,采用成本法进行价格鉴定更接近于客观事实。

本案中,手机SIM卡的成本价为32元(标准卡、新畅听卡)和18元(轻松卡),在不夜城手机市场的售价接近成本价,可能高于成本价2元至3元销售。由于代理商不愿或者无法提供其销售手机SIM卡的具体数量和相应价格,使上述手机SIM卡的"市场零售价的中等价格"无法确定,但可以肯定的是上述手机SIM卡的成本价非常接近"市场零售价的中等价格",基本等于"市场零售价的中等价格"。因此,以成本价32元(标准卡、新畅听卡)和18元(轻松卡)认定本案被窃手机SIM卡的价值,符合资产评估原理。金舟公司从移动公司购进的SIM卡的定价明显高于公开市场成本价,返利后的SIM卡价格与市场公开成本价基本维系平衡。因此,一审法院在认定被窃手机SIM卡价值时扣除返利,以成本价认定被窃手机SIM卡价值9万余元是正确的。

案例:廖承龙、张文清盗窃案

案例来源:《刑事审判参考》总第91集[第849号]

主题词:盗窃罪

一、基本案情

被告人廖承龙,男,1975年1月6日出生。2007年11月1日因犯盗窃罪被判处有期徒刑三年六个月,2010年3月6日刑满释放,2012年1月4日因涉嫌犯盗窃罪被逮捕。

被告人张文清,男,1954年11月8日出生。2011年12月2日因涉嫌犯盗窃罪被逮捕。

江西省丰城市人民检察院以被告人廖承龙犯合同诈骗罪、盗窃罪,被告人张文清犯盗窃罪,向丰城市人民法院提起公诉。

丰城市人民法院经公开审理查明:2011年6月,张华镇将一辆价值人民币(以下币种同)78000元的本田雅阁轿车委托被告人张文清经营的浙江省金华市百通汽车租赁有限公司出租。

同年7月21日,被告人廖承龙使用伪造的名为“孙勤新”的机动车驾驶证,从张文清处租赁该本田轿车,签订租赁合同并交纳2000元租车费后,将该车开回江西省丰城市。7月28日,廖承龙以资金周转困难为由,向廖梅借贷45000元,并将租来的本田轿车质押给廖梅,双方约定廖承龙在10日内归还50000元本息以赎回该车。廖承龙将借款用于赌博,到期未能还款。同时,廖承龙向张文清陆续支付8000元租金后未继续支付。同年11月5日,张文清因无法联系到廖承龙,遂赴丰城市找到廖承龙要车,廖承龙表示该车已被其当掉,无钱赎回。当晚,张文清与廖承龙在丰城市上塘镇找车未果,张文清回到金华市。11月7日,张文清通过浙江省某公司GPS定位系统发现该车停在丰城市上塘汽车站,遂于当晚到丰城市找到廖承龙。11月8日6时许,张文清、廖承龙来到上塘汽车站,廖承龙持张文清提供的备用钥匙,将该车从汽车站车库内开走并隐藏。11月9日廖承龙将该车交给张文清,张文清驾驶该车返回浙江途中被抓获。公安机关将该车发还给张华镇。

丰城市人民法院认为,被告人廖承龙以非法占有为目的,在签订、履行合同过程中,骗取对方当事人财物,数额巨大,其行为构成合同诈骗罪。被告人廖承龙、张文清以非法占有为目的,采取秘密手段窃取财物,数额特别巨大,其行为均构成盗窃罪。在共同盗窃中,廖承龙起主要作用,属主犯;张文清起次要作用,属从犯,应当依法减轻处罚。廖承龙在刑罚执行完毕后五年内再犯应当判处有期徒刑以上刑罚之罪的,属于累犯,依法应当从重处罚。据此,依照《中华人民共和国刑法》第二百二十四条第(一)项,第二百六十四条,第六十五条第一款,第二十五条第一款,第二十六条第一款、第四款,第二十七条,第六十九条之规定,判决如下:

1. 被告人廖承龙犯合同诈骗罪,判处有期徒刑五年,并处罚金一千元;犯盗窃罪,判处有期徒刑十一年,并处罚金二千元;决定执行有期徒刑十三年,并处罚金三千元。

2. 被告人张文清犯盗窃罪,判处有期徒刑五年,并处罚金一千元。

一审宣判后,被告人廖承龙、张文清均提出上诉。廖承龙提出,其不属主犯,原判量刑过重。张文清提出,廖承龙与廖梅之间的质押合同无效,廖梅非法占有涉案车辆;其无非法占有他人财物的目的,其行为未侵犯他人财产所有权,不构成盗窃罪。

江西省宜春市中级人民法院经二审审理认为,原审对上诉人廖承龙定罪准确、量刑适当,廖承龙上诉所提其属从犯、原审量刑过重的意见不成立。上诉人张文清明知廖承龙无法回赎被质押的车辆,转而采取秘密手段窃取涉案车辆,仍积极为廖承龙提供帮助,其行为构成盗窃罪的共犯,故张文清关于不构成盗窃罪的上诉意见不成立。鉴于张文清帮助廖承龙盗窃的目的在于取回其受委托出租的车辆,主观恶性较小,又系从犯,对其可免予刑事处罚。据此,依照《中华人民共和国刑法》第二百二十四条第(一)项,第二百六十四条,第二十五条第一款,第二十六条第一款、第四款,第二十七条,第六十五条第一款,第六十九条,第三十七条和《中华人民共和国刑事诉讼法》第一百八十九条第(一)项、第(二)项之规定,判决如下:

1. 维持江西省丰城市人民法院(2012)丰刑初字第104号刑事判决中第一项。

2. 撤销江西省丰城市人民法院(2012)丰刑初字第104号刑事判决中第二项,即被告人张文清犯盗窃罪,判处有期徒刑五年,并处罚金一千元。

3. 被告人张文清犯盗窃罪,免予刑事处罚。

二、裁判要旨

No.5-264-83 行为人帮助他人盗回自己公司经营的财物,应认定为盗窃罪的帮助犯。

廖承龙将骗得的租赁汽车质押给债权人廖梅,该处分行为未征得车主的同意,事后也未获得车主的追认,因此其与廖梅对质押汽车的处分无效。关于廖梅是否合法取得该车的质押权,需要首先进一步分析其取得行为是否属于善意取得。《物权法》第一百零六条规定:“无处分权人将不动产或者动产转让给受让人的,所有权人有权追回;除法律另有规定外,符合下列情形的,受让人取得该不动产或者动产的所有权:(一)受让人受让该不动产或者动产时是善意的;(二)以合理的价格转让;(三)转让的不动产或者动产依照法律规定应当登记的已经登记,不需要登记的已经交付给受让人。受让人依照前款规定取得不动产或者动产的所有权的,原所有权人有权向无处分权人请求赔偿损失,当事人善意取得其他物权的,参照前两款规定。”本案中,廖梅查看过该车行驶证,明知该车车主并非廖承龙,还轻信廖承龙有权质押该车,其取得质押权的行为不属于善意取得,不能依照善意取得制度取得该车的质押权。但是,值得强调的是,虽然廖梅不享有该车的质押权,但鉴于其是基于合法借贷关系而占有该车,并履行了约定的对价给付义务,故其取得该车的临时监管权是合法的,而且这种监管权受刑法保护。同时,廖承龙盗窃后并未向廖梅声明是其将车盗回,意味着不论廖梅是否最终有权取得质押车的质权,其根据质押合同应当向廖承龙承担质押车被盗的损失。即不论廖梅是否合法取得质押权,如果廖承龙盗车事实未被发现,则廖承龙的盗窃行为将为自己带来一定的财产收益。正因如此,廖承龙的秘密窃取行为具有非法占有目的,符合盗窃罪的构成特征。

张文清为索回本属于自己公司经营的汽车,其不具有通过秘密窃取行为主张增加自己财产利益的目的,因此不具有非法占有目的。但因廖承龙具有非法占有目的,张文清明知廖承龙具有非法占有目的,还积极实施帮助行为,属于盗窃共同犯罪中的帮助犯。

张文清的行为也不构成自救行为。所谓自救行为,也称自助行为、自力救济,是指权利受到侵害的人,在无法或者不能及时按照正当法律程序获得公力救济时,实施恢复权利的行为。自救行为的最主要特征是恢复权利的紧迫性,即一旦错失良机,即使事后积极寻求公力救济也于事无补。因此,自救行为虽然对他人的合法权益乃至社会造成一定损害,但属于阻却犯罪的正当事由。本案中,张文清得知本公司出租的汽车被廖承龙非法质押后,为尽快挽回损失,遂要求并协助廖承龙将该车盗走。当时占有汽车的廖梅系通过合法途径占有该车,并进行了妥善保管。张文清返还汽车的权利要求完全可以通过诉讼、行政调解等方式实现,事后公安机关将该车返还车主的事实也证明了这一点。张文清擅自采用盗窃手段实现非法移转占有的目的,虽然其目的具有一定正当性,但因不具有恢复权利的紧迫性,故不应认定是自救行为,应当承担相应的法律责任。

本案中,张文清放弃公力救济,转而在不具有迫切需求的情况下采用私力救济手段取回财物,这种私力救济手段如被滥用,将破坏社会正常秩序,损害法律尊严,也必然会引发新的社会矛盾,因此在法律上应当对张文清的行为给予否定评价。但张文清的犯罪行为毕竟有其特殊性,不同于常见的盗窃犯罪,如何对其合理处罚,是值得探讨的重要问题。对张文清量刑时,应当考虑以下几点:第一,本案的起因是张文清所属公司的租赁车辆被骗租,张文清作为廖承龙诈骗行为的受害者,为尽快挽回损失遂伙同廖承龙共同盗窃该车,属于事出有因,主观恶性和人身危险性较小。第二,张文清的盗窃行为虽然不具有自救行为要求的急迫性,但其最终目的是恢复受损的合法权益,在情理上具有目的正当性,只是采用的方法不当。第三,在伙同廖承龙实施盗窃行为的过程中,张文清始终基于恢复自身权利的目的对廖承龙进行帮助,要求廖承龙承担返还骗取汽车的责任,自己未直接动手盗窃。二审法院综合考虑张文清的行为目的及其在共同犯罪中的地位、作用,改判其免予刑事处罚是适当的。这样处理,既能惩戒不当的私力救济行为,又充分考虑了行为人的具体情况,具有较好的法律效果和社会效果。

案例:饶继军等盗窃案

案例来源:《刑事审判参考》总第 93 集[第 879 号]

主题词:盗窃罪　数额计算

一、基本案情

被告人饶继军,男,汉族,1975 年 1 月 8 日出生,个体户。2012 年 7 月 17 日因涉嫌犯盗窃罪被逮捕。

被告人李勳代,男,汉族,1966 年 3 月 29 日出生,个体户。2006 年 7 月 14 日因犯故意伤害罪被判处有期徒刑二年,2008 年 7 月 13 日刑满释放;2012 年 7 月 17 日因涉嫌犯盗窃罪被逮捕。

被告人韩顺明,男,汉族,1963 年 10 月 28 日出生,农民。2012 年 7 月 17 日因涉嫌犯盗窃罪被逮捕。

江西省万安县人民检察院以被告人饶继军、李勲代、韩顺明犯盗窃罪,向万安县人民法院提起公诉。

万安县人民法院经审理查明:自2003年始,被告人饶继军从事收购金砂,再加工成黄金出售的经营活动。2012年4月4日,饶继军来到江西省万安县罗塘乡村背村金滩沙场收购金砂,因沙场老板刘年生不愿出售金砂,遂产生盗窃之念。同月6日凌晨,饶继军伙同被告人李勲代、韩顺明和肖继柏(在逃)驾车到金滩沙场,盗得金砂9袋共约315公斤[按当时市场收购价计算,315公斤金砂可售人民币(以下币种同)4500元],后饶继军等人将所盗金砂进行加工,提炼出62克黄金和60公斤铁砂。饶继军将黄金以每克297元出售,得款18414元。饶继军分得赃款6014元、李勲代分得2000元、韩顺明分得4400元、肖继柏分得6000元。同月20日左右,饶继军又来到金滩沙场,以450元每袋的价格将该沙场剩余的金砂全部收购。案发后,饶继军退赃9000元,韩顺明退赃5000元,韩顺明另替肖继柏退赃4414元。三被告人均得到失主刘年生的谅解。

万安县人民法院认为,被告人饶继军、李勲代、韩顺明以非法占有为目的,采取秘密手段窃取他人财物,数额较大,其行为均构成盗窃罪。饶继军归案后协助公安机关抓获其他犯罪嫌疑人,具有立功表现,依法可以从轻或者减轻处罚;李勲代曾因犯故意伤害罪被判处有期徒刑,在刑满释放5年内又犯应当判处有期徒刑以上刑罚之罪,属于累犯,依法应当从重处罚;饶继军、李勲代、韩顺明归案后认罪态度较好,且均获取被害人谅解,依法可以从轻处罚;饶继军、韩顺明积极退缴赃款,并积极缴纳罚金,依法可以从轻处罚。据此,依照《中华人民共和国刑法》第二百六十四条、第二十五条第一款、第五十二条、第五十三条、第六十五条第一款、第六十八条以及最高人民法院、最高人民检察院、司法部《关于适用普通程序审理"被告人认罪案件"的若干意见(试行)》(已废止)第九条之规定,万安县人民法院判决如下:

1. 被告人饶继军犯盗窃罪,判处有期徒刑八个月,并处罚金人民币一万元。
2. 被告人李勲代犯盗窃罪,判处有期徒刑一年七个月,并处罚金人民币一万元。
3. 被告人韩顺明犯盗窃罪,判处有期徒刑十个月,并处罚金人民币一万元。

一审宣判后,被告人饶继军、李勲代、韩顺明未提起上诉,检察机关没有抗诉,判决已发生法律效力。

二、裁判要旨

No.5-264-84　盗窃金砂加工成黄金后销赃的,盗窃数额应当以所盗金砂的价值计算。

最高人民法院1997年11月4日出台的《关于审理盗窃案件具体应用法律若干问题的解释》规定"销赃数额高于按本解释计算的盗窃数额的,盗窃数额按销赃数额计算",其中销赃数额是指盗窃财物后直接销赃的数额,而不是指将盗窃的财物改装、加工后销赃的数额。饶继军等人盗窃金砂后,使用加工设施,由他人经过加工后才提炼出黄金,其销赃款中不仅包含了金砂本身的价值,还包含了其用于将金砂加工提炼出黄金的相关成本和人工费用。因此,将被盗物品进行加工提炼后的产品销售,不属于《关于审理盗窃案件具体应用法律若干问题的解释》规定的按销赃数额计算的情形。

刑法理论界关于《关于审理盗窃案件具体应用法律若干问题的解释》规定"销赃数额高于被盗物价值,盗窃数额按销赃数额计算"的合理性一直存在较大争议。有观点认为,盗窃罪的社会危害性,除犯罪手段等情节外,主要是行为人非法占有的公私财物的数额大小,至于行为人事后销赃所得数额多少,甚至毁弃所窃财物,都对行为人的盗窃行为的社会危害性无任何影响,属于事后不可罚行为。因此,把销赃数额作为定罪量刑的标准是不科学的。本案审结后,最高人民法院、最高人民检察院于2013年4月2日联合出台了《关于办理盗窃刑事案件适用法律若干问题的解释》,《关于审理盗窃案件具体应用法律若干问题的解释》同时废止。《关于办理盗窃刑事案件适用法律若干问题的解释》取消了"销赃数额高于被盗物价值,按销赃数额计算盗窃数额"的规定,使盗窃数额的认定还原于被盗物品本身的价值。同时,《关于办理盗窃刑事案件适用法律若干问题的解释》对盗窃数额的认定更加简单明确,盗窃数额的认定标准为:被盗财物有有效价格证明的,根据有效价格证明认定;无有效价格证明,或者根据价格证明认定盗窃数额明显不合理的,应当按照有关规定委托估价机构估价。

案例:李鹏盗窃案

案例来源:《刑事审判参考》总第96集[第950号]

主题词:刑事责任能力

一、基本案情

被告人李鹏,男,汉族,1987年10月13日出生,无业。2007年5月24日因犯盗窃罪被判处有期徒刑二年,并处罚金人民币二千元,2009年3月1日刑满释放,2012年7月20日因本案被逮捕。

湖北省宜昌市西陵区人民检察院以被告人李鹏犯盗窃罪,向宜昌市西陵区人民法院提起公诉。

被告人李鹏对指控的事实及罪名无异议。

宜昌市西陵区人民法院经公开审理查明:2012年6月5日19时许,被告人李鹏到宜昌市第一人民医院旁的停车场,用自备钥匙打开被害人周某的赛宝轿车后备箱,盗走后备箱内的稻花香牌小珍品一号白酒2瓶,方盒珍品白酒4瓶(价值人民币336元);同日21时许,李鹏到宜昌市环城南路与沿江大道交界处的中国人保大门旁非机动车道上,用自备钥匙打开被害人范某的黑色桑塔纳2000型轿车后备箱,盗走后备箱内白云边牌十五年陈酿白酒2件,共计12瓶(价值人民币2016元)。案发后,被盗赃物均被公安机关追缴并返还给被害人。

宜昌市西陵区人民法院认为,被告人李鹏以非法占有为目的,秘密窃取他人财物,数额较大,其行为构成盗窃罪。公诉机关指控的罪名成立。李鹏曾因犯盗窃罪被判处有期徒刑,刑罚执行完毕之后,在五年内再犯应当判处有期徒刑以上刑罚之罪,是累犯,依法应当从重处罚。李鹏如实供述自己的罪行,依法可以从轻处罚。李鹏被动全部退赃,可以酌情从轻处罚。据此,依照《中华人民共和国刑法》第二百六十四条、第六十五条第一款、第六十七条第三款、第五十二条、第六十四条之规定,宜昌市西陵区人民法院以盗窃罪判处被告人李鹏有期徒刑九个月,并处罚金人民币二千五百元。

一审宣判后,被告人李鹏未提起上诉,公诉机关亦未提出抗诉,该判决已经发生法律效力。

二、裁判要旨

No. 5-264-85 对于智力处于边缘水平的行为人,应当结合其作案动机、作案后表现、社会适应能力、犯罪性质以及有无前科行为等方面综合判断其刑事责任能力。

司法鉴定实践中,极重度和重度精神发育迟滞者(智商值34以下)一般被评定为无责任能力,中度(智商值35~49)多属限制责任能力,轻度(智商值50~69)及边缘智力(智商值70~86)多属完全责任能力,对部分初犯者可酌情评定为限制责任能力。

对智力障碍行为人的刑事责任能力的判断并非易事,在通过智商测试确定行为人有智力缺陷的基础上(即医学标准),刑法还规定了辨认、控制能力标准(即法学标准)。辨认能力是指对行为的物理性质、社会危害性、必要性的认识,控制能力则体现了主观意志对客观行为的支配程度,其与辨认能力紧密相连,一般没有辨认能力就不会有控制能力,但存在辨认能力尚存,因情感、意志等方面的障碍,导致控制能力确实的情况。辨认、控制能力是人的主观心理状态,很多时候主观心理和外在行为存在背离现象,探究智力障碍行为人主观心理的难度更大,但仍有迹可循,通常可以从以下方面审查智力障碍行为人的辨认、控制能力,以判断被告人的责任能力:

1. 犯罪动机是否有现实基础。智力障碍者的犯罪动机可分为四种情形:(1)动机不明。对于智力障碍者来说,如果智力严重缺损严重到使行为人意识不到自己在做什么,或者不能意识到自己真正在做什么,即属于无作案动机。(2)病理性动机。有些智力障碍者合并出现其他精神障碍,如智力障碍者并发精神分裂症、偏执型精神病等,就可能出现幻觉、妄想等知觉、思维障碍,虽然此类行为人存在明确的动机,但他们的动机是出于虚幻的需要,正常人无法理解,比较容易识别。(3)现实动机。此种动机与精神正常者产生的动机区别不大,都是出于生理、社会、心理等需要,即便这种需求不是合理合法的需求,也属于现实动机,对于智力障碍者来说,他们有可能不能采取正确、恰当的方式满足自己的需求,或者难以控制自己的欲望从而实施犯罪行为。对于基于现实动机作案的智力障碍行为人需要仔细甄别,防止将严重智力障碍者视为普通人犯罪。有些智力障碍行为人由于思维能力差,推理判断往往不符合逻辑,虽然动机是现实的,但多少显得荒谬可笑,对基于现实动机作案的智力障碍行为人的审查,不在于行为的动机方面,而在于行为的控制、行为方式上面,即行为人是否能支配自己的情绪、行为,是否能以正常的方式满足自己的欲望。(4)混合动机,即病理性动机和现实动机的混杂,审查时需要特别注意行为人作案时是否具有深层次病理性的原因,而不能仅仅根据直接、现实的原因认定其作案动机。具体到本案,被告人李鹏虽然智力偏低,但其实施盗窃犯罪的动机明确,主观上是为了非法占有他人财物以满足自己的物质需求,综合看来,本案未发现李鹏有任何虚幻的、不明确的动机,可以认定其作案时出于现实动机。

2. 作案后的表现。犯罪行为人犯罪后的表现主要体现在两点:(1)自我保护行为。自我保护行为反映了行为人对自己行为性质和后果的认识,较好地体现了行为人辨认、控制能力的强弱。但也要看到,具备自我保护意识和行为不能说明被告人一定没有精神障碍,有自我保护意识和行为只是衡量行为人辨认控制能力的重要依据之一,但还要结合其他依据综合判断。(2)对犯罪的认识。智力障碍者较为常见的情形是认罪服法,他们对自己的行为后果可能缺乏深入的认识,对司法人员的讯问通常有问必答,有的轻度智力障碍者甚至会夸大自己的犯罪行为;较为严重的智力障碍者对自己的犯罪细节通常不能完整的回忆,有时对犯罪后果表现出冷漠、无动于衷的情绪。

本案中,被告人李鹏懂得作案时避开行人、盗窃后迅速逃离现场,将窃得的赃物拿到礼品回收点卖钱时,店主询问赃物来源,李鹏编造谎言说是朋友送的。对李鹏进行司法精神病鉴定时,其称自己计算了以下盗窃金额只有一千多元,最多判半年,自己被判过刑,最多再加半年,如果判重了会上诉。从上述表现看,李鹏有自我保护意识,知道自己的行为是犯罪行为,对案件的性质和后果能够正确认识。

3. 社会适应能力。社会适应能力是对被鉴定人的职业工作、婚姻家庭、社会交往、个人生活能力、对外界的兴趣等多个方面的综合性评价。特别是评定轻度精神发育迟滞和边缘智力行为人的责任能力时,智力水平不能完全反映出他们对犯罪行为的认识程度,而社会适应能力是更有价值的评定标准。本案中,被告人李鹏虽然幼时生长发育迟缓,学龄期学习成绩差,初中一年级未读完即辍学,一直未从事稳定工作。但其盗窃汽车后备箱的犯罪手段具备相当的技术含量,知道赃物拿去礼品回收店卖钱,能编造赃物来源欺骗店主,且长期混迹于网吧、游戏厅,懂得操作电脑、游戏机。综上可以判断其社会适应能力基本正常。

4. 犯罪性质。有精神医学学者指出,有智力障碍的人只是在一些高难度的问题上表现出与常人差异,但在基本的社会道德问题上他们应该有行为能力,所以他们应当对自己的行为后果负责。犯罪性质与智力障碍者刑事责任能力存在紧密关联,可以用自然犯和法定犯的区分予以说明,自然犯是指侵害法益的同时明显违反伦理道德的犯罪;法定犯则是与自然犯相对应的概念。对于实施了不同性质犯罪的智力障碍者的刑事责任能力需要区分对待。通常认为,只要智力障碍行为人具备了基本的认识能力,就能判断自己的行为是否违背社会道德,从而不会去实施杀人、放火、强奸等自然犯。智力障碍行为人的智力水平达到一定程度后,可以认为他们对基本的社会伦理道德有充分的认识,只是对更为复杂的社会规则认识程度可能不足。本案中被告人李鹏所实施的盗窃犯罪是典型的自然犯,其智商达到了边缘智力水平,能充分认识到盗窃他人财物的行为是社会规范和法律不允许的,会受到严厉的惩罚。

5. 行为人的一贯品质和前科行为。本案中被告人李鹏以前也曾因盗窃他人车内财物被判处有期徒刑二年,其明知盗窃他人财物的行为是犯罪行为,又再次实施,说明其道德水平低,主观上完全放弃对自己行为的约束。因此,在判断其刑事责任能力时应当从严考虑。

本案中被告人李鹏的精神活动正常,其智力虽然处于边缘水平,抽象思维能力较差,但根据其作案的动机、手段、过程、作案前后的表现等,李鹏作案时辨认、控制能力均存在对该盗窃案具有完全刑事责任能力。

案例:朱林森等盗窃案

案例来源:《刑事审判参考》总第 99 集[第 1011 号]

主题词:数罪并罚　假释期间内再犯新罪

一、基本案情

上诉人(原审被告人)朱林森,男,1983 年 4 月 11 日出生,无业。2013 年 7 月 16 日因涉嫌犯盗窃罪被逮捕。

(原审被告人王信灯基本情况略)

江苏省无锡市南长区人民检察院以被告人王信灯、朱林森犯盗窃罪,向南长区人民法院提起公诉。

无锡市南长区人民法院经公开审理查明:

2013 年 6 月 21 日凌晨,被告人王信灯、朱林森至无锡市南长区北水沟 32 号门口、五爱家园 106 号门口,由朱林森负责望风、王信灯用砖头砸开套锁后搭线的方法,分别窃得被害人杨维佳的爱玛 TDR252Z 型电动自行车 1 辆(经评估价值人民币 2027 元,以下币种同)、被害人徐军的新世纪 TDR11092 型电动自行车 1 辆(经评估价值 2164 元)。同月 23 日凌晨,王信灯、朱林森至无锡市湖滨区上里东新村 41 号门口、46 号门口,采用上述方法分别窃得被害人蒋进的爱玛 TDR252Z-2 型电动自行车 1 辆(经评估价值 1512 元)、被害人谢小瑞的新日 TDR55-10Z 型电动自行车 1 辆(经评估价值 1708 元)。案发后,公安机关追回涉案电动自行车 4 辆并分别发还相应被害人。

另查明,江苏省苏州市虎丘区人民法院于 2007 年 9 月 25 日作出(2007)虎刑初字第 0358 号刑事判决,以盗窃罪判处朱林森有期徒刑十年(刑期自 2006 年 12 月 29 日起至 2016 年 12 月 28 日止),剥夺政治权利三年,并处罚金人民币一万元。交付执行后,江苏省常州市中级人民法院于 2010 年 4 月 9 日作出(2010)常刑执字第 3064 号刑事裁定,对罪犯朱林森减去有期徒刑二年,剥夺政治权利三年不变,并处罚金人民币一万元不变。常州市中级人民法院于 2013 年 4 月 15 日作出(2013)常刑执字第 2539 号刑事裁定,对罪犯朱林森予以假释,剥夺政治权利三年不变,并处罚金人民币一万元不变。2013 年 4 月 15 日,朱林森被假释,假释考验期限自 2013 年 4 月 15 日起至 2014 年 12 月 28 日止。2013 年 6 月 24 日,朱林森因本案被无锡市公安局南长分局决定行政拘留十五日。

无锡市南长区人民法院经审理认为,被告人王信灯、朱林森以非法占有为目的,结伙秘密窃取他人财物,数额较大,其行为均构成盗窃罪,依法均应处三年以下有期徒刑、拘役或者管制,并处或者单处罚金。王信灯在共同犯罪中起主要作用,是主犯,依法应当按照其所参与的全部犯罪处罚;朱林森在共同犯罪中起次要作用,是从犯,依法应当从轻处罚。王信灯曾因故意犯罪被判处有期徒刑,在刑罚执行完毕后,五年以内再故意犯应当判处有期徒刑以上刑罚之罪,是累犯,依法应当从重处罚。朱林森在假释考验期限内犯新罪,依法应当撤销假释,实行数罪并罚。王信灯虽未自动投案,但归案后如实供述自己的罪行,依法可以从轻处罚。朱林森在庭审中自愿认罪,酌情可以从轻处罚。

无锡市南长区人民检察院对被告人王信灯、朱林森的指控,事实清楚,证据确实、充分,指控的罪名正确,认定王信灯是主犯、累犯、归案后如实供述罪行,朱林森是从犯、在假释考验期内犯新罪的事实成立,法院予以采纳。朱林森被裁定减刑后刑罚执行完毕以前又犯新罪,对其进行数罪并罚时,经减刑裁定减去的有期徒刑二年不计入已经执行的刑期,故其前罪未执行完毕的刑罚为有期徒刑三年八个月十四日、剥夺政治权利三年、罚金人民币一万元。依照《中华人民共和国行政处罚法》第二十八条的规定,违法行为构成犯罪,人民法院判处拘役或者有期徒刑时,行政机关已经给予当事人行政拘留的,应当依法折抵相应的刑期。被告人朱林森因本案被执行的行政拘留的时间应当依法予以折抵刑期。综合被告人王信灯、朱林森的犯罪情节和量刑情节,无锡市南长区人民法院认为公诉机关提出的判处王信灯有期徒刑一年至二年、并处罚金,判处朱林森有期徒刑八个月至一年六个月、并处罚金、撤销假释、实行数罪并罚的量刑建议适当,予以采纳。依照《中华人民共和国刑法》第二百六十四条,第二十五条第一款,第二十六条第一款、第四款,第二十七条,第六十五条第一款,第八十六条第一款,第七十一条,第六十九条,第六十七条第三款及最高人民法院、最高人民检察院《关于办理盗窃刑事案件适用法律若干问题的解释》第二条第(一)项之规定,无锡市南长区人民法院判决如下:

1. 被告人王信灯犯盗窃罪,判处有期徒刑一年五个月,并处罚金人民币二千元。

2. 撤销江苏省常州市中级人民法院2013年4月15日(2013)常刑执字第2539号对罪犯朱林森予以假释的刑事裁定。

3. 被告人朱林森犯盗窃罪,判处有期徒刑九个月,并处罚金人民币一千元。与2007年9月25日所判刑罚中未执行完毕的有期徒刑三年八个月十四日、剥夺政治权利三年、罚金人民币一万元实行并罚,决定执行有期徒刑四年一个月,剥夺政治权利三年,并处罚金人民币一万一千元。

一审宣判后,朱林森不服,向无锡市中级人民法院提出上诉。上诉人朱林森诉称,常州市中级人民法院于2010年4月9日作出(2010)常刑执字第3064号刑事裁定,对其减去有期徒刑二年。这次减刑应当计入已经执行的刑期,一审判决没有顾及这个事实,导致量刑过重。

在本案的二审审理过程中,上诉人朱林森申请撤回上诉。

无锡市中级人民法院经审理认为,原审判决认定上诉人朱林森及原审被告人王信灯犯盗窃罪的事实和适用法律正确,量刑适当,诉讼程序合法。上诉人朱林森在上诉期满后申请撤回上诉,意思表示真实,符合法律规定,应予准许。据此,依照最高人民法院《关于适用〈中华人民共和国刑事诉讼法〉的解释》第三百零五条第一款之规定,无锡市中级人民法院裁定准许上诉人朱林森撤回上诉。

二、裁判要旨

No. 5-264-86 假释期间再犯新罪的,经减刑裁定减去的刑期不计入已经执行的刑期内。

最高人民法院2012年1月18日专门下发了《罪犯因漏罪、新罪数罪并罚时原减刑裁定应如何处理的意见》,其中规定:"罪犯被裁定减刑后,因被发现漏罪或者又犯新罪而依法进行数罪并罚时,经减刑裁定减去的刑期不计入已经执行的刑期。"罪犯在被裁定减刑后又犯新罪,则表明罪犯的人身危险性和社会危害性尚存,先前服刑改造和减刑奖励并未取得预期效果,因而在数罪并罚时撤销先前的减刑裁定不管是在刑罚理论角度还是在具体的司法实践角度均无不妥。假释是一种刑罚的执行方式,只有在假释期间遵守法定的义务,假释期限届满后,剩余的刑期才不予执行,假释在性质上是一种附条件的不执行。假释期间的时间范围应该视为原判刑罚的执行期间。本案中,朱林森尚在假释期间,假释期限尚未到期,因此假释期间的时间范围应该视为原判刑罚的执行期间。按照最高人民法院的规定,在刑罚的执行期间又犯新罪的,应当数罪并罚,而且经减刑裁定减去的刑期不计入已经执行的刑期。

案例:关盛艺盗窃案

案例来源:《刑事审判参考》总第99集[第1012号]

主题词:盗窃罪 窃取非债务人的财物

一、基本案情

被告人关盛艺,男,1985年9月11日出生。2012年5月9日因涉嫌犯盗窃罪被逮捕。

广东省广州市越秀区人民检察院以被告人关盛艺犯盗窃罪,向越秀区人民法院提起公诉。

被告人关盛艺对起诉书指控的事实及罪名均无异议,但辩称其因苏玮拖欠垫付的业务款而到苏玮的物业"13号大院"实施盗窃,属于事出有因,请求法院对其从轻处罚。关盛艺的辩护人基于以下理由提请法院对关盛艺从宽处罚:(1)关盛艺的犯罪动机是基于苏玮拖欠其垫付款而私下取走误以为是苏玮的财物,关盛艺的主观恶性较低,犯罪情节较轻微;(2)关盛艺具有自首情节,依法可以减轻处罚;(3)本案赃物已被退回,没有造成被害人损失;(4)关盛艺是初犯、偶犯,悔罪表现明显。

广州市越秀区人民法院经公开审理查明:2012 年 7 月 21 日 18 时许,被告人关盛艺驾驶一辆面包车到广州市越秀区农林上路一横路 13 号大院,用事先准备的钥匙进入该大院内,窃得谢某放在该处的一张根雕茶几(价值人民币 25000 元)后逃离现场。2012 年 8 月 8 日,关盛艺经传唤后向公安机关投案自首。同月 22 日,关盛艺将上述赃物上交公安机关。

另查明,广州泽声现代文化传播有限公司(该公司法定代表人为苏玮,以下简称“泽声公司”)拖欠关盛艺垫付的业务款人民币 7000 余元。本案案发前,泽声公司曾在广州市越秀区农林上路一横路 13 号大院办公。

广州市越秀区人民法院认为,被告人关盛艺以非法占有为目的,秘密窃取他人财物,数额巨大,其行为构成盗窃罪。公诉机关指控关盛艺犯盗窃罪的事实清楚,证据确实、充分,罪名成立,予以支持。关盛艺犯罪后主动向公安机关投案并如实供述自己的罪行,具有自首情节,依法可以减轻处罚。本案赃物已缴回,没有造成被害人损失,酌情可以对关盛艺从轻处罚。公诉机关基于上述理由建议对关盛艺在“有期徒刑二至三年”的幅度内确定宣告刑的量刑建议合法有理,予以采纳。鉴于关盛艺的主观恶性较小,犯罪后认罪、悔罪态度良好,综合考虑其犯罪动机、情节及社会危害性,可以对其宣告缓刑。关盛艺及其辩护人的从宽处罚量刑意见,予以采纳。据此,依照《中华人民共和国刑法》第二百六十四条,第六十七条第一款,第七十二条,第七十三条第二款、第三款,第五十三条及最高人民法院《关于适用财产刑若干问题的规定》第二条第一款之规定,广州市越秀区人民法院以被告人关盛艺犯盗窃罪,判处有期徒刑二年一个月,缓刑三年,并处罚金人民币五千元。

宣判后,被告人关盛艺未提出上诉,公诉机关亦未提出抗诉,判决已经发生法律效力。

二、裁判要旨

No. 5-264-87　出于实现债权的目的,误将非债务人的财物作为债务人的财物予以盗窃的,不能否认非法占有的目的,成立盗窃罪。

非法占有不仅包括目的的非法性,同时也包含手段的非法性。行为人主观上以非法手段占有他人财物的故意,仍可视为具有非法占有目的,否则便是对该类违法行为的放纵。当然,在个别情况下,因目的具有正当性,以致手段的非法性所反映的行为的社会危害性大大降低,可以认定为犯罪情节显著轻微危害不大,不作为犯罪处理。如债权人为实现债权而实施盗窃,在盗窃行为实施完毕后,及时告知债务人盗窃事宜,并声明只要债务人还款即归还所窃之物。在这种情形下,由于实现债权目的的正当性及后续实现债权的跟进行为对之前不法手段具有补救功能,使占有的非法性得到一定程度的“漂白”,故对此种情形可以不作为犯罪处理。但本案中,关盛艺可以通过合法途径实现其债权,但其却采用秘密窃取手段获取财物,其具备非法占有的目的。同时,关盛艺所窃取的财物价值明显高于其债权数额,其后续亦未实施实现债权的跟进行为,如通告债务人、向人民法院起诉对所窃财物进行诉讼保全等,其占有的非法性明显,故法庭认定其因追债未果而产生非法占有目的适当。

案例:熊海涛盗窃案

案例来源:《刑事审判参考》总第 99 集[第 1013 号]

主题词:盗窃罪　帮助未成年人盗卖财物的行为定性

一、基本案情

被告人熊海涛,男,1988 年 3 月 22 日出生,农民。2012 年 6 月 28 日因涉嫌犯掩饰、隐瞒犯罪所得罪被刑事拘留,后转为取保候审。

河南省罗山县人民检察院以被告人熊海涛犯盗窃罪,向罗山县人民法院提起公诉。

被告人熊海涛对公诉机关指控的事实无异议。其辩护人提出,熊海涛跟随戚某到戚某自称的“家中”收购家电,戚某每次卖东西都说征得了父母的同意,故熊海涛没有盗窃故意,其行为不构成盗窃罪。

罗山县人民法院经审理查明:河南省罗山县城关镇居民戚某(1998 年 4 月 28 日出生)曾与其同学吴某一起到过位于罗山县新区某某花园小区 27 号楼二单元 102 房的吴某家,知道该房近期无人居住。2012 年 6 月的一天上午,戚某到其同学吴某的奶奶家玩耍时,趁吴某不备,将吴某在某某花园小区住房的钥匙偷走。当日下午,戚某找到在罗山县城关镇梅湾路口北小桥附近收购废品的被告人熊海涛,谎称家中有电脑要处理,带着熊海涛到了某某花园小区 27 号楼二单元 102 住房。熊海涛遂将该房间内一台“联想”牌电脑拆卸后拉走,付给戚某人民币(以下币种同)100 元。之后数日内,戚某两次找到熊海涛,谎称家中有电器要处理,熊海涛先后两次与戚某一起到上述住房,将房屋中正在使用的“海尔”牌空调、电冰箱、洗衣机、“海信”牌电视机及“荣事达”牌豆浆机(经鉴定价值总计 13595 元)拆卸后拉回自己家中,付给戚某 360 元。案发后,上述物品被追回并退还给被害人。

罗山县人民法院认为,被告人熊海涛伙同他人以非法占有为目的,秘密窃取公民财物,数额较大,其行为构成盗窃罪。关于辩护人提出熊海涛不构成盗窃罪的意见,经查,未成年人戚某将熊海涛带到无人居住的住房内,以明显低于市场的价格向其出卖正在使用的家电时,熊海涛应当知道该未成年人是在盗卖别人家或者自己家中的家电,但其仍然实施帮助拆卸行为,并收购这些家电,其行为应当认定为盗窃。熊海涛到案后如实供述犯罪事实,赃物被追回,另赔偿被害人的经济损失,取得被害人谅解,对其可以从轻处罚。根据熊海涛的犯罪性质、危害后果、悔罪表现和家庭实际情况,对其适用缓刑有利于对其教育改造,减少社会对抗,促进社会和谐稳定,符合宽严相济的刑事政策。据此,依照《中华人民共和国刑法》第二百六十四条,第六十七条第三款,第七十二条第一款,第七十三条第三款、第四款之规定,罗山县人民法院以被告人熊海涛犯盗窃罪,判处有期徒刑一年一个月,缓刑二年,并处罚金人民币二万元。

一审宣判后,被告人熊海涛未提起上诉,检察机关亦未抗诉,该判决已发生法律效力。

二、裁判要旨

No.5-264-88 明知未成年人盗卖自己或他人家中财物而仍予以帮助并上门收购的,成立盗窃罪。

在共同盗窃行为中,由于分工不同,部分行为人承担的角色可能是转移、收购、变卖赃物等行为,而掩饰、隐瞒犯罪所得罪的客观行为表现也包括明知是犯罪所得赃物而予以收购、转移、销售等行为。区分两罪的关键,在于行为人的犯罪主观方面内容不同:在盗窃罪中,行为人承担转移、变卖赃物等行为,是基于参与、配合、协助其他共犯完成盗窃的认识而实施的,这种认识和故意的产生时间应当是在盗窃行为实施前,或者是在盗窃行为实施过程中。在他人已经开始盗窃,行为人才参与到盗窃过程中的,只要与前行为人形成了相互配合、协作关系,促成了盗窃的完成,也可以认定为盗窃罪的共犯。而掩饰、隐瞒犯罪所得罪是在盗窃行为已经完成的情况下,行为人明知是犯罪所得的赃物而予以转移、收购或者销售,掩饰、隐瞒犯罪所得罪的行为人与盗窃行为人之间并无事先通谋,对于盗窃行为事先也无认识,其对赃物的认识及帮助转移、收购、销售的故意产生于盗窃行为既遂后,因此不是盗窃的共同犯罪,而单独构成掩饰、隐瞒犯罪所得罪。

在本案中,戚某多次找熊海涛上门收购,即便熊海涛在第一次行为时因时间问题没有充分考虑,没有认识到戚某是在实施盗窃,可以认定为不当得利,但其在后来的两次行为中,有足够的时间和信息来分析判断戚某行为的合理性,应当认识到戚某可能在盗窃自己家或者他人家的财物,仍然同意帮助拆卸、转移、收购,其犯罪故意产生于盗窃行为开始之前,与掩饰、隐瞒犯罪所得罪所要求的在他人盗窃后明知是赃物而帮助转移、收购是不同的。从客观上看,熊海涛不仅实施了收购、转移赃物的行为,还实施了帮助拆卸电器等行为,已经在事实上参与了具体盗窃行为的实施,而不是单纯的事后帮助转移、销售赃物。因此,本案中,公安机关、检察机关对于熊海涛第一次上门拆卸并收购一台联想电脑的行为没有认为盗窃,而仅将第二次和第三次所获得的物品作为赃物进行估价,认定犯罪数额,人民法院对该两次行为以盗窃罪定罪处罚是准确的。

案例:沈青鼠、王威盗窃案

案例来源:《刑事审判参考》总第100集[第1027号]

主题词:数罪并罚 发现漏罪

一、基本案情

被告人沈青鼠,男,1984年10月3日生。2012年4月24日因犯盗窃罪被浙江省慈溪市人民法院判处有期徒刑七个月,并处罚金人民币一千元;2012年7月28日因涉嫌犯盗窃罪被逮捕。

被告人王威,男,1988年5月1日生。2012年4月24日因犯盗窃罪被浙江省慈溪市人民法院判处有期徒刑一年,并处罚金人民币一千元。现在服刑中。

上海市金山区人民检察院以被告人沈青鼠、王威犯盗窃罪,向金山区人民法院提起公诉。

二被告人对起诉书指控的事实及罪名均无异议。

上海市金山区人民法院经公开审理查明:

2011年10月15日中午12时许,被告人沈青鼠、王威至上海市金山区朱泾镇亭枫公路2640号上海宝日机械公司办公大楼底楼,窃得被害人林国红诺基亚E71型手机及诺基亚N81型手机各一部,价值人民币(以下币种同)300元的卡努牌棕色单肩包一个,现金500元,共计价值2216元。经追赃,上述二部手机已发还被害人林某,被告人王威家属也在案发后代为向林国红赔偿800元。

沈青鼠、王威因犯盗窃罪于2012年4月24日被浙江省慈溪市人民法院分别判处有期徒刑七个月并处罚金一千元、有期徒刑一年并处罚金一千元。沈青鼠的刑期自2011年12月29日起至2012年7月28日止;王威的刑期自2011年12月29日起至2012年12月28日止。2012年5月14日,公安机关对本案进行立案,并于同年6月4日将正在服刑中的上述二被告人押解回金山区进行审查。

上海市金山区人民法院认为,被告人沈青鼠、王威以非法占有为目的,采用秘密手段窃取他人财物,共计价值2216元,数额较大,其行为均构成盗窃罪。沈青鼠、王威在判决宣告以后,刑罚执行完毕以前,发现在判决宣告以前还有其他罪没有判决,应当实行数罪并罚。沈青鼠、王威到案后能够如实供述自己罪行,均可以从轻处罚。王威家属在案发后代为退赔赃款,可以对王威酌情从轻处罚。

据此,上海市金山区人民法院判决如下:

1. 被告人沈青鼠犯盗窃罪,判处有期徒刑六个月十五日,并处罚金人民币一千元;连同前判有期徒刑七个月,并处罚金人民币一千元,决定执行有期徒刑八个月十五日,并处罚金人民币二千元。

2. 被告人王威犯盗窃罪,判处有期徒刑六个月,并处罚金人民币一千元;连同前判有期徒刑一年,并处罚金人民币一千元,决定执行有期徒刑一年一个月,并处罚金人民币二千元。

一审宣判后,上诉人未提起上诉,检察机关亦未抗诉,该判决已发生法律效力。

二、裁判要旨

No.5-264-89 刑罚执行期间发现漏罪,判决作出时原判刑罚已经执行完毕的应当适用漏罪数罪并罚规则,而不应对漏罪进行单独追诉。

刑法第七十条规定:"判决宣告以后,刑罚执行完毕以前,发现被判刑的犯罪分子在判决宣告以前还有其他罪没有判决的,应当对新发现的罪作出判决,把前后两个判决所判处的刑罚,依照本法第六十九条的规定,决定执行的刑罚。已经执行的刑期,应当计算在新判决决定的刑期以内。"对于该条的理解,需要把握两个关键点:一是发现漏罪的时间节点要求,二是对发现漏罪的"发现"含义的理解。漏罪数罪并罚要求发现漏罪的时间节点必须是在前判"判决宣告以后,刑罚执行完毕以前",在此期间发现漏罪的应当适用数罪并罚,否则可能单独就漏罪进行追诉。漏罪数罪并罚中,发现漏罪的主体通常是侦查机关,自诉案件中也可以是人民法院。"发现"有相应的程序性要求,且需达到一定证明程度。只有通过一定调查,掌握相关证据证明相关犯罪事实系服刑犯实施的,才达到"发现"漏罪的程度要求。"发现"不同于"定罪"。由于"发现"漏罪只是刑事追诉的初步阶段,尚需通过进一步侦查,并经起诉、审判后,才能对前罪服刑犯、漏罪被告人进行定罪处罚。因此,"发现"仅仅意味着明确或者锁定了犯罪嫌疑人。

本案中存在四个时间节点:一是沈青鼠服刑期满时间。二是本案立案时间。三是将沈青鼠、王威押解回上海市金山区审查时间。四是本案审理时间。在上述四个时间节点中,根据上述对发现漏罪含义的理解,第三个时间节点比较符合发现漏罪的标准与要求,因为此时公安机关不仅已经立案,且已经有被害人陈述、被告人供述及相应技术侦查证据等相应证据,已基本可以认定被告人沈青鼠、王威实施了本案盗窃行为,即明确沈青鼠、王威为犯罪嫌疑人。同时,由于该时间节点在沈青鼠前判执行期间,故符合漏罪数罪并罚的时间节点要求,故对于沈青鼠也应当依法适用漏罪数罪并罚。

案例:王雲盗窃案

案例来源:《刑事审判参考》总第 100 集[第 1028 号]

主题词:数罪并罚 发现漏罪

一、基本案情

被告人王雲,男,1994 年 5 月 2 日出生,农民。2013 年 11 月 6 日因犯盗窃罪被处有期徒刑六个月,并处罚金人民币五千元(刑期自 2013 年 8 月 17 日起至 2014 年 2 月 16 日止),2014 年 2 月 16 日刑满释放;2014 年 2 月 16 日因涉嫌犯盗窃罪被刑事拘留,同月 27 日被逮捕。

浙江省台州市黄岩区人民检察院以被告人王雲犯盗窃罪,向台州市黄岩区人民法院提起公诉,同时提出王雲漏罪作出判决时,前罪刑罚已执行完毕,不需要将漏罪与前罪原判刑罚进行数罪并罚。

被告人王雲对公诉机关指控的犯罪事实和罪名均没有异议。

台州市黄岩区人民法院经公开审理查明:

1. 2013 年 5 月 22 日凌晨 3 时许,被告人王雲来到台州市黄岩区东城街道桔乡大道金色港湾酒店,从洗碗间溜门进入酒店一楼,在一楼吧台柜子里窃得现金人民币(以下币种同)1500 元、总价值为 252 元的硬壳中华香烟 6 包、总价值为 140 元的软壳中华香烟 2 包、总价值为 480 元的华为手机 3 部。

2. 2013 年 5 月 24 日凌晨 3 时许,王雲又来到金色港湾酒店,从酒店厨房窗户爬窗进入酒店二楼,在二楼酒水间窃得总价值 1344 元的硬壳中华香烟 32 包,总价值 490 元的软壳中华香烟 7 包。

另查明,2013 年 5 月 24 日,公安机关对本案进行刑事立案。2014 年 2 月 12 日,公安机关通过侦查明确王雲为犯罪嫌疑人。2014 年 2 月 16 日,王雲被公安机关传唤到案。

台州市黄岩区人民法院认为,被告人王雲以非法占有为目的,秘密窃取他人财物,数额较大,其行为构成盗窃罪,依法应予惩处。公诉机关指控王雲的罪名成立。王雲在前罪刑罚执行期间发现漏罪,依法应予数罪并罚。王雲归案后如实供述犯罪事实,认罪态度较好,依法可以从轻处罚。根据王雲犯罪的事实、性质、情节和对社会的危害程度,依照《中华人民共和国刑法》第二百六十四条、第七十条、第六十九条、第六十七条第三款之规定,黄岩区人民法院判决如下:

被告人王雲犯盗窃罪,判处有期徒刑六个月,并处罚金人民币二千元;与前罪盗窃罪判处的有期徒刑六个月,并处罚金人民币五千元并罚;决定执行有期徒刑九个月,并处罚金人民币七千元。

一审宣判后,被告人王雲未提起上诉,公诉机关亦未抗诉,一审判决已经发生法律效力。

二、裁判要旨

No. 5-264-90　刑罚执行期间发现漏罪,判决作出时原判刑罚已经执行完毕的,应当适用漏罪数罪并罚规则,而不应对漏罪进行单独追诉。

从立法原意看,发现漏罪是指通过司法机关侦查、他人揭发或犯罪分子自首等途径发现犯罪分子还有其他罪行。一般情形下应当以刑事立案时间为发现时间。公安机关进行刑事立案时,一般已初步掌握了犯罪嫌疑人的基本情况,但是有些案件因其复杂性和特殊性,缺少明确的犯罪嫌疑人。在这种情形下,应当以公安机关通过侦查等方式明确犯罪嫌疑人的时间为发现时间。发现漏罪一是确立了实行数罪并罚法律规定的基本前提,二是确立了发现漏罪时间作为前罪原判刑罚执行的界点,即发现漏罪之前为前罪原判刑罚已执行的刑期,发现漏罪之后为前罪原判刑罚未执行的刑期。因此,发现漏罪之后所羁押的时间应在数罪并罚所确定的刑罚期间中予以折抵。

根据《刑法》第七十条的规定,发现漏罪的时间范围仅明确要求"判决宣告以后,刑罚执行完毕以前",除此之外并没有其他任何适用时间上的限制,也没有其他限制性规定。因此,不能因诉讼过程的长短、宣判时间的不同而产生不同的适用结果。否则,就会使《刑法》第七十条的适用处于不确定状态,使数罪并罚制度增加了新的适用条件限制,进而导致数罪并罚的适用因漏罪侦查进程、宣判时间的长短差异而产生错乱。

案例:岳德分盗窃案

案例来源:《刑事审判参考》总第 124 集[第 1370 号]

主题词:盗窃罪　减刑后发现漏罪

一、基本案情

被告人岳德分,2006 年 11 月因犯盗窃罪被判处有期徒刑一年;2008 年 6 月因犯盗窃罪被判处无期徒刑,剥夺政治权利终身,2011 年 1 月 28 日减为有期徒刑十九年,剥夺政治权利九年,2013 年 7 月 28 日减刑一年十个月。2013 年 7 月 16 日因本案被依法解回再审,被浙江省杭州市人民检察院指控犯盗窃罪。

2004 年至 2005 年 3 月,被告人岳德分伙同多人实施盗窃,共计价值人民币 50240 元;2005 年 2 月至 5 月,被告人岳德分伙同多人,采用挖墙洞、爬窗、撬窗等方式,窃得变压器铜芯及铜线等财物,共计价值人民币 66755 元。综上,被告人共参与盗窃 7 次,窃得财物价值共计人民币 116995 元。

法院认为,被告人岳德分的行为构成盗窃罪。鉴于其归案后能如实供述部分罪行,可酌情从轻处罚。因该罪系前判宣告后且刑罚执行完毕前发现的漏罪,依法应与前判之刑罚并罚。判决被告人岳德分犯盗窃罪,判处有期徒刑三年六个月,并处罚金人民币四千元,与前判无期徒刑,剥夺政治权利终身,并处没收个人全部财产并罚,决定执行无期徒刑,剥夺政治权利终身,并处没收个人全部财产。

宣判后,被告人提出上诉,辩称其现已服刑数年经两次减刑之后,仅因三年六个月有期徒刑的漏罪又被判处无期徒刑,不知刑期怎么折算。要求给其公正判决。

浙江省高级人民法院经审理认为,一审量刑并无不当;无期徒刑后减刑如何折算,是刑罚执行中的问题,附判后释疑予以说明。因此裁定驳回上诉,维持原判。

二、裁判要旨

No. 5-264-91　无期徒刑减为有期徒刑后发现漏罪的,应当将前一判决所确定的无期徒刑刑罚与对漏罪所判刑罚依照"吸收原则"进行并罚后,确定其最终执行刑罚为无期徒刑。先前的减刑裁定无须撤销,经减刑裁定减去的刑期以及减为有期徒刑之后已经执行的刑期均不计算在内,但在执行第二个无期徒刑过程中,在再次减刑时应当考虑减刑裁定减去的刑期,以及第一次无期徒刑减为有期徒刑之后至漏罪判决之间已经执行的刑期。

首先,《刑法》第七十条关于数罪并罚规定中的"前后两个判决",是指前罪判决和漏罪判

决,不包括减刑裁定。理由如下:

第一,从刑法条文的字面用语来看,《刑法》第七十条表述为“前后两个判决所判处的刑罚”。其中,对“刑罚”所作的限制性修饰是“判决所判处”,这一界定强调了该刑罚应当由“判决”确定,而非“裁定”确定。如果将裁定减刑后的刑罚视为“判决所判处的刑罚”,与法律条文的字面含义不符。

第二,“判决”与“减刑裁定”存在很大区别:一是所处的诉讼阶段不同。前者处于审判阶段,而后者处于执行阶段。二是作出裁判所依据的事由不同。作出判决所依据的事由主要是犯罪行为的社会危害性,针对的对象主要是犯罪行为本身;而作出减刑裁定所依据的事由主要是罪犯人身危险性的减小,所针对的对象主要是犯罪行为人。三是所服务的目的和功能不同。作出判决主要是为了通过运用刑罚惩戒犯罪,更多地体现刑罚的报应功能;而减刑裁定的作出则主要是为了鼓励罪犯积极改造、认罪服法,更多地体现刑罚的教育、改造功能。而数罪并罚发生于审判阶段而非执行阶段,针对的对象系数个犯罪行为而非行为人,其目的更多的是惩戒而非教育、改造犯罪行为人。

第三,2012年1月18日《最高人民法院关于罪犯因漏罪、新罪数罪并罚时原减刑裁定应如何处理的意见》(以下简称《减刑处理意见》)规定:“罪犯被裁定减刑后,因被发现漏罪或者又犯新罪而依法进行数罪并罚时,经减刑裁定减去的刑期不计入已经执行的刑期。”从上述规定可以看出,《减刑处理意见》实质上排除了减刑裁定对于因漏罪而进行数罪并罚的影响,并将原判决所确定的刑罚作为数罪并罚的基准。因为罪犯在服刑期间隐瞒漏罪事实或者重新犯罪,说明其并未真心悔过。该规定体现了对减刑犯在执行过程中发现新增罪行从严处罚的精神,同时也可以敦促犯罪行为人及早供述出自己的余罪,并避免重新犯罪。

具体到本案中,先后存在四份裁判文书:第一份是2008年6月,因犯盗窃罪被判处无期徒刑,剥夺政治权利终身。紧接着是两份减刑裁定:2011年1月28日被裁定减为有期徒刑十九年,剥夺政治权利九年;2013年7月28日,被裁定予以减刑一年十个月。最后一份是2014年2月27日,因漏罪盗窃罪被判处有期徒刑三年六个月,并处罚金人民币四千元。面对上述四份裁判文书,一、二审法院将第四份漏罪判决的刑罚即三年六个月,与第一份判决的无期徒刑进行并罚,最终判处无期徒刑是适当的。

其次,经减刑裁定减去的刑期以及无期徒刑减为有期徒刑后已被执行的刑期,属于刑罚执行问题,虽然在数罪并罚后的新判决中无法体现,但可在新判决执行过程中予以考虑。经减刑裁定减去的刑期在数罪并罚后的新判决中无法体现,相当于变相否定了减刑裁定的法律效力。更重要的是,在前罪刑罚系死缓刑或者无期徒刑,后减为有期徒刑并即将服刑完毕的情况下,对于已经执行的刑期,在并罚后的新判决中无法扣除,这对于服刑人员来说显失公平,也不利于调动服刑人员改造的积极性。为此,最高人民法院通过两个司法文件,明确可以将上述因素放入新判决执行过程中去考虑,以达到既能严格依法,又有利于保障罪犯合法权益,有利于对罪犯的教育、感化和挽救的目的。具体来说,一方面,针对减刑裁定减去的刑期,最高人民法院在《减刑处理意见》中规定:“在此后对因漏罪数罪并罚的罪犯依法减刑,决定减刑的频次、幅度时,应当对其原经减刑裁定减去的刑期酌予考虑。”另一方面,对于前罪判决系无期徒刑,被减为有期徒刑后已执行刑期的扣除问题,最高人民法院于2007年8月11日在《关于刘文占减刑一案的答复》中明确:“河北省高级人民法院:……罪犯刘文占犯盗窃罪被判处无期徒刑,减为有期徒刑十八年之后,发现其在判决宣告之前犯有强奸罪、抢劫罪。沧州市中级人民法院作出新的判决,对刘文占以强奸罪、抢劫罪分别定罪量刑,数罪并罚,决定对罪犯刘文占执行无期徒刑是正确的。现监狱报请为罪犯刘文占减刑,你院在计算刑期时,应将罪犯刘文占第一次减为有期徒刑十八年之后至漏罪判决之间已经执行的刑期予以扣除。”

具体到本案中,尽管减刑裁定减去的刑期以及无期徒刑减为有期徒刑后已经执行的刑期,在数罪并罚后的新判决中并未予以扣除,但是二审裁定书在判后释疑中引用了上述两个司法文件,告知被告人岳德分,只要其在执行新的刑罚期间符合减刑条件的,就可以在对其再次减刑时充分考虑前一判决执行期间的减刑情况。这样做既符合现行法律规定,也有利于调动服刑人员的改造积极性。

最后,在将前罪与漏罪刑罚进行并罚作出新判决时无须撤销原减刑裁定。《刑法》没有规定将前罪与漏罪进行并罚作出新判决时需撤销原减刑裁定。尽管减刑和假释都是我国刑罚执行制度,但对于假释适用相关的数罪并罚问题,《刑法》第八十六条明确规定,对在假释考验期限内发现被假释人有漏罪或犯新罪的,应当先撤销假释,再分别依据《刑法》第七十条、第七十一条的规定实行数罪并罚。而对与减刑适用相关的数罪并罚问题,《刑法》并没有明确规定,也没有相关司法解释,说明《刑法》对减刑和假释在适用数罪并罚问题上是有一定区别的。另外,假释一旦被撤销之后,在假释期间已经过的考验期便作废,收监执行尚未执行完毕的刑罚;而减刑裁定不同,在服刑期间如果发现被减刑人有漏罪或犯新罪的,在新判决执行过程中,先前作出的减刑裁定仍然是应当考量的因素,而并非一律作废,可见对于减刑裁定不应完全比照假释的情况予以撤销。

案例:花荣盗窃案

案例来源:《刑事审判参考》总第 101 集[第 1047 号]

主题词:盗窃罪　盗窃未遂

一、基本案情

被告人花荣,化名华龙,男,1990 年 2 月 21 日出生。2014 年 1 月 3 日因涉嫌犯盗窃罪被逮捕。

上海市闸北区人民检察院以被告人花荣的行为构成盗窃罪,且系犯罪既遂,向闸北区人民法院提起公诉。

上海市闸北区人民法院经公开审理查明:2013 年 12 月 7 日 14 时 30 分许,被告人花荣见上海市永兴路 649 弄 53 号 82 岁独居老人陈雅香家中二楼窗户未关,即踩凳翻窗进入陈雅香家中。陈雅香的邻居尹家耕碰巧看见,遂马上打电话报警,并与另一名邻居郭云风一起守候在 53 号门口。当日 14 时 40 分左右,花荣窃得现金人民币(以下币种同)377 元和价值 172 元的中华牌香烟 3 包放于口袋内,从 53 号房门走出来后被尹家耕和郭云风抓获。尹、郭两人从花荣的上衣口袋内搜出一把匕首。随后,民警赶到现场,从花荣身上查获上述窃得的财物,并将花荣带至派出所。花荣到案后,如实供述了自己的罪行。

上海市闸北区人民法院认为,花荣携带凶器入户盗窃他人财物,其行为构成盗窃罪。花荣已经着手实施犯罪,由于意志以外的原因而未得逞,系犯罪未遂,可以比照既遂犯从轻处罚。花荣到案后如实供述自己的罪行,依法可以从轻处罚。据此,依照《中华人民共和国刑法》第二百六十四条、第二十三条、第六十七条第三款和第六十四条之规定,闸北区人民法院以盗窃罪判处被告人花荣拘役五个月,并处罚金一千元;违法所得责令退赔,发还被害人;缴获的刀具予以没收。

一审宣判后,上海市闸北区人民检察院认为原判认定事实正确,但适用法律错误,量刑不当,提出抗诉。抗诉理由如下:(1)花荣携带凶器入户窃得被害人财物后走出房门,其盗窃行为已经实施完毕,系犯罪既遂。原判认为花荣犯罪后即被守候群众扭获,系犯罪未遂,属于适用法律错误。(2)被害人陈雅香系 82 岁独居老人,花荣携带凶器入户盗窃,其行为具有较大社会危害性,一审法院仅对其判处主刑拘役五个月,没有充分考虑花荣的犯罪情节、主观恶性和社会危害性,属于量刑不当。据此,依照《中华人民共和国刑事诉讼法》第二百一十七条之规定,提出抗诉。上海市人民检察院第二分院支持抗诉。

上海市第二中级人民法院经审理认为,原审被告人花荣以非法占有为目的,携带凶器入户秘密窃取他人财物,其行为构成盗窃罪。花荣非法进入被害人家中窃得形状、体积较小的现金和香烟放于口袋内走出房门后已取得了对被窃财物的控制,而被害人则失去了对被窃财物的控制。花荣不仅实施了入户盗窃行为,且已实际窃得财物并离开被害人住所,其行为系入户盗窃既遂。花荣到案后能如实供述自己的罪行,可以从轻处罚。原判认定事实正确,但认为花荣系盗窃未遂,适用法律错误;对花荣判处主刑拘役五个月,量刑不当,应予改判。上海市闸北区人民检察院、上海市人民检察院第二分院的抗诉意见正确,应予支持。根据花荣犯罪的事实、性质、情节和对于社会的危害程度,依照《中华人民共和国刑事诉讼法》第二百二十五条第(二)项和《中华人民共和国刑法》第二百六十四条、第六十七条第三款、第六十四条之规定,判决如下:

1. 维持上海市闸北区人民法院(2014)闸刑初字第215号刑事判决第二项,即违法所得责令退赔,发还被害人;缴获的刀具予以没收。

2. 撤销上海市闸北区人民法院(2014)闸刑初字第215号刑事判决第一项,即被告人花荣犯盗窃罪,判处拘役五个月,并处罚金人民币一千元。

3. 原审被告人花荣犯盗窃罪,判处有期徒刑八个月,并处罚金人民币一千元。

二、裁判要旨

No.5-264-92 入户盗窃行为中仍以是否实际取财为既遂标准,盗窃过程受到监视并不影响盗窃既遂的成立。

《刑法修正案(八)》将达不到数额较大但有入户盗窃等情节的行为入罪,降低了入户盗窃等特殊盗窃行为的构罪标准,但是该修正并不等于一并修改了入户盗窃的既未遂标准。盗窃罪属于结果犯,只有实际窃得财物的才能认定盗窃既遂。《刑法修正案(八)》进一步将入户盗窃增加规定为盗窃罪的入罪条件之后,也应以行为人取得财物作为入户盗窃既遂的标准。本案中,当花荣进入被害人家中窃得形状、体积较小的现金和香烟放于口袋内,走出房门后就已经取得对被窃财物的控制,而被害人则失去了对被窃财物的控制,财产所有权已受到实质侵害。虽然花荣在实施盗窃的过程中被群众发现,之后处于群众的监视之下,但是群众在户外的监视不能等同于被害人对财物的控制。虽然最终花荣被人赃俱获,但是并不影响之前他已经取得对被窃财物的控制。

案例:张万盗窃案

案例来源:《刑事审判参考》总第105集[第1128号]

主题词:盗窃罪 量刑

一、基本案情

被告人张万,男,1982年6月13日生。2002年8月26日因犯盗窃罪被判处有期徒刑一年;2005年11月9日因犯盗窃罪被判处有期徒刑五年;2011年3月10日因犯盗窃罪被判处有期徒刑三年,并处罚金人民币二千元,2013年10月8日刑满释放。2014年5月12日因涉嫌犯盗窃罪被逮捕。

无锡市南长区人民检察院以被告人张万犯盗窃罪,向南长区人民法院提起公诉。

无锡市南长区人民法院经审理查明:2014年3月11日凌晨4时许,被告人张万至无锡市人民医院心肺大楼5楼62号病床所在房间内,趁他人熟睡之机,盗窃得陪护父亲住院治疗的戴锡明的皮包1只,内有人民币53000元。盗窃后,张万携款离开无锡至上海,在上海将该人民币53000元存入自己的银行卡。2014年3月14日,张万又至湖南省怀化市第三人民医院行窃时被抓获。次日,怀化市公安局鹤城分局决定对张万行政拘留十五日;同年3月28日,张万因涉嫌犯盗窃罪被怀化市公安局鹤城分局刑事拘留,同年4月11日,因怀化市鹤城区人民检察院作出不批准逮捕决定,张万被释放。同日,张万被移交给无锡市公安局南长分局。张万到案后,如实供述了自己的罪行。案发后,公安机关扣押张万人民币53000元,并已发还戴锡明。

无锡市南长区人民法院认为,被告人张万以非法占有为目的,秘密窃取他人财物,数额巨大,其行为已构成盗窃罪,依法应处三年以上十年以下有期徒刑,并处罚金。张万曾因故意犯罪被判处有期徒刑,在刑罚执行完毕以后五年内再故意犯应当判处有期徒刑以上刑罚之罪,是累犯,依法应当从重处罚。张万虽未自动投案,但归案后能如实供述自己的罪行,依法可以从轻处罚。张万在医院内盗窃病人亲友财物,酌情予以从重处罚。公诉机关指控被告人张万犯盗窃罪的事实清楚,证据确实、充分,适用法律正确,指控成立。综合被告人张万的犯罪情节和量刑情节,公诉机关提出的判处其有期徒刑三年六个月至五年六个月,并处罚金的量刑建议适当。综上,依照《中华人民共和国刑法》第二百六十四条、第六十五条第一款、第六十七条第三款及最高人民法院、最高人民检察院《关于办理盗窃刑事案件适用法律若干问题的解释》第十四条之规定,以盗窃罪判处被告人张万有期徒刑四年六个月,并处罚金人民币五千元。

一审宣判后,被告人张万未提起上诉,检察机关没有抗诉,一审判决已发生效力。

二、裁判要旨

No. 5-264-93 盗窃罪中数额巨大与减半认定情节并存时,应当根据数额巨大标准确定刑格,减半认定情节作为酌定情节加以考虑。

最高人民法院、最高人民检察院《关于办理盗窃刑事案件适用法律若干问题的解释》第一条和第二条对盗窃罪的入罪和法定刑升格标准采取了"数额+情节"的规定方式。在盗窃罪量刑中,虽然数额仍然处于首要的地位,其他情节主要是对"唯数额论"不足的矫正,但其他情节仍然处于相对次要的地位。盗窃罪所侵犯的法益决定了数额在量刑中的首要地位。我国刑法将盗窃罪规定在侵犯财产罪一章中,表明其所侵犯的主要法益为财产权,而财产权最重要的衡量标准便是数额大小。因为,一方面,被盗财物的经济价值越高,被害人所遭受的损失就越大,行为的社会危害性也就越大,故盗窃数额是衡量盗窃行为社会危害性大小最直观的标尺。正确区别盗窃违法行为与盗窃犯罪行为的基本界限,主要是盗窃数额。另一方面,盗窃数额也是盗窃罪法定刑升格的重要标准之一,只有达到数额巨大、数额特别巨大或者有其他相应情节时才可能判处更高的刑罚。语言间的逻辑结构决定了数额相对于其他情节的首要地位。根据逻辑规则,特殊+排除特殊的其他=全部,即数额巨大+排除数额巨大的其他严重情节=严重情节,数额特别巨大+排除数额特别巨大的其他特别严重情节=特别严重情节。换言之,盗窃罪中法定刑升格的标准为严重情节和特别严重情节,鉴于数额在盗窃罪中的特殊地位,数额巨大和数额特别巨大作为严重情节和特别严重情节中的主要情形,在罪状中予以特别规定。从语言间的逻辑结构也可见立法者的用意所在。在审理盗窃案件时,若行为人的涉案财物数额已达到相应数额标准,应当直接在相应的刑罚幅度内量刑;只有盗窃数额未达到相应标准,才根据相关司法解释的规定进行二次判断,如是否有减半认定的情形等。本案中,行为人盗窃的财物价值已达53000元,符合所在地区数额巨大的标准,直接在三年以上十年以下有期徒刑的幅度内量刑即可。

案例:巫建福盗窃案

案例来源:《刑事审判参考》总第108集[第1175号]

主题词:盗窃罪 入户盗窃

一、基本案情

2015年10月15日被告人巫建福经过被害人应素妹家时,见大门未关,产生盗窃念头,进入室内窃得摩托车钥匙一把、一字起子一把,并用窃得的车钥匙在门口试开车辆,在打开二轮摩托车的电门锁后,因认为当时盗窃摩托车易被发现,遂先行离开。当晚巫建福再次到该处,使用窃得的车钥匙将摩托车偷走。经鉴定,涉案起子价值人民币1元、摩托车价值人民币800元。

二、裁判要旨

No. 5-264-94 "入户盗窃"作为入罪标准,并非仅由犯罪对象的客观价值决定。利用"入户盗窃"的车钥匙盗窃"户"外摩托车的行为是盗窃的一行为。入户盗窃摩托车钥匙,其后利用车钥匙窃取"户"外摩托车的行为,属于"入户盗窃"。

刑法对"入户盗窃"的情节,没有规定起点数额。但为避免扩大刑事打击范围,实践中应结合规定,对"入户盗窃"情节显著轻微、危害不大的,不以犯罪论。这里的"情节",自然也包括犯罪数额,实践中可以从人身危险性、犯罪行为方式、后果等方面把握适用标准。对于人身危险性较大的惯犯,以及采用深夜翻窗、撬门等方式潜入住宅或者携带凶器等手段入户、入户窃取孤寡老人等特定人员财物、窃取救灾救济款等特定财物、造成其他严重后果等情形的,即使窃得数额较小或未遂,也应作入罪处理。相反,对于因饥饿难忍等原因入户盗窃或窃取少量财物救急的、进入忘记锁门的院内窃取少量瓜果蔬菜等物品或盗窃未遂的、窃取少量财物后主动予以补偿并得到谅解等后果较轻的情况,可以考虑作出罪处理。本案中,被告人巫建福见他人房门未锁而入户行窃,虽在户内仅窃得价值低廉的摩托车钥匙和起子,但基于以下原因,不能认定为情节显著轻微:巫建福窃取钥匙意在盗窃摩托车,且其后确实用入户窃得的摩托车钥匙窃取摩托车,且巫建福有多次盗窃犯罪前科,人身危险性较大。

刑法意义上的一行为,应是符合具体犯罪构成要件的一系列动作表示,需要结合各行为要素综合评判。在时间上,一行为的时间通常是连贯的,在行为需分步完成时,会存在时间间隔。此时,区分行为单复数的关键是,最终指向对象是统一的,且只有行为对象才符合刑法规范的要求,进而满足构成要件要求,而多次行为中每个行为都能分别满足构成要件要求。在地点上,地点是一次行为所能影响到的与外界相对隔离,并被视为利益一体的空间,如一户人家的不同房间等。不同人家的住宅,即使具有毗邻性,也不能成为一次盗窃行为的地点。在开放空间中,应从行为影响范围和完成度角度考量。在对象上,分步行为中每个动作指向的目标则未必符合。一个侵害行为的影响范围可及多个对象的,不论对象多寡仍为一行为,如一个公交车上实施威胁后连续抢劫多人的仍为一次抢劫行为。如针对不同对象时,不得不重复之前已经作出的着手、实施、完成过程,即使对象具有集中性,也不宜被认定为一行为,如在公交车上扒窃多人,应属多次盗窃。在犯罪意图上,在连续犯、牵连犯等主观上存在统一或概括故意的场合,区分行为单复要考量具体行为是否单独能够符合构成要件,如果分别符合,那么即使在罪数上是一罪,在次数上仍属数行为。在主观上具有单独实施部分行为的明确故意场合,犯意对行为完成程度具有影响,如果根据行为人犯意实施的某行为已结束,后续行为属另起犯意,不宜一并认定为一行为。本案中,首先,被告人巫建福的前后行为虽存在明显间隔,但其犯罪意图中盗窃的目的是明确的,即窃取户外的摩托车,盗窃车钥匙在其认知上只是行为的一部分而非一个独立或完整形态。其次,本案前后行为虽有时间间隔,却始终未被客观事实所阻断,巫建福试开摩托车后暂时离开的行为,系其为安全起见所做出的分步实施行为。因此,不能仅因前后行为存在间隔即认为系两次行为。最后,从行为对象角度来看,前后行为具有统一性。巫建福盗窃车钥匙也并非为了车钥匙自身微薄的客观价值,而是为了实现车钥匙与摩托车之间的特定联系所体现的使用价值,盗窃车钥匙的行为无法独立符合完整构成要件。故应从前后行为的整体性角度分析是否为一行为,而非仅从车钥匙的客观价值角度评价"入户"行为的构成要件符合性。

首先,凡是具有一定客观价值或使用价值的财物,使用价值只有在使用中才能体现,而物品的使用过程又多表现为对其他关联财物的占有和控制,所以正是物品经使用后所达到的占有关联财物的结果,实现了其使用价值,进而才使其成为"财物"。此时,具有使用价值的物品和关联财物共同构成了一个整体性的财产权益。财物和部分财产权益可能会存在地点分离时,通过控制具有使用价值的物品占有关联财物时(形式占有)。其次,客观行为要结合需要保护的法益才能判断。"入户盗窃"保护的法益是住宅安宁权及住宅内的财产权,因此,只要行为已同时侵犯了两种法益,就应当符合"入户盗窃"的客观行为要求。而现实中,财物本身是否在"户"内与权利人是否在"户"内具有财产权并非完全重合,如权利人通过占有"户"内的有价支付凭证等物品,进而可以对别处的关联财物实现控制。既然财物可以通过形式占有实现控制,那么窃取"户"内形式占有载体的行为就已经侵犯了权利人对关联财物的控制。这也契合了对窃取支付凭证而未使用的行为认定为犯罪未遂,而非犯罪预备的司法实践。最后,并非所有与别处财物具有联系的物品都是形式占有的载体,需综合考量以下因素:(1)联系的直接性。载体的使用价值应当直接体现出财产性,反之不然。例如,身份证件如果可以直接领取财物,应属于载体;如尚需要其他行为配合才能与财物取得直接联系,则不宜认定。(2)联系的必要性。在如记名有价支付凭证、证券等与关联财物具有唯一联系的场合,即使后续获取关联财物仍需实施复杂的行为,因凭证是最终获取财物的必须途径,应视为载体。(3)联系的效用性。在获取财物未必一定要通过载体的场合,如窃取户外的车辆并非一定要获取车钥匙等,需要考量联系的效用性。就社会认知而言,车辆之所以能够安心放置在"户"外公共场所,是因为可以解锁并驱动车辆的钥匙已经被权利人安全控制在"户"内,一旦获取钥匙,就意味着可以相对轻易地在"户"外实现对车辆的控制,即整体行为中,获取钥匙的行为较启动车辆的行为更为重要。

案例:郗菲菲、李超、蒋超超、林恺盗窃案

案例来源:《刑事审判参考》总第 120 集[第 1302 号]

主题词:盗窃罪　涉案财物处置

一、基本案情

2016 年 11 月 10 日 17 时许,经预谋,被告人林恺驾车载被告人郗菲菲、李超前往西安市长安区下北良村忆青春网吧伺机盗窃手机。郗菲菲、李超进入网吧,林恺驾车在外接应。李超在网吧内望风,郗菲菲使用铁丝制成的钩状工具盗走被害人郭某放置于电脑桌上的苹果 7PLUS 手机 1 部,三人驾车逃离现场。后三人又于 11 月 14 日 21 时许、22 日 17 时许采取上述相同方式先后在西安市雁塔区青松路尚 MISS 网咖、西安市经济技术开发区红树林网吧,分别盗窃被害人张某、被害人雷某放置于电脑桌上的苹果 6S、OPPO R99 手机各 1 部。

以上手机价值共计 9041 元。

2016 年 11 月 18 日 17 时许、20 时许,25 日 19 时许,29 日 17 时许,经预谋,被告人蒋超超驾驶其所有的轿车载被告人郗菲菲、李超先后前往西安市灞桥区西航花园社区冒险岛网咖、西安市未央区新房村本都网吧、西安市高陵区大时代网吧、华阴市现代商城自由空间网吧伺机盗窃手机。郗菲菲、李超进入网吧,蒋超超驾车在外接应。李超在网吧内望风,郗菲菲趁被害人不备或使用铁丝制成的钩状工具分别盗窃被害人余某、宋某、任某、孟某放置在电脑桌上的苹果 6S、OPPO R9、VIVO X7PLUS、OPPO R9PLUS 手机各 1 部,价值共计 12097 元。

以上手机销后所得款由上述被告人分赃后挥霍。综上,被告人郗菲菲、李超参与盗窃 7 次,价值 21138 元;被告人蒋超超参与盗窃 4 次,价值 12097 元;被告人林恺参与盗窃 3 次,价值 9041 元。

二、裁判要旨

No. 5-264-95　"供犯罪所用的财物"应当是与犯罪有经常性或密切性联系,对犯罪实施具有重要作用的财物。对于非专门用于犯罪的财物,可从以下两个方面去判断:第一,财物与犯罪应该存在直接或者密切联系;第二,被告人有将财物用于犯罪的主观认识。

《刑法》之所以规定将"供犯罪所用的财物"予以没收,主要目的是特殊预防剥夺被告人再犯能力,当然实际上也会产生一定惩罚效果。基于对没收"供犯罪所用的财物"这一行为目的、性质的分析,因而在认定"供犯罪所用的财物"时主要应从财物与犯罪的关联性方面去把握,需要考量财物对于犯罪的作用大小、联系紧密程度等因素。对于专门用于犯罪的财物应认定为"供犯罪所用"没有争议。对于非专门用于犯罪的财物,可从以下两个方面去判断:

第一,财物与犯罪应该存在直接或者密切联系。所谓直接联系就是该财物对犯罪行为或结果的发生起到决定或者直接作用,或者说该财物是实施或者完成犯罪行为的必要条件或重要条件,比如在运输毒品犯罪中的轿车,就与犯罪有着直接联系;所谓密切联系,财物和犯罪存在经常性的联系,财物经常用于犯罪,反复使用。

第二,被告人有将财物用于犯罪的主观认识。《刑法》第六十四条虽未限定没收"供犯罪所用的本人财物"必须发生在故意犯罪中,但从文义解释来看,"供犯罪所用"是被告人在主观上对财物用于犯罪有明确的认识,继而积极主动地在犯罪中使用该财物。由于过失犯罪中,被告人对犯罪实施缺乏主动性,对犯罪目的实现也没有积极追求对于财物在犯罪中的使用缺乏主动性和明确认识,故所涉财物不属于应当没收的情形。

No. 5-264-96　没收的财物应当为本人所有且予以没收对第三人的合法权利不会构成损害。

按照文义解释,"本人财物"就是指被告人进行犯罪活动所使用的属于其本人所有的财物。但随着经济社会的快速发展,财产流转日益频繁,权利主体多元化,权利内容呈现多层次性和交叉性一个财物可能同时存在叠加的多项权利。因此,在作出没收供犯罪所用的本人财物判决时,仅审查被告人本人是否对该财物具有所有权尚不全面。对“本人财物”的认定,不仅要对被告人是否具有所有权进行审查,还应当注意予以没收是否会损害第三人合法权利。

No.5-264-97 应当坚持以相当性原则衡量拟没收财物的价值是否与犯罪的危害性相当。

对“供犯罪所用的财物”予以没收,虽然不属于我国《刑法》所规定的法定刑罚种类,但并不能否定其所具有的惩罚性效果。因此,在认定是否属于应当没收的“供犯罪所用的财物”时,应当坚持相当性原则,根据罪刑相一致的基本原则进行衡量,如果拟没收的财物价值明显超过犯罪危害性质和危害程度所对应的应受惩罚程度,说明没收会与社会基本认知和普遍价值判断产生冲突,反向证明没收的不合理。

案例:蒲长才盗窃案

案例来源:《刑事审判参考》总第 122 集[第 1341 号]

主题词:盗窃罪 罚金刑

一、基本案情

2017 年 8 月月初的一天凌晨,被告人蒲长才在台州市路桥区桐屿街道新保村一处临时房门前,以拉车门盗窃的方式,窃得陈健停放在此处的灰色五菱面包车内的 5、6 元人民币;2017 年 8 月月初的一天凌晨,蒲长才在台州市路桥区桐屿街道立新村富通家园小区对面路边,以拉车门盗窃的方式,窃得李福芸停放在此处的绿色皮卡车内的 5、6 元硬币;2017 年 8 月中旬的一天凌晨,蒲长才在路桥区桐屿街道立新村富通家园小区路边,以拉车门盗窃的方式,窃得莫爱军停放在此处的灰色面包车内的 12 元硬币;2017 年 11 月 8 日凌晨,蒲长才在路桥区螺洋街道藕池小区路边,以拉车门盗窃的方式,窃得陈俊儒停放在此处的奔驰商务车内的 70 元人民币。2017 年 12 月 14 日,公安机关将蒲长才抓获。

二、裁判要旨

No.5-264-98 对于非数额型盗窃行为,即使有明确的盗窃数额,但如果盗窃数额较小(未达到数额犯入罪标准的),也应按照“没有盗窃数额或者盗窃数额无法计算”之规定,在 1000 元以上 10 万元以下判处罚金。

由于本案被告人系因多次盗窃而构成犯罪,属于非数额型盗窃,对其判处罚金应当依照《最高人民法院、最高人民检察院关于办理盗窃刑事案件适用法律若干问题的解释》(以下简称《盗窃解释》)第十四条后半部分之规定:“没有盗窃数额或者盗窃数额无法计算的,应当在一千元以上十万元以下判处罚金。”这主要基于以下三点理由:

首先,对《解释》第十四条的理解应当符合解释原则。

有观点认为,在非数额型盗窃的场合下,如果有明确的盗窃数额,且盗窃数额的 2 倍未超过 1000 元的,就应当判处 1000 元罚金。

我们认为这种观点是值得商榷的。第一,对法条的理解决不能仅根据其字面意思去解读,应当结合立法目的、该条文在规范性文件中所处的地位等因素来解读。《盗窃解释》出台的意义在于让司法实务部门准确理解和适用《刑法修正案(八)》关于盗窃罪的修改。《刑法修正案(八)》增设了多种非数额型盗窃行为,罪状表示较为原则,随即《盗窃解释》第三条对“多次盗窃”“入户盗窃”“携带凶器盗窃”“扒窃”的进行了较为具体的解释;《盗窃解释》第十四条规定了盗窃罪罚金刑的判处规则,故从目的解释、体系解释的角度来看,该规则的前后两部分理应分别对应数额型和非数额型盗窃,即以盗窃数额达到较大为入罪条件的,对行为人应当判处 1000 元以上盗窃数额 2 倍以下的罚金;以上述四种盗窃行为入罪的,不论是否有盗窃数额,对行为人应当判处 1000 元以上 10 万元以下的罚金。第二,从司法解释的权威性角度来说,也不应出现同为非数额型盗窃行为,却因是否有明确的盗窃数额而适用不同的罚金刑判罚标准。第三,实践中非数额型盗窃行为经常会出现有明确的盗窃数额,甚至盗窃数额极少的情形,本案中多次盗窃、入户盗窃仅窃得百元的情形也十分常见,倘若依前述第一种观点则均应在“一千元以上百元以下判处罚金”,这种不合逻辑的罚金幅度明显不符合立法者的本意,也有损司法尊严。

其次,对非数额型盗窃罪判处罚金应当遵循罪责刑相适应原则。《刑法》第五十二条规定:“判处罚金,应当根据犯罪情节决定罚金数额。”《最高人民法院关于适用财产刑若干问题的规定》第二条规定:“人民法院应当根据犯罪情节,如违法所得数额、造成损失的大小等,并综合考虑犯罪分子缴纳罚金的能力,依法判处罚金。”因此,在判处罚金刑的时候,不仅要考虑其犯罪数额、违法所得、损失大小、缴纳能力等因素,还要根据被告人的主观恶性、犯罪手段、社会危害性、人身危险性等方面综合考量。就“多次盗窃”“入户盗窃”“携带凶器盗窃”“扒窃”这四种行为而言,行为人的主观恶性、人身危险性、犯罪行为的社会危害性要比通常意义上的盗窃“数额较大”行为严重得多。行为人多次实施盗窃行为体现出其对法律的漠视,其他三种盗窃行为极易引发严重危及人身安全的刑事案件。

回顾本案,被告人蒲长才具有三次盗窃罪和两次盗窃行政处罚的前科,而且本次实施犯罪的时间距其前罪刑满释放时间不足一个月,可以说蒲长才被释放后即开始新的盗窃生活,足以证明刑罚对其的教育改造目标失效,其主观恶性较深,人身危险性较大,其行为造成的危害后果较为严重,对其不仅应当在适用自由刑上从重处理,在罚金刑方面亦应当从重,才能体现罪责刑相适应原则。故尽管被告人蒲长才四次盗窃共计金额尚不足百元,对其在1000元以上10万元以下的幅度判处罚金更能剥夺其再次犯罪的资本。

最后,对非数额型盗窃罪判处罚金应当符合罚金刑设立的立法目的。盗窃等财产犯罪的犯罪主观上出于贪利的目的,对其仅判处自由刑恐怕不足以遏制其再犯,罚金刑是遏制行为人再犯的有力武器,这是因为罚金所造成的刑罚痛苦不仅在于被迫地缴纳了多少金钱,还包括因缴纳罚金、导致行为人无法满足其物质享受的需要所造成的间接痛苦。因此,罚金刑与自由刑并用是惩治财产犯罪的有效方法,这样一来,既剥夺了罪犯的犯罪所得,又剥夺其继续实施犯罪的资本,迫使其不仅无利可图,还得不偿失。对于盗窃罪而言,不论是哪种类型的盗窃行为,其均出于贪利的目的,那么,在通过判处罚金刑来实现对行为人财产权益的剥夺的同时,必须兼顾行为人的犯罪行为、情节等因素。本案被告人蒲长才可以说以盗窃为业,足见其贪利目的之重,加重对其财产刑的判罚正是对其进行教育改造的方式之一。

案例:马贺飞盗窃案

案例来源:《刑事审判参考》总第127辑[第1406号]

主题词:盗窃罪　认罪认罚从宽

一、基本案情

被告人马贺飞被上海市金山区人民检察院指控犯盗窃罪。其在侦查阶段如实供述自己的罪行;审查起诉阶段签署认罪认罚具结书,公诉机关建议判处被告人马贺飞罚金人民币一千元;并建议适用简易程序审理。

上海市金山区人民法院适用简易程序公开开庭审理,被告人马贺飞当庭自愿认罪认罚,对指控事实、罪名、量刑建议及适用程序均无异议。经审理查明:被告人马贺飞先后4次在夜间驾驶电动自行车将他人放置在商铺门外的6盆花卉盆栽盗走。经上海市金山区价格认证中心鉴定,上述花卉盆栽市场零售价共计人民币195元。后被告人马贺飞被公安机关传唤到案,其到案后如实供述了上述事实,当日被取保候审。

法院认为:公诉机关指控被告人马贺飞犯盗窃罪的事实清楚,证据确实、充分,指控的罪名成立。马贺飞具有坦白情节、认罪认罚,对其依法可以从轻处罚。公诉机关的量刑建议适当,依法应予采纳。判决被告人马贺飞犯盗窃罪,判处罚金人民币一千元。

一审宣判后,被告人马贺飞未上诉,检察机关未抗诉,判决已发生法律效力。

二、裁判要旨

No. 5-264-99　轻罪案件应用好用足认罪认罚从宽制度,充分发挥刑罚的教育矫治功能。

随着全面依法治国深入推进,社会治理现代化不断创新,刑事立法越来越注重参与社会治理,自2011年《刑法修正案(八)》施行以来,一些群众反映强烈的违法行为、重大危险行为被纳入刑事处罚范畴,特别是扒窃、危险驾驶等多发违法行为犯罪化以后,轻罪案件大幅增加,所占比例越来越高。全国法院判处三年有期徒刑以下刑罚的案件比例,近几年都在80%以上。与此同时,重罪案件、严重暴力犯罪案件大幅下降,我国的犯罪结构发生了重大变化,人民群众获得实实在在的安全感,对公平正义提出更高和更加多元化的要求和期待。在这一历史背景下,党中央部署进行认罪认罚从宽制度完善和相关试点工作,探索构建与案件难易、刑罚轻重相适应,符合我国司法实践需要和人民群众多元化需求的刑事诉讼制度体系。2018年修正后的《刑事诉讼法》将认罪认罚从宽制度规定为基本原则,在适用范围上没有罪名和可判处刑罚的限制,确保认罪认罚的犯罪嫌疑人、被告人平等获得从宽处理的权利;同时,通过增设速裁程序,形成由速裁、简易、普通程序构成的有序衔接的刑事诉讼体系,构建了认罪认罚案件的处理模式,以从程序和实体两个方面全面贯彻落实宽严相济刑事政策,从而在更高层次上实现公正与效率的统一。实践中,要把轻罪案件作为适用认罪认罚从宽制度的重点,既有利于及时惩治犯罪,又有利于发挥刑罚的教育矫治功能,有利于罪犯顺利回归社会。

认罪认罚从宽制度的完善,其中一个重要任务是把宽严相济刑事政策在程序法上进一步制度化、规范化、程序化,让政策在程序上有保障,更好地得到落实。实践中,要把占全部刑事案件80%以上的三年有期徒刑以下的轻刑案件,作为适用认罪认罚从宽制度的重点,用足用好认罪认罚从宽制度。程序上,要根据案件性质、刑罚轻重、案件难易以及被告人的选择,采取与之相适应的诉讼程序,符合速裁程序和简易程序适用条件的,依法适用速裁和简易程序,充分发挥速裁、简易程序的分流功能,避免程序空转,在更高层次上实现公正与效率的统一。强制措施的适用上,要把犯罪嫌疑人、被告人认罪认罚作为其是否具有社会危险性的重要考虑因素,能不捕的,不捕,减少羁押;犯罪情节轻微,依法可不判处刑罚的,可不诉的,不诉;符合缓刑适用条件的,依法判处缓刑,扩大非监禁刑的适用。既要通过及时惩治犯罪发挥刑罚的惩罚功能,又要通过给出路发挥刑罚的教育矫治功能,减少社会对立面,促进社会长治久安。

本案中,被告人犯罪情节轻微,涉案金额不大,被抓获后即承认盗窃事实,具有坦白情节,节约了侦查机关取证的成本;同时,公安机关在被告人住所查获了上述被盗物品,并及时发还相关被害人。侦查阶段,公安机关根据案件情节及被告人认罪认罚情况,对被告人采取取保候审。审查起诉阶段,被告人认罪认罚,签署具结书,同意量刑建议和简易程序的适用。公诉机关根据案件情节以及被告人认罪认罚的作用、意义,综合考量单处附加刑从轻处理,建议适用单处罚金和简易程序。审判阶段,人民法院经审查依法决定适用简易程序,公开开庭审查了被告人认罪认罚的自愿性以及签署具结书的合法性和事实基础,根据庭审查明的事实,依法采纳公诉机关的量刑建议,对被告人判处罚金人民币一千元。宣判后,被告人不上诉、检察机关不抗诉,案件取得了好的法律效果和社会效果。

案例:张金福盗窃案

案例来源:《刑事审判参考》总第128辑[第1417号]

主题词:盗窃罪 扒窃

一、基本案情

被告人张金福于2018年1月20日至21日期间,在济南市市中区经十一路珍祥烧烤店等地,趁无人注意之机,先后4次从王然等人放在身旁或挂在身后椅背上的衣服、包内盗窃手机、现金等财物(价值共计11818元),在市中区老商埠萨贝尔意式餐厅盗窃王慈翊等人放在吧台的手机3部(价值共计3595元)。综上,张金福盗窃作案5次,价值共计15413元。案发后,公安人员在济南市天桥区堤口路一宾馆内将张金福抓获。经讯问,张金福对上述犯罪事实供认不讳,并主动供述了公安机关尚不掌握的其盗窃王然财物的犯罪事实。案发后,追回被盗手机2部、赃款1万元已发还失主。

二、裁判要旨

No. 5-264-100　扒窃的对象“随身携带物品”需与失主身体紧密接触,针对被害人身边未与身体紧密接触的财物实施盗窃,仅成立普通盗窃。

《刑法修正案(八)》第三十九条对盗窃罪的成立条件及标准作了进一步修改完善,在盗窃罪原来的“盗窃公私财物,数额较大”和“多次盗窃”两种行为方式基础之上,增加了“入户盗窃”“携带凶器盗窃”“扒窃”三种行为方式。《现代汉语词典》对“扒窃”一词的定义为“从别人身上偷窃财物”。根据《最高人民法院、最高人民检察院关于办理盗窃刑事案件适用法律若干问题的解释》的规定,在公共场所或者公共交通工具上盗窃他人随身携带的财物的,应认定为“扒窃”。据此,“扒窃”除具备普通盗窃行为所具有的秘密性、以非法占有为目的的特征之外,还应该具备以下两个独立的特征:

第一,发生在公共场所或公共交通工具上。

第二,扒窃的对象必须是他人随身携带的物品。关于随身携带物品的解释应采取“贴身说”,即仅限于他人带在身上的财物,即未离身的财物,如装在衣服口袋内的手机、钱包、手提或肩背的包等,而在身体附近、处于他人现实支配之下但没有放在身上的财物不能认定为“随身携带的财物”。

从事实认定角度看,“贴身说”能够为扒窃行为的认定提供可操作的证据证明标准。贴身说”,将扒窃的范围仅限于贴身的财物,具有排他性,明确了证据认定标准,统一认识,减少歧义,容易操作,利于侦查人员收集证据,不仅降低司法成本,还能提高案件的侦破率,有利于打击此类犯罪,并最大限度地发挥刑罚的威慑效果。

采取“贴身说”,是罪责刑相适应的基本要求。首先,根据罪责刑相适应原则,刑罚的严厉性要与行为人的主观恶性、社会危害性相适应。刑法之所以规定此类行为不受数额限制,降低入刑门槛,意在通过加重处罚来打击此类犯罪。基于此,扒窃型盗窃采用“贴身说”更为合理,因为只有当某一财物与失主身体紧密接触时,行为人行窃时才容易被失主发现,才会对失主的人身造成潜在的随时可转化为现实存在的危险,而在财物并非紧贴失主的情况下,失主对财物被转移的感知能力弱,人身被侵害的现实危险相对较小。其次,如果将窃取贴身财物与非贴身财物适用同一量刑标准,对被告人有失公允,因为两者的社会危害性、行为人的主观恶性不能等同视之。最后,根据刑法的谦抑性原则,扒窃的对象只能是失主贴身之物,如果将扒窃的对象范围扩大,可能会导致量刑上的严重失衡。

本案中,被告人张金福盗窃的财物并非失主贴身财物,如果财物没有与身体接触,即使处在身体的近处,也不能构成扒窃的对象。因此,放置在座椅旁、自行车筐内等的财物,由于没有与失主身体有物理接触,因而不能成为扒窃的对象,只能是普通盗窃的对象。

109 诈骗罪(《刑法》第二百六十六条)

案例:余永贵诈骗案

案例来源:《人民法院案例选》2008 年第 4 辑

主题词:诈骗罪　被害人过错

一、基本案情

被告人余永贵。

云南省威信县人民法院经审理查明:2005 年 4 月,被告人余永贵在绥江县一网吧通过网上 QQ 聊天,认识了云南省威信县某单位女职工杨某,骗取了杨某的信任。杨某遂告知余永贵自己的真实姓名及工作单位、住址,余永贵则以假名“罗强”、系水富县农行副行长、正闹离婚等虚假情况相告,提出愿意和杨某谈朋友、结婚。2005 年 5 月的一天,余永贵到杨某家中与杨某见面,次日以银行卡遗失为借口向杨某“借款”1000 元。当天下午余永贵又打电话给杨某,编造其妻出车祸的谎言,再次向杨某骗得“借款”10000 元。而后,余永贵又多次以其妻死亡、自己出车祸等为借口向杨某“借款”,截至2005年12月14日止,余永贵共计骗取杨某人民币81000元。2006年元月后,余永贵中断了与杨某的联系。

2006年5月13日,被告人余永贵在网上了认识四川宜宾市某工厂残疾女职工魏某,通过网上聊天取得魏某信任后,余永贵以假名“王涛”、水富县农行副行长等虚假情况相告,提出愿与魏某交朋友。5月15日晚在魏某家住宿期间,余永贵事先将手机设定为定时闹铃,装作频繁接听电话,安排、部署工作的领导气派。次日,余永贵谎称有很强的经济实力,承诺要为脚有残疾的魏某购买电梯公寓、负责魏某儿子的教育等,用谎言迷惑魏某,进一步骗取魏某的信任。而后,余永贵利用手机的定时闹铃,装作接到其母的“电话”,称其表妹要到海南打工,叫送几千元钱到机场,余永贵在“电话”里告知其“母”,现在没有那么多钱,又没有带卡,过一会儿再想办法。魏某见余永贵手边无钱,主动答应借5000元钱给余永贵。此后,余永贵又以其好友出车祸、急需20万元抢救费为由向魏某“借钱”,骗取魏某人民币18000元。当得知魏某尚有20000元教育储蓄时,余永贵于次日再次到魏某家中,又骗走魏某教育储蓄存款20000元。后魏某多次催其还款,余永贵先是借故敷衍,后中断了与魏某的联系。综上所述,被告人余永贵自2005年4月至2006年5月期间,先后骗得杨某人民币81000元、魏某人民币43000元。案发后,公安机关依法从被告人处收缴了17360元(已退还被害人魏某),其余赃款均已挥霍,无力归还。

云南省威信县人民法院认为:

1. 根据《中华人民共和国刑法》第二百六十六条的规定,诈骗罪是指以非法占有为目的,用虚构事实或隐瞒真相的方法,骗取数额较大的公私财物的行为。本案被告人余永贵通过网上聊天结识杨某、魏某后,以假姓名、住址、身份和婚姻状况等虚假情况相告,并以谈恋爱、结婚等为由先后与二人交往,骗取对方的感情和信任。而后被告人亲自到被害人住地约会,用花言巧语进一步迷惑对方,继而虚构银行卡丢失、车祸、妻子死亡等虚假事实,多次向被害人“借款”后,中断与被害人的联系,以达到长期非法占有被害人财物的目的,其行为完全符合诈骗罪的主、客观构成要件,应以诈骗罪依法追究其刑事责任。

2. 被告人诈骗的数额达12万余元,诈骗对象属于社会弱势群体的残疾人和妇女,其犯罪手段是以恋爱、许诺结婚为名先骗取受害妇女的感情继而诈骗财物,属诈骗数额巨大且有其他特别严重情节,且赃款大部分已挥霍,无力归还,应依法严惩。

3. 关于辩护人提出的被害人有一定过错、被告人认罪态度好、尽力赔偿被害人损失,应从轻处罚的辩护意见,法院认为,在诈骗案件中,被害人的过错并非犯罪人实施诈骗的起因,而是犯罪人实施诈骗所利用的条件,被害人的过错不能作为对犯罪人从轻处罚的情节,对该辩护意见不予采纳;用于归还被害人的款项是公安机关收缴的赃款,公安机关向被害人返还被骗财物并不取决于被告人是否自愿,因此不能认定被告人有尽力赔偿被害人损失的酌定从轻情节;被告人能如实供述犯罪事实,认罪态度较好,可在量刑时作为酌定从轻处罚情节。

威信县人民法院根据认定的事实和上述判案理由,依照《中华人民共和国刑法》第二百六十六条之规定,作出如下判决:余永贵犯诈骗罪,判处有期徒刑十年,并处罚金人民币二万元。

一审宣判后,被告人余永贵未提起上诉,检察机关亦未抗诉,一审判决已经发生法律效力。

二、裁判要旨

No.5-266-1 诈骗案件中的被害人过错,不能作为从轻处罚的酌定情节。

被告人的过错不是犯罪行为人实施诈骗的起因,而是被告人实施犯罪所利用的条件。诈骗案件无一例外都是犯罪行为人利用了被害人某些方面的过错诸如贪图利益、盲目轻信等,在揣测、掌握被害人心理后,有针对性地实施诈骗行为骗取财物。因此,被害人的过错在诈骗案件中不能作为对被告人从轻处罚的酌定情节。

案例:杨永明等诈骗、行贿、盗窃案

案例来源:《人民法院案例选》2006年第2辑

主题词:诈骗罪 彩票

一、基本案情

被告人杨永明,男,1971 年出生,原系西安金筷子餐饮连锁经营有限公司法定代表人。2003 年 5 月被陕西省体育彩票管理中心原主任贾安庆违规授予省体彩中心"即开规模销售主管"的头衔。2004 年 4 月 30 日因涉嫌诈骗被西安市公安局新城分局刑事拘留,6 月 1 日被依法逮捕。

被告人孙承贵,男,1973 年出生,无业。1995 年 1 月 23 日因涉嫌盗窃被山东省荣成市人民检察院批捕在逃。2004 年 5 月 15 日因涉嫌诈骗被西安市公安局新城分局刑事拘留,6 月 1 日被依法逮捕。

被告人王长利,化名王军,男,1956 年出生,农民。2004 年 5 月 14 日因涉嫌诈骗被西安市公安局新城分局刑事拘留,6 月 1 日被依法逮捕。

被告人岳斌,化名杨小兵,男,1977 年出生,农民。2004 年 4 月 29 日因涉嫌诈骗被西安市公安局新城分局刑事拘留,6 月 1 日被依法逮捕。

被告人刘晓莉,女,1966 年出生,农民。2004 年 4 月 29 日因涉嫌诈骗被西安市公安局新城分局刑事拘留,6 月 1 日被依法逮捕。

被告人白勤生,又名白玉亭,男,1962 年出生,农民。2004 年 5 月 22 日因涉嫌诈骗被西安市公安局新城分局刑事拘留,6 月 25 日被依法逮捕。

陕西省西安市中级人民法院经审理查明:

1. 2000 年 9 月至 2004 年 3 月,被告人杨永明为个人在陕西省境内承销即开型中国体育彩票,并在销售过程中得到各种便利、帮助和关照,以获取不正当利益,先后 20 次给陕西省及西安、延安等地体育彩票发行、管理机构有关人员行贿共计 426600 元。

2. 2004 年 1 月 24 日至 31 日,被告人杨永明根据他与陕西省体育彩票管理中心达成的协议,在陕西省延安市承办一千万元即开型体育彩票实物返奖销售活动。经事先预谋,杨永明伙同被告人孙承贵设法确定特等大奖信封编号,并操纵二次抽奖,指使事先联系好的"票托"王长利、白勤生、刘小岗、刘学文(化名刘强)在彩票销售现场持兑过奖的彩票重复上台领奖。王长利等四人共骗领特等 A 奖奇瑞东方之子轿车 1 辆、特等 B 奖奇瑞风云轿车 3 辆、现金 181200 元。1 月底至 2 月初,杨永明在陕西省绥德县、定边县、靖边县、横山县承办 1000 万元即开型体育彩票实物返奖销售活动。经事先预谋,杨永明、孙承贵联系好"票托"白勤生、李奎、杜成章,用同样方法持兑过奖的彩票重复领奖,共骗领特等 A 奖奇瑞风云轿车 5 辆、现金 198500 元。嗣后,杨永明伙同孙承贵将骗领的上述 9 辆轿车运回西安。3 月在西安承办的彩票销售活动中,杨永明将其中 8 辆轿车作为奖品车承兑,另 1 辆奇瑞风云轿车交陕西省体育彩票管理中心原副主任张永民使用。

2004 年 3 月 20 日至 25 日,被告人杨永明根据他与西安市体育彩票管理中心签订的协议,在西安市东新街十字承办六千万元即开型体育彩票实物返奖销售活动。经与负责彩票兑奖和保管中奖彩票的被告人孙承贵预谋,事先用强光照射放置在牛皮纸信封中的红色信封里的中奖证明单,以确定装有特等 A 奖的信封编号并在兑特等奖时不登记彩票号码,这样,为其重复使用中奖彩票骗领大奖作准备。兑奖过程中,孙承贵准备了两份大奖编号单,将事先得知是大奖的号码划上记号,虚构该号已被抽走的事实,以排除进入二次抽奖的其他彩民抽中此号,实际控制了大奖。杨永明让孙承贵事先联系好"票托"岳斌(化名杨小兵)、刘晓莉、王长利(化名王军),持兑过奖的彩票上台重复领奖,各抽得特等 A 奖宝马轿车 1 辆和人民币 120000 元。岳斌兑奖后,除交税 118770 元外,将余款占为己有,并将宝马车领回后交给了杨永明。由于刘晓莉身份证过期,兑奖后未能将汽车领走。因"刘亮事件"发生,孙承贵未让王长利领车,后为掩盖犯罪事实,指使王长利写了宝马车转让给杨永明和收到杨永明车款 38 万元的假收据。

综上,被告人杨永明等共计诈骗宝马汽车 3 辆(其中 2 辆未遂)、奇瑞汽车 9 辆,现金 790100 元,共计价值 3144050 元。案发后追回宝马汽车 3 辆,奇瑞风云汽车 1 辆,现金 136424.81 元。

3. 1995 年 1 月 1 日晚,被告人孙承贵伙同肖振刚(在逃)、张新喜、张忠涛(均已判刑)窜至山东省荣成市邱家渔业公司船厂,采取撬锁的手段,从船厂仓库盗走电解铜 2.365 吨(价值

60428.89元)。被告人孙承贵将赃物变卖后,将赃款挥霍。

西安市中级人民法院认为,关于被告人杨永明及其辩护人提出杨永明在公安机关不掌握的情况下,主动交代在西安骗取宝马车的犯罪事实属于自首的辩解和辩护意见,经查,公安机关于2004年4月24日讯问刘晓莉,刘晓莉供述了孙承贵让其冒领宝马车的事实,公安机关得知此情况后,于同日对杨永明进行反复讯问,杨永明才交代了犯罪事实,故不应认定为自首。其辩解和辩护人的意见不能成立,法院不予采纳。

关于杨永明、孙承贵、白勤生的辩护人提出上述被告人的行为不构成诈骗罪的辩护意见,法院认为,根据我国刑法对诈骗罪的规定,本案被告人杨永明、孙承贵等人的行为完全符合诈骗罪的构成要件。首先,杨永明、孙承贵等被告人主观上具有非法占有他人财物的故意。杨永明、孙承贵均供述,为了规避承销体育彩票的风险,曾共谋采取找人冒领大奖的手段,达到控制大奖,骗取大奖的目的。其次,在客观上,他们实施了虚构事实、隐瞒真相,骗取体育彩票大奖的行为,最终在西安、延安、榆林等地,实际骗取了宝马、奇瑞轿车共计12辆,人民币共计790100元。针对杨永明、孙承贵等被告人的辩护人提出的关于本案侵犯的客体是复杂客体,被骗的对象是不特定的,而诈骗罪的手段是骗取特定被害人"自愿地"交出财物,杨永明等人不构成诈骗罪的观点,法院认为,从对本案被告人犯罪事实的分析,被告人杨永明、孙承贵等人犯罪侵犯的客体主要是宝马、奇瑞汽车和奖金的所有权,侵害的对象是那些进入二次抽奖的彩民,这些彩民是相对特定的,虽然在骗取上述财物的手段上与普通的诈骗有所区别,但是他们的行为符合我国刑法关于诈骗罪的本质特征,依法构成诈骗罪。对被告人及其辩护人提出本案不构成诈骗罪的辩护理由,法院不予采纳。关于杨永明的辩护人提出杨永明犯罪数额中应将已交的税款扣除的意见,经查,该辩护意见符合法律规定,法院予以采纳。但其辩护人提出杨永明支付给本案被告人刘晓莉、王长利、岳斌、白勤生等人的费用及收购3张彩票的款项应从犯罪数额中扣除的意见,经查,这些费用均是杨永明、孙承贵为达到最终非法占有大奖而采取的一种犯罪手段,不应扣除,其辩护意见不能成立,法院不予采纳。关于杨永明的辩护人提出杨永明在西安犯罪中有两辆宝马车属于未遂的意见,经查属实,法院予以采纳。

对孙承贵的辩护人提出孙承贵没有非法占有的目的,客观上也没有非法占有大奖;在犯罪中系从犯;盗窃罪属自首;盗窃数额不是特别巨大的辩护意见,经查,杨永明在延安发行彩票前,就和孙承贵密谋为增加利润而找人冒领大奖,孙承贵对此亦有供述,说明其主观上具有非法占有大奖的目的。在客观上,孙承贵在实施兑奖前积极联系多人冒领大奖,在兑奖中,孙承贵准备了两份大奖编号单,将事先得知是大奖的号码划上记号,并虚构该号已被抽走的事实,排除其他彩民抽中此号,实际控制了大奖,且回收彩民奖票填平总票数以掩盖冒领大奖的事实真相;在兑奖后,藏匿、转移赃物,指使王长利写了将宝马车转让给杨永明的证明,并许诺在刘晓莉把宝马车领出后分给她一半的钱。以上可以看出,孙承贵在主客观方面已符合诈骗罪的构成要件,应以诈骗罪共犯论处。故其辩护人的意见不能成立。此外,孙承贵虽然在潜逃期间写了关于其犯罪事实的一些材料,但这些材料并没有寄出,从材料的内容看,孙承贵没有决定去投案。关于盗窃问题,孙承贵是1995年因盗窃被批捕在逃,西安警方为调查彩票案到山东省威海市公安局时就已得知孙承贵的盗窃事实,所以孙承贵不具有自首情节。根据《山东省高级人民法院、山东省人民检察院、山东省公安厅关于盗窃罪数额标准》的规定,个人盗窃公私财物价值60000元以上为数额特别巨大,孙承贵盗窃的电解铜价值为60438.89元,应属数额特别巨大,因此,其辩护人关于孙承贵有自首情节和其盗窃数额不属于特别巨大的辩护意见均不能成立,不予采纳。唯孙承贵虽然积极参与诈骗犯罪,但其是受雇于杨永明,对诈骗所得的财产没有支配权,在犯罪中仍属从属地位,应按从犯论处,其辩护人关于此节的辩护意见成立,法院予以采纳。

关于被告人王长利的辩护人提出的王长利在犯罪中系从犯,有悔罪表现,应减轻处罚的意见,经查成立,法院予以采纳。

关于被告人岳斌的辩护人提出其不构成诈骗罪共犯的意见,经查,杨永明为让岳斌冒领大奖,为其办理了假身份证,并指使他在巡游时向群众谎称他是在西安打工的。岳斌对杨永明的诈骗行为是明知的,而积极帮助杨永明欺骗彩民,事后又得到了杨永明给予的赃款,其行为已构成诈骗罪的共犯,故其辩护人的意见不能成立,法院不予采纳。

关于被告人刘晓莉的辩护人提出刘晓莉不构成诈骗罪的共犯且有自首情节的意见,经查,被告人刘晓莉明知杨永明、孙承贵找她是冒领大奖而积极帮助完成犯罪,事后也得到了孙承贵给予的赃款,并与孙承贵约定车卖后利益各半,足以说明刘晓莉与杨永明、孙承贵有非法占有的共同故意,其行为已构成诈骗罪的共犯,故其辩护人的该意见不能成立,法院不予采纳。被告人刘晓莉在公安机关未掌握其参与诈骗犯罪的情况下,主动交代了参与诈骗宝马车的犯罪事实,依法构成自首。刘晓莉对犯罪事实的交代,对本案的侦破起到了关键作用,且刘晓莉在庭审中有悔罪表现,可依法对其判处缓刑,故辩护人的此辩护意见法院予以采纳。

关于被告人白勤生的辩护人提出其不构成诈骗罪共犯的辩护意见,经查,白勤生供述,领奖时因害怕出事,没有留其真实住址,也不相信孙承贵每次都能中大奖。这说明白勤生当时明确知道其行为是在弄虚作假,欺骗彩民,还积极实施了骗领大奖的行为,两次履行了领奖手续,协助杨永明等人占有大奖,其行为已构成诈骗罪的共犯。故辩护人的辩护意见不能成立,法院不予采纳。

法院认为,被告人杨永明无视国法,伙同被告人孙承贵及其他被告人,在承销体育彩票活动期间,以非法占有为目的,采取虚构事实、隐瞒真相的手段,骗取体育彩票大奖,数额特别巨大,情节特别严重,均已构成诈骗罪,杨永明系本案主犯。此外,杨永明为承销体育彩票,谋取不正当利益,向国家工作人员行贿42万余元,情节严重,其行为又构成行贿罪,应数罪并罚。被告人孙承贵秘密窃取公共财物,数额特别巨大,其行为又构成盗窃罪,亦应数罪并罚。被告人杨永明行贿犯罪有自首情节,能坦白公安机关不掌握的同种诈骗罪行,在部分诈骗犯罪中有未遂情节,应依法酌情从轻处罚。被告人孙承贵、王长利、岳斌、白勤生在诈骗犯罪中均属从犯,应依法减轻处罚。被告人刘晓莉系从犯,有自首情节,确有悔罪表现,可依法判处缓刑。西安市人民检察院指控各被告人所犯罪名成立。依照《中华人民共和国刑法》第二百六十六条、第三百八十九条第一款、第三百九十条第一款、第二百六十四条、第二十五条第一款、第二十六条第一款、第二十七条、第二十三条、第六十七条、第六十三条第一款、第六十九条、第七十二条、第六十四条以及最高人民法院《关于处理自首和立功具体应用法律若干问题的解释》第一条第(一)项、第二条之规定,判决如下:

1. 被告人杨永明犯诈骗罪,判处有期徒刑十三年,并处罚金十万元;犯行贿罪,判处有期徒刑七年,决定执行有期徒刑十九年,并处罚金十万元。

2. 被告人孙承贵犯诈骗罪,判处有期徒刑八年,并处罚金五万元;犯盗窃罪,判处有期徒刑十年,并处罚金二万元,决定执行有期徒刑十七年,并处罚金七万元。

3. 被告人王长利犯诈骗罪,判处有期徒刑三年,并处罚金五千元。

4. 被告人岳斌犯诈骗罪,判处有期徒刑二年,并处罚金三千元。

5. 被告人刘晓莉犯诈骗罪,判处有期徒刑二年,宣告缓刑三年,并处罚金二千元。

6. 被告人白勤生犯诈骗罪,判处有期徒刑一年又六个月,并处罚金三千元。

7. 公安新城分局在中国光大银行西安东郊支行冻结的杨永明账户赃款三万六千零五十元,在中国工商银行西安市东关分理处杨永明账户冻结的赃款十万零三百七十四元八角一分,共计十三万六千四百二十四元八角一分及随案奇瑞风云轿车一辆由法院发还被害人。

8. 本案未追回的赃款继续追缴。

被告人杨永明、孙承贵不服一审判决,提起上诉。杨永明上诉提出,其主动交代了在西安骗取宝马车的犯罪事实,应属自首,应从轻处罚;其自首了行贿的犯罪事实,应依法免除处罚。杨永明的辩护人提出,原审判决给杨永明定诈骗罪不当,应定非法经营罪,且杨永明有自首行为。对杨永明行贿罪量刑过重。孙承贵上诉提出,一审量刑过重。

陕西省高级人民法院经审理查明,杨永明、孙承贵二人承销体育彩票后即共谋采取控制、冒领大奖的手段,以达到骗取大奖的目的,且实际上最终在西安、延安、榆林等地骗取了宝马、奇瑞汽车等大奖,其主观上非法占有的目的明显。客观上采取了虚构彩民可以公平获奖的事实,隐瞒其用强光照射等手段事先确定体彩大奖信封,实际控制大奖的真相,其行为符合诈骗罪的特征,杨永明的辩护人提出杨永明不构成诈骗罪的意见不能成立。对于杨永明及其辩护人提出杨永明在公安机关不掌握的情况下,主动交代在西安骗取宝马车的犯罪事实属于自首的辩解和辩护意见,经查,公安机关于2004年4月23日讯问刘晓莉,刘晓莉供述了孙承贵让其冒领宝马车的事实,公安机关得知此情况后,即对杨永明进行讯问,经反复讯问,杨永明才交代了其犯罪事实,故不应认定为自首。此上诉理由和辩护意见不能成立,应予驳回。对于杨永明提出其自首了行贿的犯罪事实,应从轻或免除处罚的理由,经查,其自首行为,原审法院已予以认定,且作了从轻处罚。故不再考虑。对于上诉人孙承贵提出量刑过重的理由,经查,孙承贵虽然在诈骗活动中行为积极,但原审法院根据其受雇于杨永明而对诈骗财产没有实际支配权的情节。已认定了其属从犯且作了减轻处罚,量刑是适当的,故其上诉理由不能成立,应予驳回。原审法院判决认定事实清楚,证据确实、充分,定罪准确,量刑适当,审判程序合法。根据《中华人民共和国刑事诉讼法》第一百八十九条第(一)项之规定,裁定驳回上诉,维持原判。

二、裁判要旨

No. 5-266-2 彩票经销商采用操纵抽奖、找人冒领大奖等手段,非法占有巨额奖品、奖金的,应以诈骗罪论处。

根据我国《刑法》第二百六十六条的规定,诈骗罪是指以非法占有为目的,用虚构事实或隐瞒真相的方法,骗取数额较大的公私财物的行为。本案被告人杨永明、孙承贵等人的行为实质上符合诈骗罪的构成要件。首先,杨永明、孙承贵等被告人主观上具有非法占有他人财物的故意。杨永明、孙承贵二人均供述,为了规避承销体育彩票的风险,增加销售利润,他们曾共谋采取操纵二次抽奖、找人冒领大奖的手段,以达到骗取大奖的目的。其次,他们在客观上实施了虚构事实、隐瞒真相,骗取体彩大奖的行为。其具体表现在以下几个方面:(1)杨永明、孙承贵经预谋,事先采用强光照射等手段,确定体彩大奖的信封编号,向广大彩民隐瞒了他们已实际控制大奖的事实;(2)在兑奖现场,阻止公证人员对中奖彩票号码进行登记,隐瞒了其事先联系好的人上台兑奖时所持奖票是已兑过奖的事实;(3)对获取二次抽奖机会的彩民隐瞒了大奖已被他们事先控制,根本不可能再摸到大奖的事实;(4)将没有购买彩票的"票托"刘晓莉、岳斌、王长利、白勤生虚构为中奖的彩民,安排其上台摸取大奖;(5)为"票托"王长利、岳斌办理了假身份证,虚构了王军、杨小兵等身份;在榆林、延安诈骗时,他们所联系的人均虚构了姓名、住址,上述冒领人员在中奖登记时对姓名、住址、联系电话等均作了不实登记;(6)被告人杨永明、孙承贵还向有机会进行二次抽奖的部分彩民虚构了大奖已被抽走的情况,进而用现金从这些人手中回收了三张特等奖彩票以填平总票数,掩盖了冒领大奖的事实真相。综上,本案被告人以非法占有为目的,采取虚构事实、隐瞒真相的方法,诈骗体彩大奖轿车、现金,共计价值314.4万余元,符合诈骗罪的构成要件。

案例:李海波等诈骗案

案例来源:《人民法院案例选》2005年第4辑

主题词:诈骗罪 利用赌博作假 骗取参赌方财物

一、基本案情

被告人李海波、李海涛、吴文昌、张长旭。

上海市宝山区人民法院经审理查明:

2003年1月至2003年12月,被告人李海波、李海涛、吴文昌、张长旭结伙刘坤、陈权、谢飞、薛三军(均另行处理),有专人谎称要"租车"为由,将多名被害人骗至事先定好的本市小饭店,在包房内诱骗被害人参与赌牌。期间,有专人在旁伺机借钱给被害人,诱使被害人交出手机、证件等作为抵押,又有专人以事先排好顺序的牌赢走桌上所有钱款并伺机逃离。之后,由"借钱人"让对方写下欠条,且有专人假冒两轮摩托车载客人员送被害人回家取钱,并监视被害人。被告人李海波、李海涛、吴文昌结伙他人诈骗25次,共骗得人民币五万九千余元以及手机、戒指等物。其中,被告人张长旭参与诈骗24次。

宝山区人民法院经审理认为,被告人李海波、李海涛、吴文昌、张长旭以非法占有为目的,结伙他人,以虚构事实,隐瞒真相的方法骗取他人财物,数额巨大,其行为均构成诈骗罪,应依法予以处罚,公诉机关指控被告人的主要犯罪事实,证据确实充分,罪名成立,依照《中华人民共和国刑法》第二百六十六条、第二十五条第一款、第六十四条之规定,作出如下判决:被告人李海波犯诈骗罪,判处有期徒刑四年,并处罚金一万元;被告人李海涛犯诈骗罪,判处有期徒刑四年,并处罚金一万元;被告人吴文昌犯诈骗罪,判处有期徒刑四年,并处罚金一万元;被告人张长旭犯诈骗罪,判处有期徒刑三年六个月,并处罚金一万元;追缴各被告人的违法所得,发还各被害人。

一审判决后,被告人李海波、李海涛、吴文昌不服,提起上诉。

二审法院经审理认为,原判认定事实清楚,证据确实、充分。被告人的上诉辩解和辩护人的辩护意见不予采纳。上诉人李海波、李海涛、吴文昌及原审被告人张长旭伙同他人,以非法占有为目的,以赌博为名诈骗被害人钱款,且诈骗数额巨大,其行为均已构成诈骗罪,依法应予处罚。原审法院根据四名被告人的犯罪事实、认罪态度及社会危害程度所作出的判决并无不当,且审判程序合法。三名被告人请求从轻处罚无法律依据,不予准许。据此,依照《中华人民共和国刑事诉讼法》第一百八十九条第(一)项的规定,作出如下裁定:驳回上诉,维持原判。

二、裁判要旨

No. 5-266-3 利用赌局诱使他人参赌并通过虚构事实、隐瞒真相的方法骗取参赌方财物的,应以诈骗罪论处。

本案中,被告人谎称租车。到达目的地后又谎称待向人收取欠账后才能付车费,而此人正好外出。因此,让被害人打牌等待。从而,引诱被害人参与他们事先已经设置好的牌局。开始时,会让被害人赢些钱,引诱其下更大赌注,并安排专人在旁边借钱给被害人。一旦时机成熟,则用排好顺序的牌赢走桌上所有钱款,并逼迫被害人写下欠条。随后,扣下摩托车、手机、身份证、驾驶证等物,让被害人回家取钱来赎,并安排人员监视。四名被告人完全出于非法占有的诈骗意图,丝毫没有与对方赌博的想法。通过他们的默契配合,赌博的输赢已经完全由他们掌控,被害人一旦入局,必定是有输无赢,完全不符合赌博行为凭借偶然事实决定输赢的特性。所以,应以诈骗罪认定。

案例:刘志刚诈骗案

案例来源:《人民法院案例选》2008 年第 4 辑

主题词:诈骗案　伪造博士学历　学校招聘

一、基本案情

被告人刘志刚,男,系农民。

河南省郑州市二七区人民法院经审理查明:2004 年 11 月 14 日,郑州航空工业管理学院参加国家人事部在北京举办的全国第六届高级人才洽谈会,被告人刘志刚来到该洽谈会,以刘育豪之名向航空学院谎称自己是北京大学在读博士生,将于 2005 年 7 月毕业,并提交了其编造的个人工作经验、科研项目、发表的论文、英语水平等简历。该学院信以为真,即与被告人刘志刚商谈招聘事宜。为能让刘志刚毕业后到其学院工作,决定让被告人刘志刚于毕业前即可上班。被告人刘志刚于 2004 年 12 月份到郑州航空工业管理学院上班,该院按博士生待遇付给被告人刘志刚 40000 元安家费,三个月的工资 6000 元,并分配 120 平方米住房一套。被告人刘志刚上班后,多次以自己是北大博士生,要进一步提高待遇为由,不断向学院提出需要配置电脑、打印机和科研启动资金等要求。郑州航空工业管理学院经向北京大学查询,发现被告人刘志刚未在北京大学读博士,遂向公安机关报案,2005 年 2 月 2 日,被告人刘志刚再次向该院提出上述待遇时被抓获。归案后,公安机关追回赃款 40630 元和分配给他的住房钥匙一套,已发还被害单位。

郑州市二七区人民法院认为,被告人刘志刚以非法占有为目的,采用虚构事实、隐瞒真相的方法,骗取公共钱财,数额巨大,其行为已构成诈骗罪。公诉机关指控其罪名成立,应予以支持。

被告人刘志刚及其辩护人均认为被告人刘志刚的行为是一般民事欺诈,不构成诈骗罪。经当庭查证,被告人刘志刚主观上具有骗取被害单位钱财的故意,客观上采用了虚构事实的方法,以虚假在读博士生身份,隐瞒真实情况,骗取公共钱财,其行为符合诈骗罪的构成要件,且数额巨大,应当以诈骗罪追究其刑事责任。故被告人刘志刚及其辩护人的辩护理由均不能成立,法院不予采纳。依照《中华人民共和国刑法》第二百六十六条,第六十四条之规定,以诈骗罪判处被告人刘志刚有期徒刑三年零六个月,并处罚金四千元。并责令被告人刘志刚退赔被害单位郑州航空工业管理学院经济损失五千三百七十元。

被告人刘志刚不服一审判决,提出上诉,郑州市中级人民法院经审理认为,原判认定被告人刘志刚犯诈骗罪的事实清楚,定性准确,量刑适当,审判程序合法,遂裁定驳回上诉,维持原判。

二、裁判要旨

No.5-266-4 以伪造的学历应聘并骗取钱财,数额巨大,应以诈骗罪论处。

诈骗罪是以非法占有为目的,采用虚构事实或者隐瞒真相的方法,骗取数额较大的公私财物的行为。该罪主观上要求是直接故意,并且具有非法占有公私财物的目的,客观方面表现为使用骗术,即虚构事实或者隐瞒真相的手段,使财物所有人信以为真,自愿交出财物的行为。就本案而言,学校招聘人才,注重的是被招聘人的学识是否符合自己的需要,在对学识的判断标准中,学历是其中重要乃至关键的因素。本案被告人刘志刚明知以自己的真实身份不可能和用人单位建立劳动关系,却利用被害单位迫切求取人才的心理,冒充北大博士,最终骗取了被害单位钱财。其主观上具有非法占有的故意,客观上实施了诈骗行为,且骗取数额巨大,其行为完全符合诈骗罪的本质特征和构成要件,应以诈骗罪追究其刑事责任。

案例:仲越等诈骗案

案例来源:《人民法院案例选》2006年第3辑

主题词:诈骗罪 敲诈勒索罪

一、基本案情

被告人仲越、伏跃忠。

江苏省南京市玄武区人民法院经审理查明:

被告人仲越、伏跃忠均系吸毒人员,2005年8月二人经合谋,决定采用制造虚假交通事故的方法,骗取出租车驾驶员给予的赔偿款或补偿款(俗称碰瓷)。2005年8月至10月间,被告人仲越、伏跃忠先后多次在南京市城区乘坐出租汽车,其中一人中途下车,当车准备继续行驶时。车上的一名被告人声称有物品要交给刚下车的被告人,并让驾驶员停车等候。车外被告人靠近出租车后佯装与车上人交接物品或交谈,同时故意将脚放在出租车右后车轮前,当车继续行驶时从其脚面碾过(被告人事前确知不会对其身体造成损害)。后两被告人以驾驶员开车不小心将其脚压伤为由,向驾驶员索要数十元至数百元不等的赔偿款;部分驾驶员坚持与被告人一同前往医院进行验伤,在确诊脚部没有损伤时,被告人仍以脚被压为由向驾驶员索要补偿款。其间,两被告人共同作案37次,骗得钱款共计人民币8760元;被告人仲越还6次单独作案,利用下车付款之机,故意制造虚假的交通事故,骗取驾驶员钱财人民币1410元。两被告人所骗钱财均用于吸毒花销。2005年10月25日,两被告人再次作案时,被此前曾经被骗的出租车驾驶员认出并报警,公安机关将两被告人抓获。

南京市玄武区人民法院认为,被告人仲越、伏跃忠以非法占有为目的,先后多次结伙或单独采用制造虚假交通事故的方法,并隐瞒事实真相,骗取被害人钱财,数额较大,其行为均已构成诈骗罪,其中部分犯罪系共同犯罪。同时被告人仲越、伏跃忠均系累犯,依法应当从重处罚。遂于2006年3月27日作出(2006)玄刑初字第159号刑事判决:被告人仲越犯诈骗罪,判处有期徒刑一年六个月,并处罚金人民币五千元;被告人伏跃忠犯诈骗罪,判处有期徒刑一年三个月,并处罚金人民币四千元。

一审宣判后,两被告人未提出上诉,公诉机关亦未提出抗诉,判决已发生法律效力。

二、裁判要旨

No. 5-266-5 故意制造虚假的保险事故,导致被害人基于错误认识而支付赔偿款的,不构成敲诈勒索罪,应以诈骗罪论处。

敲诈勒索罪与抢劫罪均属于侵犯财产罪,行为人主观上都以非法占有他人财产为目的,在客观上均可表现为对被害人实施暴力威胁或者要挟的方法,迫使其交出较大数额的公私财物的行为。在这种情况下,两者之间的界限非常模糊。我们认为,抢劫罪的胁迫具有以下五个特点:一是当面向被害人发出;二是以立即实施暴力相威胁;三是暴力的内容以明确的语言、示意或动作来体现;四是当场劫取财物;五是如遇反抗则立即施以暴力。而敲诈勒索罪的威胁和要挟的程度比之于抢劫罪的胁迫程度要相对较轻,威胁行为仅使被害人产生畏惧心理,并交出公私财物为限,威胁施以暴力的对象既可以是人也可以是物,一般只是使被害人产生恐惧或压迫感,精神强制不如前者急迫,被害人在决定是否交出财物时仍然有选择的余地。

本案中,被害人所驾驶的车辆的确从被告人的脚部碾过,表面上看交通事故是确实存在的,但事实真相却是,被告人的脚部被车碾压是被告人故意所为,不属于意外事件。交通事故系被告人为了达到非法占有他人钱财的目的而人为制造,之后被告人故意隐瞒了这一事实真相,对被害人称是因为被害人的过失行为造成,并以此为由索要钱财,被害人错误地认为确实是自己的不慎造成了交通事故,给对方的身体造成了损伤和痛苦,于情于理均应向对方支付一定的钱款作为经济赔偿或补偿,并基于这种错误认识而自愿地向被告人支付钱款。被告人仲越、伏跃忠的行为完全符合诈骗罪的构成要件,依法应当以诈骗罪追究两被告人的刑事责任。

案例:王成文抢夺案

案例来源:《人民法院案例选》2005 年第 1 辑

主题词:诈骗罪　抢夺罪

一、基本案情

被告人王成文,男,1981 年 3 月 1 日出生,汉族,山东省胶州市人,无业,住山东省胶州市李戈庄镇毛家村。

浙江省舟山市定海区人民法院经审理查明:

被告人王成文与靳某(另案处理)商议从熟人张某处骗取手机,然后卖掉手机换钱。某日,王、靳两人在一电子游戏室内碰到正在打电子游戏的屠某,王某谎称自己手机没电了有事要与朋友联系,向屠某借打手机(价值人民币 1330 元)。王某用屠某的手机打了一个电话,随后把手机交给了一旁的靳某。靳某边打手机边往门口走,当快走到门口时,靳某拔腿就跑。一旁已有警觉的屠某见状马上去追,但没追上。当其返回电子游戏室再找王某时,王某早已离去。屠某以手机被骗为由向公安机关报案。后王某因涉嫌寻衅滋事罪(寻衅滋事的事实在此省略)被公安机关抓获。

定海区人民法院认为,被告人王成文虚构事实从被害人屠某处得到的只是手机的使用权,屠某没有基于错误的认识错误地处分所有权,且该手机始终处于屠某的视线控制之下,被告人王某公然夺取手机的行为符合抢夺罪的构成要件。依据《中华人民共和国刑法》第二百九十三条第(三)项、第二百六十七条第一款、第六十九条第一款之规定,认定被告人王某犯抢夺罪,判处有期徒刑六个月,并处罚金人民币一千元;犯寻衅滋事罪,判处有期徒刑八个月,决定执行有期徒刑一年,并处罚金人民币一千元。

判决后被告人服判未提出上诉,公诉机关也未抗诉。

二、裁判要旨

No. 5-266-6 以借用财物为名,骗取财物后乘人不备公然携财物逃跑的,不构成诈骗罪,应以抢夺罪论处。

诈骗罪的特点是采用虚构事实或隐瞒真相的欺骗方法,使被害人陷入认识错误并“自愿”交出财物,从而骗取公私财物的行为。在本案中,从表面上看,被告人王成文和靳某以非法占有为目的,客观上也采取了虚构事实的手段,并从屠某处骗得了手机,屠某也是自愿将手机交给两被告人。两被告人的行为似乎符合诈骗罪的构成。但是,实质上,两被告人虚构事实的结果只是从屠某处借得手机暂时使用,屠某在将手机借给两被告人后,始终在一旁等待两被告人使用完毕后及时归还。虽然,屠某的手机两被告人在使用,但是,屠某一直密切注视着手机的动向。在本案中,两被告人非法占有了屠某的手机,取得的手段主要不是通过诈骗,而是通过公然夺取而实现。两被告人骗得手机进行暂时使用是为下一步公然夺取手机做准备的。公然夺取应理解为在财产所有人或保管人在场的情况下,当着财产所有人或保管人的面,采用使其可以立即发觉的方法夺取财物。在本案中,被告人靳某边打手机边往门口走时已引起屠某的警觉,当靳某拔腿而逃时,两被告人非法占有手机的目的立即得到反映。屠某发觉两被告人欲非法占有其手机,就立即追赶。此时,手机虽然已经离开手机所有人屠某的人身直接控制的范围,但是,屠某一直密切注视着手机,手机始终处于屠某的视线范围内,屠某随时可以要求被告人将手机归还。应该认为,手机一直处于屠某的支配、控制之下。两被告人为了摆脱屠某对手机的有效控制,采用公然携机逃跑的办法,从而非法占有屠某的手机,两被告人的行为构成抢夺罪。

案例:王贺军合同诈骗案

案例来源:《刑事审判参考》总第51集[第403号]

主题词:诈骗罪 合同诈骗罪

一、基本案情

被告人王贺军,男,1953年12月10日出生,初中文化,无业。因涉嫌犯合同诈骗罪于2004年2月21日被逮捕。

湖南省长沙市中级人民法院经审理查明:2003年2月,被告人王贺军谎称自己是中国石油天然气集团公司计划司“司长”,并虚构了一个“辽河石油管理局油建公司24号工程项目”,称不需要招标、投标,其就能够将该工程发包给王小岱和王惠明。后王小岱又将核工业长沙中南建设集团公司项目负责人杨宜章介绍给王贺军。为骗取杨宜章等人的信任,王贺军伪造了虚假的工程批文,并要其朋友张发两次假冒辽河石油管理局基建处“张子良处长”与杨宜章等人见面,因此,杨宜章等人对王贺军深信不疑。王贺军则以办理工程批文需要活动经费为由,自2003年3月至2004年1月期间,先后骗取了杨宜章72万元、王惠明20万元、王小岱11万元。2004年1月7日,王贺军称受“张子良处长”的全权委托,与杨宜章所属的核工业长沙中南建设工程集团公司经理陈志荣签订了一份虚假的“24号井至主干线公路工程施工承包合同”,合同记载的工程项目总造价为5906万元,王贺军在合同上签名为“张子良”。2004年1月28日王贺军在上海被抓获。除公安机关追回的4万元赃款外,其余赃款均被王贺军挥霍。

长沙市中级人民法院认为,被告人王贺军以非法占有为目的,以虚构的单位和工程与他人签订合同,骗取他人钱财,数额特别巨大,其行为构成合同诈骗罪。依照《中华人民共和国刑法》第二百二十四条第(一)项、第五十七条、第六十四条之规定,判决如下:

1. 被告人王贺军犯合同诈骗罪,判处无期徒刑,剥夺政治权利终身,并处没收个人全部财产。

2. 继续追缴被告人王贺军非法所得人民币九十九万元,发还各被害人。

宣判后,王贺军以只在第一次骗了杨宜章30万元,后来拿的杨宜章的钱以及王惠明的20万元、王小岱的11万元是借,不是骗,并还了王小岱5万元为由,上诉至湖南省高级人民法院。

湖南省高级人民法院二审审理认为,上诉人王贺军假冒国家工作人员,虚构工程项目和能揽到工程项目的事实,以许诺给他人承包虚假的工程项目为诱饵,骗取他人财物,其行为构成诈骗罪,诈骗数额巨大,原审将王贺军的行为认定为合同诈骗罪不当。王贺军上诉提出其行为是借不是骗的上诉理由,经查,王贺军的多次供述及杨宜章、王惠明、王小岱的陈述均证明,王贺军一开始即虚构身份,以许诺介绍他人承包虚假的工程承包合同为诱饵,借承揽工程需要各种费用为名目,向各被害人诈取钱财,并予以挥霍,其非法占有的目的明显。另外,王小岱陈述王贺军没有还给他钱,王贺军也不能提供还钱的证据,因此其上诉理由不能成立。原审判决认定王贺军诈骗了杨宜章人民币72万元,但杨宜章陈述其被王贺军骗了70万元,故本院只认定王贺军诈骗杨宜章70万元。依照《中华人民共和国刑事诉讼法》第一百八十九条第(二)项和《中华人民共和国刑法》第二百六十六条、第五十七条第一款、第六十四条的规定,判决如下:

1. 驳回王贺军的上诉,撤销长沙市中级人民法院的刑事判决。
2. 上诉人王贺军犯诈骗罪,判处无期徒刑,剥夺政治权利终身,并处没收个人全部财产。
3. 继续追缴被告人王贺军非法所得人民币九十七万元,发还各被害人。

二、裁判要旨

No. 5-266-7 以签订虚假合同为诱饵骗取他人钱财的,不构成合同诈骗罪,应以诈骗罪论处。

合同诈骗罪与诈骗罪虽然同属诈骗类犯罪,在构成要件上有一定的相近之处,但两罪在犯罪客体、犯罪主体、客观方面还是存在诸多不同:一是犯罪客体不同。诈骗罪侵犯的是公私财物所有权,合同诈骗罪侵犯的客体为复杂客体,即公私财物所有权和国家对合同的管理制度;二是犯罪主体不同。诈骗罪与合同诈骗罪都可以由自然人构成,但是合同诈骗罪的主体可以是单位,而诈骗罪的主体只能是自然人;三是犯罪手段不同。合同诈骗罪只限于利用签订、履行合同的方式和手段进行诈骗,而诈骗罪在手段与方式上则没有限制,只要行为人在主观上具备非法占有的目的,客观上通过虚构事实或者隐瞒真相的手段骗取数额较大财物的行为,就构成诈骗罪。当行为人既实施了合同诈骗行为,又实施了普通诈骗行为,而且两种行为都构成犯罪时,就应当适用刑法中数罪并罚的规定,分别定合同诈骗罪和诈骗罪,实行并罚。

合同诈骗罪是一种利用合同进行诈骗的犯罪,诈骗行为发生在合同的签订、履行过程中,诈骗行为伴随着合同的签订、履行是此罪区别于诈骗罪的一个主要客观特征。我国的合同法规定了多种类型的合同,但并非任何利用合同进行诈骗的行为都构成合同诈骗罪。这是因为,从合同诈骗罪的客体出发,合同诈骗罪处于《刑法》分则第三章破坏社会主义市场经济秩序罪之第八节扰乱市场秩序罪中,合同诈骗罪不仅侵犯他人财产所有权,而且侵犯国家合同管理制度,破坏了社会主义市场经济秩序,这是立法设立该罪以专惩此类犯罪的初衷,因而合同诈骗罪中的合同,必须存在于合同诈骗罪保护客体的范围内,能够体现一定的市场秩序,才能满足合同诈骗罪中的合同的要求,这种诈骗行为也才应以合同诈骗罪论处,而与这种法益无关的收养、婚姻等身份关系的协议、赠与等合同均不是合同诈骗罪中所指的合同,以这些合同为内容进行诈骗的行为应当以诈骗罪定罪处罚。

案例:刘国芳等诈骗案

案例来源:《刑事审判参考》总第26辑[第185号]
主题词:诈骗罪 诈骗数额

一、基本案情

被告人刘国芳,男,34岁,汉族,台湾省台中县人,高中文化,商人。因涉嫌犯诈骗罪,于1998年12月10日被逮捕。

被告人高登基,男,34岁,汉族,台湾省台北县人,大专文化。因涉嫌犯诈骗罪,于1998年10月31日被逮捕。

贵州省遵义市中级人民法院经审理查明:被告人刘国芳、高登基先后从台湾到广东省深圳市,经人介绍后相识。1998年4月,两被告人商量从外省购买移动电话GSM卡在深圳设点拨打国际声讯台,以此获取国际电话费回扣,并商定回扣所得刘国芳分30%,高登基分70%。此后,刘国芳向高登基提供移动电话8部,并借资人民币2万元给高登基用于购买电话卡等。1998年7月,刘国芳又派人将1台控制手机拨号电脑和5部移动电话送到深圳市高登基的租房处进行安装,高登基则购置移动电话充电器、稳压器等物,并雇佣十余人为其拨打国际声讯台。刘国芳则负责与境外人员联系和领取电话费回扣。1998年7月至9月间,高登基将伪造的身份证交给雇佣人员李安竹等人,指使他们两次到贵州省的务川县、仁怀市、毕节市、关岭县用假身份证购得GSM卡16张后,又指使雇佣人员谭玉萍等人按照刘国芳告诉的电话号码,用其中的14张卡昼夜拨打国际声讯台,给电信部门造成话费损失490万元。刘国芳领取了部分国际电话费回扣,两被告人共同分赃。高登基在被抓获归案后,积极主动提供刘国芳的通讯号码、在大陆的住所等线索,协助公安机关将刘国芳抓获。

被告人刘国芳的辩护人提出,刘国芳主观上不具有诈骗的犯罪故意,客观上未实施购卡、打电话的行为,公诉机关指控刘国芳犯诈骗罪的证据不足,应宣告刘国芳无罪。

被告人高登基及其辩护人对公诉机关指控的主要事实不持异议,但辩称,高登基主观上不具有诈骗犯罪的故意,高登基的行为只构成故意毁坏财物罪,高登基积极协助公安机关抓获刘国芳,应属重大立功表现。

上述两被告人对附带民事诉讼原告人提出的490万元经济损失提出异议,认为自己的行为不构成犯罪,不应承担民事责任。

遵义市中级人民法院认为,被告人刘国芳、高登基以非法占有为目的,隐瞒事实真相,采取持假身份证到甲地购买GSM卡,在乙地拨打国际声讯台的手段,大肆骗取国家财产,致使国家财产遭受特别巨大的损失,其行为已构成诈骗罪,情节特别严重,均应依法惩处。公诉机关指控的罪名成立。被告人高登基在被抓获后,积极提供线索,协助公安机关将同案犯刘国芳抓获,应认定为重大立功表现,可依法减轻处罚。被告人高登基的辩护人所持高登基有重大立功表现的辩护意见成立,予以采纳。两被告人在明知用假身份证购买GSM卡用于拨打国际声讯台会导致售卡单位无法收取电话费的情况下,与境外人员相勾结,雇人购卡拨打国际声讯台,以非法获取电话费回扣,这足以表明两被告人主观上具有诈骗的犯罪故意,符合诈骗罪的构成要件。故两被告人及其辩护人关于两被告人无诈骗的主观故意,不构成诈骗罪的辩解和辩护意见不能成立,不予采纳。两被告人因其犯罪行为给附带民事诉讼原告人造成的经济损失应予赔偿,两被告人所持不应赔偿的辩解理由,不予采纳。据此,该院依照《中华人民共和国刑法》第二百六十六条、第五十七条第一款、第六十八条第一款、第六十四条、第二十五条第一款、第三十六条及《中华人民共和国民法通则》第一百一十七条的规定,于1999年12月12日作出刑事附带民事判决如下:

1. 被告人刘国芳犯诈骗罪,判处无期徒刑,剥夺政治权利终身,并处罚金五万元。
2. 被告人高登基犯诈骗罪,判处有期徒刑八年,并处罚金三万元。
3. 由两被告人共同赔偿三附带民事诉讼原告人经济损失四百九十万元。
4. 公安机关依法扣押的物品,属犯罪工具的依法予以没收,属被告人个人所有的物品返还给被告人。

一审宣判后,被告人刘国芳以未同高登基预谋,也未参与拨打国际声讯台,以及没有向高登基提供犯罪工具为主要理由提出上诉;被告人高登基以受刘国芳欺骗以为是拨打测试电话,主观上没有与刘国芳共同诈骗的故意为理由提出上诉。高登基的辩护人提出490万元不是诈骗数额,高登基系从犯。

贵州省高级人民法院经审理认为,原判认定上诉人刘国芳、高登基利用GSM电话卡可先购卡使用,后再与电信部门结算的运作方式,共谋后用假身份证骗购GSM电话卡拨打国际声讯台,然后收取该台回扣费的手段,使售卡电信部门与国际声讯台结算时付出话费,但又收不到拨打人的话费,损失四百九十余万元的事实清楚,证据确凿、充分,定性准确,量刑适当,审判程序合法,应予维持。上诉人刘国芳、高登基所提上诉理由与本案事实不符,不能成立。依照《中华人民共和国刑事诉讼法》第一百八十九条第(一)项的规定,于2000年3月14日裁定:驳回上诉,维持原判。

二、裁判要旨

No.5-266-8 为获取回扣,以虚假身份证件办理入网手续并使用移动电话造成电信资费损失,数额较大的,应以诈骗罪论处。

诈骗罪本质上是指以非法占有为目的,使用虚构事实或者隐瞒真相的方法,骗取公私财物的行为。移动电话服务收费有其自身特点,即在购买 GSM 卡,办理入网手续后,先行使用该移动电话,再按期与电信公司结算通话费。电信公司为保证其对客户收费,要求行为人在购买 GSM 卡,办理入网手续时,必须提供真实的身份证明。如果行为人以虚假或冒用的身份证件办理入网手续,则属于隐瞒真相的诈骗方法。刑法规定诈骗罪的犯罪对象为公私财物,但随着现代生活的日益丰富,我们对财物的理解绝不能过于狭隘。财物既包括物,也包括财,即财产、财产收益。有形体的物或无形体的液体、气体、电气、核能等固然是财物,信用卡、工资卡、债券、股票、认股权证、投资基金券,车票、船票、邮票、税票等有价支付凭证、有价证券、有价票证等代表一定财产权利以及财产利益的凭证也是财物。电信服务虽属服务性质,但其是有偿的,是可以用金钱衡量和计算的。提供电信服务需要收取一定的费用,当然具有财的属性。因此,电信服务完全可以成为诈骗罪的对象。行为人以非法占有应缴纳的电信服务费为目的,使用虚假或冒用的身份证件骗购 GSM 卡,办理入网手续(隐瞒真相的诈骗手段)并使用移动电话,造成电信资费损失的行为,完全符合诈骗罪的一般特征,自当以诈骗罪论处。

No. 5-266-9 诈骗罪的损失数额高于诈骗罪的所得数额,该差额可归因于诈骗行为的,诈骗数额应以损失数额认定。

本案中有人认为刘国芳、高登基的诈骗数额应为其从国际声讯台所获得的回扣,也有人认为应是以犯罪人拨打国际声讯台所产生的话费减去电信部门利润的差额。我们认为,上述两种观点都是错误的。本案的犯罪对象为通讯服务,在一般情况下,购买、使用手机后都要按规定缴纳费用。两被告人利用虚构的主体(假身份)购买手机卡,逃避电话费缴纳义务,实质上是非法占有了电信公司的电信资费,诈骗行为在拨打后就已完成,属犯罪既遂。490 万元话费是受害者电信公司本应收到而损失的数额。诈骗行为人应当支出 490 万元话费而没有支出,应视为非法占有。这里,被骗人的损失数额与诈骗人的所得数额是一致的。扣除电信公司的利润来计算诈骗数额是没有道理的。至于两被告人由此获得多少回扣费不在诈骗数额考察范围之内,对诈骗罪的定罪量刑没有意义。

案例:李品华等诈骗案

案例来源:《刑事审判参考》总第 29 辑[第 214 号]

主题词:诈骗罪

一、基本案情

被告人李品华,男,1961 年 11 月 28 日出生,无业,因涉嫌犯敲诈勒索罪,于 2000 年 9 月 30 日被逮捕。

被告人潘才庆,男,1962 年 10 月 1 日出生,无业。因涉嫌犯敲诈勒索罪,于 2000 年 9 月 30 日被逮捕。

被告人潘才军,男,1967 年 4 月 16 日出生,无业。因涉嫌犯敲诈勒索罪,于 2000 年 8 月 25 日被逮捕。

上海市虹口区人民法院经审理查明:被告人李品华、潘才庆、潘才军单独或结伙驾驶轿车,趁前方外地来沪车辆变道之际,采用不减速或加速行驶的方法,故意碰擦前方车辆,制造交通事故;隐瞒故意制造交通事故真相,欺骗对方车辆驾驶员和公安交警部门,并利用有关道路交通法规规定的路权优先原则,在事故处理中获得赔款,从而骗取对方车辆驾驶员支付的车辆修理费。

被告人李品华于 1999 年 12 月 2 日凌晨 1 时许,驾驶牌号为沪 AG3862 的桑塔纳轿车,在本市中山北路近共和新路口处,趁被害人张宝成驾驶的货车(牌号:晋 A14162)变道之际,在直行车道上从后故意碰擦张驾驶的车辆从而制造交通事故。事后,李通过公安交警部门调处,骗得张给付的车辆修理费人民币 1800 元。

被告人李品华于 2000 年 1 月 11 日凌晨 3 时许,驾驶上述相同牌号的轿车在本市黄兴路五角场环岛处,趁被害人徐雄驾驶的牌号为苏 F61829 货车变道行驶时,故意碰擦徐驾驶的货车,制造交通事故,骗得徐给付的车辆修理费人民币 8873 元。

被告人李品华于2000年4月22日晚9时许,驾驶上述相同牌号的轿车在本市中山南二路、天钥桥路处,采用上述相同的方法碰擦由被害人金雪其驾驶的牌号为浙FA0449货车,制造交通事故,骗得金给付的车辆修理费人民币500元。

被告人李品华、潘才庆结伙,于2000年5月7日晚11时许左右,驾驶牌号为沪A47503的桑塔纳轿车,在本市漕宝路、桂林路处,采用上述相同的方法故意碰擦由被害人陈海明驾驶的正在变道货车(牌号:浙F12041),制造交通事故,骗得陈给付的车辆修理费人民币600元。

被告人李品华、潘才庆结伙于2000年5月20日晚10时许,驾驶牌号为沪A47503的桑塔纳轿车,在本市逸仙路、万安路处,采用上述相同的方法故意碰擦由被害人陈忠东驾驶的牌号为浙AD0258货车制造交通事故,骗得陈给付的车辆修理费人民币3053元。

被告人李品华、潘才庆结伙,于2000年6月6日晚11时许,驾驶牌号为沪A47503的桑塔纳轿车,在本市沪太路立交桥处,采用上述相同的方法故意碰擦由被害人张国辉驾驶的牌号为浙JG0951货车制造交通事故,骗得张给付的车辆修理费人民币2200元。

被告人李品华、潘才庆结伙,于2000年6月29日凌晨1时许,驾驶牌号为沪A47503的桑塔纳轿车,在本市沪太路立交桥处,采用上述相同的方法故意碰擦由被害人赵忠林驾驶的牌号为苏DA0324货车制造交通事故,骗得赵给付的车辆修理费人民币2000元。

被告人潘才庆、潘才军结伙,于2000年4月24日晚9时左右,驾驶牌号为沪A47503的桑塔纳轿车,在本市曲阳路800号附近,采用上述相同的方法故意碰擦由被害人赵立军驾驶的牌号为苏EB8469货车制造交通事故,骗得赵给付的车辆修理费人民币3200元。

被告人潘才庆、潘才军结伙,于2000年4月26日晚11时许,在本市中山西路2240号附近,采用上述相同的方法,碰擦由被害人安建明驾驶的牌号为闽H71438H货车制造交通事故,骗得安给付的车辆修理费人民币1800元。

综上,被告人李品华参与诈骗7次,诈骗金额计人民币19026元;被告人潘才庆参与诈骗6次,诈骗金额计人民币12853元;被告人潘才军参与诈骗2次,诈骗金额计人民币5000元。赃款被挥霍。

上海市虹口区人民法院认为,根据国务院颁布实施的《道路交通事故处理办法》第二条的规定,"道路交通事故是违反道路交通管理法规、规章的行为,过失造成人身伤亡或者财产损失的事故",因而可以确定属行政法规调整的交通事故必须是行为人的过失行为。而被告人李品华、潘才庆、潘才军单独或结伙,利用《中华人民共和国道路交通管理条例》第七条第一款所规定的"车辆、行人必须各行其道。借道通行的车辆和行人,应当让其在本道内行驶的车辆或行人优先通行"这一路权优先原则,趁被害人驾车变道时,不减速或加速而故意碰擦对方车辆,制造交通事故,其主观上并非出于过失,故不应适用上述规定。其故意制造交通事故后,对被害人和公安交警部门隐瞒该交通事故是其故意制造的真相,致使公安交警部门将上述故意制造的交通事故按过失造成的交通事故进行调处,并认定被害人承担事故的全部责任或部分责任,为此被害人支付了赔款。因此被告人不仅在主观上具有非法骗取他人钱款的故意,而且在客观方面也实施了骗取其本不应获取且数额较大的赔款行为,已符合诈骗罪构成的主客观要件,应构成诈骗罪。上海市虹口区人民检察院指控被告人李品华、潘才庆、潘才军犯诈骗罪罪名成立。关于被告人修车的支出是否要从诈骗数额中剔除一节,因为,被告人故意制造"交通事故"本不该按过失造成的交通事故进行调处,而且,被告人故意不减速或加速,碰擦前方变道车辆,理应自行承担车辆损坏所造成的损失。故修车的支出不能从诈骗数额中剔除。检察院认为被告人李品华有自首情节,符合法律规定。经查,被告人李品华、潘才庆案发后一同逃至安徽省泾县。2000年8月31日公安人员通过电话与李联系,李表示次日抵沪自首,并称潘才庆与其在一起,愿做潘的工作同来自首,潘也表示同意,李、潘确系准备投案,其性质均属于自首,可从轻处罚。为维护社会秩序,保护公私财产不受侵犯,依照《中华人民共和国刑法》第二百六十六条、第六十七条、第六十四条及最高人民法院《关于处理自首和立功具体应用法律若干问题的解释》第一条之规定,判决如下:

1. 被告人李品华犯诈骗罪,判处有期徒刑一年六个月,并处罚金人民币三千元;

2. 被告人潘才庆犯诈骗罪,判处有期徒刑一年,并处罚金人民币二千五百元;

3. 被告人潘才军犯诈骗罪,判处有期徒刑一年,并处罚金人民币二千五百元;

4. 赃款予以追缴发还被害人。

一审宣判后,上列被告人均未上诉,检察机关亦未抗诉,判决发生法律效力。

二、裁判要旨

No. 5-266-10 故意制造交通事故,造成系被害人过错所致的假象,借机骗取被害人赔偿款,数额较大的,应以诈骗罪论处。

《道路交通事故处理办法》第二条规定:“本办法所称道路交通事故,是指车辆驾驶人员、行人、乘车人以及其他在道路上进行与交通有关活动的人员,因违反《中华人民共和国道路交通管理条例》和其他道路交通管理法规、规章的行为,过失造成人身伤亡或者财产损失的事故。”据此,本案所谓的交通事故,不属于道路交通管理法规、规章所调整的道路交通事故。因为,事故并非被害人违反交通规则关于路权优先规定过失所致,而是被告人为获取赔偿款故意所为。对此事故,被害人原本无须承担任何赔偿责任,但由于被告人隐瞒了事故的真实原因及制造事故的真实目的,致使被害人及负责事故处理的交警部门均误认为事故系被害人的过失行为所致,并据此作出由被害人承担赔偿责任的调处决定。从被告人一方来看,主观上具有通过索取赔偿款而非法占有他人钱款的主观目的,客观上隐瞒了事实的真相;从被害方来看,被害人基于对事故原因的错误认识,误认为责任方确实在于自己,同意交警部门所作出的调处决定,自愿地向被告人支付赔偿款,完全符合诈骗罪的构成要件,故法院关于被告人的行为构成诈骗罪的判决是正确的。需要补充说明的是,被告人的诈骗行为虽然是通过了第三方即交警部门的介入才得以实施完毕的,但交警部门的决定并不违反被害人的意愿,交警部门的调解决定只是对双方当事人的意思表示通过法律程序加以确认而已,这与通常所谓的一方当事人明知对方当事人虚构事实、隐瞒真相的诉讼诈骗行为具有质的不同。

案例:田亚平诈骗案

案例来源:《刑事审判参考》总第 38 集[第 301 号]

主题词:诈骗罪　吸收存款

一、基本案情

被告人田亚平,女,1968 年 7 月 14 日出生,原系中国银行平顶山市分行建东支行橡胶坝分理处出纳员。因涉嫌犯非法吸收公众存款罪,于 2003 年 8 月 6 日被逮捕。

河南省平顶山市中级人民法院经审理查明:1999 年 8 月至 2002 年 1 月 16 日,被告人田亚平采用自制“高额利率订单”,再盗盖单位储蓄业务专用章、同班业务人员印鉴,对外虚构银行内部有高额利息存款的事实的手段,共吸纳亲朋好友等人现金 90.1 万元,用于归还个人债务、购买、装修房屋等。2002 年 9 月 7 日,田亚平主动到平顶山市公安局经侦大队投案,积极退赃 41.4 万元。

平顶山市中级人民法院认为,被告人田亚平以非法占有为目的,采用自制“高额利率订单”,再盗盖单位储蓄业务专用章、同班业务人员印鉴,对外虚构银行内部有高额利息存款的事实的手段,骗取亲朋好友现金 90.1 万元,数额特别巨大,其行为已构成诈骗罪。田亚平在犯罪后自动投案,如实供述所犯罪行,系自首,且能积极退赃,认罪悔罪,依法可予从轻处罚。依照《中华人民共和国刑法》第二百六十六条、第六十七条第一款之规定,于 2003 年 11 月 17 日判决:被告人田亚平犯诈骗罪,判处有期徒刑十二年,并处罚金 50 万元。

一审宣判后,被告人田亚平服判不上诉,检察机关未提出抗诉,判决已发生法律效力。

二、裁判要旨

No. 5-266-11 银行出纳员自制高额利率订单,对外虚构单位内部有高额利率存款的事实,吸存亲朋好友的现金并占为己有,数额较大的,应以诈骗罪论处。

根据《刑法》第一百七十六条的规定,非法吸收公众存款罪是指违反国家金融管理规定,非法吸收公众存款或者变相吸收公众存款,扰乱金融秩序的行为。关于非法吸收公众存款或者变相吸收公众存款,1998 年 7 月国务院颁布的《非法金融机构和非法金融业务活动取缔办法》第四条对其作出了行业性的解释:非法吸收公众存款,是指未经中国人民银行批准,向社会不特定对象吸收资金,出具凭证,承诺在一定期限内还本付息的活动;变相吸收公众存款,是指未经中国人民银行批准,不以吸收公众存款的名义,向社会不特定对象吸收资金,但承诺履行的义务与吸收公众存款性质相同的活动。本案被告人田亚平吸收资金的对象,涉及人数 11 人,固然众多,但经查明均是其亲朋好友,是向特定的多数人吸收资金,而不是"向社会不特定对象吸收资金",不属于吸收或变相吸收公众存款,因此,不符合非法吸收公众存款罪客观方面的要件,不构成非法吸收公众存款罪。

就本案而言,主观上,被告人田亚平具有非法占有他人财物的目的。本案至案发时扣除已还部分和利息,累计吸收的现金高达 90.1 万元,除被告人归案后退赃 41.4 万元,其余款项均被用于个人消费。分析田亚平在主观上是否具有非法占有他人财物的故意,除了其个人供述,还要结合其行为来看。根据田亚平的供述,她开始是想利用银行出纳员的身份来取得亲朋好友的信任,使他们将现金交给她,这样她就可以用于偿还个人债务了。可是,田亚平连个人债务都无法偿还,那么,银行出纳员的工资就更不可能使她将取得的亲朋好友的大量资金还上。田亚平明知这种情况,却仍向多人推荐高额利率订单,取得了近百万资金,而且这些资金除还债外,主要都被用于购买、装修房屋、购买汽车等高消费上,可见,其主观占有的目的十分明显。在客观上,被告人田亚平实施了诈骗的行为。田亚平分别向众多的亲朋好友虚构了银行内部有高额利率存款的事实,使亲朋好友信以为真,主动把现金交给她以取得高额利率的回报。田亚平自制虚假的高额利率订单,偷盖储蓄业务专用章和同班人员印鉴等行为,是为了让亲朋好友相信银行确有高额利率存款的事实,以达到取得亲朋好友资金的目的,这些都是骗取财物所采取的手段,完全符合诈骗罪的客观要件构成。因此,田亚平的行为符合诈骗罪的主客观构成要件。

案例:章杨诈骗案

案例来源:《刑事审判参考》总第 6 辑[第 45 号]

主题词:诈骗罪 有价证券

一、基本案情

被告人章杨,男,1954 年 10 月 25 日出生,原系中国农业银行福州市台江支行资金组织科业务辅导员。因涉嫌犯盗窃罪,于 1995 年 12 月 1 日被逮捕。

福建省福州市中级人民法院经审理查明:1995 年 9 月 16 日凌晨 2 时,被告人章杨到台江支行自己所在的办公室,用预先模制的钥匙打开库管员潘××使用的铁柜,取出有价证券库的库房钥匙,又撬开另一库管员的铁柜,取出另一钥匙将库门打开,盗走已兑付并盖有"付讫"章的 1992 年(三年期)面额总计为 21 万元的国库券。被告人章杨将所盗国库券携至齿轮厂张××宿舍内,用化学制剂清洗国库券上的"付讫"印章。同年 9 月 17 日和 18 日,被告人将清洗后的国库券面额计 5.1 万元,分别在市内几处储蓄所及信用社共兑换了 8.16 万元人民币。此外将 13.09 万元面额的国库券锁进密码箱匿存其父处,另将 4.5 万及 3 万元人民币的存折交其妹匿存。案发后,公安机关追回剩余被盗国库券和 7.5 万元人民币。被告人及其亲属退赔现金共 2.12 万元人民币。

福州市中级人民法院认为:被告人章杨以非法占有为目的,秘密窃取其所在银行库房的有价证券,合计价值 33.6 万元,其行为已构成盗窃罪,数额特别巨大,情节特别严重。公诉机关指控的罪名成立。被告人关于其没有预先秘密模制钥匙的辩解及其辩护人关于被告人的行为不构成盗窃罪的意见不能成立,均不予采纳。依照 1979 年《中华人民共和国刑法》第一百五十二条、第六十条及全国人大常委会《关于严惩严重破坏经济的罪犯的决定》第一条第(一)项的规定,于 1996 年 10 月 30 日判决如下:

1. 被告人章杨犯盗窃罪,判处死刑,缓期二年执行,剥夺政治权利终身;

2. 缴获的电熨斗一个,试剂盘一只,锁头三副,碗一只,竹夹子和脱脂药棉若干个予以没收。

一审宣判后,被告人章杨不服,以其所偷盗银行已兑付的国库券,用化学制剂洗去“付讫”章再去兑付的行为构成诈骗罪,原判定性有误为由,向福建省高级人民法院提出上诉。

福建省高级人民法院经审理认为:上诉人章杨所称原审定性不准的辩解理由不能成立。依照《中华人民共和国刑事诉讼法》第一百八十九条第(一)项的规定,于1997年9月19日裁定如下:驳回上诉,维持原判。

裁判发生法律效力后,原审被告人章杨仍不服,以已由银行兑付并盖有“付讫”印章的国库券不再是有价证券,原一、二审以盗窃罪定性不当为由,向福建省高级人民法院申诉。福建省高级人民法院经审查,于1999年6月4日作出再审决定,对本案提起再审。

福建省高级人民法院经再审查明:原审上诉人章杨窃取的已兑付并盖有“付讫”章的21万元国库券,已失去融资功能,市场上不能流通,属无价值的证券。章杨将窃取的部分已兑付的国库券,变造后再骗兑人民币8.16万元,其行为已构成诈骗罪。

福建省高级人民法院经再审认为:原审上诉人章杨身为国家农业银行工作人员,采取秘密手段,窃取所在单位已兑付的国库券凭证,经变造后骗取人民币8.16万元,以及尚有2.81万元已兑付的国库券未能缴出,其行为已构成诈骗罪,诈骗数额巨大,手段恶劣,影响很坏,且系诈骗国家金融机构的财物,属情节特别严重。原判事实清楚,足以认定,但适用法律不当,应予纠正。被告人章杨申诉所称原判定性不当的理由,予以采纳。依照1979年《中华人民共和国刑法》第一百五十二条、第五十二条、第六十条的规定,于1999年6月17日判决如下:

1. 撤销本院(1996)闽刑终字第715号刑事裁定和福州市中级人民法院(1996)榕刑初字第149号刑事判决;

2. 被告人章杨犯诈骗罪,判处有期徒刑十二年,剥夺政治权利二年;

3. 缴获在案的作案工具予以没收。

二、裁判要旨

No. 5-266-12 盖有付讫章的有价证券已丧失可兑付性的,不再认定为有价证券。

原一审、二审法院认为,盖有付讫章的国库券仍是有价证券。主要理由是,国库券是银行代理国家财政部兑付的,银行代理兑付后并未完结,需要经财政部核销。因此兑付后的国库券虽然盖有付讫章,但在国家财政部没有核销时,仍属有效证券。同时,如果盖有付讫章的国库券丢失或者被盗,就会因失去报账凭证而蒙受损失,而这种损失数额也正是国库券券面数额之总和。所以国库券经兑付并盖有“付讫”章,并未改变其有价证券的特征。

我们认为,盖有付讫章的国库券已不再是有价证券,因为它已经失去了有价证券可以转让、兑付的基本特征。

第一,虽然有价证券券面所表示的权利与证券不可分离,但是权利的行使与转移,是以背书或交付证券为条件的,也就是说,执票人一旦向银行交付国库券,银行据券兑付后,该国库券所表示的有价证券属性即行消灭,剩下的只不过是盖有付讫章的一张废券。因此付讫二字不仅表明有价证券所表现的权利已被执票人实现,而且也表明此券已丧失了它原有的有价属性,即可兑付性。

第二,确定国库券在盖了付讫章后是否仍具有价属性,不应以是否造成损失为标准。就其基本含意而言,损失是指财产利益的减少或者灭失。已付讫的国库券丢失、被盗,国家、银行的财产实际没有丢失、被盗。银行的损失实际是一种内部核销凭证不存在而无法予以核销的损失,充其量只是银行账面上的损失,国家并未有实际财产的损失。

No. 5-266-13 窃取、伪造已付讫的有价证券的,应以诈骗罪论处。

被告人章杨将银行盖有付讫章的国库券,从银行金库内盗出后,携至张××的宿舍内用化学药剂清洗掉券面上的付讫二字。再持经变造了的国库券在市内数家储蓄所、信用社共兑得现金8.16万元人民币。其实质是将盗得的已失效(作废)有价证券进行变造,使其与尚未兑付的国库券在形式上完全相同,以此隐瞒事实真相的方法,欺骗兑付银行,诈骗银行兑付款。

这一行为,完全符合诈骗罪的特征。行为人在本案中实施诈骗犯罪的手段,又触犯了1979年《刑法》第一百二十三条伪造有价证券罪的规定,按照处理牵连犯的原则,本案应以诈骗罪定罪处刑。具体定罪适用的法律,根据1997年《刑法》第十二条第二款的精神,应依照1979年《刑法》第一百五十二条的规定处罚。

案例:殷宏伟诈骗案

案例来源:《人民法院案例选》2009年第10辑

主题词:诈骗罪 非法经营罪

一、基本案情

被告人殷宏伟,男,1984年8月2日出生。

浙江省杭州市中级人民法院经审理查明:2005年11月至2006年5月间,被告人殷宏伟在浙江省杭州市化名王轶、李占锋,使用伪造的居民身份证,在没有从事证券业务资质的情况下,先后至巨田证券有限责任公司杭州文三路营业部、恒泰证券有限责任公司杭州凤起路营业部、联合证券有限责任公司杭州庆春路营业部从事证券经纪业务。期间,殷宏伟利用证券公司提供的办公场所等便利条件,对外自称证券公司营业部客户经理,虚构委托成都托管中心托管的四川中城网络发展股份有限公司(以下简称"中城网络")、四川鑫炬矿业资源开发股份有限公司(以下简称"鑫炬矿业")、四川华贸农科股份有限公司(以下简称"华茂农科")等非上市公司的股份将短期内在深圳中小企业板或美国纳思达克上市交易,购买上述公司的股票可有丰厚"原始股"回报等事实,使用和伪造上述公司的《委托办理股权(份)转让过户协议》《股权(份)转让合同》《董事会承诺书》《董事会公告》《董事会承诺股权回购方案》《分红配股方案》等文件、印章,骗取股民信任,将上述非上市公司实际每股人民币0.3元至2.2元的股权以4元至5元的高价卖给杭州市的18名股民,骗取股民钱财合计人民币106万余元,未能退还。

杭州市中级人民法院认为,被告人殷宏伟的行为已构成诈骗罪,公诉机关指控的罪名成立。殷宏伟的辩护人提出本案应定性为非法经营罪的理由不足,不予采纳。遂判决:

1. 被告人殷宏伟犯诈骗罪,判处有期徒刑十五年,并处罚金计人民币二十万元;

2. 责令被告人殷宏伟退赔违法所得,发还相关被害人。

殷宏伟上诉称:所代理的股权真实存在,其主观目的是为了谋取股权转让的差价进行非法营利,不具有非法占有的目的;只向小部分被害人出示过伪造的虚假文件,且使用虚假文件的目的是为了阻止股民退钱,不具备诈骗罪的客观要件;其采取欺骗手段诱使股民购买原始股的行为本质上属于非法经营证券业务活动,应定性为非法经营罪;归案后,认罪态度较好,原判量刑畸重。请求二审从轻改判。

浙江省高级人民法院经审理查明,原判认定的事实清楚,证据确实、充分。关于上诉理由,经查:被告人殷宏伟经事先预谋,在没有从事证券业务资质的情况下,通过使用化名、提供虚假证件等手段,流窜至杭州多家证券公司营业部,非法从事证券经纪业务;其利用证券公司提供的办公场所等便利条件,明知委托成都托管中心托管的中城网络、鑫炬矿业、华茂农科等企业股权为非上市公司股权且严禁私下买卖交易,仍采取虚构上述公司的股票将于短期内在深圳中小企业板或美国纳思达克上市交易、可获丰厚"原始股"利润回报等事实,伪造有关企业印章、公司董事会文件,冒用有关公司的名义散布分红配股的虚假消息,虚假承诺如不能上市交易即对股权进行回购或由辅导方方正证券公司退还全部投资款等手段,诱骗不明真相的中老年股民提供资金委托其代理购买,将每股购进价格只有0.3元到2.2元的非上市公司股权,以每股4元到5元的高价转让给中老年股民,骗取钱款数额特别巨大。其主观上显然具有非法占有他人钱财的诈骗犯罪故意,客观上实施了一系列诈骗犯罪行为,符合诈骗罪的构成特征,应以诈骗罪定罪处罚。综上,殷宏伟上诉称自己没有非法占有的目的、不具备诈骗罪客观要件及本案应定性为非法经营罪等理由与事实及法律不符,不予采信。

浙江省高级人民法院认为:被告人殷宏伟以非法占有为目的,采取虚构事实、隐瞒真相的方法,骗取他人财物,数额特别巨大,其行为已构成诈骗罪,情节特别严重,依法应予严惩。殷宏伟上诉提出原判定性有误,量刑畸重的理由不能成立,不予采纳。原判定罪及适用法律正确,量刑适当,审判程序合法。遂依照《中华人民共和国刑事诉讼法》第一百八十九条第(一)项,《中华人民共和国刑法》第二百六十六条、第六十四条之规定,裁定:驳回上诉,维持原判。

二、裁判要旨

No.5-266-14 以原始股为诱饵低买高卖骗取股民钱财的,不构成非法经营罪,应以诈骗罪论处。

诈骗罪是以非法占有为目的,采取诈骗手段骗取数额较大的公私财物的行为。诈骗罪的基本构造为行为人实施虚构事实和隐瞒真相的诈骗行为—对方(受骗者)产生错误认识—对方基于错误认识而自愿交付财物—行为人或第三人取得财产—被害人财产受损。其中,行为人在主观上是否具有非法占有的目的,能否判定其具有诈骗犯罪的主观故意,是认定诈骗罪的关键。根据非法占有目的形成、存续的心理机制,尽管非法占有目的属于行为人的主观心理状态,但它必然通过一系列外化的客观行为表现出来,在判断行为人主观心理态度时,必须以其外化行为要素作为基础事实加以推定。

在本案中,被告人殷宏伟的诈骗犯罪行为,主要表现在以下几个方面:

1. 其在没有从事证券业务资质的情况下,经事先预谋,使用化名、冒名和伪造的居民身份证件,先后流窜至巨田证券有限责任公司杭州文三路营业部、恒泰证券有限责任公司杭州凤起路营业部、联合证券有限责任公司杭州庆春路营业部等多家证券公司营业部,与有关营业部达成合作协议,骗取在有关营业部办公场所非法从事证券经纪业务的机会。

2. 其利用证券公司提供的办公室等便利条件,对外谎称证券公司营业部客户经理,明知委托成都托管中心托管的中城网络、鑫炬矿业、华茂农科等企业股权为非上市公司股权且严禁私下买卖交易,采取虚构上述公司的股票将于短期内在深圳中小企业板或美国纳思达克上市交易、可获丰厚原始股利润回报等事实,伪造有关企业印章、公司董事会文件,冒用有关公司的名义散布分红配股的虚假消息,虚假承诺如不能上市交易即对股权进行回购或由辅导方方正证券公司退还全部投资款等手段,诱骗不明真相的中老年股民提供资金委托其代理购买。

3. 非法占有他人钱财数额特别巨大。被告人将上述非上市公司实际每股人民币0.3元至2.2元的股权分别以4元至5元的高价卖给股民,这种低买高卖行为,由于“差价”巨大,明显与股票的实际价值相违背,违反了市场交易的本质特征,不是一般意义上的赚取差价。被告人实际骗取股民钱财合计人民币106万余元,数额特别巨大。

4. 隐匿赃款、拒不退还。案情显示,被告人骗钱得手后即转移地方,或携款潜逃、隐匿赃款。

综上,其主观上显然具有非法占有他人钱财的诈骗犯罪故意,客观上实施了一系列诈骗犯罪行为,符合诈骗罪的构成特征,应以诈骗罪定罪处罚。

非法经营罪的主观动机和侵犯的客体与诈骗罪有着本质的不同。前者是通过非法经营活动赚取差价,侵犯的是市场管理秩序;后者是通过设置骗局,非法占有他人钱财,侵犯的是公私财产的所有权。

非法代理买卖未上市公司股票行为类型的非法经营罪应当具备未经批准经营证券业务和收取代理费等费用的特点,后者与诈骗罪的非法占有目的的特征有明显的区别。本案被告人以非法经营证券业务为平台,表面上看似乎与非法经营罪确有相似之处,但我们看问题不能仅看表象,而必须分析其本质,从本质上看,被告人并非是从经营活动中获利。其隐瞒真实身份,制造一系列假证明文件,采取虚构未上市公司即将在境内外上市等事实,以获得高额回报为诱饵诱骗投资者购买,虚构股份价值和预期收益,将每股实际价格只有0.3元到2.2元的股份,以每股4元到5元的高价出卖,骗股民上钩。其从中非法获取累计上百万元的巨额差价,从本质上不是非法经营所得,而是靠其虚构事实,隐瞒真相而骗得。其一系列行为也反映出其主观目的不是所谓的收取代理费用,而是非法占有他人财物。故其非法经营的表象不能影响诈骗犯罪的成立。

案例:金星等信用卡诈骗、盗窃罪

案例来源:《人民法院案例选》2009 年第 1 辑

主题词:诈骗罪 盗窃罪

一、基本案情

被告人金星、徐伟冲、徐文豪、方少宏、陆瑛娜。

江苏省无锡市滨湖区人民法院经审理查明:

(一)关于信用卡诈骗的事实

2007 年 2 月 11 日晚,被告人金星将被告人徐伟冲截取到的蔡益兴(男,30 岁)的中国农业银行金穗借记卡的卡号、密码及蔡益兴的姓名、身份证号码等数据信息,传输给被告人徐文豪(时年 17 周岁)。随后,被告人徐文豪以手机短信方式将数据传给龚永强(男,另案处理)。龚永强伪造了蔡益兴的身份证和农业银行金穗借记卡,于 2 月 24 日指使一男子持该假身份证及伪造的信用卡,分 5 次在中国农业银行泉州市分行营业部等网点的柜台支取蔡益兴金穗借记卡内的人民币共计 213000 元。2 月 28 日,被告人徐文豪从龚永强处分得赃款人民币 80000 元。后被告人徐文豪分给被告人金星赃款人民币 10000 元。

2007 年 3 月 8 日晚,被告人金星将被告人徐伟冲截取到的陶卫铃(女,35 岁)的中国农业银行借记卡的卡号、密码、身份证资料、注册地址等数据传输给被告人徐文豪。被告人徐文豪将数据传给龚永强。龚永强伪造了陶卫铃的身份证和农业银行借记卡,指使他人冒用陶卫铃的身份在中国农业银行南昌市叠山支行将陶卫铃的借记卡注销,重新申领一张借记卡,分 5 次在中国农业银行南昌市叠山支行营业部、叠山支行广源分理处、东湖分理处、赣审分理处、南站分理处柜台支取陶卫铃借记卡上的人民币共计 181800 元。后被告人徐文豪从龚永强处分得赃款人民币 65000 元。

(二)关于盗窃的事实

2006 年 5、6 月间,被告人金星告知同居女友被告人陆瑛娜,其利用被告人徐伟冲所截取的信用账号、密码通过在互联网上转账的方法,盗窃他人信用卡内资金,并要求被告人陆瑛娜协助。被告人陆瑛娜在金星的劝说下同意协助金星盗窃他人信用卡内资金。随后,被告人金星、陆瑛娜一起办理了无锡电信公司的宽带 ADSL 上网,并于 2006 年 8 月,一起购买了名为“张高林”的假身份证,并至安徽省广德县以“张高林”的假身份证申领了中国农业银行信用卡、中国建设银行的信用卡各一张。同年 9 月,被告人金星单独购买了名为“沈林权”的假身份证,与被告人陆瑛娜一起至江苏省丹阳市以“沈林权”的假身份证申领了中国农业银行信用卡、中国工商银行的信用卡各一张。

2007 年 1 月 27 日晚,被告人金星、陆瑛娜将被告人徐伟冲利用电脑病毒截取到的朱晓辉(男,37 岁)的中国农业银行金穗借记卡的卡号、密码、身份证等数据,传输给被告人徐文豪(时年 17 周岁)。被告人徐文豪又将数据通过互联网传输给被告人方少宏。后被告人方少宏又将数据传送给网友“哦衲衲”,并由“哦衲衲”解除该借记卡支付额度限制。随后被告人方少宏分 4 次以转账方式,窃得朱晓辉卡内的人民币 12947 元。窃后,被告人方少宏实得赃款 4020.62 元,分给“哦衲衲”赃款 3800 元,分给被告人徐文豪赃款 2520 元,分给被告人金星、陆瑛娜赃款 2480 元。

2007 年 1 月 30 日,被告人金星、陆瑛娜得到被告人徐伟冲截取的彭小江(男,39 岁)的中国农业银行信用卡信息后,连续 6 次以转账方式,将彭小江信用卡内的人民币 20000 元转入已被其截取密码信息后控制的冯莉佳(女,23 岁)在中国农业银行珠海市分行香洲区支行开户的信用卡上。随后,被告人金星以在线转账支付的方式向“欧飞数卡在线”等网站购买金卡一卡通等游戏卡,后以 6.6 折或 6.5 折的价格出售给在互联网淘空网站经营“宝宝点卡屋”的陈娜(女,20 岁另案处理)。后陈娜将货款人民币 12393 元分别汇入被告人金星、陆瑛娜控制的“沈林权”中国工商银行的信用卡及中国农业银行信用卡上,被告人金星、陆瑛娜实得赃款人民币 12393 元。

2007 年 1 月,被告人方少宏从互联网上一网名叫“小韩”的男子处获得李谷生(男,24 岁)的中国农业银行信用卡、密码、身份证等数据后,于 2007 年 1 月 22 日至 26 日,连续 5 次,每次 200 元,将共计人民币 1000 元从李谷生的农业银行信用卡上转账到“爱波”网站,又从“爱波”网站转账到其以假名“曾银国”在中国工商银行汕头市金樟支行开设的账户上。1月26日,被告人方少宏将上述李谷生的信用卡资料传输给网友“哦衲衲”,由“哦衲衲”解除网上银行支付额度限制后,被告人方少宏以上述同样方法窃得李谷生信用卡内的人民币3468元。

无锡市滨湖区人民法院认为,被告人金星、徐伟冲、徐文豪利用计算机,在互联网上窃取他人的信用卡资料,并使用伪造的信用卡进行金融诈骗活动,骗取他人资金数额特别巨大,其行为均已构成信用卡诈骗罪,且系共同犯罪,依法均应判处十年以上有期徒刑,并处5万元以上50万元以下罚金;被告人金星、徐伟冲、徐文豪、方少宏、陆瑛娜利用计算机窃取他人钱财,数额巨大,其行为均已构成盗窃罪,依法均应判处三年以上十年以下有期徒刑,并处罚金。公诉机关指控被告人金星、徐伟冲、徐文豪犯信用卡诈骗罪、盗窃罪,指控被告人方少宏、陆瑛娜犯盗窃罪的事实清楚,证据确实、充分,指控的罪名成立,本院予以采纳。被告人金星、徐伟冲、徐文豪犯数罪,应实行数罪并罚。

被告人金星、徐伟冲、方少宏在共同犯罪中起主要作用,系主犯;被告人徐文豪在共同犯罪中组织联系有能力提取被害人信用卡资金的人,并传递被害人信用卡相关数据,承担了承上启下的作用,也系主犯;被告人陆瑛娜在共同犯罪中起次要作用,系从犯。被告人徐文豪犯罪时未满18周岁。对于从犯应当从轻、减轻处罚或者免除处罚;对于已满14周岁未满18周岁的人犯罪,应当从轻或者减轻处罚。本院综合各被告人在共同犯罪中的地位作用、犯罪过程中的具体犯罪情节以及其归案后的具体悔罪表现,对被告人徐文豪信用卡诈骗罪行、盗窃罪行均依法予以减轻处罚;对被告人陆瑛娜盗窃罪行依法予以减轻处罚;被告人金星、徐伟冲、方少宏归案后均如实供述,能自愿认罪,悔罪表现较好,酌情予以从轻处罚。

无锡市滨湖区人民法院根据《中华人民共和国刑法》第二百八十七条,第一百九十六条第一款第(一)项,第二百六十四条,第六十九条,第二十五条第一款,第二十六条第一款、第四款,第二十七条,第十七条第一款、第三款,第六十四条之规定,于2008年4月11日判决如下:

1. 被告人金星犯信用卡诈骗罪,判处有期徒刑十一年六个月,并处罚金人民币十万元;犯盗窃罪,判处有期徒刑四年六个月,并处罚金人民币三万元。决定执行有期徒刑十四年,并处罚金人民币十三万元。

2. 被告人徐伟冲犯信用卡诈骗罪,判处有期徒刑十年六个月,并处罚金人民币十万元;犯盗窃罪,判处有期徒刑三年六个月,并处罚金人民币三万元。决定执行有期徒刑十二年,并处罚金人民币十三万元。

3. 被告人徐文豪犯信用卡诈骗罪,判处有期徒刑五年六个月,并处罚金人民币六万元;犯盗窃罪,判处有期徒刑二年,并处罚金人民币一万元。决定执行有期徒刑六年六个月,并处罚金人民币七万元。

4. 被告人方少宏犯盗窃罪,判处有期徒刑三年,并处罚金人民币二万元。

5. 被告人陆瑛娜犯盗窃罪,判处有期徒刑一年六个月,并处罚金人民币一万元。

一审宣判后,被告人徐伟冲、徐文豪不服,向无锡市中级人民法院提出上诉,主要理由:(1)徐伟冲提出其2007年2月16日才编写成功“顶狐结巴”木马程序,而蔡益兴计算机上的“顶狐结巴”是2007年3月2日才植入的,故金星传输给徐文豪的蔡益兴信用卡资料不是其提供的;(2)应对“顶狐结巴”的种植日期进行鉴定;(3)徐文豪提出不应当认定其为主犯;(4)原审判决量刑过重。

无锡市中级人民法院认为,一审判决认定的基本事实清楚,证据确实、充分,足以认定。上诉人徐伟冲、徐文豪及原审被告人金星以非法占有为目的,利用计算机在互联网上窃取他人的信用卡资料后,使用伪造的信用卡进行诈骗活动,骗取他人资金,数额特别巨大,其行为均已构成信用卡诈骗罪,系共同犯罪。上诉人徐伟冲、徐文豪还伙同原审被告人金星、方少宏、陆瑛娜,以非法占有为目的,利用计算机在互联网上秘密窃取他人钱财,数额巨大,其行为均已构成盗窃罪,系共同犯罪。其中,上诉人徐伟冲、徐文豪及原审被告人金星在判决宣告以前一人犯数罪,应予数罪并罚。在共同盗窃犯罪中,上诉人徐伟冲、徐文豪及原审被告人金星、方少宏起主要作用,系主犯,应按其参与的全部犯罪处罚;原审被告人陆瑛娜在共同盗窃犯罪中起相对次要的作用,系从犯,可以减轻处罚。上诉人徐文豪犯罪时已满14周岁未满18周岁,应当减轻处罚。综合各上诉人及原审被告人在犯罪中的地位作用、犯罪情节以及归案后能如实供述、自愿认罪等悔罪表现,对原审被告人陆瑛娜盗窃罪行依法予以减轻处罚,对上诉人徐文豪信用卡诈骗罪行及盗窃罪行均依法予以减轻处罚,对上诉人徐伟冲及原审被告人金星、方少宏酌情予以从轻处罚。原审判决认定上诉人徐伟冲、徐文豪、原审被告人金星犯信用卡诈骗罪、盗窃罪,原审被告人方少宏、陆瑛娜犯盗窃罪的基本事实清楚,证据确凿、充分,适用法律正确,量刑适当,审判程序合法,应当予以维持。遂裁定驳回上诉,维持原判,判决发生法律效力。

二、裁判要旨

No. 5-266-15 非法侵入银行信息管理系统,采用向作为金融机构管理设备的计算机输入虚假信息或以不正当指令的手段,直接向自己账户上划拨资金的,构成盗窃罪;向作为电子代理商的计算机输入虚假信息和不正当指令的,应以诈骗罪论处。

利用计算机进行侵财犯罪行为所指向的计算机可分为两类,一类是作为支付设备的计算机,一类是作为金融机构信息管理设备的计算机。这两类计算机的功能有明显不同。

作为支付设备的计算机又被称为电子代理人,电子代理人是美国《统一计算机信息交易法》中的概念,是指在没有人检查的情况下,独立采取某种措施,对某个电子信息或者履行作出反应的某个计算机程序或者其他手段。电子代理人是计算机程序或者机电一体化的设备设施,不具备责任能力,不能成为法律关系主体。其最大特点是交易主体事先设置好需要进行的目标行为及逻辑条件,交易双方按照要求进行预定的活动,如ATM机在用户正确输入密码后就可以进行存取现金活动。我们可以认为,电子代理人的行为是经过其权利人所希望和默认的,电子行为人的行为逻辑是其权利人的意志反映,由电子代理人的行为所产生的一切后果也应当由其权利人承担。由此分析,行为人给电子代理人输入虚假的信息或者不正当的指令后,电子代理人自愿交出财物行为可以看做是基于其权利人的默认所做出的,欺诈行为的实际对象是电子代理人的权力人。因此,向作为电子代理人的计算机输入虚假信息或不正当指令获取财产的行为可以被定性为诈骗行为。

而对于作为金融机构信息管理设备的计算机的法律地位我们应该作出不同的理解。如果把银行等金融机构看做是一个保管人,那么作为银行信息管理系统设备的计算机则可以看做是一个大的电子仓库,存款人的账户则可以看做是仓库里面放置的写着寄存人姓名的纸箱,里面装着各个寄存人的财物。行为人破译作为金融机构信息管理设备的计算机的密码,进入银行信息管理系统进行非法操作就相当于行为人偷配了电子仓库大门的钥匙进入了电子仓库,行为人把别人账户上的资金划拨到自己的账户上就好比拿别人箱子里的东西放到自己的箱子里。从整个过程来看,向计算机输入虚假信息或不正当指令获取财产的行为更符合盗窃行为的表现形式。

因此,对于向计算机输入虚假信息或不正当指令获取财产的行为的犯罪性质不应该全部定性为盗窃罪或者诈骗罪,而应当根据被输入虚假信息或不正当指令的计算机在整个财产转移过程中的地位和作用有所区分。对于向作为金融机构管理设备的计算机输入虚假信息或不正当指令的,如犯罪行为人通过破译密码进入银行信息管理系统,非法向自己账户上划拨电子资金的行为,应当认定为盗窃行为,对于向作为电子代理人的计算机输入虚假信息和不正当指令的行为,如向ATM机插入信用卡取得财产的行为,应当认定为诈骗行为。

案例:胡朕诈骗案

案例来源:《人民法院案例选》2010年第1辑

主题词:诈骗罪 职务侵占罪

一、基本案情

被告人胡朕。

2008年2—3月,被告人胡朕在担任北京必旺食品有限公司沈阳分公司业务员期间,用私刻的被害人刘桂红开办的辽中县曙光综合商店公章,先后六次到沈刚储运集团第五分公司配送科骗出送货单,并将提出的货物运到沈阳南二批发市场按批发价售出。经辽中县价格认证中心鉴定,上述货物价值人民币 99673 元,赃款被被告人胡朕挥霍。

沈阳市洪区人民法院经审理查明:被告人胡朕以非法占有为目的,通过私刻公章伪造订货人身份骗取他人财物,获利达 99673 元,数额巨大,其行为触犯了《中华人民共和国刑法》第二百六十六条的规定,应当以诈骗罪追究刑事责任。

沈阳市于洪区人民法院认为:被告人胡朕以非法占有为目的,假借客户自提的名义取得送货单、提出货物并销售,获利数额巨大,达 99673 元,其行为已构成诈骗罪。公诉机关的指控成立,本院予以支持。依照《中华人民共和国刑法》第二百六十六条、第五十二条之规定,认定被告人胡朕犯诈骗罪,判处有期徒刑六年,并处罚金人民币五万元。

宣判后,原审被告人胡朕不服,提出上诉。其上诉理由是:(1)原判不应按货物的市场价认定货物价值,而应按批发价认定;(2)原判适用法律错误,其行为只构成职务侵占罪,不构成诈骗罪;(3)原判量刑过重。辩护人提出原判定罪错误,应定职务侵占罪,应按侦查卷的六张送货单确定货物价格,被告人胡朕没有前科,系初犯,应减轻或从轻处罚的辩护意见。

二审法院经审理认为:上诉人胡朕诈骗公私财物,数额巨大,其行为已构成诈骗罪,应依法惩处。对于上诉人胡朕及其辩护人提出的原判定性错误,应定职务侵占罪的上诉理由和辩护意见,经查,证人楚德君、王锐、丁晓雪的证言及上诉人胡朕的供述等证据材料,可证实上诉人胡朕从沈阳储运集团第五分公司处取得客户名称为辽中县曙光综合商店的送货单的行为违反客户自提货物的相关程序,上诉人胡朕假借客户自提的名义取得送货单、提出货物并销售的行为不属于其作为北京必旺食品有限公司沈阳分公司业务员的职权范围,其行为不符合职务侵占罪的构成要件,故原判认定上诉人胡朕犯诈骗罪定罪准确,上诉人关于本案定性的上诉理由和辩护意见没有事实和法律依据,二审法院不予采纳。对于上诉人胡朕及其辩护人提出应按批发价认定货物价值和原判量刑过重的上诉理由和辩护意见,经查,北京必旺食品有限公司沈阳分公司应收账款对账单及送货单、中国建设银行电汇凭证等付款凭证、被害人陈述等证据材料,可证实上诉人胡朕所提货物的开单日期、产品名称、数量、单价及金额等项内容,故应以送货单列明的单价(批发价)确定货物价格为宜,原判根据辽中县价格认证中心以现行市价作出的价格鉴定结论确定上诉人的诈骗犯罪数额不当,应予纠正;原判根据上诉人的具体犯罪事实、性质、情节及对社会的危害程度,并综合考虑上诉人的认罪态度、无前科劣迹、系初犯等情况,在法定刑罚幅度内作出判决并无不当,而二审法院调整后的上诉人诈骗犯罪数额为 92000 余元,对一审确定的上诉人胡朕的刑罚不足以产生影响,故其关于量刑的上诉理由和辩护意见,二审法院不予采纳。原审判决认定犯罪事实清楚,证据确实、充分,定罪准确,量刑适当,审判程序合法。依照《中华人民共和国刑事诉讼法》第一百八十九条第(一)项之规定,二审法院裁定驳回上诉,维持原判。

二、裁判要旨

No. 5-266-16 骗取财物行为虽与其工作存在一定的关联,但未利用职务上便利的,不构成职务侵占罪,应以诈骗罪论处。

本案的争议焦点是上诉人胡朕假借客户自提的名义取得送货单、提出货物并销售的行为如何定性的问题。对此问题,不仅要考察诈骗罪与职务侵占罪构成要件的异同,还应重点考察“职务便利”存在与否及关联性,从而得出正确的结论。在本案中,上诉人胡朕在担任北京必旺食品有限公司沈阳分公司业务员期间,用私刻的被害人刘桂红开办的辽中县曙光综合商店公章,先后六次以该商店名义向其所属公司下达订购相关商品的订单,这是其作为业务员的工作内容,属于职务上的便利。胡朕利用这个职务上的便利条件,为进一步犯罪做了前期准备。但是,胡朕最终能够提出订购货物的关键在于其取得了送货单。沈阳储运集团第五分公司配送科的工作人员可证实胡朕从该公司处取得送货单的行为违反了公司规定的客户自提货物的相关程序,胡朕能够假借客户自提的名义取得送货单只是利用了其与该单位工作人员间的熟悉与信任,而相关人员省略审核程序属于严重违反公司章程规定的操作程序。因此,工作上的便利(而非职务便利)是上诉人胡朕能够提出货物并销售的主要原因,该行为不属于其作为北京必旺食品有限公司沈阳分公司业务员的职权范围,其行为不符合职务侵占罪的构成要件,故原判认定上诉人胡朕犯诈骗罪定罪准确,适用法律正确。

案例:王微等诈骗案

案例来源:《刑事审判参考》总第71集[第591号]

主题词:诈骗罪 手机号码 过户方式

一、基本案情

被告人王微,男,1984年7月22日出生,无业。因涉嫌犯诈骗罪于2008年5月29日被上海市长宁区公安局刑事拘留,同年12月17日被上海市长宁区人民法院判处有期徒刑三年六个月,并处罚金人民币一万元。因本案余姚市公安局于2009年2月23日将其解回再审。

被告人方继民,男,1984年12月3日出生,移动公司员工。因涉嫌犯诈骗罪于2007年8月3日被刑事拘留,同年8月17日被取保候审。浙江省余姚市人民检察院以被告人王微、方继民犯诈骗罪向余姚市人民法院提起公诉。被告人王微、方继民对公诉机关指控的事实和罪名均无异议。

浙江省余姚市人民法院经审理查明:2007年6月,被告人王微在浙江省义乌市中国移动公司办理业务时结识了该公司员工被告人方继民,两人预谋以贩卖移动公司手机"靓号"的方式牟利。之后方继民利用工作之便从移动公司内部电脑系统查得137****9999、137****8888、137****6666、137****8888、135****6666等14个号码的机主资料信息,而后通过制假证者伪造了14张与机主资料相同的假身份证。同年7月13日至16日,王微分别持上述假身份证到义乌市移动公司营业厅,将原机主的移动号码137****9999、137****8888、137****6666、137****8888、135****6666非法过户到自己名下。随后王微隐瞒上述手机号码系通过虚假手段办得的真相,以自己名义将其中的137****9999、137****8888、137****6666、137****88884个号码卖给他人,共计获取人民币41000元。

余姚市人民法院认为,被告人王微、方继民以非法占有为目的,采用隐瞒真相的方法,骗取他人财物,数额较大,其行为均已构成诈骗罪。公诉机关指控的罪名成立。被告人王微判决宣告以后,刑罚执行完毕以前,发现还有其他犯罪没有判决的,应当对新发现的犯罪作出判决,把前后两罪所判处的刑罚,执行数罪并罚。案发后,王微、方继民能自愿认罪,酌情予以从轻处罚。鉴于方继民有悔罪表现,适用缓刑不致再危害社会,可对其适用缓刑。据此,判决如下:

1. 被告人王微犯诈骗罪,判处有期徒刑二年,并处罚金人民币八千元;连同前犯诈骗罪,判处有期徒刑三年六个月,并处罚金人民币一万元,决定执行有期徒刑五年,并处罚金人民币一万八千元。

2. 被告人方继民犯诈骗罪,判处有期徒刑一年六个月,缓刑一年六个月,并处罚金人民币八千元。

一审宣判后,被告人王微、方继民均未提出上诉,检察院亦未抗诉,判决发生法律效力。

二、裁判要旨

No. 5-266-17 采用非法手段将他人手机号码过户并转让获取钱财的,应以诈骗罪论处。

1. 单纯的手机号码没有价值,因而没有财物属性

盗窃罪属于侵财犯罪,其犯罪对象是财物,财物是有价值的,是能够使实施盗窃的行为人获得利益而使原所有人受到财产损失的有体物或无体物。虽然我国《刑法》第二百六十五条规定以牟利为目的,盗接他人通信线路、复制他人电信号码或者明知是盗接、复制的电信设备、设施而使用的,依照盗窃罪的规定定罪处罚,但该条规定主要适用于两种情况:

一是使被害人产生初装费、入网费损失的。根据最高人民法院《关于审理盗窃案件具体应用法律若干问题的解释》(以下简称《解释》)第五条的规定,盗接他人通信线路、复制他人电信号码的行为按照当地邮电部门规定的电话初装费、移动电话入网费计算盗窃数额,只有在销赃数额高于电话初装费、移动电话入网费的,才按销赃数额计算。由此可见,盗接他人通信线路、复制他人电信号码的行为以盗窃罪定罪处罚是因为行为人的行为导致逃避缴纳邮电部门的电

话初装费、移动电话入网费,从而使自己获利并给邮电部门造成损失。这种情况定盗窃罪是以电话初装费、移动电话入网费的存在为前提,且行为人盗窃侵害的对象不是电信号码本身,而是电信号码所承载的入网费用。但在本案中,在移动电话已经取消入网费的前提下,手机号码本身只是一种通讯代码,不具有价值,不具备财物的属性。行为人取得手机号码后,不会由于逃避应当缴纳的入网费从而带来收益,原所有人失去号码后再次办理新号时,也不会因缴纳入网费而产生财产上的损失,所以单纯非法过户他人手机号码不构成盗窃罪。

二是被害人产生话费损失的。《解释》第五条还规定,明知是盗接他人通信线路、复制他人电信号码的电信设备、设施而使用的,盗窃数额按合法用户为其支付的电话费计算。这种情形之所以以盗窃罪定罪,是因为行为人盗接他人通信线路、使用复制的电信号码后产生的电话费由合法用户支付,从而导致行为人不交话费而获利,使他人受到话费损失,因此这里盗窃罪侵害的对象是他人的电信资费而不是号码本身。因为单纯复制号码本身并不能造成他人财产损失,也不能使自己获利,只有通过使用这些号码,才能造成他人电信资费的损失从而获利,电信号码只是作为电信资费的载体存在的。本案中,二被告人非法将他人手机号码过户出售后,由于原号码所有者不能继续正常使用该号码,故及时到移动公司查询导致案发,本案从二被告人手中购买有关手机号码的人尚未使用该手机号码,因此并未给原号码所有者造成话费损失,所以也不符合此种以盗窃罪定罪处罚的情形。

2. 手机号码非法过户后进行转让才是实现获利的关键

盗窃罪只要将财物秘密窃取后就实现了财产利益,所窃取的财物可以自己使用,也可以给他人使用,并且这种使用完全具备经济学意义上的使用价值的特征。这体现在,行为人不必付出经济成本就可以使用所窃取的财物,而这一经济成本原来是应该付出的;或者行为人窃取财物后予以销赃,从而得到了经济利益。但就本案而言,被告人非法过户手机号码后没有自己使用,而是通过转让才获得了经济利益,也即本案二被告人实现获利的关键在于将非法过户的他人手机号码出售的行为。本案被告人非法转让他人手机号码获得利益的第一阶段是将他人名下的手机号码非法过户到自己名下,第二阶段是以本人名义将非法过户的手机号码转让给他人获利。上述两个阶段的行为是一个完整不可分割的整体,行为人将号码过户的目的在于转让获利,转让才是整个行为的关键,故不能将号码过户行为与转让行为割裂开来单独在刑法上进行评价。因此,本案中的非法过户行为与转让行为之间的关系和盗窃犯罪中的窃取行为与销赃行为之间的关系具有实质性的不同。区分侵财犯罪的本质在于侵财的手段,以秘密窃取的手段实现侵财的是盗窃,以欺骗手段实现侵财的是诈骗。由于手机号码自身没有价值,因此一般非法过户的行为不构成盗窃罪;从被害人确定的角度看,原手机号码所有者没有因此受到财产损害,真正受到财产损害的是出钱购买这些手机号码的人,而其财产受到侵害的关键在于被告人隐瞒了这些手机号码属于非法过户的事实,故本案属于以骗侵财,不符合盗窃罪的构成要件。

3. 非法过户手机号码并转让获利的行为符合诈骗罪的犯罪构成

诈骗罪的犯罪构成有四个要素:行为人的欺诈行为—被害人产生错误认识—被害人基于错误认识而交付(或处分)财产—被害人遭受财产损害。本案被告人的行为完全符合上述要素,被告人先利用伪造的身份证将他人手机号码过户到自己名下,然后隐瞒自己非该号码真正机主的真相,使被害人误以为该号码是被告人所有,产生错误认识,接着被害人基于这一错误认识购买该手机号码,使被告人获得财产利益,最后被害人发现手机号码因被真正机主取回而不能用,因此蒙受经济损失,整个过程符合诈骗罪的构成特征。

案例:詹群忠等诈骗案

案例来源:《刑事审判参考》总第 76 集[第 649 号]

主题词:诈骗罪　诈骗罪的未遂认定

一、基本案情

被告人詹群忠,男,1967 年 3 月 15 日出生,汉族,小学文化,无业。2008 年 7 月因犯诈骗罪被黑龙江省哈尔滨市道里区人民法院判处有期徒刑十二年,剥夺政治权利二年,并处罚金人民币二万元,现在押。

被告人詹益增,男,1986年7月8日出生,汉族,初中文化,无业。2008年7月因犯诈骗罪被黑龙江省哈尔滨市道里区人民法院判处有期徒刑五年,并处罚金人民币二万元,现在押。

被告人詹晓芬,女,1988年10月5日出生,初中文化,无业。2008年7月因犯诈骗罪被黑龙江省哈尔滨市道里区人民法院判处有期徒刑五年,并处罚金人民币二万元,现在押。

上海市杨浦区人民检察院以被告人詹群忠、詹益增、詹晓芬犯诈骗罪,向上海市杨浦区人民法院提起公诉。

被告人詹群忠辩解称,起诉书指控的诈骗行为由其一人在深圳市龙岗区布吉镇租住的房屋内实施,詹益增、詹晓芬仅帮助其取款和用银行卡购买黄金饰品。

被告人詹益增辩解称,其未参与实施2007年7月5日利用手机群发短信诈骗他人钱款的行为,仅帮助詹群忠从自动取款机上取款2万元及用银行卡购买黄金饰品。

被告人詹晓芬辩解称,不清楚父亲詹群忠实施的诈骗行为,也未帮助詹群忠用该银行卡购买黄金饰品。其辩护人认为,现有证据不能证实被告人詹晓芬参与了2007年7月5日群发短信骗取钱款以及用赃款消费的过程,故詹晓芬对该犯罪不应承担刑事责任。2007年7月10日,詹群忠已将诈骗所用的银行卡丢弃,无法再取走被害人徐淑英向该卡所汇的9万元,该情节应认定犯罪未遂。

上海市杨浦区人民法院经审理查明:2007年7月5日,被告人詹群忠在其与女儿被告人詹晓芬、詹晓芬的男友被告人詹益增等人共同居住处,指使詹晓芬、詹益增利用手机短信群发器群发短信,内容为"你好,原账号已更改,汇款请汇,户名薛海英,农业银行955998012915941××××,建设银行622700720012053××××,谢谢"。住上海市大连路9701201室的黄三义收到上述短信后误以为是朋友向其借款所发,当日向户名薛海英、卡号955998012915941××××的农业银行银行卡内汇入人民币(以下币种均为人民币)20万元。被告人詹群忠收到钱款已汇入账户的短信通知后,当即将其控制的户名薛海英,卡号955998012915941××××的中国农业银行银行卡交给詹益增,指使詹益增持该银行卡通过交通银行自动取款机取款2万元(银行扣除取现手续费20元);詹群忠、詹晓芬又持该银行卡至深圳市永盛珠宝金行购买了61022元的黄金饰品。在营业员的要求下,詹群忠在签购单上留下了自己的姓名和身份证号。之后,詹益增按照詹群忠的指使持该卡在深圳市多家商店购买了共计120691元的黄金饰品(最后一次持卡购买黄金饰品现存1791元)。詹益增将购得的黄金饰品和仅剩58元的银行卡交给詹群忠。詹群忠供述已将该银行卡丢弃。

当日,山东省菏泽市棉纺织厂的徐淑英收到詹群忠、詹益增、詹晓芬利用手机短信群发器群发的上述诈骗短信后,误以为是客户催要货款所发,因当日资金不足,徐淑英于7月10日向户名薛海英、卡号为955998012915941××××的中国农业银行银行卡内汇款9万元,并随即打电话通知客户。后徐得知客户未收到钱款,自己受骗,于7月11日向菏泽市公安局牡丹分局报案,警方于7月13日从该银行卡的开户行中国农业银行深圳市布吉支行查询该银行卡余额为90058元,即通知银行冻结其中9万元。现警方已将9万元发还徐淑英。

另查明,2008年7月13日,黑龙江省哈尔滨市道里区人民法院认定被告人詹群忠、詹益增、詹晓芬于2007年6月至8月,在上述同一住处利用手机群发短信,共同骗取住哈尔滨市、北京市、浙江省、福建省的11名被害人共计571424元。以诈骗罪对三名被告人分别处以刑罚。

上海市杨浦区人民法院认为,被告人詹群忠、詹益增、詹晓芬利用手机群发短信先后诈骗黄三义20万元、徐淑英9万元,数额特别巨大,其行为均已构成诈骗罪。但三名被告人诈骗徐淑英9万元是犯罪未遂;詹群忠在共同犯罪中起主要作用,是主犯;詹益增、詹晓芬在共同犯罪中起次要作用,是从犯。依照《中华人民共和国刑法》第二百六十六条,第二十五条第一款,第二十六条第一款、第四款,第二十七条,第二十三条,第七十条,第六十九条,第五十五条第一款,第五十六条第一款,第五十三条,第六十四条之规定,判决如下:

一、被告人詹群忠犯诈骗罪,判处有期徒刑十年,剥夺政治权利一年,罚金人民币一万元,与前罪犯诈骗罪,判处有期徒刑十二年,剥夺政治权利二年,并处罚金人民币二万元合并,决定执行有期徒刑十七年,剥夺政治权利三年,并处罚金人民币三万元。

二、被告人詹益增犯诈骗罪,判处有期徒刑四年,并处罚金人民币四千元,与前罪犯诈骗罪,判处有期徒刑五年,罚金人民币二万元合并,决定执行有期徒刑七年,并处罚金人民币二万四千元。

三、被告人詹晓芬犯诈骗罪,判处有期徒刑三年六个月,并处罚金人民币四千元,与前罪犯诈骗罪,判处有期徒刑五年,并处罚金人民币二万元合并,决定执行有期徒刑六年六个月,并处罚金人民币二万四千元。

一审宣判后,三名被告人均以仅詹群忠有实施群发短信的诈骗行为,詹益增、詹晓芬仅帮助詹群忠销赃为由向上海市第一中级人民法院提出上诉。

上海市第一中级人民法院经审理认为,原审判决认定事实清楚,证据确实充分,适用法律正确,量刑适当,审判程序合法。裁定驳回上诉,维持原判。

二、裁判要旨

No. 5-266-18 已经实施了诈骗行为,但未取出卡内他人所汇款项的,应以诈骗罪的未遂论处。

短信诈骗犯罪有别于传统诈骗犯罪,被告人利用手机群发诈骗短信,采用"撒网式"的方法对不特定人群进行诈骗,并通过银行卡实现对财物的占有,行为人与被害人之间存在银行这一媒介。其模式为行为人——银行——被害人,行为人对被害人财物的非法占有必须通过控制银行卡才能实现,即被害人对财物的失控不等于行为人立即掌控、占有该财物,银行对财物的暂时保管为行为人实际占有财物设置了必要的障碍,行为人必须持合法、有效的凭证(银行卡、存折等)才能实现对财物的非法占有。

在本案中,被告人詹群忠将银行卡丢弃在前,徐淑英将 9 万元汇入该卡账户在后,詹群忠失去了对工具的控制,也就无法最终占有该钱款,且因该银行卡的户名不是被告人詹群忠,不能通过银行卡挂失等途径恢复对该银行卡的控制。被告人詹群忠在持该银行卡购买 6 万余元黄金饰品后应营业员要求不得已留下自己的真实姓名和身份证号,担心会被警察查到,为逃避侦查而不得不将银行卡弃用,且詹虽然丢弃了银行卡但并未自动有效地防止犯罪结果的发生,因而詹丢弃银行卡的行为不能认定为犯罪中止,而系因意志以外的原因而放弃犯罪,属于犯罪未遂。

案例:张航军等诈骗案

案例来源:《刑事审判参考》总第 76 集[第 650 号]
主题词:诈骗罪

一、基本案情

被告人张航军,男,1986 年 11 月 8 日出生,无业。因涉嫌犯贷款诈骗罪于 2009 年 4 月 30 日被逮捕。

被告人赵祥茗,男,1989 年 2 月 22 日出生,无业。因涉嫌犯贷款诈骗罪于 2009 年 6 月 19 日被逮捕。

被告人王丹平,男,1986 年 11 月 26 日出生,无业。因涉嫌犯贷款诈骗罪于 2009 年 6 月 19 日被逮捕。

浙江省宁波市海曙区人民检察院以被告人张航军、赵祥茗、王丹平犯盗窃罪,向海曙区人民法院提起公诉。

被告人张航军对起诉书指控的犯罪事实无异议,但认为本案应定性为破坏金融管理秩序的犯罪。

被告人赵祥茗对起诉书指控的犯罪事实无异议,但提出当时与持卡人有约定,且持卡人也出具了保证书,他们仅收取套现成功的手续费,银行欠款由持卡人归还,本案应定贷款诈骗罪。其辩护人认为,赵祥茗仅是受持卡人委托,利用银行信用卡的冲正、撤销业务获得手续费,对银行的钱款应由持卡人归还,持卡人也出具了还款保证书,故赵祥茗无罪。

被告人王丹平对起诉书指控的犯罪事实无异议,但提出他们与持卡人有约定,要求持卡人归还银行欠款,故不构成盗窃罪。其辩护人提出,王丹平无非法占有目的,也未采取秘密窃取的手段,不构成盗窃罪。

宁波市海曙区人民法院经审理查明:被告人张航军、王丹平受许建明(另案处理)指使,伙同被告人赵祥茗等人,利用POS机刷卡消费通过银联系统反馈到银行电脑延迟一二分钟的漏洞,以要求银行营业员存款冲正的方式,骗取银行资金。具体犯罪事实如下:

1. 2009年3月14日16时30分许,被告人张航军、王丹平受许建明指使,伙同中介人陈某(另案处理),在宁波市象山县中国银行象山支行丹峰分理处营业柜台,由张航军持现金和户名为"凌民"的中国银行贷记卡账号办理无卡存款业务,要求营业员在该账号内存入现金人民币(以下币种均为人民币)50000元。当营业员将此款存入该账号要求张航军签字确认时,张立即打电话给许建明,许按照事先约定的在异地持户名为"凌民"的中国银行贷记卡,利用POS机将刚存入的50000元刷卡消费49980元。接到许建明操作完成的指令后,张航军随即向营业员谎称存款出错,要求撤销上述50000元存款,并将该存款存入其提供的户名为"凌民"的另一中国银行借记卡账号内。因POS机刷卡交易信息通过银联系统反馈给银行有1—2分钟的时间差,营业员未察觉存款已被消费,仍按照张航军的要求将此款转存入后一借记卡账户内。后银行发现异常,但该借记卡账户内的49980元现金已于当日17时被人提取。中国银行报案后,经与持卡人凌民家人联系催讨,被骗的49980元陆续由他人代为归还。

2. 2009年3月19日15时40分许,被告人张航军、王丹平受许建明指使,伙同被告人赵祥茗在宁波市海曙区广东发展银行海曙支行营业柜台,由赵祥茗持现金50000元和户名为"陈灼"的广东发展银行贷记卡账号和借记卡账号,采取上述手段进行操作,许建明在异地利用POS机持贷记卡刷卡消费49800元。在银行发觉异常前,王丹平于当日16时25分许,在另一家广东发展银行柜台持该借记卡提取现金40000元,张航军于当日16时40分许从ATM机上取走其余10000元。后经银行多次向持卡人等人催讨,被骗的49800元由他人代为归还。

3. 2009年3月20日10时30分许,被告人张航军、王丹平受许建明指使,伙同被告人赵祥茗在宁波市江东区广东发展银行宁波支行营业柜台,由赵祥茗持现金55000元和户名为"王琼钿"的广东发展银行贷记卡账号和借记卡账号办理无卡存款业务。要求在该贷记卡和借记卡账号内分别存入50000元和5000元。待营业员要求赵祥茗签字确认时,赵立即打电话给许建明,许在异地持该贷记卡利用POS机刷卡消费49800元。赵祥茗接到许操作完成的指令后,向营业员谎称搞错存款账号,要求将上述两账号存款数额兑换。在银行发觉异常前,张航军持该借记卡于当日11时许分别通过银行柜台和ATM机取走现金48000元和2000元。后经银行向持卡人等人催讨,被骗去的49800元陆续由他人归还。

4. 2009年3月20日14时许,被告人张航军、王丹平受许建明指使,伙同被告人赵祥茗在宁波市江北区广东发展银行城北支行营业柜台,由赵祥茗持现金55000元和户名为"赵燕飞"的广东发展银行贷记卡账号和借记卡账号,采用上述手段操作,许建明在异地利用POS机贷记卡刷卡消费49980元。在银行发觉异常前,张航军持该借记卡于当日14时30分许,分别通过银行柜台和ATM机取走现金45000元和5000元。后经银行向持卡人等人催讨,被骗去的49980元仅由他人代为归还1000元。

5. 2009年3月24日13时许,被告人张航军、王丹平伙同汪自铁(另案处理),在宁波市海曙区广东发展银行马园支行营业柜台,由张航军持现金55000元和户名为"诸葛源"的广东发展银行贷记卡账号和借记卡账号,采用上述手段进行操作,许建军在异地利用POS持贷记卡刷卡消费49000元。在张航军要求将上述两账户存款数额兑换时被识破,张航军、汪自铁当场被抓。当日13时30分,存入借记卡的5000元现金被人从ATM机上取走。

被告人赵祥茗、王丹平分别于2009年6月1日和3日被抓获。另查明,户名为凌民、陈灼、王琼钿、赵燕飞和诸葛源的贷记卡信用额度分别为5000元、10000元、8000元和10000元。

宁波市海曙区人民法院认为,被告人张航军、赵祥茗、王丹平以非法占有为目的,故意隐瞒存入贷记卡中的资金已被消费的真相,要求银行营业员办理冲正业务,骗取银行资金数额巨大,其行为均构成诈骗罪。其中,张航军、王丹平诈骗金额18万余元,赵祥茗诈骗金额13万余元。三被告人在贷记卡中存钱后通知其同伙刷卡消费,因卡内实际存入现金,该刷卡消费系正常消费行为而非透支行为。三被告人在其同伙刷卡消费行为完成后,要求银行营业员办理冲正业务,系利用银联系统对异地刷卡行为反馈到计算机系统中有所迟延的漏洞,使营业员在不知贷记卡中的钱款已被消费的情况下作出错误的处分行为,将银行自有的资金存入了被告人指定的借记卡中,故被告人最终获得资金的手段是诈骗而非窃取。公诉机关指控三被告人犯盗窃罪的罪名不当,被告人及其辩护人提出本案不构成盗窃罪的辩解和辩护意见成立,予以采纳,但张航军、赵祥茗提出本案构成其他犯罪的辩解不成立。对于赵祥茗、王丹平的辩护人所提被告人的行为不构成犯罪的辩护意见,经查,虽然被告人与持卡人之间约定钱款由持卡人归还,但被告人采取欺骗手段骗取银行资金,并非正常的超限使用,且被告人与持卡人约定被告人每次从银行套现的款项收取近40%的高额手续费,被告人应当知道持卡人不打算归还银行欠款,故所提无罪意见不能成立,本院不予采纳。据此,依照《中华人民共和国刑法》第二百六十六条、第二十五条第一款、第六十四条之规定,判决如下:

一、被告人张航军犯诈骗罪,判处有期徒刑四年六个月,并处罚金人民币二万元。

二、被告人赵祥茗犯诈骗罪,判处有期徒刑四年,并处罚金人民币二万元。

三、被告人王丹平犯诈骗罪,判处有期徒刑三年六个月,并处罚金人民币一万元。

四、违法所得人民币七万九千六百八十元继续予以追缴。

一审宣判后,被告人没有上诉,检察机关没有抗诉,判决已发生法律效力。

二、裁判要旨

No.5-266-19 利用刷卡消费时差,在同伙异地刷卡消费后,谎称存款出错,要求银行办理存款冲正业务并将钱取走,给银行造成财产损失的,应以诈骗罪论处。

诈骗罪的基本模式是,行为人以非法占有为目的,采取虚构事实或隐瞒真相的方法实施欺诈行为,使对方产生认识错误,对方基于该认识错误交付财物,进而造成损失。据此,判断一行为是否构成诈骗罪,客观上要看行为人是否实施了欺诈行为给被害人造成经济损失,主观上要看行为人是否具有非法占有目的。

在本案中,被告人张航军等人利用异地刷卡消费的时间延迟漏洞,隐瞒其存入他人名下的钱已被同伙在异地刷卡取走的真相,让营业员将钱转存入他人另一个银行卡账号中,随后迅速取走。该行为包含了前后两个紧密相关的环节。张航军等人在银行存钱后通知同伙在异地刷卡消费,因为卡内有现金,该刷卡消费行为具有正当性,也不会给银行造成损失,独立地看不具有违法性。但当同伙在刷卡消费后,要求营业员办理存款冲正业务,将客观上已经被消费的钱存入另一账号中,实际是将银行的自有资金存入了被告人指定的账号中,由此给银行造成损失。正是被告人实施了隐瞒真相的诈骗行为,导致银行营业员陷入认识错误,认为被告人的钱没有转移,进而实施财物处分行为,直接造成银行的损失。此行为过程完全符合诈骗罪的客观特征。

从主观方面看,被告人具有非法占有目的,本案中尽管被告人与持卡人约定由持卡人偿还钱款,但其收取的手续费极不合理甚至超过了民间高利贷的利息,且采取欺骗手段获取银行资金,不能认定持卡人具有还款意图。这种骗取银行资金的做法,是被告人与持卡人共同预谋的结果,持卡人的还款保证书不能否定被告人与持卡人具有共同的非法占有目的。

区分盗窃罪与诈骗罪的关键在于是否存在被害人因欺骗而陷入认识错误而主动交付财物的行为。在以财物交付行为的有无区分诈骗罪与盗窃罪的基本视角下,不能机械地理解交付行为,还要注重行为人取得财物的主要手段的整体考察。如果行为人是以欺骗手段取得财物,应当认定为诈骗罪,反之,行为人虽使用了欺骗手段但受骗人并没有交付财物,行为人是通过秘密窃取取得财物的,应当认定为盗窃罪。

在本案中,被告人欺骗的内容就是使银行营业员认识不到钱已经被刷卡取走的事实,从而使营业员将本属银行所有的钱存入被告人提供的另一个银行卡账户内。被告人取得财物的手段是诈骗而非窃取,应当认定为诈骗罪。

案例:臧进泉等盗窃、诈骗案

案例来源:《人民法院案例选》2013 年第 4 辑;《人民法院案例选》2016 年第 2 辑;最高人民法院 2014 年 6 月 23 日第七批指导性案例第 27 号

主题词:诈骗罪 网络诈骗 利用信息网络窃取、骗取财物行为的认定

一、基本案情

2010 年 5 月至 6 月,被告人臧进泉、郑必玲、刘涛分别以虚假的身份开设无货可供的淘宝网店铺,并以低价吸引买家。被告人臧进泉、郑必玲、刘涛事先在网游网站注册一账户,并对该账户预设充值程序,充值金额为买家欲支付的金额,后将该充值程序代码植入到一个虚假淘宝网链接中。与买家商谈好商品价格后,被告人臧进泉、郑必玲、刘涛会各自以方便买家购物为由,将该虚假淘宝网链接通过阿里旺旺聊天工具发送给买家。买家误以为是淘宝网链接而点击该链接进行购物、付款,并认为所付货款会汇入支付宝公司为担保交易而设立的公用账户,但该货款实际通过预设程序转入网游网站在支付宝公司的私人账户,再转入被告人事先在网游网站注册的充值账户中。被告人臧进泉、郑必玲、刘涛获取买家货款后,在网游网站购买游戏点卡、腾讯 Q 币等物,后将上述物品按事先约定统一放在被告人臧进泉的“小泉先生哦”的淘宝网店铺上出售套现,所得钱款均汇入臧进泉的工商银行卡中,由臧进泉按照获利额并以约定方式分配。

2010 年 6 月 1 日,被告人臧进泉在江苏省昆山市满天星网吧登录互联网,在淘宝网上注册名称为“金钱决定你的人生”的虚假店铺,后被告人郑必玲以卖女装为名,采用上述方式骗取被害人金立人民币 195 元。

2010 年 6 月 1 日,被告人郑必玲成功骗取被害人金立人民币 195 元后,获悉金立的建设银行网银账户内有人民币 305000 余元存款余额且无每日支付限额,遂电话告知被告人臧进泉,预谋合伙作案。被告人臧进泉赶至网吧后,以尚未看到被害人金立付款成功的记录为由,发送给金立一个交易金额标注为人民币 1 元而实际植入了支付人民币 305000 元的计算机程序的虚假链接,谎称被害人金立点击该 1 元支付链接后,其即可查看到付款成功的记录。被害人金立在诱导下点击了该虚假链接,其建设银行网银账户中的人民币 305000 元随即通过臧进泉预设的计算机程序,经上海快钱信息服务有限公司的平台支付到被告人臧进泉提前在福州海都阳光信息科技有限公司注册的“kissa123”账户中。被告人臧进泉使用其中的人民币 116863 元购买大量游戏点卡,并在其“小泉先生哦”的淘宝网店上出售套现。

浙江省杭州市中级人民法院于 2011 年 6 月 1 日作出(2011)浙杭刑初字第 91 号刑事判决:

1. 被告人臧进泉犯盗窃罪,判处有期徒刑十三年,剥夺政治权利一年,并处罚金人民币三万元;犯诈骗罪,判处有期徒刑二年,并处罚金人民币五千元,决定执行有期徒刑十四年六个月,剥夺政治权利一年,并处罚金人民币三万五千元。

2. 被告人郑必玲犯盗窃罪,判处有期徒刑十年,剥夺政治权利一年,并处罚金人民币一万元;犯诈骗罪,判处有期徒刑六个月,并处罚金人民币二千元,决定执行有期徒刑十年三个月,剥夺政治权利一年,并处罚金人民币一万二千元。

3. 被告人刘涛犯诈骗罪,判处有期徒刑一年六个月,并处罚金人民币五千元。

宣判后,臧进泉提出上诉。浙江省高级人民法院于 2011 年 8 月 9 日作出(2011)浙刑三终字第 132 号刑事裁定,驳回上诉,维持原判。

二、裁判要旨

No. 5-266-20 网络钓鱼案件中,区分盗窃与诈骗的关键在于被害人有无财产处分意识。被告人植入虚假链接骗取被害人货款的,构成诈骗罪;被告人植入与被害人处分意识不同的链接取得财物的,构成盗窃罪。

本案中臧进泉等人的两种作案手段在被害人处分意识上存在差别,在非法获取小额货款的行为中,被害人具有支付被骗货款的意识,而在非法获取 30.5 万元的行为中,被害人仅有支付

付款链接中所标注的“1 元”的意识,并无支付 30.5 万元的意识。前者符合诈骗罪的构成要件,后者则应当以盗窃罪定罪处罚。

以本案为分析样本,笔者认为,网络钓鱼类案件应区分两种情况认定:

1. 被告人实施欺骗行为,诱骗被害人同意为购买商品而支付货款,因被害人具有处分货款的意识,被告人获取货款系基于被害人的处分行为,应定诈骗罪。

2. 被告人采取欺骗方法,诱骗被害人同意支付小额钱款,但同时使用计算机程序秘密窃取被害人网上银行账户内巨额存款,被告人获取该存款系在被害人未察觉的情况下秘密窃得而非被害人的自愿处分,故被告人的行为符合盗窃罪的构成要件,应定盗窃罪。

No. 5-266-21 行为人利用信息网络,诱骗他人点击虚假链接而实际通过预先植入的计算机程序窃取财物构成犯罪的,以盗窃罪定罪处罚;虚构可供交易的商品或者服务,欺骗他人点击付款链接而骗取财物构成犯罪的,以诈骗罪定罪处罚。

盗窃是指以非法占有为目的,秘密窃取公私财物的行为;诈骗是指以非法占有为目的,采用虚构事实或者隐瞒真相的方法,骗取公私财物的行为。对既采取秘密窃取手段又采取欺骗手段非法占有财物行为的定性,应从行为人采取主要手段和被害人有无处分财物意识方面区分盗窃与诈骗。如果行为人获取财物时起决定性作用的手段是秘密窃取,诈骗行为只是为盗窃创造条件或作掩护,被害人也没有“自愿”交付财物的,就应当认定为盗窃;如果行为人获取财物时起决定性作用的手段是诈骗,被害人基于错误认识而“自愿”交付财物,盗窃行为只是辅助手段的,就应当认定为诈骗。在信息网络情形下,行为人利用信息网络,诱骗他人点击虚假链接而实际上通过预先植入的计算机程序窃取他人财物构成犯罪的,应当以盗窃罪定罪处罚;行为人虚构可供交易的商品或者服务,欺骗他人为支付货款点击付款链接而获取财物构成犯罪的,应当以诈骗罪定罪处罚。本案中,被告人臧进泉、郑必玲使用预设计算机程序并植入的方法,秘密窃取他人网上银行账户内巨额钱款,其行为均已构成盗窃罪。臧进泉、郑必玲和被告人刘涛以非法占有为目的,通过开设虚假的网络店铺和利用伪造的购物链接骗取他人数额较大的货款,其行为均已构成诈骗罪。对臧进泉、郑必玲所犯数罪,应依法并罚。

案例:梁四昌诈骗案

案例来源:《人民法院案例选》2014 年第 2 辑

主题词:合同诈骗罪　数额计算

一、基本案情

法院经审理查明:2004 年至 2005 年,被告人梁四昌以在义马市第一中学对面开发商品房为名,先后收取张某某等 23 人 2 至 4 万元不等的预付房款共计 68 万元。梁四昌与受害人约定了楼层及户型,并开具加盖“河南省上蔡县百尺建筑公司”和“梁四昌”印章的收据。收款后,梁四昌一直未建房且也未退还预付房款,受害人多次找梁四昌催要住房,梁以种种理由推辞。2006 年 1 月梁四昌携款潜逃,至 2011 年 8 月 9 日被公安机关抓获归案。另,2005 年 3 月和 10 月,被告人梁四昌以缺少经营资金为由,向李某某借款 10 万元,归还 1.8 万元后,携余款潜逃。

义马市人民法院于 2012 年 1 月 12 日作出(2012)义刑初字第 12 号刑事判决书,以合同诈骗罪判处梁四昌有期徒刑十三年,并处罚金三十万元;以犯诈骗罪判处有期徒刑六年,并处罚金五万元。决定执行有期徒刑十六年,并处罚金三十五万元。责令被告人梁四昌退赔收取被害人张某某等 23 人的预付款及李某某的借款。一审宣判后,梁四昌以收房款时没有签订任何书面合同,其行为不构成合同诈骗罪;其借李某某的借款,已付过部分的利息,应属民间借贷,不构成诈骗罪为由上诉至三门峡市中级人民法院。三门峡市中级人民法院于 2012 年 11 月 30 日作出(2012)三刑二终字第 14 号判决:

1. 撤销义马市人民法院(2012)义刑初字第 12 号刑事判决。
2. 上诉人(原审被告人)梁四昌犯诈骗罪,判处有期徒刑十三年,并处罚金三十万元。
3. 责令上诉人(原审被告人)梁四昌向各被害人退赔非法所得七十四万二千元。

二、裁判要旨

No.5-266-22 虽然与被害人签订房屋购买合同,但对购买的房屋未作具体、明确约定的,不能认为诈骗发生在合同签订履行过程中,不成立合同诈骗罪,仅成立诈骗罪。

区分诈骗罪与合同诈骗罪的关键在于诈骗行为是否发生在签订、履行合同过程中。合同诈骗罪的手段仅限于在签订、履行合同过程中,利用合同手段骗取公私财物。合同诈骗罪中的"合同",按照罪刑法定原则要求,不能随意扩大化解释,应限定为符合《合同法》意义上的"合同",而不能仅以有合同要件出现就定合同诈骗罪。本案中,虽然能够证实梁四昌与受害人约定了楼层及户型,开具加盖"河南省上蔡县百尺建筑公司"和"梁四昌"印章的收据,但是梁四昌与受害人没有对所购买的商品房作出具体、确定的约定,对购买房屋的约定并不具有明确性、唯一性。房屋系重要的生活资料,与一般商品不同,没有具体明确约定房屋价款、履行期限、地点等购买房屋所应包含的内容,不能确认被告人梁四昌与被害人之间的约定,成立了合同,也不能确认被告人梁四昌实施的诈骗行为,是在签订、履行购买商品房合同过程中,因此梁四昌犯合同诈骗罪的证据不足。

案例:赵军诈骗案

案例来源:《人民法院案例选》2014年第3辑

主题词:诈骗罪 个体工商户的雇员与职务侵占罪主体

一、基本案情

2012年9月8日,被告人赵军冒用徐建平的签名出具借条一份,骗取宁波市鄞州区横溪贤庄调剂商行(系个体工商户,以下简称"贤庄调剂商行")借款1万元,后被告人赵军归还该笔借款利息2000元,实际得款8000元;同日,被告人赵军冒用王勇的签名出具借条一份,骗取贤庄调剂商行借款1万元;后被告人赵军归还该笔借款利息2000元,实际得款8000元。

2012年9月15日,被告人赵军冒用李兴曙的签名出具借条一份,骗取贤庄调剂商行借款1万元,后被告人赵军归还该笔借款利息2000元,实际得款8000元;同日,被告人赵军冒用何畅笔借款利息2000元,实际得款8000元。

2012年9月20日,被告人赵军冒用朱科伟的签名出具借条一份,骗取贤庄调剂商行借款5000元,后被告人赵军归还该笔借款利息500元,实际得款4500元;同日,被告人赵军冒用俞徐明的签名出具借条一份,骗取贤庄调剂商行借款1万元,后被告人赵军归还该笔借款利息1000元,实际得款9000元;同日,被告人赵军冒用朱平峰的签名出具借条一份,骗取贤庄调剂商行借款5000元,后被告人赵军归还该笔借款利息500元,实际得款4500元。

2012年9月23日,被告人赵军冒用朱红伟的签名出具借条一份,骗取贤庄调剂商行借款1万元,后被告人赵军归还该笔借款利息1000元,实际得款9000元。

2013年1月12日,被告人赵军在湖南省溆浦县被湖南省溆浦县铁路派出所抓获。法院审理期间,被告人赵军退缴赃款5.9元。

二、裁判要旨

No.5-266-23 个体工商户的雇员不是职务侵占罪的主体,虚开借条骗取借款的行为应认定为诈骗罪。

根据我国《刑法》第二百七十一条的规定,职务侵占罪的主体是特殊主体,即公司、企业或者其他单位的人员。本案贤庄调剂商行是由沙贤龙与邱敏合开,申领了个体工商户营业执照,注册为个体工商户。被告人赵军系贤庄调剂商行的一名雇员,能否成为职务侵占罪的主体,关键看贤庄调剂商行是否属于《刑法》第二百七十一条规定的公司、企业或其他单位。

公司一般是指依法设立的,全部资本由股东出资,以营利为目的的企业法人。企业一般是指以盈利为目的,运用各种生产要素(土地、劳动力、资本、技术和企业家才能等),向市场提供商品或服务,实行自主经营、自负盈亏、独立核算的具有法人资格的社会经济组织。显然,贤庄调剂商行不属于上述公司、企业的范畴,那么是否属于《刑法》第二百七十一条规定的"其他单位"

的范围呢?

单位一般是指依法成立的具有一定经费和财产,有相对独立性的社会组织。而个体工商户是具有自然人全部特征的特殊民事主体,既可以是公民个人投资经营,也可以由家庭成员部分或全部投资经营,以其个人全部财产承担法律责任,包括其私人的住房等与配偶共同拥有的财产。因此,笔者认为,个体工商户不具备企业或单位的组织性特点,是实质的个人,在刑法意义上,其法律地位仅相当于自然人,不属于《刑法》第二百七十一条中规定的"其他单位",所以,个体工商户所雇佣的工作人员,亦不能成为职务侵占罪的主体。本案被告人赵军实际是骗取了贤庄调剂商行老板沙贤龙、邱敏的个人财产,其行为不构成职务侵占罪。

被告人采取虚构事实的方法使财物所有人或者管理人"自愿"交付财物的行为,构成诈骗罪。行为人以非法占有为目的,采取虚构事实或者隐瞒真相的方法实施欺诈行为,使对方产生认识错误,对方基于该认识错误交付财物,进而造成损失的行为构成诈骗罪。其主要特征是:行为人主观上只能是故意,且具有不法占有公私财物的目的;客观上采用了虚构事实或隐瞒真相的方法,使财物所有人、管理人或持有人基于对真实情况不了解,为诈骗人所制造的假象所迷惑、蒙蔽,陷于错误认识,从而"自愿"将财物交出的行为。

非法占有是指永久性地非法掌握、控制他人财物的意图,在司法实践中的具体判断需紧密结合案情,坚持主客观一致原则。本案中,被告人赵军主观上基于故意,且以骗取商行钱财为目的,向被害人出具的借条均是冒用他人名义,完全是虚假的,实际上真正的借款并不存在,赵军以此来向被害人骗取钱财,其主观上的非法占有意图是明显的。

赵军客观上采用出具虚假借条,冒名签署借款人姓名,谎称他人借款手段,从而向该商行隐瞒了真相,使该商行的所有人、管理人信以为真,产生错误认识。该商行的所有人、管理人正是由于赵军的欺骗行为,陷于错误认识,误认为存在他人合法借款的事实而"自愿"将钱款交出。赵军虚构借条、隐瞒真相的行为与该商行交付钱款之间存在刑法上的因果关系,其在负责宁波市鄞州区五乡镇点的放贷业务时,向该商行冒用他人名义出具虚假借条八张,从而骗取了该商行的钱款,使被害人的财产遭受了损失,应以诈骗罪定罪处罚。

案例:杨涛诈骗案

案例来源:《刑事审判参考》总第111集[第1218号]

主题词:诈骗罪　与职务侵占罪的区分

一、基本案情

2013年至2015年,被告人杨涛在担任湖北省武汉统建城市开发有限责任公司(以下简称"统建公司")东方雅园项目售楼部销售经理期间,为骗取他人财物,明知公司并未决定对外销售东方雅园项目二期商铺,对到项目部咨询的杨小莉等9人虚构了商铺即将对外销售的事实,谎称可以帮助被害人购买商铺,要求被害人将订购商铺的款项汇入其个人银行账户,其还利用其保管的购房合同、房屋销售专用章、副总经理印章与被害人签订房屋买卖合同,骗取被害人杨小莉、熊传阶、石铁民等9人共计1011万元,用于前往澳门赌场赌博及个人消费,肆意挥霍被害人财物。由于被害人多次催交商铺,2014年12月,杨涛又利用统建公司决定将东方雅园二期部分商铺向社会统一招租的机会,虚构了统建公司决定向被害人返租商铺的事实,伪造了统建公司公章,与被害人签订租赁合同。其中,向被害人杨小莉等3人支付商铺租金共计284152元,对其他被害人承诺以所购商铺的租金折抵购买商铺款项的方式,继续掩盖其诈骗行为。截至案发,被告人杨涛实际骗取被害人钱款共计9825848元。

二、裁判要旨

No.5-266-24　单位职员利用职务身份获取被害人信任,使其相信交易对方是行为人所在单位,使被害人基于该错误认识处分涉案财产给行为人,行为人将涉案财产占有、使用,不属于利用职务之便,将单位财物据为己有,不成立职务侵占罪,应以诈骗罪论处。

区别诈骗罪与职务侵占罪的关键,在于前者侵占的是被害人基于错误认识而处分的财产,后者侵占的是行为人保管、经营的单位财产。行为人是否构成表见代理,并不影响诈骗罪与职务侵占罪的甄别定性,不能因为行为人所在单位最终在民事法律关系中承担了相应责任,进而以该最终后果为标尺认为行为人的侵占对象是单位财产。单位承担民事责任的原因主要是管理责任之必要。只要行为人主观上有非法占有他人财产的故意,客观上实施了"骗"的行为,侵占了被害人财产,而不是利用职务上的便利条件侵占其自己经营、保管的单位财产,就应当以诈骗罪追究刑事责任。如果行为人让被害人将资金汇入单位账户,那么资金归单位控制,在这种情况下,行为人利用职务之便占有、处分单位账户里的资金,则属于职务侵占。欺骗行为产生的错误认识,被害人并无将财物交给行为人占有、使用的意思表示。行为人是否具有代理权以及是否构成表见代理,是构成诈骗罪还是职务侵占罪,没有刑法上的意义。判断行为人占有、处分被害人财物的行为性质,必须看该财产是否处于行为人所在单位占有和控制下。如果是,那么行为人的行为性质属于职务侵占;如果不是,那么行为人的行为性质属于诈骗。

本案中,被告人杨涛利用其统建公司东方雅园项目部销售经理的身份,骗取被害人的信任,在统建公司并未决定出售东方雅园二期商铺也未授权其出售该批商铺的情况下,向欲购买商铺的不知情的杨小莉等人虚构东方雅园二期商铺将出售的事实,与被害人签订认购协议,要求被害人将认购款支付到其个人账户上。被害人基于对杨涛职务身份的信赖,相信自己的交易对象是统建公司,进而处分财产,将认购款支付到杨涛的个人账户。被害人因杨涛的欺骗行为产生错误认识,"自愿"将认购款支付到杨涛的个人账户上,认购款被杨涛占有、使用并非被害人的真实意思。杨涛实际实施了欺骗行为,骗取了被害人财物,符合诈骗罪的客观表现。

职务侵占罪的客观表现是利用职务上的便利条件,将本单位财物非法占为己有,数额较大的行为。利用职务便利以及侵占的对象为本单位的财产是职务侵占罪的客观要件。在类似本案的情况下,如果被害人处分的财产经过两个阶段:一是从被害人所有转为单位的合法占有;二是行为人利用职务便利,侵占已由单位占有的涉案财产,则可以认定符合职务侵占罪的客观特征。本案中,杨涛仅是销售经理,在统建公司东方雅园项目部从事销售管理工作,负责销售登记和销售合同的签订与审查核对等工作,并无管理、经手客户认购款的相关公司职务,其职务身份实际起到的是获取被害人信任的作用。杨涛实际占有的是被害人汇至其个人银行账户的钱,并非已经进入单位账户的资金,侵占的对象不是本单位的财产,也没有利用职务上的便利条件。杨涛的行为不符合职务侵占罪的客观要件。

案例:俞辉诈骗案

案例来源:《人民法院案例选》2014 年第 3 辑

主题词:诈骗罪　与票据诈骗罪的竞合

一、基本案情

天津市滨海新区人民检察院指控称:2010 年 9 月中旬,被告人俞辉先后两次向郭立借钱,谎称其买车需要用钱,并称愿意支付人民币 3 万元利息。后郭立先后两次在塘沽滨海新村渤海一中附近其汽车里交给被告人俞辉人民币共计 27 万元,被告人俞辉交付给郭立总金额为人民币 30 万元的空头支票两张作为抵押,谎称到期后可以支票投行偿还借款。被告人俞辉将该人民币共计 27 万元用于偿还个人债务并藏匿。公诉机关认为,被告人俞辉的行为已构成诈骗罪,请求依据《中华人民共和国刑法》第二百六十六条之规定予以判处。

被告人俞辉辩称:被害人郭立前后两次共给付其人民币 25.5 万元,而非 27 万元,对起诉书指控的其他事实均没有异议。

被告人俞辉的辩护人提出以下辩护意见:(1)对起诉书中指控的犯罪数额 27 万元有异议,实际犯罪数额为 25.5 万元;(2)被告人能如实供述自己的罪行,认罪、悔罪态度较好,且系初犯,没有前科劣迹,社会危害性相对较小。请求对被告人俞辉从轻处罚。

法院经审理查明:2010 年 9 月中旬,被告人俞辉先后两次向被害人郭立借钱,谎称其买车需要用钱,并称愿意支付人民币 3 万元利息。郭立先后两次在塘沽滨海新村渤海一中附近其汽车里给付被告人俞辉人民币共计27万元。2010年9月16日,被告人俞辉向郭立出具借款30万元的借据一张,并给付郭立两张数额分别为20万元和10万元的空头支票作抵押,谎称到期后可以支票投行偿还借款。被告人俞辉将该人民币共计27万元用于偿还个人债务,后逃匿,借款到期后未向郭立偿还债务。

天津市滨海新区人民法院于2013年5月24日作出(2013)滨塘刑初字第313号刑事判决:被告人俞辉犯诈骗罪,判处有期徒刑五年,并处罚金人民币五万元。(刑期从判决执行之日起计算。判决执行以前先行羁押的,羁押一日折抵刑期一日,即自2012年9月7日起至2017年9月6日止。罚金自本判决生效后一个月内向本院缴纳)。

宣判后,被告人俞辉未提起上诉,检察院亦未抗诉,判决已发生法律效力。

二、裁判要旨

No.5-266-25　签发空头支票作为债务抵押,并未通过交付票据直接获取对价的,不符合票据诈骗罪的构成要件,应认定为诈骗罪。

票据诈骗罪与普通诈骗罪在主观罪过上都是故意,都具有非法占有公私财产的目的,在客观方面都有虚构事实、制造假象的诈骗行为,在犯罪客体上都侵犯了公私财产所有权,两者属于特殊与一般的关系,构成票据诈骗罪也必然符合诈骗罪的构成特征。要区别这两类不同的诈骗罪,需要把握以下两点:

第一,侵犯的客体不同。票据诈骗罪所侵害的客体是双重客体。首先,它侵犯了我国经济制度中的票据管理制度。在我国当前,票据管理制度是确保社会主义市场经济正常运行的重要调控手段,在票据行业这一特殊领域内的经济活动,具有严格的程序性。票据诈骗罪犯罪行为所直接作用的物具有明显的特定性,即《票据法》中特指的汇票、本票、支票,且犯罪数额一般都是以犯罪时所使用的票据上所虚设记载的数额为指向目标。其次,由于票据诈骗之最终目的都是为了非法占有公私财产,所以票据诈骗罪所侵犯的客体还包括了公私财产所有权,即通过犯罪行为所首先、直接侵害的金融管理制度来侵害公私财产所有权。票据诈骗罪所侵害的对象既有票据,也包括公私财产,但它更显著、更直接的是以票据为侵犯对象,进而才是间接也是必然地侵害公私财产。普通诈骗罪所侵害的客体只是单一的公私财产所有权,其犯罪行为并没有进入到金融领域这一特有的货币、资金融通流转过程中,没有侵害票据管理制度,而只是把伪造、变造的票据凭证作为向金融流通领域之外的人展示的假象,且犯罪数额也不是票据凭证上所记载的数额为目标。

第二,犯罪客观方面不同。票据诈骗罪在客观方面表现为使用、冒用、签发等一系列行为。所谓使用等客观行为,就是指犯罪行为人将这些伪造、变造、作废、冒用他人、虚假的、空头的票据,通过银行等金融机构来实际投入或进入到商品的交换、流通或资金货币的结算运转途径中以及金融机构的往来活动中,利用票据特殊的功能来达到诈取钱财的目的。反之,若没有上述使用等客观行为,也即没有实际进入到国家金融管理的流转过程中,那么即使在犯罪手段上伪造、变造了票据也不能以票据诈骗罪定罪处罚。

本案中,俞辉以非法占有为目的,以购买汽车为由向被害人借款,借款后虽给付被害人两张空头支票,但票据的作用只是将来还款的一种手段以及双方在形式上的一种保证,或者也可以看做是被告人向被害人展示的幌子,作为普通诈骗罪中形形色色的手段之一,而并非以票据为直接侵犯对象,只是在诈骗过程中打了擦边球,实质上所直接侵犯的是公民的财产所有权,并非以票据管理制度为侵犯对象,应以诈骗罪定罪处罚。

案例:李军、陈富海等28人诈骗案

案例来源:《人民法院案例选》2014年第4辑

主题词:诈骗罪　诱骗他人高额消费

一、基本案情

2012年8月至2013年4月24日,被告人李军、勇金良伙同刘宏飞(在逃)合股出资,以宁波市鄞州区中河街道天静巷166号的“尚雅咖啡馆”(后更名为“摩卡咖啡馆”“阑珊咖啡馆”,以下均称“阑珊咖啡馆”)为平台,通过“酒托”方式实施诈骗。被告人陈富海作为其中传号手管理该咖啡馆,雇用被告人易军及王琪刚(另案处理)为服务员协助诈骗的实施。被告人王小虎、汪华锋、周松楠、张国生作为托头与被告人陈富海各自招募被告人周磊及周铁(另案处理)及梁某、范尚某(未满16周岁,均另行处理)等作为“键盘手”(是指在网络上或以其他方式冒充年轻女性以男女交友或发生一夜情为由约男子见面,趁机套取该男子个人相关信息,并将上述信息传递给传号手),被告人邓淑月、余佳琼、杜文静、唐娟、吴岭凤、陈海燕、栾程程、姜鑫、李欣洳、冯培培等作为“酒托女”(是指按照“传号手”传递的目标男子的相关信息,约该男子在事先安排好的咖啡馆见面,并以各种方式诱骗该男子高价消费红酒等饮料食品)以阑珊咖啡馆为平台具体实施诈骗活动。

被告人李军、勇金良及刘宏飞三人分成比例为每笔诈骗金额的20%,其余80%由陈富海及“传号手”“键盘手”“酒托女”分成,期间阑珊咖啡馆诈骗金额共计36万余元。被告人易军自2013年3月初在该咖啡店做服务员,月工资6000元。期间,阑珊咖啡馆诈骗金额共计20万余元。

2013年4月21日至2013年4月24日,被告人李军、裘坚伟、张松汉伙同刘宏飞为通过“酒托”方式实施诈骗,在宁波市鄞州区高教园区学府一号合股出资开设惬意咖啡馆,约定诈骗所得为每笔诈骗金额的23%,其余77%由被告人张松汉及传号手、键盘手、酒托女等人分成。被告人张松汉负责管理该咖啡馆,并雇用被告人刘广、罗建思、吴静为服务员协助诈骗的实施,雇用被告人胡丽负责账目。被告人张松汉、张松周作为托头通过网络键盘手或其他方式获得被害人的相关信息,并招募被告人冯培培、黄月群、闲莹莹等作为“酒托女”以惬意咖啡馆为平台实施“酒托”诈骗活动。在此期间,惬意咖啡馆的诈骗总金额为25000余元。其中闲莹莹参与诈骗的金额为7000余元,冯培培参与诈骗的金额为800余元,黄月群参与诈骗的金额为7000余元。

浙江省宁波市鄞州区人民法院于2014年1月14日作出(2013)甬鄞刑初字第1671号刑事判决:

1. 被告人李军犯诈骗罪,判处有期徒刑六年,并处罚金人民币八万元。
2. 被告人陈富海犯诈骗罪,判处有期徒刑五年,并处罚金人民币七万元。
3. 被告人勇金良犯诈骗罪,判处有期徒刑三年,并处罚金人民币六万元。
4. 被告人易军犯诈骗罪,判处有期徒刑一年八个月,并处罚金人民币一万元。
5. 被告人王小虎犯诈骗罪,判处有期徒刑三年六个月,并处罚金人民币五万元。
6. 被告人汪华锋犯诈骗罪,判处有期徒刑二年六个月,并处罚金人民币四万元。
7. 被告人周松楠犯诈骗罪,判处有期徒刑二年八个月,并处罚金人民币四万元。
8. 被告人张国生犯诈骗罪,判处有期徒刑二年,并处罚金人民币四万元。
9. 被告人余佳琼犯诈骗罪,判处有期徒刑二年十个月,并处罚金人民币四万元。
10. 被告人杜文静犯诈骗罪,判处有期徒刑一年三个月,并处罚金人民币一万二千元。
11. 被告人唐娟犯诈骗罪,判处有期徒刑二年,并处罚金人民币一万五千元。
12. 被告人吴岭凤犯诈骗罪,判处有期徒刑一年七个月,并处罚金人民币一万三千元。
13. 被告人周磊犯诈骗罪,判处有期徒刑一年,并处罚金人民币一万元。
14. 被告人陈海燕犯诈骗罪,判处有期徒刑一年二个月,并处罚金人民币一万二千元。
15. 被告人栾程程犯诈骗罪,判处有期徒刑一年十个月,并处罚金人民币一万五千元。
16. 被告人姜鑫犯诈骗罪,判处有期徒刑一年二个月,并处罚金人民币一万二千元。
17. 被告人李欣洳犯诈骗罪,判处有期徒刑一年十个月,并处罚金人民币一万五千元。
18. 被告人冯培培犯诈骗罪,判处有期徒刑一年,并处罚金人民币一万二千元。
19. 被告人邓淑月犯诈骗罪,判处有期徒刑一年九个月,缓刑二年,并处罚金人民币二万元。
20. 被告人张松汉犯诈骗罪,判处有期徒刑一年五个月,并处罚金人民币一万元。

21. 被告人裘坚伟犯诈骗罪,判处有期徒刑一年,并处罚金人民币一万元。
22. 被告人张松周犯诈骗罪,判处有期徒刑一年,并处罚金人民币八千元。
23. 被告人胡丽犯诈骗罪,判处有期徒刑九个月,并处罚金人民币八千元。
24. 被告人刘广犯诈骗罪,判处有期徒刑九个月,并处罚金人民币八千元。
25. 被告人罗建思犯诈骗罪,判处有期徒刑九个月,并处罚金人民币八千元。
26. 被告人吴静犯诈骗罪,判处有期徒刑九个月,并处罚金人民币八千元。
27. 被告人闲莹莹犯诈骗罪,判处有期徒刑九个月,并处罚金人民币六千元。
28. 被告人黄月群犯诈骗罪,判处有期徒刑九个月,并处罚金人民币六千元。
29. 扣押在公安机关的作案工具,予以没收。

一审宣判后,各被告人在法定期间内未提起上诉,检察机关未提起抗诉,一审判决已发生法律效力。

二、裁判要旨

No.5-266-26 以不合格酒或廉价酒冒充高档酒,利用酒托诱使被害人自愿处分财物的,构成诈骗罪。

本案中,被告人虚构了两部分事实,一部分是由键盘手与酒托女联手虚构的酒托女与被害人交朋友、谈恋爱或将发生一夜情等;另一部分则是酒廊经营者虚构、酒托女协助完成的以不合格酒或廉价酒冒充高档酒让被害人消费、付款的行为。两部分事实虽然表面上相互独立,但相辅相成,指向共同目的,即骗取被害人的钱款。因此必须将钓鱼与宰客结合起来作为一个整体行为。如果没有前面的钓鱼行为,被害人便不会到该酒廊进行高额的酒水消费,即使消费了,在发现消费金额异常时,如果不是为了不在酒托女面前失面子,他们也不会轻易付款。同样,如果没有酒廊将不合格酒或廉价酒冒充高档酒,被告人也不可能取得被害人钱款,从而获利。因此被告人虚构事实与被害人自愿付款之间当然存在因果关系。本案中被告人以骗取被害人财物为目的,通过虚构交朋友、谈恋爱手段,以消费为幌子,使被害人产生错误认识,符合诈骗罪构成要件。

案例:黄某某、孙磊盗窃、诈骗案

案例来源:《人民法院案例选》2015年第2辑
主题词:诈骗罪 网络购物骗局

一、基本案情

被告人黄某某,男,安徽省宿州市萧县马井镇郝庄行政村黄庄自然村村民。

被告人孙磊,男,安徽省蚌埠市五河县双忠庙镇孙湖村村民。

浙江省杭州市上城区人民法院审理查明:2013年10月17日至11月10日期间,被告人黄某某伙同被告人孙磊等人,以购买淘宝商品为诱饵,通过阿里旺旺向淘宝卖家发送带有病毒的二维码,诱使被害人用手机扫描该二维码后即中病毒,相应手机短信被屏蔽。被告人黄某某、孙磊截取被害人手机短信并登录支付宝网站,以忘记密码为由申请手机验证码提醒,在截取被害人的支付宝密码通知短信后修改支付宝密码,再在支付宝网站"应用中心"通过点击"买保险"功能获取被害人的姓名及出生日期,继而通过特定的浏览器访问特定的网络地址,以获取被害人完整的身份证号码,再登录支付宝钱包快捷方式通过"转账"功能获取被害人登记的银行卡号码。此后被告人黄某某等人将被害人支付宝内的余额转回绑定的银行卡内,再通过其事先注册的财付通账户购买虚拟货币,并以让被害人的支付宝代付代充的方式,非法获取被害人傅某某、孙某某、蔡某、高某、邱某某银行卡内的原有金额共计32083.77元,另通过以被害人孙某某、高某某、邱某某名义向淘宝申请贷款41800元,待淘宝将上述资金打入各被害人的支付宝内,被告人再通过上述方式将其中的40590元非法占为己有。

浙江省杭州市上城区人民法院于2014年9月4日作出(2014)杭上刑初字第323号刑事判决:以盗窃罪判处被告人黄某某有期徒刑十个月,并处罚金人民币一千元;以诈骗罪判处有期徒刑一年,并处罚金人民币二千元;两罪并罚,决定执行有期徒刑一年八个月,缓刑二年,并处罚金人民币三千元。以盗窃罪判处被告人孙磊有期徒刑八个月,并处罚金人民币一千元;以诈骗罪判处有期徒刑七个月,并处罚金人民币一千元;两罪并罚,决定执行有期徒刑十一个月,并处罚金人民币二千元。

一审宣判后,被告人黄某某、孙磊在法定期限内未提起上诉,公诉机关亦未提出抗诉,一审判决已发生法律效力。

二、裁判要旨

No. 5-266-27 在网络购物骗局中,区分盗窃与诈骗的关键在于行为人对于财物的实际取得是否基于被害人对于财物的自愿处分。

判断一个行为应当构成诈骗罪还是盗窃罪,要看行为人对财物的实际取得是否基于被害人对于财物的自愿处分(自愿交付)。至于行为人为了实现转移占有是否进行了欺骗行为,以及进行了多少欺骗行为不予考虑,因为刑法关注的是财物以怎么样的方式转移。很多案件被定性为盗窃,是因为案件中的诈骗行为只是犯罪行为人实施盗窃的辅助行为,它不是刑法评价的基点。行为应当认定为盗窃还是诈骗,应当从被害人对财物的处分意识来考量,当财物的转移占有系被害人自愿处分的结果,应认定为诈骗,当财物的转移占有违背被害人的意思表示的,应认定为盗窃。具体到本案中,可以结合涉案资金来源的不同形式来考查本案二被告人相应行为的定性。

第一种资金来源是被害人支付宝或者银行卡内原有的资金余额。被告人黄某某、孙磊等人通过截取被害人的手机短信并对被害人的支付宝密码进行修改,而后进一步非法获取被害人银行卡号、身份证号码,并以此在财付通等支付平台上申请新的账号,以实现将被害人支付宝内及银行卡内的资金进行转移,这种资金的转移是不为被害人所知情的,即被害人没有自愿处分该财产的意思表示,资金的转移占有是违背被害人的意愿的,并致使被害人最终遭受了财产的损失,故二被告人非法获取被害人支付宝内余额及将银行卡内余额进行非法转移的方式,符合盗窃罪的秘密窃取的特征,故应当认定为盗窃罪。

第二种资金来源是二被告人以被害人的名义向淘宝贷款。被告人以被害人的名义向淘宝贷款,淘宝误以为是被害人本人申请,并在这种错误认识下,基于对被害人的商业活动的信誉等条件审核后,认为符合贷款申请条件的,向被害人发放贷款。对此,淘宝是自愿处分该贷款资金的。而最终承担该贷款损失的是淘宝(比如邱某某的8600元贷款由淘宝买单)。关于诈骗的数额,其中被告人黄某某以被害人高某的名义向淘宝贷款20800元,该资金最终流向被害人高某的银行卡内,后被告人黄某某从中非法获取了19990元,因为诈骗的被害人是淘宝,故相应部分的犯罪数额应认定为20800元,而非行为人最终获取的19990元;与此相同,被告人黄某某、孙磊以被害人邱某某名义向淘宝贷款9000元,根据银行明细该9000元发放到邱某某银行卡内,虽然据邱某某称扣除手续费等后实际是8600元,但二被告人骗取淘宝贷款的犯罪数额应认定为9000元。

案例:曹海平诈骗案

案例来源:《刑事审判参考》总第89集[第819号]

主题词:诈骗罪

一、基本案情

被告人曹海平,女,1986年3月16日出生,农民。

浙江省台州市黄岩区人民检察院以被告人曹海平犯盗窃罪、诈骗罪,向台州市黄岩区人民法院提起公诉。

被告人曹海平对起诉书指控的事实及罪名没有异议。

台州市黄岩区人民法院经审理查明:

2011年9月27日至10月2日,被告人曹海平在台州市黄岩区沙埠镇沙埠街“阿春家具店”,谎称家里装修向该店订购家具,骗取店主徐秀春的信任,然后以借款为由,先后四次骗取徐秀春总计人民币(以下币种同)4700元。

2011年10月2日16时30分许,曹海平在台州市黄岩区沙埠镇繁新街112号“卫飞打金店”,向店主虚报身份,谎称其姊妹小孩“对周”(即满一周岁),向该店购买金饰品,骗取店主陈卫飞销售价总计为6260元的金项链、金手链各一条和金戒指一只及金镶玉佩饰一块。曹海平将上述物品销赃后得赃款4500余元。

2011年10月3日8时许,曹海平在台州市黄岩区院桥镇老街“王勇银铺店”,谎称其姊妹小孩“对周”,向该店购买金饰品,店主王勇将曹海平挑选的价值总计4762元的金项链、金手链各一条及金戒指一只包装后交给曹海平。之后,曹海平又谎称其未带钱,让王勇随其到家里取钱,途中曹海平趁王勇不备溜走。当日,曹海平将上述物品销赃后得赃款4280元。

台州市黄岩区人民法院经公开审理认为,被告人曹海平以非法占有为目的,采用虚构事实的方法,骗取他人财物,数额较大,其行为构成诈骗罪,依法应予惩处。公诉机关指控曹海平犯罪的事实清楚,证据确实、充分,但指控曹海平第三节犯罪系盗窃罪的定性不当,应予纠正。曹海平归案后认罪态度较好,依法可以从轻处罚。依照《中华人民共和国刑法》第二百六十六条、第六十七条第三款之规定,台州市黄岩区人民法院以被告人曹海平犯诈骗罪,判处有期徒刑一年三个月,并处罚金六千元。

一审判决后,被告人曹海平没有提起上诉,检察机关亦未提出抗诉,一审判决现已生效。

二、裁判要旨

No.5-266-28 购买商品后谎称未带钱趁卖方不备而溜走的行为,成立诈骗罪。

从上述逻辑结构分析,对于使用欺诈手段的诈骗罪与盗窃罪,一般在以下三个方面存在明显区别:

1. 行为人实施欺诈行为的目的

盗窃案件中经常伴有欺诈行为,行为人通过欺诈掩盖盗窃行为,从而使盗窃行为得以顺利实施。诈骗案件中的欺诈行为也经常伴有隐蔽手段,不使用隐蔽手段就容易被揭穿诈术。在盗窃案件和诈骗案件中,隐蔽手段和欺诈手段可能会交叉使用,但隐蔽和欺诈的具体目的有所不同。在盗窃案件中,行为人使用欺诈手段的目的在于为实施盗窃创造条件,即行为人实施欺诈行为是为了让被害人放松对财物的监管控制,一旦财物的监管控制出现松懈就着手实施秘密窃取行为,实践中一般将这种盗窃称作“诈术盗窃”。在诈骗案件中,行为人使用欺诈行为是为了使对方陷入错误认识而自愿交付财产。虽然在两类案件中,行为人的欺诈行为都会导致对方放松警惕,但盗窃案件中的放松主要体现为物理层面监管控制的放松,而诈骗案件中的放松主要体现为精神层面的放松。

2. 受骗人错误认识的内容

在诈骗案件中,处分行为直接体现了错误认识的内容。错误认识,是指欺诈行为使对方产生交付财物动机的错误,是受骗人对交付财物的原因产生错误认识,而不是对所交付的财物本身存在错误认识。实践中,这种典型错误认识的内容主要包括:认为应当将自己占有的财物转移给他人;认为自己占有的财物本身就属于他人所有,应当归还;认为将自己的财物转移给他人后会产生更大的回报;认为将自己的财物转移给他人后,他人会按承诺时间归还。在盗窃案件中,即使行为人实施了欺诈行为,被害人也不会产生处分财产的错误认识。如刘二与张三同在一公园锻炼,刘二借张三手机打电话,后趁张三不注意携手机逃离并占为己有。虽然张三将手机交到刘二手中,但该交付行为不是刑法意义上的财物处分行为,并不导致“占有”关系的转移。张三错误认识的内容是暂时性的借用,并非处分财产。根据社会的一般观念,张三在事实上仍然支配和控制着手机,而刘二是采取趁张三不注意的方式拿走手机并占为己有,应认定刘二构成盗窃罪。

3. 受骗人的财物处分意思

受骗人必须具有转移占有的财物处分意思。财物处分意思不能仅从客观上是否转移占有进行判断,而应以受骗人对转移占有行为本身是否存在认识为认定标准。如果受骗人有认识就可以认定具有财物处分意思,从而认定实施了财物处分行为;如果对交付行为本身没有认识,则不能认定为实施了财物处分行为。例如,幼儿或精神病患者由于不可能具有转移占有的财物处分意思,他们的行为也因此不能被认定为诈骗罪中的财物处分行为。

在诈骗犯罪案件中,行为人的欺骗行为必须与受骗人的财物处分行为之间具有直接的因果关系,而财物处分行为与被害人财产损害之间具有直接的因果关系。两个因果关系之间都不得介入其他因素,即不得介入行为人进一步的违法犯罪行为。

被告人曹海平为使被害人王勇自愿交付财物而谎称其姊妹小孩"对周"且身上未带钱,此欺诈行为致使王勇误认为曹海平确需购买金饰品,亦会按承诺时间、地点付款。基于此错误认识,王勇自愿将金饰品包装后交付给曹海平。从此后王勇随曹海平一起去曹家取钱的事实分析,王勇具有永久将金饰品转移给曹海平占有的意思表示,应看做财物处分行为,并非仅是想让曹海平临时拿一下。曹海平利用王勇的意思表示占有金饰品之后,趁王勇不注意溜走仅是曹海平犯罪行为实施完毕逃离现场的后续行为,属于曹海平诈骗既遂后的事后行为,对本案的定罪没有任何影响。总之,被告人曹海平的欺骗行为使被害人王勇陷入了认识错误,从而将金饰品自愿交付给曹海平,两者之间具有直接的因果关系;王勇本人的财物处分行为导致其失去金饰品的所有权与控制权,其财物处分行为与其遭受财产损失具有直接因果关系。因此,曹海平的欺骗行为对危害结果起到关键性的作用,欺骗行为与财产损害之间具有刑法上的因果关系。

案例:王红柳、黄叶峰诈骗案

案例来源:《刑事审判参考》总第 90 集[第 836 号]

主题词:诈骗案 赌博诈骗

一、基本案情

被告人王红柳,女,1973 年 9 月 30 日生。因涉嫌犯诈骗罪于 2011 年 11 月 18 日被逮捕。

被告人黄叶峰,男,1978 年 12 月 19 日生。因涉嫌犯诈骗罪于 2011 年 11 月 18 日被逮捕。

上海市金山区人民检察院以被告人王红柳、黄叶峰犯诈骗罪,向金山区人民法院提起公诉。

金山区人民法院经公开审理查明:2011 年 10 月 12 日上午,程某电话联系被告人王红柳,询问下午是否有赌局,其表示愿意参与赌博。王答复等其联系好人后再通知程某。王红柳因想起被告人黄叶峰可以通过在自动麻将机上做手脚控制赌博输赢,遂萌生与黄叶峰合伙以诈赌方式骗取程某钱财的想法。王红柳经与黄叶峰联系并共谋后,当日下午,由黄叶峰联系其他诈赌人员金某(另案处理)等人至约定赌博地点金山区卫清西路 179 号波曼大酒店 501 室棋牌室,并在自动麻将机内安装控制器,更换遥控骰子和带记号麻将,待安排妥当后联系王红柳,王红柳再约程某至上述地点进行赌博。自当日下午至晚上,王红柳、黄叶峰、金某等人通过操作控制器的方式控制赌博输赢,共赢得程某现金人民币(以下币种同)19000 余元、赌债 4 万元。

案发后,黄叶峰家属退缴违法所得 9000 元。

金山区人民法院认为,被告人王红柳、黄叶峰以非法占有为目的,伙同他人使用欺诈手段控制赌博输赢,骗取程某钱款共计 19000 余元,数额较大,其行为均构成诈骗罪。王红柳、黄叶峰到案后,如实供述自己的罪行,依法均可以从轻处罚。黄叶峰积极退缴赃款,可以酌情从轻处罚。据此,依照《中华人民共和国刑法》第二百六十六条、第二十五条第一款、第六十七条第三款、第六十四条之规定,金山区人民法院判决如下:

1. 被告人王红柳犯诈骗罪,判处有期徒刑六个月,并处罚金五千元。
2. 被告人黄叶峰犯诈骗罪,判处拘役五个月,并处罚金四千元。
3. 扣押的骰子、控制器等作案工具予以没收;违法所得予以追缴、没收。

一审宣判后,被告人王红柳、黄叶峰均没有提出上诉,检察机关亦没有抗诉,判决已经发生法律效力。

二、裁判要旨

No. 5-266-29 设置圈套控制赌博输赢获取钱财的行为,应成立诈骗罪。

从法理分析,设置圈套控制赌博输赢并从中获取钱财的行为符合诈骗的特征。设置圈套诱骗他人参赌的行为是构成诈骗罪还是赌博罪,关键在于赌博圈套中的欺骗程度。如果行为人仅采取了较为轻微的欺骗行为,赌博输赢主要是依靠各自运气、技术,即赌博各方均不能控制、主导赌博输赢结果,则其行为仍然符合赌博特征,因为赌博在本质上是一种射幸行为,其结果具有偶然性;如果行为人在赌博过程中采取作弊手段控制赌博输赢,则赌博成了掩盖事实的手段,该行为本质上符合诈骗的特征。本案被告人王红柳等人完全控制了赌博输赢结果,被害人程某以为是在赌博,实际上王红柳等人是在骗取钱财。

从具体犯罪构成要件分析,王红柳在主观上得知程某有赌博的意思后,即产生了与他人合作通过在赌博机上做手脚的方式骗取钱财的犯意,并付诸行动,经与被告人黄叶峰共谋后,由黄叶峰等人通过在赌博机上安装控制器等方式实现控制赌博输赢的结果,并通过此种方式成功"赢"得程某较大数额的钱款,可见王红柳等人具有非法占有程某钱财的犯罪目的,符合诈骗罪的主观特征。客观上,王红柳、黄叶峰等人一方面在赌博机上做手脚,另一方面让同案犯假扮赌客以骗取程某的信任,从而使程某误认为自己是在正常赌博中因为运气不好而"输钱",不仅将自己带来的19000余元输光,还欠下赌债4万元。因此,本案中所谓的赌博只是王红柳等人行骗的形式,是以赌博为名行欺骗之实,符合诈骗罪的客观特征。

关于赌博罪中的欺骗行为与诈骗罪中的欺骗行为的区分,有观点认为,"赌博罪中往往也伴有欺骗活动,但这种欺骗与诈骗罪中的欺骗不同。赌博罪中的欺骗是制造虚假事实,引诱他人参加赌博,但是赌博是依偶然决定输赢,其目的是营利,而不是非法占有。但是以赌博为名,在赌博中弄虚作假、案中串通,操纵赌博输赢并以此占有被骗者财物的,则成立诈骗罪"。该观点获取了理论界和实务界的普遍认同。参照这种观点,本案中,由于赌博输赢完全控制在王红柳等人手中,王红柳等人是以赌博为名,操作赌博输赢并以此非法占有程某财物,且数额较大,因此,其行为构成诈骗罪。当然,在数额认定上,应当以实际损失数额为准,即19000元。

关于"设置圈套诱骗他人参赌"的行为定性,1991年最高人民法院研究室《关于设置圈套诱骗他人参赌获取钱财的案件如何定罪问题的电话答复》指出:"对于行为人以营利为目的,设置圈套,诱骗他人参赌的行为,需要追究刑事责任的,应以赌博罪论处。"1995年最高人民法院《关于对设置圈套诱骗他人参赌又向索还钱财的受骗者施以暴力或暴力威胁的行为应如何定罪问题的批复》规定:"行为人设置圈套诱骗他人参赌获取钱财,属赌博行为,构成犯罪的,应当以赌博罪定罪处罚。"对于《关于设置圈套诱骗他人参赌获取钱财的案件如何定罪问题的电话答复》《关于对设置圈套诱骗他人参赌又向索还钱财的受骗者施以暴力或暴力威胁的行为应如何定罪问题的批复》中设置圈套诱骗他人参赌的行为,实践中理解不一:一种意见认为,上述两个文件中设置圈套诱骗他人参赌的行为是指行为人设置圈套诱骗他人"参加赌博",而具体赌博行为与平常无异;另一种意见认为,上述两个文件中设置圈套诱骗他人参赌的行为不仅包括前种意见所指的行为,还包括行为人在具体赌博中使用欺骗手段控制赌博输赢。

笔者认为,对上述两个文件中设置圈套诱骗他人参赌的行为,应当结合文件出台的背景及相关高级人民法院请示的具体案件内容来理解。

《关于设置圈套诱骗他人参赌获取钱财的案件如何定罪问题的电话答复》是针对四川省高级人民法院《关于设置圈套诱骗他人参赌获取钱财的案件如何定罪的请示》作出的,该请示主要针对的是在公共汽车、火车等公共场所公开结伙进行的猜红、蓝铅笔现象。设赌者以猜中者赢猜不中者为输诱骗他人参赌,由于涉赌人在红、蓝铅笔上做手脚,设机关,以致猜红变蓝,猜蓝变红,参赌者有输无赢,设赌者包赢不输。设赌者为骗取参赌者的信任,还常以同伙参赌"赢钱"为诱饵,诱使他人就范。最高人民法院研究室当时主要考虑到此类行为发生在公共汽车站、火车站等公共场所,犯罪分子设局诱骗的对象是不特定的被害人,主要侵害的是社会管理秩序,且犯罪分子主要采用赌博形式赢钱,虽然存在一定欺诈手段,但十赌九骗,赌博中采用一些欺骗手段也很正常,因此,《关于设置圈套诱骗他人参赌获取钱财的案件如何定罪问题的电话答复》认为此种行为应当定性为赌博罪。《关于对设置圈套诱骗他人参赌又向索还钱财的受骗者施以暴力或暴力威胁的行为应如何定罪问题的批复》的意见与《关于设置圈套诱骗他人参赌获取钱财的案件如何定罪问题的电话答复》一致。笔者认为,两个文件针对的都是发生在公共场所,即被害对象为不特定被害人的情形,这种情形下行为主要妨害的是社会管理秩序,因此,两个文件将这种情形下的行为明确认定为赌博罪有其合理性。然而,本案中,王红柳等人在宾馆客房内设置赌局欺骗他人钱财的作案地点具有不公开性,其欺骗对象具有特定性,因此,不能适用两个文件的规定。现《关于设置圈套诱骗他人参赌获取钱财的案件如何定罪问题的电话答复》已被废止,另据了解,最高人民法院研究室已就《关于对设置圈套诱骗他人参赌又向索还钱财的受骗者施以暴力或暴力威胁的行为应如何定罪问题的批复》规定的合理性开展了专项调研,拟对文件规定的内容进行修正,即对以控制输赢的方式诱骗他人参赌的行为,不管是否发生在公共场所,均以诈骗罪定性。

案例:史兴其诈骗案

案例来源:《刑事审判参考》总第 90 集[第 837 号]

主题词:诈骗罪　赌博诈骗

一、基本案情

被告人史兴其,男,1972 年 12 月 19 日出生。2008 年 3 月因犯故意伤害罪被判处有期徒刑三年,缓刑三年六个月;2009 年 6 月 3 日因赌博被行政拘留五日,收缴赌资人民币(以下币种同)二百元;2010 年 4 月 2 日因赌博被行政拘留十日,并处罚款三千元,收缴赌资五千元;2011 年 1 月 7 日因赌博被行政拘留十二日,并处罚款一千元,追缴违法所得五万元;2011 年 1 月 24 日因涉嫌诈骗罪被撤销缓刑,执行原判刑罚有期徒刑三年。

浙江省某县人民检察院以被告人史兴其犯诈骗罪,向浙江省某县人民法院提起公诉。

被告人史兴其对起诉书指控的犯罪事实及罪名均有异议,称其并未事先佩戴隐形眼镜,而是在唐鸣参赌后佩戴的,其赌博仅赢得 7000 余元。

某县人民法院经公开审理查明:2010 年 12 月,被告人史兴其购得用于赌博作假的透视扑克牌及隐形眼镜,预谋在赌博中使用。12 月 29 日下午,史兴其趁在某县某镇茗桂华庭 21-3-101 室许霞家中赌博的机会,将作假用的透视扑克牌放于许霞家中。次日晚 9 时许,史兴其又到许霞家中,用该透视扑克牌与张学松、陈平、曹小林一起以打"梭哈"的形式进行赌博。晚上 11 时许,唐鸣到了赌博现场,曹小林离开,由唐鸣、李荣建参与赌博,史兴其在赌博过程中继续佩戴隐形眼镜。至赌博结束,史兴其共赢得现金 48000 元,其中 2 万元出借给唐鸣。

某县人民法院认为,公诉机关指控被告人史兴其的行为构成诈骗罪,事实不清,证据不足,罪名不能成立。首先,史兴其在赌博中使用的透视扑克牌与隐形眼镜未能找到,该隐形眼镜和透视牌在赌博中能起到怎样的作用并不明确。该部分事实仅有被告人的供述,无其他证据佐证。其次,史兴其何时戴上隐形眼镜进行诈赌的事实只有史兴其本人的供述予以证实,而史兴其的供述在侦查阶段已出现反复,故史兴其何时戴上隐形眼镜诈赌,以及诈赌所赢钱款数额的事实均无法确定。综上,公诉机关指控史兴其在开始赌博前已戴上隐形眼镜诈赌,当晚赢取钱款的事实无法认定,从而无法确定史兴其诈骗钱财的数额是否达到诈骗罪的入罪标准,公诉机关指控史兴其的行为构成诈骗罪的罪名不能成立。据此,依照《中华人民共和国刑事诉讼法》(1996 年)第一百六十二条第(三)项之规定,宣告被告人史兴其无罪。

一审宣判后,浙江省某县人民检察院提出抗诉。具体理由是:被告人史兴其对其诈赌过程的多次供述真实可信;在案的其他证据对史兴其的有罪供述能加以印证;史兴其翻供的辩解不真实,有悖常理,不应采信。因此,一审法院宣告被告人史兴其无罪系证据采信错误导致事实认定错误、适用法律不当,建议依法改判。

湖州市中级人民法院经二审审理认为,原审被告人史兴其利用隐形眼镜及透视扑克牌诈赌,骗取他人钱财,数额较大,其行为构成诈骗罪。关于抗诉及辩护意见,经查:(1)史兴其佩戴隐形眼镜参与诈赌,事后被人发现,并被查扣透视扑克牌和隐形眼镜一节事实,有史兴其在公安机关的供述予以证实,且其供述能够得到被害人唐鸣、陈平、曹小林的陈述以及证人郑善魁、金石荣证言的证实。史兴其翻供称其是在赌博快要结束时戴上隐形眼镜的辩解,与查明的事实不符,不予采信;史兴其通过诈赌的方式控制输赢,从而骗取钱财,其行为符合诈骗罪的特征,应当按诈骗罪定罪处罚。(2)史兴其通过诈赌赢得48000元的事实,有史兴其的供述予以证实,其供述能够得到被害人唐鸣、陈平、李荣建陈述的印证,史兴其当庭辩称其仅赢得2000元至3000元的意见,与查明的事实不符,不予采信。(3)史兴其因犯故意伤害罪被判处有期徒刑三年,缓刑三年六个月,在缓刑考验期间因赌博和本案诈骗行为已被撤销缓刑,决定执行原判刑罚有期徒刑三年,因本案已被公安机关行政拘留的时间可折抵刑期。据此,湖州市中级人民法院依照《中华人民共和国刑事诉讼法》(1996年)第一百八十九条第(三)项和《中华人民共和国刑法》第二百六十六条、第七十七条第一款、第六十九条、第五十二条、第五十三条之规定,判决如下:

1. 撤销浙江省某县人民法院一审刑事判决。

2. 原审被告人史兴其犯诈骗罪,判处有期徒刑一年二个月,并处罚金一万元,与前罪有期徒刑三年并罚;决定执行有期徒刑三年六个月,并处罚金一万元。

二、裁判要旨

No.5-266-30 使用自己准备的赌具控制赌博输赢获取他人钱财的,成立诈骗罪。

诈骗,是指行为人以非法占有为目的,采用虚构事实或者隐瞒真相的方式,骗取他人财物的行为。诈骗的实质在于被害人基于行为人的欺诈行为产生错误认识,进而"自愿"处分财物。而赌博遵循的是一种射幸规则,其输赢带有相当大的不确定性和偶然性,是行为人所不能掌控的。赌博活动有时虽然也掺杂一些欺诈行为,特别是在利用赌博骗取钱财的犯罪案件中,赌博行为与欺诈行为交织在一起,导致定性困难。对于设置圈套诱骗他人参赌获取钱财的行为,不能简单机械地套用《关于设置圈套诱骗他人参赌获取钱财的案件应如何定罪问题的电话答复》(现已废止)和1995年11月6日最高人民法院《关于对设置圈套诱骗他人参赌又向索还钱财的受骗者施以暴力或暴力威胁的行为应如何定罪问题的批复》,而应当结合赌博罪和诈骗罪的基本特征,根据欺诈行为在整个犯罪过程中的地位和作用进行分析。

司法实践中,根据欺诈行为在犯罪过程中的地位和作用不同,可以将利用赌博骗取钱财的犯罪行为分为圈套型赌博犯罪和赌博型诈骗犯罪。圈套型赌博犯罪,即《关于设置圈套诱骗参赌获取钱财的案件应如何定罪问题的电话答复》和《关于对设置圈套诱骗他人参赌又向索还钱财的受骗者施以暴力或暴力威胁的行为应如何定罪问题的批复》中规定的犯罪类型,是指通过采用设置圈套的方式诱骗他人参赌的犯罪,行为人实施犯罪的目的在于通过赌博进行营利,虽然行为人在赌博过程中采用了一些欺诈行为,但是该欺诈行为是为了诱骗他人参赌,保证赌博的顺利进行而实施的,赌博的输赢主要还是靠行为人掌握的娴熟的赌博技巧,并且依靠一定偶然性来完成的,行为人并不必然控制赌博输赢。对于此种类型的犯罪行为,应当以赌博罪定罪处罚;而赌博型诈骗犯罪又称为"诈赌"犯罪,其与圈套型赌博犯罪的相同之处在于行为人在赌博过程中也采用了欺诈的手段,但是二者具有本质的区别。在赌博型诈骗犯罪中,行为人在主观上是以非法占有为目的的,客观上采用了欺诈的手段弄虚作假,支配、控制赌局的输赢,单方面确定赌博胜败的结果,使被害人基于错误认识,误认为自己运气不佳而"自愿"交付财物给行为人。此种行为属于以赌博之名,行诈骗之实的行为,实质上符合诈骗罪的构成要件。

具体联系本案,被告人史兴其以非法占有为目的,事先购买了诈赌所用的透视扑克牌和特制隐形眼镜,并提前将扑克牌放入赌博的场所。在赌博过程中,史兴其佩戴特制隐形眼镜,能够看到其他人手中的扑克牌和桌面上的扑克牌的点数,并根据牌的点数大小决定是否加注;而且按照被害人供述和证人证言中提到的"其中有几局牌按照常理史兴其是不可能赢的"情况分析,史兴其采用欺诈手段已经掌控了赌局输赢的结果,被害人是在完全不知情的情况下"愿赌服输”,而“自愿”按照赌博规则将钱财交与史兴其。因此,史兴其的行为不符合《关于设置圈套诱骗他人参赌获取钱财的案件应如何定罪问题的电话答复》和《关于对设置圈套诱骗他人参赌又向索还钱财的受骗者施以暴力或暴力威胁的行为如何定罪问题的批复》中规定的情形,而是属于典型的赌博型诈骗犯罪,符合诈骗罪的构成要件,应当以诈骗罪定罪处罚。二审法院对其以诈骗罪定罪处罚是正确的。

案例:苗辉诈骗案

案例来源:《刑事审判参考》总第91集[第850号]

主题词:诈骗罪 冒领补贴的行为

一、基本案情

被告人苗辉,男,1978年1月15日出生,安徽省太和县苗老集镇苗辉五金经销总汇负责人。因涉嫌犯贪污罪于2011年11月28日被逮捕。

安徽省太和县人民检察院以被告人苗辉犯贪污罪,向太和县人民法院提起公诉。

被告人苗辉对起诉书指控的犯罪事实无异议,并当庭自愿认罪。

太和县人民法院经公开审理查明:2009年10月,受太和县财政局委托,被告人苗辉经营的“苗辉五金经销总汇”成为太和县家电下乡补贴代垫直补销售网点。2010年5月至2011年5月,苗辉从高振光(另案处理)处购买家电下乡产品标识卡71张,利用家电下乡产品实行销售网点先行垫付补贴后由财政支付的政策,编造虚假的销售垫付信息,骗取国家家电下乡补贴资金人民币(以下币种同)33730.45元。案发后,苗辉退出全部赃款。

太和县人民法院认为,被告人苗辉受国家机关委托管理国有资产,利用职务上的便利,骗取国有财物33730.45元,其行为构成贪污罪。公诉机关指控其犯贪污罪的罪名成立。苗辉当庭自愿认罪,积极退赃,依法可以酌情从轻处罚。据此,依照《中华人民共和国刑法》第三百八十二条、第三百八十三条、第六十四条、第二十三条之规定,太和县人民法院以被告人苗辉犯贪污罪,判处有期徒刑二年,违法所得予以追缴。

一审宣判后,被告人苗辉提出上诉,请求对其判处缓刑。其辩护人提出,苗辉不符合贪污罪的犯罪主体,且情节轻微,建议宣告无罪。

阜阳市中级人民法院经二审审理认为,上诉人苗辉在家电销售过程中,以非法占有为目的,采用虚构事实的方法,利用家电下乡补贴政策,虚报冒领国家家电下乡补贴资金,数额较大,其行为构成诈骗罪。原判认定苗辉行为构成贪污罪,定罪不当,应予纠正。上诉人苗辉能当庭自愿认罪,积极退赃,依法可以酌情从轻处罚。根据本案的犯罪事实、性质、情节和对社会的危害程度,对上诉人苗辉适用缓刑不致再危害社会。据此,依照《中华人民共和国刑事诉讼法》(1996年)第一百八十九条,《中华人民共和国刑法》第二百六十六条、第二十三条、第七十二条、第七十三条、第六十四条之规定,阜阳市中级人民法院以诈骗罪改判被告人苗辉有期徒刑一年,缓刑二年,并处罚金人民币三万元。

二、裁判要旨

No.5-266-31 受托代办家电下乡补贴的申领与垫付的经销商不属于受国家机关委托管理国有财产的人员,其编造虚假的销售垫付信息,骗取国家家电下乡补贴资金的行为,不成立贪污罪,应当以诈骗罪论处。

家电下乡主要有五种操作方式:(1)农民申领、乡镇财政所审核并兑付;(2)农民申领、金融机构审核并兑付;(3)销售网点代办申领、乡镇财政所审核确认并兑付;(4)销售网点代办申领、金融机构审核确认并兑付;(5)销售网点代办申领并垫付。实践中,随着家电下乡产品的不断增多和政策的不断深化,各地财政部门一般都是以财政部规定的第五种方式为基础,让农民在购买时直接享受价格优惠,再由网点去财政部门申领补贴款,大致流程是:

首先,农民持身份证及户口簿到指定的销售网点购买家电下乡产品,销售网点当场审核农民相关身份证件,为购买人开具发票并将相关信息录入计算机专门系统,审核后将农民相关证件退还,对符合补贴条件的,直接将补贴资金垫付给购买人。其次,销售网点售出家电后,将产品标识卡原件以及发票、身份证、户口簿等证件复印整理,及时汇总填写家电下乡补贴资金结算表格,然后到指定的乡镇财政所办理结算手续。最后,乡镇财政所收到销售网点结算材料后,审核农民相关证件及购买资料,对农民身份进行核实,并对销售网点垫付情况进行审核,在此基础上进行补贴资金结算。对不符合条件的,乡镇财政所不得结算,由此发生的损失由销售网点自行承担。

由于销售网点负责国家财政补贴款的事前垫付和事后申领,近年来出现了销售网点虚报或者作假套取家电下乡补贴资金的犯罪行为。套取补贴资金的手段有:将未销售出的家电下乡产品标识卡取下,录入虚假农民信息;将城镇居民购买的家电下乡产品标识卡取下,录入虚假农民信息;直接从市场购买家电下乡产品标识卡,录入虚假农民信息;反复录入农民信息或者直接录入城镇居民(非家电下乡补贴对象)身份信息骗取等。全国各地司法机关针对家电下乡补贴犯罪的猖獗势头,集中开展了一项专项整治,检察机关以贪污罪起诉了一批案件至法院,在社会上引起了广泛关注。

参与家电下乡销售的经销商虽然与各县乡财政部门签订授权委托书,但并不意味着各经销商受托管理国有财产。

首先,这种委托并不意味着财政部门将审核兑付家电下乡补贴资金的行政管理职权委托给销售网点。一是家电经销网点并没有以财政部门的名义实施审核及垫付家电下乡补贴资金,其审核、垫付所产生的效果对财政部门的审核没有任何影响。按照文件规定,乡镇财政所收到销售网点的结算材料后,仍要对购买农户的相关证件、身份及购买资料进行进一步核实,并对销售网点垫付情况进行审核,在此基础上才进行补贴资金结算。对不符合条件的,财政部门不得结算,发生的损失由销售网点自行承担。这一规定表明,销售网点的审核仅是一种形式审核,其所垫付的补贴也只是拟制兑付,家电下乡补贴资金的实质审核权及发放权仍然在财政部门手中。二是实践中各地对家电下乡补贴资金的最终审核确认机关均有明文规定。由此可见,国家虽然把前置性审核下放给家电销售商,但最终的审核确认权并没有下放。

其次,苗辉不属于“受国家机关委托管理、经营国有财产的人员”。2003 年印发的《全国法院审理经济犯罪案件工作座谈会纪要》对“受委托管理、经营国有财产”的外延进行了明确,即指“因承包、租赁、临时聘用等管理、经营国有财产”。也就是说,刑法此处规定的委托,是指国有单位就国有财产的管理、经营与被委托人达成协议,双方地位平等,本质上是一种民事委托。虽然受托者基于委托而取得一定的职务行为,即一定时期内对国有财产进行管理、经营,但这种管理、经营主要是围绕国有财产的保值、增值而进行的动态的经济行为。而在本案中,与财政部门签约的家电销售网点众多,而家电补贴款数额并不确定,财政部门也未就此一笔专门款项的收入、支出、保值、增值而与某一主体达成民事委托,对家电补贴款项的管理支出仍然是一项行政职能。因此,家电经销网点的负责人不属于“受国家机关委托管理、经营国有财产的人员”。

最后,如果认为家电销售商系“受委托管理、经营国有财产”的人员,还会造成其身份认定上的混淆。因为按照相关文件的规定,家电销售商不仅与财政部门签订委托书,在发放补贴资金时,还要与农民消费者签订《家电下乡补贴资金代垫直补申领委托书》,内容是农民消费者已从销售网点先行领取到补贴资金,现委托销售网点代理其到财政部门办理家电下乡补贴资金的申报与领取。从家电销售商同时接受财政部门和农民消费者双方委托的情况来看,更说明其不属于受国家机关委托管理、经营国有财产的人员。

基于上述分析,苗辉作为家电经销商,既不属于国家工作人员,也不属于受国家机关委托管理国有财产的人员,其不具备构成贪污罪的主体身份要件。

笔者认为,苗辉所从事的是一种劳务行为,而非公务行为或者职务行为。《全国法院审理经济犯罪案件工作座谈会纪要》对“从事公务”的理解有比较明确的规定。根据《全国法院审理经济犯罪案件工作座谈会纪要》的规定,“从事公务,是指代表国家机关、国有公司、企业事业单位、人民团体等履行组织、领导、监督、管理等职责。公务主要表现为与职权相联系的公共事务以及监督、管理国有财产的职务活动。如国家机关工作人员依法履行职责,国有公司的董事、经理、监事、会计、出纳人员等管理、监督国有财产等活动,属于从事公务。那些不具备职权内容的劳务活动、技术服务工作,如售货员、售票员等所从事的工作,一般不认为是公务”。

本案中,苗辉的家电销售网点所进行的审核仅是形式上的审核,在财政部规定的第三、四种方式中,销售网点也同样负有审核相关材料的职责。但这种审核更多的是起收集、汇总材料的作用,其先垫付后领取资金的行为也类似于一种经手,而不具备职权或者职务内容,本质上是一种单纯的劳务活动,不具有管理国有财产的性质。销售网点受财政部门委托进行形式审核并垫付补贴资金后,又取得了农民的委托代为向财政部门申领国家补贴资金,之所以会这样设计,是为了最大限度地简化流程、方便农民,而不是出于行政管理职权行使的必要。因此,苗辉套取补贴利用的是其劳务上的便利,是经手补贴款流转事务的便利,不具有管理、经营的内容,因而不属于职务上的便利。

综上,被告人苗辉虽然受太和县财政局委托审核农户的身份信息及购买资料,并在农户购买家电下乡产品时把补贴资金垫付给符合购买条件的农户,但其不是基于财政部门的委托管理、经营国有财产。苗辉在家电下乡产品销售过程中,以非法占有为目的,虚报冒领国家家电下乡补贴资金,数额较大,其行为符合诈骗罪的构成特征。

案例:杨金凤、赵琪等诈骗案

案例来源:《刑事审判参考》总第 93 集[第 880 号]

主题词:自首　犯罪嫌疑人被办案机关控制后的自动投案行为

一、基本案情

被告人杨金凤,女,1984 年 8 月 15 日出生。2012 年 3 月 10 日因涉嫌犯诈骗罪被取保候审,2013 年 3 月 27 日被逮捕。

被告人赵琪,男,1990 年 5 月 8 日出生。2012 年 4 月 16 日因涉嫌犯诈骗罪被逮捕。

(其他 16 名被告人基本情况略)

北京市昌平区人民检察院以被告人杨金凤、赵琪等人犯诈骗罪,向昌平区人民法院提起公诉。

北京市昌平区人民法院经公开审理查明:2011 年至 2012 年 3 月 9 日间,被告人杨金凤招聘、雇用被告人赵琪、卢鹏、赵伟军等人,以北京市昌平区北七家镇燕丹村七星路北京百佳联合企业管理中心楼为据点,以“中国民营经济促进会”和“中国民营企业联合管理会”的名义,编造了“第三届民营经济发展创新论坛”颁发优秀民营企业家、优秀民营企业奖项的虚假事实,并拨打电话销售自制的牌匾、证书,以工本费、档案管理费、手续费、宣传费、入会费、大会组织费、评选费等名目,骗取被害人刘友等人人民币(以下币种同)共计 152 万余元。2012 年 3 月 9 日,杨金凤等 18 名被告人在上述地点被公安机关抓获。

北京市昌平区人民法院认为,被告人杨金凤、赵琪等人以非法占有为目的,采用虚构事实等方法骗取他人财物,其行为均构成诈骗罪,依法均应惩处。杨金凤、赵琪所犯诈骗罪,数额特别巨大。鉴于赵琪能够如实供述犯罪事实且系从犯,对其可以减轻处罚。据此,依照《中华人民共和国刑法》第二百六十六条,第二十五条第一款,第二十六条第一款,第二十七条,第五十二条,第五十三条,第五十五条第一款,第五十六条第一款,第六十七条第三款,第七十二条第一款、第三款,第七十三条第二款、第三款,第六十四条之规定,昌平区人民法院以被告人杨金凤犯诈骗罪,判处有期徒刑十二年,剥夺政治权利三年,罚金人民币一万二千元;以赵琪犯诈骗罪,判处有期徒刑三年十个月,罚金人民币四千元。

(其他被告人的判处情况略)

一审宣判后,赵琪提出上诉,认为其具有自动投案的情节,且如实供述了犯罪事实,应当认定为自首。

北京市第一中级人民法院经审理查明的事实与昌平区人民法院认定的事实基本一致。另查明:2012年3月9日下午,侦查人员接到举报称北京百佳联合企业管理中心楼内有电话诈骗行为后,前往该公司楼内将正在实施诈骗的相关人员全部控制,此时杨金凤以其孩子在幼儿园无人接其回家为由,请求侦查人员允许赵琪代其接孩子回家,侦查人员同意后,明确告知赵琪涉嫌诈骗罪,代杨金凤接完孩子后必须回到现场接受调查。赵琪接完孩子后按照侦查人员的要求回到案发地点接受讯问。北京市第一中级人民法院认为,赵琪的上述行为不符合法律关于自动投案的规定,不能认定为自首。原判认定杨金凤、赵琪等人犯诈骗罪的事实清楚,证据确实、充分,定罪准确,量刑适当,审判程序合法,遂裁定驳回上诉,维持原判。

二、裁判要旨

No. 5-266-32　自动投案必须发生在犯罪嫌疑人被办案机关控制之前,犯罪嫌疑人脱离侦查管控后又自行到案的,不成立自动投案。

基于行文简洁角度考虑,下文将办案机关根据确切犯罪事实或者线索对犯罪嫌疑人实施强制性约束、讯问并告知犯罪嫌疑人必须接受调查的行为,称为"侦查管控"。

"侦查管控"具有确定性、针对性。"侦查管控"要求办案机关根据具体的案件线索,对犯罪嫌疑人及其所犯罪行有比较具体的认识:一方面,办案机关控制犯罪嫌疑人,系确定犯罪嫌疑人的基本情况后对其进行控制,此时办案人员基本了解案件事实,知晓嫌疑人的自然情况,控制行为具有确定性、针对性;另一方面,办案机关对嫌疑人涉嫌的罪名、罪行的性质有比较具体的认识,并向犯罪嫌疑人明确告知因涉嫌何种罪名必须接受办案机关调查。只有把握"侦查管控"的确定性和针对性,才能将在"侦查管控"之后的投案与在一般性排查询问时或者仅因形迹可疑盘问时交代罪行的"视为自动投案"情形区分开来。

"侦查管控"具有强制性、义务性。"侦查管控"系办案机关将嫌疑人置于实际约束、控制范围之内,进行调查、讯问、宣布采取调查措施或者强制措施,具有一定的强制性。"侦查管控"包含但不限于刑事诉讼法规定的五种强制措施。只要办案机关采取合法手段对犯罪嫌疑人进行一定的约束,进行调查、讯问,并向犯罪嫌疑人告知涉嫌犯罪,即可认为犯罪嫌疑人被办案机关"侦查管控"。此外,犯罪嫌疑人被办案机关控制后,有义务如实回答办案人员的提问,配合办案人员调查案件情况并保障刑事诉讼程序的顺利进行。只有把握"侦查管控"的强制性和义务性,才能够将"侦查管控"与电话传唤、犯罪嫌疑人被发觉但没有接受讯问或者被采取强制措施等情况区分开来。区分的关键在于犯罪嫌疑人在被电话传唤或者仅被办案机关发觉时,尚处于自由状态。

法律之所以规定自首,旨在鼓励犯罪分子认罪、悔罪,降低社会危险性,节约司法成本并提高司法效率。犯罪嫌疑人在被办案机关控制之前自动投案并如实供述自己的罪行,体现了其认罪、悔罪的态度,降低了社会危险性,同时,也减少了办案机关发现案件线索、进行侦查、实施抓捕的成本,提高了案件侦破的效率。犯罪嫌疑人被办案机关控制后,虽然也可以通过如实供述来表达自己的悔罪态度,但主动性与自动投案不可同日而语,办案机关侦破案件的司法成本已被消耗,不存在节约司法成本、提高司法效率的可能性。本案犯罪嫌疑人经公安机关允许脱离控制,而后又按公安机关指令自行到案的行为,对其被办案机关控制前的认罪、悔罪态度和司法成本的节约无任何影响,犯罪嫌疑人脱离"侦查管控"后又自行到案的行为,系被办案机关控制后应当履行的义务,不属于自首范畴内的自动投案。

本案中,赵琪的行为不成立自首。第一,本案中,侦查机关接到明确的举报——北京百佳联合企业管理中心楼内有人进行电话诈骗,而后在该公司的楼内查获了所有正在实施诈骗的工作人员,赵琪即为其中之一,且为公司的副总经理,办案机关的"侦查管控"行为具有确定性、针对性。第二,办案人员当面明确告知赵琪涉嫌犯诈骗罪必须接受调查。此时,办案机关对赵琪的控制行为具有强制性,赵琪有义务如实回答办案人员的提问,配合办案人员调查案件情况并保障刑事诉讼程序的顺利进行。第三,赵琪经办案人员同意,前往幼儿园接孩子回家后又回案发地点接受调查,虽然从表面上看具有自动投案的形式,但该行为发生在赵琪被办案机关控制之后,不符合自首中的"自动投案"时间特征。

案例:刘哲骏等诈骗案

案例来源:《刑事审判参考》总第 111 集[第 1216 号]

主题词:立功 救助同监室自杀人员

一、基本案情

2012 年 12 月 10 日,上诉期间,上诉人刘哲骏发现与其羁押在同一监室的在押人员黎某切割右手腕自杀后,立即通过警报器报告值班室,同时协同他人按住黎某右手腕,并用毛巾扎住黎某右手小臂进行施救。后黎某被送往医院治疗,经诊断其右手腕可及一长约 4 至 5cm,深约 1cm 的创口,桡动脉断裂,系中至重度失血,呈失血性休克状态,送诊及时。

二、裁判要旨

No. 5-266-33 案件审理期间,被告人积极救助同监室自杀人员的行为,成立立功。

从立功制度的本质特征来看立,立功认定中涉及的行为,本质上是体现出犯罪分子人身危险性的减小,且在制度上有益于社会的行为。在相关司法解释已经对立功行为的内涵予以扩大的情况下,没有理由认为立功仅应局限于检举、揭发等与打击犯罪有关的行为。犯罪分子在日常生产生活中做出的有益于国家和社会的突出表现,虽然与刑事案件无关,但能够体现出其人身危险性的减小,符合立功的本质特征,在一定的条件下应当认定为立功。当然,也不宜将《刑法》第六十八条规定的立功扩大为任何客观上表现为有利于社会的行为。

理论上将《刑法》第六十八条称为量刑立功,第七十八条称为减刑立功;前者在审理阶段适用,后者在执行阶段适用。第六十八条规定的立功概念应当是与第七十八条的规定相统一的,依据文义解释及刑法的内在统一当然应当理解为《刑法》第七十八条第一款规定的"立功"与第六十八条"立功"概念内涵是一致的,要综合人身危险性和社会效用两个方面。

"非舍已"救助行为可以认定为立功。《刑法》第七十八条规定"舍已救人"构成重大立功,对于犯罪人没有因救助行为而遭受伤害的"非舍已"型救助行为,首先,第七十八条第一款规定"舍已救人"系重大立功。也就是说,"舍已"情节是"重大"这个量上的限制,而非对是否构成"立功"的质上的限定,因为,舍已救人的社会价值重点在"救人"而非"舍已"。其次,法不能强人所难,不能要求犯罪人在救助他人时,必须使自己身体受到伤害。最后,并非所有救助行为均可以认定为刑事意义上的立功,应当从被救助人的伤势及急迫程度行为效用等方面进行考量,强调有利于国家和社会的"突出"表现,严格进行界定。

因此,犯罪人在审理期间救助他人的行为可以认定为立功,但是因为此类行为不同于检举揭发、提供线索类的立功,具体适用缺乏相应规范的详细规定,在司法实践中,对此类行为的认定需要注意:

(1)行为的真实性问题:需要明确查实救助行为确实发生,且非犯罪人与被救助人之间故意制造救助事实的情况。

(2)行为的效用性问题:效用性即救助行为与被救助结果的因果关系即作用力大小问题。救助行为之所以可以被认定为立功,并得到从宽处理,在于被救助人员的危险程度高和救助行为对降低该危险程度的直接积极作用。

(3)行为比例性问题:司法实践中的部分救助行为系多人共同实施(不同于提供案件线索的立功情况,能够以时间先后认定立功),而相关机关在报送立功材料时又多为分别报送,导致一行为多立功的情况出现。对此,需要由报送机关对是否系共同救助,拟报送立功人数及相关人员实施的具体行为进行说明,这些事实的确定,对避免多人立功及对犯罪人从宽处理幅度的衡量均具有意义。本案中,有关部门出具了《情况说明》,表明该案共报请立功二人,分别为及时发现黎某受伤的马小斌和实施具体救助行为并按铃报告的刘哲骏。审理认为,根据本案查明事实,报送机关的报送是合理的。结合二人具体行为,在适用从宽幅度上也应酌情考量救助行为的共同性,适当分担。

案例:朱韩英、郭东云诈骗案
案例来源:《刑事审判参考》总第 111 集[第 1217 号]
主题词:诈骗罪 刑罚执行完毕发现漏罪 缓刑的适用

一、基本案情

2012 年 8 月 25 日上午,被告人朱韩英、郭东云及杨桐军、王忠华(均另案处理)乘坐由王忠华驾驶的郭东云的银白色长城 C30 轿车,从永州市祁阳县前往衡南县洪山镇实施诈骗。在该镇豆塘村野鸡组路段,四人以"丢钱、捡钱、分钱"的方式骗得被害人王承莲现金 2800 元和一张邮政银行存折及存折密码,并将存折内 63000 元支取。得款后,四人甩开被害人王承莲潜逃(漏罪的犯罪事实)。

本案中,被告人朱韩英、郭东云因犯诈骗罪于 2013 年 5 月 24 日分别被判处刑罚,并分别于 2015 年 11 月 6 日、2015 年 12 月 17 日刑满释放。在两人刑罚执行完毕后,司法机关对两人于 2012 年 8 月所犯漏罪(如前所述)即另外的诈骗犯罪事实进行侦查、起诉和审判。被告人系流窜作案,根据公安机关出具的"说明",证实 2012 年各被告人在江西被抓时,县公安局已经知晓,并且锁定本案系二被告人所为,但县公安局并未将本案与江西的案件并案处理,而是将本案先挂起,再于 2015 年二被告人即将服刑完毕时上网追逃,因此,朱韩英出狱仅十余天即被公安机关重新抓获,郭东云出狱四个多月被重新抓获。

二、裁判要旨

No. 5-266-34 刑罚执行完毕后,发现被告人在判决宣告以前还有其他犯罪没有判决的,不满足《刑法》第七十条"刑罚执行完毕以前"的条件,对于漏罪应单独进行定罪处罚。因公安机关未及时并案处理导致漏罪未及时宣判的,可以在量刑上酌情考虑适用缓刑。

服刑期满后发现漏罪的,将漏罪与前罪数罪并罚不符合法律规定。根据《刑法》第七十条的规定,判决宣告以后,刑罚执行完毕以前,发现漏罪的,将漏罪与前罪并罚。不包括在刑罚执行完毕以后,才发现漏罪的情形。设立数罪并罚制度的目的是解决法院在量刑时如何处理宣告刑和正在执行的刑罚之间的并罚问题。对于刑罚执行完毕以后,才发现判决宣告之前还有其他罪没有判决而应当追诉的,应当依法另行定罪量刑。

漏罪产生的原因与被告人供述不完整有很大的关系。如果被告人在其前罪的侦查、起诉、判决等阶段能够如实交代所有犯罪事实,可以享有数罪合并处罚带来的利益。相对于在刑罚执行完毕前又发现漏罪的犯罪行为人来说,刑罚执行完毕后才发现漏罪的犯罪行为人,其主观恶性及人身危险性一般要更大,而且犯罪行为人在刑罚执行完毕,经过一定的改造后,仍然存在侥幸心理,没有如实交代所有犯罪事实以逃避刑罚,相当于放弃了如实供述所带来的数罪并罚的利益,不实行数罪并罚更符合刑法的立法精神。

刑罚执行完毕后发现的漏罪与前罪实行并罚未必一律对被告人有利,甚至在某些情况下对被告人更为不利。如《最高人民法院关于罪犯因漏罪、新罪数罪并罚时原减刑裁定应如何处理的意见》规定:"罪犯被裁定减刑后,因被发现漏罪或者又犯新罪而依法进行数罪并罚时,经减刑裁定减去的刑期不计入已经执行的刑期。"原判刑罚裁定减去的刑期,只能在此后依法减刑。例如,被告人原判刑罚是死缓、无期徒刑,如果不管是否执行完毕,一律数罪并罚,那么数罪并罚后还应执行死缓、无期徒刑,显然对被告人更不利。在服刑中依法对罪犯减刑是一种常态,如果罪犯在服刑中有减刑,那么在刑罚执行完毕后发现的漏罪与前罪根据《刑法》第七十条规定的"先并后减"原则进行数罪并罚,可能更不利于被告人。

本案中,被告人朱韩英、郭东云在刑罚执行完毕之后被发现漏罪,既有两人自身的原因,又有公安机关未及时依法并案处理的原因。这两种因素,在对漏罪量刑时均应依法予以考虑。不宜由二被告人对漏罪的产生承担全部的责任。根据 2012 年《公安机关办理刑事案件程序规定》第一百八十一条的规定,经立案侦查,认为有犯罪事实需要追究刑事责任,但不属于自己管辖或者需要由其他公安机关并案侦查的案件,应移送有管辖权的机关或者并案侦查的公安机关。因此,县公安局在发现本案被告人已经在江西进入司法程序后,应当将本案移交江西司法机关并案处理,其显然违反了该规定。

在此种情况下,如果对被告人判处实刑则在一定程度上有违罪责刑相适应原则。罪责刑相适应原则是人民法院在办理刑事案件时的纲领性原则。本案被告人的全部涉案金额为17万余元,结合法律规定和被告人的各种量刑情节,充其量只能在五年左右量刑。二被告人在江西已经实际服刑三年十个月左右,因本案也实际羁押一年左右,总计羁押时间达到了将近五年。因此,二被告人已经得到了与其罪行相适应的惩罚。如果再对被告人判处三年有期徒刑,对被告人有失公平。此外,二被告人归案后又各退赔了被害人的部分损失,被害人对二被告人的犯罪行为予以谅解。这些都是在量刑时应当考虑的因素。尽管当地司法行政机关又出具了"建议对被告人不适用社区矫正"的《社区调查评估意见》,但法官对被告人决定是否适用缓刑,既不能完全置《社区矫正评估意见》于不顾,也不能在被告人确实符合适用缓刑条件时完全被《社区矫正评估意见》左右而不敢适用缓刑。人民法院可以自己认定对被告人适用缓刑是否对社区有重大不良影响。二被告人的此次行为系漏罪而非犯新罪,犯罪情节相对较轻,且已经退清了赃款,取得了被害人的谅解,有悔罪表现,社会矛盾得到了化解,经综合考量认为适用缓刑对社区也没有重大不良影响,故符合《刑法》第七十二条规定的缓刑适用条件,可以对二被告人适用缓刑。

案例:何上候等人诈骗案

案例来源:《刑事审判参考》总第128辑[第1421号]

主题词:诈骗罪 犯罪数额

一、基本案情

2015年至2018年期间,被告人何上候、杨传向、徐娅、于洪军、孙鹏、唐关先、李艳、陶有昌、普玉蓉、吴邦玉、赵永春、赵嘉明、李庆楠、聂章港、刘丹丹、胡向平、邬仕凯、邱学云、曾付豪、敖成凯、何瑞迪等人先后加入"广东姬珮诗化妆品有限公司",该公司实行统一管理、集体吃住,分工明确,公司并无工商注册和生产销售化妆品,通过拉人缴纳2900元会费的模式及网络聊天交友诈骗的方式运作。该公司组织严密,在江西省宜春市设立多个窝点,每个窝点大概20余名业务员,公司分总经理、经理、网上大主任、主任、主管、业务员等级别。被公安机关查获时,何上候是江西省宜春市袁州区东风大街×××号×××室窝点主任,杨传向、徐娅是江西省宜春市袁州区明月北路天福楼×栋×单元×××室窝点主任,孙鹏为主管,其余被告人均为业务员。在生活上,该公司安排窝点主任负责业务员的生活饮食起居,由公司购买生活必备用品。公司规定每个业务员需要每日上交7元伙食费,伙食费从诈骗所得中扣除。在业务上,成员加入公司后,公司对成员进行上课培训,传授诈骗方法,员工以传帮教的方式相互研究、学习诈骗手段。公司规定成员必须使用微信、QQ等通讯软件与网友通过聊天交友的方式骗取信任,业务员之间互相配合冒充不同角色,以毁坏别人物品、生病需要治疗等各种"剧本"索要话费、路费、生活费、医疗费等各种理由骗取网友钱财。每个业务员诈骗的钱财通过主任上交公司,用于维持公司正常运作。为逃避工商部门、公安部门的打击,公司内部大部分成员使用假名字,成员频繁更换窝点及诈骗使用的手机、微信、QQ。

二、裁判要旨

No.5-266-35 诈骗犯罪团伙中,应以被告人参与期间团伙总体的犯罪数额作为其个人的犯罪数额。

本案中,犯罪集团成员的作案方式是一种交叉组合兼独立的作案方式。一开始集团成员之间采取的是组合兼独立的方式作案。3至4人组成一个小组,小组成员既独立实施交友诈骗,骗取网友的钱财,又按照"剧本""打技巧"共同实施交友诈骗,在"打技巧"时,偶尔会让小组外的成员帮忙扮演角色。后犯罪集团为逃避打击,升级了作案手段,采取了交叉组合兼独立的作案方式。仍然是3至4人组成一个小组实施诈骗,不同的是,小组成员经常流动,从一个窝点变换到另一个窝点,同时经常更换作案人员作案用的手机或手机微信账号,小组成员之间也经常进行人员变换。这种情形给司法机关认定某一被告人直接实施的犯罪数额带来了极大的困难。

由于部分被告人有变换窝点情况,不能按照窝点认定犯罪数额;由于被告人之间交叉使用手机或微信账号,也不能根据手机账号对应被告人作案数额;由于被告人既有独立实施交友诈骗,也有组合实施交友诈骗,也不能笼统地对被告人分区按小组认定犯罪数额。以上犯罪数额的认定困难,使得司法实践亟须一种既符合刑法理论和法律规定,又相对而言具备可操作性的犯罪数额认定方式。

随着集团犯罪案件的多发,尤其是网络集团犯罪案件的剧增,有必要重视集团成员之间有机统一体、共同体特征。从犯罪构成的角度而言,集团犯罪的成员均应构成犯罪。同样,在认定集团成员具体的刑事责任时,尤其是犯罪客观方面的犯罪数额时,也应将整个犯罪集团视为一个整体,逐一查实受整个犯罪集团诈骗的被害人情况及被骗财产数额,以此作为集团构成犯罪的依据。在此基础上,再认定各被告人在集团犯罪中的主犯、从犯地位,对各个被告人进行量刑上的个别评价。

本案中,各被告人的行为均属于集团犯罪的一部分,各被告人均直接实施对被害人的诈骗行为,可以将集团犯罪数额作为认定各被告人的犯罪数额。由于不同被告人加入集团的时间不同,故应以各被告人加入集团的时间作为起算点,分别计算各被告人加入集团后集团总的犯罪数额。对于中途退出的普通集团成员,原则上犯罪数额计算至其退出时点,因为后续集团的犯罪与其参与行为无刑法上的因果关系,对于中途退出的集团骨干成员,因为骨干成员的参与行为,其危害后果能够继续延伸,故除非其采取措施尽力消除其行为对犯罪集团的影响和作用,如及时向公安机关报警等,否则犯罪数额不计算至其退出时点。

为解决个别参与人员参与时间较短、犯罪数额畸高的问题,在司法实践中应当注意以下两点:一是贯彻宽严相济的刑事政策,对于参与时间明显较短的,我们认为其产生犯罪的主观故意尚未形成,一般不认定为犯罪。二是注意结合参与人员直接实施诈骗行为进行评价。对于未直接实施诈骗(如"公司"行政人员),或直接实施诈骗数额较小、行为较少的参与人员,应当认定为从犯,对其从轻、减轻或者免除处罚。

案例:伍华诈骗案

案例来源:《刑事审判参考》总第96集[第952号]

主题词:诈骗罪　三角诈骗

一、基本案情

被告人伍华,女,1972年6月12日出生,无业。2011年7月6日因涉嫌犯盗窃罪被刑事拘留,同年7月14日因涉嫌犯诈骗罪被逮捕。

广东省佛山市禅城区人民检察院以被告人伍华犯盗窃罪,向佛山市禅城区人民法院提起公诉。

被告人伍华对案件的基本事实没有异议,但辩称其是在被害人岑露的全权授权下操作股票的,其转走岑露的钱不构成盗窃罪。

伍华的辩护人基于以下理由提请法庭对伍华从轻或者减轻处罚:(1)本案已过追诉时效;(2)伍华的行为不符合"秘密窃取"的特征,指控其犯盗窃罪的罪名不能成立;(3)伍华如实交代犯罪事实,认罪态度好,有悔罪表现,且是初犯;(4)伍华已经向被害人退赔了全部款项,并获取了被害人的谅解。

佛山市禅城区人民法院经公开审理查明:被告人伍华与被害人岑露在佛山市禅城区广发证券股份有限公司季华路证券营业部签订授权书,岑露全权委托伍华操作其股票账户进行股票买卖。为提取上述股票账户资金,伍华私自使用岑露的身份证新开了一个户名为岑露的银行账户。2001年9月25日至27日,伍华分数次将岑露股票账户内的股票予以卖出,并持岑露的股东卡、身份证到上述证券营业部柜台通过证券业务人员将上述变卖股票所得款人民币245000元转入其新开的户名为岑露的银行账户,后伍华从该银行账户提走该笔款项。2011年7月,伍华被抓获归案。一审审理期间,伍华将上述所得股票款项全部退赔给了岑露,并取得了岑露的谅解,双方达成和解协议。

佛山市禅城区人民法院认为,被告人伍华以非法占有为目的,秘密窃取他人财物,数额特别巨大,其行为构成盗窃罪。伍华归案后能如实供述其罪行,依法可以从轻处罚。伍华归案后能够全部退赔被害人岑露的经济损失,并取得了岑露的谅解,可以酌情从轻处罚。据此,依照《中华人民共和国刑法》第二百六十四条、第六十七条第三款、第五十五条第一款、第五十六条第一款、第五十二条、第五十三条之规定,佛山市禅城区人民法院以被告人伍华犯盗窃罪,判处有期徒刑十年,剥夺政治权利二年,并处罚金人民币一万元。

一审宣判后,被告人伍华不服,以原判量刑过重为由向佛山市中级人民法院提出上诉。其辩护人还提出,本案已过追诉时效;原判将上诉人伍华的行为认定为盗窃罪,属于定性不准。

佛山市中级人民法院经审理认为,被害人岑露在上述证券营业部开立股票账户,该证券营业部对其股票账户中的资金安全负有管理之责。上诉人伍华是在证券营业都柜台通过证券业务人员的业务行为将岑露的涉案股票款项提走的,不符合盗窃罪中"秘密窃取他人财物"的行为特征,其行为不构成盗窃罪。伍华通过欺骗证券业务人员的方法非法占有岑露的上述股票款项的行为属于"诈骗他人财物",其行为构成诈骗罪。伍华归案后能如实供述其罪行,依法可以从轻处罚。伍华归案后能够全部退赔被害人岑露的经济损失,并取得了岑露的谅解,可以酌情从轻处罚。伍华在公安机关2001年立案侦查以后逃避侦查,根据《中华人民共和国刑法》第八十八条第一款的规定,不受追诉期限的限制,故本案并未过追诉期限。原判认定的事实清楚,证据确实、充分,审判程序合法,但定罪不准,应予纠正。伍华及其辩护人提出的相关意见均有事实和法律依据,予以采纳。据此,依照《中华人民共和国刑事诉讼法》(2012年修改前)第一百八十九条第(二)项和《中华人民共和国刑法》第二百六十六条、第六十七条第三款、第五十二条、第五十三条之规定,佛山市中级人民法院判决如下:

1. 撤销广东省佛山市禅城区人民法院(2011)佛城法刑初字第1056号刑事判决。

2. 上诉人伍华犯诈骗罪,判处有期徒刑四年,并处罚金人民币四千元。

二、裁判要旨

No.5-266-36 受托人擅自使用委托人证件、以委托人名义提取委托人在证券公司开设的股票账户下的款项,成立诈骗罪。

在诈骗罪中,也存在受骗者(财产处分人)与被害人不是同一人(或不具有同一性)的现象。这种情况在刑法理论上称为"三角诈骗",也叫"三者间的诈骗"。本案认定伍华的行为构成诈骗罪的关键就在其属于"三者间诈骗",被告人伍华的"三角诈骗"行为符合诈骗罪的行为特征:

1. 伍华实施了隐瞒真相的行为。伍华隐瞒真相的行为表现为,伍华在没有受委托的情况下,持岑露的银行存折、身份证、股东卡去证券营业部柜台提取岑露的上述股票款项时,在证券业务人员存在误解的情况下,向证券业务人员隐瞒了岑露未委托其提取该股票款项的真相。

2. 因伍华隐瞒真相的欺骗行为使证券业务人员陷入了认识错误。伍华作为岑露的受委托炒股人,同时持有岑露的身份证、股东卡、银行存折,完全符合提取股票款项的条件,从而使证券业务人员误以为是岑露委托伍华提取其上述股票款项。虽然岑露没有陷入认识错误,但只要具有财产处分权限或者地位的人陷入认识错误进而处分财产即可。

3. 作为受骗者的证券业务人员处分了被害人岑露的财产。证券业务人员基于上述认识错误,为伍华办理了提取岑露的上述股票款项的业务,从而使岑露的上述股票款项脱离了其股票账户。虽然岑露没有处分财产,但刑法没有将诈骗罪的财产处分人限定为被害人。因为一方面,诈骗中的处分行为,并非仅指民法上作为所有权权能之一的处分,而是意味着将财产转移给行为人或者第三者占有,即由行为人或者第三者事实上支配财产;另一方面,在财产关系日益复杂的情况下,财产的单纯占有者,也可能处分(交付)财产。所以,即使不是财产的所有人,也完全可能因为认识错误等原因而处分财产。

4. 作为受骗者的证券业务人员基于上述认识错误处分了岑露的上述股票款项,使伍华获取了该股票款项,使岑露遭受了财产损失。证券业务人员将岑露的上述股票款项转入伍华新开的上述户名为岑露的银行账户后,使得伍华顺利从该银行账户提走了该股票款项,导致岑露遭受股票款项损失。综上所述,作为受委托炒股的被告人伍华擅自取走委托人岑露股款的行为,完全符合诈骗罪的主客观要件,应当认定构成诈骗罪。佛山市中级人民法院依法改判为诈骗罪是正确的。

案例:杨志诚、韦宁、何文剑诈骗案

案例来源:《刑事审判参考》总第128辑[第1423号]

主题词:诈骗罪 骗领不动产权登记

一、基本案情

2017年3月至2018年12月间,被告人杨志诚偷拍办理中扬康居苑安置房产权登记所需相关材料并进行伪造后,伙同被告人韦宁、何文剑利用伪造的材料,骗取不动产中心的信任,申领了10套中扬康居苑安置房的不动产权证,登记在杨志诚名下3套,登记在韦宁名下4套,登记在何文剑名下2套,登记在王春元名下1套,造成被害单位中扬置业股份有限公司的重大损失。经鉴定,上述10套房产市场零售价为人民币17694886.25元。其中,杨志诚应当对全部犯罪金额承担责任,韦宁承担犯罪金额人民币6824278.33元,何文剑承担犯罪金额人民币3825260.75元。之后,杨志诚、韦宁、何文剑将上述10套房产分别向个人及小额贷款公司办理抵押贷款,实际借款人民币8248514.7元。杨志诚将上述资金用于偿还个人债务、借款利息、手续费及个人消费等。韦宁从中获利人民币95900元。何文剑从中获利人民币242000元。

二、裁判要旨

No.5-266-37 伪造材料骗领不动产权登记成立诈骗罪,应以房产实际价值计算犯罪数额。

传统的诈骗犯罪中,受骗人与被害人是同一主体,通常是被害人基于被告人的诈骗行为产生错误认识、处分财产,导致财产损失。但随着诈骗手段的翻新,越来越多的诈骗并不是以被害人为直接的诈骗对象,受骗人与被害人分离的三角诈骗成为一种特殊的诈骗犯罪类型。对此种行为予以刑法规制,既符合诈骗罪的立法本意,也符合社会的公共认知。

本案中,被告人杨志诚等人利用熟悉办理不动产登记手续流程的便利,伪造相关材料,骗取不动产登记中心的信任。不动产登记中心对办理房产证所需材料进行审查,但无鉴别真伪的能力,其登记行为从法律意义上将物权予以变动,具有处分意义。被害单位由于不动产登记中心受到欺骗而进行的处分行为,丧失了对涉案房产的控制,无法对抗善意第三人及杨志诚等人对涉案房产的进一步处分。

本案关键在于准确找到犯罪既遂的时间点,以便准确认定被告人杨志诚从实质上对部分或者全部房产进行"非法占有"。杨志诚等人在取得涉案房产初始不动产权登记后,相应获得了包括财产性、支配性在内的等一系列排他性所有权利,在客观上被告人等可以自由支配房产,涉案房产完全脱离了被害单位的控制,应当将此认定为杨志诚等人诈骗犯罪行为既遂的时间点。在此基础上也可以清晰判断被告人等骗取的实际数额和被害人实际损失的数额,从而准确认定诈骗的犯罪数额。

综上,被告人杨志诚等人合谋伪造材料,利用不动产登记中心具有的处分地位,骗取被害单位的房产,致使被害单位遭受重大损失,整个诈骗行为实施终了,符合诈骗罪的犯罪特征与构成。

被告人的抵押借款属于"事后行为",是否可罚需要根据案件具体情况进一步认定。被告人杨志诚等人对房产进行抵押借款属于诈骗之后的"事后行为",后续抵押借款多少、是否顺利追回涉案房产等,均不影响其犯罪金额的认定。将被告人杨志诚等人抵押借款行为纳入评价,模糊了犯罪的行为边界,貌似采取有利于被告人的角度,实质上是未能准确认定犯罪金额。而杨志诚等人利用涉案房产处置的"事后行为"是否可罚需要根据相关证据进一步认定,例如若为赚取更多非法利益"一房二卖"、向多人较大幅度超额抵押等,则可能进一步追诉。本案中杨志诚等人向善意的合同相对方多次抵押借款的事后行为并不违反相关法律规定,不具有可罚性。

案例:葛玉友等诈骗案

案例来源:《刑事审判参考》总第101集[第1048号];《人民法院案例选》2016年第2辑

主题词:诈骗罪 处分意识与处分行为

一、基本案情

被告人葛玉友,男,1963年12月14日出生,农民。2012年1月6日因涉嫌犯盗窃罪被逮捕。

被告人姜闯,男,1986年7月26日出生,农民。2012年1月6日因涉嫌犯盗窃罪被逮捕。

被告人张福生,男,1969年6月20日出生,农民。2012年1月6日因涉嫌犯盗窃罪被逮捕。

浙江省湖州市德清县人民检察院以被告人葛玉友、姜闯、张福生犯盗窃罪,向德清县人民法院提起公诉。

葛玉友对公诉机关起诉书指控的犯罪事实、定性均无异议。姜闯、张福生及其辩护人对公诉机关起诉书指控的犯罪事实均无异议,但均对定性提出异议,认为姜闯、张福生的行为不构成盗窃罪,而应构成诈骗罪。

德清县人民法院经公开审理查明:

1. 被告人葛玉友、姜闯在德清恒运纺织有限公司收购碎布料期间,经事先商量,采用事先偷偷在运输车辆上装入1.5吨重的石头,同林祥云一起给"空车"过磅,随后偷偷把石头卸掉才去装载碎布料,再同林祥云一起满载车辆过磅,然后根据两次过磅结果计算车上碎布料重量,再和林祥云进行现金交易的方法,在林祥云没有察觉的情况下,每次交易均从德清恒运纺织有限公司额外多运走1.5吨碎布料。自2011年4月至2011年8月,葛玉友、姜闯采用上述方法,先后7次骗得碎布料共计10.5吨,共计价值人民币(以下币种同)5.25万元。

2. 葛玉友、姜闯、张福生经事先商量,采用事先偷偷在运输车辆上装入2吨重的水,同林祥云一起给"空车"过磅之后又偷偷把水放掉才去装载碎布料,再同林祥云一起给满载车辆过磅,然后根据两次过磅结果计算车上碎布料重量,再和被害人林祥云进行现金交易的方法,在林祥云没有察觉的情况下,每次交易均从德清恒运纺织有限公司额外多运走2吨碎布料。自2011年8月至2011年9月,先后两次骗得碎布料共计4吨,共计价值1.96万元。

案发后,葛玉友、姜闯分别退出赃款27000元、40000元,并已发还被害单位。

德清县人民法院认为,被告人葛玉友、姜闯、张福生结伙,以非法占有为目的,虚构事实、隐瞒真相,骗取他人财物的行为,均构成诈骗罪。其中,葛玉友、姜闯诈骗数额巨大,张福生诈骗数额较大。公诉机关指控的犯罪事实成立,但指控的罪名有误,法院予以更正。姜闯、张福生的辩护人所提本案犯罪事实应当构成诈骗罪,不构成盗窃罪的辩护意见予以采纳。葛玉友、姜闯、张福生虽不具有自首情节,但能如实供述自己的罪行,且葛玉友、姜闯分别退出赃款27000元、40000元,可以酌情从轻处罚。据此,依照《中华人民共和国刑法》第二百六十六条、第二十五条第一款、第六十七条第三款、第五十二条、第五十三条之规定,德清县人民法院判决如下:

1. 被告人葛玉友犯诈骗罪,判处有期徒刑三年四个月,并处罚金人民币一万五千元。
2. 被告人姜闯犯诈骗罪,判处有期徒刑三年二个月,并处罚金人民币一万二千元。
3. 被告人张福生犯诈骗罪,判处有期徒刑一年二个月,并处罚金人民币六千元。

宣判后,三被告人未提起上诉,检察机关亦未抗诉,该判决已发生法律效力。

二、裁判要旨

No.5-266-38 诈骗罪中的财产处分行为以被骗者具有处分意识为必要,被骗者对所交付财物的外观物理特征没有认识错误不影响处分行为的认定。采取欺骗手段使被害人对所交付财物的重量发生认识错误进而处分财物,构成诈骗罪。

处分财产行为系一种民事法律行为,由客观行为和意思表示两部分构成。这就要求在认定处分行为时,要坚持主客观相统一的原则。除了从客观上分析有无"交付"行为,还要从主观上分析受骗者对所交付的财产是否存在有认识以及认识到何种程度。被害人认识的内容不仅包括被骗财物的种类、名称、数量、颜色等外观物理特征,还包括财物的性质、质量、重量、价值等内在属性。我们认为,被害人至少需要认识到所处分财物的种类、名称等外观物理特征,即知道自己是在对什么东西进行处分。当被害人对自己所处分财物的上述物理外观存在认识时,尽管由于行为人的欺骗行为而对财物的质量、价格等内在属性产生了错误认识,仍然不影响处分意识的成立,成立诈骗罪;反之,如果行为人直接针对财物本身采取秘密欺骗手段,使受骗者对所转移财产的外观物理特征亦没有认识,即不知道自己处分的是何种财物,甚至不知道已经处分了自己的财物。由于不存在处分意识,故不成立诈骗罪,而应当以盗窃罪论处。司法实践中主要存在以下两种情形:一是当被害人知道交付的财物是甲财物,并且实际交付的是甲财物时,尽管犯罪人采取欺骗手段隐瞒了财物的实际价值等内在属性,但被害人对所交付财物的种类、名称等外观物理特征并没有发生认识错误,故不影响处分行为的认定。二是行为人采用秘密"调包"或者其他隐蔽方法,使被害人对自己所交付财物的种类、名称等物理外观都没有认识到,即不知道自己对某财物进行了处分,此时被害人不存在处分意识,故不能认定其实施了处分行为。本案中,被告人葛玉友、姜闯、张福生采用事先偷偷在运输车辆上装入石头、水,在"空车"过磅之后偷偷把石头、水卸掉,去装载碎布料再满载车辆过磅,然后根据两次过磅结果计算车上碎布料重量的方法,在被害公司工作人员林祥云不知情的情况下额外多运走价值数万元的碎布料。行为人采取一种秘密的欺骗手段,该行为直接针对的是"空车"重量,所改变的只是计量标准,使被害人对车载碎布料的重量产生错误认识,进而作出了处分决定。由于行为人的秘密欺骗行为并非直接针对碎布料进行,即并没有将碎布料进行秘密藏匿,被害人也并没有因此而对车上碎布料的物理外观发生错误认识,故被告人的行为符合诈骗罪的构成结构特征。

案例:丁晓君诈骗案

案例来源:《刑事审判参考》总第 108 集[第 1174 号]

主题词:诈骗罪　处分意识

一、基本案情

2014 年 9 月至同年 11 月期间,被告人丁晓君在上海市长宁区、静安区、普陀区、徐汇区等地,多次冒充帮助民警办案的工作人员,专门搭识未成年人,以发生案件需要辨认犯罪嫌疑人、需向被害人借手机拍照等为由,借得被害人侯某、李某、王某、秦某、王某某、谈某、徐某的手机等财物,在让被害人原地等候时逃离。之后,丁晓君将赃物销售,所得赃款挥霍殆尽。

二、裁判要旨

No. 5-266-39　被告人以借用为名非法占有他人财物的行为,构成诈骗罪。

盗窃罪与诈骗罪应从行为人采取的主要手段和被害人有无处分财物等方面综合加以区分。从犯罪手段来看,诈骗罪主要以欺诈手段骗取财物,盗窃罪通常以秘密手段窃取财物。本案被告人丁晓君冒充帮助警察办案的工作人员获得了被害人的充分信任,从被害人处骗得了手机等财物,又以去拍照、开警车等欺骗手段使被害人产生错误认识,同意丁晓君带着手机等财物离开现场,并在原地等候财物被归还。从整个过程来看,丁晓君获取被害人财物的主要方式是欺诈而非窃取,丁晓君的行为不符合盗窃罪的构成要件。从被害人是否因认识错误而处分财物来看,诈骗罪是将财物交由行为人占有、支配的犯罪,盗窃罪是违反被害人意志窃取财物的犯罪。处分行为是财物支配关系的变化,并不完全等同于日常生活中的交付动作。在借用财物的情形下,被害人将财物交给行为人时,如果被害人仍在现场监督行为人对财物的使用情况,则财物的占有、支配关系在法律上并未转移,亦即被害人并未对财物作出处分。但是,如果行为人在借得财物后,将财物带离现场,被害人不加阻止的,则应当认为财物的占有、支配关系已发生变化,被害人实际已因受骗而对财物作出错误处分。在本案中,被害人将手机交给被告人丁晓君,只是财物的交付行为,丁晓君将手机等财物带离现场,被害人未采取有效的措施保持对财物的支配,此时才完成了财物的处分行为。本案系因被害人错误认识而导致的财物损失,符合诈骗罪的本质特征。对于刑法意义上的诈骗,应当从处分的对象、占有处分等方面来具体认定。

第一,诈骗罪中的处分对象可以是占有。在诈骗罪的场合,只要被害人将财物或者财产性利益转移给行为人或者第三人占有就可以认定被害人有处分行为,即占有转移说。我们认为处分的对象可以是所有权,也可以是占有。首先,占有可以成为诈骗罪中处分行为的对象。虽然在通常情况下,所有权人享有处分财物的权利,但是在特殊情况下,占有人也享有处分财物的权利。借用人、遗失物拾得者只是临时占有财物,并不享有所有权,其处分的对象只能是占有,但是这并不影响诈骗罪的成立。其次,所有权人仅处分占有的情形下也可以成立诈骗罪的处分行为。虽然在通常情况下,所有权人因受骗而处分所有权,但是在特殊情形下,所有权人仅处分占有也可以成立诈骗罪中的处分行为。如甲基于诈骗的目的从乙处借得汽车后将汽车低价出售、丙基于诈骗目的从丁处租赁汽车后将汽车低价出售等情形中,所有权人出借、出租财产时处分的对象仅限于财物的占有权。在本案中,被害人处分的对象仅仅是占有,并不是所有权。本案的各被害人对手机等财物享有所有权,其可以向被告人转移财物的所有权,也可以向被告人仅仅转移财物的占有。在犯罪行为发生时,各被害人并未向被告人转移财物的所有权,仅仅转移了财物的占有。即便如此,丁晓君的行为也已侵犯了被害人财物所有权的完整性,侵犯了刑法所保护的法益。所以,被害人未转移财物的所有权,仅仅转移财物的占有,这并不影响诈骗罪的成立。

第二,关于诈骗罪意义上的占有。占有是指事实上的支配,不仅包括物理支配范围内的支配,也可以包括社会观念上的支配。刑法意义上的占有不但包括现实的物理管有、支配,更强调社会一般观念上的财物管有、支配。在根据社会一般观念判断占有时,应当综合考虑占有意思、时间、地点等因素综合认定。如果行为人将财物带离现场,被害人不加阻止的,则应当认为财物的占有、支配关系已发生变化。就本案而言,被害人将手机等财物交给被告人丁晓君时,被害人仍然在场占有着财物,被害人可以随时要求被告人归还财物,恢复对财物的物理支配。在丁晓君虚构去拍照、开警车等理由携带被害人财物离开现场时,被害人默认同意被告人离开现场,致使被告人得以实现对财物的完全支配,这时应当认定被告人取得了法律上的占有。而被害人之所以同意被告人携其财物离开,是因为被告人虚构事实致使其产生错误认识,进而对财物占有作出了错误处分。换言之,本案损失系被害人受骗产生错误认识而“自愿”处分财物,故丁晓君的行为应构成诈骗罪。

综上,被害人基于被骗在将手机等财物交给被告人时,并不能认为其已经处分了财物,因为从一般的社会观念来看,被害人仍然占有财物。在被害人明知被告人携带财物离开却不反对或者明确表示同意的情况下,才可以认定被告人的行为构成诈骗罪。本案中,被告人将财物带离现场时,被害人之所以没有表示反对或者采取积极措施保持对财物的占有,而是默认、同意被告人完全取得对财物的占有,其“自愿”处分财物是基于被告人欺骗所致,符合诈骗罪的本质特征。

案例:杨丽涛诈骗案

案例来源:《刑事审判参考》总第 101 集[第 1049 号]

主题词:诈骗罪 利用信息网络诈骗

一、基本案情

被告人杨丽涛,男,1985 年 4 月 1 日出生,原系深圳市赢客通网络科技有限公司员工。2008 年 5 月 29 日因涉嫌犯破坏计算机信息系统罪被逮捕。

江苏省昆山市人民检察院以被告人杨丽涛犯破坏计算机信息系统罪,向昆山市人民法院提起公诉。

被告人杨丽涛对起诉书指控的犯罪事实无异议。其辩护人提出:昆山市红十字会网站只是一个信息发布平台,不属重要的计算机信息系统。杨丽涛对网站的攻击行为未造成严重后果,不构成破坏计算机信息系统罪。即使要追究杨丽涛的刑事责任,也应以诈骗罪未遂处理。

昆山市人民法院经公开审理查明:2008 年 5 月 18 日,被告人杨丽涛为利用网络骗取社会各界对四川汶川地震提供的捐款,在深圳市龙岗区坂田和堪村9号暂住地使用自行组装的台式电脑,登录昆山市红十字会网站管理后台,将其本人篡改过的包含虚假募捐账户为“5·12四川汶川地震捐款”的消息链接至昆山市红十字会网站上,致使网站管理员无法正常管理网站,昆山市红十字会网站被迫关闭27小时。杨丽涛发布的虚假消息载明募捐账户名为庞土贤,账号为6222023602010819555。该账户由杨丽涛控制。至案发无募捐款项汇入该账号。

昆山市人民法院认为,被告人杨丽涛以非法占有为目的,为骗取社会为四川汶川地震提供的捐款,利用计算机非法入侵昆山市红十字会网站,发布虚假的为汶川地震募捐的消息,将昆山市红十字会的募捐账户修改为其本人控制的银行账户,其行为构成诈骗罪,且以救灾名义骗取捐款,属于情节严重。公诉机关指控杨丽涛的犯罪事实清楚,但指控的罪名不当,应予纠正。杨丽涛因意志以外的原因诈骗未能得逞,系犯罪未遂,依法可以比照既遂犯从轻或者减轻处罚。据此,依照《中华人民共和国刑法》第二百八十七条、第二百六十六条、第二十三条、第六十四条之规定,昆山市人民法院以被告人杨丽涛犯诈骗罪,判处有期徒刑二年,并处罚金人民币五千元。

一审宣判后,被告人杨丽涛以其未获取任何财物,对其量刑应当比照诈骗“数额较大”既遂标准减轻处罚,原审判决量刑畸重为由向苏州市中级人民法院提起上诉。

苏州市中级人民法院经公开审理查明:2008年5月18日,上诉人杨丽涛在其暂住地深圳市龙岗区坂田和堪村9号通过自行组装的台式电脑,登录昆山市红十字会网站(www. kshsz. org),利用该网站源代码漏洞,非法获取了该网站后台登录页面路径和管理员用户名、密码,并上传木马程序,篡改该网站上内容,在该网站最新消息栏内发布了“5·12四川汶川地震捐款”的虚假消息,并在虚假消息中载明募捐账户名为庞土贤,账号为6222023602010819555,致使昆山市红十字会网站管理员无法正常管理网站,网站被迫关闭24小时以上。杨丽涛虚假发布的募捐账户系其于2008年3月用捡到的“庞土贤”居民身份证在中国工商银行广州骏景支行开办的银行卡卡号,至案发无募捐款项汇入该账号。

苏州市中级人民法院认为,上诉人杨丽涛为骗取社会为四川汶川地震提供的救灾捐款,利用计算机非法入侵昆山市红十字会网站,发布虚假的为汶川地震募捐的消息,并将其本人控制的银行账户设定为虚假募捐账户,其行为构成诈骗罪,且情节严重,依法应予严惩。杨丽涛已经着手实行犯罪,因意志以外的原因诈骗未能得逞,系犯罪未遂,可以比照既遂犯从轻或者减轻处罚。《刑法》第二百六十六条规定:“数额巨大或者有其他严重情节的,处三年以上十年以下有期徒刑,并处罚金。”杨丽涛以抗震救灾为名诈骗钱财,且系通过破坏计算机信息系统的手段进行,致使昆山市红十字会网站被迫关闭24小时以上,影响了该网站的正常运行,也影响了昆山市红十字会为地震灾区正常的募捐行为,故杨丽涛的犯罪行为属情节严重,依法应当判处三年以上十年以下有期徒刑,并处罚金。第一审人民法院认定的事实清楚,证据充分,定罪及适用法律正确,量刑恰当,审判程序合法。杨丽涛的上诉理由并无事实和法律依据,不予采纳。据此,苏州市中级人民法院裁定驳回上诉,维持原判。

二、裁判要旨

No. 5-266-40 利用信息网络篡改发布虚假募捐信息,骗取他人财物的行为,同时成立破坏计算机信息系统罪与诈骗罪,应按照牵连犯的处罚原则从一重处断。

本案中,被告人杨丽涛在汶川地震期间,利用昆山市红十字会网站源代码漏洞,采取“SQL”漏洞注入的方式非法获取了该网站后台登录页面路径和管理员用户名及密码后,植入网页木马程序,删除管理后台文件夹,并访问添加和编辑新闻页面,篡改该网站上内容,发布虚假募捐消息,导致网站管理员无法登录后台管理界面,无法正常管理网站,网站被迫关闭24小时以上,影响了昆山市红十字会向地震灾区正常的募捐行为,其行为完全符合“对计算机信息系统功能进行删除、修改、增加、干扰,造成计算机信息系统不能正常运行”的行为方式,且属“后果严重”情形,构成破坏计算机信息系统罪。

诈骗罪,是指以非法占有为目的,使用欺骗方法,骗取数额较大的公私财物的行为。首先,杨丽涛主观上有非法占有的目的。杨丽涛非法侵入和控制昆山市红十字会网站后,篡改网站上内容,发布虚假的募捐消息,并将自己持有的户名为“庞土贤”的银行账号设为募捐账户,足以体现出其有非法占有他人财物的目的。其次,杨丽涛实施了虚构事实、隐瞒真相的欺骗行为。杨丽涛非法侵入昆山市红十字会网站后,在网站页面上发布“昆山市红十字会紧急呼吁:援助四川地震灾区群众!”的募捐消息,并将自己持有的银行账号设为募捐账号,其发布募捐消息的行为,属于虚构事实、隐瞒真相。此外,杨丽涛已经着手实行诈骗行为,由于意志以外的原因而未获取财物,虽系诈骗未遂,但属“情节严重”。杨丽涛在汶川地震时期,以赈灾募捐的名义,采用破坏计算机信息系统的手段,通过互联网向不特定多数人实施诈骗,致使昆山市红十字会网站被迫关闭24小时以上,影响了该网站的正常运行,也影响了昆山市红十字会为地震灾区正常的募捐行为,其犯罪行为属于“情节严重”。因此,杨丽涛以非法占有为目的,通过发布虚假募捐消息,骗取他人财物的行为,构成诈骗罪(未遂)。

案例:王先杰诈骗案

案例来源:《刑事审判参考》总第102集[第1065号]

主题词:诈骗罪 假借国家公权力强制执行

一、基本案情

被告人王先杰,男,1973年7月5日出生,汉族,初中肄业,捕前系江苏省无锡市天酬商贸有限公司法定代表人。2013年9月30日因涉嫌犯诈骗罪被逮捕。

江苏省无锡市崇安区人民检察院以被告人王先杰犯诈骗罪向无锡市崇安区人民法院提起公诉。

无锡市崇安区人民法院经审理查明:2011年至2013年8月间,被告人王先杰被债权人张亚平、蔡建平、上海银行无锡分行等个人和单位以未能偿还到期贷款和民间借贷为由诉至法院,或申请诉前财产保全。法院先后作出民事判决、民事调解和民事裁定,责令王先杰返还债权人本息及其他诉讼费用,并裁定查封、冻结王先杰的财产,金额累计4000余万元。被告人王先杰在明知其身负巨额债务,名下房产均遭法院查封的情况下,于2013年8月6日前后的一天,假借要开办无锡天酬投资有限公司之名,委托被害人孙向荣垫资3000万元代为办理工商注册登记手续。随后,王先杰将开办新公司以及将会有资金转入其新开立的中国农业银行太湖支行个人账户的消息披露给债权人张亚平、蔡建平以及上海银行无锡分行。8月13日9时许,被害人孙向荣将2850万元转入王先杰的银行账户。无锡市北塘区人民法院、南长区人民法院即应债权人张亚平、蔡建平、上海银行无锡分行的申请,冻结了上述款项。被害人孙向荣得知款项被冻结后即报案,案发后涉案财物已发还被害人。

无锡市崇安区人民法院认为,被告人王先杰以非法占有为目的,骗取他人钱财,数额特别巨大,其行为已构成诈骗罪。公诉机关指控王先杰犯诈骗罪的事实清楚,证据确实、充分,指控罪名成立。王先杰已经着手实行犯罪,由于意志以外的原因而未得逞,是犯罪未遂,依法减轻处罚。据此,依照《中华人民共和国刑法》第二百六十六条、第二十三条、第六十四条之规定,以诈骗罪判处被告人王先杰有期徒刑六年,并处罚金人民币一万元。

一审宣判后,被告人王先杰提出上诉,理由是:(1)其准备成立新公司是事实,并无假借成立新公司之名骗取垫资款的故意;(2)其没有虚构事实、隐瞒真相,其行为不构成诈骗罪。请求二审法院依法改判。

江苏省无锡市中级人民法院经审理认为,上诉人王先杰提出的上诉理由不能成立,因为证人杨雨润、张国平、陈柏屹的证言及被害人孙向荣的陈述均证实:王先杰事先知道孙向荣的垫资款将于2013年8月13日上午汇入其新办的银行卡。王先杰在可以预见也应当预见到其在身负众多债务、涉及多起民事诉讼、名下房产均被人民法院查封的情况下,只要债权人得知有资金进入其个人银行卡,肯定会被采取法律措施追偿债务,但仍将新开户银行卡的申请单等资料向债权人披露,甚至主动复印后提供给债权人,并告知卡上资金进入的时间,致使次日用于验资的垫资款汇入王先杰新办的银行卡后即被债权人申请人民法院冻结。上述客观行为足以反映出王先杰意图通过人民法院的公权力,冻结、扣划上述款项,从而骗取孙向荣垫资款用于偿还其个人债务,其行为符合诈骗罪的法律特征。原审判决认定上诉人王先杰犯诈骗罪的定罪和量刑事实清楚,证据确实、充分,适用法律正确,量刑适当,诉讼程序合法,应当予以维持。依照《中华人民共和国刑事诉讼法》第二百二十五条第一款第(一)项之规定,裁定驳回上诉,维持原判。

二、裁判要旨

No.5-266-41 虚构注册公司欺骗他人将垫资款打入银行账户后,又借助法院强制执行冻结账户内垫资款的行为,构成诈骗罪未遂。

在本案中,行为对象具有财物与财产性利益的交叉属性:被害人基于错误认识,将垫资款项打入被告人王先杰的个人银行账户,但为预防不测,被害人始终实际掌控着打入垫资款项的银行卡和用于开卡的身份证,王先杰实质上并不能处置该垫资款项,反而是被害人可以利用银行卡、用于开卡的身份证和自己的身份证等实际处置该笔款项,该笔款项的实际占有者仍为被害人,名义占有者为王先杰,但其并无实质处分权。此时,并不能认定王先杰已经取得了财产。王先杰为了实现其实际处置该笔款项的目的,借助了国家公权力——法院强制执行措施,意图根据《民事诉讼法》第二百四十二条的规定,由法院通过执行措施将被害人的钱款扣划给执行申请人,只有当法院通过强制执行措施将该钱款扣划给执行申请人,行为人才实际取得了被害人的财产。人民法院根据执行申请人的申请,对于被申请执行人的银行款项既可以冻结,也可以划拨,不论哪一种方式,其结果均会导致涉案财产脱离被害人和被告人王先杰的控制,但并不意味着被害人必然遭受财产损害。本案中,法院只是冻结相应款项,涉案财物尚处于国家公权力控制之下,被害人只是暂时失去了处分权,并未实际遭受财产损害。被害人得知款项被冻结后立即报案,相关法院并未将已冻结的款项发放给申请执行人,也未进行其他处理,因此,王先杰的诈骗行为处于未完成状态,属于因案发等意志以外的因素未完成,系未遂。如果人民法院已将相应款项划拨,不论是发放给申请执行人,抑或是作其他处理,被害人财产损害均已实际发生,行为人的行为即构成诈骗罪的既遂。

案例:肖群、张红梅、刘娜、胡美连、刘生媛、毛双萍诈骗案

案例来源:《人民法院案例选》2016 年第 6 辑

主题词:诈骗罪　电信诈骗

一、基本案情

2014 年 3 月左右,被告人肖群在“小易”(未到案)的提议下,同意拨打电话到台湾地区实施诈骗活动。受“小易”的指使,肖群用“小易”提供的一个名叫黄日彪的身份信息到吉安县电信分公司营业厅开设了宽带网络、购买了 8 台电话机,并在“小易”提供的技术人员的指导下用“小易”寄来的 2 台交换机将 8 台电话机利用网络实现了拨打台湾地区电话的功能。

2014 年 4 月 1 日,被告人肖群招募被告人张红梅、刘娜、胡美连、刘生媛在吉安县敦厚镇白云路 45 号 1 单元××室,按照“小易”邮寄过来的台湾地区居民信息资料(含有姓名、身份证号码、住址、电话号码信息),冒充台湾地区高雄长庚医院、台湾地区新竹马偕医院、台湾地区台南奇美医院的工作人员给台湾地区居民拨打电话,询问其是否委托一个名叫林美惠的人员到医院办理医疗证明,并谎称其个人信息有可能外泄被冒用于从事违法犯罪活动,当台湾地区居民相信后,便会说以医院名义帮其报警,并让其等候警察的电话,接着肖群等人便会将台湾地区居民的信息通过电话传送给“小易”,以便其他团伙成员冒充警察再次与台湾地区居民联系,继续实施诈骗。

2014 年 6 月 3 日,被告人肖群招募被告人毛双萍在上述地点,伙同上述被告人用“小易”邮寄过来的上述台湾地区居民信息资料,冒充台湾地区高雄长庚医院的工作人员,用上述方法给台湾地区居民拨打电话实施诈骗。

被告人肖群、张红梅、刘娜、胡美连、刘生媛、毛双萍按台湾地区居民信息资料拨打电话后,对通话了可能会相信的台湾地区居民,在信息资料上相应位置打“√”,对打通了电话不相信的、电话号码空号的、打错了电话的(指非信息资料上的本人接电话),在信息资料上相应位置打“×”;对没有人接电话的,在信息资料上相应位置打“○”。经统计,共打“√”92 个,打“×”8075 个,打“○”4077 个。从 2014 年 4 月 1 日至案发,肖群等人共拨打电话 12244 个;从 2014 年 6 月 3 日至案发,肖群、毛双萍等人共拨打电话 1500 余个。2014 年 6 月 13 日,肖群、张红梅、刘娜、胡美连、刘生媛、毛双萍被公安机关抓获归案。

被告人肖群共收到“小易”银行汇款 82975.12 元,全部用于实施诈骗的开销和发放工资。案发后,肖群退缴非法所得 3 万元;张红梅退缴非法所得 10700 元;刘娜退缴非法所得 8500 元;胡美连退缴非法所得 8860 元;刘生媛退缴非法所得 3500 元。

江西省吉安县人民法院于 2015 年 3 月 26 日作出(2014)吉刑初字第 252 号刑事判决:

1. 被告人肖群犯诈骗罪,判处有期徒刑四年八个月,并处罚金一万元。
2. 被告人张红梅犯诈骗罪,判处有期徒刑三年,并处罚金二万元。
3. 被告人刘娜犯诈骗罪,判处有期徒刑三年,并处罚金二万元。
4. 被告人胡美连犯诈骗罪,判处有期徒刑三年,并处罚金二万元。
5. 被告人刘生媛犯诈骗罪,判处有期徒刑三年,并处罚金二万元。
6. 被告人毛双萍犯诈骗罪,判处有期徒刑一年,并处罚金一万元。
7. 对被告人肖群非法所得三万元,被告人张红梅非法所得 10700 元,被告人刘娜非法所得 8500 元,被告人胡美连非法所得 8860 元,被告人刘生媛非法所得 3500 元,予以没收,由扣押机关吉安县公安局上缴国库。

宣判后,被告人肖群、张红梅、刘娜、胡美连、刘生媛不服判决,向江西省吉安市中级人民法院提起上诉,二审查明事实后,裁定维持原判。判决已发生法律效力。

二、裁判要旨

No. 5-266-42　犯罪分子在实施电话诈骗中,针对不特定对象拨打的电话号码,存在拨通后不信、拨错或没有拨通等情形,属于因意志以外的原因诈骗犯罪未能得逞情形,应认定为诈骗未遂。拨通后不信、拨错或没有拨通的电话,均应计入拨打次数予以量刑。

2011 年最高人民法院、最高人民检察院《关于办理诈骗刑事案件具体应用法律若干问题的解释》第五条的规定,诈骗未遂,以数额巨大的财物为诈骗目标的,或者具有其他严重情节的,应当定罪处罚。利用拨打电话手段对不特定多数人实施诈骗,诈骗数额难以查证,但拨打诈骗电话 500 人次以上的,应认定为“其他严重情节”,以诈骗罪(未遂)定罪处罚。电信诈骗的必要环节和手段是拨打电话,着手拨打电话是实施犯罪的开始,拨打后因空号、错号、无人接听、拨通后不信而导致诈骗钱财的目的不能得逞,系意志以外的原因而没有得逞,行为人希望发生危害结果的意志并没有改变与放弃,构成犯罪未遂,而非犯罪预备。

案例:林在清等人诈骗案

案例来源:《刑事审判参考》总第 110 集[第 1203 号]

主题词:诈骗罪　共同犯罪

一、基本案情

2014 年 2 月,被告人林在清通过网上聊天与他人商议,由其提供银行卡账户,并在他人通过网络骗取的钱财进入其银行卡账户后代为取款。同月 25 日,被告人柯世铵利用伪基站群发社保补贴未有领取的短信,诱使马秀芸将钱款人民币 92355 元转入该银行卡账户,后林在清指使被告人林水生将该钱款取出,扣减其中的 10%作为“报酬”,将余款转入柯世铵指定账户。同年 3 月 23 日,被告人林在清采用同样的方法获取高崇茂钱款人民币 5500 元。同年 6 月 7 日,被告人林在清指使被告人蓝清辉将徐善兰银行卡账户钱款人民币 25800 元取出,并把部分余款汇入该上线指定账户。

二、裁判要旨

No. 5-266-43 事前无明确的犯罪意思联络,但明知并为诈骗犯罪分子提取赃款获利,应认定具有实施诈骗犯罪的共同故意和行为;取款行为是实现诈骗目的的重要组成部分,因此构成诈骗罪共犯。

意思联络就是共同犯罪人以明示或暗示的方法表明愿意共同实施某种犯罪。正是这种意思联络,各共同犯罪人的个人犯罪故意才结成一体,转化为共同的犯罪故意,这种意思联络并不要求所有共同犯罪人之间都必须存在,只要实行犯与其他共同犯罪人之间存在意思联络即可。共同犯罪而言,有无直接明确的意思联络,并不影响共同犯罪的成立。共谋的内容是共同协议决定实行犯罪,但共谋只要参加犯罪基本问题的谋议就可以认定为共谋。在共同谋议实行犯罪的场合,不论其是否直接参与实行行为,都应据其在共同犯罪中所起的作用处罚。在司法实践中,法官在认定行为人的犯罪故意时就是根据行为人的行为表现,结合自身的经验、知识和一般的常理、常识进行推断。

本案中,虽无明确证据可以证明林在清等人与诈骗上线之间存在整体诈骗犯罪的意思联络,只是这种联系内容与通常状态下的预谋分工有一定的区别。林在清作为当地居民,在明知当地存在许多人实施诈骗行为的情况下,仍为了挣钱而与柯世铵等人联系,且柯世铵等人已告知其所取款项系诈骗而来。从其主观而言,其对上线通过虚构信息骗取他人钱财的事实是有明确认知的。至于林在清与林永生、蓝清辉之间是否存在犯罪意思联络,基于林永生、蓝清辉自身实际情况,其二人与林在清同处福建安溪地区,对当地许多人从事虚构网络信息进行诈骗获取钱款的行为同样有较为清晰的认识,从其年龄和实施方法、利益分成来看,其事先与诈骗上线未直接联系既有林在清已与上线联系清楚,无须联系的考虑,又有怕事情暴露的顾虑。况且林在清提出以这种取款方式带二人挣钱时其二人就有所感知,在其二人以后的行为实施过程中,二人是知道也应当知道林在清所指挥行为的违法性,但知道而不制止、退出反而继续参与实施并获利,说明其具有临时产生共同实施犯罪行为的故意。故三被告人与诈骗上线之间存在一定程度的犯罪联系,具有实施共同诈骗犯罪的主观故意。

共同犯罪行为要求各共同犯罪人实施的行为指向同一犯罪事实,都具有严重社会危害性,各共同犯罪人的行为彼此联系,互相配合,与犯罪结果之间都存在因果联系。通常情况下,自然人对行为性质的认识是通过其对行为手段或行为方法的认识来确定的。

第一,行为手段。林在清首先在网络上购买银行卡,编成代号告知柯世铵等上线,柯世铵等上线通过他人设定的伪基站发送虚假信息,柯世铵等人诱使被害人将钱款汇入林在清等人事先购买的银行卡上,再告知林在清等人前往附近银行取款。林在清等人扣减其中的10%作为自己的报酬后,将余款汇入柯世铵等上线控制的银行卡。这种特殊手段与日常生活中的网络货物交易完全不同,也由此可以说明行为人对自己的行为后果、违法性质等要素有一定的认知。第二,实施侵害的行为对象。柯世铵等上线是在他人对该受信用户情况并不了解,不知受害人是否有如短信所言内容的情况下,明知自己并不具有短信中所描述的资格和能力,只是为了达到犯罪目的而去实施。林在清等人对这种有选择地确定侵害对象的方式和内容是明知的。第三,行为人案发前后的表现。林在清在案发前所办理的银行卡为网上非实名购买,取款也都是在非本人居住地宾馆开房,等候通知,收取钱款后立即转移,实质是一种掩盖犯罪事实、逃避法律追究的行为。

共同犯罪的严重危害性来源于其整体性,不能孤立地只就共同犯罪中的某一人的行为是否现实地导致结果发生来认定其行为与结果之间是否存在因果关系,而应当理解为各共同犯罪人基于共同犯罪意思的联系,彼此互相利用他人的行为而共同实施犯罪,他们的行为是围绕着一个犯罪目标,互相配合、互为条件的,这些行为的总和才导致犯罪结果的发生,每个人的行为都是犯罪结果发生不可分割的原因的一部分,即使其中某一人的行为引起犯罪结果发生,其他人的行为虽然没有直接导致犯罪结果的发生,也应认为与犯罪结果之间存在因果关系。各共同犯罪人对共同实行的故意犯罪行为整体负责,而不只是对自身参与实行的犯罪行为负责。本案各犯罪人的行为方式虽有差异,但这种差异是基于林在清与诈骗上线网络聊天时已确定的不同分工,他们之间是一种协作配合的关系,尽管三被告人在实施诈骗犯罪之前对犯什么罪以及如何实施犯罪等事项与诈骗上线事前无明确的犯罪预谋,但先后实施不同的犯罪行为均没有超出林在清与上线商议的范围。

本案中,首先,三被告人与柯世铵等上线具有实施诈骗犯罪的共同犯罪故意,其犯罪的目的均是希望通过实施虚构事实、隐瞒真相的手段获取不特定被害人的钱财,其相互之间目的明确、手段共知,均指向同一的诈骗犯罪。其次,本案与其他普通共同犯罪的区别在于三被告人与诈骗上线并未见面,与被害人是通过网络联系,犯罪钱财的取得也不是从被害人手中直接取得,行为的实施具有时间、空间的不同一性,因而需要犯罪行为人采取各自不同的方法、手段,三名被告人的取款行为正是适应这种需要的行为。最后,三被告人的行为与上线的前期行为都是诈骗目的实现不可分割的组成部分。柯世铵等上线一方在实施自身行为时认识到自己实施完毕后,林在清等人自然会去取款并汇给自己,而林在清等三被告人在实施自身的取款行为时亦明知或应当知道取款资金来自柯世铵等上线的前期诈骗所得。事实上从购买银行卡,到通过网络向不特定人员发送虚假信息诱使他人为获得所谓钱财或避免利益受损而将钱款转移,再到将此钱款转入犯罪行为人控制的银行卡,整个过程都是诈骗犯罪的实行行为。

需要特别强调的是,三被告人的行为并非如有些共同犯罪中的帮助行为。认定帮助犯要从行为人在共同犯罪中的地位、参与程度、具体犯罪情节以及危害后果原因大小等因素综合考量,本案三被告人所实施行为是诈骗目的得以实现不可缺少的必要条件,缺少其行为则诈骗结果不能实现,这与在共同犯罪中未直接实行犯罪,只是对实行犯罪提供方便条件的帮助行为是有原则区别的。不能认为虚构事实让被害人将钱款转入预先设立的账户是诈骗,其他过程都是一种辅助行为,如此则会产生林在清等三被告人的行为在整个犯罪过程中的必要性以及是否构成诈骗共犯的困惑。

案例:王媛、李洁等贪污,诈骗,掩饰、隐瞒犯罪所得案

案例来源:《人民法院案例选》2016 年第 9 辑

主题词:贪污罪　骗取型贪污与诈骗的区分

一、基本案情

法院审理查明:被告人王媛自 2004 年 4 月至 2007 年 11 月在天津钢管集团股份有限公司(以下简称“钢管公司”)安全环保处工作,2007 年 11 月至 2010 年 12 月在钢管公司安全环保部(以下简称“安环部”)工作,2010 年 12 月至 2013 年 6 月在天津钢管制造有限公司安全环保处环境监测站工作。2004 年 4 月至 2010 年 12 月,王媛担任劳保用品计划综合管理员,主管负责钢管公司各部门劳保计划的汇总、审批报送工作以及本部门劳保计划的制订、劳保用品的领取和发放等工作。被告人李洁自 2005 年 1 月至 2009 年 1 月在钢管公司供应部材料科任劳保用品采购员,负责公司各部门劳保用品的采购工作包括劳保物资的计划、采购、合同、结算与支付等工作。被告人董亚华系钢管公司生活服务中心车辆管理部专职驾驶员,自 2002 年被派至公司安环部工作至案发,其工资关系在生活服务中心,具体工作由安环部直接安排。被告人栗京辉系河南省南阳市亚南实业有限公司销售部经理。被告人穆斌于 2007 年至 2012 年在天津钢管集团股份有限公司担任班车司机。

(一)被告人王媛、李洁、栗京辉犯贪污罪、董亚华犯掩饰、隐瞒犯罪所得罪的犯罪事实如下:

1. 2006 年 12 月至 2008 年 5 月间,被告人王媛、李洁预谋后,利用职务上的便利,由王媛虚开劳保产品《材料领用单》,李洁负责做账,使钢管公司向供应商天津胜发劳动保护用品有限公司(以下简称“胜发公司”)多支付劳保用品采购款,胜发公司将多支付的公款扣除相应税金后取出,由该公司总经理王某胜将现金交给李洁。王媛、李洁通过上述手段先后四次骗取公款共计人民币 165000 元。

2008 年 11 月至 12 月间,被告人王媛、李洁预谋后,利用职务上的便利,伙同被告人栗京辉,通过钢管公司供应商河南省亚南实业有限公司(以下简称“亚南公司”),采取上述同样手段两次骗取公款共计人民币559400元。后王媛从中分得20万元,李洁分得12万元,其余款项用于王媛、李洁旅游、购物等消费及支付开票税款和亚南公司业务费用。

2. 2009年5月至2010年12月,被告人王媛利用职务上的便利,伙同栗京辉采取上述同样手段四次骗取公款,共计人民币1048000元。栗京辉将套现出来的公款交给王媛80000元,其余款项用于给王媛安排旅游、购物消费及亚南公司业务费用。

2009年年底至2010年年底,被告人王媛利用职务上的便利,分三批将钢管公司采购的价值人民币1038000余元的劳保用品,运到厂外安环部司机被告人董亚华家中及他处藏匿,据为己有。董亚华在明知是犯罪所得赃物的情况下帮助王媛将上述劳保用品从厂内转移至厂外。

(二)被告人王媛、穆斌犯诈骗罪的犯罪事实如下:

1. 2011年七、八月间,被告人王媛通过钢管公司供应部库管员黄洁代填写安环部《材料领用单》及领导签名等方法,到钢管公司腾飞仓库骗领多种规格的纸张共210箱,据为己有,经鉴定价值人民币23948.81元。

2011年9月间,被告人王媛伙同穆斌,采取上述同样手段,从钢管公司腾飞仓库骗领碳带50卷、241-1型打印纸1箱,据为己有,共计价值人民币7156元。

2. 被告人王媛、穆斌经预谋后,虚构事实,以能为被害人郑某荣联系钢管公司拉钢渣业务为由,于2013年1月8日、1月9日先后骗取郑某荣人民币共计54万元。

2013年3月15日,王媛以与被害人王某飞做生意为由,骗取王某飞10万元人民币。

案发后,被告人王媛、穆斌于2013年6月5日被抓获归案,李洁于同年10月11日被查获归案,董亚华于同年11月26日被侦查机关抓获归案,被告人栗××于同年10月17日在准备投案途中被侦查机关查获归案。李洁退缴赃款人民币5万元,亚南公司退赔钢管公司经济损失合计人民币1880700元。

天津市东丽区人民法院于2015年1月29日作出(2014)丽刑初字第279号刑事判决:

1. 被告人王媛犯贪污罪,判处有期徒刑十三年,剥夺政治权利二年,并处没收财产人民币二十万元;犯诈骗罪,判处有期徒刑十一年三个月,并处罚金人民币三十二万元,数罪并罚,决定执行有期徒刑二十年,剥夺政治权利二年,并处罚金人民币三十二万元,没收财产人民币二十万元。被告人李洁犯贪污罪,判处有期徒刑十年。被告人董亚华犯掩饰、隐瞒犯罪所得罪,判处有期徒刑五年,并处罚金人民币二十万元。被告人栗京辉犯贪污罪,判处有期徒刑三年,缓刑五年。在缓刑考验期限内,依法实行社区矫正。被告人穆斌犯诈骗罪,判处有期徒刑八年,并处罚金人民币十五万元。以上罚金于判决书生效后10日内交付本院。

2. 追缴被告人王媛、李洁共同贪污犯罪所得人民币十六万五千元(其中李洁已退赃五万元),发还天津钢管集团股份有限公司;追缴被告人王媛、董亚华共同犯罪所得人民币一百零三万八千元,发还天津钢管集团股份有限公司。

3. 责令被告人王媛退赔天津钢管集团股份有限公司人民币二万三千九百四十八元八角一分,退赔被害人王某飞人民币十万元;被告人王媛、穆斌共同退赔天津钢管集团股份有限公司人民币七千一百五十六元,共同退赔被害人郑某荣人民币五十四万元。

4. 随案移送被告人穆斌名下建设银行存款(账户为0064×××4842)中本金人民币十万元,依法作为执行款项发还被害人王某飞,剩余款项作为执行款发还被害人郑某荣。

一审宣判后,被告人王媛、李洁、董亚华、穆斌提起上诉。

天津市第二中级人民法院于2015年8月21日作出(2015)二中刑终字第148号刑事裁定:驳回上诉,维持原判。

二、裁判要旨

No. 5-266-44　被告人因工作调动不再行使管理、监督国有财产的职权时,利用工作上的便利骗取单位公共财物的,构成诈骗罪。

诈骗罪的犯罪主体为一般主体,骗取型贪污罪的犯罪主体则为特殊主体,即国家工作人员以及受国家机关、国有公司、企业、事业单位、人民团体委托管理、经营国有财产的人员。本案中,王媛在第5、6起犯罪时间段内,已不再担任劳保用品计划综合管理员一职,而是被调到环境监测站工作。其隐瞒了自己已调岗的事实真相,利用之前自己擅自保留的空白的盖有安环部印章的《材料领用单》骗取了仓库保管员黄某的信任,才得以将公共财物骗领到手,非法占为己有。王媛当时骗领公司财物不是利用本人职务上的便利,而是工作上的便利,不具有特定主体身份,该两起犯罪行为应当按照诈骗罪定罪处罚。

案例:徐波等人非法经营案

案例来源:《刑事审判参考》总第113集[第1238号]

主题词:诈骗罪 非法经营罪

一、基本案情

2013年4月17日,易六百(另案处理)成立南昌广江投资咨询有限公司(以下简称"广江公司"),被告人易明云担任法定代表人,股东为易六百、被告人姜德文、易明云。2015年8月至9月,被告人徐波经姜德文介绍认识易六百,对原油现货投资市场及广江公司进行考察后,与易六百、被告人姜德文合伙成立了江西省沃伦投资咨询有限公司(以下简称"沃伦公司"),徐波担任法定代表人,股东为徐波、易六百、姜德文。沃伦公司成立后,被告人易明云、姜德文将广江公司管理人员、业务员被告人陈聪、邹明友、蔡志祥、殷小林、李雪梅、宋生连带至沃伦公司开展业务。被告人陈涛、张志达留在广江公司继续开展业务。

天津矿产资源交易所成立于2010年11月24日,经营范围包括矿产资源产品交易的市场经营及管理服务、相关产品交易的资金清算等,但不具有现货原油销售、仓储经营业务资质。2013年5月15日,天津纭沣伟业矿业资源经营有限公司(以下简称"天津纭沣")成立,并于2015年5月1日取得天津矿产资源交易所会员资格,双方约定:天津矿产资源交易所向天津纭沣提供电子交易平台及相关报价、资讯培训、协调管理等服务,天津纭沣作为天津矿产资源交易所的综合会员,利用电子交易平台完成与投资者的交易,每年交付会费、培训费等,并按每笔交易额的万分之二向天津矿产资源交易所交纳交易管理费。

2015年10月,被告人陈涛注册成立南昌市纭沣矿业有限公司(以下简称"南昌纭沣")。同年10月10日,易六百、被告人姜德文等人至天津纭沣,以南昌纭沣的名义与天津纭沣签订居间合作协议,成为天津纭沣的A类居间代理商。双方约定南昌纭沣自行开发客户参与天津纭沣的交易品种。天津纭沣每周给南昌纭沣结算,南昌纭沣向天津纭沣交纳风险保证金,通过平台交易产生的手续费和盈利全部进入天津纭沣账户,再由天津纭沣按约定比例返还给代理商。后广江公司、沃伦公司通过南昌纭沣使用天津纭沣平台,并自称天津纭沣的居间代理商,开展原油、沥青等"现货"交易。

广江公司、沃伦公司分行政部和业务部,业务部由电话营销部和网络营销部组成。广江公司、沃伦公司在天津纭沣平台的投资交易具体由业务部负责。被告人陈涛、张忠达分别担任广江公司的业务总监和业务经理;被告人易明云、陈聪、殷小林、邹明友分别担任沃伦公司的行政部总监、业务部总监、电话营销部业务经理、网络营销部总监,被告人蔡志祥、宋生连、李雪梅分别担任沃伦公司网销一部、二部、三部的业务经理。上述各业务经理下设业务主任、业务员。具体操作由沃伦公司行政部工作人员将公司购买的电话号码客户资源提供给业务部,业务员再拨打电话,以虚拟的"白富美"女性形象冒充第三方身份添加微信好友、QQ好友,与对方聊天获得信任后,业务主任、业务员将李雪梅、宋生连、张志达等扮演的"表叔助理"推荐给客户,帮客户开户、安装操作软件,将陈聪、陈涛、邹明友、蔡志祥等扮演的"表叔""专业分析师"推荐给客户,指导客户具体投资交易。天津纭沣平台交易产品有原油、沥青等。陈聪还创建群名为"奋战到底"的QQ群,每天将天津纭沣发来的行情操作建议发到该QQ群,群组成员再发送给业务经理、业务员。被告人陈聪、陈涛、邹明友、蔡志祥等人在指导客户投资操作时存在将天津纭沣提供的行情反向提供给客户的行为。

2015年10月至2016年3月间,广江公司、沃伦公司的业务员、业务主任等招揽25名客户到天津纭沣平台进行“现货”交易,客户损失2769049.71元。广江公司、沃伦公司违法所得共计人民币4044839.68元。

二、裁判要旨

No.5-266-45 通过夸大盈利等方式诱导客户参与具有高度不确定性的期货交易,只要客户对期货的高风险性存在正确认识,即使最终导致亏损也不宜认定诈骗罪。

1. 被告人徐波等人通过业务员虚构“白富美”女性形象、夸大盈利等方式诱导客户进入平台交易以及建议客户加金,频繁操作的行为,不宜认定为诈骗罪中的“虚构事实”。理由是:从本质上看,诈骗罪中的欺诈行为的内容是使被骗人产生处分财产的错误认识,进而处分财产,丧失对财产的占有。由于客户进入平台进行交易投资并不意味着客户就丧失财产,因此诱导客户进入交易平台操作以及鼓动客户加金,频繁操作不能认为系诈骗罪中致被害人处分财产造成损失的行为。从事实上看,虽引诱客户投资有夸大的成分,但被害人应当能够认识到投资风险,且客户协议书中明确提示投资可能会造成较大亏损,不能保证获利。换言之,被害人并不会因此对期货盈亏存在偶然性的交易本质产生错误认识。

2. 被告人陈聪等人将天津纭沣提供的行情反向提供给客户的行为不成立诈骗罪中的“虚构事实”。诈骗罪中的虚构事实是虚构与客观事实相反的事实,并不包括行为人不能控制、存在或然性、对将来事实的预测。本案中,从实际来看,因期货市场涨跌瞬息万变,无法准确确定“反向行情”与真实行情相符的概率。换言之,所谓行情预测的是未来事实,因为期货市场的偶然性,即使是反向提供,也无法证明其就是错误的。期货交易是高风险投资,涨跌瞬息万变。作为一个正常的期货投资者应当知道期货存在亏损的高风险以及所有对行情的分析只是预测、建议,而不是事实本身。本案开户协议书、风险提示书等证据也证明客户知晓该风险以及工作人员对市场的判断和操作建议仅供参考等情况。可见,客户事先应当知道自己的处分行为——进行期货交易行为的意义以及后果,本案不存在客户因被欺诈陷入错误认识而处分的情况。

3. 客户亏损与被告人“反向提示”建议之间的因果联系无法查清。没有确凿证据证明客户每次交易均是在被告人“反向提示”建议下进行的。根据平台交易明细,本案也存在客户赚钱的事实,即使是亏损的客户,其赚钱的交易次数在总交易次数中也占有一定比例。

4. 不能因大部分客户亏损就认为被告人构成诈骗罪,认定犯罪不能从结果倒推行为性质。经统计,客户的交易盈利占比并不低,盈利总次数占交易总次数的49.2%,符合期货赌博性质的偶然性,并不存在所谓的“反向行情”问题。

就本案而言,被告人徐波等人的行为属于非法经营期货业务,应以非法经营罪论处。根据中国证监会发布的《关于认定商品现货市场非法期货交易活动的标准和程序》的认定标准及中国证券监督管理委员会办公厅发布的《关于变相期货交易有关事宜的复函》,变相期货交易的形式特征主要包括目的要件和形式要件。其中,目的要件是指以标准化合约为交易对象,允许交易者以对冲平仓方式了结交易,而不以实物交收为目的或者不必交割实物。本案所涉交易参与者主要目的不是转移商品所有权,而是从原油、沥青等“现货”交易的价格变动中获取投机利益,符合变相期货的目的要件。形式要件包括:(1)交易对象为标准化合约。(2)交易方式为集中交易。本案所有客户均在天津纭沣平台集中交易。天津纭沣与不同客户进行交易,客户与客户之间不进行交易,实际系做市商机制。综上,被告人徐波等人行为符合期货交易活动特征,应认定为变相从事期货业务。但被告人徐波等人未经批准从事期货业务。天津市商务委员会在《关于天津市政府信息公开申请的答复》中明确答复,天津矿产资源交易所未向天津市商务委员会申请过现货原油销售、仓储经营资质。天津市金融工作局答复:天津矿产资源交易所成立未经过天津市金融工作局审批。2011年11月《国务院关于清理整顿各类交易场所切实防范金融风险的决定》(国发〔2011〕38号)出台,将此类交易场所纳入清理整顿范围。目前,天津市交易场所清理整顿工作尚未通过部际联席会议检查验收。因此,涉案公司开发客户到天津纭沣平台从事期货业务具有非法性。根据2010年5月7日《最高人民检察院、公安部关于公安机关管辖的刑事案件立案追诉标准的规定(二)》第七十九条的规定,未经国家有关主管部门批准,非法经营证券、期货、保险业务,违法所得数额在5万元以上的,应予立案追诉。被告人徐波等人所在的广江公司、沃伦公司违法所得共计400余万元,属于犯非法经营罪"情节特别严重"。

案例:李政等诈骗案

案例来源:《刑事审判参考》总第113集[第1247号]

主题词:诈骗罪 非法经营罪

一、基本案情

2008年4月,何某某、杜某某经王启良(另案处理)介绍,认识了被告人吴东。吴东向何、杜二人称,其可以通过关系办理国家承认并可从教育部网站上查询到的成人教育毕业证书。同月月底,何某某、杜某某按吴东要求,将学员信息交给吴东,并通过王启良转交了人民币(以下币种同)50万元给吴东作为首批办证费用。李政、何茂景、吴东在明知学员未参加国家成人教育统一招生考试,无法被录取,依照相关规定不可能直接办理成人高等教育文凭的情况下,表示可以办理。其间,何茂景同席波以及被告人朱旭波,通过非法制作假证人员伪造了毕业证书及学生档案,再经何茂景转交给吴东。2008年6月,吴东向何某某、杜某某交付了首批毕业证书。此后,何某某、杜某某将大量的学员信息陆续传给吴东,并先后交给吴东办证费用共计1420.5万元。随后朱旭波将陆续伪造的约2000套湖北经管干部学院的毕业证书及学生档案转交给席波、何茂景、吴东及王启良等人,分批交给了何某某、杜某某等人。2008年10月,因李政迟迟不能将学员信息提交到教育部相关网站予以认证,何某某、杜某某遂质疑并要求退款,李政、何茂景、吴东仍谎称已发放的毕业证可以上网,以拖延时间,躲避还款。2009年6月,何茂景与被告人杨永安共谋,欲乘湖北经管干部学院与湖北第二师范学院合并之机,由李政、杨永安等人来打通关系,假借"解决历史遗留问题"的名义,以欺骗的手法使前期已办理虚假毕业证学员的信息及新增的尚需办理毕业证学员的信息能够按正常程序层报至教育部,办理出形式合法的文凭,从而再次骗取财产。杨永安在席波的配合下,以收取学费为名,欺骗何某某、杜某某二人再次交纳了部分费用,同时还欺骗其他培训机构人员向其交费,共计骗得355.72万元。

截至案发,已办证学员仍然无法在网上查询到其学历信息,尚未办理的学员也未取得毕业证书。

二、裁判要旨

No.5-266-46 违反国家规定买卖学历证书,收取他人钱财的行为,成立非法经营罪与诈骗罪,最终应以诈骗罪定罪处罚。

首先,被告人成立非法经营罪。六名被告人违反《中华人民共和国高等教育法》的规定,擅自操作,意图为不符合要求的学生办理毕业证书,收取巨额办证费用,违反了国家规定。行为均属于严重扰乱市场秩序的非法经营行为。毕业证书属于国家禁止买卖的资质凭证,六名被告人从事毕业证书交易,既是对高校正常办学秩序的破坏,也是对市场管理秩序的扰乱,属于严重扰乱市场秩序的非法经营行为。非法经营数额达1826.22万元,造成涉案2000余名学生遭受重大经济损失,属于非法经营罪中的"情节特别严重"。

其次,被告人成立诈骗罪的共犯。

本案六名被告人从事毕业证书办理活动已有一段时间,对无法或难以办理被害人要求的毕业证书存在共识或默契,且在犯罪过程中互有分工、配合行为。本案六名被告人均向被害人虚构了"不需要参加成人高考和学习,就能办理国家教育部门认可,并可在教育部相关网站查询认证的毕业证书"的事实,同时采取伪造毕业证、委托主管部门"关系人""联合办学"等手段,骗取被害人钱款,具有共同的犯罪故意和实行行为,依法构成诈骗罪的共犯。

最后,出于本质特征和社会效果考虑,对六名被告人宜以诈骗罪论处。

六名被告人虚构事实、隐瞒真相的行为贯彻始终,而违反法律规定买卖毕业证,只是其中一个环节。无论是诈骗行为还是非法经营行为,最终的主要结果是骗取他人1826.22万元,造成涉案2000余名学生遭受重大经济损失。对于这种穿插使用多种犯罪方法,主要犯罪结果同一的行为,从罪责刑相适应原则考虑无须数罪并罚。考虑到六名被告人虚构事实、隐瞒真相,是实现非法获取被害人钱款最关键的因素,故可参考司法实践中的一般定罪法则,以诈骗罪论处,同时将非法经营罪作为从重处罚情节考虑。本案以非法经营罪论处,难以准确反映案件的本质特征。本案最本质的特征包括两个方面:一方面是虚构事实、隐瞒真相;另一方面是通过制作和买卖文凭收取钱财。何茂景等人将买卖文凭作为一项经营行为来运作,其买卖行为本身属于严重扰乱市场秩序的经营行为,具有非法经营罪的表现形式。然而,以非法经营罪论处,缺少对被告人虚构事实、隐瞒真相等基本犯罪构成事实的评价。虚构事实、隐瞒真相的行为贯彻始终,且是非法占有他人1826.22万元最为关键的因素。如果以非法经营罪论处,显然未能准确反映案件的本质特征。而认定为诈骗罪,则不存在法律评价偏颇的问题。实施诈骗可以通过多种方式和途径,包括非法经营手段,故以诈骗罪定罪处罚更符合案件实质特征。以诈骗罪定罪处罚,更能体现罪责刑相适应原则。类似本案以违法办理各种学历证书为名骗取钱财的犯罪,目前常见多发,社会危害严重。本案被骗学员达2000余人,被骗金额1826.22万元,以诈骗罪定罪处罚,更能体现罪责刑相适应原则,能够更精准地把握定罪量刑,将主观故意与客观表现相结合,社会效果和法律效果更好。

案例:陈文辉、郑金锋等诈骗、侵犯公民个人信息案
案例来源:《刑事审判参考》总第119集
主题词:诈骗罪　电信诈骗

一、基本案情

2015年11月至2016年8月,陈文辉、郑金锋等人交叉结伙,通过网络购买学生信息和公民购房信息,分别在江西省九江市、新余市,广西壮族自治区钦州市,海南省海口市等地租赁房屋作为诈骗场所,分别冒充教育局、财政局、房产局的工作人员,以高考学生为主要诈骗对象,以发放贫困学生助学金、购房补贴为名,拨打诈骗电话2.3万余次,骗取他人钱款共计56万余元,并造成徐玉玉死亡。其中,陈文辉在江西省九江市、新余市纠集人员实施诈骗犯罪,拨打诈骗电话1.3万余次,诈骗金额共计31万余元;郑金锋在广西壮族自治区钦州市、海南省海口市纠集人员实施诈骗犯罪,并为陈文辉等人在九江市、新余市实施诈骗时转移赃款,拨打诈骗电话2.3万余次,诈骗金额共计54万余元。2016年6月至8月,陈文辉为实施电信诈骗犯罪,通过腾讯QQ、支付宝等工具从杜某某处购买非法获取的山东省高考学生信息10万余条。2017年7月19日,临沂市中级人民法院认定陈文辉犯诈骗罪、侵犯公民个人信息罪,决定执行无期徒刑,剥夺政治权利终身,并处没收个人全部财产;郑金锋犯诈骗罪,判处有期徒刑十五年,并处罚金人民币六十万元。陈文辉提出上诉,提出:徐玉玉的死亡与被诈骗不存在刑法上的因果关系,具有偶然性。2017年9月12日,山东省高级人民法院驳回上诉,维持原判。

二、裁判要旨

No.5-266-47　对于刑法中因果关系的认定,应当从事实和法律两个方面加以考察,坚持行为事实与价值评判相统一;事实上的因果关系应根据医学鉴定、自然科学等角度分析,而法律上的因果关系则要综合考虑危害行为所创设的危险、现实发生的结果、规范保护范围内的结果等因素进行考量,进而作出价值评价。

2011年,最高人民法院、最高人民检察院公布的《关于办理诈骗刑事案件具体应用法律若干问题的解释》第2条规定,造成被害人自杀、精神失常或者其他严重后果的属于从重处罚的情节。2016年,最高人民法院、最高人民检察院、公安部公布的《关于办理电信网络诈骗等刑事案件适用法律若干问题的意见》(以下简称《电信网络诈骗意见》)中亦规定,造成被害人死亡或者其近亲属自杀、死亡或者精神失常等严重后果的,酌情从重处罚。对于刑法中的因果关系的认定,应当从事实和法律两个方面加以考察,坚持行为事实与价值评判相统一。本案中,从事实层面上分析,徐玉玉家境不好,在考上大学充满喜悦的情况下因陈文辉实施的诈骗,被骗近 1 万元的学费,对其打击很大。徐玉玉死亡原因分析意见书证实,徐玉玉在被骗后出现忧伤、焦虑、情绪压抑等不良精神和心理因素的情况下发生心源性休克,继发多器官功能衰竭而死亡。相关证据排除了徐玉玉因机械性损伤、正常疾病导致死亡的可能性,陈文辉等人的诈骗行为是导致徐玉玉不良心理状况的重大诱因,从而引发了其死亡,具有事实上的因果关系。从法律层面上分析,陈文辉等人实施电信诈骗,置不特定人的合法权益于现实的危险中,创设了法律所不允许的危险。尽管徐玉玉的死亡超出陈文辉等人的主观意愿范畴,但陈文辉等人的诈骗行为直接造成徐玉玉忧伤、焦虑、情绪压抑等不良精神和心理因素的出现,发生心源性休克后死亡,使得法律不允许的风险现实化为实害结果。其次,该情形属于相关法律规定的实施电信诈骗造成被害人死亡后果的情形,换言之,我国对于诈骗罪的保护范围涵盖了对被害人或者其近亲属自杀、精神失常等情形的保护,因此陈文辉的诈骗行为与徐玉玉的死亡具有刑法上的因果关系,陈文辉等人对此应当承担相应的刑事责任。

No. 5-266-48 共同犯罪具有"部分实行,全部负责"的原则,共同实施电信诈骗的行为人,应当对其参与期间共同犯罪人所拨打的电话次数和诈骗金额承担全部责任。

《刑法》第 25 条第一款规定,共同犯罪是指二人以上共同故意犯罪。实施共同犯罪的行为人具有共同的故意,各行为人对于自身以及共同犯罪人的行为性质、造成或将要造成的危害结果都是明知的,对于危害结果的发生持追求或者放任的态度,因而各行为人的活动具有内在的一致性,即使所实施的行为不完全相同,但相互配合,共同导致了危害结果的发生,故共同犯罪的行为人应当对其参与的犯罪活动承担责任,即"部分行为,全部责任"。在此基础上,再根据各行为人在共同犯罪活动中所处的地位、具体罪行的大小以及对犯罪结果所起的作用等区分主、从犯。《电信网络诈骗意见》规定,在办理电信网络诈骗等刑事案件中,"全部犯罪"包括能够查明具体诈骗数额的事实和能够查明发送诈骗信息条数、拨打诈骗电话人次数、诈骗信息网页浏览次数的事实。多人共同实施电信网络诈骗,被告人应对其参与期间该诈骗团伙实施的全部诈骗行为承担责任。对于明知他人实施电信网络诈骗犯罪,帮助转移诈骗犯罪所得及其产生的收益,套现、取现的,以共同犯罪论处。本案中,陈文辉组织多人在九江市、新余市拨打诈骗电话 1.3 万余人次,诈骗金额共计 31 万余元;郑金锋组织多人在钦州市、海口市拨打电话 1 万余人次、诈骗金额 24 万余元,二人作为组织、指挥者,应当对所组织的全部犯罪承担责任。由于郑金锋在陈文辉实施电信诈骗犯罪活动之前与其共谋,由郑金锋为陈文辉组织的诈骗活动转移赃款,系事前有共谋的共同犯罪,客观方面郑金锋也为陈文辉等人的诈骗实施了赃款转移、取现行为,并取得了约定的提成,郑金锋应当对陈文辉组织的在九江市、新余市的诈骗行为承担刑事责任,故认定郑金锋拨打诈骗电话 2.3 万余人次,诈骗金额共计 54 万余元。

案例:倪劲锋诈骗案

案例来源:《刑事审判参考》总第 121 集[第 1319 号]
主题词:诈骗罪 电信网络诈骗

一、基本案情

2020 年 1 月 28 日以来,被告人倪劲锋因手头拮据,遂产生利用时下疫情在网上虚构出售口罩骗取财物的心思。倪劲锋通过其手机微信在朋友圈发布售卖口罩的虚假信息,当有被害人与其联系时,其便假称有口罩出售,并利用各种网络截图获取被害人信任,后以 1.5 元至 15 元人民币(以下未标明币种均为人民币)不等的价格,与被害人达成出售各种型号口罩的意向,待被害人通过微信或者支付宝转账付钱后,将被害人微信拉黑或者不予回应。倪劲锋以上述手段,从被害人廖某某等 6 人处共计骗得 13137 元。案发后,公安机关从倪劲锋处扣押 12100 元,倪劲锋亲属向被害人金某某退款 2900 元。

二、裁判要旨

No. 5-266-49　疫情防控期间,利用微信销售口罩实施撒网式诈骗犯罪的,应当依法从严惩处。

对于本案这类在疫情防控期间利用电信网络实施诈骗的犯罪行为,应依法从严惩处。理由是:第一,应适用全国统一的入罪数额标准和数额加重标准。由于电信网络诈骗突破了传统犯罪空间范畴,大多属于跨区域犯罪,地域化特征相对淡化,故不宜由各省、自治区、直辖市结合本地区经济社会发展状况,应根据最高人民法院、最高人民检察院《关于办理诈骗刑事案件具体应用法律若干问题的解释》的规定确定本地区执行的具体数额标准。也即,对于利用微信销售口罩实施诈骗行为的,应分别以诈骗财物价值三千元至一万元以上、三万元至十万元以上为《刑法》第二百六十六条规定的诈骗"数额较大"和"数额巨大"标准。第二,在基准刑及宣告刑的确定上应依法从严。对于在传染病疫情防控期间,利用网络平台实施诈骗犯罪的案件,在确定量刑起点、基准刑时,一般应适用就高原则,但在确定宣告刑时应当综合全案事实情节,准确把握从重、从轻量刑情节的调节幅度,保证罪责刑相适应。第三,应严格控制缓刑的适用。对此类案件,要严格控制缓刑的适用范围,严格把握缓刑的适用条件,除被告人系未成年人,或者具有自首、立功等情节外,一般不宜适用缓刑。

行为人销售的是不具有传染病疫情防护功能的非医用劣质口罩,则应以销售伪劣产品罪定罪处罚。鉴于一次性医用口罩在重大疫情防控期间的实际功能,一次性医用口罩可以成为生产、销售不符合标准的医用器材罪的犯罪对象。高价销售口罩,依法可以构成非法经营罪。对于将废弃口罩回收后再加工出售,或者非法买卖、运输、储存、携带废弃口罩,危害公共安全,构成犯罪的,可根据案件不同情况,按照《刑法》的相关规定,以危险方法危害公共安全罪,非法买卖、运输、储存危险物质罪等罪名定罪处罚。

案例:王郊诈骗案

案例来源:《刑事审判参考》总第 121 集[第 1320 号]

主题词:诈骗罪　电信网络诈骗

一、基本案情

2020 年 2 月月初,被告人王郊通过王建的推荐与被害人杜小东成为微信好友。在防控新型冠状病毒肺炎疫情期间,同月 10 日,王郊在无供应口罩能力的情况下,对杜小东谎称其有 1000 只现货 KF94 型口罩出售,杜小东通过支付宝转账方式向王郊支付购买口罩的定金人民币 5000 元,随后王郊将杜小东的微信删除,所得赃款被其用于个人花销。案发后,王郊退赔被害人杜小东人民币 5000 元并取得杜小东的谅解。

二、裁判要旨

No. 5-266-50　行为人针对知悉其真实身份的特定人实施的诈骗犯罪,即使利用了电信、网络工具,若没有对其他不特定人产生影响,没有干扰正常的网络秩序,其情节严重程度、社会危害性并不比未使用电信网络联络的其他诈骗犯罪更大,则不宜认定为电信网络诈骗犯罪。

根据最高人民法院、最高人民检察院、公安部《关于办理电信网络诈骗等刑事案件适用法律若干问题的意见》(以下简称《电信网络诈骗意见》)的制定背景、电信网络诈骗犯罪的立法沿革,我们主张电信网络诈骗通常是针对不特定多数人实施的犯罪,不宜将凡经电话、网络联络实施的诈骗犯罪均认定为电信网络诈骗犯罪,具体理由如下:

第一,"针对不特定多数人"契合电信网络诈骗犯罪行为模式,是电信网络诈骗犯罪行为区别于普通诈骗行为的显著特征之一。电信网络诈骗经常表现为以群发短信或邮件、无差别拨打电话等方式,主动接触人员;或通过网站、社交媒体平台发布虚假信息后,等待被害人"上钩"。上述犯罪手段表明,电信网络诈骗是一种点对面的犯罪,行为人通过电信网络散布和传播虚假信息,并非针对特定人实施诈骗行为,其初始作案目标范围较广,时空跨度和犯罪规模较大。而普通的诈骗犯罪,往往在着手实施犯罪行为时,已具备明确的作案目标。

第二,"针对不特定多数人"犯罪体现出电信网络诈骗较普通诈骗严重的社会危害性。

(1)危害后果更为严重。电信网络诈骗是远程非接触性犯罪,手段隐蔽,又通常采取集团化、专业化方式作案,被害人数众多且分布广泛,涉案赃款数额巨大且转移迅速难以追回,案件侦破难度极大。而普通诈骗犯罪往往针对特定对象,即使个别案件存在多次诈骗行为,一般来说犯罪手段高度雷同,资金走向亦相对明确。

(2)犯罪波及面更广。相较于点对点式的传统诈骗,电信网络诈骗技术含量高,花样翻新快,行为人精心设计骗局,针对不特定人作案,波及人数多。不仅直接侵害被害人的财产权益,严重破坏社会诚信,还引发、诱发、滋生大量上下游关联违法犯罪,形成以电信网络诈骗为中心的周边系列犯罪产业链,恶化社会治安形势,影响社会和谐稳定,社会危害性更大。

(3)需加大打击力度。正是基于上述特征,对电信网络诈骗犯罪需要依法从严打击。《电信网络诈骗意见》提出电信网络诈骗实行全国统一数额标准和数额幅度底线标准,规定了十种从重处罚情形,并限制非监禁刑适用,充分体现了依法从严打击电信网络诈骗犯罪的方针。相对而言,行为人如果仅使用手机、网络作为联系被害人的工具,而并非利用电信网络针对不特定多数人大肆散布虚假信息,此时犯罪对象明确,并未突破传统诈骗的空间范畴,行为危害性相对特定,则对其从严惩处的依据不足。

第三,将"针对不特定多数人实施诈骗"作为电信网络诈骗的行为要件,具有规范性出处。最高人民法院、最高人民检察院2011年出台的《关于办理诈骗刑事案件具体应用法律若干问题的解释》第二条第一项规定,"通过发送短信、拨打电话或者利用互联网、广播电视、报刊杂志等发布虚假信息对不特定多数人实施诈骗的",可以酌情从严惩处;并对具备相应情节的量刑数额标准作出适当下调,对于诈骗数额难以查证的,可根据群发短信、群拨电话的数量、诈骗手段及危害等,以诈骗罪未遂论处。区别于传统的诈骗犯罪,该解释将电信网络诈骗的行为特征归纳为两个方面:一是利用发送短信、拨打电话、互联网等电信网络技术手段实施诈骗。二是针对不特定多数人实施诈骗。这里的"不特定多数人"亦可进一步细化为"不特定"和"多数人"。"不特定"是指行为人实施诈骗犯罪时没有明确特定的作案目标;"多数人"是指具有被骗可能性的人达到3人以上。

因而,行为人针对知悉其真实身份的特定人实施的诈骗犯罪,即使利用了电信、网络工具,亦不宜认定为电信网络诈骗犯罪。普通诈骗犯罪,无论是使用电话、短信,还是即时通信软件,行为人与特定人之间点对点的联系,仍囿于特定的空间范畴,具有一定的私密性,没有对其他不特定人产生影响,没有干扰正常的网络秩序,其情节严重程度、社会危害性并不比未使用电信网络联络的其他诈骗犯罪更大,根据罪责刑相适应原则,二者不宜区别对待。

对于借助电信网络实施的诈骗犯罪,当被害人数量众多时,一般较易区分电信网络诈骗与普通诈骗。而当被害人较少时,则应综合在案因素进行判断。我们主张从以下方面着手,进行分析:一是行为人是否向不特定人员发布了虚假信息,包括主动发布以及在别人询问时对众人发布。行为人在即时通信群组中发布虚假信息,实施"钓鱼型"诈骗,该通信群组中的相对不特定人员即为诈骗信息受众,此类行为构成犯罪的,宜认定为电信网络诈骗。对此要调取微信聊天记录、通话记录等证据材料,核实被告人供述与被害人陈述是否一致或相互印证。二是行为人未发布虚假信息的,是不是向不特定人员实施犯罪。行为人通过电话、网络等手段实施远程的"背靠背"式诈骗,双方不接触、不明身份,是电信网络诈骗区别于传统诈骗的标准之一。对此要调查核实行为人与被害人是否相识,或被害人是否知悉行为人的真实身份。三是对于行为人利用其掌握的公民个人信息通过电话、网络实施"精准诈骗"的,需调查核实其获取公民个人信息的目的,以及获取公民个人信息的手段。行为人有目的地获取具有某类共同特征的公民个人信息后,据此"量身定做"诈骗剧本并实施;或通过购买等手段获取批量公民个人信息后,依照诈骗剧本实施的,此时诈骗受众在一定范围内仍具有不特定性,仍属于电信网络诈骗。

案例:孙佳英、蒋志诈骗案

案例来源:《刑事审判参考》总第121集[第1321号]

主题词:诈骗罪　疫情从严

一、基本案情

被告人孙佳英、蒋志经预谋,于2020年1月27日12时许,打印虚假宣传材料3000份,在北京市西城区多处张贴、散发,假借"市希望工程办公室、市志愿者协会"之名,以"为抗击新冠肺炎疫情募捐"为由,谎称已联系到口罩等物资的购买渠道,骗取他人向孙佳英微信个人账户转款。截至案发,尚未有钱转入被告人微信账户。孙佳英、蒋志于当日16时许接受公安机关电话传唤到案。

二、裁判要旨

No.5-266-51　对情节严重的涉疫情诈骗未遂行为应当定罪处罚。对涉疫情诈骗犯罪应当坚持罪刑法定原则,体现宽严相济的刑事政策精神,真正做到严之有理、严之有据,而并非一味从严。

根据最高人民法院、最高人民检察院《关于办理诈骗刑事案件具体应用法律若干问题的解释》(以下简称《诈骗解释》)第五条规定,诈骗未遂,以数额巨大的财物为诈骗目标的,或者具有其他严重情节的,应当定罪处罚。因而,本案认定的焦点在于被告人是否属于"有其他严重情节"的情形。结合本案的具体情形,我们认为,本案被告人主观恶性大、社会影响恶劣。具体理由如下:一是被告人利用疫情防控期间,大家合力抗击疫情的同情心和同理心,冒用慈善机构名义,发起虚假募捐式诈骗,行为性质恶劣。二是被告人通过到处散布、张贴虚假材料的方式实施犯罪行为,不仅影响社会管理秩序,而且被害对象不特定,侵害面广。三是被告人通过宣传册上附微信二维码的形式骗取钱财,与受害者之间通过虚拟平台进行财物流转,钱财追回难度高、查处难度大。综合以上分析,二被告人的行为属于"具有其他严重情节"的情形,应当依照《刑法》第二百六十六条关于诈骗罪的规定依法处理。

根据《最高人民法院、最高人民检察院关于办理妨害预防、控制突发传染病疫情等灾害的刑事案件具体应用法律若干问题的解释》第七条明确规定:"在预防、控制突发传染病疫情等灾害期间,假借研制、生产或者销售用于预防、控制突发传染病疫情等灾害用品的名义,诈骗公私财物数额较大的,依照刑法有关诈骗罪的规定定罪,依法从重处罚。"《诈骗解释》也明确了对以赈灾募捐名义实施诈骗的行为酌情从严惩处的量刑思路。2020年2月6日,最高人民法院、最高人民检察院、公安部、司法部发布的《关于依法惩治妨害新型冠状病毒感染肺炎疫情防控违法犯罪的意见》,基于尽快控制疫情、保障人民群众人身财产安全、稳定社会秩序的视角,亦对该类犯罪明确了依法严惩的总体思路。

需要指出的是,对涉疫情诈骗犯罪这种从严惩处应当坚持罪刑法定原则,体现宽严相济的刑事政策精神,真正做到严之有理、严之有据,而并非一味从严。司法实践中要综合考虑疫情形势、舆论引导、受众心理等社会因素,全面把握此类违法犯罪行为的主观恶性和危害后果,审慎适用缓刑。另外,还应当注意避免对相关因素在入罪和量刑环节进行重复评价。

No.5-266-52　对于以数额巨大的财物为诈骗目标的,或者具有其他严重情节的诈骗未遂,首先应当考虑适用基本的量刑幅度;但仍应当根据《刑法》和司法解释规定,结合案件作出准确认定应当适用基本的量刑档次还是加重的量刑档次。

首先,对于诈骗未遂,存在不同量刑幅度。实践中有观点认为,对于诈骗未遂只能适用基本刑档,不能适用加重刑档。我们认为,这种理解过于片面。《诈骗解释》第六条明确规定,诈骗既有既遂,又有未遂,分别达到不同量刑幅度的,依照处罚较重的规定处罚;达到同一量刑幅度的,以诈骗罪既遂处罚。申言之,对此类案件,先要分别根据行为人的既遂数额和未遂数额判定其各自所对应的法定刑幅度,未遂部分还需同时考虑可以从轻或者减轻处罚;之后根据比较结果,如果既遂部分所对应的量刑幅度较重,或者既遂、未遂所对应的量刑幅度相同的,以既遂部分所对应的量刑幅度为基础酌情从重处罚;反之,如未遂部分对应的量刑幅度较重的,则以该量刑幅度为基础,酌情从重处罚。可见,对于诈骗未遂,并不限于基本刑档。

其次,对量刑幅度的选择应当体现罪责刑相适应原则。《刑法》总则规定,对于未遂犯,可以比照既遂犯从轻或者减轻处理。诈骗罪作为一项侵犯财产权益的结果犯,给被害人造成的财产损失大小是关乎定罪量刑的重要考量因素,因而在构成诈骗未遂的前提下,量刑时应当考虑既遂、未遂的数额。另外,《诈骗解释》规定,诈骗未遂,以数额巨大的财物为诈骗目标的,或者具有其他严重情节的,应当定罪处罚。通过该条也不难推断出对于诈骗目标数额较小等情节并不严重的诈骗未遂情形,一般可不再追究刑事责任。根据罪责刑相适应原则,以数额巨大的财物为诈骗目标的,或者具有其他严重情节的诈骗未遂,首先应当考虑适用基本的量刑幅度。

案例:黄钰诈骗案

案例来源:《刑事审判参考》总第 122 集[第 1342 号]

主题词:诈骗罪　诈骗罪与民事欺诈的区分

一、基本案情

2010 年 7 月,被害人杨超通过被告人黄钰的父亲与黄钰结识。2010 年 10 月至 2011 年 8 月,黄钰以能为杨超在南航长春机场办理接送员工及滞留旅客车辆运营为名,先后 3 次从杨超处骗取 73.5 万元。后杨超向黄钰借款 7 万元。2012 年 2 月 3 日,黄钰让杨超到其家取走其余 66.5 万元,杨超因该款只有本金为由拒绝收取。2 月 15 日,杨超向公安机关报案。2 月 21 日,黄钰在家中被抓获。

二、裁判要旨

No. 5-266-53　民事欺诈还是诈骗犯罪的区分,关键在于是否具有非法占有的目的。

民事欺诈与刑事诈骗,在客观上,行为人都实施了占有他人财物的行为。但是,客观上的占有,与行为人主观上是否具有非法占有的目的,并不具有必然的对应关系。不能从客观上存在占有的事实直接推定行为人主观上具有非法占有的目的。

判断一个行为是民事欺诈还是诈骗犯罪,关键看其是否具有非法占有的目的。认定诈骗罪,行为人主观上就必须具有非法占有的目的。反之,即使行为人在取得财物时有欺诈行为,只要没有非法占有的目的,不赖账,确实打算偿还的,就仍属于民事纠纷,不应认定为诈骗罪。在熟人之间,判断行为人骗取财物是否属于诈骗,主要可以从两个方面判断非法占有目的:

一是看行为人是否有逃避偿还款物的行为。行为人取得财物后即携款(物)逃匿,躲避被害人催债;或者将财物转移、隐匿,拒不返还;或者将财物用于赌博、挥霍等,致使无法返还的,都属于逃避偿还的行为。

二是看被骗人能否能够通过民事途径进行救济。一般来说,构成诈骗罪的行为,应当是不能通过民事途径进行救济的行为。欺骗行为尚不严重,不影响被骗人通过民事途径进行救济的,不宜轻易认定为诈骗犯罪。将能够通过民事途径救济的骗取财物行为排除在诈骗犯罪之外,也符合刑法的谦抑性原则。

案例:陈寅岗等人非法拘禁、敲诈勒索、诈骗案

案例来源:《刑事审判参考》总第 123 集[第 1362 号]

主题词:诈骗罪　套路贷

一、基本案情

自 2014 年起,被告人陈寅岗、韩世平以个人名义发放高利贷。2016 年 3 月,陈寅岗、韩世平和被告人魏伟斌、俞果等人经商议注册成立上海衡燊商务咨询有限公司(以下简称“衡燊公司”),由俞果担任法定代表人,并租借上海市虹口区天宝路×××号××××室作为办公地从事高利贷业务。根据约定,陈寅岗、韩世平、魏伟斌各抽取高利贷业务盈利的 30%作为提成,俞果抽取盈利的 10%作为提成。被告人朱敏、徐文正、葛冬亮及陈凯(另案处理)作为业务员,按月领取工资报酬。

1. 关于被告人陈寅岗等人对许嘉平实施非法拘禁、敲诈勒索的事实

2016年4月25日上午,许嘉平向被告人陈寅岗等人借款20万元并承诺当日还款。当日13时许,俞果将20万元汇入许嘉平银行账户后,跟随许嘉平以确保其还款。在得知许嘉平当日无法归还上述钱款后,陈寅岗纠集被告人韩世平、朱敏、徐文正、葛冬亮及陈凯至上海市静安区灵石路近共和新路处向许嘉平讨要钱款未果,于18时许将许嘉平强行带至被告人魏伟斌登记开房的上海市静安区海防路×××号浦江之星酒店××××号房间,在车上陈寅岗、徐文正殴打许嘉平并言语威胁。后陈寅岗、韩世平、魏伟斌、俞果、朱敏、徐文正、陈凯在该房间内对许嘉平实施看管,陈寅岗向许嘉平讨要当日欠款20万元及所谓此前所欠本息合计60余万元。在此期间,陈寅岗、徐文正殴打许嘉平。许嘉平被迫通过家人筹集钱款,并陆续以银行、支付宝、微信转账及取现等方式,直至次日凌晨归还陈寅岗等人20.5万元。

随后,被告人陈寅岗、韩世平又以许嘉平仍欠陈寅岗、韩世平本金及利息合计60万元未还为由,要求许嘉平在4月26日中午前支付60万元结清债务。2016年4月26日凌晨0时40分许,陈寅岗和被告人朱敏、徐文正等人驾车将许嘉平押送至许嘉平父亲居住的小区门口,陈寅岗、朱敏等人继续向许嘉平父亲强行索要60万元。许嘉平及其父亲被迫同意后,陈寅岗等人才将许嘉平放行。当日上午,陈寅岗伙同朱敏、俞果继续向许嘉平索要上述钱款,许嘉平被迫筹集60万元并以现金和转账方式支付给陈寅岗等人,其中韩世平分得18万元。后陈寅岗等人表示已经与许嘉平结清债务并归还了所有欠条。

同年5月,被告人陈寅岗、韩世平、魏伟斌、俞果、朱敏、葛冬亮等人赴泰国旅游期间,因对许嘉平上月为陈寅岗等人订购的泰国旅游行程不满,经共同商议,以葛冬亮留存的一张本应归还许嘉平的20万元借条,再次对许嘉平实施敲诈勒索。同月17日,陈寅岗指使朱敏打电话给许嘉平,以持有该借条为由向许嘉平勒索钱款。许嘉平被迫于同月20日、24日通过转账向俞果、朱敏的账户支付7万元,后葛冬亮受陈寅岗指使将该借条归还给许嘉平。

2. 关于被告人陈寅岗对吕卫东实施敲诈勒索、诉讼诈骗的事实

2016年4月18日,被害人吕卫东至上海市虹口区天宝路×××号××××室衡燊公司,提供身份证、户口簿、结婚证、个人房屋产权调查等材料欲借款15万元,吕卫东写下借款25万元的借条、签订个人借款合同后,由被告人俞果和徐文正带至银行走账。后被告人陈寅岗、韩世平等人发现吕卫东隐瞒房屋已有抵押的情况并未放款。朱敏、徐文正还对吕卫东实施殴打,其中徐文正持电击器殴打吕卫东。当晚,陈寅岗、韩世平、朱敏、俞果、魏伟斌、徐文正共同商议,由朱敏和韩世平先后电话联系吕卫东,以持有借条和相关证件、资料等向吕卫东勒索钱款4万元,后吕卫东并未支付相关钱款。

同年6月,被告人陈寅岗向韩世平、魏伟斌、俞果等人提议,欲委托律师向法院提起民事诉讼,逼迫吕卫东还款。被告人曹一帆在明知吕卫东遭受殴打但实际并未借得任何钱款的情况下,仍接受陈寅岗、俞果的委托,篡改个人借款合同中的借款地点,并于同月27日以虚构的吕卫东借得25万元且未归还的事实,向上海市静安区人民法院提起民事诉讼并申请诉讼保全,要求吕卫东赔偿本金25万元及相应利息。同年7月14日,上海市静安区人民法院作出裁定,冻结吕卫东名下银行存款25万元,不足部分则查封、扣押其相应价值的财产。同年8月8日,上海市静安区人民法院开庭审理该案。庭审中,曹一帆作为俞果的委托代理人,虚构吕卫东向俞果借款25万元的事实,并在举证环节向法庭提供虚假证据。同年9月8日,曹一帆在得知陈寅岗等人被采取强制措施的情况下向上海市静安区人民法院申请撤诉及解除诉讼保全。

3. 关于被告人陈寅岗等人对姜风庆实施诉讼诈骗的事实

2016年4月11日,姜风庆至上海市虹口区天宝路×××号××××室衡燊公司借款,实际借得28.8万元,但写下借款70万元借条并签订个人借款合同,姜风庆于次月归还2万元。

同年6月,被告人陈寅岗向被告人韩世平、魏伟斌、俞果等人提议,欲委托律师通过诉讼、查封房产等方式逼迫姜风庆还款。曹一帆在明知姜风庆实际借款与借条、合同金额明显不符的情

况下,仍接受陈寅岗、俞果等人的委托,篡改个人借款合同中的借款地点,并于同月 27 日,以捏造的姜凤庆借款 70 万元的事实,向上海市静安区人民法院提起民事诉讼并申请诉讼保全,要求姜凤庆赔偿本金 70 万元及相应利息。同年 7 月 14 日,上海市静安区人民法院作出裁定,冻结姜凤庆名下银行存款 70 万元,不足部分则查封、扣押其相应价值的财产。同年 8 月 8 日,上海市静安区人民法院开庭审理该案。庭审中,曹一帆作为俞果的委托代理人,在法庭中隐瞒姜凤庆实际借款 28.8 万元并已归还 2 万元,虚构姜凤庆向俞果借款 70 万元且未归还的事实,并在举证环节向法庭提供虚假证据。同年 9 月 8 日,曹一帆在得知陈寅岗等人被采取强制措施的情况下向上海市静安区人民法院申请撤诉及解除诉讼保全。

4. 关于被告人陈寅岗、韩世平对李淳实施诉讼诈骗的事实

2014 年 8 月 26 日、27 日,被害人李淳向被告人陈寅岗、韩世平借款 5 万元,但应二人要求写下借款 10 万元借条。同年 8 月至 11 月,李淳应陈寅岗、韩世平要求向二人还款 6.3 万元。2015 年 1 月 12 日,陈寅岗、韩世平明知李淳实际借款 5 万元,仍虚构李淳向其借款 10 万元未归还的事实,向上海市虹口区人民法院提起民事诉讼。同年 4 月 29 日,上海市虹口区人民法院作出一审判决,判决李淳返还陈寅岗本金 10 万元及相应利息、律师服务费等。李淳提出上诉,后因未缴纳诉讼费按撤诉处理,一审判决已生效,但李淳并未履行该判决。

2016 年 9 月 1 日、2 日,公安人员先后将被告人陈寅岗、韩世平、魏伟斌、朱敏、俞果、徐文正、葛冬亮抓获,同时查获手铐、电击器、催泪喷射器、甩棍、个人借贷合同、借条、收据、身份证件、钱款等物品;同月 28 日,公安人员将曹一帆抓获。

二、裁判要旨

No. 5-266-54 "套路贷"是对以非法占有为目的,假借民间借贷之名,诱使或迫使被害人签订"借贷"或变相"借贷""抵押""担保"等相关协议,通过虚增借贷金额、恶意制造违约、肆意认定违约、毁匿还款证据等方式形成虚假债权债务,并借助诉讼、仲裁、公证或者采用暴力、威胁以及其他手段非法占有被害人财物的相关违法犯罪活动的概括性称谓。"套路贷"在行为目的、侵害客体、法律后果方面区别于民间高利贷。

"套路贷",是对以非法占有为目的,假借民间借贷之名,诱使或迫使被害人签订"借贷"或变相"借贷""抵押""担保"等相关协议,通过虚增借贷金额、恶意制造违约、肆意认定违约、毁匿还款证据等方式形成虚假债权债务,并借助诉讼、仲裁、公证或者采用暴力、威胁以及其他手段非法占有被害人财物的相关违法犯罪活动的概括性称谓。由于"套路贷"犯罪通常打着民间借贷的幌子,因此,实践中很容易将"套路贷"与民间高利贷混淆,具体可以从以下几个方面加以区分:

一是行为目的方面。"套路贷"中的"借款"不过是行为人侵吞被害人财产的借口,行为人是以"借款"为名行非法占有被害人财物之实,其目的是侵占他人的财产。而高利贷的出借人,是为了到期按照合同约定收回本金和高额利息,并不具有非法占有他人财产的目的。

二是侵害客体方面。"套路贷"侵害客体多、社会危害大,从诱骗或者强迫被害人签订合同到暴力讨债、虚假诉讼,不仅侵害被害人财产权、人身权,还危害公共秩序,破坏金融管理秩序,甚至挑战司法权威,严重妨害司法公正。而高利贷主要是破坏金融管理秩序。

三是法律后果方面。"套路贷"在本质上属于违法犯罪行为,借款本金和利息均不受法律保护。而高利贷体现了双方意思自治,借款行为本身是合法的。根据《最高人民法院关于审理民间借贷案件适用法律若干问题的规定》,借贷双方约定的利率超过年利率 36%,超过部分的利息约定无效。即高利贷本金及法定利息受法律保护,超过法定的高额利息部分不受法律保护。

No. 5-266-55 行为人实施虚假诉讼行为,非法占有他人财产,同时成立虚假诉讼罪和诈骗罪,根据《刑法修正案(九)》第三百零七条之一的规定,应依照处罚较重的规定定罪从重处罚。

诈骗罪,作为侵犯财产犯罪,以行为人实际取得财物作为既遂的标准;而虚假诉讼罪侵犯的主要客体是正常的司法秩序,以妨害司法秩序或者严重侵害他人合法权益为既遂标准。根据《刑法修正案(九)》第三百零七条之一的规定,既符合虚假诉讼罪的构成要件,又构成诈骗罪

的,依照处罚较重的规定定罪从重处罚。根据《刑法》第二十三条的规定,对于未遂犯,可以比照既遂犯从轻或者减轻处罚。如果对被告人陈寅岗、曹一帆等人以虚假诉讼罪定罪处罚,则法定最高刑为七年有期徒刑;如果对陈寅岗、曹一帆等人以诈骗罪定罪处罚,则法定最高刑为无期徒刑。因此,对陈寅岗、曹一帆等人应当以处罚较重的诈骗罪定罪从重处罚,同时考虑他们系犯罪未遂,可以比照既遂从轻或者减轻处罚。此外,曹一帆身为执业律师,却与陈寅岗等人相勾结,藐视法律,欺骗法庭,积极实施诈骗行为,极大地破坏了司法公信力,应当酌情予以从重处罚。

案例:张凤江等 14 人诈骗案

案例来源:《刑事审判参考》总第 123 集[第 1363 号]

主题词:诈骗罪　套路贷

一、基本案情

怡智公司内设后勤部、讨债部、业务部、财务部,自 2014 年 9 月起,怡智公司以民间借贷为诱饵,实际以"违约金""行业操作惯例"等名义诱骗被害人签订虚高借款金额的借条并带被害人至银行转账,制造被害人已取得全部虚高借款金额的痕迹,再以各种借口单方面认定被害人违约,采取与被害人签订空白的房屋租赁合同,网签被害人房产限制其交易,使用言语或身体威胁恐吓、上门骚扰,与其他犯罪团伙之间虚假平账,进一步虚增借款金额,向法院提起虚假诉讼等方式诱骗、逼迫被害人按虚高金额的借条还款。被告人施俊杰、程健、李盛、王瑾于 2014 年 9 月起陆续加入怡智公司。被告人张凤江、李洋于 2015 年 10 月起加入并实际控制怡智公司,此后,招募或组织他人继续共同实施诈骗等犯罪活动。张凤江、李洋主要负责管理、洽谈;施俊杰、程健、韩朋、陈景东、孙文举、王征、李盛、常跃主要负责看房、走账、网签、讨债、诉讼;毕金金、陈慧、胡维静主要负责介绍、接待、初审、洽谈、办理抵押贷款;王瑾主要负责记账、转账。

至案发,被告人张凤江参与诈骗 39 名被害人,共计骗得 1224. 5066 万元;被告人李洋参与诈骗 40 名被害人,共计骗得 1198. 3066 万元;被告人施俊杰参与诈骗 10 名被害人,共计骗得 222. 13 万元;被告人程健参与诈骗 36 名被害人,共计骗得 781. 9482 万元;被告人韩朋参与诈骗 19 名被害人,共计骗得 581. 8 万元;被告人陈景东参与诈骗 19 名被害人,共计骗得 756. 7366 万元;被告人孙文举参与诈骗 14 名被害人,共计骗得 641. 9 万元;被告人王征参与诈骗 9 名被害人,共计骗得 312. 36 万元;被告人李盛参与诈骗 10 名被害人,共计骗得 226. 5416 万元;被告人常跃参与诈骗 3 名被害人,共计骗得 220 万元;被告人王瑾参与诈骗 44 名被害人,共计骗得 1283. 5582 万元;被告人陈慧参与诈骗 3 名被害人,共计骗得 174. 89 万元;被告人胡维静参与诈骗 1 名被害人,骗得 56. 4 万元;被告人毕金金参与诈骗 1 名被害人,骗得 30 万元。

此外,被告人张凤江还与谢海南、黄华强、张涛等人(均另案处理)通过共同控制的上海天甘资产管理有限公司(以下简称"天甘公司"),以上述相同方法诈骗 27 名被害人,共计骗得863. 78 万余元。

2016 年 9 月 9 日,被告人张凤江、李洋、施俊杰、程健、韩朋、陈景东、孙文举、李盛、常跃、王瑾、陈慧、胡维静、毕金金分别被公安人员抓获。2017 年 1 月 3 日,被告人王征被公安人员抓获。在本院审理期间,施俊杰、王征、李盛、陈慧、胡维静、毕金金的家属分别代为退缴了 10 万元、50 万元、16 万元、8 万元、7 万元、1 万元。

二、裁判要旨

No. 5-266-56　犯罪数额难以准确判断时,总体采取就低认定的原则,但如果被告人未供述具体犯罪数额,而被害人所称的被骗金额合理,且在虚高的借条金额及走银行流水的合理范围内,则可以按照被害人陈述中的被骗数额予以认定。

最高人民法院、最高人民检察院、公安部、司法部印发的《关于办理黑恶势力犯罪案件若干问题的指导意见》和《关于办理"套路贷"刑事案件若干问题的意见》(以下简称《"套路贷"意见》)均明确指出:在认定"套路贷"犯罪数额时,应当与民间借贷相区别,从整体上予以否定性评价,"虚高债务"和以"利息""保证金""中介费""服务费""违约金"等名目被犯罪嫌疑人、被告人非法占有的财物,均应计入犯罪数额。犯罪嫌疑人、被告人实际给付的本金数额,不计入犯罪数额。在实际办理"套路贷"案件时,被告人、被害人往往各执一词,且"借贷"过程中被告人为了垒高数额刻意采取多种手段使借贷流程"合法化"、复杂化,使不管是公诉机关还是法院均难以准确地判断出具体的犯罪数额。法院审理本案时,对于犯罪数额的认定总体采取就低认定的原则,但如果被告人未供述具体犯罪数额,而被害人所称的被骗金额合理,且在虚高的借条金额及走银行流水的合理范围内,则可以按照被害人陈述中的被骗数额予以认定。此外,被告人在借贷过程中以"违约金""保证金""中介费""服务费""利息"等各种名义收取的费用均应计入犯罪数额予以认定,故虽不能采用司法鉴定意见书的结论,但对于鉴定过程中查证的银行账户转让户名、转让金额及网签人等有相关书证予以印证的数据予以采纳。

No. 5-266-57 对于既遂,被害人经催讨或诉讼后,向被告人支付的钱款大于其借款本金的,既遂数额=被害人实际支付的钱款-借款本金;行为人与其他团伙互相平账的,既遂数额=平账钱款-借款本金。对于未遂,未遂数额=虚高借条的数额(或诉讼数额)-借款本金数额。

第一,既遂数额的计算方法。本案中的既遂分为两种情形:一种情形是被害人经催讨或诉讼后,向被告人支付的钱款大于其借款本金;另一种情形是被害人经催讨后无力还款,怡智公司将被害人的债务"平账"至其他团伙,且其他团伙将平账钱款实际支付给怡智公司。所谓"平账",是指在被害人不能按照被告人张凤江等人的要求归还虚高的借条金额时,张凤江等人介绍被害人向其他人员(或公司)借款,用于清偿张凤江等人的债务。这种"平账"的操作手段在业内也称作"转单",对于不同被告人来说,针对被害人的诈骗仅仅是一单生意。

在第一种情形下,"既遂数额=被害人实际支付的钱款-借款本金",被害人存在实际损失。在第二种情形下,有可能存在平账后被害人尚未归还钱款,但法院审理后认为,怡智公司已完成诈骗行为,且已实现犯罪目的,故"既遂数额=平账钱款-借款本金"。怡智公司内涉及此种情形的被害人有 8 人,天甘公司内涉及此种情形的被害人有 5 人。

第二,未遂数额的计算方法。《"套路贷"意见》指出:已着手实施"套路贷",但因意志以外原因未得逞的,可以根据相关罪名所涉及的《刑法》、司法解释规定,按照已着手非法占有的财物数额认定犯罪未遂。我们认为,未遂数额是指被告人已经着手实施诈骗等犯罪行为,如已经签订虚高的借款合同,但是由于意志以外原因没有得逞,即"未遂数额=虚高借条的数额(或诉讼数额)-借款本金数额"。即使被害人曾经归还过部分钱款(利息),但是从被告人的主观方面而言,其想要骗取的是远高于借款本金数额的虚高借条数额,被害人先行归还的数额,对被告人来说首先要收回其为实施犯罪而支付的诱价(实际出借的数额),所以在被害人没有将实际收到的数额全部归还给被告人之前,犯罪未遂数额一直是虚高借条的数额(或诉讼数额)减去实际借款本金数额。故归还的犯罪成本之内的数额不扣除,只有当被害人归还的数额超过了被告人"出借"数额的部分才可认定为犯罪既遂的数额。所谓诉讼数额,是指当被害人无法按照虚高的借款合同金额给付钱款时,被告人通过向法院起诉的方法实际索要的数额。在司法实践中,被告人出于及时回笼资金或者尽可能获取法院能够支持数额的目的,有可能主动在虚高借条的数额基础上,减免被害人所谓的部分"债务",减免后的数额即为诉讼数额。

第三,当怡智公司与天甘公司互有平账时,各被告人犯罪数额的计算方法。本案部分犯罪事实中存在怡智公司与天甘公司互有平账的情形,部分事实有证据证明系"虚假平账",即为垒高被害人借条金额,将被害人的债务转至另一公司,但实际并未平账,用来"平账"的个人或者公司对被害人展开新一轮的诈骗活动,与被害人再次签订虚高的合同、走虚假的银行流水,用来给付怡智公司的钱款往往通过虚假银行流水先进入怡智公司账户,至于双方被告人如何瓜分实际诈骗所得的钱款往往通过事前约定的形式进行操作,即被害人最终归还的钱款由两家公司根据事先的约定比例分配。在这种情况下,认定两家公司系共同犯罪,相关公司实际控制人和参与人员对全部犯罪承担责任。

另有部分事实并没有充分的证据能证明两家公司系虚假平账,在这种情况下,被告人往往将被害人平账至其他公司。由被害人与平账公司签订借款合同,平账公司替其偿还所欠借款。

平账数额是虚高的合同数额减去被告人已偿还的数额。实践中,被告人有时会基于及时套现或者回笼资金的需要,"免除"被害人部分债务,所以平账数额往往低于虚高的合同数额减去被害人已偿还的数额。计算被告人的犯罪既遂数额时,应当是平账数额减去借款本金,由于被告人主动"免除"被害人部分债务,这部分债务不能作为犯罪未遂数额予以认定。此外,平账公司与被害人新签订的借款合同数额必然是大于实际平账数额的,实际用于平账的钱款在后续计算平账公司犯罪既遂数额时予以扣除。本案中,由于被告人张风江在两家公司均有股份且系两家公司的实际控制人,故认定张风江应对全部犯罪承担责任,但对于其他参与人员,仅就其参与的部分承担责任。

案例:朱港春、李俊乐诈骗案

案例来源:《刑事审判参考》总第 124 集[第 1371 号]

主题词:诈骗罪　虚假诉讼

一、基本案情

被告人朱港春投资开办投资有限公司,从事帮助他人临时资金周转等方面业务,并从借贷活动中收取高额利息作为盈利,被告人李俊乐参与合作并从中获取利益。2013 年 4 月中旬,被害人徐同亮因贷款到期急需资金,遂通过朋友项建清找到李俊乐、朱港春借款。同月 14 日,徐同亮填写了无出借人、无借款利息、借款总额为 200 万元的借条,借款时间为同月 15 日,约定同月 30 日前归还全部借款,并加盖了自己经营的丽水市同亮贸易有限公司的公章,徐同亮的妻子毕晶作为借款人在借条上签名。朋友方良斌、项建清、季飞云在借条上签名担保。同月 15 日,徐同亮将借条交给朱港春,朱港春、李俊乐以及吴巧宏、胡光华、徐永进等人凑足 200 万元后,当日下午由吴巧宏代为办理,从李俊乐的个人账户中同行转账支付给徐同亮。之后,朱港春在徐同亮出具的借条上,分别在方良斌、项建清、季飞云的签名前擅自加注"借款人(1)、(2)、(3)"字样,将上述三位担保人的身份篡改为共同借款人。同月 28 日,徐同亮将全部 200 万元欠款转账归还至朱港春的账户,向朱港春讨要借条时,朱港春以徐同亮之前为他人担保的另一笔借款 300 万元尚未归还为由拒绝归还。徐同亮经与朱港春多次争吵、协商,朱港春对借条进行彩色复印后,将复印件交给徐同亮。之后,项建清得知朱港春等人欲持借条起诉的消息,要求朱港春将借条上其名字划去。

2013 年下半年至 2014 年 2 月,被告人朱港春的律师根据其要求,以被告人李俊乐为原告,徐同亮、方良斌、季飞云、毕晶以及丽水市同亮贸易有限公司为被告撰写民事起诉状,要求上述被告归还原告借款本金 200 万元并支付利息 40 万元。同月 9 日,李俊乐在朱港春的要求下,在律师准备好的特别授权委托书和起诉状上签名,并在徐同亮出具的借条原件上原无出借人和无利息处,分别写上"李俊乐"和"2"字样。同年 5 月 14 日,律师以李俊乐为原告,向丽水市莲都区人民法院起诉。丽水市莲都区人民法院审查立案后,经公告送达和审理,于同年 11 月 6 日作出民事判决,判令被告徐同亮、方良斌、季飞云、毕晶以及丽水市同亮贸易有限公司于判决生效后十五日归还原告李俊乐借款 200 万元,并支付自 2013 年 4 月 15 日起按月利率 2%计算至判决确定的履行期限届满之日止的利息。

一审判决作出后,民事被告方良斌、季飞云不服,向丽水市中级人民法院提起上诉。二审期间,方良斌、季飞云经与李俊乐的特别授权代理人协商,于 2015 年 3 月 18 日达成和解协议,约定由季飞云、方良斌在 2015 年 8 月 30 日前每人向李俊乐支付 10 万元,剩余的 180 万元与方良斌、季飞云无关,方良斌、季飞云撤回上诉。之后,方良斌、季飞云向丽水市中级人民法院申请撤回上诉,丽水市中级人民法院于同月 19 日作出民事裁定书,裁定准许方良斌、季飞云撤回上诉,双方均按原审判决执行。2015 年 4 月 9 日,丽水市公安局莲都区分局对季飞云、方良斌等人被诈骗案立案侦查。

法院认为,被告人朱港春、李俊乐结伙采用捏造事实的方法,通过变造证据等手段向人民法院提起民事诉讼,意图欺骗人民法院作出有利于自己的错误裁判,妨害司法秩序,其行为均已构成虚假诉讼罪。二被告人的主观故意虽以牟取不正当利益为目的,但其客观表现为以捏造的事实向人民法院提起民事诉讼,行为侵犯的是正常司法秩序和利益相关人的合法权益,符合《刑法》规定的虚假诉讼罪的构成要件,公诉机关指控罪名有误,应予纠正,辩护人提出的本案不符合诈骗罪的辩护意见予以采纳。判决被告人朱港春犯虚假诉讼罪,判处有期徒刑三年,缓刑五年,并处罚金人民币十万元;被告人李俊乐犯虚假诉讼罪,判处有期徒刑二年,缓刑三年,并处罚金人民币五万元。

宣判后,丽水市莲都区人民检察院提出抗诉:原判认定被告人朱港春、李俊乐构成虚假诉讼罪属定性错误,导致量刑不当,建议依法改判。浙江省高级人民法院、浙江省人民检察院《关于办理虚假诉讼刑事案件具体适用法律的指导意见》第六条规定:"以非法占有为目的,进行虚假诉讼,骗取公私财物的,按照刑法第二百六十六条诈骗罪处理。"根据《刑法修正案(九)》新增的《刑法》第三百零七条之一第三款的规定,实施虚假诉讼行为,非法占有他人财产或者逃避合法债务,又构成其他犯罪的,依照处罚较重的规定定罪从重处罚。二被告人提起虚假诉讼是手段,非法占有他人财物是目的,属于牵连犯,应依法认定为诈骗罪。丽水市人民检察院支持抗诉,支持抗诉意见和出庭意见认为,《最高人民法院关于〈中华人民共和国刑法修正案(九)〉时间效力问题的解释》(以下简称《时间效力解释》)第七条规定,对于《刑法修正案(九)》施行前的诉讼诈骗行为,非法占有他人财产或者逃避合法债务,根据修正前《刑法》应当以诈骗罪等追究刑事责任的,适用修正前《刑法》的有关规定。诉讼诈骗属于诈骗具体类型中的"三角诈骗",符合诈骗罪的构成要件,且即使认定二被告人不构成诈骗罪,原判适用法律亦违反禁止不利溯及既往的要求,请求依法改判。

丽水市中级人民法院经审理认为,原审被告人朱港春、李俊乐明知借款人所欠借款已经归还,仍然捏造事实起诉借款人及担保人,要求对方归还借款及利息,具有非法占有他人财产的主观目的,客观上实施了虚构事实、隐瞒真相行为,致使人民法院作出错误裁判处分被害人的财产,符合诈骗罪的构成要件。《时间效力解释》第七条第二款规定,通过虚假诉讼,非法占有他人财产或者逃避合法债务,根据修正前《刑法》应当以诈骗罪等追究刑事责任的,适用修正前《刑法》的有关规定。最高人民检察院法律政策研究室《关于通过伪造证据骗取法院民事裁判占有他人财物的行为如何适用法律问题的答复》不属于司法解释,且与上述司法解释相冲突,不予适用。原判认定朱港春、李俊乐的行为构成虚假诉讼罪属适用法律错误,抗诉机关的抗诉理由成立。朱港春、李俊乐因意志以外的原因未得逞,系诈骗犯罪未遂。判决撤销丽水市莲都区人民法院(2015)丽莲刑初字第878号刑事判决;被告人朱港春犯诈骗罪,判处有期徒刑四年六个月,并处罚金人民币十五万元;被告人李俊乐犯诈骗罪,判处有期徒刑二年,缓刑五年,并处罚金人民币十万元。

二、裁判要旨

No.5-266-58 "单方欺诈型"虚假诉讼行为构成诈骗罪。

第一,认定"单方欺诈型"虚假诉讼行为构成诈骗罪不存在理论上的障碍。在"单方欺诈型"虚假诉讼的情况下,因行为人捏造事实而被骗的是人民法院,人民法院在受蒙蔽的情况下处分的是民事被告的财产,遭受损失的是民事被告,受骗人(财产处分人)与被害人并非同一主体,发生了分离。这种情况理论上一般称为"三角诈骗",是否可以以诈骗罪论处,是理论和实践中的主要分歧所在。最高人民法院认为,首先,《刑法》关于诈骗罪的规定并未排除"三角诈骗",无受骗人与被害人必须是同一主体的规定,"三角诈骗"行为完全符合诈骗罪的构成要件。其次,"三角诈骗"在侵犯公私财产权益方面与普通诈骗不存在任何区别,对"三角诈骗"以诈骗罪论处,符合刑法关于诈骗罪的立法原意。

第二,相关立法资料反映出立法机关亦认为"单方欺诈型"虚假诉讼行为构成诈骗罪。《刑法修正案(九)》(草案一次审议稿)建议增设《刑法》第三百零七条之一第二款规定:"以捏造的事实提起民事诉讼,非法侵占他人财产或者逃避合法债务,又构成其他犯罪的,依照本法第二百六十六条(诈骗罪)的规定从重处罚",明确虚假诉讼犯罪行为可以构成诈骗罪。审议过程中,有意见提出,实施虚假诉讼行为非法侵占他人财产,还可能构成其他侵财型犯罪,故立法机关作了进一步修改,明确此类行为又构成其他犯罪的,依照处罚较重的规定定罪从重处罚。此处的"其他犯罪",既包括诈骗罪,也包括以欺诈手段实施的职务侵占罪、贪污罪等侵财型犯罪。

No. 5-266-59 "单方欺诈型"虚假诉讼行为发生在《刑法修正案(九)》施行之前,《刑法修正案(九)》施行之日尚未处理的,应当适用修正前《刑法》规定,以诈骗罪定罪处罚。

最高人民法院出台了《时间效力解释》,其中第七条第二款规定,实施虚假诉讼行为,非法占有他人财产或者逃避合法债务,根据修正前《刑法》应当以诈骗罪、职务侵占罪或者贪污罪等追究刑事责任的,适用修正前《刑法》的有关规定。

在某一行为同时符合虚假诉讼罪构成要件和诈骗罪等侵财型犯罪构成要件的情况下,由于诈骗罪等侵财型犯罪的法定最高刑一般高于虚假诉讼罪,根据《刑法》第三百零七条之一第三款的规定,应以诈骗罪等侵财型犯罪从重处罚。但是,如果适用修正前《刑法》的规定,对该行为应直接以诈骗罪等侵财型犯罪定罪处罚,无从重处罚的要求。《时间效力解释》第七条第二款规定,对发生在《刑法修正案(九)》施行之前,《刑法修正案(九)》施行后尚未处理完毕,同时符合虚假诉讼罪构成要件和诈骗罪等侵财型犯罪构成要件的行为,适用修正前《刑法》的有关规定。因而,本案认定为诈骗罪等侵财型犯罪,是贯彻落实从旧兼从轻原则的必然结果。

综上,本案二审法院适用《时间效力解释》第七条第二款的规定,改判被告人朱港春、李俊乐的行为均构成诈骗罪并根据各自的犯罪事实、情节分别量刑,是适当的。

案例:黄金章诈骗案

案例来源:《刑事审判参考》总第 124 集[第 1372 号]

主题词:诈骗罪　刑事欺诈与民事欺诈的区分

一、基本案情

被告人黄金章以"工厂生产需要资金周转,扩大生产"为理由,向被害人林志平借款共计 1000 万元,并书写欠条,约定于 2012 年 10 月 8 日前还清,并加盖黄金鞋模公司公章,同日黄金章还伪造同意以公司的房地产权证作为抵押的股东会决议,交给林志平。至 2012 年 5 月 16 日,黄金章共归还林志平 279.5 万元。

在本案审理期间,林志平以黄金鞋模公司承担担保责任诉至本院,莆田市中级人民法院于 2014 年 1 月 26 日作出(2013)莆民初字第 172 号民事判决,判决黄金鞋模公司向林志平赔偿损失人民币 1000 万元及利息。后林志平据此参与福州市中级人民法院(2013)榕执行字第 333 号执行案件拍卖余款分配,分得 173.65 万元。

2012 年 2 月,被告人黄金章向被害人王永德借款 100 万元,并以伪造的房产证、土地证各一本作为抵押,至 2012 年 4 月 29 日,仅归还 4 万元。

2009 年被告人黄金章以其及其弟的房产等作为抵押向工商银行莆田市分行申请贷款 560 万元。2012 年 6 月 14 日,黄金章仍以上述房产为抵押向工商银行莆田市分行申请贷款 600 万元。次日,黄金章以"其正在申请贷款 600 万元,手续已经审批"及届时将会用该笔贷款偿还被害人薛雄辉为由,向薛雄辉借款 560 万元,并用于偿还其之前的贷款,并以黄金鞋模公司担保。2012 年 6 月 18 日,黄金章办理解除抵押时,被房管部门发现该房产证系伪造,未能办理解押。工商银行的 600 万元贷款未能发放。薛雄辉无力追回欠款,于同月 23 日以黄金章诈骗向公安机关报案。黄金章得知薛雄辉报案后潜逃外地。

福建省高级人民法院认为,被告人黄金章高息向他人借款,并出具借据,借款资金用于股市投资和偿还银行贷款等合法经营活动。认定黄金章具有非法占有为目的依据不足,其确有虚构部分事实或者隐瞒真相的行为,但其实施这一行为并非为了实现非法占有的目的,故其行为不符合诈骗罪的构成要件,应属于民事欺诈行为,由此与债权人产生的纠纷,应通过民事诉讼方式予以解决,不应予以刑事追究。判决撤销莆田市中级人民法院(2014)莆刑初字第 48 号刑事判决;上诉人黄金章无罪。

二、裁判要旨

No.5-266-60 正确区分诈骗罪与民事欺诈应从欺骗内容、欺骗程度和欺骗结果三个方面进行考虑。

首先是欺骗内容。民事欺诈是个别事实或者局部事实的欺骗,诈骗犯罪则是整体事实或者全部事实的欺骗。司法实践中存在欺诈性借款和借款诈骗、欺诈性销售和销售诈骗、合同欺诈和合同诈骗、保险欺诈和保险诈骗等区分。如合同欺诈和合同诈骗的区分,合同欺诈的行为人在签订合同之后,以积极的态度创造条件履行合同,如果只是在合同的一些要素,如主体、担保或者数量、质量等方面进行欺骗,但依然有履行合同的行为,则属于合同欺诈;如果是整体事实的欺骗,行为人根本无履行诚意或履行能力,只是利用合同骗取他人财物的,即使有一点履行合同的行为,也属于诈骗犯罪。

其次是欺骗程度。如果行为人采用的欺骗手段达到了使他人产生错误认识并处分财物的程度,则构成诈骗罪;如果行为人虽然采用欺骗手段,但并没有达到使他人无对价交付财物的程度,则可能只构成民事欺诈。一般而言,民事欺诈行为人为了减轻责任,可能进行一定程度的辩解,但不会逃避承担责任;而诈骗犯罪的行为人则是要使自己逃避承担责任,最终使对方遭受损失。

最后是欺骗结果,也可以从主观上理解为非法占有目的。民事欺诈行为中,当事人主观上也有谋取不正当利益的目的,但这种利益是通过民事行为,如通过合同的履行而实现合同的利益;而诈骗犯罪是以非法占有为目的的犯罪,行为人谋取的不是民事行为的对价利益,而是对方当事人的财物,即使行为人有表面上的"履约"行为,也只是掩人耳目或者迷惑对方的行为,是为了犯罪的顺利实施而付出的犯罪成本。尽管非法占有目的属于行为人的主观心理状态,但可根据其客观行为表现及其行为效果推定行为人的主观心理态度。根据司法实践,《全国法院审理金融犯罪案件工作座谈会纪要》总结出"七种情形",如非法获取资金后逃跑,隐匿、销毁账目,搞假破产、假倒闭以逃避返还资金等,认为这些情形下行为人非法获取资金导致数额较大资金不能返还的,可以认定具有非法占有的目的。最高人民法院认为,实践中诈骗犯罪中非法占有目的的推定,可以综合考虑、审查分析以下几个要素:(1)要看行为人主体身份是否真实,行为实施对象是陌生人群还是熟悉的人甚至是朋友、亲戚;(2)要审查行为人在行为当时有无履约能力,有无归还能力;(3)要审查行为人有无采取诈骗的行为手段,有无实施虚构事实、隐瞒真相的行为;(4)要审查行为人有无履约的实际行动,有无积极准备做相应工作;(5)要审查行为人未履约的原因,是因为意外事件、行为人过失等原因造成不能履约,还是根本不想去履约;(6)要审查行为人的履约态度是否积极,是否按时、按计划履行合约;(7)要审查行为人对财物的主要处置形式,如有无肆意挥霍、有无使用资金进行违法犯罪活动;(8)要审查行为人的事后态度是否积极,如有无抽逃、转移资金、隐匿财产,以逃避返还资金,有无在获取资金后逃跑行为。

本案中虽有虚构事实或隐瞒真相的行为,但认定非法占有目的的依据不足,不成立诈骗罪。本案中,虽然被告人黄金章在借款理由、款项用途、伪造房产证上是存在欺诈的,但是借款符合民间借贷的形式要件,被害人对于出借资金不存在陷入错误认识的情形。黄金章至案发前也一直在稳定地还本付息,没有非法占有的目的或者卷款潜逃的行为。因此无论从欺诈的内容、欺诈的程度、欺诈对被害人错误认识的影响等角度分析,均尚未达到诈骗罪的程度,不应作为犯罪处理。被告人黄金章向林志平借款当时,黄金章具有还款的能力。黄金章将借款资金用于股市投资和偿还银行贷款等合法活动,所欠借款无法及时还清,系因股票投资经营亏损和续贷手续出差等原因造成,并非因个人挥霍或其他违法犯罪活动。黄金章除了向薛雄辉尚未付息即案发,均有支付他人利息,说明黄金章有还款意愿。黄金章系在得知薛雄辉报案后才逃往外地,与获取资金后即逃匿的情形有所不同。

本案从立案侦查到二审无罪释放历时近五年。在经济增速放缓、金融借贷纠纷频发的大背景下,很多企业经营者资不抵债,本案就属于这种背景下将经济纠纷当作犯罪处理的典型案例。2016年,最高人民法院出台了《关于充分发挥审判职能作用切实加强产权司法保护的意见》,强调要严格区分经济纠纷与刑事犯罪,坚决防止把经济纠纷当作犯罪处理。充分考虑非公有制经济特点,严格把握刑事犯罪的认定标准,严格区分正当融资与非法集资、合同纠纷与合同诈骗、民营企业参与国有企业兼并重组中涉及的经济纠纷与恶意侵占国有资产等的界限,坚决防止把经济纠纷认定为刑事犯罪,坚决防止利用刑事手段干预经济纠纷。

案例:阚莹诈骗案

案例来源:《刑事审判参考》总第 124 集[第 1373 号]

主题词:诈骗罪　数额计算

一、基本案情

被告人阚莹谎称其有一提七饼“97 水蓝印”普洱茶出售,以一饼 34000 元的价格与马云峰达成合意,骗得马云峰支付货款人民币 238000 元。后阚莹以云南海鑫堂普洱茶冒充“97 水蓝印”普洱茶向马云峰发货。经鉴定,该云南海鑫堂普洱茶的实际价值仅为 4389 元。

法院认为:被告人阚莹以非法占有为目的,诈骗他人财物 238000 元,数额巨大,其行为已构成诈骗罪。阚莹归案后如实供述了上述事实,可以从轻处罚。阚莹自愿认罪认罚,依法可以从宽处罚。判决被告人阚莹犯诈骗罪,判处有期徒刑五年六个月,并处罚金人民币五万元;责令被告人阚莹退赔赃款人民币二十三万八千元给被害人马云峰。

二、裁判要旨

No. 5-266-61　诈骗数额的认定应当考量被害人实际财产损失,行为人支付的财物若能有效弥补被害人损失的,可以从诈骗罪数额中扣除。

从《刑法》第二百六十六条的字面含义理解,诈骗数额指的是行为人骗取的财物数额。司法解释、规范性文件中也原则上采用行为人的所得额为标准计算诈骗数额。1996 年最高人民法院《关于审理诈骗案件具体应用法律的若干问题的解释》(以下简称《96 诈骗解释》)中规定,利用经济合同进行诈骗的,诈骗数额应当以行为人实际骗取的数额认定,合同标的数额可以作为量刑情节予以考虑。2001 年《全国法院审理金融犯罪案件工作座谈会纪要》(以下简称《金融犯罪纪要》)重申在没有新的司法解释之前,可参照《96 诈骗解释》的规定执行。在具体认定金融诈骗犯罪的数额时,应当以行为人实际骗取的数额计算。

实践中,行为人实际骗取的数额与被害人的财产损失数额并非完全对应。在诈骗数额难以直接认定的情形下,有时直接以被害人的损失数额作为诈骗数额。此外,即使在诈骗数额可以直接认定的情形下,也应当考量被害人的实际损失。实践中可以分为两种情况:一种情况是被害人的实际损失大于被告人的诈骗数额。因为被害人除了被骗取的直接损失,可能还存在间接损失。一般而言不影响定罪及量刑幅度,但是在量刑中可以适度考虑。另一种情况则是被害人的实际损失小于被告人的诈骗数额,在此种情形下就涉及在计算被告人的诈骗数额时是否应当进行扣除的问题。

为了诈骗行为的顺利实施,行为人需要进行一定的投入。这种投入既可能是以被害人之外的第三方为支付对象,也可能直接以被害人为支付对象。对于前者,由于被告人的支出对被害人的损失没有任何弥补,不应进行扣除。而对于行为人向被害人支出的财物,考虑其对受损的法律关系有所弥补,在特定情形下可以进行扣除,具体如下:

1. 案发前归还的财物

当前我国关于诈骗类犯罪的司法解释、规范性文件通常规定了“案发前归还”的财物应当从被告人的诈骗数额中进行扣除,如《96 诈骗解释》《金融犯罪纪要》《最高人民法院关于审理非法集资刑事案件具体应用法律若干问题的解释》。对于“案发前归还”,既包括诈骗犯罪既遂之后,行为人出于修复被侵害的法律关系的主观意愿,对被害人所受财产损失进行的补偿;也包括行为人多次、连续实施诈骗的情形下,以后次诈骗的财物偿还前次诈骗的行为。

2. 行为人支付的部分财物

在诈骗的过程中,行为人为了取得被害人的信任,通常会采取预付定金、抛出小额诱饵等诱使被害人上当受骗,对于此部分财物是否应当扣除,应当根据实际情况进行分析。不能仅仅因为上述财物是行为人为了实现犯罪既遂所必需付出的代价,就主张一律计入犯罪数额,不予扣除,或者机械地比较被害人丧失和取得的财物的客观价值,不考虑利用可能性,一律将此从犯罪数额中扣除。我们认为,可以根据行为人所支付财物的不同表现形式,全面审查上述财物对弥补被害人财产损失的有效性。如果上述财物对于被害人具有利用可能性,能够有效弥补被害人所受的财产损失,有助于恢复被侵害的法益,则可以将上述财物对应的财产价值从诈骗类犯罪的数额中扣除。具体而言,在司法实践中,这一类财物常表现为货币、黄金等形式,可以固定地充当交易媒介,衡量商品价值,具有一般等价物的属性。对此,《检察机关办理电信网络诈骗案件指引》在谈到诈骗数额的认定时也指出,对通过向被害人交付一定货币,进而骗取其信任并实施诈骗的,由于货币具有流通性和经济价值,该部分货币可以从诈骗数额中扣除。

相反,如果行为人支出的财物对于被害人没有利用可能性,无法实现被害人预期的交易目的,对弥补被害人所受的财产损失也没有实际意义,即使该犯罪成本有与被害人交付的财物相当的市场价值,甚至完全具备正常商品所应有的使用价值,一般也不应从诈骗类犯罪的数额中扣除。

本案中被告人交付的低档普洱茶的价值不应从犯罪数额中进行扣除。首先,被告人阚莹交付低档普洱茶并非阚莹出于弥补被害人马云峰损失的主观意愿,而是为了更稳妥地实现非法占有对方财产的犯罪目的。其次,马云峰以投资、收藏的目的向阚莹购买高档普洱茶、支付货款。虽然低档普洱茶也有确定的市场价值,能够满足普通消费者的食用需求,但既没有收藏和投资价值,通常也没有货币、黄金所特有的一般等价物属性,阚莹向马云峰交付的低档普洱茶对弥补马云峰所受的财产损失没有多大实际意义。因此,该低档普洱茶的市场价值可不从被告人的诈骗数额中进行扣除。

案例:刘楚荣、刘汉杰、刘立辉诈骗案

案例来源:《刑事审判参考》总第 128 辑[第 1420 号]

主题词:诈骗罪　国家工作人员

一、基本案情

2008 年至 2009 年间,在厦深铁路广东有限公司对广东省潮州市潮安区沙溪镇刘畔村的征地拆迁补偿工作过程中,潮州市潮安区沙溪镇刘畔村村民委员会接上述镇政府的通知,负责登记迁坟数量及统筹补偿款。被告人刘楚荣时任该村党支部书记及村民委员会主任,被告人刘汉杰时任该村的村民委员会副主任,被告人刘立辉时任该村的会计。三人利用任潮州市潮安区沙溪镇刘畔村村民委员会干部的身份,合谋以虚列刘畔村迁坟数量的方式骗取厦深铁路广东有限公司的补偿款。之后,刘楚荣向上级部门报告 1025 口为"有主坟",465 口为"无主坟"的数量。随后,厦深铁路广东有限公司的工作人员将《厦深铁路潮安段拆迁物情况确认表》交由刘楚荣。刘汉杰签名确认并加盖村民委员会公章。经相关部门签名确认后,厦深铁路广东有限公司先后 2 次将共计 605500 元的赔偿款拨至潮州市潮安区沙溪镇刘畔村村民委员会开立的账户上。为套取上述赔偿款,刘楚荣指使刘立辉伪造相关的迁坟赔偿的凭证,虚列支出迁坟赔偿 342000 元,除实际支付的赔偿款 50500 元外,余款 291500 元被作为该村的"小金库",后因纪律检查部门的调查介入,刘楚荣等人又将该款重新在财务进账。至 2009 年 6 月,刘楚荣又指使刘立辉以"付迁坟赔偿款"的名义套取 170500 元,之后刘立辉又将其中 86000 元在村财务进账,用于该村开支,余款 84500 元没有存入该村进账,去向不明。综上,刘楚荣、刘汉杰、刘立辉共同以虚列迁坟的方式实施骗取厦深铁路广东有限公司赔偿款作案,赃款共计 462000 元。

二、裁判要旨

No. 5-266-62　虽具有国家工作人员身份,但未利用国家工作人员职务上便利,实施骗取补偿款行为的,不成立贪污罪,应以诈骗罪定罪处罚。

当被告人同时具有国家工作人员及其他等多种身份时,国家工作人员的身份对其他身份不存在绝对的吸收关系,不能因被告人具有国家工作人员的身份,就当然认为被告人是利用该身份实施了犯罪行为,而应当厘清哪一个身份才是被告人实施犯罪行为时所真正利用的身份,才能对被告人的行为作出准确定性。

本案中,厦深铁路沙溪段建设协调领导小组是沙溪镇政府为了推进上级政府布置的征地拆迁工作而成立的临时机构。沙溪镇政府为了在下辖各村顺利开展该项工作,将各村的村委会主任列为协调领导小组成员,协助镇政府从事征地拆迁补偿等工作,被告人刘楚荣就是其中之一。因此,刘楚荣依法以国家工作人员论,这一点毋庸置疑。

被告人刘楚荣虽然是厦深铁路沙溪段建设协调领导小组成员,但其具体工作是与其他村干部一起协助沙溪镇政府清点刘畔村的迁坟数量。在行为方面,刘楚荣和其他村干部从事相同工作,在身份方面,刘楚荣没有体现出协调领导小组成员特有的职权和职责。而迁坟数量最终是按照上级要求以刘畔村村民委员会的名义上报,非刘楚荣以协调领导小组成员的个人身份上报。在迁坟补偿款经逐级审批并拨付到村之前,刘楚荣更没有主管、管理、经手该笔款项的权力和方便条件,无法体现职务的便利性。相反,本案的迁坟数量是刘畔村村民委员会按上级要求进行登记上报,刘畔村村民委员会是该行为的实施主体。刘楚荣作为村委会主任,为了给村集体谋取非法利益,与其他村干部合谋骗取迁坟补偿款,并以村委会的名义上报。这一系列行为均是刘楚荣利用村委会主任的职权,以村委会主任的身份去实施的。因此,不能认定刘楚荣利用国家工作人员的身份骗取迁坟补偿款,以贪污罪对刘楚荣定罪处罚。

案例:徐文斌诈骗案

案例来源:《刑事审判参考》总第 129 辑[第 1439 号]

主题词:诈骗罪　间接正犯

一、基本案情

2016 年 8 月至 9 月间,被告人徐文斌以非法占有为目的,向陕西国际商贸学院学生张某谎称自己认识陕西省国际商贸学院及陕西服装学院财务处的工作人员,可以为学生代交并减免一半学费,每名学生缴费后可以给张某提成 500 元。张某信以为真,通过在校学生卢某、郑某等人在校内宣传并实际收取了上述学校 38 名学生的学费共计 313780 元。张某等人对学生声称可以以六折的价格收取学费,以五折的价格交给徐文斌,故从中向学生加收了一折学费,共获利 89980 元,该部分款项被张某、卢某、郑某等人私分。张某等人将其余学费 223800 元转交给徐文斌。徐文斌收款后向张某支付提成 17500 元,并向缴费学生出具了伪造的学费收据。2016 年 10 月 17 日,徐文斌主动向咸阳市公安局秦都分局投案。案发后,徐文斌、张某、卢某等人共退缴非法所得 152580 元。

二、裁判要旨

No. 5-266-63　在间接正犯的场合,被利用者超出利用者的犯意范围实施的行为及所造成的结果,不应归属于间接正犯。

典型的实行行为过限存在于普通的共同犯罪中,一般指在共同犯罪中,部分共同犯罪人实施了超过原共同商定的犯罪故意范围以外的行为。共同犯罪要求共同犯罪人具有共同故意,对行为的性质及可能造成的危害结果具有共同的认知和意志。根据主客观相一致的原则和责任主义原则,实施过限行为的行为人自己承担过限部分的行为责任,没有共同故意的其他共同犯罪人,不应对此承担刑事责任。

间接正犯是一种特殊、复杂的犯罪形态。基于我国《刑法》规定"共同犯罪是指二人以上共同故意犯罪",因此间接正犯不属于共同犯罪,所以一直作为单个人的犯罪来处理,追究个人的刑事责任。但因为间接正犯中毕竟存在支配利用他人的犯罪人与被支配利用的实行行为人,实行行为人当然有可能超出授意范围行事。而且,实行行为过限不仅仅局限于行为性质的过限,也包括数额的过限。

本案中,被告人徐文斌利用张某、卢某等人的行为实施诈骗,徐文斌成立诈骗罪的间接正犯,行为最终造成被害人 31 万余元的财产被骗,其中,张某、卢某等人单独"加码"额外获利的行为超出了徐文斌的授意范围,而且多收取的8万余元也没有交给徐文斌,徐文斌对此毫不知情,本案属于实行过限中数额过限的情形。根据主客观相一致的原则,徐文斌不应对张某、卢某等人超出其授意范围获得的8万元承担刑事责任。

110 抢夺罪(《刑法》第二百六十七条第一款)

案例:李丽波抢夺案

案例来源:《刑事审判参考》总第95集[第933号]

主题词:抢夺罪 抢夺本人财物的定性

一、基本案情

被告人李丽波,男,1981年4月6日出生。2011年9月28日因涉嫌犯抢夺罪被取保候审,2012年2月15日被广东省广州市越秀区人民法院决定继续取保候审。

广东省广州市越秀区人民检察院以被告人李丽波犯抢夺罪,向越秀区人民法院提起公诉。

越秀区人民法院经公开审理查明:2008年1月29日23时许,被告人李丽波在广州市越秀区文园停车场乘停车场保管员不备,将其向广东邦润典当有限责任公司借款人民币(以下币种同)65000元而提供的担保物——车牌号为粤A46483的起亚牌小轿车(经鉴定,该车价值106276元)从停车场强行开走。之后,李丽波携车逃匿,且未向广东邦润典当有限责任公司清偿上述借款。2009年2月6日,被害单位广州市越秀区文园停车场向广东邦润典当有限责任公司赔偿经济损失及支付相关诉讼费用共计90206元。2011年9月28日,李丽波自行到公安机关投案,主动交出上述小轿车和退赔经济损失65000元。

另查明,李丽波归案后申请将扣押于广州市公安局越秀分局的上述退赔款65000元发还被害单位广州市越秀区文园停车场。李丽波还直接向被害单位文园停车场退赔了经济损失25206元,被害单位对李丽波表示谅解,请求法院对其从轻处罚。

广州市越秀区人民法院经审理认为,被告人李丽波无视国家法律,以非法占有为目的,公然夺取他人财物,数额特别巨大,其行为构成抢夺罪。李丽波在案发后能主动投案并如实供述犯罪事实,属于自首,依法可以从轻或者减轻处罚。鉴于李丽波归案后能主动交出涉案车辆和退赔被害单位的经济损失,认罪、悔罪表现较好,且获取被害单位的谅解,依法可以酌情从轻处罚。综合考虑上述情节,李丽波符合缓刑适用条件,依法可以对其减轻处罚并宣告适用缓刑。据此,依照《中华人民共和国刑法》第二百六十七条第一款,第六十七条第一款,第七十二条第一款及第三款,第七十三条第二款及第三款,第五十三条,第六十四条及最高人民法院、最高人民检察院、司法部《关于适用普通程序审理"被告人认罪案件"的若干意见(试行)》第九条、最高人民法院《关于适用财产刑若干问题的规定》第二条第一款之规定,广州市越秀区人民法院判决如下:

1. 被告人李丽波犯抢夺罪,判处有期徒刑三年,缓刑五年,并处罚金人民币二万元。
2. 扣押在案的退赔款人民币六万五千元发还被害单位广州市越秀区文园停车场。

一审宣判后,被告人李丽波未提起上诉,检察机关亦未抗诉,该判决已发生法律效力。

二、裁判要旨

No.5-267(1)-1 抢夺因质押而由第三人保管的本人财物,成立抢夺罪。

不动产被质押后,其所有权不因质押而改变,但质物的占有权却由出质人转至质权人。质权人有将其合法取得的占有权转委托第三人代为行使,如委托第三人代为保管该质物。出质人在质押关系消灭前不能侵犯质权人、第三人的占有权,即不能强行改变占有状态,否则即便其取得质物的占有,也不能以其享有对质物的所有权而否定这种占有的非法性。被告人李丽波虽然仍然享有对涉案质物——起亚牌小轿车的所有权,但其占有权经质押权人——广东邦润典当有限责任公司转至越秀区文园停车场,文园停车场取得对质押物小轿车的合法占有权。无论是质押权人自己占有该小汽车,还是质权人委托的第三人占有该小汽车,都应当得到法律保护。如果李丽波强行改变占有关系,必然会使自己受益,使质权人或者第三人遭受经济损失,故此种非法占有行为在法律上应当予以禁止,社会危害性较大的,应当纳入刑法规制范围。

在财产犯罪案件中,有无被害人往往是认定犯罪是否成立的一个重要要件。特别是在三角债权关系中,被害人的确定往往对行为的定性起着决定性的影响。在侵犯财产犯罪中,一般而言,因行为人非法改变占有关系而实际遭受人身和经济损失的一方系被害人。具体到本案中,被告人李丽波乘人不备,强行将车开走,在未造成人身损害的情况下,实际遭受经济损失的一方系被害人。文园停车场受质权人的委托,取得对小轿车的保管权,根据相关规定,其在保管质押财产期间,应当对质押财产的毁损、灭失承担赔偿责任。在案证据显示,文园停车场基于保管合同对质权人遭受了 90206 元的经济损失,包括赔偿质权人的 65000 元和诉讼费 25206 元。可见,作为保管人员的文园停车场系本案的被害人。

无论是采取理论界的"所有权说"还是"占有权说",都不能仅从表面上分析被告人的行为所针对的是被害人的合法占有物还是所有物,而应当分析被告人的行为是否实际导致被害人遭受财产损害。显然,本案被告人李丽波的行为,在行为的社会危害性上,与抢夺他人所有财物的行为无异,都会导致他人遭受财产损害,而且都有可能导致人身伤害后果。对这类行为如不通过刑法予以规制,必将导致对这类行为的放纵。"孙伟勇盗窃案"具有一定参考意义。在该案中,人民法院将"伪造证明材料将借用的他人车辆质押,得款后又秘密窃回的行为"认定为盗窃行为。我们认为,这样的认定,符合社会公平正义观念,也不违背法律的规定。基于上述分析,我们认为,对李丽波的行为以抢夺罪论处符合刑法原理。

111 侵占罪(《刑法》第二百七十条)

案例:张建忠侵占案

案例来源:《刑事审判参考》总第 40 集[第 318 号]

主题词:侵占罪

一、基本案情

被告人张建忠,男,1970 年 7 月 25 日出生,汉族,高中文化,原系佛山市禅城区红太阳不锈钢加工厂司机。

广东省佛山市禅城区人民法院经审理查明:2003 年 2 月 20 日上午 8 时许,被告人张建忠利用其任佛山市禅城区红太阳不锈钢加工厂(以下简称"红太阳加工厂")司机的职务之便,在该厂安排其独自一人开车将一批价值人民币 87840.2 元的不锈钢卷带送往本市源鸿福不锈钢制品有限公司之际,将该批货物擅自变卖他人,并弃车携变卖所得款 40000 元逃匿,后被抓获。

另查明,红太阳加工厂的注册性质系个体工商户,投资人为朱绚丽。

佛山市禅城区人民法院认为:被告人张建忠将代为保管的自诉人价值 87840.2 元的财物非法占为己有,数额较大,拒不退还,其行为已构成侵占罪。依照《中华人民共和国刑法》第二百七十条第一款、第六十四条的规定,作出如下判决:被告人张建忠犯侵占罪,判处有期徒刑一年;缴获的赃款四万元返还给自诉人朱绚丽。

一审宣判后,自诉人及被告人均没有提出上诉,判决已发生法律效力。

二、裁判要旨

No. 5-270-1 雇员利用职务上的便利,将个体工商户的财物非法占为己有,数额较大的,应以侵占罪论处。

个体工商户是《中华人民共和国民法通则》所规范的,属于个人投资经营,用个人财产承担责任的特殊民事主体。首先,个体工商户与《中华人民共和国个人独资企业法》中提到的个人独资企业有所不同,它不属于企业。其次,作为特殊民事主体的个体工商户在民事法律上之所以不同于自然人,其中一个特征就是,个体工商户既可以是公民个人投资经营,也可以由家庭成员部分或全部投资经营。就前者而言,个体工商户在刑法意义上应视为个人;就后者而言,从刑法意义上看也不能视为单位。第三,刑法意义上的单位有两种类型:一是作为犯罪主体的单位

(《刑法》第三十条);二是作为特定犯罪被害人的单位,如职务侵占罪等。对这两类单位是作同一解释还是作区别解释,目前仍未定论。但无论如何,能称其为单位的,都必须是依法成立的具有一定经费和财产,有相对独立性的社会组织。个体工商户是特殊的民事主体,具有自然人的全部特征,却不具备单位的组织性特点。因此,在刑法意义上,个体工商户是实质的个人,而不是企业或单位。所以,个体工商户所聘的雇员、帮工、学徒,无论其称谓如何,均不能成为职务侵占罪的主体。本案个体工商户红太阳加工厂虽然规模较大,管理方式类似于企业,但法律意义上仍为个人。因此,该加工厂所聘用的专职司机,不属于职务侵占罪的主体,其利用职务之便侵吞本厂的财物不构成职务侵占罪。

本案定为侵占罪,理由就在于被告人张建忠不是采用秘密窃取的方法将他人占有下的财物占为己有,其行为的实质是将自己临时代为保管的财物非法占为己有且拒不退还。实践中,能够就他人财物形成刑法意义上的代为保管关系的情形很多,而不仅限于由于正式的保管合同所产生的代为保管关系。本案被告人张建忠作为个体工商户户主朱绚丽所雇佣的司机,受托负责将户主所有的货物运交他人,这种雇佣委托关系,使双方就所交运的货物已形成一种实质意义上的代为保管关系。很明显,被告人张建忠作为为个体工商户送货的司机,对车上的货物负有代为保管的义务,但其非法占有代为保管的他人财物而逃匿,拒不退还或拒不交出,侵犯了个体工商户朱绚丽的财产所有权,完全符合侵占罪的构成。

案例:杨飞侵占案

案例来源:《刑事审判参考》总第 70 集[第 583 号]

主题词:侵占罪

一、基本案情

被告人杨飞,男,1985 年 10 月 10 日出生,农民。

自诉人赵伟良,1956 年 8 月 7 日出生,个体业主。

浙江省诸暨市人民法院经审理查明:被告人杨飞的父亲杨作新系从事袜子加工业务的个体工商户,系家庭经营,但主要由杨作新夫妇二人负责经营。从 2007 年上半年始,自诉人赵伟良将部分袜子委托杨作新加工定型。其间,杨飞将赵伟良委托加工定型的袜子盗卖给他人。经公安机关追回的袜子共计 62 包,每包 300~500 双不等,均已发还自诉人。

诸暨市人民法院认为,自诉人赵伟良将袜子委托给被告人杨飞之父杨作新加工定型,尽管杨作新经营的袜子加工厂在组织形式上系家庭经营,但实际上系由其夫妇共同经营,二人并未将自诉人委托加工的袜子交由杨飞保管,杨飞对该批袜子未形成事实上的占有,故杨飞将这些袜子予以盗卖的行为不符合侵占罪的构成特征。据此,依照《中华人民共和国刑法》第二百七十条第一款、《中华人民共和国刑事诉讼法》第一百六十二条第(二)项、最高人民法院《关于执行〈中华人民共和国刑事诉讼法〉若干问题的解释》第二百零五条之规定,判决被告人杨飞无罪。

一审宣判后,自诉人赵伟良向浙江省绍兴市中级人民法院提出上诉。

绍兴市中级人民法院认为,原审被告人杨飞对上诉人赵伟良委托杨作新加工定型的袜子,并未形成事实上的占有,杨飞在其父杨作新不知情的情况下,采取秘密窃取的手段,盗卖其父实际占有的财物,其行为不构成侵占罪。原判认定事实清楚,适用法律正确,审判程序合法。依照《中华人民共和国刑事诉讼法》第一百八十九条第(一)项之规定,裁定驳回上诉,维持原判。

二、裁判要旨

No.5-270-2 对他人财物不存在事实上的占有关系,不属于侵占罪中代为保管的他人财物,不构成侵占罪。

《刑法》第二百七十条第一款规定,将代为保管的他人财物非法占为己有,数额较大,拒不退还的,是侵占罪。据此,代为保管他人财物和拒不退还,是构成侵占罪的两个重要条件。具体而言,首先,构成侵占罪要求行为人对他人的财物存在代为保管事实。如不具有这种主体身份特征,则缺乏构成侵占罪的基本条件。典型意义上的代为保管关系产生于保管合同之中,此外,加工承揽合同、委托合同、租赁合同、使用借贷合同、担保合同等众多的合同关系均可能存在代为保管关系。本案中的代为保管关系产生于加工承揽合同,即承揽人按照定作人的要求完成工作、交付成果,定作人给付报酬的合同。承揽合同有两种情形,一种是加工的原材料由承揽人自己选用;另一种是加工的原材料由定作人提供。在第一种情形下,定作人不负责提供原材料,承揽人先行支付购买材料费用,对自己选用的材料享有所有权,对于利用该材料加工完成的工作成果,若承揽人不将其交付给定作人,不成立侵占罪,只构成民事上的违约。在第二种情形下即定作人提供原材料的情形下,原材料被交付给承揽人之后并未发生所有权转移,承揽人只是暂时地享有占有、支配、按照合同目的使用原材料的权利。在履行合同时,承揽人负有返还利用原材料加工完毕的工作成果的义务,此时原材料就处于代为保管的状态,拒不返还便属于侵占。

本案自诉人赵伟良与被告人杨飞的父亲杨作新之间存在加工承揽合同,究其合同约定内容属于上述第二种承揽模式。虽然杨作新的袜子加工厂系家庭经营模式,杨飞系家庭成员之一,但由于杨作新的袜子加工厂的实际经营者是杨作新夫妇,杨飞并未参与到经营活动中,对家庭经营活动中所涉及的财物没有控制管理的权利,故事实上并不占有这些财物。而侵占罪中的代为保管关系要求被告人对他人财物存在事实上的占有关系。故对于自诉人赵伟良委托加工的袜子,只有从事经营并实际占有这些袜子的杨作新夫妇才有可能构成侵占罪的主体,杨飞不具有构成侵占罪的主体资格,其行为不符合侵占罪中代为保管他人财物的主体特征。

其次,被告人杨飞不具有拒不退还的情节。认定行为人拒不退还,要求行为人主观上不想退还,客观上以实际行动表明不退还的意思。如果行为人以出卖、赠与、使用等形式实际处分代为保管的他人财物后,表示愿意赔偿财物所有人的经济损失的,一般不能认定为拒不返还。因为多数情况下,财物的价值可以通过货币来体现,在原物不能退还时,行为人愿意用货币或者种类物来赔偿的,表明其不具有非法占有的意思,不应认定为侵占罪。本案中,公安机关在自诉人报案后,即根据被告人杨飞的交代,从该批袜子的收购处将袜子追回并已退还给自诉人,没有发生自诉人要求杨飞或者其父杨作新返还袜子而他们拒不返还的情况。相反,案件发生后,被告人及其家属从一开始就表示愿意进行等价赔偿,但遭到自诉人拒绝。由于袜子是种类物,自诉人委托杨作新加工袜子的目的也是为了出售牟利,被告人以货币形式完全可以赔偿自诉人的经济损失,故自诉人虽拒绝接受赔偿,但不能由此否定被告人具有赔偿意愿和赔偿能力。据此,被告人杨飞的行为也不符合侵占罪所要求的拒不退还的要件,其行为不构成侵占罪。

案例:沙国芳侵占案

案例来源:《刑事审判参考》总第 133 辑[第 1498 号]

主题词:侵占罪 占有

一、基本案情

2011 年至 2017 年,被告人沙国芳承包自诉单位重庆园林公司常州办事处。2012 年,沙国芳设立并实际控制小华馨艺合作社。重庆园林公司为贷款和资金使用方便,与沙国芳达成合意,由沙国芳以小华馨艺合作社的名义开设农业银行账户供重庆园林公司使用,要求该账户只能办理网银业务,重庆园林公司掌握该账户的 U 盾和密码。2015 年,沙国芳将该账户的银行短消息绑定为自己的手机号码。2017 年 12 月 14 日,重庆园林公司将 2000 万元贷款转入该账户。次日,沙国芳注销该账户的网银业务,重新开通电子银行业务,并以转账的方式将 2000 万元转入其控制的另一小华馨艺合作社账户,随后又将资金分散转入自己控制的户名为刘志勤、李群、李玉花、丹阳市四季青苗木专业合作社、丹阳市创伟达苗木专业合作社的银行账户,后据为己有。重庆园林公司发现该账户资金被转移之后,多次向沙国芳催要,沙国芳拒绝归还。

二、裁判要旨

No. 5-270-3 账户名义人将账户内的他人资金占为己有的行为,成立侵占罪。

"借名存款"是名义存款人开立银行账户给实际存款人使用,实际存款人把资金存入名义存款人开立的银行账户。“借名存款”涉及名义存款人、实际存款人、银行三方的关系。资金存入银行账户后,由银行所有并实际占有,存款人对银行形成债权,在存款实名制之下,名义存款人就是银行的债权人,能够通过挂失账户、更改账户密码、办理账户网银等方式控制账户内资金,实现对账户内资金的实际占有控制。实际存款人则视其和名义存款人的约定对账户资金或可享有部分支配权。实际存款人将资金存入名义存款人账户,即意味着将存款(债权)交付名义存款人代为保管。实际存款人有限地使用银行卡、U 盾和密码取现、转账行为并非行使与银行之间的债权,不能依此否定名义存款人的债权人身份。即使实际存款人控制银行卡,也不意味着控制存款。实际存款人的行为仅属于代理名义存款人与银行进行交易,相应的法律后果应当由名义存款人承担。本案中,重庆园林公司与被告人沙国芳达成合意,由沙国芳开设涉案账户供重庆园林公司使用,要求该账户只能办理网银业务,重庆园林公司掌握该账户的 U 盾和密码。沙国芳是名义存款人、同时也是该账户户主控制人,可通过挂失、补办及注销相关业务等方式,实现对账户实际占有控制权。

“借名存款”中,名义存款人与实际存款人是相分离的。银行基于因存款而形成的货币债务履行义务,在办理相关业务时只须进行形式审查,没有对存款人形式与实质是否分离进行实质审查的义务。虽然名义存款人账户内资金实质归实际存款人所有 但名义存款人在实际存款人不知情的情况下持自己身份证去银行进行挂失、补办等操作,银行在进行形式审查后配合办理相关业务系银行履行相关义务的行为,银行并未因此遭受欺骗,银行无须对实际存款人承担赔偿责任,相应的法律责任由名义存款人承担。本案中也同样如此,小华馨艺合作社是银行客户,其对账户当然有注销交易和重新补办权限,银行对钱款脱离重庆园林公司控制不承担责任。

委托物侵占的前提是行为人在侵占他人财物之前已通过代为保管的方式实际持有或控制他人财物。本案中,被告人沙国芳以自己名义开设账户,便获得了对账户内钱款的控制。沙国芳于该贷款转入次日便通过挂失、补办的方式陆续将账户内实际存款人重庆园林公司的2000 万元转出藏匿,经重庆园林公司多次催要,沙国芳拒不退还,其行为符合侵占罪的构成要件,构成侵占罪。

112 职务侵占罪(《刑法》第二百七十一条)

案例:张珍贵等职务侵占案

案例来源:《刑事审判参考》总第 35 集[第 274 号]

主题词:职务侵占罪　利用职务便利　贪污罪主体

一、基本案情

被告人张珍贵,又名张亚贵,男,1973 年 10 月 30 日出生,小学文化程度,原系福建省厦门象屿储运有限公司门卫。因涉嫌犯盗窃罪,于 1999 年 5 月 4 日被公安机关刑事拘留,同年 6 月 4 日因涉嫌犯职务侵占罪被逮捕,同年 6 月 10 日因涉嫌犯贪污罪改由检察机关立案侦查。

被告人黄文章,男,1970 年 9 月 28 日出生,高中文化程度,原系福建省厦门象屿胜狮货柜有限公司初验员。因涉嫌犯盗窃罪于 1999 年 5 月 4 日被公安机关刑事拘留,同年 6 月 4 日因涉嫌犯职务侵占罪被逮捕,同年 6 月 10 日因涉嫌犯贪污罪改由检察机关立案侦查。

厦门市中级人民法院经审理查明:1998 年 7 月,被告人张珍贵与国有公司厦门象屿储运有限公司(以下简称“储运公司”)签订临时劳务合同,受聘担任储运公司承包经营的海关验货场的门卫,当班时负责验货场内货柜及物资安全、凭已缴费的缴费卡放行货柜车辆,晚上还代业务员、核算员对进出场的车辆打卡收费。受聘用期间,张珍贵多次萌生纠集他人合伙盗窃验货场内货柜的念头。被告人张珍贵结识被告人黄文章后,两人密谋商定:由张珍贵寻机(当班及验货场有货)通知黄文章联系拖车前来偷运其看管的货柜,告知货柜箱型、货柜号、利用当班的便利放行并利用其与保税区门岗熟悉的条件,寻机将拖车驶出保税区时交给门岗验收的货柜出场单和相关登记表偷出并销毁;被告人黄文章则负责联系拖车、窃取货柜并套用其所在的厦门象屿胜狮货柜公司的货物出场单偷运出保税区大门及销赃事宜。

1999 年 4 月 29 日,厦门象屿南光五矿进出口贸易有限公司将欲出口的 6 个集装箱货柜运入海关验货场等待检验。是日,正值被告人张珍贵当班,张即按约通知被告人黄文章联系拖车前来行窃。当日下午7时许,被告人黄文章带着联系好的拖车前往海关验货场,在被告人张珍贵的配合下,将其中的3个集装箱货柜(箱号NEWU5111199、NEWU5111120、NEWU5111218,内装1860箱"华隆"牌多元脂加工丝)和3个车架(总价值计人民币659878元)偷运出验货场,并利用窃取的厦门象屿胜狮货柜公司的货物出场单将偷运的3个货柜运出保税区大门,连夜运往龙海市港尾镇准备销赃。当黄文章将货柜运出保税区大门后,张珍贵到保税区门岗室,乘值班经警不备,将上述3个货柜的出场单及货物出区登记表偷出销毁。次日上午,因储运公司报案,5月3日,二被告人被公安机关抓获归案。黄文章交代赃物去向并带公安人员前往石狮市祥芝镇东园村取获被盗的3个集装箱、3个车架及999箱"华隆"牌多元脂加工丝,前往龙海市港尾镇取获寄存的229箱"华隆"牌多元脂加工丝。公安机关从港尾镇工商所取获黄文章等人在转移赃物时被查扣的345箱"华隆"牌多元脂加工丝。上述赃物已由公安机关发还被窃单位。尚有287箱"华隆"牌多元脂加工丝(价值人民币76715元)无法追回。

厦门市中级人民法院认为:被告人张珍贵在受聘为厦门象屿储运公司门卫期间,利用当班看管验货场货物、核对并放行车辆、代理业务员和核算员对进出场货柜车打卡、收费等岗位职责便利,与被告人黄文章相互纠集,内外勾结,共同将所在公司负责保管的货柜窃取占为己有,其行为均已构成职务侵占罪,系共同犯罪。犯罪数额巨大,至今尚有价值人民币76715元的货物无法追回,依法应予惩处。公诉机关指控二被告人的犯罪事实成立,但因被告人张珍贵既不是受委托经营、管理国有财产的人员,也不是国有公司中从事公务的人员,其身份不符合贪污罪的主体要件,故起诉指控二被告人的行为构成贪污罪属罪名不当,应予纠正。鉴于二被告人归案后认罪态度均较好,被告人黄文章还协助公安机关追回大部分赃物,以挽回失主的经济损失,故均可酌情从轻处罚。被告人张珍贵、黄文章的辩护人关于起诉指控定性不当的辩护意见部分予以采纳,但关于张珍贵没有职务便利可利用、本案被盗财物不是国有财产、被告人是从犯、被盗货物的价格应以保税品价格计算等辩护意见,均与事实不符,没有法律依据,故不予采纳。据此,依照《中华人民共和国刑法》第二百七十一条第一款、第二十五条第一款、第六十四条之规定,判决如下:

1. 被告人张珍贵犯职务侵占罪,判处有期徒刑九年,并处没收财产人民币一万元;
2. 被告人黄文章犯职务侵占罪,判处有期徒刑八年,并处没收财产人民币一万元;
3. 继续追缴本案被告人的犯罪所得计人民币七万六千七百一十五元发还被害单位。

宣判后,二被告人均未上诉,检察机关亦未抗诉,判决已发生法律效力。

二、裁判要旨

No.5-271-1 国有单位基于劳务合同所聘用人员,是平等主体之间基于信任或者合同的委托,不属于受委托管理、经营国有财产的人员。

在本案中,被告人张珍贵与国有公司厦门象屿储运有限公司(以下简称"储运公司")签订临时劳务合同,受聘担任储运公司承包经营的海关验货场的门卫,这种基于劳务合同(劳动合同)的聘用,显然不是平等主体之间基于信任或者合同等其他关系而作出的委托,而是国有公司对内部工作人员的工作安排,不能作为受委托管理、经营国有财产人员看待。被告人张珍贵所从事的门岗工作,属于劳务活动,不具有管理、经营性质,因而不属于受委托管理、经营国有财产人员。

No.5-271-2 虽无经营、管理单位财产的权限,但在劳务活动中经手单位财物的,应当认定为具有职务侵占罪的职务便利。

本案被告人张珍贵、黄文章在实施窃取行为过程中,一是被告人张珍贵利用当班之机按约通知被告人黄文章联系拖车前来行窃,在被告人黄文章带着联系好的拖车前往海关验货场后,被告人张珍贵积极配合,将验货场中的3个集装箱货柜和3个车架(总价值计人民币659878元)偷运出验货场;二是黄文章利用工作之便窃取厦门象屿胜狮货柜公司的货物出场单,进而顺利地将3个货柜偷运出保税区大门;三是在被告人黄文章将货柜运出保税区大门后,被告人张珍贵到保税区门岗室,乘值班经警不备,将上述3个货柜的出场单及货物出区登记表偷出销毁。

该三行为是否属于职务上的便利,直接关系到本案的定性,即究竟是职务侵占罪还是盗窃罪。职务侵占罪中的利用职务便利,是指行为人利用主管、管理、经营、经手本单位财物之职的便利条件,这里的职务不限于经营、管理活动,同时还包括劳务活动。工作过程中形成的对环境及人员较为熟悉的有利条件不能视为职务便利。黄文章窃取货物出场单及张珍贵将门岗室里的货物出场单及货物出区登记表偷出销毁的行为,所利用的是工作中形成的对环境及人员较为熟悉的方便条件,不属于职务便利。但张珍贵利用门卫之职,与黄文章合谋把货柜偷运出验货场的行为,虽然利用的是从事劳务的便利,但仍属职务便利。

案例:贺豫松职务侵占案

案例来源:《刑事审判参考》总第 57 集[第 452 号]

主题词:职务侵占罪　主体

一、基本案情

被告人贺豫松,男,1975 年 7 月 18 日出生,汉族,初中文化,原系中铁快运股份有限公司郑州站营业部委外装卸工。因涉嫌犯盗窃罪于 2006 年 7 月 28 日被逮捕。

郑州铁路运输法院经审理查明:被告人贺豫松在任中铁快运股份有限公司郑州车站营业部委外装卸工期间,利用当班装卸旅客托运的行李、包裹的职务便利,在 2003 年 5 月至 2005 年 12 月间,先后 19 次窃取电脑、手机、电磁炉等物品,共计价值人民币 45871 元。

郑州铁路运输法院认为,被告人贺豫松身为郑州车站委外装卸工,利用职务便利,非法占有本单位的财物,数额较大,其行为已构成职务侵占罪。被告人贺豫松因形迹可疑,被公安机关传唤后如实供述司法机关尚未掌握的犯罪事实,系自首,依法可从轻处罚。被告人归案后,认罪态度较好,有悔罪表现,可酌情从轻处罚。根据被告人贺豫松的悔罪表现,适用缓刑不致再危害社会。依照《中华人民共和国刑法》第二百七十一条第一款、第六十七条、第七十二条第一款和最高人民法院《关于处理自首和立功具体应用法律若干问题的解释》第一条之规定,判决如下:

被告人贺豫松犯职务侵占罪,判处有期徒刑二年,缓刑四年。

一审宣判后,被告人没有提出上诉,检察机关亦未提起抗诉。判决已经发生法律效力。

二、裁判要旨

No. 5-271-3　临时聘用人员利用职务上的便利,窃取本单位财物数额较大的,应以职务侵占罪论处。

在本案中,被告人贺豫松系火车站行包房装卸工,其在车站行包房的职责是根据行李员方向清单进行清点与接车,对列车所卸入库的货物装卸办理交接手续等,其对中转的货物具有一定的管理权和经手权。被告人贺豫松的盗窃行为,就是利用其当班管理、经手这些财物的职务之便,在自己负责的中转货物的库区对其管理、经手的货物实施掏芯手段将财物非法占为己有,完全可以认定为利用了职务上的便利而窃取单位财产,从而构成职务侵占罪。

案例:王一辉等职务侵占案

案例来源:《刑事审判参考》总第 58 集[第 461 号]

主题词:职务侵占罪　主体

一、基本案情

被告人王一辉,男,1977 年 8 月 31 日出生,大学本科文化,原系上海盛大网络发展有限公司游戏项目管理中心运维部副经理。因涉嫌犯侵犯著作权罪于 2005 年 10 月 13 日被逮捕。

被告人金珂,男,1977 年 10 月 23 日出生,高中文化,系浙江省师范大学教务处多媒体办公室工作人员。因涉嫌犯侵犯著作权罪于 2005 年 11 月 24 日被逮捕。

被告人汤明,男,1977 年 5 月 30 日出生,大学本科文化,无业。因涉嫌犯侵犯著作权罪于 2005 年 10 月 13 日被逮捕。

上海市浦东新区人民法院经审理查明:被告人王一辉原系盛大公司游戏项目管理中心运维部副经理,主要负责对服务器、游戏软件进行维护和游戏环境内容的更新等。2004 年 8 月底,被告人王一辉与被告人金珂通过网上聊天,预谋利用王一辉在盛大公司工作,有条件接触“热血传奇”游戏软件数据库的便利,复制游戏武器装备予以销售。2004 年 9 月起,被告人王一辉、金珂开始实施上述行为。由金珂首先在“热血传奇”游戏中建立人物角色,然后将游戏角色的相关信息通过聊天记录发送给王一辉,王一辉在盛大公司内利用公司的电脑进入游戏系统,同时打开“热血传奇”服务器 6000 端口,通过增加、修改数据库 Mir. DB 文件中的数据,在金珂创建的游戏人物身上增加或修改游戏“武器”及“装备”。然后由金珂将游戏人物身上的武器及装备通过“www. 5173. com”网站或私下交易出售给游戏玩家。2005 年 2 月,王一辉又趁回金华老家探亲的机会将此事告诉被告人汤明,汤明表示愿意一起加入,并采用同样的方法与王一辉共同实施,非法复制并销售游戏“武器”及“装备”。一段时间后,由于王一辉认为上述操作方法比较麻烦,就让金珂、汤明从网上下载了“热血传奇”私服游戏服务器端,并生成一个伪造的数据包,王一辉负责打开“热血传奇”游戏服务器 6000 端口,同时将服务器的 IP 地址告诉金珂、汤明,由金珂、汤明将每次修改后的数据包发送到服务器,王一辉在收到数据包后,提取数据信息再传送到数据库中,在游戏人物的身上增加或修改游戏“武器”及“装备”。三被告人约定金珂、汤明在出售游戏“武器”及“装备”得款后,分给被告人王一辉 60%的获利,由金珂、汤明将款项汇入王一辉以其本人及“张存”的名义在中国工商银行上海市分行设立的账户内。至 2005 年 7 月三被告人共计非法获利人民币 202 万余元,其中王一辉非法获利 122 万余元,金珂获利 42 万余元,汤明获利 38 万余元。金珂得款后挥霍 20 余万元,汤明以非法获利 32 万余元购买了房屋一套。案发后公安机关冻结了金珂在工商银行浙师大支行中的银行存款 208454. 25 元,查封了汤明用赃款购买的上述房屋。

2006 年 3 月 9 日上海市公安局浦东分局委托上海公信扬知识产权司法鉴定所对被告人发送的软件数据包进行鉴定,司法鉴定所于 2006 年 3 月 13 日委托上海市软件评测中心进行测试,测试结论表明:通过手动修改数据库文件和软件修改数据库文件这两种方式都可导致玩家在游戏中的级别、“武器”“装备”等属性值完全发生变化。2006 年 7 月 21 日,该司法鉴定所又根据上海市公安局浦东分局的委托,出具了补充说明,内容为:网络游戏软件分为客户端和服务器端两部分,在服务器端软件中包含有游戏数据库文件和玩家数据库文件,前者包括物品“武器”及“装备”、魔法技能、动物怪物三个数据库,后者用于存储与玩家有关的武器装备、级别的信息,这两个数据库都是由游戏作者设计的。本案中的软件修改者修改了某一玩家数据库中的数据,并没有修改游戏软件作者设计并编写的软件,也不会引起该游戏软件中的其他部分的改变,但是可以对玩家运行该游戏软件的结果产生重大变化,改变或增加玩家的“武器装备”级别。

另查明,2001 年 6 月 29 日盛大公司与韩国 Actoz 软件有限责任公司签订软件许可协议,协议约定 Actoz 公司授予盛大公司独家且排他许可使用、促销、分发、市场营销、改编或修改“热血传奇”软件,并将该软件转换为中文版本的权利。2003 年 8 月 18 日,韩国 Actoz 软件有限责任公司和 WeMade 娱乐有限公司取得我国国家版权局就“热血传奇”游戏软件颁发的计算机软件著作权登记证书。2003 年 8 月 19 日双方又签订修正协议,约定软件许可的条款可以延长到 2005 年 9 月 28 日,当且仅当协议双方对于“热血传奇”不存在争议时,上述特许期限期满日应延长到 2006 年 9 月 28 日。

本案审理中,被告人王一辉的家属帮助王一辉退赃 120 万元。被告人金珂表示愿意将被公安机关冻结的银行存款 208454. 25 元作为退赃,其余赃款也愿意以工作收入退出。被告人汤明的家属帮助汤明退赃 5 万元,汤明以赃款购买的房屋愿意作为退赃处理,不足部分也愿意以工作收入退出。

上海市浦东新区人民法院针对三被告人及其辩护人对公诉机关指控的事实及定性提出的意见,综合查明的事实及认定的证据作如下评判:

1. 关于公诉机关指控三被告人犯侵犯著作权罪罪名是否成立

公诉机关认为被告人修改数据生成、销售游戏“武器”及“装备”的行为属于复制、发行计算机软件的行为,因此三被告人构成侵犯著作权罪。法院认为,三被告人的行为不符合侵犯计算机软件著作权罪的构成要件,我国刑法第二百一十七条第一款第(一)项规定的侵犯著作权的情形指:“未经著作权人许可,复制、发行其文字作品、音乐、电影、电视、录像作品,计算机软件及其他作品的。”复制、发行是构成侵犯著作权罪的两个行为要件。本案中三被告人实施的行为是修改游戏软件数据库中的数据的行为,而修改数据后产生的“武器”及“装备”是软件运行后产生的结果,并不是软件本身。根据《计算机软件保护条例》第六条的规定,对软件著作权的保护不延及开发软件所用的处理过程、操作方法等,故本案涉及的游戏中的“武器”及“装备”不属于计算机软件著作权的保护范围。三被告人通过修改数据而复制武器及装备不构成复制计算机软件,因此对三被告人的行为不应以侵犯计算机软件著作权罪论处。公诉机关指控三被告人犯侵犯著作权罪的罪名不成立。

2. 关于三被告人的行为定性

法院认为,三被告人的行为构成职务侵占罪。被告人王一辉在盛大公司任游戏项目运维部副经理,其有条件对游戏软件中的数据进行修改,其拥有的数据修改权是因其职责而直接赋予的,因此王一辉的行为符合职务侵占罪中“利用职务上的便利”这一构成要件。网络游戏中的“武器”及“装备”是计算机软件运行后生成的结果,是一种虚拟财产,其在虚拟环境中的作用决定了其可以被人占有、使用等,但游戏玩家要取得虚拟财产除了花费时间外,还必须付出一定的费用,如购买游戏点卡的费用、上网费等,同时该虚拟财产通过现实中的交易能转化为货币,因此虚拟财产既有价值,又有使用价值,具有现实财产的属性。盛大公司通过许可取得了“热血传奇”游戏在一定时间内的独家运营权,在此期间,盛大公司对游戏“武器”及“装备”享有所有权和处分权,因此被告人非法侵占的游戏“武器”及“装备”属于盛大公司所有。关于金珂、汤明是否构成职务侵占罪共同犯罪的问题,最高人民法院《关于审理贪污、职务侵占案件如何认定共同犯罪的问题的解释》第二条规定:“行为人与公司、企业或者其他单位的人员勾结,利用公司、企业或者其他单位人员的职务便利,共同将单位财物非法占为己有,数额较大的,以职务侵占罪共犯论处。”被告人金珂、汤明虽然不是盛大公司的工作人员,但其与被告人王一辉共同勾结,侵占公司财产,根据上述规定,三被告人属共同犯罪。综上所述,三被告人的行为符合职务侵占罪的构成要件,应以职务侵占罪论处。

3. 关于三被告人获取违法所得的金额

公信中南会计师事务所调取了三被告人在银行开设的6个账户(其中王一辉在中国工商银行上海市分行有2个账户,金珂在工行金华市分行有1个账户,汤明在工行金华市分行有3个账户),会计师事务所根据银行对账单资金收付日期、金额、交易注释等内容,按照以下原则判断三被告人因出售游戏“武器”“装备”后分成而发生的交易金额:(1)资金收付日期均为同一天;(2)资金收付金额相同;(3)资金收付可能由于手续费等因素造成收付金额稍有差异,但差异不大。即如被告人王一辉收进的款项与被告人金珂、汤明在同一天支出的款项相同,或差异极小,且交易注释也一致,作为三被告人销售“武器”及“装备”获利的金额。会计师事务所的这一审计方法应是合理的,除非三被告人提供证据证明这笔资金往来与其销售“武器”及“装备”的获利无关。庭审中被告人金珂、汤明均称与王一辉有借款关系存在,但三被告人均未提供相应的证据,而从三被告人较为一致的部分陈述判断,借款额也只有3万余元,扣除之后,并不影响公诉机关对被告人获利金额的认定,因此会计师事务所的审计报告可予采纳。而从被告人王一辉的获利金额按照四六分成的比例可以推算汤明和金珂的获利金额。

综上所述,法院认为,被告人王一辉利用其在盛大公司担任游戏项目运维部副经理的便利,与被告人金珂、汤明共同合谋通过非法手段获取游戏“武器装备”并销售,数额巨大,其行为已触犯《刑法》第二百七十一条之规定,构成职务侵占罪。三被告人系共同犯罪,被告人王一辉在共同犯罪中起主要作用,是主犯。鉴于被告人王一辉认罪态度较好,且其家属能积极帮助退赃,故对被告人王一辉从轻处罚。被告人金珂、汤明在共同犯罪中起次要作用,系从犯,认罪态度较好,并作了退赃的努力,故根据《刑法》第二十七条的规定,对被告人金珂、汤明减轻处罚。鉴于公安机关在接到盛大公司报案后即展开了侦查,在将被告人抓获前已基本掌握了被告人的犯罪事实,其中金珂是经公安机关布控后抓获,被告人到案后能如实交代犯罪行为只能以坦白论处,故被告人王一辉、金珂的辩护人提出王一辉、金珂有自首情节的辩护意见本院不予支持。据此,依照《中华人民共和国刑法》第二百七十一条、第二十五条、第二十六条、第二十七条、第六十四条、第七十二条、第七十三条第二款和第三款之规定,判决如下:

1. 被告人王一辉犯职务侵占罪,判处有期徒刑五年。

2. 被告人金珂犯职务侵占罪,判处有期徒刑三年,缓刑四年。

3. 被告人汤明犯职务侵占罪,判处有期徒刑二年六个月,缓刑三年。

4. 被告人王一辉退赃款人民币120万元,包括现金420198元和银行存款779802元,被告人汤明退赃款人民币5万元,发还被害单位上海盛大网络发展有限公司;被告人汤明用赃款购买的坐落于浙江省金华市柳湖小区27幢4号401室的房屋变价发还被害单位上海盛大网络发展有限公司。尚未退缴的赃款,待追缴后发还被害单位上海盛大网络发展有限公司。

一审宣判后,被告人王一辉、金珂、汤明不服,提出上诉。上海市第一中级人民法院经二审审理后认为,原审判决认定事实清楚,证据确实、充分,定性正确,量刑适当,审判程序合法,依法裁定:驳回上诉,维持原判。

二、裁判要旨

No.5-271-4 网络公司职员利用职务上的便利,通过修改数据生成网络虚拟财物并出售给其他玩家,获利数额较大的,应以职务侵占罪论处。

被告人王一辉作为上海盛大网络发展有限公司游戏项目管理中心运维部副经理,负有维护服务器、游戏软件,更新游戏环境内容等职责,其拥有的数据修改权是其职务直接赋予的权利,因此王一辉的行为符合利用职务上的便利这一构成要件。盛大公司通过许可取得了热血传奇游戏在一定时间内的独家运营权,在此期间,盛大公司对游戏武器、装备享有所有权和处分权,因而王一辉非法侵占的游戏武器、装备属于盛大公司所有。这些游戏武器、装备本质上属于盛大公司通过购买获得的智力成果,虽然盛大公司没有单独出售"武器、装备"的业务内容,但玩家要获得有关不同级别的武器、装备一般只能通过不断投入时间、精力、上网费、点卡费等成本进行持续参与游戏才能获得,因此盛大公司作为独家运营商没有采取直接销售武器、装备的赢利方式正是看重了通过吸引玩家持续参与网络游戏来无偿获取这些武器、装备的赢利方式要比直接销售武器、装备的方式更能实现经济利益的最大化,因而盛大公司所合法拥有的这些游戏武器、装备是独家经营该网络游戏能够给其带来巨大经济收益的直接因素,如果这些游戏武器、装备被盗卖,盛大公司的财产权益必然会受到侵害,在此意义上,这些游戏武器、装备因具备了可以为盛大公司带来巨大经济收益的性质,与传统财产没有本质上的差别,可以视为盛大公司独有的虚拟财产,应当予以全方位的法律保护。综上,被告人王一辉利用职务上的便利将所在单位的财产盗出后出售牟利的行为构成职务侵占罪。对于被告人金珂、汤明,虽然不属于被害单位的工作人员,但其与被告人王一辉共同勾结、相互配合,共同利用王一辉的职务便利实施了侵占盛大公司财产的犯罪行为,符合2000年最高人民法院《关于审理贪污、职务侵占案件如何认定共同犯罪的问题的解释》第二条的规定,三被告人属于共同犯罪,应当以职务侵占罪的共犯论处,因此法院以职务侵占罪对本案三被告人进行定罪处罚是正确的。

案例:任祖翰等职务侵占案

案例来源:《人民法院案例选》2009年第4辑

主题词:职务侵占罪

一、基本案情

被告人任祖翰。

被告人刘岭。

上海市虹口区人民法院经审理查明:被告人任祖翰于2000年8月受上海祺捷实业有限公司

(系由其妻子刘岭个人实际设立、经营、夫妻共同享受权利的公司,以下简称“祺捷公司)指派,担任祺捷公司与上海市殡葬服务中心合资成立的上海方富科技有限公司(以下简称“方富公司)董事,并经方富公司董事会决定,担任该公司技术副总经理。2001年4月至2006年9月间,被告人任祖翰利用负责方富公司原材料采购的职务便利,伙同被告人刘岭,经预谋后,采用以祺捷公司采购正己醇产品后加价销售给方富公司的方法,从中牟取差价共计人民币475794.88元。

上海市虹口区人民法院认为,被告人任祖翰身为公司工作人员,利用职务便利,伙同被告人刘岭,将本单位财物非法占为己有,数额巨大,其行为均已构成职务侵占罪。上海市虹口区人民检察院指控被告人任祖翰、刘岭犯职务侵占罪罪名成立。在共同犯罪中,被告人任祖翰起主要作用,系主犯;被告人刘岭起次要作用,系从犯,对从犯应减轻处罚;被告人任祖翰、刘岭系自首,可减轻处罚;案发后,被告人任祖翰、刘岭退缴了全部赃款,确有悔罪表现,可酌情从轻处罚并适用缓刑。被告人任祖翰虽然在董事会上提出由祺捷公司供应正己醇,但是没有说明祺捷公司购入正己醇和向方富公司出售正己醇之间的巨大差价,系故意隐瞒,该行为不但背弃了对方富公司忠诚的义务,更直接导致方富公司以高于成本50%的价格购买正己醇,而该部分价差进入了由被告人刘岭个人实际经营、享受权利的祺捷公司,为刘岭、任祖翰非法占有。本案采购正己醇的具体经办人虽然不是被告人任祖翰,但决策人是被告人任祖翰,其显然利用了职务便利。

综上,两名被告人的行为具备了职务侵占罪的构成要件,判决被告人任祖翰犯职务侵占罪,判处有期徒刑三年,缓刑三年,并处没收财产人民币三万元。被告人刘岭犯职务侵占罪,判处有期徒刑一年六个月,缓刑一年六个月。退缴的赃款发还被害单位。

一审宣判后,被告人未上诉、检察机关未抗诉。

二、裁判要旨

No.5-271-5　混合所有制公司负责人利用关联交易行为为共同具有财产的近亲属开办公司并非法牟利的,不构成贪污罪或为亲友非法牟利罪,应以职务侵占罪论处。

为亲友非法牟利罪和贪污罪或者职务侵占罪之间,在手段方式上存在着一定的交叉。一般来说,如果行为人利用职务便利,以明显高于或者以明显低于市场的价格向亲友经营管理的单位采购或者销售商品,致使国家利益遭受重大损失的,实际上也是一种损公肥私,变相转移、侵吞公共财物的行为,这点类似于职务侵占罪或者贪污罪的犯罪行为特点。但是,通常情况下,前者和后两者还是比较好区分的,因为对于为亲友非法牟利罪这样的罪名来说,犯罪行为人一般在公司内部是以合法的方法与亲友经营管理的公司进行公开交易的,虽然犯罪行为人不一定会暴露关联交易行为的公司与自己本人的真实关系,但至少在交易过程中,财务上不会也不需要采取涂改账册等欺骗单位的秘密行为,因为该种公开的关联交易,名义上已是犯罪行为人所在单位所“知晓和认可”的行为,这种手段方式上的公开性特征,与贪污罪、职务侵占罪的手段方式上秘密性的特征显然是不一样的。但是,前者和后两者的界限也不是绝对分明的。在一些特殊情况下,原本貌似为亲友非法牟利罪的行为实际上是一种贪污行为或者职务侵占行为。比如被告人利用在公司中的职务便利条件或者职务所形成的地位,采用公司关联交易的方式,以明显高于或者以明显低于市场的价格向亲友经营管理的单位采购或者销售商品,然后约定与该亲友分割关联交易所得的利润(并非只是收受亲友提供的一定好处费)的,其行为应构成贪污罪或者职务侵占罪,而非为亲友非法牟利罪。这是因为,这实际上是犯罪行为人利用自身负责公司经营管理的职务便利的条件,以关联交易这样一种比较迂回的手段来达到自己非法占有本单位财物的犯罪目的,并非仅仅是为亲友经营管理的公司牟利那么简单。故基于该犯罪目的指导下的行为,实际上是一种主要为个人谋利的行为,应当以贪污罪或者职务侵占罪论处,即便三者罪名在该行为上产生了一定程度上的竞合关系,按照牵连犯的处理原则,也应以重罪(贪污罪、职务侵占罪)论处。基于上述的理念,犯罪行为人在与近亲属同财共居的场合,为亲友牟利实际上也就是为自己牟利,用不着事先约定对关联交易行为产生的利润如何分割就可直接推定为贪污或者职务侵占的犯罪行为。相反,在别财分居情况下,就必须有足够证据认定犯罪行为人与亲友有事先或事后分利约定和行为的事实,才能认定为是一种通过关联交易这样的方式迂回地贪污或者职务侵占。司法实践中,由于在这种情况下,犯罪行为人和亲友是利益上的共同体,分割利润的事实往往是不容易发现和查实的,在无法查实时,只能本着“就低不就高”的原则,以为亲友非法牟利罪论处。

结合前述所言,在本案中,被告人任祖翰和刘岭系合法夫妻关系,对夫妻财产没有特别约定,按照有关民事法律,祺捷公司(刘岭设立、经营)的资产和盈利属于被告人任祖翰和刘岭的夫妻共同财产,不分彼此,故被告人任祖翰与刘岭结伙,利用任祖翰所负责的方富公司的关联交易形式,牟取差价,侵占方富公司资产的行为,实际上也是为被告人本人牟利的行为,因为将方富公司资产侵吞、转移为祺捷公司的利润后,该部分利润即成为了被告人夫妻的合法共同财产,两被告人就达到了共同非法占有犯罪所得财产的目的,这显然是不同于单纯的利用关联交易,收受亲友一定好处费,为亲友非法牟利的行为,同时基于两被告人的主体身份关系和方富公司的性质,故两被告人均构成职务侵占罪,而非为亲友非法牟利罪。

案例:虞秀强职务侵占案

案例来源:《刑事审判参考》总第 61 集[第 484 号]

主题词:职务侵占罪

一、基本案情

被告人虞秀强,男,1959 年 12 月 27 日出生,大专文化,原系浙江省新昌县金维化工有限公司副总经理。因涉嫌犯合同诈骗罪于 2006 年 8 月 28 日被逮捕。

衢州市柯城区人民法院经审理查明:被告人虞秀强受浙江省新昌县金维化工有限公司(以下简称“金维公司”)所雇,担任金维公司副总经理,负责原材料供应。2004 年 7 月后,浙江省东阳市陈敏化工有限公司(以下简称“陈敏公司”)与金维公司合作经营,双方约定由陈敏公司提供场地、设备,金维公司提供资金,陈敏公司的生产经营活动由金维公司总经理张玉峰负责。此后,由于陈敏公司生产资金不足,金维公司总经理张玉峰要求虞秀强寻找垫资单位为陈敏公司供应原料。虞秀强先后找到衢州市衢化宏大化工物资经营部(以下简称“宏大经营部”)、衢州市威宇商贸有限公司(以下简称“威宇公司”)、衢州市海圣商贸有限公司(以下简称“海圣公司”),约定由三家单位垫资向陈敏公司供货,虞秀强负责向陈敏公司销售货物和回收货款,所产生的利润由三单位与被告人虞秀强平分。此后,宏大经营部等三家单位通过虞秀强先后向陈敏公司销售多种化工原料。

2004 年底,因陈敏公司经营亏损,宏大经营部等三家单位为陈敏公司所垫货款难以收回。宏大经营部等三家单位为了追索替陈敏公司所垫的款项多次要求被告人虞秀强归还货款。2005 年 1 月,金维公司最后需购进 3 吨己内酰胺,被告人虞秀强遂产生非法占有之念,便以金维公司名义于同年 1 月先后 4 次从巨化集团公司锦纶厂(以下简称“巨化锦纶厂”)购进价值 757000 元的 38 吨己内酰胺。被告人虞秀强将其中的 3 吨运至金维公司用于生产,收取 50000 元货款后占为己有;同时将其余 35 吨卖给衢州劲大化工有限公司、陈劲宏等处,在取得销售 35 吨己内酰胺 702000 余元货款后,虞秀强在巨化锦纶厂多次追索货款的情况下,不仅未将己内酰胺的货款支付给巨化锦纶厂,反而在 2005 年 1 月底至 2 月初,用该货款中的 305440 元支付给宏大经营部等 3 家单位作为陈敏公司所欠的货款(宏大经营部 100000 元,威宇公司 150000 元,海圣公司 55440 元),并将其余的 451560 元用于偿还个人债务及炒股。案发后,虞秀强的亲友向公安机关退回赃款 266000 元。

衢州市柯城区人民法院认为,被告人虞秀强以非法占有为目的,在签订、履行合同过程中,隐瞒事实真相,诈骗 35 吨己内酰胺,价值 70 余万元,数额特别巨大,且利用职务之便,非法侵占本单位财物(50000 元),数额较大,其行为分别构成合同诈骗罪和职务侵占罪,应依法实行数罪并罚。案发后,虞秀强的亲属代虞秀强退出部分赃款,可对其酌情从轻处罚。依照《中华人民共和国刑法》第二百二十四条第(五)、第二百七十一条第一款、第六十九条、第六十四条之规定,判决如下:被告人虞秀强犯合同诈骗罪,判处有期徒刑十二年,并处罚金四十万元;犯职务侵占罪,判处有期徒刑二年。决定执行有期徒刑十三年,并处罚金四十万元。

一审宣判后,虞秀强提出上诉。其上诉理由及其辩护人的辩护意见是,一审判决认定事实错误,适用法律不当。理由:1. 虞秀强的行为不构成合同诈骗罪。35 吨己内酰胺销售给劲大公司是公司行为,不是虞秀强的个人行为,其将销售 35 吨己内酰胺的货款用于归还陈敏公司债务是基于金维公司对陈敏公司所欠债务的担保,完全是公司行为,且金维公司承担向巨化锦纶厂支付货款的义务,金维公司对此从未否认;2. 虞秀强的行为也不构成职务侵占罪。虞秀强从金维公司领取的 50000 元系公司归还上诉人于 2004 年 7 月借给公司的借款,2005 年 1 月 2 日虞秀强出具了一张收条,说明"今收到金维公司现金伍万元正",该收条有多种可能性,不能证明虞秀强已将款项非法占为己有。请求撤销一审法院的判决,宣告其无罪。

衢州市中级人民法院经审理,就原判对以下三个事实的认定予以否定或纠正:一是认定虞秀强于 2005 年 1 月在金维公司最后需购进 3 吨己内酰胺时产生非法占有之念,缺乏证据证明,不能认定。二是认定虞秀强将 38 吨己内酰胺中的 3 吨运至金维公司用于生产,收取 50000 元货款后占为己有依据不足,因该 50000 元系虞秀强借故从本单位财务处领出,当时即出具收条留档,并非秘密侵吞。三是虞秀强最后私吞的货款为 444310 元,而非 451560 元。对原判认定的其他事实,予以确认。

衢州市中级人民法院认为,上诉人虞秀强作为金维公司的副总经理以金维公司名义与巨化锦纶厂发生业务关系,巨化锦纶厂按惯例将 38 吨己内酰胺销售给代表金维公司的上诉人虞秀强,是正常的经营行为,上诉人虞秀强在收到本应交给公司的货物后,以非法占有为目的,擅自将货物予以销售,取得货款及销售款 759750 元后,除用于支付宏大经营部等三家单位贷款及运费 315440 元外,个人将其余 444310 元予以侵吞,数额巨大,其行为已构成职务侵占罪。原审法院认为本案分别构成合同诈骗罪和职务侵占罪的判决,定性不当,予以纠正。依照《中华人民共和国刑事诉讼法》第一百八十九条第(二)项及《中华人民共和国刑法》第二百七十一条第一款、第六十四条之规定,判决如下:

1. 撤销浙江省衢州市柯城区人民法院(2007)衢柯刑初字第 174 号刑事判决;
2. 上诉人虞秀强犯职务侵占罪,判处有期徒刑九年,并处没收财产四十万元;
3. 本案赃款继续追缴。

二、裁判要旨

No. 5-271-6　公司职员利用代理公司业务的职务便利,将签订合同所得财物非法占为己有,数额较大的,应以职务侵占罪论处。

(一)被告人虞秀强侵占的是本单位财物而非合同相对人财物

在本案中,被告人虞秀强是本单位金维公司专门负责原材料采购的副总经理,有权直接代表公司购进生产原材料。案发前(2004 年)虞秀强作为金维公司直接负责的主管人员已多次代表金维公司向锦纶厂采购原材料己内酰胺,最多的时候订货量也达三四十吨。其简便的口头订货方式(即不签订书面合同,只需虞秀强电话通知,锦纶厂即可发货,从未需要出具公司授权委托书)及赊购的结算方式,足以反映虞秀强在采购原材料方面具有的充分、完全的职权及代理权,同时也反映合同相对人锦纶厂对于虞秀强的职权已予以充分认可。在此情形下,虞秀强于 2005 年 1 月再次以公司名义从巨化锦纶厂订购 38 吨己内酰胺的行为,应属职务行为及有权代理,依民法通则及合同法之规定,被告人虞秀强在职务范围内与相对人签订的上述订购 38 吨己内酰胺的(口头)合同业已成立,且系有效、合法的买卖合同。

因而,后来为虞秀强所支配并擅自处置的 35 吨己内酰胺及最后变现的 702000 元人民币,均是金维公司依法所有的财物,虞秀强利用职务便利侵占其中 444310 元货款,侵犯的是本单位的财物所有权。也就是说,虞秀强与锦纶厂签订的是有效合同,通过该有效合同从锦纶厂处取得的财产,已经成为金维公司的财产,而不再是锦纶厂的财产。锦纶厂对已交付的货物依合同享有要求金维公司支付对价的权利,金维公司也应当承担由此引起的合同义务,因而虞秀强擅自支配 35 吨货物并占有其变现后的部分金钱侵害的是其所在单位金维公司的利益。

(二)被告人虞秀强擅自支配35吨货物并占有其变现后的部分金钱,是利用了其代理公司业务的职务之便

从本案事实考察,被告人虞秀强非法占有财物目的的实现是以其所担任的公司职务为保障的。在与合同相对方锦纶厂(口头合同)签订、履行合同环节,虞秀强能轻易地以公司名义取得38吨货物,归于其作为负责原材料采购业务的副总经理职务之便。具体说来,表现在:一是根据金维公司一贯允许的惯例做法,虞秀强作为公司副总经理有权决定将所订购的货物不通过本公司而直接转手卖给他人,其主要目的是减少征税环节,逃避税收,事实上案发前金维公司已有多批外购货物(包括从锦纶厂所购的己内酰胺)采取该形式销给劲大公司及陈劲宏等。二是虞秀强有权直接代表金维公司向劲大公司等买主收取货款,然后再交付公司,这是虞秀强能轻易获得702000元货款现金支配权的最重要之便利条件。

案例:刘宏职务侵占案

案例来源:《刑事审判参考》总第65集[第516号]

主题词:职务侵占罪 主体 利用职务便利

一、基本案情

被告人刘宏,男,1974年11月17日出生,江苏省无锡艾米科技有限公司职工。因涉嫌犯盗窃罪于2007年11月26日被逮捕。

无锡市北塘区人民法院经审理查明:无锡艾米科技有限公司(以下简称"艾米公司")是自然人控股的有限责任公司。2006年4月被告人刘宏进入艾米公司工作,2006年9月被任命为金加工车间代理主任。2007年7月艾米公司与刘宏签订的用工合同到期,因当时公司暂停生产,故未与刘宏续签用工合同,艾米公司打算在恢复生产后与刘宏续签合同。

被告人刘宏所工作的金加工车间大门及车间内的仓库大门均锁有两把挂锁,只有两把挂锁同时打开,才能开启大门。刘宏和车工组组长刘世文分别保管每扇门上其中一把挂锁的钥匙。2007年7月艾米公司与刘宏签订的用工合同到期后,艾米公司未收回刘宏保管的金加工车间及仓库大门上的两把钥匙。

2007年9月上旬,刘宏趁公司停产车间无人、刘世文到其他厂家上班之机,将车间大门上由刘世文保管钥匙的挂锁撬开换上一把新锁。同月中旬,刘宏用钥匙打开车间大门,再用自己保管的仓库大门钥匙打开仓库门上的一把挂锁,并撬开另一把挂锁,进入仓库,先后5次窃得150E型电暖浴器内胆总成8只、120E型电暖浴器内胆总成5只、自来水接头460只、M18X1.5螺母440只、溢水接口500只、油箱安全阀平面通盖320只,并租用微型面包车将赃物运离仓库。赃物价值共计人民币56209.2元,刘宏销赃得款人民币3190元。

无锡市北塘区人民法院认为,被告人刘宏利用其担任车间主任,保管车间仓库财物的职务便利,将本单位财物非法占为己有,数额较大,其行为已构成职务侵占罪。公诉机关认定被告人刘宏盗窃本单位财物的事实清楚,证据确实充分,予以采纳,但认为被告人刘宏的行为构成盗窃罪不当,予以纠正。被告人刘宏关于其行为构成职务侵占罪的辩解意见,与事实和法律规定相符,予以采纳。被告人刘宏归案后能如实供述犯罪事实,可酌情从轻处罚。依照《中华人民共和国刑法》第二百七十一条第一款、第六十四条之规定,判决如下:

1. 被告人刘宏犯职务侵占罪,判处有期徒刑二年九个月,并处没收财产人民币二万元。

2. 追缴被告人刘宏违法所得人民币三千一百九十元,上缴国库。

一审宣判后,被告人刘宏没有上诉,检察机关未提出抗诉,判决已发生法律效力。

二、裁判要旨

No.5-271-7 单位职员的犯罪行为发生在其用工合同到期之后,但案发时该职员仍在实际行使对单位财物的管理职权,并利用职务便利侵占单位财物数额较大的,应以职务侵占罪论处。

职务侵占罪的主体是公司、企业或者其他单位中不具有国家工作人员身份的工作人员。刑法注重的是实质合理性,评判一个人是否为单位工作人员,实质性的依据是其是否在单位中具

有一定工作职责或者承担一定业务活动,至于是否与用工单位签订了用工合同,以及是否在用工合同期内只是属于审查判断其主体身份的形式考察内容。也就是说,界定职务侵占罪主体应当关注的是实施侵占行为的行为人的职务或职责,行为人实际担负一定的职务或职责,并利用其职务便利非法侵占本单位财物的,就属于职务侵占行为。

我们认为,被告人刘宏与他人共同负责保管车间和仓库大门的钥匙,且其系金加工车间的代理主任,显然对仓库财物负有保管职责。虽然刘宏与艾米公司签订的用工合同已于 2007 年 7 月到期,但艾米公司负责人及刘宏均证实,艾米公司打算在恢复生产后与刘宏续签合同,且艾米公司也未收回刘宏保管的钥匙,刘宏对仓库财物保管的职责并未因此而中断,刘宏实际仍在继续履行公司赋予的保管仓库财物的职责,双方事实劳动关系依然存在。因此,没有续签用工合同,并不影响刘宏是艾米公司员工事实的成立,刘宏仍然符合职务侵占罪主体的要求。

No. 5-271-8 职员对财物不具有独立管理权,却单独利用共同管理权窃取本单位财物的,应当认定为具有职务侵占罪的利用职务便利。

在实践中,主管、管理、经手单位财物的通常不是一人,出于相互制约、相互监督的需要,单位财物的支配权、处置权及管理权往往由两人或两人以上共同行使。这种情况下,行为人对单位财物的管理权限仍及于职责范围的全部,其管理权能以及因该管理权所产生的便利亦不因有其他共同管理人而受到影响,其单独利用其管理职务便利窃取本单位财物的行为不影响利用职务上的便利的认定。

在本案中,艾米公司车间及仓库大门的钥匙分别由被告人刘宏和车工组组长刘世文共同保管。虽然管理权由刘宏和刘世文共同行使,但刘宏对车间仓库财物的管理范围及于仓库财物全部,并不因有刘世文作为共同管理人而使管理职责降低。本案的特殊性在于,要进入艾米公司金加工车间内的仓库必须同时使用刘宏和刘世文各自保管的两把钥匙,打开车间和仓库两道大门上的挂锁。因此,刘宏采取了用自己保管的两把钥匙打开挂锁,同时撬开另外两把挂锁的方式,窃取自己所保管的公司仓库的财物。从刘宏行为的外在特征分析,其使用自己保管的钥匙打开挂锁的行为自不待言,属于利用职务便利的行为,但其同时使用撬锁的方式打开另外两把挂锁的行为又与一般盗窃行为无异。从整个行为过程来分析,刘宏能够顺利实现非法占有单位财物的目的关键还是利用了其作为车间主任对仓库财物直接负有保管职责的便利,换句话说,没有其职务便利,其犯罪不可能顺利得逞。因为本案发生在车间停产期间,由于车间大门紧锁,非本单位人员进出厂区是被门卫限制的,正是由于刘宏担任金加工车间的代理主任,持有车间钥匙,又负有保管车间仓库财物的职责,才可以在车间停产期间多次驾车进出厂区并接近作案目标实施犯罪,这与盗窃罪中的行为人熟悉作案环境及在工作中容易接近单位财物的方便条件是有区别的。由此出发,刘宏具有的职务便利才是其顺利实现犯罪得逞的本质特征,这一点决定了其与那些普通撬锁盗窃行为具有本质区别。

案例:王某职务侵占案

案例来源:《人民法院案例选》2006 年第 1 辑
主题词:职务侵占罪

一、基本案情

被告人王某。

郑州铁路运输法院经审理查明:2003 年 9 月,郑州铁路局房地产经营管理中心修建段以通知的方式,公示了郑州市福华街社区西 3 号楼要参加郑州市集中供暖和暖气初装费用的标准。此后,被告人王某和单位其他工作人员参与了对该楼住户安装暖气的摸底调查和测量工作,因该楼安装暖气的住户数没有达到集中供暖的标准,修建段未下达设计图纸,也未向该楼张贴收取暖气初装费的通知。得知安装暖气的消息后,该社区西 3 号楼的居民徐某、贺某便自发地对要求安装暖气的 12 户居民,按照通知的暖气初装费标准收取了 100241 元的暖气初装费并分别以个人的名义存入银行。2003 年 11 月 3 日,徐某、贺某将各自所持的存折交给被告人王某,王某向其出具了收到两个存折的白条收据。收据的内容为:"今收到中福华街西三号楼住户暖气初装费,一、贰万伍千叁佰柒拾陆元整,二、柒万肆千捌佰陆拾伍元整,合计:壹拾万零贰佰肆拾壹元整。"落款为郑铁房管中心修建段收费组王某,名字上盖有王某的私章。2003年12月至2004年5月被告人王某将该暖气初装费存款从银行取出据为己有,并将赃款全部挥霍。

郑州铁路运输法院认为,被告人王某身为郑州铁路局房地产经营管理中心修建段职工,系郑州市福华街社区水暖收费办公室负责人,利用职务之便,将该社区西3号楼12户居民向单位交纳的暖气初装费100241元非法占为己有,数额巨大,其行为已构成职务侵占罪。郑州铁路运输检察院指控其犯诈骗罪。经查,西3号楼居民交纳暖气初装费,是为了享受集中供暖的权利而向暖气安装单位履行相应的付款义务。被告人王某收取100241元的存折,是在履行职务过程中发生的,是职务行为。从其收到存款时起,该笔存款的所有权就转移到了郑州铁路局房地产经营管理中心修建段,应视为单位财产。被告人王某将该存款据为己有,属于利用职务的便利将本单位的财产非法占为己有,符合职务侵占罪的特征。被告人王某在接收存折之前没有犯罪的故意,也没有实施任何欺诈行为。其犯意的产生与犯罪行为的实施,均发生于取得存折之后,故不符合诈骗罪的构成要件。被告人王某辩称其不构成诈骗罪的辩护意见成立,本院予以采纳。被告人王某辩称其构成侵占罪。经查,西3号楼居民将存款交给王某,并非让其保管,而是要将自己存款的所有权转移给修建段,从而要求修建段履行其安装暖气的义务,并不存在将来收回存款的意思表示。故其辩护意见不能成立,本院不予采信。依照《中华人民共和国刑法》第二百七十一条第一款和最高人民法院《关于办理违反公司法受贿、侵占、挪用等刑事案件适用法律若干问题的解释》第二条第(三)项之规定判决:

被告人王某犯职务侵占罪,判处有期徒刑六年。

(刑期从判决执行之日起计算。判决执行以前先行羁押的,羁押一日折抵刑期一日。即自2004年10月16日起至2010年10月15日止。)

二、裁判要旨

No.5-271-9 公司、企业或者其他单位人员未经单位授权,私自收取他人费用,并予以非法占有的,应以职务侵占罪论处。

1. 职务侵占罪是指公司、企业或者其他单位的人员,利用职务上的便利,将本单位财物非法占为己有,数额较大的行为。被告人王某是房管中心派到社区水暖收费办公室负责人,属于该房管中心的工作人员,因此符合职务侵占罪的主体要件。

2. 被告人王某私自收取3号楼12户居民的暖气初装费,非法占有并挥霍的行为侵犯的客体是房管中心的财产所有权。房管中心以通知的形式将暖气初装费的收费标准告知了3号楼的居民,由于王某既参与了该楼安装暖气的调查摸底工作,又是房管中心派驻该社区水暖收费办公室的负责人,徐某、贺某有充分理由相信将暖气初装费交给王某就是交给了房管中心,而不是交给王某个人。《中华人民共和国合同法》第四十九条规定:"行为人没有代理权、超越代理权或者代理权终止后以被代理人名义订立合同,相对人有理由相信行为人有代理权的,该代理行为有效。"最高人民法院《关于贯彻执行〈中华人民共和国民法通则〉若干问题的意见》第五十八条规定:企业法人的法定代表人和其他工作人员,以法人名义从事的经营活动,给他人造成经济损失的,企业法人应当承担民事责任。在民商事活动中,对职务行为的认定适用客观主义原则,只要在客观上具备执行职务的特征,又以法人名义实施,相对人有理由相信该行为是执行职务的行为,即形成职务上的有表见代理。本案中对徐某、贺某将100241元交给王某的行为是向房管中心发出安装暖气合同的承诺,虽然王某隐瞒了自己无权收取暖气初装费的事实,但是房管中心没有明确何时收取,在今年不能安装暖气的情况下也未通知3号楼居民不再收费用,因此徐某、贺某将暖气初装费交给王某的行为属于善意且无过错,王某的行为已经构成表见代理,即王某收了暖气初装费的行为是代表房管中心的职务行为。货币是特殊的动产。根据我国《民法通则》第七十二条第二款的规定:"按照合同或者其他合法方式取得财产的,财产所有权从财产交付时起移转,法律另有规定或者当事人另有约定的除外。"我国动产所有权的移转以交付为原则,因此在一般情况下,当事人之间虽然就动产的买卖达成了协议,但尚未交付时,不发生所有权的移转。《民法通则》的规定属于任意性规范,得由当事人约定排除适用;法律有特殊规定的,还应依法律的特别规定。本案中徐某、贺某已经将暖气初装费交给王某,双方之间又无其他特别的约定,因此可视为此款的所有权已经转移给了房管中心。已属单位财产。

3. 被告人王某将居民交纳的100241元非法占为己有,客观上利用了其职务之便。王某作为水暖收费办公室的负责人,收取安装费应是其职务的一部分,至于是否得到单位授权,不是本案的关键,王某具有收取费用的职权是客观事实,如果不是王某的这种特殊身份,他不可能收取居民的暖气初装费。根据法律规定,只要行为人具有并利用其特定的职务将本单位财物非法占为己有,无论其职务是如何获得,均不影响其构成职务侵占罪。首先,王某利用工作上的便利条件,将该款非法占为己有且全部挥霍,其行为符合职务侵占罪的主、客观构成要件。至于王某在没有在单位授权的情况下,私自决定收取该笔费用,只能说明该单位在管理上存在纰漏。其次,本案被告人王某在社区的调查摸底工作是正常职务行为。并非为其实施诈骗做预备工作。中间徐某、贺某积极组织3号楼的居民交纳暖气初装费,是基于房管中心在社区宣传集中供暖,并告知居民收费标准这一事实。后因用户数量没有达到安装标准而未予安装,王某亦未使用任何虚构的事实或者隐瞒真相的欺骗方法,让徐某、贺某等12户居民向其交出财物。王某犯意的产生与犯罪行为的实施,均发生于取得存折之后,而诈骗的犯罪意思表示和行为只能发生在持有他人财物之前,通过诈骗从而取得持有,故王某的行为不构成诈骗罪。最后,王某与12户居民之间亦没有合法的委托或保管关系,由于侵占罪的犯罪对象仅限于代为保管的他人财物、他人遗忘物、他人埋藏物,该款显然不属于以上三种的任何一种,由于王某的行为已经构成表见代理,该款所有权已经转移给了房管中心,因此其行为不构成侵占罪。

案例:林连枝职务侵占案

案例来源:《人民法院案例选》2006年第4辑

主题词:村民基层自治组织人员　职务侵占罪

一、基本案情

被告人林连枝,男,1956年12月22日出生,汉族,原任永春县外山乡墘溪村村委会主任。

福建省永春县人民法院经审理查明:1999年永春县外山乡墘溪村被永春县政府确定为旧村改造新村建设试点村,墘溪村对该村的"瓦辽口"角落进行改造建设。被告人林连枝利用任村委会主任管理"瓦辽口"改造建设的便利,事先私下联系土方承包者方榕文,与其约定以计时、计车的方式承包土方工程。在墘溪村村民委员会、村党支部委员会开会时由他提议经研究决定:"瓦辽口"规划区土方工程按土方量每方8元的方式发包。村委员会组织对该土方测量,确定共7839.5立方米,需62716元。后该工程交由方榕文承包施工,完工后被告人林连枝以按计时、计车的方式实际付款29394元给方榕文,指使方榕文按土方量承包方式开具62000元的发票,交由他向墘溪村报支62000元,从中赚取两种承包方式的差价32606元。

被告人林连枝的违法所得32606元用于个人及家庭开支,案发后向检察机关退清全部赃款。

永春县人民法院认为,被告人林连枝利用其任村委会主任管理村务的职务便利,在"瓦辽口"改造建设工程中,虚报工程款32606元占为己有,数额较大,其行为构成职务侵占罪。本案中,墘溪村对"瓦辽口"角落进行改造建设,该改造建设的土地为村集体所有,从未被政府征用,且改造建设费用自理,该改造建设是村务,非协助人民政府从事行政管理工作,被告人林连枝作为村基层组织人员管理村务过程中的犯罪,不符合贪污罪的犯罪构成,其行为构成职务侵占罪。公诉机关指控的犯罪事实成立,指控贪污罪的罪名不当,应予纠正。依照《中华人民共和国刑法》第二百七十一条第一款、第六十四条的规定,于2005年8月24日作出如下判决:

1. 被告人林连枝犯职务侵占罪,判处有期徒刑一年六个月,缓刑二年;
2. 追缴被告人林连枝的违法所得32606元,退还给永春县外山乡墘溪村。

宣判后,被告人没有上诉,检察院也没有提出抗诉。

二、裁判要旨

No. 5-271-10 村民委员会等村基层自治组织人员在履行集体管理事务中,利用职务上的便利,将集体财产占为己有的,应以职务侵占罪论处。

根据《村民委员会组织法》《农业法》《土地管理法》的规定,村民委员会是村民自我管理、自我教育、自我服务的基层群众性自治组织,村民委员会管理本村属于村农民集体所有的土地的承包经营、管理宅基地和其他财产,以及其他村公共事务和公益事业。本案中新村建设应由上一级政府进行规划,但没有改变该土地集体所有性质,仍是村民委员会在依法对本村集体所有土地进行管理,是村务。同时,外山乡政府出具的书面证明,证实经乡党政联席会研究决定,墘溪村旧村改造新村建设由墘溪村组织实施,该区改造收入及补偿由墘溪村自理;又证实墘溪村的土地属农村集体所有,政府并没有进行征用,开发前后均属农民宅基地和杂地。该书证进一步证实上述项目工程非乡政府委托给村委会的,而是村务。

综上所述,墘溪村对瓦辽口角落进行改造建设,是村务,该村委会主任林连枝管理村务过程中的犯罪,不属于《立法解释》中规定的国有土地的经营和管理等协助政府从事行政管理工作情形,不符合贪污罪的主体要件。林连枝在管理村务的过程中,利用其任村委员会主任的职务便利,多报支工程款 32606 元据为己有,其行为构成职务侵占罪。法院以职务侵占罪对被告人定罪量刑是准确的。

案例:朱文博公司人员受贿案

案例来源:《人民法院案例选》2007 年第 2 辑

主题词:职务侵占罪 财产性利益

一、基本案情

被告人朱文博。

被告人高毅。

被告人张文洁。

上海市卢湾区人民法院经审理查明:被告人朱文博于 2003 年 7 月至 2004 年 6 月先后担任日商独资企业大冢制药株式会社(上海)代表处和大冢(中国)投资有限公司总务,主要职责为负责保管所在公司营业执照、公章、企业代码证、代码证 IC 卡等证件及机动车购置、接待等工作。

2003 年 9 月,被告人张文洁在担任上海得诺汽车租赁有限公司业务员,联系机动车辆牌照转让业务中,结识被告人朱文博后,遂要求被告人朱文博将大冢制药株式会社(上海)代表处按有关规定可申领的一副机动车辆牌照予以有偿转让,被告人朱文博即利用保管公司营业执照、公章等证、章的职务之便,携带大冢制药株式会社(上海)代表处营业执照、公章、企业代码证、代码证 IC 卡等证、章,前往上海市车辆管理所,以大冢制药株式会社(上海)代表处之名申领机动车辆牌照后,立即将该机动车辆牌照转让、过户给上海得诺汽车租赁有限公司陈某,并从陈某处得好处费人民币 20000 元。

2004 年 2 月至 3 月间,被告人朱文博任职的大冢制药株式会社(上海)代表处转为投资额为三千万美元的大冢(中国)投资有限公司后,被告人朱文博、张文洁分别为获取好处费和从中牟利,由被告人张文洁纠集被告人高毅,共谋商定由被告人高毅、张文洁以每副机动车辆牌照,支付人民币 21500 元好处费的允诺,要求被告人朱文博私自申领并转让大冢(中国)投资有限公司按有关规定可申领的机动车辆牌照。嗣后,被告人朱文博、高毅采用上述相同手法,以大冢(中国)投资有限公司之名申领机动车辆牌照后,再由被告人高毅持伪造的大冢(中国)投资有限公司介绍信、机动车过户、转让、转入登记申请表等,以大冢(中国)投资有限公司之名,将六副机动车辆牌照转让、过户给其他企业,被告人朱文博收取被告人高毅支付的好处费人民币 129000 元,被告人高毅、张文洁各从中非法获利人民币 30500 元。期间,被告人朱文博又采用上述相同手法,将擅自申领的一副机动车辆牌照直接交给被告人高毅转让、过户给其他企业,收取被告人高毅支付的好处费人民币25000元,被告人高毅非法获利人民币4500元。

另查明,2004年6月17日,被告人朱文博向所在单位交待了擅自领取、转让机动车辆牌照的主要事实。2004年6月19日,被告人高毅、张文洁在公安机关传唤后,主动交待了上述事实。案发后,被告人朱文博、高毅、张文洁均退出了全部非法所得。

上海市卢湾区人民法院认为:被告人朱文博利用职务之便,擅自领取、转让本单位机动车辆牌照,非法收受他人财物,为他人谋取利益,数额巨大;被告人高毅、张文洁共同为谋取不正当利益,给予公司工作人员数额巨大的好处费,被告人朱文博、高毅、张文洁的行为均已触犯刑律,分别构成公司人员受贿罪和对公司人员行贿罪,应依法追究刑事责任。关于被告人朱文博、高毅、张文洁的辩护人提出的无罪辩护意见,经查,被告人朱文博、高毅、张文洁擅自领取、转让、过户机动车辆牌照的事实,由被告人朱文博、高毅、张文洁的当庭供述和辩解,证人证言、有关机动车登记业务流程记录单、机动车过户、转让、转入登记申请表、机动车注册登记申请表等书证、上海市公安局文检鉴定书等证据所证实,所有证据均证实了被告人朱文博有利用职务之便,擅自领取、转让、过户机动车辆牌照,并从中收取好处费的故意和行为;被告人高毅、张文洁为在机动车辆牌照过户、转让手续中获得非法利益,数次给予被告人朱文博数额巨大的好处费,其主观上的直接故意和客观行为显而易见。故辩护人的相关辩护意见,均与查明的事实不符,本院不予采纳。公诉机关指控的事实清楚,证据确凿,应予支持。鉴于被告人朱文博能主动投案自首,被告人高毅、张文洁在公安机关立案侦查前,主动交待行贿行为,依法均属自首,且被告人朱文博、高毅、张文洁系初犯,认罪态度较好,并均已退出全部非法所得,有悔罪表现,依法均可减轻处罚,并宣告缓刑。公诉机关对本案定性及援引量刑的法律条款正确,应予以支持。

上海市卢湾区人民法院依照《中华人民共和国刑法》第一百六十三条第一款、第一百六十四条第一款、第三款、第二十五条第一款、第六十四条、第六十七条第一款、第七十二条第一款、第七十三条第二款、第三款和最高人民法院《关于处理自首和立功具体应用法律若干问题的解释》第一条第(一)项之规定,作出如下判决:

一、被告人朱文博犯公司人员受贿罪,判处有期徒刑三年,宣告缓刑三年;

二、被告人高毅犯对公司人员行贿罪,判处有期徒刑一年六个月,宣告缓刑一年六个月;

三、被告人张文洁犯对公司人员行贿罪,判处有期徒刑一年,宣告缓刑一年;(缓刑考验期限,从判决确定之日起计算。)

四、被告人朱文博、高毅、张文洁退赔的非法所得共计人民币二十三万九千五百元,予以没收,上缴国库。

一审宣判后,三名被告人均未上诉,检察机关也未提出抗诉,一审判决已经发生法律效力。

二、裁判要旨

No. 5-271-11　利用职务上的便利侵占本单位财产性利益的,不构成职务侵占罪。

在本案审理过程中,有意见认为:本案被告人朱文博侵犯了单位利益,因为虽然牌照本身没有价值,但牌照的价值可以体现在所附的机动车辆上,如公司将机动车辆连同牌照出卖或抵押时,此车比不带牌照的价值高;且由于被害单位享受的优惠政策已被被告人侵占,被害单位的机动车辆若再要上牌照时,只能出钱参加私车牌照拍卖,在此情况下,牌照就是财产,故朱文博利用职务上的便利,将本单位财产非法占为己有,构成职务侵占罪;高毅、张文洁利用朱文博的职务便利,共同将公司财产非法占为己有,可以以职务侵占罪的共犯论处。

但是,被告人不构成职务侵占罪。主要理由是,构成本罪行为人侵犯的对象应当是本单位的财物,而外资企业享受的优惠政策是否可以视为财物?答案是否定的,因为如果将其等同于财物,那么,对被告人退赔的非法所得就应发还被害单位,这样就会形成通过司法程序把行政优惠政策兑换成财产的不合理状况。因此,在上海目前的特殊情况下,相关企业享受的优惠政策,包括本案中的机动车辆的牌照额度和牌照应视为一种财产性利益,而不能将之扩大解释为财物。

案例:李爽职务侵占案
案例来源:《人民法院案例选》2005 年第 4 辑
主题词:职务侵占罪

一、基本案情

被告人(上诉人)李爽。

北京市通州区人民法院经审理查明:2001 年 4 月 10 日,北京天旭实业集团(股份制合作)下发文件聘任李爽为北京天旭实业集团总经理助理、北京天旭达房地产开发有限责任公司(有限责任公司)副总经理兼销售部经理。2003 年 2 月间,北京天旭达房地产开发有限责任公司决定在北京市区发布户外房地产广告,时任公司副总经理的李爽让市场部工作人员分别征询广告价格。公司市场部员工高枫联系到北京中亚博文广告公司,该广告公司向高枫报价为 182 万元,高枫便把中亚博文广告公司的情况介绍给被告人李爽,李爽与北京中亚博文广告公司经理刘峰继续洽谈户外广告发布合同的价格,最后双方商定广告发布费为 170 万元,在此期间,被告人李爽以其公司提现金为由,提议将双方在合同上签订的广告发布费增加到 1980160 元,多出的 28 万元让该广告公司扣除 10%税金后以现金形式返给李爽,刘峰同意后,将其签字的合同交给李爽,李爽于 2003 年 3 月 4 日把该合同交给总经理孙旭,孙旭阅后在合同上签字。依据合同约定,签约当日北京天旭达房地产开发有限责任公司应支付给北京中亚博文广告公司合同总价款的 50%即人民币 990080 元,3 月 5 日高枫将北京天旭达房地产开发有限责任公司的 990080 元转账支票交给刘峰,3 月 6 日该笔款项转到了北京中亚博文广告公司在招商银行建国路支行的账户。3 月 13 日刘峰返给李爽现金人民币 15 万元。3 月 25 日,刘峰又将现金人民币 102000 元送到李爽单位楼下,李爽让高枫下楼拿钱并授意高枫把钱存入其在市区内的开户银行,高枫于当日将现金人民币 102000 元存入李爽在招商银行建国路支行设立的存款账户。2003 年 5 月 30 日,被告人李爽将上述两笔款共计 252000 元借给他人使用。

通州区人民法院认为,被告人李爽在担任北京天旭实业集团总经理助理、北京天旭达房地产开发有限责任公司副总经理期间,利用职务上的便利,收取广告业务回扣款现金人民币 252000 元(税后),其行为侵犯了有限责任公司的企业财产所有权且数额巨大,已构成职务侵占罪。鉴于被告人李爽父母已替其退还所侵占的款项,再结合本案其他具体情节,对被告人李爽可酌予从轻处罚。依照《中华人民共和国刑法》第二百七十一条第一款、第六十四条的规定,判决:1. 被告人李爽犯职务侵占罪,判处有期徒刑五年。2. 被告人李爽亲属代其所退款项、人民币 28 万元发还北京天旭达房地产开发有限责任公司。

一审判决后,李爽不服,提出上诉。其上诉理由是:北京天旭达房地产开发有限责任公司系孙旭的家族企业,其以拿回扣方式提走现金 25 万余元是在孙旭的授意下公开进行的;其没有侵占公共财产的故意,不构成职务侵占罪;案发后,其亲属已退赔人民币 28 万元,未造成实际损失。

二审法院认为,上诉人(原审被告人)李爽在担任北京天旭达房地产开发有限责任公司副总经理期间,将公司的资金非法占为己有,其行为已构成职务侵占罪,且数额巨大,依法应予惩处。一审法院根据李爽犯罪的事实、犯罪的性质和对于社会的危害程度,并考虑李爽家属代其退还侵占款项等情节对其作出的判决,定罪及适用法律正确,量刑适当,对在案款项的处置亦无不当,审判程序合法,应予维持。据此,依照《中华人民共和国刑事诉讼法》第一百八十九条第(一)项之规定,裁定如下:

驳回李爽的上诉,维持原判。

二、裁判要旨

No. 5-271-12　利用职务上的便利侵吞公司财产的,即使该公司系家族企业,亦构成职务侵占罪。

从犯罪的构成要件来看:(1)职务侵占罪主观上必须是出于故意,并具有将本单位财物非法占为己有的目的。本案中,被告人李爽身为公司副总经理,从事企业的经营、管理工作,对公司由若干股东构成是明知的,却非法侵吞有限责任公司25万余元款项归已所有,显见其非法占有公司财物的主观故意是客观存在的,同时由于现行法律对家族公司没有特别规定,其认为自己侵犯的是家族公司利益的抗辩于法无据。(2)职务侵占是以职务为便利,具有一定的隐蔽性。在本案中,证人孙旭及高枫等人证言均证实不知道李爽提现金归己一事,被告人李爽亦多次供述公司的人不知道此事,其行为符合职务侵占罪的客观构成要件。(3)职务侵占罪的客体是公司的财产所有权。工商部门核发的企业营业执照证明被告人李爽所在的天旭达公司系有限责任公司,由多个股东构成,案发时公司股东以及董事会、监事会成员虽发生了变化,但企业性质仍未发生变化,故被告人李爽的行为侵犯了天旭达公司的财产利益,而非某人个人的财产利益。

综上所述,李爽以非法占有为目的侵占公司财产的行为构成职务侵占罪,其行为侵犯了公司股东的利益,损害了公司的管理秩序,应当受到法律的制裁。鉴于李爽的父母已经替其退还所侵占企业的财产,可以作为从轻情节予以考虑。故法院的判决是正确的。

案例:何华兵职务侵占案

案例来源:《人民法院案例选》2009年第2辑

主题词:职务侵占罪

一、基本案情

被告人何华兵。

湖南省株洲市荷塘区人民法院经审理查明:被告人何华兵从2005年10月至2006年11月期间,利用其在广州市罗岗区新天助剂厂担任业务员,负责收取业务单位货款的职务便利,分别将已入该厂账目的株洲市鑫达洗涤厂所付的货款167459元,株洲市顺昌洗染厂所付的货款20000元,东莞恰顺染织厂所付的货款10000元,共计197459元不上交单位财务部门。随后,何华兵未与单位办理任何财务交接手续,擅自离厂,下落不明。至其被公安机关抓获时,已将上述货款挥霍一空。随后被告人何华兵在被司法机关调查时辩称其一直打算归还上述款项,只是暂时无还款能力。

湖南省株洲市荷塘区人民法院认为,被告人何华兵身为公司工作人员,利用职务上的便利,将本单位财物占为已有,数额巨大,其行为已构成了职务侵占罪。公诉机关指控被告人何华兵犯职务侵占罪的罪名成立。被告人何华兵及其辩护人辩称其不应认定为职务侵占罪,而应认定为挪用资金罪。经查,被告人何华兵携款擅自离开单位长达一年多,未与单位办理任何财务交接手续,其主观上具有侵占该单位财物的故意,故其辩称理由与客观事实不符。最后,株洲市荷塘区人民法院以被告人何华兵犯职务侵占罪判处有期徒刑六年。

判决后,被告人何华兵未提出上诉,检察机关亦未提出抗诉。

二、裁判要旨

No.5-271-13 利用职务之便,采取非隐秘手段侵吞本单位财物的,应以职务侵占罪论处。

从立法规定上看,我国《刑法》第二百七十一条并没有对职务侵占罪的犯罪手段作出任何规定,也就是说手段隐秘与否和行为人是否构成职务侵占罪并没有刑法意义上的关系。从司法实践中看,虽然职务侵占行为人往往会尽可能地采用隐秘的手段实施犯罪,以期在实现犯罪目的的同时能够有效地隐藏自己的犯罪事实。这一点在职务犯罪的司法实践中体现得更为淋漓尽致,职务侵占罪也不例外。在大多数情况下,职务侵占行为人都会尽可能采取较为隐秘的手段实施犯罪,比较常见的方法就是在账目上作假,例如瞒报收入、虚列开支等以使其犯罪变得难以被人察觉。但是,这并不排除在某些情况下,职务侵占行为人没有合适的身份或者机会使其能够采取较为隐秘的手段实施职务侵占的行为。在实践中,行为人直接卷走账内资金潜逃的现象比比皆是。有鉴于此,行为人在实施职务侵占时所采用的手段是否隐秘不应成为行为人是否构成职务侵占罪的硬性标准。

本案被告人何华兵是一名业务员,日常并不负责财务工作,其并没有合适的身份使其能够以虚列开支等手段实施犯罪。但其作为业务员,平常负责收取货款,公然卷走货款对其来说是一个比较便捷的侵吞手段。被告人何华兵采用公然卷走货款这一方式侵吞货款,应构成职务侵占罪。

No. 5-271-14 未与单位办理任何财务交接手续,携款擅自离开单位去向不明,在司法机关发现后尽管辩称其打算归还单位资金,仍可认定为职务侵占罪。

首先,从立法规定上分析,最高人民法院《关于审理挪用公款案件具体应用法律若干问题的解释》第六条明文规定:携带挪用公款潜逃的,依照《刑法》第三百八十二条、第三百八十三条的规定定罪处罚。由此我们可以看出,只要挪用公款者携款潜逃便应当推断其具有占有单位财物的故意,直接以贪污论。而挪用资金罪与挪用公款罪在犯罪的主观方面、客观方面极其类似,最高人民法院关于挪用公款案件的司法解释,可以作为办理挪用资金案件的重要参考,因此,若行为人携带单位资金潜逃,应直接推断其具有侵占单位财物的故意。本案的被告人何华兵的行为,具有职务侵占的故意,以职务侵占罪论处应无异议。

其次,从证据认定上分析,认定行为人的犯罪的主观方面,不能过分依赖行为人的口供,检验、判断犯罪主观方面的标准只能是犯罪行为等客观因素。因为行为人的主观心理态度虽然存在于行为人的内心,看似难以捉摸,但是行为人的主观方面一定会外化为客观的行为,只有那些与行为人客观行为等客观因素相吻合、相印证的行为人的口供才应当予以采信。在本案中,虽然被告人何华兵辩称其一直打算归还其占用的单位资金,但是通过一系列的证据显示,被告人何华兵在未与单位办理任何财务交接手续的情况下,离开单位长达一年之久,且在中途没有向单位表示过任何归还意愿,至其被公安机关抓获时已将所有货款挥霍一空,这与其辩称的其一直打算将货款归还给单位显然是自相矛盾;再者从常情、常理推断,一般人之所以挪用资金一般是出于应急、投资这两方面的原因,而不会将挪用资金用于生活消费,而本案中被告人何华兵却是将其所收货款全部用于其生活挥霍,不符合常情、常理,可见,何华兵并不仅仅是打算非法取得单位资金的使用权,而是打算获得单位资金的所有权,其行为应构成职务侵占罪。

案例:成俊彬诈骗案

案例来源:《人民法院案例选》2009 年第 2 辑

主题词:职务侵占罪　诈骗罪

一、基本案情

上诉人(原审被告人)成俊彬。

原审被告人黄承基(自报名)、唐海斌。

广东省佛山市南海区人民法院经审理查明:2006 年 2 月至 11 月期间,上诉人成俊彬、原审被告人黄承基使用假身份证和驾驶证在佛山市各地的一些工厂应聘司机一职。进厂后即利用外出送货之机将被害单位的车辆开走,并将部分赃车销售给原审被告人唐海斌。具体分述如下:

1. 2006 年 2 月 10 日,被告人成俊彬使用“张石桥”的假名,进入佛山市禅城区礼和食品厂做司机,后乘送货之机将该厂一辆价值 7056 元、牌号为粤 E/59127 的五菱小货车开走,销赃得款 7000 元。

2. 2006 年 3 月 7 日,被告人成俊彬、黄承基经密谋后,由成俊彬使用“张石桥”的假名,使用上述手段在被害人夏俭和的佛山市南海区大沥镇谢边联发冷冻厂内将一辆价值 41280 元、牌号为粤 A/B0896 的江淮厢式货车开走。随后,被告人成俊彬伙同黄承基将该车开至连州市销售,得款 8800 元。事后,成俊彬分得 6000 元,黄承基分得约 1200 元。

3. 2006 年 4 月 1 日,被告人成俊彬使用“黄波”的假名,在佛山市南海区桂城街道平洲夏教永生五金厂使用上述手段开走该厂一辆价值 43605 元、牌号为粤 Y/N1378 的蓝箭牌货车,后销赃得款 5000 元。

4. 2006 年 6 月 20 日,被告人成俊彬、黄承基经密谋后,由成俊彬使用“张石桥”的假名,在佛山市南海区狮山镇松岗深泰五金厂使用上述手段开走该厂一辆价值 71649. 6 元、牌号为粤 Y/J2215 的五十铃厢式小货车。随后,被告人成俊彬、黄承基将该车开至连州市销售。被告人唐海斌明知被告人成俊彬、黄承基销售的是赃物,仍以14000元的价格购买,后再转卖赚取差价。事后,成俊彬分得12500元,黄承基分得1500元。破案后,该车已追回并发还被害单位。

5. 2006年8月13日,被告人成俊彬、黄承基经密谋后,由成俊彬使用“张石桥”的假名,在佛山市顺德区乐从镇滕东海绵厂使用上述手段开走该厂一辆价值35340元、牌号为粤X/H12535的羊城牌货车。随后,被告人成俊彬、黄承基将该车开至南海区西樵镇销售,得款6800元。事后,成俊彬分得5000元,黄承基分得1800元。

6. 2006年9月3日,被告人成俊彬、黄承基经密谋后,由成俊彬使用“张石桥”的假名,在佛山市顺德区龙江镇富丽达布业有限公司使用上述手段开走该公司一辆价值62150元、牌号为粤X/P8629的金程牌面包车。随后,被告人成俊彬、黄承基将该车开至广州市销售。被告人唐海斌明知成俊彬、黄承基销售的是赃物,仍以10000元的价格购买,然后悬挂一假车牌,用于日常运营。事后,成俊彬分得8500元,黄承基分得1500元。破案后,该车已追回并发还被害单位。

7. 2006年9月3日,被告人成俊彬、黄承基经密谋后,由成俊彬使用“唐光有”的假名,在佛山市南海区大沥镇太平明达塑料五金厂使用上述手段开走该厂一辆价值11000元、牌号为粤Y/A9386的五十铃货车。随后,被告人成俊彬、黄承基将该车开至连州市销售,得款7800元。事后,成俊彬分得6000元,黄承基分得1800元。

2006年11月22日,被告人成俊彬、黄承基因涉嫌侵占南海区大沥镇太平明达塑料五金厂的货车在佛山市顺德区陈村镇被公安人员抓获后,被告人成俊彬如实供述了公安机关尚未掌握的上述第一至六宗侵占被害单位财物的事实(犯罪数额为261080.7元),并于次日协助公安机关在广州市番禺区将被告人唐海斌抓获归案。

综上,被告人成俊彬共侵占财物价值272080.7元,被告人黄承基参与侵占财物价值221419.6元,被告人唐海斌收购赃物价值133799.6元。

佛山市南海区人民检察院以佛南检刑诉[2007]492号起诉书指控被告人成俊彬、黄承基犯诈骗罪,被告人唐海斌犯收购赃物罪,于2007年4月24日向佛山市南海区人民法院提起公诉。

佛山市南海区人民法院经审理认为,被告人成俊彬身为被害单位的司机,利用职务上的便利,伙同被告人黄承基将被害单位的财物非法占为已有,数额较大,其行为均已构成职务侵占罪;被告人唐海斌明知是犯罪所得的赃物而予以收购,其行为已构成收购赃物罪。公诉机关指控被告人成俊彬、黄承基构成诈骗罪罪名有误,予以纠正。被告人成俊彬是犯意的提出者及主要犯罪行为的实施者,在共同犯罪中起主要作用,是主犯;被告人黄承基在共同犯罪中起次要作用,是从犯,依法对其从轻处罚。被告人成俊彬因涉嫌犯罪被抓获后,如实供述了公安机关尚未掌握的同种较重罪行,且协助公安机关抓捕同案犯,有立功表现,依法对其从轻处罚,采纳辩护人辩称成俊彬有立功表现的辩护意见。辩护人辩称成俊彬归案后供述同种罪行的行为构成自首不符合法律规定,本院不予支持。被告人黄承基、唐海斌自愿认罪,酌情予以从轻处罚。以职务侵占罪分别判处被告人成俊彬、黄承基有期徒刑三年六个月、二年;以收购赃物罪判处唐海斌有期徒刑一年,并处罚金人民币一千元。

一审宣判后,佛山市南海区人民检察院抗诉及广东省佛山市人民检察院支持抗诉称:一审判决对原审被告人成俊彬、黄承基的行为定性有误。理由是:主观上,原审被告人成俊彬、黄承基在进入各被害单位之前就已具有骗取被害单位车辆的犯罪故意;客观上,两被告人在意图非法占有被害单位车辆的思想驱使下,首先使用假身份证和驾驶证到职介所登记,再去被害单位应聘,既虚构了其身份及其遵纪守法的事实,又隐瞒了其“并非想从事司机职务”及其曾经诈骗其他单位车辆的真相,骗取了被害人的信任,使被害人陷入错误认识,“自愿”将车辆交其保管,从而实现其非法占有被害单位财物的目的。综上,原审被告人成俊彬、黄承基的行为已构成诈骗罪,且诈骗数额巨大。一审判决将原审被告人成俊彬、黄承基的行为定性为职务侵占罪,脱离了两原审被告人主观上具有诈骗犯罪故意的事实,割裂了两原审被告人实施诈骗行为的整体性,忽视了本案作为整体对社会的危害程度,从而直接造成了量刑畸轻的结果。

佛山市中级人民法院经审理认为,原审被告人成俊彬伙同原审被告人黄承基,以非法占有为目的,虚构事实,隐瞒真相,骗取他人财物,数额巨大,其行为均已构成诈骗罪。原审被告人唐海斌明知是犯罪所得而予以收购,其行为已构成掩饰、隐瞒犯罪所得罪。在共同犯罪中,原审被告人成俊彬起主要作用,系主犯,依法应当按照其所参与的全部犯罪处罚;原审被告人黄承基起辅助作用,是从犯,依法应当减轻处罚。原审被告人成俊彬因涉嫌犯罪被抓获后,如实供述了公安机关尚未掌握的同种较重罪行,依据有关司法解释,一般应当从轻处罚。原审被告人成俊彬归案后,协助公安机关抓捕其他同案犯,依据有关司法解释,应当认定为有立功表现,依法可以从轻处罚。广东省佛山市南海区人民检察院及广东省佛山市人民检察院认为原审被告人成俊彬、黄承基的行为应定性为诈骗罪的抗诉及支持抗诉意见有事实和法律依据,予以采纳。对于原审被告人成俊彬的辩护人提出原审被告人成俊彬的行为应构成职务侵占罪的辩护意见,经查,原审被告人成俊彬伙同原审被告人黄承基,以非法占有为目的,使用假身份证和驾驶证骗取被害单位招聘成俊彬作司机,后成俊彬利用给被害单位送货之机,伙同黄承基将被害单位的车辆非法占为己有;成俊彬没有为被害单位从事司机一职的主观愿望,其骗取的司机一职只是其骗取被害单位财物的一种手段,原审被告人成俊彬、黄承基的行为已构成诈骗罪。故对原审被告人成俊彬的辩护人提出原审被告人成俊彬的行为构成职务侵占罪的辩护意见不予采纳。原审判决认定事实清楚,证据确实、充分,审判程序合法,对原审被告人黄承基、唐海斌的量刑适当,但对原审被告人成俊彬、黄承基的行为定罪不准及对原审被告人成俊彬的量刑稍轻,应予纠正。另外,依照新的司法解释,原判认定原审被告人唐海斌犯收购赃物罪应改判为掩饰、隐瞒犯罪所得罪。佛山市中级人民法院依照《中华人民共和国刑事诉讼法》第一百八十九条第(二)项,《中华人民共和国刑法》第二百六十六条,第三百一十二条,第二十六条第一款、第四款,第二十七条,第六十八条第一款,第五十二条,第五十三条,最高人民法院《关于处理自首和立功具体应用法律若干问题的解释》第四条、第五条,最高人民法院、最高人民检察院《关于执行〈中华人民共和国刑法〉确定罪名的补充规定(三)》的规定,判决如下:

1. 维持广东省佛山市南海区人民法院(2007)南刑初字第 851 号刑事判决第二项及第三项的量刑部分。

2. 撤销广东省佛山市南海区人民法院(2007)南刑初字第 851 号刑事判决的定罪部分及第一项的量刑部分。

3. 被告人成俊彬犯诈骗罪,判处有期徒刑四年,并处罚金人民币四千元。

4. 被告人黄承基犯诈骗罪,判处有期徒刑二年,并处罚金人民币二千元。

5. 被告人唐海斌犯掩饰、隐瞒犯罪所得罪,判处有期徒刑一年,并处罚金人民币一千元。

二、裁判要旨

No. 5-271-15　以非法占有为目的,使用虚假身份证明应聘担任职务,利用职务之便,非法占有本单位财物的,应以诈骗罪论处。

本案被告人自始即具有骗取财产的目的,只是骗取的环节和流程具有一定的特殊性:伪造证件——骗取身份——被害单位基于错误认识承认身份——被告人开走车辆——被害人单位遭受损失,不能机械比照适用最高人民法院研究室《关于对行为人通过伪造国家机关公文、证件担任国家工作人员职务并利用职务上的便利侵占本单位财物、收受贿赂、挪用本单位资金等行为如何适用法律问题的答复》。该答复中侵占本单位财物的行为是随机的,即行为人骗取身份时并不具有侵占本单位财物的故意,行为人的侵占行为与骗取身份、伪造证件行为是难以形成牵连关系的。

案例:吴定岳职务侵占案

案例来源:《人民法院案例选》2008 年第 2 辑

主题词:职务侵占罪

一、基本案情

上诉人(原审被告人)吴定岳。

江西省丰城市人民法院经审理查明:2002年春节前,吴定岳邀请郑海宝、林土金到江西省丰城市投资兴建该市"1268"工程项目之一的"丰城市废旧物资大市场"。三人商定共同成立新的公司投资该项目,在投资公司未成立之前,先以被告人吴定岳任董事长的"加拿大瑞丰实业集团公司"的名义与江西省丰城市河洲街道办事处签订投资合同,待新公司成立之后再改换名称,同时,因财务制度尚未建立,股份出资尚未到位,三人商定先由郑海宝垫付100万元给河洲街道办事处作为投资项目的土地征用款定金。三人于2002年7月7日就上述协议内容补签了协议书。2002年3月25日,被告人吴定岳与郑海宝、林土金三人即以加拿大瑞丰实业集团公司的名义与丰城市河洲街道办事处正式签订了兴建丰城市废旧物资大市场投资协议书,同日郑海宝依约垫付了100万元定金。双方签订协议后,即开始大市场建设工作。但不久后,吴定岳与郑海宝、林土金经过市场调查,发现该投资项目前景不好,即向河洲街道办事处要求终止合同,退回100万元土地征用款定金。河洲街道办事处考虑到维护丰城市招商引资形象等因素,同意吴定岳等的要求,双方就终止合同达成了口头协议。同时因河洲街道办事处暂时没钱,双方约定待后再予退还100万元土地征用款定金。在此后,吴定岳瞒着郑海宝、林土金,隐瞒真相,编造虚假事由,以加拿大瑞丰实业集团公司董事长的名义,采取写借条、收条的方式分四次从河洲街道办事处骗取不属于自己的定金款100万元,并将其中的77.4万元占为己有。具体分述如下:

1. 2002年7月2日,吴定岳谎称急需15万元了断与其情妇的关系,从河洲街道办事处拿回定金15万元,并出具借条一份。

2. 2002年8月27日,吴定岳以加拿大瑞丰实业集团公司的名义向河洲街道办事处递交了终止合同报告,同时谎称其他工程急需资金周转,从河洲街道办事处拿回定金35万元,并出具借条一份。

3. 2003年8月4日,吴定岳谎称急需资金应付加拿大瑞丰实业集团公司上级单位的财务检查,从河洲街道办事处拿回30万元定金,并出具收条一份。

4. 2003年11月13日,吴定岳以相同理由,拿回剩余的20万元定金,并出具收条一份。同时支付给丰城市规划设计处大市场规划设计费2.6万元。

2002年12月,郑海宝邀吴定岳到河洲街道办事处去要求退钱。吴定岳答应了,但提前一天偷偷打电话给河洲街道办事处,要求街办领导不要见郑海宝,并不要把其已领50万元定金的事告诉郑海宝。街道办事处因吴定岳系董事长,且不知道100万元定金系郑海宝垫付而答应其要求。当郑海宝与吴定岳第二天到街道办事处时,果因街道办事处领导故意回避而未能要到钱。2003年4、5月间。郑海宝获悉吴定岳领走前两笔定金款50万元后,即找到吴定岳,要求归还款项。吴定岳先是否认领钱,被迫承认后,仍以各种理由推辞还款。后因郑海宝扬言要去告状,吴定岳才被迫于2003年8月5日归还郑海宝20万元。2003年12月份,郑海宝得知吴定岳将余下的50万元领取后,多次追问吴定岳还钱,但吴定岳避而不见,至今未归还余款。

江西省丰城市人民法院认为:被告人吴定岳以非法占有为目的,采取虚构事实、隐瞒真相的方法,骗取公私财物,数额特别巨大,其行为构成诈骗罪。该院依据《中华人民共和国刑法》第二百六十六条、第五十六条第一款、第五十五条第一款、第六十四条之规定,于2005年4月13日作出如下判决:一、被告人吴定岳犯诈骗罪,判处有期徒刑十五年,剥夺政治权利五年,并处罚金一万元。二、追缴加拿大瑞丰实业集团公司印章一枚,予以没收。

被告人吴定岳不服一审判决,向宜春市中级人民法院提起上诉。吴定岳的上诉理由及其辩护人的辩护意见是:(1)郑海宝知道上诉人从河洲街道办事处退钱的事,上诉人归还郑海宝20万元后,出具了一张欠条,原审判决未认定这一事实,请求二审法院找郑海宝对该事实进行调查。(2)原审判决未查明加拿大瑞丰实业集团公司的性质即没收公司公章,没有合法依据。(3)上诉人与郑海宝、林土金是共同出资关系,郑海宝垫付的100万元是三人的共同投资款,三人是以加拿大瑞丰实业集团公司的名义投资,上诉人作为该公司的董事长及共同投资人之一,在投资不成后,可以向河洲街道办事处要回这100万元,编造虚假理由只是为了尽快拿回钱,拿到钱后上诉人归还了20万元,余款也一直在想办法归还,没有诈骗的犯罪故意。上诉人的行为不构成诈骗罪。(4)上诉人与郑海宝之间是民事债权债务关系,应由民事诉讼解决。原审判决认定事实不清,定性不准,适用法律错误,请求二审法院发回重审或者改判上诉人无罪。

宜春市中级人民法院经审理认为,上诉人吴定岳与郑海宝、林土金共同到丰城市投资,三人形成个人合伙关系,由郑海宝垫付的100万元系合伙资金。河洲街道办事处退回的100万元,性质亦属合伙资金。上诉人在投资不成后,利用其系合伙股东的身份,且系加拿大瑞丰实业集团公司董事长的职务便利,瞒着其他合伙人,将上述合伙资金领回后据为己有,在被合伙人发觉后,虽经追问,仍仅归还小部分,余77.4万元拒不归还,其行为构成职务侵占罪,且数额巨大。上诉人作为合伙人之一,在投资合同终止之后,有权取回河洲街道办事处应退回的合伙资金,该行为不应认定为诈骗。原审判决认定上诉人的行为构成诈骗罪不当,本院不予支持。但上诉人及其辩护人称其行为系与郑海宝之间的债权债务关系,不构成犯罪,要求宣告其无罪的意见与案件事实及法律规定不符,本院不予采信。另查明:(1)上诉人吴定岳及其辩护人称还给郑海宝20万元时就余款出具了欠条给郑海宝,并提供一份欠条草稿为据。该欠条系打印件,且仅为一份欠条草稿,未有郑海宝签名,缺乏作为证据的形式要件,不具备证据的真实性、合法性要求,不足以证实上诉人及其辩护人的上述意见,且经询问郑海宝时,郑亦否认该欠条的存在。据此,上诉人及其辩护人的该意见证据不足,不予采信。(2)对于上诉人吴定岳及其辩护人所称上诉人与郑海宝、林土金是共同出资关系,100万元是三人的共同投资款,三人是以加拿大瑞丰实业集团公司的名义投资,上诉人作为该公司的董事长以及共同投资人之一,在投资不成后,可以向河洲街道办事处要回这100万元的意见,经查与案件事实相符,原审判决亦已认定,予以确认。上诉人实施犯罪系其个人行为,未有证据证实其将加拿大瑞丰实业集团公司的印章作为犯罪工具,因此,原审判决没收该公司印章于法无据,该院不予支持。原审判决认定的基本案件事实清楚,证据充分,审判程序合法,该院予以确认。但原审判决对案件的定性有误,应予改判。该院依据《中华人民共和国刑事诉讼法》第一百八十九条第(二)项、《中华人民共和国刑法》第二百七十一条第一款之规定,并经该院审判委员会讨论决定,于2005年7月7日作出如下判决:

1. 撤销江西省丰城市人民法院(2005)丰刑初字第35号刑事判决。即被告人吴定岳犯诈骗罪,判处有期徒刑十五年,剥夺政治权利五年,并处罚金一万元。追缴加拿大瑞丰实业集团公司印章一枚,予以没收。

2. 上诉人吴定岳犯职务侵占罪,判处有期徒刑九年,并处没收财产一万元。

二、裁判要旨

No.5-271-16　以共同发起设立公司的方式进行投资的,后投资不成,投资人之一利用职务便利冒领其他投资人垫付的投资款拒不归还数额较大的,应以职务侵占罪论处。

在本案中,吴定岳作为合伙人之一,在投资合同终止之后,有权取回河洲街道办事处应退回的合伙资金,其行为是合法的。但吴定岳在投资不成后,利用其系合伙股东的身份,且系加拿大瑞丰实业集团公司董事长的职务便利,瞒着其他合伙人,将合伙资金领回后据为己有,在被合伙人发觉后,虽经追问,仍仅归还小部分,余款77.4万元拒不归还,其行为构成职务侵占罪。

案例:赵卫明等盗窃案

案例来源:《人民法院案例选》2005年第3辑

主题词:工作便利　职务侵占罪　盗窃罪

一、基本案情

被告人赵卫明,男,1977年出生,汉族,小学文化程度,焦作市人,农民,住马村区。因涉嫌盗窃犯罪于2004年8月27日被焦作市公安局矿区公安处刑事拘留,同年9月24日被逮捕。

被告人王平安,男,1964年出生,汉族,小学文化程度,焦作市人,系焦煤集团冯营矿洗煤厂铲车承包人所雇用的铲车司机,住马村区。因涉嫌盗窃犯罪于2004年8月27日被焦作市公安局矿区公安处刑事拘留,同年9月24日被逮捕。

河南省焦作市马村区人民法院经审理查明:2004年5月26日,焦作冯营工业有限责任公司洗煤厂与许来平签订铲车承包协议,该厂三名铲车由许承包,协议自2004年3月1日起至2005年2月28日止,期间铲车只能用做保证该厂生产使用,承包方不得外借或出租。承包厂里的铲车负责人及铲车司机对该厂的煤炭、矸石没有看管、保管职责,承包方负责用铲车为该厂从事劳务活动,司机由承包方雇佣,司机工资亦由承包方负责,后许便雇佣被告人王平安为铲车司机,王只负责开铲车,并根据该厂工作安排用铲车干活。2004年7月中旬至8月26日期间,被告人赵卫明趁在该洗煤厂拉矸石之机,首提犯意,伙同王平安利用王开铲车的便利,采用往矸石车上先装两铲斗小块炭,再盖一铲斗矸石的方法,偷拉该厂煤炭,先后拉走块炭12车,每车6吨左右,共70吨,价值26600元,其中王分得赃款2700元。案发后已追回块炭23.69吨,价值9002.20吨。被告人赵卫明、王平安各退回赃款14448.90元、6948.90元。

河南省焦作市马村区人民法院认为,被告人赵卫明、王平安以非法占有为目的,秘密窃取公共财物,数额巨大,其行为均已构成盗窃罪;在共同犯罪中,二被告人均起主要作用,系主犯,应按照其所参与的全部犯罪处罚。公诉机关的上述指控成立。被告人及辩护人提出的二被告人之行为应构成职务侵占罪的意见,理由不足,不予支持。鉴于案发后二被告人均有积极退赃表现,量刑时可酌情考虑从轻处罚。依照《中华人民共和国刑法》第二百六十四条、第二十五条第一款、第二十六条第一、四款之规定,判决如下:

一、被告人赵卫明犯盗窃罪,判处有期徒刑四年,并处罚金五千元,于判决生效后十日内缴清。

二、被告人王平安犯盗窃罪,判处有期徒刑三年六个月,并处罚金五千元,于判决生效后十日内缴清。

宣判后,公诉机关没有提出抗诉,但二被告人以其行为应构成职务侵占罪为由提出上诉。二审法院经审理维持一审判决,现判决已发生法律效力。

二、裁判要旨

No.5-271-17　利用易于接近作案目标的工作条件便利而非职务上的便利盗窃公私财物的,不构成职务侵占罪,应以盗窃罪论处。

对于如何认定职务侵占罪的利用职务上的便利,实践中存在争议。持狭义观点的人认为,所谓利用职务上的便利,必须是利用行为人所担任的具有一定管理性质的职务上的便利,而单纯提供劳务性的人员,如一般工人、售货员等,则不存在利用职务上的便利问题。持广义观点的人认为,利用职务上的便利不但包括管理人员利用其职权的便利,也包括一般劳务人员利用其工作上持有、经手单位财物的便利。但就本案而言,这样的争议却并不影响本案的定性,因为即使持广义观点的人也同样认为,利用职务上的便利,只能是利用自己在职务上所具有的主管、管理、经手本单位财物的便利,而不是指利用与其职责无关,只因工作关系而熟悉作案环境、条件、或者较易接近作案目标或对象等便利条件。对本案被告人来说,其并没有看管、保管工厂煤炭的职责,也不负责运输煤炭,而仅仅是利用了在工作中较易接触到作案目标的方便条件,故其在犯罪过程中所利用的不是职务之便,而是因工作关系产生的便利条件。因此,被告人的行为不构成职务侵占罪,法院以盗窃罪对被告人定罪量刑是正确的。

案例:于庆伟职务侵占案

案例来源:《刑事审判参考》总第31辑[第235号]

主题词:职务侵占罪　主体

一、基本案情

被告人于庆伟,男,23岁,原系北京市联运公司海淀分公司临时工。因涉嫌犯盗窃罪,于2001年11月23日被逮捕。

北京铁路运输法院经审理查明:2001年3月,北京市联运公司海淀分公司聘用被告人于庆伟为公司临时工,后根据其工作表现,任命为上站业务员,具体负责将货物从本单位签收后领出、掌管货票、持货票到火车站将领出的货物办理托运手续等发送业务。2001年9月21日,于庆伟从单位领出货物后,与同事王峰、林占江一同去北京站办理货物托运。在北京站,于庆伟与林占江一起将所托运的货物搬入行李车间后,于庆伟独自去办理货物托运手续。于庆伟对北京站行李车间工作人员谎称,有4件货单位让其取回,不再托运了,并将这4件货物暂存在行李车间(内有发往山东省东营市的笔记本电脑1台和发往吉林的台式电脑1台、奔Ⅲ866CPU 1个、软驱20个、VIBRA声卡2个、WD硬盘2个、IBM硬盘1个,总计价值人民币2.152万元)。23日,于庆伟持上述4件货物的货票将货物从北京站取出,将其中的20个软驱藏匿在北京市香山附近其女友的住处,其余物品寄往广州市于永飞处。当日,于庆伟找来3个纸箱,充填上泡沫和砖头,到北京站用原货票将其发往吉林,又乘北京站工作人员不备将站内一箱待发运货物的标签撕下,贴上发往东营的标签。此后,于庆伟将货物交接证交给北京市联运公司海淀分公司。

北京铁路运输法院认为:被告人于庆伟系利用职务上的便利,非法侵占本公司的财物,数额较大,其行为已构成职务侵占罪,应依法惩处。公诉机关指控于庆伟非法占有本单位财物的事实清楚,证据确实、充分,足以认定,但指控的罪名不准确。依照《中华人民共和国刑法》第二百七十一条第一款、第六十四条的规定,于2002年7月15日判决如下:

被告人于庆伟犯职务侵占罪,判处有期徒刑一年六个月。

宣判后,于庆伟没有上诉,检察机关亦未抗诉,判决发生法律效力。

二、裁判要旨

No.5-271-18 经公司正式聘用并赋予其主管、管理或者经手单位财物权力的临时工,可以成为职务侵占罪的主体。

根据《刑法》第二百七十一条第一款的规定,公司、企业或者其他单位的人员,利用职务上的便利,将本单位财物非法占为己有,构成职务侵占罪。本案被告人于庆伟是北京市联运公司海淀分公司聘用的临时工。我们认为,按照《刑法》第二百七十一条第一款的规定,职务侵占罪的主体是公司、企业或者其他单位的人员。在我国社会的现实经济生活中,公司、企业或者其他单位的人员,一般包括正式职工、合同工和临时工三种成分。是否构成职务侵占罪,关键在于公司、企业或者其他单位人员非法占有单位财物(包括单位管理、使用、运输中的其他单位财产和私人财产)是否利用了职务上的便利,而不是行为人在单位的身份。单位正式职工作案,没有利用职务便利的,依法不能定职务侵占罪;即使是临时工,有职务上的便利,并利用职务上的便利非法占有单位财物的,也应当认定属于职务侵占行为。《刑法》第二百七十一条第一款关于职务侵占罪的规定,并没有对单位工作人员的成分作出划分,并未将临时工排除在职务侵占罪的犯罪主体之外。

认定是否具有职务上的便利,不能以行为人是正式工、合同工还是临时工为划分标准,而应当从其所在的岗位和所担负的工作上看其有无主管、管理或者经手单位财物的职责。所谓主管,一般是指对单位财物有调拨、安排、使用、决定的权力。所谓管理是指具有决定、办理、处置某一事务的权力并由此权力而对人事、财物产生制约和影响。所谓经手,是指因工作需要在一定时间内控制单位的财物,包括因工作需要合法持有单位财物的便利,而不包括因工作关系熟悉作案环境、容易接近单位财物等方便条件。在本案中,被告人于庆伟作为北京市联运公司海淀分公司的上站业务员,依其岗位、职责,在负责办理货物托运工作中具有对相关货物的控制权。于庆伟正是利用了单位委托其负责托运货物和掌管货票的职务便利,采取虚构事实、隐瞒真相的方法将临时经手的单位财物非法占为己有。其行为完全符合职务侵占罪的构成特征。

案例:林通职务侵占案

案例来源:《刑事审判参考》总第32辑[第247号]

主题词:职务侵占罪 利用职务便利

一、基本案情

被告人林通,男,1970年2月21日出生,汉族,中专文化,原系福州市晋安区鼓山农村信用社押钞员,因涉嫌盗窃罪于2000年12月27日被逮捕。

福州市中级人民法院经审理查明:2000年3月30日下午5时30分许,被告人林通和同事涂能雄等人从福州市晋安区鼓山农村信用社下属各营业网点押钞回信用社,将收回的 70 余万元人民币存进金库保险柜。其后,林通借故支开涂能雄,利用自己持有的金库及保险柜钥匙未上交之机,又返回打开金库大门及保险柜,盗走 70 万元人民币后潜逃。11 月 16 日,林通被公安机关抓获归案,共追回赃款人民币 22.8 万元以及用赃款购买的价值 10850 元的物品,已发还鼓山农村信用社。

福州市中级人民法院认为,被告人林通采取秘密手段窃取金融机构的巨额钱款,其行为已构成盗窃罪,且数额特别巨大。辩护人提出其行为应定性为职务侵占罪的意见不能成立,不予采纳。依照《中华人民共和国刑法》第二百六十四条第(一)项、第五十七条第一款的规定,于 2001 年 7 月 12 日判决:被告人林通犯盗窃罪,判处死刑,剥夺政治权利终身,并处没收个人全部财产。

一审宣判后,林通以自己是利用职务便利侵吞公款,应定性为职务侵占罪为由提出上诉。

福建省高级人民法院经二审公开开庭审理后认定:上诉人林通于 1991 年起受聘于福州市鼓山农村信用合作社,曾任储蓄员、信贷员等职务。鼓山信用社原隶属于农业银行,1996 年金融体制改革后,双方脱离行政隶属关系,但鼓山信用社仍使用农行金库。林通于 1998 年下半年起从事押钞工作,但实际兼任分社上存、下拨现金及企业上门收款员和负责现金出入库等工作。2000 年 3 月 30 日下午 5 时 30 分许,林通与押钞员涂能雄等人将鼓山信用社下属各营业网点的现金 70 余万元人民币押运回农行金库,当时农行金库守库员高宪宏在库房外值班,林通与涂能雄将钱款存入保险柜并锁好柜门后离开库房。其后,林通借口由其将金库和保险柜的钥匙带回办公室支开涂能雄,然后返回金库,打开保险柜,将其中 70 万元人民币装进提包后离开库房。农行守库员高宪宏虽发现林通第二次进库房后携包离开,但未予制止或询问。

福建省高级人民法院审理后认为:上诉人林通作为信用社的押钞员,同时兼有现金出入库的出纳职责,其窃得信用社 70 万元巨款,虽与信用社钥匙保管、出入金库等制度上的混乱与漏洞有关,但主要还是利用了其职务上的便利,符合职务侵占罪的犯罪构成要件。其上诉理由符合事实及法律,应予采纳。依照《中华人民共和国刑事诉讼法》第一百八十九条第(二)项和《中华人民共和国刑法》第二百七十一条第一款、第六十四条的规定,于 2002 年 11 月 13 日判决:撤销福州市中级人民法院以被告人林通犯盗窃罪,判处死刑,剥夺政治权利终身,并处没收个人全部财产的刑事判决;上诉人林通犯职务侵占罪,判处有期徒刑十五年,并处没收财产人民币十万元,并继续追缴其全部非法所得。

二、裁判要旨

No.5-271-19 没有经手单位财物的职权,但单位违规授权使行为人实际上具有经手财物的职权,其利用该实际职权,侵吞单位财产的,应以职务侵占罪论处。

林通在作案时的名义职务是押钞员,根据中国农业银行制定的《押运员守则》的有关规定,押钞员的工作职责是保卫运钞车的运行安全,押运员不能直接接触钱款,更不能保管金库的钥匙。但案发时鼓山信用社押钞员的实际工作职责除押运保卫外,同时身兼多种职责:1.鼓山信用社于 2001 年 8 月 13 日出具的有关林通工作职务的证明证实,林通除押钞工作外还兼任分社上存、下拨现金及企业上门收款员、并负责现金出入库等工作;2.鼓山信用社另一押钞员林志宏证实,押钞员的工作任务是每天上午从金库内提出现金送往各个营业网点,晚上再从各营业网点收取现金后放到金库内,押钞员在提出、收取现金过程中都直接点收现金,实际上兼有了出纳的工作职责;3.信用社日常押运交接登记表证实,林通平常从信用社下属营业网点接收钱箱等物时,登记表接收人栏中仅有其一人签名;4.农业银行鼓山支行案发后出具的《情况说明》及守库员高宪宏二审期间所作证言均证实,鼓山信用社平常的现金出入库是由押钞员林通、涂能雄等人负责,信用社押钞员同时又兼任管库员职责;5.鼓山信用社原主任郑昭、副主任张国平二审期间所作证言证明,案发时鼓山信用社的押钞员有现金出入库的职责,且整个福州市城区联合信用社都是如此做法。上述证据表明,鼓山信用社是把押钞员与出纳的某些职责归于一人,这种做法是违反金融规章的。但该违章行为的责任在于信用社,林通作为受聘人员,只有遵从所在单位的工作任务分配。因此,在把握本案的定性时,应认定林通受单位委托兼有出纳、负责现金出入库等项职责。被告人林通窃取信用社巨款得逞是利用了保管保险柜的钥匙以及能够进出金库这两条职务上的便利,尽管其行为同时也利用了信用社管理制度上的混乱和漏洞,但就其窃取钱款的行为本质而言仍然是一种利用职务便利的行为,符合《刑法》第二百七十一条关于职务侵占罪的犯罪构成要件,故被告人林通窃取信用社70万元人民币之行为应定性为职务侵占罪。

案例:石锡香等职务侵占案

案例来源:《人民法院案例选》2009年第1辑

主题词:职务侵占罪　贪污罪　国家工作人员

一、基本案情

被告人石锡香、顾红英。

江苏省无锡市惠山区人民法院经审理查明:2004年6月初,被告人石锡香(事业单位编制)在任无锡市惠山区前洲镇卫生院(以下简称"卫生院")、前洲镇社区卫生服务中心统计员期间,在记载上述单位业务收入账时发现,收费窗口收费员被告人顾红英(合同制工人)负责汇总上报的2004年5月中旬某日的收入日报表上的现金收入总金额,比其在其中一张收入日报表上注明的当日解款金额多了2000余元,且恰好是其中一张收入日报表上的现金金额。被告人石锡香遂向被告人顾红英询问此事,被告人顾红英称因一时疏忽漏算了这张日报表上的现金金额。当日被告人顾红英就将该笔现金如数补报,后被告人石锡香在记载卫生院2004年6月份的业务收入账时将该笔收入一并记载入账。

2004年7月,被告人石锡香、顾红英见无人发现此事,遂合谋,由被告人顾红英利用其担任收费窗口收费员的职务之便,在汇总收入日报表、填写当日现金解款单时,隐匿部分收入,而由被告人石锡香利用其担任统计员的职务之便,负责处理由其记载的月业务(收入)报表。被隐匿的现金,由被告人石锡香、顾红英两人平分。

2004年7月至2008年3月期间,被告人石锡香、顾红英多次采用上述手法,隐匿卫生院、社区卫生服务中心业务收入,共计侵吞单位公款人民币1096409.01元(以下均为人民币)。

2008年3月,被告人石锡香、顾红英因形迹可疑被单位有关人员发现,遂向单位负责人如实供述了自己的主要犯罪事实。此后,被告人石锡香退赃46万元,被告人顾红英退赃41万元。

又查明:卫生院于2002年根据国务院五部委和惠山区人民政府《关于深化卫生体制改革的实施意见(试行)》的有关精神进行了改制。改制后国有资产占51%,职工股占49%(被告人石锡香个人持有股份11股),职工股实行每年固定收益。卫生院除资本结构改变外,在行政管理模式、人员安排及收入分配等方面均没有发生变化。

江苏省无锡市惠山区人民法院认为,卫生院自2002年进行改制后,其资产组成因改制而发生变化,国有资本占全部资产组成的51%以上,卫生院的单位性质由原来的国有事业单位变为国有控股事业单位,被告人石锡香作为上述非国有事业单位的工作人员,且未经有关国有单位委派,其身份应属非国家工作人员。被告人石锡香、顾红英作为国有控股事业单位的非国家工作人员,利用各自的职务便利,侵吞单位财产100万余元,两被告人的行为均已构成职务侵占罪,属共同犯罪。公诉机关认定被告人石锡香属于国家工作人员,其与被告人顾红英的上述行为均构成贪污罪的指控罪名不当、理由不足,应予纠正。鉴于被告人石锡香、顾红英有自首情节,结合其犯罪事实及退赃情况,可依法对其从轻处罚。关于两被告人的犯罪数额,有当庭质证、认证的书证、卫生院的门诊收入日报表、解款单、门诊收入短款统计表等证据予以证实,且被告人顾红英对其辩解无相关证据证实,故对被告人顾红英提出的"犯罪数额没有那么多"的辩解意见不予采信。本案两被告人相互配合,利用各自的职务便利,侵吞本单位钱财,所得赃款予以平分,两被告人地位、作用相当,不宜区分主从犯,故对被告人顾红英关于其属"从犯"的辩解意见不予采信。被告人石锡香的辩护人提出被告人石锡香具有自首情节,能够积极退赃,悔罪表现较好,且无前科的辩护意见,经查属实,予以采纳,但其建议减轻处罚的意见,综合被告人石锡香的犯罪事实、情节及社会危害性,对其自首情节不宜适用减轻处罚,故不予采纳。依照《中华人民共和国刑法》第二百七十一条第一款、第二十五条第一款、第六十七条第一款、第六十四条之规定,江苏省无锡市惠山区人民法院作出如下判决:一、被告人石锡香犯职务侵占罪,判处有期徒刑十一年,并处没收财产人民币十万元;二、被告人顾红英犯职务侵占罪,判处有期徒刑十一年,并处没收财产人民币十万元;三、检察机关暂扣的被告人石锡香退出的赃款五万元发还被害单位,尚未追缴的赃款继续追缴,发还被害单位。

一审宣判后,被告人石锡香、顾红英不服,向江苏省无锡市中级人民法院提起上诉。上诉人石锡香、顾红英及上诉人石锡香的辩护人提出的上诉理由和辩护意见是:(1)一审判决认定的犯罪数额有误;(2)石锡香、顾红英的行为构成自首,且积极退赃,认罪悔罪表现较好,一审量刑过重,请求二审法院依法改判。

江苏省无锡市中级人民法院经审理查明:原审判决认定上诉人石锡香伙同上诉人顾红英于2004年7月至2008年3月间,利用各自职务上的便利,将卫生院、社区卫生服务中心的业务收入非法占为已有,数额合计人民币109万余元的事实有证人宋培功、廉兴、唐晓竣、马晓丹、曹敏娟等人的证言,书证干部履历表、无锡县劳动合同制工人劳动合同、无锡市惠山区人民政府批转区卫生局关于深化卫生体制改革的实施意见(试行)的通知、《深化改革实施方案》、卫生院的持股明细表、卫生院、社区卫生服务中心相关账册凭证、门诊、住院收入日报表、日解款单、月业务报表、退赃凭证、检察机关出具的发破案经过等证据证实。上诉人石锡香、顾红英亦有供述在卷。上列证据经一审庭审质证能相互印证,江苏省无锡市中级人民法院确认原判决认定的证据均具有证明效力。

江苏省无锡市中级人民法院认为,上诉人石锡香伙同上诉人顾红英利用各自职务上的便利,将本单位财物非法占为已有,数额巨大,其行为均已构成职务侵占罪,系共同犯罪。上诉人石锡香、顾红英犯罪以后向所在单位负责人如实供述所犯罪行,可视为自首,依法可以从轻处罚。上诉人石锡香、顾红英归案后积极退赃,认罪悔罪表现较好,可酌情予以从轻处罚。经查,关于上诉人石锡香、顾红英犯罪的数额有书证卫生院、社区卫生服务中心的门诊、住院收入日报表、相关账册凭证、现金解款单、门诊收入短款统计表等证据证实,事实清楚,证据确凿,故上诉人石锡香、顾红英提出"一审判决认定的犯罪数额有误"的上诉理由,不予采纳。上诉人石锡香伙同上诉人顾红英非法侵占本单位财物共计人民币109万余元,数额巨大,且犯罪时间跨度长、次数多,依法应处五年以上有期徒刑。原审判决根据上诉人石锡香、顾红英所犯罪行,并综合其自首、退赃、认罪悔罪表现等情节后对其判处的刑罚适当,符合罪刑相适应的法律规定。故上诉人石锡香、顾红英及石锡香的辩护人提出"石锡香、顾红英的行为构成自首,且积极退赃,认罪悔罪表现较好,一审量刑过重"的上诉理由和辩护意见,不予采纳。综上,原审判决认定的事实清楚,证据确实充分,适用法律正确,诉讼程序合法,量刑适当,应当予以维持。江苏省无锡市中级人民法院依照《中华人民共和国刑事诉讼法》第一百八十九条第(一)项之规定,于2009年2月13日作出终审裁定:驳回上诉,维持原判。

二、裁判要旨

No.5-271-20 国有事业单位改制为国有控股事业单位后,原来从事公务的人员,继续在原岗位从事公务,如与国有事业单位间不具有委派关系,其利用职务上的便利,将本单位财物非法占为己有,数额巨大的,不构成贪污罪,应以职务侵占罪论处。

国有事业单位是指由国家财政全额拨款的,全部资产归国家所有的事业单位。卫生院改制过程中将49%的国有资本退出,代之以相应职工股的加入,这部分职工股即非国有资本的注入使卫生院的资产发生了实质性的变化。虽然后来随着国有资本(政府拨款)的增大,职工股在其中所占比例逐渐缩小,国有资本已占绝对控股地位,但不可否认的是,由于有非国有成分的注入,卫生院的资产所有权不再全部属于国家,故改制后卫生院性质已发生变化,属于非国有事业单位。

对石锡香的身份性质的认定问题,实则是对委派的理解问题。具体到本案,即石锡香是否系国有事业单位委派到国有控股事业单位从事公务的人员。关于委派,2001 年最高人民法院有关批复及 2003 年《全国法院审理经济犯罪案件工作座谈会纪要》(以下简称《纪要》)分别明确规定:在国有资本控股、参股的股份有限公司中从事管理工作的人员,除受国家机关、国有公司、企业、事业单位委派从事公务的以外,不属于国家工作人员。不论被委派的人身份如何,只要是接受国家机关、国有公司、企业、事业单位委派,代表国家机关、国有公司、企业、事业单位在非国有公司、企业、事业单位、社会团体中从事组织、领导、监督、管理等工作,都可以认定为国家机关、国有公司、企业、事业单位委派到非国有公司、企业、事业单位、社会团体从事公务的人员……国有公司、企业改制为股份有限公司后,原国有公司、企业中的工作人员和股份有限公司新任命的人员中,除代表国有投资主体行使监督、管理职权的人以外,不以国家工作人员论。

所谓委派,是指一个单位向另外一个单位派遣、任命工作人员。从法律认定来说,委派应当具备形式要件和实质要件:第一,委派的主体一定是特定的,包括国家机关、国有公司、企业事业单位,委派必须以上述单位的名义作出,而不是以个人名义作出;第二,委派的内容,即实质要件,是指受委派后从事公务,监督管理国有资产,保证国有资产不要流失,保证国有资产的保值增值。不管被委派人原先具有什么身份,只要经过国有单位委派,担任一定职务,具有监督管理职权,就具有国家工作人员身份;第三,委派的形式。委派的形式可以是多样的,《纪要》中列举的任命、指派、提名、批准几种形式,并没有涵盖委派的所有形式。但一般认为,委派通常应采取书面的形式。有些可能是规范的,如有任命书,有些可能不规范,有可能体现在会议记录、纪要及一些书面文件当中。

从本案来看,首先,从委派的形式要件来看,石锡香不属于国家工作人员范围。本案中,卫生院改制后对人员的去留问题并没有通过任何文件或会议纪要等书面形式体现出来。卫生院的最高领导层由它的上级主管单位卫生局任命,它的高层领导毋庸置疑是上级委派的,但石锡香这样的一般管理人员是否也可认定为委派,从本案来讲并没有书面证据证明,故我们认为不符合委派的形式要件。其次,从委派的实质要件来看,石锡香不属于国家工作人员范围。委派的实质要件,应从《纪要》规定的代表国有投资主体行使监督、管理职权来理解,从受委派人员在国有控股、参股单位中的任务和职能来判断是否委派。从本案来看,石锡香在卫生院改制后,其本人也持有卫生院的一小部分股份,并按照固定的额度进行收益。作为股东的身份和利益决定了其不可能具有双重身份,同时代表国有投资主体行使监督、管理职权。最后,在本案对是否符合委派存在争议的情形下,应从有利于被告人的原则出发,对石锡香的身份应以非国家工作人员论处较妥。

综上,被告人石锡香、顾红英作为非国家工作人员,利用各自的职务之便,共同侵吞单位财产,其行为均已构成职务侵占罪,属共同犯罪。

案例:谌升炎侵占案

案例来源:《人民法院案例选》2010 年第 3 辑

主题词:工作便利　工作场所　盗窃罪　遗忘物

一、基本案情

原审被告人谌升炎。

湖南省安化县人民法院经审理查明:谌升炎系安化县邮政局职工,担任该局邮政储蓄金库外勤出纳,负责东坪城区各储蓄点头寸箱的发放和回收。2004 年 12 月 3 日下午 6 时,谌升炎将头寸箱归库后离开金库。因当时正值停电,金库内勤出纳李兴荣收到上交的残币及用 5 号邮袋装的 10 万元现金后,就在邮政局办公楼一楼的拉闸门内金库外走道上清点残币,李兴荣将残币清点好后入库,却将 10 万元现金遗忘在走道上。同日下午至次日,有 2 名经警负责在金库值班室值班,当晚拉闸门锁好。次日上午 7 时许,谌升炎上班第一个打开拉闸门后,发现门内有一邮袋内装 10 万元现金,就将此款提到走道内的值班室桌上,谌升炎同值班经警将头寸箱发放至城区各储蓄点后返回金库,见钱仍放在桌上,李兴荣还未来上班,遂将钱连同邮袋拿走。案发后,赃款已全部追回。

安化县人民法院认为,被告人谌升炎以非法占有为目的,秘密窃取公共财物,数额特别巨大,其行为构成盗窃罪。谌升炎利用熟悉环境,容易进入现场的工作之便,窃取属于本单位控制下的财物,其行为符合盗窃罪的构成要件。谌升炎已退回全部赃款,未给单位造成损失,可酌情从轻处罚。依照《中华人民共和国刑法》第二百六十四条、第五十二条、第五十三条之规定,判决如下:被告人谌升炎犯盗窃罪,判处有期徒刑十年,并处罚金一万元。谌升炎不服,向益阳市中级人民法院提出上诉。

益阳市中级人民法院二审认为,上诉人谌升炎系安化县邮政储蓄所外勤出纳,值班经警负责金库安全保卫,二者均对李兴荣遗忘在楼梯间的10万元没有管理的职责。此10万元对能合法自由进入楼梯间的人而言,处于一种失控状态,而对于非法进入现场的人来讲,这10万元在邮政局大楼的控制范围内。因此,进入大楼是否合法,以及现金所放地点直接影响案件的定性。谌升炎系邮政局职工,可以自由出入现场,他上班时经过捡到,并没有采取秘密窃取的手段,虽然他主观上具有非法占有的目的,但客观方面不符合盗窃犯罪的构成要件。因此,其行为不构成盗窃罪。安化县人民检察院指控上诉人谌升炎犯盗窃罪的罪名不能成立,安化县人民法院认定上诉人谌升炎犯盗窃罪错误。依法裁定:一、撤销安化县人民法院(2005)安刑初字第69号刑事判决;二、发回安化县人民法院重新审判。安化县人民检察院撤回起诉后又以谌升炎犯盗窃罪向安化县人民法院起诉,安化县人民法院重审后判决:被告人谌升炎犯盗窃罪,判处有期徒刑十年,并处罚金一万元。谌升炎又不服,向益阳市中级人民法院提出上诉。

益阳市中级人民法院重审认为,检察机关在再审期间提交的证人证言、证词并不能否定被李兴荣遗忘的10万元现金在谌升炎捡到前是处于失控状态的属性,故其行为不构成盗窃罪。故判决:一、撤销安化县人民法院(2005)安刑初字第235号刑事判决;二、安化县人民检察院指控上诉人谌升炎犯盗窃罪的罪名不能成立,宣告上诉人(原审被告人)谌升炎无罪。该判决已发生法律效力。

湖南省人民检察院抗诉提出:1. 谌升炎非法占有的公共财物仍处于管理者的合法控制和管理范围内,不属于遗忘物。2. 谌升炎具有非法占有的故意并采取了秘密窃取的手段,其行为符合盗窃罪的特征。

湖南省高级人民法院再审决定:一、指令益阳市中级人民法院另行组成合议庭对本案进行再审。二、本案在再审期间不停止原判决的执行。益阳市中级人民法院再审后裁定:维持本院(2005)益中刑二终字第61号刑事判决。该判决已发生法律效力。湖南省人民检察院再次向湖南省高级人民法院提出抗诉。

湖南省高级人民法院再审后认为:被告人谌升炎以非法占有为目的,秘密窃取金融机构的公共财物,数额特别巨大,其行为构成盗窃罪。谌升炎非法占有的公共财物仍处于管理者的合法控制和管理范围内,不属于遗忘物,谌升炎的行为不构成侵占罪。谌升炎具有非法占有的故意并采取了秘密窃取的手段,其行为符合盗窃罪的特征。虽然谌升炎不具有法定的减轻处罚情节,但是鉴于谌升炎犯意的产生是在发现本该入库的10万元现金被遗忘入库后,案发具有一定的偶然性,其行为与有预谋或者采取破坏手段盗窃金融机构的犯罪有所不同,谌升炎的主观恶性不是很大;且已退回全部赃款,未给单位造成损失等犯罪情节和对社会的危害程度不大等特殊情况,对谌升炎可在法定刑以下判处刑罚。依照《中华人民共和国刑法》第二百六十四条第(一)项、第六十三条第二款、第六十四条和最高人民法院《关于审理盗窃案件具体应用法律若干问题的解释》第三条、第八条的规定,判决如下:被告人谌升炎犯盗窃罪判处有期徒刑三年,缓刑四年。本判决依法报请最高人民法院核准后生效。

最高人民法院经审查后认为:被告人谌升炎采取了秘密手段,秘密窃取公共财物数额特别巨大,其行为已构成盗窃罪。谌升炎虽不具有法定减轻处罚情节,但鉴于其系由客观原因引发犯意,案发后认罪、悔罪态度较好,赃款已全部追回等特殊情况,可以对其在法定刑以下判处刑罚。湖南省高级人民法院判决认定的犯罪事实清楚,证据确实、充分,定罪准确,量刑适当。审判程序合法。依照《中华人民共和国刑法》第六十三条第二款和最高人民法院《关于执行〈中华人民共和国刑事诉讼法〉若干问题的解释》第二百七十条的规定,于2009年7月14日裁定如下:核准湖南省高级人民法院(2008)湘高法刑再终字第2号以原审被告人谌升炎犯盗窃罪,在法定刑以下判处有期徒刑三年,缓刑四年的刑事判决。

二、裁判要旨

No.5-271-21 利用工作上的便利,将本单位工作场所内他人遗落的财物秘密占为己有的,应以盗窃罪论处。

刑法意义上的遗忘物本质特征是此财物是否实际失控,而并非只要财物所有人或持有人主观上对财物的忘记即可构成。10万元现金是因为内勤出纳李兴荣的疏忽而将它遗忘在通道上,而此通道在邮政局特定的封闭场所之内,款项尚在安化县邮政局的控制范围内,故该10万元现金不属于遗忘物。因此,行为人的行为不符合侵占罪的特征。

在单位内部人员窃取本单位财物的情况下,行为人的主体身份和行为人实施窃取行为时是否利用了职务上的便利与利用了工作上的便利是确定罪名的关键。本案中,谌升炎系安化县邮政储蓄所外勤出纳,负责东坪城区头寸箱的发放及收缴,对李兴荣遗忘在楼梯间的10万元既没有职务上的主管、管理职责,也没有经手此财物的便利。其利用担任外勤出纳可以进入现场的便利条件,窃取由其他工作人员保管的款项,故谌升炎不是利用职务上的便利,而是利用工作上的便利。其行为不构成职务侵占罪。所谓秘密窃取是指行为人采取自认为不为财物所有者、保管者或者经手者发觉的方法,暗中将财物取走的行为。其有三个特征:一是取得财物的过程未被发现,是在暗中进行的。二是秘密窃取是针对财物所有人、保管人、经手人而言的,即为财物的所有人、保管人、经手人没有发觉。在窃取财物的过程中,只要财物所有人、保管人、经手人没有发觉,即使被他人发现的,也应属秘密窃取。三是行为人自认为没有被财物所有人、保管人、经手人发觉。至于方式则多种多样,如撬锁破门、割包掏兜、顺手牵羊等,不论形式如何,只要本质上属于秘密窃取,即构成盗窃罪。湛升炎在给李兴荣打电话确认李兴荣未发现10万元遗忘在通道上后,趁无人注意之机,将10万元提出办公楼,然后藏入摩托车尾箱后带离。其行为符合秘密窃取的特征。

由于财物在行为人采取秘密手段盗离邮政局之前,仍在邮政局特定的封闭场所之内,并且没有脱离邮政局其他责任人,如保安、经警等的控制,谌升炎在本案中利用了其工作的便利而非职务上的便利,因此其行为构成盗窃罪,而非职务侵占罪或者无罪。

案例:钱银元贪污、职务侵占案

案例来源:《刑事审判参考》总第75集[第642号]

主题词:贪污罪　从事公务的认定

一、基本案情

被告人钱银元,男,1955年1月13日出生,原无锡市新区鸿声镇鸿声村村民委员会党支部书记。因涉嫌犯贪污罪、职务侵占罪于2007年11月2日被取保候审。

江苏省无锡市开发区人民检察院以被告人钱银元犯贪污罪、职务侵占罪,向无锡市高新技术产业开发区人民法院提起公诉。

被告人钱银元未对起诉书指控的罪名及事实提出异议。

无锡市高新技术开发区人民法院经审理查明:

(一)职务侵占事实

被告人钱银元于1998年7月被中共锡山市鸿声镇委员会任命为锡山市鸿声镇鸿声村党委书记,后因行政区划调整,锡山市鸿声镇鸿声村先后变更为无锡市锡山区鸿声镇鸿声村、无锡市新区鸿声镇鸿声村,被告人钱银元所任职务未有变动。

被告人钱银元与龚燕敏(另案处理)合谋,于2003年3月,利用被告人钱银元职务上的便利,将无锡市锡山区鸿声镇鸿声村村民委员会(以下简称"鸿声村委")从无锡市锡山区鸿声镇名圆纸张经营部收取的集体土地租用费收款不入账,交龚燕敏处保管。2007年3月,被告人钱银元以及龚燕敏将上述土地租用费中的人民币(以下币种均为人民币)3 万元进行私分,非法占为己有。其中被告人钱银元分得 2 万元,龚燕敏分得 1 万元。

(二)公诉机关指控的贪污事实

在 2001 年至 2004 年间,鸿声村委先后将六宗集体土地出租给无锡市健明冷作装潢厂(以下简称"健明厂")、无锡市海圣五金厂(以下简称"海圣厂")、无锡市恒益纸制品厂(以下简称"恒益厂")等单位使用,并收取了五十年的集体土地租用费。

被告人钱银元于 2004 年 12 月至 2005 年 5 月间,利用其职务上的便利,以为租用集体土地的单位办理国有土地使用权证、需增收土地租金的名义,先后收取健明厂、海圣厂、恒益厂共计 63000 元,后采用收款不入账的手法,将该款非法占为己有。

2005 年 5 月,健明厂、海圣厂、恒益厂所租用的宗地取得国有土地使用权证,登记土地使用权人均为鸿声村委,使用权类型为国有划拨土地,地类(用途)为工业用地。鸿声村委为此向国有土地行政管理机关交纳了相关费用。

2007 年 4 月,在司法机关就宗某受贿一案向被告人钱银元调查时,被告人钱银元主动交代了上述司法机关尚未掌握的罪行。案发后,被告人钱银元退出 10 万元(该款由检察机关暂扣)。在审判过程中,被告人钱银元检举揭发安某的犯罪行为,但未能查证属实。

无锡市高新技术产业开发区人民法院认为,被告人钱银元伙同他人,利用其职务上的便利,将本单位从无锡市锡山区鸿声镇名圆纸张经营部收取的集体土地租用费 3 万元非法占为己有,事实清楚。公诉机关关于被告人钱银元犯贪污罪的指控,提供的证据均不能证实被告人钱银元当时是在实施"协助人民政府从事国有土地的经营和管理"的行政管理工作,不能据此认定被告人钱银元属于《中华人民共和国刑法》第九十三条第二款规定的"其他依照法律从事公务的人员"。因此,对被告人钱银元的该部分犯罪事实应当以职务侵占罪追究刑事责任。被告人钱银元单独或伙同他人,利用职务上的便利,将本单位 9.3 万元非法占为己有,数额较大,其行为构成职务侵占罪,其中部分罪行系共同犯罪,依法应处五年以下有期徒刑或拘役。被告人钱银元在罪行尚未被司法机关发觉,接受司法机关调查时,主动交代了自己的罪行,系自首,依法可以从轻处罚。到案后,退出全部涉案赃款,有较好的悔罪表现,酌情予以从轻处罚。根据被告人钱银元的犯罪情节和悔罪表现,适用缓刑确实不致再危害社会,可依法宣告缓刑。据此,依照《中华人民共和国刑法》第二百七十一条第一款、第二十五条第一款、第六十七条第一款、第七十二条第一款、第六十四条以及最高人民法院《关于处理自首和立功具体应用法律若干问题的解释》第一条之规定,作出如下判决:

一、被告人钱银元犯职务侵占罪,判处有期徒刑三年,缓刑三年。

二、被告人钱银元退出十万元中的九万三千元,返还被害单位,犯罪所得予以没收,上缴国库。

一审宣判后,被告人钱银元未提出上诉,检察院未提出抗诉,本案已经生效。

二、裁判要旨

No. 5-271-22　村基层组织人员以村集体的名义,处理村集体组织事务的,不属于从事公务,不应以国家工作人员论。利用职务上的便利侵占相应财物的,应以职务侵占罪论处。

贪污罪的主体要求是国家工作人员或受国家机关、国有公司企业事业单位人民团体委托经营管理国有财产的人员。钱银元的行为构成贪污罪还是职务侵占罪的关键在于其是否属于其他依照法律从事公务的人员,根据《全国人大常委会关于〈中华人民共和国刑法〉第九十三条第二款的解释》的内容,判定本案被告人是否属于其他依照法律从事公务的人员,关键在于其行为是否属于协助人民政府从事国有土地的经营管理。

所谓协助政府从事行政管理工作,是指以政府的名义参与、组织、领导、监督、管理涉及人民利益和社会发展的相关国家事务和政府事务的活动。村民委员会系基层群众自治性组织,主要是管理村集体性事务,只有在以政府名义代行部分行政管理事务时才应被认定为协助从事行政管理工作,被告人基于租赁关系向对方当事人增收租金,是以村委会的名义而不是以政府名义进行。其所从事的是本集体组织的事务,而非公务,不应当以国家工作人员论。

争议部分被告人所占有的财产,属于集体收取的土地租金。被告人钱银元系鸿声村委党支部书记,具有管理本村财产的职权,利用该职务便利,将集体财产非法占为己有,符合职务侵占罪的构成要件,应当以职务侵占罪定罪处罚。

案例:雒彬彬职务侵占案

案例来源:《人民法院案例选》2015 年第 1 辑

主题词:职务侵占罪　虚拟财产

一、基本案情

上诉人(原审被告人)雒彬彬,男,31 岁,原系北京武神世纪网络技术股份有限公司客服专员。因涉嫌犯职务侵占罪于 2013 年 1 月 17 日被逮捕。

原公诉机关北京市朝阳区人民检察院指控原审被告人雒彬彬犯盗窃罪,向北京市朝阳区人民法院提起公诉。

北京市朝阳区人民法院经审理查明:雒彬彬于 2012 年 5 月至 11 月期间,担任北京武神世纪网络技术股份有限公司(以下简称"武神公司")客服专员,获权使用公司配发的名为"武神"的网络游戏的管理员账号。其在未获公司授权的情况下,擅自使用管理员账号中的"92 号工具",生成游戏中的"金锭"29562497 枚(根据游戏确定的兑换比例 1 元人民币 = 15 金锭,价值人民币 1970833.13 元)。由于金锭无法直接交易,雒彬彬使用"金锭"在游戏商城中换取游戏道具后,通过网络平台低价销售牟利,非法获利人民币 50 余万元。后雒彬彬被查获归案。

北京市朝阳区人民法院认为:被告人雒彬彬以非法占有为目的,窃取公司财物数额特别巨大,其行为已构成盗窃罪,应予惩处,于 2013 年 12 月 19 日作出(2013)朝刑初字第 2164 号刑事判决:被告人雒彬彬犯盗窃罪,判处有期徒刑十三年,剥夺政治权利三年,罚金人民币二万六千元;责令被告人雒彬彬退赔北京武神世纪网络技术股份有限公司人民币一百九十七万八百三十三元一角三分。

宣判后,雒彬彬不服,提出上诉。

雒彬彬的上诉理由及其辩护人的辩护意见是:一审法院认定其犯盗窃罪定性有误,其行为应构成职务侵占罪;一审法院认定其犯罪数额过高。

北京市第三中级人民法院经二审审理认为:北京市朝阳区人民法院判决认定雒彬彬的犯罪事实无误,但对于本案的定性及量刑有误,予以纠正。二审法院根据雒彬彬犯罪的事实、犯罪的性质、情节及对于社会的危害程度,依照《中华人民共和国刑法》第二百七十一条第一款、第六十一条、第六十四条及《中华人民共和国刑事诉讼法》第二百二十五条第一款第(二)项之规定,于 2014 年 2 月 19 日作出(2014)三中刑终字第 66 号刑事判决:撤销北京市朝阳区人民法院(2013)朝刑初字第 2164 号刑事判决;上诉人雒彬彬犯职务侵占罪,判处有期徒刑六年;继续追缴雒彬彬人民币五十六万三千八百二十九元发还北京武神世纪网络技术股份有限公司。

二、裁判要旨

No. 5-271-23　网络虚拟财产的定价存在不确定性,对于以虚拟财产为对象的财产犯罪,在计算数额时,应以行为人在网上贩卖的价格认定为宜。

网络虚拟财产尤其是网络游戏虚拟财产,有以下特点:(1)定价机制不完善。游戏币的定价由开发此款游戏的公司根据其开发、运营、宣传等成本,确定游戏币与人民币的兑换比例,其定价主体相对单一,市场较小,价格不能充分反映其价值。(2)使用范围很受限。游戏币仅在本游戏中使用,相对于普通的财物,大众认可度低,且目前不能继承。(3)价值不稳定,贬值空间巨大。由于游戏币是游戏公司单方定价,那么游戏公司可能在特定时间采取尺度很大的促销活动甚至免费赠送,其确定的兑换比例并不是相对恒久稳定的。游戏币由游戏公司生成,在开发、运营成本确定后,游戏币的生成是无限的,如果过量,就会像货币发行过量一样贬值,而这种生成并不像货币发行一样有完善的机制,在游戏的王国里,它几乎无法控制。并且一旦游戏公司停止运营,赎回渠道无法保证。(4)取得渠道不唯一。除了使用人民币兑换,游戏玩家还可以在游戏中免费取得及其他虚拟道具或者通过活动赠送获得游戏币,即其与人民币并非准确的对应关系。

现有法律、司法解释没有对如何认定此类案件犯罪数额作出规定,也无法对虚拟财产进行价格鉴定。司法实践中,网络虚拟财产的价值计算方法主要有:(1)以社会必要劳动时间为准计算互联网财产价值;(2)根据用户真实货币的投入计算互联网财产的价值;(3)根据市场交易价格来确定互联网财产价值;(4)网络运营商对互联网财产的定价;(5)根据受害者的直接损失和间接损失来确定互联网财产价值。

网络虚拟财产犯罪最为常见的是盗窃玩家用人民币充值、兑换的道具。在此种情况下,应按照该虚拟财产兑换成人民币的价值作为犯罪数额,即上述第二种计价方法。本案则有所不同,雒彬彬盗窃的并非玩家的网络虚拟财产,而是通过工具刷游戏公司的"金锭"转而兑换成道具出售。如果按照上述第五种计算方法,根据受害者的直接损失和间接损失来确定互联网财产价值,雒彬彬通过工具盗刷的"金锭"是由游戏软件产生的,通过软件生成的"金锭"是无限的,雒彬彬取得的这些"金锭"在生成时,成本几乎可以忽略不计,因此其给武神公司造成的并非实物损失,而是期待利益的损失,即如果武神公司出售这些"金锭"会获取相应的利益。武神公司并没有直接利益损失,只有间接利益损失。这种期待利益的损失数额在刑法上很难确定。二审法院认为,鉴于网络虚拟财产的特殊性,受害者武神公司的间接损失不宜直接以其定价确定。雒彬彬将盗刷的"金锭"兑换成游戏道具在网上商城以原价 2.5 折的低价出售,才导致其交易量巨大,这一方面反映出武神游戏的市场认可度,但也与雒彬彬出售的价格之低不无关系。假如雒彬彬以原价销售道具,那么他基本上是卖不出去的。如果他以七折销售,交易量可能只有现在的三成。因此,不能说雒彬彬的交易量反映了武神游戏道具正常的市场供需关系,即假如雒彬彬没有盗刷"金锭"换取游戏道具出卖,武神公司本身也不会在此时间段售出这么大量的道具。如果现在以游戏公司之前的定价按照 1 元人民币 = 15"金锭"的比例判令雒彬彬赔偿武神公司损失,那么被害人有因之得利之嫌。本案本着对被告人有利原则,二审法院认为以市场交易价格即雒彬彬销赃数额来计算更为合适。

案例:曹建亮等职务侵占案

案例来源:《刑事审判参考》总第 92 集[第 872 号]

主题词:职务侵占罪 村干部侵吞土地补偿费的行为定性

一、基本案情

被告人曹建亮,男,汉族,1951 年 12 月 8 日出生,原系陕西省长武县洪家镇曹公村村委会主任兼三组组长。2010 年 6 月 9 日因涉嫌犯贪污罪被逮捕。

被告人曹军民,男,汉族,1967 年 3 月 25 日出生,原系陕西省长武县洪家镇曹公村村委会委员兼出纳员。2010 年 6 月 9 日因涉嫌犯贪污罪被逮捕。

被告人曹清亮,男,汉族,1955 年 8 月 28 日出生,原系陕西省长武县洪家镇曹公村村委会委员兼会计,一组组长。2010 年 11 月 3 日因涉嫌犯贪污罪被逮捕。

被告人曹建林,男,汉族,1953 年 12 月 21 日出生,原系陕西省长武县洪家镇曹公村党支部书记。2010 年 11 月 3 日因涉嫌犯贪污罪被逮捕。

被告人曹宽亮,男,汉族,1951 年 10 月 13 日出生,原系陕西省长武县洪家镇曹公村村委会副主任兼出纳员,二组组长。2010 年 5 月 27 日因涉嫌犯贪污罪被取保候审。

陕西省长武县人民检察院以被告人曹建亮、曹军民、曹清亮、曹建林、曹宽亮犯贪污罪,向长武县人民法院提起公诉。

五被告人对起诉书指控的三笔贪污数额没有异议,但均辩称他们的行为不是贪污,而是保管、使用村集体的财物。

其中,被告人曹清亮的辩护人提出,曹清亮不具有贪污罪的主体身份,占用的是村集体财产而不是公款,没有证据证明未入账就是为了贪污。被告人曹军民的辩护人提出,曹军民不具有贪污罪的主体身份,本案属于公款私用,违反财务制度的行为。

陕西省长武县人民法院经公开审理查明:2005 年因修筑福银高速公路,长武县洪家镇曹公村部分土地被征用。在征用土地过程中,曹公村村委会未将曹公村所获取的青苗补偿款人民币(以下币种同)19592 元入账,也未将 2007 年追加的水浇地补偿款 73602 元入账。2007 年 6 月,因曹公村与沟北村合并,时任村会计的曹清亮向时任村主任的曹建亮请示未入账的 9 万余元和账内所余 10 万余元如何处理。曹建亮提出将钱均分,曹军民、曹清亮、曹建林、曹宽亮均表示同意。后五被告人将上述款项均分,每人得款 39500 元。案发后,五被告人各自向检察院退赃 39500 元。

长武县人民法院认为,根据全国人民代表大会常务委员会《关于〈中华人民共和国刑法〉第九十三条第二款的解释》的规定,村民委员会等村基层组织人员在协助乡人民政府从事包括土地征收、征用补偿费用管理及其他行政管理工作在内的公务中,利用职务上的便利,非法占有公共财物的,适用刑法第三百八十二条和第三百八十三条贪污罪的规定。本案中,作为村基层组织人员的被告人曹建亮、曹军民、曹清亮、曹建林、曹宽亮在协助乡人民政府从事土地征用补偿费用的管理等公务中,利用职务上的便利,侵吞、私分土地补偿款 197500 元,其行为均构成贪污罪。长武县人民检察院指控五被告人犯贪污罪的事实清楚,证据确实、充分。据此,依照《中华人民共和国刑法》第九十三条第二款、第三百八十二条第二款、第三百八十三条、第七十二条第一款、第二十五条第一款、第二十六条第一款、第二十七条、第六十三条第二款和全国人民代表大会常务委员会《关于〈中华人民共和国刑法〉第九十三条第二款的解释》之规定,长武县人民法院以贪污罪判处被告人曹建亮有期徒刑十年,曹军民有期徒刑六年,曹清亮有期徒刑五年,曹建林有期徒刑四年,曹宽亮有期徒刑三年,缓刑四年。

一审宣判后,被告人曹建亮、曹军民、曹清亮、曹建林不服,均向咸阳市中级人民法院提起上诉。

咸阳市中级人民法院经审理认为,一审判决认定的事实不清,证据不足,依法裁定撤销原判,发回长武县人民法院重审。

长武县人民法院依法另行组成合议庭,经再次审理查明:2005 年因修筑福银高速公路,长武县曹公村部分土地被征用,其中征用村便道和公用地拨付的青苗补偿款为 19592 元;2007 年旱原地按水浇地补偿标准为村便道和公用地追加补偿款 73602 元,以上两项补偿款均未计入村委会的账务。2007 年 3 月 10 日,洪家镇政府向长武县民政局书面报告,建议曹公、沟北两村并为一村,但至 2007 年 12 月,长武县民政局一直未予批复。2007 年 6 月,五被告人在曹公村村委会开会,因两村准备合并,曹军民不再担任村出纳职务,村会计曹清亮向村主任曹建亮请示未入账的 19592 元、73602 元如何处理。另外,经计算高速公路赔偿专用现金账上还剩村便道和公用地征用补偿款 104426.60 元。曹建亮提出把款分了,其他四被告人均同意。后村出纳曹军民以现金、存折、票据抵顶的形式分发给各被告人 39500 元。从 2007 年年初曹宽亮就陆续接管出纳工作,至 2007 年 12 月 5 日,曹军民将出纳手续全部交清。2009 年,长武县纪委、长武县检察院检查曹公村账务时,曹清亮用村里的其他已支出票据将有关账目平账。案发后,五被告人于 2010 年 5 月 27 日各自向长武县人民检察院退赃 39500 元。

长武县人民法院认为,根据全国人民代表大会常务委员会《关于〈中华人民共和国刑法〉第九十三条第二款的解释》(以下简称《立法解释》)的规定,作为时任曹公村村民委员会党支部、村委会成员的被告人曹建亮、曹军民、曹清亮、曹建林、曹宽亮,在协助人民政府从事土地征用补偿费用管理等公务中,利用职务上的便利,私分土地补偿款 197500 元,其行为均构成贪污罪。五被告人均系共同犯罪,在共同犯罪中,曹建亮作为村主任在监管村财务中提出私分公款的犯意,起主要作用,系主犯;曹军民、曹清亮作为财务管理人员,曹军民具体实施了分赃行为,曹清亮在纪检、检察部门查账时,用已支出票据冲抵账务,掩盖事实;曹建林、曹宽亮作为村干部,共同参与分赃,均系从犯,应当根据其在共同犯罪中的作用分别惩处。五被告人分赃后将赃款已实际使用,且已平账,足以证明各被告人非法占有的主观故意,对五被告人应当以贪污罪定罪处罚。五被告人犯罪后,能积极退赃,有酌定从轻处罚情节,个人贪污数额不足四万元,综合其各种犯罪情节,可以在法定刑以下判处刑罚,并报请最高人民法院核准。据此,依照《中华人民共和国刑法》第九十三条第二款、第三百八十二条第二款、第三百八十三条、第七十二条第一款、第二十五条第一款、第二十六条第一款、第二十七条、第六十三条第二款之规定,长武县人民法院以贪污罪判处被告人曹建亮有期徒刑五年,曹军民有期徒刑三年六个月,曹清亮有期徒刑三年,缓刑五年,曹建林有期徒刑二年,缓刑三年,曹宽亮有期徒刑二年,缓刑三年。

一审宣判后,被告人曹建亮、曹军民不服,向咸阳市中级人民法院提起上诉。

上诉人曹建亮上诉提出,原审五被告人是经过商议决定把村上余下的资金分流保管,不是私分,没有贪污的主观故意;款项分流保管是村委会集体决定的;其不符合贪污罪的主体。

上诉人曹军民及其辩护人提出,本案涉及的资金是集体资金,非国有财物,曹军民的行为构成职务侵占罪,不构成贪污罪。

咸阳市中级人民法院经审理认为,虽然本案涉案款项是土地征用补偿费,但是当村委会在协助乡镇政府给村民个人分发时,才属于协助人民政府从事行政管理工作,该补偿费一旦分发到村民个人手中,即属于村民个人财产;当村委会从乡镇政府领取属于村集体的补偿费时,村委会属于收款人,与接收补偿费的村民个人属于同一性质,该补偿费一旦拨付到村委会,即属于村民集体财产。此时,村委会不具有协助人民政府从事行政管理工作的属性。五被告人利用职务上的便利,采取侵吞手段,将集体财产非法占为己有,数额较大,其行为构成职务侵占罪。原审判决认定的事实清楚,证据确实、充分,审判程序合法,但定性错误,量刑不当。据此,咸阳市中级人民法院依法以职务侵占罪改判上诉人曹建亮有期徒刑三年六个月;上诉人曹军民有期徒刑三年,缓刑四年;原审被告人曹清亮有期徒刑三年,缓刑五年;原审被告人曹建林有期徒刑二年,缓刑三年;原审被告人曹宽亮有期徒刑二年,缓刑三年。

二、裁判要旨

No. 5-271-24 在土地征用补偿费用补偿到位后,村干部将其非法侵吞的,不成立贪污罪,应认定为职务侵占罪。

村民委员会等村基层组织人员利用职务便利非法占有土地征用补偿费用,以贪污罪论处,必须符合以下条件:一是该人员系村基层组织人员;二是系在从事公务,即协助人民政府进行特定行政管理工作;三是利用职务便利侵吞了公共财产。本案五被告人均系曹公村村委会干部,其所侵吞的款项来源于土地征用补偿费用,因而对其能否以贪污罪定罪的关键在于其行为是否符合上述后两个要件,即是否从事公务和利用职务便利侵吞了公共财物。

实践中,村民委员会等村基层组织人员侵吞土地征用补偿费用的行为并非都认定为贪污行为。由于土地征用补偿费用在拨付和分配阶段性质不同,故准确认定协助人民政府进行土地征收补偿费用的管理阶段,是准确认定案件性质的前提。如果村干部是在协助人民政府进行土地征收补偿费用的管理阶段,侵吞了土地征收补偿费用,那么就符合全国人民代表大会常务委员会《关于〈中华人民共和国刑法〉第九十三条第二款的解释》的相关规定,构成犯罪的,应当以贪污罪论处;如果村干部并非在协助人民政府对土地征收补偿费用进行管理,此时,村干部并不具有从事协助政府进行行政管理的职权,并非从事公务,意味着其没有侵犯国家工作人员的职务廉洁性,在这个阶段,即使侵吞了土地征收补偿费用,也不能以贪污罪论处。

土地征用补偿费用本质上是土地所有权由集体所有转为国家所有的利益补偿,一旦被征用方的损失依法得到填补,所有权转移的法律效果便已实现,针对土地征用补偿费进行管理的国家公权力的行使即告终止。因此,《关于〈中华人民共和国刑法〉第九十三条第二款的解释》第(四)项所列的协助人民政府从事"土地征收、征用补偿费用的管理"的公务,应当限于协助政府核准、测算以及向因土地征用受损方发放补偿费用的环节。一旦补偿到位,来源于政府的补偿费用就转变为因出让集体土地所有权和个人土地使用权而获得的集体财产和个人财产,之后对该款项的处理属于对村自治事务和个人财产的处置。此时,村干部的协助政府管理土地征用补偿费用的公务职责也就相应终结。

本案五被告人私分的 197500 元款项,均来自于福银高速路征用曹公村土地期间,长武县国土局拨付给洪家镇政府,再由镇政府下拨给曹公村的土地补偿费用,此点无异议。在案证据证实,2005年,洪家镇政府拨付给曹公村征地款1026607元和青苗补偿费19592元,曹公村村委会在已经足额分配给村民相应征地补偿款和青苗补偿费之后,由于分配方式的原因,有19592元结余下来,此时土地征用补偿费用已经按照曹公村人口发放完毕,也即所谓的协助政府"管理"该款项的职权已经终止;而2007年第二次补偿给曹公村73602元以及2007年6月账面余额104426.60元均系该高速路占用曹公村生产路、公用地及便道的补偿款,该款的补偿受让方是曹公村,即意味着该款已补偿到位。至于该款入账后如何处理,是作为集体财产由村委会安排使用还是在全体村民中进行分配,则属于曹公村自治管理的范畴,而非协助人民政府从事行政管理工作。五被告人所私分的款项虽然来源于政府拨付的土地补偿费用,但是鉴于相应费用均已依法发放和补偿到村集体账户,因而五被告人作为村干部在福银高速路征用曹公村土地期间协助政府管理土地征用补偿费用的公务已经履行完毕,不再具有《刑法》第九十三条第二款规定的准国家工作人员的身份,不符合《关于〈中华人民共和国刑法〉第九十三条第二款的解释》规定的以国家工作人员论的从事公务的条件。

如果村干部在协助政府管理土地征用补偿费用过程中,采用虚报冒领的手段,套取超额土地补偿费用的,因这种情况实质上是利用公务便利侵吞了国家财产,故构成贪污罪;而如果村干部在土地征用补偿费用补偿到位后,没有利用公务便利,侵吞的只是属于村民集体所有的财产,由于侵犯的是集体财产权,故只能构成职务侵占罪。本案五被告人所私分的三笔共计197500元款项,从证据上分析,虽然源于政府拨付的土地补偿费用,但是鉴于相应费用均依法发放和补偿到位,其在归属上应当界定为曹公村的集体财产,其五人的行为侵犯的是集体财产权而非国有财产权,所以从该行为侵犯的财产性法益看,不符合贪污罪的对象特征。

综上,在认定是否属于《关于〈中华人民共和国刑法〉第九十三条第二款的解释》所规定的"协助人民政府从事土地征用补偿费用的管理"时,应当准确理解立法本意,注意把握"协助"的时间点,避免对"从事公务"的范围作过于宽泛的认定。具体到本案中,五被告人在实施犯罪行为时,其协助政府管理土地征用补偿费用的工作已经完成,不属于"其他依照法律从事公务的人员",其实施犯罪利用的是村干部的职务便利,共同私分的是村集体财产,侵犯了村集体财产权,应当以职务侵占罪定罪处罚。

案例:詹承钰职务侵占案

案例来源:《人民法院案例选》2016年第1辑

主题词:职务侵占罪　利用职务便利

一、基本案情

公诉机关福建省沙县人民检察院指控,被告人詹承钰以非法占有为目的,盗窃单位财物计人民币212492.65元,数额巨大,应当以盗窃罪追究其刑事责任,提请法院依法判处。

被告人詹承钰辩称:其系利用保管沙县中联加油站内保险柜锁匙的职务便利,窃取单位放在保险柜内的营业款,应构成职务侵占罪;并且具有自首情节,建议对其从轻处罚。

一审法院经审理查明:2013年4月至2014年6月,被告人詹承钰担任中国石油天然气股份有限公司福建沙县中联加油站沙县片区助理职务,协助沙县片区经理管理沙县中联加油站,未被授权保管沙县中联加油站内保险柜锁匙及保险柜内的营业款。

2014年6月20日至同年6月24日,每日18时许,被告人詹承钰先后五次利用在沙县中联加油站工作,熟悉工作环境的便利,盗得沙县中联加油站沙县片区经理黄传智保管的保险柜钥匙,并用该钥匙打开保险柜,窃取沙县中联加油站放置在保险柜内的营业款计人民币贰拾壹万贰仟肆佰玖拾贰元陆角伍分。

案发后,被告人詹承钰经单位领导询问,便主动地交代了自己盗窃犯罪的事实,且在明知黄传智报警的情形下,仍在现场等候抓捕,到案后如实供述了自己的犯罪事实。且公安机关从被告人詹承钰处扣押赃款叁仟玖佰零伍元,并发还被害单位。

一审宣判后,被告人詹承钰上诉称:其除了担任沙县中联加油站沙县片区助理外,还担任加油站的值班经理,在实际工作中,可以使用存放营业款保险柜的钥匙,且有时可根据职责向现金押运公司移交营业款,因此其有接触、管理公司营业款的职责,利用该职务便利窃取公司财物,应构成职务侵占罪。

检察机关出庭意见认为:有证据证明詹承钰在沙县中联加油站工作期间履行值班经理职责,其在窃取公司营业款过程中利用了值班经理的职务便利,建议二审法院综合全案证据依法裁判。

二审审理查明:原判认定被告人詹承钰于2014年6月20日至同年6月24日先后五次利用其在沙县中联加油站工作之机,将保险柜内营业款计贰拾壹万贰仟肆佰玖拾贰元陆角伍分非法占为己有,并在案发后主动向公司有关人员坦白作案经过,在现场等待公安机关处理的事实清楚,证据均经庭审举证、质证,可以作为定案的依据,足以认定。但认定詹承钰的工作职务,及未被授权管理、经手加油站内营业款的事实有误,应予纠正。

在二审审理期间,法庭就被告人詹承钰在沙县中联加油站的具体工作职责及其实际从事的工作内容,要求检察机关补充调取了一系列证据,证实:(1)詹承钰在沙县中联加油站的工作时间为2013年5月至2014年6月,其与中国石油天然气股份有限公司福建三明销售分公司签订的是劳动合同,用工形式为合同用工;(2)詹承钰在2013年10月至2014年6月期间,每月均有多次作为营业款的移交人,将加油站营业款交予现金押运公司,并在《重要物品交接登记簿》上签字确认;(3)沙县中联加油站系按值班经理岗位向詹承钰发放工资,且在工资表的值班经理署名处亦为詹承钰本人签名;(4)根据中国石油天然气股份有限公司福建三明销售分公司于2012年6月编辑的《加油站值班经理工作手册》规定:"加油站保险柜钥匙与密码实行两岗分开管理,原则上加油站经理保管钥匙,值班经理保管密码。"

上述事实,有第二审开庭审理中经质证确认的中国石油天然气股份有限公司福建三明销售分公司出具并提供的情况说明、2014年4月至同年5月的绩效工资计算表、《加油站值班经理工作手册》,及福建东南保安守押有限公司三明勤务分部出具并提供的说明、重要物品交接登记簿等书证证实,足以认定。

福建省沙县人民法院于2015年1月29日作出(2014)沙刑初字第243号刑事判决:

1. 被告人詹承钰犯盗窃罪,判处有期徒刑六年,并处罚金人民币三万元。

2. 责令被告人詹承钰退赔被害单位中国石油天然气股份有限公司福建沙县中联加油站人民币二十万八千五百八十七元六角五分。

宣判后,詹承钰向福建省三明市中级人民法院提起上诉。福建省三明市中级人民法院于2015年5月13日根据二审查明的詹承钰利用职务上的便利,非法占有单位钱款的事实,再结合其罪责及相关量刑情节综合评判,作出(2015)三刑终字第58号刑事判决:维持一审刑事判决第二项,撤销第一项,并改判詹承钰犯职务侵占罪,判处有期徒刑五年,并处没收个人财产人民币三万元。

二、裁判要旨

No.5-271-25 职务侵占罪同时侵犯了本单位财物所有权与诚实信用信托关系双重客体,"职务"的范围不仅包括管理性事务、经常性持续性业务,也可以包括非管理性普通业务和临时授权业务。通过对"行为人从事的事务与控制、支配本单位财物的地位"和"利用控制、支配本单位财物的地位与非法将本单位财物占为己有"之间的两个因果关系的判定,界定"利用职务便利"的实质内涵。

对职务侵占罪中"职务"范围的界定,不能局限于仅用管理性、劳务性、持续性的客观、外在表现形式阐述,将"非管理性普通业务"和"临时授权性业务"排除在"职务"范围之外,而应以是否具有侵犯职务侵占罪"诚实信用信托关系"客体的可能性作为指导原则。凡是不具有"侵犯可能性"的,不作为职务侵占罪的评价对象;具有"侵犯可能性"的,则应分析行为人从事的事务是否对侵占的本单位财物具有控制、支配地位,具有控制、支配地位的,则属于职务侵占罪之职务;不具有控制、支配地位的,则不属于职务侵占罪之职务。并且,这种控制、支配地位可以表现为主管、管理、保管、经手、占有、处分等多种形式。综上所述,职务侵占罪中"职务"的范围应在"本单位财物所有权”和“诚实信用信托关系”双重客体立场下,分析从事的事务是否对本单位财物具有控制、支配地位,其范围不仅涵括管理性事务和非管理性普通业务,还涵括经常性持续性业务和临时授权性业务。

为确保“利用职务上的便利”的实质内涵在司法实践中得以实现,可以通过对“行为人从事的事务与控制、支配本单位财物的地位”和“利用控制、支配本单位财物的地位与非法将本单位财物占为己有之间”两个因果关系的判定,构建“利用控制、支配本单位财物”的识别规则,即一旦判定两个因果关系成立,即可确认属于职务侵占罪中的“利用职务上的便利”。上述“两个因果关系的判定”能为“利用职务上的便利”的认定,提供普遍适用性之认定规则的内在根据为:若第一个因果关系判定成立,即行为人因从事的事务具有控制、支配本单位财物的地位,相对应的,该行为人就应基于诚实信用的信托关系,负有不得侵占单位财产的忠诚义务,和保证单位财物免遭损害的奉公义务。如果行为人背离这种义务,利用控制、支配本单位财物的地位将本单位财物非法占为己有,即第二个因果关系判定成立,不仅侵犯了本单位财物所有权,还侵犯了相互之间诚实信用的信托关系。这也与职务侵占罪侵犯的“将本单位财物非法占为己有”和“诚实信用的信托关系”两客体相一致。

詹承钰虽然没有被中国石油天然气股份有限公司福建沙县中联加油站授权保管加油站保险柜钥匙及柜内营业款,但其在实际工作中履行的是值班经理的职务,根据单位授权负责保管保险柜密码,且具有向现金押运公司移交营业款的职责,据此可认定,詹承钰因为其从事值班经理的事务,实际上已经对营业款具有支配、控制的地位(第一个因果关系判定成立);在盗得经理黄传智保管的保险柜钥匙后,其又利用值班经理支配、控制营业款的地位,将营业款非法占为己有(第二个因果关系判定成立)。据此,理应认定詹承钰属于职务侵占罪中的“利用职务上的便利”,构成职务侵占罪。通过以上的分析结论,我们可以得出,詹承钰构成职务侵占罪的定性更加全面准确,也更符合刑法设定该罪的立法本意和内在精神。而一审法院判定詹承钰犯盗窃罪,否定其“利用职务上的便利”定性,有所偏颇。

案例:韩枫职务侵占案

案例来源:《刑事审判参考》总第 129 辑[第 1440 号]

主题词:职务侵占罪　利用职务便利

一、基本案情

长春金达洲公司的股东均为自然人。2008 年 4 月至 2015 年 11 月,被告人韩枫在长春金达洲公司销售计划与控制岗位任职,并负责公司代交车业务。2013 年至 2015 年,韩枫采取盗窃公司作废发票,以办理代交车业务的名义骗领车辆合格证、车钥匙、随车附件、部分车辆出门证及在部分车辆出门证上伪造公司相关负责人员签名等手段,将公司 17 辆大众牌途观汽车(价值人民币 408.748 万元)私自销售,销售所得据为己有。公安机关于 2016 年 1 月 23 日在辽宁省沈阳市将韩枫抓获,扣押其用赃款购买的一台别克牌轿车(价值 8 万元),扣押其随身携带的赃款 10.35 万元。韩枫到案后配合公安机关缴获涉案车辆两台(价值 49.16 万元)、赃款 10 万元。公安机关已将扣押的上述钱款、车辆返还给长春金达洲公司。

二、裁判要旨

No.5-271-26　职务侵占罪中,利用职务便利的认定应当根据职务便利对完成犯罪所起到的作用进行判断。

实践中,单位财物的管理权、处置权有时由两人或两人以上共同行使,这就导致行为人为顺利非法占有本单位财物,不仅需要利用自己职务上的便利,还需要借助其他工作人员职务上的便利。行为人在犯罪过程中可能会实施多种行为,有时利用其自身职务上的便利,有时利用其熟悉作案环境等工作上的便利,甚至有的行为与职务上的便利并无关系,这就给罪名认定带来一定争议。在这种情况下,从刑法因果关系的角度分析,应根据行为人职务上的便利对其完成犯罪所起作用的大小来确定罪名,如果职务上的便利对整个犯罪的完成起到不可或缺的作用,则其行为构成职务侵占罪。

本案中,按照代交车业务流程,长春金达洲公司的车辆平时并不由被告人韩枫管理,韩枫在办理代交车业务时受到单位车辆管理人员姚某的制约,韩枫只有从姚某处取得车钥匙和车辆出门证,才能完全取得管理、经手车辆的权限,将车辆提出公司,而且韩枫只要取得车钥匙和车辆出门证,即可将车辆提出公司。韩枫为克服障碍,顺利非法占有涉案车辆,在犯罪过程中实施了如下四种行为:一是盗窃公司发票;二是骗取车辆合格证;三是取得车辆出门证;四是骗取车钥匙及随车附件。其中,盗窃发票和骗取车辆合格证主要是为了方便销赃,对韩枫将车辆提出公司、非法占为已有不起决定作用,发票和合格证的取得是否利用了职务上的便利不影响对韩枫的罪名认定。韩枫一旦取得车辆出门证、车钥匙等提取车辆所需程序材料即取得了管理或经手涉案车辆的权限,即可利用此种职务上的便利将涉案车辆非法占为已有。因此,对韩枫占有涉案车辆起重要作用的环节是取得车辆出门证、车钥匙,即车辆出门证、车钥匙是否系韩枫利用职务上的便利取得,直接影响案件性质认定。

案例:谭世豪职务侵占案

案例来源:《刑事审判参考》第106集[第1137号]

主题词:职务侵占罪　截留受托收取的业务合作方费用的行为定性

一、基本案情

被告人谭世豪,男,1986年10月2日出生,原系广州美霖通信技术有限公司陵园西营业厅营业员。2014年6月4日因涉嫌犯盗窃罪被逮捕。

广东省广州市越秀区人民检察院以被告人谭世豪犯盗窃罪,向广州市越秀区人民法院提起公诉。

被告人谭世豪对指控的犯罪事实和罪名均无异议,请求对其从轻处罚。其辩护人提出:(1)被告人谭世豪在日常工作操作中对本案涉案财产已经形成事实上的占有,其为维护广州美霖通信技术有限公司(以下简称"美霖公司")的利益而代为保管涉案财产,故其截留美霖公司财产的行为属于侵占而非盗窃。(2)被告人谭世豪认罪悔罪,及时全额归还侵占款项,并且得到美霖公司谅解,不属于"拒不归还"的情形。综上,谭世豪的行为既不构成盗窃罪也不构成侵占罪,建议对谭世豪宣告无罪。

广州市越秀区人民法院经公开审理查明:2012年6月至2013年11月间,被告人谭世豪在美霖公司陵园西营业厅担任营业员,负责代表美霖公司代收业务合作方中国电信股份有限公司广州分公司(以下简称"中国电信广州公司")的客户电信费用。谭世豪在工作中发现中国电信广州公司的电脑收费系统存在漏洞,即先查出曾因欠费而产生滞纳金、后补缴所有费用的客户号码,然后在系统上进行"返销账"操作,以上述客户错缴为由向系统申请退费,系统便将客户补缴的费用及滞纳金以账面数字(非真实钱款)形式退至操作人的系统账号。因补缴费用被退回,上述客户在系统里的状态便重新变回欠费状态,但此时系统仅显示上述客户欠缴费用,不再显示欠缴滞纳金,上述客户曾经缴纳的滞纳金就留在操作人的系统账户内。当新客户以现金形式缴纳费用时,谭世豪便把账户内的滞纳金当做新客户缴纳的费用缴入系统,从而截留新客户缴纳的现金费用占为已有。谭世豪通过上述操作方式,将代为收取的现金共计152464.21元截留,占为已有。2014年1月10日,谭世豪的家属代其退还全部截留款。此后,美霖公司对谭世豪的行为予以谅解。

广州市越秀区人民法院认为,被告人谭世豪身为公司工作人员,利用职务上的便利,截留本公司财物,数额较大,其行为已构成职务侵占罪。公诉机关指控被告人谭世豪构成盗窃罪不当,依法予以纠正。谭世豪归案后如实供述自己的罪行,依法予以从轻处罚。谭世豪在家属的协助下退还全部赃款,且得到被害单位谅解,酌情予以从轻处罚。据此,依照《中华人民共和国刑法》第二百七十一条第一款、第六十七条第三款之规定,以被告人谭世豪犯职务侵占罪,判处有期徒刑一年五个月。

宣判后,被告人谭世豪未提出上诉,检察机关亦未抗诉,该判决已经发生法律效力。

二、裁判要旨

No. 5-271-27 非国家工作人员利用本单位业务合作方的收费系统漏洞,截留本单位受托收取的业务合作方现金费用的行为,成立职务侵占罪。

司法实践中,对单位职工将本单位财物占为己有的行为如何定性,要视单位性质、行为人的身份、犯罪手段、涉案财物属性等因素综合判定。本案中,美霖公司与中国电信广州公司存在合作关系,受中国电信广州公司委托代收客户电信费用,被告人谭世豪在美霖公司具体负责该项工作。谭世豪利用中国电信广州公司的 MBOSSCRM 收费系统漏洞,通过虚构客户错缴电信费及滞纳金的事实进行"返销账"操作,向收费系统申请退费后又重新缴纳电信费,将该收费系统在处理上述操作中自动返还的客户原缴纳的滞纳金冲抵其应代表美霖公司通过银行上交给中国电信广州公司的其他客户缴纳的电信费用现金。被告人谭世豪截留的电信费用属于美霖公司管理、控制的财物。谭世豪在美霖公司任职期间,其工作职责包括利用工号通过 MBOSSCRM 收费系统代收客户缴纳给中国电信广州公司的电信费用。根据美霖公司与中国电信广州公司的外包协议及工号使用人承诺书,每个合作网点的员工都有对应的工号,并利用工号获得使用 MBOSSCRM 收费系统的权限。谭世豪利用中国电信广州公司的 MBOSSCRM 收费系统漏洞,将其经手控制的电信费代收款截留占为己有的行为,属于利用职务便利侵占本单位管理控制的财物的行为,符合职务侵占罪的构成要件。

案例:赵玉生、张书安职务侵占案

案例来源:《刑事审判参考》第 106 集[第 1138 号]

主题词:职务侵占罪 集体土地征用补偿费的性质

一、基本案情

被告人赵玉生,男,1951 年 9 月 2 日出生,原系河南省新郑市城关乡沟张村二组组长。2014 年 3 月 21 日因涉嫌犯贪污罪被逮捕。

被告人张书安,男,1958 年 9 月 11 日出生,原系河南省新郑市城关乡沟张村支部委员、村委委员、文书。2014 年 3 月 21 日因涉嫌犯贪污罪被逮捕。

河南省新郑市人民检察院以被告人赵玉生、张书安犯贪污罪,向新郑市人民法院提起公诉。

被告人赵玉生辩称:其套出的钱均用于队里开支,没有用于个人支出,甚至还曾为工作垫付费用;在套出的钱中,其未将其中的 3 万元给张书安,不构成犯罪。其辩护人辩称:涉案款项系农村集体组织的合法财产,并非国有财产;南水北调建设部门已经完成对征用土地的丈量、附属物的清点及补偿款的发放工作,不存在被告人利用国家授权的职务便利侵害国有资产的情形;赵玉成是村民小组组长,不符合贪污罪的主体身份,故赵玉生将套取的集体款项借给他人的行为应构成挪用资金罪;赵玉成系初犯,坦白,请求从轻处罚。

被告人张书安对指控的犯罪事实没有异议。其辩护人辩称:涉案资金系村集体经济组织的资金,不是贪污罪的犯罪对象;张书安没有贪污的故意,因为赵玉成索要张书安身份证时说套取钱款是为了组里平整土地和兴修水利;且张书安有自首、立功、从犯的量刑情节。

河南省新郑市人民法院经公开审理查明:2011 年以来,被告人赵玉生利用担任河南省新郑市城关乡沟张村二组组长的职务便利,与该村文书被告人张书安商议后,在发放新郑市城关乡沟张村二组村民南水北调工程永久用地补偿费过程中,以在该村二组南水北调永久用地补偿费分配表中添加张书安的方式,先后两次以张书安名义套取人民币(以下币种同)169120 元,张书安分得 3 万元,赵玉生将余款据为己有。案发后,张书安家属代为退赃 3 万元。

新郑市人民法院认为,被告人赵玉生、张书安在分别担任河南省新郑市城关乡沟张村二组组长和支部委员、村委委员、文书期间,利用协助政府发放该组南水北调永久用地补偿费的职务便利,骗取、侵吞补偿费 169120 元,其行为均已构成贪污罪。据此,依照《中华人民共和国刑法》第三百八十二条,第三百八十三条第一款第(一)项,第二十五条,第二十六条第一款、第四款,第二十七条,第六十七条第一款,第六十四条,第六十一条和全国人民代表大会常务委员会《关于〈中华人民共和国刑法〉第九十三条第二款的解释》之规定,判决如下:

1. 被告人赵玉生犯贪污罪,判处有期徒刑十年六个月;

2. 被告人张书安犯贪污罪,判处有期徒刑五年。

一审判决后,被告人赵玉生、张书安不服,向河南省郑州市中级人民法院提出上诉。

被告人赵玉生、张书安上诉称:涉案款项系农村集体组织的合法财产,并非国有财产;南水北调建设部门已经完成对征用土地的丈量、附属物的清点及补偿费的发放工作,二被告人不属于利用国家工作人员的职务便利侵吞国有资产。

河南省郑州市中级人民法院经审理认为,南水北调工程永久用地补偿费系因新郑市城关乡沟张村集体土地被国家征用而支付的补偿费用,该款进入新郑市城关乡"三资"委托代理服务中心账户后即为该中心代为管理的村组财产,上诉人赵玉生、张书安在分配该财产过程中,私自将本组扣发的集体财产以张书安的名义套取后私分,其行为符合职务侵占罪的构成要件。

二上诉人的相应上诉理由和辩护意见成立,予以采纳。原判认定事实清楚,证据确实、充分,但定性不当,应予纠正。在共同犯罪中,赵玉生起主要作用,系主犯;张书安起辅助作用,系从犯,应依法减轻处罚,其亲属代为退赃,可酌情从轻处罚。据此,依照《中华人民共和国刑法》第二百七十一条、第二十五条、第二十六条第一款、第二十七条、第六十四条及《中华人民共和国刑事诉讼法》第二百二十五条第一款第(二)项之规定,郑州市中级人民法院判决如下:

1. 撤销河南省新郑市人民法院(2014)新刑初字第338号刑事判决。

2. 上诉人赵玉生犯职务侵占罪,判处有期徒刑六年。

3. 上诉人张书安犯职务侵占罪,判处有期徒刑三年。

二、裁判要旨

No. 5-271-28　村基层组织人员在发放村民小组集体土地征用补偿费过程中,将财产非法占为己有的,成立职务侵占罪。

村民小组组长利用职务便利,在协助人民政府处理特定公务时非法占有公共财产的,应当认定为贪污罪。村民小组组长利用职务便利,在处理集体自治范围内的事务中非法占有集体财产的情形,因不涉及特定公务,故不能认定为贪污罪,可认定为职务侵占罪。村民委员会等村基层组织人员协助人民政府从事的土地征收、征用补偿费用管理等行政管理工作已经结束,土地补偿费已经拨付给村集体。村民小组组长在管理村集体事务过程中侵吞集体财产的,因其行为不属于协助政府从事特定公务,故不构成贪污罪,而应构成职务侵占罪。本案中,新郑市城关乡沟张村的南水北调工程永久用地补偿费下拨至河南省新郑市城关乡"三资"委托代理服务中心后,系由新郑市城关乡沟张村二组制定本村组的补偿费发放标准,该村组扣发了户口迁来晚的、出嫁姑娘户口没迁出的等情形的部分土地补偿款,即由村民小组集体决定本组土地补偿费的发放及相关标准。在该款项发放过程中,二被告人以在补偿费分配表中添加非本组成员的方式套取财产,进而非法占为己有。鉴于南水北调工程永久用地补偿费系因新郑市城关乡沟张村集体土地被国家征用而支付给该村组集体的补偿费用,该款进入新郑市城关乡"三资"委托代理服务中心账户后,即成为该中心代为管理的村组集体财产。被告人赵玉生身为村民小组组长,利用职务便利,伙同被告人张书安将本村民小组集体财产非法占为己有,数额巨大,其行为应当认定为职务侵占罪。

案例:王海英职务侵占案

案例来源:《刑事审判参考》总第133辑[第1499号]

主题词:职务侵占罪　公司财物

一、基本案情

1993年开始,被告人王海英和冯华明合作做塑料制品生意,王海英在台州市黄岩区负责生产、调转货品,冯华明在沈阳市等地负责销售产品。1996年4、5月,王海英和冯华明受让了黄卫东位于黄岩区南城街道十里铺工业小区的震庄服装厂厂房、土地使用权,并通过股权转让形式取得该厂的全部股份,由王海英担任法定代表人。1998 年 1 月,王海英与冯华明因纠纷不再合作,后签订了多份相关协议,约定震庄服装厂的股份(包括房产、土地)为王海英和冯华明共有产权、共同使用,产权各半,王海英仍担任该厂法定代表人。

1998 年 3 月,王海英伪造了股份转让协议书,在冯华明不知情的情况下,将原属冯华明所有的震庄服装厂的股份转移到王海英及弟弟王海浪名下,其中王海英占股 55.56%,王海浪占股 44.44%,并进行了备案登记。

2004 年 2 月,王海英将震庄服装厂更名为海瑞塑料厂。

2004 年 3 月,王海英将震庄服装厂土地使用权、房屋所有权变更为海瑞塑料厂所有。

2004 年 5 月,王海英将海瑞塑料厂注册资本由 18 万元变更为 258 万元,变更后股权出资比例为王海英占股 89.92%,王海浪占股 10.08%。2015 年 3 月,王海英增加其妻子陈建军为股东,将其名下 10%股份转到陈建军名下。

2015 年 6 月,王海英将王海浪名下股份全部转到其名下,王海英占股 90%、陈建军占股 10%。

2016 年 3 月,海瑞塑料厂以该厂厂房及土地作为抵押,由王海英及陈建军担保,向黄岩农村合作银行贷款 600 万元,后因到期无法归还,被黄岩农村合作银行起诉。

2017 年 8 月 4 日,海瑞塑料厂厂房、土地被黄岩区人民法院查封。2017 年 12 月 22 日,被告人王海英被公安机关电话传唤到案。2020 年 8 月 15 日,经评估,海瑞塑料厂的土地使用权、房屋在 1998 年 3 月评估价值为 113.4 万元。

二、裁判要旨

No.5-271-29　股权属于股东个人财产而非公司财产,公司职员利用职务便利侵占股权的行为不构成职务侵占罪,但侵占股权后进一步侵占公司财产的,构成职务侵占罪。

职务侵占罪的犯罪对象必须是公司财产,而股东股权属于个人的财产性权益,故侵占股权行为通常不构成职务侵占罪。当然,从司法实践来看,单纯为了获得公司收益分红而侵占他人股权的现象并不多见,侵占股权更多的只是作为一种手段,其目的是进一步侵害公司的财产。具体来说,就是通过侵占其他股东的股权,增加自己的股份比例,进而改变公司的股权结构,然后就可以通过合法的程序,如通过董事会、股东会会议作出违背公司利益的决议,将公司利益向自己转移。故其侵占股权的行为属于侵占公司财产行为的一部分应当定性为职务侵占行为。本案即是如此,被告人王海英利用其担任法定代表人的职务便利,通过伪造股份转让协议书,在冯华明不知情的情况下,将冯华明在震庄服装厂的股份转移到自己及其弟弟名下,并到黄岩区工商行政管理局进行了备案登记。尽管从法律上来看,公司的资产总额并未受到影响,即并没有直接侵害"本单位的财产所有权",但是王海英在控制公司的全部股份之后,进一步将震庄服装厂更名为海瑞塑料厂,将震庄服装厂的土地使用权、房屋所有权变更为海瑞塑料厂所有,再继续以上述厂房及土地作为抵押,向黄岩农村合作银行贷款 600 万元,后因到期无法归还而被黄岩农村合作银行起诉至法院,并被法院查封拍卖。为此,法院将王海英的行为认定为职务侵占罪是适当的。但是,一审、二审法院在"本院认为"部分,仅以王海英利用职务便利侵占冯华明股权为由,便直接认定其构成职务侵占罪,理由不够充分,而应当进一步写明:"王海英利用所侵占的股权,继而通过抵押方式侵占公司财产,其行为构成职务侵占罪。"

113 挪用资金罪(《刑法》第二百七十二条)

案例:丁钦宇挪用资金案

案例来源:《刑事审判参考》总第 42 集[第 333 号]

主题词:挪用资金罪　主体

一、基本案情

被告人丁钦宇,男,1951 年 10 月 23 日出生,小学文化,农民,曾任广东省潮安县磷溪镇埔涵管理区办事处副主任,住潮安县磷溪镇埔涵村。因涉嫌犯挪用公款罪,于 2003 年 12 月 11 日被逮捕。

广东省潮安县人民法院经审理查明:改革开放后,广东省部分农村地区将村民委员会改为管理区办事处,1998 年 11 月《中华人民共和国村民委员会组织法》颁布施行后,广东地区的管理区办事处均已改称村民委员会。潮安县磷溪镇埔涵管理区办事处即现在的潮安县磷溪镇埔涵村村民委员会。

1994—1996 年,被告人丁钦宇任潮安县磷溪镇埔涵管理区办事处副主任,负责财经工作。

1995 年下半年,被告人丁钦宇擅自决定将管理区的宅基地出让金 7 万元借给村民丁双树做生意、2 万元借给村民丁祥艺经营锯木厂;私自从埔涵管理区办事处出纳员处借用村提留款 1.65 万元,其中,1 万元转手出借给村民丁楚乾用于购车从事营运,4000 元转手出借给管理区干部丁惠琴,余款用于自己做生意。案发后,尚有 8.764 万元未能追回。

潮安县人民法院认为,被告人丁钦宇身为农村基层组织的工作人员,利用职务之便,挪用农村集体资金用于营利活动,数额较大,拒不退还,其行为已构成挪用资金罪,应依法惩处。公诉机关指控被告人丁钦宇的行为构成挪用公款罪缺乏依据,应予纠正。依照《中华人民共和国刑法》第十二条第一款、第二百七十二条第一款的规定,于 2004 年 10 月 27 日判决如下:

被告人丁钦宇犯挪用资金罪,判处有期徒刑四年。

一审宣判后,丁钦宇以被挪用的 7 万元是办事处主任丁淡贞让其拿给丁双树的为由,提出上诉。

潮州市中级人民法院经审理认为,上诉人丁钦宇无视国家法律,身为农村基层组织的工作人员,利用职务之便,挪用数额较大的农村集体资金用于营利等活动且不退还,其行为已构成挪用资金罪,应依法予以惩处。上诉人丁钦宇上诉称借给丁双树的 7 万元是丁淡贞让其拿给丁双树的意见,与庭审查证的事实不符,不予采纳。原审判决认定基本事实清楚,定罪和适用法律正确,量刑适当,审判程序合法。根据《中华人民共和国刑事诉讼法》第一百八十九条第(一)项之规定,于 2004 年 12 月 2 日裁定驳回上诉,维持原判。

二、裁判要旨

No.5-272-1 村民委员会成员在实施协助政府执行公务以外的其他公共业务的过程中,利用职务上的便利,挪用本单位资金归个人使用或者借贷给他人构成犯罪的,应以挪用资金罪论处。

根据《村民委员会组织法》的规定,村民委员会是村民自我管理、自我教育、自我服务的基层群众性自治组织,实行民主选举、民主决策,民主管理、民主监督。村民委员会办理本村的公共事务和公益事业,调解民间纠纷,协助维护社会治安,向人民政府反映村民的意见、要求和提出建议。村民委员会依照法律规定,管理本村属于村民集体所有的土地和其他财产,教育村民合理利用自然资源,保护和改善生态环境。对于涉及村民利益的事项,如乡统筹的收缴方法,村提留的收缴及使用,村集体经济所得收益的使用,村办学校、村建道路等村公益事业的经费筹集方案,宅基地的使用方案等,必须提请村民委员会议讨论决定,方可办理。乡、民族乡、镇的人民政府对村民委员会的工作给予指导、支持和帮助,但是不得干预依法属于村民自治范围内的事项。因此,从村民委员会的职能来看,村委员会成员从事的村自治范围内的管理村公共事务和公益事业工作,虽然属于公务,但不同于以国家或者政府名义实施的组织、领导、监督、管理与人民群众利益及社会的发展相关的各种国家事务和公共事务,不属于《刑法》第九十三条第二款规定的依照法律从事公务。从村民委员会成员的组成看,是由村民直接选举产生,并且《村民委员会组织法》明确规定:“任何组织或者个人不得指定、委派或者撤换村民委员会成员。”再从村民委员会成员的身份来看,主要是农民,不脱离生产,不享有国家工作人员的待遇,不具有国家工作人员的权利,犯罪后按国家工作人员处理,权利义务不对等。因此,村民委员会成员不是刑法意义上的国家工作人员。

《刑法》第二百七十二条第一款规定的其他单位,范围非常广泛,既包括非国有事业单位,也包括其他依法成立的非国有社会组织、群众团体。村民委员会作为村民自我管理、自我教育、自我服务的基层群众性的自治组织,是经县级人民政府批准设立、不需要登记的社会团体,当然属于《刑法》第二百七十二条第一款规定的其他单位。本案被告人丁钦宇身为潮安县磷溪镇埔涵管理区办事处副主任,负责财经工作,其利用职务上的便利,挪用本单位资金归个人使用或者借贷给他人,数额较大,进行营利活动,其行为完全符合挪用资金罪的构成要件,应当以挪用资金罪追究刑事责任。

案例:刘必仲挪用资金案

案例来源:《刑事审判参考》总第 48 集[第 382 号]

主题词:挪用资金罪

一、基本案情

被告人刘必仲,男,1968 年 7 月 31 日出生,初中文化,农民。因涉嫌犯合同诈骗罪,于 2003 年 12 月 25 日被刑事拘留,2004 年 1 月 18 日被逮捕。

江苏省滨海县人民法院经审理查明:被告人刘必仲意欲通过投注“双色球”福利彩票中大奖改变生活条件。2003 年 11 月,刘必仲听说振东投注站的原销售员刘德祥不想经营投注站了,便与其兄刘必正(在逃)商量转包。2004 年 12 月 1 日,刘必仲从刘德祥处转包了“江苏省 32090322 福利彩票投注站”,并与滨募办签订了双色球福利彩票销售协议。协议规定:销售额的 6.5%作为代销费结付给刘必仲;刘必仲应将销售款[销售款=销售额-代销费-实际兑奖奖金(四、五、六、七等奖由原销售彩票的投注站负责兑奖)]准时、足额上缴滨募办指定的银行账号(江苏省福利彩票发行中心要求农村投注站应在每月 1 日和 15 日将销售款存入指定银行账户);协议有效期为 1 年。

被告人刘必仲交纳 1 万元投注机设备保证金后,开始经营彩票投注站。经多次研究、判断彩票走势规律,刘必仲于 2003 年 12 月 21 日下午 5 时许,在没有交纳投注金的情况下,一次性打出 15 注 2003087 期“双色球”复式福利彩票,每注 3.7128 万元,共计 55.692 万元(当晚开奖后中奖 8320 元)。因一般情况下该投注站每天的销售额仅有几百元,盐城市福利彩票发行中心发现该站投注金额较大,要求滨募办派人核实,但刘必仲在打印完彩票后已离开投注站。32090322 福利彩票投注站的 2003087 期销售数据已全部计入盐城市的销售数据,并上报江苏省财政部门和中国福利彩票发行管理中心(应上缴的公益金和发行费已由江苏省福利彩票发行中心垫付)。22 日,滨募办工作人员找到刘必仲,刘必仲在盐城市福利彩票发行中心写下“欠到福利彩票款 55.7048 万元”的欠条,其兄刘必正签字担保。23 日,刘必正与其妻协议离婚,约定家庭全部财产归其妻所有后外出,至今下落不明。24 日中午,滨募办工作人员在盐城市汽车站附近将准备前往外地的刘必仲扭送到滨海县公安局。

滨海县人民法院认为:被告人刘必仲身为彩票机构的彩票销售人员,利用管理、经营福利彩票投注站的便利,违反规定,在没有交纳投注金的情况下,擅自打印并获取巨额彩票款,意欲中大奖,其行为属于利用职务上的便利,挪用本单位资金,进行营利活动,已构成挪用资金罪,且属挪用本单位资金数额巨大且不退还,应依法惩处。公诉机关指控的犯罪事实清楚,证据确实、充分,但现有证据仅表明刘必仲想通过彩票占有巨额奖金,且在案发后刘必仲已与彩票机构达成还款协议,同时刘必仲打印彩票的账目情况在其经营的彩票投注机和彩票机构的财务账目上均有完整反映,不能认定刘必仲具有非法占有的目的,因此公诉机关指控刘必仲犯合同诈骗罪不当,应当根据最高人民法院《关于执行〈中华人民共和国刑事诉讼法〉若干问题的解释》第一百七十六条第(二)项“起诉指控的事实清楚,证据确实、充分,依据法律认定被告人的罪名成立的,应当作出有罪判决”的规定,以挪用资金罪追究刘必仲的刑事责任。鉴于刘必仲在案发后能够供认主要犯罪事实,可酌情从轻处罚。

滨海县人民法院依照《中华人民共和国刑法》第二百七十二条第一款的规定,于 2005 年 8 月 9 日判决如下:

被告人刘必仲犯挪用资金罪,判处有期徒刑七年。

宣判后,刘必仲不服,上诉至盐城市中级人民法院。

刘必仲上诉称,其在投注时虽未交付投注款,但双方达成还款协议,故其行为属于债权债务关系,不构成挪用资金罪。

盐城市中级人民法院经审理认为:上诉人刘必仲身为彩票机构的彩票销售人员,利用管理、经营福利彩票投注站的职务便利,在没有交纳投注金的情况下,擅自打印出巨额彩票,其行为符合《中华人民共和国刑法》第二百七十二条第一款规定的挪用资金罪的构成特征,且属数额巨大不退还,应依法惩处。上诉人刘必仲关于不构成挪用资金罪的上诉理由不能成立。原审判决认定的事实清楚,证据确实、充分,定性准确,量刑适当。依照《中华人民共和国刑事诉讼法》第二百八十九条第(一)项的规定,于2005年9月9日裁定驳回上诉,维持原判。

二、裁判要旨

No.5-272-2 彩票销售人员利用经营彩票投注站的职务便利,不交纳投注金而购买彩票,且事后无力偿付购买彩票款的,应以挪用资金罪论处。

刘必仲作为受委托管理、经营国有财产的人员,利用承包经营福利彩票投注站、销售福利彩票的职务便利,不交纳投注金购买彩票的行为,与直接挪用福利彩票投注站的资金购买彩票,在性质上是相同的,可视为挪用本单位资金购买彩票,应当根据《刑法》第二百七十二条第一款规定的挪用资金罪追究刑事责任。

第一,刘必仲作为福利彩票投注站的承包经营人员,属于《刑法》第二百七十二条第一款规定的其他单位的工作人员,具有挪用资金罪的主体身份。

第二,彩票销售人员利用职务上的便利,不交纳投注金购买彩票,类似于证券、期货公司工作人员利用职务上的便利,挪用本单位资金或者客户资金用于炒股、购买期货等高风险投资,属于《刑法》第二百七十二条第一款规定的挪用本单位资金归个人使用,事后无力偿付购买彩票款是挪用后不退还的具体表现。虽然与典型的挪用手段相比,有一定程度的差异,但与挪用本单位资金购买彩票在性质上是相同的,仍具备了挪用资金罪的本质特征,不影响挪用资金罪的认定。

案例:陈焕林等挪用资金、贪污案

案例来源:《刑事审判参考》总第57集[第454号]

主题词:村基层自治组织人员 挪用资金罪

一、基本案情

被告人陈焕林,男,1962年3月5日出生,农民,原任潮安县彩塘镇和平村村民委员会主任。因涉嫌犯挪用公款罪于2005年11月30日被逮捕。

被告人杨茂浩,男,1961年11月25日出生,农民,原任潮安县彩塘镇和平村村民委员会委员、出纳员。因涉嫌犯挪用公款罪于2006年1月4日被逮捕。

广东省潮安县人民法院经审理查明:

(一)挪用资金罪

被告人陈焕林自2000年11月至2005年上半年任潮安县彩塘镇和平村村民委员会主任。被告人杨茂浩自2000年11月至2005年7月任潮安县彩塘镇和平村村民委员会委员、出纳员。在二被告人任职期间,经该村村委会决定,将村集体资金交由杨茂浩存入杨茂浩个人的银行账户中。

和平村2000年11月现金结余人民币(下同)1317532.09元,2000年12月至2005年2月,现金收入共29345607.01元,总收入共计30663139.10元。上述现金收入主要是该村的集体土地租金,仅有2001年该村的集体土地被征用于潮汕公路改道工程的补偿款1114874.30元属征地补偿款,该项征地补偿款全部记入该村总账,未设独立科目,也没有存入专项资金账户。2000年12月至2005年2月,该村的现金支出共26074424.74元,截至2005年2月28日,出纳现金日记表余额为4588714.36元。

和平村的1114874.30元征地补偿款由彩塘镇财政所分9次通过银行划拨,其中有4笔共800000元实际划入和平村账户。但对该4笔资金和平村村委会没有专门设立账目并存入专项资金账户,而是与其他资金混同使用。而其余5笔均没有实际划入该村账户,其中4笔共164874.30元由和平村村民委员会委托彩塘镇财政所直接转账用于缴交该村2001年度至2004年的农业税;另一笔150000元由和平村村民委员会委托彩塘镇财政所直接转账划入彩塘镇规划建设办的账户,用于缴交该村的生活用地基础设施配套费。

2004年间,陈焕林利用职务之便,多次从杨茂浩处借出由杨茂浩保管的该村集体资金,用于赌博,并以借付工程款的名义立下6单借条,具体为:(1)2004年3月27日借770000元;(2)2004年4月19日借647000元;(3)2004年5月3日借1781000元;(4)2004年7月13日借350000元;(5)2004年10月22日借340000元;(6)2004年11月29日借237000元,6单共计人民币4125000元。所有款项被陈焕林用于赌博输光,案发后无法追回。

杨茂浩在明知陈焕林借钱不是用于支付和平村的工程款或其他公共开支而是另作他用的情况下,仍按陈焕林的指令连续、多次把和平村的上述集体资金共4125000元借给陈焕林个人使用。其间还按陈焕林的授意用假存折和假利息单据来冲抵被陈焕林借走的资金数额,以欺瞒、应付村查账小组的查账。

2005年4月,和平村村民委员会换届选举,陈焕林落选,后于2005年7月25日潜逃,杨茂浩遂于同月26日向潮州市人民检察院报案,后陈焕林被抓获归案。

(二)贪污罪

被告人陈焕林于2004年12月18日,利用其担任潮安县彩塘镇和平村村民委员会主任职务之便,经手向潮安县彩塘镇民政办公室领取民政部门发给该村的在伍军人补助款9000元和烈属补助款300元,共计人民币9300元,后将该款据为己有,挥霍花光。案发后赃款无法追回。

潮安县人民法院认为,被告人陈焕林身为农村村民委员会工作人员,利用职务之便,挪用本单位资金用于赌博,数额巨大,其行为已构成挪用资金罪,其又在协助人民政府从事优抚款物管理公务过程中,利用职务之便,侵吞国有财物,其行为已构成贪污罪。被告人杨茂浩身为农村村民委员会负责出纳的工作人员,明知被告人陈焕林借集体资金是要挪作他用,仍听从陈焕林指令,将所保管的集体资金借给陈焕林,其行为已构成挪用资金罪。被告人陈焕林在挪用资金共同犯罪中起主要作用,系主犯,应按照其所参与或组织、指挥的全部犯罪处罚。被告人杨茂浩在挪用资金共同犯罪中起次要作用,系从犯,其在陈焕林潜逃后,司法机关尚未掌握其二人挪用资金犯罪事实的情况下,主动向潮州市人民检察院报案,如实供述了全部犯罪事实,有自首情节,依法予以减轻处罚。公诉机关指控被告人陈焕林犯贪污罪罪名成立,但指控被告人陈焕林、杨茂浩犯挪用公款罪不妥,应予以纠正。依照《中华人民共和国刑法》第二百七十二条第一款,第三百八十二条第一、二款,第三百八十三条第一款第(三)项,第九十三条第二款,第二十五条第一款,第二十六条第一、四款,第二十七条、第六十七条、第六十九条第一款和《全国人民代表大会常务委员会关于〈中华人民共和国刑法〉第九十三条第二款的解释》第一款第(一)项、第二款之规定,于2006年12月26日判决如下:

1. 被告人陈焕林犯挪用资金罪,判处有期徒刑十年;犯贪污罪,判处有期徒刑一年,决定执行有期徒刑十一年。

2. 被告人杨茂浩犯挪用资金罪,判处有期徒刑两年六个月。

一审宣判后,杨茂浩以原审判决量刑畸重,要求对其适用缓刑为由,提出上诉。上诉期届满后,杨茂浩申请撤回上诉,潮安县人民法院依法报请潮州市中级人民法院审查。

潮州市中级人民法院经审理认为,原审判决认定事实清楚,定罪和适用法律正确,量刑适当,审判程序合法。依照最高人民法院《关于执行〈中华人民共和国刑事诉讼法〉若干问题的解释》第二百三十九条、第二百四十四条之规定,于2007年1月31日裁定准许上诉人杨茂浩撤回上诉。

二、裁判要旨

No.5-272-3 村民委员会等基层自治组织人员挪用的款项无法区分是公款还是集体资金的,应以挪用资金罪论处。

根据《刑法》的规定,挪用公款罪与挪用资金罪除了犯罪主体上的区别外,在行为对象和行为特征上也存在明显不同:挪用公款罪的行为对象必须是公款,而挪用资金罪的行为对象则为公司、企业或其他单位的资金;挪用公款利用的是从事公务之便,而挪用资金利用的则是从事公司、企业或其他单位的特定职务之便。根据全国人大常委会的立法解释,对于协助人民政府从事行政管理工作的七项事务,村基层组织人员以国家工作人员论,由于七项事务中所涉及的款项为公款,利用的是从事公务之便,故村基层组织人员利用此职务之便挪用这些款项的构成挪用公款罪;如果村基层组织人员从事的并非上述立法解释规定的七项事务,而是村内自治管理服务工作,其所利用的是村内自治管理服务工作之便,故利用此职务之便挪用村集体资金的构成挪用资金罪。当然,在能够准确区分所挪用的款项来源,确定所利用的职务便利性质的情况下,按照上述原则定罪处罚是比较明晰的,而在农村基层组织人员所挪用款项的具体性质以及利用何种职务之便无法查明的情况下,由于无法区分他们究竟是利用何种职务便利挪用何种款项,主体身份无法明确,因此根据刑法的谦抑原则,应该从有利于被告人的角度出发,以刑罚较轻的罪名对被告人进行定罪处罚。

在本案中,被告人陈焕林、杨茂浩在2000年11月任职时,潮安县彩塘镇和平村结余现金合计人民币1317532.09元。同年12月至2005年2月二被告人任职期间,和平村的集体经济收入共计人民币29345607.01元。上述两项资金总额合计30663139.10元,本案现有证据显示上述款项除1114874.30元征地补偿款属于公款性质以外,其他款项均为该村的集体资金。本案证据还证明,该村1114874.30元征地补偿款中的314874.30元由和平村村委会委托彩塘镇财政所直接转账用于缴交农业税和生活用地基础设施配套费外(即没有实际划入和平村的资金账户),只有80万元实际划入和平村的资金账户。由于这80万元征地补偿款在账务上只记入该村总账,而没有设独立科目,也没有存入专项账户,而是与该村的集体资金混合使用,没有与其他集体资金区分开来,导致本案中二被告人每次所挪用的资金性质不明,它们既可能均是集体资金,也有可能均是征地补偿款,或者是两者兼有。由于公诉机关无法举证证明二被告人所具体挪用的6笔资金的性质,二被告人所挪用的资金的来源既有村出租集体土地的租金收入,又有征地补偿款,因此不能确定村委会对上述款项的管理是纯粹属于协助人民政府从事行政管理工作,还是从事村自治范围内的管理村公共事务和公益事业的工作,也就是说,无法查明二被告人挪用有关款项利用的是从事特定公务之便还是村内自治管理服务工作之便,无从确定其主体身份,因此,根据刑法的谦抑原则,从有利于被告人的角度出发,应以挪用资金罪追究本案二被告人的刑事责任,所以本案检察院有关挪用公款罪的指控有误,法院改变指控罪名以挪用资金罪对其二人的定罪处罚是正确的。

案例:沈某挪用资金案

案例来源:《刑事审判参考》总第25辑[第174号]
主题词:追诉时效 溯及力

一、基本案情

被告人沈某,男,44岁,原系某供销合作社副主任。因涉嫌犯职务侵占罪和挪用资金罪,于2000年12月2日被逮捕,2001年3月28日取保候审。

某市人民检察院以被告人沈某犯挪用资金罪,向某市人民法院提起公诉。

起诉书指控:1994年10月6日,被告人沈某利用担任某供销合作社副主任的职务之便,未依法办理借款手续,擅自将某社资金20万元借给个体户高某经商。1994年11月29日,高某将20万元人民币归还给某供销合作社。

1995年1月10日,某供销社曾向公安机关报案,但公安机关未予立案。

某市人民法院经审查认为,被告人沈某的犯罪已过追诉期限,应当根据最高人民法院《关于执行〈中华人民共和国刑事诉讼法〉若干问题的解释》第一百一十七条第(五)项的规定,决定不予受理。

二、裁判要旨

No. 5-272-4 1997 年刑法生效前犯罪的,根据 1997 年刑法已过追诉期限但按照行为时刑法未过追诉期限的,应当认定为追诉期限已过,不再予以追究。

正确认定本案的追诉期限,关键在于对《刑法》第十二条第一款规定的理解与适用。《刑法》第十二条第一款规定的从旧兼从轻原则,其实质是要求在对被告人追究刑事责任时应采取有利于被告人的原则。这绝不是仅体现在定罪量刑方面,而应体现在决定被告人刑事责任有无、罪行轻重的各个方面,如追诉时效、自首、立功、累犯、减刑、假释等。这一点在最高人民法院《关于适用刑法时间效力规定若干问题的解释》中作了明确规定。因此,对于本案被告人沈某的行为,应适用 1997 年刑法,其追诉期限是五年,经过五年的,不再追诉。如果认为被告人按当时的法律应定挪用公款罪,相对应的法定最高刑为十五年,追诉期限则为十五年,应当追诉的话,那么,就会出现如下矛盾:一是定罪要定挪用资金罪,量刑只能在三年以下有期徒刑或者拘役的量刑档次和幅度内去考虑,显然追诉期限与《刑法》第八十七条的规定相矛盾;二是与我国刑法在时间效力上体现的有利于被告人的立法精神相悖。

案例:马宪有挪用资金案

案例来源:《人民法院案例选》2005 年第 1 辑

主题词:挪用公款罪 挪用资金罪

一、基本案情

被告人马宪有,别名马现友,男,生于 1951 年 11 月 16 日,汉族,工人,原开封县信用联合社太平岗信用社职工,住开封县城关镇。

河南省开封县人民法院经审理查明:自 2000 年至 2003 年 7 月份,被告人马宪有在开封县城关农村信用合作社太平分社工作期间,利用职务上的便利,用已作废的"中国农业银行开封县信用联合社太平信用社业务公章"和"全国农村信用合作社整存整取定期储蓄存单"及"马现友""王金玉""王庭"三枚私章,以完成储蓄任务,支付高息为名,先后在开封县范村乡、兴隆乡、城关镇等地吸收李兴、周长顺等储户存款 65 笔,总金额 1370900 元不入账,而所有储户对其不入账的行为均不知情,均以为是正常金融业务。被告人马宪有又先后擅自将该款以高息转借贷给开封双九烟草机械有限公司的任顺利和王洪勇等人,案发前后追回本息合计 297379. 70 元。至今仍有 1073520. 30 元没有追回。经查开封县信用联合社太平岗信用社属集体性质。开封县人民检察院于 2004 年 4 月 2 日以汴开检刑诉(2004)45 号起诉书,向开封县法院提起公诉,指控被告人马宪有触犯了《中华人民共和国刑法》第一百八十七条第一款之规定,构成用账外客户资金非法拆借、发放贷款罪。

开封县人民法院认为,被告人马宪有作为开封县城关农村信用合作社太平分社的职工,利用职务之便,吸收储户资金不入账,而后用于非法发放贷款或借与他人使用,导致开封县城关农村信用杜太平分社负有到期偿付本金和利息的义务,其行为侵犯了开封县城关农村信用社太平分社对储户资金的使用权,已构成挪用资金罪且数额巨大。公诉机关指控被告人马宪有犯用账外客户资金非法拆借、发放贷款罪,被告人马宪有虽然客观方面具有用账外客户资金发放贷款的行为,但被告人马宪有将储户资金不入账,用于非法发放贷款,并未与储户相沟通或者征得储户的同意。另外,被告人马宪有的行为侵犯的是信用社对储户资金的使用权而并非单纯是国家的金融和存贷款制度。故公诉机关的指控定性不准,不予支持。依照《中华人民共和国刑法》第二百七十二条第一款之规定,以挪用资金罪判处被告人马宪有有期徒刑八年。

被告人马宪有对一审判决不服,提起上诉。开封市中级人民法院二审终审对该案依法维持原判。

二、裁判要旨

No. 5-272-5 金融机构工作人员利用职务便利,挪用已经记入金融机构法定存款账户的客户资金归个人使用的,或者所收客户资金不入账,但给客户开具银行存单,使客户误以为款项已存入银行,该款项被行为人以个人名义借贷给他人的,不构成用账外客户资金非法拆借、发放贷款罪,该工作人员属于国家工作人员的,构成挪用公款罪;属于非国家工作人员的,构成挪用资金罪。

在本案中,被告人马宪有作为开封县城关农村信用合作社太平分社的职工,利用职务之便,擅自将该款以高息转借贷给他人,至今仍有巨额款项没有追回,造成重大损失的行为均符合用账外客户资金非法拆借、发放贷款罪、挪用公款罪和挪用资金罪的客观方面特征,但其吸收存款不入账是在储户不知情的情况下而为,这一点不符合用账外客户资金非法拆借、发放贷款罪的犯罪客观方面特征,故不构成该罪。行为人所在的信用社系集体企业,不属于《刑法》第九十三条规定的国家工作人员,不符合挪用公款罪的犯罪主体。本案从主体、主观方面、客体、客观方面上均符合挪用资金罪的犯罪构成,故被告人马宪有的行为构成挪用资金罪,法院一、二审的判决是正确的。

案例:白晓伟挪用资金案

案例来源:《人民法院案例选》2009 年第 4 辑

主题词:挪用公款罪　挪用资金罪

一、基本案情

被告人:白晓伟,2004 年 3 月至 2008 年 1 月任原陕西制药厂财务科出纳,2008 年 2 月原陕西制药厂改制后任陕西制药有限责任公司出纳。2008 年 6 月 24 日因涉嫌犯挪用公款罪被刑事拘留,同年 7 月 8 日被依法逮捕。

陕西省西安市临潼区人民法院经审理查明:陕西制药厂是陕西省医药总公司的直属企业,系国有企业。2006 年,陕西制药厂进行改制,2008 年 2 月 2 日,新改制企业即陕西制药有限责任公司经工商注册登记成立,该公司系非国有公司。期间,原陕西制药厂经批准自筹资金建造职工住宅楼,并成立职工住宅楼建设办公室,设立了基建账户由出纳白晓伟管理,负责基建款的收取与支出。2007 年 11 月 10 日至 2008 年 3 月 19 日,被告人白晓伟利用担任原陕西制药厂、陕西制药有限责任公司出纳的职务便利,擅自从其管理的本单位基建账户上挪用基建款项 100 万元,用于个人炒股,进行营利活动。2008 年 1 月 16 日、5 月 6 日和 6 月 1 日,被告人白晓伟先后向单位归还所挪用的 100 万元。2008 年 6 月 17 日被告人白晓伟到检察机关投案自首,并归还了所挪用款项的利息 2046.15 元。

西安市临潼区人民法院认为,被告人白晓伟在国有企业改制为非国有企业过程中及非国有企业成立后,利用职务之便,擅自挪用单位职工集资建房款用于个人炒股,进行营利活动,数额巨大。被告人白晓伟挪用部分款项虽在企业改制过程中,但该阶段原企业已由改制后的企业实际经营并承担盈亏风险,因而被告人白晓伟应系非国家工作人员,其行为已构成挪用资金罪。西安市临潼区人民检察院指控被告人白晓伟部分犯罪构成挪用公款罪不当,应予更正。结合被告人白晓伟有自首情节,能积极退还赃款,遂依照《中华人民共和国刑法》第二百七十二条第一款、第六十七条第一款、第七十二条第一款、第七十三条第二款和第三款、第六十四条之规定,判决如下:

被告人白晓伟犯挪用资金罪,判处有期徒刑三年,缓刑五年。

宣判后,被告人未上诉,公诉机关亦未抗诉,现判决已发生法律效力。

二、裁判要旨

No. 5-272-6 国有企业改制以后,原国有企业从事管理工作的人员挪用单位资金进行营利的,不构成挪用公款罪,应以挪用资金罪论处。

被告人的部分犯罪行为发生在 2007 年 11 月 10 日至同年 12 月 13 日,此时正处于原陕西制药厂(国有企业)改制为陕西制药有限责任公司(非国有公司)的过程中,原企业改制自 2006 年下半年起至2008年2月2日新企业工商注册登记,原国有资产究竟从何时转为非国有资产的,从公诉机关提供的国资委对产权交割时点确认的复函看,财产所有权转移时间为2008年1月23日,即西安市产权交易中心确认的日期。从改制的程序上讲,只能在交易确认之后,才能进行产权交接,发生产权的转移。但实际上,2008年1月23日不是财产转移的交割日,西安市国资委(2007)310号《关于对陕西制药厂整体改制资产置换的批复》文件,明确指出改制资产评估基准日为2006年12月31日。所谓的改制基准日,指的是原陕西制药厂的财产以此日为止,评估后由改制后的新企业承接。由于改制比较复杂且需要相当长的过程,因而至2007年10月30日,西安市国资委正式批复,企业资产才由改制后企业以零资产置换,2006年12月31日至2007年7月31日期间,企业亏损的222万元从国有资产中剥离。且2007年6月份职工代表大会已通过新企业人股事项、委托出资办法及推选3名代表行使股东权利,从2007年8月起,职工已明确虽然新公司未成立,但实际已经经营运作,而且盈亏风险均由新企业承担,陕西制药有限责任公司的财产账表也证实,自2007年8月1日起由新企业承担盈亏风险,承担亏损138万元,因此2007年7月31日应系产权交割日,即自2007年8月1日起本案企业的财产性质已由国有财产转为非国有财产,按照人随资走的改制原则,原国有企业职工身份也相应变为非国有企业的职工,被告人白晓伟也应系非国家工作人员。

关于挪用资金罪,根据2000年7月20日公布的最高人民法院《关于如何理解刑法第二百七十二条规定的"挪用本单位资金归个人使用或者借贷给他人"问题的批复》的规定,具体挪用行为包括:(1)挪用资金归个人使用或者借贷给他人,数额较大,超过3个月未还的。(2)挪用资金虽未超过3个月,但数额较大、进行营利活动的。(3)挪用资金用于进行非法活动。通常而言,所谓进行营利活动一般是指进行合法的营利活动或其他合法获取利润的行为。行为人是否实际上已经获得利益不影响本罪的成立。该种情况下,数额较大和进行营利活动是必备要求,没有时间长短的限制,也不因发现时是否归还而影响犯罪的成立。所谓数额较大,根据最高人民法院《关于办理违反公司法受贿、侵占、挪用等刑事案件适用法律若干问题》的精神,是指挪用1万元—3万元以上的。该罪侵犯的对象是本单位的资金。挪用资金罪与挪用公款罪的本质区别在于犯罪主体和犯罪客体的不同。本案中白晓伟利用担任陕西制药厂出纳的便利,擅自从其管理的本公司基建户上先后挪用100万元用于个人炒股进行营利活动,数额巨大,自2007年8月1日起本案企业的财产性质已由国有财产转为非国有财产,被告人白晓伟此时系非国家工作人员,其自2007年11月10日至2008年3月19日的犯罪行为侵犯的是非国有财产所有权,其行为符合挪用资金罪的构成要件。

案例:王忠良、王亚军挪用资金案

案例来源:《人民法院案例选》2013年第4辑

主题词:挪用资金罪　村委会成员的身份认定

一、基本案情

被告人:王忠良。

被告人:王亚军。

陕西省洛南县人民法院经审理查明:2010年9月25日、2011年8月初、2011年8月27日,被告人王亚军在担任南沟社区五组组长期间,先后三次向担任该组出纳的被告人王忠良提出借用该组土地征用补偿款,被告人王忠良将该组土地征用补偿款6万元、43000元、9万元借给王亚军,王亚军将上述款项用于归还个人债务。2012年1月9日,洛南县谢湾镇政府组织经管站等有关部门核查南沟社区五组账务时,被告人王忠良主动归还了其挪用的上述款项193000元。2011年3月26日,被告人王忠良征得该组组长王亚军的同意,挪用该组土地征用补偿款58200元用于贩卖树苗、修房等花费。2011年10月10日、12月30日,被告人王忠良以支付组上有关款项的形式归还了其挪用的该笔款项。

2011年6月至7月间,被告人王忠良利用其担任南沟社区五组出纳之便,私自将该组土地征用补偿款5万元用于培育树苗、支付其家修房工钱及家庭生活等花费。2012年1月,被告人王忠良主动归还了其挪用的该笔款项。洛南县人民检察院以被告人王忠良、王亚军犯挪用公款罪向洛南县人民法院提起公诉,指控事实与一审查明事实一致。

上述事实,被告人王忠良、王亚军在开庭审理过程中未提出异议。

陕西省洛南县人民法院于2012年7月27日作出(2012)洛南法刑初字第00075号刑事判决如下:

1. 被告人王忠良犯挪用资金罪,判处有期徒刑三年,宣告缓刑五年(缓刑考验期从判决确定之日起计算)。

2. 被告人王亚军犯挪用资金罪,判处有期徒刑三年,宣告缓刑四年(缓刑考验期从判决确定之日起计算)。

宣判后,二被告人未提出上诉,检察院也未提起抗诉,一审判决已发生法律效力。

二、裁判要旨

No.5-272-7 农村基层组织人员所从事的村民自治范围内的集体经济事务,不属于公务范畴,不应以国家工作人员论处。

村基层组织成员所私分的征地补偿款虽然来源于政府拨付的土地补偿费用,但相应费用已经发放、补偿到位,在归属上应认定为村集体财产。本案中被告人所挪用的土地征用补偿费用是已经发放后的土地征用补偿款,属于集体经济组织收益,其管理仅是村集体经济事务,属于村民自治范围内的集体事务,不属于从事公务。两被告人的行为应认定为挪用资金罪。

案例:李毅挪用资金案

案例来源:《刑事审判参考》总第109集[第1189号]

主题词:挪用资金罪 超过3个月未还

一、基本案情

被告人李毅于2008年进入孚润达公司工作,2010年5月开始担任该公司业务员,从事销售工作。2011年5月至2012年1月间,李毅利用职务之便,从业务单位西格玛集团有限公司(以下简称"西格玛公司")、莱阳市桥安机械配件有限公司(以下简称"桥安机械公司")、浙江名震机械制造有限公司(以下简称"名震机械公司")收取货款合计人民币(以下币种同)289110元,未经孚润达公司同意,挪用上述货款归个人使用,超过3个月未还。具体事实分述如下:

1. 2011年5月,被告人李毅从桥安机械公司收取货款8万元承兑汇票后,挪用其中的3万元归个人使用;2011年9月,李毅从该公司收取货款8万元承兑汇票后,挪用其中的2万元归个人使用;2012年1月,李毅从该公司收取货款6万元承兑汇票后,归个人使用。

2. 2011年9月,被告人李毅从名震机械公司收取货款29110元后,归个人使用。

3. 2012年1月,被告人李毅从西格玛公司收取货款3张共计25万元承兑汇票后,挪用其中15万元归个人使用。

4. 2012年4月13日,被告人李毅从桥安机械公司收取货款8万元后,归个人使用。

二、裁判要旨

No.5-272-8 挪用资金罪中的"挪用资金超过3个月未还"是一种持续行为,不因"报案""立案""采取强制措施"等介入因素中断。只要行为该行为持续的时间超过3个月即构成本罪。

挪用型犯罪时间节点的确定,应立足于最大限度地保护单位资金安全。《刑法》及司法解释均没有对3个月的截止日作出规定。挪用型犯罪的成立,不存在截止日的问题。行为人自挪用之日起在3个月内归还的,无论中间发生什么,其行为均不构成犯罪。超过3个月才归还甚至还处于未归还状态的,挪用犯罪即已成立。但如果人为设置截止日为界限,而不管截止日后行为人是否归还及归还的实际时间,一则不利于保护单位的资金安全,二则可能导致行为人因司法对行为性质的结论而怠于履行归还义务,三则与刑法关于挪用资金犯罪的要件规定相悖,四则可能导致司法腐败。

“超过3个月未还”的认定,应以挪用行为持续的时间为依据。原因如下:(1)有助于最大限度地维护单位资金安全。因为挪用行为持续时间长短,在很大程度上体现了其行为的社会危害性,侵害时间越长,危害性越大。刑法保护的是资金安全,只要行为人挪用单位资金数额较大且超过3个月未还,即构成犯罪,这在期限认定上容易把握,也不会带给行为人规避法律的可乘之机。另外,《关于挪用公款犯罪如何计算追诉期限问题的批复》明确规定,挪用公款罪的追诉期限从挪用公款罪成立之日起计算。挪用公款行为有连续状态的,犯罪的追诉期限应当从最后一次挪用行为实施完毕之日或者犯罪成立之日起计算。不难看出,挪用公款犯罪的追诉时效应当以犯罪成立之日起计算,即挪用的行为持续时间为3个月,就构成犯罪。挪用资金罪除侵害对象即单位的性质与挪用公款罪不同外,其他要素基本一样,故可以参照此解释执行。(2)符合我国刑法犯罪构成理论中主客观相一致的要求。只要行为人主观上没有积极归还资金的意图,客观上挪用资金数额较大、持续时间超过3个月没有归还,单位财产权遭到行为人的不法侵害,就应当接受刑罚处罚。至于超过3个月以后,挪用人归还与否、自愿抑或被迫归还,均不是罪与非罪的法定界限,而只是量刑情节问题。(3)案发与否对挪用资金罪的成立不具有直接影响。案发只是发现案件事实,并不具有终止犯罪危害和恢复被侵害秩序的当然功能。本案中,被告人李毅于2012年4月15日挪用资金8万元归个人使用,直到同年9月22日李毅被抓获,该挪用行为仍然处于持续状态中。据此,判断李毅的该挪用行为是否构成犯罪的时间节点应是自2012年4月15日起的3个月期限,即2012年7月14日。李毅仍然未归还该8万元,则该挪用行为已经成立挪用资金罪。

“超过3个月未还”的期限在特定情况下可以适用诉讼时效中止或终止。司法实践中一些犯罪嫌疑人在挪用资金未超过3个月时主动投案,待司法机关立案调查作出无罪处理后,3个月时限终止计算,犯罪嫌疑人仍可不归还挪用的资金,借此逃避法律制裁。为避免上述情形发生,在超过3个月未还型挪用资金案中可引入时效中止理论,在特定因素消灭后继续计算3个月期限,以免使犯罪嫌疑人逃避法律制裁。通常当出现下列两种情形时,3个月的期限可以中止,待相关事由消失后继续计算3个月的期限:

1. 司法机关的介入。一般来说,司法机关介入挪用资金未超过3个月未还的案件,挪用人被采取强制措施后,3个月的时限可以暂时中止,而不是司法机关一经介人,挪用时限就完全终止计算,以避免挪用人借机逃避法律制裁。例外的是,在多次挪用型犯罪中,如果此前的挪用行为已达到追诉的标准,后次挪用行为无论是否达到立案标准,也无论行为人是否被限制了人身自由,后次挪用的3个月时限不能中止,只要挪用时间满3个月且未能归还,均要作为犯罪数额认定。因为犯罪嫌疑人被采取强制措施是针对已经达到刑法追诉标准的挪用资金数额,其之后的挪用行为的不法状态仍在持续,其完全可以要求亲属或者资金实际控制人对被挪用单位的资金进行返还;同时多次挪用行为人的主观恶性及社会危害性较单次挪用行为人更大,故被采取强制措施的时间应当计算到3个月期限内。

2. 单位的承诺。两种情况下,被害单位的承诺可影响3个月的法定期限:一种情况是,被害单位的承诺导致3个月期限的彻底终止。挪用资金罪是侵犯财产犯罪,因此被害单位的意见和态度十分重要。如在挪用1个月未还时,被害单位发现后告知挪用人不用再归还单位资金了,此时因单位的承诺或者双方之间协议解决,导致3个月期限彻底终止。另一种情况是,被害单位的承诺导致3个月期限的暂时中止。如被害单位为追回损失,3个月内与挪用人约定,只要在1年内归还被挪用资金便不向司法机关报案。挪用人基于对单位承诺的信任,选择从挪用之日起超过3个月但在约定期限内归还挪用资金的,3个月期限应当从单位承诺或与单位达成协议之日起停止计算。这是因为根据被害人承诺理论,被害人对于遭受侵害的承诺或同意,对于某些犯罪可以不作犯罪处理。当然,上述两种情况仅限于挪用资金犯罪中适用,不能适用于挪用公款犯罪。因为国有单位对于国有资产并不具有所有权,无权对擅自挪用人作出免除或者延迟还款义务的承诺。

案例:王江浩挪用资金案

案例来源:《刑事审判参考》总第 122 集[第 1343 号]

主题词:挪用资金罪 挪用业委会资金

一、基本案情

2014 年 6 月 10 日,深圳市南山区大冲社区朗景园小区第二届业主委员会(以下简称“业委会”)成立,被告人王江浩被选为第二届业委会主任,任期至 2017 年 6 月 9 日止。2015 年 3 月 6 日,王江浩以朗景园小区第二届业委会的名义在中国银行高新区支行开设对公账户(账号:77××××54),用以收取小区业主自行出资购买停车场相关设备、运营维护费用、小区物业修缮费用以及商铺门面的租金。2015 年 12 月 1 日至 8 日,王江浩在未经业主大会讨论和表决的情况下私自从朗景园小区第二届业委会的中国银行对公账户中分 9 次共将人民币 44 万元转至自己的招商银行账户,并于 2015 年 12 月 8 日将其中人民币 40 万元转账到贺超的招商银行账户用于深圳市创达云睿智能科技有限公司 2%的股权投资,又将剩余的人民币 4 万元用于借款转账给业委会成员李梅。2016 年 5 月 20 日,因小区业主要求对小区的账目进行财务审计,王江浩从自己的另一个招商银行账户向朗景园小区第二届业委会的中国银行对公账户分 9 次转入人民币共 44 万元。

二、裁判要旨

No. 5-272-9 小区业主委员会系向市场监督管理部门登记注册并取得组织机构代码证的主体,属于挪用资金罪中“其他单位”的范畴。业委会成员挪用业委会银行账户资金的行为,成立挪用资金罪。

第一,业主委员会可以被认定为“其他单位”。

刑法对单位犯罪的主体有明确规定,但对作为被害人的单位则没有明确规定。《刑法》及司法解释将单位犯罪中的“单位”与分则中被害人的“单位”的内涵与外延设定并不一致,这主要还是从价值取向来把握的。单位犯罪中的“单位”主要是用以区别自然人犯罪,对作为犯罪主体的单位的认定,适用从严把握,以打击犯罪,体现公平正义。而“其他单位”作为被害人出现时,主要是从其在遭到犯罪侵害时,保护其合法权益尤其是财产权的角度出发予以考量。对合法权益的保护,“其他单位”可以作为独立的主体主张权利,而不需要以其名义单独承担刑事责任,与需要承担刑事责任的单位犯罪中的“单位”相比,其成立要件、形式要件也相对宽松,且随着经济社会的发展,刑法也必须保持适当的社会张力,才能适应社会的发展,因而可以做扩大解释。最高人民法院研究室《关于村民小组是否属于刑法第二百七十二条规定的“其他单位”问题的研究意见的理解与适用》中明确指出,挪用资金罪中规定的“其他单位”包括村民小组,村民小组组长可以成为挪用资金罪的犯罪主体。1999 年 6 月 25 日最高人民法院《关于村民小组组长利用职务便利非法占有公共财物行为如何定性问题的批复》,对村民小组组长利用职务便利,将村民集体财产非法占为己有的,数额较大的,以职务侵占罪定罪处罚。2000 年 10 月 9 日最高人民检察院《关于挪用尚未注册成立公司资金的行为适用法律问题的批复》,筹建公司的工作人员在公司登记注册前,利用职务上的便利,挪用准备设立的公司在银行开立的临时账户上的资金,归个人使用或者借贷给他人,数额较大或者超过三个月未还……应当根据《刑法》第二百七十二条追究刑事责任。

同时,参照最高人民法院在相关批复等文件中确立业主委员会在民事诉讼中的主体资格地位,对业主委员会可以认定为《刑法》中的“被害单位”。

根据《物业管理条例》第十六条第一款规定,业主委员会应当自选举产生之日起 30 日内,向物业所在的区、县人民政府房地产行政管理部分和街道办事处、乡镇人民政府备案。因此,业主委员会成立后须向行政管理部门进行备案登记。在对业主委员会民事诉讼地位的认定上,2003 年 8 月 20 日,最高人民法院发布的《关于金湖新村业主委员会是否具备民事诉讼主体资格请示一案的复函》指出,金湖新村业主委员会符合“其他组织”条件,可以以自己的名义提起诉讼。2005 年 8 月 15 日,最高人民法院发布的《关于春雨花园业主委员会是否具有民事诉讼主体资格的复函》指出,业主委员会是业主大会的执行机构,根据业主大会的授权对外代表业主进行民事活动,所产生的法律后果由全体业主承担,业主委员会与他人发生民事争议的,可以作为被告参加诉讼。

根据上述法律及司法解释,业主委员会由业主大会选举产生并向相关行政主管部门进行备案,这种备案行为经批准认可,也就赋予了业主委员会具备民事主体资格的合法性,在民事诉讼活动中可以视为非法人组织,具备相应的非法人组织的条件,具有民事诉讼主体资格,可以作为原告或被告,参与民事诉活动。在涉及侵害业主合法权益时,可以以其名义参与诉讼。同样,在刑事诉讼领域,当业主委员会具备相应的财产,也就成为具有独立活动和自我发展能力的社会经济实体,特别是作为被害主体情形,在其合法权益遭到侵害时,可以视为非法人组织参与到刑事诉讼活动中,认定为《刑法》中的"其他单位"。挪用资金案件与职务侵占案件,均属于对侵犯公司、企业财产的犯罪,参照上述司法解释中对"单位"的扩大解释规定,对业主委员会可以认定为挪用资金罪中的"其他单位"。

第二,业主委员会账户内资金属于挪用资金罪中"本单位资金"。

《深圳经济特区物业管理条例》(注:属地方性法规)第二十二条第一款规定,业主大会、业主委员会活动经费、业主委员会委员和执行秘书的薪酬,从物业服务费中按照市政府规定的比例提取,专款专用。第四十三条规定,业主委员会解散的,业主委员会委员、候补委员应当在区主管部门的指导、监督下,做好有关财物清算和资料清理工作……从上述规定看,业主委员会工作人员的薪酬有其专门的资金来源,即从物业服务费中提取,专款专用,业主委员会也有自己本身的财物。本案中,业主委员会成立后在行政主管机关进行了备案登记,取得统一的组织机构代码证,在中国银行已开立了基本存款账户,该小区业主委员会拥有自己独立的财产。以业主委员会名义开立的银行账户内的资金,应当视为业主委员会"本单位资金"。王江浩挪用业主委员会银行账户内的资金,应当认定为挪用资金罪中的"本单位资金"。

114 敲诈勒索罪(《刑法》第二百七十四条)

案例:林华明等敲诈勒索案

案例来源:《刑事审判参考》总第 44 集[第 349 号]

主题词:敲诈勒索罪

一、基本案情

被告人林华明。

广东省佛山市禅城区人民法院经审理查明:2004 年 6 月中旬的一天凌晨,在佛山市禅城区张槎大富皓昕首饰厂工作并住该厂 305 宿舍的覃欣,发现自己放在宿舍的前几天用一百多元购买的皮带不见了,当天早上,覃欣在佛山市禅城区张槎大富皓昕首饰厂 403 宿舍发现自己的皮带在被害人陈明仁的床上,怀疑系被害人陈明仁所偷,后覃欣将此事告诉与其同住该厂 305 宿舍的工友。次日上午 8 时许,覃欣与被告人林华明、戴福东、刘伦松、陈平、蒋建福、陈松(均住 305 室,另案处理)到 403 宿舍找到被害人陈明仁,责问皮带来源,并提出要报公司保安部门处理,因被害人提出要私了,被告人林华明便叫被害人陈明仁一同出外吃早餐并解决该事。吃完早餐后,覃欣因加班先回厂上班,被告人林华明、戴福东、刘伦松、陈平与被害人陈明仁一起回厂,路经佛山市禅城区张槎上朗佛开高速公路跨线桥下一废品收购站门口时,被告人林华明将被害人陈明仁叫到一边,并打了被害人陈明仁两耳光。被害人陈明仁承认盗窃皮带事实后,被告人林华明又要求其赔偿 305 宿舍被盗其他财物的损失,陈表示同意。此后,被告人林华明将被害人愿意赔偿 305 宿舍被盗财物一事告之被告人戴福东、刘伦松、陈平,并要其他被告人报出各自在 305 宿舍被盗物品的情况,各被告人均称失窃了财物,根据被盗财物价值,被告人林华明要求被害人赔偿 5000 元,限定其当天给钱,由于被害人当时没有那么多现金,便写下欠条。当天下午 4 时许,被害人到 305 宿舍门口,交给被告人林华明 2000 元,并要求被告人戴福东作证。当晚,被告人林华明叫其他被告人等人一起吃饭,花去约 200 元,余款用于赌博输掉。

佛山市禅城区人民法院经审理认为,被告人林华明、戴福东、刘伦松、陈平以非法占有为目的,伙同他人敲诈勒索他人人民币,其行为均已构成敲诈勒索罪;佛山市禅城区人民检察院指控被告人林华明、戴福东、刘伦松、陈平犯抢劫罪定性不当。被告人林华明在共同犯罪中起主要作用,是主犯,依法应当按照其所参与的全部犯罪处罚,被告人戴福东、刘伦松、陈平在共同犯罪中起次要作用,是从犯,依法应当从轻处罚。被告人戴福东、刘伦松、陈平犯罪情节轻微,可免予刑事处罚。依照《中华人民共和国刑法》第二百七十四条、第二十六条第一、四款、第二十七条、第三十七条的规定,判决如下:

1. 被告人林华明犯敲诈勒索罪,判处有期徒刑八个月;
2. 被告人戴福东犯敲诈勒索罪,免予刑事处罚;
3. 被告人刘伦松犯敲诈勒索罪,免予刑事处罚;
4. 被告人陈平犯敲诈勒索罪,免予刑事处罚。

二、裁判要旨

No. 5-274-1　以实施暴力或毁坏财物、名誉为要挟,造成被害人精神上的恐惧,并被迫当场或事后交出财物的,应以敲诈勒索罪论处。

在本案中,我们认为区分抢劫罪与敲诈勒索罪主要看被害人交出财物的心理状态。抢劫是被害人迫于暴力或者将要实施的暴力而造成精神上的恐惧,被迫当场交出财物;敲诈勒索则是被害人迫于将要实施的暴力或者毁坏财物、名誉等造成精神上的恐惧,出于无奈,被迫于当场或者事后交出财物或者出让其他财产权利。本案是因被害人盗窃了被告人宿舍财物而起,事出有因。林华明打被害人两巴掌是因为被害人对其盗窃305宿舍皮带一事态度反复,一会儿承认,一会儿又否认,出于气愤才殴打他的,被害人被打后,承认了盗窃皮带的事实。这时,被告人提出因为之前305宿舍曾多次失窃,要其赔偿305宿舍失窃财物损失的要求,并以要把其盗窃皮带一事向厂保卫部门报告相要挟,迫使被害人同意赔偿并且写下欠条,之后又一起回单位上班。当天下午,被害人主动到四被告人的宿舍门口,交给被告人林华明2000元。被告人非法占有被害人财物,既使用了暴力,又使用了要挟手段。从事发原因,案件的发展过程和被害人与被告人是同厂工友关系等情节分析,被害人并非是因为被林华明打了两巴掌被迫交出财物的,而是因为被告人掌握了其在单位盗窃皮带的事实,害怕他们告发被单位除名才被迫交出财物的,即被告人主要是以要挟手段非法占有被害人财物,其行为符合敲诈勒索罪的特征,佛山市禅城区人民法院对其以敲诈勒索罪定罪处罚是正确的。

案例:张舒娟敲诈勒索案

案例来源:《刑事审判参考》总第56集[第443号]

主题词:敲诈勒索罪　绑架罪

一、基本案情

被告人张舒娟,女,1974年12月29日出生,初中文化,农民。因涉嫌犯绑架罪于2006年10月17日被逮捕。

江苏省淮安市淮阴区人民法院经审理查明:2006年10月2日13时许,被告人张舒娟在淮安市淮阴区西宋集镇开往淮阴的专线车上偶遇中学生戴磊(男,1993年3月18日生),戴磊到淮阴区汽车北站下车后,张舒娟主动上前搭讪。在了解到戴磊的家庭情况后,张舒娟遂产生将戴磊带到南京,向戴磊家人要钱的想法。随后,张以戴磊父亲与人抢劫分赃不均、现有人要将戴父带到南京并以戴磊做保障为借口,将戴磊哄骗至南京并暂住在南京市鸿兴达酒店。当晚23时许,被告人张舒娟外出打电话到戴磊家,要求戴家第二天付8万元人民币并不许报警,否则戴磊将有危险。次日上午,被告人张舒娟又多次打电话到戴家威胁。其间,戴磊乘被告人外出之机与家人电话联系,得知其父并无危险。后在家人的指点下离开酒店到当地公安机关求助,淮安警方在南京将被告人张舒娟抓获。

淮安市淮阴区人民法院认为,被告人张舒娟以非法占有为目的,采用威胁等方法强行索取公民财物,数额巨大,其行为已构成敲诈勒索罪。针对公诉机关指控的绑架罪名,经查,被告人张舒娟实施的犯罪行为所侵犯的客体主要是公民的财产权利,绑架罪所应具备的“劫持人质”的特征在本案中亦不明显,事实上戴磊的人身自由也未被剥夺,被告人张舒娟在本案中的行为尚未达到绑架犯罪所应达到的严重程度,以敲诈勒索罪对其定罪处罚比绑架罪更为符合罪刑相适应的原则。被告人张舒娟因意志以外原因犯罪未得逞,属犯罪未遂,依法可从轻处罚。其认罪态度较好,可以酌情从轻处罚。依照《中华人民共和国刑法》第二百七十四条、第二十三条之规定,作出如下判决:

被告人张舒娟犯敲诈勒索罪,判处有期徒刑五年。

一审宣判后,被告人张舒娟未提出上诉。淮安市淮阴区人民检察院以一审判决定性错误、量刑畸轻为由提出抗诉,后淮安市人民检察院在二审阶段撤回抗诉。判决已发生法律效力。

二、裁判要旨

No. 5-274-2 利用被害人年幼将其哄骗到外地,但并未限制其人身自由,同时谎称其被绑架向家属勒索财物的,不构成绑架罪,应以敲诈勒索罪论处。

就本案而言,被告人张舒娟能够顺利将被害人戴磊带到南京,主要是利用戴磊年龄较小、社会经验不足的特点,对其进行哄骗所致。从现有证据看。被告人在实施犯罪过程中,除对被害人本人使用了一些威吓性语言外,主要采取的是对被害人欺骗的手段,使其自愿跟随她去南京,且被告人对被害人从未实施暴力或以暴力相威胁,其左右被害人对之实施控制的手段中欺骗的成分大于威胁的成分,亦未对其人身实施任何实质性的限制,只是把他哄到南京,花钱供他吃住,出门的时候也只是将戴磊一个人丢在房间里,致使被害人可以“乘被告人外出之机与家人电话联系,得知其父并无危险。后在家人的指点下离开酒店到当地公安机关求助”。作为一个正常的成年人,被告人对于像被害人(12 岁)那样大的学生能否实施打电话、离开房间等自主行动应当是有明确的判断的,其当时也完全有条件对被害人采取一些强制手段,限制或剥夺其人身自由,使他无法实施这些自救行为,但她并未采取任何有效的措施,可见被告人并不是真的要将被害人完全控制起来,并未真正剥夺被害人的人身自由。在这种情况下,被害人戴磊的行动实际上是自由的,既没有被看押、捆绑、殴打,更没有被伤害,除了受到被告人谎言的吓唬而随其来到南京之外,其人身自由事实上并未受到什么影响。当然,如果被害人年龄过小,如三四岁的幼儿,尚不足以控制和支配自己的自主行动,无法自觉地摆脱被告人的实际控制,则另当别论。综上,本案现有证据不能认定被告人张舒娟主观上具有要绑架戴磊的故意,其也未真正对戴磊的人身自由实行完全的控制并有危及其人身安全的意图和行为,不符合绑架罪的特征,不能构成绑架罪。同时,正因为被告人张舒娟并未完全限制戴磊的人身自由,其行为亦不构成非法拘禁罪。

被告人张舒娟主观上敲诈勒索财物的犯罪故意非常明显,客观上实施了用戴磊的安全来对其父母进行恐吓,使其产生恐惧心理,试图敲诈戴磊家里 8 万元的犯罪行为,没有对戴磊进行人身强制,其行为侵害的客体主要应当为戴磊家人的财产权利,因此,被告人张舒娟的行为完全符合敲诈勒索罪的构成特征。只是本案被告人的行为比一般的敲诈勒索犯罪多了一个拐骗戴磊的情节,但这一情节只是其实施敲诈行为的辅助手段,且并未达到完全限制被害人人身自由的实际控制程度,即尚未上升为绑架他人作为人质进行勒索的绑架行为,故对本案被告人的行为以敲诈勒索罪定罪处罚,更符合主客观相一致的原则。

案例:苏同强等敲诈勒索案

案例来源:《刑事审判参考》总第 59 集[第 469 号]

主题词:盲人犯罪

一、基本案情

被告人苏同强,男,1971 年 3 月 10 日出生,高中文化,无业。因涉嫌犯敲诈勒索罪于 2006 年 7 月 24 日被逮捕。

被告人王男,男,1981 年 3 月 11 日出生,大学文化,无业。因涉嫌犯敲诈勒索罪于 2006 年 7

月24日被逮捕。

北京市朝阳区人民法院经审理查明:被告人苏同强和被告人王男经预谋,决定向宾馆、酒店发送具有恐吓内容的电子邮件,以勒索财物。苏同强提供了其冒用“尹跃才”的身份在吉林市中国工商银行和中国建设银行所办理的两张银行卡作为接收敲诈所得钱款的账号。王男则使用电脑注册了户名为“boomhello@ 163. com”的电子邮箱,并于2006年6月9日和16日先后通过该邮箱向北京市樱花宾馆和广东省东莞市的新城市酒店发送电子邮件,以爆炸相威胁,各勒索人民币20万元,并要求将该款汇往苏同强所开账户内。樱花宾馆和新城市酒店接到恐吓电子邮件后即向公安机关报案,二被告人于2006年6月23日被抓获归案。

北京市朝阳区人民法院认为,被告人苏同强、王男采用威胁、恐吓的方式向他人勒索数额巨大的财物,二被告人的行为均已构成敲诈勒索罪,依法应予惩处。鉴于二被告人犯罪未遂,依法予以从轻处罚。依照《中华人民共和国刑法》第二百七十四条、第二十五条第一款、第二十三条之规定,判决如下:

1. 被告人苏同强犯敲诈勒索罪,判处有期徒刑三年六个月;

2. 被告人王男犯敲诈勒索罪,判处有期徒刑三年六个月。

一审宣判后,被告人苏同强、王男不服,向北京市第二中级人民法院提出上诉。

苏同强上诉称,原判认定事实不清,量刑过重。其双眼矫正视力分别为0.06和0.08,并持有吉林市船营区人民政府残疾人联合会颁发的视力残疾证书,可以证明其属于“盲人”,依法可以从轻、减轻或者免除处罚;同时,符合刑事诉讼法规定的指定辩护条件,要求二审法院为其指定辩护人。其二审指定辩护人提出,苏同强在犯罪活动中所起作用较小,且属于犯罪未遂,建议对其从轻处罚。

王男上诉称,原判认定事实不清,其没有预谋敲诈勒索,2006年6月9日不在作案现场;有协助公安机关抓获同案犯的立功表现。

北京市第二中级人民法院经审理认为,上诉人苏同强、王男通过互联网发送以爆炸相威胁的恐吓电子邮件,向他人勒索数额巨大的财物,其行为均已构成敲诈勒索罪,依法应予惩处。苏同强所提其为盲人,可从轻、减轻或者免除处罚的意见,经查,苏同强所持的残疾人证书可证明其视力为二级低视力,但根据相关标准尚不能认定为盲人,不能适用《刑法》第19条的规定对其从轻、减轻或者免除处罚。苏同强在共同犯罪中,与王男共同预谋、共同策划、共同通过互联网发送以爆炸相威胁的恐吓电子邮件,并限期要求对方交出数额巨大的钱款,二人所起作用相当,不分主从。故对于苏同强辩护人所提苏同强在共同犯罪中所起作用较小的辩护意见不予采纳。苏同强伙同王男敲诈勒索的财物数额巨大,但因意志以外原因未得到财物,属于犯罪未遂,一审法院据此已对二人予以从轻处罚。苏同强的辩护人关于苏同强具有犯罪未遂情节的辩护意见成立。上诉人王男关于原判认定事实不清、有立功表现的上诉理由,与查明的事实不符,不予采纳。一审判决认定事实清楚,证据确实、充分,定罪准确,量刑适当,审判程序合法,应予维持。依照《中华人民共和国刑事诉讼法》第一百八十九条第(一)项之规定,裁定驳回上诉,维持原判。

二、裁判要旨

No.5-274-3 双目矫正视力低于0.05的人,可以认定为刑法所规定的盲人。

在本案中,吉林市船营区人民政府残疾人联合会的指定医院对被告人苏同强的视力状况进行检查后,确定其两眼矫正视力分别为0.06和0.08,评定为二级低视力残疾人,并发给了残疾人证书。该证书使用的是旧分类标准,所注明的“二级低视力”,根据《残疾人实用评定标准》现在应当归为三级视力残疾,根据《人体重伤鉴定标准》现在应当归为低视力二级,但均高于0.05的盲人标准。这证明被告人苏同强在犯罪时的视力状况,按照医学上的标准不属于盲人,自然也不能认定为《刑法》第十九条所规定的盲人。据苏同强供述,他的视力状况对生活影响很大,但他可以靠近电脑屏幕操作电脑,甚至在电脑上看电影,这也证明他不属于生活意义上完全失去视力的盲人。据此,法院未予认定被告人苏同强系盲人是正确的。

案例:夏某理等人敲诈勒索案

案例来源:《刑事审判参考》总第64集[第509号]

主题词:敲诈勒索罪　拆迁户

一、基本案情

被告人夏某理,女,1963年3月18日出生,高中文化,个体户。因涉嫌犯敲诈勒索罪于2006年4月2日被逮捕。

被告人夏某云,男,1975年1月10日出生,大学文化,公务员。因涉嫌犯敲诈勒索罪于2006年4月2日被逮捕。

被告人熊某,女,1979年10月13日出生,在读研究生。因涉嫌犯敲诈勒索罪于2006年4月2日被逮捕。

某县人民法院经审理查明:被告人夏某理、夏某云系姐弟关系,被告人夏某云、熊某系夫妻关系。被告人夏某理、夏某云的母亲叶某系某县经济开发区(以下简称"开发区")村民。2005年4月,香港某公司与浙江某集团有限公司共同投资组建一旅游公司(下简称旅游公司)在县开发区开发项目,其中拆迁由开发区管委会委托拆迁公司(下简称拆迁公司)实施。2005年11月中旬,因涉及叶某家房屋拆迁和坟墓迁移,叶某与拆迁公司签订了关于房屋拆迁协议,叶某、夏某芬(叶某的二女儿)分别收到房屋拆迁补偿费人民币52565元和坟墓迁移补偿费人民币29600元。被告人夏某理、夏某云以及熊某起初虽对叶某签订了拆迁协议有过不满,但对拆迁补偿费标准并未有异议,其中夏某云还从其母亲处收到房屋补偿费计人民币42000元,夏某理从夏某云处拿到10000元。2005年12月中旬,夏某云因家人在迁移坟墓时未通知自己到场而感到不满,与母亲叶某和叔叔潘某等亲属发生矛盾,夏某云赶至潘某家中掀翻饭桌,引起潘某家人生气并欲动手教训。夏某云自知理亏,当场下跪,向潘某家人赔礼。夏某理得知此事后,认为是开发区管委会实施拆迁而造成他们亲属不和,加上先前其大儿子在校猝死一事多次进京上访被开发区管委会带回,未能按其意愿得到处理,为此产生重新向开发区管委会等单位索取拆迁、迁坟相关损失赔偿费和儿子死亡精神损失费的想法。2005年12月底,夏某理先后起草了一份要求开发区管委会、香港某公司与浙江某集团有限公司等单位赔偿住宅和祖坟毁坏及精神损失费计共61万元的索赔材料,一份举报香港某公司与浙江某集团有限公司、开发区在项目开发过程中存在违规、违法行为的举报信,交由夏某云修改打印,将索赔材料交给开发区管委会,并将举报信交给县信访局。2006年1月13日晚,拟成立的旅游公司的执行总裁唐某某得知夏某理举报该公司开发的项目后,担心对工程进展不利,通过开发区有关人员了解到联系方式,打电话约见被告人熊某,以了解夏某理等人的意图。次日,夏某理、夏某云、熊某按约与唐某某见面,并将举报信和索赔材料交给唐某某,夏某理声称"不满足我们的要求,要举报这个项目不合法,要这个项目搞不下去"。唐某某考虑到该项目已大量投资,为不使举报行为对项目产生不利影响,答应对夏某理进行赔偿,并主动打电话给熊某。夏某理让夏某云陪熊某应约继续和唐某某交涉,但具体赔偿数额由夏某理决定。熊某在征得夏某理同意后,与唐某某谈妥,由唐某某方赔偿给夏某理、夏某云、熊某人民币共计25万元。1月19日,夏某理、夏某云、熊某在一份由唐某某起草的关于愿意支付人民币25万元、夏某理不再举报该项目的承诺书上分别签字后,收到唐某某首期支付的10万元。该10万元存放于夏某云处,后夏某云征得夏某理同意后取出人民币2万元偿还贷款。案发后,公安机关追回人民币8万元并已发还唐某某。

某县人民法院认为,三被告人以非法占有为目的,采用要挟手段,索取他人钱财,数额巨大,其行为均已构成敲诈勒索罪。被告人夏某理系主犯,被告人夏某云、熊某系从犯。依照《中华人民共和国刑法》第二百七十四条、第二十五条第一款、第二十六条第一款、第二十七条之规定,以敲诈勒索罪,分别判处被告人夏某理有期徒刑六年,判处被告人夏某云有期徒刑四年,判处被告人熊某有期徒刑二年。

一审宣判后,三被告人均不服,提出上诉,三被告人及辩护人提出,三被告人不具备非法敲诈他人财产的主观故意,其就房屋、祖坟向开发商提出赔偿是一项正常的主张自身民事权利的行为;不具备敲诈勒索的客观行为,其与开发商接触是一个民事谈判的过程,不是敲诈对方的过程,开发商支付10万元是自愿的。请求撤销原审判决,宣告被告人无罪。

某市中级人民法院经二审审理认为,虽然三被告人以要挟为手段索赔,获取了巨额钱财,但被告人夏某理、夏某云的索赔是基于在房屋拆迁、坟墓搬迁中享有一定的民事权利提出的,故认定三被告人具有敲诈勒索罪构成要件中"以非法占有为目的"的主观故意,证据不足,不能认定三被告人有罪。三被告人及辩护人提出无罪的辩解和意见,予以采纳。依照《中华人民共和国刑事诉讼法》第一百八十九条第(二)项、第一百六十二条第(三)项之规定,判决撤销原判,宣告夏某理、夏某云、熊某无罪。

二、裁判要旨

No.5-274-4 拆迁户以举报开发商违法行为为手段索取补偿款的,不宜认定为敲诈勒索罪。

从以上可以看出,夏某理等人重新索取拆迁补偿费用,属于被拆迁方对拆迁补偿重新提出主张,属于法律许可的范畴。夏某理等人重新索取拆迁补偿费,虽然数额巨大,但并非没有任何事实依据提出,也就是说,争议的补偿费,并非明显地不属于夏某理等人所有,而是处于不确定状态。对于这样的争议利益,夏某理予以索取,实际上是行使民事权利的一种方式,不属"以非法占有为目的"。如前所述,非法占有必须是财物明显不属于行为人,而行为人采取了刑法禁止的取得方式,常见的盗窃、诈骗、抢劫等即是典型的以非法占有为目的。但本案中,夏某理等人对拆迁补偿费有异议,为了取得更多的拆迁补偿费而向开发商索取,不能认定为以非法占有为目的。并且,如果认定属非法占有,那么,非法占有的数额也无法确定,因为夏某理等人可以向开发商要求重新赔偿的数额无法确定。本案不同于为公用设施、国家利益进行的拆迁、迁坟赔偿,价格由政府统一确定,而系为商业目的所进行的开发,所涉房屋拆迁特别是迁移祖坟应赔多少,没有法律强制性标准,具体补偿标准应是双方合意的结果。在夏某理等人依法可以提出重新索赔补偿费的情况下,多少补偿费是合法的,多少是不合法的,难以确定。综上,不能认定夏某理等人与开发商达成协议的25万元补偿费主观上具有非法占有目的。

在本案中,夏某理等人的行为不符合敲诈勒索的客观行为要件。理由在于:(1)夏某理等人向开发商提出索赔,是在行使正当权利。夏某理向开发商提出索赔时并没有以举报为条件,而是将索赔材料与举报材料分别交给开发区管委会和县信访局,且未告知开发商其已经向信访局举报。也就是说,夏某理等人并没有直接向开发商以举报为条件进行所谓"威胁、要挟"。(2)开发商得到夏某理举报的信息来源于开发商的不当打听及开发区工作人员的不当告知,而不是来源于夏某理主动告知,更不是夏某理附举报条件地向开发商提出索赔。受理举报机关不应将举报信息告知被举报人是一个最基本的工作原则。但开发商不仅从受理举报机关处得到被举报的信息,而且通过开发区有关人员知道了夏某理等人的联系方式,出于了解夏某理等人真实意思的目的,主动约见夏某理等人。夏某理在得到开发商约见熊某后才将举报信、索赔材料交予开发商。也就是说,将举报信与索赔材料联系一起是开发商主动行为的结果。(3)夏某理与开发商谈判是一个民事谈判过程,谈判的结果也不是敲诈勒索的结果。被告人一开始并不同意签订承诺书,经过谈判才与开发商签订了开发商以出资25万元来换取被告人同意停止对工程项目的伤害、影响的承诺书。此承诺书的签订是由于开发商再三保证不会让人知道,并称大家都要遵守承诺。而开发商方面的谈判人唐某某的证人证言也称"要让被告人在不利于他们的承诺书上签字,一旦被告人拿到钱后仍举报,可以利用承诺书向有关部门举报他们的不法行为,用承诺书保护企业的自身利益"。从此可以看出,被告人签订承诺书,完全是出于民事谈判的结果,而开发商却是以制造夏某理敲诈勒索的证据为目的而签订承诺书的。(4)夏某理事后的表现也体现了其索赔行为不符合敲诈勒索的特征。当夏某理感到签下承诺书对己不利,要求退还已索得的10万元时,被开发商所拒绝。这也表明,夏某理的初始索赔意图并不以举报为手段和条件。综上,夏某理等人的行为不符合敲诈勒索罪的客观行为特征。

案例:孙吉勇敲诈勒索案

案例来源:《人民法院案例选》2007 年第 2 辑

主题词:敲诈勒索罪　胁迫他人写下欠条

一、基本案情

被告人(上诉人):孙吉勇,男,汉族,1962 年 4 月 15 日出生于新疆呼图壁,大学文化程度,昌吉市公安局干警,住昌吉市江南小镇 23 号 2-301 室。2005 年 12 月 16 日因敲诈勒索被昌吉市人民检察院监视居住。

新疆维吾尔自治区昌吉市人民法院经审理查明:2005 年 4 月 16 日,被告人孙吉勇从外地回来发现卫生间垃圾桶有使用过的避孕套,怀疑其妻任燕与他人有染,经追问,任燕承认了于 2005 年 4 月与五家渠的宋新华发生性关系。之后,被告人孙吉勇从昌吉市公安局领取一支"六四"式手枪,并多次打电话要求宋新华来他家里解决此事。同年 5 月 13 日下午 18 时,被害人宋新华来昌吉市华洋新村 22 号楼 9 单元 401 室孙吉勇原住处商谈此事。孙吉勇将 2005 年 4 月 16 日从昌吉市公安局领取的手枪和一包手枪子弹在其家茶几上放着。被告人孙吉勇对宋新华提出四种解决办法,即:一是你与任燕殉情自杀;二是将自己的生殖器割掉;三是把自己的腿打断;四是要付出代价。宋新华选择了第四个条件,并开口说,我给你 10 万元。孙吉勇就让宋新华打了一张借任燕 54800 元的借条,借款注明借款日期为 2005 年 4 月 9 日,3 个月内还清,并让宋新华写保证书,保证今后不和任燕见面、打电话。接着被告人拿起茶几上的枪擦,在此过程中枪走火打中自己的左小腿部。孙吉勇用毛巾包扎伤口后,让宋新华把地上的血迹擦干净后让其离去。之后被告人孙吉勇又给被害人宋新华继续打电话,在与宋新华无法联系的情况下,任燕把宋新华起诉到法院,并于 2005 年 6 月 9 日向五家渠垦区人民法院提起诉讼,要求宋新华偿还借款 54800 元,并当日申请法院对宋新华的住房采取财产保全措施。2005 年 7 月 13 日,五家渠垦区法院在宋新华未到庭的情况下,缺席作出了一审判决,判决宋新华偿还任燕借款 54800 元,并承担诉讼费用 2822 元。法院依据任燕申请财产保全的要求,查封了宋新华的住房。被告人孙吉勇见宋新华一直未露面,分别与 2005 年 8 月 21 日、22 日、25 日向宋新华发出"杀人偿命,欠债还钱,血性男人眼中容不得半点沙子,如果尊严被畜生所糟蹋,活在世上如同行尸走肉,但君子报仇,十年不晚,且不择手段""现已将房产申请保全,届时将强制执行,你我之间一定要发生一起惊天动地,腥风血雨的事件"等内容的短信。宋新华遂向公安机关报案。同年 10 月 10 日,法院裁定中止原判决的执行,再审此案,于 12 月 1 日撤销原判决。

昌吉市人民法院认为:被告人孙吉勇在得知妻子和别人发生不正当性关系后,认为自己男人的尊严受到了打击,即想着报复,让自己痛苦的心得以解脱,向被害人提出四种解决方案,在前三个解决方案根本不能实现的情况下,自己说出了用钱解决的办法。此时,被告人孙吉勇不仅主观上具有非法占有的主观故意,客观上实施了用枪恐吓、逼使被害人出具借款 54800 元的借条的行为,侵害了被害人的财产权益和人身权益,其行为构成敲诈勒索罪。公诉机关指控罪名成立,本院予以确认。被告人辩称的理由和辩护人的辩护意见,由于不符合事实和法律,本院不予采纳。被告人最终未能实现非法占有借条项下的钱款的目的,是由于其意志以外的原因,属犯罪未遂,依法对被告人减轻处罚。

昌吉市人民法院依照《中华人民共和国刑法》第二百七十四条、第二十三条、第七十二条第一款的规定,判决如下:

被告人孙吉勇犯敲诈勒索罪,判处有期徒刑一年,缓刑二年。

孙吉勇提起上诉,称:我的行为不构成犯罪,应宣告我无罪。

二审法院查明的事实与一审查明的事实一致。

昌吉回族自治州中级人民法院经审理认为:上诉人孙吉勇在得知妻子和宋新华发生不正当性关系后,精神上受到了很大的打击。其为了让自己痛苦的心得到解脱,决意报复宋新华,将宋新华约至自己家中,提出了四种解决的方案,并将手枪和子弹放在茶几上,其行为给宋新华造成极大恐慌和心理压力,迫使宋新华在前三个解决方案根本不可能做到的情况下,选择用 10 万元钱来解决此事,并迫使宋新华按其意思打欠条,这表明被告人具有非法占有的主观故意,其行为侵害了被害人的财产权益和人身权益,符合敲诈勒索罪的构成要件。孙吉勇上诉称"我的行为不构成犯罪,应宣告我无罪"的理由,本院不予采纳。

昌吉回族自治州中级人民法院依照《中华人民共和国刑事诉讼法》第一百八十九条第(一)项之规定,裁定如下:

驳回上诉,维持原判。

二、裁判要旨

No. 5-274-5 没有债权的事实基础,胁迫他人出具债务凭证的,应以敲诈勒索罪论处。

借条作为一种债权的凭证,它的产生应当有债的发生的事实基础。具体说,要有出借人给借用人出借金钱或者实物的行为事实。否则,没有这种债的发生的事实基础,该借条的产生仅在形式上就不合法。本案事实表明,被告人孙吉勇并未给被害人宋新华出借人民币 54800 元,宋新华之所以给被告人出具 54800 元的借条,是因为其与被告人的妻子的性关系被发觉,是受被告人逼迫所为,这说明该借条的产生并无借贷之事实基础,即使从民法角度考量,该借条也是违法的。被告人孙吉勇凭借这张违法借条,先是私下向被害人宋新华索要,后又让妻子起诉索要,图谋从宋新华手里得到 54800 元。这些事实,清楚地表明了被告人孙吉勇有非法占有宋新华财产的目的。

一、二审法院确认的事实清楚地表明,被告人孙吉勇出于直接故意,以非法占有为目的,抓住被害人宋新华与其妻有不正当性关系的把柄,并有意将手枪显露在被害人的眼前,以极端伤害身体的语言对被害人进行威胁、要挟、恫吓,迫使被害人给其出具 54800 元的欠条,依据《刑法》第二百七十四条的规定和犯罪构成的理论,被告人的行为无疑构成了敲诈勒索罪。

案例:梁成志等敲诈勒索案

案例来源:《人民法院案例选》2009 年第 2 辑

主题词:敲诈勒索罪 索要财物 设赌博骗局

一、基本案情

被告人:梁成志、李耀庭、陈鑫、梁成驹、欧阳悦荣。

安徽省宣城市中级人民法院经审理查明:2005 年 9 月至 2006 年 7 月,被告人梁成志、李耀庭、陈鑫、梁成驹、欧阳悦荣共同或分别伙同他人,假冒香港大公司管理人员或其亲属,以到内地投资为借口,诱骗内地党政官员到香港等地考察、洽谈,然后提议玩牌,伺机将事先排好顺序的牌换上,致被害人输钱后迫使被害人通知亲朋向指定账户汇款,共作案 16 起,骗取人民币 9649055.62 元、港币 16000 元。

宣城市中级人民法院认为,被告人梁成志、李耀庭、陈鑫、梁成驹、欧阳悦荣以非法占有为目的,伙同周鑫森等人诈骗他人财物,数额特别巨大,其行为均已构成诈骗罪。在共同犯罪中,被告人梁成志与周鑫森、邹浩泉等起主要作用,属主犯,被告人李耀庭、陈鑫、梁成驹、欧阳悦荣作用相对较小,可以认定为从犯,依法应当从轻、减轻或者免除处罚。被告人梁成志检举同案犯的其他犯罪事实经查证属实,属立功,依法可以从轻、减轻处罚。案发后,被告人梁成志、陈鑫、梁成驹、欧阳悦荣均主动供述了司法机关尚未掌握的同种罪行,依法可以酌情从轻处罚。依照《中华人民共和国刑法》第二百六十六条、第二十五条第一款、第二十六条第一款、第四款、第二十七条、第六十四条、第六十八条第一款、最高人民法院《关于处理自首和立功具体应用法律若干问题的解释》第五条的规定,被告人梁成志犯诈骗罪,判处有期徒刑十五年,并处罚金人民币 30 万元;被告人李耀庭犯诈骗罪,判处有期徒刑十二年,并处罚金人民币 20 万元;被告人陈鑫犯诈骗罪,判处有期徒刑九年,并处罚金人民币 20 万元;被告人梁成驹犯诈骗罪,判处有期徒刑八年,并处罚金人民币 20 万元;被告人欧阳悦荣犯诈骗罪,判处有期徒刑六年,并处罚金人民币 10 万元;被告人违法所得予以追缴。

一审宣判后,梁成志等人均不服,分别提出上诉。梁成志等人及陈鑫的辩护人均提出本案应定性为敲诈勒索罪。

二审法院除查明上述犯罪事实外,还查明,在被害人赌输后,梁成志等人便通知在外守候的李耀庭等人进入房间,以举报参赌、带去澳门扣押、将实施暴力等相威胁,迫使被害人通知亲友向指定账户汇款后才放行,其中有 3 起被害人回内地后,梁成志等人又以举报参赌相要挟,迫使 3 人向指定账户汇款人民币 43 万元。

二审法院经审理认为,上诉人梁成志、李耀庭、陈鑫、梁成驹、欧阳悦荣以非法占有为目的,以投资为诱饵骗他人到香港等地输钱后,以举报参与赌博、带去澳门以及将实施暴力相威胁,迫使他人交付财物,其行为均已构成敲诈勒索罪,且敲诈勒索数额达九百多万,涉案 8 个省、市,情节特别严重,应依法惩处。在共同犯罪中,上诉人梁成志起主要作用,属主犯,应当按照其参与或者组织、指挥的全部犯罪处罚;上诉人李耀庭、陈鑫、梁成驹、欧阳悦荣在共同犯罪中起次要或辅助作用,为从犯,依法应当从轻处罚。上诉人梁成志检举同案犯的其他犯罪事实查证属实,属立功,依法可以从轻处罚。案发后,上诉人梁成志、陈鑫、梁成驹、欧阳悦荣均主动供述了司法机关尚未掌握的同种罪行,依法可以酌情从轻处罚。对梁成志、李耀庭、陈鑫、梁成驹、欧阳悦荣及陈鑫辩护人提出应定性敲诈勒索罪的上诉理由和辩护意见,予以采纳。原判认定事实清楚、证据确实充分,审判程序合法,但定罪不当。根据《中华人民共和国刑事诉讼法》第一百八十九条第(一)项、第(二)项,《中华人民共和国刑法》第二百七十四条,第二十五条第一款,第二十六条第一款、第四款,第二十七条,第六十四条,第六十八条第一款,最高人民法院《关于处理自首和立功具体应用法律若干问题的解释》第五条的规定,判决:上诉人梁成志犯敲诈勒索罪,判处有期徒刑九年;上诉人李耀庭犯敲诈勒索罪,判处有期徒刑八年;上诉人陈鑫犯敲诈勒索罪,判处有期徒刑六年;上诉人梁成驹犯敲诈勒索罪,判处有期徒刑五年;上诉人欧阳悦荣犯敲诈勒索罪,判处有期徒刑四年;被告人违法所得予以追缴。

二、裁判要旨

No. 5-274-6 设立赌博骗局,并向被骗的被害人胁迫索要赌债,迫使其交付财物的,应以敲诈勒索罪论处。

在本案中,被告人梁成志、李耀庭、陈鑫、梁成驹、欧阳悦荣对以非法占有为目的,采用欺骗手段诱骗被害人到香港、珠海,假冒知名企业负责人佯装洽谈投资事项,设"天仙局"让被害人输钱,获取被害人钱财。从犯罪客观方面看,被告人通过对被害人采取威胁、胁迫的方法,非法占有被害人财物。被告人梁成志等人利用内地党政领导及企业老总招商引资的迫切心理,采取假冒他人名义、虚构投资事由、诱骗他们到香港等地参赌,设局使被害人输钱后,以举报参赌、实施暴力等方法,给被害人造成精神上的恐惧,迫使其安排亲友汇款。被告人精心设计的前期一系列欺骗行为实际上都是为勒索钱财创造条件,并借助这些条件胁迫被害人以获取钱财。其次,被害人交付财物并非自愿。从本案看,被害人在赌钱结束被索款时,都认识到是个骗局,都是在被逼无奈的情况下交付钱款。因此,本案不符合诈骗犯罪以虚构事实或者隐瞒真相的方法,使被害人信以为真,自愿交出财物的情况。

另外,被告人在逼迫被害人汇款过程中,虽然也使用了一定的暴力,如掐脖子、推搡、动手打、用脚踢,但从被告人的直接故意看,就是设局勒索钱财,使用一定的暴力是为了便于勒索钱财,这种暴力与抢劫罪的暴力相比程度要轻。另外,被告人在逼迫被害人汇款过程中也进行威胁,但从威胁的内容看,是以揭发赌博隐私、带去澳门扣押、丢到海里喂鱼、砍手砍脚等相威胁;从实现威胁内容的时间看,不是当场实施,而是将来实施。因此,本案不构成抢劫犯罪,应构成敲诈勒索罪。

案例:夏鹏飞等抢劫、敲诈勒索、盗窃案

案例来源:《刑事审判参考》总第 42 集[第 332 号]

主题词:敲诈勒索　当场劫财　户外劫财持续至户内　入户抢劫

一、基本案情

被告人夏鹏飞,男,1986 年 3 月 8 日出生,初中文化,无业。2004 年 8 月 19 日被逮捕。

被告人汪宣峰,男,1987年4月5日出生,初中文化,农民。2004年8月19日被逮捕。

上海市闸北区人民法院经审理查明:被告人夏鹏飞、汪宣峰与曹某(另案处理)为贪图钱财,由曹某提议用拍摄裸照让被害人以钱款赎回的方法敲诈女青年王某的钱财。2004年7月9日23时许,三人至事先踩点的上海市中华新路870号,曹因未能提供照相机,提议由夏、汪先抢王某的钱款,其再用抢得钱款购买照相机并在外接应,夏鹏飞、江宣峰则上楼守候。当王某从外面回至该号504室住处开门进入时,夏鹏飞抢夺王的背包,强行将王推入屋内后摔倒,并持刀顶住王的颈部。两人用衣服和围巾共同捆绑王的手脚,从而抢得内有钱包和价值人民币1560元的西门子SL55型手机一部等物。夏鹏飞按预谋又从钱包(内有人民币二千余元、美元100元、港元100元)内抽出若干现金人民币交给汪宣峰。汪送至在外等候的曹某购买照相机。而后,汪宣峰将王的衣服脱光,夏鹏飞用曹以劫得赃款购买的照相机拍摄王的裸照28张,要求王某以每张2000元人民币的价格全部赎回。嗣后,夏分得赃款人民币500元,汪分得人民币300元。同年7月11日和13日,夏鹏飞、汪宣峰先后两次将敲诈信及7张王的裸照塞入王某室内。

2004年7月14日19时30分许,夏鹏飞伙同曹某等人携带王某的裸照21张,至上海市中华新路某火锅店准备敲诈王时,夏被公安人员人赃俱获。夏到案后提供汪宣峰的重要线索。当晚,汪亦被抓获。

2004年6月14日2时许,被告人夏鹏飞伙同汪宣峰、曹某经共谋,至上海市中华新路481号某火锅店的二楼,由夏、汪在外望风,曹撬门入室,窃得人民币五千余元后三人逃逸。嗣后,夏分得赃款人民币1800元,汪分得人民币900元。

被告人夏鹏飞到案后主动供述了上述盗窃事实。

上海市闸北区人民法院认为,被告人夏鹏飞、汪宣峰伙同他人,以非法占有为目的,采用暴力手段入户劫取公民财物,又强行拍摄裸照并以此为要挟索取他人钱财,数额均为巨大,其行为分别构成抢劫罪和敲诈勒索罪;还伙同他人盗窃公民财物,数额较大,其行为又构成盗窃罪,依法均应三罪并罚。公诉机关指控被告人夏鹏飞、汪宣峰犯抢劫罪、敲诈勒索罪、盗窃罪的罪名成立。被害人王某遭受两名被告人挟持入室、持刀威胁划伤手臂、捂嘴、捆绑等暴力侵害后,完全丧失了反抗能力,而两名被告人虽然同时实施了劫财和拍摄裸照以要挟用钱赎回照片的敲诈行为,但劫财行为已全部完成,敲诈行为仍持续进行。以后几天又连续投寄有裸照的信件以要挟王某用钱赎回照片,目的是迫使被害人交付钱款并实际占有,是出于两个犯罪故意支配下实施的两个犯罪行为,分别符合抢劫罪的加重情节和敲诈勒索罪的构成要件。两名被告人在敲诈过程中,因意志以外的原因犯罪未得逞,系未遂,依法可比照既遂犯从轻处罚。两名被告人在抢劫、敲诈勒索的共同犯罪中,积极实施持刀威胁、捆绑手脚、脱衣裤、拍摄裸照要挟等行为,作用相当,辩护人提出汪宣峰起次要作用是从犯的辩护意见,缺乏法律依据,不予采信。但在盗窃共同犯罪中,两名被告人分别为曹某望风,起次要作用,系从犯,依法均应从轻处罚。被告人夏鹏飞能主动交代盗窃事实,属自首,依法可从轻处罚;到案后又提供重要线索抓获同案犯,应认定其有立功表现,故依法对其所犯抢劫罪从轻处罚、敲诈勒索罪减轻处罚、盗窃罪单处罚金。被告人汪宣峰犯罪时未满18周岁,且在盗窃共同犯罪中系从犯,故依法对其所犯抢劫罪、敲诈勒索罪分别减轻处罚、盗窃罪单处罚金。依照《中华人民共和国刑法》第二百六十三条第(一)项、第二百七十四条、第二百六十四条、第二十三条、第二十五条、第二十七条、第六十七条第二款、第六十八条第一款、第六十九条、第十七条第一款和第三款、第六十四条和最高人民法院《关于处理自首和立功具体应用法律若干问题的解释》第五条之规定,判决如下:

1. 被告人夏鹏飞犯抢劫罪,判处有期徒刑十年,罚金人民币一万元;犯敲诈勒索罪,判处有期徒刑二年六个月;犯盗窃罪,处罚金人民币二千元。决定执行有期徒刑十一年,罚金人民币一万二千元。

2. 被告人汪宣峰犯抢劫罪,判处有期徒刑四年,罚金人民币二千元;犯敲诈勒索罪,判处有期徒刑二年;犯盗窃罪,罚金人民币一千元。决定执行有期徒刑五年,罚金人民币三千元。

3. 犯罪工具予以没收,赃款、赃物予以追缴。

判决宣判后,夏鹏飞、汪宣峰均不服,分别上诉于上海市第二中级人民法院。

上诉人夏鹏飞、汪宣峰均认为,各自的抢劫行为系在户外实施,属一般抢劫,且原判决量刑过重。汪还提出其系未成年人,又为初犯。

汪宣峰的辩护人认为,汪在共同犯罪中均起次要作用,属从犯,本案的抢劫犯罪与刑法意义上的入户抢劫是有一定区别的,且汪犯罪时未成年,建议二审法院给予综合评判。

上海市人民检察院第二分院建议驳回上诉,维持原判。

上海市第二中级人民法院认为,上诉人夏鹏飞、汪宣峰伙同他人,以非法占有为目的,采用暴力手段入户劫取公民财物,又强行拍摄裸照并以此要挟索取他人钱财,数额巨大,其行为分别构成抢劫罪和敲诈勒索罪;夏鹏飞、汪宣峰还伙同他人盗窃公民财物,数额较大,其行为又构成盗窃罪,依法均应三罪并罚。两名上诉人在抢劫、敲诈勒索的共同犯罪中地位、作用相当,均系主犯。辩护人提出汪宣峰起次要作用、是从犯的辩护意见,难以支持。关于上诉人夏鹏飞、汪宣峰均辩称自己在被害人住处门外劫得钱财,不是入户抢劫。经查,夏鹏飞、汪宣峰两人事先参与共谋敲诈,但后来为准备犯罪工具而在进入被害人住处前又产生劫财故意,且用暴力迫使被害人不能反抗,并将其推入室内,又捆绑手脚,使之丧失对自己财物的控制,而后,从被害人的背包内劫取财物。劫财行为从户外开始,又延续到户内完成。符合入户抢劫的暴力或者暴力胁迫行为发生在户内的特征,仍应以入户抢劫认定。故对上诉人夏鹏飞、汪宣峰的辩解不予采信。两名上诉人在敲诈过程中,因意志以外原因犯罪未得逞,系未遂,依法应比照既遂犯从轻处罚;在盗窃共同犯罪中,分别为曹某望风,起次要作用,系从犯,依法均应从轻处罚。上诉人夏鹏飞在羁押期间能主动交代盗窃犯罪事实,属自首,依法可从轻处罚;到案后又提供重要线索抓获同案犯,应认定为立功,依法对其所犯的抢劫罪从轻处罚、敲诈勒索罪减轻处罚、盗窃罪单处罚金。上诉人汪宣峰犯罪时未满 18 周岁,依法对其所犯的抢劫罪减轻处罚、敲诈勒索罪减轻处罚、盗窃罪单处罚金。上海市人民检察院第二分院意见正确。原判决认定的事实清楚,证据确实、充分,定罪准确,量刑适当,审判程序合法。据此,依照《中华人民共和国刑事诉讼法》第一百八十九条第(一)项的规定,于 2005 年 5 月 24 日裁定驳回上诉,维持原判。

二、裁判要旨

No. 5-274-7　在实施抢劫过程中又对被害人进行敲诈勒索的,分别构成抢劫罪和敲诈勒索罪,应当实行并罚。

本案不属于牵连犯,应以抢劫罪和敲诈勒索罪对被告人夏鹏飞、汪宣峰施行数罪并罚。理由是:

第一,从犯罪动机而言,本案是先后两个互不包容的犯罪故意。被告人夏鹏飞、汪宣峰两人参与共谋敲诈,当得知曹某用以拍摄裸照的照相机没有搞到时,又产生了劫财的犯意。由此,虽然两者都存在图财的动机,但敲诈行为是纯粹的图财犯意,而抢劫行为必以暴力为获取财物的手段,其不仅仅是图财,还可能直接威胁到公民的人身安全,有时会直接造成人身伤亡的结果,两者图财的内涵是不同的,已非一个单纯的犯罪动机或目的,相互之间难以包容和吸收。

第二,从两种行为性质的轻重而言,抢劫犯罪重于敲诈勒索犯罪。抢劫罪是重罪,直接威胁到公民的人身安全,具有入户抢劫加重情节的,应处 10 年以上有期徒刑、无期徒刑直至死刑。而从敲诈勒索的犯罪构成看,则是单一性质的行为,威胁内容一般不涉及人身安全。本案中,被告人夏鹏飞、汪宣峰先实施了入户抢劫的行为,劫得钱财后购买照相机。而后,再用相机拍摄裸照后以此实施敲诈,其中,劫取钱财后购买相机并拍摄裸照以敲诈,是由几个环节而形成的一个过程,但购买相机并不能直接用以敲诈。劫财本身已包含了暴力和非法取财两个行为,其威胁内容的程度要重于敲诈犯罪,与敲诈之间不存在对应的手段和目的的牵连。

第三,从两种行为实施的时间和地点而言,虽是在同一地点和时间段实施犯罪,但两种性质不同的行为先后实施,尚不成立手段和目的的牵连。本案中,夏鹏飞、汪宣峰等人几乎是在同一时间段以敲诈起意,随着事态的发展,又产生了抢劫钱财的犯意,虽有交叉,但是两个性质不同的犯罪故意,于同一地点分别实施了两种犯罪,且抢劫行为实施完毕以后,另一敲诈勒索行为仍在继续实施,行为之间无法形成吸收关系。

第四,从数个犯罪行为的主客观方面是否一致予以考察判断。我们认为,是否成立牵连犯罪,不仅要看手段和目的、原因与结果行为之间有牵连关系,而且行为人在犯罪的主客观方面亦须一致。本案中,夏鹏飞、汪宣峰两人在主观上可能有以下认识,即以劫取的钱财购买照相机而作为拍摄裸照的工具,似乎以此作为敲诈勒索的手段,但客观上劫取钱财的手段并不能直接使夏、汪两人达到敲诈更多钱财的目的,两者之间缺乏内在的联系。

No. 5-274-8 暴力劫财行为开始发生在户外,但持续至户内的,仍应认定为入户抢劫。

首先,被害人王某居住的尽管是暂住处,但属于供其生活起居使用的,应当属于刑法意义上的"户"。其次,被告人夏鹏飞、汪宣峰的最初目的是为实施敲诈勒索犯罪行为而进入被害人住处即户内的;在案件发生过程中,被告人又产生了抢劫财物的主观故意。无论从哪一方面分析,被告人的入户目的都是非法的。再次,夏鹏飞、汪宣峰在户内使用暴力手段劫得了财物。劫财行为从户外开始,又延续到户内完成,符合入户抢劫的暴力或者暴力胁迫行为发生在户内的特征,故仍应认定为入户抢劫。

案例:彭文化敲诈勒索案

案例来源:《人民法院案例选》2008 年第 2 辑

主题词:敲诈勒索罪

一、基本案情

上诉人(原审被告人)彭文化。

海南省海口市龙华区人民法院经审理查明:2004 年 12 月,被害人王岸洋通过周少坤的介绍认识了被告人彭文化,彭称其是省委主要领导的外甥,王岸洋许诺将其承包的海南大学三亚学院的部分道路建设工程转包给彭文化施工,但双方未达成协议。彭文化以工程合作失败、挽回面子的损失、赔偿去三亚的损失为由,向王岸洋索取人民币 5 万元,并威胁如不给钱,则通过省、市主要领导干涉、阻挠王岸洋在三亚承包的工程项目。2005 年 3 月 3 日,双方约定当晚在海口市南海大道京江花园旁的名雅咖啡店见面。当晚 8 点,在该店绿箭包厢内,王岸洋拿出 2 万元交给彭文化后,彭文化被公安人员当场抓获。

海南省海口市龙华区人民法院认为,被告人彭文化以非法占有为目的,采取威胁的方法强行索取他人财物,数额巨大,其行为已构成敲诈勒索罪。公诉机关指控的犯罪事实清楚,证据确实、充分,指控的罪名成立。关于被告人彭文化提出其未向王岸洋要钱,也未威胁过王岸洋,其为工程前期工作花费了金钱的辩解意见以及辩护人提出彭文化所说的话不构成敲诈勒索罪中的威胁的辩护意见,经查,有被害人王岸洋陈述、证人翁时川、谢文湘、吴琼的证言相互印证证实彭文化多次向王岸洋勒索钱款,并多次称认识很多领导可阻止王岸洋的工程等威胁的话。且证人张丽坪、李连国、张云东、向军、梁友贵等人证实彭文化并没有为工程前期工作花钱。此外,以凭借、利用某种权势损害被害人切身利益进行要挟的行为亦构成敲诈勒索罪中的威胁。因此,被告人彭文化及其辩护人的上述意见与本院查明的事实不符,不予采纳。依照《中华人民共和国刑法》第二百七十四条之规定,作出如下判决:

彭文化犯敲诈勒索罪,判处有期徒刑三年。

一审宣判后,彭文化上诉称:本案涉及的工程是真实存在的,其与王岸洋因工程合作失败而产生经济纠纷,5 万元及 2 万元是当事人各方协商提出的赔偿金额,并非敲诈勒索;原判以"凭借、利用某种权势损害被害人切身利益进行要挟的行为亦构成敲诈勒索罪中的威胁"的结论,是主观臆断、没有依据的;原判采信的部分证人证言,具有很大的矛盾,应重新甄别。故请求二审法院尊重事实,明辨是非,宣告其无罪。

二审法院查明的事实:海南省海口市中级人民法院经审理确认了一审法院认定的事实和证据。

海南省海口市中级人民法院认为,上诉人彭文化以非法占有为目的,以通过省、市领导干涉、阻挠王岸洋在三亚承包的工程项目,损害其利益的要挟方法,强行索取他人财物,数额巨大,其行为已构成敲诈勒索罪,依法应予惩处。对上诉人彭文化提出的本案属于经济纠纷的意见,经查,上诉人彭文化虽然与王岸洋协商过转包工程事宜,但双方毕竟没有达成协议,最终没有签订合同,而提出的损失没有事实根据,亦没有法律依据。而且原判认定彭文化为了索取财物,以通过省领导阻挠王岸洋所承包有关工程项目进行要挟的事实是清楚的。所提的上诉理由不成立,本院不予采纳。原判认定事实清楚,证据确实、充分,定性准确,量刑适当,审判程序合法,应予维持。依照《中华人民共和国刑事诉讼法》第一百八十九条第(一)项之规定,作出如下裁定:

驳回上诉,维持原判。

二、裁判要旨

No.5-274-9　以利用领导权势损害被害人切身利益的手段进行要挟,迫使被害人交出财物的,应以敲诈勒索罪论处。

在本案中,彭文化在认识王岸洋时就声称自己是省委主要领导的外甥,有能力办理别人办不了的事情,使王岸洋信以为真。公安人员在抓获彭文化后,扣押的物品中有一通讯录记载了很多省、市领导以及公检法部门中湖北籍人士的名录,可见其一贯以与某领导是亲戚、老乡的身份骗取他人的信任。而实际上,其只是具有小学文化的农民。王岸洋带彭文化等人去三亚看工地,费用并非作为中间人彭文化所花。而在双方因价格问题就工程未达成协议后,彭文化多次以其为工程花费了金钱,损失了面子,向王岸洋索要5万元,并声称不给的话,要找省委领导阻挠王的工程相要挟。而被害人王岸洋在误以为彭文化真有本事可能造成其利益损失的情况下,产生了害怕、恐惧的心理,不得已答应给彭文化2万元。可见,彭文化以此种方式进行要挟,足以构成对王岸洋的胁迫。其在没有帮过王岸洋的忙、为工程未花钱的情况下所实施的上述行为,在主观上具有非法占有他人财物的目的,客观上了实施了要挟的行为,应以敲诈勒索罪定罪处罚。

案例:李书辉等敲诈勒索案

案例来源:《人民法院案例选》2010年第3辑

主题词:揭露隐私　当场胁迫　敲诈勒索

一、基本案情

被告人李书辉,又名李辉,男,1977年6月6日生,回族,小学文化,住平顶山市新华区焦店镇西斜,无业。

被告人韩小霞,女,1988年8月9日生,汉族,大专文化,河南省获嘉县人,住平顶山市工学院二区5号楼1楼106室,平顶山市工学院06级化工系学生。

被告人李国梁,男,1979年8月9日生,汉族,初中文化,住平顶山市湛河区曹镇乡关庄5号,无业。

河南省平顶山市新华区人民法院经审理查明:2008年11月19日21时许,被告人李书辉、韩小霞预谋敲诈韩小霞网友鞠尊洲,后由韩小霞约其男网友鞠尊洲在鹰城广场见面并在李庄迎宾招待所开设房间,李书辉和李国梁尾随其后,在鞠尊洲进入房间不久,李书辉就以欺负表妹为名对鞠进行殴打,后以到派出所报案并通知其妻子相要挟,向鞠尊洲索要现金10000元,李书辉从鞠尊洲钱包内拿走800元,后又还给鞠尊洲200元,其间李国梁一直在现场,而后,李书辉电话通知李庆辉前来招待所看住鞠尊洲,自己又拿鞠尊洲的银行卡去银行取出现金4900元,后鞠尊洲写下欠韩小霞4000元的欠条一张。事后李国梁和李庆辉各得赃款200元,其余的由李书辉所得。韩小霞在到案后主动配合公安机关抓获被告人李书辉。

平顶山市新华区法院认为,被告人李书辉、韩小霞、李国梁以非法占有为目的,采用暴力胁迫手段,当场向被害人索要现金10000元,并从被害人身上获得现金600元,又用其信用卡从银行取款4900元,还逼迫被害人写下4000元的欠条一张,其行为已构成敲诈勒索罪。平顶山市新华区人民检察院指控被告人李书辉、韩小霞、李国梁犯抢劫罪的公诉意见与抢劫罪的构成要件不符,不予支持。被告人李书辉、韩小霞、李国梁对公诉机关指控的犯罪事实均无异议,但对公诉机关指控犯抢劫罪有异议。被告人韩小霞的辩护人对公诉机关指控被告人韩小霞犯罪的事实和证据无异议,认为其行为构成敲诈勒索罪的辩护意见与法院查明的事实相符,予以支持。被告人韩小霞协助公安机关抓获被告人李书辉属立功,可以从轻或减轻处罚。被告人李国梁在本案中起次要作用,系从犯,应当从轻、减轻处罚。依照《中华人民共和国刑法》第二百六十条、第二十五条、第二十七条、第六十八条、第五十二条、第五十三条之规定,判决如下:

被告人李书辉犯敲诈勒索罪,判处有期徒刑二年,并处罚金人民币六千元。

被告人韩小霞犯敲诈勒索罪,判处有期徒刑一年,并处罚金人民币四千元。

被告人李国梁犯敲诈勒索罪,判处有期徒刑一年,缓刑一年,并处罚金人民币三千元。

一审判决后,公诉机关未抗诉,被告人亦未提出上诉。一审判决已发生法律效力。

二、裁判要旨

No. 5-274-10 使用暴力没有对被害人造成伤害,而使其内心产生恐惧心理,以揭露隐私为手段的当场胁迫行为的,应以敲诈勒索罪论处。

在司法实践中,不可因当场使用暴力手段一概认定为抢劫。抢劫罪以当场实施暴力侵害相威胁,如果被害人不当场交出财物,行为人将"当场"把威胁的内容付诸实施,强调方法手段行为与目的结果行为的时空同一性,被害人受到侵犯是现实直接的。敲诈勒索罪的威胁不具有紧迫性,行为人往往扬言如不满足要求将把威胁内容变成现实,通常设定某种不利后果转为现实的时间间隔,时空跨度一般较大,一定程度上为被害人遭受物质或精神上的伤害提供了缓冲的余地。当场的法律意义不仅指空间,关键更在于时间,而且要从抢劫的手段行为和目的行为的承接关系上去理解它。行为人胁迫被害人当场交付财物,否则日后将侵害被害人的,应认定为敲诈勒索罪。行为人对被害人当场实施暴力或以当场实施暴力相威胁,其目的不在于对被害人造成人身伤害,而在于使被害人内心产生恐惧心理,利用其担心受到更为严重侵害的心理,使其确定地在将来某个时间交付财物的,这样的暴力应是敲诈勒索罪中要挟手段的强化,而非抢劫罪的暴力,应以敲诈勒索罪定罪处罚。

在本案中,李书辉等人都具有非法占有鞠尊洲财物的故意,并且为此进行预谋。在实施犯罪过程中,被告人虽然对鞠尊洲实施暴力,但综观全案,这里的暴力目的不在于对被害人造成人身伤害,而在于使被害人内心产生恐惧心理,特别是后来以到派出所报案并通知其妻子为由实施威胁,向鞠尊洲索要现金的行为更表明其主观上具有敲诈勒索的意图,其行为完全符合敲诈勒索罪的构成要件,应以敲诈勒索罪定罪量刑。

案例:王明雨敲诈勒索案

案例来源:《人民法院案例选》2008年第1辑

主题词:产权关系 敲诈勒索 未超出自己产权

一、基本案情

被告人王明雨。

北京市丰台区人民法院经审理查明:被告人王明雨与张爱华于1981年9月30日登记结婚,1982年育有一子,现在美国留学。2003年2月17日在延庆县法院提起离婚诉讼,延庆法院2004年3月27日判决离婚。法院判决离婚时并未就财产分割及子女抚养问题进行处理。王明雨于2005年9、10月间,以语言及寄信等手段,称不解决"经济问题"则向检察机关检举揭发张爱华的行贿行为,向张爱华索要人民币2000万元。后经张爱华的律师陆宏达谈判,数额降至人民币300万元,陆宏达称先支付人民币20万元,王明雨表示同意。2005年10月16日11时许,被告人王明雨在丰台区左安门宾馆接受张爱华委托陆宏达送给其的人民币20万元后,被当场抓获。经查:张爱华与王明雨在婚姻存续期间以张爱华的名义在深圳市购有住房两套,2004年7月

21 日被张爱华以人民币 50 万元的价格出售。另查明:在双方婚姻关系存续期间,两人经营的公司有香港爱华国际集团有限公司(资产不详)、香港国际华洋投资有限公司(资产七千余万元)、北京金凤凰房地产开发有限公司(注册资本 1000 万元,其中张爱华出资 600 万元)、北京黄河房地产开发有限公司(注册资本 11700 万元,1999 年章程中股东为北京恒利通经济技术开发中心和张爱华,其中恒利通出资 9360 万元,其他为张爱华出资;2003 年章程变更为张爱华及其他自然人出资,其中张爱华个人出资为 9360 万元,后该公司提供一份北京市第二中级人民法院民事裁定书,证实该公司无可执行财产)、北京爱华物业管理有限公司(注册资本人民币 2000 万元,出资方为北京黄河房地产开发有限公司和香港国际华洋投资有限公司)、北京泰丰房地产开发有限公司(投资方经三次变更为北京金凤凰房地产开发有限公司和香港国际华洋投资有限公司,注册资本 7500 万元,2002 年底资产总计 164565858.84 元)。此外,王明雨称北京市恒利通经济技术开发中心系其与张爱华出资成立的红帽子企业,注册登记经济性质为全民所有制,法人代表原为王明雨,后变更为潘冰心,注册资金为 10178 万元,目前该公司状况不详;张爱华、王明雨在婚姻关系存续期间尚未分割的其他财产不详。

北京市丰台区人民法院认为:被告人王明雨的行为不构成敲诈勒索罪。北京市丰台区人民检察院于 2006 年 5 月向北京市丰台区人民法院提出撤诉申请,北京市丰台区人民法院于 2007 年 5 月 17 日作出裁定,同意检察机关的撤诉申请。

二、裁判要旨

No. 5-274-11 以胁迫方式索取并未超出自己产权的财产的,不构成敲诈勒索罪。

敲诈勒索罪要求行为人必须有非法占有的故意,客观上有非法占有的行为。我们不仅要注意故意与行为,还要注意到被告人对于财产的占有必须是非法的状态。在本案中,被告人与被害人之间的婚姻关系虽然已经结束,但二人之间有大量财产并未分割。被告人尽管在索要财产的过程中采取了敲诈的手段,但其对所得财产(20 万元)的占有,在二人财产关系得到明确划分之前无法确定为是非法占有状态,故不宜认定被告人犯有敲诈勒索罪。

本案被告人虽然存在胁迫的行为,但这种胁迫的背后隐藏的事实是一个弱者为了追讨自己的合法产权,虽然手段上违反了法律,但是没有非法占有的故意,因此不应认定构成敲诈勒索罪。

案例:蒋文正爆炸、敲诈勒索案

案例来源:《刑事审判参考》总第 80 集[第 703 号]

主题词:爆炸罪 余罪自首的认定

一、基本案情

被告人蒋文正,男,1968 年 7 月 19 日出生,农民。因涉嫌犯爆炸罪于 2009 年 6 月 4 日被刑事拘留,2009 年 7 月 7 日被逮捕。

湖南省郴州市人民检察院以被告人蒋文正犯爆炸罪、敲诈勒索罪,向郴州市中级人民法院提起公诉。

被告人蒋文正对指控的犯罪事实不持异议。辩护人提出,蒋文正所犯敲诈勒索罪属自首;第一次爆炸的地点是在医院的厕所而不是在人口密集地点,说明蒋文正犯罪手段有所节制,请求从轻处罚。

郴州市中级人民法院经审理查明:

1. 关于爆炸事实

2009 年 5 月下旬,被告人蒋文正得知湖南省桂阳县城关镇泰康医院(以下简称"泰康医院")发生过医疗纠纷,虽预谋采取爆炸的方式向泰康医院敲诈财物。同月 28 日 1 时许,蒋文正将自制的定式爆炸装置安放在泰康医院一楼儿科住院部卫生间内的电热水器上,后该装置发生爆炸,致住院病人及家属胡清、陈华勇轻微伤,刘芳及其幼子周坚等受伤,并造成该医院机械设备受损。随后,蒋文正用手机发短信、打电话,多次向泰康医院董事长谭水生勒索财物,均未果。蒋文正认为没有达到目的,决定再次对泰康医院实施爆炸。

2009年6月1日20时许,蒋文正用纱布包脸伪装成伤员,一手提一袋苹果,一手提用旺仔牛奶箱装的定时1小时的爆炸装置,乘坐被害人徐细群驾驶的出租摩托车前往泰康医院。途中,蒋文正以有事为借口下车,委托徐细群将苹果和牛奶箱送至泰康医院住院部二楼交给一名七十多岁的老太太。徐细群提着东西到医院二楼寻人,遍寻不着。当徐细群提着东西下楼时,爆炸装置发生爆炸,致徐细群重伤,胡胜国轻伤,易慧东、廖兵华轻微伤,龚光德等人亦受伤,并造成泰康医院住院部楼道口附属设备被毁。两次爆炸造成泰康医院经济损失共计人民币(以下币种均为人民币)234600元。

2. 关于敲诈勒索事实

2009年5月28日凌晨1时许,被告人蒋文正在湖南省桂阳县城关镇泰康医院安放爆炸装置后,来到该镇蒙泉路20号李牛圣经营的寿材店门口,安放了一包装有雷管、导火索的炸药,并打电话向李牛圣勒索20000元。李牛圣及时报警,蒋文正勒索未果。

2009年5月29日至5月31日,被告人蒋文正多次打电话、发短信恐吓湖南省桂阳县教育局职工曹玲英,向曹玲英勒索100000元,未果。

泰康医院在发生第二次爆炸后及时报警,该医院董事长谭水生向公安机关反映在事发后多次接到勒索电话,并提供了电话号码。公安机关经侦查,确定系人为爆炸案,案发后通过电话向医院敲诈钱财。公安机关一方面指导谭水生通过电话与犯罪嫌疑人周旋,另一方面展开技术侦查工作,后将犯罪嫌疑人蒋文正抓获。蒋文正归案后主动供述了公安机关尚未掌握的在泰康医院实施的第一次爆炸及敲诈勒索李牛圣、曹玲英的犯罪事实。

郴州市人民法院认为,被告人蒋文正采用爆炸的方法,向他人勒索财物,其行为已构成爆炸罪;以非法占有为目的,对被害人使用威胁、恐吓的方法勒索钱财,数额巨大,其行为已构成敲诈勒索罪,依法应数罪并罚。蒋文正归案后,如实供述了公安机关尚未掌握的两起敲诈勒索的犯罪行为,以自首论,且系未遂,可以从轻或减轻处罚。依照《中华人民共和国刑法》第一十五条第一款、第二百七十四条、第二十三条、第三十六条第一款、第四十八条、第五十七条第一款、第六十七条第二款、第六十九条之规定,判决如下:

被告人蒋文正犯爆炸罪,判处死刑,剥夺政治权利终身;犯敲诈勒索罪,判处有期徒刑一年;决定执行死刑,剥夺政治权利终身。

一审宣判后,被告人蒋文正未提出上诉。

湖南省高级人民法院经审理认为,原判认定事实清楚、证据确实充分、定罪准确、量刑适当、审判程序合法。依照《中华人民共和国刑事诉讼法》第二百条之规定,裁定维持原判,并依法报请最高人民法院核准。

最高人民法院经复核认为,被告人蒋文正以爆炸的方法危害公共安全,其行为已构成爆炸罪;敲诈勒索他人财物,数额巨大,其行为又构成敲诈勒索罪,依法应数罪并罚。蒋文正所犯敲诈勒索罪系未遂,亦系其归案后主动陈述,但因与公安机关已掌握的罪行属同种罪行,依法不认定为自首。蒋文正为勒索财物,先后两次在医院实施爆炸,犯罪动机卑劣、犯罪情节恶劣、社会危害性极大,应依法惩处。原审判决、湖南省高级人民法院复核审裁定认定的事实清楚、证据确实充分、定罪准确、量刑适当、审判程序合法。依照《中华人民共和国刑事诉讼法》第一百九十九条和最高人民法院《关于复核死刑案件若干问题的规定》第二条第一款的规定,裁定如下:

核准湖南省高级人民法院同意原审对被告人蒋文正以爆炸罪判处死刑,剥夺政治权利终身;以敲诈勒索罪判处有期徒刑一年;决定执行死刑,剥夺政治权利终身的刑事裁定。

二、裁判要旨

No.5-274-12 主动供述的犯罪事实与公安机关所掌握的犯罪事实属于同种罪行的,不应认定为自首。

《刑法》第六十七条第二款规定:“被采取强制措施的犯罪嫌疑人、被告人和正在服刑的罪犯,如实供述司法机关尚未掌握的本人的其他罪行的,以自首论。”这在理论上一般被称为余罪自首或准自首。最高人民法院《关于处理自首和立功具体应用法律若干问题的解释》(以下简称《解释》)第二条进一步规定:"被采取强制措施的犯罪嫌疑人、被告人和已宣判的罪犯,如实供述司法机关尚未掌握的其他罪行,与司法机关已掌握的或判决确定的罪行属同种罪行的,可以酌情从轻处罚"。《解释》关于余罪自首的规定可以被理解为,被采取强制措施的犯罪嫌疑人、被告人和已宣判的罪犯,如实供述司法机关尚未掌握的其他罪行,与司法机关已掌握的罪刑或判决确定的罪行构成不同罪名的,成立自首,与司法机关已掌握的罪刑或判决确定的罪行构成相同罪名的,不成自首。应当注意的是,此处同种罪行的判断标准,在司法实践中原则上以罪名为区分,此外,2010 年最高人民法院《关于处理自首和立功若干具体问题的意见》第三条第二款规定"虽然如实供述的其他罪行的罪名与司法机关已掌握的罪名不同的,但如实供述的其他犯罪与司法机关已掌握的犯罪属选择性罪名或在法律上、事实上密切关联……应认定为同种罪行"。

在本案中,蒋文正归案时,公安机关已掌握其为敲诈勒索实施爆炸的罪行。从犯罪构成看,该行为构成爆炸罪、敲诈勒索罪两个罪名。但理论和实践上都认为这种情形属于牵连犯,牵连犯属于实质的数罪。在蒋文正归案时,公安机关已掌握了蒋文正涉嫌的这两个罪名,其归案后所供述的另两起敲诈勒索与公安机关已掌握的部分罪行都构成敲诈勒索罪,属于同种数罪,不能认定为自首。

案例:王奕发、刘演平敲诈勒索案

案例来源:《刑事审判参考》总第 80 集[第 706 号]

主题词:敲诈勒索罪 协助司法机关抓捕同案犯

一、基本案情

被告人王奕发,男,1971 年 7 月 26 日出生,无业。因涉嫌犯敲诈勒索罪于 2009 年 2 月 21 日被逮捕。

被告人刘演平,男,1976 年 7 月 22 日出生,无业。因涉嫌犯敲诈勒索罪于 2009 年 3 月 28 日被逮捕。

广东省深圳市福田区人民检察院以被告人王奕发、刘演平犯敲诈勒索罪,向深圳市福田区人民法院提起公诉。

深圳市福田区人民法院经公开审理查明:2009 年 2 月初,被告人王奕发、刘演平商定到深圳的各出入境口岸,合伙从携带走私货物、物品入境的"水客"身上搞钱,由曾经做过"水客"的王奕发指认疑似走私客给刘演平,尔后刘演平上前以报警相威胁索要钱物。2009 年 2 月 10 日 19 时许,王奕发、刘演平前往深圳市福田区皇岗口岸天桥附近,刘演平将被害人郑某某拉入附近公共厕所,要挟郑某某交出随身走私的货物 6 大包[内有 2G 数码相机内存卡共 840 张,经鉴定价格总计人民币(以下币种均为人民币)21000 元]。随后,王奕发、刘演平来到福田区华强北商业街,以每张 21 元的价格将勒索的内存卡卖掉,获款共计 17640 元。刘演平分得赃款七千余元,其余赃款为王奕发所得。2009 年 2 月 19 日 19 时许,刘演平在深圳火车站罗湖口岸附近欲故伎重演,被被害人郑某某认出并报警抓获。刘演平归案后交代了同案犯王奕发的联系电话,表示愿意配合公安机关抓捕王奕发。刘演平按照公安机关的安排拨打电话联系上王奕发,假意约定次日去深圳市龙岗区布吉镇百盛茶餐厅商量再次作案。之后,公安机关在刘演平的指认下抓获了前来赴约的王奕发。

深圳市福田区人民法院认为,被告人王奕发、刘演平无视国家法律,以非法占有为目的,以报警处理走私行为相要挟,索取他人财物,数额较大,其行为均已构成敲诈勒索罪,公诉机关指控罪名成立。刘演平归案后协助公安机关抓获同案犯,有立功表现,依法可以从轻处罚。鉴于二被告人能当庭供述基本犯罪事实,认罪态度较好,有一定的悔罪表现,可以酌情从轻处罚。综合被告人的犯罪事实、情节以及社会危害性,依照《中华人民共和国刑法》第二百七十四条、第六十八条第一款、第二十五条的规定,判决如下:

被告人王奕发犯敲诈勒索罪,判处有期徒刑二年二个月。

被告人刘演平犯敲诈勒索罪,判处有期徒刑一年二个月。

一审宣判后,被告人王奕发上诉提出其没有参与敲诈勒索,原审量刑过重,请求改判。

广东省深圳市中级人民法院经审理认为,王奕发、刘演平以非法占有为目的,以报警处理相要挟,索取被害人财物,数额较大,其行为均已构成敲诈勒索罪。刘演平归案后协助公安机关抓获王奕发,构成立功,依法可以从轻处罚。鉴于二人能供述基本犯罪事实,认罪态度较好,有一定的悔罪表现,可酌情从轻处罚。原判认定事实清楚、证据确实充分、定罪准确、量刑适当、适用法律正确,程序合法,依法应当予以维持。依照《中华人民共和国刑事诉讼法》第一百八十九条第一项的规定,裁定驳回上诉,维持原判。

二、裁判要旨

No. 5-274-13 协助公安机关抓捕同案犯并进行指认的,应当成立立功。

我国刑法规定立功制度,并将其作为法定从宽处罚情节,有利于实现刑罚预防犯罪、惩罚犯罪的目的,有利于节约司法资源,也有利于实现刑罚的教育目的。最高人民法院于1998年5月9日公布了《关于处理自首和立功具体应用法律若干问题的解释》(以下简称《解释》),并于2010年12月22日发布了《关于处理自首和立功若干年具体问题的意见》(以下简称《意见》)。这两个规定逐步明确了立功的构成条件和对量刑的具体影响,将实际存在的各种立功情形具体化、规范化,进一步统一了对于立功的认识和量刑的把握,有力地指导了审判实践。

协助公安机关抓获同案犯是常见的立功情形。《解释》第五条规定,协助司法机关抓捕其他犯罪嫌疑人(包括同案犯),应当认定为有立功表现。第五条第一款进一步明确了协助司法机关抓捕其他犯罪嫌疑人的情形:(1)按照司法机关的安排,以打电话、发信息等方式将其他犯罪嫌疑人(包括同案犯)约至指定地点的;(2)按照司法机关的安排,当场指认、辨认其他犯罪嫌疑人(包括同案犯)的;(3)带领侦查人员抓获其他犯罪嫌疑人(包括同案犯)的;(4)提供司法机关尚未掌握的其他案件犯罪嫌疑人的联络方式、藏匿地址的,等等。同时第二款规定了不属于"协助司法机关抓捕其他犯罪嫌疑人"的情形,即犯罪分子提供同案犯的姓名、住址、体貌特征等基本情况或提供犯罪前、犯罪中掌握、使用的同案犯联络方式、藏匿地址,司法机关据此抓捕同案犯的。

本案属于典型的立功案例,被告人刘演平归案后经公安机关法制教育交代了同案犯王奕发的联系电话,表示愿意配合公安机关抓捕王奕发,并按照公安机关的安排打电话联系上王奕发,假意约定去百盛茶餐厅商量再次作案,之后,公安机关在刘演平的指认下抓获了王奕发。由于被告人刘演平的配合、协助行为,使司法机关更容易抓获其他同案犯,有效降低了抓捕成本,有利于及时惩治犯罪,成立立功。

案例:陈曙光敲诈勒索案

案例来源:《人民法院案例选》2013年第3辑

主题词:敲诈勒索罪 采用胁迫方式索取高额赔偿款

一、基本案情

申请再审人:陈曙光。

2006年10月,申请再审人陈曙光发现自己的手机经常收到一些短信,点击或按提示拨打电话后就会产生话费。经查阅相关规定:SP商通过移动公司等网络经营商向手机用户发送一些诱惑及不健康的短信,并在点击后扣除用户话费的行为,是国家信息产业部及信息产业法所禁止的。信息产业部将以投诉率为指标考核各级网络经营商,SP商也可能因此被网络经营商停止双方的合作业务。于是,申请再审人陈曙光通过10086进行投诉,发送该类短信的电信增值业务商(简称SP商)就主动打电话给陈曙光协商解决投诉事宜。随后,申请再审人又以自己的手机卡号、经他人授权的手机卡号及自己向他人购买的手机卡号进行投诉,并先后与七家SP商协商。在协商过程中,陈曙光以如果SP商没有诚意,将不断向移动公司及信息产业部投诉的意思表示向 SP 商施压,之后,七家 SP 商均与陈曙光达成以给付高于所扣话费双倍以上的赔偿金方式,来解决陈曙光对他们的投诉,陈曙光共得赔偿款 9900 元。

湖南省永州市中级人民法院于 2010 年 10 月 9 日作出(2010)永法刑再终字第 14 号刑事判决:申请再审人陈曙光先后向七家 SP 商超倍索赔 9900 元的行为属于维权过度,不构成犯罪,遂作出无罪判决。

二、裁判要旨

No. 5-274-14 为维护自身合法权益索取高额赔偿款的行为,其手段不属于敲诈勒索罪所要求的"威胁或要挟",不构成敲诈勒索罪。

敲诈勒索罪中的"威胁或者要挟"应当具备三个方面的特征。

1. 行为的不正当性。即对被害人及其亲属精神上实施了非法的强制行为,使其在心理上造成产生恐惧,压力,如以将要实行暴力、揭发隐私、毁坏名誉相威胁等。这些行为都是法律所不允许的行为。如果实施的行为并不被法律所禁止,则不构成本罪。

2. 后果的不正当性。即被害人要么被迫交付财物,要么正当利益受到损害,而这两种后果的选择都会使被害人受到损害。交付财物,则侵犯了被害人的财产权利;不交付财物,被害人的人身、名誉等正当权利将受到损害。

3. 行为与后果之间存在必然的因果关系。即被害人基于犯罪人的威胁或要挟,而被迫交付财物,否则自己的人身、名誉等正当权利将受到损害。被害人为了自己的正当权利,没有其他选择的情况下,必须满足犯罪人的要求。

本案中,陈曙光的维权行为是法律赋予公民的权利,不具备"威胁或要挟"行为的不正当性的特征。SP 商的超倍赔偿也没有被迫性,与陈曙光的"威胁与要挟"之间没有必然的因果联系。SP 商向消费者发送诱惑性和不健康短信,本身就违反了国家信息部的相关规定,侵犯了消费者的权益,并且在遭到消费者投诉时,违法的 SP 商完全可以不必理会这种过高的赔偿要求,而是按照相关部门的规定来承担责任,如赔偿消费者合理损失、接受相关部门的处罚、采取有效的整改措施,等等。再者,如果 SP 商不答应陈曙光的要求,面临的只是因其违法营业所面临的处罚,其正常的营业权并不会受到损害。

案例:徐改革等敲诈勒索案

案例来源:《人民法院案例选》2013 年第 4 辑

主题词:敲诈勒索罪 以非法拘禁为手段索取赌博中的损失费

一、基本案情

浙江省宁波市鄞州区人民检察院指控:被告人徐改革、刘海波、刘兴蛟采用暴力、威胁手段,索取因赌博发生的所谓"损失费",三被告人的行为构成敲诈勒索罪;后三被告人为索取赌债非法限制他人人身自由,且在拘禁期间有殴打情节,行为又构成非法拘禁罪;对三被告人依法应当数罪并罚。其中敲诈勒索罪有部分犯罪未得逞,系犯罪未遂,依法可以从轻或减轻处罚。

被告人徐改革、刘海波、刘兴蛟对公诉机关指控的罪名和事实均无异议,并表示自愿认罪。

宁波市鄞州区人民法院经审理查明:2009 年年底,被害人徐某在被告人徐改革、刘海波、刘兴蛟等人设的赌局中作弊被发现,徐改革、刘海波、刘兴蛟等人遂对参赌的被害人徐某及其朋友胡某、马某等人进行殴打、恐吓,并让三人赔偿损失,逼迫三人各写下 6500 元的欠条,后让三人离开。次日凌晨,被告人徐改革、刘海波、刘兴蛟等人找到被害人徐某、胡某,并将两人带至某宾馆房间,限制其人身自由并采用扇耳光等方式殴打、言语威胁,后胡某被放出凑款。当天下午,被害人胡某凑到 3000 元钱交给徐改革等三被告人,两被害人才得以离开。三天后,被害人胡某又将 3500 元钱交给了徐改革等被告人。几日后,被告人徐改革、刘海波、刘兴蛟等人将仍没有付钱的被害人徐某带至宾馆房间拘禁,期间对其采用殴打等手段折磨并看管,逼迫其付钱,当日晚徐某又被带至另一宾馆房间内看管,次日凌晨徐某被民警解救。

法院于 2010 年 4 月 6 日作出(2010)甬鄞刑初字第 324 号刑事判决如下:

1. 被告人徐改革犯敲诈勒索罪,判处有期徒刑二年;
2. 被告人刘海波犯敲诈勒索罪,判处有期徒刑二年;
3. 被告人刘兴蛟犯敲诈勒索罪,判处有期徒刑二年。

一审宣判后,三被告人均未提起上诉,公诉机关也未提起抗诉,判决已经发生法律效力。

二、裁判要旨

No.5-274-15 因赌博发生的损失费不属于最高人民法院《关于对为索取法律不予保护的债务非法拘禁他人行为如何定罪问题的解释》中的"赌债"范围,使用非法拘禁手段索要此种损失费的,成立敲诈勒索罪。

赌债是指双方在赌博过程中产生的债务,赌博者系以偶然之机会决定财物之输赢。本案中,被告人并未参与赌博,其所损失的抽头渔利不属于最高人民法院《关于对为索取法律不予保护的债务非法拘禁他人行为如何定罪问题的解释》中的非法债务,最高人民法院《关于对为索取法律不予保护的债务非法拘禁他人行为如何定罪问题的解释》中法律不予保护的债务仅指真实存在的自然之债或合同之债,而不能是行为人随意捏造或强行勒索的结果。被告人并非出于索债目的,而是基于非法占有目的勒索他人财物,成立敲诈勒索罪。其所使用的非法拘禁手段与敲诈勒索之间成立目的与手段的牵连关系,应当从一重处断。

案例:陈卫吉敲诈勒索案

案例来源:《人民法院案例选》2015年第2辑

主题词:敲诈勒索罪 从旧兼从轻原则

一、基本案情

浙江省象山县人民法院经审理查明:2009年四、五月份,被告人陈卫吉与武云法(已判决)、郑保民(另案处理)商定,以阻挠工程施工为由,要挟象山县东陈乡卫生院迁建工程施工单位的实际施工经营者吕财运将部分工程分包给他们。后被告人陈卫吉及武云法、郑保民等人向吕财运要求承包象山县东陈乡卫生院迁建工程的部分工程,但遭到吕财运拒绝。2009年7月,被告人陈卫吉及武云法、郑保民等人至象山县东陈乡卫生院迁建工程施工现场,采用拦阻车辆、切断电源等方式阻挠施工。吕财运为使工程得以顺利进行,提出给被告人陈卫吉等人一定的经济补偿,并要求被告人陈卫吉等人不再阻挠施工,被告人陈卫吉等人表示同意。经商议,双方约定由吕财运给被告人陈卫吉等人人民币6万元,款项至工程顺利施工后支付。后被告人陈卫吉等人未去施工现场阻挠施工,该工程得以顺利施工。2009年8月,吕财运至象山县丹城东海堂茶馆,按照事先约定将人民币6万元交给被告人陈卫吉及武云法、郑保民。被告人陈卫吉等人收取该款项后,为逃避责任要求吕财运出具了吕财运向武云法借款人民币6万元的借条1张。案发后,被告人陈卫吉向被害人吕财运退赔了人民币2万元,并取得了被害人吕财运的谅解。

法院于2014年5月21日作出(2014)甬象刑初字第391号刑事判决:

1. 被告人陈卫吉犯敲诈勒索罪,判处有期徒刑一年六个月,并处罚金人民币一万元。
2. 违法所得的财物予以继续追缴。

宣判后,原公诉机关浙江省象山县人民检察院以原判对被告人陈卫吉犯敲诈勒索罪判处有期徒刑并处罚金的刑罚,认为适用法律错误,导致量刑不当为由提出抗诉。浙江省宁波市中级人民法院于2014年7月30日以同样的事实作出(2014)浙甬刑二终字第345号刑事裁定:驳回抗诉,维持原判。

二、裁判要旨

No.5-274-16 对于同一罪名不能交叉援引行为时的旧法与司法解释和裁判时的新法与司法解释,在适用主刑与附加刑时不能分别援引新旧《刑法》的规定。

本案中,被告人陈卫吉敲诈勒索他人财物6万元,按照《刑法修正案(八)》之前的刑法规定与司法解释,属于数额巨大,应判处三年以上有期徒刑,按照《刑法修正案(八)》之后的规定以及最高人民法院、最高人民检察院《关于办理敲诈勒索刑事案件适用法律若干问题的解释》的规定,则属于数额较大,应判处三年以下有期徒刑,并处罚金。在对被告人进行量刑时,不能在根据较轻的新法判处主刑的同时,又根据旧法的规定不并处罚金。

第一,溯及力问题的本质是应选择适用新法还是旧法处理具体刑事案件,对某一具体分则条款所规定的罪名,则不得以有利被告人为借口,交叉适用新旧《刑法》。对同一个具体的刑事案件,既适用新刑法的某一个条文定罪并科以主刑,同时又选择适用旧刑法的某些规定对案件量刑,将新旧法律对同一罪名规定的刑罚进行排列组合,从而"杂糅"出量刑结论,是对罪刑法定原则的破坏,实质上是法官造法。

第二,立法者在法条中配置的主刑与附加刑,是经过统筹考虑的。规定主刑和附加刑相结合的处罚方式,目的在于体现处罚轻重与犯罪分子所犯罪行和应承担的刑事责任相适应。随着经济的发展,对敲诈勒索罪犯罪数额定罪量刑的标准更加宽缓,同时,为了从经济上打击敲诈勒索犯罪,剥夺敲诈勒索行为人再犯资本,立法者对敲诈勒索罪增加了罚金刑的规定,这也是罪刑相适应原则的体现。故主刑+并处或单处罚金的立法模式构成一个完整的处罚体系。如果仅选择主刑而不附加并处罚金,则会破坏犯罪和刑事责任以及刑罚之间内在对应的平衡关系,使刑法规定的具体罪状的法定刑与具体罪状不相适应,造成立法上的不协调和司法上的不公正。

第三,在同一罪状中主刑和附加刑分别援引新旧刑法的规定处理案件,是对"从旧兼从轻原则"中"从轻"原则的误解。法定刑轻重的比较是主刑和附加刑作为一个整体进行的比较,其轻重程度是经过将主刑和附加刑作为整体进行比较而得出的结论。根据司法实践,判决生效后,主刑必须得到执行,而附加刑则不同,作为附加刑的罚金,在判处实刑的情况下,多数情况下无法执行,因此,也无法得出并处罚金一定重于无并处罚金的结论。

案例:田友兵敲诈勒索案

案例来源:《刑事审判参考》总第 87 集[第 797 号]

主题词:数罪并罚　暂予监外执行期间再犯新罪

一、基本案情

被告人田友兵,男,1986 年 5 月 3 日出生,农民。2005 年 6 月因犯聚众斗殴罪被判处有期徒刑三年(先行羁押日期折抵后,刑期自 2005 年 6 月 17 日起至 2008 年 3 月 6 日止),2007 年 7 月 13 日被暂予监外执行,2008 年 5 月 13 日因涉嫌犯敲诈勒索罪被逮捕。

山东省寿光市人民检察院以被告人田友兵犯敲诈勒索罪,向寿光市人民法院提起公诉。

寿光市人民法院经公开审理查明:2007 年 8 月 14 日,被告人田友兵伙同郭鹏飞(在逃)、赵海江(另案处理)、张玮琳(另案处理)等人,以寿光市联盟化工集团新丰淀粉有限公司职工刘强欺负徐玉婷为由,采用殴打、恐吓、关押看管等手段,逼迫被害人刘强交纳人民币(以下币种同)1 万元,刘强于次日交给田友兵 5000 元后被放回。2008 年 4 月,田友兵被公安机关抓获归案。

寿光市人民法院认为,被告人田友兵以非法占有为目的,勒索他人财物,数额巨大,其行为构成敲诈勒索罪。鉴于其敲诈勒索部分未遂,依法可以减轻处罚。依照《中华人民共和国刑法》第二百七十四条、第二十三条之规定,寿光市人民法院以被告人田友兵犯敲诈勒索罪,判处有期徒刑二年。

一审宣判后,被告人田友兵在法定期限内未上诉,检察机关亦未抗诉,判决发生法律效力。

二、裁判要旨

No. 5-274-17　暂予监外执行期满后发现暂予监外执行期间再犯新罪的,不再进行数罪并罚。

准确理解暂予监外执行的性质,对于本案的处理具有重要意义。我们认为,暂予监外执行的性质,可以分以下两个层面理解:

第一,暂予监外执行是一种特殊的刑罚执行方式。一般认为,“监外执行是指对符合法定条件的罪犯因某种特殊情况而暂予变更刑罚执行场所、刑罚执行方式的一种行刑制度”。监外执行就是在监狱外对罪犯执行刑罚的一种特别执行方法。暂予监外执行制度是指由于某种特殊情况的出现,通过一定的程序,将人民法院所判处的监禁刑的实刑改变为非监禁的刑罚执行方法,而且罪犯的刑期不因执行场所、执行方式的变更而中断,依然连续计算。可见,暂予监外执行是监禁刑执行的一种变通方式,其实质仍然是对罪犯监禁刑的执行过程,这与缓刑考验期有本质的区别。

第二,与缓刑、假释制度不同,暂予监外执行不是对服刑人员的一项鼓励性措施,而是监狱机关对不适宜继续关押在监狱中的服刑人员采取的一项体现人道主义精神的刑罚变通执行方式。按照我国《刑事诉讼法》第二百五十四条的规定,被判处有期徒刑或者拘役的罪犯,如有严重疾病需要保外就医、怀孕或者正在哺乳自已婴儿的妇女,可以暂予监外执行;对被判处有期徒刑、拘役,生活不能自理,适用暂予监外执行不致危害社会的罪犯,也可以暂予监外执行。因此,暂予监外执行的撤销条件与缓刑、假释是不同的。暂予监外执行的结束事由仅在于暂予监外执行适用的前提条件消失。

暂予监外执行虽然改变了服刑场所,但本质上仍是刑罚的一种执行方式。1990 年 3 月 30 日,最高人民法院《关于监外执行的罪犯重新犯罪的时间是否计入服刑期问题的批复》(已失效)指出,“被准予监外执行之日起至新罪后新判决执行前这段时间,应视为所服前罪判决的刑期”。由《关于监外执行的罪犯重新犯罪的时间是否计入服刑期问题的批复》可知,只要暂予监外执行没有终止,暂予监外执行期就应计入刑罚执行期,不管是否发现暂予监外执行期间罪犯是否犯新罪。就本案而言,2008 年 3 月 6 日,被告人田友兵犯聚众斗殴罪的暂予监外执行期届满,其刑罚执行完毕,也就是说,田友兵已完全承担了其前罪而产生的刑事责任。

《刑法》第七十一条不仅要求罪犯又犯新罪,更重要的是要求罪犯又犯新罪的时间、发现罪犯又犯新罪的时间,均在前罪的刑罚执行完毕之前。就本案而言,虽然田友兵在刑罚执行完毕之前又犯新罪,但在新罪判决时,前罪已经执行完毕,没有可以并罚的余刑。因此,对本案被告人实行并罚并不符合《刑法》第七十一条的立法本意。

案例:廖举旺等敲诈勒索案

案例来源:《刑事审判参考》总第 102 集[第 1066 号]

主题词:敲诈勒索罪　农村征地纠纷中的索财行为

一、基本案情

被告人廖举旺,男,1947 年 2 月 13 日出生,住重庆市梁平县虎城镇虎寨路 43 号。2011 年 9 月 21 日因涉嫌犯敲诈勒索罪被逮捕,2013 年 2 月 5 日被取保候审。

被告人廖国前,男,1974 年 4 月 13 日出生,住重庆市梁平县虎城镇虎寨路 43 号。2011 年 9 月 21 日因涉嫌犯敲诈勒索罪被逮捕,2013 年 2 月 5 日被取保候审。

被告人唐开学,男,1957 年 3 月 12 日出生,住重庆市梁平县虎城镇聂家村 11 组 86 号。2011 年 9 月 21 日因涉嫌犯敲诈勒索罪被逮捕,同年 11 月 18 日被取保候审。

被告人刘琴,女,1972 年 10 月 12 日出生,住重庆市梁平县虎城镇虎寨路 43 号。2011 年 9 月 21 日因涉嫌犯敲诈勒索罪被逮捕,2012 年 12 月 27 日被取保候审。

重庆市梁平县人民检察院以被告人廖举旺、廖国前、唐开学、刘琴犯敲诈勒索罪,向梁平县人民法院提起公诉。

被告人廖举旺、廖国前、唐开学、刘琴认为其行为不构成犯罪,均提出无罪的意见。

梁平县人民法院经公开审理查明:

2009 年至 2011 年,被告人廖举旺、廖国前、唐开学、刘琴(均系梁平县聂家村 11 组村民)以梁平县虎城镇聂家煤矿(以下简称“聂家煤矿”)征用土地补偿过低为由,多次组织村民堵井口、公路,要求聂家煤矿赔偿土地补偿等费用。廖举旺、廖国前、唐开学因此先后被梁平县公安局行政拘留。之后,廖举旺、廖国前、唐开学继续找到聂家煤矿的股东,提出赔偿土地补偿、行政拘留损失等要求,并以堵井口、公路,让煤矿无法正常生产,把煤矿搞垮,提几十斤汽油焚灭煤矿等相威胁。2009 年、2010 年,聂家煤矿因征地纠纷,两次在梁平县虎城镇的调解下提高补偿标准并兑现。

2010 年 8 月 12 日,廖国前、唐开学作为聂家村 11 组村民的诉讼代表人向法院提起诉讼,要求聂家煤矿退出多占的土地。2011 年 8 月 1 日,法院驳回了原告的诉讼请求。廖举旺、廖国前、唐开学、刘琴积极组织村民的上诉事宜。同年 8 月 5 日至 10 日,四人商量找聂家煤矿董事长赵成山赔偿行政拘留、民事诉讼败诉、土地赔偿等损失,并电话要求赵成山解决赔偿损失问题。8 月 10 日,赵成山应被告方的要求来到廖举旺家中,四被告人向赵成山提出赔偿廖举旺、廖国前、唐开学因被行政拘留造成的损失各人民币(以下币种同)2 万元、民事败诉损失费 2 万元,廖举旺被占土地 2 万元,集体被占土地 2 万元,共计 12 万元。赵成山要求四人出具收条并保证不再堵煤矿井口、公路。随后,赵成山让人将 12 万元送到廖举旺家交给刘琴,后离开廖举旺家。之后,村民得知,也纷纷找煤矿闹事。2011 年 8 月 14 日,赵成山向公安机关报案称被敲诈勒索。

本案在审理过程中,梁平县人民检察院于 2013 年 5 月 30 日向梁平县人民法院递交了《撤回起诉决定书》,申请撤回起诉。

梁平县人民法院认为,公诉机关要求撤回起诉,符合法律规定,依照最高人民法院《关于适用〈中华人民共和国刑事诉讼法〉的解释》第二百四十二条之规定,裁定准许梁平县人民检察院撤回起诉。

被告人廖举旺、廖国前、唐开学、刘琴不服,向重庆市第二中级人民法院提起上诉,请求撤销原裁定,继续审理并宣告各上诉人无罪。

重庆市第二中级人民法院认为,原公诉机关以证据不足,要求撤回对四上诉人的起诉,一审法院据此裁定准许撤回,符合法律规定。上诉人的上诉理由,不予采纳。据此,依照《中华人民共和国刑事诉讼法》第二百二十九条之规定,重庆市第二中级人民法院裁定驳回上诉,维持原裁定。

二、裁判要旨

No. 5-274-18　在农村征地纠纷中,行为人使用胁迫手段要求提高征地补偿费的行为,符合敲诈勒索的客观构成要件,但主观上缺少非法占有目的,不成立敲诈勒索罪。

廖举旺等被告人以堵井口、公路,让煤矿无法正常生产,把煤矿搞垮,提几十斤汽油焚灭煤矿等语言相威胁,迫使被害人支付了各种赔偿款、补偿款 12 万元,具备敲诈勒索罪的客观要件。但要正确认定被告人的行为性质,关键在于对其主观故意的认定。如果被告人具有非法占有被害人赵成山财物的主观目的,他们的行为构成敲诈勒索罪;如果不具备非法占有的目的,则不能认定其构成敲诈勒索罪。结合本案的具体事实,我们认为,不能认定廖举旺等被告人具有非法占有赵成山财物的主观目的,其行为不构成敲诈勒索罪。本案事出有因,系农村发展中企业征地引起的权利纠纷。聂家煤矿征用了被告人所在村组的土地,支付了补偿款,但是,廖举旺等被告人认为补偿标准过低,一直要求增加补偿金额,同时还认为煤矿实际多占了村集体土地,应当对此补偿。客观上,确因补偿标准过低,在梁平县虎城镇人民调解委员会的调解下,聂家煤矿两次提高补偿标准。各被告人系基于与煤矿之间的土地征用关系主张权利,这种权利冲突属于民事争讼的常发案例。从廖举旺等被告人的行为来看,廖举旺拒绝领取煤矿关于春芽土所给予的补偿,还就煤矿多占土地,侵犯村民权利提起诉讼,被一审法院驳回起诉,他们又提出了上诉。由此可知,被告人并没有蔑视法律的存在,他们具有通过法律裁断维护权利的主观意愿。

案例:刘康等人敲诈勒索案

案例来源:《刑事审判参考》总第 120 集[第 1304 号]

主题词:敲诈勒索罪　恶势力犯罪

一、基本案情

2016 年 11 月间,被告人刘康、刘硕共同出资购得北京通达置地房地产经纪有限公司(以下简称"通达置地公司")的营业执照后,合谋通过强迫客户交纳本来无须交纳的费用以及制造客户"违约"来获取非法利益。刘康、刘硕先后纠集了被告人刘峰、刘少波、刘广乐、刘明瑞、李玲以通达置地公司的名义,并使用伪造的"北京市通达置地房地产经纪有限公司财务专用章"从事房屋租赁中介活动。

被告人刘康、刘硕将多套房源交由被告人刘峰、刘明瑞对外出租。在被害人按照合同约定将租金、押金、管理费等款项打入被告人李玲的银行账户并入住租赁房屋后不久,被告人刘少波、刘广乐等人便以语言威胁、辱骂、骚扰等方式强迫被害人交纳物业费、供暖费、中介费等额外费用,若不交纳就构成"违约",必须搬离所居住的房屋。被害人被迫搬离后理应退还的剩余款项亦会被强行扣除。有的被害人即使交纳了额外费用,仍会被刘康、刘硕等人以各种理由认定为"违约"。截至 2017 年 9 月案发时,种某等 25 名被害人被强行收取或者因"违约"被强行扣除的钱款共达人民币 30 万余元,其中刘峰、刘广乐的参与金额为 28 万余元,刘少波的参与金额为 26 万余元,刘明瑞的参与金额为 4 万余元。2017 年 9 月 11 日,刘康、刘硕、刘峰、刘广乐、刘明瑞、李玲被抓获归案;9 月 13 日,刘少波被抓获归案。

二、裁判要旨

No. 5-274-19 "黑中介"是否能认定为恶势力,应当根据案件实际情况,从组织特征、行为方式、危害结果等方面进行判断。

根据最高人民法院、最高人民检察院、公安部、司法部发布的《关于办理黑恶势力犯罪案件若干问题的指导意见》《关于办理恶势力刑事案件若干问题的意见》《关于办理实施"软暴力"的刑事案件若干问题的意见》等规定,恶势力有如下特征:(1)组织特征。恶势力的组织结构相对紧密,人数为三人以上,纠集者相对固定,在违法犯罪活动中起到组织、策划、指挥的作用。包括纠集者在内,至少应有两名相同的成员经常纠集在一起,多次参与实施违法犯罪活动。(2)行为特征。多次以暴力、威胁或者滋扰、纠缠、哄闹、聚众造势等软暴力手段,在一定区域或者行业内两年内多次实施违法犯罪活动,至少应有一次犯罪活动。(3)危害特征。通过暴力、威胁或者软暴力,大肆进行强迫交易、故意伤害、非法拘禁、敲诈勒索、故意毁坏财物、聚众斗殴、寻衅滋事等犯罪活动,为非作恶,欺压百姓,扰乱经济、社会生活秩序,造成较为恶劣的社会影响。(4)尚未形成黑社会性质组织。

对于"黑中介"是否能认定为恶势力,应根据案件实际情况,从以下几个方面进行把握:首先,从组织特征上看,通常"黑中介"由三人以上组成"房屋租赁中介",纠集者相对固定,其他成员分工明确,联系相对紧密,能够随时纠集。但领导者对团伙的管控制约力相对松散,经济实力相对薄弱,尚未形成黑社会性质组织。其次,从行为方式上看,"黑中介"为牟取不法经济利益,与承租人签订房屋租赁合同后,通常多次采用威胁、滋扰等"软暴力"手段强行收取不合理费用,或者编造各种理由,强行终止合同并迫使承租人搬出房屋,拒不退还应退钱款,在房屋租赁领域为非作恶、欺压百姓。最后,从危害结果上看,"黑中介"行为严重扰乱了正常的房屋租赁市场的经营秩序,给承租人的经济、生活造成了恶劣的影响。

No. 5-274-20 "黑中介"通过所谓的市场交易掩饰非法占有的目的,采取暴力、胁迫手段,或让被害人给付额外的财产,或让被害人放弃对其不当得利的返还请求权,构成敲诈勒索罪。

一般意义上的敲诈勒索罪的行为模式为:对他人实施威胁(恐吓)→对方产生恐惧心理→对方基于恐惧心理处分财产→行为人或者第三人取得财产→被害人财产遭受损失。通常行为人的胁迫行为发生在对方处理财产之前。"黑中介"行为中,敲诈勒索的行为模式出现了新的变化,行为人通过所谓的市场交易掩饰非法占有的目的,被害人按照交易规则支付对价后,行为人采取暴力、胁迫手段,或让被害人给付额外的财产,或让被害人放弃对其不当得利的返还请求权。其行为模式为:"制造交易"行为→对方基于交易约定规则给付财产→行为人采取威胁手段→对方产生恐惧心理→对方基于恐惧心理处分财产→行为人或第三人取得财产→对方遭受财产损失。但上述行为的本质仍是通过胁迫手段使被害人基于恐惧处分财产,与一般的敲诈勒索并无实质不同。

需要指出的是,受害人基于恐惧处分财产,其中“处分财产”的含义应作扩大性的解释。敲诈勒索罪的被害人处分财产的方式既可以通过现实交付的方式,也可以通过放弃对债权请求权的方式;被害人遭受财产损失既可以表现为狭义的财物损失,也可以表现为财产性利益的损失。由于“黑中介”采取了交易的伪装形式,使被害人先给付财产,其中部分敲诈勒索行为是通过强迫对方交纳额外费用的方式实现,还有部分敲诈勒索行为则是通过不退还多余租金的方式实现。本案中,被害人遭受威胁搬离出租屋后,被告人不退还的剩余租金,是典型的侵犯性不当得利,被害人对于这部分的财产依法享有不当得利返还请求权,但基于被告人的胁迫、恐吓行为,被害人处分财产的方式是放弃自己的不当得利返还请求权仍然是处分了自己财产并造成财产损失。

案例:周禄宝敲诈勒索案

案例来源:《刑事审判参考》总第 122 集[第 1344 号]

主题词:敲诈勒索罪　权利行使

一、基本案情

2011 年 6 月下旬,被告人周禄宝至广西壮族自治区阳朔县鉴山寺景区后,以该寺存在“假和尚”欺骗游客消费等情况,在多个网站论坛发帖,并向多个政府部门投诉举报施压。后周禄宝以在该寺受到欺诈消费以及可以在网上帮助正面宣传、消除影响为名,向该景区负责人索要钱财。该景区迫于舆论压力向周禄宝支付人民币 4 万元。得款后,周禄宝即在网上发布正面宣传鉴山寺的相关文章。

2011 年 8 月中旬,被告人周禄宝至浙江省嘉兴市乌镇修真观景区后,以该观存在假道士欺骗游客消费等情况为由,向多个政府部门投诉举报施压。后周禄宝威胁要在多个网站论坛发帖曝光,并假借在网上帮助正面宣传的名义向该景区负责人索要 6.8 万元,该景区迫于舆论压力向周禄宝支付 6.8 万元。

2011 年 8 月 12 日,被告人周禄宝至江苏省昆山市周庄全福寺景区后,以该寺存在假和尚欺骗游客消费等情况为由,向多个政府部门投诉举报。后周禄宝威胁,要在多个网站论坛发帖曝光,并假借在网上帮助正面宣传的名义,向该景区负责人索要 8 万元,后因该景区负责人陈某某向公安机关报案而未得逞。

二、裁判要旨

No. 5-274-21　区分利用信息网络实施敲诈勒索罪与利用网络维权的关键,在于行为人主观上是否具有非法占有目的。

现实生活中,消费者在购买商品或接受有偿服务过程中,因消费权利受到侵害,以在信息网络上发布侵权事实为由向侵害方主张权利,甚至提出超出法律规定标准的高额赔偿的现象时有发生,与网络敲诈勒索的客观表现类似,本文中称之为“利用网络维权”。正确区分利用信息网络实施敲诈勒索罪与利用网络维权的界限,既是准确认定犯罪,依法打击网络敲诈勒索犯罪的客观需要,也是保障当事人合法权利,避免将民事维权犯罪化的内在要求。行为人是否具有“非法占有的目的”,是区分利用信息网络实施敲诈勒索罪与利用网络维权的关键。在具体认定时,需要综合考虑以下因素:

(1)是否有正当的权利,即行为人索取财物是否具有法律上的依据。原则上,只有存在法律上的依据,才有行使正当权利的前提。如果被害人的财产法益确实受到侵害,行为人没有非法占有的目的,索取行为因不具备违法性而不能成立敲诈勒索罪。比如盗窃罪的被害人以胁迫手段迫使犯罪分子返还其被盗财物的,不成立敲诈勒索罪。换言之,如果通过民事诉讼途径能够得到合法保护而行为人未通过诉讼途径直接向对方索要的,就不能认定为敲诈勒索,这是权利的正当性所决定的。

(2)是否在正当权利的范围内行使。只有在正当的权利范围之内,行为人索取财物的行为才能被认为是行使正当的权利,否则就可能成立敲诈勒索罪。也就是说,不能认为只要事出有因,就一定不构成敲诈勒索罪。即使涉及的权利是内容确定的债权,但如果远超出债权的数额范围之外,则不属于正当权利的范围。比如,甲借给乙20万元,乙到期后不还款,甲数次催讨后未果,便威胁要将乙与他人偷情的事实通过网络公之于众,向乙索要50万元,应视为已超出正当的权利范围。反之,如果涉及的权利是内容不确定的债权,或者行使损害赔偿请求权的场合,行为人所提出的财产性要求与债权或损害赔偿请求权直接相关,便应视为行使正当权利。比如,行为人在饭店饭菜中吃出苍蝇,以向媒体或者在网络上曝光相要挟,要求饭店精神损害赔偿,即使所要求的数额较大,也属于正当的权利范围之内,不成立敲诈勒索罪。其主要原因是行为人的合法权益受到了侵犯,且确实存在精神损失,而精神损失亦属于法律保护的对象。

(3)行使权利的手段是否具有必要性和相当性。行使权利的行为本质上是一种私力救济,虽然具有正当性,但应当予以必要的限制。手段行为是否具有相当性,需要根据案件的具体情况来判断。一般来说,债权本身的重大性、手段行为侵害相对方权益的程度、手段行为本身是否合法、行为人是否存在实施其他行为的可能性等,均是需要考虑的因素。如果行为人为索取数额微小的债权,在可以采取其他较低程度的威胁进行自力救济时,对被害人采取较为严重的暴力或以严重的暴力相威胁,则应当认为其所采取的手段行为缺乏相当性。比如,行为人在饭店饭菜中吃出苍蝇,却以加害饭店员工的生命、身体等相要挟(非当场实现),并且要求天价赔偿的,由于手段不具有相当性,仍应以敲诈勒索罪论处。如果没有超出权利的范围,具有使用实力(如胁迫)的必要性,而且手段行为本身不构成《刑法》规定的其他犯罪,就应认为没有造成对方财产上的损害,不宜认定为犯罪。

具体到本案,在第一起犯罪中,被告人周禄宝于2011年6月下旬跟旅行团至阳朔县鉴山寺旅游时,未在鉴山寺内进行过任何捐款,随后即在网络上大肆发布有关阳朔县鉴山寺有假和尚欺骗游客消费等负面信息,同时向多个政府部门投诉,要求退还其1400元捐款及其网友的2800元捐款。后周禄宝主动联系该景区负责人索要4万元赔偿款,并继续发贴向对方施压,以不赔偿将继续网上发帖曝光、炒作、举报投诉相要挟,同时利用其系知名网络写手的身份,打着赔偿后可以帮助删帖、沉帖及正面宣传,消除影响的幌子,迫使景区支付钱款。该景区基于网络舆论及经营压力被迫于8月3日将4万元汇入周禄宝指定的银行卡内。收款后,周禄宝在未做任何调查、未确认相关寺庙所谓“违规经营”行为是否确有改正的情况下,即在网上发表多篇帖子对阳朔县鉴山寺进行正面宣传,收款前后反差巨大。可见,在该起犯罪中,周禄宝最初的发帖行为尚有网络维权的性质,但其之后主动联系对方,以删帖为由索取大额财物,已远超出网络维权的界限,实际上是利用其系多个网络论坛版主的有利条件及在网络论坛上的影响力,假借维权之名,行敲诈勒索之实,其非法占有他人财物的目的明显。第一起犯罪得逞后,周禄宝时隔半月于8月中旬先后跟团至乌镇景区、周庄景区旅游,在乌镇景区修真观内烧香消费180元,在周庄景区全福寺内未消费及捐款,并秘拍道观、寺庙内相关视频。回去后,周禄宝即以道观、寺庙违规经营为名向多个政府部门投诉举报,不断向景区施压,并主动联系景区负责人,以将继续投诉举报,在网络发帖负面信息相要挟,同时假借收款后可以帮助发帖正面宣传的名义,向乌镇景区、周庄景区分别索要6.8万、8万元。此外,周禄宝的多名网友、同学及女友的证言,均证明周禄宝多次表露过意欲利用网上发帖曝光、揭露旅游景点黑幕,给对方施压来敲诈赚钱的想法。以上事实,足见周禄宝的第二、三起敲诈勒索犯罪系蓄意而为,有相当明显的非法占有财物的目的。

案例:吴强等人敲诈勒索、抢劫、贩卖毒品、故意伤害案

案例来源:《刑事审判参考》总第123集[第1360号]

主题词:敲诈勒索罪　恶势力犯罪集团

一、基本案情

2017年2月月初,被告人吴强、季少廷为谋取非法利益,与被告人曹兵共同计议,商定通过约熟人吃饭时“劝酒”,诱使被害人酒后驾驶机动车,而后制造交通事故,以被害人系酒后驾驶机动车欲报警相要挟,索要他人钱财。后被告人曹静怡、李颖明知吴强等人欲实施上述违法犯罪活动而积极加入并在吴强、季少廷的组织、安排下,逐步形成相对稳定、分工明确的犯罪团伙开始实施敲诈勒索犯罪。

被告人吴强通过被告人邵添麒将季某峰、徐某炜(均系未成年人,另案处理)带入团伙。2017 年 2 月月底、3 月月初开始,季某峰、徐某炜紧密跟随吴强,并由吴强负责二人的住宿、生活及日常开销。在短时间内,快速形成以吴强为首要分子,被告人季少廷等人为其他成员的犯罪集团。吴强纠集被告人季少廷、曹静怡、李颖、邵添麒、曹兵以及季某峰、徐某炜等人,以威胁、恐吓等手段,先后五次实施诈勒索犯罪行为。后吴强发现赌场内流动资金较多,且参与赌博人员害怕处理一般不敢报警,遂纠集被告人季凯文、曹立强、姜东东及季某峰、徐某炜、应某维等人持气手枪、管制刀具、电棍等,采用暴力手段实施抢劫。具体犯罪事实如下:

(一)敲诈勒索事实

1. 2017 年 2 月 18 日下午,被告人季少廷出面约被害人曹帅帅在江苏省南通市经济技术开发区世贸广场吃饭。其间,季少廷安排被告人曹静怡、李颖故意劝曹帅帅饮酒。后曹帅帅酒后驾驶汽车离开,被告人吴强、曹兵驾驶汽车尾随并故意与曹帅帅碰撞,制造交通事故。吴强以曹帅帅系酒后驾驶机动车欲报警相要挟,向曹帅帅索要人民币 5 万元。后曹帅帅的母亲及姨妈赶至现场,经双方"协商"由曹帅帅向吴强支付"赔偿款"人民币 5000 元。

2. 2017 年 2 月的一天晚上,被告人吴强出面约被害人熊春波等人在南通市通州高新技术产业开发区希格马 KTV 唱歌。其间,吴强安排被告人曹静怡、李颖故意劝被害人熊春波等人饮酒。后熊春波酒后驾驶汽车离开,被告人季少廷故意与熊春波碰撞,制造交通事故。季少廷以熊春波系酒后驾驶机动车欲报警相要挟,向熊春波要人民币 3000 元,后熊春波向季少廷支付"赔偿款"人民币 3000 元现金。

(其他敲诈勒索的事实略)

(二)抢劫事实

2017 年 3 月 13 日夜至 14 日凌晨,被告人吴强提议抢劫南通市通州区川姜镇义成小区一棋牌室内参赌人员的赌资,季某峰、徐某炜等人赞同。同月 14 日下午,吴强和季某峰、徐某炜三人购买了口罩、帽子,又准备气手枪(未充压缩气体、未装钢珠)、砍刀、电棍伸缩甩棍等工具。后季某峰纠集被告人姜东东及应某维(系未成年人,另案处理),徐某炜纠集被告人季凯文,季凯文又纠集被告人曹立强。当日 23 时许,吴强等七人来到棋牌室楼下并设法持作案工具进入棋牌室,因发现没有进行大规模赌博,且被打牌的被害人陈菊发现而离开现场。此次进屋期间,吴强单独偷了被害人倪东人民币 150 元。

在离开的途中,被告人季凯文和季某峰提议返回实施抢劫,众人都表示同意,遂再次持作案工具进入棋牌室。被害人陆美红到客厅发现被告人吴强等七人后,随即返回其打牌的里屋把门关上。季凯文持砍刀上前将门踹开,吴强等人分别手持气手枪、砍刀等作案工具恐吓被害人,要求其交出随身钱财。在抢得人民币 2100 余元后,吴强等七人离开现场,离开时吴强还踹了倪东一脚,威胁对方不准报警。经鉴定,扣押涉案枪支为气手枪,以压缩气体为动力,可发射 6 毫米 0.86 克钢珠弹丸,弹丸比动能为 2.05/cm^2,对人体具有致伤力。

(故意伤害、贩卖毒品的事实略)

二、裁判要旨

No. 5-274-22 恶势力、恶势力犯罪集团、黑社会性质组织的关系是从"恶"到"黑"的演进,而普通犯罪团伙、普通犯罪集团则尚不具有前述"恶"与"黑"的演进关系,不宜通过"定恶"来增强否定性评价,提升惩治力度。

恶势力犯罪集团是一个随着司法实践不断深入而产生的概念,用以理顺由"恶"到"黑"的演进脉络,标定恶势力与黑社会性质组织之间的中间发展阶段,进而充分运用《刑法》总则关于犯罪集团的规定实现依法从严惩处,防止此类犯罪组织继续发展,形成新的黑社会性质组织。此前,最高人民法院、最高人民检察院、公安部印发的《办理黑社会性质组织犯罪案件座谈会纪要》虽然提出"对符合犯罪集团特征的,要按照犯罪集团处理,以加大对恶势力团伙依法惩处的力度",但是并未直接界定恶势力犯罪集团。扫黑除恶专项斗争伊始,最高人民法院、最高人民检察院、公安部、司法部联合制定印发的《关于办理黑恶势力犯罪案件若干问题的指导意见》(以下简称《黑恶势力指导意见》)对恶势力犯罪集团进行了定义,即"恶势力犯罪集团是符合犯罪集团法定条件的恶势力犯罪组织"。之后,最高人民法院、最高人民检察院、公安部、司法部印发的《关于办理恶势力刑事案件若干问题的意见》(以下简称《恶势力意见》)在《黑恶势力指导意见》的基础上对恶势力犯罪集团的定义作出了进一步明确,"恶势力犯罪集团,是指符合恶势力全部认定条件,同时又符合犯罪集团法定条件的犯罪组织"。

恶势力犯罪集团与普通犯罪集团的界限较为清晰,主要审查在符合犯罪集团法定条件的同时,是否还符合恶势力的全部认定条件。但综合比较分析,便可发现由于犯罪集团是三人以上为共同实施犯罪而组成的较为固定的犯罪组织,其当然具备"一般为三人以上""多次实施违法犯罪活动"等特征;同时,恶势力主要实施和伴随实施的违法犯罪活动许多又是多发性违法犯罪,普通犯罪集团亦常会涉及。因此,单从"人数""行为次数"和"罪名"等形式特征出发,很难对恶势力犯罪集团和普通犯罪集团作以准确区分,容易导致恶势力犯罪集团认定的扩大化。

恶势力与普通犯罪团伙、恶势力犯罪集团与普通犯罪集团的区别都可从"恶"与"黑"的关系入手加以把握。具体来说,恶势力是黑社会性质组织的雏形,恶势力犯罪集团是恶势力的下一个发展形态,如果不加以限制和打击,二者都有可能发展成为黑社会性质组织。《黑恶势力指导意见》和《恶势力意见》在恶势力的定义中,使用"尚未形成黑社会性质组织的违法犯罪组织"这一表述,正是对"恶"与"黑"演进关系和内在联系的明示。基于这种内在联系和演进关系,恶势力、恶势力犯罪集团在主观方面虽然没有同黑社会性质组织一样强烈的自我发展要求,但二者实施违法犯罪活动一般都会不同程度带有"形成非法影响、谋求强势地位"的意图,并在这一意图的支配下完成"量"的积累,最终实现由"恶"到"黑"的蜕变。换言之,恶势力、恶势力犯罪集团"形成非法影响、谋求强势地位"的意图在一定程度上可以看作黑社会性质组织"争霸一方"总体意图的"前奏"。在客观方面,相对于黑社会性质组织行为特征中的"为非作恶,欺压、残害群众"和危害性特征中的"形成非法控制或者重大影响",恶势力、恶势力犯罪集团实施违法犯罪活动必然带有"为非作恶,欺压百姓"的特征,并且"造成较为恶劣的社会影响"。而普通犯罪团伙、普通犯罪集团则尚不具有前述"恶"与"黑"的演进关系,因此不具备恶势力、恶势力犯罪集团实施违法犯罪活动的全部主客观特征,在打击方式上也不需要通过"定恶"来增强否定性评价,提升惩治力度。

115 故意毁坏财物罪(《刑法》第二百七十五条)

案例:孙静故意毁坏公私财物案

案例来源:《刑事审判参考》总第39集[第310号]

主题词:故意毁坏财物罪

一、基本案情

被告人孙静,女,1979年10月20日生,中专文化,原系江苏省无锡海浪乳品工业有限公司南京分公司业务员。因涉嫌犯职务侵占罪,于2003年2月25日被逮捕。

江苏省雨花台区人民法院经公开审理查明:被告人孙静于2001年9月应聘到海浪乳品公司南京分公司担任业务员。出于为该公司经理孙建华创造经营业绩的动机,于2002年10月8日起向该公司虚构了南京市三江学院需要供奶的事实,并于2002年12月1日利用伪造的"南京市三江学院"行政章和"石国东、陈宝全、蔡斌"三人印章,与该公司签订了"供货合同",从2002年10月8日起至2003年1月4日止,被告人孙静将该公司钙铁锌奶321500份(每份200毫升)送至其家中,并要求其母亲每天将牛奶全部销毁。经鉴定上述牛奶按0.95元/份计算,共价值人民币305425元。2003年12月24日,被告人孙静以三江学院名义交给海浪乳品公司南京分公司奶款7380元,其余奶款以假便条、假还款协议等借口和理由至案发一直未付给该公司。

雨花台区人民法院认为,职务侵占罪是指公司、企业或者其他单位的人员,利用职务上的便利,将本单位财物非法占为己有,数额较大的行为。由此法律规定可以看出,职务侵占罪主观上必须具有非法占有的故意,客观上必须具有非法占有的行为。所谓“非法占有”不应是仅对财物本身物理意义上的占有,而应理解为占有人遵从财物的经济用途,具有将自己作为财物所有人进行处分的意图,通常表现为取得相应的利益。本案中被告人孙静主观上并没有非法占有公司牛奶或将牛奶变卖后占有货款的故意,其犯罪目的主观上是为了讨好公司经理孙建华,出于为孙建华创造业绩;同时被告人孙静在客观上亦没有非法占有公司牛奶的行为,当牛奶送至被告人孙静家中后,被告人即让其母亲随意处置,其本身并没有实际占有。综观本案,被告人孙静作为业务员,明知鲜牛奶的保质期只有1天,却对牛奶持一种放任其毁坏变质的态度,其主观上并没有遵从牛奶的经济用途加以适当处分的意图,其行为完全符合故意毁坏财物罪的主观构成要件。同时客观上孙静实施了将牛奶倒掉、喂猪等毁坏行为,符合故意毁坏财物罪的客观要件。故南京市雨花台区人民检察院指控被告人孙静犯职务侵占罪事实清楚,但定性不当,不予采纳。对辩护人提出的被告人孙静的行为构成故意毁坏财物罪的辩护意见予以采纳。孙静把牛奶倒掉的客观行为也充分证明了孙静主观上不是非法占有的目的,因此,其主观上也不符合职务侵占罪必须具备的非法占有目的的主观要件。孙静的行为不构成职务侵占罪。故意毁坏财物罪的毁坏行为有两种,一种是使公私财物完全丧失价值和效用;另一种是使公私财物部分丧失价值和效用。本案中虽然大部分牛奶喂猪了,从表面看并未完全丧失牛奶的价值,但相对于海浪乳品公司南京分公司而言,牛奶已完全丧失了所有权和相应的价值,故本案故意毁坏财物的价值应以海浪乳品公司南京分公司实际损失的牛奶的价值计算。被告人孙静辩解被毁坏的牛奶价值应以每份0.65元计算。经查,无锡海浪乳品工业有限公司证明及价格鉴定结论书均证实钙铁锌牛奶每份价值人民币0.95元,而被告人孙静未能提供相应证据,故对这一辩解意见不予支持。对公诉机关指控被告人孙静从2002年10月8日起至2003年1月6日共计侵占海浪乳品公司南京分公司牛奶340260份,被告人孙静辩解2003年1月5日和6日并未再收到该公司送至家中的牛奶了,因公诉机关对此未能提供足够的证据加以证实,故对被告人的这一辩解予以采信,即被告人孙静自2002年10月8日至2003年1月4日共收到该公司送至其家中的钙铁锌牛奶351500份,按每份0.95元计算价值305425元。此外,被告人孙静于2002年12月24日曾以三江学院的名义付给公司7380元奶款,对此公诉人当庭也表示认可,但认为被告人是以其他片区的奶款来冲抵的,不应从总价值中扣除。对此被告人当庭辩解这7380元中有部分是其他片区的奶款,也有部分是自己的工资。不论这7380元是被告人用其他片区的奶款冲抵的还是自己的工资,对于本案来说被告人已经实际给付了7380元,故应从总价值305425元中扣除已付的7380元。为维护社会秩序,保护公司财物不受侵犯,惩罚犯罪,依照《中华人民共和国刑法》第二百七十五条之规定,判决如下:

被告人孙静犯故意毁坏公私财物罪,判处有期徒刑四年。

一审宣判后,被告人孙静未提出上诉,检察机关未提出抗诉,判决发生法律效力。

二、裁判要旨

No.5-275-1 为创造经营业绩而虚构产品供货需求,将单位产品占有后予以销毁的,不构成职务侵占罪,应以故意毁坏财物罪论处。

在本案中,孙静并未占有牛奶和遵从作为食品或商品的牛奶的本来用途加以利用或处分,既未供自己或他人饮用,也未变卖牛奶占有货款,而是让其母亲将牛奶倒掉和让邻居拉去喂猪,这与通常意义上的以实现财物的价值和使用价值为目的的非法占有具有本质区别。公诉机关认定孙静的行为是非法占有性质的职务侵占行为于法欠妥,孙静的行为不符合职务侵占罪非法占有的主、客观要件。孙静虽然将牛奶从公司骗出,其动机是为了讨好领导,为领导创造经营业绩,让他人将牛奶销毁是一种毁弃行为,符合毁坏公私财物罪的特征,人民法院依法以毁坏公私财物罪定罪处罚是正确的。

案例:董军立故意毁坏财物案

案例来源:《刑事审判参考》总第128辑[第1424号]

主题词:故意毁坏财物罪 缓刑撤销

一、基本案情

因对被害人代大升的工作安排不满,2018年12月24日前的一天中午,被告人董军立在北京市顺义区南彩地区南区汽车站北侧面馆,指使被告人孙林对代大升驾驶的奔驰牌轿车泼洒漆料进行损坏,并于当天将代大升的住处、车辆信息告知孙林。2018年12月27日20时30分许,孙林携带漆料进入顺义区杨镇地区鑫澜庭小区内,向代大升停放在此的奔驰牌轿车泼洒漆料,致使该车车体被大面积腐蚀,造成经济损失39150元。案发后,孙林自动投案,董军立对代大升的经济损失予以赔偿,并取得代大升的谅解。

另经审理查明:被告人董军立曾因犯交通肇事罪,于2015年12月14日被北京市顺义区人民法院判处有期徒刑三年,缓刑三年,缓刑考验期自2015年12月15日至2018年12月24日。2018年12月24日,董军立被解除社区矫正。

二、裁判要旨

No.5-275-2 犯罪预备行为发生在缓刑考验期内,实行行为发生在缓刑考验期满之后的,应当撤销缓刑,与前罪实行数罪并罚。

犯罪预备行为与实行行为应当作为一个完整的犯罪过程来考察。故意犯罪既存在形态,也存在阶段。其一,故意犯罪行为是一个过程,由相互连接的预备阶段与实行阶段组成。预备阶段与实行阶段密切相连,前者是为后者做准备的阶段,后者是前者的发展。处在预备阶段的行为是预备行为,处在实行阶段的行为是实行行为。其二,犯罪形态与犯罪阶段相互依存、相互制约。在预备阶段只能出现犯罪预备与中止形态,在实行阶段只能出现犯罪未遂、中止与既遂形态。其三,犯罪形态与犯罪阶段又相互区别。前者是静止的行为状态,后者是动态的发展过程;前者没有先后连续性,后者具有连续性;一个故意犯罪行为不可能出现几种犯罪形态,但可能经过几个阶段。

本案中,虽然被告人孙林泼洒漆料的行为发生在被告人董军立前罪缓刑考验期满后,但其预备行为发生在前罪缓刑考验期限内。而两人故意毁坏财物犯罪的完整过程则由犯意的形成、犯罪预谋阶段、犯罪实行阶段所构成。一般情况下,仅有犯意的形成,是不受刑事处罚的。而犯罪预备阶段,即使行为人仅仅实施了犯罪预备行为,之后再未继续实施犯罪,根据《刑法》第二十二条的规定,也是可能受到刑事处罚的。如果之后继续实施实行行为,则其预备行为被实行行为所吸收,法律将按照其实行行为进行处罚。按照实行行为处罚并不是说预备阶段的预备行为不受处罚。在量刑时,其预备行为的性质、程度、所体现的犯罪人主观恶性,均是应予以考虑的。因此,不能无视犯罪预备行为,而仅仅依据犯罪实行行为的时间来认定董军立、孙林故意毁坏财物的犯罪实施时间。可以说,两人故意毁坏财物的犯罪时间不是一个时间点,而是一个时间段。如果行为人在缓刑考验期限内只是实施了犯罪预备行为,而没有后续的实行行为时,可能不需要以犯罪处理。如果对其犯罪预备不以犯罪处理,除非行为人符合《刑法》第七十七条第二款规定的撤销缓刑的情形,否则不能轻易撤销缓刑。但当行为人实施了后续的实行行为,即使实行行为发生在缓刑考验期满之后,或者行为人的预备行为本身有必要进行刑事处罚时,也应当撤销前罪所判处的缓刑,与新罪的犯罪预备所判处的刑罚实行并罚。故本案中应撤销被告人董军立前罪的缓刑,与后罪进行并罚。

116 破坏生产经营罪(《刑法》第二百七十六条)

案例:章国新破坏生产经营案

案例来源:《刑事审判参考》总第37集[第291号]

主题词:破坏生产经营罪

一、基本案情

被告人章国新,男,1956 年 4 月 11 日生。因涉嫌犯诈骗罪于 2001 年 5 月 18 日被刑事拘留,同年 6 月 19 日因涉嫌犯破坏生产经营罪被逮捕。

湖北省武汉市武昌区人民法院经审理查明:被告人章国新 2001 年 1 月份开始购买中国电脑体育彩票,此后多次到湖北省体育彩票管理中心摇奖厅观看摇奖。通过观察发现,摇奖厅防护管理不严,工作人员对摇奖器具使用检测粗疏,遂起犯意。同年 3 月下旬一天夜晚,被告人章国新翻窗进入摇奖厅,察看摇奖器具机关。4 月初的一天晚上,被告人章国新又翻窗进入摇奖厅,窃取 1 只认为装有与摇奖有关物品的密码箱,实际箱内未装任何物品。4 月 18 日晚,被告人章国新再次翻进摇奖厅,窃取 3 个"1"号,3 个"7"号、一个"6"号和 1 个"9"号共 8 只摇奖用的乒乓彩球。次日,被告人章国新在家将 8 个彩球用刀片剖开口子,将沙粒塞入"6"号球,将小螺帽用 502 瞬间胶水和透明胶纸固定在其他 7 个球的内壁,再用胶水将球的剖口粘合。当晚,被告人章国新第 4 次翻窗进入摇奖厅,按原序将造假的 8 个彩球放入摇奖专用盒。4 月 20 日 13 时 44 分,被告人章国新在武汉市武昌区解放路 458 号生活大师量贩店中国电脑体育彩票销售点,购买号码分别为 711691+7、719651+6、198412+0、195641+1、810572+9 共 5 注彩票,期望上述彩票有可能与造假彩球自然数同号而中得大奖。当日晚,被告人章国新又到体彩中心观看摇奖,当摇奖器摇出 1 个"7"号假球时,因假球滚动异常而被现场观看摇奖的彩民发现。彩民对摇出的大奖号码和公证员宣布"摇奖器具正常,中奖号码真实有效"的结果提出疑义,后引发群体起哄。摇奖现场秩序混乱。此事迅速在全省、全国通过媒体传开,广大彩民情绪激愤,并对政府发行彩票的真实性产生怀疑,继而造成彩票销售量急剧下降。

湖北省武汉市武昌区人民法院认为,被告人章国新出于图财及其他个人目的,窃取中国电脑体育彩票摇奖专用彩球造假投入使用,对体育彩票发行、销售、摇奖等经营管理秩序造成严重破坏,情节严重,其行为已构成破坏生产经营罪。公诉机关指控的事实清楚,证据确实、充分,罪名成立,适用法律正确,应予支持。被告人章国新及其辩护人关于行为主、客观方面和侵犯客体均不符合该罪的构成要件、该行为在《刑法》中无明文规定的辩解、辩护意见,经查,被告人章国新为了证实自己认为体彩有假的想法和中得大奖,主观上符合《刑法》第二百七十六条规定的"其他个人目的";其造假球投入使用,确已对彩票的发行、销售、摇奖造成严重破坏,客观上和侵犯的客体方面,符合该条文规定的"其他方法破坏生产经营";我国的体育彩票的发行销售是政府严格审批后,并在严格控制和监督管理下的一种特殊经营行为,故上述辩解、辩护意见不予采纳。依照《中华人民共和国刑法》第二百七十六条的规定,判决如下:被告人章国新犯破坏生产经营罪,判处有期徒刑五年。

一审宣判后,被告人章国新不服,以体彩发行不是生产经营行为,认定其行为构成破坏生产经营罪没有充足的法律依据,应改判其无罪;即使认定其有罪,原判量刑过重为由,向武汉市中级人民法院提起上诉。

被告人章国新的辩护人在二审中支持其上诉理由,认为章国新的行为不构成破坏生产经营罪,应宣告无罪。

武汉市中级人民法院经开庭审理认为,被告人章国新出于图财及其他个人目的,窃取中国电脑体育彩票摇奖专用彩球造假投入使用,对体育彩票发行、销售、摇奖等经营管理秩序造成严重破坏,情节严重,其行为构成破坏生产经营罪。被告人章国新及其辩护人关于体彩发行不是生产经营行为,认定其行为构成破坏生产经营罪没有充足的法律依据,应改判无罪的诉辩意见,经查,我国体彩发行销售是政府严格控制和管理下的一种特殊经营行为,被告人章国新出于图财得大奖和试一下体彩是否有假的想法而采取窃取摇奖专用彩球造假使用,对体育彩票的发行、销售等经营管理秩序造成破坏,其行为符合我国《刑法》第二百七十六条规定的"其他个人目的"和"其他方法破坏生产经营"构成要件,已构成破坏生产经营罪,原判定罪准确。上诉诉辩意见与事实不符,与法律相悖,不予采纳。被告人章国新关于原判量刑过重的上诉意见亦不予采纳,根据被告人章国新的犯罪事实和情节,原判量刑适当。依照《中华人民共和国刑事诉讼法》

第一百八十九条第(一)项的规定,裁定驳回上诉,维持原判。

二、裁判要旨

No. 5-276-1 出于图财或其他个人目的,窃取彩票摇奖专用彩球改变其重量并投入使用的,应以破坏生产经营罪论处。

本案行为能否认定为破坏生产经营罪,关键在于如何理解下述三个具有争议的问题:一是体彩发行销售是否属于经营行为;二是被告人章国新意图中大奖及试一下体彩摇奖是否有假的主观心态能否包括在破坏生产经营罪中的其他个人目的中;三是被告人章国新窃取体彩摇奖专用彩球改变其重量,并投入使用的行为是否属于破坏生产经营罪中的其他方法。

第一,从体彩发行销售的特点及有关国家规定来看,体彩发行销售属于政府严格控制和管理下的一种特殊经营行为。体育彩票尽管不是商品,其发行销售与国家对烟草、酒类、食盐等商品进行专营专卖虽然有所不同,但作为政府批准和管理下的一种公益性博彩行业,体彩发行销售也应当认定为一种经营行为。考虑到体彩发行的公益性,财政部、国家税务总局规定对体育彩票的发行收入不征营业税,但应照章征收企业所得税。根据《中华人民共和国企业所得税暂行条例实施细则》第二条之规定,体育彩票发行收入(事业收入)属于经营所得。因此,体彩发行销售可以成为破坏生产、经营罪的犯罪对象。

第二,在一定情形下,非法获取财产利益的目的可以为破坏生产经营罪中的其他个人目的所包容。《刑法》第二百七十六条对破坏生产经营罪目的的规定采用了例举与概括相结合的方式,即除泄愤报复外,还包括其他个人目的。章国新破坏彩球的目的是为了获取大奖,这在主观上排除了其泄愤报复的目的,但不能因此而否定他具有其他个人目的。

第三,窃取体彩摇奖专用彩球改变其重量并投入使用的行为属于破坏生产经营罪中的其他方法。《刑法》第二百七十六条对破坏生产经营罪犯罪方法的规定也采用了例举与概括相结合的方式,即除毁坏机器设备、残害耕畜外,还包括其他方法。这里的其他方法,在解释上可以理解为除本条所列方法即毁坏机器设备、残害耕畜以外的破坏生产经营的其他任何方法。对生产经营的破坏,既可以是对生产经营的全过程进行破坏,也可以是对生产经营中的某一环节进行破坏。同时,生产经营遭到破坏,一方面可以表现为生产经营不能进行下去,被迫中断,另一方面还可以表现为生产经营虽然在进行,但不是按正常程序进行或者属于非正常进行。本案被告人章国新窃取体彩摇奖专用彩球改变其重量并投入使用的行为,虽然并不是要中止摇奖活动——相反,他希望摇奖活动能够进行下去并摇出基于造假而产生他所希望的号码,但由于他对作为摇奖设备组成部分的彩球实施了破坏行为,扰乱了作为体彩发行销售环节之一的正常的摇奖活动,进而严重影响了体育彩票的发行销售,应当认为属于破坏生产经营罪中的其他方法。

案例:刘俊破坏生产经营案

案例来源:《刑事审判参考》总第83辑[第736号]

主题词:破坏生产经营罪 故意毁坏财物罪 低于限价销售产品造成损失行为的定性

一、基本案情

被告人刘俊,男,1979年12月3日出生,上海市某贸易有限公司店长兼产品采购经理。因涉嫌犯破坏生产经营罪于2009年11月18日被逮捕,2011年1月12日被上海市静安区人民法院取保候审。

上海市静安区人民检察院以被告人刘俊犯破坏生产经营罪,向静安区人民法院提起公诉。

上海市静安区人民法院经公开审理查明:被告人刘俊于2007年12月至2009年5月,先后担任某公司销售员、店长、产品采购经理等职务,负责某公司电脑产品的对外销售。2008年3月至2009年5月,刘俊为了达到通过追求销售业绩而获得升职的个人目的,违反某公司销售限价的规定,故意以低于公司限价的价格大量销售电脑产品,而在向公司上报时所报的每台电脑销售价格则高于公司限价人民币(以下币种均为人民币)100元至200元,每台电脑实际销售价格与上报公司的销售价格一般相差700元至1000元。因公司有不成文的规定,当月向大宗客户销售电脑的货款可在两个月后入账,刘俊利用该时间差,用后面的销售款弥补前账。后来因销量过大,本人又无经济能力,导致亏空金额越来越大。最后,刘俊直接造成公司亏损 533 万元。2009 年 6 月,刘俊在与公司负责人谈话期间,主动陈述了上述事实。

上海市静安区人民法院认为,被告人刘俊在先后担任某公司销售员、店长、产品采购经理等职务期间,出于扩大销售业绩以助个人升职的动机,违反公司限价规定,擅自低于进价销售电脑产品,其行为不符合破坏生产经营罪。同时,刘俊的行为不符合故意毁坏财物罪的构成要件。根据罪刑法定原则,依照《中华人民共和国刑法》第三条和《中华人民共和国刑事诉讼法》第一百六十二条第(二)项之规定,判决被告人刘俊无罪。

宣判后,公诉机关未抗诉,一审判决已经生效。

二、裁判要旨

No. 5-276-2　非国有公司工作人员以低于限价价格销售公司产品,造成重大损失,不构成破坏生产经营罪或故意毁坏财物罪。

根据《刑法》第二百七十六条的规定,破坏生产经营罪,是指行为人处于泄愤报复或其他个人目的,毁坏机器设备、残害耕畜或以其他方法破坏生产经营。刑法关于破坏生产经营罪的规定,侧重于对生产经营活动赖以正常进行的生产资料、生产工具、机器设备及其他生产经营条件的保护,其规制对象是对生产经营条件进行破坏的行为。在本案中,刘俊低价销售公司产品的行为不是对生产经营条件的破坏,而是对生产经营对象的处理,属于生产经营行为一种方式,其主观上是为了扩大销售业绩,实现个人升职的目的,与泄愤报复等恶意目的本质上有所不同,因此无论主观方面还是客观方面均不符合破坏生产经营罪的构成要件。

根据《刑法》第二百七十五条的规定,故意毁坏财物罪是指故意毁坏公私财物,数额较大或情节严重的行为。本案中被告人刘俊擅自低价销售确实致使公司遭受损失,但被销售的电脑产品的使用价值并未因此丧失,这与通过焚烧、摔砸电脑产品致使其使用价值完全或部分丧失的毁坏财物行为又本质区别。其主观上并没有毁损电脑产品使用价值的故意,不符合故意毁坏公私财物罪的主观要件。

案例:马昕炜破坏生产经营案

案例来源:《人民法院案例选》2014 年第 2 辑

主题词:破坏生产经营罪　为发泄不满破坏计算机信息系统

一、基本案情

被告人马昕炜于 2011 年 10 月 21 日至 27 日,在本市海淀区闵庄路 3 号清华科技园玉泉慧谷 1 栋北京红孩子互联科技有限公司办公室内,为发泄对公司不满,利用其工作便利与职务权限,三次通过公司网络服务器,以损害单位形象、关闭计算机通讯功能、删除信息的方式破坏公司的生产经营,于同年 10 月 27 日被抓获。具体事实如下:

1. 2011 年 10 月 21 日 14 时许,被告人马昕炜在前述办公室内,盗用同事王玉晶的用户名"wangyj"登录公司服务器后台系统,在公司网站多处页面标题上修改、添加"我栗鹏工资 11000 呢""栗鹏应该做 CTO""栗鹏应该做总监"等字体。至当日 18 时 40 分许,网站页面方恢复正常。

2. 2011 年 10 月 26 日 14 时许,被告人马昕炜在前述办公室内,利用其职务权限,登录公司网站呼叫中心系统,将软电话功能关闭,致使公司客服与该网站客户的联系运行异常长达 29 小时,造成天津红孩子商贸有限公司北京分公司及沈阳分公司的直接经济损失共计人民币 3349. 17 元(已鉴定)。

3. 2011 年 10 月 27 日 12 时许,被告人马昕炜利用其职务权限,再次登录公司网站后台系统,将核心交换机上的 SAP 系统所使用的路由表删除,导致天津红孩子商贸有限公司所属的上海、沈阳、成都、武汉四家分公司无法进行正常的货物打包、分拣、发货等送货工作,故障持续时间长达 16 小时。

北京市海淀区人民法院于 2012 年 10 月 19 日作出(2012)海刑初字第 33 号刑事判决,认定被告人马昕炜犯破坏生产经营罪,判处有期徒刑一年。宣判后,被告人未上诉,公诉机关未提起抗诉,判决已发生法律效力。

法院生效裁判认为:被告人马昕炜由于泄愤报复,以其他方法破坏生产经营,其行为已构成破坏生产经营罪,应予惩处。北京市海淀区人民检察院据此指控被告人马昕炜犯破坏生产经营罪的事实清楚,证据确凿,指控罪名成立。鉴于被告人马昕炜系初犯,到案后能如实供述犯罪事实,认罪、悔罪,积极退赔被害单位的损失,本院对其依法从轻处罚。

二、裁判要旨

No.5-276-3 公司职员出于泄愤报复的目的,利用职务权限删改计算机系统信息、关闭计算机通讯功能,成立破坏生产经营罪。

从客观行为上看,其实施的行为与一般的破坏计算机信息系统罪强调利用黑客手段等技术性破坏因素有着本质的区别。首先,马昕炜增加网络页面内容"我栗鹏工资11000"等字样的行为并未影响系统的正常运行,只是造成对公司形象的影响,无法以破坏计算机信息系统罪来评价。其次,其关闭软电话功能、删除路由表的行为均采取以职务权限登录系统后的破坏行为,这与一般的破坏计算机信息系统罪强调利用黑客、病毒等技术性破坏因素有着本质的区别。

被告人马昕炜的行为侵犯的客体是公司的生产经营活动,而非计算机信息系统本身。被告人关闭软电话功能、删除路由表的行为,只是对本公司的计算机系统造成了暂时的混乱,直接影响的是本公司的生产经营活动。由于被删除的路由表所在的核心交换机、SAP系统,只是负责公司内部进货、存货、销货的工作系统,而非直接对外提供网络服务,并不会对社会上的其他计算机系统造成危害,因此也不符合最高人民法院、最高人民检察院《关于办理危害计算机信息系统安全刑事案件应用法律若干问题的解释》的立案标准。最高人民法院、最高人民检察院在《关于办理危害计算机信息系统安全刑事案件应用法律若干问题的解释》第四条第一款第(四)项对构成破坏计算机信息系统罪规定了追诉标准,即"为一万以上用户提供服务的计算机信息系统不能正常运行",指的是对外向多个用户提供网络服务的计算机信息系统,而本案中被害单位的计算机信息系统只为本单位一个用户服务,所以本案难以用破坏计算机信息系统罪加以规范。

马昕炜盗用同事用户名在公司网页上添加"我栗鹏工资11000"等字眼,虽未直接造成经济损失,但对公司管理、公司形象造成不良影响,应属于破坏公司经营的行为。其关闭软电话功能,造成电话订购失败比例提高或者订购系统中断,使得当日销售额比日平均销售额明显减少,造成公司销售毛利损失和商家返利损失,亦属于破坏公司经营的行为。其删除路由表的行为造成内部通讯阻断,使计算机系统不能正常运行,造成工作延误,损失虽然难以计算,但亦破坏了公司经营。上述行为给公司网站造成了一定程度的不利影响和混乱,直接影响了公司的生产经营,其行为更符合破坏生产经营的行为特征,而且符合最高人民检察院、公安部《关于公安机关管辖的刑事案件立案追诉标准的规定(一)》第三十四条第(二)项即"破坏生产经营三次以上"的追诉标准,应以破坏生产经营罪追究其刑事责任。

117 拒不支付劳动报酬罪(《刑法》第二百七十六条之一)

案例:胡克金拒不支付劳动报酬案

案例来源:《人民法院案例选》2016年第2辑;最高人民法院2014年6月23日第七批指导性案例第28号

主题词:拒不支付劳动报酬罪 主体

一、基本案情

被告人胡克金于2010年12月分包了位于四川省双流县黄水镇的三盛翡俪山一期景观工程的部分施工工程,之后聘用多名民工入场施工。施工期间,胡克金累计收到发包人支付的工程款51万余元,已超过结算时确认的实际工程款。2011年6月5日工程完工后,胡克金以工程亏损为由拖欠李朝文等20余名民工工资12万余元。6月9日,双流县人力资源和社会保障局责令胡克金支付拖欠的民工工资,胡却于当晚订购机票并在次日早上乘飞机逃匿。6月30日,四川锦天下园林工程有限公司作为工程总承包商代胡克金垫付民工工资12万余元。7月4日,公安机关对胡克金拒不支付劳动报酬案立案侦查。7月12日,胡克金在浙江省慈溪市被抓获。

四川省双流县人民法院于2011年12月29日作出(2011)双流刑初字第544号刑事判决,认定被告人胡克金犯拒不支付劳动报酬罪,判处有期徒刑一年,并处罚金人民币二万元。宣判后被告人未上诉,判决已发生法律效力。

二、裁判要旨

No. 5-276之一-1 用工单位或个人不具备合法用工资格而违法招用民工进行施工,不影响拒不支付劳动报酬罪的成立。

被告人胡克金虽然不具有合法的用工资格,又属没有相应建筑工程施工资质而承包建筑工程施工项目,且违法招用民工进行施工,上述情况不影响以拒不支付劳动报酬罪追究其刑事责任。本案中,胡克金逃匿后,工程总承包企业按照有关规定清偿了胡克金拖欠的民工工资,其清偿拖欠民工工资的行为属于为胡克金垫付,这一行为虽然消减了胡克金拖欠行为的社会危害性,但并不能免除胡克金应当支付劳动报酬的责任,因此,对胡克金仍应当以拒不支付劳动报酬罪追究刑事责任。

第六章 妨害社会管理秩序罪

118 妨害公务罪(《刑法》第二百七十七条)

案例:宋永强妨害公务案

案例来源:《人民法院案例选》2005 年第 2 辑

主题词:妨害公务罪

一、基本案情

被告人宋永强,男,1975 年 3 月出生,汉族,江苏溧阳市人,初中文化,汽车驾驶员,住溧阳市。2004 年 8 月 16 日因本案被逮捕。

江苏省溧阳市人民法院经审理查明:2004 年 7 月 14 日下午 5 时许,被告人宋永强驾驶牌号为苏 DL058 的解放牌载货汽车装载 25 吨(额定载重 4.5 吨)水泥沿 104 国道由东向西行驶。因车辆严重超载,被告人宋永强为掩盖车辆超载假象,以逃避检查处罚,在距溧阳市梅园治理机动车超速超载点(下简称治超点)500 米处时将车速提升至 60 公里每小时,当车辆以此速度行驶至距离该治超点 50 米处时,负责车辆超速超载治理工作的交通警察张冬柏在快车道中央示意被告人宋永强将车驶入慢车道并停车接受检查。被告人宋永强因害怕处罚,故未采取制动措施和改变行驶方向而是继续恒速沿快车道向前行驶。在距被害人张冬柏 10 米许时,被告人宋永强见其仍未避让方才紧急刹车,张冬柏此时虽经紧急避让但仍被撞倒而致外伤性尾骨骨折。案发后,被告人宋永强已赔偿了被害人张冬柏的经济损失。

溧阳市人民法院认为,被告人宋永强驾驶超载车辆,明知交通警察在执行公务,却不服从指挥、停车接受检查,而是通过高速驾车这一危险方式胁迫交警放弃正常执行公务,且造成交警受轻伤的后果,其行为阻碍了国家机关工作人员依法执行职务,已构成妨害公务罪。检察机关指控被告人宋永强犯妨害公务罪,罪名成立,应予支持。辩护人提出的被告人宋永强属初犯、偶犯,对被害人造成的损害已予赔偿,归案后认罪态度较好等辩护意见,经查属实,予以采纳。鉴于被告人宋永强最终能采取紧急制动措施以致没有造成更为严重的后果,案发后能积极赔偿被害人的经济损失,认罪态度较好,可酌情从轻处罚。据此,依照《中华人民共和国刑法》第二百七十七条、第五十二条、第五十三条之规定,于 2004 年 11 月 4 日作如下判决:

被告人宋永强犯妨害公务罪,判处罚金人民币五千元(罚金于本判决生效后十日内缴纳)。

宣判后,宋永强没有提出上诉,检察机关也未提出抗诉,本判决已发生法律效力。

二、裁判要旨

No.6-1-277-1 驾车强行闯关逃避检查,并造成检查人员轻伤的,属于以暴力、威胁方法阻碍国家机关工作人员依法执行职务,应以妨害公务罪论处。

妨害公务罪的暴力、威胁方法是多种多样的,可以包括驾车强行闯关逃避检查,威胁检查人员人身安全并造成其人身伤害的行为。在本案中,被告人通过高速驾车的危险方法胁迫交警放弃正常执行公务,且造成交警轻伤的后果,其行为阻碍了国家机关工作人员依法履行职务,构成妨害公务罪应该没有疑义。值得注意的是,本案被告人的行为并不构成故意伤害罪。纵观本案发生的全过程,被告人的主观心态是想通过高速驾车冲过关卡的方式迫使交警放弃正常执行公务,以图逃避检查处罚,但其并不希望真正造成交警的死伤,且力图避免发生这样的结果,这从被告人在距交警 10 米处采取紧急刹车措施即可看出。因此,被告人的行为并不构成故意伤害罪。而即使被告人的行为成立故意伤害罪,由于其仅造成被害人轻伤的后果,按照想象竞合犯的处断原则,并综合考虑被告人的犯罪目的,还是以妨害公务罪处罚为宜。

案例:周洪宝妨害公务案

案例来源:《刑事审判参考》总第82辑[第731号]

主题词:放火罪　妨害公务罪

一、基本案情

被告人周洪宝,男,1970年1月21日出生,无锡市新区江溪街道周洪宝车辆修理部经营者。因涉嫌犯放火罪于2010年1月15日被逮捕。

江苏省无锡市开发区人民检察院以被告人周洪宝犯放火罪,向无锡高新技术产业开发区人民法院提起公诉。

被告人周洪宝对起诉书指控的犯罪事实未提出异议。

无锡市高新技术产业开发区人民法院经公开审理查明:被告人周洪宝在无锡市新区广南路与叙康路交叉路口向北五十余米处一面积为十平方米的二层简易房内开设了车辆修理部,其一家三口也居住在该修理部内。周洪宝为方便工作,在门前人行道上自行搭建了一个钢架棚。2009年8月底,无锡市新区江溪街道城管大队向周洪宝发出该钢架棚系违章建筑,令其限期自行拆除的通知书。此后,城管大队工作人员几次上门做工作。周洪宝认为其家庭经济困难,妻子智力低下,年幼的儿子需要抚养,车辆修理收入是其家庭唯一的经济来源,城管队员对修理棚的拆除将影响其正常经营,故迟迟不肯拆除。2009年11月24日上午,无锡市新区江溪街道城管大队机动中队、二中队以及新区执法大队共二十余名队员,按照《无锡市城市市容环境卫生管理条例》等有关规定,对周洪宝违规搭建在修理部门外的棚子进行强制拆除。为组织强拆,周洪宝趁人不备跑至修理部二楼,将事先用酒瓶罐装好的汽油点燃扔向正在进行强制拆除的城管队员中间,致使装有汽油的酒瓶砸到棚子支架后碎裂,燃烧的汽油溅开,将正在用乙炔枪进行切割的城管队员周奇伟烧伤(2%Ⅱ°~深Ⅱ°),后经鉴定未达到轻伤。

无锡市高新技术产业开发区人民法院认为,被告人周洪宝为阻止强拆,在现场有易燃易爆乙炔瓶的情况下,向他人投掷点燃汽油瓶,危及不特定多数人的人身安全,造成一人被烧伤的后果,足以危害公共安全,其行为构成放火罪。依照《中华人民共和国刑法》第一百一十四条之规定,对被告人周洪宝以放火罪判处有期徒刑三年。

一审宣判后,周洪宝提出上诉,称其不构成放火罪。

无锡市中级人民法院经二审审理认为,周洪宝向正在强制拆除其违章搭建的棚子的城管队员投掷点燃的汽油瓶,以阻碍城管队员执行职务,客观上造成一名城管队员受伤的后果。周洪宝实施投掷点燃的汽油瓶的行为,主观上是为了阻碍城管队员实施强制拆除,客观上尚不足以危及公共安全,虽有致人轻度受伤的危害后果,但以妨害公务罪追究刑事责任更符合罪责刑相适应的原则。综上,原审判决的审判程序合法,认定的事实清楚,证据确实充分,但适用法律不当,应予改判。根据《中华人民共和国刑事诉讼法》第一百八十九条第(二)项和《中华人民共和国刑法》第二百七十七条第一款之规定,判决如下:撤销无锡高新技术产业开发区人民法院(2010)新刑初字第99号刑事判决;上诉人周洪宝犯妨害公务罪,判处有期徒刑一年。

二、裁判要旨

No.6-1-277-2　以放火的方式阻碍国家工作人员执行职务,行为并非针对不特定多数人,在行为当时特定的客观环境下该行为不可能形成引发危害公共安全的燃烧状态,且主观上并无危害公共安全的故意的,应以妨害公务罪论处。

放火罪中的放火行为针对不特定多数人的生命、身体或财产的公共危险性,必须足以引起在时间上和空间上失去控制的燃烧状态,这种引发失控的燃烧状态是危害公共安全的体现。放火罪的行为人主观上须明知自己的行为会发生一定的危害社会的结果,并且希望或放任这种结果的发生。此外,放火罪是刑事犯罪中社会危害性最大的一类犯罪,实践中对此类案件的认定应当慎重。

本案被告人周洪宝的行为客观上是针对特定的被害人,即正在实施强拆的城管队员周奇伟,在当时特定环境下不可能形成引发危害公共安全的燃烧状态,在客观上没有危及不特定多数人的生命、健康或重大公私财产安全。周洪宝主观上是为了阻止城管队员强拆,没有报复社会、危害不特定多数人的犯罪动机,并且其自始辩解从未想过要制造火灾,并不希望也不放任燃烧瓶引发大规模燃烧进而漫及到他人房屋,甚至危害他人的生命安全。此外以放火罪追究本案被告人的刑事责任容易造成罪责刑不相适应,也不利于社会矛盾的化解,因此不宜以放火罪论处。其行为本质在于以轻度纵火妨害行政机关工作人员履行职务,应以妨害公务罪论处。

案例:陈岗妨害公务案

案例来源:《刑事审判参考》总第 121 集[第 1324 号]

主题词:妨害公务罪　疫情从严

一、基本案情

2020 年 1 月 24 日,根据湖北省通城县新型冠状病毒肺炎疫情防控指挥部安排,通城县公安局北港派出所辅警被害人卢作清、李辉与北港镇政府工作人员等对国道 G353 北港至湖南省临湘市詹桥镇路段进行封路排查,在道路中央停放执勤车辆作为路障并放置"病毒肺炎防控区道路封闭请绕行"的警示牌。被告人陈岗乘坐他人车辆行至此处,见有堵车情况及工作人员检查,遂下车用脚踢停放在道路中央的指挥部执勤车辆,导致车辆轻微损坏,卢作清、李辉等人上去说明封路情况并予以制止。陈岗不听劝阻反而辱骂、殴打执勤人员,在此过程中,陈岗将李辉咬伤,将卢作清的执法仪摔至地上并踢伤其腹部。经鉴定,卢作清两处肋骨骨折,损伤程度为轻伤二级;李辉面部软组织挫伤及咬伤致右上肢皮肤破损,损伤程度为轻微伤三级。

案发后,被告人陈岗的亲属赔偿被害人卢作清、李辉的损失并获得被害人的谅解。

二、裁判要旨

No. 6-1-277-3　根据《关于依法惩治妨害新型冠状病毒感染肺炎疫情防控违法犯罪的意见》,根据疫情防控指挥部统一部署的从事疫情防控的人员,包括辅警、村(居)委会属于虽未列入国家机关人员编制但在国家机关中从事疫情防控公务的人员,属于妨害公务罪的行为对象。

在疫情防控期间,最高人民法院、最高人民检察院、公安部、司法部于 2020 年 2 月 6 日印发的《关于依法惩治妨害新型冠状病毒感染肺炎疫情防控违法犯罪的意见》(以下简称《防控意见》)对妨害公务行为对象的人员范围又进一步予以了明确。《防控意见》规定,以暴力威胁方法阻碍国家机关工作人员(含在依照法律、法规规定行使国家有关疫情防控行政管理职权的组织中从事公务的人员,在受国家机关委托代表国家机关行使疫情防控职权的组织中从事公务的人员,虽未列入国家机关人员编制但在国家机关中从事疫情防控公务的人员)依法履行为防控疫情而采取的防疫、检疫、强制隔离、隔离治疗等措施的,依照《刑法》第二百七十七条第一款、第三款的规定,以妨害公务罪定罪处罚。《防控意见》的出台为防疫工作的顺利推进提供了法律保障。对于以暴力、威胁方式阻碍上述人员执行防疫、检疫、强制隔离、隔离治疗等公务活动的,应当以妨害公务罪处理。

本案中两名辅警并非单独工作,一同执法的还有其他镇政府工作人员,执行公务的依据为通城县新冠肺炎疫情防控指挥部的统一安排,属于《防控意见》中"虽未列入国家机关人员编制但在国家机关中从事疫情防控公务的人员",二人执行疫情防控公务具有合法性和正当性,因此本案两名被害人应视为执行公务的国家机关工作人员。

对于村(居)民委员会成员或者村(居)民参与疫情防控工作的行为性质,应一分为二地予以看待。在新冠肺炎疫情防控期间,对于村(居)民委员会或者村(居)民基于维护本村(居)民委员会所辖区域健康、安全等公共利益出发,在自治范围内自发组织或者决定采取有关防疫、检查、隔离、联防联控等措施的,由于该活动是一种单纯的自治行为,上述人员不应纳入妨害公务罪的行为对象范围。但是,面对突发事件,根据《突发事件应对法》的规定,县级以上各级人民政府应根据突发事件的性质、特点和可能造成的社会危害采取相应措施予以防范和控制。为了预防、控制和消除传染病的发生与流行,《传染病防治法》中规定,县级以上人民政府可以对人员、物资和交通工具等实施防疫、检查、隔离治疗等措施,并有权指令本辖区内所有组织和人员予以贯彻落实。因此,如果村(居)民委员会或者村(居)民是在党委政府统一部署下,协助政府从事疫情防疫、检疫、强制隔离、隔离治疗等措施的,应当视为从事行使疫情防控职权的公务人员。

案例:黄潮尧妨害公务案

案例来源:《刑事审判参考》总第 121 集[第 1325 号]

主题词:妨害公务罪　暴力抗拒疫情防控措施

一、基本案情

2020 年 2 月 4 日,根据瑞安市新型冠状病毒感染肺炎疫情防控工作领导小组办公室的要求,瑞安市锦湖街道工作人员李俊作为锦湖街道牛伏岭村的驻村干部,与村(居)委会干部等人一起在牛伏岭村村口设置防疫卡点,负责查验进出人员的出入证件并进行人员信息登记、体温测量等工作。当日 14 时许,瑞安市中源液化气有限公司送气工被告人黄潮尧没有携带出入证件,驾驶二轮电动车运送煤气罐至上述防疫卡点处时,被李俊等人拦停并要求出示出入证及测量体温。黄潮尧不配合,反而认为自己被故意刁难,下车殴打李俊头部一拳,后在李俊报警时用手掐李俊的脖子,并扯断其脖子上的工作牌,致使李俊脖子及手背受伤。之后,黄潮尧未经体温测量即进入该村运送煤气,出村时看到出警到场的公安民警后,又上前强行扯下李俊佩戴的口罩并大声质问,被公安民警当场控制并传唤到案。经鉴定,李俊主要损伤为颈部、左手软组织擦、挫伤,其中颈部挫伤累计面积大于 2.0cm^2,损伤程度构成轻微伤。案发后,黄潮尧获得被害人李俊的谅解。

二、裁判要旨

No. 6-1-277-4　疫情防控期间,暴力抗拒疫情防控措施的,应当以妨害公务罪从严惩处。

《最高人民法院、最高人民检察院关于办理妨害预防、控制突发传染病疫情等灾害的刑事案件具体应用法律若干问题的解释》第八条规定:“以暴力、威胁方法阻碍国家机关工作人员、红十字会工作人员依法履行为防治突发传染病疫情等灾害而采取的防疫、检疫、强制隔离、隔离治疗等预防、控制措施的,依照刑法第二百七十七条第一款、第三款的规定,以妨害公务罪定罪处罚。”

最高人民法院、最高人民检察院、公安部、司法部于 2020 年 2 月 6 日印发的《关于依法惩治妨害新型冠状病毒感染肺炎疫情防控违法犯罪的意见》进一步规定,以暴力、威胁方法阻碍国家机关工作人员(含在依照法律、法规规定行使国家有关疫情防控行政管理职权的组织中从事公务的人员,在受国家机关委托代表国家机关行使疫情防控职权的组织中从事公务的人员,虽未列入国家机关人员编制但在国家机关中从事疫情防控公务的人员)依法履行为防控疫情而采取的防疫、检疫、强制隔离、隔离治疗等措施的,依照《刑法》第二百七十七条第一款、第三款的规定,以妨害公务罪定罪处罚。

在新冠肺炎疫情暴发期间,政府为防控疫情,依照《传染病防治法》《突发事件应对法》《突发公共卫生事件应急条例》等法律法规,采取了一系列应急措施,并通过相关文件予以公告。国家机关工作人员根据命令、安排,履行为防控疫情而采取的防疫、检疫、强制隔离、隔离治疗等多项措施,属于职务行为。行为人以殴打、拉扯等暴力方法阻碍国家机关工作人员依法执行职务,构成妨害公务罪。

本案发生在举国上下共同抗击新冠肺炎疫情期间。2020 年 2 月 7 日浙江省高级人民法院、浙江省人民检察院、浙江省公安厅联合下发了《关于涉新型冠状病毒感染肺炎疫情刑事案件办理工作的若干规定》,其中要求对于涉疫情刑事案件要优先办理,严格依法快侦快诉快审;正确运用法律规定加大惩处力度,体现依法从严惩处精神。要坚持依法办案,严格入罪标准,贯彻落实宽严相济刑事政策,切实做到宽严有据,罚当其罪,实现政治效果、法律效果和社会效果的统一。

根据上述要求,人民法院受理该案后次日即通过远程视频进行公开开庭审理,考虑到被告人黄潮尧暴力抗拒疫情防控措施的行为严重妨害了疫情防控工作秩序,故量刑时对其从严惩处,并当庭作出判决,体现了依法、及时、从严惩治妨害疫情防控犯罪的政策精神。在依法从快从严惩治的同时,法院也注重保障被告人的权利,通过法律援助中心为黄潮尧指派了辩护人并综合考虑黄潮尧系为运送村民生活必需品、具有坦白情节、自愿认罪认罚、获取被害人谅解等因素,判处黄潮尧拘役四个月,是适当的。

案例:谢益波、邵颖妨害公务案

案例来源:《刑事审判参考》总第121集[第1326号]

主题词:妨害公务罪 防疫期间从严惩处

一、基本案情

2020年2月7日14时30分许,被告人谢益波与邵颖(二人系夫妻关系)欲从临海市邵家渡街道翡翠湾小区后面绿道的封锁处绕行回家,被正在此处执行政府防疫工作的被害人吴昌富(系邵家渡街道办事处工作人员)劝阻。二人遂辱骂、推搡吴昌富,并将其推倒在地进行殴打。其间,谢益波用拳头多次击打吴昌富头面部,并捡起水泥块多次击打吴昌富头部,邵颖用拳头击打吴昌富的大腿、腰部等处。二人行为致吴昌富四处轻微伤。

案发后,被告人谢益波、邵颖在临海市邵家渡街道翡翠湾小区后面被公安机关传唤到案。另查明,谢益波、邵颖在审理过程中自愿预交赔偿款2万元。

二、裁判要旨

No.6-1-277-5 妨害疫情防控犯罪的"从严惩处",应当从以下几个方面准确把握:(1)严格依照法律规定准确定性、保障诉权;(2)全面结合犯罪事实与防控需要从严惩处;(3)综合考虑人性化的关怀,确保宽严相济。

司法实践中,应从以下几个方面来准确把握妨害疫情防控犯罪中"依法严惩"的具体含义:

第一,严格依照法律规定准确定性、保障诉权。"依法严惩"的前提是严格依法。这就要求实体上要严格适用法律和程序上要依法保障诉权。一方面,要切实贯彻落实罪刑法定原则、罪责刑相适应原则和法律面前人人平等原则,根据新冠肺炎疫情防控期间犯罪的特殊性,依照相应的法律规定、司法解释、指导意见等准确定性,界定罪与非罪、此罪与彼罪、一罪与数罪,做到"不拔高、不降格"。例如,根据《关于依法惩治妨害新型冠状病毒感染肺炎疫情防控违法犯罪的意见》(以下简称《防控意见》)的规定,需要准确认定故意传播新冠肺炎病原体的行为性质,区分以危险方法危害公共安全罪和妨害传染病防治罪的犯罪构成。另一方面,要依法保障犯罪嫌疑人、被告人的各项诉讼权利,不可因为强调从严打击而忽视诉讼程序和诉讼权利。例如,依照《刑事诉讼法》的规定,对符合适用认罪认罚程序的被告人要依法适用;积极指派律师为没有委托辩护人的被告人依法提供辩护或者法律援助,切实维护犯罪嫌疑人、被告人的合法权益,保障法律正确实施。

第二,要全面结合犯罪事实与防控需要从严惩处"依法严惩"的核心是从重处罚。从刑罚处罚根据来看,在新冠肺炎疫情防控期间实施了妨害疫情防控犯罪,阻碍防控工作的顺利推进,可能会造成疫情的进一步蔓延,给人民群众造成不必要的恐慌和传染风险,也会增加社会的不稳定因素,该行为在客观上具有严重的社会危害性;行为人主观上在明知目前系疫情防控期却实施妨害疫情防控犯罪,表明其主观恶性和人身危险性较大,因此,对上述行为人进行严厉惩处具有充分的刑罚根据。《防控意见》规定,对于在疫情防控期间实施有关违法犯罪的,要作为从重情节予以考量,依法体现从严的政策要求。

司法实践中,一方面,要全面结合犯罪事实,对于在妨害疫情防控犯罪中社会危害性大或者具有法定、酌定从重处罚情节,以及主观恶性深、人身危险性大的被告人,要依法从重量刑,通过审判实践体现依法严惩的政策要求,有效震慑犯罪分子和社会不稳定分子,达到有效遏制犯罪、预防犯罪的目的。另一方面,要全面、客观把握疫情防控不同时期不同地区的社会形势,充分考虑人民群众的安全感以及惩治犯罪的实际需要,注重从严打击。因此,在新冠肺炎疫情防控期间,对妨害疫情防控犯罪情节恶劣、危害后果严重、人民群众反映强烈的案件,要依法予以从重处罚,严格控制对相关被告人适用缓刑、管制、免刑、单处罚金等非监禁刑;加大财产刑的处罚力度,采取有效措施依法追缴犯罪违法所得,不让犯罪分子在经济上非法获利;对利用职业便利实施犯罪或违背职业要求特定义务的犯罪,可依法决定对被告人的职业禁止。

第三,要综合考虑人性化的关怀,确保宽严相济。“依法严惩”的误区是片面从严。贯彻宽严相济刑事政策,要根据犯罪的具体情况,实行区别对待,做到该宽则宽,当严则严,切实做到宽严并用,罚当其罪。在妨害疫情防控犯罪中,刑事政策必须采取依法从严,但这并不是否认宽严相济,我们应注意克服重刑主义思想影响,防止片面从严。刑法应保持必要的谦抑性,在强调依法严惩的同时,要充分贯彻宽严相济刑事政策,在定罪、量刑、羁押等方面都要保持必要的审慎,体现善意的人性关怀,确保办案三个效果的有机统一。对于情节显著轻微、危害不大的行为,不作为犯罪处理;对于情节较轻、社会危害性较小的犯罪,或者罪行虽然严重但具有法定、酌定从宽处罚情节,以及主观恶性相对较小、人身危险性不大的被告人,可以依法从轻、减轻或者免除处罚;于所犯罪行不重、主观恶性不深、人身危险性较小、有悔改表现、不致再危害社会的犯罪分子,要依法从宽处理;符合条件的,应当依法适用缓刑或者管制、单处罚金等非监禁刑。

案例:王福兵妨害公务案

案例来源:《刑事审判参考》总第 121 集[第 1327 号]

主题词:妨害公务罪　防疫期间从严惩处

一、基本案情

2020 年 2 月 2 日上午,湖州市南浔区旧馆镇联村干部徐国平等人在该镇罗汉村蔡家巷自然村租房门口进行疫情防控巡查时,发现被告人王福兵有违反居家隔离规定、擅自外出的行为,遂对其进行劝导,要求其遵守居家隔离规定,但王福兵不予配合,并与工作人员发生争执。后前来进行疫情防控巡查的旧馆派出所民警朱雪良协助开展劝导工作,王福兵仍不配合,并用手攻击朱雪良,抓伤朱雪良脸部、颈部。

二、裁判要旨

No. 6-1-277-6　在疫情防控期间,暴力袭击对其进行居家隔离劝导的民警,构成妨害公务罪,应当依法从重处罚。

刑法中的“暴力”一般是指实施殴打、捆绑伤害等侵害他人身体健康的行为,“威胁”是指以杀害、伤害、毁灭财产或毁灭名誉等形式实行精神强制。妨害公务罪罪状中的“暴力”“威胁”是行为方式的选择,行为人只要具备其一,便具备了妨害公务罪的手段条件。被告人王福兵用手抓伤民警朱雪良的脸部、颈部,客观上使用了暴力手段,导致民警不能正常履行公务。

被王福兵抓伤的朱雪良是人民警察,属于国家机关工作人员并无争议。对于案发时朱雪良是否依法执行职务,一要看其行为是否在职责范围内实施,二要看其执行职务的程序、方式等是否符合法律规定。在案证据证明,朱雪良是社区民警,负有掌握社情民意组织安全防范、维护治安秩序及完成上级安排的其他任务等职责。朱雪良作为一线民警按照上级安排进行疫情防控巡查,并对王福兵开展居家隔离劝导工作,属于在职责范围内执行职务。同时朱雪良在开展疫情防控巡查时身着警服,表明了人民警察身份,程序正当、方式合法,因而可以确定案发时朱雪良是在依法执行公务。

综上,被告人王福兵以暴力方法阻碍国家机关工作人员依法执行疫情防控职务,其行为构成妨害公务罪。

人民警察承担着打击违法犯罪活动、维护社会治安秩序等职责,暴力袭击正在依法执行职务的人民警察,比以暴力方法阻碍其他国家机关工作人员依法执行职务性质更为恶劣,影响更为严重,故刑法将暴力袭击正在依法执行职务的人民警察作为妨害公务罪的从重处罚情节,规定了更为严厉的刑罚。此外,在当前防控新型冠状病毒肺炎的特殊时期,最高人民法院、最高人民检察院、公安部、司法部于 2020 年 2 月 6 日印发《关于依法惩治妨害新型冠状病毒感染肺炎疫情防控违法犯罪的意见》,要求坚决把疫情防控作为当前压倒一切的头等大事来抓,用足用好法律规定,依法及时、从严惩治妨害疫情防控的各类违法犯罪,为坚决打赢疫情防控阻击战提供有力法治保障。同时规定,对于在疫情防控期间实施有关违法犯罪的,要作为从重情节予以考量,依法体现从严的政策要求,有力惩治震慑违法犯罪,维护法律权威,维护社会秩序,维护人民群众生命安全和身体健康。

119 招摇撞骗罪(《刑法》第二百七十九条)

案例:李志远招摇撞骗、诈骗案

案例来源:《刑事审判参考》总第24辑[第162号]

主题词:招摇撞骗 诈骗罪

一、基本案情

被告人李志远,男,46岁,汉族,中专文化,无业。1995年因犯诈骗罪、招摇撞骗罪被判有期徒刑三年六个月,1997年8月刑满释放。因涉嫌犯招摇撞骗罪,于1999年10月9日被逮捕。

西安市碑林区人民法院经审理查明:1999年4月,被告人李志远经人介绍认识了居住在西安市冶金厂家属区的郭某某(女),李谎称自己是陕西省法院处级审判员,可帮郭的两个儿子安排到省法院汽车队和保卫处工作,骗取了郭的信任,不久两人非法同居几个月。期间,李志远还身着法官制服,将郭某某带到陕西省法院及渭南市的公、检、法机关,谎称办案,使郭对李深信不疑。

1999年7月初,被告人李志远认识了某法院干部(已亡两年)的遗孀周某某,李谎称自己是陕西省法院刑庭庭长,因吸烟烧毁了法官制服,遂从周处骗取法官制服2件及肩章、帽徽。随后李志远因租房认识了房东邵某某(女),李身着法官制服自称是陕西省法院刑一庭庭长并谎称和陕西省交通厅厅长关系密切,答应将邵的女儿调进陕西省交通厅工作,以需要进行疏通为名,骗取了邵人民币4000元。

1999年8月,王某某(女)因问路结识了身着法官制服的被告人李志远,李自称是陕西省法院刑一庭庭长,可帮王的表兄申诉经济案件,骗得王的信任,并与王非法同居。

1999年9月18日,被告人李志远身着法官制服到陕西省蓝田县马楼镇玉器交易中心,因躲雨与该中心经理郭来娃闲聊,李自称是陕西省法院刑一庭庭长,骗得郭的信任,答应可帮郭的妹夫申诉经济案件,骗取了郭的玉枕一个、项链一条(价值共计240元)。

1999年9月22日,与李志远非法同居的王某某到陕西省法院询问李的情况,得知李骗人的真相,遂向公安机关报案并协助公安机关将李志远抓获。

被告人李志远对所其犯的罪行供认不讳。其辩护人辩称,李志远冒充法院庭长骗财骗色的犯罪是一个行为触犯两个法条,属法条竞合,不应定两罪,而只构成招摇撞骗罪一罪。

西安市碑林区人民法院认为,被告李志远冒充人民法院法官,骗得他人信任后,多次骗取他人钱财以及其他非法利益,情节严重,其行为已构成招摇撞骗罪。其中,被告人李志远骗取他人钱财的行为又触犯了刑法诈骗罪的规定,但属法条竞合,应从一重处罚。因被告人李志远骗取的财物数额相对较少,以诈骗罪处刑较轻,故应以招摇撞骗罪一罪进行处罚而不适用数罪并罚。被告人李志远曾因犯诈骗罪、招摇撞骗罪被判处有期徒刑三年六个月,刑满释放后五年内又犯应判处有期徒刑刑罚之罪,属累犯,应从重处罚。据此,依照《中华人民共和国刑法》第二百七十九条、第六十五条的规定,于2000年1月14日判决:被告人李志远犯招摇撞骗罪,判处有期徒刑四年。

一审宣判后,在法定期限内,被告人李志远没有上诉,碑林区人民检察院也没有提出抗诉,判决已发生法律效力。

二、裁判要旨

No. 6-1-279-1 冒充国家机关工作人员骗取他人财物数额较大的,构成招摇撞骗罪与诈骗罪的法条竞合。

从《刑法》第二百六十六条和第二百七十九条所规定的两个罪的犯罪构成可以看出:在犯罪手段上,诈骗罪可以采取任何一种虚构事实或者隐瞒真相的方法,当然可以涵盖招摇撞骗罪中冒充国家机关工作人员这一特殊手段。而在犯罪目的上,招摇撞骗罪的目的可以是骗取多种类型的非法利益,法条中对行为人所骗取的非法利益类型并无明确、特别的限制,因此,自然也可以包含诈骗罪中骗取公私财物目的在内。当行为人以冒充国家机关工作人员身份的手段,骗得他人信任,非法占有他人数额较大以上财物时,就会出现既符合诈骗罪的犯罪构成,又符合招摇撞骗罪的犯罪构成的情况,这就是刑法理论上所讲的法条竞合。

所谓法条竞合,是指一个犯罪行为,同时符合数个法条的数个罪名构成,以致有数个法条可以同时适用,但只能适用其中的一个法条,而不再适用其他法条,实行数罪并罚的情形。法条竞合具有以下基本特征:(1)实施了一个犯罪行为;(2)同时触犯了数个法条规定的数个罪名;(3)数个法条间存在包含或交叉关系;(4)由于只有一个犯罪行为,所以是实质的一罪,因此,只能适用其中的一个法条,而不能实行数罪并罚。

No. 6-1-279-2 当招摇撞骗罪与诈骗罪发生交叉竞合时,应当适用重法优于轻法原则。

当出现交叉竞合的情况下,其适用原则是重法条优于轻法条,即选择适用法定刑较重的那一个法条。因为只有这样才能做到罚当其罪,实现罪刑相适应原则。

当诈骗罪和以骗取财物为目的的招摇撞骗罪出现交叉竞合时,如何适用重法条优于轻法条的原则,可具体分析如下:

1. 骗取财物数额较大的。此时,招摇撞骗罪有两档法定刑:情节一般的,法定刑为三年以下有期徒刑、拘役、管制或者剥夺政治权利;情节严重的,法定刑为三年以上十年以下有期徒刑。而诈骗罪的法定刑为三年以下有期徒刑、拘役和管制,并处或者单处罚金,重于情节一般的招摇撞骗罪的法定刑,又轻于情节严重的招摇撞骗罪的法定刑。由此,根据具体案情,如判定属于情节严重的招摇撞骗行为应以招摇撞骗罪论处,反之,则应以诈骗罪论处。通常而言,招摇撞骗罪同时又是一种破坏国家机关威信的行为,当行为人冒充国家机关工作人员招摇撞骗同时骗取数额较大的财物时,从责任评价上理应重于不是采用冒充国家机关工作人员的方法骗取同等数额财物的普通诈骗罪,因而,在这种情况下,可视为招摇撞骗情节严重,适用招摇撞骗罪的第二档法定刑来定罪量刑。

2. 骗取财物数额巨大的。此时,诈骗罪的法定刑为三年以上十年以下有期徒刑,并处罚金,而招摇撞骗罪没有罚金的规定,因此,诈骗罪是重法条,应以诈骗罪论处。同理,当骗取财物数额特别巨大的,更是应以诈骗罪来论处。当然,如果行为人招摇撞骗行为骗取的财物没有达到数额较大的程度,自然也就没有交叉竞合和诈骗罪适用的余地,如需要定罪处罚的话,直接以招摇撞骗罪论处就可以了。

No. 6-1-279-3 冒充国家机关工作人员骗取财物,又骗取其他非法利益的,是基于一个概括故意实施的连续性的行为,应以一罪论处。

本案的特点是,被告人李志远冒充国家机关工作人员多次进行招摇撞骗,其中有些行为是骗取了他人的财物,有些行为是骗取了财物以外的非法利益,即骗取了他人信任而与之非法同居。对此,公诉机关认为,这是数个行为,既构成招摇撞骗罪,又构成诈骗罪,应当数罪并罚。我们不同意这一观点。首先,从本案案情来看,被告人李志远是基于一个概括的故意,在前后不长的几个月时间内,频频冒充国家机关工作人员,连续对多人进行多次行骗,既骗财骗物,又骗色。所骗的内容虽然不同,但均未超出招摇撞骗罪行骗内容的范围。虽然在被告人李志远一系列的行骗行为中,骗财骗物的行为符合诈骗罪的构成,骗取其他非法利益的行为也符合招摇撞骗罪的构成,但由于行为人是基于一个概括的故意,实施的都是以冒充国家机关工作人员为同样手段的连续性的招摇撞骗行为,因此,属于刑法理论上所讲的连续犯的情形,在处断上应作为一罪处理。其次,如前所述,本案被告人李志远冒充国家机关工作人员招摇撞骗骗取他人财物的行为,虽然既符合招摇撞骗罪的犯罪构成,又符合诈骗罪的犯罪构成,形成交叉竞合关系,但其所骗取财物的数额仅仅达到较大的程度,因此,依照交叉竞合情况下重法条优于轻法条的适用原则,应按招摇撞骗罪定罪,其中骗取他人财物的行为可视为情节严重,依该罪第二档法定刑处罚。如此一来,被告人所骗内容不同的两部分行为均构成招摇撞骗罪,属于同种数罪。根据司法实践,判决前的同种数罪不适用数罪并罚。综上,就本案实际情况看,没有数罪并罚的充分理由和必要。因此,人民法院对被告人李志远以犯招摇撞骗罪在三年到十年有期徒刑的法定刑幅度内判处被告人有期徒刑四年,在定性上是准确的,在量刑上是适当的。

120 伪造、变造、买卖国家机关公文、证件、印章罪(《刑法》第二百八十条第一款)

案例:张金波伪造国家机关公文案

案例来源:《人民法院案例选》2009年第3辑

主题词:伪造国家机关公文罪

一、基本案情

被告人张金波。

北京市朝阳区人民法院经审理查明:被告人张金波于2008年4月间,在北京市朝阳区劲松南路2号楼201号,以"国务院扶贫开发办公室"(真实机构名称为"国务院扶贫开发领导小组办公室",规范的简称为"国务院扶贫办")及"中国教育扶贫慈善协会"(不存在,属虚构单位)的名义,伪造《全国在职党政机关领导干部献爱心救助贫苦地区失学儿童》的文件,寄往全国各地县级单位扶贫办公室,进行诈骗活动。现部分单位已汇款共计人民币2600余元,张金波尚未到邮局取款即被抓获归案。

北京市朝阳区人民法院认为,被告人张金波为谋私利,故意伪造国家机关公文,其行为已构成伪造国家机关公文罪。鉴于张金波当庭自愿认罪,有悔罪表示,故对其所犯伪造国家机关公文罪,酌予从轻处罚。据此,依照《中华人民共和国刑法》第二百八十条第一款,第六十一条之规定,判决被告人张金波犯伪造国家机关公文罪,判处有期徒刑六个月。

一审宣判后,张金波未上诉,检察院亦未抗诉,判决发生法律效力。

二、裁判要旨

No.6-1-280(1)-1-1　伪造虚构的国家机关文件的,应以伪造国家机关公文罪论处。

根据《刑法》第二百八十条第一款的规定,伪造国家机关公文罪,是指违反法律规定,故意伪造国家机关公文的行为。一般认为,伪造国家机关公文罪所侵犯的客体是国家机关的信誉及其正常管理活动。在认定伪造非真实存在的国家机关公文的行为是否构成犯罪时,首先应当从本罪的客体出发,考察其行为是否危害到社会公众对国家机关公文的信任以及国家机关对社会的正常管理活动。

首先,从危害社会公众对国家机关公文的合理信赖看,伪造不真实或者不存在的国家机关的公文也可能侵害社会公众的合理信赖。通常认为,判断此类行为是否会侵害社会公众对国家机关公文的信赖的时候,应以一般社会公众的认知水平为标准。如果伪造的国家机关公文达到足以使一般社会公众认为是真实存在的国家机关公文的时候,就可以认为侵害到了公众的普遍信赖。从实践看,在两种情况下,一般社会公众容易信以为真,一是虚构的机构在现实中有着与其名称近似、职能对应的国家机关;二是虚构的机构所属单位系现实存在的国家机关,这两种情况下的伪造公文行为,往往会对具体的、特定的国家机关公文的效用产生直接影响,故依法应以犯罪论处。本案中,被告人张金波伪造的国务院扶贫开发办公室与真实存在的国务院扶贫开发领导小组办公室极为近似,根据国务院扶贫开发领导小组办公室出具的证明可以看出,该单位是国务院扶贫领导小组的办事机构,是国务院批准单独设置的,一般社会公众对此很难有全面的认识,而且其规范的简称是国务院扶贫办,非常容易让人将国务院扶贫办公室等同于国务院扶贫办。因此,应当认定被告人的行为侵害了国家机关的信誉。至于并不真实存在的中国教育扶贫慈善协会,因为一般社会公众会认识到其可能是一种社会性组织,而不是特定的国家机关,伪造其公文的行为也就不会造成对国家机关信誉的侵害。

其次,伪造国家机关公文的行为虽然不会对虚构的国家机关的信誉造成侵害,但却可能侵害到真实的国家机关的正常管理活动。我国幅员辽阔,国家机关数量众多,一般社会公众难以区分辨某个具体地区、具体种类的国家机关是真实的还是虚构的,故伪造虚构的或者不真实的国家机关公文所产生的危害性可能与伪造真实的国家机关公文的危害性相当。特别是,当虚构的机构在现实中有着与其名称近似、职能对应的国家机关以及其所属单位系真实的国家机关时,伪造该机构公文的行为便会对具体的、特定的国家机关的信誉及其正常管理活动直接造成侵害,使国家以及代表国家行使管理职能的国家机关在社会公众中的威信降低,甚至有可能造成国家机关的正常活动由于社会成员怀疑其真伪而受到严重影响,故依法可以伪造国家机关公文罪论处。

再次,体系解释要求应根据关联条文阐明刑法规范的含义,以保持刑法条文语义的前后一致,但条文语义的同一性不是绝对的,而是相对的,在不同条文中或者在同一条文中的不同款项中,可以也应当允许对相同的刑法用语作不同的理解,其目的在于实现刑法的正义理念。在《刑法》第二百八十条第一款中,国家机关的公文这一用语虽然只出现一次,但它们相对于伪造、变造、买卖与盗窃、抢夺、毁灭时,实际上具有不同的意义。相对于盗窃、抢夺、毁灭而言,必须是真实的国家机关的公文;相对于变造而言,通常也应当是真实的国家机关公文,对伪造的国家机关公文再进行变造的,不可能构成变造国家机关公文罪(触犯其他罪名的,是另一回事);相对于买卖而言,则不仅包括真实的国家机关公文,也包括伪造、变造的国家机关公文,比如《全国人大常委会关于惩治骗购外汇、逃汇和非法买卖外汇犯罪的决定》第二条就规定买卖伪造、变造的海关签发的报关单、进口证明、外汇管理部门核准件等凭证和单据或者国家机关的其他公文、证件、印章的,以《刑法》第二百八十条规定定罪处罚。所以,伪造非真实存在的国家机关的公文也可以构成伪造国机关公文罪,并不违反体系解释的内在要求。事实上,如果将《刑法》第二百八十条第一款中的国家机关的公文作单一的解释,而否认其相对性,就不可能使该罪的处罚范围合理化,从而有损刑法的正义性。

综上所述,法院对本案被告人张金波伪造虚构的国家机关文件的行为以伪造国家机关公文罪定罪处罚,是恰当的。

案例:石红军伪造公司印章案

案例来源:《人民法院案例选》2005 年第 4 辑

主题词:伪造公司印章罪　诈骗罪　引存放贷

一、基本案情

被告人石红军。

江苏省淮安市淮阴区人民法院经审理查明:2004 年 6 月,被告人石红军与淮安凌桥米业有限公司(以下简称“凌桥公司”)总经理王某某商谈“引存放贷”事宜,双方约定引来存款并办理质押贷款后由王某某按所引存款的 9%付给石红军作为报酬。后被告人石红军通过姚某某、黄某某、蓝某等人联系了湖北亿通置业有限公司(以下简称“湖北亿通公司”)总经理高某到淮安存款。2004 年 6 月 21 日,高某到中国银行淮安市城北支行(以下简称“城北支行”)以湖北亿通公司名义存款人民币 800 万元。当日上午,被告人石红军到淮阴区宝红图文设计室伪造了湖北亿通公司印章一枚,并伪造了授权书、董事会决议等材料,于次日谎称得到该公司授权全权办理质押贷款业务,到城北支行将湖北亿通公司的 800 万元存款质押,为凌桥公司办理了 600 万元贷款。当日,凌桥公司总经理王某某付给被告人石红军 72 万元。2004 年 8 月 6 日,被告人石红军又用伪造的印章等将湖北亿通公司剩余的存款质押,为凌桥公司办理贷款 180 万元。2004 年 9 月 20 日,石红军涉嫌诈骗罪被依法逮捕。

淮安市淮阴区人民法院认为,被告人石红军的辩护人提出石红军为凌桥公司引存放贷是职务行为的主张。经查明,王某某只知道石红军在深圳做生意,并不清楚石红军本人具体身份。证人陈某虽证明石红军是国际招商联盟促进会的部门经理,负责招商引资工作,但并不能证明石红军的行为是职务行为。根据本案证据分析,伪造印章、授权委托书等行为是被告人的个人行为。因此,辩护人关于“被告人系职务行为”的辩护意见不予支持。对辩护人提出凌桥公司支付的 72 万元是依据协议应当支付的报酬,经查,由于被告人石红军采用伪造的手续为凌桥公司贷款抵押担保,导致抵押行为无效,那么由此产生的取得报酬的协议当然无效,故对此辩护意见不予支持。被告人石红军以非法占有为目的,采用伪造印章、授权书等手段将他人的存款非法质押,从而骗取凌桥公司 72 万元报酬,骗取财物数额特别巨大,其行为已构成诈骗罪,应当判处十年以上有期徒刑,并处罚金。淮安市淮阴区人民检察院指控罪名成立,应当予以支持。依照

《中华人民共和国刑法》第二百六十六条之规定,判决如下:

被告人石红军犯诈骗罪,判处有期徒刑十年,并处罚金人民币十万元。

一审宣判后,被告人石红军及其辩护人以被告人石红军没有诈骗故意,其行为构成伪造公司印章罪为由,提起上诉。

淮安市中级人民法院审理后确认了一审查明的事实。该院经审理认为,上诉人石红军与凌桥公司总经理王某某商谈“引存放贷”事宜,约定引来存款并办理质押贷款后由王某某按所引存款的9%付给石红军作为报酬。在石红军通过姚某某、黄某某、蓝某等人联系了湖北亿通公司总经理高某以湖北亿通公司的名义到淮安存款800万元后,伪造了“湖北亿通公司”印章一枚、授权书、董事会决议等材料,为凌桥公司办理质押贷款600万元。其行为具有社会危害性和刑事违法性。但王某某付给被告人石红军72万元属于依据与石红军先前所谓中介服务的约定而给付,并非因受欺诈违背真实意思而支付该款,石红军也不是通过诈骗手段取得72万元报酬。因此,原审判决认定上诉人石红军构成诈骗罪定性有误,依法予以纠正。上诉人石红军及其辩护人提出的构成伪造公司印章罪的上诉、辩护理由成立,应予采纳。据此,依照《中华人民共和国刑法》第二百八十条第二款、《中华人民共和国刑事诉讼法》第一百八十九条第(二)项之规定,该院于2005年7月11日作出如下判决:

1. 撤销淮安市淮阴区人民法院〔2005〕淮刑初字第45号刑事判决;
2. 上诉人石红军犯伪造公司印章罪,判处有期徒刑一年六个月。

二、裁判要旨

No. 6-1-280(1)-1-2 通过伪造公司印章的手段,为他人引存放贷获取报酬的,其行为同时构成伪造公司印章罪和诈骗罪的,按牵连犯的处理原则从一重罪处断;其行为不构成诈骗罪的,应以伪造公司印章罪论处。

在处理经济关系比较复杂的涉嫌诈骗的刑事案件时,必须注意诈骗罪中行为人的使用的虚构事实、隐瞒真相的欺骗手段是针对给付财物的被害人而言,也就是说,这种欺骗使被害人产生错误认识,从而给付财物都不能取得行为人所许诺的对价。如果其给付财物并取得了约定的对价,则不能认定为诈骗罪。在本案中,被告人伪造公司印章的欺骗对象是银行,而不是给付报酬的凌桥公司,其所产生的社会危害也不是非法占有了他人财物,而是增大了银行的贷款风险。并且,凌桥公司给付酬金是基于先前的约定,而并非是因受欺诈违背真实意思而支付该款。因此,被告人的行为不构成诈骗罪,被告人石红军采用伪造印章等手段将他人存款非法质押,并办理贷款获取报酬。被告人的手段行为构成伪造公司印章罪,但目的行为并不构成诈骗罪,因此也就不能成立牵连犯。虽然从整个过程看,被告人石红军的72万元中介报酬是在伪造印章后办理质押贷款手续后才取得的,被告人从事的伪造印章的手段行为与获取报酬的目的行为具有牵连关系,但这种牵连关系仅是事态发展上的牵连关系,与牵连犯中手段与目的行为构成犯罪后的牵连关系,在性质上是明显不同的。

121 非法出售、提供试题、答案罪(《刑法》第二百八十四条之一第三款)

案例:王学军等非法获取国家秘密、非法出售、提供试题、答案案

案例来源:《刑事审判参考》总第129辑[第1441号]

主题词:非法出售、提供试题、答案罪 数罪并罚

一、基本案情

(一)非法获取国家秘密的事实

2017年6月月底,被告人王学军被聘为国家一级注册建造师执业资格考试(以下简称“一级建造师考试”)命题组专家成员。同年7月被告人翁其能授意王学军利用参加命题的便利,获取并提供当年一级建造师考试市政专业的试题、答案,由翁其能用于培训讲课,且与王学军约定对于其在小班培训中获取的课酬按照四六比例进行分成。同年7月8日至16日,王学军在参加一

级建造师考试公路专业命题时,通过在命题现场浏览打字员电脑中市政等专业的考卷等方式,对关键词、知识点等进行记忆,于休息时间进行回忆,将所获取的考卷内容整理在随身携带的笔记本电脑上,并带回重庆家中。

(二)非法出售、提供试题、答案的事实

2017 年 8 月中旬,被告人王学军在非法获取 2017 年一级建造师考试市政专业的考卷相关内容后,在专业教材上进行勾画、标注,并备注 A、B 卷,对“冒浆的处置”“跑模的原因”等教材中没有的知识点,则在相近的内容旁补充答题要点。被告人翁其能根据王学军提供的内容,在相同市政教材上进行勾画、标注和补充。事后王学军从翁其能处获取 120 万元。

被告人翁其能非法获取上述试题、答案后,先后联系重庆新梦想企业管理咨询有限公司的负责人被告人许智勇和云南昆明云创文化传播有限公司的负责人被告人杨伟全、刘伟,告知该三人其掌握考试信息含金量很高,可以保证通过率。经和许智勇及杨伟全、刘伟分别商议,决定采用封闭式小班培训,通过麦克风传话不见面授课,并收取高额费用。培训期间,根据翁其能的要求,许智勇、杨伟全要求参训学员一律穿酒店浴袍上课,禁止私自携带通讯、记录工具,并用金属探测仪对学员进行搜身;被告人翁学荣负责在上课前检查学员携带的书本中有无夹带,对培训机构提供的 A4 纸进行编号下发,下课后统一回收并进行销毁。其中,2017 年 9 月 13 日上午、14 日上午,翁其能在许智勇组织的市政小班讲述考题、答案,许智勇收取培训费 50 万元,支付给翁其能 40 万元。9 月 14 日下午,翁其能在杨伟全、刘伟组织的市政小班讲述考题、答案,杨伟全、刘伟收取市政小班培训费 22 万元(另有公路小班培训费 80 万元、铁路小班培训费 18 万元),刘伟支付给翁其能 120 万元。9 月 16 日晚,杨伟全向翁学荣提出,部分学员反映内容太多记不住,请其进行“二次辅导”,翁学荣遂将收上来的部分未销毁的记有市政专业考试内容的纸张交予学员阅看和记忆,后杨伟全给翁学荣 3 万元“辛苦费”。

2017 年 9 月,被告人王辉报名参加了重庆“新梦想”培训机构市政小班,因其被告知培训内容含金量很高且收费昂贵,并被要求穿浴袍上课、搜身、安检,不允许夹带其他物品等,其遂意识到该培训班授课内容可能系考题、答案。王辉应被告人洪奕轩的请托,将手写整理的上课内容以照片形式通过微信发给洪奕轩,同时叮嘱洪奕轩不得外传。洪奕轩又将该资料发给被告人洪浩,同时向洪浩收取 6000 元。洪浩又将该资料以 1 万元的高价出售给被告人刘向阳,并要求刘向阳不得大面积扩散。刘向阳为分摊购买费用,联系从事考试培训业务的被告人江莉等人,将以图片为载体的手写资料发给江莉等人,并要求江莉等人整理成电子版,后江莉转给刘向阳 1450 元。江莉为降低风险,对该资料进行“注水”掩饰,并将原有内容以绿色喷底突出显示。后江莉将加工过的资料以 1200 元的价格出售给郭璐良等人,宣称“考前绝密”“不过退款”,并强调着重看绿色喷底突出显示的内容。经住房和城乡建设部职业资格注册中心认定,上述内容与考试真题高度重合。

2017 年 9 月 17 日,如东县公安局接到报警称,“今日头条”上的一篇文章内容与当年一级建造师考试市政科目考题雷同,怀疑发生泄题。该局立案受理后,先后抓获被告人王学军、翁其能、翁学荣、许智勇、杨伟全、刘伟、洪奕轩、洪浩、刘向阳、江莉等人。被告人王辉经民警电话联系,主动投案并如实供述了主要犯罪事实。王学军、许智勇、杨伟全、刘伟、洪奕轩、洪浩、刘向阳、江莉归案后均如实供述了自己的主要犯罪事实。

案发后,如东县公安局扣押被告人王学军违法所得及孳息共计 122.07526 万元,扣押被告人翁其能违法所得 40 万元,扣押被告人翁学荣违法所得 3 万元,扣押被告人许智勇违法所得 10 万元。审理中,被告人洪奕轩退出违法所得 6000 元,被告人洪浩退出违法所得 1 万元,被告人刘向阳退出违法所得 1450 元,被告人江莉退出违法所得 1200 元。

二、裁判要旨

No. 6-1-284 之一(3)-1 《刑法》第二百八十四条之一非法出售、提供试题、答案罪中“法律规定的国家考试”范围包括法律作出隐含式原则性规定、行政法规和部门规章进行明确细化的考试。

本案所涉及的是建造师职业资格考试。与高考、研究生、公务员、法律职业资格、机动车驾驶员等考试分别在《高等教育法》《公务员法》《律师法》《道路交通安全法》等法律中有明确规定不同,建造师考试在建筑法中并没有明确使用"考试"字样。《建筑法》第十四条规定:"从事建筑活动的专业技术人员,应当依法取得相应的执业资格证书,并在执业资格证书许可的范围内从事建筑活动。"这一规定虽未出现"考试"表述,但执业资格证书主要通过考试取得,其隐含着"从事建筑活动的专业技术人员应当通过执业资格考试"的内容,相关行政法规和部门规章则对建造师考试制度进一步作出细化规定。《注册建筑师条例》(国务院令第 184 号)第七条规定:"国家实行注册建筑师全国统一考试制度。注册建筑师全国统一考试办法,由国务院建设行政主管部门会同国务院人事行政主管部门商国务院其他有关行政主管部门共同制定,由全国注册建筑师管理委员会组织实施。"《注册建造师管理规定》(建设部令第 153 号)第三条第一款规定:"本规定所称注册建造师,是指通过考核认定或考试合格取得中华人民共和国建造师资格证书,并按照本规定注册,取得中华人民共和国建造师注册证书和执业印章,担任施工单位项目负责人及从事相关活动的专业技术人员。"这是认定建造师考试属于"法律规定的国家考试"的法律依据。

No. 6-1-284 之一(3)-2 非法出售、提供的试题、答案即使与原题、标准答案有所出入,也不影响非法出售提供试题、答案罪的成立。

行为人为了逃避处罚,通常会将其所掌握的法律规定的国家考试的试题、答案进行"注水"、包装、修正,并以培训资料、复习资料、考点、要点等名义非法出售、提供。案发后,行为人也会以其出售、提供的试题、答案与考试原题、标准答案存在差异为由进行出罪抗辩。如果对行为人非法出售、提供的试题、答案与考试真题、标准答案的一致性要求过高,则会放纵犯罪。只要能够证明行为人主观上认识到其非法出售、提供的试题、答案是或者极有可能是法律规定的国家考试的试题、答案,客观上实施了非法出售、提供行为,即便其非法出售、提供的试题、答案与考试真题、标准答案仅有部分内容甚至只有一道试题、一项答案一致,就不影响本罪的认定;如果行为人非法出售、提供的试题、答案与考试真题、标准答案完全不一致的,则可以按照犯罪未遂处理。当然,如果行为人是基于教学经验、培训经验、知识阅历等进行押题,即便所押题目与考试真题完全一致,也不构成犯罪。

No. 6-1-284 之一(3)-3 非法获取属于国家秘密的试题、答案后又非法出售、提供的,同时成立非法获取国家秘密罪与非法出售、提供试题、答案罪,应实行数罪并罚。

对牵连关系适用从一重处罚并不是绝对的,在某种手段通常用于实施某种犯罪,或者某种原因行为通常导致某种结果行为时,适用从一重处罚可能更为合适。本案中,虽然法律规定的国家考试的试题、答案会被定为国家秘密,但非法获取国家秘密罪中"国家秘密"的范围远大于法律规定的国家考试的试题、答案,非法获取国家秘密并不是非法出售、提供试题、答案的通常手段行为。现实生活中,行为人利用工作之便,合法知晓、掌握属于法律规定的国家考试的试题、答案,又非法出售、提供的情形更为普遍、更为常见,行为人非法获取属于国家秘密的试题、答案,用于自己考试作弊的情形也较为常见。故王学军和翁其能实施的非法获取国家秘密的行为和非法出售、提供试题、答案的行为之间的牵连关系并不紧密,不能以此为由适用从一重处罚。《最高人民法院、最高人民检察院关于办理组织考试作弊等刑事案件适用法律若干问题的解释》第九条规定:"以窃取、刺探、收买方法非法获取法律规定的国家考试的试题、答案,又组织考试作弊或者非法出售、提供试题、答案,分别符合刑法第二百八十二条和刑法第二百八十四条之一规定的,以非法获取国家秘密罪和组织考试作弊罪或者非法出售、提供试题、答案罪数罪并罚。"对源头上非法获取属于国家秘密的考试试题、答案之后又非法出售、提供的,进行数罪并罚,适当提高量刑,体现对此类行为从严惩处的司法导向,能够更好地实现刑罚的特殊预防和一般预防功能,更好地实现法律效果和社会效果的统一。

本案中,经被告人翁其能提议和教唆,被告人王学军利用其参加一级建造师考试公路组命题的机会,采用偷看等方式窃取了非由其负责出题的市政组的试题及答案,该考试试题、答案被定为绝密。王学军将属于绝密的试题、答案带回学校并提供给翁其能,再由翁其能利用小班培训的方式向他人出售、提供获利。王学军与翁其能主观上存在两个犯罪故意，客观上实施了非法获取国家秘密与非法出售、提供试题、答案两个犯罪的独立实行行为，触犯了两罪，应依法分别定罪量刑后依照数罪并罚原则进行并罚。并且，王学军、翁其能实施了从源头上获取试题、答案的非法获取国家秘密行为，主观恶性和社会危害性均较大，数罪并罚能够实现罚当其罪，实现罪刑相适应。

122 非法获取计算机信息系统数据、非法控制计算机信息系统罪(《刑法》第二百八十五条第二款)

案例：董勇、李文章非法获取计算机信息系统数据案

案例来源：《人民法院案例选》2014 年第 3 辑

主题词：非法获取计算机信息系统数据罪　转移他人虚拟财产并牟利

一、基本案情

江苏省苏州市姑苏区人民检察院指控：2012 年 10 月初至 2013 年 1 月中旬，被告人董勇、李文章伙同刘林峰(另案处理)，在福建省长乐市太平洋食品股份有限公司宿舍 504 室进行计算机操作，通过网上挂载木马程序非法获取苏州蜗牛数字科技有限公司运营的网络游戏“九阴真经”的客户账号数据共计 9000 余组，并将他人游戏账号内的虚拟财产转移至自己账号出售牟利。公诉机关提供了相关证据，指控被告人董勇、李文章的行为已构成非法获取计算机信息系统数据罪，且属于情节特别严重的情形，二被告人属共同犯罪，均系主犯，归案后如实供述了罪行，应当适用《中华人民共和国刑法》第二百八十五条第二款、第二十五条第一款、第二十六条第一款、第四款、第六十七条第三款之规定。

被告人董勇、李文章对公诉机关指控的主要事实无异议并均自愿认罪；二被告人均辩解没有参与盗号的行为，请求从宽处理。被告人董勇的辩护人提出，被告人董勇系初犯，归案后如实供述罪行，认罪、悔罪态度较好，且系共同犯罪的从犯，请求对其减轻处罚并适用缓刑。被告人李文章的辩护人提出，被告人李文章系共同犯罪的从犯，即使不能认定为从犯，其在共同犯罪中所起的作用也远远小于同案人员刘林峰，且系初犯，归案后如实供述罪行，认罪、悔罪态度较好，请求对其从轻处罚并适用缓刑。

法院经审理查明：2012 年 10 月至 2013 年 1 月 17 日期间，经刘林峰(未归案)纠集，被告人董勇、李文章在福建省长乐市太平洋食品股份有限公司宿舍 504 室利用多台计算机进行操作，通过互联网外挂木马程序，并在游戏内设置“喊话”窗口吸引苏州蜗牛数字科技股份有限公司(运营地为苏州市仓街 140 号)的网络游戏“九阴真经”玩家点击该木马程序，进入被害单位服务器非法获取游戏玩家的账号及密码，后将他人游戏注册账号内的虚拟财产转移至被告人等人的游戏账号并通过网络出售牟利。其中被告人董勇参与非法获取 9267 组数据，被告人李文章参与非法获取 8646 组数据。2013 年 1 月 17 日，二被告人被抓获。归案后，二被告人均如实供述了上述罪行。

另查明：本院审理期间，二被告人亲属分别代为预缴罚金保证金 5000 元、6000 元。

对上述事实，被告人董勇、李文章当庭供认不讳，并有证人陆益平、夏晨佼、付李君的证言、辨认笔录、搜查笔录、扣押物品文件清单、现场及物证照片、牡丹灵通卡账户历史明细清单、侦查实验笔录、物证鉴定书、电子证物检查工作记录、情况说明、报案材料、案发报告、抓获经过、常住人口信息等证据证实。

江苏省苏州市姑苏区人民法院于 2013 年 9 月 23 日作出(2013)姑苏刑初字第 0273 号刑事判决如下：

1. 被告人董勇犯非法获取计算机信息系统数据罪，判处有期徒刑三年三个月，并处罚金人民币一万元。

2. 被告人李文章犯非法获取计算机信息系统数据罪，判处有期徒刑三年三个月，并处罚金人民币一万元。

3. 公安机关暂扣的作案工具七台电脑予以没收。

宣判后,被告人董勇、李文章均未提出上诉,公诉机关也未抗诉,判决已经发生法律效力。

二、裁判要旨

No. 6-1-285(2)-1 利用木马程序获取他人账号信息将账号内的虚拟财产转移至自己账号出售牟利的行为,应当以非法获取计算机信息系统罪定罪处罚。

在非法获取计算机信息系统数据罪入罪前,对于网游盗号类案件,一般有两种处理方式:一是以盗窃罪来认定和追究刑事责任;二是以破坏计算机信息系统罪来认定和追究刑事责任。虽然两罪名均不能准确概括网游盗号行为的特征,但以这两个罪名进行处理,主要是因为网游盗号行为具有客观的社会危害,因此司法机关扩大了对刑法条文内涵的理解,以达到以刑法进行规制的目的。在非法获取计算机信息系统数据罪出台前,学界及实务界均存在人为虚拟财产可认定为盗窃对象的观点,并形成相关判例。造成该情况的原因,与现实中缺乏对网游盗号行为进行准确认定的法律依据直接相关。

网游中的虚拟财产究竟是财物还是数据,成为决定网游盗号类案件定性的关键问题。

虚拟财产与普通意义上的财产存在明显区别:首先,游戏中的虚拟财产具有依赖性,即其不能脱离网络虚拟环境而独立存在。网游中虚拟财产的实质就是其在计算机信息系统中表现出来的数据,是以 0 和 1 两种代码标识的电磁记录。尽管这种数据在游戏中能给人带来财产般的感受,但终究不能改变其虚拟的性质。其次,虚拟财产处于游戏运营商的直接管控下,其价值可随运营商的意愿而变动,具有不稳定性。最后,玩家玩游戏的过程实质上是接收网游服务的性质,玩家在虚拟财产上的付出是为了享受到更为优质的游戏服务。几乎所有网络游戏用户协议中均有关于游戏账号和账号中人物、道具、装备等都属于运营商所有的格式条款。对于该条款是否合法,存在争议。并且,尽管这些虚拟财产确实是由玩家用金钱或时间精力取得,但仍然难以直接将其等同于现实中的财物。

在司法实践中,无论是以盗窃罪还是破坏计算机信息系统罪追究刑责,都存在价格鉴定的取证困难:被盗虚拟财产的价值如何计算。因为网游中的游戏道具等虚拟性特征,其体现出的现实价值并不稳定。只有通过变卖产生有据可查的获利情况后才会有相对明确的价值,但变卖数值也是仅供参考,客观依据仍不充分。所以在非法获取计算机信息系统数据罪被《刑法修正案(七)》设定之后,学界以及实务界越来越多的观点认为,网游盗号行为正是该罪规制的对象之一。该罪不仅能更全面地反映出网游盗号行为的特征,而且还能有效防止出现侵财类犯罪因取证难而无法追究的困境。

本案中,被告人董勇、李文章利用多台计算机进行操作,通过吸引网游玩家点击木马程序,进入网游运营服务器获取游戏玩家的账号及密码后,将他人游戏注册账号内的虚拟财产转移至自己及同伙的游戏账号并通过网络出售牟利的行为,应当以非法获取计算机信息系统数据罪定罪处罚。

案例:岳曾伟等人非法获取计算机信息系统数据案

案例来源:《人民法院案例选》2014 年第 4 辑

主题词:非法获取计算机信息系统数据罪 非法获取虚拟货币

一、基本案情

2012 年 10 月至 2013 年 4 月,被告人岳曾伟伙同王梁(在逃),在江西省泗洪县开设的游戏工作室内,雇佣了被告人张高榕、陈奕达、谢云龙等十余人。岳曾伟伙同王梁先后多次按一个游戏账号及密码以 5.5 至 7 元不等的价格从张翊(在逃)处购得 8.2 万余个游戏账号及密码,然后指使张高榕、谢云龙、陈奕达等人使用购得的账号及密码进入游戏操作系统,窃得账号内的游戏金币 7.9 亿余个,再通过"5173"网络游戏交易平台等方式,以 1 万个游戏金币 9 至 16 元不等的价格进行销售。根据已查获的"5173"网络游戏交易平台记录,被告人岳曾伟等人得款 72 万余元。其中张高榕、谢云龙负责从账号内盗取游戏金币,张高榕亦负责对岳曾伟所雇人员进行考勤,两人分别从岳曾伟处得报酬 11000 元和 6000 元;陈奕达负责在"5173"网络游戏交易平台上出售游戏金币,从岳曾伟处得报酬13000元。被告人岳曾伟、张高榕、谢云龙、陈奕达到案后如实供述上述犯罪事实,并分别退出违法所得2万元、11000元、6000元和13000元。

江苏省泗洪县人民法院于2014年4月15日作出(2013)洪刑初字第0698号刑事判决:

1. 被告人岳曾伟犯掩饰、隐瞒犯罪所得罪,判处期徒刑五年,并处罚金五万元;被告人张高榕犯掩饰、隐瞒犯罪所得罪,判处有期徒刑二年,缓刑三年,并处罚金二万元;被告人陈奕达犯掩饰、隐瞒犯罪所得罪,判处有期徒刑二年,缓刑三年,并处罚金二万元;被告人谢云龙犯掩饰、隐瞒犯罪所得罪,判处有期徒刑一年六个月,缓刑二年,并处罚金一万元。

2. 被告人岳曾伟未退出的违法所得六十七万元予以追缴,上缴国库;被告人岳曾伟、张高榕、谢云龙、陈奕达分别退出的违法所得二万元、一万一千元、六千元、一万三千元予以没收,上缴国库。

宣判后,江苏省泗洪县人民检察院不服一审判决,提起抗诉认为:原审被告人岳曾伟等人的行为构成盗窃罪和非法获取计算机信息系统数据罪,应择一重罪处罚,应以盗窃罪论处。江苏省宿迁市人民检察院支持泗洪县人民检察院的抗诉,但另提出对行为人应以非法获取计算机信息系统数据罪论处。

江苏省宿迁市中级人民法院于2014年8月11日作出(2014)宿中刑终字第0055号刑事判决:

1. 撤销泗洪县人民法院(2013)洪刑初字第0698号刑事判决。

2. 原审被告人岳曾伟犯非法获取计算机信息系统数据罪,判处有期徒刑五年,并处罚金五万元;原审被告人张高榕犯非法获取计算机信息系统数据罪,判处有期徒刑二年,缓刑三年,并处罚金二万元;原审被告人陈奕达犯非法获取计算机信息系统数据罪,判处有期徒刑二年,缓刑三年,并处罚金二万元;原审被告人谢云龙犯非法获取计算机信息系统数据罪,判处有期徒刑一年六个月,缓刑二年,并处罚金一万元。

3. 原审被告人岳曾伟、张高榕、陈奕达、谢云龙退出的违法所得予以没收;继续追缴原审被告人岳曾伟其余违法所得六十七万元。

二、裁判要旨

No.6-1-285(2)-2 购买网络游戏账号及密码侵入他人游戏空间窃取游戏金币并出售的行为,构成非法获取计算机信息系统数据罪。

游戏金币存在于虚拟网络空间之中,缺少普遍接受的价值计算方式,在技术上可以恢复,被害人不存在实际损失,盗窃游戏金币行为的社会危害性无法衡量。因此,游戏金币的法律属性应当是计算机信息系统数据,而非盗窃罪的犯罪对象"公私财物"。本案中,岳曾伟等人实施了两个具体行为,一是收购游戏账号、密码的行为;二是侵入他人游戏空间盗取游戏金币并出售的行为,分别构成掩饰、隐瞒犯罪所得罪与非法获取计算机信息系统数据罪,前后行为构成手段与目的关系,应当依据牵连犯理论从一重处罚。

案例:吴冰非法获取计算机信息系统数据案

案例来源:《刑事审判参考》总第130辑[第1459号]

主题词:非法获取计算机信息系统数据罪　财物

一、基本案情

2014年8月,被告人吴冰发现北京麒麟网文化股份有限公司旗下的网络游戏《画皮世界》的充值系统存在漏洞,可利用火狐浏览器及相关插件对该系统数据进行修改,致使充入0.01元人民币即可获得售价为人民币5000元的游戏币。2014年8月至9月间,被告人吴冰利用上述漏洞进行反复操作,多次向n100001、n100002、panjunyou、zhixinya01、xingbake01、newbee01、mujin01、newbeeqq 8个《画皮世界》游戏账号充值46笔。被告人吴冰将上述账号内的部分游戏币在游戏中使用,并通过他人在互联网上变卖部分游戏币,获利人民币21000元。

二、裁判要旨

No.6-1-285(2)-3 利用充值系统漏洞篡改系统数据非法获取游戏币,没有损害信息系统功能的,不成立破坏计算机信息系统罪,仅成立非法获取计算机信息系统罪。

《刑法》第二百八十六条第二款规定:"违反国家规定,对计算机信息系统中存储、处理或者传输的数据和应用程序进行删除、修改、增加的操作,后果严重的,依照前款的规定处罚。"这里的对"数据"和"应用程序"的"删除、修改、增加",必须对计算机信息系统功能达到损害的程度,而且该程度是持续性的。如果不把握这一关健点,很可能导致对该法条进行不恰当的扩大解释,把类似于向他人邮件系统中乱发垃圾邮件的行为纳人本罪处罚范围,这明显是失当的。被告人吴冰的行为并非破坏计算机信息系统,而是非法获取游戏币,以期享有这些游戏中所附着的利益。吴冰自行在游戏中使用了一部分游戏币,并将一部分游戏币出售牟利,这些行为进一步证实,其行为并未破坏该游戏所在的计算机信息系统,否则其获得游戏币之后也将无法使用或牟利。

非法获取计算机信息系统数据罪所指的数据,并不需要早已存储在信息系统之中。在计算机技术领域,数据的生成、复制、传输通常是即时完成,游戏币等虚拟财产更是只要程序设置完毕,即可以无限产出,而非需要像实体的购物磁卡一样先行制作出来。游戏币这种数据的本质是一种赋予玩家权限的口令密码,玩家持有了游戏币就等于获取了一定的权限,可以在游戏中享有相应的权能。非法生成、复制、传输游戏币的行为,本质上是一种非法获取权限,并非法使用该权限的行为。这种权限的载体就是游戏币这种口令密码,它本质上是一种经过信息系统所预先设定并认可的数据,只不过在计算机系统中,数据未必像现实世界中的财物一样事先存在,也可以是系统根据设定即时生成的。故被告人吴冰利用系统漏洞非法获取游戏币的行为,可以认为是非法获取了计算机信息系统数据。

案例:张竣杰等非法控制计算机信息系统案

案例来源:最高人民法院指导案例 145 号

主题词:非法控制计算机信息系统罪 其他技术手段

一、基本案情

自 2017 年 7 月开始,被告人张竣杰、彭玲珑、祝东、姜宇豪经事先共谋,为赚取赌博网站广告费用,在马来西亚吉隆坡市租住的房屋内,相互配合,对存在防护漏洞的目标服务器进行检索、筛查后,向目标服务器植入木马程序(后门程序)进行控制,再使用"菜刀"等软件链接该木马程序,获取目标服务器后台浏览、增加、删除、修改等操作权限,将添加了赌博关键字并设置自动跳转功能的静态网页,上传至目标服务器,提高赌博网站广告被搜索引擎命中几率。截至 2017 年 9 月月底,被告人张竣杰、彭玲珑、祝东、姜宇豪链接被植入木马程序的目标服务器共计 113 台,其中部分网站服务器还被植入了含有赌博关键词的广告网页。后公安机关将被告人张竣杰、彭玲珑、祝东、姜宇豪抓获到案。

二、裁判要旨

No.6-1-285(2)-4 应通过是否对计算机信息系统功能进行实质性破坏、是否造成信息系统不能正常运行以及是否对信息系统内有价值的数据进行增加或删改,来区分破坏计算机信息系统罪和非法控制计算机系统罪。

在本案中,被告人张竣杰、彭玲珑、祝东、姜宇豪虽对目标服务器的数据实施了修改、增加的侵犯行为,但未造成该信息系统功能实质性的破坏,或不能正常运行,也未对该信息系统内有价值的数据进行增加、删改,其行为不属于破坏计算机信息系统犯罪中的对计算机信息系统中存储、处理或者传输的数据进行删除、修改、增加的行为。该行为实质上违反了国家规定,对我国境内计算机信息系统实施非法控制,情节特别严重,已构成非法控制计算机信息系统罪。南京市鼓楼区人民检察院指控被告人张竣杰、彭玲珑、祝东、姜宇豪实施侵犯计算机信息系统犯罪的事实清楚,证据确实、充分,但以破坏计算机信息系统罪予以指控不当。

123 破坏计算机信息系统罪(《刑法》第二百八十六条)

案例:吕薛文破坏计算机信息系统案

案例来源:《刑事审判参考》总第9辑[第68号]

主题词:破坏计算机信息系统罪

一、基本案情

被告人吕薛文,男,25岁,高中文化,无业。因涉嫌犯破坏计算机信息系统罪,于1998年5月5日被逮捕。

某市中级人民法院经审理查明:1997年4月间,被告人吕薛文加入国内黑客组织HOC。1998年1至2月,吕薛文使用自己的手提电脑,盗用邹某、王某、何某、朱某的账号,并使用另外两个非法账号,分别在广东省中山图书馆多媒体阅览室及自己家中登录上网,利用从互联网上获取的方法攻击广州主机。在成功入侵该主机系统并取得最高权限后,吕薛文非法开设了两个具有最高权限的账户和一个普通用户账户,以便长期占有该主机系统的控制权。其间,吕薛文于2月2日至27日多次利用gzlittle账号上网入侵广州主机,对该主机系统的部分文件进行了修改、增加、删除等一系列非法操作,并非法开设了gzfifa、gzmicro、gzasia三个账号送给袁某(另案处理)使用,非法安装和调试网络安全监测软件(未遂)。2月25日、26日,吕薛文先后3次非法修改广州主机系统的root密码,致使该主机系统最高权限密码2次失效,造成该主机系统管理失控约15个小时。当广州主机网络管理员第一次发现使用自己设置的root密码无法进入主机的超级用户状态对主机进行管理时,吕薛文通过网络主动要求与网络管理员对话,询问网络管理员是否将密码丢失了,声称自己能将密码修改回来,当网络管理员询问其是否修改了密码时,吕薛文矢口否认。在此情况下,网络管理员为能进入并操作主机,只得同意吕薛文将密码修改回来。吕薛文随即将root密码已经改为root 123密码一事通知了网络管理员。网络管理员经试验root 123密码可用后,为安全起见,又把root 123设置为另一密码。但是网络管理员随后即发现,刚改过的这一密码,又被改回为只有吕薛文和网络管理员知道的root 123密码。2月26日下午,广州主机采取了封闭普通用户登录进入该主机的措施后,吕薛文仍用非法手段登录进入。期间,该主机的root密码第三次失效,吕薛文再次主动与网络管理员交涉,虽然仍否认自己修改了主机的密码,但是将能够进入主机的新root密码告诉了网络管理员。吕薛文实施了入侵行为后,把其使用的账号记录剔除,还将拨号信息文件中的上网电话号码改为12345678或00000000,以掩盖其入侵行为。

此外,1998年2月12日,被告人吕薛文还利用.Lss程序和所获得的密码对蓝天BBS主机进行攻击,在取得该主机的最高权限后提升LP账号为最高权限用户账号,以便长期取得该主机的最高权限。

某市中级人民法院认为:被告人吕薛文违反国家有关规定,利用其掌握的知识入侵广州主机、蓝天BBS主机信息系统,取得控制该系统的最高权限,实施了增设最高权限的账户和普通账户,对广州主机存储、处理和传输的数据进行删改、监测,3次修改广州主机的最高权限密码等3种破坏行为。被告人吕薛文对计算机信息系统上的账号和密码进行修改、增加,其行为触犯了《刑法》第二百八十六条第一款的规定;而吕薛文在广州主机系统中安装并调试网络安全监测软件,则是对计算机信息系统中存储、处理或者传输的应用程序进行删除、修改、增加的操作,其行为触犯了《刑法》第二百八十六条第二款的规定。吕薛文的行为已经危害了计算机信息系统的安全,造成广州主机管理失控、不能正常运行的严重后果,构成破坏计算机信息系统罪,应当依法处以刑罚;对其用于犯罪的本人财物,应当依照《刑法》第六十四条的规定,予以没收,上缴国库。被告人吕薛文入侵广州主机后,成为该主机除网络管理员以外唯一获得最高权限的人。尽管吕薛文矢口否认私自修改过广州主机的root密码,但是在网络管理员将吕薛文告诉他的root 123密码设置为另一密码,而这一密码随即就被改回为只有他和吕薛文才知道的root123密码,这一情节足以证实修改密码的人不能是其他人,只能是吕薛文。被告人吕薛文掌握并修改了广州主机的密码,致使网络管理员也不能进入主机系统进行管理工作。在此情况下,吕薛文将自己修改的密码告诉网络管理员,使网络管理员能够继续操作主机。这一行为只是减轻了犯罪的危害后果,不能改变行为的犯罪本质,更不是为网络管理员提供帮助。无论出于何种目的,非法进入计算机信息系统进行删除、修改等操作,致使计算机信息系统不能正常运行,造成严重后果的,都是刑法规定的犯罪行为。被告人吕薛文及其辩护人关于修改密码是经网络管理员同意的,进入信息系统是为了学习,且没有破坏该信息系统,吕薛文的行为不构成犯罪的辩护意见,不能成立。依照《中华人民共和国刑法》第二百八十六条第一、二款和第六十四条的规定,于1999年8月19日判决如下:

1. 被告人吕薛文犯破坏计算机信息系统罪,判处有期徒刑一年零六个月;
2. 缴获被告人吕薛文作案用的手提电脑一台,予以没收上缴国库。

一审宣判后,被告人吕薛文没有上诉,检察机关也没有抗诉。

二、裁判要旨

No.6-1-286-1 破坏计算机信息系统的三种行为,在同时实施的情况下,每一种行为都必须具备后果严重这一要件,才能以实施上述三种行为而构成破坏计算机信息系统罪。

《刑法》第二百八十六条规定的三种破坏计算机信息系统的行为,每一种行为都能单独构成破坏计算机信息系统罪,如果被告人同时实施三种或者两种犯罪行为时,必须查明被告人所实施的每一种行为是否都具有后果严重这一要件。对于仅有破坏计算机信息系统的行为,而没有达到后果严重程度的,不能以犯罪论处,也不能引用相关的法律条文。因此,被告人吕薛文入侵蓝天BBS主机后,在蓝天BBS主机上将LP账号提升为最高权限用户账号,以及在广州主机上非法安装和调试网络安全监测软件(未遂),即对蓝天BBS主机和广州主机信息系统中的应用程序进行删改、增加的行为,因没有造成严重后果,不应认定为犯罪,本案裁判文书中也不应引用《刑法》第二百八十六条第二款。

No.6-1-286-2 明知自己的行为会导致计算机信息系统不能正常运转的危害后果而放任其发生的,构成破坏计算机信息系统罪,动机不影响本罪的成立。

破坏计算机信息系统罪是故意犯罪,包括直接故意和间接故意。但行为人的动机和目的可以多种多样,例如炫耀、泄愤报复、不正当竞争、妒贤嫉能等。无论出于什么动机和目的,只要行为人明知自己的行为会导致计算机信息系统不能正常运行的危害后果,仍然放任或者希望这种结果发生,以致发生了这种结果,并且后果严重的,就构成本罪。本案被告人吕薛文增加、修改广州主机信息系统功能,以及删除、修改广州主机信息系统中存储、处理和传输的数据的目的是为了尝试进入别人主机的方法是否可行,从中学习如何保障网络安全。被告人吕薛文作为一个懂得计算机技术的人,在实施上述操作行为时,对在客观上会造成广州主机信息系统不能正常运行的严重后果,是在其意料之中的,却放任这种后果的发生,以致发生了严重后果。其行为已构成了破坏计算机信息系统罪。

案例:童莉、蔡少英破坏计算机信息系统案

案例来源:《刑事审判参考》总第86集[第783号]

主题词:破坏计算机信息系统罪

一、基本案情

被告人童莉,女,1989年6月13日出生,原系福建省长汀县公安局交通警察大队协管员。2009年9月3日因涉嫌盗窃罪被逮捕。

被告人蔡少英,女,1978年5月24日出生,原系福建省长汀县公安局交通警察大队协管员。2009年10月8日因涉嫌盗窃罪被逮捕。

福建省长汀县人民检察院以被告人童莉、蔡少英犯盗窃罪,向长汀县人民法院提起公诉。

长汀县人民法院经审理查明:被告人童莉于 2005 年 2 月至 2009 年 6 月、被告人蔡少英于 2000 年 3 月至 2005 年 6 月期间,分别被长汀县公安局交通警察大队聘为协管员。两被告人因工作需要,掌握车辆违章行政处罚的程序及相关工作流程。2009 年 4 月,童莉、蔡少英预谋通过盗用长汀县交警大队干警及财务人员的银行对账用户名、密码的方式进入龙岩市公安局道路交通违法信息管理系统。两被告人利用该系统对电子监控的车辆违章行为进行虚假处罚后,在未打印、送达《行政处罚决定书》和被处罚人未实际缴纳罚款的情况下,编造收款票据号码,核销网上罚款(造成罚款已缴纳的假象,系统校验通过后,写入本地违法数据库,并通过接口函数更新网上公布的违法数据),使被处罚人在网上查询时显示违章记录已被清除,以此收取违章人员给付的处理费。2009 年 4 月至 6 月,蔡少英通过邹明富(另案处理)等人向他人收集机动车交通违章信息,谎称可以按罚款金额的 60%左右收费,对违章行为进行内部处理且不扣分。童莉则根据蔡少英提供的交通违章信息,在长汀县交警大队配发给其使用的电脑上,采用上述方式非法处理违章车辆 37 辆、违章信息 738 条〔实际应缴纳的罚款金额为人民币(以下币种同)77530 元〕。童莉、蔡少英非法获利 25000 余元。案发后,童莉、蔡少英主动向长汀县公安局投案,并分别退赃 7500 元、15000 元。

福建省长汀县人民法院认为,被告人童莉违反国家规定,非法进入交警部门道路交通违法信息管理系统,非法删除、修改计算机系统中存储的交通违章信息,收取违章人员的“好处费”,应当认定为破坏计算机信息系统数据,其行为构成破坏计算机信息系统罪。被告人蔡少英与童莉共同商议采取上述手段牟利,并负责对外收集交通违章信息和收取、分配非法获得的“好处费”,是共同犯罪。童莉、蔡少英违法所得在 25000 元以上,属破坏计算机信息系统罪的“后果特别严重”,依法应当判处五年以上有期徒刑。蔡少英的辩护人关于本案应当定性为破坏计算机信息系统罪的辩护意见成立,予以采纳,公诉机关指控的罪名不正确,予以纠正。童莉、蔡少英事先共谋,在共同犯罪中相互分工合作,所起作用相当,不予区分主从犯。蔡少英的辩护人所提蔡属从犯的辩护意见,与事实不符,不予采纳。案发后,童莉、蔡少英主动投案,归案后能如实供述自己的主要犯罪事实,系自首,依法可以从轻或者减轻处罚;两被告人归案后,退还了大部分违法所得,可酌情从轻处罚。据此,依照《刑法》及相关司法解释的规定,福建省长汀县人民法院以被告人童莉犯破坏计算机信息系统罪,判处有期徒刑三年,缓刑四年;以被告人蔡少英犯破坏计算机信息系统罪,判处有期徒刑三年,缓刑四年。

二、裁判要旨

No. 6-1-286-3 交通协管员非法侵入道路交通违法信息管理系统,清除车辆违章信息,成立破坏计算机信息系统罪。

《刑法》将破坏计算机信息系统罪规定在分则侵犯社会管理秩序罪一章中,表明该罪侵犯的同类客体是正常的社会管理秩序,侵犯的具体客体是国家关于计算机信息系统的管理秩序以及计算机信息系统所涉及的某一领域的社会管理秩序。本案中,二被告人违反国家规定,通过删除交通管理部门计算机信息系统中存储的违章记录,造成罚款已缴纳的假象,且利用邹明富等人公开向社会宣称,收取好处费后其可将违章记录作内部处理,造成了恶劣的社会影响,严重扰乱了交管部门对违章车辆的正常管理秩序。因此,本案侵害的客体主要是国家正常的社会管理秩序,应属于妨害社会管理秩序类犯罪。

《刑法》第二百八十六条破坏计算机信息系统罪的行为方式有三种:一是违反国家规定,对计算机信息系统功能进行删除、修改、增加、干扰,造成计算机信息系统不能正常运行,其特征是进行“删除、修改、增加、干扰”的非法操作,针对的对象是“计算机信息系统功能”。具体而言,主要是对计算机的系统文件进行上述非法操作,使系统紊乱、丧失部分或全部运行功能,甚至崩溃。二是违反国家规定,对计算机信息系统中存储、处理或者传输的数据和应用程序进行删除、修改、增加的操作,其特征是进行“删除、修改、增加”的非法操作,操作的对象是“计算机信息系统中存储、处理或者传输的数据和应用程序”。具体而言,主要是对数据和应用程序(不包括系统文件和系统程序)进行上述非法操作,使相应的数据或程序丢失、更改、损坏。三是故意制作、传播计算机病毒等破坏性程序,影响计算机系统正常运行,此种行为既可能破坏系统功能,又可能破坏数据和应用程序。

本案中,二被告人非法侵入交通管理计算机系统,对存储的违章记录、罚款数据进行非法删除,造成罚款已缴纳的假象,其行为完全符合破坏计算机信息系统罪的第二种行为方式,且属"后果严重"情形。根据最高人民法院、最高人民检察院《关于办理危害计算机信息系统安全刑事案件应用法律若干问题的解释》第四条的规定,破坏计算机信息系统功能、数据或者应用程序,具有下列情形之一的,应当认定为《刑法》第二百八十六条第一款和第二款规定的"后果严重":"……(三)违法所得五千元以上或者造成经济损失一万元以上的……"《关于办理危害计算机信息系统安全刑事案件应用法律若干问题的解释》第十一条对"经济损失"的范围进行了明确。根据《关于办理危害计算机信息系统安全刑事案件应用法律若干问题的解释》的规定,破坏计算机信息系统犯罪案件中,经济损失包括危害计算机信息系统犯罪行为给用户直接造成的经济损失,以及用户为恢复数据、功能而支出的必要费用。本案中,撇开两被告人的行为给国家造成的经济损失以及恢复计算机系统的费用不说,仅两被告人的非法获利就有25000余元。该数额已达到《关于办理危害计算机信息系统安全刑事案件应用法律若干问题的解释》确定的"后果特别严重"数额标准,应当按"后果特别严重"情形进行处罚。

破坏计算机信息系统的行为往往是手段行为,行为人主观上常具有盗窃、诈骗等目的,当然也有为破坏而破坏的单纯破坏计算机信息系统的情形,但无论何种情况,行为人对于破坏计算机信息系统这一结果都是明知的,即行为人都具有希望或放任破坏计算机信息系统的结果发生这一共性。本案中,二被告人明知非法删除交通管理系统中的违章记录是对计算机存储信息的破坏,但为了牟利,积极追求这种破坏结果的发生。因此,二被告人具有犯罪的直接故意,符合破坏计算机信息系统罪的主观特征。破坏计算机信息系统罪的主体为一般主体,二被告人符合该罪的主体特征。

案例:孙小虎破坏计算机信息系统案

案例来源:《刑事审判参考》总第86集[第784号]

主题词:破坏计算机信息系统罪　经济损失的计算

一、基本案情

被告人孙小虎,男,1990年12月15日出生,捕前系江苏省泗洪县公安局交警大队六中队协管员。因涉嫌犯破坏计算机信息系统罪于2011年5月23日被逮捕。

江苏省泗洪县人民检察院以被告人孙小虎犯破坏计算机信息系统罪,向泗洪县人民法院提起公诉。

被告人孙小虎对起诉书指控的犯罪事实及罪名未提出异议。

泗洪县人民法院经公开审理查明:被告人孙小虎案发前系泗洪县公安局交警大队六中队协管员,负责六中队的内勤工作,六中队为其单独配备一台内网电脑(IP地址为10.38.84.2),其在电脑上设置了开机密码。2011年4月1日至15日间,孙小虎采取盗用民警盛斯利等人用户名和密码的方式,在接受他人请托、收受他人钱财后,多次登录公安交通管理综合应用平台,非法删除车辆违章数据1156条,非法收受人民币(以下币种同)24000余元。2011年4月15日下午,宿迁市公安交通巡逻警察支队违法系统管理员对交通管理综合应用平台巡查时,发现平台信息变更异常,经系统操作日志核查,发现IP地址为10.38.84.2计算机使用者涉嫌盗用他人用户名和密码,违规处理电子监控违法信息,累计1156条,涉案金额为14.425万元,遂建议泗洪县公安局立案调查。泗洪县公安局于当日立案侦查,并于当日将孙小虎抓获。

泗洪县人民法院认为,被告人孙小虎违反国家规定,对计算机信息系统中存储的数据进行删除,非法收受24000余元,后果严重,其行为构成破坏计算机信息系统罪。公诉机关指控的罪名成立,予以采纳。但公诉机关指控被告人孙小虎的犯罪行为造成国家经济损失达14万余元的事实不清,证据不足,不予采纳。孙小虎归案后如实供述自己的罪行,依法可以从轻处罚。孙小虎积极退出违法所得,酌情予以从轻处罚。依照《中华人民共和国刑法》第二百八十六条第二款、第六十七条第三款、第六十四条之规定,泗洪县人民法院以被告人孙小虎犯破坏计算机信息系统罪,判处有期徒刑三年六个月,并对孙小虎退出的违法所得予以没收,上缴国库。

一审宣判后,泗洪县人民检察院向宿迁市中级人民法院提出抗诉,宿迁市人民检察院支持抗诉。抗诉意见认为:(1)应当认定原审被告人孙小虎的犯罪行为造成的经济损失为14万余元,并应当以经济损失作为量刑依据;(2)原审认定孙小虎违法所得24000余元,并以违法所得作为量刑依据,属于事实认定不清,适用法律错误;(3)原审量刑畸轻。

原审被告人孙小虎未提出上诉。

宿迁市中级人民法院在二审中查明:

1. 原审被告人孙小虎非法处理违章数据的时候,公安机关并没有获得该14万余元的利益,非法处理违章数据的行为本身并不能直接导致14万余元的经济损失。只是由于该行为可能导致违章数据的灭失,从而可能会导致将来的既得利益受到损失。但实际上,所有经原审被告人非法处理的车辆违章数据都存放于电脑系统中,只是数据处理的状态发生了变化,由原来的“未处理”变为“已处理”,公安机关经请示省厅后随时可以把相关数据恢复到未处理状态,以便于对违章行为作出处罚。由于公安机关本身的不作为导致没有及时对车辆违章行为进行处罚,从而导致的经济损失,不能归责于原审被告人孙小虎,该14万余元不能认定为原审被告人孙小虎犯罪行为所造成的直接经济损失。

2. 原审法院在审理期间专门发函至公诉机关,建议查清违法所得并从该角度进行指控,但公诉机关在现有证据已经可以反映存在较大数额违法所得的情况下,拒绝查清违法所得,也拒绝就违法所得进行指控。由于公诉机关本身的指控不力,导致最终无法确定原审被告人实际违法得所的确切数额。原审法院综合考虑原审被告人孙小虎的历次供述和证人证言等情况,根据有利于被告人的处理原则,就低认定违法所得数额为24000余元,不仅有原审被告人自己相对稳定的供述,也有相关证人证言印证其确实存在违法所得情况,原审法院作出上述认定符合证据的采信规则,并无不当之处。检察机关的抗诉意见和支持抗诉意见均不能成立,不予采纳。原审判决认定的事实清楚,证据确实充分,审判程序合法,量刑适当,应当予以维持。依照《中华人民共和国刑事诉讼法》(1996年)第一百八十九条第(一)项之规定,宿迁市中级人民法院裁定驳回抗诉,维持原判。

二、裁判要旨

No.6-1-286-4 《刑法》第二百八十六条破坏计算机系统罪中的经济损失,指的是犯罪行为所造成的直接经济损失。非法删除违章信息所对应的行政罚款损失尚未现实化,不应计入直接经济损失之中。

最高人民法院、最高人民检察院于2011年8月1日公布的《关于办理危害计算机信息系统安全刑事案件应用法律若干问题的解释》第十一条第三款规定:“本解释所称‘经济损失’,包括危害计算机信息系统犯罪行为给用户直接造成的经济损失,以及用户为恢复数据、功能而支出的必要费用。”该条明确规定了危害计算机信息系统安全犯罪中的经济损失是指犯罪行为所造成的直接经济损失。间接经济损失或者实施犯罪行为时尚未实际发生的可能经济损失,不能认定为直接经济损失,从而不能计入犯罪行为所造成的经济损失。我们认为,本案涉及的14万余元罚款不能认定为被告人孙小虎犯罪行为所造成的经济损失。

首先,本案中的14万余元是公安机关拟行政处罚的罚款,需要公安机关在相关车辆进行年检时,对车辆违章行为作出行政处罚,在当事人缴纳罚款之后,才能获取该项利益。孙小虎在非法处理违章数据的时候,因违章车辆当事人还没有实际缴纳罚款,公安机关还没有实际取得该14万余元的罚款。孙小虎非法处理违章数据的行为本身并不直接导致14万余元的必然损失。因此,该14万元不是直接经济损失。

其次,孙小虎非法处理的违章信息所对应的14万余元罚款具有不确定性。该14万余元只是违章行为所对应的应当处以罚款的数额,公安机关是否最终对上述所有违章行为都作出处罚,处罚所对应的罚款是否能够全部征收到位,都处于或然状态。以一个不确定的数额作为孙小虎的行为造成的直接经济损失数额,在逻辑上说服力不够。

最后,公安机关可以通过对孙小虎修改的数据进行恢复,对有关车辆违章行为作出处罚。所有经孙小虎非法处理的车辆违章数据并没被孙小虎删除,而是仍然存放于电脑系统中,孙小虎只是将数据处理的状态由原来的“未处理”修改为“已处理”。经查,公安机关随时可以把有关数据恢复到孙小虎修改前的状态,并据此实事求是地对违章行为进行处理。如果公安机关不及时修复数据,或者虽然修复数据,但没有及时对违章车辆进行处罚,导致应该收取的罚款没有收取的,由此导致的损失更不能归责于孙小虎的行为。

本案中应当以被告人的违法所得数额作为定罪量刑的依据。《关于办理危害计算机信息系统安全刑事案件应用法律若干问题的解释》对后果严重、后果特别严重的数额标准作出明确规定:违法所得5000元以上或者造成经济损失1万元以上的,属于后果严重;数额达到上述标准5倍以上的,属于后果特别严重。本案中,因不能认定14万余元是孙小虎犯罪行为所造成的经济损失,一审法院按照其违法所得数额对其定罪量刑,完全符合《刑法》和《关于办理危害计算机信息系统安全刑事案件应用法律若干问题的解释》的相关规定,同时结合本案的具体证据情况以及孙小虎的认罪态度、积极退赃等情节,一审法院对其判处有期徒刑三年六个月罚当其罪。

需要说明的是,经济损失数额和违法所得数额都是破坏计算机信息系统犯罪中定罪量刑的标准,公安机关和检察机关对上述两个数额都应当进行侦查。如果这两个数额分别属于后果严重、后果特别严重的情节,导致量刑上的冲突时,应当按照处罚较重的数额对被告人进行量刑,另一数额可作为量刑的酌定情节予以考虑,如此才能真正在具体案件中实现罪刑相适应。

案例:李俊、王磊、张顺、雷磊破坏计算机信息系统案——“熊猫烧香”病毒案

案例来源:《刑事审判参考》总第119集

主题词:破坏计算机信息系统罪 虚拟财产

一、基本案情

李俊于2006年10月开始制作计算机病毒“熊猫烧香”,于11月上旬制作完成后,以赠送给网友的方式将该病毒在互联网上传播。之后,雷磊对该病毒提出两点修改建议:一是改变被感染文件的图标,二是隐藏病毒进程,否则很容易被发现,但没有告诉其具体的修改方法。2006年11月中旬,李俊在互联网上贩卖该病毒,同时也请王磊及其他网友帮助出售该病毒。王磊帮李俊卖出了三个“熊猫烧香”病毒,先后三次合计汇给李俊1450元。随着出售和赠送给网友,“熊猫烧香”病毒迅速在互联网上传播,导致自动链接李俊的个人网站的流量大幅上升。王磊得知此情形后,主动提出为李俊卖“流量”,并联系张顺购买李俊网站的“流量”,所得收入由王磊和李俊平分。为了提高访问李俊网站的速度,减少网络拥堵,王磊和李俊商量后由王磊化名董磊为李俊的网站在南昌锋讯网络科技有限公司租用了一个2G内存、百兆独享线路的服务器,租金由李俊、王磊每月各负担800元。张顺购买李俊网站的流量后先后将九个游戏木马挂在李俊的网站上,盗取自动链接李俊网站游戏玩家的“游戏信封”,并将盗取的“游戏信封”进行拆封、转卖,从而获取利益。2006年12月月初,李俊按照雷磊的建议修改“熊猫烧香”病毒,由于技术方面的原因,没有完全解决雷磊提出的两个问题,但李俊仍将修改后的病毒挂在其个人网站上传播。2007年1月下旬,雷磊、李俊一起在武汉市京都宾馆住宿时,雷磊亲自对李俊修改后的“熊猫烧香”病毒再进行修改,也没能解决图标变花及隐藏病毒进程问题。从2006年12月至2007年2月,通过“熊猫烧香”病毒的传播,李俊获利145149元,王磊获利80000元,张顺获利12000元。“熊猫烧香”病毒的传播感染,影响了北京、上海、天津、山西、河北、辽宁、广东、湖北等省市众多单位和个人的计算机的正常运行。2007年2月2日,李俊将其网站关闭,之后再未开启该网站。李俊归案后向公安机关提供线索抓获了其他同案人,并交出了“熊猫烧香”病毒专杀工具。李俊、王磊、张顺交出了所得的全部赃款。2007年9月29日,仙桃市人民法院认定李俊、王磊、张顺、雷磊犯破坏计算机信息系统罪,分别判处有期徒刑一年至四年不等。

二、裁判要旨

No. 6-1-286-5 利用计算机盗窃虚拟财产的行为,应按照破坏计算机信息系统罪定罪处罚,不应按盗窃罪处理。

本案中,李俊、张顺等人通过改写和传播“熊猫烧香”病毒从而获取“流量”、盗取网络游戏账号并进行拆封、转卖进而非法牟利的行为,存在以盗窃罪定罪和以破坏计算机信息系统罪的两种不同意见。首先,虚拟财产与金钱财物等有形财产、电力燃气等无形财产存在明显差别,将其解释为公私财物,超出了原有立法和司法解释的权限。2010 年 6 月文化部公布的《网络游戏管理暂行办法》(已失效)明确规定,网络游戏虚拟货币是指由网络游戏经营单位发行,网络游戏用户使用法定货币按一定比例直接或者间接购买,存在于游戏程序之外,以电磁记录方式存储于服务器内,并以特定数字单位表现的虚拟兑换工具。这就对网络游戏虚拟货币的本质作出了界定。作为一种电磁记录或电子数据 ,网络游戏虚拟货币不具有财物的法律属性,而《刑法》第 264 条明确规定“盗窃公私财物的”才构成盗窃罪,因此盗窃虚拟财产的行为不构成盗窃罪。其次,虚拟财产的法律属性是计算机信息系统数据,对于非法获取计算机信息系统数据的行为适用非法获取计算机信息系统罪定罪量刑符合法理。再次,对盗窃网络虚拟财产的行为适用盗窃罪会带来一系列棘手问题,特别是盗窃数额的认定,因为虚拟财产不具有财物的交换属性,目前缺乏能够被普遍接受的计算方式。最后,当今立法和司法解释对此作出明确规定。2009 年《刑法修正案(七)》增加了非法获取计算机系统数据罪,对盗窃网络游戏虚拟货币的行为适用本罪符合罪责刑相适应原则,2011 年公布的《最高人民法院、最高人民检察院关于办理危害计算机信息系统安全刑事案件应用法律若干问题的解释》对非法获取计算机信息系统数据罪明确了具体定罪量刑标准。尽管案发时尚未有相关法律规定施行,但依法认定李俊等人构成破坏计算机信息系统罪符合法理和原先的法律规定,同时符合社会的需要,保护了公民的网络信息安全。

案例:付宣豪、黄子超破坏计算机信息系统案

案例来源:最高人民法院指导案例 102 号

主题词:破坏计算机信息系统罪　DNS 劫持

一、基本案情

2013 年年底至 2014 年 10 月,被告人付宣豪、黄子超等人租赁多台服务器,使用恶意代码修改互联网用户路由器的 DNS 设置,进而使用户登录“2345. com”等导航网站时跳转至其设置的“5w. com”导航网站,被告人付宣豪、黄子超等人再将获取的互联网用户流量出售给杭州久尚科技有限公司(系“5w. com”导航网站所有者),违法所得合计人民币 754762. 34 元。2014 年 11 月 17 日,被告人付宣豪接民警电话通知后自动至公安机关,被告人黄子超主动投案,二被告人到案后均如实供述了上述犯罪事实。

二、裁判要旨

No. 6-1-286-6 “DNS 劫持”行为通过修改域名解析,导致用户无法访问原 IP 地址对应的网站或者访问虚假网站,使得网络用户的计算机信息系统功能遭到破坏,造成计算机信息系统不能正常运行,构成破坏计算机信息系统罪。

根据《刑法》第二百八十六条的规定,对计算机信息系统功能进行破坏,造成计算机信息系统不能正常运行,后果严重的,构成破坏计算机信息系统罪。本案中,被告人付宣豪、黄子超实施的是流量劫持中的“DNS 劫持”。DNS 是域名系统的英文首字母缩写,作用是提供域名解析服务。“DNS 劫持”通过修改域名解析,使对特定域名的访问由原 IP 地址转入篡改后的指定 IP 地址,导致用户无法访问原 IP 地址对应的网站或者访问虚假网站,从而实现窃取资料或者破坏网站原有正常服务的目的。二被告人使用恶意代码修改互联网用户路由器的 DNS 设置,将用户访问“2345. com”等导航网站的流量劫持到其设置的“5w. com”导航网站,并将获取的互联网用户流量出售,显然是对网络用户的计算机信息系统功能进行破坏,造成计算机信息系统不能正常运行,符合破坏计算机信息系统罪的客观行为要件。

案例:徐强破坏计算机信息系统案

案例来源:最高人民法院指导案例 103 号

主题词:破坏计算机信息系统罪 机械远程监控系统

一、基本案情

为了加强对分期付款的工程机械设备的管理,中联重科股份有限公司(以下简称“中联重科”)投入使用了中联重科物联网 GPS 信息服务系统,该套计算机信息系统由中联重科物联网远程监控平台、GPS 终端、控制器和显示器等构成,该系统具备自动采集、处理、存储、回传、显示数据和自动控制设备的功能,其中,控制器、GPS 终端和显示器由中联重科在工程机械设备的生产制造过程中安装到每台设备上。中联重科对“按揭销售”的泵车设备均安装了中联重科物联网 GPS 信息服务系统,并在产品买卖合同中明确约定“如买受人出现违反合同约定的行为,出卖人有权采取停机、锁机等措施”以及“在买受人付清全部货款前,产品所有权归出卖人所有。即使在买受人已经获得机动车辆登记文件的情况下,买受人未付清全部货款前,产品所有权仍归出卖人所有”的条款。然后由中联重科总部的远程监控维护平台对泵车进行监控,如发现客户有拖欠、赖账等情况,就会通过远程监控系统进行“锁机”,泵车接收到“锁机”指令后依然能发动,但不能作业。

2014 年 5 月间,被告人徐强使用“GPS 干扰器”先后为钟某某、龚某某、张某某名下或管理的五台中联重科泵车解除锁定。具体事实如下:

1. 2014 年 4 月月初,钟某某发现其购得的泵车 A 即将被中联重科锁机后,安排徐某某帮忙打听解锁人。徐某某遂联系龚某某告知钟某某泵车需解锁一事。龚某某表示同意后,即通过电话联系被告人徐强给泵车解锁。2014 年 5 月 18 日,被告人徐强携带“GPS 干扰器”与龚某某一起来到贵阳市清镇市,由被告人徐强将“GPS 干扰器”上的信号线连接到泵车右侧电控柜,再将“GPS 干扰器”通电后使用干扰器成功为泵车 A 解锁。事后,钟某某向龚某某支付了解锁费用人民币 4 万元,龚某某亦按约定将其中人民币 9600 元支付给徐某某作为介绍费。当日及次日,龚某某还带着被告人徐强为其管理的其妹夫黄某从中联重科及长沙中联重科二手设备销售有限公司以分期付款方式购得的三台泵车进行永久解锁。事后,龚某某向被告人徐强支付四台泵车的解锁费用共计人民币 3 万元。

2. 2014 年 5 月间,张某某从中联重科以按揭贷款的方式购买泵车一台,因拖欠货款被中联重科使用物联网系统将泵车锁定,无法正常作业。张某某遂通过电话联系到被告人徐强为其泵车解锁。2014 年 5 月 17 日,被告人徐强携带“GPS 干扰器”来到湖北襄阳市,采用上述同样的方式为张某某名下的一台泵车解锁。事后,张某某向被告人徐强支付解锁费用人民币 1.5 万元。

经鉴定,中联重科上述泵车的 GPS 终端被拆除及控制程序被修改后,中联重科物联网 GPS 信息服务系统无法对泵车进行实时监控和远程锁车。

2014 年 11 月 7 日,被告人徐强主动到公安机关投案。在本院审理过程中,被告人徐强退缴了违法所得人民币 4.5 万元。

二、裁判要旨

No.6-1-286-7 GPS 信息服务系统属于刑法意义上的计算机信息系统,对该系统功能的破坏,造成系统无法正常运行的行为,构成破坏计算机信息系统罪。

《最高人民法院、最高人民检察院关于办理危害计算机信息系统安全刑事案件应用法律若干问题的解释》第十一条规定,“计算机信息系统”和“计算机系统”,是指具备自动处理数据功能的系统,包括计算机、网络设备、通信设备、自动化控制设备等。本案中,中联重科物联网 GPS 信息服务系统由中联重科物联网远程监控平台、GPS 终端、控制器和显示器等构成,具备自动采集、处理、存储、回传、显示数据和自动控制设备的功能。该系统属于具备自动处理数据功能的通信设备与自动化控制设备,属于刑法意义上的计算机信息系统。

在本案中,被告人徐强利用“GPS 干扰器”对中联重科物联网 GPS 信息服务系统进行修改、干扰,造成该系统无法对案涉泵车进行实时监控和远程锁车,是对计算机信息系统功能进行破坏,造成计算机信息系统不能正常运行的行为,且后果特别严重。

案例:李森、何利民、张锋勃等人破坏计算机信息系统案

案例来源:最高人民法院指导案例 104 号

主题词:破坏计算机信息系统罪　干扰环境质量监测采样

一、基本案情

西安市长安区环境空气自动监测站(以下简称“长安子站”)系国家环境保护部(以下简称“环保部”)确定的西安市 13 个国控空气站点之一,通过环境空气质量自动监测系统采集、处理监测数据,并将数据每小时传输发送至中国环境监测总站(以下简称“监测总站”),一方面通过网站实时向社会公布,一方面用于编制全国环境空气质量状况月报、季报和年报,向全国发布。长安子站为全市两个国家直管监测子站之一,由监测总站委托武汉宇虹环保产业股份有限公司进行运行维护,不经允许,非运维方工作人员不得擅自进入。

2016 年 2 月 4 日,长安子站回迁至西安市长安区西安邮电大学南区动力大楼房顶。被告人李森利用协助子站搬迁之机私自截留子站钥匙并偷记子站监控电脑密码,此后至 2016 年 3 月 6 日间,被告人李森、张锋勃多次进入长安子站,用棉纱堵塞采样器的方法,干扰子站内环境空气质量自动监测系统的数据采集功能。被告人何利民明知李森等人的行为而没有阻止,只是要求李森把空气污染数值降下来。被告人李森还多次指使被告人张楠、张肖采用上述方法对子站自动监测系统进行干扰,造成该站自动监测数据多次出现异常,多个时间段内监测数据严重失真,影响了国家环境空气质量自动监测系统正常运行。为防止罪行败露,2016 年 3 月 7 日、3 月 9 日,在被告人李森的指使下,被告人张楠、张肖两次进入长安子站将监控视频删除。2016 年 2、3 月间,长安子站每小时的监测数据已实时传输发送至监测总站,通过网站向社会公布,并用于环保部编制 2016 年 2、3 月和第一季度全国 74 个城市空气质量状况评价、排名。2016 年 3 月 5 日,监测总站在例行数据审核时发现长安子站数据明显偏低,检查时发现了长安子站监测数据弄虚作假问题,后公安机关将五被告人李森、何利民、张楠、张肖、张锋勃抓获到案。

二、裁判要旨

No. 6-1-286-8　行为人的行为违反了国家规定。

《环境保护法》第六十八条规定禁止篡改、伪造或者指使篡改、伪造监测数据,《大气污染防治法》第一百二十六条规定禁止对大气环境保护监督管理工作弄虚作假,《计算机信息系统安全保护条例》第七条规定不得危害计算机信息系统的安全。在本案中,五被告人采取堵塞采样器的方法伪造或者指使伪造监测数据,弄虚作假,违反了上述国家规定。

No. 6-1-286-9　行为人的行为导致检测数据失真,影响了对环境空气质量的正确评估,属于对计算机信息系统功能的干扰,实施了破坏计算机信息系统的行为。

《最高人民法院、最高人民检察院关于办理危害计算机信息系统安全刑事案件应用法律若干问题的解释》第十一条规定,计算机信息系统和计算机系统,是指具备自动处理数据功能的系统,包括计算机、网络设备、通信设备、自动化控制设备等。根据《最高人民法院、最高人民检察院关于办理环境污染刑事案件适用法律若干问题的解释》第十条第一款的规定,干扰环境质量监测系统的采样,致使监测数据严重失真的行为,属于破坏计算机信息系统。

长安子站系国控环境空气质量自动监测站点,产生的监测数据经过系统软件直接传输至监测总站,通过环保部和监测总站的政府网站实时向社会公布,参与计算环境空气质量指数并实时发布。空气采样器是环境空气质量监测系统的重要组成部分。PM10、PM2.5 监测数据作为环境空气综合污染指数评估中的最重要两项指标,被告人用棉纱堵塞采样器的采样孔或拆卸采样器的行为,必然造成采样器内部气流场的改变,造成监测数据失真,影响对环境空气质量的正确评估,属于对计算机信息系统功能进行干扰,造成计算机信息系统不能正常运行的行为。

No. 6-1-286-10　行为人的行为造成了"严重后果"。

(1)被告人李森、张锋勃、张楠、张肖均多次堵塞、拆卸采样器干扰采样,被告人何利民明知李森等人的行为而没有阻止,只是要求李森把空气污染数值降下来。

(2)被告人的干扰行为造成了监测数据的显著异常。2016 年 2 至 3 月间,长安子站颗粒物监测数据多次出现与周边子站变化趋势不符的现象。长安子站 PM2.5 数据分别在 2 月 24 日 18 时至 25 日 16 时、3 月 3 日 4 时至 6 日 19 时两个时段内异常,PM10 数据分别在 2 月 18 日 18 时至 19 日 8 时、2 月 25 日 20 时至 21 日 8 时、3 月 5 日 19 时至 6 日 23 时三个时段内异常。其中,长安子站的 PM10 数据在 2016 年 3 月 5 日 19 时至 22 时由 361 下降至 213,下降了 41%,其他周边子站均值升高了 14%(由 316 上升至 361),6 日 16 时至 17 时长安子站监测数值由 188 上升至 426,升高了 127%,其他子站均值变化不大(由 318 降至 310),6 日 17 时至 19 时长安子站数值由 426 下降至 309,下降了 27%,其他子站均值变化不大(由 310 降至 304)。可见,被告人堵塞采样器的行为足以造成监测数据的严重失真。上述数据的严重失真,与监测总站在例行数据审核时发现长安子站 PM10 数据明显偏低可以印证。

(3)失真的监测数据已实时发送至监测总站,并向社会公布。长安子站空气质量监测的小时浓度均值数据已经通过互联网实时发布。

(4)失真的监测数据已被用于编制环境评价的月报、季报。环保部在 2016 年 2、3 月及第一季度的全国 74 个重点城市空气质量排名工作中已采信上述虚假数据,已向社会公布并上报国务院,影响了全国大气环境治理情况评估,损害了政府公信力,误导了环境决策。

综上,五被告人干扰采样的行为造成了严重后果,符合《刑法》第二百八十六条规定的"后果严重"要件。

124 聚众扰乱社会秩序罪(《刑法》第二百九十条第一款)

案例:陈先贵聚众扰乱社会秩序案

案例来源:《刑事审判参考》总第 8 辑[第 61 号]

主题词:国外犯罪　属人管辖

一、基本案情

被告人陈先贵,男,1944 年 7 月 1 日出生,农民。

四川省金堂县人民检察院以被告人陈先贵犯聚众扰乱社会秩序罪,向金堂县人民法院提起公诉。

金堂县人民法院经审理查明:1996 年 7 月 3 日,被告人陈先贵与成都金阳建筑公司签订劳动合同,成为该公司承建的科威特 228 项目工地员工。同年 12 月,陈先贵到达科威特工地,先期任工段负责人,后从事一般管理工作。因工作条件、生活待遇等问题,陈先贵对金阳建筑公司科威特 228 项目工段经理部不满,遂于 1997 年 10 月 17 日下午外出乘车时,与吕治兵(另案处理)等工地员工商量欲采取行动,讨个说法。当晚,吕治兵因与工人打架,到项目经理部要该部经理王衍清交出凶手,引起上百人围观、起哄,陈先贵乘机煽动工人闹事。后吕治兵持砖刀殴打王衍清,并率众将王强行带往中国驻科威特大使馆,途中先后引来三百余人围观,被当地警察阻止。次日,228 项目工地工人不上工,并成立"工会"。陈先贵借工人对工资、生活待遇等方面有意见,煽动工人不满情绪,激化工人与项目经理部的矛盾,导致工人砸坏工地小食堂的财物。陈先贵还与吕治兵等人起草了"申诉书",编造虚假事实欺骗群众,策划、组织工人签名。当公司总部为平息事件将《告 228 项目工地全体员工公开信》张贴出来时,陈先贵向围观群众散布谎言,歪曲事实,阻止工人上工。此次事件给成都金阳建筑公司造成严重的经济损失。

金堂县人民法院认为:被告人陈先贵为发泄自己对公司经理部的不满,实现其无理要求,积极组织参与他人扰乱社会秩序,致公司无法正常生产、经营,扰乱了企业的生产秩序,给企业造成严重经济损失,并在国际上造成恶劣影响,其行为已构成聚众扰乱社会秩序罪。虽然被告人陈先贵所犯罪行应在三年以下有期徒刑的法定刑幅度内处刑,但其行为在国际上造成了恶劣影响,后果严重,仍应依法追究其刑事责任。依照《中华人民共和国刑法》第七条第一款、第二百九十条第一款的规定,于 1999 年 10 月 28 日判决如下:

被告人陈先贵犯聚众扰乱社会秩序罪,判处有期徒刑二年。

一审宣判后,陈先贵不服,以主观上没有阻止工人上工、恢复生产的动机,客观上没有参与扰乱社会秩序、破坏生产的行为,不构成聚众扰乱社会秩序罪为由,向成都市中级人民法院提出上诉。

成都市中级人民法院认为:原审判决认定的事实清楚,证据确实、充分,定罪准确,量刑适当,审判程序合法。依照《中华人民共和国刑法》第一百八十九条第(一)项的规定,于 2000 年 1 月 14 日裁定:驳回上诉,维持原判。

二、裁判要旨

No.6-1-290(1)-1 我国公民在国外犯罪,法定最高刑为三年以下有期徒刑,但犯罪情节严重的,应当追究刑事责任。

本案被告人陈先贵在科威特犯聚众扰乱社会秩序罪,因其不是首要分子,而是积极参加者,依照《刑法》第二百九十条第一款的规定,法定最高刑期为三年以下有期徒刑,根据《刑法》第七条第一款的规定,可以不予追究其刑事责任。但根据本案的具体情况,被告人陈先贵的犯罪行为,不仅使其所在公司的生产经营活动无法正常进行,造成了严重经济损失,而且损坏了我国公司、企业在国外的形象,在国际上产生了恶劣影响,后果严重,仍应依法追究其刑事责任。因此,金堂县人民法院根据被告人陈先贵的犯罪事实与情节,以聚众扰乱社会秩序罪判处其有期徒刑二年;成都市中级人民法院依法维持原判,均是适当的。

No.6-1-290(1)-2 我国公民在国外犯罪,法定最高刑为三年以上有期徒刑的,无论被告人实际判处的刑罚高于或者低于三年有期徒刑,均应追究刑事责任。

此外,应当指出,《刑法》第七条第一款但书规定:"按照本法规定的最高刑为三年以下有期徒刑的,可以不予追究"。这里的最高刑为三年以下有期徒刑是指条文的最高法定刑,即《刑法》规定的该罪名的最高刑罚为三年以下有期徒刑,而不是指对被告人实际判处的刑罚。也就是说,如果我国公民在我国领域外犯有刑法规定最高法定刑为三年以下有期徒刑罪行的,我国法院可以不再追究其刑事责任;但是,如果其犯有《刑法》规定最高法定刑为三年以上有期徒刑罪行的,不论其可能被判处何种刑罚,刑期是多长,均须依照我国刑法追究被告人的刑事责任。我国法院在实际追究被告人刑事责任时,应依照《刑法》第六十一条的规定,根据被告人的犯罪事实、犯罪的性质、情节和对于社会的危害程度依法判处,不受必须判处被告人三年以上有期徒刑的限制。对被告人实际判处的刑罚,既可以高于三年有期徒刑,也可以低于三年有期徒刑。

No.6-1-290(1)-3 我国公民在国外犯罪的,应由被告人离境前的居住地或者户籍所在地的人民法院管辖。

我国公民在我国领域外犯我国刑法规定之罪,应依照我国刑法追究被告人刑事责任的刑事案件,虽然不属于涉外刑事案件,但在审判管辖上,与发生在我国领域内的刑事案件有一定的区别,即不能依照"由犯罪地的人民法院管辖"的原则确定地域管辖。此类案件如何确定地域管辖,《刑事诉讼法》没有明确规定,但最高人民法院《关于执行〈中华人民共和国刑事诉讼法〉若干问题的解释》第十二条规定:"中国公民在中华人民共和国领域外的犯罪,由该公民离境前的居住地或者户籍所在地的人民法院管辖。"据此,本案应由被告人陈先贵离境前的居住地或者户籍所在地的人民法院管辖。由于被告人陈先贵离境前的居住地和户籍所在地均在四川省金堂县,且被告人陈先贵所犯聚众扰乱社会秩序罪,依照《刑法》第二百九十条第一款的规定,最高法定刑为三年有期徒刑,依照《刑事诉讼法》有关级别管辖的规定,应由基层人民法院管辖。因此,本案由四川省金堂县人民法院作第一审法院是正确的。

125 聚众扰乱公共场所秩序、交通秩序罪(《刑法》第二百九十一条)

案例:余胜利、尤庆波聚众扰乱交通秩序案

案例来源:《刑事审判参考》总第95集[第934号]

主题词:聚众扰乱交通秩序案　首要分子与情节严重的认定

一、基本案情

被告人余胜利,男,1977年11月12日出生,系上海荣欣酒店厨师长。2012年8月3日因涉嫌犯聚众扰乱交通秩序罪被逮捕。

被告人尤庆波,男,1983年4月24日出生,系上海荣欣酒店点心师。2012年8月3日因涉嫌犯聚众扰乱交通秩序罪被逮捕。

上海市虹口区人民检察院以被告人余胜利、尤庆波犯聚众扰乱交通秩序罪,向上海市虹口区人民法院提起公诉。被告人余胜利、尤庆波及其辩护人对起诉书指控的犯罪事实及罪名均无异议。

上海市虹口区人民法院经公开审理查明:被告人余胜利、尤庆波合谋,由尤庆波提议,余胜利号召,以讨要工资为由,于2012年6月28日11时30分许,组织、鼓动上海荣欣酒店员工韩占起、孙留明(另案处理)等三十余人,聚集到上海市四川北路1851号上海荣欣酒店门口,封堵道路、截断往来车辆,且在警察出警后仍不听劝阻,造成该路段交通严重堵塞。嗣后,余胜利、尤庆波等人被带至公安机关,尤庆波到案后如实供述了自己的罪行,余胜利在庭审中供认了其犯罪事实。

上海市虹口区人民法院经审理认为,被告人余胜利、尤庆波合谋,聚众堵塞交通,抗拒、阻碍国家治安管理工作人员依法执行职务,情节严重,其行为均构成聚众扰乱交通秩序罪。上海市虹口区人民检察院指控被告人余胜利、尤庆波犯聚众扰乱交通秩序罪的罪名成立。尤庆波到案后,能如实供述自己的犯罪事实,依法可以从轻处罚。余胜利在庭审中能供认自己的犯罪事实,可以酌情从轻处罚。余胜利的辩护人关于余胜利在庭审中认罪态度较好,可以酌情从轻处罚的辩护意见,予以采纳。据此,依照《中华人民共和国刑法》第二百九十一条、第二十五条第一款、第六十七条第三款之规定,上海市虹口区人民法院以被告人余胜利犯聚众扰乱交通秩序罪,判处有期徒刑九个月;以被告人尤庆波犯聚众扰乱交通秩序罪,判处有期徒刑六个月。

一审宣判后,被告人余胜利、尤庆波均未提起上诉,检察院亦未抗诉,该判决已发生法律效力。

二、裁判要旨

No.6-1-291-1　聚众扰乱交通秩序罪的成立,要求行为人同时实施了"聚众堵塞交通或破坏交通秩序"与"抗拒、阻碍国家治安管理工作人员依法执行职务"的行为,但并不要求后者必须达到情节严重的程度。

"抗拒、阻碍国家治安管理工作人员依法执行职务"是本罪必须齐备的构成要件行为,但不是必须达到情节严重的程度。

根据《刑法》第二百九十一条的规定,聚众扰乱交通秩序罪的客观要件中包含两类行为:其一,聚众堵塞交通或者破坏交通秩序,即纠集多人堵塞交通道路,使过往车辆、行人不能顺利通过,或者故意以其他方法破坏正常的交通秩序,妨碍车辆、行人的通行安全和便利。其二,抗拒、阻碍国家治安管理工作人员依法执行职务,即抗拒、阻碍依法执行治安管理职务的警察或其他国家机关工作人员依法维护交通秩序的行为。上述两种行为必须同时齐备,方可构成犯罪。具体分析如下：

首先,“抗拒、阻碍国家治安管理工作人员依法执行职务”在本罪中不是选择性行为,故不要求单行为达到情节严重的程度。从“抗拒、阻碍”的对象来看,“国家治安管理工作人员”就是指代表国家机关履行治安管理职责的人民警察以及治安队员、联防队员等,从身份性质角度而言,均属于国家机关工作人员。对于阻碍包括国家治安管理工作人员在内的国家机关工作人员履行职务的行为,《刑法》第二百七十七条规定的妨害公务罪已作了相关规定,即对这类情形的阻碍情形,行为人使用暴力、威胁方法,情节严重的,可以适用妨害公务罪的罪名。因此,对于“聚众堵塞交通或者破坏交通秩序”的情形,不必要求“抗拒、阻碍国家治安管理工作人员依法执行职务”也达到情节严重。

其次,“抗拒、阻碍国家治安管理工作人员依法执行职务”不是复合实行行为,故不要求单行为达到情节严重的程度。复合实行行为是刑法理论界的一种分类。刑法规定的复合实行行为包括牵连式和递进式两类。在牵连式的复合实行行为中,诸要素行为之间存在手段与目的或者原因与结果的关系,且手段、原因行为在前,目的、结果行为在后,后一行为直接导致行为人追求的结果发生。在聚众扰乱交通秩序罪中,“聚众堵塞交通或者破坏交通秩序”与“抗拒、阻碍国家治安管理工作人员依法执行职务”之间显然不具有手段与目的、原因与结果的牵连关系,也不属于当然的递进关系。在排除“抗拒、阻碍国家治安管理工作人员依法执行职务”是复合实行行为的前提下,鉴于“聚众堵塞交通或者破坏交通秩序”的行为一经实施就直接侵害到交通秩序这一客体,可以不对“抗拒、阻碍国家治安管理工作人员依法执行职务”的严重程度进行单独评价,即聚众扰乱交通秩序罪不要求“抗拒、阻碍国家治安管理工作人员依法执行职务”达到情节严重的程度。

“情节严重”是一种概括性的定罪情节,体现了刑法对聚众扰乱交通秩序行为在入罪问题上的社会危害性程度要求。在聚众扰乱交通秩序案件中,比较通行的做法是,对具有交通堵塞严重、持续时间长、聚集人数多、社会影响恶劣、公私财产损失大、发生人员伤亡等情形的,都可以认定为聚众扰乱交通秩序罪中的“情节严重”。当然,具体个案中还应当根据个案的特殊情况进行个性化和综合性的分析。具体到本案中,我们认为,认定被告人余胜利、尤庆波的行为是否达到“情节严重”,可以从以下三个方面进行分析：

1. 犯罪动机。本罪的主观方面是故意,且行为人通常是通过聚众堵塞交通或者破坏交通秩序向有关单位或者部门施加压力,寻求解决相关问题。余胜利、尤庆波等人与荣欣酒店有人事纠纷,进而以讨要工资为名向荣欣酒店施压以实现个人目的。可见,余胜利、尤庆波等人的行为动机并不正当,相对于为索要被拖欠工资而实施的过激行为来说,体现的主观恶性要大得多。

2. 聚集人数。聚众扰乱交通秩序罪为典型的聚众型犯罪,只处罚起组织、策划、指挥作用的首要分子,而对于积极参加者和其他一般参加者一般不以犯罪论处。因此,在客观要件上,不仅要求行为人自己实施扰乱交通秩序的行为,还要求其纠集特定或者不特定的多人于一定时间聚集于一定的地点,共同实施特定的扰乱交通行为。可见,聚集人数的多少是认定情节是否严重的重要因素之一。本案中,余胜利、尤庆波策划并组织了荣欣酒店厨房内工作人员近四十人截堵交通,从聚集人数分析,可以认定为情节严重。

3. 行为影响。具体包括交通被堵塞的严重程度、交通秩序的混乱程度及持续时间、社会影响等方面,这是聚众扰乱交通秩序罪对交通秩序这一客体侵害的最直接体现,也是反映个案情节是否严重的最重要的考量因素。余胜利、尤庆波等人在上海市四川北路商业街上海市第一人民医院分院门口至四川北路 1851 号荣欣酒店门口处一字排开,将马路车行道横向截断,造成该时段四川北路沿线海伦西路至溧阳路段严重拥堵,车辆无法通行约十五分钟,造成交通秩序严重混乱,社会影响恶劣。

笔者认为,本案被告人余胜利、尤庆波聚众扰乱交通秩序的行为符合“情节严重”的认定标准,且具有“抗拒、阻碍国家治安管理工作人员依法执行职务”的表现,应当追究其聚众扰乱交通秩序罪的刑事责任。

126 编造、故意传播虚假恐怖信息罪(《刑法》第二百九十一条之一第一款)

案例:袁才彦编造虚假恐怖信息案

案例来源:《刑事审判参考》总第47集[第372号]

主题词:编造虚假恐怖信息罪 敲诈勒索罪

一、基本案情

被告人袁才彦,男,因涉嫌犯编造虚假恐怖信息罪被逮捕。

某人民法院经审理查明:2004年9月29日,被告人袁才彦用名为"张锐"的假身份证在河南省工商银行信阳分行红星路支行体彩广场分理处开设了银行账户,准备用于勒索钱款。

2005年1月24日下午2时27分,被告人袁才彦通过手机打电话给上海太平洋百货有限公司徐汇店,要求该店在1小时内向其指定的户名为"张锐"的银行账户内汇款人民币5万元,否则就要在商场内引爆炸弹自杀。警方接到店方报警后,启动防爆预案,出动大量警力,于3时左右对上海太平洋百货有限公司徐汇店进行人员疏散,并对该店9层楼面逐层清场,排查可疑爆炸物,直至下午6时30分左右,该店才恢复正常营业,计停业三个半小时,损失营业额约人民币58万元。

2005年1月25日上午及27日,被告人袁才彦又采用同样的方法,分别向福州市、广州市、南宁市、深圳市的百货商店以及上海铁路局春运办公室打电话,扬言爆炸威胁,勒索钱款人民币2—10万元不等,造成部分商场停业,公安部门出动大量的人力、物力,进行人员疏散。

某人民法院经审理后认为,被告人袁才彦采用编造爆炸威胁的方法,向数家单位勒索钱财,造成部分单位停业并遭受严重经济损失,公安部门出动大量警力,进行人员疏散,严重扰乱社会秩序,其行为已构成编造虚假恐怖信息罪,且造成严重后果。依照《中华人民共和国刑法修正案(三)》第八条和《中华人民共和国刑法》第二百九十一条、第五十五条第一款、第五十六条第一款、第六十四条之规定,以编造虚假恐怖信息罪判处被告人袁才彦有期徒刑十二年,剥夺政治权利三年;犯罪工具予以没收。

一审宣判后,被告人袁才彦不服,提出上诉。二审法院认为,原判认定袁才彦编造虚假恐怖信息的犯罪事实清楚,证据确实、充分,适用法律正确,量刑适当,审判程序合法。据此,依照《中华人民共和国刑事诉讼法》第一百八十九条第(一)项之规定,裁定驳回上诉,维持原判。

二、裁判要旨

No.6-1-291之一(1)-2-1 以编造虚假恐怖信息的方式进行敲诈勒索的,属于想象竞合犯,应以一重罪处断。

在以编造虚假恐怖信息的方式实施敲诈勒索的行为中,行为人往往就是打了个电话,编造爆炸威胁、投毒威胁等恐怖信息进行敲诈勒索,从一般普通人的观念认识上进行观察和评价,可以得出行为人只实施了打电话一个行为的结论,不能因为该行为具有多重属性,符合编造虚假恐怖信息罪和敲诈勒索罪的犯罪构成,而机械地分割成编造虚假恐怖信息和勒索财物两个行为。因此,我们认为以编造虚假恐怖信息的方式实施敲诈勒索的,行为人只实施了一个行为,该行为具有多重属性,触犯了两个罪名,符合想象竞合犯的特征,应按该行为所触犯的罪名中的一个重罪论处。

No.6-1-291之一(1)-2-2 编造虚假恐怖信息,造成有关部门实施人员疏散的,应当认定为编造虚假恐怖信息造成严重后果。

从编造虚假恐怖信息罪的犯罪构成上看,此罪并非是行为犯,而是结果犯,行为人是否"严重扰乱社会秩序"是区分罪与非罪的重要界限,对于尚未达到严重扰乱社会秩序的编造虚假恐怖信息的行为,不应认定为犯罪,可依照其他法律法规的相关规定予以行政拘留或罚款。一般认为,编造虚假恐怖信息,引起社会恐慌,致使工作、生产、营业和教学、科研活动无法正常进行,属于严重扰乱社会秩序。当造成有关部门实施人员疏散行动时,则行为人的行为不仅侵犯了被害单位的正常工作、生产、营业和教学、科研秩序,也导致公安、消防、卫生防疫等国家职能部门的正常工作秩序被严重干扰、破坏,并耗费了大量的人力、物力,其行为具有更大的社会危害性,造成的后果也更加严重。因此我们认为,编造虚假恐怖信息,造成有关部门实施人员疏散行动的,属于《中华人民共和国刑法修正案(三)》第八条中规定的造成严重后果,应处五年以上有期徒刑。上述案例中,被告人袁才彦采用编造虚假爆炸威胁的方法,前后共向6家企事业单位勒索钱财,除两家单位未予理睬外(尚未造成严重扰乱社会秩序的后果,不单独成立编造虚假恐怖信息罪,但可作为量刑情节予以考虑),袁的行为造成其余单位正常的工作、经营秩序被迫中断,公安部门出动大量的人力、物力,对多家单位进行人员疏散,后果严重。本案法院根据被告人袁才彦为勒索钱财而编造爆炸威胁等虚假恐怖信息,严重扰乱社会秩序,且造成严重后果的事实,作出以编造虚假恐怖信息罪判处被告人袁才彦有期徒刑十一年、剥夺政治权利三年的判决是正确的。

案例:熊毅编造虚假恐怖信息案

案例来源:《刑事审判参考》总第93集[第881号]

主题词:编造虚假恐怖信息罪　造成严重后果

一、基本案情

被告人熊毅,男,1983年3月3日出生,无业。2012年9月13日因涉嫌犯编造、故意传播虚假恐怖信息罪被逮捕。

湖北省襄阳高新技术产业开发区人民检察院以被告人熊毅犯编造虚假恐怖信息罪向襄阳高新技术产业开发区人民法院提起公诉,并认为熊毅的犯罪行为属于"造成严重后果"情形,建议判处五年以上有期徒刑。

被告人熊毅对起诉书指控的犯罪事实及罪名无异议。其辩护人提出:(1)熊毅的犯罪行为不属于编造虚假恐怖信息罪中"造成严重后果"的情形,依法应当在五年有期徒刑以下幅度内量刑;(2)熊毅认罪态度好,有立功情节,依法可以从轻处罚。

襄阳高新技术产业开发区人民法院经审理查明:2012年8月30日,被告人熊毅在得知其债主熊晓亮即将从湖北省襄阳市乘坐深圳航空公司ZH9706次(襄阳至深圳)航班到广东省向其索债的情况后,为阻止熊晓亮抵粤,当天22时32分,熊毅通过网络使用手机号码任意显功能捆绑的18665143399手机号码,虚拟襄阳市0710-3591973座机号码,拨通深圳机场0755-23456315客服投诉电话,谎称ZH9706次航班上有爆炸物,将于飞机起飞后45分钟爆炸。当天22时45分,深圳航空公司收到深圳机场指挥中心的通报后,随即启动公司一级应急响应程序,并协调空管部门指挥ZH9706次航班于当天23时22分紧急备降武汉天河机场。为保障ZH9706次航班紧急备降,该航班紧急备降期间空中9个其他航班紧急避让,武汉天河机场地面待命航班全部停止起飞。武汉天河机场为此启动二级应急响应程序,调动机场、消防、急救、飞行管制、安检、武警、公安等多部门进行现场应急处置,应急救援人员达200余人、车辆达30余台。8月31日2时15分,经多方协同处置,ZH9706次航班上未发现炸弹及其他威胁航空安全的情形,乘坐该航班的71名乘客、9名机组人员及托运的行李、物品亦未发现危险和可疑情况,深圳航空公司遂将乘客及机组人员送往宾馆休息。当天上午,深圳航空公司为运送滞留武汉天河机场的乘客回深圳,又临时增加2个调机航班。经鉴定,此次飞机紧急备降事件给深圳航空公司造成直接经济损失人民币(以下币种同)175098元、间接经济损失30673元,总计205771元。

襄阳高新技术产业开发区人民法院认为,被告人熊毅故意编造虚假恐怖信息,严重扰乱社会秩序,其行为构成编造虚假恐怖信息罪。公诉机关指控熊毅犯编造虚假恐怖信息罪罪名成立。关于控辩双方争议的熊毅的犯罪行为是否属于"造成严重后果"的情形以及是否应当判处五年以上有期徒刑的问题,法院认为,对编造虚假恐怖信息罪"造成严重后果"的认定,应结合案件的人员伤亡、财产损失、社会恐慌程度等方面综合认定。根据本案法庭查明的事实分析,熊毅的行为所造成的社会恐慌程度和财产损失状况,属于"严重扰乱社会秩序",但未达到"造成严重后果的"程度,对其应当在五年以下有期徒刑幅度内从重处罚。故对公诉机关指控被告人熊毅的犯罪行为属于"造成严重后果"的情形不予支持,对辩护人提出对熊毅依法应当在五年以下有期徒刑判处刑罚的辩护意见予以采纳。关于辩护人提出熊毅有立功表现、依法可予从轻处罚的意见,经查,熊毅在侦查期间曾向侦查机关检举他人犯罪线索,但未能查证属实,故不能认定其有立功表现,对该项辩护意见不予采纳。据此,襄阳高新技术产业开发区人民法院以被告人熊毅犯编造虚假恐怖信息罪,判处有期徒刑四年。

一审宣判后,被告人在法定期限内没有提出上诉,检察机关亦未抗诉,判决已发生法律效力。

二、裁判要旨

No.6-1-291之一(1)-2-3 编造虚假恐怖信息,严重扰乱社会秩序,但未造成人员伤亡,也未在公众中引起极度恐慌并造成重大经济损失的,不应认定为"造成严重后果"。

"造成严重后果",是指严重扰乱社会秩序且造成人员伤亡或者公私财产重大损失等情形。本案处理时,《刑法》及司法解释尚未对"造成严重后果"的认定明确标准。司法实践中,认定此类犯罪行为是否"造成严重后果",应当主要考虑对社会秩序的破坏程度,同时结合人员伤亡情况、财产损失状况、社会恐慌程度等方面加以判断。

1. 严重扰乱社会秩序,造成人员重大伤亡的。如在人群聚集的公众场所编造虚假恐怖信息,引起秩序大乱,导致人群相互拥挤、践踏而造成人员重大伤亡的。根据刑法罪责刑相当以及法律适用平衡的原则,编造虚假恐怖信息造成轻伤也不应认定为"造成严重后果"的情形,因此在五年以上十五年以下有期徒刑幅度内量刑明显是不适当的。当然,编造虚假恐怖信息造成多人轻伤的,可以考虑认定为"造成严重后果"。

2. 严重扰乱社会秩序,造成公私财产遭受重大损失的。对于公私财产重大损失的数额标准的设定,应当体现刑法罪责刑相适应原则,要全面考量可能影响损失认定的相关因素。目前,刑法及司法解释关于公私财产重大损失认定的标准规定不尽一致,但从最高人民检察院、公安部2008年6月25日联合发布的《关于公安机关管辖的刑事案件立案追诉标准的规定(一)》分析,对危害公共安全的具体犯罪,大多将《刑法》条文中规定的"使公私财产遭受重大损失"界定为"造成公私财产直接经济损失五十万元"。

3. 引起严重社会恐慌,造成一定区域的社会正常秩序受到严重破坏等重大社会影响的。具体到本案,被告人熊毅为阻止债主索债而向民航机场编造虚假恐怖信息,造成1个航班紧急备降,9个航班紧急避让,备降机场为此启动二级应急响应程序,调动机场、消防、急救、飞行管制、安检、武警、公安等部门人员200余人、车辆30余台,并给备降航班航空公司造成直接经济损失175098元、间接经济损失30673元,总计205771元。熊毅的犯罪行为构成"严重扰乱社会秩序",但并未达到"造成严重后果"的程度。理由如下:

第一,熊毅的犯罪行为没有造成人员伤亡。

第二,没有在社会公众中引起极度恐慌。本案所造成的社会恐慌程度是较小的,因为熊毅仅向深圳机场编造传递了虚假信息,对象特定,且由于相关机场、航空公司及处置部门保密、应对措施及时得当,影响范围仅限于深圳机场、深圳航空公司的管理系统以及航班所行经的空域管制部门和该次航班的机组成员,在飞机安全备降后告知旅客航班上可能有违禁物品时,旅客已基本处于安全状态,后期新闻报道时亦已排除了危险,对公众造成的恐慌心理也是有限的。

第三,没有造成重大经济损失。熊毅给被害单位深圳航空公司造成的经济损失不足五十万元,而且对于航空行业而言,其本身就是消耗巨大的经济活动,受到安全威胁后备降的经济损失动辄数万元,甚至数十万元,如果认定"严重后果"的数额标准过低,将导致几乎所有的威胁航班飞行的行为都会在五年以上量刑,打击面过大,不符合宽严相济刑事政策的要求。襄阳高新技术产业开发区人民法院认定本案尚未达到"造成严重后果"的程度,在五年有期徒刑以下幅度量刑是正确的。

127 编造、故意传播虚假信息罪(《刑法》第二百九十一条之一第二款)

案例:刘星星编造、传播虚假信息案

案例来源:《刑事审判参考》总第 121 集[第 1328 号]

主题词:编造、传播虚假信息罪　入罪标准

一、基本案情

2020 年 1 月 24 日,被告人刘星星在北京市通州区新建村二期的暂住地内,利用其微信号编造其感染新型冠状病毒后到公共场所通过咳嗽方式向他人传播的虚假信息,发送至其另一微信号,并将该聊天记录截图后发送至微信朋友圈、1 个微信群、2 个微信好友及 3 个 QQ 群,直接覆盖人员共计 2700 余人,并被其他个人微博转发。公安机关掌握该信息后,迅速采取措施,于 2020 年 1 月 26 日将刘星星抓获,并起获涉案手机。

二、裁判要旨

No. 6-1-291 之一(2)-1　编造、故意传播虚假信息罪是情节犯,编造、传播虚假信息行为必须达到严重扰乱社会秩序的程度才构成犯罪。

编造、故意传播虚假信息罪是情节犯,编造、传播虚假信息行为必须达到严重扰乱社会秩序的程度才构成犯罪。而具有相当程度的社会危害性,是犯罪的本质特征。因而,判断编造、故意传播虚假信息的行为是否严重扰乱了社会秩序,应当从实质上把握虚假信息对公共生活有序状态的影响程度和普通公众的生活感受,进行综合判定。具体来说,可以从虚假信息内容、形式、发布时间、直接受众范围、传播手段等方面进行判断。

(1)虚假信息内容。本案被告人编造的信息正与新冠疫情相关,而被告人编造信息中涉及的朝阳大悦城、西单大悦城、常营天街购物中心等地点,均是商业繁荣、人群密集的北京地标。上述虚假信息的内容不同于“抹风油精可以治愈新冠肺炎”等谣言,主观上具有十分明显的恶意,客观上也不容易被识别或不攻自破,严重影响社会公众的安全感,极易造成民众的恐慌。

(2)虚假信息发布时间。行为人编造、传播疫情信息的时间是 2020 年 1 月 24 日,当日,北京市已经启动重大突发公共卫生事件一级响应,新冠疫情是全社会关注的焦点,其行为正发生在新冠肺炎防控期间。

(3)虚假信息直接受众范围。行为人将虚假信息发送至微信朋友圈、1 个微信群、2 个微信好友及 3 个 QQ 群,信息覆盖范围达 2700 余人,直接受众人数较多。

(4)虚假信息传播手段。信息网络的传播方式在全媒体时代具有突破时空性的特征,信息一旦发出便不受行为人控制,可被他人无限转发,呈现出一触即发、波及极广、危害甚巨的发展态势。其传播速度、传播范围呈几何级数增长,甚至出现“裂变式”快速传播,传播影响力巨大。本案中,被告人刘星星通过手机微信和 QQ 这种即时通讯工具发布虚假信息,而且,为增强信息内容的可信性,行为人先用自己注册的两个微信号相互发送,然后以对话体的聊天记录截图对外发布。证据显示,刘星星所发布的内容已被其他个人微博转发,辐射范围广。

综上,结合当前疫情形势,被告人刘星星发布的虚假信息足以在当下引起社会公众心理的恐慌,造成社会秩序混乱,可以认定其行为的社会危害性大,应当受到刑罚处罚。

No. 6-1-291 之一(2)-2　相关职能部门采取紧急应对措施是严重扰乱社会秩序的形式标准之一;但职能部门采取紧急应对措施避免危害结果扩大,不能成为阻却犯罪成立的理由。

“严重扰乱社会秩序”可以分为“严重扰乱”和“社会秩序”两个方面来理解,而这两者的判断都带有一定的主观色彩和抽象成分,因而在司法实践中除了进行社会危害性的实质判断,还必须以现实公共秩序遭到破坏作为编造、故意传播虚假信息行为入罪的处罚基础。社会秩序的范围包括公共场所秩序、公共交通秩序、国家机关和企事业单位工作秩序、公民日常生活秩序、职能部门正常工作秩序等方面。随着应急管理体制的完善,面对突发公共事件,相关职能部门往往会依法采取紧急应对措施,阻止严重后果的发生发展,虚假信息导致相关职能部门采取紧急应对措施本身就是严重扰乱社会秩序的一种表现。换言之,致使相关职能部门采取紧急应对措施也是严重扰乱社会秩序的认定标准之一。

需要说明的是,职能部门采取紧急应对措施避免危害结果扩大,不能成为阻却犯罪成立的理由。本案被告人于2020年1月24日11时发布虚假疫情信息,在网友于当日16时43分报警后,公安机关立即采取紧急应对措施,避免疫情信息进一步传播,并查找被告人核实情况。因紧急应对措施及时、有效,尚未造成大规模的人员恐慌,未发生公共场所秩序混乱的实害后果。但是,应当考虑到公安机关从接警到抓获行为人耗时54个小时,京晋两地10余个公安机关职能部门参与了本案相关事项的处理,动用警力30余人次,行为人的行为不仅使疫情防控期间原本紧张的社会气氛升级,而且致使相关职能部门采取紧急应对措施,耗费了原本可用于疫情防控的社会公共资源。因此,紧急应对措施确实避免了危害结果扩大,但是系相关职能部门依职权采取,不能成为阻却被告人刘星星犯罪成立的理由。

128 高空抛物罪(《刑法》第二百九十一条之二)

案例:廖善香过失致人死亡案

案例来源:《刑事审判参考》第132辑[第1485号]

主题词:高空抛物罪　过失致人死亡

一、基本案情

2021年6月17日7时许,被告人廖善香欲将其放置于房屋四楼阳台屋檐底的竹筒搬至一楼用于烧柴做饭,因其脚受伤不便,搬运竹筒困难,遂产生将竹筒直接从四楼阳台扔到一楼门外水泥坪的想法。后廖善香至四楼阳台,从屋檐底抱起一根竹筒走到阳台栏杆处,查看楼下无人后将竹筒抱到栏杆外靠天沟外沿竖直朝水泥坪扔至一楼门外的水泥坪处。扔第四根竹筒时,砸中路过廖善香房屋门口水泥坪的被害人朱某某头部,致朱某某颅脑损伤而当场死亡。案发后,廖善香得知他人报警后在现场等候抓捕,并在到案后如实供述犯罪事实。在法院审理过程中,被告人廖善香与被害人家属就民事赔偿事宜达成协议,并在刑事宣判前履行完毕。

二、裁判要旨

No. 6-1-291之二-1　增设高空抛物罪后,虽然不意味着高空抛物行为完全失去适用危害公共安全犯罪的空间,但除去极端的以高空抛物手段直接危害不特定多数人人身安全的行为外,一般的高空抛物行为不再作为危害公共安全犯罪处理,而作为扰乱公共秩序犯罪处理。

本案被告人在农村,为了节省体力,将物品从四楼扔到楼下的水泥坪,且被告人在扔之前看了楼下无行人经过,常态情况下并不会对不特定多数人的人身安全造成现实的危险,因而从行为人的动机、抛物场所、抛掷物的情况分析,不应构成(过失)以危险方法危害公共安全罪。

被告人廖善香的行为同时构成高空抛物罪和过失致人死亡罪,应当以处罚较重的过失致人死亡罪定罪处罚。刑法规定,高空抛物行为,只有情节严重的才构成犯罪。关于"情节严重"的认定,目前尚无司法解释明确规定。实践中可以根据行为人的动机、抛物场所、抛掷物的情况以及造成的后果等因素,全面考量行为的社会危害程度,准确判断高空抛物行为是否属于"情节严重"。例如,高空抛掷纸张,明显不会对人身、财产安全造成危害,不具有刑法上的社会危害性,无须由刑法规制。具有下列情形之一的,一般应当认定为"情节严重":多次实施高空抛物行为或者高空抛物数量较大;经劝阻仍然实施高空抛物行为;曾因高空抛物受过刑事处罚或者行政处罚后又实施高空抛物行为;在人员密集场所实施高空抛物行为;高空抛物造成一定人身、财产损失;其他情节严重的高空抛物行为。

本案中,被告人廖善香在一个时间段内,连续四次从房屋四楼向一楼门外的水泥坪抛扔竹筒,导致一人死亡,可以认定为情节严重,构成高空抛物罪。同时,本案被告人廖善香的行为还构成过失致人死亡罪。首先,可以排除行为人故意杀人的主观心理。在抛扔竹筒前,廖善香特意查看楼下是否有人,可见其对他人的死亡既无追求的意愿,亦无放任的故意;其次,廖善香仅在第一次抛扔竹筒时查看楼下水泥坪是否有人经过,之后三次抛扔竹筒时没有再查看,其对第四次抛扔竹筒时致被害人死亡一节,在主观上属于疏忽大意的过失。

129 聚众斗殴罪(《刑法》第二百九十二条)

案例:倪以刚等聚众斗殴案

案例来源:《刑事审判参考》总第44集[第350号]

主题词:聚众斗殴罪

一、基本案情

附带民事诉讼原告人张明,男,1987年4月18日出生,汉族,学生。

被告人倪以刚,男,1985年6月14日出生,汉族,初中文化,无业。2003年3月25日因犯妨碍公务、寻衅滋事罪被判处有期徒刑一年六个月。2004年3月26日因本案被刑事拘留,4月8日被逮捕。

被告人韩磊,男,1987年10月23日出生,汉族,初中文化,无业。2004年4月23日因本案被刑事拘留,5月18日被逮捕。

被告人张耀,男,1985年3月1日出生,汉族,初中文化,无业。2004年3月12日因本案被刑事拘留,4月9日被逮捕。

被告人刘旭,男,1986年2月26日出生,汉族,初中文化,无业。2004年6月2日因本案被刑事拘留,6月7日被逮捕。

被告人周业晖,男,1987年10月3日出生,汉族,小学文化,无业。2004年4月19日因本案被刑事拘留,5月18日被逮捕。

被告人胡成文,男,1987年5月1日出生,汉族,小学文化,无业。2004年3月10日到泗阳县公安局投案自首,当日被取保候审,3月30日被刑事拘留,4月9日被逮捕。

被告人夏成小,男,1987年7月12日出生,汉族,学生。2004年3月18日因本案被刑事拘留,4月10日被逮捕。

被告人朱鹏,男,1987年7月24日出生,汉族,学生。2004年3月14日因本案被刑事拘留,4月9日被逮捕。

被告人王业佳,男,1986年7月22日出生,汉族,学生。2004年3月18日因本案被刑事拘留,4月9日被逮捕。

江苏省泗阳县人民法院依法经审理查明:被告人夏成小等人与王云龙、徐杰(另案处理)等人发生矛盾,徐杰等人多次准备殴打夏成小,夏成小将此事告诉被告人倪以刚。2004年2月15日下午2时许,被告人倪以刚及其"老大"张卫(在逃)出面处理此事,与徐杰等人的"老大"赵磊(另案处理)在开荣浴室门口发生争执,赵磊用刀将张卫的裤子戳坏,倪以刚等人认为自己的"老大"丢了面子,遂联系汪凯(在逃),商定为张卫报仇,后倪以刚和汪凯先后召集被告人韩磊、张耀、周业晖、刘旭、胡成文、夏成小、王业佳、朱鹏以及刘兵、苏臣逸(在逃)、吴国健、朱峰、赵东等二十余人,于2004年2月15日下午6时许,携带砍刀准备到"东方网络"网吧寻找赵磊等"东边"的人殴打。倪以刚等人行至众小门东时,遇到被害人张明,听说张明也是他们要寻找的"东边"的人,包括九被告人在内的二十多人即围住张明,其中倪以刚、韩磊、张耀、周业晖、刘旭、胡成文及汪凯、刘兵等人用砍刀将张明砍伤。

随后,包括九被告人在内的二十多人又窜至众兴镇"东方网络"网吧,汪凯、刘兵及倪以刚、胡成文等人在网吧内砍打徐杰、丁扬等人,韩磊、张耀、周业晖、刘旭在网吧外追砍陈磊、王健等人,王业佳欲用刀砍人时刀被夏成小夺去,夏成小、朱鹏在网吧门口持刀砍人,在本次殴斗中,徐杰、王允寅、陈磊、王健、张子扬、丁扬、张徐等人被砍伤。

张明于2004年2月15日受伤后,当即被家人送到泗阳县人民医院抢救并住院治疗,经检查张明颅骨、面额部及身体其他部位十多处受伤,至3月11日出院;6月6日张明再次到泗阳县人民医院住院,在此期间行颅骨修补术,至6月20日出院。经法医鉴定,张明的头部颅骨损伤构成重伤,徐杰、王允寅、陈磊、王健的损伤构成轻伤,丁扬、张子扬、张徐的损伤构成轻微伤。另查明:张明在泗阳县人民医院治疗期间共花费35915.56元,交通费210元。

案发后,倪以刚家人主动赔偿张明医疗费4000元,韩磊家人向张明赔偿医疗费2000元,周业晖主动赔偿张明1100元;张耀已赔偿1000元,并协议在2004年10月底继续向张明赔偿2000元;胡成文已向张明赔偿医疗费3000元;刘旭向张明赔偿医疗费1000元;夏成小于案发后已向张明赔偿医疗费3000元;王业佳已向张明赔偿医疗费2000元,朱鹏已向张明赔偿医疗费3000元。胡成文、夏成小、王业佳、朱鹏除向张明赔偿上述医疗费外,还额外支付了数额不等的其他补偿。

被告人韩磊、张耀、周业晖、刘旭、夏成小、王业佳、朱鹏及相应的辩护人辩称自己或相关被告人均未砍张明。经查:(1)关于被告人韩磊。被告人韩磊供述在遇到张明时是跟在汪凯后面的,也证明张明被汪凯拦住实施砍打行为,而被告人张耀、周业晖、夏成小在侦查机关供述被告人韩磊实施了用刀砍张明的行为,被告人韩磊的辩解与事实不符,其辩解不予采信。(2)关于被告人张耀。被告人张耀虽否认自己用刀砍张明,但被告人倪以刚、韩磊、周业晖、夏成小、朱鹏在侦查机关均供述张耀对张明实施了用刀砍张明身体的行为,被告人刘旭在庭审中供述张耀用刀砍了张明,因此对张耀及其辩护人的此辩解意见不予采信。(3)关于被告人周业晖。被告人周业晖在侦查机关供述自己已将刀抽出,被告人倪以刚、张耀、刘旭、夏成小在侦查机关均供述了周业晖参与用刀砍张明身体的行为。因此对周业晖的辩解本院不予支持。(4)关于被告人刘旭。被告人刘旭虽在庭审中否认自己砍张明,但其在侦查机关供述了自己砍张明头部两刀的事实,同时该事实得到被告人张耀、周业晖供述的印证,故对被告人刘旭的辩解本院不予采信。(5)关于被告人夏成小。虽然被告人倪以刚、张耀证明夏成小对张明实施了砍的行为,但被告人王业佳、朱鹏及证人朱峰证明其四人是在一起的,没有去砍张明,同时被害人张明虽陈述夏成小随被告人倪以刚追了张明,但并未明确被告人夏成小砍了张明,所以认定被告人夏成小对被害人张明实施用刀砍的行为证据不足,其本人和辩护人的辩解意见本院予以采信。(6)关于被告人王业佳。虽然被告人倪以刚证明王业佳对张明实施了砍的行为,但被告人朱鹏、夏成小的供述、证人朱峰的证言证明王业佳没有砍张明,故认定被告人王业佳砍张明的证据不足,对被告人王业佳及其辩护人的此辩解意见本院予以采信。(7)关于被告人朱鹏。被告人夏成小、王业佳、证人朱峰证明在砍张明时和朱鹏在一起,故认定被告人朱鹏对张明实施砍的行为证据不足,对其本人及辩护人的辩解意见予以采信。

另查明:2003年11月29日晚7时许,左峰与汪凯在泗阳振兴商贸城发生矛盾,后汪凯纠集被告人韩磊以及张卫、刘兵等人持砍刀驾车在城区寻找左峰等人斗殴,在泗阳县电视塔西一桥处找到左峰、刘成、左海波、王维亮等人,被告人韩磊等即下车持刀上前追砍,致左海波、刘成、王维亮三人被砍伤,经法医鉴定,刘成的损伤构成轻伤。案发后,汪凯向刘成和左海波共赔偿7000元。

2003年8月17日晚7时许,左峰和其几个朋友在泗阳县众兴镇芙蓉路遇到被告人刘旭和尹佳、张旭,因左峰前一天和被告人刘旭发生矛盾,被告人刘旭认为左峰还要打他,遂从扬子网吧旁边的一小吃部摸出一把菜刀将左峰砍伤,经法医鉴定,左峰的损伤构成轻伤。2004年6月5日被告人刘旭向左峰赔偿了1500元。

泗阳县人民法院认为,被告人倪以刚、韩磊、张耀、周业晖、刘旭、胡成文、夏成小、朱鹏、王业佳持械聚众斗殴;被告人倪以刚在2004年2月15日的聚众斗殴中起策划、组织、指挥作用,属首要分子;被告人韩磊、张耀、周业晖、刘旭、胡成文、夏成小、朱鹏、王业佳在2004年2月15日的聚众斗殴过程中,积极参与,均属于积极参加者。被告人韩磊还伙同汪凯积极参与殴打刘成、左海波等人,九被告人的行为均构成聚众斗殴罪;被告人倪以刚、韩磊、周业晖、胡成文、张耀、刘旭在聚众斗殴中还实施了致被害人张明重伤的行为,而本案中又难以分清致被害人张明重伤的直接责任人,故被告人倪以刚、韩磊、张耀、周业晖、刘旭、胡成文对张明伤害的行为还符合《中华人民共和国刑法》第二百九十二条第二款的情形,属于致人重伤的情况,应依《中华人民共和国刑法》第二百三十四条第二款规定的故意伤害罪定罪处罚。被告人刘旭故意伤害左峰身体致其轻伤,其行为已构成故意伤害罪。九被告人等人在2004年2月15日的聚众斗殴过程中,在众小门九被告人等追砍被害人张明与在“东方网络”内殴斗在时间上有一定的连续,但由于众小门与“东方网络”相隔较远,属不同的地点,九被告人在两处的行为应分别评价。即被告人倪以刚、韩磊、张耀、周业晖、刘旭、胡成文均应按故意伤害罪和聚众斗殴罪数罪并罚;被告人夏成小、朱鹏、王业佳应按聚众斗殴罪定罪处罚。公诉机关指控被告人倪以刚、韩磊、张耀、周业晖、刘旭、胡成文犯故意伤害罪和聚众斗殴罪,被告人夏成小、朱鹏、王业佳犯聚众斗殴罪,事实清楚,证据确实充分,应予支持;但公诉机关指控被告人夏成小、朱鹏、王业佳犯故意伤害罪证据不足,本院不予支持。被告人倪以刚系首要分子,应对2004年2月15日发生的聚众斗殴事件全部负责,其在有期徒刑执行完毕后的五年内再犯应当判处有期徒刑以上的刑罚之罪,属累犯,依法应当从重处罚;但考虑到被告人倪以刚积极赔偿被害人张明部分医疗费,对其所犯的故意伤害罪可酌情从轻处罚。被告人韩磊作案时不满18周岁,并向张明赔偿了部分医疗费,根据其所实施犯罪行为在整个犯罪中的作用和情节,依法从轻处罚。被告人张耀已向被害人张明赔偿部分费用,对其故意伤害罪酌情从轻处罚。被告人周业晖在作案时不满18岁,并向张明赔偿部分医疗费,对其所犯的故意伤害罪依法适用减轻处罚,对其所犯的聚众斗殴罪从轻处罚。被告人刘旭在作案时不满18岁,并向张明赔偿部分医疗费,本院对其所犯两罪依法均适用从轻处罚。被告人胡成文在案发后主动投案并如实供述自己的犯罪事实,属自首,其在作案时不满18岁,并主动赔偿张明的部分损失,认罪态度较好,对其所犯故意伤害罪和聚众斗殴罪均适用减轻处罚。被告人夏成小、朱鹏、王业佳均系在校学生,在作案时均不满18周岁,均能主动赔偿被害人张明的部分损失;被告人朱鹏、王业佳在整个犯罪中起次要作用,属从犯,且认罪态度较好;根据三被告人各自所实施犯罪行为的具体情节及三被告人的犯罪原因,本院不同程度地对三被告人所犯聚众斗殴罪适用减轻处罚。被告人夏成小的辩护人辩称夏成小没有对张明砍打,故不应当认定被告人夏成小犯故意伤害罪,因认定被告人夏成小砍张明证据不足,对该辩护意见本院予以采信。被告人周业晖和夏成小的辩护人均认为自己的当事人是从犯,经查,该二被告人在整个犯罪中的作用,不符合从犯的法律要件,对二辩护人的该辩护意见不予采信。被告人刘旭辩称砍左峰是自卫,但通过对查明事实的分析,被告人刘旭的行为不符合正当防卫的法律要件,故对被告人刘旭的此辩解本院不予支持。本案中九被告人的聚众斗殴行为与张明的受伤都有因果关系,故九被告人为共同侵权人,被告人倪以刚、周业晖、刘旭和其他被告人共同对被害人张明实施侵权行为,应当承担相应的民事赔偿责任。根据本案的具体情况,难以区分各被告人的责任范围,应推定各共同侵权人承担同等民事责任,同时被害人张明的法定代理人对被告人韩磊、张耀、胡成文、夏成小、王业佳、朱鹏的权利处分的后果已向附带民事诉讼原告人告知并另行作出裁判文书。这就决定被告人倪以刚、周业晖、刘旭仅应承担该三人应当承担的赔偿份额。原告人张明的医疗费为35915.56元、护理费为1742.5元(按每天42.5元计算41天)、营养费为615元(按每天15元计算41天)、交通费为210元,四项费用共计38484.06元。按十二人应当对原告人承担赔偿义务计算,可确定被告人倪以刚、周业晖、刘旭应当共同连带赔偿38484.06元中的1/4即9621元。鉴于被告人倪以刚已向张明支付了4000元,被告人周业晖已支付1100元,被告人刘旭已支付1000元,故被告人倪以刚、周业晖、刘旭还应连带赔偿张明医疗费、营养费、护理费、交通费共计3521元。被告人周业晖现尚不满18周岁,属限制民事行为能力人,被告人周业晖造成被害人张明损伤,其应当承担的民事责任应由其监护人即法定代理人徐翠英承担。被告人刘旭在对被害人张明实施侵权行为时不满18周岁,现已满18周岁,对其应承担的赔偿责任而实际不能承担的应由原监护人即本案附带民事诉讼被告人纪扬州承担。附带民事诉讼被告人纪扬州辩称:被告人刘旭没有对张明实施砍的行为也不应予赔偿,经查,其辩解与事实不符,且无法律依据,本院不予支持。根据《中华人民共和国刑法》第二百九十二条,第二百三十四条第一、二款,第十七条第一、三款,第二十五条第一款,第二十六条第一、四款,第二十七条,第三十六条第一款,第五十五条第一款,第五十六条第一款,第六十五条第一款,第六十七条第一款,第六十九条,《中华人民共和国民法通则》第一百三十条、第一百三十三条第一款、最高人民法院《关于贯彻执行〈中华人民共和国民法通则〉若干问题的意见(试行)》第一百六十一条第一款、最高人民法院《关于审理人身损害赔偿案件适用法律若干问题的解释》第五条之规定,判决如下:

1. 被告人倪以刚犯故意伤害罪,判处有期徒刑六年;犯聚众斗殴罪,判处有期徒刑六年,剥夺政治权利一年。决定执行有期徒刑十一年,剥夺政治权利一年(刑期自判决生效之日起计算。判决执行以前先行羁押的,羁押一日折抵刑期一日,即自2004年3月26日起至2015年3月25日止);

2. 被告人韩磊犯故意伤害罪,判处有期徒刑四年;犯聚众斗殴罪,判处有期徒刑五年六个月。决定执行有期徒刑九年(刑期自判决生效之日起计算。判决执行以前先行羁押的,羁押一日折抵刑期一日,即自2004年4月23日起至2013年4月22日止);

3. 被告人张耀犯故意伤害罪,判处有期徒刑四年;犯聚众斗殴罪,判处有期徒刑三年。决定执行有期徒刑六年六个月(刑期自判决生效之日起计算。判决执行以前先行羁押的,羁押一日折抵刑期一日,即自2004年3月12日起至2010年9月11日止);

4. 被告人刘旭犯故意伤害罪,判处有期徒刑三年;犯聚众斗殴罪,判处有期徒刑三年。决定执行有期徒刑五年六个月(刑期自判决生效之日起计算。判决执行以前先行羁押的,羁押一日折抵刑期一日,即自2004年6月2日起至2009年12月1日止);

5. 被告人周业晖犯故意伤害罪,判处有期徒刑二年六个月;犯聚众斗殴罪,判处有期徒刑三年。决定执行有期徒刑五年(刑期自判决生效之日起计算。判决执行以前先行羁押的,羁押一日折抵刑期一日,即自2004年4月19日起至2009年4月18日止);

6. 被告人胡成文犯故意伤害罪,判处有期徒刑二年;犯聚众斗殴罪,判处有期徒刑二年。决定执行有期徒刑三年(刑期自判决生效之日起计算。判决执行以前先行羁押的,羁押一日折抵刑期一日,即自2004年3月30日起至2007年3月29日止);

7. 被告人夏成小犯聚众斗殴罪,判处有期徒刑二年(刑期自判决生效之日起计算。判决执行以前先行羁押的,羁押一日折抵刑期一日,即自2004年3月18日起至2006年3月17日止);

8. 被告人朱鹏犯聚众斗殴罪,判处有期徒刑一年(刑期自判决生效之日起计算。判决执行以前先行羁押的,羁押一日折抵刑期一日,即自2004年3月14日起至2005年3月13日止);

9. 被告人王业佳犯聚众斗殴罪,判处有期徒刑八个月(刑期自判决生效之日起计算。判决执行以前先行羁押的,羁押一日折抵刑期一日,即自2004年3月18日起至2004年11月17日止)。

被告人倪以刚、刘旭和被告人周业晖的法定代理人徐翠英于本判决生效后十日内向附带民事诉讼原告人张明共同连带赔偿损失三千五百二十一元,附带民事诉讼被告人纪扬州对被告人刘旭不能支付部分承担赔偿责任。

二、裁判要旨

No. 6-1-292-1 聚众斗殴罪不仅包括双方采用暴力方式进行殴斗,即使单方具有聚众斗殴故意的,亦应以聚众斗殴罪论处。

聚众斗殴罪的典型形态是双方均在三人以上,且均有与对方斗殴故意的情形。本案因私仇引发,只有倪以刚一方有殴打对方的故意,是否构成聚众斗殴罪呢?我们认为,对此类案件应依照聚众斗殴罪的构成特点,全面分析案件的主客观情况,防止片面强调客观行为条件,忽视行为人主观故意内容而导致简单化的错误倾向,从而准确定罪量刑。在殴斗的理解上,我们认为,只要双方或一方采用暴力方式进行殴斗,不论采用何种暴力方式都是结伙殴斗行为。从倪以刚一方的主观故意看,其要实施的行为方式是以殴斗的方式报复“东边人”,其殴打的对象不是特定的“东边人”而是不特定的“东边人”,具有随意性;目的是为“老大”张卫报仇,且明知网吧、街道是公共场所,其所侵害的不仅是他人的人身安全,更主要的是社会公共秩序。客观上倪以刚一方也按照计议,纠集二十多人结伙持刀等械具在街道、网吧寻找,并随意殴斗他们认为的所谓“东边人”,被告人倪以刚虽一方具有斗殴故意,倪以刚等九人同样构成聚众斗殴罪。

No. 6-1-292-2 在聚众斗殴中,数人共同对他人进行殴斗造成死亡或者伤害,难以区分致被害人死伤的直接责任人的,数人均应对死伤后果承担刑事责任。

首要分子对全部犯罪事实负责,所以倪以刚作为首要分子无论其是否实施实行行为,应转化为故意伤害无异议。在众小门前九被告人中的倪以刚、韩磊、张耀、刘旭、周业晖、胡成文与在逃的汪凯、刘兵等均对张明实施了砍打的行为,在主观上具有殴打"东边人"的故意,对于殴打张明的后果,6人均持放任心理;在客观上6人及汪凯、刘兵等人相互配合,实施拖拽、砍、打的行为,尽管行为人所处的地位、具体分工、参与程度可能不同,但他们行为指向的目标相同,为达到同一个目的,每一个人的行为都是整个加害行为的有机组成部分,因此共同行为人的行为与张明重伤的结果之间互为因果关系。本案中又难以分清致被害人张明重伤的直接责任人,所以韩磊、张耀、刘旭、周业晖、胡成文参与砍打张明的行为均应按《刑法》第二百九十二条第二款的规定转化为故意伤害罪。而被告人夏成小、朱鹏、王业佳没有对张明实施拖拽、砍、打的客观行为,故三人仍只应定聚众斗殴罪。

案例:任中顺等聚众斗殴案

案例来源:《人民法院案例选》2005年第3辑

主题词:聚众斗殴罪　主犯与从犯的认定

一、基本案情

被告人任中顺,男,34岁,汉族,小学文化,农民,新乡市红旗区人,2004年4月7日被逮捕。

被告人陈同望,男,29岁,汉族,小学文化,工人,新乡市红旗区人,2004年4月7日被逮捕。

被告人马兴勇,男,23岁,汉族,初中文化,农民,新乡市红旗区人。因犯抢劫罪于2001年3月23日被新乡县人民法院判处有期徒刑三年,缓刑五年,因本案于2004年4月7日被逮捕。

河南省新乡县人民法院经审理查明:2004年1月28日(农历正月初七)晚,被告人任中顺、马兴勇、张延海(在逃)因与崔增良、张廷平、张希祥等人发生矛盾,任中顺组织陈同望、马兴勇等六十余人乘多辆汽车,持弩枪、铁锨、木棍等凶器到新乡县古固寨镇政府路桥处找崔增良等人斗殴。崔增良等人见状逃走。任中顺持弩将张希祥肩膀射成轻伤。在追打张延平时将倍佳好超市玻璃砸毁,致使该店服务员杨丽在恐惧中从二楼跳下,致腰骨骨折,构成轻伤。后被告人任中顺带领陈同望等人将崔增良经营的名贤沐浴中心砸毁,造成4938元的损失。现场附近几家饭店,超市的门窗玻璃被砸,价值296.6元。2004年3月1日三被告人到公安机关投案,并在案件审理期间赔偿了崔增良15000元。

新乡县人民法院认为,被告人任中顺、陈同望、马兴勇聚众多人持械斗殴,其行为已构成聚众斗殴罪。任中顺在共同犯罪中起主要作用,系主犯,应当按照其所组织的全部犯罪处罚。陈同望、马兴勇在共同犯罪中起次要作用,系从犯,应当从轻、减轻处罚。三被告人犯罪以后自动投案并如实供述自己的罪行,属自首,可以从轻或减轻处罚。三被告人犯罪后积极赔偿了被害人损失。被告人马兴勇在缓刑考验期限内又犯新罪,应当撤销缓刑,数罪并罚。被告人任中顺、马兴勇及其辩护人认为二被告人的行为不构成聚众斗殴罪的辩护意见,没有事实、法律依据,不予采纳;被告人陈同望及辩护人辩称陈同望系从犯的辩护意见,与本院查明的事实相符,予以采纳。依据《中华人民共和国刑法》第二百九十二条第一款第(二)、(四)项,第二十五条第一款,第二十六条第一、四款,第二十七条,第六十七条第一款,第六十九条,第七十七条第一款之规定,判决如下:

1. 被告人任中顺犯聚众斗殴罪,判处有期徒刑四年;
2. 被告人陈同望犯聚众斗殴罪,判处有期徒刑二年;
3. 被告人马兴勇犯聚众斗殴罪,判处有期徒刑二年,撤销本院(2001)新刑初字第43号刑事判决书中对被告人马兴勇"犯抢劫罪,判处有期徒刑三年,缓刑五年,并处罚金二千元"中的宣告"缓刑五年"的执行部分,合并判处被告人马兴勇有期徒刑五年,并处罚金二千元;决定执行有期徒刑四年,并处罚金二千元。

一审宣判后,任中顺不服,以其到现场后对方跑掉,没有相互殴斗成,不构成聚众斗殴罪为由提起上诉。新乡市中级人民法院审理后认为,被告人任中顺组织六十余人携凶器乘车到预定地点殴斗,当对方见任中顺的人多逃走的情况下,任带领人仍前去追打,将张希祥射伤,并砸毁多处物品,且参与斗殴的人数多,规模大,造成社会秩序的严重混乱,其行为已构成聚众斗殴罪。遂依法裁定,驳回上诉,维持原判。

二、裁判要旨

No. 6-1-292-3 在意图聚众斗殴的双方中,一方没有实际参与斗殴或者情节较轻的,不构成聚众斗殴罪;另一方造成对方成员和无辜群众人身伤害和财产损失,情节严重的,应以聚众斗殴罪论处。

聚众斗殴行为在一般情况下是一种双方相对应的违法行为,即参与的双方都构成违法,但是对聚众斗殴罪而言,聚众斗殴的双方并不一定都应构成聚众斗殴罪。如果斗殴的一方虽有斗殴的故意但没有实际参与殴斗或是参加的人数少,造成的后果并不严重,则其行为只是应受行政处罚的一般违法行为,不构成聚众斗殴罪,而另一方参与的人数众多,造成了严重的后果,则其行为可构成聚众斗殴罪。本案中崔增良一方虽有斗殴的故意,但其组织的人数少,且在对方到达时逃走,没有与对方殴斗,其行为是违反治安管理的一般违法行为,不构成犯罪,而被告人任中顺一方组织参与的人数多,规模大,在崔增良一方逃走的情况下,仍持凶器前去追打,射伤1人,砸坏多处物品,造成春节期间社会秩序的严重混乱,后果严重,其行为已触犯刑律,构成聚众斗殴罪。因此,一、二审法院对三被告人行为的定性是正确的。

No. 6-1-292-4 虽然积极参加聚众斗殴,但并未起组织、策划、指挥作用的,应以聚众斗殴罪的从犯论处。

根据我国《刑法》和相关规定,主犯包括三种情况:一是组织领导犯罪集团进行犯罪活动的犯罪分子,即犯罪集团的首要分子;二是在共同犯罪中起主要作用的犯罪分子,包括在犯罪集团中虽然不是组织者、领导者,但积极为犯罪集团献计献策,实施犯罪特别卖力、罪行严重的犯罪分子和在一般共同犯罪中起着关键作用、直接造成严重的危害后果,或者情节特别严重的犯罪分子;三是聚众犯罪中起组织、策划、指挥作用的犯罪分子,即聚众犯罪中的首要分子(但犯罪主体以首要分子作为法定构成要件的聚众性犯罪,如聚众扰乱公共场所秩序、交通秩序罪中的首要分子,一般不认定为主犯)。在本案中,陈同望、马兴勇只是在任中顺的组织下积极参加了聚众斗殴,但并非该犯罪的首要分子,不宜认定为主犯。因此将其认定为从犯的意见是正确的。

案例:李景亮聚众斗殴案

案例来源:《人民法院案例选》2006年第3辑

主题词:聚众斗殴 故意杀人罪 故意伤害罪

一、基本案情

被告人李景亮。

河南省焦作市马村区人民法院经审理查明:2003年12月1日19时许,时任焦作市坤峰公司业务员的李景章(已判刑)酒后到马村辖区金冠电厂门口附近王战富(已判刑)开办的仁和商店购物,因言语问题同王战富发生摩擦,王战富对李景章拳打脚踢。李景章以自己被打为由,扬言要砸王战富的商店,即给时任坤峰公司负责人的李景亮打电话并告知情况。

被告人李景亮得知李景章被打后,便纠集人员准备报复,随后打电话通知杨勇(已判刑),让多带些人来煤场帮忙。杨勇随后将情况告知了在场的周江涛(已判刑)、张向阳(在逃)。杨勇又纠集申满意(已判刑)等人,申满意纠集张贝贝(已判刑)等人,周江涛又纠集李卫东(已判刑)等六十余人,分乘十余辆车携带砍刀、匕首等械具来到位于山阳区苏蔺村东的坤峰公司南煤场集合。李景亮又电话安排王鹏(已判刑)让其带上十余名煤场工人到煤场集合。

在坤峰公司南煤场,被告人李景亮对在场的众人扬言:“到那后,打断胳膊、腿都行,只要不打死人,都能摆平,对方的人能拉回煤场的拉回来。”当得知前去仁和商店处理纠纷的派出所民警离开现场后,李景亮遂安排王鹏带领煤场人员乘坐坤峰公司豫 H-16489 卡玛斯货车先行,然后让杨勇、周江涛等人带领其所纠集的人员分乘十余辆汽车前往金冠电厂。随后在李景亮的指挥下,其所纠集的人员在仁和商店门前与王战富所纠集的人员聚众持械斗殴。

在打斗中,王战富一方的赵磊山、段建民、王守其、杨新强受伤。其中,赵磊山被送往医院后经抢救无效死亡。经鉴定赵磊山系被他人用单刃刺器刺破门静脉、肝脏,造成失血性休克而死亡,段建民、王守其、杨新强的损伤程度为轻伤。

被告人李景亮于 2005 年 10 月 3 日到马村公安分局主动投案,并供述了案件事实;于同年 10 月 17 日检举赵志超、任鹏等人涉嫌盗窃价值 1 万余元的财物一案,并经公安机关查证属实。

焦作市马村区人民法院认为,被告人李景亮组织多人参与持械聚众斗殴,且在斗殴中伤害他人身体造成 1 人死亡、3 人轻伤的后果,其行为已构成故意伤害罪。公诉机关的指控成立。被告人李景亮在聚众斗殴共同犯罪中起组织、策划、指挥作用,是主犯,是首要分子,其应当对其所参与的全部犯罪承担责任。被告人李景亮能主动投案并如实供述自己的犯罪行为应属自首,有揭发他人犯罪行为且经查证属实为立功,可从轻处罚。被告人李景亮能主动赔偿被害人的经济损失,量刑时亦可酌情从轻考虑。被告人李景亮的辩护人关于其不是首要分子的辩解无证据,关于其属重大立功的意见不符合最高人民法院有关重大立功的司法解释,故不予采纳。

依照《中华人民共和国刑法》第二百九十二条第一款第(二)、(四)项和第二款、第二百三十四条第二款、第九十七条、第二十五条第一款、第二十六条第一款和第四款、第六十七条第一款、第六十八条第一款、第六十一条的规定,作出如下判决:

被告人李景亮犯故意伤害罪,判处有期徒刑十年。

该案宣判后,被告人未上诉,已生效。

二、裁判要旨

No. 6-1-292-5 聚众斗殴致人死亡的,应结合犯罪动机、目的及犯罪行为等主客观要件确定属于构成故意杀人罪或者故意伤害罪,不能仅以犯罪结果确定案件性质。

按照刑法的罪刑法定和罪刑相适应原则,并结合个案分析说的刑法理论,不能简单以犯罪结果归罪,要从犯罪构成角度,综合犯罪的动机、目的和具体行为具体分析。本案中,李景亮组织多人参与斗殴的起因就是为了报复、泄私愤。从其追求的目的来看,其扬言:“到那后,打断胳膊打断腿都行,只要别打死人,都能摆平。”由此可见,其并不具备追求杀人的主观目的。另外,就被害人赵磊山的死因而言,经鉴定其系他人用单刃刺器刺破门静脉、肝脏,造成失血性休克而死。本案参与人数众多,现场严重混乱,也涉及抢救时机问题。赵的死因并非一刀毙命,假如抢救及时,死亡后果也非必然。此完全符合故意伤害罪的主客观构成。按照第一种观点,只强调死亡或伤害的结果,就不能客观反映案件事实。故意伤害罪中亦存在故意伤害致死的情节,在量刑上也可处以极刑。若按客观归罪的原理,都一概以结果而论,既然都出现死亡的结果,均应定故意杀人罪,那样就不存在故意伤害致死的量刑条款了。因此,在审判过程中,即使同一类型、涉及同一罪名的案件,也有不同的情况,应当具体案件具体分析,全面考虑其犯罪构成,作出正确的定罪量刑。

案例:莫洪德故意杀人案

案例来源:《人民法院案例选》2006 年第 4 辑

主题词:聚众斗殴罪 故意杀人罪 故意伤害罪

一、基本案情

被告人莫洪德。

江苏省无锡市中级人民法院经审理查明:被告人莫洪德经常外出赌博,2004 年 4 月起认识曹伟(另案处理)等人,后曹伟等人充当其保镖,莫洪德从某工地拿回长柄斧 5 把供曹伟等人使用,曹伟等人另自行准备了砍刀。5月初,莫洪德带领曹伟等人,在常州市横林镇赌博与裴礼乾(另案处理)等人发生矛盾。5月31日下午2时许,莫洪德带领曹伟、“阿森”(现在逃)等人,携带长柄斧、砍刀乘汽车外出寻找赌博场所,途中,曹伟发现裴礼乾等人后立即告知莫洪德,莫洪德当即表示如果对方来就和对方斗殴。此后不久,莫洪德到无锡市惠山区玉祁镇新大中饭店二楼赌博,曹伟等人在楼下路边汽车内等候。曹伟等人看见裴礼乾、胡忠林等人持刀向饭店走来,即持械下车与对方互殴。殴斗过程中,曹伟用长柄斧砍中胡忠林头部,致胡忠林当场死亡。在饭店二楼赌博的莫洪德等人,听到楼下吵闹声以为是抓赌即迅速散开,莫洪德跑到隔壁房间从窗户向下张望,看到曹伟等人与裴礼乾等互殴,曾从窗户对外喊“不要打了”(此节未得到参与斗殴的曹伟等人的证实),但见胡忠林已被曹伟劈倒在地,遂跳楼逃离。案发后,莫洪德通过他人支付人民币5000元给曹伟供其外逃。

另查明,被告人莫洪德于1994年10月10日因犯流氓罪被原无锡县人民法院判处有期徒刑六年,剥夺政治权利一年。1996年10月30日假释,假释考验期至1999年9月20日止。

江苏省无锡市中级人民法院认为,被告人莫洪德为首纠集多人并指使他人持械聚众斗殴,造成致1人死亡的后果,其行为符合聚众斗殴转化为故意杀人罪的构成要件,已构成故意杀人罪,属罪行特别严重,应予严惩。被告人莫洪德曾因犯罪被判处有期徒刑,在假释期满后五年内重新故意犯罪,是累犯,应从重处罚。被告人莫洪德能自愿赔偿被害人亲属的部分经济损失,有一定的悔罪表现,其认罪、悔罪态度较好,但根据其犯罪情节尚不足以对其从轻处罚。据此,于2005年4月7日作出(2005)锡刑初字第8号刑事判决,以故意杀人罪判处莫洪德死刑,剥夺政治权利终身。

一审宣判后,莫洪德不服,提起上诉。

莫洪德上诉称:(1)有阻止砍杀的行为,一审认定故意杀人不当;(2)本案起因是被害方引起,且其对被害人家属作了补偿,一审量刑过重。

其辩护人提出:(1)莫洪德不应对共犯被告的过限行为负责,不构成故意杀人罪;(2)莫洪德没有直接参与斗殴,归案后认罪、悔罪态度较好,应从轻处罚。

江苏省高级人民法院经二审审理认为,上诉人莫洪德为首纠集多人并指使他人持械聚众斗殴,造成1人死亡的后果,其行为已构成故意杀人罪。其曾因犯罪被判处有期徒刑,在假释期满后五年内重新故意犯罪,系累犯,依法应从重处罚。鉴于上诉人莫洪德毕竟没有直接参与斗殴致他人死亡,对所造成的极其严重后果也没有直接明确的犯意,且已积极赔偿被害人亲属的部分经济损失,有一定的悔罪表现,对其判处死刑,可不立即执行。据此,依照《中华人民共和国刑事诉讼法》第一百八十九条第(二)项、《中华人民共和国刑法》第二百九十二条第二款、第二百三十二条、第六十五条、第五十七条第一款之规定,以故意杀人罪改判上诉人莫洪德死刑,缓期两年执行,剥夺政治权利终身。

二、裁判要旨

No.6-1-292-6　聚众斗殴犯罪的转化应当根据具体行为和意志因素,对照故意杀人和故意伤害两个罪名的具体犯罪构成认定,不能简单以结果定罪。

主客观相一致原则是我国刑法关于犯罪构成理论的重要组成部分,是认定罪与非罪、此罪与彼罪的关键所在。行为人的行为是否构成犯罪,构成何罪,不仅要看行为人的行为对社会造成的危害结果,而且还要分析行为人犯罪的主观心理因素。依据《刑法》第二百九十二条第二款的规定,聚众斗殴,致人重伤、死亡,依照《刑法》第二百三十四条、第二百三十二条的规定定罪处罚。此时即发生对聚众斗殴被告人的转化定罪问题,实践中存在争议,有人认为,只要有重伤、死亡的后果出现,不论聚众斗殴人的主观故意如何,均应根据后果转化定罪,即直接定故意伤害罪或故意杀人罪。我们认为,此时也应当遵循主客观相一致的原则,应根据行为人的具体行为和意志因素,对照故意伤害和故意杀人两个罪名的具体犯罪构成来认定,不能简单地以结果定罪。行为人具有杀人故意,实施了杀人行为,即使仅造成被害人重伤的,也可以依照《刑法》第二百三十二条的规定以故意杀人罪定罪处罚;行为人仅具有伤害故意,但造成被害人死亡的,应依照《刑法》第二百三十四条以故意伤害罪定罪处罚;行为人对杀人和伤害后果均有预见,并持放任态度的,则以结果定罪。

No. 6-1-292-7 在致人重伤或死亡的聚众斗殴犯罪中,未直接实施斗殴行为的首要分子,明知其他犯罪分子携带了足以致人重伤或死亡的器械仍然组织斗殴的,除明确有效避免伤亡后果外,应以故意伤害罪或故意杀人罪论处。

如果聚众斗殴犯罪的首要分子本身就是致人重伤或死亡的直接实施者,认定其故意伤害罪或故意杀人罪是明确和肯定的,但首要分子参加斗殴但没有直接致人重伤或者死亡,甚至没有直接实施斗殴行为的,应如何定罪,实践中亦存在争议。共同犯罪人的行为具有相对独立性,虽然共同犯罪与首要分子的组织、指挥有着直接的联系,但转化条件的达成往往是个别犯罪主体的行为造成的。因此,审查首要分子是否应当为转化的罪名负责,应当从主客观相一致的归罪原则出发,分析首要分子的主观故意和客观行为的统一性入手去审查其是否应当承担转化后较重的罪责。通常情形下,由于聚众斗殴犯罪的首要分子是共同犯罪的组织者和指挥者,应对全案负责。但对于事前明确作出避免人员伤亡的限制,而积极参加者在聚众斗殴过程中故意伤害或故意杀人的,应属于共同犯罪的实行过限行为,对首要分子不应转化定罪;对于首要分子组织、指挥的故意较为概括,但明知其他积极参加者携带了足以致人重伤或者死亡的器械而仍然决意"组织、指挥"他人进行聚众斗殴,无论其自己是否直接致人重伤或者死亡,其组织、指挥的内容决定了造成对方重伤、死亡的某种必然性,对首要分子和直接致人重伤或者死亡的实施者均应按聚众斗殴的转化犯处理;如没有明确强调斗殴方式、程度,也没有明确约定避免造成对方重伤和死亡后果的,因属在其概括故意之下,反映了其放任的主观故意,首要分子亦应一起转化,对后果承担责任。总之,从首要分子组织、指挥犯罪的行为和主观故意的同一性去审查其是否对转化结果抱有希望或放任态度,是对其是否转化定罪的关键。

No. 6-1-292-8 在罪行极其严重的共同犯罪中,既没有直接实施犯罪行为,对犯罪后果又没有明确犯意的首要分子或者其他主犯,可不适用死刑立即执行。

共同犯罪中死刑的适用,首先,要根据整个共同犯罪的后果决定是否适用死刑,从宏观上考虑罪与刑之间整体的相对称性。整个共同犯罪的罪行极其严重,是对共同犯罪的被告人适用死刑的基础条件。其次,在确定对某一个共同犯罪案件应当适用死刑的前提下,进一步确定对一些罪量最大的被告人适用死刑,并应慎重适用多个死刑。在罪行极其严重的共同犯罪中,对于那些既没有直接实施犯罪,对该后果又没有明确犯意的首要分子或者其他主犯,可不适用死刑立即执行。

案例:密文涛等聚众斗殴案

案例来源:《人民法院案例选》2005 年第 1 辑

主题词:自首

一、基本案情

被告人密文涛,男,1974 年 7 月 12 日出生于湖北省宜昌县,汉族,大专文化,无业,住江苏省仪征市化纤生活区二村 8-401 室。2003 年 9 月 19 日因涉嫌犯聚众斗殴罪被刑事拘留,同年 9 月 30 日被逮捕。

被告人李勇刚,男,1974 年 9 月 6 日出生于湖北省宜昌县,汉族,初中文化,无业,住江苏省仪征市真州镇迎江一村 7-103 室。2003 年 10 月 10 日因涉嫌犯聚众斗殴罪被取保候审。

江苏省仪征市人民法院经审理查明:1998 年 2 月某晚,被告人密文涛与彭四炉、王昭峰(均已判刑)等人在江苏省仪征市真州镇金池舞厅因琐事与陈超、李晓飞(均已判刑)等人发生争吵。次日晚,陈超等人在金池舞厅附近将被告人密文涛、李勇刚及王昭峰等人乘坐的出租车玻璃砸坏。后被告人密文涛与陈超等人通过电话约定以后,被告人密文涛、李勇刚与彭四炉、倪万青、王昭峰等人纠集孙建国、杨继兵、李小龙(均已判刑)等人携带自来水管、木棍等械具,在仪征市健康桥南侧与携带自来水管、木棍及刀具等候在此的陈超、李晓飞、高健、杜京峰(已判刑)、吴春侠等数人发生械斗,致1人受伤。2003年10月1日,被告人李勇刚主动到公安机关投案,但未如实供述犯罪事实,至同年10月10日被采取取保候审强制措施后才如实供述了自己的犯罪事实。被告人密文涛在一审期间,主动检举揭发他人的犯罪行为,但未能查证属实。

仪征市人民法院认为,被告人密文涛、李勇刚公然藐视法律和社会公共秩序,伙同多人携带械具在公共场所,与陈超等数人斗殴,其行为已构成聚众斗殴罪,且属情节严重。被告人密文涛组织纠集多人进行斗殴,是聚众斗殴的组织者,被告人李勇刚积极参加聚众斗殴,依法均应按照其所参与的全部犯罪处罚。被告人李勇刚主动到公安机关投案自首,依法可予减轻处罚。被告人密文涛虽有检举揭发他人犯罪的行为,但未能查证属实,不属立功表现。鉴于两被告人归案后坦白认罪态度好,有一定的悔罪表现,可酌情从轻处罚。公诉机关对被告人密文涛、李勇刚的指控事实清楚,证据确实、充分,指控罪名成立,应予支持。据此,该院依照《中华人民共和国刑法》第二百九十二条第一款第(二)、(四)项,第二十五条第一款,第二十六条第一、四款,第六十七条第一款和第七十二条第一款之规定,于2004年3月6日判决如下:

1. 被告人密文涛犯聚众斗殴罪,判处有期徒刑三年;

2. 被告人李勇刚犯聚众斗殴罪,判处有期徒刑一年六个月,缓刑二年。

一审宣判后,被告人李勇刚服判。被告人密文涛不服,提出上诉称:斗殴事件对方应负主要责任,归案后认罪态度好,且是初犯,有悔罪表现,斗殴没有造成任何后果,请求从轻处罚。

江苏省扬州市中级人民法院经二审审理后认为,上诉人密文涛、原审被告人李勇刚为不正当目的,伙同他人持械聚众斗殴,人数多,规模大,上诉人密文涛组织纠集多人进行斗殴,系聚众斗殴的首要分子,原审被告人李勇刚积极参加聚众斗殴,系聚众斗殴的积极参加者,其行为严重破坏社会公共秩序,均已构成聚众斗殴罪。上诉人密文涛虽有检举揭发他人犯罪的行为,但未能查证属实,不具有立功表现。原审被告人李勇刚主动到公安机关投案时,并未如实供述自己持械斗殴的犯罪事实,其在被采取取保候审强制措施以后才如实供述了自己的犯罪事实,不符合自首的条件,但其具有主动投案的情节,可酌情予以从轻处罚。

原审判决认定上诉人密文涛、原审被告人李勇刚聚众斗殴的犯罪事实清楚,证据确实、充分,定罪准确,但认定被告人密文涛、李勇刚的行为属聚众斗殴罪"情节严重",因《中华人民共和国刑法》第二百九十二条对聚众斗殴罪并没有规定情节严重的情形,故原审表述错误,应予纠正。原审判决认为被告人李勇刚的行为构成投案自首并对其适用减轻处罚,系适用法律错误,本应予以改判,但改判将导致加重被告人的刑罚,根据上诉不加刑原则,第二审人民法院审判被告人上诉的案件,不得加重被告人的刑罚,故本院不宜直接改判。关于上诉人密文涛提出的"斗殴事件对方应负主要责任,归案后认罪态度好,且是初犯,有悔罪表现,斗殴没有造成任何后果,请求从轻处罚"等上诉理由,经查,上诉人密文涛在聚众斗殴中起组织作用,系聚众斗殴的首要分子,对聚众斗殴的发生负有主要责任;其组织的斗殴严重破坏了社会公共秩序,且产生了致人受伤的后果;原审判决考虑其归案后认罪态度好,有悔罪表现,已对其酌情从轻处罚,故上诉人密文涛的上诉理由不能成立。据此,该院依照《中华人民共和国刑事诉讼法》第一百九十条第一款、第一百八十九条第(一)项之规定,于2004年4月23日裁定如下:

驳回上诉,维持原判。

二、裁判要旨

No.6-1-292-9 自动投案后,未如实供述自己的犯罪事实,直到其被采取强制措施后才如实供述自己的犯罪事实的,不成立自首。

对于本案而言,被告人李勇刚虽主动到公安机关投案,但其在尚未受到讯问、未被采取强制措施时并未如实供述自己持械斗殴的犯罪事实,而是在被采取强制措施以后才如实供述了犯罪事实,因而不符合投案自首的时间要求,不构成投案自首。其在被采取取保候审强制措施以后虽如实供述了自己的犯罪事实,但该犯罪事实同案犯已作供述并已经被公安机关所掌握,故亦不能以自首论。至于最高人民法院《关于处理自首和立功具体应用法律若干问题的解释》第一条第(二)项关于"犯罪嫌疑人自动投案并如实供述自己的罪行后又翻供的""在一审宣判前又能如实供述的,应当认定为自首"的规定,其有严格的适用条件,其是针对犯罪嫌疑人自动投案并如实供述自己的罪行即已经构成投案自首的条件下又翻供的情形而适用。而对于本案,被告人李勇刚的行为尚未构成投案自首,更谈不上又翻供,因而该规定对本案并不适用,公诉机关及一审法院依据该规定认为被告人李勇刚的行为不构成投案自首是正确的。

案例:李天龙、高政聚众斗殴案

案例来源:《刑事审判参考》总第 93 集[第 882 号]

主题词:聚众斗殴罪　持械斗殴的认定

一、基本案情

被告人李天龙,男,1988 年 6 月 24 日出生,汉族,户籍所在地为安徽省定远县连江镇三甲村三东组 97 号。2011 年 3 月 4 日因本案被逮捕。

被告人高政,男,1988 年 3 月 20 日出生,汉族,户籍所在地为安徽省寿县双庙镇民生村上郢队。2011 年 7 月 6 日因本案被逮捕。

上海市嘉定区人民检察院以被告人李天龙犯故意杀人罪(间接)、被告人高政犯聚众斗殴罪,向上海市嘉定区人民法院提起公诉。

上海市嘉定区人民法院经公开审理查明:2010 年 6 月 17 日 23 时许,潘坤、徐良、吴志殿、毛建波、高锋(均已判刑)酒后至上海市嘉定区安亭镇旋迪舞厅娱乐。潘坤在舞厅内与女青年陈霞搭讪,被陈霞的男友宋保保(已判刑)看见后,双方产生矛盾。宋保保遂电话纠集被告人高政,并由高政纠集被告人李天龙和吴成义(已判刑)、乔艳龙等人,由吴成义驾驶皖 NP5680 奇瑞 QQ 轿车至现场。宋保保将潘坤叫出舞厅,毛建波、徐良、高锋见状一同跟出舞厅。在舞厅门口,宋保保先殴打潘坤,继而双方互殴,在舞厅门口的吴志殿见状,也一同参与互殴。其间,宋保保至附近的兰州拉面馆取得一把不锈钢菜刀,将毛建波砍成重伤。李天龙在斗殴中头部被砸伤,遂驾驶皖 NP5680 奇瑞 QQ 轿车与高政等准备离开现场。此时,高政指认在车前 20 米左右的吴志殿可能就是砸伤李天龙的人,李天龙为泄愤报复,驾车撞倒吴志殿并逃离现场。毛建波、吴志殿被人送至医院救治。公安机关先后上网追逃李天龙、高政。2011 年 1 月 26 日,李天龙被公安机关抓获后,如实供述了上述事实。同年 6 月 2 日,高政向公安机关投案,并如实供述了上述事实。

上海市嘉定区人民法院认为,被告人李天龙、高政在公共场所积极参加聚众斗殴,李天龙在聚众斗殴中驾车撞伤对方一人,高政明知本方人员为斗殴而驾车撞人,其行为均构成持械聚众斗殴。依照《中华人民共和国刑法》第二百九十二条第一款第(四)项,第二十五条第一款,第六十七条第一款、第三款和最高人民法院《关于处理自首和立功具体应用法律若干问题的解释》第一条之规定,对李天龙犯聚众斗殴罪,判处有期徒刑四年;对高政犯聚众斗殴罪,判处有期徒刑三年。

一审宣判后,被告人高政以其并非持械斗殴为由,向上海市第二中级人民法院提出上诉,请求对其从轻处罚。原审被告人李天龙在二审庭审中虽然表示服从一审判决,但提出驾车撞人系斗殴结束后的行为,非持械斗殴。

上海市第二中级人民法院经审理查明的事实和证据与原判决相同。上海市第二中级人民法院认为,上诉人高政、原审被告人李天龙在公共场所积极参加聚众斗殴,其行为均构成聚众斗殴罪。证人吴晓娟、陈霞、许美玲、周云民的证言,同案犯潘坤一方的供述以及高政在侦查、起诉、一审庭审过程中的供述,李天龙的供述足以证实,在聚众斗殴中李天龙驾车撞伤对方一人,高政坐于副驾驶位并指认被害人吴志殿系对方人员,因此二人均系持械聚众斗殴,故对高政及其辩护人提出的上诉、辩护意见不予采纳。原判决根据高政、李天龙的犯罪事实、性质以及如实供述等情节,对二人的判罚并无不当,且审判程序合法,遂裁定驳回上诉,维持原判。

二、裁判要旨

No.6-1-292-10 聚众斗殴过程中驾车撞击一方的行为应认定为持械聚众斗殴。

依照《刑法》第二百九十二条第一款第(四)项的规定,持械聚众斗殴的,属于聚众斗殴犯罪的四种加重处罚情节之一。"持械聚众斗殴"主要是指参加聚众斗殴的人员使用棍棒、刀具以及各种枪支、武器进行斗殴。根据当前司法实践中的通行观念,持械聚众斗殴中的"持械",是指参加聚众斗殴的人员使用器械或者为斗殴携带器械但实际未使用的情形。这里的"器械"只是各种枪支、刀具、棍棒、砖块等足以致人伤亡的工具。该情形既包括为斗殴而准备器械或者持器械参与斗殴,也包括在实施过程中临时获得器械并持器械进行斗殴。已经发动的车辆具有速度快、冲力大、破坏性强的特点,如果在聚众斗殴中以操控方式作为斗殴行凶的工具,其作用等同于传统的棍棒类器械。因此,本案中的奇瑞QQ轿车可以视为器械,结合李天龙使用的目的、后果和性质,其行为属于持械聚众斗殴。

案例:周方健等人聚众斗殴、寻衅滋事、开设赌场案

案例来源:《刑事审判参考》总第123集[第1361号]

主题词:聚众斗殴罪 恶势力

一、基本案情

(一)聚众斗殴的事实

1. 2016年8月月底的一天晚上,被告人周方健与杨世超、陈龙等人在滁州市琅琊区某歌厅唱歌。其间,周方健与被告人金伟因琐事发生争吵,后约定在滁州市琅琊区扬子路某酒店门口打架。周方健到其租住处拿了3把砍刀,带杨世超、陈龙、解伟伟前往约定地点。被告人胡汉超应周方健要求开车送周方健等4人前往打架地点。金伟则邀集被告人靖跟虎及王晓春(另案处理)等人帮忙,并让靖跟虎把砍刀带上。当日22时许,靖跟虎携带砍刀与金伟等人会合,将砍刀藏于路边草丛中,等候周方健等人。周方健带人到达约定地点后,持刀下车,并喊:"给我砍。"杨世超、陈龙、解伟伟持刀从车内冲出追砍金伟等人,金伟等人见状四处逃窜,周方健等人未能追撵到金伟等人。

2. 2018年4月7日20时许,被告人周方健与殷超、石川等人到滁州市琅琊区某酒吧喝酒。其间,周方健因曾遭王晓春辱骂及张强等人殴打,遂提议寻找王晓春等人打架报复。周方健还邀集濮家毅(另案处理)前往。濮家毅应邀带人与周方健等人会合,前往扬子路去寻找王晓春等人。在扬子路某网吧门前,周方健让其他人在外等候,其进入网吧找人。周方健在网吧看到曾与张强持刀将其砍伤的周磊,遂上前持刀捅周磊。当时正在网吧上网的陈龙见状准备帮忙,被周方健拦住。在外等候的殷超、石川、濮家毅等人进入网吧时,周方健已持刀将周磊捅伤。经鉴定,周磊身体损伤程度为轻伤二级。

(二)寻衅滋事的事实

2017年10月13日23时许,被告人周方健等人在滁州市琅琊区某酒吧喝完酒后,遇到素不相识的钱晓虎、张金凤等人,周方健误认为对方骂他,便持刀抵着张金凤,钱晓虎上前质问,周方健持刀朝钱晓虎左上臂捅去,将钱晓虎衣服划破。

(三)开设赌场的事实

自2018年4月以来,被告人方清枫、罗伟、邵大伟、谈杨在滁州市琅琊区某桌游店以"德州扑克"方式开设赌场。谈杨、邵大伟负责提供场地及赌具,方清枫、罗伟负责召集赌客。同年5月中旬,方清枫邀集被告人周方健到赌场看场护场,周方健从赌场抽头盈利中提取10%作为报酬。陈龙等人在赌场内帮忙,但未收取报酬。

(四)违法事实

1. 2016年秋天,周方健酒后与赵一休发生矛盾,遂邀人到滁州市南谯区某赌场寻找赵一休,图谋报复。周方健在赌场没找到赵一休,持刀将赌场桌子台面砍坏并将玻璃门砸碎后离开。

2. 2017年4月,毛玉兵请周方健、杨世超等人到滁州市琅琊区某酒吧喝酒,毛玉兵将杨世超等人安排好后离开,周方健因有事也离开。后周方健回到酒吧,发现其朋友没有吃喝的东西,感觉没面子,便掏钱购买酒菜给杨世超及毛玉兵的朋友消费,并打电话质问毛玉兵。周方健等人从酒吧出来后到大排档继续喝酒,毛玉兵来找周方健,二人发生争吵,周方健持刀朝毛玉兵臀部捅了一刀,后双方私了。

3. 2017 年 7 月月底,周方健和杨世超在滁州市琅琊区某酒吧因琐事和邱劲松发生争执,邱劲松纠集多人用鱼叉将周方健左手臂捅伤。次日傍晚,周方健和杨世超遇见邱劲松,周方健追打邱劲松,杨世超拿板凳砸邱劲松,但没砸到。后周方健追上,朝邱劲松臀部捅了一刀,邱劲松未报警。

4. 2017 年 9 月,周方健酒后到滁州市创业南路附近某赌场,陈玉军在赌场看了周方健一眼,周方健用手朝陈玉军头部打了一下,在赌场帮忙的张强驾车路过,说了周方健一句,周方健伸手要打张强,张强驾车离开。

二、裁判要旨

No. 6-1-292-11 与一般的共同犯罪相比,恶势力犯罪的特征在于:(1)共同实施违法犯罪活动的人员具有一定的稳定性,能够形成"势力";(2)以暴力、威胁或者"软暴力"等手段;(3)在一定区域或者行业内多次实施违法犯罪活动,多次实施违法犯罪活动,为非作恶、欺压百姓;(4)具备向黑社会性质组织发展的过渡性特征。

恶势力的提法由来已久,但作为具有司法功能的概念,是在 2009 年 12 月 9 日最高人民法院、最高人民检察院、公安部印发的《办理黑社会性质组织犯罪案件座谈会纪要》(以下简称《2009 年纪要》)中作出规定,和黑社会性质组织犯罪一起被列为从严惩处的重点。2018 年 1 月,为期 3 年的扫黑除恶专项斗争在全国开展,最高人民法院、最高人民检察院、公安部、司法部联合发布《关于办理黑恶势力犯罪案件若干问题的指导意见》(以下简称《黑恶势力指导意见》),对《2009 年纪要》中规定的恶势力概念进行了调整,在人员特征上将"纠集者、骨干成员相对固定"修改为"纠集者相对固定";在犯罪特征方面增加了"欺压百姓";在组织定位上将"尚未形成黑社会性质组织的犯罪团伙"修改为"尚未形成黑社会性质组织的违法犯罪组织";列举了恶势力惯常实施和可能附随实施的违法犯罪类型,增加了在司法文书中可以使用恶势力的表述等规定。《黑恶势力指导意见》印发后,不少地方的政法机关认为恶势力不是具体的罪名,也没有单独的刑罚适用,即使将一些临时纠合的共同犯罪拔高认定也无关紧要,故而实践中对恶势力认定标准把握不统一的问题较为突出。2019 年 4 月,最高人民法院、最高人民检察院、公安部、司法部又联合发布《关于办理恶势力刑事案件若干问题的意见》(以下简称《恶势力意见》),对办理恶势力案件的实体和程序问题作出更为具体的规定,恶势力的概念、范围和认定标准进一步清晰,对司法机关办理恶势力犯罪案件具有重要指导意义。

为准确区分恶势力和一般共同犯罪,应当在既有司法文件规定的框架内,重点把握恶势力以下法律特征:

第一,共同实施违法犯罪活动的人员具有一定的稳定性。虽然《黑恶势力指导意见》在人员结构上将《2009 年纪要》中规定的"纠集者、骨干成员相对固定"修改为"纠集者相对固定",但是《恶势力意见》又进一步明确,在多次实施的违法犯罪中,包括纠集者在内,至少有两名相同的成员多次共同参与实施。换言之,恶势力成员纠合在一起应具备一定的延续性、长期性和稳定性。如此定义恶势力的人员特征,就是要严格规制恶势力标准、防止拔高认定的直接体现。恶势力,顾名思义,既要有多次违法犯罪形成"恶"的一面,也要有相对稳定形成"势"的要求,如果仅仅是纠集者相对固定,但每次违法犯罪均是由不同的人员临时组合,作案后即散伙,下一次违法犯罪又随机组合,则难以在一定区域或者行业形成有影响的"势力",按照一般共同犯罪处理即可,因此纠集者相对固定和部分成员相对稳定是恶势力犯罪在人员特征上区别于一般共同犯罪的门槛条件。需要注意的是,如果恶势力违法犯罪事实有充分证据证明,仅是因为部分成员尚未归案,或者因法定情形不予追究法律责任,或者所参与实施的违法犯罪活动已受到行政或刑事处罚的,即使被告人不足三人,也不影响恶势力的认定。

第二,以暴力、威胁或者“软暴力”等手段实施违法犯罪活动。在恶势力违法犯罪过程中,暴力、威胁是最为常见的手段特征,其社会危害性也通常具体表现在这个方面,这一点没有争议。同时也应当看到,实践中恶势力犯罪手段日趋多样,传统的暴力性手段呈现逐渐减少趋势,很多是采用滋扰、纠缠、哄闹、聚众造势等手段以实现其不法目的。当这种非暴力手段“足以使他人产生恐惧、恐慌进而形成心理强制,或者足以影响、限制人身自由、危及人身财产安全,影响正常生活、工作、生产、经营”时,可以说其对人身财产安全、社会治安秩序和经济秩序的危害程度与暴力、威胁手段并无显著差别,也可以形成恶势力“为非作恶,欺压百姓”的特殊社会危害。需要注意的是:(1)“软暴力”应当“以暴力、威胁的现实可能性为基础”,其边界不应无限扩大;(2)“软暴力”仅是违法犯罪的方式、手法,案件是否属于恶势力犯罪,还应当根据恶势力的各项具体认定标准来审查判断。

第三,在一定区域或者行业内多次实施违法犯罪活动,为非作恶、欺压百姓。恶势力与一般共同犯罪的行为性质均具有不法性,二者在犯罪特征上的区别在于,恶势力通常表现为在一定区域或者行业内侵害不特定对象的人身权利和财产权利,扰乱经济、社会生活秩序,动机多为逞强斗狠、恃强凌弱、强索硬要、插手纠纷、排除竞争等,行为往往具有公开性,危害后果往往具有多重性,这是恶势力区别于其他一般共同犯罪的本质特征,也是认定恶势力犯罪的关键所在,在审查时需要重点把握。《恶势力意见》列举了强迫交易等七种恶势力惯常实施以及其他十余种可能伴随实施的违法犯罪类型,同时还反向列举了排除认定恶势力的情形,目的就是要在实务操作层面上对恶势力具有的“为非作恶、欺压百姓”这一本质特征进行反复强调。对于单纯为牟取不法经济利益而实施的违法犯罪活动,不具有为非作恶、欺压百姓特征的,或者因民间矛盾纠纷而引发以及其他确属事出有因的违法犯罪活动,构成什么罪就按照什么罪判处刑罚,不能拔高作为恶势力案件处理。应当注意的是,关于“一定行业”的理解,可以参照《2009 年纪要》中的相关规定,既包括合法行业,也包括黄、赌、毒等非法行业。此外,认定恶势力时还需要注意“多次实施违法犯罪”的时间跨度问题,对于多次违法犯罪之间的间隔较久,或者只是在明显较短时间内实施多次违法犯罪的,由于难以体现违法犯罪的“持续性”“经常性”,故一般不作为恶势力犯罪处理。

第四,具备向黑社会性质组织发展的过渡性特征。《2009 年纪要》将恶势力定位为“黑社会性质组织的雏形”,《恶势力意见》将恶势力定位为“尚未形成黑社会性质组织的违法犯罪组织”,不管是哪种表述,均肯定了恶势力呈现出向黑社会性质组织动态发展的趋势。根据所处发展阶段的不同,恶势力既有松散型的违法犯罪团伙形态,也有紧密型的犯罪集团形态,有的则最终发展为黑社会性质组织。恶势力的动态发展形态,决定了其与黑社会性质组织的危害性特征一脉相承,虽然尚未达到黑社会性质组织“称霸一方”“形成非法控制或重大影响”的程度,但通过违法犯罪也已经对正常的经济社会管理秩序形成对抗,并在一定区域或行业内“造成较为恶劣的社会影响”。

130 寻衅滋事罪(《刑法》第二百九十三条)

案例:李铁等寻衅滋事案

案例来源:《人民法院案例选》2007 年第 3 辑

主题词:寻衅滋事罪　聚众扰乱社会秩序罪

一、基本案情

被告人李铁、刘军、薛福军。

北京市丰台区人民法院经审理查明:2005 年 6 月 30 日 1 时许,被告人李铁在本市丰台区分钟寺一饭馆大排档前,与素有矛盾的李永和再次发生纠纷并互殴,并持菜刀将被害人张志伟砍伤,致张头皮裂伤,左面部软组织损伤,腰背部伤 4 处伴背阔肌、竖棘肌、腰大肌断裂,胸椎棘突骨折,右上臂开放性伤伴肌肉断裂,经法医鉴定为轻伤。被告人刘军见此,遂纠集薛福军等人伙同李铁追至丰台区分钟寺 549 号圣仁医院,再次发生互殴,并将急诊室的门窗及医药物品砸坏,造成经济损失 10000 余元,并致使医疗工作无法进行,后被查获。

北京市丰台区人民法院认为:被告人李铁、刘军、薛福军无视国家法律,结伙在公共场所闹事、任意毁损公私财物,情节严重,其行为均已构成寻衅滋事罪。被告人李铁故意伤害他人身体,致人轻伤,其行为亦构成故意伤害罪,应予数罪并罚。

北京市丰台区人民法院对被告人李铁依照《中华人民共和国刑法》第二百九十三条、第二百三十四条第一款、第二十五条第一款、第六十九条、第六十一条之规定,对被告人刘军、薛福军依照《中华人民共和国刑法》第二百九十三条、第二十五条第一款、第六十一条之规定,判决被告人李铁犯寻衅滋事罪,判处有期徒刑一年六个月;犯故意伤害罪,判处有期徒刑一年六个月;决定执行有期徒刑二年六个月。判决被告人刘军犯寻衅滋事罪,判处有期徒刑一年三个月。判决被告人薛福军犯寻衅滋事罪,判处有期徒刑一年。

一审宣判后上述三被告人均未提起上诉,北京市丰台区人民检察院也未提起抗诉。

二、裁判要旨

No. 6-1-293-1　纠集多人随意殴打他人严重扰乱社会秩序的,应以寻衅滋事罪论处。

聚众扰乱社会秩序罪,从客观方面来讲,必须符合两个要件要素:其一,聚众行为,即聚集的人数达到三人或以上,对具体什么行为没有要求;其二,行为后果达到了扰乱社会秩序的程度,即必须致使工作、生产、营业、教学、科研无法进行。而寻衅滋事罪的客观方面:其一,该罪行为是法定的,随意殴打、追逐、拦截、损毁财物、在公共场所起哄闹事等。不管哪种行为,不要求聚众,但包括聚众;其二,行为后果达到破坏社会秩序的程度,没有要求必须致使工作、经营等无法进行,但包括无法进行。

虽然聚众情形的寻衅滋事行为与聚众扰乱社会秩序行为,在聚众要素上没有区别,但在行为范围上区别迥异。聚众扰乱社会秩序罪的行为,可以是任何行为(独立成罪的除外),而寻衅滋事罪只能是刑法明定的几种行为,因此,撇开聚众和行为后果要素,聚众扰乱社会秩序罪与寻衅滋事罪可以说是一般与特殊关系。两者竞合时,应以特殊优于一般的原则,认定寻衅滋事(注意撇开聚众和行为后果要素的前提条件)。依据此原则,本案应认定三被告人构成寻衅滋事罪(李铁独立构成故意伤害罪没有疑义)。

案例:许军令等寻衅滋事案

案例来源:《人民法院案例选》2008 年第 3 辑

主题词:寻衅滋事罪　强迫交易罪　流氓动机　想象竞合犯

一、基本案情

被告人许军令、蒋妙瑜。

福建省厦门市翔安区人民法院经审理查明:2006 年 4、5 月间,被告人许军令伙同被告人蒋妙瑜等人到位于翔安区马巷巷北工业区的厦门瑞登纸制艺品有限公司(以下简称“瑞登公司”),强迫该公司负责人将下脚料生意交给他们承包,未果。此后至同年 11 月间,被告人许军令多次到瑞登公司交涉此事,期间曾威胁“如果不让他们做要让公司不好过”,但仍遭到拒绝。被告人许军令为得到公司的下脚料生意,遂于 2006 年 12 月 9 日 0 时许,指使邱初雄等人(均另案处理)到该公司用空啤酒瓶扔砸窗户玻璃,致 4 块窗户玻璃被毁(价值人民币 173 元);次日 0 时许,被告人许军令又指使邱初雄带付小可、李国双(均另案处理)携带空啤酒瓶到公司扔砸窗户玻璃,致 24 块窗户玻璃被毁(价值人民币 1012 元),扔砸过程中邱初雄等三人发现公司保安欲追打他们,遂逃离现场,并将被保安追打之事告知被告人许军令,被告人许军令遂于同日 2 时许,再次纠集被告人蒋妙瑜与邱初雄、付小可、李国双、陈建伟、蔡跃清、“凸仔良”及其带来的三、四个人(均另案处理)持水管、刀具,行至瑞登公司,被告人许军令与许国兵(另案处理)在该公司门口,其他人冲进该公司打砸该公司厂房的窗户玻璃数分钟。后在门口会合,被告人许军令、蒋妙瑜一伙又捡地上的石头扔砸玻璃,共致该公司的窗户玻璃 83 块、塑钢门 9 扇、卷帘门 1 个及打卡机、电话机各 1 台等物被毁(价值人民币 6462 元)。打砸过程中,瑞登公司的保安文山良、李新遭追打至二楼办公室,该二人遂将自己反锁在办公室内,后仍听到有人剧烈踹门,二人因害怕便从该办公室往下跳,致二人均腿骨骨折(经法医鉴定均为轻伤)。案发后,瑞登公司于2006年12月10日停工一天,减产精品置物箱约七八千个,原住在该公司内的管理人员因此搬到厂外居住,该公司在同年的12月12日至12月31日间有42名工人辞职,原拟调来的管理人员也因此不敢到任。

被告人蒋妙瑜还实施过贩卖毒品、故意伤害等行为。

厦门市翔安区人民法院认为,被告人许军令、蒋妙瑜因承揽生意遭拒绝,即怀恨在心,为泄愤伙同他人寻衅滋事,随意追打他人,情节恶劣;任意损毁公私财物,情节严重,破坏社会秩序,其行为均已构成寻衅滋事罪。公诉机关指控被告人许军令、蒋妙瑜等人实施的行为构成强迫交易罪,定性不当,予以改判。被告人蒋炒瑜多次贩卖毒品和故意伤害他人身体,致二人轻伤,其行为分别构成贩卖毒品罪和故意伤害罪,其中贩卖毒品多人多次,属情节严重。被告人许军令纠集、指使被告人蒋妙瑜等人寻衅滋事的行为,系共同犯罪,在共同犯罪中被告人许军令起纠集、组织作用;被告人蒋妙瑜虽被纠集参与,但积极参与打砸,属积极的实行犯,故本案不宜区分主从犯。被告人许军令曾因犯故意伤害罪被判处有期徒刑,刑罚执行完毕后,在五年以内再犯应当判处有期徒刑以上刑罚之罪,系累犯,依法应当从重处罚。被告人许军令揭发他人犯罪行为,经查证属实,具有立功表现,依法可以从轻处罚。被告人许军令还提供线索协助司法机关抓获其他重大犯罪嫌疑人,应当认定为有重大立功表现,依法予以从轻处罚。被告人蒋妙瑜故意伤害洪俊庆后主动投案,并如实供述犯罪事实,具有自首情节,对其所犯故意伤害罪依法可以从轻处罚。被告人蒋妙瑜在判决宣告以前犯数罪,依法应当实行数罪并罚。鉴于被告人许军令通过其亲属积极筹措了部分赔偿款,可酌情对其从轻处罚。二被告人归案后自愿认罪,依法均可酌情予以从轻处罚。被告人许军令、蒋妙瑜实施的共同犯罪行为给附带民事诉讼原告人瑞登公司造成的经济损失依法应予赔偿,但瑞登公司主张赔偿停产一天造成的损失21000元证据不足,不予支持。被告人许军令、蒋妙瑜实施的共同犯罪行为给附带民事诉讼原告人李新、文山良造成的经济损失,依法应予赔偿,赔偿金额应根据最高人民法院《关于审理人身损害赔偿案件适用法律若干问题的解释》的有关规定予以确认。综上,根据二被告人的犯罪情节、危害后果、悔罪表现,依照《中华人民共和国刑法》第二百九十三条第(一)项、第(三)项,第三百四十七条第一款、第四款、第七款,第二百三十四条第一款,第六十五条第一款,第六十八条第一款,第六十七条第一款,第二十五条第一款,第六十九条,第六十四条,第三十六条,最高人民法院《关于审理毒品案件定罪量刑标准有关问题的解释》第三条第(四)项、最高人民法院《关于处理自首和立功具体应用法律若干问题的解释》第七条、最高人民法院、最高人民检察院、司法部《关于适用普通程序审理"被告人认罪案件"的若干意见(试行)》第九条、《中华人民共和国民法通则》第一百一十九条及最高人民法院《关于审理人身损害赔偿案件适用法律若干问题的解释》第十九条、第二十条、第二十一条、第二十三条、第二十五条之规定,判决如下:

1. 被告人许军令犯寻衅滋事罪,判处有期徒刑一年六个月。

2. 被告人蒋妙瑜犯寻衅滋事罪,判处有期徒刑一年六个月;犯贩卖毒品罪,判处有期徒刑三年,并处罚金人民币二千元;犯故意伤害罪,判处有期徒刑一年六个月。数罪并罚,决定执行有期徒刑五年,并处罚金人民币二千元。

3. 随案移送的作案工具关刀三把、开山刀和水管焊刀各一把、电子秤一台予以没收。

4. 被告人许军令应赔偿附带民事诉讼原告人厦门瑞登纸制艺品有限公司的经济损失人民币一千一百八十五元;被告人许军令、蒋妙瑜应共同连带赔偿附带民事诉讼原告人厦门瑞登纸制艺品有限公司的经济损失人民币六千四百六十二元;被告人许军令、蒋妙瑜应共同连带赔偿附带民事诉讼原告人李新医疗费、护理费、住院伙食补助费、误工费、残疾赔偿金等各项经济损失共计人民币六万二千零二百九十九元六角二分,共同连带赔偿附带民事诉讼原告人文山良医疗费、护理费、住院伙食补助费、误工费、残疾赔偿金等各项经济损失共计人民币七万八千三百五十一元八角五分,赔偿款均限于本判决生效之日起一个月内付清。

5. 驳回附带民事诉讼原告人厦门瑞登纸制艺品有限公司、李新、文山良的其他诉讼请求。

一审宣判后,被告人没有提起上诉,公诉机关亦没有提出抗诉,判决已生效。

二、裁判要旨

No. 6-1-293-2 出于报复泄愤心理,随意殴打他人,任意损毁财物,情节严重的,应以寻衅滋事罪论处。

寻衅滋事罪是从原来的流氓罪中演变出来的,现行《刑法》将之归属在妨害社会管理秩序罪(第二百九十条)中。《刑法》第二百九十条规定了寻衅滋事罪的四种行为。本案中被告人许军令等因承揽生意遭拒绝,怀恨在心,出于报复泄愤心理,伙同他人寻衅滋事,多次随意追打他人,任意损毁公私财物,情节严重,破坏了巷北工业区的投资环境。因此,从犯罪构成上来说,符合寻衅滋事罪的构成要件,构成寻衅滋事罪。有人提出本案中被告人许军令等的主观目的是强迫交易,缺少流氓动机。我们认为,这种观点不能成立。一方面,从主观方面讲主要是交易目的,但不可否认的是被告人同时也存在着破坏泄恨,逞强争胜,寻求刺激的动机,这从其行为充分表现出来。另一方面,对于寻衅滋事罪,流氓动机并非必要条件。只要其行为严重侵害了寻衅滋事罪的保护法益,即社会秩序,在此基础上,只要行为人对自己的行为扰乱公共场所秩序具有认识与希望或者放任,就具备了寻衅滋事罪的主观故意。

No. 6-1-293-3 采取寻衅滋事手段,强行承包生意,属于寻衅滋事罪与强迫交易罪的想象竞合,应择一重罪处断。

本案为强迫交易罪与寻衅滋事罪的想象竞合。本案中,行为人在强迫交易的故意支配下实施暴力行为,同时构成刑法规定的寻衅滋事罪名。强迫交易罪以暴力、威胁行为为其手段行为,在犯罪过程中如果使用了暴力、威胁,行为人在构成强迫交易罪的同时又会相应的触犯刑法规定的其他罪名,常见的如在强迫交易犯罪行为中,致人死亡、重伤的,同时构成了故意(过失)伤害罪、故意(过失)杀人罪;在本案则同时构成了寻衅滋事罪。对于此种情况,有意见认为是牵连犯,但牵连犯需两个犯罪行为,而本案的犯罪行为只有一个,即暴力的手段行为。因此不可能是牵连犯。被告人许军令等人的行为构成了想象竞合犯。想象竞合犯是指行为人以一个故意或过失,实施了一个行为,侵害了数个刑法所保护的客体,触犯数个罪名的情形,也称想象的数罪,观念的竞合,一行为违反数法。本案中被告人许军令等人的行为同时构成了强迫交易罪和寻衅滋事罪,应当根据想象竞合犯的处断原则择一重罪而处之。强迫交易罪是处三年以下有期徒刑,而寻衅滋事是处五年以下有期徒刑,寻衅滋事罪法定刑的起点比较高为重罪,因此,本案宜定性为寻衅滋事罪。

案例:亢红昌抢夺案

案例来源:《刑事审判参考》总第 28 辑[第 203 号]

主题词:寻衅滋事 临时起意夺财 抢夺罪

一、基本案情

被告人亢红昌,男,1982 年 5 月 3 日出生,汉族,无业。因涉嫌犯抢劫罪,于 2000 年 12 月 15 日被逮捕。

河南省安阳市铁西区人民法院经审理查明:2000 年 11 月 30 日夜 12 时许,被告人亢红昌与同在某建筑工地打工的牛艳清、牛长清、朱小胖(3 人均在逃)酒后回工地时,见王某某一人在前边行走。朱艳清即提出一起殴打该人取乐,其他人表示同意。几人即上去从背后将王某某打翻在地。被告人亢红昌走上前来正准备用脚踢倒地的王某某时恰巧绊倒,无意间碰到王某某腰间的手机。亢红昌乘机从王某某腰间夺下手机起身便跑,后被王某某带人追上并将其抓获。该手机价值 1750 元。

铁西区人民法院经审理后认为,被告人亢红昌伙同他人酒后滋事,无故殴打行人后见财起意,趁被害人被打倒不备之机,公然夺取被害人的手机后逃跑,其行为已构成抢夺罪。公诉机关指控的犯罪事实清楚、证据确实、充分,但定性不当,应予纠正。依照《中华人民共和国刑法》第二百六十七条第一款的规定,以抢夺罪判处亢红昌有期徒刑一年,并处罚金人民币一千元。

一审宣判后,被告人亢红昌服判不上诉;公诉机关以原审被告人亢红昌使用暴力,劫取他人财物,其行为应构成抢劫罪,原判定性不准,量刑不当为由提起抗诉。

安阳市中级人民法院经审理后认为,原审被告人亢红昌伙同他人酒后寻衅滋事,无故殴打行人王某某后,又见财临时起意,趁王某某被打倒在地之机,公然夺取王的手机后逃跑,其行为构成抢夺罪。铁西区人民检察院抗诉认为原审被告人亢红昌的行为应定抢劫罪,经查,根据现有证据,不能证实亢红昌与牛艳清等人无故殴打王某某是为了劫取钱财,且被害人王某某证言也表明亢红昌等人对其殴打时没有向其索要财物,故亢红昌等人酒后无故殴打他人属寻衅滋事行为。亢红昌绊倒后无意间发现王某某腰间佩有手机,其见财临时起意,夺下手机逃跑。王某某的证言表明,当其手机被抢时,没有人为阻拦其追回手机而对其进行殴打。在王某某等人追赶并抓获亢红昌的整个过程中,亢及其同伙没有为抗拒抓捕而实施暴力或以暴力相威胁。亢红昌等人先行实施的寻衅滋事、无故殴打王某某的行为,并非亢红昌劫取财物的手段,后行取财时,也无采用暴力或威胁手段来达到非法强行占有财物的目的,只是趁被害人王某某被打倒在地之机,公然夺走王的手机,不符合抢劫罪的特征。铁西区人民检察院的抗诉理由不能成立,不予采纳。原判定罪准确,量刑适当,审判程序合法,应予维持。依照《中华人民共和国刑事诉讼法》第一百八十九条第(一)项的规定,裁定如下:驳回抗诉,维持原判。

二、裁判要旨

No.6-1-293-4 无故殴打他人后临时起意乘机夺取财物的,应以抢夺罪论处。

抢劫罪在主观上必须是以非法强行占有财物为目的,在客观上表现为对被害人实施了暴力、胁迫或者其他方法,且上述方法必须是服务于行为人当场取财的手段。被告人亢红昌等人先行侵犯他人人身的行为并非其取财的手段,客观上也无凭借侵犯人身的手段来达到非法强行占有他人财物的目的,故其行为不符合抢劫罪的特征。亢红昌及其同伙酒后无故殴打王某某的行为和夺取王的手机的行为在刑法意义上是两个独立的阶段,先行寻衅滋事无故殴打王某某的行为,并非亢红昌夺取财物的手段;后行夺财,并非事先即有强行占有他人财物的目的,只是见财临时起意乘机夺走王的手机,因而不符合抢劫罪的特征,应认定为抢夺罪。

案例:王新强寻衅滋事案

案例来源:《人民法院案例选》2009 年第 4 辑

主题词:寻衅滋事罪

一、基本案情

被告人王新强。

河南省光山县人民法院经审理查明:

1. 寻衅滋事罪。(1)1999 年 2 月 13 日,被告人王新强强占杨洪金与刘正富二人的沙场。(2)2004 年春,张岗村民组村民张正华在集体河槽内抽水灌溉,被告人以抽水影响其放养的鱼苗为由殴打张正华,后又殴打来评理的张正华妻子王在珍。(3)2004 年 9 月的一天,被告人王新强因沙场承包费的交付问题与本组村民张正贵发生争执,被告人用木棍殴打张正贵。……(6)2004 年 9 月被告人殴打村民张正贵后,经人调解被告人口头答应愿意支付张正贵在村医生龙永祥诊所疗伤的药费,但一直拖欠不付。2005 年夏的一天,龙永祥向被告人催要医药费用,被告人对龙永祥进行殴打。(7)2004 年光山县斛山乡蔡桥街道居民王从贵与斛山乡赵桥村前湾村民组的王心叶因纠纷自愿解除同居关系,被告人王新强得知后,主动要帮助王心叶的父亲王从本等人前往王从贵家中搬走生活用品,到王从贵家后,被告人以威胁手段,不顾王从本等人的反对,逼迫王从贵给王心叶写下 5000 元欠条,作为"名誉损失费",过后被告人又电话威胁王从贵不准报案。约 20 天后,王从贵通过刘时亮、张信芳等人找被告人说情,在光山县城一酒店宴请被告人并给被告人 900 元后才得以罢休。被告人拿回 900 元钱后,谎称拿到 700 元,并自称花掉 400 元,余款 300 元交给了王心叶的父亲王从本。

2. 盗窃罪。2004年春的一天凌晨,被告人伙同张信芳(另案处理)等人驾驶装载车、翻斗车,窜至光山县城三环路与光白路交叉口附近,将光山县公路局施工剩下的三根水泥管盗走,拉回张岗沙场自用。经光山县价格认证中心价格鉴定,被盗三根水泥管价值2070元。

河南省光山县人民法院审理认为,被告人王新强为逞强好胜、无事生非,多次随意殴打、辱骂他人,非法插手他人婚姻纠纷,强拿硬要;以非法占有为目的,秘密窃取他人数额较大的财物,分别构成寻衅滋事罪、盗窃罪,应数罪并罚。根据被告人犯罪的性质、情节及危害后果,依照《中华人民共和国刑法》第二百九十三条、第二百六十四条、第二十五条、第二十六条、六十九条之规定,判决被告人王新强犯寻衅滋事罪,判处有期徒刑二年六个月;犯盗窃罪,判处有期徒刑十个月,并处罚金三千元。两罪并罚,决定执行有期徒刑三年,并处罚金三千元。

宣判后,检察机关以一审法院改变敲诈勒索罪的定性不准,并以被告人非法介入他人纠纷,强行向他人索要财物的行为构成抢劫罪为由提起抗诉。被告人以一审判决认定的部分寻衅滋事不构成犯罪为由提起上诉。

二审法院经审理认为,上诉人王新强随意殴打他人、强拿硬要他人财物,情节严重;伙同他人秘密窃取他人财物,数额较大,其行为已构成寻衅滋事罪和盗窃罪,依法应数罪并罚,原判认定事实清楚,证据确实充分,定罪准确,量刑适当,审判程序合法,遂驳回检察机关的抗诉和被告人的上诉,维持原判。

二、裁判要旨

No. 6-1-293-5 为逞强好胜非法插手他人婚姻纠纷,并以威胁手段索要他人财物,数额不大的,应以寻衅滋事罪论处。

本案被告人以向王从贵要名誉损失费为借口,威胁王从贵打下5000元欠条,并从中牟利的行为应定寻衅滋事罪,其主要表现为:主观方面,被告人主动插手他人纠纷,其动机在于逞强好胜、寻求刺激、显示其在邻里乡间的威风和能耐;客观方面,本起犯罪发生时,被告人已滋事成性,经常随意殴打、辱骂他人,强拿硬要,无事生非,其行为具有连贯性;客体方面,被告人以威胁手段,不顾王心叶和其父等人的反对,逼迫王从贵写下欠条,是藐视国家法律和社会公德,破坏社会管理秩序的表现,侵犯的是公共秩序。

不能定敲诈勒索罪或抢劫罪。理由是:(1)主观方面。敲诈勒索罪和抢劫罪都要求行为人以非法占有为目的,即为本人获取非法财产利益,而本案中没有任何证据显示被告人有非法占有的意思,其向王从贵索要名誉损失费是以王心叶的名义,欠条上写的也是王心叶的名字。如果被告人有非法占有的意思,在王从贵给其900元时,他完全可以不给王心叶父亲钱。但是被告人告诉王心叶父亲,王从贵给他700元,并给王心叶父亲300元,这些事实说明被告人主观上没有非法占有的目的,其行为不符合敲诈勒索罪和抢劫罪的主观要件。(2)客体方面。敲诈勒索罪和抢劫罪侵犯的客体是公私财物的所有权和公民的人身权利,而寻衅滋事罪侵犯的客体是公共秩序。在本案中,被告人以威胁手段,不顾王心叶和其父等人的反对,逼迫王从贵写下欠条,是藐视国家法律和社会公德,破坏社会管理秩序的表现。(3)客观方面。抢劫罪一般表现为行为人通过对被害人使用暴力或暴力威胁当场劫取财物。敲诈勒索罪表现为行为人采用威胁、要挟、恫吓等手段迫使被害人交出数额较大的财物行为,行为人索要财物一般是为己索要。而本案中被告人王新强为逞强好胜采用威胁的手段是为他人索要名誉损失费,钱财是事后所得且数额也没有达到法定起刑点。因此,本案不能定敲诈勒索罪或抢劫罪。

案例:李海彬寻衅滋事案

案例来源:《人民法院案例选》2006年第3辑

主题词:寻衅滋事罪 抢劫罪

一、基本案情

被告人(上诉人)李海彬,男,1986年出生,因涉嫌抢劫罪于2005年5月9日被刑事拘留,同年6月4日被逮捕。

福建省诏安县人民法院经审理查明:2005年4月26日晚,被告人李海彬伙同沈耀彬(另案处理)窜到诏安县四都中学内,在科技楼楼梯转台处,以言语威胁方式抢劫该校学生沈伯林7.5元、林华勇3.5元。之后,被告人李海彬伙同沈耀彬又窜到四都中学学生公寓楼面前,采用同样方式抢走学生吴盛平20元,李海彬分得赃款24元,沈耀彬分得赃款7元。

2005年4月27日晚,被告人李海彬独自窜到四都中学初一教学楼前,将正在行走的学生郑晓森、李东滨叫到该校宣传栏边,以言语威胁方式抢走郑晓森95元、李东滨16元。

2005年4月29日晚,被告人李海彬独自窜到四都中学初三教学楼,将正在初三(1)班自习的学生吴伟斌、吴向东、沈建中等人叫出,以言语进行威胁,抢走吴向东8.5元、沈建中2元,吴伟斌因身上无钱而作罢。

诏安县法院认为,被告人李海彬以非法占有为目的,当场使用胁迫的方法,强行抢走他人财物3次合计152.5元,系多次抢劫,其行为侵犯了公私财产的所有权和公民的人身权利,符合抢劫罪的构成要件,公诉机关指控被告人李海彬犯抢劫罪的罪名成立。被告人李海彬的行为构成抢劫罪,应予刑事处罚。鉴于被告人家属积极退回赃款,被告人归案后认罪态度较好,对被告人李海彬量刑时酌情予以从轻处罚。据此,依照《中华人民共和国刑法》第二百六十三条、第五十二条的规定,判决如下:被告人李海彬犯抢劫罪,判处有期徒刑十年,并处罚金一千元(已缴纳)。

一审宣判后,李海彬在法定期间内向福建省漳州市中级人民法院提起上诉。

李海彬辩护人提出,上诉人李海彬的犯罪行为应构成寻衅滋事罪,上诉人在犯罪过程中仅仅是采用口头语言相威胁索取少量金钱,其主观恶性、社会危害性均较小,其行为属于寻衅滋事的强拿硬要的特征,原判认定抢劫罪不当;上诉人犯罪时年仅19岁,且归案后认罪态度较好,并已全部退赃,请求二审依法改判。

福建省漳州市中级人民法院查明的事实和证据与一审相同。

漳州市中级法院认为,上诉人(原审被告人)李海彬诉称原判量刑畸重及其辩护人提出上诉人在犯罪过程中仅仅是采用口头语言相威胁索取少量金钱,其主观恶性、社会危害性均较小,其行为属于寻衅滋事的强拿硬要的特征,上诉人(原审被告人)李海彬的犯罪行为应构成寻衅滋事罪,原判认定抢劫罪不当的理由,经查属实,应予采纳;辩护人还提出上诉人犯罪时年仅19岁,且归案后认罪态度较好,并已全部退赃的理由,经查属实,可酌情从轻处罚。上诉人(原审被告人)李海彬连续3次窜到校园内,采用以大欺小的言语威胁的方法,向8名学生强拿硬要人民币152.5元,情节严重,其行为已构成寻衅滋事罪,原判事实清楚,证据确实充分,审判程序合法。但原判决适用法律不当,量刑畸重,应予纠正。据此,依照《中华人民共和国刑法》第二百九十三条第(三)项及《中华人民共和国刑事诉讼法》第一百八十九条第(二)项的规定,作出如下判决:

1. 撤销诏安县人民法院(2005)诏刑初字第79号刑事判决;
2. 上诉人(原审被告人)李海彬犯寻衅滋事罪,判处有期徒刑三年。

二、裁判要旨

No. 6-1-293-6 以言语威胁方式多次强行索取他人少量财物,在未索得财物时,并未进一步采取暴力行为,未严重侵犯他人人身权利的,不构成抢劫罪,符合寻衅滋事罪强拿硬要特征的,应以寻衅滋事罪论处。

根据最高人民法院《关于审理抢劫、抢夺刑事案件适用法律若干问题的意见》,寻衅滋事罪与抢劫罪的区别有二:一是前者行为人主观上还具有逞强好胜和通过强拿硬要来填补其精神空虚等目的,后者行为人一般只具有非法占有他人财物的目的;二是前者行为人客观上一般不以严重侵犯他人人身权利的方法强拿硬要财物,而后者行为人则以暴力、胁迫等方式作为劫取他人财物的手段。司法实践中,对于未成年人使用威胁或使用轻微暴力强抢少量财物的行为,一般不宜以抢劫罪定罪处罚。其行为符合寻衅滋事罪特征的,可以寻衅滋事罪定罪处罚。就本案而言,被告人李海彬虽然多次强索他人财物,但其采取的仅是言语威胁方式,且在未索得财物时,也未采取进一步的暴力手段。由此可见,被告人采取的言语威胁方式并未达到严重侵犯他人人身权利的程度,即不属于抢劫罪的暴力、胁迫手段。其行为符合寻衅滋事罪的强拿硬要特征,并严重扰乱了社会公共秩序,二审判决以寻衅滋事罪追究其刑事责任是正确的。

案例:朱伦军寻衅滋事案

案例来源:《刑事审判参考》总第 122 集[第 1345 号]

主题词:寻衅滋事罪　抢劫罪与寻衅滋事罪的区分

一、基本案情

被告人朱伦军因患有恋物症,为寻求精神刺激,从 2016 年 2 月起,多次在绵阳城区拦截未成年男童,强行脱取并抢走男童所穿袜子。具体如下:

1. 2016 年 2 月的一天,被告人朱伦军来到位于绵阳市某少年宫教学楼,对教室内的马某某(男,11 岁)采取抱腿控制的手段,强行将马某某所穿袜子脱下抢走。

2. 2016 年 6 月 26 日,被告人朱伦军在绵阳市某少年宫教学楼,从教室跟踪马某某至厕所,强行脱掉其所穿袜子。马某某激烈反抗,朱伦军将马某某右手手臂咬伤。

3. 2016 年 8 月中旬,被告人朱伦军在绵阳市某少年宫一楼尾随买饮料的曹某某(男,10 岁)至教学楼三楼楼梯处,采取抱腿手段将曹某某摔倒,强行将其所穿袜子脱下抢走。

4. 2016 年 10 月 27 日 8 时 20 分许,被告人朱伦军尾随羊某某(男,11 岁)至绵阳市涪城区长虹大道某银行外人行道处,将羊某某左腿抱住,致使羊某某摔倒在地,后强行将羊某某所穿袜子脱下抢走。朱伦军在逃跑过程中被群众抓获。

同日 15 时许,公安民警在被告人朱伦军住处卧室衣柜内搜出黑色双肩背包 1 个,内有不同颜色旧儿童袜 91 双。

经法医精神病鉴定,朱伦军被诊断患有恋物症,在本案中具有完全刑事责任能力。

二、裁判要旨

No. 6-1-293-7　多次抢夺他人经济价值较小的物品,以满足畸形的生理需要和心理需要,扰乱公共秩序的,应认定为寻衅滋事罪。

抢劫罪是以非法占有为目的,采取暴力、胁迫或者其他手段当场劫取他人财物的行为。根据《刑法》第二百九十三条的规定,寻衅滋事罪包括随意殴打他人,追逐、拦截、辱骂、恐吓他人,强拿硬要或者任意损毁、占用公私财物等多种行为类型。其中,强拿硬要公私财物,或者同时具有殴打他人、追逐、拦截、恐吓他人并强拿硬要他人财物情形的,与抢劫罪中使用暴力手段当场劫取他人财物,在行为表现方式上存在一定相似之处,从而在认定此罪与彼罪问题上,容易产生争议。判断一行为是构成抢劫罪还是寻衅滋事罪,首先,应当考察行为人的主观目的是非法占有他人财物,还是满足畸形的生理需要和心理需要;其次,应当判断该行为客观上主要侵害的是公民人身、财产权利,还是滋扰他人、破坏社会秩序。本案中,被告人朱伦军多次在少年宫、街道等场所尾随、拦截儿童,控制被害人后,强行脱下其所穿袜子抢走,除了本案起诉指控和法院审理认定的四起事实,公安民警还从其家中查获了不同颜色的旧儿童袜 91 双。单从行为方式来看,朱伦军实施了暴力压制被害人反抗和当场夺取他人财物的行为,似乎符合抢劫罪的构成要件。但是,从财物经济价值的角度看,儿童旧袜价值低廉,被告人的行为侵犯财产权利的一面并不突出;从被告人主观目的来看,其强抢儿童旧袜,并不是为了获取财物经济价值,而是出于一种追求精神刺激,满足自己不健康的心理需要和生理需要,客观上是滋扰了他人,破坏了社会公共秩序。此外,朱伦军的行为不仅符合多次强拿硬要他人财物、强拿硬要未成年人财物造成恶劣社会影响等司法解释明确列举的入罪情形,同时也符合多次拦截未成年人这一入罪条件。因此,无论从行为方式、行为的客观危害,还是被告人的主观目的分析,朱伦军实施的犯罪行为都更符合寻衅滋事罪的特征,而不是抢劫罪。

我国《刑法》第五条规定了罪刑相适应原则,既"刑罚的轻重,应当与犯罪分子所犯罪行和承担的刑事责任相适应"。罪刑相适应的原则,其内涵是刑罚的轻重与犯罪人的主观恶性程度、客观的犯罪行为及其危害后果相适应。《刑法》对抢劫罪和寻衅滋事罪分别配置了不同的法定刑幅度,前者最低刑是三年有期徒刑,具有入户抢劫、多次抢劫或者抢劫财物数额巨大、在公共交通工具上抢劫等法定加重情节的,应当判处十年以上有期徒刑、无期徒刑直至死刑。寻衅滋事罪的基本法定刑幅度是五年以下有期徒刑、拘役或者管制;具有多次纠集他人寻衅滋事,严重破坏社会秩序的,可以判处五年以上十年以下有期徒刑。由于抢劫罪、寻衅滋事罪的起刑点、加重情节、最高法定刑差异较大,对于使用轻微暴力当场取财的行为人,认定罪名不同,则刑罚差异悬殊。对于犯罪性质介于模糊地带的行为,在选择罪名适用时,既要立足《刑法》条文和司法解释,也需要考虑社会一般大众的朴素正义情感,即常识、常理、常情,正确衡量犯罪行为的实质危害性大小,精准选择罪名适用,以确保罚当其罪。既要避免轻纵犯罪,又要防止机械理解适用《刑法》条文和司法解释,导致刑罚失之于僵化、过苛。

本案中,对被告人朱伦军的行为,公诉机关指控构成抢劫罪,但如此一来,朱伦军4次拦截儿童强抢旧袜,就属于多次抢劫,应当判处十年以上有期徒刑,形式上似乎合乎法律条文和逻辑。但是,综合考虑朱伦军罹患恋物症,系为寻求精神刺激,满足自己不健康的心理需要和生理需要而实施犯罪,意图不在劫财;其多次拦截、夺取儿童旧袜的暴力程度轻微,并未超出寻衅滋事罪可容纳的范畴,且所抢财物经济价值低廉,行为整体的危害性与认定为抢劫罪就意味着最低十年有期徒刑的刑罚后果相比,明显不相适应。而将被告人的行为定性为寻衅滋事罪,法律上没有障碍,且实质量刑更为合理的情况下,法院未支持公诉机关指控的抢劫罪罪名,而依法予以纠正,将朱伦军的行为认定为寻衅滋事罪,判处其有期徒刑二年,实现了原则性与灵活性、法律效果与社会效果相统一。

案例:杨熙寻衅滋事、过失致人死亡案

案例来源:《人民法院案例选》2005年第1辑

主题词:寻衅滋事罪　抢劫罪　过失致人死亡罪

一、基本案情

被告人杨熙,男,1987年11月9日出生于河南省鲁山县,汉族,初中文化,农民,住鲁山县赵村乡赵村。因本案于2003年12月11日被刑事拘留,2004年1月18日被逮捕。

辩护人李仕鹏,河南成胜律师事务所律师。

河南省鲁山县人民法院经审理查明:2003年12月5日下午,被告人杨熙与某中学学生闫某某(另案处理)等人在某县赵村乡赵村街路遇本县赵村一中学生汪某、汤某、陈某、张某等人,被告人杨熙以汪某等四人不理睬自己为由,将其四人拦住,对汪等人进行殴打,后以未吃饭为由,强行向汪等人索要现金28元,并让汪等四人次日到其家喝酒。杨熙等人得款后来到赵村街一饭店内将款挥霍。

2003年12月6日下午,被告人杨熙等人将汪某等四人叫到杨熙家中,一同饮酒后,杨责令四人次日兑出140元让其去酒店吃饭。次日下午放学后,汪某为躲避杨熙的纠缠到赵村乡上汤村张某家。杨熙等人追到张家将汪等人叫出,并以汪躲避自己为由对汪进行殴打,张某的堂兄张某某见状,即将汪某、杨熙等人叫到自己家中一块喝酒。汪某在席间饮酒过量,来到里屋床上休息。杨熙用一个容量约179毫升的茶杯盛满酒后端到里屋,以茶水为名让汪喝,汪被迫喝下后即呕吐,随后昏睡不醒。同月8日下午,汪仍昏睡不醒,即被其同学送往该乡一诊所救治。当日下午五时许,汪因病情加重,在被送往医院途中死亡。经尸体检验确认:汪某的死因属酒精中毒。

鲁山县人民法院认为,被告人杨熙无事生非,随意殴打他人,情节恶劣,且强拿硬要,强行索要他人钱财,情节严重,其行为已构成寻衅滋事罪;被告人杨熙应当预见饮酒过量会导致酒精中毒而死亡,却疏忽大意,又强迫他人过量饮酒,致使被害人酒精中毒而死亡,其行为又构成过失致人死亡罪。公诉机关指控被告人的犯罪事实成立,予以确认。但定性有误,不予采纳。其辩护人认为应定一罪的理由无据,不能成立,其他辩护意见正当,予以采信。被告人杨熙身犯数罪,应对其数罪并罚。依照《中华人民共和国刑法》第二百九十三条第(一)和(三)项、第二百三十三条、第二十五条第一款、第六十九条、第六十七条第一款、第十七条第一、三款的规定,判决:

被告人杨熙犯寻衅滋事罪,判处有期徒刑二年;犯过失致人死亡罪,判处有期徒刑三年,数罪并罚,决定执行有期徒刑四年。

二、裁判要旨

No. 6-1-293-8 出于耍威风、占便宜、取乐等动机,非法占有他人财物的,应以寻衅滋事罪论处。寻衅滋事过程中过失致人死亡的,应以过失致人死亡罪和寻衅滋事罪实行并罚。

抢劫罪与寻衅滋事罪中强拿硬要行为的界限问题,有时候比较模糊。两者都可能使用暴力、胁迫手段,并非法占有财物。一般讲抢劫罪中行为人使用的暴力强度较大,寻衅滋事罪中使用的暴力一般比较轻微。两者最显著的区别在于犯罪动机等主观方面的内容不同。抢劫罪是以非法占有为目的,劫取被害人所有财物或有较高价值的财物,主观上尽量避免被害人辨认或者他人知悉。寻衅滋事罪中的强拿硬要,一般出于耍威风、占便宜、取乐等动机,占有他人财物处于从属地位,也不太在意财物的价值大小。本案中被告人杨熙的行为明显出于耍威风等流氓动机,这与以非法占有财物为目的的抢劫罪是不同的。

本案被告人杨熙应当预见饮酒过量会发生酒精中毒的危害结果,但其认识停留在让汪难受的程度,没有进一步想象到酒精中毒的后果,符合疏忽大意的过失犯罪的特征。(疏忽大意)过失致人死亡罪与(间接)故意伤害致死罪的关键区别在于,看伤害的结果是否违背行为人的本意,即行为人在实施某行为时的主观追求。(疏忽大意)过失致人死亡罪的行为人因为疏忽大意在主观上根本没有意识到其行为会产生什么样的后果,不存在什么主观追求,如果出现危害结果,是违背行为人的主观意愿。(间接故意)伤害致人死亡罪的行为人虽然对死亡的后果存在一定过失,但对伤害的后果持放任态度,其已经知道行为会发生伤害后果,但对此后果是听之任之,漠不关心,一旦发生,也不违背其意愿。综观全案可以看出,被告人杨熙与被害人汪某平素相识,无什么仇恨,杨熙不存在伤害被害人的故意,在前面寻衅滋事行为的前提下,酒席上,杨熙让汪等多喝酒,其目的充其量是让汪东倒西歪,当场呕吐,形象不佳,出出洋相而已。但结果是汪因酒精中毒抢救无效而死,是大大出乎杨熙意料,死亡的结果更是与被告人本意相距十万八千里。另言之,本案的饮酒过度,不是伤害过程,把杨熙出于让被害人难受目的而让其多喝的行为定性为故意伤害行为,太过牵强,酒毕竟是一种食品,在长期的司法实践中,尚未发现有以饮酒作为故意伤害之手段的。所以杨熙之行为构成寻衅滋事罪与过失致人死亡罪,应予并罚。

案例:阳双飞等故意杀人、寻衅滋事案

案例来源:《人民法院案例选》2005 年第 2 辑

主题词:寻衅滋事罪　故意杀人罪　共同犯罪量刑

一、基本案情

被告人阳双飞,男,1982 年 7 月 25 日出生,湖南省永州市人,汉族,初中文化,农民,住永州市冷水滩区杨村甸乡斗角头村。因本案于 2003 年 8 月 23 日被刑事拘留,同年 9 月 30 日被逮捕。

被告人张良许,男,1984 年 2 月 7 日出生,湖南省永州市人,汉族,初中文化,农民,住永州市冷水滩区杨村甸多保方村。因本案于 2003 年 8 月 23 日被刑事拘留,同年 9 月 30 日被逮捕。

被告人李军林,男,1979 年 9 月 5 日出生,湖南省东安县人,汉族,初中文化,农民,住东安县芦洪市镇天子岭村。因本案于 2003 年 8 月 23 日被刑事拘留,同年 9 月 30 日被逮捕。

被告人郑峰,男,1985 年 12 月 17 日出生,湖南省东安县人,汉族,初中文化,农民,住东安县端桥铺镇冷水井村。因本案于 2003 年 8 月 23 日被刑事拘留,同年 9 月 30 日被逮捕。

被告人阳平,男,1986 年 3 月 28 日出生,湖南省永州市人,汉族,初中文化,农民,住永州市冷水滩区杨村甸乡岭口村。因本案于 2003 年 8 月 23 日被刑事拘留,同年 9 月 30 日被逮捕。

被告人唐亚洲,男,1985 年 1 月 2 日出生,湖南省永州市人,汉族,初中文化,农民,住永州市冷水滩区杨村甸乡胡家桥村。因本案于 2003 年 8 月 23 日被刑事拘留,同年 9 月 30 日被逮捕。

被告人郑海华,男,1979 年 11 月 28 日出生,湖南省东安县人,汉族,初中文化,农民,住东安县端桥铺镇冷水井村。因案于 2003 年 8 月 23 日被刑事拘留,同年 9 月 30 日被逮捕。

被告人李明亮,男,1982 年 9 月 7 日出生,湖南省永州市人,汉族,初中文化,农民,住永州市冷水滩区杨村甸乡保方村。因本案于2003年8月23日被刑事拘留,同年9月30日被逮捕。

浙江省温州市中级人民法院经审理查明:被告人阳双飞、张良许、郑峰、李军林、阳平、唐亚洲、郑海华、李明亮于2000年前后来温州市苍南县打工。2003年8月22日下午5时许,为了庆祝阳双飞的生日,前述8人及邓武军(在逃)等近20人聚集在苍南县新安乡东渎头村阳双飞的暂住处一起喝酒、吃晚饭。约晚上7时半,前来参加生日庆贺的人大部分都已散去,只剩下阳双飞等8被告人及邓武军。此时,阳双飞提议去苍南县宜山镇唱歌。在去宜山镇唱歌的路上,郑海华、郑峰提到郑峰的弟弟郑勇前段时间被苍南县龙港镇陈华洋村村民王垂省打了一顿。于是,阳双飞、张良许、郑峰、李军林、阳平、唐亚洲、郑海华、李明亮及邓武军等9人便商议决定先到陈华洋村找王垂省报复后再去唱歌,并商定如果村民阻拦,就殴打村民。接着,阳双飞等9人分乘3辆三轮车窜至龙港镇陈华洋村石板桥附近的榕树下。经郑海华打听,得知王垂省在石板桥西侧村民吕德豹开设的小商店内看电视。于是,决定由郑峰、张良许先冲进吕德豹开的小店殴打王垂省。王垂省被打后逃离小店。阳双飞等人见王垂省逃出小店,就一起追打王垂省,王垂省在逃至石板桥时情急之下跳入河中逃离。此时,村民吕进趋、王传好、王传锁、吕德武等人见状前来劝阻。阳双飞、阳平、李军林、李明亮等人手持从地上捡起的木棍,对前来劝阻的村民用木棍进行殴打,其他人则用拳打吕进趋、王传好等村民,致吕进趋遭打后从石板桥上跌入河中。当村民吕振铭前来劝阻并抓住阳双飞衣服时,阳双飞在石板桥西侧将吕振铭推入河中。结果,跳入河中的王垂省被村民救上岸,跌入河中的村民吕进趋自己游到岸边爬上岸,而被推入河中的村民吕振铭溺水死亡,村民吕德武、王传好、王传锁、吕进趋被殴打致轻微伤。

温州市中级人民法院于2004年6月11日作出(2004)温刑初字第108号刑事判决,以故意杀人罪,判处被告人阳双飞死刑,剥夺政治权利终身;以寻衅滋事罪,判处被告人张良许有期徒刑四年六个月,判处被告人郑峰、李军林各有期徒刑三年,判处阳平、唐亚洲、郑海华、李明亮各有期徒刑三年。

阳双飞上诉提出,原判认定被害人王传好、吕振铭等人前来进行劝阻是错误的,他们是前来殴打被告人一方的,被害人一方在本案中负有重大过错,原判量刑过重,要求改判。其辩护人除以相同理由为其辩护外,还提出阳双飞的主观恶性较普通杀人罪要小,系初犯,归案后认罪态度好,要求从轻处罚。

关于阳双飞上诉提出原判认定部分事实有误的理由,经查,在被告人殴打并将王垂省打落在河中后,有些村民见状后,的确手中拿了竹竿等工具前来,但是被害人吕振铭没有携带任何工具前来,只是从后面赶来拉着阳双飞的衣服,意欲阻拦阳双飞继续行凶。因此,从总体上看,原审认定王传好、吕振铭等人前来劝阻并非不当。关于本案的起因,经查,阳双飞等8名被告人经过商议决定报复王垂省,才是本案的真正起因。吕振铭见本村村民王垂省遭打后欲拦阻阳双飞逃离并用手抓住阳双飞衣服的行为,在引发阳双飞将吕振铭推入河中的行为中没有明显过错。

二审法院鉴于被告人阳双飞只有杀人的间接故意,在故意杀人犯罪中的主观恶性相对较小,认罪态度好,并从案发时有许多村民围观,被害人吕振铭存在获救的机会等具体情况,采纳阳双飞及其辩护人提出要求从轻处罚的意见。依照《中华人民共和国刑法》第二百三十二条,第二百九十三条,第二百六十三条第(一)项,第六十九条,第六十七条,第十七条第二、三款,第五十七条第一款,第四十八条第一款以及《中华人民共和国刑事诉讼法》第一百八十九条第一、二款之规定,判决如下:

1. 撤销原判对被告人阳双飞的量刑部分,维持判决的其他部分;
2. 以故意杀人罪,判处被告人阳双飞死刑,缓期两年执行,剥夺政治权利终身。

二、裁判要旨

No.6-1-293-9 在寻衅滋事过程中,部分行为人超出共同故意实施行为的,应以故意杀人罪论处,其他行为人对此不承担刑事责任,仍应以寻衅滋事罪论处。

在寻衅滋事随意殴打他人的过程中,被告人阳双飞将被害人吕振铭推入河中以致吕振铭溺水死亡,其明知将吕振铭推入河中可能会造成其溺水死亡的后果,却放任该死亡结果的出现,在吕振铭落水后也没有加以关注和施救,故阳双飞的行为构成故意杀人罪。从主观犯意上讲,其他被告人主观上仅有随意殴打他人寻衅滋事的故意,没有杀人的故意,并且在当时的情况下,其他被告人只管自己与村民在打斗,没有注意到阳双飞将人推入河中的事实,其他被告人谈不上有施救的义务。阳双飞故意杀人的行为是一种共犯实行过限行为,故其他被告人对阳双飞的故意杀人行为不应承担责任。

No. 6-1-293-10 在寻衅滋事过程中致人死亡的,符合故意杀人罪构成要件的,应以故意杀人罪论处。

从寻衅滋事罪的立法本意上看,一般而言,寻衅滋事不会引起致人死亡的后果。从《刑法》第二百九十三条规定看,随意殴打他人中的随意殴打,是指比较轻微的殴打,如果是比较严重的殴打就应该认为是一种故意伤害行为而不是寻衅滋事行为,更不能将他人推入河中的故意杀人行为也视为是一种寻衅滋事行为。因此,从理论上看,对阳双飞定两个罪是比较合适的。但是,从定罪的必要性上看,由于阳双飞在寻衅滋事的过程中又产生了杀人的故意,从主观上看,其故意的内容已经从寻衅滋事的故意转化为杀人的故意,因此,对其只定一个故意杀人罪已经足以反映其主观恶性。一审法院将阳双飞的行为认定为一种转化型的故意杀人罪,只对其定一个罪也并非没有道理。

No. 6-1-293-11 为了逃跑将被害人置于危险境地致其死亡的,构成间接故意杀人罪,在量刑时一般不应判处死刑立即执行。

一审法院考虑到被害人已经死亡的事实,判处被告人阳双飞死刑,立即执行。但是,一审法院对阳双飞作出这样的量刑没有全面考虑本案的具体犯罪情节。而二审法院改判阳双飞死缓刑是适当的。我国《刑法》第四十八条第一款规定,“死刑只适用于罪行极其严重的犯罪分子。对于应当判处死刑的犯罪分子,如果不是必须立即执行的,可以判处死刑同时宣告缓期二年执行”。从本案具体情节看,当时有许多村民围在桥边,应该说被害人落水后获救的机会是比较大的。但是,由于光线较差等原因,村民不能看见吕振铭在落水后的具体位置,被害人最终因溺水死亡。在阳双飞为了夺路逃走的情况下,其推被害人的直接目的是为了逃跑,而不是为了杀人,其没有杀人的直接故意,而只有放任被害人落水后可能会出现淹死的间接故意,且这种间接故意较之持刀不计后果地捅刺他人造成死亡的间接故意杀人的主观恶性相对要小得多。因此,从被告人犯故意杀人罪的主观恶性及犯罪手段看,尚不属必须立即执行死刑的罪犯。

案例:杨安等故意伤害案

案例来源:《刑事审判参考》总第 30 辑[第 225 号]

主题词:寻衅滋事罪 故意伤害罪 故意杀人罪 自首的认定

一、基本案情

被告人杨安,男,1979 年 2 月 6 日出生,原系湖南省安乡县国土资源管理局职工。因涉嫌犯故意伤害罪,于 2002 年 4 月 5 日被逮捕。

被告人刘波,男,1981 年 6 月 20 日出生,原系湖南省安乡县国土资源管理局干部。因涉嫌犯故意伤害罪,于 2002 年 4 月 5 日被逮捕。

被告人毛永刚,男,1979 年 10 月 30 日出生,原系湖南省安乡县国土资源管理局干部。因涉嫌犯故意伤害罪,于 2002 年 4 月 5 日被逮捕。

被告人任建武,男,1978 年 1 月 19 日出生,原系湖南省安乡县国土资源管理局职工。因涉嫌犯故意伤害罪,于 2002 年 4 月 5 日被逮捕。

湖南省常德市中级人民法院经审理查明:2002 年 3 月 25 日中午,被告人杨安、刘波、毛永刚、任建武在安乡县城关镇文化站“乡巴佬”餐馆喝酒吃饭。下午 2 时许,杨安、刘波欲无票进入文化站“火箭炮影院”,与该影院的工作人员发生纠纷。后经他人出面协调,杨安、刘波进入影院,随后毛永刚、任建武亦进入影院。在观看歌舞演出过程中,杨安走上舞台调戏女演员,又强行唱歌,刘波则要某女演员跳脱衣舞。身为文化站副站长的李耀平见状劝杨安等从舞台下来遭拒绝。杨安唱完歌后,又对坐在舞台下的李耀平进行辱骂挑衅,为此,双方发生争吵。杨安即冲下舞台双手抓住李耀平,用膝盖顶击李的身体下部。刘波、毛永刚、任建武见状也冲上前去,共同围住李耀平殴打,其中刘波挥拳对李乱打,毛永刚则扯着李的头发进行殴打,任建武在李的左后侧殴打。杨安在殴打后还朝李耀平腰部猛踹一脚,致李跌倒在地。尔后,杨安、刘波、毛永刚、任建武一同离开现场。约1小时后,几人再次来到"乡巴佬"餐馆,当旁人提出要他们将李送往医院检查时,杨安等人予以拒绝。次日下午5时,李耀平在被送往医院途中死亡。当晚6时许,杨安得知李耀平死亡后,将刘波、毛永刚、任建武叫到其租住处集合后外逃,后被公安机关抓获。经法医鉴定,李耀平系因头部损伤引起硬膜下血肿,脑组织挫裂伤而死亡。

另查明,被告人杨安、刘波、毛永刚、任建武的行为给附带民事诉讼原告人李选家、刘学英、潘云兰、李诩阳造成的经济损失为:丧葬费2970元;李选家、刘学英赡养费8100元;李诩阳抚养费7200元,合计18270元。

常德市中级人民法院经审理后认为:被告人杨安、刘波、毛永刚、任建武在公共场所寻衅滋事,共同故意伤害他人身体,致人死亡,其行为均已构成故意伤害罪。且情节特别恶劣,后果特别严重。在共同犯罪中,杨安、刘波起主要作用,系主犯;毛永刚、任建武系从犯。杨安在寻衅滋事中,故意伤害他人身体致被害人死亡,符合故意伤害罪的构成要件。公诉机关还指控其犯寻衅滋事罪不当,不予支持;对杨安的辩护人提出的仅构成故意伤害罪,不适用数罪并罚的辩护意见予以采纳。在寻衅滋事中,杨安率先殴打他人,并猛踹被害人一脚致其倒地,其行为与被害人的死亡具有因果关系,因此,应对被害人的死亡后果负主要责任。杨安虽系初犯,且归案后认罪态度较好,但其犯罪动机卑劣,造成的后果极其严重,不宜从轻处罚。对其辩护人提出的从轻处罚的意见不予采纳。在共同寻衅滋事中,刘波积极参与殴打被害人,并共同造成被害人死亡的严重后果,应以故意伤害罪处罚。其辩护人提出的不应数罪并罚的意见成立,但认为刘波只构成寻衅滋事罪的意见不能成立,不予采纳。毛永刚在共同故意伤害他人的过程中,作用次于杨安、刘波,系从犯,可从轻处罚。其辩护人提出的毛永刚系从犯,应予从轻处罚的意见成立,予以采纳。任建武与本案其他被告人共同伤害被害人致其死亡,应当对被害人的死亡后果承担相应的刑事责任。其辩护人关于任建武只是寻衅滋事中的随意殴打行为,不应对被害人死亡负责的意见不能成立。任建武在逃跑途中,曾打电话给其亲属。其亲属劝说其自首,任建武表示回来再说,并无明显的自首意思表示,且无自动投案行为,因此,不构成自首。其辩护人提出的任建武有自首情节的意见,不能成立,不予采纳。任建武在共同伤害犯罪中系从犯,结合本案具体情况,可对其减轻处罚。四被告人的犯罪行为给附带民事诉讼原告人造成的经济损失应依法予以赔偿。附带民事诉讼原告人要求赔偿死亡补偿费无法律依据,其他诉讼请求应按有关标准计算。据此,依照《中华人民共和国刑法》第二百三十四条第二款、第四十八条第一款、第五十七条第一款、第五十六条第一款、第五十五条第一款、第二十六条第一款、第二十七条、第三十六条第一款及《中华人民共和国民法通则》第一百一十九条之规定,于2002年7月11日判决:被告人杨安犯故意伤害罪,判处死刑,剥夺政治权利终身;被告人刘波犯故意伤害罪,判处死刑,缓期二年执行,剥夺政治权利终身;被告人毛永刚犯故意伤害罪,判处有期徒刑十年,剥夺政治权利一年;被告人任建武犯故意伤害罪,判处有期徒刑八年;被告人杨安、刘波、毛永刚、任建武共同赔偿附带民事诉讼原告人李选家、刘学英、潘云兰、李翊阳经济损失共计一万八千二百七十元,由被告人杨安赔偿六千八百七十元,被告人刘波赔偿六千元,被告人毛永刚赔偿三千元,被告人任建武赔偿二千四百元。

一审宣判后,被告人杨安、刘波不服。杨安以被害人死亡不是自己的行为所致,原判量刑过重,刘波以没有致死被害人,原判量刑过重为由分别提出上诉。二被告人的辩护人也提出了相同的辩护意见。

湖南省高级人民法院经二审审理后认为,上诉人杨安、刘波及原审被告人毛永刚、任建武身为国土局干部或职工,在公共场所寻衅滋事,共同采取殴打的暴力手段,故意伤害他人身体,致人死亡,其行为均已构成故意伤害罪,且犯罪情节恶劣,后果特别严重。在共同犯罪中,杨安、刘波起主要作用,系主犯,毛永刚、任建武系从犯。杨安及其辩护人上诉和辩护提出被害人死亡不是其行为所致,原判量刑过重的理由和意见,经查明,杨安殴打被害人李耀平,踢李耀平一脚,致李耀平跌倒在地的事实,有同案人的交代、目击证人的证言及其本人的供述在案佐证,足以认定。杨安等人虽未持凶器伤害他人,但其犯罪情节恶劣,后果严重,依法应从严处罚,其上诉理由和辩护意见不能成立,不予采纳。刘波及其辩护人上诉和辩护提出没有致死被害人,原判量刑过重的理由和意见,经查明,刘波积极参与殴打他人,当被害人倒地后还朝被害人头部踩了两脚,有目击证人及同案犯的交代所证明,应予认定。刘波的行为与被害人死亡有因果关系,其上诉理由和其辩护人的辩护意见与事实不符,不能成立,不予采纳。原审判决认定的犯罪事实清楚,证据确实、充分,定罪准确,量刑适当。审判程序合法。依照《中华人民共和国刑法》第二百三十四条第二款、第二十六条第一、四款、第二十七条、第五十七条第一款和《中华人民共和国刑事诉讼法》第一百八十九条第(一)项的规定,裁定:驳回上诉,维持原判。根据最高人民法院《关于授权高级人民法院和解放军军事法院核准部分死刑案件的通知》的规定,裁定核准以故意伤害罪判处被告人杨安死刑,剥夺政治权利终身;以故意伤害罪判处被告人刘波死刑,缓期二年执行,剥夺政治权利终身。

二、裁判要旨

No. 6-1-293-12 随意殴打他人致人轻伤的,不构成故意伤害罪,以寻衅滋事罪论处;致人重伤或死亡的,一般应以故意伤害罪论处,有证据证明主观上存在杀人故意的,则应以故意杀人罪论处。

根据《刑法》第二百九十二条之规定,寻衅滋事罪的法定情形之一,即表现为随意殴打他人。虽然殴打他人本质上也是一种伤害行为,但作为寻衅滋事罪客观表现之一的随意殴打他人与故意伤害罪中的伤害行为还是有显著区别的。区别的要点在于:因寻衅滋事而随意殴打他人的,行为人的动机在于发泄或满足其不良情绪,其特点表现为在殴打他人的起因上、殴打对象上、殴打手段上均具有相当的随意性。殴打起因上的随意性,是指行为人为寻求精神刺激,无事生非,毫无理由或者以微不足道的琐事、不能成立的理由为借口,挑起事端,殴打他人。殴打对象上的随意性反映了行为人殴打他人就是为了取乐、发泄或者谁妨碍了他耍威风就殴打谁,寻衅打人的对象具有不特定性。殴打手段、方式的随意性是指殴打他人具有突发性,选择的殴打手段、器物、打击部位和力量因时因事因人随心所欲,但一般情况下,行为人不具有伤害他人至何种程度的明确故意。故意伤害罪在于行为人一般则有直接明确的伤害故意和目的,伤害他人的起因、对象一般都具有特定性。

但司法实践中还是经常会出现行为人在寻衅滋事的过程中,因随意殴打他人结果致人轻伤甚至重伤或者死亡的严重情形。对此,是择一重罪论处还是实行数罪并罚,实践中并不统一。从刑法对这两种犯罪的法定刑配置角度来看,寻衅滋事罪的法定刑为五年以下有期徒刑、拘役或者管制,首要分子为五年以上十年以下有期徒刑;故意伤害罪的法定刑则因伤害结果的不同而不同,如致人轻伤,处三年以下有期徒刑、拘役或管制;致人重伤,处三年以上十年以下有期徒刑;致人死亡或者以特别残忍手段致人重伤造成严重残疾的,处十年以上有期徒刑、无期徒刑或者死刑。通过刑罚的这一配置可以看出,对寻衅滋事随意殴打他人致人轻伤的刑罚,已经涵盖在寻衅滋事的法定刑之中,仅以寻衅滋事罪论处,不会轻纵被告人,无二罪并罚的必要。如因寻衅滋事随意殴打他人致人重伤或死亡的,由于寻衅滋事罪本身不包含致人重伤或死亡的结果,或者说已超出寻衅滋事罪的涵盖范围,对此一般应直接以故意伤害罪一罪论处,既无并罚的必要,也无并罚的理论依据。因为,根据数罪的犯罪构成个数标准说,因寻衅滋事随意殴打他人致人重伤或死亡的,与故意伤害致人重伤或死亡的,在伤害的性质和后果上并无区别,无构成数罪的基础。其次,如定两罪,势必是对随意殴打他人一行为作两次评价,即既将其评价为寻衅滋事,又将其评价为故意伤害,有违刑法禁止对同一行为重复评价的原则。

本案正属于该种情形,杨安等四被告人酒后强行闯入歌舞厅,继而杨安窜至舞台调戏女演员,而刘波则强要女演员跳脱衣舞,其无事生非、肆意挑起事端,寻求精神刺激的动机显而易见,是对国家法纪和社会公德的公然蔑视。此后,由于被害人李耀平的制止和流露出的不满,杨安进而对李耀平进行挑衅并冲下台殴打被害人,刘波等人见状也挥拳上阵。此时,各被告人的行为表现为恃强争狠,肆意殴打他人,结果导致了被害人的死亡。各被告人在公共场所寻求刺激,滋事生非,随意殴打他人,其行为危害社会管理秩序,情节恶劣已构成寻衅滋事罪。同时,各被告人随意殴打他人,致人死亡,严重侵犯了公民的生命健康权利,其行为亦符合故意伤害罪的犯罪构成。在这种情况下,本案只需定故意伤害罪一罪即可。因为实质上,各被告人只是基于一个犯意,实施了一个犯罪行为,结果侵犯了两个刑法所保护的客体,触犯了两个罪名。根据刑法理论,这种情形属于想象竞合犯,应按从一重罪处断的原则处理,即按其中法定刑之重者处理。而故意伤害致人死亡的情形下,其法定刑幅度为十年以上有期徒刑、无期徒刑或者死刑,寻衅滋事罪的法定刑最高只有五年有期徒刑,前者比后者重。因此,本案应以故意伤害罪来定罪量刑。值得指出的是,寻衅滋事随意殴打他人的,亦有可能演变为故意杀人,尤其是间接故意杀人,如属此种情形,则应按故意杀人罪论处。

No. 6-1-293-13 二人以上共同寻衅滋事随意殴打他人致人重伤或死亡的,对直接致人重伤、死亡的行为人,应以故意伤害罪或故意杀人罪论处;其他行为人基于在共同殴打过程中所形成的临时共同伤害、杀人故意而参与殴打的,应以故意伤害罪或者故意杀人罪论处,不存在以上共同故意的,应以寻衅滋事罪论处。

就本案而言,对所有被告人均以故意伤害(致人死亡)罪论处,应该说是恰当的。理由是:(1)本案所有被告人都自始至终直接参与了对被害人的暴力殴打,具有共同伤害的明确故意;(2)本案被害人系因头部损伤引起硬膜下血肿,脑组织挫裂伤而死,该死因无法查明确系某一人或几人的行为直接所致,因此,本案所有被告人的殴打行为均无法排除与被害人的死亡无因果关系。也就是说,无论是杨安、刘波的拳打脚踢行为,还是毛永刚、任建武的拳打行为,直接打击部位或打击所引发的伤害部位,都指向被害人的头部,均与被害人的头部损伤有关联。在共同随意殴打他人过程中,如能明显排除某人的殴打行为与被害人的死亡没有因果关系,则不能要其对被害人的死亡后果承担刑事责任。如被害人的死因系头部损伤,而参与共同殴打的某一被告人仅是踢了被害人下肢一两脚等。

No. 6-1-293-14 犯罪后在逃跑过程中与属于国家司法工作人员的亲友联系,亲友劝其自首,行为人未明确表示,亲友也未将其送去投案的,不成立自首。

在本案中,任建武打电话给其亲属,在其亲友劝其自首时,任建武仅表示回来再说,虽没有拒绝,但回来再说并不能代表其有明确投案意思,至多只能证明其将来有自动投案的可能。但自动投案不是以不能确定的可能性为条件,且根据当时的客观条件,任建武可以选择到附近的公安机关自首,或者利用通讯手段先行投案。实际情况也证明,公安机关在抓获任建武时,任正与其他各被告人在一起,并无回来的意思,即使按照上述规定,由于任建武的亲属并未将其送去投案,任建武的行为也不能视为自动投案,不能认定为自首。

案例:张加佳、张勇建、郑金田寻衅滋事案

案例来源:《人民法院案例选》2015 年第 3 辑

主题词:寻衅滋事罪 被害人过错

一、基本案情

福建省厦门市集美区人民检察院指控:2014 年 8 月 14 日 21 时许,被告人张加佳、张勇建、郑金田酒后在集美区叶厝里 168 号被害人陈细凤经营的小吃店内点餐时,张加佳因对陈细凤的服务不满而与其发生争执,后被张勇建等人劝离。23 时许,三被告人再次来到该小吃店,被告人张加佳又与被害人陈细凤发生争吵,三被告人遂使用拳脚及店内椅子殴打被害人陈细凤及前来劝架的被害人黄志勇,致两名被害人受轻伤。

被告人张加佳、张勇建、郑金田对公诉机关指控的犯罪事实和罪名均无异议。

法院经审理查明:2014 年 8 月 14 日 21 时许,被告人张加佳、张勇建、郑金田酒后在集美区叶厝里 168 号被害人陈细凤经营的小吃店内点餐时,张加佳因对陈细凤的服务不满而与其发生争执,后被张勇建等人劝离。23 时许,被告人张加佳、张勇建、郑金田再次来到该小吃店,被告人张加佳又与被害人陈细凤发生争吵,被告人张加佳、张勇建、郑金田遂使用拳脚及店内椅子殴打被害人陈细凤及前来劝架的被害人黄志勇,致两名被害人受伤。

经法医鉴定,被害人黄志勇受伤致头皮缝合创口长度累计 11.2 厘米,其损伤程度系轻伤二级;被害人陈细凤受伤致左顶部头皮下血肿,其损伤程度系轻微伤。

2014 年 8 月 21 日,被告人张加佳接公安机关电话通知后,自行到公安机关接受调查;被告人张勇建、郑金田亦于同日主动向公安机关投案。三被告人归案后均如实供述了上述犯罪事实。

福建省厦门市集美区人民法院于 2014 年 12 月 10 日作出(2014)集刑初字第 798 号刑事判决:

1. 被告人张加佳犯寻衅滋事罪,判处有期徒刑一年。
2. 被告人张勇建犯寻衅滋事罪,判处有期徒刑十个月。
3. 被告人郑金田犯寻衅滋事罪,判处有期徒刑十个月。

宣判后,被告人张勇建、郑金田提出上诉。在二审审理过程中,上诉人张勇建、郑金田申请撤回上诉,福建省厦门市中级人民法院于 2015 年 3 月 11 日作出(2015)厦刑终字第 15 号刑事裁定:准许上诉人张勇建、郑金田撤回上诉。一审判决已发生法律效力。

二、裁判要旨

No. 6-1-293-15　只有当被害人实施了法律上或道义上的不适当行为且达到一定程度,直接影响了犯罪行为的产生、发展与结果的,才属于刑法意义上的被害人过错。

所谓被害人过错,应是被害人实施了过错行为,且该行为具有法律上或道义上的不适当,并达到了一定的程度,客观上直接影响了犯罪行为的产生、发展与结果。首先,行为必须是由被害人所为,主体具有相对性;其次,行为不符合社会一般伦理要求,超出社会共同认可的范围,受到社会的严厉否定性评价而非一般否定性评价;再次,轻微过失或错误,不具有刑法意义上的被害人过错责任;最后,被害人的过错行为与犯罪行为的发生发展或犯罪后果的造成具有关联性。本案中,陈细凤作为小吃店的经营者,应当为顾客提供服务,但其上菜速度的相对缓慢不能成为其过错成立的理由。不是被害人所有不谨慎、不当的行为都能够认定为过错,从而被刑法所评价。上菜速度缓慢可能有多种原因,陈细凤主观上没有故意不上菜激怒对方的心理,最多只是客观原因导致的服务上的轻微不当,而不是一种显而易见的必须作出否定性评价的行为,完全谈不上过错。且该种不当,绝大多数人都会一笑了之,并不会直接影响到犯罪行为的产生。因此,不能认定陈细凤的缓慢上菜行为属于刑法意义上的被害人过错。

案例:梁锦辉寻衅滋事案

案例来源:《刑事审判参考》总第 125 辑[第 1395 号]

主题词:寻衅滋事罪　违法强拆

一、基本案情

被告人梁锦辉承包 35 亩土地用于生产种植水果。2007 年 12 月 31 日承包合同期满,梁锦辉向中津村委提出按合同约定其可以优先承包,要求继续承包该土地,中津村委提出要提高承包款及管理费。后双方因承包土地的期限及是否重新签订书面合同意见不一致,而没有重新签订土地承包合同。其间,梁锦辉向村委要求续签合同并上缴租金,但中津村委工作人员没有及时收取,梁锦辉继续在该地种植蜜柚等果树。2014 年,中津村委根据村"两委"会及村民代表大会决议决定收回上述土地并告知梁锦辉自行清理。2015 年 3 月 16 日,中津村委组织干部、保安及临时雇用人员梁秋杰等十多人开挖掘机到梁锦辉的果园强行铲掉林木,梁锦辉妻子黄妙音上前阻止被保安人员控制,梁锦辉遂持刀驱离村保安人员等人,在此期间梁秋杰被梁锦辉持刀刺致轻微伤。案发后,梁锦辉主动上门向梁秋杰赔礼道歉,梁秋杰接受赔礼道歉并谅解了梁锦辉。

该村村委会于2016年3月8日出具证明证实:梁锦辉于2015年11月11日自愿将原承包土地退回管理区,中津村委把土地另租给黄林泽经营,黄林泽自愿补偿梁锦辉青苗款人民币90万元整。另,梁秋杰被刺轻微伤一事由管理区协调处理,由黄林泽补偿梁秋杰一切医疗费用。

潮州市中级人民法院认为,原审判决认定事实不清,定罪及适用法律错误,予以纠正。上诉人梁锦辉的行为不构成寻衅滋事罪。判决撤销潮州市湘桥区人民法院(2016)粤5102刑初232号刑事判决;上诉人梁锦辉无罪。

二、裁判要旨

No. 6-1-293-16 针对正在违法强拆其合法财产的有关人员,持刀进行驱离,并造成一人轻微伤,成立正当防卫,不构成寻衅滋事罪。

第一,被告人梁锦辉的行为不构成寻衅滋事罪。《最高人民法院、最高人民检察院关于办理寻衅滋事刑事案件适用法律若干问题的解释》(以下简称《寻衅滋事解释》)第二条规定:"随意殴打他人,破坏社会秩序,具有下列情形之一的,应当认定为刑法第二百九十三条第一款第一项规定的'情节恶劣':(一)致一人以上轻伤或者二人以上轻微伤的;(二)引起他人精神失常、自杀等严重后果的;(三)多次随意殴打他人的;(四)持凶器随意殴打他人的;(五)随意殴打精神病人、残疾人、流浪乞讨人员、老年人、孕妇、未成年人,造成恶劣社会影响的;(六)在公共场所随意殴打他人,造成公共场所秩序严重混乱的;(七)其他情节恶劣的情形。"本案的关键在于,被告人梁锦辉的行为是否属于"寻衅滋事"并构成《寻衅滋事解释》第二条第四项规定的"持凶器随意殴打他人"?

《寻衅滋事解释》第一条第一款规定,行为人为寻求刺激、发泄情绪、逞强耍横等,无事生非,实施《刑法》第二百九十三条规定的行为的,应当认定为"寻衅滋事";该条第二款规定,行为人因日常生活中的偶发矛盾纠纷,借故生非,实施《刑法》第二百九十三条规定的行为的,应当认定为"寻衅滋事",但矛盾系由被害人故意引发或者被害人对矛盾激化负有主要责任的除外。由此可以看出,认定行为人殴打他人是否构成寻衅滋事罪,不仅要看行为人是否在客观上是否属于《寻衅滋事解释》所规定的七种情形,还要考察行为人在主观上是否具有寻求刺激、发泄情绪、逞强耍横等无事生非或者借故生非的故意。在矛盾由被害人故意引发或者被害人对矛盾激化负有主要责任的情况下,由于被告人的行为具有相当的正当性,故不宜认定被告人主观上具有无事生非、借故生非的故意,也就不宜认定构成寻衅滋事罪。

本案中,被告人梁锦辉承包土地合同期满,按合同约定其在同等条件下享有优先承包权,在其没有明确放弃承包权的情况下,中津村委不应收回其土地另行租赁给其他人。梁锦辉曾多次到村委缴租金,但村委工作人员以各种理由拒绝,导致梁锦辉没有续缴租金。村委在梁锦辉未明确表示放弃承包权的情况下,不收取梁锦辉缴纳的租金,而为了将土地另租给其他人,简单粗暴地组织十多人到果园内并用挖掘机摧毁果树,因而引发双方冲突,村委对于本案的发生负有主要过错责任。梁锦辉主观上不符合为寻求刺激、发泄情绪、逞强耍横而无事生非、借故生非等寻衅滋事罪的构成要件,不能认定为"持凶器随意殴打他人"。在村干部及保安人员撤离果园之后,梁锦辉并没有持刀再进行追逐、拦截,因此,也不能认定为"因故生非"型的寻衅滋事行为。综上,梁锦辉的行为不构成寻衅滋事罪。

第二,被告人梁锦辉的行为应认定为正当防卫。

1. 正当防卫以存在现实的不法侵害为前提,本案存在现实的不法侵害。(1)中津村委强行收回土地的目的不正当。(2)中津村委强行收回土地的程序不正当。村委强拆毁林的行为无论从实体上还是从程序上均具有非法性,属于不法侵害行为。

2. 本案的不法侵害正在进行中,被告人梁锦辉针对侵害的防卫客观上具有紧迫性。不法侵害正在进行,是指不法侵害已经开始且尚未结束。本案中,梁秋杰等人员正在实施强拆毁林的过程中,梁锦辉持刀驱离相关人员,系在不法侵害正在进行时实施的防卫行为。

3. 被告人梁锦辉为了维护果园不被非法侵害而采取防卫措施,主观上具有正当性。我国传统的刑法理论认为,具有防卫意识,才能实施正当防卫。一般来说,防卫意识包括防卫认识与防卫意志。防卫意识的重点在于防卫认识,也即只要行为人认识到自己的行为是与正在进行的不法侵害相对抗的,就应认为具有防卫意识。本案中,在村委没有对损失进行赔偿的前提下,如果梁锦辉不采取一定的防卫措施,其将遭受的损失必然是巨大的,因此梁锦辉的防卫意识具有正当性。

4. 被告人梁锦辉实施的防卫行为针对的是不法侵害人。梁锦辉持刀驱离进入其果园强行毁林拆迁的人员,包括被害人梁秋杰,其实施防卫的对象正是不法侵害者本人。

5. 被告人梁锦辉的行为没有明显超过必要限度并造成重大损害。明显超过必要限度,是指防卫行为明显超过了防卫的客观需要;造成重大损害,是指与不法侵害可能造成的损害相比,防卫行为造成的损失过于重大。本案中,梁锦辉的行为仅造成一名被害人轻微伤,与梁锦辉可能遭受的重大财产损失相比,该行为没有明显超过必要限度并造成重大损害。

综上,二审法院根据本案的事实、性质,情节等,认为被告人梁锦辉的行为属于正当防卫,不构成寻衅滋事罪,是正确的。此外,本案定性为正当防卫,有助于维护人民群众的正当利益,也有助于群众更准确理解法律的规定,彰显法律的价值取向,培育良好的社会道德风尚。

案例:秦志晖诽谤、寻衅滋事案

案例来源:《刑事审判参考》总第 97 集[第 965 号]

主题词:寻衅滋事　利用信息网络实施犯罪

一、基本案情

被告人秦志晖,微博名称“秦火火”,男,1983 年 12 月 27 日出生,北京华迅天下信息技术有限公司职工。2013 年 9 月 18 日因涉嫌寻衅滋事罪被逮捕。

北京市朝阳区人民检察院以被告人秦志晖犯诽谤罪、寻衅滋事罪,向朝阳区人民法院提起公诉。

北京市朝阳区人民法院经公开审理查明:

(一)诽谤的事实

1. 被告人秦志晖明知罗援(男,中国战略文化促进会常务副会长兼秘书长)系军人,于 2013 年 2 月 25 日使用昵称为“东土秦火火”的新浪微博账户(UID 号:3198027857),捏造“罗援之兄罗抗在德国西门子公司任职”的事实,无端质疑罗援及其家人搞“利益交换关系”,并在信息网络上散布。该信息被转发 2500 余次,引发大量网民对罗援的负面评价。

2. 被告人秦志晖明知“杨澜(女,阳光媒体集团控股有限公司董事局主席)向希望工程虚假捐赠”系捏造的事实,于 2013 年 7 月 15 日使用昵称为“淮上秦火火”的新浪微博账户(UID 号:3621506850)在信息网络上散布。该信息被转发 700 余次,引发大量网民对杨澜的负面评价。

3. 被告人秦志晖在信息网络上看到了“兰和(男,35 岁)被老女人包养”的不实信息后,将上述信息篡改为“兰和被老女人周某某包养”,并于 2013 年 7 月至 8 月间使用昵称为“3662708323_307”的新浪微博账户(UID 号:3662708323,昵称又曾为“江淮秦火火”)多次在信息网络上散布。该信息累计被转发 900 余次,引发大量网民对兰和的负面评价。

4. 被告人秦志晖于 2012 年 11 月 27 日,使用昵称为“炎黄秦火火”的新浪微博账户(UID 号:2930912765),捏造“张海迪(女,中国残疾人联合会主席)具有德国国籍”的事实并散布。后经网友举报,新浪公司判定上述信息为不实信息。张海迪亦于 2012 年 11 月 28 日通过微博发布澄清声明。秦志晖又于 2012 年 12 月 31 日使用“炎黄秦火火”的新浪微博账户再次发布有关上述信息的博文,在短时间内被转发 20 余次,引发网民对张海迪的负面评价。

(二)寻衅滋事的事实

2011 年 7 月 23 日,甬温铁路浙江省温州市相关路段发生特别重大铁路交通事故(即“7·23”甬温线动车事故)。在事故善后处理期间,被告人秦志晖为了利用热点事件进行自我炒作,提高网络关注度,于2011年8月20日使用昵称为"中国秦火火_f92"的新浪微博账户(UID号:1746609413)编造并散布虚假信息,称原铁道部向"7·23"甬温线动车事故中的外籍遇难旅客支付3000万欧元高额赔偿金。该微博被转发11000次,评论3300余次,引发大量网民对国家机关公信力的质疑,原铁道部被迫于当夜辟谣。秦志晖的行为对事故善后工作的开展造成了不良影响。

北京市朝阳区人民法院认为,被告人秦志晖无视法律规定,在信息网络上捏造事实诽谤他人,情节严重,且系诽谤多人,造成恶劣社会影响,其行为构成诽谤罪;秦志晖在重大突发事件期间,在信息网络上编造、散布对国家机关产生不良影响的虚假信息,起哄闹事,造成公共秩序严重混乱,其行为还构成寻衅滋事罪,依法应予数罪并罚。北京市朝阳区人民检察院指控秦志晖犯诽谤罪、寻衅滋事罪的事实清楚,证据确实、充分,指控的罪名成立。秦志晖在较长时间段内,在信息网络上多次肆意实施违法犯罪行为,根据其所犯诽谤罪、寻衅滋事罪的事实、性质、情节和社会危害程度,本应对其酌情从重处罚,但鉴于秦志晖归案后能够如实供述所犯罪行,认罪悔罪态度较好,可以对其从轻处罚。据此,依照《中华人民共和国刑法》第二百四十六条、第二百九十三条第一款第(四)项、第六十七条第三款、第六十一条、第六十九条第一款以及最高人民法院、最高人民检察院《关于办理利用信息网络实施诽谤等刑事案件适用法律若干问题的解释》第一条、第二条、第三条、第四条、第五条第二款之规定,北京市朝阳区人民法院以被告人秦志晖犯诽谤罪,判处有期徒刑二年;犯寻衅滋事罪,判处有期徒刑一年六个月;决定执行有期徒刑三年。

一审宣判后,被告人秦志晖未提起上诉,公诉机关亦未抗诉,该判决已发生法律效力。

二、裁判要旨

No.6-1-293-17 信息网络属于《刑法》第二百九十三条第(四)项意义上的公共场所,编造虚假信息或明知是虚假信息而在信息网络上传播,对现实的社会公共秩序造成严重混乱的,应当认定为寻衅滋事罪。

2013年9月,最高人民法院、最高人民检察院联合出台了《关于办理利用信息网络实施诽谤等刑事案件适用法律若干问题的解释》,对利用信息网络实施诽谤、寻衅滋事等犯罪适用法律问题进行了规定。本案是《关于办理利用信息网络实施诽谤等刑事案件适用法律若干问题的解释》施行以来全国首例网络诽谤、寻衅滋事案件,该案的审理对于如何适用《关于办理利用信息网络实施诽谤等刑事案件适用法律若干问题的解释》有关条款,如何认定利用信息网络实施的诽谤罪和寻衅滋事罪具有重要指导意义。

从罪状及行为特征来看,寻衅滋事罪规定的"在公共场所起哄闹事,造成公共场所秩序严重混乱",通常是指行为人的起哄闹事扰乱了某一具体公共场所的秩序,或使该公共场所的相关活动不能顺利进行。在信息网络普及之前,"在公共场所起哄闹事"行为的实施地与危害结果发生地一般都在该公共场所。但随着信息网络的迅速发展,互联网、通信网、广播电视传播覆盖网络呈现三网合一的趋势,信息网络与人们的现实生活融为一体,其工具属性、公共属性凸显,利用信息网络实施寻衅滋事的行为方式及危害结果与传统的寻衅滋事呈现出不同特征。基于现实情况,《关于办理利用信息网络实施诽谤等刑事案件适用法律若干问题的解释》第五条第二款将《刑法》条文中的"在公共场所起哄闹事"解释为"编造虚假信息,或者明知是编造的虚假信息,在信息网络上散布,或者组织、指使人员在信息网络上散布,起哄闹事",将"造成公共场所秩序严重混乱"解释为"造成公共秩序严重混乱"。对于第一处解释,我们认为是合理的。对于第二处解释,我们认为,根据信息网络社会的发展程度,该解释具有现实必要性。但是对于上述解释,一定要注意保持《关于办理利用信息网络实施诽谤等刑事案件适用法律若干问题的解释》与"刑法"条文规定内涵的一致性,要根据"刑法"立法本意对《关于办理利用信息网络实施诽谤等刑事案件适用法律若干问题的解释》的规定作出限制性理解。《关于办理利用信息网络实施诽谤等刑事案件适用法律若干问题的解释》第五条第二款规定的利用信息网络实施的寻衅滋事罪要求造成"公共秩序严重混乱",不仅指虚假信息被大量转发、评论等造成的网络秩序混乱,同时也要求造成生产、生活、工作、营业、教学等现实社会公共秩序的严重混乱。对于虚假信息被及时、有效删除,未被大量转发、评论等,尚未造成广泛影响的,或者仅仅是对网络秩序造成了影响,不宜认定为“造成公共秩序严重混乱”。

本案中,被告人秦志晖在“7·23”动车事故发生后,编造政府机关天价赔偿外籍乘客的虚假信息,在信息网络上散布,起哄闹事,该虚假信息被转发 11000 次,评论 3300 余次,造成网络空间的混乱,同时在现实社会引发不明真相群众的不满,扰乱了政府机关善后工作,造成社会公共秩序严重混乱,其行为构成寻衅滋事罪。

案例:李某甲等寻衅滋事案

案例来源:《刑事审判参考》总第 98 集[第 1002 号]

主题词:寻衅滋事罪　未成年人之间的强拿硬要行为

一、基本案情

被告人李某甲,男,1995 年 3 月 18 日出生,农民。2011 年 11 月 2 日因涉嫌犯抢劫罪被逮捕。

被告人李某乙,男,1994 年 5 月 28 日出生,农民。2011 年 11 月 2 日因涉嫌犯抢劫罪被逮捕。

被告人王某某,男,1994 年 12 月 14 日出生,农民。2011 年 11 月 2 日因涉嫌犯抢劫罪被逮捕。

甘肃省合水县人民检察院以被告人李某甲、李某乙、王某某犯寻衅滋事罪,向合水县人民法院提起公诉。三被告人及其辩护人均对公诉机关指控的罪名无异议,但均以三被告人系未成年人为由提请法庭从轻处罚。

合水县人民法院经审理查明:2011 年 9 月 14 日 13 时许,被告人李某甲、李某乙、王某某三人经事先预谋,在合水县西华池镇育才路红绿灯处将准备上学的合水县乐蟠中学学生杨某某拉进附近一巷子内,以威胁、恐吓的方式逼迫杨某某掏出现金人民币(以下币种同)5 元给李某甲,三被告人又从杨某某身上搜得现金 43 元后逃离现场。

2011 年 9 月 15 日 21 时许,被告人李某甲、李某乙、王某某在合水县供暖公司公路边将放学回家的合水县乐蟠中学学生李某某拉至供暖公司门房东侧,以威胁、恐吓的方式抢得现金 5 元。

2011 年 9 月 18 日 21 时许,被告人李某甲、李某乙、王某某三人在合水县西华池镇育才路红绿灯处将准备回家的合水县乐蟠中学学生陈某某拉进附近的一条巷子内,因在陈某某的身上未搜到钱,三人便对陈某某拳打脚踢后逃离现场。当晚,李某甲、李某乙、王某某又在合水县西华池镇育才路红绿灯处,将放学回家途径该处的合水县乐蟠中学学生安某某拦住,李某甲在安某某胸部击打一拳,安某某被迫掏出现金 1 元交给了李某乙。

2011 年 9 月 21 日 21 时许,被告人李某甲、李某乙、王某某在合水县西华池镇育才路红绿灯处,王某某持匕首将放学回家途经该处的合水县乐蟠中学学生姜某某胁迫至旁边一巷子,以殴打、恐吓的方式逼迫姜某某将身上现金 22.5 元掏出交给了李某乙。

2011 年 9 月 25 日 10 时许,被告人李某甲、李某乙、杜某某(被治安处罚)在合水县文化东路将途经该处的合水一中学生刘某某拉进美食城后门巷子,拳打脚踢后,逼迫刘某某将现金 25 元交给了李某乙。

2011 年 9 月 25 日 15 时许,被告人李某甲、李某乙伙同李某丙、杜某某(均被治安处罚)、宋某某(另案处理)在合水县西华池镇文化东路美食城后门将途经该处的合水县职业中学学生朱某某、张某某胁迫至美食城后门巷子一铁门处。李某乙持匕首威胁朱某某和张某某将身上的钱交出,朱某某遂将现金 57 元交给了李某乙。张某某谎称其银行卡内有 200 元现金,李某丙、杜某某、宋某某三人陪同张某某去合水县信用社取钱。途中,张某某趁机跑到街道对面同学中,李某丙等人见状,便逃离现场。

综上,被告人李某甲、李某乙、王某某等人强拿硬要他人钱财7起,得赃款158.50元;其中,李某甲、李某乙参与作案7起,得赃款158.50元;王某某参与作案5起,得赃款76.50元。

合水县人民法院认为,被告人李某甲、李某乙、王某某为寻求精神刺激,采用暴力、胁迫等方法,以大欺小,以强凌弱,多次强拿硬要学生钱财,破坏社会秩序,其行为均构成寻衅滋事罪。三被告人在共同犯罪中所起的作用相当,且犯罪时均不满十八周岁,均可以从轻处罚。公诉机关起诉指控的犯罪事实清楚,证据确实、充分,罪名成立。三被告人及其辩护人所提的辩护意见成立,予以采纳。据此,依照《中华人民共和国刑法》第二百九十三条第一款第(三)项,第二十五条第一款,第十七条第一款、第三款以及最高人民法院《关于审理未成年人刑事案件具体应用法律若干问题的解释》第八条之规定,合水县人民法院判决如下:

1. 被告人李某甲犯寻衅滋事罪,判处有期徒刑一年。
2. 被告人李某乙犯寻衅滋事罪,判处有期徒刑一年。
3. 被告人王某某犯寻衅滋事罪,判处有期徒刑十个月。

宣判后,三被告人没有提起上诉,检察机关亦未抗诉,该判决已发生法律效力。

二、裁判要旨

No.6-1-293-18 未成年人之间多次使用轻微暴力索取少量财物的行为,应当认定为寻衅滋事。

最高人民法院2005年下发的《关于审理抢劫、抢夺刑事案件适用法律若干问题的意见》规定:“对于未成年人使用或威胁使用轻微暴力强抢少量财物的行为,一般不宜以抢劫罪定罪处罚。其行为符合寻衅滋事罪特征的,可以寻衅滋事罪定罪处罚。”为进一步明确未成年人使用或者威胁使用轻微暴力强取少量财物行为的定罪标准,最高人民法院2006年出台的《关于审理未成年人刑事案件具体应用法律若干问题的解释》第七条规定:“已满十四周岁不满十六周岁的人使用轻微暴力或者威胁,强行索要其他未成年人随身携带的生活、学习用品或者钱财数量不大,且未造成被害人轻微伤以上或者不敢正常到校学习、生活等危害后果的,不认为是犯罪。已满十六周岁不满十八周岁的人具有前款规定情形的,一般也不认为是犯罪。”该条分别从实施暴力的程度和危害后果两方面,对何种情形下未成年人的抢劫行为属于《刑法》第十三条规定的“情节显著轻微危害不大”作出了解释。本着对未成年人“教育、感化、挽救”的方针和“教育为主、惩罚为辅”的原则,对未成年人实施的以轻微暴力强索他人少量财物的行为,如果没有造成被害人轻微伤以上后果或者严重扰乱公共场所秩序、社会秩序等其他后果的,一般不以犯罪论处;社会危害大,确有必要追究刑事责任的,也要控制抢劫罪的适用,符合寻衅滋事罪的构成特征的,尽量选择适用寻衅滋事罪。

对是否属于“轻微暴力”,可以从实施暴力的方式、强度,以及是否造成被害人身体伤害后果来分析判断,并应注意与成年人相区分。对于未成年人实施的持刀强抢行为,则还要结合是否实际动刀伤人,是否造成被害人轻微伤以上或其他危害后果,综合认定是否属于“轻微暴力”。对于是否属“少量财物”,可以参考盗窃罪数额较大的标准,以1000元以下的财物为标准。

在把握寻衅滋事的入罪标准时,鉴于未成年人身心发育不成熟,人生观、价值观尚未定型等因素,上述标准对处理未成年人强索财物案件虽然适用,但仍应坚持有所区别、对未成年人尽量从宽处理的刑事政策精神。应当综合考虑未成年人实施强拿硬要行为的次数、手段、危害后果,是否造成恶劣社会影响,是否认罪悔罪以及是否积极退赃等因素,准确把握其行为是否属于“情节显著轻微危害不大,可不认为是犯罪”的情形。

本案中,被告人李某甲、李某乙均7次实施、王某某5次实施向其他未成年人强拿硬要财物的行为,严重扰乱了校园周边的社会秩序,属于“情节严重”,符合《关于审理未成年人刑事案件具体应用法律若干问题的解释》第八条的规定,应以寻衅滋事罪追究三被告人的刑事责任。同案李某丙参与作案1次,同案杜某某参与作案2次,二人寻衅滋事行为均不足3次,尚不属于“情节严重”,故按照《治安管理处罚法》的规定予以行政处罚。

案例:黄民喜等寻衅滋事案

案例来源:《刑事审判参考》总第 113 集[第 1248 号]

主题词:寻衅滋事罪　抢劫罪

一、基本案情

2017 年 9 月 7 日,被告人黄民喜接到其堂哥黄世茂自称赌博时被人“出千”的电话后,想要替其堂哥教训“出千”的人并拿回所输赌资,于是伙同被告人聂迪飞、熊聪、周元文等人乘坐出租车来到珠海市香洲区碧涛路好景花园门口小卖部,见到黄世茂、被害人吴家有等人在赌“三公”,遂围上前去。吴家有见状欲离开,被黄民喜拦住要求验牌,吴家有不同意,双方发生争执。后吴家有见机逃跑,被黄世茂拦住,黄民喜等人追上前去,黄民喜、聂迪飞拳打脚踢吴家有,将其按住坐在花坛上,其他人同住,迫使吴家有(手上握有一部手机)交出人民币(以下币种同)1300 元,后因吴家有请求留下 100 元作为车费,黄民喜退还其 100 元后离开现场。事后被告人黄民喜分得 270 元、聂迪飞分得 300 元、熊聪分得 200 元、周元文分得 200 元。经鉴定,吴家有所受损伤为轻微伤。

二、裁判要旨

No. 6-1-293-19　使用轻微暴力帮他人抢回赌资的行为,不成立抢劫罪,应认定为寻衅滋事罪。

抢劫罪与寻衅滋事罪中的强拿硬要行为有诸多相似之处,两者均使用了一定的暴力或者胁迫手段,体现出强行获取他人财物的特征,均可能侵犯到他人的人身权利和财产权利。二者之间的区别主要体现在犯罪的主观目的、客观行为表现等方面。对于类似本案的使用轻微暴力手段帮他人抢回赌资的行为,宜定性为寻衅滋事罪,分析如下:

首先,从客观表现来看,黄民喜等人在公共场所实施轻微暴力强索财物,暴力强度尚未超出寻衅滋事罪的范围,且主要侵犯的是社会公共秩序。寻衅滋事罪客观上不以严重侵犯他人人身权利的方法强拿硬要财物,表现在具体行为方式上,如使用的暴力或胁迫手段,一般是轻微的拳打脚踢等不易造成严重后果的方式,与抢劫罪相比暴力行为往往也会有所节制;在造成的危害后果上,一般不超出轻微伤的范围。最高人民法院 2005 年发布的《关于审理抢劫、抢夺刑事案件适用法律若干问题的意见》第九条对此作了明确阐述,“寻衅滋事罪是严重扰乱社会秩序的犯罪,行为人实施寻衅滋事的行为时,客观上也可能表现为强拿硬要公私财物的特征。这种强拿硬要的行为与抢劫罪的区别在于:前者行为人主观上还具有逞强好胜和通过强拿硬要来填补精神空虚等目的,后者行为人一般只具有非法占有他人财物的目的;前者行为人客观上一般不以严重侵犯他人人身权利的方法强拿硬要财物,而后者行为人则以暴力、胁迫等方式作为劫取他人财物的手段”。

本案中,基于要回赌资的目的,被告人黄民喜等人前去见吴家有时没有携带任何凶器,黄民喜和聂迪飞仅对吴家有实施轻微的拳打脚踢行为,熊聪和周元文没有动手,只实施一般的追赶、拉扯行为,吴家有所受损伤亦为轻微伤。可见,四名被告人实施的暴力、胁迫行为有节制,且强度一般,尚未超出寻衅滋事罪中“随意殴打他人”“强拿硬要”的范畴,在造成的危害后果上也仅是轻微伤。

其次,黄民喜等人主观上是为了帮他人要回赌资、教训被害人,缺少非法占有目的,不成立抢劫罪。

抢劫罪主观上以非法占有他人财物为目的,侵犯人身权利只是实现其犯罪目的的一种手段。一般而言,行为人总会竭尽所能尽量多地劫取财物。而在强拿硬要型的寻衅滋事犯罪中,行为人一般出于通过破坏公共秩序来寻求个人精神上满足的目的,非法占有他人财物的目的处于从属地位。虽然行为人也会强取他人财物,但是其主观目的并不是占有他人财物,占有财物是其耍威风、占便宜、开心取乐的一种手段,有时索取财物多少甚至有没有,对行为人都不甚重要,行为人追求的主要是在强拿硬要过程中精神上的刺激,因此,有的行为人甚至将钱退回一部分或者明知被害人身上有更多的钱而不为所动。本案中,被告人黄民喜在吴家有逃跑时,采取了拳打脚踢、围追堵截行为,迫使吴家有交出1300元钱,吴家有提出给其留100元作为车费,黄民喜退回100元。同时,被害人吴家有当时手上握有一部手机,被告人并没有要求其交出手机。从以上行为可以看出,被告人的目的主要是教训吴家有,拿回其堂哥输掉的赌资,并没有进一步非法占有被害人财物的故意。

最后,根据罪责刑相适应原则,本案以寻衅滋事罪论处更为合适。

抢劫罪在我国刑法中属于重罪,其起刑点就是三年有期徒刑,最高刑是死刑;相对而言,寻衅滋事罪是一种轻罪,一般只能判处五年以下有期徒刑、拘役或者管制。寻衅滋事罪与抢劫罪的法定刑规定之所以轻重如此悬殊,其中一个非常重要的原因就在于抢劫罪的主观恶性、人身危险性和社会危害性,都远远高于寻衅滋事罪。因此,正确区分抢劫罪和寻衅滋事不仅要考量其犯罪构成的迥异,在行为性质不甚明确时,还要依据罪责刑相适应原则,凭借社会一般观念,权衡行为人应受处罚的轻重和处刑后可能会产生的社会效果,以期最终准确认定行为人的行为性质和罪名,实现罚当其罪。本案中,四被告人的行为虽然从形式上看与抢劫罪有些相似,但综观全案,其实施暴力的强度并未超出寻衅滋事罪所涵括的范围,造成的伤害后果是致一人轻微伤,且其主观上出于教训对方和为他人要回赌资的动机,此外,其从索要钱款中拿出100元归还被害人、索要财物价值没有超出其认为损失的数额,以寻衅滋事罪对其定罪处刑更为恰当,准确贯彻了罪责刑相适应的基本原则。

案例:林作明寻衅滋事案

案例来源:《刑事审判参考》总第120集[第1305号]

主题词:寻衅滋事罪　吸毒者的刑事责任

一、基本案情

2017年7月11日15时许,被告人林作明吸食毒品甲基苯丙胺后在浙江省玉环市楚门镇××路无故手持菜刀将被害人洪某的背部砍伤,并将上前劝阻的被害人张某某的头部砍伤。事后,林作明手持两把菜刀步行至楚门镇龙王村村部附近时,见被害人李某坐在路边玩手机,又无故持菜刀将李某的脸部砍伤。

作案后,被告人林作明在楚门镇龙王村红绿灯处拦乘被害人黄某某的私家轿车,并持刀威胁黄某某往玉环市玉城街道方向行驶,行驶过程中林作明不断要求黄某某超速行驶和超车。黄某某的轿车行驶至玉环市白岩村红绿灯时,林作明下车往玉环市玉城街道方向步行,后又持刀搭乘董某某的轿车开往玉环市公安局主动投案。其到案后未如实供述自己的罪行。

经鉴定,被害人李某的损伤为面部创3.5cm长,已达到轻微伤程度。被害人张某某、洪某不配合做法医鉴定,无法认定二人的损伤程度。被告人林作明案发时患精神活性物质所致精神障碍为缓解期,暂不评定其刑事责任能力。

案发后,被告人林作明的家属赔偿被害人李某人民币1万元,并取得谅解。

二、裁判要旨

No. 6-1-293-20　根据原因自由行为理论,吸毒致幻者自陷入精神障碍,实施犯罪应当承担刑事责任。

对于自陷入精神障碍的行为人,则应当根据其自陷时对危害结果的意识和意志状态认定其对结果所持的主观罪过,即根据原因自由行为理论来认定。原因自由行为,是指具有责任能力的行为人,故意或者过失使自己一时陷入丧失或者尚未完全丧失责任能力的状态,并在该状态下实施了符合犯罪构成要件的行为。行为人使自己丧失或者尚未完全丧失责任能力状态的行为,称为原因行为,而在该状态之下实施符合犯罪构成要件的行为,是结果行为。我国《刑法》虽只规定了醉酒犯罪这一类型,但对于除醉酒之外的吸毒等类型的原因自由行为仍可以通过解释将其纳入。学界对原因自由行为的可罚性根据有不同主张,但是毋庸置疑的是,任何人都不能因为自己自陷入丧失或者尚未完全丧失责任能力状态而实施的犯罪行为免责。

本案中,被告人林作明明知吸毒可导致其身体出现精神活动变化,仍然自愿吸毒,神志陷入异常状态,并在此状态下实施了犯罪行为,符合原因自由行为理论,理应为自身行为承担相应的刑事责任。

No. 6-1-293-21　根据罪责刑相适应原则,吸毒致幻后持刀拦乘汽车、恐吓驾驶人员的行为,不构成《刑法》第一百二十二条劫持汽车罪,可视情况认定为《刑法》第二百九十三条寻衅滋事罪。

从客观行为来看,被告人采取了暴力胁迫手段,但其未采用持刀伤害被害人或争夺汽车之激烈行为,亦未实际控制着汽车;从犯罪后果来看,车辆在行驶过程中没有造成交通事故或者秩序混乱,被害人也没有失去对车辆的控制,行为人并未危及道路行驶中其他不特定人员的安全;从主观意图来看,林作明拦乘被害人黄某某的私家轿车,乘坐不到十分钟即自动下车,其主要目的是为赶往公安局搭乘一段路,主观上并非为了劫夺和控制汽车。因此,被告人的行为不符合劫持汽车罪的犯罪构成。

本罪虽然是抽象的危险犯,但司法实践中,还应当把握该行为是否具有相当严重的社会危害性,即是否危害公共安全。就本罪而言,可以从两个方面考量是否危害公共安全:一是从道路上的不特定人员来看,如果车辆在行驶过程中具有造成交通秩序混乱导致不特定人员伤亡的危险,或者车辆在行驶过程中造成不特定人员伤亡的结果,都可以认定为危害公共安全。二是从车辆上的不特定人员来看,如果有对车辆上的不特定人员造成伤亡的危险或者结果,也可以认定为危害公共安全。就本案而言,被告人威逼被害人开快点,但经查询,黄某某在载乘被告人这段时间中,车辆并未发生超速等违章驾驶情况,不足以危及道路上不特定人员的公共安全,且其拦乘的是只有驾驶员黄某某一人的私家轿车,也不会危及车上不特定多人的生命安全。因此,被告人的行为尚未达到劫持汽车罪相当的社会危害性。

本案中,被告人持刀拦乘汽车、恐吓驾驶人员,是吸食毒品后的情绪发泄体现出的滋事特性,是前述其随意殴打他人寻衅滋事行为的延续。根据《最高人民法院、最高人民检察院关于办理寻衅滋事刑事案件适用法律若干问题的解释》第三条规定:"追逐、拦截、辱骂、恐吓他人,破坏社会秩序,具有下列情形之一的应当认定为刑法第二百九十三条第一款第二项规定的'情节恶劣':……持器追逐、拦截、辱骂、恐吓他人的……"本案被告人林作明的行为属于持器恐吓他人的行为,可以依照寻衅滋事犯罪"情节恶劣"的情形予以定罪、量刑。

案例:谢庆茂寻衅滋事案

案例来源:《刑事审判参考》总第121集[第1329号]

主题词:寻衅滋事罪　故意毁坏财物罪

一、基本案情

2020年2月1日,江西省兴国县长冈乡塘石村委会根据上级部署,派出村干部谢冬元与志愿者谢桂军、谢京华、谢宝元四人在塘石村富胜组斧头脚路段设立防控新型冠状病毒肺炎疫情临时检查点,对进出人员和车辆进行登记、劝返等。当日上午10时许,被告人谢庆茂驾驶江铃宝典牌皮卡车经过该检查点,在场值班的谢冬元等人要求谢庆茂下车进行登记。此时恰逢兴国电视台记者在检查点采访报道疫情防控工作,谢庆茂因自己没有佩戴口罩害怕被记者拍摄、录像,便拒绝下车接受检查。村干部谢冬元多次要求谢庆茂下车登记,谢庆茂不但不下车登记,还与谢冬元争吵,并依旧驾车慢慢前行。为迫使谢庆茂下车登记,谢冬元、谢桂军、谢京华等人一起上前将谢庆茂车子拦住、逼停,谢庆茂才下车接受检查登记。为防止谢庆茂逃避检查,谢冬元便临时将自己所有的用于疫情防控宣传的白色奇瑞牌小汽车驾驶至路中间,停放在谢庆茂车前用以拦截。谢庆茂见状后,便认为自己是本地人,谢冬元这样做没有给其面子,心里很窝火,为发泄心中不满,遂返回自己的皮卡车上,驾驶皮卡车连续三次撞击上述"防控宣传车",导致该车严重受损。民警接警后,及时到达现场处置并将谢庆茂传唤到案。经鉴定,宣传车受损价值人民币9623元。谢庆茂到案后,如实供述了自己的犯罪事实。被告人家属代为赔偿了谢冬元全部经济损失,并取得了谢冬元的谅解。

二、裁判要旨

No. 6-1-293-22　疫情防控期间拒不配合疫情防控人员工作,为发泄个人不满,任意毁损公私财物,造成他人财物损失的,应以寻衅滋事罪追究刑事责任。

根据《刑法》第二百九十三条第一款第三项的规定,强拿硬要或者任意损毁、占用公私财物,情节严重,破坏社会秩序的,构成寻衅滋事罪。而根据《刑法》第二百七十五条的规定,故意毁灭或者损坏公私财物,数额较大或者有其他严重情节的行为,构成故意毁坏财物罪。从法条的规定即可看出,两者存在一定程度的重合。但是同时也存在一定区别,如寻衅滋事罪的犯罪客体是根据法律和社会公德确立的公共生活规则所维持的社会正常秩序,而故意毁坏财物罪侵犯的客体则是公私财物的所有权。两者主观上都是直接故意,但是前者犯罪动机通常是为了满足威风取乐等不正常的精神刺激或其他不健康的心理需要;而后者毁财的动机则比较多样,一般是出于个人报复或妒忌等心理。

本案中,被告人谢庆茂因为没戴口罩害怕被记者拍摄、录像,因而拒绝下车接受检查;在自己车被拦住之后,又因为自觉没有面子感到窝火,为发泄心中不满而故意驾车连续三次撞击"防控宣传车",其更多是出于逞强耍威风、要面子的心理。其行为不仅对"防控宣传车"造成了损坏,更重要的是破坏了疫情防控工作的进行,严重扰乱了疫情防控现场工作秩序,根据最高人民法院、最高人民检察院 2003 年 5 月 15 日施行的《关于办理妨害预防控制突发传染病疫情等灾害的刑事案件具体应用法律若干问题的解释》第十一条,构成寻衅滋事罪。

案例:卢方锁、周凯寻衅滋事案

案例来源:《刑事审判参考》总第 121 集[第 1330 号]

主题词:寻衅滋事罪　"随意"

一、基本案情

2020 年 1 月 30 日 16 时 30 分许,桦南县梨树乡政府工作人员王淑杰、赵金龙、王晓东到辖区检查新型冠状病毒肺炎疫情防控情况,驾车途经桦南县梨树乡长兴村时,因被告人卢方锁驾驶的车辆停在道路中间无法通行,遂鸣笛提示其让开道路,引发被告人卢方锁、周凯、宁龙(另案处理)不满。三人遂对王淑杰、赵金龙、王晓东进行殴打,致赵金龙、王晓东轻微伤。卢方锁、周凯于当日被公安机关抓获。

二、裁判要旨

No. 6-1-293-23　疫情防控期间,为逞强耍横、显示威风、发泄情绪,随意殴打从事疫情防控工作的公务人员的,应以寻衅滋事罪追究刑事责任。

寻衅滋事罪中的"随意殴打他人",应当结合本罪保护法益从社会大众的角度认定其行为有无理由或有无正当理由,即当一般人站在行为人的立场,也不能理解、接受行为人的殴打行为时,该行为可以认定为"随意"。是否构成寻衅滋事罪,应当综合分析案件起因、犯罪动机、犯罪对象、犯罪结果等事实、情节。

被告人卢方锁、周凯的行为虽然客观上干扰了政府对疫情防控的管理活动,但从主客观方面分析,其行为更符合寻衅滋事罪的构成要件,依法应以寻衅滋事罪追究二被告人的刑事责任。具体理由如下:

第一,从犯罪主观方面来看,二被告人具有寻衅滋事的动机与目的。从立法的沿革来看,寻衅滋事的主观方面具有"流氓动机",即漠视社会秩序挑衅伦理道德。随意殴打的行为人抱着公然藐视社会法规和公德的心态,出于逞强斗狠、耍威争霸、发泄不满或开心取乐、寻求刺激等不健康动机而实施犯罪,获取某种精神上的满足。

本案中,被害人系防疫工作人员,但并无证据证实二被告人的犯罪动机是故意破坏防疫管理活动、干扰国家疫情防控工作秩序,而是仅因被告人驾驶的车辆停在道路中间无法通行,被害人鸣笛提示其让开道路,二被告人就立刻产生不满情绪进而大打出手,明显具有逞强耍横、显示威风满足炫耀武力的心理等“寻衅滋事”特征。

第二,从犯罪起因来看,二被告人行为具有一定随意性。行为人随意殴打他人的行为,大多有其所自认为的“理由”,但这种理由多为行为人为殴打他人所寻找的借口,或者是社会生活中微不足道的小事,其内容荒唐、逻辑混乱,并不为一般社会公众所承认即一般道德观念中的“强盗逻辑”,这也就是本罪之所谓的“寻衅”。因而在司法实务中应当结合本罪保护的法益,从社会大众的角度认定其行为有无理由或有无正当理由,即当一般人站在行为人的立场,也不能理解、接受行为人的殴打行为时,该行为可以认定为“随意”。对于行为人辩解的不符合常理、常识、常情的“借口”和“理由”,不能认定“事出有因”。本案中,被告人殴打防疫工作人员并非对疫情防控管理活动本身不满,在起因上亦与防疫工作人员的疫情防控公务活动无直接关联。被告人仅仅因为被害人鸣笛要求其挪车让路而实施殴打显然属于因琐碎纠纷“借题发挥”的情形,具有典型的“随意性”。

第三,从犯罪对象来看,二被告人对殴打对象的选择具有随机性。同其他侵害人身权利的犯罪相比,“随意”是“随意殴打他人”型寻衅滋事罪的核心要素,其犯罪对象大多是不特定的。一是行为对象并不是行为人事前预谋好的,一般为临时起意;二是行为对象一般是随机选择的,如果换为其他人也可能成为被害人。

本案中,虽然被告人殴打的对象是防疫工作人员,但二被告人与被害人素不相识,被害人也从未向二被告人亮明其系从事疫情防控工作人员的身份,说明殴打的行为对象并不是二被告人在殴打前预谋好的。换言之,即便被害人不具有公务人员的身份,在鸣笛提示被告人让开道路时,也可能引发被告人不满而被殴打,说明被告人在犯罪对象的选择上具有偶然性和随机性。

第四,从犯罪结果来看,二被告人的行为直接扰乱了公共秩序。本案中,二被告人随意殴打乡政府防疫工作人员,导致二人轻微伤,防疫工作人员因需要休养而暂时不能参加疫情防控工作,虽然在一定程度上影响了当地政府防疫工作的整体安排和相应进度,但上述结果与二被告人的犯罪行为之间仅具有间接的因果关系,被告人并未预见、也并不追求上述结果的发生。相反,二被告人在公共场所随意殴打他人,直接影响了周围不特定群众的安全感,直接侵害了正常的社会管理秩序和公共秩序,二被告人的行为与破坏社会公共秩序之间具有直接的因果关系,完全符合寻衅滋事的犯罪构成要件。

案例:蔡恒寻衅滋事案

案例来源:《刑事审判参考》总第 122 集[第 1346 号]

主题词:寻衅滋事罪　酒后驾车追撵

一、基本案情

2014 年 8 月 14 日凌晨 4 时许,被告人蔡恒与景某、袁某某酒后在陕西省秦都区思源南路关中映象酒店门口停车时,袁某某对在旁边停车的司机王某无理寻衅。王某见其酒后寻衅,遂开车离开。蔡恒为替袁某某“出气”,逞强耍横,寻求刺激,酒后驾驶中华牌轿车,从关中映象酒店门口尾随追逐王某驾驶的东风牌小型客车,相继沿思源南路向南经滨河路、中华路至咸通南路,途中撞击王某所驾客车尾部并多次欲截停未果,行至咸通南路距离建设路十字口南约 100 米时再次超越王某所驾客车时,与该客车发生剐蹭,致客车侧翻,王某的颈脊髓损伤、口唇挫裂伤、鼻中隔及左侧鼻骨骨折,乘车人焦某某的胸 6、7、10 椎体骨折。经鉴定,东风牌小型客车车损 21519 元,王某的损伤程度为轻伤二级,焦某某的损伤程度为轻伤一级。

二、裁判要旨

No. 6-1-293-24　凌晨酒后驾车追撵他人机动车导致车损人伤的行为,同时成立危险驾驶罪、寻衅滋事罪、故意伤害罪与故意毁坏财物罪,成立想象竞合,以处罚较重的寻衅滋事罪定罪处罚。

蔡恒为替朋友出气,无事生非,驾驶机动车在道路上故意追逐、拦截他人驾驶的车辆,造成他人身体受伤、车辆受损,情节恶劣,妨害了公共安全,属于追逐竞驶的行为,因此,可以认定其行为构成危险驾驶罪。根据《刑法》第一百三十三条之一第四款的规定,犯危险驾驶罪,同时构成其他犯罪的,依照处罚较重的规定定罪处罚。蔡恒危险驾驶的行为,致两人轻伤,且造成车辆损坏,车损达21519元,致人轻伤和车辆损坏的后果都是其故意行为造成的,应当追究其刑事责任。但危险驾驶罪的罪责无法涵括致人轻伤以及数额较大财产损失的后果。因此,蔡恒危险驾驶的行为构成危险驾驶罪与其他犯罪的竞合。

第一,被告人蔡恒的行为不构成以危险方法危害公共安全罪。

首先,被告人追逐竞驶的行为尚未达到与放火、决水、爆炸、投放危险物质等行为相当的危险程度,即要求该行为对不特定多数人的人身财产安全所带来的潜在危险与放火等行为相当,或者体现在所造成的现实危害后果与放火等行为相当。而且,作为以危险方法危害公共安全罪构成要件的行为本身具有相当的不可控性,即一旦实施上述行为,侵害的对象、范围、严重程度具有不可控性。而蔡恒实施追逐竞驶的行为,仅发生一般交通事故,尚未达到构成交通肇事罪的严重事故,其侵害对象、范围有限,仅针对特定的人和车,即被害人王某驾驶的车辆及车上的王某和焦某某,说明该行为尚未达到严重危害公共安全的程度,行为人对其驾驶的车辆仍有一定的控制性。因此,蔡恒的行为不符合以危险方法危害公共安全罪的客观特征。其次,被告人不具有以危险方法危害公共安全的主观故意。危险驾驶罪的行为人对发生交通事故的主观意志与交通肇事罪一样,即其违法驾驶行为本身是故意的,但对产生的危害后果却是过失的。而以危险方法危害公共安全罪则要求行为人不但明知其实施的危险行为存在潜在的危险,而且希望或者放任这种潜在的危险向现实损害转化。本案中,被告人蔡恒出于为朋友"出气"的心理,临时起意追逐被害人车辆,其主观上并不希望或者放任对他人生命、健康或者财产造成重大损害,具体行为上只是撞击王某车辆尾部、欲截停王某车辆,其造成的危害后果也是在其超越王某车辆时,与王某车辆发生剐蹭导致王某车辆侧翻所致。再者,时空环境上不具备以危险方法危害公共安全的条件。被告人蔡恒追逐竞驶的时间在凌晨4时40分许,此时间段内及其驾车所经过的路段内行为人及车辆均稀少,也无证据显示蔡恒超速行驶,因此,蔡恒的行为尚不足以对被害车辆和车辆内人员以外的不特定多数人的生命、健康或者重大公私财产的安全造成威胁。最后,本案以以危险方法危害公共安全罪定罪不符合定罪逻辑。交通肇事罪是轻于以危险方法危害公共安全罪的犯罪。被告人蔡恒追逐竞驶,造成一般交通事故,其行为尚未达到构成交通肇事罪的程度。因此,如果认定其行为构成以危险方法危害公共安全罪,从举轻以明重的角度分析,在定罪逻辑上难以自圆其说。

第二,被告人蔡恒的行为构成危险驾驶罪与寻衅滋事罪、故意伤害罪、故意毁坏财物罪的竞合,应当以寻衅滋事罪定罪处罚。本案中,被告人蔡恒为替朋友袁某某"出气",追逐竞驶,造成他人轻伤、车辆受损,既侵犯了他人的财产权,又侵犯了他人的健康权,因此,其行为同时构成故意伤害罪、故意毁坏财物罪。同时,被告人蔡恒为替朋友袁某某"出气",无事生非,驾驶机动车在道路上故意追逐、拦截他人驾驶的车辆,也符合寻衅滋事的犯罪构成。根据《刑法》第二百九十三条第一款第二项规定,追逐、拦截、辱骂、恐吓他人,情节恶劣的,才构成寻衅滋事罪。蔡恒的行为造成他人轻伤、车辆受损,经济损失较大,且连续追逐,途经咸阳市秦都区的思源南路、滨河路、中华路、咸通南路等四条街道,应当认定为"情节恶劣"。主观上,蔡恒对社会秩序的侵害也是故意的。因此,其行为同时构成寻衅滋事罪。如此,蔡恒追逐竞驶的行为除了构成危险驾驶罪,还构成故意伤害罪、故意毁坏财物罪、寻衅滋事罪。蔡恒的一个行为侵犯了数个法益,属于想象竞合犯,依照《刑法》第一百三十三条之一第四款的规定,应当依照处罚较重的规定定罪处罚。根据《刑法》第一百三十三条之一第一款的规定,危险驾驶罪的法定刑为拘役,并处罚金;根据《刑法》第二百三十四条第一款的规定,故意伤害罪致人轻伤的,法定刑为三年以下有期徒刑、拘役或者管制;根据《刑法》第二百七十五条的规定,故意毁坏财物罪,数额较大的,法定刑为三年以下有期徒刑、拘役或者罚金;根据《刑法》第二百九十三条第一款的规定,寻衅滋事罪的法定刑为五年以下有期徒刑、拘役或者管制。相比之下,寻衅滋事罪的法定刑最重。因此,应当对蔡恒追逐竞驶的行为以寻衅滋事罪定罪处罚。

案例:戴颖、蒯军寻衅滋事案

案例来源:《刑事审判参考》总第 124 集[第 1374 号]

主题词:寻衅滋事罪　索债行为

一、基本案情

被告人戴颖为向被害人宋祥喜索要债务,于 2015 年 2 月 18 日至 5 月 1 日纠集被告人蒯军及其他五人(均另案处理),每天安排一人或数人与宋祥喜同吃、同住,并通过盯、跟、随同出行等手段,迫使宋祥喜还债。在此期间,宋祥喜的近亲属多次报警,公安机关向戴颖、蒯军等人提出不得限制、剥夺宋祥喜的人身自由等处理意见后,戴颖、蒯军等人仍然继续实施上述行为。因未能达成还款协议,4 月 30 日,戴颖指使蒯军等人将宋祥喜睡觉的沙发搬至厂房外;5 月 1 日,砸坏厂房内的取暖器、水壶等物。5 月 2 日,宋祥喜于上述厂房内自杀身亡。其中,蒯军参与限制宋祥喜自由 30 天左右。

法院认为,被告人戴颖、蒯军伙同他人,为索取债务,非法剥夺他人人身自由,其行为均已构成非法拘禁罪,依法应予惩处。戴颖在共同犯罪中起主要作用,是主犯,应当按照其所参与或组织、指挥的全部犯罪处罚。蒯军在共同犯罪中起次要作用,是从犯,依法应当从轻处罚。戴颖、蒯军归案后,如实供述自己的罪行,依法均可以从轻处罚。判决被告人戴颖犯非法拘禁罪判处有期徒刑二年六个月;被告人蒯军犯非法拘禁罪判处有期徒刑一年九个月。

宣判后,被告人戴颖提出上诉,称其未限制宋祥喜人身自由,不构成非法拘禁罪。其辩护人提出相同辩护意见,另提出戴颖等人未破坏社会秩序,依法不构成寻衅滋事罪。被告人蒯军未提出上诉。

泰州市中级人民法院经审理后认为,被告人戴颖、蒯军恐吓他人,情节恶劣,其行为均已构成寻衅滋事罪,且系共同犯罪。戴颖在共同犯罪中起主要作用,是主犯;蒯军在共同犯罪中起次要作用,是从犯,依法应当从轻处罚。戴颖、蒯军归案后,如实供述自己的罪行,系坦白,依法可以从轻处罚。戴颖、蒯军具有劣迹,酌情从重处罚。原审判决认定的事实基本清楚,证据确实充分,审判程序合法,但定性不当,依法予以纠正。根据法律规定,寻衅滋事罪应处五年以下有期徒刑、拘役或者管制,综合本案的犯罪事实、后果以及戴颖、蒯军的量刑情节,判处戴颖有期徒刑二年六个月、蒯军一年九个月并无不当,故对原审的量刑予以维持。判决撤销泰州市姜堰区人民法院(2016)苏 1204 刑初 18 号刑事判决主文:被告人戴颖犯非法拘禁罪,判处有期徒刑二年六个月;被告人蒯军犯非法拘禁罪,判处有期徒刑一年九个月;上诉人(原审被告人)戴颖犯寻衅滋事罪,判处有期徒刑二年六个月;原审被告人蒯军犯寻衅滋事罪,判处有期徒刑一年九个月。

二、裁判要旨

No. 6-1-293-25　以同吃、同住、同行等方式索要债务的,不成立非法拘禁罪,应以寻衅滋事罪定罪处罚。

非法拘禁罪,是指以非法拘留、禁闭或者其他方法,非法剥夺他人身体自由权利的行为。本罪的主观方面由故意构成,并且以非法剥夺他人人身自由为目的,客观方面是对被害人的身体进行了非法强制,使被害人无法自由行动的行为。犯罪手段是多种多样的,但只有达到剥夺自由的程度,才能认定为非法拘禁罪。实践司法中,要注意将非法剥夺人身自由与非法限制人身自由区分开来。《宪法》第三十七条第三款和《刑法》第二百四十一条第三款均将剥夺与限制并列规定,说明二者不同。根据罪刑法定原则,法律没有明文规定为犯罪行为的,不得定罪处刑。任何解释都不能突破法律条文的字面含义,不能将限制、严重限制他人人身自由与剥夺人身自由等同。非法剥夺人身自由一般包括两类:一类是直接施加外力于被害人的身体,使其物理上被剥夺身体自由;另一类是控制被害人的心理,使其不能或不敢自由移动。就本案而言,被害人宋祥喜不论是身体还是心理均未达到被控制而失去自由的程度。戴颖等人没有将宋祥喜关押在某一空间,也没有以施加任何强制行为阻止宋祥喜外出,相反还鼓动宋祥喜积极外出筹款还钱。戴颖等人也未强行指定宋祥喜的出行路线,而是由宋祥喜自主决定,戴颖安排人员跟随。

宋祥喜的人身自由只是受到限制,而没有达到被剥夺的程度。也就是说,同吃同住同行的行为,并未达到剥夺自由的程度。一审法院认定两被告人的行为构成非法拘禁罪,其主要原因是未能辨清非法剥夺他人人身自由和非法限制人身自由的区别。

寻衅滋事罪,是指在公共场所无事生非,起哄闹事,随意殴打、追逐、拦截、辱骂、恐吓他人,强拿硬要,任意损毁、占用公私财物,破坏公共秩序,情节恶劣或者情节严重、后果严重的行为。《刑法修正案(八)》在寻衅滋事罪有关客观行为的规定中增加了"恐吓"他人的行为,并增加了对纠集他人多次实施寻衅滋事行为的处罚规定。综观全案事实,戴颖等人实施的同吃同住同行并实施轻微暴力的行为,属于恐吓他人的寻衅滋事行为,且情节恶劣,应当以寻衅滋事罪定罪处罚。理由如下:

第一,被告人戴颖等人实施了恐吓他人的寻衅滋事行为。恐吓是指"以要挟的话语或者手段威胁、吓唬他人"。实践中,恐吓既可以通过语言文字表现,也可以通过行为动作来表现;既可以直接恐吓,也可以采取其他手段间接对被害人进行恐吓,包括进行长时间跟踪等。既可以是指向被害人本人的威胁,也可以是指向被害人亲友或者其他特定关系人的威胁。无论具体手段、内容如何,只要足以使被害人产生心理恐惧、恐慌,就属于该罪规定的"恐吓"。

本案中,被告人戴颖安排蒯军等人一系列长期行为使宋祥喜心理受到强制,产生恐慌、恐惧,甚至两次实施自杀行为。应认定戴颖等人采用长期跟随、看管行为对宋祥喜实施了恐吓行为。

第二,被告人戴颖等人寻衅滋事行为达到情节恶劣的程度。《最高人民法院、最高人民检察院关于办理寻衅滋事刑事案件适用法律若干问题的解释》(以下简称《寻衅滋事解释》)第三条明确了寻衅滋事罪恐吓他人等行为情节恶劣程度的情形:(1)多次追逐、拦截、辱骂、恐吓他人,造成恶劣社会影响的;(2)持凶器追逐、拦截、辱骂、恐吓他人的;(3)追逐、拦截、辱骂、恐吓精神病人、残疾人、流浪乞讨人员、老年人、孕妇、未成年人,造成恶劣社会影响的;(4)引起他人精神失常、自杀等严重后果的;(5)严重影响他人的工作、生活、生产、经营的;(6)其他情节恶劣的。本案中,宋祥喜被他人长期跟随,自由受到限制,心理受到强制,最终自杀身亡,与戴颖等人行为有紧密因果关系。根据《寻衅滋事解释》第三条第四项、第五项的规定,被告人戴颖、蒯军恐吓他人,任意损毁财物,严重影响他人生活,引起他人自杀后果,达到了情节恶劣的程度。

第三,被告人戴颖等人的行为破坏了社会秩序。有观点认为戴颖等人针对特定人实施相关行为,没有妨害社会管理秩序,不构成寻衅滋事罪。最高人民法院认为,社会管理秩序是一个抽象概念,最终要落实于具体的人与人之间的关系。如果行为对象针对家人、亲属等关系较为亲密的人员,行为发生在家中等较为私密的场所,不为外人所知,则一般不宜认定为妨害社会管理秩序,但如果行为发生于公共场所,且经有关部门处理后仍继续实施的,则可以认定为破坏了社会秩序。为此,《寻衅滋事解释》第一条第三款规定:"行为人因婚恋、家庭、邻里、债务等纠纷,实施殴打、辱骂、恐吓他人或者损毁、占用他人财物等行为的,一般不认定为'寻衅滋事',但经有关部门批评制止或者处理处罚后,继续实施前列行为,破坏社会秩序的除外。"本案中,宋祥喜家人报警,在民警出警后多次要求戴颖等人正常讨债,停止实施限制人身自由的行为,但戴颖等人不听劝阻依旧实施前述行为,对社会秩序造成破坏。

131 组织、领导、参加黑社会性质组织罪(《刑法》第二百九十四条第一款)

案例:陈金豹等组织、领导、参加黑社会性质组织案

案例来源:《刑事审判参考》总第74集[第618号]

主题词:参加 接受组织的控制

一、基本案情

被告人陈金豹,男,1972年12月28日出生,无业。1990年因犯强奸罪被判处有期徒刑五年,1999年5月因犯故意伤害罪被判处有期徒刑六年,2002年8月5日刑满释放,2006年1月

1 日因涉嫌犯故意杀人罪被逮捕。

被告人刘应平,男,1980 年 2 月 3 日出生,无业。1996 年 12 月 24 日因犯流氓罪被判处有期徒刑五年,2000 年 2 月 2 日(服刑期间)因犯脱逃罪、故意伤害罪被合并执行有期徒刑七年六个月,2004 年 11 月 1 日刑满释放,2006 年 1 月 1 日因涉嫌犯故意杀人罪被逮捕。

被告人王清华,男,1972 年 7 月 2 日出生,无业。1990 年因犯破坏集体生产罪被判处有期徒刑一年,1993 年 9 月 29 日因犯盗窃罪被判处有期徒刑七年,2000 年 2 月 2 日(服刑期间)因犯脱逃罪、故意伤害罪被合并执行有期徒刑四年六个月,2003 年 6 月 22 日刑满释放,2006 年 1 月 1 日因涉嫌犯故意杀人罪被逮捕。

被告人张清平,男,1976 年 11 月 24 日出生,无业。1996 年 12 月 24 日因犯抢劫罪、盗窃罪被判处有期徒刑八年,2002 年 11 月 1 日刑满释放,2006 年 1 月 1 日因涉嫌犯故意杀人罪被逮捕。

被告人徐峰,男,1982 年 7 月 16 日出生,无业。因涉嫌犯故意杀人罪于 2006 年 1 月 1 日被逮捕。

被告人冯世汉,男,1979 年 10 月 13 日出生,无业。因涉嫌犯故意杀人罪于 2006 年 1 月 1 日被逮捕。

被告人王卫星,男,1982 年 8 月 1 日出生,无业。因涉嫌犯故意杀人罪于 2006 年 1 月 1 日被逮捕。

被告人谢波湘,男,1985 年 1 月 31 日出生,无业。因涉嫌犯故意杀人罪于 2006 年 1 月 1 日被逮捕。

被告人简明华,男,1978 年 11 月 14 日出生,无业。因涉嫌犯故意杀人罪于 2006 年 1 月 1 日被逮捕。

……(被告人余勇强等 4 人的情况略)

湖北省武汉市中级人民法院经审理查明:2002 年 8 月,被告人陈金豹刑满释放后,纠集舒汉江、曹小良、龚建军、谢雄飞等人(均另案处理),以其成立的“昌顺搬运队”为掩护,在武汉市洪山区余家头一带以收取“管理费”为名,强行向家具市场搬运队收取保护费,大肆实施敲诈勒索活动。2004 年年初至 2005 年年底,陈金豹又以经营赌场为依托,不断扩大该组织实力,先后吸纳了被告人余永强、汪海林、邓同祥(均另案处理)等人加入其组织,并通过其在服刑期间结交的“牢友”被告人刘应平纠集了张俊、毛明权等人(均另案处理)充当其赌场的“钉子”(赌场看场人员)及保镖,逐步形成了以陈金豹为组织、领导者,汪海林、余永强、谭军、肖智慧为固定骨干,邓同祥、毛诗勇、舒汉江等人参加的黑社会性质组织。该组织人数达二十余人,分工明确,结构严密,纪律严明。陈金豹是组织、领导者,余永强、汪海林、谭军、肖智慧系陈金豹指定的赌场负责人。在经营赌场及日常的管理过程中,陈金豹直接管理四个赌场负责人及刘应平为其提供的“钉子”,为该组织提供资金;其余成员则由各赌场负责人管理,形成了一整套交接账目、遥控指挥赌场、逃避警方打击等操作运转模式。为保障该组织的运作,陈金豹在其组织成员中施行工资福利、奖惩及安置等一系列管理制度。为了控制其组织成员,陈金豹对其手下有严格的纪律要求并在组织内部树立了绝对权威,形成了金字塔式的管理模式。该组织通过敲诈勒索、赌博等违法犯罪活动获取经济利益,非法聚敛人民币(以下所涉币种均为人民币)91 万余元,具有一定的经济实力。其中,开设赌场获利 80 万余元,采取强行收取保护费的手段获利 11 万余元。陈金豹将违法犯罪所得大部分用于支持该组织的活动。2002 年 8 月以来,该组织以暴力、威胁及其他手段,有组织地实施敲诈勒索、赌博、故意杀人、故意伤害、非法持有枪支等一系列违法犯罪活动,为非作恶,欺压、残害群众。尤其是自 2003 年 11 月以来,在陈金豹的直接指使、授意下,该组织相继有组织地实施了多起故意伤害、故意杀人案等一系列暴力性犯罪。在武汉市洪山区余家头一带,该组织通过实施违法犯罪活动,称霸一方,对家具市场搬运业及非法赌博活动形成了非法控制,严重破坏了洪山区余家头一带的经济、社会生活秩序。该组织实施的具体犯罪活动如下:

(一)敲诈勒索事实

2002年8月以来,以被告人陈金豹为首的黑社会性质组织成员以收“管理费”为名强行向武汉市洪山区余家头和平大世界家具城、金鑫家具城及南方家具批发市场祁晓光搬运队、南方家具城程茂双搬运队等强行收取保护费共计11万余元。

(二)赌博事实

2004年以来,以被告人陈金豹为首的黑社会性质组织在武汉市洪山区余家头一带以营利为目的,相继开设4处赌场,聚众赌博,非法获利共计80万余元。

(三)故意伤害事实

2003年11月以来,在被告人陈金豹的直接指使、授意下,该组织有组织地实施了两起故意伤害犯罪,共致1人死亡、1人重伤、1人轻伤、3人轻微伤。

(四)故意杀人、非法持有枪支、帮助毁灭证据事实

2005年11月8日,以被告人陈金豹为首开设的联盟路罗家桥赌场被当地“孝感帮”势力打砸,该组织骨干肖智慧、邓同祥及多名“钉子”被砍伤。陈金豹和谭军认为联盟路“音乐王”歌厅店主郭继平系该事件的幕后主谋,遂决心报复。陈金豹同意谭军负责组织此次报复行动,自己则联系被告人刘应平为本次行动提供打手。同月10日,刘应平安排被告人王清华、张清平与陈金豹取得联系,由谭军安排二人在武汉市青山区“卓越大酒店”住宿。谭军还要求王清华多邀一些人来参与作案,刘应平又派遣被告人王卫星、谢波湘、简明华于当天下午从潜江市赶到“卓越大酒店”。当日,谭军带领王清华、王卫星到武汉市洪山区联盟路卡拉OK一条街进行“踩点”。次日下午5时许,王清华安排张清平将因携带管制刀具刚从拘留所释放出来的被告人徐峰、冯世汉接到“卓越大酒店”。当晚,王清华带张清平、徐峰、冯世汉到联盟路卡拉OK一条街再次“踩点”。当日深夜,王清华、张清平、徐峰、冯世汉、王卫星等5人到余家头建材市场,谭军将2支唧筒式猎枪分发给徐峰、冯世汉,将另一支自制手枪交给王卫星,并指使张清平按照分工打探郭继平的行踪。12日凌晨1时许,在获知郭继平的行踪后,徐峰、冯世汉、王卫星持枪赶到“音乐王”歌厅门口,按照谭军的事先分工,由徐峰、冯世汉上前开枪,王卫星持自制手枪在现场进行掩护。冯世汉首先持猎枪向郭继平腿部开枪,未能正常击发。徐峰见状持枪上前向郭继平的左腰部开了一枪,郭当即中枪倒地,因急性失血性休克而死亡。作案后,徐峰、冯世汉、王卫星离开现场乘坐张清平事先拦好的出租车,回到“卓越大酒店”。陈金豹安排被告人汪海林、谭军驾车连夜将王清华、张清平、徐峰、冯世汉、王卫星等人送至荆州市以躲避抓捕。谢波湘、简明华则按照王清华的安排,携带徐峰、冯世汉、王卫星等人作案时所穿的衣物潜逃至潜江市刘应平处。刘应平为谢波湘、简明华提供路费,并为作案后的王清华一伙提供逃匿经费。谢波湘、简明华将上述衣物携带至广东省东莞市后丢弃。

武汉市中级人民法院认为:被告人陈金豹组织、领导黑社会性质组织,大肆进行违法犯罪活动,其行为已构成组织、领导黑社会性质组织罪;陈金豹组织、领导组织成员故意伤害他人,以营利为目的、开设赌场,以非法占有为目的、勒索他人钱财,数额巨大,其行为分别构成故意伤害罪、敲诈勒索罪、赌博罪;陈金豹在刑满释放后五年内再犯罪,系累犯,应从重处罚;被告人徐峰受人邀约持枪故意杀人,造成一人死亡,且系致人死亡的直接责任人,其行为已构成故意杀人罪主犯;被告人王清华受人指使,邀约、指挥他人故意持枪杀人,造成一人死亡的严重后果,还伙同他人共同故意伤害他人身体,致一人重伤、二人轻伤,其行为分别构成故意杀人罪、故意伤害罪。王清华在刑满释放后五年内再犯罪,系累犯,应从重处罚,在共同故意杀人犯罪中系主犯;被告人刘应平受陈金豹邀约,指使他人参与实施报复行为,造成被害人死亡,在案发后为其潜逃提供帮助,其行为已构成故意伤害罪;被告人冯世汉、王卫星、张清平受人邀约参与故意杀人,其行为均已构成故意杀人罪,且在共同犯罪中均系从犯,应从轻或减轻处罚。其中,被告人张清平在刑满释放后五年以内再犯罪,系累犯,应从重处罚;被告人谢波湘、简明华受人指使帮助毁灭故意杀人的证据,其行为均已构成帮助毁灭证据罪。公诉机关指控刘应平、王清华、张清平、徐峰、冯世汉、王卫星、谢波湘、简明华的行为构成参加黑社会性质组织罪,经查,上述八名被告人并不知

道自己参与了黑社会性质组织,虽然知道陈金豹是“老大”,事成之后可以投奔,但之前并未参与该组织活动,未受该组织纪律约束,且未从该组织领取报酬。据此,直认定该八名被告人未实际加入该组织,只是临时受指使参与故意杀人的行为,其行为不构成参加黑社会性质组织罪,对该八名被告人的辩解予以采纳。依照《中华人民共和国刑法》第二百九十四条第一款、第三款,第二百三十二条,第二百三十四条第二款,第二百七十四条,第三百零三条,第一百二十八条第一款,第三百零七条第二款,第四十八条第一款,第五十五条第一款,第五十六条第一款,第五十七条第一款,第二十五条第一款,第二十六条第一款、第三款、第四款,第二十七条,第六十五条第一款,第六十九条,第六十四条,第三十六条第一款,《全国人民代表大会常务委员会关于〈中华人民共和国刑法〉第二百九十四条第一款的解释》,最高人民法院《关于审理黑社会性质组织犯罪的案件具体应用法律若干问题的解释》第一条,最高人民法院《关于敲诈勒索罪数额认定标准问题的规定》第二条,最高人民法院《关于审理非法制造、买卖、运输枪支、弹药、爆炸物等刑事案件具体应用法律若干问题的解释》第五条第一款第二项、第二款第二项,最高人民法院《关于刑事附带民事诉讼范围问题的规定》第四条以及《中华人民共和国民法通则》第一百一十九条的规定,判决如下:

1. 被告人陈金豹犯组织、领导黑社会性质组织罪,判处有期徒刑八年;犯故意伤害罪,判处死刑,缓期二年执行,剥夺政治权利终身;犯敲诈勒索罪,判处有期徒刑年七年;犯赌博罪,判处有期徒刑三年,并处罚金人民币一万元,决定执行死刑,缓期二年执行,剥夺政治权利终身,并处罚金人民币一万元。

2. 被告人徐峰犯故意杀人罪,判处死刑,剥夺政治权利终身。

3. 被告人王清华犯故意杀人罪,判处无期徒刑,剥夺政治权利终身;犯故意伤害罪,判处有期徒刑七年,决定执行无期徒刑,剥夺政治权利终身。

4. 被告人刘应平犯故意伤害罪,判处有期徒刑八年。

5. 被告人冯世汉犯故意杀人罪,判处有期徒刑十年,剥夺政治权利一年。

6. 被告人王卫星犯故意杀人罪,判处有期徒刑六年。

7. 被告人张清平犯故意杀人罪,判处有期徒刑五年。

8. 被告人谢波湘犯帮助毁灭证据罪,判处有期徒刑二年。

9. 被告人简明华犯帮助毁灭证据罪,判处有期徒刑二年。

……(其他被告人判决情况略)

一审宣判后,被告人冯世汉、王卫星、谢波湘、简明华未提出上诉;被告人陈金豹、徐峰、王清华、刘应平、张清平不服,向湖北省高级人民法院提出上诉。

陈金豹上诉称,其领导的只是普通犯罪团伙,非黑社会性质组织;认定其对郭继平伤害致死负刑事责任和另犯敲诈勒索罪理由不成立。

徐峰上诉称,认定其犯故意杀人罪定性错误,应认定为故意伤害罪。

王清华、张清平上诉称,认定其故意杀人的证据不足。

刘应平上诉称,认定其故意伤害的证据不足。

湖北省高级人民法院经审理认为,原审判决根据本案的事实、情节及各上诉人、原审被告人在共同犯罪中的作用、地位及其他法定量刑情节,对各上诉人及原审被告人的定罪准确,对徐峰、王清华、张清平、冯世汉、王卫星、谢波湘、简明华七人的量刑适当,但对陈金豹、刘应平量刑不当。裁定将陈金豹犯敲诈勒索罪的量刑由七年改为六年,决定执行死刑,缓期二年执行,剥夺政治权利终身,并处罚金人民币一万元;将刘应平犯故意伤害罪的量刑由八年改为六年。本案依法报请最高人民法院复核。

最高人民法院经复核,同意第一审、第二审判决对被告人徐峰的定罪量刑。依照《中华人民共和国刑事诉讼法》第一百九十九条和最高人民法院《关于复核死刑案件若干问题的规定》第二条第一款的规定,裁定核准湖北省高级人民法院(2008)鄂刑一终字第50号维持第一审以故意杀人罪判处被告人徐峰死刑,剥夺政治权利终身的刑事判决。

二、裁判要旨

No.6-1-294(1)-1 参加黑社会性质组织,是指成为黑社会性质组织的成员,接受黑社会性质组织领导和管理。单纯参与黑社会性质组织所实施的犯罪行为,不构成参加黑社会性质组织罪。

参加黑社会性质组织,是指成为黑社会性质组织的一员,接受黑社会性质组织领导和管理的行为。参加黑社会性质组织分为积极参加和一般参加。《办理黑社会性质组织犯罪案件座谈会纪要》(以下简称《纪要》)规定:“积极参加者,是指接受黑社会性质组织的领导和管理,多次积极参与黑社会性质组织的违法犯罪活动,或者积极参与较严重的黑社会性质组织的犯罪活动且作用突出,以及其他在组织中起重要作用的犯罪分子;一般参加者,是指除上述组织成员之外,其他接受黑社会性质组织的领导和管理的犯罪分子。”判断行为人是否犯有参加黑社会性质组织罪,关键在于对参加行为的认定。

关于参加行为,实践中可从以下几个方面认定:

1. 关于参加的主观明知问题的把握。对一个犯罪组织是否属于黑社会性质组织的判断属于法律判断,因此,根据《纪要》精神,认定行为人的参加行为构成参加黑社会性质组织罪,不要求行为人在加入犯罪组织时明确知道该组织具有黑社会性质,行为人只要知道或者应当知道所参加的是由多人组成、具有一定层级结构,主要从事违法犯罪活动的组织群体,或者该组织虽有形式合法的生产、经营活动,但仍是以有组织地实施违法犯罪活动为基本行为方式,欺压、残害群众的组织,就可以认定其参加行为构成参加黑社会性质组织罪。

2. 关于接受黑社会性质组织领导和管理问题的把握。按照《纪要》的规定,无论是积极参加者还是一般参加者,都要接受黑社会性质组织的领导和管理。这不仅是一个必要的主观意志要素,而且是判断参加行为是否存在的重要依据。对于那些主观上并无加人意图,客观上也不受犯罪组织领导和管理,因被纠集、雇佣、收买、威逼或者受蒙蔽为黑社会性质组织实施违法犯罪活动或者提供帮助、支持、服务的人员,不应以参加黑社会性质组织罪定罪处罚。

3. 关于参加行为完成形态问题的把握。有一种观点主张以行为人履行入会手续或者口头、书面明确表示加入为判断标准。但从实践情况来看,参加行为的完成形态具有复杂性,因为黑社会性质组织在吸纳成员时,很多情况下并不会专门举行仪式或者办理手续,这使得参加行为难以通过法定证据被客观地反映出来。我们认为,就本质而言,参加行为是否完成应以行为人与黑社会性质组织就加入该组织问题达成意思一致作为判断标准比较合适,而不能以是否履行手续、是否取得组织会籍、是否举行专门仪式等作为认定的标准。对有下列情形之一的,可以认定行为人完成了参加行为:一是就加入犯罪组织问题有明确的约定;二是行为人履行了加入组织的仪式;三是行为人要求加入,并经该组织或组织头目的批准或默许;四是虽未履行手续,但已在该组织的领导和管理下实际参加了该组织的各种违法犯罪活动;五是行为人开始不知道加入的是从事违法犯罪活动的黑社会性质组织,了解真相后没有退出,并在该组织的领导和管理下参加了该组织的违法犯罪活动。

在本案中,刘应平、王清华等人虽然参与了陈金豹所组织的犯罪活动,但是,他们没有任何加入该组织的愿望,未参与该组织的其他违法犯罪活动,未在该组织中担任职务和谋取利益,未受该组织的管理和纪律约束,不受该组织的控制,因此,不能认定其行为构成参加黑社会性质组织罪。

案例:黄向华等组织、参加黑社会性质组织,陈国阳、张伟洲包庇黑社会性质组织案

案例来源:《刑事审判参考》总第74集[第620号]

主题词:认识因素

一、基本案情

被告人黄向华,绰号“黄脚”,男,1980年7月8日出生于广东省四会市,汉族,无业。2005年4月6日因本案被逮捕。

……(被告人邓洪枢、曾浩斌、黄建华等30人的基本情况略)

被告人陈国阳,男,1969 年 7 月 30 日出生于广东省广宁县,汉族,原任四会市公安局副局长。2005 年 5 月 19 日因本案被逮捕。

被告人张伟洲,男,1972 年 5 月 16 日出生于广东省四会市,汉族,原任四会市公安局治安管理股股长。2005 年 5 月 26 日因本案被逮捕。

广东省肇庆市中级人民法院经审理查明:

(一)组织、参加黑社会性质组织事实

1999 年的一天晚上,被告人邓洪枢与吴建军等人在四会市东城区“新领域”酒吧喝酒时,因跳舞与“叶少强帮”的团伙成员发生冲突,致使邓洪枢被打伤昏迷住院治疗一星期,龙杰锋(已死亡)为此组织了几十人与叶少强进行谈判,逼迫“叶少强帮”赔偿了医疗费。后龙杰锋与被告人邓洪枢、黄向华等罗源籍青年在四会城中区十四号码头的沙滩聚会时,龙杰锋提出大家(罗源人)要团结,不要出去被人欺负。于是,被告人邓洪枢、黄向华等人便一致推举龙杰锋为头目,由此形成了以四会罗源籍青年为骨干的“罗源帮”。

自 1999 年年底以来,龙杰锋先后吸纳被告人黄向华、邓洪枢、曾浩斌等为“罗源帮”的骨干分子,被告人叶德宝、王念辉、蓝志明等数十人为“罗源帮”成员。至 2000 年,“罗源帮”逐渐形成了人数众多,结构稳定,分工明确,控制严密,有一定经济来源的黑社会性质组织。2002 年以来,龙杰锋将“罗源帮”改名为“龙兴社”(以下均称“龙兴社”)。

“龙兴社”组织自成立以来,在龙杰锋的指使、授意下,由骨干分子带领手下的“马仔”在四会市城区、乡镇开设多处赌场,以“抽水、放高利贷”的形式非法牟取暴利;对不服从他们管理的赌场,则由“龙兴社”成员对其进行“扫场”,迫使这些赌场无法生存,逐渐对四会市的赌场予以垄断。龙杰锋还利用其东城派出所联防队的职务之便,指使加入“龙兴社”的联防队员为赌场通风报信及看风,防止被警察查获。“龙兴社”还向四会市多间娱乐场所及广宁县、怀集县鱼贩个体户收取巨额保护费,进行敲诈勒索,对拒交保护费的就对其进行滋事;甚至对鱼车进行投毒,使其不能正常经营。为获取更多的非法利益,“龙兴社”还通过驱赶、恐吓等暴力手段把来自怀集、广西等地的鱼贩赶出四会的贩鱼市场,然后由该组织出资购买鱼车经营,企图垄断该行业以牟取暴利。“龙兴社”通过开设赌场“抽水、放高利贷”,收取娱乐场所及鱼贩的保护费等非法手段获取了巨额经济利益。

“龙兴社”组织规定每位成员都要服从龙杰锋的指挥,并规定帮规,对不听从指挥,违反规定的成员进行处罚;该组织有比较固定的聚集场所,有事就由龙杰锋召集“龙兴社”的骨干成员到金三角桌球城等地开会商议;为方便统一行动,其成员实行集中居住;为使其成员能充当打手,还组织其成员进行体能训练。“龙兴社”的骨干成员有比较明确的分工:有负责开设赌场的,有负责收取“保护费”的,有负责充当打手的,有负责购买、保管刀具、枪械的。“龙兴社”还设立了“应急基金”,由龙杰锋统一支配,用于“龙兴社”成员日常开支以及赔付打架斗殴的死伤者医疗费、抚恤金等。

“龙兴社”组织自成立以来,在龙杰锋及被告人黄向华、邓洪枢等人的领导、组织下,其成员多次与其他黑恶势力相互打架斗殴,涉及多宗命案及故意伤害案,致多人死伤,实施了多起故意杀人、故意伤害、寻衅滋事、聚众斗殴、故意毁坏财物、敲诈勒索、赌博等违法犯罪行为,为非作恶,欺压、残害群众,在四会市造成了恶劣影响,严重破坏了经济、社会生活秩序。

……(认定的故意杀人、故意伤害、聚众斗殴、寻衅滋事、故意毁坏财物、敲诈勒索、赌博、非法持有枪支、绑架事实略)

(十一)包庇黑社会性质组织事实

被告人陈国阳、张伟洲多年来担任龙杰锋的直接领导,明知龙杰锋有参与故意伤害等违法犯罪行为,明知其手下人数众多,并有开设赌场、收取保护费、打架斗殴等违法犯罪行为,而不依法履行职责,甚至作假证据予以包庇,致使“龙兴社”黑社会性质组织得以发展壮大,横行四会城乡多年,严重破坏当地经济、社会生活秩序。其包庇事实具体如下:

1. 2000 年 9 月 30 日,龙杰锋及其手下邓耀明、曾浩斌、黄向华等人将被害人刘洪燕的右脚打断致轻伤,将被害人肖辉头部打致轻微伤。公安人员当场将龙杰锋、吴建军等人抓获带回城北派出所。被告人张伟洲知道情况后,明知伤者右脚被打断,已涉嫌刑事犯罪,为达到包庇龙杰锋的目的,一方面,找城北派出所的领导说情;另一方面,叫吴建军把打伤人的责任包揽起来,不要说出龙杰锋打人的事实,并许以行政拘留的轻处罚。然后,对两被害人软硬兼施,迫使两被害人答应接受赔偿不追究龙杰锋等人的刑事责任。当天,龙杰锋即被张伟洲带走,致使龙杰锋免受法律追究,而吴建军等人则被处以行政拘留十五天。

2. 2000 年 10 月 28 日晚,四会市"龙华夜总会"门口发生被害人吴德森被故意伤害致死案。时任东城派出所所长的被告人陈国阳、东城派出所副所长的被告人张伟洲,在案发后得知龙杰锋案发时到达现场,并与其手下"罗源帮"成员曾浩斌、邱经伦等人参与打人,致使吴德森被伤害致死。被告人陈国阳、张伟洲明知龙杰锋不是出警人员,而是参与打人的犯罪嫌疑人,却召集当晚出警的派出所民警梁悦明、治安联防队员梁志权等人要求他们在上级调查时不要将龙杰锋当晚参与打人的事实说出来。被告人陈国阳还打电话给四会市公安局巡警大队队长雷国森,要求参加出警的巡警隐瞒事实,不要将龙杰锋打人的事实如实汇报,导致前来调查的省、市上级公安机关纪检督察部门调查得到的情况失实,致使龙杰锋一直逍遥法外,免受法律的追究。

……(认定的私藏弹药、受贿事实略)

肇庆市中级人民法院认为,被告人黄向华、邓洪枢等黑社会性质组织"龙兴社"成员无视国家法律,组织、参与黑社会性质组织,在龙杰锋的领导下,有组织地实施了一系列违法犯罪行为,直接造成了被害人罗广发、李志洪、黎观娣、吴德森死亡,被害人叶德永、黄国明重伤,被害人刘洪燕、谭凯信轻伤和被害人肖辉、戴国标轻微伤等严重后果。"龙兴社"在四会市城乡为非作歹,欺压、残害群众,严重破坏了四会当地的经济、社会生活秩序,应依法惩处……被告人陈国阳、张伟洲对"龙兴社"组织及其首领龙杰锋实施的违法犯罪行为进行包庇,其行为构成了包庇黑社会性质组织罪。在被害人吴德森被伤害致死案中共同包庇龙杰锋及"龙兴社"组织的犯罪行为中,被告人陈国阳的罪责较被告人张伟洲重,对被告人张伟洲可从轻处罚。此外,被告人陈国阳的行为还构成了私藏弹药罪、受贿罪,依法应当数罪并罚。被告人张伟洲的行为还构成了受贿罪,依法应当数罪并罚。被告人陈国阳、张伟洲能主动供述侦查机关没有掌握的受贿犯罪事实,属自首,且两被告人案发后能退清赃款,结合案情,对被告人陈国阳可减轻处罚,对被告人张伟洲可从轻处罚。依照《中华人民共和国刑法》第二百九十四条第一款、第三款、第四款,第一百二十八条第一款,第二百三十二条,第二百三十四条,第二百三十九条第一款,第二百七十四条,第二百七十五条,第二百九十二条第一款,第二百九十三条,第三百零三条,第三百八十三条,第三百八十五条,第十七条第一款、第三款,第二十六条,第二十七条,第五十六条第一款,第五十七条第一款,第六十五条,第六十七条,第六十八条,第六十九条,第七十二条,第七十七条第一款和最高人民法院《关于审理黑社会性质组织犯罪的案件具体应用法律若干问题的解释》第一条,第三条,第五条,第六条第三项、第五项、第六项,最高人民法院《关于处理自首和立功具体应用法律若干问题的解释》第二条、第五条、第七条,《中华人民共和国民法通则》第一百一十九条、第一百三十条以及最高人民法院《关于审理人身损害赔偿案件适用法律若干问题的解释》第十七条、第十九条、第二十五条、第二十七条、第二十八条、第二十九条、第三十五条之规定,判决如下:

1. 被告人黄向华犯组织黑社会性质组织罪,判处有期徒刑九年;犯故意杀人罪,判处死刑,缓期二年执行,剥夺政治权利终身;犯故意伤害罪判处无期徒刑,剥夺政治权利终身;犯聚众斗殴罪,判处有期徒刑三年;犯寻衅滋事罪,判处有期徒刑三年;犯故意毁坏财物罪,判处有期徒刑五年;犯敲诈勒索罪,判处有期徒刑九年;犯赌博罪,判处有期徒刑三年,并处罚金人民币十万元;数罪并罚,决定执行死刑,缓期二年执行,剥夺政治权利终身,并处罚金人民币十万元。

……(被告人邓洪枢、曾浩斌、黄建华等 30 人的判决情况略)

32. 被告人陈国阳犯包庇黑社会性质组织罪,判处有期徒刑七年;犯私藏弹药罪,判处有期徒刑六个月;犯受贿罪,判处有期徒刑二年;数罪并罚,决定执行有期徒刑八年六个月。

33. 被告人张伟洲犯包庇黑社会性质组织罪,判处有期徒刑六年;犯受贿罪,判处有期徒刑六个月;数罪并罚,决定执行有期徒刑六年。

……(附带民事赔偿情况略)

一审宣判后,被告人黄向华、张伟洲等 11 人提出了上诉。张伟洲在上诉中提出,原判认定其犯包庇黑社会性质组织罪且情节严重的事实不清,要求从轻处罚。

广东省高级人民法院经审理认为,原判认定事实清楚,适用法律正确,量刑适当,审判程序合法,上诉人黄向华、张伟洲等 11 人所提上诉理由及辩护人的意见,经查不能成立,因此,对其从轻处罚的上诉清求,不予采纳。依照《中华人民共和国刑事诉讼法》第一百八十九条第一项的规定,裁定驳回上诉,维持原判。

二、裁判要旨

No. 6-1-294(1)-2 知道或者应当知道其所包庇、纵容的是从事违法犯罪活动的组织,应以包庇、纵容黑社会性质组织罪论处。

包庇、纵容黑社会性质组织罪,是指国家机关工作人员包庇或者纵容黑社会性质的组织进行违法犯罪活动的行为。本罪是 1997 年《刑法》增设的新罪名,其构成要件包括:客体是司法机关同黑社会性质组织犯罪作斗争的正常活动;客观方面表现为包庇或者纵容黑社会性质的组织进行违法犯罪活动的行为。根据最高人民法院《关于审理黑社会性质组织犯罪的案件具体应用法律若干问题的解释》,包庇是指国家机关工作人员为使黑社会性质组织及其成员逃避查禁,而通风报信,隐匿、毁灭、伪造证据,阻止他人作证、检举揭发,指使他人作伪证,帮助逃匿,或者阻挠其他国家机关工作人员依法查禁等行为;纵容是指国家机关工作人员不依法履行职责,放纵黑社会性质组织及其成员进行违法犯罪活动的行为。犯罪主体是特殊主体,必须是国家机关工作人员,即在国家各级党政机关、权力机关、司法机关和军事机关中依法从事公务的人员;主观方面由故意构成,过失不构成本罪。

包庇、纵容黑社会性质组织罪的主观要件为故意,其中包庇行为只能出自直接故意;而纵容行为,则可能采取听之任之的态度,即纵容行为的主观方面可以是直接故意,也可以是间接故意。然而对于明知的内容,是否必须包含明知是黑社会性质的组织,或者明知是黑社会性质组织的违法犯罪活动这一认识因素,理论界和实务界均存在不同的理解。从司法实践来看,黑社会性质组织一般在短时间内难以形成,普通犯罪集团、恶势力团伙向黑社会性质组织发展是一个渐进的过程,没有明显的性质转变节点;某些黑社会性质组织为了增强隐蔽性,还会通过开办公司、企业等合法方式以商养黑,且某些黑社会性质组织的领导者、组织者还有特殊的身份作掩护,如以国家工作人员、人大代表、政协委员等身份作保护伞。所以,司法机关认定一个犯罪集团是否构成,何时形成黑社会性质组织,需要结合案件的具体情况综合认定。正是由于黑社会性质组织在认定上的严格性、形式上的多样化,使得实施包庇、纵容行为的行为人很难明确认识到其包庇、纵容的对象是黑社会性质组织及其活动。如果将明知是黑社会性质组织及其活动作为本罪故意成立不可或缺的认识因素,将给司法认定带来相当的困难,也会成为行为人逃避法律制裁的理由,不利于打黑专项斗争工作的开展。有鉴于此,最高人民法院、最高人民检察院、公安部《办理黑社会性质犯罪案件的座谈会纪要》明确规定:“只要行为人知道或者应当知道是从事违法犯罪活动的组织,仍对该组织及其成员予以包庇,或者纵容其实施违法犯罪活动,即可认定本罪。至于行为人是否明知该组织系黑社会性质组织,不影响本罪的成立。”

案例:李军等参加黑社会性质组织案

案例来源:《刑事审判参考》总第 74 集[第 621 号]

主题词:认识因素 积极参加

一、基本案情

被告人李军,绰号“军军”,男,1957 年 1 月 15 日出生。因涉嫌犯故意杀人罪于 2005 年 11 月 9 日被逮捕。

被告人李光辉,绰号“喜喜”,男,1954 年 1 月 30 日出生。因涉嫌犯故意杀人罪于 2005 年 11

月9日被逮捕。

被告人孙军,男,1970年5月9日出生。2005年9月因犯非法运输枪支罪被判处有期徒刑十个月,2006年4月2日因涉嫌犯故意杀人罪被逮捕。

被告人陈忠桥,绰号"大卵子",男,1958年2月1日出生。1979年12月28日因犯盗窃罪、故意伤害罪被判处有期徒刑六年,2006年4月18日因涉嫌犯故意杀人罪被逮捕。

被告人邢国斌,绰号"疤子""老货",男,1956年7月2日出生。因涉嫌犯故意杀人罪于2006年12月30日被逮捕。

被告人黄智成,绰号"老甲鱼",男,1955年11月14日出生。因涉嫌犯非法持有、私藏枪支、弹药罪于2005年12月30日被逮捕。

被告人苏建文,绰号"老五",男,1979年8月27日出生。2005年9月因犯非法运输枪支罪被判处有期徒刑一年六个月,2006年12月19日因涉嫌犯参加黑社会性质组织罪被逮捕。

……(其他被告人的基本情况略)

湖北省武汉市中级人民法院经审理查明:1997年6月,张成义(殁年49岁,2005年9月因与被告人李军发生矛盾而被李军等人枪杀)在湖北省武汉市武昌区被人持枪打残双腿,在公安机关询问期间逃走。张成义认为此事是潘润生及其手下所为,为报复潘润生,也为扩充自己的势力,张成义遂纠集被告人陈忠桥、周启鸿、余瑞涛、胡少国、王武斌、刘非、吴俊、张宏及陈汉军、胡文涛、宋幼华(均在逃)等人,于1998年2月至2001年5月期间,先后有组织地策划、实施了枪杀黄成荣、绑架金喜玲、伤害邹望生、枪杀吕建润等一系列恶性案件;逐步形成了以张成义为首,以陈忠桥、周启鸿、余瑞涛、胡少国和陈汉军、胡文涛、宋幼华等人为骨干,以王武斌、刘非、吴俊、张宏等人为成员的黑社会性质组织。2003年后,由于该组织的多名成员先后被司法机关抓获或负案潜逃,张成义通过被告人李光辉吸纳被告人李军为组织骨干成员,李军又网罗了被告人孙军、郑金喜、熊良平、梅腊运、李建、胡章云等一批新成员。上述老成员由张成义直接控制、指挥,新成员则在李军、李光辉的策划、组织下,大肆购买枪支、车辆等作案工具,于2003年4月和2004年6月实施了枪杀穆仁刚、熊利军等恶性案件;形成了以李军、李光辉、孙军为骨干,以郑金喜、熊良平、梅腊运、李建、胡章云等人为成员的黑社会性质组织的"新班子"。

在该组织中,张成义处于绝对的组织者、领导者地位;李军、孙军、陈忠桥等骨干成员则根据张成义的指使,或亲自实施或指使其他组织成员实施犯罪;其他组织成员则根据张成义、李军等人的指使,具体实施各类违法犯罪活动。

张成义对先后吸纳的上述人员分别实行"发放工资奖金"和"一案一酬"两种管理模式,相互独立,互不干扰,并以集中住宿、组织旅游、到劳改场所看望组织成员等方式控制、指挥该组织的成员。张成义还通过日常管理和有组织地实施一系列违法犯罪活动,逐步形成了不该问的不问、不该说的不说、不该看的不看、作案时单线联系等一套约定俗成和普遍认同的组织纪律。张成义通过上述措施不断强化自己的组织、领导地位。李军在自己的势力范围内对其成员也按照上述管理模式强化自己的地位。

张成义为了增强该黑社会性质组织的经济实力,在其策划和指挥下,通过违法犯罪活动,利用黑恶势力向社会施加影响,有组织地渗透、控制缅甸、武汉等地的赌博业,强行占股参股,抽头吃红;还控制武汉市部分布匹运输线路,插手运输纠纷,垄断布匹货源,收取保护费;同时,张成义、李军还通过受雇佣杀人获取巨额报酬。该组织利用上述手段获取的非法利益高达人民币(以下所涉币种均为人民币)千余万元。

张成义等人将获取的经济利益主要用于该组织的违法犯罪活动、增添作案工具及日常开支,以进一步增强犯罪实力。张成义、李军购买作案车辆、枪支等花费一百余万元;给组织成员发放工资、生活费及奖励住房、车辆等花费一百余万元;给组织成员发放作案酬金达两百余万元;给组织成员家属发放"安抚金",探望、营救被抓捕的组织成员及组织旅游等花费四十余万元。案发后收缴赃款四百余万元。

1998年以来,该黑社会性质组织为了组织利益,共实施故意杀人案件6起,故意伤害案件

1起,绑架案件1起,非法买卖、运输枪支案件1起,上述犯罪活动共造成5人死亡、1人重伤。该组织的违法犯罪活动严重破坏了当地的经济和社会生活秩序,造成了极其恶劣的社会影响。

……(认定的其他犯罪事实略)

武汉市中级人民法院认为,张成义积极纠集、网罗被告人李军、李光辉、孙军、陈忠桥等人形成较稳定的、人员众多的犯罪组织。该组织有明确的组织者、领导者,骨干成员基本固定,并通过暴力、威胁等手段,有组织地多次进行违法犯罪活动,为非作恶,逐步控制、影响并插手武汉市地下非法赌场和部分布匹运输线路,造成了极其恶劣的社会影响,严重破坏了社会正常的生活秩序和经济秩序。公诉机关指控被告人李军、李光辉、孙军等17人犯参加黑社会性质组织罪的事实成立,但指控被告人邢国斌、苏建文、黄智成犯参加黑社会性质组织罪的事实不能成立。依照《中华人民共和国刑法》第二百九十四条第一款、第三款,第二百三十二条,第二百三十四条第二款,第二百三十九条第一款,第一百二十五条第一款,第一百二十八条第一款,第四十八条第一款,第五十一条,第五十二条,第二十三条,第十三条,第三十七条,第五十七条第一款,第五十六条第一款,第五十五条第一款,第二十五条第一款,第二十六条第一款,第二十七条,第六十五条第一款,第六十七条,第六十八条第一款,第六十九条,第七十条,第六十三条第一款,第六十四条,第三十六条和《全国人民代表大会常务委员会关于〈中华人民共和国刑法〉第二百九十四条第一款的解释》,最高人民法院《关于审理黑社会性质组织犯罪的案件具体应用法律若干问题的解释》第一条,最高人民法院《关于审理非法制造、买卖、运输枪支、弹药、爆炸物等刑事案件具体应用法律若干问题的解释》第一条第一款第一项,第二条第四项,第五条第一款第一项、第二款第五项以及最高人民法院《关于处理自首和立功具体应用法律若干问题的解释》第二条、第四条、第五条的规定,判决如下:

1. 被告人李军犯参加黑社会性质组织罪,判处有期徒刑九年;犯故意杀人罪,判处死刑,剥夺政治权利终身;犯非法买卖枪支罪,判处有期徒刑十三年,剥夺政治权利二年;决定执行死刑,剥夺政治权利终身。

2. 被告人李光辉犯参加黑社会性质组织罪,判处有期徒刑七年;犯故意杀人罪,判处死刑,缓期二年执行,剥夺政治权利终身;决定执行死刑,缓期二年执行,剥夺政治权利终身。

3. 被告人孙军犯参加黑社会性质组织罪,判处有期徒刑六年;犯故意杀人罪,判处死刑,剥夺政治权利终身;犯非法买卖、运输枪支罪,判处有期徒刑十三年,剥夺政治权利二年;决定执行死刑,剥夺政治权利终身。

4. 被告人陈忠桥犯参加黑社会性质组织罪,判处有期徒刑六年;犯故意杀人罪,判处死刑,剥夺政治权利终身;决定执行死刑,剥夺政治权利终身。

……(其他被告人的判决情况略)

15. 被告人邢国斌犯故意杀人罪,判处有期徒刑十年,剥夺政治权利一年。

16. 被告人黄智成犯非法持有枪支罪,判处有期徒刑五年。

17. 被告人苏建文犯非法买卖枪支罪,判处有期徒刑十三年,剥夺政治权利二年。

一审宣判后,被告人李军提出其与张成义是雇佣关系,未参加张成义组织、领导的黑社会性质组织;孙军、熊良平、梅腊运等“新班子”成员提出其不知道张成义领导的黑社会性质组织,未参加张成义领导的犯罪活动,与李军是雇佣关系,不构成参加黑社会性质组织罪;被告人陈忠桥提出其只参加了张成义领导的黑社会性质组织的部分犯罪活动,不是该组织的积极参加者和骨干成员。

湖北省高级人民法院认为,一审认定的事实清楚,证据确实、充分,定罪准确,审判程序合法。除对被告人黄智成量刑过重外,对其他被告人量刑适当。依法判决驳回李军、孙军、陈忠桥等人的上诉,改判黄智成有期徒刑三年。

最高人民法院经复核认为,第一、二审判决认定的事实清楚,证据确实、充分,定罪准确,量刑适当,审判程序合法。依法裁定核准被告人李军、孙军、陈忠桥死刑。

二、裁判要旨

No.6-1-294(1)-3 参加黑社会性质组织罪不以明知其所参加的组织具有黑社会性质为要件;但以明知或应当知道其所参加的组织是一个主要从事违法犯罪活动、具有一定层次结构的犯罪组织为要件。

对于参加黑社会性质组织罪是否以行为人明确知道组织具有黑社会性质为要件这一问题,理论界和实务界主要有两种观点:第一种观点认为,构成本罪的行为人必须明确知道组织的黑社会性质,这是主客观相一致原则和罪刑法定原则的当然要求;第二种观点则认为,不要求行为人明确知道组织的黑社会性质,因为《刑法》第二百九十四条并未规定明确知道这一前提,且在司法认定上,将明确知道作为入罪要件既无必要也不现实。

我们赞同第二种观点,认定行为人构成参加黑社会性质组织罪不以明确知道组织的黑社会性质为前提,理由是:第一,在现实生活中,一般很少有一个众所周知的黑社会性质组织等待他人参加。在我国,目前多数此类组织一般都不会以黑社会自居,对内、对外都不会宣称自己是黑社会性质组织。第二,对于一个组织是否属于黑社会性质组织是一种法律判断,且是一项极为复杂的工作,因此,要求每一个参加者都明确知道所参加的组织的性质是不现实的。但是,这并不是说对行为人的主观认识就没有任何要求,从黑社会性质组织犯罪的特征来看,行为人必须知道或者应当知道自己所参与的是具有一定规模的组织。第三,黑社会性质组织本身有一个形成、发展的过程,实践中很难用一个明确的时间点划分,因此,不可能要求行为人对所参加组织性质的变化有准确的认知。第四,在司法实践中,行为人为逃避法律制裁,往往会以种种借口辩称自己不知道所参加的组织是黑社会性质组织,不能因其口头上的否认就改变其犯罪的性质。当然,如果行为人明确知道是黑社会性质组织而参加,自然构成参加黑社会性质组织罪。但是,如果行为人事先确实不了解情况,不知是黑社会性质组织而参加,发现后即退出;或者行为人确实不知道,也不应当知道其参加的组织是一个主要从事违法犯罪活动、具有一定层次结构的犯罪组织,一般不按参加黑社会性质组织罪论处。根据最高人民法院《关于审理黑社会性质组织犯罪的案件具体应用法律若干问题的解释》第三条第二款的规定,对于参加黑社会性质的组织,没有实施其他违法犯罪活动的,或者受蒙蔽、胁迫参加黑社会性质的组织,情节轻微的,可以不作为犯罪处理。

No.6-1-294(1)-4 以下三种参加者,一般应认定为黑社会性质组织的积极参加者:(1)多次积极参与黑社会性质组织的违法犯罪活动、积极参与较严重的黑社会性质组织的犯罪活动,且作用突出及其他在黑社会性质组织中起重要作用的参加者;(2)与组织、领导者关系密切,在组织中地位、作用突出的参加者;(3)所获报酬数额较大的参加者。

刑法对黑社会性质组织的积极参加者和一般参加者规定了不同的法定刑,因此,在司法实践中有必要区分积极参加者和一般参加者。对此,根据最高人民法院、最高人民检察院、公安部《办理黑社会性质犯罪案件的座谈会纪要》精神,我们认为,应从以下三个方面认定积极参加者:首先,应根据行为人实施具体犯罪的客观方面来判断,对那些多次积极参与黑社会性质组织的违法犯罪活动、积极参与较严重的黑社会性质组织的犯罪活动,且作用突出及其他在黑社会性质组织中起重要作用的犯罪分子,一般应认定为积极参加者;其次,从行为人在黑社会性质组织中的地位、作用,与组织、领导者之间的关系来判断,那些与组织、领导者关系密切,在组织中地位、作用突出的,一般应认定为积极参加者;最后,从行为人所获取的犯罪所得来判断,所获报酬数额较大的组织成员一般应认定为积极参加者。对除上述组织成员之外,其他接受黑社会性质组织的领导和管理的犯罪分子可认定为一般参加者。

如对本案被告人陈忠桥的认定,从其参加的具体犯罪活动来看,其参与了枪杀吕建润和枪杀穆仁刚、潘润生(未遂)两起犯罪,在枪杀吕建润案中接受张成义的指使,具体牵头负责此案,现场指挥其他同案人,是致人死亡的直接凶手之一,在犯罪中积极主动,地位、作用突出;从其与组织者、领导者张成义的关系来看,其长期与张成义在一起从事违法犯罪活动,是张成义的左膀右臂;从其获取的报酬数额来看,张成义为陈忠桥长期发放工资、奖金,还奖励给陈忠桥十几万元的房产,获取的报酬超过其他同案人。综合上述三个方面,我们认为,应当认定陈忠桥系该黑社会性质组织的积极参加者和骨干成员。

案例:区瑞狮等组织、领导、参加黑社会性质组织案

案例来源:《刑事审判参考》总第74集[第624号]

主题词:组织犯罪 个人犯罪

一、基本案情

被告人区瑞狮,男,1970年1月3日出生于广东省江门市,汉族,无业。因本案于2006年1月27日被逮捕。

被告人谢玉霞,女,1974年2月10日出生于广西壮族自治区桂平县,汉族,无业。因本案于2006年1月27日被逮捕。

被告人梁福强,男,1969年12月1日出生于广东省江门市,汉族,个体。因本案于2006年1月27日被逮捕。

被告人李伟军,男,1973年4月26日出生于广东省江门市,汉族,无业。1997年因故意伤害他人被劳动教养二年,2006年1月27日因本案被逮捕。

被告人黄勤志,男,1979年7月11日出生于广东省江门市,汉族,无业。因本案于2006年4月14日被逮捕。

被告人梁瑞钦,男,1976年12月3日出生于广东省江门市,汉族,个体。因本案于2006年4月14日被逮捕。

被告人张国利,男,1981年8月25日出生于广东省江门市,汉族,无业。因本案于2006年4月14日被逮捕。

……(其他被告人的基本情况略)

广东省江门市中级人民法院经审理查明:

(一)被告人区瑞狮、聂球定、刘炽伟、谢玉霞、林灯强、林国荣、王进疆、方永航、梁日星、梁国富等10人实施了以下组织、领导、参加黑社会性质组织犯罪行为:

20世纪90年代初,被告人区瑞狮不断纠集被告人刘炽伟、钟振强、钟子良等一帮江门市新会区男青年结成犯罪团伙进行打架斗殴,并通过赌博、开设赌场、帮人追债等违法犯罪活动进行牟利并供养其团伙成员。1992年11月,被告人梁永忠因与陈文德争夺非法势力范围发生相互斗殴,遂邀请被告人区瑞狮、刘炽伟等人采用铁锤击打、泼硫酸的手段致被害人陈文德重伤。自1995年开始,逐渐形成了以被告人区瑞狮为首,被告人刘炽伟、聂球定、谢玉霞、梁国富、林国荣及梁俭豪、唐号锋、代师成(均另案处理)等人为骨干成员,被告人林灯强、王进疆、方永航、梁日星及闻洪波、李文雅、何新春(均另案处理)等人为一般参加者的黑社会性质组织。该组织形成后,以暴力、威胁等手段,在会城镇地区实施了故意伤害、抢劫、非法持有枪支、聚众斗殴、寻衅滋事等一系列违法犯罪活动;还通过开设赌场、贩卖毒品、组织卖淫、欺行霸市、收取保护费等方式,非法获取经济利益,在当地称霸一方,为非作恶,严重破坏了当地的经济和社会生活秩序。

(二)被告人区瑞狮所组织、领导的黑社会性质组织成员刘炽伟、聂球定、谢玉霞、梁国富、林国荣、林灯强、王进疆、方永航、梁日星伙同非组织成员李少强、文卓锋、苏庆年、苏华裕等人在该黑社会性质组织意志之内实施了以下犯罪行为:

1. 故意伤害事实

1997年4月26日凌晨,被告人聂球定在江门市蓬江区常安路金曲卡拉OK处喝酒,期间与同在该处喝酒的被害人吕宝强等人因为争夺凳子而发生打斗,吕宝强等人先将聂球定一方的人打伤。聂球定用电话告知区瑞狮此事,要求区带人前来帮忙。随后,区瑞狮带领被告人李少强等人携带手枪、刀具、铁水管等凶器,指使被告人方永航开车到金曲卡拉OK大厅后,区瑞狮朝天花板开了一枪,威吓在场人员不许反抗,后指使聂球定、李少强等人手持刀具和铁水管大肆追打在场人员,将吕宝强、符仕强、麦亮、唐强、黄文杰、刘勇等人砍伤。经法医鉴定,被害人吕宝强的损伤为重伤,被害人符仕强、麦亮、唐强、黄文杰、刘勇的损伤为轻微伤。

2. 抢劫事实

1995年6月,被害人黄国清与其朋友容文斌等人前往澳门赌博,容文斌输钱后经黄国清介绍,通过陈伟国向澳门的"叠码仔"(专门从事收、放高利贷的人)"阿乐"借了港币10万元用于赌博,输光后容文斌又单独向"阿乐"借了港币10万元用于赌博并再次输光。回到新会区后因容文斌无法还债,"阿乐"通过陈伟国结识了被告人区瑞狮,请区帮忙追债。区瑞狮和"阿乐"把债务强加于黄国清并多次要求黄国清还钱,均被黄国清拒绝。1996年3月,在区瑞狮的授意下,被告人刘炽伟伙同唐号锋等人在新会区会城镇凌东警务区附近将黄国清以及与黄国清一起的陈卓雄强行拖上车,将二人挟持到新会区会城镇华发大厦的一房间内,抢走黄国清佩戴的金项链,并对陈卓雄进行殴打以恐吓黄国清。后区瑞狮和"阿乐"强迫黄国清交出其自有的本田小汽车(车牌号粤JL0888)。区瑞狮派人取走该小车后将黄国清释放。经鉴定,黄国清被抢走的本田小汽车价值折合人民币(以下所涉币种均为人民币)312400元。

3. 非法持有枪支、弹药事实

2000年8月31日凌晨,闻洪波(另案处理)打电话给被告人区瑞狮说已经约定与他人斗殴,区瑞狮知道情况后便带领被告人王进疆赶到现场,王进疆还持有区瑞狮交给的1支匕首枪及6发子弹。公安机关接到举报后及时前往现场将部分涉案人员抓获,当场缴获大量刀具、水管等工具,并从被告人王进疆身上搜获匕首枪1支及6发子弹。

4. 聚众斗殴事实

被告人苏华裕因赌债问题与汤春林(另案处理)发生争执,便找到区瑞狮的手下林灯强帮忙。2002年12月8日,经区瑞狮同意。林灯强纠集被告人梁日星,伙同苏华裕由方永航驾驶区瑞狮的小霸王汽车前往新会区玉湖小苑餐厅与汤春林一方进行谈判。林灯强一方的车上备有钢管,汤春林一方的人员也携带刀具、枪支等器械,双方均做了斗殴的准备。苏华裕与汤春林因协商不成,林灯强便殴打汤春林,随后双方人员发生斗殴,林灯强即通知梁日星带人过来帮忙。后因汤春林一方的人使用枪支,林灯强等人受恐吓而逃离现场。苏华裕被汤春林一方的人使用小刀刺成重伤。

5. 寻衅滋事事实

2002年一天晚上,被害人陈长胜在新会区会城镇霹雳火酒吧内饮酒时,被告人区瑞狮以陈长胜打了其朋友为由,带领聂球定等数十人进入陈长胜的包房内,当众用啤酒瓶砸伤陈长胜头部。经法医鉴定,陈长胜的伤势为轻微伤。

……(其他寻衅滋事事实略)

6. 赌博事实

自2003年以来,被告人区瑞狮在新会区会城镇瑞发市场、华发大厦开设两家机室赌场,设置赌博机数十台聚众赌博,并安排梁国富、梁日星、方永航与高玉林(另案处理)等人作为赌博机室的管理者,文卓锋、苏庆年等人作为赌博机室的具体工作人员实施聚众赌博活动。为了逃避公安机关查处,区瑞狮等人还安排他人冒充赌博机室的管理人员,在机室被查获后由这些人到公安机关接受处罚,并在处罚后支付全部费用给以上人员。被告人梁福强带领黄勤志、梁瑞钦等人盘踞在瑞发、华发两家机室赌场,向参赌人员提供高利贷款,并以非法手段索债。

7. 组织卖淫事实

2004年7月份,被告人区瑞狮被新会区峰景酒店经营者何坚豪(另案处理)邀请一起合作经营峰景酒店的桑拿部和卡拉OK部,区瑞狮以后期利润作为入股资金方式人股50%。入股后,区瑞狮通过强行拆毁酒店沐足部、殴打何坚豪夫妇、排挤何坚豪的工作人员等方法逐步取得该酒店的实际管理权,并将其所持有的股份分给被告人聂球定和梁俭豪(另案处理)各10%,使他们享有峰景酒店的利润分红与管理权;又任命被告人林国荣为峰景酒店总经理,重新聘请人员管理峰景酒店桑拿部,安排唐洪锋、李文雅(另案处理)等集团成员在峰景酒店内任保安、采购员等职务。区瑞狮通过指令林国荣等工作人员增加桑拿部房间,在房间内增加镜子、水床等设施,对卖淫女进行培训、增加色情服务的类型等方式来吸引更多的嫖客到峰景酒店进行嫖娼活动。此外,区瑞狮、聂球定等人还在峰景酒店卡拉 OK 部组织大量“三陪女”进行色情陪侍以招揽客人,并以价格优惠的方式吸引“三陪女”和客人到桑拿部“开房”进行卖淫嫖娼。自 2004 年 7 月至 2005 年 12 月,峰景酒店先后共组织三百九十多名妇女进行卖淫,总收入三百四十多万元,其中总利润约一百五十六万元。

(三)被告人区瑞狮、刘炽伟等人在其黑社会性质组织形成之前,还伙同被告人梁永忠、莫金耀、梁永立、钟振强、钟子良、黄其发、梁冠辉、黎广球实施了以下故意伤害犯罪活动:

1992 年,被告人梁永忠与被害人陈文德因在新会县棠下镇争夺在赌场放高利贷的控制权而发生矛盾,被告人梁永忠通过被告人黎广球介绍认识被告人区瑞狮后,要求区瑞狮帮忙赶走陈文德,并许诺事后与区瑞狮合作在棠下镇开赌局。区瑞狮先后带领刘炽伟、钟振强、钟子良以及罗国君(已死亡)等人多次前往棠下镇为梁永忠助阵。在此期间,与梁永忠同一方的被告人莫金耀因赌债 2 万元与陈文德一方的李远光发生争执,被陈文德纠集多人持械追砍并将莫金耀的亲戚谭仪沛砍致轻伤。此后莫金耀躲藏于梁永忠处,陈文德纠集几十人围攻梁永忠所在之处并将门窗打烂。梁永忠、梁永立纠集了被告人黄其发及“番薯昌”“番狗”(此二人另案处理)等共百余人持械在棠下镇各处搜寻陈文德,并打烂陈文德家的物品。

1992 年 11 月 24 日,被告人黎广球、黄其发、梁冠辉以及“番薯昌”“番狗”、梁德强(均另案处理)等人在江沙公路收费站处拦截陈文德与陈家声,并在梁永忠的指示下将二人带回棠下镇曲江村。梁永忠、梁永立等人对陈文德进行殴打后,由区瑞狮、刘炽伟、钟子良等人将陈文德蒙头锁手带回新会区会城镇。陈文德先后被关押在被告人钟振强与罗国君的住处,由区瑞狮与梁永忠及其同伙轮流看守。同月 26 日晚,经与梁永忠商议,区瑞狮、莫金耀带领刘炽伟、钟振强、黄其发、钟子良及罗国君、“番狗”“番薯昌”等人将陈文德带到新会区会城镇都会村郊外,用铁锤等工具对陈文德的头部、膝盖实施重击,用毛巾勒陈文德的颈部,并用硫酸淋陈文德面部,然后逃离现场。经法医鉴定,陈文德损伤为重伤,三级伤残。陈文德受重伤后,其在棠下镇的势力被瓦解,区瑞狮率团伙成员开始进入棠下镇设地下赌局。

(四)被告人谢玉霞在黑社会性质组织意志之外伙同被告人李伟军单独实施以下聚众斗殴犯罪行为:

1999 年 2 月,梁华雄驾驶的小汽车与被告人李伟军驾驶的摩托车发生交通事故,经交警部门认定,梁华雄负事故的全部责任。双方赔偿问题已经由交警部门调解处理,但后续治疗费没有达成调解协议。1999 年 8 月 17 日凌晨,被告人谢玉霞、李伟军等人约梁华雄到新会区会城镇朱紫路乐吧谈赔偿事宜,梁华雄带领十多人到现场,与谢玉霞、李伟军等人因赔偿一事发生争执,双方发生斗殴。双方暂时停手后,被告人谢玉霞又打电话叫被告人梁国富带人过来帮忙斗殴。其后被告人梁国富带人赶到,梁国富与其带来的 1 名男子各手持 1 支手枪指向梁华雄一方人员,并殴打梁华雄等人。其后,公安民警接到群众举报后赶到现场将被告人梁国富制服并缴获其枪支,被告人谢玉霞、李伟军等人则逃离现场。

(五)被告人梁福强、梁瑞钦、黄勤志、张国利还实施了以下寻衅滋事犯罪行为:

2004 年 6 月,被告人梁福强带领被告人梁瑞钦、黄勤志、张国利等二十多人到新会区双水镇将军山水库处游泳,并在附近“山卡拉”餐厅预订了烧鸡二十多只准备吃饭,被告人梁福强等人在吃饭时以餐厅上烧鸡慢为由,率领被告人梁瑞钦等人掀翻餐台。餐厅老板谢鑫畅出来劝阻时被告人梁福强带领并指使梁瑞钦、黄勤志、张国利等人追打谢鑫畅,并用啤酒瓶砸伤谢的头部,之后未结账便离去。经法医鉴定,被害人谢鑫畅的损伤属轻微伤。

江门市中级人民法院认为,被告人区瑞狮纠集被告人刘炽伟、聂球定等人共同进行故意伤害、放高利贷、帮人追讨债务、开设赌场等违法犯罪活动,至 1995 年已经形成了黑社会性质组织。该组织形成后,继续以暴力、威胁等非法手段,有组织地进行故意伤害,抢劫,寻衅滋事,聚众斗殴,赌博,非法持有枪支、弹药,组织卖淫等违法犯罪活动,严重破坏了当地的经济和社会生活秩序。被告人区瑞狮已构成组织、领导黑社会性质组织罪;被告人聂球定、刘炽伟、谢玉霞、林灯强、林国荣积极参加黑社会性质组织,其行为均构成参加黑社会性质组织罪;被告人王进疆、方永航、梁日星、梁国富参加黑社会性质组织,从事违法犯罪活动,其行为也均构成参加黑社会性质组织罪。

被告人区瑞狮、梁永忠、莫金耀、梁永立、刘炽伟、钟振强、钟子良、黄其发、梁冠辉、黎广球使用特别残忍的手段实施故意伤害致被害人陈文德重伤,三级伤残,情节恶劣;被告人区瑞狮还故意伤害致被害人吕宝强重伤,其行为均已构成故意伤害罪;被告人聂球定、李少强还在被告人区瑞狮的组织、领导下故意伤害致吕宝强重伤、多人轻微伤,被告人聂球定、李少强的行为也构成了故意伤害罪。

被告人区瑞狮还指使被告人刘炽伟强加债务于被害人黄国清后强行劫取被害人价值 31 万余元的小车 1 辆,其行为均构成抢劫罪,抢劫数额特别巨大。

被告人区瑞狮、王进疆违反枪支管理法规,非法持有枪支 1 支及弹药数发,其行为均构成非法持有枪支、弹药罪。被告人区瑞狮指使被告人林灯强、梁日星、苏华裕等人在玉湖小苑持械聚众斗殴,其行为均构成聚众斗殴罪。

被告人区瑞狮在公共场所随意殴打他人,情节恶劣;被告人梁福强带领被告人梁瑞钦、黄勤志、张国利在公共场所无理滋事并殴打他人,情节恶劣,其行为均构成寻衅滋事罪。

被告人区瑞狮组织、领导被告人梁国富、梁日星、方永航、文卓锋、苏庆年以营利为目的,开设赌场,聚众赌博,其行为均成赌博罪。

被告人区瑞狮、聂球定、林国荣为牟取暴利,组织他人卖淫,情节严重,其行为均构成组织卖淫罪。

公诉机关指控梁福强、梁瑞钦、黄勤志、张国利、李伟军的行为构成参加黑社会性质组织罪的理据不足,不予支持;指控谢玉霞等人实施的乐吧聚众斗殴案、梁福强等人实施的山卡拉餐厅寻衅滋事案属区瑞狮所组织、领导的黑社会性质组织犯罪行为,被告人区瑞狮应对上述犯罪承担刑事责任的依据不充分,不予支持。依法判决:

1. 被告人区瑞狮犯组织、领导黑社会性质组织罪,判处有期徒刑七年;犯故意伤害罪,判处有期徒刑十五年,剥夺政治权利五年;犯抢劫罪,判处有期徒刑十三年,剥夺政治权利三年,并处没收财产二十万元;犯聚众斗殴罪,判处有期徒刑四年;犯非法持有枪支、弹药罪,判处有期徒刑一年六个月;犯寻衅滋事罪,判处有期徒刑二年;犯赌博罪,判处有期徒刑二年六个月,并处罚金五十万元;犯组织卖淫罪,判处有期徒刑十五年,并处罚金一百万元。数罪并罚,决定执行有期徒刑二十年,剥夺政治权利五年,并处没收财产二十万元,罚金一百五十万元。

2. 被告人聂球定犯参加黑社会性质组织罪,判处有期徒刑四年;犯故意伤害罪,判处有期徒刑六年;犯组织卖淫罪,判处有期徒刑八年,并处罚金二十万元。数罪并罚,决定执行有期徒刑十五年,并处罚金二十万元。

3. 被告人梁福强犯寻衅滋事罪,判处有期徒刑二年。

4. 被告人刘炽伟犯参加黑社会性质组织罪,判处有期徒刑四年;犯故意伤害罪,判处有期徒刑十年,剥夺政治权利一年;犯抢劫罪,判处有期徒刑十年,剥夺政治权利一年,并处没收财产十万元;被告人刘炽伟还因走私普通货物罪被判处有期徒刑三年,并处罚金五千元。数罪并罚,决定执行有期徒刑十八年,剥夺政治权利二年,并处没收财产十万元,罚金五千元。

……(其他被告人的判决情况略)

12. 被告人李伟军犯聚众斗殴罪,判处有期徒刑三年。

13. 被告人黄勤志犯寻衅滋事罪,判处有期徒刑一年九个月。

14. 被告人梁瑞钦犯寻衅滋事罪,判处有期徒刑一年九个月。

15. 被告人张国利犯寻衅滋事罪,判处有期徒刑一年八个月。

……(其他被告人的判决情况略)

宣判后,区瑞狮等人提出上诉。广东省高级人民法院经审理认为,原审判决认定事实清楚,证据确实、充分,定罪准确,量刑适当,审判程序合法。依法裁定:驳回上诉,维持原判。

二、裁判要旨

No.6-1-294(1)-5　以下三种情形属于黑社会性质组织犯罪而非成员个人犯罪：(1)由组织者、领导者直接组织、策划、指挥参与实施的犯罪；(2)基于组织意志实施的犯罪；(3)为了组织利益实施的犯罪。

2010年1月13日最高人民法院、最高人民检察院、公安部联合下发了《办理黑社会性质组织犯罪案件座谈会纪要》(以下简称《纪要》)。根据《纪要》的规定，黑社会性质组织实施的违法犯罪活动主要包括以下情形：由组织者、领导者直接组织、策划、指挥、参与实施的违法犯罪活动；由组织成员以组织名义实施，并得到组织者、领导者认可或者默许的违法犯罪活动；多名组织成员为逞强争霸、插手纠纷、报复他人、替人行凶、非法敛财而共同实施，并得到组织者、领导者认可或者默许的违法犯罪活动；组织成员为组织争夺势力范围，排除竞争对手，确立强势地位，谋取经济利益，维护非法权威或者按照组织的纪律、惯例、共同遵守的约定而实施的违法犯罪活动；由黑社会性质组织实施的其他违法犯罪活动。具备上述情形之一的，就能够认定为黑社会性质组织实施的违法犯罪活动。

组织性是黑社会性质组织行为方式的主要特征之一，是黑社会性质组织犯罪和组织成员个人犯罪的根本区别所在。根据《纪要》的规定，我们认为，界分组织犯罪和成员个人犯罪，主要根据以下标准：

1. 是否由组织者、领导者直接组织、策划、指挥、参与实施。组织、领导者是黑社会性质组织的发起者、创建者，或者在组织中实际处于领导地位，对整个组织及其运行、活动起着决策、指挥、协调、管理作用的犯罪分子，由组织者、领导者直接组织、策划、指挥、参与实施的犯罪行为，都应认定为组织犯罪。

2. 是否基于组织意志实施。黑社会性质组织的犯罪行为应体现组织意志，受组织意志的制约。也就是说，组织成员实施的犯罪行为是得到了组织者、领导者认可或者默许的，抑或是按照组织的纪律、惯例、共同遵守的约定而实施的犯罪活动。

3. 是否为了组织利益实施。实施犯罪活动的目的是为犯罪组织谋取利益，而不是为了追求个人利益或其他个人目的。对于组织成员为了组织利益而实施的犯罪，并不要求组织者、领导者知情。如组织成员为组织争夺势力范围、排除竞争对手、确立强势地位、谋取经济利益、维护非法权威而实施的违法犯罪活动。反之，如果是组织成员仅仅为了个人利益，在组织意志之外单独实施的违法犯罪活动，组织、领导者并不知情，则不应认定为该黑社会性质组织实施的犯罪活动，而应认定为组织成员个人犯罪。在实践中，由于黑社会性质组织犯罪的表现形式多种多样，因此，认定哪些行为是组织犯罪，哪些行为是个人犯罪，还需要结合具体案情进行综合分析判断。

案例：王江等组织、领导、参加黑社会性质组织案

案例来源：《刑事审判参考》总第74集[第629号]

主题词：立法解释　溯及力

一、基本案情

被告人王江，男，1968年11月11日出生，无业。1988年4月24日因扒窃被行政拘留10日，1991年5月15日因流氓斗殴被决定劳动教养三年，1995年7月10日因犯流氓罪被判处有期徒刑八年，1997年8月6日刑满释放，2006年9月26日因涉嫌犯故意伤害罪被逮捕。

……(其他被告人的基本情况略)

江西省上饶市中级人民法院经审理查明：

(一)组织、领导、参加黑社会性质组织事实

被告人王江自1997年以来，网罗刘永华、蒋庆文、喻文杰、谭小华、秦晓凡、刘克华等刑满释放人员和社会闲散人员，有组织地实施违法犯罪活动，逐渐形成以王江、刘永华为首，以秦晓凡、万鸿、蒋庆文、喻文杰、江钱平等人为骨干成员，以王涛、江赤兵、郭宇麟、张志明、余祖饶、李顺杰、胡锦春、江剑峰等人为一般成员的黑社会性质组织。该组织在长期的违法犯罪过程中形成

服从命令、互相帮忙、用暴力解决纷争、互相包庇、禁止吸毒等不成文的纪律。该组织通过以下方式获取巨额经济利益,并用于组织活动:开设赌场,聚众赌博,在赌场放高利贷;为娱乐场所"看场子"收取保护费;强行入股,以少投资多占股份或不投资强占股份参与公司经营;采用暴力、威胁、引诱等手段串通投标等。该组织还通过实施故意杀人、故意伤害、寻衅滋事、聚众斗殴等一系列违法犯罪活动,为非作恶,欺压、残害群众,成为江西省景德镇市势力最大的黑社会性质组织;非法控制当地废旧物资拍卖、石料供应、赌博等领域,严重破坏当地的经济秩序和社会治安秩序。

(二)故意杀人事实

被告人秦晓凡因与曹弘发生纠纷而被章军开枪威胁。为此,被告人王江与秦晓凡等人商议报复,并为秦晓凡提供一支五连发猎枪。2000 年 2 月 1 日,秦晓凡向王江报告章军将到景德镇市瓷都大道五十铃切诺基维修中心取车,此后与刘克华赶到维修中心对章军实施报复,王江与蒋庆文、万鸿、胡德贵随后赶到帮忙。秦晓凡、刘克华分别持枪射击章军,致章当场死亡。

(三)故意伤害事实

1. 1999 年年初,被告人王江及其组织与万勇发生纠纷。同年 4 月 17 日晚,王江、刘永华、喻文杰、谭小华等人在景德镇市广场分别持枪射击万勇,王江开枪击中万勇左大腿,致万勇重伤。在万勇住院治疗期间,王江、刘永华、蒋庆文又持枪到医院威胁万勇。

2. 1998 年年底,刘永华被宋光明、欧阳文斌团伙开枪打伤。1999 年 3 月 30 日,刘永华、秦晓凡、刘克华在景德镇市珠山中路发现欧阳文斌的朋友张小民,因张小民拒绝提供欧阳文斌的下落,秦晓凡等人持刀将张小民砍致轻伤。

3. 2005 年 9 月 3 日,被告人王江、刘永华带领江钱平、张志明、姚南等人携带刀枪赶到江西省九江市开枪打伤程文虎,后又持刀砍程,致程轻伤。

……(其他故意伤害事实略)

(四)非法买卖枪支及非法持有枪支事实

1. 1998 年至 1999 年间,刘永华、蒋庆文通过陈文民介绍,从九江市购得五连发猎枪一支,并将该枪交给王江保管、使用。后王江将该猎枪及一支单管猎枪通过江钱平交给胡锦春藏匿。

2. 2005 年年初,被告人王江从王世金处非法获得仿"六四式"手枪一支。后王江将该枪交给王涛保管,王涛又交给万义民藏匿。

3. 2002 年 4 月 18 日,被告人王江犯罪组织的成员郭宇麟携带一支自制猎枪,在景德镇市曙光路威胁、殴打熊胜宝。

(五)聚众斗殴事实

1998 年 12 月,刘永华因殴打洪显彬的亲戚贺景之而被洪显彬的同伙宋光明开枪打伤。被告人王江纠集秦晓凡、喻文杰、万鸿、蒋庆文等人持枪至洪显彬家报复,并朝洪显彬家屋顶开枪射击。刘永华被宋光明打伤后,被告人王江、刘永华等人伺机报复。1999 年 10 月 21 日,刘永华纠集万鸿、蒋庆文、谭小华、刘克华、胡德贵等人在景德镇市第二人民医院门口与宋光明的同伙欧阳文斌等人持枪斗殴,致行人谭菊霜轻微伤。

(六)寻衅滋事及非法拘禁事实

1. 2004 年 2 月 22 日,被告人王江与景德镇市开门子大酒店经理汪国辉发生纠纷,并与王景辉殴打汪国辉,后王江纠集刘永华、胡德贵、谭小华、蒋庆文、江钱平、王景辉等人携枪至开门子大酒店寻找汪国辉未果。次日晚,王江纠集万鸿、江钱平等人到开门子大酒店企图追打汪国辉,因汪报警而未得逞。

2. 2005 年 7 月 13 日,彭从高因交通事故与出租车司机徐建军发生纠纷而请被告人王江帮忙。王江指使刘永华、江钱平带人赶到现场殴打徐建军。徐建军家属请张国平、陶景等人帮忙。陶景等人赶到现场,与江钱平等人发生冲突。江钱平打电话叫来胡锦春等人持枪挟持、殴打陶景。后张国平经与王江谈判,并担保陶景不再找江钱平的麻烦及不报案后,王江才指令江钱平等人释放陶景。

(七)赌博事实

2005年8月至2006年上半年,刘永华、王涛、蒋庆文、王景辉等人先后在刘小泉办公室、章林及洪永文家中、上海市名都城公寓酒店、胡德贵的邻居家等地开设赌场,聚众赌博,并筹集巨款在赌场发放高利贷。

上饶市中级人民法院认为,被告人王江网罗蒋庆文、喻文杰、秦晓凡、万鸿、江钱平等骨干成员并带领王涛、江赤兵、郭宇麟、张志明、余祖饶、李顺杰、胡锦春、江剑峰等人,有组织地多次实施违法犯罪活动,牟取了巨额经济利益。在长期违法犯罪过程中,形成了不成文的组织纪律和规约;采取暴力、威胁或其他手段,通过实施故意杀人、故意伤害、聚众斗殴、寻衅滋事、非法拘禁、赌博等违法犯罪活动,敛取钱财,欺压百姓,称霸一方,为非作歹,非法控制当地石料供应、废旧物品拍卖、地下赌博等市场,严重破坏了当地经济、社会生活秩序,已演变为有明确的组织者和领导者,骨干成员基本固定,组织层次分明,结构稳定,人数众多的黑社会性质组织。其行为分别构成组织、领导黑社会性质组织罪,故意杀人罪,故意伤害罪,非法买卖枪支罪,非法持有枪支罪,聚众斗殴罪,寻衅滋事罪,非法拘禁罪,赌博罪。王江组织、领导黑社会性质组织并实施故意杀人、故意伤害、聚众斗殴、寻衅滋事等犯罪活动,应对其组织、领导的黑社会性质组织所犯的全部罪行负责。王江系主犯、累犯,应依法严惩。对其他被告人亦应依法惩处。据此,依照《中华人民共和国刑法》第二百九十四条第一款、第三款,第二百三十二条,第二百三十四条,第一百二十五条第一款,第一百二十八条第一款,第二百九十二条第一款第一项、第四项,第二百九十三条,第二百三十八条第一款,第三百零三条,第三百一十条,第六十五条,第六十七条,第六十八条,第四十二条,第四十八条,第六十九条,第七十条,第七十一条,第七十二条,第七十三条,第八十六条第一款,第五十六条,第五十五条,第五十七条,第二十三条,第二十五条,第二十六条,第二十七条,第六十四条之规定,判决如下:

1. 被告人王江犯组织、领导黑社会性质组织罪,判处有期徒刑八年;犯故意杀人罪,判处死刑,剥夺政治权利终身;犯故意伤害罪,判处有期徒刑十三年;犯非法买卖枪支罪,判处有期徒刑五年;犯非法持有枪支罪,判处有期徒刑四年;犯聚众斗殴罪,判处有期徒刑七年;犯寻衅滋事罪,判处有期徒刑四年;犯非法拘禁罪,判处有期徒刑一年六个月;犯赌博罪,判处有期徒刑二年,并处罚金人民币五十万元;决定执行死刑,剥夺政治权利终身,并处罚金人民币五十万元。

2. 对被告人秦晓凡、蒋庆文、万鸿、喻文杰、江钱平、郭宇麟等21人分别以参加黑社会性质组织罪、故意杀人罪、故意伤害罪、非法买卖枪支罪、非法持有枪支罪、聚众斗殴罪、寻衅滋事罪、非法拘禁罪、赌博罪、包庇罪,判处死刑缓期二年执行至拘役四个月不等的刑罚。

一审宣判后,被告人王江以原判认定的“黑社会性质组织”不具备法定的四个特征,其行为不构成组织、领导黑社会性质组织罪以及故意杀害章军系因秦晓凡个人恩怨引发,其没有杀死章军的故意为由提出上诉。其辩护人还提出,根据2002年的相关立法解释,“保护伞”是认定黑社会性质组织的必要条件,王江等人在该立法解释出台前的行为因不具有“保护伞”而不构成组织、领导黑社会性质组织罪;章军被害与所谓的“黑社会性质组织”无关,上诉人在该案中是一般参与者,不应承担黑社会性质组织的组织、领导责任。

江西省高级人民法院经二审审理认为,原判认定被告人王江的犯罪事实清楚,证据确实、充分。对王江定罪准确,量刑适当,审判程序合法。依照《中华人民共和国刑事诉讼法》第一百八十九条第一项、第二项和《中华人民共和国刑法》第六十四条之规定,判决驳回上诉,维持原审对被告人王江的刑事判决部分,并依法报请最高人民法院核准。

最高人民法院认为,被告人王江组织、领导黑社会性质组织,以暴力、威胁或者其他手段,有组织地进行违法犯罪活动,称霸一方,为非作恶,欺压、残害群众,严重破坏当地的经济、社会生活秩序,其行为已构成组织、领导黑社会性质组织罪。王江组织、领导的黑社会性质组织实施故意杀人1起,致1人死亡;故意伤害3起,致1人重伤、2人轻伤;聚众斗殴3起,致1人轻微伤;寻衅滋事2起,致2人轻微伤;非法拘禁1起,致1人轻微伤;非法买卖枪支1起1支;非法持有枪支3起4支及赌博多起,其行为又分别构成故意杀人罪、故意伤害罪、聚众斗殴罪、寻衅滋事罪、非法拘禁罪、非法买卖枪支罪、非法持有枪支罪、赌博罪。王江系黑社会性质组织的组织者、领导者,应按照黑社会性质组织所犯的全部罪行处罚。在共同故意杀人犯罪中,王江决定报复被害人,为秦晓凡提供作案枪支,邀约并带领同伙赶到现场援助秦晓凡,作案后指使、资助秦晓凡等人外逃,为逃避打击与秦晓凡等人串供,起主要作用,且所起的作用大于秦晓凡等人。王江为维护其组织、领导的黑社会性质组织的利益而杀人,情节恶劣,后果严重。王江曾因违法犯罪被行政处罚及判处刑罚,在刑罚执行完毕后五年内又犯组织、领导黑社会性质组织罪,并领导该黑社会性质组织实施故意杀人、故意伤害等多起犯罪,系累犯,主观恶性极深,人身危险性和社会危害极大,犯罪后果和罪行极其严重,应依法从重处罚并数罪并罚。第一、二审判决认定的事实清楚,证据确实、充分,定罪准确,对被告人王江的量刑适当,审判程序合法。依照《中华人民共和国刑事诉讼法》第一百九十九条和最高人民法院《关于复核死刑案件若干问题的规定》第二条第一款的规定,裁定如下:

核准江西省高级人民法院(2008)赣刑三终字第 37 号维持第一审对被告人王江以组织、领导黑社会性质组织罪判处有期徒刑八年;以故意杀人罪判处死刑,剥夺政治权利终身;以故意伤害罪判处有期徒刑十三年;以非法买卖枪支罪判处有期徒刑五年;以非法持有枪支罪判处有期徒刑四年;以聚众斗殴罪判处有期徒刑七年;以寻衅滋事罪判处有期徒刑四年;以非法拘禁罪判处有期徒刑一年六个月;以赌博罪判处有期徒刑二年,并处罚金人民币五十万元;决定执行死刑,剥夺政治权利终身,并处罚金人民币五十万元。

二、裁判要旨

No. 6-1-294(1)-6 立法解释的效力溯及刑法施行期间。

2000 年出台的最高人民法院《关于审理黑社会性质组织犯罪的案件具体应用法律若干问题的解释》(以下简称《司法解释》)将保护伞规定为黑社会性质组织的四个特征之一,而 2002 年通过的立法解释取消了这一限定条件。王江的辩护人据此提出,王江团伙缺少保护伞,根据从旧兼从轻的刑法适用原则,王江在该立法解释公布前的行为不构成组织、领导黑社会性质组织罪,进而不应对秦晓凡故意杀死章军的犯罪承担组织、领导责任。

该辩护意见所涉及的主要问题是如何认定立法解释的溯及力。对该问题,实践中有不同意见。主流观点认为,立法解释的效力应及于法律的整个施行期间,不但适用于解释实施以后的行为,对解释实施前发生的行为而在解释施行后才审理的,也应按照解释办理。我们赞同主流观点的意见,应适用立法解释对本案进行审理。主要理由有两点:第一,立法解释是对法律条文含义的阐释,在法律规定本身未发生变化的情况下,法律条文的含义自法律施行之日起即存在。立法解释公布后,除对时间效力有特别规定的以外,应及于被解释的法律的整个施行期间。因此,行为人在刑法施行以后、立法解释公布之前实施的犯罪,凡在立法解释施行后才进行审理的,均应适用该立法解释。第二,立法解释的效力高于司法解释。被告人王江等人的行为跨越了 2002 年通过的《立法解释》的前后时期,而 2000 年公布的《司法解释》与 2002 年《立法解释》的内容有所不同,后者未将保护伞规定为黑社会性质组织的特征,认定黑社会性质组织的标准宽于前者。在这种情况下,应当根据《立法法》规定的原则处理。《立法法》明确规定,立法解释与法律具有同等效力,立法解释的效力高于司法解释;因此在二者产生冲突的情况下,应直接适用《立法解释》,不存在按照从旧兼从轻原则的问题。当然,如果后公布的也是司法解释而不是立法解释,则依据两高《关于适用刑事司法解释时间效力问题的规定》,可以按照从旧兼从轻的原则处理。

案例:容乃胜等组织、领导、参加黑社会性质组织案

案例来源:《刑事审判参考》总第 23 辑[第 149 号]

主题词:组织、领导、参加黑社会性质组织罪

一、基本案情

被告人容乃胜,男,1963 年 1 月 12 日出生,农民。因涉嫌犯组织、领导、参加黑社会性质组织罪、赌博罪、非法拘禁罪、强迫交易罪、破坏选举罪,于 2001 年 4 月 30 日被逮捕。

被告人容年春(绰号"白毛""年三"),男,1968 年 2 月 25 日出生,农民。曾因犯盗窃罪于 1988 年 7 月 2 日被判处有期徒刑一年,1989 年 4 月 7 日刑满释放。2001 年 3 月 9 日因犯寻衅滋事罪被判处有期徒刑一年,正在服刑。

被告人秦建国(绰号"高鼻子"),男,1969 年 7 月 22 日出生,农民。曾因犯盗窃罪、抢劫罪于 1990 年 8 月 6 日被判处有期徒刑七年,1996 年 12 月 28 日刑满释放。2001 年 3 月 9 日因犯寻衅滋事罪被判处有期徒刑一年,正在服刑。

被告人容乃玉(绰号"小雄"),男,1962 年 7 月 14 日出生,农民。曾因犯盗窃罪于 1983 年 3 月 4 日被判处有期徒刑一年零六个月,1984 年 6 月 2 日刑满释放。因涉嫌犯参加黑社会性质组织罪、赌博罪、非法拘禁罪、破坏选举罪,于 2001 年 4 月 30 日被逮捕。

被告人田吉贤(绰号"田鸡毛"),男,1959 年 12 月 5 日出生,农民。曾因强迫交易罪于 2001 年 1 月 15 日被判处有期徒刑八个月,2001 年 2 月 7 日刑满释放。因涉嫌犯参加黑社会性质组织罪、赌博罪,于 2001 年 4 月 30 日被逮捕。

被告人彭伟(绰号"瘌痢"),男,1973 年 10 月 17 日出生,无业。因涉嫌犯抢劫罪,于 2000 年 5 月 23 日被逮捕。

被告人彭元兴(绰号"黑老九"),男,1967 年 1 月 17 日出生,农民。曾因犯抢劫罪、妨害公务罪于 1986 年被判处有期徒刑八年,1994 年 4 月 17 日刑满释放。因涉嫌犯参加黑社会性质组织罪、赌博罪,于 2001 年 4 月 30 日被逮捕。

被告人韩志勇(绰号"三毛"),男,1972 年 8 月 10 日出生,农民。曾因犯抢劫罪于 1993 年 8 月 17 日被判处有期徒刑七年,1999 年 6 月 17 日刑满释放。2001 年 3 月 9 日因犯寻衅滋事罪被判处有期徒刑一年,正在服刑。

被告人陈金闯(绰号"瘪鸡"),男,1970 年 11 月 25 日出生,农民。2001 年 3 月 9 日因犯寻衅滋事罪被判处有期徒刑一年,正在服刑。

被告人彭军华(别名彭勇),男,1978 年 1 月 3 日出生,农民。因涉嫌犯参加黑社会性质组织罪、赌博罪,于 2001 年 4 月 30 日被逮捕。

湖北省武汉市洪山区人民法院经审理查明:1998 年 8 月,被告人容乃胜为聚敛钱财,纠集、网罗被告人容年春、秦建国、容乃玉、田吉贤、彭伟、彭元兴、韩志勇、陈金闯、彭军华以及在逃人员高卫国、容乃义、赵红军、陈金海、赵声华、袁金波、陈坦胜、侯新勇等人在武汉市洪山区和平乡一带设立赌场。由容乃胜组织、领导,容年春、彭伟及高卫国负责管理参赌人员和赌场秩序(即"罩场子"),容乃玉负责在赌场上作弊(即"阴打"),秦建国和陈金海负责发放高利贷(即"放码"),容乃义负责管理赌场和非法收益,赵红军负责安排人员放哨(即"钉子"),随时用对讲机与赌场内保持联系,赵声华负责接送参赌人员,田吉贤、彭元兴、陈金闯、韩志勇、彭军华则充当放哨人员。该赌场具有较为严格的组织纪律,规定:(1)吸毒人员坚决不允许参与;(2)赌场内部的成员一律不准在自己的赌场上赌博;(3)赌场人员要固定,进入必须经过被告人容乃胜的同意,统一听从容乃胜的安排;(4)赌场固定人员有月薪,年终有分红,一般由被告人容乃胜发放。通过多次较大规模的聚众赌博,采取从中"抽头",发放高利贷等手段,容乃胜一伙非法聚敛了大量钱财,具备了一定的经济实力。

1998 年 8 月上旬,因参赌人员蔡文婕为另一参赌人员黄勇提供"担保"而向容乃胜的赌场借得的赌资 5 万元未能按期偿还,容乃胜即指使容年春、秦建国及赵声华等人将蔡文婕强行押至武汉市洪山区和平乡一村民的猪圈中,非法限制其人身自由达 3 日。在此期间,容乃胜、容年春分别对蔡文婕实施了侮辱、殴打行为。在容乃胜到蔡文婕被关押处让其偿还赌资时,容乃玉曾两次随其到现场,秦建国及赌场其他成员赵红军、陈金海、袁金波、陈坦胜、侯新勇等人分别对蔡文婕实施了看守和威胁的行为。蔡文婕在委托他人将现金 2.5 万元交给容乃胜等人并写下 2.5 万元的欠条后才获得释放。

1999 年 9 月 7 日,被告人容乃胜所在的和平乡武丰村举行"海选",被害人赵可政没有按照容乃胜手下人事先打招呼的意见投容乃胜的票,容乃胜即指使被告人容年春、容乃玉及陈金海、容乃义于次日凌晨1时许以赵可政的儿子赵宁赌博差容连春弟弟的钱为由,窜至赵可政家中,将赵可政殴打致伤。

1999年初,武汉中大房地产开发有限公司在武汉市洪山区和平乡开发建设“鹤园小区”住宅工程。被告人容乃胜为达到高价推销地材,牟取高额利润,进一步扩充其经济实力的目的,于当年7月成立了“鹤园工贸公司”。为垄断“鹤园小区”工程建设的地材供应,容乃胜指使被告人田吉贤(已因此事判刑)、李道胜(在逃)及其赌场的骨干成员,采取在施工现场设卡拦截建筑单位运送地材的车辆及胁迫手段,强迫建筑单位与“鹤园工贸公司”签订地材供应合同。2000年5月20日中午12时许,因“鹤园小区”建筑商之一的新洲第八建筑公司自行采购地材,被告人彭元兴及被告人容年春、秦建国、陈金闯、韩志勇(均已判刑)伙同高卫国、陈金海、赵红军等人,先后窜至施工现场,将新洲第八建筑公司的桑塔纳轿车和装满地材的东风卡车拦截,把车内的冯海堂、徐秋生、汪建军等人拖出殴打并致伤,并砸破桑塔纳轿车后挡风玻璃。经鉴定:冯海堂、徐秋生和汪建军的损伤程度分别为轻伤(重型)、轻伤和轻微伤。1999年7月至2000年5月间,先后有红安占店建筑公司、黄陂建筑集团公司、新洲第八建筑公司等10余家建筑单位被迫与“鹤园工贸公司”签订地材供应合同。

为获得政治上的庇护,并给其犯罪组织提供保护,被告人容乃胜采取一系列违法手段破坏选举,向政治领域渗透。1999年底,武汉市洪山区和平乡人大代表换届选举,在该乡武丰村选民投票的前一天,容乃胜作为乡人大代表候选人之一,带4名男青年(均身份不详)窜至和平乡铁矶村一餐馆内,将其认为是支持另一乡人大代表候选人吴金勇并在此请客的杨华改打伤。随后,容乃胜又带此4名男青年窜至吴金勇家,将吴金勇从家中拖出,并对其实施殴打,逼其退出乡人大代表的选举。投票选举当天,容乃胜指使被告人容年春、陈金海等人跟踪流动投票箱,监视群众投票,使得容乃胜当选乡人大代表的目的得逞。

武汉市洪山区人民法院认为:以被告人容乃胜为首,纠集、伙同被告人容年春、秦建国、容乃玉、田吉贤、彭伟、彭元兴、韩志勇、陈金闯、彭军华有组织地进行违法犯罪活动,称霸一方,为非作恶,欺压、残害群众,其行为严重破坏经济、社会生活秩序;同时,该十被告人还以营利为目的,开设赌场,聚众赌博,其行为严重扰乱社会公共秩序。被告人容乃胜的行为已构成组织、领导、参加黑社会性质组织罪、赌博罪;被告人容年春、秦建国、容乃玉、田吉贤、彭伟、彭元兴、韩志勇、陈金闯、彭军华的行为均已构成参加黑社会性质组织罪、赌博罪。其中,被告人容乃胜在组织、领导、参加黑社会性质组织的犯罪活动中起组织、领导作用,系本案首要分子;被告人容年春、秦建国、容乃玉积极参与黑社会性质组织的犯罪,在共同犯罪中起主要作用,系本案主犯;被告人田吉贤、彭伟、彭元兴、韩志勇、陈金闯、彭军华参与黑社会性质组织的犯罪,在共同犯罪中起次要作用,系本案从犯。公诉机关的上述指控均有法律依据,本院予以确认。上述十被告人及其辩护人分别提出的被告人容乃胜的行为不构成组织、领导、参加黑社会性质组织罪,被告人容年春、秦建国、容乃玉、田吉贤、彭伟、彭元兴、韩志勇、陈金闯、彭军华的行为不构成参加黑社会性质组织罪的辩护意见及观点,被告人容乃玉、田吉贤、彭军华、彭伟及其辩护人,以及被告人韩志勇、陈金闯提出的其行为不构成赌博罪的辩护意见,与庭审查明的事实不符,均不予采纳。被告人容乃胜、容年春、秦建国、容乃玉还非法剥夺他人人身自由,其行为均已侵犯了公民的人身权利,已构成非法拘禁罪。该四被告人辩称不构成非法拘禁罪以及被告人秦建国、容乃玉的辩护人提出的指控被告人秦建国、容乃玉犯非法拘禁罪事实不清、证据不足的辩护意见,亦与庭审查明的事实不符,不予采纳。被告人容乃胜指使他人以暴力、威胁手段,强迫他人接受服务,情节严重,其行为已构成强迫交易罪。被告人容乃胜的辩护意见与庭审查明的事实不符,其辩护人的辩护意见与法不符,均不予采纳。被告人容乃胜以暴力手段,并指使被告人容年春以威胁手段破坏选举,其行为侵犯了公民的民主权利和国家的选举制度,均已构成破坏选举罪。被告人容乃胜、容年春及其辩护人提出的不构成破坏选举罪的辩护意见与庭审查明的事实不符,且法律依据不足,不予采纳;被告人容乃玉及其辩护人关于被告人容乃玉的行为不构成破坏选举罪的辩护意见,经庭审查证属实,予以采纳。被告人秦建国、韩志勇在刑满释放后五年内又犯本案所列之罪,是累犯,应当从重处罚。依照《中华人民共和国刑法》第二百九十四条第一款、第三款、第三百零三条、第二百三十八条第一款、第二百二十六条、第二百五十六条、第二十五条、第二十六条、第二十七条、第六十五条第一款、第六十九条、第七十条之规定,于 2001 年 6 月 14 日判决如下:

1. 被告人容乃胜犯组织、领导、参加黑社会性质组织罪,判处有期徒刑九年;犯赌博罪,判处有期徒刑三年,并处罚金人民币十万元;犯非法拘禁罪,判处有期徒刑三年;犯强迫交易罪,判处有期徒刑二年,并处罚金人民币五万元;犯破坏选举罪,判处有期徒刑三年。决定执行有期徒刑十九年,并处罚金人民币十五万元。

2. 被告人容年春犯参加黑社会性质组织罪,判处有期徒刑七年;犯赌博罪,判处有期徒刑二年零六个月,并处罚金人民币二万元;犯非法拘禁罪,判处有期徒刑二年;犯破坏选举罪,判处有期徒刑一年。连同前罪正在执行的有期徒刑一年并罚,决定执行有期徒刑十三年,并处罚金人民币二万元。

3. 被告人秦建国犯参加黑社会性质组织罪,判处有期徒刑六年;犯赌博罪,判处有期徒刑二年零六个月,并处罚金人民币二万元;犯非法拘禁罪,判处有期徒刑二年。连同前罪正在执行的有期徒刑一年并罚,决定执行有期徒刑十一年,并处罚金人民币二万元。

4. 被告人容乃玉犯参加黑社会性质组织罪,判处有期徒刑五年;犯赌博罪,判处有期徒刑二年零六个月,并处罚金人民币二万元;犯非法拘禁罪,判处有期徒刑一年。决定执行有期徒刑八年,并处罚金人民币二万元。

5. 被告人田吉贤犯参加黑社会性质组织罪,判处有期徒刑三年;犯赌博罪,判处有期徒刑一年零六个月,并处罚金人民币一万元。决定执行有期徒刑四年,并处罚金人民币一万元。

6. 被告人彭伟犯参加黑社会性质组织罪,判处有期徒刑二年零六个月;犯赌博罪,判处有期徒刑二年,并处罚金人民币一万元。决定执行有期徒刑四年,并处罚金人民币一万元。

7. 被告人彭元兴犯参加黑社会性质组织罪,判处有期徒刑二年;犯赌博罪,判处有期徒刑二年,并处罚金人民币一万元。决定执行有期徒刑三年零六个月,并处罚金人民币一万元。

8. 被告人韩志勇犯参加黑社会性质组织罪,判处有期徒刑二年零六个月;犯赌博罪,判处有期徒刑一年零六个月,并处罚金人民币一万元。连同前罪正在执行的有期徒刑一年并罚,决定执行有期徒刑四年零六个月,并处罚金人民币一万元。

9. 被告人陈金闯犯参加黑社会性质组织罪,判处有期徒刑二年;犯赌博罪,判处有期徒刑一年零六个月,并处罚金人民币一万元。连同前罪正在执行的有期徒刑一年并罚,决定执行有期徒刑四年,并处罚金人民币一万元。

10. 被告人彭军华犯参加黑社会性质组织罪,判处有期徒刑一年零六个月;犯赌博罪,判处有期徒刑一年,并处罚金人民币五千元。决定执行有期徒刑二年,并处罚金人民币五千元。

一审宣判后,被告人田吉贤、彭伟、彭元兴、陈金闯服判,未上诉;被告人容乃胜、韩志勇、容年春、秦建国、容乃玉、彭军华不服,向武汉市中级人民法院提出上诉。

容乃胜、韩志勇上诉称,其行为不构成黑社会性质组织犯罪。

容年春、秦建国上诉称,其没有参加黑社会性质组织。

容乃玉上诉称,原审认定的事实不清,定性不准。

彭军华上诉称,其行为不构成犯罪。

武汉市中级人民法院认为,原审判决根据本案的事实、情节及各上诉人、原审被告人在共同犯罪中的作用、地位及其他法定量刑情节,对各上诉人及原审被告人的定罪准确,量刑适当,审判程序合法。依照《中华人民共和国刑事诉讼法》第一百八十九条第(一)项的规定,于 2001 年 8 月 27 日裁定驳回上诉,维持原判。

二、裁判要旨

No. 6-1-294(1)-7 黑社会性质组织成员向政权机关渗透,取得某种政治身份,应当认为具备了黑社会性质组织犯罪寻求非法保护的特征。

本案能否认定为黑社会性质犯罪,关键在于被告人容乃胜等人的行为,是否符合最高人民法院《关于审理黑社会性质组织犯罪的案件具体应用法律若干问题的解释》第一条第(三)项规定的通过贿赂、威胁等手段,引诱、逼迫国家工作人员参加黑社会性质组织活动,或者为其提供非法保护这一特征,即保护伞问题。被告人容乃胜等人没有采取黑社会性质组织通常使用的在政府部门寻找保护伞和代理人的方式,寻求保护伞,而是通过竞选使自己成为乡人大代表,从而向政权机关渗透,以寻求政治上的非法保护。那么,此种方式是否符合司法解释规定的黑社会性质组织的构成特征呢?我们认为,司法解释的规定,准确地反映了黑社会性质组织的本质。只有同时具备这四个特征,才能认定为刑法意义上的黑社会性质的组织。但在某一具体的黑社会性质组织犯罪案件中,并非所有的特征都十分典型地表现出来。一般而言,由于黑社会性质组织具有反社会性,其为了生存与发展,往往采取各种手段,例如司法解释规定的贿赂、威胁等手段,引诱、威逼国家工作人员加入黑社会性质的组织,或者引诱、威逼国家工作人员为其提供非法保护。但并不排除黑社会性质组织采用其他方式寻求"保护伞"。黑社会组织成员直接混入国家机关,或者通过合法、非法手段取得某种政治身份,向国家机关进行渗透,以寻求非法保护,也是黑社会性质组织寻求保护伞的重要方式。被告人容乃胜为了逃避法律制裁,维护和发展自己的势力,积极向国家机关渗透,通过破坏选举等手段,使自己当选为乡人大代表,以为自己的违法犯罪活动提供非法保护,应当认定符合最高人民法院《关于审理黑社会性质组织犯罪的案件具体应用法律若干问题的解释》第一条规定的获取"非法保护"这一特征。

No. 6-1-294(1)-8 黑社会性质组织犯罪的组织行为是指为促使黑社会性质组织的形成而实施的行为;黑社会性质组织犯罪的领导行为,包括在黑社会性质组织形成以后而实施的行为。

组织、领导和积极参加以暴力、威胁或者其他手段,有组织地进行违法犯罪活动,称霸一方,为非作恶,欺压、残害群众,严重破坏经济、社会生活秩序的黑社会性质组织的行为是构成组织、领导、参加黑社会性质组织罪的客观表现。其中,组织是指为了实现称霸一方的目的,倡导、发起、纠集、组织人员建立黑社会性质组织的行为,如创立、组建黑社会性质的组织,确定该组织的目的、宗旨;确定黑社会性质的组织机构、人员安排、行为规范、活动方式;发展黑社会性质组织的成员等。领导是指在黑社会性质组织中处于领导地位,制定犯罪计划,指挥实施犯罪的行为。积极参加是指积极、主动加入黑社会性质组织的行为。积极参加者往往在实施具体违法犯罪时表现主动、积极。除积极参加并起主要作用的成员外,其他均为一般参加者。

组织与领导两种行为有可能交叉并存。通常情况下,组织行为包括组织、策划、领导、指挥等行为。组织者在黑社会性质组织建立以后往往成为领导者。在规模较小、成员不多的黑社会性质组织中尤其如此。两种行为的区分一般可以黑社会性质组织形成时间为界限,形成前为促使组织的形成而实行的组织、领导行为称为组织,形成以后的组织、领导行为称为领导。如果在组建黑社会组织过程中起领导、决定作用的,应认定为组织行为。

No. 6-1-294(1)-9 对于参加黑社会性质的组织而没有实施违法犯罪活动的,或者受蒙蔽、胁迫参加黑社会性质的组织,情节显著轻微的,依法不以犯罪论处。

组织、领导、参加黑社会性质组织罪在犯罪形态上属于行为犯,即只要行为人实施了组织、领导、积极参加黑社会性质组织的行为,就构成犯罪既遂。立法者基于黑社会性质组织犯罪的严重社会危害性,并不以组织者、领导者或者参加者实施的行为已实际构成犯罪作为组织、领导、参加黑社会性质组织罪的构成要件。事实上,黑社会性质组织为了获取非法的经济利益以维护其生存与发展所必需的经济能力与经济基础,往往以企业、公司等经济组织为依托,进行一些合法的工商活动。因此,只要实施了组织、领导或者积极参加黑社会性质的组织的行为,就构成犯罪。对于组织、领导、参加黑社会性质的组织又有其他犯罪行为的,根据《刑法》第二百九十四条第三款的规定,应当依照数罪并罚的规定处罚。在认定黑社会性质组织成立或者形成的前提下,应当对其中的犯罪分子根据其地位和作用,区分为组织者、领导者、积极参加者及一般参加者。对于组织者和领导者,应当按照其所组织、领导的黑社会性质组织所犯的全部罪行处罚。对于黑社会性质组织的参加者,应当按其实际参加的犯罪处罚。对于参加黑社会性质的组织没有实施违法犯罪活动的,或者受蒙蔽、胁迫参加黑社会性质的组织,情节显著轻微的,依法可不作为犯罪处理。

No. 6-1-294(1)-10 组织、领导、参加黑社会性质组织罪不以明知其所组织、领导或者参加的是黑社会性质的组织为构成条件。

本案在审理过程中,许多被告人均提出,不知道容乃胜组织、领导的黑社会性质组织,不构成参加黑社会性质组织罪。就连黑社会性质组织的组织、领导者容乃胜也否认自己组织、领导的组织属于黑社会性质组织。那么,这一辩护意见能否成立呢?毋庸置疑,组织、领导、参加黑社会性质组织罪是故意犯罪。但这种故意的内容则表现为以实施违法犯罪活动为目的,并不以行为人明知所组织、领导或者参加的组织是黑社会性质的组织为构成要件。因为对一个组织是否属于黑社会性质组织的判断是一种法律判断。行为人的主观认识并不影响该组织的实际性质。刑法理论对于直接故意的认定并不要求行为人具有明确的违法性认识。

对于组织者和领导者而言,只要其是以实施有组织的违法犯罪活动为目的,成立的组织符合最高人民法院《关于审理黑社会性质组织犯罪的案件具体应用法律若干问题的解释》第一条规定的特征,就应当认定为黑社会性质组织。对于参加者而言,行为人虽然不明知所参加的组织是黑社会性质组织,但只要行为人在主观上明知该组织是从事违法犯罪活动的组织,或者当时并不明知是从事违法犯罪活动的组织,但在加入后发现是从事违法犯罪活动的组织,仍不退出并积极从事违法犯罪活动的,就应当认定其主观上具有参加黑社会性质组织的犯罪故意。

案例:陈垚东等人组织、领导、参加黑社会性质组织案

案例来源:《刑事审判参考》总第 107 集[第 1152 号]

主题词:组织、领导、参加黑社会性质组织罪　黑社会性质组织成员

一、基本案情

被告人陈垚东自 20 世纪 80 年代末开始,纠集"沙皮狗"等社会闲杂人员,在广东省宝安县沙井镇(现广东省深圳市宝安区沙井街道)一带逞勇斗狠、为非作恶,成为当地颇具"声名"的恶势力。1994 年以来,陈垚东通过笼络乡邻、招纳小弟、聘用员工、纠集同道等途径,逐步建立起以其本人为组织者、领导者,以被告人伍健东、陈锦田、赖庆棠、王文明、陈诺强、曾庆发、曾鸿辉、易亚胡、潘永钊、宁注作等人为积极参加者,包括被告人陈伟明、林波、岳彪、曾玉新、曾细苓、刘志清、谢春山、陈惠芳、潘泽勇、陈嘉祺、陈卓峰、陈展斌、陈伟洪、文迎新、曾柏球、周梁、李朝阳、曾庆华、江沛华、黎进成、江锦平、陈法军、陈平右以及另案处理的数十人组成的骨干成员固定、层级结构明确、人数众多、势力庞大,在沙井街道经济、社会生活中具有重大影响的黑社会性质组织。该组织按照"江湖规矩"管理组织成员,维系组织架构。盘踞沙井街道一带,长期通过非法手段经营废品收购、码头运输、房地产等行业,实施了故意伤害、绑架、非法拘禁、抢劫、敲诈勒索、开设赌场、赌博、聚众斗殴、寻衅滋事、强迫交易、容留他人吸毒、贿赂国家工作人员、非法倒卖土地使用权等大量违法犯罪活动,攫取了巨额非法财富,严重破坏了当地的经济、社会生活秩序。

1999 年 12 月,被告人陈垚东与被告人文稳权等人合伙在深圳市宝安区沙井街道黄埔路口原新桥客运站一、二楼开办创世纪娱乐城。陈垚东、文稳权明知所经营的场所内存在吸毒行为,为招揽生意,非但不予制止,而且长期为顾客提供吸食 K 粉的吸管、碗、碟等工具。创世纪娱乐城在经营期间,多次被公安机关查获有容留他人吸毒的违法犯罪活动,其中公安机关仅 2004 年 9 月 30 日就一次查获吸毒人员 213 人。(故意伤害、绑架、非法拘禁、抢劫、敲诈勒索、赌博、聚众斗殴、寻衅滋事、强迫交易、行贿、非法倒卖土地使用权的事实略)。

2003 年年底,被告人文稳权等人获得 779 路、780 路、782 路公交路线的承包经营权,由文稳权具体经营。2004 年年初,文稳权认为其承包经营的公交线路的客源不如谭忠启承包经营的 781 路公交线路的客源丰富,遂擅自改变规定的行驶路线,与 781 路公交车队并线竞争揽客。同时,文稳权授意手下人员多次拦停营运的 781 路公交汽车,驱赶乘客,殴打司机,打砸汽车,逼迫 781 路公交车队改变规定的行驶路线或退出沙井客运市场。谭忠启被逼在 2004 年 3 月月初将

781路公交车队18台公交车全部停止营运。在沙井街道办和沙井运输公司介入协调下,781路公交车队恢复营运,并作出让步,改道走客源较少的路段。其后,因谭忠启未退出沙井客运市场,781路公交车队仍不时遭遇文稳权等人的暴力滋扰。

二、裁判要旨

No. 6-1-294(1)-11 认定被告人是否黑社会性质组织成员,应结合以下两方面进行判断:第一,是否参与实施黑社会性质组织的违法犯罪活动;第二,与涉案黑社会性质组织之间有无相对固定的从属关系。

司法实践中,认定被告人有无组织行为、领导行为相对容易,而认定被告人是否有参加黑社会性质组织行为时,情况则显得比较复杂。一般来说,可以将是否举行专门的参加仪式作为重要的认定依据。但当前的实践中,多数黑社会性质组织在发展成员时并无此类程序,这就要求在审判时要按照2009年最高人民法院、最高人民检察院、公安部《办理黑社会性质组织犯罪案件座谈会纪要》和2015年《全国部分法院审理黑社会性质组织犯罪案件工作座谈会纪要》的规定,审慎地结合以下两个方面来判别被告人是否有参加黑社会性质组织的行为:第一,是否参与实施了黑社会性质组织的违法犯罪活动。黑社会性质组织区别于其他犯罪组织的本质特征,就是依靠有组织的违法犯罪活动来达到对经济、社会生活进行非法控制并进而攫取非法利益的目的。黑社会性质组织的生存离不开有组织的违法犯罪活动,而是否参与有组织的违法犯罪活动又是表明被告人与涉案黑社会性质组织之间存在关系的重要标志。因此,这一点自然是判断参加行为的重要依据。第二,与涉案黑社会性质组织之间有无相对固定的从属关系。所谓相对固定的从属关系,是指在黑社会性质组织中组织者、领导者居于核心地位,积极参加者和其他参加者较稳定地处于被领导、被管理的地位。其中,有些人是直接听命于组织者、领导者,更多的则是在分级管理的体系内听命于其他组织成员。但不管怎样,组织成员在黑社会性质组织中均应具有相对固定的位置,如果与黑社会性质组织没有任何从属关系,如只是临时受邀或基于个人意愿参与某起犯罪,即便其参与了有组织的违法犯罪活动,也不能将其认定为是黑社会性质组织的成员。换言之,如果在黑社会性质组织中找不到可以对应的位置,就说明被告人与该犯罪组织没有从属关系;如果与黑社会性质组织的某一成员之间没有服从与被服从、管理与被管理关系,就不能认定被告人有参加黑社会性质组织的行为。

本案中,法院经审理后认定了两起与文稳权有关的犯罪事实:其中第一起系黑社会性质组织实施的容留他人吸毒犯罪,第二起系文稳权个人实施的寻衅滋事犯罪。应该说,除了陈垚东曾在公交线路经营初期有过短暂投资(约半年后撤资),第二起犯罪与涉案黑社会性质组织并无其他关联。但是,第一起犯罪却有所不同。陈垚东、文稳权于1999年与他人共同投资开办创世纪娱乐城。开业之初,凭借陈垚东的关系请来香港黑社会组织头面人物及娱乐明星助阵,故当地皆知该娱乐城有陈垚东的股份,无人敢来闹事。创世纪娱乐城由文稳权出面经营直至2006年,陈垚东从中分红获利,该娱乐城的经营对于该黑社会性质组织壮大声势、扩充经济实力客观上起到了不可低估的作用。从相关证人及各同案被告人的供述来看,文稳权与陈垚东是相识已久的朋友关系,私交甚好。文稳权虽长期与陈垚东共同经营生意,但没有证据证明其接受某一组织成员的管理或者对某一组织成员起着领导作用,在陈垚东黑社会性质组织内既无上级,也无下属。虽然文稳权经营创世纪娱乐城达7年之久,客观上为陈垚东黑社会性质组织的发展提供了重要的帮助、支持,但其主观上并没有为黑社会性质组织存在、发展服务的意图。除了出面经营娱乐城,文稳权未曾介入陈垚东黑社会性质组织的决策、指挥、协调、管理等内部事务,也未参与其他有组织的违法犯罪活动。因此,其与陈垚东的经济合作实际上只是二人相互借助、各为其利。这一点,从陈垚东与文稳权共同投资经营公交路线后因无利可图便很快撤资的事实也可看出。文稳权确曾利用陈垚东黑社会性质组织的成员为其解决纠纷,但相关同案被告人均否认自己是文稳权的下属,且有其他证据表明文稳权借助该犯罪组织势力是经过陈垚东事先默许的,其既无自行决定的行为,也无自行决定的权力。因此,文稳权与该黑社会性质组织之间并不存在相对固定的从属关系,不应认定其领导或者参加了陈垚东黑社会性质组织。

案例:朱光辉等人组织、领导、参加黑社会性质组织案

案例来源:《刑事审判参考》总第107集[第1153号]

主题词:组织、领导、参加黑社会性质组织罪　骨干成员

一、基本案情

2000年年初,被告人朱光辉刑满释放后,预谋通过对武汉市硚口区宗关客运站运营车辆收取"保护费"达到非法敛财的目的。

为此,朱光辉先后纠集被告人易三云及"红强""在在"(前述二人均另案处理)等人以驱赶黑车、协调发班、维持秩序为由对宗关客运站的个体营运车辆多次敲诈勒索。2005年年底至2006年年初,宗关客运站与水厂客运站合并后搬迁至水厂客运站,各营运线路车主陆续成立了联营体。朱光辉随即大肆招揽劳改释放人员和社会闲散人员,将被告人朱文力、朱宏、郑秦缘、陈才、余志雄、江国亮、许还爽、陈家福、管后贤、刘超、易修、彭兴元、林菲及陶家鸣、周天、王前进、万威、殷创露、"郭胖子""付麻子""大雄雄"(前述八人均另案处理)等人网罗进组织扩充组织规模。2006年以来,朱光辉带领朱文力、易三云、朱宏等人以收线路牌、抢车钥匙、扎汽车轮胎、"撞猴子"、暴力、威胁、恐吓等方式向各联营体收取"保护费"。至此该团伙已发展成为以朱光辉为首,以朱文力、易三云、朱宏、刘超、陈家福为骨干,以管后贤、余志雄、许还爽、林菲、郑秦缘、江国亮、彭兴元、陈才、易修、陶家鸣、周天、殷创露、王前进、"郭胖子""大雄雄"等为成员的人数达20余人的犯罪组织。2011年5月,朱光辉为进一步扩张其势力范围,达到非法敛财目的,又指使朱宏、余志雄、江国亮等人,利用其淫威控制雪花啤酒销售商在武汉市硚口区水厂一带的经营销售,同时收取"保护费"。2011年7月,朱光辉还指使刘超、林菲、陶家鸣、殷创露等人,控制武汉市康之福消毒餐具有限公司在武汉市硚口区水厂一带的胖胖大酒楼、吟诗酒楼、草根生活、香辣虾酒楼、可可酒楼、潮兴粥府等6家餐馆一次性消毒餐具的使用并收取"保护费"。2012年6月,朱文力等人为了控制武汉市硚口区水厂一带的游戏机室的经营,对该地区的游戏机经营者进行骚扰和敲诈。朱光辉对其组织成员采取恩威并施的管理手段,通过日常管理和有组织实施一系列违法犯罪活动,逐步形成一套约定俗成和普遍认同的组织纪律,并以组织成员集中就餐、固定发放工资、节日派发红包、坐牢安抚、实施违法犯罪活动给予奖励等方式对该组织成员予以拉拢、控制。

在该犯罪组织中,朱光辉是组织成员公认的组织者、领导者。为了便于管理控制其手下,朱光辉将自己租住的武汉市硚口区汉西北路67附6荣冠花园A座×单元×室作为其"地下公司",在此对其手下成员进行统一管理、指挥并发号施令。其中,朱宏负责对水厂客运站的部分线路及水厂地区一带餐馆的啤酒供应商收取"保护费";易三云、朱文力负责对水厂客运站大部分线路收取"保护费";刘超负责对水厂地区一带餐馆消毒餐具供应商收取"保护费";陈家福负责该组织的后勤保障。他们按照朱光辉的安排各负其责,并分别带领余志雄、郑秦缘、陈才、江国亮、彭兴元、林菲、许还爽、管后贤、易修及陶家鸣等人实施违法犯罪活动。

该犯罪组织在朱光辉的组织、领导下,以暴力手段为依托,通过有组织地实施一系列违法犯罪活动,非法收取硚口区水厂客运站个体营运车主及周边一次性餐具、啤酒供应的"保护费",截至案发时,非法聚敛钱财达人民币260余万元。同时,为支撑组织运转,进一步增强其犯罪实力,朱光辉花钱购买了大量枪支、砍刀、棍棒、弓弩等作案工具;为拉拢和收买人心,朱光辉向其手下提供伙食,每月发放工资,过年、过节聚餐派发红包,组织成员因为组织利益被判刑,朱光辉多次到羁押场所探视等,此类支出已达人民币190余万元。

2005年以来,该犯罪组织在朱光辉的指使下,通过有组织实施的故意伤害、寻衅滋事、非法拘禁、敲诈勒索、绑架等违法犯罪活动,致1人死亡、3人轻伤、6人轻微伤,涉案枪支4支。该犯罪组织通过实施一系列违法犯罪活动,在武汉市硚口区水厂路一带称霸一方,对水厂客运站的个体长途车辆营运线路及周边的餐饮相关行业(啤酒、消毒餐具供应)形成非法控制,严重破坏了当地的经济、社会生活秩序。特别是在对水厂客运站各线路联营体、车主的敲诈过程中,朱光辉等人一方面以暴力、威胁、恐吓为手段;另一方面以驱赶站外"黑车"、协调发班、维持秩序等为

由,霸占客运站的办公室。其中,易三云参与敲诈勒索8起,实际数额164万余元;朱宏参与敲诈勒索5起,实际数额39万余元;朱文力、郑秦缘、陈才共同参与敲诈勒索1起,实际数额24万余元;刘超、林菲共同参与敲诈勒索1起,实际数额10万余元;江国亮参与敲诈勒索2起,实际数额16万余元;彭兴元参与敲诈勒索1起,实际数额7万余元;余志雄参与敲诈勒索1起,数额12万余元。

二、裁判要旨

No. 6-1-294(1)-12 黑社会性质组织中的"骨干成员",首先应满足积极参加者的认定条件;其次,必须直接听命于组织者、领导者;最后,"骨干成员"在黑社会性质组织中所起的作用应当大于一般的积极参加者。

2015年《全国部分法院审理黑社会性质组织犯罪案件工作座谈会纪要》(以下简称《2015年纪要》)专门对此作出说明:"骨干成员,是指直接听命于组织者、领导者,并多次指挥或积极参与实施有组织的违法犯罪活动或者其他长时间在犯罪组织中起重要作用的犯罪分子,属于积极参加者的一部分。"

第一,骨干成员是积极参加者中的一部分,应当满足积极参加者的认定条件。2009年最高人民法院、最高人民检察院、公安部《办理黑社会性质组织犯罪案件座谈会纪要》(以下简称《2009年纪要》)已经从主客观两方面明确了积极参加者的认定标准。主观方面是指"明知而接受黑社会性质组织的领导和管理";客观方面则更为复杂一些,既要有"参加"行为,又要符合三种情形之一:"多次积极参与黑社会性质组织违法犯罪活动""积极参与较严重的黑社会性质组织的犯罪活动且作用突出"和"在黑社会性质组织中起重要作用"。审判时,对于"骨干成员"应当首先根据上述规定进行初步判断,不符合积极参加者认定条件的应直接被排除在外。

第二,"骨干成员"应当是直接听命于组织者、领导者的积极参加者。在组织者、领导者明确,而由其直接管理的积极参加者又基本同定的情况下,一个两层级的组织结构便已然建立,只要再加上一定数量的其他成员,并有组织纪律、规约作为管理手段,稳定的犯罪组织即可基本成型。因此,审判时应当紧紧把握"直接听命于组织者、领导者"这一限定条件,从积极参加者中准确筛选出"骨干成员"。

第三,"骨干成员"在黑社会性质组织中所起的作用应当大于一般的积极参加者。只有是"多次指挥或积极参与实施有组织的违法犯罪活动或者其他长时间在犯罪组织中起重要作用"的积极参加者,才能被认定为"骨干成员"。只要未达到"多次",即便"积极参与实施较严重的黑社会性质组织的犯罪活动,且作用突出",也不能认定。同理,只要未达到"长时间",即便是对黑社会性质组织的人、财、物等重要事项具有主要管理职权,亦不能认定。

本案中,被告人朱光辉不仅是涉案犯罪组织的发起者,也是组织中公认的最高领导者,全体组织成员均以朱光辉为"带头大哥",不仅在实施违法犯罪活动时听其号令,而且不管"保护费"是谁负责收取,都必须全部交给朱光辉管理,之后再由其为组织成员统一发放"工资"、提供物质支持。因此,朱光辉显然系黑社会性质组织的组织者、领导者。本案认定的骨干成员共有5人,分别是朱文力、易三云、朱宏、刘超和陈家福,他们当中加入涉案黑社会性质组织时间最短的,也已在组织中发展了1年以上,还有些则是从组织创建之初便已跟随朱光辉。从这5人加入组织后所指挥或积极参与实施的违法犯罪活动来看,易三云、朱宏、陈家福均是"多次指挥或积极参与实施有组织的违法犯罪活动",朱文力、刘超虽未达到"多次",但二人均加入组织多年,且与易三云、朱宏、陈家福一样,都是在朱光辉的直接领导和管理下,分别负责一部分"组织事务",并各自带领和管理一伙"小弟",在组织中发挥着承上启下的重要作用。其中,朱宏负责对水厂客运站的部分线路及水厂地区一带餐馆的啤酒供应商收取"保护费";易三云、朱文力负责对水厂客运站大部分线路收取"保护费";刘超负责对水厂地区一带餐馆消毒餐具供应商收取"保护费";陈家福负责该组织的后勤保障。因此,上述5人不仅符合《2009年纪要》关于"积极参加者"的规定,也符合《2015年纪要》关于"骨干成员"的规定,一、二审法院认定上述5人为"骨干成员"是正确的。

案例:史锦钟等人组织、领导、参加黑社会性质组织案

案例来源:《刑事审判参考》总第 107 集[第 1154 号]

主题词:组织、领导、参加黑社会性质组织罪 黑社会性质组织的形成时间

一、基本案情

吉安市中级人民法院经公开审理查明:

1. 组织、领导、参加黑社会性质组织的事实

被告人史锦钟原为江西省永新县恶势力团伙头目刘文广的手下。2004 年 10 月,史锦钟伙同沈卫等人持枪伤害在永新县有名的恶势力头目夏永东,迫使夏永东离开永新县。因此事件,史锦钟名声大振,并先后网罗社会闲散人员沈卫、尹卫民、高远宇、刘海清、张江华、黄建军、尹忠华、尹友朵等人听其差遣。2006 年刘文广死后,该恶势力团伙演变为分别以史锦钟为首和以姜小伟为首的两个犯罪组织,相互之间因争霸立势而产生矛盾,互有摩擦。2006 年 6 月,史锦钟为打压姜小伟一方,指使沈卫、刘海清等成员携带枪支、刀具在永新县高桥楼镇将姜小伟手下成员龙海涛等人打伤。为此,史锦钟手下的大部分成员入狱服刑,史锦钟也于 2007 年 10 月在浙江省宁波市因犯故意伤害罪被判刑入狱。2008 年 8 月,史锦钟出狱后,继续网罗先前的组织成员,又发展了刘晓武、龙武、龚鹏、尹忠华等骨干成员。该组织通过暴力、威胁或其他手段,实施了大量的有组织犯罪活动,形成一个以永新县城为主要活动区域,以史锦钟为组织者、领导者,以尹忠华、龙武、刘晓武、龚鹏、沈卫、尹卫民、尹友朵、刘海清、高远宇为积极参加者,张江华、皮文林、刘峰、李泽明、刘东东、雷作、周江维、吕金伟、廖红旗、黄建军(另案处理)、尹志权(另案处理)为一般参与者,组织严密、层级清晰、结构稳定的黑社会性质组织。

该犯罪组织先后在江西省永新县、吉安市,利用组织的恶名和强势地位,有组织地通过暴力、威胁等手段,开设赌场、经营客运班线、插手工程,以获取非法利益。其中,仅在永新县、吉安市开设赌场便获利 300 余万元,还通过入股永新至安福等客运班线和强行夺取永新县站前西路工程获取利益。该组织在聚敛财富的同时,还通过利益纽带维系组织的生存、发展和壮大。一方面,该组织平时作案所用经费、购置作案工具(砍刀、枪支)、车辆的费用,组织成员作案后用于逃匿、摆平关系的费用,交纳取保候审保证金、支付赔偿金等费用均由组织统一支付,总计支出 20 余万元。另一方面,史锦钟通过强迫转让方式获取站前西路工程后,安排骨干成员刘晓武担任项目经理,负责工程日常建设等事宜;还将班线中的股权分配给刘晓武、龙武、尹卫明、刘峰等人,形成利益共同体;并通过给沈卫、雷作、龚鹏等人发工资、发红包、食宿全包等方式笼络组织成员。

该犯罪组织为了排除异己、聚敛钱财,使用暴力、威胁和其他手段,或者利用组织的强势地位,大肆实施有组织的违法犯罪活动。其中,故意伤害案 7 起,共造成 1 人死亡,1 人重伤,7 人轻伤;以危险方法危害公共安全案 1 起,造成 1 人重伤,2 人轻伤;开设赌场案 2 起;赌博案 2 起;非法持有枪支案 4 起;非法拘禁案 1 起;强迫交易案 2 起;窝藏案 1 起。另外,该组织还有数起寻衅滋事等违法行为。史锦钟利用该组织的势力和影响,指使或纵容组织成员寻衅滋事、冲击赌场、逼取赌债,以达到让赌客到该组织开设的赌场进行赌博的目的;使用暴力、威胁或其他手段插手工程建设,纵容组织成员插手茶麸生意,意图垄断永新县茶麸收购市场;利用组织恶名或强势地位,充当打手,随意插手他人纠纷,在永新县称霸一方,极大地破坏了当地的经济秩序和社会生活秩序,严重危害群众生命财产安全。

2. 故意伤害的事实

被告人史锦钟与姜小伟素有积怨。自 2006 年起,分别以两人为首的犯罪组织之间多有矛盾。为打压对方,提高自己威望,史锦钟多次纠集组织成员殴打姜小伟。2011 年,史锦钟以刘文飞拖欠其赌债不还为由,多次安排组织成员刘晓武、龚鹏、尹忠华等人找刘索要赌债。刘文飞因与姜小伟系亲戚,便找到姜出面帮忙。史锦钟认为是姜小伟从中作梗,多次扬言若姜小伟插手此事,就先将其“搞掉”。随后,史锦钟多次指使组织成员龙武、皮文林等人殴打姜小伟最终将其伤害致死。

二、裁判要旨

No. 6-1-294(1)-13 黑社会性质组织的形成时间在缺乏成立仪式及类似活动时,以首次实施有组织犯罪活动的时间作为起点。

《全国部分法院审理黑社会性质组织犯罪案件工作座谈会纪要》(以下简称《2015年纪要》)该文件规定:"黑社会性质组织存续的起点,可以根据涉案犯罪组织举行成立仪式或者进行类似活动的时间来认定。没有前述活动的,可以根据足以反映其初步形成核心利益或者强势地位的重大事件发布时间进行审查判断。没有明显标志性事件的,也可以根据涉案犯罪组织为维护、扩大组织势力、实力、影响、经济基础或者按照组织惯例、纪律、活动规约而首次实施有组织的犯罪活动的时间进行审查判断。"其中,"首次实施有组织犯罪活动"并非仅指实施犯罪的方式具有组织性,更重要的是看该犯罪是否为了组织利益、按照组织意志而实施,以及犯罪能否体现该组织追求非法控制的意图。认定黑社会性质组织的违法犯罪活动,并非只有那些直接体现组织利益和组织意图的违法犯罪活动才能构成,只要符合组织惯例、纪律、活动规约,或者客观上起到维护和扩大组织势力、实力、影响、经济基础作用的也可认定。

本案中,黑社会性质组织的形成、发展具有一定的代表性,经历了从恶势力团伙逐步发展为黑社会性质组织的过程。从时间上看,大致分为前后两个阶段:2004年至2006年是前一个阶段。该阶段,史锦钟依附于当地恶势力头目刘文广手下,团伙成员还有本案被害人姜小伟。在追随刘文广期间,史锦钟因私人恩怨,于2004年10月纠集沈卫等人持枪打伤另一恶势力团伙头目夏永东,迫使夏永东离开永新县,此举为史锦钟积累了个人"声望",史锦钟也借此开始组织、网罗多名社会闲散人员直接受其差遣。后一个阶段是自2006年刘文广死后直至本案案发。刘文广之死导致以其为首的恶势力团伙开始分裂,史锦钟自立门户,并居于新的犯罪组织核心。随着沈卫、尹卫民、高远宇、刘海清、刘晓武、张江华、龙武、尹忠华、尹友朵、黄建军、尹志权等人的加入,以史锦钟为首的犯罪组织势力日渐增大,追求非法控制的意图日益明显。从此时开始,史锦钟一方面积极为该组织的发展积蓄经济实力,通过有组织地开设赌场、聚众赌博谋取非法利益;另一方面为确立其所领导的犯罪组织在永新县区域内的强势地位,有目的、有计划地打压与其有竞争关系的姜小伟犯罪组织。2006年6月29日,史锦钟指使沈卫、刘海清、高远宇、尹卫民、尹忠华、黄建军及尹志权等组织成员携带枪支和刀具在永新县高桥楼镇将姜小伟团伙成员龙海涛、何俊、黄小康等人打伤。该次犯罪,史锦钟犯罪组织的成员几乎全部参加,并将姜小伟一方的数名骨干成员打伤打残,致使姜小伟犯罪组织在此后实力大为减弱。此次犯罪不仅是典型的带有"争霸"性质的有组织犯罪,而且对史锦钟犯罪组织排除竞争对手、确立非法权威产生了重要影响。虽然在司法机关的打击下,史锦钟犯罪组织大部分成员或入狱或潜逃,在一段时间内呈分散解体状态,但该组织的恶名和史锦钟的个人权威已经形成,并对之后该组织的死灰复燃起到了重要作用。2008年史锦钟刑满释放后,该组织成员又迅速聚拢到其身边,其间又发展了刘晓武、龙武、龚鹏和尹忠华等骨干成员,社会闲散人员雷作、廖红旗、刘峰、皮文林、周江维、吕金伟等纷纷加入,组织规模不断巩固和扩大。至此,该犯罪组织以暴力、威胁或其他手段,实施了大量有组织的违法犯罪活动,大肆敛财、壮大经济实力,并将所得财产部分用于违法犯罪活动和维系组织的生存发展,形成一个以永新县城为地域基础,以史锦钟为组织者、领导者,以尹忠华、龙武、刘晓武、龚鹏、沈卫、尹卫民、尹友朵、刘海清、高远宇为积极参加者,张江华、皮文林、刘峰、李泽明、刘东东、雷作、周江维、吕金伟、廖红旗、黄建军和尹志权为一般参与者,组织架构完整、层级清晰、结构稳定的黑社会性质组织。综上,2006年6月,史锦钟指使组织成员在永新县高桥楼故意伤害黄小康、龙海涛等人一案可视为该黑社会性质组织的形成起点。与之相比较,2004年10月史锦钟、沈卫等人故意伤害夏永东一案,虽然是由史锦钟与涉案黑社会性质组织成员沈卫等人共同有组织地实施,客观上也提升了史锦钟的恶名,但该起犯罪是因个人恩怨而引发,既不涉及组织利益,也无法反映追求非法控制的意图。

案例:汪振等人组织、领导、参加黑社会性质组织案

案例来源:《刑事审判参考》总第107集[第1155号]

主题词:组织、领导、参加黑社会性质组织罪 黑社会性质组织的存续时间

一、基本案情

怀化市中级人民法院经公开审理查明:1996年,被告人汪振被解除劳动教养以后,在湖南省沅陵县县城纠集被告人杨建华、李明冬、陈斌(共同作案人,已被执行死刑)和颜允海等人为非作恶,成为当地的一伙恶势力。1997年5月7日,汪振伙同杨建华、李明冬、陈斌和颜允海(另案处理)等人在沅陵县沅陵镇好吃街巷口将另一恶势力团伙成员陈辉砍成重伤后,汪振负案潜逃至广东省深圳市。1998年年初,汪振为了控制深圳至沅陵的长途客运市场以牟取暴利,纠集和网罗了郑开华、陈斌、颜允海、廖建、张中华、刘福生、杨军(后4人均另案处理)等人,通过违法犯罪活动夺取车站的经营权,获取经济利益,严重破坏了深圳至沅陵的长途客运秩序,初步形成以汪振为组织者、领导者,郑开华、陈斌、颜允海、廖建、张中华、刘福生、杨军等人为积极参加者的黑社会性质组织。1999年10月,汪振在深圳因抗拒公安机关的抓捕,被民警开枪击伤,致使双下肢瘫痪。此后,汪振在田继安等人的陪护下在深圳疗伤。2005年下半年,汪振返回沅陵县。为了重新确立其在沅陵社会上的地位,汪振纠集田继安、陈斌、廖建、杨建华等人,同时网罗胡先亮、宋志辉、刘安、粟建华、宋祖勤、刘双华、杨道君、杨伟君、瞿占生、李文武、糜永刚(后3人均另案处理)等刑满释放人员和社会闲杂人员,由汪振将上述成员分为贩卖毒品和充当打手两部分,规定两部分成员之间不准接触,分开居住,统一开餐,违法犯罪所得由汪振统一管理和分配,充当打手的成员不准吸毒。2007年10月,胡先亮、宋祖勤、刘双华、杨道君、杨伟君、廖建、瞿占生、李文武、糜永刚因贩卖毒品罪被判处刑罚。2007年12月,杨建华、宋志辉、刘安因聚众斗殴罪被判处刑罚。之后,陈斌因故意杀人罪被执行死刑。汪振为了发展自己的势力,又纠集李明冬和郑开华,并吸纳徐立忠、李登红、谢伟、马继杨、丁雪松、陆启典、张园园、杨世刚、张松国、姚素英、钟海军、宋仪岸、宋文智、赵儒军等人为成员。其中,李登红负责管理钟海军、宋仪岸、宋文智、张晓宇(另案处理)等人,谢伟负责管理瞿伟权、张朝林、向杰(均另案处理)等人,马继杨负责管理梁帅(外号"福宝",另案处理)、马军(外号"胖子",另案处理)等人,张园园、杨世刚、张松国负责管理赵儒军和张海、宋明(均另案处理)等人。汪振通过对骨干成员的控制来达到对整个组织的控制,李登红、谢伟、马继杨、张园园、杨世刚、张松国带领各自管理的成员,集中住宿,统一开餐,形成不许吸毒、不许到汪振开设的赌场内赌博等规矩。

汪振黑社会性质组织在形成和发展壮大过程中,为谋取经济利益,打击竞争对手,争夺地盘,大肆进行违法犯罪活动,有组织地实施故意杀人、故意伤害、聚众斗殴、寻衅滋事、贩卖毒品等犯罪,致1人死亡、1人重伤、4人轻伤、2人轻微伤,严重破坏了当地的社会秩序和经济秩序,造成极其恶劣的社会影响。

二、裁判要旨

No. 6-1-294(1)-14 黑社会性质组织形成之后在相当长一段时间里没有实施违法犯罪活动,组织成员也有明显更替,但前后两个阶段在核心成员、非法影响等方面具有延续性,应认定该黑社会性质组织在"较长时期内持续存在"。

黑社会性质组织应当是在较长时期内持续存在的犯罪组织。判断犯罪组织是否在"较长时期内持续存在",主要涉及两方面问题:一是"较长时期"从何时起算、需要持续多久;二是"持续存在"应当如何认定。关于第一个问题,2015年《全国部分法院审理黑社会性质组织犯罪案件工作座谈会纪要》(以下简称《2015年纪要》)已有比较明确的规定,司法实践中遵照执行即可;关于第二个问题,在确定犯罪组织的形成起点后,只要该犯罪组织以组织名义、为组织利益连续多次实施违法犯罪活动的,就可以认定犯罪组织持续存在。判断黑社会性质组织是否持续存在,应当着重审查组织者、领导者、骨干成员等组织的核心成员是否具有延续性,以及组织的非法影响是否具有延续性。组织的核心成员具有延续性,说明犯罪组织的基本构成是稳定的;非法影响具有延续性,说明犯罪组织的行为方式和犯罪宗旨未发生根本变化。需要说明的是,对

于《刑法》第二百九十四条第五款第一项中的“骨干成员基本固定”,不能理解为骨干成员不变或基本不变。只要不是时聚时散或者频繁地大面积更换,就可以视为“骨干成员基本固定”。正因如此,在判断组织核心成员的延续性时,也并不要求骨干成员全部或者大部分保持不变。

本案的特殊性在于汪振黑社会性质组织形成后所实施的违法犯罪活动,时间上存在中断,空间上存在跨地域的情况。该黑社会性质组织的违法犯罪活动从时间上看分为两个阶段:前一阶段为1998年至1999年,汪振负案潜逃至深圳,带领组织成员夺取、控制深圳至沅陵长途客运市场。后一阶段为2005年至2010年,汪振重返沅陵县,重新聚合原有成员并不断网罗新的成员,在当地实施敲诈勒索、开设赌场、贩卖“六合彩”码书和贩卖毒品等犯罪活动。而在两个阶段之间,即1999年至2005年间,因汪振受伤致该组织停止实施犯罪活动达5年之久,而两个阶段的组织成员也发生较大变化。

虽然汪振黑社会性质组织在长达5年的时间里没有实施违法犯罪活动,组织成员也有明显更替,但前后两个阶段在核心成员、非法影响等方面具有延续性,应认定该黑社会性质组织在“较长时期内持续存在”。主要理由是:其一,组织者、领导者具有延续性。汪振在前后两个阶段中均居于组织者、领导者地位,对于犯罪组织的存在、运行都起到了不可替代的核心作用。其二,组织成员具有延续性。2005年汪振回到沅陵后重新聚集的人员,包括前一阶段在深圳所带的骨干成员陈斌、郑开华、颜允海等人,汪振通过对这些骨干成员的继续控制,实现了对整个犯罪组织的继续控制。更为重要的是,即使是在汪振因拒捕被击伤而停止实施犯罪的5年间,组织成员郑开华、田继安等人仍然追随在汪振身边,虽未实施违法犯罪活动,但仍听从汪振指挥并照顾汪振起居,说明该组织并未真正地分崩离析,始终保持着一定的人员构成。其三,非法影响具有延续性。汪振黑社会性质组织在前一阶段实施犯罪的地点主要是在深圳市,汪振等人使用暴力、威胁手段,控制了深圳市运营相关客运线路的4个车站中的3个,对深圳至沅陵的长途客运市场形成重大影响。由于被该犯罪组织残害的对象主要是沅陵籍群众,故相关犯罪活动所造成的非法影响已经波及沅陵,甚至主要体现在沅陵,汪振黑社会性质组织在沅陵树立了恶名。在后一阶段中,汪振重返沅陵,之所以能够于短时间内迅速纠集和吸纳一大批刑满释放人员、社会闲杂人员,也与该组织之前在深圳的所作所为及其形成的非法影响具有直接关联。汪振黑社会性质组织在深圳是以控制长途客运市场为其核心利益,返回沅陵后则以贩卖毒品、开设赌场及地下“六合彩”等为其主要经济来源。虽然其染指的领域发生明显变化,但其以暴力、威胁为主要手段,有组织地实施违法犯罪活动的行为方式没有变,追求非法控制并借此攫取经济利益的总体犯罪意图没有变,由此造成的非法影响与前一阶段具有延续性和一致性。因此,本案中并不存在前后两个不同的犯罪组织,认定汪振黑社会性质组织在较长时期内持续存在发展是正确的。

案例:焦海涛等人寻衅滋事案

案例来源:《刑事审判参考》总第107集[1156号]

主题词:组织、领导、参加黑社会性质组织罪　非法控制

一、基本案情

河南省西平县人民法院经公开审理查明:

1. 2011年9月,被告人焦海涛在中央花园项目部副总刘家梁的授意下,安排陈小四带领张勇及薛富堂到西平县焦家胡同拆迁户焦灿中家采用言语威胁进行谈判,未果后,张克南带领李宝争、彭华伟、张松果、杨保会、王亚磊、“魏蛋”等人采用长时间坐在焦灿中家不走,辱骂、威胁并砸烂家中门窗玻璃、三轮摩托、水泵等物品的方式强迫拆迁。在焦灿中一次坐车外出时,陈小四带人把焦灿中拦下,将其挟持到县委招待所楼下,强迫搬迁并进行威胁,焦灿中迫于无奈到项目部签订拆迁协议。

2. 2011年8月至9月,被告人焦海涛在刘家梁的授意下,安排陈小四带领张勇、薛富堂去拆迁户孙克峰家采用言语威胁进行拆迁谈判,未果后,张克南带领彭华伟、李宝争、孙科、赵建阳等人采用言语威胁、长时间坐在家里不走、辱骂、砸门窗玻璃、夜晚往院里扔砖头等方式强迫其搬

迁;后陈小四等人趁孙克峰家中无人时,在刘家梁的指使下派人将孙克峰家的大门、住房二层及南边配房扒倒,致使孙克峰家中的洗衣机、空调等物品全部砸毁。2012年2月,张克南带领于镇源、李宝争、彭华伟、孙科、李普、李云涛等人对孙克峰及其妻子宋玲霞进行辱骂和殴打,强迫其搬迁。

3. 2011年9月,被告人焦海涛在刘家梁的授意下,安排陈小四带领张勇、薛富堂先到拆迁户唐美妮家,后又到唐美妮位于西平县人民医院东边的室内装饰店内采用言语威胁进行拆迁谈判;未果后,陈小四带领张克南、李宝争、张勇、薛富堂等人长时间坐在唐美妮店内不走,跟踪、辱骂唐美妮,并将唐美妮店内的顾客赶走。谈判过程中,李宝争曾打了唐美妮的左脸一拳,陈小四将其屋内的饭桌掀翻。某日,唐美妮在西平县柏城商场家具城办事时,张克南等人将唐美妮带到中央花园项目部,对唐美妮进行殴打,后将其拉到项目部门外再次进行殴打。唐美妮最终迫于无奈签订了拆迁协议。

4. 2011年10月,被告人焦海涛安排陈小四带领张勇、薛富堂到拆迁户赵喜民家采用言语威胁进行拆迁谈判,未果后,张克南等人到赵喜民家采用坐在家中长时间不走、辱骂、堵门等手段施压。2012年2月至3月间,张克南又带领董克龙、张华军等人将赵喜民家的窗户玻璃全部砸烂,并在晚上往其家扔鞭炮。赵喜民迫于无奈签订了拆迁协议。

5. 2011年年底,被告人焦海涛在刘家梁的授意下,安排陈小四带领张勇、薛富堂等人到拆迁户李桂吾家采用言语威胁进行拆迁谈判,未果后,陈小四带领张克南、彭华伟、李宝争、王培坤、王军威、李普、李云涛、于镇源、董克龙等人采用坐在家中长时间不走、辱骂李桂吾及其妻子王桂荣、晚上在李家门口放鞭炮等方式向李桂吾施压。某日,王桂荣带其子李纯阳外出办事,陈小四先是进行辱骂,后张克南、王军威和另外两名组织成员追上王桂荣,站在胡同口不让人进入,对王桂荣进行两次殴打。后李桂吾迫于无奈签订了拆迁协议。

6. 2012年4月,被告人焦海涛在刘家梁的授意下,安排陈小四带领李海江等人到拆迁户夏满红家采用言语威胁进行拆迁谈判,未果后,张克南带领于镇源、李普、李云涛、“魏蛋”等人长时间坐在夏满红家不走,陈小四指使张克南、李普、李云涛、于镇源等人以打砸夏满红家的玻璃门窗并在院里放鞭炮等方式迫使夏满红签订协议。李海江与祁玉戏(夏满红的母亲,71岁)发生争执后,李海江打电话喊来陈小四、张克南、于镇源、李普、李云涛等人对夏满红、祁玉戏、张云玲(夏满红的妻子)、夏子浩(夏满红的儿子,15岁)进行殴打。夏满红迫于无奈签订了拆迁协议。

二、裁判要旨

No. 6-1-294(1)-15 涉案犯罪组织触犯的具体罪名明显偏少,不具有黑社会性质组织的非法控制特征,不构成黑社会性质组织,而属于专门从事某一两种犯罪的犯罪集团。

黑社会性质组织与犯罪集团、恶势力团伙最为显著的区别就在于,黑社会性质组织实施违法犯罪活动的目标不仅是攫取经济利益,同时也追求对经济、生活秩序的非法控制,之后再通过由其掌控的非法秩序来实现经济利益的最大化。也就是说,是否追求非法控制是区分黑社会性质组织与犯罪集团、恶势力团伙的关键标尺。审判时,对于黑社会性质组织的四个特征不能简单套用,而是应以非法控制为核心,将四个特征作为一个有机整体来判断。黑社会性质组织并不是单纯为实施违法犯罪而存在,违法犯罪只是服务于非法控制目的的手段,违法犯罪的性质、次数、严重程度也都是由实现非法控制的需要所决定。2015年《全国部分法院审理黑社会性质组织犯罪案件工作座谈会纪要》(以下简称《2015年纪要》)关于犯罪“多样性”的要求,反映了非法控制的内在要求,并不超出法律规定的本意与合理解释的范畴。如果涉案犯罪组织触犯的具体罪名明显偏少,则要考虑其是否属于专门从事某一两种犯罪的犯罪集团,而非黑社会性质组织。

本案中,公诉机关指控以焦海涛为首的犯罪组织构成组织、领导、参加黑社会性质组织罪,但指控的具体犯罪事实中仅涉及寻衅滋事罪一个罪名。指控的20起犯罪事实中,有12起是该组织实施的有组织犯罪,包括11起暴力拆迁引发的寻衅滋事和1起因焦海涛为承揽工程而实施的寻衅滋事。指控的犯罪行为虽然在次数、手段上符合“以暴力、威胁或者其他手段,有组织地多次进行违法犯罪活动”的特征,但应当看到,焦海涛等人是因为中央花园项目才聚集在一起,但他们并不是依靠非法手段获得该项目征地拆迁业务,而是受项目部雇用从事暴力拆迁活动。除了中央花园项目,焦海涛等人并未染指其他拆迁工程,这些因素决定了他们的犯罪对象和犯罪手段具有特定性,只需要采用暴力、威胁、滋扰手段迫使项目征地范围内的住户尽快签订拆迁协议即可,不需要实施其他更多性质不同的犯罪来制定西平县拆迁行业的从业规则或者影响当地与征地拆迁无关的居民的生产、生活秩序。这一点,也可以反过来证明焦海涛等人只是依附于中央花园项目,通过配合征地拆迁牟利。截至被公安机关查处之时,其既没有对当地经济、社会生活进行非法控制的意图,也没有以非法控制为目的实施相应的违法犯罪活动,实际上并不具有真正意义上的黑社会性质组织的行为特征。

案例:符青友等人敲诈勒索,强迫交易,故意销毁会计账簿,对公司、企业人员行贿,行贿案

案例来源:《刑事审判参考》总第 107 集[第 1157 号]

主题词:组织、领导、参加黑社会性质组织罪　暴力性

一、基本案情

宣城市中级人民法院经审理查明:

2003 年,旌德县人民政府对旌阳镇北门旧城区进行改造,被告人符青友等人成为失地农民。2004 年,旌德县县城北门街区改造建设指挥部在旌北改〔2004〕3 号会议纪要中要求在价格、质量、服务效果同等的情况下,由所在地村级劳务组织优先承揽劳务。

2003 年年底,符青友、汪利群、刘道财合伙购买了一台挖掘机,在北门范围内承揽土方工程。为便于承接工程和解决纠纷,三人邀请了旌德县旌阳镇新光村(2005 年并入北门社区)书记冯德田隐名合伙,以“三友公司”(当时未注册)名义承揽工程。2004 年年初,符青友、汪利群、刘道财以土地被征用,需要寻找生活出路为由,向旌德县政府提出申请,要求以“三友公司”的名义承包北门旧城改造中的各项劳务,得到“在同等条件下优先安排”的批示。2006 年 3 月,符青友、汪利群、刘道财注册成立了三友公司,符青友任法定代表人,全面负责公司经营及重要事项的决策;汪利群负责该公司财务;刘道财负责工程施工。其间,符青友、汪利群、刘道财三人利用旌德县北门旧城区改造之机,为强揽工程,共同实施强迫交易、敲诈勒索等犯罪而组成较为固定的犯罪组织,并以三友公司为依托,大肆实施强迫交易,敲诈勒索,抽逃出资,故意销毁会计账簿,对公司、企业人员行贿,行贿等行为,对旌德县城北门范围内的土方工程形成较大影响。自 2003 年至案发,该犯罪组织在北门土方工程中非法获利 1067721. 36 元,上述非法获利已作为三友公司利润在股东间按出资比例分配。

2002 年 3 月,为加强城区建筑劳务市场管理工作,旌阳镇原新光村成立了新光村劳务市场管理领导组,所辖的北门、老伍、窑上等村民组分别成立劳务队,从事建筑工地运输业务。其中,北门劳务队由吕宽仂任队长,成员主要是北门村民组有运输机械的农民。2007 年 10 月,符青友出面将北门村民组范围内的建筑劳务一次性“买断”,吸收吕宽仂、符青红、谢观宏、黄国有、王文宾、张国庆等 18 户入股参加,形成买断后的北门劳务组。符青友等人为强揽沙石、红砖供应及运输劳务,以买断后的北门劳务组为依托,为共同实施强迫交易、敲诈勒索犯罪而组成较为固定的犯罪组织,对北门村民组所辖范围内在建工程的砂石、红砖供应及运输劳务形成较大影响。2008 年,该组织吸收符腊美加入,并买断和平、老伍村民组在旌阳镇中易文锦苑二期建设工程中的劳务。2010 年 6 月,该组织吸收汪利群加入,买断窑上、汪家村民组在旌阳镇中易文锦苑三期建设工程中的劳务。该组织自 2007 起至案发,通过多次实施强迫交易、敲诈勒索等行为,对北门村民组所辖范围及被买断劳务的在建工程中沙石、红砖等建筑材料供应及运输劳务产生一定控制。符青友等人将通过强迫交易手段高价获得的沙石供应交由其他人承揽,从中获取巨额利润,在砂石供应方面非法获利 1927023. 54 元;通过敲诈勒索手段获取补偿款 303660 元。该组织将上述非法获利在成员间平均分配,已查明的分红金额达 210 万元。

以符青友为首要分子的两个犯罪组织除单独实施上述行为外,还在旌阳镇解放北路等部分工程建设上,为了各自利益,相互帮衬,共同实施强迫交易、敲诈勒索犯罪行为,强揽土方工程和劳务。

二、裁判要旨

No. 6-1-294(1)-16 涉案犯罪组织行为方式的暴力性不明显,不宜认定为黑社会性质组织。

2009年最高人民法院、最高人民检察院、公安部《办理黑社会性质组织犯罪案件座谈会纪要》(以下简称《2009年纪要》)指出,暴力性、胁迫性和有组织性是黑社会性质组织行为方式的主要特征,而“其他手段”主要包括以暴力、威胁为基础,在利用组织势力和影响力对他人形成心理强制和威慑的情况下,进行所谓的“谈判”“协商”“调解”,滋扰、哄闹、聚众等其他干扰、破坏正常经济、社会生活秩序的非暴力手段。可见暴力性是黑社会性质组织行为特征中的必备属性,即便是黑社会性质组织的非暴力行为,也往往是以暴力或以暴力威胁为后盾的。2015年《全国部分法院审理黑社会性质组织犯罪案件工作座谈会纪要》(以下简称《2015年纪要》)明确指出,在黑社会性质组织所实施的违法犯罪活动中,一般应有一部分能够较明显地体现出暴力或以暴力相威胁的基本特征。黑社会性质组织之所以能够实现对人民群众的心理强制或威慑,并进而实现非法控制,依靠的正是暴力血腥的违法犯罪手段。黑社会性质组织并不排斥非暴力性犯罪,甚至当其发展到一定阶段后会以非暴力性的违法犯罪为主要活动,但这并不是说黑社会性质组织会自动放弃使用暴力手段,更不是说在黑社会性质组织发展过程中可以没有明显的暴力性违法犯罪活动。不管黑社会性质组织违法犯罪手段如何变化,暴力或者以暴力相威胁的基本特点都是不会改变的。

本案中,三友公司与北门劳务组采用的都是参与者平等出资、利润平均分配的经营模式。三友公司和北门劳务组的人员虽都服从符青友的管理,组织成员较多,但其层级不清晰,组织体系不明显。三友公司和北门劳务组在经济方面具有“遇事共同筹资、获利坐地分赃”的特点,与黑社会性质组织有组织地攫取经济利益并有组织地将经济利益用于自我发展是迥然有别的。其不符合黑社会性质组织所要求的组织特征与经济特征。

符青友等人利用三友公司和北门劳务组有组织地在旌德县城北门建设工地上承揽土方工程或沙石材料供应业务,并多次实施强迫交易、敲诈勒索犯罪。仅从触犯的罪名、犯罪的次数以及非法获利数额等方面来看,其行为基本符合黑社会性质组织行为特征中的有组织性、违法性和危害严重性等特点。但符青友等人实施强迫交易、敲诈勒索犯罪的手段的暴力色彩极为微弱,既没有带领组织成员实施打打杀杀的行为,也不是通过暴力在旌德县城对人民群众形成事实上的心理威慑。符青友等人在承揽土方工程或砂石材料供应业务过程中,大多数是以“当地事由当地人做”、政府批复“同等条件下优先安排劳务”等为理由,与开发商、承建商进行“谈判”“协商”承揽工程,而这些“谈判”“协商”并不是以暴力为基础。在少数项目中,符青友等人以自己是失地农民要生活、“工程在谁地皮上劳务由谁做”为理由,采取到工地堵门、堵路、不让施工等手段强揽土方工程或砂石供应,没有直接对开发商、承建商或其他提供劳务者使用暴力或以暴力相威胁。开发商、承建商之所以妥协退让,也不是基于对暴力或者以暴力相威胁的恐惧,而是为了避免因符青友等人的滋扰导致工程拖延。与其说开发商、承建商的心理受到强制,不如说是不胜其烦。因此,本案在行为特征方面,与黑社会性质组织应有的行为方式存在明显区别。

案例:刘汉等人组织、领导、参加黑社会性质组织案

案例来源:《刑事审判参考》总第107集[第1158号]

主题词:组织、领导、参加黑社会性质组织罪　组织领导者的责任认定

一、基本案情

咸宁市中级人民法院经审理查明:

1. 组织、领导、参加黑社会性质组织的事实

1993年,被告人刘汉在四川省广汉市开办圣罗兰游戏机厅,从事赌博活动,由其哥哥刘坤(曾用名刘建,另案处理)管理。此后,刘汉与孙晓东(另案处理)在四川省绵阳市合伙成立绵阳市平原建材公司,通过经营建筑材料、从事期货交易等业务,逐渐积累经济实力,并于1997年3月在绵阳市成立被告单位四川汉龙(集团)有限公司(以下简称"汉龙集团"),后又安排被告人刘小平(刘汉的姐姐)管理公司财务。同年4月,汉龙集团成立绵阳小岛建设开发有限公司,在绵阳市游仙区小岛开发房地产,招募被告人唐先兵、仇德峰等组建保安队。保安队多次对当地村民使用暴力,强行推进工程建设,唐先兵等人将村民熊伟杀死。其间,被告人孙华君(孙晓东的哥哥)经营典当行,网罗被告人缪军、李波、车大勇、刘岗等人在广汉市、绵阳市发展黑恶势力。孙华君为刘汉、孙晓东发展经济实力提供武力保护,将缪军、车大勇、刘岗派到刘汉、孙晓东开办的经济实体工作,在刘汉、孙晓东的指使下组织唐先兵等人枪杀了对汉龙集团产生威胁的王永成。

与此同时,以刘维(刘汉的弟弟,另案被告人)为首的黑恶势力在被告人刘汉的资助下不断发展、壮大。1994年9月,刘维因妨害公务被取保候审后回到广汉市。刘汉将圣罗兰游戏机厅交给刘维经营,出资为刘维开办餐饮、娱乐场所。刘维积累了一定经济实力后,逐步发展手下成员,将广汉市有名的"操哥"(混社会的人)陈富伟的小弟曾建军(另案被告人)、张顺(另案处理)收归名下,还将陈力铭、旷晓燕、文香灼、旷小坪(均系另案被告人)等人发展为小弟。曾建军、陈力铭、旷晓燕、文香灼、旷小坪等人亦各自发展手下成员。刘维安排曾建军等人在赌博游戏机厅"看场子"、收取"保护费",枪杀了与其争夺势力范围的"操哥"周政,逐步垄断了广汉市赌博游戏机行业。刘维还成立广汉市乙源实业发展有限公司等经济实体大肆敛财,结交四川省什邡市人民检察院原副检察长刘忠伟、四川省德阳市公安局刑侦支队原政委刘学军、德阳市公安局装备财务处原处长吕斌(均系另案被告人)等人充当其保护伞,将广汉市音豪娱乐会所作为组织集会场所。刘维还为刘汉、孙晓东聚敛钱财、排除异己提供暴力支持,多次派手下携带枪支保护刘汉,为刘汉、孙晓东等人杀害王永成、策划杀害史俊泉提供枪支,并策划枪杀了对刘家产生威胁的陈富伟。

随着经济实力的增强,被告人刘汉与孙晓东于2000年将汉龙集团总部迁至四川省成都市。刘汉、孙晓东通过"政商结合",不仅成为四川省知名的民营企业家,还分别获得四川省政协常委、绵阳市人大代表等身份,并利用政治地位和结交的关系多次对刘维、孙华君等人的违法犯罪活动提供庇护。

被告人刘汉与刘维、孙晓东、孙华君以兄弟亲情、合作经营为纽带,以汉龙集团等经济实体为依托,相互支持、相互融合,逐步形成了以刘汉、刘维、孙晓东为组织者、领导者,被告人唐先兵、孙华君、缪军、曾建军、文香灼、旷小坪、陈力铭、旷晓燕和詹军(另案被告人)等人为骨干成员,被告人刘岗、李波、车大勇、仇德峰、刘小平、肖永红和张东华、田先伟、张伟、袁绍林、曾建、桓立柱、孙长兵、闵杰、李君国、钟昌华、黄谋、王雷、王万洪、刘光辉(均系另案被告人)等人为其他参加者的较稳定的犯罪组织。刘汉负责决策和指挥整个组织的运转;孙晓东负责执行刘汉指示及汉龙集团日常经营管理;刘维负责为组织打击、铲除对手,谋取非法利益,树立非法权威。

该犯罪组织崇尚暴力,从武术学校、退伍军人中招募多名保安、保镖,吸纳刑满释放人员和社会闲散人员,购置刀具、警械,非法买卖、持有大量枪支、弹药,为实施暴力犯罪提供保障。该犯罪组织宣扬"为公司利益要敢打敢冲,出了事公司会负责""要是公司遇到事了,打架要打赢,要勇敢一点""表现好的有重用,不好的被开除""'哥佬倌'带小弟,小弟服从'哥佬倌'指挥"等不成文的规约和纪律,纵容成员为组织利益实施违法犯罪活动,并通过奖励、提拔为组织利益"敢打敢冲"的成员和开除少数违反组织纪律的成员,不断强化组织纪律和规约,树立组织者、领导者权威。

该犯罪组织不仅通过有组织地实施开设赌场、敲诈勒索等违法犯罪活动敛财,壮大经济实

力,还分别依托汉龙集团、乙源实业发展有限公司等经济实体的经营活动攫取巨额经济利益,具有强大的经济实力。为了扩充经济实力、维护组织利益,被告人刘汉和刘维、孙晓东等人以暴力为后盾,利用黑恶势力排挤、打击竞争对手,铲除障碍,"以黑护商"。该组织还"以商养黑",将所获收益部分用于支持组织成员实施违法犯罪活动,购买枪支、弹药、刀具和车辆等作案工具,提升组织犯罪能力,增强组织威慑力;组织手下成员聚会、娱乐、吸毒等,为组织成员发放工资、奖金,购买房屋、车辆,偿还赌债,提供逃跑、赔偿费用;收买国家工作人员,为组织实施违法犯罪活动提供庇护。

该犯罪组织为树立其非法权威,维护其非法利益,为非作恶,欺压、残害群众,有组织地实施了故意杀人,故意伤害,非法拘禁,非法买卖枪支,非法持有枪支、弹药,敲诈勒索,故意毁坏财物,妨害公务,寻衅滋事,开设赌场,窝藏等数十起犯罪活动以及随意殴打他人、聚众赌博、串通拍卖等 11 起违法行为,共造成 8 人死亡、多人受伤等极其严重的危害后果。该组织通过实施违法犯罪活动及利用国家工作人员的包庇和纵容,称霸一方,在广汉市、绵阳市、什邡市等地形成重大影响,并对广汉市的赌博游戏机行业形成非法控制,严重破坏了上述地区的经济和社会生活秩序。

2. 故意杀人的事实

(1)1997 年 4 月,汉龙集团成立小岛公司,开发四川省绵阳市游仙区小岛。工程开发过程中,小岛公司多次与当地村民发生冲突。在 1998 年 3 月至 4 月间的一次冲突中,被告人唐先兵(小岛公司保安)被村民熊伟(男,绰号熊三娃,殁年 22 岁)打伤。唐先兵起意报复熊伟,并请同为该公司保安的被告人仇德峰等人帮忙。1998 年 8 月 13 日 23 时许,唐先兵从仇德峰处得知熊伟行踪后,携带水果刀赶到绵阳市凯旋酒廊。仇德峰向唐先兵指认了熊伟所在位置,唐先兵走进酒廊,持刀朝熊伟右胸部连扎两刀后跑出酒廊,乘坐仇德峰事先租好的出租车逃离现场。熊伟被他人送往医院经抢救无效死亡。经法医鉴定,被害人熊伟系外伤性心脏破裂死亡。时任汉龙集团娱乐有限公司经理的被告人肖永红得知情况后,当即向孙晓东汇报,并分别安排唐先兵、仇德峰到广汉躲藏,为二人提供生活费,仇德峰工资照发。后仇德峰回到绵阳,汉龙集团将其从小岛公司保安队调至工程部开车,工资待遇提高。

(2)1999 年年初,被害人王永成(男,殁年 29 岁)的朋友李小东因琐事被汉龙集团员工何均等人砍伤,王永成扬言要炸毁汉龙集团办公场所、保龄球馆及汉龙集团总经理孙晓东乘坐的车辆。孙晓东得知该消息后,即向被告人刘汉作了汇报,刘汉指使孙晓东找人"做掉"王永成。孙晓东向被告人孙华君、缪军传达了刘汉要教训王永成的指示。孙华君安排黄强、杨建伟(均另案处理)打探王永成行踪,提供桑塔纳轿车用于作案。刘维应孙晓东的要求,安排其司机罗廷刚(另案处理)将 2 支手枪、1 支滑膛枪送交缪军。缪军安排被告人车大勇开车,将枪支分发给被告人唐先兵、刘岗、李波,组织唐先兵等人试枪并在汉龙集团职工宿舍集中住宿。同年 2 月 13 日晚,黄强、杨建伟在绵阳市凯旋酒廊发现王永成,随即联系缪军。缪军安排车大勇驾驶桑塔纳轿车载唐先兵、刘岗、李波前往,其随后赶到。在凯旋酒廊门口,黄强向缪军等人指认了王永成,缪军先行离开。唐先兵、刘岗各持手枪在凯旋酒廊门口守候,李波持滑膛枪在附近警戒,当王永成走出凯旋酒廊时,唐先兵朝王连开两枪,将王击倒在地。刘岗亦开枪,但因枪支故障未能击发。随后,车大勇驾车接应唐先兵等人逃离现场。王永成因被枪弹击伤致外伤性心脏破裂、双肺裂创,经抢救无效死亡。

事后,当地公安机关根据相关线索怀疑孙华君、缪军等人涉嫌犯罪,对其进行抓捕。缪军、车大勇将作案所用桑塔纳轿车销毁。孙晓东将王永成已被杀死以及公安机关抓捕情况向被告人刘汉作了汇报,刘汉当即安排孙华君等人到深圳市佳宁娜广场小区躲藏。经刘汉同意,孙晓东在孙华君、缪军逃匿期间从汉龙集团的资产中给予孙华君、缪军共计 100 余万元,为唐先兵、刘岗、缪军长期发放工资直至该三人归案,还提供凯迪拉克轿车和奥迪 A8 轿车给孙华君使用。

(其他犯罪事实略)

二、裁判要旨

No. 6-1-294(1)-17 黑社会性质组织的组织者、领导者对于并非由自己直接组织、策划、指挥、参与但与组织意志和组织利益有关的违法犯罪活动,仍应承担责任。

2009年下发的最高人民法院、最高人民检察院、公安部《办理黑社会性质组织犯罪案件座谈会纪要》(以下简称《2009年纪要》)对黑社会性质组织违法犯罪与组织成员个人违法犯罪进行了区分,列举了属于黑社会性质组织违法犯罪活动的五种情形,其中四种情形属于并非由组织者、领导者直接组织、策划、指挥、参与的违法犯罪,即"由组织成员以组织名义实施,并得到组织者、领导者认可或者默许的违法犯罪活动;多名组织成员为逞强争霸、插手纠纷、报复他人、替人行凶、非法敛财而共同实施,并得到组织者、领导者认可或者默许的违法犯罪活动;组织成员为组织争夺势力范围、排除竞争对手、确立强势地位、谋取经济利益、维护非法权威或者按照组织的纪律、惯例、共同遵守的约定而实施违法犯罪活动……"上述情形下,虽然并非由组织者、领导者直接组织、策划、指挥、参与实施,但应认定为组织的违法犯罪,即意味着组织者、领导者要承担相应的罪责。2015年最高人民法院印发的《全国部分法院审理黑社会性质组织犯罪案件工作座谈会纪要》进一步强调"属于2009年《座谈会纪要》规定的五种情形之一的,一般应当认定为黑社会性质组织实施的违法犯罪活动,但确与维护和扩大组织势力、实力、影响、经济基础无任何关联,亦不是按照组织惯例、纪律、活动规约而实施,则应作为组织成员个人的违法犯罪活动处理"。

故意杀害熊伟的犯罪虽然表面上看似是因组织成员与被害人的个人恩怨而引发,但实际上与维护组织利益密切相关,符合组织的纪律、惯例和共同遵守的约定,属于比较典型的组织犯罪。被告人刘汉崇尚暴力,汉龙集团从武术学校、退伍军人中招募多名保安、保镖,吸纳在逃犯罪嫌疑人、刑满释放人员和社会闲散人员,大量购置枪支、弹药、刀具、警械,为实施暴力犯罪提供保障。该犯罪组织宣扬"为公司利益要敢打敢冲""打架要打赢""表现好的有重用,不好的被开除"等不成文的规约和纪律,纵容组织成员为组织利益实施违法犯罪活动。不仅如此,该犯罪组织还通过奖励、提拔为组织利益"敢打敢冲"的成员和开除少数违反组织纪律的成员,不断强化组织纪律和规约,对组织成员的行为产生导向作用。

No. 6-1-294(1)-18 黑社会性质组织的组织者、领导者对于并非由自己直接组织、策划、指挥、参与的犯罪一般不承担最重的责任;对由其直接组织、策划、指挥、参与实施的犯罪,一般应承担最重的刑事责任。

组织者、领导者对黑社会性质组织所犯的全部罪行承担刑事责任,并不意味着组织者、领导者在具体犯罪中承担最重罪责,而要根据其在具体犯罪中的地位和作用来确定罪责。如果组织者、领导者不仅提出犯意,而且具体策划、组织、指挥,或者直接参与实施犯罪的,当然应认定为罪责最为严重的主犯。但是,如果组织者、领导者没有针对具体犯罪进行策划、组织、指挥以及参与实施,只是提出犯意后交由组织成员负责实施,也并不能就此认为组织者、领导者不是罪责最为严重的主犯,还应当结合具体案情进行分析。这是因为,黑社会性质组织犯罪不同于一般共同犯罪、团伙犯罪,组织者、领导者与组织成员的联系更加紧密,具有领导与被领导、管理与被管理的关系,犯罪的组织化程度也更高,分工更明确,隐蔽性更强。基于这些特点,组织者、领导者往往只需要躲在幕后发号施令即可,不必策划、组织、指挥具体的违法犯罪活动,参与实施的情况就更少。实践中,组织者、领导者一旦发出指示,组织成员都会不遗余力地执行,如果简单套用上述意见,无疑会给黑社会性质组织的组织者、领导者逃避处罚以可乘之机。

刘汉、刘维组织、领导黑社会性质组织案中,该组织实施的杀害周政、王永成、陈富伟等三起故意杀人犯罪,均由组织者、领导者提起犯意,骨干成员组织实施,其他组织成员具体执行,是自上而下层层安排;组织者、领导者或骨干成员事先准备枪支、车辆等作案工具,对作案人员进行分工,作案后安排作案人员逃避法律追究,充分反映出该犯罪组织有很强的犯罪能力,实施违法犯罪活动时的组织性很强。在故意杀害王永成的犯罪中,被告人刘汉虽然并未就如何作案等问题进行具体的策划、安排,更未直接参与实施犯罪,但该犯罪组织另一组织者、领导者孙晓东的供述证明,刘汉指使其找几个人把王永成"做掉"。组织成员孙华君的供述也证明,其和缪军这样"操社会"的人都明白刘汉的意思是要杀掉王永成。因此,刘汉在该起犯罪中并非仅是笼统地提出犯意,其对组织成员的指示较为明确。而且,刘汉在案发后安排孙华君、缪军等人藏匿,并提供资助,符合该犯罪组织实施违法犯罪活动的一贯分工和做法,凸显出刘汉在该起犯罪中发挥着"幕后总指挥"的作用,应当认定为该起故意杀人犯罪中罪责最为严重的主犯。

案例:王云娜等人故意伤害、寻衅滋事、非法拘禁、敲诈勒索案

案例来源:《刑事审判参考》总第 107 集[第 1159 号]

主题词:组织、领导、参加黑社会性质组织罪　危害性

一、基本案情

石家庄市中级人民法院经公开审理查明:

1. 故意伤害的事实

2009 年 5 月 5 日下午 2 时许,被告人王淄在通往河北省晋州市的公路上发现挤塑板生意上的竞争对手恒保龙保温材料公司的富康车后,便决定教训对方一下,遂打电话和被告人王云娜商量,在征得王云娜同意后,王淄即安排被告人董重旭、贾光、李亚斌、周磊璞对富康车进行跟踪,并安排董重旭打电话让被告人刘勇找几个人过来。刘勇找来被告人王占朋、贺辰宇、郑悍博、李龙、陈龙,王淄驾车将之送到富康车停泊的辛集广兴泡沫厂附近。下午 6 时许,周磊璞、李亚斌分别驾驶汽车在安新线辛集境内马兰路段追上被害人朱龙华驾驶的富康车,刘勇将富康车拦住,刘勇、王占朋、贺辰宇、李龙、陈龙、郑悍博对朱实施殴打,王占朋持镐把殴打朱的身体,贺辰宇、郑悍博持镐把打击朱头部,之后分别乘车逃离现场。其中贺辰宇多次持镐把击打被害人头部并致镐把折断,造成朱龙华颅骨骨折,经送医院抢救无效死亡。王云娜在得知朱龙华已死亡后,为让刘勇逃避公安机关的抓捕,给刘勇等人 1 万元现金帮助其逃跑。

2. 寻衅滋事的事实

(1)2009 年 3 月 23 日中午,被告人王云娜纠集被告人王淄、董重旭、李亚斌、刘勇、郗先、崔业权、冯双华、孔德贤、贺辰宇、李朋(在逃)、云龙(在逃)分乘 7 辆汽车来到河北省栾城县楼底镇西羊市村恒保龙保温材料公司聚众滋事,用汽车挡在恒保龙保温材料公司门口,使该厂拉货车辆不能出入,时间长达三四小时,在派出所民警的劝说下,才将堵在厂门口的汽车开走。当业务员张军芝回厂时,刘勇、李朋、云龙、贺辰宇、李亚斌等人无故对张军芝进行殴打,打掉其门牙两颗,该伤经法医鉴定为轻伤。

(2)被告人王云娜于 2009 年 4 月 3 日上午从被告人冯双华、崔业权口中得知恒保龙保温材料公司业务员曹跃峰在石家庄市维也纳工地做业务后,为恐吓打压对方,达到垄断市场目的,便指使王淄、贺广金、冯双华、崔业权在石家庄市南二环将曹跃峰拦截,由贺广金对曹进行殴打后逃跑。

(3)2009 年 4 月 29 日下午,被告人王云娜、王淄从崔业权口中得知恒保龙保温材料公司工作人员严忠明到石家庄市金水湾工地做挤塑板业务后,便决定对严忠明进行殴打。王云娜指使被告人冯双华、苑朝旺对严忠明实施跟踪,指使被告人贺广金和李韩伟(在逃)殴打严忠明。当日下午在石家庄市金水湾工地外的公路上,贺广金、李韩伟对严忠明进行殴打致轻微伤,之后二人乘坐苑朝旺、冯双华的车逃离现场。

(非法拘禁、敲诈勒索、故意毁坏财物、向非国家工作人员行贿的事实略)

二、裁判要旨

No. 6-1-294(1)-19　在判断黑社会性质组织的危害性特征(非法控制特征)时,除参照司法解释所列举的情况外,还应考察实施违法犯罪行为的次数与后果,以实质判断是否达到形成非法控制或重大影响的严重程度。

在《刑法》第二百九十四条第五款规定的黑社会性质组织四个特征中,危害性特征(又称非法控制特征)是最为重要的判断标准。以程度的不同来区分,该特征中又包括非法控制和重大

影响两种情形。“控制”,是指使一定对象处于自己的占有、管理和影响之下;“影响”,是指对他人的思想和行动所起的作用。由此推论,《刑法》第二百九十四条第五款中的非法控制,是指以有组织的违法犯罪手段使一定对象处于自己的占有、管理和影响之下;重大影响,是指以有组织的违法犯罪手段对一定对象的思想和行动产生发生作用。二者有着以下共同点:(1)都是有意识地以非法方式主动干涉他人(包括其他单位、组织)的结果;(2)都不是一种偶然、短暂的现象,而是一种持续的状态;(3)控制或影响的对象具有广泛性,控制或影响的程度具有严重性。根据以上几点,在对涉案犯罪组织是否形成非法控制与重大影响进行司法判断时,除了要对照两个纪要的相关规定,还应着重审查涉案犯罪组织是否是基于争抢势力范围、树立非法权威、攫取不法利益等非法控制目的而实施违法犯罪行为;是否在一段较长的时期内连续、多次通过实施违法犯罪行为对他人的自主性造成干扰或破坏;被侵害对象的数量以及所造成的后果是否已达到形成非法控制或重大影响的严重程度。如果以上几点都已齐备,危害性特征一般能够成立。反之,则不能认定。

具体到本案,经一、二审法院审理查明,在公诉机关指控的王云娜等人实施的违法犯罪活动中,只有1起故意伤害犯罪、3起寻衅滋事犯罪可以认定为该团伙的犯罪,其他皆为个人犯罪。而这4起犯罪的对象,均是王云娜在挤塑板业务中的竞争对手恒保龙保温材料公司的老板或员工,犯罪共造成1人死亡、1人轻伤、1人轻微伤的后果。对照两个纪要的相关规定,符合其中一种情形,即“干扰、破坏公司、企业、事业单位及其他社会团体的正常生产、经营、工作秩序,在相关区域、行业内造成严重影响”。但根据2015年最高人民法院印发的《全国部分法院审理黑社会性质组织犯罪案件工作座谈会纪要》的补充性规定,仅有这一种情形尚不足以认定危害性特征已经具备。更为重要的是,虽然王云娜等人是为排挤竞争对手而实施了故意伤害、寻衅滋事犯罪,但在控制和影响的长期性、广泛性、严重性等方面与危害性特征的内在要求还有明显差距。

首先,王云娜犯罪团伙存在时间明显过短、犯罪次数明显偏少。该团伙全部犯罪仅有4起,罪名也只涉及故意伤害、寻衅滋事。尽管本案造成了人员伤亡的严重后果,但如此短暂的时间和明显偏少的犯罪次数,决定了该团伙不可能对一定区域或行业内的人员、单位、组织形成长期、持续的控制和影响,不符合黑社会性质组织在一定区域或行业内建立非法秩序的基本要求。

其次,由于侵害对象特定、单一,王云娜犯罪团伙不足以争霸一方或者严重破坏当地挤塑板行业的生产经营秩序。本案中的具体犯罪既不足以反映王云娜掌控的企业已在行业内形成垄断,也不足以反映王云娜犯罪团伙对该行业的准入、退出、经营、竞争等经济活动已经具有较大的干预能力。

综上,王云娜犯罪团伙不具有黑社会性质组织的危害性特征,一、二审法院未认定王云娜等人构成组织、领导、参加黑社会性质组织罪是正确的。

案例:吴亚贤等人组织、领导、参加黑社会性质组织案

案例来源:《刑事审判参考》总第107集[第1162号]

主题词:组织、领导、参加黑社会性质组织罪　立功

一、基本案情

湛江市中级人民法院经审理查明:

1. 组织、领导、参加黑社会性质组织的事实

被告人吴亚贤在20世纪90年代后期通过诈骗聚敛财富,于2000年回到广东省廉江市雅塘镇开设赌场牟利。2004年间,吴亚贤获悉采挖黑白矿泥加工成球土出售可获取高额利润,便开始筹建廉江市大众球土原料厂、廉江市大众矿业有限公司(后增资变更为广东大众矿业有限公司),以经营企业为幌子非法开采矿土攫取财富。其间,吴亚贤先后吸收一些社会闲散人员,逐步形成以吴亚贤为组织、领导者,吴日旺、吴仔君、吴树琴、吴日敷、钟汝翁(另案处理)为积极参加者,曹日坚、邹才董、王优如、温亚华、尤甲宗、曹超、赖名可、吴炳兰、李观兴、吴广利、潘英文、

吴启仁、江济发、尤俊其、廖家俊、梁有章、唐鸿声及蓝建、张观娣、吴亚添、赖宁、李辉、吴广胜、林春梅、符南光(后8人均另案处理)等人为一般参加者的犯罪组织。该组织结构较为稳定,成员人数多达数十人,并有比较明确的层级、职责分工和组织纪律,主要以廉江市大众矿业有限公司等公司、企业为幌子,从事违法犯罪活动,非法牟取暴利。在经营过程中,该犯罪组织通过非法手段低价强买或强抢其他矿产企业或国家、农村集体的山林矿地进行非法开采加工,数年间聚敛了巨额财富。该组织一方面将财富用于发放大众矿业有限公司等企业普通员工工资、购买机器设备、投资生产经营等,另一方面用于支持违法犯罪活动。2004年至2009年间,该组织进行了故意杀人、强迫交易、故意毁坏财物、非法采矿、妨害公务等违法犯罪活动,在廉江市雅塘镇、青平镇、营仔镇、河唇镇、吉水镇、和寮镇等地区为非作恶,欺压、残害群众,给众多受害人造成了人身伤害和财产损失,在当地的群众中形成严重的心理威慑。此外,吴亚贤还想方设法当选廉江市人大代表、政协委员,公开以人大代表、政协委员、企业家的身份在社会上活动。以吴亚贤为首的犯罪组织多次实施违法犯罪活动,称霸一方,已在廉江市雅塘镇、青平镇及周边乡镇村庄的采矿等行业内形成非法控制,造成国家矿产等资源的重大损失,严重破坏了廉江地区经济、社会生活的秩序,严重地影响了廉江地区的社会治安稳定及经济发展,社会影响极其恶劣。

2. 故意杀人的事实

2009年2月开始,被告人吴亚贤与廉江市雅塘镇大埇村的罗亚斌为争夺廉江市雅塘镇四角塘车站岭的采矿权而产生矛盾,进而怀恨在心,遂萌发报复罗亚斌的歹念。2009年9月26日21时许,当吴亚贤获悉罗亚斌组织人员在车站岭采矿的情况后,便打电话让吴日旺组织人员前往该矿场报复罗亚斌等人。吴日旺立即指使王优如去踩点。王优如踩点后将情况电话告知吴日旺,吴日旺又将情况电话反馈给吴亚贤。当日22时许,吴亚贤再次电话指示吴日旺尽快纠集组织成员邹才董、吴日敷等人持枪到四角塘矿场"喷"(指开枪射击)罗亚斌及其在矿场干活的人员,还要求到矿场后见人就"喷"。吴日旺将吴亚贤的指示分别通过电话告知了邹才董、吴日敷、吴仔君、王优如等人,叫上述人员准备好作案用的车辆等工具后会合。邹才董打电话将吴亚贤的指示告知了曹日坚,曹乘坐邹才董的小车与其他人会合。吴日旺和吴日敷则拿了两支猎枪和数枚猎枪子弹,邹才董准备了一支枪支及数枚子弹。

吴日旺等6人会合后,吴日旺自持一支猎枪,让吴日敷也持一支猎枪伙同曹日坚坐上邹才董驾驶的吉普车前往,让吴仔君、王优如各驾一辆两轮摩托车尾随。当窜至距四角塘车站岭矿场约几公里处时,吴日旺安排吴仔君、王优如两人望风,其则与邹才董、曹日坚、吴日敷4人继续驾车前往矿场。9月27日凌晨1时许,吴日旺、邹才董、吴日敷、曹日坚等人驾车窜至距矿场约200米远处停车,吴日旺、吴日敷、曹日坚3人各持一支猎枪下车向矿场冲去,邹才董在原地等候接应。接近矿场后,吴日旺首先持枪向矿场口人、车集中的方向开枪射击,紧接着吴日敷、曹日坚也朝着同一方向射击。曹日坚开了一枪后,因所持枪支出现故障无法继续射击,便马上逃回吉普车中。吴日旺、吴日敷仍持枪向矿场口中心方向推进射击,将该矿场工人莫孙运打死,致谢亚明轻伤。

作案得逞后,吴日旺、邹才董、吴日敷、曹日坚、吴仔君和王优如等人驾车逃离现场,并将作案情况向吴亚贤汇报。事后,吴亚贤按惯例付给吴日旺3000元,付给吴仔君、王优如、邹才董各5000元作为报酬。邹才董拿到报酬后,付给曹日坚2000元。

二、裁判要旨

No. 6-1-294(1)-20 黑社会性质组织的组织者、领导者因检举揭发而构成立功的,在决定是否从宽、如何从宽时,应重点考察其认罪态度与线索来源;如果线索是利用组织者、领导者的特殊地位而取得,且与该黑社会性质组织及其违法犯罪活动有关联的,则一般不应从宽处罚。

设立立功制度的实质根据有二:一是从法律上说,刑罚的目的之一在于对罪犯施以改造,犯罪分子揭发他人犯罪,表明其有意积极配合司法机关查处犯罪,说明其主观上发生向好转变,人身危险性有所降低,可以适度降低用于改造的刑罚;二是从政策上说,揭发他人犯罪有利于司法机关发现、侦破案件,可予以必要奖励。如果被告人虽有立功表现,但其主观恶性很大且未发生变化,再犯可能性并未减小,人身危险性并未降低,难以实现改造目的的,则不予从轻处罚。对于因揭发检举而构成立功或重大立功的黑社会性质组织的组织者、领导者是否从宽处罚,除了要综合考虑此类犯罪的特殊危害、被告人所具有的各种量刑情节以及全案的量刑平衡,还应着重审查以下两点:一是认罪态度;二是检举线索的来源。由于组织者、领导者在黑社会性质组织中居于核心地位,有获取他人犯罪线索的便利条件,故审判时应当防止组织者、领导者利用这种优势地位获利甚至逃避处罚。如果线索是利用组织者、领导者的特殊地位而取得,且与该黑社会性质组织及其违法犯罪活动有关联的,则一般不应从宽处罚。

具体到本案,吴亚贤在一审、二审期间、死刑复核期间均拒不供认罪行,对于马东进等人的受贿线索,其在一审期间也并未检举,而是等到一审宣判后才向司法机关反映,其目的不言自明。这些情况都可以说明吴亚贤并未认罪悔罪,检举揭发只是其妄图逃避处罚的一种手段,其人身危险性并没有丝毫降低。同时,以吴亚贤为首的黑社会性质组织在广东省廉江市长期、多处非法采矿,并大量实施其他违法犯罪活动,廉江市公安局局长马东进等人明知该组织从事非法采矿活动,不仅不予查处,还与吴亚贤合作采矿办厂,充当该犯罪组织的"保护伞",任由该犯罪组织为非作恶、发展壮大。吴亚贤为了与马东进等人搞好关系,除通过入股分红构建利益共同体外,还经常请吃请喝以笼络感情。吴亚贤所检举的马东进等人的受贿线索,就是在这些吃喝宴请活动中获知的。该线索与该黑社会性质组织寻求非法保护紧密相关,属于利用组织者、领导者地位获取的"关联性"线索。综上,吴亚贤虽有立功情节,但广东省高级人民法院、最高人民法院根据本案的犯罪事实、性质、情节和对社会的危害程度,对吴亚贤不予从轻处罚是正确的。

案例:韩召海等人组织、领导、参加黑社会性质组织案

案例来源:《刑事审判参考》总第 120 集[第 1306 号]

主题词:组织、领导、参加黑社会性质组织罪 套路贷

一、基本案情

2013 年 3 月,被告人韩召海经被告人管庆永介绍进入信而富公司从事小额贷款业务,后升至部门经理;被告人胡桥、叶宇铭、李晨懿系韩召海同事。2016 年 2 月,被告人孙明经韩召海介绍到西安市嘉银金融公司从事小额贷款业务。2016 年 8 月,韩召海从信而富公司离职后入职德诚汇信公司,担任中贸广场营业部负责人,叶宇铭及被告人曹明相继加入该公司。韩召海、曹明、孙明利用之前在放贷公司的工作经验及人脉,共同出资对外放贷。2016 年 10 月,韩召海从德诚汇信公司辞职,叶宇铭、曹明相继跟随辞职。同月 22 日,经韩召海与曹明、孙明、叶宇铭商议,合伙租用西安市中贸广场 15 号楼写字间作为办公场所,未经批准设立小额贷款公司,共同出资对外非法放贷。至此,韩召海等人依托放贷公司形成了较稳定的犯罪组织。2017 年夏天,韩召海给其公司起名为金雨空放小额贷款公司(以下简称"金雨空放公司"),寓意金钱如雨无抵押贷款。2017 年 8 月,胡桥加入该公司成为新的合伙人。韩召海等人在非法放贷过程中,多次对逾期未还的借款人暴力讨债,逐步发展为黑社会性质组织。韩召海负责公司总体运营,决定放贷业务,管理公司账务,指挥他人催收,拥有较强的决策权及管理权,系该组织的组织、领导者;曹明、孙明、叶宇铭、胡桥系公司合伙人,在韩召海的带领下非法放贷、暴力讨债,多次积极参加该组织的违法犯罪活动,系该组织的积极参加者;管庆永作为韩召海从事放贷业务的引路人,明知该组织从事非法放贷、暴力讨债,仍参与,系该组织的一般参加者。该组织为了索要欠款,多次通过非法拘禁、辱骂殴打、威胁恐吓、夹击身体敏感部位、喷辣椒水、踩脚趾、烟头烫、"架飞"及电击等恶劣手段,有组织地实施了一系列违法犯罪活动:多次使用暴力手段非法拘禁多名借款人;为谋取非法利益,采用暴力威胁手段,以索要高额利息、滞纳金等费用为由,逼迫借款人写借条,以此敲诈勒索;在敲诈未果后,纠集多人对借款人财物进行打砸,故意毁坏他人财物;在暴力讨债过程中多次强拿硬要借款人财物,深夜强行进入借款人住宅。该组织还通过喇叭喊话、门上喷漆、发送暴力讨债视频等方式向借款人施加压力,吸引群众围观,扰乱社会秩序。在放贷过程中,设定高额滞纳金及罚息,肆意认定违约、擅自垒高债务、伪造银行流水等手段,将"套路

贷”手段及暴力讨债相结合,从而最大限度地牟取非法利益。2016 年 8 月 17 日至 2018 年 1 月 4 日,该组织非法放贷 105 人次,放贷金额 3064400 元,非法获利 1131050 元,尚有本金489400 元未收回。上述获利除部分用于公司日常运营、维系组织发展、房屋及车库租赁、购买车辆等外,其余部分由组织成员按出资比例分配。其中,2017 年 2 月 23 日,袁胜杰向金雨空放公司借款 12.5 万元,扣除利息、保证金、中介费、上门费等,韩召海向袁胜杰转账 9.2 万元,期限 1 天。双方口头约定用袁胜杰的房屋抵押,但袁胜杰被要求签订委托书后进行公证,内容为韩召海有权出售房屋,并告知袁胜杰公证是贷款程序,不会处理房屋。借款到期后,韩召海虚增债务,垒高还款金额,迫使袁胜杰无法归还。韩召海第一次要求还款不低于 20 万元,第二次不低于 30 万元。韩召海与叶宇铭利用在抵押借款时袁胜杰已签好的卖房手续,使用虚假的袁胜杰离婚证书,将袁胜杰房产过户到叶宇铭名下后出租,租金由韩召海、曹明、孙明、叶宇铭平分。直到破案后,袁胜杰才知自己的房屋已被韩召海过户给他人。经评估涉案房屋价值 293200 元。韩召海采用“套路贷”的方式实际骗取袁胜杰 201200 元。

二、裁判要旨

No. 6-1-294(1)-21 认定是否黑社会性质组织,应当从组织特征、经济特征、行为特征和危害特征着手。

黑社会性质组织,是指以暴力、威胁或者其他手段,在一定区域或行业内形成非法控制或重大影响,以获取经济利益,有组织地进行违法犯罪活动,称霸一方,为非作恶,欺压、残害群众,严重破坏经济、社会秩序的犯罪组织。该组织应具备以下四个特征:

首先,黑社会性质组织具有组织特征。其一般可以表现为人数较多,有明确的组织、领导者,骨干成员基本固定,组织结构较为稳定,层级分工较为明确,组织纪律较为严明,犯罪据点固定等。

其次,黑社会性质组织具有经济特征。其通常表现在有组织地获取经济利益,具有一定的经济实力;组织成员之间经济往来频繁,具有一定的经济互助性;组织将部分收入用于违法犯罪活动。

再次,黑社会性质组织具有行为特征。其表现在以暴力、威胁或者其他手段,有组织地多次进行违法犯罪活动,为非作恶,欺压、残害群众。

最后,黑社会性质组织具有危害特征。其表现在通过实施违法犯罪活动,称霸一方,在一定区域或者行业内,形成非法控制或者重大影响,严重破坏经济、社会生活秩序。

No. 6-1-294(1)-22 “套路贷”通常的表现形式:一是制造民间借贷假象;二是制造资金走账流水等虚假给付事实;三是故意制造违约或者肆意认定违约;四是恶意垒高借款金额;五是软硬兼施“索债”。对于未采用明显的暴力或者威胁手段,主要靠虚构事实、隐瞒真相实现非法占有目的,“骗”取被害人财物的“套路贷”,一般以诈骗罪论处。在认定套路贷犯罪数额时,除行为人实际给付被害人的本金数额之外,以其他名目非法占有的财物,均应计入犯罪数额。

“套路贷”已成为黑恶势力较常实施的违法犯罪活动,严重侵害人民群众人身、财产权利,严重破坏经济、社会秩序,严重影响人民群众的安全感和社会和谐稳定,会危害性极大。为统一执法办案思路,2019 年 4 月 9 日最高人民法院、最高人民检察院、公安部、司法部发布了《关于办理“套路贷”刑事案件若干问题的意见》(以下简称《“套路贷”意见》)。

首先,关于套路贷的法律属性。根据《“套路贷”意见》的规定,“套路贷”,是对以非法占有为目的,假借民间借贷之名,诱使或迫使被害人签订“借贷”或变相“借贷”“抵押”“担保”等相关协议,通过虚增借贷金额、恶意制造违约、肆意认定违约、毁匿还款证据等方式形成虚假债权债务,并借助诉讼、仲裁、公证或者采用暴力、威胁以及其他手段非法占有被害人财物的相关违法犯罪活动的概括性称谓。由此可以说明,“套路贷”既不是一个法律概念也不是一个政策概念,而是办案实践中对假借民间借贷之名非法占有他人财物的类型化违法犯罪的概括性称谓。行为人在主观上以非法占有为目的,在客观上行侵财之实,但因犯罪手段、行为表现各有不同,对其如何定性,需根据“套路贷”行为人非法取得他人财产的具体手段、方式,依照《刑法》有关犯罪的构成要件,具体问题具体分析,确定具体罪名。对于未采用明显的暴力或者威胁手段,主要靠虚构事实、隐瞒真相实现非法占有目的,“骗”取被害人财物的“套路贷”,一般以诈骗罪论处。

其次,关于“套路贷”犯罪的表现形式。从司法实践来看,“套路贷”通常的表现形式有:一是制造民间借贷假象。行为人往往以“小额贷款公司”“投资公司”“咨询公司”“担保公司”“网络借贷平台”等名义对外宣传,以低息、无抵押、无担保、快速放款等为诱饵吸引被害人借款,以“保证金”“行规”等虚假理由诱使被害人基于错误认识签订金额虚高的“借贷”协议或相关协议。二是制造资金走账流水等虚假给付事实。行为人按虚高的“借贷”协议金额将资金转入被害人账户,制造已将全部借款交付被害人的银行流水痕迹的假象,而后将其中全部或者部分资金收回,被害人实际上并未取得或者完全取得“借贷”协议、银行流水上显示的款项。三是故意制造违约或者肆意认定违约。行为人以设置违约陷阱、制造还款障碍等方式,故意造成被害人违约,或通过肆意认定违约,强行要求被害人偿还虚假债务。四是恶意垒高借款金额。当被害人无力偿还时,行为人会安排其所属公司或者指定的关联公司、关联人员为被害人偿还“借款”,与被害人签订金额更大的虚高“借贷”协议或相关协议,通过这种“转单平账”“以贷还贷”的方式不断垒高“债务”。五是软硬兼施“索债”。在被害人未偿还虚高“借款”时,行为人会借助诉讼、仲裁、公证或者采用暴力、威胁以及其他手段向被害人或者被害人的特定关系人索取“债务”。

最后,关于“套路贷”相关犯罪的数额认定及定性。根据《“套路贷”意见》的规定,认定“套路贷”犯罪数额时,原则上应当从整体予以否定性评价。众所周知,“套路贷”的本质特征是以非法占有为目的而实施的违法犯罪,不可能产生合法收入。因此,除犯罪嫌疑人、被告人实际给付被害人的本金数额之外,“虚高债务”和以“利息”“保证金”“中介费”“服务费”“违约金”等名目被非法占有的财物,均应计入犯罪数额。

案例:吴学占等人组织、领导、参加黑社会性质组织案

案例来源:《刑事审判参考》总第123集[第1354号]

主题词:组织、领导、参加黑社会性质组织罪　黑社会性质组织特征

一、基本案情

1. 组织、领导、参加黑社会性质组织事实

2010年1月4日,被告人吴学占成立冠县泰昌投资有限公司,从事高利放贷等业务。2012年7月9日,泰昌公司变更为山东冠县泰和房地产开发有限公司,从事高利放贷、借用资质投标建设工程等业务。2011年3月至2014年1月,被告人赵荣荣、吴风磊、吴洪艳、郭彦刚(吴学占内弟)、郭树林(吴学占表弟)、吴风志先后到该公司工作。2014年年底,吴学占将被告人李忠、郭树林、郭彦刚、吴风磊、吴风志等人安排到冠县人民医院,组建保安队,李忠任保安队队长。2013年至2015年,吴学占拉拢杜建岗、林飞、杜某某(已死亡)参加违法犯罪活动。2010年1月至2016年5月,吴学占组织、领导赵荣荣、李忠、郭树林、郭彦刚、吴风磊、林飞、吴洪艳、杜建岗、吴风志,多次实施违法犯罪行为,形成以吴学占为组织者、领导者,赵荣荣、李忠为积极参加者,郭树林、郭彦刚、吴风志、吴洪艳、吴风磊、林飞、杜建岗为其他参加者的较稳定的犯罪组织。该犯罪组织通过高利放贷,获利1300余万元;强迫华丰公司、金诚公司放弃中标工程,使用两公司名义施工,获取工程款1350万余元;通过强行违规建设加油站、违规开发住宅楼和商业街等违法犯罪活动非法牟利,并用牟取的利益向组织成员支付报酬,向因参与违法犯罪活动受伤或死亡的组织成员支付医疗费、子女抚养费等。该组织通过实施上述违法犯罪活动,干扰、破坏他人正常生活、生产秩序,破坏公司、企业、国家机关正常生产经营和工作秩序,在冠县东古城镇区域内造成严重影响。

2. 以被告人吴学占为首的黑社会性质组织实施的具体犯罪

(1)强迫交易事实

2015年4月15日,华丰公司中标冠县人民医院东古城分院病房楼建设项目。被告人吴学占等人采用实名举报违法中标,恐吓、威胁华丰公司职工等方式,强迫华丰公司将中标工程转让

给吴学占,并强行以华丰公司的名义施工,获取工程款 10938052.97 元。

2015 年 9 月,金诚公司中标冠县人民医院东古城分院医院大门及附属楼建设项目。同年 9 月 29 日 16 时许,被告人吴学占先打电话威胁金诚公司经理程某某,后纠集被告人郭彦刚等人到金诚公司对程某某进行恐吓、威胁,迫使该公司退出工程建设,吴学占强行以金诚公司的名义承揽该工程领取工程款 2564959.04 元。

(2)故意毁坏财物事实

2015 年 8 月 19 日凌晨 2 时许,在被告人吴学占指使下,被告人郭彦刚等 4 人将被害人刘某的奥迪 A6 轿车砸坏。经鉴定,车辆损失为 151657 元。

(3)非法侵入住宅事实

2016 年 4 月 1 日,被告人赵荣荣为讨要高利放出的贷款,带领被告人吴风磊等人强行将被害人于某某住房门锁更换,并安排被告人郭彦刚等人轮流入住。同月 13 日上午,被告人吴学占等人雇用搬家公司将于某某住房内的物品搬出。

(4)非法拘禁事实

2016 年 4 月 14 日 16 时许,被告人赵荣荣纠集被告人郭树林等人到被害人苏某某公司讨要非法高利放出的贷款,将苏某某、于某控制在公司办公楼内。为防止二人逃跑,吃饭时派人轮流盯守,吃完饭后催促二人返回一楼接待室。21 时 53 分,杜某某等人陆续进入接待室,杜某某用污秽语言辱骂苏某某、于某及其家人,将烟头弹到苏某某胸前衣服上,将裤子褪至大腿处裸露下体,朝坐在沙发上的苏某某等人转动身体。后脱下于某的鞋让苏某某闻。杜某某还用手拍打于某面颊,其他人员实施了揪抓于某头发等行为。22 时 17 分,民警接到报警到达现场后,于某、苏某某欲随民警离开接待室,被杜某某等人阻拦。杜某某等人随后卡于某颈部,将其推拉至接待室东南角,于某持尖刀警告无效后,捅刺杜某某等 4 人,致使一人(杜某某)死亡,二人重伤二级,一人轻伤二级。后被告人吴学占赶到现场。

(5)强制侮辱妇女、非法拘禁事实

2013 年 12 月,时任东古城镇镇长武德明(另案处理)安排被告人吴学占对持续信访的王某某看管控制。2013 年 12 月 9 日 21 时许,在吴学占的指使下,杜某某伙同郭树林等人翻墙进入王某某家中,用透明胶带将王某某捆绑,强行将其拘禁至一处废弃的办公室内。其间,杜某某等人采用扇脸、脱王某某衣服、捆王某某双手吊离地面等方式对其进行侮辱、殴打,采取强制方法拍摄王某某裸体视频,后将其带到一个小树林里,以挖坑活埋为由对其进行恐吓,同年 12 月 12 日晚将王某某放回。

(6)故意伤害事实

2014 年 2 月 19 日,被告人吴学占在开发冠县东古城镇商业街过程中,以郎某某阻挠施工为由,伙同被告人郭树林采用脚踢、扇耳光等方式对郎某某进行殴打,致郎某某轻伤二级。

2015 年 2 月 20 日 16 时,在冠县东古城镇水泵厂小区南门,被告人吴学占和杜某某对焦某某将车停放在小区进口不满,采用拳打脚踢的方式殴打焦某某,致焦某某轻伤二级。

二、裁判要旨

No. 6-1-294(1)-23 黑社会性质组织具有四个主要特征:(1)组织上,人数较多、层级分明、组织稳定的基础特征;(2)行为上,以暴力或软暴力手段,有组织地多次实施违法犯罪活动,形成对人民群众的欺压和残害的显性特征;(3)经济上,主观追求经济利益的突出特征;(4)危害性上,间接、抽象、不特定的侵害对象与后果的本质特征。

(1)黑社会性质组织的基础特征是组织特征

黑社会性质组织犯罪的前提和基础是实施主体在刑法上评价为黑社会性质组织的犯罪集团。换言之,黑社会性质组织罪的犯罪主体是多人,该多人构成犯罪集团,该犯罪集团可以在刑法上评价为黑社会性质组织。因此,对黑社会性质组织犯罪的认定,首先要对实施犯罪的主体在刑法上进行组织构成性评判。我国《刑法》规定,黑社会性质组织的组织特征为"形成较稳定的犯罪组织,人数较多,有明确的组织者、领导者,骨干成员基本固定"。据此,黑社会性质组织

在组织特征上要满足以下三个条件:

一是组织成员人数较多。《刑法》上,“多”是指三人以上,“较多”是指多少人没有具体的规定或解释,但从语义分析,“较多”肯定比“多”更多,即肯定要多于三人。而且,黑社会性质组织在层级上一般要有三个层级,层级之间一般为金字塔式构造,即越往下人越多,故也要多于三人。2015 年最高人民法院印发的《全国部分法院审理黑社会性质组织犯罪案件工作座谈会纪要》(以下简称《2015 年纪要》)中提出,组织成员一般在 10 人以上。2018 年 1 月,最高人民法院、最高人民检察院、公安部、司法部联合印发的《关于办理黑恶势力犯罪案件若干问题的指导意见》(以下简称《黑恶势力指导意见》)提出,对黑社会性质组织成员人数问题不宜作出“一刀切”的规定。可见,在人数上,不再以“10 人”为标准,低于 10 人的也可以认定为黑社会性质组织,但是,对于人数较少,如 7 人以下的,认定黑社会性质组织就应特别慎重。

二是组织成员有明确的层级,一般分为三级:组织者、领导者,骨干成员,一般参加者(也称“其他参加者”)。根据《黑恶势力指导意见》,组织者是发起、创建黑社会性质组织,或者对黑社会性质组织进行合并、分立、重组的组织成员,领导者是指实际对整个组织的发展、运行、活动进行决策、指挥、协调、管理的组织成员,在大多数黑社会性质组织中,组织者也是领导者。在外在形式上,黑社会性质组织的组织者、领导者,既包括通过一定形式产生的有明确职务、称谓的组织者、领导者,也包括在黑社会性质组织中被公认的事实上的组织者、领导者。骨干成员,是指直接听命于组织者、领导者,并多次指挥或积极参与实施有组织的违法犯罪活动或者其他长时间在犯罪组织中起重要作用的犯罪分子,是积极参加者中地位更高、作用更大的人员。一般参加者,是指按照组织者、领导者或者骨干成员的安排,实施具体违法犯罪活动的犯罪分子。参加违法犯罪活动的次数可以是一次,也可以是多次,但其地位和作用明显小于骨干成员和积极参加者。

三是犯罪组织稳定。所谓“稳定”,是指犯罪组织存续时间较长、主要成员固定。存续时间,是指自犯罪组织形成到案发的时间。犯罪组织的形成时间,一般根据犯罪组织举行成立仪式或者进行类似活动的时间来认定。没有上述活动的,可以根据足以反映其初步形成核心利益或强势地位的重大事件发生时间进行认定。没有明显标志性事件的,也可以根据涉案犯罪组织为维护、扩大组织势力、实力、影响、经济基础或按照组织惯例、纪律、活动规约而首次实施有组织的犯罪活动的时间进行认定。司法实践中,犯罪组织举行成立仪式或者进行类似活动的很少,往往以犯罪组织形成过程中的重大事件或首次实施有组织的犯罪活动的时间来确定组织形成时间。在存续时间上,一般应在一年以上,一年以下的,认定黑社会性质组织应特别慎重。主要成员较为固定,是指组织者、领导者和骨干成员、积极参加者在犯罪组织存续期间没有频繁变动。而且,大多数黑社会性质组织还具有成文或不成文的组织纪律、活动规约,有组织纪律、活动规约的,其稳定性更加明显。

(2)黑社会性质组织的显性特征是行为特征

黑社会性质组织犯罪在犯罪行为上,要求以暴力或软暴力手段,有组织地多次实施违法犯罪活动,形成对人民群众的欺压和残害。软暴力,是指暴力、威胁色彩虽不明显,但实际是以组织的势力、影响和犯罪能力为依托,以暴力、威胁的现实可能性为基础,足以使他人产生恐惧、恐慌,进而形成心理强制或者足以影响、限制人身自由、危及人身财产安全或者影响正常生产、工作、生活的手段,包括但不限于所谓的“谈判”“协商”“调解”,以及滋扰、纠缠、哄闹、聚众造势等手段。

(3)黑社会性质组织的突出特征是经济特征

黑社会性质组织是犯罪集团的高级形态,具有特定的犯罪目的。一般而言,黑社会性质组织的主要犯罪目的是追求经济利益,支持组织活动,豢养组织成员,也必须有一定的经济基础,这是进行违法犯罪活动、维系犯罪组织的必要条件。因此,无论是哪个领域、哪个地区的黑社会性质组织,其犯罪的目的可能有很多,但经济利益必然是其主要目的之一,其实施的违法犯罪活动可能很多,但始终会以攫取最大化的经济利益为主要目标。对于获取经济利益的数额,《2015年纪要》提出,各高级人民法院可以根据本地区的实际情况,对黑社会性质组织所应具有的“经济实力”在 20 万—50 万元幅度内,自行划定一般掌握的最低数额标准。《黑恶势力指导意见》

提出,不能一般性地要求黑社会性质组织所具有的经济实力必须达到特定规模或特定数额,即不再对经济实力设定明确的数额标准。但是,经济利益或者经济实力毕竟要以客观数量予以呈现,因此,办案时仍应把握一个符合当地经济发展状况的客观标准。

(4)黑社会性质组织的本质特征是危害性特征

社会危害性是犯罪行为的本质特征。黑社会性质组织作为犯罪集团的高级形态,其所具有的社会危害性远高于其他犯罪。普通犯罪侵害的对象和危害后果都是直接的、具体的、特定的,而黑社会性质组织犯罪,除侵害对象及对侵害后果具体、直接、特定外,还要求具有间接的、不特定的、抽象的侵害对象和侵害后果,即"在一定区域或者行业内,形成非法控制或者重大影响,严重破坏经济、社会生活秩序"。而且,直接具体特定的侵害对象与后果与间接抽象不特定的侵害对象与后果间具有因果关系,也就是说,"在一定区域或者行业内,形成非法控制或者重大影响,严重破坏经济、社会生活秩序"是该组织实施的具体违法犯罪活动形成的整体效应和后果。可见,间接、抽象、不特定的侵害对象与后果是黑社会性质组织具有的独特的社会危害后果,是黑社会性质组织的本质特征。这是黑社会性质组织在单独评价组织成员所犯个罪外,整体评价为黑社会性质组织罪的法理基础所在。

司法实践中,这一抽象的社会危害性特征需要以具体的、直观的事实来确定,为此,最高人民法院、最高人民检察院及相关部门以司法解释、会议纪要等形式作出了一些规定。《黑恶势力指导意见》中列举了七种具体情形和一种兜底情形:①致使在一定区域内生活或者在一定行业内从事生产、经营的多名群众,合法利益遭受犯罪或严重违法活动侵害后,不敢通过正当途径举报、控告的;②对一定行业的生产、经营形成垄断,或者对涉及一定行业的准入、经营、竞争等经济活动形成重要影响的;③插手民间纠纷、经济纠纷,在相关区域或者行业内造成严重影响的;④干扰、破坏他人正常生产、经营、生活,并在相关区域或者行业内造成严重影响的;⑤干扰、破坏公司、企业、事业单位及社会团体的正常生产、经营、工作秩序,在相关区域、行业内造成严重影响,或者致使其不能正常生产、经营、工作的;⑥多次干扰、破坏党和国家机关、行业管理部门以及村委会、居委会等基层群众自治组织的工作秩序,或者致使上述单位、组织的职能不能正常行使的;⑦利用组织的势力、影响,帮助组织成员或他人获取政治地位,或者在党政机关、基层群众自治组织中担任一定职务的;⑧其他形成非法控制或者重大影响,严重破坏经济、社会生活秩序的情形。同时指出,鉴于黑社会性质组织非法控制和影响的"一定区域"的大小具有相对性,不能简单地要求"一定区域"必须达到某一特定的空间范围,而应当根据具体案情,并结合黑社会性质组织对经济、社会生活秩序的危害程度加以综合分析判断,也就是说,黑社会性质组织非法控制和影响的"一定区域",可以是一个市、县以及更大区域,也可以是一个乡镇、办事处以及一个村、居委会所辖区域。

No. 6-1-294(1)-24 黑社会性质组织认定标准应坚持依法、实质、稳定原则。

黑社会性质组织的认定,需要对四个特征进行综合评判和整体的衡量。一是坚持依法认定原则。对于依照法律和事实,犯罪组织在四个特征的任何一个特征上明显不符合法定标准和要求时,不能人为拔高认定为黑社会性质组织。同时,对于四个特征都符合法定标准,仅仅在某个特征的某一细节上存在一定欠缺的,如黑社会性质组织形成的标志不明显等,不能纠缠于细枝末节,降格为一般集团犯罪。二是坚持实质判断原则。危害性特征是黑社会性质组织的本质特征,要以危害性特征为实质判断的核心,对危害性特征非常典型,其他特征不十分典型的犯罪组织,如人数相对较少,存续时间相对较短,层级不十分鲜明,获取的经济利益数额不大等,也可以认定为黑社会性质组织。三是坚持标准相对稳定原则。除法律政策作出调整外,对黑社会性质组织四个特征的认定标准,应保持相对稳定,不能因人为因素时宽时严。即使因政策调整认定标准发生变化的,也要在可以掌握的变化幅度内,尽量选择与以往标准接近的变化标准,将变化幅度控制在最小范围内。如对于组织特征中人数的标准,自 2015 年以来,一直按照《2015 年纪要》要求,掌握的是"10 人"标准,尽管 2018 年 1 月印发的《黑恶势力指导意见》提出对人数不宜"一刀切"的要求,但也不要调整幅度过大,仍应以"10 人"为参考标准,可在 1—3 人限度内适度降低人数标准。对于已经制定了经济特征获取经济利益数额标准的地区,调整的幅度也要适度,尽可能保持标准的相对稳定性。保持黑社会性质组织认定标准的稳定,有利于被告人对司法裁判的接受,有利于对社会公众的教育引导,也有利于树立司法的公信与权威。

案例:谢培忠等人组织、领导、参加黑社会性质组织案

案例来源:《刑事审判参考》总第 123 集[第 1355 号]

主题词:组织、领导、参加黑社会性质组织罪 黑社会性质组织形成时间

一、基本案情

1. 组织、领导、参加黑社会性质组织

自 20 世纪 90 年代开始,被告人谢培忠在广东省汕头市龙湖区新溪镇经营海边泳场、承包建筑工程,其胞兄被告人谢良中共同参与经营,开始积累了巨额财富。谢培忠又雇请被告人谢培光、郑静壮、谢培炮加入,逐渐形成稳定的利益团体。为牟取更大利益,垄断当地建筑工程,壮大势力及扩大影响力,2005 年年初,谢培忠设法当选为汕头市龙湖区新溪镇西南村村委会主任,通过操纵选举等非法手段陆续安排多名亲信混入村"两委",把持基层群众自治组织,并指使或者直接参与实施多起故意伤害、聚众斗殴等犯罪活动,抢占当地工程项目,自此标志着以谢培忠为组织者、领导者的带有黑社会性质的犯罪集团开始成型。尔后,谢培忠为了壮大势力,不断招揽同村的亲友、村委干部等人加入组织,被告人谢潮彬、谢文财等人先后加入。2016 年 3 月,谢培忠为了实施走私护私违法犯罪活动,又许以丰厚报酬,不断吸收同村及周边的村民为组织成员,并招揽汕头市龙湖区新溪镇涂池村村委会主任被告人王海荣及其手下被告人王伟权等人加入,形成了以谢培忠为组织、领导者,以谢良中、谢文财、谢培炎、谢桂涛、谢潮彬、谢培光、郑淑平为骨干成员,谢树强、谢培炮、郑静壮、郑云光、蔡成忠、王海荣、王伟权、谢华锋、谢俊江、谢桂金等为积极参加者,施勤富、谢两足、黄秀雄、蔡建成、杨木成、谢景生、谢潮浩、谢春伟、谢创荣、王旭东、谢伟波、王冬歆、谢培劝、蔡镇雄、蔡汉卜、谢文锋、谢泽莹、谢燕萍、谢利浩、谢浩钿、谢燕彬和陈晓东(另案处理)等为一般参加者的黑社会性质组织。谢培忠为规范该组织的管理,订立"纪律"约束组织成员:(1)一级对一级负责,不能越级汇报情况,下级必须服从上级安排;(2)各司其职,不能打听其他工作岗位的情况,不能将集团的事情对外讲;(3)上岗工作不允许开小差、脱岗,不能喝酒,只能用对讲机、发放的手机联系;(4)不允许组织成员吸毒,吸毒要被开除;(5)组织成员的加入或者退出,必须经谢培忠批准。在该组织中,谢培忠作为组织者、领导者,对组织事务和成员具有全面的管理权;谢良中、谢文财、谢培炎等骨干成员在谢培忠领导下,除了多次参与暴力性、群体性的组织犯罪,还分别负责消化犯罪所得、人员招揽、管理、考勤、工资发放、内外联络、暴力实施、聚众造势、事后协调等,其余各被告人则在谢培忠或者骨干成员的直接管理下参与组织实施的违法犯罪活动。

被告人谢培忠犯罪组织成立后,先后实施了多起故意伤害、聚众斗殴、故意毁坏财物、聚众扰乱社会秩序、聚众冲击国家机关、寻衅滋事等暴力犯罪,为非作恶,欺压、残害群众;干扰、破坏党和国家机关的工作秩序,损害当地政府机关的执法权威;扰乱社会秩序,致使企业的正常生产、经营无法进行;利用国家工作人员的包庇和纵容,走私护私,盗采国家矿产,大肆攫取财富;谢培忠利用担任西南村主任及党委书记(2011 年任村委书记)的便利,通过胁迫、威胁、恐吓、收集并组织填写空白选票等方法操纵选举,帮助组织成员在西南村"两委"担任主任、副书记、委员等职务,从而把持、控制基层自治组织。该组织在新溪镇及周边地区称霸一方,已经形成非法控制并造成重大影响,严重破坏当地经济、社会生活秩序,致使群众因害怕遭到打击报复,对组织成员的违法犯罪行为不敢举报。

以被告人谢培忠为组织者、领导者的黑社会性质组织形成后,实施的具体犯罪事实包括:故意伤害案三宗,致三人轻伤,两人轻微伤;三次持械聚众斗殴,致二人轻微伤;两次聚众冲击国家机关派出所及镇政府;聚众扰乱社会秩序一次,造成被害单位严重损失;故意毁坏财物一次,数额较大;长期替其他走私集团提供保护,收取保护费,获利超过 1 亿元,其间向走私集团购买走

私人境的30株罗汉松、5株茶花树,偷逃应缴税额共计人民币494624.17元,并用同样方式购买国家禁止进出口的日本黑松12株;非法持有枪支仿六四手枪1支及40发子弹;非法采砂,牟取非法利益达400万元;寻衅滋事一次,致被害人轻伤;向国家工作人员行贿共计人民币335万元、港币10万元。

2. 故意伤害的事实略

3. 聚众斗殴的事实

2005年,蔡慈雄将汕头市龙湖区新溪镇七合村白水围金鸿路东侧工业用地(现系汕头市创业混凝土有限公司所在地)的建筑工程交给被告人谢培忠承接。同年7月28日上午,新溪镇七合村村民谢名居等人因对七合村白水围一地块的招投标手续有异议,去到现场要求工地停工及解释。谢培忠得知情况后,伙同谢良中、郑静壮、"第仔""牛嘛"(后二人另案处理)等人去到现场,谢培忠从其驾驶的汽车后备厢拿出一把刀砍伤被害人谢名居,后谢良中、郑静壮、"第仔""牛嘛"等人用拳脚殴打谢名居,致谢名居受伤逃跑,其他七合村村民因害怕被打均逃离现场。案发后,谢培忠赔偿了谢名居人民币3万元。经鉴定,谢名居损伤构成轻微伤。

4. 其他聚众斗殴事实略

5. 聚众冲击国家机关、故意毁坏财物事实略

6. 聚众扰乱社会秩序、故意伤害的事实

2011年6月左右,中交厦门公司为承建汕头市东海岸新城新津片区,在汕头市新溪镇西南村坝尾成立了项目部开展工作。被告人谢培忠、谢良中为了从中交厦门公司获得工程,先后采用以西南村村委会名义向中交厦门公司发出《停工通知书》、在项目部附近通道上挖坑和堆砌石头阻碍项目部车辆通行、打砸项目部多辆汽车等手段向中交厦门公司施压,仍未能如愿。

2011年8月10日,被告人谢良中接到被告人谢培光的电话称其鱼塘涵管被压坏,意识到可借此机会向中交厦门公司展示其与被告人谢培忠在新溪片区的影响力从而与中交厦门公司谈判承接工程,遂指使被告人谢文财、谢培光带人去中交厦门公司借讨说法的名义闹事。谢文财、谢培光纠集郑淑平、谢培炮、谢华锋和谢文广(另案处理),于当日14时许驾车到中交厦门公司东海岸新城项目部,在项目部内,谢文财、谢培光、郑淑平、谢培炮、谢华锋、谢文广等人以鱼塘涵管被中交厦门公司的施工车辆压坏为借口要求赔偿损失,谈判未果后,谢文财等人动手殴打中交厦门公司员工黄永泉、曹道仁和蔡聪知等人。新溪边防派出所民警接报警后到场出警,但谢文财等人并未理会民警劝阻。在谢文财等人闹事的同时,谢桂涛、郑静壮、谢潮彬、谢俊江等聚集附近村民约上百人陆续到达项目部,其间项目部的监控摄像头被挪移,监控摄像设备的电源被掐断,有人高喊煽动性言语,还将处警民警强行抬离项目部办公室,场面一度失控。

蔡聪知在被殴打的过程中,随手捡起水果刀自卫,将殴打自己的谢文广腰部刺伤。为了报复蔡聪知,被告人谢文财、谢培光、谢培炮、郑淑平、谢华锋一起殴打蔡聪知,其中谢文财用木棒打中蔡聪知头部,致蔡聪知倒地昏迷不醒,急需送医院治疗。救治蔡聪知的救护车到场时,谢文财又煽动项目部外聚集的人员阻碍救护车进入,并伙同谢培光、郑静壮、谢俊江与部分在场人员合力阻拦救护车。被告人谢良中在得知上述情况后,也赶到项目部指挥村民围堵,并和被告人谢潮彬一起向中交厦门公司施压,要求中交厦门公司赔偿人民币15万元才同意放行救护车。中交(汕头)东海岸新城投资建设有限公司负责人被迫同意赔偿要求后,谢良中、谢培光、谢文财等人才允许在场围堵人员放行。至当日18时20分许,参与围堵的人员陆续离开项目部,围堵持续时间长达4小时。

上述事件造成了中交厦门公司东海岸新城项目部内的办公设备、施工设备、视频监控设备等财物被损毁,对员工心理和生活产生了极大负面影响,中交厦门公司的生产经营活动长时间内无法恢复正常。另外,中交厦门公司员工蔡聪知、曹道仁、黄永泉及新溪边防派出所民警均有不同程度受伤。经法医鉴定,蔡聪知属于轻伤一级。蔡聪知、黄永泉的受伤导致经济损失共计人民币93482.64元。案发后,蔡聪知、中交厦门公司出于稳定生产建设环境、避免同类型恶性事

件再次发生的考虑,分别出具了《关于同意酌情从轻处理"8·10"涉事村民的意见》《关于同意不追究涉事者赔付责任的函》作为谢文财涉嫌故意伤害案的谅解材料。2012 年 11 月 23 日,谢文财因打伤蔡聪知一事被汕头市龙湖区人民法院以故意伤害罪判处有期徒刑三年,缓刑四年。

7. 走私国家禁止进出口的货物、走私普通货物的事实

2013 年 8 月,被告人谢培忠经与走私集团首要分子郑某明(另案处理)密谋后,决定利用谢培忠组织势力所控制的汕头市龙湖区新溪镇西南村新津河码头、汕头市澄海区坝头镇莱芜码头停靠走私船只,并安排该组织成员为运载走私货物的货车提供保护,按每护送一个集装箱走私货物收人民币 5000 元的标准收取走私集团保护费。2013 年 8 月至 2018 年 5 月,该组织帮助郑某明走私集团走私冻品超过 2 万个集装箱,获利超过人民币 1 亿元。

8. 其他非法持有枪支、弹药,非法采矿,寻衅滋事,行贿的事实略

二、裁判要旨

No. 6-1-294(1)-25 认定一个犯罪组织属于黑社会性质组织,指的是它最终必须完全具备组织特征、经济特征、行为特征、非法控制四个特征,但不能据此要求它在形成伊始就已然完全具备四个特征。

本案是一起具有重大社会影响的黑社会性质组织犯罪案件,涉及扫黑除恶专项斗争十大重点领域中的三大领域,即"把持基层政权、操纵破坏基层换届选举""在工程项目建设等过程中煽动闹事""强揽工程、滥开滥采"。根据在案事实和证据,组织特征、经济特征、行为特征及危害性特征方面均符合《刑法》第二百九十四条的规定,应当认定为黑社会性质组织,这一点没有争议。本案的难点在于如何确定以被告人谢培忠为首的黑社会性质组织的时间起点。谢培忠等人实施犯罪时间跨度长,至 2013 年开始实施走私护私违法犯罪活动时,犯罪组织所具备的黑社会性质组织的四个特征已经十分明显,但如果认为该黑社会性质组织此时才刚刚形成,那么就无法全面、客观地反映该组织所造成的社会危害,谢培忠等人在此之前多次有组织实施的聚众斗殴、聚众冲击国家机关、故意伤害等犯罪就会被排除在组织犯罪之外,显然不符合实际。因此,确定黑社会性质组织的形成时间起点,对于准确认定相关犯罪的性质具有重要意义。

如果简单地理解法条,则一个犯罪组织只有在"四个特征"同时具备之时,才是真正形成黑社会性质组织之日,但这在司法实务中无法操作,不具有现实可能性。犯罪组织的形成、发展、壮大直至最终成为组织特征、经济特征、行为特征、非法控制特征典型完备的黑社会性质组织,是一个渐进的过程,往往没有明显的性质转变的时间节点。我们认为,认定一个犯罪组织属于黑社会性质组织,指的是它最终必须完全具备上述四个特征,但不能据此要求它在形成伊始就已然完全具备四个特征,最高人民法院、最高人民检察院、公安部、司法部联合发布的《关于办理黑恶势力犯罪案件若干问题的指导意见》(以下简称《黑恶势力指导意见》)第六条实际上也体现了这一精神。根据该条规定,对于黑社会性质组织的形成时间,有成立仪式的看成立仪式,无成立仪式的看标志性事件,无标志性事件的就看首次有组织犯罪。之所以将成立仪式(或者类似活动)作为最优先确定的判断依据,是因为此类行为可以直接表明犯罪分子已经按照共同的不法宗旨或意图纠合在一起,并且初步确定了组织的层级架构和运行方式,尽管此时可能还不具备一定经济实力或者还未形成具体的危害后果,但如果之后该犯罪组织经过发展、升级已经具备《刑法》第二百九十四条规定的四个特征,则可以将成立仪式发生的时间点作为黑社会性质组织形成的时间起点。标志性事件与成立仪式有类似的作用和效果,在没有成立仪式(或者类似活动)的情况下,可以将该事件作为判断时间起点的依据。比较《黑恶势力指导意见》第六条中规定的三种审查判断依据,第三种情形"组织者、领导者与其他组织成员首次共同实施该组织犯罪活动的时间"在执法办案时运用最多,但成立仪式、标志性事件的优势在于相对更加明确、直观,在司法实践中一般不会引起争议。

No. 6-1-294(1)-26 对于黑社会性质组织的形成时间,有成立仪式的以成立仪式为准,无成立仪式的以标志性事件为准,无标志性事件的以首次有组织犯罪为准。

成立仪式,是一种意图明确、行为具体的客观事实,判断起来最为简单,而标志性事件的认

定则要相对复杂一些,需要司法工作人员结合具体案件事实和证据综合判断。所谓标志性事件,顾名思义,是指具有显著特征并使主体易于识别的事件,《黑恶势力指导意见》第六条中对标志性事件作了进一步限定,"足以反映其初步形成非法影响"。结合司法实践情况,在黑社会性质组织犯罪的语境下,标志性事件不仅包含对涉案犯罪组织树立恶名、排除竞争等具有重要影响的违法犯罪活动,也包括反映涉案犯罪组织实力壮大,已初步形成较稳定获利来源的重大事件,如为涉足某一行业或领域而成立公司、企业等经济实体,还包括能够反映涉案犯罪组织已经具备一定社会影响的重大事件,如捞取政治光环、把控基层政权、获取政治资本等。我们认为,在甄别、确定标志性事件时,至少应当从以下三个方面来分析判断:第一,该事件一般是组织、领导者亲自组织或直接参与实施的违法犯罪事实或者其他重大事件;第二,该事件对于涉案犯罪组织进一步发展做大或者在一定区域或行业内开始初步形成非法影响具有明显作用,客观上为该组织实施后续违法犯罪活动打下基础;第三,标志性事件一般发生在首次有组织犯罪之前或者本身就是首次有组织犯罪。

案例:龚品文等人组织、领导、参加黑社会性质组织案

案例来源:《刑事审判参考》总第 123 集[第 1356 号]

主题词:组织、领导、参加黑社会性质组织罪　软暴力

一、基本案情

1. 组织、领导、参加黑社会性质组织的事实

自 2013 年以来,被告人龚品文、刘海涛在常熟市从事开设赌场、高利放贷活动,并主动结识社会闲杂人员,逐渐积累经济实力。自 2014 年 7 月起,龚品文、刘海涛组织被告人马海波、赵杰、王海东、王德运、陈春雷等人,形成以龚品文、刘海涛为首的较为稳定的犯罪组织,并于 2015 年 4 月间实施了首次有组织犯罪。2016 年下半年、2017 年 8 月被告人梁立志、崔海华分别加入。

该组织人数众多,组织者、领导者明确,骨干成员固定。被告人龚品文为该组织的组织者、领导者;被告人刘海涛为该组织的领导者;被告人马海波、赵杰、王海东、王德运、陈春雷等人为骨干成员;被告人崔海华、梁立志等人为一般参与者。该组织内部分工明确,龚品文、刘海涛负责决策和指挥整个组织的运转;马海波、赵杰、王海东、王德运、陈春雷受龚品文、刘海涛的指派开设赌场谋取利益,并在赌场内抽取"庄风款"、放水、记账,按照龚品文、刘海涛的指派为讨债而实施非法拘禁、寻衅滋事、敲诈勒索、强迫交易等违法犯罪行为,崔海华、梁立志参与寻衅滋事违法犯罪行为。

该组织为规避侦查,强化管理,维护自身利益,逐步形成了"红钱按比例分配""放贷本息如实上报,不得做手脚"等不成文的规约,对成员的行动进行约束。在借款时使用同伙名义,资金出借时留下痕迹,讨债时规避法律。建立奖惩制度,讨债积极者予以夸奖,讨债不积极者予以训斥。

该组织通过有组织地实施开设赌场、高利放贷等违法手段聚敛资产,具有较强的经济实力。其中,该组织通过开设赌场非法获利的金额仅查实的就达人民币 300 余万元。另外,在上述被告人处搜查到放贷借条金额高达人民币 4000 余万元,资金流水人民币上亿元。对非法手段聚敛的财产进行分配;对组织的违法犯罪活动支出,如购买 GPS 等装备,因讨债被砸坏汽车玻璃以及被刑事拘留后聘请律师的费用按照比例分担。

该组织为维护其非法利益,以暴力、威胁等手段,有组织地实施了开设赌场、寻衅滋事、非法拘禁、强迫交易、敲诈勒索等违法犯罪活动,在讨债过程中通过安装 GPS 定位器非法获取公民个人信息,为非法获取利益长期实施"软暴力"行为,给被害人和有关群众形成心理强制,为非作恶,欺压群众,严重破坏社会治安,妨害社会管理秩序,在常熟市原虞山镇、碧溪街道、东南街道、古里镇、辛庄镇、梅李镇、沙家浜镇、海虞镇、支塘镇、尚湖镇及周边地区造成重大的社会影响。

二、裁判要旨

No. 6-1-294(1)-27 把握黑社会性质组织所实施的"软暴力"的强度应以相关行为是否足以对群众造成实质性的心理强制为根本落脚点,可以从足以达到与硬暴力同等程度的长期性、手段多样性、明显组织性、独立成罪且造成实害结果等方面综合考虑。"软暴力"与"硬暴力"不是泾渭分明,互相排斥的关系,而是互相包容,随时转化的关系。

2018年最高人民法院、最高人民检察院、公安部、司法部联合印发的《关于办理黑恶势力犯罪案件若干问题的指导意见》(以下简称《黑恶势力指导意见》)明确指出,黑社会性质组织实施的违法犯罪活动包括非暴力性的违法犯罪活动,但暴力或以暴力相威胁始终是黑社会性质组织实施违法犯罪活动的基本手段,并随时可能付诸实施。暴力、威胁色彩虽不明显,但实际是以组织的势力、影响和犯罪能力为依托,以暴力威胁的现实可能性为基础,足以使他人产生恐惧、恐慌进而形成心理强制或者足以影响、限制人身自由、危及人身财产安全或者影响正常生产、工作、生活的手段,属于《刑法》第二百九十四条第五款第三项中的"其他手段",包括但不限于所谓的"谈判""协商""调解",以及滋扰、纠缠、哄闹、聚众造势等手段。最高人民法院、最高人民检察院、公安部、司法部联合发布《关于办理实施"软暴力"的刑事案件若干问题的意见》也明确规定,"软暴力"手段属于《刑法》第二百九十四条第五款第三项"黑社会性质组织行为特征"以及《黑恶势力指导意见》第十四条"恶势力"概念中的"其他手段"。

该规定在2009年最高人民法院、最高人民检察院、公安部印发《办理黑社会性质组织犯罪案件座谈会纪要》、2015年最高人民法院印发《全国部分法院审理黑社会性质组织犯罪案件工作座谈会纪要》(以下简称《2015年纪要》)的基础上进行了扩大解释,前后几份规范性文件虽然均将"硬暴力"及"软暴力"作为黑社会性质组织实施违法犯罪活动的手段,但《2015年纪要》特别强调"在黑社会性质组织所实施的违法犯罪活动中,一般应有一部分能够较明显地体现出暴力或以暴力相威胁的基本特征"。与之不同的是,《黑恶势力指导意见》对于这种暴力性特征予以淡化,而将足以对他人产生心理强制的行为均作为黑社会性质组织的行为特征。因此,实践中把握黑社会性质组织所实施的"软暴力"的强度应以相关行为是否足以对群众造成实质性的心理强制为根本落脚点,具体来说,可以从以下几方面进行把握:

第一,黑社会性质组织实施的"软暴力"应具有长期性。一方面,在施加心理强制强度方面,"软暴力"本身可以带来不逊于"硬暴力"的效果;另一方面,也要承认,"软暴力"的暴力程度不及"硬暴力",仅实施数量较少的"软暴力"行为是很难给他人造成心理强制,进而达到欺压、残害群众的程度。与"硬暴力"给当事人直接带来肉体损害或疼痛不同,通过"软暴力"施压主要是给被害人施加精神折磨,这种精神折磨要达到精神压制的程度需要时间的积累,是一个由量变到质变的过程。因此,"软暴力"行为的强度与危害影响要达到与"硬暴力"同质化的程度需要相当量的积累。

第二,黑社会性质组织实施的"软暴力"一般应具有多样性。在黑社会性质组织犯罪中,受害群众所遭受的心理压力来自多个方面,一方面,由于"软暴力"本身的暴力、威胁色彩不够明显,手段强度不及"硬暴力",因此仅实施单一手段的"软暴力"行为,往往不足以对受害群众施加强烈的心理压制;另一方面,手段单一的"软暴力"行为不足以体现黑社会性质组织的犯罪能力,违法犯罪手段单一往往说明犯罪组织发展尚不成熟,势力尚未壮大,组织较为涣散,犯罪能力不强,尚不足以使受害群众产生足够强烈的心理恐惧,难以达到足以影响、限制人身自由、危及人身财产安全或者影响正常生产、工作、生活的暴力强度,不能满足成立黑社会性质组织所要求具备的行为特征。

第三,黑社会性质组织实施的"软暴力"应体现出明显的组织性特征。黑社会性质组织之所以能够严重危及人身财产安全或者影响正常生产、工作、生活,成为社会毒瘤,就在于其具有明显的组织性,这是黑社会性质组织犯罪区别于一般单纯犯罪最显著的特点,也是组织、领导、参加黑社会性质组织行为本身就具备刑事可罚性的逻辑基础。一方面,组织性是黑社会性质组织具备较强犯罪能力的重要保障,如果相关"软暴力"行为无法体现出组织策划团体协作、分工实施等组织性特征,表明相关“软暴力”行为具有一定的自发性、随意性,由于“软暴力”行为本身暴力强度不够,如果缺少组织痕迹,零散实施,则必然难成气候,无法达到与黑社会性质组织相称的暴力强度;另一方面,行为的组织性也是黑社会性质组织能够通过违法犯罪活动给受害群众施加心理威慑的重要依靠,正是通过组织性的体现,使受害群众认识到自身所面临的不法侵害不是来源于单纯的个人,而是来源于一个缜密组织,更加放大了心理恐惧。虽然面临的“软暴力”行为暴力特征不明显,但因为感知到行为的组织性,使受害群众更加容易丧失与违法犯罪行为进行对抗的理性与信心,陷入心理受强制的境地,达到黑社会性质组织的犯罪目的。实践中,一般可以从多人实施、统一着装、显露文身、特殊标识等特征加以判断,也包括其他各种以明示或者暗示方式,足以使对方感知相关行为组织性的行为。

第四,黑社会性质组织实施的“软暴力”应有能够直接构成犯罪的行为,并造成明显的实害后果。由于“危害性特征”本身就是判断一个犯罪组织能否成立黑社会性质组织的重要方面,因此,对于以实施“软暴力”为主要行为特征的涉黑组织来说,必然要求其实施“软暴力”已经造成足够严重的危害后果。对于危害性特征的把握,《黑恶势力指导意见》规定的八种情形,主要包括致使多名合法利益遭受犯罪或者严重违法活动侵害的群众不敢通过正当途径维护权益;对一定行业的生产经营形成垄断,或者对涉及一定行业的准入、经营、竞争等经济活动形成重要影响;致人重伤或致多人轻伤;通过违法犯罪活动敛财数额巨大;干扰、破坏正常生产经营造成重大损失;严重干扰破坏党政机关和基层群众自治组织的工作秩序等。由于“软暴力”行为暴力特征本身不够明显,要评价实施“软暴力”的严重后果,一般按照实施“软暴力”行为造成上述两种以上危害后果来进行把握比较妥当。另外,为体现黑社会性质组织行为的暴力性特征和对群众造成心理威慑的强度,在“软暴力”行为中,应有能够直接构成犯罪的部分,而不能全部都只是单纯的违法行为。

需要特别指出的是,黑社会性质组织实施的“软暴力”与“硬暴力”不是泾渭分明,互相排斥的关系,而是互相包容,随时转化的关系。“软暴力”与“硬暴力”都是黑社会性质组织为实现组织利益而采用的手段,其目的是相同的,给群众造成心理压制的后果也是相同的。在具体实施过程中,很难精准把握行为的强度界限,因此,“软暴力”会随时向“硬暴力”转化,黑社会性质组织成员对此应有明确认识且并不排斥。

No. 6-1-294(1)-28 “占股分利”只是涉黑组织准公司化运营的一个幌子,其本质为纠合组织成员,形成共同利益,对保持组织正常运转起到重要作用,是黑社会性质组织组织特征的一个重要体现。

随着时代的发展,黑社会性质组织的内部组织模式也出现了一些新的变化,在司法实践中发现,与以往靠直接给予金钱或物质奖励来豢养成员,鼓动犯罪的做法不同,在一些公司化或准公司化运作的黑社会性质组织中,采用“占股分利”方式来纠合组织成员,维系组织框架的现象越来越普遍。所谓“占股分利”,类似于现代公司治理结构中的“股权激励”,是指组织内部成员按照占股比例来对犯罪收益进行分配,组织的领导者通过掌握股权分配比例来实现对组织成员的控制和奖惩。在该种模式下,由于犯罪后果与个人收益紧密相关,往往更能调动组织成员的犯罪积极性,其内部组织结构也更为稳定。

本案中,各组织成员参股放贷,而被告人龚品文、刘海涛作为该黑社会性质组织的组织者、领导者,对参股人员及比例具有决策权。在非法放贷过程中,由于组织成员系互相占股出资及分利,故组织人员利益相互交织,关系日趋紧密,架构不断成熟,各组织成员对所谓“替谁帮忙、找谁商量”均有明确认识。且无论组织中哪些成员前去实施违法犯罪活动,相关非法利益的实现均惠及全体出资的组织成员,形成了明显的组织利益。在组织架构中,以是否掌握股权分配权为参照,可以发现首要分子非常明显;以是否占股及占股比例大小为参照,可以发现骨干成员基本固定,人员规模逐渐增大。综上,“占股分利”只是涉黑组织准公司化运营的一个幌子,其本质为纠合组织成员,形成共同利益,对保持组织正常运转起到重要作用,是黑社会性质组织组织特征的一个重要体现。

案例:方悦等人组织、领导、参加黑社会性质组织案

案例来源:《刑事审判参考》总第123集[第1357号]

主题词:组织、领导、参加黑社会性质组织罪 套路贷

一、基本案情

1. 组织、领导、参加黑社会性质组织的事实

2016年2月至2017年8月间,被告人方悦、徐前真利用无锡市乾宏信息咨询服务有限公司(以下简称"乾宏公司")、无锡海嘉投资有限公司(以下简称"海嘉公司")、乾府公司、无锡市乾多多投资有限公司、无锡乾友投资有限公司(以下简称"乾友公司")、无锡乾富投资有限公司(以下简称"乾富公司")、无锡市万友投资有限公司(以下简称"万友公司")七家公司结成"乾"字头公司联盟,假借民间小额贷款之名,通过"签订虚假借据收据""肆意认定违约"等方式,采用非法拘禁、敲诈勒索、寻衅滋事、纠缠、滋扰、恐吓等手段实施"套路贷"犯罪。被告人方悦、方阳阳、方明喜、方修东等人招揽被告人陈宝红、方志明、胡月、宋立明、孙成来等安徽省颍上县十八里铺镇的老乡及社会闲散、刑满释放人员,在各"乾"字头公司内部成立"贷后部"进行非法催讨,逐步形成以方悦、徐前真为组织者、领导者,以方阳阳、方明喜、方修东、曹全、廖本波为积极参加者,被告人陈宝红、单有君、陈奇、方志明、李国辉、秦文春、王国启、岳一超、岳翠玖、牛绪永、王守影、蔡祥雷、单宝君、胡月、宋立明、孙成来、李磊、李国旗、许豆豆、方志响、方贺全、方贺军、方明柱、胡猛、方志友、陈少东、曹坤红、庞雨停、王立豹、方克飞、岳文保等数十人为一般参加者的黑社会性质组织。该黑社会性质组织骨干成员固定、层级结构明确,盘踞在无锡市市中心梁溪区一带,并涉足江阴、宜兴等地,人数众多、资金雄厚、势力庞大,组织成员均遵守组织、领导者制定的规章、纪律,实施了非法拘禁、敲诈勒索、寻衅滋事、恐吓、威胁、强行入住、喷漆、堵门锁、滋扰、纠缠等违法犯罪活动,攫取了高额非法利益,对借款人、亲属及周围邻居造成心理强制和不安影响,使人民群众的合法利益遭受重大侵害,在持续性时间段内严重破坏了无锡、江阴、宜兴一定区域内的社会生活秩序和经济秩序,在各地造成恶劣的社会影响。

2. 非法拘禁的事实

2017年3月至8月间,被告人方悦、徐前真利用乾宏公司、海嘉公司、乾府公司等公司非法经营零用贷等小额贷款业务,并通过成立专门的贷后部门催讨非法债务而谋利,被告人方阳阳、方明喜、方修东通过乾友公司、万友公司、乾富公司和方悦、徐前真的公司结成小联盟,共同催讨,将被害人强行带走后看管在酒店房间、公司办公室等地,采用威胁恐吓、殴打、限制人身自由等手法向被害人逼要非法债务。涉案11名被害人被非法拘禁短则日余,长则11天,其间,各被告人或言语威胁、或暴力殴打、或体罚、或虐待,逼迫被害人偿还虚增债务。

(具体非法拘禁的事实略)

3. 敲诈勒索的事实

2016年4月至2017年8月间,被告人方悦、徐前真利用乾宏公司、海嘉公司、乾府公司等公司非法经营零用贷等小额贷款业务,并通过成立专门的贷后部门催讨非法债务而谋利,被告人方阳阳、方明喜、方修东通过乾友公司、万友公司、乾富公司和方悦、徐前真的公司结成小联盟,共同催讨,采用非法限制人身自由、殴打、威胁、滋扰等手法,持远高于被害人实际借款金额的"高条"(虚增债务)向被害人及其亲属逼要非法债务,从被害人及其亲属处索得钱款。方悦、徐前真等从十余名被害人及其家属处共敲诈勒索钱财120余万元。

(具体敲诈勒索的事实略)

4. 寻衅滋事的事实

2017年7月至8月间,被告人方悦、徐前真在经营乾宏公司、海嘉公司、乾府公司等公司期间,违法向个人放贷并通过成立专门的贷后部门催讨非法债务而谋利,被告人方阳阳、方明喜、方修东通过乾友公司、万友公司、乾富公司和方悦、徐前真的公司结成小联盟,向被害人共同催讨非法债务。

2017年7月20日至8月9日左右,被告人廖本波、陈宝红、单有君、王国启、方阳阳、胡月、孙

成来、方志响、方贺军、方贺全等人在乾宏公司、海嘉公司、乾友公司、万友公司负责人的安排下,以王袁伟向海嘉公司还款逾期违约,即在乾宏公司、万友公司、乾友公司等公司的借款也违约为由,至无锡市锡山区羊尖镇被害人王袁伟开办的烤漆厂,轮流在办公室看管王袁伟,采用汽车堵厂门、言语威胁、殴打等方式,持"高条"向王袁伟逼要非法债务,严重影响该厂的正常生产经营。其间,王袁伟因害怕个人生活和烤漆厂的正常运作受到影响,被迫从厂内采购生产用品的货款中紧急挪用了2.9万元支付给陈宝红,并按照四家公司的要求,被迫签下了9万元的虚假"借条"(含"高条"和催讨费用)。

2017年8月5日晚至次日凌晨,被告人廖本波、陈宝红、李磊、方志响、方贺军等人将被害人周亚中带至无锡市梁溪区五河苑旁小树林内,对周亚中拳打脚踢、扇巴掌,持"高条"向周亚中逼要债务,要求周亚中承认虚增的17万元债务,凌晨3时许,周亚中才乘隙逃走。经鉴定,周亚中左侧第4根、第5根肋骨骨折,构成轻伤二级。

(其他寻衅滋事的事实略)

5. 侵犯公民个人信息的事实

2015年至2017年,被告人徐前真在经营乾宏公司期间,为了拓展公司电销借贷业务,先后以索要、购买、交换等方式从路愉佳、何冠佳、彭新、荣舟涛、金华等人处非法获取公民个人信息,并交由公司业务员拨打电话推销公司借贷产品,涉案公民个人信息共计301000余条。

(其他具体事实略)

二、裁判要旨

No. 6-1-294(1)-29 对于"合法公司"外衣下涉"套路贷"黑社会性质组织的认定,应重点从对组织成员的控制来把握"组织特征",从公司存续的目的来把握"经济特征",从违法犯罪的主要手段来把握"行为特征",从公司的规模和影响力来把握"危害性特征"。

随着社会的不断发展,黑社会性质组织也呈现出了较多新的样态。与传统黑社会性质组织惯常实施的打架斗殴、争抢地盘、收取保护费、欺行霸市、强取豪夺等违法犯罪行为不同的是,当前的黑社会性质组织呈现出表面合法化、手段隐蔽化、控制科学化等特征。本案中以被告人方悦为首的犯罪组织即是一例。该犯罪组织的行为人着眼于通过"套路贷"攫取高额经济利益,成立公司以取代传统的"帮会",并以"合法公司"作为外衣,以公司下设的各个部门取代"堂口",以向组织成员发放工资取代"生活费",甚至重视对组织成员进行专门的培训,以便逃避法律的制裁。在具体实施犯罪活动时,行为人通过让被害人出具书面材料、拍照、拍摄视频等各种方式,掩盖行为的非法性,使犯罪行为极具隐蔽性、欺骗性、模糊性。在本案的审理过程中,如何准确界定以方悦为首的犯罪组织的性质问题,需要紧密结合黑社会性质组织的四个特征加以分析。

第一,重点从对组织成员的控制来把握"组织特征"。黑社会性质组织的组织特征是指形成较稳定的犯罪组织,人数较多,有明确的组织者、领导者,骨干成员基本固定。对于组织纪律、活动规约,应当结合制定、形成相关纪律、规约的目的与意图来进行审查判断,凡是为了增强实施违法犯罪活动的组织性、隐蔽性而制定或自发形成,并用以明确组织内部人员管理、职责分工、行为规范、利益分配、行动准则等事项的成文或不成文的规定、约定,均可认定为黑社会性质组织的组织纪律、活动规约。

传统的黑社会性质组织对成员的控制主要通过建立等级制度、制定严格的组织纪律和奖惩规则来展开,而通过高薪来豢养专业的催讨人员,通过等级制度和纪律规则确保对组织成员行为的控制,通过掌握利益分配权力来防止组织成员的背叛,尽管手段方法发生些许变化,但其维护组织严密性、稳定性的效果相同。

第二,重点从公司存续的目的来把握"经济特征"。在司法实践中需要重点通过对相关组织所涉公司存续的目的来具体分析,确定其是否属于黑社会性质组织。

2019年4月9日起施行的最高人民法院、最高人民检察院、公安部、司法部联合发布的《关于办理"套路贷"刑事案件若干问题的意见》对"套路贷"进行了进一步明确,方悦等人实施的行为即是典型的“套路贷”犯罪。具体而言,此类“套路贷”犯罪具备以下四个特征:一是制造民间借贷假象。二是恶意虚增债务。在“套路贷”犯罪中,行为人期待获得的不是普通高利贷的高额利息,而是通过各种套路非法占有被害人数倍于借款本金的财物。三是故意制造违约或肆意认定违约。四是软硬兼施“索债”。

第三,重点从违法犯罪的主要手段来把握“行为特征”。黑社会性质组织的行为特征是指以暴力、威胁或者其他手段,有组织地多次进行违法犯罪活动,为非作恶,欺压、残害群众。随着扫黑除恶工作的深入和司法打击力度的加强,以纯粹硬暴力手段实施的抢劫、故意杀人、故意伤害、聚众斗殴等违法犯罪活动往往很容易受到司法机关的及时惩处,有不少黑恶势力犯罪组织越来越注重削弱其违法犯罪活动的暴力属性,更多采用“轻微暴力”与“软暴力”相结合的行为方式,以威胁、恐吓、滋扰、纠缠、哄闹、聚众造势等手段对他人产生心理强制或影响。本案中,“软暴力”是被告人方悦等人催讨债务的重要违法犯罪手段。对此,2019 年 4 月 9 日,最高人民法院、最高人民检察院、公安部、司法部联合出台的《关于办理实施“软暴力”的刑事案件若干问题的意见》中,进一步明确了黑恶势力犯罪中“软暴力”的具体界定标准。

司法实践中对黑社会性质组织行为特征的认定不仅要关注违法犯罪行为对他人生命、健康和财产权利造成的损害,还应当关注行为对他人是否形成心理强制。应当看到,在黑社会性质组织违法犯罪活动中,无论行为手段如何隐蔽、多变,暴力或者以暴力相威胁,始终是黑社会性质组织能够对社会公众形成心理强制的重要原因。以本案为例,尽管被告人方悦等人将“软暴力”作为讨债的主要手段,但被害人周亚中被殴打致轻伤二级、部分被害人遭非法拘禁及被殴打、体罚、虐待的事实,也说明暴力手段仍是该组织的重要选项,这种暴力手段并不需要每次行动都要使用,而是表现为一旦需要使用,随时可以使用,这种随时可以付诸实际的暴力手段正是黑社会性质组织让人畏惧、屈服的重要原因。因此,本案中以方悦为首的犯罪组织虽以“合法公司”为外衣,采取的犯罪行为也相对隐蔽,但这种以“软暴力”为主,暴力与“软暴力”相结合的手段,仍然符合黑社会性质组织要求的行为特征。

第四,重点从公司的规模和影响力来把握“危害性特征”。黑社会性质组织的危害性特征,是指通过实施违法犯罪活动,或者利用国家工作人员的包庇或纵容,称霸一方,在一定区域或者行业内,形成非法控制或者重大影响,严重破坏经济、社会生活秩序。

案例:黄图望等人组织、领导、参加黑社会性质组织案

案例来源:《刑事审判参考》总第 123 集[第 1358 号]

主题词:组织、领导、参加黑社会性质组织罪　黑社会性质组织成员

一、基本案情

1. 组织、领导、参加黑社会性质组织的事实

20 世纪 90 年代,被告人黄图望、王保翔、黄雷、叶锦忠(另案处理)等人在海南省五指山市陆续加入了以蔡林忠(另案处理)为首的“黑鬼帮”。2001 年间,因蔡林忠被砍伤,该帮人员随之解散。2005 年,黄图望回到五指山市重新纠集原“黑鬼帮”成员叶锦忠、黄雷、王保翔等人,并陆续聚拢被告人黄图展、黄克理、黄尧杰、王栋、王静等五指山市番茅村宗族势力,通过实施强迫交易、故意伤害、聚众斗殴等暴力犯罪活动,在五指山市区的势力和影响逐步扩大,上述人员逐渐形成了具有一定规模的组织,逐步确立了黄图望的领导地位。2010 年前后,被告人梁正武、黄林壮、王卫、王秀弟(另案处理)等人又陆续加入该组织,并吸纳了五指山市的一批无业青年、在校和辍学学生,组织势力逐步发展,该组织共有成员 40 余人,骨干成员较为固定,层级分明,组织所有成员均视黄图望为组织“老大”,并以黄图望的绰号将该组织称为“月亮帮”,梁正武在组织中的地位、权威仅次于黄图望。自 2011 年起,该组织开始利用其组织恶名和势力在五指山市新市场一带开设赌场,并通过采取暴力、威胁、滋扰等手段插手五指山市新市场拆迁工程和非法控制五指山市加气砖市场、吊车市场,大肆实施聚众斗殴、故意伤害、寻衅滋事等犯罪活动,逐步形成了以黄图望、梁正武为组织者、领导者,被告人黄林壮、黄图展、黎石培、黄克理、黄雷、王栋、郑

剑波、薛关皇、陈明军为骨干成员,被告人王保翔、黄尧杰、王晓嘉、王卫、周代华、王开拓、黄小福、蔡嘉珍、符启帆、陈积厚为积极参加者,被告人王招锋、王泰鹏、纪新城、王静、梁建明、陈泽文、黄亮、黄更、黄世堂、黄林颖、符财彪、李德臻等人为一般参加者的黑社会性质组织。

该组织非法持有仿制枪支 2 支和砍刀、斧头、匕首等作案工具,为该组织实施暴力活动提供保障。该组织为控制和管理组织成员,逐步形成组织内部规约,组织成员必须听从被告人黄图望和梁正武的安排做事,低级别成员要尊重高级别成员,组织成员要团结,兄弟被欺负要打回来,组织成员不得吸毒等。该组织为便于管理和笼络成员,为组织成员安排食宿、提供免费的娱乐消遣,为被关押的组织成员提供生活费,为受伤的组织成员提供医疗费等。

该组织通过实施垄断加气砖市场和吊车市场、开设赌场、对按摩店、商铺索取"保护费"、替人追债等违法犯罪活动,非法获利共计约 199 万元,具有一定的经济实力。其中,非法控制五指山市加气砖市场获利约 60 万元;非法控制五指山市吊车市场获利约 52 万元;开设赌场获利约 32 万元;对按摩店、商铺索取"保护费"获利约 13 万元;插手五指山市新市场拆迁,承揽工程获利约 30 万元;插手民间纠纷、债务纠纷,获利约 12 万元。上述获利部分用于维持组织生存和发展。

该组织为树立非法权威,维护其非法利益,为非作恶,在五指山市三月三大道林苑宾馆、越丰路、什曼桥一带有组织地实施故意杀人、故意伤害、聚众斗殴、寻衅滋事、敲诈勒索、开设赌场、强迫交易、非法持有枪支、弹药、非法拘禁、故意毁坏财物、窝藏等一系列违法犯罪活动,共致 1 人死亡、2 人重伤、14 人轻伤、14 人轻微伤。该组织通过实施上述违法犯罪活动,称霸一方,并通过暴力、威胁、滋扰等手段控制五指山市加气砖、吊车市场,插手民间纠纷、债务纠纷,严重扰乱了五指山市的经济、社会生活秩序。

2 至 7 的其他违法犯罪事实略

8. 该组织为非法控制五指山市加气砖市场而实施的寻衅滋事等违法犯罪事实

2012 年,被告人黄图望、郑剑波和陵水铸城砖厂经销商薛峰峰(另案处理)为牟取经济利益,合谋由黄图望负责安排其帮派成员采取威胁、恐吓等手段,拦截、驱赶其他经销商的运砖车,逼迫其他经销商退出五指山市的加气砖市场,进而形成非法控制,并约定薛峰峰负责向五指山市各工地供应加气砖,销售价格不得低于每立方 280 元以及黄图望和郑剑波的获利分配方式。2012 年至 2013 年,薛关皇等人按照黄图望的指令听从郑剑波、薛峰峰的安排,多次带领该帮派成员以恐吓、暴力威胁等方式拦截、驱赶运砖车,导致陵水建邦砖厂、三亚大业砖厂等周边市县的经销商不敢再往五指山市销售加气砖。直至 2016 年,薛峰峰发现其他经销商又开始将加气砖运往五指山市销售,为继续非法控制五指山市加气砖市场,同时为了逃避法律打击,薛峰峰再次和黄图望、郑剑波合谋,决定采取驾车故意剐蹭其他经销商的运砖车并报警,再以运砖车超载为由要求交警扣车的方式,迫使其他经销商的运砖车不敢进入五指山市。薛峰峰同时还纠集其老乡吴定明(另案处理)、黄少林(另案处理)等人一起参与合作,所得利润黄图望、郑剑波、薛峰峰、吴定明、黄少林五人分成。2016 年 3 月至 4 月,薛关皇、黄克理等人听从郑剑波、薛峰峰的安排,以上述方式连续实施了多起寻衅滋事案。经鉴定,2012 年至 2016 年薛峰峰共往五指山市销售加气砖 55976. 27 立方,累计非法获利 194. 5945 万元。黄图望、郑剑波二人从中实际非法获利约 60 万元。

9. 寻衅滋事具体事实略

二、裁判要旨

No. 6-1-294(1)-30 与黑社会性质组织合作,借黑社会性质组织之力牟取非法利益的可以认定为黑社会性质组织成员,其主观上应有加入黑社会性质组织的明示或默示的意愿,但不要求行为人主观上认为自己参加的是黑社会性质组织。

我国《刑法》第二百九十四条第一款采用作用与地位相结合的划分标准,把黑社会性质组织成员分为三种类型,即组织者、领导者,积极参加者和其他参加者。对于组织者、领导者,或是有明确的职务、称谓,抑或是被公认的事实上的组织者、领导者,在司法实践中比较容易认定;其他参加者因作用单纯也比较好认定,即接受黑社会性质组织的领导和管理的犯罪分子;而对于积极参加者,在当前形式下,情况往往复杂得多,司法实践中出现了一些与黑社会性质组织合作,借黑社会性质组织之力牟取非法利益的犯罪分子,那么这些人属不属于黑社会性质组织的积极参加者?对此,2009年最高人民法院、最高人民检察院、公安部《办理黑社会性质组织犯罪案件座谈会纪要》(以下简称《2009年纪要》)对黑社会性质组织成员的客观认定作了更灵活的规定。

第一,主观上要有加入黑社会性质组织的意愿。《2009年纪要》对黑社会性质组织成员的主观明知问题作了规定。首先,这个主观意愿只要求加入者知道或者应当知道该组织具有一定规模,且是以实施违法犯罪为主要活动的即可认定。因此,实践中在认定黑社会性质组织成员时,并不要求行为人主观上认为自己参加的是黑社会性质组织;其次,由于各黑社会性质组织的规约不同,加入组织的主观意愿也可以以默示的方式作出。有加入仪式或者有类似加入活动的、有明显标志性事件的、有积极参加黑社会性质组织犯罪活动的,可以认为是有加入黑社会性质组织的明确的主观意愿;而没有任何明确的表示,但是认可黑社会性质组织规约、听从黑社会性质组织领导、主动领导其他黑社会成员,并且积极参加黑社会性质组织违法犯罪活动的,亦可认定有默示的加入黑社会性质组织的意愿。2018年最高人民法院、最高人民检察院、公安部、司法部《关于办理黑恶势力犯罪案件若干问题的指导意见》规定,没有加入黑社会性质组织的意愿,受雇到黑社会性质组织开办的公司、企业、社团工作,未参与黑社会性质组织违法犯罪活动的,不应认定为"参加黑社会性质组织",亦可反面推知主观意愿是认定黑社会性质组织积极参加者的要件之一。

第二,客观上有无参加黑社会性质组织的行为。《2009年纪要》对黑社会性质组织积极参加者的客观行为作了更灵活的规定。积极参加者,是指接受黑社会性质组织的领导和管理,多次积极参与黑社会性质组织的违法犯罪活动,或者积极参与较严重的黑社会性质组织的犯罪活动且作用突出,以及其他在组织中起重要作用的犯罪分子。因此对于积极参与者来说,首先,应在黑社会性质组织的领导和管理下进行违法犯罪活动,可以是由组织者、领导者直接组织、策划、指挥参与实施的违法犯罪活动,可以是由组织成员以组织名义实施,并得到组织者、领导者认可或者默许的违法犯罪活动,也可以是多名组织成员为逞强争霸、插手纠纷、报复他人、替人行凶、非法敛财而共同实施,并得到组织者、领导者认可或者默许的违法犯罪活动,亦可以是组织成员为组织争夺势力范围、排除竞争对手、确立强势地位、谋取经济利益、维护非法权威或者按照组织的纪律、惯例、共同遵守的约定而实施的违法犯罪活动,还可以是由黑社会性质组织实施的其他违法犯罪活动。其次,要有三种行为:一是要"多次积极参加",因黑社会性质组织成员可能有领域或行业分工,这里的多次无须关注是不是同一个领域,只要求次数多,且是积极参加(区别于其他参加者,一般指起重要作用)即可。二是"积极参加的是较为严重的黑社会性质组织犯罪,且作用突出",这里的"较为严重的黑社会性质组织的犯罪",既包括故意杀人、故意伤害、绑架等性质严重的暴力性犯罪,也包括造成重大财产损失或者恶劣社会影响的其他严重犯罪;而作用突出则是在实施犯罪中起重要作用。三是"在黑社会性质组织中起重要作用",这里专门强调的是在组织中的重要作用(区别于前两项在实施犯罪活动中的作用),可指那些对黑社会性质组织的人、财、物等重要事项具有"主要管理权",且对犯罪组织的维系、运行、活动确实起到重要作用的成员。

案例:罗建升等人组织、领导、参加黑社会性质组织案

案例来源:《刑事审判参考》总第128辑[第1425号]

主题词:组织、领导、参加黑社会性质组织罪　涉案财物处置

一、基本案情

广州市中级人民法院经审理查明:

(一)组织、领导、参加黑社会性质组织的事实

自2002年起,以被告人罗建升为首的犯罪组织,笼络、纠合了广州市白云区钟落潭镇附近一带的社会闲散人员,在广州市白云区钟落潭镇、花都区北兴镇等地实施寻衅滋事、开设赌场等

违法犯罪活动。2004 年 1 月,罗建升伙同被告人梁海坚、罗泽胜、卓观等人持枪抢劫快活林牛庄赌场后,在白云区钟落潭镇一带名声大噪,成为该黑社会性质组织初步形成非法影响的标志性事件。随后,罗建升因该案被判处有期徒刑八年。被告人林绍端通过贿赂罗建升羁押地司法人员的方式,让罗建升于 2008 年 4 月 30 日违规假释出狱。出狱后,罗建升再次组织白云区钟落潭镇大罗村、小罗村等地的社会闲散人员,通过在钟落潭镇陈洞村、良田村等地开设赌场、垄断废品回收、暴力抢夺工程等方式牟取非法利益。罗建升利用由此形成的经济实力,将被告人冯镜钊、罗永河(另案处理)、罗锦松、梁海坚、罗汉洋、罗志威、罗锐谦、罗健伟、罗东海、庾志聪、罗剑涛、罗杰添、冯锦辉、罗泽胜、曾国华、罗焯锋、冯建亮、罗湛锋、罗泽通、庾广钱等人网罗到一起,培养发展成为自己的亲信和打手。

2009 年 3 月,被告人罗建升因犯故意伤害罪再次被羁押后,其夺得的工程、废品回收公司等暂由其哥哥被告人罗浩升接手管理,罗浩升组织成员继续利用先前形成的影响实施违法犯罪活动。至 2011 年 6 月,罗建升刑满释放后,继续纠合上述组织成员实施故意伤害、寻衅滋事、开设赌场等违法犯罪活动,称霸于白云区钟落潭镇一带。另外,该犯罪组织在白云区人和镇高增村选举期间,为保证自己支持的人当选,组织大量不法分子统一佩戴白手套作为标识,在高增村聚集,围堵、恐吓村民,打击竞选对手,破坏基层组织选举。

该犯罪组织以广州市白云区钟落潭镇为活动中心,以钟落潭镇良沙路 7 号被告人林始兴租赁的办公室为据点,使用猎枪、刀具等工具,大肆实施多起违法犯罪行为,作恶多端,欺压百姓,从中获取经济利益,在一定区域形成重大影响,从而发展壮大,形成一个长期盘踞于广州市白云区钟落潭镇一带,以被告人罗建升为组织、领导者,被告人冯镜钊、罗锦松、罗锐谦、梁海坚、罗汉洋等人为积极参加者,被告人罗志威、罗健伟、罗东海、庾志聪、罗剑涛、罗杰添、冯锦辉、罗泽胜、曾国华、罗焯锋、冯建亮、罗湛锋、罗泽通、庾广钱等人为其他参加者的黑社会性质组织。

(二)组织犯罪的事实

1. 故意伤害事实

2008 年 11 月 25 日 22 时许,被告人梁海坚、罗锦松与梁文州、梁杰华、梁毅徽、梁帅鹤(均已判刑)等人为了逼迫被害人冯浩深偿还在赌场所借的高利贷,将冯浩深带至广州市花都区花东镇北兴京塘村溪河坝处,使用铁水管等工具对冯浩深进行殴打,致冯浩深受伤,后送医院抢救无效死亡。经鉴定,冯浩深符合因钝性暴力打击全身造成创伤性休克死亡。

2. 寻衅滋事事实

(1)2012 年 6 月 14 日 19 时许,被告人罗建升获悉其妻曾某桂被广州市白云区钟落潭镇计生办工作人员带至白云区计划生育服务站进行结扎手术后,遂决意报复,纠合被告人冯镜钊、冯建亮、罗志威等人,驾驶雷克萨斯小汽车到广州市白云区三元里大道白云区计划生育服务站外伺机作案。当其妻曾某桂出来后,罗建升安排罗志威护送其妻子回家,其驾驶雷克萨斯小汽车与冯镜钊、冯建亮一路跟踪计生办工作人员林某良驾驶的瑞风商务汽车,并指使罗永河带领组织成员前来实施报复。当晚 21 时许,罗永河按罗建升的指示,纠合被告人庾志聪、罗杰添、罗焯锋、罗锐谦及罗汉煊(另案处理)等人,携带木棍等作案工具,分乘三辆汽车到广州市白云区钟落潭镇竹三村流溪河河堤桥墩往东约 10 米路段,截停计生办工作人员车辆,并上前打砸该车及车内的林某良、叶某天、汤某宁、杨某洪、刘某坚等五名被害人,致该车前后挡风玻璃、前大车灯、前门玻璃等车身多处受损(经鉴定,受损价值人民币 8353 元),被害人林某良、叶某天、汤某宁、杨某洪受伤(经鉴定均属轻微伤)。

(2)2014 年 3 月 24 日,被告人罗建升应戴志航(另案处理)帮助其弟戴志敏竞选村长的请求,指使被告人罗湛锋、冯建亮、罗汉洋、罗剑涛、曾国华、冯锦辉、罗焯锋、罗锐谦及罗永河、罗杰龙、刘浩雄、罗炳其等人,分批前往广州市白云区人和镇高增村,与戴佩华、戴练强、骆启贤(均另案处理)等人汇合,由戴志航安排统一佩戴白手套作为标识,分组安排人手围堵村口、巷口和马路,跟踪、恐吓村民,对不合作村民的房子泼红油,打击竞选对手,严重干扰和阻碍村民正常的生产、生活秩序,破坏基层组织选举。

3. 强迫交易事实

2008年下半年至2011年年中,被告人罗建升伙同罗俊油、杨雄光、宋均旗、周柱华、冯志豪等人(均另案处理)在广州市白云区钟落潭镇大罗村合资成立利新废品回收公司。其中,罗建升出资人民币7.5万元,占30%股份;罗俊油、杨雄光、宋均旗各出资人民币2.5万元,各占10%股份;周柱华、冯志豪各出资人民币5万元,各占20%股份。公司由罗建升组织策划与管理经营,其他股东协助。为了垄断广州市白云区钟落潭镇大罗、小罗、乌溪、大纲岭四个村的废品回收业务,以获取不法利益,罗建升指使罗志权(另案处理)等人作为利新废品回收公司的管理员,又指使被告人冯锦辉、罗焯锋、罗杰添及罗杰龙、罗海通等人作为打手,再利诱上述四村的治保人员作为耳目负责巡查,当有外来人员收购废品时,即向罗志权等管理员汇报,罗志权再指使被告人冯镜辉、罗焯锋、罗杰添及罗杰龙、罗海通等人携带水管等作案工具,对来收购废品的外来人员实施恐吓或打砸等手段进行暴力驱赶。部分外来收购废品的人员以每月向利新废品回收公司交纳人民币200至500元"管理费"的方式获得继续收购废品的资格。

被告人罗建升等人在打压外来收购废品人员的同时,还对出售废品的厂家进行打压。罗建升先指使被告人冯锦辉、罗焯锋、罗杰添及罗杰龙、罗海通等人,对到金祥盛纸业有限公司、广东新宇塑胶实业有限公司和东雄化工有限公司等公司收购废品的人员进行暴力驱赶,再指使罗志权等管理员到上述公司实施低价收购。上述公司被迫将废品以低价卖给利新废品回收公司,造成一定的经济损失。

4. 开设赌场事实

2003年年底至2004年6月期间,被告人罗建升、卓观伙同冯永祥(另案处理)、罗艺垣共同出资人民币5万元作为赌本,在广州市白云区钟落潭镇陈洞村的高田庄、荔枝窿及良田村的荔枝林等地以"百家乐"方式开设赌场牟利,其中罗建升占股份30%、卓观占股份10%、冯永祥等人合占股份60%。其间,被告人罗建升指使被告人罗泽胜、曾国华、冯建亮及罗艺垣等人在赌场内负责派牌、打荷、运送赌资,卓观指使刘志林、"广西坚"(均另案处理)派牌、打荷,冯永祥负责赌场的组织管理,"庄华"(另案处理)等人负责望风、接送赌客。该赌场每天下午、晚上各开一场。罗建升、卓观与冯永祥等人按股份分利,罗泽胜、曾国华、冯建亮等人按日领取报酬。

(其他违法、犯罪事实略)

二、裁判要旨

No. 6-1-294(1)-31　刑事案件中,对涉案财物的处置有五种方式:一是用于附带民事赔偿款的执行;二是作为违法所得进行追缴及追缴不能时责令退赔;三是用于没收财产刑和罚金刑的执行;四是作为供犯罪所用的财物即犯罪工具的没收;五是作为违禁品的没收。在涉黑恶刑事案件的财产处置时,人民法院应当把握从严处置原则、依法处置原则、平衡处置原则。除此之外,也应坚持"民事优先"原则,补偿性的刑法手段优于惩罚性的刑法手段,被害人人身损害赔偿优于财产权益补偿。

对涉案财物的处置,意味着要追缴全部违法所得,及时退赔被害人损失并剥夺犯罪分子全部或部分财产权益,体现了国家对被害人权益的保护和对犯罪分子经济上的制裁。涉案财物处置的最基本目标是使犯罪分子不能通过犯罪获益,进而剥夺其实施犯罪的资本,有效防止其回归社会后再次犯罪。及时依法处置涉案财物,既是制裁犯罪,实现刑法特殊预防功能的有力手段,也可以起到教育、警示作用,有利于实现刑法的一般预防功能。

五种处置方式根据各自作用不同可分为三类:第一是补偿性的刑法手段,包含附带民事赔偿、违法所得的追缴和责令退赔。附带民事赔偿是因被害人人身受到被告人侵害产生了实际的经济损失,要求被告人赔偿并据此参与到刑事诉讼中,具有补偿性和对价性,其受益者是被害人或其近亲属。追缴和责令退赔处置的是被告人通过犯罪获取的违法所得,其受益者是被害人或国家,也具有补偿性。在适用时应当坚持赔偿额、追缴额分别与被害人损失、被告人获益对等的原则。第二是惩罚性的刑法手段,包含没收财产和罚金刑。适用时应当结合被告人在犯罪中的地位作用、造成后果及获利情况等准确判处。第三是行政强制措施类的刑法手段,包含对犯罪工具和违禁品的没收。

在审理涉黑恶刑事案件时,也应综合运用以上三类财物处置模式,以“剥夺再犯能力、抑制犯罪动机、没收违法所得”为目标,恢复被黑恶势力犯罪分子破坏的社会秩序,弥补被犯罪直接侵害的被害人的经济损失。由于黑恶势力犯罪组织较普通刑事犯罪团伙具有更强的经济实力,其对人身的侵害性和对社会经济秩序的破坏性也更大,因此涉黑恶案件的财产处置较一般案件也有其特殊之处。根据 2019 年 4 月 9 日最高人民法院、最高人民检察院、公安部、司法部《关于办理黑恶势力刑事案件中财产处置若干问题的意见》(以下简称《财产处置意见》),对涉黑恶刑事案件的财产处置,更强调彻底摧毁黑恶势力的经济基础,防止其死灰复燃。结合《财产处置意见》,法院在涉黑恶刑事案财产处置时,应当有以下几个原则:一是从严处置原则。确立以摧毁犯罪分子经济基础为标的量刑原则,注重补偿性和惩罚性刑法手段的运用,突出违法所得的全面追缴及财产刑的判罚,不让犯罪分子通过犯罪获益,并剥夺其再犯的经济能力。实践中,有时被告人的违法所得或被害人的财产损失难以准确认定,对此可结合各被告人供述、证人证言、账目材料、银行流水等综合认定;对被告人拒不供认,亦无其他证据材料证明,导致确实无法查清的,也可在财产刑中予以适当考虑,确保被告人不从犯罪中获益。二是依法处置原则。对财产刑的适用应结合被告人在黑恶势力组织中的地位、作用,所参与实施违法犯罪活动的次数、性质、地位、作用、违法所得额及造成损失数额等情节依法判处,对罚金的判处还应综合考虑被告人的缴纳能力。同时,严格区分财产来源、性质、权属,对有证据证明是被告人或其家庭成员的合法财产的,仅能将属于被告人的部分用于执行财产性判项,剩余部分应发还被告人或其家属。三是平衡处置原则。对被告人判罚的财产刑应尽量与其主刑相适应,兼顾各被告人之间的平衡,同时结合具体案情决定财产刑,避免财产刑数额的畸高畸低。

部分案件对涉案财物的处置没有确定赔付顺序,常常将扣押的财物及执行过程中发现的被告人财产线索全部用于没收财产和罚金的执行,而忽视对附带民事赔偿款及追缴违法所得的执行,侵害了被害人的合法权益。《刑法》第三十六条规定:“由于犯罪行为而使被害人遭受经济损失的,对犯罪分子除依法给予刑事处罚外,并应根据情况判处赔偿经济损失。承担民事赔偿责任的犯罪分子,同时被判处罚金,其财产不足以全部支付的,或者被判处没收财产的,应当先承担对被害人的民事赔偿责任。”此条款确立了“民事优先”原则在执行分配中的具体运用,以充分保护相对弱势一方的利益。

在涉黑恶刑事案件的财产执行中,也应坚持“民事优先”原则,补偿性的刑法手段优于惩罚性的刑法手段,被害人人身损害赔偿优于财产权益补偿。因此,当被执行人承担多种赔偿责任,其财产不足以支付时,应按以下顺序支付:首先,执行附带民事赔偿款和退赔被害人损失。对于判决生效后,附带民事原告人没有及时申请执行的,法院要通知其提交申请执行材料,附带民事原告人怠于申请执行的,法院也要在执行财物中保留可分配的份额。对于向被告人追缴及责令退赔的从被害人处获取的财物及对价,应当发还被害人。其次,执行追缴违法所得的没收。最后,执行罚金和没收财产刑。对于后续追查到的被告人新的财产线索,亦应按照上述顺序依次执行。对犯罪工具和违禁品的没收,原则上应当独立执行,在有的案件中犯罪工具存在一定价值,可予以变卖,如果涉案财物不足以赔偿被害人人身及财产损失,也可以考虑将变卖款作为赔偿被害人损失的执行标的。

132 包庇、纵容黑社会性质组织罪(《刑法》第二百九十四条第三款)

案例:刘学军、刘忠伟、吕斌包庇、纵容黑社会性质组织案

案例来源:《刑事审判参考》总第 107 集[第 1163 号]

主题词:包庇、纵容黑社会性质组织罪　连续犯　立功

一、基本案情

咸宁市中级人民法院经审理查明“包庇、纵容黑社会性质组织的事实”如下

被告人刘学军、刘忠伟、吕斌身为国家机关工作人员,明知刘汉、刘维等人在四川省广汉市、

什邡市等地有组织地长期从事违法犯罪活动,却不依法履行职责,多次纵容刘汉、刘维等人组织、领导的黑社会性质组织进行违法犯罪活动,或者积极帮助该组织成员逃避查禁或打击,为其充当保护伞。具体事实如下:

1. 1997年左右,被告人刘忠伟受刘维等人所托,为刘维在什邡市经营带有赌博性质的游戏机厅寻找场所、疏通关系。在刘维等人经营该游戏机厅过程中,刘忠伟多次在公安机关检查前向刘维通风报信。该游戏机厅被什邡市公安局城东派出所查处后,刘忠伟出面帮刘维要回了被查扣的游戏机主板。

2. 1999年左右,被告人刘忠伟明知刘维没有持枪资格,仍应刘维要求向其提供手枪子弹约30发。

3. 2001年下半年,被告人刘学军负责侦办1998年周政被杀案,其从广汉市公安局调取该案案卷,并将刘维、闵杰列为该案重要犯罪嫌疑人。同期,闵杰因涉嫌犯非法持有、私藏枪支等罪被德阳市公安局抓获,刘维唯恐其杀害周政的罪行败露,委托被告人刘忠伟帮忙打探。刘忠伟从刘学军处得知闵杰没有供出刘维的情况后,通过陈力铭告诉刘维。后刘忠伟将刘学军介绍给刘维认识。在侦办周政被杀案未能取得进展的情况下,刘学军长期隐匿该案案卷,不归还广汉市公安局。2010年年初,公安机关决定将周政被杀案和陈富伟等人被杀案并案侦查,多方查找周政被杀案原始案卷,最后在刘学军的办公室找到,发现此案卷部分原始材料缺失。

4. 2002年至2009年,被告人刘学军、刘忠伟、吕斌多次接受刘维等人安排的吃请和娱乐活动,并多次与刘维、陈力铭、旷晓燕及旷小坪(另案处理)等人共同吸食毒品,对刘维等人吸食毒品等行为不予制止和揭发。

5. 2006年左右,被告人刘忠伟找被告人吕斌要来枪支配件,帮助刘维将枪柄塑料卡口损坏的一支六四式手枪修复。

6. 2008年,陈富伟出狱后扬言要报复刘维、刘汉及其家人。刘维得知后,在被告人刘学军、刘忠伟、吕斌面前反复提及此事,欲通过刘学军利用职权追究陈富伟刑事责任。之后刘忠伟、吕斌多次帮助刘维督促刘学军,让刘学军加快侦办进度。其间,刘维曾当着刘学军、刘忠伟、吕斌的面,扬言要报复陈富伟。2009年年初,陈富伟等人被杀。德阳市公安局侦查陈富伟等人被杀案期间,以刘学军与刘维交往密切为由,决定让刘学军回避。刘学军回避后,将公安机关正在侦查刘维的情况故意泄露给刘维。刘学军、刘忠伟、吕斌掌握了刘维涉嫌杀害陈富伟等人重要情况后,直至2013年本案案发时仍隐瞒不报。

二、裁判要旨

No. 6-1-294(3)-1 包庇、纵容黑社会性质组织罪是连续犯,犯罪行为跨越刑法修正施行日期的,应当适用修正后的刑法一并进行追诉。

本案中,被告人刘学军、刘忠伟、吕斌的行为可细分为三类:一是意图帮助黑社会性质组织及其成员逃避查禁的积极作为,包括通风报信、隐匿证据等,例如,被告人刘学军故意将公安机关正在侦查刘维的情况泄露给刘维;二是不是基于上述意图的其他帮助黑社会性质组织的积极作为,例如,刘忠伟帮助要回被公安机关查扣的赌博机主板等;三是不依法履行职责,纵容黑社会性质组织犯罪的消极不作为,例如,明知刘维等人有吸毒、非法持有枪支、杀害陈富伟的犯罪行为而知情不举、不查。上述三类行为均系包庇、纵容黑社会性质组织的具体表现形式,在犯罪形态上,属于连续犯。

刘学军不依法履行职责,纵容黑社会性质组织犯罪的消极不作为确实具有继续犯的某些特征,但对犯罪形态的评价,首先应从整体上把握全案犯罪事实,即是实施一个犯罪行为,还是多个犯罪行为。如果是一个犯罪行为,可能存在继续犯或者法条竞合的可能;如果是多个犯罪行为,则或者依法数罪并罚,或者依据刑法理论认定为连续犯、牵连犯、吸收犯等,按一罪论处。被告人刘学军先后实施了多次包庇、纵容黑社会性质组织的犯罪行为,且每一起犯罪行为,均应依法予以追究刑事责任;此外,被告人刘学军等人实施上述行为时,其主观目的上具有同一性、概括性,均系包庇、纵容刘汉、刘维黑社会性质组织。因此,将被告人刘学军等人实施的多起包庇、纵容黑社会性质组织的犯罪行为认定为连续犯是适当的。

最高人民检察院于 1998 年作出《关于对跨越修订刑法施行日期的继续犯罪、连续犯罪以及其他同种数罪应如何具体适用刑法问题的批复》(高检发释字〔1998〕6 号),该批复针对继续犯、连续犯等犯罪形态跨越修订刑法如何适用刑法的问题作了明确。对于连续犯,该批复规定:“对于开始于 1997 年 9 月 30 日以前,连续到 1997 年 10 月 1 日以后的连续犯罪,或者在 1997 年 10 月 1 日前后分别实施同种类数罪,其中罪名、构成要件、情节以及法定刑均没有变化的,应当适用修订刑法,一并进行追诉;罪名、构成要件、情节以及法定刑已经变化的,也应当适用修订刑法,一并进行追诉,但是修订刑法比原刑法所规定的构成要件和情节较为严格,或者法定刑较重的,在提起公诉时应当提出酌情从轻处理意见。”从这一规定足以看出,对于连续犯,原则上仍适用修订后的刑法追诉,如果修订后的刑法所对应的法定刑较重的,仍应当依法适用,只不过在提起公诉时应当提出酌情从轻处理意见。虽然该批复针对的是 1997 年修订后的刑法,但其精神符合《刑法》第十二条的规定,仍应参照适用。

No. 6-1-294(3)-2 包庇黑社会性质组织,或者纵容黑社会性质组织进行违法犯罪活动的行为人归案后如实供述相关黑社会性质组织的犯罪活动的,不能认定立功情节。

犯罪嫌疑人、被告人到案后如果检举、揭发了与其无关的他人的犯罪事实,或者共同犯罪案件中的犯罪分子揭发了同案犯共同犯罪以外的其他犯罪的,已经超出了如实供述的范畴,经查证属实的,属于立功。如果被告人如实供述自己犯罪事实中必然包含有他人的犯罪事实的,换言之,没有超出如实供述范畴的,依法不应当认定为立功。本案中,2009 年年初,陈富伟等人被刘维授意、组织的人员当街杀害。被告人刘忠伟明知刘维有重大作案嫌疑,却不依法履行职责,隐瞒不报。同年 5 月,刘忠伟在公安机关找其调查时陈述了刘维等人商议杀害陈富伟的经过。刘忠伟据此主张其有立功表现。一、二审法院均未认定刘忠伟的行为构成立功是正确的。

案例:张礼琦包庇、纵容黑社会性质组织案

案例来源:《刑事审判参考》总第 123 集[第 1359 号]

主题词:包庇、纵容黑社会性质组织罪　追诉时效

一、基本案情

被告人张礼琦身为国家机关工作人员,明知陈才强团伙在浙江省温岭市有组织地长期从事违法犯罪活动,不依法履行职责,对陈才强(另案处理)等人组织、领导的黑社会性质组织实施的违法犯罪活动,多次进行包庇、纵容,或者积极帮助该组织领导者和成员逃避查禁或打击,一度致使对该黑社会性质组织的查禁工作受阻,为其充当“保护伞”。具体事实如下:

1. 2008 年 2 月 14 日,被告人张礼琦利用其职权,要求释放涉嫌寻衅滋事的陈才强等人,后又授意陈才强作不如实供述。同晚,张礼琦对叶新立等寻衅滋事案违法审批不予立案。案件移送打黑办后,张礼琦打听案情并透露给陈才强,告知陈才强逃避侦查对策。后该案陈才强未被打击。

2. 2011 年,被告人张礼琦得知温州市公安局着手调查陈才强等人涉黑的违法犯罪行为,向陈才强透露警务秘密,告知陈才强逃避侦查对策,向办案单位打听案情并透露给陈才强,导致对陈才强涉黑案的调查无法继续。

3. 2013 年,被告人张礼琦将浙江省公安厅向台州市公安局纪委下转的关于陈才强涉黑的信访件内容透露给陈才强。

4. 2016 年年初,被告人张礼琦得知省公安厅再次调查陈才强即将消息透露给陈才强。陈才强被抓后,张礼琦与陈才强家属及律师等人商量应对省厅调查的策略。

……

9. 2008 年 5 月 14 日,被告人张礼琦受陈才强请托后,要求看守所所长对涉嫌聚众斗殴的蔡建波出具变更强制措施的建议,所长没有同意。

10. 2010 年 5 月,被告人张礼琦受陈才强请托,授意派出所释放因吸毒被抓的方志国,但派出所仍对方志国作出行政拘留、强制隔离戒毒的处罚。

二、裁判要旨

No. 6-1-294(3)-3 连续犯的起止行为跨越《刑法》修订前后的,依照《最高人民检察院关于对跨越修订刑法施行日期的继续犯罪、连续犯罪以及其他同种数罪应如何具体适用刑法问题的批复》精神,应当按照修订后《刑法》的规定处罚;但是修订《刑法》所规定的构成要件和情节较为严格,或者法定刑较重的,在提起公诉时应当提出酌情从轻处理意见。

黑社会性质组织犯罪一个明显的特点是犯罪时间跨度普遍较长,而包庇、纵容黑社会性质组织犯罪也往往伴随着黑社会性质组织持续若干年,故审理此类案件中经常碰到关于具体犯罪的追诉时效及新旧法律规定的适用问题。本案中,被告人张礼琦实施的10起包庇、纵容黑社会性质组织犯罪的时间跨度从2007年至2015年,且各犯罪事实相互间隔,而2011年《刑法修正案(八)》对包庇、纵容黑社会性质组织罪的法定刑幅度进行了修正,辩护人就犯罪追诉时效及新旧法律规定适用提出意见。

我们认为:(1)《最高人民检察院关于对跨越修订刑法施行日期的继续犯罪、连续犯罪以及其他同种数罪应如何具体适用刑法问题的批复》规定,对于开始于1997年9月30日以前,继续到1997年10月1日以后终了的继续犯罪,应当适用修订《刑法》一并进行追诉;对于开始于1997年9月30日以前,连续到1997年10月1日以后的连续犯罪,或者在1997年10月1日前后分别实施同种类数罪,其中罪名、构成要件、情节以及法定刑均没有变化的,应当适用修订《刑法》,一并进行追诉;罪名、构成要件、情节以及法定刑已经变化的,也应当适用修订《刑法》,一并进行追诉,但是修订《刑法》所规定的构成要件和情节较为严格,或者法定刑较重的,在提起公诉时应当提出酌情从轻处理意见。连续犯是指行为人基于数个同一的犯罪故意,连续多次实施数个性质相同的犯罪的行为,触犯同一罪名的犯罪形态。本案中,被告人张礼琦所包庇的黑社会性质组织一直处于持续状态,其本身实施的包庇、纵容行为亦一直处于连续状态,虽然其10起犯罪事实的直接目的各有不同,但从整体来看,均基于包庇、纵容同一黑社会性质组织的目的,故应当根据前述批复的精神,按照修正后的《刑法》规定定罪处罚。(2)根据法律规定,追诉期限从犯罪之日起计算;犯罪行为有连续或者继续状态的,从犯罪行为终了之日起计算。在追诉期限内又犯罪的,前罪追诉期限从犯后罪之日起计算。本案中,被告人张礼琦的10起犯罪行为属于连续犯,最后一起发生于2016年,故不存在已过追诉期限问题,应追究其全部犯罪行为的刑事责任。

No. 6-1-294(3)-4 本罪的犯罪故意不要求行为人明确认识到其包庇、纵容的对象是黑社会性质组织,只要行为人知道或者应当知道是从事违法犯罪活动的组织即可。本罪是行为犯,原则上只要行为人在客观上实施了包庇、纵容黑社会性质组织行为的,即构成本罪且属既遂。

一方面,关于包庇、纵容黑社会性质组织罪主观方面的认定,一是本罪主观上只能是故意,过失不构成本罪。其中"包庇"行为仅为直接故意,"纵容"则可以是直接故意,也可以是放任态度的间接故意,间接故意表现为消极不作为。本案中,被告人张礼琦的包庇、纵容行为均为明显的直接故意。二是对于包庇、纵容对象的认知程度问题,即是否需要认识到其包庇、纵容的是黑社会性质组织及其违法犯罪活动。从司法实践来看,黑社会性质组织发展是一个渐进的过程,有时还会以合法外衣予以隐匿,准确认知其性质非常困难,故法律不可能要求行为人对黑社会性质组织有确定的认识。因此,2009年最高人民法院、最高人民检察院、公安部印发的《办理黑社会性质组织犯罪案件座谈会纪要》明确规定,只要行为人知道或者应当知道是从事违法犯罪活动的组织即可。我们认为,在认定行为人主观明知时,要综合考虑行为人对包庇、纵容对象的形态、规模、成员、行为方式的了解程度,以及本人与组织成员交往的密切程度等。如果行为人确实不知道,则不能认定本罪,应按其他符合犯罪构成要件的罪名定罪处罚。

另一方面,关于包庇、纵容黑社会性质组织罪客观方面的认定,第一,包庇和纵容行为的表现和区别。《最高人民法院关于审理黑社会性质组织犯罪的案件具体应用法律若干问题的解释》第五条对"包庇""纵容"加以定义的同时,也列举了行为的表现形式。包庇行为是积极作为,纵容行为是在有查禁义务情况下,消极不作为。本案中,在第1至4起犯罪事实中,如被告人张礼琦打招呼违规释放犯罪嫌疑人、透露警务秘密、帮助逃避处罚等,这些行为一度阻碍对该黑社会性质组织的查禁工作,符合前述解释所指的通过积极方式实施的包庇行为。第1起事实中的对寻衅滋事犯罪事实批准不予立案,符合前述解释所指的以消极不作为方式实施的纵容行为。第二,在审查本罪时还应注意以下两个方面:一是本罪是行为犯,原则上只要行为人在客观上实施了包庇、纵容黑社会性质组织行为的,即构成本罪且属既遂,不要求其包庇、纵容的行为最终使黑社会性质的组织逃脱追究责任,故辩护人所提的未成功帮助蔡建波办理取保候审、未成功让方志国逃脱处罚因此并非犯罪的辩护意见不能成立。二是行为人包庇、纵容的是黑社会性质组织及其违法犯罪活动,而不能是一般的犯罪组织或违法犯罪行为。

133 传授犯罪方法罪(《刑法》第二百九十五条)

案例:李祥英传授犯罪方法案

案例来源:《刑事审判参考》总第76集[第651号]

主题词:传授犯罪方法罪　传授犯罪方法罪与其他犯罪的竞合

一、基本案情

被告人李祥英,男,1986年10月22日出生,农民。因涉嫌犯传授犯罪方法罪于2009年9月29日被逮捕。

广州市白云区人民法院经公开审理查明:2009年8月30日凌晨2时许,被告人李祥英伙同许某(另案处理),在广州市白云区三元里大道东江大酒店旁,持刀对被害人方某城、朱某旭、吴某豪进行威胁,并以方某城生命安全为要挟,将三被害人强行带至棠景街棠下步行街。此后,李祥英等人以言语讲解的方式向三被害人传授抢夺的犯罪方法,并胁迫三被害人抢夺路人财物,致使三被害人被迫先后尾随多名路人。当日上午8时许,三被害人趁李祥英及同案人不注意时逃脱控制。

广州市白云区人民法院认为,被告人李祥英结伙向他人传授犯罪方法,其行为构成传授犯罪方法罪。依照《中华人民共和国刑法》第二百九十五条之规定,判决如下:

被告人李祥英犯传授犯罪方法罪,判处有期徒刑四年。

一审宣判后,被告人李祥英上诉提出,其系初犯,且认罪态度好,原判对其量刑过重。其辩护人提出的辩护意见是:(1)上诉人犯罪的意图是胁迫方某城等人为自己从事抢夺行为,其主观上并非传授犯罪方法的故意,不符合传授犯罪方法罪的构成特征。(2)原判量刑过重。因此,一审法院判决上诉人犯传授犯罪方法罪不当,上诉人属于教唆犯,应以被教唆的罪名,即抢夺罪定罪,请求撤销一审判决,改判上诉人构成抢夺罪(未遂)。

广州市中级人民法院经二审审理认为,上诉人李祥英伙同他人采用持刀威胁、挟持人质等手段向三名被害人传授犯罪方法,并胁迫三被害人实施犯罪,后因被害人抗拒而未得逞,此行为构成传授犯罪方法罪,依法应予惩处。上诉人李祥英及其辩护人提出的上诉意见、辩护意见于法无据,不予采纳。原判认定的事实清楚,证据确实充分,定罪和适用法律准确,量刑适当,审判程序合法。依照《中华人民共和国刑事诉讼法》第一百八十九条第一项的规定,裁定驳回上诉维持原判。

二、裁判要旨

No. 6-1-295-1　向他人传授犯罪方法,并胁迫他人实施犯罪行为的,构成传授犯罪方法罪与其所胁迫实施犯罪的教唆犯,且二行为之间具有手段行为与目的行为的关系,构成牵连犯,应当从一重罪处断。

教唆犯,是指以劝说、利诱、授意、怂恿、收买、威胁等方法,将自己的犯罪意图灌输给本来没有犯罪意图的人,使其按教唆人的犯罪意图实施犯罪,实施教唆行为的人,构成教唆犯。通常被教唆人的人身自由和意志不会受到强制,但也存在教唆人以暴力或其他方式胁迫他人犯罪的情形。教唆犯具有双重特性,在定罪上具有独立性,只要其主观上有教人犯罪的故意,客观上实施了教唆行为就构成犯罪,但在量刑上却具有从属性。如果被教唆人实施了被教唆的犯罪,成立教唆既遂,则按照《刑法》分则规定的犯罪量刑,如被教唆人没有实施教唆的犯罪,成立教唆未遂,对教唆人可以从轻或减轻处罚。

本案被告人伙同他人持刀对被害人进行威胁,以胁迫三被害人通过实施抢夺行为进行敛财为目的,以言语讲解的方式向被害人传授抢夺的犯罪方法。被告人的行为属于共同犯罪中的教唆犯,应认定为抢夺罪(未遂)。

传授犯罪方法罪,是指使用语言、文字、动作、图像或其他方法,故意向他人传授实施犯罪的具体经验和技能的行为。本罪主观方面须是故意。本罪为牵连犯,只要客观上有传授犯罪方法的行为就应按既遂犯追究刑事责任,不存在未遂形态。本案中被告人以言语讲解的方式向被害人传授抢夺罪的方法,即便被害人最终没有实施其所传授的犯罪,也符合传授犯罪方法罪的构成特征。

牵连犯是指以实施某一犯罪为目的,其方法和结果又触犯其他罪名的犯罪形态,通常有两种情形:一是手段行为与目的行为的牵连,二是原因行为与结果行为的牵连。牵连犯是两个行为触犯两个罪名,但鉴于两个行为之间存在密切关联,刑法理论和司法实践上将其作为一罪来处理,属于处断的一罪。

本案被告人胁迫他人实施抢夺行为,同时传授犯罪方法,传授犯罪方法的意图是将被害人培养成实施犯罪的工具,是典型的手段行为与目的行为牵连。其中传授犯罪方法行为已经完成,成立既遂,而抢夺行为没有得逞,胁迫被害人尾随多名路人表明已经着手实施犯罪,但因意志以外的原因而未得逞,构成抢夺罪的未遂。根据牵连犯从一重罪处断的原则,传授犯罪方法罪既遂的量刑重于抢夺罪的未遂,故应以传授犯罪方法罪定罪处罚。

案例:冯庆钊传授犯罪方法案

案例来源:《刑事审判参考》总第 79 集[第 688 号]

主题词:传授犯罪方法罪

一、基本案情

冯庆钊,男,1989 年 3 月 10 日出生于北京市,无业。因涉嫌犯传授犯罪方法罪于 2010 年 5 月 20 日被羁押,2010 年 6 月 18 日被逮捕。

北京市朝阳区人民检察院以被告人冯庆钊犯传授犯罪方法罪,向北京市朝阳区人民法院提起公诉。

北京市朝阳区人民法院经审理查明:被告人冯庆钊在家中自行搜集涉及炸药制造的信息,经整理形成一个电子文档,命名为《恐怖分子手册》,并于 2009 年 11 月 26 日及 2010 年 4 月 19 日先后两次使用“但它”的用户名,在百度文库栏目中发布《恐怖分子手册》电子文档(一)至(十),内容包括各种炸药、燃烧剂、汽油弹、炸弹、燃烧弹等配方及制作方法,其中穿插了一些设计恐怖组织活动的字眼和语句。例如,“同学们,伟大主席奥马尔说:胜利属于团结的塔利班人民”;“同学们,双手沾满了恐怖分子鲜血的沙龙曾说:‘如果我是巴勒斯坦人,我也会做自杀爆炸者,而且我要用 C4’”;等等。文档中所涉及的各种炸药知识、制法等均具有一定的科学性、可行性,但其内容不涉密,通过正常渠道如专业图书、网络均可进行查询。两个文档在网络上共被浏览 2065 次,下载 116 次。冯庆钊 2010 年 5 月 20 日被抓获归案后供述:“自己这样做当时没想后果,就是觉得好玩,想让别人也看看,用这个文档名称,是想引起浏览者的注意。”

北京市朝阳区人民法院认为,被告人冯庆钊将涉及炸药制造方法的内容及涉及恐怖活动的文字相结合,以《恐怖分子手册》的名称在互联网上公然发布,向他人传授犯罪方法,其行为妨害了社会管理秩序,构成传授犯罪方法罪,依法应予惩处。鉴于被告人冯庆钊当庭自愿认罪,有悔罪表现,故对其所犯罪行可酌情从轻处罚。据此,根据被告人冯庆钊犯罪的事实、犯罪的性质、情节以及对社会的危害程度,依照《中华人民共和国刑法》第二百九十五条、第六十一条、第六十四条之规定,判决如下:

被告人冯庆钊犯传授犯罪方法,判决拘役六个月。

宣判后,冯庆钊未提出上诉,检察院未提出抗诉,判决已发生法律效力。

二、裁判要旨

No. 6-1-295-2 炸药制造方法等技能方法,结合整体传授过程根据社会通常观念予以判断,若具有明显的用于犯罪活动的倾向,应当属于犯罪方法范畴,传授此类方法,应以传授犯罪方法论处。

在实践中确有一些技能、方法的应用范围只能是违法犯罪,如扒窃技术。对此只要行为人向他人传授该技术,就应当认定其具备了传授犯罪方法罪的客观要件。但更多的实际技能、方法都是中性的,既可以用于违法犯罪,也可以用于正当合法的行为。是否作为犯罪方法,取决于其实际运用的具体途径和场合。对于传授此类方法的行为如何认定,需要结合整体传授过程,并根据社会通常观念作出恰当判断。我们认为,在司法实践中应当结合以下情况予以认定:(1)行为人的个人情况;(2)向他人传授该种方法的原因;(3)在何种场合下或者利用何种途径传授该方法;(4)被传授人会基于何种原因向行为人学习该种方法;(5)行为人和被传授人言行的倾向性(如有无指明该种方法是实行某种犯罪的方法)等。

就本案而言,被告人冯庆钊所涉及的主要是炸药制造的方法,从其本身来看是中性的,而且能够通过正常渠道获取,并非专门用于某种具体犯罪的技能和经验。纯粹将这种炸药制造方法通过网络传播,通常不能以犯罪论处。但是,如果行为人将涉及恐怖的言词穿插于炸药制造方法之中,并将其命名为《恐怖分子手册》,使浏览者很自然地将该炸药制造方法与恐怖活动联系起来,这就使得原本中性的炸药制造方法转化为恐怖犯罪、爆炸犯罪的方法。事实上,公众通过正常渠道能够获得的只是一般炸药制造方法,而不是特定的恐怖气氛下的炸药制造方法。明显带有恐怖、爆炸犯罪倾向的炸药制造方法,也不可能被允许通过公共媒介予以传播或获取。被告人通过网络不加限制地向公众传播此类信息,具有传授犯罪方法的实质性内容。

No. 6-1-295-3 通过互联网向不特定多数人传授犯罪方法的,无论是否为他人所实际接收与使用,均应以传授犯罪方法罪论处。

反对观点认为传授犯罪方法的行为具有一定的针对性,而通过互联网传播是向不特定多数人传播犯罪方法,不应以犯罪论处。但首先,刑法并未限定传授犯罪方法的对象必须是特定的主体,实践中传授的方式也是多种多样的。事实上,传授犯罪方法罪是行为犯,只要实施了向他人传授犯罪方法的行为就可以构成传授犯罪方法罪,至于对象是否特定不影响本罪的成立。其次,从社会危害性角度看,利用互联网向不特定人传授犯罪方法比向特定人员传授具有更大的社会危害性。利用网络向不特定多数人传授犯罪方法,由于学习者不特定,很难将这些人员悉数找出,从而难免对潜在的犯罪行为疏于防范,更容易造成侵害他人合法利益或破坏社会公共秩序的情况发生。最后,利用互联网传播犯罪方法只是传授行为的一种新的方式或途径,究其实质与传统的犯罪行为无异。本案中,被告人利用互联网向不特定人传授犯罪方法,不影响其行为构成传授犯罪方法罪。

从实际看,传授的程度确实对行为危害社会的程度有相当的影响,但并不能夸大传授程度对犯罪成立的影响。决定传授行为社会危害程度及是否成立犯罪的因素,不仅有传授的程度,还有传授的是何种犯罪的方法、传授的次数、行为人传授意志的坚决程度、被传授人是否接受,以及是否利用该传授的犯罪方法实施具体犯罪等因素进行综合考察。在利用互联网传授的情况下,因为受众广泛,且传授的犯罪方法可以不受限制地下载复制,其影响范围大于传统的传授行为。一旦被别有用心者利用,危害后果将十分严重。对于网络传授犯罪方法的行为,不能仅关注其现实危险性,而对于具有抽象危险性的行为也应当予以刑法规制。

本案被告人制作、传播的《恐怖分子手册》被浏览二千余次,下载一百余次,足以表明其受关注程度。即便无法查明这些被传授者是否已经接受和使用被告人传授的犯罪方法,鉴于其行为的危害性,仍可以依法认定为传授犯罪方法罪。

No. 6-1-295-4 无论是直接故意还是间接故意,均可构成传授犯罪方法罪。

只要明知是犯罪方法故意传授给他人即可成立犯罪,不管行为人持积极追求还是放任的心态。在网络环境下,由于信息接受者的不特定性以及传授者与接受者之间联系的非直接性等特征,要求传授者对他人接受其传授的内容全部持积极追求的心态,并不切合实际,必然会存在一些放任的情况。不限于直接故意构成犯罪,这也是传授犯罪方法罪与教唆犯罪的区别之一。传授犯罪方法罪属于妨害社会管理秩序的行为,它会助长犯罪的发生,危害性在于使他人的犯罪变得易行,而非使他人决意犯罪。他人是否据此实施犯罪,并不影响传授犯罪方法罪的成立。行为人只要对别人据此实施犯罪有认识而持放任心态就符合了传授犯罪方法罪的主观要件。

134 赌博罪(《刑法》第三百零三条第一款)

案例:陈建新等赌博案

案例来源:《人民法院案例选》2008 年第 4 辑

主题词:赌博罪　诈骗罪

一、基本案情

被告人陈建新、张鹏钦、陈由潘。

浙江省杭州市拱墅区人民法院经审理查明:2008 年 5 月间,被告人陈建新、张鹏钦、陈由潘及"郭总"经共谋后,先由被告人陈建新、陈由潘搭识开美容店的叶耀花及王玉男。后让叶、王二人到他们住的宾馆房间,故意让她们看见"郭总"等人赌博,然后被告人陈建新、张鹏钦、陈由潘等人以被告人张鹏钦赌技很好,并当场演示作弊手段,鼓动叶、王二人与被告人一伙共同出资与"郭总"进行赌博,在赌博中用共同作弊手段赢取"郭总"的钱款。2008 年 5 月 21 日下午,被告人陈建新、张鹏钦、陈由潘及"郭总"和叶耀花、王玉男至杭州市拱墅区金海宾馆 3026 房间内,叶、王二人带来人民币 91400 元,被告人陈建新、张鹏钦、陈由潘带的钱实际只有表面的是真币,三被告人将叶、王二人带的钱一起交"郭总"验看,确定带有足够的赌资后,即开始采用"六合彩"的方式进行赌博。赌博的方式是,由叶耀花坐庄,随便抓几颗骰子,骰子用杯子盖住,骰子上的所有数字之和除以 6,剩余的数字就是要猜的数字,由被告人陈建新、陈由潘及"郭总"三人猜数字并押注,由被告人张鹏钦记账,如果猜错,所押注的钱归庄家,如果猜对,由庄家支付所押注 5 倍的钱,赌博前约定叶耀花将杯柄指向不同的方向,以暗示要猜的数字,三被告人据此下注,这样保证赢钱。开始赌博后,最初几局按照约定的方式下注,"郭总"均输钱,且"郭总"所押钱均比较少,最后 1 把,"郭总"把钱(4 万美元)全部押上,此时,被告人张鹏钦偷偷将叶耀花拿的骰子拿掉 1 颗,造成"郭总"押注正确赢钱,按照 5 倍支付押注,所有钱均输给了"郭总",包括叶耀花、王玉男所带来的用于赌博的人民币 91400 元,三被告人让叶、王二人再去筹资,参与人员乘机均离开宾馆。后被告人陈建新、陈由潘各分得赃款人民币 26000 元,被告人张鹏钦分得赃款人民币 15400 元。2008 年 5 月 22 日,公安机关在杭州市环城北路纳德大酒店内将三被告人抓获归案,并扣押了赃款人民币 15000 元及美元 900 元(折合人民币 6097.59 元)。

浙江省杭州市拱墅区人民法院认为,被告人陈建新、张鹏钦、陈由潘等人以营利为目的,聚众他人进行赌博活动,赌资达 9 万元,其行为均已构成赌博罪。公诉机关对三被告人以诈骗罪的罪名指控不当,在此予以纠正。以赌博罪,分别判处被告人陈建新、张鹏钦、陈由潘各有期徒刑一年六个月,并处罚金人民币 60000 元;并判令赃款人民币 21097.59 元予以没收,上缴国库。

杭州市拱墅区人民检察院向杭州市中级人民法院提出抗诉,称三被告人之所以能够骗取被害人的钱财,是因为使用欺诈手段控制了所谓的整个赌博的过程。本案中"赌博"只是被告人骗取被害人财产的手段,被告人的行为属于一种名为赌博,实为诈骗的行为。三被告人骗取被害人财物的关键在于其所实施的诈骗行为致使被害人产生了错误认识,其行为特征完全符合诈骗罪的犯罪构成。故原判对三被告人的行为定性错误,造成本案适用法律不当且量刑畸轻,请求对三被告人的行为以诈骗罪定罪处罚。

杭州市中级人民法院经审理后认为,原审被告人陈建新、张鹏钦、陈由潘等人采用虚构事实、隐瞒真相的方法,骗取他人财物,数额巨大,其行为均已构成诈骗罪。本案中赌博行为仅仅是欺诈的手段,原审被告人通过赌博作弊的方式,虚构事实、隐瞒真相,使被害人自以为输钱,从而使得被害人自愿交出钱财。故原判认定三原审被告人构成赌博罪不当,抗诉机关的抗诉意见正确。撤销杭州市拱墅区人民法院的刑事判决;分别判处被告人陈建新、张鹏钦、陈由潘各有期徒刑四年,并处罚金人民币 10000 元;已追缴的赃款人民币 15000 元,美元 900 元发还被害人叶耀花、王玉男。

二、裁判要旨

No. 6-1-303(1)-1　1995 年最高人民法院《关于对设置圈套诱骗他人参赌又向索还钱财的受骗者施以暴力或暴力威胁的行为应如何定罪问题的批复》中的诱骗是诱惑、欺骗他人产生赌博意愿的手段行为,而不是赌博过程中的欺骗行为。

该《批复》规定:"行为人设置圈套诱骗他人参赌获取钱财,属于赌博行为,构成犯罪的,应当以赌博罪定罪处罚。"这里的诱骗是指以诱惑、欺骗等手段使他人愿意参与赌博,其实质是一种手段行为,确切而言是促使他人参与赌博的手段行为,而非参与赌博过程中的行为。因此应将诱骗参与赌博行为与赌博过程中的诱骗行为截然分开。

No. 6-1-303(1)-2　参赌人识破骗局,索要所输财物,而诈骗人以暴力或暴力相威胁的,应以转化型抢劫罪论处。

对于基于射幸规则而输掉赌资的人,如果其要求退还所输的赌资,而赢取赌资的人实施暴力或者以暴力相威胁,应认定为赌博罪从重处罚。如果致参赌者伤害或死亡的,则对以暴力或者暴力相威胁行为单独定故意伤害罪或者故意杀人罪。然而必须注意的是如果"设置圈套"发生在参赌行为过程中,行为人完全没有遵守射幸规则,则不应认定为赌博罪,而应认定为诈骗罪,即以赌博之名行诈骗之实。如果输掉赌资的参赌人及时识破骗局,要求索还所输财物,而设置圈套人以暴力或暴力相威胁,那么便发生诈骗罪的转化,可以《刑法》第二百六十九条转化型抢劫罪定罪处罚。

案例:周帮权等赌博案

案例来源:《人民法院案例选》2010 年第 1 辑、《刑事审判参考》总第 84 辑[第 752 号]

主题词:赌博罪　非法经营罪　彩票

一、基本案情

被告人周帮权,男,1963 年 8 月 3 日出生,彝族,住镇雄县乌峰镇文卫路。因涉嫌犯赌博罪于 2008 年 6 月 30 日被逮捕。

被告人吴学富,男,1964 年 11 月 13 日出生,汉族,住镇雄县乌峰镇文卫路 54 号。因涉嫌犯赌博罪于 2008 年 6 月 30 日被逮捕。

被告人朱绍菊,女,1966 年 12 月 26 日出生,汉族,住镇雄县乌峰镇文卫路 54 号。因涉嫌犯赌博罪于 2008 年 6 月 30 日被逮捕。

云南省镇雄县人民检察院以被告人周帮权、吴学富、朱绍菊犯赌博罪,向镇雄县人民法院提起公诉。

镇雄县人民法院经公开审理查明:2008 年 2 月,被告人周帮权、吴学富经共谋,组织他人对香港"六合彩"摇出的特别号码进行竞猜赌博。此后,二人在各自联系购买"六合彩"人员的同时,先后雇用王兴广、许菊清等人为其联系购买"六合彩"的人员,约定按购买人员投注金额的 12%或 13%的比例向王、许支付报酬,并按 1∶40 的比例对投注人员进行赔付。其间,周帮权负责对当期账目进行登记核算,朱绍菊帮助吴学富核对购买"六合彩"的单据。至 2008 年 5 月 24 日晚三被告人被当场抓获时,周帮权、吴学富组织"六合彩"竞猜赌博共 33 期,涉赌金额人民币(以下币种均为人民币)68 万余元,获利 55929 元;案发后,镇雄县公安局没收周帮权赌资

26717.24元。

镇雄县人民法院认为,被告人周帮权、吴学富、朱绍菊以营利为目的,利用网络上的香港“六合彩”开奖信息,聚众进行赌博,涉赌金额达68万余元,三被告人的行为均构成赌博罪。在共同犯罪中,周帮权、吴学富起主要作用,系主犯,依法应按照其参与或组织、指挥的全部犯罪处罚;朱绍菊起次要作用,系从犯,依法应对其从轻处罚。鉴于三被告人认罪态度较好,有一定悔罪表现,可酌情从轻处罚。依照《中华人民共和国刑法》第三百零三条第一款,第二十六条第一款、第四款,第二十七条,第六十四条之规定,判决如下:

被告人周帮权犯赌博罪,判处有期徒刑一年零六个月,并处罚金三万元;被告人吴学富犯赌博罪,判处有期徒刑一年零六个月,并处罚金三万元;被告人朱绍菊犯赌博罪,判处有期徒刑八个月,并处罚金一万元;三被告人所得赃款予以追缴。

宣判后,被告人周帮权以一审认定其为主犯不当,量刑过重为由,向云南省昭通市中级人民法院提出上诉。

昭通市中级人民法院经审理认为,上诉人周帮权与原审被告人吴学富、朱绍菊以营利为目的,利用香港“六合彩”开奖信息,聚众进行赌博,涉赌金额达68万余元,三人的行为均构成赌博罪。在共同犯罪中,周帮权提出犯意,积极组织多人赌博,涉案金额巨大,与吴学富起主要作用,系主犯;原审被告人朱绍菊起次要作用,系从犯,依法应从轻处罚。一审判决认定的事实清楚,证据确实、充分,定罪准确,量刑恰当,审判程序合法,遂裁定驳回上诉,维持原判。

二、裁判要旨

No.6-1-303(1)-3 未经国家批准擅自发行、销售有固定格式的书面凭证形式的彩票,应以非法经营罪论处;没有采取书面凭证形式,虽与彩票相关、符合聚众赌博行为特征的,应以赌博罪论处。

2005年5月11日最高人民法院、最高人民检察院颁布了《关于办理赌博刑事案件具体应用法律的若干问题的解释》,而根据该《解释》第六条的规定,“未经国家批准擅自发行、销售彩票,构成犯罪的,依照《刑法》第二百二十五条第(四)项的规定,以非法经营罪定罪处罚”。据此,有的法院便对六合彩案件一律以非法经营罪定罪处罚,而有的法院则分别以赌博罪或非法经营罪定罪处罚,这导致在六合彩案件的法律适用上出现不统一,影响了法治的严肃性。

彩票,是指事先记入了号码的一种票证,这种票证发行后,采取抽签、摇奖等方法,在购买者之间进行不平等的分配;持有中奖彩票证的人,将获得一定利益。在当今世界上,大多数国家或地区出于彩票行为可能在经济生活和社会生活中造成不良损害或影响的宏观考虑,均将彩票行为纳入刑法规范的视野,将全部或部分彩票行为规定为犯罪而明令禁止。我国也不例外,严格禁止非法发行彩票。因此,该《解释》将未经国家批准擅自发行、销售彩票的犯罪行为规定以非法经营罪定罪处罚是正确的。

在六合彩犯罪案件中,涉及非法经营罪的应仅限于在国内非法销售香港六合彩或私自以六合彩彩票形式发行、销售的情形。如民间私自发行、非法销售境外六合彩;再如,香港赛马会的代理机构或者其他相关机构、个人,在内地非法销售香港赛马会的六合彩彩票,接受内地人员的投注,投注的资金流入香港六合彩机构,最后由香港赛马会进行开奖;或以谋取非法利益为目的,擅自以六合彩彩票形式发行、销售牟利的行为。因此,六合彩案件构成非法经营罪必须具备这一要件,即具有未经国家批准,擅自发行、销售彩票的行为。但是,在本案中,被告人只是单纯利用境外六合彩的名义进行赌博,并不涉及彩票的发行、销售。因此,本案不符合非法经营罪的构成要件。

在本案中,三被告人以营利为目的,利用的是人们博彩暴富的赌博心理,组织多人通过电话、手机短信接单等形式,没有采用香港六合彩彩票那种有固定格式的书面凭证形式,而是利用六合彩有关号码私自设定赔率,坐庄接受投注,以庄家身份与他人进行对赌,聚集多人赌博。可见,其行为侵犯的客体是社会治安管理秩序,具备赌博罪的四个犯罪构成要件,故对本案被告人的行为应以赌博罪定罪处罚。

No. 6-1-303(1)-4 利用六合彩信息以财物下注赌输赢的，不属于非法发售彩票，应以赌博罪论处。

发行、销售彩票与传统的赌博行为有一定的区别，最本质的一个区别在于资金所有权转换的方向不同。正规渠道发行彩票筹集的资金使用是一次有利于社会的再分配；而赌博的赌资则全部为庄家或其他参赌人员所瓜分。非法发行、销售彩票的行为人与赌博行为人所获取的利益来源不同：前者是通过发行、销售彩票，取得除返奖、发行费用后的余额；赌博者的非法获利则是其借助运气、技巧等因素获取对方的钱财，不存在返奖、发行销售费用等开支，这是赌博者非法营利的来源。

因彩票的发行涉及面广，数额巨大，且与赌博有相当的类似之处，但适度规范的彩票市场又是一种有利于社会的再分配。因此，在我国内地，国家将发行、销售彩票纳入专营范围，进行规范管理，未经审批擅自发行、销售彩票的行为，必然扰乱国家对彩票发行、销售的正常管理秩序。因此，最高人民法院、最高人民检察院《关于办理赌博刑事案件具体应用法律若干问题的解释》将这种行为，包括擅自发行、销售香港六合彩，构成犯罪的，以非法经营罪定罪处罚。但并非所有利用六合彩信息敛财的行为构成犯罪的，都以非法经营罪处理。利用六合彩的中奖号码进行竞猜，并不与六合彩经营机构之间存在关联的行为，就不是一种非法发售彩票的非法经营行为。因为行为人没有利用彩票这一物质载体，不具备利用国家有关彩票规定的特定方式去干扰正常的彩票市场的特征；行为人是利用他人发行的六合彩，自己以另种方式非法牟利，实际上与香港六合彩经营机构之间并不存在任何关联，其非法所得也不上缴香港赛马会。因而，其本质上只是利用了六合彩信息的这一形式，为庄家与参赌者之间的赌博提供一个判断输赢的衡量标准，与通过竞猜某场球赛最终的比分确定输赢的赌球行为，在本质上没有什么差别。因此，该行为不属于在内地兜售六合彩的经营行为。

就本案来说，周帮权、吴学富、朱绍菊就是在每期六合彩开奖前，诱骗他人下注竞猜，根据竞猜结果，在周帮权等庄家与参赌者之间进行非法结算，非法所得也归赢家所有。因此，周帮权等人的行为是借助六合彩的中奖信息，为个人赌博提供一个稳获非法所得的平台，并不是发行、销售六合彩的行为。

赌博罪，是指以营利为目的，聚众赌博或者以赌博为业的行为。非法经营罪，是指违反国家规定从事经营活动，扰乱市场秩序，情节严重的行为。就犯罪构成上的区分来说，首先，二者侵犯的客体不同。赌博罪侵犯的是社会管理秩序，而非法经营罪侵犯的客体是国家的市场交易管理秩序。其次，二者在客观方面的表现不同。赌博罪表现为行为人以营利为目的，聚众赌博或以赌博为业的行为。所谓以赌博为业，是指以赌博为常业，即嗜赌成性，以赌博所得为主要生活来源或挥霍来源。对于那些虽有正当职业，却不务正业，把主要精力放在赌博上，长期在工作之余从事赌博活动，输赢数额巨大的，也视为以赌博为业。非法经营罪则表现为行为人违反国家规定，非法从事经营活动，扰乱市场交易管理秩序的行为。

在本案中，周帮权等人聚集多人竞赌，不是扰乱市场秩序的非法经营活动，而是聚众赌博行为，它侵害了正常的社会管理秩序。从客观方面的行为来看，周帮权等人是借用“六合彩”的开奖信息作为评判输赢的标准，以庄家和参赌者结算的方式获取非法利益，其行为不具有非法发行、销售等经营行为的特点，也不是通过非法经营行为获利，不符合非法经营罪客观方面的要件。因此，对其以赌博罪定罪处罚符合刑法相关规定。

案例：刘林等人赌博案

案例来源：《人民法院案例选》2013 年第 3 辑
主题词：数罪并罚 新罪并罚

一、基本案情

重庆市秀山土家族苗族自治县人民检察院指控：2012 年 2 月 8 日至 2012 年 2 月 13 日，被告人杨森、彭章龙、刘永涛、刘林伙同谢尚辉、姚贤军、汪补全、杨再锋、严天亮、严兰珍在汪补全经营的“大茶壶茶楼”,以用扑克打“三公”的方式,聚集多人赌博,从中抽头渔利6万余元。2012年2月13日21时许,秀山土家族苗族自治县公安局民警在“大茶壶茶楼”将聚众赌博的刘林、谢尚辉、姚贤军、汪补全、杨再锋、严天亮、严兰珍抓获,查获抽头资金8900元,查获涉案赌资29100元。被告人刘林、杨森、彭章龙、刘永涛犯赌博罪,提请法院依法判处。

被告人刘林、杨森、彭章龙、刘永涛对公诉机关指控的事实及罪名无异议。

原审法院经审理查明:2012年2月8日至2012年2月13日,刘林、杨森、彭章龙、刘永涛伙同谢尚辉、姚贤军、汪补全、杨再锋、严天亮、严兰珍在汪补全经营的“大茶壶茶楼”,以用扑克打“三公”的方式,聚集多人赌博,从中抽头渔利6万余元。2012年2月13日21时许,秀山县公安局民警在“大茶壶茶楼”将聚众赌博的刘林、谢尚辉、姚贤军、汪补全、杨再锋、严天亮、严兰珍抓获,查获抽头资金8900元,查获涉案赌资29100元。杨森于2012年3月15日被重庆市江津区公安局抓获。彭章龙于2012年5月16日被秀山县公安局抓获,并主动上缴赃款3000元。刘永涛于2012年6月1日主动到重庆市秀山县公安局投案。

2004年7月18日,刘林因犯故意伤害罪,被重庆市第四中级人民法院判处有期徒刑十二年,剥夺政治权利三年。2010年12月21日刑满释放。

秀山土家族苗族自治县人民法院于2012年7月12日作出(2012)秀法刑初字第00190号刑事判决,判决被告人杨森犯赌博罪,判处有期徒刑一年四个月,并处罚金六千元;被告人刘林犯赌博罪,判处有期徒刑一年四个月,并处罚金六千元;被告人彭章龙犯赌博罪,判处有期徒刑一年两个月,并处罚金六千元;被告人刘永涛犯赌博罪,判处有期徒刑一年,并处罚金六千元;对被告人杨森、刘林、彭章龙、刘永涛违法所得继续予以追缴,上缴国库。

宣判后,重庆市秀山土家族苗族自治县人民检察院提出抗诉,认为原审被告人刘林在刑罚执行完毕之前,又犯新罪,应当数罪并罚,原审判决认定刘林系累犯,属适用法律错误。重庆市第四中级人民法院于2012年9月13日作出(2012)渝四中法刑终字第80号判决,认为原审被告人刘林在故意伤害罪主刑执行完毕之后,执行剥夺政治权利三年期限内,再犯新罪,且所犯新罪为应当判处有期徒刑以上刑罚之罪,构成累犯。同时刘林在被执行剥夺政治权利期间又犯新罪,应当数罪并罚。据此,撤销对刘林的判决部分,改判:刘林犯赌博罪,判处有期徒刑一年四个月,并处罚金六千元,与其故意伤害罪剥夺政治权利三年尚未执行的剩余刑期一年十个月七日并罚,决定执行有期徒刑一年四个月,剥夺政治权利一年十个月七日,并处罚金六千元。

二、裁判要旨

No.6-1-303(1)-5 前罪主刑执行完毕后执行附加刑剥夺政治权利期间再犯新罪的,应依照刑法规定实行数罪并罚。

《刑法》第六十五条关于累犯的规定与第七十一条关于新罪数罪并罚的规定中的“刑罚执行完毕”的内涵有所不同。根据最高人民法院《关于在执行附加刑剥夺政治权利期间犯新罪应如何处理的批复》(法释〔2009〕10号)第一条的规定:“对判处有期徒刑并处剥夺政治权利的罪犯,主刑已执行完毕,在执行附加刑剥夺政治权利期间又犯新罪,如果所犯新罪无须剥夺政治权利的,依照《刑法》第七十一条的规定数罪并罚。”而在第六十五条关于累犯的规定中,根据最高人民法院研究室《关于如何理解〈刑法〉第六十一条中刑罚执行完毕问题的答复》(已失效,法研〔1995〕16号)的规定,“刑罚执行完毕”指的则是主刑执行完毕。本案中,被告人刘林在故意伤害罪被判处有期徒刑并处剥夺政治权利,主刑执行完毕在剥夺政治权利期间再犯新罪的,一方面,应当根据《刑法》第七十一条的规定进行数罪并罚;另一方面,构成累犯,在对新罪进行量刑时应当从重处罚。

案例:叶国新赌博案

案例来源:《刑事审判参考》总第121集[第1331号]

主题词:赌博罪 防疫期间从严惩处

一、基本案情

2019年2月至2020年2月3日,被告人叶国新在余姚市低塘街道镆剑山村自己家中,摆放

2张自动麻将桌,为段世昌、吴定良、叶忠辉、黄洪吉(均另案处理)等人以"冲击麻将"形式的赌博提供条件,并从中抽头,获利人民币9000余元。

2020年2月3日,被告人叶国新被余姚市公安局民警抓获。公安机关当场查获自动麻将桌2张、棋牌室专用筹码25个、棋牌室专用卡片28张等作案工具。

二、裁判要旨

No. 6-1-303(1)-6 疫情防控关键时期,违反疫情防控不得进行公共聚集活动的相关规定,进行聚众赌博的,相比于正常时期的赌博行为,社会危害性更大,故应以赌博罪从严惩处。

被告人无视疫情防控的禁令规定,继续聚众赌博,不仅破坏了社会管理秩序和社会主义文明风尚,同时增加疫情传播风险相比于正常时期的赌博行为,社会危害性更大,应当从严惩处。2020年2月6日,最高人民法院、最高人民检察院、公安部、司法部联合发布了《关于依法惩治妨害新型冠状病毒感染肺炎疫情防控违法犯罪的意见》,其中规定在疫情防控期间实施有关违法犯罪的,要作为从重情节予以考量,依法体现从严的政策要求,有力惩治震慑违法犯罪,维护法律权威,维护社会秩序维护人民群众生命安全和身体健康。

本案的从严惩处具体体现在以下两个方面:

一是从快。公安机关于2020年2月3日查获本案,同年2月6日移送审查起诉,检察机关随即向法院通报相关情况,次日提起公诉,并建议适用速裁程序。法院当日立案受理,在立案后不到24小时内2月8日即开庭审理,并当庭宣判。

二是不适用缓刑。单纯从本案的具体犯罪事实看,如果根据被告人的犯罪情节、悔罪表现以及再犯罪的危险等情形,也可以适用缓刑。但是本案被告人在疫情防控期间,于明知具体疫情防控要求的情况下,仍然罔顾疫情和禁令,无视疫情传播的危险性,多次聚众赌博,其行为具有较强的社会危害性,故对其不适用缓刑。

135 开设赌场罪(《刑法》第三百零三条第二款)

案例:陈亮等开设赌场、寻衅滋事案

案例来源:《人民法院案例选》2009年第3辑

主题词:开设赌场罪　吸收犯　目的犯

一、基本案情

被告人陈亮(系累犯)、奚俊(在缓刑考验期内)、张胜、马骏。

安徽省芜湖县人民法院经审理查明:2007年11月底,被告人陈亮得知张某(另案处理)等人在芜湖县湾沚镇"大塘角"的居民家中开设赌场。见有利可图,遂要求与张某等人合伙。后双方经过协商,"大塘角"的赌场共分两方,即张某等人一方,被告人陈亮、奚俊、张胜、马骏与宋某(另案处理)为另一方。赌场抽头由张某一方负责,陈亮等人负责赌场的"安全"事宜。

自2007年12月初至12月15日近半个月的时间里,赌场抽头渔利3万元左右,陈亮、奚俊、张胜、马骏及宋某共分得1万5千元左右。

2007年12月15日12时许,陈亮、奚俊、张胜、马骏和宋某以及承某、洪某等十余人在芜湖县湾沚镇"同兴楼"酒店吃饭。席间,陈亮说到范某等人在"大塘角"赌场附近拉客去别处赌博,想教训教训他,于是让承某等人去找范某。后承某、洪某等乘坐出租车,陈亮、张胜、马骏及宋某乘坐由奚俊驾驶的无号牌黑色"普桑"轿车前往"大塘角"。当被告人奚俊驾车至"大塘角"附近的湾沚镇环城南路香叶大酒店边时,陈亮等人见翟某、王某(与范某等人为一伙,均另案处理)正持刀追砍承某等人后,奚俊遂立即调转车头将车开至环城南路"兄弟车行"前的马路边停下,陈亮、奚俊、张胜、马骏及宋某则从车的后备箱内取出刀、矛等上前追砍翟某、王某。在相互追砍中,陈亮头皮、左耳被翟某砍伤。后翟某在"兄弟车行"门前路边跌倒在地,陈亮、张胜、马骏等上前用刀、矛对翟某、王某一阵乱砍、乱戳,张胜用矛将王某的腿戳伤后,驾车与被告人陈亮、奚俊、马骏及宋某等逃离现场。翟某被他人送往医院经救治脱险。经医院诊断:翟某右手第3、4、5手指完全骨折,左手第2掌骨完全骨折。

案发后,被告人张胜、马骏向公安机关投案,并分别退出非法所得5000元、4000元。

安徽省芜湖县人民法院认为,被告人陈亮等人与他人以营利为目的合伙开设赌场,且为争赌客,在公共场所持械随意殴打他人,其行为分别触犯了《中华人民共和国刑法》第二百九十三条和第三百零三条第二款之规定,分别构成寻衅滋事罪、开设赌场罪,均应依法予以惩处。公诉机关的指控事实清楚,证据确实、充分,指控的罪名成立,法院予以支持。被告人陈亮、奚俊、张胜、马骏均系在判决宣告前犯数罪,依法应当予以数罪并罚。被告人奚俊在缓刑考验期内犯数罪,依法应当撤销缓刑并予以数罪并罚。被告人陈亮曾因故意犯罪被判处有期徒刑,在刑满释放后五年内再犯应处有期徒刑以上刑罚之罪,系累犯,根据《中华人民共和国刑法》第六十五条第一款之规定,应当从重处罚。案发后,被告人张胜、马骏自动投案,在一审宣判前能如实供述自己的犯罪事实,系自首,根据《中华人民共和国刑法》第六十七条第一款之规定,可以从轻或者减轻处罚。在本案审理过程中,被告人陈亮、奚俊、张胜、马骏均自愿认罪,能如实供述主要犯罪事实,依法亦可酌情从轻处罚。

依据《中华人民共和国刑法》第二百九十三条,第三百零三条第二款,第二十五条第一款,第六十九条第一、第二款,第七十七条第一款,第六十五条第一款,第六十七条第一款,第五十二条,第五十三条及最高人民法院、最高人民检察院、司法部《关于适用普通程序审理"被告人认罪案件"的若干意见(试行)》第九条之规定,判决:

1. 被告人陈亮犯寻衅滋事罪,判处有期徒刑二年;犯开设赌场罪,判处罚金人民币5000元。决定执行有期徒刑二年,并处罚金人民币5000元。

2. 被告人奚俊犯寻衅滋事罪,判处有期徒刑一年零六个月;犯开设赌场罪,判处罚金人民币5000元。撤销芜湖县人民法院(2007)芜刑初字第111号刑事判决书对被告人奚俊判处拘役六个月,宣告缓刑六个月的缓刑执行部分,决定执行有期徒刑一年零九个月,并处罚金人民币5000元。

3. 被告人张胜犯寻衅滋事罪,判处有期徒刑一年零三个月;犯开设赌场罪,判处罚金人民币5000元。决定执行有期徒刑一年零三个月,并处罚金人民币5000元。

4. 被告人马俊犯寻衅滋事罪,判处有期徒刑一年;犯开设赌场罪,判处罚金人民币5000元。决定执行有期徒刑一年,并处罚金人民币5000元。

判决后被告人未提出上诉,公诉机关未提出抗诉,一审判决为生效判决。

二、裁判要旨

No.6-1-303(2)-1 设立承包、租赁赌场、建立赌博网站、为赌博网站担任代理的,应当认定为开设赌场罪。

开设赌场的行为方式主要有:(1)行为人以营利为目的,设立、承包、租赁专门用于赌博的场所、用具提供赌博,让他人赌博,场所的公开与否不影响犯罪的成立。(2)以营利为目的,在计算机网络上建立赌博网站,或者为赌博网站担任代理,接受投注的,也属于《刑法》第三百零三条规定的开设赌场。

No.6-1-303(2)-2 为维护赌场利益而实施寻衅滋事行为的,开设赌场行为与寻衅滋事行为不存在吸收关系,构成犯罪的,应当实行并罚。

本案可能会存在四名被告人开设赌场的行为和寻衅滋事的行为是否构成吸收犯的疑问,因为四名被告人合伙开设赌场的行为是一种以提供暴力威胁的方式,维护赌场内部的"潜规则",保护赌场非法利益的行为。当有人侵犯到他们所开设的赌场的利益的时候,他们必然会采取暴力的手段来与之相抗。因而本案中发生的寻衅滋事行为也是他们开设赌场行为的一个结果行为,二者之间存在着一定的联系。从表面上看,一定程度上符合吸收犯的定义。吸收犯,是指事实上存在着数个不同行为,由于法律规范上数个行为之间存在着紧密的联系,一行为吸收其他行为,仅成立吸收行为一个罪名的犯罪形态,是刑法上处断的一罪。然而,成立吸收犯的前提是犯罪构成预设的两个犯罪构成要件之间的规范领域存在着自然的发展关系。前行为是后行为发展的必经阶段,后行为是前行为发展的当然结果。在本案中,开设赌场行为和寻衅滋事行为不是一个必经阶段和当然结果的关系,即开设赌场的行为并不必然导致寻衅滋事行为的发生,因此二者并不具备规范上的必然联系,不满足吸收犯的成立条件。因此,应当依照数罪并罚的原则来定罪量刑。与此同理,在其他案件中,如果行为人既有开设赌场的行为,又有聚众斗殴、故意伤害、故意杀人等行为,分别触犯刑法分则各相关条文所规定的罪名而构成了不同犯罪的,应当认定为开设赌场罪以及相关犯罪的数罪,在判处刑罚时予以数罪并罚。

案例:严庭杰非法经营、卢海棠赌博、伪造国家机关证件案

案例来源:《人民法院案例选》2008 年第 4 辑

主题词:立功

一、基本案情

被告人严庭杰、卢海棠。

福建省龙海市人民法院经审理查明:2004 年下半年至 2005 年底,被告人卢海棠利用六合彩进行赌博,先后向陈泽斌(已另案判决)投注共四五十期,金额达 995.8 万元,后陈泽斌又将其中的 186.3 万元再次投注给充当“六合彩”庄家的被告人严庭杰。2005 年 8 月,被告人卢海棠利用工作之便,为陈泽斌伪造一张编号 252 的福建省南靖县政法委员会工作证,冒充南靖县政法委员会的驾驶员,后由陈泽斌随身携带。2006 年 6 月 12 日,陈泽斌被抓获,公安人员从其身上扣押了该工作证。

福建省龙海市人民法院认为,被告人严庭杰以营利为目的,坐庄贩卖“六合彩”彩票,接受他人投注,金额达 186.3 万元,情节特别严重,其行为已构成非法经营罪。卢海棠以赌“六合彩”为常业,投注次数多,金额达 995.8 万元,其行为已构成赌博罪,又为他人伪造国家机关证件,其行为构成伪造国家机关证件罪。依照最高人民法院、最高人民检察院《关于办理赌博刑事案件具体应用法律若干问题的解释》第六条之规定,应对严庭杰以非法经营罪处罚,严庭杰辩解应以赌博罪处罚与法律规定不符。公安机关在抓获严庭杰之前就已掌握其犯罪事实,辩护人提出严庭杰主动交代尚未掌握的犯罪事实,与事实不符,其提出检举揭发他人违法犯罪线索,经公安机关侦查仍未查证属实。卢海棠未经批准擅自为陈泽斌制造南靖县政法委工作证的行为,客观上影响南靖县政法委的正常管理活动,损害其名誉,从而破坏社会管理秩序,其行为一经实施,即构成犯罪。其辩护人提出“情节显著轻微,不认为是犯罪”的辩护意见,不予采纳。被告人卢海棠构成赌博罪和伪造国家机关证件罪,应当数罪并罚,根据其犯罪性质、情节,不宜适用缓刑,其辩护人建议适用缓刑的意见不予采纳。卢海棠案发后如实交代犯罪事实,认罪态度较好,对其所犯伪造国家机关证件罪可酌情从轻处罚。卢海棠归案后虽能检举他人违法犯罪行为,但未经查证属实,其立功表现不能成立。为严肃社会主义法制维护社会管理秩序,判决如下:

1. 被告人严庭杰犯非法经营罪,判处有期徒刑六年六个月,并处罚金 40 万元。

2. 被告人卢海棠犯赌博罪,判处有期徒刑三年,并处罚金 60 万元;犯伪造国家机关证件罪,判处有期徒刑一年;决定执行有期徒刑三年六个月,并处罚金 60 万元。

宣判后,严庭杰、卢海棠均向漳州市中级人民法院提出上诉。漳州市中级人民法院经审理查明的事实和证据与一审相同。原判认定事实清楚,证据确实、充分,定性准确,适用法律正确,量刑适当,审判程序合法。因此,裁定驳回上诉,维持原判。

二审生效后,严庭杰已转至监狱服刑。在监狱服刑期间,严庭杰向漳州市中级人民法院提出申诉,理由是其具有立功表现,原判对其立功表现不予认定错误,请求撤销一审判决和二审裁定,重新审理,并出具二审生效后公安机关出具的其检举他人犯罪行为属实的证明材料。

本案由漳州市中级人民法院依法组成合议庭进行复查,并核实严庭杰提供的证明材料,同时向相关部门调取严庭杰所检举揭发的被检举人被定罪量刑的相关材料,合议庭经研究,确认严庭杰检举他人犯罪行为属实,认为应具有立功表现。在与严庭杰服刑监狱联系,并去函附有关检举揭发材料,由监狱依相关规定办理减刑手续。严庭杰同时向漳州市中级人民法院申请撤回申诉。

二、裁判要旨

No.6-1-303(2)-3 诉讼期间的立功表现,在刑罚执行期间被查证属实的,可以不撤销原判重新审判,由所在服刑单位直接提请减刑。

在刑事诉讼中,人民法院认定被告人的犯罪事实及涉及被告人定罪量刑的其他情节,是依据公诉机关及被告人及其辩护人提供的证据确定的。在一、二审诉讼当中,严庭杰尚没有证据证明其具有立功表现,尽管其有检举、揭发行为,但是否属实,尚待进一步查证属实。根据《刑法》第七十八条第一款的规定,被判处管制、拘役、有期徒刑、无期徒刑的犯罪分子,在执行期间,如果认真遵守监规,接受教育改造,确有悔罪表现的,或者有立功表现的,可以减刑;有重大立功表现的,应当减刑;最高人民法院《关于办理减刑、假释案件具体应用法律若干问题的规定》第一条第(二)项规定,检举、揭发监内外活动,或者提供重要的破案线索,经查证属实的,具有立功表现。福建省高级人民法院《关于办理减刑、假释案件有关问题的实施意见》第五条第(二)项、福建省司法厅、福建省检察院、福建省高级人民法院联合发布的《罪犯百分制考核和奖惩规定》第二十七条均规定罪犯在服刑期间有揭发、检举监内外犯罪分子的犯罪活动,经查证属实应当予以记功并及时依法提请减刑或假释。以上规定是指在服刑期间的检举揭发,具有立功表现行为如何减刑的问题,法条并没有直接规定侦查阶段中的检举、揭发行为,被告人已转至监狱应如何处理。再者,审判实践中,人民法院为此启动审判监督程序再审改判,通常也会考虑到案件的改判率,提高案件质量,减少改判率也是法院追求的目标。

综上,在刑事诉讼终审时,尚无证据证明被告人具有立功表现,终审后被告人在服刑期间立功表现被证实的,建议由所在服刑单位直接发动提请减刑程序。

案例:陈宝林等赌博案

案例来源:《刑事审判参考》总第 44 集[第 351 号]

主题词:赌博罪　共同犯罪

一、基本案情

被告人陈宝林,男,45 岁,汉族,高中文化,公司经理。因涉嫌犯赌博罪,于 2004 年 8 月 30 日被逮捕。

被告人彭世美,男,41 岁,汉族,高中文化,无业。1998 年 5 月因犯赌博罪被判处有期徒刑一年零三个月。因涉嫌犯赌博罪,于 2004 年 8 月 30 日被逮捕。

被告人陈中勋,男,23 岁,汉族,高中文化,无业。因涉嫌犯赌博罪,于 2004 年 8 月 30 日被逮捕。

被告人王胜利,男,36 岁,汉族,初中文化,无业。2001 年 5 月因吸毒被劳动教养二年,2003 年 7 月因吸毒被劳教三年,同年 11 月被所外执行。因涉嫌犯赌博罪,于 2004 年 8 月 30 日被逮捕。

被告人陈东生,男,48 岁,汉族,初中文化,工人。因涉嫌犯赌博罪,于 2004 年 8 月 30 日被逮捕。

被告人简翠霞,女,42 岁,汉族,高中文化,无业。因涉嫌犯赌博罪,于 2004 年 10 月 21 日被逮捕。

江苏省南京市白下区人民法院经审理查明:2003 年 12 月以来,被告人陈宝林伙同被告人彭世美、陈中勋、王胜利、陈东生、简翠霞等人,在南京市白下区洪武路 137 号 2806 室(陈宝林的住处)、洪武路 137 号 26 楼(临时租用)、太平南路 333 号 604 室(陈中勋的住处)等处,利用赌博网站提供的网络管理操作平台,为赌博网站担任代理,以提供赌博网站账户和密码的方式,发展数十名代理商和会员进行赌球活动。被告人陈宝林负责与赌博网站的"后庄"联系发展代理商和会员、赌资结算,掌握、控制参赌人员输赢结算。被告人陈中勋受陈宝林的指使对赌球代理商、会员进行网上登记、对账核算,并安排人员结算输赢款,陈宝林每月付给陈中勋人民币 5000 元;陈宝林指使被告人彭世美、王胜利等人结算以现金形式收付的赌博输赢款,每月分别付给彭世美、王胜利人民币 5000 元、2000 元;陈宝林指使被告人陈东生结算以信用卡形式收付的赌博输赢款,每月付给陈东生人民币 1000 元;陈宝林指使被告人简翠霞记载赌球代理商和会员的赌球输赢明细账和收支日记账,每月付给简翠霞人民币 3000 元。仅 2004 年 4 月 22 日至同年 7 月 21 日,赌球输赢款收支累计达人民币 61136196 元,违法所得人民币 2319365 元。

南京市白下区人民法院认为:被告人陈宝林以营利为目的,为赌博网站担任代理,以提供赌博网站账户和密码的形式,发展赌博客户,实施赌博犯罪活动,被告人彭世美、陈中勋、王胜利、陈东生、简翠霞明知陈宝林实施赌博犯罪活动,仍为其提供直接帮助,其行为已构成赌博罪,系共同犯罪。被告人陈宝林与彭世美、陈中勋、王胜利、陈东生、简翠霞等人结成的赌博团伙,成员固定,分工明确。在共同犯罪中,陈宝林起主要作用,系主犯,应当按照其所参与、组织、指挥的全部犯罪处罚;彭世美、陈中勋、王胜利、陈东生、简翠霞在共同犯罪中起辅助作用,系从犯,依法应当从轻处罚。依照《中华人民共和国刑法》第三百零三条,第二十五条第一款,第二十六条第一款、第四款,第二十七条,第五十二条,第五十三条,第六十四条之规定判决如下①:

1. 被告人陈宝林犯赌博罪,判处有期徒刑三年;罚金人民币 600 万元。
2. 被告人彭世美犯赌博罪,判处有期徒刑二年;罚金人民币 15 万元。
3. 被告人陈中勋犯赌博罪,判处有期徒刑一年六个月;罚金人民币 15 万元。
4. 被告人王胜利犯赌博罪,判处有期徒刑一年;罚金人民币 10 万元。
5. 被告人陈东生犯赌博罪,判处有期徒刑一年;罚金人民币 8 万元。
6. 被告人简翠霞犯赌博罪,判处有期徒刑一年;罚金人民币 12 万元。
7. 追缴被告人陈宝林违法所得人民币 2319365 元;追缴被告人彭世美违法所得人民币 40000 元;追缴被告人陈中勋违法所得人民币 40000 元;追缴被告人王胜利违法所得人民币 8000 元;追缴被告人陈东生违法所得人民币 8000 元;追缴被告人简翠霞违法所得人民币 24000 元。
8. 没收从被告人陈中勋家中搜缴的赌资人民币 102750 元;没收从被告人彭世美身上搜获的赌资人民币 114500 元;没收从被告人陈东生处搜获的四张银行卡上的赌资 724222 元及其利息。
9. 没收作案工具电脑主机、显示器各一台,IBM 牌携式电脑一台,三星牌手机二部,诺基亚牌手机四部。

二、裁判要旨

No.6-1-303(2)-4 在开设赌场的犯罪活动中,不参与分红,仅领取报酬而实施帮助行为的,应以开设赌场罪的共犯论处。

本案被告人彭世美、陈中勋、王胜利、陈东生、简翠霞在开设赌场的赌博犯罪中不参与分红,即不参与陈宝林开设赌场盈利的分成,仅领取报酬而实施帮助行为,这些人是否构成开设赌场罪的共犯呢?共同犯罪是一个整体,在多数情况下各犯罪参与人的犯罪主观方面的内容是一致的,其犯罪目的是相同的;但是,也存在共同犯罪人的犯罪主观方面不一致的情况,特别是犯罪目的不相同的情况更为常见。对于一般的故意犯罪来说,共同犯罪人的犯罪目的不同并不影响犯罪行为性质的认定;但是,就目的犯罪而言,共同犯罪人在犯罪目的不同的情况下是否就影响对行为性质的认定呢?只要正犯的犯罪目的明确,即使其他共犯的犯罪目的不同也不影响犯罪行为性质的认定。因为,共同犯罪作为一个犯罪整体,正犯的行为及主观方面决定了犯罪行为的类型,共犯只要明知正犯的行为性质及主观意图并实施了帮助行为,就可以构成正犯所犯之罪。申言之,在目的犯之共同犯罪中,共犯的犯罪目的不影响共同犯罪的行为性质。例如,在共同盗窃犯罪中,正犯的犯罪目的是"非法占有他人的财物",共犯本人的犯罪目的可能是非法占有他人财物的犯罪目的之外的其他目的,如有的为了替朋友(即正

---

① 2006 年 6 月 25 日全国人大常委会《中华人民共和国刑法修正案(六)》第 18 条设立了开设赌场罪,特此说明。

犯)帮忙、有的为了从正犯处获取报酬、有的为了报复被害人等,但是,共犯在不具有非法占有他人财物之犯罪目的时,明知正犯实施盗窃行为而为其提供帮助或者教唆的行为同样构成盗窃犯罪。这是共同犯罪理论中,共犯从属说理论的必然结论。所以,在本案中南京市白下区人民法院认定被告人彭世美、陈中勋、王胜利、陈东生、简翠霞所实施的帮助陈宝林开设赌场的行为构成赌博罪是正确的。

No.6-1-303(2)-5 在赌博网站充当地区代理人招引赌博客户或通过发展下级代理人招引赌博客户,接受投注的,或者充当赌博网站地区代理人的下级代理人通过发展下级代理人招引赌博客户或同时招引赌博客户,接受投注的,应以开设赌场罪论处。

一般认为,开设赌场是指为了营利而开设赌场,即行为人为赌徒提供场所、赌具、筹码等多种有偿服务,营运商业性赌场。但是,在网络赌博犯罪中开设赌场的行为与传统赌博犯罪中开设赌场的行为相差十分显著,在网络赌博中如何界定开设赌场的行为十分必要。在司法实践中,我们发现开设网络赌博场所的行为有三种形式:一是以营利为目的,在计算机网络上建立赌博网站,招引赌博客户或通过发展赌博代理人招引赌博客户,接受投注的行为,这种行为人一般是赌博网站的股东及其经营者,如本案中陈宝林的台湾后庄。二是以营利为目的,为赌博网站充当地区代理人招引赌博客户或通过发展下级代理人招引赌博客户,接受投注的行为,这种行为人一般是赌博网站的地区代理人,如本案被告人陈宝林。三是以营利为目的,充当赌博网站地区代理人的下级代理人通过发展下级代理人招引赌博客户或同时自己招引赌博客户,接受投注的行为,这种行为人往往是地区代理人的下级代理人,如本案被告人陈宝林发展的下一级代理人吴彦军(另案处理,以吴彦军犯赌博罪判处有期徒刑二年,罚金人民币500000元)。根据刑法的规定,结合网络赌博犯罪的实际情况,将上述第三种行为认定为“开设赌场”的行为与最高人民法院、最高人民检察院《关于办理赌博刑事案件具体应用法律若干问题的解释》第二条规定①的精神也是相符的。因为第三种开设赌场的行为人,表面上看是为赌博网站的地区代理人充当下级代理人,但是实质上该行为人本质上还是为赌博网站充当代理人,只不过中间介入了地区代理人一定程度的管理行为。在网络赌博犯罪中开设赌场的前两种行为与“聚众赌博”行为的区分是明显的,第三种开设赌场的行为与聚众赌博行为的区分不是十分明显,值得我们注意。聚众赌博行为与开设赌场行为的区别在于行为人是否发展了下级代理人,如果行为人只是充当赌博网站地区代理人的下级代理人,通过提供赌博网站的账户和密码招引赌博客户,没有再发展下级代理人的,其行为就应当认定为聚众赌博行为。如果不作此区分,那么在网络赌博中就没有聚众赌博行为存在的余地。

案例:萧俊伟开设赌场案

案例来源:《刑事审判参考》总第87集[第804号]

主题词:开设赌场罪

一、基本案情

被告人萧俊伟(英文名:ELVINSIEWCHUNWAI),男,35岁,马来西亚国籍,系珠海谷中城信息技术有限公司(以下简称“谷中城公司”)首席执行官。因涉嫌犯开设赌场罪于2010年4月30日被逮捕。

江苏省苏州市人民检察院以被告人萧俊伟犯开设赌场罪,向苏州市中级人民法院提起公诉。2010年12月16日,经最高人民法院指定,本案由苏州市中级人民法院管辖。

被告人萧俊伟对公诉机关指控的犯罪事实及罪名没有异议。辩护人提出如下辩护意见:

---

① 《最高人民法院、最高人民检察院关于办理赌博刑事案件具体应用法律若干问题的解释》第二条规定:“以营利为目的,在计算机网络上建立赌博网站,或者为赌博网站担任代理,接受投注的,属于《刑法》第三百零三条规定的‘开设赌场’。”

(1)谷中城公司的行为属于赌博罪的帮助行为,萧俊伟依法应当认定为从犯;(2)本案应当按照最高人民法院、最高人民检察院2005年联合出台的《关于办理赌博刑事案件具体应用法律若干问题的解释》的相关规定对萧俊伟以赌博罪定罪量刑;(3)"Ecapay"系统是自动运行的,赌资流转是在萧俊伟不知情的情况下完成的,不能以系统自动收取赌资的数额追究萧俊伟的刑事责任。

苏州市中级人民法院经公开审理查明:被告人萧俊伟在负责谷中城公司经营、管理期间,指使谷中城公司市场部员工李保国、谢今力(均另案处理)与"FUN88"(乐天堂)赌博网站(以下简称"乐天堂"网站)联系,签订资金支付服务合同;指使谷中城公司财务部负责人饶尧(另案处理)等人通过"Ecapay"系统,利用该公司管理的在快钱公司中开设的"merchant@ midvc. com"等5个账户,为"乐天堂"等赌博网站提供结算服务,并从中收取服务费。其中,2010年1月,谷中城公司管理的与"乐天堂"赌博网站对应的"Ecapay"系统账户(UK00002)进账人民币6500余万元。

苏州市中级人民法院认为,被告人萧俊伟明知"乐天堂"网站是赌博网站,仍在中国境内为该网站提供资金支付结算服务,且数额巨大,情节严重,其行为构成开设赌场罪的共同犯罪。在开设赌场共同犯罪中,萧俊伟起帮助作用,系从犯,依法可以减轻处罚。公诉机关指控的犯罪事实清楚,证据确实、充分,罪名准确。关于辩护人所提对萧俊伟应当按照赌博罪定罪量刑的辩护意见,于法无据,不予采纳。关于辩护人所提萧俊伟系从犯的辩护意见,经查证属实,予以采纳。关于辩护人所提"Ecapay"系统是自动运行,赌资流转是在萧俊伟不知情的情况下完成的,不能以系统自动收取赌资的数额追究其刑事责任的辩护意见。经查,萧俊伟明知"乐天堂"网站是赌博网站,仍将"Ecapay"系统提供其使用并收取手续费,无论"Ecapay"系统是自动运行还是人工运行,都在萧俊伟的意识和意志范围之内,即包含在萧俊伟的概括故意之中,"Ecapay"系统收取的全部金额都应当认定萧俊伟为赌博网站提供资金支付服务,帮助收取赌资的数额,故该辩护意见不予采纳。据此,依照《中华人民共和国刑法》第六条第一款、第三款,第三百零三条第二款,第二十五条第一款,第二十七条,第五十二条,第五十三条,第三十五条,第四十七条之规定,苏州市中级人民法院以被告人萧俊伟犯开设赌场罪,判处有期徒刑二年,并处罚金人民币八十万元,附加适用驱逐出境。

一审宣判后,被告人萧俊伟未提出上诉,检察机关没有抗诉,判决已发生法律效力。

二、裁判要旨

No. 6-1-303(2)-6 明知是赌博网站而提供资金结算便利,成立开设赌场罪的共犯,且应认定为从犯。

2006年6月29日颁布施行的《刑法修正案(六)》将开设赌场犯罪行为从赌博罪中分离出来,单独规定了开设赌场罪。因此,2006年6月29日以后,利用计算机网络技术建立赌博网站并接受投注的行为,不能再依照2005年出台的《关于办理赌博刑事案件具体应用法律若干问题的解释》的规定认定为赌博罪,而应当依照修订后的《刑法》规定认定为开设赌场罪。与传统的实体赌场不同,网上开设赌场是利用互联网、移动通讯终端等传输赌博视频、数据,以现代科技为依托建立虚拟场所,通过数字信息交流,组织赌博活动。在网络上开设赌场的整个流程分为两个环节:一是信息流环节,即赌博网站网址、赔率等招赌信息的发布、参赌人员的身份信息注册、银行账户等支付手段信息的确认、投注信息的上传与接收、赌博输赢结果的公布等;二是资金流环节,即利用银行、第三方支付平台等金融机构或者准金融机构,进行赌资的收支结算活动。萧俊伟明知"乐天堂"网站是赌博网站而在资金流环节提供服务,在开设赌场犯罪中承担了一定的分工,符合《刑法》总则关于共同犯罪的规定,应当以开设赌场罪定罪处罚。最高人民法院、最高人民检察院、公安部2010年8月31日联合发布的《关于办理网络赌博犯罪案件适用法律若干问题的意见》第二条第一款第(二)项将明知是赌博网站,为赌博网站提供资金支付结算服务的行为明确为开设赌场罪的共同犯罪。

根据《刑法》的规定,主犯、从犯、胁从犯、教唆犯是以行为人在共同犯罪中的作用为主、分工为辅进行划分的。本案中,在排除萧俊伟系教唆犯的前提下,其所管理的谷中城公司在开设赌场犯罪中是否实施了开设赌场罪的基本构成要件的行为,是认定其在共同犯罪中地位的重要依据。根据《关于办理网络赌博犯罪案件适用法律若干问题的意见》第一条的规定,利用互联网、移动通讯终端等传输赌博视频、数据,组织赌博活动,具有下列情形之一的,属于《刑法》第三百零三条第二款规定的"开设赌场"行为:(1)建立赌博网站并接受投注的;(2)建立赌博网站并提供给他人组织赌博的;(3)为赌博网站担任代理并接受投注的;(4)参与赌博网站利润分成的。谷中城公司为赌博网站提供资金收支服务的行为,不属于《关于办理网络赌博犯罪案件适用法律若干问题的意见》第一条规定的任何一种情形,即未实施开设赌场罪基本构成要件的行为。然而,从具体特征上分析,谷中城公司提供资金结算服务的行为与《关于办理网络赌博犯罪案件适用法律若干问题的意见》第一条第一款第(二)项规定的行为具有一定的关联性,即为"建立赌博网站并提供给他人组织赌博"提供了便利条件,对"乐天堂"赌博网站的开设起到了辅助作用。故《关于办理网络赌博犯罪案件适用法律若干问题的意见》第二条第一款第(二)项仅是将"为赌博网站提供资金支付结算服务"明确规定为开设赌场罪的共同犯罪,而不是单独的开设赌场犯罪行为。

谷中城公司与"乐天堂"网站是相互独立的公司,"乐天堂"网站的盈亏情况与谷中城没有直接的利害关系。"乐天堂"网站决定赌资的收支、分配,谷中城公司对赌资没有所有权、支配权。谷中城公司通过其管理的"Ecapay"系统将开设在快钱公司的账号供"乐天堂"网站使用,为赌博网站提供与银行链接的通道,用于收支赌资,同时按资金流转的数额、笔数等标准收取服务费,相当于实体赌场中按照老板指令的数额向赌徒收取、返还赌资,领取报酬的操作人员。从这个角度分析,谷中城公司的行为仅是在互联网上开设赌场的一个中间环节(资金流环节)行为,根据其在共同犯罪中所体现的作用,应当认定其为从犯。

案例:方俊、王巧玲等开设赌场案

案例来源:《人民法院案例选》2016 年第 1 辑

主题词:开设赌场罪　建微信群抢红包

一、基本案情

浙江省丽水市莲都区人民法院经审理查明:

1. 2015 年 8 月 8 日至同年 8 月 13 日期间,被告人方俊(微信昵称:"这个杀手不太冷",微信号:1sfangjun)和钟磬(另案处理)(微信昵称:"知足",微信号:zq29771172)组建名称为"238/4 单尾小发 30 退错福利"的微信群(群号:691688566@ chatroom),组织、召集他人在该微信群内以"抢红包"的方式进行赌博,并纠集被告人罗林林(微信昵称:"假装",微信号:miss_linkin00)入伙,由被告人方俊担任群主,钟磬担任管理员,被告人罗林林担任财务,被告人王巧玲(微信昵称:"隔壁邻居",微信号:zhilin1117)负责和被告人罗林林对账并收钱,被告人方俊和钟磬还负责维护群内秩序,并雇佣李民等人担任"代包手"。

群内制定严格的赌博规则:由"代包手"发红包,群内赌博人员抢红包,抢到金额尾数最小的人发下一个红包。群内并设立奖励制度,从抽头的钱中抽出 20 元设立奖池作为奖励,抢到特殊数字的金额时,如"123.45""11.11"等,则奖励 5.20 元至 6888 元,吸引赌博人员参与赌博。每个红包 238 元,实际发放金额为 200 元,剩余 38 元作为"抽头",其中"代包手"分得 3～5 元,20 元进入奖池,被告人方俊、罗林林和钟磬三人则按照 40%、30%、30% 的比例分取剩余的 13～15 元。

在该"微信群"运营期间,共发放红包 3244 个,涉案赌资人民币 772072 元,被告人方俊、罗林林和钟磬三人共从中抽头人民币 123272 元,被告人方俊、王巧玲实际分得人民币 17964 元,被告人罗林林和钟磬各实际分得人民币 13473 元。

2. 2015 年 8 月 14 日至同年 8 月 18 日期间,被告人方俊伙同被告人徐泽辰(微信昵称:"A000 情歌",微信号:Imy2234)组建名称为"换群,没来的私密我"的微信群(群号:1619011268

@ chatroom),组织、召集他人在该微信群内以“抢红包”的方式进行赌博,由被告人方俊担任群主,被告人徐泽辰担任管理员,被告人王巧玲担任财务,被告人方俊、徐泽辰还负责维护群内秩序,并雇佣李民等人担任“代包手”。

群内制定严格的赌博规则:由“代包手”发红包,群内赌博人员抢红包,抢到金额尾数最小的人发下一个红包。群内并设立奖励制度,从抽头的钱中抽出 20 元设立奖池作为奖励,抢到特殊数字的金额时,如“123.45”“11.11”等,则奖励 5.20 元至 6888 元,吸引赌博人员参与赌博。每个红包 238 元,实际发放金额为 200 元,剩余 38 元作为抽头,其中“代包手”分得 3～5 元,20 元进入奖池,被告人方俊、徐泽辰、王巧玲三人则分取剩余的 13～15 元。

在该微信群运营期间,共发放红包 2069 个,涉案赌资人民币 492422 元,被告人方俊、王巧玲二人共从中抽头人民币 78622 元,实际获利人民币 26597 元。被告人徐泽辰于 2015 年 8 月 14 日入群担任管理,合伙半天后于当天退出,共计发放红包 135 个、涉案赌资人民币 32130 元、共计抽头人民币 5130 元,实际分得人民币 300 元。

3. 2015 年 8 月 16 日至同年 8 月 18 日期间,被告人徐泽辰伙同被告人范李健(微信昵称:“A 男模服装店 15157828886”,微信号:lijian2619)组建名称为“138/4(单尾数小发)”的微信群(群号:10205020596@ chatroom),组织、召集他人在该“微信群”内以“抢红包”的方式进行赌博,由被告人徐泽辰担任群主,负责维护群内秩序,并雇用谭军等人担任“代包手”。

群内制定严格的赌博规则:由“代包手”发红包,群内赌博人员抢红包,抢到金额尾数最小的人发下一个红包。群内并设立奖励制度,从抽头的钱中抽出 25 元设立奖池作为奖励,抢到特殊数字的金额时,如“100.00”“1.23”等,则奖励 99 元至 5999 元,吸引赌博人员参与赌博。每个红包 138 元,实际发放金额为 105 元,剩余 33 元作为抽头,其中“代包手”分得 3 元,25 元进入奖池,被告人徐泽辰、范李健二人则按照 50%、50%的比例分取剩余的 5 元(2015 年 8 月 17 日开始不再设立奖池)。

在该微信群运营期间,共发放红包 301 个、涉案赌资人民币 41538 元,被告人徐泽辰、范李健二人共从中抽头人民币 9933 元,二人实际各分得人民币 4587 元。

综上,被告人方俊、王巧玲涉案赌资共计人民币 1264494 元,共计抽头人民币 201894 元,非法获利共计人民币 44561 元;被告人罗林林涉案赌资共计人民币 772072 元,共计抽头人民币 123272 元,非法获利共计人民币 13473 元;被告人徐泽辰涉案赌资共计人民币 73668 元,共计抽头人民币 15063 元,非法获利共计人民币 4887 元;被告人范李健涉案赌资共计人民币 41538 元,共计抽头人民币 9933 元,非法获利共计人民币 4587 元。

浙江省丽水市莲都区人民法院于 2015 年 12 月 21 日作出(2015).丽莲刑初字第 799 号刑事判决:

1. 被告人方俊犯开设赌场罪,判处有期徒刑三年六个月,并处罚金人民币四万五千元。
2. 被告人王巧玲犯开设赌场罪,判处有期徒刑三年,缓刑四年,并处罚金人民币二万元。
3. 被告人罗林林犯开设赌场罪,判处有期徒刑三年,缓刑四年,并处罚金人民币一万四千元。
4. 被告人徐泽辰犯开设赌场罪,判处有期徒刑八个月,缓刑一年六个月,并处罚金人民币六千元;
5. 被告人范李健犯开设赌场罪,判处有期徒刑六个月,缓刑一年,并处罚金人民币五千元;
6. 各被告人的违法所得,予以追缴;被扣押的作案工具手机等,予以没收。

一审宣判后,被告人方俊不服,提出上诉。浙江省丽水市中级人民法院于 2016 年 1 月 12 日作出(2015)浙丽刑终字第 254 号刑事裁定:驳回上诉,维持原判。

二、裁判要旨

No.6-1-303(2)-7　以营利为目的抢微信红包的,属于赌博行为。行为人建立微信群供他人抢红包赌博的,构成开设赌场罪。

从我国刑法典的规定来看,赌博罪规定在“妨害社会管理秩序罪”一章中,而不是“侵犯财产罪”中,说明赌博罪的客体是“社会管理秩序和社会风尚”。所以,从理论上来讲,抢微信红包时“又抢又发”固然属于赌博行为,“只抢不发”也属于赌博行为。但我国的赌博罪中限定的赌博行为要以营利为目的,如果是以娱乐为目的而收发红包,就不属于赌博罪中的赌博行为。具体到本案中,微信群里抢红包的行为显然是一种赌博行为。根据法院查明的事实,微信群里每个红包的发放金额都为105元、200元,由群内赌博人员抢红包,抢到金额尾数最小的人发下一个红包。抢到特殊数字金额时,如“123.45”“11.11”“100.00”“1.23”等,则重金奖励。由于抢红包者能抢到多少金额完全靠运气,所以完全符合赌博行为的特征。此外,建微信群的人也是为了抽头营利。如第1节和第2节事实中,每个红包238元,实际发放金额为200元,剩余38元作为抽头。第3节事实中,每个红包138元,实际发放金额为105元,剩余33元作为抽头。被告人方俊、王巧玲共计抽头人民币201894元,非法获利共计人民币44561元;被告人罗林林共计抽头人民币123272元,非法获利共计人民币13473元;被告人徐泽辰共计抽头人民币15063元,非法获利共计人民币4887元;被告人范李健共计抽头人民币9933元,非法获利共计人民币4587元。作为参与抢红包的人而言,主观目的上也是为了赢钱,而非娱乐。

从“赌场”的字面含义来看,指的是“用来赌博的场所”。微信群虽然属于虚拟赌场,但同样是用来赌博的场所。所以,将微信群解释为赌场没有超出“赌场”一词的字面含义,既不违反形式解释论也不违反实质解释论。对此,全国人大常委会法制工作委员会主编的《中华人民共和国刑法释义:根据刑法修正案九最新修订》特意提到“随着科技的发展,赌博的形式在发生变化。近年来,在网上进行网络赌博的情况也不断增加”,其特意提到最高人民法院、最高人民检察院《关于办理赌博刑事案件具体应用法律若干问题的解释》,最高人民法院、最高人民检察院、公安部《关于办理网络赌博犯罪案件适用法律若干问题的意见》已经将建立赌博网站的行为规定为开设赌场。这说明全国人大常委会法制工作委员会对将赌博网站定性为赌场是持赞同意见的。虽然全国人大常委会法制工作委员会不是立法机关,但多少还是表明立法机关的法制工作机构是赞同对赌场进行扩大解释的。参照前述两个司法解释将赌博网站定性为“赌场”的解释方法,将用来赌博的微信群定性为“赌场”亦无不可。本案中,被告人建立微信群用来赌博的行为和线下赌场,并无二致:

1. 微信群内部有严密的组织和明确的分工。如法院查明的第1节事实中,被告人方俊担任微信群群主,钟磬担任管理员,被告人罗林林担任财务,被告人王巧玲负责和被告人罗林林对账并收钱,被告人方俊和钟磬还负责维护群内秩序,并雇用李民等人担任“代包手”。

2. 被告人建立微信群的目的就是为了供他人赌博,且微信群在一定时间内持续存在,具有稳定性。

3. 赌博方式由被告人事先决定并制定了赌博流程。本案中,被告人为微信群建立了严格的赌博规则:由“代包手”发红包,群内赌博人员抢红包,抢到金额尾数最小的人发下一个红包。群内并设立奖励制度,从抽头的钱中抽出20元设立奖池作为奖励,抢到特殊数字的金额时,如“123.45”“11.11”等,则奖励5.20元至6888元,吸引赌博人员参与赌博。每个红包238元,实际发放金额为200元,剩余38元作为抽头,其中“代包手”分得3～5元,20元进入奖池,被告人方俊、罗林林和钟磬三人则按照40%、30%、30%的比例分取剩余的13～15元。

综上,本案被告人建立微信群供他人赌博的行为明显构成开设赌场罪。

案例:夏永华等人开设赌场案

案例来源:《刑事审判参考》总第122集[第1347号]

主题词:开设赌场罪 网络赌博

一、基本案情

2016年8月1日,被告人夏永华及其妻子被告人解粉兰租得江山市雪泉街×××幢×单元×××室,用于经营微信赌博群,之后二人于2016年8月先后邀请被告人陈增贵、崔文博参与经营微信赌博群。在经营微信赌博群期间,因需要人员从事“发包”“兑奖”“财务”等工作,夏永华等人又招收了被告人赵军华、卞立威、江新琪、张孙敏、宋梦瑶、钱敏超、方苗、夏敏参与。微信赌博群由“发包手”在微信群内发红包,赌博人员以抢到微信红包金额来计算点数,以“牛牛”方式比点数大小进行赌博。夏永华等人通过使用赌博软件,给参赌人员“上分”“下分”。“上分”前参赌人员需将赌资转入夏永华等人提供的支付宝财务号内,赌博结束后,参赌人员可将剩余赌资“下分”转到自己的支付宝账号内。夏永华等人从庄家赌资及从赢家中每局按5%抽头获利。

被告人夏永华系微信赌博群群主,负责赌博群的总管理,被告人解粉兰负责管理“发包手”等。二人先后共占有赌博群100%、70%、50%、30%股份。2016年8月1日至2017年2月15日,夏永华、解粉兰二人涉案赌资共21846928.06元,个人非法获利20万元左右。案发后,夏永华、解粉兰共退出30万元。

被告人陈增贵自2016年8月6日加入管理微信赌博群,先后占有30%、25%、30%、25%、20%的股份,主要负责操作“通杀小精灵”手机APP,给赌博人员“上分”“下分”,统计赌博押注、输赢、抽头等情况以及结算工作人员、合伙人的工资、分红等。至2017年2月15日,陈增贵涉案赌资共21498447.06元,非法获利20万元左右,案发后退出20万元。

被告人崔文博自2016年8月22日加入管理微信赌博群,先后占有20%、25%的股份,主要负责“财务”工作,即查收赌博人员是否将赌资打进指定账号和接受赌博人员联系“下分”,并通知陈增贵给赌博人员“上分”“下分”,后崔文博于2016年11月2日退出管理微信红包赌博群。期间,崔文博涉案赌资6810155.27元,非法获利6万元以上,案发后退出6万元。

被告人赵军华自2016年12月11日加入管理微信赌博群,占有25%的股份,主要负责邀请人员进微信群赌博及在微信群里“顶庄”赌博。至2017年2月15日,赵军华涉案赌资7128936.30元,非法获利10万余元,案发后退出10万元。

被告人张孙敏自2017年2月3日加入管理微信赌博群,占有20%的股份,主要负责邀请人员进微信群赌博。至2017年2月15日,张孙敏涉案赌资1212778元,非法获利2.8万余元,案发后退出3万元。

被告人卞立威自2016年11月26日加入管理微信赌博群,主要负责微信群“财务”工作。卞立威每日领取1000元工资,2017年2月3日变更为每日领取500元工资并占有2.5%股份。至2017年2月15日,卞立威涉案赌资910余万元,非法获利7.5万余元,案发后退出3万元。

被告人江新琪自2016年11月4日加入管理微信赌博群,主要负责“兑奖”工作,统计参与赌博人员奖励情况。江新琪每日领取500元工资,自2017年2月3日开始变更为每日领取500元工资并占有2.5%股份。至2017年2月15日,涉案赌资36万余元,非法获利2.3万余元,案发后退出2万元。

被告人宋梦瑶自2016年9月13日加入管理微信赌博群,担任“发包手”工作,即在微信群中发送用于赌博的微信红包,加入初期每发一个赌博微信红包获利20元,自2017年2月7日起每日领取1100元工资。至2017年2月15日,非法获利4.6万余元,案发后全部退出。

被告人钱敏超自2016年7月27日加入管理微信赌博群,担任“发包手”工作,每发一个赌博微信红包获利20元,2017年2月2日退出管理微信赌博群,共非法获利2.3万余元。

被告人方苗自2016年8月加入管理微信赌博群,担任“发包手”工作,每发一个赌博微信红包获利20元,2017年1月月初退出管理微信赌博群,非法获利2万余元。

被告人夏敏自2016年8月30日加入管理微信赌博群,担任“发包手”工作,每发一个赌博微信红包获利20元,2017年1月22日退出管理微信赌博群,非法获利2万余元,案发后退出2万元。

在审理过程中,有关被告人向江山市人民法院退出非法所得:卞立威45622元、江新琪3117元、钱敏超23398元、方苗20000元、夏敏380元。

二、裁判要旨

No. 6-1-303(2)-8 以营利为目的,发起微信红包赌博且对赌博群施以严格控制的行为,符合开设赌场罪的犯罪构成。

一段时间以来,学理上对利用微信群组织赌博,构成犯罪的行为如何定罪处罚存在不少争议,各地法院在实践中做法也不统一,有的以开设赌场罪定罪处罚,有的以赌博罪定罪处罚。2018年12月25日,最高人民法院第二十批指导案例,公布了两个组织微信群赌博的指导案例,即《指导案例105号——洪小强、洪礼沃、洪清泉、李志荣开设赌场案》和《指导案例106号——谢检军、高垒、高尔樵、杨泽彬开设赌场案》。其中,指导案例105号裁判要点指出,以营利为目的,通过邀请人员加入微信群的方式招揽赌客,根据竞猜游戏网站的开奖结果等方式进行赌博,设定赌博规定,利用微信群进行控制管理,在一段时间内持续组织网络赌博活动的,属于《刑法》第三百零三条第二款规定的"开设赌场"。指导案例106号裁判要点指出,以营利为目的,通过邀请人员加入微信群,利用微信群进行控制管理,以抢红包方式进行赌博,在一段时间内持续组织赌博活动的行为,属于《刑法》第三百零三条第二款规定的"开设赌场"。最高人民法院公布的指导案例对于利用微信群组织人员参与赌博、对微信群进行控制管理、设定赌博规则的案件定性,为实践中处理类似案件提供了指导性意见。

我们认为,最高人民法院的两个指导案例,既符合刑法法理,也切中开设赌场罪的内在规律,且具有很强的实践操作性。在微信红包赌博中,通常由发起者建立赌博微信群,并制定赌博游戏规则,通过分工合作对群成员参与赌博实施严格控制。一旦发现群成员不遵守事先制定的赌博行为规则,则由群主或者其助手立即给予违反规则者移出微信群的惩罚。可以看出,此类发起者对于微信红包赌博群这一虚拟场所的控制是极其严格的。从破获的案件来看,在此种管理之下,赌博群能够长期稳定地存续下去,也侧面印证了这类发起人对于赌博场所的控制是非常有效的。这些发起微信红包赌博且对赌博群施以严格控制的行为,符合开设赌场罪的犯罪构成。

No. 6-1-303(2)-9 涉案赌资按交易次数累计计算;为吸引他人参赌而自己投入的资金,也应认定为赌资。

赌资数额的认定,主要涉及两个问题:

一是赌资的计算方法。网络赌博、微信群赌博中,赌场开设者都是按次(局)抽头的。如本案中,被告人租用"机器人",用软件自动计算获利和抽头。因此,涉案赌资按交易次数累计计算,如:有资金1万元投入赌博,累计交易10次,赌博数额为10万元。因此,《关于办理网络赌博犯罪案件适用法律若干问题的意见》(以下简称《网络赌博意见》)第三条第二款规定,赌资数额可以按照在网络上投注或者赢取的点数乘以每一点实际代表的金额认定。该条第三款规定,对于将资金直接或间接兑换虚拟货币、道具等虚拟物品,赌资数额按照购买该虚拟物品所需资金数额或者实际支付资金数额认定。另外,网络赌博、微信群赌博笔数多、数额大,如按实际支付数额计算赌资,不依靠软件科学计算难以查清,依靠人工计算则基本上不可能核实准确、清楚。

二是开设赌场为吸引他人参赌而自己投入的资金是否认定为赌资的问题。我们认为,凡为赌博目的而投入的资金,均应认定为赌资。如果能查明哪些是开设赌场人自己投入的,哪些不是,可在情节上适当考虑。但是,哪些资金是开设赌场人自己投入的资金,在实践中往往很难查清、很难区分。《网络赌博意见》第三条第四款规定,对于开设赌场犯罪中用于接收、流转赌资的银行账户内的资金,不能说明合法来源的,可以认定为赌资。具体到本案,各被告人用于接收、流转赌资的银行账户内的资金,因各被告人均不能说明资金的合法来源,故全部认定为赌资。

No. 6-1-303(2)-10 在网络赌博和微信群赌博案件中,相比于因累计计算而数额巨大的赌资,抽头渔利数额和非法所得数额是更为重要的量刑情节。

赌资固然是衡量犯罪情节和社会危害性的一个重要内容,在聚众赌博、常业赌博案件中,赌资还是决定赌博行为是否构成犯罪的主要依据。但在网络赌博和微信群赌博案件中,涉案赌资实行累计计算往往数额巨大,而被告人实际获利却与赌资大小没有必然联系。开设赌场者的获利主要依据赌博的局数或者依据输赢的数量抽头。促使开设赌场者不断实施犯罪行为的内在动力不是赌资的大小,而是抽头的数额。因此,在实际处理中,相比于赌资,抽头渔利数额和非法所得数额是更为重要的量刑情节。本案中,被告人夏永华、陈增贵虽然涉案赌资均达2000余万元,但个人非法获利却仅20万元,被告人赵军华涉案赌资达700余万元,但个人非法获利仅10万元,被告人卞立威涉案赌资900余万元,但个人非法获利仅3万元。其他被告人也都存在涉案赌资与非法获利差距巨大的情况。在这种情况下,如果仅以涉案赌资衡量犯罪行为的危害性,极可能造成不适当的重判。相对而言,非法获利情况更能客观地反映被告人的主观恶性和犯罪的社会危害性。

案例:陈庆豪开设赌场案

案例来源:《刑事审判参考》总第128辑[第1426号];最高人民法院2021年1月12日第26批指导性案例第146号

主题词:开设赌场罪　二元期权

一、基本案情

2016年6月,北京龙汇联创教育科技有限公司设立,负责为"www. DLS-FX. com Dragon Leader Services"网站(以下简称"龙汇网站")的经营提供客户培训、客户维护、客户发展服务,幕后实际控制人周熙坤(新加坡籍)。周熙坤利用上海麦曦商务咨询有限公司聘请讲师、经理、客服等工作人员,并假冒上海哲荔网络科技有限公司等在智付电子支付有限公司的支付账户,接收全国各地会员注册交易资金。

龙汇网站以经营二元期权交易为业,通过招揽会员以"买涨"或"买跌"的方式参与赌博。会员在龙汇网站注册充值后,下载安装市场行情接收软件和龙汇网站自制插件,选择某一外汇交易品种,并选择1m(分钟)到60m不等的到期时间,下单交易金额,并点击"买涨"或"买跌"按钮完成交易。买定离手之后,不可更改交易内容,不能止损止盈,若买对涨跌方向即可盈利交易金额的76%~78%,若买错涨跌方向则本金全亏,盈亏情况不与外汇实际涨跌幅度挂钩。龙汇网站建立了等级经纪人制度及对应的佣金制度,等级经纪人包括SB银级至PB铂金三星级六个等级。截至案发,龙汇二元期权在全国约有10万会员。2017年1月,被告人陈庆豪受周熙坤聘请为顾问、市场总监,从事日常事务协调管理,维系龙汇网站与高级经纪人之间的关系,出席培训会、说明会并进行宣传,发展会员,拓展市场。2016年1月,被告人陈淑娟在龙汇网站注册账号,通过发展会员一度成为PB铂金一星级经纪人,下有17000余个会员账号。2016年2月,被告人赵延海在龙汇网站注册账号,通过发展会员一度成为PB铂金级经纪人,下有8000余个会员账号。经江西大众司法鉴定中心司法会计鉴定,2017年1月1日至2017年7月5日,龙汇网站累计接受充值入金279343422.54元人民币,陈淑娟从龙汇网站提款180975.04美元,赵延海从龙汇网站提款11598.11美元。2017年7月5日,陈庆豪、陈淑娟和赵延海被抓获归案。陈庆豪归案后,于2017年8月8日退缴35万元人民币违法所得。

二、裁判要旨

No. 6-1-303(2)-11　二元期权的实质是创造风险供投资者进行投机,与"押大小、赌输赢"的赌博行为本质相同,实为网络平台与投资者之间的对赌,经营二元期权类交易网站的行为成立开设赌场罪。

二元期权交易与期权交易有着本质的不同,具体如下:

(1)非法性。与在法定场所进行交易、受严格监管的期权交易不同,二元期权未经国务院或证监会批准,脱离国务院或证监会的监督管理,在法定期货交易场所之外利用互联网招揽投资者,不是合法、规范的期权或金融衍生品。

(2)射幸性。期权的买方有权在约定时间内,按照约定的价格买进或卖出一定数量相关资产。期权分为看涨期权与看跌期权两个基本类型,看涨期权的买方有权在某一确定时间以确定价格买进相关资产,看跌期权的买方有权在某一确定时间以确定价格出售相关资产。但此处的看涨期权与看跌期权与本案中的"买涨""买跌"不同,看涨期权、看跌期权以一定数量相关资产为标的,以行使权利(按约定价格买进或卖出)或放弃行使权利为内容,期权合约由合约标的、合约类型、报价单位、执行价格等要素组成,收益随着执行价格和市场价格而变动,而二元期权并无真实的交易对象,也没有权利转移、行使或放弃的环节,二元期权的投资者一旦购入二元期权,由交易设施自动执行。当二元期权到期时,其持有人并没有买入或卖出标的资产的权利,而只有获得之前约定的现金或者一无所获的结果。也就是说,二元期权仅以涨跌方向决定其投注的盈亏,其盈亏不与涨跌幅度挂钩,属于典型的赌博行为。

正因如此,2016 年 4 月 18 日我国证监会在其官方网站对二元期权网站平台进行过警示,指出这些网络平台交易的二元期权是从境外博彩业演变而来,性质类似于赌博,并建议广大投资人不要参与此类网络二元期权交易。国际证监会组织(IOSCO)也曾通过声明警示二元期权监管难度较大。当前,IOSCO 成员已通过 IOSCO 多边备忘录开展基于个案的跨境合作,各辖区采取的措施包括进行风险警示、禁止二元期权销售和加强相关 App 管理等。

龙汇二元期权的交易方法是下载市场行情接收软件和龙汇网站自制插件,会员选择外汇品种和时间段,点击"买涨"或"买跌"按钮完成交易,买对涨跌方向即可盈利交易金额的 76%～78%,买错涨跌方向则本金即归网站(庄家)所有,盈亏结果与外汇交易品种涨跌幅度无关,实则是以未来某段时间外汇、股票等品种的价格走势为交易对象,以标的价格走势的涨跌决定交易者的财产损益,交易价格与盈亏幅度事前确定,盈亏结果与价格实际涨跌幅度不挂钩,交易者没有权利行使和转移环节,交易结果具有偶然性、投机性和射幸性。因此,龙汇二元期权的实质是创造风险供投资者进行投机,不具备规避价格风险、服务实体经济的功能,与"押大小、赌输赢"的赌博行为本质相同,实为网络平台与投资者之间的对赌。因此,龙汇网站是赌博网站,龙汇二元期权交易是披着期权外衣的赌博行为。

案例:陈枝滨等人开设赌场案

案例来源:《刑事审判参考》总第 130 辑[第 1461 号]

主题词:开设赌场罪　网络抽奖式销售

一、基本案情

2018 年 6 月 23 日至 2019 年 1 月 8 日,被告人陈枝滨利用潮州市滨惠网络科技有限公司和潮州市东元网络科技有限公司建立"泰享购"网站,采用将一件商品根据价格平分成若干 1 元"等份",通过互联网平台出售,购买者可以购买其中一份或多份,所有份额销售后,从购买者中抽出获得商品的幸运者,其他认购资金均不予退还的"一元购"模式进行"经营",并在网站中开发"自提商品"模块,即利用后台获取的中奖者信息,与中奖者联系直接折价回购中奖权益,不实际交付商品,从中获利巨大。经远程勘验及司法鉴定:"泰享购"网站运营期间,充值记录总计 14.7 亿余元,真实账户 130619 个;"自提商品"模块,自提商品共计 336698 条记录,"商场价"总和 13.69 亿余元。陈枝滨系网站及公司的实际控制者,被告人叶焕远、陈楚彬等 21 人具体负责服务网站运营的技术、行政管理、财务、采购、回购等工作。

2019 年 3 月至 5 月,被告人陈楚彬雇用同案人为他人运营的"一元购"网络平台"中惠在线"用户提供"折价回购中奖权益"服务,并从中获利,经统计,其为该网站中奖者"回购"变现共 21.54 万余元。

二、裁判要旨

No. 6-1-303(2)-12　网络抽奖式销售具有随机性和不确定性,符合刑法意义上的"赌博"。以营利为目的,在网络上提供较稳定的场所组织用户参与赌博,并对"场所"持续管理、运营、维护的行为,应认定为开设赌场罪。

为正确认定网络抽奖式销售行为的性质,应当着重从抽奖式销售行为的实质、网络平台运营管理的性质以及行为人的主观故意三个方面进行审查。

第一,审查抽奖式销售行为的实质。首先,看抽奖式销售是否真实。如果行为人以抽奖式销售为名,通过操控中奖结果、虚假抽奖等方式骗取参与人财物,应考虑构成诈骗罪。相反,如属真实抽奖式销售,则可能涉及赌博类犯罪。抽奖式销售实上是销售中奖机会,即以少量认购(投注)博取大额财物的中奖机会;中奖结果依照设定的后台程序,具有随机性和不确定性;每一次开奖即抽中者赢、未抽中者输,本身即符合刑法意义上"赌博"的定义。其次,看抽奖式销售是否为主要经营内容及营利手段。如果纯粹或主要以抽奖式销售为经营内容,且主要依靠无实物销售的折价、抽成等方式营利,应认定为赌博类犯罪。相反,如果抽奖式销售仅服务于正常商品销售经营,则不宜作为犯罪处理。

第二,审查网络平台运营管理的性质。区分网络赌博犯罪中赌博罪和开设赌场罪的关键,是组织者对网络平台、空间的控制性。相对于传统现场式赌博,网络赌博摆脱了对时间、场所和服务人员的依赖,犯罪成本更低、利润更大,参与人数更多、影响更广,涉案金额呈几何式增长。对以营利为目的,在网络上提供较稳定的场所(包括网站、微信群等)组织用户参与赌博,并对"场所"持续管理、运营、维护的行为,应认定为开设赌场。仅借助网络平台或其网络手段,在较小范围内召集人员参与较为隐秘的短期赌博的行为,可考虑定性赌博罪(聚众赌博)

第三,审查行为人的主观故意。构成赌博类犯罪,涉案行为人应以营利为目的,同时应当明知其使用的经营模式涉嫌或可能涉嫌违规甚至违法。在涉及多层级人员参与网站或企业运营的案件中,对参与网站或企业运营的人员是否构成共犯,应重点审查其主观故意,即对经营行为实质是否知情。对部分仅参与经营某些具体环节,且确有证据证实对经营行为的营利方式、违规性质等均不知情的人员,不应论罪处理。

案例:洪小强、洪礼沃、洪清泉、李志荣开设赌场案

案例来源:最高人民法院指导案例 105 号

主题词:开设赌场罪　网络赌博

一、基本案情

2016 年 2 月 14 日,被告人李志荣、洪礼沃、洪清泉伙同洪某 1、洪某 2(均在逃),雇佣洪某 3 等人,运用智能手机、电脑等设备建立微信群[群昵称为"寻龙诀",经多次更名后为"(新)九八届同学聊天"]拉拢赌客进行网络赌博。洪某 1、洪某 2 作为发起人和出资人,负责幕后管理整个团伙;被告人李志荣主要负责财务、维护赌博软件;被告人洪礼沃主要负责后勤;被告人洪清泉主要负责处理与赌客的纠纷;被告人洪小强为出资人,并介绍了陈某某等赌客加入微信群进行赌博。该微信赌博群将启动资金人民币 30 万元分成 100 份资金股,并另设 10 份技术股。其中,被告人洪小强占资金股 6 股,被告人洪礼沃、洪清泉各占技术股 4 股,被告人李志荣占技术股 2 股。

参赌人员加入微信群,通过微信或支付宝将赌资转至庄家(昵称为"白龙账房""青龙账房")的微信或者支付宝账号计入分值(1 元相当于 1 分)后,根据"PC 蛋蛋"等竞猜游戏网站的开奖结果,以押大小、单双等方式在群内投注赌博。该赌博群 24 小时运转,每局参赌人员数十人,每日赌注累计达数十万元。截至案发时,该团伙共接受赌资累计达 3237300 元。赌博群运行期间共分红 2 次,其中被告人洪小强分得人民币 3.6 万元,被告人李志荣分得人民币 6000 元,被告人洪礼沃分得人民币 1.2 万元,被告人洪清泉分得人民币 1.2 万元。

二、裁判要旨

No. 6-1-303(2)-13　以营利为目的,通过邀请人员加入微信群的方式招揽赌客,根据竞猜游戏网站的开奖结果等方式进行赌博,设定赌博规则,利用微信群进行控制管理,在一段时间内持续组织网络赌博活动的,属于开设赌场罪规定的"开设赌场"。

在本案中,被告人洪小强、洪礼沃、洪清泉、李志荣以营利为目的,通过邀请人员加入微信群的方式招揽赌客,根据竞猜游戏网站的开奖结果,以押大小、单双等方式进行赌博,并利用微信群进行控制管理,在一段时间内持续组织网络赌博活动的行为,属于《刑法》第三百零三条第二款规定的"开设赌场"。被告人洪小强、洪礼沃、洪清泉、李志荣开设和经营赌场,共接受赌资累计达 3237300 元,应认定为《刑法》第三百零三条第二款规定的"情节严重",其行为均已构成开设赌场罪。

案例:谢检军、高垒、高尔樵、杨泽彬开设赌场案

案例来源:最高人民法院指导案例106号

主题词:开设赌场罪　网络赌博

一、基本案情

2015年9月至2015年11月,向某(已判决)在杭州市萧山区活动期间,分别伙同被告人谢检军、高垒、高尔樵、杨泽彬等人,以营利为目的,邀请他人加入其建立的微信群,组织他人在微信群里采用抢红包的方式进行赌博。其间,被告人谢检军、高垒、高尔樵、杨泽彬分别帮助向某在赌博红包群内代发红包,并根据发出赌博红包的个数,从抽头款中分得好处费。

二、裁判要旨

No. 6-1-303(2)-14 以营利为目的,通过邀请人员加入微信群,利用微信群进行控制管理,以抢红包方式进行赌博,设定赌博规则,在一段时间内持续组织赌博活动的行为,构成开设赌场罪。

以营利为目的,通过邀请人员加入微信群,利用微信群进行控制管理,以抢红包方式进行赌博,设定赌博规则,在一段时间内持续组织赌博活动的行为,属于《刑法》第三百零三条第二款规定的"开设赌场"。在本案中,谢检军、高垒、高尔樵、杨泽彬伙同他人开设赌场,均已构成开设赌场罪,且系情节严重。

136 妨害作证罪(《刑法》第三百零七条第一款)

案例:李泳妨害作证案

案例来源:《人民法院案例选》2005年第2辑

主题词:妨害作证罪

一、基本案情

被告人李泳,男,汉族,大专文化,经商,住重庆合川市。因涉嫌诈骗罪,于2003年9月20日被德化县公安局刑事拘留,10月23日被逮捕。

福建省德化县人民法院经审理查明:2000年12月5日,在福建泉州万顺捷集团有限公司厦门办事处,被告人李泳利用颜建葆管理的抽屉没有上锁之机,将事先伪造的福建泉州万顺捷集团有限公司向其借款人民币100万元的借条偷盖上福建泉州万顺捷集团有限公司的公章。2003年9月8日上午,被告人李泳指使严丽美给福建泉州万顺捷集团有限公司法定代表人苏国平发传真,要求苏国平将借款人民币100万元及利息人民币30万元支付到被告人李泳指定的中国建设银行储蓄卡账户。同日下午被告人李泳将伪造的借条传真给万顺捷集团有限公司。2003年9月9日,被告人李泳为通过诉讼达到非法占有他人财物的目的,以书面传真方式指使庄胜益作伪证,要求庄胜益在法院调查时谎称借给被告人李泳人民币100万元用于放贷收取利息。严丽美在为被告人李泳发传真给庄胜益时,错将该份传真发到万顺捷集团有限公司;被告人李泳当即自行将该传真发给庄胜益。同日,被告人李泳将借条、自述材料、身份证复印件等材料交给律师荆建忠,签订了诉讼委托合同并交纳了代理费用,委托荆建忠对福建泉州万顺捷集团有限公司提起民事诉讼。2003年9月9日,苏国平向公安机关报案。因被告人被公安机关调查未提起诉讼。

德化县人民法院认为,被告人李泳为达到通过诉讼非法占有他人财物的目的,指使他人作伪证,其行为已构成妨害作证罪,应当追究刑事责任。被告人李泳采取给福建泉州万顺捷集团有限公司法定代表人苏国平发付款通知、借条传真件的手段,不可能使财物所有人或管理人产生错觉、信以为真,从而交出财物,其行为不符合诈骗罪的构成要件,故公诉机关对被告人李泳犯诈骗罪的指控不能成立。辩护人关于被告人李泳的行为不构成诈骗罪的意见,予以采纳;关于被告人李泳指使他人作伪证,属诉讼欺诈行为,未造成严重后果,可免于刑事处罚的意见,不予采纳。依照《中华人民共和国刑法》第三百零七条第一款的规定,判决如下:

被告人李泳犯妨害作证罪,判处有期徒刑三年。

宣判后,公诉机关、被告人均不服,分别提出抗诉和上诉。公诉机关抗诉称,原审被告人李泳的行为构成诈骗罪,原判定罪不当,应予改判。上诉人上诉称,其行为属妨害作证未遂,尚未造成严重后果;系初犯,认罪态度较好,有悔罪表现。请求二审改判对其适用缓刑。其辩护人提出原判定罪准确,但量刑过重,请求对上诉人减轻处罚并适用缓刑。

泉州市中级人民法院经审理认为,上诉人李泳为达到通过诉讼骗取人民法院民事裁判非法占有他人财物的目的,伪造证据并指使他人作伪证,其行为已构成妨害作证罪。上诉人李泳无论从主观故意或客观方面均表现出通过伪造证据骗取法院民事裁判占有他人财物的行为,原判认为其行为构成妨害作证罪是正确的。上诉人李泳为了实现通过向人民法院提起诉讼骗取民事裁判而达占有他人财物的目的,指使台商庄胜益作伪证。虽然,庄尚未答复及实施作伪证行为时即案发,但上诉人的指使行为已实施完毕,不能因为未提起诉讼而认定为未遂,应当确认上诉人的行为已实施终了,系属犯罪既遂。上诉人骗取财物的目的虽然没有实现,但是欲行骗取的数额特别巨大,本息高达130万元,应当从重处罚。因此,上诉人及辩护人提出关于未遂及量刑过重的诉、辩主张均不能成立,不予采纳。泉州市人民检察院以泉检诉撤抗〔2004〕026号撤回抗诉决定书提出撤回抗诉,其申请没有违反法律的规定,可予准许。依照《中华人民共和国刑事诉讼法》第一百八十九条第(一)项、《中华人民共和国刑法》第三百零七条第一款的规定,裁定如下:驳回上诉,维持原判。

依照最高人民法院《关于执行〈中华人民共和国刑事诉讼法〉若干问题的解释》第二百四十四条的规定,另行制作裁定如下:准许泉州市人民检察院撤回抗诉。

二、裁判要旨

No.6-2-307(1)-1 为达到通过诉讼非法占有他人财物的目的,指使他人作伪证的,属于诉讼欺诈,不构成诈骗罪,应以妨害作证罪论处。

妨害作证罪的客体是国家司法机关的正常诉讼活动和公民依法作证的权利。本案中,被告人李泳伪造了借款合同并利用被害人管理上的漏洞加盖福建泉州万顺捷集团有限公司的公章,又指使庄胜益作伪证,同时又正式委托了诉讼代理人及缴纳了律师费。尽管被告人尚未正式向法院提起诉讼,但其伪造证据,指使他人作伪证的行为均已实施完毕且已正式聘请律师,如果不是案发,被告人的行为必将继续实施,实质上仍会侵害审判机关的正常诉讼活动,其与在诉讼提起后实施的妨害作证行为的性质、社会危害性及其程度没有两样。因此,被告人的行为已经侵害了国家司法机关的正常诉讼活动和公民依法作证的权利。

妨害作证罪的客观方面表现为行为人实施了采用暴力、威胁、贿买等方法阻止证人作证或者指使他人作伪证的妨害作证行为。在本案中,被告人以书面传真方式指使庄胜益作伪证,要求庄胜益在法院调查时谎称曾借给被告人李泳人民币100万元用于放贷收取利息,符合妨害作证罪客观方面的特征。

案例:吴荣平妨害作证、洪善祥帮助伪造证据案

案例来源:《刑事审判参考》总第90集[第838号]

主题词:妨害作证罪 与帮助伪造证据罪的区分

一、基本案情

被告人吴荣平,男,1969年12月20日出生,原系浙江省宁波市夕阳红法律服务所法律工作者。2012年9月6日因涉嫌犯妨害作证罪被逮捕。

被告人洪善祥,男,1962年11月28日出生,无业。2012年8月24日因涉嫌犯帮助伪造证据罪、信用卡诈骗罪被逮捕。

浙江省宁波市鄞州区人民检察院以被告人洪善祥犯信用卡诈骗罪、帮助伪造证据罪,被告人吴荣平犯妨害作证罪,向宁渡市鄞州区人民法院提起公诉。

被告人吴荣平、洪善祥对起诉书指控的事实无异议。吴荣平的辩护人提出,吴荣平在庭审中具有认罪表现,建议对其从轻处罚。

宁波市鄞州区人民法院经审理查明:

(一)信用卡诈骗事实

2008年11月,被告人洪善祥向宁波市鄞州农村合作银行申请办理一张信用卡,授信额度为人民币(以下币种同)2万元。之后,洪善祥使用该卡透支取现归还赌债,至2011年7月10日,已逾期透支28091.21元,其中本金19743.30元,经鄞州银行工作人员多次催收后仍未归还透支款。此后,洪善祥改变联系方式以逃避银行催收欠款。

(二)妨害作证、帮助伪造证据事实

2009年年初,被告人洪善祥、吴荣平在赌博时结识后交往,洪善祥多次因赌博、偿还赌债、宾馆住宿向吴荣平借款,至2010年2月5日共借款近20万元。吴荣平获悉洪善祥坐落于宁波市鄞州区梅墟街道梅景路736弄98号504室的房屋已被洪善祥协议卖给他人,便与洪善祥恶意串通伪造借条,多写借款金额,并指使洪善祥书写虚假的借款原因,以待日后起诉时骗取人民法院的裁判文书,待该房屋拍卖后可多参与分配。2010年3月8日,吴荣平持伪造的借条以洪善祥因生意经营向其借款24.90万元不予归还为由,向宁波市鄞州区人民法院提起民事诉讼,要求洪善祥归还借款,洪善祥配合作虚假陈述。3月15日,鄞州区人民法院作出(2010)甬鄞商初字第246号民事调解书,确认洪善祥应当偿还吴荣平借款及利息共计25.10万元。2010年3月23日,吴荣平向鄞州区人民法院申请执行,同年4月1日鄞州区人民法院作出(2010)甬鄞执民字第1170-1号执行裁定书,将洪善祥坐落于鄞州区梅墟街道梅景路736弄98号504室的房屋及土地使用权予以查封。2011年10月27日,鄞州区人民法院以(2011)甬鄞商监字第3号民事裁定书决定再审。再审期间,吴荣平又指使洪善祥提供虚假借款凭据。后鄞州区人民法院发现二人有虚假诉讼的嫌疑,遂将案件移送宁波市公安局鄞州分局。后宁波市公安局鄞州分局将此案移送宁波市鄞州区人民检察院,宁波市鄞州区人民检察院经审查起诉,遂向宁波市鄞州区人民法院提起公诉。

宁波市鄞州区人民法院经审理认为,被告人洪善祥以非法占有为目的,恶意透支信用卡,经发卡行多次催收后仍不归还,透支数额较大,其行为构成信用卡诈骗罪;其在虚假诉讼过程中,受指使参与伪造证据,情节严重,其行为构成帮助伪造证据罪。被告人吴荣平在虚假诉讼过程中,指使他人提供伪证,其行为构成妨害作证罪。公诉机关指控二被告人的罪名均成立。洪善祥在案发后如实供述自己的罪行,依法可以从轻处罚。吴荣平在庭审中具有认罪表现,可以酌情从轻处罚。吴荣平的辩护人提出的辩护意见予以采纳。据此,依照《中华人民共和国刑法》第一百九十六条第一款第四项、第二款,第三百零七条第一款、第二款,第六十七条第三款,第六十九条和最高人民法院、最高人民检察院《关于办理妨害信用卡管理刑事案件具体应用法律若干问题的解释》第六条,最高人民法院《关于〈中华人民共和国刑法修正案(八)〉时间效力问题的解释》第四条之规定,宁波市鄞州区人民法院判决如下:

1. 被告人洪善祥犯信用卡诈骗罪,判处有期徒刑八个月,并处罚金二万元;犯帮助伪造证据罪,判处有期徒刑六个月;决定执行有期徒刑一年,并处罚金人民币二万元。

2. 被告人吴荣平犯妨害作证罪,判处有期徒刑七个月。

宣判后,被告人洪善祥、吴荣平未提出上诉,检察机关也未提出抗诉,判决已发生法律效力。

二、裁判要旨

No.6-2-307(1)-2　虚假诉讼过程中,行为人并不能从虚假诉讼中直接获取利益,而只是帮助诉讼当事人实现非法利益的,不是妨害作证罪的主体,仅能成立帮助伪造证据罪。

根据《刑法》第三百零七条的规定,妨害作证罪,是指以暴力、威胁、贿买等方法阻止证人作证或者指使他人作伪证的行为;帮助伪造证据罪,是指帮助当事人伪造证据,情节严重的行为。这两个罪名所保护的客体都是诉讼活动的正常秩序,主观上都是故意,而犯罪主体和客观表现

则有所不同:

1. 妨害作证罪的主体可以是诉讼当事人,也可以是其他与当事人有利害关系的人,如当事人的亲属或者受当事人亲属指使的人;而帮助伪造证据罪的主体一般是诉讼当事人以外的人,不要求与当事人之间有利害关系,但可以是受诉讼一方当事人指使的另一方当事人。虚假诉讼中,行为人与诉讼主体的关系可分为两种情形:一种是诉讼一方当事人通过伪造证据的手段实施虚假诉讼,以侵害另一方当事人的合法利益;另一种是诉讼双方当事人串通进行虚假诉讼,以侵害第三方的合法利益。在前一种情况下,比较容易区分。诉讼一方当事人所实施的指使他人作伪证的行为构成妨害作证罪,而帮助其伪造证据的人只能是诉讼当事人以外的人,构成帮助伪造证据罪。在后一种情况下,诉讼双方当事人都可能实施指使对方作伪证或者帮助对方伪造证据的行为,由此可能出现指使他人作伪证中的"他人"与帮助当事人伪造证据中的"当事人"重合的情形。我们认为,在该情形下,"他人"能否认定为当事人,关键在于该行为人能否从虚假诉讼中直接获取利益。《刑法》对帮助伪造证据罪的罪状规定,决定了帮助伪造证据罪的主体必须是不属于在虚假诉讼中具有重要利益的人,即只能是帮助当事人实现一定非法利益的人,而不能是为自己直接从案件的裁判结果中获利(不包括获得当事人承诺的报酬或者其他利益)而实施行为的人。因此,如果行为人不能从虚假诉讼中直接获取利益,而是在帮助对方当事人获取利益,则其符合帮助伪造证据罪的主体特征;如果其本人能从虚假诉讼中直接获利,则不符合帮助伪造证据罪的主体特征。

本案中,在正常情况下,吴荣平的债权难以实现,但其为了多分配债权,与洪善祥合谋通过伪造证据虚假诉讼的方式参与房屋拍卖价值的分配,因此,其在虚假诉讼中是主要利益追求者。而洪善祥在诉讼中不能直接获得利益,而是为了配合吴荣平实现债权而伪造证据。尽管洪善祥在伪造欠条时增加了 4.90 万元,但考虑到法院在分配房屋拍卖价值时,要按照所有债权人的债权比例来确定具体分配数额,最终分配数额肯定会低于 4.90 万元,并且即使吴荣平将所得房屋拍卖款中 4.90 万元对应的部分给予洪善祥,洪善祥也因为不能履行原房屋买卖协议,而必将承担相应返还房屋价款以及违约的责任。因此,洪善祥在这一虚假诉讼中不能直接获得额外利益。基于以上分析,我们认为,吴荣平属于非法利益的追求者和获得者,符合妨害作证罪的主体特征,而洪善祥只是帮助吴荣平实现债权,符合帮助伪造证据罪的主体特征。

2. 妨害作证罪的客观行为表现有两种:一是阻止证人作证,这里的"证人"应当作广义理解,即能够在诉讼过程中提供证据的人,包括证人,被害人,鉴定人,民事原告、被告等;二是指使他人作伪证,这里的"他人"范围更广,包括所有受指使在诉讼中作伪证或者提供虚假物证、书证、鉴定意见、记录、翻译的人。帮助伪造证据罪的客观行为表现是帮助诉讼当事人伪造证据,这里的证据可以是书证、物证、视听资料、鉴定意见等,帮助行为可以是共同伪造,也可以是单独伪造并提供给诉讼当事人使用。这里的"当事人"应当是指诉讼中因帮助行为而直接从裁判中受益的人。在虚假诉讼案件中,妨害作证罪的客观表现主要是指使他人作伪证,有时是通过指使他人作虚伪证言来进行,更多的时候则是指使他人伪造虚假证据提供给法院,而且提交证据的人往往也必须向法院作出虚假的证言来证明证据的形成过程或来源。因此,指使他人伪造证据与指使他人作虚假证言往往会同时发生,二者都属于《刑法》规定的"指使他人作伪证"的行为方式。这样的理解,既符合诉讼规律,也未超出普通民众的认知范围。虚假诉讼中的帮助伪造证据罪,其客观表现是受指使帮助当事人伪造其他人的虚假证言,或者帮助当事人伪造书证、鉴定等其他证据的行为,对于受指使直接向法院提供虚假证言的人,不符合帮助伪造证据罪的客观特征,而且由于《刑法》规定仅在刑事诉讼中作伪证才构成伪证罪,因此,发生在民事诉讼中的伪证行为,不构成犯罪。

具体联系本案,吴荣平指使洪善祥伪造欠条以及向法院提供虚假陈述的行为,都属于指使他人作伪证的行为,符合妨害作证罪的客观特征。同时,其还具有参与伪造证据的行为,但因是为自己利益而实施,不属于帮助伪造证据行为;而且这一行为也是其指使洪善祥向法院作伪证的手段行为,不具有单独评价的必要性。洪善祥受吴荣平指使并同吴荣平一起伪造借条的行为,属于帮助当事人伪造证据的行为,符合帮助伪造证据罪的客观特征,但其向法院提供虚假陈述的行为,不构成犯罪。

综上,吴荣平与洪善祥恶意串通伪造借条实施虚假诉讼,致使人民法院作出错误裁判,二被告人主观上均为故意,客观上妨害了司法诉讼活动的正常秩序。吴荣平是虚假诉讼的主要获益者,符合妨害作证罪的主体要件,并具有指使他人作伪证的客观行为,故应当认定为妨害作证罪。洪善祥系配合、帮助吴荣平通过虚假诉讼获益,符合帮助伪造证据罪的主体特征,并具有帮助吴荣平伪造证据的行为,故应当认定为帮助伪造证据罪。

No. 6-2-307(1)-3 行为人为实现自己的正当债权而实施虚假诉讼,指使他人伪造证据,未给利害关系人造成实际经济损失的,不属于妨害作证情节严重的情形,应当在三年以下进行量刑。

《刑法》第三百零七条第一款规定:"以暴力、威胁、贿买等方法阻止证人作证或者指使他人作伪证的,处三年以下有期徒刑或者拘役;情节严重的,处三年以上七年以下有期徒刑。"该条第二款规定:"帮助当事人毁灭、伪造证据,情节严重的,处三年以下有期徒刑或者拘役。"从上述规定分析,妨害作证罪是行为犯,只要行为人实施妨害作证的行为,即构成犯罪,不需要有客观危害后果的发生。但值得注意的是,司法实践中,并非所有的妨害作证行为均要追究刑事责任。妨害作证行为可能发生在刑事、民事或者行政等各种诉讼过程中,行为人主观上可能是出于包庇犯罪分子、诬告他人或者非法侵占他人财产、实现其他非法利益等各种动机;客观上可能采用暴力、威胁、利诱等各种手段;结果上可能造成刑事案件错判,被告人被错押、错判或者错放,抑或民事案件错判,相关利害关系人财产受损或者其他合法权益受损害。总之,各种妨害作证行为因主观、客观表现不同而体现的社会危害性也不同,这就决定了实践中对它的处理要视具体情况而定。《民事诉讼法》第一百一十一条和《行政诉讼法》(2014 年修正前)第四十九条都规定,对于诉讼参与人或者其他人所实施的伪造、毁灭证据行为,人民法院要根据情节轻重予以罚款、拘留等司法制裁,对于构成犯罪的,依法追究刑事责任。根据我国《刑法》第十三条的规定,构成犯罪不但要求行为符合刑法分则具体罪名规定的构成要件,还必须达到应受刑事处罚的程度。罪责不但是刑罚制裁的基础,而且也是刑罚裁量的标准。因此,对于妨害作证,包括帮助毁灭、伪造证据行为,均应当根据具体案情,确定是否达到应受刑罚处罚的程度,进而确定是否构成犯罪。

由于刑事诉讼以被告人被司法机关立案追诉为前提、行政诉讼以行政机关作出影响相对人利益的具体行政行为为前提,所以虚假诉讼一般只能发生在民事诉讼中。在为实施虚假诉讼而实施妨害作证活动的案件中,一般可以从以下几个方面评价犯罪的严重程度:

(1)行为动机。即行为人主观上是出于非法实现自己的财产利益的目的,还是出于非法占有他人合法财产的目的。在前一种情况下,行为的目的并没有错,错的是手段,而在后一种情况下,行为目的和手段都是错的,违法程度显然大于前者。

(2)实施虚假诉讼标的数额。即行为人希望达到的犯罪目的,诉讼标的数额越大,行为给他人财产利益可能造成的危害或者损失就越大。

(3)采用的手段及造成的伤害后果。妨害作证罪是一种教唆性犯罪,行为人可能采用暴力、威胁、利诱或者其他本身不具有非法性的手段。采用不同的手段,其教唆的强度及危害程度是不同的,应当根据社会伦理上的价值判断标准及直接对被害人或者间接对社会大众的损害程度及危险性加以适当的评价。行为强度及危险性越高,罪责就越大。

(4)对司法诉讼活动的影响程度。包括对司法公正的影响和司法效率的影响。根据虚假证据是否进入诉讼环节、对司法过程是否已产生影响以及影响的大小等不同情况,可以进一步分为:一是仅有妨害作证行为,但相关虚假证据尚未进入诉讼环节的;二是已经进入诉讼环节,但被鉴别出来,没有影响到判决的公正性的;三是进入诉讼环节,对相关证据的鉴别和认定花费较长时间和较大司法成本,影响了司法效率的;四是虚假证据未能被鉴别出来,司法机关以之为依据作出错误判决的。以上不同情况,行为的社会危害程度也不同,对司法诉讼活动的影响越大,行为的罪责就越大。

根据以上分析,对于在虚假诉讼中实施的妨害作证行为,具有以下情形之一的,应当按照妨害作证罪追究刑事责任:(1)为非法占有他人合法财产,而指使他人作伪证实施虚假诉讼,标的数额较大的;(2)为实现自己的财产利益,而指使他人作伪证实施虚假诉讼,标的数额巨大的;(3)使用暴力手段、威胁手段,迫使他人提供虚假证据或者作伪证的;(4)致使诉讼活动受到较长时间拖延的;(5)致使人民法院作出错误裁判的。具有以下情形之一的,属于妨害作证罪"情节严重"的情形:(1)为非法占有他人合法财产,而指使他人作伪证实施虚假诉讼,标的数额巨大的;(2)为实现自己的财产利益,而指使他人作伪证实施虚假诉讼,标的数额特别巨大的;(3)使用暴力手段迫使他人作伪证,造成被害人轻伤后果的;(4)伪造证据实施虚假诉讼,致使人民法院作出错误裁判,并给另一方当事人或者第三方造成重大损失的;(5)多次采用妨害作证的方法实施虚假诉讼的。

本案中,被告人吴荣平为实现其债权而实施虚假诉讼,指使他人伪造证据并在庭审中作虚假陈述,妨害了人民法院的正常审判秩序,其诉讼标的数额巨大,并导致人民法院作出错误裁判,已达到了应受刑罚处罚的程度,构成妨害作证罪,但未给利害关系人造成实际经济损失,因此,尚不构成"情节严重"的情形。

137 虚假诉讼罪(《刑法》第三百零七条之一)

案例:胡群光妨害作证、王荣炎帮助伪造证据案

案例来源:《刑事审判参考》总第 124 集[第 1375 号]

主题词:虚假诉讼罪　部分篡改证据

一、基本案情

被告人胡群光对周江森、徐春发、宋金祥、胡群琳和被告人王荣炎等多人负有债务无力偿还。为逃避履行对周江森、徐春发和宋金祥等人所负债务,胡群光找到王荣炎,提出虚增胡群光对胡群琳和王荣炎所负债务的总金额,并由王荣炎出面,分别以王荣炎名义和胡群琳诉讼代理人的名义提起民事诉讼,要求胡群光偿还借款。为证明上述虚假诉讼请求,胡群光提供资金指使王荣炎、胡群琳通过多个银行账户间循环转账等方式,制造王荣炎以出借人和经办人身份向胡群光分别转账出借的假象,并伪造借条。后胡群光指使王荣炎向江山市人民法院提起民事诉讼,要求胡群光偿还借款及相应利息。诉讼过程中,王荣炎向法院提交了伪造的借条和银行账户转账凭证等证据材料。经法院主持调解,王荣炎与胡群光达成调解协议,约定胡群光归还借款及相应利息。法院作出(2014)衢江商初字第 14 号民事调解书。截至本案案发,该民事调解书尚未执行。

江山市人民法院认为,被告人胡群光指使他人在诉讼过程中作伪证,其行为已构成妨害作证罪;被告人王荣炎受他人指使,在诉讼过程中帮助伪造证据,严重侵害正常司法秩序,情节严重,其行为已构成帮助伪造证据罪。胡群光在缓刑考验期内又犯新罪,依法应当撤销缓刑,对新罪作出判决后与前罪未执行的刑罚并罚。王荣炎归案后如实供述自己的罪行,可以从轻处罚,根据其犯罪情节和悔罪表现,依法可以适用缓刑。判决撤销(2013)衢江刑初字第 369 号刑事判决中对被告人胡群光的缓刑部分;被告人胡群光犯妨害作证罪,判处有期徒刑九个月,与前罪未执行的有期徒刑一年六个月、并处罚金人民币十万元并罚,决定执行有期徒刑一年十个月,并处罚金人民币十万元;被告人王荣炎犯帮助伪造证据罪,判处拘役五个月,缓刑七个月。

一审宣判后,被告人王荣炎未提出上诉,被告人胡群光以自己的行为不构成妨害作证罪为由提出上诉。胡群光的辩护人提出,胡群光拖欠王荣炎等人债务的事实客观存在,因为不懂法,采取了错误的诉讼方式,请求改判无罪。

衢州市中级人民法院经审理认为,根据证人证言、原审被告人王荣炎的供述和在案其他证据,足以认定胡群光指使王荣炎伪造证据进行虚假诉讼的事实,相关上诉理由和辩护意见均不予采信。一审判决认定事实清楚,适用法律正确,量刑适当。审判程序合法。裁定驳回上诉,维持原判。

二、裁判要旨

No. 6-2-307 之一-1 债权债务关系存在但对数额进行部分篡改的,不成立虚假诉讼罪。

本案中被告人胡群光为达到转移资产、逃避履行其他合法债务的目的,与王荣炎、胡群琳恶意串通,通过伪造借条、制造虚假银行账户转账记录等方式,虚增债权债务数额,并由王荣炎提起民事诉讼,属于刑法理论上所称"部分篡改型"行为,以区别于在不存在民事法律关系的情况下凭空捏造民事法律关系、虚构民事纠纷并向人民法院提起民事诉讼的"无中生有型"行为。对于"部分篡改型"行为是否构成虚假诉讼罪,在《刑法修正案(九)》研究起草过程中和公布施行后都一直存在较大争议。

"部分篡改型"行为不符合虚假诉讼罪的构成要件,依法不应认定为虚假诉讼罪,主要理由如下:

第一,从对刑法条文进行文义解释的角度分析。根据《刑法》第三百零七条之一第一款的规定,以捏造的事实提起民事诉讼,妨害司法秩序或者严重侵害他人合法权益的,构成虚假诉讼罪。"提起民事诉讼"的文义相对明确,解释的重点在于如何确定"捏造"一词的内涵和外延。根据一般理解,"捏造"一般是指完全没有依据、无中生有,仅靠自己的凭空想象臆造根本不存在的事物。理论和实践中一般认为《刑法》关于诬告陷害罪、诽谤罪的规定等多个条文中使用的"捏造"一词,均是指对相关事实无中生有的行为。从保持刑法用语含义的一致性考虑,虚假诉讼罪中的"捏造",原则上也应限定为无中生有、凭空虚构民事法律关系的行为。

第二,从探究立法原意的角度分析。根据立法资料,《刑法》增设虚假诉讼罪的目的,主要是依法惩治不具有合法诉权的行为人故意捏造事实,制造自己具有诉权的假象,意图骗取人民法院裁判文书、达到非法目的的行为。对于虚假诉讼中的"诉讼"一词来讲,"讼"是"诉"的必然逻辑结果。对于虚假诉讼罪而言,刑法评价的重点是其中"诉"的虚假性,刑罚打击的对象是行为人行使虚假诉权的行为。如果民事法律关系客观存在,则行为人依法享有诉权,其对部分证据材料弄虚作假,对债权债务的具体数额、履行期限等进行部分篡改,不属于虚假诉讼罪的处罚对象。

第三,《刑法修正案(九)》的立法审议过程亦反映出虚假诉讼罪仅包含"无中生有型"行为。《刑法修正案(九)》(草案一次审议稿)对虚假诉讼罪罪状的规定为,为谋取不正当利益,以捏造的事实为案由,向人民法院提起民事诉讼,骗取人民法院裁判文书的,构成虚假诉讼罪。明确虚假诉讼罪中捏造的事实是属于案由范围内的事实。根据《民事案件案由规定》的相关规定,民事案件的案由反映案件涉及的民事法律关系的性质,表述方式原则上为"法律关系的性质"加"纠纷"组成。因此,虚假诉讼行为人捏造的事实,同时包括民事法律关系和民事纠纷两个方面。如果民事法律关系客观存在,则行为人并无捏造事实的余地,不成立虚假诉讼罪。

第四,将"部分篡改型"行为排除在虚假诉讼罪之外,符合民事诉讼的客观规律。现阶段,民事诉讼案件数量巨大,且具体情况比较复杂,部分原告采取虚假陈述、伪造证据等手段故意提高诉讼标的额,实际上是出于更好地维护自身合法利益等诉讼策略方面的考虑。如果对这种情况不加区别地认定为虚假诉讼罪,可能会侵害部分民事当事人享有的合法诉权,导致刑罚打击面过大。

第五,将"部分篡改型"行为认定为虚假诉讼罪,难以确定明确的定罪标准。与"无中生有型"行为中罪与非罪存在质的区别不同,在"部分篡改型"行为中,不同行为造成的社会危害性主要体现为标的额大小之间量的差别,如何确定罪与非罪的区分标准,存在很大的困难,无法为人民群众提供明确的行为预期。

本案中,一审、二审法院认定被告人胡群光、王荣炎的行为不构成虚假诉讼罪,适用法律正确。二被告人分别作为民事诉讼的被告和原告,相互恶意串通,在提起民事诉讼之前和民事诉讼过程中,共同实施伪造证据、虚假陈述等弄虚作假行为,骗取人民法院裁判文书,行为可能构成妨害作证罪或者帮助伪造证据罪。确定被告人胡群光、王荣炎的行为构成哪个罪名,主要涉及以"指使他人作伪证"方式实施的妨害作证罪与帮助伪造证据罪的区分问题。理论上一般认为,《刑法》对妨害作证罪中的"他人"未作特殊限定,"指使他人作伪证"中的"他人",既包括证人,也包括当事人、鉴定人、翻译人员等其他诉讼参与人;"伪证"既包括虚假的证人证言,也包括虚假的书证、物证、言词证据、鉴定结论等证据材料;帮助伪造证据罪的主体一般是诉讼当事人以外的人员,但在一方当事人帮助另外一方当事人伪造证据的情况下,提供帮助的一方当事人也可以成立帮助伪造证据罪。根据本案事实,可以认定胡群光的上述行为属于"指使他人作伪证",符合妨害作证罪的构成要件。王荣炎受胡群光的指使,预先伪造证据材料,并在民事诉讼过程中提供虚假证据、作虚假陈述,严重妨害人民法院司法秩序,属于"帮助当事人伪造证据,情节严重"情形,行为符合帮助伪造证据罪的构成要件。一审、二审法院认定胡群光的行为构成妨害作证罪,王荣炎的行为构成帮助伪造证据罪,并处以相应的刑罚是适当的。

案例:高云虚假诉讼案

案例来源:《刑事审判参考》总第 124 集[第 1376 号]

主题词:虚假诉讼罪　民事共同诉讼

一、基本案情

被告人高云多次以个人名义向严晓红借款,并以其投资成立并担任法定代表人的浙江振铭建材装饰有限公司(以下简称"振铭公司")作为借款担保人。借款到期后,高云无力偿还,严晓红向长兴县人民法院提起民事诉讼,要求高云和振铭公司承担连带清偿责任。长兴县人民法院一审判决,由高云限期偿还全部借款及相应利息,振铭公司承担连带清偿责任。判决生效后,高云和振铭公司在规定期限内未能履行清偿责任,案件进入执行程序。

被告人高云为转移振铭公司资产、逃避长兴县人民法院判决确定的清偿责任,找到倪菁、陈件、陈卫兵等人,指使其收集 10 人的身份信息资料,将他们虚构成为振铭公司员工,并通过伪造工资表等方式,捏造振铭公司对上述 10 人的虚假欠薪;又伪造员工 12 人的工资表,并上调工资,形成振铭公司对上述 12 人的虚假欠薪。之后,高云以上述虚假欠薪事实为依据,指使倪菁等人以自己名义或者担任诉讼代理人,以上述 22 人为原告向长兴县人民法院提起民事诉讼,要求振铭公司支付劳动报酬。案件审理过程中,经法院主持调解,双方达成调解协议,长兴县人民法院作出民事调解书,后倪菁等人根据该民事调解书申请强制执行振铭公司的财产。

长兴县人民法院认为,被告人高云以捏造的事实提起民事诉讼,其行为已构成虚假诉讼罪。鉴于高云归案后自愿认罪,酌情予以从轻处罚。判决被告人高云犯虚假诉讼罪,判处有期徒刑八个月,并处罚金人民币二千元。

一审宣判后,高云以量刑过重为由提出上诉,后在二审过程中自愿认罪,申请撤回上诉。

湖州市中级人民法院经审理认为,上诉人高云为转移公司资产逃避执行,指使他人伪造欠薪进行虚假诉讼的事实,有一审采信的证据证实,本案事实清楚,证据确实、充分,予以确认。一审判决定罪和适用法律正确,量刑适当。审判程序合法。高云申请撤回上诉的要求确系合法、自愿,予以准许。裁定准许上诉人高云撤回上诉。

二、裁判要旨

No. 6-2-307 之一-2　虚假诉讼罪的惩治重点,是行为人捏造事实行使虚假诉权的行为。对于普通共同诉讼中各原告行使各自诉权的行为,原则上应当分别进行评价,确定其中是否存在捏造民事法律关系、虚构民事纠纷的情形,如果答案是肯定的,则应认定该部分为《刑法》规定的虚假诉讼行为。

《刑法》增设的虚假诉讼罪仅限于"无中生有型"行为。就"部分篡改型"行为而言,由于本就存在民事法律关系,不应认定为虚假诉讼罪。本案的分歧在于对高云指使他人以 22 人为共同原告提起民事诉讼的行为,应当整体评价为"部分篡改型"行为,还是应当对其中的不同情况进行区分,分别进行评价。

第一,判断某一行为是否构成虚假诉讼罪,应当进行实质性判断。如上文所述,虚假诉讼罪的惩治对象仅限于“无中生有型”行为,行为人凭空捏造民事法律关系,虚构民事纠纷,向人民法院提起民事诉讼的行为,才可能构成虚假诉讼罪。实践中,对于行为人实施的行为是否属于捏造民事法律关系、虚构民事纠纷,应当结合民事诉讼理论和案件的具体情况,进行实质性判断,不能作形式化、简单化处理,否则可能不当扩大刑罚的打击范围。

本案中,被告人高云指使倪菁等人以自己名义或者担任诉讼代理人,以22人为原告,向人民法院提起民事诉讼,要求振铭公司支付劳动报酬,属于民事共同诉讼。民事诉讼理论认为,共同诉讼是与一对一的原告和被告进行单独诉讼相对应的复数诉讼形式,属于诉的主观合并,根据是否具有共同的诉讼标的,可分为普通共同诉讼和必要共同诉讼两种。

在民事共同诉讼中,正确认定某一行为是否构成虚假诉讼罪,需要以普通共同诉讼和必要共同诉讼的区分为基础进行判断。具体来讲,必要共同诉讼人具有共同的权利或义务,属于不可分之诉,因此,对于行为人实施的某一行为是否属于《刑法》规定的虚假诉讼行为,只能进行整体评价。但是,在普通共同诉讼中,参加诉讼的各个原告均享有独立的诉权,属于可分之诉。虚假诉讼罪的惩治重点,是行为人捏造事实行使虚假诉权的行为,因此,对于普通共同诉讼中各原告行使各自诉权的行为,原则上应当分别进行评价,确定其中是否存在捏造民事法律关系、虚构民事纠纷的情形,如果答案是肯定的,则应认定该部分为刑法规定的虚假诉讼行为。不能因为其中部分原告的行为属于部分篡改案件事实,就对全案认定为“部分篡改型”行为。

第二,判断某一行为是否构成虚假诉讼罪,还应考虑案件处理的实际效果。如果认为对民事共同诉讼案件均应坚持整体评价的原则确定行为是否构成虚假诉讼罪,则行为人完全可以采取将“无中生有”之诉与“部分篡改”之诉同时起诉、由法院立为一个民事案件进行合并审理的方式,规避刑法的处罚;在行为人指使多人分别作为原告,将“无中生有”之诉与“部分篡改”之诉分别起诉的情况下,法院如果合并审理,则行为人的行为不构成虚假诉讼罪,如果不合并审理,则行为人可能被以虚假诉讼罪定罪处罚。如此一来,法院的行为将直接决定某一行为是否可能构成虚假诉讼罪,不符合刑事责任认定的基本理论,实践中可能造成不良效果。

在民事普通共同诉讼案件中,对于某一行为是否构成虚假诉讼罪,应当区分不同原告的行为,分别进行评价。本案中,在22名原告中,有12人确系振铭公司员工,享有对振铭公司的劳动报酬追索权,高云通过伪造工资表等方式上调上述人员的工资数额,属于“部分篡改型”行为,不构成虚假诉讼罪;另有10名原告与振铭公司不存在劳动合同关系,无权向振铭公司索要劳动报酬,高云伪造上述人员的工资表,捏造劳动合同关系和双方因追索劳动报酬产生民事纠纷的事实,属于“无中生有型”行为,属于刑法规定的虚假诉讼行为。高云虚增的劳动报酬数额不应计入虚假诉讼标的额。虚假诉讼罪不以法院裁判实际得到执行为必备要件,诉讼标的额不能直接反映虚假诉讼行为造成的社会危害性,不属于虚假诉讼罪的定罪条件。本案中,法院已经作出民事调解书,且已进入执行程序,达到《刑法》第三百零七条之一第一款规定的“妨害司法秩序”的社会危害程度,应当认定高云的行为已经达到虚假诉讼罪的定罪条件。

此外,高云的行为发生在《刑法修正案(九)》施行之前,依照当时的《刑法》规定,其行为构成妨害作证罪;本案一审判决和二审裁定作出时《刑法修正案(九)》已经公布施行,依照修正后的《刑法》规定,高云的行为构成虚假诉讼罪。一审、二审法院根据从旧兼从轻原则,对被告人高云以虚假诉讼罪定罪处罚,是适当的。

案例:胡文新、黎维军虚假诉讼案

案例来源:《刑事审判参考》总第124集[第1377号]

主题词:虚假诉讼 申请执行仲裁调解书

一、基本案情

浙江省临安市家政培训学校(以下简称“临安市家政学校”)因民间借贷纠纷,被法院依法裁定冻结名下银行账户内存款。被告人胡文新、黎维军为取出被冻结的存款,经事先预谋,伪造临安市家政学校拖欠黎维军及高鹏(另案处理)、黎维军的妻子章丽萍三人 15.3 万余元的工资单。之后,在胡文新的指使下,黎维军和高鹏以债权人和债权人受托人的身份,向临安市劳动人事争议仲裁委员会申请劳动仲裁,以虚假的工资单获取仲裁调解书,后向法院申请执行该仲裁调解书,临安市人民法院同日立案执行。后被告人胡文新指使陈文英(另案处理)伪造临安市家政学校拖欠陈文英工资及社会保险的工资单,采用相同方式获取仲裁调解书后,先后两次向法院申请强制执行,临安市人民法院分别立案受理,执行过程中发现上述人员存在虚假诉讼犯罪嫌疑,遂将案件线索移交临安市公安局。

临安市人民法院认为,被告人胡文新、黎维军以捏造的事实提起民事诉讼,妨害司法秩序,二人行为均已构成虚假诉讼罪。关于二辩护人对本案定性所提异议,经查,民事诉讼程序包括执行程序,《民事诉讼法》也设有执行程序编,胡文新、黎维军未经民事审判,直接以仲裁机构出具的调解书向人民法院申请执行,属于广义的民事诉讼。胡文新、黎维军指使高鹏、陈文英等人作伪证,捏造临安市家政学校拖欠员工工资的事实并提起民事诉讼,妨害人民法院司法秩序,同时符合妨害作证罪和虚假诉讼罪的构成要件,应根据从旧兼从轻原则确定罪名,因虚假诉讼罪主刑中增加了管制,相对妨害作证罪法定刑较轻,应以虚假诉讼罪定罪处罚。胡文新、黎维军为套取被人民法院冻结的资金,经事先商量后各自联系人员帮忙伪造证据,地位、作用相当,不足以区分主从犯,二被告人归案后基本如实供述自己的罪行,依法应予从轻处罚。判决被告人胡文新犯虚假诉讼罪,判处有期徒刑十个月,并处罚金人民币三千元;被告人黎维军犯虚假诉讼罪,判处有期徒刑八个月,并处罚金人民币二千元。

一审宣判后,被告人胡文新、黎维军均未提出上诉,检察机关未提出抗诉,判决已经发生法律效力。

二、裁判要旨

No. 6-2-307 之一-3 以捏造的事实获得仲裁调解书并申请执行的,成立虚假诉讼罪。

第一,民事执行程序属于虚假诉讼罪意义上的民事诉讼。从目的解释的角度看,《刑法修正案(九)》增设虚假诉讼罪的目的,在于依法惩治不具有合法诉权、通过捏造事实的方式制造自己具有诉权的假象、意图骗取人民法院裁判的行为,主要打击对象是纠纷首次进入人民法院进行司法处理的初始程序。民事一审程序、简易程序、特别程序、督促程序和公示催告程序属于纠纷首次进入民事诉讼程序的入口,应当认定为虚假诉讼罪中的“提起民事诉讼”。我国的二审程序一般采取续审制原则,除特殊情况外,二审审理范围原则上不超出一审之诉和上诉请求的范围。因此,行为人在一审阶段被动应诉、一审宣判后以捏造的事实提出上诉、启动二审程序的,一般不应认定为虚假诉讼罪中的“提起民事诉讼”。

对于民事执行程序是否可以认定为虚假诉讼罪中的“提起民事诉讼”,理论和实践中存在一定争议。通常情况下,执行程序是民事一审、二审程序的自然延续,大多数情况不属于纠纷首次进入民事诉讼的初始程序。但是,执行程序同时还具有相对的独立性,并不是一审、二审程序的附庸。民事执行程序中的申请执行仲裁裁决和公证债权文书、案外人对执行标的提出异议和申请参与执行财产分配,均属于民事纠纷首次进入人民法院司法处理程序,不以同一纠纷经过一审、二审民事程序审理为前提,均可以认定为虚假诉讼罪中的“提起民事诉讼”。

第二,申请执行仲裁调解书属于虚假诉讼罪中的“提起民事诉讼”。

首先,《最高人民法院关于人民法院办理仲裁裁决执行案件若干问题的规定》第一条规定:“本规定所称的仲裁裁决执行案件,是指当事人申请执行仲裁机构依据仲裁法作出的仲裁裁决或者仲裁调解书的案件。”据此,《民事诉讼法》第二百四十四条规定内容实际上也包含申请强制执行仲裁调解书。其次,根据《仲裁法》第五十一条的规定,经调解达成协议的,仲裁庭应当制作调解书或者根据协议的结果制作裁决书,调解书与裁决书具有同等法律效力;根据《劳动争议调解仲裁法》第五十一条的规定,当事人对发生法律效力的调解书、裁决书,应当依照规定的期限履行,一方当事人逾期不履行的,另一方当事人可以依照《民事诉讼法》的有关规定向人民法院申请执行,受理申请的人民法院应当依法执行。可以看出,仲裁机构依法作出的裁决书和调解书的法律效力相同。一方当事人向人民法院申请执行裁决书或调解书,行为性质并无实质区别,因而相关行为在是否构成犯罪方面不能得出相反的法律评价。最后,《最高人民法院关于防范和制裁虚假诉讼的指导意见》第八条规定:“在执行公证债权文书和仲裁裁决书、调解书等法律文书过程中,对可能存在双方恶意串通、虚构事实的,要加大实质审查力度,注重审查相关法律文书是否损害国家利益、社会公共利益或者案外人的合法权益。如果存在上述情形,应当裁定不予执行。必要时,可向仲裁机构或者公证机关发出司法建议。”该条文将行为人向人民法院申请执行基于捏造的事实作出的仲裁调解书的行为明确规定为虚假诉讼行为。综上,以捏造的事实获取仲裁调解书后,向人民法院申请执行该仲裁调解书的,属于虚假诉讼罪中的“提起民事诉讼”,可能构成虚假诉讼罪。

案例:嘉善双赢轴承厂诉单国强虚假诉讼案

案例来源:《刑事审判参考》总第124集[第1378号]

主题词:虚假诉讼 刑事自诉

一、基本案情

自诉人嘉善双赢轴承厂向法院提起自诉称:嘉善县干窑镇新星村经济合作社(以下简称“新星村合作社”)向法院起诉自诉人,同时提交了财产保全申请书。法院根据新星村合作社的申请,裁定查封、扣押、冻结自诉人的机器设备和银行存款。之后,新星村合作社未按规定缴纳诉讼费用,亦未提出减、缓、免交诉讼费用申请,法院作出裁定解除了对自诉人财产的查封、扣押、冻结措施,但直到提起刑事自诉之日,自诉人的财产仍然下落不明。新星村合作社社长、法定代表人单国强作为直接负责的主管人员,妨害司法秩序,致使自诉人遭受重大经济损失,严重侵害了自诉人合法权益,行为涉嫌构成虚假诉讼罪,特提起诉讼,请求依法追究单国强的刑事责任。

被告人单国强辩称,虚假诉讼犯罪案件不属于自诉案件范围,自诉人的诉讼请求无法律依据,请求人民法院不予受理。

嘉善县人民法院经审查认为,嘉善双赢轴承厂自诉单国强虚假诉讼罪一案,不属于《最高人民法院关于适用〈中华人民共和国刑事诉讼法〉的解释》(以下简称《刑诉法司法解释》)第一条规定的人民法院直接受理的自诉案件的受案范围,依法应不予受理,裁定对自诉人嘉善双赢轴承厂的刑事自诉不予受理。

一审宣判后,自诉人嘉善双赢轴承厂以提起自诉符合法律规定且属于一审法院管辖范围、一审法院裁定不予受理错误为由提出上诉。

浙江省嘉兴市中级人民法院经审理认为,上诉人嘉善双赢轴承厂提起的刑事自诉不属于人民法院直接受理的自诉案件范围,一审法院裁定不予受理并无不当。一审裁定适用法律正确,审判程序合法,裁定驳回上诉,维持原判。

二、裁判要旨

No. 6-2-307之一-4 为了避免刑事自诉权被滥用,成为部分民事诉讼当事人用以恶意干扰民事诉讼进程的工具,对虚假诉讼犯罪案件的被害人行使自诉权的条件应当依法严格把握。

虚假诉讼案件被害人提起刑事自诉应当同时满足以下三个方面的条件:

第一,自己的人身、财产权利遭到虚假诉讼犯罪行为侵害。这是提起自诉的主体条件。从理论上分析,虚假诉讼一旦进入诉讼程序,必然会造成妨害司法秩序的后果,但并不必然侵害他人合法权益,从这个意义上讲,司法秩序是虚假诉讼罪侵犯的必然客体,他人合法权益是选择客体,只有在虚假诉讼罪严重侵害他人合法权益的情况下,被害人才有权提起自诉。有权提起自诉的被害人,一般是自身财产被对方当事人非法占有的民事被告,或者因双方当事人恶意串通进行虚假诉讼导致自己合法债权无法实现的案外第三人。另外,根据《刑事诉讼法》第一百一十四条的规定,虚假诉讼犯罪案件的被害人死亡或者丧失行为能力的,被害人的法定代理人、近亲属有权向人民法院提起自诉,人民法院应当依法受理。

第二,有证据证明对被告人通过虚假诉讼侵犯自己人身、财产权利的行为应当依法追究刑事责任。这是提起自诉的证据条件。此处的证明对象,不仅包括被告人实施了侵犯自己人身、财产权利的行为,还包括此行为应当依法追究刑事责任。具体来讲,在虚假诉讼罪中,“提起民事诉讼”属于客观事实,一般情况下提供民事案件审理法院出具的诉讼文书即可,证明难度较小;被告人故意捏造事实,以及被告人的行为造成了妨害司法秩序或者严重侵害他人合法权益的危害后果属于核心事实,证明难度较大,被害人需提供足够证据证明上述两方面事实。在无其他证据佐证的情况下,法院不能仅以被害人的陈述为依据立案受理虚假诉讼犯罪刑事自诉。

第三,有证据证明被害人曾向公安机关或者人民检察院控告被告人实施虚假诉讼犯罪行为,而公安机关或者人民检察院不予追究被告人刑事责任。这是提起自诉的程序条件。在公安机关作出不予立案通知书后,经申请复议、复核仍维持不予立案决定的,被害人才有权提起自诉。但是,在人民检察院作出不起诉决定书的情况下,被害人无须申诉,即可提起自诉。本案中,嘉善双赢轴承厂未能提供出自己已就单国强虚假诉讼侵犯其财产权利的行为向公安机关或者人民检察院提出控告,而公安机关或者人民检察院已经作出不予立案或者不起诉决定的证据,一审、二审法院认定其不属于《刑诉法司法解释》第一条规定的人民法院直接受理的自诉案件受案范围,裁定不予受理,适用法律正确。

有意见提出,为保护虚假诉讼犯罪被害人的合法权益,可以参照《最高人民法院关于拒不执行判决、裁定罪自诉案件受理工作有关问题的通知》的精神,公安机关对被害人的控告材料不予接受或接受后60日内不予书面答复的,法院亦可作为虚假诉讼犯罪自诉案件立案审理。最高人民法院不同意这种观点。虚假诉讼犯罪案件和拒不执行判决、裁定犯罪案件存在诸多差别,对相关规定不宜简单推定适用。在拒不执行判决、裁定犯罪案件中,申请执行人提起自诉的目的在于通过刑罚手段督促执行义务人依法履行民事判决、裁定确定的义务,维护司法权威。两个诉讼中不存在相互冲突的利益,适当放宽申请执行人提起刑事自诉的条件,有利于增强民事裁判、裁定的执行力。而在虚假诉讼犯罪案件中,刑事自诉人在刑事案件中是享有自诉权的权利人,在民事案件中是被告或者利益受损的案外第三人,刑事被告人在民事案件中是原告,在刑事案件中则是责任承担者,双方当事人在两个诉讼中分别扮演不同角色,存在明显的利益冲突。在民事诉讼程序在先进行的情况下,如果对民事被告或案外第三人提起刑事自诉的条件放得过宽,就存在刑事自诉权被滥用、民事诉权受到损害的危险。在虚假诉讼犯罪案件中,对民事被告或者案外第三人的刑事自诉权应当予以适当限制,严格把握其提起自诉的条件,原则上以公安机关、人民检察院出具不予立案或者不起诉的书面决定为判断标准,不能提供公安机关、人民检察院作出的不予立案或者不起诉书面决定的,一般不予受理。

同时,也不应完全剥夺虚假诉讼案件被害人的刑事自诉权,理由如下:

第一,不符合《刑事诉讼法》的规定。《刑事诉讼法》第二百一十条规定三类自诉案件,分别被概括为告诉才处理的案件、有证据证明的轻微刑事案件和公诉转自诉案件。《刑诉法司法解释》第一条进一步规定,虚假诉讼犯罪案件虽不属于告诉才处理的案件和有证据证明的轻微刑事案件范围,但可能符合《刑事诉讼法》规定的公诉转自诉案件的条件,即在被害人因为他人实施虚假诉讼犯罪行为导致自己人身、财产权利受到侵害,经控告后公安机关或者人民检察院决定不予追究对方刑事责任的情况下。

第二,不利于保护人民群众的合法诉权。一方面,任何一个方面的诉权非因法律规定均不得随意剥夺。民事诉讼原告和被告的诉权均应当得到平等保护,不能以保证民事诉讼程序顺利进行、确保原告的民事诉权得以顺利实现为由,剥夺被告享有的依法提起刑事自诉、通过刑事诉讼维护自身合法权益的刑事诉权。另一方面,虚假诉讼犯罪案件立案难、立案慢的情况在一定范围内存在,如果否定被害人的刑事自诉权,将导致其刑事救济渠道被堵死,合法权益无法得到保障。

原则上应当根据“先刑后民”的原则,待刑事案件审理完毕后再处理民事案件。对民事案件应当裁定中止审理还是作出终局性裁决,值得认真研究。根据《民事诉讼法》第一百五十三条第五项的规定,本案必须以另一案的审理结果为依据,而另一案尚未审结的,人民法院应当中止审理。《最高人民法院关于在审理经济纠纷案件中涉及经济犯罪嫌疑若干问题的规定》第十一条规定:“人民法院作为经济纠纷受理的案件,经审理认为不属于经济纠纷案件而有经济犯罪嫌疑的,应当裁定驳回起诉,将有关材料移送公安机关或检察机关。”《最高人民法院关于审理民间借贷案件适用法律若干问题的规定》第十九条规定:“经查明属于虚假民间借贷诉讼,原告申请撤诉的,人民法院不予准许,并应当根据民事诉讼法第一百一十二条之规定,判决驳回其请求;诉讼参与人或者其他人恶意制造、参与虚假诉讼,人民法院应当……依法予以罚款、拘留;构成犯罪的,应当移送有管辖权的司法机关追究刑事责任。”《民事诉讼法》与上述两个司法解释的规定内容存在明显区别。在司法实践中,为避免案件久拖不决,法院一般根据上述两个司法解释的规定,对民事案件裁定驳回起诉或者判决驳回诉讼请求,并将案件线索移送公安机关或者检察机关处理。但是,由于刑事自诉案件不经公安机关侦查和人民检察院审查起诉,处理周期相对较短,在法院未向公安机关或者检察机关移送案件线索、被害人直接以民事原告涉嫌虚假诉讼罪为由提起刑事自诉并获得法院立案受理的情况下,为确保民事案件稳妥处理,法院适用《民事诉讼法》第一百五十三条第五项之规定,裁定对民事案件中止审理,通常是比较合适的处理方式。

案例:万春禄虚假诉讼案

案例来源:《刑事审判参考》总第 124 集[第 1379 号]

主题词:虚假诉讼　隐瞒真相

一、基本案情

杭州经济技术开发区人民法院经审理查明:被害人林欣欣向被告人万春禄借款 47 万元,至 2012 年 4 月 12 日,林欣欣共拖欠万春禄借款本金及利息合计 50 万元,双方核算后,林欣欣向万春禄出具了一张金额为 50 万元的借条。后林欣欣又向万春禄借款 5 万元。之后,林欣欣无力归还上述借款和利息,经多次催讨,于 2012 年 11 月 23 日再次出具一张金额为 70 万元的借条,约定二人之间的债权债务以新出具的借条为准,林欣欣前次出具的金额为 50 万元的借条作废,但万春禄并未归还金额为 50 万元的借条。后万春禄以林欣欣第一次出具但未取回的金额为 50 万元的借条以及第二次出具的金额为 70 万元的借条为证据,先后向杭州经济技术开发区人民法院提起民事诉讼,要求林欣欣归还借款共计 120 万元。杭州经济技术开发区人民法院同日立案受理,后对两案予以合并审理。两次开庭审理过程中,万春禄均当庭陈述称两张借条相互独立,金额为 50 万元的借条包含本金 40 余万元,金额为 70 万元的借条包含本金 35 万元。杭州经济技术开发区人民法院经审理发现万春禄涉嫌虚假诉讼犯罪,将线索移送杭州市公安局杭州经济技术开发区分局。

法院认为,被告人万春禄以捏造的事实提起民事诉讼,妨害司法秩序,其行为已构成虚假诉讼罪。辩护人提出即使认定万春禄构成犯罪,其虚假诉讼金额也仅应认定为 50 万元而非 120 万元的辩护意见,经查与指控的事实一致,予以采纳。万春禄的行为已经过人民法院立案及庭审等程序,已经妨害司法秩序,属于犯罪既遂状态,辩护人提出的万春禄的行为属犯罪未遂的辩护意见于法不符,不予采纳。判决被告人万春禄犯虚假诉讼罪,判处有期徒刑一年,并处罚金人民币二万元。

一审宣判后,被告人万春禄上诉提出,未实施虚假诉讼行为,涉案金额为 50 万元的借条与金额为 70 万元的借条是独立的,林欣欣共欠款 128 万元,请求改判无罪。

浙江省杭州市中级人民法院经审理认为,多项证据证实涉案的金额为 70 万元的借条包含金额为 50 万元的借条,上诉人万春禄提出的两个借条相互独立的上诉理由无证据支持,不予采信,其明知上述情况,仍以两份借条为依据提起虚假民事诉讼,并在法院两次庭审过程中均作虚假陈述,属于捏造事实进行虚假诉讼。第一审判决认定的事实清楚,证据确实、充分,定罪和适用法律正确,量刑适当。审判程序合法,裁定驳回上诉,维持原判。

二、裁判要旨

No. 6-2-307 之一-5　采用隐瞒真相方式捏造事实并提起民事诉讼的行为可以构成虚假诉讼罪。

虚假诉讼罪中的“捏造事实”既可以通过虚构事实,也可以通过隐瞒真相的方式实现,两种行为方式均可以导致欺骗法院、实现非法目的的后果。两者的社会危害性并无本质区别。虚构事实与隐瞒真相在语义范围内存在一定程度的重合,实践中作出明确区分存在一定困难,将隐瞒真相一概排除在虚假诉讼罪之外,缺乏可操作性。民事诉讼中的举证责任分配实行“谁主张,谁举证”原则。提出诉讼请求的一方如果隐瞒作为自己诉讼请求基础的民事法律关系已经消灭的事实,完全可能导致法院作出错误的裁判。

本案中,应区分万春禄的两个起诉行为:对于诉讼标的额为 70 万元的起诉行为,由于作为核心证据的借条是客观真实的,故无成立虚假诉讼罪的余地;对于诉讼标的额为 50 万元的起诉行为,万春禄故意隐瞒了作为核心证据的借条已经作废的事实,属于典型的隐瞒真相行为,而不是“部分篡改型”虚假诉讼行为。本案中刑法评价的对象,应当是万春禄故意隐瞒金额为 50 万元的借条已经作废的事实,并以该借条为依据提起民事诉讼的行为,而非其将金额为 50 余万元的债务篡改为 120 万元并提起民事诉讼的行为。

No. 6-2-307 之一-6　虚假诉讼罪是结果犯,出现一定犯罪后果是判断犯罪既遂的标准。

确定虚假诉讼罪的既遂标准以明确本罪的具体形态为前提。理论界关于虚假诉讼罪具体形态的争议,主要集中在本罪是行为犯还是结果犯的问题上。

虚假诉讼罪属于结果犯。理由在于:其一,虚假诉讼罪的实行行为是以捏造的事实提起民事诉讼,“妨害司法秩序或者严重侵害他人合法权益”系实行行为造成的危害结果。从时间和空间上看,本罪的实行行为与危害结果之间均存在一定的间隔。其二,《民事诉讼法》明确规定了对虚假诉讼行为的司法处罚措施,倘若需要动用《刑法》来规制此类行为,必须遵循刑法的谦抑性原则,慎重确定处罚范围。如果认为虚假诉讼罪属于行为犯,行为人只要以捏造的事实提起民事诉讼就构成犯罪既遂,将导致犯罪行为与妨害民事诉讼的违法行为界限模糊,造成刑罚的打击面过广。

虚假诉讼罪保护的法益是司法秩序和他人合法权益,为复合法益,行为造成“妨害司法秩序”或者“严重侵害他人合法权益”后果之一即可构成犯罪既遂。如果将严重侵害他人合法权益作为虚假诉讼罪的唯一既遂标准,将不利于打击此类犯罪行为,并可能造成部分不以侵财为目的的虚假诉讼行为永远无法达到犯罪既遂的不合理局面。

为此,最高人民法院、最高人民检察院《关于办理虚假诉讼刑事案件适用法律若干问题的解释》第二条明确了虚假诉讼罪的既遂标准,对“妨害司法秩序或者严重侵害他人合法权益”作了详尽的规定:(1)致使人民法院基于捏造的事实采取财产保全或者行为保全措施的;(2)致使人民法院开庭审理,干扰正常司法活动的;(3)致使人民法院基于捏造的事实作出裁判文书、制作财产分配方案,或者立案执行基于捏造的事实作出的仲裁裁决、公证债权文书的;(4)多次以捏造的事实提起民事诉讼的;(5)曾因以捏造的事实提起民事诉讼被采取民事诉讼强制措施或者受过刑事追究的;(6)其他妨害司法秩序或者严重侵害他人合法权益的情形。上述规定表明,认定虚假诉讼罪的既遂,不能以获得人民法院立案受理为标准,而应以行为是否对司法秩序造成实质损害或者严重侵害他人合法权益为判断本罪是否既遂的标准。此处的司法秩序是指人民法院受理民事案件后的正常司法活动,实践中主要表现为行为人提起虚假民事诉讼后导致司法机关作出错误裁判,或者大量占用司法资源、影响正常司法活动等两个方面。

案例:张崇光、张崇荣虚假诉讼案

案例来源:《刑事审判参考》总第 124 集[第 1380 号]

主题词:虚假诉讼罪　刑法溯及力

一、基本案情

临海市人民法院经审理查明:被告人张崇光系浙江金意来阀门有限公司(以下简称“金意

来公司")法定代表人,由于公司经营不善,无力归还中国农业银行股份有限公司临海市支行(以下简称"农行临海支行")的抵押贷款本息,农行临海支行提起民事诉讼,临海市人民法院判决,由金意来公司偿付农行临海支行本金及相应利息,农行临海支行对金意来公司的厂房折价或者拍卖、变卖该财产所得价款在判决确定的债权范围内享有优先受偿权。为避免厂房被折价或者拍卖、变卖抵付银行,被告人张崇光预先伪造了该公司两份建设工程施工合同,后指示被告人张崇荣以承包人名义在合同上签名,并委托律师代理,以金意来公司拖欠张崇荣两笔工程款为由,向法院提起民事诉讼。临海市人民法院作出两份民事调解书,认定张崇荣为工程承包人,由金意来公司支付张崇荣两笔工程款,张崇荣有权就工程款对涉案金意来公司厂房和X射线探伤室折价或者拍卖、变卖所得价款享有优先受偿权,并有权要求金意来公司支付逾期利息损失。

法院认为,被告人张崇光、张崇荣以捏造的事实提起民事诉讼,妨害司法秩序,其行为已构成虚假诉讼罪。张崇荣在共同犯罪中的作用相对较小,酌情从轻处罚,张崇光有自首情节,依法从轻处罚,二被告人均当庭自愿认罪,酌情从轻处罚。判决被告人张崇光犯虚假诉讼罪,判处有期徒刑一年四个月,并处罚金人民币十五万元;被告人张崇荣犯虚假诉讼罪,判处有期徒刑一年,并处罚金人民币十万元。

一审宣判后,被告人张崇光、张崇荣分别提出上诉。被告人张崇光上诉提出,自己的行为未造成债权人损失,有自首情节,系初犯、偶犯,请求改判缓刑。被告人张崇荣上诉提出,自己的行为未造成债权人损失,在共同犯罪中起辅助作用,有坦白和立功情节,系初犯、偶犯,请求改判缓刑。

出庭检察员提出,虚假诉讼罪是《刑法修正案(九)》增设的罪名,本案行为发生在《刑法修正案(九)》施行之前,根据从旧兼从轻原则,一审判决对被告人张崇光、张崇荣以虚假诉讼罪论处,主刑量刑适当,但并处罚金不当,建议改判张崇光犯妨害作证罪、张崇荣犯帮助伪造证据罪,不并处罚金。

浙江省台州市中级人民法院经审理认为,上诉人张崇光、张崇荣实施犯罪行为时《刑法修正案(九)》尚未公布施行,因为虚假诉讼罪的主刑中增加了管制,并可单处罚金,相对妨害作证罪和帮助伪造证据罪而言法定刑较轻,根据从旧兼从轻原则,本案应以虚假诉讼罪定罪处罚。虚假诉讼罪侵犯的客体是国家司法秩序和司法权威,关于未造成债权人经济损失、请求从轻处罚的上诉理由和辩护意见不予采纳。一审判决认定的事实清楚,证据确实、充分,定罪和适用法律正确,量刑适当。审判程序合法。裁定驳回上诉,维持原判。

二、裁判要旨

No. 6-2-307 之一-7　在适用从旧兼从轻原则时,比较的是罪名的法定刑轻重,而非宣告刑轻重。

刑法中的从旧兼从轻,是指对于发生在新法施行以前、新法施行以后尚未作出生效判决的行为,一般应当根据旧法的规定内容确定行为人所应承担的刑事责任,但是,如果适用新法对行为人更为有利的,则应当适用新法的相关规定确定其刑事责任。

从旧兼从轻原则的适用对象是行为,从理论上讲,其适用对象可分为狭义和广义两个层面。鉴于刑事判决的既判力直接影响公民对法律的信赖程度,关系司法权威,我国《刑法》采用的是狭义的适用对象,也即未经审判或者判决尚未确定的行为,且这一行为发生在新的刑法生效之前,不包括已经判决生效和正处于服刑阶段的行为。

本案属于典型的行为发生在新《刑法》施行以前、新《刑法》施行之后尚未作出生效判决的情形,需要正确适用从旧兼从轻原则,依法确定二被告人的刑事责任。

被告人张崇光、张崇荣实施以捏造的事实提起民事诉讼的行为时,《刑法》中并无虚假诉讼罪这一罪名。在这种情况下,应当分析二被告人的行为是否符合《刑法》规定的其他犯罪的构成要件,不能简单地认定二被告人的行为不构成犯罪。被告人张崇光的行为符合妨害作证罪的构成要件。被告人张崇荣的行为符合帮助伪造证据罪的构成要件。在认定被告人张崇光、张崇荣的行为依照行为时法构成妨害作证罪和帮助伪造证据罪、根据裁判时法构成虚假诉讼罪的情况下,需要根据从旧兼从轻原则,选择适用刑法规范确定其刑事责任。

《最高人民法院关于〈中华人民共和国刑法修正案(九)〉时间效力问题的解释》第七条规定:"对于2015年10月31日以前以捏造的事实提起民事诉讼,妨害司法秩序或者严重侵害他人合法权益,根据修正前刑法应当以伪造公司、企业、事业单位、人民团体印章罪或者妨害作证罪等追究刑事责任的,适用修正前刑法的有关规定。但是,根据修正后刑法第三百零七条之一的规定处刑较轻的,适用修正后刑法的有关规定。"上述规定是从旧兼从轻原则在虚假诉讼犯罪案件处理过程中的具体体现。但是,理论和实践中对"处刑较轻"仍然存在不同理解:第一种意见认为,"处刑较轻"是指可能判处的实际刑罚较轻;第二种意见认为,"处刑较轻"是指刑法规定的法定刑较轻。

根据《最高人民法院关于适用刑法第十二条几个问题的解释》(以下简称《问题解释》)第一条规定:"刑法第十二条规定的'处刑较轻',是指刑法对某种犯罪规定的刑罚即法定刑比修订前刑法轻。法定刑较轻是指法定最高刑较轻;如果法定最高刑相同,则指法定最低刑较轻。"据此,确定两个以上罪名的刑罚轻重,判断标准是《刑法》针对各个罪名规定的法定刑,而非人民法院判决确定的宣告刑。具体判断过程中,应当首先比较不同罪名的主刑,主刑相同的,再比较附加刑。

本案涉及的比较对象为妨害作证罪、帮助伪造证据罪和虚假诉讼罪。根据《刑法》的规定,帮助伪造证据罪仅有三年以下有期徒刑或者拘役一个法定刑幅度,而妨害作证罪和虚假诉讼罪各有两个法定刑幅度。《问题解释》第二条规定:"如果刑法规定的某一犯罪只有一个法定刑幅度,法定最高刑或者最低刑是指该法定刑幅度的最高刑或者最低刑;如果刑法规定的某一犯罪有两个以上的法定刑幅度,法定最高刑或者最低刑是指具体犯罪行为应当适用的法定刑幅度的最高刑或者最低刑。"根据在案证据,被告人张崇光、张崇荣所犯虚假诉讼罪以及张崇光所犯妨害作证罪均不属于情节严重,妨害作证罪应当适用的法定刑幅度为三年以下有期徒刑或者拘役,虚假诉讼罪应当适用的法定刑幅度为三年以下有期徒刑、拘役或者管制,并处或者单处罚金。根据司法解释确定的比较方法,妨害作证罪、帮助伪造证据罪和虚假诉讼罪的法定最高刑相同,但妨害作证罪和帮助伪造证据罪的法定最低刑均为拘役,而虚假诉讼罪的法定最低刑为管制和罚金,故虚假诉讼罪系处刑较轻的罪名。

综上,一审、二审法院对被告人张崇光、张崇荣均以虚假诉讼罪定罪处罚,符合从旧兼从轻原则,是适当的。

案例:张伟民虚假诉讼案

案例来源:《刑事审判参考》总第124集[第1381号]

主题词:虚假诉讼罪　情节严重

一、基本案情

董方红(另案处理)长期从事非法吸收公众存款违法犯罪活动,无力偿还债务,部分债权人向法院提起民事诉讼,法院依法查封了董方红的部分资产。董方红为将自己被法院查封的资产优先用于偿还拖欠亲友的债务,与被告人张伟民合谋,由董方红伪造其向张伟民借款470万元的借条,张伟民冒充董方红的债权人,向宜兴市人民法院提起民事诉讼,要求董方红归还欠款。宜兴市人民法院对该案进行开庭审理,双方达成调解协议。法院作出民事调解书,张伟民依据此调解书获得法院执行款60.468万元后交给董方红,董方红将上述款项用于归还亲友债务。张伟民接到公安人员电话通知后,主动到公安机关投案,如实供述上述事实,并在本案审理过程中退出全部赃款。

法院认为,被告人张伟民伙同他人以虚假的借条向人民法院提起民事诉讼,导致法院作出错误的民事调解书,并依据该调解书取得执行款,妨害司法秩序并严重侵犯他人合法权益,其行为符合虚假诉讼罪的构成要件。张伟民的行为发生在2015年11月1日前,根据修正前《刑法》

的有关规定,其行为构成帮助伪造证据罪,根据《最高人民法院关于〈中华人民共和国刑法修正案(九)〉时间效力问题的解释》第七条的规定,适用《刑法修正案(九)》规定的虚假诉讼罪处刑较轻,故对张伟民的行为应以虚假诉讼罪定罪处罚。张伟民不属于情节严重,依法应判处三年以下有期徒刑、拘役或者管制,并处或者单处罚金,其作案后主动向公安机关投案并如实供述自己的犯罪事实,依法构成自首,应予以从轻处罚;案发后退出全部违法所得,庭审中自愿认罪,予以从轻处罚。在共同犯罪中,张伟民积极主动实施犯罪,不属于从犯。综合以上情节,结合社区评估意见,张伟民符合缓刑适用条件,依法可以宣告缓刑。判决被告人张伟民犯虚假诉讼罪,判处有期徒刑一年,缓刑一年六个月,并处罚金人民币三万元。

一审宣判后,被告人张伟民未提出上诉,检察机关未提出抗诉,判决已经发生法律效力。

二、裁判要旨

No. 6-2-307 之一-8 虚假诉讼罪中,不应仅根据诉讼标的额与非法所得数额大小认定"情节严重"。

根据《刑法》规定内容和通行理论观点,正确认定虚假诉讼罪"情节严重"的标准,需要坚持以下几个原则:

1. 坚持主客观相统一、以客观危害后果为主要依据的原则。主客观相统一原则是我国刑法基本原则之一。《最高人民法院关于常见犯罪的量刑指导意见》(已失效)指出,量刑既要考虑被告人所犯罪行的轻重,又要考虑被告人应负刑事责任的大小,做到罪责刑相适应,实现惩罚和预防犯罪的目的。根据刑法理论,刑事责任同时包含对犯罪行为的非难性和对犯罪人的谴责性两个方面,是主客观相统一的整体,确定被告人的刑事责任和决定执行的刑罚,既要考虑犯罪行为的客观危害性,又要考察行为人的人身危险性。而确定被告人刑事责任的最主要依据,应当是犯罪行为造成的客观危害后果。

具体到虚假诉讼罪而言:其一,确定被告人是否构成犯罪以及应处以何种刑罚的判断标准,原则上应当与其实施的虚假诉讼行为造成的客观危害后果存在直接联系。被告人提起虚假民事诉讼的标的额虽然可以体现出其意图获取的非法利益大小,但是,由于虚假诉讼罪的成立并不以人民法院作出的裁判得到实际执行为必备要件,因此,诉讼标的额与虚假诉讼行为的客观危害后果不存在直接联系,因而不宜将诉讼标的额单独作为判断某行为是否属于"情节严重"的标准。其二,被告人是否具有违法犯罪前科,可以反映出其再犯可能性大小以及刑罚改造的难易程度,特定情况下可以作为判断行为是否构成犯罪、应否受到刑罚处罚的标准,但一般不宜作为法定刑升格标准使用,否则可能导致与刑法总则规定的累犯制度之间的冲突。

2. 刑法的谦抑性原则。有意见提出,针对司法实践中虚假诉讼违法犯罪行为常见多发的严重态势,对此类行为应当加大惩罚力度,原则上获得人民法院立案受理就应认定为虚假诉讼罪、人民法院作出裁判即可认定为"情节严重"。这种意见值得商榷。虚假诉讼罪是法定犯,成立犯罪原则上需满足双重违法性要求,虚假诉讼犯罪行为同时也是违反《民事诉讼法》等法律规定的违法行为。《民事诉讼法》对虚假民事诉讼违法行为规定了罚款、司法拘留等民事诉讼强制措施,如果以法院立案受理作为定罪标准、作出裁判就认定为"情节严重",将导致几乎所有的虚假诉讼违法行为均被认定为犯罪,且大部分虚假诉讼犯罪均被处以三年以上七年以下有期徒刑,明显打击范围过广、处罚过重。从刑法的谦抑性角度考虑,应将刑罚处罚关口推迟至人民法院立案受理后进行开庭审理、作出实体性裁判等重要程序节点,将"情节严重"的认定标准提高至裁判进入执行阶段并实际执行一定数额的财产权益,或者虽未进行执行程序,但造成其他严重后果等情形。

3. 体系解释原则。虚假诉讼罪的定罪条件为"妨害司法秩序或者严重侵害他人合法权益",二者属于选择关系,具备其一即可构成虚假诉讼罪,适用第二个法定刑幅度的条件为"情节严重"。根据体系解释的原则,此处的"情节严重",通常体现在妨害司法秩序和侵害他人合法权益两个方面,即社会危害性严重妨害司法秩序,或者对他人合法权益造成特别严重侵害的,才可以适用"情节严重"的法定刑幅度。

结合司法实践中的具体情况,严重妨害司法秩序,包括人民法院对虚假民事诉讼案件进行开庭审理,同时还开展了调查取证、庭前会议等其他方面工作,对人民法院的正常工作和司法活动造成严重干扰;人民法院基于捏造的事实作出裁判文书,虽未生效,也未进入执行程序,但引发当事人上访、闹访或者新闻舆论负面炒作,对司法公信力造成严重损害;或者行为人在较短时间内频繁多次以捏造的事实提起民事诉讼,严重干扰正常司法活动等多种情形。而判断行为是否对他人合法权益造成特别严重侵害,涉及人民法院作出的裁判进入执行程序后、被告人实际获得的财产权益数额标准的确定。对此,应区分不同情况进行具体分析。

实践中,行为人提起虚假诉讼的目的多种多样,但大致可以区分为欺诈侵财、逃避债务和其他目的三种情形。首先,欺诈侵财类虚假诉讼行为可能构成诈骗罪、职务侵占罪和贪污罪等侵财型犯罪,构成行为竞合关系。根据《刑法》规定,诈骗罪和贪污罪的第二个法定刑幅度均为三年以上十年以下有期徒刑,职务侵占罪的第二个法定刑幅度为五年以上有期徒刑。从理论上讲,欺诈侵财类虚假诉讼行为同时侵犯司法秩序和他人合法权益两方面客体,社会危害性重于上述侵财型犯罪,适用第二个法定刑幅度的违法所得数额标准原则上不应高于上述三个侵财型犯罪罪名。但是,根据现行有效的司法解释的规定,诈骗罪、贪污罪、职务侵占罪适用第二个法定刑幅度的数额标准各不相同,分别为 3 万元到 10 万元、20 万元和 100 万元,再考虑到关于诈骗罪的司法解释施行时间较早,随着社会经济的不断发展,定罪量刑数额标准未来有进一步提高的空间。综合以上考虑,司法实践中欺诈侵财类虚假诉讼犯罪适用第二个法定刑幅度的数额标准可确定为 10 万元左右。其次,对于逃避债务类虚假诉讼行为而言,其造成的危害后果主要体现为导致他人债权无法实现。这种情况下,债权人的可得利益无法顺利变现,与被害人自己所有的财产直接被他人非法占有相比,无论是从实际造成的危害后果,还是从社会公众的法感情上来看,前者的社会危害性均相对较小。另外,从司法实践中实际发生的案件来看,逃避债务类虚假诉讼案件的诉讼标的额一般较高,普遍在 100 万元以上,如果数额标的确定过低,将导致大量案件被认定为“情节严重”并判处较重的刑罚。据此,逃避债务类虚假诉讼行为认定为“情节严重”的数额,一般可按照 10 倍于欺诈侵财类行为的标准确定,致使他人债权无法实现,数额达到 100 万元以上的,或者在无证据证实他人无法实现的债权具体数额的情况下,法院生效裁判确定的义务人自动履行裁判确定的财产给付义务或者人民法院强制执行财产权益数额达到 100 万元以上的,可以适用第二个法定刑幅度。最后,行为人出于其他目的实施虚假诉讼行为的情形与逃避债务类行为类似,均不存在被害人将自己所有的财产直接交付于他人的情况,可以采用相同的数额标准,义务人自动履行财产给付义务或者人民法院强制执行的财产权益数额达到 100 万元以上的,可以认定为“情节严重”。

2018 年 10 月 1 日起施行的最高人民法院、最高人民检察院《关于办理虚假诉讼刑事案件适用法律若干问题的解释》(以下简称《虚假诉讼解释》)对虚假诉讼罪的定罪量刑标准作出了明确规定,规定内容与上述分析一致。对于该解释施行后尚未处理完毕的虚假诉讼犯罪案件,可以直接适用解释的规定内容对被告人定罪量刑。本案中,被告人张伟民经与董方红预谋,伪造债权债务关系并向法院提起民事诉讼,目的在于帮助董方红用其被法院查封的资产优先归还亲友债务,从而达到逃避对他人所负债务的目的,属于典型的逃避债务类虚假诉讼行为。张伟民依据法院作出的民事调解书,通过法院的执行行为,实际取得执行款 60 万余元,未达到人民法院强制执行财产权益数额 100 万元的标准,亦无证据证实其他债权人的债权无法实现的具体数额。在此情况下,原审法院未认定张伟民的行为构成虚假诉讼罪的“情节严重”,这与《虚假诉讼解释》所规定的“情节严重”相关标准的精神是一致的。

此外,被告人张伟民的行为发生在 2013 年,根据当时的《刑法》规定,张伟民的行为构成帮助伪造证据罪;本案审理时《刑法修正案(九)》已经生效,《刑法》中增设了虚假诉讼罪。虚假诉讼罪的法定最低刑低于帮助伪造证据罪,属于处刑较轻的罪名,根据从旧兼从轻原则,原审法院以虚假诉讼罪判处被告人张伟民有期徒刑一年,缓刑一年六个月,并处罚金人民币三万元,是适当的。

138 窝藏、包庇罪(《刑法》第三百一十条)

案例:冉国成等故意杀人、包庇案

案例来源:《刑事审判参考》总第33集[第254号]

主题词:事前通谋的认定 窝藏、包庇罪

一、基本案情

被告人冉国成,男,1974年10月8日出生,大专文化,原系重庆市黔江区金洞乡人民政府林业站副站长。因涉嫌犯故意杀人罪,于2002年10月16日被逮捕。

被告人冉儒超,男,1970年12月7日出生,农民。因涉嫌犯包庇罪,于2002年10月16日被逮捕。

被告人冉鸿雁,男,1980年12月17日出生,农民。因涉嫌犯包庇罪,于2002年10月17日被逮捕。

重庆市第四中级人民法院经审理查明:2001年4月10日,被告人冉国成与本乡杨家村村民何玉均因赌博纠纷发生斗殴,冉被何打伤,遂对何怀恨在心,伺机报复。案发前,冉国成曾先后3次对其胞兄冉儒超流露"要搞(指报复)何玉均",但冉儒超对此一直未置可否。

2002年9月11日23时许,冉国成与冉儒超、冉鸿雁在其家中喝酒时,金洞乡政府林业站打来电话,称有人在非法贩运木材,要求冉国成立即前去查处。接电话后,冉国成突发当晚杀死何玉均的念头。于是,便从家中携带一把砍刀,并邀约冉儒超、冉鸿雁陪同执行查处任务。冉儒超看见冉国成携带的砍刀后,问为何带刀,冉国成含糊搪塞。执行完任务后,三人到乡政府外小吃摊吃夜宵的过程中,冉国成借故离开,潜入在附近居住的被害人何玉均的卧室,持随身携带的砍刀向熟睡中的何玉均猛砍20余刀,致其当即死亡。

与此同时,金洞乡政府干部罗军出来看见冉国成的摩托车后,向冉儒超和冉鸿雁打听冉国成的去向,冉儒超便安排冉鸿雁和罗军在附近寻找冉国成。不一会儿,三人听见从何玉均住房内传出砍杀声。冉儒超当即意识到可能是冉国成在砍杀何玉均,遂叫冉鸿雁和罗军到何玉均的卧室去"看一下"。二人赶到现场时,发现冉国成已将何玉均杀死。随后,冉国成安排冉鸿雁用摩托车将冉儒超和其本人送回家。之后,冉国成指使冉儒超和冉鸿雁将其杀人所用的砍刀等物转移至冉鸿雁的养鸡场内藏匿。到养鸡场后,冉儒超给冉国成打电话,授意冉国成将其作案时所穿的血衣和鞋子等物烧毁。同时,又安排冉鸿雁用乙醇把冉国成杀人所用的砍刀上的血迹烧掉,但冉鸿雁还未来得及行动,公安人员已闻讯赶来抓捕。冉儒超把砍刀藏匿后,逃回家中与冉国成共商对策。冉儒超认为冉国成"是国家干部,还有前途",决定由自己为其顶罪,并和冉国成订立攻守同盟后外逃。当日,三被告人分别被公安机关抓获。

重庆市第四中级人民法院审理认为:被告人冉国成因赌博与被害人何玉均发生纠纷,蓄意报复杀人,其行为构成故意杀人罪。被告人冉儒超明知被告人冉国成杀死何玉均后,仍受其指使,与冉鸿雁一起转移、隐藏冉国成的杀人凶器,并与冉国成共谋逃避处罚的对策,故意制造是其本人杀人后畏罪潜逃的假象,转移侦查视线,同时,授意被告人冉鸿雁及冉国成本人毁灭冉国成杀人的罪证,其行为已构成包庇罪。被告人冉鸿雁明知被告人冉国成是犯罪的人而帮助其逃离犯罪现场,并在冉国成的指使下,转移其作案工具,其行为亦构成包庇罪。被告人冉儒超、冉鸿雁是包庇罪行特别严重的犯罪分子,情节严重。在共同包庇犯罪中,被告人冉儒超起主要作用,是主犯;被告人冉鸿雁起次要作用,是从犯,应当从轻处罚。鉴于被告人冉鸿雁在包庇犯罪中系受冉国成及冉儒超的指使、安排,且归案后认罪态度好,有悔罪表现,对其适用缓刑不致再危害社会,决定对其适用缓刑。

综上,依照《中华人民共和国刑法》第二百三十二条、第三百一十条第一款、第二十五条、第二十六条第三、四款、第二十七条、第五十七条第一款、第七十二条、第七十三条的规定,判决如下:

1. 被告人冉国成犯故意杀人罪,判处死刑,剥夺政治权利终身;
2. 被告人冉儒超犯包庇罪,判处有期徒刑四年;

3. 被告人冉鸿雁犯包庇罪,判处有期徒刑三年,缓刑三年。

二、裁判要旨

No.6-2-310-1 在实施犯罪前,向他人流露犯罪意图,他人未置可否的,不属于意思联络,不应认定为事前通谋。

在共同犯罪中,无论是事前有无通谋,共犯之间的意思联络是必不可少的,否则,就无法形成共同的犯罪故意。必须强调的是,这种意思联络是相互的和双向的,即在认识因素上,各行为人不仅认识到自己在犯罪,而且认识到其他共犯也在与其一起实施犯罪,同时,还都认识到他们共同的犯罪行为会引起的某种危害结果的发生,正如所谓的知己知彼。在意志因素上,都决意参与共同犯罪,并希望或放任共同的犯罪行为引起某种犯罪后果。如果行为人仅仅认识到自己在实施犯罪,而没有认识到其他犯罪人在配合其实施该犯罪,或者行为人虽然认识到他人在实施犯罪,但自己却未以其行为或语言向其他犯罪人表明自己决意参与该犯罪,那么,二者之间就因缺乏意思联络而未形成共同的犯罪故意,因而不构成共同犯罪。

从本案的事实来看,冉国成在向冉儒超流露其将报复被害人的念头之时,虽然冉国成所说的"搞"的具体含义不是很明确,但对于被告人冉儒超而言,他应该认识到冉国成的意思是报复被害人。也就是说,案发前,被告人冉国成在向冉儒超流露其要报复被害人的念头之时,尽管其报复方式和内容尚未确定,但被告人冉儒超主观上已经认识到冉国成将对被害人实施某种程度的侵害。在此情形下,不能以冉儒超对此未置可否而推定冉儒超已默许了冉国成对被害人即将实施的报复,进而认定冉国成与冉儒超之间已有通谋,并形成了共同报复被害人何玉均的共同犯罪故意。理由在于:其一,冉儒超未表明自己的态度并不等于其已经同意并支持冉国成报复被害人。因为冉儒超对此事的态度,其内心除了同意和支持以外,还可能是不同意、不支持,或对此尚处于犹豫状态,还没有作出决定。所以,在此情形下,以冉儒超未表明态度的事实来推定其已默许了冉国成的报复念头显然是不恰当的。其二,如前所述,所谓事前通谋,是指各共犯在着手实行犯罪之前,相互之间就其准备实施的犯罪进行沟通、谋划和准备,它是共犯之间双向的意思联络过程和犯罪合意形成过程。而本案的案件事实是冉国成向冉儒超流露犯意,而冉儒超对此未置可否。这表明在报复被害人的问题上,尽管冉国成是在寻求冉儒超的支持,但冉儒超却未将其是否支持的意思反馈给对方。因此,在本案中,事实上只有冉国成对冉儒超单向的犯意流露,而没有冉儒超予以支持的犯意回应。这种单向的犯意流露不能称之为两者之间的沟通,更不能算作是谋划,在两者之间并没有形成共同报复被害人的犯罪合意,故冉国成向冉儒超流露犯意的行为不能称之为事前通谋。

No.6-2-310-2 发现他人携带凶器,后又发现该人正在使用该凶器实施犯罪行为的,不能认为存在意思联络,不应认定为事前通谋。

案发当晚,被告人冉国成是为了杀死何玉均而随身携带砍刀,且冉儒超也看见其携带有砍刀,同时,在冉国成作案之时,冉儒超也当即意识到冉国成在行凶杀人。那么,能否以此认定两者之间有事前通谋呢?我们认为,仍然不能。因为,尽管冉国成当晚带刀的目的是杀人,但在冉儒超问其带刀的意图时,他却对其敷衍搪塞,故不能根据冉儒超看见冉国成带有刀而推断出其知道冉国成带刀的真实意图。从案件事实来看,冉儒超和冉鸿雁也确实不可能从其他渠道得知冉国成将于当晚杀死被害人的犯罪意图。因此,冉儒超仅仅是知道冉国成带有刀而已,其与冉国成之间在主观上并无共同杀人的意思联络,故也不能根据其知道冉国成带有刀的事实认定两者之间存在事前通谋。至于冉国成实施杀人犯罪行为之时,虽然被告人冉儒超也认识到其在犯罪,但其本人只是叫冉鸿雁和罗军"去看一下",而并未参与冉国成的杀人犯罪活动,或以行为或言语对冉国成实施杀人犯罪提供帮助,故两者之间也不存在共同杀死被害人的犯意沟通,更不能认定有事中通谋。因此,冉儒超与冉国成之间既无事前通谋,也无事中通谋,两者之间没有形成共同报复杀人的犯罪故意,冉儒超不构成故意杀人的共犯。

No.6-2-310-3 行为人出于包庇的故意,实施包庇行为和帮助毁灭证据行为的,是牵连犯,应以包庇罪一罪论处。

被告人冉儒超明知被告人冉国成杀死何玉均后,仍受其指使,与冉鸿雁一起转移、隐藏冉国成的杀人凶器,并与冉国成共谋逃避处罚的对策,故意制造是其本人杀人后畏罪潜逃的假象,转移侦查视线,上述行为已构成包庇罪。同时,被告人冉儒超授意被告人冉鸿雁及冉国成本人毁灭冉国成杀人的罪证,该行为已构成帮助毁灭证据罪。但被告人冉儒超是出于帮助冉国成逃避刑事法律追究这一犯罪目的而实施的上述犯罪行为,只是由于犯罪的手段行为与目的行为分别触犯了帮助毁灭证据罪和包庇罪这两个罪名,因而出现了犯罪的手段行为与目的行为的牵连,此种情形属于刑法理论上的牵连犯。由于刑法在法定刑的设置上,包庇罪的法定刑比帮助毁灭证据罪的法定刑更重,故按照牵连犯从一重罪处罚的处置原则,对被告人冉儒超包庇行为和帮助毁灭证据的行为只以包庇罪定罪,而不实行数罪并罚。

No.6-2-310-4 在共同窝藏、包庇犯罪案件中,按照各行为人在共同的犯罪中所起作用的大小,可分别认定为主犯或者从犯。

我国刑法以各共同犯罪人在犯罪中所起的作用为标准,将共同犯罪人划分主犯、从犯和胁从犯。因此,从逻辑上讲,凡是共同犯罪,各共犯都存在被划分为主犯或从犯的可能性。在司法实践中,只是由于某些共同犯罪案件(如共同包庇案)中的共犯在共同犯罪中所起的作用往往无明显的主次之分而未划分主从犯而已,但这并不意味着凡是这类共同犯罪案件,对各共同犯罪人都不可以划分主从犯。因此,在司法实践中,那种认为在某些共同犯罪案件中,不可以对共犯划分主从犯的观点是没有依据的。根据刑法的规定,窝藏、包庇罪是故意犯罪。因此,在共同窝藏、包庇犯罪案件中,可以根据刑法总则关于共同犯罪的规定和具体的案情,按照各被告人在共同犯罪中所起的作用大小对其分别认定为主犯或者从犯。

在本案中,冉儒超和冉鸿雁明知冉国成杀死被害人何玉均后,在冉国成的指使下为其转移、隐匿罪证,帮助其逃避刑事法律追究,二人已经构成共同包庇犯罪。在共同包庇冉国成的犯罪中,被告人冉儒超不仅安排冉鸿雁毁灭冉国成杀人凶器上的血迹,而且还授意冉国成本人烧掉其作案时所穿的血衣等物证,显然,其起着主要作用;而被告人冉鸿雁所实施的包庇行为,均是受冉儒超的安排和受冉国成的指使,处于被支配的地位,故其在共同犯罪中明显地起次要作用。因此,根据冉儒超和冉鸿雁在共同包庇犯罪中所起的作用大小,分别将其认定为主犯和从犯是恰当的。

案例:蔡勇等故意伤害、窝藏案

案例来源:《刑事审判参考》总第30辑[第223号]

主题词:窝藏罪 立功

一、基本案情

被告人蔡勇,男,1961年8月12日出生,汉族,初中文化程度,无业,因涉嫌犯故意伤害罪,于2000年12月13日被逮捕。

被告人李光,男,1973年11月21日出生,汉族,大专文化程度,无业,因涉嫌犯窝藏罪,于2000年12月13日被逮捕。

被告人卢峰,男,1972年11月16日出生,汉族,高中文化程度,无业,因涉嫌犯窝藏罪,于2000年12月13日被逮捕。

被告人蔡学渊,女,1932年4月12日出生,汉族,大学文化程度,因涉嫌犯窝藏罪,于2000年12月5日被取保候审。

上海市第二中级人民法院经审理查明:2000年1月4日凌晨,被害人彭某甲酒后与其弟被害人彭某乙及朋友三人,在上海市万航渡路一家美发厅洗头。清晨5时许,被告人蔡勇与朋友宋某某、张某某酒后亦来到该美发厅洗头。其间,彭某甲因嫌洗头工的服务不称心而大声喧嚷,并拿店内的凳子朝地上砸。张某某遂要求彭某甲保持安静,引起彭某甲一方的不满,双方因此发生争吵,继而引起互殴。蔡勇取出随身携带的折叠式尖刀,先后朝彭某甲、彭某乙的胸部、腹部等处刺戳。经法医科学鉴定,彭某甲因左心室被刺破导致失血性休克而死亡、彭某乙因右心室被刺破导致急性心包填塞而死亡。案发后,蔡勇逃往其女友的家乡安徽省庐江县藏匿。

同年5月,蔡勇潜回上海市与被告人李光、卢峰在李家会面,向两人打听公安机关侦查此案的情况。李光、卢峰明知公安机关在追捕蔡勇,仍分别资助蔡人民币500元和200元,李光还接受蔡勇的委托将一封有关案情的书信递送给蔡的母亲和蔡的姨母被告人蔡学渊。同年10月,蔡勇再次潜回上海市,约见李光和卢峰。李光应蔡勇的要求,到被告人蔡学渊家向其转告蔡勇的女友即将分娩的消息,并带蔡学渊与蔡勇见面。蔡学渊资助蔡勇1万元人民币,同时劝说蔡勇待安顿好女友产事后向公安机关投案自首。卢峰还送给蔡勇3条香烟。

同年11月7日,被告人蔡勇在安徽省庐江县被公安机关抓获。蔡勇到案后,主动向公安机关供述了其逃匿期间曾得到李光、卢峰和蔡学渊的上述资助。公安机关据此先后将李光、卢峰和蔡学渊缉捕归案。

被告人蔡勇辩称自己是劝架,只因遭到两名被害人的殴打,头部受伤后才持刀伤害对方。其辩护人提出,两名被害人在本案的起因上具有过错,被告人蔡勇出于防卫的目的伤害两名被害人,系防卫过当,建议法院对蔡勇减轻处罚。

被告人李光、卢峰对被指控犯窝藏罪不持异议。两名被告人的辩护人均以李光、卢峰是因蔡勇的女友怀孕,出于同情而出资帮助蔡勇以及到案后能如实供述犯罪事实,有悔罪表现为由,建议法院对其从轻处罚。

被告人蔡学渊对被指控犯窝藏罪不持异议,但辩称其资助蔡勇是为了帮助蔡勇临产的女友,当时还曾规劝蔡勇自首。蔡学渊的辩护人提出,蔡学渊不构成窝藏罪。

上海市第一中级人民法院审理后认为:被告人蔡勇在与被害人互殴中,持尖刀先后刺戳两名被害人的胸部、腹部等处,造成两名被害人死亡,其行为已构成故意伤害罪,后果严重,依法应予严惩。被告人李光、卢峰、蔡学渊明知蔡勇是受公安机关追捕的犯罪嫌疑人,仍分别提供钱财帮助蔡勇逃匿,三被告人的行为均已构成窝藏罪。公诉机关指控上述四被告人的罪名成立,应予支持。本案多名现场目击证人的证词,证明蔡勇当时也参与了互殴,故其伤害两名被害人的行为,不属于正当防卫。被告人蔡勇及其辩护人关于蔡勇系因劝架而防卫过当的辩解及辩护意见与事实不符,不予采信。被告人李光、卢峰到案后能如实供述犯罪事实,具有悔罪表现,可酌情予以从轻处罚。被告人蔡学渊在蔡勇案发后,已知悉公安机关正在追查蔡勇,也从蔡勇的书信中了解了案情,仍出资资助蔡勇,对蔡勇继续逃匿起了帮助作用,故其辩护人关于蔡学渊不构成窝藏罪的辩护意见与事实不符,不予采信。鉴于蔡学渊资助蔡勇,主观上兼有帮助蔡勇临产女友的心态,同时还有规劝蔡勇投案自首的情节,故其犯罪情节轻微,可免予刑事处罚。为维护社会治安秩序,保障公民的人身权利和司法机关正常的诉讼活动不受侵犯,依照《中华人民共和国刑法》第二百三十四条、第三百一十条第一款、第五十七条第一款、第七十二条第一款、第七十三条第二款、第三款、第三十七条的规定,于2001年5月16日判决:被告人蔡勇犯故意伤害罪,判处死刑,剥夺政治权利终身;被告人李光犯窝藏罪,判处有期徒刑一年,缓刑一年;被告人卢峰犯窝藏罪,判处拘役六个月;被告人蔡学渊犯窝藏罪,免予刑事处罚。

一审宣判后,被告人蔡勇不服,向上海市高级人民法院提出上诉。被告人李光、卢峰、蔡学渊服判,未提出上诉。上诉人蔡勇及其辩护人辩称,被害人在本案的起因上具有过错,蔡勇是在受到两名被害人同时用凳子击打头部的情况下,才持刀自卫的,故蔡勇的行为属于防卫过当。

上海市高级人民法院经审理后认为:蔡勇等人因劝阻彭某甲酒后喧闹而与彭某甲、彭某乙发生争吵,继而引发双方斗殴的事实,有多名证人的证言证实,应予确认。蔡勇事先有劝阻被害方闹事的行为,但劝说不成即加入互殴,在互殴中,蔡勇曾被对方用凳子砸击。对随后的案件事实蔡勇归案后曾供认:当对方一人用凳子砸伤蔡勇头部后,蔡即用刀刺戳此人两刀,后当对方另一人拿着凳子朝蔡勇走近时,蔡勇又用刀向其刺戳。蔡勇上诉提出其在遭到两名被害人共同用凳子猛砸时持刀防卫的情节,没有任何证据证实,且与其到案后的供述不一致。现场证人证实在争吵发生后,蔡勇等人即和对方互相扭打,发生了互殴。因此,虽然蔡勇首先遭到被害人的殴打,但蔡在互殴中持刀连续朝两名被害人胸部等处猛刺数刀,致使两名被害人死亡,是报复对方的行为,同属不法侵害,而不属于正当防卫。故蔡勇及其辩护人认为蔡勇系正当防卫的辩解和辩护意见,与事实不符。被告人蔡勇在互殴中持刀连续刺戳彭某甲和彭某乙,致该两人死亡,其行为已构成故意伤害罪,后果严重,应予严惩。被告人李光、卢峰、蔡学渊明知蔡勇被公安机关追捕,仍为蔡勇提供钱款,助其逃匿的行为,均已构成窝藏罪,应予惩处。原判定罪准确,量刑适当,审判程序合法。蔡勇的上诉理由不能成立,对其辩护人的辩护意见不予采纳。依照《中华人民共和国刑事诉讼法》第一百八十九条第(一)项的规定,于2001年9月15日裁定:驳回上诉,维持原判。

二、裁判要旨

No. 6-2-310-5 揭发他人的犯罪行为与其所实施的犯罪行为之间存在关联性或者因果关系的,不属于揭发他人犯罪行为,不成立立功。

刑法和司法解释规定的揭发他人犯罪行为,应该理解为与本人的违法犯罪行为无关的他人犯罪行为。蔡勇揭发的李某、卢某和蔡学渊的窝藏犯罪行为,与蔡勇本人的犯罪行为及其逃匿行为皆有关联性,因此不能认定为立功表现。具体应把握以下两个方面:一是犯罪分子本人实施的犯罪行为与其揭发的他人犯罪行为之间不得存在关联性,否则不属于揭发他人犯罪行为,这也就是说对偶犯相互揭发相对方的犯罪行为不能认定为立功表现。对偶犯是指必须由犯罪行为人双方共同实施对应行为才能完成的某种犯罪,比如重婚罪、受贿罪与行贿罪等、对偶犯中的任何一方在供述自己的犯罪行为时,必然要涉及相对一方的犯罪行为,否则就不能完整地叙述整个犯罪事实,故其性质属于如实供述的范畴,而不属于揭发他人犯罪行为,因而不能认定为立功。二是犯罪分子揭发的他人犯罪行为与本人实施的犯罪行为之间,不能存在因果关系,否则也不能认定为揭发他人犯罪行为,即揭发连累犯不能认定为立功。连累犯是指事先与他人无通谋,也未曾允诺事后会提供帮助,但在事后明知他人已经实施了犯罪,仍然向其提供帮助,帮助其逃避司法机关的刑事追诉的行为,比如窝藏犯、包庇犯等。连累犯的犯罪行为总是基于被帮助的犯罪分子的先行犯罪行为而实施,没有先行的犯罪行为,也就不会发生为犯罪分子提供帮助的犯罪行为。所以,接受连累犯帮助的犯罪分子对连累犯实施犯罪具有原因力,实际上是连累犯的制造者,双方的犯罪行为是相辅相成、缺一不可的,存在因果关系。接受帮助的犯罪分子在犯罪之后逃避司法机关追究其刑事责任的行为,客观上妨碍了司法机关对犯罪的刑事追诉和刑罚执行活动,并连动他人犯罪,该行为同样具有社会危害性。只是我国刑法未将这一行为规定为犯罪,因而对接受帮助的犯罪分子不认定为窝藏罪的共犯而已。尽管如此,但其确实是窝藏犯罪的制造者和参与者。所以,揭发连累犯犯罪行为的,不能认定为有立功表现。

具体到本案,被告人蔡勇接受本案其他被告人帮助的行为包含于窝藏犯罪行为之中,实际上蔡勇也是窝藏犯罪的参与者。蔡勇揭发的李光、卢峰等人的窝藏犯罪行为,与其本人的犯罪行为及其逃匿行为具有必然关联性和因果关系,对此不能认定为立功。

案例:张广现故意伤害、尹红丽被指控窝藏宣告无罪案

案例来源:《人民法院案例选》2014年第4辑

主题词:窝藏罪 知情不举

一、基本案情

北京市人民检察院第二分院起诉称:被告人张广现于1998年10月5日20时许,在本市朝阳区双花园铁路饭馆南侧,因得知其弟张广雨与张嵬、李伟、朱莽(蟒)因购买香烟一事发生争执,遂伙同张广雨共同对张嵬等人进行殴打。其间,张广现持瓶子、张广雨持尖刀对张嵬、李伟、朱莽(蟒)进行击打、刺扎,致使张嵬心脏被刺破,致急性失血性休克合并心包填塞死亡。

被告人尹红丽(系张广现之妻)在明知被告人张广现涉嫌犯罪的情况下,仍帮助张隐匿真实身份,并提供资金帮助张广现逃避法律追究。

被告人张广现、尹红丽于2011年9月6日被公安机关查获归案。

法院经审理查明:1998年10月5日20时许,在北京市朝阳区双花园铁路饭馆附近,被害人张嵬(男,殁年19岁)及李伟、朱蟒因购买香烟一事与被告人张广现之弟张广雨(另案处理)发生争执,被告人张广现遂持瓶子、张广雨持刀对张嵬、李伟、朱蟒进行追打、刺扎,张嵬心脏被锐器刺破,致急性失血性休克合并心包填塞死亡。被告人张广现作案后逃离现场。

被告人尹红丽在明知被告人张广现是犯罪人且使用假名字在逃的情况下,仍与被告人张广现共同生活。

二被告人后于2011年9月6日被公安机关查获归案。

北京市第二中级人民法院于2012年10月19日作出(2012)二中刑初字第729号判决:被告人尹红丽无罪。宣判后,北京市人民检察院第二分院对一审判决不服提起抗诉。北京市高级人民法院于2013年4月1日作出(2012)高刑终字第626号裁定书:准许北京市人民检察院撤回抗诉。

二、裁判要旨

No. 6-2-310-6　明知亲属是犯罪人而与之共同生活,没有妨害司法机关查获犯罪的,不构成窝藏罪。

知情不举是指明知犯罪分子而不检举告发的行为,其与窝藏罪的区别在于主观上没有使犯罪分子逃避法律制裁的目的,客观上没有实施窝藏的行为,知情不举行为不构成犯罪,明知是犯罪人而有一般的交往,无窝藏意图的,应属于知情不举。此处的一般交往应解释为日常生活或业务行为的范畴,只要不超出这一范畴,仅仅是对犯罪行为有所知情或发生日常生活或业务接触,便不应认定为窝藏。本案中,尹红丽明知张广现是犯罪人以及张广现使用假名生活,而不向司法机关举报的行为属于单纯的知情不举,并没有实施妨害司法机关的活动。

139 掩饰、隐瞒犯罪所得、犯罪所得收益罪(《刑法》第三百一十二条)

案例:徐大连等掩饰、隐瞒犯罪所得案

案例来源:《人民法院案例选》2009年第2辑

主题词:掩饰、隐瞒犯罪所得罪　罪名选择　收益的含义

一、基本案情

被告人李胜义、耿守军、徐大连、李文兵。

北京市朝阳区人民法院经审理查明:被告人李胜义、耿守军伙同兰新(另案处理)经预谋后,于2007年3月2日,在北京市首都机场至西单的机场巴士行驶过程中,将祝显伟的惠普牌笔记本电脑1台(价值人民币4080元)盗走,并以人民币1800元的价格出售。被告人徐大连明知笔记本电脑系犯罪所得的赃物,仍予以收购。李胜义、耿守军伙同兰新(另案处理)经预谋后,于2007年3月7日,在北京市西单至首都机场的机场巴士行驶过程中,将姬侃的人民币4900余元、港币3800余元(折合人民币3764.89元)、澳门币500余元(折合人民币484.7元)及惠普牌4200C型笔记本电脑1台(价值人民币5738元)盗走,并以人民币2600元的价格将笔记本电脑出售。徐大连明知笔记本电脑系犯罪所得的赃物,仍予以收购。后徐大连又以人民币3300元的价格将该电脑出售给被告人李文兵。李文兵明知该电脑系犯罪所得的赃物,仍予以收购,后又加价100元卖予他人。李胜义、耿守军于2007年3月10日被民警抓获归案。在耿守军的带领下,民警于同日将徐大连抓获归案。李文兵于2007年3月14日被民警抓获归案。

北京市朝阳区人民法院认为:李胜义、耿守军以非法占有为目的,秘密窃取公民财物,二被告人的行为均已构成盗窃罪,且数额巨大,依法应予惩处。徐大连、李文兵明知是犯罪所得的赃物仍予以收购,二被告人的行为均已构成掩饰、隐瞒犯罪所得罪,依法亦应予惩处。耿守军协助抓捕徐大连,属一般立功,依法对其从轻处罚。李胜义、耿守军在归案后,坦白了第二起盗窃犯罪事实,依法对二被告人酌情从轻处罚。鉴于上述被告人均当庭自愿认罪,对四被告人均酌予

从轻处罚。被告人李胜义、耿守军犯罪行为给被害人造成的经济损失,依法应责令二被告人退赔并发还被害人。被告人徐大连、李文兵犯罪行为的非法获利,应继续追缴并予以没收。综上,对被告人李胜义依照《中华人民共和国刑法》第二百六十四条、第二十五条第一款、第五十二条、第五十三条、第六十四条、第六十一条及最高人民法院《关于处理自首和立功具体应用法律若干问题的解释》第四条之规定,对被告人耿守军依照《中华人民共和国刑法》第二百六十四条、第二十五条第一款、第六十八条第一款、第五十二条、第五十三条、第六十四条、第六十一条及最高人民法院《关于处理自首和立功具体应用法律若干问题的解释》第四条、第五条之规定,对被告人徐大连、李文兵均依照《中华人民共和国刑法》第三百一十二条、第五十二条、第五十三条及第六十一条之规定,判决如下:

1. 被告人李胜义犯盗窃罪,判处有期徒刑四年,罚金人民币四千元。
2. 被告人耿守军犯盗窃罪,判处有期徒刑三年六个月,罚金人民币四千元。
3. 被告人徐大连犯掩饰、隐瞒犯罪所得罪,判处有期徒刑十一个月,罚金人民币一千元。
4. 被告人李文兵犯掩饰、隐瞒犯罪所得罪,判处有期徒刑十一个月,罚金人民币一千元。
5. 责令被告人李胜义、耿守军退赔人民币一万八千九百六十七元五角九分,其中四千零八十元发还被害人祝显伟,一万四千八百八十七元五角九分发还被害人姬侃。
6. 继续追缴被告人徐大连犯罪所得人民币七百元,予以没收;继续追缴被告人李文兵犯罪所得人民币一百元,予以没收。

一审宣判后,被告人均表示服从一审法院的判决,未提出上诉。公诉机关未提出抗诉。一审判决已经发生法律效力。

二、裁判要旨

No. 6-2-312-1 掩饰、隐瞒犯罪所得、犯罪所得收益罪属于单一式选择性罪名,行为方式不存在选择性,犯罪对象存在选择性。

本罪由窝藏、转移、收购、销售赃物罪修改而来,修改后将行为方式由窝藏等四种方式扩大到一切掩饰、隐瞒行为,将犯罪对象由犯罪所得的赃物扩大到所有犯罪所得及其收益,罪名也变更为掩饰、隐瞒犯罪所得、犯罪所得收益罪。如果按照惯例,本罪应属于复合式选择性罪名。但本罪应属于单一式选择性罪名,只存在犯罪对象之间的选择,掩饰与隐瞒之间不存在选择关系。

首先,掩饰与隐瞒的含义难以准确区分。生活中,二者的含义都是使真相不让别人知晓,属于近义词,外延上存在交叉,大多数情况下均混同使用。其次,由于二者含义近似,许多行为客观上无法准确认定是掩饰还是隐瞒。以收购、代为销售为例,二者都是使司法机关难以对赃物实施有效的追缴,很难认定二者对赃物所起的作用究竟是掩饰还是隐瞒。而且,如果必须对二者选择适用,审判实践难以操作。修改后,本罪的行为方式扩大到所有的其他掩饰、隐瞒行为。毋庸置疑,随着赃物种类的不同,具体的掩饰、隐瞒行为将非常繁杂,不胜枚举。司法解释不可能对各种具体的掩饰、隐瞒行为一一界定,而要求审判实践就案件中涉及的每个掩饰、隐瞒行为都加以区分,既难以操作,也容易产生分歧,而且也无太大必要。

No. 6-2-312-2 掩饰、隐瞒犯罪所得收益罪中的犯罪所得收益,是指对犯罪所得进行处理后得到的超过犯罪所得价值的利润。

掩饰、隐瞒犯罪所得收益罪中的收益应当理解为利润,犯罪所得收益应当理解为将犯罪所得进行处理后产生的利润。首先,收益可以理解为利润。《辞海》将收益作了两种解释,一是利润,二是个人所得。故将犯罪所得产生的收益理解为通过犯罪所得产生的利润不违背收益一词的原意;其次,只有将收益理解为利润,才能将犯罪所得与及其产生的收益加以准确的区分,避免产生包容、交叉或重合的现象,满足选择性要素所要求的选择关系;再次,将收益界定为利润,有利于审判实践对犯罪所得收益的认定。实践中只需将犯罪所得处理后的收入与犯罪所得进行比较,即可认定是否存在收益以及收益的多少。而将犯罪所得收益理解为对犯罪所得进行处理后产生的货币收入,对于用赃物换取的超过本身价值的物品是犯罪所得还是犯罪所得收益等问题,就会产生认定上的困扰。

在本案中,徐大连收购的两台电脑系李胜义等人的盗窃犯罪所得,而其将其中一台出售给李文兵所获取的700元利润以及李文兵转卖后所获取的100元利润,则分别属于各自犯罪行为的犯罪所得收益。但徐大连在收购、销售李胜义等人盗窃的电脑的过程中,犯罪对象只有电脑,并无李胜义等人利用电脑产生的利润或者其他犯罪所得收益。李文兵虽然收购、销售了徐大连犯罪所得的电脑,但未一并掩饰、隐瞒徐大连的所获取的700元利润或者徐大连其他犯罪所得收益。因此,二人掩饰、隐瞒的对象均只有上游犯罪的犯罪所得,并无犯罪所得收益,一审法院认定徐大连、李文兵二人的行为分别构成掩饰、隐瞒犯罪所得罪是正确的。

案例:贾庆显等掩饰、隐瞒犯罪所得收益案

案例来源:《人民法院案例选》2009年第2辑

主题词:掩饰、隐瞒犯罪所得收益罪　上游行为

一、基本案情

被告人贾庆显、贾连仁。

河南省平顶山市新华区人民法院经审理查明:2007年1月以来,刘某、沈某、石某等人(均为不满14周岁的未成年人)在平顶山市新华区西高皇村南侧湛河堤处用钢锯盗割平顶山市网通公司通信电缆后,将通信电缆的皮剥掉,把铜芯卖给在该村收废品的贾庆显、贾连仁父子。经平顶山市价格认证中心鉴定,收购电缆价值为320元。2007年9月1日,公安机关人员接群众举报后,将贾庆显、贾连仁抓获。

河南省平顶山市新华区人民法院认为:被告人贾庆显、贾连仁明知是赃物而予以收购,其行为已构成掩饰、隐瞒犯罪所得收益罪。平顶山市新华区人民检察院指控被告人贾庆显、贾连仁犯掩饰、隐瞒犯罪所得收益罪的罪名成立,予以支持。被告人贾庆显、贾连仁对公诉机关指控其犯掩饰、隐瞒犯罪所得收益罪的事实供认不讳。鉴于案发后被告人贾庆显、贾连仁认罪态度较好,且系初犯,并能积极缴纳罚金,犯罪情节较轻,可酌情从轻处罚。依照《中华人民共和国刑法》第三百一十二条、第二十五条第一款、第七十二条第一款、第七十三条第一款、第五十二条之规定,判决如下:

1. 被告人贾庆显犯掩饰、隐瞒犯罪所得收益罪,判处拘役六个月,缓刑六个月,并处罚金人民币1000元。

2. 被告人贾连仁犯掩饰、隐瞒犯罪所得收益罪,判处拘役五个月,并处罚金人民币1000元。

宣判后,被告人未上诉,公诉机关未抗诉,判决已生效。

二、裁判要旨

No.6-2-312-3　掩饰、隐瞒犯罪所得收益罪不以本犯构成犯罪为前提,收购未满14周岁的未成年人盗窃所得财物的,应以掩饰、隐瞒犯罪所得收益罪论处。

在掩饰、隐瞒犯罪所得罪中,掩饰、隐瞒的所得财物不必要求一定是犯罪所得。该罪掩饰、隐瞒的所得财物只要是由他人违法犯罪行为得来的就足够了,不一定非要符合犯罪构成的全部要件,或非要受到刑事处罚不可。因为,本案虽然没有追究几个少年的刑事责任,其原因是他们不满14周岁,在主体上达不到追究刑事责任的年龄,但是,他们盗窃正在使用的通信电缆行为已属犯罪,其危害远不止于盗窃。如果对收购这些未成年人盗窃来的这些赃物的被告人不作犯罪认定,势必放纵该犯的罪行。因此,该罪的前提之罪应从广义上界定符合立法本意。本案中,法院判决构成掩饰、隐瞒犯罪所得收益罪是正确的。

案例:莫叶兵等盗窃、掩饰、隐瞒犯罪所得案

案例来源:《人民法院案例选》2009年第1辑

主题词:掩饰、隐瞒犯罪所得罪　共同犯罪

一、基本案情

被告人莫叶兵、张太平、周香桂、莫砥柱。

河南省内乡县人民法院经审理查明:被告人莫叶兵、张太平、周香桂共谋欲实施盗窃,2008年4月13日上午,三被告人拦乘被告人莫砥柱的出租车,在谈妥租车价格后,四人当即从湖南省永州出发,于4月17日下午窜至河南省镇平县电力广场北侧王杰里的光明灯具电料批发店,按照事先约定,由张太平、周香桂以买东西为名,分散王杰里爱人梁国风注意力,莫叶兵乘机盗走价值994元的电线三盘。次日上午,被告人莫叶兵一行四人又先后窜至内乡县城关镇电业局斜对面光源电器店和内乡县城关镇工会对面德力西电器店,用同样手段再次盗走价值811元的电线三盘。在长途行程期间被告人莫砥柱见莫叶兵等人出入电器商店,不断拿电线放回车中,行踪可疑,即怀疑东西来路不正,但仍然驾车帮助其实施犯罪。后被抓获归案。

河南省内乡县人民法院认为,被告人莫叶兵、张太平、周香桂以非法占有为目的,采取秘密手段窃取他人合法财产,其行为已构成盗窃罪,且属共同犯罪,被告人莫砥柱明知是犯罪所得的赃物而帮助转移,其行为已构成掩饰、隐瞒犯罪所得罪,内乡县人民检察院指控成立,本院予以支持。被告人莫叶兵在共同犯罪中起主要作用,是主犯,应当按照其参与的全部犯罪处罚;被告人张太平、周香桂在共同犯罪中起次要作用,是从犯,应当从轻或减轻处罚;鉴于四被告人案发后认罪态度较好,且已退还全部赃物,可酌情从轻处罚。依照《中华人民共和国刑法》第二百六十四条、第三百一十二条、第二十五条、第二十六条、第二十七条、第六十四条之规定,判决:

1. 被告人莫叶兵犯盗窃罪,判处有期徒刑七个月,并处罚金人民币三千六百元。
2. 被告人张太平犯盗窃罪,判处有期徒刑六个月,并处罚金人民币三千六百元。
3. 被告人周香桂犯盗窃罪,判处有期徒刑六个月,并处罚金人民币三千六百元。
4. 被告人莫砥柱犯掩饰、隐瞒犯罪所得罪,判处拘役三个月,并处罚金人民币三千六百元。

二、裁判要旨

No.6-2-312-4 明知是犯罪所得的赃物,仍然提供运输服务帮助转移的,以掩饰、隐瞒犯罪所得罪论处,不成立共同犯罪。

《刑法》第二十五条第一款规定:"共同犯罪是指二人以上共同故意犯罪。"根据主客观相统一的原则,成立共同犯罪不仅要求各行为人共同实施针对同一犯罪客体的行为,而且还要求各行为人之间存在共同的犯罪故意。共同犯罪故意是指行为人之间通过意思的传递、反馈而形成的,明知自己是和他人配合共同实施犯罪,并且明知共同的犯罪行为会发生某种危害社会的结果,而希望或者放任这种危害结果发生的心理态度。共同犯罪故意由共同和犯罪故意两个词语组成:共同是量的要素,是指二人以上具有共同实施犯罪的意图,区别于单独犯罪的罪过和相互之间没有意思联络的同时犯等,体现了其区别于一般的犯罪故意的特殊性,这也就决定了在认识因素和意志因素的具体内容上具有一定的特殊性;犯罪故意是质的要素,即要求该种犯罪的主观方面是故意而非过失,这就意味着这种特殊的罪过形态仍然必须具备故意犯罪的一般性特征,也包括认识因素和意志因素两层内容。二者的结合决定了共同犯罪故意的认识因素和意志因素具有一定的特殊性。具体而言:

1. 共同犯罪故意的认识因素

共同犯罪故意的认识因素包括以下内容:

(1)行为人都应当认识到不是自己一个人单独实施犯罪,而是与他人互相配合共同实施犯罪。换言之,要求行为人之间具有共同犯罪的意思联络。各行为人之间意思联络的形成需具备两个条件:其一,在各行为人之间存在一个能够使犯意相互沟通的网络。可能存在于组织犯与实行犯之间、教唆犯与实行犯之间或帮助犯与实行犯之间等并不要求存在于所有犯罪人之间。其二,客观上,在各行为人之间存在着意思交流。交流的具体形式多种多样,既可以是通过语言文字等媒介的合谋,也可以是通过肢体、眼神等方式的暗示而心领神会,还可以是因已经形成默契而心照不宣。(2)行为人不仅认识到自己的行为会引起的结果,而且认识到其他共同犯罪人的行为会引起的犯罪结果。(3)认识到共同犯罪行为与共同犯罪结果之间的因果关系。

2. 共同犯罪故意的意志因素

共同犯罪故意的意志因素包括以下内容:

(1)行为人决意参与共同犯罪。(2)各行为人都希望或放任自己的行为会导致的危害结果和共同犯罪行为会导致的危害结果。可以表现为直接故意与直接故意的结合、直接故意与间接故意的结合、间接故意与间接故意的结合三种罪过形态。

在本案中,被告人莫砥柱虽然实施了运送赃物的行为,该行为客观上对三被告人的盗窃起到了一定的帮助作用,但不能据此就认为莫砥柱构成盗窃罪的共犯。理由是:其一,在认识因素上,三被告人没有与莫砥柱互相配合共同实施犯罪的认识。共同犯罪故意要求各行为人都应当认识到不是自己一个人在单独实施犯罪,而是与他人互相配合共同实施犯罪。在本案中,三被告人在为实施犯罪进行合谋时,被告人莫砥柱并不在现场,实际上,在谋划犯罪乃至实施犯罪的过程中,三被告人一直在努力回避莫砥柱,竭力掩饰不让其知道真相。三被告人对于他们三人互相配合共同实施犯罪,有很清醒的认识,而在他们的意识中,莫砥柱只不过是受他们蒙蔽为他们实施盗窃提供服务的工具,并不是他们盗窃团伙中的一员。可以说,在三被告人实施犯罪的整个过程中,三被告人与莫砥柱一直没有就盗窃进行犯意交流,换言之,没有形成有效的意思联络。当然,共同犯罪中意思联络的形成,并不以行为人之间存在言语上的沟通为必要,通过肢体、眼神等方式的暗示而心领神会、因形成默契而心照不宣等也可以认定行为人之间形成了意思联络,但就本案而言,被告人莫砥柱和三被告人之前并不相识,三被告人选择搭乘莫砥柱的出租车是"拦乘",是在马路上等车时偶然遇见,有很大的随意性,不存在因形成默契而心照不宣;在三被告人为实施盗窃进行合意到具体实施犯罪的整个过程中,三被告人一直在努力掩盖真相不让莫砥柱知晓,因此,也不存在通过肢体、眼神等方式的暗示从而达到意思联络的问题。其二,莫砥柱也没有与三被告人互相配合共同实施盗窃的认识。三被告人在搭乘莫砥柱的出租车时并没有告知他们租车是用于盗窃,在莫砥柱看来,自己的义务就是按乘客的要求将他们安全的送达目的地,自己的权利是按照事前的约定收取出租费用。虽然在运送的过程中,莫砥柱见莫叶兵等不断出入电器商店,行踪可疑,"即怀疑东西来路不正",但也仅是怀疑"来路不正"而已,对于这些东西是偷是骗还是抢,莫砥柱并没有确切的认识,既然没有认识到三被告人是在"盗窃",当然不可能形成互相配合共同实施"盗窃"的认识。认识因素是意志因素的前提,没有共同盗窃的认识,自然不会产生实施共同犯罪的决意。因此,本案中,被告人莫砥柱和三被告人因没有共同盗窃的故意,不能构成共同犯罪。

构成掩饰、隐瞒犯罪所得、犯罪所得收益罪需具备以下要件:(1)客体。侵犯的是社会管理秩序及正常的司法秩序。(2)客观要件。表现为明知是犯罪所得及其产生的收益而予以窝藏、转移、收购、代为销售或者以其他方法掩饰、隐瞒。(3)主体。一般主体。(4)主观要件。本罪的罪过形式是故意,是指明知是犯罪所得及其产生的收益而予以窝藏、转移、收购、代为销售的主观心理状态。对于"明知"应如何理解,根据 1992 年 12 月 11 日最高人民法院、最高人民检察院《关于办理盗窃案件具体应用法律的若干问题的解释》第八条第(一)项的规定:认定窝赃、销赃罪的"明知",不能仅凭被告人的口供,应当根据案件的客观事实予以分析。只要证明被告人知道或者应当知道是犯罪所得的赃物而予以窝藏或者代为销售的,就可以认定。

在本案中,被告人莫砥柱看到莫叶兵等人,不远千里,从湖南乘车赶到河南,不断出入镇平县、内乡县的电器商店,每次从店中带回数量不等、价值并不是很大的电线,根据一般人的常识,电线这种商品,各地市场价格差距不大,而三名湖南籍被告人舍湖南奔河南,几日内流窜各市、县,仅租车费用、途中消费这两项花费就非常可观,这些行为肯定不是正常的生意人所为,应当认识到这些东西是犯罪所得,即明知是犯罪所得。实际上,被告人莫砥柱在运送三被告人的过程中,也认识到三被告人行为不正常,形迹可疑,怀疑这些东西来路不正,然而却仍然驾车帮助三被告人转移赃物,符合掩饰、隐瞒犯罪所得、犯罪所得收益罪的构成要件,因该罪属于单一选择性罪名,应以掩饰、隐瞒犯罪所得罪定罪处罚。

案例:韩亚泽掩饰、隐瞒犯罪所得案

案例来源:《刑事审判参考》总第100集[第1030号]

主题词:掩饰、隐瞒犯罪所得罪　上游犯罪对定罪的影响

一、基本案情

被告人韩亚泽,男,1992年3月28日出生,学生。2013年2月2日因涉嫌犯掩饰、隐瞒犯罪所得罪被取保候审。

河南省郏县人民检察院以被告人韩亚泽犯掩饰、隐瞒犯罪所得罪,向郏县人民法院提起公诉。

河南省郏县人民法院经公开审理查明:2013年1月19日,被告人韩亚泽在河南省郏县第一高级中学家属院门口以人民币(以下币种同)90元的价格从一男子(具体身份不详)处购买黑色小米牌手机(价值1339元)一部。经查,该手机系另案被告人刘培栋在一网吧上网时被盗。根据防盗追踪功能,在韩亚泽处查获该手机,韩亚泽将手机退还。

郏县人民法院认为,被告人韩亚泽在非正常销售手机的场所,以极低价格收购没有发票,也不配带充电器、电池的价值千余元的手机,其明知该手机可能是犯罪所得,仍予以购买的行为构成掩饰、隐瞒犯罪所得罪。鉴于韩亚泽归案后如实供述自己的罪行,及时退赃,且系在校学生,可以对其从轻处罚。据此,依照《中华人民共和国刑法》第三百一十二条第一款、第五十二条之规定,郏县人民法院以被告人韩亚泽犯掩饰、隐瞒犯罪所得罪,单处罚金人民币一千元。

一审宣判后,被告人韩亚泽未提起上诉,检察院亦未抗诉,该判决已发生法律效力。

二、裁判要旨

No.6-2-312-5　上游犯罪尚未裁判但已经查证属实的,不影响对下游犯罪的认定。

最高人民法院2009年11月11日出台的《关于审理洗钱等刑事案件具体应用法律若干问题的解释》第四条第一款、第二款规定:"刑法第一百九十一条、第三百一十二条、第三百四十九条规定的犯罪,应当以上游犯罪事实成立为认定前提。上游犯罪尚未依法裁判,但查证属实的,不影响刑法第一百九十一条、第三百一十二条、第三百四十九条规定的犯罪的审判。上游犯罪事实可以确认,因行为人死亡等原因依法不予追究刑事责任的,不影响刑法第一百九十一条、第三百一十二条、第三百四十九条规定的犯罪的认定。"掩饰、隐瞒犯罪所得罪的成立以上游犯罪事实成立为前提,即只要求上游犯罪构成实质意义上的犯罪,而不要求必须是已经由刑事判决确认的形式意义上的犯罪。掩饰、隐瞒犯罪所得罪的成立与上游犯罪有着特殊的关系,既派生于上游犯罪,又独立于上游犯罪。掩饰、隐瞒犯罪所得罪作为一个独立的罪名,有自己独特的构成要件,掩饰、隐瞒犯罪所得行为与前行为不是一个整体,前行为是否被裁判,对其构成犯罪没有实质影响。前行为尚未依法裁判或者对行为人不予追究刑事责任的,不影响掩饰、隐瞒犯罪所得罪的成立。

如果认定掩饰、隐瞒犯罪所得罪要求上游行为被裁判,则会大大增加诉讼成本,浪费司法资源,还可能放纵犯罪。实践中常有上游行为实施者未被抓获或者未经审判,而实施掩饰、隐瞒行为的人已被起诉到法院的情形。如果因为上游行为尚未定罪,而对实施掩饰、隐瞒行为的人作出无罪判决,等到上游行为依法判决后,再对掩饰、隐瞒行为进行侦查、起诉,那么就会重复已经进行过的诉讼程序,可能会因现有证据灭失而导致案件无法得到公正裁判。即便等到上游行为依法判决后,仍有确实充分的证据证明掩饰、隐瞒行为构成犯罪,但对于同一行为,先后作出无罪判决和有罪判决,无疑会削弱司法权威。如果抓获后发现上游行为实施者是不负刑事责任能力人或者因其他原因对其不予追究刑事责任,那么对实施掩饰、隐瞒行为人的审理又回到前文司法解释的范围。因此,无论从哪一角度看,都不宜将上游行为被裁判作为认定掩饰、隐瞒犯罪所得罪的前提条件。

案例:钟超等盗窃,高卫掩饰、隐瞒犯罪所得案

案例来源:《刑事审判参考》总第104集[第1090号]

主题词:掩饰、隐瞒犯罪所得罪　入罪数额

一、基本案情

被告人钟超,男,1984年4月18日出生。2014年9月3日被逮捕。

被告人周杰,男,1978年11月19日出生。2014年3月25日被逮捕。

被告人潘志华,男,1970年6月24日出生。1988年因犯盗窃罪被判处有期徒刑七年六个月。1996年8月28日因犯盗窃罪被判处有期徒刑十三年。2014年9月3日被逮捕。

被告人刘某某,男,1996年12月13日出生。2014年8月28日被取保候审。

被告人高卫,男,1983年11月23日出生。2014年8月7日被取保候审。

江西省宜春市袁州区人民检察院以被告人钟超犯盗窃罪,掩饰、隐瞒犯罪所得罪,被告人潘志华、刘某某犯盗窃罪,被告人周杰、高卫犯掩饰、隐瞒犯罪所得罪向袁州区人民法院提起公诉。

各被告人对起诉书的指控均没有异议。

袁州区人民法院经审理查明:

1. 2014年7月18日凌晨5时许,被告人钟超、潘志华来到宜春市袁州区高士北路都市春天小区寻找盗窃目标。二被告人在该小区2栋2单元楼下发现失主朱水来停放在此的红色豪爵男式摩托车未上锁,遂割断电源线,发动摩托车将该摩托车盗走。案发后,公安机关在潘志华处扣押该摩托车。经宜春市袁州区价格认证中心鉴定,被盗摩托车价值人民币2640元。

2. 2014年7月29日20时许,被告人钟超来到宜春市袁州区书香门第小区1栋2单元楼下,发现失主陈波停放于楼梯口的红色广本男式摩托车未上锁,便将该摩托车推走。后将该摩托车交由被告人周杰,周杰在明知该车为盗窃所得的情况下,低价卖给被告人高卫。该摩托车已被公安机关扣押并已发还失主陈波。经宜春市袁州区价格认证中心鉴定,被盗摩托车价值人民币2280元。

3. 2014年7月31日凌晨3时许,被告人潘志华在袁州区妇幼保健院旁巷子内发现一黑色先锋牌女式踏板摩托车未锁地锁,便联系被告人刘某某。随后,二被告人用绳索将该摩托车绑在潘志华驾驶的摩托车后面,由潘志华驾驶摩托车在前牵引,刘某某则坐在被盗摩托车上将该摩托车盗走。被告人钟超明知该车系盗窃所得帮助出售,后公安机关在钟超处查获该摩托车。经宜春市袁州区价格认证中心鉴定,该摩托车价值人民币1960元。

4. 2015年3月16日凌晨3时许,被告人周杰伙同唐晓(另案处理)骑摩托车来到宜春市医院附近,发现医院对面人行道上停放着一辆绿色电动三轮车。之后,由唐晓望风,周杰用钥匙将该三轮车地锁和电源锁套开,将该电动三轮车盗走。经袁州区价格认证中心鉴定,被盗三轮车价值人民币2430元。

5. 2015年3月16日凌晨4时许,被告人周杰伙同唐晓驾驶盗窃来的电动三轮车来到宜春市袁州区锦江之星酒店门口时,发现一辆红色王力牌电动车停放于此,二人遂使用扳手等工具盗窃电动车的电瓶,在取下三个电瓶后,盗窃剩余电瓶时,被巡逻民警发现并抓获。经袁州区价格认证中心鉴定,被盗的三个电瓶价值人民币200元。

袁州区人民法院认为,被告人钟超、周杰、潘志华、刘某某以非法占有为目的,秘密窃取他人财物,被告人钟超2次盗窃他人财物,价值人民币4920元;被告人周杰2次盗窃他人财物,价值人民币2630元;被告人潘志华2次盗窃他人财物,价值人民币4600元;被告人刘某某1次盗窃他人财物,价值人民币1960元,其行为均构成盗窃罪。被告人钟超、周杰、高卫明知是犯罪所得仍代为销售或收购,被告人钟超代为销售1次,价值人民币1960元;被告人周杰代为销售1次,价值人民币2280元;被告人高卫收购1次,价值人民币2280元,其行为均构成掩饰、隐瞒犯罪所得罪。公诉机关指控的罪名成立。被告人刘某某犯罪时未满18周岁,应从轻处罚。被告人周杰在与唐晓盗窃电瓶时由于意志以外的原因,未得逞。被告人周杰在掩饰、隐瞒犯罪所得罪中有自首情节,应从轻处罚。被告人潘志华有前科,可酌情从重处罚。被告人钟超、潘志华在第1次犯罪中属共同犯罪。被告人潘志华、刘某某在第3次犯罪中属共同犯罪。被告人钟超、周杰犯数罪应数罪并罚。根据被告人钟超、潘志华、周杰、刘某某、高卫的犯罪事实、犯罪性质、情节和对社会的危害性,根据《中华人民共和国刑法》第二百六十四条,第三百一十二条第一款,第二十五条第一款,第六十五条第一款,第六十九条,第七十二条第一款、第三款和第七十三条第二款、第三款之规定,判决如下:

1. 被告人钟超犯盗窃罪,判处有期徒刑九个月,并处罚金五千元;犯掩饰、隐瞒犯罪所得罪,判处有期徒刑六个月,并处罚金二千元;合并执行有期徒刑一年二个月,并处罚金七千元。

2. 被告人周杰犯盗窃罪,判处有期徒刑八个月,并处罚金五千元;犯掩饰、隐瞒犯罪所得罪,判处有期徒刑六个月,并处罚金二千元;合并执行有期徒刑一年,并处罚金七千元。

3. 被告人潘志华犯盗窃罪,判处有期徒刑一年,并处罚金五千元。

4. 被告人刘某某犯盗窃罪,判处有期徒刑六月,缓刑一年,并处罚金三千元。

5. 被告人高卫犯掩饰、隐瞒犯罪所得罪,判处有期徒刑六个月,缓刑一年,并处罚金三千元。

宣判后,被告人周杰认为原审判决量刑过重,提出上诉。

宜春市中级人民法院经审理认定的事实、证据与一审相同。

宜春市中级人民法院认为,被告人钟超、周杰与高卫明知车辆系犯罪所得仍然代为销售或收购,其中钟超代为销售 1 次,价值 1960 元;周杰代为销售 1 次,价值 2280 元;高卫收购 1 次,价值 2280 元。根据最高人民法院《关于审理掩饰、隐瞒犯罪所得、犯罪所得收益刑事案件适用法律若干问题的解释》第一条之规定,掩饰、隐瞒犯罪所得及其产生的收益价值 3000 元至 1 万元以上的,以掩饰、隐瞒犯罪所得、犯罪所得收益罪定罪处罚。因此,钟超、周杰、高卫三人代为销售或收购的行为,不符合掩饰、隐瞒犯罪所得罪的构成要件,不应认定为犯罪。原审判决认定事实清楚,证据确实、充分,审判程序合法,但适用法律错误,故应依法予以改判。据此,改判周杰犯盗窃罪,判处有期徒刑八个月,并处罚金五千元;原审被告人钟超犯盗窃罪,判处有期徒刑九个月,并处罚金五千元;原审被告人高卫无罪。

二、裁判要旨

No. 6-2-312-6 最高人民法院《关于审理掩饰、隐瞒犯罪所得、犯罪所得收益刑事案件适用法律若干问题的解释》实施前所实施的掩饰、隐瞒犯罪所得、犯罪所得收益行为未达到《关于审理掩饰、隐瞒犯罪所得、犯罪所得收益刑事案件适用法律若干问题的解释》所规定的基本入罪标准的,不构成掩饰、隐瞒犯罪所得罪。

2015 年 6 月 1 日起实施的最高人民法院《关于审理掩饰、隐瞒犯罪所得、犯罪所得收益刑事案件适用法律若干问题的解释》将数额作为本罪的一个重要定罪、量刑标准予以规定。在《关于审理掩饰、隐瞒犯罪所得、犯罪所得收益刑事案件适用法律若干问题的解释》第一条第一款中,将“三千元至一万元以上”作为本罪的基本入罪数额标准,在第三条第一款第(一)项中将“十万元以上”作为本罪“情节严重”的基本数额标准。本案一审宣判时,尚没有相关司法解释对掩饰、隐瞒犯罪所得、犯罪所得收益罪的入罪数额标准作出规定,被告人钟超、周杰、高卫明知是他人犯罪所得仍代为销售或收购,数额分别为 1960 元、2280 元、2280 元,一审法院因此认定三被告人的行为均构成掩饰、隐瞒犯罪所得罪。在二审审理期间,《关于审理掩饰、隐瞒犯罪所得、犯罪所得收益刑事案件适用法律若干问题的解释》正式实施。根据《关于审理掩饰、隐瞒犯罪所得、犯罪所得收益刑事案件适用法律若干问题的解释》第一条第一款第(一)项的规定,“掩饰、隐瞒犯罪所得及其产生的收益价值三千元至一万元以上的”才能构成本罪,钟超、周杰、高卫明掩饰、隐瞒的犯罪所得收益价值均不满 3000 元的最低入罪数额标准。因此,本案存在依照行为时法律构成犯罪,依照审判时法律和司法解释不构成犯罪应该如何处理的问题。根据从旧兼从轻原则及最高人民法院、最高人民检察院《关于适用刑事司法解释时间效力问题的规定》第二条“对于司法解释实施前发生的行为,行为时没有相关司法解释,司法解释施行后尚未处理或者正在处理的案件,依照司法解释的规定办理”的规定,本案应该适用《关于审理掩饰、隐瞒犯罪所得、犯罪所得收益刑事案件适用法律若干问题的解释》的有关规定处理。因此,依照《关于审理掩饰、隐瞒犯罪所得、犯罪所得收益刑事案件适用法律若干问题的解释》的规定,本案中,被告人钟超、周杰、高卫的行为均不构成掩饰、隐瞒犯罪所得罪。

案例:刘小会、于林掩饰、隐瞒犯罪所得案

案例来源:《刑事审判参考》总第104集[第1091号]

主题词:掩饰、隐瞒犯罪所得罪　特殊犯罪对象

一、基本案情

被告人刘小会,男,1986年11月11日出生。2014年4月4日被逮捕。

被告人于林,男,1991年9月9日出生。2014年4月4日被逮捕。

北京市朝阳区人民检察院以被告人刘小会、于林犯掩饰、隐瞒所得罪,向朝阳区人民法院提起公诉。

朝阳区人民法院经审查查明:

1. 2014年1月初的一日凌晨,同案犯吴光一(已判刑)在朝阳区机场快轨大山子至三元桥区段内盗割北京市地铁运营有限公司供电公司的电缆12根。后被告人刘小会驾驶三轮摩托车帮助吴光一将电缆运至废品收购站销赃,获利人民币2400元,刘小会得到报酬人民币400元。

2. 2014年1月20日左右的一日凌晨,同案犯吴光一在北京市朝阳区机场快轨大山子至五元桥区段内盗割北京市地铁运营有限公司供电公司的电缆12根。后被告人于林驾驶三轮摩托车帮助吴光一将电缆运至废品收购站销赃,获利人民币2500元,吴光一给于林买了一瓶白酒和一瓶红酒作为酬谢。

朝阳区人民法院认为,被告人刘小会、于林明知系他人犯罪所得的赃物仍然帮助转移,其行为均已构成掩饰、隐瞒犯罪所得罪。鉴于刘小会、于林归案后如实供述所犯罪行,故对二被告人均依法予以从轻处罚。据此,依照《中华人民共和国刑法》第三百一十二条第一款、第五十二条、第五十三条、第六十一条之规定,以掩饰、隐瞒犯罪所得罪,分别判处被告人刘小会有期徒刑八个月,并处罚金人民币一千元;判处被告人于林有期徒刑七个月,并处罚金人民币一千元。

一审宣判后,被告人刘小会、于林均未提起上诉,检察机关没有抗诉,判决已发生法律效力。

二、裁判要旨

No.6-2-312-7　掩饰、隐瞒犯罪所得系电力设备,未达到数额条件,仍构成掩饰、隐瞒犯罪所得罪。

最高人民法院《关于审理掩饰、隐瞒犯罪所得、犯罪所得收益刑事案件适用法律若干问题的解释》在入罪标准和加重处罚标准两个层面,均对对象特殊的掩饰、隐瞒行为作出了特别规定。根据《关于审理掩饰、隐瞒犯罪所得、犯罪所得收益刑事案件适用法律若干问题的解释》第一条的规定,通常的入罪条件是掩饰、隐瞒犯罪所得及其产生的收益价值3000元至1万元以上,未达到该入罪条件也不符合特殊规定的,一般不作为犯罪处理。但是,“掩饰、隐瞒的犯罪所得系电力设备、交通设施、广播电视设施、公用电信设施、军事设施或者救灾、抢险、防汛、优抚、扶贫、移民、救灾款物的”,则没有设置数额标准,即一般情况下只要是上述特殊犯罪对象,定罪时不考虑涉案对象的价值大小,一律作为犯罪处理。对于本罪“情节严重”的认定标准,根据《关于审理掩饰、隐瞒犯罪所得、犯罪所得收益刑事案件适用法律若干问题的解释》第三条第一款的规定,普通的掩饰、隐瞒行为要求“掩饰、隐瞒犯罪所得及其产生的收益价值总额达到十万元以上”或者“掩饰、隐瞒犯罪所得及其产生的收益十次以上,或者三次以上且价值总额达到五万元以上”,即从犯罪对象的价值、行为次数方面均予以规定。而对于特殊对象,《关于审理掩饰、隐瞒犯罪所得、犯罪所得收益刑事案件适用法律若干问题的解释》规定“掩饰、隐瞒的犯罪所得系电力设备、交通设施、广播电视设施、公用电信设施、军事设施或者救灾、抢险、防汛、优抚、扶贫、移民、救济款物,价值总额达到五万元以上的”,就应当认定为本罪的“情节严重”。此条规定不仅没有对犯罪次数作出要求,连犯罪对象的价值也减为普通对象的一半,体现了从严打击的态度。

结合本案,被告人刘小会、于林帮助转移的犯罪对象系同案犯吴光一盗割的地铁供电公司正在使用的电力设备,涉及不特定多数人的交通出行安全和生命财产安全,盗割行为扰乱了“公共生活的平稳与安宁”,相较一般的偷盗行为,性质更为严重,危害性更大。刘小会、于林明知吴

光一盗割的是地铁供电电缆,仍然帮助转移,反映出其主观上对于盗割行为持放任态度,并且以积极作为的方式妨害司法机关对盗割行为的正常追诉,其主观恶性和转移行为的社会危害性均较大。虽然刘小会、于林帮助转移的电缆已经灭失,无法准确确定财物价值,但是因二人帮助转移的是电力设备,根据《关于审理掩饰、隐瞒犯罪所得、犯罪所得收益刑事案件适用法律若干问题的解释》第一条第一款第(三)项的规定,已经符合本罪的入罪条件。对于是否认定"情节严重",因同案犯吴光一盗窃的相同路段的电缆价值为8000元左右,故刘小会、于林的转移行为尚不符合"情节严重"的适用标准,对刘小会、于林的行为只能在本罪第一档法定刑,即在"三年以下有期徒刑、拘役或者管制,并处或者单处罚金"以内来量刑。

案例:雷某仁、黄某生、黄某评破坏交通设施,田某祥掩饰、隐瞒犯罪所得、犯罪所得收益案
案例来源:《刑事审判参考》总第104集[第1092号]
主题词:掩饰、隐瞒犯罪所得、犯罪所得收益罪　特殊对象

一、基本案情

被告人雷某仁,男,1967年7月14日出生。2013年9月29日被逮捕。

被告人黄某生,男,1980年6月5日出生。2013年9月29日被逮捕。

被告人黄某平,男,1974年11月2日出生。2013年9月29日被逮捕。

被告人田某祥,男,1964年5月1日出生。2013年9月29日被逮捕。

湖南省临武县人民检察院以被告人雷某仁、黄某生、黄某平犯破坏交通设施罪,被告人田某祥犯掩饰、隐瞒犯罪所得罪向临武县人民法院提起公诉。四被告人对临武县人民检察院指控的罪名和犯罪事实均无异议。田某祥的辩护人提出,田某祥系初犯、偶犯,认罪态度较好,请求法庭对其从轻处罚。

临武县人民法院经审理查明:2013年6月至8月,被告人雷某仁、黄某生、黄某平和黄某成(在逃)、黄某甘(在逃)等人多次合伙在岳临高速公路临武路段、厦蓉高速公路桂阳路段盗窃电子显示屏电缆。盗得电缆后,五人将电缆卖给蓝山县新圩镇开废品收购站的被告人田某祥。其中,雷某仁参与作案7次,破坏电缆价值共计人民币75527元;黄某生参与作案4次,破坏电缆价值共计人民币46377元;黄某平参与作案2次,破坏电缆价值共计人民币27827元;田某祥明知电缆是雷某仁、黄某生、黄某平等人偷盗所得而仍多次予以收购,收购电缆价值共计人民币94077元。

临武县人民法院认为,被告人雷某仁、黄某生、黄某平以非法占有为目的,多次秘密窃取用于公路运输的电缆,破坏交通设施,足以使汽车发生颠覆、毁坏危险,但尚未造成严重后果,三被告人的行为均已构成破坏交通设施罪。被告人田某祥明知电缆是被告人雷某仁、黄某生、黄某平等人偷盗所得而仍多次予以收购,其行为已构成掩饰、隐瞒犯罪所得罪。在共同犯罪过程中,雷某仁、黄某生均起主要作用,系主犯,依法应按其各自所参与的全部犯罪处罚;黄某平在其参与的两次共同犯罪过程中均起次要作用,系从犯,依法对其从轻处罚。案发后,雷某仁带领公安侦查人员将田某祥抓获归案,具有立功情节,依法对其从轻处罚。四被告人到案后均能如实供述自己的犯罪事实,均是坦白,依法从轻处罚。黄某平、田某祥已退还全部犯罪所得赃款,可酌情从轻处罚。结合黄某平、田某祥的犯罪事实、情节和悔罪表现,根据临武县司法局和蓝山县司法局对黄某平和田某祥作出的符合社区矫正适用条件,且同意对其实行社区矫正的调查评估报告,决定对上述二被告人宣告缓刑。据此,判决如下:

1. 被告人雷某仁犯破坏交通设施罪,判处有期徒刑四年六个月。
2. 被告人黄某生犯破坏交通设施罪,判处有期徒刑四年六个月。
3. 被告人黄某平犯破坏交通设施罪,判处有期徒刑二年六个月,缓刑三年。
4. 被告人田某祥犯掩饰、隐瞒犯罪所得罪,判处有期徒刑一年六个月,缓刑二年,并处罚金人民币三万五千元。

一审宣判后,四被告人均未提出上诉,检察机关亦未抗诉,判决已发生法律效力。

二、裁判要旨

No.6-2-312-8 掩饰、隐瞒犯罪所得对象为交通设施的,构成掩饰、隐瞒犯罪所得、犯罪所得收益罪,应从严惩处。

掩饰、隐瞒犯罪所得、犯罪所得收益罪的保护客体是司法机关对上游犯罪的刑事追诉活动,其上游犯罪的范围并未受到限制,但上游犯罪的性质会对掩饰、隐瞒行为的恶劣程度产生影响。2015年6月1日起施行的最高人民人民法院《关于审理掩饰、隐瞒犯罪所得、犯罪所得收益刑事案件适用法律若干问题的解释》基于司法实际,根据上游犯罪的对象不同,在定罪、量刑上均作出了不同的规定,体现了上游犯罪危害大,对掩饰、隐瞒犯罪所得、犯罪所得收益罪惩处力度也大的特点。根据《关于审理掩饰、隐瞒犯罪所得、犯罪所得收益刑事案件适用法律若干问题的解释》第一条第一款第(三)项的规定,"掩饰、隐瞒的犯罪所得系电力设备、交通设施、广播电视设施、公用电信设施、军事设施或者救灾、抢险、防汛、优抚、扶贫、移民、救济款物的",无数额限制。换言之,掩饰、隐瞒的犯罪所得为该项所列对象的,不论数量多少,均应依法追究刑事责任。《关于审理掩饰、隐瞒犯罪所得、犯罪所得收益刑事案件适用法律若干问题的解释》之所以这样规定,是因为这部分行为的社会危害性更大,与上游犯罪的关联性非常紧密。在量刑上,《关于审理掩饰、隐瞒犯罪所得、犯罪所得收益刑事案件适用法律若干问题的解释》对掩饰、隐瞒犯罪所得为上述特殊对象的,也体现了从严的原则。根据《关于审理掩饰、隐瞒犯罪所得、犯罪所得收益刑事案件适用法律若干问题的解释》第三条第一款第(一)项的规定,掩饰、隐瞒犯罪所得及其产生的收益为一般性犯罪对象的,价值总额达到10万元以上的,才可认定为《刑法》第三百一十二条第一款规定的"情节严重",在三年以上七年以下有期徒刑,并处罚金的幅度内判处刑罚;而根据《关于审理掩饰、隐瞒犯罪所得、犯罪所得收益刑事案件适用法律若干问题的解释》第三条第一款第(三)项的规定,掩饰、隐瞒的犯罪所得系电力设备、交通设施、广播电视设施、公用电信设施、军事设施或者救灾、抢险、防汛、优抚、移民、救济款物的,价值总额只要达到5万元以上,即可认定为《刑法》第三百一十二条第一款规定的"情节严重"。就本案而言,被告人田某祥掩饰、隐瞒犯罪所得的上游犯罪系破坏交通设施罪,且对象为正在使用中的高速公路电缆。近年来,我国高速公路不断发展,盗割正在使用中的高速公路电缆,足以使汽车发生倾覆、毁坏危险,造成车毁人亡的严重后果。因此,对于掩饰、隐瞒破坏高速公路设施犯罪所得及其产生的收益的,必须依法严惩。被告人田某祥明知是犯罪所得的高速公路电缆仍予以收购,且收购电缆价值总额达到了94077元,根据《关于审理掩饰、隐瞒犯罪所得、犯罪所得收益刑事案件适用法律若干问题的解释》第三条第一款第(三)项的规定,应当认定为《刑法》第三百一十二条第一款规定的"情节严重",本应在三年以上七年以下有期徒刑,并处罚金的幅度内判处刑罚。当然,由于本案判决发生在《关于审理掩饰、隐瞒犯罪所得、犯罪所得收益刑事案件适用法律若干问题的解释》生效之前,未认定田某祥的行为属"情节严重",也是符合审判时的情况的。

案例:闻福生掩饰、隐瞒犯罪所得案

案例来源:《刑事审判参考》总第104集[第1093号]

主题词:掩饰、隐瞒犯罪所得罪 回收购物卡并出售

一、基本案情

被告人闻福生,男,1971年6月18日出生。2012年5月14日被逮捕。

江苏省无锡市崇安区人民检察院以被告人闻福生的行为构成掩饰、隐瞒犯罪所得罪向崇安区人民法院提起公诉。

崇安区人民法院经审理查明:2003年至2012年,江苏省无锡市某商场团购部业务员邵某(因挪用资金罪已被判刑)采取以假冒客户单位名义与商场签订虚假购物卡赊购合同的手段,从商场骗领了大量购物卡再折价销售。2009年6月,邵某开始与挂牌回收礼品、购物卡的闻福林交易商场购物卡。不久,闻福林将交易交由被告人闻福生接手。邵某与闻福生约定:以购物卡面额的9折价格结算,购物卡每张面额为1000元,每盒价值20万元。

2010年初至2012年4月间,闻福生在其经营的烟酒店、无锡市阳光城市花园及八佰伴商场附近等处,向邵某收购了价值共计1.62亿元的购物卡,后陆续以9.05～9.1折的价格转手倒卖,获利100余万元。案发后,闻福生退出100万元。

崇安区人民法院认为,闻福生主观方面不符合掩饰、隐瞒犯罪所得罪"明知是赃物"的构成要件,其大量回收购物卡的行为不构成犯罪。后公诉机关以本案尚需继续侦查为由撤回起诉,法院裁定准许。该案宣判之日,被告人闻福生被当庭释放。

二、裁判要旨

No.6-2-312-9 掩饰、隐瞒犯罪所得罪的成立,以行为人主观上明知是赃物为要件,在无法查明行为人主观上明知的情况下,不成立掩饰、隐瞒犯罪所得罪。

掩饰、隐瞒犯罪所得、犯罪所得收益罪要求行为人主观上明知是犯罪所得及其产生的收益,即对赃物性质有确定性认识。法律对行为人"明知"的推定有严格的规定,以防止裁判者客观归罪。在《刑法》及其司法解释中针对实施洗钱,隐瞒、掩饰盗抢机动车,销售假冒注册商标的商品的行为人"明知"的情形均有规定。梳理上述规定,我们可从以下方面综合判断行为人的明知状况:(1)行为或交易时间是否反常;(2)行为或交易地点是否反常;(3)财物交易价格是否反常;(4)财物是否具有特殊标志;(5)行为人对本犯或上游犯罪的知情程度;(6)交易的方式是否反常;(7)行为人是否因此获取了非法利益。

本案中,双方的交易有以下细节特点:(1)从交易时间分析,双方交易持续至本案案发,时间跨度长达两年半之久,均在正常时间进行,未有任何异常的迹象。闻福生长期从事礼品回收业务,在交易时遵循行业内"两不问"原则,即不问卖主身份和礼品来历,仅需购物卡足额有效即可。(2)从交易地点分析,闻福生和邵某的交易地点大都选择在礼品回收店或商场附近,付款往往采取银行卡转账,甚至可以先付款再拿购物卡,交易地点、联络方式均为常态化,不存在隐蔽性。如果闻福生明知收购的是赃物,会尽可能避免采用银行转账等能够留下明显痕迹的方式,且先付款再取卡交易风险极大。(3)从交易价格分析,闻福生以9折的收购价格收购购物卡,该价格并未明显低于市场价格,根据公安机关的调查,该种类的购物卡在无锡市的平均收购价格在9～9.4折的区间内浮动。司法实践中一般将收购价格低于商品实际价格8折以下视为明显低于市场的价格,因此,9折的收购价属于正常价格。(4)从交易是否具有特殊性分析,闻福生收购的购物卡虽系整盒、连号包装,但是双方交易的频率、数量也遵从了从少到多、循序渐进的规律,在建立互相信任之后才逐渐增加交易金额,而非偶发性的一两次的大额交易,未违背正常交易习惯。闻福生收购的购物卡虽然数量很大,但就一般人的认识能力而言,即便产生怀疑,也多是局限于购物卡是通过偷、抢、骗等手段取得,但以这些犯罪方法获得的购物卡数量不会如此大、交易次数也不会如此多且稳定。故闻福生作为一个普通人,没有特殊的侦查犯罪的能力,无法判断大批量交易的购物卡存在异常。(5)从交易价格及获利情况分析,虽然闻福生收购的购物卡数量较大,但每张获利仅5元至10元,未超出正常幅度范围,不属于牟取暴利。本案中,推定闻福生主观上明知或者可能知道自己收购的购物卡系犯罪所得赃物的证据,并不能达到确实充分的证明标准,故不能认定被告人闻福生的行为构成掩饰、隐瞒犯罪所得罪。

案例:沈鹏、朱鑫波掩饰、隐瞒犯罪所得案

案例来源:《刑事审判参考》总第104集[第1094号]

主题词:掩饰、隐瞒犯罪所得罪 情节较轻

一、基本案情

被告人沈鹏,男,1992年12月30日出生。2012年1月10日被逮捕。

被告人朱鑫波,男,1990年10月3日出生。2012年3月7日被逮捕。

湖南省慈利县人民检察院以被告人沈鹏、朱鑫波犯掩饰、隐瞒犯罪所得罪,向慈利县人民法院提起公诉。

慈利县人民法院经审理查明:

1. 2011年8月9日21时许,同案犯朱震峰(已判刑)在慈利县溪口镇狮子凹,采用T字起套开点火开关的手段,将被害人朱超的一辆价值人民币4790元的红色隆鑫牌男式摩托车盗走,后以人民币1000元的价格将该车销赃给被告人沈鹏,沈鹏又以人民币2400元转卖他人。

2. 2011年10月2日,同案犯朱震峰在慈利县大世界幼儿园楼梯口,采取T字起套开点火开关的手段,将被害人唐光荣的一辆价值人民币2990元的蓝色豪爵男式摩托车盗走,后通过被告人沈鹏介绍以人民币1350元卖给他人。

3. 2011年10月10日晚,同案犯朱震峰在慈利县零阳镇环城南路"邦伟门业"门前,采取T字起套开点火开关的手段,将被害人李国平的一辆价值人民币2200元的红色南雅男式摩托车盗走,后通过被告人朱鑫波介绍以人民币1080元卖给他人。

4. 2011年10月13日15时许,同案犯朱震峰在慈利县明珠佳缘小区售楼部旁边巷子里,采取T字起套开点火开关的手段,将被害人向华东的一辆价值人民币4320元的黑色宗申比亚乔125型男式摩托车盗走,后以人民币1350元将摩托车销赃给被告人沈鹏,沈鹏以人民币2050元卖给他人。

5. 2011年11月上旬的一天下午,同案犯朱震峰在慈利县零阳镇百家园小区,采取T字起套开点火开关的手段,将被害人戴名辉的一辆价值人民币2950元的红色豪爵牌男式摩托车盗走,后通过被告人朱鑫波介绍以人民币1250元卖给他人。

6. 2011年11月14日13时许,同案犯朱震峰在慈利县老皮鞋厂院内,采取T字起套开点火开关的手段,将被害人瞿九晴的一辆价值人民币4650元的红色宗申比亚乔牌男式摩托车盗走,后通过被告人朱鑫波介绍以人民币1200元转卖他人。

7. 2011年12月7日上午,同案犯朱震峰在慈利县零阳镇双岗居委会铁路桥下,采取T字起套开点火开关的手段,将被害人朱允亮的一辆价值人民币4330元的红色圣火神型男式摩托车盗走,后通过被告人沈鹏以人民币1480元的价格卖给他人。

综上,被告人沈鹏四次收购或者介绍他人收购所盗摩托车,价值共计人民币16430元;被告人朱鑫波三次介绍他人收购所盗摩托车,价值共计人民币9800元。2011年12月29日,沈鹏主动到张家界市永定区公安局官黎坪派出所投案,并如实供述了自己的犯罪事实。朱鑫波被抓获后能如实供述自己的犯罪事实。案发后上述被盗摩托车均已被追回并返还被害人。

慈利县人民法院认为,被告人沈鹏、朱鑫波收购或者介绍他人收购明知是盗窃的摩托车,其行为均已构成掩饰、隐瞒犯罪所得罪。被告人沈鹏主动投案,如实供述犯罪事实,具有自首情节,依法可以从轻处罚;被告人朱鑫波能如实供述犯罪事实,可依法从轻处罚。根据被告人沈鹏、朱鑫波的犯罪情节和悔罪表现,适用缓刑对居住地社区无重大不良影响,可以宣告缓刑。依照《中华人民共和国刑法》第三百一十二条第一款,第六十七条第一款、第三款,第七十二条第一款、第三款,第七十三条第二款、第三款,第五十二条、第五十三条的规定,判决如下:

1. 被告人沈鹏犯掩饰、隐瞒犯罪所得罪,判处有期徒刑一年,缓刑二年,并处罚金人民币一万元。

2. 被告人朱鑫波犯掩饰、隐瞒犯罪所得罪,判处有期徒刑六个月,缓刑一年,并处罚金人民币四千元。

一审宣判后,被告人沈鹏、朱鑫波均未提起上诉,检察机关没有抗诉,判决已发生法律效力。

二、裁判要旨

No. 6-2-312-10 掩饰、隐瞒犯罪所得罪行较轻,且具有自首情节的,可以判处缓刑。

掩饰、隐瞒犯罪所得、犯罪所得收益罪,是指明知是犯罪所得及其产生的收益而予以窝藏、转移、收购、代为销售或以其他方法掩饰、隐瞒的行为。该罪以上游犯罪的犯罪所得及其收益为犯罪对象,上游犯罪是原生罪,本罪系派生罪,只有在上游犯罪成立的前提下才能讨论本罪的定罪量刑问题。从刑法评价角度来讲,上游犯罪是打击重点,打击下游犯罪的主要目的是切断上游犯罪的后续延伸,扫除司法追诉的障碍,以便及时有效地惩治上游犯罪,故在行为的社会危害性和行为人的主观恶性方面,下游犯罪均要小于上游犯罪,通常下游犯罪的刑期不能高于上游犯罪。另外,因上下游犯罪间具有事实状态上密切相关的联系,下游犯罪人通常不仅明知处理的对象系犯罪所得,而且还可能掌握上游犯罪人的犯罪过程,故从刑事政策角度来讲,对于主动自首、立功的下游犯罪人予以从轻处罚,有利于分化瓦解其与上游犯罪人形成的攻守联盟,从而获取重要证据,实现打击上游犯罪的目的,并能有效节约司法资源,降低诉讼成本,提高诉讼效率。最高人民法院《关于审理掩饰、隐瞒犯罪所得、犯罪所得收益刑事案件适用法律若干问题的解释》基于刑法的谦抑性要求和实现有效追诉的目的,对于本罪的从宽处罚条件作出明确规定。《关于审理掩饰、隐瞒犯罪所得、犯罪所得收益刑事案件适用法律若干问题的解释》第二条第一款规定:"掩饰、隐瞒犯罪所得及其产生的收益行为符合本解释第一条的规定,认罪、悔罪并退赃、退赔,且具有下列情形之一的,可以认定为犯罪情节轻微,免予刑事处罚:(一)具有法定从宽处罚情节的;(二)为近亲属掩饰、隐瞒犯罪所得及其产生的收益,且系初犯、偶犯的;(三)有其他情节轻微情形的。"根据上述规定,对掩饰、隐瞒犯罪所得、犯罪所得收益行为适用免予刑事处罚必须同时具备两个条件:第一个条件是"行为人认罪、悔罪并退赃、退赔",反映出行为人主观恶性较小,事后恢复性措施到位,挽回了被害人的损失,基本修复了被上游犯罪破坏的社会关系。第二个条件规定了三种情形,具体到本案就是具有法定从宽处罚情节,包括自首、立功、未成年人犯罪、犯罪中止、犯罪未遂、从犯等。当然,适用免予刑事处罚,只能针对本罪情节一般的行为,对于情节严重的行为,一般情况下不宜适用。被告人沈鹏、朱鑫波明知是犯罪所得的赃物摩托车而予以介绍买卖和收购,其行为均已构成掩饰、隐瞒犯罪所得罪。沈鹏实施4起犯罪,涉案金额为16430元,朱鑫波实施3起犯罪,涉案金额为9800元,二人的罪行均属于本罪情节一般的行为。案发后,二人或积极主动投案,如实供述犯罪行为,构成自首;或被抓获后如实供述犯罪行为,构成坦白,均具有法定从轻处罚情节。二人在如实供述自己犯罪事实的同时,对于证实同案犯朱震峰的盗窃行为也有一定作用;此外,根据二人的供述,公安机关才能顺利将赃物追回并返还被害人,减少了被害人的损失。依据《关于审理掩饰、隐瞒犯罪所得、犯罪所得收益刑事案件适用法律若干问题的解释》第二条第一款第(一)项的规定,对二人免予刑事处罚,是完全可以的。

案例:袁某某信用卡诈骗,张某某掩饰、隐瞒犯罪所得案

案例来源:《刑事审判参考》总第104集[第1095号]

主题词:掩饰、隐瞒犯罪所得罪 亲亲相隐

一、基本案情

被告人袁某某,男,1974年3月17日出生。

被告人张某某,女,1978年2月28日出生。

湖南省怀化市鹤城区人民检察院以被告人袁某某犯信用卡诈骗罪,被告人张某某犯掩饰、隐瞒犯罪所得罪向鹤城区人民法院提起公诉。

被告人袁某某、张某某对指控的罪名和犯罪事实均无异议。

鹤城区人民法院经审理查明:2012年5月23日11时许,被告人袁某某在怀化市鹤城区城东市场门口处拾得被害人章某某遗失的中国建设银行的银行卡及留有银行卡密码的纸条,随后在怀化学院西院附近的中国工商银行、中国农业银行的自动取款机上分多次共取走银行卡内现金人民币2万元,回家后交由其妻被告人张某某保管。张某某明知是犯罪所得的赃款,仍将部分用于出借他人及家庭开支,部分存入其个人银行账户内。案发后,张某某主动向公安机关投案,赃款已全部退还被害人。

鹤城区人民法院认为,被告人袁某某冒用他人信用卡骗取财物数额较大,其行为已构成信用卡诈骗罪。被告人张某某明知是犯罪所得的财物予以窝藏、掩饰,其行为已构成掩饰、隐瞒犯罪所得罪。公诉机关指控二被告人犯罪的事实清楚,证据确实、充分,罪名成立。张某某犯罪以后主动前往公安机关并如实供述自己的罪行,系自首。案发后,二被告人退回全部赃款并已归还被害人。袁某某认罪态度较好,确有悔罪表现,对其适用缓刑确实不致再危害社会。张某某犯罪情节轻微不需要判处刑罚,依法可以免予刑事处罚。据此,依照《中华人民共和国刑法》第一百九十六条第一款第(三)项,第三百一十二条第一款,第六十七条第一款、第三款,第三十七条,第七十二条,第七十三条,第五十二条,第五十三条之规定,判决如下:

1. 被告人袁某某犯信用卡诈骗罪,判处拘役六个月,缓刑一年,并处罚金人民币二万元。

2. 被告人张某某犯掩饰、隐瞒犯罪所得罪,免予刑事处罚。

一审宣判后,二被告人均未提出上诉,检察机关亦未抗诉,判决已发生法律效力。

二、裁判要旨

No. 6-2-312-11 为近亲属掩饰、隐瞒犯罪所得,且系初犯、偶犯,有认罪悔过情节,并退赃退赔的,可免予刑事处罚。

我国现行《刑法》虽然没有关于"亲亲相隐"的规定,但相关司法解释也有与其精神相似的规定。2013 年 4 月 4 日起施行的最高人民法院《关于办理盗窃刑事案件适用法律若干问题的解释》第八条规定:"偷拿家庭成员或者近亲属的财物,获得谅解的,一般可以不认为是犯罪;追究刑事责任的,应当酌情从宽。"2011 年 4 月 8 日起施行的最高人民法院、最高人民检察院《关于办理诈骗刑事案件具体应用法律若干问题的解释》第四条规定:"诈骗近亲属的财物,近亲属谅解的,一般可不按犯罪处理。诈骗近亲属的财物,确有追究刑事责任必要的,具体处理也应酌情从宽。"这两条规定体现了针对近亲属的犯罪可以从宽处罚的精神,但尚不是严格意义上的"亲亲相隐"。2012 年修订的《刑事诉讼法》第一百八十八条的规定被誉为新中国成立后第一次对"亲亲相隐"从法律上作出的规定,有利于对亲情的保护,也有利于社会的和谐与稳定。

掩饰、隐瞒犯罪所得、犯罪所得收益罪以上游犯罪的成立为前提,且要求行为人明知掩饰、隐瞒的是犯罪所得及其产生的收益。从行为对象、主观故意来看,该罪很容易发生在亲属之间。犯罪人只有在面对自己的亲人时,才不担心被告发,而能相告处理的财物系犯罪所得;行为人在得知亲属犯罪后,为使自己的亲人免受牢狱之灾一般会密而不告,甚至帮助亲人隐匿罪证。以往法律没有对亲属之间的"相隐"行为作出特殊规定,法官在量刑时又会考虑亲情因素,因此裁判时往往左右为难。2015 年 6 月 1 日起施行的最高人民法院《关于审理掩饰、隐瞒犯罪所得、犯罪所得收益刑事案件适用法律若干问题的解释》吸收了"亲亲相隐"的合理内核,在第二条第一款规定:"掩饰、隐瞒犯罪所得及其产生的收益行为符合本解释第一条的规定,认罪、悔罪并退赃、退赔,且具有下列情形之一的,可以认定为犯罪情节轻微,免予刑事处罚……(二)为近亲属掩饰、隐瞒犯罪所得及其产生的收益,且系初犯、偶犯的……"该规定进一步明确了司法实践中对亲缘关系的特殊处理,使司法更人性化,有利于维护社会的基本伦理关系。需要说明的是,对亲属"相隐"行为适用免予刑事处罚,必须同时具备两个条件:一是行为人认罪、悔罪,并退赃、退赔;二是行为人与本犯行为人为近亲属关系,且系初犯、偶犯。这既体现了对近亲属犯掩饰、隐瞒犯罪所得、犯罪所得收益罪的宽大原则,又设置了初犯、偶犯的条件,防止被滥用。本案中,被告人张某某是信用卡诈骗犯罪被告人袁某某的妻子,系近亲属,又系初犯、偶犯,且在案发后,主动向公安机关投案,将赃款全部退还给了被害人,符合《关于审理掩饰、隐瞒犯罪所得、犯罪所得收益刑事案件适用法律若干问题的解释》中关于近亲属犯本罪可免予刑事处罚的相关规定。怀化市鹤城区人民法院对张某某免予刑事处罚的处理,是适当的。

案例:张兴泉掩饰、隐瞒犯罪所得案

案例来源:《刑事审判参考》总第 104 集[第 1096 号]

主题词:掩饰、隐瞒犯罪所得罪　免予刑事处罚

一、基本案情

被告人张兴泉,男,1963 年 1 月 21 日出生。2009 年 7 月 1 日被取保候审。

河南省南阳市宛城区人民检察院以被告人张兴泉犯掩饰、隐瞒犯罪所得罪向宛城区人民法院提起公诉。

被告人张兴泉对公诉机关指控的事实和证据均无异议,称其系自首,请求对其从轻处罚。

宛城区人民法院经审理查明:2008年6月的一天,王某某(已判刑)将其购买的韩某某(已判刑)等人盗窃的黑色帕萨特轿车开到河南油田,以5万元的价格卖给被告人张兴泉,张兴泉明知该车系套牌车辆、无合法有效的手续证明其来历仍予以购买。经鉴定,该车价值197820元。2009年7月1日,张兴泉携赃车到公安机关投案。现该车已经退还失主。

宛城区人民法院认为,被告人张兴泉明知是犯罪所得的赃物而予以购买,其犯罪事实清楚、证据确实充分,应当以掩饰、隐瞒犯罪所得罪追究刑事责任。张兴泉主动到公安机关投案,退缴涉案车辆,有自首情节,依法可以减轻处罚;且能积极缴纳罚金,认罪态度较好,酌情可以从轻处罚。根据被告人的悔罪表现、犯罪情节,适用缓刑确实不致危害社会,依法可适用缓刑。依照《中华人民共和国刑法》第三百一十二条,第七十二条第一款,第七十三条第二款、第三款,最高人民法院、最高人民检察院《关于办理与盗窃、抢劫、诈骗、抢夺机动车相关刑事案件具体应用法律若干问题的解释》第一条第一款第(一)项、第六条第(一)项的规定,以掩饰、隐瞒犯罪所得罪,判处被告人张兴泉有期徒刑一年,缓刑一年,并处罚金七千元。

一审宣判后,被告人张兴泉提出上诉,认为原判对其量刑过重。其辩护人提出,张兴泉在购买车辆时不知车是盗抢违法车辆,且购买价格与社会价格相近,不具备犯罪的目的和动机,应改判其无罪。

南阳市中级人民法院经审理查明:被告人张兴泉在2008年6月购买涉案车辆之前,曾通过其在公安局工作的胞姐张某某在公安部门管理网络上查询车辆的相关信息,在张某某告知其车辆非盗抢车辆后才予以购买。2009年4月22日,张兴泉被公安机关网上通缉,才得知其购买车辆系盗抢车辆,即从外地返家,于2009年7月1日开着赃车到公安机关投案。

南阳市中级人民法院认为,被告人张兴泉明知是套牌车辆而以明显低于市场价的价格予以购买,且未在国家指定的车辆交易场所进行交易,其行为已构成掩饰、隐瞒犯罪所得罪。关于张兴泉一审判决量刑过重的上诉理由,经查,张兴泉主动投案后能够如实供述自己的罪行,认罪、悔罪。鉴于其犯罪主观恶性不大,犯罪情节轻微,可对其免予刑事处罚。关于其辩护人提出,张兴泉在购买车辆时不知车是盗抢违法车辆,且购买价格与社会价格相近,不具备犯罪的目的和动机,应改判其无罪的辩护意见,经查,张兴泉本人的供述证实其在购买车辆之前即明确知道该车辆系套牌车辆,也未在国家指定的车辆交易场所交易,且根据价格鉴定结论,其购买车辆的价格远低于市场价格,故其辩护人的辩护意见不能成立。据此,判决如下:

1. 撤销河南省南阳市宛城区人民法院(2010)南宛刑初字第368号刑事判决。

2. 上诉人(原审被告人)张兴泉犯掩饰、隐瞒犯罪所得罪,免予刑事处罚。

二、裁判要旨

No.6-2-312-12 掩饰、隐瞒犯罪所得情节一般,行为人认罪、悔罪并且退赃、退赔,且具有最高人民法院《关于掩饰、隐瞒犯罪所得、犯罪所得收益刑事案件适用法律若干问题的解释》所规定的三种情形的,可以免予刑事处罚。

对掩饰、隐瞒犯罪所得、犯罪所得收益行为适用免予刑事处罚,必须同时具备三个条件:

1. 前提条件

适用免予刑事处罚,只能是掩饰、隐瞒犯罪所得及其产生的收益,犯罪情节一般的行为。情节严重的,依法应当在三年以上七年以下有期徒刑的幅度内量刑的,不适用免予刑事处罚。

2. 行为人认罪、悔罪并且退赃、退赔

认罪、悔罪和退赃、退赔是并列关系,必须同时具备。这样规定主要是考虑到实践当中大多数掩饰、隐瞒犯罪所得、犯罪所得收益犯罪在妨害司法秩序的同时,也侵犯了财产权益,行为人能够积极退赃、退赔,对于保护上游犯罪被害人的合法权益具有积极和现实的意义。如果行为人只是口头表示认罪、悔罪,而没有实际退赃、退赔行为,或者虽然退赃、退赔,但拒不认罪、态度恶劣,仍需要判处刑罚的,都不适宜免予刑事处罚。

3. 具有《关于掩饰、隐瞒犯罪所得、犯罪所得收益刑事案件适用法律若干问题的解释》(以下简称《解释》)规定的三种情形之一。

(1)具有法定从宽处罚情节。根据刑法总则的规定,法定从宽处罚情节包括自首、立功、未成年人犯罪、又聋又哑的人或者盲人犯罪、犯罪中止、犯罪未遂、从犯、坦白等。

(2)为近亲属掩饰、隐瞒犯罪所得及其产生的收益,且系初犯、偶犯。该项规定体现了"亲亲相隐"的精神。近年来"亲亲相隐"的正面价值逐渐受到立法者和学者的重视,2012年修改的《刑事诉讼法》第一百八十八条第一款规定的"经人民法院通知,证人没有正当理由不出庭作证的,人民法院可以强制其到庭,但是被告人的配偶、父母、子女除外",就是例证。

亲情是人类基于血缘关系、婚姻关系而自然产生的情感,亲情是人无法割舍的联系。维护亲情关系能够促进家庭稳定,促进社会和谐与稳定,因此在一定程度上对家庭成员之间的亲情加以特殊考虑是必要的。《关于审理掩饰、隐瞒犯罪所得、犯罪所得收益刑事案件适用法律若干问题的解释》对于近亲属之间犯本罪的处理作特殊规定,明确了司法实践中对亲缘关系的特殊处理精神,有利于刑法发挥维护社会秩序的功能。同时,《关于审理掩饰、隐瞒犯罪所得、犯罪所得收益刑事案件适用法律若干问题的解释》还设置了初犯、偶犯的条件,可以防止该项规定被滥用。对"近亲属"的认定范围不宜过窄。除了《刑事诉讼法》第一百零六条第(六)项规定的近亲属,即夫、妻、父、母、子、女、同胞兄弟姊妹外,祖父母、外祖父母、孙子女、外孙子女也属于此处规定的"近亲属"。但是,叔、伯、姑、侄子(女)或姨、舅、外甥(女)或表(堂)兄弟姐妹等关系,除非具有抚养赡养关系,不宜认定为"近亲属"。

(3)其他情节轻微、危害不大的情形。这是兜底条款,目的是应对司法实践中出现的新情况,即不符合前两项条件,但又确实需要对行为人免予刑事处罚的情形。

案例:汤某掩饰、隐瞒犯罪所得案

案例来源:《刑事审判参考》总第104集[第1097号]

主题词:掩饰、隐瞒犯罪所得罪　明知是赃物而购买自用行为

一、基本案情

被告人汤某,男,2012年12月3日被刑事拘留,同日变更为取保候审。

浙江省丽水市莲都区人民检察院以被告人汤某犯掩饰、隐瞒犯罪所得罪,向莲都区人民法院提起公诉。

被告人汤某对指控的犯罪事实和证据均未提出异议。

丽水市莲都区人民法院经审理查明:2012年8月某日22时30分许,被告人汤某在丽水市经济开发区水阁街道某某号,以明显低于市场价的1000元购买了陈某某(已判刑)盗窃得来的黑色苹果牌iPhone4S手机一部(价值人民币4180元)。后汤某主动投案并已退赃。

丽水市莲都区人民法院认为,被告人汤某明知是他人犯罪所得的赃物而予以收购,其行为已构成掩饰、隐瞒犯罪所得罪。被告人汤某犯罪以后自动投案,如实供述自己的罪行,是自首,且归案后主动退赃。综上,鉴于被告人汤某的犯罪情节轻微,可以免予刑事处罚。依照《中华人民共和国刑法》第三百一十二条第一款、第六十七条第一款、第三十七条的规定,以掩饰、隐瞒犯罪所得罪判处被告人汤某免予刑事处罚。

一审宣判后,被告人汤某未提出上诉,检察机关亦未抗诉,判决已发生法律效力。

二、裁判要旨

No.6-2-312-13　明知是赃物而购买自用的行为,构成掩饰、隐瞒犯罪所得罪,但因情节较轻、主观恶性小,事后恢复措施到位的,可免予刑事处罚。

对行为人为自用而实施掩饰、隐瞒犯罪所得及其收益行为的,应综合考虑涉案财物价值、退赃退赔等情节,酌情从宽处罚。2015年6月1日起施行的最高人民法院《关于审理掩饰、隐瞒犯罪所得、犯罪所得收益刑事案件适用法律若干问题的解释》第二条第二款规定:"行为人为自用而掩饰、隐瞒犯罪所得,财物价值刚达到本解释第一条第一款第(一)项规定的标准,认罪、悔罪并退赃、退赔的,一般可不认为是犯罪;依法追究刑事责任的,应当酌情从宽。"在《关于审理掩饰、隐瞒犯罪所得、犯罪所得收益刑事案件适用法律若干问题的解释》出台前,没有司法解释涉

及该问题,司法实践中也很少对行为人是自用还是转售牟利等进行区别量刑。《关于审理掩饰、隐瞒犯罪所得、犯罪所得收益刑事案件适用法律若干问题的解释》之所以对“自用”的情形专门作出规定,主要是基于刑法谦抑性原则并根据这类行为人主观恶性小的特点。

在司法实践中适用《关于审理掩饰、隐瞒犯罪所得、犯罪所得收益刑事案件适用法律若干问题的解释》的上述规定应当注意两点:

一是行为人为自用而实施掩饰、隐瞒行为的,在本质上是构成犯罪的,但因犯罪情节较轻、行为人主观恶性较小,事后恢复性措施到位,而不作犯罪处理或者虽然追究刑事责任但酌情从宽处理。这与行为本身不构成犯罪是有本质区别的。在不作犯罪处理的情况下,需要适用《刑法》第十三条的“但书”规定,即“情节显著轻微危害不大的,不认为是犯罪”,而不能仅适用《关于审理掩饰、隐瞒犯罪所得、犯罪所得收益刑事案件适用法律若干问题的解释》第二条第二款。

二是为自用而收购不以犯罪论处,必须同时符合以下三个条件:(1)行为人购买赃物的目的是“自用”,即主要是出于生活中使用的目的而购买,如购买自行车、摩托车等用来自己出行,购买高压锅用来做饭等。一般情况下,购买生产资料,如机器设备等用于生产经营的,不能认定为自用,自用的范围应严格掌握在生活用品范围内。(2)所购买赃物的价值刚达到《关于审理掩饰、隐瞒犯罪所得、犯罪所得收益刑事案件适用法律若干问题的解释》第一条第一款第(一)项规定的3000元至1万元的数额。“刚达到”,不能机械地理解为正好达到,而是超过不多。如某省制定的标准是3000元,那么,3000元至4000元一般都可以理解为刚达到,但如果数额超过50%以上,即在4500元以上,一般不能认定为“刚达到”。(3)行为人认罪、悔罪并且退赃、退赔的。

案例:汤雨华、庄瑞军盗窃,朱端银掩饰、隐瞒犯罪所得案

案例来源:《刑事审判参考》总第104集[第1098号]

主题词:掩饰、隐瞒犯罪所得罪　量刑平衡

一、基本案情

被告人汤雨华,男,1983年9月3日出生。2010年5月21日被逮捕。

被告人庄瑞军,男,1983年8月1日出生。2010年5月21日被逮捕。

被告人朱端银,男,1954年8月11日出生。2010年5月21日被逮捕。

江苏省启东市人民检察院以被告人汤雨华、庄瑞军犯盗窃罪,被告人朱端银犯掩饰、隐瞒犯罪所得罪,向启东市人民法院提起公诉。

启东市人民法院经审理查明:2009年11月至2010年4月14日期间,被告人汤雨华、庄瑞军单独或结伙,在启东市汇龙镇世纪家园、香榭水岸等小区,采取拧断电动车龙头锁、用起子撬取电瓶等手段,盗窃28次,窃得电动车、电瓶等物品。其中,汤雨华参与盗窃23起,窃得财物价值共计人民币31509元;庄瑞军参与盗窃17起,窃得财物价值共计人民币15289元。被告人朱端银在明知是汤雨华、庄瑞军盗窃所得的情况下,先后22次收购电动车12辆、电瓶11组,财物价值共计人民币24642元。

启东市人民法院认为,被告人汤雨华、庄瑞军以非法占有为目的,秘密窃取他人财物,其行为均构成盗窃罪;被告人朱端银明知是他人盗窃犯罪所得的财物,仍多次予以收购,其行为构成掩饰、隐瞒犯罪所得罪。被告人汤雨华、庄瑞军在共同盗窃犯罪中均起主要作用,均系主犯,应按照各自参与的全部犯罪处罚。鉴于三被告人认罪、悔罪,可以酌情从轻处罚。依照《中华人民共和国刑法》第二百六十四条,第三百一十二条,第二十五条第一款,第二十六条第一款、第四款之规定,判决如下:

1. 被告人汤雨华犯盗窃罪,判处有期徒刑六年六个月,并处罚金人民币二万五千元。

2. 被告人庄瑞军犯盗窃罪,判处有期徒刑四年六个月,并处罚金人民币一万元。

3. 被告人朱端银犯掩饰、隐瞒犯罪所得罪,判处有期徒刑六年,并处罚金人民币二万五千元。

一审宣判后,被告人朱端银提起上诉,辩称其掩饰、隐瞒犯罪所得的行为不属于“情节严重”,原审对其判处三年以上有期徒刑,量刑过重,请求二审法院改判。

江苏省南通市中级人民法院经审理查明的事实及证据与一审相同。南通市中级人民法院认为,上诉人朱端银明知是原审被告人汤雨华、庄瑞军盗窃犯罪所得的电动车、电瓶,仍多次予以收购,收购的赃物价值共计2万余元,其掩饰、隐瞒犯罪所得行为次数达22次之多,收购电动车12辆,电瓶11组,涉及面广,导致上游盗窃犯持续性地实施盗窃犯罪,严重妨害社会管理秩序。故原判认定朱端银犯掩饰、隐瞒犯罪所得罪属于“情节严重”,符合法律规定。但根据朱端银的犯罪情节和归案后的表现,原判对其判处有期徒刑六年,并处罚金人民币二万五千元,处刑与同案处理的汤雨华、庄瑞军明显失衡,应予改判。依照相关法律规定,维持原审对被告人汤雨华、庄瑞军的定罪量刑部分;撤销原审对被告人朱端银的定罪量刑部分;以掩饰、隐瞒犯罪所得罪判处被告人朱端银有期徒刑三年,并处罚金人民币二万元。

二、裁判要旨

No. 6-2-312-14　掩饰、隐瞒犯罪所得、犯罪所得收益罪属于上游犯罪的事后帮助犯,对本罪的量刑不仅要符合《刑法》第三百一十二条及相关司法解释的规定,同时要受到上游犯罪量刑情况的约束。

2015年6月1日起施行的最高人民法院《关于审理掩饰、隐瞒犯罪所得、犯罪所得收益刑事案件适用法律若干问题的解释》第三条规定了掩饰、隐瞒犯罪所得、犯罪所得收益罪“情节严重”的五种情形:“(一)掩饰、隐瞒犯罪所得及其产生的收益价值总额达到十万元以上的;(二)掩饰、隐瞒犯罪所得及其产生的收益十次以上,或者三次以上且价值总额达到五万元以上的;(三)掩饰、隐瞒的犯罪所得系电力设备、交通设施、广播电视设施、公用电信设施、军事设施或者救灾、抢险、防汛、优抚、扶贫、移民、救济款物,价值总额达到五万元以上的;(四)掩饰、隐瞒行为致使上游犯罪无法及时查处,并造成公私财物重大损失无法挽回或其他严重后果的;(五)实施其他掩饰、隐瞒犯罪所得及其产生的收益行为,严重妨害司法机关对上游犯罪予以追究的。”其中,数额和次数是两个主要的标准,掩饰、隐瞒犯罪所得的价值在10万元以上,或者行为次数在10次以上的(属于“职业收赃人”),体现出社会危害性达到了相当严重的程度,应当作为打击的重点。

但是掩饰、隐瞒犯罪所得、犯罪所得收益罪毕竟属于上游犯罪的事后帮助犯,在增加了一个法定刑幅度后,其最高刑期也就只是七年有期徒刑,整体上具有“罪小刑轻”的特点。对本罪的量刑不仅要符合《刑法》第三百一十二条及相关司法解释的规定,同时当然要受到上游犯罪量刑情况的约束。这是因为,一方面,本罪对上游犯罪有依附性,没有上游犯罪非法取得的财物,就没有下游犯罪可言;另一方面,本罪惩罚的重点在于妨害司法秩序,即妨碍了公安、检察、审判等司法机关以犯罪所得为线索查处和破获上游犯罪的活动。就给被害人造成的财产损失而言,下游行为人在实施掩饰、隐瞒行为时,并没有增加或扩大这种损失。与事先参与犯罪共谋的情形相比,本罪的社会危害性当然要小得多。在掌握本罪与上游犯罪的量刑时,应当统筹把握。对于符合《关于审理掩饰、隐瞒犯罪所得、犯罪所得收益刑事案件适用法律若干问题的解释》第三条规定的五种情形的,依法认定“情节严重”,以此发挥本罪的堵截性作用,遏制和预防上游犯罪的持续和扩大势头。同时,在量刑上要与上游犯罪之间取得平衡。具体而言,在掩饰、隐瞒犯罪所得、犯罪所得收益罪和上游犯罪指向同一笔财物的情况下,对掩饰、隐瞒犯罪所得行为人的量刑必须要比上游犯罪人量刑轻一些,而且要适当拉开档次。

本案一、二审判决均在《关于审理掩饰、隐瞒犯罪所得、犯罪所得收益刑事案件适用法律若干问题的解释》出台之前作出,但判案法官对“情节严重”的把握完全契合了新规定的原则和精神;认定掩饰、隐瞒犯罪所得罪的“情节严重”不能唯数额论。虽然被告人朱端银掩饰、隐瞒犯罪所得的数额只有2万余元,但是其行为次数达22次之多,其作为上游犯罪人汤雨华、庄瑞军的固定下线,对上游犯罪起到了持续、稳定的支持和帮助作用,甚至对汤雨华、庄瑞军盗窃犯意的进一步扩大都具有刺激和鼓励作用。朱端银的行为构成掩饰、隐瞒犯罪所得罪,应依法认定为“情节严重”。启东市人民法院一审认定被告人朱端银属于掩饰、隐瞒犯罪所得罪的“情节严重”,对其判处有期徒刑六年,而上游犯罪人中罪责较大的主犯汤雨华也只是被判处有期徒刑六年六个月,罪责相对小一点的主犯庄瑞军被判处有期徒刑四年六个月,对朱端银的判刑已经超过了庄瑞军,明显量刑失衡,二审在仍然认定朱端银属"情节严重"的情况下,对其改判三年有期徒刑,是适当的。

案例:李林掩饰、隐瞒犯罪所得案

案例来源:《刑事审判参考》总第104集[第1099号]

主题词:掩饰、隐瞒犯罪所得罪　情节严重的认定

一、基本案情

被告人李林,男,1978年6月18日出生。2012年10月30日被逮捕。

甘肃省民乐县人民检察院以被告人李林犯掩饰、隐瞒犯罪所得罪,向民乐县人民法院提起公诉。

被告人李林对起诉书指控其犯掩饰、隐瞒犯罪所得罪的事实及罪名无异议,请求法庭从轻处罚。

民乐县人民法院经审理查明:2012年2月至8月间,被告人李林先后从他人处购买没有合法来历证明的正三轮摩托车3辆、二轮摩托车23辆予以销售,涉案车辆价值56100元。李林从中非法获利1830元。

民乐县人民法院认为,被告人李林明知是犯罪所得的赃物而予以销售,妨害了司法机关顺利追缴赃物与侦查活动的正常秩序,其行为构成掩饰、隐瞒犯罪所得罪。被告人李林自愿认罪,如实供述,可酌情予以从轻处罚。为维护司法机关的正常活动秩序,确保公私财产不受侵犯,依据《中华人民共和国刑法》第三百一十二条、第五十二条、第六十四条之规定,以掩饰、隐瞒犯罪所得罪判处被告人李林有期徒刑一年六个月,并处罚金六千元。

宣判后,被告人李林未提出上诉,原公诉机关民乐县人民检察院以一审判决适用法律不当,量刑错误,提出抗诉。理由是:依据《刑法》第三百一十二条,犯掩饰、隐瞒犯罪所得罪处三年以下有期徒刑、拘役或者管制,并处或者单处罚金;情节严重的,处三年以上七年以下有期徒刑,并处罚金。最高人民法院、最高人民检察院《关于办理与盗窃、抢劫、诈骗、抢夺机动车相关刑事案件具体应用法律若干问题的解释》第一条第二款将《刑法》第三百一十二条情节严重解释为:"……行为涉及盗窃、抢劫、诈骗、抢夺的机动车五辆以上或者价值总额达到五十万元以上的,属于《刑法》第三百一十二条规定的'情节严重',处三年以上七年以下有期徒刑,并处罚金。"被告人李林先后从他人处购买没有合法来历证明的摩托车26辆予以销售,属情节严重,应处三年以上七年以下有期徒刑。一审判处李林有期徒刑一年六个月,显属适用法律不当、量刑错误。

甘肃省张掖市中级人民法院二审经审理查明的事实与一审判决认定的事实基本一致。另查明,被告人李林先后从他人处购买没有合法来历证明的各类摩托车共计26辆,其中正三轮摩托车3辆、二轮摩托车21辆、电动摩托车2辆。李林收购后,又随机向他人出售25辆,牟取非法利益。破案后,从李林处及他人处共追回涉案各类摩托车21辆,其中追回机动摩托车19辆、电动摩托车2辆。追回的21辆各类摩托车经价格鉴证,价值为45700元,未追回的5辆摩托车李林销售价值共计是10400元。

张掖市中级人民法院认为,原审被告人李林明知从他人处收购的是来历不明的机动摩托车或者电动摩托车,仍予以销售牟利,其行为构成掩饰、隐瞒犯罪所得罪。李林共计收购或销售各类摩托车26辆,其中机动摩托车24辆、电动摩托车2辆。原审判决认定26辆全部为机动摩托车不当。针对抗诉机关关于本案量刑错误的问题,经审查认为,最高人民法院、最高人民检察院《关于办理与盗窃、抢劫、诈骗、抢夺机动车相关刑事案件具体应用法律若干问题的解释》第一条在界定《刑法》第三百一十二条掩饰、隐瞒犯罪所得罪情节严重情形时,采取了数量标准(5辆)和价值标准(50万元)并列列举的情形,只要具备其一,即属于情节严重的情形。本案原审被告人李林的犯罪情节显属情节严重。一审判决认定为一般情节,量刑显属不当,应予纠正。另外,

一审判决主文第二项,认定李林非法所得为 1830 元,认定依据是李林自己陈述从他人处收购的价格和销售给他人的差价累计而得。但事实上,李林从他人处购买的价格除李林自己供述外,再无其他证据证明。且李林在侦查阶段供述,其获利为 3000 余元,故认定获利 1830 元并判决没收,事实不清,证据不足。在不能查清非法所得的情况下,就本案而言不影响定罪量刑。

综上,一审判决认定基本事实清楚,证据确实充分,定罪准确,审判程序合法,但适用法律不当,量刑错误,检察机关的抗诉意见成立,二审予以支持。对判决没收李林非法所得 1830 元的判项,因事实不清,证据不足,予以撤销。原审被告人李林从到案至二审,均如实供述犯罪事实,依法对其从轻处罚。经审判委员会讨论决定,依据《中华人民共和国刑事诉讼法》第二百二十三条第一款第(三)项、第三款,第二百二十五条第一款第(二)项,第二百三十三条;《中华人民共和国刑法》第三百一十二条第一款、第六十七条第三款之规定,判决如下:

1. 维持甘肃省民乐县人民法院(2013)民刑初字第 30 号刑事判决第一项对被告人李林犯掩饰、隐瞒犯罪所得罪的定罪部分。

2. 撤销甘肃省民乐县人民法院(2013)民刑初字第 30 号刑事判决第一项对被告人李林犯掩饰、隐瞒犯罪所得罪的量刑部分及该判决第二项(即违法所得一千八百三十元依法予以没收,上缴国库)。

3. 被告人李林犯掩饰、隐瞒犯罪所得罪,判处有期徒刑三年,并处罚金六千元。

二、裁判要旨

No. 6-2-312-15 掩饰、隐瞒盗窃、抢劫、诈骗、抢夺所得的机动车,数量在 5 辆以上或价值总额达到 50 万元以上的,可以认定为掩饰、隐瞒犯罪所得情节严重的情形。

最高人民法院、最高人民检察院《关于办理与盗窃、抢劫、诈骗、抢夺机动车相关刑事案件具体应用法律若干问题的解释》与最高人民法院《关于审理掩饰、隐瞒犯罪所得、犯罪所得收益刑事案件适用法律若干问题的解释》中关于掩饰、隐瞒犯罪所得情节严重的规定,属于特别法与一般法之间的关系。《关于审理掩饰、隐瞒犯罪所得、犯罪所得收益刑事案件适用法律若干问题的解释》对于掩饰、隐瞒的对象为盗窃、抢劫、诈骗、抢夺所得的机动车如何认定"情节严重"作了专门规定,根据特别法优于一般法的原则,应当适用《关于审理掩饰、隐瞒犯罪所得、犯罪所得收益刑事案件适用法律若干问题的解释》的规定。《关于办理与盗窃、抢劫、诈骗、抢夺机动车相关刑事案件具体应用法律若干问题的解释》第一条第二款规定:"实施第一款规定的行为涉及盗窃、抢劫、诈骗、抢夺机动车五辆以上或者价值总额达到五十万元以上的,属于刑法第三百一十二条规定的'情节严重'。"其中机动车数量与价值总额之间是选择关系,而非并列关系。只要被告人的犯罪行为具备其中一种情况,就应认定为"情节严重"。被告人李林收购、销售的机动车已达 5 辆以上(24 辆),根据《关于审理掩饰、隐瞒犯罪所得、犯罪所得收益刑事案件适用法律若干问题的解释》第一条第二款的规定应当认定为情节严重。

案例:杜国军、杜锡军非法捕捞水产品,刘训山、严荣富掩饰、隐瞒犯罪所得案

案例来源:《刑事审判参考》总第 111 集[第 1219 号]

主题词:掩饰、隐瞒犯罪所得、犯罪所得收益罪　情节严重

一、基本案情

2014 年 6 月至 11 月 2 日,被告人杜国军先后组织被告人张玉洲、李法强、盛祝昌在未依法取得捕捞证的情形下,驾驶渔船至太湖贡湖水域采用电捕的方法非法捕捞六十余次,共计捕得太湖青虾 1500 余千克。杜国军购得上述太湖青虾后,先后共六十余次交由无锡市滨湖区北桥水产市场 16—17 摊位实际经营者被告人刘训山代为销售。刘训山共计销售得款 9 万余元,从中赚取手续费 3000 余元(每千克 2 元)。

2014 年 6 月至 11 月 2 日,被告人杜锡军先后组织被告人陆吉伟、马玉华在未依法取得捕捞证的情形下,驾驶渔船至太湖贡湖水域采用电捕的方式非法捕捞四十余次,共计捕得太湖青虾 550 余千克。杜锡军购得上述太湖青虾后,先后共二十余次交由无锡市滨湖区北桥水产市场 14 号摊位经营者被告人严荣富代为销售。严荣富共计销售得款 4 万余元,从中赚取手续费 800

余元。

二、裁判要旨

No. 6-2-312-16 掩饰、隐瞒犯罪所得罪的"情节严重"中,"掩饰、隐瞒犯罪所得及其产生的收益十次以上"的情形中,每一次掩饰、隐瞒的行为,必须是一个独立的行为。

《刑法修正案(六)》对本罪第一款进行了修订并增加了一个法定刑幅度,即"情节严重的,处三年以上七年以下有期徒刑,并处罚金",旨在严厉打击此类犯罪。《最高人民法院关于审理掩饰、隐瞒犯罪所得、犯罪所得收益刑事案件适用法律若干问题的解释》(以下简称《掩饰隐瞒犯罪所得解释》)在第三条第一款第二项规定,掩饰、隐瞒犯罪所得及其产生的收益十次以上的,应当认定为掩饰、隐瞒犯罪所得及收益罪的"情节严重"。

《掩饰隐瞒犯罪所得解释》将"掩饰、隐瞒犯罪所得及其产生的收益十次以上"作为认定"情节严重"的情形之一,是考虑到行为人的掩饰、隐瞒次数多,社会危害性大,行为人属于"职业收赃人",因而应严厉打击。在适用时,要把握好以下几点:(1)每一次掩饰、隐瞒的行为,必须是一个独立的行为。为同一个上游犯罪人同一起犯罪事实的犯罪所得及其产生的收益而分多次予以窝藏、转移、收购、代为销售或者以其他方法掩饰、隐瞒的,由于其犯罪对象的同一性,因而也应认定为一次掩饰、隐瞒犯罪所得及其产生的收益行为。(2)每一次掩饰、隐瞒的行为,不以都构成犯罪为前提。(3)即使认定为一次掩饰、隐瞒犯罪所得及其产生的收益行为的,仍然必须注意同时适用《掩饰隐瞒犯罪所得解释》第四条第二款的规定并注意有关治安处罚时效和刑事追诉时效的规定。(4)每一次掩饰、隐瞒行为都应由相应的证据证明而不是模糊地认定次数。(5)每一次掩饰、隐瞒的上游行为都必须以构成犯罪为前提。理由是《掩饰隐瞒犯罪所得解释》第八条明确规定认定掩饰、隐瞒犯罪所得、犯罪所得收益罪,以上游犯罪事实成立为前提。

本案中,刘训山代为销售的是杜国军等人非法捕捞的犯罪所得、严荣富代为销售的是杜锡军等人非法捕捞的犯罪所得。根据《刑法》第三百四十条的规定,非法捕捞水产品,情节严重的,才构成犯罪。之所以认定杜国军、杜锡军等人非法捕捞水产品的行为属于"情节严重",从而认定其行为构成非法捕捞水产品罪,主要原因在于其非法捕捞水产品的次数特别多,采用禁用的捕捞方法,且部分捕捞行为发生在禁渔期内。所谓的六十余次、四十余次非法捕捞水产品,则是综合评价的主要依据。如果拆分开来,可能每一次的捕捞行为都尚未达到犯罪追诉的标准。相应地,对上述水产品实施掩饰、隐瞒行为,如果拆分开来以单次来统计,则会陷入因每次上游行为都不构成犯罪,每次掩饰、隐瞒行为的对象都不是犯罪所得,从而不能以掩饰、隐瞒犯罪所得罪来定罪处罚的尴尬境地。因此,刘训山、严荣富的掩饰、隐瞒行为,针对的均是经过综合评价了犯罪事实的犯罪所得,犯罪主体是同一个共同犯罪主体,犯罪事实是同一个综合犯罪事实。在这种情况下,刘训山、严荣富出于同一个主观故意,为同一个上游犯罪人的同一个综合犯罪所得而分多次予以代为销售,由于其犯罪对象的不可分割性,可以认定为一次掩饰、隐瞒犯罪所得行为,而不能机械地将同一个综合犯罪事实代为销售的每次行为都单独认定为一次掩饰、隐瞒犯罪所得的行为。如此,刘训山、严荣富的掩饰、隐瞒犯罪所得行为就不能认定为"情节严重"的法定加重情形。

案例:孙善凯、刘军、朱康盗窃案

案例来源:《刑事审判参考》总第104集[第1100号]

主题词:掩饰、隐瞒犯罪所得罪 事前承诺收购的定性

一、基本案情

被告人孙善凯,男,1987年11月16日生。2013年4月3日被逮捕。

被告人刘军,男,1986年3月11日生。2010年因犯盗窃罪被判处有期徒刑六个月,2010年8月25日刑满释放。2013年4月3日被逮捕。

被告人朱康,男,1983年12月8日生。2013年3月28日被取保候审。

江苏省常州市武进区人民检察院以被告人孙善凯、刘军、朱康犯盗窃罪,向武进区人民法院

提起公诉。

被告人孙善凯辩解称其行为性质属于收赃。其辩护人提出,孙善凯未与被告人刘军、朱康事前共谋,事后无接应行为,其行为属于收赃性质。刘军、朱康对起诉指控的事实均无异议。

武进区人民法院经审理查明:2013 年 10 月左右,被告人孙善凯在江苏省常州市武进区瑞声公司附近的前黄镇前进村观音堂居民区张贴“回收电子元件”的广告。被告人刘军据此联系到孙善凯。孙善凯先后从刘军提供的扬声器、受话器样品(系瑞声公司生产的产品)中指定专门型号收购。确定收购型号后,被告人刘军、朱康于 2012 年 12 月至 2013 年 1 月间,先后在瑞声公司单独或者共同盗窃作案,窃得扬声器、受话器共计价值 146027 元,均由孙善凯收购。具体事实如下:

1. 2012 年 12 月的一天晚上,被告人刘军、朱康经预谋并根据被告人孙善凯事先确定收购的型号,由朱康利用在瑞声公司上班之机,乘人不备,两次至公司大厅内,窃得微型扬声器 1500 只(其中型号为 DMSP1115V03ASM-C-03 的 900 只,DMSP1115V04ASM-FPC-61 的 600 只),价值 16050 元,并由刘军将上述扬声器扔出瑞声公司围墙外。刘军告诉孙善凯后,孙善凯到瑞声公司围墙外将上述扬声器运走,到武进区南故里墅街道庙桥村清点后予以低价收购。

2. 2013 年 1 月的一天,被告人朱康根据被告人孙善凯事先确定的收购型号,利用在瑞声公司上班之机,乘人不备,3 次至公司大厅内,窃得 DMSP1115V04ASM-FPC-61 型号微型扬声器 1786 只,价值 20289 元。朱康将上述扬声器捆在身上离开公司,经电话联系后到武进区南故里墅街道吴黄寺附近低价售给孙善凯。

3. 2013 年 1 月 13 日傍晚,被告人刘军联系被告人孙善凯,告知其要求的收购型号当晚有货,并于当晚 10 时到瑞声公司七楼,采用撬门入室的手段,窃得手机微型受话器 8 箱,共计价值 109688 元(其中 SDRP0510HJ03 型 6 万只,SDRP0612HJ04 型 2 万只)。刘军将上述受话器扔出瑞声公司围墙外,并电话联系孙善凯。孙善凯驾车到瑞声公司围墙外收购。因被瑞声公司保安人员巡查发现,遂携带其中 3 箱共计价值 41449 元的受话器逃离,余物被该公司追回。

综上,被告人刘军涉案金额为 125738 元,被告人朱康涉案金额为 36339 元,被告人孙善凯涉案金额为 146027 元。

另经审查查明,被告人朱康归案后,检举了他人盗窃的事实。案发后,朱康退出赃款 36339 元,被告人孙善凯家属协助退出赃款 41449 元。

武进区人民法院认为,被告人刘军、朱康以非法占有为目的,单独或者相互勾结秘密窃取他人财物,其行为均已构成盗窃罪。被告人孙善凯为非法牟利,事先与刘军、朱康通谋,事后负责收赃,系刘军、朱康盗窃犯罪的共犯,其行为亦已构成盗窃罪。其中刘军、孙善凯盗窃数额巨大,朱康盗窃数额较大。在共同犯罪中,被告人刘军、朱康为盗窃实行犯,起主要作用,系主犯;被告人孙善凯在共同犯罪中起辅助作用,系从犯,依法应当从轻处罚。被告人刘军在刑罚执行完毕以后五年内又犯应当判处有期徒刑以上刑罚之罪,属累犯,依法应从重处罚。被告人朱康揭发他人犯罪行为,查证属实,属有立功表现,依法可从轻处罚。三被告人归案后能如实供述本案事实,依法可从轻处罚。被告人朱康、孙善凯能退出全部或部分赃款,可酌情从轻处罚。关于被告人孙善凯的辩解意见及其辩护人的辩护意见,经查,孙善凯在刘军为其提供瑞声公司的样品时,明知一般人不可能合法拥有本案涉案财物(本案赃物系被害单位瑞声公司根据需求商的要求生产的手机内部零部件,只定向销售,一般人无法大量拥有)的情况下,仍向刘军、朱康指定专门的型号并承诺收购,其行为对刘军、朱康等人的盗窃犯意具有鼓励、支持等强化作用,形成默契的“合作关系”,属事前通谋行为,应以盗窃共犯论处。故上述辩解及辩护意见不成立。依照《中华人民共和国刑法》第二百六十四条,第二十五条第一款,第二十六条第一款、第四款,第二十七条,第六十五条第一款,第六十七条第三款,第六十八条,第五十二条,第五十三条,第七十二条第一款、第三款,第七十三条第二款、第三款之规定,判决如下:

1. 被告人刘军犯盗窃罪,判处有期徒刑五年,并处罚金人民币二万元。

2. 被告人孙善凯犯盗窃罪,判处有期徒刑三年,并处罚金二万元。

3. 被告人朱康犯盗窃罪,判处有期徒刑一年九个月,缓刑二年,并处罚金人民币一万元。

一审宣判后,被告人孙善凯以原判定性错误为由提出上诉。

常州市中级人民法院经开庭审理,认定的事实、证据与一审认定的事实、证据无异。

常州市中级人民法院认为,原审被告人刘军、朱康以非法占有为目的,单独或相互勾结秘密窃取公私财物,其行为均已构成盗窃罪。上诉人孙善凯为非法牟利,事先与刘军、朱康通谋,事后负责收赃,系刘军、朱康盗窃犯罪的共犯,其行为亦已构成盗窃罪,系共同犯罪。其中,上诉人孙善凯、原审被告人刘军盗窃数额巨大,原审被告人朱康盗窃数额较大。在共同犯罪中,原审被告人刘军、朱康为盗窃实行犯,起主要作用,系主犯;上诉人孙善凯在共同犯罪中起辅助作用,系从犯,依法应当从轻处罚;原审被告人朱康揭发他人犯罪行为,查证属实,属有立功表现,依法可从轻处罚;上诉人及原审被告人归案后能如实供述犯罪事实,依法可从轻处罚;上诉人孙善凯、原审被告人朱康能退出赃物折价款,均可酌情从轻处罚。原审被告人刘军在刑罚执行完毕以后五年以内又犯应当判处有期徒刑以上刑罚之罪,属累犯,依法应从重处罚。

关于上诉人孙善凯及其辩护人所提"孙善凯的行为属收赃,不属于共同盗窃"的上诉理由及辩护意见,经查,原审被告人刘军通过上诉人孙善凯张贴在瑞声科技园男宿舍门口收电子元件的小广告与孙善凯取得联系,孙善凯看了刘军所提供的欲出售的手机扬声器样品,并确定了其要收的型号。刘军、朱康按照孙善凯确定的型号共同或单独多次盗窃瑞声公司手机扬声器、受话器,带出公司后电话通知孙善凯开车至瑞声公司附近拉货。孙善凯明知刘军、朱康出售给其的手机扬声器、受话器为瑞声公司所有,不可能为刘军、朱康个人合法持有,仍在事前商定收购的型号,事后至瑞声公司围墙外接收赃物,与原审被告人刘军、朱康的盗窃行为属事前预谋,事后辅助,因此系盗窃罪的共犯。故该上诉理由不能成立,不予采纳。据此,依照《中华人民共和国刑事诉讼法》第二百二十五条第一款第(一)项之规定,裁定驳回上诉,维持原判。

二、裁判要旨

No.6-2-312-17 明知财物系上游犯罪所得,事先承诺收购,事后在上游犯罪现场收购赃物的,可以认定为上游犯罪的共犯。

对于事前与盗窃、抢劫、抢夺等犯罪分子通谋,实施掩饰、隐瞒犯罪所得、犯罪所得收益行为的,主观上明知盗窃、抢劫、抢夺等犯罪内容、危害后果而与其通谋,形成共同的犯罪故意,客观上对盗窃、抢劫、抢夺等犯罪分子实施犯罪予以配合,应当以共同犯罪论处。此时,其掩饰、隐瞒行为就成了盗窃、抢劫、抢夺等犯罪的共同犯罪行为的组成部分。当然,在共同犯罪中的地位、作用可以根据其实际所处的地位、作用认定。

本案中,被告人孙善凯事先明知微型扬声器、受话器系被告人刘军、朱康犯罪所得,并与刘军、朱康事先通谋,在犯罪现场或非正常收购地点进行收购,客观上直接帮助刘军、朱康完成了盗窃犯罪活动。综上,被告人孙善凯明知刘军出售给其的扬声器、受话器为瑞声公司所有,不可能为刘军、朱康个人合法持有,仍在事前商定收购的型号,事后至瑞声公司围墙外或者指定地点接收赃物,其行为性质属事前预谋,事后辅助,在共同犯罪中的负责收赃环节。因此,应当认定孙善凯为刘军、朱康盗窃犯罪的共犯。当然,在量刑时,考虑到孙善凯非实行犯,在共同犯罪中所起作用并非最主要的,应认定为从犯。

案例:陈某、欧阳某等掩饰、隐瞒犯罪所得案

案例来源:《刑事审判参考》总第 104 集[第 1102 号]

主题词:掩饰、隐瞒犯罪所得罪 收购非法获取的计算机信息系统数据

一、基本案情

被告人陈某,2013 年 6 月 24 日被逮捕。

被告人欧阳某,2013 年 6 月 24 日被逮捕。

浙江省丽水市莲都区人民检察院以被告人陈某、欧阳某等犯掩饰、隐瞒犯罪所得罪,向莲都区人民法院提起公诉。

被告人陈某、欧阳某对起诉书指控的犯罪事实无异议,但辩称只是猜测上家给的 QQ 号码可

能是偷的,并不明知是犯罪所得。

莲都区人民法院经审理查明:

1. 2012 年 3 月至 4 月,被告人陈某与黑客"轻工哥""一条枪"在网上相识,明知对方是"挂QQ"的(即利用木马程序非法侵入他人计算机系统窃取 QQ 号码),仍然于 2012 年 4 月至 2013 年 4 月间,以每信(1 万个 QQ 号码)1000 元的价格多次收购对方提供的 QQ 号码。随后,被告人陈某将购进的 QQ 号码,以每信 400 元至 650 元不等的价格重复多次销售给他人,违法所得人民币 8 万余元。

2. 2012 年 5 月至 2013 年 5 月间,被告人欧阳某明知上家"VIP 小光"等人的 QQ 号码是盗窃所得,仍然以每信 8 元至 20 元不等的价格多次收购对方提供的 QQ 号码。随后,欧阳某将购进的 QQ 号码重新整理,以每信 10 元至 20 元不等的价格重复多次销售给他人,违法所得人民币 5 万余元。

莲都区人民法院认为,被告人陈某、欧阳某明知他人提供的 QQ 号码是非法侵入他人计算机信息系统所获取的数据而购买,其行为均已构成掩饰、隐瞒犯罪所得罪。依照《中华人民共和国刑法》第三百一十二条第一款;最高人民法院、最高人民检察院《关于办理危害计算机信息系统安全刑事案件应用法律若干问题的解释》第七条第一款之规定,判决如下:

1. 被告人陈某犯掩饰、隐瞒犯罪所得罪,判处有期徒刑四年,并处罚金人民币十万元。

2. 被告人欧阳某犯掩饰、隐瞒犯罪所得罪,判处有期徒刑三年,并处罚金人民币六万元。

一审宣判后,被告人陈某、欧阳某提出上诉,二审经审理后裁定驳回上诉,维持原判。

二、裁判要旨

No. 6-2-312-18 收购他人非法获取的计算机信息系统数据并出售,属于《刑法》第三百一十二条所列举的收购行为,构成掩饰、隐瞒犯罪所得罪。

"收购"和"代为销售"是《刑法》第三百一十二条列举的掩饰、隐瞒的行为方式,如何准确界定和理解"收购"和"代为销售",在实践中有一定争议。"收购"的行为类型中包含着"先购后卖"这种情况,根据掩饰、隐瞒犯罪所得罪的立法旨意,法律在这时惩罚的侧重点仍在于"购",因为明知是他人犯罪所得及其收益而仍然购买,不管其目的是不是再次出售,购买行为都体现出行为人为上游犯罪人掩饰、隐瞒的主观故意,可能是直接故意,也可以是间接故意,这是本罪打击的重点。后面再出售的行为就只是实现其个人利益而已,所以《刑法》条文在这里没有列举"销售"一项,而是在"收购"之后列举了"代为销售"。所谓"代为销售",是指行为人代犯罪分子出售犯罪所得的行为。"代为销售"与"收购"不同,它是替犯罪分子销售犯罪所得,中间过程中并没有以自有资金取得对犯罪所得的所有权。"代为销售"既可以表现为行为人以卖主身份替上游犯罪人销售犯罪所得的行为,也包括在犯罪分子与购赃人之间进行斡旋介绍的行为。行为人先将犯罪所得进行窝藏,然后以卖主身份寻找买赃人售出的行为,仍是一种代为销售行为。根据以上分析,本案中被告人陈某、欧阳某的行为属于"先购后卖",应当解释为《刑法》第三百一十二条规定的"收购"而非"代为销售"。

案例:姜某掩饰、隐瞒犯罪所得案

案例来源:《刑事审判参考》总第 104 集[第 1103 号]

主题词:掩饰、隐瞒犯罪所得罪　与洗钱罪的区别

一、基本案情

被告人姜某,女,2012 年 3 月 20 日被逮捕。

山东省利津县人民检察院以被告人姜某犯掩饰、隐瞒犯罪所得罪,向利津县人民法院提起公诉。

被告人姜某对起诉书指控的犯罪事实无异议,如实供述了侦查机关已掌握的为其丈夫黄某乙掩饰、隐瞒犯罪所得的犯罪事实。

利津县人民法院经审理查明:2012 年 2 月,被告人姜某明知是其丈夫黄某乙(已判刑)受贿

所得的现金人民币40万元、银行卡等物品,而将其藏匿在青岛市城阳区某社区别墅家中。同年3月8日,黄某乙案发后,姜某将上述人民币40万元、银行卡51张及黄某乙收受孙某贿赂的港币10万元等物品从家中取走,后交给黄某甲(另案处理)。经查,其中30张银行卡系黄某乙收受他人贿赂的赃款,共计人民币32.2万元。

利津县人民法院认为,被告人姜某明知是他人的受贿犯罪所得而予以窝藏、转移,其行为已构成掩饰、隐瞒犯罪所得罪,且掩饰、隐瞒的犯罪所得价值人民币72.2万元、港币10万元,属情节严重,应依法惩处。被告人姜某归案后,如实供述自己的犯罪事实,系坦白,依法可对其从轻处罚。姜某积极退赃,认罪、悔罪态度好,可对其酌情从轻处罚并适用缓刑。依照《中华人民共和国刑法》第三百一十二条第一款、第六十七条第三款等规定,以掩饰、隐瞒犯罪所得罪判处被告人姜某有期徒刑三年,缓刑三年,并处罚金人民币二十万元。

一审宣判后,被告人姜某未提出上诉,公诉机关亦未抗诉,判决已发生法律效力。

二、裁判要旨

No.6-2-312-19 明知系受贿所得现金而予以藏匿、转移,不涉及资金形式的转换或转移的,应以掩饰、隐瞒犯罪所得罪论处。

洗钱罪与掩饰、隐瞒犯罪所得、犯罪所得收益罪的区分并不仅仅以上游犯罪的范围为准,还应当兼顾犯罪客体及行为方式、主观明知内容等因素综合判断。除了上游犯罪的范围不同外,两罪的犯罪客体有所不同。洗钱罪位列《刑法》分则第三章第四节破坏金融管理秩序罪中,该罪侵犯的客体是国家的金融管理秩序,同时也侵害了司法机关的职能活动,兼具妨害司法的性质。掩饰、隐瞒犯罪所得、犯罪所得收益罪位列《刑法》分则第六章第二节妨害司法罪中,该罪侵犯的客体主要是司法机关追诉犯罪的职能活动,也包含上游犯罪中的被害人对财物的合法权益。两罪的行为方式也存在差异,洗钱罪和掩饰、隐瞒犯罪所得罪的行为方式均是"掩饰、隐瞒",但洗钱罪的表述是"掩饰、隐瞒犯罪所得及其收益的来源和性质的",掩饰、隐瞒犯罪所得、犯罪所得收益罪的表述是"掩饰、隐瞒的"。从字面意义上看,两者有所区别。洗钱罪由于其涉及妨害金融管理秩序和破坏国家经济安全的性质,所以侧重点在于掩饰、隐瞒犯罪所得及其收益的来源和性质,也就是俗话说的把"赃钱洗白",披上合法的外衣;而掩饰、隐瞒犯罪所得、犯罪所得收益罪的行为方式包括掩饰、隐瞒犯罪所得及其收益的来源和性质,但又不局限于此,还包括提供掩饰、隐瞒犯罪所得及其收益的处所等其他情况。因此,两罪之间就发生了交叉,即使上游犯罪属于洗钱罪规定的七类上游犯罪之一,但是不涉及掩饰、隐瞒犯罪所得及其收益的来源和性质的,按照罪刑法定的要求和立法本意,仍应该定掩饰、隐瞒犯罪所得、犯罪所得收益罪而非洗钱罪。

本案中,被告人姜某明知系他人受贿犯罪所得的现金而藏匿在别墅房中,后又交给他人转移,但姜某只是对其丈夫受贿所得的现金、银行卡等实施了物理意义上的窝藏、转移行为,行为的实质在于掩饰、隐瞒犯罪所得的实物本身,而非掩饰、隐瞒犯罪所得的性质和来源,不涉及资金形式的转换或转移,如将现金转换为他人名下的银行卡等,故姜某的行为仍应限定在掩饰、隐瞒犯罪所得罪这一普通赃物犯罪的范畴里。

案例:奥姆托绍等四人掩饰、隐瞒犯罪所得案

案例来源:《刑事审判参考》总第104集[第1104号]

主题词:掩饰、隐瞒犯罪所得罪 上游犯罪认定的影响

一、基本案情

被告人奥梭福沃·奥姆托绍·奥古斯丁(以下简称"奥姆托绍"),尼日利亚联邦共和国国籍,男,1979年7月10日出生。2012年2月3日被逮捕。

被告人阿德迪兰·奥鲁瓦费米·鲁本(以下简称"鲁本"),尼日利亚联邦共和国国籍,男,1977年12月12日出生。2012年2月3日被逮捕。

被告人阿布杜萨兰姆·阿布贝卡尔·阿登尼叶(以下简称"阿布贝卡尔"),尼日利亚联邦共和国国籍,男,1987年6月7日出生。2012年2月3日被逮捕。

被告人阿德谢奥陆·弗朗西斯·奥姆通德(以下简称"弗朗西斯"),尼日利亚联邦共和国国籍,男,1982年6月30日出生。2012年3月8日被逮捕。

上海市人民检察院第一分院以被告人奥姆托绍等四人犯掩饰、隐瞒犯罪所得罪,向上海市第一中级人民法院提起公诉。

被告人奥姆托绍等四人均当庭辩称不知道涉案钱款来源是非法的。

上海市第一中级人民法院经审理查明:

1. 2011年8月至11月,被告人奥姆托绍纠集并伙同被告人鲁本、弗朗西斯和阿布贝卡尔,使用伪造的尼日利亚、塞拉利昂等国护照,在本市的中国银行非法开设账户,先后协助他人收存了美国、埃及、巴拿马等8家境外公司被骗货款309986.24美元(折合人民币1969927.14元),并通过提现、汇款帮助转移了其中的158565.53美元(折合人民币1009489.48元)。

2. 2011年11月19日,被告人阿布贝卡尔还受他人指使,持伪造的尼日利亚护照在本市的中国银行非法开设账户,并协助他人收存了香港地区某公司被骗货款49950.83美元(折合人民币315474.46元)。同年12月29日下午,阿布贝卡尔在中国银行梅陇支行提取上述钱款时,被公安机关抓获。

上海市第一中级人民法院认为,被告人奥姆托绍、鲁本、阿布贝卡尔、弗朗西斯使用伪造的护照开户,协助他人收存和转移犯罪所得,并从中获取非法利益,其行为已构成掩饰、隐瞒犯罪所得罪,且系情节严重,依法应处三年以上七年以下有期徒刑,并处罚金。四名被告人系共同犯罪,被告人奥姆托绍在共同犯罪中起纠集、指挥和主要实施犯罪行为的作用,应认定为主犯;被告人鲁本、阿布贝卡尔、弗朗西斯均系受奥姆托绍纠集、指使,具体实施了使用伪造护照开户、转移犯罪所得的犯罪行为,应认定为共同犯罪的从犯。综合各被告人在共同犯罪中的具体行为及地位、作用,决定对被告人鲁本予以从轻处罚,对被告人阿布贝卡尔和弗朗西斯减轻处罚。依照《刑法》第三百一十二条第一款,第二十五条第一款,第二十六条第一款、第四款,第二十七条,第六条第一款,第三十五条,第六十四条之规定,判决如下:

1. 被告人奥梭福沃·奥姆托绍·奥古斯丁犯掩饰、隐瞒犯罪所得罪,判处有期徒刑六年,并处罚金人民币六万元及驱逐出境。

2. 被告人阿德迪兰·奥鲁瓦费米·鲁本犯掩饰、隐瞒犯罪所得罪,判处有期徒刑三年,并处罚金人民币三万元及驱逐出境。

3. 被告人阿布杜萨兰姆·阿布贝卡尔·阿登尼叶犯掩饰、隐瞒犯罪所得罪,判处有期徒刑二年,并处罚金人民币二万元及驱逐出境。

4. 被告人阿德谢奥陆·弗朗西斯·奥姆通德犯掩饰、隐瞒犯罪所得罪,判处有期徒刑一年六个月,并处罚金人民币一万元及驱逐出境。

一审宣判后,被告人奥姆托绍上诉,辩称其没有纠集本案其他三名被告人,不应认定为主犯;且不知道涉案钱款来源非法,原判量刑过重。其辩护人也提出了相同的辩护意见。

被告人鲁本上诉辩称,其从奥姆托绍处取得的钱款是借款,不是去提取钱款的好处费;其不知道涉案钱款来源非法,也不知道自己的行为违法。其辩护人也提出了相同的辩护意见。

被告人阿布贝卡尔上诉辩称,原判认定其参与的第一节犯罪事实数额有误,第二节事实所涉钱款没有提取成功,且其不知道涉案钱款来源非法。其辩护人提出,阿布贝卡尔有立功情节,原判量刑过重。

被告人弗朗西斯上诉辩称,本案只有一张银行卡是其用假护照开户的,开户后已将银行卡和假护照交给了奥姆托绍;其没有从该账户内提取过钱款;不知道自己的行为违法,也不知道涉案钱款来源非法。其辩护人认为,弗朗西斯主观上并不明知用假护照开设银行账户是为了转移犯罪所得,客观上仅是奥姆托绍实施犯罪行为的工具,在共同犯罪中的作用较小,原判量刑过重。

上海市高级人民法院经审理查明的事实和证据与原判相同。

上海市高级人民法院认为,本案四名上诉人系具有正常认知能力的成年人,应当知道使用假护照开设银行账户不正常,仍使用假护照开设银行账户,协助收存与己无关的巨额汇款,并在接到他人指令后,通过提现、汇款等方式将钱款转移,从中收取好处费。上述行为明显有悖常理。综合本案事实和证据,可以认定四名上诉人主观上明知用假护照开设银行账户是为了协助收存他人犯罪所得,且客观上实施了收存、协助转移等掩饰、隐瞒犯罪所得的行为,四名上诉人的行为均已构成掩饰、隐瞒犯罪所得罪。奥姆托绍在共同犯罪中起主要作用,应当认定为主犯。阿布贝卡尔、弗朗西斯明知自己用假护照开设银行账户系用于协助收存他人犯罪所得,仍受指使用假护照开设银行账户,两人应当对各自所开设银行账户内收存的犯罪所得金额承担相应的刑事责任。综上,原判认定的事实清楚,证据确实、充分,应予确认。

原审法院根据四名上诉人的犯罪事实、性质、情节、社会危害程度以及在共同犯罪中的地位、作用等,依法所作出的判决并无不当,且诉讼程序合法。四名上诉人及辩护人的相关上诉理由及辩护意见均不能成立。据此,依法裁定驳回上诉,维持原判。

二、裁判要旨

No. 6-2-312-20 上游犯罪未经审判,不影响掩饰、隐瞒犯罪所得罪的认定。

掩饰、隐瞒犯罪所得罪规定在"妨害司法罪"一节中,侵害的法益主要是司法机关对犯罪行为的正常追诉,即由于存在掩饰、隐瞒行为,致使司法机关无法正常追诉上游犯罪,因此从处罚该罪的立法意图来看,并不要求上游犯罪经过司法审判。只要上游犯罪的事实成立,就可认定掩饰、隐瞒的行为构成犯罪。

掩饰、隐瞒犯罪所得、犯罪所得收益罪与上游犯罪的关系密不可分,以上游犯罪的成立为前提。如果上游犯罪不成立,司法机关不能进行追诉,那么掩饰、隐瞒的行为也就不存在妨害司法活动的刑法否定评价的前提,因此不能认定为犯罪。上游犯罪的成立,通常情况下应当理解为上游犯罪经依法裁判确定。司法审判是认定犯罪最终、最正当的程序,经过司法审判认定上游行为构成犯罪,对该犯罪行为所得及其产生的收益进行掩饰、隐瞒的行为,当然构成本罪。在一些特殊情况下,对于上游犯罪尚未依法裁判,但查证属实的,我们认为同样可以认定掩饰、隐瞒犯罪所得、犯罪所得收益罪。上游犯罪虽与本罪存在前后相连的事实状态,但两者在案件状态、查处难度及审判进程上均有所不同,如果一律要求对本罪的处理必须以侦破上游犯罪为前提,势必导致一部分案件无法及时处理,这与打击针对犯罪所得及其收益的下游犯罪的立法目的相悖。此外,犯罪所得及其收益是追查上游犯罪的重要证据,在有证据证明上游犯罪事实确实存在的情况下,本罪的判决认定对于维护国家正常的司法秩序,打击、遏制上游犯罪,也是有益的。

为明确上游犯罪认定与本罪认定之间的关系,最高人民法院在《关于审理掩饰、隐瞒犯罪所得、犯罪所得收益刑事案件适用法律若干问题的解释》第八条明确规定:"认定掩饰、隐瞒犯罪所得、犯罪所得收益罪,以上游犯罪事实成立为前提。上游犯罪尚未依法裁判,但查证属实的,不影响掩饰、隐瞒犯罪所得、犯罪所得收益罪的认定。上游犯罪事实经查证属实,但因行为人未达到刑事责任年龄等原因依法不予追究刑事责任的,不影响掩饰、隐瞒犯罪所得、犯罪所得收益罪的认定。"该解释明确了一个基本原则,即认定掩饰、隐瞒犯罪所得、犯罪所得收益罪,应当以上游犯罪事实成立为前提。这一原则包含两层意见:一是上游犯罪事实必须成立,既指上游犯罪事实有充分证据证明,也指上游犯罪事实达到犯罪程度。二是对掩饰、隐瞒犯罪所得、犯罪所得收益罪事实的认定,原则上应当在对上游犯罪依法裁判确定后进行。作为一种例外,在极少数情况下,由于上游犯罪人还有其他犯罪事实一时难以查清或者因为其他原因尚未依法裁判,为依法及时审判掩饰、隐瞒犯罪所得及其收益案件,才在上游犯罪查证属实的情况下先行认定本罪。

案例:谭细松掩饰、隐瞒犯罪所得案

案例来源:《刑事审判参考》总第104集[第1105号]

主题词:掩饰、隐瞒犯罪所得罪 上游犯罪查证属实

一、基本案情

被告人谭细松,男,1991年12月25日出生。2013年4月26日因犯盗窃罪被判处有期徒刑六个月,2013年9月7日刑满释放。2013年10月14日被逮捕。

湖南省临武县人民检察院以被告人谭细松犯掩饰、隐瞒犯罪所得罪，向临武县人民法院提起公诉。

被告人谭细松对起诉书指控的事实及罪名无异议。

临武县人民法院经审理查明：2013 年 9 月 23 日，被告人谭细松在临武县楚江乡下城村附近，明知一中年男子出售的摩托车（铃木牌天玉女士摩托车，车辆识别代号为：LC6TCJ4Z4D0009949，车牌号：湘 L026H2）系盗窃所得，仍以 800 元的价格向其购买，购车的价格明显低于同款车的市场价格。经鉴定，该车价值人民币 5904 元。经查，该车系被害人何某源于 2013 年 9 月 22 日在临武县老县委院内被盗摩托车。

临武县人民法院认为，被告人谭细松明知摩托车没有合法来历证明，是犯罪所得而予以收购，其行为已构成掩饰、隐瞒犯罪所得罪。公诉机关指控被告人谭细松所犯罪名成立。被告人谭细松系被判处有期徒刑以上刑罚的犯罪分子，刑罚执行完毕后，在五年以内再犯应当判处有期徒刑以上刑罚之罪，是累犯，依法从重处罚。被告人谭细松认罪态度较好，且能积极缴纳罚金，对其酌情从轻处罚。依照《中华人民共和国刑法》第三百一十二条、第五十二条、第五十三条、第六十五条第一款之规定，以掩饰、隐瞒犯罪所得罪，判处被告人谭细松有期徒刑六个月，并处罚金人民币五千元。

宣判后，被告人谭细松未提出上诉，检察机关也未提出抗诉，判决已发生法律效力。

二、裁判要旨

No. 6-2-312-21　上游犯罪嫌疑人尚未被抓获，但证据证实上游犯罪存在的，可以认定为上游犯罪查证属实。

上游犯罪事实成立，指的是上游犯罪行为确实存在，不要求必须是已经由刑事判决确认的犯罪，亦即无论上游犯罪的嫌疑人是否归案、是否被判处刑罚，均不影响上游犯罪事实的成立，更不影响掩饰、隐瞒犯罪所得、犯罪所得收益罪的认定。在司法实践中，多数情况下，赃物犯罪的被告人与上游犯罪的被告人是同案处理的。少数情况下，由于上游犯罪嫌疑人还有其他犯罪事实一时难以查清或者因为其他原因尚未依法裁判，为依法及时审判赃物犯罪案件，才在上游犯罪查证属实的情况下，先行认定赃物犯罪。本案就存在这种情况。被告人谭细松所购买的摩托车，系何某源被盗的摩托车，这一事实是清楚的，有失主的陈述、购买摩托车证明、提取的被盗摩托车等证据证实，完全可以认定谭细松购买的摩托车是赃物；同时，谭细松供认其明知该摩托车是赃物而予以购买，故可以认定其主观上明知是犯罪所得的赃物，其行为构成掩饰、隐瞒犯罪所得罪。虽然上游犯罪的犯罪嫌疑人未被抓获，更未依法裁判，但现有的证据足以认定该犯罪事实的存在，可以认定属于"上游犯罪尚未依法裁判，但查证属实"的情形，故不影响对谭细松掩饰、隐瞒犯罪所得罪的认定和量刑。

案例：唐某中、唐某波掩饰、隐瞒犯罪所得案

案例来源：《刑事审判参考》总第 104 集［第 1106 号］

主题词：掩饰、隐瞒犯罪所得罪　上游犯罪行为人在逃

一、基本案情

被告人唐某中，男，1972 年 12 月 24 日出生。2013 年 7 月 2 日被取保候审。

被告人唐某波，男，1984 年 10 月 1 日出生。2013 年 6 月 4 日被取保候审。

湖南省临武县人民检察院以被告人唐某中、唐某波均犯掩饰、隐瞒犯罪所得罪向临武县人民法院提起公诉。

被告人唐某中、唐某波对检察机关指控的罪名和犯罪事实均无异议。

临武县人民法院经审理查明：2010 年 11 月，被告人唐某中贪图便宜，为自用，经彭贵红（另案处理）介绍在湖南省临武县金江镇唐家村路边，从两名不知道姓名的桂阳县人手中以 17000 元的价格购买了一辆皮卡车（价值 46000 元）。购买时，唐某中明知该皮卡车属于来路不明、没有合法手续，且卖价与实际价值差额巨大的车辆。随后，唐某中将该皮卡车来路不明、没有合法

手续的情况告诉了被告人唐某波。2012 年 7 月 28 日,唐某中授意唐某波将该皮卡车以 12000 元的价格(悬挂假牌照号:琼 008339)贩卖给临武县花塘乡铺下村的成盛标(已判刑)。后唐某中分得卖车款 9000 元,唐某波分得卖车款 3000 元。经查证,该皮卡车系车主黄某于 2010 年 9 月 3 日在桂阳县太和镇被抢车辆。2013 年 6 月 2 日、7 月 2 日,唐某波、唐某中先后主动到临武县公安局投案。

临武县人民法院认为,被告人唐某中明知是犯罪所得而予以收购、贩卖,被告人唐某波明知是犯罪所得而代为贩卖,其行为均已构成掩饰、隐瞒犯罪所得罪。公诉机关指控唐某中、唐某波所犯罪名成立。在共同犯罪中,唐某中、唐某波均起主要作用,均系主犯,应按其所参与的全部犯罪处罚。案发后,唐某中、唐某波主动到公安机关投案,如实供述犯罪事实,具有自首情节,应依法从轻处罚。结合唐某中、唐某波的犯罪事实、情节和悔罪表现,并根据临武县司法局对唐某中、唐某波作出的符合社区矫正条件并同意对唐某中、唐某波实行社区矫正工作的调查评估报告,决定对被告人唐某中、唐某波宣告缓刑。依照《中华人民共和国刑法》第三百一十二条第一款,第二十五条第一款,第二十六条第一款、第四款,第六十七条第一款,第五十二条,第五十三条,第七十二条第一款、第三款,第七十三条第二款、第三款,第六十四条和《中华人民共和国刑事诉讼法》第一百九十五条第(一)项之规定,判决如下:

1. 被告人唐某中犯掩饰、隐瞒犯罪所得罪,判处有期徒刑六个月,缓刑一年,并处罚金人民币一万元。

2. 被告人唐某波犯掩饰、隐瞒犯罪所得罪,判处有期徒刑六个月,缓刑一年,并处罚金人民币一万元。

一审宣判后,二被告人均未提出上诉,检察机关亦未抗诉,判决已发生法律效力。

二、裁判要旨

No.6-2-312-22 上游犯罪嫌疑人在逃,不影响掩饰、隐瞒犯罪所得罪的认定。

掩饰、隐瞒犯罪所得、犯罪所得收益罪的成立以上游犯罪事实成立为前提。上游犯罪事实是实质意义上的犯罪,而不要求必须是已经由刑事判决确认的形式意义上的犯罪。上游犯罪事实成立既指上游犯罪事实有充分证据证明,也指上游犯罪事实达到了犯罪的程度。如果上游行为经查证依法不构成犯罪,则掩饰、隐瞒行为也不构成犯罪;相反,如果上游犯罪事实经查证属实,则即便上游犯罪行为人因未达到刑事责任年龄等原因依法不被追究刑事责任,也不影响掩饰、隐瞒犯罪所得、犯罪所得收益罪的认定。当然,上游犯罪尚未依法裁判,但查证属实的,也不影响掩饰、隐瞒犯罪所得、犯罪所得收益罪的认定。在本案中,上游盗窃行为人在逃,其姓名、住址均不详,无法对盗窃犯罪事实进行审判,但从现有证据看,该行为人盗窃了价值 46000 元的皮卡车,该事实必然构成犯罪,故虽然上游犯罪行为人不在案,或者以后归案后,发现存在实施盗窃行为时其未达刑事责任年龄等依法不予追究刑事责任的情况,也不影响对掩饰、隐瞒该赃物的犯罪事实的认定。

案例:元某某掩饰、隐瞒犯罪所得案

案例来源:《刑事审判参考》总第 104 集[第 1107 号]

主题词:掩饰、隐瞒犯罪所得罪　上游犯罪

一、基本案情

被告人元某某,男,1946 年 2 月 19 日出生,汉族,农民,2012 年 11 月 7 日被刑事拘留,同月 14 日被取保候审。

某某人民检察院以被告人元某某犯掩饰、隐瞒犯罪所得罪,向某某人民法院提起公诉。

被告人元某某对公诉机关指控的事实无异议。

某某人民法院经审理查明:2012 年 10 月,被告人元某某在经营元记金银加工店期间,以明显低于市场价格的 5700 元收购了黎某某(因其未达刑事责任年龄,公诉机关撤回起诉)抢劫所得的两条断裂损坏的黄金项链。经鉴定,该两条黄金项链价值分别为 6745 元和 2626 元。案发后,元某某经公安机关讯问,即如实供述了以上事实,且主动退回了该两条黄金项链。

某某人民法院认为,被告人元某某没有正当理由,以明显低于市场的价格收购财物,应认定其明知该物品系犯罪所得,其行为已构成掩饰、隐瞒犯罪所得罪。元某某到案后能如实供述犯罪事实,系坦白;主动退回了全部赃物,酌情予以从轻处罚。根据元某某的犯罪情节和悔罪表现及其所居住村民委员会证明情况,对其可依法适用缓刑。公诉机关建议判处被告人元某某三至四个月拘役。量刑建议适当,予以采纳。根据被告人元某某犯罪的事实、性质、情节和对于社会的危害程度,依照《中华人民共和国刑法》第三百一十二条第一款,第六十七条第三款,第七十二条第一款第三款,第七十三条第一款、第三款,第五十二条,第五十三条,第六十一条;最高人民法院《关于审理洗钱等刑事案件具体应用法律若干问题的解释》第一条第一款、第二款第(三)项,第四条第二款之规定,判决如下:被告人元某某犯掩饰、隐瞒犯罪所得罪,判处拘役四个月,缓刑八个月,并处罚金人民币一万元。

一审宣判后,被告人元某某未提出上诉,检察机关亦未抗诉,判决已发生法律效力。

二、裁判要旨

No. 6-2-312-23 上游犯罪查证属实,但依法不追究刑事责任的,不影响掩饰、隐瞒犯罪所得罪的成立。

上游犯罪事实成立,但因主体不适格而不予追究刑事责任的,仍然以掩饰、隐瞒犯罪所得、犯罪所得收益罪对掩饰、隐瞒的行为人定罪处罚。掩饰、隐瞒犯罪所得、犯罪所得收益罪的成立,以上游犯罪事实成立为前提,此处的“上游犯罪事实”是指客观上的上游犯罪行为,而不是应当负刑事责任的刑法一般意义上的犯罪。理由如下:

1. 将立法条文中的“犯罪”理解为“犯罪行为”,符合掩饰、隐瞒犯罪所得、犯罪所得收益罪的本质特征。根据我国刑法理论,行为具有相当程度的社会危害性是犯罪的本质特征。掩饰、隐瞒行为能够作为犯罪处理的本质,在于这种行为妨害了司法机关追诉犯罪的活动,以及多数掩饰、隐瞒行为还同时侵犯了公私财产权益。而上游犯罪行为人是否负刑事责任并不影响掩饰、隐瞒行为本身的社会危害性,即行为人所掩饰、隐瞒的犯罪所得是来源于应当负刑事责任的人的犯罪,还是不应当负刑事责任的人的犯罪行为,并不影响掩饰、隐瞒行为本身的社会危害性。

2. 将立法条文中的“犯罪”理解为“犯罪行为”,能够实现刑法条文的整体协调。从刑法条文整体协调的角度(即对刑法进行体系解释的角度)可以看出,我国刑法条文中所使用的“罪”与“犯罪”概念,并不全都是指构成要件齐备的犯罪,不少条文中所称的“罪”与“犯罪”只是指符合客观要件的犯罪行为。

在本案中,黎某某实施抢劫行为获取了价值9371元的金项链两条,虽然黎某某因不满14周岁而不负刑事责任,也不构成犯罪,但并不能因此而否认黎某某实施的抢劫行为本身是违法的,该行为符合抢劫罪的客观方面要件,也侵犯了他人的财产权益,因此,抢劫犯罪行为是客观存在的,两条金项链应当属于“犯罪所得”。被告人元某某是从事金银加工的从业者,熟知黄金饰品的价格,仍以明显低于市场价格的5700元收购了两条断裂损坏的黄金项链,据此认定元某某明知该金项链系犯罪所得而予以收购,其收购行为具有掩饰、隐瞒犯罪所得罪所要求的社会危害性。黎某某是否负刑事责任,并不影响元某某收购行为本身的社会危害性,对元某某应以掩饰、隐瞒犯罪所得罪定罪处罚。

案例:郭锐、黄立新盗窃,掩饰、隐瞒犯罪所得案

案例来源:《刑事审判参考》总第104集[第1108号]

主题词:掩饰、隐瞒犯罪所得罪 事前通谋的收赃行为

一、基本案情

被告人郭锐,男,1984年5月15日出生。2013年2月8日被逮捕。

被告人黄立新,男,1966年9月19日出生。2013年1月20日被刑事拘留,同年2月8日被

取保候审。

上海市杨浦区人民检察院以被告人郭锐犯盗窃罪,掩饰、隐瞒犯罪所得罪,被告人黄立新犯盗窃罪向杨浦区人民法院提起公诉。

被告人郭锐辩称其不明知是赃物,且与陈志清(已判刑)无盗窃通谋。其辩护人辩称,郭锐与陈志清没有共同的犯罪故意,不属于共犯,且没有对盗窃行为提供帮助或只起到很小的帮助作用,起诉书对郭锐所指控的盗窃罪及掩饰、隐瞒犯罪所得罪均不成立。被告人黄立新对指控事实无异议。其辩护人辩称,黄立新犯罪的社会危害性不大,无犯罪前科,且能如实供述,请求从轻处罚。

杨浦区人民法院经审理查明:

2012 年 11 月至同年 12 月间,陈志清先后单独或伙同郭宗伟(已判刑),多次利用陈志清担任恒丰工贸公司门卫的工作便利,由其采取偷用仓库钥匙等方法盗窃恒丰工贸公司仓库内的各类黄酒及白酒,后分别由其单独或交由作为恒丰工贸公司驾驶员的郭宗伟偷运出仓库,在上海市松花江路 211 弄 1 号附近路边、延吉中路近黄兴路处、军工路 1203 号加油站附近等处分别出售给被告人黄立新、郭锐等人。具体分述如下:

1. 陈志清与郭宗伟经共同预谋,窃得五粮液白酒(500 毫升装)1 箱(计 6 瓶),合计价值人民币 5100 元,由郭宗伟通过电话联系并出售给被告人郭锐,郭锐明知是犯罪所得赃物而予以收购。

2. 陈志清单独窃得五粮液白酒(500 毫升装)5 箱(每箱 6 瓶),合计价值人民币 25500 元,并根据其从郭宗伟处获取的联系方式直接同被告人郭锐电话联系,将上述白酒出售给郭锐。郭锐明知是犯罪所得赃物而予以收购。

3. 陈志清与郭宗伟经共同预谋,由郭宗伟联系郭锐并与之事前通谋,约定由郭锐提供种类、数量相对应的假白酒,换取收购陈志清、郭宗伟从仓库所窃白酒,以此方法窃得五粮液白酒(500 毫升装)2 箱计 12 瓶,合计价值人民币 10200 元,由郭宗伟在军工路 1203 号加油站附近出售给郭锐,郭锐则提供种类、数量相对应的假白酒,并折抵部分销赃价款。在上述交易中,郭锐在郭宗伟未提供合法凭证的情况下,以每箱人民币 2400 元的价格收购五粮液白酒。

4. 陈志清经联系郭锐并事前通谋,约定由郭锐在交易时提供种类、数量相对应的假白酒,换取收购陈志清从仓库所窃白酒,以此方法多次窃得五粮液白酒(500 毫升装)10 箱计 60 瓶(每瓶价值人民币 850 元);贵州茅台酱香型白酒(500 毫升装)12 瓶装 13 箱、6 瓶装 20 箱,共计 276 瓶(每瓶价值人民币 1380 元),合计价值人民币 431880 元,并由郭锐按事先约定予以收购。上述交易均在陈志清未提供合法凭证的情况下,由陈志清、郭锐利用夜晚在军工路 1203 号加油站附近进行。郭锐分别以每箱人民币 2400 元、5000 元(以每箱 6 瓶计)的价格收购五粮液白酒、贵州茅台酱香型白酒。

5. 被告人黄立新经与陈志清事前通谋,约定由黄收购陈志清从仓库偷出的酒。尔后由陈志清分多次窃得金色年华和酒(500 毫升装)30 箱计 360 瓶、1939 石库门上海老酒(黑标 500 毫升装)20 箱计 120 瓶、2001 石库门上海老酒(红标 500 毫升装)20 箱计 120 瓶,并交黄立新收购。经估价,上述 70 箱酒合计价值人民币 11460 元。黄立新将其中部分黄酒送至其外甥郑家求处,并由童春生、郑家求、黄正宜等人进行出售。

6. 陈志清、郭宗伟经共同预谋,由郭宗伟联系被告人黄立新并与之事前通谋,约定由黄收购盗窃所得黄酒。先后窃得 1939 石库门上海老酒(黑标 500 毫升装)10 箱计 60 瓶、金色年华和酒(500 毫升装)5 箱计 60 瓶,合计价值人民币 2550 元,黄立新按事先约定予以收购。

综上,被告人郭锐盗窃数额合计人民币 442080 元,收赃数额合计人民币 30600 元;被告人黄立新盗窃数额合计人民币 14010 元。

杨浦区人民法院认为,被告人郭锐到案后曾交代其知道所购白酒是犯罪所得,且从本案来看,其仅通过与陈志清、郭宗伟电话联系确定交易,并以低价购得贵州茅台、五粮液等大宗高档白酒,其大部分交易时间选择在晚上,地点则在道路、加油站等处,并且涉案的大宗白酒均无发票等合法凭证,郭锐应当知道涉案白酒系来路不正的赃物,对其收购行为应以掩饰、隐瞒犯罪所得论处。其中,经陈志清、郭宗伟与被告人郭锐事先约定,由郭锐提供种类、数量相对应的假白酒,换取收购陈志清、郭宗伟从仓库所窃白酒的行为,在郭锐与陈志清、郭宗伟之间形成事前通谋,对于陈志清、郭宗伟实施盗窃亦起到推动作用。郭锐与陈志清、郭宗伟构成盗窃共犯,黄立新与陈志清、郭宗伟构成盗窃共犯,应定性为盗窃。其中,被告人郭锐盗窃数额特别巨大,被告人黄立新盗窃数额较大,其行为均已构成盗窃罪。被告人郭锐明知系犯罪所得赃物而予以收购,其行为还构成掩饰、隐瞒犯罪所得罪。被告人郭锐在判决宣告前犯数罪,依法应数罪并罚。被告人黄立新能如实供述自己罪行,依法可以从轻处罚。被告人郭锐、黄立新虽与陈志清、郭宗伟事前通谋,应认定共同盗窃,但其二人在具体实施过程中起次要作用,可认定为从犯,对被告人郭锐依法应当减轻处罚,对被告人黄立新依法应当从轻处罚。对于赃款赃物等的追回、退交情况亦在量刑中加以考虑。依照《中华人民共和国刑法》第二百六十四条,第三百一十二条第一款,第二十五条第一款,第二十七条,第六十七条第三款,第五十五条第一款,第五十六条第一款,第七十二条第一款、第三款,第七十三条第二款、第三款,第六十九条及第六十四条之规定,作出如下判决:

1. 被告人郭锐犯盗窃罪,判处有期徒刑八年,罚金人民币一万五千元;犯掩饰、隐瞒犯罪所得罪,判处有期徒刑六个月,罚金人民币一千元,决定执行有期徒刑八年三个月,罚金人民币一万六千元;

2. 被告人黄立新犯盗窃罪,判处有期徒刑十个月,缓刑一年,罚金人民币二千元。

一审宣判后,被告人郭锐不服,提出上诉,称其没有参与盗窃,且原判量刑过重。

上海市第二中级人民法院经审理认为,上诉人郭锐、黄立新和陈志清、郭宗伟以非法占有为目的,采用秘密方法窃取公司财物,其中,郭锐盗窃数额特别巨大,黄立新盗窃数额较大,均已构成盗窃罪。郭锐还明知系犯罪所得赃物而予以收购,其行为又构成掩饰、隐瞒犯罪所得罪,应两罪并罚。郭锐在明知陈志清、郭宗伟实施盗窃的情况下,仍按约定提供假酒,其既有与陈志清、郭宗伟事前通谋的行为,又有积极帮助实施盗窃的行为,系共同犯罪,其辩称没有参与盗窃的上诉理由不能成立。原判根据郭锐的犯罪事实、情节以及在共同犯罪中的作用等已对其从轻处罚,且所作的判决并无不当,故郭锐提出原判量刑过重的上诉理由也不能成立。据此裁定驳回上诉,维持原判。

二、裁判要旨

No. 6-2-312-24 与盗窃犯罪分子事前同谋的收赃行为,应认定为盗窃罪的共犯。

掩饰、隐瞒犯罪所得罪是指明知是犯罪所得及其产生的收益予以窝藏、转移、收购、代为销售或者以其他方法掩饰、隐瞒的行为。行为人构成掩饰、隐瞒犯罪所得罪必须是在盗窃犯罪既遂以后,事前与盗窃犯罪分子没有通谋,并且对盗窃者的犯罪情况是明知的。如果行为人与盗窃犯罪分子在事前就有通谋,主观上形成共同犯意,客观上对盗窃罪起到帮助作用,应以盗窃罪共犯定罪处罚。

在本案中,被告人郭锐在收购了同案犯陈志清、郭宗伟共同盗窃的1箱五粮液等品牌真白酒和陈志清单独盗窃的5箱五粮液白酒之后,就与陈志清、郭宗伟约定,由郭锐在交易时提供种类、数量相对应的假白酒,换取收购陈志清从仓库所窃的真白酒,以此方法防止被害单位发现仓库五粮液白酒数量变少,从而得以反复实施盗窃行为。黄立新在第一次收购陈志清、郭宗伟盗窃的黄酒之前就与二人通谋,同意在陈志清、郭宗伟盗窃黄酒后予以收购。郭锐、黄立新主观上已经明知陈志清、郭宗伟即将实施盗窃犯罪及盗窃的方法,但其不仅没有排斥,反而在盗窃前就分别以约定用假白酒换五粮液等品牌白酒和同意收购黄酒的承诺,积极追求盗窃行为的发生,均与陈志清、郭宗伟之间形成了盗窃的共同犯罪故意。被告人郭锐、黄立新在事前即与陈志清、郭宗伟约定对二人盗窃所得的赃物予以收购,虽然没有直接帮助陈志清、郭宗伟实施盗窃,但增强了陈志清、郭宗伟在盗窃时的心理安全感。被告人郭锐在交易时提供种类、数量相对应的假白酒,换取收购陈志清、郭宗伟从仓库所窃的真白酒的行为,更使陈志清、郭宗伟在盗窃时相信通过这种方法可以使其犯罪行为不被发现,对陈志清、郭宗伟的盗窃行为起到了精神上的帮助和推动作用,应当以盗窃罪的共犯论处。

案例:牡丹江再生资源开发有限责任公司第十七收购站及朱富良掩饰、隐瞒犯罪所得案

案例来源:《刑事审判参考》总第 104 集[第 1109 号]

主题词:掩饰、隐瞒犯罪所得罪 单位犯罪

一、基本案情

被告单位牡丹江再生资源开发有限责任公司第十七收购站。

被告人朱富良,男,1983 年 8 月 20 日出生,系牡丹江再生资源开发有限责任公司第十七收购站职员。2012 年 5 月 4 日被取保候审。

黑龙江省牡丹江市东安区人民检察院以被告单位牡丹江再生资源开发有限责任公司第十七收购站犯掩饰、隐瞒犯罪所得罪,被告人朱富良犯掩饰、隐瞒犯罪所得罪,向东安区人民法院提起公诉。

牡丹江市东安区人民法院经审理查明:2011 年 5 月 21 日、6 月 13 日,罪犯闫斌(已判刑)在黑龙江省牡丹江市东安区工商小区内一处仓库,先后两次盗窃黄铜排气阀、活结、三通等水暖件 1470 件(价值人民币 7885 元)。盗窃后,闫斌先后两次将上述盗窃物品卖给牡丹江再生资源开发有限责任公司第十七收购站(以下简称"第十七收购站")。被告人朱富良系该收购站的工作人员,明知是犯罪所得而以废品的价格予以收购。2012 年 5 月 4 日,经闫斌指认,朱富良被公安人员抓获。

东安区人民法院认为,被告单位第十七收购站及其直接责任人被告人朱富良,明知是罪犯闫斌盗窃犯罪所得的赃物而予以收购,其行为均构成掩饰、隐瞒犯罪所得罪,应依法惩处。考虑到被告单位及朱富良在案发后积极退赃,未给被害人造成经济损失,认罪态度较好,可以酌情从轻处罚。依照《中华人民共和国刑法》第三百一十二条、第三十条、第三十一条、第五十二条、第五十三条的规定,判决如下:

1. 被告单位牡丹江再生资源开发有限责任公司第十七收购站犯掩饰、隐瞒犯罪所得罪,判处罚金人民币一万元。

2. 被告人朱富良犯掩饰、隐瞒犯罪所得罪,单处罚金人民币五千元。

一审宣判后,被告单位第十七收购站、被告人朱富良均未提出上诉,检察机关亦未抗诉,判决已发生法律效力。

二、裁判要旨

No. 6-2-312-25 以单位名义为了单位的利益而实施掩饰、隐瞒犯罪所得行为,符合单位犯罪的要件。

区分单位犯罪与自然人犯罪的重要界限,就是犯罪所得利益归属单位还是归属参与犯罪的自然人。犯罪所得由单位所得,纳入单位财务体系和分配体系中的,可以认定为犯罪所得归属单位,其他条件符合的,可以认定为单位犯罪。仅仅由参与行为人包括决策人员对犯罪所得进行分配的,不能认定为犯罪所得归属单位,因而就不能认定为单位犯罪,只能依照自然人犯罪的规定定罪处罚。就本案而言,被告单位第十七收购站作为一个独立经营的企业,其主体符合单位犯罪的构成要件。被告人朱富良作为收购站职员,具有直接决定收购物资的职权,其虽然不是收购站的负责人,但其对外收购物资时代表的是收购站,所获利益亦归收购站。因此,其收购行为体现的是收购站的意志,也就是说,收购行为体现的是单位利益。第十七收购站主客观均符合单位犯罪的构成要件。根据《刑法》第三十一条规定的双罚制原则,应当对被告单位第十七收购站和直接责任人朱富良判处刑罚。

案例:陈飞、刘波掩饰、隐瞒犯罪所得案

案例来源:《刑事审判参考》总第 104 集[第 1110 号]

主题词:掩饰、隐瞒犯罪所得罪 修改赃车发动机号的行为

一、基本案情

被告人陈飞,男,1982 年 8 月 2 日出生。2013 年 11 月 14 日被逮捕。

被告人刘波,男,1988 年 9 月 1 日出生。2013 年 11 月 14 日被逮捕。

四川省古蔺县人民检察院以被告人陈飞、刘波犯掩饰、隐瞒犯罪所得罪,向古蔺县人民法院提起公诉。

古蔺县人民法院经审理查明:

1. 2011 年 12 月的一天,被告人刘波经被告人陈飞介绍,从外号叫"疯子"(另案处理)的人处购买了两辆五羊 100 型踏板车。随后,陈飞帮助将两辆踏板车的发动机号码和大架号磨损并换锁。其中一辆因乱停放被古蔺县交警大队拖走并经程序报废,另一辆被公安机关追回。经鉴定,被盗时价值 4819 元。

2. 2012 年 12 月的又一天,刘波经陈飞介绍,再次以 2500 元的价格从"疯子"处购买一辆五羊 100 型踏板车,随后陈飞帮助将该车的发动机号码和大架号磨损,并做了一个假的发动机号。经鉴定,该车被盗时价值 4927 元。

3. 2012 年年底,袁蔺(另案处理)经陈飞介绍,以 2500 元的价格从"疯子"处购买了一辆白色五羊摩托车。陈飞帮助将摩托车发动机号码和大架号磨损并换锁。2013 年,袁蔺又经陈飞介绍,从"疯子"处以 2500 元的价格买了一辆白色五羊摩托车,陈飞仍帮助将摩托车发动机号码和大架号磨损并换锁。该两辆摩托车均被追回,其中一辆因未能恢复发动机号和大架号等原因无法鉴定,另一辆经恢复发动机号后鉴定价值 6634 元。

古蔺县人民法院认为,被告人陈飞明知是犯罪所得的机动车而予以改装并介绍他人购买,数量达到 5 辆,其行为构成掩饰、隐瞒犯罪所得罪,且属情节严重。被告人刘波明知是犯罪所得的车辆而予以收购,其行为已构成掩饰、隐瞒犯罪所得罪。鉴于陈飞、刘波如实供述犯罪事实、认罪态度好,被盗车辆大部分已追回发还被害人,酌情予以从轻处罚。但因陈飞多次掩饰、隐瞒犯罪所得且情节严重,体现其主观恶性大,不宜适用缓刑。综合本案的事实、情节,决定分别对被告人陈飞、刘波从轻处罚。依照《中华人民共和国刑法》第三百一十二条第一款、第六十七条第三款、第六十四条;最高人民法院、最高人民检察院《关于办理与盗窃、抢劫、诈骗、抢夺机动车相关刑事案件具体应用法律若干问题的解释》第一条第二款的规定,以掩饰、隐瞒犯罪所得罪,分别判处被告人陈飞有期徒刑三年,并处罚金人民币二万元;判处被告人刘波有期徒刑一年六个月,并处罚金人民币一万元。

宣判后,被告人陈飞、刘波均提出上诉。

被告人陈飞上诉及辩护人辩称,请二审法院对陈飞适用缓刑。

被告人刘波上诉称,被古蔺县交警大队拖走的踏板车与自己无关。

四川省泸州市中级人民法院经开庭审理后认为,原审认定事实清楚,证据确实充分,量刑适当。依照《中华人民共和国刑事诉讼法》第二百二十五条第一款第一项的规定,裁定驳回上诉,维持原判。

二、裁判要旨

No. 6-2-312-26　修改赃车的发动机号、大架号,并介绍买卖的行为,构成掩饰、隐瞒犯罪所得罪。

1997 年《刑法》第三百一十二条规定:"明知是犯罪所得的赃物而予以窝藏、转移、收购或者代为销售的,处三年以下有期徒刑、拘役或者管制,并处或者单处罚金。"《刑法修正案(六)》对本条作了修改:一是将窝藏、转移、收购、代为销售赃物犯罪的对象进行了扩大,将原规定的赃物扩大为犯罪所得、犯罪所得收益;二是在犯罪行为的类型上增加了其他方法。《刑法修正案(六)》对本罪增加了"其他方法"的规定,有利于打击社会生活中的非典型行为,也符合反洗钱国际公约的要求。关于掩饰、隐瞒的"其他方法"的认定,必须坚持以下几点:一是行为人的目的是出于掩饰、隐瞒上游犯罪人的犯罪所得及其收益;二是这些方法与窝藏、转移、收购和代为销售在罪质上具有相当性;三是这些方法在客观上扰乱了司法秩序,妨害了司法机关对上游犯罪行为的追究。

就本案而言,被告人陈飞明知该车系"疯子"盗窃犯罪所得,仍向被告人刘波及袁蔺介绍买卖,并将发动机号码和大架号磨损,且刻上假的发动机号,符合上述三个条件,可以认定为掩饰、隐瞒的“其他方法”。根据最高人民法院、最高人民检察院《关于办理与盗窃、抢劫、诈骗、抢夺机动车相关刑事案件具体应用法律若干问题的解释》第一条第一款第(三)项的规定,明知是盗窃、抢劫、诈骗、抢夺的机动车而予以修改发动机号的,依照《刑法》第三百一十二条的规定,以掩饰、隐瞒犯罪所得罪定罪处罚。同时,居间介绍买卖的行为,依照最高人民法院《关于审理掩饰、隐瞒犯罪所得、犯罪所得收益刑事案件适用法律若干问题的解释》第十条第二款的规定,应该认定为《刑法》第三百一十二条规定的“其他方法”。综上,陈飞实施了两种掩饰、隐瞒犯罪所得的行为,即居间介绍、修改发动机号和大架号,均属于《刑法》第三百一十二条规定的“其他方法”。

案例:侯某某掩饰、隐瞒犯罪所得案

案例来源:《刑事审判参考》总第 104 集[第 1114 号]

主题词:掩饰、隐瞒犯罪所得罪　将抓获盗赃据为己有的行为

一、基本案情

被告人侯某某,男,1993 年 12 月 4 日出生。2014 年 7 月 11 日被取保候审。

某人民检察院以被告人侯某某犯掩饰、隐瞒犯罪所得罪,向某人民法院提起公诉。

某人民法院经审理查明:2014 年 6 月 15 日 15 时许,被告人侯某某和张某某(另案处理)在位于某市某区的某某大学校区巡逻时,将实施盗窃的刘某(另案处理)抓获。在把刘某带往保卫处的途中,侯某某和张某某将刘某盗窃杨某之的一部 iPhone5(16G)手机据为己有,经鉴定该手机价值人民币 3006.67 元。现赃物未起获。次日,侯某某主动向公安机关投案,并如实供述了上述犯罪事实。后侯某某在家属的帮助下赔偿杨某之人民币 7000 元。

某人民法院认为,被告人侯某某明知系犯罪所得的赃物仍予以掩饰、隐瞒,其行为已构成掩饰、隐瞒犯罪所得罪,应予惩处。鉴于侯某某犯罪后自动投案,到案后如实供述犯罪事实,系自首;且已赔偿失主的相关经济损失,对其依法从轻处罚并适用缓刑。依据《中华人民共和国刑法》第三百一十二条第一款,第六十七条第一款,第五十三条,第七十二条第一款,第七十三条第二款、第三款之规定,以掩饰、隐瞒犯罪所得罪,判处被告人侯某某有期徒刑六个月,缓刑一年,并处罚金人民币二千元。

一审宣判后,被告人侯某某未提出上诉,检察机关亦未抗诉,判决已发生法律效力。

二、裁判要旨

No. 6-2-312-27　将抓获盗窃分子的犯罪所得据为己有的行为,不构成掩饰、隐瞒犯罪所得罪。

掩饰、隐瞒犯罪所得罪虽然在大多数情况下也具有一定的谋取利益的主观属性,但刑法却将该罪列在第六章“妨害社会管理秩序罪”的第二节“妨害司法罪”中,说明该罪侵犯的客体是司法秩序,具体地说是妨害司法机关对上游犯罪的刑事追究。因此,该罪的主观意图必须具有帮助上游犯罪人掩饰、隐瞒犯罪所得、犯罪所得收益的直接故意。在本案中,侯某某将刘某盗窃所得的一部 iPhone5(16G)手机据为己有的行为,虽然在客观上起到了转移他人犯罪所得的效果,但是基于侯某某没有替上游犯罪行为人掩饰、隐瞒的主观意思,而仅仅是出于将手机据为己有的目的;且盗窃行为人刘某也没有将赃物手机交由侯某某让其掩饰、隐瞒的意思,刘某是因为被身为保安的侯某某抓获而被迫将手机交予侯某某等人的,侯某某与刘某之间没有此方面的合意。因而,侯某某的行为不构成掩饰、隐瞒犯罪所得罪。侯某某身为大学保安,“看家护院”、维护大学校园的治安,是其基本职责。其在履行职责过程中,抓获盗窃手机的刘某,按理应当将手机上缴,交由公安机关处理,却伙同他人将手机据为己有,该行为主要是侵犯了公职的廉洁性。由于我国刑法根据行为人主体身份不同而将利用职务之便非法占有财物的行为分为贪污罪和职务侵占罪两种,因此,对侯某某行为的定性应当根据其主体身份、职务性质来确定。但是,不论该行为定性为贪污还是职务侵占,均因其数额达不到构罪标准,而只能以情节显著轻微而作

无罪处理。

案例:谭某旗、谭某掩饰、隐瞒犯罪所得案
案例来源:《刑事审判参考》总第104集[第1115号]
主题词:掩饰、隐瞒犯罪所得罪　罪与非罪界限

一、基本案情

2010年3月12日上午,被告人谭某旗、谭某驾驶一辆解放牌货车从一家日化厂卸货后,在该厂门口遇到刘某锋(另案处理),刘某锋告知二谭有货去杭州,运费为9000元。谭某旗询问刘某锋所运何物,刘某锋未告知。因贪图高额运费,谭某旗仍应允。同月13日19时,二谭依约驾车至一个停车场等待刘某锋。刘某锋开一辆面包车找到二谭后,要求二谭到面包车内等候,并将他们的车开去装货。14日5时许,刘某锋将装好货物的解放牌货车交给谭某旗,同时预付了5000元运费,并交给谭某旗一部专门用于这次运货用的手机,告知二谭该手机只能在与其本人联系时使用,并要求二谭接到电话通知方可发车。15日18时许,谭某旗接到刘某锋发车的电话后,遂与谭某驾车出发。路途中,刘某锋通过专用手机了解谭某旗到达处所,谭某旗在查看路标后反馈给刘某锋,刘某锋便指示二谭按其指定路线行驶。16日3时许,二谭在高速公路闽浙收费站被查获。经查,二人所运"苏烟"牌卷烟制品均为假冒注册商标的商品且为伪劣卷烟,共计19350条,价值为人民币208万余元。

某县人民法院以掩饰、隐瞒犯罪所得罪,分别判处被告人谭某旗有期徒刑四年,并处罚金人民币四万元;判处被告人谭某有期徒刑三年六个月,并处罚金人民币三万元。

二、裁判要旨

No.6-2-312-28　帮助运输假冒烟草的行为,不构成掩饰、隐瞒犯罪所得罪。

假冒"苏烟"并非犯罪所得,而是货主生产、销售伪劣产品罪的犯罪对象。只有假冒"苏烟"销售成功后所得货款,才是生产、销售伪劣产品罪的犯罪所得。如果有确实、充分的证据证明谭某旗、谭某可能知道所运货物为假冒"苏烟"的,那么可以认定谭某旗、谭某的行为构成生产、销售伪劣产品罪的共犯,但由于货主生产、销售假冒"苏烟"的犯罪活动尚在进行中,犯罪尚未达到完成状态,犯罪所得还未形成,二谭的行为不可能构成掩饰、隐瞒犯罪所得罪。

140 拒不执行判决、裁定罪(《刑法》第三百一十三条)

案例:朱荣南拒不执行判决、裁定案
案例来源:《刑事审判参考》总第97集[第968号]
主题词:拒不执行判决、裁定罪　情节严重的认定

一、基本案情

被告人朱荣南,男,1953年8月1日出生,无业。2009年4月28日因拒不履行生效法律文书被司法拘留十五日,2013年2月1日因涉嫌犯拒不执行判决、裁定罪被逮捕。

江苏省宜兴市人民检察院以被告人朱荣南犯拒不执行判决、裁定罪,向宜兴市人民法院提起公诉。

宜兴市人民法院经公开审理查明:2004年1月,被告人朱荣南向谈学范借款人民币(以下币种同)240万元用于生产经营。后因朱荣南未及时还款,谈学范诉至宜兴市人民法院。2008年11月,该院作出(2008)宜民一初字第4271号民事判决,判决朱荣南于该判决发生法律效力之日起10日内归还谈学范186万元及利息。但朱荣南未能自觉履行生效判决,谈学范遂向宜兴市人民法院申请执行。2008年12月30日该院予以立案执行。2009年3月27日宜兴市人民法院向朱荣南送达了执行通知书、被执行人报告财产民事裁定书、财产申报表等法律文书。朱荣南以无执行能力为由拒不履行生效判决及申报财产。同年4月28日,宜兴市人民法院对朱荣南拒不履行生效法律文书的行为决定司法拘留15日。

2009年8月,朱荣南以102万元的价格向拓友公司购买液压挖掘机1台。为了隐藏财产、逃避履行生效判决,朱荣南以其亲戚王碗兵的名义与该公司签订了工程机械按揭销售合同,支付首付款30.6万元后,又以王碗兵的名义与南京银行股份有限公司新港支行签订个人经营性借款合同,贷款71.4万元用于支付挖掘机款。后朱荣南依约按期还贷,并于2012年3月提前还清贷款。

2012年3月21日,宜兴市人民法院执行人员向朱荣南了解其财产情况时,朱荣南故意隐瞒自己购买挖掘机的事实。同年6月20日,宜兴市人民法院向朱荣南送达了督促履行令,要求其在收到该督促令后3日内履行还款义务,朱荣南仍拒不履行生效判决,亦未如实申报财产。

归案后,被告人朱荣南如实供述了上述事实。

本案审理过程中,被告人朱荣南与谈学范对执行款自行达成和解协议,朱荣南支付全部欠款及利息。谈学范对朱荣南的行为表示谅解。

宜兴市人民法院认为,被告人朱荣南以他人名义购买经营设备,且未依法向人民法院申报财产,故意隐瞒财产,对人民法院的判决、裁定有能力执行而拒不执行,情节严重,其行为构成拒不执行判决、裁定罪。归案后,朱荣南能够如实供述自己的犯罪事实,且庭审中自愿认罪;朱荣南与谈学范达成执行和解协议,并已支付全部款项,取得了谈学范的谅解,可以从轻处罚。综合本案案情,朱荣南的行为严重影响人民法院裁判的权威,严重妨害司法秩序,社会危害性较大,对朱荣南不宜适用缓刑。据此,依照《中华人民共和国刑法》第三百一十三条、第六十七条第三款之规定,宜兴市人民法院以拒不执行判决、裁定罪判处被告人朱荣南有期徒刑八个月。

一审宣判后,被告人朱荣南未提出上诉,检察机关亦未抗诉,该判决已发生法律效力。

二、裁判要旨

No.6-2-313-1 行为人拒不执行判决、裁定的行为,应当根据其行为持续时间、行为方式、标的额、行为人主观罪过程度以及行为后果等方面,综合认定是否属于情节严重。

严重对抗生效裁判的行为,一方面使债权人的合法权益无法受到公权力的支持,扰乱市场经济的健康发展;另一方面严重损害司法的严肃性和权威性,社会公众逐步失去对司法的信赖。因此,刑法将情节严重的拒不执行判决、裁定的行为纳入刑事法规制的范围。根据最高人民法院于1998年出台的《关于审理拒不执行判决、裁定案件具体应用法律若干问题的解释》(已失效),全国人民代表大会常务委员会2002年制发的《关于〈中华人民共和国刑法〉第三百一十三条的解释》,2007年最高人民法院、最高人民检察院、公安部联合下发的《关于依法严肃查处拒不执行判决、裁定和暴力抗拒法院执行犯罪行为有关问题的通知》,具有以下情形之一的,可以认定为拒不执行判决、裁定罪中的"情节严重":(1)被执行人隐藏、转移、故意毁损财产或者无偿转让财产、以明显不合理的低价转让财产,致使判决、裁定无法执行的;(2)担保人或者被执行人隐藏、转移、故意毁损或者转让已向人民法院提供担保的财产,致使判决、裁定无法执行的;(3)协助执行义务人接到人民法院协助执行通知书后,拒不协助执行,致使判决、裁定无法执行的;(4)被执行人、担保人、协助执行义务人与国家机关工作人员通谋,利用国家机关工作人员的职权妨害执行,致使判决、裁定无法执行的;(5)其他有能力执行而拒不执行,情节严重的情形。上述规范性文件确立的认定标准基本上是采取"行为+结果"模式。由于规定得比较原则,故在实践中可操作性空间有限。我们认为,判断是否达到拒不执行判决、裁定"情节严重",可以从以下三个方面入手分析:

(一)从行为人的行为特征分析

一是看行为持续时间,即行为危害社会的持续度。拒不执行判决、裁定的持续时间越久,则对社会的危害程度就越大。二是看执行标的金额和类型,即行为危害社会的程度。无法执行的标的额及与申请执行标的额间的比例,亦是衡量该罪社会危害性的标尺之一。本案中,行为人朱荣南不履行民事判决和执行通知的金额达186万余元,属于金额巨大。目前,已有不少地方的高级人民法院出台了拒不执行判决、裁定罪"情节严重"的认定细则,将一定的无法执行的标的金额作为入罪标准,如浙江省将5万元作为认定拒不执行判决、裁定罪"情节严重"的起点数额,而贵州省则将 3 万元作为认定拒不执行判决、裁定罪"情节严重"的起点数额。三是看行为方式。行为方式比较恶劣的,可以认定为情节严重。当前,从各地反映的实际情况看,通过以下方式实施拒不执行判决、裁定的,可以认定为情节严重:(1)擅自撕毁法院张贴的封条等针对执行措施的行为;(2)以虚假诉讼等违法方式抗拒法院执行;(3)实施无偿或者明显不合理低价转移等针对执行财产的行为;(4)撕毁执行笔录等针对执行活动的行为;(5)采用纠集人员围堵执行法官方式拒不履行配合义务。本案中,行为人隐瞒财产致使判决、裁定无法执行,属于《关于〈中华人民共和国刑法〉第三百一十三条的解释》关于"有能力执行而拒不执行,情节严重"的第(一)项情形。判断是否隐瞒,应当结合被执行人财物状况公开程度,即公权力获知财产情况的难易,加以判断。

(二)从行为人的罪过程度分析

除了从前述行为特征所体现的罪过外,还可以从以下方面分析:一是看行为人是否不管不顾人民法院的积极敦促。倘若行为人在人民法院的督促下,尽其所能逐步执行生效判决,不能完全执行的原因确实在于执行能力不足,则不宜入罪。本案中,朱荣南在人民法院反复多次敦促的情况下仍然拒不履行生效判决。判决执行阶段,人民法院送达了执行通知书、被执行人报告财产民事裁定书、财产申报表,可以说手续齐全、内容详尽。无论是从普通人的认知,还是从具体纠纷债务人的认知,朱荣南都应当知道作为司法机关确认的债务人,其应当在裁判指定的期限内履行法律义务。但在人民法院要求其申报财产时,其拒绝申报;在人民法院要求其履行判决确定的义务时,其以无执行能力为由逃避履行;在人民法院反复向其了解财产状况时,其隐瞒用财产购买其他物品的事实;在人民法院向其送达督促限期履行令后,仍拒绝履行生效判决且不如实申报财产。二是看是否因拒不执行判决、裁定受过司法强制措施。因拒不执行判决、裁定受过司法强制措施,即表明拒不执行判决、裁定的行为达到一定的严重程度,如其拒不悔改仍有执行能力而不执行,表明行为人主观恶性较大,应当属于"情节严重"。本案中,朱荣南因拒不履行本案所涉生效法律文书,已于 2009 年 4 月被人民法院决定司法拘留,仍毫无悔改,通过借用他人名义规避法院执行,主观恶性大。

(三)从行为人的行为后果分析

根据参与立法的相关人员介绍,"致使判决、裁定无法执行"既包括最终无法执行的情况,也包括在执行中受到严重阻碍,需要法院采取各种措施,排除阻碍后才最终得以执行的情况。

此外,拒不执行判决、裁定的行为后果还体现在两个方面:一是对于权利人而言,行为人的拒不执行判决、裁定的行为导致追索关系申请人生命健康的赡养费、抚养费、医疗费等的权利受到严重损害,或者导致生效裁判权利人精神失常、自杀等严重后果;行为人将财产转移并用于个人挥霍,造成裁判彻底不能执行等情形,均属于情节严重。二是对于司法而言,该行为妨害人民法院的正常执行活动或者损害人民法院形象达到一定严重程度。每一件执行案件在未审结前都牵涉诸多人力、物力和财力,持续时间越长,司法成本投入就越巨大。因拒不执行判决、裁定而浪费的司法成本越大,情节就越严重。本案中,执行前后持续近 5 年,人民法院投入了大量的人力、物力和财力,可以认定朱荣南拒不执行判决、裁定的行为属于情节严重。

综上,行为人朱荣南有执行能力,拒不执行判决、裁定的行为持续时间长、行为方式隐蔽、标的额巨大,且因拒不履行本案所涉生效裁判被司法拘留后仍拒不执行人民法院裁判,属于"情节严重",构成拒不执行判决、裁定罪。

案例:龙某某拒不执行判决案

案例来源:《刑事审判参考》总第 110 集[第 1204 号]

主题词:拒不执行判决罪　有能力执行

一、基本案情

2005 年 1 月,沈某某驾驶小型汽车将自诉人罗某某撞伤,导致罗某某肢体残疾,后经鉴定残疾等级为二级。因龙某某是肇事车辆的车主,2006 年 8 月 4 日,北京市朝阳区人民法院作出

(2006)朝民初字第7142号民事判决,判令龙某某与沈某某连带赔偿罗某某医疗费、残疾赔偿金、精神损害赔偿金等损失共计人民币19万余元。判决生效后于2007年进入执行程序。在执行过程中,龙某某逾期未到庭并失去联系。法院将执行通知、财产报告令及传票一并交与龙某某的姐姐代为转交,龙某某承认已收到前述法律文书,但未按要求申报财产,亦未履行生效判决确定的给付义务。在案件执行期间,龙某某名下有轿车,且有一定的经济收入。2016年10月8日,龙某某因拒不履行生效判决确定的义务被法院决定司法拘留十五日。司法拘留后,龙某某仍未履行生效判决确定的给付义务,直至同年12月14日经法院通知到案后被逮捕。

二、裁判要旨

No. 6-2-313-2 “有能力执行”是成立拒不执行判决、裁定罪的必要条件,没有执行能力而没有执行的,不构成本罪。“有能力执行”的时间起算节点应为判决、裁定发生法律效力时;“有能力执行”不以行为人主观认识而以客观事实为准,不应受执行情况的影响;“有能力执行”包括部分执行能力。

(1)认定“有能力执行”的时间从判决、裁定生效时起算,不限于执行期间或刑事案件审理期间。

“有能力执行”的时间起算节点应为判决、裁定发生法律效力时。主要理由在于:

第一,判决、裁定生效时,双方当事人的权利义务关系才得以明确,被执行人的法定义务才得以确立。在判决、裁定未生效的情况下,双方当事人的权利义务尚未明确,判决、裁定处于不确定的状态,判决、裁定尚未开始执行犯罪客体未受侵犯,自然不能成立犯罪。

第二,判决、裁定生效时,行为人的法定义务就已经确立,应当自觉、及时履行判决、裁定所要求的内容。只要行为人收到了人民法院的判决、裁定,就应当认定其知晓了判决、裁定的内容,与执行程序的进展无关。若行为人此时实施隐瞒、转移财产等行为,必然妨碍了判决、裁定的执行,妨害了司法。

第三,符合拒不执行判决、裁定罪的立法本意。《全国人民代表大会常务委员会关于〈中华人民共和国刑法〉第三百一十三条的解释》明确,本罪中的人民法院判决、裁定“是指人民法院依法作出的具有执行内容并已发生法律效力的判决、裁定”。本罪侵犯的客体是人民法院生效判决、裁定的权威性,那么作为本罪构成要件的“有能力执行”应当与犯罪客体相适应,即对生效的判决、裁定有执行能力,故应以判决、裁定生效时作为认定行为人是否“有能力执行”的时间节点。

第四,符合最高人民法院指导性案例的要旨。最高人民法院指导案例71号(毛建文拒不执行判决、裁定案)的裁判要旨为:“有能力执行而拒不执行判决、裁定的时间从判决、裁定发生法律效力时起算。”指导性案例应当作为司法审判的参照依据。

本案中,龙某某辩称其在案件审理期间没有执行能力,而在案证据足以证明龙某某自判决生效至刑事案件立案前,有一定的经济收入,能够执行生效判决确定的给付义务,其未履行义务,未申报财产。但“有能力执行”的时间起点为判决生效时,自判决生效后被告人只要有执行的能力就应自觉履行执行义务。

(2)“有能力执行”是客观事实,不以行为人的主观认识为要件,且不受执行情况的制约。

《最高人民法院关于审理拒不执行判决、裁定案件具体应用法律若干问题的解释》(已废止)第二条规定:“对人民法院发生法律效力的判决、裁定‘有能力执行’,是指根据查实的证据证明,负有执行人民法院判决、裁定义务的人有可供执行的财产或者具有履行特定行为义务的能力。”据此,“有能力执行”应是一种客观事实,行为人主观上认为其不具有执行能力的不影响认定。认定行为人“有能力执行”应当综合全部案情加以判断,要考虑行为人自身的收入、支出情况等。对给付的执行义务,则要考虑行为人实施给付行为的能力及现实的可能性等。

需要指出的是,认定行为人是否“有能力执行”不应受执行情况的影响。拒不执行判决、裁定案件中,执行机构可能出具执行终结裁定书,终结本次执行程序。对此,执行终结裁定书通常是以被执行人名下无“显性”财产为根据的,如名下存款、不动产等,而刑事程序中行为人是否

“有能力执行”不仅要考虑行为人“显性”财产,还要考虑其“隐性”财产,需要依据综合情节认定行为人是否“有能力执行”。除了行为人及其家庭生活必需,如果行为人有非必要性支出的,即使名下无财产,仍可视情况认定其“有能力执行”。

本案中,龙某某辩称其没有执行能力,系其主观认识,不影响法院对客观事实的认定。在生效判决执行期间,龙某某名下有车辆,且有一定的经济收入,还自述曾出境旅游、赌博,故其有执行能力,且执行部门裁定终结民事赔偿判决的执行程序也不影响对被告人是否“有能力执行”的认定。

(3)“有能力执行”包括部分执行能力。

“有能力执行”是指有可供执行的财产,既包括有可供全部执行的财产,也包括可供部分执行的财产。即使行为人没有能力一次性全部履行执行义务,但有能力分次履行、部分履行执行义务的,也可以认定行为人“有能力执行”。当然,在财产给付中,行为人能够通过自己的行为获得生活来源并能够维持一般人的生活水平的,就能分批给付小额财产,具有了部分履行的能力,如系低保人员、家庭严重困难、失业无收入来源等则除外。

本案龙某某辩称其不能履行给付义务,法院审查后认为其有一定的收入,虽该收入不足以一次性履行全部给付义务,仍可以分时段、分批次履行部分给付义务,但自判决生效后,被告人始终分文不付,属于“对人民法院的判决、裁定有能力执行而拒不执行”。鉴于被告人在近十年的时间里拒不执行判决,且在因拒不履行生效判决确定的义务被法院决定司法拘留的情况下仍未执行判决,自诉人因伤严重残疾,生活不能自理,亟须救治资金时,持生效判决书却不能得到应得的赔偿,被告人拒不执行判决的行为情节严重,且属于《最高人民法院关于审理拒不执行判决、裁定刑事案件适用法律若干的解释》第七条规定的拒不执行支付医疗费用等判决而可以酌情从重处罚的情况,故以拒不执行判决罪对被告人定罪处罚。

案例:杨建荣、颜爱英、姜雪富拒不执行判决、裁定案

案例来源:《刑事审判参考》总第 125 辑[第 1396 号]

主题词:拒不执行判决、裁定罪　诉前转移财产

一、基本案情

2015 年 1 月 17 日,被告人杨建荣委托他人邀请郑建宏为杨建荣、颜爱英夫妻拆除养殖用房,在工作过程中郑建宏摔伤,之后在医院治疗。为了避免该房产在之后的民事诉讼中被法院拍卖执行,杨建荣、颜爱英多次找到朋友被告人姜雪富,欲将涉案房产抵押给姜。姜雪富在自己和杨建荣夫妻的真实债务仅为 30 余万元的情况下,由杨建荣出具了共计 300 万元的借条给姜雪富。杨建荣、颜爱英及姜雪富以该笔虚构的 300 万元债务,于 2015 年 2 月 25 日办理了抵押登记。后郑建宏死亡,共花费医药费 20 余万元,被告人杨建荣、颜爱英前后共支付郑建宏家属约 20 万元,其他损失双方未达成协议。郑建宏家属向衢州市衢江区人民法院提起民事诉讼,法院判决杨建荣、颜爱英赔偿郑建宏家属因郑建宏死亡的各项损失共计 375526.66 元(不包括杨建荣、颜爱英已赔偿的部分)。判决生效后,杨建荣、颜爱英未按判决履行赔偿义务,郑建宏家属向衢州市衢江区人民法院申请强制执行。法院在对该案执行过程中,查询到被告人杨建荣、颜爱英夫妻名下存款仅数千元,但杨建荣名下有一套房产,已于 2015 年 2 月 25 日抵押给姜雪富。法院执行人员多次联系作为被执行人的杨建荣、颜爱英了解房产情况,并在向姜雪富了解其与杨建荣、颜爱英借款及抵押情况时,杨建荣、颜爱英表示无财产无能力全额赔偿,姜雪富表示其享有杨建荣、颜爱英 300 万元的债权真实,且其房产已抵押给自己,导致涉案民事生效判决无法执行到位。2016 年 4 月 5 日,法院以被告人杨建荣等人伪造证据涉嫌刑事犯罪将案件移送衢州市公安局衢江分局,三人仍坚称 300 万元的借款真实存在,直至 2016 年 10 月 15 日后才开始如实供述。2017 年 1 月,被告人杨建荣、颜爱英履行了涉案民事生效判决确定的全部义务,杨建荣、颜爱英取得了郑建宏家属的谅解。

衢州市衢江区人民法院认为,被告人杨建荣、颜爱英、姜雪富互相串通,以虚构债务、抵押可

供执行财产的方式妨害执行,致使判决、裁定无法执行,是对人民法院的判决有能力执行而拒不执行,情节严重,其行为均已构成拒不执行判决、裁定罪,且属共同犯罪。公诉机关指控的事实成立。在共同犯罪中,杨建荣、颜爱英起主要作用,是主犯;姜雪富起次要作用,是从犯,应当从轻处罚。杨建荣、颜爱英、姜雪富归案后如实供述自己的罪行,当庭自愿认罪,均可从轻处罚。杨建荣、颜爱英已依法履行执行义务,且取得申请执行人的谅解,颜爱英无犯罪前科,均可从轻处罚。根据杨建荣、颜爱英、姜雪富的犯罪情节、悔罪表现等,均可对三被告人宣告缓刑。判决被告人杨建荣犯拒不执行判决、裁定罪,判处有期徒刑六个月,缓刑一年;被告人颜爱英犯拒不执行判决、裁定罪,判处拘役五个月,缓刑六个月;被告人姜雪富犯拒不执行判决、裁定罪,判处拘役三个月,缓刑四个月。

宣判后,被告人杨建荣、颜爱英均提出上诉,称其并无拒不执行人民法院判决的故意和行为。衢州市中级人民法院经审理认为,被告人杨建荣、颜爱英正是考虑到日后可能会面临民事赔偿诉讼,涉案房产会被人民法院拍卖用以执行,才起意、预谋转移该房产,以达到抗拒人民法院执行的目的;之后,杨建荣、颜爱英在相关民事诉讼中败诉后未履行赔偿义务,执行法官多次找二人核实财产状况,二人一直隐瞒其有能力执行却以虚构高额债务为名将涉案房产转移的真相,又指使姜雪富按事先预谋在执行法官面前作伪证,妨碍人民法院查明其实际财产状况,致使涉案判决长期无法执行。拒不执行人民法院判决的故意和行为显然,应以拒不执行法院判决、裁定罪论处;财产转移的时间不能成为二人构罪的阻却因素,事后的履行行为仅可作为量刑情节予以考虑。相关上诉意见,不予采纳。裁定驳回上诉,维持原判。

二、裁判要旨

No. 6-2-313-3 在民事判决确定前转移、隐匿财产的,只要转移、隐匿财产等行为状态持续至民事裁判生效后,情节严重的,即可构成拒不执行判决、裁定罪。

杨建荣、颜爱英在民事判决确定前,即蓄意转移财产,伙同姜雪富伪造高额债务,并办理抵押登记,直至案件进入执行阶段,杨、颜二人仍指使姜雪富作伪证,继续隐匿财产,妨碍人民法院查明二人的财产状况,致使生效判决无法执行。杨、颜二人有能力执行而拒不执行生效判决,在执行阶段仍未如实陈述其财产状况,其隐匿财产的行为处于持续状态,情节严重,其行为应以拒不执行判决、裁定罪论处。姜雪富在明知杨、颜二人逃避法院执行的情况下,仍协助二人转移财产,应以共犯论处。理由如下:

第一,法院裁判生效进入执行阶段后,当事人伪造证据的,不成立妨害作证罪与帮助伪造证据罪。妨害作证罪和帮助毁灭、伪造证据罪都是发生在诉讼过程中的行为。广义而言,执行活动也属于诉讼活动。但是,刑法规定的妨害作证罪、帮助毁灭、伪造证据罪以及伪证罪等以证据为对象的犯罪,都是发生在诉讼过程中,就人民法院而言,都是发生在审判程序中。在民事案件中,法院立案前的行为,一般不作为妨碍诉讼的行为来认定,但如果其行为的后果持续到审判程序中,妨害人民法院作出正确裁判的,则仍然应当作为妨害诉讼的行为来认定。而法院作出生效裁判进入执行阶段后,当事人提供的证据,由于缺少开庭审理对证据的质证,不能成为上述罪名的犯罪对象。就本案而言,杨建荣、颜爱英与姜雪富伪造300万元债务的相关借条、收条以及抵押凭证,对杨建荣、颜爱英夫妇与郑建宏的赔偿诉讼的事实认定没有影响。其所伪造的上述证据,亦未被人民法院在民事裁判中认定为民事诉讼的定案根据。因而,本案定妨害作证罪和帮助伪造证据罪的主体不适格。

第二,隐藏、转移财产等行为延续至民事裁判生效后,属于执行阶段中的拒不执行判决、裁定行为,应以拒不执行判决、裁定罪论处。在民事裁判生效前,甚至在进入民事诉讼程序前,只要转移、隐匿财产等行为状态持续至民事裁判生效后,情节严重的,即可构成拒不执行判决、裁定罪。

1. 拒不执行判决、裁定罪的本意是处罚有能力执行而拒不执行的执行义务人。本案中,杨、颜二人显然是有能力执行而拒不执行的执行义务人。二人在尚未开始民事赔偿诉讼前即实施转移、隐匿财产等行为,以此对抗法院执行,较一般拒执行为的主观恶性更大。

2. “有执行能力”的时间应从法院判决、裁定生效后起算。本案被告人杨建荣、颜爱英有价值100万元以上的房产,尽管从形式要件上看,在民事判决下发后,该房产已经抵押到被告人姜雪富名下,但那只是双方为了掩盖事实而构造的假象,被告人杨建荣、颜爱英有执行能力。

3. 被告人杨建荣等人的行为属于“有能力执行而拒不执行,情节严重”的行为。《全国人民代表大会常务委员会关于〈中华人民共和国刑法〉第三百一十三条的解释》(以下简称《刑法第三百一十三条立法解释》)规定了“有能力执行而拒不执行,情节严重”的五种情形,其中第五项规定了“其他有能力执行而拒不执行,情节严重的情形”。为此,《最高人民法院关于审理拒不执行判决,裁定刑事案件适用法律若干问题的解释》第二条又明确了司法实践中的八种情况属于《刑法第三百一十三条立法解释》中的“其他”情形,其中第二项规定:“伪造、毁灭有关被执行人履行能力的重要证据,以暴力、威胁、贿买方法阻止他人作证或者指使、贿买、胁迫他人作伪证,妨碍人民法院查明被执行人财产情况,致使判决、裁定无法执行的”,属于“其他有能力执行而拒不执行,情节严重的情形”。

本案中,杨、颜二人指使姜雪富作伪证,隐匿财产的行为状态持续至执行阶段,导致人民法院无法查明二人的财产情况,致使郑建宏家属的民事赔偿判决无法执行。杨建荣等人为了逃避执行,在民事履行义务确定前转移、隐匿财产,且行为状态持续至执行阶段,致使法院判决、裁定无法执行,该行为不仅是隐匿财产行为的持续,更是执行阶段拒绝执行生效裁判的表现。其主观恶性更深,应以拒不执行判决、裁定罪定罪处罚。

案例:于国民拒不执行判决案

案例来源:《刑事审判参考》总第127辑[第1410号]

主题词:拒不执行判决罪　认罪认罚

一、基本案情

2018年6月8日,北京市顺义区人民法院作出民事判决。宣判后,于国民不服判决提起上诉。同年,10月30日,北京市第三中级人民法院判决驳回上诉,维持原判。北京市顺义区人民法院对天正阳公司依据生效判决申请对于国民强制执行的案件立案,11月13日出具执行通知书及报告财产令。于国民在有执行能力的情况下拒不执行判决。2019年2月18日,北京市顺义区人民法院出具限制消费令及失信决定书,2月28日,北京市顺义区人民法院决定对于国民拘留15日。拘留期限届满后,于国民在有执行能力的情况下仍拒不执行判决,致使法院的判决无法执行。3月14日,于国民被公安机关抓获。于国民到案后委托他人返还涉案天正阳公司公章1枚、法定代表人人名章1枚、税务登记证副本1个、营业执照副本1个。截至本案一审辩论结束,于国民尚未返还天正阳公司营业执照正本、税务登记证正本、组织机构代码证正副本、财务章、合同专用章、企业会计账簿。被告人辩解称自己已经将部分执行标的交给公安机关,剩余的待执行标的自己找不着了。其辩护人提出,于国民具有认罪认罚情节,剩余的待执行标的是于国民忘记放在何处,而不是故意不交。

北京市顺义区人民法院认为,被告人于国民对人民法院生效的判决有能力执行而拒不执行,情节严重,其行为已经构成了拒不执行判决罪,依法应予惩处。于国民虽然表示认罪,但仅返还小部分执行标的,在一审法庭辩论结束时,仍拒不返还大部分执行标的,其没有真诚悔过,无法认定其具有“认罪认罚”的从宽情节。判决被告人于国民犯拒不执行判决罪,判处有期徒刑一年四个月。

一审宣判后,被告人于国民提出上诉,理由是剩余待执行标的自己忘记存放地点,并非拒不执行;自己有认罪认罚情节,社会危害性小,请求二审法院减轻处罚或者适用缓刑。

北京市第三中级人民法院经审理认为,自相关判决生效至于国民被抓获,历时数月,于国民在明知负有判决确定的交付义务,亦有履行判决的时间和条件情况下,却予推脱,致使生效判决无法执行,其行为符合本罪情节严重的认定标准,上诉人的上诉理由及辩护意见缺乏事实及法律依据,本院不予采纳。关于上诉人于国民及其辩护人针对量刑所提相关上诉理由及辩护意见,经查,原审法院根据于国民返还执行标的等情况综合其悔过态度不予认定认罪认罚从宽情节,并根据案件具体情节,在法定幅度判处刑罚,并无不当,该上诉理由及相关辩护意见不予采纳。综上,原审法院根据上诉人于国民犯罪的事实、性质、情节和对于社会的危害程度所作出的判决,定罪及适用法律正确,量刑适当,应予维持。依法作出驳回上诉、维持原判的终审裁定。

二、裁判要旨

No. 6-2-313-4　人民法院应对认罪认罚的真实性进行实质审查,被告人虽在审查起诉阶段签署认罪认罚具结书,但对主要指控事实多次辩解否定的,不符合适用认罪认罚的实质条件,不应适用认罪认罚从宽制度进行从宽处罚。

认罪认罚从宽制度中的"认罪",是指犯罪嫌疑人、被告人自愿如实供述自己的罪行,对指控的犯罪事实没有异议。根据最高人民法院、最高人民检察院、公安部、国家安全部、司法部《关于适用认罪认罚从宽制度的指导意见》的规定,犯罪嫌疑人、被告人承认指控的主要犯罪事实,仅对个别事实情节提出异议,或者虽然对行为性质提出辩解但表示接受司法机关认定意见的,不影响"认罪"的认定。"认罚"是指犯罪嫌疑人、被告人真诚悔罪,愿意接受处罚。实践中,要对认罪认罚的真实性进行实质审查,避免一味追求诉讼效率,错误适用认罪认罚从宽制度,从而影响案件的公正处理。

本案中,在认罪方面,被告人于国民一方面表示对指控事实和罪名均无异议,另一方面又对指控事实有过多次辩解与否定,供述极不稳定。综合考虑于国民的供述和辩解内容可以发现,其不单单是对个别事实情节提出异议,在某种程度上是对指控主要事实的否认。在认罚方面,从于国民被指控的罪名来看,其负有履行法院生效判决的义务,在有能力履行的情况下,其仍不将待执行标的交还给被害公司,致使被害公司经营活动仍无法正常运转,其犯罪行为所造成的不法状态一直存在,被破坏的社会关系一直未得到恢复,故难以认定于国民具有真诚悔罪和愿意接受处罚的表现。于国民虽在审查起诉阶段签署了认罪认罚具结书,公诉机关按认罪认罚案件提起公诉,但经人民法院审查,被告人于国民实质上并不符合认罪认罚的条件,因此,本案不应适用认罪认罚从宽制度对被告人从宽处罚。

案例:肖应文、李秋发拒不执行判决案

案例来源:《刑事审判参考》总第 130 辑[第 1462 号]
主题词:拒不执行判决罪　致使判决裁定无法执行

一、基本案情

2012 年 2 月,被告人肖应文为躲避债权人讨债及防止房屋被低价拍卖,与周某某签订为期 20 年的虚假房屋租赁合同并伪造第一个五年期的房屋租金支付记录,将位于武夷山市度假区环岛西路的房屋(以下简称"环岛西路房屋")交付给被告人李秋发看管后,便前往北京。其后,李秋发经肖应文同意将环岛西路房屋注册为"某某快捷酒店"经营使用。2012 年至 2013 年期间,债权人李某等 11 人因与肖应文民间借贷纠纷陆续起诉到武夷山市人民法院,法院判决肖应文偿还李某等 11 人本金共计人民币 2200 万元(以下币种同)及利息。因肖应文下落不明无法偿还,李某等人申请强制执行,法院受理后于 2013 年 1 至 5 月期间陆续公告送达执行通知书,肖应文依旧下落不明。此后,法院对肖应文所有的环岛西路房屋进行二次评估拍卖,但均因无人竞拍而流拍。

2017 年 5 月 25 日,李秋发在法院向其了解环岛西路房屋租金支付情况时,在法院调查笔录上表示:第二个五年期的房屋租金 70 万元,已由合伙人周某某直接支付给肖应文,并收到肖应文书写的收条;周某某将继续承租。其后李秋发联系肖应文,在肖应文的授意下自行伪造了该笔租金收条来应付法院。

2018 年,李秋发因酒店经营失利,将环岛西路房屋租赁给胡某某等人,陆续收到胡某某等人的房屋租金。

2019年7月12日,李秋发在武夷山市公安局找其了解情况后,前往北京找肖应文商量对策,肖应文担心按照李秋发伪造的第二年房屋租金70万元收条所示,系自己直接收取该租金,会增加其罪责,遂给李秋发伪造了220万元的借条,用该虚构的220万元债务冲抵上述70万元房屋租金的形式来应对。

2019年7月30日,被告人肖应文到武夷山市公安局投案。2019年9月4日,被告人李秋发经电话传唤到案。

二、裁判要旨

No. 6-2-313-5 "致使判决、裁定无法执行"不仅指生效的判决、裁定确定的执行内容终局性、永久性无法执行,也包括被执行人拒不执行,情节严重,导致执行措施无法有效地开展的情形。

第一,从保护的法益而言,本罪的核心是司法权威和司法秩序,同时也保障当事人的胜诉利益实现。当一份判决、裁定生效后,天然地具有权威性和强制性,债务人应当无条件、积极地履行判决、裁定所确定的义务。当债务人拒不履行,债权人申请强制执行,法院启动强制执行程序时,司法判决、裁定的权威性以及债权人利益的实现便转由法院来实际维护和保障,此时,拒不执行人对抗的便是法院的强制执行,而非债权人的债权利益,在强制执行过程中,被执行人严重妨碍执行的,便构成本罪。因而应主要以拒不执行人妨碍法院执行的角度,而非债权人的债权利益最终是否实现的角度出发,来辨别法益侵害性。若以债权人债权利益实现的角度,即纯以"结果论"出发,忽视被执行人妨害执行的严重程度和法院执行的难度,则无法有效保护本罪所保护的法益,也不利于打击"老赖",巩固基本解决执行难成果。

第二,本罪为情节犯,而非结果犯。根据《刑法》第三百一十三条罪状的描述"对人民法院的判决、裁定有能力执行而拒不执行,情节严重的",其中"情节严重"便是学理上认定"情节犯"的重要依据。同时,虽然《全国人民代表大会常务委员会关于〈中华人民共和国刑法〉第三百一十三条的解释》规定五种情形中的四种要求有"致使判决、裁定无法执行"的结果,但《最高人民法院关于审理拒不执行判决、裁定刑事案件适用法律若干问题的解释》第二条第五、六、七项亦规定被执行人拒不执行"致使执行工作无法进行"亦构成此罪,因而并非一定需要出现"致使判决、裁定无法执行"的结果,才构成此罪。但出于刑法谦抑性,需要出现情节严重的情形,才能动用刑法打击。因此,有能力执行而拒不执行,导致执行工作无法顺利有效进行,情节严重的,才能定罪处罚。

本案中,法院启动强制执行程序,对涉案房产进行评估拍卖,虽然因无人竞拍而流拍,最终导致判决所确定的内容无法执行,看似不可归因于二被告人,但如前所述,应立足于法院执行的角度,考虑二被告妨碍执行的严重程度,进行定罪处罚。被告人肖应文、李秋发妨碍执行的严重程度,体现在以下方面:(1)被告人肖应文藏匿北京,致使法院无法查找到此人。(2)二被告人拒不执行行为性质恶劣。二被告人为逃避执行,不断弄虚作假,完全无视司法机关、司法活动的严肃性,主观恶性深、行为性质恶劣,情节严重。法院在二被告人的行为下,无从查清该房屋的真实权属和使用情况,更无从开展与之相应的执行措施。

案例:毛建文拒不执行判决、裁定案

案例来源:最高人民法院指导案例71号

主题词:拒不执行判决、裁定罪　起算时间

一、基本案情

浙江省平阳县人民法院于2012年12月11日作出(2012)温平鳌商初字第595号民事判决,判令被告人毛建文于判决生效之日起15日内返还陈先银挂靠在其名下的温州宏源包装制品有限公司投资款20万元及利息。该判决于2013年1月6日生效。因毛建文未自觉履行生效法律文书确定的义务,陈先银于2013年2月16日向平阳县法院申请强制执行。立案后,平阳县法院在执行中查明,毛建文于2013年1月17日将其名下的小型普通客车以15万元的价格转卖,并将所得款项用于个人开销,拒不执行生效判决。毛建文于2013年11月30日被抓获归案后如实供述了上述事实。

二、裁判要旨

No. 6-2-313-6 拒不执行判决、裁定罪中规定的“有能力执行而拒不执行”的行为起算时间,应从相关民事判决发生法律效力时起算。

(1)符合立法原意

全国人民代表大会常务委员会对《刑法》第三百一十三条规定解释时指出,该条中的“人民法院的判决、裁定”,是指人民法院依法作出的具有执行内容并已发生法律效力的判决、裁定。这就是说,只有具有执行内容的判决、裁定发生法律效力后,才具有法律约束力和强制执行力,义务人才有及时、积极履行生效法律文书确定义务的责任。生效法律文书的强制执行力不是在进入强制执行程序后才产生的,而是自法律文书生效之日起即产生。

(2)与《民事诉讼法》及其司法解释协调一致

2017年《民事诉讼法》第一百一十一条规定,诉讼参与人或者其他人拒不履行人民法院已经发生法律效力的判决、裁定的,人民法院可以根据情节轻重予以罚款、拘留;构成犯罪的,依法追究刑事责任。2015年《民诉法司法解释》第一百八十八条规定,民事诉讼法第一百一十一条第一款第六项规定的拒不履行人民法院已经发生法律效力的判决、裁定的行为,包括在法律文书发生法律效力后隐藏、转移、变卖、毁损财产或者无偿转让财产、以明显不合理的价格交易财产、放弃到期债权、无偿为他人提供担保等,致使人民法院无法执行的。由此可见,法律明确将拒不执行行为限定在法律文书发生法律效力后,并未将拒不执行的主体仅限定为进入强制执行程序后的被执行人或者协助执行义务人等,更未将拒不执行判决、裁定罪的调整范围仅限于生效法律文书进入强制执行程序后发生的行为。

(3)符合立法目的

拒不执行判决、裁定罪的立法目的在于解决法院生效判决、裁定的执行难问题。将判决、裁定生效后立案执行前逃避履行义务的行为纳入拒不执行判决、裁定罪的调整范围,是法律设定该罪的应有之意。将判决、裁定生效之日确定为拒不执行判决、裁定罪中拒不执行行为的起算时间点,能有效地促使义务人在判决、裁定生效后即迫于刑罚的威慑力而主动履行生效裁判确定的义务,避免生效裁判沦为一纸空文,从而使社会公众真正尊重司法裁判,维护法律权威,从根本上解决执行难问题,实现拒不执行判决、裁定罪的立法目的。

141 脱逃罪(《刑法》第三百一十六条第一款)

案例:魏荣香等故意杀人、抢劫、脱逃、窝藏案

案例来源:《刑事审判参考》总第11辑[第76号]

主题词:脱逃罪 牵连犯 自动投案后逃跑

一、基本案情

被告人魏荣香,女,1979年8月22日出生,农民。因涉嫌犯故意杀人罪,于1998年10月14日被刑事拘留,同年11月14日被逮捕。

被告人王招贵,男,1978年9月5日出生,农民。1997年7月,因犯故意伤害罪被判处有期徒刑8个月,1998年3月26日刑满释放。因涉嫌犯聚众持械劫狱罪,于1999年2月13日被逮捕。

被告人郑建德,男,1968年11月30日出生,农民。因涉嫌犯聚众持械劫狱罪,于1999年2月13日被逮捕。

南平市中级人民法院经审理查明:被告人王招贵与被告人魏荣香系恋爱关系。1998年10月30日下午,魏荣香见王招贵驾驶摩托车载着被害人许妹,即上前责问王招贵与许妹是何关系,并谩骂许妹,引起争执、斗殴,后被人劝阻。为此,魏荣香心怀怨恨。次日上午7时许,魏荣香途经许妹的水果摊位时,又与许妹发生口角。魏荣香即返回自己的发廊取了一把双刃尖刀插于腰间,再次来到许妹的摊位,与许妹争执、扭打。扭打中,魏荣香拔出尖刀刺向许妹右颈部,致许妹倒地,又朝许左大腿外侧刺一刀,后被在场群众拉开。魏荣香逃离现场,于当日到派出所投案,被羁押于政和县看守所。许妹被人送往医院抢救无效死亡。经鉴定,许妹系颈部右侧刺伤,创腔经右锁骨上窝切断右锁骨下动脉,进入右胸腔,刺破右肺上叶,造成血气胸而死亡。

1998 年 1 月,被告人魏荣香因计划外怀孕,自愿在政和县计划生育服务站人工流产。

被告人王招贵曾因犯罪在福建省政和县看守所服刑,对看守所的情况比较熟悉。被告人魏荣香因涉嫌犯故意杀人罪被逮捕羁押在政和县看守所后,王招贵产生从看守所将被告人魏荣香"救"出的念头,并为此购买了铁管、螺丝刀、手电筒、假警服、鞭炮等作案工具。1999 年 1 月 17 日下午 4 时许,王招贵乘车到政和县石屯镇松源村其表兄即被告人郑建德家并告知郑晚上要到政和县看守所"救"出魏荣香。晚饭后,王招贵在郑建德家换上假警服、戴上假警帽,携铁管、螺丝刀、鞭炮等,骑自行车离开郑建德家。当晚 11 时许,王招贵进入看守所,将值班室窗户护栏拉弯入内,用螺丝刀撬开办公桌抽屉。盗出监房钥匙,又将看守所北面围墙用铁管撬开一个大洞。进入监舍后,王招贵用钥匙打开 8 号女监房,将正在睡觉的魏荣香叫出,魏荣香穿好衣服与王招贵一起走到监房外走道上,王叫魏往前走,魏荣香听出是王招贵的声音,便问:"怎么是你?"王说:"来救你!"二人从看守所围墙洞口钻出后,骑自行车逃跑。次日凌晨 1 时许,王招贵、魏荣香来到郑建德家,要郑帮助找柴油三轮车。郑建德带王招贵到本村陈富康家附近,后由王招贵自己去叫开陈家门,郑返回家中睡觉。随后,王招贵以 100 元的价格包乘陈富康的柴油三轮车连夜赶到邻县松溪县城,在一旅社住下。早上 6 时 50 分,公安干警在松溪县旧县检查站将一辆开往浙江龙泉的班车拦下,抓获了被告人王招贵、魏荣香。被告人郑建德亦于当日被刑事拘留。

另查明,1999 年 1 月 1 日凌晨 1 时许,被告人王招贵伙同颜祖庆(同案被告人,已判刑)携带作案工具潜入政和县澄源县邮电支局,将值班员许永秀捆绑、打伤后,劫取保险柜一个,内有现金 32 元、总面值 79.65 元的邮票和空白支票等。

南平市中级人民法院认为:被告人魏荣香因琐事持刀杀人的行为,已构成故意杀人罪,其从监所逃离,又构成脱逃罪;被告人王招贵、郑建德明知被告人魏荣香是犯罪人,而帮助其逃匿,均已构成窝藏罪。被告人王招贵以非法占有为目的,伙同他人采用暴力手段,劫取财物的行为,还构成抢劫罪。起诉书指控三被告人的犯罪事实清楚,证据确实、充分,但指控三被告人犯聚众持械劫狱罪的罪名不能成立。三被告人的辩护人关于三被告人的行为不构成聚众持械劫狱罪、被告人王招贵抢劫的对象不是金融机构、被告人魏荣香系怀孕的妇女的辩护意见,予以采纳,其他辩护意见不能成立。依照《中华人民共和国刑法》第二百三十二条、第二百六十三条、第三百一十条第一款、第三百一十六条第一款,第五十七条第一款、第四十九条、第六十九条第一款、第二十五条第一款的规定,于 1999 年 7 月 2 日判决如下:

1. 被告人魏荣香犯故意杀人罪,判处无期徒刑,剥夺政治权利终身;犯脱逃罪,判处有期徒刑二年。决定执行无期徒刑,剥夺政治权利终身。

2. 被告人王招贵犯窝藏罪,判处有期徒刑十年;犯抢劫罪,判处有期徒刑八年,并处罚金人民币二千元。决定执行有期徒刑十八年,并处罚金人民币二千元。

3. 被告人郑建德犯窝藏罪,判处有期徒刑一年。

一审宣判后,王招贵、郑建德服判。魏荣香不服,上诉于福建省高级人民法院。

魏荣香上诉称,其系无意刺中许妹颈部和左大腿,无脱逃故意,且有自首情节,请求从轻处罚。

福建省高级人民法院经审理认为:原审判决认定的事实清楚,证据确凿,适用法律正确,定罪准确,量刑适当,审判程序合法。魏荣香要求从轻处罚的理由不能成立,不予采纳。依照《中华人民共和国刑事诉讼法》第一百八十九条第(一)项的规定,于 1999 年 9 月 2 日裁定如下:驳回上诉,维持原判。

二、裁判要旨

No.6-2-316(1)-1　单独一人持械将被羁押人劫出的,不构成聚众持械劫狱罪,应以脱逃罪的共犯论处。

被告人王招贵采用破坏监管设施的手段将魏荣香从看守所劫出的行为,带有劫夺在押犯的性质,从表面上看,符合聚众持械劫狱罪的构成特征。但实际上,本案缺乏"聚众"这一聚众持械劫狱罪的必要构成要件,不能以聚众持械劫狱罪定罪处罚。

本案被告人王招贵将魏荣香从看守所劫出的行为,实质上是一种劫夺行为,《刑法》第三百一十六条第二款规定的劫夺被押解人员罪虽可由单个人构成,但本罪的劫夺对象只能是押解途中的罪犯、被告人或犯罪嫌疑人。而魏荣香是被关押在看守所的犯罪嫌疑人,不是被押解途中的犯罪嫌疑人,依照罪刑法定原则,在立法没有对此作出修改以前,不能扩大劫夺被押解人员罪的犯罪对象范围。因此,被告人王招贵的行为,也不能以劫夺被押解人员罪定罪处罚。

根据《刑法》第三百一十六条第一款规定,脱逃罪是指依法被关押的罪犯、被告人、犯罪嫌疑人脱离监管的行为。作为被依法关押的犯罪嫌疑人魏荣香,在被告人王招贵的策划、安排和直接劫夺下,从看守所逃离,严重侵犯了司法监管秩序,其行为已构成脱逃罪。那么,如何认定被告人王招贵的行为性质呢?《刑法》第三百一十六条第一款的规定是针对脱逃罪的单独犯罪而言的。根据《刑法》第二十五条第一款规定,共同犯罪是指二人以上共同故意犯罪,刑法分则除对必要共同犯罪作了明确规定外,对于既可由一人单独完成,也可由二人以上共同实施的非必要共同犯罪,没有分别作出规定。实际上,由于非必要共同犯罪的主体十分复杂,刑法立法不可能也无必要对非必要共同犯罪的主体都作出详细规定。脱逃罪是非必要的共同犯罪,既可单独构成,也可由二人以上共同故意实施;既可以由被羁押的人共同实施,也可以由被羁押的人与羁押场所以外的人共同实施,如被关押的罪犯、被告人、犯罪嫌疑人的家属与在押人员周密部署、策划,利用探监之机,帮助在押人员脱逃的,就构成脱逃罪的共犯。本案被告人王招贵为使魏荣香从看守所逃离,采用破坏监管设施的手段,为魏荣香脱逃创造条件,并伪装成看守所干警将魏荣香从看守所带出,使魏荣香逃离了司法监管。虽然最初魏荣香没有与王招贵共谋脱逃,但在王打开监舍将魏荣香叫出,魏荣香知道王招贵的目的后,顺从地与王招贵一起脱逃,二人已经形成脱逃犯罪的共同故意,且共同实施了脱逃行为,魏荣香和王招贵的行为已触犯了《刑法》第三百一十六条第一款的规定,构成了脱逃罪。在共同脱逃犯罪中,王招贵起主要作用,是主犯。

No.6-2-316(1)-2　将在押犯罪嫌疑人从看守所劫出,并提供钱财资助其逃匿的,构成脱逃罪与窝藏罪的牵连犯,应择一重罪从重处罚。

在本案中,被告人王招贵基于使魏荣香逃避刑罚处罚的目的,实施了两个犯罪行为:破坏监管设施、冒充警察,将在押犯罪嫌疑人魏荣香从看守所劫出;提供钱财、交通工具和隐藏场所等,帮助魏荣香逃匿。触犯了两个罪名:脱逃罪和窝藏罪。但是,将魏荣香从看守所劫出的行为是实现其帮助魏荣香逃匿的手段。这种情形在刑法理论上被称为牵连犯。对于牵连犯,除刑法分则对其定罪处刑有特别规定外,司法实践中一般实行择一重罪从重处断的处罚原则,不实行数罪并罚。据此,一、二审法院对被告人王招贵以窝藏罪定罪,并判处法定最高刑十年有期徒刑,体现了罪刑相适应的刑法原则。

No.6-2-316(1)-3　自动投案后又逃跑的,不构成自首。

成立自首需具备三个条件:一是自动投案,二是如实交代自己的罪行,三是接受审查和裁判。对自首的犯罪分子来说,拒不接受审查和裁判,实际上表明其没有认罪、悔罪的诚意,不符合刑法设立自首制度的初衷。因此,最高人民法院《关于处理自首和立功具体应用法律若干问题的解释》在对自动投案的具体情形作出界定后,又明确规定犯罪嫌疑人自动投案后又逃跑的,不能认定为自首。本案被告人魏荣香犯罪后,自动投案,如实供述了其故意杀人的犯罪行为,说明其有认罪、悔罪、接受裁判的意愿,但其在关押期间又伙同王招贵脱逃,改变了认罪、悔罪和接受裁判的意愿,司法机关已无法对其进行审查和裁判,依法不能认定为自首。

案例:张丽荣脱逃案

案例来源:《刑事审判参考》总第 115 集[第 1278 号]

主题词:脱逃罪　追诉时效　死缓执行期间计算

一、基本案情

1992 年 1 月 11 日,张丽荣因家庭矛盾与其婆婆安玉芳发生口角后用斧子将安玉芳砍死。七台河市中级人民法院于 1992 年 9 月 25 日以故意杀人罪判处其死刑,缓期二年执行。黑龙江省高级人民法院于 1993 年 4 月 14 日作出核准其死刑、缓期二年执行的裁定,并于同年 5 月 4 日送达。裁定送达生效后张丽荣尚未投监,仍在看守所羁押。1993 年 9 月 8 日,张丽荣与其他犯人同到七台河市人民医院就医,张丽荣做完手术临时看押在医院一楼门厅处等待囚车,在值勤管教疏于防范的情况下脱逃,后公安机关组成抓捕组以张丽荣涉嫌犯故意杀人罪予以追逃。2005 年 11 月 4 日,七台河市公安局直属分局决定对张丽荣刑事拘留,并以涉嫌犯故意杀人罪对其上网通缉,2016 年 5 月,侦查机关获得其藏匿在广东省惠州市的线索,在当地公安机关配合下,于同年 5 月 25 日在惠州市××××公寓住处将其抓获。张丽荣对脱逃犯罪事实供认不讳。

二、裁判要旨

No. 6-2-316(1)-4　脱逃罪为状态犯而非持续犯,脱逃行为发生后,侦查机关在追诉时效内未立案侦查或采取强制措施的,追诉时效经过后,不应再追诉。1979 年《刑法》第七十七条中"在人民法院、人民检察院、公安机关采取强制措施以后,逃避侦查或者审判的,不受追诉期限的限制"中的"采取强制措施"应理解为人民法院、人民检察院、公安机关采取的拘留、逮捕等法定刑事强制措施,而不包括因刑罚执行。

张丽荣脱逃后,侦查机关没有及时针对其脱逃犯罪立案侦查和采取强制措施,直至 2005 年 11 月 4 日决定对张丽荣刑事拘留,并以其涉嫌犯故意杀人罪上网通缉。根据 1997 年 10 月 1 日起施行的《最高人民法院关于适用刑法时间效力规定若干问题的解释》第一条的规定,对于行为人 1997 年 9 月 30 日以前实施的犯罪行为,在人民检察院、公安机关、国家安全机关立案侦查或者在人民法院受理案件以后,行为人逃避侦查或者审判,超过追诉期限或者被害人在追诉期限内提出控告,人民法院、人民检察院、公安机关应当立案而不予立案,超过追诉期限的,是否追究行为人的刑事责任,适用 1979 年《刑法》第七十七条的规定,即"在人民法院、人民检察院、公安机关采取强制措施以后,逃避侦查或者审判的,不受追诉期限的限制"。张丽荣犯脱逃罪的追诉期限为十年,公安机关在其脱逃犯罪后的十年内(1993 年 9 月 8 日至 2003 年 9 月 7 日)没有对张丽荣采取强制措施,其犯罪行为已超过追诉期限,不应再追诉。

前述"强制措施"应理解为人民法院、人民检察院、公安机关采取的拘留、逮捕等法定刑事强制措施,不能扩大解释为一切被限制人身自由的状态。张丽荣脱逃时虽被羁押,但被羁押的依据是前罪的生效判决,属于服刑而非被采取刑事强制措施。如果该意见成立,那么所有脱逃案件将不存在追诉时效的问题,因为脱逃的前提就是被羁押;另外,对于脱逃的犯罪类型,主流的观点均认为其系状态犯而不是持续犯,张丽荣脱逃获得"自由"后即为犯罪既遂,后续表现为脱逃的状态。

No. 6-2-316(1)-5　死刑缓期执行期间,再犯不法程度较轻的故意犯罪,若该故意犯罪因超过追诉时效被裁定终止审理的,死刑缓期执行期间应当连续计算,在逃期间不计算在内。

根据《刑法修正案(九)》对 1997 年《刑法》第五十条第一款修改后的规定,即"判处死刑缓期执行的,在死刑缓期执行期间……对于故意犯罪未执行死刑的,死刑缓期执行的期间重新计算",如果认定张丽荣犯脱逃罪,将脱逃罪与前罪数罪并罚,判处死缓并核准后,重新执行不存在规范障碍。这是因为死缓执行期间又犯新罪,需要数罪并罚重新作出判决,如果判处死缓,则缓期执行期间当然应该重新计算。而本案的情况不同,因认定张丽荣脱逃罪已过追诉时效裁定终止审理,即表明刑法对张丽荣的此项犯罪已经不再追诉,不需要数罪并罚重新判决,故不能适用死刑缓期执行期间重新计算的规定。值得说明的是,因过追诉时效法院裁定终止审理即应当视其为无罪处理,不能理解为构成故意犯罪免予刑事处罚,我国的时效制度规定仅限于追诉时效,而不是行刑时效,任何人未经审判不得认定为有罪,本案裁定终止审理的情形不同于一审认定被告人有罪,二审期间因被告人死亡而裁定终止审理的情形,因后一种情形一审已经认定被告人有罪,二审期间的终止审理裁定有被告人构成犯罪但因被告人死亡而终止程序之意,对于二审期间经审查被告人无罪的,必须宣告无罪而不得终止审理,两个终止审理的内涵和外延有所不同。简而言之,本案的终止审理是对犯罪不予追诉,不能适用关于犯新罪的重新计算死缓执行期间的规定。

142 组织他人偷越国(边)境罪(《刑法》第三百一十八条)

案例:农海兴组织他人偷越国境案

案例来源:《刑事审判参考》总第93集[第883号]

主题词:组织他人偷越国境罪　未遂

一、基本案情

被告人农海兴(小名阿兴),男,1982年8月15日出生,壮族,住云南省文山壮族苗族自治州富宁县归朝镇孟村村民委板桑小组。2012年8月24日因涉嫌犯组织他人偷越国境罪被逮捕。

广西壮族自治区靖西县人民检察院以被告人农海兴犯组织他人偷越国境罪,向靖西县人民法院提起公诉。

靖西县人民法院经审理查明:被告人农海兴系云南省富宁县归朝镇孟村村民委板桑小组村民,因其种植的甘蔗地需找人工除草,为获取廉价劳动力,图谋雇请越南人越境为其务工。2012年7月16日,农海兴电话联系越南人农文报,请农文报帮忙找一些越南人到其家除甘蔗地里的杂草,并承诺包吃包住,另给每人每天人民币50元的工钱。当日下午,农文报把中国境内有招人做工的事分别告诉了宋阿巴、杨文幸等13名越南人,并约定前往中国境内做工集结的时间和地点。当日晚,农文报通过打电话将已经找到愿意前往中国做工的越南人的情况告诉了农海兴。两人商定由农文报负责组织越南人从中越边境591号界碑附近便道入境,农海兴负责在中国广西那坡县百南乡弄民村弄元屯附近等候接应。次日凌晨0时许,农海兴约上住同村组的表弟农镇嵘,驾驶其车牌号为云HQB888的银灰色轻型货车从自家出发,5时许到达那坡县百南乡弄民村弄元屯等候。19时许,农文报带领宋阿巴等13名越南人从中越边境591号界碑附近便道进入广西那坡县百南乡弄民村弄元屯,随后登上由农海兴驾驶的车辆前往云南省富宁县。20时许,农海兴驾驶的车辆行至百南乡上隆村路口时遇上正在巡逻的公安民警,农海兴以及非法入境的14名越南人被当场抓获。经查,农文报、宋阿巴等14名越南人均未办理任何合法有效的出入境证件。农海兴到案后,如实供述了其组织越南人偷越国境的上述事实。

靖西县人民法院认为,被告人农海兴为获取廉价劳动力,违反国家有关出入国境管理法规,非法组织多名越南人偷越国境,其行为构成组织他人偷越国境罪,公诉机关指控的罪名成立。农海兴事先虽然不确定偷越国境的具体人数,但其在事前曾要求农文报多找几个越南人,且亲自实施接应14名越南人入境的具体行为,表明其对组织14名越南人偷越国境的事实在主客观上是一致的,应当认定其组织他人偷越国境人数10人以上,故农海兴及其辩护人的相关辩护意见与查明的事实不符,不予采纳。农海兴所组织的14名越南人在偷越国境过程中被查获,其组织他人偷越国境属于犯罪未遂,依法可以从轻或者减轻处罚,辩护人关于农海兴属于犯罪未遂的辩护意见,予以采纳。农海兴到案后如实供述自己的罪行,具有坦白情节,依法可以从轻处罚。综合农海兴上述犯罪事实、情节以及悔罪表现,法院认为其符合判处缓刑的条件。扣押在案的云HQB888的银灰色轻型货车及一部NOKIA牌手机,是农海兴作案时的工具,依法应当没收。据此,依照《中华人民共和国刑法》第三百一十八条第一款第(二)项,第二十五条,第二十六条第一款、第四款,第二十三条,第六十七条第三款,第七十二条,第七十三条,第五十二条,第五十三条,第六十四条和最高人民法院、最高人民检察院《关于办理妨害国(边)境管理刑事案件应用法律若干问题的解释》第一条之规定,靖西县人民法院以被告人农海兴犯组织他人偷越国境罪,判处有期徒刑三年,缓刑三年,并处罚金人民币五千元;扣押在案的作案工具云 HQB888 的银灰色轻型货车及一部 NOKIA 牌手机依法予以没收,上缴国库。

一审宣判后,靖西县人民检察院向百色市中级人民法院提起抗诉。理由是:一审判决认定原审被告人农海兴组织他人偷越国境犯罪未遂系适用法律错误,农海兴没有减轻情节,应当判处七年以上有期徒刑。

百色市中级人民法院经公开审理认为,本案涉案的越南人系从中越边境 591 号界碑附近便道入境,进入中国广西那坡县百南乡弄民村弄元屯,原审被告人农海兴在驾车搭载入境的越南人前往云南省富宁县途中,被那坡县公安局百南边防派出所民警查获。农海兴组织他人偷越国境的行为仍处于持续过程中,属于在组织他人偷越国境过程中被查获,应当认定为犯罪未遂。据此,驳回抗诉,维持原判。

二、裁判要旨

No. 6-3-318-1　被组织已经跨越国境但尚在偷越国境过程中被抓获的,组织者成立组织他人偷越国境罪的未遂。

2012 年 12 月 20 日,最高人民法院、最高人民检察院联合出台了《关于办理妨害国(边)境管理刑事案件应用法律若干问题的解释》第一条第三款规定:“以组织他人偷越国(边)境为目的,招募、拉拢、引诱、介绍、培训偷越国(边)境人员,策划、安排偷越国(边)境行为,在他人偷越国(边)境之前或者偷越国(边)境过程中被查获的,应当以组织他人偷越国(边)境罪(未遂)论处;具有《刑法》第三百一十八条第一款规定的情形之一的,应当在相应的法定刑幅度基础上,结合未遂犯的处罚原则量刑。”根据该条规定,组织他人偷越国(边)境的组织行为并非一经实施就认定为既遂。如果被组织者在偷越国境之前或者偷越国境过程中被查获的,应当认定组织者组织他人偷越国境罪未遂。在未遂的认定上,存在两个并列情形:一是被组织者偷越国境之前;二是被组织者偷越国境过程中被查获。“偷越国(边)境之前”容易理解,不易产生争议。然而,“偷越国(边)境过程中”如何理解,实践中存在分歧。一种意见认为是指被组织者在尚未跨越国(边)境线的过程中;另一种意见认为是指他人已经偷越国境线,但尚未完成偷越行为,依然在偷越过程中。

从《关于办理妨害国(边)境管理刑事案件应用法律若干问题的解释》的规定分析,“偷越国境之前”与“偷越国(边)境过程中”是两个并列情形。如果“偷越国(边)境过程中”是指被组织者在尚未跨越国(边)境线的过程中,那么《关于办理妨害国(边)境管理刑事案件应用法律若干问题的解释》就完全没有必要再规定“偷越国(边)境过程中”的情形,因为后者完全可以被前者包含。由此从解释初衷而论,“偷越国(边)境过程中”应当是“偷越国境之前”所不能包含的情形。即“偷越国(边)境过程中”是指被组织者虽已经越过国(边)境,但尚未完成偷越行为,依然在偷越过程中。该过程在时间上具有持续性,即是持续不间断的;在空间上具有区域性,即虽以界划线,但还设置了一个整体管理的区域,是偷越国境不可绕道的部分。至于如何认定边境管理区域,以实际设置为据。在毗邻中越边境地区,通常乡镇设有武警边防派出所进行治安管理,口岸附近设有武警边防检查站,在距边境 10 公里左右的内地还设有武警边防检查站,具体以何种界线划分,可以当地边境管理区域的设置标准加以确定。

本案中,农海兴、农文报组织他人偷越国境,从在越南境内组织人员,到被组织者越境,再到界碑附近上车,最后在车开到边境巡逻道路段时被查获。被组织者的偷越行为在时间上具有接续性,在空间上具有连接性,即被组织者依然在边境管理区域内,属于“偷越国(边)境过程中”。根据《关于办理妨害国(边)境管理刑事案件应用法律若干问题的解释》的相关规定,被组织者在此期间被查获,应当认定组织者组织他人偷越国境罪未遂。

案例:凌文勇组织他人偷越边境、韦德其等运送他人偷越边境案

案例来源:《刑事审判参考》总第100集[第1031号]

主题词:组织、运送他人偷越边境罪 既、未遂的认定

一、基本案情

被告人凌文勇(越南文名:LANGVANDUNG),男,1981年2月26日出生,越南籍人。2013年5月17日因涉嫌犯组织他人偷越边境罪被逮捕。

被告人韦德其,男,1977年10月5日出生。2013年1月17日因涉嫌犯组织他人偷越边境罪被逮捕。

被告人何邦太,男,1979年7月1日出生。2013年1月17日因涉嫌犯组织他人偷越边境罪被逮捕。

被告人陈德成(越南文名:DRANDUCTHANH),男,1969年6月2日出生,越南籍人。2013年1月17日因涉嫌犯运送他人偷越边境罪被逮捕。

被告人邓文桃(越南文名:DANGVANDAO),男,1966年6月6日出生,越南籍人。2013年1月17日因涉嫌犯运送他人偷越边境罪被逮捕。

福建省宁德市蕉城区人民检察院以被告人凌文勇、韦德其、何邦太犯组织他人偷越边境罪,被告人陈德成、邓文桃犯运送他人偷越边境罪,向蕉城区人民法院提起公诉。

宁德市蕉城区人民法院经公开审理查明:2012年11月,被告人凌文勇伙同其女友阮氏芳(另案处理)在越南预谋组织29名越南籍偷渡人员入境中国后经广西、福建等地偷渡台湾,并收取偷渡费用共计折合人民币(以下币种同)约187915.68元,安排被告人陈德成、邓文桃负责驾驶船只运送。凌文勇、阮氏芳为该29名越南籍人员办理入境中国的手续后,于同年12月2日组织上述人员从广西友谊关口岸入境到达广西凭祥市,后将该29名人员分成两批,分别由二人带领至福建省宁德市。凌文勇在前往福建省的途中电话联系被告人韦德其帮忙购买偷渡所需船只及安排住宿。随后,韦德其找被告人何邦太帮忙,并与陈德成、邓文桃一起购买了船只,对船只进行改装并购买了导航仪,凌文勇支付了相关费用。12月5日,29名越南籍偷渡人员乘坐何邦太安排的车辆到金蛇头码头集结。登船后,由陈德成、邓文桃按照导航仪设定的航线驾驶船只欲偷渡台湾。其间,凌文勇向韦德其、何邦太分别支付酬劳2000元、5000元。次日,由于船只马力不足,陈德成、邓文桃将船只停靠在福建省连江县黄岐码头附近,后被边防派出所查获。

宁德市蕉城区人民法院认为,被告人凌文勇、韦德其、何邦太违反国家出入边境管理法规,非法组织他人偷越边境,其行为均构成组织他人偷越边境罪。被告人陈德成、邓文桃违反国家出入边境管理法规,非法运送他人偷越边境,其行为均构成运送他人偷越边境罪。凌文勇、韦德其、何邦太在实施组织他人偷越边境过程中,由于意志以外的原因未得逞,系未遂,可以从轻处罚。凌文勇在共同犯罪中起主要作用,系主犯;韦德其、何邦太在共同犯罪中起次要作用,系从犯,应当减轻处罚。韦德其、何邦太、邓文桃、陈德成归案后能够如实供述自己的罪行,依法予以从轻处罚。据此,依照《中华人民共和国刑法》第三百一十八条第一款第(二)项、第三百二十一条第一款第(一)项、第二十三条、第二十五条第一款、第二十六条第一款、第二十七条、第三十五条、第六十七条第三款、第六十四条及最高人民法院、最高人民检察院《关于办理妨害国(边)境管理刑事案件应用法律若干问题的解释》第一条、第四条之规定,蕉城区人民法院判决如下:

1. 被告人凌文勇犯组织他人偷越边境罪,判处有期徒刑七年,并处罚金人民币二十万元,驱逐出境。

2. 被告人韦德其犯组织他人偷越边境罪,判处有期徒刑五年,并处罚金人民币二千元。

3. 被告人何邦太犯组织他人偷越边境罪,判处有期徒刑五年,并处罚金人民币五千元。

4. 被告人陈德成犯运送他人偷越边境罪,判处有期徒刑五年,并处罚金人民币一千元,驱逐出境。

5. 被告人邓文桃犯运送他人偷越边境罪,判处有期徒刑五年,并处罚金人民币一千元,驱逐出境。

一审宣判后,被告人凌文勇、韦德其、何邦太以未参与组织他人偷越边境,原判定性错误为由提起上诉。被告人陈德成、邓文桃以原判未认定其未遂为由提起上诉。

宁德市中级人民法院经公开审理认为,上诉人凌文勇非法组织他人偷越边境人数众多,其行为构成组织他人偷越边境罪。上诉人韦德其、何邦太、陈德成、邓文桃非法运送他人偷越边境人数众多,其行为均构成运送他人偷越边境罪。凌文勇在实施组织他人偷越边境过程中,韦德其、何邦太、陈德成、邓文桃在运送他人偷越边境中,由于意志以外原因未得逞,系未遂,对凌文勇可以从轻处罚,对韦德其、何邦太、陈德成、邓文桃可以减轻处罚。原判对上诉人韦德其、何邦太定罪有误,对上诉人韦德其、何邦太、陈德成、邓文桃量刑不当,应予纠正。据此,依照《中华人民共和国刑法》第三百一十八条第一款第(二)项、第三百二十一条第一款第(一)项、第二十三条、第二十五条第一款、第六十七条第三款、第六十四条,最高人民法院、最高人民检察院《关于办理妨害国(边)境管理刑事案件应用法律若干问题的解释》第一条、第四条以及《中华人民共和国刑事诉讼法》第二百二十五条第一款第(一)项、第(二)项之规定,宁德市中级人民法院判决如下:

1. 维持福建省宁德市蕉城区人民法院(2013)蕉刑初字第184号刑事判决对上诉人陈德成、邓文桃的定罪部分。

2. 撤销福建省宁德市蕉城区人民法院(2013)蕉刑初字第184号刑事判决对上诉人韦德其、何邦太定罪量刑部分和对上诉人陈德成、邓文桃的量刑部分。

3. 上诉人何邦太犯运送他人偷越边境罪,判处有期徒刑三年,并处罚金人民币五千元。

4. 上诉人韦德其犯运送他人偷越边境罪,判处有期徒刑三年,并处罚金人民币二千元。

5. 上诉人陈德成犯运送他人偷越边境罪,判处有期徒刑三年,并处罚金人民币一千元,驱逐出境。

6. 上诉人邓文桃犯运送他人偷越边境罪,判处有期徒刑三年,并处罚金人民币一千元,驱逐出境。

二、裁判要旨

No. 6-3-318-2 组织、运送他人偷越边境罪的既遂以被组织的偷渡者实际上被运送出入边境为必要。

在司法解释未明确规定运送他人偷越边境罪既、未遂认定标准的情况下,最高人民法院、最高人民检察院《关于办理妨害国(边)境管理刑事案件应用法律若干问题的解释》对组织他人偷越边境罪既未遂认定标准的规定具有参考意义。根据《关于办理妨害国(边)境管理刑事案件应用法律若干问题的解释》第一条第三款的规定,组织他人偷越边境,在他人偷越边境之前或者偷越边境过程中被查获的,应当以组织他人偷越边境罪(未遂)论处。可见,司法解释明确规定,只有发生了将被组织的偷渡者实际运出(入)边境的危害后果,才能构成组织他人偷越边境罪的既遂。而运送他人偷越边境犯是组织他人偷越边境的环节之一,从刑法规定的量刑幅度也可看出运送他人偷越边境罪的社会危害性低于组织他人偷越边境罪,根据举重以明轻的解释原理,亦应以运送的偷渡人员是否越过边境线作为区分运送他人偷越边境罪既、未遂的认定标准。本案中,被告人陈德成、邓文桃、韦德其、何邦太运送的偷渡人员,因船舶出现故障,在偷越边境之前被查获,对各被告人应以运送他人偷越边境罪(未遂)论处,依法可以比照既遂犯从轻或者减轻处罚。二审法院据此改判,认定陈德成、邓文桃亦属运送他人偷越边境犯罪未遂,是正确的。

143 骗取出境证件罪(《刑法》第三百一十九条)

案例:孟卫东出售出入境证件案

案例来源:《人民法院案例选》2005年第4辑

主题词:骗取出境证件　出售

一、基本案情

被告人孟卫东。

上海市长宁区人民法院经审理查明:2003年2月下旬至3月间,被告人孟卫东通过他人介绍,伪造了王澄跃、李来娣、郑尧柱为上海多利奥机电有限公司在职职员,受该公司派遣前往日本国进行商务活动的《派遣书》以及日本总公司的《招聘理由书》《身份保证书》《查证申请人名簿》等虚假材料,并通过上海外事服务中心向日本国驻上海总领事馆骗得3份商务签证,随后分别出售给上述3人,共收取人民币12万元。同年4月9日,王澄跃、李来娣、郑尧柱持证非法出境。

长宁区人民法院认为,被告人孟卫东以牟利为目的,出售出入境证件,其行为已构成出售出入境证件罪,依法应予处罚。公诉机关的指控,事实清楚,定性正确。被告人孟卫东到案后交待态度较好,在庭审中能自愿认罪,已退缴了部分违法所得,有悔罪表现,予以酌情从轻处罚并适用缓刑。故辩护人所提相关的辩护意见,本院予以采纳。为维护国家对国(边)境的正常管理秩序,依照《中华人民共和国刑法》第三百二十条、第七十二条、第七十三条第二款、第五十三条和第六十四条之规定,判决如下:

1. 被告人孟卫东犯出售出入境证件罪,判处有期徒刑三年,缓刑三年,并处罚金人民币一万元;

2. 在案款人民币七万元予以没收,追缴违法所得人民币五万元后予以没收。

判决后,被告人孟卫东没有提出上诉,检察机关亦未提出抗诉。

二、裁判要旨

No.6-3-319-1 不是为组织他人偷越国边境使用,以营利为目的骗取出境证件并出售的,不构成骗取出境证件罪,应以出售出入境证件罪论处。

根据《刑法》的规定,骗取出境证件罪中,骗取的证件必须是为组织他人偷越国(边)境使用。本案中被告人以商务往来为由,弄虚作假骗取了3份商务签证,但没有证据证明在被告人之外还有其他的组织偷渡者,其骗取证件不是为组织他人偷越国(边)境使用,故本案可以排除构成骗取出境证件罪。当然,如果有证据证明被告人明知他人组织偷越国(边)境而提供骗取的出境证件的,那实际上是组织他人偷越国(边)境的共犯行为,但立法已对该行为单列罪名,因此应以骗取出境证件罪处罚;如果行为人骗取出境证件是为其本人组织他人偷越国(边)境使用的,可以按牵连犯罪处理,以组织他人偷越国(边)境罪定罪处罚。本案被告人孟卫东实施的行为,系以营利为目的,出售护照、签证等出入境证件的行为,符合出售出入境证件的构成要件,故本案应以出售出入境证件定罪处刑。

案例:杨维清等骗取出境证件案

案例来源:《人民法院案例选》2009年第1辑

主题词:共同犯罪 实行行为过限

一、基本案情

被告人杨维清、李春利。

上海市黄浦区人民法院经审理查明:被告人杨维清于2005年3月以挂靠承包形式成立了上海和平国际旅行社有限公司申鑫大厦营业部,主要经营赴俄罗斯旅游签证的业务。该营业部的经营资本系其个人投入,且由其独立自主经营,主要收益归其个人所有。被告人李春利系申鑫营业部聘用的员工。在经营过程中,被告人杨维清为非法牟利,将非法为他人办理赴俄旅游签证的过程分为三个步骤:第一,以私刻图章、仿冒签名等手法伪造俄方邀请函;第二,在签证申请表上虚填申请人身份;第三,使用上述虚假材料,骗取签证并交给"客户"使用。一次,李春利私自接了一批为23名散客办理到俄罗斯旅游的业务,并请与杨维清有过业务往来的王烨帮忙,以王烨的名义要求申鑫营业部完成骗取签证的前两个步骤。杨维清以为是王烨要假邀请函办签证,遂让李春利用预先设定的方式伪造了俄方邀请函;在发现这些人均系浙江省温州地区农民时,杨维清又授意李春利在签证申请表上虚构出境人员身份。接着,杨维清以为王烨的这批业务已完成,李春利会将这些材料交给王烨,由王烨自己去完成第三个步骤。实际上,第三个步骤也是李春利瞒着杨维清去做的,致使3人利用骗得的签证在机场偷渡出境时被当场抓获,另有

17 人偷渡出境。杨维清从中获得李春利假借王烨名义支付的每份邀请函 50 美元(折合人民币 400 元),李春利从中获得每份签证人民币 1200 元。公诉机关就杨、李二人骗取这 23 份签证的行为提起公诉,认为杨是主犯,李是从犯。

上海市黄浦区人民法院认为,被告人杨维清、李春利以旅游为名,弄虚作假,骗取签证,为组织他人偷越国境使用,其行为均已构成骗取出境证件罪,应依法追究刑事责任,且系共同犯罪。两人在共同犯罪中作用相当,均应对全部犯罪事实承担刑事责任。公诉机关认为李春利在犯罪中起了次要作用,系从犯的意见,不符合法律规定的从犯条件,不予采纳。据此,以骗取出境证件罪分别判处被告人杨维清、李春利有期徒刑三年六个月,并处罚金 4000 元。

一审宣判后,被告人杨维清提出上诉,二审审理后维持原判。

二、裁判要旨

No. 6-3-319-2 在多人参与的违法犯罪活动中,对瞒骗同伙私自实施不法行为,若该不法行为不属于犯罪构成要件,不应认定为实行行为过限。

1. 对两人过去多次骗取签证行为的定性

根据《刑法》第三百一十九条,骗取出境证件罪是指行为人以劳务输出、经贸往来或其他名义,弄虚作假、骗取护照、签证等出境证件,为组织他人偷越国(边)境使用的行为。可见骗取出境证件罪是行为犯,并不要求危害结果的出现。杨维清、李春利作为有多年办理出境旅游工作经验的中介人员,明知签证申请人可能是偷渡者,自 2005 年起仍多次为他们伪造邀请函、填写假信息进而骗取签证。二人在较长时间内多次骗取签证的行为,属于刑法理论处断的一罪中的连续犯。所谓连续犯即基于同一的或者概括的犯罪故意,连续数次实施犯罪行为,触犯同一罪名的情形。对于这次犯罪,是两人过去多次犯罪行为的延续,不同的只是,这次杨维清虽只与李春利共同完成了前两个步骤,但由于第三个步骤是前两个步骤的自然延伸,前两个步骤的是犯罪行为完成的必要条件,故两被告人共同完成了本次犯罪行为。

2. 是否有共同故意

由于受李春利蒙骗,杨维清不知道真正要办这批假邀请函并申请签证的人是李春利,而误以为是以前有过业务往来的王烨,这是否说明杨维清与李春利之间就没有共同犯罪的故意呢?答案是否定的。第一,这只能说明杨维清对谁最终使用伪造的邀请函为他人骗签证上存在认识错误,不能证明她对犯罪行为本身没有故意。在本案中,杨维清仍像往常一样指使李春利伪造外方邀请函并虚填签证申请,说明她只是对谁最终使用伪造的邀请函骗签证供他人使用存在认识错误,这种认识错误并不影响犯罪的成立,在指使李春利采用虚假材料骗取出境证件时,杨维清对伪造证件的主观故意与李春利是一致的。第二,该营业部骗取签证的手法与流程是杨维清设定的,且使犯罪行为一直处于持续状态,杨维清主观上的共同故意也处于持续状态之中。李春利正是利用了杨维清这种共同故意的持续状态和她犯罪结果的放任态度最终完成了这次的私活。

3. 是否有共同行为

共同犯罪中各被告人并不一定参与犯罪的全过程,只要行为人实施的行为对共同犯罪后果产生一定的作用,就应视为行为人实施了共同犯罪的行为。在本案中,杨维清虽只与李春利共同完成了整个犯罪过程中的前两个步骤,而最后骗领签证交客户使用的步骤是李春利瞒着杨维清私自完成的;但因杨维清为了骗取出入境证件而实施了伪造邀请函的行为,在整个犯罪中完成了犯罪必须完成的两个步骤,其行为对犯罪后果的产生具有直接的作用。因此,应该确认杨维清在共同犯罪中是实施了共同犯罪行为的。李春利行为是否属于实行过限?按照共同犯罪的理论,共同行为应当属于同一犯罪构成要件的行为。所谓实行过限,即超出共同故意范围之外又犯其他罪,这部分过限行为不属于共犯范畴,由犯罪行为人独自承担责任。本案杨维清、李春利两人在共同骗取出境证件的过程中,李春利虽然瞒着杨维清干了点私活,但该私活仅是骗取出境证件罪的一个步骤,没有超出原骗取出境证件罪的犯罪构成,因此不属于行为过限。

综上所述,我们认为虽然李春利瞒着杨维清干了些私活,但李春利的瞒骗是融合在杨维清、李春利二人共同骗取出境证件行为之中的,正所谓“骗”中有“骗”。主观方面,杨维清受李春利蒙骗以为是王烨要帮偷渡者办理这批签证,对此她有认识错误,但对犯罪行为本身她主观上是有共同故意的。客观方面,她与李春利共同实施了伪造邀请函、填写虚假信息的行为,由此放任了危害后果的产生。李春利干的私活,没有超出原共同犯罪的犯罪构成,不属于实行过限。所以杨维清对李春利这次私活既有共同故意又有绝大部分共同行为,构成共同犯罪。

144 盗掘古文化遗址、古墓葬罪(《刑法》第三百二十八条第一款)

案例:李生跃盗掘古文化遗址案

案例来源:《刑事审判参考》总第34集[第266号]

主题词:盗掘 古文化遗址 凿割分离

一、基本案情

被告人李生跃,男,生于1969年1月20日,汉族,小学文化,农民。2001年3月8日因涉嫌犯盗窃罪被刑事拘留,同年4月12日被逮捕,12月20日被决定劳动教养三年。2002年10月28日因涉嫌犯盗掘古文化遗址罪被刑事拘留,同年11月1日被逮捕。

四川省广元市中级人民法院经审理查明:2001年1月12日晚,被告人李生跃携带扁钻、手锤等作案工具,翻围墙进入广元市市中区盘龙镇境内的省级重点文物保护单位观音岩摩崖造像(石窟寺)保护区内,盗凿走该保护区内摩崖造像头像2尊,销赃得款800元。同年2月21日晚,李生跃再次窜入观音岩保护区内,采用同样的方法凿取头像6尊。同年3月6日李在销赃时被公安机关当场抓获。所获赃物共8尊头像已被收缴,并归还广元市市中区文物管理所。

广元市中级人民法院审理后认为,被告人李生跃盗掘具有历史、艺术、科学价值的省级文物保护单位的唐代观音岩摩崖造像头像8尊,其行为已构成盗掘古文化遗址罪。公诉机关指控罪名成立,予以采纳。李生跃及其辩护人在庭审中辩解及辩护该行为不构成盗掘古文化遗址罪,经查,《中华人民共和国文物保护法》虽把石窟寺与古文化遗址并列,而《中华人民共和国刑法》第三百二十八条所规定的犯罪对象则是古文化遗址、古墓葬,没有明确列出石窟寺,但这并不说明《中华人民共和国刑法》第三百二十八条排除了对石窟寺的保护。从立法本意上讲,《中华人民共和国刑法》第三百二十八条所称的古文化遗址应包括石窟寺等其他不可移动的文物在内。李生跃及其辩护人的上述辩解、辩护意见于法无据,不予支持。鉴于李生跃归案后,承认犯罪事实,认罪态度好,有悔罪表现,可酌定予以从轻处罚。依照《中华人民共和国刑法》第三百二十八条第一款(一)项、第五十二条、第六十四条的规定,于2003年9月4日判决如下:

1. 被告人李生跃犯盗掘古文化遗址罪,判处有期徒刑十年,并处罚金10000元。
2. 作案工具手锤一把、扁钻三根、背篓一个、尼龙绳一根、编织带一个,予以没收。

一审宣判后,被告人李生跃不服,以原判定性不准,适用法律错误为由,提出上诉。其辩护人亦提出相同的辩护意见。

四川省高级人民法院经审理认为,广元市观音岩被盗的佛造像头像系省级文物保护单位广元市观童岩摩崖造像的重要组成部分。上诉人李生跃为了牟取非法利益,故意盗掘广元市观音岩摩崖佛造像头像,其行为破坏了国家文物的整体完整性和文物价值,对省级文物保护单位广元市观音岩摩崖佛造像造成了不可弥补的损失,已构成盗掘古文化遗址罪。《中华人民共和国刑法》第三百二十八条中的"古文化遗址",应当包括石窟、地下城、古建筑等。上诉人李生跃及其辩护人以原判定性不准,适用法律错误的上诉理由及其辩护意见不能成立,不予采纳。原判认定事实清楚,证据确实充分,适用法律正确,量刑适当,审判程序合法。根据《中华人民共和国刑事诉讼法》第一百八十九条第(一)项的规定,于2003年10月29日裁定如下:驳回上诉,维持原判。

二、裁判要旨

No.6-4-328(1)-1 石窟寺、石刻、古建筑、地下城等不可移动文物,应当认定为古文化遗址。

文物保护法使用的是狭义上的古文化遗址,目的是为了尽可能地列举不可移动文物所包含的种类,形态,明确文物保护范围。而对于《刑法》第三百二十八条所称的古文化遗址,其含义应当是广义的,或者说有必要作与文物保护法所不同的广义上的理解。也只有如此解释,才能将石窟寺、石刻、古建筑、地下城等不可移动文物(文物保护单位)纳入刑法的保护范围,才更加合乎刑事立法的意旨。

No.6-4-328(1)-2 将不可移动文物的一部分从其整体中挖掘或者凿割下来的,应当认定为盗掘。

"掘"乃挖掘之意,将完全于地下埋藏的文物如古墓葬开挖出来,是"掘";将半埋于地下(一部分在地下,一部分在地上)的不可移动文物挖出也是"掘"。此外,那种将不可移动文物的一部分从其整体中挖掘,凿割下来的行为,同样也是"掘"。可见,"掘"既包括朝地下垂直式的挖掘,也包括水平面上的挖掘。如本案被告人李生跃凿挖附着于山体表面上的壁刻头像的行为,就是一种水平面上的挖掘。本案被告人李生跃以占有出售为目的,盗凿已被确定为省级文物保护单位的石窟寺内壁刻头像的行为,符合盗掘古文化遗址罪的特征,对其应以盗掘古文化遗址罪定罪,且得在十年以上有期徒刑、无期徒刑或者死刑,并处罚金或没收财产的法定刑幅度内处断刑罚。

案例:谢志喜、曾和平盗掘古文化遗址案

案例来源:《刑事审判参考》总第105集[第1129号]

主题词:盗掘古文化遗址罪 量刑

一、基本案情

被告人谢志喜,男,1979年8月26日出生。2012年12月21日被逮捕。

被告人曾和平,男,1978年10月13日出生。2012年12月21日被逮捕。

江西省吉安县人民检察院以被告人谢志喜、曾和平犯盗掘古文化遗址罪,向吉安县人民法院提起公诉。

吉安县人民法院经公开审理查明:2012年11月15日10时许,被告人谢志喜携带手电、手套、不锈钢碗等工具,前往吉州窑遗址公园,在一个因栽树形成的地洞内横向挖掘洞壁,挖了一尺深左右,挖到几块带花纹的碗碎片。当日11时许,被告人曾和平到达现场,进洞后沿着谢志喜挖掘的洞壁继续深挖。谢志喜、曾和平二人协作将洞壁又掘了一尺余深,挖到了些碎瓷片、一个碎瓶嘴。该地洞位于全国重点文物保护单位吉州窑遗址保护范围内。

吉安县人民法院认为,被告人谢志喜、曾和平以非法占有为目的,违反文物保护法规,擅自在确定为全国重点文物保护单位的吉州窑遗址保护范围内挖掘古文物,其行为均已构成盗掘古文化遗址罪。据此,依照《中华人民共和国刑法》第三百二十八条第一款、第二十五条第一款之规定,吉安县人民法院判决如下:

1. 被告人谢志喜犯盗掘古文化遗址罪,判处有期徒刑十年,并处罚金人民币五千元;

2. 被告人曾和平犯盗掘古文化遗址罪,判处有期徒刑十年,并处罚金人民币五千元。

一审宣判后,被告人谢志喜、曾和平不服,向吉安市中级人民法院提出上诉。

上诉人谢志喜、曾和平的上诉意见及其辩护人的辩护意见是:二上诉人主观上不明知该处属于国家重点保护的古文化遗址范围内,客观上也没有实施挖掘行为,只是在政府搞开发所挖的树洞内捡碎瓷片,不构成盗掘古文化遗址罪;即使二人的行为构成犯罪,但犯罪情节显著轻微,社会危害程度不大,应当减轻或者免予处罚。

吉安市中级人民法院经审理认为,上诉人谢志喜、曾和平违反国家文物保护法规,擅自在全国重点文物保护单位吉州窑遗址的保护范围内挖掘古文物,其行为均已构成盗掘古文化遗址罪。二上诉人提出不知道所挖掘的树洞处于吉州窑遗址保护范围内以及没有挖掘行为的辩解意见与二上诉人在公安机关的供述不符,不予采纳;鉴于二上诉人是在政府为绿化而挖的树洞内盗掘,主观恶性较小,根据罪刑相适应原则,对二上诉人依法可予以减轻处罚。原判认定事实清楚,证据充分,定罪准确,审判程序合法。依照《中华人民共和国刑法》第三百二十八条第一款、第二十五条第一款、第六十三条第二款以及《中华人民共和国刑事诉讼法》第二百二十五条第一款第(二)项之规定,吉安市中级人民法院以盗掘古文化遗址罪,分别改判上诉人谢志喜有期徒刑四年,并处罚金人民币五千元;上诉人曾和平有期徒刑三年零六个月,并处罚金人民币五千元。

江西省高级人民法院在复核期间认为,原审上诉人谢志喜、曾和平违反国家文物保护法规,擅自在全国重点文物保护单位江西省吉安县吉州窑遗址的保护区范围内挖掘古文物,其行为均已构成盗掘古文化遗址罪。鉴于谢志喜、曾和平是在政府为绿化而挖的树坑内进行盗掘,盗掘行为亦未给国家重点保护遗址造成严重破坏,故其犯罪情节较轻,又有悔罪表现。据此,依照《中华人民共和国刑法》第六十三条及最高人民法院《关于适用〈中华人民共和国刑事诉讼法〉的解释》第三百三十六条之规定,裁定撤销吉安市中级人民法院的刑事判决,发回吉安市中级人民法院重新审判。

吉安市中级人民法院经再次审理,以盗掘古文化遗址罪判处谢志喜、曾和平有期徒刑三年,缓刑三年,并处罚金人民币五千元。该判决逐级层报至最高人民法院,最高人民法院认为该判决认定的事实清楚,证据确实、充分,定罪准确,量刑适当,审判程序合法,裁定予以核准。

二、裁判要旨

No. 6-4-328(1)-3 盗掘全国重点文物保护单位的古文化遗址情节较轻,依法决定在法定刑以下判处刑罚的,可以适用缓刑。

本案中,二被告人盗掘确定为全国重点文物保护单位的古文化遗址的,应当在十年以上有期徒刑或者无期徒刑的法定刑幅度内处罚。但是,根据本案的具体情节,可以在法定刑以下判处刑罚,并适用缓刑。首先,二被告人有别于有预谋、有准备、携带专业挖掘工具流窜作案的专业盗掘文物人员,系临时起意。二被告人不是刻意去寻找挖掘对象,而是在政府为绿化而挖的树洞内实施盗掘行为,因而主观恶性相对较小。其次,二被告人的挖掘持续时间不长,既未给吉州窑遗址造成实质性的严重破坏,也未盗得有价值的文物,与采取捣毁、损坏、拆除、焚烧、爆炸等不计后果的破坏性手段盗掘古文化遗址,大肆倒卖、走私文物的犯罪相比,犯罪情节相对较轻。再次,二被告人归案后均如实供述犯罪事实,且悔罪态度较好。最后,二被告人平时表现较好,无前科劣迹,均系初犯,归案后认罪悔罪,能够坦白罪行。综上,吉安市中级人民法院经综合评估,认为二被告人的犯罪情节较轻,有悔罪表现,且没有再犯罪的危险,宣告缓刑对所居住社区没有重大不良影响,故对被告人谢志喜、曾和平分别以盗掘古文化遗址罪判处有期徒刑三年,缓刑三年,并处罚金人民币五千元,是妥当的。

案例:韩涛、胡如俊盗掘古墓葬案

案例来源:《刑事审判参考》总第 105 集[第 1130 号]

主题词:盗掘古墓葬罪　偷挖墓室以外墓道上的石像生行为定性

一、基本案情

被告人韩涛,男,1981 年 2 月 12 日生。因涉嫌犯盗掘古墓葬罪于 2013 年 8 月 9 日被逮捕。

被告人胡如俊,男,1982 年 3 月 27 日生。因涉嫌犯盗掘古墓葬罪于 2014 年 2 月 27 日被逮捕。

江苏省镇江市润州区人民检察院以被告人韩涛、胡如俊犯盗掘古墓葬罪,向江苏省镇江市润州区人民法院提起公诉。

被告人韩涛、胡如俊对起诉书指控的事实没有异议,未作辩解。被告人胡如俊的辩护人辩称:被告人胡如俊系初犯,在共同犯罪中所起作用相对较小,且赃物已被追回,建议法庭对其从轻处罚并适用缓刑。

江苏省镇江市润州区人民法院经审理查明:2007 年,被告人韩涛(古玩爱好者)在江苏省镇江市南山风景区五凤口社区谈家湾村口(现镇江市旅游学校正大门对面)山坡下发现一只石马(长 1.8 米,高 1.45 米,宽 0.4 米)半埋于地下,根据其经验判断该石马为明清年代用于墓道上的石雕。2012 年 6 月,韩涛与被告人胡如俊经实地调查商议后,于当月的一天晚上,分别联系吊车、货车等起重、运输车辆到达现场,由胡如俊用铁锹将覆盖在石马周围的土挖开,把钢丝绳固定在石马下,通过吊车将石马吊装到货车上将石马运走并存放于韩涛事先联系好的龚恩同经营的镇江恒达物资回收有限公司院内。2013 年 7 月 2 日,韩涛通过程敏的联系,欲将该石马以 5 万～6 万元的价格销售给他人。当日 10 时许,韩涛联系了吊车在镇江恒达物资回收有限公司院内搬运该石马时,被公安机关当场抓获。经镇江市文物局鉴定,该石马系放置于坟丘前神道两侧的石像生,为明代三级文物,是明代古墓葬的组成部分。

江苏省镇江市润州区人民法院认为,被告人韩涛、胡如俊共同盗窃具有历史、艺术、科学价值的古墓葬,其行为均已构成盗掘古墓葬罪,依法应予惩处。韩涛、胡如俊归案后能够如实供述自己的犯罪事实,依法可从轻处罚。公诉机关指控被告人韩涛、胡如俊犯盗掘古墓葬罪的事实清楚,证据确实充分,指控的罪名正确,予以采纳。依照《中华人民共和国刑法》第三百二十八条第一款,第二十五条第一款,第六十七条第三款,第七十二条第一款、第三款,第七十三条第二款、第三款之规定,判处被告人韩涛有期徒刑三年六个月,并处罚金人民币三万元;判处被告人胡如俊有期徒刑三年,缓刑三年,并处罚金人民币二万五千元。

宣判后,被告人韩涛、胡如俊在法定期限内未提出上诉,公诉机关也未提出抗诉,判决已发生法律效力。

二、裁判要旨

No. 6-4-328(1)-4 盗掘古墓葬墓室以外墓道上的石像生,构成盗掘古墓葬罪。

盗掘古墓葬罪规定在《刑法》第六章第四节“妨害文物管理”中,表明盗掘古墓葬罪侵犯的是复杂客体,不仅侵犯了国家对古墓葬的所有权,还侵犯了国家对古墓葬的管理秩序。古墓葬的所有权归属于国家,未经批准盗掘古墓葬的行为,无论是否窃得古墓葬中的可移动文物,都是对国家所有权的侵犯。同时,盗掘古墓葬的行为不但会造成文物的严重流失,而且使许多文物因缺乏保护而丧失其历史、艺术、科学价值,有时甚至造成文物的直接毁坏,因而这种行为还侵犯了国家对古墓葬的管理秩序。《刑法》第三百二十八条对盗掘古墓葬罪规定了三年以上有期徒刑,最高可处无期徒刑的刑罚;只有情节较轻的,处三年以下有期徒刑、拘役或者管制。《刑法》之所以将盗掘古墓葬罪作为重罪惩处,不仅是为了保护古墓葬的所有权和古墓葬中的珍贵文物,更重要的是古墓葬及其文物中所蕴含的重要历史、艺术、科学价值。因此,判断石像生是否是“古墓葬”,不能仅从其是位于墓室内还是墓室外来判断分析,更应当从本质属性上分析是否具有古墓葬的重要历史、艺术和科学价值。

石像生是古墓葬不可分割的一部分,古墓葬由地上遗迹和地下遗迹组成,古墓葬的墓室、葬具、随葬品、壁画、神道、石像生、碑刻、地面建筑等形成一个有机整体,离开了其中任何一部分,古墓葬都是不完整的。因此,上述对象都应当成为盗掘古墓葬罪所要保护的对象。相对于其他附属物而言,石像生具有更高的研究价值。在文物保护手段还不够成熟、考古发掘还存在一定技术性障碍的情况下,古墓葬附属物的完整保存对研究一定地区的历史事件、经济发展水平、丧葬习俗及民俗等具有重要价值。对那些年代和墓主身份难以认定的古墓,石像生对判明墓主人的身份等具有重要的参考价值。

从盗掘古墓葬罪所要保护的法益的角度出发,凡是具备以下两个特征的“破坏性手段”,都可以视为盗掘古墓葬罪的行为方式:(1)行为人秘密实施的行为,旨在破坏古墓葬及其附属物的完整性或者使其离开原处;(2)行为客观上破坏了古墓葬及其附属物所蕴含的历史、艺术、科学价值。本案被告人偷挖石马的行为就属于秘密实施的使古墓葬的附属物离开原处的行为,符合“盗掘”古墓葬的行为特征。

案例:王朋威、周楠盗掘古文化遗址案

案例来源:《刑事审判参考》总第 129 辑[第 1442 号]

主题词:盗掘古文化遗址罪　中止

一、基本案情

2017 年 9 月 23 日下午,被告人王朋威、周楠经预谋、踩点后,驾车到江苏省东海县曲阳乡驻地,使用铁锹在"曲阳城遗址"(系国务院核定的全国重点文物保护单位)西门南侧斜坡上进行盗掘,未挖到文物后自行离开,留下一长 1.4 米、宽 1.1 米、深 1.1 米的盗坑。经江苏省淮安市博物馆鉴定,盗掘行为对保护本体局部造成轻微损坏。

二、裁判要旨

No. 6-4-328(1)-5 盗掘古文化遗址、古墓葬罪是行为犯,但仍可能存在未完成形态,可以成立中止。

盗掘古文化遗址、古墓葬罪,是指盗掘具有历史、艺术、科学价值的古文化遗址、古墓葬的行为。通常认为本罪在犯罪形态上是行为犯而非结果犯,即犯罪既遂的认定并不要求盗得文物,是否盗取文物、盗取数量多少仅为量刑时应当考虑的情节。并非所有行为犯的行为都是一着手就完成的,不同危害行为的过程长短不一、内容各异,行为犯的实行行为进行到犯罪进程的哪一个阶段才能达到犯罪既遂状态,既与行为是否实施终了有关,也与立法对犯罪行为的社会危害性评价相关。由此可见,行为犯的未完成形态存在讨论的空间。

盗掘古文化遗址、古墓葬罪,犯罪对象是具有历史、艺术、科学价值的古文化遗址、古墓葬,犯罪对象的特殊性,决定了保护的法益主要是文物、遗址、墓葬的历史、艺术及其科学价值。2015 年 12 月 30 日,《最高人民法院、最高人民检察院关于办理妨害文物管理等刑事案件适用法律若干问题的解释》(以下简称《妨害文物管理解释》)出台,其第八条第二款明确规定:"实施盗掘行为,已损害古文化遗址、古墓葬的历史、艺术、科学价值的,应当认定为盗掘古文化遗址、古墓葬罪既遂。"因此,盗掘古文化遗址、古墓葬的,不论是否盗取文物,只要盗掘行为损害了古文化遗址、古墓葬的历史、艺术和科学价值,即可认定为犯罪既遂;虽已着手实施盗掘行为,但未损害古文化遗址、古墓葬的历史、艺术和科学价值的,则可能构成犯罪未遂或者犯罪中止。

本案中,被告人王朋威、周楠共同预谋对确定为全国重点文物保护单位的曲阳城遗址进行盗掘,其行为符合《刑法》第三百二十八条第一款的规定,构成盗掘古文化遗址罪。根据该条第一款第一项的规定,盗掘全国重点文物保护单位的古文化遗址的,应当处十年以上有期徒刑或者无期徒刑。但王朋威、周楠二人未窃取到文物,且仅造成一米见方的盗坑,未对遗址造成严重破坏,若因此对二人判处十年以上有期徒刑,难以做到罪责刑相适应。本案第一次审理时,一审法院参考其他法院已生效判决,认为本罪是行为犯,不存在中止形态,鉴于犯罪行为的社会危害性和被告人的人身危险性较低,试图采取层报最高人民法院核准在法定刑以下判处刑罚的方式,使量刑与被告人的罪责相适应。但该判决采信的淮安市博物馆出具的涉案文物鉴定,仅就盗掘行为对文物的损坏程度进行了鉴定,未对盗掘行为对古文化遗址价值造成的影响予以鉴定,存在遗漏重要鉴定事项的问题,一审法院没有认真审核案件证据存在的问题,判决理由也违反了《妨害文物管理解释》规定,二审法院因此不同意在法定刑以下判处刑罚,裁定不予核准,发回重审。东海县人民法院重新审理期间,委托淮安市博物馆进行补充鉴定,鉴定认为盗坑未对曲阳城遗址的历史、艺术和科学价值造成损害。据此,第二次审理认定二被告人系在盗掘行为既遂之前自动放弃犯罪,属犯罪中止,应当依法减轻处罚。结合二被告人平时表现较好,无前科劣迹,均系初犯,归案后能够坦白罪行,认罪认罚等情节,认为二被告人的犯罪情节较轻,有悔罪表现,且没有再犯罪的危险,宣告缓刑对所居住社区没有重大不良影响,故对被告人王朋威、周楠分别以盗掘古文化遗址罪判处有期徒刑三年,缓刑三年,并处罚金一万元,是适当的。

145 妨害传染病防治罪(《刑法》第三百三十条)

案例:张勇智妨害传染病防治案

案例来源:《刑事审判参考》总第 121 集[第 1333 号]

主题词:妨害传染病防治罪　传播的严重危险

一、基本案情

2020 年 1 月 15 日,被告人张勇智的姐姐张秀琴和姐夫袁启发从湖北省武汉市来到海南省东方市山海湾小区居住,当天张勇智便与其姐姐和姐夫一起吃饭,之后还串门数次。2020 年 1 月 19 日,张勇智开始出现发热症状,先是自行在家吃药未见好转,于 2020 年 1 月 24 日、27 日、28 日三次到东方市人民医院就诊,28 日还曾去东方医院(原铁路医院)就诊。就诊期间,医生均按照当前新型冠状病毒肺炎疫情防治措施的要求询问了被告人张勇智是否有武汉旅居史或接触过武汉籍人员,张勇智隐瞒了其姐姐和姐夫是从武汉市来到东方市并与其接触的事实,在东方市人民医院门诊输液期间还曾向针水瓶回收桶内吐口水。张勇智明知当前疫情防控期间,海南省人民政府和东方市人民政府及相关部门均发布了疫情防控相应措施,特别是要求主动报告与武汉人员接触情况,但依然抱有侥幸心理,不主动如实报告。2020 年 1 月 29 日,张勇智与妻子乘坐动车从东方市到海南省人民医院就诊,被确诊为新型冠状病毒肺炎患者。

被告人张勇智对公诉机关指控的犯罪事实、罪名、证据及提出的量刑意见均无异议。

二、裁判要旨

No. 6-5-330-1 行为人拒绝执行卫生防疫机构依照《传染病防治法》提出的防控措施,引起新型冠状病毒传播的严重危险,应当依照妨害传染病防治罪定罪处罚。

第一,犯罪主体方面。根据最高人民法院、最高人民检察院、公安部、司法部《关于依法惩治妨害新型冠状病毒感染肺炎疫情防控违法犯罪的意见》(以下简称《防控意见》)的规定,在办理妨害疫情防控措施犯罪案件适用以危险方法危害公共安全罪时,在主体上限于已确诊的新冠肺炎病人、病原携带者,或者新冠肺炎疑似病人,而妨害传染病防治罪则为一般主体。

根据《传染病防治法》第七十八条的规定,传染病病人、疑似传染病病人是指根据国务院卫生行政部门发布的《传染病防治法规定管理的传染病诊断标准》,符合传染病病人和疑似传染病病人诊断标准的人;病原携带者是指感染病原体无临床症状但能排出病原体的人。

目前,国家卫生健康委员会等部门已经印发《新型冠状病毒肺炎诊疗方案》,明确了确诊病例和疑似病例的诊断标准。实践中,对于"已经确诊的新冠肺炎病人"和"新冠肺炎疑似病人"的认定,应当以医疗机构出具的诊断结论、检验报告等为依据。对于行为人虽然出现发热、干咳、乏力等某些新冠肺炎感染症状,但没有医疗机构出具相关诊断结论、检验报告的,不能认定为《防控意见》第一条规定的"已经确诊的新冠肺炎病人""新冠肺炎疑似病人"。对于实施妨害疫情防控行为时尚未经医疗机构确诊为新冠肺炎病人或者疑似病人,但事后经诊断、检验,确认系新冠肺炎病人或者疑似病人的,不应适用《防控意见》关于确诊病人或者疑似病人故意传播新冠肺炎病原体构成有关犯罪的规定。本案中,被告人张勇智属于事后确诊,而非事前已经经过医疗机构确诊,因而不属于已确诊新冠肺炎病人病原携带者主体。

第二,犯罪主观故意方面。根据《防控意见》规定,以危险方法危害公共安全罪在主观上要求具有传播新冠肺炎病原体的故意。综合本案事实、情节,被告人张勇智尚不确定自身一定感染新冠肺炎,主观上抱有侥幸心理,其对违反《传染病防治法》规定的行为尽管是故意的,但对引起新冠肺炎病原体传播或传播的严重危险这一结果则并非故意。

需要强调的是,对于将拒绝执行防疫措施的行为认定为以危险方法危害公共安全罪应当持谨慎、严格的态度。面对突发的疫情,特别是在新冠疫情防控初期,社会难以做到精准有效的分层分类管理和救治,群众难免会紧张恐慌,面对隔离的严格管控措施也经常表现出抵触情绪,而且确诊或者疑似患者的检测和康复问题也远比"非典"疫情复杂。除了极少数出于恶意报复社会的患者,绝大多数人在主观故意的具体内容上并不是危害公共安全,在意志因素上对于引起病毒传播的后果也是持否定的态度。综上,对于明知自身已经确诊为新冠肺炎病人或者疑似病人,拒绝执行防疫措施的行为人出于报复社会、发泄不满等动机,恶意向不特定多数人传播病毒,后果严重、情节恶劣的,应当适用以危险方法危害公共安全罪。对于其他拒绝执行疫情防控措施,引起新型冠状病毒传播或者有传播严重危险的行为,应依照《刑法》第三百三十条的规定,适用妨害传染病防治罪。

第三,犯罪客观方面。根据《防控意见》规定,行为人构成《刑法》第三百三十条妨害传染病防治罪除有拒绝执行防控措施的行为外,还需要具有引起新型冠状肺炎病毒传播或者有传播严重危险的情形。实践中,对于“传播严重危险”的判断,应当坚持综合考量原则,重点审查行为人是否采取特定防护措施,被诊断为染疫嫌疑人的人数及范围,被采取就地诊验、留验和隔离的人数及范围等,作出妥当认定。

需要进一步指出的是,妨害传染病防治罪与过失以危险方法危害公共安全罪虽同为过失犯罪,均可能导致传染病传播的严重后果,但两罪在适用场合方面存在不同。前罪主要发生于防治疫情过程中,而后罪主要发生在日常生活中。妨害传染病防治罪侵害的客体主要是传染病防控管理秩序,过失以危险方法危害公共安全罪侵犯的客体是公共安全。当然,在疫情防控期间拒绝执行防疫措施的行为除了危害防控管理秩序,也会对公共安全造成威胁,但是总体而言其与过失以危险方法危害公共安全罪,实际上是法条竞合关系,应当按照特别法优于一般法的适用原则,优先适用妨害传染病防治罪。

146 医疗事故罪(《刑法》第三百三十五条)

案例:孟广超医疗事故案

案例来源:《刑事审判参考》总第 54 集[第 429 号]

主题词:个体医生　民间偏方　医疗事故罪

一、基本案情

被告人孟广超,男,1961 年 7 月 6 日出生,汉族,高中文化,个体医生。因涉嫌犯生产、销售假药罪,于 2004 年 5 月 31 日被逮捕。

河南省睢县人民法院经审理查明:被告人孟广超系个体医生,具有行医资格和执业许可证。1996 年至 1997 年孟广超在某医专学习期间,某教授传授其一则治疗腰、腿疼等风湿病的民间验方,用于临床具有一定疗效。被告人孟广超在此后的行医过程中,未经国家卫生行政部门批准,即按该验方配制成胶囊给患者服用,未见不良反应。2004 年 5 月 3 日上午,村民孟广义、王相海因腰疼和周身疼到孟广超处治疗,孟广超给二人开具了自己按上述验方配制的胶囊,二人服用后称有效,孟广超遂加大剂量让二人服用,后二人均出现中毒症状,孟广超闻讯后,采取了相应的抢救措施。王相海经抢救脱险,现已治愈,孟广义经抢救无效死亡。经鉴定,孟广义生前患有高血压、冠心病(轻度),因服用了孟广超配制的含有超标准有毒物质“乌头碱”的胶囊中毒,未能及时抢救而死亡。孟广超案发后投案自首,并赔偿被害人一方 15000 元。

河南省睢县人民法院认为,被告人孟广超利用民间验方,自行配制胶囊给患者服用,其意愿是为患者治病,并希望有治疗效果。显然被告人不认为是假药,故被告人孟广超的行为不构成生产、销售假药罪。但孟广超身为医务人员,私自配制含有有毒物质“乌头碱”的胶囊,并在诊疗中加大服用剂量,造成孟广义中毒死亡的后果,其行为构成医疗事故罪。考虑到孟广超具有积极抢救被害人、投案自首、积极赔偿被害人经济损失等情节,依照《中华人民共和国刑法》第三百三十五条、第六十七条第一款之规定,从轻判处被告人孟广超有期徒刑一年。

一审宣判后,检察机关提出抗诉,称被告人孟广超未经国家卫生行政部门批准,自行配制含有“乌头碱”的有毒药品,是假药。其明知可能危害患者的健康,而采取放任态度,造成患者中毒、死亡的严重后果,其行为已构成生产、销售假药罪。一审法院以医疗事故罪判处,适用法律错误,量刑不当,请求二审改判。

河南省商丘市中级人民法院二审认为,原判认定的事实清楚,定罪准确,量刑适当,审判程序合法,抗诉理由不能成立,裁定驳回抗诉,维持原判。

二、裁判要旨

No.6-5-335-1　具有执业资格的医生在诊疗过程中,出于医治患者的目的,根据民间验方、偏方制成药物用于诊疗小范围患者的,不构成生产、销售假药罪。

生产、销售假药罪被规定在刑法中破坏社会主义市场经济秩序罪一章,从立法意旨出发,该章中所涉及的生产和销售都应属于市场行为,即这种行为应该是一种以市场流通为基础,以实现利润为目标,建立在一定供求关系上的经济活动。因为只有处于一定市场经济秩序之中的经济行为,才可能违反正常市场经济活动的基本规则,构成对公平竞争、公平交易、诚实守信的市场经济秩序的侵害。生产、销售假药系以低廉的成本获取高额的利润,或者破坏真药厂商的信誉,危害消费者的权益。在本案中,孟广超在自己的诊所里按照自己的配方把一些中药配制成胶囊出售给特定的患者治病,虽然这些胶囊也生产并销售给了患者,但毕竟只是在一个非常小的特定范围内针对前来就诊的个别患者进行的,开出药品是用于诊疗,不是单纯的向社会公开销售行为,其生产、销售的数量、规模和范围都远未达到进入药品市场流通领域的程度,还不足以破坏社会主义市场经济秩序,因此,其行为尚不属于生产、销售假药罪中的生产、销售行为。

被告人是在某医专学医期间从一位教授那里获得此药方的,这种获取途径本身就会使他对该药方的作用产生一定的内心确认,而被告人在此后的行医过程中,亦曾将该药方用于临床,未见不良反应,使其对该药方的疗效更加深信不疑。在给被害人用药的过程中,被告人也是在第二次用药见效后遂加大剂量,才导致被害人中毒死亡的。综观全案,被告人虽然是在未按有关规定获得批准的情况下生产、销售该药的,但其主观上并不认为其生产、销售的是假药,且始终坚信该药不会对被害人造成伤害。在处理此类应用民间药方、偏方治病致人伤亡的案件时,对于被告人的主观心态的认定,应当严格把握。法律不强人所难,在有证据表明被告人确实存在合理相信民间药方、偏方的疗效情况下,要充分考虑到被告人对民间验方、偏方过于信任和依赖的心理,一般不应认定被告人存在生产、销售假药的主观故意。

No. 6-5-335-2 具有执业资格的医生在诊疗过程中,出于医治患者的目的,使用民间验方、偏方,但由于严重不负责任致人死亡或严重损害身体健康的,应以医疗事故罪论处。

医疗事故罪在客观方面表现为医护人员在合法、正常的诊疗护理过程当中因严重不负责任,造成就诊人死亡或严重损害就诊人身体健康的行为。要符合这一要件,必须同时具备两个方面:首先,上述严重不负责任的行为必须发生在合法、正常的诊疗护理过程当中,其行为必须发生在有关部门对医务人员的职务授权范围内;其次,这种严重不负责任的行为,与就诊人死亡或身体健康被严重损害的结果之间,必须具有刑法意义上的因果关系。就本案而言,孟广超作为取得执业资格的注册个体医师,按照注册的执业地点、执业类别、执业范围执业,从事相应的医疗业务,并在此过程中,违反医疗规章制度,没有经过国家卫生行政部门批准私自配制药品用于诊疗,是严重不负责任的表现,造成就诊人死亡,在客观方面也完全符合医疗事故罪的特征。

综上所述,本案法院认定被告人孟广超的行为构成医疗事故罪是恰当的。但需要指出的是,司法实践中对于这类利用民间验方、偏方实施诊疗致人伤亡的行为,在定性时要严格把握,应对主体资格、主观心态、因果关系和行为发生的客观环境等具体条件进行严格审查,只有类似本案这种在有限的范围内,针对特定的病症个体,采用未经有关机构认可和授权使用的偏方、验方,致就诊人伤亡的情形,才可以定医疗事故罪。如果主体资格不符,则可以非法行医罪追究刑事责任。如果是利用未经有关机构认可和授权的民间验方、偏方制成药物,大规模生产,或者公开在药店、医疗机构等医药市场上向不特定的患者或公众大范围销售,足以严重危害人体健康的,则应以生产、销售假药罪定罪处罚。

案例:梁娟医疗事故案

案例来源:《刑事审判参考》总第 117 集[第 1288 号]

主题词:医疗事故罪　业务过失

一、基本案情

梁娟系宿州同济医院的护士,陶艳丽、孙静是同济医院妇科的医生,均系助理医师,陶艳丽担任主任。2014 年 5 月 16 日上午,被害人杨某某到宿州同济医院妇科就诊,陶艳丽安排助理医师孙静给杨某某做人流手术,在孙静表示可以麻醉时,上诉人梁娟在明知麻醉药丙泊酚应由受过训练的麻醉师或加强监护病房的医生给药的情况下,给被害人杨某某静脉推注了丙泊酚注射液,手术结束后杨某某昏迷,经抢救无效死亡。经法医鉴定,被害人杨某某系因在人流手术过程中静脉推注丙泊酚导致呼吸抑制而死亡,可以排除杨某某系毒物中毒致死、机械性窒息致死、机械性损伤致死和原发性疾病致死。案发后,宿州同济医院赔偿被害人杨某某亲属人民币60万元。二审期间,上诉人梁娟及其亲属与被害人亲属自行达成调解协议,赔偿被害人亲属14万元,取得被害人亲属的谅解。

二、裁判要旨

No. 6-5-335-3 医务人员在医院安排下从事超出其职责的医疗行为的,不构成非法行医罪。该医疗行为违反相关职业规范且与医疗事故的发生有法律因果关系,医务人员主观上存有重大业务过失的,应当以医疗事故罪定罪。

《最高人民法院关于审理非法行医刑事案件具体应用法律若干问题的解释》(以下简称《非法行医解释》)第一条规定,刑法第三百三十六条第一款中"未取得医生执业资格的人非法行医"是指以下情形:(1)未取得或者以非法手段取得医师资格从事医疗活动的;(2)被依法吊销医师执业证书期间从事医疗活动的;(3)未取得乡村医生执业证书,从事乡村医疗活动的;(4)家庭接生员实施家庭接生以外的医疗行为的。虽然非法行医罪不要求以营利为目的,但实践中该罪的打击重点一直是以营利为目的、长期以非法行医为业的人。从宿州同济医院妇科的管理和整个诊疗过程来看,可以认定梁娟参与手术、推注麻醉药丙泊酚的行为系受院方安排的职务行为,并非其个人擅自决定。因而,虽然梁娟本人没有医师资格,但是其推注麻醉药实际是医院和医师授权下的职务行为,尽管这一授权从管理角度是违规的,但梁娟本人不属于《非法行医解释》规定的"未取得医生执业资格的人非法行医"的四种情形,依法不构成非法行医罪。

《刑法》第三百三十五条规定,医疗事故罪是指医务人员由于严重不负责任,造成就诊人死亡或者严重损害就诊人身体健康的行为。《医疗事故处理条例》第二条规定,医疗事故是指医疗机构及其医务人员在医疗活动中,违反医疗卫生管理法律、行政法规、部门规章和诊疗护理规范、常规,过失造成患者人身损害的事故。第一,梁娟的行为超越了其职责范围,同时违背了相应的法律法规,其行为本身具有侵害他人身体健康的风险。本案中,丙泊酚注射液应由受过训练的麻醉师或加强监护病房的医生给药,梁娟作为护士,在没有麻醉师或医生资质的情况下给患者推注麻醉药丙泊酚注射液,既超越其职责,也违反了相应的法律法规。第二,梁娟的注射行为与被害人死亡有法律上的因果关系。在事实层面上,经法医鉴定,杨某某在人流过程中静脉推注丙泊酚导致呼吸抑制而死亡,并排除毒物中毒致死、机械性窒息致死、机械性损伤致死和原发性疾病致死的可能;在法律层面上,梁娟因缺乏资质,其注射行为存有危害生命的风险,该风险现实化为危害结果,最终侵害他人生命,被害人的死亡结果应归属于梁娟的职责范围,梁娟与被害人的死亡具有因果关系。综合上述两点,客观层面应认定,梁娟超越职责的医疗行为造成了就诊人死亡。主观层面,梁娟已经预见不合资质的注射行为可能导致被害人死亡或健康受损,但轻信自己可以避免,违反了业务上的特定注意义务,属于重大医疗过失。即使梁娟行为属于其所就职的同济医院安排的职务行为,但其个人仍然存在重大业务过失,符合医疗事故罪的犯罪构成,可依法构成该罪。

147 非法行医罪(《刑法》第三百三十六条第一款)

案例:熊忠喜非法行医案

案例来源:《人民法院案例选》2006年第4辑

主题词:中医士资格 非法行医罪

一、基本案情

被告人熊忠喜。

海南省海口市龙华区人民法院经审理查明:被告人熊忠喜自1965年起一直在四川省巴中市上八庙镇季台村卫生站工作,该卫生站属集体所有制医疗机构,熊忠喜属乡村医生。其于

1989年获得四川省人事厅颁发中医士资格证书。1994年熊忠喜来海口,在未向海口市卫生局申请开业执照的情况下,在其租住处海口市龙昆下村280号开设私人诊所对外行医。1998年《中华人民共和国执业医师法》颁布实施后,其未向有关部门申请执业助理医师资格认定,未向有关部门申请注册。

2004年7月14日晚上8时30分,被害人胡秀华在丈夫刘平等人的陪同下来到熊忠喜开的诊所分娩。10点30分,由熊忠喜为胡秀华接生胎儿,孩子顺产出生,当胎盘下来时,胡秀华的子宫大出血,被告人熊忠喜给胡秀华注射"阿杜那"止血针,但情况没有好转。熊忠喜便叫保姆程菊英打急救电话,因120电话没人接,当晚11时33分,程菊英与胡秀华家人赶到海南医学院附属医院值班室叫值班人员派医生去抢救。11时38分,当医生赶到熊忠喜的诊所对胡秀华抢救时,发现胡秀华意识丧失,面色苍白,口唇青紫,眼睑上翻,四肢冰冷,阴道有大量不凝血流出,可见有抽搐样呼吸约4次,心率、血压、脉搏均未测及。被害人胡秀华入院抢救过程中一直未测及生命体征,0时5分心电图显示一直线,0时6分宣布抢救无效死亡。经法医鉴定:胡秀华系因生产后救治不当致产后出血死亡。案发后,被告人熊忠喜支付丧葬费2800元。

海南省海口市龙华区人民法院认为,被告人熊忠喜违反国家对医务从业人员的管理规定,在没有单独从事个体行医资格和未取得《家庭接生员技术合格证书》,不具备妇产科医学知识、技术和能力以及设备的情况下,非法行医为产妇接生,在被害人胡秀华生产后因子宫收缩乏力大出血时,救治不当导致胡秀华产后出血死亡,其行为已构成非法行医罪,应予惩处。对附带民事诉讼原告人刘平、刘红梅、刘浩的经济损失,亦应予赔偿。附带民事诉讼原告人刘平、刘红梅、刘浩要求赔偿死亡赔偿金及抚养费的理由成立。但所提赔偿的数额过高,超过部分不予支持。公诉机关指控的犯罪事实清楚,证据确实充分,指控的罪名成立。对于被告人熊忠喜及其辩护人提出熊忠喜有中医士资格证书,不属非法行医的辩解及辩护意见。经查,被告人熊忠喜虽有中医士资格证书,但根据国家中医药管理局1989年发布的《中医人员个体开业管理补充规定》第二条规定:"中医士(含各民族医医士)只能在农村乡、村所在地开业,在城镇只能随个体开业中医师以上专业人员从业。"全国人大常委会1998年颁布实施的《中华人民共和国执业医师法》第三十条规定:"执业助理医师应当在执业医师的指导下,在医疗、预防、保健机构中按照其执业类别执业。在乡、民族乡、镇的医疗、预防、保健机构中工作的执业助理医师,可以根据医疗诊治的情况和需要,独立从事一般的执业活动。"可见,无论是过去的规定还是新的规定,中医士或者执业助理医师均不得独立行医,更不得在城镇从事个体行医。熊忠喜作为中医士根本不具备在海口单独从事个体行医的资格。此外,根据全国人大常委会1994年颁布实施的《中华人民共和国母婴保健法》第三十三条的规定:"从事本法规定的婚前医学检查、施行结扎手术和终止妊娠手术的人员以及从事家庭接生的人员,必须经过县级以上地方人民政府卫生行政部门的考核,并取得相应的合格证书。"《中华人民共和国母婴保健法实施办法》第十二条规定:"未取得《母婴保健技术服务执业许可证》的医疗保健机构和未取得《母婴保健技术考核合格证书》《家庭接生员技术合格证书》的人员不得从事母婴保健法规定的婚前医学检查、遗传病诊断、产前诊断、结扎手术、终止妊娠手术和家庭接生。"熊忠喜未取得上述证书,属不能从事妇产科医疗、保健、接生的人员。因此,熊忠喜擅自开设诊所为被害人接生的行为,纯属非法行医。被告人熊忠喜及其辩护人的上述意见于法无据,不予采纳。对于被告人熊忠喜及其辩护人提出被害人胡秀华是在医院死亡,不应由熊忠喜承担刑事责任的辩解和辩护意见,经查,熊忠喜在不具有国家承认的从事妇产科诊疗工作应当具备的医学知识、技术和能力以及在诊所的医疗设施简陋的情况下,为被害人胡秀华接生致产后大出血,虽然胡秀华是在医院抢救死亡,但从医院出具的抢救记录及医生范天伦、卢斋、王青、黄元华等人的证言均证实,医院接到求诊电话赶到现场时,被害人胡秀华的意识丧失,面色苍白,口唇青紫,眼睑上翻,四肢冰冷,阴道有大量不凝血流出,心率、血压、脉搏均未测及,在入院抢救过程中一直未测及生命体征,可见胡秀华入院前已濒临死亡。没有证据证明医院在抢救过程中存在过失或过错。从法医对胡秀华尸体解剖检验可以证实,胡秀华并非是羊水栓塞导致死亡的,而是因产后救治不当致产后出血死亡。胡秀华的死亡与被告人熊忠喜的非法行医行为有直接的因果关系,熊忠喜依法应承担非法行医造成就诊人员死亡的刑事责任,故对被告人及辩护人的上述辩解和辩护理由不予采纳。依照《中华人民共和国刑法》第三百三十六条第一款、第三十六条第一款和《中华人民共和国民法通则》第一百一十九条之规定,作出如下判决:

1. 熊忠喜犯非法行医罪,判处有期徒刑十年,并处罚金一万元。

2. 熊忠喜赔偿附带民事诉讼原告人刘平、刘红梅、刘浩的经济损失共计73145元,在本判决生效后一个月内付清。

一审宣判后,熊忠喜上诉及其辩护人辩护称,熊忠喜具有医生执业资格,且来海口市行医时巴中市卫生局给其出具了《个体开业医生外出行医介绍信》,不符合非法行医罪的主体要件;一审判决认定熊忠喜救治不当致胡秀华死亡,但案件中并没有熊忠喜实施不当救治行为的事实和证据,因此,熊忠喜的接生行为与胡秀华的死亡没有直接的因果关系,其不应承担胡秀华死亡的刑事责任。请求二审法院宣告熊忠喜无罪。

海南省海口市中级人民法院经审理确认了一审法院认定的事实和证据,认为:上诉人熊忠喜违反国家对医务从业人员的管理规定,在没有单独从事个体行医资格,不具备妇产科医学知识、技术和能力以及设备的情况下,非法行医为产妇接生,在被害人胡秀华生产后因子宫收缩乏力大出血时,救治不当致胡秀华产后出血死亡,其行为已构成非法行医罪,应予惩处。对原审附带民事诉讼原告人刘平、刘红梅、刘浩的经济损失,亦应予赔偿。原审附带民事诉讼原告人刘平、刘红梅、刘浩要求赔偿死亡赔偿金及抚养费的理由成立。公诉机关指控的犯罪事实清楚,证据确实、充分,指控的罪名成立。关于上诉人熊忠喜及其辩护人认为熊忠喜有医生执业资格以及接生行为与胡秀华的死亡没有直接因果关系,不应承担胡秀华死亡的刑事责任等上诉和辩护意见均与事实不符,不予采纳。原审认定事实清楚,证据确实、充分,适用法律准确,量刑适当,应予维持。依照《中华人民共和国刑事诉讼法》第一百八十九条第(一)项之规定,作出如下裁定:驳回上诉,维持原判。

二、裁判要旨

No.6-5-336(1)-1 具有中医士资格的人不能认定为具有刑法意义上的取得医生执业资格的人,在行医过程中致人死亡的,应以非法行医罪论处。

国家中医药管理局1989年5月3日发布的《中医人员个体开业管理补充规定》第二条规定:"中医士(含各民族医医士)只能在农村乡、村所在地开业,在城镇只能随个体开业中医师以上专业人员从业。"全国人大常委会1998年颁布实施的《中华人民共和国执业医师法》第三十条规定:"执业助理医师应当在执业医师的指导下,在医疗、预防、保健机构中按照其执业类别执业。在乡、民族乡、镇的医疗、预防、保健机构中工作的执业助理医师,可以根据医疗诊治的情况和需要,独立从事一般的执业活动。"国务院2003年7月30日颁布的《乡村医生从业管理条例》第二条第一款规定:"本条例适用于尚未取得执业医师资格或者执业助理医师资格,经注册在村医疗卫生机构从事预防、保健和一般医疗服务的乡村医生。"第九条第一款规定:"国家实行乡村医生执业注册制度。"第十五条规定:"乡村医生经注册取得执业证书后,方可在聘用其执业的村医疗卫生机构从事预防、保健和一般医疗服务。未经注册取得乡村医生执业证书的,不得执业。"对比上述规定可看出,无论是具有中医士资格、执业助理医师资格还是经注册的乡村医生,均只能在乡、村所在地从事一般执业活动。换言之,就是不能在城镇独立从事诊疗活动。

在本案中,熊忠喜于1989年获得中医士资格证书,之前是乡村医生。根据上述规定,其若从事个体行医,只能在所在的乡、村开业行医。1994年其来海口后,在没有提高医学知识、技术和能力、取得中医师或医师资格的情况下,擅自在租住处开设私人诊所对外行医的行为,显然有悖于上述法规的精神,属非法行医。在《执业医师法》实施后,根据该法第四十三条的规定,本法颁布之日前按照国家有关规定取得医学专业技术职称和医学专业技术职务的人员,由所在机构报请县级以上人民政府卫生行政部门认定,取得相应的医师资格。熊忠喜如按照规定申报,可能出现两种情况:一是通过了有关部门的审查,相应取得执业助理医师资格。但作为执业助理医师,仍要在执业医师的指导下在医疗机构中从事执业活动,不能在城市单独行医;二是未通过有关部门的审查,未取得执业助理医师资格,其还可以根据《乡村医生从业管理条例》的规定,申请乡村医生注册证书,但也只能在村医疗卫生机构从事预防、保健和一般医疗服务。因此,熊忠喜持中医士资格在城市擅自开设诊所独自行医的行为应认定为非法行医。此外,根据《中华人民共和国母婴保健法》及其实施办法的规定,未取得《母婴保健技术考核合格证书》《家庭接生员技术合格证书》的人员不得从事母婴保健法规定的家庭接生。熊忠喜是中医士,与妇产科是两个不同门类的学科。其未取得上述证书,表明其不具有妇产科专业知识和技能,属不能从事妇产科医疗、保健、接生的人员。因此,熊忠喜在私设诊所内为被害人接生的行为,属跨门类的非法行医,而非具有不同门类专业知识和技能的医师变更执业类型、范围的行为。综上,熊忠喜虽具有中医士资格,但在本案中,其在城市擅自开设诊所跨门类为他人接生,因不具备专业技能和在设备简陋的情况下,在产妇大出血后因救治不当导致产妇死亡,应以非法行医罪定罪处罚。

案例:贺淑华非法行医案

案例来源:《刑事审判参考》总第 53 集[第 421 号]

主题词:产妇分娩　死亡　非法行医

一、基本案情

被告人贺淑华,女,1954 年 11 月 18 日出生,初中文化,农民。因涉嫌犯非法行医罪,于 2005 年 1 月 6 日被逮捕。

重庆市垫江县人民法院经审理查明:被告人贺淑华无行医执业证照在重庆市垫江县桂溪镇松林路 18 号租住房内非法行医多年。2003 年 5 月 25 日 9 时,贺非法给刘福琼接生时滥用“缩宫素”,致刘福琼宫缩过强引发羊水栓塞,导致刘及胎儿死亡。经鉴定:刘福琼及胎儿的死亡与贺淑华非法行医有直接关系。

重庆市垫江县人民法院认为,被告人贺淑华无行医执照,非法为他人接生,致人死亡,其行为已构成非法行医罪。根据《中华人民共和国刑法》第三百三十六条第一款、第五十二条、第五十三条的规定,判决如下:

被告人贺淑华犯非法行医罪,判处有期徒刑十年,并处罚金人民币一万元。

宣判后,贺淑华不服,提出上诉。上诉理由及其辩护人的辩护意见为:(1)原判决认定贺滥用“缩宫素”的证据不足;(2)重庆市医科大学附属第一医院所作的鉴定结论有误;(3)刘福琼的死亡与贺的非法行医行为间无因果关系,贺不应对刘的死亡承担刑事责任。请求二审宣告被告人无罪。

重庆市第三中级人民法院经审理查明:上诉人贺淑华未取得医生执业资格,在重庆市垫江县桂溪镇行医多年。2003 年 5 月 25 日上午 9 时,贺淑华为刘福琼非法接生,刘在分娩过程中并发羊水栓塞,贺未能及时采取正确抢救措施,致刘于当日 13 时许死亡。

重庆市第三中级人民法院认为,上诉人贺淑华在没有取得行医资格的情况下非法行医多年,其行为构成非法行医罪;其在为他人接生过程中造成就诊人死亡,应当承担相应的刑事责任。重庆市医科大学附属第一医院是在认定贺淑华滥用“缩宫素”,致刘福琼宫缩过强而产生羊水栓塞的基础上作出的鉴定结论。但公安机关在尸体检验时既未从死者刘福琼体内提取任何检材,也未对其在现场提取的药液中是否含“缩宫素”成分作过鉴定。一审认定贺淑华对刘福琼使用过“缩宫素”无充分的证据支持,应予纠正。重庆市医科大学附属第一医院作出的鉴定结论所依据的基础事实有误,其结论意见必然缺乏客观性。上诉人贺淑华及其辩护人提出原判认定贺淑华滥用“缩宫素”的事实不清,证据不足,鉴定结论有误的上诉、辩护理由成立;贺淑华在非法为他人接生时应该预见到产妇在分娩过程中可能会发生各种分娩综合征,但其明知如果在产妇分娩过程中发生各种分娩综合征时,其没有相应的医疗设备和医疗技术予以实施及时、恰当的抢救措施,产妇的生命危险性必然会大大增加。贺淑华对产妇在分娩中可能会发生的危险心存侥幸,以致刘福琼分娩中出现并发羊水栓塞时无力采取及时、恰当的抢救措施,造成刘福琼死亡,其非法行医行为与刘福琼的死亡后果存在因果关系。贺淑华及其辩护人提出,刘福琼的死亡后果与贺淑华的非法行医行为无因果关系的上诉、辩护理由不能成立,请求二审宣告被告人无罪的上诉意见,不予采纳。一审判决认定贺淑华非法行医并造成产妇刘福琼及胎儿死亡的事实清楚,证据充分;但认定贺淑华滥用"缩宫素"致刘福琼发生羊水栓塞的证据不足。原判适用法律正确、定罪准确、量刑恰当。依照《中华人民共和国刑事诉讼法》第一百八十九条第(一)项的规定,裁定如下:驳回上诉,维持原判。

二、裁判要旨

No. 6-5-336(1)-2 产妇在分娩过程中因并发症死亡,非法行医行为与产妇的死亡之间存在因果关系,应以非法行医罪论处。

在本案中,被告人在没有行医资格的前提下,故意长期非法行医,其行为已经构成非法行医的基本犯罪。具有一般社会阅历和生活常识的成年人,即使没有医学知识都能预见,产妇在分娩过程中可能会发生各种紧急情况,一旦发生,必须及时实施正确、有效的抢救,否则,产妇及胎儿的生命都将面临极大的危险。而该被告人非法行医多年,具有一定的医学知识,对产妇在分娩过程中可能出现的各种风险比常人更能清楚地预见。但其出于追求非法利益的目的,存在侥幸能够避免的心理,在缺乏抢救设备、缺乏抢救措施的情况下仍然为其接生,违反了其实施基本犯罪行为时对其行为所带来的危险性的注意义务,主观上对产妇死亡的结果存在过于自信的过失;同时,客观上,由于被告人的医疗技术水平不高、医疗设施缺乏,致使产妇出现并发症时无力及时采取正确、有效的抢救措施;在产妇出现并发症时又因害怕承担责任,不及时将产妇转送正规医院进行抢救,延误了产妇的抢救时机,致使产妇在尚未送进医院抢救时即已死亡。羊水栓塞本来就是一种死亡率较高的分娩并发症,当产妇发生该症状时,因被告人浅陋的医疗技术和医疗设施以及延误抢救时间,致使产妇不可能获得及时有效的抢救,产妇的死亡就成了一种内在性引发的必然结果,其非法行医的行为与产妇的死亡结果当然具有刑法上的因果关系。综上分析,本案被告人对产妇的死亡在主观上具有过失,客观上造成了产妇死亡的结果,其非法行医行为与产妇的死亡结果间具有因果关系,故其对产妇的死亡应当承担相应的刑事责任。

案例:王之兰过失致人死亡案

案例来源:《刑事审判参考》总第34集[第262号]

主题词:非法行医罪 医疗事故罪 过失致人死亡罪

一、基本案情

被告人王之兰,女,1952年3月9日生,汉族,江苏省扬州市人,高中文化,农民,住扬州市邗江区杭集镇杭集村杭集组10号。因涉嫌犯医疗事故罪于2002年7月11日被取保候审。

扬州市邗江区人民法院经审理查明:扬州市邗江区杭集村卫生室成立于20世纪70年代,王之兰自1973年起即在村卫生室工作,曾取得卫生行政部门所发的《乡村保健医生证书》。2000年,邗江区卫生局开始开展对乡村卫生室发放《医疗机构执业许可证》工作。2001年8月,杭集村委会向邗江区卫生局提出设置杭集村卫生室为医疗机构的申请,经主管部门验收,因故未合格,至本案案发时尚未领取到《医疗机构执业许可证》。

2001年11月22日下午3时许,被害人林奇(男,16岁)因上呼吸道感染到邗江区杭集镇卫生院就诊,该院开出青霉素皮试单及青霉素注射处方。林奇在该卫生院做了青霉素皮试,其结果为阴性;但未在该院输液。随后林奇来到王之兰所在的杭集村卫生室,王之兰看过林奇在杭集镇卫生院的病历、处方和皮试单后,要林奇做皮试,林奇称刚做过,王之兰即未坚持,遂对林奇进行青霉素输液。林奇输液后不久即感不适,自行拔出针头后出门,随即倒地,经抢救无效死亡。经区、市两级医疗事故鉴定委员会鉴定,王之兰在未对林奇重新做青霉素皮试的情况下给林奇注射了与杭集镇卫生院皮试试液不同生产厂家的青霉素,以致林奇发生青霉素过敏性休克而死亡,属一级医疗事故(含责任和技术因素)。

另查明,邗江区卫生局于1998年2月曾就青霉素使用专门作出规定,要求实施青霉素注射前,一定要验核注射卡,做到人、卡、皮试结果、药物批号四符合后方能进行注射。王之兰亦供述“青霉素更换生产厂家后,应当重新做皮试,这是其行医30多年的常识”。

邗江区人民法院认为,被告人王之兰已经预见到自己的行为可能造成他人死亡的后果而轻信可以避免,以致发生他人死亡的严重后果,其行为已构成过失致人死亡罪,依法应予惩处。案发后,被告人王之兰积极赔偿被害方的经济损失并取得被害方的谅解,被害方亦请求法院对被告人王之兰从轻处罚,结合本案的具体犯罪情节,故依法可以对被告人王之兰免予刑事处罚。依照《中华人民共和国刑法》第二百三十三条、第三十七条之规定,于2003年4月11日,判决如下:

被告人王之兰犯过失致人死亡罪,免予刑事处罚。

一审宣判后,在法定期间内被告人王之兰不上诉,公诉机关亦未抗诉。

二、裁判要旨

No. 6-5-336(1)-3 未取得医师执业资格的乡村医生行医致人死亡的,不构成非法行医罪或者医疗事故罪,应以过失致人死亡罪论处。

王之兰的行为构成过失致人死亡罪。理由如下:

1. 被告人王之兰主观上不具有非法行医的故意

非法行医罪是指未取得医生执业资格的人非法行医,情节严重的行为。行为人对非法行医行为的心理态度是直接故意,即明知自己未取得医生执业资格,而仍实施非法行医行为。被告人王之兰所在的杭集村卫生室成立于70年代,王之兰本人也在村卫生室工作了近30年,期间一直从事医疗、保健、预防等工作。被告人王之兰曾取得《乡村保健医生资格证书》,一直作为乡村医生行医。1999年5月1日实施的《执业医师法》第十四条第二款规定:“未经医师注册取得执业证书,不得从事医师执业活动。”但第四十五条规定:“……不具备本法规定的执业医师资格或者执业助理医师资格的乡村医生,由国务院另行制定管理办法。”可至本案案发时,国务院尚未制定相关管理办法以规范乡村医生的行医资格。综上,考虑到乡村卫生室从事诊疗服务的历史延续性以及乡村医生行医资格无法律明文规定的特殊性,可以认定被告人王之兰主观上不具备非法行医的故意,对其行为以不定非法行医罪为宜。

2. 被告人王之兰不符合医疗事故罪的主体身份

医疗事故罪的主体是特殊主体,即医务人员。所谓医务人员是指有合法执业资格的医疗工作者,即其行医具有合法性。医务工作,是一项专业性、技术性极强的工作。为确保人民的生命、健康安全,国家对医务人员的任职资格作了严格规定。根据1999年5月1日实施的《中华人民共和国执业医师法》的规定,在我国从事医师执业工作,必须具备两个基本条件:第一是取得医师资格,第二是进行注册,领取医师执业证书。未经医师注册取得执业证书,不得从事医师执业活动。被告人王之兰未取得医师资格,亦未进行注册,取得医师执业证书,其虽取得《乡村保健医生资格证书》,但该证书载明“本证书是医疗技术水平的证明,不得凭此证流动行医和个体开业”。因此,王之兰行医不具有合法性,不符合医疗事故罪的主体特征,不应以医疗事故罪追究其刑事责任。

3. 被告人王之兰的行为符合过失致人死亡罪的主、客观构成要件,应定过失致人死亡罪

过失致人死亡罪,是指行为人由于过失而致人死亡的行为。其主观方面只能由过失构成,包括疏忽大意的过失和过于自信的过失。前者是指应当预见自己的行为可能发生被害人死亡的结果,由于疏忽大意而没有预见;后者是指已经预见而轻信能够避免,以致发生被害人死亡的结果。被告人王之兰作为行医近三十年的乡村医生,已经预见到不对林奇重复做皮试可能发生死亡的后果,却轻信林奇刚在镇卫生院做过皮试能够避免,以至于发生了林奇青霉素过敏性休克死亡的后果,符合过失致人死亡罪的主观特征;过失致人死亡罪的客观方面是行为人的过失行为与死亡结果存在着刑法上的因果关系。在本案中,医疗鉴定报告表明:王之兰在未对林奇重新做青霉素皮试的情况下注射了与杭集镇卫生院皮试试液不同生产厂家的青霉素,造成林奇青霉素过敏性休克死亡,其行为与林奇的死亡具有刑法上的因果关系,因此,应当以过失致人死

亡罪论处。

案例:周某某非法行医案

案例来源:《刑事审判参考》总第40集[第316号]

主题词:医生执业资格 自愿求医 承诺 非法行医

一、基本案情

被告人周某某,男,32岁,农民。曾因从事非法行医活动被行政处罚。因涉嫌犯非法行医罪,于2002年12月12日被逮捕。

某市某区人民法院经审理查明:2002年10月,被告人周某某在未取得医生执业资格和办理医疗机构执业许可证的情况下,在某市某区私设诊所擅自从事行医活动。2002年11月2日9时许,周某某应孕妇蒋某某亲属之邀出诊为蒋接生。23时许,周某某用手触摸检查后感到胎动,认为有生产迹象,遂给蒋肌肉注射催产素1支(1毫升)。至次日凌晨,蒋仍未生产且腹部疼痛加剧并直冒冷汗,周又给蒋注射病毒灵1支,安乃静半支,蒋稍感平静。凌晨6时许,周某某用手触摸检查后告知蒋家胎儿孕妇均正常,可去医院作进一步检查并收取80元后离去。2002年11月4日上午,蒋某某去重庆市红十字会医院检查,被诊断为:胎儿已死于腹中。该院随后对蒋某某进行了引产术。某市法医验伤所法医学尸体解剖鉴定结论认定,蒋某某的胎儿系在脐带、胎盘病变的基础上,因肌肉注射催产素1毫升引起强烈宫缩,导致胎儿在宫内窒息死亡。同日,蒋某某的亲属将周某某扭送至公安机关。

蒋某某住院治疗3天,共花去各项医疗费用1118元。

某市某区人民法院认为,被告人周某某未取得医生执业资格,擅自从事行医活动,致就诊孕妇的胎儿死亡,情节严重,其行为已构成非法行医罪。周某某对其行为造成附带民事诉讼原告人蒋某某的经济损失,应承担赔偿责任。周某某关于胎儿的死亡与其行为无关的辩解,经查与事实不符,不予采纳。根据本案的事实、情节及危害结果,依照《中华人民共和国刑法》第三百三十六条第一款和《中华人民共和国民法通则》第一百一十九条之规定,于2003年4月18日判决如下:

1. 被告人周某某犯非法行医罪,判处有期徒刑二年六个月,并处罚金一千元。

2. 被告人周某某赔偿附带民事诉讼原告人蒋某某医疗费、交通费、营养费、护理费等各项经济损失共计人民币二千二百二十七元一角五分。

一审宣判后,被告人在法定期限内未提出上诉,公诉机关也未提出抗诉,判决已发生法律效力。

二、裁判要旨

No.6-5-336(1)-4 未取得医生执业资格,无论患者是否知道这一事实,其同意诊疗或求医的,不影响非法行医罪的成立。

在非法行医案件中,即使行为人非法行医时得到患者的承诺,也不能阻却其犯罪的成立,这是因为:第一,非法行医属于危害公共卫生的犯罪,侵害的是社会法益:任何人对社会法益都没有承诺权限,故患者的承诺是无效的。第二,对治疗行为的承诺,只能是一种具体的承诺,而且这种承诺只是对医疗行为本身的承诺,不包括对不当医疗行为致死致伤结果的承诺。在行为人非法行医的情况下,患者只是承诺行为人为其治疗,这是一种抽象的承诺。在被害人并不了解非法行医者的具体治疗方案的情况下,非法行医者的具体治疗行为并没有得到承诺。患者求医当然是希望医治疾病,因此不可能承诺对自己造成伤亡。所以,非法行医者致患者伤亡的行为,也不可能因为被害人承诺而阻却犯罪的成立。第三,在许多情况下,患者是因为不了解非法行医者的内情才去求医的,即非法行医者或者谎称自己具有医生执业资格,或者谎称自己具有高明的医术,使患者信以为真,从而在不了解真相的情况下向非法行医人求医。这显然不能认为是患者的真实意志,即患者在了解真相的情况下将不会向其求医。由于患者求医是基于误解,因而其承诺也是无效的。第四,非法行医行为违反了法律秩序,即使非法行医行为取得了患者的同意,也是法律所禁止的。

由此可见,在非法行医案件中,如果行为人隐瞒其未取得医生执业资格的事实,从而致使被害人错误作出同意其对自己实施医疗行为的承诺的,则因该项承诺并非是出自被害人的真实意志,故而不能构成可以排除行为人犯罪性的承诺;即便在行为人已告知被害人其未取得医生执业资格的事实,被害人仍然同意或者请求其为自己医疗的情况下,由于被害人的同意或者请求(承诺)仅是对医疗行为本身的抽象承诺,并不包括对非法医疗行为可能引致的伤亡结果的承诺,也不能构成可以排除行为人犯罪性的承诺;甚至,在行为人已告知被告人其未取得医生执业资格的事实,被害人仍然同意或者请求其为自己医疗,并明确表示自愿承担医疗风险的情况下,由于被害人对公共卫生这一社会法益并无承诺权限,其承诺仍然是无效的,仍然不能因此排除行为人非法行医行为的犯罪性。

根据以上分析,在本案中,未取得医生执业资格的被告人周某某固然是应孕妇蒋某某亲属之邀出诊为蒋接生的,但其违规用药,引起蒋强烈宫缩致胎死宫内,应当认为其行为已至少达到《刑法》第三百三十六条规定的情节严重的程度,故认定其构成非法行医罪是正确的;周某某系因他人之邀为蒋某某接生这一情节,并不能排除其非法行医行为的犯罪性。

案例:侯春英非法行医案

案例来源:《刑事审判参考》总第 124 集[第 1382 号]

主题词:非法行医罪　医疗事故罪

一、基本案情

北京市顺义区人民法院经公开审理查明:北京诺亚德福医药科技有限公司圣德利民诊所(以下简称“圣德利民诊所”),法定代表人李改凤,注册有四名医师。另有两名多地点执业备案医师,分别为李中杰、左胜国(均另案处理)。2014 年 6 月,李中杰与李改凤签订合作协议约定李中杰负责该诊所人员的聘任、管理、酬劳,该诊所发生的事故纠纷(包括医疗纠纷和医疗事故)由李中杰承担。侯春英系李中杰之妻,从郑州医学成人中等专业学校毕业,所学专业为西医专业,但未通过医师资格考试,未取得执业医师资格或者执业助理医师资格。2015 年 11 月侯春英到圣德利民诊所工作后,长期以医生身份独自为患者提供临床诊疗服务。李中杰明知侯春英未取得医生执业资格,仍然允许侯春英在该诊所内长期以医生身份独自为患者提供临床诊疗服务。

2017 年 7 月 19 日 16 时许,被害人孟凡海到该诊所就诊,侯春英以医生身份为孟凡海诊治,后在未书写处方的情况下从药房内亲自挑选头孢呋辛钠等药品对孟凡海进行输液治疗。孟凡海输液半小时左右出现呼吸困难等不良反应,后孟凡海经抢救无效死亡。在公安机关调查期间,左胜国编造自己诊治孟凡海的事实,吕利先编造左胜国诊治孟凡海的事实。经北京法源司法科学证据鉴定中心鉴定,孟凡海符合注射用头孢呋辛钠导致过敏性休克死亡。被告人侯春英于 2017 年 7 月 20 日被公安机关传唤到案。另查明,在本案的庭审结束后,李中杰、侯春英先行赔偿了死者近亲属人民币 80 万元,死者近亲属表示对李中杰、侯春英予以谅解。

法院认为,被告人侯春英在未取得医生执业资格的情况下,非法行医,造成一名就诊人员死亡,其行为侵犯了医疗秩序和他人的生命权利,已构成非法行医罪,依法应予惩处。鉴于其到案后能够如实供述自己的基本犯罪事实,积极赔偿被害人近亲属的经济损失,取得被害人近亲属的谅解,故依法对其从轻处罚,以非法行医罪判处被告人侯春英有期徒刑十年六个月,并处罚金人民币五万元。

一审宣判后,被告人侯春英提出上诉,理由是:无证据证实自己的行医行为与孟凡海的死亡具有因果关系;自己不是非法行医罪的主体,而是属于“医疗机构违反规定安排未取得医师资格的医学专业毕业生独立从事临床工作”的情况,死者孟凡海的死亡系医疗意外,自己的行为不构成非法行医罪。

北京市第三中级人民法院经审理认为,一审法院的判决,事实清楚,证据确实、充分,定罪和适用法律正确,量刑适当。审判程序合法。裁定驳回上诉,维持原判。

二、裁判要旨

No. 6-5-336(1)-5 未取得医师资格的医学专业毕业生,独立从事临床工作造成患者损害的,即使获得诊所负责人的默许,也应以非法行医罪定罪处罚。

一般情况下,非法行医罪与医疗事故罪并不难区分。两者主体有明显区别,前者主体是未取得医生执业资格的人,而后者主体则是医疗机构的医生、护士、药剂人员,以及经主管部门批准开业的个体行医人员。本案中,因为被告人侯春英是医学专业毕业生,且其在诊所默许的情形下行医,故有必要对其是否构成医疗事故罪进行评析。

在司法实践中,未取得医生执业资格的医护人员,在院方的安排下,并且在医师的授权和指导下,在诊疗活动的某个环节中,实施了执业医生才能实施的医疗行为,因行为人的行为系医院和医师授权下的职务行为,故一般不认定为非法行医罪。在此过程中,如果行为人具有明显过错,并造成就诊人死亡或者严重损害就诊人身体健康的,则构成医疗事故罪。

但本案中,侯春英长期独立在诊所内行医虽然得到诊所负责人即其丈夫李中杰的默许,但其行医行为是在没有任何医师的授权和指导下独立进行的,且实施了整个诊疗过程,而非其中某一环节,不能将这种行为认定为是在医院和医师的授权下的职务行为,而应当认定为侯春英的擅自行医行为,故侯春英的行为不构成医疗事故罪。同时,李中杰明知侯春英未取得医生执业资格,仍然允许其在诊所内长期以医生身份独自提供诊疗服务,李中杰与侯春英构成非法行医罪的共犯。

另外,作为一项过失犯罪,医疗事故罪的量刑幅度为三年以下有期徒刑及拘役。而被告人侯春英的行医行为造成本案中就诊人孟凡海的死亡,严重侵害了国家对医疗秩序的管理及公众的生命健康安全。故从罪责刑相适应的角度而言,认定被告人侯春英构成医疗事故罪也明显不合适。

案例:周兆钧非法行医案

案例来源:《刑事审判参考》总第36集[第283号]

主题词:执业医师资格 医师执业证 非法行医

一、基本案情

被告人周兆钧,男,1922年6月4日出生,汉族,湖南省津市人,大学文化,湖南省靖县人民医院退休医师,住长沙市天心区左家井××号。于2000年6月18日被长沙市公安局天心区分局取保候审。

湖南省长沙市天心区人民法院经审理查明:1948年被告人周兆钧毕业于上海国防医学院(现为第二军医大学),1949年初至1950年9月在老家湖南省津市开办诊所。1950年至1953年在湖南省防疫大队从事医疗工作。1953年9月获中央人民政府卫生部颁发的医师证书。1953年至1968年在湖南省结核病防治所当医师。1969年至1979年在湖南省靖县人民医院当医师。1979年在靖县人民医院退休后居住在长沙市大古道巷。1987年至1993年,经卫生部门颁发行医执照自办诊所行医。1993年因房屋拆迁及年老原因向长沙市社会医疗管理委员会申请个体诊所停业,并上交了行医执照。1998年10月,长沙市天心区城南路街道办事处县正街居委会出面请周兆钧为居委会开办医疗室,并购进了一些常用药品。但因未能获得天心区卫生局同意,1998年底,医务室停办。1998年底以后,被告人周兆钧在家里为街道居民看病(病人主要以老人为主),不收挂号费,只收取药品费用(自带药品、针剂者不收费)。2000年3月1日7时许,王建辉(女,65岁)因咳嗽多日,自带青霉素针剂来到周兆钧家里,周兆钧为王建辉做完皮试后,按操作规程为王建辉注射了自带的1支80万单位的青霉素针剂。约十几分钟后,周兆钧发现王建辉有青霉素过敏反应特征,立即为王建辉注射了10毫克"地塞米松"针剂(抗过敏用),见情况没有好转,又为王建辉注射了一支"副肾上腺素"针剂(升血压、抗休克用),并立即叫邻居李某某通知王建辉的大女儿杨美群来到周兆钧家。杨美群见状立即拨打"110""120"电话。9时15分,王建辉被送到湖南省人民医院抢救,9时32分,王建辉因呼吸循环衰竭而死亡。法医鉴定:王建辉因注射青霉素引起过敏性休克而急性死亡。以上事实,有法医鉴定结论、证人证言等证据予以证实。被告人周兆钧亦供认,足以认定。

天心区人民法院审理后认为,被告人周兆钧无视国家有关医生执业行医的管理规定,在未取得"医疗机构执业许可证"的情况下,非法行医,并造成就诊人死亡的结果,其行为已构成非法行医罪,应依法予以处罚。对附带民事诉讼原告人杨美群等的经济损失,亦应予以赔偿。依照《中华人民共和国刑法》第三百三十六条第一款、第三十六条的规定,判决如下:

1. 被告人周兆钧犯非法行医罪,判处其有期徒刑十年,并处罚金一千元;

2. 被告人周兆钧赔偿附带民事诉讼原告人杨美群等经济损失四万六千四百五十元。

一审判决后,周兆钧不服,以其行为不构成犯罪为由上诉至长沙市中级人民法院。

长沙市中级人民法院二审审理认为,上诉人周兆钧在未取得医疗执业资格的情况下而非法行医,且造成他人死亡的后果,其行为已构成非法行医罪。上诉人周兆钧因其行为而给原审附带民事诉讼原告人造成的经济损失,应当承担民事赔偿责任。对上诉人周兆钧提出的其行为不构成犯罪的上诉理由,经查,上诉人周兆钧虽然从事医师工作三十余年,获得医师资格证书,并曾于 1987 年至 1993 年期间合法行医,但自 1998 年底至案发日,上诉人周兆钧在未取得"医疗机构执业许可证"的情况下擅自行医,是非法行医行为,故对其上诉理由不予采纳。原审审判程序合法,定罪准确,民事赔偿判决合理。原审判决适用《中华人民共和国刑法》第三百三十六条并无不当。但考虑到上诉人周兆钧为被害人王建辉注射青霉素针剂,没有违反医疗操作规程,王建辉因注射青霉素过敏而死亡,其死亡具有一定的特殊性,综合考虑本案的具体情节及社会危害性,对周兆钧可在法定刑以下判处刑罚,原审对上诉人周兆钧判处十年有期徒刑,量刑过重。据此,依照《中华人民共和国刑事诉讼法》第一百八十九条第(二)项和《中华人民共和国刑法》第三百三十六条第一款、第六十三条第二款之规定,判决如下:

1. 维持湖南省长沙市天心区人民法院(2001)天刑初字第 55 号刑事附带民事判决中对上诉人周兆钧的定罪部分及民事判决部分。

2. 撤销湖南省长沙市天心区人民法院(2001)天刑初字第 55 号刑事附带民事判决中对上诉人周兆钧的量刑部分。

3. 上诉人周兆钧犯非法行医罪,判处有期徒刑二年,宣告缓刑三年,并处罚金一千元。

根据《中华人民共和国刑法》第六十三条第二款的规定层报最高人民法院核准。

湖南省高级人民法院经审查认为:原审被告人周兆钧虽曾取得医师资格以及医生执业资格,但其在家中接诊造成他人死亡,其行为已构成非法行医罪。根据本案具体情况,考虑周兆均非法行医不是以盈利为目的,仅是为他人提供方便,确与没有医师资格,为骗取钱财而非法行医有区别,如依法判处十年以上有期徒刑,与其所犯具体罪行和情节不相适应。二审法院对周兆均在法定刑以下判处刑罚,量刑适当,同意报请最高人民法院核准。

最高人民法院经审理认为:原审被告人周兆钧于 1953 年获中央人民政府卫生部颁发的医师证书,已具备了医师从业资格,并多年从事医疗活动,具有一定的医学知识和医疗技术。周兆钧自湖南省靖县人民医院退休后,从 1998 年 10 月起从事医疗活动,虽未经注册,未取得"医疗机构执业许可证",但不属于《中华人民共和国刑法》第三百三十六条规定的未取得医生执业资格的人。周兆钧给被害人王建辉注射青霉素针,没有违反技术操作规范,王建辉因青霉素过敏而死亡系意外事件,周兆钧不应承担刑事责任。一、二审判决定性不准,适用法律不当依照《中华人民共和国刑法》第十六条的规定,判决如下:

1. 撤销湖南省长沙市中级人民法院(2001)长中刑终字第 100 号和湖南省长沙市天心区人民法院(2001)天刑初字第 55 号刑事附带民事判决。

2. 宣告被告人周兆钧无罪。

二、裁判要旨

No. 6-5-336(1)-6　已经取得执业医师资格的人未向卫生行政部门注册,未取得医师执业证书或者医疗机构执业许可证行医的,不构成非法行医罪。

医师资格考试成绩合格,取得医师资格(包括执业医师资格和执业助理医师资格),即表明国家承认其具有法律规定的从事医疗工作或开业所必需的医学知识、技术和能力。根据《执业医师法》的规定,凡具有执业医师资格的人,除法律规定的特殊情形外,只要向所在地县级以上人民政府卫生行政部门提出注册申请,受理申请的卫生行政部门应当自收到申请之日起 30 日内准予注册并发给由国务院卫生行政部门统一印制的医师执业证书。从法律规定我们不难看出,从取得执业医师资格到实际执业,只需履行注册手续,这纯属是一个行政管理手段。

在本案中,周兆钧 1953 年就获中央人民政府卫生部颁发的医师证书,从事医疗工作几十年,退休后获卫生部门颁发的个体行医执照。虽然 1993 年由于房屋拆迁及年老原因向长沙市医疗管理委员会申请个体诊所停业,并上交了行医执照,但周兆钧具有国家承认的执业医师资格,即周兆钧具有国家承认的从事诊疗工作应当具备的医学知识、技术和能力,并没有因为上交了行医执照而消失或者被取消。这就如同目前我国已经推行的律师、会计师、资产评估师资格准入制度一样,凡是通过相应的国家资格考试的人,都表明国家承认其具有从事相关专业工作的学识和技能。不论其目前是否从事或打算从事该项工作,都不影响其资格的取得。只要他想从事相关专业工作,只要履行相关手续即可。很明显,周兆钧是具有医师执业资格的人,他不属于《刑法》第三百三十六条规定的非法行医罪的犯罪主体。

从立法本意上讲,医生执业资格和执业医师资格并无本质不同,只不过是表述不同而已,目的都在于确定为患者行医看病的人应当具有国家认可的专业医学知识和技术,从而保护人民群众的身体健康。《刑法》第三百三十六条所惩罚的对象仅是未取得执业医师资格而从事非法行医的人;而 1998 年颁布的《执业医师法》则要求医师须经注册,进而行医的前提条件是必须取得执业医师资格,两者的目的是一致的。从增设非法行医罪的立法本意上讲,凡具有执业医师资格的人,就不属于《刑法》第三百三十六条第一款非法行医罪的主体范围。

案例:胡万林等非法行医案

案例来源:《人民法院案例选》2016 年第 12 辑

主题词:非法行医罪 保健培训致人死亡

一、基本案情

被告人胡万林于 2011 年 12 月 11 日刑满释放后,授意吕伟在博客上宣称用"五味疗法"可免除吃药打针等传统治疗方式带来的痛苦,针对糖尿病、高血压、白血病、艾滋病、各类癌症有特殊效果。2013 年,吕伟指使唐孟君分别联系身患不同疾病或痴迷中医的云某某等十余人参加自然大法培训班,由胡万林传授五味疗法和吐故纳新疗法,饮用由咖啡、白糖、盐、生抽、陈醋兑水后的五味汤后大量喝生水,喝到腹胀,再把腹内的水吐出来,然后继续喝生水、呕吐,反复进行,就可以把体内的病毒排出体外,达到治病强身的目的。被害人云某某按照胡万林传授的疗法照做后,出现了严重呕吐、抽搐、昏迷等症状。吕伟、唐孟君、贺桂枝遂采取灌凉水、往云某某头上浇凉水的方法进行救治。随着云某某病情的加重,吕伟先后两次找到胡万林,胡万林指使吕伟分别采取将泥土涂抹到云某某身上后浇凉水和向其口中灌其配制的液体的方式进行医治。当晚 22 时 30 分,云某某因机体脱水,水电解质平衡紊乱和急性呼吸循环功能障碍死亡。

商丘市中级人民法院经公开审理认为,被告人胡万林未取得医生执业资格而非法行医,为人治病,在诊疗中造成多人死亡,其行为已构成非法行医罪。其犯罪情节特别恶劣,后果特别严重,社会影响极坏,应依法从重处罚。该院于 2000 年 9 月 16 日依照《中华人民共和国刑法》第三百三十六条第一款、第五十六条第一款的规定,判决如下:

被告人胡万林犯非法行医罪,判处有期徒刑十五年,剥夺政治权利五年,并处罚金十五万元人民币。

宣判后,胡万林不服,以原判认定事实不清,其行为不构成犯罪为由,提起上诉。其辩护人也辩称,胡万林是被批准坐诊的,认定就诊人的死亡与服用加芒硝的中药水有直接因果关系,证据不足;胡万林没有非法行医的动机和目的等。

河南省高级人民法院经过二审审理认为,被告人胡万林未取得医生执照资格而非法行医,且在新疆、山西、陕西等地坐诊行医被依法取缔后,又到商丘继续非法行医,情节严重,已构成非法行医罪。胡万林在诊治病人中造成多人死亡,后果特别严重,社会影响极坏,依法应从严惩处。原判定罪准确,量刑适当,审判程序合法,被告人胡万林的上诉理由和辩护人意见均不予采纳。该院于 2000 年 12 月 11 日依照《中华人民共和国刑事诉讼法》第一百八十九条第(一)项的规定作出裁定如下:驳回上诉,维持原判。

二、裁判要旨

No. 6-5-336(1)-7 行为人不具有医生执业资格,欺骗病人参与保健培训班实施医疗活动,致人死亡的,构成非法行医罪。

区分医疗行为与养生保健行为应当从以下三方面进行考察:(1)是否以治愈疾病为目的;(2)是否需要专业技术知识和规范流程来完成;(3)是否存在潜在危险性。

养生保健行为仅通过补充某种身体所需物质或通过一定的活动调节身体机理,达到强身健体和提高身体免疫力的作用,不以治疗疾病为目的,一般也不会产生副作用。养生保健行为以强身健体为目的,虽然需要相应的人体保健知识,但与以治疗为目的的医疗行为相比,二者对知识专业性和技术性的依赖则有天壤之别。医疗行为要求执业人员具有相应的专业知识,还必须严格按照医疗流程进行操作,保健养生行为则没有此等要求。养生保健行为中所提供的保健食品只对人体健康起到锦上添花的作用,不产生危害健康的危险性,而医疗行为所适用的药物则有严格的适应症状和适用方法,若药不对症或剂量过量反而会给身体健康带来危险。

本案中,胡万林声称自己的吐故纳新疗法可以包治百病,对糖尿病、高血压、白血病、艾滋病等有特殊效果,可见其行为是以治疗疾病为目的的,并非普通的保健行为。其制作所谓的"五味汤"时购买了作为中药的芒硝,具有通便功效,饮用后产生恶心、呕吐等现象,过量食用对人体有害。参加胡万林培训班的均为长年身患疾病的病人,跟随胡万林的目的是治疗其自身病症,并非仅仅进行养生保健,因此胡万林的行为并非养生保健,而是医疗行为。

贺桂枝等人在被害人云某某因按照五味疗法昏迷后,根据胡万林的指使进行救治行为,并非基于道德上的见义勇为的救助行为,而是非法行医行为的延续,应当与前期的非法行医作为一个整体进行统一认识和处理。

本案中被告人胡万林主观上具有非法行医的犯罪故意,客观上在不具有行医资格的情况下实施了非法行医的行为,并造成他人死亡的危害后果,不仅侵犯了他人的身体健康,也侵犯了国家对医疗机构和医务人员的管理秩序,符合非法行医罪的构成要件。被告人吕伟在胡万林授意下建立博客,吹捧胡万林的五味疗法,并组织培训班进行非法行医活动;被告人唐孟君在吕伟的指使下,作为培训班的联络人联系学院,并充当胡万林的助手,传授并亲手调制五味汤;被告人贺桂枝受吕伟、唐孟君指使,负责培训班的日常开支,并与吕伟、唐孟君采取毫无科学性的方法抢救云某某,阻止他人拨打 120 抢救。吕伟、唐孟君、贺桂枝明知胡万林因非法行医被判处刑罚,不具有行医资格而再次非法行医的情况下,仍积极参与非法行医活动,最终导致被害人死亡。被告人胡万林、吕伟、唐孟君、贺桂枝主观上具有共同故意实施非法行医行为的犯意联络,客观上共同参与实施非法行医行为,属于共同犯罪。

148 非法进行节育手术罪(《刑法》第三百三十六条第二款)

案例:徐如涵非法进行节育手术案

案例来源:《刑事审判参考》总第 82 辑[第 732 号]

主题词:非法进行节育手术罪 "严重损害就诊人身体健康"的认定标准

一、基本案情

被告人徐如涵,女,1963 年 3 月 19 日生,无业。因涉嫌犯非法进行节育手术罪于 2010 年 5 月 22 日被刑事拘留,2010 年 6 月 23 日被逮捕。

上海市嘉定区人民检察院以被告人徐如涵非法进行节育手术罪,向上海市嘉定区人民法院提起公诉。

徐如涵当庭表示认罪。徐如涵的辩护人提出,公诉机关指控徐如涵严重损害就诊人身体健康的依据不足。

上海市嘉定区人民法院经审理查明:被告人徐如涵在沪未取得《医师执业证书》及《医疗机构执业许可》,自2009年起在上海市嘉定区江桥镇五四村大宅548号非法开设诊所行医。2010年5月20日19时许,何某至徐如涵非法开设的诊所内,要求徐如涵为其摘除节育器,并约定费用人民币(以下币种均为人民币)70元。徐如涵在对何某作简单检查后进行手术,在摘除节育器的过程中,取环钩刺破了何某的子宫、小肠。徐如涵见状将取环钩留在何某体内,立即送其到医院救治,垫付医疗费8300元。经司法鉴定,何某子宫破裂、小肠破裂已构成重伤,其损失与徐如涵非法进行节育手术的行为具有直接因果关系。

上海市嘉定区人民法院认为,被告人徐如涵未取得医生职业资格,擅自为他人进行摘取节育器手术,致人重伤,其行为构成非法进行节育手术罪,公诉机关指控的罪名成立。但公诉机关以被害人受重伤就认定徐如涵系严重损害就诊人身体健康,依据不足。徐如涵曾因非法行医被行政处罚,应予严惩,但在本案中能积极供认罪行,并支付被害人部分医疗费等情节,可酌情从轻处罚。依照《中华人民共和国刑法》第三百三十六条第二款之规定,判决如下:

被告人徐如涵犯非法进行节育手术罪,判处有期徒刑二年六个月,罚金人民币五千元。

一审宣判后,上海市嘉定区人民检察院向上海市第二中级人民法院提出抗诉,认为一审法院认定被告人徐如涵非法进行节育手术致人重伤仅属情节严重,系适用法律错误,并导致量刑畸轻。理由如下:(1)最高人民法院《关于审理非法行医刑事案件具体应用法律若干问题的解释》对“严重损害就诊人身体健康”的认定标准作了规定,但该规定的效力仅及于《刑法》第三百三十六条第一款的非法行医罪,不适用于非法进行节育手术罪。(2)最高人民检察院、公安部《关于公安机关管辖的刑事案件立案追诉标准的规定(一)》第五十八条规定,非法进行节育手术造成就诊人轻伤、重伤、死亡或感染艾滋病、病毒性肝炎等难以治愈的疾病,应予立案追诉。其中“轻伤”“重伤”“死亡”三个结果对应的分别是“情节严重”“严重损害就诊人身体健康”“造成就诊人死亡”三个量刑幅度。可见“重伤”对应的是“严重损害就诊人身体健康”。最高人民检察院、公安部《关于公安机关管辖的刑事案件立案追诉标准的规定(一)》第五十六条还规定,医疗事故造成就诊人死亡或严重损害就诊人身体健康的,应予立案追诉,其中“严重损害就诊人身体健康”是指造成就诊人严重残疾、重伤、感染艾滋病、病毒性肝炎等难以治愈的疾病或其他严重损害就诊人身体健康的后果。可见,“重伤”属于“严重损害就诊人身体健康”。该条适用的主体是医务人员,但对“严重损害就诊人身体健康”的界定同样适用于非法行医者,适用于非法进行节育手术者。据此,非法进行节育手术致人重伤的,就是严重损害就诊人身体健康,应在三年以上十年以下有期徒刑幅度内量刑。

上海市人民检察院第二分院支持抗诉机关的意见。

被告人徐如涵提出上诉,辩解其是为被害人更换节育器,而非摘取节育器,一审判决量刑过重,请求二审法院从轻处罚。辩护人提出,徐如涵为被害人更换节育器,不构成非法进行节育手术罪,构成非法行医罪。辩护人在二审开庭审理中,出示了《司法鉴定意见书》证实,何某小肠穿孔伴小肠系膜损伤并穿孔,子宫破裂穿孔均经手术修补,分别评定为十级、十级、十级伤残。

上海市第二中级人民法院经审理认为,徐如涵未取得医生职业资格,擅自为他人摘取节育器,致人重伤,情节严重,其行为构成非法进行节育手术罪。最高人民检察院、公安部《关于公安机关管辖的刑事案件立案追诉标准的规定(一)》是针对公安机关管辖的刑事案件立案追诉标准所作的规定,其中关于造成就诊人严重残疾、重伤、感染艾滋病、病毒性肝炎等难以治愈的基本或其他严重损害就诊人身体健康的后果的规定,是对达到最高人民检察院、公安部《关于公安机关管辖的刑事案件立案追诉标准的规定(一)》的几种情形之列举,而不是法院审判的依据。最高人民法院《关于审理非法行医刑事案件具体应用法律若干问题的解释》虽然是对非法行医罪作的解释,但其中关于“严重损害就诊人身体健康”的认定标准适用于非法进行节育手术罪。根据《解释》的规定,参照卫生部《医疗事故分级标准(试行)》,本案被害人的十级伤残,仅为“有轻微功能障碍”。综上,徐如涵的犯罪行为造成了就诊人重伤,但尚未严重损害就诊人身体健康。依照《中华人民共和国刑事诉讼法》第一百八十九条第(一)项之规定,裁定驳回抗诉、上诉,维持原判。

二、裁判要旨

No. 6-5-336(2)-1 最高人民法院《关于审理非法行医刑事案件具体应用法律若干问题的解释》对于非法行医罪中严重损害就诊人身体健康的认定标准同样适用于非法进行节育手术罪。不应将致人重伤简单等同于严重损害就诊人身体健康。

非法进行节育手术的行为广义上也是一种非法行医行为,只是为了突出保障计划生育政策的执行,刑法专门设立非法进行节育手术罪。就罪质而言,非法行医罪与非法进行节育手术罪之间是一般与特殊的观点。特殊法有特别规定的,依特殊法;没有特别规定,依一般法。基于这一原理,由于法律、司法解释没有对非法进行节育手术罪作出特别解释,该罪中的严重损害就诊人身体健康的认定标准,应当参照非法行医罪的相关认定标准。

关于严重损害就诊人身体健康的含义,最高人民法院《关于审理非法行医刑事案件具体应用法律若干问题的解释》第三条规定:“具有下列情形之一的,应认定为刑法第三百三十六条条第一款规定的‘严重损害就诊人身体健康’:(一)造成就诊人中度以上残疾、器官组织损伤导致有严重功能障碍的;(二)造成三名以上就诊人轻度残疾、器官组织损伤导致一般功能障碍的”。根据最高人民检察院、公安部《关于公安机关管辖的刑事案件立案追诉标准的规定(一)》第五十六条第二款的规定,“严重损害就诊人身体健康”是指造成就诊人严重残疾、重伤、感染艾滋病、病毒性肝炎等难以治愈的疾病或其他严重损害就诊人身体健康的后果。这一规定与最高人民法院《关于审理非法行医刑事案件具体应用法律若干问题的解释》存在一定的冲突。但这种冲突不在实质上影响法院对于严重损害就诊人身体健康的认定。最高人民检察院、公安部《关于公安机关管辖的刑事案件立案追诉标准的规定(一)》与最高人民法院《关于审理非法行医刑事案件具体应用法律若干问题的解释》的解释目的,最高人民检察院、公安部《关于公安机关管辖的刑事案件立案追诉标准的规定(一)》所列举的是应予立案追诉的情形,而最高人民法院《关于审理非法行医刑事案件具体应用法律若干问题的解释》则是为审判时确定量刑情节和幅度提供具体的法律依据。此外,重伤的表述过于笼统,新的伤残认定标准已没有这种表述。最高人民检察院、公安部《关于公安机关管辖的刑事案件立案追诉标准的规定(一)》将重伤与艾滋病、病毒性肝炎规定在同一种情形,因此,此处的重伤应当理解为能够导致难以治愈的疾病的重伤,而非所有重伤。因此,根据最高人民法院《关于审理非法行医刑事案件具体应用法律若干问题的解释》来认定严重损害就诊人身体健康更为妥当。

对于严重损害就诊人身体健康的含义,不能简单将致人重伤完全等同于严重损害就诊人身体健康。行医行为与伤害行为明显不同,《人体重伤鉴定标准》所规定的重伤标准不能涵盖所有损害健康的情形。非法行医客观方面的核心是非法行医,行为人对就诊人实施的是诊疗行为而不是伤害行为。医疗事故罪与非法行医罪的后果之一均为严重损害就诊人身体健康,因此不能将两罪后果的判断标准完全割裂,如果医疗事故罪“严重损害就诊人身体健康”的标准是造成医疗事故,而非法行医严重损害就诊人身体健康则是造成重伤,显然不符合立法原意。《人体重伤鉴定标准》主要针对外力伤害,不能全面反映医疗活动中对人体健康造成的损害程度。因此,重伤与严重损害就诊人身体健康是损害后果的两个不同认定标准。此外,将重伤等同于严重损害就诊人身体健康,将会导致故意伤害罪刑罚轻于非法进行节育手术罪,使罪责刑不相适应。

在本案中,被害人何某的三处十级伤残不能视为器官组织损伤导致有严重功能障碍,因此被告人徐如涵的犯罪行为致使就诊人重伤但未达到严重损害就诊人身体健康的程度。

案例:陈菊玲非法进行节育手术案

案例来源:《刑事审判参考》总第109集[第1191号]

主题词:非法进行节育手术罪 同种数罪

一、基本案情

2010年7月26日,被告人陈菊玲非法对被害人张某某实施终止妊娠手术,致张某某子宫、小肠、大网膜及横结肠系膜破裂,经鉴定构成重伤。昆山市人民检察院于2011年1月21日指控陈菊玲犯非法进行节育手术罪,向昆山市人民法院提起公诉。取保候审期间,2011年3月19日,被告人陈菊玲在未取得医生执业资格的情况下,为被害人周某某进行终止妊娠手术,致周某某子宫破裂,子宫次全切除、两侧输卵管切除。经法医鉴定,周某某腹部脏器损伤已构成人体重伤,八级伤残。公安机关再次将陈菊玲查获,昆山市人民法院建议昆山市人民检察院并案公诉陈菊玲的两起犯罪事实,但公诉机关不予并案处理。同年12月19日,昆山市人民法院仅就起诉的非法进行节育手术致张某某重伤的犯罪事实进行审理,以非法进行节育手术罪判处陈菊玲有期徒刑一年九个月,后该判决生效。2014年2月12日,江苏省昆山市人民检察院以被告人陈菊玲犯非法进行节育手术罪,向昆山市人民法院提起公诉。昆山市人民法院以非法进行节育手术罪判处被告人陈菊玲有期徒刑一年十个月;与前罪并罚,决定执行有期徒刑二年三个月。

二、裁判要旨

No. 6-5-336(2)-2 判决宣告以前犯同种数罪的,一般应并案按照一罪处理,不实行并罚。

同种数罪,是指行为人实施的数个独立的犯罪属于同一罪名的犯罪形态,通说采取单罚论的立场,认为除对判决宣告以后、刑罚执行完毕以前发现的同种漏罪和再犯的同种新罪应实行并罚之外,对同种数罪不并罚,而应作为一罪的从重情节或法定刑升格的情节处罚即可。《关于判决宣告后又发现被判刑的犯罪分子的同种漏罪是否实行数罪并罚问题的批复》中规定,如果在一审人民法院的判决宣告以后,判决尚未发生法律效力的,二审人民法院在审理期间,发现原审被告人在一审判决宣告以前还有同种漏罪没有判决的,二审人民法院应当按照《刑事诉讼法》的规定,裁定撤销原判,发回原审人民法院重新审判,一审人民法院重新审判时,不适用刑法关于数罪并罚的规定。

本案中,被告人陈菊玲因犯非法进行节育手术罪被检察机关提起公诉,在法院审理过程中,再次实施非法进行节育手术犯罪并被立案侦查。其前后两次犯罪系同种数罪,均实施于判决宣告以前,也被发现于判决宣告以前,一般应当并案一罪处理,不实行并罚。

No. 6-5-336(2)-3 在审理过程中,法院发现被告人犯有同种数罪但被人为分案处理的,可以建议检察机关并案起诉;检察机关不予并案处理的,应仅就起诉的犯罪事实作出裁判,在审理后起诉的犯罪事实时,可以适用《刑法》第七十条关于漏罪并罚的规定。

根据《人民检察院刑事诉讼规则(试行)》(已失效)第十二条第二款的规定与《关于实施刑事诉讼法若干问题的规定》(以下简称《六部委规定》)第三条的规定。一人犯数罪的,人民法院、人民检察院、公安机关可以在其职责范围内并案处理。在用语上均使用了"可以"一词。可见,对同种数罪并案处理,并非一种强制性规定。

法院的审判范围应当限于公诉机关指控的范围,不得审判任何未经起诉的行为。根据《六部委规定》第三十条的规定和最高人民法院《关于适用〈中华人民共和国刑事诉讼法〉的解释》(以下简称《刑事诉讼法解释》)第二百四十三条的规定,人民法院在审理过程中,发现被告人犯有同种数罪但被检察机关人为分案处理的,因分案处理的事实影响对被告人的定罪,可以建议检察机关并案起诉。二审法院发现被告人在一审判决宣告以前还有同种漏罪没有判决的,也可以发回重审,并协调检察机关并案处理。检察机关不同意或者在7日内未回复意见的,法院应当仅就起诉指控的犯罪事实作出裁判。判决生效以后,检察机关另案起诉其他同种漏罪的,法院必须对漏罪依法予以审理,构成犯罪的,单独予以定罪判刑。鉴于此前判处的刑罚尚未执行完毕,适用《刑法》第七十条关于漏罪并罚的规定进行处理。

本案中,昆山市人民法院在判决宣告前,发现被告人陈菊玲在审理期间又实施了非法进行节育手术犯罪并被公安机关立案侦查,所涉新罪与检察机关已经起诉指控的犯罪属同种罪行。检察机关未并案起诉。昆山市人民法院建议昆山市人民检察院补充起诉,但昆山市人民检察院仍未对陈菊玲前后两罪并案公诉。昆山市人民法院无权主动并案审理陈菊玲的同种数罪,最终只能仅就起诉指控的陈菊玲对被害人张某某非法进行节育手术犯罪部分进行审判,判决生效之后,刑罚执行完毕以前,检察机关又起诉指控陈菊玲对被害人周某某非法进行节育手术犯罪。昆山市人民法院对陈菊玲在判决宣告以前实施的同种漏罪进行审判。但检察机关该种分案处理的做法,不利于提高诉讼效率,实践中应尽量避免。

No. 6-5-336(2)-4　对人为分案处理的同种数罪实行并罚时,决定执行的刑罚应当与并案以一罪处理时所应判处的刑罚基本相当,不得加重被告人的处罚。

《刑法》第七十条规定:"判决宣告以后,刑罚执行完毕以前,发现被判刑的犯罪分子在判决宣告以前还有其他罪没有判决的,应当对新发现的罪作出判决,把前后两个判决所判处的刑罚,依照本法第六十九条的规定,决定执行的刑罚……"犯有数罪的犯罪分子,对社会危害严重,其到案后不但不积极悔罪,还故意隐瞒部分罪行,表明其有较大的人身危险性。对其漏罪实行并罚,既是罪刑相适应原则的要求,也有加重处罚的司法威慑效果。但在因人为分案处理而对被告人的同种漏罪进行并罚时,为避免被告人承担不利后果,决定执行的刑罚应与并案以一罪公诉所应判处的刑罚基本相当,否则有违刑法的罪刑相适应原则。

本案中,被告人陈菊玲两次非法进行节育手术犯罪均造成他人重伤,属于情节严重,尚不构成严重损害就诊人身体健康的情形,其法定刑范围应为三年以下有期徒刑、拘役或者管制,并处或者单处罚金。即如果并案以一罪处理,对陈菊玲的宣告刑不应超过有期徒刑三年。昆山市人民法院在一审审理陈菊玲的同种漏罪适用并罚时,决定执行有期徒刑二年三个月。在二审期间,因出现被告人赔偿获得谅解情节,二审依法改判陈菊玲有期徒刑二年,一、二审对陈菊玲数罪并罚后决定执行的刑期,均没有超出并案以一罪处理时有期徒刑三年的法定最高刑,且与并案以一罪公诉所应判处的刑罚基本相当,是适当的。

149 污染环境罪(《刑法》第三百三十八条)

案例:程凤莲污染环境案

案例来源:《人民法院案例选》2015 年第 1 辑

主题词:污染环境罪　超标排放

一、基本案情

被告人程凤莲,女,浙江省台州市三门县人。

浙江省宁波市镇海区人民法院经审理查明:2014 年 2 月中旬至同年 4 月 17 日,被告人程凤莲未取得环保部门许可,在镇海区永旺村永旺渔庄附近开设金属发黑加工点,对加工过程中产生的废水不经处理,就通过其挖设于农田中的水槽排入河道。经抽样检测,周边土壤中的废水所含铬等重金属严重超过国家标准。

浙江省宁波市镇海区人民法院于 2014 年 11 月 3 日作出(2014)甬镇刑初字第 640 号刑事判决,以污染环境罪判处被告人程凤莲拘役二个月,并处罚金人民币一万元。宣判后,被告人程凤莲未提出上诉,检察机关亦未提出抗诉,判决已发生法律效力。

二、裁判要旨

No. 6-6-338-1　对于未经审批超标排放污水的行为,可先行审查排污行为是否符合超标排放的入罪标准,再认定所排放的污染物类型。

最高人民法院、最高人民检察院 2013 年 6 月发布的《关于办理环境污染刑事案件适用法律若干问题的解释》(已失效)第一条第(三)项将"超标排放三倍以上"认定为符合污染环境罪中的"严重污染环境"要件。司法实践中通常的做法是先识别污染物的类型,再判断其是否符合超标三倍以上。《关于办理环境污染刑事案件适用法律若干问题的解释》第十条第(三)项将铅、汞、镉、铬四类重金属纳入有毒物质的范畴内,实践中对于此四类重金属之外的其他重金属是否也属于有害物质,存在疑问。《关于办理环境污染刑事案件适用法律若干问题的解释》第十条第(三)项旨在通过规定特殊类型污染物超过排放标准的范围来清晰界定严重污染环境的程度,为司法者提供判定是否严重污染环境的极具可操作性和便捷性的明确标准。这一项规定是以实用性为先的。既然是关注实用性的,那么司法者完全可以在适用该项规定时采取特殊的方式:先不去认定污染物的类型,径行按照该项规定审核环保部门的检测报告或者监测报告,看是否符合这一项的规定;在已经符合这一项具体规定的前提下,则可以轻松地在"有毒物质"和"其他有害物质"之间择一作出认定,含有《关于办理环境污染刑事案件适用法律若干问题的解释》第十条第(三)项规定的重金属的,认定为排放有毒物质,其他的则认定为其他有害物质为妥。本案中,被告人程凤莲开设金属发黑加工店,未经任何环保审批对外排放生产过程中产生的污水,经检测,该污水中的镍、总铬含量,均超过国家规定的《污水综合排放标准》具体项目的规定,其中总铬超标三倍以上,已经属于严重污染环境。同时,污水中含有重金属铬,应属于排放有毒物质。因此,可以认定,被告人程凤莲违反国家规定,排放有毒物质,严重污染环境,其行为已构成污染环境罪。

案例:宁夏明盛染化有限公司、廉兴中污染环境案——腾格里沙漠污染案

案例来源:《刑事审判参考》总第119集

主题词:污染环境罪 单位犯罪

一、基本案情

2007年以来,宁夏明盛染化有限公司在废水处理措施未经环境影响评估,未经申报登记、验收的情况下,擅自在厂区外东侧腾格里沙漠采用"石灰中和法"处置工业废水。2009年6月18日,廉兴中任宁夏明盛染化有限公司法定代表人,负责公司的全面工作并决定继续使用"石灰中和法"处置工业废水。经廉兴中同意由朱生余(另案处理)安排工人处置工业废水。宁夏明盛染化有限公司于2011年5月11日取得排放污染物许可证,有限期限至2014年4月30日。该公司在排放污染物许可证到期后,仍继续非法排污。至2014年9月被责令关闭停产时,该公司厂区外东侧腾格里沙漠渗坑内存有大量工业废水。经宁夏环境监测中心站对现场废水取样检测认定,废水中多项监测因子超过国家排放标准。案发后,宁夏明盛染化有限公司、廉兴中为防止污染扩大,及时采取措施,消除污染,由宁夏明盛染化有限公司支付因采取合理必要措施所产生的费用626640元。2015年4月29日,宁夏回族自治区中卫市沙坡头区人民法院认定宁夏明盛染化有限公司犯污染环境罪,判处罚金人民币五百万元;廉兴中犯污染环境罪,判处有期徒刑一年六个月,缓刑二年,并处罚金人民币五万元。

二、裁判要旨

No. 6-6-338-2 自然人或者单位违反国家规定,排放、倾倒或者处置有放射性的废物、含传染病病原体的废物、有毒物质或者其他有害物质,严重污染环境的行为,应构成污染环境罪,该罪主体既可以是单位,也可以是自然人,对于基于单位利益实施污染环境的行为,应采取双罚制的原则,同时处罚单位和直接责任人员。

1997年《刑法》在第六章中新增了"破坏环境资源保护罪"一节,其中第三百三十八条对"重大环境污染事故罪"做了规定,即违反国家规定,向土地、水体、大气排放、倾倒或者处置有放射性的废物、含传染病病原体的废物、有毒物质或者其他危险废物,造成重大环境污染事故,致使公私财产遭受重大损失或者人身伤亡的严重后果的,构成重大环境污染事故罪。2012年,《刑法修正案(八)》对该条进行修订:一是对罪名进行修正,从"重大环境污染事故罪"修正为"污染环境罪";二是对具体罪状进行修改,将"其他危险废物"变更为"其他有害物质",并将危害后果从"造成重大环境污染事故,致使公私财产遭受重大损失或者人身伤亡的严重后果的"变更为"严重环境污染或后果特别严重",降低了入罪门槛,对于有效保护生态环境,促进经济社会可持续发展具有积极意义。本案中,宁夏明盛染化有限公司位于腾格里沙漠边缘,作为国内印染业还原物最大的生产厂家,该公司为节约成本,追求利益最大化,违反国家规定,在排放污染物许可证到期后持续非法排污,将大量工业废水存放在公司厂区东侧腾格里沙漠渗坑内,经宁夏环境监测中心站对现场废水取样检测:重金属铬、重金属锰、色度、氨氮、化学需氧量、挥发酚、硝基苯类均超过《污水综合排放标准》(GB8978—1996)标准限值,其中重金属锰超标 7.3 倍,挥发酚超标 5.6 倍,化学需氧量超标 118 倍,对腾格里沙漠的生态环境造成了极大破坏。2013 年 6 月施行的《最高人民法院、最高人民检察院关于办理环境污染刑事案件适用法律若干问题的解释》第一条第三项规定"非法排放含重金属、持久性有机污染物等严重危害环境、损害人体健康的污染物超过国家污染物排放标准或者省、自治区、直辖市人民政府根据法律授权制定的污染物排放标准三倍以上的"的情形,应当认定为严重污染环境,本案宁夏明盛染化有限公司所排放废水所含污染物浓度已超国家标准 3 倍,已达到严重污染环境程度,故应按照污染环境罪定罪处罚。廉兴中时任宁夏明盛染化有限公司法定代表人,负责公司的全面工作并决定继续使用"石灰中和法"处置工业废水,应根据双罚制的原则,对于本次环境污染事件,既要处罚单位,又要处罚直接责任人员,有利于实现保护环境的目的,同时也推动一般预防和特殊预防目的的实现。

案例:宝勋精密螺丝(浙江)有限公司等污染环境暨附带民事公益诉讼案——"10·12"跨省倾倒固体废物污染长江案

案例来源:《刑事审判参考》总第 119 集

主题词:污染环境罪　后果特别严重

一、基本案情

黄冠群在宝勋公司创建时即为公司高管,2008 年任宝勋公司副总经理,负责公司日常经营管理,同时担任宝勋公司环保管理工作领导小组组长,对宝勋公司环境保护和危险废物污染防治工作负全面领导责任。姜家清 2004 年入职宝勋公司,自 2016 年 4 月起负责宝勋公司酸洗污泥的处置工作。2016 年 7 月 27 日至 2017 年 5 月 22 日,宝勋公司以及黄冠群、姜家清违反国家有关规定,在未开具危险废物转移联单的情况下,将酸洗污泥交由无危险废物处置资质的李长红、涂伟东、刘宏桂进行处置。李长红、涂伟东、刘宏桂通过伪造江苏省阜宁县环境保护局、阜宁县工商行政管理局、江苏朗地环境工程科技有限公司等国家机关、公司的印章,制作虚假的公文、证件,非法处置酸洗污泥。在处置过程中,李长红负责与宝勋公司的姜家清联系业务,刘宏桂负责联系接收方处置酸洗污泥,涂伟东负责联系无锡市双尊物流有限公司虚开增值税发票结算处置费用。非法处置污泥的获利由李长红、涂伟东、刘宏桂、姜家清四人共同分配。危险废物酸洗污泥最终在江苏省淮安市、扬州市、苏州市及安徽省铜陵市非法处置共计 1071.61 吨。宝勋公司支付李长红、涂伟东非法处置费用 72312 元。经环境保护部南京环境科学研究所鉴定,涉案 62.88 吨酸洗污泥系具有毒性特征的危险废物;现场共清理出 787.18 吨固体废物,其中包括被倾倒的 62.88 吨危险废物酸洗污泥和沾染危险废物的土壤等。倾倒区域的土壤和地下水环境介质均受到了损害,造成公私财产损失主要包括应急监测、应急清运和应急处置等费用,共计产生费用 392675.15 元,生态环境修复费用经估算约为 553040 元,鉴定费用为 45 万元。

2017 年 10 月中下旬,李闯、董梅生、张晓滨、张林松等人(均另案处理)在无固体废物处置资质的情况下,将苏州金震纺织有限公司、桐乡市明星印染厂等九家企业生产产生的 2500 余吨工业污泥收集后,交由黄安刚(另案处理)进行非法处置。吴祖祥、朱凤华、查龙你通过与黄安刚事先商议,确定了倾倒方式和价格,后由黄安刚联系"皖利辛货 2388"船、"皖名仕 009"船、"兴达 5689"船,将 2500 余吨工业污泥跨省运输至安徽省铜陵市江滨村长江水域。2017 年 11 月上旬,朱凤华、查龙你、吴祖祥伙同黄安刚等人指挥"皖利辛货 2388"船、"皖名仕 009"船驶入铜陵市江滨村长江堤坝附近水域,通过浮吊将船载污泥倾倒于铜陵市江滨村江滩边。2017 年 11 月中旬,朱凤华、查龙你、吴祖祥伙同黄安刚等人指挥"兴达 5689"船驶入铜陵市江滨村长江堤坝附近水域,通过浮吊将船载污泥倾倒于铜陵市江滨村江滩边。黄安刚支付吴祖祥、朱凤华、查龙你非法处置费用9万余元。另查明,2017年日本电产芝浦(浙江)有限公司委托平湖公司处置生产产生的废胶木。2017年5月月底,平湖公司将废胶木交涂伟东处置。2017年6月4日,李长红、涂伟东、汪和平、汪文革、吴祖祥、朱凤华、查龙你通过船舶运输方式将313余吨废胶木运至铜陵市江滨村江滩边倾倒。经环境保护部南京环境科学研究所鉴定,倾倒的污泥等固体废物中含有重金属、石油溶剂等有害污染物,倾倒的污泥及其渗滤液、废胶木可认定为有毒物质;现场共清运出17347.08吨固体废物,其中包括被倾倒的2525.89吨污泥和313余吨废胶木以及沾染倾倒污泥的土壤及池塘底泥等。倾倒区域的地表水、土壤和地下水环境介质均受到了不同程度的损害,造成公私财产损失主要包括应急监测、应急清运和应急处置等费用,共计产生费用7943924.14元,生态环境修复费用经估算约为3176145元。

2017年11月月初,李闯、董梅生、张林松、张晓滨等人在无固体废物处置资质的情况下,将苏州金震纺织有限公司、桐乡市明星印染厂等九家印染企业的1600余吨工业污泥收集后,交由黄安刚进行非法处置。黄安刚遂安排联系"安运668"船、"龙威1881"船进行承运,同时从他处又接收"中航0128"船运载的来源于无锡惠山环保水务有限公司祝塘分公司的水处理污泥约800吨,后指挥上述三艘船舶共同将工业污泥跨省运输至安徽省铜陵市江滨村长江水域,准备再次伙同吴祖祥、朱凤华、查龙你实施倾倒。上述三艘船舶停泊在长江铜陵水域待卸,2017年11月21日被长江航运公安局芜湖分局现场查获。朱凤华此次收到黄安刚支付的非法处置费用6万余元,后因未处置返还3万余元,剩余3万元用于修建通往倾倒点的道路。经环境保护部南京环境科学研究所鉴定,三艘船只运载污泥中均含有重金属、石油溶剂等有害污染物,可认定为有害物质。根据该研究所应急处置工作方案认定,"安运668"船、"龙威1881"船两艘船只运载污泥应急清理和处置费用约为524590.94元;"中航0128"船上运载的污泥已由无锡惠山环保水务有限公司祝塘分公司根据江阴市环境保护局的要求进行合法处置。

本案审理阶段,平湖公司支付生态环境修复费用143335.22元;宝勋公司支付生态环境修复费用6514515.15元。芜湖市镜湖区人民法院认为,宝勋公司、李长红、涂伟东等人已构成污染环境罪,其中宝勋公司判处罚金人民币一千万元。李长红以及其他被告人被判处拘役四个月至有期徒刑六年不等,罚金一万元至二十万元不等。宝勋公司以及李长红等人须就污染环境行为在安徽省省级新闻媒体上向社会公开赔礼道歉。2018年12月5日,安徽省芜湖市中级人民法院驳回上诉,维持原判。

二、裁判要旨

No. 6-6-338-3　自然人或者单位违反国家规定,排放、倾倒或者处置有放射性的废物、含传染病病原体的废物、有毒物质或者其他有害物质,严重污染环境的行为,应构成污染环境罪,非法排放、倾倒、处置危险废物一百吨以上的,应属"情节严重";主观上不要求行为人对发生重大环境污染事故有认识,只要行为人认识到其行为会使环境受到严重污染或破坏即可;明知他人无危险废物经营许可证,向其提供或者委托其收集、贮存、利用、处置危险废物,严重污染环境的,以共同犯罪论处。

首先,"严重污染环境"和"情节严重"的认定。《刑法》第三百三十八条规定,违反国家规定,排放、倾倒或者处置有放射性的废物、含传染病病原体的废物、有毒物质或者其他有害物质,严重污染环境的,处三年以下有期徒刑或者拘役,并处或者单处罚金;情节严重的,处三年以上七年以下有期徒刑,并处罚金。2016年,最高人民法院、最高人民检察院发布的《关于办理环境污染刑事案件适用法律若干问题的解释》第一条第二项规定了"非法排放、倾倒、处置危险废物三吨以上的"属于"严重污染环境"的情形。第三条第二项、第五项分别规定"非法排放、倾倒、处置危险废物一百吨以上的""致使公私财产损失一百万元以上的"均属于污染环境"后果特别严重"的情形。第六条规定,无危险废物经营许可证从事收集、贮存、利用、处置危险废物经营活动,严重污染环境的,按照污染环境罪定罪处罚;同时构成非法经营罪的,依照处罚较重的规定定罪处罚。第七条规定,明知他人无危险废物经营许可证,向其提供或者委托其收集、贮存、利用、处置危险废物,严重污染环境的,以共同犯罪论处。本案中,汪和平、汪文革参与非法倾倒危险废物 62.88 吨;张传江参与非法倾倒危险废物 34.59 吨;朱辉勇参与非法倾倒危险废物 28.29 吨,非法倾倒危险废物均在 3 吨以上,均属严重污染环境,构成污染环境罪。宝勋公司和黄冠群、姜家清、李长红、涂伟东非法处置危险废物 1071.63 吨;刘宏桂参与非法处置危险废物 1008.73 吨;吴祖祥、朱风华、查龙你参与非法倾倒危险废物 62.88 吨、伙同他人非法倾倒有毒、有害固体废物造成公私财产损失 7943924.14 元,均已构成污染环境罪,且属后果特别严重。

其次,在主观方面,污染环境罪不要求行为人对发生重大环境污染事故有认识,只要行为人认识到其行为会使环境受到严重污染或破坏即可。本案中,根据宝勋公司委托他人编制的环境影响报告书、自行编制的危险废物管理计划表、嘉善县环保局的批复等证据,足以证明宝勋公司明知涉案酸洗污泥为危险废物,其为了降低公司成本,委托不具有处置资质的人员处置危险废物,主观方面具有污染环境的故意;黄冠群作为公司经营活动的总负责人,同时系宝勋公司环保管理工作领导小组组长,负责宝勋公司的全部事宜,其明知酸洗污泥属于危险废物仍非法处置,主观方面亦具有污染环境的故意;李长红、涂伟东、刘宏桂三人均无处置危险废物资质,且在实际经营过程中还存在伪造文书、印章、虚开增值税发票的行为,系故意犯罪;汪和平、汪文革、吴祖祥、朱风华、查龙你作为处置危险废物酸洗污泥的二次中间商及接收方,无合法经营实体,无危险废物处置资质,四处寻找地点对危险废物进行夜间倾倒,系故意犯罪。

最后,明知他人无危险废物经营许可证,向其提供或者委托其收集、贮存、利用、处置危险废物,严重污染环境的,以共同犯罪论处。本案中,宝勋公司是危险废物产生的源头企业,为了降低成本,委托没有危险废物处置资质的个人非法处置。李长红、涂伟东、刘宏桂共同合作非法处置危险废物,汪和平、汪文革作为中间人联系上下游非法处置危险废物,吴祖祥、朱风华、查龙你也共同合作非法处置危险废物,形成处置危险废物的产业链,最终导致污染环境的危害结果发生,应当以共同犯罪论处,共同对污染环境罪承担刑事责任。

案例:董传桥、张锁等十九人污染环境案

案例来源:《刑事审判参考》总第 130 辑[第 1463 号];最高人民法院 2019 年 3 月 2 日发布的生态环境保护典型案例

主题词:污染环境罪　因果关系

一、基本案情

2015 年 2 月,被告人董传桥将应由黄骅市津东化工有限公司处置的废碱液交由没有资质的被告人刘海生处置。后刘海生联系被告人刘永辉租用被告人李桂钟停车场场地,挖设隐蔽排污管道,连接到河北省蠡县城市下水管网,用于排放废碱液。2015 年 2 至 5 月,董传桥雇佣被告人石玉国等,将 2816.84 吨废碱液排放至挖设的排污管道,并经案涉暗道流入蠡县城市下水管网。同时,从 2015 年 3 月起,被告人高光义等明知被告人娄贺无废盐酸处置资质,将回收的废盐酸交由娄贺处置。娄贺又将废盐酸交由无资质的被告人张锁等人处置。张锁、段青松等人又联系李桂钟,商定在其停车场内经案涉暗道排放废盐酸。2015 年 5 月 16、17 日,石玉国等人经案涉暗道排放 100 余吨废碱液至城市下水管网。同月 18 日上午,张锁等人将 30 余吨废盐酸排放至案涉暗道。下午 1 时许,停车场及周边下水道大量废水外溢,并产生大量硫化氢气体,致停车场西侧经营饭店的被害人李强被熏倒,经抢救无效死亡。经鉴定,本案废碱液与废盐酸结合会产生硫化氢,并以气体形式逸出;李强符合硫化氢中毒死亡。

二、裁判要旨

No. 6-6-338-4　二人以上分别实施污染环境的行为造成危害后果的,与结果之间均存在因果关系。

首先,被告人董传桥团伙排放废碱液的行为和被告人张锁团伙排放废盐酸的行为与被害人李强的死亡结果之间构成了重叠的因果关系。所谓重叠的因果关系,是指两个条件单独都不能导致结果发生,但都对结果的发生起到重要作用,相互没有意思联络,结合在一起同时起作用导致了结果的发生,此时,两个条件都与结果有因果关系。就本案而言,董传桥团伙单独排放废碱液的行为或者张锁团伙单独排放废盐酸的行为均不会导致被害人硫化氢中毒而亡的结果发生,但是废碱液与废盐酸结合会产生硫化氢,进而导致被害人死亡结果的发生。

重叠的因果关系属于刑法中因果关系的一种复杂形态,仍然遵循因果关系的一般判断规则。我国刑法中因果关系的判断,一般采"条件说",即如果没有A原因,就不会产生B结果。同时,为了避免"条件说"过于宽泛地肯定因果关系,还需要运用"相当因果关系"来合理限定责任的范围,即坚持"客观归责"原则。就本案而言,如果没有董传桥团伙排放废碱液的行为,就不会产生硫化氢,被害人就不会死亡;如果没有张锁团伙排放废盐酸的行为,也不会产生硫化氢,被害人也就不会死亡。故而,董传桥团伙排放废碱液的行为和张锁团伙排放废盐酸的行为均与被害人死亡结果之间存在条件因果关系。作为理性的一般人是可以预见向城市下水管网排放上百吨废碱液或者几十吨废盐酸会危害其他人的身体健康权或者生命权。此处的预见是一种概括的预见,只需预见自己的行为具有危害他人生命健康权的概括认知,无须预见到自己行为的具体危害结果。故而,董传桥团伙排放废碱液的行为和张锁团伙排放废盐酸的行为与被害人死亡结果之间是具有常识经验基础的相当因果关系。

其次,被告人张锁团伙排放废盐酸的行为没有阻断被告人董传桥团伙排放废碱液的行为与被害人李强死亡结果之间的因果关系。刑法因果关系进程中出现的介入因素具有异常性时,即先前行为通常不会引发介入因素的出现时,意味着介入因素带来的危险具有独立性,则该危险不能归因于先前行为。此时,最终结果与先前行为没有因果关系,也即发生了因果关系的中断。而当先前行为通常会遇到介入因素的出现,即介入因素的出现不具有异常性时,则意味着介入因素没有阻断先前行为与危害结果之间的因果关系,先前行为与最终的结果具有因果关系。就本案而言,董传桥团伙作为化工行业的从业者,应当预见也能够预见城市地下管网中存在其他物质,自己排放的废碱液与其他物质混合具有危险可能性,故而张锁团伙排放废盐酸的行为并非异常因素,并且,本案中后行为(张锁团伙排放废盐酸的行为)不但没有阻断先前行为(董传桥团伙排放废碱液的行为)与死亡结果之间的因果关系,而且促成了先前行为与死亡结果之间的因果关系。

综上,被告人董传桥和被告人张锁团伙违反国家规定,将《国家危险废物名录》里明文规定的废碱液和废盐酸两种危险物质,分别通过私设暗管直接排放到城市地下管网,数量较大、严重污染环境并致使一人死亡,由于董传桥团伙和张锁团伙并无意思联络,根据《刑法》第三百八十八条的规定,各自单独构成污染环境罪。

案例:樊爱东、王圣华等污染环境案

案例来源:《人民法院案例选》2015年第1辑

主题词:污染环境罪 主观罪过的认定

一、基本案情

被告人樊爱东,小学文化,个体。因涉嫌以危险方法危害公共安全罪于2012年7月28日被刑事拘留,同年8月21日被逮捕。

被告人王圣华,小学文化,司机。因涉嫌以危险方法危害公共安全罪于2012年7月28日被刑事拘留,同年8月21日被逮捕,同年11月20日被取保候审。

被告人蔡军,高中文化,押运员。因涉嫌以危险方法危害公共安全罪于2012年7月28日被刑事拘留,同年8月21日被逮捕。

山东省淄博市人民检察院以被告人樊爱东、王圣华、蔡军犯以危险方法危害公共安全罪,向山东省淄博市中级人民法院提起公诉。

三被告人及其辩护人对起诉书指控的事实无异议,对指控的罪名有异议,认为应定性为污染环境罪。主要理由有:(1)被告人对倾倒硫酰氯危害后果不具有预见性。邢斌在联系樊爱东处理硫酰氯时仅告知樊爱东是一种废酸,并未告知樊爱东是硫酰氯及硫酰氯的化学性质,对于最高仅具有高中文化的三被告人来讲,其不可能认识到倾倒硫酰氯的危害后果;(2)被告人不具有危害公共安全的主观故意,且为避免危害后果的发生已采取一定的防范措施。三被告人是为追求经济利益而偷排化工废料,王圣华、蔡军在案发前一天曾偷排过少量硫酰氯,因当时产生大量烟雾,并认为所偷排的地点水量较小,离居住区较近而停止偷排,后转为水量较大,离村民集聚区有一定距离的河段排放,可见,其并不希望或者放任危害后果的产生,三被告人主观方面是过失而非故意。

法院经审理查明:2012 年 7 月下旬,山东兴氟新材料有限公司为处理副产品硫酰氯(系危险化学品),由公司总经理助理邢斌(另案处理)与被告人樊爱东联系,邢斌在请示总经理刘根宪(另案处理)同意后,与樊爱东商定每吨给樊爱东 300 元由樊爱东拉走硫酰氯。同年 7 月 25 日,被告人樊爱东安排被告人王圣华、蔡军用罐车[车牌号为鲁 C16680(鲁 CC396 挂)]到山东兴氟新材料有限公司拉走 35 吨硫酰氯,山东兴氟新材料有限公司支付给樊爱东 10500 元。同年 7 月 27 日凌晨 2 时许,被告人樊爱东、王圣华、蔡军将罐车开至高青县花沟镇唐口村南小清河大桥上,将该 35 吨硫酰氯倾倒于小清河中,硫酰氯遇水反应生成的毒气雾团飘至邹平县焦桥镇韩套村,将熟睡中的村民熏醒,致上百村民呼吸系统受损,并造成庄稼苗木等重大财产损失,村民韩学芳因吸入酸性刺激气体,致气管和肺充血、水肿,直接加重心肺负荷,导致急性呼吸循环衰竭死亡。2012 年 7 月 28 日,被告人王圣华被抓获归案,同日被告人樊爱东、蔡军到公安机关投案自首。

山东省淄博市中级人民法院于 2013 年 12 月 12 日作出(2013)淄刑一初字第 39 号刑事判决,以污染环境罪判处被告人樊爱东有期徒刑六年六个月,并处罚金人民币十五万元;以污染环境罪判处被告人王圣华有期徒刑六年,并处罚金人民币十万元;以污染环境罪判处被告人蔡军有期徒刑五年六个月,并处罚金人民币十万元。

宣判后,被告人未提起上诉,判决已发生法律效力。

二、裁判要旨

No. 6-6-338-5　在认定行为人对于污染行为所导致的危害结果主观上是故意还是过失时,不应以危害结果的严重程度反推行为人的主观状态。

《刑法修正案(八)》将重大环境污染事故罪修改为污染环境罪之后,本罪的罪过形式仍为过失。污染环境罪中,行为人主观过失与一般过失性犯罪有所区别,一般而言,污染环境罪中行为人对污染行为的性质是有明确认识的,只是对危害结果没有预见或轻信能够避免严重污染后果的发生,也就是行为人对于违法排放、倾倒或者处置有害物质的行为是故意的,但对于污染后果的发生主观上却呈过失状态。如果行为人对于严重污染环境后果的发生持希望或放任的心态,则应按照其构成的故意犯罪处理。污染环境罪中,危害后果中的严重后果只是本罪的量刑档次,但并不能决定对行为人主观心态的判断。实践中,有些污染环境犯罪案件的危害后果特别严重,为有效打击犯罪,公诉机关会选择刑罚规定相对较重的罪名公诉,以达到"罪刑相适应"。在行为人对危害公共安全的危害后果主观上存在故意的情况下,可以以投放危险物质罪、以危险方法危害公共安全罪等罪名起诉,但在行为人主观上是过失时,则不应为追求较重的刑罚而改变对行为人的定性。本案中,被告人对偷排硫酰氯的行为主观上有明确认识,但对造成一人死亡、上百人受伤、重大财产损失的后果却并不是其希望或放任发生的,因而不应以以危险方法危害公共安全罪定罪,应认定为污染环境罪。

案例:梁连平污染环境案

案例来源:《刑事审判参考》总第 97 集[第 969 号]

主题词:污染环境罪　排放气体污染物的行为定性

一、基本案情

被告人梁连平,男,1966 年 1 月 31 日出生,农民。2013 年 11 月 1 日因涉嫌犯污染环境罪被逮捕。

浙江省台州市路桥区人民检察院以被告人梁连平犯污染环境罪,向路桥区人民法院提起公诉。

被告人梁连平对犯罪事实无异议。其辩护人提出梁连平具有坦白、认罪等从轻情节,建议法庭对梁连平判处六个月以下拘役,并适用缓刑。

台州市路桥区人民法院经公开审理查明:2013 年 9 月 9 日 23 时许,被告人梁连平到台州市路桥区金清镇泗水村老人协会东边荒地上,明知焚烧工业垃圾会产生有害物质,仍违反国家规定,点火焚烧近 20 吨工业垃圾,导致垃圾燃烧持续近两天两夜,向空气排放大量苯并[a]芘、氯化氢、二噁英等气体污染物,严重污染周边空气,并使附近群众感到明显不适。案发后经检测,现场遗留的两堆工业垃圾燃烧残渣的苯并[a]芘含量分别为 12.6μg/kg、78.4μg/kg。

台州市路桥区人民法院认为,被告人梁连平违反国家规定,焚烧工业垃圾,产生有害物质,直接排放大气,严重污染环境,其行为构成污染环境罪。梁连平归案后如实供述自己的罪行,依法可以从轻处罚。公诉机关指控的事实清楚,证据确实、充分,罪名成立。辩护人认为梁连平具有坦白、认罪等从轻情节,予以采纳,但是建议对被告人判处六个月以下拘役,并适用缓刑的意见,难以体现罪责刑相适应原则,不予采纳。据此,依照《中华人民共和国刑法》第三百三十八条、第六十七条第三款之规定,路桥区人民法院以被告人梁连平犯污染环境罪,判处有期徒刑一年六个月,并处罚金人民币五万元。

一审宣判后,被告人未提出上诉,检察机关亦未抗诉,该判决已发生法律效力。

二、裁判要旨

No.6-6-338-6 焚烧工业垃圾,向大气排放苯并[a]芘、氯化氢、二噁英等气体污染物,严重污染周边空气,属于最高人民法院、最高人民检察院《关于办理环境污染刑事案件适用法律若干问题的解释》第一条第(十四)项规定的“其他严重污染环境的情形”,成立污染环境罪。

梁连平伙同他人在非规定地点倾倒、焚烧 20 余吨工业垃圾的行为,表面上似乎符合最高人民法院、最高人民检察院《关于办理环境污染刑事案件适用法律若干问题的解释》(已失效)第一条第(二)项规定的“非法排放、倾倒、处置危险废物三吨以上”的“严重污染环境”的情形。然而,在环保领域,“危险废物”和“固体废物”是两个不同的概念,相互之间既有交叉,又有区别。部分“固体废物”同时属于“危险废物”,但也有部分“固体废物”并不属于“危险废物”。同理,在“危险废物”中,不仅有固体状态的“危险废物”,同时也有液体、气体状态的“危险废物”。对于“危险废物”的认定,《关于办理环境污染刑事案件适用法律若干问题的解释》第十条第(一)项有明确的规定,即“包括列入国家危险废物名录的废物,以及根据国家规定的危险废物鉴别标准和鉴别方法认定的具有危险特性的废物”。因此,在实践中适用《关于办理环境污染刑事案件适用法律若干问题的解释》第一条第(二)项规定进行裁判的,其前提之一是行为人非法排放、倾倒、处置的废物属于“危险废物”,不属“危险废物”的,不能适用该项规定进行裁判。

梁连平伙同他人在非规定地点倾倒、焚烧 20 余吨工业垃圾,排放含有超标氯化氢、苯并[a]芘等大气污染物的行为,表面上看似乎符合《关于办理环境污染刑事案件适用法律若干问题的解释》第一条第(三)项规定的“非法排放含重金属、持久性有机污染物等严重危害环境、损害人体健康的污染物超过国家污染物排放标准或者省、自治区、直辖市人民政府根据法律授权制定的污染物排放标准三倍以上”的情形。然而,《关于办理环境污染刑事案件适用法律若干问题的解释》第一条第(三)项在“严重危害环境、损害人体健康的污染物”前限制性地规定了“含重金属、持久性有机污染物等”的前置性条件。因此,《关于办理环境污染刑事案件适用法律若干问题的解释》中“严重危害环境、损害人体健康的污染物”应当是“重金属”“持久性有机污染物”或者与“重金属、持久性有机污染物”毒害性相当的污染物。《关于办理环境污染刑事案件适用法律若干问题的解释》第十条第(三)项、第(四)项对“重金属”“持久性有机污染物”进行了规定,此类污染物具有长期性、累积性、潜伏性、不可逆转性等特点,很难降解。而本案中因焚烧工业垃圾而排放的氯化氢、苯并[a]芘等有毒物质,主要是有害气体,对皮肤、眼睛等有刺激作用,易清除、降解,因此,梁连平非法倾倒、焚烧的两堆工业垃圾不属于与《关于办理环境污染刑事案件适用法律若干问题的解释》第一条第(三)项规定的“重金属”“持久性有机污染物”毒害性相当的污染物,对梁连平的行为不能适用该项规定进行裁判。

被告人梁连平违法焚烧20余吨工业垃圾,向大气排放大量有毒有害物质的行为,显然已经造成严重污染环境的后果,符合《关于办理环境污染刑事案件适用法律若干问题的解释》第一条第(十四)项规定的“其他严重污染环境的情形”,应当适用《关于办理环境污染刑事案件适用法律若干问题的解释》的该项规定进行裁判。具体理由是:

1. 认定梁连平的行为已严重污染环境符合基本生活常识。本案中,梁连平的行为虽然与《关于办理环境污染刑事案件适用法律若干问题的解释》第一条第(一)项至第(十三)项规定的情形不相符,但梁连平在村庄、工厂聚集的人口稠密区焚烧20余吨工业垃圾,垃圾焚烧时间持续近两天两夜,因此造成方圆两公里内的居民因烟气散发的剧烈刺激性恶臭而不敢开窗呼吸,显然已经严重污染了大气环境,只要具有正常生活常识的人都会认为梁连平严重污染了环境。

2. 本案犯罪对象的特殊性决定了难以根据实际产生的污染后果来定罪。我们认为,土壤、水体因为在物理性状上具有相对稳定性,相对容易测定特定土壤、水体受污染的程度,并可据此判定犯罪行为的危害程度。而大气因为容易飘散、稀释,在物理性状上并不稳定,难以将一定环境下、一定范围内的大气特定化,故实践中较难测定特定空气的受污染程度。这也是《关于办理环境污染刑事案件适用法律若干问题的解释》第一条第(六)项至第(八)项只对水源、土地、林木等造成严重污染后果的情形进行了规定,而没有规定大气被严重污染情形的一个重要原因。同时,正是由于前述原因,当特定范围的土壤、水体因为被严重污染,还有必要疏散被污染地区的周边群众,而当特定范围的大气被严重污染时,进行紧急疏散的情况就没有土壤、水体受污染时那么多。这也是本案案发后当地政府有关部门没有紧急疏散周边群众的部分原因。上述原因,决定了本案一方面无法适用类似《关于办理环境污染刑事案件适用法律若干问题的解释》第一条第(六)项至第(八)项污染水源、土地、林木数量等类似的规定;另一方面也无法适用《关于办理环境污染刑事案件适用法律若干问题的解释》第一条第(十)项关于“疏散群众数量”的规定。

3. 侦查实验数据及相关证据可以从侧面证实被告人的行为对环境污染的严重性。橡胶、塑料等物质燃烧,产生含有二噁英等的废气和残渣、灰尘。其中,二噁英是强致癌物质,具有类似于“12大危害物”(指一组被称为持久性有机污染物的危险化学物质)的特性,其毒性是氰化物的130倍、砒霜的900倍。二噁英和燃烧产生的残渣、灰尘分别属于《国家危险废物名录》中的HW44、HW18废物。因此,被告人梁连平的行为可以说间接排放了危险废物,但排放的危险废物数量无法测定,无法适用《关于办理环境污染刑事案件适用法律若干问题的解释》第一条第(二)项的规定,而侦查实验数据和在案证据可以从侧面证实梁连平的行为对环境污染的严重性。

4. 正确适用兜底条款是弥补法律、司法解释条文列举规定周延性不足的重要途径。对于法律、司法解释的兜底条款,固然不能过多适用,以免因过度扩张法官的自由裁量权而造成兜底条款喧宾夺主,违背立法、司法解释的本意,从而在一定程度上违反罪刑法定基本原则。但是,也不能虚化兜底条款的存在,使兜底条款成为法律、司法解释的摆设性规定。合理适用兜底条款,可以使法律、司法解释的明确性规定与兜底条款的包容性互为补充,相得益彰。就本案被告人梁连平焚烧的工业垃圾数量、工业垃圾燃烧持续的时长、气体污染物排放的超量数值及当前惩治污染环境行为的形势而言,适用司法解释的兜底性条款,是必要的。

案例:王文峰、马正勇污染环境案

案例来源:《刑事审判参考》总第97集[第970号]

主题词:污染环境罪　倾倒煤焦油分离液的行为定性

一、基本案情

被告人王文峰,男,1971年5月13日出生,无业。2013年2月1日因涉嫌犯污染环境罪被逮捕。

被告人马正勇,男,1967 年 11 月 16 日出生。2013 年 1 月 26 日因涉嫌犯污染环境罪被取保候审。

江苏省江阴市人民检察院以被告人王文峰、马正勇犯污染环境罪,向江阴市人民法院提起公诉。

江阴市人民法院经公开审理查明:

2012 年 9 月间,被告人王文峰对在江阴市周庄镇华宏村江阴市高宏贸易有限公司内租用油罐做煤焦油生意的刁胜先谎称其在污水处理厂有关系,可以帮刁胜先处理煤焦油分离废液。同年 12 月 25 日,刁胜先委托王文峰处理油罐内的煤焦油分离废液,约定每吨处理费用人民币(以下币种同)180 元。次日下午,王文峰租用被告人马正勇驾驶的槽罐车,至刁胜先处装载了煤焦油分离废液 30.24 吨。随后,王文峰指使马正勇将槽罐车开至其事先踩点确定的倾倒地点江阴市徐霞客镇峭岐皋岸村江阴市周涛涤塑有限公司东侧的冯泾河北支浜岸边。当晚 21 时许,王文峰、马正勇趁无人之际,将 30.24 吨煤焦油分离废液倒入江阴市冯泾河北支浜内,致使冯泾河北支浜及相连的冯泾河河水大面积被污染。

江阴市环保局为防止污染扩大、消除污染,根据江苏省环境科学研究院、江苏省环科院环境科技有限责任公司设计的应急处置方案,对该污染事件进行了筑坝拦截、调水稀释、活性炭吸附、污水处理、污泥清淤、干化焚烧等相应处置,处置费用共计 60 万余元。案发后,王文峰的家属自愿代为赔偿1 万元,马正勇自愿赔偿5 万元。江苏省环境科学研究院、江苏省环科院环境科技有限责任公司组织的专家论证分析认为,煤焦油分离废液中含有大量的挥发酚和油类物质,还有大量的氨氮、硫氰化物、氰化物、各种单环或者多环芳香族化合物和杂环有机化合物,属于较难处理的工业废水。由于流入冯泾河的废液较多,该次污染事件除应急处置费用外,还对流域局部的水环境、饮水安全、农业浇灌等产生较大负面影响,造成了不可估量的间接损失,全面消除这些影响所需费用远高于应急处置费用。

江阴市人民法院认为,被告人王文峰、马正勇违反国家规定,向河水中排放危险废物 30 余吨,严重污染环境,致使公私财产损失超过“30 万元以上”的数额要求,二被告人的行为均构成污染环境罪。在共同犯罪中,王文峰起主要作用,系主犯;马正勇起次要作用,系从犯。王文峰犯罪后自动投案,并如实供述自己的罪行,系自首。据此,依照《中华人民共和国刑法》第三百三十八条,第二十五条第一款,第二十六条第一款、第四款,第二十七条,第六十七条第一款,第七十二条第一款、第三款以及最高人民法院《关于处理自首和立功具体应用法律若干问题的解释》第一条,最高人民法院、最高人民检察院《关于办理环境污染刑事案件适用法律若干问题的解释》第一条之规定,江阴市人民法院判决如下:

1. 被告人王文峰犯污染环境罪,判处有期徒刑一年九个月,并处罚金人民币三万元。
2. 被告人马正勇犯污染环境罪,判处有期徒刑九个月,缓刑一年,并处罚金人民币一万元。

宣判后,二被告人均未提起上诉,检察机关亦未抗诉,该判决已发生法律效力。

二、裁判要旨

No. 6-6-338-7 行为人擅自向河流倾倒煤焦油分离液,严重污染环境的,成立污染环境罪。

污染环境罪所针对的对象包括“有放射性的废物、含传染病病原体的废物、有毒物质或者其他有害物质”。其中,“有放射性的废物”主要指放射性核素含量超过国家规定限值的固体、液体和气体废弃物;“含传染病病原体的废物”是指含有传染病病菌的废弃物。实践中可以根据《放射性污染防治法》《传染病防治法》的规定对两类物质进行认定。而“有毒物质”的范围,最高人民法院、最高人民检察院于 2013 年联合出台的《关于办理环境污染刑事案件适用法律若干问题的解释》(已失效)第十条进行了明确规定,具体包括:(1)危险废物;(2)剧毒化学品、列入重点环境管理危险化学品名录的化学品,以及含有上述化学品的物质;(3)含有铅、汞、镉、铬等重金属的物质;(4)《关于持久性有机污染物的斯德哥尔摩公约》附件所列物质;(5)其他具有毒性、可能污染环境的物质。其中,第(一)项的“危险废物”,具体包括列入《国家危险废物名录》的废物,以及根据国家规定的危险废物鉴别标准和鉴别方法认定的具有危险特性的废物。值得注意的是,《刑法修正案(八)》对《刑法》第三百三十八条的一处重要修改是,将有关污染物的兜底规定“其他危险废物”修改为“其他有害物质”。“其他有害物质”涵盖了“有放射性的废物、含传染病病原体的废物、有毒物质”以外包括生活垃圾在内的一切能对人体健康或者其他生物机能产生不良影响的普通废物和危险废物。

本案中,所涉煤焦油分离废液,含有大量的挥发酚和油类物质,以及大量的氨氮、硫氰化物、氰化物、各种单环或者多环芳香族化合物和杂环有机化合物,属于较难处理的工业废水,系《国家危险废物名录》中“HW11 精(蒸)馏残渣”的一类,即属于有毒物质。关于环境污染专门性问题的确定,《关于办理环境污染刑事案件适用法律若干问题的解释》第十一条第二款规定:“县级以上环境保护部门及其所属监测机构出具的数据,经省级以上环境保护部门认可的,可以作为证据使用。”本案中,为确定污染物的成分与含量,江阴市环境监测站出具了相应的监测报告。该报告得到了江苏省环保厅的认可,是江苏省环境科学研究院、江苏省环科院环境科技有限责任公司专家论证的依据,可以作为诉讼证据使用。

案例:台州市黄岩恒光金属加工有限公司、周正友污染环境案

案例来源:《刑事审判参考》总第 101 集[第 1050 号]

主题词:污染环境罪　联合执法过程中的自首

一、基本案情

被告单位台州市黄岩恒光金属加工有限公司(以下简称“恒光公司”),住所地浙江省台州市黄岩江口大闸路,系有限责任公司。

诉讼代表人周根法,男,1955 年 10 月 29 日出生,系恒光公司法定代表人。

被告人周正友,男,1962 年 3 月 14 日出生,系恒光公司股东。2013 年 9 月 4 日因本案被取保候审,同年 12 月 25 日被逮捕。

浙江省台州市黄岩区人民检察院指控被告单位恒光公司、被告人周正友犯污染环境罪,向黄岩区人民法院提起公诉。

被告单位的诉讼代表人周根法、被告人周正友对公诉机关指控的犯罪事实和罪名均无异议。

被告人周正友的辩护人对公诉机关指控周正友的犯罪事实和罪名亦无异议,但提出周正友主动到公安机关投案,并如实供述犯罪事实,应当认定具有自首情节。

台州市黄岩区人民法院经公开审理查明:

被告单位恒光公司于 2011 年 8 月成立,被告人周正友作为公司股东负责公司的生产。恒光公司于 2012 年 4 月正式投产。同年 10 月,恒光公司因从事酸洗项目无环境保护行政主管部门批准的环境影响评价批准文件,被台州市环境保护局作出责令停止酸洗项目生产等行政处罚。2013 年 4 月,周正友再次组织恒光公司从事酸洗项目,以苯丙三氮唑代替铬酸加工空调配件。后恒光公司于同年 7 月 12 日在台州市环境保护局等单位的联合执法行动中被查获,发现该公司硫酸铜回收仓库中回收废液的废桶中废液正在外溢,并从地面流入厂区东侧围墙墙角,再流出厂区围墙外的地面上,渗漏入地下。经对采集的外溢废水水样监测分析,总镍、总铬、六价铬等一类污染物的浓度分别达到国家最高允许排放浓度限值的 10 倍、280 倍、541 倍,总铜、总锌等亦严重超标。

另查明,2013 年 7 月 12 日,台州市环境保护局对周正友进行调查谈话。同年 7 月 22 日,台州市环境保护局终结对被告单位的调查。8 月 8 日,台州市环境保护局向台州市公安局移送被告单位超标排放环境违法案件。同月 21 日,台州市公安局进行刑事立案。同年 9 月 4 日,周正友到台州市公安局投案。

台州市黄岩区人民法院认为,被告单位恒光公司违反国家规定,排放有毒物质,严重污染环境;被告人周正友作为该单位直接负责的主管人员,因严重不负责任导致公司违反国家规定排放有毒物质,严重污染环境,应当以污染环境罪追究其刑事责任。公诉机关指控恒光公司、周正友的罪名成立。恒光公司曾因无环保部门批准的环境影响评价批准文件,擅自投入生产被行政处罚,现又犯污染环境罪,酌情予以从重处罚。恒光公司能如实供述犯罪事实,认罪态度较好,依法可以从轻处罚。关于周正友的辩护人所提周正友具有自首情节、犯罪情节较轻、主观恶性较小等辩护意见,经查,与本案的事实及相关法律规定不符,本院不予采纳。另辩护人所提周正友归案后能如实供述犯罪事实,认罪态度较好,应当从轻处罚等意见,经查,与本案的事实相符,本院予以采纳。据此,依照《中华人民共和国刑法》第三百三十八条、第三百四十六条、第六十七条第三款之规定,黄岩区人民法院以污染环境罪判处被告单位恒光公司罚金人民币十万元;以污染环境罪判处被告人周正友有期徒刑一年三个月,并处罚金人民币二万元。

一审宣判后,被告单位恒光公司、被告人周正友在法定期限内均未提起上诉,公诉机关亦未抗诉,该判决已经发生法律效力。

二、裁判要旨

No. 6-6-338-8 行政主管部门与公安机关联合执法的案件中,行政执法机关发现违法行为并进行调查后,被告人再主动到公安机关投案的,不属于自动投案,不应认定为自首。

依照最高人民法院、最高人民检察院 2009 年联合出台的《关于办理职务犯罪案件认定自首、立功等量刑情节若干问题的意见》和最高人民法院 2010 年出台的《关于处理自首和立功若干具体问题的意见》等相关司法解释性文件的规定,行政执法移送案件的自动投案主要有三种情形:(1)在犯罪事实和犯罪嫌疑人未被发现或者犯罪事实已被发觉,犯罪嫌疑人尚未被发觉以前,向公安机关、检察院、法院等司法机关投案,或者向相关行政执法部门投案,都可以认定为自动投案。(2)犯罪事实和犯罪嫌疑人均已被发觉,但犯罪嫌疑人尚未受到办案机关调查谈话或者被宣布调查措施以前,向公安机关、检察院、法院等司法机关投案,或者向相关行政执法部门投案,也可以认定为自动投案。(3)犯罪事实和犯罪嫌疑人均已在检查过程中被发觉,并已受到行政执法部门的调查,再到公安机关等司法机关投案的,不能视为自动投案。对于第三种情形的认定,要准确把握以下两点理由:一是从立法目的来看,犯罪嫌疑人在行政执法检查过程中被发觉犯罪事实,并受到办案机关调查后再到司法机关投案,表明犯罪嫌疑人此时投案的主动性不够明显;同时,在办案机关掌握了相关犯罪事实,并向公安机关移送案件后,犯罪嫌疑人此时投案客观上也不能满足及时侦破案件的政策理由。二是根据《关于处理自首和立功若干具体问题的意见》的精神,办案机关在掌握相关线索进行行政执法检查后,犯罪嫌疑人主动交代自己的罪行,不能视为自动投案。同时,根据《关于办理职务犯罪案件认定自首、立功等量刑情节若干问题的意见》精神,犯罪嫌疑人在办案机关调查之前未自动投案,后到司法机关投案的,即便如实交代办案机关掌握的线索所针对的事实的,也不能认定为自首。因此,行政执法机关发现违法行为并进行调查后,被告人再主动到公安机关投案的行为,不属于自动投案。

案例:宋友生、李伯庆等污染环境案

案例来源:《人民法院案例选》2015 年第 3 辑

主题词:污染环境罪 污染环境罪的损失计算

一、基本案情

天津市北辰区人民检察院指控:2013 年 2 月,被告人宋友生从被告人杨德志处购买半挂式货车一辆和大罐一个,用于拉运废酸。同年 3 月,杨德志应宋友生要求,介绍其为被告人李伯庆处理废酸。李伯庆在明知宋友生没有处理废酸资质的情况下,仍以每吨 40 元的价格持续向宋友生提供李伯庆经营的天津市宏庆强化工产品经销有限公司的废酸。宋友生先后雇用被告人轧乃鹏跟车,被告人轧乃明、赵有全将废酸倾倒在北辰区大张庄镇南麻疸村村南 205 国道北侧的明渠内,造成渠内水体污染。六被告人的行为已构成污染环境罪。

被告人宋友生、李伯庆、赵有全、杨德志、轧乃明对公诉机关指的控犯罪事实及罪名均无异议。

被告人李伯庆的辩护人提出辩护意见:(1)被告人李伯庆犯罪的主观恶性小,社会危害性不大;(2)被告人李伯庆到案后如实供述犯罪事实;(3)被告人李伯庆系初犯,请求依法从轻处罚。

被告人轧乃鹏对公诉机关指控罪名无异议,但辩称其是自2013年4月10日前后为被告人宋友生跟车。

被告人轧乃鹏的辩护人提出辩护意见:(1)公诉机关指控被告人轧乃鹏犯罪的时间及倾倒废酸的数量有误;(2)天津市环境保护技术开发中心出具的评估报告是在污染程度和范围无法确定情况下所做,对于该报告不应采用;(3)被告人轧乃鹏具有自首情节;(4)被告人轧乃鹏系初犯、从犯,请求依法从轻处罚。

被告人赵有全的辩护人提出辩护意见:(1)被告人赵有全因形迹可疑被盘查后到案,系自首;(2)被告人赵有全到案后如实供述犯罪事实;(3)被告人赵有全系初犯、从犯,请求依法从轻处罚。

法院经审理查明:2013年2月,被告人宋友生以案外人宋某某的名义并借用其资金人民币5万元,从被告人杨德志处购买牌照号为冀BS7202、冀BP877挂的红色"解放"牌重型半挂式货车一辆和大罐一个用于拉运废酸。同年3月,被告人杨德志在明知被告人宋友生没有处理废酸资质的情况下,仍应被告人宋友生要求介绍其为被告人李伯庆处理废酸;被告人李伯庆亦在明知被告人宋友生没有处理废酸资质的情况下,仍委托其处理天津市宏庆强化工产品经销有限公司产生的废酸并支付费用。

2013年3月至4月中旬,被告人宋友生雇用被告人轧乃明驾驶车辆从被告人李伯庆处拉运废酸1000余吨,分多次倾倒在天津市北辰区大张庄镇南麻疸村南205国道北侧的明渠内。同年4月中旬至5月9日,被告人宋友生雇用被告人赵有全驾驶车辆、被告人轧乃鹏跟车从被告人李伯庆处拉运废酸,并指示二人将共计800余吨的废酸分多次倾倒在上述明渠内。

2013年5月9日凌晨1时许,被告人赵有全在倾倒废酸时被当场抓获。同年5月29日,被告人宋友生被公安机关抓获归案。同年5月31日,被告人杨德志和轧乃明到公安机关投案。同年6月2日,被告人轧乃鹏到公安机关投案。同年6月25日,被告人李伯庆被公安机关抓获归案。

天津市北辰区环境保护监测站2013年5月10日出具的检测报告[2013-水质-W-042],天津市东丽区环境保护监测站2013年5月10日出具的津丽环监(2013)LJSW第044号检测报告,证实冀BS7202车罐内液体墨绿色,PH值〈1;205国道北明渠(天龙保温)门前倾倒点水样浊,PH3.10。另有三种样本的氯化物、硫酸盐和铁含量。

天津市北辰区环境保护局文件[津辰环保发(2013)11号]关于205国道北明渠倾倒废液事件的说明;天津市北辰区环境保护局出具的关于对205国道北明渠监测情况的说明,证实罐内液体属于《国家危险废物名录》中"HW34废酸类"危险废物。根据《地表水环境质量标准》中水域功能和标准分类,205国道北明渠属于V类水质,PH值标准限值为6～9,因此,倾倒后北明渠水质PH值3.1超过限值,水体污染。

天津市环境保护技术开发中心、天津市环境污染损害鉴定评估中心出具的北辰区大张庄镇环境污染事件环境污染损害鉴定初步报告证实,依据《危险废物鉴别标准腐蚀性鉴别》中的腐蚀性鉴别标准,排放的废物属于危险废物,该酸性废液是具有腐蚀性的危险物质,采取对酸性废液进行虚拟治理的方法估算其污染修复费用最低为600万元。

天津市北辰区人民法院于2013年12月31日作出(2013)辰刑初字第443号刑事判决:

1. 被告人宋友生犯污染环境罪,判处有期徒刑五年六个月,并处罚金人民币一百万元。
2. 被告人李伯庆犯污染环境罪,判处有期徒刑六年,并处罚金人民币一百万元。
3. 被告人轧乃鹏犯污染环境罪,判处有期徒刑三年,并处罚金人民币五万元。
4. 被告人赵有全犯污染环境罪,判处有期徒刑四年,并处罚金人民币十万元。
5. 被告人杨德志犯污染环境罪,判处有期徒刑三年,并处罚金人民币五万元。
6. 被告人轧乃明犯污染环境罪,判处有期徒刑三年六个月,并处罚金人民币八万元。

宣判后,被告人李伯庆、轧乃鹏、赵有全、轧乃明不服,提出上诉,天津市第一中级人民法院于2014年3月25日作出(2014)一中刑终字第78号刑事裁定:驳回上诉,维持原判。

二、裁判要旨

No.6-6-338-9 污染环境罪中,环境评估报告中通过虚拟治理方法估算的污染修复费用属于为消除污染而采取必要合理措施而产生的费用。

最高人民法院、最高人民检察院2013年6月所出台的《关于办理环境污染刑事案件适用法律若干问题的解释》(已失效)的背景是我国环境污染情况严重,涉及环境污染的刑事案件呈多发的态势,而法律、法规对这方面的规定比较欠缺,入罪门槛较高,处罚力度不够。在这种背景下出台的专项解释就是为了严厉打击环境污染犯罪。如果不将污染修复费用纳入其中,环境本身的损失仍然得不到刑法的保护,如此就背离了立法的初衷。

从环境修复的专业技术角度出发,本案采取对酸性废液进行虚拟治理的方法估算出污染修复费用最低为600万元。这600万元是对土地表层进行脱酸、修复的费用,还不涉及地下土壤和水体的治理与修复,如果算上地下土壤和地下水以及修复过程中所需付出的人力和时间,费用远不止600万元。

150 非法捕捞水产品罪(《刑法》第三百四十条)

案例:耿志全非法捕捞水产品案

案例来源:《刑事审判参考》总第96集[第953号]

主题词:非法捕捞水产品罪 情节严重

一、基本案情

被告人耿志全,男,原系江苏省江阴市法尔胜管业有限公司员工。2013年6月27日因涉嫌犯非法捕捞水产品罪被取保候审。

江苏省江阴市人民检察院以被告人耿志全犯非法捕捞水产品罪,向江阴市人民法院提起公诉。

江苏省江阴市人民法院经公开审理查明:2013年6月24日16时许,被告人耿志全在长江禁渔期内,到江阴市临港街道利港新河闸口西侧长江堤岸边,使用电瓶、海兜、逆变器等国家禁止的电鱼工具进行捕鱼,共捕得长江小川条、鲫鱼等水产品合计1公斤,价值人民币44元。被告人耿志全在利港新河闸口西侧长江堤岸边捕鱼时,被江阴市渔政管理站工作人员当场查获。

江阴市人民法院经审理认为,被告人耿志全违反保护水产资源法规,在禁渔期使用禁用的工具、方法捕捞水产品,情节严重,其行为构成非法捕捞水产品罪。公诉机关指控耿志全犯非法捕捞水产品罪的事实清楚,证据确实、充分,指控的罪名成立。据此,依照《中华人民共和国刑法》第三百四十条之规定,江阴市人民法院以被告人耿志全犯非法捕捞水产品罪,判处罚金人民币三千元。

宣判后,被告人未提起上诉,检察机关亦未抗诉,一审判决已发生法律效力。

二、裁判要旨

No.6-6-340-1 在尚未出台用以认定非法捕捞水产品罪中的"情节严重"的司法解释之前,应当从非法捕捞水产品的数量、行为的时间、地点、工具、方法以及行为次数等方面认定情节严重。

作为破坏环境资源保护的犯罪之一,通常情况下,非法捕捞水产品的行为只有达到一定的数量才足以侵害到刑法保护的相应法益,即达到刑法评价的程度。鉴于目前尚无司法解释或者相关法律法规对此作出明确规定,司法实践中可以参照执行最高人民检察院、公安部《关于公安机关管辖的刑事案件立案追诉标准的规定(一)》的相关规定。《关于公安机关管辖的刑事案件立案追诉标准的规定(一)》第六十三条规定:"违反保护水产资源法规,在禁渔区、禁渔期或者使用禁用的工具、方法捕捞水产品,涉嫌下列情形之一的,应予立案追诉:(一)在内陆水域非法捕捞水产品五百公斤以上或者价值五千元以上的,或者在海洋水域非法捕捞水产品二千公斤以上或者价值二万元以上的;(二)非法捕捞有重要经济价值的水生动物苗种、怀卵亲体或者在水产种质资源保护区内捕捞水产品,在内陆水域五十公斤以上或者价值五百元以上,或者在海洋水域二百公斤以上或者价值二千元以上的;(三)在禁渔区内使用禁用的工具或者禁用的方法捕捞的;(四)在禁渔期内使用禁用的工具或者禁用的方法捕捞的;(五)在公海使用禁用渔具从事捕捞作业,造成严重影响的;(六)其他情节严重的情形。"

本案中,行为人在长江江阴市临港街道利港新河闸口西侧长江堤岸边共捕得长江小川条、鲫鱼等水产品共计1公斤,价值人民币44元。参照《关于公安机关管辖的刑事案件立案追诉标准的规定(一)》的规定,行为人的行为在数量方面显然尚未达到"情节严重"的程度。因此,可以从下一个层面审查判断被告人耿志全的行为是否达到情节严重。

根据《刑法》第三百四十条的规定,非法捕捞水产品犯罪行为是指在禁渔区、禁渔期或者使用禁用的工具、方法捕捞水产品,情节严重的行为。从本罪罪状分析,本罪犯罪行为大致有四种情形:一是在禁渔区(地点条件)捕捞水产品,如在某些主要鱼、虾、蟹、贝、藻类以及其他主要水生生物产卵场、索饵场、越冬场和洄游通道划定的禁止区内捕捞;二是在禁渔期(时间条件)捕捞水产品,如在根据主要水生生物幼体出现的不同盛期划定的禁止期限内捕捞;三是使用禁用的工具(工具条件)捕捞水产品,如使用超过国家按不同捕捞对象所分别规定的最小网眼尺寸的渔具或其他禁止使用的渔具捕捞;四是使用禁用的方法(方法条件)捕捞水产品,如使用禁止使用的损害水产资源正常繁殖、生长的方法,例如炸鱼、毒鱼捕鱼等。

上述四种情形之间是并列选择的关系,如果行为符合其中一种情形,数量达到情节严重程度的,即可构成本罪;如果行为符合其中两种或者两种以上情形,但数量均未达到情节严重程度的,是否可以构成本罪,值得进一步探讨。

1. 应当认定为"情节严重"的情形。参照《关于公安机关管辖的刑事案件立案追诉标准的规定(一)》第六十三条第三项、第四项的规定,在禁渔区内使用禁用的工具或者禁用的方法捕捞的,以及在禁渔期内使用禁用的工具或者禁用的方法捕捞的,均应当立案追诉,即均达到"情节严重"的程度。同时,鉴于非法捕捞水产品罪与非法狩猎罪在罪质上相似,对非法捕捞水产罪情节严重的认定也可参考非法狩猎罪司法解释的规定。最高人民法院《关于审理破坏野生动物资源刑事案件具体应用法律若干问题的解释》第六条规定:"违反狩猎法规,在禁猎区、禁猎期或者使用禁用的工具、方法狩猎,具有下列情形之一的,属于非法狩猎'情节严重':(一)非法狩猎野生动物二十只以上的;(二)违反狩猎法规,在禁猎区或者禁猎期使用禁用的工具、方法狩猎的;(三)具有其他严重情节的。"综合《关于公安机关管辖的刑事案件立案追诉标准的规定(一)》和《关于审理破坏野生动物资源刑事案件具体应用法律若干问题的解释》的规定,我们认为,时间+工具或者方法(禁渔期+禁用工具或者禁用方法)、地点+工具或者方法(禁渔区+禁用工具或者禁用方法),这四种具体情形,即便数量均未达到情节严重的认定标准,也应当认定为"情节严重"。

2. 不应认定为"情节严重"的情形。《刑法》第三百四十条规定的并列条件有四种,既然禁渔区+禁用工具或者禁用方法、禁渔期+禁用工具或者禁用方法可以认定为"情节严重",那么是否任何两个并列条件的叠加,都可以认定为非法捕捞水产罪中的"情节严重",对此实践中存在不同认识。有观点认为,禁渔区+禁渔期、禁用工具+禁用方法情形的捕捞行为,在有些情形下比禁渔区+禁用工具或者禁用方法、禁渔期+禁用工具或者禁用方法情形,具有更严重的社会危害性,故禁渔区+禁渔期、禁用工具+禁用方法情形也可以认定为"情节严重"。我们认为,上述观点值得商榷。首先,相关规定对"情节严重"的规定采用了列举式模式,禁渔区+禁渔期、禁用工具+禁用方法情形未被列入其中,不属于明文列举的内容,且规定中并未留有关于此行为方式组合的兜底条款,故一般不应作扩大解释。其次,虽然四种情形系并列关系,但禁渔区、禁渔期是宏观层面的规定,不因行为的不同而有任何变化,禁用工具和禁用方法是微观层面的规定,从本质上分析,禁渔区和禁渔期具有同质性,禁用工具和禁用方法具有同质性,故禁渔区+禁渔期、禁用工具+禁用方法情形原则上不应直接认定为情节严重。当然,个别情形中,如使用的禁用工具和禁用方法,破坏性极大,给水产资源造成或者足以造成严重影响的,可以适用《关于公安机关管辖的刑事案件立案追诉标准的规定(一)》第六十三条兜底项规定,认定为情节严重。

基于上述分析,本案被告人耿志全在长江禁渔期内,使用电瓶、逆变器等工具,采用国家禁止的电鱼方式捕捞鱼类,其行为属于禁渔期+禁用工具或者禁用方法情形,已然达到“情节严重”的程度,应当以非法捕捞水产品罪定罪处罚。

若行为的涉案数量未达到上述标准,行为方式亦不属于上述组合情形,则应当进一步审查行为是否属于其他情节严重的情形。《关于公安机关管辖的刑事案件立案追诉标准的规定(一)》和《关于审理破坏野生动物资源刑事案件具体应用法律若干问题的解释》均规定了兜底条款,即“其他情节严重的情形”,我们认为,“其他情节严重的情形”主要包括“非法捕捞次数”“共同非法捕捞中的地位作用”、对水产资源造成的影响等方面。所谓非法捕捞次数,是指在禁渔区、禁渔期,采用禁用的工具或者方法的捕捞次数。我们认为,虽然非法捕捞水产品行为的社会危害性主要表现在水产品的数量上,但行为的次数也在一定程度体现了行为人的主观恶性和人身危险性,因此,以侦查困难排除非法捕捞次数在出入罪中的门槛作用,则难免失之偏颇。借鉴刑法及司法解释中一般以三次作为情节犯的通行惯例,行为人在一年内实施非法捕捞水产品三次以上的,应当认定为“情节严重”。之所以将在共同非法捕捞中地位突出作为认定情节严重的参考要素,是因为聚众犯罪涉及人员多、影响范围广,历来是我国刑法打击的重点,首要分子在其中更是起到关键作用。在多人参与的共同非法捕捞水产品行为中,组织者和其他积极参加者造成的对于水产品危害的危害后果应当负主要责任,适当降低其入罪标准符合刑事理念和政策精神。此外,本罪的法益是水产资源以及相关管理制度,因此,对水产资源的影响理应成为重要的参考指标。《关于公安机关管辖的刑事案件立案追诉标准的规定(一)》第六十三条第五项仅规定了“在公海使用禁用渔具从事捕捞作业,造成严重影响的”可以认定为情节严重,但从法益和规范技术层面分析,在存在兜底条项的前提下,这种有限列举是一种提示和强调性的,因为如果在内陆水域使用禁用工具捕捞导致水资源污染或者造成极其严重后果的,举重以明轻,也应具有刑罚惩罚性,应当纳入刑法评价范围。

151 危害珍贵、濒危野生动物罪①(《刑法》第三百四十一条第一款)

案例:严叶成、周健伟等非法收购、运输、出售珍贵、濒危野生动物、珍贵、濒危野生动物制品案

案例来源:《刑事审判参考》总第29辑[第215号]

主题词:运输珍贵、濒危野生动物 骗领证明 竞合

一、基本案情

被告人严叶成,男,1971年7月6日出生,小学文化,原系江苏淮安天翔马戏团工作人员。因涉嫌犯非法收购、运输、出售珍贵、濒危野生动物、珍贵、濒危野生动物制品罪,于2001年12月26日被逮捕。

被告人周建伟,男,1974年8月10日出生,初中文化,原系黑龙江北方大型驯兽马戏团工作人员。因涉嫌犯非法出售珍贵、濒危野生动物罪,于2001年12月26日被逮捕。

被告人周建强,男,1956年11月17日出生,高中文化,原系黑龙江北方大型驯兽马戏团工作人员。因涉嫌犯非法运输珍贵、濒危野生动物罪,于2001年12月26日被逮捕。

被告人史建强,男,1963年11月29日出生,初中文化,原江苏淮安红太阳马戏团工作人员。因涉嫌犯非法出售珍贵、濒危野生动物制品罪(未遂),于2001年12月26日被逮捕。

浙江省慈溪市人民法院经公开审理查明:2000年4月,被告人周建伟在浙江省温州市将其非法驯养的一只东北虎以8.5万元的价格出售给被告人严叶成。严叶成使用被告人周建强以

① 根据2020年修正后的《刑法》,非法收购、运输、出售珍贵、濒危野生动物、珍贵、濒危野生动物制品罪已经改为危害珍贵、濒危野生动物罪。因收入本书的案例发生2020年之前,故仍采用原罪名,特此说明。

黑龙江北方大型驯兽马戏团的东北虎驯养证骗取的野生动物保护主管部门出具的《陆生野生动物及其产品出省运输证明》,将该东北虎从浙江省温州市运抵福建省泉州市。此后,严叶成利用该东北虎从事营业性表演活动。2000 年 11 月,该东北虎因病死亡,严叶成将虎皮、虎爪用酒精等物进行处理后,将虎骨和虎肉放入冰箱,存放于其在江苏省淮安市的家中。2001 年 11 月,严叶成与被告人史建强通过电话联系,欲将虎肉以 2.1 万元的价格出售给浙江省宁波某饭店。因公安机关事前得到举报,该虎肉交易未实现。

2001 年 12 月 3 日,被告人严叶成向公安机关投案自首。

经核定,该东北虎虎肉(含虎骨)价值人民币 48 万元。

慈溪市人民法院认为,被告人严叶成、周建伟、周建强、史建强违反野生动物保护法规,非法出售、收购、运输国家一级重点野生保护动物东北虎或者其制品,其行为均已触犯《中华人民共和国刑法》第三百四十一条第一款的规定。其中,被告人严叶成的行为构成非法收购、运输、出售珍贵、濒危野生动物、珍贵、濒危野生动物制品罪,被告人周建伟的行为构成非法出售珍贵、濒危野生动物罪,被告人史建强的行为构成非法出售珍贵、濒危野生动物制品罪(未遂),被告人周建强的行为构成非法运输珍贵、濒危野生动物罪。各被告人的行为均属情节特别严重。被告人严叶成在共同犯罪中起主要作用,系主犯,依法应按照其参与的全部犯罪处罚,但其非法出售珍贵、濒危野生动物制品的该部分犯罪系未遂,且有自首情节,可依法减轻处罚;被告人史建强、周建强分别在非法出售珍贵、濒危野生动物制品和非法运输珍贵、濒危野生动物的共同犯罪中起次要作用,系从犯,且被告人史建强又系犯罪未遂,依法均可减轻处罚。为保护环境资源,维护社会管理秩序,依照《中华人民共和国刑法》第三百四十一条第一款,第二十三条,第二十五条第一款,第二十六条第一、第四款,第二十七条,第六十七条第一款的规定,于 2002 年 4 月 5 日作出如下判决:

1. 被告人严叶成犯非法收购、运输、出售珍贵、濒危野生动物、珍贵、濒危野生动物制品罪,判处有期徒刑九年,并处罚金人民币一万元;

2. 被告人周建伟犯非法出售珍贵、濒危野生动物罪,判处有期徒刑十年,并处罚金人民币八千元;

3. 被告人周建强犯非法运输珍贵、濒危野生动物罪,判处有期徒刑六年,并处罚金人民币六千元;

4. 被告人史建强犯非法出售珍贵、濒危野生动物制品罪(未遂),判处有期徒刑五年,并处罚金人民币五千元。

宣判后,严叶成、周建伟、周建强、史建强均不服,上诉于宁波市中级人民法院。

严叶成上诉称,其购买东北虎是为了表演,所出售的也是病死之虎;案发后,公安机关根据其提供的线索将同案犯抓获,有重大立功表现。因此,原判量刑过重。其辩护人提出:珍贵、濒危野生动物制品应是指经过对野生动物的肉、皮、毛、骨等加工后制成的标本、工艺品、收藏品等,严叶成所出售的虎肉并非是经加工后的制成品,原判对制品的解释具有随意性和片面性,上诉人严叶成的行为不构成非法运输、出售珍贵、濒危野生动物制品罪;严叶成归案后,向公安机关提供了同案犯周建强、周建伟的具体经营地址,使公安机关顺利抓获周建强和周建伟,因本案在全国范围内有较大影响,故严叶成具有重大立功表现;严叶成非法收购东北虎的行为发生在最高人民法院《关于审理破坏野生动物资源刑事案件具体应用法律若干问题的解释》之前,因此,应当依照该司法解释施行之前的有关处罚规定对上诉人严叶成予以处罚;浙江省林业局关于本案虎肉价值的鉴定不具有法律效力。要求二审法院对上诉人严叶成减轻处罚。

周建伟上诉称,本案的东北虎不是野生动物,而是人工驯养的动物;其受北方大型驯兽马戏团的指派购买和出售东北虎,不应由其个人承担刑事责任;其出售东北虎的行为不属于情节特别严重。要求二审法院对其减轻处罚。其辩护人提出:周建伟以北方大型驯兽马戏团的名义购买和出售东北虎,系合法行为;原判认定周建伟犯罪情节特别严重,依据不足,且在出售东北虎的过程中起次要作用,系从犯,故原判量刑过重,要求二审法院对周建伟减轻处罚。

周建强上诉称,其所办理的野生动物运输证是合法的,目的是为了将涉案的东北虎安全运抵目的地,原判对其定罪处罚不当。其辩护人提出:周建强骗领东北虎的运输证明,非法提供给他人,并从中牟利,根据最高人民法院《关于审理破坏野生动物资源刑事案件具体应用法律若干问题的解释》第九条第一款的规定,应以买卖国家机关证件罪定罪处罚。

史建强上诉称,原判量刑过重。其辩护人提出:珍贵、濒危野生动物应是指经过对野生动物的肉、皮、毛、骨等加工后制成的标本、工艺品、收藏品等,史建强所出售的虎肉并非是经加工后的制成品,原判对制品的解释具有随意性和片面性,上诉人史建强的行为不构成非法出售珍贵、濒危野生动物制品罪;浙江省林业局关于本案虎肉价值的鉴定不具有法律效力。要求二审法院撤销原判,宣告上诉人史建强无罪。

宁波市中级人民法院经审理认为:原判认定的事实清楚,证据确实充分,定罪准确,量刑适当,审判程序合法。各上诉人及其辩护人的上诉理由和辩护意见均不能成立。依照《中华人民共和国刑事诉讼法》第一百八十九条第(一)项的规定,于2002年6月21日裁定驳回上诉,维持原判。

二、裁判要旨

No.6-6-341(1)-1　非法收购、运输珍贵、濒危野生动物,在该动物病死后擅自出售动物肉体的,应以非法收购、运输、出售珍贵、濒危野生动物、珍贵、濒危野生动物制品罪论处。

东北虎属于《国家重点保护野生动物名录》中的一级保护动物,同时,虎也被列入《濒危野生植物种国际贸易公约》附录,当属珍贵、濒危野生动物。而珍贵、濒危野生动物制品,应是指通过对珍贵、濒危野生动物的活体或者死体进行加工后所形成的物品,包括毛皮、骨骼、肌体、脏器、体液、标本等成品或者半成品。依照最高人民法院《关于执行〈中华人民共和国刑法〉确定罪名的规定》,《刑法》第三百四十一条第一款规定的非法收购、运输、出售珍贵、濒危野生动物、珍贵、濒危野生动物制品罪,是选择性罪名。在司法实践中,对于选择性罪名,应当以行为人实际实施的行为确定罪名,不应将行为人没有实施的行为在罪名中罗列,也不能因行为人实施了选择性罪名中的数个行为而对其数罪并罚。本案的特点在于,被告人严叶成的行为触犯了《刑法》第三百四十一条第一款关于非法收购、运输、出售国家重点保护的珍贵、濒危野生动物和非法收购、运输国家重点保护的珍贵、濒危野生动物制品的行为。由于《刑法》第三百四十一条第一款规定的非法收购、运输、出售珍贵、濒危野生动物、珍贵、濒危野生动物制品罪,属于行为加对象性选择性罪名,因此,应当将被告人严叶成所实施的行为和犯罪对象并列确定罪名。

No.6-6-341(1)-2　骗领珍贵、濒危野生动物运输证明后,实施运输珍贵、濒危野生动物行为的,应以非法运输珍贵、濒危野生动物罪论处。

周建强在主观上具有帮助严叶成非法运输珍贵、濒危野生动物的故意,在客观上周建强提供虚假东北虎运输证明的行为为严叶成实施非法运输珍贵、濒危野生动物犯罪创造了条件,根据《刑法》第二十五条第一款和第二十七条第一款关于共同犯罪的规定,周建强应为非法运输珍贵、濒危野生动物的共犯,已构成非法运输珍贵、濒危野生动物罪。对于这种实施一个犯罪行为同时触犯数个罪名的想象竞合犯,应当适用择一重处的原则。由于非法运输珍贵、濒危野生动物情节特别严重,根据《刑法》第三百四十一条第一款的规定,应处十年以上有期徒刑,并处罚金或者没收财产。比较《刑法》第三百四十一条第一款关于非法运输珍贵、濒危野生动物罪和《刑法》第二百八十条第一款关于伪造、变造、买卖国家机关公文、证件、印章罪的规定,对被告人周建强应当以非法运输珍贵、濒危野生动物罪定罪处罚。

案例:达瓦加甫非法出售珍贵、濒危野生动物制品案

案例来源:《刑事审判参考》总第65集[第518号]

主题词:野生动物制品　出售　收购时不属于犯罪

一、基本案情

被告人达瓦加甫,男,1950年3月21日出生,无业。因涉嫌犯非法出售珍贵、濒危野生动物制品罪,于2005年12月24日被取保候审。

新疆维吾尔自治区温泉县人民法院经审理查明:被告人达瓦加甫于1985年从温泉县查干屯格乡三牧场牧民那木生加甫处购得雪豹皮一张,1987年从伊犁州霍城县萨尔布拉克镇牧民努尔赛提处购得雪豹皮两张(其中一张雪豹皮连骨),经加工后一直存放家中。2005年12月24日,经乌兰巴特介绍买主,达瓦加甫正在温泉县博格达镇同林队其子巴特克西克的住宅内出售上述3张雪豹皮时,公安人员将其当场抓获,并缴获雪豹皮3张。经鉴定,3张雪豹皮价值人民币37.5万元。

温泉县人民法院认为,达瓦加甫非法出售雪豹皮的行为,已构成非法出售珍贵、濒危野生动物制品罪。达瓦加甫的雪豹皮系20余年前购买,2005年非法出售时人赃俱获,未造成严重后果,依法可酌情减轻处罚。依照《中华人民共和国刑法》第三百四十一条第一款、第六十三条第二款、第七十二条之规定,判决如下:

被告人达瓦加甫犯非法出售珍贵、濒危野生动物制品罪,判处有期徒刑三年,缓刑四年,并处罚金人民币五千元。

宣判后,被告人达瓦加甫在法定期限内没有上诉,检察院亦未抗诉。温泉县人民法院依法逐级报请博尔塔位蒙古自治州中级人民法院、新疆维吾尔自治区高级人民法院复核同意后,报请最高人民法院核准。

最高人民法院经复核认为,被告人达瓦加甫非法出售雪豹皮的行为,已构成非法出售珍贵、濒危野生动物制品罪,应依法惩处。鉴于达瓦加甫非法出售的雪豹皮购于20余年前,且在出售过程中即被抓获,未造成严重社会危害,归案后认罪态度较好,有悔改表现,虽不具有法定减轻处罚情节,但根据本案的特殊情况,可以在法定刑以下判处刑罚。原判认定的事实清楚,证据确实、充分,定罪准确,量刑适当,审判程序合法。依照《中华人民共和国刑法》第六十三条第二款、最高人民法院《关于执行〈中华人民共和国刑事诉讼法〉若干问题的解释》第二百七十条的规定,裁定如下:

核准温泉县人民法院(2007)温刑初字第35号对被告人达瓦加甫以非法出售珍贵、濒危野生动物制品罪,在法定刑以下判处有期徒刑三年,缓刑四年,并处罚金五千元的刑事判决。

二、裁判要旨

No. 6-6-341(1)-3 收购珍贵、濒危野生动物制品时不属于犯罪行为,但在出售时依法应追究刑事责任的,应以非法出售珍贵、濒危野生动物制品罪论处。

在本案中,被告人达瓦加甫的行为构成非法出售珍贵、濒危野生动物制品罪。其理由如下:(1)其收购雪豹皮的行为不构成非法收购珍贵、濒危野生动物制品罪。其收购行为发生于1985年、1987年,而非法收购、运输、加工、出售国家重点保护的珍贵、濒危野生动物及其制品的行为,在1979年《刑法》中没有明确规定。1989年3月1日开始实施的《关于惩治捕杀国家重点保护的珍贵濒危野生动物犯罪的补充规定》才规定为犯罪,即按投机倒把罪处刑。根据1997年《刑法》第十二条关于溯及力的规定,对于行为时的法律不认为是犯罪的,适用行为时的法律。故不能以之后的《关于惩治捕杀国家重点保护的珍贵濒危野生动物犯罪的补充规定》及现行刑法的规定,追究达瓦加甫收购雪豹皮行为的刑事责任;(2)雪豹属于国家重点保护的珍贵、濒危野生动物,其2005年出售雪豹皮的行为,属于非法出售珍贵、濒危野生动物制品的行为。本罪属于行为犯,只要行为人实施了非法出售珍贵、濒危野生动物制品的行为即构成犯罪。至于是否出售成功,不是判断罪与非罪的界限。本案中,达瓦加甫虽然在出售3张雪豹皮时被当场抓获,出售并未成功,还未获得实际经济利益,但仍应该认定为构成犯罪。

案例:徐峰非法收购、出售珍贵、濒危野生动物案

案例来源:《刑事审判参考》总第102集[第1067号]

主题词:非法收购、出售珍贵、濒危野生动物罪

一、基本案情

被告人徐峰,男,1978年9月4日出生,经商。2014年5月8日因涉嫌犯非法收购、出售珍

贵、濒危野生动物罪被逮捕。

浙江省台州市黄岩区人民检察院以被告人徐峰犯非法收购、出售珍贵、濒危野生动物罪,向黄岩区人民法院提起公诉。

被告人徐峰对公诉机关指控的犯罪事实和罪名均无异议。其辩护人提出徐峰归案后如实供述犯罪事实,认罪态度较好,主观恶性较小,又系初犯、偶犯,要求对被告人从轻处罚等辩护意见。

台州市黄岩区人民法院经公开审理查明:

2007 年至 2014 年间,被告人徐峰通过某网络论坛向网友购买了红尾蚺、杜氏蚺,又在饲养过程中繁殖蚺进行贩卖。2013 年 4 月初,徐峰通过 QQ 联系朱某后,将其所繁殖的杜氏蚺 2 条用大巴车托运至上海,以人民币 5000 元的价格贩卖给朱某。2012 年 10 月 26 日、2013 年 10 月 24 日,徐峰先后通过某论坛,发帖向网友出售其繁殖的杜氏蚺 7 条及收购的杜氏蚺 1 条。2014 年 5 月 8 日,公安机关抓获徐峰,后在其住处查扣杜氏蚺 24 条、红尾蚺 2 条,其中 12 条杜氏蚺和 2 条红尾蚺系其向网友购买所得,其余 12 条杜氏蚺系其饲养繁殖所得。

经鉴定,上述涉案的杜氏蚺、红尾蚺均系《濒危野生动植物种国际贸易公约》(英文简称《CITES》)附录Ⅱ所列的保护动物,属于我国《刑法》第三百四十一条第一款规定的"珍贵、濒危野生动物"。

台州市黄岩区人民法院经审理认为,被告人徐峰非法收购、出售国家重点保护的珍贵、濒危野生动物,其行为已构成非法收购、出售珍贵、濒危野生动物罪,依法应予惩处。公诉机关指控被告人的罪名成立。辩护人提出该被告人归案后如实供述犯罪事实,认罪态度较好,主观恶性较小,又系初犯、偶犯,要求对被告人从轻处罚等辩护意见,经查,与本案的事实及相关的法律规定相符,予以采纳,依法并酌情对被告人予以从轻处罚。扣押在案的杜氏蚺、红尾蚺依法应予没收;被告人的违法所得依法予以追缴。根据被告人犯罪的事实、犯罪的性质、情节和对于社会的危害程度,依照《中华人民共和国刑法》第三百四十一条第一款、第六十七条第三款、第六十四条之规定,以被告人徐峰犯非法收购、出售珍贵、濒危野生动物罪,判处有期徒刑二年,并处罚金人民币一万元。扣押在案的杜氏蚺 24 条、红尾蚺 2 条,均予以没收,由扣押机关依法处理。被告人徐峰的违法所得,由原侦查机关予以追缴。

一审宣判后,被告人徐峰在法定期限内未提起上诉,公诉机关亦未提出抗诉,一审判决已发生法律效力。

二、裁判要旨

No. 6-6-341(1)-4　行为人非法收购、出售的是列入《濒危野生动植物种国际贸易公约》附录一、二的野生动物,但没有与其同属或同科的国家一、二级保护动物的,因缺少认定为情节严重或情节特别严重的参照标准,只能认定为一般情节,应在五年以下有期徒刑量刑。

最高人民法院《关于审理破坏野生动物资源刑事案件具体应用法律若干问题的解释》(以下简称《解释》)规定,如果是列入国家重点保护野生动物名录的国家一、二级保护野生动物以及驯养繁殖的物种,应按照《关于审理破坏野生动物资源刑事案件具体应用法律若干问题的解释》附表所列相应数量标准来认定情节;如果是列入《濒危野生动植物种国际贸易公约》附录一、附录二的野生动物以及驯养繁殖的物种,根据《关于审理破坏野生动物资源刑事案件具体应用法律若干问题的解释》第十条规定,非原产于我国的野生动物"情节严重""情节特别严重"的认定标准,参照该解释第三条、第四条以及附表所列与其同属的国家一、二级保护野生动物的认定标准执行;没有与其同属的国家一、二级保护野生动物的,参照与其同科的国家一、二级保护野生动物的认定标准执行。换言之,列入《濒危野生动植物种国际贸易公约》附录一、附录二的野生动物必须与我国国家一、二级保护野生动物具有同属或同科的关系,才能根据《关于审理破坏野生动物资源刑事案件具体应用法律若干问题的解释》附表所列的相应数量标准来认定情节,否则没有参照依据,应当按照该罪的一般情节认定。本案所涉的红尾蚺、杜氏蚺系列入《濒危野生动植物种国际贸易公约》的野生动物,无法在《关于审理破坏野生动物资源刑事案件具体应用法律若干问题的解释》附表所列的国家一、二级保护野生动物名录中找到相应的同科或同属的物种,缺少认定“情节严重”或“情节特别严重”的参照标准。但本罪的一般情节(基本构罪标准)不需要参照标准,只要非法收购、出售列入《濒危野生动植物种国际贸易公约》附录一、附录二中的珍贵、濒危野生动物,便可构成本罪。因此,被告人徐峰非法收购、出售国家重点保护的珍贵、濒危野生动物的行为,系一般情节,不属于情节特别严重,应处五年以下有期徒刑或者拘役,并处罚金。

案例:郑锴非法运输、出售珍贵、濒危野生动物制品案

案例来源:《刑事审判参考》总第 108 集[第 1178 号]

主题词:非法运输、出售珍贵、濒危野生动物制品罪　法定刑以下量刑

一、基本案情

2013 年 6 月 22 日 12 时许,被告人郑锴将金钱豹毛皮 1 张(价值 6 万元)、雪豹毛皮 1 张(价值 10 万元)、云豹毛皮 1 张(价值 3 万元)、赛加羚羊角 4 根(价值共计 12 万元)、象牙制品 4 个(非洲象或亚洲象,价值共计 8291 元)及其他动物制品装在两个旅行包中。后被告人逯艺通过网络向郑锴购买赛加羚羊角 2 根(价值 6 万元),二人通过网络讨价还价。后苗涵应郑锴的要求驾驶轿车载郑锴及其朋友与逯艺见面。郑锴与逯艺正在讨价还价并查看郑锴带来的羚羊角时,被公安人员抓获,当场查获金钱豹毛皮 1 张、雪豹毛皮 1 张、云豹毛皮 1 张、赛加羚羊角 4 根、象牙制品 4 个等物品。经鉴定上述金钱豹、雪豹、云豹、赛加羚羊、非洲象或亚洲象均为国家一级重点保护动物,涉案物品价值共计 31.8291 万元。经最高人民法院复核,被告人被判处五年有期徒刑。

二、裁判要旨

No. 6-6-341(1)-5　在走私珍贵动物、珍贵动物制品罪的数额标准已大幅度提高的情况下,虽非法运输、出售珍贵、濒危野生动物制品罪的数额标准未修改,但根据罪责刑相适应的原则,也可以考虑在法定刑以下量刑。

根据非法运输、出售珍贵、濒危野生动物制品罪的具体量刑标准,目前仍在适用的最高人民法院《关于审理破坏野生动物资源刑事案件具体应用法律若干问题的解释》第五条的规定,非法收购、运输、出售珍贵、濒危野生动物制品,价值在 20 万元以上的,属于犯罪情节特别严重,处十年以上有期徒刑,并处罚金或者没收财产。2000 年起施行的最高人民法院《关于审理走私刑事案件具体应用法律若干问题的解释》(已失效)第四条规定,走私珍贵动物制品价值 20 万元以上的,属于犯罪情节特别严重,处无期徒刑或者死刑,并处没收财产。但 2014 年起施行的最高人民法院、最高人民检察院《关于办理走私刑事案件适用法律若干问题的解释》第九条规定,走私珍贵动物制品数额在 20 万元以上不满 100 万元的,处五年以上十年以下有期徒刑,并处罚金。

上述两个司法解释的变化说明,因社会经济的发展变化,走私珍贵动物、珍贵动物制品的数额标准自 2014 年 9 月以来已经大幅度提高,而非法运输、出售珍贵、濒危野生动物制品罪的量刑标准没有及时作出调整。在走私珍贵动物、珍贵动物制品罪的数额标准已大幅度提高的情况下,如果仍然按照原数额标准对非法运输、出售珍贵、濒危野生动物制品罪予以量刑,势必与走私珍贵动物、珍贵动物制品罪的量刑存在明显差异,有违罪责刑相适应原则。因此,根据这一特殊情况,为实现罪责刑相均衡,对于此类案件,可以考虑在法定刑以下判处刑罚。且在本案中,第一,涉案野生动物制品全部被查获,没有进一步流入社会,被告人的犯罪行为未造成严重危害;第二,被告人非法出售珍贵、濒危野生动物制品的行为属于未遂;第三,被告人实际交易价格较低,一定程度反映被告人主观恶性小。因此,本案在法定刑以下量刑基本实现了罪责刑相适应。

案例:解景芳非法出售珍贵、濒危野生动物案

案例来源:《刑事审判参考》总第 124 集[第 1383 号]

主题词:非法出售珍贵、濒危野生动物　人工繁育野生动物

一、基本案情

临沭县人民法院经审理查明:被告人解景芳的丈夫满某某注册成立临沂轩雅繁殖有限公

司,经营范围为鹦鹉驯养、繁殖、展览、出租、出售,后向林业厅申请并获取非洲灰鹦鹉等14种国家一、二级保护野生动物的人工繁育许可证,又经林业厅批准,购买了118只鹦鹉用于人工繁育。

被告人解景芳在未取得合法转让许可证的情况下,将6只人工繁育的非洲灰鹦鹉、蓝黄金刚鹦鹉、金头鹦鹉、太阳锥尾鹦鹉和蓝和尚鹦鹉出售给山东省临沂市兰山区春园花鸟市场"百鸟争鸣"宠物店主尹某某(另案处理)。经鉴定,解景芳非法出售的6只鹦鹉均系被列入《濒危野生动植物种国际贸易公约》(以下简称《公约》)附录Ⅰ、Ⅱ的物种,属于国家一、二级保护野生动物。

法院认为,被告人解景芳非法出售蓝黄金刚鹦鹉等国家重点保护动物的行为构成非法出售珍贵、濒危野生动物罪。解景芳到案后能够如实供述犯罪事实,依法可从轻处罚;庭审中自愿认罪,积极缴纳非法所得及罚金,可酌情从轻处罚。解景芳非法出售野生动物的数量,达到《最高人民法院关于审理破坏野生动物资源刑事案件具体应用法律若干问题的解释》(已失效)规定的"情节严重"的标准,法定刑期应为五年以上有期徒刑。因解景芳非法出售鹦鹉的数量刚达到情节严重的标准,且涉案鹦鹉系人工繁育,其行为的社会危害性相对小于非法出售纯野外生长、繁殖的鹦鹉,对其可在法定刑以下减轻处罚,并可适用缓刑。最终法院以非法出售珍贵、濒危野生动物罪,在法定刑以下判处解景芳有期徒刑三年,缓刑四年,并处罚金三万元。

一审宣判后,检察机关未抗诉,被告人解景芳未上诉,临沭县人民法院依法层报最高人民法院核准。最高人民法院经复核认为,原审判决认定的事实清楚,证据确实、充分,定罪准确,量刑适当。审判程序合法。依法裁定核准临沭县人民法院的刑事判决。

二、裁判要旨

No. 6-6-341(1)-6 出售人工繁育的濒危野生动物,构成非法出售珍贵、濒危野生动物,但在量刑时应综合考量涉案动物的濒危程度、野外种群状况、人工繁育情况、用途、行为手段和对野生动物资源的损害程度等情节,综合评估社会危害性,依法作出妥当处理,确保罪责刑相适应。

立法机关于2016年修订《野生动物保护法》时,对人工繁育技术成熟稳定且纳入人工繁育国家重点保护野生动物名录的国家重点保护野生动物,实行人工繁育种群与野外种群区别管理的制度。根据《野生动物保护法》的规定,结合野生动物保护和人工繁育的实际情况来看,野生动物资源司法保护的重点应当是野外种群,以及濒危程度和保护等级较高且繁育技术不成熟、繁育规模较小的物种。在定罪量刑时如果对所有破坏人工繁育种群犯罪与破坏野外种群犯罪不加区分,既不符合罪责刑相适应原则,更背离社会公众的一般认知。近年来,各地法院依法对被告人在法定刑以下判处刑罚,取得了良好的法律效果和社会效果。对于破坏人工繁育野生动物资源的行为,在决定是否追究刑事责任以及如何裁量刑罚时,应当结合案件事实和证据,综合考量涉案动物的濒危程度、野外种群状况、人工繁育情况、用途、行为手段和对野生动物资源的损害程度等情节,综合评估社会危害性,依法作出妥当处理,确保罪责刑相适应。

1. 涉案动物的濒危程度和野外种群状况

在定罪量刑时,除涉案动物的保护等级外,其野外种群和人工繁育情况等因素亦应考虑。很多动物虽然均属于国家一级保护动物,但野外种群状况和人工繁育情况均差别甚大,在定罪量刑时简单地以保护等级相当为由将两者相提并论,有机械司法之嫌。因此,在定罪量刑时,除了考虑涉案动物的保护等级,还应当注意,有些野生动物虽然规定的保护等级较高,但野外种群规模相对较大,濒危程度相对较低,在量刑时可以适当从宽。另外,对于虽然列入《公约》附录Ⅰ、Ⅱ,但在我国没有野外种群分布的濒危物种的人工繁育种群,还可以考察该物种的人工繁育种群在原产或者引种国家和地区的立法保护情况,量刑时根据具体情况进行适当区分。

2. 涉案动物的人工繁育情况

对于破坏人工繁育野生动物资源犯罪而言,涉案动物的人工繁育情况是定罪量刑时应当考虑的重要因素。如果属于濒危程度较高、人工繁育技术不成熟、养殖规模较小的物种,量刑时原则上不宜从宽,确有特殊情况需要从宽处理的,亦应从严掌握;如果属于人工繁育技术成熟且养殖规模较大的物种,考虑行为人的主观恶性较小、行为的社会危害性较低,在决定是否追究刑事责任和量刑时应适当从宽。具体还可以从以下方面作进一步区分:

其一,判断涉案动物是否属于合法繁育的情形。实践中,有的行为人是合法繁育但无证出售其人工繁育的野生动物,相对于由野外非法捕获的动物进行繁育等非法繁育的情形,该行为对野外种群的影响更小,涉案动物的来源可溯,因而危害性更小,行为人的主观恶性也相对较低,量刑上应当体现从宽。

其二,判断涉案动物是否被列入《人工繁育国家重点保护野生动物名录》。根据《野生动物保护法》的规定,人工繁育技术成熟稳定且纳入《人工繁育国家重点保护野生动物名录》的国家重点保护野生动物,其人工繁育种群可以不再列入《国家重点保护野生动物名录》,凭省级政府野生动物保护主管部门核发的许可证和专用标识经营利用,无须再在市场流通环节申请运输、出售、收购、利用等许可证件。实践中,对于被列入名录的 30 种野生动物,有的行为人取得了人工繁育许可,但在经营利用相关动物及其制品的过程中未取得专用标识,最高人民法院认为,这种情况应当依据行政法规进行处罚,原则上不宜按犯罪处理;如果行为人未取得人工繁育许可,涉案动物系非法人工繁育的,此种情形下,应结合涉案动物的濒危程度、人工繁育状况等因素,依法确定是否应追究刑事责任,确有追究刑事责任必要的,在量刑时亦应与 30 种野生动物以外的其他野生动物犯罪有所区别。

3. 涉案动物的用途

根据《野生动物保护法》以及有关规范性文件的规定,因科学研究、物种保护、展示展演、文物保护或者药用等特殊情况,在按照有关规定严格审批和检疫检验的前提下,可以经营利用人工繁育的野生动物及其制品,禁止非法放生和以食用为目的的经营利用。在办理破坏人工繁育野生动物资源犯罪案件时,应结合涉案动物的用途准确定罪量刑。如涉案动物系用于非法放生或者食用等目的,定罪量刑时应当依法从严。如涉案动物系用于科学研究、物种保护、展示展演、文物保护或者药用等合法用途的,在量刑时应与前者有所区别。

4. 行为方式、手段和对野生动物资源的损害程度。综合相关法律、规范性文件的规定和司法实践,具有以下情形的,在决定是否从宽量刑时应依法从严掌握:一是武装掩护或者使用军用、警用车辆等特种交通工具实施犯罪的。从实践来看,使用前述作案方式和手段犯罪的,涉案动物数量往往较大,且易造成其他严重后果。二是妨害野生动物的科研、养殖等工作。三是造成野生动物死亡或者无法追回等严重后果。四是引起重大疫情或者有引起重大疫情风险。五是非法放生或者因动物逃逸造成他人人身、财产损害或者危害生态系统安全的。需要注意的是,如果行为人主动捕回放生或者逃逸的野生动物,尚未造成他人人身、财产损害或者危害生态系统安全的,量刑时可酌情从宽。

本案中,涉案的 6 种被列入国家重点保护动物的鹦鹉,野外种群数目相对较大,虽然未被列入《人工繁育国家重点保护野生动物名录》,但均属于人工繁育技术较为成熟且养殖规模巨大的物种;被告人解景芳拥有人工繁育涉案鹦鹉的许可证,出售的鹦鹉均系从合法的繁养机构购买后又再次人工繁育的子二代或子三代,亲本来源清晰;涉案的鹦鹉流向宠物市场,未被用于非法放生或者食用等非法目的,亦未造成疫病传播等危害后果;同时,行为人没有其他法定从重情节,未引起严重后果或引发相关风险,归案后如实供述罪行,认罪、悔罪。基于以上考虑,法院以非法出售珍贵、濒危野生动物罪在法定刑以下判处被告人解景芳有期徒刑三年,缓刑四年,并处罚金三万元。

另外,需要注意的是,实践中存在以观赏或者饲养宠物等目的购买极少数量人工繁育珍贵、濒危野生动物的行为,通常以人工繁育技术较为成熟且养殖规模巨大的物种为对象,如较为常见的宠物龟、宠物鹦鹉等。最高人民法院认为,相比非法出售等行为,此类行为的社会危害性和相关行为人的主观恶性相对更小,在决定是否追究刑事责任时应当更加慎重,在能够通过行政处罚对相关行为予以惩治的情况下,不宜动用刑事手段制裁,确有追究刑事责任必要的,量刑时应注意从宽。

案例:刘纯军非法收购珍贵、濒危野生动物案

案例来源:《刑事审判参考》总第 125 辑[第 1397 号]

主题词:非法收购珍贵、濒危野生动物 违法性错误

一、基本案情

韶关市曲江区人民法院适用速裁程序查明:被告人刘纯军以每只人民币 100 元的价格向邓春华(另案处理)非法收购了两只野生动物白鹇死体。后被市场监管局执法人员在其农场进行检查时查获。经鉴定,涉案动物白鹇属国家二级重点保护野生动物。

法院认为,被告人刘纯军无视国家法律,非法收购国家重点保护的珍贵、濒危野生动物,其行为已构成非法收购珍贵、濒危野生动物罪。其到案后能如实供述自己的罪行,自愿认罪认罚,可依法从宽处罚。判决被告人刘纯军犯非法收购珍贵、濒危野生动物罪,判处有期徒刑一年,并处罚金人民币五千元;扣押的白鹇死体二只,予以没收,由扣押机关依法处理。

二、裁判要旨

No. 6-6-341(1)-7 未经加工的珍贵、濒危野生动物死体也属于珍贵、濒危野生动物。

珍贵、濒危野生动物制品是指对捕获或得到的珍贵、濒危野生动物通过某种加工手段而获利的成品与半成品,如标本、皮张和其他有极高经济价值的动物部位、肉食等。珍贵、濒危野生动物的死体如果能够保持完整性,没有经过加工,应认定为珍贵、濒危野生动物。

第一,从立法本义来看,我国《刑法》将非法猎捕、杀害国家重点保护珍贵、濒危野生动物与非法收购、运输、出售国家重点保护的珍贵、濒危野生动物规定在同一法条之中,目的是封堵针对珍贵、濒危野生动物的犯罪链条,前后犯罪具有关联性和同质性,应当一体理解文条用语。

第二,从事实逻辑上看,非法猎捕、杀害国家重点保护珍贵、濒危野生动物进入收购、运输、出售环节,必然有活体和死体两种样态,因此非法收购、运输、出售国家重点保护珍贵、濒危野生动物死体并不违反立法本义和逻辑。

第三,从刑罚功能上看,如果认为野生动物不包括死体,那么在现实生活中,许多人会将野生动物进行残害后再进行买卖或者运送。这样比直接实施这些行为的危害更大,反而受到的处罚可能更轻,这样做并不利于对犯罪的打击,也不利于保护野生动物资源。

第四,从概念用语的多义性来看,同一用语放在不同的语境下会有不同含义。我国《刑法》第三百四十一条表述的"野生动物",应从物种和属性方面理解,该条所保护的对象是指野生动物物种,主要区别于人工驯养繁殖的畜禽。只要是属于国家重点保护的野生动物物种,在查获时无论该具体动物是否属于活体,都应给予一体保护,以切断犯罪产业链条。

第五,从准确评价犯罪的角度来看,将野生动物死体区别于野生动物制品,不仅可行,而且必要。从犯罪产业链条来看,前者距野生动物保护法益(物种生存)更近,因而社会危害性更大。从生物伦理来看,前者更具残忍性,因而主观恶性更强。正因如此,司法解释针对野生动物及其制品的犯罪规定了不同的量刑依据和标准。如果将死体认定为野生动物制品会导致重罪轻判。

第六,从司法实践来看,将珍贵、濒危野生动物死体认定为野生动物,并不会造成处罚上的失衡。我国《刑法》第三百四十一条在设立量刑情节和法定刑方面没有区分具体行为和犯罪对象的状态,但量刑情节和法定刑幅度都有较大的裁量空间,司法机关完全可以根据罪责刑相适应原则针对每个案件的具体情况作出妥当处理,并不会因为立法标准的抽象一致而造成司法裁量的失衡失当。

No. 6-6-341(1)-8 违法性不属于故意的认识内容,是否具有违法性认识,只关系行为人是否存在主观恶性和责任程度的认定,不影响对行为人的行为定性。

在审理针对野生动物的犯罪案件中,对象认识错误或违法性认识错误是被告人及其辩护人经常提出的辩护理由。根据公众对野生动物保护的认知现状和刑罚目的,实践中应当通过举证

责任分配协调两种立场,力争使裁判结果合乎国法、天理、人情。

首先,在刑法立场方面,应当坚持以“知法推定”为主、例外情况为辅,防止行为人任意以不知法为由推脱罪责,以督促执法主体主动履行宣传法律和执行法律的责任,唤起公众学法知法用法守法的意识。由于野生动物保护具有一定的专业性,不排除在特殊情况下行为人缺乏违法性认识的现实性和可能性,亦应本着公平合理的精神,允许行为人证明其“不知法”,从主观可囿的角度减轻或免除其罪责。但违法性认识是主观的,不能单独依靠被告人的供述,必须根据客观情况依情依理作出推断认定。实践中,可以根据行为人生活环境、职业、文化、经历、专业知识和能力、相关知识的普及程度、行为人的日常行为表现、执法频度和力度、有无相关的违法前科、被抓获过程及抓获前后的表现,结合行为人、同案人的供述内容推断认定行为人是否明知或应知其行为具有违法性(社会危害性)。

其次,在认识范围方面,应当宜宽不宜严。违法性认识错误不同于对象认识错误。对象认识错误属事实认识的范畴。通常而言,违法性不属于故意的认识内容,是否具有违法性认识,只关系行为人是否存在主观恶性和责任程度的认定,不影响对行为人的行为定性。并且,一般不要求行为人对违法性认识达到明确、具体的程度,只要行为人知道或应当知道其所实施行为不合法,即应认定其具有违法性认识,其中出现的具体认识偏差不影响对其行为的定性。因此,除误将有罪认为无罪外,误将重罪认为轻罪、误将轻罪认为重罪以及误将甲罪认为乙罪的违法性认识错误不影响对行为人的罪责认定。

最后,在证明责任方面,应当由被告人举证为主。违法性认识错误属于辩护性理由,应由被告人举证证明其欠缺现实的违法性认识,且其违法性认识错误不可避免。在被告人确实能够证明其不具有违法性认识的基础上,司法人员应当在综合考虑被告人的行为状况、生活圈、职业领域以及被侵害法益的特征等基础上,将正常人置于行为人的立场,并根据常识、常理、常情来判断该行为的违法性认识错误是否可以避免。通常考虑因素包括:被告人的行为被主管机关认可、之前的行为被认定为无罪等。

本案中,被告人刘纯军长期生活在粤北山区,白娴在当地是常见野生动物,其对该动物不仅认识,而且还知道名称;能吃“野味”是其经营的“农场”的一大特色,因此,林业执法部门和市场监管部门经常到其“农场”检查,故可以认定刘纯军明知涉案动物属保护动物,其辩解不知道购买和食用野生动物白鹇属违法行为不合常理。

152 非法占用农用地罪(《刑法》第三百四十二条)

案例:廖渭良等非法占用农用地、非法转让土地使用权案

案例来源:《刑事审判参考》总第 56 集[第 445 号]

主题词:占用园地　改变用途　非法占用农用地罪

一、基本案情

被告人廖渭良,男,1960 年 4 月 25 日生,高中文化,农民。2000 年 2 月因犯偷税罪被浙江省衢州市衢江区人民法院判处有期徒刑一年,2000 年 7 月刑满释放。因涉嫌犯非法占用耕地罪于 2006 年 4 月 6 日被逮捕。

被告人张松泉,男,1964 年 5 月 14 日生,初中文化,个体工商户。因涉嫌犯非法占用耕地罪于 2006 年 5 月 26 日被逮捕。

被告单位衢州市衢江区云溪乡候堂村经济合作社,住所地衢州市衢江区云溪乡候堂村。

被告人张洪渭,男,1945 年 9 月 17 日生,文盲,农民,原系云溪乡候堂村党支部书记兼村经济合作社社长。因涉嫌犯非法转让土地使用权罪于 2005 年 7 月 13 日被取保候审。

浙江省衢州市衢江区人民法院经审理查明:2002 年,被告人廖渭良、张松泉想合伙在衢州市衢江区云溪乡候堂村园背上(地名)的农用地上承包采砂,向时任该村村支部书记兼村经济合作社社长的被告人张洪渭提出了承包采砂的要求。被告人张洪渭于 2002 年 10 月 29 日、10 月 30 日主持召开村党员、干部会议,讨论并决定将村园背上、光湖边(地名)的 72 亩农用地(园地)承包给被告人廖渭良、张松泉采砂。2002 年 11 月 8 日,被告单位衢州市衢江区云溪乡候堂村经济合作社作为发包方与被告人廖渭良、张松泉签订了承包合同,被告人张洪渭作为村经济合作社代表在合同上签名。此后,被告单位衢州市衢江区云溪乡候堂村经济合作社以在上述农用地上开发水产养殖为名向有关行政管理部门审批,但国土部门并未给予批准。2003 年 10 月 1 日,被告人廖渭良、张松泉在没有办理土地使用审批手续的情况下,擅自在园背上开工采砂,破坏农用地表层 8.07 亩,当日,衢州市国土资源局衢江分局接到举报前往制止,并作出了相应的处罚和告知。2004 年 7 月左右,被告人廖渭良、张松泉为了收回成本,在明知未取得采砂审批手续的情况下,继续采砂并予以销售,从中获取利润,直至 2005 年 1 月 6 日被衢州市国土资源局衢江分局再次查获。经衢州市衢江区土地勘测队勘测,实际毁坏园地面积共计 23.71 亩,取砂平均深度 3.563 米。

衢江区人民法院认为,非法占用农用地不仅仅指耕地、林地,也包括草地、园地、养殖水面等其他农用地。《刑法修正案(二)》中所说的"改变被占用土地用途"并非仅指非法将农用地改为建设用地等非农用地,而且还包括农用地之间的非法改变用途的行为。非法占用园地等农用地的"数量较大"认定标准应参照 2000 年最高人民法院的有关司法解释执行。被告人廖渭良、张松泉违反土地管理法规,结伙非法占用农用地,改变被占用土地用途,数量较大,造成农用地大量毁坏,其行为均构成非法占用农用地罪;被告单位衢州市衢江区云溪乡候堂村经济合作社以牟利为目的,违反土地管理法规,非法转让土地使用权,情节特别严重,被告人张洪渭作为单位的直接负责人,代表本村组织并具体实施了非法转让农用地使用权的行为,其行为均构成非法转让土地使用权罪。公诉机关的指控成立。被告人廖渭良刑罚执行完毕后五年内又犯应当判处有期徒刑以上刑罚之罪,属累犯,应从重处罚。被告人廖渭良、张松泉认罪态度较好,可酌情从轻处罚。被告人张洪渭能认罪,有悔罪表现,可依法适用缓刑。据此,依照《中华人民共和国刑法》第二百二十八条、第二百三十一条、第三百四十二条、第二十五条第一款、第六十四条、第六十五条第一款、第七十二条第一款之规定,于 2006 年 5 月 26 日判决如下:

1. 被告单位云溪乡候堂村经济合作社犯非法转让土地使用权罪,判处罚金人民币二万元。
2. 被告人张洪渭犯非法转让土地使用权罪,判处有期徒刑三年,缓刑四年,并处罚金人民币二万元。
3. 被告人廖渭良犯非法占用农用地罪,判处有期徒刑八个月,并处罚金人民币三万元。
4. 被告人张松泉犯非法占用农用地罪,判处有期徒刑六个月,并处罚金人民币三万元。
5. 扣押的被告人廖渭良、张松泉的违法所得各人民币五万元予以追缴,上缴国库。

一审宣判后,被告单位以及各被告人均未提出上诉,公诉机关亦未提出抗诉,判决已发生法律效力。

二、裁判要旨

No.6-6-342-1 非法占用园地,擅自改变土地用途,数量较大的,应以非法占用农用地罪论处。

非法占用农用地罪客观表现为违反土地管理法规,非法占用耕地、林地等农用地,改变被占用土地用途,数量较大,造成耕地、林地等农用地大量毁坏的行为。非法占用耕地、林地等农用地是指违法土地利用总体规划,未经批准擅自占用耕地、林地等农用地,或者采取欺骗手段骗取审批手续等行为;改变被占用土地用途是指改变土地利用总体规划规定的农用地的原用途,如占用耕地建设度假村,开垦林地、草地种植庄稼,占用林地挖掘鱼塘养鱼、养虾等;造成耕地、林地等农用地大量毁坏是指非法占用农用地后非法改变农用地用途,致使耕地、林地等农用地原有的农用条件遭到严重破坏,原有的农用地效用功能丧失,无法或者短期内难以恢复原有功能等情形。

本案中被告人廖渭良、张松泉虽然与村签订了承包 72 亩园地进行采砂的合同,但在没有土地使用审批手续、采砂审批手续的情况下,非法占用园地 72 亩,实际毁坏园地面积共计 23.71 亩,取砂平均深度 3.563 米。以实际毁坏园地面积共计 23.71 亩考量,其行为既符合非法占用耕地数量较大的条件,也符合非法占用耕地造成耕地大量毁坏的情形,法院对其以非法占用农用地罪定罪处罚是正确的。

No. 6-6-342-2 单位擅自转让园地使用权并改变用途,情节严重的,应追究单位的刑事责任。

《刑法》第二百二十八条规定,以牟利为目的,违反土地管理法规,非法转让、倒卖土地使用权,情节严重的,构成非法转让、倒卖土地使用权罪。同时根据《刑法》第二百三十一条规定,单位也可以构成非法转让、倒卖土地使用权罪的主体。

本案被告单位云溪乡候堂村经济合作社是以行政村为单位设置的农村集体经济经营管理组织,经乡(镇)人民政府审核同意,并向工商行政管理部门登记注册后,取得法人资格,具有刑事责任能力。云溪乡候堂村经济合作社出于牟利的目的,在未得到国土部门批准的情况下,经合作社党员、干部会议集体讨论决定,擅自作为发包方与被告人廖渭良、张松泉签订承包合同,将该村72亩农用地承包给被告人廖渭良、张松泉进行非法挖塘采砂,造成大量农用地毁坏的严重后果,依法应当构成非法转让土地使用权罪。被告人张洪渭作为云溪乡候堂村的经济合作社主任,是单位的法定代表人,也是单位非法转让土地使用权行为的具体实施人,应作为单位犯罪直接负责的主管人员承担相应的刑事责任。

案例:赵石山、王海杰、杨建波非法占用农用地案

案例来源:《刑事审判参考》总第125辑[第1398号]

主题词:非法占用农用地罪　单位犯罪

一、基本案情

蓟县水务局(蓟县现更名为蓟州区)经批准拟兴建供水基础设施建设项目。2013年3月,蓟县国土资源分局向蓟县邦均镇西南道村集体及农户征收土地10.02435亩,包括林地、园地、其他农用地及未利用地。后邦均镇有关领导要求时任村委会主任的被告人赵石山核实相关地块情况,经赵石山实地核查,发现被征收土地上有坟墓59座。2014年4月,有关单位依据相关政策对相关土地上的附着物进行计价补偿,并确定由村委会负责迁移工作。后赵石山与时任本村会计的被告人杨建波及本村村民被告人王海杰商议,将上述59座坟墓迁移至本村已有多处坟墓的北山上。迁移期间,赵石山、王海杰、杨建波以统一规划北山等理由为由,未经本村民主议定程序及有关部门批准,违反土地管理法规,擅自在本村北山上修筑道路及修建墓地,以用于上述迁移坟墓等为由修建89座墓穴。赵石山、杨建波、王海杰经商议后,以统一规划为由,擅自决定并以村委会名义将公墓周边山地以一分地一万元的价格向村民发包,以作为墓地使用。2015年12月,本案因本村村民举报而案发,后经天津市蓟州林业勘查设计院鉴定,在扣除原有未施工的老坟地等以外,确定毁占用地面积43.9亩,其中经济林41.3亩。案发后,经邦均镇西南道村村民代表会议、决议、蓟县人民政府批准,同意在西南道村北山坡建设公益性墓地。2017年2月23日,被告人赵石山主动到公安机关投案,被告人王海杰被传唤到案;次日,被告人杨建波主动到公安机关投案。三被告人到案后,均如实供述了自己的主要犯罪事实。

法院认为,被告人赵石山、王海杰、杨建波违反土地管理法规,非法占用林地,改变被占用土地用途,数量较大,造成林地大量毁坏,行为已构成非法占用农用地罪,应依法予以处罚。赵石山在共同犯罪中作用较大,系主犯,应依法予以处罚。王海杰、杨建波在共同犯罪中,作用较小,属从犯,依法均予以从轻处罚。赵石山、杨建波主动到案后虽对犯罪性质及部分事实辩解,但能如实供述自己的主要犯罪事实,可认定为自首,依法均予以从轻处罚。王海杰被传唤到案后虽对犯罪性质及部分事实辩解,但如实供述自己的主要犯罪事实,可以认定为坦白,依法予以从轻处罚。判决被告人赵石山犯非法占用农用地罪,判处有期徒刑一年六个月,缓刑二年,并处罚金人民币五万元;被告人杨建波犯非法占用农用地罪,判处有期徒刑十个月,缓刑一年,并处罚金人民币三万元;被告人王海杰犯非法占用农用地罪,判处有期徒刑十个月,缓刑一年,并处罚金人民币三万元。

宣判后,三被告人以事实不清、量刑过重为由提起上诉。三被告人及其辩护人提出:(1)三被告人没有非法占用农用地的主观故意,没有实施非法占用农用地的客观行为,没有改变土地用途,不构成非法占用农用地罪;(2)本案系村委会单位犯罪,不应按自然人犯罪追究三被告人个人的刑事责任;(3)认定非法占用农用地的面积中应当扣除承包给村民后村民个人施工部分以及为迁移被征用土地上59座坟墓而修建的公益性墓地部分。

天津市第一中级人民法院审理认为,原审判决认定事实清楚,证据确实、充分,定罪准确,量刑适当,审判程序合法。裁定驳回上诉,维持原判。

二、裁判要旨

No. 6-6-342-3 擅自以村委会名义将村山坡林地承包给村民作为墓地使用,成立非法占用农用地罪。

本案涉案地块属于林地,依照《最高人民法院关于审理破坏林地资源刑事案件具体应用法律若干问题的解释》(以下简称《破坏林地刑事案件解释》)的相关规定,在非法占用的林地上实施建窑、建坟、建房、挖沙、采石、采矿、取土、种植农作物、堆放或排泄废弃物等行为或者进行其他非林业生产、建设,造成林地的原有植被或林业种植条件严重毁坏或者严重污染,数量较大的,构成非法占用农用地罪。本案中,三被告人的行为符合本罪的构成要件,应认定为非法占用农用地罪。

三被告人实施非法占用农用地的行为主要体现在以下三个方面:一是以村委会名义在涉案土地上选址,并雇用机械、人工修建公益性墓地,已建成墓穴89座,部分已使用。二是三被告人擅自以统一规划为由,以村委会名义将上述公益性墓地周围的涉案土地向村民发包作为墓地永久性使用。三是除部分土地系发包给村民由村民自行平整外,其余大部分土地系三被告人雇用机械、人工进行平整,并按照各户所需垒砌石头围墙后发包给村民,实施了毁占林地的行为。

三被告人的行为改变了涉案林地的用途,造成林地的原有植被严重毁坏,且达到了数量较大的标准。涉案土地的用途是否被改变,需要综合进行认定。从在案证据看,涉案地块上确实属于该村的"义地",但考虑到森林植被具有自行恢复能力,且村民自发的墓葬行为具有零星、不规律的特点,并不会导致林地植被状况的大面积破坏,因而通常不会改变该地块系农用地(林地)的土地性质。但在三被告人将涉案土地统一规划为墓地、大规模施工并向村民发包、村民进一步施工后,涉案土地上墓地已建成,地面由砖石铺砌,石砌台阶路相连,并建设有水泥砖砌停车场,原有植被大面积破坏,林地的土地用途已被改变为墓地,面积达41.3亩,根据《破坏林地刑事案件解释》的规定,达到"数量较大"的标准。

三被告人明知涉案土地性质为农用地(林地),具有非法占用、改变土地用途作为墓地使用的主观故意。非法占用农用地罪在主观方面的罪过形态为故意,包含认知和意志两个方面的因素。在认知因素上,要求被告人明知涉案土地系农用地;实践中,被告人往往会以主观上不明知进行辩解,对此需要进行综合判断。一般土地类型界限很明确,即使在未就土地地类进行公示的情况下,村民也能够基于一般常识认识到土地是否属于农用地。本案中三被告的供述足以证明对涉案土地原有林木植被的情况十分清楚,对涉案土地属于农用地(林地)的性质具有清晰的认识。在意志因素上,三被告人在明知相关事项需要经过相关部门审批的情况下,未经审批,未通过村民代表大会、村民大会民主决策程序,擅自决定在涉案地块上选地用于修建公墓,又以统一规划为由,决定将公墓周围土地发包给村民作为墓地永久性使用,主观上具有非法占用农用地、改变涉案土地用途为墓地使用的故意。

No. 6-6-342-4 单位犯罪应当体现单位意志,以村委会名义实施,且违法所得归全体村民或村集体所有;否则仍应当以自然人犯罪分别追究个人的刑事责任。

关于村民委员会是否能够作为单位犯罪的主体,法律及相关司法解释中尚无明确规定。最高人民法院认为,村委会有自己的名称、组织机构和场所,有自己的经费,且能够以自己的名义承担相应的责任,符合刑法规定的单位的形式特征和实质特征,可以作为单位犯罪的主体。且在司法实践中,为了本村村民或村集体的利益,以村委会名义实施的非法占用农用地、非法采矿、非法转让土地使用权等犯罪活动频发,将村委会认定为单位犯罪的主体,有利于规范村委会的行为,有效打击和遏制相关犯罪活动。

但在具体个案中,并非只要以村委会名义实施的犯罪行为,均构成单位犯罪,对此应当作实质意义上的判断:即单位犯罪应当体现单位意志,以村委会名义实施,且违法所得归全体村民或村集体所有;否则仍应当以自然人犯罪分别追究个人的刑事责任。这样也有利于打击冒用、盗用村委会名义谋求个人私利的犯罪活动。本案中,三被告人的行为虽以村委会的名义作出,但从主体身份、决策过程、违法所得的归属等方面来看,不宜认定为单位犯罪。理由如下:

1. 从三被告人的主体身份来看,被告人赵石山系村委会主任,被告人杨建波、王海杰均系普通村民。依照《中华人民共和国村民委员会组织法》的相关规定,村民委员会由主任、副主任和委员共三至七人组成,本案三被告人中仅有赵石山一人为村委会成员,三人商量的结果不能当然地视为村委会的决策。

2. 从决策过程来看,三被告人决定修建公墓及向村民发包土地作为墓地使用,体现的并非单位意志。首先,从程序上,三被告人的行为未通过单位决策程序。其次,从实质上,三被告人的行为并未得到全体村民或大部分村民的认可。

3. 从违法所得的归属来看,三被告人向承包墓地的村民收取数额不等的土地承包费和机械施工费,尚未形成可以归属于个人或村集体的违法所得。三被告人非法占用了村集体所属农用地,是对村集体利益的侵害而非获益。另外,从承包墓地的情况来看,三被告人承包并占有使用的墓地面积、位置等均远优于其他承包村民,体现了从中获取个人私利的动机和意图。

153 危害国家重点保护植物罪(《刑法》第三百四十四条)

案例:钟文福等非法采伐国家重点保护植物案

案例来源:《刑事审判参考》总第 128 辑[第 1429 号]

主题词:危害国家重点保护植物罪　人工种植

一、基本案情

2011 年 3 月 6 日,原审被告人钟文福与吕国兴合伙以钟文福名义与韶关市曲江区马坝镇水文村委会文山村民小组签订《标树合同》,约定由钟文福按广乐高速公路施工单位确定的时间砍伐、移植工程建设征用该村小组背后山岭指定范围内的树木,自行办理运输放行等相关手续。同月 9 日,钟文福向广东省林业局申领了(2011)采字第 0016 号《广东省商品林采伐许可证》,标注采伐林种为"一般用材林"、树种为"杂树",采伐类型为"主伐",方式为"皆伐",采伐期限为 2011 年 3 月 9 日至 3 月 30 日。此外还标注了伐区设计人员、采伐蓄积和木材产量等事项,并备注"广乐高速公路建设征用"。2011 年 3 月,钟文福、吕国兴雇请工人对伐区内树木进行采伐,马坝镇林业工作站派出工作人员到场检尺,并开具办理《木材运输证》等放行手续所需要的证明材料。伐区内有三棵樟树,一棵被广乐高速公路施工队推倒,两棵被钟文福卖给湖南省醴陵市做花木苗圃的郭某明进行移植。2011 年 5 月 26 日,钟文福从伐区往外运输木材和樟树枝丫时被韶关市公安局森林分局查获。

另查明:韶关市林业局林业工程师张某旺、助理工程师杨某受办案机关委托,分别于 2011 年 5 月 31 日和 2012 年 5 月 21 日出具《鉴定报告书》和《鉴定书》,《鉴定报告书》对涉案樟树的树种和材积、蓄积量作了鉴定,《鉴定书》对涉案樟树的总活立木蓄积量作了鉴定,均直接称涉案樟树为国家Ⅱ级重点保护植物,没有明确认定依据和方法。出售涉案香樟的文山村小组证实,伐区内的香樟是人工种植的。

二、裁判要旨

No. 6-6-344-1　采伐人工种植的列入《国家重点保护野生植物名录》树种,不构成危害国家重点保护植物罪。

根据《刑法》和相关司法解释的规定,香樟除了属于具有重大历史纪念意义、科学研究价值

或者年代久远的古树名木,只有野生的才属于国家重点保护植物。理由如下:

第一,从文义来看,涉案香樟不属于"珍贵树木"。根据《刑法》第三百四十四条的规定,危害国家重点保护植物罪的对象限于珍贵树木或者国家重点保护的其他植物。根据《最高人民法院关于审理破坏森林资源刑事案件具体应用法律若干问题的解释》第一条以及《最高人民检察院、公安部关于公安机关管辖的刑事案件立案追诉标准的规定(一)》第七十条的规定,国家重点保护的"珍贵树木"包括由省级以上林业主管部门或者其他部门确定的具有重大历史纪念意义、科学研究价值或者年代久远的古树名木,国家禁止、限制出口的珍贵树木以及列入国家重点保护野生植物名录的树木。具体可划分为三类:第一类是古树名木,由省级以上林业主管部门或者其他部门根据树木的历史纪念意义、科学研究价值或者年代鉴定确认、建档挂牌保护。第二类是国家禁止、限制出口的珍贵树木。我国目前尚未出台具体名录,但一般包括列入《国家重点保护野生植物名录》《国家珍贵树种名录》和我国参加的限制进出口的《濒危野生动植物种国际贸易公约》附录一、附录二所列树种以及国家主管部门确定的未定名或者新发现并有重要价值的野生树木。以上名录、附录存在重叠、交叉现象,应取之最大范围。第三类单指列入《国家重点保护野生植物名录》的树木。对于第一类,在文义上没有限制为野生树木,故可解释古树名木无论是野生的还是人工种植的,均属于国家重点保护的树木。对于第二类,范围比较繁杂,从文义上并没有全部限定为野生的珍贵树木,故部分人工种植的珍贵树木如列入《国家珍贵树种名录》,也属于国家重点保护植物。对于第三类列入《国家重点保护野生植物名录》的树木,属于《中华人民共和国野生植物保护条例》规制的对象,根据该条例第二条第二款的规定,野生植物是指野生的,即原生地天然生长的珍贵树木和具有重要经济、科学研究、文化价值的濒危、稀有植物。人工种植列入《国家重点保护野生植物名录》的树种,除属于第一、二类的珍贵树木外,其他均不属于国家重点保护植物。涉案香樟与以上三类树木均不符,不属于刑法所保护的"珍贵树木"。

第二,从立法目的来看,涉案香樟不属于重点保护植物。《刑法》第三百四十四条将非法采伐、毁坏、收购、运输、加工、出售国家重点保护的植物以及制品的行为规定为犯罪,目的是保护我国的环境资源不受破坏。该类犯罪作为法定犯、行政犯,其内涵和外延取决于行政法的规定。具体来说,主要是指《中华人民共和国野生植物保护条例》的规定。该条例第一条规定立法目的是"为了保护、发展和合理利用野生植物资源,保护生物多样性,维护生态平衡",第二条规定本条例所保护的野生植物"是指原生地天然生长的珍贵植物和原生地天然生长并具有重要经济、科学研究、文化价值的濒危、稀有植物",第九条规定"国家保护野生植物及其生长环境,禁止任何单位和个人非法采集野生植物或者破坏其生长环境"。以上规定说明:第一,立法不仅要保护国家重点保护植物,还要发展和合理利用国家重点保护植物,以实现维护生物多样性和生态平衡这一更高级别的保护目标。若将人工种植列入《国家重点保护野生植物名录》的树种,都纳入国家重点保护植物的范围并予以犯罪化处理,将不利于调动开发利用和经营管理野生植物资源的单位和个人积极性,反而不利于对国家重点保护植物更高层级保护目标的实现。第二,立法确定国家重点保护植物的依据不仅是原生地天然生长植物的珍贵性,还包括原生地天然生长并具有重要经济、科学、文化价值植物的濒危性、稀有性。第三,立法不仅要保护国家重点植物,还要保护其生长环境。相同的树种,在不同的环境下往往具有不同的价值。人工种植《国家重点保护野生植物名录》的树种,并不能等同于原生地天然生长的国家重点保护植物。因此,除了特别规定,一般人工种植的树种不应属于《中华人民共和国野生植物保护条例》的保护对象。涉案香樟不在特别规定的树种之列,故不属于刑法的保护对象。

第三,刑法是行政法的保障法,具有最后手段性。在审理此案过程中,广东省高级人民法院再审合议庭曾向广东省林业厅咨询人工种植香樟应否办理《国家重点保护植物采集证》这一问题,他们的答复是:广东省鼓励人工大量种植香樟,各地已按普通用材林管理要求申办《采伐许可证》,不需要按国家重点保护植物的管理要求向省林业厅申办《国家重点保护植物采集证》和《采伐许可证》。在行政执法都没有将人工种植《国家重点保护野生植物名录》的树种纳入国家重点保护植物管理的情况下,刑事司法将其纳入犯罪对象有违刑法的谦抑性。

154 盗伐林木罪(《刑法》第三百四十五条第一款)

案例:李波盗伐林木案

案例来源:《刑事审判参考》总第86集[第785号]

主题词:盗伐林木罪　盗伐行为的认定

一、基本案情

被告人李波,男,1972年12月1日出生,无业。1996年3月因敲诈勒索、赌博被劳动教养二年,1998年9月因吸毒被行政罚款人民币(以下币种同)二千元,1998年10月因吸毒被行政罚款二千元,1999年9月因吸毒、伤害他人被劳动教养二年,2002年3月因吸毒被劳动教养二年,2005年3月因吸毒被劳动教养二年九个月,1990年3月因犯强奸罪被原无锡县人民法院判处有期徒刑四年,2011年5月25日因本案被刑事拘留,2011年7月1日被逮捕。

江苏省无锡市滨湖区人民检察院以被告人李波犯盗伐罪,向江苏省无锡市滨湖区人民法院提起公诉。

被告人李波对公诉机关指控的罪名及事实无异议。

无锡市滨湖区人民法院经公开审理查明:

2010年8月至9月的一天,被告人李波在未经管理部门批准许可的情况下,对从事苗圃生意的王夫兴(另案处理)谎称其已与交通局的领导打好招呼,可以处理无锡市滨湖区锡南路葛埭社区路段两侧的香樟树,并让王帮忙卖掉其中10棵。王夫兴遂联系到买家苏州市望湖苗圃场经营者周建东。2010年9月20日,周建东安排人员至上述路段挖走香樟树共计10棵,其中胸径40厘米的1棵、38厘米的2棵、28厘米的7棵,林木蓄积量共计5.1475立方米,价值共计35496元。

当日,李波在上述挖树现场遇从事苗圃生意的陆文贤,陆得知李波系得到相关领导同意后而处理香樟树,即向李波提出购买部分香樟树,李波表示同意。陆文贤又与范建民、王吾兵商定将上述路段的香樟树卖与范、王二人。2010年9月22日,范建民、王吾兵各自带领工人在上述路段挖树时被公安人员当场查获。案发时,范建民、王吾兵已开挖香樟树17棵,其中胸径30厘米的2棵、29厘米的6棵、28厘米的3棵、27厘米的5棵、26厘米的1棵,上述林木蓄积量共计6.901立方米,价值共计53250元。案发后,王夫兴退赔被害单位3.2万元。

无锡市滨湖区人民法院认为,被告人李波以非法占有为目的,通过欺骗方式利用他人盗挖国家所有的行道树,其行为构成盗窃罪。公诉机关指控李波犯盗伐林木罪的事实清楚,证据确实充分,但指控的罪名不当,应予改正。李波的犯罪行为发生在2011年4月30日以前,依照《刑法》第十二条第一款之规定,应当适用《刑法修正案(八)》颁布前《中华人民共和国刑法》的相关条款。李波在实施其中一次犯罪过程中,因意志以外的原因而未得逞,系犯罪未遂,可以比照既遂犯从轻、减轻处罚。李波归案后认罪态度较好,可酌情从轻处罚。无锡市滨湖区人民法院遂依法判决如下:

被告人李波犯盗窃罪,判处有期徒刑四年,并处罚金人民币五千元。

一审宣判后,李波未上诉,公诉机关亦未提出抗诉,判决已经发生法律效力。

二、裁判要旨

No.6-6-345(1)-1　行道树属于盗伐林木罪中的“其他林木”,但盗挖林木的行为不符合盗伐林木罪的行为方式,不成立盗伐林木罪,应以盗窃罪定罪处罚。

行道树属于“其他林木”的范畴,可以成为盗伐林木犯罪的对象。盗伐林木罪,是指盗伐森林或者其他林木,数量较大的行为。城市道路两旁的行道树属于盗伐林木罪状中“其他林木”的范畴。2000年1月国务院制定施行的《中华人民共和国森林法实施条例》第二条第三款明确规定,林木包括树木和竹子。可见,相关森林法律法规中“林木”的外延比较广泛。行道树是专门种植于道旁的树木。1987年9月5日,最高人民法院、最高人民检察院发布的《关于办理盗伐、滥伐林木案件应用法律的几个问题的解释》(已失效)对林区和非林区规定了不同的入罪林木数量,对非林区林木规定了较林区林木低的入罪门槛,城乡道旁等非林区的行道树、他人自留山上的成片林木可以成为盗伐、滥伐的犯罪对象。虽然该解释已被废止,但其对盗伐、滥伐犯罪对象范围的规定依然值得借鉴、参考。城市行道树作为城市绿化有机组成部分,同时受到相关法律法规的保护。《森林法》第三十二条第一款规定:"采伐林木必须申请采伐许可证,按许可证的规定进行采伐……"《城市绿化条例》(2011 年修正)第二十一条第二款规定:"砍伐城市树木,必须经城市人民政府城市绿化行政主管部门批准,并按照国家有关规定补植树木或者采取其他补救措施。"该条例第二十七条第(二)项进一步明确,违反本条例规定,擅自修剪或者砍伐城市树木,构成犯罪的,依法追究刑事责任。该项规定为对擅自修剪或者砍伐城市树木行为追究刑事责任提供了行政法上的指引。

针对树木的窃取行为一般有三种情形:一是将栽于土地上的活体树木砍下后占为己有;二是将他人已经伐倒的树木,或将已经采挖离地的活体树木直接窃为己有;三是将栽于土地上的活体树木挖出后占为己有,保持树木的活体性。对于第二种情形,最高人民法院《关于审理破坏森林资源刑事案件具体应用法律若干问题的解释》第九条已作明确规定,以盗窃罪定罪处罚。第三种情形与前两者不同,系"盗挖"。被告人李波为了达到转手香樟树获利的目的,让人盗挖后出售,属于第三种情形——"盗挖"。

"盗伐"与"盗挖"存在明显的区别:一是行为方式不同。"伐"是用刀、斧、锯等把东西断开。伐木,就是用锯、斧等工具把树木弄断。实施"伐"的行为后,树木主干与其赖以生存的根部分离,根部留存于土中。而"挖"则是用工具或手从物体的表面向里用力,取出其一部分或其中包藏的东西的意思。挖木,就是用锄、铲、锹等工具把树木及其树根的主要部分从泥土中取出,将树整体与泥土分离。二是行为后果不同。"伐"后树木必然死亡,而"挖"的目的是移走栽种的树木。因此,国家林业局 2003 年下发的《关于规范树木采挖管理有关问题的通知》(已失效)特别强调林业主管部门在核发许可证的同时"应当对批准的采挖作业进行监督管理,并主动提供有关技术服务,以提高采挖树木的成活率"。三是行为本质不同。"伐"的行为直接导致活体树木的死亡,行为实施当场就对森林资源和生态环境造成破坏。而"挖"的行为虽然也可能由于采挖水平、后期环境、养护技术等因素最终导致树木死亡,造成与"伐"的行为类似的后果,但这种结果是非典型的,而且随着科技的迅猛发展,机械制造、林木养护水平的日益提升,这种结果越来越少,所以"伐"与"挖"对林木资源和生态环境造成的影响存在本质的区别。《关于规范树木采挖管理有关问题的通知》第八条规定:"未经批准擅自采挖、运输、收购采挖树木,或者因采挖树木造成林地、植被破坏的,要依照法律法规关于林木采伐、林地管理、木材运输和收购的规定进行处罚。"该规定是为了严格规范现实生活中日益增多的,但森林法等法律法规又未涉及的采挖林木行为,但对乱采、乱挖行为的行政处罚则必须由法律、行政法规予以规定,不能由国家林业局通过下发通知的形式予以确定。在刑事法律领域,语义的相对确定性是法律可预测性的客观要求。盗伐林木罪所确定的核心行为"伐",即便是基于社会发展需要对"伐"作适度扩张性解释,也无法将"挖"的行为囊括进来。况且,正是由于采挖行为与采伐行为是本质上不同的两类行为,行政管理机关才有必要专门制定规定进行政策调整。

盗伐林木罪被列在刑法妨害社会管理秩序章中的"破坏环境资源保护"一节,是鉴于活体树木对人类的特殊贡献,国家给予特别保护。盗伐行为造成的破坏不可逆转、无法恢复,所以其最终必然破坏生态环境。而本案被告人的盗挖行为虽然未经绿化行政主管部门审批,在一定程度上违反了有关城市绿化管理制度,但毕竟未终结树木生命,尚未对生态环境造成无法挽救的后果,因此其行为危害最主要体现在侵害了树木所有人的财产所有权。本案被告人已经盗挖的 10 棵香樟树虽然林木蓄积量仅有 5.1475 立方米,但价值达 35496 元,正在实施盗挖的 17 棵香樟树蓄积量只有 6.901 立方米,价值却达 53250 元。可见,本案被告人主观上追求的和行为最终实现的都是活体树木的经济价值,而非立木材积的经济价值,其行为危害主要体现在对树木所有权人的财产所有权的侵害。

155 滥伐林木罪(《刑法》第三百四十五条第二款)

案例:张彦峰等人滥伐林木案

案例来源:《人民法院案例选》2013 年第 2 辑

主题词:滥伐林木罪　采伐自己的私人树木的行为

一、基本案情

被告人:张彦峰。

被告人:王春喜。

被告人:李万超。

被告人:李老虎。

被告人:李遂旺。

被告人:李万军。

河南省新密市人民检察院以被告人张彦峰、王春喜、李万超、李老虎、李遂旺、李万军犯滥伐林木罪,向新密市人民法院提起公诉。

被告人张彦峰、王春喜、李万超、李老虎、李遂旺、李万军对公诉机关指控的犯罪事实和罪名无异议。

新密市人民法院经审理查明:2011 年 7 月 5 日,被告人张彦峰、王春喜、李万超、李老虎、李遂旺、李万军在新密市曲梁乡草岗村一组振东耐火厂北责任田内无证采伐桐树 80 棵,经新密市林业局鉴定被采伐树木木材材积为 10.0952 立方米。2011 年 7 月 14 日,被告人张彦峰、王春喜、李万超、李老虎在新密市城关镇东瓦店村起台荒地无证采伐桐树 12 棵,经新密市林业局鉴定被伐树木木材材积为 1.6039 立方米。被告人张彦峰、王春喜、李万超于 2011 年 7 月 14 日被抓获归案,被告人李遂旺于 2011 年 7 月 15 日被抓获归案,归案后四人认罪态度较好,均能如实供述自己的罪行;被告人李万军、李老虎于 2011 年 7 月 15 日投案,如实供述自己的罪行。

河南省新密市人民法院于 2012 年 1 月 16 日作出(2012)新密刑初字第 87 号刑事判决:被告人张彦峰犯滥伐林木罪,判处罚金人民币二千元;被告人王春喜犯滥伐林木罪,判处罚金人民币二千元;被告人李万超犯滥伐林木罪,判处罚金人民币二千元;被告人李老虎犯滥伐林木罪,判处罚金人民币一千五百元;被告人李遂旺犯滥伐林木罪,判处罚金人民币二千元;被告人李万军犯滥伐林木罪,判处罚金人民币一千五百元。宣判后,被告人张彦峰、王春喜、李万超、李老虎、李遂旺、李万军均未提出上诉,判决已发生法律效力。

二、裁判要旨

No.6-6-345(2)-1　未经许可采伐自己所有的林木,达到追诉标准的,应当认定为滥伐林木罪。

根据最高人民法院《关于滥伐自己所有权的林木其林木应如何处理的问题的批复》规定,“属于个人所有的林木,也是国家森林资源的一部分。被告人滥伐属于自己所有权的林木,构成滥伐林木罪的,其行为已违反国家保护森林法法规,破坏了国家的森林资源,所滥伐的森林即不再是个人的合法财产,而应当作为犯罪分子违法所得的财物,依照……规定予以追缴”根据最高人民法院《关于在林木采伐许可证规定的地点以外采伐本单位或者本人所有的森林或者其他林木的行为如何适用法律问题的批复》规定:“违反森林法的规定,在林木采伐许可证规定的地点以外,采伐本单位或者本人所有的森林或者其他林木的,除农村居民采伐自留地和房前屋后个人所有的零星林木以外,属于最高人民法院《关于审理破坏森林资源刑事案件具体应用法律若干问题的解释》第五条第一款第(一)项‘未经林业行政主管部门及法律规定的其他主管部门批准并核发林木采伐许可证’规定的情形,数量较大的,应当依照《刑法》第三百四十五条第二款的规定,以滥伐林木罪定罪处罚。”滥伐林木罪的立法目的在于保护国家的林木资源和由林木组成的生态环境,促进自然资源的良性循环,其首要的打击目标是非法大量采伐国家、集体林木,破坏森林和其他公共林木资源的行为。但私人种植包括自己享有所有权的林木,也是国家林木生态环境系统的一部分,这部分林木资源遭到破坏,必然影响国家林木资源的整体净化功能和生物链效应。为此,也有必要对滥伐私人种植乃至自己所有的林木的行为进行社会危害性评价,对于滥伐数量较大,具有严重社会危害性的,应追究刑事责任。这正是前述两个批复的法律精神。因此,行为人违反了《森林法》规定,滥伐自己购买的私人种植的林木,数量较大的,应以滥伐林木罪追究刑事责任。本案中,6 名被告人在未依法取得林木采伐许可证的情况下,将他人种植的林木购买后予以采伐,被伐林木木材材积已经达到滥伐林木罪的追诉标准,应当定罪处罚。但鉴于这种行为与非法滥伐森林或公共林木资源的行为相比,社会危害性要低,综合本案被告人自首或坦白等其他情节,量刑时对 6 名被告人单处罚金更为妥善。

156 走私、贩卖、运输、制造毒品罪(《刑法》第三百四十七条)

案例:徐根志等贩卖毒品案

案例来源:《人民法院案例选》2007 年第 3 辑

主题词:贩卖毒品罪　新型毒品

一、基本案情

被告人徐根志、董燕华、赵莉(又名王雯)。

云南省昆明市中级人民法院经审理查明:2004 年 5 月,被告人徐根志、董燕华共同出资购买 K 粉(氯胺酮)500 克,被告人徐根志还另买了一批摇头丸(亚甲二氧基甲基苯丙胺)。二被告人将买来的 K 粉掺兑成 1000 克后各分得 20 小包。该批毒品因掺假过重难以贩卖。二被告人商量另购一批纯度高的毒品与上批毒品重新掺兑。同年 7 月 5 日,二被告人共同出资前往广州购买了 500 克 K 粉及 1000 粒摇头丸。7 月 13 日凌晨,当被告人董燕华将第二次购买的毒品及前次掺兑剩下的毒品转移到被告人赵莉驾驶的云 A · N6465 现代跑车上后,被告人董燕华、赵莉在昆明市金实小区被公安机关抓获。当场从被告人董燕华身上查获冰毒(甲基苯丙胺)净重 0. 46 克、摇头丸净重 0. 5 克、K 粉净重 2. 95 克。从被告人赵莉驾驶的云 A · N6465 车储物箱内查获摇头丸净重 7. 22 克,从该车后备箱内查获 K 粉净重 756. 56 克、摇头丸净重 266. 39 克。当天,在赵莉的配合下,公安民警在昆明市尚义街万寿巷 13 号 101 房将被告人徐根志抓获,并在被告人徐根志停放在万寿巷停车场内的云 A · J3315 广州本田轿车后备箱内查获 K 粉净重 327 克、摇头丸净重 839 克及用于称量毒品的天平秤一台。应依法追究徐根志、董燕华贩卖毒品罪、赵莉窝藏毒品罪的刑事责任。

昆明市中级人民法院认为:被告人徐根志、董燕华无视国法,非法贩卖毒品,其行为符合贩卖毒品罪的构成要件,应依法惩处。被告人赵莉明知是毒品仍予以窝藏,其行为符合窝藏毒品罪的构成要件,应依法惩处。在本案中,被告人徐根志、董燕华经预谋后,共同出资购买毒品亚甲二氧基甲基苯丙胺和氯胺酮进行贩卖,应共同对所贩卖的毒品数量承担刑事责任。被告人徐根志还应独立对查获的 839 克毒品亚甲二氧基甲基苯丙胺承担刑事责任。被告人赵莉应对窝藏的 266. 39 克亚甲二氧基甲基苯丙胺、756. 56 克氯胺酮承担刑事责任。被告人徐根志的辩护人所提第一、二、三条辩护意见与当庭查明的事实和本院确认的证据不符,故不予采纳。另外提出的第四条辩护意见属酌定情节,因被告人徐根志贩卖毒品数量巨大、主观恶性较深,故本院不予采纳。被告人董燕华的辩解及辩护人所提第五条辩护意见有事实和证据在卷证实,予以采纳。辩护人所提其他辩护意见与当庭查明的事实和现有证据不符,不予采纳。被告人赵莉的辩解无事实和证据在卷佐证,不予采纳。其辩护人所提第一条辩护意见有事实和法律依据,且有证据在卷证实,予以采纳。鉴于被告人赵莉被抓后,配合公安机关抓获被告人徐根志,有重大立功表现,依法应当从轻或减轻处罚;被告人董燕华在看守所关押期间,检举揭发其他犯罪嫌疑人的余罪,有立功表现,依法可以从轻处罚。根据本案的犯罪事实、性质、对社会的危害程度及各被告人在本案中所实施的犯罪行为等情节,依照《中华人民共和国刑法》第三百四十七条第二款第(一)项、第三百四十九条第一款、第六十八条、第二十五条第一款、第四十八条第一款、第五十七条第一款、第六十四条的规定,判决如下:

1. 被告人徐根志犯贩卖毒品罪,判处死刑,剥夺政治权利终身,并没收个人全部财产;

2. 被告人董燕华犯贩卖毒品罪,判处有期徒刑十五年,并处没收个人财产人民币一万元;

3. 被告人赵莉犯窝藏毒品罪,判处有期徒刑二年;

4. 缴获的毒品亚甲二氧基甲基苯丙胺 1113.11 克、氯胺酮 1086.51 克、甲基苯丙胺 0.46 克依法没收。

宣判后,被告人徐根志、赵莉不服一审判决,被告人徐根志以其行为属于未遂,认定的毒品数量应罪责自负,涉案的毒品系二类毒品,危害较小,且认罪态度好,主观恶性不大,请求给予从轻处罚为由,提出上诉。被告人赵莉口头表示上诉,无具体理由。

云南省高级人民法院经二审查明的事实与一审相同。

云南省高级人民法院经审理认为:上诉人徐根志及原审被告人董燕华购买氯胺酮、亚甲二氧基甲基苯丙胺等毒品,并准备予以贩卖的行为均构成贩卖毒品罪,上诉人赵莉明知是徐根志、董燕华所购买的毒品还参与吸食,并允许董燕华将氯胺酮、亚甲二氧基甲基苯丙胺等毒品存放在自己的现代跑车上,其行为已构成窝藏毒品罪,上诉人徐根志、赵莉及原审被告人董燕华均应依法受到惩处。上诉人徐根志及辩护人提出的上诉理由和辩护意见,经审理认为:根据本案的具体情节,原判对被告人徐根志量刑过重,徐根志及辩护人要求从轻处罚的理由和意见本院予以采纳。对上诉人赵莉提出的上诉理由,审理认为:原判在定罪量刑时,已作充分考虑,故本院不再予以采纳。综上,依照《中华人民共和国刑事诉讼法》第一百八十九条第(一)、(二)项之规定,判决如下:

1. 维持昆明市中级人民法院(2005)昆刑三初字第 442 号刑事判决的第二、三、四项,即被告人董燕华犯贩卖毒品罪,判处有期徒刑十五年,并处没收个人财产人民币 1 万元。被告人赵莉犯窝藏毒品罪,判处有期徒刑二年;查获的毒品依法予以没收。

2. 撤销昆明市中级人民法院(2005)昆刑三初字第 442 号刑事判决的第一项,改判被告人徐根志无期徒刑,剥夺政治权利终身,并处没收个人财产。

本判决为终审判决。

二、裁判要旨

No. 6-7-347-1 亚甲二氧基甲基苯丙胺(摇头丸)和氯胺酮(K 粉)虽未明列在《刑法》第 357 条规定的六种毒品之中,但属于国家规定管制的其他能够使人形成瘾癖的麻醉药品和精神药品,应当认定为毒品。

亚甲二氧基甲基苯丙胺和氯胺酮,虽然没有明列在《刑法》第三百五十七条规定的六种毒品之中,然而它们是新型毒品,属于国家规定管制的其他能够使人形成瘾癖的麻醉药品和精神药品。刑法对毒品这一概念的界定,采用列举法与概括法相结合的方法,既清晰明确,又防止了挂一漏万。

此外,国家食品药品监督管理局曾于 2001 年下发了《关于氯胺酮管理问题的通知》(国药监安[2001]235 号),文件规定:氯胺酮原料药按第二类精神药品管理;氯胺酮制剂按处方药管理,在医疗机构凭处方使用,药品零售企业不得经营。2003 年又规定:氯胺酮(包括其可能存在的盐)制剂按第二类精神药品管理,由国家食品药品监督管理局指定药品生产企业定点生产,其他任何单位及个人不得生产;药品零售企业不得经营氯胺酮制剂;不具备第二类精神药品批发资格的药品批发企业不得再购进氯胺酮制剂,库存的氯胺酮制剂登记造册后报所在地省(区、市)药品监督理部门备案,并在其监督下售完(仅限售给医疗机构)为止。

案例:周常等贩卖、转移毒品案

案例来源:《人民法院案例选》2008 年第 3 辑

主题词:贩卖毒品罪 既遂

一、基本案情

被告人周常、吴雯杰、张立敏。

上海市第一中级人民法院经审理查明:2007年3月18日,被告人周常携带毒品入住本市共和新路666号上海中土大厦酒店602客房。次日,又用假身份证在该酒店开了1903客房。3月18日晚,周常电话联系夏雨婷(另处)寻找毒品下家。19日晚,周常与夏雨婷、周鹏、吴杰、张刚(均另案处理)等人在上海市斜土路1646号上广电假日酒店515房间内,商定以每盎司人民币9500元(以下均为人民币)的价格共出售价值20万元的冰毒给夏雨婷等人。期间,周常感觉情形不对,以去拿货为由,离开上广电假日酒店返回上海中土大厦酒店,让吴雯杰将冰毒834.27克、二甲基安非他明51.2克毒品转移。吴雯杰将毒品拿回家中藏匿后,告知了被告人张立敏。二人约定碰面后,吴雯杰将毒品交给张立敏,后由张立敏将毒品藏匿于斜土东路237号温州饮食店内。上述毒品在吴、张被抓获后被警方缴获,被告人周常被抓获后,警方又缴获冰毒2.8克、二甲基安非他明4.03克、氯胺酮0.74克。

上海市人民法院一中院经审理认为,被告人周常以贩卖为目的,先后实施了携带毒品来沪、托人寻找毒品买家、提供毒品样品供买家验货、亲自参与毒品数量与价格等交易事项的谈判等一系列与贩毒有关的行为,贩卖甲基苯丙胺837.07克、二甲基安非他明55.23克、氯胺酮0.74克,依照《刑法》第三百四十七条第一款、第二款第(一)项之规定,应以贩卖毒品定罪处罚。考虑到本案因特情及公安人员的介入,毒品最终没有流入社会,且特情对被告人实施大宗毒品犯罪的数量引诱,尚不能排除,量刑时需留有余地。同时鉴于周常毕竟未将毒品交付下家,亦未收取下家的毒资,且本人吸毒,最终认定周常成立贩卖毒品罪既遂,判处无期徒刑,剥夺政治权利终身,并处没收个人财产人民币6万元。

被告吴雯杰虽自己承认、张立敏也供称吴是周常的马仔,帮周常送货,但周常予以否认,且无其他证据足以证实。此次周常在上广电假日酒店515房间内与夏雨婷等人洽谈贩毒事宜时,吴又不在场,也没有证据证明吴雯杰参与了贩卖毒品的事先共谋,因此,公诉机关未指控吴雯杰系贩毒共犯或犯运输毒品罪,是妥当的。现有证据只能证明吴雯杰临时受周常指使,单纯实施了转移毒品的行为。同理,张立敏对周常贩毒,也只是凭主观推测,没有证据证明其事先参与贩毒共谋,故对张也应以其具体实施的行为,即协助吴雯杰转移毒品来确定罪名。综合上述情况来看,被告人吴雯杰、张立敏在明知周常所交给他们的物品是毒品的情况下,仍予以转移,其中甲基苯丙胺834.27克、二甲基安非他明51.2克,依照《刑法》第三百四十九条之规定,对吴、张均应以转移毒品定罪处罚。但相对于张立敏的行为来看,吴雯杰在本案中的作用大、情节重,张是因吴而参与本案,量刑时应有所区别。最终认定吴、张均犯转移毒品罪,对吴雯杰判处有期徒刑两年六个月,对张立敏判处有期徒刑两年。

二、裁判要旨

No.6-7-347-2 将毒品带入约定的交易地点的,不论交易行为是否完成,均应以贩卖毒品罪的既遂论处。

根据2000年《上海市高级人民法院关于审理毒品犯罪案件具体应用法律若干问题的意见》第二条第二款的规定,贩卖毒品罪,是指明知是毒品而非法销售和以贩卖为目的而非法收买毒品的行为。只要行为人将毒品现实地带入了交易环节的,不论是否完成交易行为,均应以贩卖毒品罪的既遂论处。在本案中,被告人周常的行为应当认定为既遂。

案例:唐立新、蔡立兵贩卖毒品案

案例来源:《刑事审判参考》总第117集[第1290号]

主题词:贩卖毒品罪 既遂标准

一、基本案情

2011年7月,蔡立兵从天津市来到郴州市找到廖小军(同案被告人,已判刑),欲购买毒品,廖小军找到唐立新,唐立新即从"阿英"(在逃)处购进冰毒100克,在郴州市第三人民医院家属区廖小军家中卖给蔡立兵,蔡立兵将毒品带回天津市用于自己吸食和贩卖。2011年10月,蔡立兵联系廖小军,欲购买2000克冰毒,廖小军将该信息告知唐立新,唐立新遂联系彭永根(同案被告人,已判刑)商议购买毒品卖给蔡立兵。11 月 15 日,蔡立兵携带 60.3 万毒资,从天津市驾车来到郴州市,住在廖小军妹妹家中。11 月 16 日,彭永根在广东省陆丰市从"阿高"(在逃)处以每克 220 元的价格购进冰毒 2000 余克。11 月 17 日,彭永根将 2000 余克冰毒带回郴州。11 月 18 日,蔡立兵、唐立新、彭永根三人于郴州市春天公寓会和并进行交易,蔡立兵对毒品验货、称重,三人商定该批冰毒价格为每克 260 元,同时,唐立新将 300 粒"麻古"以 1 万元的价格卖给蔡立兵,唐立新、蔡立兵各给交易中介人廖小军 5000 元作为好处费。三人将毒品包装好,准备出门前往廖小军妹妹住处取毒资时,被公安机关抓获。公安机关当场缴获白色晶体 5 包、红色药丸 2 包,经鉴定,白色晶体净重 2227 克,甲基苯丙胺含量为 57.8%;红色药丸净重 30.3389 克,检测出甲基苯丙胺和咖啡因成分。随后,公安机关从廖小军妹妹家卧室衣柜边查获蔡立兵藏匿的毒资 60.3 万元,从蔡立兵驾驶的小轿车中查获"麻古"337 粒,净重 26.2208 克。郴州市中级人民法院查明,唐立新共贩卖毒品两次,其中冰毒 2327 克、"麻古"30.3389 克;蔡立兵共贩卖毒品两次,其中冰毒 2327 克、"麻古"56.5597 克,认定二人均构成贩卖毒品罪,判处死刑,剥夺政治权利终身,并处没收个人全部财产。湖南省高级人民法院确认了郴州市中级人民法院的判决,维持原判,并依法报请最高人民法院核准。最高人民法院经复核认为,蔡立兵曾因犯抢劫罪被判处刑罚,本案中又系犯罪的诱发者,行为更为积极、主动,对促成毒品交易所起作用更大,且跨省贩卖毒品数量大,主观恶性深,人身危险性大和社会危害性大,罪行极其严重,应依法惩处,核准其死刑;唐立新贩卖毒品数量大,社会危害性大,但罪责相对小于蔡立兵,改判死刑,缓期二年执行。

二、裁判要旨

No. 6-7-347-3 贩卖毒品罪以"进入实质交易环节"为既遂标准。买方未支付毒资并实际控制毒品,但已与卖方商议好价格,并进行毒品的查验和称重,实质交易已形成,贩卖毒品所造成的客观危险亦无法变更,应认定其行为既遂。

面对如此严峻的毒品犯罪形势,坚持依法从严惩处毒品犯罪,无疑是治理毒品犯罪的重要手段。实践中,由于毒品犯罪具有高度隐蔽性,侦查难度大一旦毒品交易行为已完成就难以被查缉,故"人毒俱获"成为侦破毒品犯罪案件的重要特征。本案毒品交易完成之前,公安人员即采取收网行动,将各被告人抓获并查获了被告人蔡立兵的毒品,毒品上下家已经进入毒品交易。现场并实施了验货、谈价、称重等实际交易行为仅差支付毒资后交付毒品的环节未完成。如果以毒品是否实际交付给下家为标准来认定犯罪既遂与否,则会使一部分毒品犯罪案件作未遂处理,不利于对毒品犯罪的打击。因此,在毒品犯罪既遂与未遂的认定上,应当充分考虑有利于依法严惩毒品犯罪的原则,以是否进入实质交易环节作为判断犯罪既遂与未遂的标准。

但需要说明的是,本案的情况具有一定特殊性,看起来被告人蔡立兵作为买家尚未拿到毒品,似乎存在认定为犯罪未遂的余地,但由于其已经完成验货、称量等重要交易行为,蔡立兵也把购毒款带在身边准备支付,如果不是公安机关此时进行抓捕,则双方则必然完成本次交易。故不能简单以公安机关抓捕时间的早晚来认定是否既遂。当然,对毒品犯罪也并非完全不区分既遂与未遂,对于实践中典型的犯罪未遂如买方尚未达到交易地点,或者买到的是假毒品等情形,可以认定为犯罪未遂。审判中对"进入实质交易环节"的把握也不能太宽,以免把一些本应认定为犯罪未遂的情形作为既遂处理,失之过严。

案例:黄树清等贩卖毒品案

案例来源:《人民法院案例选》2008 年第 1 辑

主题词:新型毒品 认定标准 规格含量

一、基本案情

被告人黄树清、吴新胜、黄树宏。

原审被告人黎洪。

湖南省长沙市开福区人民法院经审理查明:被告人吴新胜将 10600 板盐酸丁丙诺啡舌下片

(每板10粒,每粒净重0.1克,规格0.4毫克)分8次非法贩卖给黄树清;被告人黄树清则将10100板分10次贩卖给黄树宏;被告人黄树宏分7次将493板分别贩卖给黎洪等5名吸毒人员,并被公安机关查获海洛因6.032克。被告人黎洪分3次将18粒舌下片贩卖给他人吸食,并被公安机关收缴51粒。

长沙市开福区人民法院认为:盐酸丁丙诺啡舌下片是国家管制的能够使人形成瘾癖的精神药品,系毒品。被告人黄树清、吴新胜、黄树宏、黎洪违反国家毒品管理法规,明知盐酸丁丙诺啡舌下片是毒品而予以贩卖,其行为均已构成贩卖毒品罪。根据《刑法》第三百五十七条之规定,以精神药品的净重计算毒品数量,被告人吴新胜、黄树清贩卖毒品的数量均达到十余千克,被告人吴新胜、黄树清贩卖毒品数量较大。被告人黄树宏、黎洪贩卖毒品多次,构成情节严重,且黄树清系毒品重犯。故依法判决:

1. 被告人黄树清犯贩卖毒品罪,判处有期徒刑十三年;
2. 被告人吴新胜犯贩卖毒品罪,判处有期徒刑十年;
3. 被告人黄树宏犯贩卖毒品罪,判处有期徒刑五年;
4. 被告人黎洪犯贩卖毒品罪,判处有期徒刑三年。

被告人黄树清、吴新胜、黄树宏均不服该判决,均认为量刑过重,提出上诉。

长沙市中级人民法院经审理认为,由于法律没有明确规定贩卖盐酸丁丙诺啡舌下片数量较大的标准,故参照2000年4月20日最高人民法院《关于审理毒品案件定罪量刑标准有关问题的解释》第二条的规定:“走私、贩卖、运输、制造、非法持有下列毒品,应当认定为《刑法》第三百四十七条第三款、第三百四十八条规定的‘其他毒品数量较大’:……(五)度冷丁(杜冷丁)二百五十克以上(针剂100mg/支规格的五百支以上不满二千五百支,50mg/支规格的一千支以上不满五千支;片剂25mg/片规格的二千片以上不满一万片,50mg/片规格的一千片以上不满五千片);(六)盐酸二氢埃托啡十毫克以上(针剂或者片剂20μg/支、片规格的一百支、片以上不满五百支、片)”。以针剂或者药片形式出现的毒品,不是以针剂或者药片的净重计算毒品的数量,而是以其规格含量计算毒品数量。故依据此标准计算,上诉人黄树清、吴新胜贩卖毒品的数量没有达到数量较大。其中,上诉人黄树清、吴新胜、黄树宏多次贩卖毒品构成情节严重;上诉人黎洪贩卖的数量较少,但是其多次贩卖,依法构成犯罪,应追究刑事责任。上诉人黄树清曾因贩卖毒品罪被判处有期徒刑,释放后再次贩卖毒品,系毒品再犯,依法应从重处罚。故依法改判:

1. 上诉人黄树清犯贩卖毒品罪,判处有期徒刑七年;
2. 上诉人吴新胜犯贩卖毒品罪,判处有期徒刑五年;
3. 原审被告人黎洪犯贩卖毒品罪,判处有期徒刑二年。

二、裁判要旨

No.6-7-347-4 新型毒品(盐酸丁丙诺啡舌下片等)的认定应该以规格含量计算其毒品的数量,并以此作为确定其数量大或者数量较大的标准。

在确定毒品数量是否构成数量大或者较大时,根据毒品的社会危害性的大小确定了一条原则:毒效、吸毒者对该毒品的依赖程度与数量标准成反比。毒效大、吸毒者对该毒品的依赖程度越高,该毒品的数量标准就越低,相反,则毒品数量标准越高。精神药品作为毒品,其毒效、有效、吸毒者对该毒品的依赖程度,都是根据该精神药品有效成分的大小和多少确定的,即规格含量。因为一般来说,精神药品的成分由两部分组成:糖衣片和药物。糖衣片的作用只是为了保护药物和便于服用者吸食,其医疗作用的成分是药物。一般情况下,糖衣片占了精神药品的绝大部分重量,药物只是一小部分。如本案中的盐酸丁丙诺啡舌下片,每粒净重0.1克,而每粒中盐酸丁丙诺啡的重量只有0.4毫克,一粒该精神药品中盐酸丁丙诺啡只占0.4%。现在以净重法计算盐酸丁丙诺啡舌下片的毒品数量,将99.6%的非毒品成分作为毒品计算,无疑过分并不恰当地加重了被告人的刑事责任。同时,同种精神药品可以有多种规格含量,办案过程中很难找到可供参照的类似毒品数量标准,最后不得不回到规格含量法计算数量。在医学领域,计算药品的重量也是依据规格含量,而不是根据药品的净重。

贩卖杜冷丁要达到50克以上不满250克,咖啡因则要达到50千克以上不满200千克,才构成贩卖毒品数量较大。根据1996年“最高人民法院转发卫生部《关于发布〈麻醉药品品种目录〉〈精神药品品种目录〉的通知》的通知”规定,在精神药品的分类中“……44. 咖啡因;45. 丁丙诺啡”,作为药品丁丙诺啡与咖啡因的让人成瘾的毒性最为接近。《新编实用药物手册》记载,咖啡因的规格含量为0. 25g/mL,丁丙诺啡的规格含量为0. 2mg/片。贩卖咖啡因50千克以上不满200千克才构成数量较大,即贩卖针剂型的咖啡因20万支到80万支才构成数量较大。由于一片丁丙诺啡相当于一支咖啡因,所以贩卖丁丙诺啡20万粒到80万粒才构成数额较大,即贩卖丁丙诺啡40克到160克构成数额较大。按照国家规定,丁丙诺啡是一类精神药品,盐酸丁丙诺啡舌下片则为二类精神药品。盐酸丁丙诺啡舌下片的毒性小于丁丙诺啡,即使按照丁丙诺啡的数量标准(20万粒构成数量较大),盐酸丁丙诺啡舌下片规格含量为0. 4mg/片,要贩卖盐酸丁丙诺啡80克以上才构成数量较大。此外,盐酸丁丙诺啡舌下片的依赖性低于杜冷丁,即使与杜冷丁相比,也要50克以上才能构成数量较大。

案例:塔奴杰·安马列运输毒品案

案例来源:《人民法院案例选》2008年第1辑

主题词:运输毒品　既遂的认定

一、基本案情

被告人塔奴杰·安马列(GANOH MARIE),科特迪瓦国人,护照号:04LE42839,在本市无固定职业及住址。

新疆维吾尔自治区乌鲁木齐市中级人民法院经审理查明:

1. 被告人塔奴杰·安马列在公安机关供述称,是穆罕默德打电话让其到乌鲁木齐市帮他运输毒品到广州,并答应给其3000美元好处费的。2006年8月9日塔奴杰·安马列到达乌鲁木齐,8月10日穆罕默德坐出租车来与他碰头,交给他两双鞋子,内有藏好的毒品,还有8袋放在腰间和内裤里,并说他是黑人,毒品放在身上没人会注意。当天塔奴杰·安马列到乌鲁木齐机场准备乘机前往广州时,在安检处被抓获,在其腰间搜出4袋毒品,从行李包里搜出4袋毒品。毒品用黄色胶带包裹。

2. 乌鲁木齐市公安局禁毒支队出具的抓获经过证明、搜查笔录、扣押物品、文件清单证实,2006年8月10日18时30分许,被告人塔奴杰·安马列在本市机场候机厅内被公安机关抓获,当场从其腰间、短裤内、鞋内缴获8包用黄色胶带缠绕的白色可疑粉末,从其随身携带的黑色旅行包里两双鞋内缴获4包用黄色胶带缠绕的白色可疑粉末。

3. 乌鲁木齐市毒品检测中心出具的毒品分析检验报告及毒品移交清单证实,本案被缴获的12袋白色粉末状物净重1200克,从中检出毒品海洛因成分,含量62%。

4. 航空运输电子客票行程单两张证实,被告人塔奴杰·安马列2006年8月9日乘飞机从广州市到本市,欲乘8月10日的航班从本市前往广州。

5. 被告人塔奴杰·安马列的护照证实了其基本情况,与公诉机关指控一致。

乌鲁木齐市中级人民法院认为:被告人塔奴杰·安马列为牟取非法利益,欲乘飞机为他人运输毒品海洛因1500克,在登机前被抓获,其行为已构成运输毒品罪(未遂)。公诉机关指控的事实及罪名均成立,本院予以支持。辩护人提出被告人塔奴杰·安马列属犯罪未遂及认罪态度好的意见,与事实相符,于法有据,本院予以支持。《中华人民共和国刑法》第三百四十七条第二款第(一)项规定,运输毒品海洛因50克以上的,处十五年有期徒刑、无期徒刑或者死刑,并处没收财产。被告人塔奴杰·安马列运输毒品数量大,依法应予严惩,但鉴于其系在着手实施犯罪时即被抓获,属未遂,故可依法从轻处罚。

中华人民共和国新疆维吾尔自治区乌鲁木齐市中级人民法院依照《中华人民共和国刑法》第六条、第三百四十七条第二款第(一)项、第二十三条、第三十五条、第六十四条之规定,判决如下:

1. 被告人塔奴杰·安马列犯运输毒品罪(未遂),判处无期徒刑,并处没收个人全部财产,驱逐出境。

2. 涉案毒品海洛因1500克依法没收。

乌鲁木齐市人民检察院提出抗诉的意见是:一审判决认定被告人塔奴杰·安马列运输毒品的行为是犯罪未遂属适用法律错误,同时因适用法律错误造成量刑不当。(1)被告人塔奴杰·安马列不仅已经开始实施运输毒品的行为,而且该行为处于运输毒品的持续状态。被告人在宾馆内将1500克毒品海洛因分12袋分别放在其腰间、内裤和鞋子里、行李包里的鞋子里,然后搭乘出租车前往机场,从其搭乘出租车的那一刻起,即是运输毒品的着手,其着手后并没有意志以外的因素使运输毒品行为中断,其到机场乘飞机只是运输方式的转换,是否到达目的地,并不影响既遂的构成;(2)被告人塔奴杰·安马列运输毒品海洛因高达1500克,含量达62%,应当适用死刑,一审判决对其判处无期徒刑显属量刑畸轻;(3)一审判决证据第3项将被缴获毒品海洛因重量表述为1200克有误,与公诉机关向法庭提供的重量为1500克证据不符,应予纠正。

新疆维吾尔自治区人民检察院支持抗诉的意见是:一审法院认定被告人塔奴杰·安马列的行为构成运输毒品罪(未遂)属于适用法律错误,请依法纠正。在对其量刑时综合全案予以判处。

辩护人提出辩护的意见是:一审判决定罪准确,适用法律正确;对被告人的量刑适当,应当予以维持。

二审法院经审理确认的事实和证据与一审法院确认的事实和证据相一致。

新疆维吾尔自治区高级人民法院经审理认为:上诉人塔奴杰·安马列为牟取非法利益,明知是毒品海洛因而仍受他人指使予以运输,数量达1500克,触犯了中华人民共和国法律,其行为已构成运输毒品罪,应依法惩处。关于"被告人塔奴杰·安马列的行为构成运输毒品罪(未遂)属于适用法律错误"的抗诉理由和意见,以及辩护人提出"一审判决定罪准确,适用法律正确"的辩护意见,经查,上诉人塔奴杰·安马列明知是毒品海洛因,仍受他人指使运输购买往返机票,将毒品带离藏匿地点,尽管其在通过机场安检时被查获,但其行为已使毒品发生了位移并且已经起运,进入了运输环节,符合运输毒品罪(既遂)构成的条件。乌鲁木齐市人民检察院对此的抗辩理由和新疆维吾尔自治区人民检察院对该抗诉支持意见成立,本院予以支持。关于抗诉机关提出"被告人应当适用死刑,一审判决显属量刑畸轻"的抗诉理由和上诉人塔奴杰·安马列称"量刑过重"的上诉理由及辩护人"对被告人的量刑适当,应当予以维持"的辩护意见,本院认为,上诉人塔奴杰·安马列运输的毒品海洛因未流入社会,尚未造成严重的后果,其在归案后认罪态度好,有悔罪表现,且原审法院在法定刑幅度内量刑,并不违反法律的规定,综合本案的具体犯罪情节,本院对此节的抗诉、上诉理由均不予支持;对辩护人的辩护意见予以支持。关于一审判决书叙述的证据第3项将被缴获毒品海洛因重量表述为1200克,经查系笔误,应为1500克,本院予以纠正。原判认定事实清楚,证据确实、充分,量刑适当,审判程序合法,但认定运输毒品罪(未遂)不当,本院予以纠正。

新疆维吾尔自治区高级人民法院依照《中华人民共和国刑事诉讼法》第一百八十九条第(二)项和《中华人民共和国刑法》第六条、第三百四十七条第二款第(一)项、第三十五条、第六十四条之规定,判决如下:

1. 维持新疆维吾尔自治区乌鲁木齐市中级人民法院(2007)乌中刑一初字第18号刑事判决中第一项对上诉人塔奴杰·安马列的量刑部分和第二项涉案毒品海洛因 1500克依法没收部分;

2. 撤销新疆维吾尔自治区乌鲁木齐市中级人民法院(2007)乌中刑一初字第18号刑事判决第一项中对上诉人塔奴杰·安马列的定罪部分,即犯运输毒品罪(未遂)部分;

3. 上诉人塔奴杰·安马列犯运输毒品罪,判处无期徒刑,并处没收个人全部财产,驱逐出境。

二、裁判要旨

No.6-7-347-5 明知是毒品而起运,即使运输的距离不长、尚未达到目的地,也应当认定为运输毒品罪既遂。

运输毒品的既遂与未遂,应当以毒品是否起运为准,而不是以毒品是否到达目的地来认定,只要行为人已经将毒品起运,就应当认定运输毒品犯罪的既遂,至于行为人运输毒品有多长的距离,是否到达特定的目的地,在所不问。本案被告人携带毒品,欲乘飞机前往某一地点,在机场接受安全检查时被查获,说明其已经将毒品起运,尽管被告人尚没有将毒品运输到目的地即被查获,也不影响该行为构成运输毒品犯罪的既遂。

案例:周义波运输毒品案

案例来源:《人民法院案例选》2008 年第 1 辑

主题词:人体运输毒品　自首　时间条件　X 光透视

一、基本案情

被告人周义波。

云南省昆明市中级人民法院经审理查明:2005 年 12 月 13 日,被告人周义波在昆明机场被公安民警抓获,查缴从其体内排出的毒品海洛因净重 300.5 克。

昆明市中级人民法院认为:被告人周义波无视国家法律,非法运输毒品海洛因,其行为已经触犯刑法规定,构成运输毒品罪,依法应予以惩处,公诉机关指控被告人周义波犯运输毒品罪,事实清楚,证据确实、充分,适用法律正确,指控罪名成立。对于被告人周义波辩护人的辩护意见,因为被告人在仅因形迹可疑而被公安机关盘问时,就主动交代自己非法运输毒品海洛因的犯罪事实,尔后才去进行 X 光透视检查,所以被告人周义波构成自首,对被告人周义波的辩护人关于"被告人周义波有自首情节"的辩护意见予以采纳,而其辩护人关于"被告人周义波是从犯"的辩护意见,因与查明的事实不符,不予采纳。

据此,根据被告人的犯罪事实、情节、社会危害程度,依照《中华人民共和国刑法》第三百四十七条第一款、第二款第(一)项,第五条,第六十一条,第六十七条第一款,第五十九条第一款,第六十四条及最高人民法院《关于处理自首和立功具体应用法律若干问题的解释》第一条第(一)项之规定,判决:

1. 被告人周义波犯运输毒品罪,判处有期徒刑十五年,并处没收个人财产人民币一万元;
2. 查获的毒品海洛因 300.5 克予以没收。

宣判后,被告人未提出上诉,昆明市人民检察院也未提出抗诉,一审判决已经发生法律效力。

二、裁判要旨

No.6-7-347-6 在毒品犯罪中,以人体运输毒品的犯罪分子在以 X 光等设备透视检查前自动承认其罪行的,应当认定为自首。

在人体运输毒品中,以实施 X 光透视作为认定自首的标准,透视前体内运毒犯罪人交代体内藏毒事实的,视为自首,而透视后只要证实其体内有可疑物存留的,则不论该犯罪人是否主动如实交待,均不认定为自首。X 光的透视合理易行,同时不会轻纵罪犯,符合对毒品犯罪进行严厉打击的刑事政策,也能够实现自首制度设立的目的。在本案中,由于被告人周义波是在进行 X 光透视检查前,仅因形迹可疑而被公安机关盘问时,就主动交代自己非法运输毒品海洛因的犯罪事实,因此,被告人周义波构成自首。

案例:唐友珍运输毒品案

案例来源:《刑事审判参考》总第 2 辑[第 12 号]

主题词:毒品犯罪　死刑标准　毒品数量

一、基本案情

被告人唐友珍,女,30岁,农民。因涉嫌犯运输毒品罪,于1998年3月13日被逮捕。

上海铁路运输中级法院经审理查明:1998年2月6日23时许,被告人唐友珍携带毒品从昆明火车站乘上由昆明开往上海的80次旅客列车,座位号为7号车厢1号包房2号铺位。2月8日下午,当80次旅客列车自杭州站开出后,值乘民警进入列车7号车厢1号包房,从茶几上查获由被告人唐友珍携带的一只装有水果的红色塑料袋,并从袋内收缴一包白色块状及粉末状物品,遂将唐抓获。经上海市公安局鉴定,上述扣押的白色块状及粉末状物品为海洛因,重420克。

上海铁路运输中级法院认为:被告人唐友珍明知是毒品,仍非法使用交通工具运往异地,其行为已构成运输毒品罪,且运输毒品海洛因数量达420克,应依法严惩。公诉机关指控的事实清楚,证据确凿,定性准确;被告人的辩解及辩护人的辩护意见,均非法定从轻理由,不予采纳。依照《中华人民共和国刑法》第三百四十七条第二款第(一)项、第五十七条第一款、第六十四条的规定,于1998年7月15日判决如下:

1. 被告人唐友珍犯运输毒品罪,判处死刑,剥夺政治权利终身,并处没收财产人民币两万元;

2. 查获的毒品及供犯罪使用的财物予以没收。

一审宣判后,被告人唐友珍以量刑过重,向上海市高级人民法院提出上诉;被告人唐友珍的辩护人认为,公安人员在列车未到杭州站前即查获唐友珍携带的毒品,但未在杭州站布控查堵唐友珍供述的接站人,剥夺了唐友珍的立功机会,请求对唐友珍从轻处罚。

上海市高级人民法院认为:上诉人唐友珍运输海洛因420克,其行为已构成运输毒品罪,且运输的毒品数量大,依法应予严惩。原判定罪准确,量刑适当,审判程序合法。唐友珍无法定从轻情节,其要求从轻处罚的上诉理由,不予准许。唐友珍在公安人员找其谈话时,未对自己的犯罪事实作出全面供述,之后公安人员才从其随身携带的水果袋中查获海洛因,故其辩护人关于公安人员剥夺唐友珍立功机会的辩护意见不能成立。依照《中华人民共和国刑事诉讼法》第一百八十九条第(一)项、第二百条第二款的规定,于1998年11月9日裁定如下:

驳回上诉,维持原判。

上海市高级人民法院依法将此案报送最高人民法院核准。

最高人民法院经复核认为:被告人唐友珍运输海洛因的行为已构成运输毒品罪。一审判决、二审裁定认定的事实清楚,证据确实、充分,定罪准确,审判程序合法。唐友珍运输毒品数量大,应依法严惩。对唐友珍应当判处死刑,但是根据本案具体情节,对其判处死刑不是必须立即执行。依照《中华人民共和国刑法》第三百四十七条第二款第(一)项、第四十八条第一款、第五十七条第一款的规定,于1999年4月9日判决如下:

1. 撤销上海铁路运输中级法院一审刑事判决和上海市高级人民法院二审刑事裁定中对被告人唐友珍的量刑部分;

2. 被告人唐友珍犯运输毒品罪,判处死刑,缓期两年执行,剥夺政治权利终身,并处没收财产人民币两万元。

二、裁判要旨

No. 6-7-347-7 毒品犯罪案件不以毒品数量作为判处死刑的唯一标准。

当前对毒品犯罪应当从重从快予以"严打",但具体判处毒品犯罪时,涉案毒品数量不是判处死刑的唯一标准。确定包括毒品犯罪在内的任何犯罪的刑罚,都应当综合犯罪事实、犯罪性质、情节和对于社会的危害程度,决定具体处刑。死刑依法只适用于罪行极其严重的犯罪分子,而罪行的轻重,要从犯罪主体、主观方面、客体、犯罪后果等方面综合考虑判定。不能仅根据毒品数量大就一律判处法定最高刑死刑。唐友珍运输毒品数量大,论罪可以判处死刑,但对判处死刑未必立即执行,故对其作出判处死刑,缓期两年执行的判决是适当的。

案例:金铁万等贩卖毒品案

案例来源:《刑事审判参考》总第4辑[第27号]

主题词:立功表现　毒品犯罪　应当从轻

一、基本案情

被告人金铁万,男,43岁,原系吉林省汪清县木材汽车交易市场副经理。因涉嫌犯贩卖毒品罪,于1996年6月6日被逮捕。

被告人李光石,男,40岁,原系吉林省图们市阀门厂工人。因涉嫌犯贩卖毒品罪,于1996年6月6日被逮捕。

延边朝鲜族自治州中级人民法院经审理查明:1993年10月末某日晚9时许,被告人金铁万以贩卖鸦片为目的,与全春子(已判刑)等人到崔基旭(另案处理)家中取走70505克鸦片,到图们市藏在全春子家。1994年7月转移到金铁万在图们市石砚镇水南村的别墅围墙角下。1996年5月,金铁万、李光石共谋贩卖鸦片。5月24日下午1时许,李光石到金铁万家取走鸦片8300克,在汪清县大川街吉汕旅店贩卖时,被公安人员当场抓获,当日下午,金铁万也被抓获,根据金铁万的交代,公安机关查获并收缴了其埋藏在别墅里的61295克鸦片,次日,全春子也被抓获归案。经鉴定,在吉汕旅店收缴的鸦片和在金铁万别墅里收缴的鸦片的吗啡含量分别为18.6%和16.3%。

延边朝鲜族自治州中级人民法院认为:被告人金铁万、李光石非法销售鸦片,其行为已构成贩卖毒品罪,且贩卖毒品的数量特别巨大,依法应予严惩,金铁万主动交代了公安机关尚未掌握的埋藏在其别墅的鸦片,属于主动坦白;金铁万揭发全春子窝藏毒品,李光石揭发金铁万贩卖毒品的犯罪行为,属于立功表现,对二被告人可从轻处罚。依照全国人大常委会《关于禁毒的决定》第二条第一款第(一)项、第十四条和1979年《中华人民共和国刑法》第五十三条的规定,于1996年7月29日判决如下:

1. 被告人金铁万犯贩卖毒品罪,判处死刑,缓期两年执行,剥夺政治权利终身,并处没收财产人民币一万元;

2. 被告人李光石犯贩卖毒品罪,判处死刑,缓期两年执行,剥夺政治权利终身,并处没收财产人民币两千元。

一审宣判后,在法定期限内,二被告人没有上诉,检察机关没有提出抗诉。

延边朝鲜族自治州中级人民法院依法将本案报请吉林省高级人民法院核准。

吉林省高级人民法院经复核认为:被告人金铁万、李光石非法销售鸦片的行为已构成贩卖毒品罪,其贩卖毒品数量大,应予严惩。鉴于金铁万坦白交代公安机关尚未掌握的埋藏在其别墅的鸦片,具有揭发全春子窝藏毒品犯罪的立功表现,李光石具有揭发金铁万贩卖毒品的立功表现,可从轻处罚。原审判决定罪准确,量刑适当,审判程序合法。依照《中华人民共和国刑事诉讼法》第二百零一条的规定,于1998年7月13日裁定如下:

核准延边朝鲜族自治州中级人民法院以贩卖毒品罪,判处金铁万死刑,缓期两年执行,剥夺政治权利终身,并处没收财产人民币一万元;以贩卖毒品罪,判处李光石死刑,缓期两年执行,剥夺政治权利终身,并处没收财产人民币两千元的刑事判决。

二、裁判要旨

No. 6-7-347-8　对于有立功表现的毒品犯罪分子,不宜判处死刑立即执行。

立法规定对于具有立功表现的犯罪分子可以从轻、减轻处罚或者免除处罚,应理解为在没有其他特殊情况的条件下,对有立功表现的犯罪分子一般均应当从轻、减轻处罚或者免除处罚。这样掌握符合立法本意,也有助于体现惩罚与教育相结合的刑事政策,有利于分化、瓦解犯罪分子,达到更好的审判效果。就本案而言,按照《决定》及当时的司法解释,李光石检举揭发同案犯共同犯罪事实的行为构成立功;金铁万揭发全春子窝藏毒品的犯罪行为构成立功;金铁万被抓获后还坦白交代了其埋藏在别墅里的鸦片,因此,原审法院对二被告人依法从轻判处死缓,符合立法本意,是正确的。

案例:马俊海运输毒品案

案例来源:《刑事审判参考》总第4辑[第28号]

主题词:受雇运输毒品　知道是毒品　酌情从轻处罚

一、基本案情

被告人马俊海,男,1968年2月7日出生,无职业。因涉嫌犯运输毒品罪,于1998年11月16日被逮捕。

苏州市中级人民法院经审理查明:1998年10月28日14时许,被告人马俊海携带装有海洛因的百事可乐纸箱,从苏州搭乘出租车赴上海。出租车行驶至312国道跨塘治安卡口,当公安人员对该车进行检查时,被告人马俊海跳车逃跑,后被抓获。公安人员从该车内查获白色块状物23块,经检验均为海洛因,净重7214.1克。

苏州市中级人民法院认为:被告人马俊海明知是毒品而非法运输,其行为已构成运输毒品罪,数量重达7214.1克。被告人马俊海主观上明知是毒品而运输,有其在公安机关的供述、查获的海洛因等证据证实,其辩解不明知运输的是毒品不能成立。被告人马俊海明知是毒品而使用交通工具非法运送,其行为已具备运输毒品罪的全部法定构成要件,系犯罪既遂。被告人马俊海的辩护人提出被告人系未遂犯的辩护意见不能成立,对被告人及其辩护人的辩护意见不予采纳。依照《中华人民共和国刑法》第三百四十七条第二款第(一)项、第五十七条第一款、第六十四条的规定,于1999年2月2日判决如下:

1. 被告人马俊海犯运输毒品罪,判处死刑,剥夺政治权利终身,并处没收财产一万元;
2. 随案移送的人民币六百元、胶带1卷予以没收,上缴国库。

一审宣判后,被告人马俊海不服,以不明知是毒品而携带、只起辅助和次要的作用、处刑过重等为由,向江苏省高级人民法院提出上诉。

江苏省高级人民法院经审理查明:1998年10月28日14时许,上诉人马俊海受马某(在逃)指使携带海洛因从苏州租乘出租车前往上海,途中被抓获,当场查获海洛因7214.1克。

江苏省高级人民法院认为:上诉人马俊海运输海洛因7214.1克的行为,已构成运输毒品罪,且运输毒品数量大,依法应予严惩。原审判决认定的事实清楚,证据确实充分,定罪准确,量刑适当,审判程序合法。被告人马俊海及其辩护人提出的不明知携带的物品是毒品的辩解不成立。本案认定马俊海主观上明知是毒品的证据,有马俊海在侦查阶段一直供认其跟随马某从兰州至上海可得3000元钱,马某叮嘱其如遇公安检查就逃跑,看到马某交给自己的布袋里装的是用发亮的塑料包着的一块块长方形东西,判断纸箱中装的是“白粉”(即海洛因)的口供在案;马俊海在遇到公安人员检查时当即离车逃跑,其携带的纸箱中确实装有数量巨大的海洛因等事实证据充分。马俊海运输海洛因数量达7214.1克之巨,且无法定从轻处罚情节,原审判决以运输毒品罪判处其死刑并无不当。其上诉理由和辩护人辩护意见不能成立,不予采纳。依照《中华人民共和国刑事诉讼法》第一百八十九条第(一)项的规定,于1999年3月30日裁定如下:驳回上诉,维持原判。

江苏省高级人民法院依法将此案报送最高人民法院核准。

最高人民法院经复核确认:1998年10月28日14时许,被告人马俊海受他人指使,携带装有海洛因的百事可乐纸箱,在江苏省苏州乘出租车前往上海。当行至312国道跨塘治安卡口时,公安人员对该车进行检查,马俊海即离车逃跑,后被抓获。公安人员在马俊海携带的纸箱中查获海洛因7214.1克。

最高人民法院认为:被告人马俊海明知是海洛因而为他人运输的行为,已构成运输毒品罪,运输毒品数量大,依法应予严惩。一审判决、二审裁定认定的事实清楚,证据确实充分,定罪准确,审判程序合法。但根据被告人马俊海在犯罪过程中的地位、作用等具体情节,对其判处死刑,可不立即执行。依照《中华人民共和国刑法》第三百四十七条第二款第(一)项、第四十八条第一款、第五十七条第一款的规定,于1999年6月24日判决如下:

1. 撤销江苏省苏州市中级人民法院刑事判决和江苏省高级人民法院刑事裁定中对被告人

马俊海的量刑部分;

2. 被告人马俊海犯运输毒品罪,判处死刑,缓期两年执行,剥夺政治权利终身,并处没收财产一万元。

二、裁判要旨

No. 6-7-347-9 在受人雇用运输毒品过程中才意识到是毒品的,其主观恶性不是特别大,不宜判处死刑立即执行。

毒品数量是确定毒品犯罪案件被告人刑罚的重要法定情节,但不是处刑的唯一标准。在审判实践中,不能只强调毒品数量,而忽视案件的其他情节,而应当结合案件的具体情况,根据被告人的主观恶性程度,判处的刑罚应当与犯罪分子所犯罪行相适应。运输毒品的犯罪人多为他人雇用而实施犯罪,其主观恶性因案各异:有的运输之前就知道是毒品、有的在运输中才推测出是毒品、有的意识到自己运输的只是违禁品,这反映出同是运输毒品,而不同案件的被告人主观恶性不同,对此,应当作为酌定情节在处刑时予以考虑。

被告人马俊海运输海洛因 7214.1 克,事实清楚,证据确实、充分。马俊海运输毒品数量巨大,可以判处死刑。但是,鉴于马俊海系受他人雇用而运输毒品,且不能认定其事先明知毒品,而是在运输过程中才意识到是毒品,其犯罪主观恶性要小等情节,最高人民法院改判以运输毒品罪对马俊海判处死刑,缓期两年执行是适当的。

案例:胡斌、张筠筠等故意杀人、运输毒品(未遂)案

案例来源:《刑事审判参考》总第 5 辑[第 37 号]

主题词:尸块　毒品　运输　定性

一、基本案情

被告人胡斌,男, 31 岁,工人。因涉嫌犯故意杀人罪,于 1998 年 5 月 19 日被逮捕。

被告人张筠筠,女,37 岁,无业。因涉嫌犯运输毒品罪,于 1998 年 5 月 19 日被逮捕。

被告人张筠峰,男,35 岁,工人。因涉嫌犯运输毒品罪,于 1998 年 5 月 19 日被逮捕。

上海铁路运输中级法院经审理查明:1997 年 11 月初,被告人胡斌因赌博、购房等原因欠下债务,遂起图财害命之念。先后准备了羊角铁锤、纸箱、编织袋、打包机等作案工具,以合伙做黄鱼生意为名,骗取了被害人韩尧根的信任。1997 年 11 月 29 日 14 时许,被害人韩尧根携带装有 19 万元人民币的密码箱,按约来到被告人胡斌的住处。

胡斌趁给韩尧根倒茶水之机,在水中放入 5 片安眠药,韩喝后倒在客厅的沙发上昏睡。胡见状即用事先准备好的羊角铁锤对韩的头部猛击数下致韩倒地,又用尖刀乱刺韩的背部,致使韩因严重颅脑损伤合并血气胸而死亡。

次日晨,被告人胡斌用羊角铁锤和菜刀将被害人韩尧根的尸体肢解为 5 块,套上塑料袋后分别装入两只印有“球形门锁”字样的纸箱中,再用印有“申藤饲料”字样的编织袋套住并用打包机封住。嗣后,胡斌以内装“毒品”为名,唆使被告人张筠筠和张筠峰帮其将两只包裹送往南京。被告人张筠筠、张筠峰按照胡斌的旨意,于 1997 年 11 月 30 日中午从余姚市乘出租车驶抵南京,将两只包裹寄存于南京火车站小件寄存处。后因尸体腐烂,于 1998 年 4 月 8 日案发。

上海铁路运输中级法院认为:被告人胡斌为贪图钱财而谋杀被害人韩尧根,并肢解尸体,其行为已构成故意杀人罪,且手段残忍、情节严重,依法应予严惩;被告人张筠筠、张筠峰明知是“毒品”仍帮助运往异地,均已构成运输毒品罪,但因二人意志以外的原因而犯罪未得逞,系未遂,应依法从轻处罚。被告人张筠筠、张筠峰均辩称不知包裹内藏有“毒品”的理由与事实不符,不予采纳。依照《中华人民共和国刑法》第二百三十二条,第三百四十七条第一款、第四款,第二十五条,第二十三条,第五十七条第一款,第六十四条,第三十六条第一款和《中华人民共和国刑事诉讼法》第一百零八条的规定,于 1999 年 1 月 19 日判决如下:

1. 被告人胡斌犯故意杀人罪,判处死刑,剥夺政治权利终身;

2. 被告人张筠筠犯运输毒品罪,判处有期徒刑两年,并处罚金人民币两千元,于判决生效后

一个月内一次缴清;

3. 被告人张筠峰犯运输毒品罪,判处有期徒刑一年零六个月,并处罚金人民币一千元,于判决生效后一个月内一次缴清;

4. 查获的作案工具予以追缴;

5. 被告人胡斌赔偿附带民事诉讼原告人王冠芬经济损失共计人民币十四万六千元。

一审宣判后,被告人张筠筠不服,向上海市高级人民法院提出上诉,但在二审时又表示服判,要求撤回上诉;附带民事诉讼原告人王冠芬以原判赔偿金额不足为由,亦提出上诉。

上海市高级人民法院经审理认为:原审被告人胡斌为贪图钱财,谋杀被害人韩尧根并肢解尸体,已构成故意杀人罪,且手段残忍、社会危害性极大,依法应予严惩;上诉人张筠筠、原审被告人张筠峰明知是"毒品"仍帮助运输,均已构成运输毒品罪,依法应予处罚;原判鉴于张筠筠、张筠峰运输"毒品"的行为因意志以外的原因而未得逞,系未遂,依法予以从轻处罚并无不当;上诉人张筠筠提出撤回上诉的请求予以准许;原审对附带民事部分的判决于法有据;附带民事诉讼原告人王冠芬的上诉理由不能成立。依照《中华人民共和国刑事诉讼法》第一百八十九条第(一)项、最高人民法院《关于执行〈中华人民共和国刑事诉讼法〉若干问题的解释》第二百三十九条的规定,于1999年8月23日裁定如下:

1. 准予上诉人张筠筠撤回上诉;

2. 驳回王冠芬的上诉;

3. 维持原审各项判决。

上海市高级人民法院依法同时裁定核准对原审被告人胡斌判处死刑、剥夺政治权利终身的判决。

二、裁判要旨

No. 6-7-347-10 误认尸块为毒品予以运输的,应以运输毒品罪(未遂)论处。

被告人张筠筠、张筠峰意图运输毒品,实际运输尸块的行为,属刑法理论上行为人对事实认识错误的一种,因此不能实现其犯罪目的,属对象不能犯。对于不能犯能否予以治罪,应当区分绝对不能犯与相对不能犯两种情形作出处理。绝对不能犯与相对不能犯的主要区别在于:前者意欲实施的行为与其实际实施的行为是一致的,但因使用的手段与目的之间的因果关系是建立在反科学、超自然的基础上,故该种手段行为在任何情况下都不可能引起危害结果发生,不具有实质的社会危害性;后者的手段与目的之间的因果联系是真实的、有科学根据的,只是因为行为人一时疏忽致使意欲实施的行为与其实际实施的行为形似而质异,才未能造成犯罪结果,否则,其所使用的手段或工具就能合乎规律地引起危害结果发生,实现其犯罪目的。因此,刑法理论上一般认为,绝对不能犯不构成犯罪,而相对不能犯则构成犯罪未遂。

本案被告人张筠筠、张筠峰的行为不属于手段或工具不能犯,当然不能归属绝对不能犯。因对象不能犯不影响对行为人犯罪故意的认定,只对其犯罪形态产生影响,故对两名被告人误认尸块为毒品予以运输的行为,应以运输毒品罪(未遂)定罪。

案例:杨永保等走私毒品案

案例来源:《刑事审判参考》总第12辑[第82号]

主题词:形迹可疑 盘问 自首

一、基本案情

被告人杨永保,男,1970年12月28日出生,缅甸联邦国籍,小学文化,农民,住缅甸九谷市八堡。因涉嫌犯走私毒品罪,于1999年6月8日被逮捕。

被告人陈兴助,男,1970年2月11日出生,汉族,云南省龙陵县人,小学文化,农民,住云南省龙陵县镇安镇回欢办事处麦嘎社。因涉嫌犯走私毒品罪,于1999年6月7日被逮捕。

被告人李春明,男,1971年7月5日生,汉族,文盲,农民,缅甸国籍,住缅甸九谷市八堡××号。因涉嫌犯运输毒品罪,于1996年6月8日被逮捕。

德宏傣族景颇族自治州中级人民法院经审理查明:1998 年 12 月 30 日,被告人杨永保、陈兴助及一女子在缅甸勐古答应帮 1 名毒贩运毒品到中国内地,后分别将海洛因藏于体内。毒贩又安排被告人李春明为杨永保等三人带路。第二天杨永保等四人从云南省畹町入境至芒市欲乘飞机前往内地,在飞机场时带毒品的女子不见踪影,杨永保三被告人被机场公安民警查获。从杨永保体内查获海洛因 486 克,从陈兴助体内查获海洛因 441 克。

德宏傣族景颇族自治州中级人民法院认为:被告人杨永保、陈兴助、李春明为牟取非法利益,无视我国法律,走私毒品海洛因,其行为已触犯中国刑律,构成走私毒品罪,应依法惩处。依照《中华人民共和国刑法》第三百四十七条第二款第(一)项和第五十七条的规定,于 1999 年 9 月 7 日判决如下:

1. 被告人杨永保犯走私毒品罪判处死刑,剥夺政治权利终身;
2. 被告人陈兴助犯走私毒品罪,判处死刑,剥夺政治权利终身;
3. 被告人李春明犯走私毒品罪,判处死刑,缓期两年执行,并处没收财产两万元人民币;
4. 查获的毒品海洛因依法予以没收。

一审宣判后,杨永保、陈兴助均以量刑过重,向云南省高级人民法院提出上诉。

云南省高级人民法院经审理认为:上诉人杨永保、陈兴助、李春明无视我国法律,从境外走私海洛因进入我国境内,其行为均构成走私毒品罪。杨永保、陈兴助归案后虽能如实交代罪行,但二被告人走私毒品数量大,应依法从重惩处。原审判决定罪准确,量刑适当。审判程序合法。依照《中华人民共和国刑事诉讼法》第一百八十九条第(一)项的规定,于 1999 年 12 月 30 日裁定如下:

驳回上诉,维持原判。

云南省高级人民法院依法将此案报送最高人民法院核准。

最高人民法院经复核查明:1998 年 12 月 30 日,被告人杨永保、陈兴助在缅甸勐古被毒贩雇用运送海洛因到中国境内。同月 31 日清晨,杨永保、陈兴助分别将毒贩交给的海洛因吞匿于腹内,然后进入中国境内,与毒贩安排带路的李春明(同案被告人,已判刑)等一起从云南省畹町乘车至芒市机场,欲乘飞机前往内地。在机场安检时,杨永保、陈兴助被我公安人员盘查,即交代体内藏毒的事实。后公安人员分别从杨永保体内查获海洛因 486 克,从陈兴助体内查获海洛因 441 克。

最高人民法院认为:一审判决、二审裁定认定被告人杨永保、陈兴助走私毒品的犯罪事实清楚,证据确实、充分,定罪准确,审判程序合法。但杨永保、陈兴助因形迹可疑被公安人员盘查后,即如实供述自己走私毒品的犯罪事实,应认定为自首,对杨永保、陈兴助判处死刑,可不立即执行。一、二审法院没有依法对杨永保、陈兴助并处没收财产不当,应予纠正。依照《中华人民共和国刑事诉讼法》第一百九十九条和《中华人民共和国刑法》第三百四十七条第二款第(一)项和最高人民法院《关于处理自首和立功具体应用法律若干问题的解释》第一条第(一)项的规定,于 2000 年 7 月 14 日判决如下:

1. 撤销云南省高级人民法院(1999)云高刑三终字第 548 号刑事裁定和云南省德宏傣族景颇族自治州中级人民法院(1999)德刑初字第 192 号刑事判决中对被告人杨永保、陈兴助的量刑部分。

2. 被告人杨永保犯走私毒品罪,判处死刑,缓期二年执行,并处没收个人全部财产;被告人陈兴助犯走私毒品罪,判处死刑,缓期二年执行,剥夺政治权利终身,并处没收个人全部财产。

二、裁判要旨

No. 6-7-347-11 仅因形迹可疑,被公安机关盘问即交代罪行的,应当认定为自首。

犯罪事实尚未被司法机关发觉和主动交代自己的犯罪事实是构成这种自动投案的两个基本要件,只要符合这两个要件就应当视为自动投案。从本案来看,杨永保、陈兴助在机场接受的是例行安全检查,其携带毒品的罪行尚未被公安机关发觉,仅因形迹可疑受到盘问,即如实交代了体内藏毒的罪行。这种情形符合司法解释的相关规定,因而应当视为自动投案。又由于杨永保、陈兴助所交代的罪行属如实供述,因而构成自首。《刑法》第六十七条第一款规定:“犯罪以后自动投案,如实供述自己的罪行的,是自首。对于自首的犯罪分子,可以从轻或者减轻处罚。其中,犯罪较轻的,可以免除处罚。”基于上述理由,最高人民法院认定杨定保、陈兴助如实供述自己走私毒品犯罪事实的行为构成自首,依法分别以走私毒品罪判处死刑,缓期两年执行。

案例:郑大昌走私毒品案

案例来源:《刑事审判参考》总第 24 辑[第 163 号]

主题词:吸毒者　走私毒品　从轻　以贩养吸

一、基本案情

被告人郑大昌,男,1968 年 7 月 10 日出生,汉族,台湾居民。因涉嫌犯走私毒品罪,于 1999 年 9 月 27 日被逮捕。

广东省深圳市中级人民法院经审理查明:

1999 年 8 月 22 日,被告人郑大昌将两块块状海洛因用胶纸绑在腰腹部,将装有稀释海洛因液体的三支注射针筒、一个小塑料瓶放在西装口袋内,持台湾居民来往大陆通行证从深圳市罗湖口岸出境时,被海关工作人员当场查获。经鉴定,块状海洛因净重 350 克,含量为 23.7%,含海洛因的液体重 15 克。

深圳市中级人民法院认为,被告人郑大昌逃避海关监管,非法携带毒品海洛因出境,其行为已构成走私毒品罪。郑大昌虽能如实交代自己的罪行,认罪态度好,有悔罪表现,但由于其走私毒品数量大,罪行严重,不能对其从轻处罚。根据《中华人民共和国刑法》第三百四十七条第二款第(一)项、第五十七条、第六十四条的规定,于 2000 年 4 月 3 日判决:

1. 被告人郑大昌犯走私毒品罪,判处死刑,剥夺政治权利终身;
2. 缴获的毒品海洛因 350 克、液体海洛因 15 克予以没收,由公安机关处理。

一审宣判后,被告人郑大昌以其走私毒品的目的是为自己吸食、并非贩卖,认罪态度好,有悔罪表现为由,提出上诉,请求二审法院给予从轻处罚。其辩护人认为,郑大昌走私毒品是用于本人吸食,主观恶性不大,对社会危害较小,其行为应认定为非法持有毒品罪,不应只以数量作为量刑依据,还应考虑本案毒品纯度低,被告人认罪态度好,系初犯,又系台胞等因素,酌情从轻处罚。

广东省高级人民法院经审理认为,上诉人郑大昌非法携带海洛因出境,其行为已构成走私毒品罪,走私海洛因数量大,属情节特别严重,依法应予严惩。郑大昌在出境时随身携带 3 支针筒,并在针筒内装好液体海洛因,以备随时注射,其是吸食毒品者的事实可以认定。但被告人郑大昌携带的海洛因数量大,无法认定其 350 克均是为了吸食,且走私毒品不以目的论。现有证据足以证明其行为属于携带海洛因出境,其吸食毒品的事实对定罪并无影响。郑大昌系初犯,认罪态度好,系台湾同胞,经查属实,但不是法定从轻处罚理由。现行《刑法》对走私毒品的数量认定并不以纯度折算。综上,被告人郑大昌及其辩护人要求从轻处罚的上诉理由和辩护意见不予采纳。依照《中华人民共和国刑事诉讼法》第一百八十九条第(一)项的规定,于 2000 年 12 月 28 日裁定驳回上诉,维持原判,并依法将此案报请最高人民法院核准。

最高人民法院经复核认为:被告人郑大昌随身携带海洛因偷运出境的行为已构成走私毒品罪,一审判决、二审裁定认定的事实清楚,证据确实、充分,定罪准确,审判程序合法。郑大昌走私毒品数量大,应依法惩处,但根据本案的具体情节,对被告人郑大昌判处死刑,可不立即执行。依照《中华人民共和国刑事诉讼法》第一百九十九条、最高人民法院《关于执行〈中华人民共和国刑事诉讼法〉若干问题的解释》第二百八十五条第(三)项和《中华人民共和国刑法》第三百四十七条第二款第(一)项、第四十八条第一款的规定,于 2001 年 7 月 9 日判决:

1. 撤销深圳市中级人民法院一审判决和广东省高级人民法院二审裁定中对被告人郑大昌的量刑部分;
2. 被告人郑大昌犯走私毒品罪,判处死刑,缓期两年执行,剥夺政治权利终身。

二、裁判要旨

No. 6-7-347-12 吸食毒品者携带较大数量毒品出境的,应以走私毒品罪论处。

对于吸毒者实施的毒品犯罪,在认定犯罪事实和确定罪名时,一定要慎重。吸毒者在购买、运输、存储毒品过程中被抓获的,如没有证据证明被告人实施了其他毒品犯罪行为,且毒品数量较小的,一般不应定罪处罚。但查获的毒品数量较大的,应当以非法持有毒品罪定罪处罚。本案被告人郑大昌逃避海关监管,非法携带大量海洛因出境的证据确实、充分,足以认定其行为构成走私毒品罪。

No. 6-7-347-13 吸食毒品者实施毒品犯罪,其中的部分毒品用于个人吸食的,应在量刑时予以考虑,酌情从轻处罚。

对以贩养吸的被告人在决定量刑时,既要考虑涉案毒品数量,又要考虑被告人吸毒的情节。对于毒品数量虽已达到实际掌握判处死刑的标准,但可能有部分毒品是用于自己吸食而非全部用于出售的,在决定是否判处死刑立即执行时,更要慎重对待。对危害后果不是特别严重,或者被告人的主观恶性不是特别大,或者具有可酌情从轻处罚等情节的,可不判处死刑立即执行。本案被告人郑大昌走私固体海洛因350克、含海洛因的液体15克,走私毒品数量大,依法应予严惩。但本案存在的以下情节在量刑时应予考虑:(1)有证据证明被告人郑大昌为吸毒人员;(2)郑大昌被抓获后,始终供认其购买毒品是为自己吸食,且本案也没有其他证据证明郑大昌携毒品是准备出境贩卖,不能排除其中有部分毒品是用于自己吸食;(3)郑大昌有悔罪表现,其犯罪的主观恶性尚不是很大。基于上述考虑,最高人民法院复核认为,对被告人郑大昌的量刑,应与完全以贩卖牟利为目的的走私毒品犯罪的量刑有所区别,决定对被告人郑大昌以走私毒品罪判处死刑,缓期两年执行。

案例:姚明跃等贩卖毒品案

案例来源:《刑事审判参考》总第112集[第1231号]

主题词:贩卖毒品罪 数量

一、基本案情

2011年11月至2012年2月月底、3月月初,同案被告人虞靓经事先联系,数次分别为被告人姚明跃购入冰毒20克、50克、100克、15克、20克。2011年10月中下旬至2012年3月26日期间,姚明跃本人或者指使马某某、罗某分多次向谈某某、鲁某等人贩卖毒品共计20.35克。其余毒品,去向不明。

二、裁判要旨

No. 6-7-347-14 对具有吸毒情节的贩毒分子,已经被吸食的毒品,不应计入贩卖毒品数量。

据《刑法》的规定,吸毒不构成犯罪。如果对被告人已经吸食或者根据在案证据确定被告人将用于吸食的毒品计入贩卖毒品数量,等于变相对吸毒行为追究刑事责任。因此,无论是《全国部分法院审理毒品犯罪案件工作座谈会纪要》(以下简称《大连会议纪要》)还是《全国法院毒品犯罪审判工作座谈会纪要》(以下简称《武汉会议纪要》)都明确规定,已被具有吸毒情节的被告人吸食的部分,不计算在其毒品犯罪数量内。但是,对于吸毒者持有毒品的,也不是一律不追究刑事责任。不追究其刑事责任的吸毒者持有毒品数量的最高限度是《刑法》第三百四十八条规定的非法持有毒品罪的构成最低数量,即鸦片20克,海洛因或者甲基苯丙胺10克。超过这个数量的,即使没有证据证明其是为了实施贩卖毒品等其他犯罪,也应以非法持有毒品罪或运输毒品罪等处罚。例如,《大连会议纪要》规定,吸毒者在购买、运输、存储毒品过程中被查获的,如没有证据证明其是为了实施贩卖毒品等其他犯罪行为,毒品数量未超过《刑法》第三百四十八条规定的最低数量标准的,一般不定罪处罚;查获毒品数量达到较大以上的,应当以其实际实施的毒品犯罪行为定罪处罚。《武汉会议纪要》则更加明确规定:吸毒者在购买、存储过程中被查获的,没有证据证明其是为了实施贩卖毒品等其他犯罪,毒品数量达到《刑法》第三百四十八条规定的最低数量标准的,以非法持有毒品罪定罪处罚;在运输毒品过程中被查获的,以运输毒品罪定罪处罚。

案例:苏永清贩卖毒品案

案例来源:《刑事审判参考》总第28辑[第208号]

主题词:贩卖毒品 向公安特情人员购毒

一、基本案情

被告人:苏永清,男,1955年5月1日出生于台湾省嘉义市,汉族,初中文化,经商。因涉嫌犯贩卖毒品罪,于2001年6月4日被逮捕。

被告人:黄斯斌,男,1976年6月5日出生于台湾省桃园县,汉族,小学文化,无固定职业。因涉嫌犯贩卖毒品罪,于2001年6月4日被逮捕。

福建省泉州市中级人民法院经审理查明:2001年4月29日,为贩卖毒品牟利,被告人苏永清找到公安机关特情人员许某,要求许代其联系购买毒品甲基苯丙胺(俗称"冰毒")。许向公安机关汇报这一情况后,经公安机关研究,决定由公安人员以"卖主"身份与苏永清接触。随后许某带上由公安机关提供的少量甲基苯丙胺作为样品交给苏永清验货。苏永清看过样品后,决定以每公斤人民币2.35万元的价格购买甲基苯丙胺35公斤,一次性支付"货"款,并约定于同年5月11日进行交易。5月10日晚,苏永清带被告人黄斯斌到晋江市帝豪酒店与许某会面,告知许某届时将由黄斯斌代表其携款前来与"卖主"进行毒品交易。5月11日中午12时许,黄斯斌携带人民币818400元到晋江市帝豪酒店702室与"卖主"交易。期间,苏永清为交易事项与黄斯斌多次电话联系,并于下午3时许赶到交易地点催促尽快交易。随后,公安机关将苏永清、黄斯斌当场抓获。

泉州市中级人民法院经审理后认为,被告人苏永清、黄斯斌为出售毒品牟利,而积极联系购买甲基苯丙胺,其行为均已构成贩卖毒品罪。公诉机关指控二被告人的罪名成立,应予支持。二被告人为贩卖而积极购买毒品,数量特别巨大,本应从严惩处,但因意志以外的原因未能得逞,系犯罪未遂,可比照既遂犯从轻处罚。其中,被告人苏永清为购买毒品积极联系、决定购买毒品种类、数量,在共同购买毒品行为中起主要作用,是主犯;被告人黄斯斌在苏永清的指使下参与购买毒品,在共同犯罪中起次要作用,是从犯。根据本案的事实、情节,依照《中华人民共和国刑法》第三百四十七条第一款、第二款第(一)项,第五十七条第一款,第二十三条,第二十五条第一款,第二十六条第一款,第二十七条的规定,于2002年3月22日判决如下:

1. 被告人苏永清犯贩卖毒品罪,判处无期徒刑,剥夺政治权利终身,并处没收个人全部财产。

2. 被告人黄斯斌犯贩卖毒品罪,判处有期徒刑十二年,并处罚金人民币七万元。

3. 在案扣押的毒资人民币八十一万八千四百元,依法予以没收,上缴国库。

一审判决后,二被告人不服上诉,福建省高级人民法院经二审后裁定驳回上诉,维持原判。

二、裁判要旨

No.6-7-347-15 为贩卖毒品向公安特情人员购买毒品的,应以贩卖毒品罪论处。

在本案中,被告人苏永清为转手出卖毒品牟利,主动找到公安机关特情人员许某,要求许代其联系购买甲基苯丙胺,并提出要向许等人购买甲基苯丙胺35公斤。尽管本案中苏永清联系的毒品卖主实际上是公安人员,但犯意的产生、购毒意向、购毒种类、购毒数量、交易价格、交易时间、地点等均是出自于苏永清自身。在该起毒品交易中,公安特情和公安机关并不存在犯意引诱和数量引诱的问题。此后,苏永清派人携带足额购毒款前往进行实际交易。这表明苏永清及其同伙已开始着手以贩卖为目的而非法购买毒品的行为。因此,对被告人苏永清及其同案被告人均认定为构成贩卖毒品罪是正确的。

案例:马盛坚等贩卖毒品案

案例来源:《刑事审判参考》总第32辑[第248号]

主题词:贩卖毒品　居间介绍

一、基本案情

被告人马盛坚,男,1968年9月28日出生,壮族,初中文化,农民。因涉嫌犯贩卖毒品罪,于2001年5月31日被逮捕。

被告人罗家排,男,1963年10月12日出生,汉族,初中文化,农民。因涉嫌犯贩卖毒品罪,于2001年5月31日被逮捕。

被告人胡泽川,男,1948年9月23日出生,汉族,小学文化,农民。因涉嫌犯贩卖毒品罪,于2001年5月31日被逮捕。

广西壮族自治区南宁市中级人民法院经审理查明:家在广西的被告人马盛坚在云南文山县经营液化气站认识了当地居民被告人罗家排后,常与罗谈论贩卖毒品牟利之事。2001年4月中旬,罗家排结识王子富(系公安特情),提及此事,王子富表示自己能提供毒品海洛因。罗家排遂将此情况告知马盛坚,要马联系毒品买主。马盛坚即通知住在广西宾阳的被告人胡泽川帮助寻找买主。罗家排与王子富到达南宁市后,通知马盛坚赶到南宁市。4月24日,胡泽川与其联系的毒品买主"亚龙"(在逃)从宾阳县赶到隆安县和已在此等候的马盛坚、罗家排、王子富会面。"亚龙"与王子富商定毒品海洛因交易价格为每千克13万元,由"亚龙"向王子富先支付1万元定金,等"亚龙"回宾阳筹齐钱后再在南宁市进行"现货"交易。28日,"亚龙"在宾阳县交给胡泽川人民币5万元,让其前往南宁进行毒品交易,并将毒品带回宾阳县由其验货。当日,胡泽川与马盛坚、罗家排一同从宾阳县赶到南宁时即被公安人员抓获,并从罗家排身上搜获用于购毒资金的人民币5万元。

南宁市中级人民法院认为,被告人马盛坚、罗家排、胡泽川明知他人进行毒品海洛因买卖,仍积极从中介绍、联系并协助进行交易,其行为均构成贩卖毒品罪。马盛坚、罗家排、胡泽川虽然不是毒品交易的直接当事人,但主观上均有帮助他人贩卖毒品的故意,客观上也有互相配合、居间介绍、协助他人进行毒品买卖的行为,属于贩卖毒品罪的共犯(帮助犯)。在贩卖毒品共同犯罪中,马盛坚、罗家排、胡泽川起辅助作用,系从犯。根据本案的犯罪事实、性质、情节和对社会的危害程度以及特情对本案发生所产生的影响,对马盛坚、罗家排、胡泽川可予减轻处罚。依照《中华人民共和国刑法》第三百四十七条第二款第(一)项、第五十五条第一款、第五十六条第一款、第二十五条第一款、第二十七条之规定,于2002年3月27日判决:

1. 被告人马盛坚犯贩卖毒品罪,判处有期徒刑十一年,剥夺政治权利一年,并处罚金人民币一万元;

2. 被告人罗家排犯贩卖毒品罪,判处有期徒刑十一年,剥夺政治权利一年,并处罚金人民币一万元;

3. 被告人胡泽川犯贩卖毒品罪,判处有期徒刑十年,剥夺政治权利一年,并处罚金人民币一万元。

一审宣判后,马盛坚、罗家排、胡泽川均不服,分别提出上诉。马盛坚上诉提出:(1)本案交易的毒品并不存在,王子富虚构自己能提供毒品,是引诱犯罪的圈套。毒品交易行为根本没有发生,系犯罪未遂。(2)本案毒品交易双方一个在逃,一个漏诉,据以定罪判决的证据不足,事实不清。(3)本案毒品交易没有发生,王子富表示能提供的毒品又属虚构,作为量刑标准的毒品数量不存在且错误。(4)本人系从犯、未遂犯,自己的行为对社会并无实质的危害,原判量刑过重。罗家排上诉提出:自己与马盛坚、胡泽川是被公安机关特情拉入犯罪圈套,自己在主观上虽有辅助他人介绍买卖毒品的意念,但犯罪事实、性质、情节对社会没有带来危害,原判对其量刑过重。且自己也不清楚王子富与马盛坚、胡泽川、"亚龙"等人商谈毒品交易的情况,钱是胡泽川从宾阳县带到南宁再由其准备转交王子富的。胡泽川上诉提出:自己不认识王子富、罗家排,只负责将"亚龙"介绍给马盛坚相识,并不知道"亚龙"与王子富商量毒品交易的情况。自己从宾阳返回南宁时,“亚龙”交给自己5万元只是让其负责带到南宁,并没有对自己说过要购买 1000 克毒品,到了南宁后钱就交给了罗家排。原判对其量刑过重。

广西壮族自治区高级人民法院经审理后认为:原判认定的事实清楚,证据确实。上诉人马盛坚、罗家排、胡泽川积极参与并居间介绍毒品交易,其行为均已构成贩卖毒品罪。且欲贩卖的毒品数量巨大,应依法惩处。在共同犯罪中,马盛坚、罗家排、胡泽川均起辅助作用,系从犯,应当从轻、减轻或者免除处罚;马盛坚、罗家排、胡泽川在携带资金前往进行毒品交易时,由于意志以外的原因而未得逞,是犯罪未遂,可以比照既遂犯从轻或者减轻处罚;根据本案的具体情况,对马盛坚、罗家排、胡泽川均可予以减轻处罚。对此原判在量刑时已予体现。关于马盛坚提出的上诉理由,经核查,本案毒品交易没有实际发生,原判对此已予认定;马盛坚、罗家排、胡泽川携带毒资欲交易毒品,具有协助他人贩卖毒品的主观故意和客观行为,本案购毒者“亚龙”在逃和对公安特情王子富未提起公诉,并不影响对马盛坚、罗家排、胡泽川的定罪;本案毒品交易虽没有实际发生,但王子富与“亚龙”已商量确定了交易毒品的数量、价格等,最后由马盛坚、罗家排、胡泽川具体实施交易行为,本案现有证据充分证实了他们明知欲交易的毒品的数量情况,故原判在事实认定和适用量刑数量标准上并无不当。关于罗家排提出的上诉理由,经核查,罗家排与马盛坚、胡泽川在主观上均有帮助他人贩卖毒品的故意,客观上也积极实施了居间介绍、协助贩卖的行为,具有社会危害性,应予处罚;本案现有证据证明,罗家排是在明知王子富与马盛坚、胡泽川、“亚龙”等人商谈毒品交易的情况下积极参与的,且5万元毒资亦是从其身上缴获,原判事实认定并无不当。关于于胡泽川提出的上诉理由,经核查,其确实只认识马盛坚,不认识王子富、罗家排,但其联系“亚龙”与王子富商谈毒品交易,且“亚龙”与王子富商量毒品交易时也在场,对商谈内容是明知的;从宾阳返回南宁时,“亚龙”交给其5万元负责带到南宁,已对其说过要购买1000克毒品,到了南宁后他是与马盛坚、罗家排共同拿钱准备进行毒品交易的。综上,马盛坚、罗家排、胡泽川分别提出的上诉理由均不能成立,不予采纳。原判定罪准确,量刑适当。审判程序合法。依照《中华人民共和国刑事诉讼法》第一百八十九条第(一)项之规定,于2002年3月27日裁定:

驳回上诉,维持原判。

二、裁判要旨

No.6-7-347-16 贩卖毒品的居间介绍人为吸毒者介绍卖毒者,帮助吸毒者购买毒品的,应以非法持有毒品罪论处。

居间介绍人的行为在客观上虽然对卖毒者的贩毒活动起到了帮助作用,促成了毒品交易,具有一定的社会危害性,但从主观上看,居间介绍人并没有帮助卖毒者进行贩卖毒品的故意,而仅是为了帮助吸毒者能够买到毒品,使其达到消费毒品的目的。因此,原则上不能以贩卖毒品罪的共犯论处。对此,最高人民法院2000年下发的《全国法院审理毒品犯罪案件工作座谈会纪要》中也明确指出:有证据证明行为人不是以营利为目的,为他人代买仅用于吸食的毒品,毒品数量未超过《刑法》第三百四十八条规定数量最低标准,构成犯罪的,托购者、代购者均构成非法持有毒品罪。该规定表明,即便是为吸毒者向贩毒者代购毒品的,只要不是以从中加价牟利为目的,都不能以贩卖毒品罪的共犯论处。如需定罪处罚的,也只能以非法持有毒品罪追究刑事责任。

No.6-7-347-17 贩卖毒品的居间介绍人为以贩卖毒品为目的的购毒者介绍卖毒者,帮助其购买毒品的,应以贩卖毒品罪的共犯论处。

居间介绍人明知他人购买毒品的目的是为了贩卖,仍为之介绍卖毒者,帮助其购买毒品的,无论其是否从中获利,都表明其与以贩卖毒品为目的的购毒者之间存在共同故意,并成为后者的帮助犯,应以贩卖毒品罪的共犯论处。反之,如果居间介绍人确实不知他人购买毒品的目的是为了贩卖,虽然其居间介绍行为客观上促成了交易双方的毒品贩卖活动,但既不能成立以贩卖毒品为目的的购毒者的帮助犯,也不能成立卖毒者的帮助犯,即不应以贩卖毒品罪的共犯论处。

No. 6-7-347-18 贩卖毒品的居间介绍人为卖毒者介绍买毒人，促成毒品交易的，应以贩卖毒品罪的共犯论处。

在本案中，被告人马盛坚、罗家排在得知王子富可出卖毒品的情况下，仍积极居间介绍为其联系寻找买主；被告人胡泽川受马盛坚委托之后找到购毒者“亚龙”，在明知“亚龙”为贩卖毒品而准备购买毒品的情况下，仍积极从中帮助其购买毒品。马盛坚、罗家排、胡泽川共同促成了王子富和“亚龙”的见面，在双方就毒品交易价格、数量，定金支付，交易时间、地点的确定时亦在场。其后，三被告人还共同携带“亚龙”交付的购毒资金按时前往约定的交易地点协助进行毒品交易。三被告人虽不是毒品买卖的直接当事人，但他们的行为均已构成贩卖毒品罪的帮助犯。由于本案的“卖毒者”系公安特情，毒品交易自始不存在，是不能犯的未遂，但这并不能否定三被告人主观上具有居间介绍贩卖毒品的故意，以及已实施的居间介绍贩卖毒品的客观行为。本案一、二审法院认定三被告人构成贩卖毒品罪，均系从犯(帮助犯)、未遂犯，并据此决定予以减轻处罚，适用法律上是正确的。

案例：陈维有、庄凯思贩卖毒品案

案例来源：《刑事审判参考》总第108集[第1179号]

主题词：贩卖毒品罪　居间介绍

一、基本案情

2013年7月4日，公安特情人员罗某某经被告人庄凯思介绍与被告人陈维有商议购买毒品事宜。双方商定，陈维有以22万元的价格贩卖3000克甲基苯丙胺给罗某某介绍的买家。次日，陈维有、庄凯思与罗某某会合，经陈维有联系，由他人开车前来交给陈维有一袋毒品，随后，罗某某、庄凯思、陈维有一同前往广州市黄埔大道西210号海涛酒店。到达酒店门口后，庄凯思在车上等候；陈维有手持装有毒品的塑料袋和罗某某进入酒店一房间与罗某某介绍的买家进行交易。陈维有与买家交接毒品、点验货款时，被事先埋伏的公安人员当场抓获。公安人员从陈维有带来的塑料袋中缴获甲基苯丙胺3包，共计净重2479克。同时，其他事先埋伏的公安人员在酒店门前将庄凯思抓获。

二、裁判要旨

No. 6-7-347-19 居间介绍买卖毒品与居中倒卖毒品的行为从交易地位与作用、共同犯罪形式以及是否牟利等方面进行区分。

对于毒品交易的居间介绍者，2008年《全国部分法院审理毒品犯罪案件工作座谈会纪要》(以下简称《2008年纪要》)规定，明知他人实施毒品犯罪而为其居间介绍、代购代卖的，无论是否牟利，都应以相关毒品犯罪的共犯论处。2015年《全国法院毒品犯罪审判工作座谈会纪要》(以下简称《2015年纪要》)指出，关于居间介绍与居中倒卖的区分，《2015年纪要》提出可从以下几个方面进行：(1)交易地位与作用。居间介绍者在毒品交易中处于中间人地位，发挥介绍联络作用；居中倒卖者属于毒品交易主体，直接参与毒品交易，对交易的发起和达成起决定作用。(2)共同犯罪形式。居间介绍者通常与交易一方构成共同犯罪，居中倒卖者与前后环节的交易对象是上下家关系。(3)是否牟利。居间介绍者不以牟利为要件，居中倒卖者直接在毒品交易中获利。本案中，特情人员罗某某以毒品买家代理人的身份出现，真正与罗某某交易的是被告人陈维有。在庄凯思介绍罗某某与陈维有认识后，陈维有、罗某某见面商谈交易细节，虽有庄凯思的介人，但确定交易毒品的种类、数量、价格的仍是陈维有、罗某某二人。陈维有、罗某某也均明知交易的对象并非庄凯思。且庄凯思并不从本次交易中赚取差价，而是想通过介绍交易获得5000元的好处费。显然，庄凯思并不是本次毒品交易中独立的一方主体，而是陈维有、罗某某之间的居间介绍人。陈维有虽然没有详细供述毒品来源，但其曾供认联系毒品提供者的情节，供认过毒品提供者同意赊账向其提供毒品，确定交易金额为21万元。结合陈维有以自己的名义与罗某某进行交易，且其向罗某某贩卖毒品的价格高于其所供的向毒品提供者购买毒品的金额，故能认定陈维有是毒品交易链中单独的一环，其获利方式是通过在上下家之间转卖获得差价。故陈维有在毒品交易中具有独立主体地位,应认定其属于在本案中居中倒卖毒品。

No. 6-7-347-20　居间介绍者通常与买卖双方中更具有共同的犯罪故意和共同的犯罪行为的一方构成共同犯罪,再根据其作用认定主从犯;居中倒卖者具有独立的主体地位。

《2015 年纪要》对于居间介绍者共同犯罪的规定,居间介绍者受贩毒者委托,为其介绍联络购毒者的,与贩毒者构成贩卖毒品罪的共同犯罪;明知购毒者以贩卖为目的购买毒品,受委托为其介绍联络贩毒者的,与购毒者构成贩卖毒品罪的共同犯罪;受以吸食为目的的购毒者委托,为其介绍联络贩毒者,毒品数量达到《刑法》第三百四十八条规定的最低数量标准的,一般与购毒者构成非法持有毒品罪的共同犯罪;同时与贩毒者、购毒者共谋,联络促成双方交易的,通常认定与贩毒者构成贩卖毒品罪的共同犯罪。这一规定体现出居间介绍人并不具有独立地位,在犯意和犯罪行为上依附于交易一方的本质特征。至于居间介绍者与购毒者还是贩毒者构成共同犯罪,其实质在于与另一方比较,居间介绍者与其中一方更具有共同的犯罪故意和共同的犯罪行为。

本案中,庄凯思与陈维有关系密切,庄凯思不仅受罗某某所托向其介绍了陈维有,而且直接在罗某某与陈维有之间就交易的核心内容联络沟通,推动双方达成金额 22 万元的交易。此外,庄凯思还陪同陈维有从上家处接收毒品,并与陈维有共同前往交易地点。显然,庄凯与陈维有之间具有密切的犯意联络,形成了贩卖毒品的共同故意,并一起实施了贩卖毒品的共同行为,两人也因此构成贩卖毒品的共同犯罪。这一认定,符合前述《2015 年纪要》中"同时与贩毒者、购毒者共谋,联络促成双方交易的,通常认定与贩毒者构成贩卖毒品罪的共同犯罪"的精神。

在主从犯认定上,《2015 年纪要》规定,"居间介绍者实施为毒品交易主体提供交易信息、介绍交易对象等帮助行为,对促成交易起次要、辅助作用的,应当认定为从犯;对于以居间介绍者的身份介入毒品交易,但在交易中超出居间介绍者的地位,对交易的发起和达成起重要作用的被告人,可以认定为主犯"。本案中,庄凯思的作用主要体现在为双方牵线介绍,虽然介入交易具体过程之中,但其作用在根本上仍属于帮助性质,故本案将其认定为从犯。被告人陈维有作为一方独立的交易主体,对交易达成起主要作用,应认定为主犯。

No. 6-7-347-21　在量刑时,特情介入情节引诱犯罪时,应当从轻处罚,不判处死刑立即执行;采取特情贴靠、接洽而破获的案件,不属于犯罪引诱。

特情介入侦破案件,是办理毒品犯罪案件过程中常见的侦查手段。《2008 年纪要》对特情介入案件的处理作了较为详细的规定,明确了犯意引诱的基本特征,以及该情节对量刑尤其是死刑适用的影响。行为人没有实施毒品犯罪的主观意图,而是在特情诱惑和促成下形成犯意,进而实施毒品犯罪的,属于"犯意引诱"。对因"犯意引诱"实施毒品犯罪的被告人,根据罪刑相适应原则,应当依法从轻处罚,无论涉案毒品数量多大,都不应判处死刑立即执行。但对已持有毒品待售或者有证据证明已准备实施大宗毒品犯罪者,采取特情贴靠、接洽而破获的案件,不存在犯罪引诱,应当依法处理。

本案中,被告人庄凯思供认,此前就知道被告人陈维有贩卖甲基苯丙胺,但陈维有在短时间内即能联络到毒品货源,并提供大量甲基苯丙胺用于交易,且经鉴定用于交易的甲基苯丙胺含量达到 76.6%,表明陈维有具有大量贩卖毒品的能力和意愿,有稳定可靠的甲基苯丙胺来源。因此,对于陈维有这种随时具有实施大宗毒品犯罪的能力,且有一定证据显示其曾经贩卖毒品的犯罪分子,公安机关实际是运用了特情接洽的方式抓获贩毒分子,并缴获大量毒品,故不属于犯意引诱。但考虑到陈维有、庄凯思的贩卖毒品行为处于特情人员及其他公安人员密切监控之下,其行为的社会危害性被限制在特定范围之内,故对两人均予以从宽处罚,未对实施大量贩卖毒品行为的陈维有判处死刑立即执行。

案例:齐先贺贩卖、运输毒品案

案例来源:《刑事审判参考》总第 124 集[第 1385 号]

主题词:贩卖毒品罪　代购毒品

一、基本案情

2015年5月月初,被告人齐先贺与信国(同案被告人,已判刑)一起吸食毒品后,提及自己可买到低价甲基苯丙胺,信国与其哥哥信平(同案被告人,已判刑)即欲购买。同月9日,齐先贺与毒品上家商定取货每克40元,送货每克80元。齐先贺遂电话告知信国每克80元,信国与信平商议后,决定购买甲基苯丙胺4000克,先汇购毒款22万元,尾款收货时付清。后信国、信平先后向齐先贺汇款15万元、7万元。齐先贺购买轿车一辆,以备运输毒品之用。同月14日,齐先贺从上家购买甲基苯丙胺7包,并驾车运往辽宁省,途中在服务区被抓获,公安人员当场查获甲基苯丙胺3包、从后备厢矿泉水箱底部查获甲基苯丙胺4包,共计6974.8克。

法院认为,被告人齐先贺违反国家毒品管理法规,贩卖、运输甲基苯丙胺,其行为已构成贩卖、运输毒品罪。齐先贺跨省运输甲基苯丙胺6974.8克,其中明知购毒者以贩卖为目的,而帮其代买甲基苯丙胺4001.8克,构成贩卖毒品罪共犯,齐先贺是毒品主要联络者、实际交易者,系主犯。齐先贺贩卖甲基苯丙胺数量特别巨大,社会危害性极大,罪行极其严重,且系累犯,应从重处罚。判决被告人齐先贺犯贩卖、运输毒品罪,判处死刑,剥夺政治权利终身,并处没收个人全部财产。

一审宣判后,被告人齐先贺上诉提出,其购买的3000克毒品用于吸食,对将信国、信平购买的4000克冰毒运输回来并不知情。其辩护人提出,齐先贺属代购代买,应认定为从犯;自愿认罪,具有坦白情节;涉案毒品被全部查获,未流入社会,未造成较大危害。

辽宁省高级人民法院经审理认为,被告人齐先贺赴南方购回大量甲基苯丙胺,将其中4000余克以每克80元送货价转卖给信平、信国,系与信平、信国的实际交易人,应认定为独立毒品上线,原判认定齐先贺为信平、信国代购毒品,系共犯不妥,应予纠正。齐先贺贩卖、运输毒品数量巨大,罪行极其严重,又系累犯,依法应当判处死刑。归案后虽能积极认罪,但不足以从轻处罚。据此,判决驳回被告人齐先贺的上诉,维持原判。并依法报请最高人民法院核准。

最高人民法院经复核认为,被告人齐先贺违反国家毒品管制法规,贩卖、运输甲基苯丙胺,其行为已构成贩卖、运输毒品罪。其贩卖、运输毒品数量大,社会危害大,且曾多次犯罪被判刑,又系累犯,依法应从重处罚,裁定核准辽宁省高院(2016)辽刑终315号维持第一审以贩卖、运输毒品罪判处被告人齐先贺死刑,剥夺政治权利终身,并处没收个人全部财产的刑事判决。

二、裁判要旨

No. 6-7-347-22 毒品代购有广义和狭义之分,狭义的毒品代购,是指行为人受吸毒者委托无偿为吸毒者代为购买仅用于吸食的毒品;广义的毒品代购,既包括狭义的毒品代购,也包括明知他人实施毒品犯罪而为其代购毒品以及介绍毒品买卖等情形。不符合毒品代购的条件,从毒品上游卖家购入之后,再加价贩卖给下家的行为,应单独认定为贩卖毒品罪。

毒品代购有广义和狭义之分,狭义的毒品代购,是指行为人受吸毒者委托无偿为吸毒者代为购买仅用于吸食的毒品;广义的毒品代购,既包括狭义的毒品代购,也包括明知他人实施毒品犯罪而为其代购毒品以及介绍毒品买卖等情形。在狭义的毒品代购中,如果代购毒品数量超过《刑法》第三百四十八条规定的最低数量标准的,对托购者、代购者均应以非法持有毒品罪定罪处罚;如果代购毒品在运输途中被查获,且没有证据证明托购者、代购者是为了实施贩卖毒品等其他犯罪,毒品数量达较大以上的,对托购者、代购者以运输毒品罪的共犯论处;如果代购者从中牟利的,对代购者以贩卖毒品罪定罪处罚。

首先,本案中,对被告人齐先贺的行为显然不能用狭义的毒品代购来评价,理由如下:

第一,狭义的毒品代购要求委托者是吸毒者,且其购买毒品的目的仅为吸食。本案中,信平、信国购买毒品数量显然超出了正常吸食量,且被告人齐先贺明知信平、信国是贩毒者而不是单纯的吸毒者,其二人购买毒品的目的是贩卖而非吸食。

第二,狭义的毒品代购一般要求代购者代购毒品是无偿的,只有在无偿且构成犯罪的前提下,代购者与托购者才构成非法持有毒品罪或者运输毒品罪的共犯。但被告人齐先贺关于其未牟利的辩解明显不成立。其一,从齐先贺与信平、信国的关系看,双方之间的关系密切度较低,与代购并长途运输大量毒品的巨大风险不相称。其二,根据齐先贺、信国供述,齐先贺对毒品数量与信平、信国进行了协商,不符合代购中被代购者确定购买量的常理。其三,从银行账户明细看,齐先贺以每克40元的价格从上家购买,再以每克80元的价格卖给信平、信国,每克赚取差价40元,其辩解未牟利不能成立。

其次,被告人齐先贺的行为亦不属于广义的毒品代购。2008年12月,最高人民法院印发的《全国部分法院审理毒品犯罪案件工作座谈会纪要》规定,明知他人实施毒品犯罪而为其居间介绍、代购代卖的,无论是否牟利,都应以其实施的毒品犯罪的共犯论处。被告人齐先贺也不属于这种情况。

第一,被告人齐先贺不属于居间介绍。居间介绍一般是指居间人按照自己的意愿为贩毒者、购毒者提供交易信息或介绍交易对象等帮助行为,积极促成贩毒者与购毒者达成毒品交易。居间介绍人只是中间人,并不是一方交易主体,实际的交易主体仍然是贩毒者与购毒者。本案中,齐先贺主观上与贩毒者及购毒者均无共同的犯罪故意,客观上也不是为贩毒者与信平、信国提供交易机会,以促成毒品交易,而是本人实际参与交易,其与前后环节的交易对象都是上下家关系,显然不属于居间介绍。

第二,被告人齐先贺亦不属代购代买。司法实践中,为他人代购毒品一般可分两种情况:一种情况是托购者自己直接或者间接与贩毒者进行联系,但因为一些原因,托购者无法或不愿亲自前往,即委托代购者向贩毒者代为购买指定数量、品种或者价格等相对固定的毒品。此种情形下,代购者主观上有帮助托购者购买毒品的故意,客观上充当了托购者的工具,替代托购者去购买了毒品,如果其明知托购者是为贩卖而代购,不论其是否牟利,当然与托购者构成贩卖毒品罪的共犯。另一种情况是托购者不知购毒渠道,但知道代购者有毒品来源,即委托代购者代为购买。此种情形看似是一种为他人代买的行为,但实质上仍然是一种具有居间性质的行为。如果代购者明知托购者购买毒品的目的是贩卖,则与托购者构成贩卖毒品罪的共犯。本案中,齐先贺的行为显然不属于第一种情形,虽接近第二种情形但仍有区别。从三人供述看,信平、信国与齐先贺对双方是委托关系还是上下家关系并不明确,此时即需要结合毒品的实际交易过程来分析。在案证据显示,信平、信国与齐先贺事先对齐先贺是否获利,获利多少、获利方式等均无约定,但在实际交易时,齐先贺先以每克40元的价格与贩毒者完成交易,而后对信平、信国隐瞒该重要价格信息,再以每克80元的价格卖与信平、信国,此时,齐先贺实际上已经是信平、信国的上家而非共犯,故齐先贺与信平、信国不构成贩卖毒品罪的共犯。

综上,二审法院认定被告人齐先贺为独立毒品上线,不属于毒品代购是正确的。法院以贩卖、运输毒品罪判处被告人死刑,剥夺政治权利终身,并处没收个人全部财产是适当的。

案例:孙奇志等贩卖毒品案

案例来源:《刑事审判参考》总第112集[第1230号]

主题词:贩卖毒品罪 居间者

一、基本案情

2010年,王孝新与马玉华、梁宗久共同商定到大竹县购买甲基苯丙胺回徐州市贩卖。2010年7月23日,王孝新向黄昌彬提出要到大竹县购买1至2公斤甲基苯丙胺,黄昌彬同意后联系被告人王守林准备毒品。后因毒品质量不好和数量不够未能成交。同年7月26日上午,王守林与在达州市的被告人孙奇志联系购买毒品,并驾驶租赁的马自达轿车与被告人林欣欣(同案被告人,已判刑)前往达州市,又叫来被告人王义杰负责开车。当日下午,孙奇志携带甲基苯丙胺样品与王守林谈妥甲基苯丙胺价格为每公斤21.5万元。王守林随后通知黄昌彬等人到达州市交易毒品,价格为每公斤25万元。当日22时许,梁宗久携带13万元现金,和王守林一同乘坐王义杰驾驶的轿车前往达州市通川区孙奇志所在的长城饭店进行毒品交易。途中,王守林让王义杰将车开到大竹县城,在其租用的大竹县新东方名都6楼18号房内,王守林卖给梁宗久甲基苯丙胺122.91克。而后,三人驾车返回长城饭店,王守林、梁宗久交给孙奇志毒品定金12万元。

孙奇志找来被告人段波一同去向赵东(在逃)购买毒品。

次日凌晨4时许,孙奇志、段波、王义杰在车上等候。王守林和梁宗久下车将甲基苯丙胺拿到酒店茶房8210房间进行交易,并由王守林取走剩余购毒款37万元。随后,民警将在轿车内等候的孙奇志、王义杰、段波和在8210房间里的马玉华、梁宗久、王孝新等人抓获,王守林脱逃。民警当场从8210房间查获甲基苯丙胺858.25克,从轿车上查获甲基苯丙胺35.92克、海洛因4.98克、氯胺酮1.76克。

王守林脱逃后,指使林欣欣到长城饭店8420房间通知许莉逃跑。当林欣欣通知许莉携带毒品刚逃出长城饭店8420房间,即被民警抓获。民警从许莉提着的孙奇志挎包内查获甲基苯丙胺375.03克、麻古62.78克、海洛因34.94克。后公安机关陆续将王守林、黄昌彬等人抓获归案。

二、裁判要旨

No. 6-7-347-23 办理贩卖毒品案件,应准确区分居间介绍买卖者与居中倒卖者,对居中倒卖毒品者的处罚一般要重于居间介绍者。

最高人民法院于2015年5月18日印发的《全国法院毒品犯罪审判工作座谈会纪要》(以下简称《武汉会议纪要》)规定,办理贩卖毒品案件,应当准确认定居间介绍买卖毒品行为,并与居中倒卖毒品行为相区别。居间介绍者在毒品交易中处于中间人地位,发挥介绍联络作用,通常与交易一方构成共同犯罪,但不以牟利为要件;居中倒卖者属于毒品交易主体,与前后环节的交易对象是上下家关系,直接参与毒品交易并从中获利。区分二者的关键在于在毒品交易中所处的地位和作用不同。居间介绍者不是毒品交易的一方主体,在交易中处于中间人地位,对毒品交易起帮助、促成作用;居中倒卖者虽然也处于毒品交易链条的中间环节,但在每一个具体的交易环节中都是一方交易主体,对交易的发起和达成起决定性作用。就量刑而言,对居中倒卖毒品者的处罚一般要重于居间介绍者。

本案中,被告人王守林明显处于毒品交易链条的中间环节,但其既没有提供毒资,也不是毒品来源,对其身份,究竟应认定为居间介绍者还是居中倒卖者,存在一定争议。我们认为,应认定王守林系居中倒卖者。主要理由是:

第一,根据查明的事实,王守林、黄昌彬先后两次携带甲基苯丙胺样品与梁宗久等人洽谈毒品交易,均因质量不好和数量不够未能成交。这说明王守林与梁宗久等人之间已有交易毒品的犯意联络和具体行为,只因客观原因未成功。

第二,在交易未成的情况下,王守林紧急联系被告人孙奇志,且租车前往达州市与孙奇志见面,对孙奇志提供的毒品样品进行验货,并与孙奇志谈好毒品交易价格为每公斤21.5万元。这说明王守林与孙奇志之间亦有交易毒品的犯意联络。

第三,王守林随后通知梁宗久等人到达州市交易毒品,并告知毒品价格为每公斤25万元。这说明王守林明显有加价倒卖、从中获利的意图。

第四,本案交易的毒品、毒资均经过王守林之手,王守林与孙奇志、梁宗久等人分别构成独立交易关系。王守林的行为对毒品交易的完成起到关键的决定性作用。

第五,王守林在与梁宗久一起去给孙奇志交付定金的途中,还单独贩卖给梁宗久甲基苯丙胺100余克,更反映出王守林与梁宗久等人之间的交易关系。

综上,根据查明的事实,应认定在贩卖毒品犯罪中,孙奇志是王守林的上家,梁宗久、马玉华等人是王守林的下家,王守林是孙奇志与梁宗久、马玉华之间的居中倒卖者。

案例:梁延兵等贩卖、运输毒品案

案例来源:《刑事审判参考》总第32辑[第249号]

主题词:协助司法机关抓捕同案犯 立功

一、基本案情

被告人梁延兵,男,汉族,1948年3月9日出生,小学文化,农民。因涉嫌犯贩卖、运输毒品罪,于2001年10月1日被逮捕。

被告人陈光虎,男,汉族,1969年6月10日出生,汉族,小学文化,农民。因涉嫌犯贩卖、运输毒品罪,于2001年10月12日被逮捕。

被告人张光奎,男,汉族,1972年1月9日出生,小学文化,农民。因涉嫌犯贩卖、运输毒品罪,于2001年10月1日被逮捕。

被告人李聪武,女,汉族,1967年3月8日出生,初中文化,农民。因涉嫌犯贩卖、运输毒品罪,于2001年10月1日被逮捕。

被告人李之琼,女,汉族,1959年3月9日出生,小学文化,农民。因涉嫌犯贩卖、运输毒品罪,于2001年10月15日被逮捕。

被告人张建平,男,汉族,1964年1月17日出生,小学文化,农民。因涉嫌犯贩卖、运输毒品罪,于2001年10月1日被逮捕。

浙江省嘉兴市中级人民法院经审理查明:1999年10月的一天,被告人梁延兵、李之琼在绍兴市钱清镇南方大酒店大门外,将10克海洛因以每克人民币130元的价格贩卖给黄文均(另案处理)。同月的一天,梁延兵在绍兴县柯桥菜市场附近以上述同样价格将10克海洛因卖给黄文均。同月的一天,经梁延兵联系,由被告人李聪武在绍兴市柯桥菜市场附近将10克海洛因以每克人民币500元的价格卖给黄文均。1999年11月的一天,李聪武伙同被告人张建平二人将梁延兵、李之琼从云南昭通购来的海洛因中的20克以每克130元的价格买给"花儿"(在逃)。1999年12月期间,梁延兵、张建平在绍兴县柯桥镇一浴室分两次将40克海洛因以每克人民币130元的价格卖给"郭老七"(在逃)。同月的一天,张建平在征得梁延兵同意后,将5克海洛因送到柯桥镇"花儿"住处销售。2001年7月底,梁延兵与被告人陈光虎、张光奎共谋贩毒,由梁延兵联系上家,陈光虎、张光奎提供购毒资金,后三人一起到云南省昭通市以每克人民币90元的价格购得海洛因200克,运至绍兴县柯桥镇,以每克人民币130元的价格卖给他人。2001年8月中旬,梁延兵、陈光虎、张光奎共谋再次贩毒,后由梁延兵、陈光虎携款去云南省昭通市,以每克人民币90元的价格购得海洛因195.10克。在返回途中,陈光虎因有事中途下车。梁延兵携带该批海洛因至嘉兴市,同月26日到桐乡钱家门旅馆与张光奎、李聪武会合。次日上午,李聪武、梁延兵、张光奎一起将该批海洛因携带至浙江省平湖市钟埭镇张建平家,欲对该批海洛因进行包装时,被公安人员抓获,当场从李聪武随身携带的皮包内查获海洛因195.10克。后张建平、陈光虎、李之琼相继被抓获归案。

梁延兵等被告人对上述犯罪事实供认不讳。梁延兵的辩护人提出,梁延兵归案后,认罪态度较好并有立功表现。被告人陈光虎、张光奎、李聪武的辩护人均提出各自的被告人在共同犯罪中所起的地位、作用相对较小,应认定为从犯。李聪武的辩护人还提出,李聪武在归案后有向公安机关提供线索抓获同案犯的重大立功表现等。

嘉兴市中级人民法院认为:梁延兵、陈光虎、张光奎、李聪武、李之琼、张建平交叉结伙,从云南省昭通市携带海洛因到浙江省绍兴市、平湖市等地进行贩卖。其中,被告人梁延兵参与贩卖、运输海洛因490.10克,被告人陈光虎、张光奎参与贩卖、运输海洛因395.10克,被告人李聪武参与贩卖、运输海洛因225.10克,被告人李之琼参与贩卖、运输海洛因85克,被告人张建平参与贩卖、运输海洛因65克,上述六被告人的行为均已构成贩卖、运输毒品罪。公诉机关指控的罪名成立。在共同犯罪中,被告人梁延兵、陈光虎、张光奎、李之琼事先进行预谋,又分别实施了提供购毒资金、一起去云南省昭通市购买海洛因并携带至贩卖地后进行销售等行为,上述四被告人的地位作用基本相等,不应区分主从犯,故陈光虎、张光奎的辩护人提出的对陈、张二人应当认定为从犯的辩护意见不能成立,不予采纳。被告人李聪武、张建平在所参与的共同犯罪中,既非起意者,也非出资人,实施贩毒行为主要受被告人梁延兵等人的委托指派,起次要作用,系从犯,依法应当从轻处罚。法庭认为李聪武的辩护人就此提的辩护意见成立,予以采纳。被告人李聪武案发后有向公安机关提供重要线索抓获同案犯的立功表现,依法可以从轻处罚。其辩护人提出李聪武的行为构成重大立功缺乏依据,不予采纳。被告人张建平曾因犯拐卖人口罪被判处有期徒刑三年,在刑满释放后五年内又犯应当判处有期徒刑以上刑法之罪,系累犯,依法应当从重处罚。关于被告人梁延兵的辩护人提出的梁有立功表现的问题。经查,梁延兵当庭供称,其与陈光虎在四川筠连县分手时曾约定数日后在绍兴柯桥弥陀碰面,并由陈光虎负责联系毒品买主,故被告人梁延兵在供述中提及的陈光虎可能在绍兴柯桥弥陀的这一情节,属于其共同犯罪过程的必然交代,此行为不属于独立于其本人犯罪行为以外的检举揭发,不能认定为立功表现。此辩护意见不能成立,不予采纳。依照《中华人民共和国刑法》第三百四十七条第二款第(一)项、第二十五条第一款、第二十七条、第六十五条、第六十八条、第五十七条第一款、第五十五条第一款、第五十六条第一款、第四十八条第一款,以及最高人民法院《关于处理自首和立功具体应用法律若干问题的解释》第五条之规定,判决如下:

1. 被告人梁延兵犯贩卖、运输毒品罪,判处死刑,剥夺政治权利终身,并处没收个人全部财产;

2. 被告人陈光虎犯贩卖、运输毒品罪,判处死刑,缓期两年执行,剥夺政治权利终身,并处没收个人全部财产;

3. 被告人张光奎犯贩卖、运输毒品罪,判处死刑,缓期两年执行,剥夺政治权利终身,并处没收个人全部财产;

4. 被告人李聪武犯贩卖、运输毒品罪,判处无期徒刑,剥夺政治权利终身,并处没收个人全部财产;

5. 被告人李之琼犯贩卖、运输毒品罪,判处有期徒刑十五年,剥夺政治权利五年,并处没收个人财产人民币五万元;

6. 被告人张建平犯贩卖、运输毒品罪,判处有期徒刑十五年,剥夺政治权利五年,并处没收个人财产人民币五万元。

一审宣判后,被告人梁延兵及其辩护人提出上诉称,原判认定的部分事实不清、证据不足;本人能主动交代犯罪事实,认罪态度好;有配合公安机关抓获同案犯的重大立功表现;原判量刑过重,要求从轻处罚。

浙江省高级人民法院经审理认为:原判认定被告人梁延兵、陈光虎、张光奎、李聪武、李之琼、张建平贩卖、运输毒品的事实,有黄文均、凌大友等人的证言,公安机关提取的部分海洛因及毒化鉴定书等证据证实。各被告人亦均有供认在案,所供可相互印证,并与上述证据反映的情况相符。原判认定的事实清楚,证据确实、充分。故梁延兵及其辩护人就原判认定事实与证据提出的异议不能成立,不予采信。梁延兵未提供同案犯确切的藏身地址,也未带领公安人员前去抓捕,故其称有配合公安机关抓捕同案犯的立功表现的理由不能成立,也不予采信。梁延兵等人从云南等地购买海洛因运输至浙江省绍兴市、嘉兴市出卖,其行为已构成贩卖、运输毒品罪,贩卖、运输毒品数量大,社会危害严重,应依法惩处。梁延兵及其辩护人提出要求从轻的理由不足,不予采纳。原判定罪及使用法律正确,量刑适当,审判程序合法。依照《中华人民共和国刑事诉讼法》第一百八十九条第(一)项的规定,裁定如下:驳回上诉,维持原判。

浙江省高级人民法院依法将此案报请最高人民法院核准。

最高人民法院经复核确认:2001 年 7 月底,被告人梁延兵与陈光虎、张光奎(均为同案被告人,已判刑)共谋在浙江省绍兴县柯桥镇贩卖毒品,并商定由梁延兵联系购买毒品,陈光虎、张光奎提供购毒资金。随后,梁延兵与陈光虎、张光奎到云南省昭通币购得海洛因 200 克,运回绍兴县柯桥镇后加价出售给他人。2001 年 8 月中旬,梁延兵、陈光虎、张光奎再次共谋后,由梁延兵、陈光虎携款到云南省昭通市购得海洛因后,在返回途中,陈光虎有事中途下车。梁延兵携带海洛因于同月 26 日到浙江省桐乡市钱家门旅馆与张光奎、李聪武(同案被告人,已判刑)会合。次日上午,梁延兵与张光奎、李聪武携带海洛因到浙江省平湖市钟埭镇张建平(同案被告人,已判刑)家后,被公安人员抓获,查获海洛因 195.1 克。

另查明:1999 年 10 月至 12 月,被告人梁延兵伙同李聪武、张建平在浙江省绍兴县,以每克人民币 130 元至 500 元的价格,先后向黄文均(另案处理)出售海洛因 30 克,向“郭老七”(在逃)

出售海洛因40克,向"花儿"(在逃)出售海洛因25克。

案发后,公安机关根据被告人梁延兵提供的线索,在浙江省绍兴县柯桥镇陈光虎的姐姐陈光容的租房内将陈光虎抓获。

上述事实,有查获的海洛因及鉴定结论、证人证言和同案被告人的供述证实。被告人梁延兵亦供认,足以认定。

最高人民法院认为,被告人梁延兵伙同他人贩卖、运输海洛因的行为,已构成贩卖、运输毒品罪。贩卖、运输毒品数量大,且系主犯,应依法惩处。鉴于被告人梁延兵归案后能够协助公安机关抓获同案犯,有重大立功表现,应从轻处罚。一审判决和二审裁定认定的事实清楚,证据确实、充分,定罪准确,审判程序合法。但量刑不当。依照《中华人民共和国刑事诉讼法》第一百九十九条,最高人民法院《关于执行〈中华人民共和国刑事诉讼法〉若干问题的解释》第二百八十五条第(三)项,《中华人民共和国刑法》第三百四十七条第二款第(一)项,第二十六条第一、四款,第五十七条第一款和最高人民法院《关于处理自首和立功具体应用法律若干问题的解释》第七条的规定,判决如下:

1. 撤销浙江省高级人民法院(2002)浙刑一终字第234号刑事裁定和嘉兴市中级人民法院(2002)嘉中刑初字第30号刑事判决中对被告人梁延兵的量刑部分;

2. 被告人梁延兵犯贩卖、运输毒品罪,判处死刑,缓期两年执行,剥夺政治权利终身,并处没收个人全部财产。

二、裁判要旨

No.6-7-347-24 为公安机关提供线索,协助公安机关抓获同案犯的,应当认定为立功。

最高人民法院认定本案被告人梁延兵协助公安机关抓获同案犯构成重大立功主要基于以下几点理由:(1)梁延兵向公安机关提供了同案犯陈光虎可能藏匿的地点为其姐姐的租住房;(2)该藏匿处事先不为公安机关所掌握。如梁延兵不供述公安机关也无从掌握;(3)公安机关正是根据梁延兵提供的线索抓获了同案犯陈光虎;(4)陈光虎被依法判处死刑,缓期两年执行,为罪行重大犯罪分子。公安人员根据梁延兵提供的线索抓获了同案犯陈光虎,说明其提供的线索真实、清晰、可靠,无疑应当属于协助司法机关抓获同案犯。由于同案被告人陈光虎被抓获后被判处死刑,缓期两年执行,属重大罪犯,故最高人民法院认为,梁延兵协助公安机关抓获陈光虎的行为属构成重大立功表现。

案例:韩雅利贩卖毒品、韩镇平窝藏毒品案

案例来源:《刑事审判参考》总第32辑[第250号]

主题词:人工流产 脱逃 死刑适用

一、基本案情

被告人韩雅利,女,1960年6月20日出生,汉族,小学文化,无职业。因涉嫌犯贩卖毒品罪,于2001年5月17日被逮捕。

被告人韩镇平,男,1962年4月19日出生,汉族,小学文化,个体经营户。因涉嫌犯窝藏毒品罪,于2001年5月17日被逮捕。2002年6月26日被取保候审。

陕西省西安市中级人民法院经审理查明:被告人韩雅利于1993年10月间,先后从犯罪嫌疑人赵红(在逃)、"小六六"处购得大量海洛因,藏匿于被告人韩镇平家中,并贩卖给张某某、曹某某、朱某某等吸毒人员。1993年12月15日,韩雅利在贩卖毒品时被抓获。韩镇平得知韩雅利被抓,便将藏匿在其家中的毒品转移他处。同年12月16日,韩雅利脱逃,韩镇平又将毒品藏匿于杨伟家中。1994年1月6日,公安机关从杨伟家查获海洛因717克。

西安市中级人民法院审理后认为,被告人韩雅利贩卖毒品,其行为已构成贩卖毒品罪;被告人韩镇平明知是毒品而予以转移、窝藏,其行为已构成窝藏毒品罪。韩雅利于1993年12月15日因贩卖毒品第一次被抓获后第二天即脱逃。1994年4月被再次抓获,因怀孕,做人工流产手术后再次脱逃,被长期通缉,长达8年之久,直至2001年4月被抓获。此时,其原本具有的法定的"不适用死刑”的条件早已灭失。韩镇平明知是毒品而予以窝藏,情节严重,本应依法从严惩处,惟其能协助公安机关抓获被告人韩雅利,有立功情节,依法可从轻处罚。依照《中华人民共和国刑法》第十二条、1979年《中华人民共和国刑法》第五十三条第一款及《全国人民代表大会常务委员会关于禁毒的决定》第二条第(一)项、第四条第一款之规定,于2002年4月28日判决:

1. 被告人韩雅利犯贩卖毒品罪,判处死刑,剥夺政治权利终身,并处没收个人全部财产;

2. 被告人韩镇平犯窝藏毒品罪,判处有期徒刑四年,并处罚金人民币一万元。

一审宣判后,被告人韩雅利、韩镇平不服,提出上诉。

韩雅利上诉称,1994年4月其被公安机关收审期间强行作了人工流产。原判以其逃跑为由,认为其原来具有的“不适用死刑”的条件已灭失,对其判处死刑不当。其辩护律师提出,上诉人韩雅利犯罪羁押时怀孕,又因同一事实被起诉交付审判,应视为审判时怀孕的妇女,依法不适用死刑;从其已贩卖毒品的数量、纯度、犯罪的情节、社会危害性来讲,均非特别严重,且系初犯,又能如实交代罪行,有悔罪表现,建议依照事实和法律,准确量刑。

韩镇平上诉称,1994年其与韩雅利在逃跑途中从徐州返回,在新城公安局门口准备投案时被抓获,认罪态度好;且其协助公安机关从上海抓获韩雅利,构成重大立功,请求依法对其减轻处罚。其辩护律师提出,上诉人韩镇平协助公安机关抓获同案犯韩雅利的立功行为,依法应属于“重大立功表现”,一审判决仅认定为“有立功情节”不妥,并且本案依法应适用《中华人民共和国刑法》而不宜适用《全国人民代表大会常务委员会关于禁毒的决定》,建议减轻对原审被告人韩镇平的刑罚。

陕西省高级人民法院经审理查明:原判认定上诉人韩雅利贩卖毒品和韩镇平窝藏毒品的犯罪事实清楚、正确。另查,韩雅利于1993年12月16日因贩卖毒品被抓获后,于当日脱逃,1994年1月被抓获,同月14日第二次脱逃。1994年4月再次被抓获,同年5月做人工流产手术后再次脱逃,被长期通缉,长达8年之久,直至2001年4月17日被抓获。

陕西省高级人民法院认为:上诉人韩雅利为非法获利而贩卖毒品海洛因,其行为已构成贩卖毒品罪,且贩卖毒品数量大。抓捕后多次脱逃,罪行极为严重,依法应予严惩。但韩雅利因涉嫌贩卖毒品被抓获,在做人工流产后脱逃至2001年4月被再次抓获并交付审判,其贩卖毒品的犯罪均系脱逃前的犯罪事实,故对韩雅利仍应适用最高人民法院(83)法研字第18号《关于人民法院审判严重刑事犯罪中具体应用法律若干问题的答复》中,关于对涉嫌犯罪的在押妇女在人工流产后,仍应视为审判时怀孕的妇女,不适用死刑的规定。故对上诉人韩雅利及其辩护人所提对韩雅利不适用死刑的理由和意见应予采纳。上诉人韩镇平为他人窝藏并转移毒品,其行为已构成窝藏毒品罪,依法应予惩处。其上诉和律师辩护所提其具有重大立功的理由和意见,经查属实,予以采纳。原判定罪准确,审判程序合法。对二上诉人适用法律不当,依法应予改判,依照《中华人民共和国刑事诉讼法》第一百八十九条第(二)项和现行《中华人民共和国刑法》第十二条,1979年《中华人民共和国刑法》第一百七十一条、第四十四条、第五十三条第一款,《全国人民代表大会常务委员会关于禁毒的决定》第二条第(一)项、第四条第一款及最高人民法院《关于处理自首和立功具体应用法律若干问题的解释》第五条、第七条,最高人民法院《关于人民法院审判严重刑事犯罪中具体应用法律的若干问题的答复》第三条之规定,于2002年12月5日判决:

1. 撤销西安市中级人民法院(2002)西刑一初字第64号对被告人韩雅利、韩镇平刑事判决之处刑部分;

2. 上诉人韩雅利犯贩卖毒品罪,判处无期徒刑,剥夺政治权利终身,并处没收个人全部财产;

3. 上诉人韩镇平犯窝藏毒品罪,判处有期徒刑两年九个月。

二、裁判要旨

No. 6-7-347-25 怀孕妇女羁押期间做人工流产手术后脱逃,之后又被抓获交付审判的,仍然属于审判时怀孕的妇女,依法不适用死刑。

所谓审判时怀孕的妇女,不仅包括审判时正在怀孕的妇女,而且也应包括因犯罪被羁押时已怀孕,但在审判前因某种原因自然或人工流产的妇女,即适用于刑事诉讼的整个过程。也就是说,只要刑事诉讼程序已经启动,尚未结束,对此期间怀孕的妇女,无论基于何种原因,均不适用死刑。本案上诉人韩雅利因涉嫌贩卖毒品犯罪被羁押期间已经怀孕这一事实,不因其随后人工流产以及脱逃 8 年而改变。一审法院关于韩雅利人工流产脱逃 8 年之后再次被抓获审判时,怀孕的事实早已不复存在,不属于审判时怀孕的妇女,不适用死刑的条件已经灭失的理解,违背了上述司法解释的精神实质。

本案上诉人韩雅利人工流产后虽然脱逃 8 年,但审判的仍是其脱逃前贩卖毒品的同一犯罪事实,对其应当依法适用对怀孕妇女排除适用死刑的规定。二审法院改判韩雅利无期徒刑是正确的。

案例:陈佳嵘等贩卖、运输毒品案

案例来源:《刑事审判参考》总第 32 辑[第 438 号]

主题词:归案犯罪分子　协助司法机关抓捕同案犯　立功

一、基本案情

被告人陈佳嵘,男,1968 年 10 月 11 日出生,初中文化,无业。1993 年 10 月因犯盗窃罪被判处有期徒刑五年六个月,同年 12 月保外就医;1996 年 4 月因犯持有、使用伪造的货币罪被判处有期徒刑三年,决定执行有期徒刑五年;2002 年 8 月因犯贩卖毒品罪被判处有期徒刑一年六个月;2003 年 12 月刑满释放。因本案,于 2004 年 6 月 24 日被逮捕。

被告人赵新文,男,1970 年 3 月 11 日出生,初中文化,无业。2001 年 11 月因犯贩卖毒品罪被判处有期徒刑二年,2003 年 6 月刑满释放。因本案,于 2004 年 6 月 24 日被逮捕。

被告人卜秀芳,女,1979 年 4 月 27 日出生,初中文化,无业。因本案,于 2004 年 7 月 2 日被逮捕。

江苏省南京市中级人民法院经审理查明:

1. 2004 年 4 月底,被告人陈佳嵘在广东省广州市火车站附近一酒店以每克 235 元的价格向马军(另案处理)购买海洛因 200 克,后陈佳嵘将购得的海洛因运输到江苏省南京市,以每克 300—380 元不等的价格,单独或伙同被告人卜秀芳出售给吴斌、张新生、戴家顺各 20 克,其中,卜秀芳参与贩卖海洛因 30 克。

2. 2004 年 5 月 27 日晚,被告人陈佳嵘在广州市安迅宾馆 712 房间以 16.1 万元向赵新文购买海洛因两块。次日,陈佳嵘携带购得的海洛因乘出租车返回南京市时被抓获,公安机关当场从陈佳嵘携带的包内查获海洛因 709 克。案发后,公安机关在陈佳嵘、卜秀芳的租住房内查获海洛因 98.718 克,在卜秀芳的提包内查获海洛因 20.046 克。

3. 2004 年 6 月 2 日,被告人赵新文在广州华宁酒店 601 室,向秦玲俊贩卖海洛因 3 克,获赃款 700 元。当晚,公安机关在广州市白云区广园西路通酒店附近将赵新文抓获,当场从其身上缴获海洛因 41.651 克。

南京市中级人民法院认为:被告人陈佳嵘将海洛因 909 克从广州市运输至南京市进行贩卖,其行为已构成贩卖、运输毒品罪。被告人赵新文贩卖海洛因共计 753.651 克,被告人卜秀芳参与贩卖海洛因 30 克,其行为均已构成贩卖毒品罪。被告人陈佳嵘、赵新文的辩护人提出的辩护理由不能成立;被告人卜秀芳及其辩护人提出的辩解和辩护意见也不能成立,均不予采纳。依照《中华人民共和国刑法》第三百四十七条第一款、第二款第(一)项、第三款,第三百五十六条,第四十八条第一款,第五十七条第一款,第二十五条第一款,第二十六条第一款,第二十七条第一款、第二款的规定,判决如下:

1. 陈佳嵘犯贩卖、运输毒品罪,判处死刑,剥夺政治权利终身,并处没收个人全部财产;
2. 赵新文犯贩卖毒品罪,判处死刑,剥夺政治权利终身,并处没收个人全部财产;
3. 卜秀芳犯贩卖毒品罪,判处有期徒刑八年,并处罚金人民币一万元。

一审宣判后,被告人陈佳嵘、赵新文及卜秀芳提出上诉。

被告人陈佳嵘上诉称,其协助公安机关抓获了"上家"赵新文及"下家"龚延国,并检举了他人犯罪,有重大立功表现;认罪态度好,请求从轻处罚。其辩护人提出陈佳嵘协助公安机关抓获了赵新文,有重大立功表现。

被告人赵新文及其辩护人提出,在陈佳嵘购买709克海洛因的犯罪中,赵新文只是介绍陈佳嵘与他人买卖毒品,应为从犯;公安机关在赵新文身上查获的40余克毒品是用来自己吸食的,不应计入其贩卖毒品的数量;赵新文认罪态度较好,请求从轻处罚。

被告人卜秀芳称其主观上没有贩卖毒品的故意,其行为不构成贩卖毒品罪。其辩护人提出了认定卜秀芳参与陈佳嵘和戴家顺之间交易毒品的证据不足的辩护意见。

江苏省高级人民法院审理认为:被告人陈佳嵘贩卖、运输海洛因,其行为已构成贩卖、运输毒品罪。被告人赵新文、卜秀芳明知海洛因系毒品而予以贩卖,其行为已构成贩卖毒品罪。陈佳嵘贩卖、运输毒品海洛因909克,赵新文贩卖毒品海洛因753.651克,依法应予严惩。在陈佳嵘与卜秀芳共同贩卖毒品的犯罪中,陈佳嵘起主要作用,系主犯,卜秀芳起辅助作用,系从犯。陈佳嵘、赵新文均因贩卖毒品罪被判过刑,为毒品再犯,依法应从重处罚。赵新文系公安机关布控抓获归案,不能认定陈佳嵘有重大立功表现;陈佳嵘虽能配合公安机关抓获龚延国,但龚延国只是毒品吸食人员,不是犯罪嫌疑人,故陈佳嵘亦不构成立功;陈佳嵘检举他人毒品犯罪,经查证不属实。陈佳嵘、赵新文归案后认罪、悔罪态度尚好,但根据其犯罪事实、犯罪性质及情节以及对于社会危害程度及均系毒品再犯等情节,尚不足以对其从宽判处。陈佳嵘、赵新文、卜秀芳及辩护人提出的其他上诉理由、辩护意见不能成立,不予采纳。一审判决认定的犯罪事实清楚,证据充分,定罪准确,量刑适当,审判程序合法。依照《中华人民共和国刑事诉讼法》第一百八十九条第(一)项之规定,裁定驳回上诉,维持原判,并依法报请最高人民法院核准。

最高人民法院复核查明,陈佳嵘贩卖、运输毒品及赵新文贩卖毒品的犯罪事实与一审判决、二审裁定认定的事实相同。另查明,2004年5月,公安机关接到陈佳嵘贩卖毒品的举报后,即对陈佳嵘进行监控。2004年5月27日晚,陈佳嵘与赵新文在广州安迅宾馆所进行的毒品交易,完全处于公安机关的监控之中。此后,公安机关对赵新文一直进行电话监控。2004年5月29日,陈佳嵘在南京市被抓获后,为了防止赵新文发觉陈佳嵘被抓获而逃匿,先后两次给在广州市的赵新文打电话"报平安"和提出再向其购买1000克海洛因,以此稳住赵新文,配合公安机关顺利抓获了赵新文。

最高人民法院复核认为,被告人陈佳嵘以贩卖为目的购买、运输海洛因909克,并亲自或指使卜秀芳贩卖海洛因,其行为构成贩卖、运输毒品罪。赵新文贩卖海洛因753.651克,其行为构成贩卖毒品罪。陈佳嵘、赵新文进行毒品犯罪的数量大,且系再犯,应从重处罚。鉴于陈佳嵘协助公安机关抓获了同案犯赵新文,有重大立功表现,对其判处死刑,可不立即执行。审判决和二审裁定认定的事实清楚,证据确实、充分,定罪准确,审判程序合法,对赵新文量刑适当,对陈佳嵘量刑不当。依照《中华人民共和国刑事诉讼法》第一百九十九条、最高人民法院《关于执行〈中华人民共和国刑事诉讼法〉若干问题的解释》第二百八十五条第(一)项、第(三)项及《中华人民共和国刑法》第三百四十七条第二款第(一)项、第三百五十六条、第四十八条第一款、第五十七条第一款、第六十八条第一款和最高人民法院《关于处理自首和立功具体应用法律若干问题的解释》第五条的规定,判决如下:

1. 核准江苏省高级人民法院(2004)苏刑终字第355号维持一审以贩卖毒品罪判处被告人赵新文死刑,剥夺政治权利终身,并处没收个人全部财产的刑事裁定;

2. 撤销江苏省高级人民法院(2004)苏刑终字第355号刑事裁定和南京市中级人民法院(2004)宁刑初字第124号刑事判决中对被告人陈佳嵘的量刑部分;

3. 被告人陈佳嵘犯贩卖、运输毒品罪,判处死刑,缓期两年执行,剥夺政治权利终身,并处没收个人全部财产。

二、裁判要旨

No.6-7-347-26 已归案的犯罪分子协助公安机关抓捕其他犯罪人的,无论其协助行为所起作用大小,均应认定为立功。

已归案的犯罪分子协助公安机关抓捕其他犯罪嫌疑人,构成立功的条件有两个:(1)客观上有无协助公安机关抓捕其他犯罪嫌疑人的行为;(2)协助行为对抓捕其他犯罪嫌疑人是否起到了作用。至于协助行为对于抓捕其他犯罪嫌疑人所起作用的大小,司法解释并未规定,也未要求。也就是说,对于已归案的犯罪分子协助抓获其他犯罪嫌疑人的,只要协助行为对抓捕其他犯罪嫌疑人确实起到了作用,无论所起作用大小,都应认定为立功。换言之,协助行为对抓捕其他犯罪嫌疑人所起作用的大小,并不影响立功的成立。

在本案中,被告人赵新文归案前,公安机关虽然对其采取了电话监控措施,但这种监控措施力度有限,不足以防止赵新文脱离监控而逃匿。一旦赵新文察觉或怀疑陈佳嵘被公安机关抓获,其完全可能逃匿,从而脱离监控,增加抓捕难度。正是出于这种考虑,公安机关才在陈佳嵘归案后,让其给赵新文打电话"报平安"和向其提出再购买毒品。事实上,陈佳嵘的行为对于稳住赵新文,防止其逃匿以及对公安机关顺利实施抓捕均起到了一定的积极作用。因此,陈佳嵘配合公安机关给赵新文打电话"报平安"及提出再向其购买毒品的行为,实质上是一种协助抓捕行为,而且该协助行为对于抓捕赵新文客观上起到了一定的积极作用,符合协助抓捕型立功的条件,应当认定为立功。赵新文因所犯罪行被判处死刑,属于重大犯罪嫌疑人,故应认定陈佳嵘的协助行为构成重大立功。在刑罚适用上,虽然陈佳嵘贩卖、运输的毒品数量大,且系毒品罪再犯,论罪应当判处死刑立即执行,但考虑到陈佳嵘有重大立功的法定从轻处罚情节,对其判处死刑,可不立即执行。

案例:李惠元贩卖毒品案

案例来源:《刑事审判参考》总第46集[第364号]

主题词:贩卖毒品　毒品含量　从轻处罚

一、基本案情

被告人李惠元,男,1948年9月5日出生,无职业。1981年3月因犯盗窃罪被判处有期徒刑三年,1998年5月11日因贩卖毒品罪被判处有期徒刑两年,并处罚金人民币一万元。因涉嫌犯贩卖毒品罪于2004年1月19日被逮捕。

福建省厦门市中级人民法院经审理查明:2003年11月至12月间,被告人李惠元先后两次从广东省惠来县购得海洛因50克、100克携带回福建省厦门市后,单独或通过杨沁秋(同案被告人,已判刑)贩卖给陈桂洲(同案被告人,已判刑)。同年12月18日晚7时许,被告人李惠元从广东省惠来县购得海洛因后乘车返回厦门市时,在漳厦高速公路杏林收费站出口处被公安机关抓获,公安机关当场从其随身携带的黑色手提袋内缴获海洛因302.2克。

2003年12月19日晚10时许,陈芳(另案处理,已判刑)将被告人李惠元存放在二人租住的厦门市钱炉灰埕横巷15号房里的海洛因取出贩卖给他人时,被公安机关抓获,当场缴获海洛因146克。

厦门市中级人民法院认为:被告人李惠元贩卖海洛因598.2克,其行为已构成贩卖毒品罪。李惠元曾因贩卖毒品被判过刑,应从重处罚。依照《中华人民共和国刑法》第三百四十七条第二款第一项、第三百五十六条的规定,判决如下:

被告人李惠元犯贩卖毒品罪,判处死刑,剥夺政治权利终身,并处没收个人全部财产。

一审宣判后,被告人李惠元不服,提出上诉称,其是应陈桂洲所托而带毒品,从中只获得约定的补贴每克10元,原判认定其从中获利有悖常理;其主观恶性小,毒品没有流入社会造成危害,请求改判。李惠元的辩护人认为:原判事实不清,证据不足,请求从轻处罚。

福建省高级人民法院经审理认为:李惠元为牟取非法利益,明知海洛因是国家禁止的毒品而非法进行贩卖或销售活动,其行为已构成贩卖毒品罪。其贩卖海洛因598.2克,数量大,又系毒品再犯,依法应从重处罚。原判认定的事实清楚,证据确实、充分,定罪准确,量刑适当,审判程序合法。依照《中华人民共和国刑事诉讼法》第一百八十九条第(一)项的规定,裁定如下:驳回上诉,维持原判。

福建省高级人民法院依法将本案报请最高人民法院核准。

最高人民法院经复核后认为:被告人李惠元贩卖海洛因 598.2 克的行为,已构成贩卖毒品罪。贩卖毒品数量大,又系毒品再犯,应依法从重处罚。一审判决和二审裁定认定的事实清楚,证据确实、充分,定罪准确。审判程序合法。鉴于李惠元贩卖的毒品含量较低,对其判处死刑,可不立即执行。依照《中华人民共和国刑事诉讼法》第一百九十九条和最高人民法院《关于执行〈中华人民共和国刑事诉讼法〉若干问题的解释》第二百八十五条第(三)项、《中华人民共和国刑法》第三百四十七条第二款第(一)项、第四十八条第一款、第五十七条第一款的规定,判决如下:

1. 撤销福建省高级人民法院和厦门市中级人民法院刑事判决中对被告人李惠元的量刑部分;

2. 被告人李惠元犯贩卖毒品罪,判处死刑,缓期两年执行,剥夺政治权利终身,并处没收个人全部财产。

二、裁判要旨

No.6-7-347-27 贩卖毒品大量掺假,毒品的含量较低的,在量刑时可以酌情从轻处罚;掺假后毒品数量达到判处死刑标准的,可不判处死刑立即执行。

对于查获的毒品有证据证明大量掺假,经鉴定查明毒品含量极少,确有大量掺假成分的,在处刑时应酌情考虑。特别是掺假之后毒品数量才达到判处死刑的标准的,对被告人可不判处死刑立即执行。本案被告人李惠元贩卖海洛因的次数多、数量大,又系再犯,本应依法从重处罚。但本案查获的 302 克海洛因经鉴定含量仅为 3.98%,由陈芳经手贩卖、李惠元存放在其租住处的 146 克海洛因亦未作含量鉴定,另外 150 克海洛因被李惠元贩卖销售,因李惠元购买的海洛因均系从同一地点向同一人购买的,从有利于被告人的权益考虑,未作含量鉴定的和被其销售的海洛因亦应按被查获的经鉴定的海洛因含量 3.98%计算。李惠元贩卖的海洛因共计 598.2 克,经计算,不足纯海洛因 24 克,这与法律规定和最高人民法院掌握的判处死刑的标准有较大差距。鉴于李惠元贩卖的毒品含量较低,对其判处死刑,可不立即执行,故最高人民法院在复核本案时对李惠元改判了死缓。

案例:宋国华贩卖毒品案

案例来源:《刑事审判参考》总第 46 集[第 365 号]

主题词:购买毒品 数量巨大 购毒者本人吸毒

一、基本案情

被告人宋国华,男,1956 年 1 月 18 日出生,汉族,初中文化,无业。1998 年 3 月 20 日因犯贩卖毒品罪被判处有期徒刑十个月,同年 10 月 5 日刑满释放。2003 年 9 月 14 日被重庆市公安局强制戒毒,同年 10 月 20 日因涉嫌犯贩卖毒品罪被逮捕。

重庆市第一中级人民法院经审理查明:2003 年 8 月中旬,被告人宋国华与同案被告人江涛约定,宋国华向江涛购买海洛因 900 克,并支付了毒资款人民币 10 万元。同年 9 月中旬,江涛指挥同案被告人徐惠莉、陈小芽采取人体藏毒的方式携带海洛因 900 克到重庆。同年 9 月 12 日,徐惠莉、陈小芽携带海洛因从云南省保山市出发,次日晚抵达重庆,并根据江涛的安排入住长城宾馆 407 房间。尔后,徐惠莉打电话将宾馆及房间号告诉江涛。同月 14 日凌晨,徐惠莉打电话告诉江涛,她与陈已排出部分毒品,江涛即电话通知宋国华到长城宾馆 407 房间取毒品。宋国华接通知后到长城宾馆 407 房间从徐惠莉处取走海洛因 586 克,藏匿于本市南岸区南坪东路 526 号 3 单元 5-1 号家中。14 时许,宋国华又接江涛电话通知后驾车至长城宾馆附近公路边,徐惠莉按江涛电话通知到此将海洛因 314 克交给宋国华,宋、徐二人当即被公安人员抓获,当场从宋国华的车内查获毒品海洛因 314 克。随后,又在长城宾馆 407 房间将陈小芽抓获。宋国华归案后,主动交代其家中藏匿有海洛因,公安机关据宋的交代,从其住处查获海洛因 586 克,并从其借用的重庆市南岸区南坪金山路 52 号 9-2 号的房间内搜查出天平秤、搅拌器、铁器具等物品。同年 9 月 15 日,江涛在云南被公安机关抓获。

重庆市第一中级人民法院认为:被告人宋国华曾因犯贩卖毒品罪被判刑,刑满释放后不思悔改,以贩卖为目的而购买900克高纯度海洛因,其行为已构成贩卖毒品罪。公诉机关指控的事实和罪名成立。被告人宋国华贩卖毒品数量大且系毒品再犯,应从重处罚。关于被告人宋国华提出,其购买毒品是自己吸食,不是为了贩卖,不构成贩毒罪的辩解以及其辩护人提出宋国华的行为构成非法持有毒品罪,不构成贩卖毒品罪的辩护意见,经查,被告人宋国华曾因贩毒被判刑,本案案发后从宋国华的借住处查获加工毒品的工具以及本案所查获的毒品数量大、纯度高,足以认定宋国华是为了贩毒而购买毒品,应以贩卖毒品罪追究其刑事责任。故此辩解、辩护意见不能成立。被告人宋国华归案后主动交代其家中藏匿的586克海洛因并提供上家的线索以及认罪态度好等属实,其交代毒品的藏匿地点以及上家的线索属认罪态度问题,不能认定有立功表现;宋国华贩卖毒品数量大、纯度高,其认罪态度不足以对其从轻处罚。故其辩护人提出宋有立功表现、请求对其从轻处罚的辩护意见不予采纳。依照《中华人民共和国刑法》第三百四十七条第二款第(一)项、第五十七条第一款、第五十九条的规定,于2004年4月1日判决如下:

被告人宋国华犯贩卖毒品罪,判处死刑,剥夺政治权利终身,并处没收财产人民币十万元。

一审宣判后,宋国华不服,向重庆市高级人民法院提出上诉称:其购买海洛因是用于自己及家人吸食而非贩卖,属非法持有毒品,请求依法改判。其辩护人亦提出原判定性不当,宋国华的行为属非法持有毒品。

重庆市高级人民法院经二审审理认为:上诉人宋国华以贩卖为目的购买海洛因900克,其行为已触犯我国《刑法》第三百四十七条第二款第(一)项的规定,犯贩卖毒品罪,且贩卖毒品数量大,又是毒品犯罪的再犯,依法应予从重处罚。宋国华有贩毒前科,又一次性购买大量的高纯度毒品,还拥有毒品加工工具,明显具有将所购买的毒品加工贩卖的意图,故宋国华上诉提出其购买海洛因是用于自己及家人吸食而非贩卖,属非法持有毒品的上诉理由及其辩护人提出的原判决定性不当,宋国华的行为属非法持有毒品的辩护意见不能成立。依照《中华人民共和国刑事诉讼法》第一百八十九条第(一)项的规定,裁定如下:驳回上诉,维持原判。

重庆市高级人民法院依法将此案报请最高人民法院核准。

最高人民法院经复核认为:鉴于被告人宋国华及其子均系吸毒成瘾者,且查获的其藏匿铁器具已锈蚀严重,现有证据尚不足以证明其购买毒品的目的是为了贩卖。宋国华购买大量海洛因并非法持有的行为,已构成非法持有毒品罪。依照《中华人民共和国刑法》第三百四十八条的规定,判决如下:

被告人宋国华犯非法持有毒品罪,判处无期徒刑,剥夺政治权利终身,并处没收财产人民币十万元。

二、裁判要旨

No. 6-7-347-28 购买毒品数量巨大,有证据表明行为人系吸毒者的,应以非法持有毒品罪论处。

对于贩卖毒品中转手倒卖毒品的与非法持有毒品中购买较大以上数量毒品,以满足自身或者他人吸毒需要的,客观行为表现亦有相似之处,即形式上同样都是向他人购买而取得毒品。两罪不同点是贩卖毒品罪对涉毒的数量和犯罪主体没有要求,而非法持有毒品罪必须是达到非法持有鸦片200克以上、海洛因或者甲基苯丙胺10克以上或者其他毒品数量较大的,并且已满16周岁的自然人。

区分贩卖毒品罪与非法持有毒品罪,重要的不在于对数量和犯罪主体的要求上,关键在于行为人的主观故意。如果行为人购买毒品的目的是出于贩卖,或者有证据证明行为人是为了贩卖而去购买毒品,构成贩卖毒品罪;如果行为人是因为沾染吸毒恶习后,为满足其吸毒需要,非法购买较大以上数量毒品,或者有证据证明行为人不是以营利为目的,为他人代买仅用于吸食的毒品,数量达到较大以上数量的,则构成非法持有毒品罪。

在没有充分的证据足以证明宋国华购买毒品是为了以贩养吸的情况下,认定宋国华构成贩卖毒品罪的证据不足,而其购买海洛因用于吸食的证据较为充分,应认定构成非法持有毒品罪。

案例:张玉梅等贩卖毒品案

案例来源:《刑事审判参考》总第 46 集[第 367 号]

主题词:毒品犯罪　死刑复核　量刑　毒品掺假

一、基本案情

被告人张玉梅,女,1950 年 11 月 8 日出生,初中文化,下岗工人。因涉嫌犯贩卖毒品罪,于 2004 年 2 月 7 日被逮捕。

被告人刘玉堂,男,1966 年 3 月 6 日出生,小学文化,农民。因涉嫌犯贩卖毒品罪,于 2004 年 2 月 7 日被逮捕。

被告人李永生,男,1963 年 6 月 4 日出生,汉族,文盲,农民。因涉嫌犯贩卖毒品罪,于 2004 年 2 月 7 日被逮捕。

蚌埠市中级人民法院经公开审理查明:2003 年 12 月,被告人张玉梅以电话与家住临泉县的刘玉堂联系,欲从刘玉堂处购买海洛因。同年 12 月 30 日,张玉梅与孙玉超从蚌埠市赶到临泉县,张玉梅与刘玉堂商定次日在阜阳市进行交易,之后,刘玉堂电话与李永生联系,要李永生准备毒品。次日上午,张勇按照其姐张玉梅的要求租车将 166000 元人民币送到阜阳市交给张玉梅。同日上午,刘玉堂邀约刘玉春一起从临泉县到了阜阳市李永生租住的房间内,刘玉春到后去街上闲逛,刘玉堂和李永生在房间内加工毒品,将掺入配料的毒品压成三个圆形块状,连同没有用完的配料装入一只纸袋中。随后,刘玉堂携带两小包毒品样品到阜阳市碧春茶楼一房间内,交给在此等候的张玉梅、孙玉超验货,张玉梅用锡箔纸烤试后同意要货。刘玉堂又返回李永生的租住处,将加工好的毒品交给在阜阳市碧春茶楼等候的张玉梅、孙玉超,张玉梅将 68800 元人民币交给刘玉堂。张玉梅携带装有海洛因的红色纸袋来到新世纪广场将海洛因交给其弟张勇准备带回蚌埠时,被公安人员抓获。当场从张玉梅、张勇手中缴获海洛因 657 克及配料 103. 5 克,刘玉堂、李永生、孙玉超、刘玉春亦先后被公安人员抓获。

另查,2000 年下半年至 2001 年初,吸毒人员顾彪通过殷玉红,以每克人民币 300 元的价格,先后两次从被告人张玉梅处购买了 8 克海洛因。

蚌埠市中级人民法院认为:被告人张玉梅、刘玉堂、李永生等人,共同贩卖海洛因 657 克,其行为均构成贩卖毒品罪。在共同犯罪中,张玉梅起意贩毒,主动联系刘玉堂,要其胞弟张勇用出租车运送巨资购买海洛因,行为积极主动,系主犯,应依法惩处。其辩称购买毒品是给其儿子吸食,目的是为了帮助儿子戒毒的理由不能成立。此外,张玉梅还向他人贩卖 8 克海洛因,其贩卖海洛因的总数应认定为 665 克。被告人刘玉堂在贩卖毒品的共同犯罪中,行为积极主动,系主犯,应依法惩处。其辩护人提出的,本案所涉毒品的数量是大量掺假后的数量的辩护意见不予采信。被告人李永生在共同犯罪中提供掺配加工毒品的配料,掺配加工毒品,利用他人拎送毒品,行为积极主动,系主犯,其辩护人提出,毒品含量的鉴定真实性存在问题的意见不予采信。依照《中华人民共和国刑法》第三百四十七条第二款的规定,判决如下:

被告人张玉梅、刘玉堂、李永生犯贩卖毒品罪,分别判处死刑,剥夺政治权利终身,并处没收个人全部财产。

一审宣判后,张玉梅、刘玉堂、李永生不服,均向安徽省高级人民法院提出上诉。

被告人张玉梅上诉提出:(1)购买毒品是给其儿子吸食,目的是为了帮助儿子戒毒,不是为了贩卖毒品;(2)购买毒品的数量应为 130 克,查获的 657 克毒品是掺了配料的重量;(3)没有通过殷玉红向顾彪贩卖 8 克海洛因;(4)南京市公安局对毒品含量的鉴定不客观。其辩护人除提出与张玉梅上诉理由相同的辩护意见外,还提出,张玉梅购买海洛因的行为应是非法持有毒品罪;毒品含量的鉴定应以二审期间委托上海市毒品检验中心的鉴定为准;张玉梅有检举他人盗窃经查证属实的立功行为,要求对张玉梅从轻处罚。被告人刘玉堂上诉提出:其在共同犯罪中处于次要地位,系从犯,要求从轻处罚。其辩护人除提出与刘玉堂上诉理由相同的辩护意见外,还提出根据上海市毒品检验中心的鉴定,刘玉堂参与贩卖的毒品大量掺假,且犯罪后能如实供述其犯罪事实,要求对刘玉堂予以改判。李永生上诉提出:毒品是刘玉堂和刘玉春带来的,其只提供了掺假的配料,在共同犯罪中是从犯,且查获的毒品数量是大量掺假后的数量,毒品未流入社会,要求对其从轻处罚。其辩护人除提出与李永生上诉理由相同的辩护意见外,还提出认定李永生提供毒品并加工的证据不足,要求对李永生从轻处罚。

安徽省高级人民法院经审理查明:一审判决认定的事实清楚,证据确实充分,予以确认。对张玉梅的上诉理由及其辩护人的辩护意见,经查,张玉梅为贩卖而购买毒品,有同案上诉人刘玉堂供述证明张玉梅购买毒品想挣点钱;证人殷玉红、顾彪、宫世峰、胡家萍证明张玉梅多次贩毒,其辩称购买毒品是为了其儿子戒毒无证据证明,不予采信。公安人员抓获张玉梅、张勇时查获毒品海洛因 657 克,应予认定,其辩称只购买 130 克海洛因,不予采信。关于张玉梅通过殷玉红向吸毒人员顾彪贩卖 8 克海洛因,有殷玉红、顾彪的证言证实,且能相互印证,应予认定。关于其提出南京市公安局对毒品含量鉴定不客观的理由,二审审理期间,上海市毒品检验中心对该毒品的含量重新鉴定,鉴定结论经二审庭审质证,其辩护人提出的毒品含量的鉴定应以上海市毒品检验中心的鉴定结论为准的辩护意见应予采纳,但该鉴定的毒品含量均不属于"毒品含量极少"的情形,且毒品的数量不以纯度折算,不能因此减轻其罪责。张玉梅检举他人盗窃两辆电动车虽经查证属实,但不属于重大立功,不足以减轻其罪责,故对张玉梅上诉及其辩护人要求对张玉梅从轻处罚的意见不予采纳。

对刘玉堂上诉理由及其辩护人提出的辩护意见,经查,刘玉堂在共同犯罪中和张玉梅商谈毒品买卖事宜,联系李永生共同贩卖海洛因,将毒品的样品和大量毒品分次交由张玉梅,收取资金,其行为积极主动,为主犯,其辩称是从犯的理由不能成立。根据上海市毒品检验中心的鉴定结论,刘玉堂参与贩卖的毒品不属于"毒品含量极少"的情形,不足以影响对刘玉堂的量刑,其犯罪后如实供述犯罪事实一节,亦不能因此减轻其罪责,故对刘玉堂上诉及其辩护人要求对刘玉堂予以改判的意见不予采纳。

对李永生上诉理由及其辩护人提出的辩护意见,经查,李永生辩称毒品是刘玉堂、刘玉春带来的,无事实依据,不予采信。李永生在共同犯罪中提供毒品并进行加工的行为,有刘玉堂的供述予以证实,且李永生亦作过与刘玉堂的供述相互印证的供述,应予认定,其在共同犯罪中的行为积极主动,系主犯,其辩称是从犯的理由不予采纳。虽然查获的毒品的数量是掺假后的数量,根据法律规定毒品的数量不以纯度计算,毒品未流入社会,不足以减轻其罪责,故对李永生及其辩护人要求对李永生从轻处罚的理由不予采纳。

安徽省高级人民法院经审理认为:被告人张玉梅、刘玉堂、李永生贩卖海洛因的行为,均已构成贩卖毒品罪,且贩卖毒品数量大,在共同犯罪中,张玉梅、刘玉堂、李永生系主犯,均应从重处罚。一审判决认定的事实清楚,证据确实充分,定罪准确,量刑适当。审判程序合法。依照《中华人民共和国刑事诉讼法》第一百八十九条第(一)项的规定,于 2005 年 7 月 25 日裁定如下:

1. 驳回三被告人上诉,维持原判;

2. 安徽省高级人民法院依法将此案报请最高人民法院核准。

最高人民法院认为:被告人张玉梅、刘玉堂、李永生贩卖海洛因的行为,均已构成贩卖毒品罪。贩卖毒品数量大,应依法惩处。一审判决和二审判决认定的事实清楚,证据确实、充分,定罪准确,审判程序合法。鉴于本案的具体情况,对张玉梅、刘玉堂、李永生判处死刑,可不立即执行。依照《中华人民共和国刑事诉讼法》第一百九十九条和最高人民法院《关于执行〈中华人民共和国刑事诉讼法〉若干问题的解释》第二百八十五条第(三)项、《中华人民共和国刑法》第三百四十七条第二款第(一)项、第四十八条第一款、第五十七条第一款的规定,判决如下:

1. 撤销蚌埠市中级人民法院(2004)蚌刑初字第 65 号和安徽省高级人民法院(2005)皖刑终字第 170 号刑事判决中对被告人张玉梅、刘玉堂、李永生的量刑部分。

2. 被告人张玉梅犯贩卖毒品罪,判处死刑,缓期两年执行,剥夺政治权利终身,并处没收个人全部财产。

3. 被告人刘玉堂犯贩卖毒品罪,判处死刑,缓期两年执行,剥夺政治权利终身,并处没收个人全部财产。

4. 被告人李永生犯贩卖毒品罪，判处死刑，缓期两年执行，剥夺政治权利终身，并处没收个人全部财产。

二、裁判要旨

No. 6-7-347-29 在毒品犯罪中，对于毒品有大量掺假的，在量刑时应酌情考虑，判处死刑的，可不判处死刑立即执行。

毒品的数量不以纯度折算。但对于查获的毒品有证据证明大量掺假，经鉴定查明毒品含量极少，确有大量掺假成分的，在处刑时应酌情考虑。特别是掺假之后毒品的数量才达到判处死刑的标准的，对被告人可不判处死刑立即执行。

在本案中，关于缴获的毒品中的海洛因含量，蚌埠市公安机关委托南京市公安局鉴定结论为，655.4 克海洛因含量为 69%，1.2 克海洛因含量为 30%，0.4 克海洛因含量为 86%。二审期间，三被告人均对海洛因的含量提出异议，要求对海洛因的含量重新鉴定，经一审法院委托上海市毒品检验中心鉴定，结论为：649.45 克海洛因含量为 17.33%，1.04 克海洛因含量为 16.66%，0.25 克海洛因含量为 36.31%。3 名被告人所从事的毒品海洛因犯罪，虽然在数量上多达 650 余克，但考虑到毒品有大量掺假，海洛因含量只有 17.33%，虽然不属于毒品含量极少的情形，但毕竟折合成纯海洛因后只有 110 余克，以此判处 3 名被告人死刑显属不妥当，最高人民法院从贯彻少杀、慎杀的刑事政策出发，结合本案的具体情况，改判被告人张玉梅、刘玉堂、李永生死缓是完全正确的。

案例：梁国雄等贩卖毒品案

案例来源：《刑事审判参考》总第 47 集[第 373 号]

主题词：受雇转移毒品　毒品犯罪　自首　立功

一、基本案情

被告人梁国雄，男，1954 年 11 月 2 日出生，香港居民。因涉嫌犯贩卖毒品罪，于 2002 年 11 月 7 日被刑事拘留，同年 12 月 12 日被逮捕。

被告人周观杰，男，1970 年 1 月 27 日出生，香港居民。因涉嫌犯贩卖毒品罪，于 2002 年 11 月 8 日被刑事拘留，同年 12 月 12 日被逮捕。

被告人曹美凤，女，1971 年 8 月 29 日出生，汉族，湖南省衡阳市人。因涉嫌犯贩卖毒品罪，于 2002 年 11 月 9 日被刑事拘留，同年 12 月 12 日被逮捕。

被告人刘育明，男，1963 年 2 月 14 日出生，香港居民。因涉嫌犯贩卖毒品罪，于 2002 年 11 月 9 日被刑事拘留，同年 12 月 12 日被逮捕。

被告人赵海祥，男，1975 年 3 月 22 日出生，浙江省诸暨市人。1994 年因犯抢夺罪被广州市荔湾区人民法院判处有期徒刑四年，1998 年 4 月 29 日刑满释放。因本案，于 2002 年 11 月 9 日被刑事拘留，同年 12 月 12 日被逮捕。

广东省深圳市中级人民法院经审理查明：2002 年 11 月 7 日上午，被告人梁国雄为了牟利，根据香港人“阿鼻”(真实姓名不详，未归案)的指示，到深圳市远东大酒店对面的麦当劳餐厅，从一毒贩处接到装有 7 块海洛因的背包，带回其在深圳市的住处向西村西区 85 号 603 室。当日下午 2 时许，梁国雄接到“阿鼻”关于送两块毒品给接货人的指示后，遂与接取毒品的被告人周观杰取得联系，约定了交接的时间和地点后，梁国雄拿出其中两块海洛因绑在一起，装进一只咖啡色的塑料袋内，和其女友被告人曹美凤一起来到深圳市春风路春风茶餐厅。当周观杰到达该餐厅并从梁国雄手上接过装有海洛因的咖啡色塑料袋并走出门外时，被公安人员人赃俱获。后经鉴定，缴获的海洛因净重 1100 克，含量为 100%。同时，梁国雄也在餐厅内被抓获，曹美凤趁乱逃脱。随即，公安人员在周观杰的住处深圳市翠盈嘉园东座 612 号房内，搜出咖啡因 4 包，后经鉴定，净重 3500 克；海洛因两小包，后经鉴定，净重 11.6 克；甲基苯丙胺两小包，后经鉴定，净重 16.9 克，含甲基苯丙胺成分；烟叶状物 1 包，后经鉴定，净重 2 克，含四氢大麻酚、大麻酚成分；蓝色药片 11 粒，后经鉴定，净重 2.4 克，含米达唑仑成分；电子秤 2 台。

被告人曹美凤脱逃后,立即联系梁国雄的好友被告人刘育明,并在刘育明住处向西村向贵楼20H室,密谋由刘育明寻找买家,将梁国雄放在住处的其余5块海洛因出卖。刘育明通过他人与黄国柱(香港居民,在逃)取得联系后,于当天晚上11时许,在深圳市中兴路一茶餐厅内,商定以每块8万元港币的价格成交,待黄国柱将海洛因出售后再付款。刘育明将商定的条件告知曹美凤,并获得其同意。然后,黄国柱因担心梁国雄的住处被监视,而叫来被告人赵海祥,让赵为其到梁国雄的住处去取一只黑色背包,并答应事成后给赵海祥人民币1.2万元。刘育明、赵海祥及黄国柱一同来到深圳市向西村西区85号楼下,刘育明将曹美凤交给他的钥匙给了赵海祥,并交代赵海祥黑色背包放在卧室的衣柜内,如房子被查封就不要入内。赵海祥用钥匙开门后进入603室,在卧室的衣柜内寻找黑色背包未果,后在梳妆台旁找到一只黑色背包,打开看见内有几包白色粉末,其中一包写有一个"喱"字,便打电话给黄国柱问是否就是这包东西,黄国柱叫赵海祥拿下来再说。赵海祥遂将这只装有6包咖啡因(净重4900克)的背包拿下来交给刘育明和黄国柱后即离去。刘育明、黄国柱将该背包带回刘育明的住处与曹美凤查看时,发现拿到的只是咖啡因。刘育明、曹美凤、黄国柱又马上回到向西村西区85号楼下,由刘育明在下面望风,曹美凤与黄国柱进入603室,拿到装有5块海洛因的背包后立即逃离。黄国柱将5块海洛因,6包咖啡因全部拿走。同年11月8日晚,公安人员将曹美凤抓获归案。曹美凤归案后协助公安人员将刘育明抓获。刘育明归案后,于次日凌晨带领公安人员将赵海祥抓获归案。

次日凌晨3时许,刘育明为配合公安人员抓获黄国柱及缴回毒品,经公安人员安排,用手提电话与黄国柱取得联系,假称其朋友要买1块海洛因约黄国柱在深圳市黄贝岭牌坊见面。公安人员遂带刘育明到约定地点进行布控。当黄国柱驾车来到约定地点后,即让刘育明上车并立即驶离,脱离了公安人员的控制。刘育明与黄国柱见面后,黄国柱将1块海洛因交还给刘育明,刘育明即带海洛因到深圳市刑警支队投案。交回的海洛因经鉴定,净重540克,含量为100%。公安机关根据刘育明提供的黄国柱的手机号和黄的活动情况调查,于同月11日中午,查明了黄国柱的住处,经对其住处进行搜查,查获海洛因4块,经鉴定,净重2710克,含量为100%;咖啡因6包,净重 4900克。

深圳市中级人民法院认为,被告人梁国雄、周观杰为牟利为贩毒分子交接毒品,被告人刘育明、曹美凤直接将毒品卖给其他贩毒分子,其行为均已构成贩卖毒品罪。被告人赵海祥为牟利,明知是毒品而帮助转移,其行为构成转移毒品罪。深圳市人民检察院指控的事实清楚,证据充分,指控被告人梁国雄、周观杰、刘育明、曹美凤犯贩卖毒品罪罪名成立,但指控被告人赵海祥犯贩卖毒品罪不当。被告人梁国雄、周观杰、刘育明、曹美凤均系主犯,但曹美凤具有协助公安机关抓获同案人刘育明的重大立功表现,依法可以从轻处罚。被告人刘育明具有自首和重大立功表现,依法应减轻处罚。被告人赵海祥受指使帮助转移了毒性较轻的毒品,犯罪情节较轻,但其系累犯,具有从重处罚的情节。

依照《中华人民共和国刑法》第三百四十七条第二款第(一)项、第三百四十九条、第二十六条第四款、第五十六条、第五十七条、第六十五条、第六十七条、第六十八条之规定,作出如下判决:

1. 被告人梁国雄犯贩卖毒品罪,判处死刑,剥夺政治权利终身,并处没收个人全部财产。

2. 被告人周观杰犯贩卖毒品罪,判处死刑,剥夺政治权利终身,并处没收个人全部财产。

3. 被告人曹美凤犯贩卖毒品罪,判处无期徒刑,剥夺政治权利终身,并处没收个人全部财产。

4. 被告人刘育明犯贩卖毒品罪,判处有期徒刑十年,剥夺政治权利三年,并处罚金人民币五万元。

5. 被告人赵海祥犯转移毒品罪,判处有期徒刑八个月。

宣判后,被告人梁国雄、刘育明、赵海祥均服判不上诉。被告人周观杰、曹美凤不服,分别提出上诉。被告人周观杰及其辩护人提出:一审判决认定其是主犯的证据不足,其仅是为他人交接毒品,是从犯,在其住处查获的毒品是他人的,对这部分毒品应定非法持有毒品罪,请求二审对其从轻处罚。被告人曹美凤提出:不知梁国雄在住处藏有毒品,也不知梁国雄被抓,是刘育明提出将梁国雄藏在家里的毒品卖掉,刘育明在犯罪中比其作用大。同时,其协助司法机关抓获刘育明,具有重大立功表现,应比照刘育明从轻处罚。

广东省高级人民法院经审理认为,被告人梁国雄、周观杰为牟利为贩毒分子交接毒品,被告人曹美凤、刘育明直接将毒品卖给其他贩毒分子,其行为均已构成贩卖毒品罪,且贩卖毒品数量大,应依法惩处。被告人赵海祥为牟利,明知是毒品而帮助转移,其行为构成转移毒品罪。被告人梁国雄、周观杰积极参与犯罪,在犯罪中起主要作用,是主犯。被告人曹美凤、刘育明在共同犯罪中共同提起犯意,事先密谋,刘育明主动联系买方,交接毒品二人均起主要作用,均系主犯。曹美凤归案后,协助公安机关抓获了同案人刘育明,有重大立功表现,依法可以从轻处罚。被告人刘育明归案后,协助公安机关抓获了同案人赵海祥且在公安人员对其失去控制的情况下,带着540克海洛因主动到公安机关投案,并提供了同案人的住处及活动情况,使得公安人员从同案人的住处查缴海洛因2710克,具有自首和重大立功情节,依法应减轻处罚。被告人赵海祥受指使帮助转移毒品,犯罪情节较轻,可以从轻处罚。原审认定事实清楚,证据充分,定罪准确,量刑适当,审判程序合法。上诉人周观杰、曹美凤及其辩护人提出的辩护意见经查均不能成立,不予采纳。依照《中华人民共和国刑事诉讼法》第一百八十九条第(一)项、第一百九十九条、第二百条之规定,裁定驳回上诉,维持原判。并就对被告人梁国雄、周观杰的死刑裁定,依法报请最高人民法院核准。

最高人民法院经复核认为,被告人梁国雄、周观杰为牟利分别为买卖毒品的双方接取毒品的行为,构成贩卖毒品罪,且二被告人均系独立完成接取毒品的行为,贩卖毒品数量大,应依法惩处。一审判决和二审裁定认定的事实清楚,证据确实、充分,定罪准确,量刑适当。审判程序合法。依法核准广东省高级人民法院维持一审对被告人梁国雄、周观杰以贩卖毒品罪判处死刑,剥夺政治权利终身,并处没收个人全部财产的刑事裁定。

二、裁判要旨

No.6-7-347-30 受雇佣帮助他人转移毒品的,不构成毒品犯罪共犯的,应以转移毒品罪论处。

由于被告人赵海祥一直坚持说黄国柱没有对他说明要拿的东西是什么,他本人不吸毒,对毒品没有认识,而黄国柱没有归案,刘育明供述称没有仔细听黄国柱是如何交代赵海祥的,他本人没有对赵海祥说过是去取毒品,故现有证据不能直接证明赵海祥在事前就明知黄国柱让他去取的是毒品。但是,从现有证据可以推断被告人赵海祥明知是毒品而帮助转移。因为赵海祥是正常的成年人,且以为歌舞厅拉客为常业,经常在娱乐场所厮混,对毒品应当有一定程度的认知。当黄国柱出1.2万元的高价要其将一只背包从楼上取下来,且交代他如房子被封了就不要进去,他上楼后,在楼上打开背包时已看到内有白色粉末,为此打电话问黄国柱是不是这包东西。从上述情况分析,赵海祥应当意识到黄国柱要其取的是毒品。但是,因现有证据无法证实赵海祥知道刘育明和黄国柱有交易毒品的情况,也无法证实或推断出赵海祥明知黄国柱取得毒品后的目的是走私、贩卖还是运输,故不宜认定赵海祥和黄国柱是共犯。从赵海祥应当明知是毒品而为黄国柱将毒品从原藏放的地点取出拿走,其主观故意和客观行为都符合《刑法》第三百四十九条规定的为犯罪分子转移毒品罪的特征。因此,对赵海祥应定转移毒品罪。

No.6-7-347-31 被告人归案后,在协助公安人员抓捕在逃毒犯的过程中,在公安人员对归案被告人失去控制的情况下,被告人自动投案,成立自首。

刑法和司法解释关于自首的规定,并未对何时才能投案予以时间上的限制。已经被通缉的犯罪嫌疑人可以实施投案行为,已经被抓获的犯罪嫌疑人脱逃后也可实施投案行为,已经被采取强制措施的犯罪嫌疑人如果主动交代司法机关尚未掌握的不同种罪行,也可以投案自首论处。因此,实践中不论是侦查人员让犯罪嫌疑人去协助抓获其他犯罪嫌疑人,还是该犯罪嫌疑人脱逃,只要其能够再到司法机关投案,就应认定其具有投案行为,如果能够如实供述所犯罪行,就应认定其具有投案自首情节。因此,一审判决和二审裁定认定被告人刘育明的行为构成投案自首是正确的。

No. 6-7-347-32 被告人归案后及时提供毒品同案犯的住处和活动情况,使公安机关查缴大量毒品从而防止了毒品重大危害的,应当认定为立功。

本案被告人刘育明虽协助司法机关去抓捕毒品买主黄国柱,但因黄国柱的狡猾而摆脱了公安人员的控制,未能将黄国柱抓获归案,因此,不能认定刘育明具有协助司法机关抓捕其他犯罪嫌疑人的立功表现,同时,因黄国柱与其是同案犯,也不属于提供侦破其他案件重要线索的立功。但是,刘育明及时提供黄国柱的住址和活动情况,使得公安人员从黄国柱的住处查获已被黄控制的2710克海洛因和4900克咖啡因,使已经卖出的毒品全部被追回,防止了这部分毒品流入社会后危害人类,刘育明的行为符合最高人民法院《关于处理自首和立功具体应用法律若干问题的解释》第七条,关于"犯罪分子对国家和社会有其他重大贡献等表现的,应当认定为有重大立功表现"的规定,一、二审法院认定其具有重大立功情节是正确的。

No. 6-7-347-33 公诉机关未认定被告人具有自首、立功情节的,人民法院可以直接认定。

量刑情节的事实与定罪事实的证明标准和程序应当是有所不同的,对被告人定罪事实的认定,应贯彻严格证明标准,而对被告人量刑情节事实的认定,可实行优势证明标准。程序上,因对自首和立功的认定,属于对被告人有利情节的认定,为避免诉讼资源的浪费和审限的拖延,在侦查机关出具了经查证属实的证明材料后,人民法院可直接自由裁量。

案例:李靖贩卖、运输毒品案

案例来源:《刑事审判参考》总第49集[第392号]

主题词:毒品犯罪 累犯 再犯

一、基本案情

被告人李靖,男,1953年6月11日出生,初中文化,无业。1988年12月27日因犯盗窃罪被判处有期徒刑十四年,1989年3月因病监外执行;1991年11月9日因犯贩卖毒品罪被判处有期徒刑十五年,与前罪尚未执行完毕的刑罚实行并罚,决定执行有期徒刑二十年,1995年6月因病监外执行。因本案于2005年3月2日被收监。

陕西省西安市中级人民法院经审理查明:2004年6月份以来,被告人李靖多次从贵州省贵阳市购买海洛因,运输回西安市进行贩卖。2005年3月2日凌晨4时许,当被告人李靖再次携带海洛因从贵阳市返回西安市莲湖区自强西路光学测量仪器厂家属院门口时,被公安人员抓获。当场从其身上查获海洛因175.5克。

西安市中级人民法院认为,被告人李靖因贩卖毒品罪判过刑,在前罪刑罚监外执行期间贩卖、运输海洛因175.5克,系毒品犯罪的再犯,应依法从重处罚;李靖又系前罪刑罚执行完毕以前重新犯罪,应当数罪并罚。依照《中华人民共和国刑法》第三百四十七条第二款、第三百五十六条、第七十一条、第六十九条、第五十七条第一款之规定,判决如下:

被告人李靖犯贩卖、运输毒品罪,判处死刑,剥夺政治权利终身,并处没收个人全部财产;与前罪未执行完的刑期八年零十个月十三天合并,决定执行死刑,剥夺政治权利终身,并处没收个人全部财产。

宣判后,李靖不服,提出上诉称,原判量刑过重。其辩护人提出,李靖涉案毒品未流入社会,建议从轻处罚。

陕西省高级人民法院经审理认为,被告人李靖贩卖、运输海洛因的行为,已构成贩卖、运输毒品罪,贩卖、运输毒品数量大,且因犯贩卖毒品罪被判过刑,系毒品犯罪的再犯,罪行极其严重,依法应从重处罚;李靖又系前罪刑罚执行完毕以前重新犯罪,应当数罪并罚。其上诉理由不能成立,辩护人的辩护意见不予采纳。原判认定事实清楚,证据确实、充分,定罪准确,量刑适当。审判程序合法。依照《中华人民共和国刑事诉讼法》第一百八十九条第(一)项的规定,裁定驳回上诉,维持原判。

陕西省高级人民法院依法将本案报请最高人民法院核准。

最高人民法院经复核后认为,被告人李靖从贵州省贵阳市购买海洛因运输到陕西省西安市贩卖的行为,已构成贩卖、运输毒品罪。贩卖、运输毒品数量大,应依法惩处。被告人李靖在前罪刑罚执行完毕以前又犯罪,依法应当数罪并罚。一审判决和二审裁定认定的事实清楚,证据确实、充分,定罪准确,审判程序合法。但根据本案的具体情节,对其判处死刑,可不立即执行。依照《中华人民共和国刑事诉讼法》第一百九十九条和最高人民法院《关于执行〈中华人民共和国刑事诉讼法〉若干问题的解释》第二百八十五条第(三)项,《中华人民共和国刑法》第三百四十七条第二款、第四十八条第一款、第五十七条第一款、第七十一条、第六十九条、第五十九条第一款的规定,判决如下:

1. 撤销西安市中级人民法院刑事判决和陕西省高级人民法院刑事裁定中对被告人李靖的量刑部分。

2. 被告人李靖犯贩卖、运输毒品罪,判处死刑,缓期两年执行,剥夺政治权利终身,并处没收个人全部财产;与前罪未执行完毕的刑罚并罚,决定执行死刑,缓期两年执行,剥夺政治权利终身,并处没收个人全部财产。

二、裁判要旨

No.6-7-347-34　因毒品犯罪被判处的刑罚尚未执行完毕又犯贩卖、运输毒品罪的,不应认定为毒品犯罪的再犯。

毒品再犯条款中的被判过刑,虽然没有明确说明是刑罚执行完毕或赦免以后又重新犯罪,也没有说明在刑罚执行过程中又犯毒品犯罪的情形是否属于被判过刑的范畴。但构成累犯的条件,除了被判过刑外,还必须具备刑罚执行完毕或者赦免以后,在五年以内再犯应当判处有期徒刑以上刑罚之罪的条件。刑法关于毒品再犯的规定,除其自身的特别规定外,其他要件必须受刑法关于累犯规定的制约。前罪与后罪的相隔期限,毒品再犯有自身的特别规定,不受累犯关于五年以内这一普遍规定的制约。也就是说,被告人不管在五年以内或者五年以后,只要再犯应当判处有期徒刑以上刑罚的毒品犯罪,就构成毒品再犯。虽然毒品再犯的被判过刑,法律没有明确的特别规定,但作为累犯的特殊情形,应当受刑罚执行完毕或者赦免以后规定的制约。如果被告人在原判刑罚尚未执行完毕以前重新犯罪的,因其不属于刑罚执行完毕或者赦免以后的情形,不能认定为毒品再犯,而只能依法实行数罪并罚。

最高人民法院认为,被告人李靖犯贩卖、运输毒品罪,但不属于《刑法》第三百五十六条规定的再犯,并认为李靖属于可不立即执行死刑的犯罪分子,改判李靖死刑,缓期两年执行。

案例:宋光军运输毒品案

案例来源:《刑事审判参考》总第51集[第405号]

主题词:同案犯在逃　慎用死刑

一、基本案情

被告人宋光军,男,1973年6月14日出生,初中文化,无固定职业,曾因犯抢劫罪(未遂)于2003年2月20日被判处有期徒刑十个月。因涉嫌犯运输毒品罪,于2005年2月25日被逮捕。

福建省泉州市中级人民法院经审理查明:被告人宋光军与同案被告人叶红军(已被判处死刑,缓期两年执行)、杨波(在逃)事先预谋运送毒品到福建省。2005年1月20日,三人携带一内藏有4包海洛因的深蓝色长方形行李包(由宋光军随身携带),乘坐客车从四川省出发,1月23日22时许,抵达福建省石狮市。宋光军与叶红军、杨波转乘闽CT1569号出租车欲将毒品运往福州,途经泉州市城东出城登记站接受例行检查时,宋光军和叶红军被公安人员抓获,当场查获海洛因998克。杨波逃脱。

泉州市中级人民法院认为,被告人宋光军违反国家法律,非法运输毒品海洛因998克,其行为已构成运输毒品罪,且数量大。被告人宋光军曾因犯罪被判处有期徒刑,刑满释放五年内再犯本案之罪,系累犯,应从重处罚。被告人宋光军与同案被告人叶红军在共同犯罪中,没有明显的主次之别,不宜区分主从犯,故被告人宋光军的辩护人提出被告人宋光军是从犯的理由,不予采纳。据此,依照《中华人民共和国刑法》第三百四十七条、第二十五条第一款、第四十八条第一款、第五十七条第一款、第六十五条第一款的规定,判决如下:

被告人宋光军犯运输毒品罪,判处死刑,剥夺政治权利终身,并处没收个人全部财产。

宣判后,宋光军不服,提出上诉,称其对所携带的行李包内藏有毒品不明知。其辩护人提出,本案主犯是负案在逃的杨波。被告人宋光军既非毒品的所有者,也不是犯罪的指挥者,他是在杨波设下圈套引诱之下犯罪,根本不知道是谁于何时将毒品藏于他的行李包中。其犯罪主观恶性相对较小,在共同犯罪中所起的作用较小,属于从犯,依法应当从轻、减轻处罚,并且该毒品也没有流入社会,未造成严重后果。

福建省高级人民法院经审理后认为,被告人宋光军运输毒品海洛因 998 克,其行为已构成运输毒品罪,运输毒品数量大。宋光军曾因犯罪被判处有期徒刑,刑满释放后五年内再犯罪,系累犯,依法应从重处罚。宋光军及其辩护人提出其不知所携带的行李包内藏有海洛因的理由,经查,宋光军、叶红军在公安机关侦查阶段均供述宋光军行李包内藏有海洛因;公安人员例行检查时,宋光军、叶红军及杨波即弃包逃离,故其辩称对于行李包内藏有海洛因不明知的理由不能成立,不予采纳。原判认定事实清楚,证据确凿,定罪准确,量刑适当,审判程序合法。宋光军要求从轻处罚理由不能成立,不予采纳。依照《中华人民共和国刑事诉讼法》第一百八十九条第(一)项规定,裁定驳回上诉,维持原判,并依法报请最高人民法院核准。

最高人民法院经复核后认为,被告人宋光军明知是海洛因而非法予以运输,其行为已构成运输毒品罪,且运输毒品数量大,又系累犯,应依法惩处。一审判决和二审裁定认定的事实清楚,证据确实、充分,定罪准确。审判程序合法。但根据现有证据,不能证明被告人宋光军在共同犯罪中的作用大于同案犯叶红军,对被告人宋光军判处死刑,可不立即执行。依照《中华人民共和国刑事诉讼法》第一百九十九条、最高人民法院《关于执行〈中华人民共和国刑事诉讼法〉若干问题的解释》第二百八十五条第(三)项、《中华人民共和国刑法》第三百四十七条第二款、第四十八条第一款、第五十七条第一款、第五十九条、第二十五条第一款、第六十五条第一款的规定,判决如下:

1. 撤销福建省高级人民法院刑事裁定和福建省泉州市中级人民法院刑事判决中对被告人宋光军的量刑部分;

2. 被告人宋光军犯运输毒品罪,判处死刑,缓期两年执行,剥夺政治权利终身,并处没收个人全部财产。

二、裁判要旨

No. 6-7-347-35 因同案犯在逃而致被告人在共同犯罪中地位、作用不明的,不应判处死刑立即执行。

宋光军、叶红军均明知行李包内藏有毒品海洛因而实施运输行为。但是,在运输毒品行为中,宋光军、叶红军及杨波的地位、作用如何,是本案量刑的关键问题。叶红军供述杨波是毒品的所有人,其与宋光军均受雇于杨波。由于杨波在逃,三人在共同运输毒品中的地位和作用,难以查清。宋光军虽是携毒者,但不能因为毒品在谁包里就推定谁的地位更重要、作用更大。判断共犯所处的地位和作用,必须全面分析。据叶红军供述,叶是受杨波指令监视宋光军的。从监视与被监视的关系看,叶红军的地位有可能高于宋光军。但这方面的证据不足,仅有叶红军一人的供述。因此,宋光军、叶红军在共同犯罪中的地位与作用,根据现有证据尚不足以认定。在叶红军已被判处死缓且裁判已经生效的情况下,一、二审法院对被告人宋光军判处死刑,立即执行,在两被告人之间很可能出现量刑失衡问题。宋光军虽系累犯,但因其所犯前罪为犯罪未遂,且不属毒品再犯,根据本案的具体情节,对宋光军判处死刑,可不立即执行。据此,最高人民法院改判宋光军死缓,既与本案事实、证据相符合,也与叶红军的量刑相平衡。

案例:练永伟等贩卖毒品案

案例来源:《刑事审判参考》总第52集[第413号]

主题词:共同犯罪　家庭成员　死刑适用

一、基本案情

被告人练永明,男,1966年6月10日出生,初中文化,个体经营服装。1996年8月因犯贩卖毒品罪被判处有期徒刑三年六个月。因涉嫌犯贩卖、运输毒品罪,于2004年11月26日被逮捕。

被告人吴兵,男,1968年5月6日出生,初中文化,无业。1988年4月因犯抢劫罪被判处有期徒刑七年;1996年4月又因犯流氓罪被判处有期徒刑六年,2000年9月25日被减刑后释放。因涉嫌犯贩卖、运输毒品罪,于2004年11月26日被逮捕。

被告人练永伟,男,1963年7月7日出生,小学文化,无业。因涉嫌犯贩卖、运输毒品罪,于2004年11月26日被逮捕。

被告人刘宏伟,男,1966年1月28日出生,初中文化,无业。1997年12月因犯贩卖毒品罪被判处有期徒刑八年,并处罚金五千元,2003年5月17日刑满释放。因涉嫌犯贩卖、运输毒品罪,于2004年11月26日被逮捕。

被告人苏楚文,男,1955年9月24日出生,小学文化,无业。1978年4月因犯破坏社会治安罪被判处有期徒刑七年;1994年因犯盗窃罪被判处有期徒刑三年;1998年6月又因犯贩卖毒品罪被判处有期徒刑三年,并处罚金两千元,2000年10月1日刑满释放。因涉嫌犯贩卖、运输毒品罪,于2004年11月26日被逮捕。

被告人鲜报,男,1966年11月14日出生,初中文化,公司职员。因涉嫌犯贩卖毒品罪,于2004年11月26日被逮捕。

被告人杨宗明,男,1965年11月30日出生,初中文化,无业。2001年2月因犯贩卖毒品、罪被判处有期徒刑两年,并处罚金两千元,2002年10月14日刑满释放。2004年11月15日因犯非法持有毒品罪被逮捕。

被告人凃强,男,1964年8月15日出生,小学文化,无业。1983年11月因犯抢劫罪和脱逃罪被判处死刑缓期两年执行,剥夺政治权利终身,2004年减刑后释放,并附加剥夺政治权利七年。因涉嫌犯运输毒品罪,于2004年11月26日被逮捕。

江苏省无锡市中级人民法院经审理查明:2004年3月至10月,被告人练永明先后纠集了被告人吴兵、练永伟、刘宏伟、苏楚文和杨宗明、鲜报、凃强及陈民福(在逃)等人,组成了集购买、运输、储藏、贩卖于一体的贩毒网络。练永明在重庆市负责联系购买毒品海洛因,并安排人员运送至上海市、无锡市进行出售;练永伟在重庆市受练永明的指使取回练永明购买的海洛因,并负责将海洛因交给练永明安排的人员逐批运送,同时购买并提供从重庆市至上海市的火车票;刘宏伟和杨宗明、凃强、陈民福相继在练永明的安排下负责运输海洛因;吴兵在练永明的安排下,在上海市、无锡市负责接收和出售海洛因,并将回笼的赃款通过异地存储或委托运送毒品人员返程时带回等方式交给练永明;苏楚文受吴兵的指使在无锡市负责接收和出售海洛因;鲜报在练永明、吴兵的安排下,在无锡市的租住处储藏、中转海洛因。具体事实如下:

1. 2004年3月,练永明与刘绍波(在逃)联系后,指使练永伟在重庆市沙坪坝区天心桥车站附近从刘绍波处取回购得的海洛因1500克。后练永伟根据练永明的安排,在该区妇幼保健站附近将海洛因连同火车票交给杨宗明,由杨乘火车运送至上海市,转交给吴兵贩卖。

2. 2004年4月,练永明与刘绍波联系后,指使练永伟在重庆市沙坪坝区天心桥车站附近从刘绍波处取回购得的海洛因约2000克。后练永伟根据练永明的安排,于4月8日在该区妇幼保健站附近将海洛因连同火车票交给杨宗明,由杨乘火车将海洛因运送至上海市,准备转交给吴兵贩卖。同月10日,杨宗明到达上海市后,在吴兵租住地上海市共和新路1865弄2号602室附近被公安机关抓获,当场缴获海洛因 1959.01克。

3. 2004年7月,练永明与刘绍波联系后,指使练永伟在重庆市沙坪坝区烈士陵园旁的加油站附近从刘绍波处取回购得的海洛因2000克。后吴兵先后3次从练永伟的住处提取海洛因

2000 克运至无锡市,先储藏于鲜报在无锡市的租住处,后用于贩卖。

4. 2004 年 9 月中旬,练永明与刘绍波联系后,指使练永伟在重庆市沙坪坝区天心桥车站附近从刘绍波处取回购得的海洛因 3000 克。根据练永明的安排,练永伟于同月 14 日在都市花园某洗脚馆内将其中的 2000 克海洛因连同火车票交给刘宏伟,由刘宏伟从重庆市乘火车将海洛因于同月 16 日运输至无锡市,并根据吴兵的安排,在无锡市金城医院附近将海洛因交给吴兵派去的苏楚文。吴兵接收到海洛因后取走 1200 克贩卖,将剩余的 800 克储藏于鲜报在无锡市的租住处,后用于贩卖。

5. 2004 年 9 月下旬,练永明与刘绍波联系后,指使练永伟在重庆市沙坪坝区烈士陵园加油站附近从刘绍波处取回购得的海洛因 9000 克放于自己家中。同月 28 日,练永伟根据练永明的安排,在重庆市师范学院门口将其中的 2000 克海洛因连同火车票交给刘宏伟,由刘宏伟乘火车将海洛因于 30 日运输至无锡市,在无锡市金城医院附近交给吴兵派去的苏楚文。苏楚文将上述毒品全部储藏在鲜报在无锡市的租住处,后用于贩卖。

6. 2004 年 9 月 30 日,练永伟根据练永明的安排,在重庆市沙阳路供电局缴费站附近将 2000 克海洛因连同火车票交给陈民福,由陈乘火车于 10 月 2 日将海洛因运送至无锡市,在无锡市金城医院附近交给吴兵。吴兵、苏楚文当即取走部分海洛因贩卖,将剩余的 700 克海洛因储藏于鲜报在无锡市的租住处,用于日后贩卖。

7. 2004 年 10 月 8 日,练永伟根据练永明的安排,在重庆市第三中学门口将 2000 克海洛因连同火车票交给刘宏伟,由刘乘火车于同月 10 日将海洛因运送至无锡市,在无锡市金城医院附近交给吴兵派去的苏楚文。后吴兵取走 100 克贩卖,将剩余的 1900 克海洛因储藏于鲜报在无锡市的租住处,用于日后贩卖。

8. 2004 年 10 月 22 日,练永伟根据练永明的安排,在重庆市第八中学附近将 2000 克海洛因连同火车票交给陈民福,由陈乘火车于同月 24 日将海洛因运送至无锡市,在无锡市的金城医院附近交给吴兵。后吴兵、苏楚文分别取走 1200 克和 100 克贩卖,将剩余的 700 克海洛因储藏于鲜报在无锡市的租住处,用于日后贩卖。

9. 2004 年 10 月 24 日,练永伟根据练永明的安排,在重庆市第八中学附近将 2817 克海洛因连同火车票交给刘宏伟、涂强,由刘、涂二人乘火车于同月 26 日将海洛因运送至无锡市,在无锡市的金城医院附近交给吴兵派去的苏楚文。苏楚文将其中的 500 克海洛因直接用于贩卖,将其余的 2317 克海洛因带至鲜报在无锡市的租住处储藏。鲜报将其中的 2000 克海洛因藏匿于其妹妹鲜小群的住处,准备用于日后贩卖。同月 29 日,公安机关从鲜报、鲜小群处查获海洛因 2317 克。

10. 2004 年 10 月 27 日,练永伟根据练永明的安排,在重庆市沙坪坝区武装部招待所附近将 2008 克海洛因连同火车票交给刘宏伟,由刘乘火车运送至上海市欲转交给吴兵贩卖。同月 29 日,刘宏伟在上海市火车站被公安机关抓获,当场缴获其随身携带的海洛因 2008 克。

此外,被告人练永明自 2001 年 2 月起即在无锡市、常州、上海市一带从事贩卖海洛因的犯罪活动。自 2001 年 2 月起至 2003 年 1 月,练永明单独或指使他人分别向刘兴军、王伟煌、林艺(均已判刑)、邓国富(在逃)贩卖海洛因共 8 次计 902 克;2004 年 7 月练永明还伙同被告人练永伟向唐荣龙(已判刑)贩卖海洛因 500 克。被告人吴兵也曾于 2002 年 7 月 22 日在无锡市兴业招待所向王伟煌贩卖海洛因 100 克。

综上所述,被告人练永明纠集他人共同贩卖、运输海洛因 10 次共计 20284.01 克,此外还单独或伙同他人贩卖海洛因 9 次计 1402 克;被告人吴兵直接运输或者安排人员接收海洛因 8 次计 16317 克,并亲自贩卖或指使苏楚文、杨宗明贩卖,此外还单独贩卖海洛因 1 次 100 克;被告人练永伟在练永明指使下,参与运输及贩卖海洛因 11 次计 20784.01 克;被告人刘宏伟参与运输海洛因 5 次计 10825 克;被告人苏楚文受吴兵的指使,4 次在无锡市接收海洛因计 8817 克,并贩卖海洛因 1436 克。案发后,公安机关共缴获海洛因 6381.01 克,其余毒品均已流入社会。

无锡市中级人民法院认为,被告人练永明不满足于零星贩卖海洛因而纠集被告人吴兵、练永伟、刘宏伟、苏楚文、鲜报、杨宗明、凃强等人,组成贩卖海洛因的犯罪集团,有组织地贩卖、运输大宗海洛因。被告人练永明、吴兵、练永伟、杨宗明的行为均已构成贩卖、运输毒品罪;被告人苏楚文、鲜报的行为均已构成贩卖毒品罪;被告人刘宏伟、凃强的行为均已构成运输毒品罪。且各被告人贩卖、运输海洛因的数量均达到且明显超过《中华人民共和国刑法》第三百四十七条第二款第(一)项的法定标准。在犯罪集团中,被告人练永明系起组织、指挥作用的首要分子,应对集团所犯的全部罪行承担刑事责任;被告人吴兵、练永伟、刘宏伟、苏楚文、鲜报、杨宗明均系积极实施的主犯,均应对各自实施的全部犯罪承担刑事责任;被告人凃强起次要作用,系从犯。被告人练永明、刘宏伟、苏楚文、杨宗明曾因犯贩卖毒品罪均被判过刑,又进行毒品犯罪,依照《中华人民共和国刑法》第三百五十六条之规定,均应当从重处罚;被告人吴兵、凃强在前罪有期徒刑以上刑罚执行完毕后的五年内又重新故意犯罪,依照《中华人民共和国刑法》第六十五条第一款之规定均系累犯,均应当从重处罚。综合考察被告人练永明、吴兵、练永伟、刘宏伟、苏楚文、鲜报、杨宗明犯罪的主观恶性及造成的社会危害性,均属罪行极其严重,依法均应予以严惩。被告人凃强虽系累犯,但根据其在集团犯罪中所处的地位和所起的作用,对其判处死刑可不立即执行。被告人杨宗明在刑罚执行期间被发现还有其他罪行没有得到判决,应依照《中华人民共和国刑法》第七十条之规定实行数罪并罚;被告人凃强在前罪主刑执行完毕后的附加剥夺政治权利执行期间又犯新罪,应依照《中华人民共和国刑法》第七十一条之规定实行数罪并罚。

据此,依照《中华人民共和国刑法》第三百四十七条第二款第(一)、(二)项,第二十五条第一款,第二十六条,第二十七条,第四十八条第一款,第六十五条第一款,第三百五十六条,第七十条,第七十一条,第五十七条第一款之规定。于 2005 年 7 月 8 日判决如下:

一、被告人练永明犯贩卖、运输毒品罪,判处死刑,剥夺政治权利终身,并处没收全部财产。

二、被告人吴兵犯贩卖、运输毒品罪,判处死刑,剥夺政治权利终身,并处没收全部财产。

三、被告人练永伟犯贩卖、运输毒品罪,判处死刑,剥夺政治权利终身,并处没收全部财产。

四、被告人刘宏伟犯运输毒品罪,判处死刑,剥夺政治权利终身,并处没收全部财产。

五、被告人苏楚文犯贩卖毒品罪,判处死刑,剥夺政治权利终身,并处没收全部财产。

六、被告人鲜报犯贩卖毒品罪,判处死刑,剥夺政治权利终身,并处没收全部财产。

七、被告人杨宗明犯贩卖、运输毒品罪,判处死刑,剥夺政治权利终身,并处没收全部财产;连同原判刑罚,决定执行死刑,剥夺政治权利终身,并处没收全部财产。

八、被告人凃强犯运输毒品罪,判处死刑,缓期两年执行,剥夺政治权利终身,并处没收财产人民币八万元;连同前罪尚未执行完毕的刑罚,决定执行死刑,缓期两年执行(死刑缓期两年执行的期间,从高级人民法院核准之日起计算),剥夺政治权利终身,并处没收财产人民币八万元。

宣判后,被告人练永明、吴兵、凃强服判,未提出上诉,其余被告人均提出上诉。

江苏省高级人民法院经审理后认为,原审判决认定事实清楚,证据确实充分,定罪正确,审判程序合法。被告人练永明纠集吴兵、练永伟、刘宏伟、苏楚文、杨宗明、鲜报、凃强,贩卖运输大宗海洛因,系共同犯罪。原审判决认定本案被告人为犯罪集团不当。原审判决对杨宗明、鲜报、凃强量刑不当,应予改判。依照《中华人民共和国刑事诉讼法》第一百八十九条第(一)、(二)项和《中华人民共和国刑法》第三百四十七条第二款第(一)、(二)项,第二十五条第一款,第二十六条第一、三款,第二十七条,第四十八条第一款,第六十五条第一款,第三百五十六条,第七十条,第七十一条,第五十七条第一款之规定,于 2006 年 2 月 17 日判决如下:

1. 维持对被告人练永明、吴兵、练永伟、刘宏伟、苏楚文的判决;

2. 维持对被告人杨宗明、鲜报、凃强的定罪,撤销对杨宗明、鲜报、凃强的量刑;

3. 被告人杨宗明犯贩卖、运输毒品罪,判处死刑,缓期两年执行,剥夺政治权利终身,并处没收全部财产;连同原判刑罚,决定执行死刑,缓期两年执行,剥夺政治权利终身,并处没收全部财产。

4. 被告人鲜报犯贩卖毒品罪,判处无期徒刑,剥夺政治权利终身,并处没收全部财产。

5. 被告人凃强犯运输毒品罪,判处无期徒刑,剥夺政治权利终身,并处没收财产人民币八万元;连同前罪尚未执行完毕的刑罚,决定执行无期徒刑,剥夺政治权利终身,并处没收财产人民币八万元。

最高人民法院复核认为,被告人练永明纠集被告人吴兵、练永伟、刘宏伟、苏楚文等人,贩卖、运输海洛因数量特别巨大,吴兵积极参与运输、贩卖海洛因,刘宏伟积极参与运输海洛因,苏楚文积极参与贩卖海洛因,练永伟在练永明指使、安排下积极参与运输、贩卖海洛因,练永明、吴兵、练永伟的行为均已构成贩卖、运输毒品罪,刘宏伟的行为构成运输毒品罪,苏楚文的行为构成贩卖毒品罪。练永明、吴兵、刘宏伟、苏楚文均系主犯,应当按照其所参与的全部犯罪处罚。一、二审判决认定的事实清楚,证据确实、充分,定罪准确。审判程序合法。练永明、刘宏伟、苏楚文曾因犯贩卖毒品罪被判刑,又进行毒品犯罪,系毒品再犯;吴兵因犯罪被判处有期徒刑以上刑罚,刑罚执行完毕后五年内又重新故意犯罪,系累犯,均应依法从重处罚。该四被告人犯罪主观恶性深,罪行极其严重,一、二审判决对其量刑适当。练永伟在练永明的指使和安排下,取回和送出练永明购得的海洛因,参与运输、贩卖,其犯罪行为带有一定被动性。根据其在共同犯罪中实际所起的作用,以及主观恶性程度,对其判处死刑,可不立即执行。依照《中华人民共和国刑事诉讼法》第一百九十九条和《最高人民法院关于执行〈中华人民基和国刑事诉讼法〉若干问题的解释》第二百八十五条第(一)项、第(三)项,《中华人民共和国刑法》第三百四十七条第二款第(一)项,第二十五条第一款,第二十六条第一款、第四款,第六十五条第一款,第三百五十六条,第四十八条第一款,第五十七条第一款的规定,判决如下:

1. 核准江苏省高级人民法院刑事判决维持一审以贩卖、运输毒品罪判处被告人练永明、吴兵死刑,剥夺政治权利终身,并处没收全部财产;以运输毒品罪判处被告人刘宏伟死刑,剥夺政治权利终身,并处没收全部财产;以贩卖毒品罪判处被告人苏楚文死刑,剥夺政治权利终身,并处没收全部财产的部分。

2. 撤销江苏省高级人民法院和无锡市中级人民法院刑事判决中对被告人练永伟的量刑部分。

3. 被告人练永伟犯贩卖、运输毒品罪,判处死刑,缓期两年执行,剥夺政治权利终身,并处没收全部财产。

二、裁判要旨

No.6-7-347-36 家庭成员参与共同犯罪,依法均可判处死刑的,一般不宜对所有家庭成员判处死刑立即执行。

对于一个家庭中有数名成员参与犯罪的死刑适用,已不单纯是法律问题,还涉及政策问题。虽然刑法及司法解释中没有对数名家庭成员共同犯罪,且罪行均极其严重的,对各被告人不宜均判处极刑作出相应的规定,但从法律效果和社会效果的有机统一出发,判处死刑不能不考虑我国社会的传统人情伦理观念,基于人道主义,在司法实践中,对于家庭成员共同犯罪的,可以根据各成员的地位、作用及对社会的危害程度,尽量有所区别,一般情况下不宜全部适用死刑立即执行。本案中对共同实施犯罪的练氏兄弟中地位相对较低、作用相对较小的练永伟判处死刑,缓期两年执行,既严惩了犯罪不会出现轻纵罪犯的不良后果,体现了法律的威严,也容易得到广大群众对于法院判决的理解和支持,有利于达到法院裁判的法律效果和社会效果的有机统一。

案例:田嫣等贩卖毒品案

案例来源:《刑事审判参考》总第52集[第414号]

主题词:犯罪分子 亲属代为立功 量刑

一、基本案情

被告人田嫣,曾用名田小妹,女,1963年8月21日出生,汉族,初中文化,无业。因涉嫌犯贩卖毒品罪,于2005年6月2日被逮捕。

被告人崔永林,男,1973年2月1日出生,汉族,初中文化,农民。因涉嫌犯贩卖毒品罪,于

2005年6月2日被逮捕。

被告人孔昊,男,1982年1月30日出生,汉族,大学文化,无业。因涉嫌犯贩卖毒品罪,于2005年6月2日被逮捕。

被告人黄径舟,男,1982年11月1日出生,汉族,高中文化,无业。因涉嫌犯贩卖毒品罪,于2005年6月2日被逮捕。

被告人李剑波,曾用名李界锋,男,1982年2月22日出生,汉族,高中文化,无业。因涉嫌犯贩卖毒品罪,于2005年6月2日被逮捕。

云南省昆明市中级人民法院经审理查明:2005年4月26日11时许,被告人田嫣将毒品甲基苯丙胺4480克交给被告人孔昊贩卖。被告人孔昊在昆明市金龙百货停车场以人民币37万元将该批毒品贩卖给被告人黄径舟、李剑波。被告人黄径舟、李剑波又将该批毒品贩卖给被告人崔永林。被告人崔永林接到毒品后,在昆明市汇都国际酒店停车场被公安人员抓获,当场查获崔永林在逃跑时丢弃的毒品甲基苯丙胺4480克。当日下午,被告人田嫣、孔昊携带甲基苯丙胺4500克准备再次贩卖给被告人黄径舟、李剑波。公安人员在昆明市交三桥十字路口分别抓获被告人田嫣和孔昊,并缴获甲基苯丙胺4500克和其收取的毒资人民币37万元。同时,在昆明市金格购物中心抓获被告人黄径舟、李剑波。

云南省昆明市中级人民法院认为:被告人田嫣、崔永林、孔昊、黄径舟、李剑波贩卖毒品,其行为均已构成贩卖毒品罪。在共同犯罪中,被告人田嫣提供毒品贩卖,是主犯,应依法惩处。被告人崔永林购买毒品的行为,社会危害性相对较小,可酌情从轻处罚。被告人孔昊居间介绍,起次要作用,是从犯,依法应从轻处罚。被告人黄径舟、李剑波居中加价倒卖,社会危害严重,依法应从重处罚。据此,依照《中华人民共和国刑法》第三百四十七条第二款第(一)项、第二十五条、第二十六条、第二十七条、第四十八条、第五十七条第一款、第六十四条之规定,判决如下:

1. 被告人田嫣犯贩卖毒品罪,判处死刑,剥夺政治权利终身,并处没收个人全部财产;

2. 被告人崔永林犯贩卖毒品罪,判处死刑,缓期两年执行,剥夺政治权利终身,并处没收个人全部财产;

3. 被告人黄径舟犯贩卖毒品罪,判处死刑,缓期两年执行,剥夺政治权利终身,并处没收个人全部财产;

4. 被告人李剑波犯贩卖毒品罪,判处死刑,缓期两年执行,剥夺政治权利终身,并处没收个人全部财产;

5. 被告人孔昊犯贩卖毒品罪,判处无期徒刑,剥夺政治权利终身,并处没收个人财产人民币两万元。

一审宣判后,被告人田嫣、崔永林、孔昊、黄径舟、李剑波分别向云南省高级人民法院提出上诉。被告人田嫣上诉提出,有亲属代为立功的情节,一审没有体现,归案后能认罪悔罪,原判量刑过重;其辩护人提出田嫣有悔罪表现,有亲属代为立功的事实,且另外的4500克毒品应认定为犯罪未遂。被告人孔昊上诉提出,应当考虑其亲属代为立功的情节,予以从轻处罚;其辩护人提出孔昊亲属有代为立功的事实,有认罪悔罪表现。被告人黄径舟及其辩护人提出,其在案中起居间介绍作用,系从犯、偶犯,请求从轻处罚。被告人李剑波上诉提出,其在侦查期间有立功表现,一审没有认定该立功情节,原判量刑过重;其辩护人提出认定李剑波居中加价倒卖毒品的证据不足,且有立功情节及认罪悔罪表现,请求从轻处罚。被告人崔永林上诉提出原判认定事实不清,认定其贩卖毒品的证据不足,应对其宣告无罪;其辩护人提出现有在案证据不能充分证实崔永林有贩卖毒品的行为,应宣告崔永林无罪。

云南省公安厅禁毒局向二审法院提交了证明:被告人田嫣到案后,其亲属向公安机关提供他人犯罪线索,抓获贩毒嫌疑人一人,缴获毒品海洛因11780克;被告人孔昊到案后,其亲属向公安机关提供他人犯罪线索,抓获贩毒嫌疑人一人,缴获毒品海洛因11060克。

检察机关出庭意见为:本案五被告人贩卖毒品的犯罪事实清楚,证据确实充分,定罪准确,各被告人均构成贩卖毒品罪,指控罪名成立。关于崔永林的无罪辩解,检察机关认为,本案是现场抓获案件,有现场扣押毒品的物品清单、证人证言等证据证实崔永林贩卖毒品的事实清楚。关于田嫣、孔昊亲属代立功的问题,检察机关认为,亲属立功不是犯罪人本身的立功,对被告人从轻处罚无法律依据。在本案中,田嫣是毒品卖主,贩卖毒品数量大,是主犯,应承担全部责任;孔昊、黄径舟、李剑波居间介绍,是本案从犯;崔永林是毒品买主,一审量刑适当。建议驳回各被告人的上诉,维持原判。

云南省高级人民法院经审理认为:上诉人田嫣、崔永林、孔昊、黄径舟、李剑波贩卖毒品的事实清楚属实,该事实有二审庭审质证的证据予以证实,其行为均已构成贩卖毒品罪,且贩卖毒品数量大,均应依法予以惩处。上诉人田嫣、孔昊在案中是毒品的卖方,其中田嫣是毒品的货主,提供了本案中用于交易的全部毒品,并决定毒品卖出的价格,指使孔昊为其分批交付毒品、收取毒资,田嫣是本案的主犯,应对全案承担罪责;孔昊负责联系买主并帮助实施毒品交易,起辅助作用,是从犯,应当从轻处罚。上诉人崔永林、黄径舟、李剑波是毒品的买方,其中崔永林是买方,提供购毒款,决定毒品的买入价格,并通过非法交易最终获取了毒品,也是本案主犯,应对自己购买的4480克甲基苯丙胺负责;黄径舟、李剑波替崔永林联系毒品卖主并帮助实施购买,亦属本案从犯,也应当从轻处罚,但二人在帮助贩毒中还向毒品买主高报价格,赚取价差利润,其行为比仅起居间介绍的情节严重。关于控辩双方提出上诉人田嫣、孔昊携带的第二批欲交易的4500克毒品甲基苯丙胺尚未卖出,应属犯罪未遂的观点,不能成立。因为贩卖毒品既包括非法转手倒卖或者自行制造、自行销售毒品的行为,也包括行为人以贩卖为目的,非法获取毒品的行为。案中第二批4500克甲基苯丙胺,上诉人田嫣以贩卖毒品为目的,已经从他人处获取了该批毒品,正在实施贩卖行为的过程中被现场查获,其贩卖毒品的犯罪形态已完成,故一审判决对其犯罪形态的认定并无不当,贩卖4500克毒品属犯罪未遂的观点本院不予采纳。关于上诉人田嫣、孔昊及其二人的辩护人提出"代立功"从轻处罚的问题,因为刑法规定的立功主体必须是被告人本人,上诉人田嫣、孔昊归案后并没有提供任何其他案件线索,也没有其他立功表现,以案发数月后他人实施的行为代替自己立功并据此对被告人从轻处罚于法无据,对该上诉理由及辩护意见不予采纳。上诉人黄径舟及其辩护人提出黄径舟系从犯,原判量刑过重的上诉理由和辩护意见,有事实和法律依据,予以采纳。上诉人李剑波及其辩护人提出李剑波归案后有立功情节的事实,经庭审查证属实,本院予以确认,李亦属从犯,依法可以从轻处罚,但其在案中负责联系买主并带买主进行毒品交易,其作用相对于黄径舟要大,鉴于李剑波有立功情节,处罚结果应与黄径舟相当。上诉人孔昊,根据其在犯罪中的地位、作用,系从犯,归案直至一审宣判后表示认罪悔罪等情节,依法可对其从轻处罚。关于崔永林及其辩护人提出指控崔永林构成贩卖毒品罪的证据不足,应宣告无罪的上诉理由和辩护意见,经庭审当庭举证、质证的证据足以证实崔永林出资购买甲基苯丙胺4480克的事实,崔永林的上诉理由不能成立,宣告无罪的请求不予支持。

综上,上诉人田嫣和崔永林贩卖毒品数量大,是共同犯罪中的主犯,属罪行极其严重的犯罪分子,均应依法从严惩处。但崔永林贩卖毒品数量较田嫣少,罪该判处死刑,可不予立即执行。原判认定的事实清楚,证据确实充分,定罪准确,审判程序合法,但对上诉人孔昊、黄径舟、李剑波量刑偏重。据此,依照《中华人民共和国刑事诉讼法》第一百八十九条第(一)、(二)项之规定,判决如下:

1. 维持昆明市中级人民法院刑事判决对被告人田嫣、崔永林的定罪量刑部分。

2. 撤销昆明市中级人民法院刑事判决对被告人黄径舟、李剑波、孔昊的量刑部分。

3. 上诉人黄径舟犯贩卖毒品罪,判处无期徒刑,剥夺政治权利终身,并处没收个人全部财产。

4. 上诉人李剑波犯贩卖毒品罪,判处无期徒刑,剥夺政治权利终身,并处没收个人全部财产。

5. 上诉人孔昊犯贩卖毒品罪,判处有期徒刑十五年,并处没收个人财产人民币两万元。

二、裁判要旨

No.6-7-347-37 被告人亲属代为立功的,不构成刑法上的立功,但可以作为酌定从轻情节在量刑时予以适当考虑。

被告人亲友的代为立功是不能认定为被告人立功的,因为根据《刑法》的规定,构成刑法意义上的立功是有主体条件限定的,即只有犯罪分子包括被采取强制措施的犯罪嫌疑人、被告人和正在服刑的罪犯才存在刑法意义上的立功。因此,对完全与犯罪分子无关、纯粹由犯罪分子亲友实施的立功行为,不能认定为犯罪分子的立功表现。当然,亲友代为立功作为一种对社会有益的行为,应当给予一定的鼓励和奖励,考虑到被告人亲友系出于帮助被告人减轻罪责的动机才代为立功的,虽然不能认定为被告人有立功表现作为法定从轻情节,但将亲友代为立功作为酌定从轻情节在量刑时予以适当考虑,是符合我国刑事政策精神的。

本案被告人田嫣、孔昊到案后,二被告人的亲属为使审判机关在裁判时对被告人从宽处理,向公安机关提供他人犯罪线索,使得公安机关抓获其他犯罪嫌疑人,破获重大案件,该事实已经查证属实,应当属于被告人亲属代为立功。因为不是被告人田嫣、孔昊本人的立功行为,故不能认定为立功,可以作为酌定情节在量刑时予以考虑。

二审法院根据二被告人犯罪的具体情况,充分考虑了其亲友代为立功的情节,鉴于田嫣所犯罪行极其严重,孔昊已经从轻处罚,对这一情节没有予以从轻也是可以的。需要指出的是,为有利于打击社会危害严重的毒品犯罪,维护社会安定,对犯罪分子亲友代为立功的行为,司法机关在没有据之对犯罪分子从轻量刑情况下,应当根据相关规定对实施立功行为的人员予以一定奖励,以保护人民群众检举、揭发犯罪,同犯罪现象作斗争的积极性。

案例:王某贩卖毒品案

案例来源:《刑事审判参考》总第 54 集[第 430 号]

主题词:毒品含量与成分　量刑　多种类毒品犯罪

一、基本案情

被告人王某,男,1964 年 4 月 27 日出生,汉族,大学文化,无业。因涉嫌犯贩卖毒品罪,于 2004 年 1 月 13 日被逮捕。

一审人民法院经审理查明:2002 年和 2003 年春节期间,被告人王某先后两次卖给张某(同案被告人,已判刑)杜冷丁针剂共计 3000 支,重 300 克。

2003 年 11 月末,被告人王某应张某要求,欲再购买 2000 支杜冷丁针剂。同年 12 月 5 日,王某到某市购买了海洛因针剂 8150 支,替苯丙胺(MDA)2777 粒。次日 15 时许,王某在途经省高速公路某收费站时,被公安人员查获。经鉴定,王某共携带海洛因针剂 8150 支,重 815 克,摇头丸 2777 粒,重 833.1 克。

一审人民法院认为,被告人王某明知是毒品而非法收买、贩卖,其行为已构成贩卖毒品罪。被告人王某贩卖海洛因针剂 8150 支,计 815 克,替苯丙胺(MDA)2777 粒,计 833.1 克,贩卖杜冷丁针剂 3000 支,计 300 克,属贩卖毒品数量大,应予严惩。依照《中华人民共和国刑法》第三百四十七条第二款第(一)项、第五十七条第一款的规定,于 2004 年 9 月 28 日作出如下判决:

被告人王某犯贩卖毒品罪,判处死刑,剥夺政治权利终身,并处没收个人全部财产。

一审宣判后,王某不服,向省高级人民法院提出上诉称其不知是毒品。其辩护人辩称,一审判决认定王某犯贩卖毒品罪的事实不清,证据不足,适用法律不当,量刑重。

二审法院经审理认为:上诉人王某明知是毒品而非法收买、贩卖,其行为已构成贩卖毒品罪。王某贩卖毒品数量大,经鉴定,每支"海洛因"针剂(100 毫克)中海洛因含量为 9.19 毫克,2777 粒摇头丸中 MDA 含量为 33.79%,对其依法应予惩罚。原判认定的事实清楚,证据确实、充分,定罪准确,量刑适当,审判程序合法。依照《中华人民共和国刑事诉讼法》第一百八十九条第(一)项的规定,裁定如下:驳回上诉,维持原判。

二审法院依法将此案报请最高人民法院复核。

最高人民法院经复核认为:被告人王某贩卖海洛因、杜冷丁、摇头丸的行为构成贩卖毒品罪。贩卖毒品数量大,应依法惩处。一审判决、二审裁定定罪准确,审判程序合法。但鉴于王某检举他人重大犯罪已查证属实等情节,依法应予从轻处罚。依照《中华人民共和国刑事诉讼法》第一百九十九条和最高人民法院《关于执行〈中华人民共和国刑事诉讼法〉若干问题的解释》第二百八十五条第(三)项、《中华人民共和国刑法》第三百四十七条第二款第(一)项、第五十七条第一款的规定,作出如下判决:

1. 撤销二审法院刑事裁定和一审法院刑事判决中对被告人王某的量刑部分;
2. 被告人王某犯贩卖毒品罪,判处无期徒刑,剥夺政治权利终身,并处没收个人全部财产。

二、裁判要旨

No.6-7-347-38 在毒品犯罪中,对毒品是以非常规的形式存在的,应当将其中的毒品含量和成分作鉴定,对毒品含量过低的在量刑时应予以适当考虑,不能简单地以重量认定数量。

毒品的种类繁多,每种毒品都有通常存在的形式,比如海洛因通常是以压成块状的白色粉末状存在,也有部分案件直接以粉末状出现。但是个别时候某类毒品会以较为特殊的形式出现,致使它的成分、含量发生变化,会对量刑产生影响。因此,在毒品犯罪案件中,尤其是在审理被告人可能被判处死刑的毒品犯罪案件时,要特别注意此种情况。

在本案中,公安机关查获的毒品是海洛因针剂,而不是海洛因通常存在的形式,因此,该毒品是混合型毒品还是新型毒品、其主要成分是什么、海洛因含量是多少?都需要通过鉴定加以认定。

根据权威机构的科学试验,海洛因针剂中其他杂质均能溶于水,只有海洛因不溶于水,而其他物质溶入水中又未发生化学变化,没有生成新的毒品,所以本案中的海洛因针剂既不是混合型毒品,也不是新型毒品,只是以非常规形式(液态针剂)出现的海洛因,海洛因针剂中所含的海洛因就是较纯的海洛因。可以看出,这种液体海洛因和常见的固体海洛因不一样,有其自身的特殊性,是依托于大量的水和其他杂质存在的,因此,对这种液体毒品应该做含量鉴定,对毒品含量过低的在量刑时应予适当考虑,不能简单地以重量来认定数量。本案中海洛因的总重量虽已达到815克,但每支针剂(100毫克)中的海洛因的含量仅为9.19毫克,即9.19%。含量很低,这一点在量刑时应予以适当考虑。

No.6-7-347-39 在毒品犯罪中,涉及多种毒品犯罪的,如罪行尚未达到极其严重的情节,一般不应判处死刑。

就本案而言,王某贩卖的毒品种类有海洛因、杜冷丁和替苯丙胺(MDA),其中海洛因毒性最大又有死刑量刑数量标准,而杜冷丁和替苯丙胺(MDA)没有明确的死刑量刑数量标准,量刑时首先要考虑海洛因的数量,再把杜冷丁和替苯丙胺(MDA)的数量作为量刑的从重情节加以考虑。王某贩卖海洛因针剂8150支,虽然总重量达到815克,但海洛因含量仅为9.19%,属于含量极低。根据最高人民法院《关于全国法院审理毒品犯罪工作座谈会纪要》的精神,对毒品含量极低的,处刑时应酌情考虑,一般情况下不宜判处死刑。对于杜冷丁,根据最高人民法院《关于审理毒品案件定罪量刑标准有关问题的解释》的规定,贩卖杜冷丁250克以上(针剂100mg/支规格的2500支以上)、苯丙胺类毒品100克,属于《刑法》第三百四十七条第二款第(一)项规定的其他毒品数量大,可以判处十五年有期徒刑、无期徒刑或者死刑。该案杜冷丁3000支(100毫克/支)重300克,超过了此量刑幅度的起刑点不多;替苯丙胺(MDA)重833.1克,虽大大超过了此量刑幅度的起刑点,但在审判实践中,替苯丙胺(MDA)尚没有明确的判处死刑的数量标准,一般不宜判处死刑立即执行。

据此,最高人民法院复核认为,考虑到被告人王某贩卖的海洛因含量极低,杜冷丁数量刚刚超过其他毒品数量大的标准,替苯丙胺(MDA)缺乏死刑量刑的数量标准,综合涉案三种毒品的犯罪情况,尚未达到罪行极其严重的程度,一般不应判处死刑,同时考虑到被告人具有检举他人重大犯罪已查证属实的情节,在量刑时还应进一步从轻,所以最高人民法院对王某改判无期徒刑是适当的,准确掌握了贩卖多种毒品犯罪案件的量刑原则。

案例:刘守红贩卖、制造毒品案

案例来源:《刑事审判参考》总第110集[第1196号]

主题词:贩卖毒品罪　数量

一、基本案情

2014年11月至12月间,被告人刘守红在其位于苏州市吴江区盛泽镇郎中村的租房内,采用从网上查找资料、购买制毒原料、工具等手段,制造甲基苯丙胺(冰毒)。刘守红在盛泽镇金盛花园小区附近、许金海外科诊所附近,采用电话联系等方式,先后5次向张永山、徐坤、谢继贩卖甲基苯丙胺共计3.75克。同年11月17日,公安人员从刘守红的租房内查获大量白色晶体和不同颜色的液体。经鉴定,净重49.8克的白色晶体中检出甲基苯丙胺成分,其中22.8克含量为74.6%,19.5克含量为73%;净重1326.3克的褐色液体中检出甲基苯丙胺成分,含量为0.003%;净重572.7克的黄色液体中检出甲基苯丙胺成分,含量极低无法鉴定;净重9428.6克的褐色液体中检出麻黄碱成分。

二、裁判要旨

No. 6-7-347-40　毒品成品、半成品的数量应当全部认定为制造毒品的数量,对于无法再加工出成品、半成品的废液、废料则不应计入制造毒品的数量。

本案中,对于检出甲基苯丙胺成分的1326.3克褐色液体(甲基苯丙胺含量为0.003%)和572.7克黄色液体(甲基苯丙胺含量极低、无法鉴定含量)需要进行数量的认定:

对于制造毒品的数量认定,《全国法院毒品犯罪审判工作座谈会纪要》(以下简称《武汉会议纪要》)规定:"制造毒品案件中,毒品成品、半成品的数量应当全部认定为制造毒品的数量,对于无法再加工出成品、半成品的废液、废料则不应计入制造毒品的数量。对于废液、废料的认定,可以根据其毒品成分的含量、外观形态,结合被告人对制毒过程的供述等证据进行分析判断,必要时可以听取鉴定机构的意见。"除结合被告人对制毒过程的供述物品的外观、提取状况等进行分析外,还要根据其毒品含量判断属于半成品还是废液、废料,必要时可以听取鉴定机构的意见。而国内有关技术专家提出,对于制造毒品现场查获的毒品含量在0.2%以下的物质,犯罪分子因受技术水平所限,通常难以再加工出毒品,且从成本角度考虑,犯罪分子也不太可能再对含量如此之低的物质进行加工、提纯,故0.2%的含量标准可以作为认定废液、废料时的参考。

根据有关法律规定及通常做法,本案中,对于查获的1326.3克褐色液体和572.7克黄色液体,应当认定为制毒过程中产生的废液,不应计入被告人刘守红制造毒品的数量。理由如下:第一,上述1326.3克褐色液体的甲基苯丙胺含量极低仅为0.003%,572.7克黄色液体甚至低至无法鉴定出准确含量。无论是从技术水平角度还是从成本角度,都很难再被用于制造毒品。第二,刘守红供述将买来的"原料"加水后放在铁锅铁桶里煮,煮到沸腾之后再冷却,锅(桶)壁上就结了和冰毒一样的东西。公安人员从刘守红的租房内查获的褐色液体装在铁锅里,且甲基苯丙胺含量极低,故应系析出甲基苯丙胺后剩余的液体。第三,查获的572.7克黄色液体的主要成分是酒精,里面含有极微量的甲基苯丙胺。根据刘守红的供述,酒精亦是他制毒的原料"之一,故不排除是在制毒过程中混入了极少量的甲基苯丙胺成分。

综上,应将本案中现场查获的甲基苯丙胺含量极低的液体认定为废液,不计入被告人刘守红制造毒品的数量。

案例:朱海斌等制造、贩卖毒品案

案例来源:《刑事审判参考》总第61集[第486号]

主题词:制造毒品失败　犯罪未遂

一、基本案情

被告人朱海斌,男,1979年1月23日出生,高中文化,无业。因涉嫌犯制造、贩卖毒品罪,于2007年2月3日被逮捕。

被告人倪邦福,男,1982年11月18日出生,中专文化,无业。因涉嫌犯制造、贩卖毒品罪于2007年2月3日被逮捕。

被告人石小龙,男,1985年6月18日出生,初中文化,农民。2003年1月22日因犯盗窃罪被浦江县人民法院判处有期徒刑一年三个月。因涉嫌犯制造、贩卖毒品罪,于2007年2月3日被逮捕。

被告人吴传贵,男,1983年4月27日出生,初中文化,农民。因涉嫌犯制造、贩卖毒品罪,于2007年2月3日被逮捕。

被告人周杰,男,1985年11月3日出生,高中文化,厨师。因涉嫌犯制造、贩卖毒品罪,于2007年2月3日被逮捕。

浙江省浦江县人民法院经审理查明:

1. 2006年6、7月,被告人朱海斌纠集倪邦福、石小龙、吴伟贵,商议制造氯胺酮(俗称"K粉"),以牟取暴利。朱海斌花费10000元从武汉"小李"(身份不明)处购得制造K粉的原材料氯胺酮碱(以下简称"碱")500克,并安排倪邦福、石小龙、吴传贵购买制造K粉的其他工具和物品。之后4人多次制造K粉,均以失败告终。2006年8月,朱海斌等4人用剩余的部分"碱"制造出K粉150克许。因质量不好,有50余克被扔弃,其余大部分供自己或送给他人吸食。

2. 2006年10月25日,被告人朱海斌花费8000元从"小李"处购得"碱"500克交给倪邦福,倪在朱海斌的指导下制造出K粉100余克,除10克贩卖他人外,其余部分因质量不好被扔弃。

3. 2006年10月26日晚,被告人朱海斌和倪邦福利用剩余的"碱"制造出K粉80余克,除部分由被告人石小龙、吴传贵贩卖他人外,其余供自己或送他人吸食。

4. 2006年11月,被告人朱海斌通过周杰等人从王小平(另案处理)取得"碱"50克后交给倪邦福,倪用此制造出K粉20余克,其中六七克被周杰带走,其余供自己吸食。

5. 2006年11月下旬,被告人朱海斌通过周杰以14000元的价格购得"碱"1000克,并交给倪邦福,倪用此先后制造出K粉280余克,由朱海斌、周杰、吴传贵、石小龙等贩卖或吸食。

6. 2006年12月初,被告人朱海斌通过周杰购得"碱"1000克,并交给倪邦福,倪用此先后制造出K粉300余克,其中的112克K粉由朱海斌贩卖,其余部分供自己或他人吸食。

7. 2006年12月20日左右,被告人朱海斌购得500克"碱"交给倪邦福,倪用此制造出K粉200余克。

8. 2006年12月28日凌晨,被告人倪邦福被当场抓获,查获可疑物品、制毒器材若干,从被告人石小龙身上查获白色粉末5包,周杰处查获白色粉末1包。经金华市公安局物证检验,上述可疑物品及白色粉末等均检出氯胺酮成分,其中被告人倪邦福处查获的K粉净重236.8克,石小龙处查获的K粉净重28.6克,周杰处查获的K粉净重15.4克。同日,朱海斌、吴传贵分别被抓获。

浦江县人民法院认为,被告人朱海斌、倪邦福、石小龙、吴传贵以营利为目的,制造、贩卖毒品氯胺酮,共计制造1130余克;被告人周杰明知朱海斌等人制造毒品,仍为其提供制毒原材料并将制造成功后分得的毒品氯胺酮用于吸食和贩卖,共参与制造毒品600余克,五被告人的行为均已构成制造、贩卖毒品罪。关于被告人朱海斌、石小龙、吴传贵提出的"丢弃的140克不应计入毒品数量"的辩解,经查,被告人朱海斌等人以制造毒品为目的,实施了制造毒品的行为,已构成制造毒品罪。其制造的K粉不论是否成功或是否经过检验,其数量均应计入毒品数量,并据此定罪量刑。但现有证据因未提取到制毒原材料实物和未对制成的K粉进行毒品鉴定,不能足以证明从武汉"小李"处购进的制毒原材料的真假,从有利于被告人的角度,依法对该部分制造毒品事实认定为犯罪未遂。故其辩解和辩护意见不予采纳。依照《中华人民共和国刑法》第三百四十七条第二款第(一)项、第三款、第七款,第二十五条第一款,第六十五条第一款,第五十九条,第五十二条,第五十三条,第六十四条之规定,判决如下:

1. 被告人朱海斌犯制造、贩卖毒品罪,判处有期徒刑十三年,并处没收个人财产三万元。

2. 被害人倪邦福犯制造、贩卖毒品罪,判处有期徒刑十一年六个月,并处没收个人财产二万元。

3. 被告人石小龙犯制造、贩卖毒品罪,判处有期徒刑十三年,并处没收个人财产二万元。

4. 被告人吴传贵犯制造、贩卖毒品罪,判处有期徒刑十二年六个月,并处没收个人财产二万元。

5. 被告人周杰犯制造、贩卖毒品罪,判处有期徒刑七年六个月,并处罚金三万元。

6. 缴获的毒品予以没收,在案扣押的用于制毒的工具、用于犯罪使用的通信工具、毒资等均予以没收。

一审宣判后,各被告人均未提出上诉,检察机关亦未抗诉,判决发生法律效力。

二、裁判要旨

No. 6-7-347-41　基于制造毒品的故意着手实行制造毒品的行为,因意志以外的原因未能制造出毒品的,应以制造毒品罪(未遂)论处。

只有制造出具有一定数量的毒品,才构成制造毒品罪的既遂。如果制造毒品失败,即行为人已购入制毒原材料并已开始制造但没有制造出成品的,因缺乏毒品数量要素,制毒行为没有产生法定的犯罪结果,根据《刑法》总则的相关规定,该行为应认定制造毒品罪的未遂。对于此种行为应如何量刑,应结合客观情况进行分析:(1)制造毒品失败的行为系由于制毒原材料大量掺假或制毒工艺存在无法弥补的缺陷等原因,客观上制毒不能成功的情况下,属于不能犯的未遂,因缺乏数量量刑依据,故可结合具体的犯罪情节比照既遂犯从轻或减轻处罚。(2)制造毒品失败的行为系由于制毒手法不熟练等原因,而客观上能够制毒成功的情况下,属于能犯的未遂,该行为的毒品数量能够推算出来,故可结合犯罪数量比照既遂从轻或减轻处罚。具体的毒品数量应根据行为人使用的制毒方法,按照就低不就高的原则来推算。

在本案中,被告人朱海斌等人出于牟取暴利的目的,相约制造毒品氯胺酮,朱海斌还专门学习了制造方法,并邮购了制造氯胺酮的原材料,其他被告人购买了制造氯胺酮所需的无水乙醇(酒精)、盐酸、电子天平秤等工具和物品。虽然制造氯胺酮前期均以失败告终,没有制造出法律要求的毒品,但因朱海斌等人已经着手实施了制造毒品的行为,后续制毒成功的结果说明,该行为可以制造出毒品,制毒失败的行为同样具有社会危害性,应以制造毒品罪(未遂)定罪处罚。具体的量刑数额,应当按照朱海斌等人的制毒方法,结合购买的制毒原材料数量(500 克氯胺酮碱),推算出可能制造出的毒品,并扣除后来制造出的 150 克 K 粉,以此确定既遂犯应适用的法定刑幅度,然后依照未遂的处罚原则量刑。

案例:许实义贩卖、运输毒品案

案例来源:《刑事审判参考》总第 71 集[第 592 号]

主题词:明知　走私　贩卖　运输　制造毒品罪

一、基本案情

被告人许实义,男,1955 年 6 月 3 日出生,无业。2004 年 2 月 24 日因犯贩卖毒品罪被广东省潮州市湘桥区人民法院判处有期徒刑三年,2006 年 3 月 30 日刑满释放。因涉嫌犯贩卖、运输毒品罪,于 2008 年 10 月 28 日被逮捕。

广东省潮州市中级人民法院经审理查明:

1. 2008 年 6 月上旬的一天晚上 7 时左右,被告人许实义在潮州市湘桥区昌黎路文化公园后围墙中段厕所旁将 8 克毒品海洛因贩卖给吸毒人员刘建平(已判刑)、邱岳荣,获得赃款人民币 2400 元。

2. 2008 年 6 月的一天晚上 8 时多,被告人许实义在潮州市区昌黎路文化公园后围墙中段厕所旁将 8 克毒品海洛因贩卖给吸毒人员刘建平、邱岳荣,获得赃款人民币 2400 元。

3. 2008 年 9 月 25 日上午 9 时多,潮州市公安局湘桥区分局根据掌握的情况,在潮州市安黄公路黄金塘附近路段截获被告人许实义,并当场在许实义驾驶的粤 U4S758 摩托车护架内缴获红双喜牌香烟盒一条,内藏毒品海洛因共 509.8 克。

潮州市中级人民法院认为,被告人许实义贩卖、运输毒品海洛因数量大,其行为已构成贩卖、运输毒品罪。被告人许实义前因犯贩卖毒品罪被判处有期徒刑以上刑罚,在刑罚执行完毕后五年内又故意再犯,应当判处有期徒刑以上刑罚之罪,是累犯,应当从重处罚。被告人许实义及其辩护人提出,许实义不知道香烟盒内藏有毒品海洛因,因此不能认定许实义的行为构成运输毒品罪的意见,经查,被告人许实义采用高度隐蔽的方式运输物品,侦查人员从中查获毒品,许实义对此不能作出合理解释,应认定其明知香烟盒内藏有毒品,其行为已构成运输毒品罪,故该意见理由不成立,不予采纳。依照《中华人民共和国刑法》第三百四十七条第二款第(一)项、第四十八条第一款、第六十五条、第三百五十六条、第五十七条第一款、第五十九条、第六十四条之规定,判决如下:

1. 被告人许实义犯贩卖、运输毒品罪,判处死刑,缓期两年执行,剥夺政治权利终身,并处没收个人全部财产;

2. 随案移送的黑色 CEOT 手机 1 部、人民币 50 元、红色东毅摩托车 1 辆予以没收,上缴国库。

一审宣判后,许实义提出上诉。许实义上诉称:原判仅根据与其有利害关系的证人刘建平的证言及与刘建平的证言不一致的邱岳荣的证言作为认定其贩卖毒品的事实属证据不足;查获的 509.8 克毒品系其捡来的,其对此不知情,故其行为并不构成运输毒品罪。

广东省高级人民法院经二审审理认为,原审判决认定事实清楚,证据确实、充分,定罪准确,量刑适当,审判程序合法。依照《中华人民共和国刑事诉讼法》第一百八十九条第(一)项之规定,裁定驳回上诉,维持原判。

二、裁判要旨

No. 6-7-347-42 采用隐蔽方式运输毒品,对毒品来源及行为方式不能作出合理解释的,认定其明知是毒品,应以走私、贩卖、运输、制造毒品罪论处。

运输毒品罪属于直接故意犯罪,要求行为人主观上必须明知是毒品而运输,否则不构成本罪。实践中,犯罪嫌疑人为逃避罪责,到案后常以其主观上不知道所运输的物品是毒品而进行辩解,拒不认罪。如何综合在案证据分析判断被告人主观上是否明知,就成了司法实践中的难点。为此,最高人民法院 2008 年 12 月印发的《全国部分法院审理毒品犯罪案件工作座谈会纪要》第十条,列举规定了十种可以推定被告人主观明知的具体情形:(1)执法人员在口岸、机场、车站、港口和其他检查站点检查时,要求行为人申报为他人携带的物品和其他疑似毒品物,并告知其法律责任,而行为人未如实申报,在其携带的物品中查获毒品的;(2)以伪报、藏匿、伪装等蒙蔽手段,逃避海关、边防等检查,在其携带、运输、邮寄的物品中查获毒品的;(3)执法人员检查时,有逃跑、丢弃携带物品或者逃避、抗拒检查等行为,在其携带或者丢弃的物品中查获毒品的;(4)体内或者贴身隐秘处藏匿毒品的;(5)为获取不同寻常的高额、不等值报酬为他人携带、运输物品,从中查获毒品的;(6)采用高度隐蔽的方式携带、运输物品,从中查获毒品的;(7)采用高度隐蔽的方式交接物品,明显违背合法物品惯常交接方式,从中查获毒品的;(8)行程路线故意绕开检查站点,在其携带、运输的物品中查获毒品的;(9)以虚假身份或者地址办理托运手续,在其托运的物品中查获毒品的;(10)有其他证据足以认定行为人应当知道的。具有上列情形之一,被告人不能作出合理解释的,可以认定其"明知"是毒品,但有证据证明确属被蒙骗的除外。上述规定对实践中常见的事实推定进行了总结归纳,具有较强的可操作性,对于严厉打击毒品犯罪具有重要意义。在司法实践中,应根据被告人实施毒品犯罪行为的过程、方式、毒品被查获时的情形等证据,结合被告人的年龄、阅历、智力、前科等情况,进行综合分析判断,以做到不枉不纵。

案例:彭佳升贩卖、运输毒品案

案例来源:《刑事审判参考》总第 71 集[第 593 号]

主题词:选择性罪名 自首 走私 贩卖 运输 制造毒品罪

一、基本案情

被告人彭佳升,男,1972 年 1 月 2 日出生。因涉嫌犯贩卖、运输毒品罪,于 2007 年 7 月 25 日被逮捕。

湖南省岳阳市中级人民法院经审理查明:

1. 2007年6月15日,被告人彭佳升接受杜润龙("龙哥")、王贺生(均在逃)的雇请,同意从广东省广州市运送冰毒和底粉(咖啡因)至河南省制作"麻古",彭佳升收取了报酬16000元。之后,彭佳升租来一辆轿车,将6包冰毒和13袋底粉藏入车尾箱内,并雇其朋友黄某某帮忙开车。同年6月20日10时,当彭佳升等人驾车驶至京珠高速公路湖南省境内羊楼司收费站时,被公安民警拦截检查,当场从车尾箱内查获6包甲基苯丙胺,净重6000克;咖啡因13包,净重 37000克。经鉴定,甲基苯丙胺的含量分别为:52.86%、57.76%、58.31%、59.80%、62.79%、64.23%。

2. 2007年4月7日及6月中旬,被告人彭佳升先后两次在广东省广州市从谢伟荣(绰号"阿水",另案处理)处购买毒品K粉(氯胺酮)共计2800克,分别卖给湖南省长沙市的"阿勇"(在逃)等人,获利7000元。

岳阳市中级人民法院认为:被告人彭佳升违反国家毒品管理法规,为获取非法利益,贩卖氯胺酮2800克,运输甲基苯丙胺6000克、咖啡因37000克的行为构成贩卖、运输毒品罪。其贩卖、运输毒品数量巨大,应依法惩处。彭佳升在杜润龙支付报酬后,自行租车、邀约他人帮忙开车运输毒品,从其犯意的形成到行为的实施,均由其独立完成,不受杜润龙的支配、控制,故不属从犯。彭佳升在被采取强制措施后,虽如实供述了司法机关尚未掌握的其贩卖毒品的事实,但与司法机关已掌握的其运输毒品的事实属同种罪行,不属于自首。依照《中华人民共和国刑法》第三百四十七条第一款、第二款第(一)项,第五十七条第一款之规定,判决如下:

被告人彭佳升犯贩卖、运输毒品罪,判处死刑,剥夺政治权利终身,并处没收个人全部财产。

一审宣判后,被告人彭佳升提出上诉。彭佳升及其辩护人辩称彭佳升在运输毒品中系从犯,贩卖毒品属于自首;检举了同案人谢伟荣,有立功情节。

湖南省高级人民法院经审理后认为,被告人彭佳升没有协助公安机关抓获谢伟荣的行为,不构成立功。原判认定事实清楚,证据确实、充分,定罪准确,量刑适当。审判程序合法。依照《中华人民共和国刑事诉讼法》第一百八十九条第一款第(一)项、第二百条之规定,以(2009)湘高法刑终字第105号刑事裁定驳回上诉,维持原判,并依法报请最高人民法院核准。

最高人民法院经复核认为,被告人彭佳升贩卖氯胺酮、运输甲基苯丙胺和咖啡因,其行为构成贩卖、运输毒品罪。其多次贩卖、运输毒品,其中运输甲基苯丙胺6000克,数量巨大,社会危害极大,情节极为严重,属罪行极其严重,应依法惩处。彭佳升运输毒品不属于从犯;其因运输毒品被抓获后,主动供述贩卖毒品的行为不构成自首;供述向其贩卖毒品人的基本情况不构成立功。依照《中华人民共和国刑事诉讼法》第一百九十九条和《最高人民法院关于复核死刑案件若干问题的规定》第二条第一款的规定,裁定如下:

核准湖南省高级人民法院(2009)湘高法刑终字第105号维持第一审以贩卖、运输毒品罪判处被告人彭佳升死刑,剥夺政治权利终身,并处没收个人全部财产的刑事裁定。

二、裁判要旨

No. 6-7-347-43　分别走私、贩卖、运输不同宗毒品的,属于同种罪行,不分别定罪量刑。

对某一条款中的数个罪行是否属于同种罪行,则应以刑法规定是否按一罪判处为标准,按一罪判处的就是同种罪行,按数罪判处的就是不同种罪行。我国《刑法》第三百四十七条将走私、贩卖、运输、制造毒品罪规定在同一法条中,并规定对多次走私、贩卖、运输、制造毒品,未经处理的,毒品的数量累计计算。最高人民法院2008年12月印发的《全国部分法院审理毒品犯罪案件工作座谈会纪要》进一步明确规定,"对不同宗毒品分别实施了不同种犯罪行为的,应对不同行为并列确定罪名,累计毒品数量,不实行数罪并罚"。根据以上规定,走私、贩卖、运输、制造毒品罪是选择性罪名,对行为人实施贩卖、运输毒品两种以上行为的,不论是否同一宗毒品,只定一个罪名,在量刑上只适用一个法定刑,不实行数罪并罚。刑法这一规定明确将这四个行为视为同种罪行,同时也表明这些行为的基本性质、社会危害性等是基本相同的。故对同一被告人,即使对不同宗的毒品分别实施了走私、贩卖或运输行为,也不再分别定罪量刑,而是将走私、贩卖、运输毒品的行为合并成一个选择性罪名,适用一个法定刑。

No. 6-7-347-44 因实施选择性罪名中规定的一类行为而归案后,又供述其实施的该选择性罪名中规定的其他行为的,不成立自首。

选择性罪名中包含的数个不同罪名属于刑法规定的同种罪行。我国《刑法》分则在许多同一个条款中都规定了数个犯罪构成及相对应的数个罪名,有的属于并列罪名,有的属于选择性罪名,二者的功能是不同的,不能混淆。如对于并列罪名,如第一百一十四条,一个条文同时规定了放火罪、决水罪、爆炸罪、投放危险物质罪和以危险方法危害公共安全罪共五个罪名,行为人实施该条款中的两个以上犯罪行为,就构成数罪,应实行数罪并罚,而不能合并为一罪。而对于选择性罪名则不然,数个罪名既可分解单独定罪,也可以合并组合为一罪(复合性罪名),事实上是两个以上的罪行,根据《刑法》规定按一罪判处,而不定数罪。如行为人实施其中一个行为的,就定其中一个罪名,该行为符合一个单一的犯罪构成;实施两种以上行为的,根据《刑法》规定只定一个复合性罪名,行为符合一个复合性犯罪构成。这种情况实质上是数个犯罪构成合并为一个复合性犯罪构成而成为一罪,该罪名中的各罪行系同种罪行。

选择性罪名的犯罪构成是一种法定的特别犯罪构成。不能简单地以触犯了不同的具体罪名,来确定是否属于同种罪行还是不同种罪行。根据我国《刑法》及司法解释的上述规定,本案中被告人彭佳升如实供述司法机关尚未掌握的贩卖不同宗毒品的罪行,与司法机关已经掌握的运输毒品的罪行属于同种罪行,故不能以自首论。

案例:傅伟光走私毒品案

案例来源:《刑事审判参考》总第 75 集[第 638 号]

主题词:走私毒品罪 明知的认定

一、基本案情

被告人傅伟光,男,1963 年 9 月 21 日出生,汉族,香港居民。

深圳市中级人民法院经公开审理查明:2007 年 12 月 3 日下午 5 点半左右,被告人傅伟光在香港旺角一间茶餐厅,受香港朋友“阿东”(具体情况不详)的指使,由“阿东”将一装有美沙酮药片的咖啡色皮挎包交给傅伟光,让傅伟光将该挎包带往深圳其住处,过关后由“阿东”打电话与傅伟光联系接货,傅伟光可得酬劳港币 300 元。当日晚上 7 点 35 分,傅伟光持港澳居民来往内地通行证,从皇岗海关旅检大厅走无申报通道入境。经海关人员查验,在傅伟光随身携带的挎包内查获美沙酮药片 2400 片,在其上衣左边口袋发现美沙酮药片 140 片、总共 2540 片(该批药片均为药片密封包装方式,外包装成橙色,包装背部印有“Methadone BP Tablets 5mg”字样,10 片药片为一排,共 254 排,约 14 排为一小塑料药袋包装,然后分别用 4 只白色塑料袋包装,再放入挎包内)。傅伟光被皇岗海关人员当场查获。经鉴定,上述 2540 片药片为美沙酮片剂,共重 383.5 克。

深圳市中级人民法院认为,被告人傅伟光违反国家法律法规,逃避海关监管,携带美沙酮 383.5 克入境,其行为构成走私毒品罪,应当依法惩处。公诉机关指控被告人傅伟光犯走私毒品罪的事实清楚,证据确实充分,罪名成立。依照《中华人民共和国刑法》第三百四十七条第三款,第三百五十七条、第六十四条之规定,判决如下:

一、被告人傅伟光犯走私毒品罪,判处有期徒刑七年,并处罚金人民币五千元;

二、扣押在案的美沙酮 383.5 克,咖啡色挎包 1 个予以没收。

一审宣判后,被告人傅伟光未提出上诉,公诉机关未提出抗诉,本案已发生法律效力。

二、裁判要旨

No. 6-7-347-45 拒不承认主观上明知走私的是毒品,但根据案件的具体情况,只要能够推定应当知道其携带、运输、走私的物品可能是毒品,即可认定行为人主观上具有明知。

走私毒品是故意犯罪,要求行为人必须对犯罪对象有明确的认识,即要求行为人主观上明知是毒品而走私。由于毒品犯罪隐蔽性强,有的犯罪分子具有较充分的反侦查能力和心理准备,因而在司法实践中,经常会出现行为人以其主观上不明知其携带、运输、走私的物品是毒品而辩解其行为不是犯罪或不构成毒品犯罪的情况。在行为人拒不如实供述主观明知和故意的情况下,极难取得证明其明知犯罪对象系毒品的证据,从而给毒品犯罪的认定带来困难。这种情况下,我们认为,应当综合考虑案件的各种实际情况,依据实施犯罪行为的过程、行为方式、毒品被查获时的情形和环境等证据,结合被告人的年龄、阅历、智力及掌握相关知识情况,进行综合分析判断,只要能够推定行为人应当知道其携带运输走私的物品可能是毒品,即可认定行为人主观上明知。

联系本案,虽然傅伟光辩称自己不知道携带的物品系毒品,但是根据一般的常识、常理和逻辑及本案的诸多细节进行分析判断,可以认定被告人傅伟光明知走私的物品美沙酮药片系毒品。

No. 6-7-347-46 毒品的含量不得折算毒品数量,但含量较低在量刑时可以酌情从轻处罚。

虽然刑法明确规定“毒品的数量不以纯度折算”但毒品纯度却是一项重要的量刑情节,这是不同纯度毒品社会危害性差异的要求,更是罪责刑相适应原则的要求。

一般认为,纯度高的毒品社会危害性大,而纯度低的毒品社会危害性相对较小。毒品纯度越高,毒副作用越强,且高纯度毒品易稀释成低纯度毒品,流入社会面广,危害性更大,纯度的高低还反映了距离毒品源的远近。一般而言,距离毒品源越近,毒品的纯度越高。

此外,仅以毒品的绝对重量来确定刑罚,完全不考虑毒品的纯度问题则势必导致量刑不均衡,违背罪责刑相适应的原则。本案被告人傅伟光走私的毒品美沙酮片剂一般作为戒毒替代药,其社会危害性较单纯用于吸食的毒品较低,而且药片的规格和含量也是确定的,约为3. 33%,含量较低,因此对被告人傅伟光量刑时可以酌情从轻处罚。

案例:包占龙贩卖毒品案

案例来源:《刑事审判参考》总第75集[第639号]

主题词:贩卖毒品罪　特情介入与量刑

一、基本案情

被告人包占龙,男,1967年3月21日产生,无业。1999年3月17日因犯贩卖毒品罪被判处有期徒刑九年,2005年11月19日刑满释放;2007年12月14日因涉嫌贩卖毒品罪被逮捕。

兰州市中级人民法院经公开审理查明:

2007年11月9日10时30分许,翟建军(同案被告人,已判刑)打电话商定由被告人包占龙送300克毒品到甘肃省兰州市城关区嘉峪关东路641号403翟的住处交易。当日12时许,包占龙携带毒品赶至该641号单元楼下,侦查人员将包当场抓获,从包的摩托车脚踏板上查获海洛因300. 7克。经鉴定,海洛因含量为92. 77%。

兰州市中级人民法院认为,被告人包占龙的行为构成贩卖毒品罪,且毒品数量大,罪行极其严重,应依法惩处。包占龙系毒品再犯,又系累犯,依法应从重处罚。依照《中华人民共和国刑法》第三百四十七条第二款第一项、第三百五十六条、第六十五条第一款、第五十七条第一款之规定,判决如下:

被告人包占龙犯贩卖毒品罪,判处死刑,剥夺政治权利终身,并处没收个人财产。

一审宣判后,被告人包占龙提出上诉。

甘肃省高级人民法院经审理认为,被告人包占龙的行为构成贩卖毒品罪;翟建军被抓获后,打电话向包占龙要毒品,包占龙随即将毒品送至翟建军家楼下被抓获,同时在包占龙租住处查获用于贩毒的戥子等物品,包占龙贩卖毒品的主观故意明显,属持毒待售,不存在犯意引诱和数量引诱的情节。包占龙贩卖毒品数量大,系毒品再犯又系累犯,且查获的毒品海洛因含量达92. 77%,依法应当从重处罚。原判认定事实清楚,证据确实充分,定罪准确,量刑适当,审判程序合法。依照《中华人民共和国刑事诉讼法》第一百八十九条第一项之规定,裁定驳回上诉,维持原判,并依法报请最高人民法院核准。

最高人民法院经复核认为,被告人包占龙为谋取非法利益,向他人出售毒品海洛因300.7克,其行为构成贩卖毒品罪,且毒品数量大,应依法惩处。包占龙系毒品再犯,且系累犯,依法应从重处罚。但鉴于包占龙认罪态度较好,其贩卖毒品行为系在侦查人员控制下实施,毒品尚未流入社会,社会危害性相对较小,故对包占龙可不判处死刑立即执行。依照《中华人民共和国刑事诉讼法》第一百九十九条和最高人民法院《关于复核死刑案件若干问题的规定》第四条之规定,裁定如下:

一、不核准甘肃省高级人民法院(2009)甘刑二终字第70号维持第一审以贩卖毒品罪判处被告人包占龙死刑,剥夺政治权利终身,并处没收个人全部财产的刑事裁定。

二、撤销甘肃省高级人民法院(2009)甘刑二终字第70号维持第一审以贩卖毒品罪判处被告人包占龙死刑,剥夺政治权利终身,并处没收个人全部财产的刑事裁定。

三、发回甘肃省高级人民法院重新审判。

二、裁判要旨

No.6-7-347-47 购毒者在侦查人员控制下,以非真实交易意思,明显超出其往常交易数额向贩毒者示意购买毒品,属于数量引诱的毒品犯罪案件。特情介入是影响毒品犯罪量刑的重要因素,对因数量引诱实施毒品犯罪的,应当依法从轻处罚,一般不应判处死刑立即执行。

根据最高人民法院2008年12月《全国法院审理毒品犯罪案件工作座谈会纪要》(以下简称《纪要》),特情介入有机会引诱、犯意引诱和数量引诱三种情况。其中机会引诱仅为毒品犯罪行为人提供一个实施毒品犯罪的机会,不存在实质性犯罪引诱,原则上不属于特情引诱,犯意引诱和数量引诱均存在实质性引诱,属于特情引诱。

区分机会引诱与犯意引诱的关键在于特情介入之前行为人是否已经具有实施毒品犯罪的主观意图。如何认定行为人在实施毒品犯罪前就具有毒品犯罪的故意是审判的难点,我们认为可以从以下几方面予以分析:(1)行为人在特情介入而实施犯罪前是否有毒品犯罪行为;(2)侦查机关在特情介入前,是否有足够的线索或合理理由确信行为人有正在实施或即将、可能实施毒品犯罪的迹象;(3)行为人实施毒品犯罪的犯意系出自其本意还是侦查机关刻意地诱惑。

数量引诱系行为人在特情引诱之前就已经具有实施毒品犯罪的主观故意,但这种故意是一种概括性的故意,无论最终交易的毒品数量是多少,都没有超出行为人的故意范畴。在该情形下,特情引诱不是使行为人产生新的犯意,只是使其犯意暴露出来。其与机会引诱的区别在于,机会引诱仅提供机会,不存在实质性引诱,而数量引诱不仅提供机会,而且从毒品数量上还存在从小到大的实质性引诱。

本案系侦查机关利用翟建军作为特情介入破获的案件。从具体情况分析,本案不属于机会引诱,也不存在犯意引诱,但不能排除数量引诱的可能性。从包占龙的供述看,翟建军要求购买300克毒品的数量是确定的,但翟建军这次购买的数量远远超过其之前经常从包占龙处购买的数量,不能排除翟建军为了立功而要求购买毒品越多越好的可能性。故本案不能排除存在数量引诱。

对于被告人是否判处死刑立即执行,应当充分考虑数量引诱的因素。毒品犯罪中,毒品数量是量刑的重要情节,但还应当考虑毒品数量、犯罪情节、危害后果、被告人的主观恶性、人身危险性以及当地禁毒形势等各种因素,做到区别对待。特情介入是影响量刑的重要因素。对于机会引诱实施毒品犯罪的被告人,不存在犯罪引诱的因素,应依法处理,对因犯意引诱实施犯罪的被告人,根据罪责刑相适应原则,应当依法从轻处罚,无论涉案毒品数量多大,都不应判处死刑立即执行。对因数量引诱实施毒品犯罪的被告人应当依法从轻处罚,即使毒品数量超过实际掌握的死刑数量标准,一般也不判处死刑立即执行。对不能排除数量引诱的案件,在考虑是否对被告人判处死刑立即执行时,要留有余地。

案例:魏光强等走私运输毒品案

案例来源:《刑事审判参考》总第84辑[第753号]

主题词:走私、运输毒品罪　重大立功的认定

一、基本案情

被告人魏光强,男,汉族,26岁,缅甸国果敢县人。因涉嫌走私、运输毒品罪于2009年9月8日被逮捕。

云南省保山市人民检察院以被告人魏光强犯走私、运输毒品罪,向保山市中级人民法院提起公诉。

被告人魏光强对公诉书指控的事实不持异议。其辩护人提出,魏光强具有自首和重大立功情节,且不是毒品的出资者,主观恶性小,系从犯,建议法院对其从轻处罚。

保山市中级人民法院经依法审理查明:2009年7月初,同案被告人王保兰(已判刑)到缅甸国与吴德志(另案处理)商定购买毒品后,吴德志找到被告人魏光强、同案被告人吴老财(已判刑)运送毒品。同年8月1日,魏光强、吴老财携毒品到达云南省施甸县旧城勐菠萝河时被民警例行盘查,二人主动承认携带的黑色拎包内装有毒品。民警当场从该包内查获毒品甲基苯丙胺14包,重2712克。同月2日,在保山市隆阳区河图镇田心王村村口,魏光强协助民警将准备接应毒品的王保兰抓获。同年12月4日,魏光强提供线索并协助民警在云南省镇康县南伞镇中缅边境我国一侧125号界桩附近的石滑坪山腰一山洞内查获甲基苯丙胺一包,重9643克。

保山市中级人民法院认为,被告人魏光强明知是毒品甲基苯丙胺还从缅甸国携带进入我国云南边境,其行为构成走私、运输毒品罪。魏光强专为运输毒品事先探路,运输过程中又负责向境外毒贩吴德志电话汇报走私、运输毒品的情况,魏光强与吴老财构成共同犯罪。在共同犯罪中魏光强起主要作用,系主犯。魏光强被公安机关例行盘问时能如实交代自己的罪行,构成自首;被抓获后又能协助公安机关抓获同案犯王保兰,并向公安机关提供线索协助查获甲基苯丙胺9643克,构成重大立功。依照《中华人民共和国刑法》第三百四十七条第二款第(一)项,第二十五条第一款,第二十六条第一款、第四款,第二十七条,第四十八条第一款,第六十七条第一款,第六十八条第二款,第五十七条第一款,第六十四条之规定,判决如下:

被告人魏光强犯走私、运输毒品罪。判处有期徒刑十年,并处罚金人民币10万元。

一审宣判后被告人魏光强未提出上诉,同案被告人王保兰提出上诉。

云南省高级人民法院经审理认为,原判认定的事实清楚,证据确实、充分,定罪准确,量刑适当,审判程序合法,依法裁定驳回上诉,维持原判。

二、裁判要旨

No.6-7-347-48　提供线索协助查获大量案外毒品的,尽管无法查明毒品持有人,仍应认定为具有重大立功表现。

现行《刑法》第六十八条规定:“犯罪分子有揭发他人犯罪行为,查证属实的,或者提供重要线索,从而得以侦破其他案件等立功表现的,可以从轻处罚或者减轻处罚;有重大立功表现的,可以减轻或者免除处罚。”从这一规定出发,理论界和实务部门有观点认为,立功仅限于《刑法》第六十八条规定的两种情形:(1)揭发他人的犯罪行为;(2)提供其他案件的重要线索。但也有观点认为,除《刑法》第六十八条列举的两种立功表现外,下列情形也应视为立功:(1)协助司法机关缉捕其他罪犯;(2)犯罪人遇有其他在押犯自杀、脱逃或者其他严重破坏监规行为,及时向看守人员报告;(3)遇有自然灾害、意外事故奋不顾身加以排除等。鉴于存在上述争议,1998年最高人民法院在出台的《关于处理自首和立功具体应用法律若干问题的解释》第五条规定:“根据刑法第六十八条第一款的规定,犯罪分子到案后有检举、揭发他人犯罪行为,包括共同犯罪案件中的犯罪分子揭发同案犯共同犯罪以外的其他犯罪,经查证属实;提供侦破其他案件的重要线索,经查证属实;阻止他人犯罪活动;协助司法机关抓捕其他犯罪嫌疑人(包括同案犯);具有其他有利于国家和社会的突出表现的,应当认定为有立功表现。”《关于处理自首和立功具体应用法律若干问题的解释》第五条不但将阻止他人犯罪活动列入立功表现,而且将其他有利于国

家和社会的突出表现增加为兜底项,大大拓宽了实践中立功表现的范围。

立功制度是我国一项重要的刑罚制度,其实质是基于宽严相济刑事政策,从惩办与宽大相结合的角度出发,鼓励犯罪分子改恶从善,同时提高司法机关破案率,节约司法资源。准确理解和把握立功制度的政策精神,依法适用刑法和相关司法解释关于立功的规定,对于分化瓦解犯罪分子,及时侦破案件,有效打击犯罪,具有十分重要的意义:在司法实践中,既要防止把不构成立功的行为认定为立功,又要避免把构成立功的行为不认定为立功。要做到这一点,必须明确把握立功的成立要件。

立功的成立要件主要包括以下几个方面:一是立功的主体是实施了犯罪行为的犯罪人本人,其他任何人都不能取代;二是在时间上具有特定性,立功是犯罪人实施犯罪行为后的行为;三是立功的内容必须是真实有效的;四是立功必须具备实质要件,即对国家和社会的有益性,且该有益性应当是突出的,而不是任何有益于国家和社会的行为均能达到构成立功的程度。基于上述分析,不难得出如下结论:立功主要表现为协助查获案件、抓获犯罪人、阻止他人犯罪,但并不限于查获案件、抓获犯罪嫌疑人和阻止他人犯罪,而是包括其他有利于国家和社会的突出表现。

关于有利于国家和社会的突出表现的认定,需要从两个方面分析:一是从行为性质上看,是有利于国家和社会的;二是从行为的程度上看,是突出表现,而不是一般的表现。我们认为,虽然行为不属于《关于处理自首和立功具体应用法律若干问题的解释》第五条规定的前四种立功情形,但只要是属于有利于国家和社会的突出表现,就可以认定为《关于处理自首和立功具体应用法律若干问题的解释》第五条规定的第五种立功情形。这类情形的立功行为既可以是与刑事案件有关的行为,也可以是与刑事案件无关的行为。

就本案而言,被告人魏光强实施了走私、运输毒品犯罪行为,在犯罪后提供线索并协助公安机关查获了 9643 克毒品。贩卖运输如此巨大数量的毒品完全可能被判处无期徒刑以上的刑罚,魏光强协助公安机关能够有效防止如此数量之大的毒品流入社会,从源头上阻止了该批毒品的实际控制人继续实施以该批毒品为对象的犯罪的可能性。我们认为,魏光强的行为应当认定构成重大立功。

案例:古丽波斯坦·巴吐尔汗贩卖毒品案

案例来源:《刑事审判参考》总第 83 辑[第 742 号]

主题词:贩卖毒品罪　死刑立即执行的适用　毒品再犯　坦白从宽

一、基本案情

被告人古丽波斯坦·巴吐尔汗,女,维吾尔族,1964 年 8 月 2 日出生,无业。1997 年 3 月 18 日因犯贩卖毒品罪被判处有期徒刑二年,并处罚金人民币(以下币种均为人民币)一千五百元,1999 年 1 月 12 日刑满释放。因涉嫌犯贩卖毒品罪于 2007 年 7 月 17 日被逮捕。

江苏省常州市人民检察院以被告人古丽波斯坦·巴吐尔汗犯贩卖毒品罪,向常州市中级人民法院提起公诉。

被告人古丽波斯坦·巴吐尔汗对公诉机关指控的犯罪事实无异议。其辩护人提出,古丽波斯坦·巴吐尔汗认罪态度较好,请求对其从轻处罚。

常州市中级人民法院经审理查明:2007 年 6 月 8 日下午,被告人古丽波斯坦·巴吐尔汗伙同米克热衣·扎曼(同案被告人,已判刑)携带 415 克海洛因,从广东省广州市到达江苏省常州市,在该市谷茂大酒店 315 房间,以每克 210 元的价格将海洛因卖给古丽娜尔·如孜买买提(同案被告人,已判刑)。次日下午,古丽娜尔·如孜买买提指使哈丽旦·买合苏木(同案被告人,已判刑)向他人贩卖海洛因时被抓获,公安人员当场从哈丽旦·买合苏木身上查获海洛因 19.6 克,从古丽娜尔·如孜买买提身上查获海洛因 3.6 克,从谷茂宾馆 315 房间床铺下查获海洛因 235.4 克。

常州市中级人民法院认为,被告人古丽波斯坦·巴吐尔汗贩卖毒品数量大,且系毒品再犯,虽然认罪态度较好,但不足以从轻处罚。依照《中华人民共和国刑法》第三百四十七条第一款、第二款第(一)项,第三百五十六条,第二十五条第一款,第二十六条第一款,第四十八条,第五十七条第一款,第五十九条之规定,以被告人古丽波斯坦·巴吐尔汗犯贩卖毒品罪,判处死刑,剥夺政治权利终身,并处没收个人全部财产。

一审宣判后,古丽波斯坦·巴吐尔汗不服,提出上诉。

古丽波斯坦·巴吐尔汗的上诉理由及其辩护人的辩护意见为:(1)公安人员只查获了235.4克海洛因,且无证据证明古丽娜尔·如孜买买提已卖出100多克,认定古丽波斯坦·巴吐尔汗贩卖海洛因415克的证据只有被告人的供述,且其供述前后矛盾,不排除诱供或刑讯逼供的可能性。故一审判决认定古丽波斯坦·巴吐尔汗贩卖海洛因415克的证据不足。(2)古丽波斯坦·巴吐尔汗是受广州毒贩吐尔逊雇用贩卖毒品,系从犯,应依法从轻处罚。(3)古丽波斯坦·巴吐尔汗虽系毒品再犯,但其前科只贩卖过少量毒品,且判刑已逾10年,不属罪大恶极。综上,一审判决认定的事实不清,量刑过重,请求二审法院发回重审或者改判。

江苏省高级人民法院经二审审理后认为,上诉人古丽波斯坦·巴吐尔汗伙同同案被告人米克热衣·扎曼共同贩卖海洛因415克,数量大,且曾因毒品犯罪被判刑,系毒品再犯,应依法从重处罚。在共同犯罪中,古丽波斯坦·巴吐尔汗的作用略大于米克热衣·扎曼。关于古丽波斯坦·巴吐尔汗及其辩护人所提一审判决认定古丽波斯坦·巴吐尔汗贩卖海洛因415克的证据不足的上诉理由及辩护意见,经查,古丽波斯坦·巴吐尔汗供述,其与古丽娜尔·如孜买买提在常州市谷茂宾馆315房间进行毒品交易时,古丽娜尔·如孜买买提对海洛因称重为415克。该供述与古丽娜尔·如孜买买提的供述一致。古丽娜尔·如孜买买提还供述,其购得该宗毒品后即向帕尔哈提·艾麦尔等人卖出100余克,故至案发时公安人员仅查获海洛因258.6克。二审当庭播放了公安人员审讯古丽波斯坦·巴吐尔汗的录像资料,证实古丽波斯坦·巴吐尔汗供述其贩卖海洛因415克的事实时没有受到诱供和刑讯逼供。故该项上诉理由及辩护意见不能成立。关于古丽波斯坦·巴吐尔汗及其辩护人所提古丽波斯坦·巴吐尔汗系受他人雇用贩卖毒品,属从犯的上诉理由及辩护意见,经查,古丽波斯坦·巴吐尔汗归案后始终供认自己是在广东省广州市从一个叫吐尔逊的新疆男子手中购买毒品,后携带到江苏省常州市进行贩卖,与吐尔逊之间不存在共同贩卖行为,故不属于受雇用帮助他人贩卖毒品的从犯。关于古丽波斯坦·巴吐尔汗及其辩护人所提一审判决量刑过重的上诉理由及辩护意见,古丽波斯坦·巴吐尔汗贩卖毒品数量大,且系毒品再犯,应依法从重处罚。故对该项上诉理由及辩护意见不予采纳。一审判决认定的事实清楚,证据确实、充分,定罪准确,量刑适当,审判程序合法。依照《中华人民共和国刑事诉讼法》第一百八十九条第(一)项、第一百九十九条之规定,裁定驳回上诉,维持原判,并依法报请最高人民法院核准。

最高人民法院经复核认为,被告人古丽波斯坦·巴吐尔汗明知是毒品海洛因而伙同他人进行贩卖,其行为构成贩卖毒品罪。古丽波斯坦·巴吐尔汗贩卖毒品数量大,且系毒品再犯,应当依法从重处罚。第一审判决、第二审裁定认定的事实清楚,证据确实、充分,定罪准确,审判程序合法。鉴于被告人古丽波斯坦·巴吐尔汗归案后能够主动交代尚未被司法机关掌握的毒品犯罪,认罪态度较好,对古丽波斯坦·巴吐尔汗判处死刑,可不立即执行。依照《中华人民共和国刑事诉讼法》第一百九十九条和最高人民法院《关于复核死刑案件若干问题的规定》第四条的规定,裁定如下:

1. 不核准江苏省高级人民法院维持第一审对被告人古丽波斯坦·巴吐尔汗以贩卖毒品罪判处死刑,剥夺政治权利终身,并处没收个人全部财产的刑事裁定。

2. 撤销江苏省高级人民法院维持第一审对被告人古丽波斯坦·巴吐尔汗以贩卖毒品罪判处死刑,剥夺政治权利终身,并处没收个人全部财产的刑事裁定。

3. 发回江苏省高级人民法院重新审判。

二、裁判要旨

No. 6-7-347-49 对于被告人主动交代了实际贩毒数量且达到了当地实际掌握的死刑数量标准的死刑再犯,不应一律判处死刑立即执行。

根据刑法的相关规定和司法实践,毒品数量是决定死刑适用的重要情节之一。由于毒品犯罪隐蔽性很强,在不少案件中,司法机关查获的毒品数量并没有达到实际掌握的死刑数量标准,但被告人到案以后,在坦白从宽刑事政策的感召下,主动坦白交代了司法机关尚未掌握的其他毒品犯罪事实,由此使毒品犯罪数量累计达到或者超过实际掌握的死刑数量标准。对这种情形如何把握死刑适用标准,以往存在一些争议。2008 年 12 月 1 日最高人民法院印发的《全国部分法院审理毒品犯罪案件工作座谈会纪要》提出对此种情形的处理意见:已查获的毒品数量未达到实际掌握的死刑数量标准,到案后坦白尚未被司法机关掌握的其他毒品犯罪,累计数量超过实际掌握的死刑数量标准的,可以不判处被告人死刑立即执行。这是坦白从宽、宽严相济刑事政策的重要体现,有利于鼓励犯罪分子悔过自新,也有利于深挖余罪,节约司法成本。但对于毒品犯罪数量大,且具有累犯、毒品再犯、武装掩护实施毒品犯罪等从重处罚情节,被告人罪行极其严重,主观恶性深、人身危险性大的案件,仍然可以对被告人判处死刑立即执行。

在本案中,被告人古丽波斯坦·巴吐尔汗被抓获时,公安机关查获的毒品数量为 258.6 克海洛因,公安机关当时并未掌握古丽波斯坦·巴吐尔汗贩卖毒品的实际数量。在侦查讯问过程中,古丽波斯坦·巴吐尔汗主动坦白交代,其卖给古丽娜尔·如孜买买提海洛因的实际数量为 415 克。在古丽波斯坦·巴吐尔汗主动交代其实际贩毒数量之前,公安机关查获的毒品数量并没有达到当地实际掌握的判处死刑数量标准,在古丽波斯坦·巴吐尔汗主动交代其实际贩毒数量后,法院认定的其贩毒数量才达到当地实际掌握的判处死刑数量标准。

《全国部分法院审理毒品犯罪案件工作座谈会纪要》进一步明确提出,毒品数量达到实际掌握的死刑数量标准,并具有毒品再犯、累犯,利用、教唆未成年人走私、贩卖、运输、制造毒品,或者向未成年人出售毒品等法定从重处罚情节的,可以判处被告人死刑。实践中案件的具体情况十分复杂,即使具有毒品再犯等法定从重处罚情节,这些情节之间在体现被告人的主观恶性和人身危险性上也有区别。前罪越重,所判处刑罚越重,所体现的被告人的主观恶性和人身危险性就越大;反之,就相对较小。此外,对于具有自首、立功等法定从宽处罚情节或者酌定从宽处罚情节的累犯、毒品再犯,也需要在量刑时综合考虑,需要体现从宽的,则不能判处死刑立即执行。

本案被告人古丽波斯坦·巴吐尔汗 1997 年 3 月 18 日因犯贩卖毒品罪被判处有期徒刑二年,并处罚金人民币一千五百元,1999 年 1 月 12 日刑满释放,属于毒品再犯,应当依法从重处罚。但是,其再犯情节中的前罪系在十年前贩卖海洛因 3.2 克,与那些贩卖毒品数量大、判刑重的毒品再犯相比,其再犯情节有所不同。特别是,鉴于其归案后主动坦白交代了司法机关尚未掌握的实际贩卖毒品的数量,才使其毒品犯罪数量达到当地实际掌握的判处死刑数量标准,符合最高人民法院有关指导意见提出的可以不判处死刑立即执行的情形,故对其可以不判处死刑立即执行。

案例:姬刚运输毒品案

案例来源:《人民法院案例选》2014 年第 3 辑

主题词:运输毒品罪　预备的认定

一、基本案情

郑州铁路运输人民检察院指控:2012 年 11 月 15 日 19 时许,被告人姬刚从宝鸡到郑州后,从犯罪嫌疑人梁建军(另案处理)处以 1.5 万元的价格买来 51.76 克毒品回宝鸡,在进行人身安全检查时被查获。从其上衣左口袋内发现一黑色塑料袋(内有三个白色塑料袋包装的小包)包装的白色块状毒品,经鉴定,均检出海洛因成分,共重 51.76 克。破案后,毒品上缴郑州铁路公安局。郑州铁路运输检察院认为,被告人姬刚已经着手实施运输毒品犯罪,因意志以外的原因而未得逞,系犯罪未遂。被告人姬刚对公诉机关指控的事实与罪名均无异议。

郑州铁路运输法院经审理查明的事实与公诉机关的指控相一致。

于 2013 年 4 月 24 日作出(2013)郑铁刑初字第 25 号刑事判决:认定被告人姬刚的行为已构成运输毒品罪,但属犯罪预备,依照《中华人民共和国刑法》第二十二条,第六十四条,第六十七条第三款,第三百四十七条第二款第(一)项、第三款,第三百五十六条之规定,以被告人姬刚犯运输毒品罪,判处其有期徒刑八年,罚金五千元。

宣判后,被告人未上诉,公诉机关未抗诉,判决已生效。

二、裁判要旨

No. 6-7-347-50 运输毒品罪中,毒品起运,犯罪即告既遂。

所谓"行为犯",是指以实行法定的犯罪行为作为犯罪构成要件的犯罪。"行为犯"包括即成行为犯和过程行为犯。即成行为犯也称"举动犯",是指行为人只要着手实行刑法分则所规定的构成要件行为,即构成既遂的犯罪形式。过程行为犯,是指从着手实施刑法分则所规定的构成要件行为到实施完毕达到既遂需有一个发展过程的情况。一种行为之所以被界定为"行为犯"而非"结果犯",或者被界定为即成行为而非过程行为犯,主要是由该行为自身特点及其严重的社会危害性所决定。即成行为犯的一个鲜明的特点就是,行为在实行之初或者预备之时,就已显露了相当严重的社会危害性,刑法必须及时、有效地遏制这种犯罪的萌芽。

运输毒品罪的客观方面表现为"将毒品从一地运往异地"的行为。但是,运输行为作为一个有一定时间阶段性的行为过程,在哪一个"点"属于运输犯罪行为的完成,即运输毒品罪的既遂,历来是争议很大的一个问题。

将运输毒品犯罪界定为即成行为犯,完全符合立法原意。毒品一旦起运,其侵犯国家的毒品管理制度,进一步现实危害人民的身心健康的社会危害性已经产生,即已具备严重的社会危害性,具备刑法上的可谴责性,因此,运输毒品行为的既遂不应以行为人的目的是否实现为转移,也不应以运输行为是否全部实施完毕为必要,更不必以毒品是否到达目的地为既遂标准。其次,是理论回应实务的客观需要。在司法实践中运输毒品犯罪案件绝大多数是在运输途中被查获,如果均认定为犯罪未遂,比照既遂犯从轻或减轻处罚,不仅轻纵了毒品犯罪分子,而且与一般民众的法律观感相悖,无法实现刑法的目的。

运输毒品犯罪的着手,应该以行为人携带毒品进入正式运输环节来予以认定。(1)自身携带型运输毒品犯罪,以行为人携带毒品乘坐的运输工具开始运行为着手。如张某携带毒品从居住的某市甲区乘坐出租车前往该市乙区的火车站,进站后上车,火车运行伊始为运输毒品行为的着手。行为人乘坐出租车、将毒品带入火车站候车室、上车的行为虽然均发生毒品空间位移的情况,但因其主观故意为乘坐火车运输毒品往异地,这些先行行为均为其运输行为的犯罪预备。(2)邮寄、托运型运输毒品犯罪,以承运人将行为人所托运毒品开始起运为犯罪的着手。之前的办理携带毒品到收运点、办理邮寄托运手续等均为犯罪预备。

案例:张天武、涂祥、杜义顺贩卖、运输毒品案

案例来源:《人民法院案例选》2015年第4辑

主题词:贩卖毒品罪　转交毒品样品的行为

一、基本案情

2013年5月,被告人张天武与严闯(另案处理)共谋贩卖毒品海洛因给高翠(另案处理),由严闯负责与高翠联系,由张天武提供毒品。同年5月9日,张天武安排被告人涂祥将"紫云烟"烟盒包装的毒品样品送到镇雄县城交给不知情的被告人杜义顺,10日中午,杜义顺发现接取的"紫云烟"烟盒里有毒品,仍按张天武的安排将"紫云烟"烟盒装着的毒品送至镇雄县教委附近交给高翠。当晚8时许,涂祥将毒品运送至镇雄县龙腾广场附近交给高翠时被民警抓获,民警当场从高翠所驾轿车排挡杆处查获毒品海洛因1048.88克,从副驾驶位前的工具箱内查获用"紫云烟"烟盒包装的毒品海洛因样品0.14克,并先后抓获涂祥、张天武,次日抓获杜义顺。

云南省昭通市中级人民法院于2014年10月9日作出(2014)昭中刑一初字第27号刑事判决:被告人张天武犯贩卖、运输毒品罪,判处死刑,缓期二年执行,剥夺政治权利终身,并处没收个人全部财产;被告人涂祥犯贩卖、运输毒品罪,判处有期徒刑十三年,并处罚金人民币三万元;被告人杜义顺犯贩卖毒品罪,判处有期徒刑七年,并处罚金人民币二万元;查获的毒品海洛因

1049.02 克,手机四部,依法予以没收。

宣判后,原审被告人张天武及辩护人提出认罪态度较好及量刑过重的上诉理由及辩护意见。原审被告人涂祥提出有特情引诱犯罪情节及量刑过重的上诉理由。原审被告人杜义顺提出其没有与张天武共同贩卖毒品的故意,其行为只应对运输 0.14 克毒品海洛因承担罪责及一审量刑过重的上诉理由。

云南省高级人民法院于 2015 年 4 月 22 日作出(2015)云高刑终字第 21 号刑事判决:

1. 维持云南省昭通市中级人民法院(2014)昭中刑一初字第 27 号刑事判决对被告人涂祥的定罪量刑部分和查获的毒品海洛因 1049.02 克及手机四部依法没收部分。

2. 撤销云南省昭通市中级人民法院(2014)昭中刑一初字第 27 号刑事判决对被告人张天武、杜义顺的定罪量刑部分;上诉人(原审被告人)张天武犯贩卖、运输毒品罪,判处死刑,缓期二年执行,剥夺政治权利终身,并处没收个人全部财产;撤销云南省昆明市中级人民法院(2011)昆刑执字第 19983 号对张天武的假释裁定;将余刑三年二个月零六天及没收个人财产人民币三万元与贩卖、运输毒品罪数罪并罚,决定执行死刑,缓期二年执行,剥夺政治权利终身,并处没收个人全部财产。

3. 上诉人(原审被告人)杜义顺犯运输毒品罪,判处有期徒刑二年,缓刑三年,并处罚金人民币二万元。

二、裁判要旨

No.6-7-347-51 行为人虽然怀疑物品内为毒品,仍然将其转交的,不能认定其具有贩卖毒品的共同故意,应以运输毒品罪定罪处罚。

根据司法实践中毒品犯罪的案件特点,最高人民法院、最高人民检察院和公安部联合发布的《办理毒品犯罪案件适用法律若干问题的意见》明确规定,在毒品犯罪中,在犯罪嫌疑人、被告人不能作出合理解释的情况下,存在八种可以推定行为人对毒品的主观明知的情形,但有证据证明确属被蒙骗的除外。由此规定了毒品犯罪中推定事实的存在,行为人对毒品的主观明知可以推定,即"走私、贩卖、运输、非法持有毒品主观故意中的'明知',是指行为人知道或者应当知道所实施的行为是走私、贩卖、运输、非法持有毒品行为"。也就是说,本案被告人杜义顺仅在知道或应当知道其所实施的行为是贩卖毒品行为时,才符合主观罪过中的意识要件,符合构成贩卖毒品罪的主观要件要求。从客观上看,被告人杜义顺仅有转交物品的行为,从社会常理判断,其帮朋友转交物品,虽其怀疑其所转交的物品就是毒品,但并不能就此推断出其知晓转交的是毒品交易中的样品,可以说,本案没有证据能够推定杜义顺主观明知其转交物品的行为就是为贩卖毒品转交样品的行为,因此不能就此认定其具有贩卖毒品的主观故意,也就不能认定其构成贩卖毒品罪。但其行为可因其明知是毒品进行运输而被认定其为运输毒品罪,就运输 0.14 克毒品的行为承担罪责。

案例:蒋泵源贩卖毒品案

案例来源:《刑事审判参考》总第 85 集[第 767 号]

主题词:贩卖毒品罪 代为保管毒品行为的定性

一、基本案情

被告人蒋泵源,男,1979 年 2 月 5 日出生,无业。因涉嫌犯贩卖毒品罪于 2010 年 11 月 5 日被逮捕。

江苏省无锡市惠山区人民检察院以被告人蒋泵源犯贩卖毒品罪和窝藏毒品罪,向无锡市惠山区人民法院提起公诉。

无锡市惠山区人民法院经审理查明:

被告人蒋泵源于 2010 年 9 月间,先后两次将吴江(另案处理)用于贩卖的 262 克甲基苯丙胺放在家中窝藏,后将其中的 95 克贩卖给吸毒人员"阿虎",得款人民币(以下币种均为人民币)35000 元。

蒋泵源还于2010年8月至9月间,先后四次将2.8克甲基苯丙胺贩卖给吸毒人员祖娟娟,得款500元。

2010年9月24日晚,蒋泵源在其居住地被公安机关抓获,公安机关查获甲基苯丙胺30克、氯胺酮8.01克等。

无锡市惠山区人民法院认为,被告人蒋泵源明知是毒品甲基苯丙胺而予以贩卖,其行为构成贩卖毒品罪,且数量在50克以上,其中向"阿虎"贩卖95克甲基苯丙胺的行为属共同犯罪;蒋泵源为他人窝藏毒品甲基苯丙胺177克,其行为还构成窝藏毒品罪,且属情节严重,应当实行数罪并罚。依据《中华人民共和国刑法》第三百四十七条第一款、第二款、第七款,第三百四十九条第一款,第二十五条第一款,第五十六条第一款,第六十九条之规定,无锡市惠山区人民法院以被告人蒋泵源犯贩卖毒品罪,判处有期徒刑十五年,剥夺政治权利五年,并处没收个人财产五万元;犯窝藏毒品罪,判处有期徒刑三年六个月;决定执行有期徒刑十六年六个月,剥夺政治权利五年,并处没收个人财产五万元。

宣判后,被告人蒋泵源不服,以认定其贩卖95克甲基苯丙胺给"阿虎"的证据不足为由,提出上诉。

其辩护人提出的主要辩护理由和意见是:上诉人蒋泵源为吴江保管毒品的行为不能单独构成窝藏毒品罪,而系吴江实施贩卖毒品犯罪行为的从犯。

出庭支持公诉的检察员提出的意见是:上诉人蒋泵源明知吴江贩卖毒品,仍代为保管262克甲基苯丙胺,该行为与吴江的贩卖毒品犯罪行为构成共犯关系,蒋泵源在共同犯罪中起辅助作用,系从犯。蒋泵源的行为应当以贩卖毒品罪一罪追究刑事责任,建议二审予以改判。

无锡市中级人民法院经二审审理认为,上诉人蒋泵源明知他人贩卖毒品,代为他人保管甲基苯丙胺50克以上,蒋泵源还单独贩卖少量毒品,其行为均构成贩卖毒品罪。蒋泵源在共同犯罪中起辅助作用,系从犯。原判认定蒋泵源将代为保管的95克甲基苯丙胺贩卖给"阿虎"的事实,仅有蒋泵源本人的供述而无其他证据印证,本院不予认定。蒋泵源的行为应当以贩卖毒品罪一罪论处。原审判决适用法律错误,量刑不当,应予改判。鉴于蒋泵源在贩卖毒品犯罪中仅起辅助作用,可以对其予以较大幅度的减轻处罚。依照《中华人民共和国刑事诉讼法》第一百八十九条第(二)项、《中华人民共和国刑法》第三百四十七条第二款第(一)项、第二十五条第一款、第二十七条、第五十六条第一款之规定,无锡市中级人民法院撤销无锡市惠山区人民法院(2011)惠刑初字第47号刑事判决,以上诉人蒋泵源犯贩卖毒品罪,判处有期徒刑八年,剥夺政治权利二年,并处罚金人民币二万元。

二、裁判要旨

No. 6-7-347-52 明知他人贩卖毒品而代为保管甲基苯丙胺的行为,应以贩卖毒品罪的共犯论处。

非法持有毒品罪,是指明知是毒品而无合法根据地持有,并且没有证据证明其具有其他毒品犯罪目的的行为。对于在贩卖毒品过程中的非法持有毒品行为,不能认定为非法持有毒品罪。因为贩卖毒品行为往往包含持有毒品的行为表现,持有行为被贩卖行为吸收,应当以吸收之罪(贩卖毒品罪)论处。如果非法持有毒品的目的是帮助他人贩卖毒品,应当构成贩卖毒品罪的共犯;如果非法持有(藏匿)毒品的目的是帮助他人逃避司法机关的追查,则应构成窝藏毒品罪;依照《刑法》第三百四十九条第三款的规定,犯窝藏毒品罪,事先与贩毒分子通谋的,以贩卖毒品罪的共犯论处。

区分窝藏毒品罪与贩卖毒品罪的关键在于行为人主观目的的认定。如果行为人是为了帮助贩毒分子顺利实施贩毒行为,则其行为构成贩卖毒品罪的共犯;如果行为人是为了帮助犯罪分子逃避司法机关的处罚,则其行为构成窝藏毒品罪。在具体案件中,对行为人主观目的的认定非常复杂,一般是通过行为人与贩毒分子有无通谋进行判断,应根据藏匿毒品的时间与窝藏毒品的主观状态判断有无通谋。

窝藏毒品罪的藏匿行为一般发生在贩毒分子已经察觉司法机关对贩毒行为开始追查之后。

如果贩毒分子未察觉司法机关已对贩毒行为开始追查,或者未将其察觉告知藏匿行为人,藏匿行为人不是为了帮助贩毒分子逃避司法机关的追查而藏匿毒品的,则应认定藏匿行为人是为了帮助贩毒分子顺利实施贩毒行为,二者构成贩卖毒品罪的共犯。如果司法机关未对贩毒行为开始追查,但贩毒分子怀疑司法机关已开始追查,且将这一怀疑告知藏匿行为人,窝藏行为人是为了帮助贩毒分子逃避追查而藏匿毒品的,则藏匿行为与贩毒行为不构成共犯,藏匿行为仅构成窝藏毒品罪。但如果藏匿行为人后来知晓贩毒分子继续实施贩毒行为,仍帮助贩毒分子藏匿毒品的,则藏匿行为与贩毒行为形成共犯关系。

本案中,蒋泵源为吴江保管毒品的行为发生在吴江实施贩毒行为的过程中,当时公安机关还没有对吴江的贩毒行为进行立案侦查,吴江本人也不是因为怀疑公安机关已经发现其贩毒而让蒋泵源为其藏匿毒品,而是为了顺利完成贩毒行为让蒋泵源帮其藏匿毒品。蒋泵源明知吴江贩卖毒品,在一周左右的时间内,先后两次应吴江请求代为保管 262 克甲基苯丙胺,为吴江贩卖毒品的行为提供了便利条件,与吴江构成贩卖毒品罪的共犯。

藏匿行为人如果明知公安机关已经对贩毒分子进行追查,而为贩毒分子藏匿毒品的,从常识、常情判断,将藏匿行为人的主观目的认定为帮助毒贩分子逃避处罚更为符合客观实际。本案被告人蒋泵源既明知吴江是贩毒分子,又明知公安机关尚未就该批毒品进行追查,而应吴江的请求代为藏匿毒品,主观上明显不是为了帮助吴江逃避司法机关的处罚,因此其行为不能认定为窝藏毒品罪。

案例:章远贩卖毒品、容留他人吸毒案

案例来源:《刑事审判参考》总第 110 集[第 1197 号]

主题词:贩卖毒品罪　教唆犯

一、基本案情

2012 年 3 月,邵某因租用车辆发生车祸,欠下被告人章远修车费没有偿还。2014 年 1 月 3 日晚,章远指使他人将邵某带至由自己姓名登记入住的宾馆 8806 房间,向邵某索要欠款未果,章远又喊来潘某、李某某帮助控制邵某,后与邵某达成合意:由邵某通过贩卖毒品偿还债务。11 月 4 日至 5 日,邵某在 8806 房间内打电话联系多名吸毒人员贩卖毒品,章远均派潘某、李某某跟随邵某前去交易,共贩卖甲基苯丙胺 10 余克,收取毒资 1000 余元,将贩毒所得 1000 余元交给章远。其间,章远多次在 8806 房间容留邵某、潘某、李某某吸食毒品。

二、裁判要旨

No. 6-7-347-53　明知债务人系贩毒分子而唆使其贩卖毒品以偿还债务,应当以贩卖毒品罪的教唆犯定罪处罚。

根据刑法理论和《刑法》第二十九条的规定,教唆犯是故意唆使他人实行犯罪的人。构成教唆犯,需要具备两个条件:一是主观方面必须有教唆他人犯罪的故意。教唆的故意,也包括认识因素与意志因素两个方面,即认识到自己的教唆行为会使被教唆人产生犯罪意图进而实施犯罪,以及被教唆人的犯罪行为会发生危害社会的结果,希望或者放任被教唆人实施犯罪行为及其危害结果的发生。二是客观方面必须有教唆他人犯罪的行为。教唆行为必须引起他人实施犯罪行为的意思,进而使之实行犯罪。被告人章远故意教唆、控制他人实施贩卖毒品的活动,应以贩卖毒品罪的教唆犯论处。理由为:

第一,章远怂恿、控制他人贩卖毒品,收取毒资以抵销债务,具有唆使他人贩卖毒品的客观行为和主观故意。章远索债未果,便怂恿债务人邵某贩卖毒品"赚"钱还债,并安排他人跟随控制邵某多次实施贩卖毒品的活动,并将贩毒所得归其所有。客观上,章远的行为使他人产生了实施毒品犯罪的故意,并实施了毒品犯罪行为。主观上,章远唆使邵某实施贩卖毒品活动,其应当认识到自己的教唆行为会使他人产生贩卖毒品的犯罪意图进而实施犯罪,同时认识到贩卖毒品行为会产生危害社会的结果,但对他人实施贩卖毒品行为及该行为产生的社会危害结果持希望或放任的态度,能够认定章远主观上具有教唆他人犯罪的故意。综上,章远具有唆使他人贩卖毒品的客观行为和主观故意,构成贩卖毒品罪的教唆犯。第二,索要合法债务的犯罪动机,不影响对章远贩卖毒品罪的认定。本案中,章远的犯罪动机虽然是向邵某索要个人合法债务,但其明知债务人贩卖毒品,却唆使其通过贩卖毒品获利来偿还债务并对其贩卖毒品的过程实施监控,获取收益,其主观上仍然具有通过实施毒品犯罪获取非法利益来实现其债权的目的。第三,章远教唆债务人贩卖毒品,应当依照贩卖毒品罪的教唆犯量刑。章远虽未直接实施贩卖毒品的行为,但其教唆邵某贩卖毒品,因此,章远是邵某贩卖毒品的共同犯罪人,并构成教唆犯。邵某贩卖甲基苯丙胺的数量是10余克,根据《刑法》第三百四十七条第三款的规定,在七年以上有期徒刑的幅度内量刑。章远具有累犯的从重处罚情节,依法应当从重处罚。章远教唆邵某贩卖毒品的动机是实现自身的合法债务,与系为了获取暴利的动机有所区别,与一般贩卖毒品犯罪的主观恶性相比较轻。

案例:王平运输毒品案

案例来源:《刑事审判参考》总第86集[第782号]

主题词:运输毒品罪

一、基本案情

被告人王平,男,1968年2月6日出生,四川省达县人,农民。2009年4月29日因涉嫌犯运输毒品罪被逮捕。

云南省红河哈尼族彝族自治州人民检察院以被告人王平犯运输毒品罪,向红河哈尼族彝族自治州中级人民法院提起公诉。

被告人王平辩称,不知自己驾驶的汽车内藏有毒品,不是毒品的所有者。其辩护人提出,认定王平明知是毒品而运输的证据不足,请求对王平公正处理。

红河哈尼族彝族自治州中级人民法院经公开审理查明:2009年4月29日,被告人王平将毒品藏匿于云K59025号桑塔纳轿车内,驾车从云南省江城哈尼族彝族自治县前往元阳县。当日14时40分许,当王平驾车行至云南省绿春县公安边防大队岩甲检查站时被拦下检查,公安边防人员从轿车变速箱挡板下当场查获甲基苯丙胺2287克。

红河哈尼族彝族自治州中级人民法院认为,被告人王平非法运输毒品甲基苯丙胺2287克,其行为构成运输毒品罪。王平运输毒品数量巨大,罪行极其严重,且拒不供述犯罪事实,主观恶性极深,依法应予严惩。公诉机关指控的罪名成立。在案证据能够充分证明王平将毒品藏匿于车内隐蔽部位予以运输,被查获后又企图逃跑,关于未运输毒品的辩解以及辩护人关于本案事实不清、证据不足的辩护意见与事实不符,不予采纳。据此,红河哈尼族彝族自治州中级人民法院依法以被告人王平犯运输毒品罪,判处死刑,剥夺政治权利终身,并处没收个人全部财产。

一审宣判后,被告人王平提出上诉。王平及其辩护人提出,王平不明知车内有毒品,一审量刑过重,请求改判。

云南省高级人民法院经公开审理认为,王平的行为构成运输毒品罪。王平运输毒品数量巨大,罪行极其严重,依法应予严惩。王平从省外千里迢迢远赴云南边疆地区,为运输毒品购买车辆,后又独自驾车选择较为隐秘的路线长途运输毒品,全过程均系其独立完成。王平及其辩护人所提王平不明知其所驾车内藏有毒品、原判认定王平运输毒品的事实不清的上诉理由和辩护意见与审理查明的事实不符,不予采纳。王平及其辩护人认为原判对王平量刑过重、请求改判的上诉理由和辩护意见不能成立,亦不予采纳。原判定罪准确,量刑适当,审判程序合法。据此,云南省高级人民法院裁定驳回上诉,维持原判,并依法报请最高人民法院核准。

最高人民法院经复核认为,被告人王平违反国家毒品管制法规,明知是甲基苯丙胺而运输,其行为构成运输毒品罪。第一审判决、第二审裁定认定的事实清楚,证据确实、充分,定罪准确,量刑适当,审判程序合法。据此,最高人民法院裁定核准云南省高级人民法院维持第一审对被告人王平以运输毒品罪判处死刑,剥夺政治权利终身,并处没收个人全部财产的刑事裁定。

二、裁判要旨

No.6-7-347-54 运输毒品,拒不供认毒品来源,不能证明系受人指使、雇佣参与运输毒品的,应予严惩。

单纯的运输毒品行为,是指"有证据证明确属受人指使、雇佣参与运输毒品犯罪,又系初犯、偶犯"。单纯的运输毒品行为,其行为人不是毒品的所有者、买家或卖家,不少是贫困边民、下岗工人或者无业人员等弱势人群,只为赚取少量运费而为他人运输毒品,这些人的社会危害性和人身危险性相对不大,如果对该类行为主体不加区别一律与走私、贩卖、制造毒品的行为主体同样处刑,就违背了罪责刑相适应原则,也与宽严相济的刑事政策不符。

对并非上述单纯的运输毒品的行为,实践中体现出从严打击的精神,即对于运输毒品数量超过实际掌握的死刑数量标准,又不能证明系受人指使、雇佣参与运输毒品的,可以判处重刑,直至死刑。这种判罚完全符合立法严惩毒品犯罪的目的,也符合打击该类犯罪的司法实践需要。运输毒品犯罪具有隐蔽性、中转性、跨地域性的特征,司法实践中很多案件只能查获"掐头去尾"的运输毒品这一环节,如果被告人不如实供述毒品、毒资的来源和归属,则难以查获毒品从源头到市场的整条犯罪产业链,也难以查明被告人在产业链中的地位和作用。一些被告人试图借此避重就轻、逃避打击。因此,在确定运输毒品犯罪分子的量刑时,应当区分单纯运输毒品的案件和仅因证据不够充分而就低认定为运输毒品的案件,确保对运输毒品罪的量刑不枉不纵。

本案被告人王平从四川省到云南边境地区长期活动,专门购买车辆并拆开车内挡板,将毒品包装后藏匿于挡板内,选择隐蔽路线,独立长途驾车运输,充分表明其行为独立、积极、主动;其拒不供述毒品、毒资来源和归属,所持银行卡有大额资金流动,说明其并非单纯运输毒品者,不排除王平自行贩卖毒品的可能性;王平运输毒品的数量是实际掌握适用死刑数量标准的数倍以上,且没有法定、酌定从轻处罚情节,对其适用死刑,符合宽严相济刑事政策的精神。

案例:凌万春、刘光普贩卖、制造毒品案

案例来源:《刑事审判参考》总第87集[第800号]

主题词:贩卖制造毒品罪 制造毒品的行为

一、基本案情

被告人凌万春,男,汉族,1981年10月24日出生,农民。2009年2月19日因本案被逮捕。

被告人刘光普,男,汉族,1983年5月21日出生,农民。2007年12月29日因犯贩卖毒品罪被判处有期徒刑十一个月。2008年1月11日刑满释放,2009年2月19日因本案被逮捕。

江西省人民检察院南昌铁路运输分院以被告人凌万春犯贩卖毒品罪、非法持有枪支罪,被告人刘光普犯贩卖毒品罪、非法买卖枪支罪、非法持有枪支罪,向江西省南昌铁路运输中级人民法院提起公诉。

江西省南昌铁路运输中级人民法院经公开审理查明:

2008年2月至2009年1月,被告人刘光普、凌万春共谋从广东省深圳市购买毒品运到惠州市贩卖牟利,并雇用同案犯邓福良、周作财(均另案处理,已判刑)将从深圳市刘三多、江青林(均另案处理)、"顶哥"(在逃)等处购买的"冰毒"(甲基苯丙胺)、"麻古"(甲基苯丙胺)、"摇头丸"(亚甲二氧基甲基苯丙胺)、"K粉"(氯胺酮)、"Y仔"(硝甲西泮)等毒品运到惠州市出售给同案犯张晓春、张满江(均另案处理,已判刑)等人。

2008年12月,刘光普、凌万春与"阿发"(在逃)共谋加工"咖啡"贩卖牟利,由"阿发"提供配方,刘光普、凌万春提供加工"咖啡"的毒品原料和加工场所。刘光普、凌万春先后租用深圳市百合星城二期5号楼SD房间、惠州市华洪大厦16楼B室、东方巴比伦605房间、海燕宾馆1306房间和1401房间存放毒品和加工"咖啡"。刘光普指使同案犯周作财在华洪大厦16楼B室,按配方将"摇头丸""Y仔"碾成粉末并与"K粉"混合后送到东方巴比伦605房间,由"阿发"雇用的同案犯马建航、马江、黄俊达(均另案处理,已判刑)加入袋装"雀巢"咖啡内,并用封口机封口,以每包人民币80元的价格贩卖给附近的娱乐场所和吸毒人员。

2008年12月30日至2009年1月20日,公安机关先后在湖北省蕲春县张晓春家中,同案犯马建航、马江、黄俊达所住的惠州市东方巴比伦605房间,周作财租住的深圳市百合星城二期5号楼5D房间,刘光谱、凌万春所住的海燕宾馆1401、1306房间以及张满江租住的广东省东莞市石碣镇康乐街21栋4楼,共查获刘光谱、凌万春共同贩卖的“冰毒”459.0238克,“麻古”866.6369克,“摇头丸”6306.8713克,“K粉”2914.9859克,“Y仔”1390.2204克,亚甲二氧基甲基苯丙胺、氯胺酮、硝甲西泮混合物311.1667克、咖啡因173.8892克、麻黄素0.2472克、含有氯胺酮成分的“咖啡”8909.7646克,含有氯胺酮和咖啡因混合成分的“咖啡”1058.5856克及含有亚甲二氧基甲基苯丙胺、咖啡因、氯胺酮混合成分的“咖啡”40.5098克。

(非法买卖枪支、弹药,非法持有枪支、弹药事实略)

江西省南昌铁路运输中级人民法院认为,被告人凌万春、刘光普明知是毒品,而伙同他人贩卖,并制造毒品“咖啡”,其行为构成贩卖、制造毒品罪;刘光普非法买卖能发射制式枪支子弹的非制式枪支、制式子弹,其行为构成非法买卖枪支、弹药罪,非法持有以火药为动力发射枪弹的非军用枪支和非军用子弹,其行为构成非法持有枪支、弹药罪;凌万春非法持有能发射制式枪支子弹的非制式枪支、制式子弹,其行为构成非法持有枪支、弹药罪。对凌万春、刘光普数罪并罚。凌万春、刘光普是所涉毒品的出资者、所有者,系毒品犯罪的主犯。据此,江西省南昌铁路运输中级人民法院对被告人凌万春以贩卖、制造毒品罪,判处死刑,剥夺政治权利终身,并处没收个人全部财产;以非法持有枪支、弹药罪,判处有期徒刑一年;数罪并罚,决定执行死刑,剥夺政治权利终身,并处没收个人全部财产。对被告人刘光普以贩卖、制造毒品罪,判处死刑,剥夺政治权利终身,并处没收个人全部财产;以非法买卖枪支、弹药罪,判处有期徒刑六年,以非法持有枪支、弹药罪,判处有期徒刑一年;数罪并罚,决定执行死刑,剥夺政治权利终身,并处没收个人全部财产。

一审宣判后,被告人凌万春、刘光普不服,提出上诉。

云南省高级人民法院经审理认为,被告人凌万春、刘光普贩卖、制造毒品的事实清楚,证据确实、充分。凌万春、刘光普均积极主动与毒品上、下线联系,共同出资,共同获利,起组织、指挥作用,均系主犯,依法应当按其所组织、指挥的全部犯罪处罚。刘光普曾因犯贩卖毒品罪被判过刑又犯贩卖、制造毒品罪,属毒品再犯,依法应当从重处罚。凌万春、刘光普贩卖、制造的毒品数量巨大,情节恶劣,罪行极其严重,社会危害性极大,且归案后又拒不认罪,认罪态度差,对凌万春可以酌情从重处罚;刘光普所检举的他人犯罪线索对公安机关侦破案件虽然具有一定的帮助作用,但不足以对其从轻处罚。据此,依照《中华人民共和国刑事诉讼法》第一百八十九条第(一)项之规定,云南省高级人民法院裁定驳回上诉,维持原判,并依法报请最高人民法院核准。

最高人民法院经复核认为,被告人刘光普、凌万春为谋取非法利益,纠集他人贩卖甲基苯丙胺、亚甲二氧基甲基苯丙胺、氯胺酮、咖啡因、麻黄素、硝甲西泮等毒品,二被告人的行为均构成贩卖毒品罪;刘光普非法买卖枪支和子弹,其行为还构成非法买卖枪支、弹药罪;刘光普、凌万春非法持有枪支和子弹,二被告人的行为均构成非法持有枪支、弹药罪,依法应当数罪并罚。刘光普、凌万春在共同犯罪中起组织、指挥作用,均系主犯,且贩卖毒品种类多、数量大,社会危害大,依法应予严惩。刘光普系累犯和毒品再犯,主观恶性深,依法应当从重处罚。刘光普、凌万春等人将“摇头丸”“Y仔”与“K粉”混合后加入袋装“雀巢”咖啡内贩卖,不属于制造毒品,仍属于贩卖毒品的行为,不应当认定为制造毒品罪。第一审判决、第二审裁定认定的事实清楚,证据确实、充分,审判程序合法,对刘光普的量刑适当,但部分定罪不准确,本院予以纠正。鉴于凌万春在贩卖毒品共同犯罪中的地位、作用次于刘光普,对凌万春判处死刑,可不立即执行。依照《中华人民共和国刑事诉讼法》第一百九十九条;最高人民法院《关于复核死刑案件若干问题的规定》第七条和《中华人民共和国刑法》第三百四十七条第二款第(一)项,第一百二十八条第一款,第二十五条第一款,第二十六条第一款、第四款,第四十八条第一款,第五十七条第一款,第五十九条第一款,第六十九条之规定,最高人民法院裁定如下:

1. 核准江西省高级人民法院(2010)赣刑三终字第69号刑事裁定中维持第一审对被告人刘光普以贩卖毒品罪判处死刑,剥夺政治权利终身,并处没收个人全部财产;以非法买卖枪支、弹药罪判处有期徒刑六年;以非法持有枪支、弹药罪判处有期徒刑一年;决定执行死刑,剥夺政治权利终身,并处没收个人全部财产的部分。

2. 撤销江西省高级人民法院(2010)赣刑三终字第69号刑事裁定和南昌铁路运输中级法院(2009)南铁中刑初字第5号刑事判决中对被告人刘光普制造毒品的定罪部分和被告人凌万春贩卖、制造毒品的定罪量刑及决定执行刑罚部分。

3. 被告人凌万春犯贩卖毒品罪判处死刑,缓期二年执行,剥夺政治权利终身,并处没收个人全部财产;犯非法持有枪支、弹药罪判处有期徒刑一年;决定执行死刑,缓期二年执行,剥夺政治权利终身,并处没收个人全部财产。

二、裁判要旨

No. 6-7-347-55 在毒品中添加非毒品物质的行为,不构成制造毒品罪。

《全国部分法院审理毒品犯罪案件工作座谈会纪要》第四条规定,“制造毒品不仅包括非法用毒品原植物直接提炼和用化学方法加工、配置毒品的行为,也包括以改变毒品成分和效用为目的,用混合等物理方法加工、配制毒品的行为,如用甲基苯丙胺或者其他苯丙胺类毒品与其他毒品混合成麻古或者摇头丸。”主张本案被告人的行为构成制造毒品罪的观点,主要是根据该条规定。然而,笔者认为,《全国部分法院审理毒品犯罪案件工作座谈会纪要》提到的物理方法制造毒品有明确的指向,即制造“麻古”“摇头丸”等成分相对固定、毒品性能有所变化的新型毒品。本案中,刘光普、凌万春等人将“摇头丸”“Y仔”与“K粉”混合后加入袋装“雀巢”咖啡内贩卖,主观目的并不是制造出一种新类型的毒品,而是通过这种混合的形式达到表面上似乎是贩卖咖啡以掩人耳目的目的,其主观目的是贩卖毒品。在客观行为上,这种物理混合的方式只是简单地把一些毒品和咖啡掺杂起来,既没有严格的比例配置规范要求,也没有专业化的配比工艺程序,还不足以达到改变毒品成分和效用的程度,没有形成新的混合型毒品,不属于制造毒品的行为。对被告人的这种行为以贩卖毒品罪论处,既符合客观事实,也符合其主观意愿,因此,一审、二审将其认定为制造毒品罪不准确,最高人民法院经复核后予以纠正。

案例:胡俊波走私、贩卖、运输毒品,走私武器、弹药案

案例来源:《刑事审判参考》总第87集[第801号]

主题词:立功的认定 毒品犯罪

一、基本案情

被告人胡俊波,男,1969年5月8日出生,无业。1991年6月17日因犯故意伤害罪、盗窃罪被判处无期徒刑,1993年6月30日至1997年6月10日经三次减刑减为有期徒刑十七年,剥夺政治权利八年,2000年7月7日因患病被暂予监外执行,2009年4月20日因本案被逮捕。

云南省普洱市人民检察院以被告人胡俊波犯走私、贩卖、运输毒品罪,走私武器、弹药罪,向普洱市中级人民法院提起公诉。

被告人胡俊波当庭否认起诉书指控的犯罪事实,称其是为讨账前往缅甸。辩护人提出,公诉机关认定胡俊波犯罪的证据不足。

普洱市中级人民法院经公开审理查明:

2009年2月底,被告人胡俊波纠集、指挥同案被告人杨洪、陈静、刘伟、付超、李建华(均已判刑)到缅甸购买毒品走私入境贩卖。同月27日,胡俊波和陈静从四川省成都市乘飞机到达云南省景洪市,杨洪、刘伟、付超、李建华根据胡俊波的安排驾驶川M56799马自达牌轿车、川A33A05现代牌越野车随后来到景洪市,6人先后偷渡至缅甸小勐拉会合。胡俊波联系好甲基苯丙胺、海洛因后,指使杨洪、陈静于3月11日到缅甸邦康市接取上述毒品以及枪支、弹药进行重新包装,从云南省孟连傣族拉祜族佤族自治县勐马镇陇海渡口携带入境后,藏入刘伟开来的川M56799马自达牌轿车车门的夹层内。而后,胡俊波等6人在孟连县嘉兴宾馆会合。3月13日零时许,胡俊波与付超、李建华驾驶川A33A05现代牌越野车在前探路,杨洪、陈静、刘伟驾驶藏有毒品、枪支的川M56799马自达牌轿车跟随其后往云南省澜沧县方向行驶。途中胡俊波、付超、李建华、陈静、刘伟被公安人员抓获。公安人员当场从川M56799马自达牌轿车车门的夹层内查获甲基苯丙胺24205克、海洛因350克、手枪2支、子弹24发。3月22日,胡俊波协助公安机关在湖北省武汉市抓获前来提取毒品的同案被告人胡环香(已判刑)。

另查明,2009年1月24日,胡俊波、杨洪、刘伟在浙江省宁波市世纪盛业酒店,将从缅甸走私入境的1支手枪送给王振海(另案处理)。次日16时许,王振海因与王国维、葛孝龙发生纠纷,持该枪在世纪盛业酒店将王国维、葛孝龙打伤。经鉴定,王国维构成重伤。

普洱市中级人民法院认为,被告人胡俊波的行为构成走私、贩卖、运输毒品罪和走私枪支、弹药罪。公诉机关指控的罪名成立。胡俊波辩解及辩护人提出的意见与案件审理查明事实不符,不予采纳。在走私、贩卖、运输毒品共同犯罪中,胡俊波起主要作用,是主犯;杨洪、陈静、刘伟、付超、李建华起次要作用,是从犯。在走私武器、弹药共同犯罪中,胡俊波起主要作用,是主犯;杨洪、陈静起次要作用,是从犯。胡俊波配合侦查机关到武汉抓获毒贩胡环香,有立功表现,但鉴于胡俊波罪行极其严重,对其不予从轻处罚。据此,普洱市中级人民法院依法判决如下:

被告人胡俊波犯走私、贩卖、运输毒品罪,判处死刑,剥夺政治权利终身,并处没收个人全部财产;犯走私武器、弹药罪,判处死刑,缓期二年执行,剥夺政治权利终身,并处没收个人全部财产;决定执行死刑,剥夺政治权利终身,并处没收个人全部财产。

一审宣判后,被告人胡俊波提出上诉。除了一审当庭辩解的意见,胡俊波还提出其协助公安机关抓获胡环香,向重庆市警方提供唐军、唐照堃非法持有手枪一支的线索,在看守所内检举同监犯王全忠所说的结伙贩运"麻古"犯罪事实等行为均构成立功,请求从轻处罚。其辩护人提出,胡俊波具有重大立功表现,请求从轻处罚。

云南省高级人民法院经公开审理查明:2008年1月,胡俊波指使唐军、唐照堃将20余万颗毒品和1支手枪从缅甸运输到成都,后胡俊波将四五万颗毒品和手枪交由唐照堃保管。此后,唐军、唐照堃二人将毒品和手枪偷走,胡俊波多次到重庆市查找二人下落未果。重庆市警方根据胡俊波提供的线索,将唐军、唐照堃抓获,并在唐军家中将该枪支查获。胡俊波上述提供线索的行为构成立功。胡俊波在被抓获后,前往武汉协助公安机关抓获胡环香的行为构成立功。胡俊波检举同监犯王全忠所讲述的犯罪事实的行为仅属于有积极表现,不构成立功。云南省高级人民法院认为,上诉人胡俊波虽然具有两次立功表现,但其罪行极其严重,功不足以抵罪,不予从轻处罚;对胡俊波及其辩护人所提胡俊波具有重大立功表现,请求从轻处罚的上诉理由及辩护意见不予采纳。原判定罪准确,量刑适当,审判程序合法。据此,云南省高级人民法院裁定驳回上诉,维持原判,并依法报请最高人民法院核准。

最高人民法院经复核认为,被告人胡俊波纠集多人从境外非法运输甲基苯丙胺、海洛因入境贩卖,其行为构成走私、贩卖、运输毒品罪;其走私手枪、子弹入境的行为,还构成走私武器、弹药罪,依法应当并罚。胡俊波走私、贩卖、运输毒品数量大,社会危害大,且系主犯,主观恶性大,人身危险性大,依法应当严惩。胡俊波归案后虽有协助抓捕胡环香的立功表现,但其罪行极其严重,不足以从轻处罚。第一审判决、第二审裁定认定的事实清楚,证据确实、充分,定罪准确,量刑适当,审判程序合法。据此,最高人民法院裁定核准云南省高级人民法院维持第一审对被告人胡俊波以走私、贩卖、运输毒品罪判处死刑,剥夺政治权利终身,并处没收个人全部财产;以走私武器、弹药罪判处死刑,缓期二年执行,剥夺政治权利终身,并处没收个人全部财产的刑事裁定;与前罪没有执行的刑罚并罚,决定执行死刑,剥夺政治权利终身,并处没收个人全部财产。

二、裁判要旨

No. 6-7-347-56 公安机关根据被告人供述抓获同案犯,不认定为有立功情节。

在毒品犯罪中,走私、贩卖、运输、制造行为往往形成多人协同、上下家衔接作案的非法产业网络、链条,其成员经常还涉及其他犯罪行为。其中,犯罪团伙、犯罪集团的首要分子、共同犯罪的主犯、职业毒贩、毒品再犯等,往往掌握同案犯等涉案人员的个人信息和犯罪情况,其供述他人罪行的动机错综复杂,是否构成立功情节要特别慎重把握。审判实践中,我们应当注意以下几点:第一,审查被告人自身是否参与其供述的罪行,甄别其供述的是共同犯罪的事实还是他人犯罪行为,或者同案犯共同犯罪抑或关联犯罪以外的其他犯罪。第二,审查检举的罪行是否查证属实。第三,审查供述线索来源是否合法。根据最高人民法院《关于处理自首和立功若干具体问题的意见》第四条第一款的规定,犯罪分子通过贿买、暴力、胁迫等非法手段获取他人犯罪线索并检举揭发的,不能认定为有立功表现。刑法设立立功制度的本意是要求被告人检举时具有真诚悔悟、弃恶从善的积极心态,而非利用非法手段获取线索后和司法机关讨价还价,换取从宽处罚。从本案看,胡俊波供述"二唐""偷走"自己的枪支,"二唐"所持有的枪支来源于胡俊波和"二唐"的共同运输枪支犯罪行为,与胡俊波所犯之罪紧密关联。虽然胡俊波如实供述的这一罪行暂未被查清和指控,基于"不告不理"的诉讼原则,本案二审法院对该起犯罪事实未予审理查明。但很明显胡俊波如实供述的罪行与司法机关已掌握的其先后实施的一系列走私、贩卖、运输毒品,走私武器、弹药犯罪在法律、事实上密切关联,应当认定为同种罪行。换言之,胡俊波在供述其犯罪事实的过程中,理应如实供述同案犯及涉案毒品和枪支的去向。胡俊波检举揭发"二唐"与重庆"3·19案"有关,经查不属实。胡俊波并未揭发同案犯在共同犯罪以及关联犯罪之外的其他犯罪线索,故其揭发行为不构成立功。胡俊波在一审被判处死刑之后才交代"二唐"的犯罪线索,体现出其具有避重就轻的主观心态,且无真诚悔罪、弃恶从善的积极表现,认定其立功与立法本意不符。

No. 6-7-347-57 被告人如实供述并协助公安机关抓获上、下家的,应当认定为有立功表现。

在毒品犯罪案件中,司法机关根据被告人的供述和通过被告人的协助抓捕毒品犯罪上、下家,是打击毒品犯罪活动中特有而常见的侦破案件手段。被告人协助延伸侦查的行为,有助于司法机关打击毒品犯罪产业窝点、链条,反映出被告人具有真诚悔罪的心态。这种行为应当构成立功。在具体案件中,要特别注意区分被告人供述其本人实施的犯罪涉及的上、下家和供述上、下家实施其他犯罪两种情形。如果被告人供述的上、下家罪行,经审查,与被告人所犯之罪并无关联,则属于检举他人犯罪行为的立功表现。如果仅如实供述上、下家涉案人员个人信息和涉及本案的犯罪情况,而没有协助抓获的行为,不属于立功表现。毒品犯罪上、下家所处毒品产业链条地位、作用不同,相互之间没有实施同一毒品罪行的共同故意,具体实施的罪行也不尽相同,各自的罪名(如有的主体可能构成走私制毒物品罪、非法买卖制毒物品罪等)和法定刑都可能不同,不构成共同犯罪。被告人到案后供述上、下家的犯罪行为,从字面理解似乎属于"检举、揭发'他人'犯罪行为"。但是,被告人及其上、下家所实施的罪行客观上相互关联,具有对合关系,即共同促进毒品犯罪行为的完成,缺少一方的犯罪行为,其他方的犯罪行为就无法实施或者完成。对任何一个环节的行为人而言,其罪行的实施或者完成,以其上、下家对应行为的实施和完成为必要条件,其所实施或者完成的罪行必然涉及上、下家的犯罪行为,检举上、下家的犯罪行为,也就不超出其如实供述的犯罪事实范围,因此,仅有供述行为并不构成立功情节。只有被告人协助司法机关抓获上、下家时,才能依法认定为立功。

被告人胡俊波到案后,供述其欲将毒品运往湖北省武汉市贩卖。公安人员押解胡俊波前往武汉市,由胡俊波打电话联系下家约定交易,在武汉市临江饭店抓获前来接取毒品的胡环香。普洱市中级人民法院经审理认为,胡俊波协助公安机关抓获胡环香的行为构成立功。

案例:易大元运输毒品案

案例来源:《刑事审判参考》总第89集[第822号]

主题词:运输毒品罪

一、基本案情

被告人易大元,男,1974年2月23日出生,农民。1993年11月11日因犯抢劫罪被判处有期徒刑五年;1999年2月9日因犯盗窃罪被判处有期徒刑四年,并处罚金人民币五千元,2003年1月15日刑满释放。2011年3月19日因涉嫌犯妨害公务罪被刑事拘留,同年4月20日被逮捕。

重庆市人民检察院第二分院以被告人易大元犯运输毒品罪、故意伤害罪,向重庆市第二中级人民法院提起公诉。

重庆市第二中级人民法院经开庭审理查明:2011 年 3 月 17 日 20 时许,被告人易大元携带冰毒、麻古驾驶渝 FF2602 轿车沿渝万高速公路从重庆市梁平县前往重庆市万州区。当晚 22 时许,易大元驾车在渝万高速公路高梁收费站下道缴费时被万州区公安局禁毒支队民警蒲某等人拦住。蒲某走到渝 FF2602 轿车驾驶室前出示警官证并抓住易大元左手,易大元因害怕毒品被查获便加油门强行撞横杆冲出收费站,致使蒲某被渝 FF2602 轿车拖带并摔倒在收费站安全道的水泥台处,造成蒲某左面部多处挫裂伤,左侧眼眶外侧壁及外上壁等处骨折,损伤程度为重伤。易大元驾车逃出一段路后将车丢在路边,并将冰毒、麻古等抛弃在公路边的排水沟内后逃匿。当晚,公安机关在易大元丢弃车辆附近查获冰毒 98.04 克、麻古 2.59 克。经鉴定,均检出甲基苯丙胺成分。2011 年 3 月 18 日,公安机关在梁平县将易大元抓获。

重庆市第二中级人民法院认为,被告人易大元运输甲基苯丙胺 100.63 克,并驾车撞伤对其执行检查和抓捕任务的民警蒲某,造成蒲某重伤,其行为已触犯《中华人民共和国刑法》第三百四十七条第一款,第二款第(一)项、第(四)项之规定,构成运输毒品罪。易大元在运输毒品过程中,为抗拒检查、抓捕,驾车撞伤对其执行检查和抓捕任务的民警蒲某,造成蒲某重伤,其行为已触犯《中华人民共和国刑法》第三百四十七条第二款第(四)项的规定,属于运输毒品的加重情节之一,不能单独构成其他犯罪。对公诉机关指控被告人易大元构成故意伤害罪以及辩护人提出被告人易大元抗拒检查、抓捕的行为构成妨害公务罪的意见均不予采纳。依照《中华人民共和国刑法》第三百四十七条第一款,第二款第(一)项、第(四)项,第五十七条第一款,第五十九条,第六十四条之规定,判决如下:

1. 被告人易大元犯运输毒品罪,判处无期徒刑,剥夺政治权利终身,并处没收个人全部财产。

2. 查获的毒品和违法所得予以没收。

一审宣判后,重庆市人民检察院第二分院提出抗诉称,《刑法》第三百四十七条第二款第(四)项规定的"以暴力抗拒检查、拘留、逮捕,情节严重的",属情节加重犯,不属于"结果严重的"结果加重犯。造成重伤或者死亡结果是结果加重犯的范畴,故被告人易大元的行为应分别构成运输毒品罪和故意伤害罪,应数罪并罚,一审认定易大元的行为仅构成运输毒品罪系适用法律不当。被告人易大元亦提出上诉。

重庆市高级人民法院经审理认为,原判认定事实清楚,证据确实、充分,定罪准确,量刑适当,审判程序合法,依法驳回抗诉、上诉,维持原判。

二、裁判要旨

No.6-7-347-58 走私、贩卖、运输、制造毒品过程中,以暴力抗拒检查、拘留、逮捕,造成执法人员重伤、死亡,属于情节严重,应以走私、贩卖、运输、制造毒品罪的加重处罚情节处理。

行为人犯罪过程中实施的数个行为,如果分别符合数个犯罪的构成要件,应成立数罪,实行并罚。然而,有些犯罪过程经常伴随其他犯罪行为,从而突显该类犯罪的社会危害性,刑法立法遂将伴随行为特别规定为该类犯罪的加重处罚情节,不实行数罪并罚,以体现从严打击该类犯罪的立法目的。例如,拐卖妇女犯罪过程中经常伴随强奸犯罪,相对于拐卖妇女、强奸两个单独犯罪而言,社会危害性更大,如果对这类行为实行数罪并罚,往往不能体现罪刑均衡的原则,且不利于从严打击此类犯罪的目的。因此,《刑法》第二百四十条对拐卖妇女过程中又奸淫被拐卖的妇女的,不以拐卖妇女罪、强奸罪实行数罪并罚,而是把强奸罪作为拐卖妇女罪的加重处罚情节,即提高拐卖妇女罪的法定刑,处十年以上有期徒刑、无期徒刑乃至死刑。由此可见,行为人实施某一犯罪过程中又伴随实施其他犯罪行为的,虽然依《刑法》理论可以构成数罪,但刑法立法却规定为加重处罚情节,不实行数罪并罚。这是刑法立法的一种特殊情况,司法实践中应加以注意。

在走私、贩卖、运输、制造毒品犯罪过程中,以暴力抗拒检查、拘留、逮捕,情节严重的,《刑法》第三百四十七条第二款第(四)项明确将其规定为加重处罚的情节之一,不实行数罪并罚。本案中,被告人易大元开车运输毒品被警方拦下检查时,驾车撞伤警察的行为,属于运输毒品过程中以暴力抗拒检查、逮捕,情节严重的情形,根据《刑法》第三百四十七条的规定,无论其运输数量的多少,都应处以十五年有期徒刑、无期徒刑或者死刑,并处没收财产。

案例:李光耀等贩卖、运输毒品案

案例来源:《刑事审判参考》总第90集[第839号]

主题词:贩卖运输毒品罪 未成年人的毒品再犯

一、基本案情

被告人李光耀,男,1973年11月28日出生。1992年2月15日因犯运输毒品罪(犯罪时未满十八周岁)被判处死刑,缓期二年执行,剥夺政治权利终身,经减刑于2006年10月20日释放,2010年4月2日因涉嫌贩卖、运输毒品罪被逮捕。

(同案其他被告人基本情况略)

云南省大理白族自治州人民检察院以被告人李光耀犯贩卖、运输毒品罪,向大理白族自治州中级人民法院提起公诉。

被告人李光耀对公诉机关指控的犯罪事实及罪名不持异议。其辩护人辩称,李光耀归案后能如实供述司法机关尚未掌握的同种其他犯罪事实,认罪态度好,有悔罪表现,建议对其从轻处罚。

云南省大理白族自治州中级人民法院经公开审理查明:

2009年12月,被告人李光耀与同案被告人鲁应和先后两次在云南省耿马傣族佤族自治县孟定河外购得海洛因400克和700克,并由鲁应和雇用同案被告人黄中良探路,二人将海洛因运至云南省巍山彝族回族自治县,贩卖给李光耀联系的买主马步云。

2010年1月,李光耀与鲁应和在耿马傣族佤族自治县孟定河外购得海洛因1740克,鲁应和再次雇用黄中良探路,二人将海洛因运至巍山彝族回族自治县永建镇李林利家。因李林利未联系到买主,李光耀将海洛因带至昆明市贩卖给他人。

2010年2月24日,李光耀与鲁应和在耿马傣族佤族自治县孟定河外购得海洛因。次日,鲁应和继续雇用黄中良在前探路,二人将海洛因运至云南省南涧彝族自治县。2月26日,李光耀与李林利商定毒品交易事宜后,李林利安排同案被告人张争到南涧彝族自治县接取海洛因。李光耀与张争见面后,将海洛因放入张争驾驶的车牌号为云L97797的微型车上,由鲁应和所骑车牌号为云SH7991的摩托车在前探路,张争驾驶微型车携带海洛因跟随其后前往巍山彝族回族自治县。当日20时许,三人行至巍南公路洗澡塘路段时被公安人员相继抓获,当场从微型车后排座位下查获海洛因1737克。

大理白族自治州中级人民法院认为,被告人李光耀违反国家毒品管制法规,结伙贩卖、运输海洛因,其行为构成贩卖、运输毒品罪。李光耀归案后能如实供述司法机关尚未掌握的另三次贩卖、运输海洛因的事实,认罪态度好,但其多次贩卖、运输海洛因,数量大,且系主犯,又系毒品再犯、累犯,应当从重处罚。据此,大理白族自治州中级人民法院以被告人李光耀犯贩卖、运输毒品罪,判处死刑,剥夺政治权利终身,并处没收个人全部财产。

一审宣判后,被告人李光耀以其属于从犯,原判量刑过重为由,向云南省高级人民法院提出上诉。

云南省高级人民法院经审理认为,上诉人李光耀伙同鲁应和贩卖、运输海洛因的行为构成贩卖、运输毒品罪。在共同犯罪中,李光耀与鲁应和积极联系购买和运输毒品,均系主犯,应当依法惩处。李光耀到案后虽然坦白司法机关尚未掌握的贩卖、运输毒品海洛因的犯罪事实,但李光耀系累犯、毒品再犯,应当从重处罚。一审判决认定的事实清楚,证据确实、充分,定罪准确,量刑适当,审判程序合法。据此,云南省高级人民法院依照《中华人民共和国刑事诉讼法》(1996年)第一百八十九条第(一)项之规定,裁定驳回上诉,维持原判,并依法报请最高人民法院核准。

最高人民法院经复核认为,被告人李光耀结伙贩卖、运输海洛因,其行为构成贩卖、运输毒品罪,且系共同犯罪,同时贩卖、运输毒品数量大,社会危害严重。被告人李光耀系在共同犯罪中起主要作用的主犯,又系毒品再犯,主观恶性深,依法应当从重处罚。李光耀归案后虽然主动交代公安机关尚未掌握的同种罪行,但其所犯罪行极其严重,不足以从轻处罚。第一审判决、第二审裁定认定的事实清楚,证据确实、充分,定罪准确,量刑适当,审判程序合法。遂依照《中华人民共和国刑事诉讼法》(1996年)第一百九十九条和最高人民法院《关于复核死刑案件若干问题的规定》第二条第一款之规定,最高人民法院裁定核准云南省高级人民法院维持第一审对被告人李光耀以贩卖、运输毒品罪判处死刑,剥夺政治权利终身,并处没收个人全部财产的刑事裁定。

二、裁判要旨

No.6-7-347-59 毒品再犯是独立于累犯制度的特殊规定,不适用《刑法》第六十五条第一款的规定,前次犯罪未满十八周岁的未成年人再次犯毒品犯罪,可以成立毒品再犯。

累犯与再犯是两个虽有关联,却又不同的量刑情节。《刑法》第三百五十六条规定:"因走私、贩卖、运输、制造、非法持有毒品罪被判过刑,又犯本节规定之罪的,从重处罚。"这是《刑法》对毒品再犯的规定。毒品再犯的上位概念是再犯。再犯是理论上的概念。从逻辑上讲,累犯属于再犯的一种,但累犯又具有自己的特质,二者存在以下区别:(1)罪质不同。毒品再犯的前罪与后罪仅限于毒品犯罪,累犯的前罪与后罪只需要故意犯罪即可。(2)时限不同。毒品再犯的前后罪没有时间限制,而累犯要求必须是在前罪刑罚执行完毕或赦免后的法定期限内实施。(3)后果不同。毒品再犯要求从重处罚,但可以适用缓刑、假释;而累犯则不得使用缓刑与假释。毒品再犯与累犯虽然同源于再犯且存在竞合,但在我国刑法规定中,毒品再犯已经是独立于累犯制度的一种特殊规定,二者不存在隶属关系。《刑法修正案(八)》对累犯规定的修改效力不能当然适用于毒品再犯。

毒品再犯与累犯虽然不是同一概念,但是二者所体现的价值取向具有相似性,都体现出行为人主观恶性较深、人身危险性较大,具有从严惩治的必要性,应当贯彻宽严相济刑事政策从严的精神。《刑法修正案(八)》是立法机关在新形势下,基于进一步落实宽严相济刑事政策的需要,充分衡量"宽""严"情节,对刑法作出的重大修改。虽然《刑法修正案(八)》基于更好地使未成年人接受改造、融入社会的考虑,将"不满十八周岁的人"排除在累犯之外,但并未对毒品再犯也作出与累犯同步的修改。毒品犯罪是当前最严重的犯罪之一,不仅严重危及人民群众的生命与健康,造成社会财富的巨大损失,并引发日益严重的治安问题和广泛的社会问题,严重破坏社会管理、经济秩序的稳定,其危害之深、影响之广,是其他普通犯罪无法比拟的。立法机关对毒品再犯未作修改,表明立法者基于对毒品再犯主观恶性和人身危险性的考虑,对毒品再犯从严惩处的态度没有改变,反映刑事立法对宽严相济刑事政策把握的度在毒品再犯方面没有改变。因此,根据《刑法修正案(八)》的规定,李光耀虽然在未满十八周岁时犯运输毒品罪不能认定为累犯,但是不能由此推论得出李光耀也不构成毒品再犯的论断,否则既没有法律依据,也不符合立法者对宽严相济刑事政策的把握。

案例:邱绿清等走私、运输毒品案

案例来源:《刑事审判参考》总第91集[第852号]

主题词:走私、运输毒品　死刑立即执行的适用

一、基本案情

云南省保山市人民检察院以邱绿清犯走私、运输毒品罪,向保山市中级人民法院提起公诉。

邱绿清及其辩护人均以邱是受人指使运输毒品的从犯,且认罪态度好为由,请求法院从轻处罚。

保山市中级人民法院经审理查明:邱绿清和吉力里格为牟取暴利,为他人到缅甸走私、运输毒品海洛因。2010年11月初,邱绿清、吉力里格在三名不知名的彝族男子带领下,到缅甸国红

岩接到毒品16块,11月7日五人携带毒品步行进入我国云南省临沧市永德县永甸镇。三名彝族男子在前探路,邱绿清、吉力里格将毒品海洛因捆绑在身上,乘坐8日永德发往昌宁的客车。当日14时许,邱绿清、吉力里格途经保山市公安局边防支队在昌宁县卡斯镇“梁源温泉”的执勤点时,当场从邱绿清身上查获毒品海洛因8块,净重2825克,平均含量为56.4%;从吉力里格身上查获毒品海洛因8块,净重2820克,平均含量为55.7%。

保山市中级人民法院认为,邱绿清为牟取非法利益,伙同他人将毒品海洛因从境外运入我国境内的行为已触犯刑律,构成走私运输毒品罪。走私、运输毒品数量巨大,且系累犯,应当从重处罚。据此,依照《刑法》第三百四十七条第二款第(一)项、第五十七条第一款、第二十五条第一款、第二十七条、第六十五条第一款、第六十四条之规定,法院以邱绿清犯走私、运输毒品罪,判处死刑,剥夺政治权利终身,并处没收个人全部财产;以吉力里格犯走私、运输毒品罪,判处无期徒刑,剥夺政治权利终身,并处没收个人全部财产。

一审宣判后,邱绿清及其辩护人均以邱绿清系受人雇用运输毒品,其与吉力里格为各自的货主运毒品,且系从犯,对其量刑过重为由,提出上诉。

云南省高级人民法院开庭审理期间,云南省人民检察院出庭检察员提出,鉴于邱绿清系受人雇用运输毒品,认罪态度较好,建议对其从轻处罚。

法院经审理认为,上诉人邱绿清为牟取非法利益,将毒品海洛因从境外运入我国境内的行为已触犯《刑法》,构成走私、运输毒品罪。走私、运输毒品数量巨大,且系累犯,应当从重处罚。邱绿清所提上诉理由不予采纳。原判定罪准确,量刑适当,审判程序合法。据此,云南省高级人民法院依照《中华人民共和国刑事诉讼法》(修改前)第一百八十九条第(一)项、第一百九十九条之规定,裁定驳回上诉,维持原判,并依法报请最高人民法院核准。

最高人民法院经复核认为,邱绿清走私、运输海洛因入境,其行为构成走私、运输毒品罪。走私、运输毒品数量大,且系累犯,依法应当从重处罚。第一审判决、第二审裁定认定的事实清楚,证据确实、充分,定罪准确,审判程序合法。鉴于邱绿清受雇用走私、运输毒品,在共同犯罪中的地位和作用小于在逃同案犯,归案后认罪态度好,对邱绿清判处死刑,可不立即执行。据此,依照《中华人民共和国刑事诉讼法》(1996年)第一百九十九条和最高法院《关于复核死刑案件若干问题的规定》第四条之规定,最高人民法院裁定如下:

1. 不核准云南省高级人民法院(2011)云高刑终字第802号维持第一审对被告人邱绿清以走私、运输毒品罪,判处死刑,剥夺政治权利终身,并处没收个人全部财产的刑事裁定。

2. 撤销云南省高级人民法院(2011)云高刑终字第802号维持第一审对被告人邱绿清以走私、运输毒品罪,判处死刑,剥夺政治权利终身并处没收个人全部财产的刑事裁定。

3. 发回云南省高级人民法院重新审判。

二、裁判要旨

No.6-7-347-60 单纯受雇走私、运输毒品的行为人,尽管毒品数量较大且有累犯情节,可不适用死刑立即执行。

邱绿清、吉力里格走私、运输毒品海洛因的数量高达5645克,邱绿清系累犯,在共同犯罪中的地位、作用与吉力里格基本相当,如无特殊情节,依法应当对邱绿清判处死刑立即执行。但基于以下几个方面的原因,可对其不判处死刑立即执行:

1. 被告人系受人雇用且非独立实施走私、运输毒品行为

邱绿清和同案吉力里格详细稳定的供述相互印证,另有电话通讯勘查笔录、车票、吸毒检测报告等佐证,证实在逃的初布日格等三名彝族毒贩,出资56万元从缅甸购买毒品,临时雇用赌博欠债的邱绿清和找工作未果的吉力里格充当运毒马仔,从出发地到缅甸再走山路到国内,五人始终在一起,且系由初布日格指挥、出资。只有到了我国境内要下山时,三名彝族毒贩才将毒品分别绑在邱绿清和吉力里格身上,并先行离开以电话遥控方式,指挥邱绿清和吉力里格应对途中可能发生的缉查。二被告人的地位和作用犹如驮运毒品的“骡马”,以及在危险地带负责“蹚雷”的工具,有别于一般的走私、运输毒品过程中犯罪分子自行选择路线、自主逃避关卡等情形。

2. 被告人本质上是单纯的受雇走私、运输毒品行为

邱绿清虽然被认定为走私、运输毒品,但其并不是毒品的所有者、买家或者卖家,本质上是单纯的受雇走私、运输毒品行为。《全国部分法院审理毒品犯罪案件工作座谈会纪要》明确规定,毒品犯罪中,单纯的运输毒品行为具有从属性、辅助性特点,且情况复杂多样。部分涉案人员系受指使、雇用的贫民、边民或者无业人员,只是为了赚取少量运费而为他人运输毒品,他们不是毒品的所有者、买家或者卖家,与幕后的组织、指使、雇佣者相比,在整个毒品犯罪环节中处于从属、辅助和被支配地位,所起作用和主观恶性相对较小,社会危害性也相对较小。因此,对于运输毒品犯罪中的这部分人员,在量刑标准的把握上,应当与走私、贩卖、制造毒品和前述具有严重情节的运输毒品犯罪分子有所区别,不应单纯以涉案毒品数量的大小决定刑罚适用的轻重。

3. 邱绿清在共同犯罪中的地位、作用明显次于在逃的三名同案犯

根据《全国部分法院审理毒品犯罪案件工作座谈会纪要》的规定,在毒品共同犯罪中,主要出资者、毒品所有者或者起意、策划、纠集、组织、雇佣、指使他人参与犯罪以及其他起主要作用的是主犯;起次要或者辅助作用的是从犯;受雇佣、受指使实施毒品犯罪的,应当根据其在犯罪中实际发挥的作用具体认定为主犯或者从犯。对于确有证据证明在共同犯罪中起次要或者辅助作用的,不能因为其他共同犯罪人未到案而不认定为从犯,甚至将其认定为主犯或者按主犯处罚。同时,共同犯罪中能分清主从犯的,不能因为涉案的毒品数量特别巨大,就不分主从犯而一律将被告人认定为主犯或者实际上都按主犯处罚,一律判处重刑甚至死刑。因此,按照《全国部分法院审理毒品犯罪案件工作座谈会纪要》的规定,只要认定为从犯,无论主犯是否到案,均应当依照刑法关于从犯的规定,从轻、减轻或者免除处罚。本案中,如果核准邱绿清死刑,既与作用更大的三个在逃同案犯的量刑失衡,也与与其作用基本相当但仅判处无期徒刑的同案犯吉力里格的量刑失衡。

4. 邱绿清认罪态度好,且归案后具有积极协助司法机关的表现

邱绿清认罪态度好,且归案后能够积极协助公安机关诱捕毒品货主。虽然最终没有抓捕成功,但公安、检察机关均认可其为此所做的努力。

5. 在具体案件中应当区别累犯情形量刑

邱绿清的前科并非毒品犯罪,前科是其跟着多人共同抢劫,当时持刀的同案犯拿着抢来的一部手机跑了,只邱一人因眼睛有残疾且未持凶器,被当场抓住,其在抢劫共同犯罪中所起作用不大。本案中,尽管邱系累犯,但并非要从重并一律严厉到适用死刑立即执行。这样的量刑过于机械,不利于宽严相济政策在具体案件中的贯彻执行。

综上,最高人民法院综合具体案情,准确把握宽严相济政策精神,严格区别毒品犯罪主、从犯,不核准邱绿清死刑是正确的。

案例:康文清贩卖毒品案

案例来源:《刑事审判参考》总第 95 集[第 936 号]

主题词:立功　自首

一、基本案情

被告人康文清,男,1988 年 8 月 28 日出生,农民。2012 年 8 月 14 日因涉嫌犯贩卖毒品罪被逮捕。

福建省龙海市人民检察院以被告人康文清犯贩卖毒品罪,向龙海市人民法院提起公诉。康文清对指控其犯贩卖毒晶罪的罪名无异议,但对贩毒的价格提出辩解意见,并辩称其具有自首行为和立功表现,提请法庭对其从轻处罚。

龙海市人民法院经公开审理查明:2012 年年初至 6 月间,被告人康文清在龙海市紫泥镇溪墘村内港口 53 号其家二楼房间内,三次将原本用于自己吸食的毒品氯胺酮贩卖给吸毒人员周琮淇,共得款人民币 500 元。2012 年 6 月中旬,康文清在其父陪同下,到龙海市公安局禁毒大队

主动交代吸食毒品氯胺酮的违法行为,并自愿到漳州市强制隔离戒毒所戒毒。同日,康文清向龙海市公安局禁毒大队举报“智辉”、康聪鑫、“永国”“细尾”有吸食毒品的违法行为,称其曾经到“智辉”家吸食毒品,并带领龙海市公安局禁毒大队人员到“智辉”家附近踩点。同日,康文清与漳州市强制隔离戒毒所签订自愿隔离戒毒协议,并入所戒毒。同日,龙海市公安局禁毒大队刑警到“智辉”家中抓获吸毒人员陈智辉、周琮淇、吴艺彬。其中,吸毒人员周琮淇到案后供述,其曾经向康文清购买毒品。26 日,龙海市公安局根据周琮淇提供的线索,前往漳州市强制隔离戒毒所提审康文清。27 日,龙海市公安局以康文清涉嫌犯贩卖毒品罪立案侦查。

龙海市人民法院认为,被告人康文清违反毒品管制法规,三次贩卖毒品氯胺酮,情节严重,其行为构成贩卖毒品罪。康文清于 2012 年 6 月中旬到龙海市公安局禁毒大队并非交代其贩卖毒品的犯罪事实,不具有投案的主动性和自愿性,其行为不符合自首的构成特征。康文清向龙海市公安局禁毒大队举报他人违法行为,侦查机关根据其举报线索进而查获其自己犯罪事实的行为,亦不构成立功。康文清的辩解不予采纳。据此,依照《中华人民共和国刑法》第三百四十七条第一款、第四款、第七款,第五十二条,第五十三条,第六十四条以及最高人民法院《关于审理毒品案件定罪量刑标准有关问题的解释》第三条第(四)项之规定,龙海市人民法院以被告人康文清犯贩卖毒品罪,判处有期徒刑三年,并处罚金人民币三千元,同时,对康文清的违法所得人民币五百元予以追缴。

一审宣判后,康文清以举报他人违法行为属于立功表现等为由,向福建省漳州市中级人民法院提起上诉。

漳州市中级人民法院经公开审理查明的事实与一审法院认定的事实一致,并基于与一审法院相同的理由,认定上诉人提出的上诉意见不能成立,遂依照《中华人民共和国刑事诉讼法》第二百二十五条第一款第(一)项之规定,裁定驳回上诉,维持原判。

二、裁判要旨

No.6-7-347-61 吸毒人员自愿投案隔离戒毒,但仅交代其吸毒的违法事实,而未交代贩卖毒品的犯罪事实的,不成立自首。

从实践情况看,自首中的如实供述应当具备四个要素:一是犯罪分子主动交代,如果是被动交代则仅构成坦白;二是犯罪分子交代主要犯罪事实,也就是足以证明其行为构成犯罪的基本事实,如果交代的是违反道德或者一般违法行为的事实,则不属于如实供述;三是犯罪分子交代的必须是自己的犯罪事实,也就是自己所实施的且由自己承担刑事责任的事实,如果交代的是他人的犯罪事实则可能属于检举揭发;四是所交代的犯罪事实必须客观真实,符合主客观相统一的认知结果,但并不要求所有的细节均准确一致。值得强调的是,根据相关批复的规定,对行为性质的辩解不属于不如实供述罪行。

本案中,康文清归案后仅交代其吸毒的一般违法事实,而未交代其贩卖毒品的犯罪事实,其贩卖毒品的事实是公安机关经过他人检举、揭发而掌握的。可见,康文清对其贩卖毒品的事实进行了隐瞒,属于故意不如实交代罪行,有保全自己、逃避惩罚的意图,没有将自己主动交付法律制裁的自愿性。因此,康文清到公安机关接受强制隔离戒毒并揭发他人违法事实,进而导致公安机关查获到其贩卖毒品事实的行为,不属于《刑法》意义上的如实供述,不能构成自首。

No.6-7-347-62 检举揭发他人违法行为线索,公安机关根据检索查获为其本人实施的犯罪行为的,不构成立功。

最高人民法院《关于处理自首和立功具体应用法律若干问题的解释》第五条将立功的时间明确为“到案后”。但是,何为“到案后”的时间点,理论界有“狭义说”和“广义说”两种观点。“狭义说”认为,立功开始的时间点应当为到案时点,即司法机关及其工作人员因办案之目的而接触、约束犯罪嫌疑人的时点;“广义说”则认为,立功开始的时间点包括司法机关在内的所有国家机关、党群组织、所在工作单位等因主动或者被动发现违法犯罪线索而主动或者被动接触、约束犯罪嫌疑人,使之处于司法、行政机关的控制之下的时点,即包括犯罪嫌疑人进入或者可能即将进入刑事诉讼的时点。

广义的“到案说”更符合现实的客观情况,有助于鼓励犯罪分子在被任何单位发觉违法并约束其人身时及时作出立功表现,更符合设立立功制度的初衷。最高人民法院《关于处理自首和立功若干具体问题的意见》规定,因特定的违法行为被采取劳动教养、行政拘留、司法拘留、强制隔离戒毒等行政、司法强制措施期间,主动向执行机关交代尚未被掌握的犯罪行为应当视为自动投案。这说明相关司法解释将“因被采取强制隔离戒毒等行政强制措施”情形亦等同为“处于行政司法机关的控制之下”的情形。

本案中,康文清在告发他人吸毒行为时,系其主动到龙海市公安局禁毒大队交代自己吸食毒品氯胺酮的违法行为,并自愿到漳州市强制隔离戒毒所戒毒,此时康文清已处于公安机关控制、约束之中。虽然康文清没有供述自己的贩毒犯罪事实,且在其告发他人吸毒之后公安机关才对康文清涉嫌贩卖毒品立案侦查,但不宜简单因这一时间差就否认是“到案后”,其自觉将自己交付公安机关和强制隔离戒毒所约束的行为应当认定为“到案”行为。

检举揭发他人违法线索,公安机关根据该线索进而查获为其本人实施犯罪行为的情形,不具有立功的实际作用,因此不构成立功。

(1)康文清检举揭发的是他人的违法行为,不具有立功的前提要件。根据《关于处理自首和立功具体应用法律若干问题的解释》的规定,检举揭发的对象必须是依照刑法规定构成犯罪的事实。康文清举报“智辉”、康聪鑫、“永国”“细尾”有吸食毒品的违法行为,并带领龙海市公安局禁毒大队人员到“智辉”家附近踩点,为公安人员抓获吸毒人员陈智辉起到积极作用,但陈智辉等人吸毒行为属于一般违法行为,尚未构成《刑法》意义上的犯罪行为,故康文清的检举、揭发不具有立功的前提要件。

(2)提供他人违法线索,导致公安机关进而查获为其本人实施的犯罪行为的,不具有立功的实际作用。按照《关于处理自首和立功具体应用法律若干问题的解释》第五条的规定,犯罪分子到案后提供侦破其他案件的重要线索,经查证属实的应当认定有立功表现。《关于处理自首和立功若干具体问题的意见》规定,据以立功的线索或者协助行为对于侦破案件或者抓捕犯罪嫌疑人要有实际作用。本案的特殊之处在于,康文清没有直接交代自己的贩毒行为,而是因为揭发他人的违法行为,进而促使司法机关获得侦破其贩毒案件的线索。表面上看,若没有康文清所提供的线索,公安机关就难以及时发现康文清本人的贩毒事实,由此而论康文清的检举行为在客观上具有一定的价值。然而,仔细分析之下,其检举、揭发行为并无实际作用。由于查获的犯罪事实是检举人“自己”的犯罪行为,不属于“他人”的犯罪行为,即没有为司法机关侦破其他案件提供实际作用,缺乏线索的实效性,故康文清的检举、揭发行为不完全具备立功的构成要素。

综上,被告人康文清虽然符合立功的时间要件,但并不具备立功的其他构成要素,不应认定为立功。

案例:阿力日呷等贩卖、运输毒品案

案例来源:《刑事审判参考》总第96集[第955号]

主题词:贩卖运输毒品罪　量刑

一、基本案情

被告人阿力日呷,男,1972年2月7日出生。2010年5月1日因涉嫌犯贩卖、运输毒品罪被逮捕。

某省某州人民检察院以被告人阿力日呷等犯贩卖、运输毒品罪,向某州中级人民法院提起公诉。

被告人阿力日呷及其辩护人辩称,四被告人系分工协作共同完成本案犯罪行为,阿力日呷仅应对其个人贩卖的毒品承担刑事责任,请求法庭对其从轻处罚。

某州中级人民法院经公开审理查明:2010年3月,被告人阿力日呷与女友阿牛木史牛(同案被告人,判处无期徒刑)商定共同出资人民币(以下币种同)3万元购买1块海洛因。后阿布木拉尾(同案被告人,判处死刑,缓期二年执行)得知二人意图到某省购买海洛因,便主动要求出资共同购买海洛因以牟利,阿布木拉尾愿意以每块3.6万元的价格购买2块海洛因,并汇给阿力日呷7.2万元。阿布木拉尾让阿布么作外(同案被告人,判处有期徒刑十五年)随阿力日呷、阿牛木史牛去某省境内将其购买的毒品运输回来,许诺事成后付给阿布么作外6000元报酬。同月21日,阿力日呷与阿牛木史牛、阿布么作外前往云南境内购买海洛因,阿力日呷以10.2万元的价格购买了3块海洛因。阿力日呷拿了2块海洛因给阿布么作外,另1块交给阿牛木史牛藏于身上。三人在搭乘长途汽车返回途中被抓获。公安人员从阿布么作外处查获2块海洛因,净重693克;从阿牛木史牛处查获1块海洛因,净重344克。

某州中级人民法院认为,被告人阿力日呷与同案被告人阿牛木史牛、阿布木拉尾、阿布么作外贩卖、运输海洛因的行为已构成贩卖、运输毒品罪,且构成共同犯罪。阿力日呷在共同犯罪中起组织、策划的主要作用,应当对查获的毒品承担全部责任。据此,依照《中华人民共和国刑法》第三百四十七条第一款、第二款第(一)项、第二十五条、第二十六条、第二十七条、第五十四条、第五十七条之规定,某州中级人民法院以被告人阿力日呷犯贩卖、运输毒品罪,判处死刑,剥夺政治权利终身,并处没收个人全部财产。

一审宣判后,阿力日呷不服,基于以下理由向某省高级人民法院提起上诉,请求从轻处罚:原审被告人阿牛木史牛、阿布木拉尾主动出资参与贩毒,并非其游说、诱惑,故其不应对阿布木拉尾的2块毒品和阿牛木史牛的部分毒品承担责任;原判认定其以每块3万元价格购买2块海洛因,并以每块3.6万元价格转卖给阿布木拉尾从中牟利,与查明的事实不符;本案四被告人分工协作,应当各自承担责任,其不应承担组织、策划的责任。

针对上诉人阿力日呷提出的上诉理由,某省高级人民法院经审理认为,在共同犯罪中,阿力日呷联系、邀约原审被告人阿牛木史牛共同出资购买1块海洛因共344克用于贩卖牟利,虽然原审被告人阿布木拉尾系主动出资参与贩毒,但上诉人阿力日呷为阿布木拉尾提供银行卡转存毒资并帮助其取款,负责联系购买3块海洛因,向毒贩支付毒资和具体交易毒品,安排整个贩卖、运输毒品犯罪的路线和行程,在共同犯罪中起策划、组织、指挥的主要作用,系主犯,应当对查获的全部海洛因1037克承担刑事责任,故阿力日呷提出的相关上诉理由不能成立。同时,原判认定阿力日呷将2块海洛因加价卖给阿布木拉尾的证据不足,对阿力日呷的相关上诉理由予以采纳,但该事实不影响对其定罪量刑。原判认定的事实清楚,证据确实、充分,定罪准确,量刑适当,审判程序合法。据此,依照《中华人民共和国刑事诉讼法》(1996年)第一百八十九条第(一)项之规定,某省高级人民法院裁定驳回上诉,维持原判,并依法报请最高人民法院核准。

最高人民法院经复核认为,第一审判决、第二审裁定认定的事实清楚,证据确实、充分,定罪准确,审判程序合法。鉴于该起毒品犯罪各同案被告人责任相对分散,综合全案情况,对被告人阿力日呷判处死刑,可不立即执行。据此,依照《中华人民共和国刑事诉讼法》(2012年修改后)第二百三十五条、第二百三十九条和最高人民法院《关于适用〈中华人民共和国刑事诉讼法〉的解释》第三百五十条第(五)项之规定,最高人民法院裁定不核准并撤销某省高级人民法院维持第一审对被告人阿力日呷以贩卖、运输毒品罪判处死刑,剥夺政治权利终身,并处没收个人全部财产的刑事裁定,发回某省高级人民法院重新审判。

二、裁判要旨

No.6-7-347-63 行为人组织临时贩卖运输毒品,但对共同犯罪控制力较小、本人实际贩卖数量较少,可不判处死刑立即执行。

根据《刑法》规定,对于毒品共同犯罪中的主犯,应当按照其所参与或者组织、指挥的全部犯罪处罚。毒品共同犯罪有一定的特点,虽然涉案毒品数量是影响量刑的主要因素,但不能唯涉案毒品数量量刑。在对主犯量刑时,既要考虑涉案毒品数量,又要考虑各被告人在共同犯罪中的地位、作用,如犯意提起、具体分工、毒资筹集、毒品实际控制等。此外,毒品是否流入社会造成实际危害等,也应作为考虑情节。

本案中,阿力日呷积极联系毒贩,向毒贩支付毒资并接收全部毒品,安排贩卖、运输毒品的路线和行程,在共同犯罪中起组织、策划作用,系主犯,应当对查获的全部 1037 克毒品承担刑事责任。同时,对阿力日呷的量刑又应考虑以下因素:

第一,现有证据不能证实阿力日呷邀约阿布木拉尾一起贩卖海洛因。

第二,现有证据不能证实阿力日呷从其为阿布木拉尾代购的 2 块海洛因中加价牟利。

第三,阿布么作外系受雇于阿布木拉尾运输海洛因,阿力日呷购买海洛因后就将帮阿布木拉尾购买的 2 块海洛因交给阿布么作外,公安人员是在阿布么作外身上查获该 2 块海洛因的。最高人民法院 2008 年 12 月印发的《全国部分法院审理毒品犯罪案件工作座谈会纪要》明确要求:"要从犯意提起、具体行为分工、出资和实际分得毒赃以及共犯之间相互关系等方面,比较各共同犯罪人在共同犯罪中的地位和作用。"本案中,阿力日呷与阿牛木史牛合买的 344 克海洛因,二人出资额相同,且系共同取款,共同将款交给毒贩,二人均起主要作用,鉴于系阿力日呷指使阿牛木史牛携带海洛因,故阿力日呷的作用略大于阿牛木史牛。阿力日呷帮阿布木拉尾购买的 693 克毒品,阿布木拉尾主动出资让阿力日呷帮助购买毒品,并雇第三人直接运输毒品,阿力日呷没有从中加价牟利,故二人均起主要作用,但阿布木拉尾的作用要大于阿力日呷。

根据《全国部分法院审理毒品犯罪案件工作座谈会纪要》的规定,对于"共同犯罪毒品数量刚达到实际掌握的数量标准,但各共同犯罪人作用相当,或者责任大小难以区分的",可不判处被告人死刑立即执行。本案中,各共同犯罪人之间存在亲属、熟人关系,因有贩卖毒品的故意而临时结伙,三名主犯均系积极主动参与犯罪,且阿力日呷对同案被告人和毒品的控制力较弱,在各共同犯罪人责任相对分散的情况下,考虑到阿力日呷系初犯,毒品未流入社会造成实际危害,根据宽严相济刑事政策精神,可不判处死刑立即执行。

案例:张成建等贩卖毒品案

案例来源:《刑事审判参考》总第 110 集[第 1194 号]

主题词:贩卖毒品罪　死刑　毒品再犯

一、基本案情

2013 年 5 月至 7 月,被告人张成建在被告人匡小林的参与"验货"下,在浙江省舟山市普陀区华发大酒店、普津大酒店等地,先后 4 次从被告人贺建波处购得甲基苯丙胺(冰毒)共计约 3300 克。同年 8 月至 10 月间,张成建在舟山市普陀区,将上述部分毒品及从他人处购得的甲基苯丙胺片剂(俗称"麻古")共计 163 粒(约重 14.67 克),多次贩卖给匡小林、被告人周伟伟及张军峰、贺海江等人。2013 年 5、6 月的一天,被告人贺建波贩卖给被告人匡小林甲基苯丙胺 10 克、贩卖给被告人洪达甲基苯丙胺 2 克。

二、裁判要旨

No. 6-7-347-64　对于买卖同宗毒品的上下家,毒品数量刚超过实际掌握的死刑数量标准的,一般不同时判处死刑。应结合其贩毒数量、次数及对象范围,犯罪的主动性,对促成交易所发挥的作用,犯罪行为的危害后果等因素,综合考虑其主观恶性和人身危险性等因素,慎重适用死刑。

在办理毒品犯罪案件过程中,为更好地区分各犯罪人在整个毒品犯罪中的地位与作用,准确认定其罪责大小,通常会将具有密切关联的上下游案件进行并案审理。故 2015 年《全国法院毒品犯罪审判工作座谈会纪要》(以下简称《2015 年纪要》)明确规定:"对于贩卖毒品案件中的上下家,要结合其贩毒数量、次数及对象范围,犯罪的主动性,对促成交易所发挥的作用,犯罪行为的危害后果等因素,综合考虑其主观恶性和人身危险性,慎重、稳妥地决定死刑适用。对于买卖同宗毒品的上下家,涉案毒品数量刚超过实际掌握的死刑数量标准的,一般不能同时判处死刑;上家主动联络销售毒品,积极促成毒品交易的,通常可以判处上家死刑;下家积极筹资,主动向上家约购毒品,对促成毒品交易起更大作用的,可以考虑判处下家死刑。涉案毒品数量达到巨大以上的,也要综合上述因素决定死刑适用,同时判处上下家死刑符合罪刑相适应原则,并有利于全案量刑平衡的,可以依法判处。"

本案中,贺建波与张成建系买卖毒品的上下家关系,且就二人交易的3300克甲基苯丙胺而言,二人属于买卖同宗毒品的上下家。从判决认定的贩卖毒品数量来看,贺建波与张成建二人贩毒数量基本相当,且均已达到了实际掌握的死刑数量标准,但尚未达到数量巨大的程度,故根据《2015纪要》的上述规定,不宜对两人同时判处死刑。关于应当对上家还是下家适用死刑的问题,张成建更为积极主动,所起的作用、主观恶性及人身危险性均大于贺建波,故最终决定判处张成建死刑立即执行。具体理由分析如下:

张成建贩卖毒品的数量、次数多于贺建波,贩卖毒品的对象范围也大于贺建波。从毒品贩卖的数量上来看,判决认定张成建贩卖数量略多于贺建波,而张成建除向贺建波购买毒品外,还分别从广东毒贩"阿凯""眼镜"处购买过数千克甲基苯丙胺。且张成建及其女友刘金兰入账资金合计达80万元。张成建案发前没有生活来源,上述资金应主要为其贩毒所得;从毒品贩卖的次数及对象范围来看,贺建波除贩卖毒品给匡小林(10克)和洪达(2克)之外,另外4次都是贩卖给张成建,贩卖的次数相对较少,且贩卖对象仅限于上述三人。而张成建除了卖毒品给同案犯匡小林、周伟伟,还大量贩卖给另案处理的多人;从查获到案的银行卡交易明细来看,上面有多达数十人、数百起的交易记录,表明张成建曾先后向数十人贩卖过数百次的毒品。由上可见,在贩卖毒品的数量、次数及对象范围上,张成建实际上要远多于或大于贺建波。

张成建比贺建波更为积极主动,对促成交易所起的作用更大。尽管贺建波系毒品买卖的上家,但其并未事先购入大量毒品持毒待售,也没有积极主动联系下家张成建,向张成建推销毒品。相反,每一次毒品交易都发生在张成建手中的毒品即将贩卖完毕之际,由张成建主动打电话向贺建波约购毒品,并向贺建波提出其所需毒品的种类与数量。不仅如此,从毒品上下家之间的依赖关系来看,贺建波购入的毒品除少量贩卖匡小林、洪达之外,绝大部分都贩卖给张成建,张成建系其最主要的毒品下家。且贺建波并非张成建唯一的毒品上家。这就表明,即使没有贺建波,张成建也能从他人那里购买到大宗毒品,其对上家贺建波的依赖性并不强。相反,贺建波的毒品主要是贩卖给张成建,毒品的种类、数量、价格、交易时间等因素均取决于张成建的需要。可见,贺建波的贩卖行为很大程度上依赖于张成建的购买行为,也说明张成建在与贺建波的毒品交易中起着主导作用,对促成毒品交易的作用更大。

从实际危害后果来看,涉案毒品通过张成建进一步流向社会上不特定的吸贩毒人员,张成建贩毒行为的危害后果更为直接。处于毒品交易中间环节的上下家,仅是一个相对的概念,在社会危害性上并不具有绝对的衡量价值,不能简单地认为毒品上家的地位、作用及社会危害性就一定高于毒品下家,对其量刑也并非一律要重于毒品下家。在本案的毒品流转关系中,当贺建波将毒品贩卖给张成建时,毒品尚未被人数众多的吸毒者所持有和吸食,其社会危害性并未完全显现;而张成建购得毒品后再向下游贩卖的行为,使得毒品流向分散的零卖者以及最终端的吸毒者,毒品犯罪的危害后果才进一步显现。故从实际危害后果来看,张成建贩毒行为的危害性较贺建波更为直接,也更大。

张成建的主观恶性较贺建波更深,其人身危险性也明显要大于贺建波。从张成建的主观恶性及人身危险性来看,张成建在本次犯罪之前不仅具有暴力犯罪前科,还曾因毒品犯罪被判处重刑,系毒品再犯,应依法从重处罚。张成建在暂予监外执行期间,又利用其所患疾病即使被抓获亦难以羁押的条件,继续实施贩毒犯罪。上述情况表明,张成建主观恶性深、人身危险性大,属于应依法从严惩处的对象。与之相比,贺建波在此前有一次犯罪前科,虽然亦属于主观恶性较深、人身危险性较大的犯罪分子,但其前科犯罪次数少于张成建,前次犯罪也并非毒品犯罪,并不具有毒品再犯这一法定从重情节,主观恶性和人身危险性相对而言均要小于张成建。

综上,在本案贺建波与张成建的上下家关系中,无论是从毒品交易的数量、次数、对象范围以及危害后果,还是从毒品交易过程中的主动性及对促成交易所发挥的作用,以及的主观恶性和人身危险性来看,张成建的罪行均较贺建波更为严重,故应判处下家张成建死刑立即执行。

案例:刘继芳贩卖毒品案

案例来源:《刑事审判参考》总第 99 集[第 1014 号]

主题词:贩卖毒品罪　代购毒品的行为定性

一、基本案情

被告人刘继芳,女,1963 年 1 月 5 日出生,农民。2012 年 11 月 21 日因涉嫌犯贩卖毒品罪被逮捕。

山东省青岛市市北区人民检察院以被告人刘继芳犯贩卖毒品罪,向青岛市市北区人民法院提起公诉。

被告人刘继芳辩称,其两次提供毒品给杨淑双系代购行为,第三次刚交易完毕就被侦查机关抓获。

其辩护人提出如下辩护意见:刘继芳只是帮助杨淑双代购毒品,且未牟利,不应以贩卖毒品罪定罪处罚;刘继芳最后一次贩卖毒品是特情引诱导致的,且毒品未流入社会;刘继芳系初犯,到案后认罪态度较好。

青岛市市北区人民法院经公开审理查明:

1. 被告人刘继芳于 2012 年 9 月中旬和 10 月 10 日前后,在青岛市市北区杭州路 199 号 601 号其住处,先后两次销售给杨淑双甲基苯丙胺 0.3 克、0.5 克,共获人民币(以下币种同)650 元。

2. 被告人刘继芳于 2012 年 10 月 24 日 10 时许,在青岛市市北区杭州路 76 号灯具市场门口附近,销售给潘海波白色晶体 1 包,获款 400 元。侦查机关当场抓获刘继芳,并查获其贩卖给潘海波的甲基苯丙胺 0.5 克。案发后,侦查机关从刘继芳暂住处缴获净重共计 1 克的灰色粉末 1 包、白色晶体 1 包,均检出甲基苯丙胺成分。

刘继芳到案后如实供述了司法机关尚未掌握的其向杨淑双贩卖毒品的事实。

青岛市市北区人民法院认为,被告人刘继芳多次贩卖甲基苯丙胺不满 10 克,其行为构成贩卖毒品罪,且属情节严重,应予惩处。刘继芳到案后如实供述司法机关尚未掌握的同种较重罪行,应当从轻处罚。关于刘继芳及其辩护人所提刘继芳只是为杨淑双代购毒品的辩解、辩护意见,经查,目前没有确实充分的证据证实刘继芳的行为系代购,也无法证实刘继芳未从中牟利,现有证据仅证实刘继芳与杨淑双进行了毒品与现金的交易,应当认定其行为构成贩卖毒品罪。关于辩护人所提刘继芳第三次犯罪系特情引诱、刘继芳系初犯及认罪态度好等辩护意见,予以采纳,在量刑时予以从轻处罚考虑。据此,依照《中华人民共和国刑法》第三百四十七条第一款、第四款、第七款,第六十七条第三款及最高人民法院《关于处理自首和立功具体应用法律若干问题的解释》第四条之规定,青岛市市北区人民法院以被告人刘继芳犯贩卖毒品罪,判处有期徒刑三年,并处罚金人民币七千元。

一审宣判后,被告人刘继芳不服,向青岛市中级人民法院提起上诉。其上诉提出,其不知道为杨淑双代购两次毒品是贩卖行为;其贩卖给潘海波毒品系被引诱,不应构成贩卖毒品罪。其辩护人提出,刘继芳不以牟利为目的为杨淑双代购两次毒品的行为不应认定为贩卖毒品罪;刘继芳贩卖给潘海波的毒品本系用于自己吸食,潘海波被侦查机关抓获后充当特情引诱刘继芳犯罪,证实刘继芳此次贩卖毒品的相关证据属于非法证据,不应被采信。

青岛市中级人民法院经公开审理查明:

1. 上诉人刘继芳与杨淑双共同租住在青岛市杭州路 199 号 601 号,二人均吸食毒品。2012 年 9 月中旬和 10 月 10 日前后,刘继芳应杨淑双要求,两次分别以 300 元和 350 元的价格从他人处购买 0.3 克、0.5 克甲基苯丙胺给杨淑双用于吸食。

2. 2012 年 10 月 23 日 9 时许,公安人员查获涉嫌吸毒违法嫌疑人潘海波。潘海波供述其曾在一名“大姐”(上诉人刘继芳)处吸过毒。侦查机关认为刘继芳有贩卖毒品嫌疑。潘海波主动要求配合侦查机关抓获刘继芳。同月 24 日 10 时许,潘海波与刘继芳约定在青岛市原四方区杭州路 76 号灯具市场进行毒品交易。二人在约定地点见面后,潘海波以 400 元的价格从刘继芳手中购买毒品 1 包,交易后二人被当场抓获。侦查机关扣押刘继芳贩卖给潘海波的甲基苯丙胺

0.5克,从刘继芳租住处查获甲基苯丙胺1克。

青岛市中级人民法院认为,上诉人刘继芳违反国家对毒品的管理制度贩卖毒品,其行为构成贩卖毒品罪,依法应予惩处。其被查获的毒品应当认定为贩卖数量。刘继芳贩卖毒品给潘海波的行为,因存在犯意引诱,可以酌情从轻处罚。刘继芳为杨淑双两次代购用以吸食的毒品的行为,因现无证据证实其从中牟利,故不应认定其构成贩卖。原审判决对该两次代购毒品行为认定为贩卖,进而认定刘继芳贩卖毒品情节严重,系适用法律错误,予以纠正。刘继芳及其辩护人的相关上诉理由、辩护意见成立,予以采纳。关于辩护人所提刘继芳贩卖毒品给潘海波系特情引诱,属于非法证据,应予排除的辩护意见,经查,该起犯罪确实存在犯意引诱,但不影响刘继芳贩卖毒品罪的成立,仅可以作为量刑情节予以考虑。原判定性准确,审判程序合法,但认定刘继芳贩卖毒品的部分事实不成立,适用法律错误,量刑不当,依法予以改判,据此,依照《中华人民共和国刑法》第三百四十七条第四款和《中华人民共和国刑事诉讼法》第二百二十五条第一款第(二)项之规定,青岛市中级人民法院判决如下:

1. 撤销原判对被告人刘继芳的量刑部分。

2. 上诉人刘继芳犯贩卖毒品罪,判处有期徒刑一年,罚金人民币三千元。

二、裁判要旨

No.6-7-347-65 不以牟利为目的为吸食者代购毒品的,不构成贩卖毒品罪。

对于为他人代购毒品的行为,不能一律认定为犯罪,构成犯罪的也不是都要按照贩卖毒品罪处理,而应当具体分析、区别对待。

首先,明知他人实施毒品犯罪而为其代购毒品的,如明知他人购买毒品的目的是贩卖而帮助其联系购买毒品的,行为人主观上有为他人贩卖毒品提供帮助的共同犯罪故意,客观上有非法买卖毒品的行为,因此无论其是否从中获利,都应当按照贩卖毒品罪的共犯处理。

其次,为他人代购仅用于吸食的毒品,代购者从中牟利的,实际上相当于变相加价销售毒品,且该行为与《刑法》第三百五十五条规定的以牟利为目的向吸食、注射毒品的人提供麻醉药品、精神药品的行为性质类似,对代购者应以贩卖毒品罪论处。

再次,为吸毒者代购用于吸食的毒品,代购者没有从中加价牟利的,代购者购买毒品的根本目的在于满足托购者的吸食需要,代购者购买毒品的行为虽然在客观上促成了毒品交易,但其在主观上没有贩卖毒品的共同犯罪故意,故对其不能以贩卖毒品罪的共犯论处。在这种情况下,代购者代购的毒品数量未达到非法持有毒品罪的定罪标准的,不以犯罪论处;数量达到定罪标准的,对托购者、代购者均应认定为非法持有毒品罪。在我国吸毒行为本身以及为吸毒而购买或者持有少量毒品的行为均不构成犯罪。而不以牟利为目的,为吸毒者代购用于吸食的毒品的行为,与吸毒者自身购买用于吸食的毒品的行为在本质上相似。这种情况下,代购者只是充当了吸毒者购买毒品行为的代理人,吸毒者和代购者的目的均在于吸食和消费毒品,而不是促进毒品流通和贩卖。因此,对于为吸毒者代购毒品的行为应当结合具体情况作出处理,为他人代购仅供吸食的毒品且未牟利的,不应认定为贩卖毒品罪。由于毒品属于国家严格管制的麻醉药品和精神药品范畴,严禁个人非法持有,《刑法》第三百四十八条对此也作了明文规定,故对于托购者和代购者购买的毒品数量较大,达到非法持有毒品罪的定罪数量标准的,应当依法定罪处罚。

No.6-7-347-66 毒品犯罪中,特情引诱不影响定罪,但量刑时应从宽处罚。

首先,由于毒品犯罪的特殊性,利用特情介入或者使用秘密侦查手段、特殊技术手段侦破案件,是打击毒品犯罪的现实需要,只要特情使用规范,不能仅以此为由否定侦查及其取证手段的合法性。如果行为人是在特情引诱包括犯意引诱下实施毒品犯罪的,尽管特情行为失范,但毕竟行为人的犯罪行为是在其主观意志支配下所为,故仍应认定其行为构成犯罪。其次,在犯意引诱情况下实施毒品犯罪的行为人,犯罪相对被动,与那些积极主动实施毒品犯罪者相比,社会危害性和主观恶性均较小,根据罪责刑相适应原则,应当从轻处罚。最高人民法院《关于常见犯罪的量刑指导意见》规定,存在数量引诱情形的,可以减少基准刑的30%以下。本案中,二审法院综合考虑被告人刘继芳的犯罪事实与情节,在刑法规定的量刑幅度内对其判处有期徒刑一年,符合法律规定和政策精神。

案例:叶布比初、跑次此尔走私、贩卖、运输毒品案

案例来源:《刑事审判参考》总第 100 集[第 1033 号]

主题词:走私、贩卖、运输毒品罪　死刑适用

一、基本案情

被告人叶布比初,男,彝族,1984 年 12 月 30 日出生,住布拖县地洛乡柳口村 4 组 19 号。2011 年 2 月 24 日因涉嫌犯走私、贩卖、运输毒品罪被逮捕。

被告人跑次此尔,男,彝族,1968 年 5 月 7 日出生,住布拖县乌科乡洛呷村 1 组 10 号。2011 年 2 月 24 日因涉嫌犯走私、贩卖、运输毒品罪被逮捕。

(其他同案被告人基本情况略)

云南省临沧市人民检察院以被告人叶布比初、跑次此尔犯走私、贩卖、运输毒品罪,向临沧市中级人民法院提起公诉。

被告人叶布比初当庭拒不认罪。其辩护人提出,叶布比初是从犯,且本案有主犯在逃,请求量刑时留有余地。

被告人跑次此尔当庭供认起诉书指控的事实,但辩称其是为获取报酬而参与作案,没有出资购毒。其辩护人提出,跑次此尔是"探路"的从犯,且本案有主犯在逃,请求从轻处罚。

临沧市中级人民法院经公开开庭审理查明:

1. 2011 年 1 月初,被告人叶布比初、跑次此尔和阿有沙务(未抓获)在阿有沙务家商议出资购买毒品海洛因,跑次此尔又邀约被告人阿约此黑出资参与贩运毒品,同时商议由叶布比初在四川省西昌市将购毒款转付给缅甸毒贩。后阿有沙务、叶布比初雇用叶布你沙(未抓获)帮助运输毒品,并雇用被告人阿什次吾探路。同年 1 月 12 日,阿有沙务、跑次此尔、阿约此黑、阿什次吾、叶布你沙五人从西昌经保山市勐兴出境至缅甸红岩毒贩家准备购买毒品。1 月 14 日,阿有沙务通过电话安排叶布比初将毒资汇入其提供的银行账户内,购得毒品海洛因 22 块。次日,阿有沙务、跑次此尔、阿约此黑、阿什次吾采取分段探路的方式,由叶布你沙跟随其后将毒品走私入境至龙陵县与镇康县分界处的龙镇大桥附近藏匿。1 月 16 日,为牟取非法利益,被告人迪洛俄鬼从四川赶到保山与阿什次吾取得联系帮助运输毒品。几人会合后,将藏匿于山上的毒品取出,仍然采取分段探路的方式,由迪洛俄鬼携带毒品尾随其后。18 日上午,跑次此尔和阿约此黑、阿什次吾分别乘坐客运班车在前探路,迪洛俄鬼携带毒品乘坐勐糯至龙陵的班车跟随在后。当日 12 时许,迪洛俄鬼乘坐一辆班车(云 M19150)途经龙陵县碧寨乡小平田路段时被凤庆县公安局缉毒民警抓获,当场从该车后备箱内的一深色双肩包内查获迪洛俄鬼所携带的毒品海洛因 22 块,净重 7630 克。同日,民警在大保高速公路东门收费站抓获乘车途经该站的跑次此尔、阿约此黑,在勐兴至保山的班车(云 N06580)上抓获阿什次吾。同日 13 时 30 分许,民警在四川省西昌市凤凰大酒店 8217 房间内抓获叶布比初。

2. 2010 年 8 月间,吉沙日色(在逃)、叶布小王、阿苦日沙(均已判刑)三人从西昌乘车至保山勐兴,从小路出境到缅甸红岩向毒贩购买毒品。其间,被告人叶布比初在吉沙日色的安排下,将购毒款转入毒贩所提供的银行账户。购得毒品后,三人随即携带毒品从原路返回国内,于 8 月 28 日到达龙陵,吉沙日色乘车先行返回西昌。8 月 29 日 14 时许,叶布小王、阿苦日沙携带毒品搭乘保山至丽江的班车(号牌为云 P12835)途经永平县路段时被公安民警抓获,当场从二人携带的帆布包内查获毒品海洛因 38 块,净重 13070 克,从叶布小王的内裤内查获毒品海洛因两块,净重 7.85 克,本案查获毒品海洛因共计净重 13077.85 克。

临沧市中级人民法院认为,被告人叶布比初、跑次此尔的行为构成走私、贩卖、运输毒品罪,且毒品数量特别巨大。在共同犯罪中,叶布比初、跑次此尔、阿约此黑起主要作用,应当认定为主犯,阿什次吾、迪洛俄鬼起次要作用,为从犯,依法应当从轻或者减轻处罚。关于叶布比初辩称"没有参与第二起(2010 年 8 月)犯罪,在第一起(2011 年 1 月)犯罪中只是帮助他人汇款"及

其辩护人提出的叶布比初在共同犯罪中是从犯的上诉理由和辩护意见与查明的事实不符。审理查明的犯罪事实及相应证据证明,叶布比初主观明知是毒品犯罪,客观上积极参与组织实施,且二次涉案,毒品海洛因数量特别巨大,其主观恶性深、社会危害性大,属于罪行极其严重的犯罪分子,虽已供述犯罪事实,但不足以减轻其罪责,依法应当予以严惩。据此,临沧市中级人民法院以被告人叶布比初、跑次此尔犯走私、贩卖、运输毒品罪,分别判处死刑,剥夺政治权利终身,并处没收个人全部财产。

一审宣判后,被告人叶布比初、跑次此尔均提出上诉。

被告人叶布比初及其辩护人提出,叶布比初没有参与2010年8月的犯罪,在2011年1月实施的共同犯罪中是从犯,不是出资人,且主犯在逃,到案后如实供述,原判量刑过重,请求改判。

被告人跑次此尔及其辩护人提出,在共同犯罪中,跑次此尔是从犯,未出资,且主犯在逃,原判量刑过重,请求改判。

出庭检察员认为,原判认定的事实清楚,证据确实、充分,定罪准确,量刑适当,审判程序合法。请求驳回上诉,维持原判。

云南省高级人民法院经公开开庭审理认为,上诉人叶布比初、跑次此尔无视国法,从境外购买毒品携带入境的行为,构成走私、贩卖、运输毒品罪,且毒品数量特别巨大,依法应当严惩。叶布比初不知悔改,在短时间内连续进行毒品犯罪,主观恶性极深。在共同犯罪中,叶布比初、跑次此尔、阿约此黑是主犯,且叶布比初、跑次此尔积极邀约他人参与毒品犯罪,还出资购买毒品,二人的作用大于阿约此黑。叶布比初及其辩护人提出其没有参与2010年8月的犯罪、在共同犯罪中是从犯的上诉理由和辩护意见与查明的事实不符;跑次此尔及其辩护人提出在共同犯罪中是从犯、未出资的上诉理由及辩护意见,经查,与在案证据证明的事实不符。因此,叶布比初、跑次此尔及其辩护人所提从轻判处的要求,均不予采纳。据此,裁定驳回上诉,维持原判,并依法报请最高人民法院核准。

最高人民法院经复核认为,被告人叶布比初、跑次此尔结伙走私、贩卖、运输海洛因,其行为均构成走私、贩卖、运输毒品罪。走私、贩卖、运输海洛因数量大,犯罪情节严重,社会危害大,均系共同犯罪中起主要作用的主犯,依法应当严惩。第一审、第二审判决认定的事实清楚,证据确实、充分,定罪准确,审判程序合法。对被告人叶布比初量刑适当。鉴于跑次此尔在共同犯罪中的地位、作用次于叶布比初,对其判处死刑,可不立即执行。据此,最高人民法院判决如下:

1. 核准云南省高级人民法院对被告人叶布比初维持第一审以走私、贩卖、运输毒品罪判处死刑,剥夺政治权利终身,并处没收个人全部财产部分的判决。

2. 撤销云南省高级人民法院、临沧市中级人民法院判决中对被告人跑次此尔的量刑部分。

3. 被告人跑次此尔犯走私、贩卖、运输毒品罪,判处死刑,缓期二年执行,剥夺政治权利终身,并处没收个人全部财产。

二、裁判要旨

No.6-7-347-67 毒品犯罪中地位、作用突出的嫌疑人在逃的,被告人虽为主犯也应当慎用死刑。

《全国部分法院审理毒品犯罪案件工作座谈会纪要》第九条第二款规定:“对于确有证据证明在共同犯罪中起次要或者辅助作用的,不能因为其他共同犯罪人未到案而不认定为从犯,甚至将其认定为主犯或者按主犯处罚。”根据上述规定,即便确有证据证明是主犯,在对其按主犯所参与的或者组织、指挥的全部犯罪处罚时,特别是适用死刑时,从“慎刑”的角度出发,也有必要和其他未到案共同犯罪人进行地位、作用的比较,以确认其是否是地位、作用最为突出的主犯,是否需要对全部罪行按照最严厉的刑罚予以惩处,甚至判处死刑。本案中,考虑到在逃的阿有沙务系毒品犯罪提议者,出资和筹资明显多于跑次此尔,直接与境外毒贩当面洽谈毒品交易,安排叶布比初汇款,指挥毒品运输,在共同犯罪中的地位、作用比跑次此尔更为突出,在阿有沙务未归案的情况下,对跑次此尔的处理应当留有余地。对被告人跑次此尔改判死刑,缓期二年执行,体现了慎重适用死刑、“少杀、慎杀”的刑事政策,体现了刑法宽和人道的一面。在同一个案件中,对被告人叶布比初适用死刑,对跑次此尔改判死缓,做到区别对待,形成鲜明对比。从特别预防的角度,促使跑次此尔和其他同案被告人认罪伏法,积极改过自新;从一般预防的角度,促使人们趋利避害,远离毒品犯罪,促使其他毒品犯罪分子适时止步,不致实施更为严重的毒品犯罪行为,取得分化瓦解之效,做到打击和孤立极少数,教育、感化和挽救大多数,最大限度减少社会对立面,促进社会和谐,维护国家长治久安。

案例:陈恒武、李祥光贩卖、运输毒品案

案例来源:《刑事审判参考》总第 112 集[第 1229 号]

主题词:贩卖毒品罪　死刑

一、基本案情

被告人陈恒武与陈艳(在逃)共谋到云南购买毒品,并分别邀约陈恒友、李启兵(均系同案被告人,已判刑)、陈明权(在逃)一同前往。陈恒武、陈艳、陈明权、陈恒友在入住的小勐拉凯旋宾馆内多次与货主"小龙"(在逃)等人查验毒品样品、商议购买毒品。其间,被告人李祥光、张佳勇(另案处理)分别通过银行汇款给陈恒武 16 万元和 8.5 万元购买毒品。2012 年 8 月 1 日凌晨 1 时许,李启兵按照陈艳的安排将比亚迪轿车开到事先指定的地点,送货人将毒品装入该车油箱。陈恒武驾驶丰田凯美瑞轿车与陈艳、陈恒友在前探路,李启兵驾驶比亚迪轿车运输毒品跟随其后。3 时 35 分至 3 时 50 分,云南省勐海县公安边防支队在云南省西双版纳州国道老路 3100 路标处先后将陈恒武、陈恒友、陈艳和李启兵拦下检查,发现比亚迪轿车后排座位下的油箱电泵处有改动痕迹,怀疑藏有违禁品,遂将两车带到勐海县荣光汽修厂。6 时 30 分,在荣光汽修厂专业人员的协助下,当场从比亚迪轿车油箱内查获含量为 46.88%的毒品海洛因 2760 克,含量为 14.45%的甲基苯丙胺片剂(俗称"麻古")9015 克。

二、裁判要旨

No. 6-7-347-68　共同犯罪中能分清主从犯的,不能因为涉案的毒品数量特别巨大,就不分主从犯而一律将被告人认定为主犯或者实际上都按主犯处罚,一律判处重刑甚至死刑。对于部分共同犯罪人未到案的案件,在案被告人与未到案共同犯罪人均属罪行极其严重,即使共同犯罪人到案也不影响对在案被告人适用死刑的,可以依法判处在案被告人死刑。

最高人民法院于 2008 年印发的《全国部分法院审理毒品犯罪案件工作座谈会纪要》中明确提出,共同犯罪中能分清主从犯的,不能因为涉案的毒品数量特别巨大,就不分主从犯而一律将被告人认定为主犯或者实际上都按主犯处罚,一律判处重刑甚至死刑;对于共同犯罪中有多个主犯或者共同犯罪人的,要全面考察各主犯或者共同犯罪人在共同犯罪中实际发挥作用的差别,主观恶性和人身危险性方面的差异,对罪责或者人身危险性更大的主犯或者共同犯罪人判处更重的刑罚。如果共同犯罪毒品数量刚达到实际掌握的死刑数量标准,但各共同犯罪人作用相当,或者责任大小难以区分的,可以不判处死刑立即执行。由此可见,毒品共同犯罪中,一方面需要考虑毒品数量,另一方面需要认真审查各被告人的地位、作用,要注意从犯意的提起、与毒品源头的紧密程度、出资额、分工等方面进行审查,区分罪责大小。

同时,由毒品犯罪的特殊性所决定,在一些毒品犯罪案件中,只抓获部分涉毒人员,甚至有相当一部分案件主犯在逃。此时仍要根据在案证据比较在案被告人与在逃人员的罪责,若在案证据足以证明被告人地位、作用明显大于在逃同案犯或者地位、作用基本相当时,仍可依法核准在案被告人死刑。最高人民法院于 2015 年印发的《全国法院毒品犯罪审判工作座谈会纪要》中明确指出:"对于部分共同犯罪人未到案的案件,在案被告人与未到案共同犯罪人均属罪行极其严重,即使共同犯罪人到案也不影响对在案被告人适用死刑的,可以依法判处在案被告人死刑……"

具体在本案中,被告人陈恒武伙同陈艳共谋贩毒,纠集陈恒友参与贩卖、运输毒品,并邀约张佳勇、李祥光购买毒品,亲自赴境外检验毒品样品、试货、商议毒品价格,且出资额巨大,其在共同贩卖、运输毒品犯罪中起主要作用,系罪责最为严重的主犯之一,应当按照其所参与的全部犯罪处罚。虽然本案另两名主犯陈艳、陈明权在逃,但是从现有证据来看,陈恒武的作用比陈艳、陈明权略大或者至少作用相当。可以依法判处死刑。

案例:高洪雷等贩卖、运输毒品,介绍卖淫案
案例来源:《刑事审判参考》总第 115 集[第 1279 号]
主题词:贩卖毒品罪　死刑

一、基本案情

2014 年 11 月中旬,被告人高洪雷与杨军练、曾美英经商议决定在浙江省温州市鹿城区贩毒,由杨军练负责向毒品上家姜雯静(另案处理)购买毒品,高洪雷负责销售毒品,曾美英负责提供"冰妹"陪吸毒者吸毒和发生性关系。11 月 21 日,杨军练前往江西省南昌市向姜雯静购得甲基苯丙胺(冰毒)970 克、甲基苯丙胺片剂(俗称"麻古")200 粒。后高洪雷陆续将毒品卖给他人,剩余的 84.08 克甲基苯丙胺、13 克甲基苯丙胺片剂后被公安人员查获。其间,曾美英先后 6 次介绍付某某(女,未成年)等人陪吸毒者吸毒并发生性关系。后经曾美英请求,杨军练、高洪雷同意曾美英退出合伙。同年 12 月 2 日,杨军练、高洪雷一起乘坐曹某某驾驶的汽车前往南昌市向姜雯静购买毒品。次日,杨军练和姜雯静在南昌市广州路华东建材市场附近广场公厕旁进行毒品交易。交易完成后,杨军练、高洪雷乘坐上述车辆返回温州,在温州市温州西高速公路收费站处被公安人员抓获,当场查获 3 大包毒品疑似物及 104 颗毒品疑似物。经鉴定,该 3 大包毒品疑似物重 2497.98 克,均检出甲基苯丙胺,其中 1000.44 克甲基苯丙胺的含量为 79%,499.5 克甲基苯丙胺的含量为 80.5%,998.04 克甲基苯丙胺的含量为 79.4%;104 颗毒品疑似物重 9.73 克,检出甲基苯丙胺及咖啡因成分。

二、裁判要旨

No. 6-7-347-69　在毒品共同犯罪中作用相对较大的主犯因具有法定从宽情节而未判处死刑的,对其他罪责相对较小的主犯不应"升格"判处死刑。

2015 年,最高人民法院印发的《全国法院毒品犯罪审判工作座谈会纪要》(以下简称《武汉会议纪要》)规定,"毒品共同犯罪案件的死刑适用应当与该案的毒品数量、社会危害及被告人的犯罪情节、主观恶性、人身危险性相适应。涉案毒品数量刚超过实际掌握的死刑数量标准,依法应当适用死刑的,要尽量区分主犯间的罪责大小,一般只对其中罪责最大的一名主犯判处死刑"。根据这一规定,毒品共同犯罪的死刑适用要严格贯彻罪责刑相适应原则,涉案毒品的数量不同,毒品犯罪造成的社会危害不同,适用死刑的具体情况也有所区别。对于贩卖、运输毒品共同犯罪中有两名以上主犯,涉案毒品数量刚超过实际掌握的死刑数量标准的,应当全面考察各主犯在共同犯罪中实际发挥作用的差别,一般只选择其中罪责最大的一名主犯依法判处死刑;即便两名以上主犯均具有法定从重处罚情节,也要充分比较主观恶性和人身危险性方面的差异,同时判处二人死刑应当特别慎重。换言之,即便同为罪行极其严重且依法可以判处死刑的主犯,也要注意区分彼此之间罪责大小,进一步区分出罪行最为严重者,并非一律判处死刑立即执行,更不能在罪责最为严重的主犯没有被判处死刑的情况下,对罪责稍次的主犯"升格"适用死刑。

根据以上分析,本案毒品数量近 3500 克,以目前实际掌握的死刑数量标准,不宜判处二人死刑立即执行。被告人杨军练归案后对公安机关抓获毒品上家起到了一定协助作用,一审法院认定其行为构成重大立功,并考虑其能够如实供述主要犯罪事实,依法对其判处死刑,缓期二年执行。在此情况下,是否要判处被告人高洪雷死刑呢?答案是否定的,主要理由在于:其一,杨军练在贩卖、运输毒品共同犯罪中所起作用大于高洪雷,系罪行最为严重的主犯,又系累犯,论罪应依法判处死刑。在杨军练因具有重大立功表现这一法定从宽处罚情节而未被判处死刑的情况下,不宜对罪责稍次的主犯高洪雷"升格"判处死刑立即执行,否则,就违反了《武汉会议纪要》的相关规定。其二,毒品数量是毒品犯罪案件量刑的重要情节,但不是唯一情节,在考虑是否适用死刑时,更不能只强调毒品数量,忽视其他情节,而应当综合考虑毒品数量、犯罪情节等各种因素。高洪雷贩卖、运输毒品数量确实已经超过适用死刑的数量标准,但其并非罪行最严重的主犯,也不具有法定或者重大酌定从重处罚情节,而且从归案到复核提讯,始终如实供认犯罪,有悔罪表现,对公安机关抓获参与出资购买第二宗毒品的共同作案人起到积极作用。其三,第二宗毒品已全部被公安机关查获,未进一步流入社会造成严重危害,此情节在量刑时亦需酌情考虑。

案例:常茂、吴江运输毒品案

案例来源:《刑事审判参考》总第 120 集[第 1307 号]

主题词:运输毒品罪　死刑

一、基本案情

被告人常茂组织多人从中缅边境接取毒品并在境内运输,通过电话等方式对整个运输过程进行指挥。2014 年 4 月 19 日夜间,常茂安排被告人吴江带领同案被告人吴庆、王勇(均已判刑)到云南省临沧市南伞镇接取毒品。之后,根据常茂的安排,同案被告人王克坤(已判刑)指挥同案被告人赵泽领、赵成(均已判刑)驾驶一辆大众牌迈腾轿车前往接应,并将毒品放置在该迈腾轿车内。

后王克坤驾驶无牌照大众牌桑塔纳轿车、吴庆驾驶长城牌哈弗 H3 越野车依次在前探路,赵泽领、赵成、王勇驾驶迈腾轿车在后运输毒品,前往云南省昭通市。同月 20 日上午,行至云南省保山市昌宁县城外时,王勇、赵泽领将迈腾轿车上的毒品转移至王克坤驾驶的桑塔纳轿车的后备厢内,王克坤将该桑塔纳轿车停放在昌宁县人民医院,后各自住店休息。当日晚,公安人员将上述人员抓获,同时查获该桑塔纳轿车,从车内起获海洛因 42.52 千克、甲基苯丙胺片剂(俗称"麻古")5.965 千克。

二、裁判要旨

No. 6-7-347-70　对于涉案毒品数量刚超过实际掌握的死刑数量标准,依法应当适用死刑的,一般只对其中罪责最大的一名主犯适用死刑。

司法实践中,对于毒品犯罪的量刑通常遵循"数量加情节"的原则,毒品犯罪数量对毒品犯罪的定罪,特别是量刑具有重要的基础性影响,在某种意义上直接关系到对被告人能否适用死刑。当然,毒品数量并不是毒品犯罪量刑的唯一考虑因素,还要综合考虑被告人的犯罪情节、危害后果、主观恶性等多种因素。2015 年《全国法院毒品犯罪审判工作座谈会纪要》即体现了这一精神,依据该纪要的规定,对于涉案毒品数量刚超过实际掌握的死刑数量标准,依法应当适用死刑的,各主犯间的作用能够区分主次的,对于罪责稍次的主犯一般可不适用死刑。

No. 6-7-347-71　涉案毒品数量达到巨大以上,罪责稍次的主犯具有法定、重大酌定从重处罚情节,判处二人以上死刑符合罪刑相适应原则,并有利于全案量刑平衡的,可以依法判处二人以上死刑。

在涉案毒品数量达到巨大以上的情况下,判处罪责稍次的主犯死刑仍需具备两个条件:一是判处二人以上死刑符合罪刑相适应原则,并有利于全案量刑平衡;二是具有法定或重大酌定从重处罚情节。关于法定或重大酌定从重处罚情节的范围,通常包括:(1)累犯、毒品再犯、毒枭、职业毒犯等主观恶性深、人身危险性大的犯罪分子;(2)属于走私制造毒品和大宗贩卖毒品等源头性犯罪的;(3)武装掩护走私、贩卖、运输、制造毒品的,或以暴力抗拒检查、拘捕,情节严重的;(4)利用、教唆未成年人实施毒品犯罪,或者向未成年人出售毒品的;(5)其他反映被告人主观恶性深、人身危险性大的情节。

案例:姚某贩卖毒品案

案例来源:《刑事审判参考》总第 100 集[第 1034 号]

主题词:贩卖毒品罪　未成年人的毒品再犯

一、基本案情

姚某,男,1993 年 9 月 4 日出生。2011 年 7 月 22 日因犯贩卖毒品罪被判处有期徒刑六个月。2013 年 1 月 29 日因涉嫌犯贩卖毒品罪被逮捕。

重庆市垫江县人民检察院以被告人姚某犯贩卖毒品罪,且系毒品再犯,向垫江县人民法院提起公诉。

垫江县人民法院经公开审理查明:2013年1月16日22时许,被告人姚某在垫江县桂溪镇名流网吧附近一巷子内以人民币200元的价格贩卖甲基苯丙胺0.19克给吸毒人员欧阳才飞。二人交易完毕后被民警当场抓获。

垫江县人民法院认为,被告人姚某违反国家对毒品的管理法规,将毒品贩卖给他人,其行为构成贩卖毒品罪。公诉机关指控姚某系毒品再犯,经查,姚某曾因毒品犯罪被判刑,但犯罪时未满18周岁,该指控不符合法律有关规定。姚某到案后,如实供述自己的罪行,可以从轻处罚。据此,依照《中华人民共和国刑法》第三百四十七条第一款、第四款,第六十七条第三款,第五十二条,第五十三条之规定,垫江县人民法院判决被告人姚某犯贩卖毒品罪,判处有期徒刑六个月,并处罚金人民币一千元;公安机关已扣押的被告人姚某违法所得人民币二百元予以没收,上缴国库;公安机关已扣押的毒品予以没收。

判决生效后,重庆市人民检察院第三分院向重庆市第三中级人民法院提出抗诉,认为原审被告人姚某曾因犯贩卖毒品罪被判过刑,又犯贩卖毒品罪,依照《中华人民共和国刑法》第三百五十六条的规定,系毒品再犯,应当从重处罚。虽然《刑法修正案(八)》增加了有关未成年人犯罪不构成累犯的规定,但并未对毒品再犯作出特殊规定,2012年修改后的《刑事诉讼法》增加的未成年人犯罪记录封存制度,亦明确将司法机关办案需要设置为例外情形。故应当认定姚某为毒品再犯,并从重处罚。原审判决以原审被告人姚某前次犯贩卖毒品犯罪时未满18周岁为由,对其毒品再犯情节未予认定,属于法律适用错误,量刑不当。

重庆市第三中级人民法院经审理认为,原审判决认定原审被告人姚某犯贩卖毒品罪的事实清楚,证据充分,量刑适当,审判程序合法。关于抗诉机关抗诉提出"姚勇曾因犯贩卖毒品罪被判过刑,又犯贩卖毒品罪,系毒品再犯,应当从重处罚"的理由,经查,虽然抗诉机关举示了原审被告人姚某未满18周岁前因犯贩卖毒品罪被判过刑的证据,但2012年修改后的《刑事诉讼法》第二百七十五条第一款规定:"犯罪时不满十八周岁,被判处五年有期徒刑以下刑罚的,应当对相关犯罪记录予以封存。"该条第二款规定:"犯罪记录被封存的,不得向任何单位和个人提供,但司法机关为办案需要或者有关单位根据国家规定进行查询的除外。依法进行查询的单位,应当对被封存的犯罪记录的情况予以保密。"根据该条规定的精神和刑法从旧兼从轻原则,本案即使是司法机关办案需要,也应对被封存的未成年人犯罪记录的情况予以保密,故也不得将封存的未成年人犯罪记录用作从重处罚的依据。因此,抗诉机关提出姚某系毒品再犯,应当从重处罚的抗诉理由,不予支持。据此,依照《中华人民共和国刑事诉讼法》第二百四十五条第一款、第二百二十五条第(一)项之规定,重庆市第三中级人民法院裁定驳回抗诉,维持原判。

二、裁判要旨

No.6-7-347-72 未满十八周岁的未成年人因毒品犯罪被判处五年以下有期徒刑,犯罪记录根据《刑事诉讼法》第二百七十五条的规定予以封存的,成年后再犯毒品犯罪,不能认定为毒品再犯,从重处罚。

2012年新修改的《刑事诉讼法》第二百七十五条确立了未成年人轻罪封存记录,未成年人被判处五年以下有期徒刑的,应当对相关犯罪记录予以封存。未成年人轻罪封存记录,不仅具有程序法上的意义,更具有实体法上的意义。被封存的犯罪记录应当保密这一前提,决定了该犯罪记录所反映的犯罪行为应当免于被重复利用和评价,否则保密便无从谈起。如果被封存的犯罪记录能够被重复利用和评价,封存制度实际上就被虚化,制度设立的目的也难以实现。即使未成年犯罪人再犯罪,司法机关也不得引用其前科犯罪记录,其前科亦不能作为适用累犯或者再犯的原因而对其从重或者加重处罚。因此,在实体法上,被封存的犯罪记录所反映的犯罪行为不能作为累犯或者再犯的认定依据,不然就是对被封存犯罪记录的重复利用和评价,就是对保密义务的置若罔闻,就与犯罪记录封存制度背道而驰。在此种意义上而言,我国的未成年人犯罪记录封存制度,其功能已经相当于前科消灭制度。虽然对于毒品犯罪我国历来都是坚持从严整治,严厉打击,但是结合我国刑法对于未成年人保护的原则,在宽严相济的刑事政策的大前提下,对于未成年人轻罪犯罪记录封存后,再犯毒品犯罪,不宜认定为毒品再犯。同时,从价值衡量上看,对未成年时期所实施较轻犯罪行为进行犯罪记录封存,不予重复利用和评价,也更有利于未成年人的成长与发展,更能体现我国处理未成年人犯罪的立法精神。综上所述,不满18周岁的人因毒品犯罪被判处五年有期徒刑以下刑罚,因犯罪记录被封存,不应被重复利用和评价,不得作为毒品犯罪再犯认定的依据。

案例:周崇敏贩卖毒品案

案例来源:《刑事审判参考》总第102集[第1068号]

主题词:累犯　取保候审期间再犯新罪

一、基本案情

被告人周崇敏,女,1984年8月5日出生,无业。因涉嫌犯贩卖毒品罪于2013年9月25日被刑事拘留,10月30日被逮捕。

江苏省丹阳市人民检察院以被告人周崇敏犯贩卖毒品罪,向丹阳市人民法院提起公诉。

丹阳市人民法院经公开审理查明:2013年8月21日至9月13日间,被告人周崇敏先后五次向雷凯("佳佳")、景军贩卖毒品甲基苯丙胺共计1.1克,得款1500元。2013年9月25日,公安机关在周崇敏的暂住地将其查获,当场缴获甲基苯丙胺0.83克。

另查明,被告人周崇敏曾因犯贩卖毒品罪于2012年9月26日被江苏省镇江市中级人民法院判处有期徒刑一年六个月(判决前先行羁押期限折抵刑期,即刑期自2011年6月3日至2012年12月2日),并处罚金人民币二千元。

宣判后,同案被告人提出上诉,法院依法对周崇敏决定取保候审。江苏省高级人民法院于2013年11月29日作出刑事裁定,驳回上诉,维持原判。

丹阳市人民法院认为,被告人周崇敏明知是毒品甲基苯丙胺而进行贩卖,其行为构成贩卖毒品罪,对其已卖出的和在其住处查获的全部毒品应一并认定为贩卖毒品的数量。检察机关指控的事实清楚,证据确实、充分,指控的罪名成立。周崇敏曾因贩卖毒品罪被判过刑,又犯本罪,依法从重处罚;其归案后如实供述自己的罪行,可从轻处罚。据此,依照《中华人民共和国刑法》第三百四十七条第一款、第四款、第七款,第三百五十六条,第六十七条第三款,第六十四条之规定,以被告人周崇敏犯贩卖毒品罪判处有期徒刑一年六个月,并处罚金人民币三千元。

宣判后,被告人未上诉,检察机关亦未抗诉,判决已经发生法律效力。

二、裁判要旨

No. 6-7-347-73　一审宣判后上诉期间再犯新罪的,即便判处的刑期已经届满也不能视为刑罚执行完毕,不符合一般累犯的成立条件。

构成一般累犯,要求后罪必须发生在前罪判处的刑罚执行完毕或者赦免以后5年内,本案争议的焦点就在于如何理解和认定"刑罚执行完毕"。刑罚执行的内容是判决和裁定,执行的前提条件是裁判发生法律效力,刑罚执行的起点是裁判发生法律效力之时。刑罚执行完毕,既包括有期徒刑实际执行完毕,也包括假释考验期满;被判处缓刑的犯人,在缓刑考验期满后再犯罪的,不构成累犯,系因缓刑考验期满意味着所判处的主刑不再执行,本质上区别于刑罚执行完毕。

要准确区分刑罚执行完毕与羁押期限届满。刑罚是以限制或剥夺犯罪人权益为内容的最严厉的强制性法律制裁方法,羁押是司法机关对犯罪嫌疑人在判决生效前的暂时关押,羁押不是《刑事诉讼法》规定的强制措施,而是因适用拘留、逮捕等剥夺人身自由的强制措施而形成的附带性后果及状态,两者在性质、内容、适用主体与对象等方面各成体系。两者的关联主要体现在"刑期折抵":对先行羁押的被告人,如经审判被确认有罪,且判处刑罚为管制、拘役、有期徒刑的,则判决生效前羁押的时间相应折抵判决所确定的刑期;如经审判被确认无罪,则属于错误羁押,可依据《国家赔偿法》申请赔偿。如果被逮捕羁押的被告人所羁押的时间已届满第一审人民法院对其判处的刑期期限,因案件进入二审程序或复核程序,一审判决尚未生效的,则人民法院应当对其变更强制措施或者予以释放,但这并不属于刑罚执行完毕。

本案中,被告人周崇敏于2012年9月26日被江苏省镇江市中级人民法院以贩卖毒品罪判处有期徒刑一年六个月,一审宣判后,该案因同案被告人上诉进入二审程序,故原一审判决未生效,不具有可执行效力;直至2013年11月29日江苏省高级人民法院对该案作出驳回上诉,维持原判的裁定,二审裁定作出并送达之日,一审判决生效。周崇敏在该案诉讼过程中,于2011年6月3日被刑事拘留,一直处于被羁押状态,至2012年12月2日羁押期限届满一年六个月,法院决定对周崇敏取保候审。虽在该时间节点之后原一审判决确定的有期徒刑一年六个月已无实际可执行内容,但不能认为是原判刑罚已执行完毕。因为,在周崇敏被羁押的整个过程中,该案判决未具可执行的条件,而当判决生效进入执行阶段时,所确定的刑期基于法律规定,经先前羁押的期间折抵后已无可供执行的余刑。被告人在此期间再犯新罪的,不符合累犯必须是"前罪刑罚执行完毕后"的时间条件,不成立一般累犯。

案例:张应宣运输毒品案

案例来源:《刑事审判参考》总第102集[第1069号]

主题词:运输毒品罪 运输行为

一、基本案情

被告人张应宣,男,1966年11月20日生。因涉嫌犯运输毒品罪于2014年1月10日被逮捕。

浙江省杭州市人民检察院以被告人张应宣犯运输毒品罪,向杭州市中级人民法院提起公诉。

被告人张应宣对指控其携带毒品乘坐大客车从广东省东莞市到浙江省杭州市的事实无异议,但辩称查获的毒品系为自吸而购入,其不构成运输毒品罪,应认定为非法持有毒品罪,且毒品未流入社会,请求从轻处罚。

杭州市中级人民法院经审理查明:2013年12月3日,被告人张应宣在广东省东莞市常平镇携带藏有冰毒的"王老吉"润喉糖外包装盒,乘坐长途大客车从东莞市前往浙江省杭州市。次日10时许,该大客车驶入杭州市下沙高速服务区,张应宣见公安人员准备上车检查,便将藏有冰毒的"王老吉"润喉糖外包装盒丢弃于座位上,下车后即被抓获。公安人员从该大客车靠车门侧第三排座位上查获"王老吉"润喉糖外包装盒一个,内有黑色塑料袋一个,藏有两包白色可疑晶体。经鉴定,该两包白色可疑晶体分别净重180.33克、68.86克,均检出甲基苯丙胺成分。

杭州市中级人民法院认为,被告人张应宣明知是毒品而随身携带,乘坐长途客车将毒品从东莞市运输至杭州市,其行为已构成运输毒品罪,且运输毒品数量大。公诉机关指控的罪名成立。张应宣所提其行为应当构成非法持有毒品罪的意见与查证的事实及相关法律规定不符,不予采纳。鉴于涉案毒品全部被查获等情节,酌情对其从轻处罚。据此,依照《中华人民共和国刑法》第三百四十七条第二款第(一)项、第五十七条第一款之规定,以运输毒品罪,判处被告人张应宣无期徒刑,剥夺政治权利终身,并处没收个人全部财产。

一审宣判后,被告人张应宣不服,以原判定性不当,应当改判为非法持有毒品罪为由,提出上诉。

浙江省高级人民法院二审查明的事实与一审一致,认为原判定罪及适用法律正确,量刑适当,审判程序合法。据此,裁定驳回上诉,维持原判。

二、裁判要旨

No.6-7-347-74 运输毒品罪的成立不以主观上具有走私、贩卖、制造目的为要件,只要运输毒品达到一定数量,即可构成运输毒品罪。

所谓运输毒品,是指明知是毒品而采用携带、邮寄、利用他人或者使用交通工具等方法非法运送毒品的行为。故只要行为人主观上明知是毒品,客观上实施了携带毒品,利用交通工具运载、邮寄等行为的,就构成运输毒品罪。犯罪动机和目的并不是构成运输毒品罪主观方面的必备条件。尽管运输毒品的行为人一般都具有贪利性目的,出于贪图高额报酬而替他人运输毒品,或者其本身就是为贩卖毒品而进行运输,但这种目的并不是运输毒品罪成立的必要条件,即使是出于为亲属、朋友帮忙而无偿进行运输,只要明知所运输的是毒品,就不影响运输毒品罪的成立。将运输数量较大毒品的行为一律认定为运输毒品罪,也符合司法实践中的常态。从生活经验来看,运输毒品过程中落网的犯罪分子往往都是为了赚取高额报酬而铤而走险的人,或者其本身就是毒品贩卖、走私、制造者。上述人员为了将毒品从生产环节推向终端消费市场,需要通过流通环节进行运输。反之,作为终端消费者的毒品吸食人员在购得毒品之后,往往会将毒品置于家中或其他住处,故其对毒品的持有更多地表现为一种静止状态或短距离运输。尽管司法实践中确实存在吸毒人员长途运输用于自己吸食的毒品的情况,但这毕竟是少数。考虑到毒品犯罪的隐蔽性强、取证难度大,根据毒品的运输状态直接认定为运输毒品罪,更有利于打击猖獗的毒品犯罪。本案中,被告人张应宣在运输毒品过程中被当场抓获,尽管其系吸毒人员,且现有证据无法证明其具有实施走私、贩卖、制造毒品等目的,亦无法证实其具有为他人运输的目的,但由于被查获的毒品处于运输状态之中,且数量达到较大以上,故法院直接认定其行为构成运输毒品罪。

案例:易卜拉欣·阿卜杜西默德·阿布多什走私毒品案

案例来源:《刑事审判参考》总第 105 集[第 1132 号]

主题词:走私毒品罪　走私恰特草

一、基本案情

被告人易卜拉欣·阿卜杜西默德·阿布多什(英文名 IbrahimAbdulsemedAbdosh),男,1989 年 11 月 29 日出生,埃塞俄比亚国籍。2014 年 2 月 20 日因涉嫌犯走私毒品罪被逮捕。

浙江省杭州市人民检察院以被告人易卜拉欣·阿卜杜西默德·阿布多什犯走私毒品罪,向杭州市中级人民法院提起公诉。

被告人易卜拉欣·阿卜杜西默德·阿布多什辩称其不知道恰特草在中国属于违法物品,其携带恰特草入境是用于自己食用。其辩护人提出,易卜拉欣·阿卜杜西默德·阿布多什有正当职业,所带恰特草是用于自己食用,与一般的走私毒品犯罪分子相比,主观恶性明显较小;涉案毒品被当场查获,未流入社会,建议对其从轻处罚。

杭州市中级人民法院经公开审理查明:2013 年 1 月 6 日,被告人易卜拉欣·阿卜杜西默德·阿布多什携带 5.73 千克恰特草入境,被杭州萧山机场入境检验检疫部门查获并没收,并被告知恰特草禁止携带进入我国境内。2014 年 1 月 13 日 19 时许,易卜拉欣·阿卜杜西默德·阿布多什乘坐 ET688 航班从埃塞俄比亚首都亚的斯亚贝巴飞抵杭州萧山机场,入境时选择无申报通道入关,未向海关申报任何物品。经杭州萧山机场海关关员查验,从其随身携带的双肩包内查获用锡纸包裹的三捆疑似恰特草植株。经鉴定,该三捆植株为卫矛科巧茶属巧茶,又名恰特草等,净重 630 克,检出卡西酮成分。

杭州市中级人民法院认为,被告人易卜拉欣·阿卜杜西默德·阿布多什违反我国法律,逃避海关监管,携带毒品恰特草入境,其行为已构成走私毒品罪。关于易卜拉欣·阿卜杜西默德·阿布多什所提其不知道恰特草在中国属于违法物品,且被查获的恰特草系其用于自己食用的辩解,经查,易卜拉欣·阿卜杜西默德·阿布多什在本案发生前曾因携带恰特草入境而被我国出入境管理部门没收,其知道我国禁止恰特草入境,且其长期食用恰特草,也应当知道恰特草具有使人兴奋、易于上瘾等特性,但其此次选择无申报通道入关,再次将恰特草带入我国境内,具有走私毒品的主观故意和客观行为,其走私毒品的目的、用途不影响走私毒品罪的成立。易卜拉欣·阿卜杜西默德·阿布多什的上述辩解与事实及相关法律不符,不予采纳。易卜拉欣·阿卜杜西默德·阿布多什此次出于经商目的入境我国,根据其携带恰特草的数量,不能排除自己食用的可能性,相较于走私毒品入境贩卖牟利的犯罪分子,其主观恶性较小,且本案涉案毒品均被查获,未流入社会,故可予从轻处罚。据此,依照《中华人民共和国刑法》第六条,第三百四十七条第一款、第四款,第三百五十七条,第五十二条之规定,以走私毒品罪判处被告人易卜拉欣·阿卜杜西默德·阿布多什有期徒刑七个月,并处罚金人民币三万元。

一审宣判后,被告人易卜拉欣·阿卜杜西默德·阿布多什未上诉,检察机关亦未抗诉,该判决已发生法律效力。

二、裁判要旨

No.6-7-347-75 非法携带恰特草入境我国,构成走私毒品罪。

国家食品药品监督管理总局、公安部、国家卫生和计划生育委员会在 2013 年 11 月 11 日新公布的《精神药品品种目录(2013 年版)》中,将恰特草作为第一类精神药品进行管制。该目录自 2014 年 1 月 1 日起施行,故此后对于非法种植、非法持有、贩卖、走私、服食恰特草的行为,均可按照违法犯罪行为处理。本案发生在 2014 年 1 月,恰特草在我国刚刚被作为第一类精神药品进行管制,而在本案被告人的国籍国埃塞俄比亚,恰特草则是可以合法交易和食用的,因此需要考察行为人对其行为的社会危害性及违法性是否存在认识。

我国《刑法》第十四条第一款明确规定:"明知自己的行为会发生危害社会的结果,并且希望或者放任这种结果的发生,因而构成犯罪的,是故意犯罪。"据此,在我国犯罪构成主观要件中,行为人只需要认识到其行为具有社会危害性即可,并不要求其对行为的违法性有认识。具体来说,就是不需要行为人认识到自己的行为在刑法上构成犯罪,即"不知法亦不赦"。当然,对于传统自然犯来说,由于这些行为长期被作为犯罪处理,普通民众不仅能够认识到行为的社会危害性,对其刑事违法性同样也具有认识,因此无论是在社会危害性还是违法性认识上都不存在问题。但对于行政犯,由于某种行为长期以来并未被作为犯罪处理,行为人就有理由相信实施这样的行为不具有社会危害性。而随着新法的颁布,这种行为被纳入犯罪中,由于法制宣传不到位等原因,一些行为人难以很快认识到这种行为的违法性,进而会影响到其对行为社会危害性的判断。因此,对于此类行为,在司法实践中有必要审查行为人是否具有违法性认识及其可能性的大小。

本案被告人知道其走私的恰特草系毒品。具体理由如下:首先,被告人易卜拉欣曾于 2013 年 1 月 6 日从杭州萧山机场入境我国,当时即被查获并没收 5.73 千克恰特草。尽管当时恰特草尚不属于毒品,但海关人员已经明确告知易卜拉欣恰特草系违禁品,并予以没收。2014 年 1 月 13 日,易卜拉欣再度携带 630 克恰特草入境,其主观上应明知恰特草是违禁品,携带入境属于违法行为。其次,在查验行李的 X 光机前贴有《中华人民共和国禁止进境物品表》,其中第五条明确规定,鸦片、吗啡、海洛因、大麻以及其他能使人成瘾的麻醉品、精神药物禁止进境。海洛因、大麻等属于众人皆知的毒品,其他能使人成瘾的麻醉品、精神药物与海洛因、大麻等并列,可知这类物品也属于毒品行列。易卜拉欣自己长期食用恰特草,完全知道恰特草具有使人兴奋、易于上瘾等特性。再次,在查验行李的 X 光机前,还贴有禁止携带恰特草的标识,海关关员也数次提醒、询问易卜拉欣是否带有恰特草,易卜拉欣均予以否认。易卜拉欣被带至查验房后,还趁海关关员不备,欲将恰特草予以隐匿,其逃避惩处的意图明显。最后,易卜拉欣选择无申报通道入关,未向海关申报任何物品。综上,易卜拉欣在明知恰特草系毒品的情况下,仍意图携带入境,法院据此认定其构成走私毒品罪是正确的。

案例:林清泉制造毒品案

案例来源:《刑事审判参考》总第 112 集[第 1228 号]

主题词:制造毒品罪 死刑

一、基本案情

被告人林清泉购买了用来制造甲基苯丙胺的液体,并将液体带回位于广东省惠来县东埔管区东下村的家中进行熬煮、冷却,制造甲基苯丙胺。2015 年 3 月 9 日 15 时许,公安机关在惠来县东埔农场东埔管区东下村林清泉家抓获林清泉,现场查获 1 锅净重 3.5 千克的黄褐色液体(检出甲基苯丙胺成分,含量为 29.55%),1 锅净重 0.65 千克的黄褐色液体(检出甲基苯丙胺成分,含量为37.54%),1锅净重2.425千克的褐色液体(检出甲基苯丙胺成分,含量为14.74%),1盒净重3.55千克的黄褐色液体(检出甲基苯丙胺成分,含量为17.63%),1桶净重8.55千克的黑色液体(检出甲基苯丙胺成分,含量为9.15%)及煤气炉、铁盆、铁筛等制毒工具。

二、裁判要旨

No. 6-7-347-76 制造毒品案件中,含甲基苯丙胺的液态毒品与含甲基苯丙胺的晶体状毒品在毒品性质、毒品含量及社会危害性上均有区别,应慎用死刑。

2014年8月20日,最高人民法院、最高人民检察院、公安部联合印发了《关于规范毒品名称表述若干问题的意见》,其中规定:"对于含甲基苯丙胺成分的晶体状毒品,应当统一表述为甲基苯丙胺(冰毒)……对于含甲基苯丙胺成分的液体、固液混合物、粉末等,应当根据其毒品成分和具体形态进行表述,如表述为含甲基苯丙胺成分的液体、含甲基苯丙胺成分的粉末等。"市场流通环节中的冰毒,主体化学成分是甲基苯丙胺,但实质为甲基苯丙胺盐酸盐,因此冰毒并不能完全等同于甲基苯丙胺。

由于毒品具有滥用性、依赖性、危害性、管制性四大特征,因此,在定义毒品成品时,通常是指可以直接用于销售和滥用的毒品,而毒品半成品通常是指未制成成品前的中间产品。通过化学方法制造毒品的,一般已经全部或者部分完成化学反应,但对于以制造甲基苯丙胺为最终目的的犯罪,制成含有甲基苯丙胺成分的晶体的,才能视为制出成品,制出含甲基苯丙胺成分的液体、固液混合物等的,应视为制出半成品。

本案中,被告人林清泉购买的是含有甲基苯丙胺成分的液体,不属于毒品成品。林清泉对其中的部分液体进行加工后,虽然甲基苯丙胺含量有所提高,但并未结晶,仍不具有可直接被吸食和消费的属性,故其加工产物不是毒品成品,而是半成品。

《全国部分法院审理毒品犯罪案件工作座谈会纪要》规定,已经制成毒品,达到实际掌握的死刑数量标准的,可以判处死刑;数量特别巨大的,应当判处死刑。根据上述规定,在决定能否对被告人判处死刑时,制出成品的数量是更为重要的考虑因素。认定的制造毒品数量虽已达到实际掌握的死刑数量标准,但尚未制造出成品的,或者仅制造出少量成品,绝大多数为粗制毒品或者半成品的,由于其社会危害与已经制成成品待售的情形有明显不同,故一般不宜对被告人适用死刑。这样考虑的原因,在于毒品半成品因无法被直接吸食、消费,与毒品成品的危害紧迫性不一样,其客观危害没那么紧迫。此外,毒品犯罪的数量虽然能反映毒品犯罪行为社会危害性的大小,对定罪量刑有非常重要的意义,但它仍只是依法惩处毒品犯罪的一个基础情节,而不是唯一情节。因此,在执行毒品犯罪数量标准时不能将之简单化、绝对化,特别是对被告人可能判处死刑的案件更不能简单地将数量标准作为判处死刑的唯一尺度。是否判处死刑还必须综合考虑被告人犯罪情节、危害后果、主观恶性等多种因素。本案中,被告人林清泉购入原料即为毒品半成品,由于加工工艺等问题,林清泉始终未能制出成品。从林清泉的犯罪手段来看,林清泉制毒所用工具均来自普通家庭厨房所用,并非专门用来加工毒品的器皿,说明林清泉非长期制毒人员,其应不属于制毒惯犯,且其采取的加工工艺简单,也并未实际制造出毒品成品。综合考虑被告人的犯罪情节、危害后果及主观恶性,并考虑其归案后能够如实供述主要犯罪事实,依法可以从轻处罚。

案例:陈春莲贩卖毒品案

案例来源:《刑事审判参考》总第115集[第1280号]

主题词:贩卖毒品罪　先行羁押期限折抵刑期

一、基本案情

2016年11月3日,陈春莲因涉嫌参与李晓微等人(均另案处理)贩卖毒品案被立案侦查,并于同日被刑事拘留。在该案中,李晓微供称其系通过陈春莲向上家购买毒品,但陈春莲拒不认罪,检察机关于同年11月28日对陈春莲不予批准逮捕,同日转为取保候审,2017年1月12日对其继续取保候审。其间,公安机关在办理陈曙辉贩卖毒品案件中,从陈曙辉的手机中提取到其向陈春莲购毒的信息,陈曙辉供认毒品来源于陈春莲,手机短信就是向陈春莲购毒的内容。公安机关遂对本案展开侦查,并于2016年12月14日移送审查起诉,检察机关经两次退回补充侦查,于2017年11月22日向法院提起公诉,法院于同年12月7日对陈春莲批准逮捕。

二、裁判要旨

No. 6-7-347-77 先前被羁押行为与最终定罪行为系同一行为,或者虽然不是同一行为,但二者之间存在密切关联时,先行羁押期限才可以折抵刑期。

犯罪嫌疑人陈春莲因涉嫌第一起贩毒被公安机关刑事拘留,后因证据不足被取保候审;其间,公安机关又发现陈春莲还参与了另一起贩毒,后法院针对第二起贩毒判处其有期徒刑十五年,但法院在判决决定执行刑期起止日期时,对于陈春莲在第一起贩毒中被刑事拘留的期间是否应当折抵刑期,存在争议。我们认为被告人先行羁押时间能否最终折抵刑期,不能一概而论。只有先前被羁押行为与最终定罪行为系同一行为,或者虽然不是同一行为,但二者之间存在密切关联时才可以予以折抵。

当被采取强制措施的行为系单一行为,并最终被人民法院判决有罪时,人民法院在进行刑期折抵时按照"同行为"标准计算刑期一般争议不大。但如果公安机关对犯罪嫌疑人采取强制措施后,在侦查过程中又发现了其他罪行,进而对两项罪行并案或先后处理,后检察机关仅对其中一项罪行进行指控,或者人民法院仅对其中一项罪行认定为犯罪,此时针对未指控或未认定犯罪的行为所采取的先行羁押能否折抵刑期,如果按照绝对的"同一行为"标准,由于人民法院仅判决第二起事实构成犯罪,那么只能将针对第二起事实所采取的先行羁押折抵刑期,而针对第一起事实所采取的先行羁押,就不能折抵刑期。然而,按照《国家赔偿法》第十七条的规定,错拘错捕属于国家赔偿的范围,在第一起贩毒最终未予认定的情况下,那么针对该行为所采取的拘留、逮捕措施就失去了合法性依据,这样就存在一个国家需要承担赔偿义务,而被告人需要付出自由代价的问题。为此,当面对数个犯罪行为时,不应受制于评价单一行为的"同一行为"标准,而应当将尽可能多的先行羁押纳入刑期折抵中来。对此,我们可以采取"关联性"标准,即只要被采取先行羁押的数行为之间存在某种事实或程序上的关联,就可以将先行羁押时间进行刑期折抵,从而达成一种国家与被告人双赢的结果。其中,事实上的关联是指先前被强制剥夺或限制人身自由的事实理由与最终被处罚的犯罪行为之间罪名相同,或者属于同一选择性罪名,或者在法律、事实上有密切关联。这种密切关联体现在不同犯罪的构成要件存在交叉或者是犯罪行为之间存在因果关系、手段目的关系、条件关系等牵连关系上,如洗钱犯罪与上游犯罪,抢劫罪、盗窃罪与之后处理赃物的掩饰、隐瞒犯罪所得罪。程序上的关联是指前罪羁押与后罪的侦查、起诉审判活动是连续进行的,且前罪羁押为后罪的刑事诉讼活动提供了一定保障,则不论先前羁押的行为与最终定罪行为是否一致,都应视羁押与该犯罪嫌疑人的犯罪行为存在关联,可以将羁押的时间折抵刑期。

针对行为人所实施的数个行为,公安机关不一定均采取刑事强制措施,完全可能针对甲行为采取行政强制措施或者予以行政拘留,而对乙行为采取刑事拘留、逮捕等刑事强制措施,此时需要区分情况来折抵刑期。如果甲行为最终构成犯罪,依据"同一行为"或"关联性"标准,针对甲行为所采取的行政强制措施或者予以行政拘留也可以折抵刑期。但如果甲行为不构成犯罪,针对甲行为所采取的行政强制措施能否折抵刑期呢?我们认为,答案是否定的。因为行政机关有权根据执法具体情况实施限制人身自由的行政措施,也有权对相应的违法行为处以拘留等行政处罚,被告人的行政违法行为应当承担相应的行政法律责任,是违法必究原则的体现。如果再予以折抵刑期,则在事实上使行为人的行政违法行为未受到追究,放纵了行为人的违法行为。

具体到本案中来,被告人陈春莲因为第一起贩毒案件被采取刑事羁押措施,后对其取保候审;在对该起贩毒案件侦查期间,又发现了另一起贩卖毒品犯罪,并对该起犯罪采取逮捕措施,最终陈春莲因为后一起犯罪被判处有期徒刑十五年。由于针对第一起贩毒案件所采取的刑事羁押措施与第二起贩毒案件的侦查、起诉、审判活动是连续进行的,且先行羁押实现了对第二起犯罪案件刑事诉讼活动的保障功能,二者在程序上具有"关联性"。前案羁押日期在后案判处刑罚时折抵刑期的做法是适当的。

157 非法持有毒品罪(《刑法》第三百四十八条)

案例:佟波非法持有毒品案

案例来源:《人民法院案例选》2006 年第 3 辑

主题词:非法持有毒品罪　运输毒品罪

一、基本案情

被告人佟波。

北京铁路运输法院经审理查明:2003 年 10 月 27 日 9 时许,被告人佟波乘坐合肥至北京西的 1410 次旅客列车,因其携带 3 包可疑物品,被公安机关查获并收缴。经鉴定,蓝色塑料袋内装褐色粉末重 66.8 克,检出海洛因;黄色塑料袋内装棕色粉末重 115 克,检出咖啡因、巴比妥;白色塑料袋内装褐色粉末重 1.3 克,检出海洛因、咖啡因、巴比妥。佟波归案后,对其进行了尿样检验呈阳性,且有戒断反应。

北京铁路运输法院认为,被告人佟波违反国家对毒品的管制法规,明知是毒品,仍非法持有,其行为侵犯了国家对毒品的管理制度和公民的身体健康权,已构成非法持有毒品罪,且所持海洛因重量在 50 克以上,应依法惩处。佟波系公安机关在册吸毒人员,公诉机关当庭列举的证据仅能证明佟波明知是毒品而携带上车,不能证明佟波具有牟利的目的和有贩卖、运输毒品的故意,故公诉机关指控佟波犯运输毒品罪证据不足,本院不予认定。对佟波的"购买毒品是为了自己吸食,没有牟利的主观故意,自己的行为应按非法持有毒品罪认定"的辩解意见,法庭予以采纳,应认定佟波犯非法持有毒品罪。佟波归案后,认罪态度较好,具有悔罪表现,应对其酌情从轻处罚。根据《中华人民共和国刑法》第三百四十八条、第三百五十七条、第五十二条、第六十四条的规定,判决如下:被告人佟波犯非法持有毒品罪,判处有期徒刑七年,并处罚金人民币两万元。

一审宣判后,佟波不服一审判决,提出上诉,诉称:其持有的毒品是"大烟",量刑过重;辩护人的辩护意见为,一审判决认定佟波非法持有的毒品是海洛因的证据不足。

北京铁路运输中级法院经过阅卷、讯问上诉人并听取了辩护人的辩护意见,对全案进行审理后认为,一审法院审判程序合法,认定事实清楚,证据确实充分,根据佟波犯罪事实、认罪态度以及对社会的危害程度,对其定罪及适用法律是正确的,所判刑罚是适当的。佟波非法持有的毒品的重量和品质,有公安部的物证检验报告证实,佟波和其辩护人提出的非法持有的毒品不是海洛因的意见,没有事实依据;佟波所提量刑过重的意见,也没有法律依据。据此,二审法院对上诉理由和辩护意见没有采纳,作出驳回佟波上诉,维持原判的裁定。

二、裁判要旨

No. 6-7-348-1　在购买、运输、存储毒品过程中被抓获,供述自吸且没有证据证明实施了其他毒品犯罪的,一般不应定罪处罚;查获毒品数量大的,应以非法持有毒品罪论处。

2000 年《全国法院审理毒品犯罪案件工作座谈会纪要》(以下简称《纪要》)对毒品犯罪案件的定性有如下规定:"吸毒者在购买、运输、存储毒品过程中被抓获的,如没有证据证明被告人实施了其他毒品犯罪行为的,一般不应定罪处罚,但查获的毒品数量大的,应当以非法持有毒品罪定罪;毒品数量未超过《刑法》第三百四十八条规定数量最低标准的,不定罪处罚。"不难看出,上述规定有两个基本含义:一是《纪要》的上述规定,特指吸毒者为了用于自己吸食的目的而在购买、运输、存储毒品过程中被抓获的情况,不包括吸毒者出于其他目的而购买、运输、存储毒品过程中被抓获的情况。例如,吸毒者受他人之托或营利的目的携带毒品乘坐交通工具被抓获的,就不是《纪要》所指的情况;二是《纪要》所说的证明被告人实施了其他毒品犯罪行为的证据,并不包括吸毒者为自己吸食而实施的购买、运输、存储毒品的证据,如购买毒品的居间人的证言、携带毒品乘坐火车的车票等。根据上述规定,在交通工具上查获的毒品犯罪,如果行为人供述自己携带毒品是为了自己吸食,又有证据证明行为人是吸毒者,没有与此相反或证明行为人还实施了其他毒品犯罪的证据,行为人的行为就符合《纪要》规定的情形,就应按《纪要》定性处罚。具体讲:吸毒行为人以自己吸食的目的携带的毒品乘坐交通工具,如果携带数量未超过《刑法》第三百四十八条规定数量最低标准的(海洛因10克),就不能以毒品犯罪处罚;如查获的毒品数量大的,超过《刑法》第三百四十八条规定数量最低标准的,应当以非法持有毒品罪定罪处罚。在本案中,有证据证明佟波是吸毒者,佟波又否认自己有运输毒品的故意,本案又没有与这种辩解相反的证据。所以,被告人的行为是非法持有毒品罪,不是运输毒品罪。

案例:张敏贩卖毒品案

案例来源:《刑事审判参考》总第17辑[第108号]

主题词:主观目的 非法持有毒品 贩卖毒品罪

一、基本案情

被告人张敏,女,30岁,汉族,农民。因涉嫌犯贩卖毒品罪,于1999年12月6日被逮捕。

常州市中级人民法院经审理查明:1999年10月25日至10月26日,被告人张敏在常州市清潭新村附近陈玉燕暂住处,先后三次卖给陈玉燕海洛因50克。1999年10月26日,张敏在常州市清潭新村菜场附近卖给向红海洛因5克。1999年10月28日上午,张敏携带海洛因13.5克欲外出贩卖时,在常州市马公桥附近被公安人员抓获。随后,公安人员在张敏暂住地常州市花园西村3幢甲单元401室搜缴海洛因62包,重310.5克。被告人张敏贩卖毒品共计379克。

常州市中级人民法院认为,被告人张敏贩卖毒品的事实清楚,证据充分,应依法惩处。依照《中华人民共和国刑法》第三百四十七条第二款第(一)项、第五十七条第一款之规定,于2000年3月16日判决如下:

被告人张敏犯贩卖毒品罪,判处死刑,剥夺政治权利终身,并处没收财产人民币五万元。

一审宣判后,张敏不服,以没有贩卖毒品的故意和行为为由,向江苏省高级人民法院提出上诉。其辩护人提出,张敏随身携带并在暂住地藏匿毒品的行为属于非法持有毒品。

江苏省高级人民法院经审理认为,上诉人张敏明知是毒品而非法销售给他人,事实清楚,证据确实、充分,其行为已构成贩卖毒品罪,且贩卖毒品数量大,应依法惩处。张敏随身携带的海洛因及在其暂住地查获的海洛因已分装成小包,且其本人又不吸毒,用于贩卖的故意明显,其辩护人所提非法持有毒品罪的意见没有法律依据,不予采纳。依照《中华人民共和国刑事诉讼法》第一百八十九条第(一)项的规定,于2000年6月6日裁定如下:驳回上诉,维持原判。

江苏省高级人民法院依法将本案报送最高人民法院复核。

最高人民法院经复核认为,被告人张敏贩卖海洛因的行为构成贩卖毒品罪,且贩卖毒品数量大,应依法惩处。一审判决、二审裁定认定的事实清楚,证据确实、充分,定罪准确,量刑适当。审判程序合法。依照《中华人民共和国刑事诉讼法》第一百九十九条和最高人民法院《关于执行〈中华人民共和国刑事诉讼法〉若干问题的解释》第二百八十五条第(一)项的规定,于2000年8月28日裁定如下:

核准江苏省高级人民法院(2000)苏刑二终字第33号维持一审以贩卖毒品罪判处被告人张敏死刑,剥夺政治权利终身,并处没收财产人民币五万元的刑事裁定。

二、裁判要旨

No.6-7-348-2 以贩卖毒品为目的而非法持有毒品的,应以贩卖毒品罪论处。

正确认定藏匿、储存毒品行为的性质,关键要看行为人的主观故意。如果有证据证明行为人以走私、贩卖毒品为目的,行为人藏匿或储存毒品的行为就是走私、贩毒品行为的组成部分,构成走私、贩卖毒品罪;如果行为人不具有走私、贩卖毒品的目的,或者未掌握这方面的证据,行为人的行为则构成非法持有毒品罪。在司法实践中,经常出现这样的情形:被告人贩卖毒品的事实清楚、证据充分,而被查获的部分毒品处于尚未交易,即非法持有的状态。对这类犯罪,应把被告人的犯罪事实作为一个整体看待。如果行为人主观上有贩卖毒品的故意,客观上有贩卖毒品的经历,并且,行为人本人不吸毒或者行为人虽然吸毒,但藏匿或者储存的毒品数量明显超过个人吸食所需数量,行为人非法持有毒品的行为就应视为是为贩卖毒品做准备,是贩卖毒品行为的组织部分,应以贩卖毒品罪定罪。

案例:陶玉广等非法持有毒品案

案例来源:《人民法院案例选》2006 年第 1 辑

主题词:非法持有毒品　共犯

一、基本案情

被告人陶玉广、彭乐轩。

河南省新蔡县人民法院经审理查明:2005 年 9 月 6 日上午,被告人陶玉广到被告人彭乐轩家中问彭有无毒品,并说自己几天没抽了,彭说没有。被告人陶玉广就让彭乐轩帮助购买,供其本人吸食。随后被告人彭乐轩带领陶玉广到新蔡县化庄乡高寨村民高德田家,经彭乐轩介绍,高德田之妻杜国芝出售给被告人陶玉广一小包毒品,被二被告人当场吸食后,高德田、杜国芝(二人另案处理)又向陶玉广出售吗啡 29.7 克,底料 54 克。被告人陶玉广携带购买的毒品及底料伙同彭乐轩返家途中经化庄乡邹集路口处,被新蔡县公安机关抓获。该毒品已上缴。

新蔡县人民法院认为,被告人陶玉广、彭乐轩违反毒品管理法规,非法持有毒品数量较大,其行为已构成非法持有毒品罪。被告人陶玉广出资购买毒品后又进行携带,在共同犯罪中,起主要作用,是主犯;被告人彭乐轩帮助陶玉广购买用于吸食的毒品,在共同犯罪中起次要作用,是从犯,应当从轻处罚。公诉机关指控被告人陶玉广犯非法持有毒品罪的罪名成立,予以支持;对于公诉机关指控被告人彭乐轩犯贩卖毒品罪的罪名定性不准,指控罪名不能成立。因为被告彭乐轩,虽然在被告陶玉广与卖方之间起到介绍作用,属于帮助陶玉广购买用于吸食的毒品且没有获利,但被告人彭乐轩的行为已构成非法持有毒品罪。依照《中华人民共和国刑法》第三百四十八条,第二十五条第一款,第二十六条第一款、第三款,第二十七条第一款、第二款之规定,于 2006 年 1 月 4 日作出刑事判决:

1. 被告人陶玉广犯非法持有毒品罪,判处有期徒刑八个月,并处罚金两千元。
2. 被告人彭乐轩犯非法持有毒品罪,判处有期徒刑六个月,并处罚金一千元。

宣判后,被告人陶玉广、彭乐轩表示服判不上诉,公诉机关也未抗诉。

二、裁判要旨

No. 6-7-348-3　帮助吸食毒品的人员介绍毒品来源的居间者,即使从该居间行为中获得一些毒品用于自己吸食,也不构成贩卖毒品罪的共犯。

毒品犯罪中的居间行为的性质应当根据居间人的主观目的、行为的对象和客观表现等作出不同的处理:(1)居间人受吸毒者委托,或者未委托而主动为吸毒者提供毒源信息、帮助吸毒者购买毒品的,不能以贩卖毒品罪的共犯论处;(2)为以贩卖毒品为目的而寻购毒品的人介绍毒源信息的,以贩卖毒品罪的共犯论处;(3)居间人受贩毒人员的委托寻找毒品销售渠道、联系买毒人,在毒品交易中起着牵线搭桥的作用,不论居间人是否从中获得利益,均应以贩卖毒品罪的共犯论处。在审判实践中,对于替吸食寻购毒品介绍毒源的居间者,即使其从中得到一点毒品用于自己吸食,也不应以贩卖毒品罪的共犯论处,因为其目的是消费毒品而不是贩卖毒品。

案例:高某贩卖毒品、宋某非法持有毒品案

案例来源:《刑事审判参考》总第 91 集[第 853 号]

主题词:贩卖毒品罪　以贩养吸的数量认定

一、基本案情

被告人高某,男,1964 年 10 月 6 日出生,无业。2010 年 4 月 21 日因涉嫌犯贩卖、运输毒品罪被逮捕。

被告人宋某某,男,1968 年 1 月 2 日出生,无业。2010 年 4 月 21 日因涉嫌犯运输毒品罪被逮捕。

某县人民检察院以被告人高某犯贩卖、运输毒品罪,被告人宋某某犯运输毒品罪,向某县人民法院提起公诉。

被告人高某及其辩护人辩称,高某的行为属于代购毒品,不构成贩卖毒品罪,同城交易也不构成运输毒品罪。

被告人宋某某辩称,其行为不构成运输毒品罪。

某县人民法院经公开审理查明:

2008 年年底某日,被告人高某在一宾馆房间内,以人民币(以下币种同)6000 元的价格向王某贩卖甲基苯丙胺 11.9 克。2010 年 1 月间,高某又先后 2 次以 3000 元和 6500 元的价格向王某贩卖甲基苯丙胺 5.95 克和 11.9 克。

2010 年 3 月初的某天,高某指使被告人宋某某携带 5500 元毒资到某加油站,向高某事先联系的毒贩购买甲基苯丙胺 11.9 克,宋某某将购买的毒品送至高某居住的小区交给高某。

2010 年 3 月底的某天,高某指使宋某某携带 5500 元毒资到某酒店,向高某事先联系的毒贩购买甲基苯丙胺 11.9 克,宋某某将赂买的毒品送到高某居住的小区交给高某时被当场抓获。

某县人民法院认为,被告人高某明知是毒品而予以贩卖,并以贩卖为目的购买毒品,其行为构成贩卖毒品罪。被告人宋某某明知是毒品而非法持有,数量较大,其行为构成非法持有毒品罪。高某贩卖甲基苯丙胺共计 53.55 克,数量大,应当依法惩处。鉴于宋某某认罪态度较好,可酌情从轻处罚。高某指使宋某某为其购买毒品属于同城交易,购毒地点与送货地点间距离较短,不符合运输毒品罪的构成要件。宋某某为他人代购毒品,现有证据不能证明其从中牟利,故对其应当以非法持有毒品罪追究刑事责任。对高某及其辩护人、宋某某所提不构成运输毒品罪的意见予以采纳。现有证据足以证实高某向王某贩卖毒品的事实,故对高某及其辩护人所提不构成贩卖毒品罪的意见不予采纳。据此,依照《中华人民共和国刑法》第三百四十七条第一款、第二款第(一)项、第七款,第三百四十八条之规定,某县人民法院判决如下:

1. 被告人高某犯贩卖毒品罪,判处有期徒刑十五年,并处没收个人财产人民币二万五千元。
2. 被告人宋某某犯非法持有毒品罪,判处有期徒刑一年三个月,并处罚金人民币五千元。

一审宣判后,被告人高某提出上诉。其辩护人提出以下上诉理由:一审认定事实不清、证据不足,不能排除高某为王某代购毒品的可能性;高某为他人代购及为自吸而购买毒品,应当认定为非法持有毒品罪。即使认定为贩卖毒品罪,灭失的 11.9 克甲基苯丙胺不应计入其贩卖毒品的数量;对查获的毒品在量刑时应当考虑高某吸食毒品的情节。

某市中级人民法院经审理查明:2008 年年底某日、2010 年 1 月间,被告人高某先后三次向王某贩卖甲基苯丙胺共计 29.75 克,得款 15500 元。2010 年 3 月底某天,高某指使被告人宋某某携带 5500 元毒资到某酒店向他人购买甲基苯丙胺 11.9 克。宋某某将购得的毒品送交给高某时被当场抓获。

某市中级人民法院认为,被告人高某明知是毒品而予以贩卖,并以贩卖为目的购买毒品,其行为构成贩卖毒品罪。被告人宋某某明知是毒品而非法持有,数量较大,其行为构成非法持有毒品罪。高某先后三次向王某贩卖甲基苯丙胺共计 29.75 克的事实清楚,证据确实、充分,查获的 11.9 克甲基苯丙胺应当一并计入其贩毒数量。对高某及其辩护人所提一审认定事实不清、证据不足,高某为他人代购及为自吸而购买毒品,应当认定为非法持有毒品罪的上诉理由和辩护意见不予采纳。高某既贩卖又吸食毒品,其于 2010 年 3 月初购买的 11.9 克甲基苯丙胺,存在被高某自行吸食的可能性,且相关毒品已灭失,不应计入高某贩卖毒品的数量;从高某处查获的 11.9 克甲基苯丙胺虽计入其贩卖毒品的数量,但量刑时应酌情考虑高某可能吸食其中部分毒品的情节,故对高某及其辩护人所提灭失的 11.9 克甲基苯丙胺不应计入其贩毒数量,对查获的毒品在量刑时应当考虑高某吸食毒品的情节的上诉理由和辩护意见予以采纳。原判对高某贩卖毒品的数量认定不当,依法应予纠正。据此,依照《中华人民共和国刑事诉讼法》(1996 年)第一百八十九条第(二)项,《中华人民共和国刑法》第三百四十七条第三款、第三百四十八条、第五

十六条第一款、第五十五条第一款、第五十二条、第五十三条之规定,判决如下:

1. 撤销原判对被告人高某以贩卖毒品罪判处有期徒刑十五年,并处没收个人财产人民币二万五千元的部分。

2. 被告人高某犯贩卖毒品罪,判处有期徒刑十一年,剥夺政治权利二年,并处罚金人民币二万元。

二、裁判要旨

No. 6-7-348-4 以贩养吸的行为中,行为人用于个人吸食的毒品数量不应计入其所贩卖的毒品数量之中。

根据最高人民法院 2008 年印发的《全国部分法院审理毒品犯罪案件工作座谈会纪要》的规定,对于以贩养吸的被告人,其被查获的毒品数量应当认定为其犯罪的数量,但量刑时应考虑被告人吸食毒品的情节,酌情处理;被告人购买了一定数量的毒品后,部分已被其吸食的,应当按照能够证明的贩卖数量及查获的毒品数量认定其贩毒的数量,已被吸食部分不计入在内。《全国部分法院审理毒品犯罪案件工作座谈会纪要》的上述内容解决了实践中办理此类案件的两个难点问题:第一,查获毒品的数量认定及对量刑的影响。在办理毒品犯罪案件时,对于贩卖毒品的被告人,可以推定其被查获的毒品亦系用于贩卖,故应当将查获的毒品数量认定为其贩卖毒品的数量。但在办理以贩养吸的被告人贩卖毒品的案件时,则应视具体情况而区别处理。对于以贩养吸的被告人,其被查获的毒品数量原则上应当计入其贩毒数量,但被告人既吸食又贩卖毒品,查获的毒品中部分可能系其准备用于吸食,故从有利于被告人的角度,对于查获的这部分毒品,在量刑时应当考虑被告人吸食毒品的情节,酌情予以从宽处罚。第二,可能被吸食的毒品是否计入贩卖毒品的数量。根据《全国部分法院审理毒品犯罪案件工作座谈会纪要》精神,以贩养吸的被告人购买一定数量的毒品后,吸食掉其中一部分的,已被吸食部分不计入其贩卖毒品的数量。同样,对于有证据证明以贩养吸的被告人已经买入毒品,但没有证据证明该毒品被其贩卖,亦未被查获,如该毒品的数量在个人合理吸食量范围之内的,也存在被被告人吸食的可能性,这部分毒品不应计入其贩卖毒品的数量。

本案中,被告人高某既贩卖又吸食甲基苯丙胺,属于以贩养吸的毒品犯罪分子。关于高某贩卖毒品的数量认定,涉及三部分毒品:一是对于高某三次向王某贩卖的 29.75 克甲基苯丙胺,无疑应当认定为高某贩卖毒品的数量。二是对于高某于 2010 年 3 月底购买后被查获的 11.9 克甲基苯丙胺,应当计入高某贩卖毒品的数量,但在量刑时应当考虑高某可能吸食其中部分毒品的情节,酌情从轻处罚。三是对于有证据证实高某在 2010 年 3 月初购买但未能查获的 11.9 克甲基苯丙胺,一、二审法院的认定不尽一致。二审法院不予认定的主要理由是,没有证据证明这部分毒品被高某贩卖,且这部分毒品已经灭失,毒品数量又在个人合理吸食量范围之内,存在被高某自行吸食的可能性,故对这部分毒品不应计入其贩毒数量。应当说,这种处理符合《全国部分法院审理毒品犯罪案件工作座谈会纪要》规定的精神。但特别需要注意的是,对于个人合理吸食量的把握,既要考虑被告人购买毒品的数量,也要考虑这些毒品用于吸食的周期,不宜将毒品吸食数量标准定得过高,否则极可能造成定罪不准确,不利于有效打击毒品犯罪。

No. 6-7-348-5 不以牟利为目的为他人代购用于吸食的毒品,且在同城内运送的,应以非法持有毒品罪论处。

根据《全国部分法院审理毒品犯罪案件工作座谈会纪要》规定,有证据证明行为人不以牟利为目的,为他人代购仅用于吸食的毒品,毒品数量超过《刑法》第三百四十八条规定的最低数量标准的,对托购者、代购者应当以非法持有毒品罪定罪;代购者从中牟利,变相加价贩卖毒品的,对代购者应当以贩卖毒品罪定罪;明知他人实施毒品犯罪而为其居间介绍、代购代卖的,无论是否牟利,都应当以相关毒品犯罪的共犯论处。因此,对代购毒品者认定为毒品犯罪的共犯,以明知托购者实施毒品犯罪为前提。对于确实不明知的,即使对托购者认定构成贩卖毒品罪等犯罪,对代购者也不应认定为共犯。代购者符合非法持有毒品罪、运输毒品罪等构成特征的,可以依法以非法持有毒品罪、运输毒品罪等定罪处罚。

本案中,被告人宋某某受被告人高某指使,携带高某给付的毒资,前往指定地点向高某事先联系好的贩毒人员购买毒品,属于为他人代购毒品的行为。对于宋某某的行为,一、二审法院认定为非法持有毒品罪是正确的。主要理由在于:第一,宋某某的行为不构成贩卖毒品罪的共犯。高某既贩卖毒品又吸食毒品,但在案证据证实宋某某主观上确实不明知高某有贩毒行为,故宋某某的行为不属于明知他人贩卖毒品而为其代购毒品的情形,不具备按照贩卖毒品罪共犯论处的条件。反之,如果在案证据表明宋某某明知高某系以贩养吸的人员,其代购的毒品很可能被高某贩卖,则宋某某构成贩卖毒品罪的共犯。第二,宋某某的行为不构成贩卖毒品罪。现有证据表明,宋某某为高某代购毒品并未从中牟利,不属于变相加价贩卖毒品的行为,且宋某某知道高某系吸毒人员,自认为高某购买毒品的目的是用于吸食,故其行为不构成贩卖毒品罪。第三,宋某某的行为符合非法持有毒品罪的构成要件。宋某某不以牟利为目的,在不明知高某有贩卖毒品行为的情况下,认为高某购买毒品仅用于吸食,所代购的毒品数量超过了《刑法》第三百四十八条规定的最低数量标准,符合非法持有毒品罪的构成要件,应当以非法持有毒品罪定罪。另外,值得注意的是,非法持有毒品罪通常被视为一种状态犯,一般情况下,只有被告人实际持有的毒品才能认定为非法持有毒品的数量。本案中,只能将已查获的 11.9 克甲基苯丙胺认定为宋某某非法持有毒品的数量,宋某某在 2010 年 3 月初代购的 11.9 克甲基苯丙胺去向不明,属于已经灭失的毒品,不宜计入其非法持有毒品的数量。

对于宋某某在代购毒品过程中同城内运送毒品的行为,及被告人高某指使宋某某接取、运送毒品的行为,公诉机关指控为运输毒品罪。当前,司法实践中,对于构成运输毒品罪是否有距离要求、是否应当具有获得运输报酬的目的,存在认识分歧。我们认为,为防止不当扩大打击面,认定为运输毒品罪还是应当适当考虑运输距离和目的。运输毒品罪侵犯的客体是国家毒品管理制度中有关毒品运输的法律制度,其客观方面表现为通过自身或者利用他人将毒品从甲地携带、运输、邮寄、快递至乙地的行为。从犯罪构成来看,构成运输毒品罪通常要具备两个要件:主观要件必须明知是毒品,客观要件方面包括起运地和实际到达地之间有一定的空间距离。对于在不同城市之间运送毒品的,一般可以认定为运输毒品罪。但对于同城内的运送,因空间距离较短,通常不宜认定为运输毒品罪。即使特殊情况下可以认定,也应当考虑被告人是否存在通过运送毒品获得运输报酬的目的。

本案中,宋某某受高某指使为其代购毒品后,携带毒品前往同城之内相距仅十分钟左右车程的地点将毒品交给高某,运送毒品的距离较短,且没有证据证实宋某某由此赚取了运费,故不宜认定为运输毒品罪。实际上,对宋某某短距离运送购得的毒品并交给高某的行为,可视为其代购毒品行为的一部分,故无须将其代购毒品行为中的运送毒品环节割裂开来单独认定为运输毒品罪。

案例:赛黎华、王翼龙贩卖毒品,赛黎华非法持有毒品案

案例来源:《刑事审判参考》总第 122 集[第 1348 号]

主题词:非法持有毒品罪　自首

一、基本案情

2017 年 9 月 6 日 15 时 30 分许,被告人王翼龙至宝山区永乐路、塘后路西侧 200 米路边处,用一瓶 413.69 克含有美沙酮成分的液体及人民币 200 元与被告人赛黎华交易两袋共计 1.93 克的甲基苯丙胺(冰毒),被民警当场查获,从被告人王翼龙处查获上述甲基苯丙胺,后从被告人赛黎华处查获毒资人民币 200 元及上述含有美沙酮成分的液体。

二、裁判要旨

No. 6-7-348-6 "持有"是一种支配状态,不要求物理上的握有。确有证据证明查获的毒品并非贩毒人员用于贩卖的,不应计入贩卖的数量,而应计入持有数量。

本案中赛黎华将装有美沙酮液体的瓶子放在电力助动车的储物箱内时,即已经具备了持有毒品的状态,此后不论赛黎华与这些毒品是否处于空间上分离的状态,都不影响其构成非法持有毒品罪。

首先,被告人赛黎华对涉案的美沙酮液体具有支配权,属于"持有"的形式。"持有"是指对毒品实际占有、携有、藏有或者其他方式持有毒品的行为。"持有"是一种事实上的支配,即行为人与毒品之间存在一种事实上的支配与被支配的关系。"持有"不要求物理上的握有,不要求行为人时时刻刻将毒品握在手中、放在身上和装在口袋里,只要行为人认识到它的存在,能够对之进行管理或者支配,就是"持有"。本案中,被告人王翼龙将装有美沙酮液体的瓶子交给被告人赛黎华后,赛黎华将毒品放在电力助动车的储物箱内,而没有随身携带,但这并不影响赛黎华对该毒品的支配状态,赛黎华当时能够实际占有、控制该毒品。因此,不管赛黎华把毒品放在什么地方保存,均不影响认定其"持有"的状态。我国《刑法》中持有型犯罪还包括非法持有枪支罪、非法持有国家机密文件罪等,这些罪均是通过行为人对物品的控制、占有程度来判断是否属于"持有"的状态,而不单纯以时间性和紧密性判断。

其次,有证据表明被告人赛黎华并非将美沙酮液体用于贩卖,而是用于自用。2015 年《全国法院毒品犯罪审判工作座谈会纪要》(以下简称《武汉会议纪要》)虽规定贩毒人员被抓获后,从其相关处查获的毒品一般均认定为其贩卖的毒品,推定了查获的毒品认定为贩卖的数量,但同时也强调了确有证据证明查获的毒品并非贩毒人员用于贩卖的,应依法定罪。本案中,被告人王翼龙和赛黎华的口供一致,证实赛黎华求购美沙酮缓解毒瘾,属自用,卷中没有任何证据证明赛黎华贩卖美沙酮。故美沙酮的数量不应计入赛黎华贩卖毒品的数量,赛黎华另构成非法持有毒品罪。

No. 6-7-348-7 在自首的认定中"同种罪行"不等同于同种罪名。即使罪名不同,如果行为人如实供述的其他犯罪与司法机关已掌握的犯罪属选择性罪名或者在法律上、事实上密切关联,应属于"同种罪行"。行为人如实供述为贩卖而持有毒品的行为,属于"同种罪行",不构成自首。

首先,这符合相关司法解释的规定。《刑法》第六十七条第二款规定了"特殊自首",即被采取强制措施的犯罪嫌疑人、被告人和正在服刑的罪犯,如实供述司法机关还未掌握的本人其他罪行的,以自首论。由于《刑法》仅规定交代其他罪行,对"其他罪行"的含义并没有予以细化,1998 年《最高人民法院关于处理自首和立功具体应用法律若干问题的解释》中明确规定,被告人如实供述司法机关尚未掌握的罪行,与司法机关已掌握的罪行属不同种罪行的,以自首论。2010 年《最高人民法院关于处理自首和立功若干具体问题的意见》(以下简称《自首和立功意见》)对于不同种罪行作出进一步规定,嫌疑人、被告人在被采取强制措施期间如实供述本人其他罪行,该罪行与司法机关已掌握的罪行属同种罪行还是不同种罪行,一般应以罪名区分。虽然如实供述的其他罪行的罪名与司法机关已掌握犯罪的罪名不同,但如实供述的其他犯罪与司法机关已掌握的犯罪属选择性罪名或者在法律上、事实上密切关联,如因受贿被采取强制措施后,又交代因受贿为他人谋取利益行为,构成滥用职权罪的,应认定为同种罪行。可见,《自首和立功意见》将选择性罪名或者在法律上、事实上密切关联的其他犯罪认定为同种罪行,扩充了同种罪行的外延,对自首成立范围进行了限制性解释。

其次,法律上、事实上存在密切联系的罪行属同种罪行。同种罪行主要包括以下三种:第一,相同罪名的罪行;第二,选择性罪名的罪行;第三,法律上、事实上存在密切关联的罪行。除此之外的才能被认定为不同种罪行。前面两种在审判实践中比较明确,而对于第三种"法律上、事实上密切关联的罪行"的认定,往往在实践中会出现分歧。我们认为,在法律上密切关联的犯罪,一般应从犯罪构成要件考察数种罪行在犯罪主体、客体、客观方面的行为、结果对象要素上是否具有相近性或包容性;在事实上密切关联的犯罪,一般依托司法实践,结合日常经验,考察数种行为在发生概率、逻辑以及关系上是否具有关联性。如某人持枪杀人,其因故意杀人被抓获后,主动供述了购买枪支的行为,其购买枪支的行为构成非法买卖枪支罪,与司法机关此前掌握的故意杀人罪虽不是同一罪名,但因其在供述故意杀人犯罪事实时,必须如实供述作为犯罪工具的枪支的来源,因而,其所触犯的两个罪名在法律上、事实上均有紧密关联,其主动供述购买枪支的行为不能认定为自首。本案中,被告人赛黎华在公安机关未掌握其持有美沙酮的前提下,主动交代了持有美沙酮的行为,而且持有美沙酮的行为也被法院认定为非法持有毒品罪,与其构成的贩卖毒品罪是不同种罪名。然而,赛黎华所持有的美沙酮系其贩卖甲基苯丙胺对价的一部分,在法律上和事实上与贩卖毒品罪有密切关联,故其主动交代的非法持有毒品罪与公安机关掌握的贩卖毒品罪属于同种罪行,其非法持有毒品罪不应认定为自首。

案例:杨文博非法持有毒品案

案例来源:《刑事审判参考》总第 100 集[第 1037 号]

主题词:非法持有毒品罪　自首

一、基本案情

被告人杨文博,男,1984 年 4 月 9 日出生,无业。2014 年 5 月 23 日因涉嫌犯非法持有毒品罪被逮捕。

河南省鹤壁市山城区人民检察院以被告人杨文博犯非法持有毒品罪,向山城区人民法院提起公诉。

被告人杨文博对指控的事实和罪名无异议,但辩称涉案毒品是其被带到公安机关后主动交代的。杨文博的辩护人提出,杨文博在侦查人员讯问前主动交代自己的主要犯罪事实,应当认定为自首;杨文博认罪态度好,系初犯,可以从轻或者减轻处罚。

鹤壁市山城区人民法院经公开审理查明:2014 年 5 月 8 日 17 时许,鹤壁市公安局红旗分局侦查大队在鹤壁市山城区东岭转盘处设卡盘查,在对杨文博驾驶的牌号为豫 AY646X 的车辆进行检查时,发现其随身携带的挎包内藏有 4 包可疑白色晶体,遂将其带至红旗分局接受调查。杨文博随即交代了其携带的可疑物品系冰毒,是其从网上购买供自己吸食用的。经鹤壁市公安局物证鉴定所鉴定,该 4 包白色晶体净重 62.58 克,均检出甲基苯丙胺成分。

鹤壁市山城区人民法院认为,被告人杨文博非法持有甲基苯丙胺 62.58 克,其行为构成非法持有毒品罪。杨文博在公安机关已发现其随身携带的挎包内藏有可疑物品后,才交代非法持有毒品的事实,不能认定为自首。杨文博认罪态度好,到案后能如实供述自己的犯罪事实,系坦白,依法可以从轻处罚。据此,依照《中华人民共和国刑法》第三百四十八条、第六十七条第三款、第五十二条、第五十三条之规定,鹤壁市山城区人民法院以被告人杨文博犯非法持有毒品罪,判处有期徒刑七年,并处罚金人民币二万元。

宣判后,被告人杨文博未提起上诉,公诉机关亦未抗诉,该判决已发生法律效力。

二、裁判要旨

No. 6-7-348-8　侦查人员对犯罪嫌疑人进行盘查过程中发现可疑物品时,行为人主动交代非法持有毒品的事实,不构成自动投案。

最高人民法院《关于处理自首和立功具体应用法律若干问题的解释》第一条规定:“罪行未被司法机关发觉,仅因形迹可疑被有关组织或者司法机关盘问、教育后,主动交代自己的罪行的……应当视为自动投案。”从侦查人员的角度看,在“形迹可疑”语境下,侦查人员还没有掌握任何可疑物品,即尚未掌握任何被怀疑者犯罪的证据或者线索,因而只能对被怀疑者进行盘问、教育,而无权对其采取进一步的侦查措施。从被怀疑者的角度看,此时他不能被作为刑事侦查程序意义上的犯罪嫌疑人。这个时候,如果被怀疑对象主动交代了自己尚未被司法机关发觉的罪行,应当视为自动投案。但是,如果被怀疑者的罪证已经被侦查人员所掌握,或者侦查人员凭借一定的事实、证据以及工作经验或者他人提供的线索,对特定对象产生了某种具体的、有针对性的怀疑,从而可以将嫌疑人与某种具体犯罪行为相联系,则该嫌疑对象已经成为刑事侦查程序意义上的犯罪嫌疑人。此时犯罪嫌疑人交代犯罪事实的,不属于《关于处理自首和立功具体应用法律若干问题的解释》规定的“罪行尚未被司法机关发觉”,不能认定为自动投案。本案中,侦查人员在对被告人杨文博进行盘查而尚未发现其随身携带的挎包内藏有可疑物品时,杨文博只是个“形迹可疑”的人;但是当侦查人员对杨文博的车辆进行检查后发现其挎包内有 4 包白色可疑晶体,并决定将其带至公安机关接受调查时,杨文博不再是《关于处理自首和立功具体应用法律若干问题的解释》所称的"仅因形迹可疑"而被盘问、教育的人,而是一个犯罪嫌疑人,即侦查人员已经掌握了被怀疑者实施犯罪的证据或者线索。在毒品犯罪案件中,作为物证的毒品是指控犯罪的最有力、最直接的证据。非法持有毒品犯罪案件尤其如此,只要毒品被查获,就应当认定行为人的罪行已经被司法机关发觉。因此,在毒品犯罪案件中,毒品已经被查获,处于公安机关控制之下的犯罪嫌疑人即失去了自动投案的机会。基于这种思路,最高人民法院《关于处理自首和立功若干具体问题的意见》明确规定:"有关部门、司法机关在其身上、随身携带的物品、驾乘的交通工具等处发现与犯罪有关的物品的,不能认定为自动投案。"

案例:周某非法持有毒品案

案例来源:《刑事审判参考》总第103集[第1084号]

主题词:非法持有毒品罪　主动上交

一、基本案情

被告人周某,男,1968年2月25日出生。2000年4月因犯贩卖毒品罪被判处拘役四个月;2002年1月因犯贩卖毒品罪被判处有期徒刑十个月;2009年10月因犯贩卖毒品罪被判处有期徒刑六个月,2010年1月29日刑满释放。2013年9月30日因涉嫌犯非法持有毒品罪被逮捕。

上海市浦东新区人民检察院以被告人周某犯非法持有毒品罪,向浦东新区人民法院提起公诉。

浦东新区人民法院经公开审理查明:2013年9月9日,被告人周某主动到公安机关投案,将其藏匿于上海市浦东新区家中的3包白色晶体上交。经鉴定,3包白色晶体共重113.63克,从中检出甲基苯丙胺成分。

浦东新区人民法院认为,被告人周某明知甲基苯丙胺是毒品而非法持有,数量达113.63克,其行为已构成非法持有毒品罪。周某曾数次因犯贩卖毒品罪被判刑,系累犯和毒品再犯,依法应从重处罚。鉴于周某在公安机关没有掌握其犯罪事实的情况下,主动投案自首并上交毒品,当庭又自愿认罪,可见其确有悔改的意愿和实际表现,综合考量上述情节,依法对周某予以减轻处罚。据此,依照《中华人民共和国刑法》第三百四十八条、第三百五十六条、第六十五条、第六十七条第一款、第五十五条、第五十六条、第五十三条之规定,浦东新区人民法院以非法持有毒品罪,判处被告人周某有期徒刑六年,剥夺政治权利一年,并处罚金人民币一万二千元。

一审宣判后,被告人周某提出上诉称:一审对其量刑过重。因其未私下销毁毒品而是选择上交,既是向年迈的母亲表示与毒品彻底决裂的决心,也是想给自己施加压力,坚定永不触碰毒品的信念。其愿意接受刑事处罚,但希望尽快服刑完毕回家照顾老母。

上海市第一中级人民法院经二审审理认为,被告人周某非法持有甲基苯丙胺一百余克,其行为构成非法持有毒品罪。一审法院认定周某具有自首情节,并依法对其减轻处罚,但量刑时仍未充分考虑本案的特殊性,尚不足以体现刑法的罪刑相适应原则,应予调整。《刑法》第六十七条第一款规定:"对于自首的犯罪分子,可以从轻或者减轻处罚。其中,犯罪较轻的,可以免除处罚。"评价毒品犯罪的轻重时,除考虑犯罪数量外,还应当根据犯罪的社会危害性和犯罪人的人身危险性进行综合考量。周某主动将非法持有的毒品上交公安机关,其行为已将非法持有毒品的社会危害性极大降低,且其系出于与毒品决裂、尽心赡养老母的动机上交毒品,虽系毒品再犯,但其行为说明其确有悔改诚意,其人身危险性与一般毒品再犯明显不同。此外,对周某最大限度地予以从宽处罚,也有利于准确贯彻宽严相济刑事政策,分化瓦解毒品犯罪分子,鼓励毒品犯罪分子主动与毒品决裂。故综合本案情况,可以认定周某的行为属于"犯罪较轻",对其可免除处罚。据此,依照《中华人民共和国刑法》第六十七条第一款、《中华人民共和国刑事诉讼法》第二百二十五条第一款第(二)项之规定,上海市第一中级人民法院以非法持有毒品罪,判处被告人周某免予刑事处罚。

二、裁判要旨

No. 6-7-348-9 非法持有毒品者主动上交毒品的,不宜认定为未遂,可以认定为自首。

持有型犯罪在犯罪形态方面的特点是一经持有即达成既遂,即行为人实施持有行为、犯罪进入实行阶段后,持有状态即形成,持有犯罪便已达成既遂形态,不可能再向另外一种停止形态,即犯罪中止形态逆向转化,其持有行为是否发生实际的危害结果,不影响持有犯罪既遂的成立。在持有犯罪行为实施时,因不存在明显的行为终了与犯罪既遂之间的时间间隔,故不具备形成犯罪中止的时间条件;同理,持有行为实施后也不太可能再出现未遂等未完成形态。若对该问题作进一步探讨,持有型犯罪在预备阶段可能因行为人自动停止,不再着手实施犯罪,从而构成预备阶段的犯罪中止,如行为人为了实施非法持有毒品犯罪购买保险柜、包装袋、电子秤等物品后,在接取毒品前主动放弃犯罪,不再着手实施持有毒品行为。本案中,周某主动上交所藏毒品时,其非法持有毒品已有一定的时间,非法持有毒品犯罪已构成既遂,不宜认定构成犯罪中止,应当以自首论处。

158 窝藏、转移、隐瞒毒品、毒赃罪(《刑法》第三百四十九条)

案例:智李梅等贩卖、窝藏、转移毒品案

案例来源:《刑事审判参考》总第 73 集[第 617 号]

主题词:窝藏、转移毒品罪 贩卖毒品罪

一、基本案情

被告人智李梅,女,1977 年 1 月 17 日出生,无业。因涉嫌犯贩卖毒品罪,于 2008 年 12 月 10 日被逮捕。

被告人蒋国峰,男,1978 年 3 月 11 日出生,无业。1995 年 5 月和 1999 年 9 月曾因犯盗窃罪分别被判处有期徒刑四年零六个月和有期徒刑三年。因涉嫌犯贩卖毒品罪,于 2008 年 12 月 10 日被逮捕。

江苏省无锡市崇安区人民法院经审理查明:被告人智李梅与被告人蒋国峰系夫妻关系,但因关系不融洽分居生活。智李梅及其子女住在江苏省无锡市区的家中,蒋国峰住在江阴市的家中,双方平时不常来往。2008 年 10 月至 11 月间,智李梅先后 5 次单独向黄震贩卖海洛因共计 3.05 克。蒋国峰得知后,征得智李梅同意,先后两次从智李梅处取得海洛因并向苗松贩卖共计 1.4 克,还单独先后两次向苗松贩卖海洛因共计两克。

同年 11 月 5 日晚,公安机关在无锡市风雷立交桥附近将被告人智李梅抓获,查获海洛因 0.4 克。同月 8 日上午,被告人蒋国峰获悉智李梅被抓后,遂骑摩托车到智李梅的住处将智的 4 包粉末(同月 4 日智李梅单独从上海购买)取出离开。后因交通违章,蒋国峰在无锡市通江大道被民警拦下检查,4 包粉末被查获。经鉴定,其中 88.5 克黄色粉末中含有海洛因成分,含量为 0.04%。

综上,被告人智李梅贩卖海洛因 93.35 克;被告人蒋国峰贩卖海洛因 3.4 克,窝藏、转移海洛因 88.5 克。

无锡市崇安区人民法院认为,被告人智李梅单独或伙同被告人蒋国峰贩卖海洛因,二人的行为均已构成贩卖毒品罪。蒋国峰为智李梅窝藏、转移海洛因,其行为还构成窝藏、转移毒品罪,且情节严重。公诉机关指控智李梅、蒋国峰向他人贩卖海洛因的犯罪事实清楚,证据确实、充分,但将从蒋国峰处查获的 88.5 克海洛因指控为其贩卖毒品的数量不当。经查,蒋国峰在得知智李梅被抓后,为不让智李梅藏于家中的毒品被查获,将毒品转移到他处隐藏,其行为不构成贩卖毒品罪,而构成窝藏、转移毒品罪。鉴于智李梅属于以贩养吸,且认罪态度较好,可从轻处罚。蒋国峰被抓获后,主动交代了公安机关尚未掌握的贩卖毒品罪行,对其所犯贩卖毒品罪以自首论,可依法减轻处罚。对智李梅、蒋国峰的辩解及其辩护人所提辩护意见予以采纳。依照《中华人民共和国刑法》第三百四十七条第二款第(一)项、第四款,第三百四十九条第一款,第二十五条第一款,第六十九条,第六十七条第二款,第五十六条第一款及最高人民法院《关于审

理毒品案件定罪量刑标准有关问题的解释》第三条第四项的规定,判决如下:

1. 被告人智李梅犯贩卖毒品罪,判处有期徒刑十五年,剥夺政治权利五年,并处没收个人财产人民币三万元;

2. 被告人蒋国峰犯贩卖毒品罪,判处有期徒刑两年,并处罚金人民币两千元;犯窝藏、转移毒品罪,判处有期徒刑四年,决定执行有期徒刑五年六个月,并处罚金人民币两千元。

一审宣判后,被告人智李梅、蒋国峰未上诉,检察机关亦未抗诉,判决已发生法律效力。

二、裁判要旨

No.6-7-349-2-1 曾参与贩卖毒品,后又单方面帮助他人窝藏、转移毒品的,不构成贩卖毒品罪,应以窝藏、转移毒品罪论处。

1. 被告人蒋国峰取走88.5克海洛因的行为不构成贩卖毒品罪。蒋国峰的犯罪事实有一定的特殊性,其曾经从被告人智李梅处拿取少量毒品进行贩卖,这对于认定其携带88.5克海洛因行为的性质有一定影响。客观地说,如不被查获,不能排除蒋国峰今后可能将这些海洛因予以出售牟利。但是,犯罪是主客观相统一的整体,对行为性质的认定应以有确切证据证明的事实为根据,不能因蒋同峰曾经从智李梅处拿取少量海洛因进行贩卖,就推定其取走88.5克海洛因必然也用于贩卖。在案证据表明,被查获的88.5克海洛因系智李梅被抓获前一天独自从上海购进的,现无证据证明智李梅和蒋国峰事先对这88.5克海洛因的处理有过通谋。《刑法》第三百四十九条也规定,为犯罪分子窝藏、转移、隐瞒毒品或者犯罪所得的财物,事先通谋的,以走私、贩卖、运输、制造毒品罪的共犯论处。这说明,如果被告人没有事先通谋,则不构成共同犯罪。从二人分居两地且往来较少的情况看,二人未事先通谋也符合情理,故对于蒋国峰取走88.5克海洛因的行为,不能认定为贩卖毒品的共同犯罪行为。同时,也没有证据证实蒋国峰是在他人表示希望购买毒品后才去取这些毒品的。相反,蒋国峰被查获后始终辩称,其取走毒品的目的或是扔掉或是隐藏,以帮助智李梅减轻罪责,而从未承认过是准备供自己日后贩卖。这种辩解具有一定的合理性,在案证据无法推翻这种辩解。在此情况下,对蒋国峰取走88.5克海洛因的行为不能认定为贩卖毒品罪。

2. 被告人蒋国峰取走88.5克海洛因的行为符合窝藏、转移毒品罪的构成要件,且属于情节严重。《刑法》第三百四十九条第一款规定:"为犯罪分子窝藏、转移、隐瞒毒品或者犯罪所得的财物的,处三年以下有期徒刑、拘役或者管制;情节严重的,处三年以上十年以下有期徒刑。"这表明,窝藏、转移毒品罪是行为犯,对行为人窝藏、转移的毒品没有数量上的要求,只要实施了窝藏、转移毒品行为的,就构成该罪。情节严重在本罪中属于法定刑升格条件,但关于如何认定情节严重,已经公布的相关司法解释和规范性文件(如《关于审理毒品案件定罪量刑标准有关问题的解释》《办理毒品犯罪案件适用法律若干问题的意见》《座谈会纪要》等),均没有作出规定。参照实践中把握的认定情节严重的惯常标准,对于具有窝藏、转移毒品数量大(如海洛因50克以上),多次窝藏、转移毒品等情形的,可以认定为窝藏、转移毒品情节严重。本案中,被告人蒋国峰获悉被告人智李梅被抓获后,为防止智李梅藏于家中的毒品被查获而受到更重处罚,前往智李梅住处转移毒品,其行为完全符合窝藏、转移毒品罪的构成要件,应认定构成窝藏、转移毒品罪。同时,其窝藏、转移的海洛因达88.5克,数量大,可以认定为窝藏、转移毒品情节严重,应在三至十年的法定刑幅度内量刑。一审法院对蒋国峰以窝藏、转移毒品罪判处有期徒刑四年,定罪准确,量刑适当。

159 非法生产、买卖、运输制毒物品、走私制毒物品罪(《刑法》第三百五十条)

案例:吕书阳等走私制毒物品、职务侵占案

案例来源:《人民法院案例选》2009年第4辑

主题词:走私制毒物品罪 单位犯罪

一、基本案情

被告人:吕书阳。

被告人:崔友方。

北京市第二中级人民法院经审理查明:

被告人吕书阳、崔友方分别利用担任赤峰艾克制药科技股份有限公司(以下简称“艾克公司”)国际销售部经理、业务员的职务便利,于2007年1月至3月间结伙并伙同范保星(另案处理),在办理艾克公司向他国出口含有麻黄浸膏粉的混合物的业务中,为逃避海关监管,隐瞒该混合物含有易制毒化学品的事实,以“绿茶减肥冲剂”等品名,将艾克公司生产的含有麻黄浸膏粉的混合物1000余千克(含麻黄浸膏粉500余千克)向北京首都机场海关申报出境,并办结通关手续。在办理上述事宜中,二人结伙采用向艾克公司低报货物出口价格的手段,私自将货款人民币18.6万元截留,并占为己有。其中,吕书阳分得人民币7.8万元,崔友方分得人民币10.8万元。

在法庭审理过程中,被告人吕书阳、崔友方对公诉机关指控的走私制毒物品罪均未辩解,但对指控二被告人的行为构成职务侵占罪均提出异议,认为其行为不构成职务侵占罪。

北京市第二中级人民法院认为,被告人吕书阳、崔友方违反国家对制毒物品的规定,以隐瞒事实和逃避海关监管的手段,非法将制毒物品运输出境,二被告人的行为均已构成走私制毒物品罪,均应依法惩处;二被告人还利用职务上的便利,将本单位财物非法占为已有,已构成职务侵占罪,且侵占数额巨大,亦应依法惩处;对被告人吕书阳、崔友方所犯数罪应予并罚。被告人吕书阳被审查期间,如实供述了司法机关不掌握其职务侵占的犯罪事实,本应视为自首,但又当庭翻供,否认职务侵占罪的犯罪事实,故对其自首情节不予认定。北京市人民检察院第二分院指控被告人吕书阳、崔友方犯走私制毒物品罪、职务侵占罪的事实清楚,证据确实、充分,指控罪名成立。关于被告人吕书阳、崔友方所提其行为不构成职务侵占罪的辩解,经查,被告人吕书阳、崔友方利用职务上的便利,采用低报价格的手段,将应属于本单位的财物私自截留并占为已有的行为均构成职务侵占罪,故对二被告人的辩解,本院不予采信和采纳。依照《中华人民共和国刑法》第三百五十条第一款、第二百七十一条第一款、第二十五条第一款、第二十六条第一款和第四款、第六十九条、第五十二条、第五十三条、第六十四条及最高人民法院《关于审理毒品案件定罪量刑标准有关问题的解释》第四条之规定,判决:

1. 被告人吕书阳犯走私制毒物品罪,判处有期徒刑二年,并处罚金人民币四千元;犯职务侵占罪,判处有期徒刑六年;决定执行有期徒刑七年,并处罚金人民币四千元。

2. 被告人崔友方犯走私制毒物品罪,判处有期徒刑二年,并处罚金人民币四千元;犯职务侵占罪,判处有期徒刑五年;决定执行有期徒刑六年,并处罚金人民币四千元。

3. 继续追缴被告人崔友方的违法所得人民币二万一千元发还赤峰艾克制药科技股份有限公司。

4. 随案移送的人民币十三万元及冻结被告人吕书阳的人民币三万五千元、电脑主机两台发还赤峰艾克制药科技股份有限公司,身份证两张发还二被告人。

5. 随案移送的银行存折两张、牡丹卡一张、手机两部予以没收。

一审宣判后,吕书阳、崔友方均提出上诉。

吕书阳上诉称:其走私制毒物品属于公司行为;本人行为不构成职务侵占罪;有自首情节原判没有认定。辩护人的辩护意见为:吕书阳走私制毒物品系单位行为,不属于自然人犯罪;吕书阳所犯走私制毒物品罪与职务侵占罪属于牵连犯,应以一罪论处;吕书阳在一审庭审中供认公诉机关指控的职务侵占事实,只是对该事实的性质有异议,不属于翻供,应认定为自首,建议二审法院依法改判。

崔友方上诉称:其行为不构成职务侵占罪;原判认定其职务侵占的数额有误。辩护人的辩护意见为:崔友方职务侵占的数额应为7万元,原判认定18.6万元有误;崔友方有立功表现原判没有认定,建议二审法院依法改判。

北京市高级人民法院认为,上诉人吕书阳、崔友方违反国家对制毒物品的管理制度,逃避海关监管,非法运输制毒物品出境,二上诉人的行为均已构成走私制毒物品罪,依法应予惩处;二上诉人还利用职务上的便利,将属于本单位的财物非法占为己有,二上诉人的行为又构成职务侵占罪,且侵占数额巨大,亦应依法惩处;对二上诉人所犯走私制毒物品罪和职务侵占罪,依法应实行数罪并罚。上诉人吕书阳在归案后侦查期间,如实供述司法机关尚未掌握的其职务侵占的犯罪事实,虽在一审庭审时对犯罪行为性质有辩解,但其并不推翻对犯罪事实的供述,应当认定其犯职务侵占罪具有自首情节。上诉人吕书阳及其辩护人所提吕书阳有自首情节的辩解及辩护意见成立,本院予以采纳,依法可对其所犯职务侵占罪予以从轻处罚;吕书阳及其辩护人所提其他辩解及辩护意见缺乏事实根据和法律依据,本院不予采纳。上诉人崔友方及辩护人所提崔友方的行为不构成职务侵占罪及原判认定其职务侵占数额有误的辩解及辩护意见,与本案经审理查明的事实及在案证据不符,且缺乏法律依据,本院不予采纳。原审人民法院根据吕书阳、崔友方犯罪的事实,犯罪的性质、情节及对于社会的危害程度所作的判决,定罪正确,对崔友方的量刑以及追缴和随案物品的处理适当,审判程序合法,应予维持;但对吕书阳归案后的部分情节认定有误,适用法律不当,依法应予改判。据此,本院依照《中华人民共和国刑事诉讼法》第一百八十九条第(一)、(二)项,《中华人民共和国刑法》第三百五十条第一款、第二百七十一条第一款、第二十五条第一款、第二十六条第一款和第四款、第六十九条、第五十二条、第五十三条、第六十四条及最高人民法院《关于审理毒品案件定罪量刑标准有关问题的解释》第四条、《最高人民法院关于处理自首和立功具体应用法律若干问题的解释》第二条、第三条之规定,判决:

1. 驳回崔友方的上诉,维持北京市第二中级人民法院(2008)二中刑初字第1184号刑事判决主文第二项、第三项、第四项、第五项,即崔友方犯走私制毒物品罪,判处有期徒刑二年,并处罚金人民币四千元;犯职务侵占罪,判处有期徒刑五年;决定执行有期徒刑六年,并处罚金人民币四千元。继续追缴被告人崔友方的违法所得人民币二万一千元发还赤峰艾克制药科技股份有限公司。随案移送的人民币十三万元及冻结吕书阳的人民币三万五千元、电脑主机两台发还赤峰艾克制药科技股份有限公司,身份证两张发还二被告人。随案移送的银行存折两张、牡丹卡一张、手机两部予以没收。

2. 撤销北京市第二中级人民法院(2008)二中刑初字第1184号刑事判决主文第一项,即吕书阳犯走私制毒物品罪,判处有期徒刑二年,并处罚金人民币四千元;犯职务侵占罪,判处有期徒刑六年;决定执行有期徒刑七年,并处罚金人民币四千元。

3. 上诉人(原审被告人)吕书阳犯走私制毒物品罪,判处有期徒刑二年,并处罚金人民币四千元;犯职务侵占罪,判处有期徒刑五年;决定执行有期徒刑六年,并处罚金人民币四千元。

二、裁判要旨

No. 6-7-350-1 利用职务之便,擅自以非国有单位名义走私制毒物品并侵吞货物的,可按自然人犯罪处理,构成走私制毒物品罪和职务侵占罪。

就本案而言,被告人吕书阳、崔友方违反国家对制毒物品的规定,以隐瞒事实和逃避海关监管的手段,非法将制毒物品运输出境,两人的行为符合走私制毒物品罪的犯罪构成;同时,由于他人支付的货款18.6万元,虽然被要求汇至吕书阳的个人账户上,但其所有权在形式上仍应归属于艾克公司,属于他人因购买艾克公司产品而支付给艾克公司的款项,二被告人利用职务上的便利,将所属单位的财物非法占为己有,这一行为又独立符合职务侵占罪的犯罪构成。在《刑法》没有特别规定的情况下,应当坚持罪数的犯罪构成标准,对二被告人以走私制毒物品罪和职务侵占罪实行数罪并罚。

案例:王小情、杨平先等非法买卖制毒物品案

案例来源:《刑事审判参考》总第87集[第802号]

主题词:非法买卖制毒物品罪　制造毒品罪

一、基本案情

被告人王小情,男,1965年7月2日出生,农民。2003年9月30日因犯非法经营罪被判处有期徒刑六个月,2010年4月16日因涉嫌犯非法买卖制毒物品罪被逮捕。

(被告人杨平先、王放祥、张鹏、王以林、王勤龙、曾红宝、刘林全、刘林辉等八名被告人的基本情况略)

四川省成都市人民检察院以被告人王小情、杨平先、王放祥、张鹏、王以林、王勤龙、曾红宝、刘林全、刘林辉犯制造毒品罪,向成都市中级人民法院提起公诉。

被告人王小情、杨平先等九人及其辩护人均辩称,各被告人的行为构成非法买卖制毒物品罪,不构成制造毒品罪。

成都市中级人民法院经公开审理查明:

2009年4月,被告人杨平先为贩卖麻黄碱牟利,租用四川省双流县一废弃厂房,雇用被告人曾红宝、刘林全、刘林辉等人,利用其非法购得的复方茶碱麻黄碱片提炼麻黄碱。其中,曾红宝负责生产,并与刘林全分别驾车运送物资,刘林辉参与加工制造。2010年3月9日,杨平先将提炼出的250千克麻黄碱贩卖给被告人王小情。同月12日,公安人员在上述加工厂内查获一批生产设备和配剂,从厂内水池中查获含有麻黄碱成分的液体,另从杨平先的办公室查获其指使曾红宝存放的28.38余千克的麻黄碱。

2010年1月至3月,王小情多次从杨平先等人处购买麻黄碱,先后4次分别组织或者伙同被告人王放祥、张鹏、王以林、王勤龙等人驾车将共计475余千克的麻黄碱从四川省运输至广东省贩卖给他人。其中,王放祥参与4次,张鹏参与3次(共计425千克),王以林参与2次(共计75千克),王勤龙参与1次(25千克)。

成都市中级人民法院认为,被告人王小情、王放祥、张鹏、王以林、王勤龙非法买卖国家管制的制毒物品麻黄碱,其行为均构成非法买卖制毒物品罪。被告人杨平先、曾红宝、刘林全、刘林辉违反国家规定,大量非法制造国家管制的制毒物品麻黄碱,并出售牟利,其行为均构成非法买卖制毒物品罪。公诉机关指控王小情等人构成制造毒品罪的罪名不成立。在共同犯罪中,王小情、杨平先均系主犯,应当分别按照其所参与的全部犯罪处罚;王放祥、张鹏、王以林、王勤龙与曾红宝、刘林全、刘林辉均系从犯,依法均应当从轻或者减轻处罚。据此,依照《中华人民共和国刑法》第三百五十条第一款,第二十五条第一款,第二十六条第一款、第四款,第二十七条,第五十二条之规定,成都市中级人民法院判决如下:

1. 被告人王小情犯非法买卖制毒物品罪,判处有期徒刑十年,并处罚金人民币五百万元。

2. 被告人杨平先犯非法买卖制毒物品罪,判处有期徒刑十年,并处罚金人民币五百万元。

(其他被告人的判决情况略)

一审宣判后,被告人王小情、杨平先、王放祥、王以林、王勤龙、曾红宝均提出上诉。

四川省高级人民法院经审理认为,原判对上诉人王小情、王放祥、王以林、王勤龙、曾红宝以及原审被告人张鹏、刘林全、刘林辉定罪准确,量刑适当,审判程序合法,应予维持。但原判认定上诉人杨平先贩卖麻黄碱的数量不准确。经查,王小情供述其所贩卖的250千克麻黄碱系来源于杨平先处,但送货人曾红宝的供述证实当天仅送货8袋,按其通常交易每袋25千克计算,共计为200千克,故本次交易麻黄碱的数量应当认定为200千克,杨平先贩卖麻黄碱共计228千克。据此,依照1996年《中华人民共和国刑事诉讼法》第一百八十九条第(三)项和《中华人民共和国刑法》第三百五十条第一款,第二十五条第一款,第二十六条第一款、第四款,第二十七条,第五十二条之规定,四川省高级人民法院判决如下:

1. 维持原审对上诉人王小情、王放祥、张鹏、王以林、王勤龙、曾红宝,原审被告人刘林全、刘林辉的判决。

2. 上诉人杨平先犯非法买卖制毒物品罪,判处有期徒刑八年六个月,并处罚金人民币四百万元。

二、裁判要旨

No. 6-7-350-2 以非法贩卖为目的,提炼制造制毒物品的行为,应认定为非法买卖制毒物品罪。

麻黄碱类物质是制造甲基苯丙胺等苯丙胺类合成毒品的主要原料,属于《易制毒化学品管理条例》品种目录列管的第一类易制毒化学品,即刑法中规定的制毒物品。利用麻黄碱类复方制剂加工、提炼制毒物品,实际上是一种非法制造制毒物品的行为。实践中,此类行为已成为关联上游走私、非法买卖麻黄碱类复方制剂和下游制造毒品、走私、非法买卖制毒物品犯罪的关键环节,必须依法惩治,然而,《刑法》第三百五十条规定了走私制毒物品罪和非法买卖制毒物品罪,没有将非法制造制毒物品的行为规定为犯罪。因此,对于行为人尚未实施或者没有证据证明其实施走私、非法买卖制毒物品或者制造毒品犯罪的情形中利用麻黄碱类复方制剂加工、提炼制毒物品的行为定性,一度是困扰办案人员的一个难题。

根据实践情况分析,利用麻黄碱类复方制剂加工、提炼麻黄碱类物质,其目的通常有三个:一是制造毒品;二是非法买卖制毒物品;三是走私制毒物品。行为人或是为本人制造毒品、走私、非法买卖制毒物品创造条件,或者是为他人制造毒品、走私、非法买卖制毒物品提供帮助。由于刑法未将非法制造制毒物品的行为规定为犯罪,对于利用麻黄碱类复方制剂加工、提炼制毒物品的行为,应当立足现有法律规定,根据行为人实施加工、提炼行为的具体目的,从该行为与制造毒品或者制毒物品犯罪的关系来认定。根据 2012 年 6 月 18 日最高人民法院、最高人民检察院、公安部联合发布的《关于办理走私、非法买卖麻黄碱类复方制剂等刑事案件适用法律若干问题的意见》的规定,以制造毒品或者走私、非法买卖制毒物品为目的,利用麻黄碱类复方制剂加工、提炼制毒物品的,分别按照制造毒品罪、走私制毒物品罪或者非法买卖制毒物品罪定罪处罚;明知他人制造毒品或者走私、非法买卖制毒物品,为其利用麻黄碱类复方制剂加工、提炼制毒物品的,分别以制造毒品罪、走私制毒物品罪或者非法买卖制毒物品罪的共犯论处。

本案中,复方茶碱麻黄碱片属于麻黄碱类复方制剂,是一种止咳平喘的常用药品,其中所含盐酸麻黄碱是国家列管的麻黄碱类制毒物品。被告人杨平先以非法贩卖麻黄碱类制毒物品为目的,购买复方茶碱麻黄碱片后,租用厂房、雇用人员为其加工、提炼麻黄碱,并贩卖牟利。其行为包括非法制造制毒物品和非法贩卖制毒物品两部分。由于《刑法》未规定非法制造制毒物品罪,对非法制造制毒物品的行为,要结合行为人的目的来定性。综合在案证据分析,杨平先制造制毒物品的目的是用于贩卖,故对其制造制毒物品的行为应当认定为非法买卖制毒物品罪。被告人曾红宝、刘林全、刘林辉虽未直接实施非法买卖制毒物品犯罪,但三被告人明知杨平先非法贩卖麻黄碱类制毒物品牟利,而为其利用麻黄碱类复方制剂加工、提炼制毒物品或者为其提供其他帮助,应当以非法买卖制毒物品罪的共犯论处。

No. 6-7-350-3 向他人贩卖制毒物品,没有证据证实行为人明知他人用于制造毒品的,不应认定为制造毒品罪的共犯。

据共同犯罪理论,构成共同犯罪必须具备共同的犯罪故意和共同的犯罪行为。共同的犯罪故意要求各共同犯罪人之间有“意思联络”,即共同犯罪人在犯意上相互沟通。共同的犯罪行为包括实行行为、组织行为、教唆行为、帮助行为。《刑法》第三百五十条第二款[《刑法修正案(九)》之前]规定:“明知他人制造毒品而为其提供前款规定的物品的,以制造毒品罪的共犯论处。”可见,适用该款规定,应当同时具备主客观两个要件。主观要件方面,行为人应当明知他人实施制造毒品犯罪。这里的“明知”是指“确切地知道”,“他人”是指“相对确定的某人”,即要求行为人具有与相对确定的他人制造毒品的共同犯罪故意,即有与相对确定的他人共同实施制造毒品犯罪的意思联络。客观要件方面,行为人应当有为制毒人员实施制造毒品犯罪提供制毒原料的帮助行为。例如,向制毒人员贩卖制毒物品;向制毒人员提供制毒物品交换毒品或者抵账;以提供制毒物品作为出资形式参与制造毒品共同犯罪等。本案中,没有证据证实王小情、杨平先等人具有与相对确定的他人制造毒品的共同犯罪故意,也没有证据证实王小情、杨平先等人实施了向制毒人员贩卖制毒物品的行为。据查,直接或者间接从王小情等人处购买制毒物品的人员均系非法买卖制毒物品的犯罪分子,并非制毒人员。如果将处在中间环节倒卖制毒物品的人员都认定为制造毒品罪,既不符合《刑法》的规定,也会导致打击面过大。因此,本案各被告人的行为不应认定构成制造毒品罪的共犯。

案例:解群英等非法买卖制毒物品、张海明等非法经营案

案例来源:《刑事审判参考》总第87集[第803号]

主题词:非法买卖制毒物品罪 非法买卖麻黄碱复方制剂

一、基本案情

被告人解群英,男,1951年9月5日出生,无业。

被告人梁兴,男,1984年9月18日出生,无业。

被告人解飞,男,1984年4月8日出生,无业。

被告人张海明,男,1964年10月12日出生,无业。

被告人田春雨,男,1977年9月20日出生,北京国投伟业医药有限公司销售员。

被告人王玉谦,男,1981年1月2日出生,黑龙江省汉唐医药有限公司业务员。

上述六名被告人因涉嫌犯非法买卖制毒物品罪于2010年2月12日被逮捕。

北京市昌平区人民检察院以被告人解群英、梁兴、解飞犯非法买卖制毒物品罪,被告人张海明、田春雨、王玉谦犯非法经营罪,向北京市昌平区人民法院提起公诉。

上述六名被告人对公诉机关指控的事实及罪名均未提出异议。

被告人解群英的辩护人提出,解群英实际销售康泰克数量为180袋,不属于非法买卖制毒物品数量大,且认罪态度好,有明显悔罪表现,请求对其判处三年以下有期徒刑,并适用缓刑。

被告人梁兴的辩护人提出,梁兴系从犯,有犯罪未遂情节,请求对其判处三年以下有期徒刑。

被告人解飞的辩护人提出,解飞的行为没有造成严重后果,社会危害性较小,且在共同犯罪中系从犯,又系初犯,主观恶性不大,请求对其从轻处罚。

被告人张海明的辩护人提出,起诉书指控张海明销售新康泰克的数量应当为577箱,张海明认罪态度好,对案件侦破起了重要作用,且非法获利很少,又系初犯,请求对其减轻或免除处罚。

被告人田春雨的辩护人提出,田春雨销售给张海明的新康泰克数量应当为250箱,销售行为未对社会造成实际损害,未取得暴利,且认罪态度好,又系初犯,请求对其从轻处罚。

被告人王玉谦的辩护人提出,王玉谦的行为社会危害性较小,获利小,且认罪态度好,又系初犯,请求对其从轻处罚。

北京市昌平区人民法院经公开审理查明:

1. 2006年年底至2007年间,被告人解飞、梁兴先后两次从没有经营资质的被告人张海明处购买新康泰克75箱,二人将药品拆封后,将胶囊内的康泰克粉末装入塑料袋向外出售。75箱新康泰克胶囊中含盐酸伪麻黄碱13500克。解飞、梁兴从中非法获利人民币(以下币种同)150余万元。

2. 2009年9月至2010年1月间,解群英、梁兴先后从没有经营资质的张海明处购买新康泰克共计620余箱。二人雇人将药品拆封后,将胶囊内粉末装入塑料袋内,将其中200袋康泰克粉末出售给李航(在逃),其余的426箱外加50盒新康泰克被查获。被查获的新康泰克胶囊中含有盐酸伪麻黄碱76680克,贩卖给李航的新康泰克胶囊中含有盐酸伪麻黄碱36000克。

被告人张海明先后向被告人解群英、梁兴、解飞非法销售新康泰克共计700余箱,非法经营数额共计137万余元,非法获利21万余元。解群英、梁兴从中非法获利300余万元。

3. 2009年2月至10月间,被告人田春雨冒用北京凯星医药科技开发中心、北京市燕京医药公司销售代表的名义从北京京新龙医药销售有限公司购买新康泰克206箱,冒用北京凯星医药科技开发中心的名义从北京市燕京医药公司购买新康泰克331箱。田春雨将其中的300箱新康泰克销售给张海明。田春雨非法经营数额共计105万余元,从中非法获利5000余元。

4. 2009年8月至2010年1月间,被告人王玉谦以哈尔滨世一堂华纳医药公司的名义从哈药集团医药有限公司保康药品分公司业务员杨智明处购买新康泰克350箱,后通过杨智明以黑龙江省汉唐医药有限公司的名义从黑龙江省保森世纪医药有限责任公司购进新康泰克500箱。王玉谦将其中327箱新康泰克从黑龙江省、河北省送至北京市销售给张海明,其异地非法经营数额共计 63 万余元,从中非法获利 2000 余元。

北京市昌平区人民法院认为,被告人解群英、梁兴、解飞违反国家规定非法买卖制造毒品的原料,其行为均构成非法买卖制毒物品罪,且解群英、梁兴非法买卖制造毒品原料数量大。被告人张海明、田春雨、王玉谦违反国家规定非法经营药品,扰乱市场秩序,情节严重,其行为均构成非法经营罪。鉴于六被告人能够坦白犯罪事实,均可以酌情从轻处罚。对各辩护人所提辩护意见,部分予以采纳。据此,依照《中华人民共和国刑法》第三百五十条第一款、第二百二十五条第一项、第五十二条、第五十三条、第二十五条第一款、第六十七条第三款之规定,北京市昌平区人民法院判决如下:

1. 被告人梁兴犯非法买卖制毒物品罪,判处有期徒刑四年,并处罚金人民币二百万元。
2. 被告人解群英犯非法买卖制毒物品罪,判处有期徒刑三年六个月,并处罚金人民币一百五十万元。
3. 被告人解飞犯非法买卖制毒物品罪,判处有期徒刑二年,并处罚金人民币一百万元。
4. 被告人张海明犯非法经营罪,判处有期徒刑一年十个月,并处罚金人民币三十万元。
5. 被告人田春雨犯非法经营罪,判处有期徒刑一年九个月,并处罚金人民币一万元。
6. 被告人王玉谦犯非法经营罪,判处有期徒刑一年八个月,并处罚金人民币五千元。

一审宣判后,六名被告人均未提出上诉,检察机关亦未抗诉,判决已发生法律效力。

二、裁判要旨

No. 6-7-350-4 将麻黄碱类复方制剂拆解成粉末进行买卖的,应当认定为非法买卖制毒物品罪,以涉案麻黄碱复方制剂中所含有的麻黄碱类物质的数量,认定制毒物品数量。

麻黄碱类复方制剂是含有麻黄碱类物质和其他药物成分的药品复方制剂,是用于治疗感冒和咳嗽的常用药品,除新康泰克外,常见的还有白加黑感冒片、麻黄碱苯海拉明片、消咳宁等。麻黄碱类复方制剂具有双重属性:一方面,为日常生活中的常用药品,且大多为非处方药,故不属于国家列管的制毒物品范围。对于非法买卖麻黄碱类复方制剂的,不能直接将其作为非法买卖易制毒化学品的行为来处理。另一方面,通过物理提炼甚至手工分离的方法,可以从麻黄碱类复方制剂中提炼出麻黄碱类物质,而麻黄碱类物质是当前境内制造甲基苯丙胺等苯丙胺类合成毒品的主要原料。将麻黄碱类物质从复方制剂中剥离出来,改变了麻黄碱类复方制剂的药品属性,可以作为制毒物品处理。

本案中麻黄碱类复方制剂是新康泰克,通用名称为复方盐酸伪麻黄碱缓释胶囊,其主要成分为盐酸伪麻黄碱,可用于制造冰毒。被告人解群英、梁兴、解飞明知新康泰克胶囊中所含盐酸伪麻黄碱系国家列管的易制毒化学品,为获取非法利益,雇人将所购新康泰克药品拆封,并将胶囊内的粉末装入塑料袋后向外非法出售,其行为改变了新康泰克胶囊的药品属性,即解群英、梁兴、解飞所贩卖的不再是药品,而是制剂内的麻黄碱类物质。从所获高额利润分析,解群英、梁兴、解飞已明知其未将新康泰克作为日常用药来出售,而是作为制毒物品出售。根据最高人民法院、最高人民检察院、公安部 2012 年 6 月 18 日发布的《关于办理走私、非法买卖麻黄碱类复方制剂等刑事案件适用法律若干问题的意见》第一条第三款的规定,将麻黄碱类复方制剂拆除包装、改变形态后进行走私或者非法买卖,或者明知是已拆除包装、改变形态的麻黄碱类复方制剂而进行走私或者非法买卖的,依照《刑法》第三百五十条第一款、第三款的规定,分别以走私制毒物品罪、非法买卖制毒物品罪定罪处罚。解群英、梁兴、解飞的行为属于将麻黄碱类复方制剂拆改包装、改变形态后进行非法买卖的情形,故其行为构成非法买卖制毒物品罪。

麻黄碱类复方制剂是由麻黄碱类物质和其他成分混合而成的药品制剂,其中的麻黄碱类物质才是制毒物品,直接按照涉案麻黄碱类复方制剂数量定罪量刑缺乏科学性,也会导致处罚过于严厉,有违罪刑相适应原则。因此,在对相关行为以走私或者非法买卖制毒物品罪定罪处罚时,应当将涉案麻黄碱类复方制剂所含麻黄碱类物质的数量认定为制毒物品的数量。《关于办理走私、非法买卖麻黄碱类复方制剂等刑事案件适用法律若干问题的意见》第六条第一款规定:“实施本意见规定的行为,以走私制毒物品罪、非法买卖制毒物品罪定罪处罚的,应当以涉案麻黄碱类复方制剂中麻黄碱类物质的含量作为涉案制毒物品的数量。”实践中,关于数量计算方法,对于正规厂家出产的成品药剂,可以按照其药品批准证明文件中列明的成分、含量进行计算;对于已拆除包装、改变形态的麻黄碱类复方制剂,则需要进行含量鉴定。本案中,每粒感冒药新康泰克含有 90 毫克盐酸伪麻黄碱。被告人解飞非法买卖的 75 箱新康泰克,其中所含盐酸伪麻黄碱的数量为:75×200 盒×10 粒×0.09 克=13.5 千克。据此计算方法,被告人解群英非法买卖的新康泰克中所含盐酸伪麻黄碱的数量至少为 111.6 千克,被告人梁兴非法买卖的数量至少为 125.1 千克。依照最高人民法院《关于审理毒品案件定罪量刑标准有关问题的解释》和《关于办理走私、非法买卖麻黄碱类复方制剂等刑事案件适用法律若干问题的意见》的相关规定,非法买卖麻黄碱、伪麻黄碱及其盐类和单方制剂 5 千克以上不满 50 千克的,构成非法买卖制毒物品罪,处三年以下有期徒刑、拘役或者管制,并处罚金;达到 50 千克以上的,为数量大,处三年以上十年以下有期徒刑,并处罚金。据此,昌平区人民法院以非法买卖制毒物品罪对解飞、解群英、梁兴定罪处罚是正确的。

No.6-7-350-5 非法买卖麻黄碱类复方制剂,没有证据证明系用于非法买卖制毒物品的,不应认定为非法买卖制毒物品罪。

麻黄碱类复方制剂本身不属于列管的易制毒物品,对买卖麻黄碱类复方制剂的,不能直接依据《刑法》第三百五十条定罪处罚。田春雨、王玉谦系医药公司的业务员,二人违规购买新康泰克后,将部分卖给张海明,张海明又转而卖给解群英等三人,田、王、张三人未改变新康泰克的药品属性,贩卖目的在于通过差价获取利润,故不能将其行为认定为非法买卖制毒物品罪,否则就等于将新康泰克等同于制毒物品,不符合法律规定。同时,没有具体证据证明张海明明知解群英等人将所购新康泰克胶囊拆解后作为制毒物品出售。尽管客观上张海明的行为为解群英等人贩卖制毒物品提供了帮助,但因缺乏共同犯罪的故意,故不能对张海明、田春雨、王玉谦以非法买卖制毒物品罪的共犯论处。

田春雨、王玉谦、张海明的行为符合非法经营罪的犯罪构成。根据《刑法》第二百二十五条第(一)项,违反国家规定,未经许可经营法律、行政法规规定的专营、专卖物品或者其他限制买卖的物品,扰乱市场秩序,情节严重的,构成非法经营罪。国家对新康泰克实行经营管制,消费者每人每次最多购买 5 个最小包装。除个人合法购买外,禁止使用现金进行含麻黄碱类复方制剂交易。同时,相关法律法规规定,药品生产、经营企业不得在药品监督管理部门核准的地址以外的场所储存或者现货销售药品;药品生产、经营企业或者委派的药品销售人员,在没有签订药品销售合同的情况下,带药品现货以流动的方式在其他地区向药品经营、使用单位或者病患者、消费者销售药品的,视为异地经营,按无证经营处理。本案中,张海明、田春雨的行为属于无证经营;王玉谦虽有证据表明其有经营许可证及委托函,但其携带药品现货在药品监督管理部门核准地址以外的场所向个人出售,视为异地经营,按无证经营处理。其中,张海明非法经营数额为 137 万余元,田春雨非法经营数额为 105 万余元,王玉谦的异地非法经营数额为 63 万余元,均属于扰乱市场秩序情节严重,应当以非法经营罪论处。这样处理也符合《关于办理走私、非法买卖麻黄碱类复方制剂等刑事案件适用法律若干问题的意见》的规定。《关于办理走私、非法买卖麻黄碱类复方制剂等刑事案件适用法律若干问题的意见》第一条第四款规定,非法买卖麻黄碱类复方制剂,没有证据证明系用于非法买卖制毒物品,构成非法经营罪等其他犯罪的,依法定罪处罚。

160 容留他人吸毒罪(《刑法》第三百五十四条)

案例:聂凯凯容留他人吸毒案

案例来源:《刑事审判参考》总第 100 集[第 1032 号]

主题词:容留他人吸毒 放任他人在所经营的旅馆内吸毒

一、基本案情

被告人聂凯凯,男,1985 年 5 月 2 日出生,旅馆经营者。2013 年 9 月 29 日因涉嫌犯容留他人吸毒罪被逮捕。

广东省四会市人民检察院以被告人聂凯凯犯容留他人吸毒罪,向四会市人民法院提起公诉。

被告人聂凯凯对指控事实和罪名没有异议。

四会市人民法院经审理查明:2013 年 2 月至同年 8 月,吸毒人员宋某、张某、池某、江某(未成年人)、易某先后入住被告人聂凯凯在广东省肇庆市大旺区信宜村经营的"平安旅馆"吸食毒品。聂凯凯在送毛巾等物品到上述人员入住的房间时,看见他们吸食毒品未予制止。

四会市人民法院认为,被告人聂凯凯无视国家法律,容留他人吸食毒品,其行为构成容留他人吸毒罪。聂凯凯到案后能如实供述自己罪行,可以从轻处罚。据此,依照《中华人民共和国刑法》第三百五十四条、第六十七条第三款、第五十二条、第五十三条之规定,四会市人民法院以被告人聂凯凯犯容留他人吸毒罪,判处拘役五个月,并处罚金人民币一千元。

一审宣判后,被告人聂凯凯未提起上诉,检察机关亦未抗诉,该判决已发生法律效力。

二、裁判要旨

No. 6-7-354-1　旅店经营者发现他人在房间内吸毒而不予制止的,构成容留他人吸毒罪。

容留他人吸毒罪是指容留他人吸食、注射毒品的行为。对于此处的容留,应当理解为允许他人在自己管理的场所吸食、注射毒品或者为他人吸食、注射毒品提供场所的行为。容留他人吸毒罪的主观方面包括间接故意。立法原意旨在打击为他人吸食、注射毒品提供场所的行为,实质是处罚吸毒违法行为的"帮助犯",以最大限度地遏制吸毒行为的发生。因此,容留他人吸毒罪的主观方面包括间接故意,这样的理解既不违反立法原意和刑法理论,也符合我国厉行禁毒的一贯立场和坚决主张。在个案处理上,要根据案件的具体情况区别对待。例如,房主出租房屋后,偶然发现他人在房屋内吸食、注射毒品未予制止或者报案的,一般不成立本罪;行为人放任共同生活的家庭成员在自家住所吸食、注射毒品的,一般也不成立本罪。2012 年最高人民检察院、公安部联合制定的《关于公安机关管辖的刑事案件立案追诉标准的规定(三)》第十一条规定了容留他人吸毒案件的立案追诉标准,具体内容是:提供场所,容留他人吸食、注射毒品,涉嫌下列情形之一的,应予立案追诉:(1)容留他人吸食、注射毒品 2 次以上的;(2)一次容留 3 人以上吸食、注射毒品的;(3)因容留他人吸食、注射毒品被行政处罚,又容留他人吸食、注射毒品的;(4)容留未成年人吸食、注射毒品的;(5)以牟利为目的容留他人吸食、注射毒品的;(6)容留他人吸食、注射毒品造成严重后果或者其他情节严重的。在最高人民法院出台容留他人吸毒案件的定罪量刑标准之前,审理此类案件时可以参照该立案追诉标准。本案中,被告人聂凯凯作为案发旅馆的实际经营者,其对于旅馆房间拥有场所上的管理权和支配权。5 名吸毒人员(含 1 名未成年人)先后入住聂凯凯经营的旅馆,并在房间内吸食毒品。尽管聂凯凯事先并不明知该 5 名客人入住的真实目的是吸食毒品,但其在到房间送毛巾等物品时,发现这 5 名客人吸食毒品的行为后,既未作制止,也未向公安机关报告,放任吸毒行为的继续发生,其行为客观上为他人吸食毒品提供了场所,符合容留他人吸毒罪的构成要件。参照上述立案追诉标准,本案同时具有容留他人吸食毒品 2 次以上、容留未成年人吸食毒品等情形,依法应当追究刑事责任。

案例:沙学民容留他人吸毒案

案例来源:《刑事审判参考》总第 103 集[第 1085 号]

主题词:数罪并罚　暂予监外执行期间再犯新罪

一、基本案情

被告人沙学民,男,1966 年 12 月 15 日出生。2013 年 2 月 4 日因犯贩卖毒品罪被判处有期徒刑一年,并处罚金人民币一千元,同年 2 月 18 日因病被决定暂予监外执行。同年 4 月 10 日因涉嫌犯容留他人吸毒罪被抓获,次日被刑事拘留,当日因无锡市公安局监管支队不予收押,被取保候审。2014 年 5 月 29 日经无锡市北塘区人民法院决定逮捕,同年 6 月 4 日由无锡公安局北塘分局执行逮捕,当日因无锡市公安局监所管理支队不予收押而被取保候审。

无锡市北塘区人民检察院以被告人沙学民犯容留他人吸毒罪,向北塘区人民法院提起公诉。

被告人沙学民对公诉机关指控的事实、证据无异议。

北塘区人民法院经审理查明:

1. 2013年4月8日下午,被告人沙学民在无锡市北塘区建设新村127号403室容留万建华吸食毒品甲基苯丙胺。

2. 2013年4月10日下午,被告人沙学民在无锡市北塘区建设新村127号403室容留刘雪珍吸食毒品甲基苯丙胺,容留邓国民吸食毒品甲基苯丙胺、注射毒品海洛因,容留金明发吸食毒品甲基苯丙胺、海洛因。

另查明,在前案中,被告人沙学民于2011年11月10日被抓获;同年11月12日被取保候审,羁押时间为三天。2013年2月18日沙学民被暂予监外执行。同年4月10日因本案被抓获,则监外执行服刑的时间为一个月零二十四天。综上,被告人沙学民已执行刑期为一个月二十七天。

北塘区人民法院认为,被告人沙学民容留他人吸食、注射毒品,其行为已构成容留他人吸毒罪,依法应当判处三年以下有期徒刑、拘役或者管制,并处罚金。沙学民曾因犯贩卖毒品罪被判过刑,又犯容留他人吸毒罪,是毒品再犯,依法从重处罚。沙学民归案后如实供述自己的罪行,依法可以从轻处罚。沙学民在判决宣告以后,刑罚执行完毕以前又犯罪,应当对新犯之罪作出判决,把前罪没有执行的刑罚和后罪所判处的刑罚数罪并罚。公诉机关指控被告人沙学民犯容留他人吸毒罪的事实清楚,证据确实、充分,指控成立,但未指控数罪并罚有误,应予纠正。依照《中华人民共和国刑法》第三百五十四条、第三百五十六条、第六十七条第三款、第七十一条、第六十九条之规定,以容留他人吸毒罪判处被告人沙学民有期徒刑九个月,并处罚金人民币一千元。连同前罪剩余刑期十个月三天,决定执行有期徒刑一年三个月,并处罚金人民币一千元。

一审宣判后,北塘区人民检察院提起抗诉,称原审被告人沙学民前罪刑罚已经执行完毕,故北塘区人民法院的判决认定其前罪尚有未执行完毕的刑罚,且将前罪未执行的刑罚与后罪所判处的刑罚实行数罪并罚,属于适用法律错误。

无锡市中级人民法院经审理认为,原审判决的审判程序合法,认定的事实清楚,证据确实、充分,量刑适当,应予维持。依照《中华人民共和国刑事诉讼法》第二百二十五条第(一)项之规定,裁定驳回抗诉,维持原判。

二、裁判要旨

No.6-7-354-2 服刑人员在监外执行期间再犯新罪的,前罪剩余刑期应以其被采取强制措施之日为节点进行计算。

被告人在监外执行期间因犯新罪而被采取强制措施的,新罪强制措施采取之日,即为前罪监外执行中止之时。暂予监外执行制度具有明显的临时性特征,随时可能因法定情形的出现而中止。决定或批准对罪犯适用暂予监外执行之后,并不意味着其之后都会在监狱外服刑,而是当出现法律规定的情形时,相关机关应当及时改变监外执行的方式,将罪犯收监从而恢复为监禁执行的行刑方式。一旦被告人被有权机关决定收监,则其暂予监外执行期间显然中止。本案中,社区矫正机构即无锡市北塘区司法局应在被告人因犯新罪被抓获之日依法向北塘区人民法院提出对被告人沙学民进行收监执行的建议书,但北塘区司法局没有及时向北塘区人民法院提出收监建议。这种不利的后果应由被告人自己承担,也就是说,其在被公安机关抓获后继续履行的接受社区矫正的时间不计入其刑期。暂予监外执行期间的中止不等于刑期计算的中止,被告人在暂予监外执行期间因出现法定情形,如被保外就医的被告人疾病治愈,则有权机构应作出收监决定,被告人被收监后在监狱内继续服刑,即虽然暂予监外执行中止,但是刑期却是连续计算的。但是,如果被告人是因为犯新罪而被中止前罪的暂予监外执行期间,应以被告人犯新罪被抓获并被采取强制措施之日为界点,中断前罪刑期的计算。

案例:孙德柱贩卖毒品、容留他人吸毒案

案例来源:《刑事审判参考》总第124集[第1384号]

主题词:容留他人吸毒罪 贩卖毒品罪

一、基本案情

普兰店区人民法院经审理查明:车某、单某和孙某某先后来到被告人孙德柱家中,由孙德柱提供0.1克甲基苯丙胺、吸毒工具和场所,容留车某、单某和孙某某吸食甲基苯丙胺,后车某支付给孙德柱毒资100元。后某天,赵某来到被告人孙德柱家中,孙德柱提供0.1克甲基苯丙胺和吸毒工具,容留赵某在其家中吸食甲基苯丙胺,后赵某支付给孙德柱毒资100元。另查,曲某委托被告人孙德柱帮其购买毒品。孙德柱电话联系后告知曲某购买一袋毒品需要300元,曲某遂给孙德柱300元,孙德柱收钱后离开。嗣后,孙德柱携带0.5克甲基苯丙胺返回并交给曲某,之后曲某、单某及孙德柱一同来到单某朋友袁某家中,将该0.5克甲基苯丙胺吸食掉。

法院认为,被告人孙德柱违反国家毒品管制法规,贩卖甲基苯丙胺,其行为已构成贩卖毒品罪;为他人吸食毒品提供场所,其行为已构成容留他人吸毒罪,应当依法予以并罚。关于公诉机关指控孙德柱向曲某贩卖毒品一节,经查,根据证人曲某、郭某的证言,能够认定孙德柱代购毒品的客观事实,但孙德柱为曲某代购的是用于吸食的毒品且无证据证实孙德柱存在牟利,不应认定为贩卖毒品,故对该节指控不予认定。判决被告人孙德柱犯贩卖毒品罪,判处有期徒刑一年八个月,并处罚金人民币一千元;犯容留他人吸毒罪,判处有期徒刑八个月,并处罚金人民币一千元,决定执行有期徒刑二年,并处罚金人民币二千元。

一审宣判后,在法定期限内,被告人孙德柱未提出上诉,检察机关亦未抗诉,判决已发生法律效力。

二、裁判要旨

No. 6-7-354-3 容留他人吸毒,并提供毒品,又收取毒品费用的行为分别构成容留他人吸毒罪和贩卖毒品罪,应依法予以并罚。

第一,被告人孙德柱容留他人在自己家中吸食毒品的行为构成容留他人吸毒罪。

2016年4月11日施行的《最高人民法院关于审理毒品犯罪案件适用法律若干问题的解释》(以下简称《毒品解释》)第十二条对构成容留他人吸毒罪的情形进行了明确,规定"容留他人吸食、注射毒品,具有下列情形之一的,应当依照刑法第三百五十四条的规定,以容留他人吸毒罪定罪处罚:(一)一次容留多人吸食、注射毒品的;(二)二年内多次容留他人吸食、注射毒品的;(三)二年内曾因容留他人吸食、注射毒品受过行政处罚的;(四)容留未成年人吸食、注射毒品的;(五)以牟利为目的容留他人吸食、注射毒品的;(六)容留他人吸食、注射毒品造成严重后果的;(七)其他应当追究刑事责任的情形"。本案中,被告人孙德柱容留车某、单某、孙某某在其家中一起吸食毒品,属于《毒品解释》第十二条第一款第一项规定的"一次容留多人吸食、注射毒品的"情形,因此,仅依据此节事实,就可认定孙德柱的行为构成容留他人吸毒罪。至于其还另外容留赵某吸食毒品的行为,则可作为犯罪情节,在量刑时予以考虑。

第二,在容留他人吸毒的场所为吸毒者提供毒品并收取毒品费用的行为,构成贩卖毒品罪。

容留他人吸毒罪中行为人的犯罪动机多样,有聚众取乐型,也有谋取利益型。容留吸毒的方式一般是仅提供场所,并不包含提供毒品。出于"以牟利为目的"而容留他人吸毒行为的,《毒品解释》规定,此情形下容留他人吸毒行为构成容留他人吸毒罪的,没有人数、次数及其他后果的限制。根据《毒品解释》第十二条第一款第五项规定,"以牟利为目的容留他人吸食、注射毒品的",以容留他人吸毒罪定罪处罚。

问题的关键在于如何理解这里的"以牟利为目的"?在容留他人吸毒的场所向吸毒者提供毒品并收取毒品费用的行为,是贩卖毒品的犯罪行为还是容留他人吸毒行为的定罪量刑情节?最高人民法院认为,这里的"以牟利为目的",指的是通过容留他人吸毒行为而获取场所费用或者管理费用等利益,而不是贩卖毒品所获取的利益。理由如下:(1)符合《毒品解释》的规定。根据《毒品解释》第十二条第二款的规定:"向他人贩卖毒品后又容留其吸食、注射毒品,或者容留他人吸食、注射毒品并向其贩卖毒品,符合前款规定的容留他人吸毒罪的定罪条件的,以贩卖毒品罪和容留他人吸毒罪数罪并罚。”(2)提供场所容留他人吸毒和提供收费毒品是两个互相独立的行为。(3)符合行为本身的罪质,也有利于突出打击重点。从罪质方面看,贩卖毒品罪的罪质明显重于容留他人吸毒罪的罪质。(4)“以牟利为目的”并非构成容留他人吸毒罪的必要条件。《毒品解释》只是规定了行为人在“以牟利为目的”的情形下,对容留他人吸毒行为构成犯罪的条件作了有别于其他情形的规定,但并没有将贩卖毒品行为的牟利特征规定为容留他人吸毒罪的必要构成要件。

实践中,行为人在收取费用时,如果不提供毒品,仅提供场所,对这种情形认定为“以牟利为目的”的容留他人吸毒行为,没有争议。有争议的是,行为人不仅提供吸毒场所,还提供毒品、收取费用,但却与吸毒者言明,此费用仅是场所费用及其他非毒品费用,如茶水费等,且明确毒品系赠食的情况下,其行为性质应该如何认定?在一般情况下,行为人所收取的费用当然包括购买毒品的费用。这是行为人销售毒品的一种方式,销售毒品的数量就是其提供的毒品数量。根据《毒品解释》的规定,贩卖毒品与容留吸毒均应单独评价。需要注意的是,一般情况下,只要行为人有向他人提供毒品、收取费用的行为即可认定贩卖毒品,而无须证明行为人从中获利。但同样需要注意,避免对收取费用行为进行重复评价,尤其在“以牟利为目的”构成容留他人吸毒罪的情形中,除非有证据支持行为人收取的费用中既包括贩卖毒品的费用,也包括提供场地、吸毒便利的费用。

161 组织卖淫罪(《刑法》第三百五十八条第一、二款)

案例:李宁组织卖淫案

案例来源:《刑事审判参考》总第38集[第303号]

主题词:组织男性 性交易 组织卖淫罪

一、基本案情

被告人李宁,男,1970年10月17日出生,汉族,中专文化,捕前系南京耀身公关礼仪服务中心、南京“正麒”演艺吧业主。因涉嫌犯组织卖淫罪,于2003年8月18日被刑事拘留,同年9月25日被取保候审,同年10月24日被逮捕。

江苏省南京市秦淮区人民法院经审理查明:2003年1月至8月,被告人李宁为营利,先后与刘超、冷成宝等人预谋后,采取张贴广告、登报的方式招聘男青年做“公关人员”,并制定了《公关人员管理制度》。《管理制度》规定:“公关人员”台费每次80元,包间费每人50元(由客人付),包房过夜费每人100元;最低出场费每人200元,客人将“公关人员”带离工作场地超过30分钟,“公关人员”可索要出场费并交纳80元;客人投诉某一“公关人员”超过3次,除对该人员罚款外,并立即除名;“公关人员”上岗前需交纳管理费200元和身份证原件,上岗后需交纳押金300元;符合管理规定,离店时押金全部退还;离店需提前15天书面申请,否则不退押金;“公关人员”上岗前须经检查、培训,服务前自备用具;必须服从领导,外出30分钟必须向经理请假,经经理或管理人员同意后方可外出,违者罚款80元;出场后,次日下午2:00前必须报到,每天下午2:00、晚7:30、夜3:00点名,点名不到罚款80元,等等。李宁指使刘超、冷成宝对“公关先生”进行管理,并在其经营的“金麒麟”“廊桥”及“正麒”酒吧内将多名“公关先生”多次介绍给男性顾客,由男性顾客将“公关人员”带至南京市“新富城”大酒店等处从事同性卖淫活动。

被告人李宁辩称,其行为不构成犯罪。其辩护人提出,刑法及相关司法解释对同性之间的性交易是否构成卖淫未作明文规定,而根据有关辞典的解释,卖淫是“指妇女出卖肉体”的行为。因此,组织男性从事同性卖淫活动的,不属于组织“卖淫”,不危害社会公共秩序和良好风尚;依照罪刑法定原则,李宁的行为不构成犯罪。

南京市秦淮区人民法院认为,被告人李宁以营利为目的,招募、控制多人从事卖淫活动,其行为已构成组织卖淫罪,依法应予严惩。被告人李宁关于其行为不构成犯罪的辩解,辩护人关于卖淫不包括男性之间的性交易的辩护意见不能成立。根据我国刑法规定,组织卖淫罪是指以招募、雇佣、引诱、容留等手段,控制、管理多人从事卖淫的行为;组织他人卖淫中的"他人",主要是指女性,也包括男性。被告人李宁以营利为目的,组织"公关人员"从事金钱与性的交易活动,虽然该交易在同性之间进行,但该行为亦为卖淫行为,妨害了社会治安管理秩序,破坏了良好的社会风尚,故李宁的行为符合组织卖淫罪的构成条件。据此,依照《中华人民共和国刑法》第三百五十八条、第六十四条之规定,于2004年2月17日判决如下:

1. 被告人李宁犯组织卖淫罪,判处有期徒刑八年,罚金人民币六万元。
2. 被告人李宁违法所得一千五百元予以追缴。

一审判决后,被告人李宁不服,以组织同性卖淫不构成犯罪、量刑过重为由,向南京市中级人民法院提出上诉。

南京市中级人民法院经审理认为,原审判决认定上诉人李宁的犯罪事实清楚,证据确实、充分,适用法律正确,审判程序合法,应予维持。上诉人李宁所提上诉理由不能成立。据此,依照《中华人民共和国刑事诉讼法》第一百八十九条第(一)项之规定,于2004年4月30日裁定如下:

驳回上诉,维持原判。

二、裁判要旨

No.6-8-358(1)(2)-1-1 组织男性从事同性性交易活动的,应以组织卖淫罪论处。

卖淫,就其常态而言,虽是指女性以营利为目的,与不特定男性从事性交易的行为;但随着立法的变迁,对男性以营利为目的,与不特定女性从事性交易的行为,也应认定为"卖淫"。随着时代的发展、社会生活状况的变化,卖淫的外延可以、也应当进一步扩大,亦即应当包括以营利为目的,与不特定同性从事性交易的行为。对卖淫作如上界定,并不违背刑法解释原理和罪刑法定原则,相反,是刑法立法精神的当然要求。

结合目前社会生活事实的发展变化,已出现同性卖淫行为。现时代人们已习惯对男性之间以营利为目的的性交易行为——用同性卖淫来指称。刑法精神是禁止任何有伤风化的淫媒行为,以组织卖淫罪追究本案被告人李宁的刑事责任,是符合罪刑法定原则的。

案例:高洪霞、郑海本等组织卖淫、协助组织卖淫案

案例来源:《刑事审判参考》总第11辑[第78号]

主题词:组织卖淫罪 定罪标准

一、基本案情

被告人高洪霞,又名高吏丽,女,1977年10月11日出生,原系江苏省昆山市淀山湖镇阿里朗舞厅部长。因涉嫌犯组织卖淫罪,于1998年10月30日被逮捕。

被告人郑海本,又名郑海东,男,1964年12月15日出生,原系江苏省昆山市淀山湖镇阿里朗舞厅租赁人。1981年4月因犯抢劫罪、盗窃罪被判处有期徒刑五年六个月。因涉嫌犯组织卖淫罪,于1998年10月30日被逮捕。

被告人李惠清,女,1955年9月14日出生,原系江苏省昆山市淀山湖镇阿里朗舞厅经理。因涉嫌犯组织卖淫罪,于1998年10月30日被逮捕。

被告人鲁征,男,1978年9月1日出生,原系江苏省昆山市淀山湖镇阿里朗舞厅工作人员。因涉嫌犯协助组织卖淫罪,于1998年10月30日被逮捕。

被告人曹以斌,男,1977年4月14日出生,原系江苏省昆山市淀山湖镇阿里朗舞厅工作人员。因涉嫌犯协助组织卖淫罪,于1998年10月30日被逮捕。

被告人武晓东,男,1966年9月30日出生,原系黑龙江省齐齐哈尔市马戏团演员。因涉嫌犯协助组织卖淫罪,于1998年10月30日被逮捕。

被告人钱志强,男,1977年6月15日出生,原系江苏省昆山市淀山湖镇阿里朗舞厅工作人员。因涉嫌犯协助组织卖淫罪,于1998年11月5日被逮捕。

被告人王丽,又名王莉莉,女,1979年6月4日出生,原系江苏省昆山市淀山湖镇阿里朗舞厅工作人员。因涉嫌犯协助组织卖淫罪,于1998年11月5日被逮捕。

苏州市中级人民法院经审理查明:1998年2月,被告人高洪霞、郑海本租赁昆山市淀山湖镇阿里朗舞厅,并找来被告人李惠清做舞厅经理。1998年3月舞厅营业后,高洪霞、郑海本先后招募、纠集了15名女青年从事卖淫活动。为了控制卖淫女,由高洪霞、李惠清安排她们统一吃住,并多次开会向她们宣布纪律、规定。高洪霞、李惠清还亲自或安排被告人鲁征、曹以斌、武晓东、钱志强用本人或他人的身份证到位于舞厅楼下的淀山湖镇迎宾馆开房间900余次,安排女青年到客房内卖淫数百次。鲁征、曹以斌、武晓东明知女青年"出台"是卖淫,仍按照郑海本的安排向卖淫的女青年收取"台费"。王丽则按照高洪霞的安排予以记录,并保管重复使用的客房钥匙及所收房款。

高洪霞、郑海本均否认是舞厅的租赁人,郑海本的辩护人提出,起诉书认定被告人郑海本是舞厅租赁人证据不足。经查,高洪霞、郑海本商议租赁阿里朗舞厅时,由于郑海本有前科,不能出面租赁,而由高洪霞出面签订了租赁合同,实际上是两人共同租赁。故两人的辩解和其辩护人的辩护意见没有事实依据,不能成立。高洪霞的辩护人提出高在共同犯罪中情节较轻。经查,高洪霞在歌舞厅为部长,负责管理小姐,并安排小姐卖淫,是本案的主犯,其辩护人的辩护意见不能成立。郑海本、李惠清辩解称没有纠集小姐进行卖淫,李惠清的辩护人提出李在共同犯罪中系从犯,经查,郑海本是舞厅的租赁人之一,安排他人收取"台费",掌管经济,并通过他人介绍小姐到歌舞厅;李惠清是歌舞厅经理,安排小姐卖淫,是共同犯罪中的主犯,两人的辩解和其辩护人的辩护意见不能成立。被告人高洪霞、鲁征及被告人郑海本的辩护人提出,起诉书指控卖淫达900多次有误,经查,起诉书指控开房登记为900多次是正确的,但是否均为卖淫,难以确认,故对被告人的辩解和其辩护人的辩护意见予以采纳。被告人曹以斌、武晓东的辩护人均提出曹以斌、武晓东替他人开房间不构成犯罪。经查,两被告人明知开房间是卖淫,而实施了该行为,替卖淫提供条件,在共同犯罪中起辅助作用,符合协助组织卖淫罪的构成要件,其辩护人辩护意见不能成立。被告人王丽及其辩护人提出王丽没有保管重复使用的钥匙。经查,该辩解和辩护意见,与事实不符,不能成立,故不予采纳。

苏州市中级人民法院认为:被告人高洪霞、郑海本、李惠清无视国法,采用招募、纠集等手段,控制多人卖淫,其行为均已构成组织卖淫罪,犯罪情节特别严重,在共同犯罪中均系主犯。被告人鲁征、曹以斌、武晓东、钱志强、王丽明知他人组织卖淫而予以协助,其行为均已构成协助组织卖淫罪。依照《中华人民共和国刑法》第三百五十八条第一款第(一)项、第二款、第三款,第二十五条第一款,第二十六条第一款、第四款,第五十七条第一款之规定,于1999年5月27日判决如下:

1. 被告人高洪霞犯组织卖淫罪,判处死刑,剥夺政治权利终身,并处没收财产人民币三万五千二百四十元;

2. 被告人郑海本犯组织卖淫罪,判处死刑,剥夺政治权利终身,并处没收财产人民币八万零五十四元六角三分;

3. 被告人李惠清犯组织卖淫罪,判处无期徒刑,剥夺政治权利终身,并处没收财产人民币一万元;

4. 被告人鲁征犯协助组织卖淫罪,判处有期徒刑五年,并处罚金人民币五千元;

5. 被告人曹以斌犯协助组织卖淫罪,判处有期徒刑四年,并处罚金人民币四千元;

6. 被告人武晓东犯协助组织卖淫罪,判处有期徒刑三年,并处罚金人民币三千元;

7. 被告人钱志强犯协助组织卖淫罪,判处有期徒刑两年,并处罚金人民币两千元;

8. 被告人王丽犯协助组织卖淫罪,判处有期徒刑两年,并处罚金人民币两千元。

宣判后,高洪霞、郑海本(上诉期间死亡,另行裁定终止审理)、鲁征、武晓东、王丽不服,上诉于江苏省高级人民法院。

鲁征上诉称:不应将其列在协助组织卖淫罪的第一位;本人于1998年5月下旬至6月中旬、

7月下旬至9月上旬,请假回家,去北京、上海办事,这期间不可能在舞厅开房间;收小姐"台费"是郑海本安排的,收的钱马上交给郑,我没有留下一分钱;量刑过重。

武晓东上诉称:本人没有利用自己的身份证开房间协助组织他人卖淫;仅收"台费",情节轻微。

王丽上诉称:本人不构成协助组织卖淫罪;在公安机关彻底坦白交代了自己所做的事情。

江苏省高级人民法院经审理认为:上诉人高洪霞、被告人李惠清以歌舞厅为掩护,组织安排多人卖淫,其行为均已构成组织卖淫罪,犯罪情节严重,在共同犯罪中均系主犯。上诉人鲁征、被告人曹以斌、上诉人武晓东、被告人钱志强、上诉人王丽明知他人组织卖淫而予以协助,其行为均已构成协助组织卖淫罪。原审人民法院定罪准确,审判程序合法。但综观全案,上诉人高洪霞、被告人李惠清的行为尚不属于"情节特别严重",原审人民法院量刑偏重。根据本案的具体情节及各上诉人、被告人在本案中的地位和作用,依照《中华人民共和国刑事诉讼法》第一百八十九条第(一)、(二)项的规定,于2000年4月16日判决如下:

1. 维持江苏省苏州市中级人民法院刑事判决中对上诉人(原审被告人)高洪霞、被告人李惠清、上诉人(原审被告人)鲁征、被告人曹以斌、上诉人(原审被告人)武晓东、被告人钱志强、上诉人(原审被告人)王丽的定罪部分;

2. 撤销江苏省苏州市中级人民法院刑事判决中对上诉人(原审被告人)高洪霞、被告人李惠清、上诉人(原审被告人)鲁征、被告人曹以斌、上诉人(原审被告人)武晓东、被告人钱志强、上诉人(原审被告人)王丽的量刑部分;

3. 上诉人高洪霞犯组织卖淫罪,判处有期徒刑十四年,剥夺政治权利五年,并处没收财产人民币三万五千二百四十元;

4. 被告人李惠清犯组织卖淫罪,判处有期徒刑十年,剥夺政治权利三年,并处没收财产人民币一万元;

5. 上诉人鲁征犯协助组织卖淫罪,判处有期徒刑两年,并处罚金人民币五千元;

6. 被告人曹以斌犯协助组织卖淫罪,判处有期徒刑两年,并处罚金人民币四千元;

7. 上诉人武晓东犯协助组织卖淫罪,判处罚金人民币三千元;

8. 被告人钱志强犯协助组织卖淫罪,判处罚金人民币两千元;

9. 上诉人王丽犯协助组织卖淫罪,判处罚金人民币两千元。

二、裁判要旨

No. 6-8-358(1)(2)-1-2 采用招募、纠集等手段,控制多人卖淫的,应以组织卖淫罪论处。

组织卖淫罪有两种客观表现形式:一种是有固定卖淫场所的组织卖淫行为;第二种是无固定场所的组织卖淫行为,即组织者操纵、控制多名卖淫人员有组织进行卖淫活动。无论哪一种形式,组织者都有组织行为。

在本案中,被告人高红霞、郑海本、李惠清表面上是经营歌舞厅,却暗中纠集卖淫人员,宣布纪律、安排吃住,形成了一个以歌舞厅为掩护的卖淫组织,并设立固定的组织管理人员,制定收费制度,为嫖客安排卖淫女,为卖淫活动提供客房。对卖淫女青年进行管理,组织安排卖淫活动。高红霞、郑海本、李惠清虽未采取强制、欺骗性手段从人身、财产方面控制卖淫人员,但以他们为首的卖淫组织分工明确、组织卖淫牟利的目的清楚,并为卖淫活动制定了一系列的人、财、物管理办法,以此规范卖淫人员在阿里朗舞厅的卖淫活动,使阿里朗舞厅成为事实上的地下妓院,其组织卖淫活动的特征是明显的。同时,即使本案仅有容留卖淫行为而没有组织性,因被告人高红霞、李惠清是利用经营文化娱乐业的便利条件,容留多人卖淫,《刑法》第三百六十一条规定,旅馆业、饮食服务业、文化娱乐业的工作人员,利用本单位的条件容留他人卖淫的,依照组织卖淫罪、协助组织卖淫罪定罪处罚。应以组织卖淫罪对高红霞、李惠清以组织卖淫罪定罪处罚。因此,对本案中主要人员以组织卖淫罪定罪、对协从人员以协助组织卖淫罪定罪是正确的。

案例:王志明组织卖淫案

案例来源:《人民法院案例选》2005年第1辑

主题词:组织卖淫罪

一、基本案情

被告人王志明,男,1974年11月4日生,汉族,大专文化,原系上海益品工贸有限公司法定代表人、销售经理,户籍地为浙江省杭州市萧山区城区乡镇工业局集体宿舍;2003年3月21日因本案被刑事拘留,同年5月15日被逮捕。现押上海市长宁区看守所。

上海市长宁区人民法院经审理查明:2002年9月初,被告人王志明在北京通过孙百者招募了同性卖淫者潘永新等人,欲至上海从事卖淫活动。同年9月下旬,被告人王志明授意孙百者将上述人员从北京带至上海,住进被告人王志明租借的本市定西路1310弄10号1008室;其间,被告人王志明规定潘永新等人每月向其缴纳800元的住宿、伙食费,嫖客由其介绍,每介绍一位嫖客,被告人王志明从中收取人民币100元。嗣后,经被告人王志明介绍,潘永新等人先后与嫖客发生性交易若干次。2003年1月25日,被告人王志明在公安机关口头传唤时,主动供述了上述犯罪事实。

上海市长宁区人民法院认为,被告人王志明以营利为目的,采用招募、容留的办法,控制多人从事卖淫活动,其行为已经构成了组织卖淫罪,依法应予以惩处。检察机关的指控,事实清楚,证据确实充分,定性准确。被告人王志明在公安机关对其进行口头传唤时,能主动供述犯罪事实,应视为自首,且系未成年人,依法予以减轻处罚。依照《中华人民共和国刑法》第三百五十八条第一款、第六十七条第一款、第十八条第三款、第五十三条、第六十四条以及最高人民法院《关于处理自首和立功具体应用法律若干问题的解释》第一条规定:以被告人王志明组织卖淫罪,判处有期徒刑三年,并处罚金人民币三千元;没收违法所得。

二、裁判要旨

No.6-8-358(1)(2)-1-3 以营利为目的,采用招募、容留等方法,控制他人从事同性卖淫活动的,应以组织卖淫罪论处。

根据《刑法》第358条的规定,组织卖淫罪是指以招募、雇佣、引诱、容留等手段,组织、策划、指挥或者控制多人从事卖淫的行为。其构成要件是:主体必须是卖淫活动的组织者,可以是一人,也可以是多人。主观方面是故意。客体是社会道德风尚和善良风俗以及社会管理秩序。客观方面表现为行为人实施了组织多人卖淫的行为。通常表现为两种方式:一是通过租房等方法设置固定卖淫场所或者变相卖淫场所;二是利用宾馆、酒店、发廊等不固定场所,组织控制在自己范围内的卖淫人员从事卖淫活动。此处的多人指3人或者3人以上。此处的卖淫通常是指以营利为目的,与不特定的人发生性行为以满足不特定的人的性欲的行为,主要是性交行为,但也包括各种猥亵行为和其他性行为。故卖淫除在异性之间可以进行外,不能排斥同性之间的性交易行为。如既可以是女性卖淫,也可以是男性卖淫;既可以是异性之间卖淫,也可以是同性之间卖淫。这就可以把同性向同性提供性服务的行为理解或认定为组织卖淫罪中的卖淫行为。既然同性卖淫行为可以确立,本案认定王志明组织卖淫罪罪名成立也是正确的。

案例:王剑平等组织卖淫,耿劲松等协助组织卖淫案

案例来源:《刑事审判参考》总第81辑[第722号]

主题词:组织卖淫罪 协助组织卖淫罪 情节严重与情节特别严重的认定

一、基本案情

被告人王剑平,男,1962年6月22日出生,原系浙江省杭州市玉皇山庄休闲中心承包人。2008年3月因犯容留他人吸毒罪被判处有期徒刑六个月,缓刑一年,并处罚金人民币五千元。2010年2月11日因涉嫌犯组织卖淫罪被逮捕。

(被告人陈冲平、李艳、李宏菊、耿劲松、彭爱平、何水连等基本情况略)

浙江省杭州市人民检察院以被告人王剑平、陈冲平、李艳、李宏菊犯组织卖淫罪,被告人耿劲松、彭爱平、何水连犯协助组织卖淫罪,向杭州市中级人民法院提起公诉。

杭州市中级人民法院经审理查明:2006 年 6 月,被告人王剑平从王永明处承包杭州市玉皇山庄休闲娱乐中心桑拿部。为谋取非法利益,王剑平以经营桑拿、按摩等服务项目的名义,组织"按摩小姐"向客人卖淫,以此吸引客源,提高收益。为此,王剑平聘请被告人陈冲平担任该中心桑拿部总经理,负责组织管理该桑拿部全部事务,先后聘请了"黄红""陈洁""何倩""青青""李倩"(均另案处理)及被告人李艳、李宏菊担任经理或主管,负责招募、培训及管理"按摩小姐";还通过广告招聘了被告人何水连、耿劲松、彭爱平和张秀琼(已不起诉)等人负责为卖淫活动计收银、播放淫秽录像等事务。王剑平制定了"全套服务"的流程和收费标准以及一系列规章制度:"全套服务"收费人民币(以下币种均为人民币)450 元、500 元,卖淫女每做一个提成 230 元、250 元;每个卖淫女须向休闲中心交纳 5000 元的押金,做满三个月才可以退换;卖淫女统一着装和食宿,外出要请假,不请假要罚款,还定期对卖淫女进行体检。此外,为了逃避公安机关检查,王剑平在桑拿部各包厢内安装了遥控报警灯,并将遥控开关交由耿劲松、彭爱平两人专门负责。

2006 年 9 月至 2010 年 1 月 4 日,王剑平会同陈冲平采用在报纸等平面或电子媒体上刊登招聘广告等方式先后招募杨某、胡某千、左某凤、王某琳、郭某丽、隆某梅、徐某洋、刘某芳等 60 余名卖淫女,组织卖淫 10000 余次,得款 560 万元以上。其中,李艳参与组织卖淫 2100 余次,李宏菊参与组织卖淫 890 余次。

另查明,李艳于 2009 年 1 月受聘担任桑拿部经理,李宏菊于 2009 年 8 月受聘担任桑拿部主管,负责招募、管理、培训卖淫女;何水连于 2008 年 2 月受聘担任桑拿部收银员,负责收费、记录卖淫人次和制作卖淫收益日报表;耿劲松于 2008 年 12 月受聘担任桑拿部吧台服务员,彭爱平于 2009 年 8 月担任桑拿部吧台服务员,为卖淫计时、开具收费凭据,播放淫秽录像及遇有执法部门检查开启遥控报警灯。

杭州市中级人民法院认为,被告人王剑平、陈冲平、李艳、李宏菊为谋取非法利益,招募、雇佣多名妇女从事卖淫活动,其行为均已构成组织卖淫罪。其中,被告人王剑平的犯罪情节特别严重,被告人陈冲平、李艳、李宏菊的犯罪情节严重。被告人耿劲松、彭爱平、何水连在被告人王剑平、陈冲平、李艳、李宏菊组织卖淫活动中起协助作用,其行为均已构成协助组织卖淫罪。公诉机关指控各被告人所犯罪名成立。鉴于被告人何水连从事的工作系协助组织卖淫行为的外围工作,犯罪情节较轻,且何水连具有自首情节,依法可从轻处罚。依照《中华人民共和国刑法》第三百五十八条第一款第(一)项、第二款、第三款,第二十五条第一款,第六十七条第一款,第五十七条第一款,第五十六条第一款,第五十五条第一款之规定,判决如下:

被告人王剑平犯组织卖淫罪,判处无期徒刑,剥夺政治权利终身,并处没收个人全部财产;被告人陈冲平犯组织卖淫罪,判处有期徒刑十五年,剥夺政治权利三年,并处罚金人民币十万元。(其他被告人的判决情况略)

宣判后,被告人王剑平等均提出上诉。

浙江省高级人民法院经二审审理认为,一审判决认定的事实清楚、证据确实充分,定罪和适用法律正确,量刑适当,审判程序合法,遂裁定驳回上诉,维持原判。

二、裁判要旨

No. 6-8-358(1)(2)-1-4 对于组织卖淫罪中的情节严重和情节特别严重的认定,应当综合考虑行为人组织卖淫的手段、后果,在共同犯罪中的地位、作用,有无强迫、强奸行为,有无对被组织卖淫者造成严重后果等情节,同时结合组织卖淫的规模、人次对行为人作出罪责刑相适应的判决。

组织卖淫罪是一种侵犯社会治安管理秩序和良好社会风尚的犯罪,其重刑设置有着特殊的时代背景,随着社会形势的发展变化,在立法没有变动的情况下,人民法院应当妥善把握量刑情节的适用,以适应现实情况的变化,实现裁判法律效果与社会效果的统一。我们认为,对于组织卖淫罪中情节严重和情节特别严重的认定,既要看到组织卖淫的次数、人数对社会造成的危害,又不能将规模、人次作为量刑的唯一标准,而应综合考虑各种因素,包括组织卖淫的手段、后果,行为人在共同犯罪中的地位、作用,有无组织未成年人尤其是未满十四周岁的未成年人卖淫,有无组织患有严重性别的卖淫罪卖淫,有无强奸被组织卖淫者,有无对被组织卖淫者造成严重后果等加以综合分析判断,对犯罪情节特别严重的被告人适用死刑应当特别慎重。只有罪行极其严重,如手段极其恶劣,造成被组织卖淫者伤残甚至死亡的,社会影响极坏的,才考虑适用死刑。

在本案中,被告人王剑平作为杭州玉皇山庄休闲中心的承包人,首先提起犯意并聘请被告人陈冲平担任休闲中心桑拿部总经理,负责管理桑拿部的全部事项。王剑平和陈冲平之下还设立经理和主管,由被告人李艳、李宏菊等担任,负责招募、培训、管理按摩小姐。2006 年 9 月至 2010 年 1 月,王剑平、陈冲平通过广告等形式招聘了 60 余名卖淫女,组织卖淫 10000 余次,得款 560 万元以上。李艳和李宏菊分别组织卖淫 2100 余次和 890 余次。从各被告人的地位作用看,王剑平是起领导组织作用的出资人,陈冲平负责管理桑拿部的全部事项但不具体负责管理该部的"按摩小姐",其作用和李艳、李宏菊相当。三人均是组织卖淫活动的积极参与者,作用相对小于王剑平。因此综合本案组织卖淫的持续时间、危害后果、组织卖淫的次数和按摩小姐的人数以及被告人在共同犯罪中的地位、作用等,一二审法院认定王剑平的犯罪情节特别严重,陈冲平、李宏菊、李艳的犯罪情节严重是适当的。

案例:胡宗友、李仲达组织卖淫案

案例来源:《刑事审判参考》总第 117 集[第 1291 号]

主题词:组织卖淫罪　情节严重

一、基本案情

2015 年 11 月至 2016 年 8 月,胡宗友与李仲达利用租赁的宜宾市建设路 72 号、74 号、80 号门面以及胡宗友自购的建设路 62 号门面经营按摩店,经营期间,二人相继招募牟永某、陈正某、陈泽某等人从事卖淫活动,约定按 80 元提 20 元、100 元提 30 元、120 元至 150 元提 40 元、400 元至 600 元提 100 元的比例提成,同时负责卖淫女的吃、住。为使其从事的卖淫活动更加隐蔽,二人还相继租赁了宜宾市建设路 66 号 1 单元 2 楼 3 号、3 楼 8 号及 2 单元 2 楼 6 号的租住房给上述卖淫女从事卖淫活动,在此期间,二人每月获利 6000 余元。胡宗友负责店内的各项管理,李仲达协助胡宗友进行管理,并在卖淫女从事卖淫活动时通风报信。2016 年 8 月 15 日,卖淫女牟永某与嫖客陈旋从事卖淫活动时,因嫖资纠纷被陈旋杀害,公安机关在查处牟永某被杀害案件时,二人自动投案,主动供认了组织他人卖淫的犯罪事实。

二、裁判要旨

No. 6-8-358(1)(2)-1-5　卖淫女在实施卖淫违法行为时因嫖资纠纷被嫖客杀害的,应认定为组织卖淫罪中的"情节严重"。

《最高人民法院、最高人民检察院关于办理组织、强迫、引诱、容留、介绍卖淫刑事案件适用法律若干问题的解释》(以下简称《涉卖淫刑案解释》)第二条规定了组织卖淫罪"情节严重"的六种情形。根据该条第五项的规定,造成被组织卖淫的人自残、自杀或者其他严重后果的,应当认定为组织卖淫罪"情节严重"。如何理解该条文中的"其他严重后果"?首先,这里的严重后果不是基于组织者的故意行为。如果是组织者的故意行为,则应当依照《刑法》第三百五十八条第三款的规定,以故意杀人罪、故意伤害罪等对组织者实施数罪并罚。其次,理解该条文中的"其他严重后果"的内涵和外延,应当按照体系解释的方法。体系解释是刑法解释方法之一,其目的在于避免断章取义,以便实现刑法或者《刑法》条文内部的协调与平衡。因为"法律条文只有当它处于与它有关的所有条文的整体之中才显出真正的含义,或它所出现的项目会明确该条文的真正含义。有时把它与其他条文——其他法令或者同一法典的其他条款——一比较,其含义也就明确了"。对不明确的规定应当通过明确的规定来考查其含义。因此,对"其他严重后果",应当基于罪刑法定原则的要求,按照体系解释方法,遵循同类解释规则进行。据此,我们认为,这里的"其他严重后果"是指与严重残疾、死亡基本同质的后果,如造成被害人精神病致不能生活自理的,造成多人重伤的,等等,而不是没有任何范围约束的严重结果。最后,这里的"其他严重后果”,必须是被害人即卖淫女在卖淫期间发生的,且该严重后果与卖淫活动有紧密的因果或者条件关系。就本案而言,卖淫女牟永某于2016年8月15日在进行卖淫活动时,因嫖资纠纷被嫖客陈旋杀害。在该案中,卖淫女的死亡既非其自杀引起,也非被告人胡宗友、李仲达所实施,但发生在其从事卖淫活动期间,且因嫖资纠纷而引发,因此,与卖淫活动有着刑法意义上的紧密联系,应当认定为“其他严重后果”。

案例:丁宝骏、何红等组织卖淫案

案例来源:《刑事审判参考》总第117集[第1294号]

主题词:组织卖淫罪　限制人身自由

一、基本案情

2011年7月至2013年4月,丁宝骏、何红、宋海波合伙出资经营“语过添情”歌厅,招募陪唱人员十余名,雇用杨旺、翟天龙分别为歌厅经理、服务生,雇用卢姗、刘双、张可心为工作人员协助管理。2011年下半年至2012年8月,因怀孕生子,何红不再亲自管理歌厅事务,但仍收取歌厅收入盈利份额。2012年8月6日,歌厅经装修后重新开业,由丁宝骏负责经营管理,杨旺担任经理。丁宝骏采取扣押陪唱人员身份证、手机、收入,在宿舍上锁等限制人身自由等手段,控制陪唱人员流动,要求陪唱人员满足客人需求,如客人提出嫖娼需求,与陪唱人员自行议定价格,由工作人员另开包房进行卖淫活动,包房费价格由歌厅收取,卖淫收入归陪唱人员,统一到吧台记账。卖淫过程中翟天龙负责望风,如发现公安机关检查则通过杨旺通知卖淫人员,卢姗、刘双、张可心工作人员按照丁宝骏、何红、宋海波的要求在歌厅内以及带领陪唱人员外出期间进行监管,如违反歌厅纪律的人员须向丁宝骏或杨旺举报;宋海波在歌厅经营期间负责缴税、验照、去公安机关接受处罚等事务,偶尔参与日常管理与决策。因违反歌厅纪律、卖淫被公安机关查获等原因,丁宝骏、杨旺、宋海波曾对陪唱人员实施打骂。北镇市人民法院认为丁宝骏、何红、宋海波利用经营娱乐场所的便利条件,以牟利为目的,采取招募和容留手段管理、控制他人从事卖淫活动,构成组织卖淫罪的共同犯罪,丁宝骏系主犯,何红、宋海波系从犯;杨旺、翟天龙、卢姗、刘双、张可心为组织卖淫提供帮助,管理账目、望风放哨、限制人身自由,构成协助组织卖淫罪的共同犯罪,其中杨旺系主犯,其余工作人员系从犯。

二、裁判要旨

No. 6-8-358(1)(2)-1-6　组织卖淫或者协助组织卖淫犯罪中,采取非法限制卖淫人员人身自由等强迫行为的,应认定为组织卖淫罪或者协助组织卖淫罪,其中限制人身自由等手段可作为量刑情节考虑。

1992年12月11日最高人民法院、最高人民检察院印发的《关于执行〈全国人民代表大会常务委员会关于严禁卖淫嫖娼的决定〉的若干问题的解答》(以下简称《解答》,已失效)中曾规定,“组织他人卖淫罪,是指以招募、雇佣、强迫、引诱、容留等手段,控制多人从事卖淫的行为”,该规定将“强迫”作为组织卖淫的手段之一。为避免在司法实践中混淆组织卖淫和强迫卖淫的概念,2017年7月25日起施行的《最高人民法院、最高人民检察院关于办理组织、强迫、引诱、容留、介绍卖淫刑事案件适用法律若干问题的解释》(以下简称《涉卖淫刑案解释》)第一条将组织卖淫罪定义为“以招募、雇佣、纠集等手段,管理或控制他人卖淫,卖淫人员在三人以上的”。《涉卖淫刑案解释》中只采用“招募、雇佣、纠集等手段”的表述方法,并将“控制”他人卖淫改为“管理或者控制”他人卖淫。这种“管理或者控制”主要表现在对卖淫人员和卖淫活动的管理和控制上,既表现为行为人使用协商、劝说、引诱等平和的方式,就卖淫方式、服务内容、收费分成等与卖淫人员达成合意,使卖淫人员自愿服从管理;也表现为行为人使用暴力、胁迫等具有强迫特征的手段,如组织者对卖淫人员实施扣押身份证、户口簿等证件;假借代为保管名义控制卖淫人员手机等通信工具,以限制其与外界联系的自由;以拘禁的方式限制卖淫人员人身自由,以殴打手段迫使卖淫人员卖淫,安排人员监督卖淫交易等行为。这种具有强迫特征的行为表现形式与强迫卖淫罪的手段行为虽有相似之处,但行为对象却有着本质区别,前者为自愿卖淫,并与行为人形成合意、接受行为人管理和控制的卖淫人员;后者则为无卖淫意愿,被强迫从事卖淫行为的人员。实践中,卖淫组织中的卖淫人员为了追求经济利益,或是自愿卖淫并接受组织管理,或是经人介绍、引诱加入卖淫组织实施卖淫行为。行为人将卖淫人员组织起来统一管理、控制,以非法拘禁、殴打、侮辱等手段强制卖淫人员服从组织管理,强迫手段是组织、管理、控制的具体表现,行为人的目的仍是组织卖淫,根据罪刑法定原则,应直接定为组织卖淫罪,其中限制人身自由等手段行为可作为组织卖淫罪的量刑情节考虑。《解答》第二条曾明确规定,“在组织他人卖淫的犯罪活动中,对被组织卖淫的人有强迫、引诱、容留、介绍卖淫行为的,应当作为组织他人卖淫罪的量刑情节予以考虑,不实行数罪并罚”。虽然该《解答》根据 2013 年 1 月 18 日起施行的《最高人民法院、最高人民检察院关于废止 1980 年 1 月 1 日至 1997 年 6 月 30 日期间制发的部分司法解释和司法解释性质文件的决定》已经失效,但其对于组织卖淫犯罪中强迫行为的处置是司法实践中处理案件的普遍做法。需要注意的是,如果组织者故意实施的以上行为直接导致被组织者伤亡的,应当依照《刑法》第三百五十八条第三款的规定,以故意杀人罪、故意伤害罪等对组织者进行数罪并罚。另外,组织者对被组织者以外的其他人实施非法拘禁、殴打行为的,也应当按照其实施的行为定罪,与组织卖淫罪数罪并罚。

案例:蔡轶等组织卖淫、协助组织卖淫案

案例来源:《刑事审判参考》总第 85 集[第 768 号]

主题词:组织卖淫罪　协助组织卖淫罪　容留卖淫罪

一、基本案情

被告人蔡轶,男,1963 年 5 月 6 日出生,新天龙休闲浴场经营者。因涉嫌犯组织卖淫罪于 2007 年 9 月 30 日被逮捕。

被告人戴月强,男,1962 年 12 月 2 日出生,无业。因涉嫌犯组织卖淫罪于 2007 年 9 月 30 日被逮捕。

被告人张国强,男,1972 年 10 月 4 日出生,农民。因涉嫌犯协助组织卖淫罪于 2007 年 9 月 30 日被逮捕。

被告人赵发伦,男,1984 年 3 月 24 日出生,农民。因涉嫌犯协助组织卖淫罪于 2007 年 9 月 30 日被逮捕。

浙江省嘉善县人民检察院以被告人蔡轶、戴月强犯组织卖淫罪、被告人张国强、赵发伦犯协助组织卖淫罪,向嘉善县人民法院提起公诉。

被告人蔡轶及其辩护人提出,蔡轶经营的浴场里的按摩小姐都是自己来的,蔡轶禁止在浴场卖淫,但这些小姐在其浴室内背地里与客人卖淫嫖娼,其行为构成的是容留卖淫罪而非组织卖淫罪。蔡轶认罪态度较好,请求从轻或减轻处罚。

被告人戴月强、张国强、赵发伦均对起诉书指控的事实无异议。三被告人的辩护人均提出,三被告人的行为仅构成容留卖淫罪,系初犯、从犯,且认罪态度较好,请求从轻或减轻处罚。

浙江省嘉善县人民法院经审理查明:被告人蔡轶在嘉善县魏塘镇解放东路开设了新天龙休闲浴场。自 2007 年以来,被告人蔡轶先后招募、雇佣胡某等 10 名卖淫女,由被告人戴月强具体负责管理,二被告人多次共同组织上述卖淫女在该浴场内向他人卖淫。被告人张国强、赵发伦明知蔡、戴组织卖淫嫖娼活动,仍以翻工号牌、放哨及通风报信的方式予以协助。2007 年 8 月 26 日夜,被告人蔡轶、戴月强在张国强、赵发伦等人协助下,组织胡某等人再次在新天龙休闲浴场内卖淫时,被公安机关当场查获。

嘉善县人民法院认为,被告人蔡轶、戴月强以招募、雇佣、容留等方式,组织、指挥、控制多人从事卖淫,其行为均已构成组织卖淫罪;被告人张国强、赵发伦明知他人组织的是卖淫活动,仍共同予以协助,其行为均已构成协助组织卖淫罪,公诉机关指控各被告人所犯罪名成立。对蔡轶及四被告人的辩护人就此提出的辩护意见,本院不予采纳。鉴于四被告人均系初犯,归案后被告人戴月强、张国强、赵发伦认罪态度均较好,均可酌情从轻处罚。依照《中华人民共和国刑法》(《刑法修正案(八)》之前)第三百五十八条第一款、第三款,第三百六十一条,第二十五条第一款,第六十四条之规定,嘉善县人民法院于 2008 年 2 月 2 日判决如下:

1. 被告人蔡轶犯组织卖淫罪,判处有期徒刑五年三个月,并处罚金人民币二万元。
2. 被告人戴月强犯组织卖淫罪,判处有期徒刑五年,并处罚金人民币二万元。
3. 被告人张国强犯协助组织卖淫罪,判处有期徒刑一年二个月,并处罚金人民币二千元。
4. 被告人赵发伦犯协助组织卖淫罪,判处有期徒刑一年,并处罚金人民币二千元。

宣判后四被告人均没有上诉,检察院也没有提出抗诉,判决已发生法律效力。

二、裁判要旨

No. 6-8-358(1)(2)-1-7 在组织卖淫活动中,直接安排、调度卖淫活动的行为,应当以组织卖淫罪定罪处罚。

在认定"组织卖淫"与"协助组织卖淫"行为时,不能简单地以作用大小为标准,而应根据组织与协助组织行为的分工来认定。

最高人民法院、最高人民检察院 1992 年联合印发的《关于执行全国人民代表大会常务委员会〈关于严禁卖淫嫖娼的决定〉的若干问题的解答》(已失效)第二条、第三条分别明确,组织卖淫罪是指以招募、雇佣、强迫、引诱、容留等手段控制多人从事卖淫的行为,协助组织卖淫是指在组织他人卖淫的共同犯罪中起帮助作用的行为,如充当保镖、打手、管账人等。

在组织卖淫活动中对卖淫者的卖淫活动直接进行安排、调度的,属于组织卖淫罪的行为人,应当以组织卖淫罪论处。如果不是对卖淫的卖淫者活动直接进行安排、调度,而是在外围协助组织者实施其他行为,充当保镖、打手、管账人或为直接组织者招募、雇佣、运送卖淫者,为卖淫者安排住处,为组织者充当管账人、提供反调查信息等行为的,则都不构成组织卖淫罪,而仅构成协助组织卖淫罪。

在具体案件中,组织他人卖淫场所中的老板、领班、直接管理人员一般系组织者,其行为应当以组织卖淫罪论处。而保镖、打手、管账人、服务生一般系协助组织者,应当以协助组织卖淫罪论处。本案被告人蔡轶作为新天龙休闲浴场的经营者,其行为构成组织卖淫罪,自不待言。被告人戴月强虽系蔡轶所雇佣,且由蔡轶招募卖淫女,但戴月强直接参与卖淫事项,并参与制定卖淫场所规则,且系组织卖淫女在该浴场内向他人卖淫的管理者,因此,其行为属于组织卖淫行为,构成组织卖淫罪。

No. 6-8-358(1)(2)-1-8 行为人对卖淫活动形成了有效的管理与控制的,应当以组织卖淫罪论处。

容留卖淫罪中的容留是一种单纯地为他人提供场所,容留者与卖淫者没有控制与调度的关系。具体表现为行动上的两个自由:一是来去自由;二是选择自由。来去自由体现在卖淫者有是否接受容留者提供场所的自由,选择自由体现在卖淫者本人有权决定何时卖淫、向何人卖淫、如何收费等事项。对这种不存在人身控制和依附关系,仅提供场所的行为,一般以容留卖淫罪论处。但现实中情况往往比较复杂,卖淫者虽有来去自由,但没有选择自由。即卖淫者到一些娱乐场所卖淫是完全自愿的,娱乐场所的经营者为其提供卖淫场所和食宿,不干涉具体卖淫事项。但卖淫者通常不能决定何时卖淫、向何人卖淫,尤其是不能决定如何收费。娱乐场所对卖淫行为采取统一定价、统一收费,再按照事先定好的比例将报酬分发给卖淫者。在这种情况下。卖淫行为处于被管理、控制的状态,因此,管理控制者提供的容留行为应当构成组织卖淫罪,而非容留卖淫罪。这一结论可以在相关文件中找到法律依据。《关于执行全国人民代表大会常务委员会〈关于严禁卖淫嫖娼的决定〉的若干问题的解答》将组织卖淫过程中的引诱、容留、介绍卖淫行为明确以组织卖淫行为论处。

本案中,新天龙休闲浴场内部对"小姐"制定了严格的规定,"小姐"卖淫一次收费人民币 100 元,每人每天上交人民币 50 元,卖淫时用毛巾将包厢的玻璃遮住,卖淫后"小姐"的工号牌移到最后,并轮流负责望风。这些规定和做法表明,新天龙浴场对"小姐"的卖淫活动已经形成有效管理与控制,而这正好体现了组织卖淫罪中"控制多人从事卖淫"的特征,故法院根据其具体分工对各被告人的行为分别认定为组织卖淫罪与协助组织卖淫罪,而不认定为容留卖淫罪,是正确的。

案例:郑小明等组织卖淫、协助组织卖淫案

案例来源:《刑事审判参考》总第92集[第870号]

主题词:组织卖淫罪 与容留卖淫的区别

一、基本案情

被告人郑小明,男,1973年10月10日出生,无业。1993年12月23日因犯抢劫罪被判处有期徒刑八年,2000年10月9日刑满释放,2011年5月24日因涉嫌犯组织卖淫罪被逮捕。

被告人肖翔,女,1985年2月28日出生,无业。2010年10月12日因涉嫌犯协助组织卖淫罪被取保候审。

福建省霞浦县人民检察院以被告人郑小明犯组织卖淫罪、被告人肖翔犯协助组织卖淫罪,向霞浦县人民法院提起公诉。

被告人郑小明辩称,其行为属于容留妇女卖淫,不构成组织卖淫罪;被告人肖翔对指控的事实及罪名均无异议。其辩护人提出,肖翔认罪态度好,作用较小,请求予以从轻处罚并适用缓刑。

霞浦县人民法院经审理查明:自2010年8月下旬始,被告人郑小明租用霞浦县松城街道南洋新村南区217号房间开设"新不了情"按摩店,接收严某、朱某、单某、谌某、廖某等卖淫女,提供食宿,并安排严某等人在该店内或者前往宾馆等处卖淫。郑小明按次向严某等卖淫女抽成人民币(以下币种同)30元至100元不等,共非法获利2000元。郑小明还雇佣被告人肖翔在其店里为严某等卖淫女做饭、打扫卫生及代收嫖资。同年9月11日23时许,公安人员在"新不了情"按摩店内抓获肖翔及严某等卖淫女,缴获避孕套等卖淫工具。2011年9月23日,郑小明向公安机关投案。

霞浦县人民法院认为,被告人郑小明提供场所,组织他人卖淫,其行为构成组织卖淫罪;被告人肖翔协助郑小明组织他人卖淫,其行为构成协助组织卖淫罪。经查,郑小明招募多名卖淫女到其经营的"新不了情"按摩店从事卖淫活动,提供食宿,并与卖淫女约定了卖淫收入的分成,且大部分的卖淫费用均由郑小明收取,再依约定分发给相关卖淫女,郑与卖淫女之间形成管理与被管理的关系。综合相关事实,郑小明的行为完全符合组织卖淫罪的构成要件,因此,关于郑小明提出其仅构成容留卖淫罪的辩解无法律和事实根据,不予采纳。郑小明投案后,拒不交代已查明的主要犯罪事实,依法不成立自首。肖翔到案后如实供述自己罪行,依法可以从轻处罚,但不符合判处缓刑的条件。据此,霞浦县人民法院以被告人郑小明犯组织卖淫罪,判处有期徒刑五年六个月,并处罚金人民币二万五千元;以被告人肖翔犯协助组织卖淫罪,判处有期徒刑一年,并处罚金人民币一万五千元。

宣判后,被告人郑小明及其辩护人以原判定性错误,其行为应当构成容留卖淫罪为由提出上诉。

福建省宁德市中级人民法院经审理认为,被告人郑小明以容留等手段组织多人卖淫,其行为构成组织卖淫罪;被告人肖翔通过为郑小明代收嫖资等行为协助组织他人卖淫,其行为构成协助组织卖淫罪。关于郑小明及其辩护人所提原判定性错误,应当认定其行为构成容留卖淫罪的上诉意见,经查,组织他人卖淫,是指以招募、雇佣、引诱、容留等手段同时控制多人卖淫的行为,郑小明的行为具有明显的组织性,在组织卖淫过程中实施的容留卖淫行为,应当视为组织行为的具体表现,而不仅仅认定为容留卖淫罪,故该辩护意见不能成立,不予采纳。原判定罪准确,量刑适当,适用法律正确,审判程序合法。据此,宁德市中级人民法院裁定驳回上诉,维持原判。

二、裁判要旨

No.6-8-358(1)(2)-1-9 行为人对卖淫人员加以安排调度,与卖淫人员形成管理与被管理的关系,成立组织卖淫罪。

区分组织卖淫罪与容留卖淫罪,关键在于判断行为人是否控制了多人进行卖淫活动,其行为是否具有组织性。所谓"组织",就是安排分散的人或者物,使这些人或者物具有一定的系统性、整体性,表现方式为组织、策划、指挥。具体到组织卖淫罪,“组织”是指对卖淫人员加以安排、调度,使卖淫活动有组织、有计划地进行。组织卖淫罪法定刑之所以更重,在于其组织行为所带来的社会危害程度更大。具体而言,将分散的卖淫活动聚集起来,更容易实施犯罪、妨碍侦查,还容易衍生其他犯罪,具有更大的社会危害性。在组织卖淫犯罪中,行为人与卖淫人员之间形成管理与被管理的关系,卖淫人员的人身、财产或者卖淫活动受控于行为人,接受行为人安排、调度以及分配卖淫所得。如果行为人仅为卖淫人员提供场所,对其卖淫活动没有进行管理、控制,则不属于组织行为,应当定性为容留卖淫。

具体到本案,被告人郑小明的行为具有明显的组织性,构成组织卖淫罪。理由如下:第一,郑小明组织卖淫活动。虽然卖淫女均系经人介绍到“新不了情”按摩店卖淫,但郑小明除了提供卖淫场所外,还确定了较为固定的卖淫区域,容留多名卖淫女卖淫,并提供食宿,雇用被告人肖翔为卖淫女做饭、打扫卫生及代收嫖资;对人员分工进行了明确安排,使卖淫活动具有系统性、整体性。第二,郑小明控制卖淫活动。具体表现在对卖淫活动统一安排、调度,并确立利润提成比例,统一收取卖淫女店内卖淫所得,再按提成比例发放钱款。卖淫女的卖淫活动均受控于郑小明,双方形成了管理与被管理、领导与服从的关系。第三,郑小明组织卖淫的人数多,数量稳定。组织卖淫过程中的容留行为应当视为组织行为的方式之一,作为量刑情节加以考虑,不实行数罪并罚。

案例:张桂方、冯晓明组织卖淫案

案例来源:《刑事审判参考》总第 101 集[第 1054 号];《人民法院案例选》2016 年第 2 辑

主题词:组织卖淫罪　与引诱、容留、介绍卖淫罪的区别

一、基本案情

被告人张桂方,女,1980 年 7 月 23 日出生,农民。2013 年 3 月 6 日因涉嫌犯组织卖淫罪被逮捕。

被告人冯晓明,男,1973 年 11 月 28 日出生,农民。2012 年 8 月 31 日因涉嫌犯组织卖淫罪被逮捕。

广东省广州市人民检察院以被告人张桂方、冯晓明犯组织卖淫罪,向广州市中级人民法院提起公诉。

被告人张桂方、冯晓明对起诉书指控的事实均无异议,但请求从轻处罚。张桂方的辩护人提出,张桂方的行为不构成组织卖淫罪,仅构成介绍卖淫罪;张桂方归案后,如实供述自己的罪行,认罪态度好,具有悔罪表现,请求法庭对其从轻处罚。

广州市中级人民法院经审理查明:

1. 2011 年 3 月至 2012 年 7 月期间,被告人张桂方、冯晓明租用广东省广州市番禺区大石街大山村大涌路 275 号之七的出租屋作为卖淫场所,由同案人彭定军(已判刑)、“小胖”(另案处理)负责拉客及收取嫖资,组织王某、张某、王某玉等 10 名妇女,以每次人民币(以下币种同)100 元的价格进行卖淫活动,从中谋取非法利益。2012 年 7 月 27 日,冯晓明被公安人员抓获。2012 年 9 月 28 日,张桂方被公安人员抓获,当天被取保候审。

2. 2012 年 10 月至 2013 年 1 月期间,张桂方伙同他人租用了广东省广州市番禺区大石街大山村富山二街 5 号之一的出租房作为卖淫场所,组织胡某某、杨某果、陈某某等 3 名妇女,以每次 130 元的价格进行卖淫活动,从中谋取非法利益。2013 年 1 月 31 日,张桂方被公安人员抓获。

广州市中级人民法院认为,被告人张桂方、冯晓明组织多名妇女从事卖淫活动,其行为均构成组织卖淫罪,且情节严重,据此,依据《中华人民共和国刑法》[《刑法修正案(九)》之前]第三百五十八条第一款第一项、第五十二条、第五十三条之规定,广州市中级人民法院判决如下:

1. 被告人张桂方犯组织卖淫罪,判处有期徒刑十一年,并处罚金人民币五万元。

2. 被告人冯晓明犯组织卖淫罪,判处有期徒刑十年,并处罚金人民币三万元。

一审宣判后,被告人张桂方、冯晓明不服,向广东省高级人民法院提起上诉。张桂方及其辩

护人提出如下上诉、辩护意见:原判认定本案属"情节严重"于法无据;张桂方归案后如实供述自己的行为,在量刑时应予从宽处理。冯晓明及其辩护人提出如下上诉、辩护意见:比冯晓明犯罪情节更加严重的其他案件的量刑均远轻于冯晓明,原判没有做到"类似情况、处罚相近";冯晓明夫妻均被羁押,家中只有年迈双亲及两个未成年孩子,经济困难,在量刑时应予充分考虑。

广东省高级人民法院经审理认为,上诉人张桂方、冯晓明以容留等手段,组织多名妇女从事卖淫行为,其行为均构成组织卖淫罪。上诉人张桂方归案后能如实供述自己的罪行,认罪态度较好,依法可以从轻处罚。原判认定事实清楚,证据确实、充分,定罪准确,审判程序合法,唯认定二上诉人的行为属于组织卖淫情节严重并据此量刑不当,应予纠正。二上诉人的相关上诉意见成立,予以采纳。据此,依照《中华人民共和国刑法》第三百五十八条第一款、第六十七条第三款以及《中华人民共和国刑事诉讼法》第二百二十五条第一款第二项之规定,广东省高级人民法院判决如下:

1. 维持广东省广州市中级人民法院(2013)穗中法刑一初字第101号刑事判决第一项中对上诉人张桂方的定罪部分及第二项中上诉人冯晓明的定罪部分的判决。

2. 撤销广东省广州市中级人民法院(2013)穗中法刑一初字第101号刑事判决第一项中对上诉人张桂方的量刑部分及第二项中对上诉人冯晓明的量刑部分的判决。

3. 上诉人张桂方犯组织卖淫罪,判处有期徒刑八年,并处罚金人民币四万元。

4. 上诉人冯晓明犯组织卖淫罪,判处有期徒刑五年,并处罚金人民币三万元。

二、裁判要旨

No.6-8-358(1)(2)-1-10 区分组织卖淫罪和引诱、容留、介绍卖淫罪的关键是行为人是否对卖淫者具有管理、控制等组织行为。如果行为人只是实施了容留、介绍甚至引诱卖淫的行为,没有对卖淫活动进行组织的,就不能以组织卖淫罪处罚。

理解组织卖淫罪的概念,关键在于理解"组织"一词的内涵。在组织卖淫罪的认定上要从严掌握,但在认定组织卖淫罪后的处罚上要明显重于一般的引诱、容留、介绍卖淫罪。也正因为如此,《刑法》在吸收了《关于严禁卖淫嫖娼的决定》和《关于执行全国人民代表大会常务委员会〈关于严禁卖淫嫖娼的决定〉的若干问题的解答》基本合理内涵的基础上,对组织卖淫罪配置了比引诱、容留、介绍卖淫罪更重的刑罚。我们认为,行为人的行为是否构成组织卖淫罪可以从以下三个要件去判断:一是组织行为特征。所谓组织,是指安排分散的人或者事物使之具有一定的系统性、整体性。二是场所要件。组织卖淫的场所特征体现为有固定场所或者虽然无固定场所但实际掌控、管理卖淫人员,有组织地进行卖淫活动。三是手段及规模要件。组织行为,不仅仅限于使用控制手段,还包括管理手段。区分组织卖淫罪和引诱、容留、介绍卖淫罪的关键是行为人是否对卖淫者具有管理、控制等组织行为。如果行为人只是实施了容留、介绍甚至引诱卖淫的行为,没有对卖淫活动进行组织的,就不能以组织卖淫罪处罚。本案中,被告人张桂方、冯晓明共同容留多名卖淫女从事卖淫活动,张桂方租用了广州市番禺区大石街大山村大涌路275号之七及番禺区大石街大山村富山二街5号之一的出租屋作为卖淫场所,亲自招揽嫖客,还雇请同案人为卖淫女拉客,规定卖淫价格及分成比例,并收取嫖资。冯晓明则拉拢、收买辖区派出所的辅警,通过辅警打探公安机关的清查活动,为组织卖淫活动寻求非法保护。因此,张桂方、冯晓明虽然没有从人身自由上对卖淫女实施严格的控制行为,但均实施了对多名卖淫女卖淫活动的管理行为,均构成组织卖淫罪。具体体现在:(1)提供固定卖淫场所;(2)规定上班时间和地点;(3)雇用人员负责拉客,为卖淫女提供客源;(4)规定卖淫收入的分配比例,先由被告人收取嫖资后分配;(5)为卖淫活动寻求保护。这些特征,均为单一的引诱、容留、介绍卖淫罪所不能涵括。

案例:于维、彭玉蓉组织卖淫案

案例来源:《刑事审判参考》总第117集[第1293号]

主题词:组织卖淫罪 引诱、介绍卖淫罪

一、基本案情

2014年3月至2015年12月,于维单独或伙同彭玉蓉,采用以后在学校出了事可以帮忙解决、以后跟其混社会等方式引诱在校读书的女学生,先后招募了刘某等十余名年龄在13岁至15岁的未成年人在其控制之下,多次向孙某等八名嫖客,以事先约定好的每次500元至1000元的价格,处女8000元至10000元的价格从事卖淫活动。于维、彭玉蓉组织卖淫活动的获利全部交由于维统一安排,除了每次支付卖淫的女学生100元至200元不等的报酬,其余10余万元均由于维控制与支配。益阳市中级人民法院认为,于维、彭玉蓉组织未成年少女卖淫,情节严重,已构成组织卖淫罪,二人在共同犯罪中均系主犯,彭玉蓉在未满18周岁之前实施的犯罪,依法从轻处罚,于维被判处无期徒刑,剥夺政治权利终身,并处没收个人全部财产,彭玉蓉被判处有期徒刑十五年,并处罚金十万元。湖南省高级人民法院认定一审法院查明的事实,并维持原判。

二、裁判要旨

No. 6-8-358(1)(2)-1-11 组织卖淫中有引诱、介绍卖淫行为的,根据包容竞合理论,重罪包容轻罪,以组织卖淫罪定罪。

组织卖淫罪与引诱、容留、介绍卖淫罪在手段上有重合之处,均可以表现为引诱、容留、介绍卖淫行为。一般认为,组织卖淫罪与引诱、容留、介绍卖淫罪系法条竞合关系,其适用原则为重法优于轻法。当行为人以引诱、容留、介绍的手段组织卖淫时,既可构成组织卖淫罪,又可构成引诱、容留、介绍卖淫罪的,择一重罪处罚。根据《刑法》第三百五十八条第一款的规定,组织卖淫的,处五年以上十年以下有期徒刑,并处罚金;情节严重的,处十年以上有期徒刑或者无期徒刑,并处罚金或没收财产。而《刑法》第三百五十九条第一款规定,引诱、容留、介绍他人卖淫的,处五年以下有期徒刑、拘役或者管制,并处罚金;情节严重的,处五年以上有期徒刑,并处罚金。两相比较,组织卖淫罪的处罚重于引诱、容留、介绍卖淫罪,故一般按照组织卖淫罪进行处罚。但是,引诱卖淫中有一种特殊情形,就是引诱不满十四周岁的幼女卖淫。根据《刑法》第三百五十九条第二款的规定,引诱不满十四周岁的幼女卖淫的,处五年以上有期徒刑,并处罚金。因此,在某些情况下,引诱幼女卖淫罪的处罚可能重于组织卖淫罪,即组织卖淫犯罪未达到"情节严重"时,其法定刑幅度为五年以上十年以下有期徒刑,而引诱幼女卖淫罪的法定刑幅度为五年以上(十五年以下)有期徒刑。此时应依照引诱幼女卖淫罪定罪处罚,组织卖淫行为作为犯罪情节考虑。如果组织卖淫犯罪达到"情节严重"时,因其法定最高刑为无期徒刑,一般应当以组织卖淫罪一罪定罪处罚。

案例:周兰英组织卖淫案

案例来源:《刑事审判参考》总第117集[第1292号]

主题词:组织卖淫罪　容留卖淫罪

一、基本案情

2015年4月至12月间,周兰英以牟利为目的,在其居住的灵川县八里街八里五路工商大院3栋2楼的家中设置卖淫场所,招募、容留朱某某、邵某某、蒋某、李某、邓某某等五名卖淫女卖淫,由周兰英与嫖客谈价,以每次70元至75元的价格收取嫖资,分给卖淫女50元,周兰英从中抽成,非法获利。灵川县人民法院认为,周兰英以牟利为目的,以招募、容留的手段,控制多人卖淫,构成组织卖淫罪,桂林市中级人民法院认定一审法院查明的事实,维持原判。

二、裁判要旨

No. 6-8-358(1)(2)-1-12 组织卖淫与容留卖淫的最大区别在于行为人对卖淫人员是否实施了管理、控制行为,若行为人实施了对卖淫人员的卖淫活动的管理和控制,卖淫人员在三人以上,则构成组织卖淫罪。

组织卖淫,尤其是以容留卖淫为手段的组织卖淫与单纯的容留卖淫的主要区别在于:首先,行为人对卖淫人员的卖淫活动是否实施了管理、控制行为,即组织卖淫行为人最主要的行为特征是对卖淫活动进行了管理、控制,而容留卖淫行为人对卖淫人员的卖淫活动既不管理,也不控制,而仅仅提供固定或者临时租借的场所以及流动场所,对卖淫人员在何时卖淫、向谁卖淫、如何收费等均不过问,只收取一定的场所费用甚至不收取任何费用,至于卖淫人员的日常活动,均由卖淫人员自行安排。其次,两者在人数上也有一定的区别,即组织卖淫中的卖淫人员必须达到三人以上,而容留卖淫中的卖淫人员可以在三人以上,也可以在三人以下。例如,根据《涉卖淫刑案解释》第八条第一款第三项的规定,容留未成年人、孕妇、智障人员、患有严重性病的人卖淫的,容留一人即构成容留卖淫罪。如果行为人虽然实施了组织行为,但被组织卖淫人员的人数不到三人的,这种情况下只能依法降格作容留或介绍卖淫处理。

在本案中,周兰英招募、容留朱某某、邵某某、蒋某、李某、邓某某等五名卖淫女卖淫的行为应当依法认定为组织卖淫罪,而不是容留卖淫罪。其理由主要在于周兰英的行为符合组织卖淫罪的本质特征,实施了组织卖淫行为:(1)周兰英采用的手段并非单一的容留手段,而是采用了招募、容留等手段。(2)周兰英对卖淫嫖娼活动实施了管理行为,主要体现在其亲自与嫖客商定嫖娼价格,并决定嫖资的分配。(3)周兰英管理的卖淫人员在人数上达到了组织卖淫罪的要求。

案例:张海峰组织卖淫、李志强协助组织卖淫、饶有才容留卖淫案

案例来源:《刑事审判参考》总第120集[第1310号]

主题词:组织卖淫罪　协助组织卖淫罪　容留卖淫罪

一、基本案情

2016年6月,被告人张海峰承包安阳市北关区灯塔路中段蓝祥洗浴中心的按摩部,并纠集汪某某(1999年6月23日生)、张某某、吕某某等人在该洗浴中心进行卖淫活动,张海峰负责与洗浴中心结算卖淫所得,后按照约定与卖淫者结算,从中获取非法利益,并提供避孕套、湿巾等用品。被告人李志强到该洗浴中心找汪某某时,得知张海峰在此组织他人卖淫并想召集其他卖淫女。2016年10月中旬,李志强在安阳市安漳大道与向阳路交叉口附近的租住房将董某某(时年不满十四周岁)奸淫后,将其送到蓝祥洗浴中心张海峰的按摩部从事卖淫活动。2016年10月29日至同年11月2日,张海峰在蓝祥洗浴中心组织卖淫达51人次,张海峰还安排汪某某、董某某、张某某到安阳市殷都区铁西路物华苑洗浴中心等地多次从事卖淫活动,并从中获取非法利益。李志强通过"叫钟"(根据嫖客需要让卖淫者提供服务、提示服务时间)、向收银台传送卖淫单据、接送卖淫女等方式协助张海峰组织卖淫。其间,李志强在其租住房和蓝祥洗浴中心313房间多次奸淫董某某。

2016年10月,被告人饶有才承包了安阳市殷都区铁西路南段巴黎春天洗浴中心的按摩部。当月下旬,饶有才经与汪某某、李志强联系,在该洗浴中心内多次容留汪某某、董某某卖淫。

二、裁判要旨

No. 6-8-358(1)(2)-1-13　奸淫幼女后,将幼女送至组织卖淫行为人处进行卖淫活动的,应当以强奸罪和协助组织卖淫罪数罪并罚。对协助组织未成年人卖淫的,可以酌情从重处罚。

根据《刑法修正案(九)》的规定,组织、强迫他人卖淫,并有强奸犯罪行为的,依照数罪并罚的规定处罚。从上述规定来看,《刑法》历来只对组织、强迫卖淫行为人实施强奸行为如何定罪处罚作出规定,而对协助组织卖淫行为人奸淫卖淫人员的行为如何定罪处理没有予以单独规定。针对这种情况,《最高人民法院、最高人民检察院关于办理组织、强迫、引诱、容留、介绍卖淫刑事案件适用法律若干问题的解释》第七条第一款明确规定,"犯组织、强迫卖淫罪,并有杀害、伤害、强奸、绑架等犯罪行为的,依照数罪并罚的规定处罚。协助组织卖淫行为人参与实施上述行为的,以共同犯罪论处"。该规定是对《刑法修正案(九)》的进一步完善,对司法实践起到了规范、指导作用。但是,该解释的这一规定,也只是针对协助组织卖淫行为人参与组织、强迫卖淫行为人的强奸共同犯罪如何处理作出的规定,而对协助组织卖淫行为人单独对卖淫人员实施强奸行为如何定罪处罚并未作出规定。我们认为,解释之所以未对此作出规定,是因为对此类行为不需要特别规定,只要依照《刑法》规定和刑法理论进行定罪处罚。协助组织卖淫行为人单独对卖淫人员实施强奸行为的,不论是发生在协助组织卖淫行为前还是协助组织卖淫行为实施过程中,由于其与组织卖淫行为人在强奸犯罪上没有共同的犯意,遂应当罪责自负。因此,本案中,被告人李志强在实施协助组织卖淫行为前和实施过程中,对幼女董某某进行奸淫的行为,构成强奸罪。至于其强奸的目的是否为将董某某供张海峰组织卖淫犯罪所用,不影响其强奸罪的成立。同时,根据《刑法》第二百三十六条第二款的规定,奸淫不满十四周岁的幼女的,应当从重处罚。

对协助组织未成年人卖淫的,可以酌情从重处罚。《刑法》第三百五十八条第二款规定:"组织、强迫未成年人卖淫的,依照前款的规定从重处罚。"尽管《刑法》未明确规定对协助组织未成年人卖淫的行为予以从重处罚,但根据最高人民法院、最高人民检察院、公安部、司法部印发的《关于依法惩治性侵害未成年人犯罪的意见》第一条、第二条的规定,对于性侵害未成年人犯罪应当依法从严惩治。

No. 6-8-358(1)(2)-1-14 将自己承包的营业场所提供给他人卖淫的行为,因没有管理或者控制卖淫活动且卖淫人员不到三人的,应当以容留卖淫罪定罪处罚。

组织卖淫行为,尤其是以容留卖淫为手段的组织卖淫行为,与单纯的容留卖淫行为最主要的区别在于行为人对卖淫人员的卖淫活动是否实施了管理或者控制行为。组织卖淫行为的最主要特征是对卖淫活动实施了管理或者控制行为,而容留卖淫行为人对卖淫人员的卖淫活动既不管理,更不控制,仅仅提供固定或者临时租借的场所以及流动场所,但对卖淫人员在何时卖淫、向谁卖淫、如何收费等均不过问,只收取一定的场所费用甚至不收取任何费用,至于卖淫人员的日常行动,更是由卖淫人员自行安排。

组织卖淫罪与容留卖淫罪的区别除了前述行为人是否实施了管理或者控制卖淫活动这一质的区别,还有一个量的区别。即组织卖淫罪必须具备一定规模要件,如果卖淫人员不到三人的,应当降格认定为容留或者介绍卖淫罪。

案例:王辉、文兴洲等组织卖淫、协助组织卖淫案

案例来源:《人民法院案例选》2016 年第 12 辑

主题词:组织卖淫罪 协助组织卖淫

一、基本案情

2014 年 9 月下旬,被告人王辉、文兴洲通过微信取得联系后,共谋在重庆市北碚区从事组织卖淫活动,双方商议由王辉负责提供卖淫地点和场所,支付卖淫场地费,支付招嫖人员每人每月 300 元伙食费、支付招嫖人员及失足妇女租房费,文兴洲则总负责整个组织卖淫团伙的事宜。

2014 年 10 月 7 日至 11 月 6 日期间,被告人文兴洲通过电话或朋友介绍的方式先后雇请被告人罗策、毛梦玲、黄丽娜、丁新全、王成、林杨、苏杨、唐某某(另案处理)从事微信招嫖;先后招募王某某、吴某某等多名失足妇女;同时为招嫖人员、失足妇女分别在重庆市北碚区天生巷、重庆市北碚区天生丽街租房供其日常居住。为了方便管理,该团伙还为招嫖人员制定了值班制度、上下班及考勤制度。同时文兴洲亦通过微信招嫖。

被告人毛自强自 2014 年 10 月 8 日参与该团伙后,负责对失足妇女的迟到、早退、请休假进行考核,对失足妇女支付卖淫道具的费用进行记录,并对卖淫所需部分情趣用品、道具进行采购和发放。毛自强在北碚区铂瑞酒店负责共一周多时间,之后断断续续参与进来。毛自强不在的时间由"师姐"(化名)负责对失足妇女试房、考核、分发及检查道具。

被告人罗策负责记录每天卖淫收支情况,并收取嫖资。将嫖资汇总后,在次日凌晨失足妇女下班时发放失足妇女的提成,之后将剩余嫖资及账本交付文兴洲。罗策因负责记账、收取嫖资,领取固定工资 1400 元,同时罗策亦通过微信招嫖。

该团伙除为失足妇女提供住宿、技师房休息,要求失足妇女在团伙内部购买卖淫所需物品之外,还规定了失足妇女上下班时间、迟到请假扣钱、着统一工作服、携统一工包等制度。为了方便管理该团伙还为失足妇女编号,以失足妇女长相、身高将其分为中式 900 元,泰式 1100 元、泰式 1200 元三个档次,并规定了分成比例:900 元档次的卖淫业务,每单嫖资失足妇女提成 370 元,招嫖人员提成 100 元,王辉提成 300 元,文兴洲提成 100 元;1100 元档次的卖淫业务,每单嫖资失足妇女提成 450 元,招嫖人员提成 130 元,王辉提成 400 元,文兴洲提成 100 元;1200 元档次的卖淫业务,每单嫖资失足妇女提成520元,招嫖人员提成130元,王辉提成400元,文兴洲提成100元。其中招嫖人员提成的130元中的100元每周一发放,30元累计后每月发放。

2014年10月7日至10月25日期间,由被告人在北碚区铂瑞酒店开房提供场地,该团伙在该酒店通过以上管理、分工的方式介绍、容留多名失足妇女从事卖淫活动。

2014年10月27日至11月6日间,被告人王辉将组织卖淫的场所转移至北碚区川仪大酒店,该团伙在该酒店内以同样的管理和分工方式介绍、容留多名失足妇女从事卖淫活动。

2014年11月6日16时许,公安民警接到群众举报后,在北碚区川仪大酒店9楼将正在从事卖淫活动的失足妇女王某某、吴某某当场查获,同时查获另外5名失足妇女,并将被告人王辉、文兴洲、罗策、毛梦玲、苏杨捉获归案。同日16时许,公安民警在北碚区天生巷出租屋内将被告人黄丽娜、丁新全、王成、林杨、唐某某抓获归案。

2014年10月7日至11月5日间,多名失足妇女在该团伙的组织下卖淫465起,其中泰式106起,中式59起。卖淫总金额512200元。重庆市北碚区人民法院于2015年7月29日作出(2015)碚法刑初字第00295号刑事判决:

1. 被告人王辉犯组织卖淫罪,判处有期徒刑五年六个月,并处罚金人民币四万元。

2. 被告人文兴洲犯组织卖淫罪,判处有期徒刑五年三个月,并处罚金人民币二万元。

3. 被告人毛自强犯协助组织卖淫罪,判处有期徒刑二年六个月,并处罚金人民币一万五千元。

4. 被告人罗策犯协助组织卖淫罪,判处有期徒刑二年六个月,并处罚金人民币一万五千元。

5. 被告人毛梦玲犯协助组织卖淫罪,判处有期徒刑一年八个月,宣告缓刑二年,并处罚金人民币一万二千元。

6. 被告人黄丽娜犯协助组织卖淫罪,判处有期徒刑一年八个月,宣告缓刑二年,并处罚金人民币一万元。

7. 被告人丁新全犯协助组织卖淫罪,判处有期徒刑一年六个月,并处罚金人民币六千元。

8. 被告人王成犯协助组织卖淫罪,判处有期徒刑一年四个月,并处罚金人民币四千元。

9. 被告人林杨犯协助组织卖淫罪,判处有期徒刑一年二个月,并处罚金人民币三千元。

10. 被告人苏杨犯协助组织卖淫罪,判处有期徒刑一年,并处罚金人民币三千元。

11. 对被告人王辉犯罪所得赃款人民币十八万零一百元、被告人文兴洲犯罪所得赃款人民币五万零九百六十元、被告人罗策犯罪所得赃款五千八百六十元、被告人毛梦玲犯罪所得赃款一万四千七百元、被告人黄丽娜犯罪所得赃款一万零七百八十元、被告人丁新全犯罪所得赃款七千三百四十元、被告人王成犯罪所得赃款六千四百三十元、被告人林杨犯罪所得赃款三千一百元、被告人苏杨犯罪所得赃款八百八十元依法予以追缴。

12. 对公安机关扣押在案的涉案工具(手机、账本、对讲机、卖淫道具)依法予以没收。

一审宣判后,十被告人均未提起上诉,检察机关亦未抗诉,判决已发生法律效力。

二、裁判要旨

No.6-8-358(1)(2)-1-15 在卖淫团伙中,在组织卖淫活动中发挥核心作用、具有核心地位以及处于或接近该团伙核心层的行为人,可以认定为组织卖淫者;属于隶属核心人物又不接近核心层的行为人,应当被认定为协助组织卖淫者。

行为人在组织卖淫中是否发挥核心作用,是从功能因素认定组织卖淫罪的关键。所谓核心作用,是指对卖淫团伙中的人、物等全部实现或核心事项具有最后的统筹、决定权。客观而论,卖淫是一种非法买卖性服务的双方行为,本质是一种契约。对于卖淫组织而言,卖淫契约的成立与履行都具有重要地位。本案中被告人毛自强从事记录员和采购员的工作,被告人罗策从事收银员工作,毛自强不对失足妇女进行业务培训,不制定失足妇女的工作流程及请假上工制度,其不在岗的时间由他人负责;罗策亦不对失足妇女进行管理控制,不对卖淫活动进行指挥调度,其在分发提成后还要将剩余嫖资上交。二被告人对契约的签订履行均不起统筹、决定作用。

行为人在卖淫团伙中是否具有核心地位,是从人际因素认定组织卖淫罪的关键。任何具有相当规模的卖淫组织,其内部都存在一定程度的层级关系。判断行为人是否是组织卖淫者,需要看其是否处于或接近该团伙的核心层,而不取决于行为人是否直接管理、控制卖淫者,因为直接管理、控制卖淫者也可能仅是被雇佣的打手。本案中,毛自强、罗策与核心人物文兴洲、王辉事先没有分工合谋、利润分成的约定,卖淫活动中受核心人物领导和指挥,并不接近团伙核心层,与核心人物具有隶属关系,故二被告人应认定为协助组织卖淫罪。

案例:席登松等组织卖淫、刘斌斌等协助组织卖淫案

案例来源:《刑事审判参考》总第 115 集[第 1267 号]

主题词:组织卖淫罪　投资行为

一、基本案情

2015 年 6 月至 2016 年 6 月,被告人席登松、郑利华、陆根武在江山市金陵大酒店一楼以 6∶3∶1 的出资比例合伙经营江山市金陵保健服务中心(以下简称“金陵 SPA 馆”),由席登松具体经营管理。其间金陵 SPA 馆组织卖淫女向嫖客提供多种性服务,收取不等的费用。2015 年 8 月,席登松与被告人郭晨书面约定合作经营金陵 SPA 馆卖淫服务,由郭晨组建、管理卖淫女团队,席登松负责金陵 SPA 馆的整体运营管理,包括收银员的雇用、税费开支、物品提供以及相关人员违法行为被查处后的处置等。之后,郭晨招募卖淫女、安排卖淫交易,利用微信、支付宝收银,通过微信及出租车司机招揽嫖客,同时向郑利华发送每日记账单;郑利华通过郭晨发送的每日记账单以及偶尔到金陵 SPA 馆查看掌握情况;陆根武偶尔到金陵 SPA 馆查看掌握卖淫情况。卖淫所得的 13%归郭晨,50%归卖淫女,37%由席登松、郑利华、陆根武按出资比例分配。

2015 年 6 月至 8 月,被告人汪榆鑫在金陵 SPA 馆担任收银员;负责收银记账、卖淫计时、催钟、接待嫖客。2015 年 10 月至 2016 年 6 月,被告人詹海燕在金陵 SPA 馆担任收银员;2016 年 4 月至 2016 年 6 月,被告人王淑娟在金陵 SPA 馆担任收银员,二人均负责收银记账、卖淫计时、催钟、给付出租车司机提成。2016 年 2 月至 6 月,被告人付大勇受雇于被告人郭晨在金陵 SPA 馆担任服务员,协助郭晨接待嫖客、通知卖淫女试钟、带卖淫女供嫖客挑选、收银、给付出租车司机提成。2016 年 5 月至 6 月,金陵 SPA 馆组织 10 余名卖淫女共卖淫 1400 次。

2016 年 3 月 29 日,被告人席登松承包被告人汪雨经营的江山市瑞都酒店 208 号房间,用于组织卖淫活动。被告人汪雨为被告人席登松在瑞都酒店客房放置招嫖卡片、抄录酒店男性旅客信息提供便利。其间,被告人席登松、郭晨等人组织 10 名卖淫女在瑞都酒店卖淫 20 次。2016 年 4 月至 6 月,被告人刘斌斌受雇于席登松,负责在金陵 SPA 馆与瑞都酒店之间接送 10 名卖淫女,并经手开房及给付出租车司机提成。

2016 年 6 月 27 日、7 月 2 日、7 月 21 日、8 月 4 日,被告人刘斌斌、陆根武、汪雨、汪榆鑫先后向公安机关投案。

二、裁判要旨

No. 6-8-358(1)(2)-1-16　投资者只要明知实际经营者、管理控制者所进行的是组织卖淫活动,即使没有实际直接参与经营,没有直接对卖淫活动进行管理控制,其投资行为也应认定为组织卖淫行为。

最高人民法院、最高人民检察院《关于办理组织、强迫、引诱、容留、介绍卖淫刑事案件适用法律若干问题的解释》(以下简称《涉卖淫刑案解释》)第一条第一款规定:“以招募、雇佣、纠集等手段,管理或者控制他人卖淫,卖淫人员在三人以上的,应当认定为刑法第三百五十八条规定的‘组织他人卖淫’。”据此,我们认为,“管理或者控制他人卖淫”是组织卖淫罪的最主要行为特征。在司法实践中,一些行为人并不参与组织卖淫的具体管理或者控制活动,而仅对所谓的洗浴中心、保健中心等进行投资,并约定分成,对卖淫嫖娼活动的日常管理很少甚至不直接介入。那么,对这类投资行为是否能认定为组织卖淫?

我们认为,投资者只要明知实际经营者、管理控制者所进行的是组织卖淫活动,即使没有实际直接参与经营,没有直接对卖淫活动进行管理控制,其投资行为也应认定为组织卖淫行为的组成部分。其主要原因就在于,实际经营者、管理控制者如果离开了投资者的投资,组织卖淫的规模会受到影响,甚至是否有经济实力实施组织卖淫行为都可能存在问题。当然,仅有投资没有实际经营行为,没有管理控制行为,投资行为不会自动转变为组织卖淫行为。因此,投资行为与实际经营行为、管理控制行为共同构成了组织卖淫行为。

就本案而言,被告人席登松、郑利华、陆根武以 6∶3∶1 的出资比例合伙经营金陵 SPA 馆,金陵 SPA 馆实际是他们为组织卖淫而设置的固定卖淫场所,经营金陵 SPA 馆是名,实施组织卖淫犯罪是实,目的是牟取经济利益。特别是席登松,不仅投资比例最高,居于"控股"地位,还系具体经营管理者。郑利华、陆根武投资后虽未直接参与经营,但也通过查看被告人郭晨发送的每日记账单或者偶尔到金陵 SPA 馆查看等方式掌握卖淫情况。因此,席登松、郑利华、陆根武都是组织卖淫犯罪的实施者。被告人郭晨组建、管理卖淫女团队,安排卖淫交易,利用微信、支付宝收银,通过微信及出租车司机招揽嫖客等行为,也都是组织卖淫犯罪的表现形式。

No. 6-8-358(1)(2)-1-17 投资者构成组织卖淫罪的,应当根据其出资比例以及参与经营程度认定主从犯。

刑法专门规定了协助组织卖淫罪以后,并不影响组织卖淫共同犯罪中根据案件事实区分主从犯;同样,协助组织卖淫罪本身也有主从犯之分,如有的犯罪分子成立专门的运送卖淫女团伙,在团伙内部就有主从犯之分。概言之,只要是共同故意犯罪,都可能存在主从犯的问题。

就本案而言,针对投资者而言,除了考察投资比例,还要考察是否直接参与经营或者考察参与经营的程度。这是区分犯罪分子在共同犯罪中地位作用的一个重要方面。(1)主要投资者其地位明显高于仅投资而没有参与经营者,主要经营者比没有参与经营的人作用更突出。(2)虽然仅投资而不参与经营、管理,但居于控股地位的,其地位、作用不一定次于实际经营者和管控者。(3)仅投资且投资比例没有达到控股地位的,其地位作用明显次于投资处于控股地位者,或者明显次于实际经营者,或者明显次于实际管控者的,可以认定为组织卖淫的从犯;接近控股地位的,可以认定为主犯,但与最主要的主犯,在量刑上要有区分。根据这三个区分办法,本案被告人席登松既是主要投资者(投资比例占 60%),又是主要经营者,理应认定为主犯。而郑利华投资占比 30%、陆根武投资占比 10%,且均未具体参与经营,只是偶尔查看经营情况,其地位、作用明显不如席登松,应当认定为从犯。被告人郭晨虽然未出资,但其实施了招募卖淫女,组织卖淫女团队,安排卖淫交易,利用微信、支付宝收银,通过微信及出租车司机招揽嫖客等行为,在共同犯罪中地位突出、行为积极,且其收入占全部卖淫收入的 13%,收入比投资者郑利华、陆根武都高,应当认定为共同犯罪中的主犯。

案例:方斌等组织卖淫案

案例来源:《刑事审判参考》总第 115 集[第 1268 号]

主题词:组织卖淫罪 协助组织卖淫罪 自首

一、基本案情

2013 年 3 月 20 日,被告人方斌租用位于绵阳市涪城区会仙路 16 号的四川豪瑞特酒店 8 楼成立"绵阳城区乔治五号商务娱乐会所",经营卡拉 OK、洗浴、足浴服务。2016 年 3 月,被告人方斌聘用彭建智(另案处理)担任"绵阳城区乔治五号商务娱乐会所"总经理,负责会所经营管理活动。当月,彭建智又聘用被告人秦辉明在会所担任店长,负责会所员工日常管理等工作。此后,彭建智与方斌等人共谋在会所组织卖淫人员从事卖淫活动,方斌安排被告人方勇监督会所经营情况,负责保管卖淫活动营业款等工作。2016 年 4 月至 8 月 18 日,该会所聘用被告人于振洋负责招聘、管理卖淫人员,被告人张后龙、吴聪、潘强为足浴店接待员、保安,负责接待嫖娼人员,推荐、介绍卖淫服务,领取卖淫提成等;并先后制定豪瑞特养生会馆足浴技师提成方案、营业基本任务、理疗部项目提成方案等关于卖淫活动收入的分配方案,同时在互联网网站上发布招聘按摩师等信息,组织马某、王某等多名卖淫人员,在"绵阳城区乔治五号商务娱乐会所"从事卖淫活动,其中2016年8月1日至8月18日,该会所组织卖淫活动346次。

2016年8月18日16时许,公安机关接群众举报,在"绵阳城区乔治五号商务娱乐会所"的租房内,查获正在进行卖淫嫖娼活动的马某(女)、石某(男)二人,并现场抓获被告人秦辉明、于振洋、方勇、潘强、吴聪、张后龙及卖淫女王某、随某某、吴某某、王某某,扣押赃款2680元,扣押作案工具电脑主机2台、POS机1台。同日23时许,被告人方斌主动到公安机关投案。

二、裁判要旨

No. 6-8-358(1)(2)-1-18 主要投资人在整个组织卖淫共同犯罪过程中起到了组织、策划、指挥等主要作用,具有绝对的支配权和领导地位,其他参与组织卖淫犯罪的人员都受其指挥、服从其领导。应该对组织卖淫活动承担全部责任。

主要投资人实际上是卖淫场所的所有人或实际经营者,虽然通常并不直接参与卖淫场所的日常经营管理,而是通过雇佣、指使管理人员负责卖淫场所的日常经营运行,但主要投资人在整个组织卖淫共同犯罪过程中起到了组织、策划、指挥等主要作用,具有绝对的支配权和领导地位,其他参与组织卖淫犯罪的人员都受其指挥、服从其领导,二者之间是上下级的关系。故主要投资人在犯罪组织中的地位高、作用大,属于"幕后黑手""老板""大哥",当然应该对组织卖淫活动承担全部责任,是第一主犯。

本案中,被告人方斌在豪瑞特酒店利用从事服务行业的便利条件,以招募、雇佣、容留等手段,控制多人从事卖淫行为,其已构成组织卖淫罪。方斌虽然没有直接参与卖淫活动的具体事务管理,但其作为会所实际投资人,雇用他人管理卖淫活动,是整个卖淫活动的控制者,起主要作用,是主犯,应当按照其组织的全部犯罪处罚。

No. 6-8-358(1)(2)-1-19 区分组织卖淫罪和协助组织卖淫罪的关键在于是否实施了管理、控制卖淫活动的组织行为。

(1)所谓组织卖淫行为,一般是指以招募、雇佣、容留等手段,管理或者控制多人从事卖淫的行为。认定的关键是行为人对卖淫活动有策划、指挥、管理、控制、安排、调度等组织行为(实行行为),对卖淫者的卖淫活动已经形成有效管理与控制。因此,在组织卖淫活动中对卖淫者的卖淫活动直接实施安排、调度等行为的,也属于对卖淫者进行管理的组织行为,不论是主犯、从犯,还是实行犯、帮助犯,都应当按照组织卖淫罪定罪处罚,绝不能根据分工或者作用的不同而分别定罪。

本案被告人于振洋在整个犯罪体系中属于管理卖淫人员的"鸡头",卖淫人员的请销假、排班、调度、薪酬等都由其控制掌握,其在整个共同犯罪过程中地位极其重要,仅次于"大老板"方斌,负责管理、培训卖淫女等工作,与一般工作人员工作内容不同,其管理、支配、控制着卖淫活动,也就是与卖淫人员之间存在管理与被管理的关系,这些行为已经超越了单纯的帮助行为的界限,其行为实质上属于管理和控制他人从事卖淫活动,符合组织卖淫罪构成要件,应当以组织卖淫罪定罪处罚。

(2)客观上只实施了为组织卖淫的人招募、运送人员或者其他协助组织他人卖淫行为的,构成协助组织卖淫罪。组织卖淫罪的行为人主观方面是组织他人卖淫的犯罪故意,而协助组织卖淫罪的行为人主观方面是协助组织卖淫活动的犯罪故意。协助组织卖淫行为属于帮助犯,而帮助犯不实施主行为,因此,协助组织卖淫者所实施的行为不能是前述组织行为(实行行为),否则应当以组织卖淫罪论处。没有实施组织行为,即不是对卖淫活动直接进行策划、指挥、管理、控制、安排、调度,不与卖淫行为发生直接联系,而是在外围协助组织者实施其他行为。

本案中,被告人张后龙、吴聪、潘强、方勇等分别监督会所经营情况,负责保管卖淫活动营业款,或作为足浴店接待员、保安,负责接待嫖娼人员,推荐、介绍卖淫服务,领取卖淫提成等,虽然对卖淫场所的正常运行发挥重要作用,但他们并没有直接管理和支配卖淫人员,与组织卖淫罪中的"控制多人从事卖淫活动"存在本质上的不同,属于在组织卖淫的共同犯罪中起帮助作用的行为,符合《刑法》第三百五十八条第四款规定的“为组织卖淫的人招募、运送人员或者有其他协助组织他人卖淫行为”的情形,应当以协助组织卖淫罪定罪处罚。

案例:杨恩星等组织卖淫案

案例来源:《刑事审判参考》总第 115 集[第 1269 号]

主题词:组织卖淫罪　协助组织卖淫罪　共同犯罪

一、基本案情

自 2015 年 10 月起,被告人杨恩星在青岛市黄岛区江山路西小区租赁房屋,并在网上发布招嫖信息,招聘卖淫女从事卖淫活动。被告人纪文峰起初为杨恩星招聘的卖淫女,后在卖淫活动中担任客服。2016 年 5 月,杨恩星使用假身份证在华宇新村租赁房屋,与被告人逄锦敏合伙经营,招聘卖淫女卫某某、明某、刘某某等人,从事组织卖淫犯罪活动。该二人约定各自享有华宇新村店一半的股份且该店所有收益由二人均分。该店规定了明确的卖淫项目及价格、卖淫所得分成方式。杨恩星负责在网上发布招嫖信息、客服、记账、招聘和管理卖淫女等工作,逄锦敏负责接送嫖客、给出租车司机结账、招聘卖淫女、望风等现场管理工作,纪文峰为华宇新村店担任客服工作,其主要负责接听嫖客电话、指引嫖客前往指定地点进行嫖娼、创建该卖淫店工作微信群、面试卖淫女等工作。2016 年 7 月 14 日,公安人员在华宇新村店内查获卖淫女刘某某、卫某某、明某,嫖娼人员陈某某、孙某、张某。经查,当日张某和明某发生卖淫嫖娼关系,陈某某、孙某和卫某某发生卖淫嫖娼关系。

二、裁判要旨

No. 6-8-358(1)(2)-1-20　协助组织卖淫罪与组织卖淫罪的从犯的本质区别在于行为不同,而非作用大小。

组织卖淫罪与协助组织卖淫罪在一般情况下属于实质上的共同犯罪,协助组织卖淫行为属于组织卖淫行为中的帮助行为。协助组织卖淫者可以认为是组织卖淫者的帮助犯,在帮助犯没有单独成罪的情况下,确实属于从犯的一种,但并不是从犯的全部。在协助组织卖淫行为单独成罪以后,并不意味着组织卖淫罪中不存在从犯,或者说组织卖淫罪的从犯就是协助组织卖淫罪。协助组织卖淫罪是一种独立的犯罪,而不是共同组织卖淫罪的从犯;共同组织卖淫罪的从犯,应当定性为组织卖淫罪,而不能定性为协助组织卖淫罪。

协助组织卖淫罪与组织卖淫罪的从犯的本质区别在于行为不同,而非作用大小。我们认为,协助组织卖淫行为属于帮助犯,帮助犯与主行为实施者即实行犯是按照分工不同划分的,即帮助犯不实施主行为,两者的本质区别在于行为人在组织卖淫活动过程中的分工,而不是作用大小。在组织卖淫活动中,凡是对卖淫者的卖淫活动直接进行管理、控制的行为人,体现为以招募、雇佣、强迫、引诱、容留等手段,管理、控制多人从事卖淫,核心是策划、指挥、管理、控制、安排、调度等组织行为,应当构成组织卖淫罪。其中起主要作用的是主犯,起次要、辅助作用的是从犯,但从犯实施的行为也应是组织行为,只是这种组织行为相对于主要组织者而言作用相对次要。而协助组织卖淫罪中行为人所实施的行为不能是组织行为,不与卖淫行为发生直接联系,只能是在外围保障卖淫活动顺利进行的辅助行为。

在司法实践中,对于将组织他人卖淫场所中的“老板”认定为组织者是没有异议的,但对于经理、领班等其他管理人员能否认定为组织者存在争议。我们认为,在整个卖淫组织中,出资者、指挥者固然属于组织卖淫者,经理、领班等其他管理人员也实施具体的管理行为,只是其地位和作用相对于出资者、指挥者来说较小,但只要与卖淫人员之间存在管理与被管理的关系,而不是实施单纯的帮助行为,其实质上就实施了组织卖淫罪的实行行为,故也应将这部分管理人员的管理行为认定为组织卖淫行为。

本案中,被告人纪文峰在卖淫场所中担当客服的角色,主要负责接听嫖客电话、指引嫖客前往指定地点进行嫖娼,此外纪文峰还负责创建该卖淫店工作微信群、面试卖淫女、办理卖淫女请假事宜等工作。这些行为中,前者即接听嫖客电话、指引嫖客前往嫖娼的地点、面试卖淫女等属于协助组织卖淫行为;但后者即建立杨恩星、逄锦敏还有卖淫女在内的微信工作群、准许卖淫女请假等行为,却属于组织卖淫行为,因为这些行为已经超出了协助组织卖淫的行为范畴,而属于组织卖淫中的管理行为。

案例:何鹏燕介绍卖淫案

案例来源:《刑事审判参考》总第115集[第1270号]

主题词:组织卖淫罪 介绍卖淫罪

一、基本案情

2016年1月至6月间,被告人何鹏燕多次介绍李某某(女,2001年10月25日出生)、万某(女,2001年2月23日出生)、秦某(女,2000年8月30日出生)在丰都县高家镇进行卖淫活动。

另查明:卖淫女李某某与秦某、万某的卖淫活动分别在不同时间段,无三人在同一时段的情形。

二、裁判要旨

No. 6-8-358(1)(2)-1-21 组织卖淫罪的成立条件,"卖淫人员在三人以上"是指在指控的犯罪期间,管理、控制卖淫人员不是累计达到三人以上,而是在同一时间段内管理、控制的卖淫人员达到三人以上。

《最高人民法院、最高人民检察院关于办理组织、强迫、引诱、容留、介绍卖淫刑事案件适用法律若干问题的解释》(以下简称《涉卖淫刑案解释》)第一条第一款规定,以招募、雇佣、纠集等手段,管理或者控制他人卖淫,卖淫人员在三人以上的,应当认定为《刑法》第三百五十八条规定的"组织他人卖淫"。根据《涉卖淫刑案解释》的上述规定,构成组织卖淫罪应当同时具备以下三个条件:(1)组织者对卖淫人员采用了招募、雇佣、纠集等手段;(2)组织者具有管理或者控制他人卖淫的行为;(3)卖淫人员达到三人以上。其中"卖淫人员在三人以上"是指在指控的犯罪期间,管理、控制卖淫人员不是累计达到三人以上,而是在同一时间段内管理、控制的卖淫人员达到三人以上。具体理由如下:

第一,符合组织卖淫罪中"组织"的本意。刑法规定的"组织"行为的基本模式是,为了达到一定的犯罪目的,将分散的人或事物按照一定的形式相结合,形成相对固定的整体的行为。

第二,组织卖淫罪的构成应当以具有"组织性"为前提。刑法规定的"组织"行为的本质在于体现"组织性",即强调由分散个体组成整体的稳同性和强大性。这不只要求简单地将单个个体召集到一起,还要求组成成员的相对固化,形成相应的纪律、规则,具备一定的行为定式,从而使整体的实力远远大于个体实力的简单相加。首先,组织他人卖淫的"组织性"在人数上要求达到多人。即行为人组织的卖淫人员的人数必须达到三人及以上,在数量上实现由少变多,如果卖淫的人数没有达到三人,那么行为的"组织性"则无法体现。其次,组织他人卖淫的"组织性"在空间上要求具有稳定性。即组织者与卖淫人员通过一定的管理或者控制手段形成相对稳定的团体,从而让卖淫人员处于有序状态下进行卖淫交易。最后,组织他人卖淫的"组织性"在时间上要求具有重合性。即三人以上的卖淫人员在被管理或者控制的某个时间段必须存在交叉、重叠,也即三人以上的卖淫人员必须同时出现在一个时间段内,方能体现组织卖淫中的"组织性"。"时间上的重合"是"人数上多人"和"空间上稳定"有机结合的必要结合点。

第三,将"卖淫人员在三人以上"理解为累计达到三人以上,将会造成罪责刑不相适应。组织卖淫罪起点刑为五年有期徒刑,在《刑法》分则第六章第八节中属于重罪,量刑起点较高。将《涉卖淫刑案解释》规定的"卖淫人员在三人以上"理解为累计达到三人以上,将会放宽组织卖淫罪的成立条件,扩大打击面。

综上,被告人何鹏燕虽然具有联系嫖客、与嫖客谈价格、收取嫖资、确定与卖淫女之间对嫖资的分配、接送卖淫女等"管理他人卖淫"的行为,但是卖淫女李某某与万某、秦某是在不同时间段从事卖淫活动的,未能将卖淫人员整合成三人以上的稳定的卖淫团体,缺乏组织他人卖淫的

"组织性",不符合《涉卖淫刑案解释》规定的"卖淫人员在三人以上"的条件,不构成组织卖淫罪。

案例:胡杨等协助组织卖淫案

案例来源:《刑事审判参考》总第120集[第1309号]

主题词:组织卖淫罪　协助组织卖淫罪

一、基本案情

2016年8月3日,余永洪(另案处理)作为老板,承包使用1886汽车服务有限公司地下停车场,招募、雇佣人员利用该场所从事组织卖淫活动。后余永洪招聘被告人胡杨为执行经理,负责日常管理,被告人龙兴桥负责看门、望风并核实确认嫖客身份等工作,被告人夏玲玲负责收银、记账等财务工作,被告人方珂、李星、张江、严寒寒、吴鑫芝等营销人员负责通过互联网、QQ、微信等方式发布招嫖信息,联系嫖客并带到"1886汽车俱乐部"后安排房间和卖淫女进行卖淫嫖娼活动。卖淫女按照自己价格的50%提成,营销人员按照剩余部分的30%提成,其余部分归公司。2016年8月30日23时许,公安人员对"1886汽车俱乐部"进行清查,查获正在进行卖淫嫖娼违法活动人员5对10人,当场抓获协助组织卖淫活动的被告人胡杨、龙兴桥、方珂、李星、张江、严寒寒、夏玲玲、吴鑫芝等人及该俱乐部其他卖淫女13人。

二、裁判要旨

No. 6-8-358(1)(2)-1-22　既非出资人,也非主要获利人,但受雇对卖淫违法犯罪活动进行日常管理,应认定为组织卖淫罪的共犯,而非协助组织卖淫罪。

协助组织卖淫罪是从组织卖淫罪中分离出来的,两罪的犯罪构成特征有相似之处,在犯罪主体、客体和主观方面基本一致,比较容易混淆。但《刑法》条文对这两种犯罪的情况作了具体的规定和描述,两罪拥有独特的犯罪构成特征,在主观故意的具体内容、行为方式等方面存在明显区别,界限比较分明。区分组织卖淫罪和协助组织卖淫罪的关键点是行为人是否实施了"组织行为",认定时需注意以下三个方面:

1. 组织他人卖淫的行为贯穿于组织卖淫活动的整个过程,既包括将卖淫人员组织在一起的行为,也包括将卖淫人员组织起来后实施卖淫的行为。

2. 组织他人卖淫的行为既是一种组织行为,也是一种实行行为,它不同于刑法关于共同犯罪中的组织犯的意义。共同犯罪中的组织犯是指组织、策划、指挥他人去实施犯罪,其组织行为本身不是具体实施犯罪的实行行为,而组织卖淫罪中的组织、策划、指挥行为本身就是实行行为。

3. 组织他人卖淫的行为着眼点在于"管理"和"控制",即是否以招募、雇佣、纠集等手段对卖淫人员达到人身、财产、行为等方面的管理和控制,即卖淫人员服从于组织行为,受组织卖淫人员的管理和控制,而协助者没有权力参与对卖淫人员的指挥、管理和控制。

No. 6-8-358(1)(2)-1-23　组织卖淫罪和协助组织卖淫罪均可能存在主从犯的区分,不能简单地将组织卖淫罪的从犯认定为协助组织卖淫罪的正犯。

组织卖淫罪中能够区分主从犯。第一,组织行为人的地位、作用并非完全相同。虽然组织卖淫犯罪本身蕴含的犯罪构成要件要求行为人实施的是组织行为,但实施这种组织行为未必是一般意义上的组织犯,其组织对象既包括其他共同犯罪人,又包括卖淫人员。组织卖淫罪中可以有多名组织者,多名组织者内部之间还存在主从之分。所以组织他人卖淫的组织者不一定是组织犯,也就不一定是首要分子,在多名组织者之间也是存在分工的,对于其中处于从属地位、发挥次要作用、听命于人的应当以从犯论处。第二,司法实践中,普遍认为协助组织卖淫行为是组织卖淫行为的帮助犯,帮助犯是起辅助作用的从犯,从犯不一定是帮助犯。协助组织卖淫行为从组织卖淫罪中分离出来,组织卖淫共同犯罪中还存在另外一种起次要作用的从犯。第三,从刑法理论上说,既然是共同犯罪,就有主从犯的区分问题。

有观点认为协助组织卖淫罪没有主犯,其理由就在于协助组织卖淫罪其实是法律将原本属于组织卖淫罪的从犯予以单独规定罪名的结果,故所有协助组织卖淫行为人,就其行为本质来说,都属于组织卖淫罪的从犯。我们认为,这种观点既不符合刑法关于主从犯划分的理论,也与司法实践不相符。第一,从刑法理论上说,凡是共同犯罪案件,一般来说都存在罪犯之间有主有从的问题,当然也有可能共同犯罪人都是主犯,但不可能都是从犯。协助组织卖淫罪与组织卖淫罪分离,单独成罪后,显然不能在组织卖淫罪的范围内讨论协助组织卖淫罪有无主犯,而是要以协助组织卖淫罪为评价对象,判断协助行为本身的主从之分。《刑法》将协助组织卖淫罪从组织卖淫罪中分离出来,主要原因就是协助组织卖淫行为的类型化。组织卖淫罪实施过程中需要保镖、打手、管账人予以协助已经成为常态,而"协助者"们往往由于分工不同而获利不同,因此,他们在共同犯罪中所起的作用不同,罪责也相应有所区别。第二,司法实践中,一些协助组织卖淫行为往往不依附于组织卖淫者,相反却有自己相对独立的组织,如专门的运输组织、专门的培训机构、专门的保镖组织。这些相对独立的组织,往往不止与一个卖淫犯罪团伙发生关系,而是同时与多个卖淫犯罪团伙发生关系。因此,那种认为协助组织卖淫行为一定是组织卖淫行为从犯的观点与犯罪方式的变化已经不相称了。在这些相对独立的协助组织卖淫机构内,完全有可能存在主从犯的区分问题。

综上,组织卖淫罪和协助组织卖淫罪都可能存在一人犯罪和数人共同犯罪的情况,只要是数人共同犯罪,除都是主犯的外,都应当有主从犯之分,应当根据他们在共同组织卖淫或者协助组织卖淫犯罪活动中起的作用,按照《刑法》关于共同犯罪的相关规定确定,不能将组织卖淫罪的从犯认定为协助组织卖淫罪。

本案中,胡杨的行为应认定为组织卖淫罪的从犯,原审法院认为各被告人在共同犯罪中分工不同、相互配合,地位、作用相当,不宜区分主从犯,是不妥的。

162 强迫卖淫罪(《刑法》第三百五十八条第一、二款)

案例:唐发均强迫卖淫案

案例来源:《人民法院案例选》2008 年第 2 辑

主题词:强迫卖淫罪　卖淫

一、基本案情

被告人:唐发均。

四川省成都市金牛区人民法院经审理查明:2004 年 4 月 17 日下午,被告人唐发均(男)以招工的名义将被害人陈某(男)带至成都市一环路北一段 238 号 4 幢 2 单元 5 号暂住房,电话通知嫖客"董妈"(男),并要陈某卖淫。陈不从,唐即以语言威胁等方法,迫使陈某卖淫,事后"董妈"交给唐一百余元。当晚,唐又让陈某向嫖客"四路"(男)卖淫,事后"四路"交给唐三百元。此后,唐为防止陈离开将陈反锁于房间内。2004 年 5 月 26 日,被害人陈某向公安机关报案,当日被告人唐发均被公安机关抓获。另查明,被告人唐发均自 2002 年 4 月 30 日刑满释放至今不满 5 年。

成都市金牛区人民法院认为,被告人唐发均采取胁迫的方法强迫他人卖淫,并从中牟利,主观上有强迫他人卖淫的故意,客观上实施了强迫他人卖淫的行为,其行为严重侵犯了社会治安管理秩序和他人的人身权利,已构成强迫卖淫罪。成都市金牛区人民检察院对被告人唐发均构成强迫卖淫罪的指控成立,应予支持。但公诉机关指控被告人多次强迫他人卖淫的事实,因缺乏相关证据,不予认定。被告人唐发均在庭审中辩称陈某是自愿卖淫的辩解意见,与其在侦查阶段所作的供述及证人证言、被害人陈述相矛盾,被告人唐发均当庭翻供又未作出合理的解释,故对其辩解意见不予采纳。对被告人唐发均的其他辩解意见,予以采纳。鉴于被告人唐发均刑满释放后 5 年内又犯罪,系累犯,应当从重处罚。

据此,成都市金牛区人民法院根据《中华人民共和国刑法》第三百五十八条第一款、第六十五条第一款、第五十二条、第五十三条、第六十四条之规定,于 2005 年 3 月 3 日判决:

1. 被告人唐发均犯强迫卖淫罪,判处有期徒刑六年,并处罚金人民币 5000 元;

2. 对被告人唐发均的违法所得四百元予以追缴。

宣判后,被告人未提起上诉,判决已发生法律效力。

二、裁判要旨

No.6-8-358(1)(2)-2-1 以收受或约定报酬而与不特定的人进行性交或实施其他性器官接触的淫乱行为的,应当认定为卖淫。

正确理解刑法意义上的卖淫,应当结合现实的语境把握其实质。在目前的社会现实中,已确实出现了许多超出人们传统认识的淫乱行为,如除自然意义上的性交行为之外,出现了包括口交行为、肛交行为、手淫行为以及其他涉及生殖器官接触的变态性行为。一旦与收受报酬或约定收受报酬建立联系,此类行为必然因其针对社会上不特定人的特征而产生辐射、扩散的效果,从而极大地违背人们正常的道德观念和价值评判标准,严重污染、腐蚀为社会主流文化所积极认可的道德风尚与社会风气,使人们的伦理观念、婚姻家庭观念、性生活观念发生扭曲。组织、强迫、引诱、容留、介绍他人从事此类行为,则进一步放大其社会危害性,加剧与社会正常治安管理秩序的对抗态势。因此,将同性卖淫与收受报酬或约定收受报酬结合的所有淫乱行为界定为刑法意义上的卖淫,进而对组织、强迫、引诱、容留、介绍他人从事此类行为予以犯罪化,是十分必要的。

案例:蒋德亮、胡春梅强迫卖淫案

案例来源:《人民法院案例选》2012年第4辑

主题词:强迫卖淫罪 与组织卖淫的区分

一、基本案情

原公诉机关:河南省光山县人民检察院。

上诉人(原审被告人):蒋德亮。

2006年10月份,被告人蒋德亮以服装厂招募工人为幌子,将胡春梅骗到广东省河源市,并以办工资卡为名扣押了胡春梅的身份证。到达该市后,先以工厂正在装修为由,安排胡春梅在其朋友家吃住二十天左右,然后称服装厂经营不成提出让胡春梅到酒店卖淫,胡春梅不同意,被告人蒋德亮以胡春梅还其支付的几千元生活费用相要挟,迫使胡春梅在一酒店卖淫。两个月后,被告人蒋德亮又将胡春梅带到江西省南昌市"汉方洲"足浴中心卖淫。此后,胡春梅在该市卖淫至2010年2月份。胡春梅卖淫期间的收入全部由蒋德亮与卖淫场所结算并控制,蒋德亮先后按每月800元、1000元的标准作为胡春梅的工资寄给胡春梅家。

2007年5月底,胡春梅提出回家为母亲过生日,被告人蒋德亮让胡春梅从家乡介绍女孩一同卖淫,胡春梅同意。6月30日,被告人胡春梅回家得知同村组村民被害人胡××休学在家后,便以与胡××一同去广东打工为由,伙同蒋德亮将胡××先后骗到广东省河源市、江西省南昌市"汉方洲"足浴中心,被告人蒋德亮采取上述逼迫胡春梅卖淫和控制胡春梅卖淫收入的相同手段,迫使胡××(化名桂枝,胡淑丽)在该足浴中心卖淫并控制其卖淫的收入。其间,胡××不愿意卖淫时,被告人蒋德亮就殴打逼迫其卖淫。2008年7月8日早晨,胡××趁蒋德亮等人熟睡之机,在另一卖淫女的帮助下逃离。被告人蒋德亮见胡××逃跑后,又让胡春梅回家乡介绍女孩一同卖淫。2008年8月份,被告人胡春梅同蒋德亮采取上述相同手段,将胡春梅同村女青年匡××先后骗到广东省河源市、江西省南昌市"汉方洲"足浴中心,被告人蒋德亮采取上述相同手段逼迫匡××在该洗浴中心卖淫并控制其卖淫的收入,至2009年12月份。

光山县人民法院经审理认为:被告人蒋德亮以招募工人为名,先后将三名女青年骗到外地,采取扣押身份证,利用她们孤立无援,索要生活费、断绝生活来源的方法,违背她们意志,迫使或采取暴力手段强迫她们卖淫;被告人胡春梅先作为被害人受蒋德亮迫使卖淫后,又按蒋德亮的要求,先后将两名女青年骗出,配合蒋德亮实施强迫他人卖淫,二被告人的行为均已构成强迫卖淫罪。其中,被告人蒋德亮属于强迫多人或多次强迫他人卖淫。被告人蒋德亮曾犯引诱、容留、介绍他人卖淫罪,不思悔改,又实施犯罪,且庭审时避重就轻,均可酌情从重处罚。在共同犯罪过程中,被告人蒋德亮起组织、领导作用,系主犯,依法应当按照其所组织、指挥的全部犯罪处罚。被告人胡春梅起辅助作用,系从犯,依法应当从轻、减轻处罚或者免除处罚。被告人胡春梅2007年参与犯罪时未满十八周岁,依法应当从轻或减轻处罚;被告人胡春梅到案后协助公安机关抓获了被告人蒋德亮,系一般立功表现,依法可以从轻或减轻处罚;被告人胡春梅庭审时认罪态度较好,其亲属主动为其缴纳了罚金,均可酌情对其从轻处罚。结合被告人胡春梅犯罪的事实、情节及悔罪表现,可对其减轻处罚。据此,对被告人蒋德亮依据《中华人民共和国刑法》[《刑法修正案(九)》之前]第三百五十八条第一款第(三)项,第二十五条第一款,第二十六条第一款、第四款,第六十一条,第五十二条,第五十五条,第五十六条第一款,对被告人胡春梅依据《中华人民共和国刑法》第三百五十八条第一款,第二十五条第一款,第二十七条第一款、第二款,第十七条第一款、第三款,第六十一条,第五十二条;最高人民法院《关于处理自首和立功具体应用法律若干问题的解释》第五条之规定,判决如下:

1. 被告人蒋德亮犯强迫卖淫罪,判处有期徒刑十二年,并处罚金人民币三万元,剥夺政治权利二年。

2. 被告人胡春梅犯强迫卖淫罪,判处有期徒刑二年,并处罚金人民币五千元(已缴纳)。

宣判后,被告人蒋德亮不服,提出上诉,认为其没有强迫胡春梅卖淫,一审认定其多次强迫他人卖淫或强迫多人卖淫与事实不符,其行为仅构成组织卖淫罪。

信阳市中级人民法院经过二审审理认为:原审法院认定事实清楚,证据确凿,程序合法;对被告人蒋德亮、胡春梅的定罪准确,量刑适当,遂依法裁定:驳回上诉,维持原判。

二、裁判要旨

No. 6-8-358(1)(2)-2-2 连续三次使用强迫或要挟手段迫使一名妇女卖淫的行为,主观上没有控制三人以上卖淫的故意,不构成组织卖淫罪,应认定为强迫卖淫罪。

组织卖淫罪与强迫卖淫罪的主要区别在于:(1)侵犯客体不同。前者侵犯的是社会治安管理秩序,后者侵犯的是他人性的权利和身体健康。(2)客观手段不同。前者既可以采取平和手段,也可以采用强迫手段组织他人卖淫。(3)主观方面不同,组织卖淫行为中,行为人主观上是组织多人卖淫。本案中,被告人在三年中采取引诱、使用强迫手段或利用被害人走投无路的情形采用挟持的方法,先后迫使三名女性卖淫。从客观方面看,每次行为经过预谋策划,卖淫人数累计也达到了三人,但行为人每次主观上没有纠集、控制三名以上女性有组织地从事卖淫的故意,客观上也没有将三名女性纠集在一起集中和控制卖淫女的行为。因此被告人的行为不成立组织卖淫罪,应认定为强迫卖淫罪。

案例:刘革辛、陈华林、孔新喜强迫卖淫案

案例来源:《刑事审判参考》总第117集[第1295号]

主题词:强迫卖淫罪　精神强制

一、基本案情

2014年年初,被告人刘革辛、陈华林与陈华远(另案处理)预谋找女孩子到娱乐场合“坐台”谋利。后三人找了黄某某、朱某某(均已满十四岁不满十六岁)到广西壮族自治区融安县“坐台”。因黄某某、朱某某“坐台”不成功,且二人与刘革辛、陈华林、陈华远在融安县的日常开支均是刘革辛支付,为此,刘革辛、陈华林、陈华远把刘革辛已支出的费用全部算在黄某某和朱某某的身上,胁迫二人在融安县卖淫还钱给刘革辛。后黄某某、朱某某在融安县卖淫被查处,刘革辛、陈华林、陈华远与被告人孔新喜一起带黄某某、朱某某到浙江省杭州市“坐台”,二人又“坐台”不成功。因刘革辛支付了本人及陈华林、陈华远、孔新喜、黄某某、朱某某等人在融安县、杭州市的吃住行等开支约6万元,为此在杭州市,刘革辛、陈华林、陈华远威逼黄某某、朱某某写下欠条,要二人还这笔费用(其中黄某某写了一张4.5万元的欠条、朱某某写了一张1.5万元的欠条,且均以欠陈华林的名义写),以逼二人去卖淫还钱给刘革辛。从杭州回到广西壮族自治区柳城县后,刘革辛、陈华远、陈华林带黄某某、朱某某到柳城县沙埔镇、大埔镇及柳州市柳北区沙塘镇等地卖淫,其间刘革辛、陈华林还安排陈华远、孔新喜带黄某某、朱某某去卖淫和看管黄某某、朱某某等。其中,孔新喜带黄某某、朱某某去卖淫和看管黄某某、朱某某等一段时间后离开。黄某某、朱某某卖淫所得的收入除交给刘革辛以冲抵欠款外,还用于二人与刘革辛、陈华林、陈华远的日常吃住等开支。

在卖淫期间,刘革辛、陈华林、陈华远、孔新喜、黄某某、朱某某吃住行在一起,其中刘革辛、陈华林、陈华远分别对黄某某、朱某某实施了殴打行为。2014 年 5 月 21 日下午,黄某某、朱某某趁机逃跑,朱某某被刘革辛等人抓回。刘革辛、陈华林、陈华远把朱某某拉到柳城县沙埔镇芭芒屯一果地以挖坑活埋方式威胁朱某某,后又拉朱某某到柳城县心悦宾馆开 301 房住宿。2014 年 5 月 21 日晚上,刘革辛打电话给李七寿,让李喊人去心悦宾馆 301 房打麻将。随后,李七寿与周铜、王友云、周庆双来到心悦宾馆 301 房间与刘革辛打麻将。其间,陈华林拿出氯胺酮(俗称"K 粉")给李七寿、周铜、王友云、周庆双、刘革辛吸食。当晚,陈华远与朱某某也在 301 房间吸食氯胺酮。次日凌晨 4 时许,接到黄某某报案的警察来到 301 房间解救朱某某时,抓获刘革辛、陈华林、陈华远以及李七寿、周铜、王友云、周庆双。2014 年 6 月 12 日,孔新喜被公安机关抓获。

二、裁判要旨

No. 6-8-358(1)(2)-2-3　强迫卖淫中的强迫既包括直接使用暴力手段或者以暴力相威胁,也包括使用其他非暴力的逼迫手段,如揭发他人隐私或者以可能使他人某种利害关系遭受损失相威胁,或者通过使用某种手段和方法,对他人形成精神上的强制。

强迫卖淫,主要是指行为人采取暴力、威胁或者其他手段,违背他人意志,迫使他人卖淫的行为。这里所说的"强迫",既包括直接使用暴力手段或者以暴力相威胁,也包括使用其他非暴力的逼迫手段,如以揭发他人隐私或者以可能使他人某种利害关系遭受损失相威胁,或通过使用某种手段和方法,对他人形成精神上的强制,在别无出路的情况下,违背自己的意愿从事卖淫活动。无论行为人采取哪一种强迫手段,都构成强迫他人卖淫罪。暴力,是指人身强制方法;威胁,是指精神强制方法;其他方法,是指采用灌醉、麻醉等方法。强迫卖淫的强迫性主要表现为以下情形:(1)在他人不愿意从事卖淫活动的情况下,使用强制手段迫使其从事卖淫活动;(2)他人虽然原本从事卖淫活动,但在他人不愿意继续从事卖淫活动的情况下,使用强制手段强迫其继续从事卖淫活动;(3)在卖淫者不愿意在某地从事卖淫活动或者为某人从事卖淫活动的情况下,使用强制手段在某地或为某人从事卖淫活动。因此,从事卖淫活动的卖淫者也可以成为强迫卖淫的对象。

刘革辛与陈华林、孔新喜等人结伙强制朱某某、黄某某卖淫的行为既包括了暴力手段,也包括了胁迫手段,属于强迫卖淫性质。刘革辛与陈华林、陈华远威逼朱、黄二人归还刘革辛支出的费用,并强迫二人卖淫,以其收入偿还债务,威逼二人写下欠条。欠条中写明:黄某某欠陈华林 4.5 万元,黄某某自愿听从安排,直至还清所有费用为止,所花的钱按高利贷计算,在还清费用前不许回家,若私自逃跑,所欠费用按 10 万元计算;朱某某欠陈华林 1.5 万元,朱某某自愿听从安排,直至还清所有费用为止,所花的钱按高利贷计算,在还清费用前不许回家,若私自逃跑,所欠费用按 5 万元计算,如不能还清债务,自砍手指头一根。刘革辛等人威逼二人写欠条的行为属于胁迫手段,对两人形成心理强制,使两人基于恐惧心理,不得不从事卖淫活动。其间,刘革辛等人还对黄、朱二人实施殴打行为,把出逃的朱某某拉到柳城县一果地以挖坑活埋方式威胁朱某某,属于以暴力手段逼迫他人继续从事卖淫活动。由于黄、朱二人从事卖淫活动时,仍未满十八周岁,二人卖淫期间有机会呼救报警、却不报警,不能视为其自愿卖淫的表现,反而是在刘革辛等人的胁迫下不敢出逃的表现。《最高人民法院、最高人民检察院关于办理组织、强迫、引诱、容留、介绍卖淫刑事案件适用法律若干问题的解释》第七条第二款规定:"根据刑法第三百五十八条第二款的规定,组织、强迫未成年人卖淫的,应当从重处罚。"刘革辛、陈华林、孔新喜使用暴力、胁迫手段强迫黄、朱两名未成年少女卖淫,应从重处罚。

案例:王道军强迫卖淫案

案例来源:《刑事审判参考》总第120集[第1308号]

主题词:强迫卖淫罪 情节严重

一、基本案情

2016年10月月末至11月月初,被告人王道军在台安县台安镇西商业街其经营的家兴旅社内采用威胁、恐吓等手段强迫王某某(2002年3月26日出生)从事卖淫活动共计四次,获取嫖资共计160元。

二、裁判要旨

No. 6-8-358(1)(2)-2-4 强迫卖淫的次数不属于"情节严重"的考量因素,但在量刑时可以考虑。

《刑法修正案(九)》与1997年《刑法》的不同在于:第一,取消了组织、强迫卖淫罪"情节特别严重"的规定,同时取消了该罪的死刑;第二,实施组织、强迫卖淫行为,又具有强奸、杀人、伤害、绑架等犯罪行为的,不再认定为该罪的"情节严重";第三,仅规定了组织、强迫卖淫罪"情节严重"的量刑幅度,而没有明确"情节严重"的具体情形。立法将强迫卖淫罪的情节认定交给了司法裁量,如果再参照1997年《刑法》对强迫卖淫罪"情节严重"的规定来认定,显然不妥。

本案发生在2016年10月至11月,2017年3月7日提起公诉,案件一审期间《最高人民法院、最高人民检察院关于办理组织、强迫、引诱、容留、介绍卖淫刑事案件适用法律若干问题的解释》(以下简称《涉卖淫刑案解释》)(2017年7月25日)通过并正式公布实施,其中第六条规定:"强迫他人卖淫,具有下列情形之一的,应当认定为刑法第三百五十八条第一款规定的'情节严重':(一)卖淫人员累计达五人以上的;(二)卖淫人员中未成年人、孕妇、智障人员、患有严重性病的人累计达三人以上的;(三)强迫不满十四周岁的幼女卖淫的;(四)造成被强迫卖淫的人自残、自杀或者其他严重后果的;(五)其他情节严重的情形。"根据《最高人民法院、最高人民检察院关于适用刑事司法解释时间效力问题的规定》,司法解释自发布或者规定之日起施行,效力适用于法律的施行期间。对于司法解释实施前发生的行为,行为时没有相关司法解释,司法解释施行后尚未处理或者正在处理的案件,依照司法解释的规定办理。由于《刑法修正案(九)》施行后发生的强迫卖淫类案件,不适用1997年《刑法》"情节严重"的规定。在《涉卖淫刑案解释》施行前的"空档"期,关于强迫卖淫罪的"情节严重"应当理解为没有相关司法解释。据此分析,《涉卖淫刑案解释》的效力应当及于《刑法修正案(九)》施行后尚未处理的所有强迫卖淫类案件,本案也应适用《涉卖淫刑案解释》的规定。由于司法解释中强迫卖淫罪"情节严重"的情形不包含"多次"强迫卖淫,而被告人王道军所强迫卖淫的对象已满十四周岁,不是幼女,也不符合司法解释中"强迫不满十四周岁的幼女卖淫的"情节严重情形,故王道军的行为不构成强迫卖淫罪的"情节严重"。

《涉卖淫刑案解释》对于强迫卖淫罪的"情节严重"主要从强迫卖淫的人数、造成的伤亡后果以及被强迫卖淫人员的特殊情况,如孕妇、智障人员、患有严重性病的人等方面考虑,而"多次"强迫卖淫不作为强迫卖淫罪的加重处罚情节。这主要是考虑两个原因:一是以往司法实践中所用的"人次"的标准,如十人次以上构成"情节严重",将强迫卖淫的人数和次数并列作为情节严重的情形是不科学的。从实践中查处的情况来看,强迫卖淫案件中一个卖淫女卖淫几十次甚至几百次的都有,而人数是很难达到这么大量的,所以人数与次数在社会危害性上不具有同质性,强迫卖淫的次数与人数相比,显然人数反映的危害比次数大得多。二是强迫卖淫的次数问题取证比较困难,经常是通过卖淫女的回忆和估计来计算的,往往会比较缺乏证据的印证。因此,《涉卖淫刑案解释》没有将强迫卖淫的次数作为认定"情节严重"的情形。

但这并不意味着强迫卖淫的次数对量刑就没有影响。《刑法》中的"多次"是指相同性质的危害行为次数较多,而不是指同一行为人分别实施不同罪名的犯罪加起来次数较多。在我国《刑法》或司法解释中,犯罪行为的次数对定罪或量刑具有重要的意义。我国《刑法》和司法解释规定了若干"多次"实施危害行为的犯罪情形。犯罪次数对定罪、量刑的影响主要表现在三个方面:第一种表现是将多次实施违法行为作为犯罪构成的入罪门槛。第二种表现是将犯罪次数作为情节加重犯的法定条件。第三种表现是“多次”既不作为犯罪构成的入罪门槛,也不作为法定加重处罚情节,而仅作为从重处罚的依据。《涉卖淫刑案解释》就将组织、强迫、引诱、容留、介绍他人卖淫次数作为酌定量刑情节予以规定,第十条规定:“组织、强迫、引诱、容留、介绍他人卖淫的次数,作为酌定情节在量刑时考虑。”据此,强迫卖淫的次数在已经查实的情况下,在法定刑幅度范围内应当作为量刑的情节予以考虑。

163 引诱、容留、介绍卖淫罪(《刑法》第三百五十九条第一款)

案例:林庆介绍卖淫案

案例来源:《刑事审判参考》总第 27 辑[第 193 号]

主题词:互联网 发布卖淫信息 情节严重

一、基本案情

被告人林庆,男,1975 年 2 月 11 日出生,原系石油科学院第五研究室技术员。因涉嫌犯介绍卖淫罪,于 2001 年 6 月 13 日被逮捕。

北京市海淀区人民法院经审理查明:被告人林庆于 2000 年 12 月至 2001 年 5 月间,通过家中电脑,在互联网上多次为卖淫女石××、郭××发布卖淫信息,介绍石××、郭××从事卖淫活动,致使多人到郭××、石××处进行嫖娼活动,并从石××处得到好处费 2000 余元,从郭××手中获取好处费 2000 余元,后被查获归案。

海淀区人民法院认为,被告人林庆通过互联网为卖淫女发布卖淫信息,致使多人到卖淫女郭××、石××住处进行嫖娼活动,其行为已构成介绍卖淫罪;北京市海淀区人民检察院的指控罪名成立。被告人林庆以非法获取好处费为目的,在互联网上为卖淫妇女发布卖淫信息,信息传播面大,且被介绍的对象不确定,社会危害后果严重,应属情节严重。依据《中华人民共和国刑法》第三百五十九条第一款、第五十三条之规定,判决如下:

被告人林庆犯介绍卖淫罪,判处有期徒刑六年,并处罚金人民币一万五千元。

一审宣判后,林庆不服,向北京市第一中级人民法院提出上诉。

被告人林庆上诉称,认定其犯罪情节严重,没有事实和法律依据,且一审判决对其量刑过重;其辩护人提出,一审认定林庆的犯罪情节严重不能成立。

北京市第一中级人民法院经审理认为,上诉人林庆在互联网上为卖淫女发布卖淫信息,致使多人到郭××、石××处进行嫖娼活动,其行为已构成介绍卖淫罪,且情节严重,依法应予惩处。林庆关于原审判决认定其犯罪情节严重,没有事实和法律依据,且原判对其量刑过重的上诉意见及其辩护人关于原判认定林庆犯罪情节严重不能成立的辩护意见,经查,林庆为获取好处费,在网上为卖淫妇女发布卖淫信息,其信息传播面广,社会危害后果严重,应属情节严重,原判对林庆量刑适当,故对林庆所提上诉理由及其辩护人的辩护意见,不予采纳。一审法院根据林庆的犯罪事实、性质和对社会的危害程度所作出的判决、定罪及适用法律正确,量刑适当,审判程序合法,应予维持。根据《刑事诉讼法》第一百八十九条第(一)项规定,裁定驳回上诉,维持原判。

二、裁判要旨

No.6-8-359(1)-1 通过电脑,利用互联网发布卖淫信息的,应以介绍卖淫罪论处。

所谓介绍卖淫,是指行为人采取积极为卖淫者和嫖娼者牵线搭桥、撮合沟通等居间介绍的手段使他人的卖淫得以实现的行为。本案被告人林庆以非法牟利为目的,通过互联网在 2000 年 11 月到 2001 年 5 月间的半年多时间内,在数个网站为两个卖淫女向社会发布卖淫信息,致使多人到郭××、石××处进行嫖娼活动,个人从中收取好处费 4000 余元。被告人虽然在行为方式方面,因未与特定的嫖客直接接触而与传统的介绍卖淫行为有所不同,但其通过互联网为不特定的嫖客提供信息,起到了介绍卖淫的实际作用,其行为性质并无不同,不管是利用计算机,还是互联网,只要其行为触犯了我国刑法规定构成犯罪的,同样应依其行为所构成之具体犯罪追究刑事责任,故应认定构成介绍卖淫罪。

No. 6-8-359(1)-2 在互联网上发布卖淫信息,并为互联网访问者所知悉的,应以介绍卖淫罪既遂论处。

根据《刑法》第三百五十九条的罪状规定,介绍卖淫罪当属行为犯。对于行为犯既、未遂的判断,应以法定的犯罪行为是否完成作为区分标准,并不要求发生特定的结果,更不需要特定目的的实现。当然,这并不等于说行为犯不存在未遂的问题,如果行为刚着手实施,尚未完成即停止下来,也应认定为未遂。在本案中,被告人林庆利用家中电脑登录互联网上的黄色网站,并发布卖淫女信息,这些信息通过信号传输,使凡登录该网站的人都能接收到卖淫女的信息。随着他发布信息行为的完成,林庆介绍卖淫的行为亦已完成,并不存在因其意志以外的原因而导致犯罪停止未完成的情况。因此,本案被告人林庆的行为不应认定为犯罪未遂。

No. 6-8-359(1)-3 通过互联网向社会公众发布卖淫信息,多人通过该卖淫信息而前往嫖娼的,具有严重的社会危害性,应认定为介绍卖淫罪情节严重。

在本案中,一方面,被告人林庆的介绍卖淫行为是在互联网上完成的,互联网具有传播信息面大,可接受信息人员众多,人数不确定的特点;另一方面,从公安人员抓获的嫖客情况来看,有5名证人(嫖客)证明是在互联网上阅读到了卖淫女的信息后前来嫖娼的,而这5名证人登录的网站、阅读的信息与林庆发布信息的站点和信息的内容相吻合。所以,认定林庆介绍卖淫的情节达到严重程度是有事实证据的,并且符合刑法及有关司法解释的规定,是正确的。

案例:阎吉粤介绍卖淫案

案例来源:《刑事审判参考》总第122集[第1350号]

主题词:介绍卖淫罪　与组织卖淫罪的区别

一、基本案情

2013年前后,被告人阎吉粤从网友处获得一QQ号码,将该QQ号码内一QQ群改名为“暗夜王朝《总群》”,并充费保持QQ等级维持该群。阎吉粤作为群主经常在沈阳市苏家屯区十里河街道花卉市场通过电脑和手机登录、使用该QQ及QQ群,并通过询问“暗夜王朝《总群》”群内的嫖客和卖淫女,用自己的群主权限在有卖淫女证实的嫖娼过的男成员的名称前加上“护卫”“带刀”等头衔,在有嫖客证实的卖淫过的女成员名称前加上“验”“安全”等头衔,以方便群内成员的卖淫嫖娼行为。

二、裁判要旨

No. 6-8-359(1)-4 线上介绍他人卖淫嫖娼致他人线下达成卖淫嫖娼交易,并未对卖淫嫖娼活动实施管理或者控制的,不成立组织卖淫罪,而应构成介绍卖淫罪与非法利用信息网络罪竞合。

组织卖淫罪和介绍卖淫罪二罪在介绍卖淫环节的行为特征有重合性,包括行为人在卖淫人员和嫖娼人员之间进行介绍、撮合,以及向卖淫人员收取一定的费用等方面的特征相同,但介绍卖淫行为区别于组织卖淫行为的关键点在于该罪对卖淫人员没有组织即“管理或者控制活动"。实践中,一些组织卖淫行为容易与介绍卖淫行为相混淆,主要原因是有的组织卖淫行为,就是采取介绍等手段,进而管理、控制卖淫活动的,即组织卖淫包含了介绍卖淫的内容。

本案中,被告人阎吉粤虽然建立了QQ群,并管理和使用QQ群,但卖淫嫖娼者何时、在何地、如何卖淫嫖娼以及费用的支付等,均由卖淫嫖娼人员自主决定,阎吉粤既不过问,更不管理和控制,而且阎吉粤并未从中牟取经济利益。因此,被告人阎吉粤利用互联网建群的方式介绍卖淫虽然与典型的介绍卖淫行为有所不同,但其行为符合介绍卖淫罪的构罪要件。

首先,阎吉粤有介绍卖淫的行为,阎吉粤从网友处取得QQ号码和该号码创建的QQ群后,明知该群内的成员主要为卖淫嫖娼人员,仍充费维持该群的等级,为卖淫嫖娼人员提供了相互联系的平台,并通过询问群内的嫖客和卖淫女,用自己的群主权限在卖淫女和嫖客互相证实的群成员网名前加头衔标识,以便卖淫女和嫖客更为便捷地实施卖淫嫖娼行为,该行为即属于为卖淫人员和嫖客建立媒介、发布卖淫嫖娼信息进行明示的行为。虽然阎吉粤没有直接在卖淫女和嫖客之间牵线搭桥,但是其以上的行为相当于在特定的成员群体中向卖淫女和嫖客相互介绍身份,提供准确便捷的可选择的卖淫嫖娼人员信息和联系方式,该行为即属于介绍卖淫行为。

其次,群成员根据其提供的卖淫女和嫖客信息,进行了多次卖淫嫖娼活动,符合2017年7月25日《最高人民法院、最高人民检察院关于办理组织、强迫、引诱、容留、介绍卖淫刑事案件适用法律若干问题的解释》(以下简称《涉卖淫刑案解释》)第八条第一款第二项"介绍二人以上卖淫的"规定。虽然阎吉粤在实施以上行为的过程中未及收费就被查获,但该解释第八条第三款对此明确规定,介绍他人卖淫是否以营利为目的,不影响犯罪的成立。

此外,被告人阎吉粤的行为既构成非法利用信息网络罪,又构成介绍卖淫罪,应当以介绍卖淫罪定罪处罚。

《刑法》第二百八十七条之一第一款规定:"利用信息网络实施下列行为之一,情节严重的,处三年以下有期徒刑或者拘役,并处或者单处罚金:(一)设立用于实施诈骗、传授犯罪方法、制作或者销售违禁物品、管制物品等违法犯罪活动的网站、通讯群组的;(二)发布有关制作或者销售毒品、枪支、淫秽物品等违禁物品、管制物品或者其他违法犯罪信息的;(三)为实施诈骗等违法犯罪活动发布信息的。"第三款规定:"有前两款行为,同时构成其他犯罪的,依照处罚较重的规定定罪处罚。"实践中,利用计算机网络发布招嫖信息公开介绍卖淫的情况比较常见,因此,对于利用信息网络发布招嫖信息,情节严重的行为,根据法律的规定,可以按照非法利用信息网络罪来追究刑事责任。对于确实促成一定数量的卖淫嫖娼人员达成交易的,可适用介绍卖淫罪追究责任。据此,《涉卖淫刑案解释》第八条第二款规定:"利用信息网络发布招嫖违法信息,情节严重的,依照刑法第二百八十七条之一的规定,以非法利用信息网络罪定罪处罚。同时构成介绍卖淫罪的,依照处罚较重的规定定罪处罚。"

案例:杨某、米某容留卖淫案

案例来源:《刑事审判参考》总第79集[第689号]

主题词:容留卖淫罪 明知他人卖淫而向其出租房屋

一、基本案情

被告人杨某,男,1947年9月4日出生,农民。因涉嫌犯容留卖淫罪,于2006年11月10日被逮捕。

被告人米某,女,1947年2月19日出生,农民。因涉嫌犯容留卖淫罪,于2006年11月10日被逮捕。

北京市朝阳区人民检察院以被告人杨某、米某犯容留卖淫罪,向北京市朝阳区人民法院提起公诉。

被告人杨某、米某对起诉书指控的事实予以否认,均辩称不知道有人在承租房屋内从事卖淫活动。杨某的辩护人提出,现有证据不能证明杨某高价出租自有房屋,积极容留多人卖淫、牟取私利的事实;杨某系初犯,犯罪主观恶性较小,建议从轻处理。米某的辩护人提出,米某在出租房屋时并不明知承租人中有人卖淫,不具有容留他人卖淫的主观故意,其行为不构成容留卖淫罪。

北京市朝阳区人民法院经审理查明:被告人杨某、米某系夫妻,二人与子女均住在位于北京市朝阳区太阳宫乡五里沟村113号院内,且长期将院内十余间自有住房对外出租。2006年4月27日、6月5日、7月27日,公安机关将在上述地点从事卖淫活动的承租人彭某、李某、刘某、孙某、王某、付某6人抓获,且将容留卖淫的杜某抓获。同年8月初和10月12日,民警两次告知杨某承租户中存在卖淫嫖娼的嫌疑。杨某、米某在明知皮某、王某等人长期从事卖淫活动的情况下,仍将该院内房屋出租给上述人员。同年10月17日11时许,民警将从事卖淫活动的皮某、王某、杜某抓获,当日亦将二被告人抓获。

朝阳区人民法院认为,被告人杨某、米某法律意识淡薄,在物质利益驱动下,出租方为多名卖淫者提供场所,其行为构成容留卖淫罪,且情节严重,应依法惩处。鉴于二被告人均系初犯,可酌情予以从轻处罚。依照《中华人民共和国刑法》第三百五十九条第一款、第二十五条第一款及第六十一条之规定,判决如下:

1. 被告人杨某犯容留卖淫罪,判处有期徒刑五年,并处罚金人民币五千元;
2. 被告人米某犯容留卖淫罪,判处有期徒刑五年,并处罚金人民币五千元。

一审宣判后,被告人杨某提出上诉,称其不明知承租人从事卖淫活动,原判认定的告知次数不准;其只是估计承租人有不法行为,并进行过规劝;除出租房屋外,其与卖淫者无利害关系;原判认定事实不清,量刑过重。

北京市第二中级人民法院经审理认为,上诉人杨某及原审被告人米某出租房屋为多名卖淫者提供场所,其行为构成容留卖淫罪,且情节严重,应依法惩处。杨某所提原判事实不清、量刑过重的上诉意见,经查,在案证据足以证实杨某明知多人租住其房屋用于卖淫,为赚取房租而仍予出租的事实,对杨所提原判事实不清的上诉意见不予采纳。原判根据杨某犯罪的情节,量刑适当,对其所提量刑过重的上诉意见亦不予支持。一审法院根据杨某、米某犯罪的事实、性质及具体情节作出的判决,定罪及适用法律正确,量刑适当,审判程序合法,应予维持,裁定驳回上诉,维持原判。

二、裁判要旨

No. 6-8-359(1)-5 明知他人在出租房屋内从事卖淫活动仍出租房屋的,应以容留卖淫罪论处。

容留他人卖淫之容留,是指行为人为他人卖淫提供场所,包括在自己所有、管理、使用、经营的规定场所,也包括在流动场所容留他人卖淫,容留行为是主动实施,还是应卖淫者或嫖客之请实施,不影响行为性质的认定。容留卖淫行为的主观方面为故意,行为人明知自己是为他人从事卖淫活动提供场所,仍然希望或放任这一危害结果发生。实践中大多数行为人具有营利目的,但不排除出于其他目的而容留卖淫。

当前社会生活中常有承租他人房屋从事卖淫活动的情况,涉及出租者对于出租房屋的行为应承担的责任程度和范围。《治安管理处罚法》第五十七条规定:“房屋出租人明知承租人利用出租房屋进行犯罪活动,不向公安机关报告的,处二百元以上伍佰元以下罚款;情节严重的,处五日以下拘留,可以并处五百元以下罚款。”上述规定不属于刑事责任,能否追究房屋出租者的刑事责任,需要结合具体案情分析而定。

房屋出租者容留卖淫的情形有一定特殊性,即出租者事先未必知道承租者卖淫,而在承租者居住一段时间以后,才发现承租者从事卖淫活动。在此情况下,认定出租者是否构成容留卖淫罪,关键是要严格把握出租者的主观心态,即是否明知承租人从事卖淫活动而为其提供场所。如果是出租者明知他人在出租房内从事卖淫活动,为获得房租而出租房屋的,特别是收取的房租偏高时,可以认定容留卖淫罪。如果出租者并不知道承租者从事卖淫活动,或出租者虽知承租者从事卖淫活动,但卖淫场所并不在出租房内的,均不能认定出租者构成容留卖淫罪。但实践中,房东疏于管理的现象较为普遍,对于承租者从事违法犯罪活动的,房东一般承担行政违法责任,尚不至于追究刑事责任,以免不当扩大打击面。

从现有证据看,本案中二被告人对于承租人在出租房内从事卖淫活动是明知的。(1)二被告人与承租者共同居住在同一个大院,多名承租人长期从事卖淫活动,二被告人对此已耳闻目睹,经常看到陌生男子进出卖淫女的房屋,且时间较短,被告人也供称“她们应该是卖淫的”。(2)被告人出租房屋的租金明显高于其他承租人。(3)同租一院的其他承租人证明他们知道卖淫女在出租房内从事卖淫活动,多名卖淫女也证实被告人知道她们从事卖淫活动。(4)民警曾于 2006 年 8 月和 10 月两次告知被告人出租房内有卖淫嫖娼的嫌疑,但被告人仍然继续将房屋出租给卖淫女。可以认定被告人系明知他人在出租房内从事卖淫活动而出租房屋,符合容留卖淫罪的构成条件。

案例:鲍荣连、李月仙、应夫昌容留卖淫案

案例来源:《人民法院案例选》2013 年第 1 辑

主题词:容留卖淫罪 与组织卖淫的区分

一、基本案情

浙江省宁波市鄞州区检察院指控:被告人鲍荣连、李月仙夫妇在浴场内先后组织十余人卖淫,以 45~50 元/次不等从中进行提成,非法获利 20 万余元,情节严重,其行为已构成组织卖淫罪。被告人应夫昌明知鲍荣连、李月仙夫妇在浴场内组织卖淫仍为二人提供场所,处理浴场对外关系,并为该浴场办理有关手续,收取租金 9 万元人民币,并获取"对外关系费"共计 3 万余元,情节严重,其行为已构成协助组织卖淫罪。

被告人鲍荣连对公诉机关指控的基本事实无异议,对指控的罪名有异议,辩解自己的行为不构成组织卖淫罪。鲍荣连的辩护人提出,被告人鲍荣连仅提供了卖淫场所,卖淫收入结算也是双方事先约定,故未对卖淫女实施控制行为,不构成组织卖淫罪;且本案中缺乏相关卖淫女和嫖客证言,指控鲍荣连犯罪"情节严重"的证据不足。

李月仙对公诉机关指控的罪名无异议,对指控的事实有异议,辩解自己未实施组织卖淫女的行为。李月仙的辩护人提出,该浴场未对卖淫女实施控制、组织行为,李月仙在浴场内主要从事收钱、记账工作,在整个犯罪行为中仅起帮助、协助作用,不构成组织卖淫罪,应当认定为协助组织卖淫罪;且本案中缺乏相关卖淫女和嫖客证言,指控李月仙犯罪"情节严重"的证据不足。

应夫昌对公诉机关指控的罪名和基本事实无异议,辩解其从鲍荣连处获取的 9 万元是合法租金收入,不应认定为非法获利,且其向鲍荣连收取的"对外关系费"为 2 万余元,不是 3 万元。被告人应夫昌的辩护人对公诉机关指控的罪名和基本事实无异议,辩称被告人应夫昌犯罪情节较轻,对其不宜认定为"情节严重";应夫昌收取的 9 万元是合法收入。

法院经审理查明:2011 年 10 月至 2012 年 3 月 12 日期间,被告人鲍荣连、李月仙夫妇租用被告人应夫昌位于宁波市鄞州区五乡镇剧院的两处房子开设浴场,后在其中一处浴场内先后容留程某、罗某、阳某等十余人卖淫,卖淫达数千余次,每次按 45~50 元不等从中进行提成。被告人应夫昌明知鲍荣连、李月仙夫妇在浴场内容留卖淫,仍为其提供场所,处理浴场对外关系,并为该浴场办理有关手续。在该浴场经营期间,被告人鲍荣连、李月仙夫妇共计非法获利 20 万余元。被告人应夫昌从鲍荣连、李月仙处收取卖淫场所租金 4.5 万元,并获取"对外关系费"共计 2.5 万元。

2012 年 3 月 12 日,公安机关查处五乡剧院浴室,当场将鲍荣连、李月仙抓获;同月 20 日,应夫昌被抓获归案。案发后,应夫昌向公安机关退缴了违法所得款,并检举揭发了他人犯罪行为,但未查实。

浙江省宁波市鄞州区人民法院于 2012 年 10 月 26 日作出(2012)甬鄞刑初字第 860 号刑事判决:

1. 被告人鲍荣连犯容留卖淫罪,判处有期徒刑七年,并处罚金人民币五万元;
2. 被告人李月仙犯容留卖淫罪,判处有期徒刑六年,并处罚金人民币四万元;
3. 被告人应夫昌犯容留卖淫罪,判处有期徒刑三年,缓刑四年,并处罚金人民币三万元;
4. 继续追缴被告人鲍荣连、李月仙的违法所得款,被告人应夫昌退缴的违法所得款予以没收,上缴国库。

一审宣判后,鲍荣连、李月仙、应夫昌在法定期限内未上诉,检察机关亦未抗诉,一审判决已发生法律效力。

二、裁判要旨

No.6-8-359(1)-6 明知卖淫女在其经营的浴场内卖淫而予以容认,从嫖资中提成但缺少对卖淫女的组织控制的,应认定为容留卖淫而非组织卖淫罪。

本案中,被告人鲍荣连、李月仙在其经营的浴场内容留卖淫女卖淫,并与卖淫女约定先由浴场统一结算嫖资,再定期支付给卖淫女,其行为特征系为卖淫人员提供卖淫活动处所,其组织、策划、指挥卖淫活动的特征不明显。此外,在卖淫活动中,卖淫女多为主动上门,卖淫对象及次数、时间都由卖淫女自主决定,不具有强迫性,这可从相关证人证言和账本记录反映卖淫人员流动频繁的情况得到印证。根据法律规定,组织卖淫罪是以招募、雇佣、强迫、引诱、容留等手段,控制他人从事卖淫活动的行为。本案中被告人鲍荣连、李月仙在容留他人卖淫中虽然有一定的组织管理行为,但更符合容留卖淫罪的构成要件,宜以容留卖淫罪定罪处罚。

案例:阳怀容留卖淫案

案例来源:《刑事审判参考》总第 120 集[第 1312 号]

主题词:容留卖淫罪　既遂

一、基本案情

被告人阳怀自 2016 年 8 月以来,租赁湖南省长沙市高新区麓谷街道长丰 6 期安置小区 10 栋经营“健康休闲”按摩店。同年 9 月 27 日 21 时至 22 时许,卖淫女刘某某与嫖娼人员陈某某、曹某某(均已行政处罚)先后在按摩店内发生了以金钱为媒介的非法性交易,嫖娼人员陈某某、曹某某分别支付了 200 元、150 元的嫖资。卖淫女沈某与嫖娼人员王某(均已行政处罚)在按摩店内达成价格为 150 元的非法性交易后,因公安人员查获而未果。次日,被告人阳怀主动到公安机关投案,并如实供述了自己的犯罪事实。

二、裁判要旨

No. 6-8-359(1)-7　容留卖淫罪是行为犯,卖淫嫖娼的行为是否完成不影响本罪既遂的成立。卖淫女与嫖客已就卖淫嫖娼达成合意,双方基于该故意就嫖资进行了商议,该行为应认定为卖淫嫖娼。

容留卖淫罪是行为犯,只要实施了容留他人卖淫的行为,满足前述各项要件的,不论卖淫嫖娼行为实际上是否完成,不影响本罪既遂的成立。换言之,卖淫者在行为人的容留下,已与嫖娼者达成合意并基于该合意着手实施卖淫嫖娼行为的,无论卖淫嫖娼行为本身是否完成,容留卖淫罪均应认定既遂。事实上,卖淫嫖娼是一个过程,为卖淫嫖娼所做的谈价格、找地点、性交易前准备、性交易过程等均属卖淫嫖娼的组成部分,只要上述一个或数个行为是在行为人的容留下实施的,即构成容留卖淫罪的既遂。

案例:徐某引诱、容留、介绍卖淫案

案例来源:《刑事审判参考》总第 91 集[第 854 号]

主题词:容留卖淫罪　情节严重

一、基本案情

被告人徐某,男,1964 年 5 月 25 日出生,无业。2011 年 7 月 19 日因涉嫌容留卖淫罪被逮捕。

被告人任某,女,1967 年 7 月 29 日出生,无业。2011 年 6 月 21 日因本案取保候审。

贵州省遵义市红花岗区人民检察院以被告人徐某犯引诱、容留、介绍卖淫罪,被告人任某犯容留卖淫罪,向遵义市红花岗区人民法院提起公诉。

被告人徐某、任某对起诉书指控的罪名和事实均无异议。

遵义市红花岗区人民法院经开庭审理查明:2011 年 6 月 11 日,徐某雇佣陈某,诱使陈某在其开设的“徐记理发住宿店”卖淫。次日 10 时许,徐某介绍杨某在“徐记理发住宿店”内与陈某发生性关系,徐某非法获利 20 元。6 月 13 日 10 时许,经徐某介绍,任某协助,贺某、胡某在“徐记理发住宿店”内与陈某发生性关系,徐某非法获利 60 元。

遵义市红花岗区人民法院认为,徐某为谋取非法利益,引诱、容留、介绍他人卖淫,其行为构成引诱、容留、介绍卖淫罪;任某为谋取非法利益,协助他人容留他人卖淫,其行为构成容留卖淫罪。公诉机关指控的罪名成立,应当依法追究徐某、任某的刑事责任。徐某在共同犯罪中起主要作用,系主犯;任某在共同犯罪中起次要作用,系从犯。鉴于徐某归案后如实供述犯罪事实,且自愿认罪,量刑时可对其从轻处罚。鉴于任某归案后如实供述犯罪事实,且自愿认罪,又系初犯、从犯,对其适用缓刑没有再犯罪危险,且宣告缓刑对所居住社区没有重大不良影响,故对其从轻处罚并适用缓刑。据此,法院依照《刑法》第三百五十九条第一款、第二十五条第一款之规定,以被告人徐某犯引诱、容留、介绍卖淫罪,判处有期徒刑二年,并处罚金人民币二千元;被告人任某犯容留卖淫罪,判处有期徒刑一年,缓刑一年,并处罚金人民币一千元。

一审宣判后,检察机关提起抗诉。理由是:徐某、任某的行为,依照最高人民法院、最高人民检察院《关于执行全国人民代表大会常务委员会〈关于严禁卖淫嫖娼的决定〉的若干问题的解答》第七条第(一)项、第九条第(二)项之规定,符合《刑法》第三百五十九条第一款中"情节严重"的规定。原审法院适用法律错误,量刑畸轻。

遵义市中级人民法院经审理认为,陈某与其男友离家出走后,在徐某开设的旅社住宿期间,徐某引诱陈某从事卖淫活动,并联系、介绍嫖客共三人与陈某嫖宿,其行为构成引诱、容留、介绍卖淫罪。任某参与并协助容留卖淫活动,构成容留卖淫罪。在案证据显示,徐某负责联系嫖宿人员,与嫖宿人员商谈嫖资,从陈某处收取提成,在共同犯罪中起主要作用,系主犯;任某在容留卖淫时提供协助,在共同犯罪中起次要作用,系从犯。原审法院鉴于徐某、任某到案后均能如实供述自己的罪行,认罪、悔罪态度较好,对二人均从轻处罚;且任某系从犯,原审法院综合考虑其犯罪性质、情节,对其适用缓刑并无不当。关于抗诉机关的抗诉理由,经查,原审被告人容留卖淫的时间只持续了二日,系初犯,也不存在其他恶劣情节,在认定"情节严重"时,不能把人数、次数作为唯一的认定标准,应当综合考虑作案手段、犯罪后果和社会影响等因素。原审法院认定事实清楚,证据充分,量刑适当,审判程序合法,遂裁定驳回抗诉,维持原判。

二、裁判要旨

No. 6-8-359(1)-8 容留卖淫三次以上,并不当然认定为情节严重,而应当综合考察容留的人数以及其他情节进行认定。

《刑法》第三百五十九条第一款规定:"引诱、容留、介绍他人卖淫的,处五年以下有期徒刑、拘役或者管制,并处罚金;情节严重的,处五年以上有期徒刑,并处罚金。"对于《刑法》本条中"情节严重"的认定标准,目前尚无法律或者司法解释予以明确。但从《刑法》罪刑体系构建原理分析,此类犯罪中的"情节严重",主要针对的是娱乐会所、洗浴中心等公共场所中大规模、有组织的卖淫行为,立法原意旨在重点打击那些长期性、职业性引诱、容留、介绍卖淫等严重破坏社会风尚的犯罪行为。

本案中,徐某并非以容留卖淫为业,容留的对象仅陈某一人,容留卖淫行为共持续两日三次,也不存在容留幼女卖淫、容留明知患有严重性病的人卖淫等恶劣情节。另经社区调查,徐某在所在社区从事理发业多年,此前并无不良治安记录,又系残疾人(单目失明)。徐某诱使陈某卖淫虽有牟利目的,但与以容留卖淫为生活主要来源的行为明显不同。因此,基于罪刑体系构建原理和立法原意分析,徐某的行为不应认定属于引诱、容留、介绍卖淫罪中"情节严重"的情形。

最高人民法院、最高人民检察院《关于执行全国人民代表大会常务委员会〈关于严禁卖淫嫖娼的决定〉的若干问题的解答》第七条规定:"引诱、容留、介绍他人卖淫,情节严重的,一般有以下几种情形:(一)多次引诱、容留、介绍他人卖淫的……"《关于执行全国人民代表大会常务委员会〈关于严禁卖淫嫖娼的决定〉的若干问题的解答》第九条进一步明确了"多次"的认定标准,即多次引诱、容留、介绍他人卖淫的,应当认定为情节严重,"多次"是指三次以上(含本数)。在《关于执行全国人民代表大会常务委员会〈关于严禁卖淫嫖娼的决定〉的若干问题的解答》未被废止前,一般认为,对引诱、容留、介绍他人卖淫罪的情节严重,可以参照上述规定认定。1997 年《刑法》在附则部分规定,全国人民代表大会常务委员会《关于严禁卖淫嫖娼的决定》中有关刑事责任的规定已纳入新刑法,自新刑法施行之日起,适用新刑法规定。最高人民法院 1997 年发布的《关于认真学习贯彻修订的〈中华人民共和国刑法〉的通知》第五条规定,对最高人民法院原作出的,对已明令废止的全国人大常委会有关决定和补充规定的司法解释,如果修订刑法有关条文实质内容没有变化的,人民法院在刑事审判工作中,在没有新的司法解释前,可以参照执行。据此,在具体案件中参照适用《关于执行全国人民代表大会常务委员会〈关于严禁卖淫嫖娼的决定〉的若干问题的解答》的规定,具有明确的法律依据。

《关于执行全国人民代表大会常务委员会〈关于严禁卖淫嫖娼的决定〉的若干问题的解答》是一种可以参照性适用的依据,在具体案件中对其的适用不是刚性的,可以保留一定的例外。《关于执行全国人民代表大会常务委员会〈关于严禁卖淫嫖娼的决定〉的若干问题的解答》是在二十多年前作出的,当时人民群众对卖淫、嫖娼等丑恶现象深恶痛绝,对该类行为社会危害性的认识带有很强的感情因素。因此,《关于执行全国人民代表大会常务委员会〈关于严禁卖淫嫖娼的决定〉的若干问题的解答》将引诱、容留、介绍三人次卖淫规定为加重处罚情节,吸纳了一定的社会形势和民意考虑。但是二十年后,将引诱、容留、介绍卖淫行为置于整个违法犯罪体系中考察,《关于执行全国人民代表大会常务委员会〈关于严禁卖淫嫖娼的决定〉的若干问题的解答》中有关引诱、容留、介绍卖淫三人次的行为属于情节严重的规定,不但导致罪刑严重失衡,而且会产生不好的社会效果。

2008 年施行的最高人民检察院、公安部《关于公安机关管辖的刑事案件立案追诉标准的规定(一)》第七十八条规定:“引诱、容留、介绍他人卖淫,涉嫌下列情形之一的,应予立案追诉:(一)引诱、容留、介绍二人次以上卖淫的……”按照《关于执行全国人民代表大会常务委员会〈关于严禁卖淫嫖娼的决定〉的若干问题的解答》第九条的规定,引诱、容留、介绍他人卖淫三人次的,构成加重情节,应当在五年以上有期徒刑这个幅度判处刑罚。对上述三个文件的处罚标准进行梳理,即从一人次开始,每增加一人次,分别处以行政处罚、五年有期徒刑以下刑罚和五年以上有期徒刑。这一处罚体系,一方面,容易导致法官对被告人的量刑只能唯人数或者次数论,无法在人数、次数与其他情节之间寻求一个综合平衡;另一方面,进一步凸显了罪刑失衡问题。同样是引诱、容留、介绍卖淫二人次的被告人,法官对其量刑幅度从最高五年有期徒刑到管制;相反,对达到三人次的被告人,则面临五年以上的有期徒刑。这样极有可能产生甲引诱一人卖淫二次被判处管制一年,乙引诱一人卖淫三次将被判处有期徒刑五年。这种量刑之差异过大。实践中,引诱、容留、介绍卖淫行为绝大部分是秘密进行的,且系无被害人犯罪,一人次之差,产生如此之大的量刑差异,违背了定罪量刑原理。

综上,若机械套用《关于执行全国人民代表大会常务委员会〈关于严禁卖淫嫖娼的决定〉的若干问题的解答》规定,固守达到三人次就属于情节严重的标准,对那些刚达到三人次标准的被告人,既不能做到罪责刑相适应,又不会产生良好的社会效果。应当综合全案各种情节,对被告人处以适当的刑罚。故本案一审法院对被告人徐某的量刑是准确的,二审法院驳回抗诉是正确的。

最后,需要说明的是,最高人民法院、最高人民检察院 2013 年 1 月 4 日在《关于废止 1980 年 1 月 1 日至 1997 年 6 月 30 日期间制发的部分司法解释和司法解释性质文件的决定》中,以“制定依据已被刑法吸收,刑法对相关问题已有规定”为由,将《关于执行全国人民代表大会常务委员会〈关于严禁卖淫嫖娼的决定〉的若干问题的解答》予以废止。今后对此类案件的审理,不再参照适用《关于执行全国人民代表大会常务委员会〈关于严禁卖淫嫖娼的决定〉的若干问题的解答》的规定。

案例:聂姣莲介绍卖淫案

案例来源:《刑事审判参考》总第 97 集[第 973 号]

主题词:介绍卖淫罪　情节严重的认定

一、基本案情

被告人聂姣莲,女,1982 年 3 月 10 日出生,无业。2012 年 7 月 14 日因涉嫌介绍卖淫罪被逮捕。

湖南省湘潭市雨湖区人民检察院以被告人聂姣莲犯介绍卖淫罪,向湘潭市雨湖区人民法院提起公诉。

被告人聂姣莲对起诉书指控的事实及罪名均无异议。

湘潭市雨湖区人民法院经公开审理查明:

2011年10月左右的一天晚上,被告人聂姣莲介绍卖淫女杨某给张某嫖宿,双方在湘潭市韶山西路"金地宾馆"楼一房间发生了性关系。事后聂姣莲收取杨某"介绍费"100元。

2012年元月初的一天晚上,聂姣莲介绍卖淫女肖某给张某嫖宿,双方在湘潭市九华"铭鸿大酒店"四楼一房间发生了性关系。事后聂姣莲收取了肖某"介绍费"100元。

2012年2月的一天凌晨,聂姣莲介绍卖淫女肖某给张某嫖宿,双方在湘潭市韶山西路"金地宾馆"206房间发生了性关系。事后聂姣莲收取了肖某"介绍费"100元。

2012年2月中、下旬的一天晚上,聂姣莲介绍卖淫女杨某给张某嫖宿,双方在湘潭市九华大兴安置区"源毅宾馆"302房间发生了性关系。事后聂姣莲收取了杨某"介绍费"100元。

湘潭市雨湖区人民法院认为,被告人聂姣莲以牟利为目的,多次介绍他人卖淫,情节严重,其行为构成介绍卖淫罪。聂姣莲归案后,如实供述其犯罪事实,认罪态度较好,依法可以从轻处罚。据此,依照《中华人民共和国刑法》第三百五十九条第一款、第六十七条第三款、第四十五条、第四十七条、第五十二条、第五十三条之规定,湘潭市雨湖区人民法院于2012年12月27日以被告人聂姣莲犯介绍卖淫罪,判处有期徒刑五年,并处罚金人民币三万元。

一审宣判后,被告人聂姣莲以原审判决适用法律错误,量刑过重为由,向湘潭市中级人民法院提起上诉。

湘潭市中级人民法院经审理认为,被告人聂姣莲以牟利为目的,多次介绍他人卖淫,其行为构成介绍卖淫罪。聂姣莲归案后能如实供述其犯罪事实,认罪态度较好,依法可以从轻处罚。经查,原审判决认定聂姣莲四次介绍他人卖淫为"情节严重"的法律依据是最高人民法院、最高人民检察院《关于执行〈全国人民代表大会常务委员会关于严禁卖淫嫖娼的决定〉的若干问题的解答》(法发〔1992〕42号,高检法〔1992〕36号)。然而,《关于执行〈全国人民代表大会常务委员会关于严禁卖淫嫖娼的决定〉的若干问题的解答》已经于2013年1月18日被废止,即本案二审审理过程中,《关于执行〈全国人民代表大会常务委员会关于严禁卖淫嫖娼的决定〉的若干问题的解答》已废止。现综合聂姣莲的各种犯罪情节,认定聂姣莲四次介绍他人卖淫系"情节严重"的依据不足,依法应当对聂姣莲在"五年以下有期徒刑、拘役或者管制,并处罚金"的法定刑幅度以内量刑,故聂姣莲的上诉理由成立,应当予以采纳。原审判决事实清楚,证据确实、充分,定罪准确,审判程序合法,但量刑不当。据此,依照《中华人民共和国刑法》第三百五十九条第一款、第六十七条第三款、第四十五条、第四十七条、第五十二条、第五十三条以及《中华人民共和国刑事诉讼法》第二百二十五条第一款第(二)项之规定,湘潭市中级人民法院判决如下:

1. 维持原判对被告人聂姣莲的定罪部分。
2. 撤销原判对聂姣莲的量刑部分。
3. 被告人聂姣莲犯介绍卖淫罪,判处有期徒刑二年,并处罚金人民币一万元。

二、裁判要旨

No.6-8-359(1)-9 介绍卖淫二人次以上,应当认定为介绍卖淫罪,但手段普通未造成严重后果的,不宜认定为"情节严重"。

介绍卖淫,俗称"拉皮条",是指在卖淫者和嫖客之间牵线搭桥、沟通撮合,促使他人的卖淫活动即"性交易"得以实现的行为。《刑法》第三百五十九条第一款规定了介绍卖淫罪。同时,《治安管理处罚法》第六十七条也规定:"引诱、容留、介绍他人卖淫的,处十日以上十五日以下拘留,可以并处五千元以下罚款;情节较轻的,处五日以下拘留或者五百元以下罚款。"从上述规定可知,介绍他人卖淫既可能是一般违法行为,也可能是犯罪行为。仅仅从《刑法》《治安管理处罚法》的规定,难以将介绍卖淫罪与介绍卖淫的一般违法行为准确区别开来。只有结合我国的立法历程、犯罪的概念和基本特征以及刑事案件的立案追诉标准,才能正确理解介绍卖淫犯罪与介绍卖淫一般违法行为之间的界限。

从我国的立法历程来看,介绍卖淫罪是1991年增设的罪名。1979年《刑法》没有关于介绍卖淫的规定,该法第一百六十九条只规定了引诱、容留妇女卖淫罪。鉴于从20世纪80年代开始,卖淫、嫖娼活动在我国绝迹数十年后又死灰复燃,并迅速席卷全国,为了严禁卖淫、嫖娼,严惩组织、强迫、引诱、容留、介绍他人卖淫的犯罪分子,维护社会治安秩序和良好的社会风气,1991年9月4日全国人大常委会通过了《关于严禁卖淫嫖娼的决定》。《关于严禁卖淫嫖娼的决定》第三条第一款规定:“引诱、容留、介绍他人卖淫的,处五年以下有期徒刑或者拘役,并处五千元以下罚金;情节严重的,处五年以上有期徒刑,并处一万元以下罚金;情节较轻的,依照《治安管理处罚条例》第三十条的规定处罚。”至此,介绍他人卖淫正式入刑。1992年12月11日,最高人民法院、最高人民检察院又联合公布了《关于执行〈全国人民代表大会常务委员会关于严禁卖淫嫖娼的决定〉的若干问题的解答》,其对《关于严禁卖淫嫖娼的决定》规定的四个新罪名即组织他人卖淫罪、协助组织他人卖淫罪、介绍他人卖淫罪、传播性病罪作了比较详细的解释。1997年《刑法》进一步在第六章妨害社会管理秩序罪中专设一节即第八节规定组织、强迫、引诱、容留、介绍卖淫罪,介绍卖淫罪即规定于该节中的第三百五十九条第一款。与《关于严禁卖淫嫖娼的决定》的规定相比较,1997年刑法规定的罪名和量刑均略有变化。简而言之,在《关于严禁卖淫嫖娼的决定》发布以前,介绍卖淫行为只是一般违法行为,无论情节多么严重,都不存在构成介绍卖淫罪的问题。《关于严禁卖淫嫖娼的决定》发布之后,介绍卖淫行为才存在一般违法行为与犯罪的界限问题。

从《刑法》第十三条规定的犯罪的概念分析,犯罪具有三个基本特征:严重的社会危害性、刑事违法性、应受刑罚处罚性。其中,严重的社会危害性是犯罪的首要特征,也是它的本质特征,刑事违法性和应受刑罚处罚性都是犯罪的法律特征,是从严重的社会危害性特征派生出来的。社会危害性的有无和大小,是认定犯罪、区分罪与非罪界限的根本依据。具有社会危害性并且达到“严重”的程度才构成犯罪;不具有社会危害性或者虽然具有社会危害性但没有达到“严重”程度(即“情节显著轻微危害不大的”),则不构成犯罪。社会危害性的有无和大小,不是一成不变的,它有时会随着政治、经济、社会、文化等环境的变化而变化。对行为社会危害性的严重程度的认定,主要参考的因素有:行为侵犯的客体,行为方式、手段、动机、目的、对象、后果、数量、时间、地点,行为人的主观恶性、年龄、身份等。具体到本案中,被告人聂姣莲作为成年女性,以营利为目的,在不到半年的时间内,先后四次介绍成年女性卖淫,共获利400元,其行为具有严重的社会危害性,已不属于“情节显著轻微危害不大”的范畴,应当以介绍卖淫罪追究其刑事责任。

从刑事案件的立案追诉标准分析,被告人聂姣莲的行为也涉嫌犯介绍卖淫罪,应当予以立案追诉。刑事案件的立案追诉标准虽然不属于司法解释的范畴,但它从侦查机关、公诉机关的角度,以更加容易操作的方式将罪与非罪明确区分开来,人民法院在具体审判实践中一般也会参照适用。最高人民检察院、公安部2008年6月25日公布的《关于公安机关管辖的刑事案件立案追诉标准的规定(一)》第七十八条规定:“引诱、容留、介绍他人卖淫,涉嫌下列情形之一的,应予立案追诉:(一)引诱、容留、介绍二人次以上卖淫的;(二)引诱、容留、介绍已满十四周岁未满十八周岁的未成年人卖淫的;(三)被引诱、容留、介绍卖淫的人患有艾滋病或者梅毒、淋病等严重性病的;(四)其他引诱、容留、介绍卖淫应予追究刑事责任的情形。”从上述立案追诉标准来看,介绍他人卖淫2人次以上,就应当作为刑事案件立案以追究行为人的刑事责任。本案中,聂姣莲共介绍他人卖淫4人次,已经达到了刑事案件的立案标准,应当立案依法追究其刑事责任。

《关于执行〈全国人民代表大会常务委员会关于严禁卖淫嫖娼的决定〉的若干问题的解答》已经于2013年1月18日被废止,综合本案犯罪情节不宜认定被告人介绍卖淫行为达到“情节严重”。《关于执行〈全国人民代表大会常务委员会关于严禁卖淫嫖娼的决定〉的若干问题的解答》第七条规定:“引诱、容留、介绍他人卖淫,情节严重的,一般有以下几种情形:(一)多次引诱、容留、介绍他人卖淫的;(二)引诱、容留、介绍多人卖淫的;(三)引诱、容留、介绍明知是有严重性病的人卖淫的;(四)容留、介绍不满十四周岁的幼女卖淫的;(五)引诱、容留、介绍他人卖淫具有其他严重情节的。”《关于执行〈全国人民代表大会常务委员会关于严禁卖淫嫖娼的决定〉的若干问题的解答》第九条还规定:“《关于严禁卖淫嫖娼的决定》和本解答中的‘多人’、‘多次’的

'多',是指'三'以上的数(含本数)。"我们认为,聂姣莲介绍他人卖淫四次能否认定为"情节严重",应当综合聂姣莲的犯罪情节、犯罪后果、主观恶性、人身危险性等方面进行认定。从审理查明的事实来看,聂姣莲虽然介绍卖淫的行为有四人次,但四次嫖客系张某同一人,卖淫女仅涉及肖某和杨某,收取的介绍费不高,四次共计400元,且所实施的犯罪手段非常普通,无恶劣表现,也未造成严重犯罪后果,故不宜认定聂姣莲介绍卖淫行为达到情节严重程度。湘潭市中级人民法院维持一审法院定罪部分,改判量刑部分的做法是正确的。

在新的司法解释性文件出台之前参照最高人民检察院、公安部《关于公安机关管辖的刑事案件立案追诉标准的规定(一)》(公通字〔2008〕第36号)第七十八条的规定,对于具有以下情形之一的,可以认定为《刑法》第三百五十九条第一款规定的"情节严重":引诱、容留、介绍卖淫人次达10人次以上的;引诱、容留、介绍已满14周岁未满18周岁的未成年人卖淫达5人次以上的;容留、介绍不满14周岁的未成年人卖淫的;引诱、容留、介绍明知是患有艾滋病或者梅毒、淋病等严重性病的人卖淫,或者造成上述严重性病感染的;其他情节严重的情形。

案例:郭某某介绍卖淫案

案例来源:《刑事审判参考》总第120集[第1311号]

主题词:介绍卖淫罪 介绍智障人员卖淫

一、基本案情

2012年至2015年11月,被告人郭某某通过手机发布招嫖信息,介绍姜某某向嫖客郭某某、王某某、张某某、赵某某、刘某甲、刘某乙、寇某某等人卖淫,所获嫖资被郭某某挥霍。经某省精神卫生心法医司法鉴定所鉴定,姜某某轻度精神发育迟滞;性防卫能力明显削弱。

二、裁判要旨

No. 6-8-359(1)-10 介绍智障人员卖淫一般是按照介绍卖淫罪定罪处罚,但在符合特定条件时,应当以强奸罪定罪处罚。

介绍智障人员卖淫一般是按照介绍卖淫罪定罪处罚。但在下列情形下,要以强奸罪定罪处罚:(1)介绍人在介绍卖淫过程中还对智障人员实施了奸淫,此时应以强奸罪对介绍人定罪处罚,其介绍卖淫行为亦构成犯罪的,则以强奸罪和介绍卖淫罪数罪并罚。(2)嫖客的行为构成强奸罪,且介绍人也明知所介绍的人员属于无性自我防卫能力的智障人员的。

嫖客的行为是否构成强奸罪,取决于两个条件:一是嫖客是否明知卖淫人员是智障人员;二是智障人员是否属于无性自我防卫能力人。介绍人介绍智障且属于无性自我防卫能力的人员卖淫,嫖客也明知卖淫人员系无性自我防卫能力的智障人员而与之发生性关系的,即便该卖淫人员主动与嫖客发生性关系,或者在发生性关系时未表现出反抗,嫖客的行为亦构成强奸罪,介绍人则构成强奸罪的共犯。对介绍人的介绍行为不再以介绍卖淫罪定罪处罚。

之所以对介绍人和嫖客不能简单地以强奸罪定罪处罚,是因为强奸罪系重罪,保护的是性的自主决定权,而一名性自我防卫能力削弱的智障人员并不能完全否定其对性有自主决定能力,定罪应更加慎重。如果嫖客并不明知卖淫人员是智障人员,即便卖淫人员被鉴定为无性自我防卫能力,也不能成立强奸罪。此时介绍人亦不构成强奸罪,因为介绍卖淫行为本身并不是强奸罪的实行行为,介绍人不能单独成为强奸罪的主体,而只能成为强奸罪的共犯。在嫖客不构成强奸罪的情况下,对介绍人应以介绍卖淫罪定罪处罚。

案例:袁七虎容留、介绍卖淫案

案例来源:《刑事审判参考》总第122集[第1349号]

主题词:容留、介绍卖淫罪 情节严重

一、基本案情

被告人袁七虎伙同杨喜顺(另案处理)租赁离石区久安路慈坤医院对面的鑫浪宾馆和美丽

家园一居民房,容留赵某、王某某、郭某某等多人从事卖淫活动,并通过出租车司机薛芝全、韩利锋等介绍嫖客,雇用刘根儿(另案处理)收取嫖资,从中抽头得利。2016年8月3日凌晨,公安民警根据举报在美丽家园居民房内将刘根儿及卖淫女王某某、赵某、郭某某,嫖客冯某某、王某(均已行政处罚)等当场抓获。

二、裁判要旨

No. 6-8-359(1)-11 容留、介绍他人卖淫"情节严重",应当从卖淫人数、时间长度、社会影响等方面综合考虑,如果卖淫次数已经查实,在法定刑幅度范围内应当作为量刑的情节予以考虑。

2017年7月25日《最高人民法院、最高人民检察院关于办理组织、强迫、引诱、容留、介绍卖淫刑事案件适用法律若干问题的解释》(以下简称《涉卖淫刑案解释》)公布实施。《涉卖淫刑案解释》在吸收《关于执行〈全国人民代表大会常务委员会关于严禁卖淫嫖娼的决定〉的若干问题的解答》(以下简称《解答》)规定的基础上,根据司法实践新情况、新问题,对容留、介绍卖淫罪的定罪量刑标准作了修改:

(1)不再将容留、介绍卖淫的次数作为定罪量刑标准。《解答》规定,容留、介绍多人、多次卖淫的均构成"情节严重",但司法实践中,容留、介绍卖淫的次数与人数相比,在社会危害性上相差较大,将二者并列作为入罪及"情节严重"的标准并不合理。此外,认定卖淫次数,取证难度大,证据要求高,不利于打击犯罪。为此,《涉卖淫刑案解释》不再以容留、介绍他人卖淫的次数作为入罪及判断情节严重的标准,同时在第十条规定,如果卖淫次数已经查实,在法定刑幅度范围内应当作为酌定量刑情节予以考虑。

(2)以人数为基准时,提高容留、介绍卖淫罪的入罪标准和法定刑升格标准。将"容留、介绍二人卖淫"作为入罪门槛,"引诱、容留、介绍十人以上卖淫"作为"情节严重"的情形之一。

(3)对于容留、介绍特殊人员卖淫的,设置了比容留、介绍普通人员卖淫较低的入罪和"情节严重"标准。即容留、介绍特殊人员卖淫的,容留、介绍一人就构成犯罪,引诱、容留、介绍五人以上即构成"情节严重"。此处的特殊人员,除《解答》规定的患有严重性病的人以外,还包括未成年人、孕妇、智障人员。

(4)对于曾因同类行为被行政处罚的行为人,降低入罪门槛。《涉卖淫刑案解释》规定,一年内曾因引诱、容留、介绍卖淫行为被行政处罚,又实施容留、介绍卖淫行为的,以容留、介绍卖淫罪定罪处罚。主要考虑此类人员主观恶性较深,人身危害性相对较大。需要说明的是,《涉卖淫刑案解释》规定,引诱一人卖淫即构成犯罪,但《治安管理处罚法》仍有引诱卖淫的规定,我们理解,《治安管理处罚法》所规定的引诱卖淫主要是指引诱他人手淫、引诱他人卖淫未成功等情况。

(5)将非法获利情况增设为定罪量刑标准。《涉卖淫刑案解释》虽然不再将容留、介绍卖淫的次数作为定罪量刑标准,但容留、介绍卖淫的次数多,即使仅涉及一名卖淫人员,其社会危害性还是相对较大的。为严密法网,同时考虑查处非法收入比查处容留、介绍卖淫的次数更容易,操作性更强,《涉卖淫刑案解释》从非法获利的角度,涵盖了容留、介绍卖淫的次数问题,确定非法获利一万元为入罪标准,非法获利五万元以上构成"情节严重"。

(6)将容留、介绍卖淫罪的入罪标准、法定刑升格标准与引诱卖淫罪作了区分。虽然容留、介绍卖淫罪与引诱卖淫罪规定在同一刑法条文中,但引诱他人卖淫是让本没有卖淫意愿的人实施卖淫行为,容留、介绍卖淫的对象,本身就是曾经卖淫,至少是具有卖淫意愿的人,引诱他人卖淫的社会危害性要大于容留、介绍他人卖淫。因此,《涉卖淫刑案解释》在入罪标准上即作出了区分:除非法获利的数额标准一致外,对引诱他人卖淫的,不作人数限定,引诱一人卖淫即构成犯罪,而容留、介绍卖淫须达到二人以上,或者容留、介绍的对象具有特殊性,抑或行为人一年内曾因同类行为被行政处罚才构成犯罪。延伸到"情节严重"的认定标准,以人数为基准时,《涉卖淫刑案解释》仍将引诱他人卖淫与容留、介绍他人卖淫区别对待:对于引诱、容留、介绍普通人员卖淫的,多种行为并存时,以十人作为认定"情节严重"的起点,而引诱他人卖淫的,达到五人即可认定为"情节严重",即第九条规定"引诱五人以上或者引诱、容留、介绍十人以上卖淫的",应当认定为“情节严重”;对于引诱、容留、介绍特殊人员卖淫的,“引诱三人以上的未成年人、孕妇、智障人员、患有严重性病的人卖淫,或者引诱、容留、介绍五人以上该类人员卖淫的”,应当认定为“情节严重”,需要说明的是,引诱、容留、介绍卖淫是选择性罪名,如容留、介绍卖淫的人数未达到情节严重的标准,但另有引诱他人卖淫的行为,人数累计达到情节严重标准,也构成“情节严重”。

总体来说,《涉卖淫刑案解释》对于容留、介绍卖淫“情节严重”的认定,主要考虑卖淫人数、卖淫人员特殊性,并将非法获利情况也作为依据。认定容留、介绍他人卖淫“情节严重”,应当从卖淫人数、时间长度、社会影响等方面综合考虑,如果卖淫次数已经查实,在法定刑幅度范围内应当作为量刑的情节予以考虑。

案例:王怀珍容留卖淫案

案例来源:《刑事审判参考》总第124集[第1386号]

主题词:容留卖淫罪　行政处罚

一、基本案情

被告人王怀珍经营一家休闲店。2017年6月2日,王怀珍因容留侯某某在店内卖淫,被当阳市公安局行政拘留十日。2017年9月13日,王怀珍又因容留林某某在店内卖淫,被当阳市公安局民警当场查获。

法院认为,被告人王怀珍曾因容留卖淫被行政处罚,在一年内又实施容留卖淫,其行为已构成容留卖淫罪。公诉机关指控罪名成立。王怀珍到案后如实供述犯罪事实,当庭认罪,属坦白,依法可从轻处罚。判决被告人王怀珍犯容留卖淫罪,判处拘役四个月,缓刑六个月,并处罚金三千元。

一审宣判后,被告人王怀珍未上诉,检察机关亦未抗诉,判决已发生法律效力。

二、裁判要旨

No. 6-8-359(1)-12　一年内曾因容留卖淫行为被行政处罚又实施容留卖淫行为的,成立容留卖淫罪。

《刑法》第三百五十九条第一款规定:“引诱、容留、介绍他人卖淫的,处五年以下有期徒刑、拘役或者管制,并处罚金;情节严重的,处五年以上有期徒刑,并处罚金。”但是对于引诱、容留、介绍卖淫罪的入罪标准没有具体规定。为此,《最高人民法院、最高人民检察院关于办理组织、强迫、引诱、容留、介绍卖淫刑事案件适用法律若干问题的解释》(以下简称《涉卖淫刑案解释》)第八条第一款规定,引诱、容留、介绍他人卖淫,具有以下五种情形之一的,应当以引诱、容留、介绍卖淫罪定罪处罚:(1)引诱他人卖淫的;(2)容留、介绍二人以上卖淫的;(3)容留、介绍未成年人、孕妇、智障人员、患有严重性病的人卖淫的;(4)一年内曾因引诱、容留、介绍卖淫行为被行政处罚,又实施容留、介绍卖淫行为的;(5)非法获利人民币一万元以上的。上述五种情形即引诱、容留、介绍卖淫罪的入罪标准,主要是从四个方面考虑而设置的:一是从卖淫人数考虑;二是从卖淫人员的类别考虑;三是参照其他司法解释的范例,对具有同类行为被行政处罚过的人作出降低入罪门槛的规定;四是根据行为人获利情况确定入罪标准。

本案中主要涉及《涉卖淫刑案解释》第八条第四种情形的认定,需要注意以下问题:

1. 本规定的前半句包括“引诱、容留、介绍卖淫行为”,而后半句只有“容留、介绍卖淫行为”,没有引诱卖淫行为。这是因为,根据《涉卖淫刑案解释》的规定,引诱他人卖淫一人即构成犯罪,不存在是否需要受过行政处罚才能构罪的问题。虽然引诱他人卖淫一人就构成犯罪,但是《治安管理处罚法》仍然有引诱卖淫的规定,这是由行政违法上的“卖淫”概念与刑事犯罪中的“卖淫”概念不同造成的。行政处罚中的“引诱卖淫”存在的空间主要在于引诱他人进行手淫和引诱他人卖淫未遂的情形,这两种情形均不作刑事处罚,但根据《公安部关于对同性之间以钱财为媒介的性行为定性处理问题的批复》的规定,“不特定的异性之间或者同性之间以金钱、财物为媒介发生不正当性关系的行为,包括口淫、手淫、鸡奸等行为,都属于卖淫嫖娼行为,对行为人应当依法处理”,即可以治安处罚。综上,本规定前半句的“引诱、容留、介绍卖淫行为”中的

“卖淫”既包括刑法上的卖淫行为也包括治安管理处罚法上的卖淫行为,而后半句的“容留、介绍卖淫行为”中的“卖淫”仅指刑法上的卖淫行为。本规定的入罪包括两种情形:一是行为人一年内曾因容留、介绍卖淫行为被行政处罚,又实施容留、介绍卖淫行为的,前行为既包括容留、介绍卖淫的行为未达到容留、介绍卖淫罪入罪标准的刑法上的卖淫行为,也包括容留、介绍他人手淫等不认为是犯罪的行为,后行为则要求是刑法上的卖淫行为;二是行为人一年内曾因引诱卖淫行为被行政处罚,又实施容留、介绍卖淫行为的,这里前行为是引诱他人手淫等不认为是犯罪的行为,后行为同样要求是刑法上的卖淫行为。

2. 从有利于被告人的原则出发,“一年内”的时间起算节点是指行为的发生时间,而不是行为的行政处罚时间。本案中,被告人于 2017 年 6 月 2 日因容留一人在其店内卖淫,被公安机关行政拘留十日,一年的时间应从其实施容留卖淫行为时即 2017 年 6 月 2 日起算,至 2018 年 6 月 1 日为一年。被告人在 2017 年 9 月 13 日又容留一人在其店内卖淫,属于一年内曾因引诱、容留、介绍卖淫行为被行政处罚,又实施容留、介绍卖淫行为的情形,符合《涉卖淫刑案解释》规定的容留卖淫罪的入罪条件,因此对其第二次容留卖淫的行为应直接认定为容留卖淫罪,而无须再进行行政处罚。公安机关先给予行政拘留十二日,在行政拘留到期前转为刑事拘留,而后又取保候审,虽然严格说来这种处理不够规范,但考虑被告人最终被判处缓刑,总体上还是妥当的。

3. 一年内因引诱、容留、介绍卖淫犯罪被判处刑罚的不适用前述入罪规定。

第一,符合罪刑法定原则。《涉卖淫刑案解释》第八条第一款对《刑法》所规定的引诱、容留、介绍卖淫罪的入罪标准已经作了明确而详尽的规定,并包含了司法实践中方方面面的情况,实践中应当严格依照该规定执行,而不宜再突破《涉卖淫刑案解释》规定的入罪标准。

第二,“举轻以明重”规则的适用应有一定限制性。由于刑法实行罪刑法定原则,在适用“举轻以明重”的规则进行解释时,不能简单地以案件事实严重为由定罪处刑,否则就涉嫌类推。对于一年内曾因引诱、容留、介绍卖淫行为被判处刑罚,又实施容留、介绍卖淫行为的,前一行为已经被刑法所评价,如果将前一次的犯罪行为,作为后一次行为是否构成犯罪的标准,则有重复评价之嫌,对后一次行为应严格适用《涉卖淫刑案解释》的入罪标准判断是否构罪。

第三,符合刑法的谦抑性原则。引诱、容留、介绍卖淫类犯罪,除了具有“情节严重”情形之外的、在《刑法》本节犯罪中属于罪小刑轻类的犯罪,根据刑法的谦抑性原则,不宜再降低入罪标准或扩大《刑法》的处罚范围。

案例:吴春兰、鲁长学容留卖淫案

案例来源:《刑事审判参考》总第 127 辑[第 1413 号]

主题词:容留卖淫罪　认罪认罚从宽

一、基本案情

被告人吴春兰、鲁长学伙同曾德海、刘洪(另案处理,已判刑)共同出资经营“迎宾来”茶馆,密谋在该茶馆内提供房间给卖淫女卖淫。后吴春兰、鲁长学等人容留刘某、张某在该茶馆内卖淫,并从中抽成牟利。公安机关对上述地点进行突击检查时,当场抓获了正在该卖淫的二卖淫女。

法院认为,被告人吴春兰、鲁长学为他人卖淫提供场所,其行为均已构成容留卖淫罪。公诉机关指控的罪名成立。本案系共同犯罪,二被告人地位作用相当,均系主犯。鲁长学归案后在侦查阶段即能如实供述自己罪行,构成坦白,依法可从轻处罚。吴春兰在法院审理阶段当庭自愿认罪,可酌情从轻处罚。公诉机关的量刑建议适当,予以采纳。吴春兰辩护人的辩护意见理由充分,予以采纳。判决被告人吴春兰犯容留卖淫罪,判处有期徒刑一年一个月,并处罚金人民币五千元;被告人鲁长学犯容留卖淫罪,判处有期徒刑十一个月,并处罚金人民币五千元。

一审宣判后,被告人吴春兰不服,以自己不是股东、具有自首情节、一审量刑过重为由,提出上诉。厦门市中级人民法院经审理认为,关于吴春兰上诉提出其并非股东、具有自首情节的上诉意见,厦门市中级人民法院经审理认为,本案其他三同案犯均供称与吴春兰共同出资经营涉案茶馆,且有查获在案的合作经营协议印证,故吴春兰的辩解与查明的事实不符。其虽自动投案但归案后未能如实供述主要犯罪事实,不构成自首,故该上诉理由不能成立,不予采纳。原判认定事实清楚、证据确实充分、定罪准确、量刑适当、审判程序合法。据此裁定驳回上诉,维持原判。

二、裁判要旨

No. 6-8-359(1)-13 在刑罚评价上,主动认罪优于被动认罪,早认罪优于晚认罪,彻底认罪优于不彻底认罪,稳定认罪优于不稳定认罪。

2019年,最高人民法院、最高人民检察院、公安部、国家安全部、司法部印发的《关于适用认罪认罚从宽制度的指导意见》明确规定:"办理认罪认罚案件,应当区别认罪认罚的不同诉讼阶段、对查明案件事实的价值和意义、是否确有悔罪表现,以及罪行严重程度等,综合考量确定从宽的限度和幅度。在刑罚评价上,主动认罪优于被动认罪,早认罪优于晚认罪,彻底认罪优于不彻底认罪,稳定认罪优于不稳定认罪。"该规定所确立的"认罪越早,从宽越多"的刑罚评价取向,对于鼓励真正的犯罪嫌疑人尽早认罪,与国家和被害人和解,减少控辩对抗,缩短诉讼周期,节约国家追诉犯罪成本和实现被追诉人自我救赎均具有重要意义。需要注意的是,"认罪越早,从宽越多"是一个原则,具体是否从宽以及从宽幅度仍要根据案件性质、情节后果等因素,结合认罪的价值和意义综合考量,确保罪责刑相适应。

本案中,被告人吴春兰、鲁长学在共同犯罪中的地位、作用相当。吴春兰虽系自动投案,但到案后未如实供述自己的罪行,故依法不能认定为自首。被告人鲁长学归案后即如实供述自己的罪行,属侦查阶段的坦白,对案件事实的及时准确查明具有重要意义。一审合议庭评议时,综合考量二被告人认罪阶段和作用的不同,在量刑规范化框架内作出不同的刑罚评价:二被告人的地位、作用相当,其基准刑均确定为十五个月。吴春兰当庭认罪,有自动投案情节,减让基准刑的10%,宣告刑为十三个月;鲁长学在侦查阶段认罪,减让基准刑的25%,宣告刑为十一个月。一审法院综合考虑二被告人认罪时间早晚以及认罪作用大小等因素,确定不同的从宽幅度,体现了区别对待的刑事政策,有利于发挥制度的指引功能。

164 传播性病罪(《刑法》第三百六十条)

案例:王某传播性病案

案例来源:《刑事审判参考》总第105集[第1133号]

主题词:传播性病罪 明知携带HIV病毒而卖淫

一、基本案情

被告人王某,女,1981年9月20日出生。2013年10月10日因涉嫌犯传播性病罪被逮捕。

广东省东莞市第一市区人民检察院以被告人王某犯传播性病罪,向东莞市第一人民法院提起公诉。

被告人王某对公诉机关指控的犯罪事实无异议。

东莞市第一人民法院经不公开审理查明:2007年1月被告人王某经某县艾滋病性病皮肤病防治中心确诊为HIV-1抗体呈阳性。2013年9月5日16时许,王某与陆某商定在出租屋进行性交易,嫖资为30元。陆某在未使用安全套的情况下与王某发生性关系。后二人被巡查的公安人员抓获。经东莞市疾病预防控制中心检验,王某的HIV-1抗体呈阳性。

东莞市第一人民法院认为,被告人王某明知自己患有严重性病而实施卖淫活动,其行为已构成传播性病罪。鉴于王某归案后如实供述犯罪事实,认罪态度较好,依法可以从轻处罚。

据此,依照《中华人民共和国刑法》第三百六十条、第六十七条第三款、第五十二条之规定,以王某犯传播性病罪,判处有期徒刑十个月,并处罚金人民币二千元。

一审宣判后,被告人王某未上诉,公诉机关亦未抗诉,判决已发生法律效力。

二、裁判要旨

No. 6-8-360-1 明知自己感染艾滋病病毒而卖淫的行为,构成传播性病罪。

从法律和医学角度分析,艾滋病属于危害性与梅毒、淋病相当的严重性病。明知自己感染艾滋病病毒而卖淫的行为构成传播性病罪,而非故意伤害罪或以危险方法危害公共安全罪。

故意伤害罪是结果犯,构成该罪必须造成被害人轻伤以上的后果。王某从事卖淫活动,与嫖娼人员并无仇怨,对可能发生的致使嫖娼人员感染艾滋病病毒的结果只持放任心态,同时无证据证实嫖娼人员陆某因与王某进行性交易而感染艾滋病病毒。出于间接故意实施的犯罪行为未发生危害结果的,不构成犯罪,故王某不构成故意伤害罪。如果王某出于希望或放任他人感染艾滋病病毒的心理进行卖淫嫖娼活动,并使对方感染艾滋病病毒(或发病死亡),可以认定其构成故意伤害(致死)罪。

王某不构成以危险方法危害公共安全罪。有意见认为,王某主观上对于他人可能感染艾滋病病毒存在间接故意,客观上与不特定多数人发生了性关系,极易引起艾滋病病毒的扩散,给公共安全带来潜在危害,构成以危险方法危害公共安全罪。我们认为,本案现有的证据尚未达到以危险方法危害公共安全罪的证明标准。从主观上看,王某供称其知道自己携带的艾滋病病毒可能会传染给他人,也学习了相关知识,知道女性艾滋病病毒携带者传染的可能性相对于男性而言较小;进行性交易时其会要求对方使用安全套,如果对方不愿意使用,考虑到自己的艾滋病病毒传染给对方的可能性较小,也会同意。可见,王某并无恶意传播艾滋病病毒以报复社会的意图,只是为了牟利而在一定程度上放任危害结果的发生。从客观上看,虽然王某供述称其知道自己携带艾滋病病毒后仍进行卖淫活动长达三年,但该情节无其他证据佐证,亦不能证实其与多少人进行过性交易,现有证据仅能证实其与嫖娼人员陆某有一次性交易。因此,根据在案证据尚不足以认定王某的行为造成了广泛的社会危害,故王某也不构成以危险方法危害公共安全罪。如有充分证据证实其得知自己系艾滋病病毒携带者后,仍长期卖淫,与其进行性交易的人员众多,甚至导致艾滋病病毒的进一步扩散,可认定其构成以危险方法危害公共安全罪。

165 制作、复制、出版、贩卖、传播淫秽物品牟利罪(《刑法》第三百六十三条第一款)

案例:武景明等贩卖淫秽物品牟利、非法经营案

案例来源:《人民法院案例选》2009 年第 3 辑

主题词:贩卖淫秽物品牟利罪　非法经营罪

一、基本案情

被告人武景朋、刘士芳。

浙江省宁波市江东区人民法院经审理查明:2008 年 3 至 4 月期间,被告人武景朋为牟取利益,多次从他人处购买大量盗版及淫秽光碟用于贩卖。被告人刘士芳明知其丈夫武景朋贩卖盗版及淫秽光碟,仍帮助武景朋整理、包装光碟。2008 年 4 月 8 日,公安机关根据线索在本市江东区福明街道邵家村暂住房内将被告人武景朋、刘士芳当场抓获,并查获被告人武景朋、刘士芳准备用于贩卖的光碟 11129 张。经鉴定:从被告人武景朋、刘士芳暂住房内查获的准备用于贩卖的 11129 张光碟中有 3119 张光碟属于淫秽物品。其余 8000 余张为盗版光碟。

宁波市江东区人民法院认为,被告人武景朋、刘士芳以牟利为目的,明知是淫秽物品而予以贩卖,情节特别严重,二被告人的行为均已构成贩卖淫秽物品牟利罪。被告人武景朋、刘士芳以牟利为目的,明知是盗版音像制品而予以贩卖,情节严重,二被告人的行为又构成了非法经营罪。公诉机关指控的罪名成立。被告人贩卖淫秽光碟未遂,依法可减轻处罚。在共同犯罪中,被告人刘士芳起次要作用,是从犯,依法应当减轻处罚。对被告人的辩护人认为,被告人的行为不构成非法经营罪的辩护意见,本院认为,被告人贩卖淫秽物品、销售盗版光碟,实施的是两个行为,且销售盗版光碟数量达 8000 余张,情节严重,构成了非法经营罪,对辩护人的该辩护意见本院不予采纳。对被告人武景朋依照《中华人民共和国刑法》第三百六十三条第一款、第二百二十五条第一款第(四)项、第六十九条、第七十条、第二十五条第一款、第二十六条第一款和第四款,第二十三条及《中华人民共和国刑法修正案》第八条之规定,对被告人刘士芳依照《中华人民共和国刑法》第三百六十三条第一款、第二百二十五条第一款第(四)项、第六十九条第七十条、第二十五条第一款,第二十七条、第二十三条及《中华人民共和国刑法修正案》第八条之规定,判决如下:

1. 被告人武景朋犯贩卖淫秽物品牟利罪,判处有期徒刑五年,并处罚金人民币二万元;犯非法经营罪,判处有期徒刑两年六个月,并处罚金人民币二万元。决定执行有期徒刑六年,并处罚金人民币四万元。

2. 被告人刘士芳犯贩卖淫秽物品牟利罪,判处有期徒刑一年六个月,并处罚金人民币一万元;犯非法经营罪,判处有期徒刑十个月,并处罚金人民币一万元。决定执行有期徒刑一年十个月,并处罚金人民币两万元。

一审宣判后,二被告人均未上诉、检察机关未抗诉,一审判决已发生法律效力。

二、裁判要旨

No.6-9-363(1)-1 贩卖淫秽物品又销售非法出版物的,应当以贩卖淫秽物品牟利罪和非法经营罪实行并罚。

本案被告人既贩卖淫秽光碟3119张,又销售盗版光碟8000余张,事实上实施了两个行为,触犯了两个罪名,并且两个罪名之间不存在牵连关系,也不存在逻辑上的从属或交叉关系,因此,不成立牵连犯或法条竞合,应当数罪并罚。

No.6-9-363(1)-2 持有数量较大的用于贩卖的盗版物,尚未销售,如果达到情节特别严重,应以非法经营罪论处。

本案从被告人的住处查获其准备用于贩卖的盗版光碟数量达8000余张,因尚未销售并无违法所得,上述行为不构成销售侵权复制品罪。但根据最高人民法院《关于审理非法出版物刑事案件具体应用法律若干问题的解释》第11条、第12条的规定,已构成非法经营罪,且达到了情节特别严重的定罪量刑标准。从条文的规定上容易看出,非法经营罪的量刑幅度高于销售侵权复制品罪,也就是说,本案被告人的行为不构成量刑幅度低的轻罪,反而构成量刑幅度高的重罪。因此,对于本案不应适用特别法优于一般法的原则,而应适用重法优于轻法的原则,认定成立非法经营罪。

案例:何肃黄等传播淫秽物品牟利案

案例来源:《刑事审判参考》总第20辑[第123号]

主题词:互联网 刊载淫秽物品 定性

一、基本案情

被告人何肃黄,男,1975年4月19日出生,高中文化,无业,住河南省郑州市。因涉嫌犯传播淫秽物品牟利罪,于2000年1月18日被逮捕。

被告人杨柯,男,1976年11月4日出生,高中文化,无业。因涉嫌犯传播淫秽物品牟利罪,于2000年1月18日被逮捕。

河南省商丘市梁园区人民法院经审理查明:1999年7月至11月间,被告人何肃黄利用被告人杨柯为其提供自己申请的互联网免费主页空间,在商丘信息港建立"酷美女国际乐园"、在武汉建立"酷美女"、四川青衣江建立"色情艺廊"、在安阳信息港建立"六库全书"4个色情网站。被告人杨柯在商丘信息港和国外的服务器上建立"色情写真图库"和"全球色情引擎"两个色情网站。二被告人共在上述网站中刊载淫秽图片7200余幅、淫秽小说94篇、淫秽小电影两部,并共同对上述网站进行维修、更新。为了牟取非法利益,二被告人利用上述色情网站为国外公司做广告,先后收到汇款519.28美元(未兑付)。

商丘市梁园区人民法院认为:被告人何肃黄、杨柯以牟利为目的,在互联网上传播淫秽物品,情节严重,其行为已构成传播淫秽物品牟利罪。检察机关指控的罪名成立。鉴于二被告人认罪态度较好,确有悔罪表现,可从轻处罚。依照《中华人民共和国刑法》第三百六十三条第一款、第二十五条、第七十二条、第六十四条的规定,于 2000 年 9 月 4 日判决如下:

1. 被告人何肃黄犯传播淫秽物品牟利罪,判处有期徒刑三年,缓刑四年,并处罚金人民币一万元;被告人杨柯犯传播淫秽物品牟利罪,判处有期徒刑三年,缓刑四年,并处罚金人民币一万元。

2. 违法所得美元五百一十九元二十八分予以追缴,犯罪工具计算机二部、软盘五十张、硬盘一个予以没收。

宣判后,二被告人没有上诉,检察机关没有抗诉,判决发生法律效力。

二、裁判要旨

No. 6-9-363(1)-3 在互联网上刊载淫秽图片、小说、电影的,应以传播淫秽物品罪论处。

随着计算机技术的发展和网络技术的应用,以网络系统为工具犯罪的出现,淫秽物品的传播行为也呈现出新的特点:一些不法分子出于各种目的,在互联网上建立淫秽网站、网页、提供淫秽站点链接服务,在网上提供淫秽色情信息、淫秽色情行业中介服务、发布淫秽色情广告或者在互联网上刊载淫秽小说、书刊、影片、音像制品、图片等。

就本案而言,对何肃黄、杨柯在互联网上刊载淫秽图片、小说、电影行为的定性,关键在于查明和了解色情网站中的淫秽内容的整个形成过程。从查明的犯罪事实来看,何肃黄、杨柯是在互联网上利用网络服务提供者的免费个人空间设置色情网站,并实施有关淫秽物品犯罪行为的。其中,网络服务提供者(简称 ISP),是指利用自己掌握的网络技术和硬件设施为各类开放性网络(主要指国际互联网)提供信息传播中介服务的经营者。网络服务提供者类别众多,但大体上可归纳为网上信息经营者和上网服务商。网上信息经营者包括专业网站和综合网站,分别提供商品、专项交易的服务或者信息等。上网服务商则指为用户上网提供电话线等连接服务的经营者。

网站设置免费个人空间,向网络用户提供服务器空间,其功能在于给网络用户提供一种能够及时传输或接受信息的通道。在提供个人专业、网上论坛等个人网络空间的服务方式下,网络服务商仅仅给自己的用户提供了一个网络空间,由用户自行上载信息,发表言论,网络服务商并不为其提供信息,也不对用户上载的信息进行编辑和筛选。因此,色情网站中的淫秽物品内容必须经过网络用户的制作或复制之后才能予以刊载。至于淫秽物品的最初来源,既可能是网络用户自己制作的,如自行编写淫秽小说,也可能是网络用户从另外的色情网站中下载、剪贴、编辑、加工、复制而来。本案被告人何肃黄、杨柯在国际互联网上利用申请的免费主页空间,分别在商丘、武汉、安阳等信息港和国外服务器上建立色情网站 6 个,刊载了淫秽图片 7200 余幅、小说 94 篇、小电影两部,以便众多的网络用户来访问,实质上是刑法意义上的传播淫秽物品的行为。

No. 6-9-363(1)-4 以赚取广告收入为目的,在互联网上刊载淫秽物品的,应以传播淫秽物品牟利罪论处。

从我国互联网的发展现状来看,用户访问网站和网页一般是不支付费用的,网站、网页经营者的主要收入来自于国内外公司支付的广告费用,而广告的多少、广告费用的高低又取决于用户对该网站、网页的访问量。因此,一些网站、网页的经营者为了获取广告收入,采用各种方法以吸引用户,增加访问人数,从而赚取广告收入。也就是说,网站、网页经营者的广告收入,实际上就是其经营所获得的利润。被告人何肃黄、杨柯以获取广告收入为目的,在互联网上刊载淫秽物品吸引网民、增加访问人数的行为,应当认定为以牟利为目的的传播淫秽物品。河南省商丘市梁园区人民法院根据本案的具体情况,以传播淫秽物品牟利罪判处被告人何肃黄有期徒刑三年,缓刑四年,并处罚金人民币一万元;判处被告人杨柯有期徒刑三年,缓刑四年,并处罚金人民币一万元,是适当的。

案例:方惠茹传播淫秽物品牟利案

案例来源:《刑事审判参考》总第75集[第641号]

主题词:传播淫秽物品罪 以牟利为目的的网络裸聊行为

一、基本案情

被告人方惠茹,女,1977年1月4日出生,农民。因涉嫌犯传播淫秽物品牟利罪,于2007年5月15日被取保候审。

浙江省龙游县人民检察院以被告人方惠茹犯传播淫秽物品牟利罪,向龙游县人民法院提起公诉。

被告人方惠茹对起诉书指控的犯罪事实没有异议。

龙游县人民法院经审理查明:被告人方惠茹于2006年下半年在网上注册了287557234和448562245两个QQ号,其中287557234的网名为"水水",448562245的网名为"晴—儿"。注册后,方惠茹即将这两个QQ号挂于QQ聊天室大厅的"E网情深"聊天室下的"E夜激情"室内,聊天中以发信息的形式告知"好友"进行色情聊天,以招揽网友进行裸聊,从中牟利。之后,方惠茹又在这两个QQ号的"个人资料""介绍说明"栏内加入了"加我请注明网银支付宝,试看人民币(以下币种均为人民币)5元(我裸体2分钟,同时证明我是真人)满意后50元服务30分钟,特殊的加钱。绝对真人,有良好的信誉,欢迎付费男士"的个人说明。在裸聊时,方惠茹根据对方的实际情况先将以其丈夫王华佗名义开户的银行账号或自己在支付宝网站申请的支付宝账号告知对方,待核实对方已将钱汇入后,即根据对方的要求以及汇入资金的数额通过视频提供不同的裸聊内容。自2006年11月1日到2007年5月14日,方惠茹裸聊范围达二十余个省份,裸聊的对象有三百余人,其用于裸聊收费的银行账号以及支付宝账号共汇入裸聊资金1054次,计24973.03元。

龙游县人民法院认为,被告人方惠茹以牟利为目的,利用互联网传播淫秽电子信息,其行为构成传播淫秽物品牟利罪,公诉机关指控的罪名成立。方惠茹利用淫秽电子信息收取其他费用,违法所得在一万元以上,但未达到情节严重所规定标准五倍以上,不属于情节严重。方惠茹归案后认罪态度较好并退出违法所得,可以酌情从轻处罚。根据方惠茹的犯罪情节及悔罪表现,适用缓刑确实不致再危害社会,可对其宣告缓刑。依照《中华人民共和国刑法》第三百六十三条、第六十四条和最高人民法院、最高人民检察院《关于办理利用互联网、移动通讯终端、声讯台制作、复制、出版、贩卖、传播淫秽电子信息刑事案件具体应用法律若干问题的解释》第一条第六款之规定,判决如下:

1. 被告人方惠茹犯传播淫秽物品牟利罪,判处有期徒刑六个月,缓刑一年,并处罚金人民币五千元;

2. 被告人方惠茹的违法所得予以追缴,上缴国库;

3. 作案工具电脑二台,予以没收。

一审宣判后,被告人方惠茹没有上诉,公诉机关亦未提出抗诉,判处发生法律效力。

二、裁判要旨

No.6-9-363(1)-5 通过网络视频聊天进行裸聊具有淫秽物品的本质属性即淫秽性,以牟利为目的的与多人进行网络视频裸聊的,应以传播淫秽物品牟利罪论处。

所谓网络裸聊,是指用户通过专门的网络视频聊天工具,除去脸部外其他身体部位全部裸露在摄像头下,并以大胆文字和动作通过网络视频传给聊天对象的聊天方式。根据网络裸聊指向对象的不同,网络裸聊可分为点对点的裸聊、点对面的裸聊。前者是指两个特定个体之间通过网络聊天室进行的不具有公开性的裸聊;后者则是参与一方特定的个体,另一方则为不特定或多数个体。对上述网络裸聊行为,能否以传播淫秽物品罪定罪处罚,首先要考察这种行为是否具有淫秽性,其次还要求符合传播的特征,将淫秽信息广泛扩散。

1. 同其他淫秽物品一样,网络裸聊行为所传递的信息具有强烈的淫秽性。淫秽性是淫秽物品的本质属性。对于淫秽物品的认定,应当坚持发展的观点。随着科技的发展,材料的更新,淫秽信息本身以及淫秽信息的载体均在不断变化。在这种情况下,刑法应当根据保护法益的本质及时进行调整。事实上,我国刑事立法文件、司法解释也在根据社会的发展变化,不断地对淫秽物品的认定范围进行相应调整,在一定程度上拓宽了淫秽物品的外延,有效地应对了淫秽物品犯罪的实际需要,充分发挥了刑法对于社会善良风俗的保护功能。随着电子网络技术的发展,作为淫秽信息载体的淫秽物品再次发生了重大变化,即不再具有直观的形。最高人民法院、最高人民检察院《关于办理利用互联网、移动通讯终端、声讯台制作、复制、出版、贩卖、传播淫秽电子信息刑事案件具体应用法律若干问题的解释》将淫秽物品的外延扩大了包括具体描绘性行为或露骨宣扬色情的淫秽性视频文件、音频文件、电子刊物、图片、文章、短信息等互联网、移动通信终端电子信息和声讯台语音信息。

尽管淫秽信息与淫秽信息载体存在区别,但对法益造成侵害的是淫秽信息本身,而不是信息载体,因此刑法对信息载体的形式要求在不断淡化,淫秽信息载体的外延在不断扩大,从有形载体扩大到现在的无形载体。然而由网络视频聊天的技术特性所决定,视频信息往往以动态的视频流形式存在,并不附着于静态的文件载体之上。对淫秽信息载体的要求,难以应对此类电子淫秽信息带来的危害。事实上,随着电子技术的发展,信息对现实生活的作用可以无须借助载体直接进行。在此情况下,不应纠缠于信息有无载体这个问题,而应重点关注信息内容本身是否具有淫秽性。网络裸聊完全具备淫秽物品的基本属性,能够成为传播淫秽物品的犯罪对象。

2. 传播淫秽物品犯罪行为符合传播的特点,将淫秽信息广为扩散,从而影响公众对于性的感情,具有严重的社会危害性。传播是指散布或使他人可以得到或获取,具有一定范围的公然性,必须使不特定多数人能够使用。在这个意义上,点对点式裸聊的特点在于私密性,不能视为传播行为,但在点对面式裸聊则使人类的各种性行为公开化,违背了人类的性羞耻感,严重侵害了社会风尚中的善良性风尚和性道德,构成传播行为。

案例:唐小明制作、贩卖淫秽物品牟利案

案例来源:《刑事审判参考》总第 78 集[第 664 号]

主题词:制作、贩卖淫秽物品牟利罪　制作淫秽物品行为的认定

一、基本案情

被告人唐小明,男,1980 年 11 月 9 日出生,个体经营公司。因涉嫌犯制作、贩卖淫秽物品牟利罪,于 2009 年 6 月 19 日被逮捕。

浙江省金华市婺城区人民检察院以被告人唐小明犯制作、贩卖淫秽物品牟利罪向婺城区人民法院提起公诉。

婺城区人民法院经审理查明:2008 年 9 月,被告人唐小明自行编写一套用于开设 WAP 手机网站的建站程序,并向该程序内添加了淫秽色情小说等内容。后唐小明通过网络联系,以人民币(以下币种均为人民币)1500 元到 3000 元不等的价格将该程序出售给位于金华地区的施凯源、金春晨、缪丹节、郑波、王俊、郑芳华、蒋峥、胡洋洋、曹雪嘉、盛南寅、薛佳乐(均另案处理)等人开设淫秽色情网站,非法获利 25500 元。经对唐小明出售给缪丹杰、施凯源的色情网站程序内容(均为更新程序中的小说内容)进行鉴定,该程序内有小说 99 部,其中 95 部均为淫秽色情小说。

被告人唐小明对犯罪事实及相关证据无异议。其辩护人提出:(1)被告人唐小明认罪态度好,有坦白情节,主观上有悔罪表现,如实供述罪行,退出 10300 元的赃款;(2)被告人唐小明系初犯、偶犯,请求法庭对其从轻处罚。

婺城区人民法院认为,被告人唐小明以牟利为目的,制作带淫秽内容的手机网站建站程序,出售给他人用于开设色情淫秽网站,其行为已构成制作、贩卖淫秽物品牟利罪。唐小明认罪态度较好,案发后退回部分赃款,可酌情从轻处罚。唐小明多次制作带有淫秽内容的手机网站程序,出售给他人用于开设淫秽网站,不能认定为初犯、偶犯。依照《中华人民共和国刑法》第三百六十三条第一款、第五十二条、第五十三条、第六十四条之规定,判决如下:

被告人唐小明犯制作、贩卖淫秽物品牟利罪,判处有期徒刑一年六个月,并处罚金 65000

元,罚金限于判决生效后十日内缴纳。

一审宣判后,被告人唐小明未提出上诉,检察机关亦未抗诉,判决已发生法律效力。

二、裁判要旨

No.6-9-363(1)-6 编写添加淫秽色情内容的手机网站建站程序并贩卖的,属于制作、贩卖淫秽物品,应以制作、贩卖淫秽物品牟利罪论处。

由于淫秽物品的形式从传统的书籍、录音录像等实体形式发展出多种音频、视频文件及其他电子信息的形式,制作行为的范围也越来越广泛。在理解制作淫秽物品时,应把握其内涵。

制作淫秽物品本质上具有两个特点:一是行为的过程具有创作性,行为人将自己的观念、情感、思想通过构思、取舍、选择、安排、设计在淫秽物品中表现出来;二是行为的结果是淫秽物品的产生,行为人通过创作性的行为产生了有形的淫秽物品,淫秽的内容必须有一定的载体,否则就无法认定淫秽物品的客观存在。随着淫秽物品内容的扩大,视频文件、音频文件、电子刊物、图片、文章、短信息等淫秽信息的出现,国家互联网、手机 WAP 网等同样可以作为表现淫秽物品的一种形式。

被告人唐小明编写了开设 WAP 手机网的建站程序,并向该程序内添加了淫秽色情小说。唐小明编写建站程序的行为本身并不具有可罚性,该程序只是提供了能够声称网页的工具,但其向该程序内添加淫秽色情小说,行为实质是改变了淫秽小说的内容载体,使该小说能够以网页的形式显示,通过手机网站传播,故其行为属于制作淫秽物品。唐小明制作淫秽物品后,最终目的是通过该程序牟利,以不同价格将改程序出售给多人的行为是贩卖行为,故其针对同一添加有淫秽内容的建站程序实施了制作、贩卖行为。故应依法对其以制作、贩卖淫秽物品牟利罪定罪处罚。

案例:陈乔华复制、贩卖淫秽物品牟利案

案例来源:《刑事审判参考》总第 78 集[第 665 号]

主题词:复制、贩卖淫秽物品牟利罪 犯罪数量的计算标准

一、基本案情

被告人陈乔华,男,1973 年 10 月 24 日出生,手机店主。因涉嫌犯贩卖淫秽物品牟利罪,于 2009 年 3 月 19 日被逮捕。

北京市丰台区人民检察院以被告人陈乔华犯复制、贩卖淫秽物品牟利罪,向丰台区人民法院提起公诉。

被告人陈乔华对起诉书指控的事实无异议。被告人陈乔华的辩护人提出:被告人陈乔华的行为并未达到刑事犯罪的定罪标准,故其行为不构成犯罪。

丰台区人民法院经公开审理查明:2009 年 3 月 2 日 16 时许,被告人陈乔华在北京市丰台区刘村 84 号其经营的手机维修店内,以人民币(以下币种均为人民币)30 元的价格,通过电脑向李琳的手机存储卡内复制淫秽视频文件 254 个,后被抓获。公安机关当场从被告人陈乔华的电脑主机内查获淫秽视频文件 346 个,经北京市公安局淫秽物品审查鉴定,以上视频均为淫秽物品。

丰台区人民法院认为,被告人陈乔华以牟利为目的,复制、贩卖淫秽视频文件,其行为已构成复制、贩卖淫秽物品牟利罪,依法应予处罚。北京市丰台区人民检察院指控被告人陈乔华犯复制、贩卖淫秽物品牟利罪的事实清楚、证据确实充分,罪名成立。被告人陈乔华辩护人的意见与在案证据相悖,不予采纳。鉴于被告人陈乔华能够如实供述所犯罪行,认罪态度较好,并先期履行了财产刑,有悔罪表现,故对其酌情从轻处罚,并适用缓刑。根据被告人陈乔华犯罪的事实、性质、情节及对社会的危害程度,依照《中华人民共和国刑法》第三百六十三条第一款,第七十二条,第七十三条第二款、第三款,第五十二条,第六十一条,最高人民法院《关于审理非法出版物刑事案件具体应用法律若干问题的解释》第八条第一款之规定,判决如下:

被告人陈乔华犯复制、贩卖淫秽物品牟利罪,判处有期徒刑二年,缓刑三年,并处罚金人民币一万五千元。

一审宣判后,被告人陈乔华未提出上诉,检察机关亦未抗诉,判决已发生法律效力。

二、裁判要旨

No.6-9-363(1)-7 以牟利为目的复制淫秽物品,应以复制、贩卖淫秽物品牟利罪论处。

《刑法》第三百六十三条第一款规定的制作、复制、出版、贩卖、传播淫秽物品牟利罪为选择性罪名,选择性罪名都为一罪,将两个行为并列并不会加重行为人的罪责,应将体现被告人行为特点的罪名在法律文书中予以引用,应根据被告人的行为确定具体罪名。

被告人陈乔华通过向顾客手机存储卡内复制淫秽视频,赚取了 30 元钱,实施了复制、贩卖两种行为,定复制、贩卖淫秽物品牟利罪可以准确地体现出被告人的行为特征,故应以复制贩卖淫秽物品牟利罪对被告人定罪量刑。

No.6-9-363(1)-8 通过手机存储卡复制淫秽物品的,其犯罪数量标准应适用最高人民法院《关于审理非法出版物刑事案件具体应用法律若干问题的解释》(以下简称《非法出版物解释》)。存储于被告人电脑内的淫秽物品,推定为属于准备向他人复制淫秽物品的一部分,也应计入复制、贩卖淫秽物品牟利罪的犯罪数量。

最高人民法院、最高人民检察院发布的《关于办理利用互联网移动通讯终端、声讯台制作、复制、出版、贩卖、传播淫秽物品刑事案件具体应用法律若干问题的解释》(以下简称《解释》),只适用于通过互联网、移动通讯终端、声讯台实施的淫秽物品犯罪。手机虽然属于移动通讯终端,但本案被告人陈乔华并未利用手机的通讯功能,而是利用手机的附属设备手机存储卡的存储功能,采用复制方式出版淫秽物品,所以本案被告人的行为方式,更贴近于《非法出版物解释》规定的复制以实务为载体的淫秽物品的行为。

《解释》制定的目的是为依法惩治利用互联网、移动通讯终端制作、复制、出版、贩卖、传播淫秽物品、通过声讯台传播淫秽语音信息等犯罪活动,打击的对象系通过公共网络传播淫秽信息的行为人,该类犯罪具有传播的广泛性、迅速性、对象的不特定性等特征。所以《解释》规定了较低的定罪量刑数额起点,增加了打击力度。

从本案复制淫秽物品牟利的数量、传播对象、危害后果等来看,适用《非法出版物解释》有利于实现罪刑相适应,因此,应根据《非法出版物解释》的规定定罪量刑。

被告人作为手机网点经营者,其电脑并不是放在私人场所,而是置于营业场所中,其电脑中储存的淫秽视频文件是为了复制的方式牟取利润,可推定为属于准备向他人复制淫秽物品的一部分。实践中,手机存储卡的容量有限,实际复制的淫秽视频文件并不多,只以抓获复制在手机存储卡中的视频文件数量来量刑,而不将电脑中储存的不计入犯罪数量,则将放纵犯罪,不能更好地运用刑法规制此类行为,也不能体现罪刑相适应原则。在量刑时,除被告人向他人手机存储卡内复制的淫秽视频文件数量外,电脑中储存的也应计入犯罪数量。

案例:李志雷贩卖淫秽物品牟利案

案例来源:《刑事审判参考》总第 78 集[第 666 号]

主题词:贩卖淫秽物品牟利罪 淫秽物品数量的认定

一、基本案情

被告人李志雷,男,1986 年 5 月 23 日出生,无业。因涉嫌犯贩卖淫秽物品牟利罪,于 2010 年 2 月 25 日被逮捕。

浙江省杭州市西湖区人民检察院以被告人李志雷贩卖淫秽物品牟利罪,向杭州市西湖区人民法院提起公诉。

杭州市西湖区人民法院经审理查明:2009 年 12 月至 2010 年 1 月期间,被告人李志雷利用互联网在淘宝网上注册“鲁阿达”并开设店铺,以每笔人民币(以下币种均为人民币)30 元或 30 元以下的价格,通过电子邮件、即时通信软件传送等方式,陆续向买家销售内含上千条淫秽色情视频链接的压缩文件 326 个,获利 9773 元。2010 年 1 月 21 日,公安机关在被告人李志雷家中电脑里查获了用于销售的压缩文件,内有视频链接1300余条。经鉴定,其中的1130条视频链接所指向的视频系淫秽物品。

杭州市西湖区人民法院认为,被告人李志雷以牟利为目的,利益互联网贩卖淫秽视频文件,情节严重,其行为已构成贩卖淫秽物品牟利罪。依照《中华人民共和国刑法》第三百六十三条第一款、最高人民法院、最高人民检察院《关于办理利用互联网、移动通讯终端、声讯台制作、复制、出版、贩卖、传播淫秽电子信息刑事案件具体应用法律若干问题的解释》第一条第一款第一项、第二条和最高人民法院《关于适用财产刑若干问题的规定》第二条第一款之规定,判决如下:

被告人李志雷犯贩卖淫秽物品牟利罪,判处有期徒刑六年,并处罚金人民币八千元。

一审宣判后,被告人李志雷及其辩护人以李志雷销售的系淫秽视频链接而非视频文件,其行为不属情节严重为由向杭州市中级人民法院提出上诉,请求二审法院从轻改判。

杭州市中级人民法院经二审审理查明的事实与一审一致,认为被告人李志雷通过互联网贩卖淫秽电子信息,情节严重,一审法院以贩卖淫秽物品牟利罪对其判处有期徒刑六年,并处罚金人民币八千元,量刑适当,裁定驳回上诉,维持原判。

二、裁判要旨

No.6-9-363(1)-9 指向淫秽电子信息的链接应按照淫秽物品处理,以牟利为目的通过互联网贩卖淫秽视频链接的,应以贩卖淫秽物品牟利罪论处。

指向淫秽电子信息的链接本身不是淫秽物品,只是一种指向淫秽物品的介质,但根据相关法律、司法解释的精神,应当按照淫秽物品处理。

根据我国《刑法》第三百六十七条第一款的规定,具体描绘性行为或者露骨宣扬色情,并具有诲淫性,是判断淫秽物品的法定标准。该标准不以淫秽物品的载体形式如何而有所区别,无论载体形式是实物还是电子化的,只要符合该法定标准,就属于淫秽物品。

指向淫秽电子信息的链接通过互联网、移动通讯终端直接指向淫秽电子信息,任何人只要点击有关链接,就可以浏览、下载相应的淫秽电子信息,因此,提供淫秽电子信息的链接与通过淫秽电子信息没有本质的区别。

最高人民法院、最高人民检察院《关于办理利用互联网、移动通讯终端、声讯台制作、复制、出版、贩卖、传播淫秽电子信息刑事案件具体应用法律若干问题的解释》(以下简称《解释》)第四条中对提供指向淫秽电子信息的链接作了专门规定。根据这一规定,明知是淫秽电子信息而在自己所有、管理或使用的网站或网页上提供直接链接的,其数量标准根据所链接的淫秽电子信息的种类计算。根据该司法解释,只要借助互联网提供指向淫秽电子信息的直接链接,就可以适用《解释》。该条规定既考虑了可以有力打击提供直接指向淫秽电子信息的链接的犯罪行为,又规定必须具备明知是指向淫秽电子信息的链接的主观要件,从而防止打击的扩大化。由此可见,指向淫秽电子信息的链接,已被《解释》纳入制作、复制、传播、出版、贩卖、传播淫秽电子信息的犯罪对象范围内,因此指向淫秽电子信息的链接应按淫秽物品处理。

被告人李志雷贩卖的是指向淫秽视频的链接,应按淫秽物品处理。该种形式的贩卖较以往淫秽物品的贩卖方式具有一定的隐蔽性和新颖性。其行为虽然是面向特定人销售压缩的淫秽视频链接,传播范围有限,但仍具有很大的社会危害性,体现在,每次销售的压缩文件中包含上百条淫秽视频链接,淫秽视频链接指向的不只是一个淫秽视频文件,有可能是淫秽网站,只要点击进入就能下载更多的淫秽视频及其他淫秽文件。虽然购买人群特定,但买家有可能将文件再传给他人,传播的对象就扩大为不特定人群,所造成的社会危害性远超过传统形式的贩卖淫秽物品。

No.6-9-363(1)-10 贩卖淫秽视频链接的数量,应以其贩卖的压缩文件数计算。

淫秽电子信息犯罪不同于传统的以实物为载体的淫秽物品犯罪,它具有包含淫秽信息量大,对象人群不特定等特点,其行为方式和造成的社会危害都更严重,但考虑到淫秽电子信息更易复制,涉及数量一般都很大,如果按照传统的数量和情节标准把握,则会出现打击过重,罪责刑不相适应的情况,所以在数量和情节严重程度的把握上相比传统淫秽物品犯罪,应从宽处理。

本案涉及利用互联网贩卖指向淫秽视频的链接,不宜适用原有关淫秽物品犯罪的标准追究刑事责任,应适用符合淫秽电子信息犯罪特点的标准追究刑事责任,应按照《解释》第一条、第二条及第四条的规定定罪量刑。

本案被告人李志雷通过互联网向他人贩卖内含淫秽色情视频链接的压缩文件共计326个,从其电脑里查获的用于销售的压缩文件发现1130条视频链接,根据《解释》的规定,淫秽视频文件构罪标准为20个以上,情节严重的标准为100个以上,情节特别严重的标准为500个以上。

被告人贩卖淫秽视频的准确数量应以其贩卖的链接指向的淫秽视频的数量来计算,但本案链接指向包含部分淫秽网站,指向种类复杂,难以界定,无法按照具体种类的数量标准计算。被告人李志雷每次贩卖均以压缩文件为最小单位,压缩文件中所提供的链接,仅供购买了该压缩文件的买家或其周围人使用,与公开在网站、网页上提供的指向淫秽电子信息的链接相比,传播范围窄,传播速度慢,影响力小,社会危害性也较轻。若按同种方式计算数量,量刑上明显不均衡。考虑被告人实际获利较少,从有利于被告人的角度出发,宜以其贩卖的压缩文件数来认定。

案例:梁世勋贩卖淫秽物品牟利案

案例来源:《刑事审判参考》总第122集[第1351号]

主题词:贩卖淫秽物品牟利罪　数量计算

一、基本案情

2015年4月,被告人梁世勋在淘宝网上开设了名为“诚信得1188”的网店,经销相关软件和供他人进行网上信息存储、读取、下载的云盘。2015年5月11日,梁世勋在该网店以28.8元的价格向章某某出售了含有视频、图片资源的百度云盘。经鉴定,该云盘内所含的视频906部、图片24张属淫秽物品。2015年5月间,梁世勋通过该网店向颜某等19人销售含有视频、图片的百度云盘,获利9000余元。公安机关对上述云盘中所含的视频、图片进行抽样提取,经鉴定,所含的视频316部、图片24张属淫秽物品。

二、裁判要旨

No. 6-9-363(1)-11　贩卖含有淫秽视频的网络云盘,应当按照网络云盘中实际存储的淫秽视频文件数量认定淫秽物品的数量。

2004年最高人民法院、最高人民检察院《关于办理利用互联网、移动通讯终端、声讯台制作、复制、出版、贩卖、传播淫秽电子信息刑事案件具体应用法律若干问题的解释》[以下简称《解释(一)》]第一条第一款第一项规定,贩卖淫秽视频文件20个以上构成贩卖淫秽物品牟利罪;2010年最高人民法院、最高人民检察院《关于办理利用互联网、移动通讯终端、声讯台制作、复制、出版、贩卖、传播淫秽电子信息刑事案件具体应用法律若干问题的解释(二)》[以下简称《解释(二)》]规定,贩卖内容含有不满十四周岁未成年人的淫秽视频文件10个以上构成贩卖淫秽物品牟利罪。根据上述两个司法解释的规定,认定贩卖淫秽物品的数量标准是淫秽视频文件的个数,而非淫秽视频载体的个数。网络云盘本身并非文件,而是文件的存储中介和载体,应当以网络云盘中实际存储的淫秽视频文件数量来认定贩卖淫秽物品的数量。具体理由如下:

首先,网络云盘本身并非文件,而是一个存储文件的电子介质,其包含有多个文件夹,每个文件夹中又包含有多个文件。而如何界定一个“视频文件”的数量?通常是指在计算机信息网络上,通过一次点击打开后连续播放或显示的淫秽影片、软件、书刊、录音,记为一个(份)文件。与传统的影碟、软件、录像带不同,由于网络云盘的容量大,可存储的淫秽电子信息往往数量巨大,若以网络云盘的数量作为贩卖淫秽物品的数量认定,不利于对此类案件的准确打击。

其次,利用互联网、移动通讯终端、声讯台制作、复制、出版、贩卖、传播淫秽电子信息犯罪,较之传统的淫秽物品犯罪,传播方式更简便,传播范围更广泛,社会危害性更大,因此,最高人民法院和最高人民检察院制定了《解释(一)》《解释(二)》,针对制作、复制、出版、贩卖、传播淫秽电子信息犯罪规定了单独的定罪量刑标准,予以从严打击。网络云盘作为一种由互联网提供的在线存储服务,属于《解释(一)》《解释(二)》的规制对象,在定罪量刑时应当符合该司法解释规定的精神和内容。《解释(一)》《解释(二)》认定贩卖淫秽物品的数量标准是能够单独进行传播的淫秽视频文件个数,而非存储淫秽视频的电子介质个数。通常情况下,利用网络云盘贩卖淫秽视频的入罪标准是20个淫秽视频文件,而非20个网络云盘。

另外,2017年12月1日起施行的最高人民法院、最高人民检察院《关于利用网络云盘制作、复制、贩卖、传播淫秽电子信息牟利行为定罪量刑问题的批复》(以下简称《批复》)第一条也明确规定,对于以牟利为目的,利用网络云盘制作、复制、贩卖、传播淫秽电子信息的行为,是否应当追究刑事责任,适用《刑法》和《解释(一)》《解释(二)》的有关规定。该批复明确了利用网络云盘制作、复制、贩卖、传播淫秽电子信息的犯罪应当按照《解释(一)》《解释(二)》规定的入罪标准,即贩卖内容含有不满十四周岁未成年人的淫秽电子信息的,为10个以上的淫秽视频文件,其他情况下为20个以上的淫秽视频文件。

No. 6-9-363(1)-12 贩卖含有淫秽电子信息的网络云盘类案件不能简单地套用《解释(一)》《解释(二)》关于贩卖淫秽电子信息数量的量刑标准,而应当充分考虑案件的各种情节,综合评估社会危害性,恰当量刑。

根据《解释(一)》《解释(二)》的规定,贩卖淫秽视频文件20个以上即构成犯罪,处三年以下有期徒刑、拘役或者管制,并处罚金;贩卖淫秽视频100个以上属于情节严重,处三年以上十年以下有期徒刑,并处罚金;贩卖淫秽视频500个以上属于情节特别严重,处十年以上有期徒刑或者无期徒刑,并处罚金或者没收财产。如果简单套用司法解释的规定,贩卖1个网络云盘即有可能构成情节特别严重,判处十年以上有期徒刑。但《解释(一)》《解释(二)》制定之时,利用网络云盘制作、复制、贩卖、传播淫秽电子信息的情况尚未出现。随着网络技术的发展,由于网络云盘存储量大,动辄即有几个T的容量,利用网络云盘制作、复制、贩卖、传播淫秽电子信息往往数量巨大,有的案件单个云盘存储的淫秽视频可达上万部,个别案件涉及云盘账号数万个。但通常而言,此类案件获利数额不大,传播人数不多。因而不能简单地套用《解释(一)》《解释(二)》关于贩卖淫秽电子信息数量的量刑标准处理利用网络云盘贩卖淫秽电子信息的违法犯罪行为。否则,可能出现量刑畸重现象,有违罪责刑相适应原则的要求。

《批复》的出台为此类案件的处理提供了量刑指引,《批复》第二条明确规定,对利用网络云盘制作、复制、贩卖、传播淫秽电子信息牟利案件,量刑时,不应单纯考虑制作、复制、贩卖、传播淫秽电子信息的数量,还应充分考虑传播范围、违法所得、行为人一贯表现以及淫秽电子信息、传播对象是否涉及未成年人等情节,综合评估社会危害性,恰当裁量刑罚,确保罪责刑相适应。如行为人具有利用网络云盘传播淫秽电子信息范围广、获利多或者有前科等严重情节的,仍可判处重刑。

案例:魏大巍、戚本厚传播淫秽物品牟利案

案例来源:《刑事审判参考》总第78集[第667号]

主题词:传播淫秽物品牟利罪

一、基本案情

被告人魏大巍,男,1981年10月23日出生,大专文化。因涉嫌犯传播淫秽物品牟利罪,于2010年4月2日被逮捕。

被告人戚本厚,男,1981年2月23日出生,中专文化。因涉嫌传播淫秽物品牟利罪,于2010年4月2日被逮捕。

吉林省长春市绿园区人民检察院以被告人魏大巍、戚本厚犯传播淫秽物品牟利罪,向长春市绿园区人民法院提起公诉。

被告人魏大巍对公诉机关指控的犯罪事实及罪名予以供认。其辩护人提出,被告人魏大巍牟利数额不大,认罪态度较好,有悔罪表现,没有前科劣迹。

被告人戚本厚对公诉机关指控的犯罪事实及罪名予以供认。其辩护人提出,公诉机关指控被告人戚本厚向被告人魏大巍等人开办的33个淫秽网站投放广告,鉴定书中仅认定32个淫秽网站。被告人戚本厚投放广告的32个淫秽网站是与其有广告关系的8个域名内的部分网站,每个域名下的网站内容一样,后台程序相同,网站建设者是同一人,只是单纯增加网站数量,因此其连接的网站数量不应分别认定,应当认定为一个网站。被告人戚本厚认罪态度较好,无前科劣迹,系初犯,主观恶性不大,可从轻处罚。

吉林省长春市绿园区人民法院经公开审理查明:被告人魏大巍为牟利,自2008年8月开始,在互联网上陆续开办了"色妹妹""乱伦熟女""就去色色""鹿城娱乐"等淫秽网站。魏大巍在其开办的上述网站上为被告人戚本厚投放广告,获利人民币(以下币种均为人民币)3000元。经鉴定,"色妹妹""乱伦熟女""就去色色"等网站具有淫秽性,"鹿城娱乐"网站内的26个视频、792件图片和文章具有淫秽性。

被告人戚本厚于2009年在互联网上开办"爱芝林成人用品"网站(域名为222.666521.com),为牟利,戚本厚采取向淫秽网站投放广告的方式扩大成人用品销量。经鉴定,"爱芝林成人用品"网站投放,除向上述32个淫秽网站投放广告外,还向具有淫秽性的"鹿城娱乐"网站投放广告。

长春市绿园区人民法院认为,被告人魏大巍以牟利为目的,利用互联网传播淫秽视频26个,图片及文章792件,其行为构成传播淫秽物品牟利罪。对魏大巍的辩护人所提出的辩护意见予以采纳。被告人戚本厚以牟利为目的,明知是淫秽网站,仍然向33个淫秽网站投放广告,其行为构成传播淫秽物品牟利罪。对于被告人戚本厚的辩护人提出的"公诉机关指控被告人戚本厚向33个淫秽网站投放广告数量计算有误"的辩护意见,根据最高人民法院、最高人民检察院《关于办理利用互联网、移动通讯终端、声讯台制作、复制、出版、贩卖、传播淫秽电子信息刑事案件具体应用法律若干问题的解释(二)》第十二条的规定,网站是指可以通过互联网域名、IP地址等方式访问的内容提供站点,每一个独立的内容提供站点均为一个网站;同时,根据公诉机关提供的淫秽信息鉴定书、被告人魏大巍、戚本厚的供述和"鹿城娱乐"网站截图等证据,能够证实"爱芝林成人用品"网站向"鹿城娱乐"淫秽网站及另外32个淫秽网站投放了广告,故上述辩护意见不能成立,不予采纳。对于戚本厚的辩护人所提"戚本厚认罪态度较好,无前科劣迹"的辩护意见予以采纳。依照《中华人民共和国刑法》第三百六十三条第一款、第五十二条、第五十三条、第四十七条、第六十四条和最高人民法院、最高人民检察院《关于办理利用互联网、移动通讯终端、声讯台制作、复制、出版、贩卖、传播淫秽电子信息刑事案件具体应用法律若干问题的解释》第一条第一款第一项、第三项以及最高人民法院、最高人民检察院《关于办理利用互联网、移动通讯终端、声讯台制作、复制、出版、贩卖、传播淫秽电子信息刑事案件具体应用法律若干问题的解释(二)》第七条第一款第一项、第十一条之规定,判决如下:

被告人魏大巍犯传播淫秽物品牟利罪,判处有期徒刑二年六个月,并处罚金人民币一万元;被告人戚本厚犯传播淫秽物品牟利罪,判处有期徒刑一年八个月,并处罚金人民币一万元。

一审宣判后,被告人在法定期限内没有上诉,公诉机关未抗诉。

二、裁判要旨

No.6-9-363(1)-13　以牟利为目的向淫秽网站投放广告,应以传播淫秽物品牟利罪论处。

不法分子利用淫秽网站投放广告销售产品,向淫秽网站直接或间接提供资金,变相资助淫秽网站的运营,助长了淫秽网站的扩张和蔓延,具有较大的社会危害性。

根据最高人民法院、最高人民检察院《关于办理利用互联网、移动通讯终端、声讯台制作、复制、出版、贩卖、传播淫秽电子信息刑事案件具体应用法律若干问题的解释(二)》第七条的规定,明知是淫秽网站,以牟利为目的,通过投放广告等方式向其直接或间接提供资金,或者提供费用结算服务,符合特定情形的,应以制作、复制、出版、贩卖、传播淫秽物品牟利罪的共同犯罪处罚。

在认定向淫秽网站投放广告成立制作、复制、出版、贩卖、传播淫秽物品牟利罪时,应注意:

1. 行为人投放广告的网站必须是淫秽网站,对于淫秽网站的认定,必须要有网站的截图和具体内容,并经过专门鉴定机构依照法定程序进行鉴定。

2. 行为人必须明知自己投放广告的网站为淫秽网站,行为人的明知可以结合以下几方面的因素认定:首先网站标题及内容本身显示淫秽性,对于一些淫秽网站,普通人基于自己的知识水平和社会经验就可以判断网站内容具有淫秽性,而假借医学、教育和研究之名传播淫秽电子信息的淫秽网站,则需要结合案件实际情况审慎确定广告投放者是否明知该网站为淫秽网站。其次,广告投放者的资质及广告内容本身。最后,广告投放者与淫秽网站管理者的聊天记录等证据。明知涉及行为人的主观认知状态,除行为人的供述之外,还应当结合全案其他相关证据作出准确的认定。

在本案中,被告人戚本厚向多家淫秽网站投放过广告,其中一些网站的视频、图片和文章明显具有淫秽性。戚本厚并没有销售成人性用品的经营许可证,无法通过正式途径发布广告,只能通过淫秽网站投放广告,借此逃避有关部门监管。戚本厚与各淫秽网站的聊天记录也证明其了解上述淫秽网站的淫秽性。

3. 行为人必须有以牟利为目的向淫秽网站投放广告的行为。首先,广告是商品经营者或服务提供者承担费用、通过一定媒介和形式直接或间接地介绍自己所推销或所提供的服务的商业广告。只要行为人是以牟利为目的的在淫秽网站上投放宣传广告促销产品,无论广告的形式为何都不影响广告的认定。其次,行为人须以牟利为目的投放广告,是否具有该目的,可以通过广告的性质、广告投放的范围、广告费用以及最终的收益等情况加以认定。最后,行为人向淫秽网站投放广告的行为尤其是与淫秽网站进行资金结算的行为,必须有相应的证据予以证实。

本案被告人戚本厚所投放的是其所经营的爱芝林成人用品网站的广告,其目的在于促进成人性用品的销售。戚本厚与淫秽网站的站长合作,将自己经营的爱芝林成人用品网站的成人性用品广告链接到淫秽网站上,该事实有淫秽网站及在淫秽网站上投放的爱芝林成人用品网站广告截图予以证实,有戚本厚与淫秽网站商定在淫秽网站投放广告及广告非结算事宜的事实,有网站聊天记录予以证实。被告人戚本厚明知是淫秽网站,仍然以非法销售成人性用品牟利为目的,在 33 个淫秽网站上投放广告,向淫秽网站提供资金并提供该资金结算,其行为应认定为传播淫秽物品牟利罪。

No. 6-9-363(1)-14 在淫秽网站投放广告构成传播淫秽物品牟利罪的,投放广告的淫秽网站数量应单独计算。

根据最高人民法院、最高人民检察院《关于办理利用互联网、移动通讯终端、声讯台制作、复制、出版、贩卖、传播淫秽电子信息刑事案件具体应用法律若干问题的解释(二)》第十二条的规定,每一个独立的内容提供站点均为一个网站,对于符合该条规定的内容提供站点,如果所涉及内容被鉴定具有淫秽性,就应当被视为一个独立的淫秽网站。

建立者为同一人或同一伙人、网站后台程序相同、相互之间建立链接、发布完全相同或大致相同的淫秽网站,由于其网站域名不同,可以通过不同的域名登陆淫秽网站,更加有利于淫秽电子信息在网络上的传播,同时由于连接淫秽网站的数量成倍增加,网站的点击率也随之成倍增加,淫秽网站牟取的非法利益也相应随之增加。从传播淫秽物品牟利罪的社会危害性着眼,应当分别计算网站的数量。

在本案中,被告人戚本厚为了在淫秽网站投放广告来非法销售产品,向多个淫秽网站投放广告,并向投放广告的淫秽网站支付费用,并提供资金结算,从中牟取非法利益。戚本厚所投放广告的部分淫秽网站为链接淫秽网站,每个域名下的网站内容一样,后台程序相同,网站建设者是同一个人,但考虑到此类犯罪的社会危害性,应当分别计算此类链接网站的数量,并在此基础上分别计算戚本厚投放广告的淫秽网站的数量。

案例:张方耀传播淫秽物品牟利案

案例来源:《刑事审判参考》总第 78 集[第 668 号]

主题词:传播淫秽物品牟利罪

一、基本案情

被告人张方耀,男,1972 年 10 月 24 日出生,无业。因涉嫌犯传播淫秽物品牟利罪,于 2009 年 3 月 28 日被逮捕。

福建省厦门市思明区人民检察院以被告人张方耀犯传播淫秽物品牟利罪,向厦门市思明区人民法院提起公诉。

厦门市思明区人民法院经审理查明:2008 年 2 月以来,被告人张方耀在国际互联网上假设名称为“情色六月”、域名为 www. dz59. cn、互联网 IP 地址为 72. 167. 131. 55 的色情网站,为谋取非法利益,张方耀采取收费或点击广告获取其网站“影币”的下载方式,利用其网站传播含有淫秽内容的视频文件和图片文件。经电子取证,张方耀在其互联网 IP 地址为 72. 167. 131. 55 的服务器上提供视频文件共计 1024 件,图片文件共计 2112 件。经鉴定,其中淫秽视频文件共计 929 件,淫秽图片文件共计 1677 件。其网站上包月会员共计 13 名,影币会员共计 27394 人。截至 2009 年 4 月 20 日,其网站上淫秽视频、图片共被下载、浏览 73537 次,张方耀非法获利人民币(以下币种均为人民币)3000 余元。2009 年 3 月 27 日,公安机关根据掌握的线索在厦门市厦禾路香港广场中环 2608 室抓获被告人张方耀,并查获其用于传播淫秽电子信息的笔记本电脑、台式电脑、路由器各一台及用于收取会员款项的银行卡两张。

厦门市思明区人民法院认为,被告人张方耀以牟利为目的,利用互联网传播淫秽视频文件 929 件,传播淫秽图片 1677 个,情节特别严重,其行为构成传播淫秽物品牟利罪。考虑到被告人张方耀犯罪时间较短、归案后能够如实供述犯罪事实,自愿认罪等,具有酌情从轻处罚情节,决定对其酌情从轻处罚。依照《中华人民共和国刑法》第三百六十三条第一款、第六十四条及最高人民法院、最高人民检察院、司法部《关于适用普通程序审理“被告人认罪案件”的若干意见(试行)》第九条之规定,判决如下:

1. 被告人张方耀犯传播淫秽物品牟利罪,判处有期徒刑十一年,并处罚金人民币一万一千元;

2. 作案工具笔记本电脑、台式电脑、路由器各一台及银行卡两张,予以没收;

3. 被告人张方耀非法所得人民币三千元,予以追缴。

一审宣判后,被告人张方耀提出上诉,理由是评价此类案件犯罪情节的关键因素在于非法获利数额及淫秽视频、图片的浏览数量情况,原判仅根据其在网站上提供的淫秽视频文件数认定其构成“情节特别严重”不当,不符合此类案件的客观情况,原判量刑偏重,请求对其从轻处罚。

厦门市中级人民法院经二审审理认为,被告人张方耀以牟利为目的,利用互联网非法传播淫秽视频文件、淫秽图片文件,有张方耀的供述、电子数据鉴定报告、淫秽物品鉴定书等证据相互印证,足以认定。根据最高人民法院、最高人民检察院《关于办理利用互联网、移动通讯终端、声讯台制作、复制、出版、贩卖、传播淫秽电子信息刑事案件具体应用法律若干问题的解释》第一条、第二条的规定,传播淫秽视频、音频、电子刊物、图片、文章、短信息等电子信息的数量、淫秽电子信息被点击数、注册会员数及非法获利的数额均系法律评价该类犯罪情节的要素,只要其中一项数额达到相应法定标准,即可在对应法定刑内量刑。其中,以牟利为目的,利用互联网传播淫秽视频文件达 500 件以上的,属情节特别严重。据此,张方耀提出的上诉意见于法无据,不能成立。依照《中华人民共和国刑事诉讼法》第一百八十九条第一项的规定,裁定驳回上诉,维持原判。

二、裁判要旨

No. 6-9-363(1)-15 通过互联网、移动通讯终端实施的淫秽电子信息犯罪,构成制作、复制、出版、贩卖、传播淫秽物品牟利罪,具体罪名应根据其具体行为方式而定。

根据 2004 年 9 月 6 日最高人民法院、最高人民检察院公布实施的《关于办理利用互联网、移动通讯终端、声讯台制作、复制、出版、贩卖、传播淫秽电子信息刑事案件具体应用法律若干问题的解释》(以下简称《解释》)第一条第一款的规定,以牟利为目的利用互联网、移动通讯终端制作、复制、出版、贩卖、传播银行电子信息的行为,应当适用《刑法》第三百六十三条第一款规定。

《解释》所规定的通过互联网、移动通讯终端进行的制作、复制、出版、贩卖、传播行为,相对于传统的淫秽电子信息犯罪具有特殊性。其中,制作主要指录制、摄制、加工、分拆、改编、压缩等产生新的淫秽电子信息的行为。复制,主要指通过拷贝、下载、转存等方式将原已存在的淫秽电子信息制作成一份或多份的行为,原有淫秽电子信息在内容和形式上都未发生改变。出版主要指将淫秽电子作品编辑、加工后,通过复制向公众发行的行为,多表现为将选择、编辑加工好的作品登载在互联网上或通过互联网发送到用户端,供公众浏览、下载或使用的在线传播行为。贩卖主要指通过互联网有偿转让淫秽电子信息,以获取物质利益。传播主要指通过在互联网上建立淫秽网站、网页等方式使淫秽电子信息让不特定或多数人感知到,以扩大淫秽电子信息的影响范围。实践中,绝大多数利用互联网、移动通讯终端实施的淫秽电子信息犯罪都采用了传播、制作、复制、出版、贩卖、传播等不同方式。

本案被告人张方耀在其网站上提供淫秽视频、图片文件,吸收包月会员和影币会员,并采取收费或点击广告获取其网站影币的下载方式,使其网站的淫秽食品、图片供被下载浏览 7 万多次。张方耀传播淫秽电子信息的行为特征明显,其复制淫秽视频、图片的行为是为了实现其传播该类淫秽电子信息牟利,是实现传播牟利的手段或途径,应被传播行为所吸收,其主观具有牟利目的,客观上也实际取得了非法利益,故认定被告人犯传播淫秽物品牟利罪正确。

案例:罗刚等传播淫秽物品牟利案

案例来源:《刑事审判参考》总第 78 集[第 669 号]

主题词:传播淫秽物品牟利罪　淫秽电子信息的被点击数计算

一、基本案情

被告人罗刚,男,土家族,1980 年 9 月 28 日出生,北京轻点万维电信技术有限公司无线互联网业务部主管。因本案,于 2007 年 6 月 13 日被逮捕。

被告人杨韬,男,汉族,1978 年 3 月 23 日出生,北京轻点万维电信技术有限公司线互联网业务部产品经理。因本案,于 2007 年 6 月 13 日被逮捕。

被告人丁怡,女,汉族,1979 年 2 月 28 日出生,北京轻点万维电信技术有限公司无线互联网业务部产品编辑。因本案,于 2007 年 5 月 10 日被取保候审。

被告人袁毅,女,汉族,1983 年 1 月 2 日出生,北京轻点万维电信技术有限公司无线互联网业务部产品编辑。因本案,于 2007 年 6 月 13 日被逮捕。

北京市西城区人民检察院以被告人罗刚、杨韬、丁怡、袁毅犯传播淫秽物品牟利罪,向西城区人民法院提起公诉,指控四名被告在北京轻点万维电信技术有限公司工作期间于 2007 年 1 月 1 日至 5 月 9 日供上传 28 张淫秽图片,点击率达 253335 次,情节特别严重,应处十年以上有期徒刑或者无期徒刑,并处罚金或没收财产。

被告人罗刚、杨韬、袁毅、丁怡及其辩护人在法庭审理中,均对公诉机关指控的淫秽图片的点击量提出异议,认为公诉机关认定点击量达 25 万余次的证据不足;由于一页多图,产品合格率、自主点击等因素的存在,涉案淫秽图片的实际点击量应远低于公诉机关指控的 25 万余次;公诉机关没考虑到联通公司在《中国联通公司增值业务提供商运行维护管理要求》中提出的 60%页面访问成功率的要求,请求法院查明实际点击数后依法予以从轻、减轻或免除处罚。

西城区人民法院经审理查明:北京轻点万维公司系一家移动增值业务的提供商,根据与中国联通签订的《中国联通公司移动增值业务合作协议》,在中国联通移动网络及各类移动增值业务平台上,向联通手机用户推出各类信息服务、应用等移动增值服务,轻点万维公司与中国联通按照双方约定的比例享有收入分成。北京轻点万维电信技术有限公司下设无限互联网业务部,具体负责 WAP 业务。为了提高联通 WAP 的点击率,增加公司收入,被告人罗刚指使被告人杨韬、丁怡、袁毅在本公司内通过 WAP 业务传播淫秽信息。经鉴定,于 2007 年 1 月 1 日至 2007 年 5 月 9 日共上传 28 张淫秽图片,经专用工具计算页面点击并排除自点击后,28 张淫秽图片的实际被点击数为 82973 次。

西城区人民法院认为,北京轻点万维电信技术有限公司无线互联网业务部,以公司牟利为目的,利用互联网及移动通讯终端传播淫秽电子信息,妨害了社会管理秩序,情节严重。罗刚、杨韬作为部门主管和产品经理,授意并指使下属上传淫秽电子信息,系单位犯罪中的主管人员;丁怡、袁毅积极参与利用网络传播淫秽电子信息,系单位犯罪中的直接责任人员,四人的行为均构成传播淫秽物品牟利罪。根据《中华人民共和国刑法》第三百六十三条第一款、第三百六十六条、第五十二条、第五十三条、第六十四条及最高人民法院、最高人民检察院《关于办理利用互联网、移动通讯终端、声讯台制作、复制、出版、贩卖、传播淫秽电子信息刑事案件具体应用法律若干问题的解释》第一条第一款第四项、第二条之规定,判决如下:

1. 被告人罗刚犯传播淫秽物品牟利罪,判处有期徒刑五年,并处罚金人民币五千元;
2. 被告人杨韬犯传播淫秽物品牟利罪,判处有期徒刑四年,并处罚金人民币四千元;
3. 被告人丁怡犯传播淫秽物品牟利罪,判处有期徒刑三年,并处罚金人民币三千元;
4. 被告人袁毅犯传播淫秽物品牟利罪,判处有期徒刑三年,并处罚金人民币三千元。

宣判后,被告人罗刚、杨韬、丁怡、袁毅分别提出上诉,并均认为,原判认定点击数为 82973 次不当,实际点击数应为 49784 次。罗刚的辩护人还提出,原审法官不应擅自改变鉴定文书的鉴定结论,请求二审法院依法改判。

北京市第一中级人民法院经审理认为,原审人民法院认定 28 张淫秽图片的实际被点击数系 82973 次客观、科学,对四上诉人定罪准确、量刑适当,审判程序合法。故裁定驳回上诉,维持原判。

二、裁判要旨

No.6-9-363(1)-16 淫秽电子信息相关犯罪应当以实际点击数作为定罪量刑的标准。

2004 年 9 月 6 日最高人民法院、最高人民检察院发布的《关于办理利用互联网、移动通讯终端、声讯台制作、复制、出版、贩卖、传播淫秽电子信息刑事案件具体应用法律若干问题的解释》(以下简称《解释》),首次提出了点击数这一概念,并明确可以以点击数作为定罪量刑的标准。近年来,随着手机 WAP 上网的人越来越多以及网络传播淫秽电子信息犯罪的猖獗,实践中需要用点击数甚至单用点击数对被告人定罪量刑的案件越来越多。司法解释以点击数作为定罪量刑标准,是因为点击数类似于传统介质淫秽物品的传播人次,能客观反映淫秽物品的传播范围,体现对社会的危害程度,因此,以点击数作为定罪量刑标准是合理的。只是考虑到电子信息和传统介质在传播上的差异,在技术处理上应当有所变化。

1. 对于电子信息点击数的规定应考虑电子信息传播时的实际情况而高于传统介质淫秽物品的传播人次。根据最高人民法院 1998 年颁发的《关于审理非法出版物刑事案件具体应用法律若干问题的解释》第八条第一款第(三)项的规定,以牟利为目的,向他人传播淫秽物品达 200 至 500 人次以上的,就构成制作、复制、出版、贩卖、传播淫秽物品牟利罪。而《解释》对点击数的规定却为 1 万次,是传统介质的 20 至 50 倍,已经考虑了网络传播中常见的无效点击、重复点击等情况。此外,以牟利为目的的传播淫秽电子信息,一般是为了借淫秽电子信息的被点击数提高页面的知名度,借以赚取广告费、会员费等,传播者对点击数本身有积极追求的目的,点击数越高,其所牟取的利益越大,现在许多网站也以点击广告为获取淫秽电子信息的前提,所以牟利多少与点击数密切相关。因此在传播淫秽物品牟利罪中,不考虑上传淫秽电子信息的数量,单考虑点击数是合理的。

2. 在实践中点击数确有很多不正常的、虚置的情况,我们认为,应当以实际被点击数为标准计算。在计算实际被点击数时主要需要考虑的是排除人为设置的虚假计数、网站自点击数、有证据证实的无效点击数以及因为手机 WAP 伤亡的特性导致的对同一电子文件设置的重复计数,从而得出实际被点击数。对于其他需要排除的计算方式,必须有必要和充分的证据证实才能排除,实践中这种排除的范围不能过大。

在实践中,通常是通过网站服务器的 Web 访问日志来统计淫秽电子信息的数量,但这一数字之代表淫秽电子信息的内容请求数,并不代表实际的点击数。此外,还需要区分普通 Web 网站和手机 WAP 网站,二者因为技术不同,在计算时稍有差异。我们认为,在手机 WAP 上网时,应先得出一个基本的请求数测算值,比如需要多次点击页面才能完成同一电子信息的阅读时,如果有证据显示这是该篇电子信息的本身设置,则可采纳有利于被告人的证据,在计算请求数时按照设置倍数相应下调。在本案中,已采用了这种多图折页的算法,认为由于点击一个页面产生的图片请求是集中发送的,所以在 60 秒内所有的由同一移动终端设备通过同一 IP 地址向服务器发送的图片请求数可以被界定为由一次页面点击产生,先将图的请求数转化为页的请求数,再计算实际点击数。

所计算的实际点击数应当指成功有效的点击数,对于无效链接和不成功的访问所产生的点击数,如果有证据证明并且能够区分,应当予以扣除。这种无效访问必须有证据证实,不能以网页访问成功率推算可能存在的无效访问数。页面最低访问成功率只是一个下限,实际成功访问率可能远远超过该比率,故不能依照最低页面访问成功率作为排除不成功点击数的依据。

对于一人多次点击而产生的点击数,除前述手机 WAP 上网因屏幕小而普遍产生的阅读一篇电子信息需多次点击外,其他的因为个人需要而产生的多次点击数不应当扣除。首先因为《解释》在设置点击数为 1 万次的时候已经考虑了网络特性,从而高配了点击数。其次,实践中,除了恶意点击等特殊情况,一般是不会有很多人反复观看同一淫秽电子信息的。最后,同一人的反复多次点击在手机上网的情况下尚容易固定,而在普通网站则无法固定。如果有确实、充分的证据证实有人恶意点击,造成点击数不正常大量上升,则应当按照实际情况,对恶意点击数予以排除。

案例:陈锦鹏等传播淫秽物品牟利案

案例来源:《刑事审判参考》总第 79 集[第 690 号]

主题词:传播淫秽物品牟利罪 设立淫秽网站及其帮助行为

一、基本案情

被告人陈锦鹏,男,1989 年 2 月 23 日出生,四川省成都网源科技有限公司负责人。因本案,2009 年 9 月 30 日被逮捕。

被告人张波(四川籍,以下简称"张波 A"),男,1980 年 10 月 1 日出生,四川省成都市网源科技有限公司职工。因本案,2009 年 9 月 30 日被逮捕。

被告人张波(湖北籍,以下简称"张波 B"),男,1987 年 3 月 23 日出生,系 www.97XXOO.com 色情网站职工。因本案,2009 年 9 月 30 日被逮捕。

被告人陆进祥,男,1971 年 11 月 5 日出生,系 www.97XXOO.com 色情网站职工。因本案,2009 年 9 月 30 日被逮捕。

被告人安峙成,男,1986 年 11 月 7 日出生,系六零科技公司经营者。因本案,2009 年 9 月 30 日被逮捕。

江苏省常州市天宁区人民检察院以被告人陈锦鹏、张波 A、张波 B、陆进祥、安峙成犯传播淫秽物品牟利罪,向常州市天宁区人民法院提起公诉。

被告人陈锦鹏、张波 A、张波 B、陆进祥、安峙成对所指控的事实未提出异议。被告人陈锦鹏的辩护人提出,陈锦鹏有重大立功表现、认罪态度较好,系初犯、偶犯的辩护意见。被告人张波 A 的辩护人提出,被告人张波 A 系从犯、认罪态度较好、初犯的辩护意见。被告人张波 B 的辩护人提出被告人张波 B 系从犯、犯罪情节轻微、认罪态度较好、初犯等辩护意见。被告人安峙成的辩护人提出,被告人安峙成系从犯、主观恶性不大的辩护意见。

常州市天宁区人民法院经审理查明:2008 年 1 月,被告人陈锦鹏从六零科技公司被告人安峙成处租用服务器建立 www.haosecc.com 色情网站,安峙成累计收取陈锦鹏人民币(以下币种均为人民币)2 万元以上服务费。2008 年 9 月,陈锦鹏采用被告人张波 A 编写的新程序软件将上述网站改名为 www.97XXOO.com 色情网站,并通过出租该网站广告位、通过广告出售商品等方式牟取非法利益。陈锦鹏为运营该色情网站,雇用被告人陆进祥为其从其他色情网站上下载色情图片、小说等资料并上传至该色情网站,雇用张波 B 为该色情网站进行维护、更新,并由张波 A 负责为该色情网站提供相关程序方面的服务。2009 年 6、7 月,陈秉荣租用该色情网站广告位,并分两次付给陈锦鹏网站广告位租金 16 万元。

另查明,2009 年 7 月 26 日晚至 27 日晚,托管于中国电信股份有限公司常州分公司位于江苏省常州市武进区武进 IDC 机房内的一台域名解析服务器,遭受网络异常流量攻击,导致该域名解析服务器提供的域名解析服务失败,造成江苏电信部门 DNS 服务器访问量上升,引发江苏电信黑洞 2000 系统异常过滤机制启动,以致用户的正常域名解析请求被清洗,造成江苏省大量用户无法正常登录互联网。经查,该域名解析服务器为陈锦鹏所经营的色情网站提供 DNS 域名解析。

常州市天宁区人民法院认为,被告人陈锦鹏、张波 A、张波 B、陆进祥以牟利为目的,利用互联网传播淫秽图片,被告人安峙成为淫秽网站提供互联网接入、服务器托管、网络存储空间、通讯传输通道等服务,收取服务费数额在 2 万元以上,其行为均构成传播淫秽物品牟利罪。其中陈锦鹏与安峙成、张波 A、张波 B、陆进祥属共同犯罪。陈锦鹏、张波 A、张波 B、陆进祥传播淫秽图片达 2046 张,属情节严重。安峙成明知是淫秽网站,为其提供服务器托管等服务,并收取服务费,应以传播淫秽物品牟利罪定罪处罚。陈锦鹏在与安峙成、张波等人的共同犯罪中起主要作用,系主犯,应对其参与的全部犯罪进行处罚。安峙成、张波 A、张波 B、陆进祥等人在共同犯罪中起次要作用,均系从犯,依法应减轻、从轻处罚。陈锦鹏到案后,提供重要线索,协助公安机关抓捕其他犯罪嫌疑人,具有立功表现,依法可以减轻处罚。陈锦鹏、张波 A、张波 B、陆进祥、安峙成到案后认罪态度较好,具有悔罪表现,可以酌情从轻处罚。依据《中华人民共和国刑法》第三百六十三条第一款,第二十五条第一款,第二十六条第一款、第四款,第二十七条,第六十八条第一款,第五十二条,第六十四条和最高人民法院、最高人民检察院《关于办理利用互联网、移动通讯终端、声讯台制作、复制、出版、贩卖、传播淫秽电子信息刑事案件具体应用法律若干问题的解释》第一条第一款第(三)项、第二条、第七条,最高人民法院、最高人民检察院《关于办理利用互联网、移动通讯终端、声讯台制作、复制、出版、贩卖、传播淫秽电子信息刑事案件具体应用法律若干问题的解释(二)》第六条第一款第(二)项、第九条、第十一条以及最高人民法院《关于处理自首和立功具体应用法律若干问题的解释》第五条之规定,判决如下:

1. 被告人陈锦鹏犯传播淫秽物品牟利罪,判处有期徒刑两年,并处罚金人民币六十万元;
2. 被告人张波 A 犯传播淫秽物品牟利罪,判处有期徒刑一年两个月,并处罚金人民币二十万元;
3. 被告人张波 B 犯传播淫秽物品牟利罪,判处有期徒刑一年两个月,并处罚金人民币二十万元;
4. 被告人陆进祥犯传播淫秽物品牟利罪,判处有期徒刑一年两个月,并处罚金人民币二十万元;
5. 被告人安峙成犯传播淫秽物品牟利罪,判处有期徒刑一年一个月,并处罚金人民币五万元;
6. 对被告人陈锦鹏违法所得人民币十六万元,予以没收并上缴国库。

一审宣判后,被告人没有上诉,检察机关也未提出抗诉。

二、裁判要旨

No. 6-9-363(1)-17　以牟利为目的,设立淫秽网站制作、复制、出版、贩卖、传播淫秽电子信息的,应以传播淫秽物品牟利罪论处。

根据最高人民法院、最高人民检察院《关于办理利用互联网、移动通讯终端、声讯台制作、复制、出版、贩卖、传播淫秽电子信息刑事案件具体应用法律若干问题的解释》(以下简称《解释》)第一条的规定,"以牟利为目的,利用互联网、移动通讯终端制作、复制、出版、贩卖、传播淫秽电子信息,具有下列情形之一的,依照《刑法》第三百六十三条第一款的规定,以制作、复制、出版、贩卖、传播淫秽物品牟利罪定罪处罚。”

最高人民法院、最高人民检察院《关于办理利用互联网、移动通讯终端、声讯台制作、复制、出版、贩卖、传播淫秽电子信息刑事案件具体应用法律若干问题的解释(二)》[以下简称《解释(二)》]第十二条第二款对于淫秽网站作出了进一步规定,即以制作、复制、出版、贩卖、传播淫秽电子信息为目的建立或者建立后主要从事制作、复制、出版、贩卖、传播淫秽电子信息活动的网站,为淫秽网站。对于淫秽网站的认定应当结合其建立的目的以及建立后主要从事的活动加以认定。设立淫秽网站的行为,包括编写网站所需程序、网站设立后的维护、更新、上传淫秽信息至网站等一系列内容。设立淫秽网站,目的在于通过传播淫秽电子信息牟利,应以传播淫秽物品牟利罪定罪处罚。

在本案中,被告人陈锦鹏设立网站的目的便是通过传播淫秽电子信息牟利,且网站设立后即以传播此类信息为活动内容,所设网站系淫秽网站。陈锦鹏采用被告人张波A编写的新程序软件更改域名,雇用被告人陆进祥从其他色情网站上下载色情图片、小说等上传至该网站,雇用张波B为该网站进行维护、更新,其设立网站的行为及搜集淫秽图片上传至所设立网站的行为,构成传播淫秽物品牟利罪。编写程序、维护网站的行为均系淫秽网站得以设立、维持所必需,系传播淫秽物品牟利罪的共同犯罪行为,因此张波A、张波B均因故意传播淫秽物品牟利罪被定罪处罚。陆进祥直接收集淫秽信息上传至该网站,也是直接实施传播淫秽信息的行为,应以传播淫秽物品牟利罪定罪处罚。

No.6-9-363(1)-18 明知是淫秽网站而为其提供服务器接入的,属于传播淫秽信息的帮助行为,应以传播淫秽物品牟利罪的共犯论处。

《解释》第七条规定:“明知他人实施制作、复制、出版、贩卖、传播淫秽电子信息犯罪,为其提供互联网接入、服务器托管、网络存储空间、通讯传输通道、费用结算等帮助的,对直接负责的主管人员和其他直接责任人员,以共同犯罪论处。”在以共同犯罪论处的情况下,帮助者的行为是否构成犯罪及其处罚,一般应以对直接实施实行行为的实行犯定罪处罚为前提,但这种帮助行为对直接的传播行为毕竟有所不同,因此在《解释(二)》第六条对此种行为规定了单独的定罪量刑标准:“电信业务经营者、互联网信息服务提供者明知是淫秽网站,为其提供互联网接入、服务器托管、网络存储空间、通讯传输通道、代收费等服务,并收取服务费,具有下列情形之一的,对直接负责的主管人员和其他直接责任人员,依照刑法第三百六十三条第一款的规定,以传播淫秽物品牟利罪定罪处罚:(一)为五个以上淫秽网站提供上述服务的;(二)为淫秽网站提供互联网接入、服务器托管、网络存储空间、通讯传输通道等服务,收取服务费数额在二万元以上的;(三)为淫秽网站提供代收费服务,收取服务费数额在五万元以上的;(四)造成严重后果的。”

No.6-9-363(1)-19 明知是淫秽网站而租用广告位及其为淫秽网站提供资金的,应以传播淫秽物品牟利罪的共犯论处。

为淫秽网站提供资金的行为虽与直接的传播行为有所区别,但实际上是制作、复制、出版、贩卖、传播淫秽信息的帮助行为,是淫秽网站牟利的重要途径。《解释(二)》第七条对此助攻行为规定了独立的定罪量刑标准:“明知是淫秽网站,以牟利为目的,通过投放广告等方式向其直接或者间接提供资金,或者提供费用结算服务,具有下列情形之一的,对直接负责的主管人员和其他直接责任人员,依照《刑法》第三百六十三条第一款的规定,以制作、复制、出版、贩卖、传播淫秽物品牟利罪的共同犯罪处罚:(一)向十个以上淫秽网站投放广告或者以其他方式提供资金的;(二)向淫秽网站投放广告二十条以上的;(三)向十个以上淫秽网站提供费用结算服务的;(四)以投放广告或者其他方式向淫秽网站提供资金数额在五万元以上的;(五)为淫秽网站提供费用结算服务,收取服务费数额在二万元以上的;(六)造成严重后果的。”在本案中,陈秉荣虽然另案处理,但其租用陈锦鹏所设淫秽网站的广告位并向其支付费用,该行为亦构成传播淫秽物品牟利罪的共同犯罪,应以传播淫秽物品牟利罪定罪处罚。

案例:周菊清传播淫秽物品案

案例来源:《刑事审判参考》总第 129 集[第 1444 号]

主题词:传播淫秽物品牟利罪　牟利目的

一、基本案情

2016 年年底,被告人周菊清在微信上结识郑雪琴(另案处理),后随郑雪琴在微信上售卖男性保健品。2017 年年初,周菊清从郑雪琴的微信群内学到以在微信群内发淫秽物品链接的方法来吸引顾客、销售保健品。后周菊清用其微信号建立名为"千万黑马福利群",群成员 100 人左右,并在该微信群内发送淫秽视频链接。周菊清在推销产品过程中,先后发展了下线人员陆小娟、王娟娟(均已判决),并将二人微信拉进"千万黑马福利群"微信群内,教陆小娟、王娟娟以建立微信群转发淫秽视频链接的方法来吸引顾客,促销产品。后陆小娟、王娟娟分别建立微信群,并在所建微信群里转发"千万黑马福利群"内的淫秽视频链接,以达到吸引顾客、销售产品的目的。经鉴定,陆小娟在其所建微信群里发送的淫秽视频链接数为 48 个,王娟娟转发的淫秽视频链接数为 44 个。

二、裁判要旨

No. 6-9-363(1)-20　传播淫秽物品牟利罪中的牟利应与传播淫秽物品之间存在直接的、必然的因果关系,利用淫秽物品招揽顾客促销合法产品的,不宜认定具有牟利目的。

根据传播淫秽物品行为能否直接获取非法利润,可以将牟利目的分为直接牟利与间接牟利两种形式。其中,所谓直接牟利,是指只要行为人完成了传播淫秽物品犯罪行为,就能直接获取到非法利润。直接牟利是网络传播淫秽物品牟利的一种传统方式,即网络用户通过支付费用,在网站上浏览、下载、使用相关淫秽信息、文件,或者是表面上为免费而实际上通过线路转换收取高额的网费或短信费用等。所谓间接牟利,是指行为人完成了传播淫秽物品犯罪行为后,还需要行为人或第三者实施其他行为才能获取利润。传播淫秽物品间接牟利是一种更新型、更流行的牟利方式,主要是通过提供免费的淫秽信息文件吸引网络用户,增加网站点击率,提高网站知名度,从而吸引广告商,获取高额广告费。与传统的直接牟利方式不同,间接牟利所获得的利益并非直接来自于淫秽物品,而是来自于第三方支付的商业广告收入,淫秽物品传播在其中起到一个推动利益产生的作用。

2004 年《最高人民法院、最高人民检察院关于办理利用互联网、移动通讯终端、声讯台制作、复制、出版、贩卖、传播淫秽电子信息刑事案件具体应用法律若干问题的解释(一)》[以下简称《解释(一)》]第一条规定,以牟利为目的,利用互联网、移动通讯终端制作、复制、出版、贩卖、传播淫秽电子信息,以会员制方式出版、贩卖、传播淫秽电子信息,注册会员达二百人以上的,或者利用淫秽电子信息收取广告费、会员注册费或者其他费用,违法所得一万元以上的,以制作、复制、出版、贩卖、传播淫秽物品牟利罪定罪处罚。从司法解释层面确认了传播淫秽电子信息牟利既包括直接牟利,也包括间接牟利。其中,行为人通过网站直接贩卖淫秽电子信息,或者在用户注册加入淫秽网站成为会员后要求使用银行卡、手机等网上结算手段支付费用的方式,均属于直接向被传播者收取淫秽电子信息服务费的直接牟利方式;而通过提供免费的淫秽网站或网页吸引网络用户,增加网站点击率和知名度,从而吸引广告商,获取高额广告费的,则属于间接牟利方式,二者均可以认定为传播淫秽物品牟利罪。

传播淫秽物品牟利罪仅仅因为在构成要件上需要"以牟利为目的",在法定刑的设置上要远远重于传播淫秽物品罪。为此,我们对"牟利"情节应当进行严格解释,以将那些轻微的传播淫秽物品间接牟利的行为,排除在该罪的犯罪构成之外。针对传播淫秽物品、卖淫嫖娼等"风化犯罪",除了传播给未成年人,我们应当持谨慎的态度,严格按照《解释(一)》规定进行司法判断,防止对"牟利"要件作扩大解释。从《解释(一)》的规定来看,网络传播淫秽物品"牟利"主要包括直接收取淫秽电子信息服务费,以及通过网站或网页间接赚取高额广告费两种方式。无论哪种方式,行为人所牟取的利益均来源于所传播的淫秽电子信息或者是传播淫秽电子信息的行为本身,其牟利方式与传播淫秽电子信息行为之间存在着直接的、必然的因果关系。对于虽利用淫秽物品招揽顾客,但是其所获利益直接来源于其他合法产品或服务的情形,无论是根据《解释(一)》的规定,还是罪刑相适应原则的要求,均不宜认定为传播淫秽物品牟利罪。

具体到本案,被告人周菊清通过微信从事男性保健品销售经营活动,在微信群里发布淫秽视频链接,供群成员浏览,其目的在于扩大所售商品的受众人数,增加交易机会,提高商品的销售量。其所获利益来源于卖出的男性保健品,而非淫秽物品本身或者传播淫秽物品行为本身,这种牟利方式与传播淫秽物品行为之间并不存在直接的、必然的因果关系,故不应认定为传播淫秽物品牟利罪。

案例:北京掌中时尚科技有限公司等传播淫秽物品牟利案

案例来源:《刑事审判参考》总第 79 集[第 691 号]

主题词:传播淫秽物品牟利罪

一、基本案情

被告单位北京掌中时尚科技有限公司(以下简称"掌中时尚公司"),住北京市朝阳区建国路 88 号 SOHO 现代城 B 座 804 室。

被告人谢斐,女,1974 年 7 月 25 日出生,掌中时尚公司经理。因涉嫌犯传播淫秽物品罪,于 2007 年 6 月 7 日被逮捕。

被告张敬,女,1980 年 12 月 15 日出生,掌中时尚公司产品部经理。因涉嫌犯传播淫秽物品罪,于 2007 年 6 月 7 日被逮捕。

北京市朝阳区人民检察院以被告单位掌中时尚公司、被告人谢斐、张敬犯传播淫秽物品牟利罪,向北京市朝阳区人民法院提起公诉。

被告单位掌中时尚公司的诉讼代表人及辩护人、被告人谢斐、张敬及二被告人的辩护人均辩称,被告人单位有自行点击淫秽信息的行为,应从总的点击数中扣除,公诉机关认定的淫秽物品点击次数为 79598 次有误,认定被告单位及被告人犯传播淫秽物品牟利罪情节严重的证据不足。张敬的辩护人还提出,张敬系从犯,应从轻处罚。

北京市朝阳区人民法院经公开审理查明:被告单位掌中时尚公司于 2004 年 3 月成立,主要经营互联网信息服务和手机增值业务服务。被告人谢斐于 2006 年年初负责公司全面工作,后为提高公司效益,召开部分负责人会议,决定增加淫秽信息业务。自 2006 年年底至 2007 年 4 月间,谢斐与该公司产品部经理被告人张敬带领公司员工收集、编辑淫秽图片,制作广告语,并上传至公司服务器,吸引移动电话用户付费查看、下载该公司提供的淫秽图片,中国移动通讯公司收取客户信息费(每次 2 元),掌中时尚公司从中国移动通讯公司获取 85%的信息费收入。经鉴定,2007 年 4 月,掌中时尚公司通过 WAP 网向移动电话用户传播淫秽图片文件 103 个,实际被点击次数为 79598 次。谢斐、张敬于 2007 年 4 月 29 日被抓获归案。

北京市朝阳区人民法院认为,被告单位掌中时尚公司为牟取非法利益,利用网络传播淫秽电子信息,构成传播淫秽物品牟利罪,且情节严重,应依法惩处。被告人谢斐作为公司负责人,组织公司员工利用网络传播淫秽电子信息,系单位犯罪中直接负责的主管人员;被告人张敬作为部门负责人,积极参与公司利用网络传播淫秽电子信息,系单位犯罪中的直接责任人员,二被告人的行为均构成传播淫秽物品牟利罪,且情节严重,均应依法惩处。被告单位的诉讼代表人及辩护人、被告人谢斐、张敬及其辩护人关于应将掌中时尚公司自行点击的数量从总点击量中扣除,进而不认定犯罪情节严重的意见,经查,侦查机关因技术限制,只对 2007 年 4 月的点击数进行鉴定,而未能对其他月份的点击次数进行鉴定,已有利于被告;现有技术条件无法自行区分自行点击和客户点击,公司的经营行为系以客户点击为常态,且本案的点击次数近 8 万次,远高于作为犯罪情节严重标准的 5 万次,自行点击的现象不影响本案的量刑幅度。故对此项辩护意见不予采纳。张敬的辩护人所提关于张敬系从犯的辩护意见,经查,张敬与谢斐共谋,积极组织自己部门人员实施犯罪,并非起次要或辅助作用,不属于从犯。故对此项辩护意见不予采纳。综上,根据被告人单位掌中时尚公司、被告人谢斐、张敬犯罪的事实、犯罪的性质、情节以及对于社会的危害程度和各自的罪责,依照《中华人民共和国刑法》第三百六十三条第一款、第三百六十六条、第三十条、第三十一条、第二十五条第一款、第五十二条、第五十三条以及最高人民法院、最高人民检察院《关于办理利用互联网、移动通讯终端、声讯台制作、复制、出版、贩卖、传播淫秽电子信息刑事案件具体应用法律若干问题的解释》第一条第一款第(四)项、第二条之规定,判决如下:

1. 被告单位掌中时尚科技有限公司犯传播淫秽物品牟利罪,判处罚金人民币五十万元(已冻结在案);

2. 被告人谢斐犯传播淫秽物品牟利罪,判处有期徒刑五年,并处罚金人民币一万元;

3. 被告人张敬犯传播淫秽物品牟利罪,判处有期徒刑四年,并处罚金人民币八千元。

一审宣判后,被告单位及被告人谢斐、张敬不服,均提出上诉,辩护人提出与一审相同的辩护意见。

北京市第二中级人民法院经二审审理认为,原判认定的事实清楚、证据确实、充分,定罪及适用法律准确,量刑适当,审判程序合法,依法裁定驳回上诉,维持原判。

二、裁判要旨

No.6-9-363(1)-21 淫秽电子信息属于淫秽物品,以牟利为目的传播淫秽电子信息的,应当以传播淫秽物品牟利罪论处。

从文义的角度看,物品一词具有广泛的含义,在当前的社会环境下,信息已成为社会生活中客观存在的物品,淫秽电子信息完全具备传播淫秽物品的特点,只是表现形式不同。即使是淫秽书刊这样的典型淫秽物品,也是以其传递的信息影响社会的。把淫秽电子信息排除在淫秽物品之外,是受制于生活观念中对物品的固有认识,没有充分考虑社会发展变化对语词含义的影响。对此,全国人大常委会2000年通过的《关于维护互联网安全的决定》规定,在互联网上建立淫秽网站、网页,提供淫秽站点链接服务,或者传播淫秽书刊、影片、音像、图片,构成犯罪的,依照《刑法》有关规定追究刑事责任,该规定为将淫秽电子信息解释为淫秽物品提供了法律依据。2004年最高人民法院、最高人民检察院《关于办理利用互联网、移动通讯终端、声讯台制作、复制、出版、贩卖、传播淫秽电子信息刑事案件具体应用法律若干问题的解释》规定,利用互联网、移动通讯终端制作、复制、出版、贩卖、传播淫秽电子信息,达到一定程度的,以制作、复制、出版、贩卖、传播淫秽物品牟利罪定罪处罚。

本案被告单位以营利为目的,利用移动通讯终端向手机上网用户传播淫秽电子图片100余件,被点击数近8万次,依法可以认定为传播淫秽物品牟利罪;被告人谢斐、张敬作为单位负直接责任的主管人员和直接责任人员,同样构成传播淫秽物品牟利罪,应依法追究刑事责任。

案例:陈继明等传播淫秽物品牟利案

案例来源:《刑事审判参考》总第85集[第769号]

主题词:传播淫秽物品牟利罪

一、基本案情

被告人陈继明,男,1987年4月9日出生,高中文化。2010年1月22日因涉嫌犯传播淫秽物品牟利罪被逮捕。

被告人史迎庆,男,1981年9月30日出生,初中文化。2010年1月22日因涉嫌犯传播淫秽物品牟利罪被逮捕。

被告人盛家志,男,1980年12月23日出生,初中文化。2010年1月22日因涉嫌犯传播淫秽物品牟利罪被逮捕。

广东省东莞市第三人民检察院以被告人陈继明、史迎庆、盛家志犯传播淫秽物品牟利罪,向东莞市第三人民法院提起公诉。

被告人陈继明的辩护人提出,陈继明的行为未达到"情节特别严重"的标准,三被告人不是共同犯罪,陈继明不是共同犯罪的主犯。被告人史迎庆、盛家志均提出,其本人没有牟利的目的。

东莞市第三人民法院经公开审理查明:2009 年 5 月,被告人陈继明创建了“天下灵通”网站,后在此基础上又创建了“开心休闲论坛”网站,并限定只有注册成为会员才能浏览该网站的相关内容。为了增加会员数和网友的浏览点击数,“开心休闲论坛”网站上传了许多具体描绘性行为或者露骨宣扬色情的图片、文章等信息。2009 年 8 月,陈继明认为该网站的点击数、会员数量已经具有一定的规模,遂决定收取广告费。陈继明通过手机短信、电话等进行联系,利用该网站为酒店桑拿部等色情场所进行宣传,内容包括色情服务的地点、图片等,每个场所收取每月人民币(以下币种均为人民币)200～300 元或每季度 500～800 元的费用。2009 年 8 月至 12 月,陈继明利用该网站为 20 多家色情场所进行宣传,共收取约 2.5 万元广告费。被告人史迎庆、盛家志起初只是“开心休闲论坛”网站的注册会员,后来为了获取权限以便浏览更多的淫秽图片和淫亵性文字内容信息,明知陈继明创建淫秽网站从中收取广告费牟利,还分别于 2009 年 6 月和 11 月向陈继明申请成为该网站的管理人员,其中史迎庆申请为超级版主,盛家志申请为东莞版实习版主。史迎庆、盛家志主要负责网站的管理、编辑和维护,特别是对描绘嫖娼过程过于简单的帖子或没有上传色情图片的帖子进行删除,对能详细描绘整个嫖娼过程并上传色情图片的帖子进行加分和回复,以便吸引更多网民进行点击和浏览。至本案案发,该网站的会员数达到 70968 名。2009 年 12 月 16 日,侦查机关通过电子数据远程勘查,发现了“开心休闲论坛”网站,提取涉嫌色情、淫秽性质的网站标题 54 个,其中图片 431 张、文章 5 篇,并抓获正在上网的陈继明、史迎庆、盛家志。经鉴定,在所提取的 431 张图片、5 篇文章中,有 344 张图片、5 篇文章属淫秽物品。

东莞市第三人民法院认为,被告人陈继明、史迎庆、盛家志以牟利为目的,传播淫秽物品,情节特别严重,其行为均构成传播淫秽物品牟利罪。陈继明创建网站,收取广告费牟利,在共同犯罪中起主要作用,系主犯,依法应当按照其参与的全部犯罪处罚。史迎庆、盛家志在共同犯罪中起次要作用,系从犯,依法可以减轻处罚。三被告人认罪态度较好,依法可以酌情从轻处罚。关于陈继明的辩护人提出陈继明的犯罪行为未达到“情节特别严重”标准的辩护意见,经查,电子数据远程勘查报告、从电脑中打印出的“开心休闲论坛”截图及陈继明的供述等证据,足以证实陈继明的行为已达到“情节特别严重”;关于陈继明的辩护人提出的三被告人不是共同犯罪、陈继明不是主犯的辩护意见,经查,史迎庆、盛家志明知陈继明主观上具有牟利的目的,客观上与陈继明实施了传播淫秽物品的行为,三被告人系共同犯罪,且陈继明创建网站并收取广告费牟利,起主要作用,系主犯;关于史迎庆、盛家志提出其本人无牟利目的的辩解,经查,二人虽无为自己牟利的目的,但在明知陈继明创建淫秽网站从中收取广告费牟利的情况下,仍然对网站进行管理、编辑和维护,吸引更多网民进行点击和浏览,其行为对陈继明利用淫秽网站牟利起到了帮助作用,不影响共同犯罪牟利目的的认定,故对于上述辩解和辩护意见均不予采纳。依照《中华人民共和国刑法》第三百六十三条第一款,第二十五条第一款,第二十六条第一款、第四款,第二十七条,第五十五条第一款,第五十六条第一款,第六十四条,第五十三条之规定,东莞市第三人民法院判决如下:

1. 被告人陈继明犯传播淫秽物品牟利罪,判处有期徒刑十年六个月,剥夺政治权利一年,并处罚金人民币五万元。

2. 被告人史迎庆犯传播淫秽物品牟利罪,判处有期徒刑四年,并处罚金人民币三千元。

3. 被告人盛家志犯传播淫秽物品牟利罪,判处有期徒刑二年,并处罚金人民币二千元。

一审宣判后,被告人陈继明向广东省东莞市中级人民法院提出上诉。陈继明及其辩护人均提出:实践中重复注册的现象较多,原审判决认定 70892 名注册会员的数量过多;陈继明系 2009 年 8 月才开始收取广告费,只应计算此后注册的会员数量。

东莞市中级人民法院经审理认为,原审判决认定被告人陈继明、史迎庆、盛家志犯传播淫秽物品牟利罪的事实清楚,证据确实、充分,定罪准确,量刑适当,审判程序合法。对于陈继明及辩护人所提认定注册会员过多的辩解和辩护意见,无证据支持,也不足以影响本案的量刑,不予采纳;对于陈继明及辩护人所提陈继明牟利前的注册会员数不应计算的辩解和辩护意见,经查,因全部会员均可浏览该淫秽网站,陈继明以牟利为目的传播淫秽信息的犯罪行为足以影响所有注册会员,因此,对上述辩解和辩护意见不予采纳。据此,依照《中华人民共和国刑事诉讼法》第一百八十九条第(一)项之规定,东莞市中级人民法院裁定驳回上诉,维持原判。

二、裁判要旨

No.6-9-363(1)-22 明知他人以牟利为目的创建淫秽网站、传播淫秽物品,仍申请成为网站管理人员、对淫秽网站进行管理、编辑和维护的行为,应当以传播淫秽物品牟利罪的帮助犯定罪处罚。

实践中,对淫秽物品的认定应重在对实质内容的把握。具体描绘性行为或者露骨宣扬色情的淫秽电子信息当然属于淫秽物品。对于淫秽网站的认定要从网站建立目的与建立后从事的主要活动进行把握。本案中,被告人陈继明创建了"开心休闲论坛"网站,系网站的建立者,其通过发展会员的方式传播淫秽电子信息,后通过收取色情场所广告费的方式牟利。在从该网站所提取的431张图片、5篇文章中,经鉴定,有344张图片、5篇文章属淫秽物品。因此,陈继明以牟利为目的,建立淫秽网站,以会员制方式传播淫秽电子信息,符合传播淫秽物品牟利罪的主客观要件。

按照共同犯罪人的作用不同,共犯可以分为主犯、从犯、胁从犯、教唆犯。根据《刑法》第二十七条的规定,在共同犯罪中起次要或辅助作用的,是从犯。所谓辅助所用,按照主流观点的理解,是指为犯罪分子实行犯罪创造条件。辅助可表现为有形的帮助,如提供工具、排除障碍等;也可表现为无形的帮助,如指点实施犯罪的时机、协助制订计划等。《刑法》上的起辅助作用的从犯,一般是指帮助犯。本案中,被告人史迎庆、盛家志明知陈继明创建淫秽网站从中收取广告费牟利,为了获得权限以便浏览更多的淫秽信息,从"开心休闲论坛"网站普通的注册会员申请成为管理人员。二被告人共同对该网站进行管理、编辑和维护,对网站中描绘嫖娼过程过于简单的帖子或没有上传色情图片的帖子进行删除,而对详细描绘整个嫖娼过程并上传色情图片的帖子进行加分和回复。二被告人虽然主观上意识到其管理、编辑行为必然会吸引更多的网民进行点击和浏览,大大提升网站的"人气",对陈继明利用网站牟利的行为起到积极帮助作用,但是仍积极申请成为网站管理人员,对淫秽网站进行管理、编辑和维护。同时,陈继明也明知史迎庆、盛家志的管理行为对其行为会起到帮助作用,而接受二被告人的申请,同意其参加网站管理、编辑和维护。可见,史迎庆、盛家志与陈继明属于共同犯罪,史迎庆、盛家志的行为完全符合帮助犯的构成要件。

案例:深圳市快播科技有限公司、王欣等人传播淫秽物品牟利案

案例来源:《刑事审判参考》总第109集[第1192号]

主题词:传播淫秽物品牟利罪 网络服务提供者的刑事责任

一、基本案情

快播公司通过免费提供QSI(QVOD Server Install,即QVOD资源服务器程序)和QVOD Player(即快播播放器程序或客户端程序)的方式,为网络用户提供网络视频服务。任何人(被快播公司称为"站长")均可通过QSI发布自己所拥有的视频资源。具体方法是,"站长"选择要发布的视频文件,使用资源服务器程序生成该视频文件的特征码(hash值),导出包含hash值等信息的链接。"站长"把链接放到自己或他人的网站上,即可通过快播公司中心调度服务器(运行P2P Tracker调度服务器程序)与点播用户分享该视频。这样,快播公司的中心调度服务器在站长与用户、用户与用户之间搭建了一个视频文件传输的平台。为提高热点视频下载速度,快播公司搭建了以缓存调度服务器(运行Cache Tracker缓存调度服务器程序)为核心的平台,通过自有或与运营商合作的方式,在全国各地不同运营商处设置缓存服务器1000余台。在视频文件点播次数达到一定标准后,缓存调度服务器即指令处于适当位置的缓存服务器抓取、存储该视频文件。当用户再次点播该视频时,若下载速度慢,缓存调度服务器就会提供最佳路径,供用户建立链接,向缓存服务器调取该视频,提高用户下载速度。部分淫秽视频因用户的点播、下载次数较高而被缓存服务器自动存储。缓存服务器方便、加速了淫秽视频的下载、传播。

2012年8月,深圳市公安局公安信息网络安全监察分局对快播公司进行检查,针对该公司未建立安全保护管理制度、未落实安全保护技术措施等问题,给予行政警告处罚,并责令整改。随后,深圳网监将违法关键词和违法视频网站链接发给快播公司,要求采取措施过滤屏蔽。于是,快播公司成立了信息安全组,开展了不到一周的突击工作,于8月8日投入使用"110"不良信息管理平台,截至9月26日共报送"色情过滤"类别的不良信息15836个。但在深圳网监验收合格后,信息安全组原有4名成员或离职或调到其他部门,"110"平台工作基本搁置,检查屏蔽工作未再有效进行。2013年8月5日,南山广电局执法人员对快播公司开展调查,在牛文举在场的情况下,执法人员登录进入快播"超级雷达"(一种发现周边快播用户观看网络视频记录的应用),很快便找到了可播放的淫秽视频。牛文举现场对此予以签字确认。但快播公司随后仅提交了一份整改报告。10月11日,南山广电局认定快播公司擅自从事互联网视听节目服务,提供的视听节目含有诱导未成年人违法犯罪和渲染暴力、色情、赌博、恐怖活动的内容,对快播公司予以行政处罚。此后,快播公司的"110"不良信息管理平台工作依然搁置,检查屏蔽工作依然没有有效落实。快播公司直接负责的主管人员王欣、吴铭、张克东、牛文举,在明知快播公司擅自从事互联网视听节目服务、提供的视听节目含有色情等内容的情况下,未履行监管职责,放任淫秽视频在快播公司控制和管理的缓存服务器内存储并被下载,导致大量淫秽视频在网上传播。

2013年上半年,北京网联光通技术有限公司为(以下简称"光通公司")解决使用快播播放器访问快播视频资源不流畅的问题,与快播公司联系技术解决方法,由光通公司提供硬件设备即4台服务器,由快播公司提供内容数据源以及降低网络出口带宽、提升用户体验的数据传输技术解决方案,负责远程对软件系统及系统内容的维护。2013年8月,光通公司提供4台服务器开始上线测试,快播公司为4台服务器安装了快播公司的缓存服务器系统软件,并通过账号和密码远程登录进行维护。2013年11月18日,北京市海淀区文化委员会在行政执法检查时,从光通公司查获此4台服务器。经查,该4台服务器从2013年下半年投入使用,至2013年11月18日被扣押,存储的均为点击请求量达到一定频次以上的视频文件。公安机关从服务器里提取了29841个视频文件进行鉴定,认定其中属于淫秽视频的文件为21251个。

2013年年底,为了规避版权和淫秽视频等法律风险,在王欣的授意下,张克东领导的技术部门开始对快播缓存服务器的存储方式进行调整,将原有的完整视频文件存储变为多台服务器的碎片化存储,将一部视频改由多台服务器共同下载,每台服务器保存的均是32M大小的视频文件片段,用户点播时需通过多台服务器调取链接,集合为可完整播放的视频节目。

另查,快播公司盈利主要来源于广告费、游戏分成、会员费和电子硬件等,快播事业部是快播公司盈利的主要部门。根据账目显示,快播事业部的主要收入来源于网络营销服务(包括资讯快播、客户端、第三方软件捆绑、VIP服务等),其中资讯快播和第三方软件捆绑是最为主要的盈利方式。具体而言,快播公司向欲发布广告的公司收取广告费,用户使用快播播放器时,会有快播资讯窗口弹出,该窗口内除部分新闻外即是广告内容;快播公司还向一些软件开发公司收取合作费用,使得用户安装快播播放器的同时捆绑安装一些合作公司软件。快播公司营业收入逐年增长,至2013年仅快播事业部即实现营业收入人民币143075083元,其中资讯快播营业收入人民币70463416元,占49.25%,第三方软件捆绑营业收入为人民币39481457元,占27.59%。

二、裁判要旨

No. 6-9-363(1)-23 提供网络视频缓存服务,在缓存服务器上存储淫秽视频,使公众可以观看并随时得到下载,构成传播淫秽物品的行为,成立传播淫秽物品牟利罪。

(1)客观上,快播公司已经成为淫秽视频的实际传播者。传播淫秽物品牟利罪的传播,是指通过播放、陈列、建立淫秽网站、网页等方式使淫秽物品让不特定人感知,以及通过出借、赠送等方式散布、流传淫秽物品的行为。实施传播行为者,不仅包括最初的视频内容提供者,也包括在整个传播链条中介入其中任何一个环节的内容提供者。快播公司提供的快播调度服务器不仅拉拽淫秽视频文件存储在缓存服务器里,而且也向客户端提供缓存服务器里的淫秽视频文件。这让缓存服务器实际上起到了淫秽视频的下载、储存、分发的作用。快播公司以搜索点击数量决定"缓存"哪些视频的技术特点,决定了其缓存服务器中存储的视频文件必然包括被搜索点击频率较高的淫秽视频。正是快播公司提供的这种介入了缓存服务器的视频点播服务,以及设立的这种"缓存"技术规则,决定了其实质介入了淫秽视频的传播行为。调度服务器均是快播公司所有并控制的,缓存服务器是在快播公司调度服务器的远程控制和维护下根据快播公司研发的技术和设定的技术规则下载、存储淫秽视频并提供给用户使用的。调度服务器和缓存服务器的运转是快播公司主观意志的体现,调度服务器和缓存服务器对淫秽视频的下载、存储、上传供用户使用等活动,应视为快播公司介入传播的行为,缓存服务器内存储的淫秽视频客观上应当认定为属于快播公司占有之下。快播公司放任其缓存服务器存储淫秽视频,使公众可以观看并随时得到下载加速服务的方式,属于通过互联网陈列等方式提供淫秽物品的传播行为在运用缓存服务器提供加速服务的传播模式下,缓存服务器一旦从网络上下载、存储并根据用户需要上传了淫秽视频,快播公司便成为了淫秽视频的内容提供者,而不仅仅是技术服务的提供者。

(2)主观上,快播公司及各被告人对介入淫秽视频传播存在明知,而且具有非法牟利目的。①快播公司及各被告人对已经介入淫秽视频传播活动具有明知。对于单位犯罪而言,要求直接责任人员对于单位传播淫秽物品行为具有明知,并不要求对于单位传播淫秽物品的具体方法、技术等完全知晓。具体到本案,并不要求各被告人对于快播公司缓存服务器在调度服务器的支配下传播淫秽视频的具体方法、技术具有认知,只要求各被告人对于快播公司传播淫秽视频这一基本事实具有明知即可。被告人王欣、张克东、牛文举对于快播缓存服务器实质上介入淫秽视频传播均已知晓,王欣、张克东对于介入传播的具体技术原理更有深入了解。2012 年 8 月,深圳网监给予快播公司行政处罚警告,快播公司接受整改的主要内容就是审核和过滤淫秽视频。2013 年 8 月,南山广电局执法人员对快播公司作出行政处罚决定。如果说在第一次接受行政处罚并作出整改时,快播公司还存在不知情的可能,那么,在时隔 1 年之后快播公司再次接受行政处罚并作出整改,而且先后两次整改的内容都是针对快播公司传播淫秽视频这一事实,此时,快播公司坚称对此并不知情,显然不足采信。②快播公司传播淫秽物品具有牟利目的。传播淫秽物品牟利罪要求行为人主观上具有牟取非法利益的目的。这里的利益,既包括直接利益,也包括间接利益。司法实践中认定"以牟利为目的",既包括通过制作、复制、出版、贩卖、传播淫秽物品直接获取对价的目的,也包括通过广告、流量、用户数量等获得间接收入的目的。快播公司以获取广告费等间接利益为目的,为吸引网络用户、增加网站网页访问量、提高用户数量,而在互联网上发布、陈列、播放淫秽视频的行为,应当认定为"以牟利为目的"传播淫秽物品的行为。快播公司盈利主要来源于快播事业部,而快播事业部的主要收入来源于网络营销服务,快播公司正是利用其制造的独占性地位,不断通过提供缓存技术支持等方法改善用户体验,增加用户数量和市场占有率,进而提升快播资讯广告或捆绑推广软件的盈利能力,增加收入。快播公司明知其快播软件和快播网络平台被用于传播淫秽视频而不予监管,反而用缓存服务器加速传播,致使淫秽视频在互联网上大量传播,快播播放器软件借此得到推广,快播公司也因此大量获利。快播公司和各被告人明知其网络系统上淫秽视频的传播和公司盈利增长之间的因果关系,仍放任其网络系统被用于传播淫秽视频,应当认定为具有非法牟利目的。

No. 6-9-363(1)-24 对于淫秽物品的传播,网络服务提供者不适用"避风港"规则。

依据技术中立原则给予法律责任豁免的情形,通常限于技术提供者,对于技术的实际使用者,则应视其具体行为是否符合法律规定进行判断。恶意使用技术危害社会或他人的行为,应受法律制裁。本案中,快播公司并不单纯是技术的提供者,"站长"或用户发布或点播视频时,快播公司的调度服务器、缓存服务器参与其中,快播公司构建的 P2P 网络平台和缓存加速服务都让其成为技术的使用者,同时也是网络视频信息服务的内容提供者。快播公司虽然客观上没有对视频内容进行选择,但当其明知自己的 P2P 视频技术服务被他人用于传播淫秽视频,自己的缓存技术服务被利用成为大量淫秽视频的加速传播工具,本身有义务、有能力阻止而不阻止时,快播公司就不可能再获得技术中立的责任豁免。

基于技术中立原则的要求,在信息网络传播权保护领域,技术的提供者需要尽到合理的注意义务,从而产生所谓“避风港”规则。当网络用户利用网络服务实施侵权行为时,被侵权人有权通知网络服务提供者采取删除、屏蔽、断开链接等必要措施,网络服务提供者如果并不明知作品、表演、录音录像制品系侵权时,接到通知后,未采取必要措施的,网络服务提供者应当承担责任;网络服务提供者接到通知后采取了必要措施的,则不需要承担责任。本案中,辩护人认为基于“避风港”规则,快播公司作为网络服务提供者,可以适用《信息网络传播权保护条例》的规定免除责任。根据《信息网络传播权保护条例》第三条的规定,“避风港”规则保护的对象是合法的作品、表演、录音录像制品,而淫秽视频内容严重危害青少年身心健康和社会管理秩序,属于依法禁止提供的对象,不属于信息网络传播权保护的范围,当然不适用著作权法意义上的“避风港”规则。

关于缓存服务器内存储视频的“缓存”状态是否适用“避风港”规则免责的问题,经查,知识产权法领域基于“避风港”规则免责的“缓存”是指“断电即被清除的临时存储”。而本案中快播公司 4 台涉案缓存服务器内存储的淫秽视频,均系根据视频点击量自动存储下来,只要在设定的周期内点击量达到要求,就能长期存储并随时提供用户使用。即,其并非计算机信息系统中通常意义上“断电即被清除的临时存储”,而是对符合设定条件内容的硬盘(服务器)存储,不属于适用“避风港”规则免责的“缓存”类型。

案例:张正亮贩卖淫秽物品牟利案

案例来源:《刑事审判参考》总第 103 集[第 1086 号]

主题词:贩卖淫秽物品牟利罪　既遂标准

一、基本案情

被告人张正亮,男,1979 年 3 月 17 日出生,农民。2013 年 6 月 15 日因涉嫌犯贩卖淫秽物品牟利罪被逮捕。

北京市朝阳区人民检察院以被告人张正亮犯贩卖淫秽物品牟利罪,向朝阳区人民法院提起公诉。

北京市朝阳区人民法院经公开审理查明:被告人张正亮之妻伍海琼(另案处理)自 2013 年 4 月开始贩卖淫秽光盘牟利。同年 5 月 14 日 22 时许,张正亮使用名为“杨雷”的身份证件,在北京市朝阳区京达物流有限公司领取由伍海琼联系购买,并从广州发送至北京的 2996 张光盘,被当场抓获归案。经鉴定,上述光盘均属于淫秽物品。

朝阳区人民法院认为,被告人张正亮以牟利为目的,伙同他人贩卖淫秽物品,情节特别严重,其行为已构成贩卖淫秽物品牟利罪。对于张正亮提出的“不知晓伍海琼发送的是淫秽光盘,没有犯罪故意,也没出售过光盘”的辩解理由,经查,张正亮与伍海琼是夫妻关系,二人共同生活,张正亮声称其不知晓伍海琼发送的是淫秽光盘的辩解理由不符合常理,且相关证人证言及京达物流有限公司运费专用收据等证据证实,张正亮使用名为“杨雷”的身份证件办理提货手续,并在提货时签名为“杨雷”,张正亮在侦查阶段亦曾供述其伙同伍海琼共同贩卖淫秽物品,据此,可以认定张正亮明知所取系淫秽物品,且具有贩卖淫秽物品牟利的犯罪目的。鉴于张正亮着手实行犯罪后,由于意志以外的原因而未得逞,系犯罪未遂,依法对其减轻处罚。据此,依照《中华人民共和国刑法》第三百六十三条第一款、第二十五条第一款、第二十三条、第五十二条、第五十三条、第六十一条、第六十四条以及最高人民法院《关于审理非法出版物刑事案件具体应用法律若干问题的解释》第八条第二款第(二)项、第三款,第十八条之规定,以被告人张正亮犯贩卖淫秽物品牟利罪,判处有期徒刑四年,并处罚金人民币八千元。

一审宣判后,被告人张正亮以主观上没有犯罪故意、量刑过重为由提出上诉,请求从轻处罚。

北京市第三中级人民法院经审理后,裁定驳回上诉,维持原判。

二、裁判要旨

No.6-9-363(1)-25 行为人以牟利为目的,低价购入淫秽物品,但尚未取得货物即被抓获的,构成贩卖淫秽物品牟利罪未遂。

贩卖淫秽物品牟利罪中的"贩卖"本义是一种市场交易行为,通常是指出于牟利目的以低价购进淫秽物品再以高价卖出的行为,但也包括有偿转让淫秽物品的行为。立足该类犯罪的发案特点和常见情形,以下四种行为均应认定为贩卖淫秽物品牟利罪中的"贩卖行为":一是为牟利欲低价购进、高价出售,在购买时被查获的行为;二是为牟利低价购进后,正在进行出售(代售)被查获的行为;三是为牟利低价购进后,已出售并获利的行为;四是不能查明系低价购进,但确为牟利正在出售(代售)或已出售并获利的行为。对于上述不同类型的贩卖行为,是否认定既遂,应当考察行为所处的阶段(或者程度),不能一概以行为着手作为认定既遂的标准。例如,对于前述第一种情形,虽然为牟利而购买淫秽物品的行为也妨害了社会管理秩序,依法已经构成犯罪,但是不能认定行为人只要购买淫秽物品就成立犯罪既遂,通常还要求行为人实际取得所购买的淫秽物品,毕竟"购买型"犯罪与"出售型"犯罪的社会危害存在一定差异。本案中,被告人张正亮曾与卖家联系,此次由伍海琼与卖家联系好发货,货到后张正亮去货运站办理提货手续,尚未取到货物时即被抓获。尽管张正亮已经着手实施购买行为,既有购买的主观意思,又有购买、付款、取货的行为,但由于其尚未验货和取到货物,犯罪行为未达到既遂状态。

166 传播淫秽物品罪(《刑法》第三百六十四条第一款)

案例:胡鹏等传播淫秽物品案

案例来源:《刑事审判参考》总第78集[第670号]

主题词:传播淫秽物品罪

一、基本案情

被告人胡鹏,男,汉族,1979年1月15日出生,农民。因涉嫌犯传播淫秽物品犯罪,于2009年12月9日被逮捕。

被告人陈冰,男,汉族,1989年10月27日出生,农民。因涉嫌犯传播淫秽物品罪,于2010年1月26日被取保候审。

被告人高庆平,男,汉族,1985年5月21日出生,农民。因涉嫌犯传播淫秽物品罪,于2009年12月9日被逮捕。

被告人陈永哲,男,汉族,1990年4月28日出生,无业。因涉嫌犯传播淫秽物品罪,于2009年12月9日被逮捕。

浙江省诸暨市人民检察院以被告人胡鹏、陈冰、高庆平、陈永哲犯传播淫秽物品罪,向诸暨市人民法院提起公诉。

被告人胡鹏、陈冰、高庆平、陈永哲对于公诉机关指控的事实和罪名均无异议。胡鹏辩称其是初犯,没有获利,请求从轻处罚。陈冰的辩护人提出陈冰未上传过淫秽资料,系初犯,认罪态度好,请求从轻处罚。高庆平辩称其系初犯,请求从轻处罚。陈永哲及其辩护人辩称,陈永哲只上传了一次淫秽视频,认罪态度好,系初犯,请求从轻处罚。

诸暨市人民法院经审理查明:2009年4—5月份,被告人陈冰为与他人共享淫秽视频,用自己的QQ号码401568652在互联网上创建了一个群号为86389621、名称为"S1影视公司"的高级群。被告人胡鹏为共享淫秽视频,充当该高级群的管理员,介绍、验证其他成员加入该群。同年5—6月份,作为该群成员的被告人高庆平为提高权限,取得管理员资格,共上传了淫秽视频种子文件166个。被告人陈永哲在群成员索要淫秽视频的情况下,将种子文件"苍井空55部合集"上传到该群共享空间中。截至2009年10月13日,该群成员达300余人,高庆平上传的种子文件中能下载观看的视频文件达50个,陈永哲上传的种子文件中能下载观看的视频文件达55个。经鉴定,上述105个视频文件均为淫秽物品。另查明,陈冰、胡鹏均未上传淫秽视频,案发时高庆平、陈永哲均已退出该群。

诸暨市人民法院认为,被告人胡鹏、陈冰、高庆平、陈永哲违反法律规定,在QQ群内传播淫秽视频,情节严重,其行为均已构成传播淫秽物品罪。根据各被告人的犯罪行为,对被告人陈冰从轻处罚并适用缓刑,对被告人胡鹏、高庆平、陈永哲从轻处罚。依照《中华人民共和国刑法》第三百六十四条第一款、第二十五条第一款、第七十二条第一款之规定,判决如下:

1. 被告人胡鹏犯传播淫秽物品罪,判处拘役三个月;
2. 被告人陈冰犯传播淫秽物品罪,判处拘役三个月,缓刑四个月;
3. 被告人高庆平犯传播淫秽物品罪,判处拘役三个月;
4. 被告人陈永哲犯传播淫秽物品罪,判处拘役三个月。

宣判后,被告人胡鹏、陈冰、高庆平、陈永哲均未上诉,检察机关亦未抗诉,判决已发生法律效力。

二、裁判要旨

No. 6-9-364(1)-1 主要用于传播淫秽电子信息的群组,是指传播淫秽电子信息这一主题具备长期性和居于主导地位的网络群组;作为定罪量刑标准的群组成员数,应当以网络显示的成员数为准;群组的创建者、管理者应当对整个群的讨论内容和刊载信息负责,主要传播者只要上传了淫秽电子信息,无论案发时是否仍是群组成员,均应依法予以定罪处罚。

1. 群组的设立要求主要用于传播淫秽电子信息,传播淫秽电子信息这一主题要求具备长期性和居于主导地位,如果该群组具备多个聊天主题,并不以淫秽话题、传播淫秽电子信息为主,或者虽在某一段时间内以淫秽话题、传播淫秽电子信息为主要内容,但后来又转移至其他主题,则必须综合判断,不能一概认定该群组的设立主要是用于传播淫秽电子信息。

在本案中,被告人陈冰在创建该群时即抱有与他人共享淫秽视频的目的。其他被告人加入和充当管理员都是为了与他人共享淫秽信息并提高权限,群内成员还经常喊话要求群成员上传淫秽视频,据此可判定该群设立的目的即是主要用于传播淫秽电子信息。

2. 群组具有人员的封闭性和受众的特定性,在线聊天和传播淫秽电子信息时,如果不屏蔽消息,受众都可以接受,如果以传播电子信息的数量计算,从传播者的角度考虑过于放纵,从受众的角度考虑又太严苛。如在一个成员为50人的群组中,如果从受众的角度来计算,只需要传播者发8张图片,即可达到传播淫秽图片400件的要求,构成传播淫秽物品罪;而这不符合罪责刑相适应的原则,上述行为与在互联网发布可供普通上网用户查看的淫秽图片相比,前者的社会危害性不会更大,但处罚却更严厉。但是如果对传播者按照传播的实际图片数量计算,传播者必须上传400张图片才能构成犯罪,又会导致对此类行为打击不力。以成员数作为定罪的标准,符合群组的特性,也具有较强的可操作性。在本案中,被告人陈冰所建立的群组至案发时,已达到300余人,具有相当规模和社会危害性,应依法予以定罪处罚。

群组的成员数应当以网络显示为准,不需要找到现实生活中的人。要求在现实中找到这些人会涉及实际的取证困难,浪费司法资源,不具有可行性。重复注册数经查证属实可以扣除。但对于虽然注册但仅上过几次的成员,不能在成员数中予以扣除。因为这些人案发时可能已虚置,但曾经在该群内获取并交流过淫秽信息,淫秽物品对其业已产生影响,且这些虚置的人随时可以"复活",只要再次登录该群,仍可获取先前该群已散播的淫秽物品信息,淫秽信息对其潜在影响并没有消失。另一方面,群组犯罪的处罚对象是群的建立者、管理者和主要传播者,群内一般成员并不处罚,建立者、管理者、主要传播者在传播淫秽物品时对群内成员人数是一种概括故意,不论成员是否在线、是否长期参与群组活动,均不影响其故意的成立。

3. 利用群组传播淫秽电子信息的处罚对象是群的建立者、管理者和主要传播者。群的创建者拥有群内的最高权限,可以决定群的去留、解散或恢复,还可以任命群内成员为管理员,使其行使管理群的责任。管理员与创建者与创建者基本具有相同的权限。群创建者、管理者与犯罪集团总的组织、领导者地位、作用类似,所以,即使群组的创建者、管理者本人不上传淫秽信息或不参与讨论淫秽话题,也应当对整个群的讨论内容和刊载信息负责。本案中,被告人陈冰作为创建者以及被告人胡鹏作为管理者,虽然没有上传淫秽视频,但仍然应对其予以定罪处刑。主要传播者只要上传了淫秽电子信息,能够认定为主要传播者,不论案发时是否还为该群成员,其实际传播行为早已完成,恶劣影响也已产生,均应依法予以处罚。

案例:冷继超传播淫秽物品案

案例来源:《刑事审判参考》总第78集[第671号]

主题词:传播淫秽物品罪　网站版主的刑事责任

一、基本案情

被告人冷继超,男,1987年10月6日出生,无业。因涉嫌犯传播淫秽物品罪,于2009年8月11日被刑事拘留,后被取保候审。

黑龙江省哈尔滨市香坊区人民检察院以被告人冷继超犯传播淫秽物品罪,向香坊区人民法院提起公诉。

被告人冷继超对被指控的犯罪事实无异议,其辩护人提出冷继超认罪态度好,系初犯,建议对其从轻处罚。

香坊区人民法院经公开审理查明:被告人冷继超于2008年11月申请注册成为"幼香阁"淫秽论坛网站成员,网名为"chao107",因其在该网站点击频率高,于2009年2月升级为该网站的版主,负责管理该网站的"幼男电影下载区""幼男图片上传区"两个淫秽版块。至案发时,冷继超在其管理的版块中共发布和编辑淫秽色情图片1233张,两个版块的页面访问量达24601次。2009年8月11日,冷继超被公安机关抓获。

香坊区人民法院认为,被告人冷继超传播淫秽影片、图片,情节严重,其行为构成传播淫秽物品罪。公诉机关指控的犯罪事实及罪名成立。辩护人提出的辩护意见符合事实,予以采纳。鉴于被告人系初犯,且认罪态度较好,可以酌情从轻处罚。依照《中华人民共和国刑法》第三百六十四条第一款,第七十二条第一款,第七十三条第一款、第三款及最高人民法院、最高人民检察院《关于办理利用互联网、移动通讯终端、声讯台制作、复制、出版、贩卖、传播淫秽电子信息刑事案件具体应用法律若干问题的解释》(以下简称《解释》)第一条第(三)项、第(四)项,第三条第一款第(一)项之规定,判决如下:

被告人冷继超犯传播淫秽物品罪,判处有期徒刑一年,缓刑两年。

宣判后,被告人冷继超没有上诉,公诉机关也没有抗诉,判决已经生效。

二、裁判要旨

No.6-9-364(1)-2　网站版主明知是淫秽信息,而允许或放任该淫秽信息传播,涉及的淫秽电子信息数量达到司法解释规定的数量标准,应以传播淫秽物品罪论处。淫秽电子信息数量应以参与管理的版块、担任版主期间所涉及的数量为限。

普通网民利用网络传播淫秽电子信息的方式,主要是上传、下载、实时传送淫秽图片、视频、文字,或者创建淫秽电子信息的超链接。版主并非主动上传、发送淫秽电子信息的主体,而是具有对网站和论坛进行维护、管理的权限和职责,因此,其相对于论坛中的普通网民也具有更多的义务。他们享有特殊权限,能够接触到更广泛的资源,因此,他们可以通过对所管理网站、论坛、版块行使管理权限,为淫秽信息维护传播环境。具体表现为:明知所管理的网站、论坛、版块是淫秽网站、论坛、版块,仍从事管理工作,维护该淫秽网站、论坛、版块的正常运行;虽然其所管理的网站、论坛、版块并非专门的淫秽网站、论坛、版块,但其明知存在含有淫秽电子信息的主题帖,仍对该主题帖进行编辑、加工等操作,为淫秽信息的传播提供环境,鼓励淫秽信息上传者;明知所管理的网站、论坛、版块中存在淫秽电子信息,但对涉及淫秽信息的主题帖不予及时删除,对淫秽信息的传播持纵容、默许的态度。

被告人冷继超明知幼香阁网站是以传播淫秽信息为主要内容和目的的淫秽网站,仍担任该网站两个版块的版主,对版块进行管理,其行为符合构成传播淫秽物品罪的主客观要件。

应当注意的是,计算淫秽电子信息的数量应有一定的时间、空间限制。空间上,应以行为人参与管理的版块为限。由于版主的级别不同,所管理的版块层次也有所差别。对于最低层次的版主,其所涉及的淫秽电子信息数量自然只计算其所实际参与管理的版块;而对于较高层次的版主、总标准,应计算其直接管理的版块,也计算其通过监督下设子版主工作而间接参与管理的子版块的淫秽电子信息数量。实践上,应以行为人担任版主期间作为计算期间。既要计算行为人在此期间内由其本人上传和编辑的淫秽电子信息数量,也要计算在此期间虽然不是其主动上传和编辑,但因其采取默许态度而上传到其管理论坛中的淫秽电子信息。

本案被告人冷继超属于较低层次的版主,其直接管理幼男电影下载区、幼男图片上传区两个版块,没有下设子版块。这两个版块涉及的淫秽色情图片数量达到1233张,达到了司法解释所要求的标准。

案例:宋文传播淫秽物品、敲诈勒索案

案例来源:《刑事审判参考》总第78集[第672号]

主题词:传播淫秽物品罪 敲诈勒索罪

一、基本案情

被告人宋文,男,1971年11月15日出生于广西南宁市,汉族,无业。2008年4月16日因本案被逮捕。

湖北省当阳市人民检察院以被告人宋文犯传播淫秽物品罪、敲诈勒索罪,向当阳市人民法院提起公诉。

被告人宋文对公诉机关所指控的犯罪事实及罪名无异议,辩称系被害人主动提出给钱删除录像时才乘机敲诈,且未实际得到钱。其辩护人提出:(1)被告人宋文将淫秽录像上传至互联网后曾将密码提供给被害人,由于系原创文件而无法删除,但可证明宋文在消除影响。(2)被告人宋文未实际得到钱,系犯罪未遂。(3)被告人宋文归案后认罪态度好,系初犯。

当阳市人民法院经审理查明:2006年12月,被告人宋文以网名"河边草"通过互联网QQ聊天与高某某相识。2007年7月,宋文到当阳市与高某某见面,二人在当阳富新宾馆发生了性行为。同年12月,宋文再次到当阳与高某某在该宾馆发生了性关系,宋文用手机拍摄了二人性行为的视频片段。2008年3月,宋文欲保持与高某某的交往,因被拒绝而与高某某产生矛盾。同年3月13日、16日,宋文在广西南宁住处的电脑上两次将拍摄的视频片段上传至互联网其申请的QQ555个人博客上,并将视频网址告诉了周溶君等人。随后该片段被他人大量点击,至2008年3月25日14时45分,该录像片段的点击率达到3万余人次。高某某及其丈夫得知该视频片段被传至互联网后,要求宋文删除该视频片段,同年3月21日,宋文趁机提出要高某某给付100万元现金,后双方谈价至30万元。因高某某于当月18日报警,宋文于4月2日被公安人员抓获才未得逞。

同时查明,宜昌市公安局根据全国人大常委会《关于惩治走私、制作、贩卖、传播淫秽物品的犯罪分子的决定》和新闻出版署《关于认定淫秽及色情出版物的暂行规定》鉴定,宋文传至互联网的两个视频文件属于淫秽物品。

当阳市人民法院认为,被告人宋文为报复和要挟被害人,将被鉴定为淫秽物品的录像通过互联网传播,情节严重,并在事后利用该录像对被害人实施敲诈,数额巨大,其行为已分别构成传播淫秽物品罪、敲诈勒索罪。被告人宋文因意志以外的原因使得敲诈勒索财物未遂,属于犯罪未遂,对被告人宋文应数罪并罚。根据《中华人民共和国刑法》第三百六十四条第一款、第二百七十四条、第二十三条、第六十九条之规定,判决如下:

被告人宋文犯传播淫秽物品罪判处有期徒刑八个月,犯敲诈勒索罪(未遂)被判处有期徒刑两年,决定执行有期徒刑两年六个月。

二、裁判要旨

No.6-9-364(1)-3 自己与他人的性行为视频,若进入公共视野或以此为目的,则属于淫秽物品。

根据《刑法》第三百六十七条之规定,淫秽被解释为具体描绘性行为或露骨宣扬色情。此外,根据1988年12月新闻出版署制定的《关于认定淫秽及色情出版物的暂行规定》,淫秽的具体内容包括:(1)淫亵性地具体描写性行为、性交及其心理感受;(2)公开宣扬色情淫荡形象;(3)淫亵性描述或传授性技巧;(4)具体描写少年儿童的性行为;(5)淫亵性地具体描写同性恋的性行为或其他性变态行为,或者具体描写与性变态有关的暴力、虐待、侮辱行为;(6)其他令普通人不能容忍的对性行为的淫亵性描写。

结合上述法律文件中的规定和刑法的规定,对于淫秽物品的判断需从以下几方面进行:(1)应当从作品整体进行判断作品是否为淫秽物品;(2)对性的描写具有"淫亵性",其目的仅仅在于刺激人的性欲而不具有任何文学或艺术价值,甚至以令人厌恶的方式进行描写;(3)应当采取普通人标准,具有普通人不能容忍的性质。

正是淫秽物品描写性的方式令普通人无法忍受这一重要判断标准,表明淫秽物品的危害在于对他人产生不良影响,可以说这一标准隐含着淫秽物品的一个基本特性:淫秽物品必然是已经进入他人视野或以此为目的,必然与社会成员发生联系,已经或可能对他人发生影响。如果该物品仅仅是个人私有,除所有人外根本不可能有他人接触到,物品便不进入法的领域,不涉及法律上的评价,不会产生淫秽物品的问题。

本案被告人宋文用手机拍摄自己与被害人高某某的性行为片段,系对性行为的直接描述。如果这一视频仅是个人私藏,根本不进入公共视野,自然不会涉及淫秽物品的问题。但宋文将该视频片段置于网络,任何访问该网址的人皆可看到,这样的视频是对社会公序良俗的违背,作为直接描述性行为的视频片段,性质无疑是淫秽物品。

No.6-9-364(1)-4 将自己与他人的性行为视频上传至个人博客,使不特定多数人得以浏览,属于传播淫秽物品,应以传播淫秽物品罪论处。

个人博客是一种通常由个人管理,不定期张贴电子信息,并可被不特定人随意浏览的网页,浏览者也可对博客内容进行转载、传播。博客上面的内容虽然是个人发表,但并不仅仅是纯粹个人思想的表达和生活琐事的记录,而是私人性和公共性的有效结合,所提供的内容可用来交流,可包容整个互联网。个人博客的网页,除非个人设定仅可本人浏览,否则即使面对不特定多数人,博客上内容便具有传播可能性。博客主人将某一文件上传至博客的行为,本身便是一种传播行为。根据最高人民法院、最高人民检察院《关于办理利用互联网、移动通讯终端、声讯台制作、复制、出版、贩卖、传播淫秽电子信息刑事案件具体应用法律若干问题的解释》第三条的规定,不以牟利为目的,利用互联网或移动通讯终端传播淫秽电子信息,淫秽电子信息被点击量达到2万次以上,构成传播淫秽物品罪。

在本案中,宋文将其与高某某的性行为的视频片段上传至博客,并将网址告知他人,导致该网址在短时间内点击量超过3万次,在客观上造成了在不特定人群中传播的后果。即使宋文随后将视频删除,也只是既遂后的行为,不影响犯罪构成,仅可作为量刑情节考虑。这种将淫秽视频上传至博客供他人点击的传播行为是一种持续行为,当点击量达到规定的标准时,即构成犯罪既遂,在构成既遂后行为仍可继续下去,而仍然只构成一罪。

在传播淫秽物品罪已既遂的情况下,宋文以删除该淫秽视频为要挟,要求被害人向其支付人民币30万元,其行为又构成敲诈勒索罪,应数罪并罚。

167 组织淫秽表演罪(《刑法》第三百六十五条)

案例:重庆访问科技有限公司等单位及郑立等人组织淫秽表演案

案例来源:《刑事审判参考》总第78集[第673号]

主题词:组织淫秽表演罪 单位组织淫秽表演行为

一、基本案情

被告单位重庆访问科技有限公司,法定代表人郑立。

被告单位重庆彩蓝科技有限公司,法定代表人戴泽焱。

被告单位重庆市聚乐网络有限公司,法定代表人刘峻松。

被告人郑立,男,1989年8月25日出生,大专文化。因涉嫌犯组织淫秽表演罪,于2009年9月30日被逮捕。

被告人戴泽焱,男,1981年11月19日出生,大学文化。因涉嫌犯组织淫秽表演罪,于2009年9月30日被逮捕。

被告人刘峻松,男,1973年5月23日出生,大专文化。因涉嫌犯组织淫秽表演罪,于2009年9月30日被逮捕。

被告人张戎,男,1981年1月19日出生,高中文化,重庆访问科技有限公司总裁助理。因涉嫌犯组织淫秽表演罪,于2009年9月30日被逮捕。

被告人何佳,女,1983年6月10日出生,大专文化。因涉嫌犯组织淫秽表演罪,于2009年11月13日被逮捕。

湖北省荆州市荆州区人民检察院以被告单位重庆访问科技有限公司、重庆彩蓝科技有限公司、重庆市聚乐网络有限公司,被告人郑立、戴泽焱、刘峻松、何佳犯组织淫秽表演罪,向荆州区人民法院提起公诉。

被告单位重庆访问科技有限公司法定代表人郑立对指控的事实无异议。该单位的辩护人提出,该公司系初犯,在犯罪中起辅助作用,郑立不是直接故意,不负直接责任。被告单位重庆彩蓝科技有限公司的法定代表人戴泽焱对指控的事实无异议。该单位的辩护人提出,该公司在犯罪中起次要作用和辅助作用,刑法所指的"淫秽观众"应为多人而非个别人,戴泽焱属从犯。被告单位重庆市聚乐网络有限公司的法定代表人刘峻松辩称,网站不是由其公司建立,公司的初衷不是组织淫秽表演。该单位的辩护人提出,该公司在制作FLASH软件主观上没有犯罪故意,不应以共同犯罪论处,对刘峻松个人不应当定罪处罚。被告人张戎辩称,自己系自首,起辅助作用。被告人何佳辩称,其初衷不是组织淫秽表演,系从犯。

湖北省荆州市荆州区人民法院经公开审理查明:2008年9月,被告人郑立(分贝网创始人)与被告人戴泽焱商议合作建立视频聊天网站,并要求被告人刘峻松制作FLASH视频聊天软件。同年10月,郑立要求本公司技术部门开发视频聊天网站平台,后与刘峻松将FLASH视频聊天软件上传到视频聊天网站平台,并于11月建立www.27by.com、www.ud99.com视频聊天网站。同年12月10日,被告单位重庆市聚乐网络有限公司、重庆彩蓝科技有限公司、重庆访问科技有限公司签订《视频聊天项目合作协议》,约定由重庆彩蓝科技有限公司、重庆访问科技有限公司合作经营视频聊天网站(收费型为一对一聊天室形式),并负责网站的日常运营及管理,重庆市聚乐网络有限公司负责视频聊天系统的开发及持续维护更新,并有权分享自行推广全部收入的65%。此后,郑立、戴泽焱、刘峻松在原有网站www.27by.com的基础上又建立了www.love65.com、www.love31.com、www.56vn.com等网站并进行推广,上述网站均指向郑立管理的同一个后台数据库。被告人何佳、张戎分别负责招募并管理专职、兼职女主播,网民在上述网站上注册成为会员后,须充值2元进入聊天室与女主播聊天,然后在网站上充值购买K币(虚拟货币,比率为1∶100),按照女主播的要求用K币购买虚拟礼物,并根据虚拟礼物价值的大小观看女主播不同程度的淫秽表演。3个被告单位和5名被告人通过组织淫秽表演牟利。截至2009年6月,通过上述网站注册的用户记录达5703830条,进入上述网站聊天室的网民向郑立、戴泽焱在网站上提供的银行账户汇款232320笔,金额达人民币14931089.39元。

湖北省荆州市荆州区人民法院认为,被告单位重庆访问科技有限公司、重庆彩蓝科技有限公司、重庆聚乐网络有限公司通过签订《视频聊天项目合作协议》,由被告人张戎、何佳负责组织招募女主播并联系兼职女主播,采取一对一收费型聊天室形式,在网络视频上多次组织淫秽表演活动,从中牟利,且持续时间长、观看人数多、社会影响极为恶劣,情节严重。被告人郑立、戴泽焱、刘峻松和被告人张戎、何佳是组织者,分别为上述被告单位的主管人员和直接责任人员。3个被告单位和5名被告人的行为均已构成组织淫秽表演罪。基于各被告单位和被告人在共同犯罪中的地位和作用,对各被告地位和被告人不宜区分主从犯。依照《中华人民共和国刑法》第三百六十五条、第三百六十六条、第二十五条第一款、第六十七条第一款、第六十四条之规定,判决如下:

1. 被告单位重庆访问科技有限公司犯组织淫秽表演罪,判处罚金人民币一百万元。
2. 被告单位重庆彩蓝科技有限公司犯组织淫秽表演罪,判处罚金人民币八十万元。
3. 被告单位重庆市聚乐网络有限公司犯组织淫秽表演罪,判处罚金人民币五十万元。
4. 被告人郑立犯组织淫秽表演罪,判处有期徒刑六年,并处罚金人民币五十万元
5. 被告人戴泽焱犯组织淫秽表演罪,判处有期徒刑五年六个月,并处罚金人民币四十万元。
6. 被告人刘峻松犯组织淫秽表演罪,判处有期徒刑五年,并处罚金人民币三十五万元
7. 被告人张戎犯组织淫秽表演罪,判处有期徒刑三年,并处罚金人民币十万元。
8. 被告人何佳犯组织淫秽表演罪,判处有期徒刑三年,并处罚金人民币十万元。

一审宣判后,被告人刘峻松认为认定其参与共同犯罪的证据不足,以量刑过重为由提出上诉。被告人何佳以其不是直接责任人员,量刑过重为由提出上诉。

二审经审理查明的事实和采信的证据与一审基本一致。湖北省荆州市中级人民法院经审理认为,上诉人刘峻松作为重庆市聚乐网络有限公司的法定代表人,参与了淫秽视频聊天软件的开发、维护及网站的推广,且其推广的网站都指向郑立管理的后台数据库,该情况有三方单位签订的协议和诸多证人证言予以证实,足以认定重庆市聚乐网络有限公司参与了组织淫秽表演的共同犯罪,刘峻松作为单位主管人员,应当承担相应的刑事责任。刘峻松等人组织淫秽表演,犯罪情节严重,原判量刑适当。上诉人何佳负责为淫秽视频聊天网站招募专职女主播,并负责对专职女主播分组进行管理,足以认定其系组织淫秽表演的直接责任人员,原审考虑何佳在共同犯罪中所起的作用相对较小,在量刑上已区分对待,量刑适当。刘峻松、何佳作为单位主管人员或直接责任人员,伙同三原审被告单位及原审被告人郑立、戴泽焱、张戎组织招募女主播和联系兼职女主播在网络视频上进行淫秽表演活动,并从中牟利,其行为均已构成组织淫秽表演罪,且持续时间长、观看人数多,社会影响极为恶劣、犯罪情节严重。原判认定事实清楚,适用法律正确,审判程序合法。依照《中华人民共和国刑事诉讼法》第一百八十九条第(一)项的规定,裁定驳回上诉,维持原判。

二、裁判要旨

No. 6-9-365-1 通过网络视频组织淫秽表演的,应以组织淫秽表演罪论处。

《刑法》第三百六十五条规定的组织淫秽表演罪,追究的是淫秽表演组织者的刑事责任。该罪的客观方面包括两个核心要素:一是组织行为,包括但不限于策划表演过程,招募、管理表演者,提供表演场地和设备等行为。二是淫秽表演行为,包括但不限于性交、手淫、口淫、诲淫性的裸体和脱衣舞表演等关于性行为或露骨宣扬色情的淫秽性表演行为。

组织淫秽表演罪和传播淫秽物品牟利罪同属于妨害社会管理秩序类犯罪,但两罪在犯罪主体和客观方面均存在差异:组织淫秽表演罪的关注点在于组织行为和淫秽表演行为,追究的是淫秽表演组织者的刑事责任;而传播淫秽物品牟利罪的关注点则在于与淫秽物品相关的传播行为,追究的是淫秽物品传播者的刑事责任。

在本案中,被告单位和被告人通过网络视频组织淫秽表演的犯罪行为属于组织淫秽表演的一种新型表现形式。通过一对一收费型网络视频方式组织淫秽表演,仅针对网站付费会员提供服务,由于组织表演者,表演者和观看者均处于不同的场所和空间,向会员收费和相应的表演行为均通过网络进行,犯罪活动更加具有隐蔽性,因此这种犯罪手段颇受违反犯罪分子青睐。无论是传统的组织人员进行现场面对面式淫秽表演,还是现代的借助网络媒体组织人员进行视频面对面式淫秽表演,均为组织淫秽表演的表现形式,均应构成组织淫秽表演罪。

需要指出的是,以牟利为目的的组织人员通过网络视频进行淫秽表演,此种淫秽表演行为与观看行为系同步进行,且表演者的淫秽表演内容要视观看者在网站充值购买的虚拟礼物价值而定。因此尽管观看者实际上观看的是表演者的淫秽表演视频电子信息,但表演者这种即时性的同步淫秽表演行为应被视为表演行为,而不应被视为传播淫秽电子信息的传播行为,因为后者通常是以既有的淫秽电子信息为传播对象。所以通过网络视频组织人员进行淫秽表演的行为,不应认定为传播淫秽物品牟利罪。

案例:董志尧组织淫秽表演案

案例来源:《刑事审判参考》总第 85 集[第 770 号]

主题词:组织淫秽表演罪　一对一私拍行为的定性

一、基本案情

被告人董志尧,男,1971 年 10 月 7 日出生,无业。因涉嫌犯组织淫秽表演罪于 2011 年 4 月 8 日被逮捕。

上海市长宁区人民检察院以被告人董志尧犯组织淫秽表演罪,向长宁区人民法院提起公诉。

长宁区人民法院经不公开开庭审理查明:2009 年 5 月至 2011 年 2 月间,被告人董志尧单独或伙同蔡光明、沈琳等人(均另案处理),由董志尧寻找模特或由蔡光明、沈琳等人招募模特提供给董志尧,再由董志尧通过互联网发布人体模特私拍摄影信息,并招募参与私拍活动的摄影者,租借公寓或预订宾馆客房作为拍摄场地,安排模特分场次供摄影者拍摄,在拍摄过程中要求模特按照摄影者的需要,全裸、暴露生殖器以及摆出各种淫秽姿势。经鉴定,董志尧组织的私拍活动中有 20 余场系淫秽表演。

长宁区人民法院认为,被告人董志尧以牟利为目的,单独或伙同他人组织模特进行淫秽表演,其行为构成组织淫秽表演罪,且情节严重,依法应予惩处。公诉机关指控的事实清楚,定性正确。鉴于董志尧到案后能如实供述自己的罪行,依法可从轻处罚。为维护社会良好风尚,依照《中华人民共和国刑法》第三百六十五条、第二十五条第一款、第六十七条第三款、第五十三条及最高人民法院《关于〈中华人民共和国刑法修正案(八)〉时间效力问题的解释》第四条之规定,以被告人董志尧犯组织淫秽表演罪,判处有期徒刑四年,并处罚金人民币八千元。

宣判后,被告人董志尧没有上诉,检察机关也未提出抗诉,判决已发生法律效力。

二、裁判要旨

No. 6-9-365-2　招募模特和摄影者要求模特暴露生殖器、摆出淫秽姿势供摄影者拍摄的,构成组织淫秽表演罪。

表演概念的内涵是表演者通过自己的形体、动作、声音等可感受的形式将某种信息传递、展示给受众,从而满足受众感官上的感受。本案中,模特在摄影镜头前裸露身体、摆出各种淫秽姿势,表面上是为摄影者提供拍摄素材,但同时也是将自身的人体形象展示给拍摄者,即通过不断变化的肢体动作,将人体形象展示给摄影者,满足摄影者感官上的需求,故模特的行为也明显具有表演性质。

《刑法》意义上的"淫秽表演",是指公然以体态性的动作露骨宣扬色情,如跳脱衣舞、裸体舞、性交表演、手淫、口淫表演等。淫秽表演有两个特征:一是诲淫性,即行为必须具有客观上挑起他人不正常性刺激、性兴奋的作用。如果表演行为不具有这种作用,就不会危害社会的健康性风尚,也就没有运用刑罚进行惩治的正当根据。二是公开性,即必须在多数人或者不特定人面前进行表演。如果淫秽表演只在特定少数人面前进行,其所产生的危害也只局限于这些特定的少数人,就不会对社会的健康性风尚产生不良影响。相反,淫秽表演如果在多数人或者不特定人面前进行,其影响范围就会超出特定受众,危害社会的健康性风尚。本案中,模特在摄影者镜头前的表演,完全符合淫秽表演的上述两个特征。首先,从诲淫性看,模特在摄像过程中不仅有暴露性器官的行为,而且还当众作出很多淫秽的姿势,客观上能够引起他人的性刺激、性兴奋,属于以体态动作露骨宣扬色情,有关部门也因此将该表演鉴定为淫秽表演节目。其次,从公开性看,尽管模特进行淫秽表演的受众并非类似电影观众那样一般意义上的观众,而是拍摄淫秽图像的摄影者,但这些摄影者是董志尧从互联网上公开招募而来,只要缴纳拍摄费用,携带较为高端的相机,就能参与拍摄活动,成为该淫秽表演活动的受众。由此可见,参与摄影活动的人具有不特定性,且随着拍摄场次的增多,这类受众的人数也增多。因此,本案中的模特属于在不特定多数受众面前露骨宣扬色情,其表演行为属于《刑法》意义上的淫秽表演。

组织淫秽表演罪中的组织行为是指策划、指挥、安排淫秽表演的行为,如招聘、雇佣他人进行淫秽表演,联系演出、提供场所,组织多人观看等。本案中被告人董志尧以人体摄影为名,从互联网上招募模特和摄影者,为整个拍摄活动预定场地,且要求、鼓励模特配合摄影者的需要进行淫秽表演,在整个淫秽表演活动中,董志尧都处于一种绝对主导地位,属于典型的淫秽表演组织者。

No. 6-9-365-3 一对一的表演活动中,由于受众具有不特定性与多数性,符合组织淫秽表演罪的公开性特征,不影响组织淫秽表演罪的认定。

在"一对一"式的表演活动中,尽管这种淫秽表演的受众只有一人,但该受众是从网上公开招募而来,具有不特定性,且表演次数多,受众人数达到多数,符合淫秽表演的公开性特征。此类表演性质的认定,与对组织"一对一"式的网络裸聊的定性有共同之处。当行为人以营利为目的,组织他人在互联网上同不特定的个体进行点对点式的裸聊,并以体态性的动作露骨宣扬色情,进而挑动聊天对象不正当的性刺激、性兴奋时,司法实践中普遍认同对组织裸聊者认定组织淫秽表演罪。如果以每次表演时受众只有一人,没有危害到社会的健康性风尚为由,就认定不构成组织淫秽表演罪,显然不利于对该类犯罪的打击。因此,在认定组织淫秽表演罪时,不仅要关注受众人数的多少,而且要关注受众特定与否。

第七章 危害国防利益罪

168 冒充军人招摇撞骗罪(《刑法》第三百七十二条)

案例:谭飞等人冒充军人招摇撞骗、抢劫案

案例来源:《人民法院案例选》2007年第4辑

主题词:冒充军人招摇撞骗罪 抢劫罪 暴力特证明显性

一、基本案情

被告人谭飞、宋伟、朱丽华、王云龙。

广州市萝岗区人民法院经审理查明:2006年5月间,被告人谭飞、宋伟、朱丽华、王云龙伙同同案人袁朝刚(另案处理)经密谋以后,分别购买作案工具迷彩色三菱吉普车、假军车牌照(广K32107)、假军服、头盔、警棍以及证件等物,伪装成军队纠察人员,以查假军车为名骗取和抢劫公民财物。有证据证明的犯罪为如下三宗:

1. 2006年5月7日凌晨2时许,被告人谭飞、宋伟、朱丽华、王云龙、同案人袁朝刚伪装成军队纠察人员,驾驶上述假军车,窜至佛山市南海区里和公路佛山一环桥底,以检查假军车为名,采取持警棍威胁方式取得被害人何某某现金400元,以及诺基亚牌2100型手机1部(经鉴定物品价值341.60元)。

2. 2006年5月8日凌晨2时许,被告人谭飞、宋伟、朱丽华、王云龙、同案人袁朝刚驾驶上述假军车窜至佛山市南海区广和大桥收费站出口处,以上述方式取得被害人周某某的波导牌VS9型手机1部(经鉴定,物品价值770.62元)。

3. 2006年5月12日凌晨3时许,被告人谭飞、宋伟、朱丽华、王云龙、同案人袁朝刚驾驶上述假军车窜至广州市萝岗区开创大道与宏远路交汇处附近,冒充军队纠查人员对被害人索要财物未得逞后,采取强行搜身的方式取得被害人王某某的现金924元、诺基亚牌3210型手机以及摩托罗拉牌C157型手机各1部(经鉴定,物品共价值683元)。随后,四被告人被公安人员人赃并获。

2006年11月1日,检察院以谭飞、宋伟、朱丽华、王云龙涉嫌抢劫罪向法院提起公诉。

广州市萝岗区人民法院认为:被告人谭飞、宋伟、朱丽华、王云龙伙同他人采取冒充军队纠查人员以查处假冒军车的名义非法获取财物,损害了公民的人身权利、财产权利和武装部队的威信。其中,被告人谭飞、宋伟、朱丽华、王云龙于2006年5月12日冒充军队纠查人员对被害人索要财物未得逞后,采取强行搜查的暴力手段非法取得财物,其行为均已构成抢劫罪。由于被告人于2006年5月7日和2006年5月8日冒充军队纠查人员对被害人实施"罚款"的过程中,并未采取明显的暴力或胁迫手段,其行为主要表现为冒充军队纠查人员的身份骗取财物,因此,其行为均构成冒充军人招摇撞骗罪。依法应对四被告人判处抢劫罪和冒充军人招摇撞骗罪数罪并罚。

宋伟、朱丽华、王云龙三人不服一审判决向广州市中级人民法院提起上诉。

二审法院裁定驳回上诉,维持原判。

二、裁判要旨

No.7-372-1 在冒充军人骗取他人财物过程中,使用暴力特征不明显的威胁手段的,应以冒充军人招摇撞骗罪论处。

冒充军人招摇撞骗罪的犯罪客观要件主要指冒充军人骗取对方的信任,使其信赖行为人为军人,从而使得行为人有机会利用此种信任不需采取暴力而取得对方的财物或者其他利益。但是,如果被害人交出财物的行为虽然不是很主动,不是完全的被骗后心甘情愿交出,行为人采取威胁手段,暴力特征也不明显,这种情况下交出财物应该属于由于信赖对方为军人而交出财物,并不是由于处于暴力威胁下的恐惧而交出财物,因此应属于冒充军人招摇撞骗罪的打击范畴。

No. 7-372-2 在冒充军人骗取他人财物的过程中,使用暴力特征明显的威胁手段或暴力手段的,应以抢劫罪论处。

虽然行为人主观目的是冒充军人招摇撞骗,并且在客观上采取了此种行为,但是,如果在作案过程中,采取了超出冒充军人招摇撞骗罪客观要件范畴的暴力行为,如强行搜身、殴打、或者暴力威胁特征很明显,则即便被害人仍然相信行为人为军人,这种情况下应认定为抢劫罪,并构成抢劫罪的结果加重犯情节。

冒充军人招摇撞骗罪和抢劫罪的区分应首先看被害人是否相信对方为军人,只有在受害人相信对方为军人的前提下,才可能构成冒充军人招摇撞骗罪,在相信了对方为军人的条件满足之后,则应再看犯罪客观方面,主要看是否完全符合招摇撞骗的客观行为特征,如果恰好是典型性案件,则可直接定为冒充军人招摇撞骗罪,再进一步考察,如果在具备相信了对方为军人的条件后,行为人采取了威胁手段获取财物,但威胁的暴力特征不很明显,只是轻微威胁的,仍应定性为冒充军人招摇撞骗罪;如果威胁的暴力特征很明显,使被害人造成了相当程度的恐惧,则应定性为抢劫罪;如果采取冒充军人招摇撞骗行为范畴以外的暴力手段,则应一律定为抢劫罪。但要注意一个问题,如果行为人采取了轻微暴力手段,但采取轻微暴力手段只是为了加深被害人对其是军人的信赖,则应该把握好尺度,大部分情况下定性为抢劫罪,个别情况下确属非常轻微暴力的,也可定性为冒充军人招摇撞骗罪。

第八章 贪污贿赂罪

169 贪污罪(《刑法》第三百八十二条)

案例:阎怀民等贪污、受贿案

案例来源:《刑事审判参考》总第42集[第334号]
主题词:索要财物 贪污罪

一、基本案情

被告人阎怀民,男,1940年2月1日出生,汉族,大学文化,原系江苏省体制改革委员会副主任(正厅级)、江苏省市场协会理事长、法定代表人。2002年4月17日因涉嫌犯受贿罪被刑事拘留,同年4月29日被逮捕。

被告人钱玉芳,女,1953年6月27日出生,汉族,大丰县人,大学文化,原系南京计划生育宣教中心干部,1993年至1997年停薪留职,先后任江苏省富丽华装潢广告公司法定代表人、江苏省昊宇建设发展有限公司法定代表人。2002年3月19日被监视居住,4月26日因涉嫌犯贪污罪被刑事拘留,同年4月30日被逮捕。

江苏省南京市中级人民法院经审理查明:1996年1月,被告人阎怀民利用担任江苏省体制改革委员会(以下简称"体改委")副主任、江苏省市场协会(体改委下设机构,以下简称"市场协会")理事长的职务便利,以市场协会投资需要为由,向其下属的苏州商品交易所(以下简称"苏交所")索要80万元的"赞助"。由于苏交所是市场协会会员,且阎怀民作为体改委的领导及市场协会的理事长,对苏交所多次给予关照,故苏交所按阎怀民的要求为市场协会办理了80万元的付款转账手续。该款汇入被告人阎怀民、钱玉芳私设的账户后,钱玉芳按照阎怀民的要求提现,并交给阎50万元现金及99904元国库券。其后,因群众举报,江苏省纪委对此事进行调查。阎怀民经与钱玉芳及钱的丈夫谷平(另案处理)共谋,由钱玉芳、谷平伪造了虚假的投资协议及账目凭证,被告人钱玉芳并向江苏省纪委调查人员提供了虚假证言,以掩盖阎怀民非法索取80万元的犯罪事实。

1998年间,被告人阎怀民利用职务便利,收受苏交所装修好的位于苏州市桐泾路锦绣新苑5幢的住宅一套,价值人民币38.81万元。

1996年11月至1998年12月间,被告人阎怀民利用职务便利,先后17次将本人及家庭成员的各类消费发票拿到苏交所报销,金额共计人民币48628.1元。

江苏省南京市中级人民法院认为,被告人阎怀民利用职务上的便利,索取和非法收受他人财物,共计价值人民币1236728.1元,为他人谋取利益,其行为已构成受贿罪。被告人钱玉芳明知被告人阎怀民非法索取他人财物占为己有而伪造证据,提供虚假证言,意图掩盖阎怀民的犯罪事实,其行为已构成包庇罪。公诉机关指控被告人阎怀民犯受贿罪,罪名成立,但指控被告人阎怀民犯滥用职权罪、被告人钱玉芳犯受贿罪,证据不足,不予采纳。被告人阎怀民受贿数额巨大,其中人民币80万元是索贿,依法应从重处罚;案发后,赃款未能全部退清,酌情予以从重处罚。依照《中华人民共和国刑法》第十二条第一款、第三百八十五条第一款、第三百八十六条、第三百八十三条第一款第(一)项、第三百一十条第一款、第五十七条第一款、第五十九条、第六十四条的规定,于2003年11月18日判决如下:

1. 被告人阎怀民犯受贿罪,判处无期徒刑,剥夺政治权利终身,没收个人全部财产;
2. 被告人钱玉芳犯包庇罪,判处有期徒刑两年六个月;
3. 被告人阎怀民受贿赃款1236728.1元予以追缴。

一审宣判后,阎怀民不服,上诉于江苏省高级人民法院。

阎怀民上诉称,原判决认定其索要人民币80万元事实不清,证据不足;其不符合受贿罪主体身份,原判对其受贿罪定性不当;认定收受价值人民币38.81万元房子事实不清、定性错误;原判决量刑畸重,请求二审法院查清事实,依法改判。

上诉人阎怀民的辩护人当庭发表的主要辩护意见为,原判决认定阎怀民以市场协会名义向苏交所所借人民币 80 万元系利用职务之便的索贿行为定性有误;认定阎怀民利用职务之便收受苏交所一套住宅的事实,因阎尚未取得该房产证,故认定其构成受贿罪的证据不足。

原审被告人钱玉芳在二审庭审中未就原判对其包庇罪的判决作出辩解。

江苏省人民检察院出庭检察员当庭发表意见为,一审判决对阎怀民接受一套房子及在苏交所报销发票事实部分认定受贿的定性正确,但对阎从苏交所索要的人民币 80 万元认定为阎怀民受贿定性错误,认定钱玉芳构成包庇罪亦属定性错误,并导致对钱玉芳量刑畸轻,阎怀民伙同钱玉芳私分本应入市场协会账户的人民币 80 万元应认定为贪污共同犯罪,原判对部分事实定性错误,应对本案以事实不清、证据不足为由发回重审。

江苏省高级人民法院经审理查明:

1. 1996 年 1 月,上诉人阎怀民以市场协会需投资为由,向苏交所索要 80 万元。阎怀民、钱玉芳为方便该款的取得,商议开设市场协会的银行临时账户。经阎向钱提供市场协会相关证件,由钱办理了开户事宜。后钱玉芳持阎怀民提供的市场协会介绍信直接到苏交所办理了该 80 万元转至市场协会上述临时账户的手续。该款到账后,钱玉芳按阎怀民的要求提现并交给阎 50 万元及以 99904 元人民币购买的面值为 10 万元的国库券一张,余款 200096 元被钱个人取得。苏交所事后要市场协会就以上 80 万元出具手续,阎怀民遂向体改委工会要了空白收据一张并加盖市场协会公章,经钱玉芳以借款为由填写内容后直接交苏交所入账。因群众举报,在江苏省纪委对此事进行调查时,阎怀民经与钱玉芳及钱的丈夫谷平(另案处理)共谋,由钱玉芳、谷平伪造了市场协会与其他单位的投资协议及财务凭证,钱玉芳还向江苏省纪委调查人员提供了虚假证言,以掩盖其伙同阎怀民非法占有 80 万元的犯罪事实。

2. 1998 年间,上诉人阎怀民利用职务便利,收受苏交所赠送装修好的住宅一套(苏州市桐泾路锦绣新苑 5 幢 402 室),价值人民币 38.81 万元。

3. 1996 年 11 月至 1998 年 12 月间,上诉人阎怀民利用职务便利,先后 17 次将本人及家庭成员的各类消费发票拿到苏交所报销,金额共计 48628.1 元。

江苏省高级人民法院认为:案发前上诉人阎怀民担任的市场协会法定代表人系受国家机关委派,同时其仍任省体改委副主任,市场协会亦由其分管,故符合国家工作人员的主体身份,上诉人阎怀民提出原判认定其为受贿罪主体不当的上诉理由不能成立,不予采纳。

上诉人以市场协会名义向苏交所索要 80 万元赞助款后,虽应苏交所的要求以市场协会名义出具的系借款手续,但根据阎怀民向苏交所虚构要款事由,“借”款主体为单位,阎、钱二人另开账户秘密私分,至案发前数年未还,苏交所亦从未催要,得知有关部门查处后,阎、钱二人共谋伪造证据等事实,应当认定阎在取得该款时没有归还的意图,具有个人占有性质。阎与钱在得知有关部门查处后,以不成对价之货物向苏交所抵“债”的行为,系在上述犯罪既遂后,为掩盖其犯罪事实之行为,不能改变原犯罪行为的性质。上诉人阎怀民对原判认定其索要 80 万元事实的辩解不能成立,不予采纳。

上诉人阎怀民以单位名义向苏交所要款,以其法定代表人的职权开设账户,并将苏交所汇至其单位账户中的款项与他人秘密私分的行为,缺乏索贿行为中被索贿人对索贿人行为性质的认知和向索贿人付款之行为指向的目的特征,故不属受贿罪的性质,原判对此节事实的定性不当,出庭检察员、上诉人阎怀民及其辩护人就此节事实之定性提出的意见和辩解均成立,予以采纳。

原审被告人钱玉芳为顺利取得苏交所赞助市场协会的款项,利用上诉人阎怀民的职务之便,伙同阎怀民实施了开设市场协会账户,持市场协会介绍信至苏交所办理 80 万元转账手续,提现后与阎怀民私分,填写阎怀民交付的空白单位收据后交给苏交所冲账,向有关部门作假证明等。其虽曾辩解其所得本案之款项已用于市场协会出资的昊宇公司之经营活动,但由于其与阎系秘密取得市场协会公款,即使其将该款项已用于昊宇公司,在市场协会和昊宇公司分别未作相应账务反映的情况下,市场协会作为昊宇公司出资单位之一,对该款项仍然没有出资单位应有的主张权利、取得收益的依据,显然其辩解不能改变市场协会公款被其个人实际控制支配的状态。据此,原判对钱玉芳犯罪事实和性质的认定不当,出庭检察员提出原判对原审被告人钱玉芳以包庇罪定性不当的意见与事实和法律相符,予以采纳。

在上诉人阎怀民的职权对苏交所具有制约关系的情形下,阎怀民之子仅在苏交所之下属单位短暂工作,苏交所以其子名义购买房产并耗资装修,并在其子离开苏交所后以为其子发工资的名义冲抵购房费用,案发前阎怀民的家人一直在该处住宅内居住等事实表明:以阎怀民之子名义购房,以阎本人的名义向苏交所出具虚假借条的行为,均系规避违法事实的行为,应当认定该房产的取得系阎怀民接受苏交所财物的受贿行为。尽管案发前上述住房之产权证尚存放于苏交所,但根据房屋产权以房产管理机关登记为准的规定,房屋产权证持有人与所有人的不一致不影响房屋的权属性质,亦不影响阎怀民此节受贿行为的既遂形态。故上诉人阎怀民及其辩护人以未实际取得产权证为由,对原判认定阎怀民受贿的事实及定性提出异议,与事实和法律不符,不能成立,不予采纳。

上诉人阎怀民利用职务便利,伙同原审被告人钱玉芳共同非法占有苏交所赞助市场协会80万元的行为,已构成贪污罪,且数额巨大,属共同犯罪。上诉人阎怀民利用职务便利,非法收受他人财物计价值人民币436728.1元,并为他人谋取利益,其行为已构成受贿罪,且数额巨大。在阎怀民、钱玉芳的共同贪污犯罪中,上诉人阎怀民起主要作用,系主犯,依法应按照其所参与的全部犯罪处罚;原审被告人钱玉芳起次要作用,系从犯,依法应当减轻处罚。上诉人阎怀民犯有数罪,应数罪并罚。上诉人及其辩护人关于原判部分事实定性不当的辩解和意见、江苏省人民检察院出庭检察员就原判认定本案部分事实定性问题当庭发表的意见正确,予以采纳。原判对上诉人阎怀民部分犯罪事实及原审被告人钱玉芳包庇罪的定性不当,应予改判。

2004年12月16日,江苏省高级人民法院依照《中华人民共和国刑事诉讼法》第一百八十九条第(二)、(三)项及《中华人民共和国刑法》第十二条第一款、第三百八十二条、第三百八十三条第一款第(一)项、第三百八十五条第一款、第三百八十六条、第二十五条第一款、第二十六条第一款和第四款、第二十七条、第五十九条、第六十四条和第六十九条的规定,判决如下:

1. 撤销江苏省南京市中级人民法院的刑事判决。

2. 上诉人(原审被告人)阎怀民犯贪污罪,判处有期徒刑十四年,没收财产人民币十五万元;犯受贿罪,判处有期徒刑十二年,没收财产人民币十万元。决定执行有期徒刑十八年,没收财产人民币二十五万元。

3. 原审被告人钱玉芳犯贪污罪,判处有期徒刑两年六个月。

4. 案发后扣押的上诉人阎怀民、原审被告人钱玉芳的赃款赃物依法追缴;对违法所得不足部分继续予以追缴。

二、裁判要旨

No.8-382-1 国家工作人员利用职务上的便利,以本单位名义向有关单位索要财物并占为己有的,应以贪污罪论处。

在本案中,被告人阎怀民利用职务上的便利,以市场协会的名义向苏交所索要80万元后,被告人钱玉芳协同阎怀民开设账户,办理转账手续,提现后与阎私分,并使用虚假手段平账,还在有关部门调查时,提供虚假证言,对钱玉芳行为的认定应当取决于阎怀民的行为性质:如果阎怀民的行为构成受贿罪,则因没有证据证实钱玉芳与阎怀民事前通谋,对钱玉芳只能以《刑法》第三百一十条第一款规定的窝藏、包庇罪定罪处罚;如果阎怀民的行为构成贪污罪,则因钱玉芳有与阎怀民共同侵吞公共财产的行为和故意,应当对钱玉芳以贪污罪的共犯追究刑事责任。

根据《刑法》第三百八十五条的规定,受贿罪是国家工作人员利用职务上的便利,索取他人财物,或者非法收受他人财物,为他人谋取利益的行为,本质上体现为一种钱权交易关系。在具体的受贿犯罪中,国家工作人员(受贿或索贿主体)与他人(行贿主体)间,应当具有主观认知上的对应性和客观行为上的互动性。本案的特殊性在于,被告人没有利用职务上的便利直接占有本单位原有的公共财物,而是将以单位名义向其他单位索要的财物占为已有。这种较特殊的犯罪手段和犯罪对象,是本案定贪污罪还是受贿罪存在争议的根源所在。由于阎怀民在其多年行使职权的过程中,对苏交所予以关照,如其以个人名义向苏交所索取财物,以及后来苏交所送阎怀民房产的事实看,苏交所可能不会拒绝,而阎怀民却以市场协会名义向苏交所拉"赞助",且为此特地以本单位名义秘密开设银行账户,向苏交所出具本单位介绍信和收据,尔后将该"赞助"款以暗度陈仓的方式据为己有,其用心显然在于不希望苏交所和本单位的人员觉察其个人非法占有该款之真实意图。因此,阎怀民的行为具有一定的索贿性质,以单位名义索要,不过是其规避法律的手段。从这一角度来看,公诉机关以受贿罪提起公诉,一审法院以受贿罪对阎怀民定罪处罚,有一定的道理。

但是,由于阎怀民是以市场协会需投资为名向苏交所拉赞助,而作为其相对方的苏交所,也是考虑到苏交所系市场协会的会员,阎怀民作为省体改委的领导及市场协会对苏交所一向多有帮助,故向市场协会提供赞助亦属情理中事,遂按阎的要求为市场协会办理了 80 万元的付款转账手续。因此,苏交所既无对阎怀民个人索贿的主观认知,亦无向阎个人行贿的主观故意和客观行为,不具有行为的违法性。在此情形下,如果将阎怀民的行为认定为索贿性质,势必相应形成对苏交所的行为具有向阎怀民个人行贿性质的法律评价,其结论显然与事实和法律不符。

贪污罪侵犯的客体主要是公共财产所有权,受贿罪侵犯的客体主要是国家的廉政制度。故而在本案中,对 80 万元赞助款的权属是否已经合法转移至市场协会事实的认定,是确认阎怀民行为性质的关键。(1)从苏交所的主观认知度看,阎怀民作为省体改委及市场协会的领导出面以市场协会名义要钱,并提供了市场协会银行账号用于转账,且经银行有效划转。对于苏交所而言,该银行账户为市场协会之账户的事实显然具有无可置疑的确定性,此乃形式要件。(2)从该账户办理开户的过程看,阎怀民与钱玉芳为方便 80 万元的取得,经商议由阎怀民提供市场协会的事业单位法人资格证书、介绍信、相关印鉴等,由钱玉芳至相关金融机构办理了市场协会银行账户的开户手续。对于金融机构而言,以上账户是以真实、完备的手续开设的市场协会之合法账户,此乃实质要件。(3)职务行为的效力一般以行为人的权限为客观评价标准,而与行为人的动机和该行为在单位内的公知程度等因素不产生必然联系。作为省体改委分管领导和市场协会的法定代表人,阎怀民具有决定开设市场协会银行账户和取得、持有相关开户手续的职权。虽然其开设单位账户系出于私利,且不为单位其他人员知晓,但动机的违法性和行为的隐蔽性不能改变其基于一把手的职务和权限所形成的职务行为的基本特征,因此其开设单位账户之职务行为是有效的。(4)无论被告人阎怀民的借款之说能否成立,都不影响该 80 万元系市场协会公款的认定。从阎怀民开户转账行为的后果看,由于苏交所的本意系应阎的要求向市场协会提供赞助,故尽管阎事后以市场协会的名义出具了借款手续,但案发前苏交所从未向市场协会提出还款要求。假如苏交所在诉讼时效内,依据上述真实的银行转账票据和借款收据主张该债权,市场协会显然不能对该债务提出抗辩。既然市场协会对该 80 万元负有偿还责任,与之相应,对苏交所出借之 80 万元资金即应享有所有权。由此可见,阎怀民利用职务之便开设并被其控制的单位账户,就其本质而言无异于单位使用的其他银行账户,因而是有效的市场协会之账户。苏交所依其真实的意思表示将赞助市场协会的 80 万元转账至该账户后,该款的所有权即转移至市场协会,故阎怀民伙同钱玉芳占有该 80 万元系非法占有本单位财产的行为。

综上,被告人阎怀民利用职务上的便利,伙同被告人钱玉芳将其从苏交所拉来的 80 万元赞助款予以侵吞的行为,符合贪污罪的构成特征,应当以贪污罪定罪处罚。

案例:朱洪岩贪污案

案例来源:《刑事审判参考》总第 45 集[第 355 号]

主题词:租赁　贪污罪

一、基本案情

被告人朱洪岩,男,1956 年 2 月 22 日出生,初中文化,原系江苏省泗阳县食品总公司肉联厂厂长。因涉嫌犯贪污罪于 2004 年 8 月 6 日被监视居住,8 月 10 日被刑事拘留,8 月 24 日被逮捕。

江苏省泗阳县人民法院经审理查明:2002年底,被告人朱洪岩与泗阳县食品总公司破产清算组签订租赁经营泗阳县食品总公司肉联厂(国有企业)的合同,租赁期限为2003年1月1日至2003年12月31日。协议签订前后,有韩林业、王士宇等9名股东入股经营,朱洪岩任厂长,韩林业、王士宇任副厂长。由于经营亏损,股东向朱洪岩索要股金。2003年11月份,被告人朱洪岩让王士宇通过马庚国联系,与扬州市一名做废旧金属生意的商人蒋某达成协议,将肉联厂一台12V-135型柴油发电机和一台170型制冷机以8万元价格卖给蒋某。2004年1月2日深夜,被告人朱洪岩及韩林业、王士宇等人将蒋某等人及货车带到肉联厂院内,将两台机器及附属设备(价值9.4万余元)拆卸装车运走。被告人朱洪岩及韩林业、王士宇等人将蒋某的货车"护送"出泗阳后,携带蒋某支付的8万元返回泗阳。在王士宇家中,朱洪岩从卖机器款中取3万元给了王士宇,让王士宇按股东出资比例予以分配,又取2000元交给韩林业,作为泗阳县食品公司破产清算组的诉讼费用。朱洪岩携带其余4.8万元潜逃。2004年7月,朱洪岩写信给泗阳县反贪局供述自己盗卖机器事实。2004年8月,朱洪岩被抓获归案。案发后,朱洪岩亲属退回赃款计6.5万元。

江苏省泗阳县人民法院认为,被告人朱洪岩作为受委托代为管理、保管国有财产人员,利用职务之便,盗卖国有资产,其行为构成贪污罪。朱洪岩能坦白交代自己的罪行,认罪态度较好,酌情从轻处罚。依照《中华人民共和国刑法》第三百八十二条第二款、第三百八十三条第一款第(二)项、第六十四条之规定,于2005年1月21日判决如下:

被告人朱洪岩犯贪污罪,判处有期徒刑七年,追缴违法所得八万元。

宣判后,朱洪岩不服,以不具备贪污罪的主体身份,其行为构成投案自首等为由,向江苏省宿迁市中级人民法院提出上诉。其辩护人提出:朱洪岩不是贪污罪主体,没有非法占有的故意,其行为不构成贪污罪;朱洪岩写信给检察机关的行为构成投案自首;价格鉴定不能作为证据使用。

江苏省宿迁市中级人民法院经审理认为,原判决认定的朱洪岩在承租经营国有资产期间盗卖所承租的国有资产的事实,上诉人朱洪岩未提出异议,并得到其以往的供述及相关证人证言、证书、价格鉴定等证据证实。原判决认定事实清楚,证据充分。上诉人朱洪岩在承包租赁属于国有性质的食品厂厂房机器设备期间,即具备"受委托管理、经营国有财产人员"的贪污罪主体身份,此间利用负责经营管理的职务便利,盗卖所承租的国有资产,其行为构成贪污罪。原判定性适当。故上诉人及辩护人提出朱洪岩不具备贪污罪主体身份的理由及辩护意见不能成立。朱洪岩的辩护人还提出朱洪岩不具备非法占有公共财物的故意。经查,上诉人朱洪岩为弥补在承租期间的经营亏损,而采取秘密手段将国有资产出卖并进行分配等处置,足以认定其具有非法占有的故意。辩护人还提出价格鉴定不能作为证据使用。经查,原判决所采信的价格鉴定是由法定机关依法作出,并经一审法庭质证,具备证据效力和证明力。上诉人及辩护人提出朱洪岩写信给检察机关的行为构成投案自首。经查,上诉人朱洪岩没有主动到案,也非因病因伤或为挽回损失暂无法到案而事先以电、信方式投案,故不能认定为投案自首。朱洪岩的上诉理由及其辩护人的辩护意见均不能成立,不予采纳。朱洪岩能主动坦白罪行,认罪态度较好,可酌情从轻处罚。原判决量刑并无不当,审判程序合法。据此,依照《中华人民共和国刑事诉讼法》第一百八十九条第(一)项之规定,于2005年2月24日裁定驳回上诉,维持原判。

二、裁判要旨

No.8-382-2 租赁经营国有企业的人员盗卖国有资产的,应以贪污罪论处。

根据《刑法》第三百八十二条的规定,贪污罪的主体包括两类:一类是国家工作人员;另一类是受国家机关、国有公司、企业、事业单位、人民团体委托管理、经营国有财产的人员。朱洪岩是否构成贪污罪的关键,在于准确把握《刑法》第三百八十二条第二款规定的内涵,认定其是否属于"受委托管理、经营国有财产的人员"。我们认为,朱洪岩租赁经营国有企业的行为,属于受委托管理、经营国有财产,符合《刑法》关于贪污罪规定的第二类犯罪主体构成要件,其利用职务上的便利盗卖国有财产并私分的行为,应当以贪污罪定罪处罚。

《刑法》第三百八十二条第二款规定:"受国家机关、国有公司、企业、事业单位、人民团体委托管理、经营国有财产的人员,利用职务上的便利,侵吞、窃取、骗取或者以其他手段非法占有国有财物的,以贪污论。"对于其中的委托应当如何理解的问题,最高人民检察院于1999年9月19日下发的《关于人民检察院直接受理立案侦查案件立案标准的规定(试行)》规定,受委托管理、经营国有财产,是指因承包、租赁、聘用等而管理、经营国有财产。2003年11月13日,最高人民法院下发的《全国法院审理经济犯罪案件工作座谈会纪要》(以下简称《纪要》)规定,受委托管理、经营国有财产,是指因承包、租赁、临时聘用等管理、经营国有财产。可见,承包、租赁和聘用是受委托的主要方式,不同之处在于《纪要》对聘用的范围限制在临时聘用。因为长期受聘用的人员直接可视为国家工作人员,对于其利用职务上便利侵吞国有财产的,可以直接适用《刑法》第三百八十二条第一款的规定。

尽管委托方式多种多样,实践中除了承包、租赁和临时聘用以外,不排除其他形式存在的可能,但其共同的特征在于,委托双方属于平等的民事主体关系,这种委托是国有单位以平等主体身份就国有财产的管理、经营与被委托者达成的协议,本质上是民事委托关系,因此有别于《刑法》第九十三条规定的委派。委派的实质是任命,具有一定的行政性,被委派者在委派事项及是否接受委派方面,与委派方不是处于平等地位而是具有行政隶属性质,两者间的关系具有隶属性和服从性。本案被告人朱洪岩与泗阳县食品总公司破产清算组签订了租赁经营泗阳县食品总公司肉联厂的合同,属于典型的民事委托方式,因此,朱洪岩符合受委托管理、经营国有财产的要件,一、二审法院对朱洪岩的以贪污罪定罪是正确的。

案例:宾四春等贪污案

案例来源:《刑事审判参考》总第21辑[第136号]

主题词:国家工作人员　贪污罪

一、基本案情

被告人宾四春,男,33岁,原系湖南省湘潭市岳塘区荷塘乡清水村村民委员会主任。因涉嫌犯贪污罪,于1998年6月27日被逮捕,7月6日被取保候审。

被告人郭利,女,40岁,原系湖南省湘潭市岳塘区荷塘乡清水村党支部书记、村民委员会委员兼出纳。因涉嫌犯贪污罪,于1998年6月14口被刑事拘留,6月24日被取保候审。

被告人戴自立,男,57岁,原系湖南省湘潭市岳塘区荷塘乡清水村村民委员会委员兼会计。因涉嫌犯贪污罪,于1998年6月14日被刑事拘留,6月24日被取保候审。

湖南省湘潭市岳塘区人民法院经公开审理查明:1997年9月18日,被告人宾四春使用作废的收款收据到湘潭电厂领取"施工作业上坝公路用地补偿费"10万元。同月26日,湘潭电厂应宾四春要求将该款转账至清水建筑工程队在中国农业银行岳塘支行纺城储蓄专柜开设的户头上。当日,宾四春在该工程队法人代表戴某的协助下,又将该款转至以假名"戴荣华"开设的活期存折上。之后,分3次取出,除部分用于做生意外,余款以其妻的名义存入银行。

1997年9月,被告人宾四春、郭利、戴自立伙同村支部委员赵运龙,出具虚假领条,从湘潭市征地拆迁事务所套取付给清水村的"迁坟补偿费"1.2万元,4人平分,各得赃款3000元。

1997年9月23日,被告人宾四春使用作废的收款收据从湘潭市征地拆迁事务所领取"油茶林补偿费"10万元。同年10月8日,宾四春将该款转至清水村在湘潭市板塘城市合作银行以"清水工程款"名义虚设的账户上。同月24日,被告人郭利将款取出,又以宾四春个人名义存入中国银行雨湖支行。1998年3月的一天,宾四春对郭利、戴自立说:"那10万元钱3个人分了,以后被发现,各退各的。"郭、戴均表示同意。尔后,3人平分,各得赃款3.3万余元。

1998年4月4日,被告人宾四春以湘潭市荷塘乡清水村村民委员会名义用作废的收款收据从湘潭电厂领取"租用运输道路泥沙冲进稻田补偿费"42916元。同月20日,湘潭电厂将该款转账至清水村在荷塘信用社开立的账户上。尔后,宾四春对被告人郭利、戴自立说:"电厂来了笔扫尾工程款,这笔款不入账,几个人分了算了。"郭、戴均表示同意。于是,被告人郭利分两次将钱取出,并将其中的32916元予以平分,各得赃款10972元。

综上,被告人宾四春、郭利、戴自立利用职务便利,共同侵吞公款141916元,各分得赃款47305元。被告人宾四春单独利用职务便利侵吞公款10万元。案发后,各被告人将所得赃款全部退回。

湘潭市岳塘区人民法院认为:被告人宾四春、郭利、戴自立作为依法从事公务的国家工作人员,利用职务上的便利,使用作废收款收据领款等手段套取征地、迁坟等补偿费用不入账,予以侵吞,其行为均已构成贪污罪。公诉机关指控三被告人犯贪污罪的事实清楚,证据确实、充分,定性准确。被告人宾四春、郭利、戴自立的辩解及其辩护人的辩护意见,均与事实不符,不予采纳。依照《中华人民共和国刑法》第三百八十二条,第三百八十三条第(一)、(三)项,第二十五条第一款,第七十二条的规定,于1998年12月2日判决如下:

1. 被告人宾四春犯贪污罪,判处有期徒刑十年,并处没收财产一万元;
2. 被告人郭利犯贪污罪,判处有期徒刑三年,缓刑四年;
3. 被告人戴自立犯贪污罪,判处有期徒刑三年,缓刑四年。

一审宣判后,在法定期限内三被告人均没有上诉,检察机关也没有提出抗诉,判决发生法律效力。

二、裁判要旨

No.8-382-3 村民委员会等村基层组织成员在协助人民政府从事行政管理工作时,以国家工作人员论。

由于村民委员会等村基层组织不是国家机关,但村民委员会等村基层组织人员在管理基层集体性自治事务的同时,还经常受乡、民族乡、镇人民政府委托协助乡、民族乡、镇人民政府开展工作,执行政府指令,组织村民完成国家行政任务,行使一定的行政管理职能。因此,全国人民代表大会常务委员会《关于〈中华人民共和国刑法〉第九十三条第二款的解释》(以下简称《解释》)明确规定了村民委员会等基层组织成员在从事下列七种工作时,属于依照法律从事公务:(1)救灾、抢险、防汛、优抚、扶贫、移民、救济款物的管理;(2)社会捐助公益事业款物的管理;(3)国有土地的经营和管理;(4)土地征用补偿费用的管理;(5)代征、代缴税款;(6)有关计划生育、户籍、征兵工作;(7)协助人民政府从事的其他行政管理工作。村民委员会等村基层组织成员在从事上述七种工作时,属于其他依照法律从事公务的人员。他们利用职务便利非法占有公共财物、挪用公款、索取他人财物或者非法收受他人财物构成犯罪的,适用刑法关于国家工作人员犯罪的处罚规定。本案被告人宾四春、郭利、戴自立均系村民委员会组成人员,宾四春还是村民委员会主任,在依职务管理村集体土地征用补偿费用过程中,三人共同利用职务上的便利,非法占有公共财物,依法共同构成贪污犯罪。

No.8-382-4 村党支部成员在协助人民政府从事行政管理工作时,以国家工作人员论。

虽然《解释》没有明确村党支部成员在协助人民政府从事行政管理工作时,是否属于其他依照法律从事公务的人员,但从《解释》的规定和我国的实际情况来看,村党支部成员无疑也属于其他依照法律从事公务的人员。其理由是:(1)从立法解释的技术来看,《解释》用"村民委员会等村基层组织人员"这种列举加概括的方法,应当认为是涵盖了村党支部、村经联社、村经济合作社等各种依法设立或者经过批准设立的村基层组织;(2)认定村民委员会等村基层组织人员是否属于其他依照法律从事公务的人员,关键在于其是否协助人民政府从事行政管理工作。在我国农村的各种公共管理活动中,村党支部实际上起着领导和决策的作用,乡级人民政府不仅通过村民委员会而且主要是通过村党支部落实国家的各种路线、方针、政策,组织实施与村民利益及社会发展相关的各种公共事务管理活动。也就是说,村党支部成员更为经常地协助人民政府从事行政管理工作。因此,村党支部成员在协助人民政府开展工作时,利用职务上的便利非法占有公共财物、挪用公款、索取他人财物或者非法收受他人财物,构成犯罪的,当然也适用刑法关于国家工作人员犯罪的处罚规定。

No. 8-382-5　村民委员会等基层自治组织成员利用职务上的便利非法占有的财物,既包括国有财产也包括村集体财产,应以贪污罪和职务侵占罪分别定罪处罚。

被告人宾四春、郭利、戴自立以村民委员会名义从湘潭市征地拆迁事务所领取的油茶林补偿费和迁坟补偿费,实际是乡人民政府在国家征用土地后发给的土地补偿费,村民委员会受乡人民政府委托,协助管理和发放,属于依照法律从事公务。三被告人利用职务便利予以侵吞,应以贪污罪定罪处刑,湘潭市岳塘区人民法院对各被告人以贪污罪定罪处罚,是正确的。但施工作业上坝公路用地补偿费和租用运输道路泥沙冲进稻田补偿费,则是湘潭电厂依合同约定支付给清水村的使用土地补偿费用,不属于国家土地征用补偿费用。管理和发放施工作业上坝公路用地补偿费和租用运输道路泥沙冲进稻田补偿费,属于村民委员会对农村集体所有土地的经营和管理范围,是村民自治范围内的公共事务,不是依照法律从事公务。被告人宾四春、郭利、戴自立利用职务便利对这部分属于村集体所有的款项予以侵吞,不应以贪污罪定罪处刑,而应依照《刑法》第二百七十一条的规定,以职务侵占罪定罪处刑。当然,本案的发生和处理都在《解释》公布之前,因此,湘潭市岳塘区人民法院对本案的判决可不再变动。

No. 8-382-6　在区分村民委员会等基层自治组织成员是利用协助人民政府从事行政管理工作还是村公共事务管理工作的职务便利存在疑问时,应当认定为利用管理村公共事务的职务便利。

由于村民委员会等村基层组织成员不是国家工作人员,也不享有国家工作人员的待遇,因此,对其适用《刑法》第九十三条第二款应当严格掌握,慎重对待。如果在处理具体案件时,难以区分村民委员会等村基层组织成员是利用协助人民政府从事行政管理工作的职务便利,还是利用管理村公共事务的职务便利的,即在对主体的认定存在难以确定的疑问时,一般应当认定为利用管理村公共事务的职务便利,因为他们本身毕竟是村民委员会等村基层组织成员,而并非政府公务人员。

案例:尚荣多等贪污案

案例来源:《刑事审判参考》总第39集[第312号]

主题词:点招费　贪污罪

一、基本案情

被告人尚荣多,男,47岁,成都理工大学副校长。因涉嫌犯贪污罪,于2003年6月29日被逮捕。

被告人李域明,男,43岁,成都理工大学传播艺术学院副院长。因涉嫌犯贪污罪,于2003年6月12日被逮捕。

四川省成都市中级人民法院经审理查明:在原商专2001年招生工作中,被告人尚荣多和被告人李域明负责招生录取领导小组的工作,学生处处长彭义斌具体负责收取和保管点招费。2001年10月招生工作结束后,经尚荣多、李域明、彭义斌三人清点,除用于招生工作的开支,点招费余款为34.2万元。三人商量后决定,只向学校汇报并上缴14.2万元。2001年11月28日,彭义斌将20万元转入以其子名义开设的个人账户。2002年春节前,尚荣多、李域明和彭义斌共谋将截留的20万元私分,议定三人各得6万元,给原商专校长张某2万元。后尚荣多单独找到彭义斌商定:李域明仍得6万元,尚荣多得5万元、彭义斌得4万元,张某得5万元。后彭义斌给李域明6万元,存入尚荣多个人户头5万元,以学生处所留活动费的名义送给张某5万元,张某当时即将该款退回。事后,为逃避追查,被告人尚荣多、李域明及彭义斌三人商量了统一口径,约定谁都不许对外提截留、私分点招费一事。

2001年12月,被告人尚荣多指使彭义斌从点招费14.2万元中提取部分钱款用作活动费用。彭义斌遂以奖励招生工作人员的名义向学校打报告,经当时负责行政工作的副校长蔡永恒签字同意后,从点招费中提出5.7万元。之后,彭义斌按照尚荣多的要求,将其中7000元用于学生处发奖金,5万元于2001年12月28日存入尚荣多个人账户。尚荣多于同月31日、2002年1

月 4 日分两次取出此款,用于个人开支。

成都市中级人民法院认为,被告人尚荣多、李域明身为教育事业单位中从事公务的国家工作人员,利用负责学校招生工作的职务之便伙同彭义斌共同侵吞公款 20 万元,被告人尚荣多另外单独侵吞公款 5 万元,二被告人均已构成贪污罪。公诉机关指控二被告人的罪名成立。关于被告人尚荣多及其辩护人所提取 20 万元用于重奖招生办有贡献人员,是正常的履行职务行为;被告人李域明的辩护人所提学校确有奖励政策的辩解、辩护意见,经查,尚荣多、李域明和彭义斌共谋提取 20 万元的目的是非法占有,而非用于奖励招生工作人员,故不予采纳。关于被告人尚荣多及其辩护人所提尚荣多取走的 5 万元是用于给相关单位领导拜年,不构成贪污罪的辩解和辩护意见,经查,没有证据证明尚荣多是以单位名义将此款送给有关领导,至于其个人如何使用此款,则是事后赃款的处置,不影响贪污行为性质的认定,故不予采纳。被告人尚荣多是招生工作主要负责人,在共同贪污犯罪中起主要作用,是主犯;被告人李域明在共同贪污犯罪中起辅助作用,是从犯。鉴于尚荣多能够如实供述基本犯罪事实,所得赃款已被追回,量刑时可酌情从轻处罚;李域明是从犯,所得赃款已被追回,认罪态度好,量刑时可予减轻处罚。被告人李域明的辩护人请求对李域明从轻或者减轻处罚的辩护意见,予以采纳。依照《中华人民共和国刑法》第三百八十二条、第三百八十三条第(一)项、第二十七条之规定,判决如下:

1. 被告人尚荣多犯贪污罪,判处有期徒刑 10 年;

2. 被告人李域明犯贪污罪,减轻判处有期徒刑 6 年;

3. 对被告人尚荣多的违法所得 10 万元、被告人李域明的违法所得 6 万元予以追缴,上缴国库。

一审宣判后,被告人尚荣多、李域明均不服,分别向四川省高级人民法院提出上诉。

被告人尚荣多上诉称:依照商专校务会的授权,将 20 万元用于重奖在招生工作中有突出贡献的人员,是正常的履行职务行为;经学校主管领导批准发放完成招生任务奖 5.7 万元,不属于侵占公有财物,其中 5 万元系用于向有关人员拜年送红包,本人主观上没有非法占有目的,其行为不构成贪污罪。

被告人李域明上诉称:点招费是国家明令禁止的乱收费项目,是学校的非法收入;将这笔来源于学生家长的非法收入用于重奖有贡献的人员,是商专校务会研究决定的;将点招费作为奖金分配,侵犯的只是学生家长的私人财产所有权,没有侵犯国有财产的所有权,故其行为不构成贪污罪。另外,其有自首情节,一审法院未予考虑。

四川省高级人民法院经审理认为:国家行政主管部门明令禁止学校在招生工作中收取点招费,原商专校务会违反规定,决定收取点招费并将其中一部分用于奖励招生工作人员,情况属实。但是,原商专以学校名义违法收取的点招费,在行政主管部门未对学校的乱收费行为进行查处前,应当视为由原商专授权学生处管理的公共财产,即公款。被告人尚荣多、李域明等人共谋截留并侵吞该款的行为,侵犯了公共财物的所有权,构成贪污罪。2001 年 3 月 12 日的商专校务会会议纪要证明,该校校务会在研究 2000 年招生工作奖励办法时,确实形成了同意以点招费适当奖励在招生工作中表现突出者的意见,但该意见不能证明被告人尚荣多、李域明等人由此获得了隐瞒点招费实际收支情况并将其中 20 万元私分的权力。被告人李域明是在侦查机关已掌握全部案件线索并向其调查询问时,如实供述全部犯罪事实的,不能认定为自首。被告人尚荣多、李域明的上诉意见均不能成立,原判认定事实清楚,证据确实、充分,定罪、量刑正确,审判程序合法。依照《中华人民共和国刑事诉讼法》第 189 条第 1 项之规定,裁定驳回上诉,维持原判。

二、裁判要旨

No. 8-382-7 在学校招生工作中,由学校决定,以学校名义收取的点招费,属于公共财产,对此予以贪污的,应以贪污罪论处。

在招生工作中以学校名义收取的点招费,能否视为公共财产,这是认定本案性质首先需要明确的一个问题。一、二审法院审理期间,被告人李域明及其辩护人一再提出,点招费是国家明令禁止的乱收费项目,收取点招费并作为奖金进行分配,侵犯的只是学生家长的私人财产所有权,国有财产并没有也不会因之遭受损失,本案行为性质上属于民事侵权而非贪污。对此意见,我们认为不能成立。具体理由如下:(1)财产犯罪的对象范围不以合法所有或者持有的财物为限,不能以本案中点招费的收取违反了国家有关规定、不属于合法收入为由,将其排除在刑法保护之外。刑法所保护的财产权利,源于相关民事、行政法律法规的规定,同时又具有相对的独立性,这是由刑法承担着维护社会秩序基本机能所决定的。所以,刑法上的财产,更多强调的是财产的经济价值性,而非合法性。即便不受民法保护或者为相关行政法规所明文禁止持有的财物,如赌资、赃物,违禁品等,只要具有一定的经济价值,并且与刑法的基本保护精神不相违背,则同样可以成为财产犯罪的对象,并应当受到刑法的保护。最高人民法院《关于审理盗窃案件具体应用法律若干问题的解释》有关盗窃违禁品的规定,就很好地说明了这一点。(2)公共财产的认定,关键不在于某一财产在法律上的最终所有权属关系,而是行为当时该财产的占有、持有及与之相对应的责任关系。对此,《刑法》第九十一条第二款明确规定:"在国家机关、国有公司、企业、集体企业和人民团体管理、使用或者运输中的私人财产,以公共财产论。"我们认为,不管基于合法还是非法事由,在行为当时处于国家机关、国有公司、企业、集体企业和人民团体等单位占有、持有状态下的私人财产,均应认定为公共财产,因为此时的责任主体是这些单位,如果期间财产遭受了损失,这些单位将需承担赔偿责任。在本案中,点招费的收取系经原商专校务会研究决定,并以原商专学校的名义作出的,且收取后的点招费实际处于原商专学校的占有、支配之下,如果学生家长依法提起诉讼,原商专学校负有依规定返还或者赔偿的对外责任,同时考虑到原商专属于国有事业单位,故在有关部门查处之前将之视为公共财产是妥当的,也是符合《刑法》第九十一条第二款规定精神的。

案例:吴常文贪污案

案例来源:《刑事审判参考》总第128辑[第1430号]

主题词:贪污罪　高校科研经费

一、基本案情

浙江海洋学院(以下简称"海洋学院")系国有事业单位,2016年3月更名为浙江海洋大学。被告人吴常文自2005年8月开始担任海洋学院副院长、2012年6月开始担任海洋学院院长、2016年5月至2017年5月担任海洋大学校长。吴常文于2010年起协助海洋学院院长分管学科建设、研究生教育、科研工作等,分管科研处、研究生处等;自2011年起至案发,主持海洋学院行政全面工作,负责计划财务、审计工作,分管发展规划处、计划财务处、审计处等。被告人徐梅英于2013年7月起被聘为海洋学院教师。

大海洋公司由海洋学院于2001年10月发起设立,注册资金1000万元,其中海洋学院及其下属浙江海洋水产研究所占股38%,其余股份由被告人吴常文等人所有。此后,大海洋公司股东几经变更,注册资本亦减为500万元。至2008年,除前述国有单位共持有38%股份和公司出纳顾某持有约1%股份外,大海洋公司其余股份均为吴常文实际所有。2012年4月,国有资本退出大海洋公司,所持有的38%股份挂牌出让,被吴常文以蒋建平名义出面拍得。至此,大海洋公司99%的股份为吴常文实际所有,成为吴常文个人实际控制的私营企业。之后,吴常文为激励员工,将其一部分股份无偿分配给被告人徐梅英等人,为合作养殖大黄鱼将9%的股份出让给台州市大陈岛养殖有限公司总经理俞某,但仍由他人为其代持公司58.5%以上股份,并控制、支配大海洋公司。徐梅英于2008年4月至2013年5月任大海洋公司总经理,2012年11月起任大海洋公司法定代表人、董事长。

2010年9月至2016年12月间,被告人吴常文利用担任海洋学院副院长、院长,海洋大学校长,以及相关科研项目负责人、研究生平台负责人、研究生导师、学科建设负责人的职务便利,单独或指使被告人徐梅英等人,以实施学校科研项目为名,通过故意扩大科研教育等经费预算和虚列支出、虚开发票等手段,从学校上述经费中套取款项,部分用于吴常文个人日常开支、归还个人借款,部分用于大海洋公司的日常运转和经营活动。吴常文从学校套取的款项共计581.674568万元,徐梅英参与套取281.871425万元。

案发后,被告人吴常文家属退出赃款66.2万元,吴常文有检举揭发他人违纪违法的行为;被告人徐梅英被调查后,如实供述办案机关尚未掌握的贪污犯罪事实,还检举揭发他人违法犯罪行为。

二、裁判要旨

No. 8-382-8 无论纵向科研经费还是横向科研经费均属于公共财产,课题负责人用职务上的便利,违反国家、省及学校关于科研、教育等经费的管理规定,通过虚增支出、虚开发票,从科研项目、教育经费中套取科研经费,成立贪污罪。

横向科研经费与纵向科研经费在本质上并无不同。根据《教育部、财政部关于进一步加强高校科研经费管理的若干意见》的规定,高校取得的各类经费,不论其资金来源渠道,均为学校收入,必须全部纳入学校财务部门统一管理、集中核算,并确保科研经费专款专用。鉴此,科研经费不论其资金来源渠道,划拨、转入至承接项目的高校后,均属于高校的公共财产。高校性质属于国有事业单位的,相关科研经费的性质则属于国有资产。与横向科研经费相比,纵向科研经费因其来源于财政资金,在预算制定、资金使用、资金结算、信息公开等方面有着更为严格的规定,具有明显的行政管理属性。但横向科研项目及其经费使用也要接受作为承担单位的高校等部门的监管,横向科研经费进入高校后也属于高校管理的资金。对此,《教育部、财政部关于加强中央部门所属高校科研经费管理的意见》中专门规定,纵向科研经费和横向科研经费应当全部纳入学校财务统一管理,按照相关科研经费管理办法、委托方或科研合同的要求合理使用。虽然纵向科研项目与横向科研项目的经费来源不同,管理机构层级、相关规定也有较大差异,但是在项目承担单位均为高校而非具体科研人员的情形下,项目科研经费总体属于公共财产的性质没有改变。本案中,浙江海洋大学作为国有事业单位法人,其作为项目承担单位获得的科研经费,不论来源如何,均属于国有财产。

在科研经费贪污案中,关联公司是出现频率较高的关键词,其中部分涉案科研人员曾作出杰出的科研贡献,在科研界引发强烈反响。同样,涉案的关联公司很多也确实参与科研合作。在此种情况下,判定行为人对套取的科研经费是否具有非法占有目的时,既不能不作具体分析简单地将套取行为一概认定为贪污,也不能不加分析机械套用"疑罪从无"而导致放纵犯罪,应当综合全案证据认真审查项目协议书规定的各方的权利义务和甄别套取的科研经费是实际用于科研还是被行为人违背管理规定凭空占有,准确把握罪与非罪的界限。

案例:杨代芳贪污、受贿案

案例来源:《刑事审判参考》总第39集[第313号]

主题词:贪污罪

一、基本案情

被告人杨代芳,男,1951年3月19日生,汉族,大学文化,原系太白县交通局局长兼太白县姜眉公路建设协调领导小组办公室主任,因涉嫌犯贪污罪、受贿罪,于2003年4月8日被逮捕。

陕西省宝鸡市中级人民法院经审理查明:2000年6月6日,中共太白县委办公室和县政府办公室联合下发太办字[2000]19号《关于成立"太白县姜眉公路建设协调领导小组"的通知》,成立了"太白县姜眉公路建设协调领导小组",组长由时任太白县县委副书记、县长的杨瑞霞兼任,领导小组成员由太白县交通局、土地局、计经局、财政局、林业局、水利局等有关政府部门领导组成。领导小组下设办公室,时任太白县交通局局长的被告人杨代芳任协调办主任,太白县财政局干部乔拥军和土地局干部谢正平任该办副主任(均另案处理)。同年8月,被告人杨代芳与乔拥军、谢正平在得知太白县广电局有5套在建的职工集资住宅单元房向外出售时,3人商议以协调办的名义购买这5套房。后被告人杨代芳指使协调办出纳向金菊于同年9月25日、10月25日、11月20日,3次从协调办账户上向县广电局各转款10万元,共30万元作为购房首付款,广电局给协调办开具了"购房集资款"的收款收据。2001 年 6 月,在广电局催要购房款的情况下,被告人杨代芳又与乔、谢商议,指使向金菊将协调办在姜眉公路征地拆迁补偿费中以虚构补偿人和补偿项目、签订虚假补偿协议方式套出的 84015 元中的 5 万元再次付给县广电局作为购房付款,广电局开具了 5 万元收据。同年 11 月,为了应付财务审计,被告人杨代芳与乔、谢商议,以与广电局签订虚假广电杆线迁改协议的形式,支付广电局广电杆线修复款的名义将 30 万元的集资购房款做账处理。后与广电局签订广电杆线再次迁改协议,并将该虚假协议的签订日期提前为 2000 年 9 月 15 日,由广电局给协调办出具了 3 张各 10 万元的"姜眉公路广电线路修复款收款收据",换回原开具的 30 万元的集资购房款的收款收据。后该收据由杨代芳报太白县姜眉公路建设协调领导小组副组长、太白县人民政府副县长宫志宏签字核报后,杨代芳交协调办出纳向金菊做账处理。同年底,被告人杨代芳与乔、谢商议,将 5 套住房除每人 1 套外,其余两套分给太白县交通局纪检委书记苟周珂和向金菊各一套,并具体确定了房屋。2002 年 2 月,广电局催交剩余房款,杨代芳经与乔拥军、谢正平商议,明确了已付 35 万元购房款的各自份额,杨代芳、乔拥军、谢正军、向金菊为 7.75 万元,苟周珂 4 万元。后在房屋交付前,5 人分别自缴了余款。同年 4 月,5 人与广电局补签了《出售集资房的协议》,并出具由广电局盖章的个人向广电局交纳全部集资购房款的收款收据,向房屋管理机关申请办理房屋产权登记,领取了个人房屋产权证。

此外,被告人杨代芳还利用职务上的便利,为他人谋取利益,先后 16 次收受他人财物,共计 61230 元。

案发后,被告人杨代芳全部退回了上述私分款和受贿款。

宝鸡市中级人民法院认为,被告人杨代芳身为太白县姜眉公路建设协调领导小组办公室直接负责的主管人员,违反国家规定,以单位名义将国有资产集体变相私分给个人,数额较大,其行为已构成私分国有资产罪。公诉机关指控杨代芳犯贪污罪罪名不当。被告人杨代芳身为国家工作人员,利用职务上的便利,非法收受他人财物,为他人谋取利益,其行为又构成受贿罪,应数罪并罚。鉴于被告人杨代芳有自首、立功情节,并且全部退赃,认罪态度好,应减轻处罚。依照《中华人民共和国刑法》第九十三条第一款、第三百八十五条、第三百八十六条,第三百九十六条第一款、第六十七条、第六十八条第一款、第六十九条之规定,判决如下:

被告人杨代芳犯私分国有资产罪,判处有期徒刑一年,并处罚金一万元;犯受贿罪,判处有期徒刑四年,并处没收财产一万元,决定执行有期徒刑四年,并处罚金一万元,没收财产一万元。

一审宣判后,宝鸡市人民检察院以被告人杨代芳利用职务之便与他人共谋,采取伪造虚假补偿协议套取国家建设资金予以侵吞的行为构成贪污罪,有关私分国有资产罪判决部分定罪错误,适用法律不当为由,向陕西省高级人民法院提出抗诉。

被告人杨代芳及其辩护人提出,原审判决认定杨代芳犯私分国有资产罪的定罪并无不妥,要求二审法院维持原判。

陕西省高级人民法院经开庭审理认为,被告人杨代芳身为国家工作人员,伙同他人,利用其管理国家建设专项资金职务上的便利,采取虚构事实的方法,将国家公路建设专项资金用于为自己和少数人谋取私利,非法占有国家公路建设资金,其行为构成贪污罪。且贪污数额巨大,情节严重,依法应予严惩。对于抗诉机关提出的意见和被告人杨代芳及其辩护人提出的理由和意见,经查,(1)协调办只是太白县委、县政府为姜眉公路建设而成立的协调领导小组的内设办事机构,其虽代表政府管理着国家用于征地、拆迁、安置的国有资产,但其只是在姜眉公路建设领导小组领导下开展工作,它的一切活动应以姜眉公路建设领导小组的名义进行,不能直接支配所管理的国有资金。协调办人员均抽调于县政府各职能部门,没有独立的财政拨款和经费预算,人员工资待遇由原单位负责,不能因其受委托代表政府行使职能而将其扩大或上升为独立的国家机关。协调办与私分国有资产罪主体要件不符。(2)杨代芳等人在作案过程中采取虚构事实,虚列支出,以正常支出名义骗得主管领导同意,将购房款在协调办账目上以拆迁补偿费用核报,从而使该笔非法支出在单位账目上得以合法支出反映,符合贪污罪客观方面的特征。

(3)杨代芳等人主要是为给自己和少数人购买住房,且杨代芳等人在分房后隐瞒协调办支出大部分购房款的事实,捏造其个人全部出资的事实,向房屋管理部门办理了个人房屋所有权证,具有非法占有公共财物的主观故意。故抗诉机关的抗诉意见正确,应予采纳;杨代芳及其辩护人的理由和意见不能成立,不予采纳。另外,被告人杨代芳身为国家工作人员,利用职务上的便利,非法收受他人财物,为他人谋取利益,其行为又构成受贿罪,应数罪并罚。鉴于被告人杨代芳有自首、立功情节,且能全部退赃,认罪态度好,可从轻处罚。一审判决认定杨代芳犯受贿罪,定罪准确,量刑适当,审判程序合法。但认定杨代芳犯私分国有资产罪定罪、量刑不当,应予更正。依照《中华人民共和国刑事诉讼法》第一百八十九条第一、二项,《中华人民共和国刑法》第三百八十二条第一款,第三百八十三条第一、二项,第三百八十五条第一款,第三百八十六条,第六十七条,第六十八条第一款,第六十九条之规定,判决如下:

1. 维持宝鸡市中级人民法院(2003)宝市中法刑二初字第028号刑事判决对被告人杨代芳犯受贿罪的刑事判决,即被告人杨代芳犯受贿罪,判处有期徒刑四年,并处没收财产一万元。

2. 撤销宝鸡市中级人民法院(2003)宝市中法刑二初字第028号刑事判决对被告人杨代芳犯私分国有资产罪的刑事判决,即被告人杨代芳犯私分国有资产罪,判处有期徒刑一年,并处罚金一万元。

3. 被告人杨代芳犯贪污罪,判处有期徒刑十一年,并处罚金一万元,与受贿罪判处有期徒刑四年、并处没收财产一万元合并,决定执行有期徒刑十二年,并处罚金一万元,没收财产一万元。

二、裁判要旨

No.8-382-9 国家工作人员利用所管理的国家建设专项奖金为少数人购买房屋的,应以贪污罪论处。

根据《刑法》第396条规定,私分国有资产罪是指国家机关、国有公司、企业、事业单位、人民团体,违反国家规定,以单位名义将国有资产集体私分给个人,数额较大的行为。较之于贪污罪,两者在以下几个构成方面的差别是明显的:(1)有实施主体上。私分国有资产罪是单位犯罪,贪污罪则是自然人犯罪。不能因为刑法规定仅处罚相关责任人员以及非为单位谋取利益,而否认私分国有资产罪是单位犯罪,认定是否单位犯罪的关键在于行为的实施是否以单位的名义,代表单位的意志。这一点,最高人民法院《全国法院审理金融犯罪案件工作座谈会纪要》已有明确规定。(2)在行为方式上。私分国有资产罪一般表现为本单位领导集体研究决定并由单位统一组织实施,尽管往往需要采取一定的欺骗手段以逃避有关部门的监管,但就本单位内部而言是相对公开的,因而具有较大程度和较大范围的公开性;贪污罪表现为行为人利用职务便利,以侵吞、窃取、骗取等不为人所知或者他人不知实情的方式实施,除了行为人或者共同行为人之外,其他人并不知情,因而具有相当的秘密性和隐蔽性。(3)在受益人员的数量、构成上。私分国有资产属于集体私分行为,表现为单位多数员工甚至所有员工均实际分取了财物,在受益人员的数量上具有多数性特征,而且,一般不以某一特定层面为限,在受益人员的构成上具有广泛性特征。在私分国有资产行为当中,决策和具体执行的人员可以不是实际受益人,但是,实际受益人员不能仅仅局限在决策和具体执行等少数人员上面。贪污罪属于个人侵占行为,分取赃物人与贪污行为人是直接对应的,具有一致性。在共同贪污犯罪中,分取赃物人仅限于参与决策、具体实施贪污行为以及为贪污行为提供帮助等共同犯罪人。在实践中也存在部分共同贪污犯罪人未分取赃物或者将赃物交给共同犯罪人之外的其他人的情形,但这属于赃物的事后分割和处理问题。

根据上述三点关于贪污罪与私分国有资产罪区分界限的说明,本案不符合私分国有资产罪的行为构成,有关以贪污罪定性的疑虑也完全可以消除:

1. 本行为不具有单位意志的代表性,不属于单位行为。私分国有资产行为必须是代表单位意志的行为,否则,假借单位名义谋个人之私利的个人侵占行为将不能得到排除。在本案中,一方面,作为协调办主任,被告人杨代芳对国家建设资金并无自主支配、使用权,无权决定资金的具体用途,这一点,从其虚构事由骗取协调领导小组负责领导的签字同意可以得到证明;另一方面,将套取出来的资金用于购买住房也非为多数人谋利,除了具体主管人员和出纳之外,协调领导小组和协调办的其他人并没有分得任何利益。所以,即便考虑到本案所涉协调办的特殊性,将其连同协调领导小组一并视为国家机关,本案也不具备以单位名义的法定要件。

2. 本行为不具有相对的公开性。一方面,协调领导小组对此不知情,相关领导是在被告人杨代芳虚构事实,误认为正常支出的情况下签字同意的;另一方面,在协调办内部,除了具体参与人员外,其他人员并不知情。此外,被告人杨代芳等事后以个人名义补签购房协议,有意隐瞒实情,谎称全部购房款系个人支付,进一步佐证了非公开性。

3. 实际分取财物人员不具有多数性和广泛性特点。如前所述,多数性和广泛性的判断。不能单纯地以人数的多寡为依据,应当结合决策、执行人员与其他人员的比例关系加以具体分析,从而区分出究竟是为了个人利益,还是为了单位多数人利益。在本案中,尽管受益人员有 5 人,但协调办内部实际分取财物的人员仅为协调办主任、副主任及出纳等作出决定和具体执行的 4 人,明显不具有集体私分所要求的为多数人谋取利益的特点。至于本案存在 1 人未参与实施任何行为却分取了房屋的情形,因其非单位人员,故不能说明其具有广泛性,相反,这种处分财物体现出来的随意性,更进一步佐证了本案行为属于个人行为。

案例:高建华等贪污案

案例来源:《刑事审判参考》总第 58 集[第 462 号]

主题词:共同犯罪　贪污罪　公款

一、基本案情

被告人高建华,男,1945 年 1 月 22 日生,汉族,大专文化程度,原系河南省郑州市二七区人大常委会副主任。因涉嫌犯贪污罪,于 2001 年 4 月 30 日被逮捕,2004 年 5 月 13 日被取保候审。

被告人岳保生,男,1943 年 1 月 16 日生,汉族,中专文化程度,原系郑州市二七区一马路办事处协理员。因涉嫌犯贪污罪,于 2001 年 8 月 14 日被监视居住,同年 11 月 1 日被取保候审。

被告人张艳萍,女,1961 年 12 月 30 日生,汉族,大专文化程度,原系郑州市二七区委办公室副主任。因涉嫌犯贪污罪,于 2001 年 8 月 14 日被监视居住,同年 11 月 1 日被取保候审。

被告人许福成,男,1951 年 11 月 28 日生,汉族,大专文化程度,原系郑州市二七区德化街办事处主任。因涉嫌犯贪污罪,于 2001 年 8 月 14 日被监视居住,同年 11 月 1 日被取保候审。

河南省郑州市中级人民法院经审理查明:

1. 1994 年 12 月 16 日,时任郑州市二七区铭功路办事处党委书记的被告人高建华,主持召开了办事处党委扩大会议,被告人岳保生、张艳萍、许福成等参加了会议。会议讨论了用公款购买私房的问题,经研究决定,每人交集资款 3 万元,并动用祥云大厦给付铭功路办事处的拆迁补偿费,给包括 4 被告人在内的 9 人共购买房屋 9 套,并要求参与买房人员要保密。高建华还指示该办事处劳动服务公司会计将拆迁补偿费不入服务公司账,单独走账。之后,9 人向服务公司各交纳了 3 万元,并选定了购买的房屋,后一人退出购房。铭功路办事处劳动服务公司陆续向中亨(河南)房地产开发管理有限公司(以下简称“中亨公司”)等处汇款。其中,高建华用 245052.6 元(其中公款 215052.6 元),购买郑州市南阳路中亨花园 1 号院 8 号楼房屋一套;岳保生用 253000 元(其中公款 223000 元),购买二七区商业局第三贸易公司房屋一套;张艳萍用 223025.4 元(其中公款 193025.4 元),购买郑州市南阳路中亨花园 1 号院 8 号楼房屋一套;许福成用 223025.4 元(其中公款 193025.4 元),购买郑州市南阳路中亨花园 1 号院 8 号楼房屋一套。之后,4 被告人均以个人名义交纳了契税,案发时,房屋所有权证尚未办理。案发后上述公款均已被追回。

另查,1997 年 2 月、2000 年 3 月,被告人张艳萍、许福成分别在得到该房子之前或之后,将自己在铭功路办事处的福利分房(享有部分产权)交回单位,两套房屋均已重新分配给该单位其他职工。

2. 1997—1999 年期间,被告人高建华利用担任二七区房管局局长的职务之便,指使二七区房管局人劳科科长吴运海,将应交到该局财务科的企业保证金共计 14 万元私自扣留后,高以业务费支出等名义,先后取出 101500 元。其中,支付给本局李自强抚恤金 3000 元,支付过节费 2500 元,其余 96000 元高建华据为己有。

郑州市中级人民法院认为,上述事实即郑州市人民检察院指控的第一起、第三起事实,指控的罪名成立,各被告人的行为均已构成贪污罪。被告人高建华、岳保生、张艳萍、许福成用公款购买私房的行为,由于意志以外的原因未办理产权证,系犯罪未遂。在共同犯罪中,被告人高建华系主犯,被告人岳保生、张艳萍、许福成系从犯。对郑州市人民检察院指控的第二起事实,即被告人高建华利用担任二七区房管局局长之便,指使张绍华将苑陵街拆迁补偿费人民币 264600 元,直接用于购买中亨花园住房一套和装修房屋的事实,因该住房的产权不可能发生实质性转移,且案发前被告人高建华已向产权单位办理了公房租赁手续,该房产已纳入单位管理,其行为不具备贪污罪的客观要件,对该起指控不予认定。依照《中华人民共和国刑法》第十二条、第三百八十二条第一款、第三百八十三条第(一)项、第二十六条第一款和第四款、第二十七条、第二十三条、第七十二条第一款、第三十七条、第六十四条之规定,判决如下:

1. 被告人高建华犯贪污罪,判处有期徒刑十一年,并处没收个人财产一万元,违法所得九万六千元,予以追缴;
2. 被告人岳保生犯贪污罪,判处有期徒刑两年,缓刑三年;
3. 被告人张艳萍、许福成犯贪污罪,免予刑事处罚。

一审宣判后,郑州市人民检察院不服,向河南省高级人民法院提出抗诉。被告人高建华不服,向河南省高级人民法院提出上诉。

郑州市人民检察院抗诉称:起诉书指控第一、二起为贪污既遂,第二起应认定为贪污罪,第一、二起贪污行为指向的是公款而非房产或公物,原判认定事实和适用法律错误。河南省人民检察院的出庭意见为:起诉书指控第一起贪污行为的目的指向应是公款而非房产,侵害的是单位的公款所有权,各被告人已实现了对公款的非法占有,应属于犯罪既遂;起诉书指控的第二起,高建华具有非法占有的目的,侵害的是单位公款所有权,高建华实施了贪污行为,并已完成将公款占为己有的过程,应予认定贪污罪等。高建华上诉辩称:一审判决认定的第一起事实,系公款购买公房,房屋已入服务公司账;认定的第二起事实中,其将款项均用于单位的非业务性支出,其没有占有公款的行为。故其不构成贪污罪。岳保生未上诉,其辩护人的辩护意见为,岳保生主观上无非法占有的目的,未取得房屋所有权,其行为不构成贪污罪。张艳萍未上诉,其辩护人的辩护意见为,原判认定其共同贪污的事实不清,证据不足。许福成未上诉,其辩护人的辩护意见为,许福成不是党委委员,只是列席会议,无贪污故意,未实施贪污行为,其行为不构成贪污罪。

河南省高级人民法院经审理查明:原判认定被告人高建华、岳保生、张艳萍、许福成共同将二七区铭功路办事处拆迁补偿费人民币 824103.4 元用于购买私房、被告人高建华将二七区房管局企业保证金人民币 96000 元据为己有的事实,经一审法院当庭举证、质证,查证属实,并经二审当庭核实无误,予以确认。另查明,1997 年 3 月,被告人高建华为购买私房,利用担任二七区房管局局长职务之便,指使时任局长助理的张绍华到二七区拆迁办公室,将应补偿给二七区房管局的苑陵街拆迁补偿费人民币 264600 元在不入该局财务账的情况下,私自取出,直接在郑州市南阳路中亨花园 1 号院 2 号楼为高建华购房一套,并将剩余的款项用于装修使用。案发后,该房已被追回。

河南省高级人民法院审理认为,起诉书指控第一起事实系各被告人将公款侵吞后购买住房,已实现了对公款的非法占有,公款已发生实际转移,各被告人虽未取得所购房屋所有权,并不改变贪污公款的性质。高建华、岳保生、张艳萍、许福成利用职务上的便利,以集资购房为名,共同侵吞公款,并实质上用于购买私房,应认定为贪污犯罪,且系既遂。在共同贪污犯罪中,上诉人高建华系主犯,应依法惩处;被告人岳保生、张艳萍、许福成系从犯,可依法减轻处罚。原判以各被告人用公款购买私房后未办理房产证为由,认定系犯罪未遂,属认定事实和适用法律错误。起诉书指控第三起事实清楚,高建华称 96000 元公款用于非业务性支出经查不实。在起诉书指控第二起事实中,上诉人高建华利用职务之便,将公款不入单位账,私盖单位印章,以单位名义签订购房协议后,长期占有该房,在离任前未将该房屋纳入单位固定资产管理,高对购买该房的公款已取得实际控制权,该行为已构成贪污罪;原判认定的事实清楚,证据确实、充分,对起诉书指控的第一、三起事实定罪准确,审判程序合法,但对起诉书指控的第一起事实认定为犯罪未遂不当,对第二起事实不予认定为犯罪定性不当,适用法律错误。上诉人高建华的上诉理由及其辩护人的辩护意见不予采纳,郑州市人民检察院的抗诉理由和河南省人民察院的抗辩意见予以采纳。依照《中华人民共和国刑事诉讼法》第一百八十九条第(一)、(二)项,《中华人民共和国刑法》第十二条、第三百八十三条第一款第(一)项、第二十五条、第二十六条第一款和第四款、第二十七条、第六十四条之规定,以贪污罪改判上诉人高建华有期徒刑十三年,并处没收个人财产人民币一万元,违法所得九万六千元,予以追缴。

二、裁判要旨

No. 8-382-10　集体决定将公款用于单位个人购买私房的,属于共同贪污,应以贪污罪论处。

在本案中,被告人高建华、岳保生、张艳萍、许福成等办事处领导在办事处"党委扩大会"上,商量并决定动用拆迁补偿费公款为参加会议的领导及服务公司财务人员共 9 人"集资购房"是构成贪污罪还是私分国有资产罪,在审理中存在一定争议。集体共同贪污与私分国有资产在客观表现上有一定相似之处,但两罪在犯罪主体、主观故意、行为对象、行为方式方面均存在明显不同,就本案而言,区分两罪的关键是在客观行为方式和主体方面:(1)在客观行为方式上,集体共同贪污一般是少数人以侵吞、窃取、骗取或者其他手段秘密进行的,而对单位内部其他多数成员则是不公开的,一般会采取作假账或平账的手法以掩人耳目;私分国有资产一般是在本单位内部以公开、表面合法的形式进行,比如以发红包、发福利、发奖金的形式,在财务账上不会隐瞒私分的国有资产,只会采取不按规定规范记账的方法来应付各种监督。(2)在主体方面,集体共同贪污属于个人共同犯罪,一般是利用职务便利非法占有公共财产的个别单位成员,因此承担刑事责任的主体是参与贪污犯罪的自然人;私分国有资产属于单位犯罪,参与私分国有资产的一般是单位的一定层次、规模的所有人或大多数人,其中大多数人是被动分到国有资产的,承担刑事责任的主体只是对私分国有资产直接负责的主管人员和其他直接责任人员。

在本案中,被告人高建华、岳保生、张艳萍、许福成,都是该办事处的领导成员,在党委扩大会上研究决定使用公款为其个人集资购买私房时,均利用了自己的职务便利,形成了明确的侵吞公款的共同主观故意,该扩大会实质上是被告人利用领导管理层决策的形式来掩盖共同实施贪污的目的。会后,各行为人又相互配合,各自按会议预谋方案将公款用于购买个人私房,将公款据为己有。从非法占有公款的主体看,基本上是参与会议的少数人员,并不是单位大多数人或者所有人。从该行为的公开程度看,会议要求对单位其他职工保密,且单位正式财务账上不显示这一支出,因为是以个人名义购房,在单位固定资产上也不进行房产登记。因此,本案第一起事实不符合私分国有资产罪的特征,完全符合共同贪污犯罪的构成要件,应追究参与会议决策的各被告人的刑事责任,一、二审法院以贪污罪对该起事实定性是正确的。

No. 8-382-11　使用公款以个人名义购买房屋构成贪污罪的,犯罪对象是公款。

根据我国刑法的规定,贪污罪的对象为"公共财物",既包括动产,也包括不动产。本案较大的争议是第一起事实中,四被告人使用公款以个人名义购买房屋,贪污对象是公款还是房屋。

从行为对象看,被告人高建华等动用祥云大厦给付铭功路办事处的拆迁补偿款,所有权应当属于该办事处,性质应为该办事处的公款。高建华等人用该公款以个人名义所购买的房屋,未在单位进行固定资产登记,该房屋不属于公房,而是高等人将贪污所得赃款的处理结果。从犯罪结果看,铭功路办事处因四被告人的贪污行为遭受的是财产损失,并不是公房损失,而是应从祥云大厦处得到的拆迁补偿费减少了,损失的是公款。至于高建华等人借房改之机以集资购房为名每人"分"一套住房,每人缴纳少量房款和契税,只是为了制造房改福利房屋的假象以掩盖共同贪污犯罪行为的实质。因此,在第一起犯罪事实中,高建华等人贪污的对象不是单位的公房,而是公款,一审法院将此笔事实认定为贪污公房不准确,二审法院采纳抗诉理由,将高建华等人的贪污对象认定为公款是正确的。

此外,本案还需探讨的一个问题是,贪污房产没有办理房屋产权证书的,是否影响贪污既遂的成立。对本案第一起事实,一审法院认为,高建华等人的贪污对象是公房,由于未办理产权证,行为人尚未获得房屋的所有权,故属于贪污未遂。虽然二审法院改判认定该笔贪污的对象是公款而非房产,从而回避了既遂、未遂的问题,但也暴露出司法实践中,对于贪污不动产既遂、未遂的判断标准仍然存在一定争议,有必要在此予以厘清。

对于贪污罪既遂与未遂的标准问题,最高人民法院在 2003 年 11 月 13 日印发的《全国法院审理经济犯罪案件工作座谈会纪要》指出:"贪污罪是一种以非法占有为目的的财产性职务犯罪,与盗窃、诈骗、抢夺等侵犯财产罪一样,应当以行为人是否实际控制财物作为区分贪污罪既遂与未遂的标准。对于行为人利用职务上的便利,实施了虚假平账等贪污行为,但公共财物尚未实际转移,或者尚未被行为人控制就被查获的,应当认定为贪污未遂:行为人控制公共财物后,是否将财物据为己有,不影响贪污既遂的认定。"《纪要》中将实际控制说作为贪污犯罪既遂与未遂的标准,符合刑法理论,具有实质合理性,已为理论界和实务部门采纳。

我们认为,不动产的转让行为在民法上是一种要式法律行为,只有办理房屋产权证书后,买受人才拥有该房屋的合法所有权,但是,民事法律上所有权的转移与贪污罪构成要件中的非法占有是不同的概念,将刑法上的非法占有的认定标准完全等同于民法上的合法所有的认定标准是不妥当的。刑法上非法占有的实现并不以得到民事法律上的确认为已足,是否在法律上取得了对物的所有权,并不能对事实上占有某物的认定构成障碍。贪污不动产与贪污动产在既遂、未遂的认定标准上是一样的,就是看行为人是否实际控制公有财物,如果单位已经失去对公有财物的实际控制,而行为人已经实际控制财物,就应当认定为既遂。行为人是否实际办理不动产的私有产权证,不影响贪污既遂的认定。在实践中,有的行为人控制公有不动产后,为逃避责任,有可能一直不办理私有产权证,如果因此就认定为未遂,则会放纵对该行为的惩治,有违刑法本意。因此,对于行为人贪污房产的行为,只要行为人对房产已经达到实际控制状态,即使产权证尚未办理,也不影响贪污犯罪既遂的成立。

No. 8-382-12 国家工作人员利用职务上的便利,私自截留公款,以单位名义买房,由个人非法占有的,应以贪污罪论处。

本案在一审过程中,针对起诉书指控的第二起事实,即被告人高建华利用职务便利,指使局长助理直接将应给本单位的公款 21 万余元用于买房,剩余款项用于装修房屋,并私盖公章,以房管局的名义签订购房协议,并在案发时办理了公房租赁手续的行为,公诉机关与一审法院对其行为的性质认定不一致,争议的焦点问题是,该起事实性质上是贪污犯罪还是一般违纪行为?事后办理公房租赁手续能否说明是公款买公房?对此,公诉机关认为,高建华具有非法占有目的,完成了将公款占为己有的过程,侵害的是单位公款所有权,应认定为贪污罪;一审法院认为,因该住房的产权不可能发生实质性转移,且案发前被告人高建华已向产权单位办理了公房租赁手续,该房产已纳入单位管理,其行为不具备贪污罪的客观要件。

虽然被告人高建华利用职务之便,私盖单位印章,以单位名义签订购房协议,但并不意味着实质上该房屋的实际控制就由单位掌控了。从客观行为上看,在购房协议上所盖的单位公章,是高建华私自偷盖,签的经办人张绍华也系为高指使,单位并不知情,并不代表单位本意,以单位名义买房的目的就是为了事发后能混淆视听、掩盖真相。从客观结果上看,这套房在单位除了高、张二人外,无其他人知晓,拆迁办应付给房管局的这 26 万余元公款没有入房管局财务账,单位财务账上也没有记载说明,高建华离任时也未给原单位领导或主管部门登记或说明,也就是说,该笔款项从 1997 年 3 月起就已经脱离了单位的控制,而被高建华实际控制和占有,其私自以单位名义买房的行为实质,是为实施掩盖个人贪污公款的本质。如果不案发,则该笔款项以及该房则将一直被高所实际控制。从主观上看,高建华 1997 年 3 月指使局长助理张绍华买房时,侵吞公款的意图十分明确,就是想自己在中亨花园买商品房自住,让张去将拆迁办给的拆迁补偿款直接交到中亨公司,并交代张这事不要跟其他人说,单位其他人并不知道此房的存在,没有为单位购买公房的意图,在案发前长达近4年的时间内,该房事实上也是一直由高建华前妻实际居住。综上,高建华已经完成了将公款侵吞、由个人非法占有的贪污行为,已构成贪污罪,而不仅是一般的住房违纪行为。至于案发时高建华将房屋办理公房租赁手续,此时距公款被其私吞已近4年之久,单位早已完全丧失对该公款的控制,其贪污行为已全部实施完毕,显然属于贪污既遂后的事后退赃,并不能改变其4年前侵吞公款的行为性质。

因此,被告人高建华利用职务之便,私自侵吞公款,假以单位名义购买并长期占有所购房屋的行为已构成贪污罪,二审法院据此改判高建华的行为构成贪污罪是正确的。

案例:黄明惠贪污案

案例来源:《刑事审判参考》总第79集[第692号]

主题词:贪污罪 "其他从事公务的人员"的认定

一、基本案情

被告人黄明惠,男,1965年11月1日出生,苏州市通安食品购销站投资人。因涉嫌犯贪污罪,于2007年5月22日被逮捕。

江苏省苏州市虎丘区人民检察院以被告人黄明惠犯贪污罪,向虎丘区人民法院提起公诉。

被告人黄明惠对被指控的犯罪事实提出异议,辩称:公诉机关指控的贪污数额不清楚;其所在企业是个人独资性质,不存在贪污问题。其辩护人的辩护意见为:(1)依法接受苏州市国家税务局新区分局委托征收税款的受托方是苏州市通安食品购销站,不是黄明惠个人,按该协议从事的履行行为是一种劳务或服务性质,不具有管理职能,不是一种公权。企业接受税务部门委托代征的劳务行为,是平等主体间的民事合同行为,对外由购销站承担民事责任。(2)黄明惠截留的税款很大部分用于购销站日常开支、购销站建房等,故对外承担责任的是购销站,单位不构成贪污罪的主体。(3)个人独资企业的无限连带责任是民事债务承担连带,刑事上不存在连带责任,个人独资企业完全是一个独立主体,不能将民事上的连带责任等同于刑事责任。(4)受委托代征人与扣缴义务人是有区别的,代扣代缴人、代收代缴人的义务是法定的,但受委托代征人是依据双方的委托关系,是旅行合同的代征义务,如违反协议,按合同约定追究违约责任。

苏州市虎丘区人民法院经公开审理查明:2004年1月至2005年12月期间,被告人黄明惠个人独资经营的苏州市通安商品购销站依法接受苏州市国家税务局新区分局委托代征收生猪零售环节增值税,黄明惠利用职务便利,采取收取增值税税款后不出具增值税发票的手段,将收取的增值税共计人民币(以下币种均为人民币)182808元截留侵吞,非法占为已有。

苏州市虎丘区人民法院认为,苏州市通安食品购销站依法接受苏州市国家税务局新区分局的委托代征收生猪零售环节增值税,属于依照《中华人民共和国税收征收管理法实施细则》第四十四条委托代征税款的行为,被告人黄明惠作为法定代表人,代理苏州市通安食品购销站行使代征的权力,属于依照法律从事公务的人员,应以国家工作人员论。黄明惠利用其在通安食品购销站的职务便利,采取收取增值税税款后不出具增值税发票的手段,截留并占有国家税款182808元,其行为构成贪污罪。公诉机关指控被告人黄明惠犯贪污罪的事实清楚,证据确实、充分。依照《中华人民共和国刑法》第九十三条第二款,第三百八十二条第一款,第三百八十三条第一款第一项、第二款,第六十四条之规定,判决如下:

1. 被告人黄明惠犯贪污罪,判处有期徒刑十年,并处没收个人财产人民币十万元,上缴国库;

2. 被告人黄明惠退赔未追缴的赃款人民币十八万二千八百零八元整,发还苏州市国家税务局新区分局。

一审宣判后,被告人黄明惠没有上诉,检察机关没有抗诉,判决发生法律效力。

二、裁判要旨

No.8-382-13 受国家机关行政委托,以国家机关名义代为行使公权力,属于《刑法》第九十三条第二款规定的其他依照法律从事公务的人员,其利用职务便利侵吞公款的,应以贪污罪论处。

税款代征资格的取得是源于税务机关依法进行的行政委托,其法律地位等同于受委托代表税务机关征收税款的非税务工作人员,代征人以税务机关的名义并代表税务机关向纳税人、扣缴义务人征收税款,并开具相应的完税凭证或交付税票。代征人收缴的税款在法律权属上已属于国家财产,截留、侵占该款项侵犯的是国家财产所有权和代征职务的廉洁性。

代征人接受税务机关的委托,所从事的是代为征收税款的行政管理活动,在代征税款期间,代征人必须接受委托人税务机关的监督管理。因此,代征人与委托人之间并非平等的民事法律关系,而是一种行政委托关系,因此税款代征人不属于《刑法》第三百八十二条第二款规定的受委托经营管理国有财产的人员范围,后者限于民事委托关系。

代征人属于《刑法》第九十三条第二款规定的其他依照法律从事公务的人员。征税权是国家权力的当然组成部分,税收征管活动也是国家行政管理活动的重要组成部分,属于一种公务执行活动。根据《税收征收管理法实施细则》第四十四条的规定,税务机关根据有利于税收控管和方便纳税的原则,可以按照国家有关规定委托有关单位和人员代为征收零星分散和异地缴纳的税收,并发给委托代征证书。受委托代征税款的单位和人员应当按照代征证书的要求,以税务机关的名义依法征收税款,纳税人不得拒绝;纳税人拒绝的,受委托单位和个人应当及时报告税务机关。

由此,受国家税务机关委托代征税款的单位和人员代为征收相关税款的行为,实质上就是代表国家税务机关征收税款,是一种依照《税收征收管理法实施细则》从事公务的行为,其私自截留、侵吞税款的行为,应根据《刑法》第三百八十二条第一款规定,以贪污罪定罪处罚。

本案被告人黄明惠及其经营的食品站在与税务机关签订《委托代征税款协议》、接受税务机关依法作出的代征税款的委托之后,以税务机关的名义进行的代征生猪流通环节增值税的行为,属于在特定条件下行使国家税收征收权,符合《刑法》第九十三条第二款规定的依照法律从事公务活动。黄明惠在从事代征税款时,应以国家公务员论,其在受委托代征税款期间,以非法占有为目的,利用代征税款的职务便利,私自截留、侵吞代征的税款,不但侵犯了国有财产所有权,而且侵犯了代征税款职务的链接性,其行为触犯了《刑法》第三百八十二条第一款的规定,应构成贪污罪。

案例:王志勤贪污、受贿案

案例来源:《刑事审判参考》总第80集[第695号]

主题词:贪污罪 受贿罪 重大立功的认定

一、基本案情

被告人王志勤,男,1953年12月17日出生,汉族,郑煤集团公司副总经理。因涉嫌犯贪污罪,于2007年1月8日被逮捕。

河南省平顶山人民检察院以被告人王志勤犯贪污罪和受贿罪,向平顶山市中级人民法院提起公诉。

被告人王志勤对起诉书指控的事实和罪名均无异议。

平顶山市中级人民法院经公开审理查明:

1. 关于贪污罪的事实。(1)2000年2月,被告人王志勤利用其担任郑煤集团超化煤矿矿长职务之便,从该矿拨付给运销科1999年销售承包费中取走人民币(以下币种均为人民币)10万元。非法占为己有。(2)2000年4月至2001年11月,被告人王志勤利用其担任郑煤集团超化煤矿矿长职务之便,从该运销科12次共取走现金48万元,非法占为己有。(3)2001年夏天,被告人王志勤利用其担任郑煤集团超化煤矿矿长职务之便,将该矿一辆桑塔纳轿车以5万元价格卖给他人,将卖车款非法占为己有。

2. 关于受贿罪的事实。(1)1996年到1999年,被告人王志勤利用其担任郑州矿务局米村煤矿矿长职务之便,分4次收受为继续履行承包合同的米村煤矿井下采面承包人李遂亭所送现金30万元。(2)1997年上半年,被告人王志勤利用其担任郑州矿务局米村煤矿矿长职务之便,在推荐米村煤矿副矿长候选人时,收受米村煤矿调度室主任李保方现金2万元。

2006年12月初,被告人王志勤被河南省纪委立案调查。调查期间,王志勤供述了其贪污63万元的犯罪事实,并揭发了原新密市委正县级调研员刘万法向其索要40万元购车款的受贿事实。2006年12月19日,河南省纪委将王志勤涉嫌贪污一案移交检察机关,在检察机关侦查期间,王志勤又主动供述了受贿30万元的犯罪事实。2007年8月7日,平顶山市中级人民法院以受贿罪判处刘万法有期徒刑十年,刘万法上诉后,河南省高级人民法院二审维持原判。

平顶山市中级人民法院认为,被告人王志勤身为国家工作人员,无视国法,利用职务上的便利及利用职权,侵吞公款63万元,非法收受他人贿赂32万元,为他人谋取利益,其行为已构成贪污罪和受贿罪,并应数罪并罚。鉴于其有自首情节、揭发他人犯罪行为,并经查证属实,有立功表现,认罪悔罪态度较好,积极退出全部赃款,依法可对其减轻处罚。据此判决如下:

被告人王志勤犯贪污罪,判处有期徒刑七年,并处没收个人财产5.5万元;犯受贿罪,判处有期徒刑七年,两罪并罚,决定执行有期徒刑十三年,并处没收个人财产5.5万元。

被告人王志勤上诉称:(1)其检举揭发刘万法受贿40万元经查证属实,系可能判处无期徒刑的犯罪行为,应认定为重大立功;(2)其有自首及重大立功情节,对其应减轻或免除处罚,原判对其量刑过重。

河南省高级人民法院二审经查明:河南省纪委对被告人王志勤立案调查前,已经掌握其贪污58万元的犯罪事实,王志勤在纪委调查期间,又供述了纪检机关未掌握的贪污5万元的犯罪事实。

河南省高级人民法院审理后认为,原判认定上诉人王志勤在担任国有企业领导人期间贪污公款63万元及受贿32万元的事实清楚,上诉人王志勤所揭发刘万法受贿的事实,已经平顶山市中级人民法院一审判处有期徒刑十年,并经本院二审维持原判,故其揭发行为只能认定为一般立功。上诉人王志勤在纪检监察机关已掌握其主要贪污事实的情况下作出供述,又无主动投案行为,原判认定贪污罪构成自首不当。上诉人王志勤贪污公款63万元,依法应判处十年以上有期徒刑,但考虑到其有立功情节,并能如实供述调查尚未掌握的其他贪污事实,且赃款全部退回,依法仍可对其减轻处罚,原审判决事实清楚、定罪准确、量刑适当,审判程序合法,故依法裁定驳回上诉,维持原判。

二、裁判要旨

No. 8-382-14　检举、揭发他人犯罪是否构成重大立功表现,应当以其所检举揭发的他人具体犯罪行为在实际上是否可能被判处无期徒刑以上刑罚为标准,而非所揭发的犯罪在量刑幅度中有无期徒刑这一刑种。

根据最高人民法院《关于处理自首和立功具体应用法律若干问题的解释》(以下简称《解释》)第七条的规定,犯罪分子检举揭发他人重大犯罪行为,经查证属实的,应当认定为重大立功表现;前款所称重大犯罪行为的标准,一般是指犯罪嫌疑人、被告人可能被判处无期徒刑以上刑罚或案件在本省、自治区、直辖市或全国范围内有较大影响。对于可能判处无期徒刑以上刑法,根据最高人民法院、最高人民检察院《关于办理职务犯罪案件认定自首、立功等量刑情节若干问题的意见》,是指根据犯罪行为的事实、情节可能被判处无期徒刑以上刑罚。案件已经判决的,以实际判处的刑罚为准。我国刑法规定的具体犯罪法定刑幅度比较宽,将可能判处无期徒刑以上刑罚理解为法定刑量刑幅度包括无期徒刑即可,不但与立法本意不符,也会在司法实践中,模糊一般立功与重大立功的界限。

因此,对于被告人所检举揭发他人犯罪行为未经终身判决的情况下,应根据所揭发具体犯罪行为的社会危害性大小,判断是否可能判处无期徒刑以上刑罚;已经判决时,当然以实际判决情况确定是否构成重大立功。但应注意,这里的实际判决情况是指在不考虑被告人所具有的法定、酌定从宽情况下,被告人可能被判处的刑罚。

在本案中,被告人王志勤所检举揭发他人受贿40万元的事实,属于一般受贿行为,没有法定或酌定从重情节,在当前司法实践中不属于可能判处无期徒刑以上刑罚的犯罪,法院对该受贿犯罪的判决也反映了这一情况。因此对被告人的揭发行为,只能认定为一般立功表现。

案例:郭如鳌等贪污、挪用公款案

案例来源:《刑事审判参考》总第48集[第383号]

主题词:孳息　贪污罪

一、基本案情

被告人郭如鳌,男,1961年11月22日出生,大专文化,原系内蒙古日信投资(集团)有限责任公司董事长、总经理。因涉嫌犯贪污罪,于2002年8月16日被逮捕。

被告人张俊琴,女,1965年11月1日出生,研究生文化,原系中国经济开发信托投资公司机构部职员。因涉嫌犯贪污罪,于2002年8月16日被逮捕。

被告人赵茹,女,1970年5月30日出生,大学文化,原系中国经济开发信托投资公司成都证券营业部副总经理。因涉嫌犯贪污罪,于2002年8月16日被逮捕。

山东省潍坊市中级人民法院经审理查明:

1. 贪污。中国经济开发信托投资公司系全民所有制企业,中国经济开发信托投资公司内蒙古证券营业部系该公司分支机构。1996年下半年,中国经济开发信托投资公司内蒙古证券营业部常务副总经理李耀林(另案处理)召集时任中国经济开发信托投资公司内蒙古证券营业部财务部经理的被告人张俊琴,以及时任中国经济开发信托投资公司内蒙古证券营业部交易部经理的被告人赵茹,研究决定本单位自营炒股,并商定了自营炒股的资金数额及来源。后被告人赵茹在李耀林的指使下,以转账存款方式虚增账户资金透支代理股民证券交易的资金1952.5万元,又将本单位从内蒙古哲里木盟国债服务部借用的1996年七年期国债1000万元卖出,得款983.40211万元,同时将在本单位开设的金宇集团账户(账号0853)期初结存股票卖出,得款17.49467万元,及黎明账户(账号3601)资金期初余额1241.75元,共计2953.520955万元,先后用在本单位开设的柳书翘账户(账号4262)、丁宇明账户(账号4273)、张香勉账户(账号4290)等14个账户进行自营炒股,共计盈利864万余元。

1997年下半年,时任中国经济开发信托投资公司内蒙古证券营业部总经理的被告人郭如鳌,在得知自营炒股获利后,命令停止自营炒股,并指使被告人张俊琴、赵茹将盈利款提出,以个人名义存入银行。1998年四五月份,被告人郭如鳌、张俊琴、赵茹伙同李耀林在呼和浩特市内蒙古饭店研究决定将其中的500万元盈利款四人私分。其中,被告人郭如鳌分得180万元,李耀林分得120万元,被告人张俊琴、赵茹各分得100万元。

2000年下半年至2001年10月,国家审计署对中国经济开发信托投资公司内蒙古证券营业部进行审计。为掩盖私分自营炒股获利款,被告人郭如鳌指使李耀林及被告人张俊琴、赵茹多次共谋策划,联系炒股大户刘经国,与其订立攻守同盟,让其承担中国经济开发信托投资公司内蒙古证券营业部透支炒股及借哲里木盟1000万元国债炒股的责任,并伪造两份透支协议书,企图逃避法律追究。后刘经国将被告人张俊琴交给的17万元人民币向中国经济开发信托投资公司内蒙古证券营业部交纳了所谓的透支款利息。被告人张俊琴实得赃款83万元。

案发后,检察机关从被告人郭如鳌处追回现金人民币51.14万元及价值人民币15万元的日信集团股票16万股;从被告人张俊琴处扣押其价值人民币24.44万元的金宇集团股票1.3万股及20万元国库券;从被告人赵茹处追回现金人民币69.22万元及美元2.5万元。

2. 挪用公款。1997年11月13日,被告人郭如鳌利用担任内蒙古自治区财政厅国债服务中心主任的职务便利,个人私自决定将本单位1996年三年期国债2000万元借给内蒙古伊利实业集团股份有限公司证券部经理关晓军和上海市无业人员蒋旭用于个人炒股,后二人将1801万元国债卖出,得款2313.341279万元进行炒股。同年11月25日,关晓军、蒋旭将2000万元国债全部归还。

另查明,被告人赵茹因涉嫌犯挪用公款罪归案后,在司法机关尚未掌握其伙同他人贪污犯罪事实的情况下,主动交代了其与被告人郭如鳌、张俊琴共同贪污的犯罪事实。被告人赵茹还于 2002 年 11 月份,检举被告人郭如鳌在任内蒙古自治区财政厅国债服务中心主任期间,曾于 1997 年 11 月,将国债服务中心 2000 万元国债借给内蒙古伊利实业集团股份有限公司证券部经理关晓军及上海无业人员蒋旭个人炒股使用的事实。

潍坊市中级人民法院认为:被告人郭如鳌、张俊琴、赵茹身为国家工作人员,利用职务上的便利,侵吞公款,数额特别巨大,其行为已侵犯了公共财产所有权和国家工作人员职务行为的廉洁性,均已构成贪污罪,依法应予惩处。被告人郭如鳌挪用公款归个人使用,进行营利活动,数额巨大,其行为已构成挪用公款罪,依法应予惩罚。被告人郭如鳌在共同贪污犯罪中起主要作用,系主犯,对其所犯二罪,依法应予并罚。公诉机关指控的罪名及挪用公款罪的全部事实和贪污罪的主要事实成立,本院予以支持。对起诉书指控被告人张俊琴贪污 100 万元的指控,因在国家审计署对中国经济开发信托投资公司内蒙古证券营业部进行审计时,被告人张俊琴按照领导的要求将 17 万元交给刘经国,由刘经国以补交利息的名义,交回了中国经济开发信托投资公司内蒙古证券营业部,其本人对该 17 万元未实际占为己有,应从指控数额中扣除,故其贪污数额应认定为 83 万元。被告人张俊琴归案后认罪态度较好,且在共同犯罪中起次要作用,系从犯,依法应当从轻处罚;鉴于其赃款大部分被追回等情节,依法可酌情从轻处罚。被告人赵茹归案后认罪态度较好,并能如实供述司法机关尚未掌握的其贪污犯罪事实,系自首;被告人赵茹作为中国经济开发信托投资公司内蒙古证券营业部交易部经理,负责自营炒股,虽然在炒股过程中起主要作用,但对炒股的盈利款不作入账处理、提取现金暂时保存、商定私分盈利款、与刘经国订立攻守同盟等,均是根据被告人郭如鳌及李耀林的指使所为,故认定被告人赵茹在共同贪污犯罪中起次要作用,系从犯;被告人赵茹检举他人犯罪,经查证属实,有立功表现;鉴于被告人赵茹的赃款基本被追回等情节,依法应当减轻处罚。被告人张俊琴所提"尽管也分了钱,但是处于被动接受地位,在整个过程中起次要作用"的辩解理由、被告人赵茹所提"自己在整个犯罪过程中受被告人郭如鳌的指使,只是被动接受,起辅助作用,系从犯"的辩解理由,以及辩护人所提"被告人赵茹作为证券营业部的聘用人员,其行为是被动地执行单位领导的决定,在分配收益时处于从属地位,起次要作用"的辩护意见,均予以支持。

对被告人郭如鳌所提"自己没有贪污,因在职期间中国经济开发信托投资公司内蒙古证券营业部没少一分钱;对自营炒股的过程不清楚,起诉书中的自营炒股经过是虚构的;认定自己指使他们提款、订立攻守同盟都不符合事实"的辩解理由和其辩护人所提"起诉书指控郭如鳌将 180 万元占为己有的证据明显不够充分和确凿"的辩护意见。经查,被告人郭如鳌在侦查期间曾有两次供认,其中,在其亲笔供词中所交代的将分得的赃款于晚上到被告人赵茹办公室拿走的供述细节,与被告人赵茹的供述相吻合,同时证实其犯有贪污罪的证据有同案犯张俊琴、赵茹的供述,有被告人郭如鳌在山东省垦利县看守所羁押期间,与其同监室的犯罪嫌疑人李友民、郑伟东的证言;有证人刘经国证实被告人郭如鳌找其顶替中国经济开发信托投资公司内蒙古证券营业部自营炒股和私分盈利款的事实;有取赃款时用的"卡丹露"牌包等证据证实。上述证据形成一个完整的证据链条。故被告人郭如鳌的上述辩解理由及其辩护人的上述辩护意见均不成立,不予支持。

对于被告人郭如鳌的辩护人所提"因为炒股盈利款根本不具备公共财物的特征,即便存在私分盈利款的事实,也不宜定性为贪污罪"的辩护意见。经查,中国经济开发信托投资公司内蒙古证券营业部自营炒股是根据该部常务副总经理李耀林的指使进行的,且炒股所用资金系股民保证金、营业部自有资金和被告人赵茹以本单位名义借的 1000 万元国债,该自营炒股行为应认定为单位行为,所盈利的 864 万元显然应归中国经济开发信托投资公司内蒙古证券营业部,是公共财产。故该辩护意见不能成立,不予采纳。

对被告人郭如鳌所提"李耀林提出挪用公款给伊利集团使用时自己同意,是如何操作的、钱给了何人使用,自己不清楚,且关晓军也没给自己任何好处;2000 万元国债是作为客户资金出借的,是单位透支给客户使用,不构成挪用公款罪”,以及辩护人所提“指控被告人郭如鳌犯挪用公款罪的事实不清、证据不足,且被告人郭如鳌不存在挪用公款归个人使用的主观故意,指控罪名不能成立”的辩护意见,经查与本案所查明的事实和证据不符,亦不予采纳。

对于被告人张俊琴的辩护人及被告人赵茹的辩护人所提“被告人张俊琴、赵茹不具有国家工作人员的身份,不符合贪污罪的主体资格”的辩护意见。经查,中国经济开发信托投资公司是全民所有制企业,中国经济开发信托投资公司内蒙古证券营业部系其分支机构;被告人张俊琴、赵茹系被中国经济开发信托投资公司内蒙古证券营业部于 1996 年 11 月 3 日分别正式聘任为财务部和交易部经理的,且其贪污事实发生在 1998 年四五月份,依照《中华人民共和国刑法》第九十三条第二款之规定,被告人张俊琴、赵茹的身份应认定为国家工作人员。故上述辩护意见均不成立,不予采纳。

对被告人张俊琴的辩护人所提“被告人张俊琴主观上不具有贪污的故意,其行为不构成贪污罪”及被告人赵茹的辩护人所提“被告人赵茹主观上不具有非法占有公共财产并使国家蒙受损失的故意,其接受的 100 万元与其他员工接受的款项是同一性质,其行为不构成贪污罪”的辩护意见。经查,被告人郭如鳌、张俊琴、赵茹与李耀林共谋私分炒股盈利款 500 万元,其占有的主观故意是明显的。虽然同时讨论了给职工分发 100 万元,但是此决定是在 4 人确定了分赃数额后才提出的,是基于有的职工知道自营炒股盈利,为掩盖贪污 500 万元的事实才提出给职工以房补名义发放 100 万元。且在实际分配中,4 人将 500 万元分赃后,又与职工一起以房补名义私分了 130 万元,故该 130 万元和给职工发放的 100 万元是 3 被告人与李耀林掩饰其贪污 500 万元的手段,具有私分国有资产的性质。4 人私分的 500 万元是秘密的,不具有公开性和集体性,该行为应认定为构成贪污罪。故上述辩护意见不成立,不予支持。

对于被告人张俊琴的辩护人所提“被告人张俊琴在 2001 年国庆节后遵从领导指示将 3.5 万美元给刘经国,该款已脱离了被告人张俊琴的实际控制,应当从其得款数额中扣除”的辩护意见和被告人赵茹的辩护人所提“被告人赵茹听从被告人郭如鳌的指示,在 2001 年国庆节给刘经国的 3.5 万美元和 10 万元国库券不应计算在其所分得的款额内”的辩护意见。经查,上述款项虽然交给了刘经国,但只是交给其保管,该款项的所有权未发生转移,仍属被告人张俊琴和被告人赵茹所有,故不能认定该款已由被告人张俊琴或赵茹退给了单位或未实际得到。故上述辩护意见不成立,不予支持。

对于被告人郭如鳌的辩护人所提“在程序上存在着指控犯罪的主要证据的提交时间不符合法律规定、超期羁押、当庭出示的主要证据都是公诉机关在审查起诉阶段搜集的”的辩护意见。经查,公诉机关向本院提起公诉时,已将主要证据的复印件及证据目录提交,且当庭出示的证据均系原始证据,并经各被告人及其辩护人质证,均无异议,故本院认为上述证据为有效证据。对上述辩护意见,不予支持。

对于被告人张俊琴的辩护人及被告人赵茹的辩护人所提“被告人张俊琴、赵茹实际被羁押时间与起诉书载明的时间有 11 天的差别”的辩护意见。经查,被告人张俊琴、赵茹于 2002 年 8 月 6 日被内蒙古自治区人民检察院释放后,山东省人民检察院于当日决定逮捕,同年 8 月 16 日执行逮捕,在该 11 天内,二被告人仍处于被羁押状态,起诉书所载明的时间反映了上述实际情况,并无不当,对该 11 天时间,仍计算在实际执行的刑期之内。

对于被告人张俊琴的辩护人所提“被告人张俊琴被采取强制措施后,已退回司法机关 55 万余元”的辩护意见,与本院所查明的事实和证据不符,不予采纳。

2003 年 12 月 1 日,潍坊市中级人民法院依照《中华人民共和国刑法》第三百八十二条第一款、第三百八十三条第一款第(一)项、第三百八十四条第一款、第二十五条第一款、第二十六条第一款和第四款、第二十七条、第六十七条第二款、第六十八条第一款、第六十九条、第五十七条第一款、第五十九条、第六十四条,《最高人民法院关于处理自首和立功具体应用法律若干问题的解释》第二条、第三条、第五条的规定,判决如下:

1. 被告人郭如鳌犯贪污罪,判处无期徒刑,剥夺政治权利终身,并处没收个人全部财产;犯挪用公款罪,判处有期徒刑十年。决定执行无期徒刑,剥夺政治权利终身,并处没收个人全部财产。

2. 被告人张俊琴犯贪污罪,判处有期徒刑十年。

3. 被告人赵茹犯贪污罪,判处有期徒刑六年。

4. 对检察机关从被告人郭如鳌、张俊琴、赵茹处追回的赃款现金人民币五十一万一千四百元及价值人民币十五万元的日信集团股票十六万股;从被告人张俊琴处扣押的价值人民币二十四万四千四百元的金宇集团股票一万三千股及二十万元国库券;从被告人赵茹处追回的赃款现金人民币六十九万二千二百元及美元二万五千元,依法追缴(现均扣押在检察机关)。

5. 继续追缴被告人郭如鳌尚未退回的赃款一百一十三万八千六百元、被告人张俊琴尚未退回的赃款三十八万五千六百元、被告人赵茹尚未退回的赃款十万一千零五十元。

宣判后,潍坊市人民检察院认为判决正确,不抗诉。被告人郭如鳌、张俊琴、赵茹均不服,分别提出上诉。

山东省高级人民法院经审理认为,上诉人郭如鳌、张俊琴、赵茹身为国家工作人员,利用职务之便,侵吞单位公款,数额特别巨大,均构成贪污罪;上诉人郭如鳌利用职务之便,将公款挪用给个人使用,进行营利活动,情节严重,构成挪用公款罪。上诉人郭如鳌在贪污犯罪中系主犯,且犯有挪用公款罪,依法应予数罪并罚。上诉人张俊琴在共同犯罪中系从犯,且赃款大部分被追回,依法应从轻处罚;上诉人赵茹在共同犯罪中系从犯,有自首情节和立功表现,且赃款基本被追回,依法可减轻处罚。对于辩护人提出炒股盈利款系挪用公款进行营利活动收益的辩护意见。经查,上诉人赵茹等所进行的炒股,不是个人的想法,而是根据中国经济开发信托投资公司内蒙古证券营业部常务副总经理李耀林的指示作出的;客观上是以单位名义筹措资金,整个过程均由单位进行,不是一种个人行为,该行为本身不是挪用公款的犯罪行为,辩护人提出炒股系挪用公款进行营利活动的辩护意见与事实不符。对于上诉人郭如鳌及其辩护人提出的构成贪污罪证据不足的上诉理由及辩护意见,经查,上诉人赵茹、张俊琴的供述证实郭如鳌主持分赃的事实,赵茹还证实郭如鳌分得 180 万元的事实;上诉人郭如鳌对预谋私分盈利款的事实供认,且对得到盈利款的事实有过供述;此外,还有物证、其他证人证言等在案为证。原审判决认定上诉人郭如鳌构成贪污罪的证据确实、充分。对于辩护人提出原审认定郭如鳌在共同犯罪中系主犯错误的辩护意见,经查,上诉人郭如鳌身为中国经济开发信托投资公司内蒙古证券营业部总经理,主持私分单位公款构成犯罪,理应对全部事实负责,辩护人提出的不是主犯的辩护意见不当。对于上诉人郭如鳌及其辩护人提出的不构成挪用公款罪的上诉理由及辩护意见,经查,证人关晓军证实,上诉人郭如鳌同意借给关晓军 2000 万元国债炒股;客户证券流水对账单、股票对账单等证实 2000 万元国债的借出、炒卖、归还情况;内蒙古伊利集团股份有限公司出具的材料证实,该集团没有向内蒙古自治区国债中心借用过国债。上述证据足以证实郭如鳌将单位款项挪用给个人使用的事实,上诉人郭如鳌及其辩护人提出不构成挪用公款罪的上诉理由及辩护意见无证据证实。对于上诉人张俊琴、赵茹提出不构成贪污罪、量刑重的上诉理由,经查,原审判决对二人的身份进行了确认,并根据事实、证据对其进行定罪处罚,并无不当之处。上诉人郭如鳌、张俊琴、赵茹的上诉理由及辩护人的辩护意见均不能成立,不予采纳。原审判决定罪准确,量刑适当,审判程序合法。依照《中华人民共和国刑事诉讼法》第一百八十九条第(一)项的规定,于 2004 年 3 月 10 日裁定驳回上诉,维持原判。

二、裁判要旨

No. 8-382-15 国家工作人员贪污公共财物所产生孳息的,应以贪污罪论处。

被告人郭如鳌、张俊琴、赵茹私分炒股盈利款的行为构成贪污罪。

1. 中国经济开发信托投资公司内蒙古证券营业部(以下简称"中经信内蒙营业部")违规自营炒股的盈利款属于公共财产。中国经济开发信托投资公司是国有公司,中经信内蒙营业部系其分支机构,系国有公司。对其自营炒股盈利款的性质,可从以下三个方面理解:(1)从盈利款的来源看,该盈利款是中经信内蒙营业部违规自营炒股所得。被告人赵茹等人根据中经信内蒙营业部常务副总经理李耀林的指示,以单位名义筹措资金进行炒股,虽然自营炒股违反了国家规定,但并不因此改变盈利款属于中经信内蒙营业部所有的性质。(2)从炒股所用的资金看,既有中经信内蒙营业部透支代理股民证券交易的资金,又有营业部自有资金和被告人赵茹以本单位名义借的 1000 万元国债资金。所透支的代理股民证券交易的资金虽然在量上占主要部分,并且在最终的所有权上属于股民个人所有,但是,根据《刑法》第九十一条第二款的规定,"在国家机关、国有公司、企业、集体企业和人民团体管理、使用或者运输中的私人财产,以公共财产论",该股民资金亦应认定为公共财产。中经信内蒙营业部自营炒股所用的资金属于公共财产,其孳息即炒股盈利款显然属于公共财产。(3)从最终归属看,该盈利款亦应认定为公共财产。《证券法》第一百三十四条规定,证券公司自营业务必须以自己的名义进行,不得假借他人名义或者以个人名义进行。第一百九十一条规定,证券公司违反规定,假借他人名义或者以个人名义从事自营业务的,责令改正,没收违法所得,并处以违法所得一倍以上五倍以下的罚款;情节严重的,停止其自营业务。第一百四十一条第二款规定,证券公司接受委托买入证券必须以客户资金账户上实有的资金支付,不得为客户融资交易。第一百八十六条规定,证券公司违反规定,为客户融资买入证券的,没收违法所得,并处以非法买卖证券等值的罚款。构成犯罪的,依法追究刑事责任。中经信内蒙营业部作为从事证券经营业务的公司,不仅假借他人名义和以个人名义非法从事证券自营业务,还通过虚增客户资金账户上资金的方式,非法从事融资交易,其盈利款当属《证券法》第一百九十一条和第一百八十六条规定的非法所得,应当予以没收,上缴国库。但在没有依法对其非法经营行为进行处理前,该盈利款暂由中经信内蒙营业部管理,仍然属于公共财产。

2. 被告人郭如鳌等人私分本单位违规自营炒股盈利款 500 万元的行为构成贪污罪。被告人郭如鳌系中经信内蒙营业部的总经理,被告人赵茹、张俊琴于 1996 年 11 月分别被中经信内蒙营业部正式聘任为交易部、财务部经理,且私分盈利款的行为发生在 1998 年四五月份,根据《刑法》第九十三条第二款的规定,属于国有公司中从事公务的人员,三被告人的主体身份应当认定为国家工作人员。被告人郭如鳌等人私分自营炒股盈利款的行为实际上有两次:(1)以非法占有为目的,通过私下秘密商议,将公共财物即单位自营炒股盈利款中的 500 万元予以私分;(2)为掩盖私分 500 万元的事实,又以房补的名义与其他职工私分盈利款 230 万元。两次私分的区别在于:虽然私分的决定由被告人同时作出,但前者私分的决定者与实际受益人具有同一性、私分行为具有秘密性等特征,而后者还包括单位其他职工,私分的受益人具有多数性、私分行为具有相对公开性等特征,因而前者私分的决定属于个人行为,而后者则体现了单位意志,具有私分国有资产的性质。当然,由于检察机关未对该私分行为提起公诉,人民法院不能主动予以追究。被告人郭如鳌等人私分自营炒股盈利款 500 万元的行为符合《刑法》第三百八十二条之规定,均构成贪污罪。

No. 8-382-16 国家工作人员利用职务上的便利挪用国债的,应以挪用公款罪论处。

被告人郭如鳌挪用本单位国债给他人进行营利性活动的行为构成挪用公款罪

1. 单位国债系单位公款。公款的表现形式,一般是指处于货币形态的公有资金,如库存现金、银行存款等。但是,这并不意味着货币是我国公款的唯一形式。根据《刑法》规定,作为挪用公款罪犯罪对象的公款,包括以下四个方面的内容:(1)《刑法》第九十一条规定的公共财产中的款项;(2)《刑法》第三百八十四条第二款规定的特定款物;(3)《刑法》第一百八十五条及其修正案规定的非国有金融机构自身及客户的资金;(4)《刑法》第二百七十二条第二款规定的非国有、集体性质公司、企业或者其他单位的资金。因此,在现行刑法中,公款并非只有货币资金一种形式,还包括特定款物。在认定公款时,应当从挪用公款行为通过利用货币的结算、支付职能侵犯公共财产使用收益权的角度,准确把握挪用公款罪中公款的特征,即公款首先代表公共财产所有权,并且具有可以流动及进行结算、支付等特点。因此,对公款的理解不能仅仅局限于货币,如国家所有的外汇是国家财力的表现之一,应当认定为公款。支票、股票、国库券、债券等有价证券直接代表一定数额的货币，是财产的书面表现形式，可据以提取或换取现金，司法实践中，有价证券可以成为盗窃罪的犯罪对象。也应当能够成为贪污、挪用等犯罪行为的对象。国债即政府证券，是政府为了筹集财政资金或者建设资金，以其信誉作为担保，按照一定程序向社会公众投资者募集资金并发行的债权债务凭证。我国的政府证券仅指中央政府债券，包括国库券、国家重点建设债券、财政债券及特种同债。国债以人民币为计算单位，到期还本付息。虽不能直接作为货币使用，但可在二级市场流通转让，自由买卖，随时变现为人民币。因此，国债是一种特殊形态的公款。另外，最高人民检察院《关于挪用国库券如何定性问题的批复》也可以印证单位国债的公款性质。根据该批复，国家工作人员利用职务上的便利，挪用公有或本单位的国库券的行为以挪用公款论；符合《刑法》第三百八十四条、第二百七十二条第二款规定的情形构成犯罪的，按挪用公款罪追究刑事责任。

2. 被告人郭如鳌挪用本单位国债 2000 万元给他人进行营利性活动的行为构成挪用公款罪。根据《刑法》第三百八十四条的规定，挪用公款罪是指国家工作人员利用职务上的便利，挪用公款归个人使用，进行非法活动，或者挪用公款数额较大，进行营利活动，或者挪用公款数额较大，超过 3 个月未还的行为。关于“挪用公款归个人使用”的认定，2002 年 4 月 28 日第九届全国人民代表大会常务委员会第二十七次会议通过的《关于〈中华人民共和国刑法〉第三百八十四条第一款的解释》规定，有下列情形之一的，属于挪用公款归个人使用：(1)将公款供本人、亲友或者其他自然人使用的；(2)以个人名义将公款供其他单位使用的；(3)个人决定以单位名义将公款供其他单位使用，谋取个人利益的。本案被告人郭如鳌利用担任内蒙古自治区财政厅国债服务中心主任的职务便利，将本单位 2000 万元国债私自挪用给内蒙古伊利实业集团股份有限公司证券部经理关晓军和上海市无业人员蒋旭变现后用于炒股，属于挪用公款供其他自然人使用的情形，符合《刑法》第三百八十四条规定的挪用公款归个人使用，数额较大，进行营利活动的情形，构成挪用公款罪。

应当注意的是，对于营利型的挪用公款犯罪，不需要超过三个月未还的时间限制，只要行为人实施了挪用数额较大的公款供他人使用进行营利活动的行为，即可追究其刑事责任。因此，尽管本案被告人郭如鳌挪用公款供他人炒股的时间不过十几天，但其行为仍然构成犯罪。

案例：徐华等贪污案

案例来源：《刑事审判参考》总第 20 辑[第 124 号]
主题词：贪污罪　未遂

一、基本案情

被告人徐华，男，1957 年 7 月 12 日生，原系路桥燃料公司经理。因涉嫌犯贪污罪，于 2000 年 9 月 28 日被逮捕。

被告人罗永德，男，1945 年 9 月 15 日生，原系路桥燃料公司党支部书记。因涉嫌犯贪污罪，于 2000 年 10 月 31 日被取保候审。

浙江省台州市路桥区人民法院经审理查明：路桥燃料公司原系国有企业。1998 年，路桥燃料公司进行产权制度改革，在资产评估过程中，被告人徐华明知公司的应付款账户中有 3 笔共计 47.435738 万元系上几年虚设，而未向评估人员作出说明，隐瞒该款项的真实情况，从而使评估人员将该 3 笔款项作为应付款评估并予以确认。同年 12 月，路桥区政府路政发(1998)147 号文件同意路桥燃料公司产权制度改革实施方案。此后，路桥燃料公司在 21 名职工中平均配股。2000 年 4 月，被告人罗永德从徐华处得知公司资产评估中存在虚报负债的情况。同年 6 月，两被告人在部分职工得知内情要求私分的情况下，商定召开职工大会，经讨论并确定虚报负债部分用于冲减企业亏损或上交国有资产管理部门。6 月 30 日，路桥燃料有限公司股东大会选举产生董事会，董事长为徐华、副董事长为罗永德。尔后，两被告人和应文伟等 5 人收购了其他 16 名股东的全部股份，并于 2000 年 8 月 17 日正式成立路桥燃料有限公司。自 2000 年 4 月以来，罗永德明知公司资产评估中存在虚报负债的情况，而未向有关部门报告并继续同徐华一起到有关部门办理企业改制的后继手续。2000 年 9 月 7 日,路桥燃料有限公司向路桥区财政局交清路桥燃料公司国有资产购买款 465.3969 万元。随后,被告人徐华、罗永德等人积极办理公司产权转移手续。案发时,手续尚在办理之中。

案发以后,路桥燃料有限公司于 2000 年 11 月 28 日将 47.435738 万元上交给路桥区财政局国资科。

台州市路桥区人民法院认为:被告人徐华身为国有公司工作人员,为达到非法占有的目的,在国有企业改制的资产评估中,对公司虚设负债款不作说明,从而骗取评估人员的确认;被告人罗永德明知该公司在资产评估中存在虚报负债的情况,而积极与徐华一起到有关部门办理企业改制后继手续,造成国有资产即将转移。被告人徐华、罗永德的行为均已构成贪污(未遂)罪。在共同犯罪中,被告人徐华起主要作用,系主犯;被告人罗永德起次要、辅助作用,系从犯。被告人徐华、罗永德系贪污未遂,依法予以减轻处罚。被告人罗永德认罪态度好,具有一定的悔罪表现,符合适用缓刑的条件。依照《中华人民共和国刑法》第三百八十二条第一款、第三百八十三条第一款第(一)项、第二十三条、第二十五条第一款、第二十六条第一款和第四款、第二十七条、第七十二条的规定,于 2001 年 3 月 28 日判决如下:

1. 被告人徐华犯贪污(未遂)罪,判处有期徒刑三年,并处没收财产人民币三万元。

2. 被告人罗永德犯贪污(未遂)罪,判处有期徒刑一年,缓刑一年,并处没收财产人民币一万元。

宣判后,徐华不服,以"原判量刑畸重"为由,向台州市中级人民法院提出上诉。其辩护人辩称:徐华在国有资产评估后是民事法律关系的一方当事人,不是国有资产管理者;没有贪污故意;评估结论中隐瞒的 47 万元已在职工大会上宣布,没有实施秘密占有的行为;徐华的行为不构成贪污罪。

台州市中级人民法院经审理认为:原审人民法院根据上诉人徐华和原审被告人罗永德犯罪的事实、性质、情节和对社会的危害程度所作出的定罪和适用法律正确,量刑适当;上诉人徐华请求在原审判决已对其减轻处罚的基础上再予以从轻处罚的理由不能成立。依照《中华人民共和国刑事诉讼法》第一百九十八条第(一)项的规定,于 2001 年 5 月 31 日裁定:驳回上诉,维持原判。

二、裁判要旨

No.8-382-17 在国有企业改制中,隐瞒资产的真实情况造成巨额国有资产损失的,应以贪污罪论处。

二被告人原系国有公司中从事公务的人员,而且实施了非法占有国有资产的行为,已构成贪污罪。在讨论贪污罪问题时,本案还有以下两个问题值得分析:

1. 关于贪污行为通常具有的隐秘性问题。本案中,被告人罗永德的辩护人辩称,职工大会后,评估结论中的水分已为全体职工所知悉,二被告人不可能通过隐秘的方法实行贪污。诚然,从 2000 年 6 月的职工大会后,评估结论中的水分问题已为全体职工所知悉,无秘密可言。但是,评估中隐瞒的资产真实情况对于国有资产管理部门而言仍然属于未知,具有隐秘性;二被告人虽然在职工大会上提出将该笔资产要么冲抵亏损,要么上缴国资,但他们一直没有向国有资产管理部门报告;对于广大职工来说,此笔国有资产问题已经解决,即此次大会后,二被告人的行为客观上违背了原来在职工大会上的诺言,不仅说明其有非法侵吞该笔资产的故意,也使其行为具有了不为职工所知的隐秘性。

2. 关于二被告人的共同犯罪故意问题。对于共同故意的成立,理论上要求具备两个条件,一是各共犯都出于故意,二是各被告人的故意之间有联络,即共同犯罪人不但认识到自己在实施故意犯罪,而且认识到其在配合其他共同犯罪人实施故意犯罪。因此,认定共同故意时,不需要证明共犯之间有积极的共谋行为。在本案中,虽然没有证据证明二被告人曾经商量过要占有该 47 万余元资产,但二被告人在隐瞒真相的前提下于 2000 年 9 月 7 日缴清国资款,并后来共同积极办理资产转移手续,足以表明其有非法占有的共同故意。

案例:李平贪污、挪用公款案

案例来源:《刑事审判参考》总第11辑[第79号]

主题词:自首　立功　刑事附带民事诉讼

一、基本案情

被告人李平,男,1967年2月5日出生,高中文化,原系中保财产保险有限公司南宁分公司宁明县支公司(以下简称"宁明县支公司")出纳员。因涉嫌犯贪污罪和挪用公款罪,于1997年5月1日被逮捕。

广西壮族自治区南宁地区中级人民法院经审理查明:1994年至1997年4月间,被告人李平利用担任宁明县支公司出纳员的职务便利,采取盗用本公司会计印鉴、填写现金支票,以支付保险费为由,先后从中国农业银行宁明县支行营业部、中国工商银行宁明县支行冒领本公司存款205.97685万元;采取制作假银行交款单和假银行对账单入账或销毁入账凭证的手段,侵吞本公司各种保险费收入108.630038万元;采取制作假银行对账单核销,侵吞本公司存款5.308643万元。

1996年4月,被告人李平利用职务便利从其保管的客户未领的出险案赔偿款中挪用42.717136万元;1997年4月,被告人李平利用职务便利从宁明县财政局归还保险公司借款中挪用2万元。

综上,被告人李平贪污本单位公款319.915531万元,挪用公款44.717136万元,均用于赌博。案发后追回赃款15.69万元。

另查明:1997年4月15日,宁明县支公司让李平提取现金,因账上无款可提,李平逃走。宁明县支公司经查账发现缺款70余万元,便向南宁分公司报告。第二天晚上12时许,李平自己返回公司,在公司门口被宁明县支公司经理等人抓住,并被送到公司招待所监控。经盘问,李平承认贪污110余万元公款赌博输光。4月17日,南宁分公司和宁明县支公司到宁明县检察院报案。检察机关侦查终结后,李平在确凿的证据面前一一承认贪污公款300余万元的事实。

在二审期间,李平又供述了其与宁明县支公司会计宁加干共同贪污的事实。

南宁地区中级人民法院认为:被告人李平身为国有公司工作人员,利用职务上的便利,采用侵吞、窃取、骗取等手段,非法占有公共财物的行为,已构成贪污罪。贪污数额特别巨大,情节特别严重,应依法严惩。被告人李平还利用职务便利挪用公款数额巨大,进行非法活动,其行为已构成挪用公款罪。挪用公款数额巨大不退还,情节严重,依法应数罪并罚。公诉机关指控被告人李平犯贪污罪、挪用公款罪的事实清楚,证据确实、充分,足以认定。被告人李平在其罪行尚未被司法机关发觉前,能够向其单位主动交代自己的罪行,应以自首论。被告人李平及其辩护人提出李平犯罪后有投案自首的情节,予以采纳。被告人李平虽有投案自首的情节,但其罪行极其严重,依法不应从轻处罚。附带民事诉讼原告人中保财产保险有限公司南宁分公司要求被告人李平赔偿的经济损失合理合法,应予支持。但经查,被告人李平家庭经济困难,赔偿能力有限,只能酌情赔偿。依照《中华人民共和国刑法》第十二条第一款、第三百八十二条第一款、第三百八十三条第一款第(一)项、第三百八十四条第一款、第六十九条、第五十七条第一款、第三十六条第一款之规定,于1999年4月26日判决如下:

1. 被告人李平犯贪污罪,判处死刑,剥夺政治权利终身,并处没收财产人民币一千元;犯挪用公款罪,判处有期徒刑十三年。决定执行死刑,剥夺政治权利终身,并处没收财产人民币一千元。

2. 被告人李平赔偿附带民事诉讼原告人中保财产保险有限公司南宁分公司的经济损失三千元。

宣判后,李平不服,上诉于广西壮族自治区高级人民法院。

李平上诉称:其主观上无贪污公款的故意,其作案后有投案自首的情节,本单位会计玩忽职守有责任等,要求从轻处罚。其辩护人还提出,上诉人李平在二审期间有检举揭发他人犯罪事实的立功表现。

广西壮族自治区高级人民法院经审理认为:上诉人李平身为国家工作人员,利用职务上的便利贪污本单位公款,其行为构成贪污罪,其贪污造成国家特别重大的经济损失,情节特别严重,应依法严惩。李平还挪用公款进行非法活动,其行为还构成挪用公款罪,挪用公款数额巨大,至今尚未退还,应依法严惩。李平上诉称其主观上无贪污公款的故意,经查,其每次贪污公款后,均制造假账以掩盖其罪行,足以证明其有侵吞公款的故意,其所用于赌博的公款已实际上为其所非法占有,原判认定其犯贪污罪定罪准确;其辩称本单位会计疏于管理给其犯罪以可乘之机,有不可推卸之责,纯属狡辩。关于其辩护人提出李平在二审期间有检举揭发他人犯罪事实的情节,经查其揭发本单位会计宁加干贪污的事实,是与其共同贪污的事实,依法不构成立功。其上诉及辩护理由除投案自首的事实存在外,其余均不成立。上诉人李平贪污公款数额特别巨大,用于赌博,给国家造成特别重大的经济损失,情节特别严重,其虽有投案自首情节,依法不能从轻处罚。原审判决认定的事实清楚,证据确实、充分,量刑适当,审判程序合法。依照《中华人民共和国刑事诉讼法》第一百八十九条第(一)项的规定,于1999年10月8日裁定如下:

驳回上诉,维持原判。

广西壮族自治区高级人民法院依法将本案报请最高人民法院核准。

最高人民法院经复核认为:被告人李平身为国家工作人员,利用职务上的便利,侵吞本公司公款,其行为已构成贪污罪。其挪用公款的行为,亦构成挪用公款罪。被告人李平贪污公款数额特别巨大,情节特别严重,挪用公款数额巨大不退还,依法应予严惩。被告人李平自动投案后未如实交代犯罪事实,不构成自首。一审判决、二审裁定认定的事实清楚,证据确实、充分,定罪准确,审判程序合法。但认定被告人李平构成自首不当。根据《中华人民共和国刑法》第六十四条的规定,一审法院受理中保财产保险有限公司南宁市分公司附带民事诉讼于法无据,应予纠正。依照《中华人民共和国刑事诉讼法》第一百九十九条、最高人民法院《关于执行〈中华人民共和国刑事诉讼法〉若干问题的解释》第二百八十五条第(三)项、《中华人民共和国刑法》第十二条第一款、第三百八十二条第一款、第三百八十三条第一款第(一)项、第三百八十四条第一款、第五十七条第一款、第六十九条的规定,于2000年8月11日判决如下:

1. 核准广西壮族自治区高级人民法院刑事裁定中维持一审以贪污罪判处被告人李平死刑,剥夺政治权利终身,并处没收财产人民币一千元;以挪用公款罪,判处有期徒刑十三年;决定执行死刑,剥夺政治权利终身,并处没收财产人民币一千元的部分。

2. 撤销广西壮族自治区高级人民法院刑事裁定和南宁地区中级人民法院刑事判决中附带民事诉讼部分。

二、裁判要旨

No.8-382-18 罪行尚未被司法机关发觉,但已被所在单位发觉,在有关组织对其盘问、教育后,交代了部分犯罪事实的,不成立自首。

《刑法》第六十七条规定了两种自首:一是一般自首,即犯罪后自动投案,如实供述自己的罪行。成立一般自首须同时具备两个条件:犯罪以后自动投案和如实供述自己的罪行。二是特殊自首,即被采取强制措施的犯罪嫌疑人、被告人或者正在服刑的罪犯,如实供述司法机关还未掌握的本人其他罪行。本案被告人李平显然不属于特殊自首。被告人李平是否具备一般自首的成立条件呢?被告人李平犯罪后逃跑,在司法机关未发现其贪污、挪用公款的犯罪事实以前,又主动回到单位,被其公司经理等人抓住,不能视为自动投案。且在此前,公司经查账发现短款70万元,已掌握了其部分贪污、挪用公款的犯罪事实。在这种情况下,被告人李平在所在单位被盘问、教育后,仅只交代贪污公款110余万元,在赌博中输掉。根据《最高人民法院关于处理自首和立功具体应用法律若干问题的解释》第一条第一款第(一)项第二目的规定,李平的行为不属于自动投案。此外,被告人李平始终未交代贪污300余万元的事实,直到检察机关侦查终结,李平在确凿的证据面前才不得不承认全部犯罪事实。同时,直到一审审结前,李平仍未交代贪污犯罪的同案犯。因此,李平的行为不符合《刑法》规定的自首的成立条件,一、二审法院认定李平的行为构成自首不当,最高人民法院依法予以改判,是正确的。

No. 8-382-19　检举、揭发同案犯的共同犯罪事实,不构成立功。

本案在二审期间,李平检举、揭发了其所在单位会计宁加干与其共同贪污的犯罪事实。这一情节虽经检察机关查证属实,但因其自己就是宁加干贪污犯罪的同案犯,根据最高人民法院《关于处理自首和立功具体应用法律若干问题的解释》第五条的规定:"犯罪分子到案后有检举、揭发他人犯罪行为"构成立功的,不包括同案犯的共同犯罪行为。李平若在一开始就如实供述自己的全部犯罪事实,则必然如实交代其与宁加干共同贪污的犯罪事实,显然这不属于立功。当然,李平在二审期间予以供述,坦白交代,一般可作为酌定从轻情节予以考虑。

No. 8-382-20　因贪污、挪用公款而遭受的财产损失,不能通过附带民事诉讼途径解决。

附带民事诉讼是指在刑事诉讼过程中,因被告人的犯罪行为而遭受了物质损失的被害人(含被害单位,下同),向人民法院提起的要求赔偿经济损失的民事诉讼。由于这种民事诉讼是由刑事诉讼派生的,带有附带解决的性质,所以称为附带民事诉讼。

根据最高人民法院《关于执行〈中华人民共和国刑事诉讼法〉若干问题的解释》第八十八条的规定,附带民事案件的成立除了必须具备以下四个条件:(1)提起附带民事诉讼的原告人、法定代理人符合法定条件;(2)有明确的被告人;(3)有请求赔偿的具体要求和事实根据;(4)被害人的物质损失是由被告人的犯罪行为造成的。此外,还必须具备属于人民法院受理附带民事诉讼的范围这一要件。由于《刑事诉讼法》和司法解释均未对附带民事诉讼的受案范围作出界定,司法实践中对于哪种损失能够提起附带民事诉讼,哪些损失不能提起,一直比较混乱。

我们认为,首先,《刑事诉讼法》第七十七条的规定已从附带民事诉讼的受案范围中排除了精神损害。被害人只能对被告人的犯罪行为所造成的物质损失的赔偿问题提起附带民事诉讼。没有物质损失,不能成立刑事附带民事诉讼,而仅成立刑事诉讼。

被害人的物质损失应是被告人涉嫌犯罪的行为直接造成的,即犯罪行为是造成物质损失的唯一或者主要原因,并且物质损失应当是已经产生或者必然产生的,在数量上是可以计算和有确定数额的,可得利益的损失不能要求赔偿。

从司法实践来看,被害人因被告人的犯罪行为遭受的物质损失主要有两种情况:一种情况是因被告人非法占有、处置而给被害人造成物质损失,如抢劫、盗窃、诈骗、侵占、贪污、挪用等案件;另一种情况是被害人遭受了物质损失,但被告人并未也不可能占有或者获得被害人的财物,如杀人、伤害、故意毁坏财物、破坏生产经营以及生产、销售伪劣商品犯罪等案件。在前一种情况中,被害人的物质损失即被告人的违法所得,属赃款、赃物,《刑法》第六十四条已明确规定了解决方式,即由司法机关追缴或者责令退赔后,直接返还给被害人,这已是对被害人财产权利最有效的保护,无需提起附带民事诉讼。即使被告人无法退赃的,也只能作为决定刑罚时酌定从重处罚的情节予以考虑,而不能通过提起附带民事诉讼的途径解决。

因此,附带民事诉讼的受案范围应只限于被害人因人身权利受到犯罪行为侵犯和财物被犯罪行为损毁而遭受的物质损失,不包括因犯罪分子非法占有、处置被害人财产而使其遭受的物质损失。这个问题在最高人民法院《全国法院维护农村稳定刑事审判工作座谈会纪要》中已经明确。

案例:于继红贪污案

案例来源:《刑事审判参考》总第29辑[第216号]

主题词:不动产　贪污罪　既遂

一、基本案情

被告人于继红,女,50岁,汉族,原系白山市房地产管理局八道江房管所房管科副科长。因涉嫌犯贪污罪,于1996年7月24日由八道江区人民检察院取保候审,2000年9月10日由白山市人民检察院取保候审,2000年11月3日由白山市中级人民法院取保候审。

吉林省白山市中级人民法院经审理查明:1992年底,白山市建设银行房地产综合开发公司(以下简称"开发公司")归还因开发建银小区而占用八道江房产管理所(以下简称"房管所")商企房面积 321.52 平方米（5 户），被告人于继红利用负责房管所回迁工作之机，于 1993 年 12 月 18 日在给财务科填报经租房产增加、减少通知单时，将建行开发公司归还的面积填报为 305.75 平方米，并将其中 4 户面积加大，从中套取商企房 1 户，面积为 52.03 平方米，价值人民币 93133.70 元，用于个人出租牟利。

同年，白山市建设银行房地产综合开发公司开发建银小区时，被告人于继红利用负责因开发建银小区拆迁房产管理所管理的房屋工作之机，在其母亲孙秀香购买拆迁户房屋面积时，虚添拆迁面积 17 平方米，价值人民币 16320 元，并将建行开发公司还房管所面积顶交其母所购买房屋取暖费、热水费 2669.55 元。

综上，被告人于继红利用职务上的便利，非法占有公共财物计价值人民币 112123.25 元。

吉林省白山市中级人民法院认为：被告人于继红关于商企房是房管所所长苏连同奖励给他的辩解意见，因证人苏某多次证言证实，房管所没有奖励于继红房屋，是于继红到建行开发公司算好账，建行开发公司还了 4 户商企房，于继红填报的租金面积统计表汇总台账证实，于继红将还迁面积 321.52 平方米记为 305.75 平方米，少写并虚增了其他 4 户商企房面积，从中套取了 52.03 平方米住房一处，故该辩解意见不予采纳；关于 84.48 平方米住宅房是其母购买拆迁户，并在房管所房改的辩解意见，因公诉机关指控其虚添拆迁面积和虚添住户，套取 84.48 平方米住宅房 1 户，有一拆迁户主不清，尚不能排除有魏秀成住户，故指控被告人于继红虚添住户的证据不足，但该拆迁户建筑面积为 23 平方米，而于继红在此房动迁时让动迁员填写面积为 40 平方米，据此，被告人于继红利用职务之便，虚增拆迁面积 17 平方米，占为已有的事实清楚，证据充分，应予认定，故该辩解意见部分采纳；其辩护人关于被告人主体身份不明的辩护意见，因被告人所在单位房管所任命书及转干表证实，于继红为房管所房管科副科长，且系国家机关工作人员，故不予采纳。被告人于继红身为国家工作人员，利用职务便利，非法占有公共财物，数额在 10 万元以上，其行为已构成贪污罪。吉林省白山市人民检察院指控被告人于继红犯贪污罪罪名成立。根据被告人于继红犯罪的事实、犯罪的性质、情节和对社会的危害程度，依照《中华人民共和国刑法》第三百八十二条、第三百八十三条第一款第(一)项之规定，判决如下：

被告人于继红犯贪污罪，判处有期徒刑十年，并处没收个人财产人民币三万元，追缴五十二点零三平方米商企房一户，赃款一万八千九百八十九元五角五分(含十七平方米面积折价)。

一审宣判后，于继红不服，向吉林省高级人民法院提出上诉。

于继红上诉称，未实施利用职务之便非法占有国有资产的行为；购买的商企房及孙秀香购买的住房是经房管所的法定代表人苏连同同意在动迁之前购买的。其辩护人提出：因房屋所有权并没有发生转移，故一审法院认定于继红套取 52.03 平方米商企房 1 户的事实不清，证据不足；于继红其母孙秀香购买的拆迁户魏秀成的房屋面积是 36.5 平方米而不是 23 平方米或者 40 平方米。

吉林省高级人民法院经审理认为：上诉人于继红利用职务之便，非法占有公共财物的行为已构成贪污罪。其提出不具有利用职务之便非法占有国有资产行为及其母买房是经所长苏某同意在动迁之前购买的上诉理由，经查，八道江房管所任命书及转干表，证实于继红为八道江房管所房管科副科长，负责房管所拆迁工作，套取商企房并占有使用的行为，已构成贪污犯罪；其母买房是经所长苏某同意在动迁之前购买的上诉理由没有证据证实，不予支持。其辩护人提出认定于继红贪污 52.03 平方米房屋的所有权未发生转移，原审判决事实不清，证据不足的辩护意见，因上诉人利用职务上的便利，骗取公有房屋并实际占有使用，故虽未办理私有产权证，仍应构成贪污既遂，该笔犯罪事实清楚，证据充分，辩护意见不予采纳。其母孙秀香购买拆迁户魏秀成的房屋面积是 36.5 平方米，不是 23 平方米或者 40 平方米的辩护意见，因房管所 1986 年出售老房名单证实此户面积为 23 平方米，于继红向动迁员提供面积是 40 平方米，故原审认定虚增面积 17 平方米正确，辩护人的辩护意见不成立，不予采纳。原审法院根据上诉人于继红犯罪的事实和情节，依照有关法律对本案作出的判决事实清楚，证据确实、充分，对被告人定罪准确，量刑适当，审判程序合法，上诉人的上诉理由及其辩护人的辩护意见均不予采纳。据此，依照《中华人民共和国刑事诉讼法》第一百八十九条第(一)项规定裁定,驳回上诉,维持原判。

二、裁判要旨

No. 8-382-21　国家工作人员利用职务上的便利,采用欺骗手段,非法侵占公有房屋的,应以贪污罪定罪论处。

公有房屋可以成为贪污犯罪的对象,不应以房屋属于不动产为由,而将公有房屋排除在贪污罪的犯罪对象之外。依照《刑法》第九十一条的规定,公共财产包括国有财产、劳动群众集体所有的财产、用于扶贫和其他公益事业的社会捐助或者专项基金以及在国家机关、国有公司、企业、事业单位和人民团体管理、使用或者运输中的私人财产。《刑法》第三百八十二条规定的贪污罪对象的公共财物与《刑法》第九十一条规定的公共财产的内涵与外延应当是相同的,均未将不动产排除在公共财产或者公共财物之外。作为职务性的财产犯罪,就实施及完成犯罪行为方面而言,贪污罪与诈骗罪、侵占罪等一般财产犯罪并无两样,而且,较之于后者,贪污行为人因其有着职务上的便利可资利用,故通常情况下更易于得逞。因此,有必要运用刑法手段对不动产予以保护。在本案中,被告人于继红利用负责还迁、拆迁工作之机,采取不下账、少下账、虚添拆迁面积和虚添住户的手段,从中套取商企房、住宅房各1户,加上用面积顶交的取暖费、热水费,总价值112123.25元,一、二审法院认定其行为构成贪污罪是正确的。

No. 8-382-22　贪污不动产的,虽未办理私有产权证,也应认定为贪污罪既遂。

对于非法侵占公有房产的贪污行为,即使客观上尚未办理产权变更登记,也可以通过其所采取的欺骗手段等行为事实,认定其具有非法占有的目的。

作为侵占类财产犯罪,贪污罪的构成需以行为人主观上具有非法占有目的为要件,这也是区分贪污罪与挪用类犯罪的一个重要方面。本案被告人于继红贪污的对象为公有房屋,公有房屋属于不动产,不动产所有权的取得以办理产权登记为标志。被告人于继红侵占的公有房屋尚未办理产权变更登记,如何认定被告人于继红具有非法占有的目的,对于本案的定性具有关键意义。

我们认为,对于侵害对象为不动产的,办理产权变更登记是行为人非法占有目的的客观实现,但在很多情况下,行为人对于侵占的不动产往往由于取得方式的非法性而不敢去办理产权变更登记,因此,不能以没有办理产权变更登记来证明行为人主观上不具有非法占有的目的。在通常情况下,非法占有目的形成于产权变更登记之前,根据行为人客观上所采取的欺骗手段等行为事实,是可以认定其主观上具有非法占有目的的。在本案中,一方面,被告人于继红利用负责还迁房屋职务上的便利,通过少下台账、虚增面积等行为,将其他公司归还房管所的商企房予以截留,而且该被截留的商企房在房管所的相关文件中不再有任何体现,证明被告人于继红主观上具有将该商企房脱离房管所管理非法据为己有的故意;另一方面,被告人于继红将该截留的商企房用于个人出租牟利,说明被告人于继红已经在事实上将该房产视同为个人财产行使使用权、收益权。被告人于继红的辩护人关于房屋所有权并没有发生转移的辩护意见是不能成立的。一、二审法院根据以上事实认定被告人于继红具有非法占有该商企房的主观目的是正确的。

被告人于继红利用职务上的便利,截留公有房屋并实际占有使用,虽未办理私有产权证,亦应认定为贪污既遂以不动产为对象的贪污以及一般的侵占类犯罪的既、未遂的认定问题,在理论和司法实务中均不无争议。

作为以非法占有为目的的直接故意犯罪,贪污罪存在未遂形态;其既、未遂的判断标准,与盗窃、诈骗、抢夺等财产犯罪一样,应当视行为人是否实际取得财物而定。具体到贪污不动产犯罪,只要行为人利用职务之便,采取欺骗等非法手段,使公有不动产脱离了公有产权人的实际控制,并被行为人现实地占有的,或者行为人已经就所有权的取得进行了变更登记的,即可认定为贪污罪的既遂,而且,在办理不动产转移登记之后,即使不动产尚未实现事实上的转移,也不影响贪污罪既遂的成立。在本案中,被告人于继红虽未就其所截留的公有房屋进行私有产权登记,但因该截留行为系在房屋移交过程中、房屋的所有权人不知情的情况下实施的,房屋所有权的代表人——房管所在一般情况下是不可能对该房屋主张权利的,被告人于继红弄虚作假、欺瞒所在单位截留公房的行为本身即意味着被告人于继红实现了对该公房事实上的占有。由于该公房已经实际脱离了房管所的控制,因此,被告人于继红将来是否进行私有产权登记,并不影响对其已经将该公房据为己有事实的认定。一、二审法院认定被告人于继红构成贪污罪既遂是正确的。

案例:肖元华贪污、挪用公款案

案例来源:《刑事审判参考》总第8辑[第63号]

主题词:贪污罪 挪用公款罪

一、基本案情

被告人肖元华,女,44岁,汉族,原系辽宁省抚顺市司法局副局长。因涉嫌犯贪污罪,于1997年1月15日被逮捕。

辽宁省抚顺市中级人民法院经审理查明:1993年3月,抚顺市司法局筹建抚顺市宏光物资经贸公司,决定由时任司法局副局长的被告人肖元华为经理。该公司性质为独立核算、自负盈亏的集体所有制企业,隶属司法局领导。同年5月,经有关部门批准,领取了营业执照。6月,司法局为扩大经济实体,决定宏光物资经贸公司与该局先前成立的永盛综合劳动服务公司、仪器设备成套公司、建筑安装工程公司联合组成宏光物资贸易总公司,被告人肖元华任总经理(未注册登记)。7月7日,被告人肖元华与司法局签订了承包协议。协议约定:总公司及各分公司实行独立核算、自负盈亏、自主分配;资金自筹;所创利润在上缴承包利润后,剩余部分的利润分配自行确定等。11月,上级有关部门下发文件清理整顿机关所办的经济实体。1994年1月31日,在司法局解决上述总公司及所属四个公司的脱钩善后问题、被告人肖元华向局务会汇报各公司经营情况时,谎称宏光物资经贸公司营利只有45万元,隐瞒了部分利润。同年5月,司法局局长换任,肖元华在新任局长向其询问现有资产情况时,称尚有免税所得5万元左右。6月14日上午,宏光物资经贸公司会计王玉将从建行抚顺河北支行利民储蓄所取出的8.7195万元交给了肖元华;8月5日,王玉又按肖元华的要求,从建行抚顺河北支行台东储蓄所取出现金5099元及两张定额存单共5.5万元交给了肖元华(同年12月17日,上述两张存单到期,肖元华之父肖崇墨将本息共61343元取出);8月8日,肖让王玉从一张4万元定期存单中提前支取6000元,并于9月的一天上午,让王玉将此款送到肖元华的家中;12月下旬,肖让王玉将此存单剩余的3.4万元改为活期存款,其后,肖元华以各种理由,于1995年1、2月间先后4次通过王玉从该存单中提取公款计3.2万元,余下的2000元肖元华则用于购买副食品花掉。以上肖元华经手公款共19.3638万元,除其用于向司法局财务处上缴现金4.95万元外,其余14.4138万元被肖元华据为己有。

被告人肖元华任抚顺市司法局副局长主管抚顺市秋林物资经贸公司期间,于1992年12月与顺盛公司露天分公司进行汽柴油联销。秋林公司与顺盛公司露天分公司在联销业务中分别获利10万元和25万元。1993年5月的一天,肖在家中收受了主管顺盛公司露天分公司的露天区公安分局领导薄志臣送给的现金4万元。

1994年1月,被告人肖元华得知抚顺市高湾经济特区物资经销处经理孙德明资金紧张,遂主动对孙表示:我们去年挣了点钱,你先拿着用,到春节我们搞福利,你还我们现金。之后,肖元华让会计王玉将面额1万元、3万元和4万元的转账支票各一张,分3次交给了孙德明。孙德明将所借8万元大部分用于其个人经营业务活动。同年7月,孙陆续偿还现金7.2万元,被肖元华用于发奖金等事项。后因孙德明下落不明,剩余的8000元未能追回。

抚顺市中级人民法院认为:被告人肖元华身为司法局副局长,利用兼任所属公司法人代表、经理的职务之便,侵吞公款14万余元,其行为构成贪污罪,应依法惩处。公诉机关关于被告人肖元华收受薄志臣所送4万元构成贪污罪的指控,经查送钱一节存在,但送钱的前因等方面事实不清,证据矛盾,认定其行为构成贪污罪的证据不足;关于被告人肖元华借给孙德明8万元构成挪用公款罪的指控,经查被告人肖元华的行为属于违反财经纪律的套取现金行为,不构成挪用公款罪。因此对检察机关的这两项指控不予支持,辩护人的辩护意见,部分予以采纳。依照《中华人民共和国刑法》第十二条第一款,第三百八十二条第一款和第二款,第三百八十三条第一款第(一)项,以及《中华人民共和国刑事诉讼法》第一百六十二条之规定,于1998年7月30日判决如下:

1. 被告人肖元华犯贪污罪,判处有期徒刑十五年;

2. 检察机关指控被告人肖元华贪污公款四万元,构成贪污罪的证据不足,指控的犯罪不能成立;

3. 被告人肖元华不构成挪用公款罪。

一审宣判后,被告人肖元华不服,以剩余盈利款是承包协议明确规定由其自主支配的部分,不是公款,其有权支配,故其行为不构成贪污罪为由,向辽宁省高级人民法院提出上诉。

辽宁省高级人民法院经审理后认为:原审判决认定的基本事实清楚,但上诉人肖元华兴办的经济实体,虽有集体所有制企业的营业执照,因抚顺市司法局没有投资、没有贷款和集资,也没有按集体所有制企业管理机制进行管理,完全由上诉人肖元华自筹资金、自聘人员、自主经营,对剩余的所创利润,按承包协议,应由承包人肖元华自主分配,其有权处分,原审法院对其占有上缴定额利润后的营利部分以贪污罪定罪处罚不当。依照《中华人民共和国刑事诉讼法》第一百八十九条第(二)项之规定,于1999年2月10日判决如下:

1. 撤销抚顺市中级人民法院的刑事判决;

2. 上诉人肖元华无罪。

二、裁判要旨

No. 8-382-23　定额承包者占有或支配本人上缴定额利润后的赢利部分,不构成贪污罪。

根据全国人民代表大会常务委员会《关于惩治贪污罪贿赂罪的补充规定》第一条第一款的规定,贪污罪是指国家工作人员、集体经济组织的工作人员或者其他经手、管理公共财物的人员,利用职务上的便利,侵吞、盗窃、骗取或者以其他手段非法占有公共财物的行为。从本款的规定看,贪污罪在客观方面必须具备两个要件:一是利用职务上的便利;二是实施了非法占有公共财物的行为。本案不具备上述两个要件,理由如下:

被告人肖元华根据原所在单位决定兴办的经济实体,具有集体所有制企业的营业执照,该经济实体虽然由肖本人自筹资金,自聘人员,自主经营,但其所办公司是其所在单位执行上级有关文件精神、享受某些特殊优惠政策下的产物,受其原所在司法局管理,上缴费用。在具体经营管理上,肖元华虽为总经理,但实质是肖元华本人承包经营,不具有集体承包特征。经查明,肖元华创办公司后,已交出其原任司法局副局长全部分管的工作,只是按当时有关文件"职级不变"的规定,上级主管部门没有免去她副局长的职务,但事实上她已不行使副局长的职权。故被告人肖元华不存在利用副局长的职务上的便利侵吞公款的问题。

被告人肖元华是否非法占有了14万余元的公款呢?经查明,被告人肖元华与司法局签订承包协议,约定实行定额上缴利润承包,即所谓大包干。当所在单位清理整顿所办实体时,肖按承包协议足额上缴了利润。免税部分虽然没有用于发展基金购置资产,但也足额上交了。对剩余的所创利润14万元,按承包协议规定,应由承包人肖元华自主分配,被告人肖元华有权处分。这一最基本的事实,决定了这笔款项不是公共财产。因此,不论行为人以什么方式,公开的、秘密的、合法的、非法的方式占有,均不构成贪污罪。也就是说,被告人肖元华并没有非法占有公共财物的行为。

案例:胡滋玮贪污案

案例来源:《刑事审判参考》总第37集[第292号]

主题词:贪污罪　经营利润

一、基本案情

被告人胡滋玮,男,1956年2月26日生,回族,原系江苏苏州物贸中心(集团)有限公司副总经理,苏州外贸物资总公司法定代表人、总经理,曾任苏州物资集团公司汽车经营公司总经理、华东汽车贸易苏州联营公司总经理、苏州物资集团公司第三贸易公司总经理。因涉嫌犯侵占罪,于1999年11月17日被监视居住,2000年1月13日因涉嫌犯贪污罪被逮捕。

江苏省苏州市中级人民法院经审理查明:被告人胡滋玮于1990年11月18日至1997年2月17日担任苏州物资集团公司[后更名为苏州物贸中心(集团)有限公司]总经理助理;1990年11月至1996年7月间,被告人胡滋玮担任苏州物资集团公司汽车经营公司(1993年10月起更名为苏州物资集团汽车贸易总公司)总经理;1992年5月至1995年兼任苏州物资集团公司第三贸易公司总经理。1997年2月17日胡滋玮辞去苏州物贸中心(集团)有限公司董事、苏州物资集团股份有限公司董事职务,同时被苏州物贸中心(集团)有限公司解除其担任的该公司总经理助理的职务。1998年2月,胡滋玮重回苏州物贸中心(集团)有限公司,担任董事、副总经理。被告人胡滋玮于1992年1月15日被吸收为国家干部。另查明:苏州物资集团公司系全民联营企业;苏州物资集团公司汽车经营公司是由苏州物资集团公司投资500万元注册成立的全民企业;苏州物资集团第三贸易公司是苏州物资集团公司拨款50万元注册成立,隶属于苏州物资集团公司的非独立核算全民联营公司。

1991年至1993年间,被告人胡滋玮利用担任苏州物资集团汽车经营公司总经理、苏州物资集团公司第三贸易公司总经理的职务便利,在公司经营活动中,采用“虚开发票”“收入不入账”“串票经营”“两价结算”“抬高进价、故意亏损”及虚设“外汇补差”“联合经营钢材业务利润分成”等手段,将本公司公款人民币1777.620263万元截留至海南华洋科技发展有限公司等单位。被告人胡滋玮于1999年3月利用上述截留利润中1658.8万元,联系了苏州对外贸易公司、苏州物资集团经营服务公司,并借用了吴江市机电工业供销总公司、深圳特发实业有限公司、深圳俊洋电子有限公司、中国第一汽车集团公司供应处、中国第一汽车集团公司吉林轻型车厂供应公司等单位的名义成立了苏州外贸机电产品公司(后更名为苏州外贸物资总公司),该公司经济性质为全民与集体联营,实际由被告人胡滋玮控制。

1992年至1993年间,被告人胡滋玮通过王迺玉等人,在香港美国运通银行办事处办理了户名为“胡滋玮”的美国运通卡一张、非法购置外籍护照两本、为邢舸补贴个人购车款10万元。1993年10月,被告人胡滋玮与王迺玉结账时,以所谓“苏州外贸物资总公司分配利润”的名义从该公司汇给王迺玉所在的深圳特发实业有限公司人民币50万元,连同胡滋玮存放在海南华洋科技发展有限公司的剩余截留利润118.820263万元,共计人民币168.820263万元,支付了上述费用,同王迺玉结清了账目。

案发后,司法机关扣押了全部赃款。

被告人胡滋玮在苏州市纪律检查委员会对其审查时,主动交代了贪污犯罪的事实。

关于被告人胡滋玮提出美国运通卡是为公司业务办理的辩解意见。经查,该卡系胡滋玮用截留利润通过王迺玉在香港办理,户名为胡滋玮本人,完全由胡滋玮控制,胡滋玮也曾供述该卡在单位财务上始终没有反映。苏州物资集团公司汽车经营公司副总经理柯晓云证实,单位没有办理过外国信用卡;在苏州物资集团公司先后担任总经理的张华明、邵伟忠均证实不知下属单位有办理外国信用卡的情况。故被告人胡滋玮的该辩护意见没有事实依据,不予采纳。

关于被告人胡滋玮提出外国护照在办理过程中、尚未与王迺玉结账;未曾承诺过补贴邢舸购车款,王迺玉在截留公款中支付,是王单方行为的辩解意见。经查,被告人胡滋玮在侦查机关审查期间,多次供认与王迺玉结清了账目,该供述与王迺玉的证言印证,且有王迺玉出具的“代收利润”“代垫费用”清单等书证证实。在被告人胡滋玮的私人笔记本中,记录有补贴邢舸购车款10万元的内容,故胡滋玮称“未承诺补贴邢舸车款”的辩解理由没有事实依据,不予采纳。

江苏省苏州市中级人民法院认为,被告人胡滋玮系国有公司中从事公务的人员,依照《中华人民共和国刑法》第九十三条第二款之规定,应以国家工作人员论。被告人胡滋玮利用职务便利,侵吞公款人民币168.820263万元,其行为构成贪污罪。公诉机关指控事实清楚,证据充分,定罪准确,予以支持。辩护人关于起诉书指控被告人胡滋玮贪污公款用于办理护照和补贴邢舸购车,证据不足的意见,不能成立。辩护人关于被告人胡滋玮没有贪污的犯罪故意,其用公款办理美国运通卡的行为属挪用公款的意见,虽提供了证人陆平、周帆关于胡滋玮为公司业务办理过运通卡一事知情的证词,但是该二证人对胡滋玮办理运通卡的款项来源,性质、是否得到领导批准、单位账上是否有反映均不知情,尚不足以改变胡滋玮行为的性质,况且被告人胡滋玮在1997年3月辞职离开苏州物贸中心(集团)有限公司时,并未将运通卡移交,说明其主观上具有非法占有该公款的目的,故对该辩护意见不予采纳。辩护人关于被告人胡滋玮有自首情节,可依法从轻处罚的辩护意见,因被告人胡滋玮在庭审中未如实供述自己的主要犯罪事实,故其虽在市纪委对其审查时主动交代了贪污犯罪事实,依照最高人民法院《关于处理自首和立功具体应用法律若干问题的解释》第一条第(二)项之规定,不能认定为自首。鉴于案发后司法机关追缴了全部赃款,故对被告人胡滋玮可酌情从轻处罚。为维护国家工作人员职务的廉洁性,保障公共财产不受侵犯,依照《中华人民共和国刑法》第十二条第一款,第三百八十二条第一款,第三百八十三条第一款第(一)项,第五十六条第一款,第六十四条之规定,判决如下:

1. 被告人胡滋玮犯贪污罪,判处有期徒刑十五年,剥夺政治权利五年,并处没收财产人民币五十万元。

2. 扣押的赃款人民币六十二万六千七百五十二元六角三分,及运通卡本息港币一百二十五万二千七百六十二元五角九分发还苏州物资集团公司。

一审宣判后,被告人胡滋玮不服,向江苏省高级人民法院提出上诉。

被告人胡滋玮上诉理由及其辩护人辩护意见称:(1)办理美国运通卡是为了公司开展业务,认定胡滋玮非法占有的证据不足;(2)因外围护照未办成,尚未与王逎玉结账;胡未曾承诺过补贴邢舸购车款,王逎玉在截留公款中抵扣车款,是其单方行为,认定胡滋玮贪污公款办理护照和补贴邢舸购车款,证据不足。

关于被告人胡滋玮及其辩护人提出的办理美国运通卡是为了公司开展业务,认定胡非法占有的证据不足的上诉理由及辩护意见,二审法院经查,被告人胡滋玮通过王逎玉等人在香港办理美国运通卡并从截留的公司公款中支付了办卡费用,该卡自办理之日起,一直为胡滋玮个人控制。苏州物资集团公司汽车经营公司副总经理柯晓云证实,单位没有办理过外国信用卡,在苏州物资集团公司先后担任总经理的张华明、邵伟忠均证实不知下属单位有办理外国信用卡的情况,单位财务上亦无反映,胡滋玮及其辩护人提出办理运通卡是为公司开展业务的辩解,无证据证实。1997年3月,胡滋玮辞职离开苏州物贸中心(集团)有限公司时,亦未将该运通卡移交单位。1998年,该运通卡因未办理相应的手续而不能继续使用,运通卡内的所有款项实际均已自动转为胡滋玮私人存款。被告人胡滋玮对利用截留公款为其个人办理运通卡及占有卡内存款的行为,有过多次供述,且得到王逎玉等证人证言以及美国运通银行对账单、转存证明等证据证实,其非法占有公款的主观故意明确。故对被告人胡滋玮及其辩护人提出的此上诉理由和辩护意见,不予采纳。

关于被告人胡滋玮及其辩护人提出的因外国护照未办成,胡尚未与王逎玉结账;胡未曾承诺过补贴邢舸购车款,王逎玉在截留公款中抵扣车款,是其单方行为,认定胡滋玮贪污公款办理护照和补贴邢舸购车款,证据不足的上诉理由和辩护意见,二审法院经查,被告人胡滋玮在侦查阶段多次供述,其委托王逎玉找邢舸为其与付某办理外国护照以及为邢舸贴补购车款10万元,并与王逎玉商定费用从公司截留款中扣除,事后,胡滋玮在其私人笔记本中,对补贴邢舸购车款10万元的内容亦作了记载,且得到王逎玉、高勇、吴轶、付建新等证人证言证实;1993年10月,双方经结算,办理护照款、补贴邢舸购车款以及运通卡支出等三项费用,以168.820263万元从海南华洋科技发展有限公司等王逎玉处的公司截留利润中抵扣,胡、王各执结算清单1份,以示账目结清,有被告人胡滋玮的供述、证人王逎玉的证言以及双方持有的"代收利润""代垫费用"清单等书证证实。被告人胡滋玮利用职务之便截留公司利润并侵吞部分公款用于个人支出的事实清楚,证据确实、充分,其行为依法构成贪污罪。故对被告人胡滋玮及其辩护人提出的此上诉理由和辩护意见,不予采纳。

江苏省高级人民法院经审理认为,被告人胡滋玮身为国有公司中从事公务的人员,利用职务便利,截留单位公款并将其中的168.820263万元用于个人支出,其行为已构成贪污罪。案发后涉案赃款已全部追回,可酌情从轻处罚。原审人民法院判决认定胡滋玮犯贪污罪的事实清楚,证据确实、充分,定罪准确,量刑适当,审判程序合法。依照《中华人民共和国刑事诉讼法》第一百八十九条第(一)项之规定,裁定驳回上诉,维持原判。

二、裁判要旨

No.8-382-24 利用职务便利,采取虚构事实或者隐瞒真相等手段,将国有公司经营利润截留,用于非国有公司经营的,应以贪污罪论处。

在本案中,被告人胡滋玮在1991年至1993年间,利用担任苏州物资集团公司汽车经营公司总经理、苏州物资集团公司第三贸易公司总经理的职务便利,在公司的经营活动中,采用虚开发票、收入不入账、串票经营、两价结算、抬高进价、故意亏损及虚设外汇补差、联合经营钢材业务利润分成等手段,将公司的公款人民币1777.620263万元予以截留,并藏匿于他公司。应当说,该行为较为完整地具备了贪污罪客观方面的一些要件,且在当前固有公司经营领域发生的贪污行为中具有一定的代表性,即利用职务便利、采取虚构事实或者隐瞒真相等手段、将公司经营利润予以截留。同时,在无相反证据、事实的情况下,根据上述行为通常足以推定行为人具有非法占有所截留、隐匿公款的主观目的:此种情形中,或者通过平账或者通过不入账,公司的财物账簿已经反映不出该笔公款,公司已经实际失去了对该公款的支配和控制权。但是作为一种客观推定(事实推定),就需遵循证据推理的一般规则,一方面,据以推定的证据必须是真实的、一致的,相反证据须得到合理排除;另一方面,推定的结论必须是确定的、唯一的并且是可靠的。本案的特殊性在于:(1)作为公司的总经理,被告人胡滋玮事实上具有代表公司对公司资产作出处置的实际权力,在为公还是为私问题的判断上具有不确定性。这一点不同于公司的一般财务人员或者公司财产的经手人员,后者一般无权自行处置公司的财产,因而可径行推定成立非法占有目的要件。(2)被告人胡滋玮截留公款事出有因,其与上属公司苏州物资集团公司(以下简称"苏物贸")在经营理念及个人关系上均存在分歧和矛盾,不能对其关于摆脱上属公司的掣肘,另起炉灶成就一番事业,个人并无非法占有所截留公款的供述予以合理排除。可见,尽管被告人胡滋玮采取不入账或者平账等手段,私自截留公款并予以藏匿,但因相反证据不能得到合理排除,且推定结论不具有确定性,故单纯地就其截留公款并予以藏匿的行为不足以认定其主观上的非法占有目的。在根据相关证据尚不足以判断行为人截留公款行为时的主观目的的情形中,就须结合公款的去向及行为人时于公款的具体处置行为等进一步行为来进行认定。比如在本案中,被告人胡滋玮分别用于办理美国运通卡、外国护照及支付他人购车款的168万余元公款,因相关证据充分证明系个人目的的使用、处置行为,故推定其对于该部分公款主观上具有非法占有的目的是可以成立的。

案例:胡启能贪污案

案例来源:《刑事审判参考》总第35集[第275号]

主题词:国家工作人员 贪污罪

一、基本案情

被告人胡启能,男,1945年2月18日出生,大专文化,原系重庆市农业生产资料总公司总经理。因涉嫌犯受贿罪、贪污罪,于2000年2月13日被逮捕。

重庆市第一中级人民法院经审理查明:

1. 关于被告人胡启能的主体身份

胡启能于1980年12月9日,经原中共重庆市委组织部经济干部管理处任命为重庆市农业生产资料总公司(以下简称"重庆农资公司")副经理;1984年经原重庆市人事局批准为国家干部(从1960年起算);1986年11月20日,经原中共重庆市委财贸政治部任命为重庆市农资公司经理;1990年12月25日,又经原中共重庆市委财贸政治部任命为农资公司经理;1994

年4月12日,经原中共重庆市供销合作总社委员会根据原市委财贸政治部授权,任命为重庆市农资公司总经理。1995年12月30日,依照全市范围内所有全民所有制企业和集体所有制企业的领导均需与主管部门签订合同的有关规定,胡启能与原重庆市供销合作总社签订劳动合同。

重庆市供销合作总社受重庆市人民政府领导,行使政府授权的行业管理和某些重要商品的市场调控职能,1997年改制为事业单位。重庆市农资公司原系重庆市供销合作总社下属的全民所有制企业,体制改革后,系重庆市供销合作总社直属集体所有制企业,重庆市政府农业生产资料协调小组成员单位,其法定代表人仍由政府和其主管部门任命。重庆市农资公司在改为集体所有制性质后,在人员的管理体制上,原属全民所有制的干部和职工,均按中央和省、市关于原有全民所有制职工身份不变的政策执行。

2. 关于受贿事实

(1)1998年10月至1999年8月,被告人胡启能在转卖重庆农资公司4万吨进口化肥配额指标给广东省汕头农资公司过程中,索取人民币180万元。具体事实如下:1998年10月,广东省汕头农资公司总经理周鸿耀与胡启能商定联营3万吨进口化肥配额指标,每吨以150元计价,胡同时提出,其中每吨100元汇到重庆农资公司账上,另外50元提现金直接付款给胡。此后,胡启能分别于1998年11月10日、12月8日和1999年1月23日共从周鸿耀处收受现金共计人民币140万元。1999年8月,周鸿耀与胡启能商定联营1万吨进口化肥配额指标,付款方式同上述约定。据此,胡启能于8月12日从周鸿耀处收受现金共计人民币40万元(其中10万元系补足上次欠款)。

(2)1999年3月至7月,被告人胡启能在转卖6.5万吨进口化肥配额指标给广西广源贸易公司(以下简称"广源公司")过程中,索取人民币320万元。具体事实如下:1999年3月,胡启能与广源公司总经理莫立柱在其深圳鸿宏达公司(与广源公司系两块牌子,一套班子)商定,以每吨进口化肥配额指标150元的价格进行联营,其中100元付到重庆农资公司账上,另50元付现金给胡。胡当即将随身携带的4.5万吨进口化肥配额指标交给莫。7月份,胡启能向莫立柱提出,他手里有两万吨下半年的进口化肥配额指标,要求莫立柱把前次4.5万吨配额应给他的225万元和此次两万吨配额应给他的100万元准备好,马上给他。经公司领导同意后,莫立柱分别于7月6日、8日分两次将现金共计人民币320万元交给胡启能。所余5万元,胡表示放弃。

(3)1999年4月至10月,被告人胡启能在转卖两万吨进口化肥配额指标、3万吨进口实物化肥给中农广州公司过程中,索取人民币75万元、美金8.24万元(折合人民币75万元)。具体事实如下:1999年4月,中农广州公司化肥科科长张凝与胡启能商定联营0.5万吨进口化肥配额指标,每吨计150元,以每吨配额通过转账方式付给重庆农资公司人民币100元、另每吨配额给付胡现金50元方式付款。据此,胡启能于5月22日收取现金计人民币25万元。同年8月,张凝与胡启能商定联营1.5万吨进口化肥配额的协议,付款方式按上次约定办理。据此,胡启能于8月16日收取现金计人民币25万元,尚欠人民币50万元。之后,双方又商定,将国家拨给重庆的3万吨进口实物化肥,以每吨1270元人民币的价格卖给中农广州公司,其中每吨1250元付给重庆农资公司,每吨20元共计60万元用现金给胡。据此,张凝于10月8日晚交给胡启能8.24万元美金。之后,胡启能在广州将广东增城农资公司经理李小青、余苏伟叫到广州国际大酒店,告诉他们愿支援增城农资公司25万元作为该公司的利润,并叫余苏伟同张凝联系。11月10日,张凝即按胡启能的安排,从广州中岛贸易公司划出原定给胡启能现金的25万元到增城农资公司账上。

(4)1997年3月至下半年,被告人胡启能在转卖4.3万吨进口化肥配额指标给从化农资公司中,索取人民币102万元。具体事实如下:1997年3月,经从化农资公司经理张艳颜要求,胡启能同意给其1.3万吨进口化肥配额指标,同时提出应付款中80万元人民币汇到重庆农资公司账上,另外52万元以现金支付。张艳颜之后按胡的要求,将52万元现金交给其女胡雪梅。1997

年下半年,胡启能同意给从化农资公司3万吨进口化肥配额指标,同时向张艳颜提出,其中50万元以现金支付。其间,胡启能曾安排重庆农资公司化肥一公司原副经理谭长寿在张艳颜处拿取现金50万元,送到北京其子胡雪松处,后自感知情人太多,又让谭将该50万元现金还回张艳颜处。11月5日,张艳颜在重庆机场出口处,将该50万元现金交给胡启能。

(5)1996年10月至1998年12月,被告人胡启能在转卖13.7万吨进口化肥配额指标给珠海农资公司的过程中,索取现金491万元。具体事实如下:1996年10月,珠海农资公司总经理陈汉兴在重庆与胡启能商定,年底重庆农资公司给珠海农资公司两万吨进口化肥配额指标,每吨110元人民币,其中每吨90元付重庆市农资总公司,每吨20元付现金给胡启能。据此,陈汉兴于10月28日,将40万元现金交给了胡启能。1997年2月10日,陈汉兴在重庆与胡启能谈定,重庆农资公司给珠海农资公司3.7万吨进口化肥配额,每吨配额110元人民币,其中每吨80元付重庆农资公司,每吨30元付现金给胡启能。3月19日,陈汉兴应胡启能电话要求,到重庆将30万元现金交给胡。次日,胡启能将3张共计3.7万吨配额的证明给陈汉兴。1997年4月初,按胡启能要求,陈汉兴交给其子胡雪松现金计人民币30万元。4月28日下午,陈汉兴交给胡启能现金51万元。1997年10月23日,陈汉兴在重庆跟胡启能谈妥,1997年下半年重庆农资公司给珠海农资公司两万吨进口化肥配额指标,每吨130元人民币,其中每吨80元汇到重庆市农资总公司账上,每吨50元付现金给胡。12月16日,陈汉兴给付胡启能现金70万元,并于次年3月18日,给付现金50万元(其中20万元系1998年5万吨配额的应付款)。1998年春节期间,陈汉兴打电话给胡启能商谈1998年配额合作的事情,1998年1月31日,二人按每吨付90元人民币到重庆农资公司账上,付40元给胡本人的条件,谈妥5万吨进口化肥配额后,陈汉兴即将其携带的20万元现金交给了胡启能。1998年4月中下旬,陈汉兴交给胡启能15万元现金,并于6月7日,交给胡启能现金110万元。7月7日,陈汉兴在入住的酒店房间将40万元现金交给胡(其中5万元系多付)。同一天,陈汉兴与胡启能以付90万元人民币到重庆农资公司账上,付40万元现金给胡付款方式,谈妥下半年1万吨配额的合作。由于在此前的5万吨进口化肥配额业务中多付了5万元给胡启能,陈汉兴即将其中的35万元交给了胡启能。

3. 关于贪污事实

1996年7月,重庆农资公司准备将3万吨进口化肥配额转卖给连云港农资公司时,胡启能指使其属下化肥公司的经理周怡(在逃)、副经理谭长寿(已判刑),要求广东省增城市农资公司副经理余苏伟,以该公司名义与连云港农资公司签订假代理协议,将连云港农资公司本应付重庆农资公司的180万元以代理费的名义汇到增城农资公司账上。1997年1月24日,增城农资公司划款32.55万元到拓展公司,由拓展公司分两次兑换为港币30万元,余苏伟将30万元港币取出交给了谭长寿;3月份,增城农资公司按谭长寿的要求提取现金70万元交给谭;4月7日,应胡启能要求,余苏伟会同公司业务员赖俊涛将装有30万元现金的密码箱交给胡启能之女胡雪梅。剩下的47.45万元现仍在增城农资公司账上。

重庆市第一中级人民法院认为:被告人胡启能身为国家工作人员,受政府和上级主管事业单位的委派,在经营、管理进口化肥配额指标及进口实物化肥过程中,利用职务便利,索取贿赂人民币1168万元,美元8.24万元,贪污公款人民币30万元,其行为已分别构成受贿罪、贪污罪,应数罪并罚。且受贿数额特别巨大,给国家和集体造成重大的经济损失,情节特别严重,应依法予以严惩。被告人胡启能的受贿行为连续发生于1997年《中华人民共和国刑法》实施前后,系跨越修订刑法实施日期的连续犯罪,且1997年修订刑法对受贿罪的构成要件规定较此前刑法规定更为严格,且法定最低刑较轻,最高刑无变化,故应适用1997年的《刑法》。公诉机关指控被告人胡启能犯有受贿罪的事实和贪污罪的罪名成立。被告人胡启能及其辩护人关于不是国家工作人员,不具备贪污罪、受贿罪主体资格的辩解、辩护意见,与查明的事实不符,不予采纳。胡启能国家工作人员的身份从未改变,并受政府和上级主管机关的委派担任集体企业领导,管理公共财产,胡启能具有国家工作人员身份。胡启能及其辩护人关于指控其贪污犯罪的事实和罪名不能成立的辩解、辩护意见,从证据上看,公诉机关指控胡启能犯有贪污罪的罪名成立,但指控胡贪污的金额有误。对于谭长寿称将余苏伟给的30万元港币、70万元人民币交给了胡启能的事实,无其他直接的证据予以证实,公诉机关也未能提供其他证据对谭长寿的供述予以印证,故认定该事实证据不足。胡启能的辩护人对于该事实提出证据不足的意见予以采纳。对于现仍在增城农资公司账上的122.45万元、转到番禺农资公司账上的50万元以及余苏伟提取的现金51万元,公诉机关没有充分证据证明胡启能在主观上具有个人或与谭长寿、余苏伟三人共同占有的故意,客观上胡启能个人又未实际占有,故指控胡启能贪污上述款项的证据不足,其辩护人对此提出异议,本院予以采纳。对于余苏伟按照胡启能的要求付给胡启能的30万元人民币,有充分的证据证明系胡雪梅所收,应认定属胡启能个人占有。依照《中华人民共和国刑法》第十二条第一款、第三百八十五条、第三百八十六条、第三百八十二条第二款、第三百八十三条第(一)项、第五十七条第一款、第五十九条第一款、第六十九条、第六十四条的规定,判决如下:

被告人胡启能犯受贿罪,判处死刑,剥夺政治权利终身,并处没收个人全部财产;犯贪污罪,判处有期徒刑十五年,剥夺政治权利五年;决定执行死刑,剥夺政治权利终身,并处没收个人全部财产。

一审宣判后,被告人胡启能以其不构成受贿罪、贪污罪,向重庆市高级人民法院提出上诉。

被告人胡启能上诉称:(1)不具有国家工作人员的主体身份。其身份随所在单位根据国家和地方政府有关文件要求改变为集体所有制企业,并签订劳动合同后,已由最初的全民所有制企业工作人员转变为集体企业的合同制职工;一直在重庆市农资公司工作,不存在受政府和上级主管机关的委派担任集体企业领导,且无委派的相关证据,其1995年底与市供销社签订劳动合同后,原来的任命关系被合同关系替代。(2)原判认定受贿、贪污犯罪的事实不清,证据不足。认定5笔索贿的证据没有形成证据锁链,周鸿耀、莫立柱、郎诚、张凝、张艳颜、陈汉兴等人的证明属孤证,不能采信;认定贪污公款30万元证据不足,余苏伟个人证实30万元给了胡雪梅,但胡雪梅否认。

其辩护人的辩护意见与胡启能的上诉理由内容基本相同,请求依法改判胡启能不构成受贿罪、贪污罪。

重庆市高级人民法院经审理认为:被告人胡启能作为国家工作人员,在接受政府和上级主管事业单位任命,担任重庆市农资总公司总经理期间,利用经营、管理进口化肥配额指标的职务之便,先后向多个联营的对方单位索取贿赂共计人民币1168万元、美元8.24万元,贪污公款30万元,其行为已分别构成受贿罪、贪污罪,其受贿犯罪的数额特别巨大,给国家和集体造成重大的经济损失,情节特别严重,应依法严惩。一审判决认定的事实和适用法律正确,量刑适当,审判程序合法。胡启能上诉及辩护人提出有关原判事实不清,证据不足,胡启能不构成受贿罪、贪污罪的辩解和辩护理由,与查明的客观事实不符,不予采纳。依照《中华人民共和国刑事诉讼法》第一百八十九条第(一)项的规定,裁定驳回胡启能的上诉,维持原判,并依法报请最高人民法院核准。

最高人民法院经复核查明:被告人胡启能在任重庆市农业生产资料总公司总经理期间,在公司以联营形式向其他单位转卖进口化肥配额指标或实物化肥的经营过程中,利用职务便利,侵吞公司利润款占为已有。具体如下:

1996年10月至1998年12月,被告人胡启能在将13.7万吨进口化肥配额指标转卖给广东省珠海市农业生产资料总公司的过程中,要求该公司总经理陈汉兴将应付给重庆市农资总公司利润款中的人民币491万元,以支付现金的方式交给其个人。陈汉兴按照胡启能的要求将现金人民币461万元交给了胡启能,将现金人民币30万元交给了胡启能之子胡雪松。

1997年3月至下半年,被告人胡启能在将3万吨进口化肥配额指标转卖给广东省从化市农业生产资料公司的过程中,要求该公司经理张艳颜将应付给重庆市农资总公司利润款中的人民币50万元,以支付现金的方式交给其个人。后张艳颜将现金人民币50万元交给了胡启能。

1998年10月至1999年8月,被告人胡启能在将4万吨进口化肥配额指标转卖给广东省汕头市农业生产资料总公司的过程中,要求该公司总经理周鸿耀将应付给重庆市农资总公司利润款中的人民币 180 万元,以支付现金的方式交给其个人。后周鸿耀将现金人民币 180 万元交给了胡启能。

1999 年 3 月至 7 月,被告人胡启能在将 6.5 万吨进口化肥配额指标转卖给广西广源贸易公司的过程中,要求该公司总经理莫立柱将应付给重庆市农资总公司利润款中的 320 万元人民币,以支付现金的方式交给其个人。后莫立柱将现金人民币 320 万元交给了胡启能。

1999 年 4 月至 10 月,被告人胡启能在将 2 万吨进口化肥配额指标、3 万吨进口实物化肥转卖给中国农业生产资料广州公司的过程中,要求该公司化肥科科长张凝将应付重庆市农资总公司利润款中的人民币 150 万元,以支付现金的方式交给其个人。张凝按照胡启能的要求,先后将现金人民币 50 万元交给胡启能;将人民币 75 万元兑换美元 8.24 万元交给胡启能;将人民币 25 万元转到了广东省增城农业生产资料公司的账上。

综上,被告人胡启能侵吞重庆市农资总公司利润款人民币 1116 万元、美元 8.24 万元,共计人民币 1191 万元。案发后,追缴赃款等共计折合人民币 870 余万元。

最高人民法院认为:被告人胡启能在受国家机关委派担任重庆市农资总公司总经理期间,利用职务便利,侵吞本公司经营进口化肥配额指标及实物化肥的利润款人民币 1191 万元,其行为已构成贪污罪,贪污数额特别巨大,情节特别严重,应依法严惩。一审判决、二审裁定认定的基本事实清楚,证据确实、充分,审判程序合法。但一审判决、二审裁定将胡启能利用职务便利,侵吞单位利润款的行为认定为胡启能向他人索取贿赂,构成受贿罪,定性不当,应予纠正;认定胡启能从广东省从化市农业生产资料公司收取现金人民币 52 万元,证据不足,本院不予认定;认定胡启能在将 3 万吨进口化肥配额指标转卖给江苏省连云港市农业生产资料公司的过程中侵吞本公司利润款人民币 30 万元,构成贪污罪的事实不清,本院不予认定。依照《中华人民共和国刑事诉讼法》第一百九十九条、最高人民法院《关于执行〈中华人民共和国刑事诉讼法〉若干问题的解释》第二百八十五条第(三)项和《中华人民共和国刑法》第三百八十三条第一款第(一)项、第九十三条第二款、第五十七条第一款的规定,判决如下:

1. 撤销重庆市高级人民法院(2002)渝高法刑终字第 99 号刑事裁定和重庆市第一中级人民法院(2001)渝一中刑初字第 594 号刑事判决中对被告人胡启能的定罪、量刑部分;

2. 被告人胡启能犯贪污罪,判处死刑,剥夺政治权利终身,并处没收个人全部财产。

二、裁判要旨

No.8-382-25 经国家机关同意,事业单位任命的人员,属于国家工作人员。

被告人胡启能任职重庆市农资公司总经理,虽然形式上由重庆市供销合作总社(事业单位)行文任命,但实质上系受中共重庆市委财贸政治部委派,故应认定其为受国家机关委派在非国有公司从事公务的人员。

被告人胡启能任职总经理的重庆市农资公司属集体所有制企业,1997 年修订后的《刑法》,将集体经济组织工作人员排除在贪污、受贿犯罪的主体之外,不再属于贪污、受贿犯罪的独立主体,只有国家工作人员方能构成贪污、受贿犯罪(其中,贪污罪可由受委托管理、经营国有财产的人员构成)。也正是基于此,被告人胡启能及其辩护人提出,依照 1997 年修订后的《刑法》,被告人胡启能不属于国家工作人员,不具备贪污、受贿犯罪的主体要件。在本案中,被告人胡启能既非国家机关工作人员,亦非国有企业单位工作人员,同时因其所侵犯的公司财产系集体财产,也不属受委托管理、经营国有财产的人员,依照《刑法》第九十三条关于国家工作人员范围的规定,能否认定被告人胡启能系受国家机关、国有公司、企业、事业单位委派到非国有公司、企业、事业单位、社会团体从事公务的人员,成为本案定性的关键。

被告人胡启能任职重庆市农资公司总经理,行使经营、管理公共财产的职权,且公司从事的主要是农药、化肥等国家专控商品的经营活动及进出口业务,故将其在公司的职务行为认定为从事公务不存在疑问。能否认为被告人胡启能在重庆市农资公司任职总经理系受国家机关或者国有单位的委派?被告人胡启能自 1984 年由原重庆市人事局批准为国家干部之后,其担任重庆市农资公司经理(总经理)一职,先后历经三次任命、委派。其中,1986 年、1990 年两次任职均是由原中共重庆市委财贸政治部正式行文任命的,该两次任命当然属于受国家机关委派到非国有公司从事公务的人员。本案的特殊性在于,被告人胡启能在 1994 年第三次任职重庆市农资公司总经理时,系经原中共重庆市委财贸政治部同意,由重庆市农资公司的上属单位重庆市供销合作总社(事业单位)行文任命的。对此,有一种意见认为,不应将被告人胡启能认定为受国家机关委派从事公务的人员。我们认为,此种情形同样应视为受国家机关委派在非国有单位从事公务的人员。理由是,(1)按照我国现行干部制度的党管干部原则,重庆市供销合作总社仅具形式上的任命权,拥有决定权的是中共重庆市委财贸政治部,被告人胡启能能否继任重庆市农资公司的总经理,最终将取决于中共重庆市委财贸政治部同意与否。(2)重庆市供销合作总社虽然在体制改革之后列为事业编制,但根据相关体制改革的政策规定,总社及其下属公司的人员,原属全民所有制的干部、职工的身份和待遇并未因体制改革而改变。胡启能第三次任职的情况,不同于通常人们所说的二次委派。二次委派通常指的是在一些特殊行业的非国有单位中,其高层管理决策人员(比如董事会成员)由行政主管部门委派,而具体的执行人员(比如经理人员)又由管理决策层决定任命。通常把这些公司管理决策层自主决定任命的人员称为二次委派。前者属于刑法中的委派,而后者因非行政主管部门决定任命,且非国有单位享有任命与否的自主决定权,故不应认定为受国家机关委派从事公务的人员。在审判实践中,要特别注意的是,随着政企分开和干部管理制度的改革,国家机关、国有公司、企业、事业单位向非国有公司、企业、事业单位、社会团体委任、派遣从事公务人员的形式可能多种多样,如任命、指派、提名、批准等。因此,认定是否属于受委派,不能仅看形式,必须结合具体案件的情况,充分把握是否属于代表国家机关、国有公司、企业、事业单位行使公共权力的实质,准确加以界定。被告人胡启能在 1994 年第三次任职重庆市农资公司总经理时,形式上是由其上属单位重庆市供销合作总社(事业单位)行文任命的,但原中共重庆市委财贸政治部的同意,才是其在非国有公司中行使公共事务管理职权的真正权力来源。显然,被告人胡启能不属于二次委派,而是国家机关(通过党的干部机构)对特殊行业的非国有单位高层管理决策人员的直接委派。因此,应当认定其为受国家机关委派在非国有公司从事公务的人员,以国家工作人员论。

No. 8-382-26 收受的各种名义的回扣、手续费,实际上属于本单位的额外支出或者应得利益的,应以贪污罪论处。

一般而言,通过犯罪对象,可以对贪污与受贿作出清楚的界定。行为人所取得的财物系他人(包括单位)的财物,即为受贿;所取得的财物系本单位的公共财物(包括本单位管理、使用或者运输中的私人财物),即为贪污。但是,在经济往来中,国家工作人员利用签订、履行合同的职务便利,经由交易对方以各种名义的回扣、手续费等形式给付其个人的财物,不能不加区别地一概认定为《刑法》第三百八十五条第二款规定的受贿行为,而应当结合交易的真实情况,具体分析行为人所获得的财物实际上是属于经济往来的对方单位,还是行为人单位,审慎加以区分,然后准确认定其行为的性质。在购销活动中,如果购入方行为人收受的各种名义的回扣、手续费等实际上来源于虚增标的金额,或者卖出方行为人收受的各种名义的回扣、手续费,实际上来源于降低标的金额者,因该回扣或者手续费实质上属于本单位的额外支出或者应得利益,实际上侵犯的是本单位的财产权利,就应当特别注意是否是一种变相的贪污行为。本案被告人胡启能在转卖进口化肥配额指标及进口实物化肥中所收受的巨额款项,尽管从形式上看是通过合同对方以所谓回扣或者手续费的名义取得的,但是,被告人胡启能收取的这些款项均是其要求合同对方将应付给重庆市农资公司的配额指标及实物化肥转让款中以支付部分现金的方式交给其个人,无证据证明该款项系合同对方给付其个人的贿赂款。本案的证人证言和书证均证实,被告人胡启能收取的现金是各购入公司本应付给重庆市农资公司的转让(转卖)款。对此,汕头市农资公司总经理周鸿耀、广源公司总经理莫立柱、中农广州公司化肥科科长张凝、从化农资公司经理张艳颜、珠海农资公司总经理陈汉兴均在证言中指出,本公司在从重庆市农资公司购买进口化肥配额指标的过程中付给胡启能的现金,均是作为向重庆市农资公司支付的购买进口化肥配额指标的配额款的一部分支付给胡启能的。从犯罪对象及后果方面来看,被告人胡启能所在单位要么承受不必要的额外开支,要么丧失了可获得的财产利益,实际上遭受财产损失的是本单位,而非交易对方;从行为方式方面来看,被告人胡启能是以欺骗本单位为手段,在本单位不知情或者不知真情的情况下,通过要求交易对方支付部分现金的方式,将应当归本单位所得的利润截留后直接据为己有;从被告人胡启能的主观故意来看,也是出于贪污的故意而非受贿的故意,即行为人主观上就是为了在交易过程中假对方之手非法占有本单的利润,而不是为了通过交易为对方谋取利益,并从交易对方收取回扣、手续费等好处。不仅被告人胡启能明知其占有的是本单位的财产而非对方单位的财物,其交易对方也明知相关款项并非从己方财产或者可得利益中支付。最高人民法院根据复核查明的事实,将被告人胡启能在受国家机关委派担任重庆市农资总公司总经理期间,利用职务便利,将本应归公司所有的1191万元的经营进口化肥配额指标及实物化肥的利润款据为己有的行为,依法认定为贪污罪。这样定罪,更准确地反映了犯罪行为的性质,符合本案的实际,符合刑法的规定。

案例:杨光明贪污案

案例来源:《人民法院案例选》2006年第3辑

主题词:贪污罪的数额计算

一、基本案情

被告人杨光明。

北京市东城区人民法院经审理查明:杨光明于2001年11月至2002年初,在中国美术出版总社出版发行部工作期间,利用担任出版发行部样书库库管员的职务便利,将其负责保管的该社于1950年至1965年间发行的连环画《三打祝家庄》等样书1800余册盗出并销售,共获销赃款人民币16万元。杨光明于2004年11月在单位调查样书丢失之事时,主动交代了自己的犯罪事实(违法所得已部分退赔)。

北京市东城区人民法院认为,杨光明身为国有企业中从事公务的人员,利用职务便利窃取公共财产,其行为侵犯了公共财产的所有权,已构成贪污罪,依法应予刑罚处罚。杨光明在罪行尚未被司法机关发觉,仅因形迹可疑,经单位教育后主动交代并如实供述自己的罪行,系自首,且其积极退赔部分违法所得,依法对其减轻处罚。依照《中华人民共和国刑法》第三百八十二条第一款,第三百八十三条第一款第(一)项,第六十七条第一款,第七十二条第一款,第七十三条第二款和第三款,第六十四条和最高人民法院《关于处理自首和立功具体应用法律若干问题的解释》第一条之规定,判决杨光明犯贪污罪,判处有期徒刑3年,缓刑4年;追缴杨光明人民币16万元,发还中国美术出版总社;在案扣押的存折内所存款项,并入追缴项执行。

一审宣判后,杨光明在法定期限内未提出上诉,检察院未抗诉。判决发生法律效力。

二、裁判要旨

No. 8-382-27 将贪污所得财物以高于原有价格销售的,贪污数额应以销赃数额计算。

1. 贪污罪作为一种贪利性犯罪,贪污的数额在贪污罪的认定中起着决定性作用。杨光明作为出版发行部库管员,对连环画因收藏热而升值应是明知的,其主观上就是利用连环画样书获取高额非法利润,客观上也获利人民币16万元,应以16万元作为贪污数额对杨光明定罪量刑。

2. 杨光明贪污的手段为窃取公共财产,在无其他方法可以认定贪污数额的情况下,依据其明确获利16万元的数额认定贪污数额是适宜的,解决了鉴定机构因无实物而无法作价的问题。

3. 最高人民法院《关于审理盗窃罪具体应用法律若干问题的解释》第五条第七款规定:"销赃数额高于本解释计算的盗窃数额的,盗窃数额按照销赃数额计算",对于贪污案件中销赃价格大于涉案物品实际价值可比照盗窃罪的司法解释处理。

综上,对于行为人实施贪污财物行为后,将贪污所得财物以高于原有价格销售的,贪污数额应以销赃数额计算。法院的判决是正确的。

案例:石镜寰贪污案

案例来源:《人民法院案例选》2005 年第 1 辑

主题词:贪污罪

一、基本案情

被告人石镜寰,男,57 岁,汉族,原系北京市第五中学党政办公室主任。因涉嫌犯贪污罪,于 2002 年 1 月 24 日被刑事拘留。

北京市东城区人民法院经审理查明:根据北京市财政局规定,为弥补学校经费不足,对毕业年级收取讲义费,其标准为初中每人每学期不超过 30 元。收取的讲义费列入学校基本账户,属代收款科目。该费必须用于学生的学习活动支出,比如购买复习题、试卷等,由各年级组统一管理,严禁用于其他支出,如有节余,则应在学生毕业时如数返还。被告人石镜寰于 2000 年 6 月间,利用担任北京市第五中学教育处主任的职务便利,在对本校初三年级教育、教学等活动进行管理过程中,以用讲义费给毕业生购买纪念品的名义,领取转账支票一张,金额为人民币 13 万余元,后用假发票报销平账,将该款侵吞。同年 7 月间,被告人石镜寰利用负责退还初三年级毕业生讲义费的职务便利,伪造毕业生签字,冒领讲义费人民币 3 万余元。综上,被告人石镜寰共侵吞公款人民币 16 万余元,石镜寰本人已退还北京市第五中学 13 万余元,另有其亲属代为退赔的 4 万元扣押在案。

北京市东城区人民法院认为,被告人石镜寰身为国有事业单位工作人员,本应奉公守法,但却利用职务之便,将本单位管理的讲义费非法占为己有,其行为构成贪污罪。关于被告人及其辩护人所称自首问题,经庭审查明,被告人石镜寰虽于司法机关立案前向本校领导承认从财务部门支款、报销而实际未购买纪念品发给毕业生,后按校长的要求将 13 万余元退给学校,但其隐瞒了已兑换现金将该款据为己有的真实情况,谎称该款仍在个体摊贩处暂存,并指使个体摊贩作假证明以逃避制裁;其供述的侵吞 3 万余元一事,则是在人民检察院查账掌握该事实之后,故对其自首的辩解不予采纳。考虑到被告人石镜寰有悔罪表现,能积极退赔涉案赃款,可酌予从轻处罚。依照《中华人民共和国刑法》第二百七十一条第二款、第三百八十二条、第三百八十三条和第六十四条之规定,判决如下:

1. 被告人石镜寰犯贪污罪,判处有期徒刑十年;

2. 在案扣押被告人石镜寰人民币 4 万元,其中 31372 元发还北京市第五中学,余款发还被告人石镜寰。

一审宣判后,被告人石镜寰以“有自首情节,原判量刑过重”为由提出上诉;其辩护人认为,石镜寰在未被司法机关发觉的情况下,主动将 13 万余元交给学校,应认定为自首,且在被采取强制措施后又主动交代另一笔 3 万余元的事实,认罪态度好,应对其减轻处罚。

北京市第二中级人民法院经审理认为,被告人石镜寰身为国有事业单位中从事公务的人员,利用职务便利,使用欺骗的方法将本单位管理的学生讲义费非法占为己有,其行为已构成贪污罪,依法应予惩处。其上诉所提有自首情节,认罪态度好,应减轻处罚等理由,经审理查明,石镜寰在检察机关立案前曾向本校领导承认从财务部门拿走一张支票,支取学生“讲义费”人民币 13 万余元,欲为初三年级学生购买“学生王子”,因供货方的货不够,始终未提货且货款暂放在供货方,故“学生王子”没有发给初三年级毕业生;后石镜寰按校长的要求将支取的该款退给了学校,但其隐瞒了支票已兑换现金并将该款据为己有的真实情况;此后,石镜寰让供货方作假证明以规避法律处罚;检察机关接到举报进行调查取证后,依法立案并传唤了石镜寰,石镜寰才交代了上述罪行;在侦查过程中,侦查人员还发现石镜寰侵吞学生讲义费人民币 3 万余元,经讯问,石镜寰供认该事实,按照有关规定,石镜寰不属于自首;一审法院考虑石镜寰认罪态度好,积极退赔赃款,依法在量刑幅度内对其从轻处罚所判刑罚并无不当,故石镜寰的上诉理由及其辩护人的辩护意见均不能成立,不予采纳。一审法院的判决定罪及适用法律正确,量刑适当,对在案退赔款的处理亦正确,审判程序合法,应予维持。依照《中华人民共和国刑事诉讼法》第一百八十九条第(一)项的规定,于 2003 年 6 月 11 日裁定如下:

驳回上诉,维持原判。

二、裁判要旨

No.8-382-28 国有事业单位工作人员利用职务便利侵吞本单位管理、使用或运输的私人财产的,可以认定为侵吞本单位的财物,应以贪污罪论处。

在本案中,被告人石镜寰非法占有的讲义费,是基于上级主管部门的规定收取、管理、使用的,其性质是学生私人财产,但由学校依特定用途管理、使用。由于该笔财物实际损失后果由学校承担,故可认定为北京市第五中学的本单位财物。被告人石镜寰属国家工作人员,利用为学生购买讲义等职务活动的便利,侵吞本单位财物,其行为亦符合贪污罪构成要件,一、二审人民法院依照《刑法》第二百七十一条第二款的规定,对其以贪污罪定罪处罚是适当的。

案例:廖常伦贪污、受贿案

案例来源:《刑事审判参考》总第71集[第594号]

主题词:农村村民小组长 村基层组织人员 国家工作人员

一、基本案情

被告人廖常伦,男,1968年2月18日出生,原系四川省金堂县赵镇十里社区三组副组长。因涉嫌犯贪污罪,于2008年4月17日被逮捕。

四川省金堂县人民法院经审理查明:2007年6月13日,金堂县人民政府将“干道2号”项目拆迁工程所涉及的金堂县赵镇十里社区三组的征地拆迁安置工作,委托金堂县赵镇人民政府实施。赵镇人民政府接受委托后,指定该镇城乡建设管理办公室具体组织实施,要求村组干部配合做好拆迁政策的宣传、解释、协调工作,以及被拆迁房屋的核实、丈量、附属物指认等工作,协助人员每人每天领取20元补助。时任金堂县赵镇十里社区三组副组长的被告人廖常伦,在从事具体负责所在组被拆迁户资料收集、统计上报,指认被拆迁房屋及附属物,带领拆迁工作人员丈量、核实被拆迁房屋及附属物等协助工作中,伪造户口不在本组、没有被拆迁房屋的廖某容、廖某玉、廖某美、夏某4人为本组村民的户口及拆迁房屋等资料,虚报多年前在其他项目拆迁安置中已安置的陈某先、谢某菊、周某华为拆迁安置户,为不符合拆迁安置条件的上述7户农户分别申请了一套拆迁安置房。2007年9月20日,廖常伦代签了廖某玉(签名为廖某容)、廖某容(签名为廖某美)、夏某、廖某美(签名为廖某玉)4户的农房拆迁协议,2007年9月22日,廖常伦代陈某先、周某华、谢某菊3户签订了农房拆迁协议;2007年10月17日,廖常伦签字代陈某先、周某华、廖某容、夏某、廖某玉、廖某美、谢某菊等领取了拆迁搬家费、过渡费18840元,据为已有。

2007年9月,在从事上述协助工作过程中,被告人廖常伦应本组村民冯某明为其女儿、本组村民廖某富各申请一套安置房之请,分别收受冯某明、廖某富二人好处费 1000元;应本组村民叶某欧之请,在带领拆迁办人员丈量、复查叶某欧被拆迁房屋面积过程中,对叶某欧将他人的房屋指为其自己的房屋未予干涉,事后也未说明情况,致使叶某欧的拆迁房屋被多丈量、登记、赔偿了100余平方米。事后,廖常伦收受了叶某欧感谢费10000元。

案发后,廖常伦的家属向检察机关退出赃款人民币34480元。

金堂县人民法院认为,依照全国人民代表大会常务委员会《关于〈中华人民共和国刑法〉第九十三条第二款的解释》第一款第(七)项的规定,被告人廖常伦在协助赵镇人民政府征地拆迁安置工作中,属于《中华人民共和国刑法》第九十三条第二款规定的其他依照法律从事公务的人员,应当以国家工作人员论。在协助赵镇人民政府征地拆迁安置工作中,被告人廖常伦虚构被拆迁户及其房屋的情况,骗取拆迁安置补偿费18840元;接受被拆迁人之请,为其谋取非法利益,收受其金钱12000元,其行为应当分别以贪污罪、受贿罪定罪处罚,并应当数罪并罚。廖常伦归案后,能够如实供述自己的犯罪事实,自愿认罪,退清了全部赃款,认罪态度较好,依法酌定予以从轻处罚。依照全国人民代表大会常务委员会《关于〈中华人民共和国刑法〉第九十三条第二款的解释》《中华人民共和国刑法》九十三条第二款、第三百八十二条第一款、第三百八十三条第一款第(三)项、第三百八十五条第一款、第三百八十六条、第六十九条、第六十四条之规定,判决如下：

1. 被告人廖常伦犯贪污罪,判处有期徒刑一年,犯受贿罪,判处有期徒刑一年,决定执行有期徒刑一年三个月;

2. 被告人廖常伦犯罪所得赃款人民币 30840 元,其中受贿所得人民币 12000 元予以没收,贪污所得人民币 18840 元发还被害单位赵镇人民政府。

一审宣判后,被告人廖常伦没有提出上诉,公诉机关亦未抗诉,判决已发生法律效力。

二、裁判要旨

No. 8-382-29 协助人民政府从事行政管理的农村村民小组组长及其他工作人员,应当认定为其他依照法律从事公务的人员。

对于村民委员会等村基层组织人员在从事哪些工作时属于《刑法》第九十三条第二款规定的其他依照法律从事公务的人员,根据 2000 年全国人大常委会《关于〈中华人民共和国刑法〉第九十三条第二款的解释》(以下简称《立法解释》)的规定,村民委员会等村基层组织人员协助人民政府从事所列七项行政管理工作时,属于《刑法》第九十三条第二款规定的其他依照法律从事公务的人员,然而,对村基层组织人员的范围,《立法解释》并未明确。

村民小组是村民委员会下设的从事自治管理、生产经营的组织,属于村基层组织,事实上也会在一定情形下协助人民政府政府工作,且单纯根据《立法解释》的规定,不能得出村民小组组长及其工作人员不属于村民委员会等村基层组织人员的结论,理由在于:(1)从《立法解释》的规定看,采用的是村民委员会等村基层组织人员一词,由字面解释可以得出,这里的村基层组织并不限于村民委员会,因为《立法解释》规定中有“等”这种未尽兜底性表述用语。(2)从《立法解释》出台的背景看,针对的是当时司法机关反映比较突出、亟待解决的村党支部、村委会、村经联社、经济合作社等掌管村经济活动的组织人员发生问题的情况,因为这些组织中的人员在农村中掌握一定权力、可能从事协助政府从事行政管理工作,所以《立法解释》采取了村民委员会等村基层组织人员的表述。(3)《立法解释》之所以将此类人员在一定情况下认定为其他依照法律从事公务的人员,其主要根据就在于其协助政府从事行政管理工作,也即从事了一定公务,而不是具有何种身份。从现实情况看,我国农村的基层组织比较多,除村党支部、村委会、村经联社、经济合作社、农工商联合企业外,还有团支部、民兵组织、村民小组和各种协会等,上述各种组织均可能在一定情形下协助政府从事行政管理工作,而这种情形下,与村党支部、村委会等组织人员协助政府从事行政管理工作在性质上并无本质不同,理应同等视为从事公务。(4)在司法实践中,事实上已将农村村民小组组长及工作人员纳入了村基层组织人员范围。1996 年最高人民法院《关于村民小组组长利用职务便利非法占有公共财物行为如何定性问题的批复》规定:“对村民小组组长利用职务上的便利,将村民小组集体财产非法占为已有,数额较大的行为,应当依照刑法第二百七十一条第一款的规定,以职务侵占罪定罪处罚。”依此批复的精神,显然已将村民小组视为一种法律上的实体,究其性质而言应属于村基层组织,而其组长、副组长及其工作人员,也理应评价为村基层组织人员。

进一步讲,判断村民小组组长及其工作人员是否属于其他依照法律从事公务的人员,关键应从其是否依照法律从事公务这一国家工作人员的本质属性来考察,这是《刑法》第九十三条第二款作此规定的根据,而不能简单地从外在身份来判断。只要其具有某个村基层组织工作人员的身份,而又协助政府从事了一定的行政管理工作,就属于其他依照法律从事公务的人员。

在实际工作中,村民委员会除将自治管理职权交由下设的村民小组等组织行使外,还经常将协助人民政府的某些行政管理工作,如救灾救济款物的管理与发放、土地补偿费用的管理、计划生育工作等行政管理事务,直接交由村民小组等下设的组织来具体完成。村民小组等在具体承担这些工作时,实际上被赋予了相应的行政管理权能,村民小组组长等工作人员由此进行的活动,就是在以人民政府的名义,依法执行职务的活动,在这种情形下,村民小组工作人员理应是其他依照法律从事公务的人员,这并不是对刑法的扩张解释。

综上,对农村基层组织组成人员,不能简单地从外在身份判断其是否为国家工作人员,而应当主要从其是否依照法律从事公务这一国家工作人员的本质属性进行判断。如果其从事的仅是集体经济组织中的事务,由于村民自治范围内的村、组集体事务不属于公务的范畴,就不能以国家工作人员论;如果其从事的是行政管理事务,其工作则体现了政府对社会的组织、管理职能,就是在依法从事公务,就应当属于其他依照法律从事公务的人员的范围,以国家工作人员论。

案例:王妙兴贪污、受贿、职务侵占案

案例来源:《刑事审判参考》总第 82 辑[第 734 号]

主题词:贪污罪 非法占有 既遂

一、基本案情

被告人王妙兴,男,1952 年 1 月 27 日出生于上海市,汉族,原系上海新长征(集团)有限公司(以下简称"新长征集团")党委书记、新长征集团董事长,住上海市兰溪路 90 弄 28 号 701 室。因涉嫌犯贪污罪、受贿罪于 2007 年 10 月 23 日被逮捕。

上海市人民检察院第二分院以被告人王妙兴犯贪污罪、受贿罪、职务侵占罪,向上海市第二中级人民法院起诉。

上海市第二中级人民法院经审理查明:新长征集团是由上海市普陀区长征镇人民政府(以下简称"长征镇政府")和其投资成立的上海长征城乡建设开发有限公司(以下简称"长征城建公司")共同出资设立。2004 年至 2005 年,长征镇政府决定对新长征集团实行改制,由国有公司改制为非国有公司,并委托上海万隆资产评估有限公司进行资产评估。其间,被告人王妙兴利用担任长征镇党委书记兼新长征集团董事长等职务便利,指使新长征集团会计金枫,在新长征集团资产评估前即 2004 年 7 月至 2005 年 5 月,秘密将长征镇政府拨给新长征集团发展资金等共计人民币(以下币种均为人民币)9700 万元划到由其个人控制和管理的长征镇集体经济合作联社账外账户,没有计入新长征集团的评估资产中,导致新长征集团改制的资产价值仅为 1.7 亿余元。2005 年 10 月和 2006 年 7 月,王妙兴辞去了长征镇党委书记的职务,新长征集团通过两次改制,将其资产以 1.7 亿余元的价格转让给包括王妙兴在内的个人和其他私营性质的单位,其中王妙兴占 5%的股份。2005 年 12 月至 2007 年 2 月,王妙兴又指使金枫将上述 9700 万元转到其个人控制和管理的原新长征集团账外账户,并将其中的 2000 余万元用于改制后新长征集团发放奖金、购买基金等。

此外,被告人王妙兴还利用担任长征镇政府镇长职务的便利,为上海嘉定区房地产(集团)有限公司等单位参与开发长征镇土地、项目建设等方面提供帮助,并收受上述单位负责人贿赂计 630 余万元;利用担任非国有性质的上海真北商务服务管理有限公司法定代表人和改制后新长征集团党委书记、董事长职务的便利,侵吞上述单位资金 500 余万元。

上海市第二中级人民法院认为,被告人王妙兴在新长征集团改制期间,利用担任长征镇党委书记兼新长征集团董事长等职务的便利,非法将 9700 万元国有资产隐匿在其个人控制的账户中,使长征镇政府失去了对该笔国有资产的控制,其行为构成贪污罪;王妙兴还利用担任长征镇政府镇长等职务的便利,非法收受他人贿赂 630 余万元,为他人谋取利益,其行为又构成受贿罪;王妙兴在担任非国有公司负责人期间,利用职务便利,非法将公司资金 500 余万元据为己有,其行为还构成职务侵占罪。依照《中华人民共和国刑法》第三百八十二条第一款、第三百八十三条第一款第(一)项、第三百八十五条第一款、第三百八十六条、第二百七十一条第一款、第九十三条、第六十九条、第六十七条、第五十六条第一款、第五十五条第一款、第五十七条第一款和第六十四条之规定,判决如下:

以贪污罪判处王妙兴无期徒刑,剥夺政治权利终身,并处没收财产六十万元;以受贿罪判处王妙兴有期徒刑十二年,剥夺政治权利三年,并处没收财产三十万元;以职务侵占罪判处王妙兴有期徒刑八年,并处没收财产十万元;决定对王妙兴执行无期徒刑,剥夺政治权利终身,并处没收财产一百万元;贪污和职务侵占所得予以追缴并分别发还长征镇政府等单位,不足部分责令退赔;受贿所得予以没收。

一审宣判后,被告人王妙兴不服,以其主观上没有非法占有新长征集团9700万元的故意,其行为不构成贪污罪为由,提出上诉。

针对上诉人王妙兴提出的不构成贪污罪的上诉理由,上海市高级人民法院认为,被告人王妙兴在新长征集团改制过程中,利用担任长征镇党委书记兼新长征集团党委书记、董事长职务的便利,非法将9700万元国有资产隐匿在其个人控制的账户中,使长征镇政府失去了对该笔国有资产的控制,其行为构成贪污罪,且贪污金额为9700万元。上海市高级人民法院经综合审查确认,一审认定王妙兴犯贪污罪、受贿罪、职务侵占罪的事实清楚、证据确实充分、适用法律正确、量刑适当、审判程序合法,依照《中华人民共和国刑事诉讼法》第一百八十九条第(一)项之规定,裁定驳回王妙兴上诉,维持原判。

二、裁判要旨

No.8-382-30　主观上有非法占有国有资产的目的和使公共财产遭受损失的直接故意,客观上隐匿国有资产并已经实际控制和掌握固有资产的,应以贪污罪论处。犯罪数额应以其实际非法控制的数额计算。

贪污罪以主观上具有非法占有公共财产为目的,刑法中的非法占有应从两方面理解:一是非法占有侵犯的是刑法保护的财产所有权和对该财产实际掌握和控制的状态;二是非法占有不能狭义地理解为据为己有。贪污罪中的个人贪污数额应当理解为个人非法控制和掌握的公共财物数额。本案被告人王妙兴在长征镇担任主要领导职务期间,以长征镇政府等名义开设了多个账外账户,只由王妙兴等少数人员控制管理,并不公开。在新长征集团改制过程中,王妙兴继续隐匿账户,并将属于长征镇政府所有的资金9700万元秘密转入其隐匿的账户中,实际控制了该隐匿账户中,实际控制了该隐匿账户上的9700万元,王妙兴的行为应当认定为刑法中的非法占有。

贪污罪主观上必须具有使公共财产遭受损失的直接故意,即明知自己的行为会造成公共财产损失,并且积极追求或希望国有资产损失的一种心理态度。本案被告人在明知的情况下,利用职务便利,将改制前新长征集团的国有资产予以隐匿并转移到改制后的非国有公司,体现了其希望长征镇政府失去该国有资产并为其控制和使用的主观心理态度。因此,本案被告人王妙兴利用职务便利隐匿国有资产的行为应以贪污罪论处。根据2003年《全国法院审理经济犯罪案件工作座谈会纪要》,规定贪污数额一般应当以所隐匿财产全额计算。本案被告人王妙兴在担任长征镇政府镇长期间秘密设立账外账户,并由其个人控制管理。在改制过程中王妙兴秘密将国有资产9700万元转移该账外账户隐匿,因此贪污数额应以其实际非法控制的9700万元全额计算。

案例:柳志勇贪污案

案例来源:《人民法院案例选》2013年第1辑

主题词:贪污罪　吸收存款不入账行为的定性

一、基本案情

河南省商丘市人民检察院指控被告人柳志勇犯贪污罪。

被告人柳志勇及其辩护人对指控的基本事实无异议,辩护称不构成贪污罪,而构成吸收客户资金不入账罪。

一审法院经审理查明:1999年下半年至2007年12月间,被告人柳志勇利用其担任商丘市郊区邮政局刘口邮政储蓄所主任的便利条件,通过其亲友对外宣传要完成储蓄任务并且有高息,从而骗取周围同事、同学、朋友及其他群众的存款。被告人柳志勇将已废弃的邮政储蓄存单用彩色复印机复印,并加盖所在储蓄所储蓄专用章后,交给存款人。至案发前,共出具储蓄存单127张,所吸收公众存款达1010万余元,由被告人柳志勇及其父柳俨庭、兄柳志强用于经营活动及其家人的日常生活费用。2007年12月中旬,为达到侵吞该款的目的,被告人柳志勇以邮政储蓄所要改成邮政银行需更换新存单为名,将存款人手中的存单全部收回后予以销毁,并于12月

23日携款30余万元潜逃。

河南省商丘市中级人民法院于2008年9月8日作出(2008)商刑初字第43号刑事判决:被告人柳志勇犯贪污罪,判处死刑,缓期二年执行,剥夺政治权利终身,并处没收个人全部财产;对其他被告人也分别作出判决。宣判后,被告人柳志勇不上诉。河南省高级人民法院于2009年3月27日作出(2008)豫法刑四复字第41号刑事裁定:核准商丘市中级人民法院以贪污罪判处被告人柳志勇死刑,缓期二年执行,剥夺政治权利终身,并处没收个人全部财产的刑事判决。

二、裁判要旨

No. 8-382-31 金融机构工作人员实施的职务侵占(贪污)、挪用资金(挪用公款)与吸收客户资金不入账罪之间是递进关系的法条竞合。金融机构工作人员以单位名义高息吸收存款后不入账并挪作他用的,成立挪用公款或挪用资金罪;挪用之后不再归还的,则应认定为贪污罪或职务侵占罪。

柳志勇利用担任储蓄所主任的职务便利,对外宣称自己有存款任务并且储蓄所愿意给高息,对外吸收存款,并制作高度仿真的存单加盖储蓄所的印章后交给储户。存单只是银行为方便与储户之间签订存款合同而提前印制的一种格式合同,因此,存款合同真实存在或成立与否的形式要件应当是金融机构加盖的印章是否真实。柳志勇所具有的储蓄所主任身份足以使储户认为其行为属于职务行为,事实上柳志勇与储户之间就资金不入法定账户也没有进行过意思联络,储户认为确实已将款存入了储蓄所;柳志勇向储户提供的存单虽然是复制而成,但加盖了储蓄所的真实印章,因此,双方的存款合同已经成立,被告人柳志勇所吸收的存款应当视为公款。

柳志勇在行为之初其主观上并没有非法占有的故意,而是一种挪用的故意;客观上其挪用行为也没有以单位名义进行,属于直接归个人使用,因此,其在2006年6月29日即《刑法修正案(六)》公布实施之前的行为,按"重法优于轻法"的原则,应构成挪用公款罪;而其在《刑法修正案(六)》实施以后的行为,虽然同时符合吸收客户资金不入账罪和挪用公款罪的构成要件,按基本法优于补充法的原则,也应认定为挪用公款罪,而不能认定为吸收客户资金不入账罪。柳志勇在挪用公款后又采取虚构事实的方法将已出具的存单从储户手中骗回后销毁,这一行为已经不能被挪用行为所包容,而其主观上也是想通过销毁证据使存款人丧失主张权利的依据,同时也使所在单位难以对其行为进行追查,从而达到不归还所挪用存款的目的;其还携带30余万元存款潜逃,这一行为也明确表示其对无力归还和有能力归还的部分存款也不打算归还,因此,其主观故意已经发生变化,变成了非法占有公款的故意。柳志勇作为邮政储蓄所主任,属于国家工作人员,其所实施的高息揽款、挪用公款及销毁相关存款凭证等行为均利用了职务上的便利,主观上又具有非法占有的故意,因此对其行为以贪污罪定性是合适的。

案例:翟新胤、孙彬臣贪污案

案例来源:《人民法院案例选》2013年第3辑

主题词:贪污罪 共同贪污的数额认定

一、基本案情

天津市东丽区人民检察院指控:被告人翟新胤在担任天津市火柴厂劳资部部长兼徐庄办事处负责人期间,利用职务便利,伙同该厂已经终止劳动合同的被告人孙彬臣,非法占有该厂养老保险金94410.66元,二被告人之行为已构成贪污罪。

被告人翟新胤辩称:二被告人不存在共同的犯罪故意,从未就贪污涉案款项进行预谋、分工;被告人孙彬臣在与天津市火柴厂终止劳动关系之前尚有部分医疗费用未报销,根据该厂规定应予报销,且副厂长刘秀芬、郭振博均同意给孙彬臣报销。火柴厂实际存在以代收的职工保险费用借支报销医疗费的情况,因此,被告人翟新胤动用收取的职工保险费用为他人报销并不违规。被告人孙彬臣所作翟新胤曾让其签空白运什单、票据系翟新胤伪造、翟新胤获得赃款5万余元等供述,并无证据证明。被告人孙彬臣多次对其进行纠缠和威胁,至2006年4月,其累计给孙彬臣报销11万余元,其中有领导签字的是8800元,自己从收取并保管的职工保险金以暂借的方式给孙彬臣报销9.4万元,个人垫付1万余元。被告人翟新胤主观上不具备非法占有公共财产的目的,客观上也未实施骗取或窃取等侵吞共同财产的行为,因此无罪。

被告人孙彬臣辩称:其对公诉机关指控的事实无异议,但解除劳动合同时确实遗留3.6万余元药费尚未报销,按照规定火柴厂应当为其报销;被告人翟新胤供述累计给其报销11万余元不真实,且票据系在翟新胤授意下开出,由翟新胤进行伪造的。

法院经审理查明:天津市火柴厂性质为国有企业,长期存在着徐庄办事处将收取的职工保险"借支"用于先行报销职工医药费,然后与财务部门用"运什单"与现金一同"对账平账"的情况,这种方式也被当时的厂领导班子认可。被告人孙彬臣在终止劳动合同前的医药费应予报销。2004年12月至2006年4月,被告人翟新胤在担任天津市火柴厂劳资部部长兼徐庄办事处负责人期间,利用负责收取职工个人应承担的保险金和为职工报销医药费的职务便利,伙同该厂已经终止劳动合同的被告人孙彬臣,以给被告人孙彬臣报销医药费为名,编造"运什单",共同将该厂养老保险金94410.66元非法占有,其中被告人翟新胤获赃款5万余元,被告人孙彬臣个人得赃款4万余元。后伙同孙彬臣,以孙彬臣提供的虚假药费单据,欲进行报销平账。2006年4月,经厂财务部门与被告人翟新胤核对账目,确定由其收取并保管的职工个人缴纳的保险金9.4万余元未上交财务部门,现去向不明。后二被告人被查获归案,案发后被告人孙彬臣退还了部分赃款。

天津市东丽区人民法院于2008年3月28日作出(2007)丽刑初字第354号刑事判决,判决被告人翟新胤、孙彬臣无罪。宣判后,天津市东丽区人民检察院提出抗诉。天津市第二中级人民法院于2008年12月10日以同样的事实作出(2008)二中刑终字第222号刑事判决:

1. 撤销天津市东丽区人民法院(2007)丽刑初字第354号刑事判决。
2. 原审被告人翟新胤犯贪污罪,判处有期徒刑五年。
3. 原审被告人孙彬臣犯贪污罪,判处有期徒刑三年。
4. 继续追缴违法所得人民币八万一千五百一十元六角六分发还天津市火柴厂。

二、裁判要旨

No.8-382-32 共同贪污犯罪案件中,应以犯罪总额确定各共犯的刑事责任,并在量刑时考虑共犯的地位、作用以及分赃数额等因素。

对于共同贪污案件中各共犯,首先应当按照犯罪总额的标准确定量刑的法律条款依据,在此基础上考虑分赃数额等情节。具体而言,在共同贪污犯罪中,个人贪污数额指的是各共同犯罪人个人实施贪污行为涉及的犯罪总额:(1)对贪污犯罪集团的首要分子,应当计算贪污集团预谋的以及所得的全部赃款、赃物的总额。(2)对贪污犯罪集团的一般主犯和一般共同贪污犯罪案件中的主犯,应当计算其所参与的或者组织、指挥的全部贪污行为所涉及的犯罪总额。(3)对于共同贪污犯罪中的从犯,应当计算其所参与的贪污行为所涉及的犯罪数额。

案例:王玉文贪污社保基金案

案例来源:《人民法院案例选》2014年第1辑
主题词:贪污罪 利用职务便利

一、基本案情

上诉人(原审被告人)王玉文,男,1972年11月13日出生于内蒙古自治区察哈尔右翼中旗,汉族,大学文化,原系呼和浩特铁路局社会保险管理处财务科科长。

内蒙古自治区人民检察院呼和浩特铁路运输分院以被告人王玉文犯贪污罪,向内蒙古自治区呼和浩特铁路运输中级法院提起公诉。

呼和浩特铁路运输中级法院经公开审理查明:被告人王玉文从1996年起至案发时,一直负责管理呼和浩特铁路局离退休人员养老工作。2004年至2012年间,王玉文利用制作呼和浩特铁路局离退休人员数据库(其中包含离退休人员死亡和住址变更等信息)和向内蒙古自治区社保局报送该数据库的职务便利,先后隐瞒 168 名离退休人员已死亡的真相,并虚构这些人员社保养老金发放地址由外地变更为呼和浩特市的事实,用这些人员的身份资料在呼和浩特邮政储蓄银行重新开设养老金账户,并将这 168 个养老金账户的银行卡(折)归其个人掌握使用,骗取国家社保资金共人民币(以下币种同)23236605.79 元,并非法占有利息 208704.44 元。事后,王玉文先后采用转账、提现、消费的方式,从 68 个养老金账户中提出共 5548087.27 元。

呼和浩特铁路运输中级法院于 2012 年 12 月 27 日作出(2012)呼铁中刑初字第 8 号刑事判决:被告人王玉文犯贪污罪,判处死刑,缓期二年执行,剥夺政治权利终身,并处没收个人全部财产。

宣判后,被告人王玉文提起上诉,内蒙古自治区高级人民法院于 2013 年 3 月 1 日作出(2013)内刑二终字第 7 号刑事裁定,驳回上诉,维持原判。同时,根据《中华人民共和国刑事诉讼法》第二百三十七条的规定,核准以贪污罪判处上诉人王玉文死刑,缓期二年执行,剥夺政治权利终身,并处没收个人全部财产。

二、裁判要旨

No. 8-382-33 贪污罪的犯罪对象不限于本单位的公共财物,利用职务便利包括利用主管、管理、经手特定公共财物的权力和方便条件。行为人利用职务便利虚构事实、隐瞒真相,骗取社保基金的行为成立贪污罪。

公共财物的内涵既包括国有财产,也包括国家机关、国有公司、企业、事业单位和人民团体管理、使用或者运输中的私人财产。《刑法》对公共财物并没有限制其单位属性,即必须为行为人本单位财物,而是强调了财物的公共财物性质及与犯罪人职权和地位之间的联系性。“利用职务上的便利”应理解为利用主管、管理、经手特定财物的权力和方便条件。这里的“职务”要体现职权性,可以是具有一定的官职或者官位的人所拥有的职权,也包括没有官职和官位的人,按照其岗位职责或者岗位要求而承担的事务。本案中,上诉人王玉文自 1996 年至案发,呼和浩特铁路局离退休人员养老金工作均由其经手、管理,离退休人员基本信息数据库的制作和上报工作也由其专门负责。离开这些特定职务形成的便利条件,王玉文不可能实现犯罪目的,社保局的养老资金就无法转移到其个人控制的账户之下。本应停止发放的这些养老金的性质就是公共财物,而占有这些社保养老金恰恰只有负责此项工作的王玉文利用职务便利才能做到。王玉文的身份、行为与侵害的财物之间的联系性,符合贪污罪的犯罪构成特征。

案例:李成兴贪污案

案例来源:《刑事审判参考》总第 85 集[第 771 号]

主题词:贪污罪 利用职务便利骗取社会保险的保险费

一、基本案情

被告人李成兴,男,1962 年 8 月 18 日出生,原系浙江省瑞安市劳动和社会保障局湖岭劳保所所长。因涉嫌贪污罪于 2009 年 8 月 18 日被逮捕。

浙江省瑞安市人民检察院以被告人李成兴犯贪污罪,向瑞安市人民法院提起公诉。

被告人李成兴对起诉书指控的犯罪事实及罪名没有异议。李成兴的辩护人提出,本案应定性为挪用公款罪,李成兴已退还赃款,应当从轻处罚。

瑞安市人民法院经审理查明:2004 年 8 月至 2008 年 10 月间,被告人李成兴在企业和参保人不知情的情况下,将参保人员(非企业员工)30 多人次挂靠到企业名下,以企业员工身份办理社会养老保险关系,使企业虚增养老保险参保人数,并多缴纳养老保险金合计人民币(以下币种均为人民币)425360.12 元,然后再私自收取参保人的养老保险费(数额与企业缴纳的数额基本一致)。此外,李成兴通过操作,将非企业人员代替企业的“空名户”名额,以两种方式非法获利 96677.73 元:一是占用 32 位“空名户”名额并让参保人继续参保。由于企业在社保统筹账户内已为“空名户”缴纳了保险费并不得主张返回,这笔预征款被用来折抵占用“空名户”名额参保人员的保险费,又再私自收取了这些参保人员已被抵缴了的保险费计 78166 元。二是占用企业

37位"空名户"名额激活养老保险关系后,随即停止参保,终止养老保险关系。依据相关规定,终止因占用"空名户"名额而成的养老保险关系,可将企业已缴的养老保险预征款约三分之一退还给参保个人,而这部分应退款共计18511.73元也被李成兴领取占有。案发后,李成兴主动退还赃款514424.69元。

瑞安市人民法院认为,被告人李成兴身为国家工作人员,利用职务上的便利,非法占有公共财物,数额巨大,构成贪污罪。鉴于其认罪态度好,已退还绝大部分非法所得,可酌情从轻处罚。关于辩护人提出的李成兴的行为应定性为挪用公款罪的意见,与相关法律不符,不予采纳。依照《中华人民共和国刑法》第三百八十二条,第三百八十三条第一款、第二款,第五十六条第一款,第六十四条之规定,瑞安市人民法院以被告人李成兴犯贪污罪判处有期徒刑十一年,剥夺政治权利一年,并处没收个人财产八万元。

一审宣判后,被告人未上诉,检察机关未提出抗诉。

二、裁判要旨

No.8-382-34 社会保险基金在性质上属于公共财物,社保工作人员利用职务便利,虚增企业参保人数骗取保险费的行为,构成贪污罪。

社会养老保险是按国家统一政策规定强制实施的社会统筹与个人账户相结合的养老保险制度。按照相关法律、法规规定,社会养老保险基金由以下几个部分构成:(1)用人单位和职工、城镇个体劳动者缴纳的基本养老保险费;(2)基本养老保险基金的利息等增值收益;(3)基本养老保险费滞纳金;(4)社会捐赠;(5)财政补贴。社会养老保险基金中的国家财政补贴部分当然属于国有财产,用人单位的缴费(除去纳入个人账户的部分)在一定范围内进行社会统筹,进入统筹的部分显然属于集体财产。然而,社会养老保险基金中个人账户部分(包括职工个人缴费和企业缴费纳入职工个人账户的部分)的性质,法律、法规没有明确规定。由于这部分资金在个人符合法定的领取条件时可以领取,个人享有实际的支配权,个人死亡的,个人账户中的余额还可以全部继承,因此个人账户中的养老保险基金从本质上说属于个人财产。但是根据《刑法》第九十一条的规定,"在国家机关、国有公司、企业、集体企业和人民团体管理、使用或者运输中的私人财物"也属于"公共财物"的范畴。社会养老保险基金中个人账户部分虽然是私人所有,但在个人不符合领取条件时一直由劳动保障行政部门负责管理、使用,在此期间损毁灭失风险由国家机关承担,因而应以公共财物论。

本案被告人李成兴在经手办理社保关系时,对电脑上设档的单位投保人员名单进行修改,虚增非企业人员为企业人员,企业已经缴纳了虚增人员的参保费。在此情况下,各参保人员、被挂靠企业与管理养老保险费的社会保障机构已经形成行政法上的法律关系,无论参保人员与国家建立的养老保险关系是否有效,均应依据相关行政法律进行处理;如果养老保险关系有效,参保人员的保险种类可以转换为城镇个体户或者灵活就业人员户养老保险形式,企业对于多缴纳的养老保险费拥有无限期的主张返还的权利,社保单位自发现起,也有依职权主动返还的职责;如果养老保险关系无效,社保单位应当退还参保人员所交的养老保险费。

被告人李成兴系瑞安市劳动和社会保障局湖岭劳保所所长,湖岭劳保所系瑞安市劳动和社会保障局下设机构,因此李成兴的身份属于国家机关工作人员。根据瑞安市劳动和社会保障局的相关规定,劳保所具有"负责所在辖区内机关、事业单位、社会团体、企业、个体工商户的养老保险、医疗保险、工伤保险、生育保险、失业保险的管理及各险种的宣传、扩面工作"等八项职责。

本案中,被告人李成兴利用职务便利,主要实施了以下三种方式的行为:

第一,李成兴在主管和经手办理社保关系时,对电脑上设档的单位投保人员名单进行修改,虚增非企业人员为企业人员,再要求企业缴纳虚增人员的参保费。可见,李成兴利用其职务上的便利条件,骗取企业多缴纳参保费(由地税代扣),同时利用他人对其身份的信任,承诺为他人建立保险关系并收取参保人的参保费,其行为应当认定为利用职务上的便利非法占有公共财物。

第二,李成兴利用"空名户"继续保持保险关系,使参保人员因"空名户"而无须向国家缴纳参保费(因为企业已为“空名户”向社保统筹账户缴纳了保险预征款),同时又私自收取参保户已被抵缴了的保险费。虽然从表面上看,社会养老保险基金并没有损失,因为企业已经缴纳了用以充当保险费的预征款。但实际上,社会养老保险基金受到了损失,因为这批参保人员不符合抵充“空名户”保险费的资格,应该另行向国家缴纳与其保险类别相应的参保费。就犯罪手段而言,李成兴利用“空名户”的漏洞,能够顺利将应缴未缴的参保费占为己有,与其职务上的便利离不开关系,属于利用职务便利侵吞公共财物的行为。

第三,被告人李成兴将非企业人员替代“空名户”后立即停保套取国家作为保险费的部分预征款。进入社保统筹账户的预征款,其公共财物的性质毋庸置疑,依规定只能由企业实有人员占用“空名户”并停保后才可以退还约三分之一给参保个人。李成兴编造虚假的企业人员,能够顺利套领这笔退款,与其职务上的便利也密切相关,属于利用职务骗取公共财物的行为。

被告人的上述三种行为方式均符合利用职务便利将公共财物非法占为己有的构成要件,应当以贪污罪定罪处罚。

案例:刘某贪污案

案例来源:《刑事审判参考》总第86集[第786号]

主题词:减轻处罚

一、基本案情

被告人刘某,男,汉族,1955年5月11日出生,原某县人民法院院长。因涉嫌犯贪污罪于2008年4月3日被取保候审。

某市人民检察院以被告人刘某犯贪污罪,向某市人民法院提起公诉。

某市人民法院经审理查明:2005年5月至2006年期间,被告人刘某利用职务便利,多次采取虚开发票多报销或者重复报销等手段,侵吞公款共计人民币(以下币种同)36974.98元。

某市人民法院认为,被告人刘某身为国家工作人员,利用职务之便,采用虚开、多报等手段,侵吞公款36974.98元,其行为构成贪污罪。刘某归案后能积极退缴涉案赃款,综合考虑其犯罪情节、认罪态度、悔罪表现,依法可对刘某减轻处罚。依照《刑法》第三百八十二条第一款、第三百八十三条第一款第(三)项、第六十三条第二款、第六十四条之规定,某市人民法院判决如下:

被告人刘某犯贪污罪,免予刑事处罚;追缴违法所得三万六千九百七十四元九角八分,退还某县人民法院。

一审宣判后,被告人刘某没有上诉,检察机关也没有抗诉。依照刑法第六十三条第二款以及最高人民法院《关于执行〈中华人民共和国刑事诉讼法〉若干问题的解释》第二百七十二条之规定,该案逐级报请最高人民法院核准。最高人民法院依法组成合议庭对本案进行了复核,裁定不核准在法定刑以下对刘某判处免予刑事处罚的判决。

二、裁判要旨

No.8-382-35 在不具有法定减轻事由时,适用减轻处罚情节原则上不得减至免予刑事处罚。

减轻处罚是在一定条件下对刑期予以一定幅度的缩减,最终处罚结果仍必须判处一定的刑期,与免予刑事处罚在本质上是不同的。然而,由于各地法院对减轻处罚的掌握标准不统一,导致类似的案件在量刑上存在较大的差异。为了统一减轻处罚的量刑标准,准确量刑,《刑法修正案(八)》第五条将《刑法》第六十三条第一款修改为:“犯罪分子具有本法规定的减轻处罚情节的,应当在法定刑以下判处刑罚;本法规定有数个量刑幅度的,应当在法定量刑幅度的下一个量刑幅度内判处刑罚。”这一规定明确了刑法规定有数个量刑幅度的,应当在法定量刑幅度的下一个量刑幅度内判处刑罚,而不能跨越量刑幅度判处刑罚。因此,对具有法定减轻处罚情节而在法定刑以下判处刑罚的案件,应当在法定量刑幅度的下一个量刑幅度内判处刑罚,不能减至免予刑事处罚。

具有法定减轻处罚情节的案件比不具有法定减轻处罚情节的案件更有理由在法定刑以下

判处刑罚。既然对具有减轻处罚情节的案件在减轻处罚时不能跨越量刑幅度判处刑罚,那么对不具有法定减轻处罚情节的案件在减轻处罚时更应当遵循在法定量刑幅度的下一个量刑幅度内判处刑罚的原则。但是对极个别涉及政治、国防、外交等特殊情况的案件,应当根据具体情况,决定减轻刑罚的幅度,不受在法定量刑幅度的下一个量刑幅度内判处刑罚这一原则的限制。

对于法定量刑幅度已是最低量刑幅度的案件适用减轻处罚情节,可以适用判处《刑法》分则条文没有规定的不同种的刑罚。最高人民法院研究室 1994 年 2 月 5 日下发的《关于适用刑法第五十九条第二款减轻处罚能否判处刑法分则条文没有规定的刑罚问题的答复》作了如下明确答复,"在法定刑以下判处刑罚,包括判处刑法分则条文没有规定的不同种的刑罚"。我们认为,《关于适用〈刑法第五十九条第二款减轻处罚能否判处刑法分则条文没有规定的刑罚问题的答复〉》中的《刑法》第五十九条第二款是指 1979 年《刑法》第五十九条第二款,虽然与 1997 年《刑法》第六十三条第二款的具体表述有所不同,但都是针对不具有法定减轻处罚情节的被告人减轻处罚作出的规定,内容一脉相传。因此,在没有规范性文件明确提出相反的意见之前,《关于适用〈刑法第五十九条第二款减轻处罚能否判处刑法分则条文没有规定的刑罚问题的答复〉》确立的原则至今依然可以适用。如果与具体罪行对应的法定量刑幅度中最低的法定刑已是最低刑种,即没有再适用减轻处罚的空间的,则可以直接适用《刑法》第三十七条免予刑事处罚的规定,不必以适用减轻处罚情节的方式判处免予刑事处罚。

当案件没有法定免除处罚情节时,原则上不应适用减轻处罚情节,对被告人减至免予刑事处罚。本案中,原审法院根据《刑法》第三百八十三条第一款第(三)项[《刑法修正案(九)》之前]的规定,将"个人贪污数额在五千元以上不满一万元,犯罪后有悔改表现、积极退赃的,可以减轻处罚或者免予刑事处罚"作为"个人贪污数额在五千元以上不满五万元的,处一年以上七年以下有期徒刑"的下一个量刑幅度,对被告人刘某适用减轻处罚情节,直接作出免予刑事处罚的判决不妥。因此,最高人民法院未核准对被告人刘某在法定刑以下判处刑罚的判决。

案例:陈强等贪污、受贿案

案例来源:《刑事审判参考》总第 102 集[第 1071 号]

主题词:贪污罪　数额计算

一、基本案情

被告人陈强,男,1951 年 6 月 5 日出生,原系浙江省残疾人康复指导中心副主任、浙江省残疾人辅助器具资源中心主任、浙江省听力技术服务中心(以下简称"听力中心")主任。2013 年 5 月 20 日因涉嫌犯贪污罪、受贿罪被逮捕。

被告人胡海燕,女,1981 年 10 月 13 日出生,原系杭州达那福医疗器械有限公司(以下简称"达那福公司")总经理、杭州贝迪科技有限公司(以下简称"贝迪公司")法定代表人。2013 年 3 月 14 日因涉嫌犯贪污罪被逮捕。

被告人沈士锋,男,1980 年 10 月 26 日出生,原系浙江省现代假肢矫形器装配中心(以下简称"假肢中心")主任。2013 年 5 月 10 日因涉嫌犯贪污罪、受贿罪被逮捕。

被告人张彬,女,1979 年 8 月 9 日出生,原系听力中心主任。2013 年 3 月 31 日因涉嫌犯受贿罪被逮捕。

被告人周文波,女,1974 年 5 月 27 日出生,原系听力中心主任。2014 年 9 月 4 日因涉嫌犯贪污罪、受贿罪被逮捕。

浙江省杭州市人民检察院以被告人陈强等人犯贪污罪、受贿罪,向杭州市中级人民法院提起公诉。

被告人陈强等人及辩护人提出,成立达那福等第三方公司的目的,是替浙江省残联下属的听力中心、假肢中心等单位或部门支付无法从单位内部支出的业务员销售助听器、假肢配件、矫形器所必需的费用,多余的利润仅够支付第三方公司经营的必要成本,各被告人并未侵吞国有资产,且系为了单位利益,不构成贪污罪。

浙江省杭州市中级人民法院经公开审理查明:

2005年年底,时任浙江省残疾人康复指导中心副主任、辅具中心主任的被告人陈强为侵吞听力中心公款,并解决听力中心销售助听器的业务费用支付问题,授意被告人胡海燕成立达那福公司,该公司由陈强、胡海燕实际控制。2006年3月至2011年1月,陈强对听力中心谎称达那福公司系供货商的分公司,同时对供货商谎称达那福公司系听力中心的下属单位,并指使先后担任听力中心负责人的被告人周文波、张彬利用采购助听器的职权,与胡海燕里应外合,通过增加助听器交易环节的方式,即要求供货商以原供货价格和模式将助听器先行销售给达那福公司,达那福公司再加价转售给听力中心,获取不法利益。陈强、胡海燕控制的达那福公司通过上述方式累计非法获利人民币(以下币种同)3630408元,并将供货商原应返给听力中心的助听器(价值442114元)予以侵吞。在此过程中,达那福公司按照助听器实际销售额4.5%～13.5%的比例,以现金形式支付给听力中心业务员共计约2529000元,用于支付销售助听器的业务费用,剩余价值约1543522元的财物被陈强、胡海燕侵吞。此后,陈强授意胡海燕、张彬成立杭州天聪听力设备有限公司(以下简称"天聪公司")接替达那福公司,通过上述同样方式累计获利633953元,其中按照一定比例以现金形式支付给听力中心业务员共计约282088元,用于支付销售助听器的业务费用,剩余约351865元被陈强、胡海燕、张彬侵吞。

2008年5月,被告人陈强为了侵吞康复指导中心增设机构辅具中心的公款,并解决辅具中心下属部门假肢中心销售假肢配件、矫形器的业务费用支付问题,授意时任假肢中心负责人的被告人沈士锋成立杭州来帮特假肢矫形器有限公司(以下简称"来帮特公司"),通过上述同样方式累计获利148225元,其中按照一定比例以现金形式支付给假肢中心业务员共计约5万元,用于支付销售假肢配件、矫形器的业务费用,剩余约98225元由沈士锋等人侵吞。

被告人陈强、沈士锋、周文波还分别利用职务之便,收受他人财物。浙江省杭州市中级人民法院认为,被告人陈强、周文波、张彬、沈士锋身为国家工作人员,分别结伙或伙同胡海燕,利用陈强等的职务之便侵吞公共财物共计2093412元,其行为均已构成贪污罪,其中,陈强参与贪污2093412元,胡海燕参与贪污1995187元,张彬参与贪污1301013元,沈士锋参与贪污98225元,周文波参与贪污667077元;陈强、沈士锋、周文波身为国家工作人员,利用职务之便,非法收受他人财物,为他人谋取利益,其行为均已构成受贿罪,其中,陈强和沈士锋共同受贿372590元,周文波受贿26000元,依法应予数罪并罚。各被告人及其辩护人提出的辩解理由和辩护意见均不能成立,不予采纳。鉴于张彬、周文波在部分贪污事实中系从犯,张彬、沈士锋具有自首情节,陈强、周文波对受贿事实具有自首情节且案发后主动退缴部分赃款,依法对上述四被告人分别予以减轻处罚或者从轻处罚。据此,依照《中华人民共和国刑法》第九十三条第二款,第三百八十二条,第三百八十三条,第三百八十五条第一款,第三百八十六条,第二十五条第一款,第二十六条第一款、第四款,第二十七条第一款,第六十七条第一款,第六十九条,第六十四条之规定,判决如下:

1. 被告人陈强犯贪污罪,判处有期徒刑十二年,并处没收个人财产人民币二十万元;犯受贿罪,判处有期徒刑七年,并处没收个人财产人民币五万元,决定执行有期徒刑十七年,并处没收个人财产人民币二十五万元。

2. 被告人胡海燕犯贪污罪,判处有期徒刑十一年,并处没收个人财产人民币十五万元。

3. 被告人沈士锋犯贪污罪,判处有期徒刑七年,并处没收个人财产人民币五万元;犯受贿罪,判处有期徒刑六年六个月,并处没收个人财产人民币五万元,决定执行有期徒刑十一年六个月,并处没收个人财产人民币十万元。

4. 被告人张彬犯贪污罪,判处有期徒刑九年,并处没收个人财产人民币十万元;

5. 被告人周文波犯贪污罪,判处有期徒刑五年,并处没收个人财产人民币三万元;犯受贿罪,判处有期徒刑一年,决定执行有期徒刑五年六个月,并处没收个人财产人民币三万元。

6. 本案查扣的涉案财物予以追缴,以贪污数额为限发还浙江省残疾人康复指导中心,余款作为受贿赃款予以追缴,上缴国库。责令各被告人退赔其余相应违法所得,依法处理。

一审宣判后,五名被告人均提出上诉。浙江省高级人民法院经审理后认为,原判定罪及适用法律正确,量刑适当,裁定驳回五名被告人的上诉,维持原判。

二、裁判要旨

No. 8-382-36 国家工作人员成立第三方公司套取单位公款,将其中部分公款用于支付原单位业务回扣的,该部分公款不计入贪污罪数额之中。

通说认为,国家工作人员套取公款后,再将部分钱款用于原单位公务支出,不论出于何种原因,均应全额计入贪污数额,理由是该行为属于犯罪既遂后的赃款处置行为。本案与上述"套取公款后用于单位业务开支"的情形有以下本质区别:第一,各被告人自始至终均无占有该部分用于支付业务回扣费用的钱款的主观故意。第二,各被告人客观上对该部分用于支付业务回扣费用的钱款并无自由支配权。各被告人套取公款之前,关于从第三方公司领取该部分钱款用于支付业务回扣费用一事,原单位及第三方公司其他人员均已知情,且钱款的支出方式、数量、用途等相关内容在双方协议中也已注明,各被告人无权自由变更,因此,原单位将该笔钱款转至各被告人控制的第三方公司账户时,各被告人对该笔钱款仅起到暂为保管、中转的作用,并无自由支配权,也未实际占有。第三,在实际操作中,第三方公司成立后,确如各被告人事前商议的,由原单位业务员按照之前的惯例报送本月应支付的业务回扣费用,第三方公司从截留的利润中支付该项费用。各被告人并未侵吞该部分钱款。鉴于此,第三方公司代原单位支出的上述违规业务费用不属贪污对象,不应计入相关被告人的贪污数额。

案例:祝贵财等贪污案

案例来源:《刑事审判参考》总第103集[第1087号]

主题词:贪污罪　非法经营同类营业罪与贪污罪的区别

一、基本案情

祝贵财,男,1955年11月16日出生,研究生文化程度,原北京万商投资发展有限公司副总经理兼北京万商大厦总经理。2012年3月27日因涉嫌犯贪污罪被逮捕。

杨超,男,1964年1月24日出生,大学文化程度,原北京万商大厦副总经理兼万商物业管理有限公司经理。2011年6月28日因涉嫌犯贪污罪被逮捕。

王东立,男,1951年10月28日出生,大专文化程度,原北京万商投资发展有限公司综合管理部副经理。2012年3月27日因涉嫌犯贪污罪被逮捕。

及永才,男,1955年2月26日出生,大学文化程度,原北京万商投资发展有限公司总经理助理兼北京万商如一酒店管理有限公司总经理。2012年3月27日因涉嫌犯贪污罪被逮捕。

北京市石景山区人民检察院以被告人祝贵财、杨超、王东立、及永才犯贪污罪,向石景山区人民法院提起公诉。

被告人祝贵财、杨超、王东立、及永才及各自的辩护人均认为各被告人的行为仅构成非法经营同类营业罪,不构成公诉机关指控的贪污罪。

北京市石景山区人民法院经公开审理查明:

被告人祝贵财、杨超、王东立、及永才均系国有公司北京万商大厦的管理人员。2004年2月至3月间,四被告人和陈瑞琴(另案处理)等人共同商定并出资,以祝贵财亲属的名义成立了北京恒威佳信经贸有限公司(以下简称"恒威佳信公司")。同年3月,北京中复电讯设备有限责任公司(以下简称"中复电讯公司")有意承租万商大厦裙楼一层约488平方米原"鞋服城"项目用于经营。

时任北京万商大厦总经理的祝贵财与时任副总经理的杨超,共同利用职务便利,由杨超代表北京万商大厦与中复电讯公司洽谈租赁万商大厦底商事宜,在双方商定租赁价格后,采用由恒威佳信公司同日先与北京万商大厦签订承租合同,再与中复电讯公司签订转租合同的手段,截留本应属于北京万商大厦的底商租赁款。

被告人及永才受祝贵财指派负责管理恒威佳信公司,将所截留的房屋租金收入扣除各类税款等费用后不定期分配给上述被告人,2006 年 12 月该公司注销。2007 年 1 月,被告人王东立受祝贵财指派,以自己与他人共同成立的北京瑞源通泰商贸有限责任公司(以下简称"瑞源通泰公司")接替恒威佳信公司继续开展上述业务,并受祝贵财指派管理瑞源通泰公司所截留的房屋租赁款,不定期分配给上述被告人。

2004 年 5 月至 2010 年 10 月间,四被告人利用恒威佳信公司和瑞源通泰公司截留万商大厦底商租赁差价款共计人民币(以下币种同)2122501.96 元。其中,上述两家公司上缴国家的各类税款共计 657584.19 元。

2010 年 10 月,祝贵财因其他原因向单位领导承认了上述事实,后四被告人陆续向单位退缴了部分赃款。其中,祝贵财退缴 71500 元,杨超退缴 4 万元,及永才退缴 71500 元,王东立退缴 71500 元;另被告人王东立将其管理的瑞源通泰公司账户内的 249301.96 元上缴所在单位。在法院审理阶段,王东立亲属又退缴 6 万元,北京市石景山区人民法院依法冻结了瑞源通泰公司银行账户内资金人民币 217532.45 元。

2011 年 5 月 20 日,四被告人被北京市人民检察院第一分院立案侦查,同年 6 月 28 日,杨超被逮捕;同年 7 月 7 日,祝贵财、及永才、王东立被检察机关取保候审,2012 年 3 月 27 日被逮捕。

北京市石景山区人民法院认为,被告人祝贵财、杨超、王东立、及永才身为国有公司的工作人员,利用祝贵财、杨超的职务便利,由及永才、王东立实际操作,采用先承租万商大厦底商后转租的手段,共同截留本应属于万商大厦的国有财产,四被告人的行为侵犯了国家工作人员的职务廉洁性以及国有财产的所有权,均构成贪污罪,依法均应予以惩处。祝贵财系公司决策人、杨超系本案的提议者和具体实施者,在共同犯罪中起主要作用,均系主犯,依照各自在犯罪中的作用分别予以处罚;及永才、王东立受祝贵财指使负责管理公司并分配赃款,在犯罪中起次要作用,均系从犯,分别依法予以减轻处罚。另考虑到四被告人退缴了部分违法所得,可酌情予以从轻处罚。据此,根据本案犯罪的事实、性质、情节及对社会的危害程度,依照《中华人民共和国刑法》[刑法修正案(九)实施前]第三百八十二条第一款,第三百八十三条第一款第(一)项,第九十三条第二款,第二十五条第一款,第二十六条第一款、第四款,第二十七条,第六十四条,第六十一条之规定,石景山区人民法院以贪污罪对被告人分别判处刑罚。

一审宣判后,祝贵财、杨超、王东立、及永才均不服,向北京市第一中级人民法院提起上诉。北京市第一中级人民法院裁定驳回上诉,维持原判。

二、裁判要旨

No.8-382-37 国有公司的经理、董事增设中间环节获取购销差价的行为中,如果所增设的中间环节客观上并不存在,或客观上虽然存在但缺少实际的经营能力或并不承担相应的经营风险,且获取的购销差价并不合理的,属于非法截留国有资产,构成贪污罪。

区分获取购销差价的非法经营同类营业行为与增设中间环节截留国有财产的贪污行为的关键,在于行为人是采取何种方式取得非法利益的。如果行为人直接通过非法手段将国有公司、企业的财产转移到兼营公司、企业中,属于截留国有财产的贪污行为,构成贪污罪。如果行为人没有直接转移财产,而是利用职务便利将任职国有公司、企业的盈利性商业机会交由兼营公司、企业经营,获取数额巨大的非法利益的,则构成非法经营同类营业罪。因为国有公司、企业让渡给兼营公司、企业的是商业机会,商业机会本身并非财物,不能成为贪污罪的对象。而且兼营公司、企业所获取的非法利益,系利用让渡的商业机会所进行的经营所得,这种经营行为本身就存在一定的风险,并不意味着百分之百地获利,与采取非法手段将国有公司、企业的财产直接转移到兼营公司、企业中的贪污行为方式不同。

两种犯罪行为都人为地增设了中间环节,使国有公司、企业原本与业务单位的直接购销关系变成了有其他公司、企业参与的间接购销关系,这个中间环节不是因经营的客观需要而自然产生的,本来不应存在,属于行为人故意设置。对增设中间环节截留国有财产的贪污行为而言,由于虚设的中间环节不是用于正常的经营活动,故增设的中间环节通常是为了截留国有资产的目的而虚构的。在经济活动中,尽管有时增设的中间环节中所涉及的公司、企业真实存在,但这些公司、企业往往是为了承揽相关业务而成立,并无从事同类或者类似经营行为的经历。本案中,虽然恒威佳信公司客观存在,但其是各被告人为了在万商大厦公司和中复电讯公司之间的租赁关系增设中间环节而突击成立。恒威佳信公司之前并无从事同类或者相似经营行为的经历。

如果增设的中间环节都是客观存在的,则要看增设的中间环节是否具有经营能力。一般而言,贪污罪中为截留国有财产而增设的中间环节的经营,往往是无经营投资、无经营场地和无经营人员,即属于"三无"经营;而非法经营同类营业罪中增设的中间环节的经营,是有投资、有经营场所、有经营人员的经营,即具有经营同类营业的完全能力。本案中,恒威佳信公司成立之后,并不具备实体经营的特征。

如果增设的中间环节都客观存在且具有经营能力,则要看增设的中间环节是否进行了实际经营活动并承担一定的经营责任风险。有经营就有风险,就可能存在盈亏。如果增设的中间环节进行了实际经营活动并承担了一定的经营责任风险,则行为人所获取的购销差价系通过利用国有公司、企业让渡的商业机会所进行的经营所得,属于获取购销差价的非法经营同类营业行为。如果增设的中间环节没有进行实际经营活动,而是由国有公司、企业一手操办,或者进行了相关的经营活动,但只管盈利,而由国有公司、企业承担经营责任风险的,则此时行为人所获取的购销差价不是经营所得而是截留的国有财产,属于增设中间环节截留国有财产的贪污行为。本案中,在案证据不能证明恒威佳信公司介入中复电讯承租万商大厦底商业务承担了相应的经营风险。

如果增设的中间环节不仅客观存在、具有经营能力,而且进行了实际经营活动并承担了一定的经营责任风险,则要看所获取的购销差价是否合理。获取的购销差价合理的,属于获取购销差价的非法经营同类营业行为;不合理的,则为增设中间环节截留国有财产的贪污行为,因为此时的差价不再是经营行为的对价。当然,在法律没有明确规定的情况下,其合理范围需要司法人员根据经验具体把握。

综上,本案四被告人的行为实际上是将国有公司本可直接获得的房租收入转移给其个人成立的没有实际经营能力的公司,属于截留国有财产的贪污行为,构成贪污罪。

案例:赵明贪污、挪用公款案

案例来源:《刑事审判参考》总第 103 集[第 1088 号]

主题词:贪污罪　虚列支出平账行为的定性

一、基本案情

被告人赵明,男,1972 年 9 月 19 日出生,原系天津城建隧道股份有限公司财务核算中心副主任。2011 年 10 月 25 日因涉嫌犯挪用公款罪被逮捕。

天津市人民检察院第一分院以被告人赵明犯贪污罪、挪用公款罪,向天津市第一中级人民法院提起公诉。

天津市第一中级人民法院经审理查明:

被告人赵明原系国有独资企业天津市政管理局第二市政公路工程有限公司干部。2008 年 7 月,赵明所在公司根据产业结构调整需要,由上级单位天津城建集团有限公司决定划转至天津城建隧道股份有限公司,赵明受天津城建集团公司委派担任国有控股企业天津城建隧道股份有限公司会计。2011 年 4 月,赵明被任命为该公司财务核算中心副主任。

2009 年 4 月至 12 月,被告人赵明利用负责快速路配套工程盾构管片项目财务工作的职务之便,采取提取备用金的手段,多次从其负责的项目账上支取现金共计人民币 783800 元,用于个人赌博。2010 年 1 月至 2011 年 10 月,赵明采取偷盖单位印鉴、私自填写现金支票的方式提取单位银行存款共计人民币 3223000 元,用于个人赌博。其中,有累计人民币 2952659.58 元的账目赵明以支付相关单位劳务费、租金、材料款等记账形式予以列支,弥补其私自支取公款的账面差额。赵明曾私盖一本"天津市环城地铁管片有限公司"(系盾构管片项目与天津市环美混凝土制造有限公司成立的合资公司,但从未开展业务)的收据用以掩盖挪用公款的事实。赵明受赌博网站“太阳城”代理张丽的唆使,将挪用的公款大部分转到了张丽提供的账户中用于个人网上赌博,还曾使用电脑制作虚假的单位开户银行上海浦东银行的对账单,用以隐瞒私自动用的单位公款。自2008年7月至2011年10月案发前,赵明挪用单位公款4006800元,虚列支出2592659.58元。赵明以现金还款方式陆续归还公款共计人民币1377500元,给单位造成实际经济损失人民币2629300元。

天津市第一中级人民法院认为,被告人赵明身为国有控股企业的财务管理人员,利用职务之便侵吞公款,且数额特别巨大;挪用公款归个人使用,进行非法活动,且数额巨大。鉴于其如实供述犯罪事实,认罪态度较好,积极退还公款1377500元,依法可以从轻处罚。据此,依照《中华人民共和国刑法》第二百七十一条第二款,第三百八十二条第二款,第三百八十三条第一款第一项、第二款,第二百七十二条第二款,第三百八十四条第一款,第五十七条第一款,第六十七条第三款,第六十九条第一款之规定,天津市第一中级人民法院判决如下:被告人赵明犯贪污罪,判处无期徒刑,剥夺政治权利终身,并处没收个人全部财产;犯挪用公款罪,判处有期徒刑十二年,决定执行无期徒刑,剥夺政治权利终身,并处没收个人全部财产。

一审宣判后,被告人赵明以其行为不构成贪污罪且有自首情节为由提出上诉,其辩护人认为上诉人赵明系初犯,具有认罪、悔罪表现,建议二审法院从轻处罚。

天津市高级人民法院经二审审理认为,被告人赵明身为受国有公司委派从事公务的人员,利用管理本单位资金使用的便利条件,擅自提取备用金或以现金支票提取单位存款,进行赌博非法活动,其行为已构成挪用公款罪。对于被告人赵明所提其没有非法占有公款故意,其行为属于挪用公款性质的上诉理由,经查,赵明以“虚列支出”形式掩盖公款的真实去向,但其所列支出与提取款项存根票据不存在一一对应关系,故仅能掩盖账面总体差额,其提取公款行为有账可查;虚列支出的收款单位与赵明所在单位有正常业务往来,虚列支出项目在工程结算时无法核销,故无法达到侵吞公款之目的;被告人具有陆续归还公款行为,因此被告人“虚列支出”的行为不能证明被告人主观故意发生转化,与采取虚假发票平账、销毁有关账目且无归还行为的转化型贪污犯罪不属同一性质。对被告人提出的自首问题,经查,本案案发系单位发现银行支票退票,在单位报案并提供侦查线索后,检察机关找到赵明核实情况,不能认定为自首。据此,依照《中华人民共和国刑法》第二百七十二条第二款、第三百八十四条第一款、第六十四条和《中华人民共和国刑事诉讼法》第二百二十五条第一款第(三)项之规定,判决如下:

1. 维持天津市第一中级人民法院(2012)一中刑初字第123号刑事判决中对被告人赵明犯挪用公款罪的定罪。

2. 撤销天津市第一中级人民法院(2012)一中刑初字第123号刑事判决中对被告人赵明犯贪污罪的定罪量刑、挪用公款罪的量刑以及数罪并罚的量刑。

3. 上诉人赵明犯挪用公款罪,判处有期徒刑十五年。

4. 继续追缴上诉人赵明未归还的公款人民币二百六十二万九千三百元,发还被害单位。

二、裁判要旨

No.8-382-38　行为人实施了虚列支出平账掩盖挪用公款事实的行为,不宜直接推定其主观上具有非法占有目的,从而成立贪污罪。

采取虚假发票等方式虚列支出是挪用公款罪转化为贪污罪的常见手段,《全国法院审理经济犯罪案件工作座谈会纪要》中“挪用公款转化为贪污的认定”第二项规定:“行为人挪用公款后采取虚假发票平账、销毁有关账目等手段,使所挪用的公款已难以在单位财务账目上反映出来,且没有归还行为的,应当以贪污罪定罪处罚。”本案中,赵明作为公司会计,以“虚列支出”形式掩盖自己挪用公司款项的犯罪事实,能否由此推断其主观上犯罪故意发生了转化,由非法占用转化为非法占有,成为审理本案的关键。非法占有目的是对被告人主观心态的评价,审判实践中一定要避免把虚开票据、虚列支出平账的客观行为与非法占有主观目的之间直接挂钩。平账是指把各个分类账户的金额与其汇总账户的金额互相核算,将原本不相等的情况调整为相等,只是账目处理的一种技术性手段,不能取代对被告人的主观心态评价。在缺乏直接证据印证时,推定被告人具有非法占有目的,需要结合被告人实施犯罪过程中的具体行为,以对被告人的内心想法和真实目的作出综合性判断。合理评价实施虚开票据的平账行为,应当遵循以下审查标准:第一,平账行为是否造成挪用的公款从单位账目上难以反映出来。第二,对财务账目的处理能否达到掩盖涉案款项去向效果。第三,从有无归还行为上判断被告人是否有非法占有目的。本案中,被告人赵明在公司账目上虚列支出与现金取款的次数及数额并不一一对应,虚列支出仅能从宏观上反映出"收支平衡"的假象,仔细查账立刻就能查出问题,只能起到暂时性掩饰作用,不符合挪用转化贪污案件中"平账为了永久占有公款"的特征。赵明在挪用公款的每一年度均有相同方式的还款行为,与挪用转化贪污案件相关司法解释中"且没有归还行为"的要件相矛盾。特别是在2009年赵明是以环美混凝土制造有限公司的名义现金还款,反映出其主观上明知其虚列支出的行为造成本单位与债权单位的债务额发生变化,其通过债权单位给付现金避免账目混乱,因此还款行为进一步证明其主观故意没有发生转化。

案例:杨延虎等贪污案

案例来源:《人民法院案例选》2016年第1辑;最高人民法院2012年9月18日第三批指导性案例第11号

主题词:贪污罪　公共财物与利用职务便利的认定

一、基本案情

被告人杨延虎1996年8月任浙江省义乌市委常委,2003年3月任义乌市人大常委会副主任,2000年8月兼任中国小商品城福田市场(2003年3月改称中国义乌国际商贸城,简称国际商贸城)建设领导小组副组长兼指挥部总指挥,主持指挥部全面工作。2002年,杨延虎得知义乌市稠城街道共和村将列入拆迁和旧村改造范围后,决定在该村购买旧房,利用其职务便利,在拆迁安置时骗取非法利益。杨延虎遂与被告人王月芳(杨延虎的妻妹)、被告人郑新潮(王月芳之夫)共谋后,由王、郑二人出面,通过共和村王某某,以王月芳的名义在该村购买赵某某的3间旧房(房产证登记面积61.87平方米,发证日期1998年8月3日)。按当地拆迁和旧村改造政策,赵某某有无该旧房,其所得安置土地面积均相同,事实上赵某某也按无房户得到了土地安置。2003年3、4月份,为使3间旧房所占土地确权到王月芳名下,在杨延虎指使和安排下,郑新潮再次通过共和村王某某,让该村村民委员会及其成员出具了该3间旧房系王月芳1983年所建的虚假证明。杨延虎利用职务便利,要求兼任国际商贸城建设指挥部分管土地确权工作的副总指挥、义乌市国土资源局副局长吴某某和指挥部确权报批科人员,对王月芳拆迁安置、土地确权予以关照。国际商贸城建设指挥部遂将王月芳所购房屋作为有村证明但无产权证的旧房进行确权审核,上报义乌市国土资源局确权,并按丈量结果认定其占地面积64.7平方米。

此后,被告人杨延虎与郑新潮、王月芳等人共谋,在其岳父王某祥在共和村拆迁中可得25.5平方米土地确权的基础上,于2005年1月编造了由王月芳等人签名的申请报告,谎称"王某祥与王月芳共有三间半房屋,占地90.2平方米,二人在1986年分家,王某祥分得36.1平方米,王月芳分得54.1平方米,有关部门确认王某祥房屋25.5平方米、王月芳房屋64平方米有误",要求义乌市国土资源局更正。随后,杨延虎利用职务便利,指使国际商贸城建设指挥部工作人员以该部名义对该申请报告盖章确认,并使该申请报告得到义乌市国土资源局和义乌市政府认可,从而让王月芳、王某祥分别获得72和54平方米(共126平方米)的建设用地审批。按王某祥的土地确权面积仅应得36平方米建设用地审批,其余90平方米系非法所得。2005年5月,杨延虎等人在支付选位费24.552万元后,在国际商贸城拆迁安置区获得两间店面72平方米土地的拆迁安置补偿(案发后,该72平方米的土地使用权被依法冻结)。该处地块在用作安置前已被国家征用并转为建设用地,属国有划拨土地。经评估,该处每平方米的土地使用权价值35270元。杨延虎等人非法所得的建设用地90平方米,按照当地拆迁安置规定,折合拆迁安置区店面的土地面积为72平方米,价值253.944万元,扣除其支付的24.552万元后,实际非法所得229.392万元。

此外,2001年至2007年间,被告人杨延虎利用职务便利,为他人承揽工程、拆迁安置、国有土地受让等谋取利益,先后非法收受或索取57万元,其中索贿5万元。

二、裁判要旨

No.8-382-39 贪污罪中的利用职务便利包括利用职务上有隶属关系的其他国家工作人员的职务便利。

贪污罪中的"利用职务上的便利",是指利用职务上主管、管理、经手公共财物的权力及方便条件,既包括利用本人职务上主管、管理公共财物的职务便利,也包括利用职务上有隶属关系的其他国家工作人员的职务便利。义乌国际商贸城指挥部系义乌市委、市政府为确保国际商贸城建设工程顺利进行而设立的机构,指挥部下设确权报批科,工作人员从国土资源局抽调,负责土地确权、建房建设用地的审核及报批工作,分管该科的副总指挥吴某某也是国土资源局的副局长。确权报批科作为指挥部下设机构,同时受指挥部的领导,作为指挥部总指挥的杨延虎具有对该科室的领导职权。本案中,杨延虎正是利用担任义乌市委常委、义乌市人大常委会副主任和兼任指挥部总指挥的职务便利,给下属的土地确权报批科人员及其分管副总指挥打招呼,才使得王月芳等人虚报的拆迁安置得以实现。

No.8-382-40 土地使用权属于《刑法》第三百八十八条第一款规定中的公私财物,可以成为贪污罪的对象。

《中华人民共和国土地管理法》第二条、第九条规定,我国土地实行社会主义公有制,即全民所有制和劳动群众集体所有制,并可以依法确定给单位或者个人使用。对土地进行占有、使用、开发、经营、交易和流转,能够带来相应经济收益。因此,土地使用权自然具有财产性利益,无论国有土地,还是集体土地,都属于《刑法》第三百八十二条第一款规定中的"公共财物",可以成为贪污的对象。王月芳名下安置的地块已在2002年8月被征为国有并转为建设用地,义乌市政府文件抄告单也明确该处的拆迁安置土地使用权登记核发国有土地使用权证。王月芳购房时系居民户口,按照法律规定和义乌市拆迁安置有关规定,不属于拆迁安置对象,不具备获得土地确权的资格,其在共和村所购房屋既不能获得土地确权,又不能得到拆迁安置补偿。杨延虎等人明知王月芳不符合拆迁安置条件,却利用杨延虎的职务便利,通过将王月芳所购房屋谎报为其祖传旧房、虚构王月芳与王某祥分家事实,骗得旧房拆迁安置资格,骗取国有土地确权。同时,由于杨延虎利用职务便利,杨延虎、王月芳等人弄虚作假,既使王月芳所购旧房的房主赵某某按无房户得到了土地安置补偿,又使本来不应获得土地安置补偿的王月芳获得了土地安置补偿。杨延虎伙同被告人郑新潮、王月芳以虚构事实的手段,骗取国有土地使用权,非法占有公共财物,三被告人的行为均已构成贪污罪。

案例:周爱武、周晓贪污案

案例来源:《刑事审判参考》第106集[第1139号]

主题词:贪污罪 贪污特定款物行为的认定

一、基本案情

被告人周爱武,女,1968年1月18日出生,原系北京市朝阳区安贞街道社区服务中心工作人员。2015年1月26日被逮捕。

被告人周晓,女,1972年11月16日出生,原系北京市朝阳区安贞街道社区服务中心工作人员。2015年1月26日被逮捕。

北京市朝阳区人民检察院以被告人周爱武、周晓犯贪污罪,向北京市朝阳区人民法院提起公诉。

被告人周爱武、周晓对公诉机关的指控未提出异议。二被告人的辩护人均辩称:涉案的尚未兑换现金的养老服务券102327元不应计入贪污数额。周爱武的辩护人另提出了周爱武的贪污行为并未造成严重后果,具有自首情节,真诚悔过并如实供述罪行,积极退赃,建议法庭对其从宽处罚的辩护意见。周晓的辩护人另提出了周晓系从犯,具有自首情节,认罪、悔罪态度好,积极退赃,建议法庭对其从宽处罚的辩护意见。

北京市朝阳区人民法院经审理查明:被告人周爱武、周晓均在北京市朝阳区安贞街道社区服务中心从事居家养老服务工作,共同负责安贞街道办事处居家养老(助残)服务券(以下简称"服务券")的申领、发放工作。2012 年至 2014 年间,经周爱武提议,二被告人共同利用职务便利,虚报养老(助残)人数申领服务券,然后按照实有人数发放,从中截留面值共计人民币(以下币种同)916900 元的服务券据为己有。后由周爱武通过北京康复信和商贸有限公司等朝阳区养老服务商将其中面值 814573 元的服务券兑换成钱款,并将其中部分钱款分配给周晓。二被告人于 2015 年 1 月 9 日主动投案,并各自退赃 30 万元。尚未兑换现金的服务券 102327 元,起获后已退回朝阳区社区服务中心。在法院审理期间,周爱武亲属退缴 134573 元,周晓亲属退缴 8 万元。

北京市朝阳区人民法院认为,被告人周爱武、周晓利用职务便利,非法占有公共财物,数额巨大,二被告人的行为均已构成贪污罪,依法均应予惩处。北京市朝阳区人民检察院指控被告人周爱武、周晓犯贪污罪的事实清楚,证据确实、充分,罪名成立。被告人周爱武、周晓主动投案,如实供述,系自首,并主动退缴违法所得;被告人周晓在共同犯罪中所起作用小于被告人周爱武,故对二被告人所犯罪行分别予以从轻处罚。二被告人的辩护人关于尚未兑现的服务券金额不应计入贪污犯罪数额的辩护意见,经查,涉案服务券可以在一定范围内不记名流通使用,具有财物属性,不论被告人是否使用,均应计入犯罪数额,故对此辩护意见,不予采纳。但尚未兑现部分,属于犯罪未遂,应以既遂部分的数额确定刑罚。在案钱款,一并处理。据此,依照《中华人民共和国刑法》第十二条第一款,第三百八十二条,第三百八十三条第一款第(二)项、第二款、第三款,第二十三条,第六十七条第一款,第六十一条,第四十五条,第四十七条,第五十二条,第五十三条,第六十四条之规定,于 2016 年 5 月 18 日判决如下:

1. 被告人周爱武犯贪污罪,判处有期徒刑四年,罚金人民币三十万元。
2. 被告人周晓犯贪污罪,判处有期徒刑三年,罚金人民币二十万元。
3. 在案之人民币 814573 元,上缴国库。

一审宣判后,检察机关未抗诉,被告人周爱武、周晓亦未上诉,判决已发生法律效力。

二、裁判要旨

No. 8-382-41 国家工作人员虚报人数申领养老助残服务券,并将虚增部分据为己有的,不属于贪污特定款物的行为。

最高人民法院、最高人民检察院《关于办理贪污贿赂刑事案件适用法律若干问题的解释》第一条的规定,贪污一般财物数额在 3 万元以上的,属于"数额较大",应当定罪处罚。而贪污救灾、抢险、防汛、优抚、扶贫、移民、救济、防疫、社会捐助等特定款物,数额达到 1 万元以上的,即认定为"情节严重",应当定罪处罚。救灾等特定款物具有特定用途,专用于特定的事项或者特定的人。行为人贪污此类款物,有可能会影响专项工作,或者影响特定人的生活保障,相对于贪污其他财物,具有更大的社会危害性。换个角度看,对于这些特定款物都能动贪污之念的行为人,其主观恶性也显然更大。鉴于多种因素的考量,司法解释对特定款物作了特别规定,加大了保护的力度。虽然司法解释没有规定贪污特定款物从重处罚,但是在入罪标准上的差别就决定了在数额相同的情况下,贪污特定款物量刑应当重于贪污一般款物。也就是说,司法解释中蕴含着贪污特定款物从重处罚的量刑原则。

《关于办理贪污贿赂刑事案件适用法律若干问题的解释》第一条第二款第(一)项对贪污特定款物的表述为:"贪污救灾、抢险、防汛、优抚、扶贫、移民、救济、防疫、社会捐助等特定款物。"养老(助残)服务,是社会福利制度发展的体现,服务券是对老年人和残疾人这一特殊群体进行救助而发放的具有一定面额的纸质券,领取对象具有特定性。从这一角度看服务券可以理解为救济款物的一种。即使其不属于典型的救济款,也可以通过对"等"的解释将其纳入特定款物。

但是,判断一种款物是否属于特定款物,不仅要看其外在的表现形式,还要看其代表事项的重要性、用途的特定性以及时间的紧迫性。服务券由政府向老年人、残疾人发放,相关人员领取到服务券后可以到政府指定的服务商处消费或者接受服务。本案的二被告人是社区工作人员,其工作职责是向政府报告辖区内符合领取服务券人员的数量和金额,并代为领取,领取后向符合条件的人员发放。但是在实际工作中,二被告人采取虚报人数的方式,从政府多领取服务券,然后按照实有人数发放,这样就产生了差额,差额部分由二被告人截留,然后套现。从中可以看出,二被告人是以虚报的手段,骗取政府多付的资金,而非截留侵吞政府按实际名额发放的资金,其行为性质和贪污政府的一般公款并无二致。反过来看,如果二被告人根据实有符合条件人数领取服务券后,没有发放给相应的老年人或者残疾人,自己截留,从而使社会救济对象没有得到社会救济,则其行为对象已定型化为特定款物,应认定为特定款物。在这种情况下,行为人的行为使特定群体不能得到救济,危害性更大。而本案中二被告人的行为,没有侵犯特定的老年人或者残疾人的受救济权利,没有妨害国家的救济制度,只是导致了财政款的流失,所以犯罪对象应当认定为普通款物。

No. 8-382-42 在根据从旧兼从轻原则决定刑法适用时,法定刑轻重的比较主要在于主刑的轻重,而非刑种的多少。在适用新法量刑时,应附加判处罚金刑。

比较法定刑的轻重,首要的标准在于主刑的轻重,而不在于刑种的多少。在两个主刑存在轻重之分的情况下,有无附加刑不影响法定刑轻重的判断。主刑重的,属于处刑较重的;主刑轻的,属于处刑较轻的。这是因为,在我国的刑罚体系中,主刑与附加刑具有不同的地位,主刑的适用范围广、惩罚力度大,而附加刑只能附加适用,或者作为一种轻刑独立适用于轻罪。当然,如果两个条文对应的主刑相同,而一个有附加刑,另一个没有附加刑,则有附加刑的重于没有附加刑的。此外,从法定刑的性质来看,在同时规定有主刑和附加刑的情况下,二者是一个有机整体。适用某一法律条文,必须做到完整适用,而不能割裂开来。如果主刑用新法,附加刑用旧法,新法旧法同时适用,则违背了从旧兼从轻原则,造成法律适用上的混乱。适用附加刑还有一个价值判断的问题,即主刑的降低与附加刑的平衡问题,主刑减少的刑期与附加刑增加、罚金经济价值的比较,不同地区是有差别的,应综合判断适用附加刑的数量,附加刑的判处还要考虑被告人的执行能力、过错等。

具体到本案中,二被告人贪污90余万元,按照旧刑法,对应的法定刑幅度为有期徒刑十年以上的刑罚。而按照新刑法,对应的法定刑幅度为三年以上十年以下有期徒刑,并处罚金。新法的法定刑幅度在整体上轻于旧法,可以直接选择新法的法定刑幅度作为量刑依据,新法的法定刑中就包括了罚金刑。这一做法,既符合从旧兼从轻的原则,也是《刑法》第十二条所规定的"适用本法"的当然要求。相反,选择适用新法的主刑,而不适用罚金刑,则是缺乏法律依据的做法。

案例:王雪龙挪用公款、贪污案

案例来源:《刑事审判参考》第106集[第1142号]

主题词:贪污罪 "小金库"性质

一、基本案情

被告人王雪龙,男,1964年1月2日出生,原系上海市青浦区农业机械管理站站长、上海神牛农机服务有限公司法定代表人、上海通阳农机服务有限公司法定代表人。于2014年5月7日被逮捕。

上海市青浦区人民检察院以被告人王雪龙犯挪用公款罪、贪污罪向上海市青浦区人民法院提起公诉。

被告人王雪龙及其辩护人对公诉机关指控的犯罪事实和罪名均无异议,但王雪龙辩称其贪污所得钱款绝大部分用于公务支出。其辩护人以王雪龙挪用公款部分系自首,贪污部分属如实供述罪行,贪污所得绝大部分用于农机站日常工作开支,以及王雪龙的家属代为部分退赃等为由,请求法庭对王雪龙予以从轻处罚。

上海市青浦区人民法院经公开审理查明：

(一)挪用公款罪

上海市青浦区农业机械管理站(以下简称“青浦区农机站”)是青浦区农业委员会设立的全额拨款事业单位。上海神牛农机服务有限公司(以下简称“神牛公司”)是青浦区农机站全额出资成立的有限责任公司。2008年1月至2014年间,被告人王雪龙任青浦区农机站站长、神牛公司法定代表人。

2008年11月,被告人王雪龙与张永辉经事先商量,欲共同成立上海青育农机服务有限公司(以下简称“青育公司”)。同年11月5日、11月10日,王雪龙利用其全面负责神牛公司工作的职务便利,个人决定挪用神牛公司公款人民币(以下币种同)20万元,用于青育公司申报注册资本;2009年1月5日,青育公司归还神牛公司20万元。2009年6月24日,王雪龙个人决定挪用神牛公司公款70万元,用于青育公司增加注册资本;同年8月4日,青育公司归还神牛公司70万元。

(二)贪污罪

2009年8月,神牛公司以设置青浦区农机零配件服务网点名义出资成立上海通阳农机服务有限公司(以下简称“通阳公司”),王雪龙担任公司法定代表人,股东为王雪龙及时任青浦区农机站党支部书记的祝建林。2011年4月19日,王雪龙利用其全面负责神牛公司、通阳公司工作的职务便利,私自将通阳公司无偿转让至马雪元名下并由王雪龙个人实际控制,至工商变更登记当日,通阳公司利润合计22万余元。2012年9月,王雪龙个人决定将上海昊桑农业机械设备有限公司(以下简称“昊桑公司”)支付神牛公司的服务费36万元由通阳公司收取。后王雪龙将上述通阳公司利润及收取的服务费用于个人套现、消费等。

2013年4月,王雪龙与王川民经事先商量,成立上海厚缘农业科技服务有限公司(以下简称“厚缘公司”),王雪龙为实质股东之一。2013年5月、12月,王雪龙利用其全面负责神牛公司的职务便利,个人决定将昊桑公司支付神牛公司的服务费42万元由厚缘公司收取。后王雪龙将上述厚缘公司收取的服务费用于个人套现、消费等。

另查明,王雪龙有自首、积极退赃等量刑情节。

上海市青浦区人民法院认为,被告人王雪龙利用职务上的便利,挪用公款共计90万元,数额较大,归个人进行营利活动,其行为已构成挪用公款罪。王雪龙利用职务上的便利,侵吞公款100余万元,数额巨大,其行为已构成贪污罪,应数罪并罚。王雪龙犯罪以后自动投案,并如实供述其挪用公款的罪行,后又供述了贪污部分的基本事实,对挪用公款部分罪行可认定为自首,依法可从轻处罚,对贪污部分也可从轻处罚。依照《中华人民共和国刑法》第十二条第一款,第三百八十四条第一款,第三百八十二条第一款,第三百八十三条第一款第二项、第二款,第九十三条第二款,第六十七条第一款、第三款,第五十二条,第五十三条,第六十四条,第六十九条及最高人民法院、最高人民检察院《关于办理贪污贿赂刑事案件适用法律若干问题的解释》第二条之规定,以挪用公款罪判处王雪龙有期徒刑二年;以贪污罪判处有期徒刑五年六个月,并处罚金人民币五十万元,决定执行有期徒刑七年,并处罚金人民币五十万元。

一审宣判后,被告人王雪龙不服,向上海市第二中级人民法院提起上诉。

被告人王雪龙的主要上诉理由是:原判认定其犯贪污罪的事实不清、证据不足。通阳公司、厚缘公司均属于青浦区农机站下属的“小金库”性质企业,且其将绝大部分涉案款项用于青浦区农机站日常开支等公务性支出,其行为不构成贪污罪。即使构成贪污罪,也应将用于公务性支出的款项从贪污数额中扣除。

上海市第二中级人民法院经审理后认为,原判定罪及适用法律正确,量刑适当,裁定驳回上诉,维持原判。

二、裁判要旨

No. 8-382-43　由国家工作人员个人实际控制、为其个人套现、消费、截留公共款项所设立的公司,不属于本单位的小金库。

2009年《中共中央办公厅、国务院办公厅印发〈关于深入开展“小金库”治理工作的意见〉的通知》发布以后,全国各级、各部门均开展了全面治理"小金库"的行动。关于"小金库"的界定,中央纪委发布的《关于设立"小金库"和使用"小金库"款项违纪行为适用〈中国共产党纪律处分条例〉若干问题的解释》中将"小金库"定义为"违反法律法规及其他有关规定,应列入而未列入符合规定的单位账簿的各项资金(含有价证券)及其形成的资产"。中央纪委、监察部、财政部、审计署发布的《关于在党政机关和事业单位开展"小金库"专项治理工作的实施办法》中沿用了上述定义并将"小金库"总结为7种表现形式:违规收费、罚款及摊派设立"小金库";用资产处置、出租收入设立"小金库";以会议费、劳务费、培训费和咨询费等名义套取资金设立"小金库";经营收入未纳入规定账簿核算设立"小金库";虚列支出转出资金设立"小金库";以假发票等非法票据骗取资金设立"小金库";上下级单位之间相互转移资金设立"小金库"等。综观上述规定,可以看出"小金库",在设立、管理、使用过程中均应经过单位的集体决策程序,体现单位意志,任何个人决定或者以个人名义截留公共款项设立的所谓"小金库",均属于违纪、违法甚至犯罪行为,不应认定为本单位的"小金库"。

从公司设立知情面来看,虽然从表面上知情面较窄,具有一定隐蔽性,但由于"小金库"性质公司的设立体现的是单位意志,单位的决策管理层应当对该公司的设立知情,而绝非仅个别领导知情。从公司设置目的来看,单位设立"小金库"一般用于安置单位违规收费、罚款、摊派的资金、以会议费等名义套取的资金、虚列支出转出的资金等,以便单位逃避监管违规发放工资、福利、接待等,也不排除部分资金用于弥补正常公务支出的差额。从公司管理来看,"小金库"及"小金库"性质公司的管理同样应体现单位意志,在"小金库"资金的收入、支出,或者"小金库"性质公司的人、财、物管理等方面都应体现出单位的集体决策。因为从本质来讲,单位"小金库"中的资金仍属于单位财产,即使成立了独立的"小金库"性质公司,该公司的财产也属于设立该公司的单位所有,公司事务也应由设立其的单位管理。从经费的使用及受益方来看,"小金库"或者"小金库"性质公司中的资金由设立其的单位支配、使用,受益方也是设立该"小金库"的单位,这是由"小金库"的性质决定的。

本案中,转制前的通阳公司由神牛公司出资设立,此时神牛公司管理层对通阳公司的设立是知情的。2011年4月,王雪龙利用职务便利私自将通阳公司转让给马雪元并办理了工商变更登记,此后神牛公司的管理层对通阳公司的存在及运营状况毫不知情,完全由王雪龙一人实际控制。至于厚缘公司,从设立之初就与神牛公司没有任何关联,神牛公司也并不知情。王雪龙控制通阳公司、厚缘公司的目的完全是供个人套现、消费、截留神牛公司的业务款项,与神牛公司安置、支出资金无关,不符合单位设置"小金库"的目的性要求。转制后的通阳公司以及厚缘公司均由王雪龙个人实际控制,公司性质已变更为私营企业,神牛公司与该两家公司之间客观上并无管理与被管理的关系。改制后的通阳公司及厚缘公司的资产全部由王雪龙等人支配、使用,受益方也无疑是王雪龙个人。即使有部分资金用于神牛公司的公务性支出,也与神牛公司支配、使用资金具有本质区别。综上,通阳公司、厚缘公司并非"小金库"性质的公司,王雪龙利用职务便利将昊燊公司支付给神牛公司的服务费通过上述其个人控制的公司进行截留,并个人套现消费使用,其行为应认定为贪污罪。

No. 8-382-44 赃款赃物用于单位公务支出的,不应从贪污数额中扣除。

被告人王雪龙的贪污犯罪行为已经既遂。根据贪污罪既遂标准的通说"控制说",只要行为人取得对公共财物的实际控制与支配,即构成贪污罪的既遂。最高人民法院2003年11月13日印发的《全国法院审理经济犯罪案件工作座谈会纪要》第二条第(一)项专门就"贪污罪既遂与未遂的认定"作出规定:"贪污罪是一种以非法占有为目的的财产性职务犯罪,与盗窃、诈骗、抢夺等侵犯财产罪一样,应当以行为人是否实际控制财物作为区分贪污罪既遂与未遂的标准……行为人控制公共财物后,是否将财物据为己有,不影响贪污既遂的认定。"本案中,通阳公司、厚缘公司属于财务独立核算的私营企业,王雪龙将本应由神牛公司收取的款项转由两家公司分别收取以后,便实际实现了对这部分款项的控制、支配,其贪污犯罪行为已经既遂。行为人将赃款用于公务性支出的,不影响对其贪污行为的认定,用于公务支出的部分不能从贪污数额中扣除。根据犯罪既遂理论,犯罪既遂即代表着行为人的行为已经齐备了某种犯罪的全部构成要件,对其应以既遂状态下的行为及其结果定罪处罚。此后行为人对赃款、赃物的处分以及退赃、退赔等情形,不影响对其行为的定性,也不影响对犯罪数额的认定。这些事后行为只能在量刑时酌情考虑。

对此,最高人民法院、最高人民检察院《关于办理贪污贿赂刑事案件适用法律若干问题的解释》第十六条第一款明确规定:“国家工作人员出于贪污、受贿的故意,非法占有公共财物、收受他人财物之后,将赃款赃物用于单位公务支出或者社会捐赠的,不影响贪污罪、受贿罪的认定,但量刑时可以酌情考虑。”该解释对贪污、贿赂犯罪既遂后,行为人出于各种目的将赃款用于公务性支出或者社会公益事业如何认定犯罪数额的问题进行了明确规定,统一了法律适用。

案例:刘宝春贪污案

案例来源:《刑事审判参考》总第 115 集[第 1281 号]

主题词:贪污罪　私分国有资产罪

一、基本案情

北京市顺义区自来水公司自 2006 年至 2013 年系自收自支事业单位(2016 年改制变更为北京顺义自来水有限责任公司,以下简称“自来水公司”)。2007 年至 2012 年,被告人刘宝春在担任自来水公司经理期间,利用管理自来水公司全面工作的职务便利,指使自来水公司财务科科长李海容(另案处理)、现金会计张淑桂(另案处理),采取虚构交易、通过其他公司倒账等形式,每年从公司账户套取现金为其本人、公司其他领导班子成员及李海容、张淑桂发放年度“额外奖金”,并采取虚列开支、使用没有发生真实业务的发票等方式平账。其中,刘宝春分得人民币63 万元,李海容分得人民币 32 万元,张淑桂分得人民币 16 万元。2016 年 1 月 22 日,刘宝春经侦查机关电话通知后主动到案。案发后,刘宝春、李海容、张淑桂已将上述个人所得钱款全部退缴。

二、裁判要旨

No. 8-382-45　在自收自支的事业单位中,利用职务便利,超出核定范围违规发放奖金的,侵犯了国家的公共财产所有权,应成立贪污罪。

自收自支的事业单位,虽然国家不再核拨经费,靠自身经营收入维持,但对于经营收入并不能完全自由支配,其自留分成部分,包括发放工资、奖金、福利的标准等都要经过相关部门的核定。如果在依法上缴利税之后,将其所获利润部分在核定标准范围内用于发放奖金、福利的,是正当合法的行为;如果超过核定标准和范围的发放奖金、福利,通常属于违反财经纪律的行为;如果违法套取钱款或者违规截留应当上缴国家、无权支配的钱款,则侵犯了国家对于公共财产的经营、管理和支配的权限,已超出一般违纪行为的范畴,应受刑法的规制。

本案中,从钱款来源和性质分析,自来水公司虽然在案发期间系自收自支事业单位,但其经营具有社会公共性和垄断性,在市场竞争中具有特殊优势地位,国家对自来水公司的投资和投资所形成的财产权益属于国有资产。自来水公司作为自收自支的事业单位,其发放工资、奖金由国资委进行核定,对于超出核定范围的资金,公司不具有支配权。被告人刘宝春所发放的奖金系其授意财务人员通过不如实记账、虚构与其他公司的交易套取的资金,该部分钱款显然属于自来水公司和刘宝春无权支配与处分的公款。

综上,本案中,被告人刘宝春以发放奖金的名义实施套取、侵吞国家公款的行为,且涉案金额共计 100 余万元,严重侵犯了国家财产所有权,已非一般违纪行为,应当依法追究其刑事责任。

No. 8-382-46　私分国有资产罪是单位犯罪,要求“以单位名义”私分国有资产,行为人利用职务便利未经正常决策程序,个人决定违规发放奖金的,不成立私分国有资产罪。

从《刑法》条文来看,贪污罪客观要件的核心内容是“侵吞、窃取、骗取或以其他手段非法占有”,共同贪污系在单位内某个人或几个人的意志支配下,采取侵吞、窃取、骗取等所谓“暗箱操作”的非法手段占有公共财产,具有小范围性和秘密性。而私分国有资产罪的客观要件是“违反国家规定,以单位名义将国有资产集体私分",在单位内部具有普遍性和公开性。简而言之,二者的区别在于,共同贪污是有权决定者共同利用职权便利,为少数人谋私利;私分国有资产罪是有权决定者利用职权便利,非法为多数人谋私利。

本案中,从发放程序来看,虽然被告人刘宝春辩解发放奖金之前召开过班子会议,但并无会议记录、决议等相关文件,发放奖金的人员范围、数额标准均由刘宝春个人随意决定,未经正常决策程序和发放程序,亦无具体发放标准和考核办法,发放额外奖金实为刘宝春个人意志而非单位意志的体现。从发放范围来看,发放对象仅限所有领导班子成员、财务人员,相对于全体职工而言范围很小,且对其他职工保密,不具备一定的公开性。从奖金来源来看,发放的奖金均系由虚增支出等倒账形式套取出来的钱款,且使用未真实发生的发票进行虚假平账。综上,刘宝春的行为不符合私分国有资产罪的犯罪构成,实则是以发放奖金之名行贪污之实。

案例:李华波违法所得没收、贪污案

案例来源:《刑事审判参考》总第 118 集

主题词:贪污罪　涉案财物处置

一、基本案情

被告人李华波,江西省鄱阳县财政局经济建设股原股长。2011 年 1 月 29 日潜逃境外,同年 2 月 16 日被决定逮捕,同月 23 日国际刑警组织对李华波发布红色通报,2015 年 5 月 9 日被执行逮捕。

1. 没收违法所得

2006 年 10 月至 2010 年 12 月,犯罪嫌疑人李华波利用担任鄱阳县财政局经济建设股股长的职务便利,伙同张庆华、徐德堂(另案处理)等人,从鄱阳县财政局在鄱阳县农村信用联社城区信用社开立的基建专户内,先后将公款共计人民币 9400 万元转出,直接或通过鄱阳县锦绣市政工程建设有限公司(以下简称"锦绣公司",系李华波等人为转移赃款而专门设立的公司)账户,转入李华波、徐某某(李华波之妻)、黄贵生(另案处理)等人的个人账户内,除李华波与徐德堂赌博挥霍及徐德堂、张庆华、黄贵生等同案犯分得部分赃款外,其余赃款被李华波占有。现已查明,李华波用上述赃款中的人民币 11249.565 万元为其本人及家人办理了移民新加坡的手续及在新加坡购置一套房产(购买价新加坡元 40.98 万元);将上述赃款中的人民币 2703.79 万元通过新加坡中央人民币汇款服务私人有限公司(以下简称"中央汇款公司")兑换成新加坡元,转入李华波本人及徐某某在新加坡大华银行开立的账户内,两项共计人民币 2953.355 万元。后李华波夫妇使用其中的新加坡元 14.4 万余元,在新加坡购置了三处房产,将其中的新加坡元 150 万元用于新加坡"全球投资计划"(GIP)项目投资,尚有现金及存款新加坡元 339.9 万余元,以上房产、投资、现金及存款共计价值新加坡元 545.4 万余元。

2011 年 1 月 29 日,李华波经澳门逃往新加坡,2 月 23 日,国际刑警组织对李华波发布了红色通缉令。

2. 李华波贪污案

李华波于 2011 年 1 月 29 日潜逃到新加坡。同年 2 月 23 日,国际刑警组织对李华波发布红色通缉令。李华波后因三项"不诚实盗取赃物"的罪名,被新加坡法院判处 15 个月监禁。(其他事实略)

2017 年 1 月 23 日,上饶市中级人民法院以(2016)赣 11 刑初 1 号刑事判决,认定被告人李华波犯贪污罪,判处无期徒刑,剥夺政治权利终身,并处没收个人全部财产。

二、裁判要旨

No. 8-382-47　犯罪嫌疑人、被告人虽于 2013 年 1 月 1 日前逃匿或死亡,但其在逃匿、死亡前因实施贪污贿赂犯罪、恐怖活动犯罪等重大犯罪案件而获得的违法所得及收益的不法状态依然存在,并持续至 2013 年 1 月 1 日之后,应适用修订后的《刑事诉讼法》。

《刑法》第六十四条规定,犯罪分子违法所得的一切财物,应当予以追缴或者责令退赔。直到2012年修正《刑事诉讼法》时增设了犯罪嫌疑人、被告人逃匿、死亡案件违法所得的没收程序，其中第二百八十条第一款①规定，对于贪污贿赂犯罪、恐怖活动犯罪等重大犯罪案件，犯罪嫌疑人、被告人逃匿，在通缉一年后不能到案，或者犯罪嫌疑人、被告人死亡，依照刑法规定应当追缴其违法所得及其他涉案财产的，人民检察院可以向人民法院提出没收违法所得的申请。该条款是对物的规定，不涉及对人追究刑事责任。

本案中，被告人李华波于2006年10月至2010年12月伙同徐德堂等人共同贪污公款共计9400万元，李华波于2011年1月29日潜逃至新加坡，同年2月13日检察机关以涉嫌犯贪污罪对其立案侦查，同月16日对其决定逮捕，同年2月23日国际刑警组织对李华波发布红色通缉令。李华波贪污犯罪行为在《刑事诉讼法》修正前已立案侦查，其通过贪污犯罪非法获取的违法所得及收益的不法状态持续至2013年1月1日《刑事诉讼法》修正后，国家和人民的利益持续遭受损失，应对李华波适用修正后的《刑事诉讼法》没收其违法所得。

在李华波违法所得没收案中，人民法院充分保障了犯罪嫌疑人李华波及利害关系人的各项诉权。上饶市中级人民法院严格按照刑事诉讼法的规定组成合议庭，依法进行了公告，告知犯罪嫌疑人的近亲属和其他利害关系人有权申请参加诉讼，也可以委托诉讼代理人参加诉讼，其近亲属委托了两名律师作为诉讼代理人，案件依法公开开庭审理，对查证属于违法所得及其他涉案财产，裁定予以没收；对不属于应当追缴的在国内的房屋和车辆裁定驳回申请，解除扣押、冻结措施。

No. 8-382-48　犯罪人在国外刑满释放后仍有继续滞留境外的机会及可能而主动放弃，表示自愿回国接受司法处理，具有自首所要求的主动性及自愿性，应视为“自动投案”。

《刑法》第六十七条第一款规定，犯罪以后自动投案，如实供述自己的罪行，是自首。“自动投案”要求犯罪嫌疑人投案要具有主动性和自愿性。如犯罪嫌疑人在境外只是口头表示愿意回国接受司法处理，但实际滞留在境外直至被遣返，则不具有主动性，不符合自动投案这一条件，当然不能成立自首。本案中，被告人李华波虽在新加坡监狱服刑，但其刑满释放后仍具有谋求继续滞留境外的机会及可能，其主动放弃，并写信表示愿意回国投案，自愿回国接受司法处理，具有主动性及自愿性，应视为“自动投案”。李华波到案后能如实供述自己的主要犯罪事实，法院依法认定其构成自首。

No. 8-382-49　域外服刑可以免除或者减轻处罚的前提是在国外犯罪事实与国内犯罪事实属于同一事实。

《刑法》第十条规定，凡在中华人民共和国领域外犯罪，依照本法应当负刑事责任的，虽然经过外国审判，仍然可以依照本法追究，但是在外国已经受过刑罚处罚的，可以免除或者减轻处罚。该条是对域外刑事判决的消极承认，但本案中，被告人李华波潜逃至新加坡后，因实施了洗钱犯罪，被新加坡法院根据其本国法判处监禁15个月，其在新加坡洗钱犯罪事实与国内贪污犯罪事实不属同一事实，其归案后检察机关并未对其洗钱犯罪予以指控，故对李华波贪污犯罪的处罚不应适用《刑法》第十条的规定，李华波在新加坡服刑的刑期不应当被扣除。

案例：许超凡贪污、挪用公款案

案例来源：《刑事审判参考》总第131辑［第1465号］

主题词：贪污罪　追赃追逃

一、基本案情

广东省江门市中级人民法院经审理查明，自1993年始，许超凡利用担任中国银行开平支行行长、中国银行广东省分行公司业务处处长等职务便利，伙同他人采用办理虚假贷款套取银行资金、占有公司正常还贷资金或直接转款等手段贪污公款美元6221.73万余元、港币1.29亿余

① 可参见2018年《刑事诉讼法》第二百九十八条。

元,挪用公款人民币3.55亿余元、港币2000万元、美元1.24亿余元。

广东省江门市中级人民法院认为,被告人许超凡身为国有银行从事公务的人员,利用职务便利,伙同余振东、许国俊等人采用伪造银行联行报单平账等手段将国有银行资金非法占为己有,贪污数额特别巨大使国家和人民利益遭受特别重大损失,其行为已构成贪污罪;其还利用职务之便,采用发放虚假贷款、从银行直接汇款出境等方式,挪用公款进行营利活动及非法活动,数额巨大不退还,其行为又构成挪用公款罪依法应予数罪并罚。鉴于许超凡自愿回国受审,到案后如实供述自己的罪行,具有自首情节,认罪悔罪,依法可对其减轻处罚,遂以贪污罪判处有期徒刑十三年,并处罚金人民币二百万元,以挪用公款罪判处有期徒刑十一年;决定执行有期徒刑十三年,并处罚金人民币二百万元,继续追缴被告人许超凡涉案款物及孳息,发还被害单位或上缴国库。

二、裁判要旨

No. 8-382-50 被告人在境外的羁押时间只有在满足一定条件时才能折抵刑期。

理由如下:

一是基于司法主权原则,境外羁押期间可以而非必然折抵刑期。我国法律对被告人在引渡、遣返程序的羁押期间能否折抵刑期没有明确的规定。《刑法》第六条第一款规定:“凡在中华人民共和国领域内犯罪的,除法律有特别规定的以外,都适用本法。”许超凡实施贪污、挪用公款犯罪行为地、结果地均在中华人民共和国境内,依法应当适用我国《刑法》,其在国外因本案相关的行为被羁押,不影响我国对本案的司法管辖权,不影响司法机关根据其犯罪事实依法定罪量刑,这也是国家司法主权的具体体现。同时,《刑法》第十条规定了对外国刑事判决的消极承认,即“可以”免除或者减轻处罚,而不是“应当”免除或者减轻处罚。因此,对外逃人员境外羁押期间是否折抵刑期、如何折抵,需要我国的司法机关根据案件的具体情况来决定。

二是被告人在境外被羁押的原因行为与正在审理的犯罪行为应当具有同一性。最高人民法院研究室(1957)法研字第20358号批复、1988年2月23日《关于行政拘留日期折抵刑期问题的电话答复》规定,如果被告人被判处刑罚的犯罪行为和以前受行政拘留处分的行为系同一行为,其被拘留的日期应予折抵刑期。参照上述两个文件的精神,如果被告人在境外被羁押的原因,并非其在当地实施违法或犯罪行为,而是基于其在我国境内的犯罪行为,境外主管机关应我方提出的请求对被告人采取临时羁押措施,其羁押期间才可以被折抵。

三是被告人主动回国投案是刑期折抵的先决条件。如前文所述,境外羁押与境内羁押的性质不同,能否折抵刑期涉及司法主权问题,需要司法机关综合个案的具体情况加以判断,其中被告人的认罪悔罪态度是一个重要的考量因素。在国际追逃追赃案件中,主动回国投案是被告人认罪悔罪最明显的表现形式。而且,主动回国投案的行为加快了追逃的进度、有效节约了司法资源、让主动回国投案的被告人享有刑期折抵的红利,也可以进一步鼓励外逃人员主动回国投案。如果被告人不是主动回国,对其境外羁押的时间原则上不予折抵。

四是如有条约规定刑期折抵或有外交承诺折抵刑期,应当遵守条约和承诺。我国与部分国家引渡条约规定,羁押日期可予折抵刑期。如《中华人民共和国和突尼斯共和国引渡条约》第十四条规定,“如果同意引渡,缔约双方应商定移交的地点、时间,被请求方应通知请求方被请求引渡人受到羁押的时间,以便折抵该人的刑期”。如果外逃人员是从突尼斯引渡回国,突尼斯方面如提出刑期折抵要求,我国应当认真审核后予以准许。实践中还存在一种情况,就是我国政府在引渡、遣返过程中已就刑期折抵问题对外国政府作出了承诺。例如,从B国引渡回国的“红通人员”H,虽然其没有主动回国投案的行为,但是因为我国对B国作出了外交承诺,“承认办理引渡期间H在B国的监禁时间”,故人民法院在实际计算刑期时会将H在B国羁押时间予以折抵。

许超凡在美国以欺诈、洗钱、转移盗取资金、护照和签证诈欺等罪名被判处刑罚,虽然相关行为与其在国内的贪污、挪用等行为密切相关,但与我国司法机关指控的贪污、挪用事实不具有同一性。其在境外被羁押是因为触犯了当地的法律,当地主管机关基于自身的管辖权剥夺了许超凡的人身自由,是所在国的司法或行政行为,并非我国行使司法管辖权的结果,故不能将其在美国被羁押的时间在刑期中直接予以折抵。

案例:黄艳兰贪污违法所得没收案

案例来源:《刑事审判参考》总第131辑[第1472号]

主题词:贪污罪　追赃追逃

一、基本案情

桂林市中级人民法院审理查明:本案有证据证明犯罪嫌疑人黄艳兰实施了贪污犯罪,涉案52套房产的购房资金人民币3000.35万元(以下未标注币种均为人民币)来源于方正公司等6账户,该6账户资金高度可能属于物资总公司的公款。黄艳兰实施贪污犯罪后逃匿境外,被通缉11年后不到案,依法应当追缴其违法所得。桂林市人民检察院申请没收的登记在施某刚、高某杰名下,位于上海市湖南大厦、名都城的17套房产系涉案52套房产中出售和司法拍卖后的剩余房产;申请没收的登记在蒋某、施某刚名下位于上海市东苑美墅的6套房产,系使用出售、出租涉案52套房产中部分房产的收益购买;涉案户名为MICHELLE、SHIXIAOGANG、秦某的银行存款90.632159万元、美元2.791866万元系出租、出售涉案52套房产中部分房产收益。上述申请没收的财产高度可能属于黄艳兰贪污犯罪所得及产生的收益,即高度可能属于违法所得,依法应当裁定予以没收。申请没收的23套房产均系支付首付款后以按揭贷款方式购买,利害关系人民生银行上海分行、光大银行市南支行、工商银行虹桥支行对相应房产均享有抵押担保权,对购买23套房产的欠款本息及实现上述权利的相关费用依法应当支持利息可依照中国人民银行同期利率计算。依照《刑事诉讼法》第二百九十八条、第二百九十九条、第三百条,《刑法》第三百八十二条第一款,《合同法》(已失效)第一百零七条、第二百零五条,《担保法》(已失效)第三十三条、第四十六条,以及《最高人民法院、最高人民检察院关于适用犯罪嫌疑人、被告人逃匿、死亡案件违法所得没收程序若干问题的规定》(以下简称《违法所得没收规定》)第一条第一款第一项、第二条、第五条、第六条、第七条、第九条、第十条、第十一条、第十二条、第十三条、第十四条、第十五条第一款和第三款、第十六条、第十七条第一款之规定,裁定对登记在施某刚、高某杰名下,位于上海市湖南大厦、名都城的17套房产,登记在蒋某、施某刚名下位于上海市东苑美墅的6套房产,以及涉案户名为MICHELLE、SHIXIAOGANG、秦某的银行账号存款90.632159万元、美元2.791866万元等涉案财物及其孳息予以没收;同时,依法向利害关系人民生银行上海分行、光大银行市南支行、工商银行虹桥支行支付按揭贷款欠款本息及实现上述权利的相关费用。

二、裁判要旨

No. 8-382-51　犯罪行为所获得的财产及其收益均属于违法所得。

有观点认为,对于转变、转化后的财产以及个人生产经营后形成的添附收益,不应当认定为违法所得。理由是:犯罪嫌疑人、被告人或者近亲属虽然将违法所得作为生产经营的启动资金,但财产增值部分是经过合法生产经营获得的;若对增值部分财产全部没收,则背离了合法劳动获得的财产受法律保护的基本原则。同时,为了避免有人从犯罪中受益,可以在裁判时考虑启动资金是违法所得并结合案情,给予一定数额的罚款处罚。

我们认为:贪污贿赂等犯罪行为直接或者间接获得财产,部分或者全部转变、转化的财产及其收益,以及来自违法所得相混合财产中违法所得相应部分的收益,均应视为“违法所得及其他涉案财产”。

具体到本案,桂林市中级人民法院在2001年执行物资总公司拖欠银行等单位借款纠纷案中,发现犯罪嫌疑人黄艳兰使用物资总公司公款私人购房并登记在亲属李某平、黄某萍等人名下,后对这些房产予以查封。为了转移剩余房产,黄艳兰与李某平、黄某萍等串通后,基于施某刚系美籍华人、高某杰系施某刚朋友的身份,于2000年至2002年将湖南大厦的16套房产、名都城的1套房产登记在施某刚、高某杰名下,其中涉案湖南大厦房产的合同权益(因尚未办理房产证)先转到施某烈(施某刚的哥哥)名下,之后再登记在施某刚、高某杰名下。在变更登记后,施某刚立即以委托为名将涉案房产交由黄艳兰母亲邓某英全权管理,可见涉案房产仍实际为邓某英控制、使用,且涉案房产的出售、出租收益亦由邓某英控制、使用,上述"买卖行为"是为了逃避追缴的虚假交易。之后,邓某英用部分涉案房产出售款、出租款购买了东苑美墅的6套房产,其中4套登记在施某刚名下,2套登记在蒋某名下;部分房产收益存入户名为SHIXIAOGANG、MICHELLE、秦某的银行账户。同时,施某刚、邓某英及其诉讼代理人均不能证明他们对涉案财产的权利主张。法院根据《违法所得没收规定》第六条的规定,认定黄艳兰指使他人用贪污公款购买后登记在他人名下的房产,邓某英将用公款购买的房产出售、出租后再行购买并登记在施某刚、蒋某名下的财产,以及将用公款购买的房产出售、出租款项存入的银行存款,均属于违法所得及其收益,均应予以没收。

170 挪用公款罪(《刑法》第三百八十四条)

案例:刘国林等挪用公款案

案例来源:《人民法院案例选》2007年第3辑

主题词:挪用公款罪 营利活动

一、基本案情

被告人刘国林、何志平、蔡文学。

四川省南溪县人民法院认为:2003年1月7日,私营业主刘国林为注册成立宜宾正雄化工有限公司验资,找到何志平要求帮忙。何志平即私自为其办理了一个298540元人民币的虚假存折交给刘国林,刘国林赶到南溪县鼎盛会计师事务所进行验资未果。当日13时许,刘国林再次到大观营业所,告诉何志平注册公司验资需将钱汇到工商局指定的账户上验一下,要求何志平为其个人账户存入24万元用于个人注册公司验资。何志平则称要空存现金,必须有出纳的许可。刘国林立即找到出纳被告人蔡文学,要求蔡文学帮忙,并一再承诺:保证当天将24万元资金转回大观营业所。蔡文学表示同意。被告人何志平、蔡文学随即在刘国林个人账户上办理了空存现金24万元的业务,该账户余额为266760.38元。操作柜员:何志平,审核:蔡文学。办理此业务后,何志平将刘国林该账户的存折和密码留下,并告诉他当天只能取出1万元现金,下班银行计算机关机之前将钱拿回来。刘国林随即持该账户的储蓄卡到农行南溪支行龙腾营业所办理转账26万元到鼎盛会计师事务所在龙腾营业所的账户上用于验资。2003年1月8日,南溪县鼎盛会计师事务所以"转出验资款"的用途,将上款转给宜宾正雄化工有限公司的预设账户,公司收到款后又将此款以"归还借款"的用途,转到刘国林的储蓄账户。何志平得到被告人刘国林的告知后,持刘国林的存折和密码在大观营业所将空存的24万元划账,归还了1月7日的空库款。未发生现金交易。

以上行为,造成大观营业所空库现金24万元一天。案发后,农业银行南溪县支行对此进行了调查,并于2003年12月2日对蔡文学、何志平作出解除劳动关系的处理。2005年1月15日,被告人何志平得知南溪县人民检察院对其立案侦查后主动投案自首。

四川省南溪县人民法院认为:被告人何志平、蔡文学原系国有金融机构的工作人员,经与被告人刘国林共谋后,利用职务之便将银行资金转入被告人刘国林的个人账户,供其注册公司验资的行为已构成挪用公款罪。被告人刘国林参与和指使被告人何志平、蔡文学挪用并取得公款用于验资,应以挪用公款罪的共犯定罪处罚。检察机关指控的罪名成立,本院依法予以支持。辩护人提出三被告人没有挪用公款的故意,将银行资金转给被告人刘国林验资仅起证明作用,系骗取验资证明,故不属挪用公款,其辩护意见与事实不符,本院不予采纳。被告人何志平得知检察机关对其立案侦查后,主动投案并如实供述犯罪事实,应认定为自首,可依法从轻或减轻处罚。公诉机关提出介于三被告人挪用公款的时间较短,未给国家造成经济损失,且犯罪后认罪态度好,希望酌定从轻处罚的公诉意见符合事实和法律规定,应予以支持和肯定。三被告人挪用公款时间短,主观恶性不大,且未造成严重后果,犯罪后均具有悔罪表现,适用缓刑确实不致再危害社会,可对其减轻处罚,适用缓刑。

四川省南溪县人民法院根据《中华人民共和国刑法》第一百八十五条第二款、第三百八十四条第一款、第六十三条、第六十七条第一款、第七十二条第一款、最高人民法院《关于审理挪用公款案件具体应用法律若干问题的解释》第二条第二项、第三条第一款、第八条之规定,判决如下:

1. 被告人刘国林犯挪用公款罪,判处有期徒刑三年,缓刑四年;
2. 被告人何志平犯挪用公款罪,判处有期徒刑二年,缓刑三年;
3. 被告人蔡文学犯挪用公款罪,判处有期徒刑三年,缓刑四年。

一审判决后,三被告人均未提出上诉,南溪县人民检察院也未提出抗诉。由于该案特殊情况,对被告人刘国林、蔡文学在法定刑期以下判处刑罚。按照规定,南溪县人民法院在上诉、抗诉期满后 3 日内报请宜宾市中级人民法院复核。宜宾市中级人民法院同意对刘国林、蔡文学在法定刑期以下判处刑罚,并逐级报请最高人民法院核准。

最高人民法院复核认定的事实和证据与一审认定的事实和证据相同。

最高人民法院认为:被告人蔡文学系国有金融机构工作人员,利用职务之便,伙同本单位会计何志平擅自将银行人民币 24 万元资金转入被告人刘国林的个人储蓄账户,供刘国林注册公司验资,其行为已构成挪用公款罪,挪用公款数额巨大。被告人刘国林参与和指使蔡文学、何志平挪用公款用于个人注册公司验资,应以挪用公款的共犯论处。鉴于被告人蔡文学、刘国林挪用公款的时间仅有一天,未给国家造成经济损失,且认罪态度较好,对二被告人可在法定刑以下判处刑罚。南溪县人民法院判决认定的事实清楚,证据确实、充分,定罪准确,量刑适当,审判程序合法。

最高人民法院依照《中华人民共和国刑法》第六十三条第二款和最高人民法院《关于执行〈中华人民共和国刑事诉讼法〉若干问题的解释》第二百七十条的规定裁定如下:

核准四川省南溪县人民法院(2005)南溪刑初字第 9 号认定被告人刘国林、蔡文学犯挪用公款罪,均在法定刑以下判处有期徒三年,缓刑四年的刑事判决。

二、裁判要旨

No. 8-384-1 挪用公款归个人用于公司、企业注册资本验资证明的,应当认定为挪用公款进行营利活动。

本案行为人挪用公款用于公司验资注册,只是为营利活动做准备,并非进行营利活动,在客观上不可能产生直接的利润或利益,能否认定为挪用公款进行营利活动呢?我们认为,本案刘国林等人挪用公款为营利活动做准备的行为,是公款的非法使用人整个营利活动不可缺少的环节和组成部分,应当视为挪用公款进行营利活动。实践中行为人多受亲戚、朋友、同事、家人之托,为注册个人公司、企业或股份公司中个人股份部分进行验资,采取的手段一般是将公款采取提现或转账方式存入会计师事务所验资账户,验资后再以现金或转账方式回笼。挪用公款用于验资注册,一般使用后即归还,时间很短,而且资金都在国家法定验资机构——会计师事务所验资账户存验,虽涉案数额一般比较巨大,却往往并无风险,故而挪用公款用于验资注册在实践中频发。但挪用公款用于验资注册这一行为,具有较大的社会危害性:一方面侵犯的是公共财产所有权以及国家廉政制度建设,对公款挪用人而言属于挪用公款的行为;另一方面侵犯了国家对公司登记的管理秩序,破坏了社会主义市场经济秩序,对公款使用人而言是虚假注册验资的行为。本案公款使用人刘国林参与和指使公款挪用人何志平、蔡文学挪用公款,根据最高人民法院《关于审理挪用公款案件具体应用法律若干问题的解释》第八条的规定,刘国林与何志平、蔡文学属于挪用公款犯罪的共犯。虚假验资行为违背了诚实信用原则,已成为引发多起经济纠纷的诱因,增加社会不安定因素,不利于构建诚信经济环境和和谐社会。为此,2003 年最高人民法院在《全国法院审理经济犯罪案件工作座谈会纪要》第四条第六项中规定:“申报注册资本是为进行生产经营活动做准备,属于成立公司、企业进行营利活动的组成部分。因此,挪用公款归个人用于公司、企业注册资本验资证明的,应当认定为挪用公款进行营利活动。”具体到本案而言,被告人何志平、蔡文学利用职务之便,为刘国林个人账户空存24万元,用于刘国林进行公司验资注册,应当认定何志平、蔡文学的行为构成挪用公款罪,刘国林为挪用公款的共犯。

案例:陈义文挪用公款案

案例来源:《人民法院案例选》2008年第4辑

主题词:挪用公款罪

一、基本案情

被告人陈义文。

福建省诏安县人民法院经审理查明:福建省诏安县鱼种场系隶属诏安县海洋与渔业局的自收自支全民事业单位,2004年4月5日起,被告人陈义文任诏安县鱼种场场长。期间,被告人陈义文于2004年4月15日,收取诏安县鱼种场池塘、管理房承包者林南征、沈添文承包款各人民币7万元,合计14万元。经诏安县海洋与渔业局领导班子及鱼种场全体职工的同意,该承包款暂由陈义文保管,专项用于缴纳职工社保金及一些生活费等,由陈义文负责办理社保相关手续。

之后,被告人陈义文发给本场职工2004年度生活费(以下均以人民币为单位),其中,黄瑶明3216元、沈茂山3288元、沈成三1000元、李宗杰1200元、许来福1200元、陈义文3600元、沈东升3600元,余款被陈义文带到广州。在广州打工期间,陈义文11次汇款给本场离休干部遗孀吴惠琴生活费6300元,两次计汇款5040元给了本场职工许元基。2005年上半年被告人陈义文委托沈东升发给本场职工黄瑶明、沈茂山、李宗杰、许来福、沈成三、沈东升生活费各2000元,合计12000元,其本人发放生活费2000元。2005年7月7日被告人陈义文委托沈翠兰将2万元交给诏安县海洋与渔业局。被告人陈义文将其经手管理的现金余额77556元随身携带到广州市、北京市、山东省普宁市等地,作为其生活费用等,至今未归还。

福建省诏安县人民法院认为,被告人陈义文身为国家工作人员,利用其经手管理现金的便利条件,挪用公款人民币77556元,属数额较大,且超过3个月未还,其行为符合挪用公款罪的犯罪构成要件,构成挪用公款罪,应予刑事处罚,其违法所得应继续予以追缴。公诉机关认为被告人陈义文的行为系携带挪用的公款潜逃的,应以贪污罪定罪处罚。经查,被告人陈义文在担任诏安县鱼种场场长期间,经诏安县海洋与渔业局领导班子及全体职工同意:保管该场的款项,在外期间,仍陆续支付该场职工部分相关费用等。因此,虽然被告人陈义文将其经手的其余款项挪用于生活费用等支出,但没有证据可以证实其主观上具有非法占有的故意,其行为不符合携带挪用的公款潜逃的情形,公诉机关指控的罪名有误,应予纠正。被告人陈义文及其辩护人对被告人陈义文的行为性质属挪用公款的意见符合事实和法律,本院予以采信。根据《中华人民共和国刑法》第三百八十四条第一款、第六十四条、最高人民法院《关于审理挪用公款案件具体应用法律若干问题的解释》第三条第一款以及最高人民法院《关于执行〈中华人民共和国刑事诉讼法〉若干问题的解释》第一百七十六条第(二)项的规定,判决如下:

1. 被告人陈义文犯挪用公款罪,判处有期徒刑三年。
2. 继续追缴被告人陈义文的违法所得。

一审宣判后,被告人陈义文在法定期限内未上诉,公诉机关也未抗诉,一审判决发生法律效力。

二、裁判要旨

No.8-384-2 携带公款外出并使用,但主观上并无非法占有公款目的的,应以挪用公款罪论处。

1. 从本案作案手段上看,被告人陈义文采取的是不经批准或许可,擅自改变公款用途,将公款归个人使用,未采取伪造单据、销毁账目等手段,其挪用公款在单位账面上可体现出来。

2. 从占用款项的去向看,被告人陈义文是将公款用于家庭生活费用,而不是用于个人挥霍,说明行为人对公款没有任意支配的意图。

3. 从主观犯意看,被告人陈义文在挪用公款后主观上确实想还,只是暂时占有并使用公款,打算以后予以归还,而且事后也确实陆续返还了部分公款。

4. 从造成的后果看,虽然已造成公款无法归还,但该款项不是被其挥霍殆尽不能归还,而是客观原因造成的,行为人不具有有能力归还所挪用的公款而拒不归还,并隐瞒挪用的公款去向的情形。

综上所述,被告人陈义文主观上不具有非法占有公款的故意,被告人陈义文的行为符合挪用公款罪的构成要件,其行为构成挪用公款罪而不是贪污罪。

案例:胡永强等挪用公款、诈骗罪案

案例来源:《人民法院案例选》2006 年第 2 辑

主题词:缓刑　数罪并罚

一、基本案情

被告人胡永强,男,1964 年 10 月出生,因涉嫌犯挪用公款犯罪,于 2005 年 5 月 25 日被刑事拘留。

被告人孙国军,男,1963 年 3 月出生,因涉嫌犯挪用公款犯罪,于 2005 年 5 月 25 日被刑事拘留。

被告人郭玉林,男,1953 年 8 月出生,因涉嫌犯挪用公款犯罪,于 2005 年 5 月 25 日被刑事拘留。

河南省方城县人民法院经审理查明:2002 年 7 月 13 日,被告人胡永强、郭玉林、孙国军预谋后将 2000 年北环路开发时县建设局拨给该村土地征用附属物补偿款 6.6 万元挪为私用,每人借支 2.2 万元,超过 3 个月未归还。2000 年 8 月,被告人胡永强得知北环路开发,自制一份宅基文约,并以村委会名义私自书写一份证明,与县建设局签订一份协议书,骗取宅基款 1.2 万元。

方城县人民法院认为,被告人胡永强、郭玉林、孙国军身为基层组织从事公务的人员,利用职务之便,将集体 6.6 万元现金分别挪于个人使用长达 3 年之久,数额较大,其行为已构成挪用公款罪,且系共同犯罪。被告人胡永强以非法占有为目的,以隐瞒真相的方法,骗取宅基款 12000 元,数额较大,其行为已构成诈骗罪,依法应当数罪并罚;被告人胡永强、郭玉林、孙国军归案后均认罪态度较好,并积极退缴所挪用及诈骗的赃款,确有悔罪表现,判处缓刑不致再危害社会。辩护人辩称胡永强的行为构不成犯罪的辩护理由无证据支持,于法无据,法院不予采纳。依照《中华人民共和国刑法》第 384 条第 1 款、第 266 条、第 25 条第 1 款、第 69 条、第 72 条、第 64 条之规定,判决如下:

1. 被告人胡永强犯挪用公款罪,判处有期徒刑一年零六个月,犯诈骗罪判处有期徒刑一年,并处罚金 15000 元,实行数罪并罚,决定执行有期徒刑两年零六个月,缓刑三年,并处罚金 15000 元,对违法所得 12000 元予以没收、上缴国库。

2. 被告人郭玉林犯挪用公款罪,判处有期徒刑一年零六个月,缓刑二年。

3. 被告人孙国军犯挪用公款罪,判处有期徒刑一年,缓刑一年。

二、裁判要旨

No. 8-384-3　数罪并罚后,决定合并执行有期徒刑在 3 年以下,符合刑法关于缓刑适用条件的,可以宣告缓刑。

关于缓刑的运用条件,《刑法》第 72 条是定性与定量的结合,灵活运用既可避免缓刑适用的随意性,又可体现一定的灵活性。对于数罪并罚的情况,我们认为不能认定犯有数罪的犯罪分子社会危害性必然大,应当对此作具体分析,如果数罪的犯罪情节较轻、犯罪人真诚悔改,确定不致再危害社会,所判数罪的实际执行期限又符合拘役和有期徒刑 3 年以下的,可以适用缓刑。实践中犯罪人对所犯数罪认识的深浅程度有所不同,这就使司法工作人员无法明确其所犯每一个罪是否符合缓刑条件。这种情况最好将所犯数罪作为一个整体考虑,作出缓刑宣告。本案中被告人胡永强合并执行的刑罚仍在 3 年有期徒刑以下,且其挪用公款和诈骗数额相对来说不大,并积极退赃。综合考虑,对其适用缓刑并无不当。

案例:王铮贪污、挪用公款案

案例来源:《刑事审判参考》总第53集[第422号]

主题词:退休 挪用公款罪

一、基本案情

被告人王铮,男,1942年11月21日生,汉族,大专文化,原系大连市人民体育场书记、场长、大连市体育彩票管理中心主任、书记。因涉嫌犯贪污、挪用公款罪,于2004年4月16日被刑事拘留,同年4月30日被依法逮捕。

辽宁省大连市中级人民法院经审理查明:1997年12月16日,大连市人民体育场(以下简称"体育场")为大连市体育局下属的事业单位,被告人王铮利用担任体育场场长,主管财务的职务便利,擅自以给该场副场长朱可冬购房为由,通过单位会计徐作德套取一张45万元的转账支票,并在该支票根上冒用朱的签名。嗣后将该支票存入大连康泰建筑技术咨询有限公司(以下简称"康泰公司")预收款账户。随后,王铮委托他人将该45万元从康泰公司转出并提取现金。1999年5月,被告人王铮将该45万元现金用于注册以其妻子和女儿为股东的个人企业——大连广鸿经贸有限公司——的验资款,之后被告人又将该45万元作为广鸿公司租赁体育场看台的租金支付给体育场。

2000年上半年,被告人王铮向大连市体育运动委员会(以下简称"市体委")主任辛德智及辽宁省体育彩票管理中心(以下简称"省体彩中心")主任邢立泉谎称其没有分到福利住房,要求解决住房。2000年7月3日,市体委产业处处长包伟堂根据辛德智的旨意,以"一直没有兑现给王铮奖励一套住房"为由,经市体委给省体彩中心打了《关于奖励王铮、王国胜同志住房的请示》(以下简称《请示》)报告。同年7月8日,省体彩中心主任邢立泉在该《请示》上批示:"同意用应兑现奖金为二位同志解决住房"。王铮将该"请示"出示给辛德智看后自行保存。同年8—11月期间,王铮找到大连凤元装饰有限公司(以下简称"凤元公司")的丁学春,让丁以支付大连市体育彩票管理中心(以下简称"市体彩中心")装修款的名义,分别开出30万元、18万元的装修款假发票各一张,交给辛德智签名。后王铮以辛德智批准的省体彩中心奖励购房款的名义,将该发票交给大连体育场改造工程指挥部(以下简称"指挥部")出纳员李光怀,从李处领取30万元、18万元转账支票各一张。同年9月20日、11月14日,王铮将这两张转账支票存入其女儿王红梅的股票资金账户,据为已有。

2002年8月18日,被告人王铮利用其担任大连市体彩中心主任、主管财务的职务之便,采取欺骗手段,借给单位副主任王国胜解决住房之机,以兑现"请示"为名,将本应作为前述第一笔48万元支款根据的《请示》拿出交给财务人员,让出纳员殷淑珍给其开出一张48万元转账支票。后王铮用该款为其女儿王红梅购买个人房产。

2002年3月至2003年1月,被告人王铮利用担任市体彩中心主任、书记主管财务的职务之便,与市体委竞赛中心(以下简称"市竞赛中心")主任孙逢孝签订假租房合同,以支付房租费名义,套取市体彩中心应上缴省体彩中心的313万元,转存到市竞赛中心在大连商业银行体育场支行开立的支票账户(属账外户)。并先后安排市体彩中心出纳员殷淑珍和大连金海洋装饰设计工程有限公司(以下简称"金海洋公司")出纳员沙晶管理该账户,一直控制该支票账户的银行预留印鉴。2003年1月14日,王铮利用对该账户的实际控制权,应其朋友于宝军个人入股注册私人公司急需50万元的请托,指使殷从该账户给于开出一张50万元的转账支票,供于成立金海洋公司验资注册使用。同年1月21日,于宝军将该款返还。

大连市中级人民法院认为:被告人王铮身为国家工作人员,利用职务上的便利,贪污公款93万元,挪用公款50万元给他人使用,进行营利活动,挪用公款数额巨大,严重侵犯了国家工作人员职务行为的廉洁性和公款所有权、使用权,其行为已分别构成贪污罪、挪用公款罪。公诉机关的指控成立。关于王铮及其辩护人所提无罪的辩护意见,经查,王铮以本单位其他有权分房职工的名义进行购房的行为及利用省体彩中心《请示》领取两套房款,其中多领的一套房款,均系贪污;王铮从市体彩中心退休后又被返聘,在此期间将市体彩中心存在市竞赛中心账外户上的50万元借给朋友于宝军,作为注册私人公司验资款的行为构成挪用公款罪。故该辩解和辩护意见缺乏事实和法律依据,本院不予采纳。但鉴于被告人王铮挪用公款时间较短,可酌情对其从轻处罚。根据《中华人民共和国刑法》第三百八十二条、第三百八十三条第(一)项、第三百八十四条、第六十九条、第六十四条之规定,判决如下:

1. 被告人王铮犯贪污罪,判处有期徒刑十二年,犯挪用公款罪判处有期徒刑五年,数罪并罚,决定执行有期徒刑十五年。

2. 赃款九十三万元予以追缴,上缴国库。

一审宣判后,王铮向辽宁省高级人民法院提出上诉。王铮上诉提出,45万元是分得的住房款,两个48万元是兑现奖励款,挪用公款时已经退休,不构成犯罪。其辩护人还提出王铮在审理期间有检举立功表现的辩护意见。

辽宁省高级人民法院经审理后查明:上诉人王铮在任大连市体育场党总支书记期间,于1997年12月16日,通过单位会计徐作德以副场长朱可冬名义领取一张人民币45万元的转账支票,在支票的用处栏写明"预收房款",并于同月17日将该支票存入康泰公司预收款账户。此后,王铮所在单位进行住房改革,朱可冬自己从单位领取了房款。王铮因在单位未分得住房,便从康泰公司开出购房发票,以其本人购房的名义将该款在单位报销。

其余事实和证据与一审认定的事实和证据相同,二审予以确认。

辽宁省高级人民法院认为,王铮虽然冒充朱可冬的名义从单位预支了45万元房款,但其在报销时向单位明确,系其本人购房用款。由于王铮所在单位进行住房改革,该笔款项为王铮应得款项。王铮及其辩护人所提此笔报销45万元购房款不构成贪污犯罪的上诉理由和辩护意见,予以采纳。王铮用空军大连房地产处的发票,核销其于2002年8月18日从单位取得人民币84万元的转账支票,系兑现《请示》批准的奖励,不属于贪污。王铮及其辩护人所提此笔48万元不构成贪污罪的上诉理由和辩护意见,予以采纳。但王铮于2000年6月23日和2000年11月8日虚构装修大连市体彩中心工程的事实,分别用人民币30万元、18万元假发票两张在大连市体育场改造工程指挥部报销的行为,既不属于真实、合法支出,又与兑现奖励无关,系利用职务上的便利,骗取公共财物的行为,王铮及其辩护人所提报销该笔装修工程款是兑现《请示》奖励的上诉理由和辩护意见,不予采纳;王铮挪用公款时虽已退休,但其实际上仍然管理、支配着国有财产,具备国家工作人员的身份,其利用职务之便挪用公款给他人,进行营利活动的行为构成挪用公款罪。王铮及其辩护人所提该行为不构成挪用公款罪的上诉理由和辩护意见,不予采纳。鉴于王铮贪污犯罪的事实发生重大变化,且贪污人民币48万元的赃款已被追缴;挪用公款时间短,且款项已在案发前返还;其又能检举他人犯罪,经查证属实,构成立功。可对王铮减轻处罚。原判定罪准确,审判程序合法。根据《中华人民共和国刑事诉讼法》第一百八十九条第(三)项和《中华人民共和国刑法》第三百八十二条、第三百八十三条第(一)项,第三百八十四条第一款、第六十九条、第六十四条、第六十八条第一款之规定,判决如下:

1. 撤销大连市中级人民法院(2005)大刑初字第168号刑事判决第一项、第二项,即撤销被告人王铮犯贪污罪,判处有期徒刑十二年;被告人王铮犯挪用公款罪,判处有期徒刑五年;数罪并罚,决定执行有期徒刑十五年。赃款九十三万元予以追缴,上缴国库。

2. 上诉人王铮犯贪污罪,判处有期徒刑六年;犯挪用公款罪,判处有期徒刑三年,数罪并罚,决定执行有期徒刑七年;赃款人民币四十八万元予以追缴,上缴国库。

二、裁判要旨

No.8-384-4 已办理退休手续,仍然实际从事公务活动的人员,应当认定为国家工作人员。

挪用公款罪是行为人利用职务上的便利进行犯罪活动,这就决定了犯罪主体是特殊主体,即必须是国家工作人员。从事公务是国家工作人员的本质属性,是构成国家工作人员和界定《刑法》第九十三条规定的以国家工作人员论的主体范围的核心因素。所谓从事公务是指在国家机关、国有公司、企业、事业单位、人民团体、社会团体中履行组织、领导、监督、管理等职务的行为。一般而言,国家工作人员从事公务的时间始于具备一定身份职责,终于退休离职。然而,实践中,由于办理退休手续和工作的实际交接完成均需要一定的时间,从而导致国家工作人员在达到法定退休年龄或者符合退休条件的,办理退休手续与交接工作往往交叉进行:有的是先办理退休手续后交接工作,有的是先交接工作后办理退休手续,而交接工作与办理退休手续的具体时间及其所用时间长短,各地、各单位,甚至不同的人都不完全相同。有的已办理退休手续但未实际交出工作,有的虽未办理完退休手续但已实际交出原有工作,这就给认定此阶段行为人的主体资格带来了不小的困惑。如果一律以退休时间为准来确定行为人的主体资格,就可能导致有的人虽已退休,但仍享有职权,对其渎职腐败行为不负相应的法律责任;而有的人虽然还未办理退休手续,但已经完成了工作交接,实际没有相应的职权,却要承担相应的职责、负相应的法律责任的现象。为准确惩罚犯罪防止放纵犯罪的发生,同时也要注意保障人权避免出现这种责权不对等而殃及无辜,我们认为,对处于离退休阶段的人员是否属于国家工作人员的认定,应从实际出发,从单纯以身份本身来判断主体性质的标准转变为以职权和职责为主,兼顾身份作为判断主体性质的标准,强调职权和职责对于主体性质的关键性。具体而言,应以行为人实际交接工作的时间为准,认定其是否具有国家工作人员相应的职权和应履行相应的职责,确定其行为是否属于"从事公务",这样才能准确地区分罪与非罪。2002 年 12 月 28 日全国人大常委会《关于〈中华人民共和国刑法〉第九章渎职罪主体适用问题的解释》关于虽未列入国家机关人员编制但在国家机关中从事公务的人员,在代表国家机关行使职权时,有渎职行为,构成犯罪的,依照刑法关于渎职罪的规定追究刑事责任的规定,即体现了摒弃身份论,以从事公务作为认定国家工作人员本质特征的基本精神。

本案被告人王铮所在的大连市体育场和大连市体育彩票管理中心均属国有事业单位,其先后担任大连市人民体育场书记、场长、大连市体育彩票管理中心主任、书记,退休前属国家工作人员的身份可以肯定。虽然被告人王铮于 2002 年 11 月 21 日达到退休年龄,并于 2002 年 12 月办理了退休手续,但在办完退休手续后,并未向他人交接原有工作、办理有关交接手续,依然保管着体彩中心在竞赛中心账外户的银行预留印鉴,实际管理和控制着该账户,领导着经管该账户的财务人员。在此期间,被告人事实上依然在从事公务,履行着国家工作人员监管财务的相应职责,故应当认定具备挪用公款罪的主体资格。一、二审法院以身份标准与职务标准相结合,综合本案的实际情况认定被告人王铮构成挪用公款罪主体的观点是正确的,被告人王铮在此期间利用职务之便,指使财务人员将公款 50 万元借给他人进行营利活动的行为,应以挪用公款罪追究其刑事责任。

案例:张威同挪用公款案

案例来源:《刑事审判参考》总第 63 集[第 502 号]

主题词:挪用公款罪 借公款

一、基本案情

被告人张威同,男,1957 年 1 月 13 日出生,大专文化,原系甘肃省酒泉市肃州区西峰乡新村村委会主任。因涉嫌犯挪用公款罪,于 2003 年 10 月 20 日被逮捕。

甘肃省酒泉市肃州区人民法院审理查明:2002 年 8 月底,酒泉三正世纪学校董事长王宗红以该校资金紧张为由,向被告人张威同提出想从张威同所在的新村村委会贷款 200 万元,月息为 0.8%,张威同在未与村委会其他成员商议的情况下,安排村委会文书兼出纳柴景荣将村里的征地补偿款共 210 万元,分别于 2002 年 9 月 2 日、10 月 11 日、10 月 21 日分 3 次借给三正世纪学校使用,约定月利息为 0.8%。2002 年 10 月,王宗红再次找张威同提出向新村村委会借款 600 万元,包括前面已经借出的 210 万元,张威同于 2002 年 10 月 30 日召集村委会委员会议,就是否给三正学校借款进行讨论,张威同未将此前已经借款给三正学校 210 万元向会议说明,会上大家一致同意借款给三正学校 600 万元,会后新村村委会与三正学校签订了 600 万元的贷款合同,约定月利息 0.6%,2003 年 9 月 30 日归还。合同签订后,新村村委会实际只给三正学校借款

321.5万元,加上之前借给三正学校的210万元,共计531.5万元。2003年9月24日三正学校归还220万元,案发时尚未归还的311.5万元,通过司法程序大部分已经追回。

肃州区人民法院认为,公诉机关指控被告人张威同的犯罪事实清楚,证据确实,罪名成立。张威同作为新村村委会主任,在协助政府从事土地征用补偿费用的管理工作中,超越职权范围,在未经村委会集体讨论的情况下,以个人名义将公款210万元挪给他人使用,数额巨大,情节严重,其行为构成挪用公款罪。案发后被告人挪用的大部分款项已经追回,可酌情从轻处罚。依照《中华人民共和国刑法》第三百八十四条第二款之规定,判决如下:

被告人张威同犯挪用公款罪,判处有期徒刑八年。

一审宣判后,张威同不服,提出上诉。其上诉称,向三正世纪学校借款210万元,村委会已事后追认,是集体行为,对该借款其本人并未盈利,请求宣告无罪。

甘肃省酒泉市中级人民法院经审理认为,原判认定上诉人张威同利用村委会职务的便利,个人决定向酒泉三正世纪学校借款210万元的事实清楚,但原判将该款认定为"以个人名义将公款挪给他人使用"不当,导致对上诉人定罪及适用法律有误。对于上诉人张威同所提的上诉理由,经查,上诉人张威同在未经村委会讨论的情况下出借公款,但并不是以个人名义进行的;后在与三正世纪学校履行600万元贷款合同时,已实际包含了210万元,且张威同没有谋取个人利益,故上诉人张威同的上诉理由应予采纳。依照《中华人民共和国刑事诉讼法》第一百八十九条第(二)项之规定,判决如下:

1. 撤销酒泉市肃州区人民法院(2006)肃法刑初字第171号刑事判决书;
2. 宣告上诉人张威同无罪。

二、裁判要旨

No.8-384-5 个人决定,以单位名义将公款借给其他单位使用,未谋取个人利益的,不构成挪用公款罪。

在本案中,被告人张威同系西峰乡新村村委会主任,不属于国家工作人员,然而其利用职权借给三正世纪学校的是人民政府发放给村民的征地补偿款,根据全国人大常委会《关于〈中华人民共和国刑法〉第九十三条第二款的解释》的规定,其作为村委会主任管理征地补偿款的行为属于村基层组织人员协助人民政府从事土地征用补偿费用的管理和发放的行政管理工作,因此应当认定为《刑法》第九十三条第二款规定的其他依照法律从事公务的人员,以国家工作人员论,所以,张威同可以构成挪用公款罪的主体。在此前提下,认定张威同利用职权借给三正世纪学校210万元征地补偿款的行为是否构成挪用公款罪,根据罪刑法定原则,应主要考察其行为是否符合《刑法》第三百八十四条规定的三种情形之一。

根据《刑法》第三百八十四条的规定,成立挪用公款罪的客观行为有三种,即国家工作人员利用职务上的便利,挪用公款归个人使用,进行非法活动的;或者挪用公款数额较大、进行营利活动的;或者挪用公款数额较大、超过3个月未还的。结合本案案情,我们不难发现,被告人张威同将公款借给三正世纪学校使用,三正世纪学校将该款用于正当的办学行为,显然不是进行非法活动,张威同借出公款给三正世纪学校使用是否属于挪用公款进行营利活动呢?审理中有观点认为,三正世纪学校是私立学校,是以营利活动为目的的学校,张威同明知三正世纪学校的性质和借款用途,还借款给三正世纪学校,就是挪用公款进行营利活动。我们认为,三正世纪学校是带有公益性质、具有法人资格的全日制学校,属于合法民办非企业单位,从本案证据情况看,张威同借款给三正世纪学校,是在三正世纪学校贷款没有办下来的情况下,单位之间相互救急的行为,不应认定将公款借给私立学校进行筹建工作就是进行营利活动。私立学校具有公益性和营利性双重性质,单纯地扩大某一方面属性都不合适,应当具体分析所借公款的用途,毕竟将公款用于筹建学校与将公款直接投入经营营利活动不是一回事。

在排除了张威同借出公款的行为属于挪用公款进行非法活动和进行营利活动的情况下,就要判断其行为是否属于挪用公款归个人使用的情形,对此,全国人民代表大会常务委员会《关于〈中华人民共和国刑法〉第三百八十四条第一款的解释》将挪用公款归个人使用解释为三种情形:(1)将公款供本人、亲友或者其他自然人使用的;(2)以个人名义将公款供其他单位使用的;(3)个人决定以单位名义将公款供其他单位使用,谋取个人利益的。由于本案公款使用方为单位,故只要考察其行为是否符合上述解释规定的后两种情形,就可作出其是否构成挪用公款罪的判断。

1. 张威同决定出借的210万元征地补偿款,从现有证据上看,是以村委会名义借出的,不是以个人名义借出的。张威同在村委会开会研究借出600万元公款给三正世纪学校使用之前,就已将210万元公款借给了三正世纪学校。此210万元虽然是张威同个人决定借出,没有向村委会说明,却不能认定是以个人名义借款。这是因为,从210万元转账的凭证上看,付款人均写明是新村村委会,收款人是三正世纪学校;从三正世纪学校的收据上看,亦均写明收到的是新村村委会借款;从办理借款及还款的程序来看,张威同并不是私下将公款借给了三正世纪学校,而是通过村委会成员文书兼出纳的柴景荣经手办理,使该款始终控制在村委会名下,直至到期还款,三正世纪学校也是直接将款还给了新村村委会,而不是还给张威同个人。可见,没有证据证明张威同是以个人名义借款给三正世纪学校。个人决定借出公款和以个人名义将公款借出是完全不同的两回事,二者之间的根本区别在于公款的所有权单位对公款的真实去向是否知情,借款人是否隐瞒了款项的真实用途,借出的款项是由单位直接控制还是由借款人背着单位私下控制,借款人是否用公款谋取了个人私利。本案村委会对210万元公款的去向用途都是知道的,并且直接控制借据按期收回,故张威同的行为不属于全国人大常委会《关于〈中华人民共和国刑法〉第三百八十四条第一款的解释》中第(二)项规定的以个人名义将公款供其他单位使用的情形,因此一审判决认定张威同是以个人名义将公款挪给他人使用不当。

2. 张威同决定借出210万元后,经村委会讨论决定,向三正世纪学校借出600万元,张威同虽在村委会研究时对先前借出的210万元未作说明,但在与三正世纪学校履行合同时实际上包含了这210万元,且没有任何证据证明张威同因此谋取了个人利益,故其行为不属于全国人大常委会《关于〈中华人民共和国刑法〉第三百八十四条第一款的解释》中第(三)项规定的"个人决定以单位名义将公款供其他单位使用,谋取个人利益的"情形。

综上,张威同将公款借给三正世纪学校,既不是以个人名义将公款挪给他人使用,也不是个人决定以单位名义将公款供其他单位使用,谋取个人利益,所以张威同个人决定借出公款给三正世纪学校使用的行为,不符合立法解释规定的挪用公款归个人使用,因此不构成用公款罪,二审据此改判张威同无罪是正确的。

案例:冯安华等挪用公款案

案例来源:《刑事审判参考》总第45集[第356号]

主题词:犯罪数额　挪用公款罪

一、基本案情

被告人冯安华,男,29岁,原系贵州省六盘水市农业银行信用卡业务部综合科工作人员。因涉嫌犯挪用公款罪,于1998年10月24日被逮捕。

被告人张高祥,男,29岁,无业。因涉嫌犯挪用公款罪,于1998年9月25日被逮捕。

贵州省六盘水市中级人民法院经审理查明:1997年9月,被告人冯安华、张高祥协议合伙成立"钟山区祥华汽车配件经营部"。由张高祥出资20万元,冯安华出资10万元,股份分为6股,每股5万元,双方按出资所占股份承担亏损和分配利润,张高祥担任经理,冯安华为副经理。由于没有资金注册,冯安华在六盘水市农业银行金穗信用卡业务部开了一张证明张高祥在该部有30万元存款的虚假证明,到市会计师事务所验资,然后在某区工商分局骗领了营业执照。冯安华、张高祥二人在无固定资产和经营所需资金的情况下,冯安华利用职务之便擅自授权张高祥用信用卡透支资金进行经营汽车配件的业务活动。其中:

1997年8月19日至12月底,冯安华、张高祥用65001号、07301号、66801号信用卡共透支60万余元。其中经卡部领导同意授权透支的有30万元,其余为冯安华擅自授权透支。

1997年12月31日,冯安华、张高祥用胡家生等20人的身份证办卡,其中19个卡是空卡,无起存金。经冯安华擅自授权,用20个卡透支100万元,转到张高祥使用的65001号卡417000元、07301号卡9万元、66801号卡147000元,转了36380元到吴道云使用的65308号卡为张高祥还欠款,转了309620元到冯安华用的曾育品的66807号卡上。其中10万元为曾育品所用,在案发时已退还。

1998年1月12日,冯安华、张高祥用靳天陆等18人的身份证办了18张空卡,由冯安华授权,透支90万元,转了80万元到胡家生等人的16张卡上盖账,转了10万元到张高祥的07301号卡上。

1998年1月26日,经冯安华擅自授权,冯安华、张高祥用胡家生等人的19个卡透支1007550元,转到靳天陆等人的20个卡上盖账。

1998年2月14日,冯安华、张高祥用靳天陆等人的19个卡透支110810元,转到胡家生等人的19个卡上盖账,错转了100550元到吴道云使用的成群林的07803号卡上,吴已归还此款。

1998年2月27日,冯安华、张高祥用胡家生等人的15个卡透支1150860元,转到靳天陆等人的20个卡上盖账。

综上所述,冯安华、张高祥用信用卡透支共1150860元,其中应减去冯安华、张高祥使用的43个卡的存款余额及利息2047元,信用卡部领导同意透支的30万元,错转到成群林卡上的100550元,转卡利息12912.41元及张高祥消费透支的25889.6元。冯安华实际擅自授权透支总额为709460.40元。案发后,冯安华、张高祥共退还款、物价值697641元,尚有 11819.40元不能退还。

贵州省六盘水市中级人民法院认为,被告人冯安华、张高祥合谋,利用冯安华职务上的便利,擅自授权透支巨额资金供二人进行营利活动,其行为均已构成挪用公款罪。其中,冯安华系本案主犯,挪用公款数额巨大且有部分未退还,情节严重,应依法惩处。张高祥系从犯,可从轻处罚。张高祥称其系从犯的意见,予以采纳。冯安华的辩护意见,不予采纳。公诉机关指控二被告人犯挪用公款罪的事实和理由成立,应予确认。依照《中华人民共和国刑法》第三百八十四条第一款、第二十六条第一款、第二十七条之规定,判决如下:

1. 冯安华犯挪用公款罪,判处有期徒刑十四年。
2. 张高祥犯挪用公款罪,判处有期徒刑十二年。
3. 继续追缴赃款一万一千八百一十九元零四角。

一审判决后,被告人张高祥以一审法院对其量刑过重为由向贵州省高级人民法院提起上诉。

贵州省高级人民法院经二审审理认定的事实和运用的证据与一审法院相同。认为,上诉人张高祥、原审被告人冯安华内外勾结,利用冯安华职务上的便利,共同挪用公款进行营利活动,均已构成了挪用公款罪。一审判决认定事实清楚,定性准确,量刑适当,审判程序合法,应予维持。上诉人张高祥的"量刑过重"等上诉理由,不予采纳。根据《中华人民共和国刑事诉讼法》第一百八十九条第(一)项之规定,裁定:

驳回上诉,维持原判。

二、裁判要旨

No.8-384-6 多次挪用公款的,以案发时未还的实际数额认定。

对于多次挪用公款数额如何计算的问题,刑法没有明确规定。最高人民法院1998年《关于审理挪用公款案件具体应用法律若干问题的解释》第四条,分两种情况对此予以明确:多次挪用公款不还,挪用公款的数额累计计算;多次挪用公款,并以后次挪用的公款归还前次挪用的公款,挪用的公款数额以案发时未还的实际数额认定。对于前种情况,在司法实践中没有争议。有争议的是后种情况,有的认为应累计计算,有的认为应以案发时未还的计算,司法解释考虑到以后次挪用款项归还前次挪用款项,毕竟与多次挪用公款不归还不同,所以规定对此种情况以案发时未还的实际数额计算。

理解司法解释的上述规定,要注意三个问题:(1)挪用公款的时间以挪用公款达到构成犯罪的标准那天开始计算。(2)解释规定的案发时未还的实际数额,实际上是指在案发时,行为人挪用公款的总额扣除了已归还的数额,不能简单理解为如果案发时行为人全还了就不定罪。(3)正确认定以后次挪用的公款归还前次挪用的公款的情形。如行为人第一次挪用公款5万元,第二次又挪用了5万元,挪用5万元以后不是挪用后次还前次,而是挪用以后做生意,赚了钱后把前面那次还了。这种情况挪用公款的数额还是要累计计算,因为他是通过赚来的钱还前一次,不属于拆东墙补西墙的情形,其主观恶性与社会危害性与司法解释规定的情形有较大差别,数额应当累计计算。

本案中,二被告人反复透支转卡盖账的行为,属于典型的多次挪用公款,并以后次挪用的公款归还前次挪用的公款的情况。一、二审法院减去冯安华、张高祥使用的43个卡的存款余额及利息2047元,信用卡部领导同意透支的30万元,错转到成群林卡上的 100550元,转卡利息12912.41元及张高祥消费透支的25889.6元,认定冯安华实际擅自授权透支总额为709460.40元。对于二被告人多次挪用公款的数额不是累计计算,而是以案发时未还的实际数额709460.40元认定,一、二审法院的做法是正确的。

案例:歹进学挪用公款案

案例来源:《刑事审判参考》总第41集[第326号]

主题词:挪用公款罪

一、基本案情

被告人歹进学,男,1956年2月15日出生,高中文化,原系新郑市农业机械供应公司经理。因涉嫌犯挪用公款罪,于2000年9月15日被逮捕。

河南省新郑市人民法院经审理查明:农机公司系国有企业。1999年5月16日,被告人歹进学与新郑市农机局签订了一份承包农机公司的"承包经营责任书"。同年5月26日,新郑市农机局以新农机字(1999)14号文件任命歹进学为农机公司的承包人和经理,具有法人代表资格。1999年6月7日,歹进学开办了金华机械厂。同年6月16日,农机公司与金华机械厂签订了一份《关于组建河南省新郑市金华机械厂的协议》,约定农机公司为了安排下岗职工,减少失业人员,愿将修整完好的场地600平方米、厂房300平方米供给金华机械厂使用,使用期为5年,金华机械厂必须安排农机公司3人以上职工上班,使用期满后,必须保证厂房完好无损,农机公司不承担金华机械厂的任何债权债务。1999年底,农机公司开始对旧房改造,成立了建房指挥部,歹进学任指挥长,马新喜任副指挥长,刘阳任会计,同时兼任金华机械厂现金出纳。共收建房集资款60余万元。

2000年元月26日至2000年7月11日,被告人歹进学让刘阳先后15次从建房指挥部借用现金38.71万元存入金华机械厂账内,用于购车和购材料,其中购桑塔纳轿车和农用汽车共花去22.5213万元,入金华机械厂固定资产账。案发前,此款已全部退还。

另查,金华机械厂营业执照显示:负责人为歹进学,经济性质为个体(个人经营),资金数额为10万元,经营范围是农业机械、配件,经营方式为自产自销。建立金华机械厂之初,农机公司向金华机械厂提供集资款2万元,歹进学集资5.5万元,其他农机公司职工集资3.7万元,计11.2万元。

新郑市人民法院认为,被告人歹进学利用担任农机公司经理职务之便,挪用公款数额巨大,进行营利活动,其行为已构成挪用公款罪。公诉机关指控歹进学犯挪用公款罪的罪名成立,予以支持。没有证据证实金华机械厂系农机公司的下属企业,歹进学及其辩护人辩称不构成犯罪的理由,不予支持。歹进学能够全部退还所挪用的公款,可酌情予以从轻处罚。根据《中华人民共和国刑法》第三百八十四条第一款、第六十一条之规定,于2001年4月5日判决如下:

被告人歹进学犯挪用公款罪,判处有期徒刑五年。

一审宣判后,歹进学不服,提出上诉。

歹进学及其辩护人上诉提出,原判认定金华机械厂属歹进学个人所有的私营企业确有错误,该厂实际系农机公司的下属企业,歹进学将农机公司公款挪至金华机械厂使用的行为,不构成犯罪。郑州市人民检察院出庭检察员认为,金华机械厂的性质应以工商营业执照的登记为准,故歹进学的行为构成犯罪。

郑州市中级人民法院经审理查明:1999 年 5 月,上诉人歹进学通过竞争方式担任了农机公司(国有性质)经理职务。该公司当时负债高达 637.8 万元,职工两年未领到工资,公司濒临倒闭。为扭转该公司单纯从事农机产品的销售和严重亏损的局面,上诉人歹进学经与农机公司其他领导研究并在本公司职工大会上提出决定成立金华机械厂。为达到逃避公司外债的目的,歹进学同农机公司党委书记马新喜(同时兼任公司副经理及办公室主任)商量并向公司的上级主管单位新郑市农机局领导刘辉、乔根顺等人汇报,将金华机械厂的工商营业执照办成由其本人负责的个体性质的企业,并由歹进学、马新喜二人办理金华机械厂的工商营业执照,负责人为歹进学,马新喜、王国选(农机公司工会主席)、董乐平(农机公司副经理)为金华机械厂雇工。金华机械厂资金由公司职工集资,歹进学本人集资 5000 元,农机公司本身集资 2 万元,厂房设在农机公司院内。该厂两任厂长分别由马新喜、董乐平担任,会计、出纳分别由农机公司职工曹甲申、刘阳担任,该厂职工由农机公司下岗职工组成,且金华机械厂的有关事宜在农机公司内部会议一并作出安排,并将该厂的生产经营状况反映到农机公司的财务报表中向税务部门呈报。经营中,歹进学将其个人所有的价值 6.18 万元皮卡车一辆入该厂固定资产账,后该车替农机公司抵债。1999 年底,歹进学同其他职工一样,按集资的 10%从机械厂领取红息 500 元。

2000 年 1—7 月间,歹进学将农机公司公款 38.71 万元挪至金华机械厂使用,用于购车及生产资料,其中购桑塔纳轿车及农用汽车共花去 22.5213 万元,入该厂固定资产账,该两辆车车主分别为刘阳、马新喜。

郑州市中级人民法院经审理认为,被告人歹进学身为国有公司经理,在任职期间将本公司 387100 元挪至新郑金华机械厂使用的事实清楚,证据充分。歹进学虽以个人名义进行注册登记金华机械厂,但卷宗大量证据反映成立金华机械厂是经农机公司集体研究决定并向上级主管领导汇报同意的,并非歹进学个人决定。且从该厂的资金来源、职工组成、生产场地、利润分配、管理经营方式及挪用款项用途等方面的证据材料看,均不能证明金华机械厂为歹进学个人所有。故一审判决认定金华机械厂属个体性质的证据不足。歹进学的行为不符合刑法规定的挪用公款罪的构成要件。歹进学及其辩护人的辩解理由成立,予以采纳;郑州市人民检察院认为应以工商营业执照为依据认定新郑金华机械厂属私营企业的意见不予采纳。依照《中华人民共和国刑事诉讼法》第一百八十九条第(三)项、第一百六十二条第(三)项之规定,于 2001 年 10 月 30 日判决如下:

1. 撤销新郑市人民法院的刑事判决;
2. 上诉人歹进学无罪。

二、裁判要旨

No.8-384-7 挪用公款给本单位下属集体企业使用的,不构成挪用公款罪。

挪用公款归个人使用是构成挪用公款罪的客观前提。为准确认定挪用公款归个人使用,《刑法》修订后,最高人民法院先后于 1998 年和 2001 年出台了《关于审理挪用公款案件具体应用法律若干问题的解释》《关于如何认定挪用公款归个人使用有关问题的解释》两个司法解释,对这一问题作出了规定。1998 年《解释》第一条规定:“挪用公款给私有公司、私有企业使用的,属于挪用公款归个人使用。”2001 年《解释》第一条规定:“国家工作人员利用职务上的便利,以个人名义将公款借给其他自然人或者不具有法人资格的私营独资企业、私营合伙企业等使用的,属于挪用公款归个人使用”,不再限定单位的性质。2001 年《解释》第三条规定:“本解释施行后,我院此前发布的司法解释的有关内容与本解释不一致的,不再适用。”可见,使用公款企业的性质也是决定是否属于挪用公款归个人使用的重要因素。如果挪用公款给不具备法人资格的个体工商户,则应认定属于挪用公款归个人使用。

在本案中,金华机械厂的营业执照显示其性质为个体工商户,法人代表为歹进学,但新郑农机公司的文件和有关人员的证言,以及金华机械厂的具体运作过程,都证实其为新郑农机公司下属的集体企业,成立金华机械厂的受益人是新郑农机公司的全体职工。在这种情况下,是按照公诉机关的意见以营业执照为准,确定金华机械厂属于个体工商户,还是按照实际情况实事求是地认定金华机械厂属于单位而非个人?我们认为,挪用公款罪的本质特征是公款私用,对于名为个体实为集体的企业性质的认定,应实事求是地还原事物本来面目。对于国家工作人员出于经营需要,挪用公款给名为个体实为集体的企业使用,没有谋取私人利益的,不属于挪用公款归个人使用。在本案中,被告人歹进学作为新郑农机公司的经理,将公款挪用给金华械厂用于经营活动,实际上是新郑农机公司内部的资金流转,不符合挪用公款罪的构成要件,故二审法院的处理是正确的。

案例:吴江、李晓光挪用公款案

案例来源:《刑事审判参考》总第80集[第709号]

主题词:挪用公款罪　职务犯罪中的自首认定　重大立功的认定

一、基本案情

被告人吴江,男,1963年10月24日出生,原任中国农业银行天津新技术产业园区支行双峰道分理处主任兼国际部经理,2009年2月6日因本案被刑事拘留,2009年3月16日被逮捕。

被告人李晓光,女,1972年12月21日出生,原任中国农业银行花苑软件大厦支行行长。2009年2月6日因本案被刑事拘留,3月16日被逮捕,2009年5月11日被取保候审,12月25日再次被逮捕,2010年2月24日被取保候审。

天津市人民检察院第一分院以被告人吴江、李晓光犯贪污罪,向天津市第一中级人民法院提起公诉。被告人吴江、李晓光均对指控的罪名提出异议,并请求法院对其从轻处罚。

天津市第一中级人民法院经审理查明:被告人吴江自1996年3月至2003年7月间,曾任中国农业银行天津新技术产业园区支行(以下简称"园区支行")外汇代理部主任、国际业务部经理等职务,任职期间主管国际业务工作。被告人李晓光自2004年1月任园区支行国际业务部经理。1996年12月至2004年年初,吴江伙同李晓光,利用职务之便,挪用公款人民币(以下币种均为人民币)970余万元归个人使用,部分借贷他人用于经营活动,具体事实分述如下:

1. 1996年12月31日,吴江利用职务便利,将本单位公款16.6152万元划入张庆桥经营的天津三友轻工食品有限公司(以下简称"三友公司")的银行账户,以个人名义借给张庆桥使用,张庆桥未予归还。

2. 1998年4月30日,吴江利用职务便利,将本单位公款330.628万元划入其父为负责人、由其本人实际控制的天津市龙城商贸中心的银行账户。后吴江将挪用公款中的165万元划入张庆桥经营的三友公司、天津市兴友食品加工厂的银行账户。以个人名义借给张庆桥经营使用,张庆桥未予归还;将挪用公款中的50万元偿还其个人向天津东禾电脑公司的借款;将挪用公款中的110万元划入张友隣经营的天津市开发区桦栋实业发展有限公司(以下简称"桦栋公司")账户,以个人名义将公款借给该公司经营使用。后桦栋公司将110万元归还给吴江,吴江未将该款归还单位。

3. 1998年年底,吴江介绍北京海王商贸公司天津汽车销售分公司(以下简称"海王公司")借给天津皓月商贸公司(以下简称"皓月公司")500万元,皓月公司在约定的还款日期未能归还借款,海王公司找吴江追要,1990年3月30日,吴江挪用单位公款500万元帮皓月公司偿还了海王公司的借款。其后,吴江向皓月公司追偿,皓月公司将一批海产品交给吴江,吴江将海产品变卖得款120余万元,所得款项仍用于个人使用。

4. 2003年7月,吴江因故被免职。2003年12月,吴江向张友隣经营的桦栋公司和天津市日立广日电梯销售服务公司借款125万元,用于个人使用。为归还张友隣的借款;2004年年初,吴江与接替其职务的李晓光共同预谋后,由李晓光将单位公款123.969万元划入张友隣提供的天津市路华汽车销售有限公司银行账户,用于偿还吴江向张友隣的借款。

2007年6月,因中国农业银行天津市分行与下属支行间建立电子对账系统,吴江、李晓光为掩饰挪用公款970余万元的事实,制作了金额为120万美元的虚假信用证材料,在银行账目上作了虚假信用证贴现贷款记录。

另查明,2009年2月,园区支行在业务检查中发现该笔金额为120万美元的外汇贴现业务手续资料不全,经询问当时的业务负责人李晓光,李晓光承认是自己制作的虚假信用证贴现记录,用于掩盖原国际业务部经理吴江挪用公款的事实。园区支行报案后,李晓光通过电话指引侦查机关将吴江抓获归案。李晓光到案后,进一步交代了其参与挪用部分公款的犯罪事实。此外,李晓光被羁押期间,在亲属的协助下向司法机关退缴了自己参与挪用的123.969万元公款。

天津市第一中级人民法院认为,吴江、李晓光身为国家工作人员,利用职务上的便利,单独或结伙,以虚假结汇的手段挪用公款,用于个人使用,超过3个月未予归还。公诉机关指控吴江、李晓光犯罪的事实清楚、证据充分,予以确认。依照法律规定,吴江、李晓光的行为均已构成挪用公款罪;吴江挪用公款数额巨大且不退还,依法应予处罚;李晓光挪用公款数额巨大,亦应依法予以惩处。吴江在共同犯罪中起主要作用,系主犯,应按照其残余的全部犯罪予以处罚。李晓光在共同犯罪中起次要作用,系从犯,且主动向单位领导交代自己的犯罪事实,符合自首的构成要件,应认定为自首;其归案后能协助侦查机关抓获被告人吴江,具有重大立功表现,并主动退还全部赃款。综合上述情节,应当依法对被告人李晓光减轻处罚。依照《中华人民共和国刑法》第三百八十四条第一款,第二十五条第一款,第二十六条第一款、第四款,第二十七条,第五十七条第二款,第六十四条,第六十七条第一款,第六十八条,第七十二条,第七十三条以及最高人民法院《关于处理自首和立功具体应用法律若干问题的解释》第一条、第三条、第五条、第七条之规定,于2010年6月25日作出一审判决:以挪用公款罪判处被告人吴江无期徒刑,剥夺政治权利终身;以挪用公款罪判处被告人李晓光有期徒刑三年,缓刑五年;被告人李晓光退缴的公款123.969万元人民币,依法发还中国农业银行天津市新技术产业园区支行;继续追缴被告人吴江挪用公款余额部分。

一审宣判后,天津市人民检察院第一分院以一审判决对吴江、李晓光定罪不准及不应认定李晓光自首、重大立功等为由提出抗诉,吴江以一审判决对其量刑过重为由提出上诉。

天津市高级人民法院经公开审理认为,原审法院认定的犯罪事实清楚、证据确实充分、定罪准确、量刑适当、审判程序合法。依照《中华人民共和国刑事诉讼法》第一百八十九条第一项之规定,于2010年12月3日作出终审裁定:

驳回上诉、抗诉,维持原判。

二、裁判要旨

No.8-384-8 职务犯罪中,行为人在纪律监察部门采取明确的调查措施前投案的构成自动投案,并如实供述自己的罪行,应当认定为自首。

自动投案和如实供述自己的罪行是构成自首的实质要件,职务犯罪中的自首认定同样应具备这两个实质要件。但是在职务犯罪侦查中,一般有纪律监察的前置性调查程序,因此必须对这种前置性的调查程序予以实事求是的认定,以准确界定职务犯罪案件中自首的成立标准。根据最高人民法院《关于处理自首和立功若干具体问题的意见》(以下简称《意见》)中规定,没有自动投案,在办案机关调查谈话、讯问、采取调查措施或强制措施期间,犯罪分子如实交代办案机关掌握的线索所针对的事实的,不能认定为自首。对于自动投案,《意见》规定,犯罪事实或犯罪分子尚未被办案机关掌握或虽被掌握,但犯罪分子尚未收到调查谈话、讯问,或未被宣布采取调查措施或强制措施,向办案机关投案的,是自动投案。此处的办案机关包括纪检机关及刑事侦查机关等法定职能部门,如果犯罪分子在其犯罪事实未被司法机关掌握之前,向所在单位等办案机关以外的单位、组织或有关负责人员投案的,应当视为自动投案。

在本案中,农业银行园区支行在业务检查中发现一笔外汇贴现手续资料不齐,被告人在法定职能部门尚未介入的情况下,承认自己的挪用公款行为,此时尚未被采取调查措施或强制措施,反映出其投案的主动性和自愿性,表明其自愿将自身置于国家控制下,接受法律制裁,符合自动投案的要件特征,自动投案后,其主动供述自己制作虚假外汇贴现业务资料和参与挪用部分公款的犯罪事实,应当认定具备自首情节。

No.8-384-9　被告人除提供同案犯的情况外,还协助侦查机关抓捕同案犯的,应当认定为具有立功表现;该同案犯若属于重大嫌疑人,即可能判处无期徒刑以上刑罚或案件在本省、自治区、直辖市或全国范围内有较大影响的,则应当认定为具有重大立功表现。

立功制度是我国刑事法律中独具特色的法律制度,其设立宗旨在于分化、瓦解犯罪分子,通过犯罪分子的立功行为侦破案件,惩罚犯罪,本质上属于一种功利性的刑罚制度。《刑事诉讼法》第九十三条要求犯罪嫌疑人履行如实回答侦查人员提问的义务。在共同犯罪案件中,同案犯的基本情况,属于犯罪嫌疑人应如实回答的内容,犯罪嫌疑人提供同案犯的基本情况,仅仅是履行了应当承担的法律义务,而不是协助抓捕同案犯,不能认定为协助司法机关抓捕同案犯,不构成立功。但如果犯罪分子根据司法机关的安排,采取各种有效方法将其他同案犯所处位置予以明确,从而使侦查机关抓获同案犯的,该行为则超出了被告人应当如实供述的内容,应当认定为协助抓捕其他犯罪嫌疑人的立功表现。基于犯罪行为的复杂性、多样性,法律规范不可能穷尽所有协助抓捕同案犯的行为类型,需要审判人员在审判实践中予以个案认定。本案中,被告人李晓光不仅如实供述了同案犯的基本情况,而且在接受讯问时,通过电话指引侦查人员到吴江住处将其抓获,与其本人带领侦查人员抓获吴江的行为性质和效果无异。尽管李晓光本人未亲自到场,但其行为与带领侦查人员抓获其他同案犯具有实质性的等同性,符合立功制度的价值取向和刑法设立该制度的立法本意。

对于重大立功的认定,最高人民法院《关于处理自首和立功案件具体应用法律若干问题的解释》提出了明确的标准,协助司法机关抓捕其他重大犯罪嫌疑人的,应认定为有重大立功表现。所谓重大嫌疑人,一般是指犯罪嫌疑人、被告人可能被判处无期徒刑以上刑罚,或案件在本身、自治区、直辖市或全国范围内有较大影响的情形。本案中李晓光协助侦查机关抓获了同案犯吴江,吴江挪用公款达970余万元,数额巨大且不退还,法定刑为十年以上有期徒刑或无期徒刑,且其最终也被判处无期徒刑,属于"重大犯罪嫌疑人",因此李晓光的行为应认定为重大立功表现。

案例:王正言挪用公款案

案例来源:《刑事审判参考》总第10辑[第75号]

主题词:变现　挪用公款罪

一、基本案情

被告人王正言,男,1949年1月31日生,原系上海机械进出口集团实业公司出口材料部经理。因涉嫌犯挪用公款罪,于1999年3月19日被逮捕。

上海市静安区人民法院经审理查明:1993年10月至1998年1月,被告人王正言任上海机械进出口集团实业公司(以下简称"实业公司")出口材料部经理,负责经营有色金属、黑色金属等原材料业务。

1995年11月,经单位领导同意,被告人王正言将实业公司99.235吨电解铜出借给上海市有色金属铜带分公司(以下简称"铜带分公司")使用,1997年4月借铜合同履行完毕。但这批铜仍置放在铜带分公司。

1995年初,被告人王正言经人介绍认识了南京市金属材料总公司(以下简称"南京总公司")兰州公司(以下简称"兰州公司")个人承包经营者邱耀南,至同年8月,由被告人王正言经手实业公司与兰州公司两次发生购销业务。在履约过程中,兰州公司违约,欠实业公司货款人民币180万元。实业公司领导于1996年专门责成王正言和单位职工孙志高向邱耀南追讨,经多次催讨未果。不久,邱耀南去向不明。同年底,王正言和孙志高至南京总公司,要求确认兰州公司的债务。负责接待的人员告知兰州公司名义上挂靠在南京总公司,实际上是邱耀南个人承包经营,债权债务应由兰州公司自行负责。

为了找到邱耀南,被告人王正言于1997年5月在南京通过他人认识了邱耀南的朋友胡一信,同时,又认识了胡一信的朋友姚永康。胡、姚分别系南京情侣服饰设计中心和扬子江资源经济开发总公司的个人承包者,当时均发生经营资金短缺的困难。王正言通过胡与在外地的邱耀南通了电话,邱耀南要王正言想办法替他先向实业公司归还100万元的货款,并答应在同年7、8月间归还王正言垫付的钱款。为了减轻未追回货款的压力,王正言产生了将铜带分公司归还本单位的近100吨电解铜变价后替邱还债的意图。王正言同胡、姚策划,由扬子江公司出面将置放在铜带分公司的电解铜借用变价,变价后,其中40吨电解铜的变价款由王正言用于为邱归还所欠实业公司的部分贷款,其余变价款归姚、胡在经营活动中使用。

1997年5月12日,被告人王正言按照与姚、胡的策划,在南京擅自以实业公司出口材料部的名义与扬子江公司签订了出借电解铜100吨的协议。至同月底,王正言与姚、胡一起将99.235吨电解铜分4次予以变卖,得款人民币226.975309万元,用于替邱归还所欠实业公司的部分货款和姚、胡的经营活动中。

至案发时止,王正言归还了人民币124万元,尚有102万元未予归还。

静安区人民法院认为:被告人王正言系国家工作人员,利用职务之便,擅自挪用公款,归个人用于营利活动,情节严重,且至今未予归还的数额巨大,严重侵犯国有企业的资金使用权,损害了国家工作人员理应遵守的廉政制度,其行为已构成挪用公款罪,依法应予惩处。检察机关指控被告人王正言的犯罪事实清楚,证据确凿充分,定性准确。依照《中华人民共和国刑法》第十二条第一款、第三百八十四条第一款和第六十四条的规定,于1999年12月21日判决如下:

1. 被告人王正言犯挪用公款罪,判处有期徒刑十三年;

2. 追缴赃款人民币一百零二万元,发还实业公司。

宣判后,被告人王正言不服,上诉于上海市第二中级人民法院。

上海市第二中级人民法院经审理认为:一审判决认定上诉人王正言犯挪用公款罪的事实清楚,证据确实、充分,定罪准确,量刑适当,适用法律正确,审判程序合法。依照《中华人民共和国刑事诉讼法》第一百八十九条第(一)项的规定,于2000年3月裁定如下:

驳回上诉,维持原判。

二、裁判要旨

No. 8-384-10　挪用公物予以变现,所得款项归个人使用的,应以挪用公款罪论处。

挪用公物予以变现归个人使用的行为,其本质与一般的挪用公款行为是一致的,构成犯罪的,应以挪用公款罪论处。就本案而言,被告人王正言的行为构成挪用公款罪。理由是:

1. 公物一旦进入流通领域,就成了商品。商品具有价值和使用价值两个基本属性。区分行为人的行为是挪用公物还是挪用公款,必须与商品的属性联系起来判断。如果行为人在实施行为时追求的是公物的使用价值,其行为就构成挪用公物,反之,如果追求的是公物的价值,其行为就构成挪用公款。挪用公物予以变现使用行为追求的是公物的价值,其性质应是挪用公款。

2. 挪用公物是指利用职务之便,挪用国家机关、国有企事业单位的物品,擅自归自己使用,超过一定期限未归还的行为。行为人在实施挪用行为时追求的是公物的使用价值。正因为追求的是公物的使用价值,因而被挪用的公物一般不会进入流通领域,不会实现其价值,案发时往往还在行为人的实际控制之下,社会危害相对较轻,因此,一般由主管部门按政纪处理。最高人民检察院2000年3月公布的《关于国家工作人员挪用非特定公物能否定罪的请示的批复》,对挪用非特定公物归个人使用的行为不以挪用公款罪论处的规定,就是指这种以追求公物使用价值为目的的挪用非特定公物的行为,而不应当理解为也包括以追求实际使用公物的变价款为目的的挪用非特定公物的行为。

3. 挪用公物予以变现并使用的行为,行为人在实施挪用行为时追求的就是公物的价值,公物被挪用后,往往通过进入流通领域实现其价值,变现的款项又为行为人擅自使用。在这种情况下,可以说行为人挪用的公物已不是具有使用价值意义上的物,而是公物价值的载体,即公款。行为人将公物予以变现,则公物转化为公款,而且行为人最终也使用了该公款,尽管这是一个从公物到公款的过程,但本质上与挪用公款是一样的,完全符合挪用公款的一切特征,故应当依法以挪用公款罪论处。

4. 就本案而言,被告人王正言从实施挪用行为时起,追求的就不是近100吨电解铜的使用价值,事实上被告人王正言和姚永康、胡一信也根本不需要电解铜,其追求的是近100吨电解铜的价值,此时的近100吨电解铜已成为相应价款的载体,直接体现为226万余元公款,最后被告人王正言将电解铜予以变卖,擅自将所得款项用于他人的经营活动,并有巨额资金至案发时未能归还。可以说,被告人的行为完全具备了挪用公款罪的主客观要件。

5. 通过挪用公物变现归自己使用的现象看清其挪用公款的本质,对于正确和充分运用刑法打击各种形式的利用职务便利侵犯公共财产犯罪,具有重要意义。如果行为人利用职务之便,将公共财物恣意变卖,并擅自使用变卖价款而不受到刑事追究,国有资产的管理将实际不复存在,也放纵了有意或者无意规避法律的犯罪分子,属于机械执行法律,执法者成了法律的工匠,无疑有悖于刑法的立法本意。因此,一、二审法院适用《刑法》第十二条第一款、第三百八十四条第一款和第六十四条之规定,以挪用公款罪判处被告人王正言有期徒刑,追缴赃款发还被害单位是正确的。

案例:刘某挪用公款案

案例来源:《刑事审判参考》总第51集[第406号]

主题词:挪用公款罪

一、基本案情

被告人刘某,男,1953年5月2日出生,汉族,高中文化,原系某市烟草有限公司某分公司副经理。因涉嫌犯贪污罪,于2002年1月20日被羁押,同年2月1日被逮捕。

某法院经审理查明:某市烟草公司是国有独资经营企业。1999年9月2日,该公司聘任农民刘某担任分公司副经理并全面主持该分公司工作,可获得相应提成工资。1999年9月2日至2001年2月间,刘某利用职务便利采取每月压款的手段拖欠烟款(用后一月烟款交前一月烟款),将销售香烟得款用于归还个人欠款等,共拖欠该公司烟款60.263万元。在市烟草公司的催要下,刘某于2001年1月8日向市烟草公司出具了欠条,承认上述欠款,并保证在1月19日下午还清,但到时未归还,刘某谎称客户路途远一时难以收回。3月1日,市烟草公司作出决定免去刘某副经理职务,调回市烟草公司负责追款。3月18日刘某向公司写出还款计划,称4月15日前全部还清,但到期未能归还。

某法院认为,被告人刘某系国有公司中从事公务的人员,利用职务上的便利,挪用国有资金人民币60万余元归个人使用,数额巨大不退还,其行为已构成挪用公款罪,依法应予惩处。人民检察院指控被告人刘某利用职务便利占用公款的事实清楚,证据确实、充分,应予认定,但认定占为己有而非占用的证据尚不充分,且指控罪名有误。依照《中华人民共和国刑法》第三百八十四条第一款、第六十四条之规定,于2002年12月5日判决如下:

1. 被告人刘某犯挪用公款罪,判处有期徒刑十二年。

2. 继续向被告人刘某追缴人民币六十万两千六百三十元,发还某市烟草公司。

宣判后,刘某没有上诉,人民检察院提出抗诉。

某人民检察院抗诉意见为:一审判决确有错误,刘某先后多次截留卷烟销售款60余万元,据为己有。被公司发现后编造虚假理由,欺骗某市烟草公司,掩盖侵吞公款的事实。刘某主观上具有非法占有公共财物的故意,客观上实施了侵吞公共财物的行为,其行为已构成贪污罪。

二审法院经审理认为:对于人民检察院抗诉所提抗诉意见及支持抗诉意见,经查,刘某在受聘担任某市烟草有限公司分公司副经理期间,利用职务便利,以每月压款的手段将销售所得烟款截留归个人使用,并对烟草公司谎称因客户住所远,交通不便,资金一时难以收回,在烟草公司追讨的情况下,刘某承认欠款并向公司写出还款计划,刘某虽有欺骗公司行为,但该行为只能拖延还款期限,且公司财务账未平,现有证据不能证实刘某将公款占为己有,在法院审理期间,检察机关亦未提交新的证据,故检察机关所提抗诉意见,法院不予采纳。原审被告人刘某受国有公司长期聘用,在管理、经营国有财产过程中,利用职务上的便利,挪用国有资金归个人使用,且数额巨大不退还,其行为已构成挪用公款罪,依法应予惩处。一审法院根据刘某犯罪的事实、犯罪的性质、情节和对于社会的危害程度依法作出的判决,定罪及适用法律正确,量刑适当,审判程序合法,应予维持。据此,依照《中华人民共和国刑事诉讼法》第一百八十九条第(一)项之规定,裁定如下:驳回抗诉,维持原判。

二、裁判要旨

No.8-384-11 国有公司长期聘用的管理人员属于刑法规定的国有公司中从事公务的人员,其利用职务便利挪用本单位资金归个人使用,构成犯罪的,应以挪用公款罪论处。

根据《刑法》第九十三条第二款的规定,国有公司中从事公务的人员应当同时具备两个特征:一是行为人系国有公司的工作人员;二是从事公务。对于从事公务,2003年《全国法院审理经济犯罪座谈会纪要》(以下简称《纪要》)中明确:"从事公务,是指代表国家机关、国有公司、企业事业单位、人民团体等履行组织、领导、监督、管理等职责。公务主要表现为与职权相联系的公共事务以及监督、管理国有财产的职务活动。如国家机关工作人员依法履行职责,国有公司的董事、经理、监事、会计、出纳人员等管理、监督国有财产等活动,属于从事公务";《纪要》同时指出:"那些不具备职权内容的劳务活动、技术服务工作,如售货员、售票员等所从事的工作,一般不认为是公务。"据此可以看出,管理、经营国有财产应属于从事公务。在本案中,某市烟草公司通过履行正常的聘任手续,正式聘请被告人刘某担任下属分公司的副经理,全面负责该分公司的工作,享有对该分公司的全面领导、管理、经营的权力,负有监督、管理国有财产并使之保值增值的职责,从其工作内容和职责考察,显然不属于简单的劳务活动,应当认定为从事公务。

在刘某系从事公务的情况下,区分刘某是国有公司中从事公务的人员还是受国有公司委托管理、经营国有财产的人员,关键就在于对于《刑法》第三百八十二条第二款规定的受国有公司委托管理、经营财产的人员中的委托应当如何理解的问题。对此,《纪要》规定:受委托经营、管理国有财产是指因承包、租赁、临时聘用等管理、经营国有财产。可见,承包、租赁、聘用是受委托的主要方式,但需要注意的是,《纪要》将这里的聘用限制在临时聘用。因为长期受聘用的人员与所在单位已经形成了较为固定的劳动关系,尤其是受聘担任较高职务的情况,其享有的权利义务与正式在编人员没有大的差别,将其直接视为国家工作人员符合当前国有单位工作人员构成来源变化的特点,所以应认定为国家工作人员;而对于临时聘用人员,由于尚未与国有单位形成固定劳动关系,难以认定为国家工作人员,将临时聘用人员纳入《刑法》第三百八十二条第二款规定的受委托人员范畴,符合立法的精神和国有资产保护的实际。故此,本案被告人刘某被国有公司长期聘用,担任分公司的领导职务,管理、经营国有财产,应属于国有公司中的工作人员,而非受国有公司委托管理、经营国有财产的人员。

综上,本案被告人刘某应当认定为《刑法》第九十三条第二款规定的在国有公司中从事公务的人员,对其利用职务便利挪用本单位资金归个人使用,数额巨大、超过3个月未归还的行为,应当以挪用公款罪追究刑事责任。

案例:鞠胤文等挪用公款、受贿案

案例来源:《刑事审判参考》总第48集[第385号]

主题词:数罪并罚 挪用公款罪 受贿罪

一、基本案情

被告人鞠胤文,男,1962年5月5日出生,吉林省敦化市人,大专文化,原系中国建设银行敦化市支行会计科副科长。因涉嫌犯挪用公款罪、受贿罪,于2001年5月30日被敦化市公安局刑事拘留,同年6月13日被逮捕。

被告人辛培凌,男,1959年4月8日出生,吉林省安图县人,大学文化,原系敦化市鑫汇制衣有限责任公司总经理。因涉嫌犯挪用公款罪、行贿罪,于2001年5月30日被敦化市公安局刑事拘留,同年6月13日被逮捕。

吉林省敦化市人民法院经审理查明:敦化东光制衣有限责任公司系中外合资企业,国有资产份额占50%,被告人辛培凌在任该公司总经理期间,决定开发商品楼,因缺少资金,便找到中国建设银行吉林省敦化市支行会计科副科长鞠胤文帮助解决资金。被告人鞠胤文于1999年5月10日擅自将本单位60万元转至敦化市动迁办账户上,供敦化东光制衣有限责任公司作为动迁费使用。被告人鞠胤文告诉辛培凌,此款是其向朋友借的。同年5月27日,该公司存入上述账户60万元,鞠胤文将此款归还建行。被告人鞠胤文收受辛培凌送的现金3万元,又向辛培凌索要现金1万元。

1999年6月1日,由于中方退股,原敦化东光制衣有限责任公司变更为外商独资的敦化市鑫汇制衣有限责任公司,系私有企业,辛培凌任总经理。其因公司开发商品楼缺少资金,便又找鞠胤文帮助解决资金,并向鞠胤文许诺送给鞠胤文一个商品楼门市房,被告人鞠胤文利用职务之便,于同年6月16日,擅自将本单位50万元转至辛培凌提供的在中国银行敦化支行开户的敦化市志鑫劳务有限责任公司账户上,供敦化市鑫汇制衣有限责任公司开发商品楼使用。至案发时,被告人辛培凌没有送给被告人鞠胤文商品楼门市房。

1999年11月末,被告人辛培凌个人为购买原敦化市服装厂房屋及附属设施,便找到鞠胤文,被告人鞠胤文提出其管理的资金有一部分账外款,可以挪用一下,被告人辛培凌建议挪用并许诺,购房后,如能卖掉盈利,与鞠胤文平分,如继续经营,则算鞠胤文一个股份。1999年12月2日,被告人鞠胤文利用职务之便,擅自挪用银行资金160万元,转至被告人辛培凌提供的在中国工商银行敦化市支行开户的敦化市手工业联社账户上,供辛培凌个人购买厂房使用。2000年1月份,被告人辛培凌因鞠胤文挪用公款为其使用,便以过春节为名,送给被告人鞠胤文3万元现金。2000年末,被告人鞠胤文找到辛培凌,以挪用的160万元需要利息为借口,向被告人辛培凌索取现金5万元,被告人辛培凌明知鞠胤文实质是向其索取好处费,而付给鞠胤文现金5万元。

被告人鞠胤文所得贿赂款12万元,被其挥霍。案发后,被告人鞠胤文主动交代挪用公款的犯罪事实,已追缴被告人鞠胤文赃款600元,纪念币50元。检察机关已扣押被告人辛培凌和敦化市鑫汇制衣有限责任公司的房屋,价值452.709万元(部分房产抵押贷款)。被告人辛培凌和敦化市鑫汇制衣有限责任公司同意用上述房产归还占用的公款。检察机关已冻结敦化市鑫汇制衣有限责任公司银行存款1266.07元。

吉林省敦化市人民法院认为:被告人鞠胤文身为国有金融机构工作人员,利用职务之便,擅自为私营企业挪用银行资金50万元,与使用人共谋,挪用银行资金160万元,用于营利活动,数额巨大,其行为已构成挪用公款罪。其利用职务之便,为他人谋取利益,非法收受他人现金6万元,索取他人现金6万元,其行为已构成受贿罪。被告人辛培凌与挪用人共谋,参与挪用银行资金160万元,用于营利活动,数额巨大,其行为已构成挪用公款罪。被告人辛培凌为谋取不正当利益,给予国家工作人员现金3万元,在获得不正当利益后,因被索取而给予国家工作人员现金5万元,其行为已构成行贿罪。综上所述,敦化市人民检察院对被告人鞠胤文、辛培凌的指控成立。二被告人挪用公款犯罪系共同犯罪,被告人鞠胤文在共同犯罪中起主要作用,系主犯,被告人辛培凌在共同犯罪中起次要作用,系从犯。

被告人鞠胤文在司法机关介入前向所在单位供述挪用公款的犯罪事实,对其挪用公款的犯罪,应当认定为自首,被告人鞠胤文关于挪用公款的事实是主动交代的辩解成立,其辩护人相应的辩护意见,予以采纳。被告人鞠胤文辩解已将受贿的钱归还辛培凌,经查,被告人辛培凌供述其送给鞠胤文现金以及鞠胤文索取现金的事实情节与被告人鞠胤文供述完全吻合。但被告人鞠胤文的辩解,没有得到被告人辛培凌供述的印证,因没有证据证明鞠胤文已将受贿赃款返还给被告人辛培凌,故其辩解不成立。其辩护人相应的辩护意见,不予支持。其辩护人辩称鞠胤文在立案前供述了受贿犯罪,属于供述了不同种犯罪,应当认定为自首。经查,该辩护意见与事实不符,不予采纳。其辩护人关于被告人鞠胤文在60万元归还以后,收取辛培凌4万元不应认定为受贿数额,于法无据,不予采纳。被告人鞠胤文身为国有金融机构工作人员,利用职务上的便利,非法收受他人财物,为他人谋取利益,其行为符合受贿罪的犯罪构成要件。且事后受贿的,亦应当依法定罪,多次受贿的数额,应当按照累计受贿数额处罚。鞠胤文的辩护人提出没有行贿,何谈受贿,于法无据,不予采纳。其辩护人关于房产已扣押,房产价值足以返还所挪用的公款,且被告人同意用房产归还公款的辩护意见,有在案的证据佐证。鉴于赃物已追缴在案,赃物的鉴定价值,可以抵偿所挪用公款,故对于被告人决定刑罚的时候,应当根据犯罪的事实、犯罪的性质、情节和对于社会的危害程度,依法判处。但辩护人建议对被告人判处五年以下有期徒刑,不符合法律规定。《中华人民共和国刑法》第三百八十四条规定,挪用公款情节严重的,处五年以上有期徒刑。挪用公款数额巨大,系挪用公款情节严重。故对其辩护人的该项建议,不予采纳。

被告人辛培凌辩解其不知道银行的账外资金就是国家的资金。本院认为,所谓公款是指国家所有的以及劳动群众集体所有的款项,故其对同类客体的不同对象之间的误解,对其刑事责任不发生影响。其又辩解与鞠胤文账目不清,但在案证据清楚地证明了其行贿的犯罪事实。其辩护人关于在只有鞠胤文供述的情况下,辛培凌如实讲明事实,应当认定为自首的辩护意见,不符合法律规定,不予采纳。其辩护人提出鞠胤文已返还受贿款 4 万元,不符合事实。辩护人关于二被告人系初犯,建议从轻处罚,本院酌情予以考虑。

吉林省敦化市人民法院对被告人鞠胤文依照《中华人民共和国刑法》第一百八十五条、第三百八十四条第一款、第二十五条第一款、第二十六条第一款和第四款、第六十七条第一款、第一百八十四条、第三百八十五条第一款、第三百八十六条、第三百八十三条第一款第(一)项和第二款、第六十九条第一款、第六十四条之规定,对被告人辛培凌依照《中华人民共和国刑法》第一百八十五条、第三百八十四条第一款、第二十五条第一款、第二十七条、第三百八十九条第一款、第三百九十条第一款、第六十九条第一款、最高人民法院《关于审理挪用公款案件具体应用法律若干问题的解释》第八条之规定,于 2001 年 12 月 25 日判决如下:

1. 被告人鞠胤文犯挪用公款罪,判处有期徒刑六年,犯受贿罪,判处有期徒刑十年,数罪并罚,决定执行有期徒刑十四年。

2. 被告人辛培凌犯挪用公款罪,判处有期徒刑五年六个月,犯行贿罪,判处有期徒刑四年,数罪并罚,决定执行有期徒刑八年。

3. 依法追缴被告人鞠胤文受贿犯罪所得的赃款六百五十元,赃物貂皮大衣一件,羊绒大衣一件,由敦化市人民检察院予以上缴国库。

一审宣判后,二被告人分别提起上诉。

被告人鞠胤文请求依法认定其受贿罪自首的法定情节、揭发同案犯共同犯罪事实和案发前已退还全部受贿款的事实,要求对受贿犯罪给予减轻处罚。

被告人辛培凌上诉称,其在主观上没有挪用公款的犯罪故意,客观上没有与鞠胤文共同实施挪用公款的犯罪行为。案发前鞠胤文已还 12 万元,上诉人之行为不构成行贿罪。被告人辛培凌的辩护人认为,被告人辛培凌是在被告人鞠胤文欺骗及合法谎言形式掩盖下使用的银行资金,其于 2001 年 5 月 27 日、28 日在日记中记录了主观上没有挪用公款的故意,请求二审法院作出公正的判决。

吉林省延边市中级人民法院经二审认为,敦化市人民法院原审判决充分考虑了上诉人及辩护人提出的上述情节,认定被告人鞠胤文犯挪用公款罪、受贿罪及被告人辛培凌犯挪用公款罪、行贿罪的事实清楚,证据确凿。因此,上诉人鞠胤文、辛培凌的上诉理由以及上诉人辛培凌辩护人的辩护意见不能成立,不予支持。原审被告人鞠胤文上诉辩称,应认定其受贿系自首和揭发同案犯共同犯罪事实的上诉意见,本院认为,原审被告人鞠胤文在本单位领导向其盘问 314 科目问题时,并没有交代其受贿问题,是 2001 年 5 月 29 日在检察院反贪局供述同案犯辛培凌时发现其受贿问题,且在二审阶段鞠胤文推翻其原审供认的受贿犯罪事实,不接受审判,不予认定自首。揭发同案犯共同犯罪事实情节,原审法院在一审判决时,已酌情予以考虑。在二审审理期间其提供的证人邵奎华,于凤龙均不能证实鞠胤文在案发前已归还受贿款,故不支持其在案发前已归还12万元的事实。原审被告人辛培凌上诉辩称,在主观上没有挪用公款的犯罪故意,客观上没有实施挪用公款的行为的辩解意见,本院认为,虽然原审被告人辛培凌不供述其借款是公款,但同案犯鞠胤文证实借给160万元时告诉其此款出自银行账外款,并且案发前已经知道此款系公款,但一直未还此款,其行为与鞠胤文共同构成犯罪,原审法律已充分考虑其在共同犯罪中的地位及作用,认定其为挪用公款中的从犯,并无不当之处。关于其上诉辩称,其行为不构成行贿罪的意见,本院认为,上诉人辛培凌获得不正当利益后,给予鞠胤文3万元现金,又因被鞠胤文勒索而给其5万元现金之行为,足以构成行贿罪。虽然辩解称案发前已收回此款,但无证据证明此款确实已归还,故不支持其辩解意见。关于上诉人辛培凌的辩护人提出的辛培凌是在受被告人鞠胤文欺骗及合法谎言形式掩盖下使用的银行资金,其主观上没有挪用公款的故意的辩护意见,本院认为,上诉人辛培凌在检察院侦查阶段供述其挪用公款的犯罪事实,其供述的挪用公款犯罪事实与上诉人鞠胤文供述相吻合,上诉人鞠胤文证实共同挪用公款的犯罪事实,上诉人辛培凌供述其与鞠胤文约定短时期挪用此款,但案发前一直未归还其挪用的公款160万元,其行为与上诉人鞠胤文共同构成了挪用公款罪。案发后所提供的上诉人辛培凌的日记不能作为证据使用,所写内容也证明不了上诉人案发前无共同挪用公款的故意,故对其辩护意见不予支持。原审法院以挪用公款罪、受贿罪判处被告人鞠胤文有期徒刑十四年,以挪用公款罪、行贿罪判处辛培凌有期徒刑八年的定罪处罚是适当的。故依据《中华人民共和国刑事诉讼法》第一百八十九条第(一)项之规定,裁定如下:

驳回上诉,维持原判。

二、裁判要旨

No.8-384-12 因挪用公款索取、收受贿赂构成犯罪的,或者为挪用公款而行贿构成犯罪的,均应依照数罪并罚的规定处罚。

因挪用公款而构成其他犯罪的,理论上属于牵连犯。在学理上,对于牵连犯,一般认为应采取从一重罪论处的原则,但法律和司法解释明确规定实行数罪并罚的除外。最高人民法院1998年《关于审理挪用公款案件具体应用法律若干问题的解释》第七条规定,因挪用公款索取、收受贿赂构成犯罪的,依照数罪并罚的规定处罚。问题是,对于因挪用公款而构成行贿罪的,应该从一重罪论处还是两罪并罚?我们认为,受贿罪和行贿罪是刑法意义上的对合犯,往往相伴相生,既然司法解释对挪用公款罪与受贿罪的牵连犯规定两罪并罚,对于挪用公款罪与行贿罪的牵连犯,也应按照这个原则处理,否则将可能出现一个案件中挪用公款罪的共犯,一方行贿另一方受贿,受贿者构成挪用公款罪和受贿罪两罪,而行贿者只构成挪用公款罪或者行贿罪一罪的不平等现象。据此,在本案中,被告人鞠胤文因挪用公款而收受、索取贿赂,被告人辛培凌因挪用公款而行贿,应分别以挪用公款罪和受贿罪、挪用公款罪和行贿罪两罪并罚。

案例:陈超龙挪用公款案

案例来源:《刑事审判参考》总第7辑[第55号]

主题词:贷款合同 挪用公款罪

一、基本案情

被告人陈超龙,男,30岁,原系中国建设银行广东省罗定市支行广海办事处负责人。因涉嫌犯贪污、挪用公款罪,于1996年2月15日被逮捕。

广东省云浮市中级人民法院经审理查明:1994年4月至12月,被告人陈超龙先后收到罗定市城南经济发展公司、罗定市交通局养征站、罗定市罗城镇细坑居委会、罗定市居民谭某等单位和个人储户存入广海办事处的委托贷款共计人民币75.5万元,全部不入账,归其个人使用。为掩盖犯罪,又采用偷支储户存款等方法,用公款归还了其中的73万元,到案发时止,尚有储户谭某存入的委托贷款2.5万元未归还。

由于被告人陈超龙偷支储户存款,致广海办事处的库存现金与账面不符。被告人陈超龙为了达到账款相符,隐瞒其侵占公款的罪行,于1995年11月至12月,指使梁甲、梁乙、陈某三人与广海办事处签订了共计 55 万元的虚假贷款合同并入账,从而侵占公款 55 万元。

1994 年 10 月 18 日,被告人陈超龙收到贷款户范某归还广海办事处的贷款 10 万元后,既不交回单位也没有入账,私自将 10 万元投入股市买卖股票,占为己有。

综上所述,被告人陈超龙挪用公款 73 万元,贪污公款 67.5 万元。将公款用于赌博、经营客车营运、投入股市买卖股票、购买家具以及装修住房等非法、营利、享乐活动花光。破案后,被告人陈超龙退出赃款 110200.42 元,尚有 564799.58 元无法归还。

云浮市中级人民法院认为:被告人陈超龙在任中国建设银行罗定市支行广海办事处负责人期间,利用职务上和工作上的便利,采取收款不入账、签订虚假贷款合同等手段,将委托贷款户交来的委托贷款、贷款户归还的贷款及库存现金挪用 73 万元、侵吞 67.5 万元,数额均特别巨大,其行为已分别构成挪用公款罪、贪污罪,应实行数罪并罚。犯罪情节特别严重,应依法严惩。依照全国人民代表大会常务委员会《关于惩治贪污罪贿赂罪的补充规定》第二条第(一)项、第三条第一款和 1979 年《中华人民共和国刑法》第六十四条、第五十三条第一款的规定,于 1997 年 9 月 22 日判决如下:

被告人陈超龙犯贪污罪,判处死刑,剥夺政治权利终身;犯挪用公款罪,判处有期徒刑十年;决定执行死刑,剥夺政治权利终身。

一审宣判后,陈超龙不服,以原判认定贪污与事实不符为由提出上诉。其辩称:由于动用委托贷款 75.5 万元,长期不能返还,就采用偷支储户存款的方法应付返还,使得广海办事处库存现金出现亏空 55 万元;因为 1995 年底要搞平衡,搞假合同作虚假贷款 55 万元以填平亏空;这实际是用后次挪用公款偿还前次挪用的公款,挪用公款数额应是 55 万元,连同范某的贷款 10 万元,共挪用公款 65 万元。

广东省高级人民法院经审理查明:上诉人陈超龙利用职务之便,将单位和个人的委托贷款、借款 75.5 万元及贷款户归还广海办事处的贷款 10 万元,全部不入账。将上述共计 85.5 万元用于经营汽车运输、赌博、炒股以及购买房子、家具等。贷款期满后,陈超龙采用自制取款凭条偷支储户存款的手段归还委托贷款或借款。至 1996 年 1 月 2 日止,尚有 12.5 万元没有归还。

上诉人陈超龙由于长期偷支储户存款用于归还单位和个人的委托贷款或借款,使广海办事处库存现金与账面不符,账面大于实有款数 55 万元。为了达到账款相符,掩盖其挪用公款及应付支行的检查,于 1995 年 11 月至 12 月间,指使梁甲、梁乙、陈某与广海办事处签订假贷款合同,办理假贷款 55 万元手续并入账,冲减库存现金,增加贷款余额,从而侵吞公款 55 万元。

广东省高级人民法院认为:上诉人陈超龙挪用公款 85.5 万元,贪污公款 55 万元。其中挪用的公款已归还 73 万元,未归还 12.5 万元。未归还部分不再以贪污论处,应列为挪用公款数额。因此,贪污公款数额应为 55 万元。挪用公款、贪污数额均特别巨大,应依法严惩。依照《中华人民共和国刑法》第十二条第一款、第三百八十二条第一款、第三百八十三条第一款第(一)项、第三百八十四条第一款、第六十九条第一款、第五十七条第一款和《中华人民共和国刑事诉讼法》第一百八十九条第(一)项的规定,于 1998 年 8 月 13 日裁定如下:

驳回上诉,维持原判。

广东省高级人民法院依法将此案报请最高人民法院核准。

最高人民法院经复核认为:被告人陈超龙身为国有银行干部,利用职务上的便利,挪用公款归个人使用,其行为构成挪用公款罪。挪用公款数额巨大,案发后不能归还,给国家造成重大经济损失,应依法惩处。一审判决、二审裁定认定的事实清楚,证据确实、充分。审判程序合法。但是被告人陈超龙签订 55 万元的假贷款合同以冲减库存现金的行为,实际是其挪用公款行为的一部分。其签订假贷款合同的目的,是为了在年终财务检查时掩盖挪用公款的事实,最终无法使账面平衡,不能实现侵吞的目的。因此,认定被告人陈超龙挪用这部分公款的行为为贪污罪,定性不准。依照最高人民法院《关于执行〈中华人民共和国刑事诉讼法〉若干问题的解释》第二百八十五条第(三)项、《中华人民共和国刑法》第十二条第二款、第二百七十二条第二款、第三百八十四条第一款、第五十七条第一款之规定,于 1999 年 12 月 10 日判决如下:

1. 撤销广东省高级人民法院的刑事裁定和广东省云浮市中级人民法院刑事判决中对被告人陈超龙犯贪污罪的定罪量刑部分;

2. 被告人陈超龙犯挪用公款罪,判处无期徒刑,剥夺政治权利终身。

二、裁判要旨

No.8-384-13　以假贷款合同等形式掩盖挪用公款行为的,应以挪用公款罪论处。

从本案的情况看,陈超龙为了掩盖亏空现金55万元的事实,让梁甲、梁乙、陈某办理假贷款55万元,以平广海办事处的账。表面看,他把账搞平了。但是,梁甲等人却欠下了银行55万元的贷款,银行终究是要按贷款协议收回贷款的。事实也是如此,银行发现这么多贷款没有归还后,即找梁甲等人,要他们归还贷款。这三人又找到陈超龙和他的家人,让他们写下了55万元的欠条。也正由此才确定了贷款合同的真与假。从上述情况看,陈超龙为了掩盖挪用公款的事实,让梁甲等人搞假贷款并入账,并不能算真正把账抹平。范某归还的贷款10万元,陈超龙没有入账,用去炒股,这也未能把账抹平。因为账上还挂着范某欠贷款10万元,银行还要找范归还贷款,且范某归还贷款时,广海办事处主管会计朱某在场,陈超龙没有将此款入账,朱某曾追问陈超龙,陈超龙说过他将此款用了。因此,这10万元也不能认定为陈超龙已将其据为己有。因此,从被告人陈超龙的作案手段看,反映出其行为不是侵吞,是较典型的挪用公款行为。

案例:马平华挪用公款案

案例来源:《刑事审判参考》总第64集[第510号]

主题词:国家工作人员　挪用公款罪

一、基本案情

被告人马平华,男,1955年9月27日出生,大专文化,原系江苏省南通市土地综合开发有限公司董事长兼总经理。因涉嫌犯挪用公款罪,于2005年9月29日被逮捕。

江苏省南通市崇川区人民法院经审理查明:南通市土地综合开发公司(以下简称"土综公司")于1992年成立,系全民所有制事业单位。马平华于1998年2月至2003年间任该公司总经理。2003年7月至12月间,该公司进行改制,转让40%的国有股权,其中25%明确向原公司的经营层转让,另15%向社会公开转让。2003年7月,向社会公开出让的15%股权后来由马平华委托李志刚通过竞拍程序购得。同年8月,向原公司经营层转让的另25%国有股权由马平华和严荣华分别购得20%、5%。另60%的国有股权由南通市国有资产管理局授权众和公司经营管理。2003年10月28日,南通市国土资源局与受让方马平华、严荣华、李志刚完成了产权交割手续。2003年11月14日,南通市政府办公室批复同意土综公司改制转企。2003年12月16日,经中共南通市委组织部对改制后土综公司领导班子考察研究后,由众和公司推荐马平华为土综公司董事、董事长,并于12月18日经该公司董事会选举和聘任,马平华担任该公司董事长和总经理。2004年1月13日,经南通市工商行政管理局核准,土综公司完成变更注册。2005年7月,土综公司进行再次改制,公开转让剩余60%的国有股权,由马平华受让53%,严荣华受让7%。原国有性质的土综公司经两次改制后,实际变更为由马平华出资88%、严荣华出资12%的有限责任公司。

2003年9月,马平华为筹集购买国有股权的资金,于当月个人向银行贷款2000万元(期限6个月)。但按银行对个人贷款必须有担保的要求,马平华即与坤园公司(原系土综公司下属企业)董事长杨林建商定,由坤园公司向银行贷款2000万元(期限1年),作为马平华个人2000万元贷款的担保。与此同时,马平华又个人决定坤园公司向银行的2000万元贷款由土综公司担保。两笔2000万元的贷款利息均由马平华个人支付。为此,马平华、坤园公司及银行三方办理了续贷2000万元个人贷款的手续,期限6个月。

2004年3月30日,马平华为了免除由其个人支付的坤园公司向银行贷款的利息,个人决定由土综公司向银行贷款2000万元(贷款利息由土综公司支付),作为土综公司的单位定期存款存到银行,并同意开立该单位定期存款开户证实书交由银行工作人员,于2004年4月8日存放于银行金库,作为马平华个人贷款2000万元的担保,但双方并未办理书面质押担保手续。同日,坤园公司在银行的2000万元保证金提前归还。

2004年9月,马平华个人向银行贷款2500万元(期限1年),其中2000万元为以贷还贷,仍以土综公司的原2000万元单位定期存款作担保,500万元由坤园公司在土综公司担保下(系经该公司董事会集体讨论决定)向银行以等额贷款作担保,同时,马平华承诺以其个人所有财产及权利为担保。2005年8月29日,银行将土综公司的 2000万元定期存款转入了保证金专户,后于2005年9月22日用该款归还了土综公司的等额贷款。

崇川区人民法院认为,被告人马平华身为国有公司委派在国有控股公司从事组织、领导、管理工作的人员,利用担任土综公司董事长兼总经理的职务之便,个人决定将公司2000万元资金存款开户证实书用于为个人贷款提供担保,其行为构成挪用公款罪。依照《中华人民共和国刑法》第三百八十四条第一款、第九十三条第二款的规定,判决被告人马平华犯挪用公款罪,判处有期徒刑九年。

一审宣判后,马平华不服,上诉于江苏省南通市中级人民法院。

南通市中级人民法院经审理认为,土综公司改制之后,马平华虽是该公司第二大股东,但作为国有公司的众和公司仍处于控股地位,中共南通市委组织部对改制后土综公司领导班子的人选进行考察后,仍由众和公司推荐马平华担任董事长,然后通过股东大会选举履行相关手续,再由董事会聘任其为总经理。因此,马平华自土综公司第一次改制后至2005年7月之前,其具备双重身份,即其既是受委派从事管理、经营国有资产的国家工作人员,同时又是土综公司的第二大股东。

马平华2003年9月为其个人银行贷款2000万元所提供的担保,形式上是由坤园公司向银行同时贷款2000万元后转作为马平华个人2000万元贷款的担保,但坤园公司该等额贷款的背后,又是由马平华为了谋取个人利益,决定由土综公司为坤园公司的该2000万元贷款进行担保,马平华已将本单位公款置于风险之中,其行为已符合挪用公款罪的构成要件;2004年3月,马平华为了免除支付由其个人承担的坤园公司 2000万元贷款的利息,又个人决定将土综公司向银行贷款2000万元后转为单位存款,然后将单位存款开户证实书放置于银行不动用,其主观目的还是为其个人2000万元贷款进行质押。尽管该开户证实书注明了不能用于质押,不属于金融凭证而不具有交换功能,且土综公司也未与银行签订质押合同,但单位定期存款开户证实书是存款人的债权证明,并且是办理单位定期存单质押贷款时必备的证明文件,马平华个人决定将本单位2000万元存款开户证实书放置银行,脱离了本单位的控制,客观上已使本单位对2000万元资金在超过3个月以上的时间内无法行使权利,亦侵犯了本单位资金的使用权,马平华的行为已完全符合挪用公款罪的构成要件,且属犯罪既遂。因马平华先后两次作案是为个人同一笔贷款作保证,且第二次保证时,银行操作不规范,故其挪用公款的数额可以认定为2000万元。鉴于挪用公款行为未造成实际损失,原判对马平华挪用公款犯罪量刑畸重。据此,依照《中华人民共和国刑事诉讼法》第一百八十九条第(二)项和《中华人民共和国刑法》第三百八十四条第一款、第九十三条第二款的规定,判决如下:

上诉人马平华犯挪用公款罪,判处有期徒刑五年六个月。

二、裁判要旨

No.8-384-14 在国有企业改制过程中,原国有企业中国家工作人员的身份不变。

在本案中,土综公司第一次改制完成(即2004年1月13日申请变更注册)前,因属国有独资公司,被告人马平华作为该公司的总经理,属于在国有公司中从事公务的人员,符合《刑法》第九十三条第二款的规定,应以国家工作人员论。第一次改制后至2005年7月第二次改制完成前,土综公司改制为国有控股公司,在此阶段马平华实际具有了双重身份:一方面,他在改制后的公司中实际占有35%的股份,成为土综公司的第二大股东;另一方面,在由政府部门召开的相关会议上,南通市委组织部决定由经营管理60%国有股权的众和公司出面推荐马平华任董事长,然后通过股东大会选举履行相关手续,再由董事会聘任其担任总经理的职务。虽然形式上看马平华的职务有董事会的聘任,但其实质来源于国有单位即南通市委组织部和众和公司的委派,因此可以认定马平华是受国有众和控股公司的委派,负有对占土综公司60%股权的国有资产行使监督、管理职权,这一点没有疑问。而且,根据本案的实际情况,马平华原本就是南通市国土局任命的土综公司总经理,该职务一直未免,其职务具有连续性,所以马平华在此阶段的身份实质还兼有在国有资本控股的股份有限公司中受国有公司委派管理、经营国有资产的职责,应以国家工作人员论。需要指出的是,至2005年7月土综公司第二次改制结束后,国有股完全退出,土综公司彻底改制脱离国有性质,至此马平华才彻底不具备国家工作人员身份。

案例:彭国军贪污、挪用公款案

案例来源:《刑事审判参考》总第31辑[第236号]

主题词:挪用公款罪 归还 贪污罪

一、基本案情

被告人彭国军,男,30岁,原系陕西省人民警察学校财务科出纳员。因涉嫌犯贪污罪,于2000年9月22日被逮捕。

陕西省西安市中级人民法院经审理查明:1997年元月,被告人彭国军利用其担任陕西省人民警察学校财务科出纳员的职务之便,先后将其管理的学校所收的学生被服装费、代办费、教材费等共计860950.94元,挪归个人使用未归还。

1998年7月2日至1999年12月13日,被告人彭国军利用职务上的便利,先后5次使用伪造的现金交款单入账,制造自己经手的款项已上交本单位在中国农业银行西安市支行长安结算部账户的假象,将本单位现金共计221.0275万元骗出归个人使用。又先后42次从本单位农业银行长安县支行结算部账户上提取现金共计3860032.45元不记账归个人使用,并于1999年12月13日私自将该账户销户。在此期间,彭国军为掩盖事实,以虚假的银行对账单欺骗单位,通过转账归还12万元;用虚假现金支票存根记收入7笔共归还单位现金27.8万元;个人支付单位费用360942.01元。案发时,尚有5311365.44元未归还。

1999年7月,被告人彭国军将本单位朱宣交来用于冲抵原借款的8000余元发票和4000余元现金不入账,并将其中的4000余元现金占为已有。

1999年8月20日至1999年12月15日,被告人彭国军先后将陕西省人民警察学校学员白志军等人交纳的捐资助学款、代办费、住宿费、学费等共计23.445万元,收取后未上财务账,占为已有。

1999年9月17日,被告人彭国军收取本单位王或3505元报销单据入账,但未冲抵王或原3000元借款账,又支现金3505元,将505元给王或后,剩余3000元占为已有。

2000年1月11日至2000年6月12日,被告人彭国军先后将单位门面房租金收入9笔,共计90360元现金收取后未上财务账,占为已有。

2000年3月,被告人彭国军利用职务上的便利,将本单位李鹏暂存在财务科由其保管的党费3812.81元,挪归其个人使用未归还。

2000年7月10日前,被告人彭国军先后将其保管的库存现金162818.64元挪归个人使用未归还。

2000年7月初,陕西省人民警察学校让彭国军从中国农业银行西安市支行长安结算部账户将500万元转出另作他用。彭国军自知该账户已销户,且无款可还,其罪行即将败露,便将自己赌博输掉大量公款的事实告知姚晓旭(同案被告人,已判刑)。7月7日,彭国军利用为单位提取现金之机多开了一张现金支票,提取现金9.9万元;7月10日,彭国军乘单位让其提取公款发放教职工课时费和暑假奖金之机,从银行账户提取公款20万元现金。当晚,彭国军携上述两笔公款同姚晓旭潜逃。

被告人彭国军将6969757.79元公款中的大部分用于赌博,或者借给他人使用,除追回现金264218.92元、赃物折价43798元外,其余6661740.87元均已无法追回。

西安市中级人民法院认为:被告人彭国军身为国有事业单位的财务人员,利用职务之便,采用制作虚假现金交款单、开具大头小尾现金支票、支出收入不入账、直接动用库存现金等手段,挪用、贪污其管理的公款,进行赌博活动,给国家造成巨大经济损失,罪行即将败露时,携公款潜逃,彭国军从主观上已具有将上述挪用公款不再归还的故意,企图逃避法律制裁,其行为符合最高人民法院《关于审理挪用公款案件具体应用法律问题的解释》第六条的规定,应对全部挪用公款数额以贪污罪定罪处罚,故依照《中华人民共和国刑法》第十二条、第三百八十二条、第三百八十三条第一项、第五十七条的规定,于2001年11月14日判决如下:

被告人彭国军犯贪污罪,判处死刑,剥夺政治权利终身,并处没收财产五万元。

宣判后,彭国军不服,向陕西省高级人民法院提出上诉。其上诉和辩护理由是:(1)只能对彭国军携款潜逃的部分定贪污罪,潜逃时未携带的挪用数额应认定为挪用公款罪;(2)在彭国军归案后,主动交代了检察机关未掌握的部分挪用事实,对部分挪用金额具有自首情节;(3)主观恶性小,认罪态度好,彭国军挪用公款赌博是为了赚钱还以前借给朋友的公款,是为了弥补自己的过失而采取了错误的方法,是初犯。

陕西省高级人民法院经审理后认为:上诉人彭国军身为国有事业单位的财务人员,属国家工作人员,其利用职务上的便利,采用制作虚假现金交款单、开具大头小尾现金支票、支出收入不入账、直接动用库存现金等手段,先后挪用大量公款用于借给他人使用和个人进行赌博活动,在未归还的情况下携款潜逃,其行为已构成贪污罪,贪污数额特别巨大,尚有660余万元无法追回,情节特别严重,应依法严惩。原判认定事实清楚,证据确实、充分,定罪准确,量刑适当。审判程序合法。依照《中华人民共和国刑事诉讼法》第一百八十九条第(一)项之规定,于2002年3月6日裁定驳回上诉,维持原判,并依法报送最高人民法院复核。

最高人民法院复核查明:被告人彭国军利用职务上的便利,侵吞公款共计5942175.44元,将公款挪归其个人使用未归还1027582.39元,上述被其侵吞和挪用的公款大部分被其赌博输掉。案发后,追回赃款264218.92元、赃物折价43798元。

最高人民法院认为:被告人彭国军身为国有事业单位的财务人员,其利用职务上的便利,采取制作假现金交款单和假对账单、收款不入账、直接侵吞等手段将本单位公款5942175.44元占为己有的行为已构成贪污罪,贪污数额特别巨大,且贪污的公款大部分用于赌博,并携款潜逃,情节特别严重,应依法惩处;此外,彭国军将其负责保管的公款1027582.39元挪归个人使用未归还,其行为亦构成挪用公款罪,亦应依法惩处。一审判决、二审裁定认定的事实清楚,证据确实、充分,审判程序合法。但部分事实定性不准。依照《中华人民共和国刑事诉讼法》第一百九十九条、最高人民法院《关于执行〈中华人民共和国刑事诉讼法〉若干问题的解释》第二百八十五条第(三)项、《中华人民共和国刑法》第十二条第一款、第三百八十二条第一款、第三百八十三条第一款(一)项、第三百八十四条第一款、第六十九条、第五十七条第一款、第五十九条的规定,于2002年12月9日判决如下:

1. 撤销陕西省高级人民法院刑事裁定和陕西省西安市中级人民法院刑事判决中对被告人彭国军定罪量刑部分。

2. 被告人彭国军犯贪污罪,判处死刑,剥夺政治权利终身,并处没收财产五万元;犯挪用公款罪,判处无期徒刑,剥夺政治权利终身。决定执行死刑,剥夺政治权利终身,并处没收财产五万元。

二、裁判要旨

No.8-384-15 挪用公款后,没有掩饰、隐匿、在有关账目上做假,只是其负责的款项发生了短款现象,应以挪用公款罪论处。

贪污罪和挪用公款罪两罪有本质区别,区别的关键在于行为人主观上是否以非法占有为目的,客观上是否实施了侵吞公款的行为。因此,正确界定行为人的主观故意对区分其行为是贪污还是挪用的性质至关重要。非法占有的目的是主观要件,在审理案件中应当根据主客观相一致的原则,不仅要考虑被告人的供述,而且要从行为人的客观行为分析认定。就行为特征而言,贪污和挪用公款犯罪在将公款转移到行为人控制之下这一过程是相似的,但由于主观目的不同,其客观行为也会有不尽相同之处:贪污行为的行为人的主观意图在于永久占有公款,其必然尽其所能掩盖、隐匿公款的真实去向,尽量在有关账目上不留痕迹;挪用公款行为在于行为人的初衷只是临时性地使用公款,所以一般总要给使用的款项留个后门,使其在有条件的情况下可以顺利归还。

在司法实践中,应当根据以下客观事实判定是否构成贪污:(1)行为人是否采取弄虚作假的手段,使自己占有公款的事实在账目上难以发现。如使用虚假发票、对账单等会计凭证的,使其占用的公款已难以在单位财务账目上反映出来的,一般应当认定为贪污行为。对于行为人采取了弄虚作假的手段平账,但由于受到某种条件的制约,不能完全平账的,也不能仅以账未做平作为不定贪污罪的理由。如本案中彭国军用虚假对账单、现金交款单给会计做账,单位账目是平的,但单位账目与银行存款有缺口,即所谓大账不平。行为人虽然没有将账目完全做平,但其有采取弄虚作假手段的做账行为,达到了从单位账目上难以发现其占用公款的目的,是以骗取手段贪污的行为。(2)行为人销毁有关账目的。该行为不仅仅是逃避侦查的行为,也是掩饰公款去向、试图隐匿公款的行为,反映出行为人主观上有非法占有的目的,是侵吞公款的贪污行为。(3)行为人截取收入不入账的。行为人利用职务上的便利,将本单位的收入直接截留,使账目上不能反映该款项,是直接侵吞公款的贪污行为。

No. 8-384-16 不是主动、自觉归还公款,而是出于其他目的归还公款的,不能认定为挪用公款罪中的归还。

行为人案发前有归还公款的行为,一般被认为是其主观上有归还公款的意愿,没有非法占有的目的。但是,不能一概而论,不能凡有归还行为就一概以挪用公款论。归还行为是与挪用行为相对应的,正是因为行为人出于挪用的目的,而不是非法占有的目的,才会发生归还行为,因此,这种归还行为一般具有主动性、自觉性的特征。在有些案件中,行为人虽然归还了部分公款,但不是主动、自觉归还,而是出于其他目的,如本案中彭国军曾多次归还了部分公款,但是彭国军部分归还的款项不是主动归还。彭国军私自支取巨额公款,造成单位账上实际资金与账面资金之间形成巨大差额,账面显示有足够的资金支付单位用款,但实际资金已不足支付。本案中,当单位发生用款事项而账上实际资金已不足支付时,为了不暴露其犯罪事实,彭国军不得已自己支付了单位的部分用款,这不是为减少给国家造成的损失而归还的行为,而是为了使其犯罪行为不被发现的一种掩盖行为,所以,其所谓归还行为实质是掩盖犯罪行为,不能据此认定其没有非法占有的目的。但是已归还的部分不应再计算为侵吞公款的数额。

最高人民法院的判决根据被告人彭国军的客观行为特征,根据前述原则,分别认定了贪污罪和挪用公款罪。即对于彭国军采取了欺骗手段弄虚作假,或者截留公款不入账的手段,直接认定为贪污行为;对于被告人彭国军挪用公款后没有掩饰、隐匿行为,也没有在有关账目上做假,只是其负责的款项发生了短款现象,认定贪污证据不足,以挪用公款定罪。

No. 8-384-17 携带挪用的公款潜逃的,对其已挪用未携带的部分不以贪污罪论处。

最高人民法院《关于审理挪用公款案件具体应用法律若干问题的解释》第六条规定:“携带挪用的公款潜逃的,依照刑法第三百八十二条、第三百八十三条的规定定罪处罚。”据此,行为人携带挪用的公款潜逃的,对其携带的部分公款以贪污罪定罪已无争议,但对其已经挪用但未携带的部分公款如何定罪,实践中有不同认识。有的认为应仍以挪用公款定罪,不计入贪污数额;有的认为应全部定贪污罪。本案一、二审法院采取了第二种意见,理由是彭国军利用其职务上的便利,将其所管理的公款660余万元借给他人和供自己进行赌博活动,客观上已无法归还,案发前又携带公款潜逃,说明其主观故意已经发生变化,从不能归还转变为不打算归还,不仅对携带的公款不打算归还,而且对所有挪用未归还的公款,亦不打算归还,其行为已构成对公共财产的非法占有,因此,对全案以贪污罪定罪。我们认为,不能仅因被告人潜逃而简单地推定其对全部公款都具有非法占有的目的。大多数情况下,行为人潜逃是因为其实施了挪用公款的犯罪行为且畏惧承担刑事法律责任而潜逃,是一种畏罪行为,其主观上是出于畏惧的心理。行为人挪用公款已属犯罪既遂,其畏惧案发而潜逃不影响其犯罪行为的性质,也就是说,对未携带的公款,其主观上不一定转化为不打算归还该公款,该公款仍是客观上不能归还。当然,对于行为人潜逃时携带的挪用的公款,以及如果查明行为人有能力归还挪用的公款而拒不归还,如采取隐匿、转移挪用的公款的手段拒不归还,则说明行为人的主观犯意已由非法使用公款转化为非法占有公款,应当以贪污罪定罪处罚。

案例:刘某、姚某挪用公款案

案例来源:《刑事审判参考》总第 84 辑[第 755 号]

主题词:职务犯罪　余罪自首　自动投案

一、基本案情

被告人刘某,男,1958 年 12 月 7 日出生,原北京华康宾馆、北京市康乐工贸公司经理。因涉嫌犯挪用公款罪于 2010 年 5 月 20 日被取保候审。

被告人姚某,女,1963 年 8 月 1 日出生,原北京华康宾馆、北京市康乐工贸公司财务主管。因涉嫌犯挪用公款罪于 2010 年 5 月 13 日被取保候审。

北京市朝阳区人民检察院以被告人刘某、姚某犯挪用公款罪,向北京市朝阳区人民法院提起公诉。

北京市朝阳区人民法院经审理查明:2004 年 10 月至 2006 年 3 月,被告人刘某在担任北京华康宾馆、北京市康乐工贸公司经理期间,指使被告人姚某三次使用本单位资金共计人民币(以下币种均为人民币)58 万元为刘某个人购买国债,后均在当月归还。姚某在办案机关根据线索找其调查谈话期间如实交代了犯罪事实。次日,刘某主动向办案机关投案并如实交代了犯罪事实。

北京市朝阳区人民法院认为,被告人刘某、姚某利用职务上的便利,挪用数额巨大的公款进行营利活动,其行为构成挪用公款罪,且情节严重,应依法惩处。在共同犯罪中,刘某指使姚某挪用公款为其购买国债,系主犯;姚某起次要作用,系从犯,依法应当从轻、减轻或者免除处罚。刘某主动向办案机关投案,如实供述犯罪事实,系自首,依法可以从轻或者减轻处罚。姚某在办案机关找其调查谈话期间坦白了犯罪事实,可以酌情从轻处罚。综合考虑二被告人在案发前主动归还公款,挪用公款的时间较短,且能够认罪、悔罪,不致再危害社会,依法对二被告人分别减轻处罚,宣告缓刑。关于刘某具有自首情节,建议对其宣告缓刑的辩护意见,本院予以采纳。关于姚某的辩护人所提姚某具有自首情节的辩护意见,经查,姚某系在办案机关根据掌握的线索找其调查谈话期间交代了犯罪事实,没有主动投案,不能认定为自首,故对该辩护意见不予采纳。关于二被告人的辩护人建议对二被告人免予刑事处罚的辩护意见,经查,二被告人挪用公款数额巨大,虽有从宽处罚情节,但不足以免除刑事处罚,故对该项辩护意见不予采纳。综上,依照《中华人民共和国刑法》第三百八十四条第一款,第二十五条第一款,第二十六条第一款、第四款,第二十七条,第六十一条,第六十七条第一款,第七十二条第一款,第七十三条第二款、第三款以及最高人民法院《关于处理自首和立功具体应用法律若干问题的解释》第一条之规定,判决如下:

被告人刘某犯挪用公款罪,判处有期徒刑三年,缓刑三年;被告人姚某犯挪用公款罪,判处有期徒刑三年,缓刑三年。

一审宣判后,被告人刘某、姚某未上诉,公诉机关亦未提出抗诉,判决已发生法律效力。

二、裁判要旨

No. 8-384-18　职务犯罪案件中办案机关掌握的线索,不限于直接查证犯罪事实的线索,还包括与查证犯罪事实有关联的线索。被告人交代的事实与办案机关所掌握的线索针对的事实属于同种罪行,则不成立自首。

职务犯罪案件中办案机关掌握的线索,不限于直接查证犯罪事实的线索,还包括与查证犯罪事实有关联的线索。

既然办案机关掌握的线索是认定职务犯罪自首的重要标准,那么如何准确理解和把握办案机关掌握的线索范围,就成为职务犯罪自首认定最关键的问题之一。线索本身是一个中性概念,线索不等于犯罪事实本身,有时甚至不能起到直接查证犯罪事实的作用。在刑事案件中,线索大致可以分为两种类型:一种是能够直接查证犯罪事实的线索;另一种是不能直接查证犯罪事实,但与查证犯罪事实有关联的线索。如果办案机关掌握了第一类线索,就应视为掌握了一定的犯罪事实,犯罪分子在被据此调查谈话时交代犯罪事实的,不能认定为自首。后一种情况下,根据最高人民法院、最高人民检察院《关于办理职务犯罪案件认定自首、立功等量刑情节若干问题的意见》的精神,这种情形同样不能认定为自首。根据此类线索虽不能直接认定犯罪事实,但此类线索具有指向犯罪事实的作用。办案机关掌握此类线索后,能够研判行为人可能涉嫌的犯罪性质和类型。一般而言,办案机关找行为人调查谈话具有一定的针对性,行为人由此交代犯罪事实的,应当认定属于此线索针对的事实,不能认定为自首。

在本案中,被告人姚某所在的集团公司纪委掌握了小金库所涉个人存折曾经转账 23 万元用于购买国债的线索,并未掌握姚某挪用公款的事实。该转账行为在何种背景下发生、具体是为谁购买国债等问题均不清楚,完全有可能是单位集体决定以某个人名义购买国债以增加小金库收益。因此,转账 23 万元用于购买国债的线索并不必然反映犯罪事实,该线索仅属于与犯罪事实具有一定关联性的线索。姚某在被调查谈话期间交代了其受被告人刘某指使挪用公款为刘某个人购买国债的事实,该犯罪事实在办案机关掌握线索的范围内,故不能认定为自首。同时,办案机关只掌握了小金库所涉个人存折转账 23 万元的一条线索,虽然姚某交代了三次挪用公款购买国债的事实,但鉴于其交代的事实与办案机关掌握的线索所针对的事实属于同种罪行,根据最高人民法院、最高人民检察院《关于办理职务犯罪案件认定自首、立功等量刑情节若干问题的意见》的规定,仍不成立自首。

No. 8-384-19 明知办案机关掌握了其犯罪事实,由于翻然悔悟、迫于压力或者其他原因,自行主动到办案机关投案的,不论其基于何种动机,均属于自动投案。办案机关在掌握了犯罪事实或线索的情况下,直接找到涉案人员调查谈话,即使其如实交代犯罪事实,因缺乏自动投案这一要件,也不成立自首。

由于职务犯罪案件往往是由纪检部门先调查,再由检察机关介入,故也需注意检察机关介入对认定自首的影响。一方面,行为人在纪检部门办案时主动投案,只要没有抗拒或翻供行为,不论如何被移送至检察机关,均不影响自首的成立。具体又包括两种情形:一是行为人自动到纪检部门投案后,纪检部门将其送至检察机关或者通知检察机关到纪检部门接人。这种情况下,检察机关的介入对自首的成立没有影响。但是,如果行为人知道检察机关介入后逃跑或者抗拒移送的,则其投案自动性不能成立。二是行为人自动到纪检部门投案后,纪检部门让其回家等候处理,后检察机关介入,无论是检察机关到其住所将其带走,还是通过打电话通知其到检察机关接受处理,均不影响自首的成立,但有逃跑或者抗拒行为的除外。另一方面,行为人在纪检部门办案时没有主动投案,而只是被动归案后如实供述的,在这一阶段不成立自首。但在检察机关介入阶段是否成立自首,要视具体情况而定。如果是纪检部门将其送至检察机关或者通知检察机关到纪检部门接人的,因其归案缺乏自动性,不成立自首。如果纪检部门调查、谈话后让其回去等候处理,检察机关介入后直接到其住所将其带走的,也不成立自首。

在本案中,被告人刘某在未接到办案机关任何调查、谈话通知的情况下,主动到集团公司纪委投案,属于自动投案,且投案后如实供述了犯罪事实,符合自首的两个条件。检察机关在介入后到刘某单位将刘某带走归案,刘某没有逃跑或者抗拒,所以应当认定具有自首情节。被告人姚某是在集团公司纪委已掌握一定线索的情况下找其调查谈话时如实交代了犯罪事实,根据最高人民法院、最高人民检察院《关于办理职务犯罪案件认定自首、立功等量刑情节若干问题的意见》的相关规定,在公司纪委调查谈话阶段不能成立自首。后纪检部门让其回去等候处理,检察机关介入后直接到其单位将其带至检察机关,因此,在检察机关介入阶段也不具有归案的主动性,故不能认定为自首。值得注意的是,姚某在纪检部门只掌握了一条线索的情况下,如实交代了三项事实,属于最高人民法院、最高人民检察院《关于办理职务犯罪案件认定自首、立功等量刑情节若干问题的意见》中所说的办案机关仅掌握小部分犯罪事实,犯罪分子交代了大部分未被掌握的同种犯罪事实、如实交代对于定案证据的收集有重要作用和一般应当从轻处罚的情形,故对姚某量刑时应当从轻处罚。同时,法院综合考虑二被告人犯罪的具体情节,且姚某系从犯,故对二被告人均作了依法减轻处罚,并宣告缓刑的处理。

案例:郑年胜挪用公款案

案例来源:《人民法院案例选》2014 年第 1 辑

主题词:挪用公款罪　与挪用资金罪的区别

一、基本案情

上诉人郑年胜自 2010 年 12 月起任广东省佛山市禅城区区委常委、祖庙街道党工委书记;2011 年 1 月起兼任佛山名镇功能区管委会主任,负责管委会全面工作,分管招商和资金工作;2011 年 7 月 20 日起兼任佛山名镇功能区建设总指挥部副总指挥,协助执行总指挥开展日常工作,分管动迁安置部、招商服务部和安全保障部。郑年胜在担任上述职务期间,实施了下列犯罪行为:

2011 年 1 月 29 日,佛山古镇文化发展有限公司(以下简称"古镇公司",是禅城区政府和祖庙街道办事处为佛山名镇改造项目而设立的公司)与沿海地产投资(中国)有限公司(以下简称"沿海公司")签订战略合作框架协议,约定双方就佛山名镇改造项目进行合作的相关事宜。2011 年 3 月 15 日,佛山名镇功能区管委会(以下简称"管委会",是禅城区委、区政府为实施佛山名镇改造项目而成立的管理机构)与沿海公司签订《佛山名镇"三旧改造"及安置房建设项目合作协议》,约定双方就佛山名镇第一街区"三旧改造"与安置房建设开发进行合作的相关事宜,其中,约定沿海公司为配合管委会和古镇公司对项目用地范围内的动迁工作,在协议生效后向管委会预付人民币(以下币种同)3 亿元作为资金支持,该款支付至双方共同设立的银行共管账户由双方共管,共管款项在沿海公司按约取得相应土地使用权后解除共管,由管委会专项用于该项目的征地动迁安置等工作;如沿海公司未能取得相应土地使用权而解除双方协议时,共管账户内的资金应解除共管并连同孳息全部返还给沿海公司。2011 年 3 月 28 日,沿海公司向古镇公司设立的银行共管账户汇入 3 亿元。

2011 年 5 月初,时任广东省佛山市禅城区祖庙街道党工委书记兼管委会主任的郑年胜提议并与时任沿海公司佛山项目总经理的同案人刘铁兵(已另案判决)合谋将上述共管账户中的 1 亿元资金解除共管挪至他处,两人并约定了事后各自控制使用的数额。之后,刘铁兵按郑年胜的安排,向沿海公司董事长江鸣谎称禅城区政府可能要将上述共管资金全部用于佛山名镇项目之外的其他用途,建议先将其中的 1 亿元资金解除共管,并转存至其他地方。江鸣表示同意但要求管委会承诺仍然承担对 1 亿元资金的监管责任,并保证专款专用。郑年胜遂利用职务之便,一方面于同年 5 月 9 日通过管委会发函给沿海公司,承诺管委会在提前解除共管后仍承担对该 1 亿元资金的监管责任,保证该 1 亿元资金仍专用于佛山名镇项目的约定用途,并按月向沿海公司告知资金用途、去向,还保证在双方协议终止或解除的情况下将 1 亿元资金返还给沿海公司;另一方面则通过管委会发函指令古镇公司于同年 5 月 13 日从共管账户中汇付 1 亿元至广东南湖国际旅行社有限责任公司(以下简称"南湖国旅公司")的账户上。南湖国旅公司收到上述资金后,于同年 5 月和 8 月先后转付 3000 万元给刘铁兵,刘铁兵将其中 160 万元用于向郑年胜行贿,余款则用于其个人开办公司的经营活动;另 7000 万元则由南湖国旅公司用于经营活动,并约定向郑年胜个人支付利息。

2011 年 8 月,沿海公司向管委会补发一份《资金调动函》,要求管委会将共管账户内的 1 亿元资金解除共管后,调入南湖国旅公司账户,并倒签日期为 2011 年 5 月 12 日。

广东省佛山市中级人民法院判决:被告人郑年胜犯挪用资金罪,判处有期徒刑十年;犯受贿罪,判处死刑,缓期二年执行,剥夺政治权利终身,并处没收个人全部财产;决定执行死刑,缓期二年执行,剥夺政治权利终身,并处没收个人全部财产。

广东省高级人民法院判决:上诉人郑年胜犯受贿罪,判处死刑,缓期二年执行,剥夺政治权利终身,并处没收个人全部财产;犯挪用公款罪,判处有期徒刑十年;决定执行死刑,缓期二年执行,剥夺政治权利终身,并处没收个人全部财产。

二、裁判要旨

No.8-384-20 国家工作人员与非国家工作人员分别利用各自的职务便利,共同挪用国有企业与非国有企业共同设立的银行共管账户内的资金,应根据主犯的犯罪性质认定成立挪用公款罪或挪用资金罪。

国家工作人员与公司、企业或者其他单位人员共同挪用财物的行为一般有三种情况:第一种是利用国家工作人员的职务便利,共同挪用公共财物;第二种是利用公司、企业或者其他单位人员的职务便利,共同挪用该单位的财物;第三种是国家工作人员与公司、企业或其他单位人员各自利用自己的职务便利,共同挪用单位财物。对于前两种情况的定性,观点是比较一致的,就是看谁的身份起了作用,只利用了国家工作人员职务便利的第一种情况,行为人均构成挪用公款罪;只利用了公司、企业或其他单位人员职务便利的第二种情况,行为人均构成挪用资金罪。对于第三种情况,有观点认为应按不同行为人的职务便利和身份分别定罪,即分别定挪用公款罪和挪用资金罪。但笔者认为,根据共同犯罪理论,各自定罪的观点是不妥当的。在这个问题上,可供参照的相关规定有两个:一是最高人民法院《关于审理贪污、职务侵占案件如何认定共同犯罪几个问题的解释》第三条明确规定:“公司、企业或者其他单位中,不具有国家工作人员身份的人与国家工作人员勾结,分别利用各自的职务便利,共同将本单位财物非法占为己有的,按照主犯的犯罪性质定罪。”二是最高人民法院 2003 年《全国法院审理经济犯罪案件工作座谈会纪要》中“关于国家工作人员与非国家工作人员勾结共同非法占有单位财物行为的认定”规定:“……对于在公司、企业或者其他单位中,非国家工作人员与国家工作人员勾结,分别利用各自职务便利,共同将本单位财物非法占为己有的,应当尽量区分主从犯,按照主犯的犯罪性质定罪。司法实践中,如果根据案件的实际情况,各共同犯罪人在共同犯罪中的地位、作用相当,难以区分主从犯的,可以贪污罪定罪处罚。”上述规定虽然针对的是贪污罪和职务侵占罪,但在挪用公款罪和挪用资金罪中也可以参照适用。本案中,在共同挪用犯罪中,郑年胜与刘铁兵各有分工,互相配合,两人系共同犯罪且均系起主要作用的主犯,从案件事实看,郑年胜与刘铁兵的作用基本相当,郑年胜的国家工作人员身份和职务的使用发挥着更为主要的作用。因此,应当认定郑年胜与刘铁军均犯挪用公款罪而不是挪用资金罪。

案例:姚太文贪污、受贿案

案例来源:《刑事审判参考》总第 87 集[第 805 号]

主题词:挪用公款罪

一、基本案情

被告人姚太文,男,1948 年 2 月 16 日出生,大学文化,原系吉林省慈善总会秘书长、吉林省民政福利大厦筹建办公室主任。因涉嫌犯挪用公款罪、受贿罪于 2011 年 8 月 17 日被逮捕。

吉林省长春市人民检察院以被告人姚太文犯受贿罪、贪污罪、挪用公款罪,向长春市中级人民法院提起诉讼。

被告人姚太文对公诉机关指控的事实及罪名均提出异议:根据借款协议和还款凭证等书证,其以吉林省慈善总会名义将人民币(以下币种同)440 万元借给国有单位吉林省大力实业公司,还款亦是以单位名义进行。根据相关规定,慈善基金可以用于拆借,其作为慈善总会负责人有权决定将慈善基金拆借给他人,且没有证据表明其在出借此笔款项时谋取了个人利益,其行为不构成挪用公款罪;其与吉林省大力实业公司经理王步前有过 10 万元的债权债务关系,二人素有人情往来,其收受王步前的 10 万元不是受贿。

(以下关于贪污事实部分的辩解、辩护、定罪量刑略)

长春市中级人民法院经公开审理查明:1999 年 10 月,被告人姚太文在任吉林省慈善总会秘书长、吉林省民政福利大厦筹建办公室主任期间,利用掌管吉林省慈善总会慈善基金和基建资金的职务便利,以吉林省慈善总会名义与吉林省大力实业公司签订借款协议,将吉林省慈善总会的440万元公款借给吉林省大力实业公司用于支付松原市珲乌公路一级路工程保证金。2000年6月至2001年8月,吉林省大力实业公司经理王步前分六次将440万元返还。2003年春节,王步前为感谢姚太文借给其440万元工程保证金以及为其修路提供保函等帮助,送给姚太文10万元钱。

长春市中级人民法院认为,被告人姚太文身为国家工作人员,利用职务便利,为他人谋取利益,非法收受他人财物,其行为构成受贿罪。公诉机关指控姚太文于1999年10月挪用人民币440万元公款,借给大力实业公司,用于支付修路工程保证金的事实,不构成犯罪,依法不予认定。依照《中华人民共和国刑法》第三百八十五条第一款、第三百八十三条第一项、第五十九条之规定,长春市中级人民法院以被告人姚太文犯受贿罪,判处有期徒刑十年,并处没收个人财产人民币二万元。

(关于贪污罪的定罪量刑略)

一审宣判后,吉林省长春市人民检察院提出抗诉,理由是被告人姚太文的行为同时触犯了挪用公款罪和受贿罪,根据最高人民法院《关于审理挪用公款案件具体应用法律若干问题的解释》第七条之规定,应予数罪并罚。原审判决对姚太文所犯挪用公款罪未予认定,属于适用法律错误,请求依法改判。

吉林省高级人民法院经审理后,认为原审判决适用法律正确,量刑适当,审判程序合法,裁定驳回抗诉,维持原判。

二、裁判要旨

No. 8-384-21 以单位名义将公款借给其他单位使用,难以证明行为时具有谋取个人利益的目的,不成立挪用公款罪。

全国人大常委会《关于〈中华人民共和国刑法〉第三百八十四条第一款的解释》将"挪用公款归个人使用"的含义分为三种类型:一是将公款供本人、亲友或者其他自然人使用的;二是以个人名义将公款供其他单位使用的;三是个人决定以单位名义将公款供其他单位使用,谋取个人利益的。如果挪用公款的行为属于前述第一、二种情形,则挪用公款罪的构成不以行为人谋取个人利益为要件,即无论是否收受他人财物,均不影响挪用公款罪的成立。如果行为人挪用公款的行为属于前述第三种情形,则挪用公款罪的构成必须以行为人谋取个人利益为要件,该情形下收受贿赂的行为,可能同时被认定为谋取个人利益,即一行为同时构成挪用公款罪和受贿罪,应当按照想象竞合犯从一重罪处断原则,以受贿罪定罪处罚。

本案中,姚太文的供述、证人王步前的证言及借款协议均证实,姚太文决定以吉林省慈善总会名义借款给吉林省大力实业公司的时间是1999年,吉林省大力实业公司还款的时间是2000年6月至2001年8月。姚太文因上述借款事宜收受王步前贿赂的10万元的时间是2003年春节期间。由于姚太文的行为属于个人决定以单位名义将公款借给其他单位使用情形,要认定构成挪用公款罪,必须是姚太文主观上具有谋取个人利益的目的。然而,姚太文借款当时谋取个人利益的意图并不明显,在案证据也难以证实姚太文与王步前具有事后收受贿赂的合意或者默契,故姚太文以个人名义借款吉林省大力实业公司的行为,不属于《关于〈中华人民共和国刑法〉第三百六十四条第一款的解释》第三项所规定的"个人决定以单位名义将公款供其他单位使用,谋取个人利益的"情形,其行为不构成挪用公款罪。

171 受贿罪(《刑法》第三百八十五条)

案例:王效金受贿案

案例来源:《人民法院案例选》2009年第4辑

主题词:受贿罪　既遂

一、基本案情

被告人:王效金。

安徽省宿州市中级人民法院经审理查明:1991 年 10 月至 2007 年 3 月,被告人王效金在担任亳县古井酒厂厂长、亳州古井酒厂(原亳县古井酒厂)厂长、安徽古井集团有限责任公司(以下简称“古井集团”)董事长兼总裁期间,利用职务之便,为他人谋取或承诺谋取利益,先后 69 次非法收受李宗义等 20 人的钱财,共计人民币 507 万元、美元 67.6942 万元及港币 5 万元。

安徽省宿州市中级人民法院认为:

1. 被告人王效金承诺收受李宗义好处费美元 55.1942 万元的行为应认定为受贿既遂。根据王效金的供述和李宗义的证言,二人在事前约定了收受好处费一事,每年年底李宗义均按照约定计算出好处费,并将计提的好处费具体数额告诉王效金,多次表示王效金可使用该款,或将钱兑现给王效金。应王效金的要求,为帮助王效金儿子王依林完成存款任务,李宗义还以自己和陶江名义将美元 15.1 万元存入王依林工作的荷兰银行,并告诉王效金以后可直接变更户名,存入银行的钱算作兑现给王的部分好处费,王效金表示同意。这样,李宗义成为古井集团的基础酒供应商。由此可见,李宗义对王效金并不仅仅足一种虚假承诺,王效金随时都可兑现此笔好处费,该款在案发时虽未转入王效金账户,但并不影响王效金对该款的控制。因此,王效金收受贿赂的行为已达到既遂状态。

2. 被告人王效金在主动交代受贿事实的同时,检举、揭发行贿人行贿的事实,不构成立功。被告人王效金在主动、如实交代受贿事实的同时,必将牵带出行贿人行贿的事实,不属于检举、揭发行为,依法不能构成立功。首先,立功的立法本意,是鼓励犯罪分子检举、揭发他人犯罪,王效金主动供述自己的受贿事实,并非出于检举、揭发他人行贿犯罪的动机,仅是如实供述自己的犯罪事实。其次,在本案中,如果王效金仅仅供述收受他人贿赂,而未供述如何受贿和收受何人贿赂的事实,办案机关即不能向行贿人查证属实,也就无法查证王效金受贿事实的存在,故王效金主动、如实供述收受贿赂的事实并没有超出自己受贿事实的范畴,是法定如实交代自己的犯罪事实所必需的情节和事实。再次,根据现行司法解释的规定,亦不能认定王效金的行为构成立功。最高人民法院《关于处理自首和立功具体应用法律若干问题的解释》(以下简称《解释》)第五条规定,犯罪分子到案后有检举、揭发他人犯罪行为,包括共同犯罪案件中的犯罪分子揭发同案犯共同犯罪以外的其他犯罪,经查证属实,应当认定为有立功表现。即共同犯罪人揭发其他共犯所实施的共同犯罪以内的事实的,不能构成立功。行贿罪和受贿罪是两种有共生关系的犯罪,二者具有相对向的情节,属于对向性犯罪,是必要共同犯罪的一种。被告人王效金在供述自己受贿事实的同时供出行贿人所实施的共同犯罪以内的事实的行为,根据《解释》的相关精神,亦不能构成立功。

3. 被告人王效金收受他人贿赂的行为损害和出卖了企业利益。王效金在收受他人贿赂后,通过在与他人合作时压低古井集团下属企业资产评估值、拆借给他人资金(至案发时仍有 60 万元无法归还)、减少他人应缴租赁费等行为,客观上已损害和出卖了企业利益。

4. 被告人王效金在办案单位办案期间,主动交代了收受戴勤等 15 人贿赂的事实,交代了收受李宗义等另外 5 人贿赂的部分事实不构成自首。被告人王效金虽在办案单位办案期间主动交代了收受戴勤等 15 人贿赂的事实,但该部分受贿数额为人民币 181 万元、美元 5 万元、港币 1 万元,相对受贿的总数额而言,其主动交代的受贿数额并非是主要犯罪事实,尚未达到主动供述自己的主要犯罪事实的程度,故依法不能认定其具有自首情节。

被告人王效金身为国家工作人员,在担任亳县古井酒厂厂长、亳州古井酒厂厂长、安徽古井集团有限责任公司董事长兼总裁期间,利用职务之便,为李宗义、潘学清、陈伟东、申桂荣、白健、杨雪等 20 人在原材料采购、合股经营、企业收购、企业经营、资金拆借、广告承揽等方面谋取或承诺谋取利益,非法收受李宗义等 20 人贿赂共计 507 万元、美元 67.6942 万元、港币 5 万元,其行为已构成受贿罪。公诉机关指控被告人王效金受贿的事实清楚,证据确实、充分,指控的罪名成立。鉴于被告人王效金在办案单位办案期间主动交代纪检已掌握的同种罪行的受贿犯罪事实,在检察机关立案侦查阶段和本院审理阶段认罪、悔罪态度较好,能够积极配合组织动员家人退回涉案赃款,可对其酌情从轻处罚。

依照《中华人民共和国刑法》第十二条第一款、第六十一条、第一百六十三条第三款、第三百八十五条第一款、第三百八十六条、第三百八十三条第一款(一)项和第二款、第五十七条第一款、第九十三条第二款、第六十四条及最高人民法院《关于处理自首和立功具体应用法律若干问题的解释》第四条之规定,判决如下:

1. 被告人王效金犯受贿罪,判处无期徒刑,剥夺政治权利终身,并处没收个人全部财产。

2. 被告人王效金违法所得人民币 507 万元、美元 67.6942 万元、港币 5 万元予以追缴,上缴国库。

一审宣判后,被告人王效金不服向安徽省高级人民法院提出上诉。

上诉人王效金及其辩护人提出:王效金承诺收受李宗义的美元 55.1942 万元不构成受贿,王主动交代受贿的主要犯罪事实并一直供认,应系自首,原判量刑过重。

安徽省高级人民法院经审理,确认一审法院认定的事实和证据。

安徽省高级人民法院经审理认为,上诉人王效金在担任亳县古井酒厂厂长、亳州古井酒厂厂长、安徽古井集团有限责任公司董事长兼总裁期间,利用职务之便,为他人谋取利益,非法收受李宗义等 20 人贿赂共计 507 万元、美元 67.6942 万元、港币 5 万元,其行为构成受贿罪,应依法惩处。关于王效金及其辩护人提出的王效金承诺收受李宗义的美元 55.1942 万元不构成受贿的上诉理由和辩护意见,经查,自王效金承诺收受李宗义给予的"回扣"的 8 年中,李宗义每到年终均根据其酒厂供应古井集团的原浆酒数量,按照与王效金约定的标准计算出回扣金额,从其厂里"内账"上将该款提出,兑换成美元后存入李或李家人的个人账户上,并逐年将美元的具体数额向王报告,申明王能够随时转存、使用,王均予以接受。同时,李宗义也如愿成为古井集团的独家原浆酒供应商。从犯罪构成来看,王效金受贿 55.1942 万美元已经实行完毕,并达到既遂状态。至于王效金尚未将该款转入其账户,并不影响王效金已经实际占有、控制该款的事实。正如王效金供称:"我准备退休后再拿这笔钱,这样不会有风险。李宗义是不会赖账的。"关于王效金及其辩护人提出的王效金具有自首情节的上诉理由和辩护意见,经查,上诉人王效金是在办案单位已经掌握其部分涉嫌受贿事实的情况下,主动供述办案单位尚未掌握的部分受贿事实,不符合自首的构成要件,故其上诉理由及其辩护人的辩护意见均不予采纳。上诉人王效金受贿数额特别巨大,情节特别严重,依法应予以严惩,但鉴于其主动交代部分受贿事实,积极动员家人全部退赃等具体情节,确有悔罪表现,可酌情从轻处罚。原审判决认定事实清楚,证据确实、充分,定罪准确,量刑适当,审判程序合法。依照《中华人民共和国刑事诉讼法》第一百八十九条第(一)项之规定,裁定:驳回上诉,维持原判。

二、裁判要旨

No.8-385-1 国家工作人员口头承诺收受他人财物,并就收受财物作出具体安排,进而为他人谋取利益的,应以受贿罪论处。

我们认为,口头承诺收受钱款的行为属于非法收受行为,能构成受贿罪。理由如下:(1)现代汉语词典中对收受的解释是接受、收取。可见,《刑法》中对受贿罪的表述中的收受他人财物既包括收下他人送的财物,也包括对他人送的财物不拒收。在本案中王效金对李宗义每年报送的钱款及对钱款的处置均同意,可见王明知收受此钱款是不廉洁的行为而并不拒收,是符合受贿罪犯罪构成表述中非法收受情形的。(2)该承诺为真实意思表示。结合本案具体案情,王效金是愿意接收李宗义所给付好处费的。接收好处费是王真实意思表示。从给付者来说,也是其真实意思表示。李宗义为了长期向古井集团供应基础酒,是愿意给付这笔好处费的。(3)口头承诺背后双方都有具体行为。从此案的全过程来看,在该笔钱款的来源、计提的标准、存放地点等方面,双方都事前约定好或事后意见达成一致。根据王效金的供述和李宗义的证言,二人在事前约定了收受好处费一事。李宗义 8 年间每年都按约定的标准计算出计提的具体数额,并且把每年的计提数额记录在笔记本上,把该款从公司内账中提出,兑换成美元后存到自己或自己家人的个人账户,向王效金汇报该款数额,听从王对该钱款的安排,并按王的意思办理。王效金对李宗义每年计提的钱数以及处理方式均表示接受,并且指示李宗义动用了其中的 15.1 万美元,帮助儿子王依林完成存款任务。(4)承诺收受该好处费有相应的对价,即王效金利用自己职务的便利,使李的公司能够长期向古井集团供应基础酒,为李的公司谋取了巨大利益。综上所述,王效金承诺收受财物的行为实质上是一种权钱交易行为,符合受贿罪的客观构成要件。

No. 8-385-2 国家工作人员口头承诺收受钱款,虽然该款项在案发时尚未到账,但在事实上对该款项或其中部分款项具有支配权,应当认定为受贿罪既遂。

王效金口头承诺收受李宗义好处费美元55.1942万元的行为构成受贿罪既遂。

1. 对贿赂财物的控制是判断构成受贿罪既遂未遂的标准。在丧失说、占有说和控制说几种判断标准中,应采用控制说的标准判断受贿罪既遂与未遂。所谓控制是指对财物的支配、处分的能力,它不同于对财物的占有、使用或者收益。所以即便行为人对财物没有占有、使用或者得到收益,但只要他拥有对财物支配、处分的能力,我们就认为他拥有对该财物的控制权。原因一:《刑法》规定索取他人财物的,或者非法收受他人财物的行为实施者是国家工作人员,而不是行贿者。所以,认定受贿既遂的标准应以受贿者对财物的控制为标准,而不应以行贿者对财物的丧失为准。原因二:把索取他人财物的,或者非法收受他人财物理解为财物被受贿者控制,实践中便于操作。原因三:如果以实际占有为标准认定受贿未遂,无形之中会放纵犯罪。

2. 王效金对其口头承诺收受的钱款拥有控制权。从每年年底李宗义向王汇报提成,听从王对该钱款的安排,并且王指示李宗义动用其中的15.1万美元为王的儿子完成存款任务,从上述各种行为,结合王效金自身所处的地位、所拥有的职权以及由此而产生的各种有利条件,行贿者与受贿者之间的利害关系及行贿者的具体行为等因素综合分析,王效金已具有对该款的控制权。该款在案发时虽未转入王效金账户,但并不影响王效金对该款的控制。

案例:于纪豹受贿案

案例来源:《人民法院案例选》2007年第2辑

主题词:受贿罪 非法收受他人财物 高额回报

一、基本案情

被告人于纪豹。

新疆维吾尔自治区乌鲁木齐市中级人民法院经审理查明:1995年11月6日和1999年9月,被告人于纪豹利用在担任乌鲁木齐市计划委员会主任之时,曾对新疆德隆国际实业总公司(以下简称"德隆公司")补办宏源大厦工程项目立项审批手续及固定资产调节税税率减让等方面给予过便利和照顾,先后共交给唐万里100万元人民币,作为其在德隆公司的投资款,要求每年给予高额回报。自1997年1月至2003年4月期间,被告人于纪豹领取所谓回报款共计170万元。此外,1995年4月18日至2002年2月4日期间,被告人于纪豹还利用职务之便,以借款、治病、出国考察、领取董事费、购买飞机票的名义,分7次收受他人贿赂款合计714500元、美元1000元。

乌鲁木齐市中级人民法院认为:被告人于纪豹以其妻鞠芬的名义实际先后两次交给德隆公司唐万里共100万元人民币,并约定了较固定的收益比率,后以投资回报的形式从德隆公司领取170万元人民币,虽有不当,但不构成犯罪。公诉机关指控被告人于纪豹领取德隆公司投资回报款170万元人民币属实,但指控被告人于纪豹的该行为构成受贿罪,证据不足,本院不予支持。

公诉机关指控被告人于纪豹身为国家机关工作人员,利用职务之便为他人谋取相关利益,先后多次收受他人钱款或以借款为名向他人索取钱款共计人民币714500元、美元1000元,其行为已构成受贿罪,事实清楚,证据确实充分,本院予以支持。鉴于被告人于纪豹归案后如实坦白所犯罪行,且退赔了全部非法赃款,依法可酌情从轻处罚。被告人于纪豹及其辩护人关于起诉书指控的170万元不构成犯罪及要求从轻处罚的辩解及辩护意见,本院予以采纳。被告人于纪豹的辩护人关于被告人于纪豹有自首情节、私人借款不构成犯罪的辩解意见与本院查明的事实不符,且无法律依据,本院不予采纳。

新疆维吾尔自治区乌鲁木齐市中级人民法院依照《中华人民共和国刑法》第三百八十五条第一款、第三百八十六条、第三百八十三条第(一)项、第五十六条第一款、第六十四条之规定,判决如下:

1. 被告人于纪豹犯受贿罪,判处有期徒刑十三年,剥夺政治权利两年;

2. 被告人于纪豹犯罪所得赃款人民币 714500 元、美元 1000 元,依法没收,上缴国库。

一审宣判后,公诉机关提起抗诉,认为于纪豹以向德隆公司投资 100 万元为手段,索取高额回报 170 万元的行为构成受贿罪,但一审法院认为不构成犯罪不当。理由如下:(1)于纪豹基于其是市计委主任这个身份,才要求唐万里接受其投资 100 万元,并得到高额回报 170 万元。德隆公司也是看中这一点才接受投资的。(2)于纪豹在为德隆公司已经谋取利益的前提下,才提出所谓的投资并索要高额回报。所谓的投资,是掩盖其收受贿赂的手段。(3)一审判决适用法律错误,量刑畸轻。

原审被告人于纪豹及辩护人认为:(1)乌鲁木齐市检察院虽在法定期限内提出抗诉,但自治区检察院却在长达 1 年 4 个月后才决定支持抗诉,抗诉程序严重违法,抗诉无效,请求二审法院裁定终止审理;(2)于纪豹妻子鞠芬先后两次交给唐万里投资款合计 100 万元,收取投资回报款 170 万元的行为,系德隆公司与鞠芬之间签订的民事合同,与于纪豹职务没有任何关系,不应认定为受贿罪;(3)于纪豹在双规期间,主动交代自己的受贿事实,应认定为自首。

二审法院经审理确认的事实和证据与一审法院确认的事实和证据相同。另确认:2003 年初,群众举报反映于纪豹与私营企业老板关系很不正常,很有钱且在银行有大量的存款。经自治区纪委领导批准,监察室组织人员对于纪豹及其配偶、子女在银行、证券金融机构的存款进行了查询,发现于纪豹及其家人在银行等金融机构存款高达 200 多万元,仅 2003 年春节期间,于纪豹便在 1 天内两次存款 11 万元,且多数都在于纪豹名下,引起怀疑。经自治区纪委领导批准并经自治区党委同意,于 6 月 10 日将于纪豹双规,让其说明存款来源和不廉洁问题。当天,于纪豹在自述材料中交代了向德隆公司投资两笔合计 100 万元,收益 210 万元,于的爱人在德隆公司下属的股份公司任董事,月工资 2000 元,董事费合计 20 万元的问题。在和其谈话核实存款来源时,于纪豹又交代了从陈怀亮处拿 30 万元。自治区纪检委于是将此案交自治区检察院反贪局侦查,案件得以侦破。

正当的投资是平等主体间的民事行为。在本案中,于纪豹因其具有市计委主任的职权,和德隆公司之间形成的不是平等主体间的关系,而是管理者与被管理者的关系。正常的投资行为是双方合意、意思表示一致的结果,而本案中的相关证据证明,这 100 万元的投资、回报的具体内容是于纪豹个人主动提出的,德隆公司只是被迫服从,德隆公司给 100 万元投资"回报"的用意也是为了感谢于纪豹的帮助而支付的酬谢款。正当的投资应当有合理的投资期限、投资项目,接受投资方也有接受投资的合法资格,而本案所谓投资从形式上和实际履行上均无确定的期限,直到案发为止,于纪豹仍然在收取所谓的回报款;双方没有约定投资项目,100 万元投资款根本没有用于德隆公司的任何项目上;回报款也不是从德隆公司投资利润中支付,而是从唐万里的个人掌握款中支付;德隆公司本身并未从事代客理财即接受所谓投资的行为,是德隆公司下属的有法人资格的子公司金新信托公司等法人在非法从事代客理财业务。于纪豹明知这一点,却硬要将 100 万元投资到德隆公司,完全是因为其曾向德隆公司提供过很多帮助,德隆公司不敢拒绝其投资并支付报酬的要求。所以,170 万元应该认定是名为投资回报款实为受贿款。索取高额回报 170 万元的行为构成受贿罪的抗诉意见成立,本院予以支持。

关于于纪豹的行为是否构成自首的问题。从本案案发情况看,纪检部门只是掌握于纪豹在银行有大量存款,经政策教育,于纪豹主动交代了全部受贿犯罪事实。其行为应认定为自首。

关于自治区检察院在长达 1 年 4 个月后决定支持抗诉,其程序是否违法的问题。相关法律和司法解释对上一级检察院审查抗诉的期限没有明文规定,故辩护人提出抗诉违法的辩护意见没有法律依据,不能成立。

自治区高级人民法院认为:于纪豹身为国家工作人员,利用职务之便,先后收受或索要他人贿赂款共计人民币241.45万元、美元1000元,其行为已构成受贿罪。

新疆维吾尔自治区高级人民法院依据《中华人民共和国刑事诉讼法》第一百八十九条第(二)项和《中华人民共和国刑法》第三百八十五条第一款、第三百八十六条、第三百八十三条第一款第(一)项之规定,判决如下:

1. 撤销乌鲁木齐市中级人民法院(2004)乌中刑初字第156号刑事判决;

2. 被告人于纪豹犯受贿罪,判处无期徒刑,剥夺政治权利终身;

3. 被告人于纪豹受贿犯罪所得予以追缴。

二、裁判要旨

No.8-385-3 以投资的名义收取高额回报但不承担任何风险的,应当认定为受贿罪中的非法收受他人财物。

被告人于纪豹领取德隆公司170万元,是以投资的名义和途径达到的。但是,于纪豹向德隆公司投资,只享有高额回报,而不承担任何风险,这种投资行为,实际上成为其向德隆公司索取财物或者收受德隆公司财物的手段,是为了掩盖其受贿行为,逃避法律、逃避刑罚制裁所采用的一种行为方式。因此,于纪豹从德隆公司领取170万元回报款,实质上是索取收受他人财物的行为。

案例:曹军受贿案

案例来源:《刑事审判参考》总第42集[第335号]

主题词:受国有单位委托从事公务的人员　受贿罪

一、基本案情

被告人曹军,男,汉族,1954年4月30日出生,江苏省如东县人,大学文化,原系南通市兴隆房地产开发有限公司经理、法定代表人、南通兴胜房地产开发有限公司董事长,曾任南通市兴隆房地产开发公司副总经理。因涉嫌犯受贿罪,于2003年1月10日被逮捕。

江苏省南通市中级人民法院经审理查明:1992年7月,中国农业银行南通分行(以下简称“南通农行”)注册设立了南通市兴隆房地产开发公司(以下简称“兴隆公司”),性质为集体所有制,公司注册登记材料载明注册资金为人民币1000万元,其中,南通农行筹集信用合作资金900万元,南通农行工会筹集100万元,但注册资金没有到位。南通农行为主管单位,工作人员除个别聘用的外,基本上是南通农行的原工作人员调动而来,工资仍由南通农行发放,差旅费、招待费等在兴隆公司支出。

对于兴隆公司所需资金,南通农行确定了一个原则,就是不用银行的钱,可以动用中国农业银行江苏省信托投资公司南通办事处(以下简称“信托公司”)管理的信用社资金。自1992年9月至1992年12月,在兴隆公司开发房地产过程中,信托公司陆续为兴隆公司代垫或者向其支付人民币1000万元,信托公司财务账上记为兴隆公司暂付款。1992年12月21日,信托公司将此前分别向如皋市信用联社、海安县信用联社筹集的共同资金各500万元,用于结转暂付款1000万元。1996年9月,南通农行不再管理农村信用社。同年10月,南通农行不再办理信托业务,其信托业务并入南方证券,但原信托公司的债权债务由农行承受。

1996年,因国家政策限制银行兴办企业,对于已经兴办的,要求与银行脱钩。同年3月20日,南通农行与如皋市长江信用社、海安县大公信用社、南通农行工会签订转股协议,将其在兴隆公司的500万元股权转让给如皋市长江信用社,400万元转让给海安县大公信用社、100万元转让给南通农行工会。由于二信用社实际已经有资金1000万元被信托公司投入兴隆公司,故转股协议签订后并未进行相应的资金转移。至此,如皋市长江信用社、海安县大公信用社和南通农行工会为兴隆公司股东,但如皋市长江信用社和海安县大公信用社除在转股协议上签字、推举曹军任兴隆有限公司执行董事兼经理,并在1997年12月获得本息外,没有行使其他股东权利。1997年底,海安县大公信用社和如皋市长江信用社向南通农行索要原信托公司借款,即后来转为对兴隆有限公司的投资部分。南通农行原来认为兴隆公司已经将信用社的钱还掉,结果得知没有归还,即同意由农行归还,1997 年 12 月 31 日,南通农行青年西路办事处退如皋市农业银行共同资金及利息 550 万元、海安县信用联社共同资金及利息 590.72 万元。南通农行将该笔资金从当年利润中核减,未做其他账。

1993 年 5 月,兴隆公司与外方合资成立中外合资企业——南通兴胜房地产开发有限公司(以下简称“兴胜公司”)。1995 年 3 月,南通农行任命被告人曹军为南通农行住房信贷部副主任兼任兴隆公司副总经理,主持兴隆公司的全面工作。同年 4 月,兴隆公司委派曹军任兴胜公司董事长。1996 年 3 月 27 日,兴隆公司股东推举曹军担任兴隆公司执行董事兼经理、法定代表人。同年 6 月,兴隆公司变更为南通市兴隆房地产开发有限公司(以下简称“兴隆有限公司”),法定代表人仍为曹军。1997 年 4 月,南通农行聘任曹军为兴隆有限公司经理。

兴隆有限公司主要开发建设了南通农行的南通市农金科技培训中心工程,即农行大楼。1992 年,南通农行决定建农行大楼,筹建工作由办公室负责,在办公室下面设基建办。1996 年以后,兴隆公司没有项目,南通农行党组研究决定将基建办与兴隆公司合署办公。建设资金由会计科管理,按进度从会计科拨付到基建账户,由曹军具体负责使用。1996 年 2 月,南通农行与兴隆公司签订《联合建设协议书》和《工程委托承包建设合同》,约定双方共同投资建造南通市农金科技培训中心;南通农行将南通市农金科技培训中心工程全权委托给兴隆公司发包建设,兴隆公司按工程造价的 1%收取管理费。在建设大楼过程中,南通农行会计科按照工程进度,适时将工程款拨给兴隆有限公司,资金紧张时兴隆有限公司就以自己的名义向银行贷款,农行资金到位时再归还。

农行大楼竣工后,兴隆有限公司因没有年检,于 2002 年被工商局吊销营业执照,其工作人员绝大多数回到南通农行,曹军被聘为南通农行金隆物业公司总经理。兴隆有限公司解散后账上盈余 81 万余元转给管理农行大楼的南通农行金隆物业公司,因兴隆有限公司仍欠银行贷款,其所拥有的兴隆城房地产剥离给长城资产管理公司。

1997 年夏至 2001 年底,被告人曹军利用担任兴隆有限公司法定代表人的职务便利,在决定南通市农金科技培训中心工程施工单位、供货单位、支付工程款等方面为他人谋取利益,先后收受他人人民币 81.98 万元、港币 1 万元、欧米茄手表(价值人民币 1.25 万元)1 块和玉佛 1 件。

1998 年初,被告人曹军利用担任兴胜公司董事长、负责兴胜大厦建设的职务便利,在决定施工单位、支付工程款等方面为海门三建集团谋取利益,收受该集团梁贻伦人民币 1 万元。

2003 年 1 月,南通市人民检察院根据群众举报,以涉嫌犯受贿罪决定对被告人曹军立案侦查。曹军在被检察机关第一次讯问后,如实交代了其受贿犯罪的事实,但群众举报曹军收受高某财物的行为,经查不构成受贿犯罪。

案发后,侦查机关扣押被告人曹军的家庭财产共计人民币 130 余万元。

南通市中级人民法院认为,兴隆公司的注册资金系南通农行筹集,属南通农行管理下的集体企业。被告人曹军原系南通农行工作人员,被南通农行任命为兴隆公司副总经理,系受委派从事公务的人员。但 1996 年 6 月兴隆公司改制为股份有限公司,股东变更为如皋市长江信用社、海安县大公信用社和南通农行工会,三家股东一致推举曹军为兴隆有限公司执行董事兼经理、法定代表人,并办理了工商变更登记手续。兴隆公司与南通农行脱钩后,曹军的经理职务来源于股东的推举,南通农行于 1997 年 4 月依照管理习惯任命曹军为兴隆有限公司经理,违背了《中华人民共和国公司法》及兴隆有限公司章程有关公司经理产生的程序,不能成为认定曹军受南通农行委派从事公务的依据,曹军不再属于受国有企业委派从事公务的人员。根据南通农行与兴隆公司之间签订的委托建设协议,二者之间形成委托代建关系。虽然南通农行基建办未被撤销,但基建办的职能及职责并未明确,也无相关证据证实曹军被任命为基建办负责人。曹军在基建过程中受贿是利用担任兴隆有限公司经理、法定代表人的职务便利,其主体身份应是公司、企业工作人员。公诉机关指控曹军系受委派从事公务的人员的证据不足,曹军及其辩护人关于曹军系公司、企业工作人员,不具有国家工作人员主体身份的辩护理由成立,予以采纳。

被告人曹军利用担任兴隆有限公司经理、执行董事的职务便利,为他人谋取利益,收受他人巨额贿赂,其行为构成公司、企业人员受贿罪。曹军在涉嫌受贿犯罪被侦查机关审查时,主动交代司法机关尚未掌握的全部犯罪事实,应视为自首,可从轻处罚。归案后,被告人曹军积极退清赃款,可酌情从轻处罚。依照《中华人民共和国刑法》第一百六十三条第一款、第六十七条第一款、第五十九条第一款、第六十四条的规定,于2003年11月27日判决如下:

1. 被告人曹军犯公司、企业人员受贿罪,判处有期徒刑七年,并处没收财产人民币三十万元。

2. 受贿所得予以追缴,上缴国库。

一审判决宣判后,曹军不服,提出上诉,南通市人民检察院亦提出抗诉,江苏省人民检院支持抗诉。

上诉人曹军对原审判决认定的犯罪事实无异议,但提出,其有投案自首情节,又全部退清赃款,应减轻处罚。

南通市人民检察院抗诉提出,除收受梁贻伦的1万元外,原审判决认定被告人曹军为公司、企业工作人员不当,适用法律错误,量刑畸轻。

江苏省人民检察院提出,原审判决认定罪名错误,被告人曹军在兴隆有限公司中的任职应属南通农行委派,应以国家工作人员论,适用受贿罪的法律规定,对曹军应判处十年以上有期徒刑或无期徒刑。

曹军的二审辩护人提出,兴隆有限公司是依照公司法成立的,曹军的任职是股东推举的,检察机关认定曹军的任职系南通农行委派没有依据,原审判决定性准确。

江苏高院经审理后认为,南通农行是兴隆有限公司的实际投资人,对该公司进行了全面管理,如皋市长江信用社和海安县大公信用社已经撤回对该公司的投资,只是公司的挂名股东。上诉人曹军属于南通农行委派到非国有公司中从事公务的人员,应当以国家工作人员论,其利用担任兴隆有限公司经理的职务便利,非法收受他人财物,为他人谋取利益,其行为已构成受贿罪;上诉人曹军还利用担任兴胜公司董事长的职务便利,非法收受他人财物,为他人谋取利益,数额较大,构成公司人员受贿罪,应予并罚。原审判决认定曹军非法收受他人贿赂的事实清楚,证据确凿,但认定曹军在兴隆有限公司的任职属于公司工作人员不当,定罪不准,应予纠正。南通市人民检察院及江苏省人民检察院所提抗诉及支持抗诉意见成立,应予支持。曹军辩护人提出曹军系公司、企业工作人员的辩护意见不能成立。曹军在涉嫌受贿犯罪被侦查机关审查时,主动交代司法机关尚未掌握的全部犯罪事实,应视为自首,可从轻处罚;曹军归案后,积极退清赃款,可酌情从轻处罚。依照《中华人民共和国刑事诉讼法》第一百八十九条第(二)项、《中华人民共和国刑法》第三百八十五条、第三百八十六条、第三百八十三条第一款第(一)项、第六十七条第一款、第六十九条第一款、第五十九条第一款、第六十四条的规定,于2004年12月8日判决如下:

1. 撤销江苏省南通市中级人民法院的刑事判决。

2. 上诉人曹军犯受贿罪,判处有期徒刑十一年,并处没收财产三十万元;犯公司人员受贿罪,判处有期徒刑六个月。决定执行有期徒刑十一年,并处没收财产三十万元。

3. 对于上诉人曹军的受贿所得予以追缴,上缴国库。

二、裁判要旨

No. 8-385-4 依照公司法规定产生的国有单位投资委派的公司负责人,应当认定为受国有单位委派从事公务的人员。

1. 南通农行是兴隆有限公司的实际投资人,聘任曹军担任兴隆有限公司经理,属于履行投资主体的权利。兴隆有限公司源于兴隆公司,而兴隆公司是南通农行投资兴办的,只是由于国家政策限制银行办公司,南通农行通过转制,要求如皋市长江信用社、海安县大公信用社、南通农行工会作为兴隆有限公司的挂名股东,但实际上,如皋市长江信用社、海安县大公信用社、南通农行工会既没有投资,也没有行使股东权利;如皋市信用联社和海安县信用联社投入到兴隆公司的1000万元,实际上是南通农行利用其对信用社的管理关系动用的,在南通农行不再管理农村信用社、两信用社索要原借款后,南通农行已归还该1000万元;南通农行对兴隆(有限)公司进行了全面管理,如公司的工作人员基本上是南通农行的原工作人员,人事关系仍在南通农行,公司的管理层由南通农行聘任,工资仍由南通农行发放,在兴隆有限公司被注销后,公司的工作人员绝大多数回到南通农行,曹军在兴隆有限公司解散后又被南通农行聘任为管理农行大楼的金隆物业公司总经理等。因此,南通农行是兴隆有限公司的实际投资人,有权委派曹军担任兴隆有限公司经理。

2. 投资主体委派有限责任公司经理与股东选(推)举公司执行董事兼经理是两个不同的程序,不能因为有限责任公司经理须经过股东会的选举程序而否认其受国有单位委派从事公务的性质。《公司法》第五十一条第一款规定,股东人数较少或者规模较小的有限责任公司,可以设一名执行董事,不设立董事会;执行董事可以兼任公司经理。第三十八条规定,有限责任公司的董事由股东会选举。1996年6月,在兴隆公司改制为有限责任公司后,被告人曹军被股东推举为执行董事兼经理。因此,曹军担任兴隆有限公司经理的职务源于股东的推举。但《公司法》第四十三条规定,股东会会议由股东按照出资比例行使表决权。由于兴隆有限公司实质上是南通农行出资设立的,南通农行对于聘任曹军担任兴隆有限公司经理具有决定性作用。这种聘任,正属于《刑法》第九十三条第二款规定的委派。需要说明的是,在国有公司、企业转制过程中,国有公司、企业委派人员到其控股或者参股的公司中行使监督、管理国有资产的情况比较复杂,既有事前、事中的提名、推荐、指派、任命,也有事后的认可、同意、批准、聘任等。委派的形式可以多种多样,依照何种程序、形式取得非国有公司的管理职位,对于是否属于受国有单位委派的认定不具有决定性意义。随着国有企业改革的深化和人事制度的完善,股份制将成为国有资本的主要实现形式。除了国有独资公司的董事会成员由相关部门直接委派之外,其他公司的董事会成员和总经理均需由股东会选举或者董事会决定,而国有出资单位依法仅享有提名、推荐等出资者的权利。如果将依照公司法由股东依选举产生或者董事会聘任的非国有公司中负责国有资本经营管理的人员一律不认定为受委派从事公务的人员,将从根本上排除在刑事司法中认定受国有公司、企业委派从事公务人员的可能性。因此,只要经过了国有单位的委派程序,并在非国有单位中履行组织、领导、监督、管理等公务性的职责,就应当认定为受国有单位委派从事公务,不能因为被委派人员能否担任相应的职务还需要根据公司法的规定由股东会选举或者董事会聘任,而否认被委派人员是受国有公司、企业委派从事公务的性质。本案中,曹军接受国有企业南通农行的委派,担任兴隆有限公司经理,并实际行使了管理国有资产的职责,应当认定为《刑法》第九十三条第二款规定的受国有企业委派到非国有公司中从事公务的人员。

3. 在形式上,南通农行工会仍是兴隆有限公司股东,认定被告人曹军是受国有企业委派到非国有公司中从事公务的人员,不存在法律上的障碍。根据《商业银行法》第四十三条第二款关于"商业银行在中华人民共和国境内不得向非银行金融机构和企业投资"的规定,南通农行投资兴办公司的行为具有违法性。但本案中,兴隆公司的转制行为发生在《商业银行法》施行后不久,由于经济生活的复杂性,在南通农行通过违法操作,成为兴隆有限公司的实际投资人,已对兴隆有限公司进行全面管理,并且已归还两信用社1000万元投资款的情况下,不能因其投资行为的违法性而否定曹军系国有企业委派到非国有公司中从事公务的性质。同时,从形式上看,兴隆公司改制为有限公司后,南通农行工会仍为公司股东,而南通农行工会是南通农行的一个部门,南通农行聘任被告人曹军担任兴隆有限公司总经理,可以认定为南通农行以工会名义依法行使股东的权利,认定曹军为受国有企业委派到非国有公司中从事公务的人员,不存在法律上的障碍。

综上,对于被告人曹军利用担任兴隆有限公司经理的职务便利,在决定南通市农金科技培训中心工程施工单位、供货单位、支付工程款等方面为他人谋取利益,非法收受他人财物的行为,应当以受贿罪定罪处罚。

案例:万国英受贿、挪用公款案

案例来源:《刑事审判参考》总第29辑[第217号]

主题词:正当馈赠　受贿罪

一、基本案情

被告人万国英,男,1943年12月26日出生,初中文化,原系甘肃省白银市白银有色金属公司副经理。因涉嫌犯受贿罪、挪用公款罪、巨额财产来源不明罪,于1999年5月28日被逮捕。2001年3月28日被取保候审。

兰州市中级人民法院经审理查明:甘肃省白银市白银有色金属公司(以下简称"白银公司")是国有公司,被告人万国英系白银公司副总经理。1998年3、4月间,白银公司决定修建安居工程,具体由白银公司下属的建安公司承担,由万国英主管。万国英的妹夫周明成要求万国英帮其承揽部分工程,万国英答应找建安公司经理车某说情。1998年5月,因万国英要出国考察,周明成以出国花费大为由,送给万国英人民币1万元。万国英回国后给车某打招呼,让车某关照周明成。周明成因此承揽了白银公司7600平方米的安居建筑工程。同年8月,周明成再次找万国英,要求承建白银公司的党校建筑工程。万国英指使周明成直接找白银公司下属的房产公司经理杨某和科长李某。周明成由此又承揽了白银公司党校8400平方米的建筑工程。1999年春节前,周明成送给万国英人民币1万元。

此外,被告人万国英于1994年至1999年间,先后9次收受白银公司公安处、劳资处、生活服务公司综合公司、清洁队及6名职工春节期间送的"奖金""红包"等共计3.88万元。

1997年4月,被告人万国英为炒期货向其分管的白银公司疗养院院长李某提出借公款5万元。5月2日,李某让单位财务人员从该院下属的滨河贸易公司开出5万元转账支票,交给万国英。万国英将此5万元及自筹的15万元用于炒期货,后获利7万元。1998年1月4日,万国英归还了上述5万元公款。

案发时,被告人万国英家中共有1302289.29元的财产,其中有449082.49元不能说明有合法来源。

兰州市中级人民法院认为:被告人万国英利用职务上的便利收受他人财物人民币2万元,并为他人谋取利益,其行为已构成受贿罪;万国英利用主管疗养院职务上的便利,挪用疗养院公款5万元,进行营利活动,其行为构成挪用公款罪;被告人万国英对所拥有的449082.49元的巨额财产不能说明合法来源,构成巨额财产来源不明罪。万国英归案以后,能如实供述所犯罪行,认罪态度较好。且在案发前归还了挪用的全部公款,可以从轻处罚。依照《中华人民共和国刑法》第三百八十五条第一款、第三百八十六条、第三百八十三条第一款第三项、第三百八十四条第一款、第三百九十五条、第六十九条第一款、第七十二条第一款、第七十三条第二款及最高人民法院《关于审理挪用公款案件具体应用法律若干问题的解释》第二条第一项、第二项之规定,于2002年10月12日判决如下:

1. 被告人万国英犯受贿罪,判处有期徒刑两年;犯挪用公款罪,判处有期徒刑一年;犯巨额财产来源不明罪,判处有期徒刑一年,决定执行有期徒刑三年,缓刑三年。

2. 来源不明的财产449028.49元、挪用公款的获利17500元,共计466582.49元予以追缴,上缴国库。

宣判后,万国英未上诉,检察机关未抗诉。判决发生法律效力。

二、裁判要旨

No.8-385-5　区分亲友间经济往来是正当馈赠还是受贿,应当从双方关系、经济往来的价款和事由等方面予以判断。

国家工作人员与其亲友之间是否存在行贿、受贿关系,有两种不同情况。一种是在财产上有共有关系的亲属,如夫妻之间、父母与经济上未独立的子女之间,不存在行贿、受贿的问题。

另一类是在财产上没有共有关系的亲属和朋友之间,可以存在行贿、受贿关系。区分亲友间经济往来是正当馈赠还是受贿,可以从以下几方面判断:(1)双方关系。根据双方之间有无经济往来及往来次数的多少,判断双方之间是否存在馈赠的基础。(2)经济往来的价款。结合当时当地的习俗和双方的友谊、感情状况,根据经济往来的价款的大小,区分是受贿还是馈赠。(3)往来的事由。如果授予方基于具体的请托事项给予国家工作人员财物,国家工作人员在接受财物前后有利用职务便利为对方谋取利益的行为的,一般应对双方认定为行贿、受贿关系。

在本案中,虽然周明成是被告人万国英的妹夫,双方之间长期存在着正当的经济往来,但是,周明成送1万元钱给万国英是因其承揽白银公司安居工程需要万国英帮助;万国英在收受周明成1万元以后,给建安公司经理车某打招呼,要求车某在安居工程的发包方面照顾周明成;周明成也承认,因为万国英主管安居工程,只要万国英帮忙,就可以不费什么力气拿到工程,其送钱的实际目的就是为了让万国英在安居工程上给予照顾。万国英收受周明成人民币1万元后,利用职务上的便利帮助周明成承揽了白银公司7600平方米的建筑工程,权钱交易的性质非常明显,应当认定为受贿。

关于1999年春节被告人万国英收受周明成所送人民币1万元一事,虽然万国英没有在周明成承揽白银公司党校建筑工程上亲自出面为周明成说情,但在周明成为承揽党校建筑工程之事找万国英寻求帮助时,万国英明确对周明成讲,发包党校建筑工程的人都知道周明成是其妹夫,指点周明成直接找白银公司下属的房产公司经理杨某和科长李某办理承揽事宜。万国英的这一行为明显具有为周明成谋利的性质。这种权钱交易的受贿性质与亲友间的正当馈赠行为有本质的区别。

No.8-385-6 利用职务上的便利,借用下属单位公款进行营利活动的,应以挪用公款罪论处。

《刑法》第三百八十四条规定的挪用公款罪定罪条件中的"利用职务上的便利",是指国家工作人员职务活动的一切便利,包括利用本人对下属单位领导、管理关系中的各种便利。担任单位领导职务的国家工作人员通过自己主管的下级部门的国家工作人员实施违法犯罪活动的,应当认定为利用职务上的便利。

从我国国有企业的实际情况来看,大量的国有企业是由上级国有企业出资设立的,下级企业的主要领导也是由上级企业任命的,上下级企业虽然都具备公司法规定的独立法人资格,但实质上仍有较强的行政领导的特点。这就意味着上下级企业间的行政关系可以超越一般意义上独立法人之间相对平等的财产关系,使得上级法人享有对下级法人人事和经营活动的监督、管理的权力。由于这种隶属关系的存在,在司法实践中,对《刑法》第三百八十五条第一款规定的利用职务上的便利,应当作出实事求是的理解,对那些担任领导职务的国家工作人员,即使是通过属于自己主管的本单位或者下级单位的国家工作人员的职务挪用公款的,也应当认定为利用职务上的便利。

与此相对应,挪用公款罪中的公款,应指国家工作人员利用职务便利能够挪用的所有公款,既包括国家工作人员依职务直接经管、支配的公款,也包括国家工作人员因职务或者职权便利所涉及的下属单位经管、支配的公款。

在本案中,被告人万国英不具有直接经管、支配疗养院及滨河贸易公司财产的权力,但是万国英作为白银公司主管疗养院的副经理,在职务上对疗养院具有管理职权,其打电话给疗养院院长李某,提出借款5万元供自己使用,正是利用了他主管疗养院的职权。被告人万国英以属于借贷关系作出辩解,其辩护人以未利用职务便利为由提出辩护意见,法院认为被告人万国英不构成挪用公款罪的辩解、辩护理由不能成立。

需要指出的是,下级单位人员受上级单位的领导指使挪用公款,不一定都构成挪用公款罪的共犯。对下级单位人员应区分情况,依法分别处理。如果下级单位人员与上级单位领导共谋,给上级领导挪用公款出谋划策,帮助上级单位领导完成挪用公款的,下级单位人员已具有帮助上级单位领导挪用公款的主观故意和行为,应以挪用公款罪共犯论处;如果下级单位人员不知道上级单位领导划拨款项的真实意图,仅仅出于执行上级单位领导的指示而办理划拨手续的,下级单位人员不应承担刑事责任;如果上级单位的领导将挪用公款的意图告诉下级单位人员,下级单位人员迫于上级单位领导的压力而挪用公款归上级领导使用的,一般也不宜以挪用公款罪论处,构成犯罪的,可依照刑法其他规定处理。

案例:姜杰受贿案

案例来源:《刑事审判参考》总第 29 辑[第 218 号]

主题词:慰问金 受贿罪

一、基本案情

被告人姜杰,男,48 岁,汉族,大专文化,原系江苏省淮安市公安局清浦区分局局长。因涉嫌犯受贿罪、徇私枉法罪,于 2001 年 9 月 17 日被逮捕。

江苏省淮安市中级人民法院经审理查明:1999 年 7 月至 2001 年春节期间,被告人姜杰多次利用职务之便,索取他人财物或非法收受他人财物,共计折合人民币 21660 元和日产学习机 1 台,并为他人谋取利益。

被告人姜杰在从事公安工作期间。利用打靶之机多次违反规定,夹带各种型号的子弹回家。2001 年 4 月,公安系统开展的“治爆缉枪”行动开始后,姜杰想到自己家中可能有枪支和子弹,便回家查找准备上缴。枪支找到后已及时上缴,但暂未找到子弹,姜杰便将子弹暂未找到的事实向分管“治爆缉枪”专项工作的清浦公安局副局长杨永泉作了说明,向清浦区委副书记、政法委书记熊建明作了汇报。2001 年 7 月 27 日,检察机关在被告人姜杰家中搜查时,查获各种型号军用子弹 161 发。

另查明,被告人姜杰在春节、中秋节等期间多次收受他人礼金等,非法所得共计 13500 元。

淮安市中级人民法院认为:被告人姜杰身为国家工作人员,利用职务便利,索取他人财物及非法收受他人财物,为他人谋取利益,其行为已构成受贿罪。公诉机关关于受贿罪的指控罪名成立,予以支持;关于私藏弹药罪的指控缺乏事实和法律依据,不予支持。综合考虑被告人姜杰受贿犯罪的事实、犯罪性质、情节和对社会的危害程度及其归案后能退清赃款、如实供述司法机关尚未掌握的同种较重罪行等情节,依照《中华人民共和国刑法》第三百八十五条第一款、第三百八十六条、第三百八十三条第一款第(三)项、第七十二条第一款、第七十三条第二、三款、第六十四条和最高人民法院《关于处理自首和立功具体应用法律若干问题的解释》第四条的规定,判决如下:

1. 被告人姜杰犯受贿罪,判处有期徒刑两年,缓刑三年;

2. 被告人姜杰受贿所得计人民币二万一千六百六十元和学习机一台,非法所得计人民币一万三千五百元,予以没收,上缴国库。

一审宣判后,被告人姜杰未上诉,检察机关亦未抗诉,判决发生法律效力。

二、裁判要旨

No.8-385-7 私自藏匿枪支、弹药,因暂未找到而未能及时交出,但已向有关部门和人员作出说明、汇报,且不存在拒不交出情形的,不以私藏枪支、弹药罪论处。

关于私藏枪支、弹药罪,我国《刑法》第一百二十八条在罪状表述上采取的是空白罪状,对构成本罪的主体、主观方面及客观方面的要件均未作出具体规定,而且较之于 1979 年《刑法》,法条中还删去了拒不交出这一规定。究竟应当如何理解私藏枪支、弹药罪?私藏枪支、弹药与非法持有枪支、弹药的区别何在?最高人民法院在 2001 年 5 月发布的《关于审理非法制造、买卖、运输枪支、弹药、爆炸物等刑事案件具体应用法律若干问题的解释》(以下简称《解释》)中对上述问题作出了规定。一方面,明确了非法持有与私藏行为的区别在于主体身份上的不同;另一方面,还对私藏枪支罪的构成要件作了详细的解释。《解释》第八条规定:“私藏是指依法配备、配置枪支、弹药的人员,在配备、配置枪支、弹药的条件消除后,违反枪支管理法律、法规的规定,私自藏匿所配备、配置的枪支、弹药且拒不交出的行为。”在本案中,被告人姜杰家中的确存有子弹 161 发,且系私自夹带获取,客观上存在私自藏匿子弹的行为,但被告人姜杰在治爆缉枪行动开始后,即在家中查找该子弹,准备在规定期限内交出,因暂未找到而未及时交出,且将该情况向分管治爆缉枪行动的领导及清浦区政法委有关领导如实作了汇报,说明被告人具有归还先前所藏匿子弹的主观意思,之所以暂未归还,是因为一时未能找到,不存在拒不交出情形,故法院对公诉机关关于被告人犯有私藏弹药罪的指控不予支持是正确的。

No.8-385-8 以慰问金名义逢年过节收受下级单位财物,且具有为他人谋取利益的意图的,应以受贿罪论处。

在社会生活中,下级单位逢年过节期间出于各种不同的目的,以给上级单位及其工作人员发放所谓的奖金、福利、慰问金等名义送钱送物的情况较为普遍。收受钱物的一方是否构成受贿?对此,应当区分不同情况,结合受贿犯罪的构成要件即是否具有为他人谋取利益这一点加以具体认定。仅仅出于人情往来,不具有为他人谋取利益的意图及行为,属于不正之风,应按一般的违纪处理,不应认定为受贿犯罪;如借逢年过节这些传统节日之机,明知他人有具体请托事项,或者根据他人提出的具体请托事项、承诺为他人谋取利益而收受他人财物的,则不管是单位还是个人,均应认定为受贿行为。在本案中,被告人姜杰于 1998 年和 1999 年春节前的一天,先后两次收受时任清浦公安局闸口派出所所长唐卫东送的共计人民币 1800 元,以及于 2000 年和 2001 年春节前的一天,先后两次收受时任清浦公安局盐河派出所所长陈明中送来的共计人民币 2500 元。这些款项系基层派出所经集体研究,在春节之际慰问干警家属时将时任局长的姜杰一并作为慰问对象所发放的慰问金,相关基层派出所在送钱给姜杰时并无特定的目的和动机,仅仅是出于一般的联络感情的考虑,不具有权钱交易性质。故法院未将该笔慰问金数额认定为受贿数额,是妥当的。

案例:陈晓受贿案

案例来源:《刑事审判参考》总第 8 辑[第 64 号]

主题词:事后受贿　受贿罪

一、基本案情

被告人陈晓,男,1945 年 5 月 16 日出生,中国电子物资公司安徽公司顾问。因涉嫌犯贪污罪、挪用公款罪,于 1997 年 5 月 6 日被逮捕。

合肥市中级人民法院经审理认为:被告人陈晓系由中国电子物资总公司任命的安徽公司总经理,是领导和管理国有企业相关事务的工作人员,其主持制定《关于能源化工处、庐海实业有限公司试行新的奖励办法的通知》,出发点是为了公司利益,是在邓小平南巡讲话的大气候下,对公司分配机制进行改革的一项尝试和试点,建立的是“公司得大头,个人得小头”的激励机制,不是为他人谋取利益。此文件的出台,没有经过由公司所有领导参加的经理办公会的讨论,且控制发文范围,在制定程序上不完备,但安徽公司实行总经理负责制,被告人陈晓曾于 1992 年 5 月就此文件向原中国电子物资总公司总经理赵德海汇报,赵表示可以试试,同意承包按三七分成,故不能完全否定《关于能源化工处、庐海实业有限公司试行新的奖励办法的通知》的合法有效性。被告人陈晓主持制定的《关于试行业务人员六项费用承包经营核算办法的报告》,帮助李剑峰承包的能源化工处向省计委申请并获得进口原油配额,是其正当的职务行为,不是为李剑峰谋取利益。现有证据无法证实被告人陈晓主观上具有权钱交易的受贿故意。陈晓的行为在客观上给李剑峰带来一定的个人利益,李剑峰在事后给付陈晓钱财表示感谢而陈晓予以收受,这是一种事后收受财物行为。故认定被告人陈晓的行为构成受贿罪的证据不足。起诉书指控的罪名不能成立。依照《中华人民共和国刑事诉讼法》第一百六十二条第(三)项的规定,于 1998 年 10 月 8 日判决如下:

被告人陈晓无罪。

一审宣判后,合肥市人民检察院认为,一审判决认定事实错误,适用法律不当,显系错判,提起抗诉。

安徽省高级人民法院经审理认为,原判认定事实不清,依照《中华人民共和国刑事诉讼法》第一百八十九条第(三)项的规定,于1999年12月10日裁定如下:

1. 撤销合肥市中级人民法院的刑事判决;

2. 发回合肥市中级人民法院重新审判。

合肥市中级人民法院依法重新组成合议庭,经公开审理查明:原审被告人陈晓自1986年至1996年间任安徽公司总经理。1992年初,安徽公司下达公司各部门承包经营方案。同年4月,能源化工处处长兼庐海公司经理李剑峰向陈晓递交书面报告,提出新的承包经营方案,建议超额利润实行三七分成。陈晓在没有通知公司其他领导的情况下,与公司党委书记、副总经理徐某(另案处理)、财务处长吴某及李剑峰四人研究李剑峰提出的建议,决定对李剑峰承包经营的能源化工处、庐海公司实行新的奖励办法,由陈晓亲笔草拟,并会同徐某签发《关于能源化工处、庐海实业有限公司试行新的奖励办法的通知》,规定超额利润70%作为公司利润上缴,30%作为业务经费和奖金分成,并由承包人支配。发文范围仅限财务处、能源化工处、徐某及陈晓个人。1993年初,陈晓在公司办公会上提出在全公司实行新的承包方案,主持制定《业务处室六项费用承包核算办法实施细则》。依据《关于能源化工处、庐海实业有限公司试行新的奖励办法的通知》《业务处室六项费用承包核算办法实施细则》的规定,李剑峰于1992年提取超额利润提成21万余元,1993年提取超额利润提成160万余元。

在李剑峰承包经营期间,原审被告人陈晓以公司总经理身份及公司名义于1992年11月、1993年5月先后两次向安徽省计划委员会申请拨要进口原油配额6.5万吨,交给李剑峰以解决其进口加工销售业务所需,并多次协调李剑峰与公司财务部门之间就资金流通、使用等方面的矛盾。

李剑峰为感谢陈晓为其制定的优惠政策及承包经营业务中给予的关照,于1993年春节前,送陈晓人民币3万元,1994年春节前后,又两次送给陈晓人民币30万元、港币15万元。陈晓收受李剑峰的钱款后,其妻李某利用此款在广东珠海市吉大园林花园购买房屋一套(价值人民币51万余元)。

合肥市中级人民法院认为:原审被告人陈晓身为国家工作人员,利用职务便利,根据下属部门承包经营人李剑峰建议,制定新的承包经营政策,协调、帮助李剑峰承包经营,在李剑峰获取巨额利润后,非法收受李剑峰所送33万元人民币、15万元港币,其行为侵害了国家工作人员公务活动的廉洁性,已构成受贿罪,依法应予惩处。公诉机关指控犯罪成立。依照《中华人民共和国刑法》第十二条第一款、第三百八十五条第一款、第三百八十六条、第三百八十三条第一款(一)项、第六十四条的规定,于2000年1月10日判决如下:

1. 原审被告人陈晓犯受贿罪,判处有期徒刑十年。

2. 原审被告人陈晓以违法所得购买广东珠海市吉大园林花园房屋一套,予以没收。

宣判后,原审被告人陈晓没有上诉,检察机关也未抗诉。

二、裁判要旨

No.8-385-9 国家工作人员利用职务上的便利为他人谋取利益,在为他人谋取利益之时或者之前并未收受财物,在为他人谋取利益之后收受对方财物,没有充分证据证明在利用职务便利为他人谋取利益时就意在以后收受对方的财物,但事后收受对方财物时,却明知对方送的财物是因为自己的职务行为的,认定为事后受贿,应以受贿罪论处。

本案是一起典型的事后受贿案例。

1. 被告人陈晓利用职务便利,根据下属部门承包经营人李剑峰建议,制定新的承包经营政策,为李剑峰申请拨要进口原油配额和协调李剑峰与财务处之间的矛盾等,都是陈晓履行职务的行为。虽然被告人陈晓主持制定《关于能源化工处、庐海实业有限公司试行新的奖励办法的通知》的程序不符合公司管理规范,但安徽公司实行总经理负责制,被告人陈晓曾就此事向总经理赵德海汇报,并征得了同意,因此,应认为《关于能源化工处、庐海实业有限公司试行新的奖励办法的通知》的制定程序是合法有效的。

2. 被告人陈晓利用其职务便利为李剑峰谋取了利益,并在事后收受了李剑峰所送财物。根据被告人陈晓主持制定的《关于能源化工处、庐海实业有限公司试行新的奖励办法的通知》的规定,李剑峰共从公司提取人民币 180 余万元。同时,被告人陈晓为李剑峰要原油配额和协调李剑峰与财务处在资金方面的矛盾,也为李剑峰获取巨额利润提供了便利条件。但被告人陈晓在利用职务便利为李剑峰谋取利益之时或者之前,没有收受李剑峰的财物,李剑峰送给陈晓的钱都来自提成款,这些提成款主要源于陈晓制定《关于能源化工处、庐海实业有限公司试行新的奖励办法的通知》这一职务行为,相对于陈晓的上述职务行为,陈晓 3 次收受李剑峰财物的行为均在其后。

3. 没有证据证明被告人陈晓利用职务便利为李剑峰谋取利益是以收受对方的财物为目的,但事后陈晓收受财物时,却明知李剑峰送财物是因为自己的行为使其获取了利益。被告人陈晓在实施有关职务行为前,与李剑峰并无以后收受财物的约定。从陈晓的客观行为中也难以推定陈晓具有期望以后收受财物的故意。但陈晓对李剑峰送钱的原因是明知的,这一点陈晓本人有供述,李剑峰亦有相应的陈述,那就是,陈晓为李剑峰在新分配办法试点、做原油业务等方面给予了不小的帮助。这一故意在陈晓收受钱款时没有通过语言表达出来,但根据二人的陈述足以认定。

事后受贿的,应以受贿罪定罪处刑,理由如下:

1. 事后收受财物的行为与主动索取财物、收受财物后违法行使职权等相比,其主观恶性、对公务活动的危害要小,但这种行为同样侵犯了受贿罪的客体——国家机关的廉政建设制度。公务人员是人民的公仆,公正廉洁是其最基本的品德。为了保证公务人员的公正廉洁,国家制定了一系列廉政方面的制度。实施受贿犯罪必然要侵犯这一制度。不论是主动索取钱财、收受贿赂后违法行使职权或者事后收受财物,都是对廉洁制度的危害,构成犯罪的,应依法追究刑事责任。

2. 根据《刑法》第三百八十五条的规定,受贿罪在客观上表现为:利用职务之便,索取他人财物,或者非法收受他人财物,使他人获取了利益。刑法中表述的收受他人财物,为他人谋取利益,将收受行为置于谋利行为之前,只是表述问题,也是典型的受贿方式,但并不意味着只有先收受财物,后谋取利益才是受贿,而先谋利后收受财物就不构成受贿。本案中,被告人陈晓制定有关文件、申请原油配额、协调李剑峰与财务处的矛盾,均系其作为公司总经理依职权行使的职务行为,属于利用职务上的便利。陈晓行使的行为虽是合法的正当职务行为,使李剑峰获取的巨额利润也是合法的利益,但这仍属于为他人谋取利益。陈晓因为李剑峰获取利益而收受了李剑峰送的财物,其行为无疑属于非法收受他人财物。综上,陈晓的行为已具备受贿罪的客观构成特征。

3. 受贿罪是故意犯罪,且通常为直接故意,即明知对方送财物的目的与自己的职务行为有关而予以收受。在本案中,根据被告人陈晓的供述,陈晓对李剑峰所送钱款的性质是明知的,从收受情况看,陈晓也没有进行任何推诿。因此,陈晓的行为同样具备了受贿罪主观方面的要件,系直接故意。

处理此类案件,还有一个重要的适用刑法原则:如果对于事后收受财物,且在行使权力为行贿方谋利时双方无暗示、约定以后给予好处,就属于受贿证据不足,不能认定犯罪,如此一来,刑法规定的受贿罪就会被稍有智慧的行为人规避,受贿将大行其道。这显然不是立法的本意。也就是说,对某一类行为是否应依法追究刑事责任,在充分论证其犯罪构成的基础上,还必须考虑裁判的后果:是促进了社会正常秩序的维护,还是敞开了大门,使稍做手脚者即可绕过法律规定,使立法的某一条文实际上被废止。实践中,某一具体行为具有特殊性,是否适用刑法定罪有争议;而若不予追究,这种特殊行为方式就会被广为效仿,成为一种带有普遍性的行为,刑法明确规定的典型犯罪行为都会照此模仿,这一类犯罪的立法条文就等于被废止,显然这是不能被允许的。

案例:艾文礼受贿案

案例来源:《刑事审判参考》总第 118 集

主题词:受贿罪　量刑情节

一、基本案情

2005 年至 2013 年,被告人艾文礼利用其担任中共石家庄市委副书记,河北省承德市人民政府市长,中共承德市委书记,河北省石家庄市人民政府市长,中共河北省委常委、宣传部部长等职务上的便利,为相关单位和个人在企业改制、项目开发、舆情处置、安排工作等方面谋取利益。2006 年至 2014 年,被告人艾文礼直接或通过其亲属等人收受上述单位和个人给予的财物,共计折合人民币 6478.2918 万元。

另查明,被告人艾文礼系主动到中央纪委国家监察委员会投案,并主动上交折合人民币共计 4046.9912 万余元的涉案款物。艾文礼到案后,如实供述了办案机关已经掌握的受贿 5 起,共计折合人民币 2228.3857 万元的事实;主动交代了办案机关尚未掌握的受贿 6 起,共计折合人民币 4249.9061 万元的事实;主动交代的受贿数额占总额的 65.6%;受贿所得赃款赃物已全部追缴、退缴。在案件提起公诉前,艾文礼在辩护人的见证下签署《认罪认罚具结书》,明确表示承认指控的犯罪事实,愿意接受公诉机关提出的减轻处罚量刑建议。

苏州市中级人民法院认为,被告人艾文礼身为国家工作人员,利用职务上的便利,直接或通过其近亲属非法收受他人财物共计折合人民币 6478.2918 万元,数额特别巨大,为他人谋取利益,其行为已构成受贿罪。被告人艾文礼犯罪以后自动投案,如实供述自己的罪行,系自首,依法可从轻或减轻处罚。艾文礼在提起公诉前,如实供述自己的罪行、真诚悔罪、积极退赃,避免、减少损害结果的发生,依法可从轻处罚。被告人艾文礼自愿如实供述自己的罪行,承认指控的犯罪事实,愿意接受处罚,依法可从宽处罚。最终以受贿罪判处被告人艾文礼有期徒刑八年,并处罚金人民币三百万元。

二、裁判要旨

No. 8-385-10 受贿案件中,受贿数额不是影响定罪量刑的唯一因素,应重视数额以外的其他情节。

本案中,作为贿赂的财物共计折合人民币 6478 万余元,可谓达到数额特别巨大的程度。但是,法院判决对被告人艾文礼所判处的主刑仅仅是八年有期徒刑。可能有人认为判决对艾文礼的量刑结果有轻纵的问题。这实际上涉及法院判决对本案予以减轻处罚的法理依据问题。对此,需要结合 1997 年《刑法》的规定以及本案的量刑情节进行具体分析。

本案中,被告人艾文礼被指控实施受贿行为的时间均在 2015 年 11 月 1 日这一《刑法修正案(九)》施行的起点日期之前,其受审的时间则是在 2019 年。《刑法修正案(九)》对 1997 年《刑法》中原受贿罪的处罚规定进行了修改,而修改后的受贿罪的处罚规定对被告人艾文礼来说较为有利。《刑法》第十二条第一款规定:"中华人民共和国成立以后本法施行以前的行为,如果当时的法律不认为是犯罪的,适用当时的法律;如果当时的法律认为是犯罪的,依照本法总则第四章第八节的规定应当追诉的,按照当时的法律追究刑事责任,但是如果本法不认为是犯罪或者处刑较轻的,适用本法。"据此,法院在对本案的判决中适用了由《刑法修正案(九)》修改后的受贿罪的处罚规定。

被告人艾文礼的行为属于受贿数额特别巨大的情形。依据由《刑法修正案(九)》修改后的受贿罪的处罚规定,应当适用的法定刑幅度是"处十年以上有期徒刑或者无期徒刑,并处罚金或者没收财产"。2016 年 4 月 18 日起施行的《最高人民法院、最高人民检察院关于办理贪污贿赂刑事案件适用法律若干问题的解释》规定:"贪污或者受贿数额在三百万元以上的,应当认定为刑法第三百八十三条第一款规定的'数额特别巨大',依法判处十年以上有期徒刑、无期徒刑或者死刑,并处罚金或者没收财产。"由此,300 万元是受贿案件"数额特别巨大"的起点。本案的受贿数额高达 6478 万余元,比受贿案件"数额特别巨大"起点的 21 倍还要多一些。因此,不考虑被告人艾文礼所具有的量刑情节,单纯从受贿数额来看,判处其十年以上有期徒刑甚至无期徒刑,都是正常的。

就本案而言,被告人艾文礼在犯罪以后自动投案,并如实供述自己的罪行,据此,其具有自首情节,依据《刑法》第六十七条的规定,可以从轻或者减轻处罚。其在提起公诉前如实供述自己的罪行、真诚悔罪、积极退赃,避免、减少损害结果的发生,依据由《刑法修正案(九)》增设的《刑法》第三百八十三条第三款的规定,可以从轻处罚。其自愿如实供述自己的罪行,承认指控的犯罪事实愿意接受处罚,依据 2018 年 10 月 26 日修正后的《刑事诉讼法》第十五条的规定,可以依法从宽处理。2009 年 3 月最高人民法院、最高人民检察院发布的《关于办理职务犯罪案件认定自首、立功等量刑情节若干问题的意见》指出:"对于具有自首情节的犯罪分子,应当根据犯罪的事实、性质、情节和对于社会的危害程度,结合自动投案的动机、阶段、客观环境,交代犯罪事实的完整性、稳定性以及悔罪表现等具体情节,依法决定是否从轻、减轻或者免除处罚以及从轻、减轻处罚的幅度。"据此,法院决定采纳公诉机关提出的减轻处罚的量刑建议,对本案予以减轻处罚。依据 2011 年 5 月 1 日起施行的《刑法修正案(八)》修改后的《刑法》第六十三条第一款"犯罪分子具有本法规定的减轻处罚情节的,应当在法定刑以下判处刑罚;本法规定有数个量刑幅度的,应当在法定量刑幅度的下一个量刑幅度内判处刑罚"的规定,法院在受贿罪的"处十年以上有期徒刑或者无期徒刑,并处罚金或者没收财产"的下一个法定刑幅度内即"处三年以上十年以下有期徒刑,并处罚金或者没收财产"内对被告人艾文礼判处有期徒刑八年,并处罚金人民币三百万元。

案例:李葳受贿案

案例来源:《刑事审判参考》总第 43 集[第 340 号]

主题词:受贿罪 国家工作人员

一、基本案情

被告人李葳,女,1947 年出生,大专文化程度,原系东风汽车济南总公司董事长,因涉嫌受贿犯罪于 2002 年 4 月 14 日被刑事拘留,同年 4 月 26 日被逮捕。

山东省济南市槐荫区人民法院经审理查明:位于济南市经十路的济南市汽车修制厂(以下简称"汽修厂")系集体所有制企业,是济南市交通局的下属单位。1992 年 8 月,经济南市交通局党委研究决定,被告人李葳任汽修厂厂长。1995 年年底,汽修厂搬迁至济南市槐荫区美里湖开发区。汽修厂计划在原厂址与人合作开发房地产,建职工宿舍楼和商业住宅楼。山东房地产集团公司副总经理马某听说汽修厂拟开发房地产后,经人介绍与李葳进行了洽谈。1995 年 10 月 31 日,汽修厂与山东房地产集团公司签订了一期住宅楼的合作开发合同,约定汽修厂出地皮,并负责施工现场的水电协调,山东房地产集团公司负责出资金进行施工;所建住宅楼双方各得 50%;二期工程由双方在前期合作基础上另行协议,山东房地产集团公司保留优先合作开发权。

1997 年 9 月,被告人李葳给山东房地产集团公司副总经理马某打电话称,其弟李菽拟购买山东房地产集团公司开发的位于济南市民生大街 66 号楼的 1 套住宅,要求在价格上给予优惠。李葳提出只交 5 万元购房款。山东房地产集团公司商议后认为,5 万元太低,但因担心影响以后的合作,最后商定按 10. 1 万元签订买卖合同,李葳先交 5 万元,余款能给就给,不给就不要了。同年 10 月,山东房地产集团公司与李菽签订了 10. 1 万元的房屋买卖合同,并在收到李葳交纳的 5 万元购房款后,决定将位于民生大街 66 号楼的 403 室出售给李菽。但在办理房产证的过程中,济南市房管局认为该住房的出售价格过低,不给办理。于是双方签订了一份价值 40. 15 万元的虚假房屋买卖合同,并于 1998 年 1 月为李菽办理了房屋所有权证。经济南市新永基房地产评估交易有限公司鉴定,位于济南市民生大街 66 号楼 403 室的住宅价值 28. 5 万元。

济南市槐荫区人民法院认为,被告人李葳身为国家工作人员,利用职务之便,索取他人财物,为他人谋取利益,其行为已构成受贿罪。公诉机关指控罪名成立。被告人李葳系受济南市交通局委派到集体企业担任厂长而从事公务的人员,具备了受贿犯罪的主体构成要件,其利用这一职务之便,以明显的低价从合作单位购买房屋给其弟居住,显然是一种变相索贿行为。被告人李葳的辩解及其辩护人提出的辩护意见不能成立。依照《中华人民共和国刑法》第三百八十五条第一款、第三百八十六条、第三百八十三条第一款第(一)项、第六十四条的规定,于 2003 年 4 月 10 日判决如下:

1. 被告人李葳犯受贿罪,判处有期徒刑十二年;

2. 检察机关扣押的被告人李葳受贿房产一处由公诉机关予以拍卖,所得款项中的五万元发还李菽,余款予以没收,上缴国库。

一审宣判后,李葳不服,向济南市中级人民法院提出上诉。

李葳上诉称,其是集体企业干部,不具有国家工作人员身份;没有受贿的故意和行为,没有为他人谋取利益,不构成受贿罪;李菽所买房屋的价格是10.1万元,而不是5万元。其辩护人以同样的理由为其提供辩护。

济南市中级人民法院经审理认为,上诉人李葳虽然一直在集体企业工作,但该企业属于济南市交通局的下属单位,其担任厂长职务是经济南市交通局任命的,属于国家机关委派到非国有企业中从事公务的人员,应以国家工作人员论;上诉人李葳在担任汽修厂厂长期间,要求与本单位联合开发房地产的山东房地产集团公司为其弟提供低价住房,属于利用职务之便,索取他人财物,为他人谋取利益,虽是为其弟购买房屋,但不影响其个人受贿的构成;购房协议中标明的价格是10.1万元,但房地产公司只收到5万元的购房款,并以此平账,没有打算再向李菽要剩余房款,此后李菽并没有补交余款的想法和行为,认定李葳实际受贿数额应将李菽实际交纳的金额予以扣除,而不应以购房协议中标明的价格予以扣除。上诉人李葳身为国家机关委派到非国有企业从事公务的人员,利用职务之便,索取他人财物,为他人谋取利益,原审法院认定其行为构成受贿罪是正确的。原审法院认定的犯罪事实清楚,证据确实、充分,定罪准确,量刑适当,审判程序合法。依照《中华人民共和国刑事诉讼法》第一百八十九条第(一)项、《中华人民共和国刑法》第九十三条第二款、第三百八十五条第一款、第三百八十六条、第三百八十三条第一款第(一)项、第六十四条的规定,于2003年6月3日裁定如下:

驳回上诉,维持原判。

二、裁判要旨

No. 8-385-11 经国家机关党委决定任命的集体所有制企业经营管理人员,应当认定为国家机关委派到非国有企业中从事公务的人员。

本案被告人李葳所在的汽车修制厂,系集体所有制企业。根据《刑法》第九十三条第二款的规定,对于集体所有制企业工作人员利用职务上的便利,索取他人财物,或者非法收受他人财物,为他人谋取利益的行为能否以受贿罪定罪处罚,应当取决于行为人是否属于国家机关、国有公司、企业、事业单位委派到集体所有制企业中从事公务的人员。由于被告人李葳担任汽修厂厂长,其从事公务的工作性质是不容置疑的,对其行为能否以受贿罪定罪处罚,关键在于其于1992年8月经济南市交通局党委研究决定被任命为汽修厂厂长,能否认定为国家机关委派。我们认为,党管干部是我国干部管理体制的一项重要组织原则,济南市交通局党委的决定就是代表济南市交通局所作的决定,而济南市交通局作为汽修厂的上级主管单位,对汽修厂厂长的任命,正是国家机关委派行为的具体方式。因此,李葳属于《刑法》第九十三条第二款规定的国家机关委派到非国有企业中从事公务的人员,应当以国家工作人员论,具有受贿犯罪的主体资格。

No. 8-385-12 利用职务便利,要求有关单位为其或其亲属提供低价住房的,属于索贿,应以受贿罪论处。

被告人李葳在合作开发房地产过程中,要求山东房地产集团公司为其亲属提供低价住宅,实质上属于利用职务便利索要财物。索取的财物是否为被告人自己占有,不影响受贿罪的成立。

在本案中,被告人李葳作为汽修厂厂长,对本单位与房地产公司合作开发住宅小区具有重要作用,其要求对方为其弟购房在价格上给予优惠,就是利用了职务上的便利。在通常情况下,房地产公司在房屋销售方面都会有一定幅度的价格优惠,如果行为人要求对方提供这种正常范围内的价格优惠,虽然利用了职务上的便利,一般也不构成索贿。但在本案中,被告人提出价格优惠要求后,还亲自看房、选房,经手签订购房协议,代缴购房款5万元。被告人李葳对所购房屋的实际价值及购买该套住房实际付款之间存在的巨大差价是明知的,要求该种"优惠"实际上属于变相索要财物,表明其主观上具有索贿的故意。房地产公司基于李葳的厂长身份及其在双方合作中的重要作用,同意给予价格优惠,实际售价仅为人民币5万元。经鉴定该套房屋时价为28.5万元,优惠23.5万元之巨,显然不是一般的民事行为。房地产公司虽然在被告人李葳提出价格优惠后积极迎合被告人的要求,但这并不影响被告人索贿行为的性质。

在受贿犯罪案件中,存在利用职务便利为请托人谋取利益的行为人没有直接占有受贿款物的情形,如在本案中,被告人李葳是为其弟索要住房,巨额差价款个人也没有直接所得,而是由其弟所得,但这并不影响其受贿罪的成立。2003年11月13日最高人民法院法(2003)167号通知印发的《全国法院审理经济犯罪案件工作座谈会纪要》关于受贿罪中共同受贿犯罪的认定规定:"国家工作人员利用职务上的便利为他人谋取利益,并指定他人将财物送给其他人,构成犯罪的,应以受贿罪定罪处罚。"被告人李葳利用本人职务上的便利,直接要求房地产公司以优惠价格卖一套住房给其弟,符合规定中指定他人将财物送给其他人的特征,对其应以受贿罪论处。

No.8-385-13 利用职务便利索要低价房构成受贿罪的,支付少量购房款以掩盖受贿犯罪行为,受贿数额为房屋当时的实际价值与实际支付价款的差额。

1985年7月8日最高人民法院、最高人民检察院联合发布的《关于当前办理经济犯罪案件中具体应用法律的若干问题的解答(试行)》指出:"国家工作人员利用职务上的便利,为他人谋取利益,收受物品,只付少量现金,这往往是行贿、受贿双方为掩盖犯罪行为的一种手段,情节严重,数量较大的,应认定为受贿罪。受贿金额以行贿人购买物品实际支付的金额扣除受贿人已支付现金额计算。行贿人的物品未付款或无法计算行贿人支付金额的,应以受贿人收受物品当时当地的市场零售价格扣除受贿人已支付现金额来计算。"这一规定仍具有现实意义。

本案的特殊之处还在于,行为人与房地产公司之间存在一个购房协议,协议金额远远高于实际支付金额。扣除实际支付金额,其与协议金额的差价属于民事欠款还是受贿金额,就成为本案争议的一个焦点问题。从审理查明的事实看,房地产公司在商量被告人李葳购房之事时,确定让李葳先交上5万元,定个10.1万元的购房合同,余款能给就给,不给就不要了。合同订立后,房地产公司收到了被告人李葳经手交纳的5万元房款,并将公司开具的收款收据交给了李葳。此后直到案发数年间,被告人李葳及其弟均无再交款的行为及表示,房地产公司对此交易已作平账处理,没有打算再向李葳追要剩余房款。由此可见,本案中所谓的购房合同只是双方掩盖贿赂真相的手段,并非当事人真实的意思表示,未交足的购房款不能按民事欠款处理。参照上述规定的精神,不应将未交纳的协议房款从被告人的受贿数额中扣除。

另外,在办理房屋所有权证过程中,房地产公司代为交纳了3万余元的办证费用。由于被告人李葳只是要求房地产公司为其弟购房提供价格上的优惠,并未要求办证事宜。且从审理查明的事实看,被告人李葳并不知道房地产公司为其弟交纳了办理房屋产权证的费用,事后其弟及其他人也未告诉过她,在这种情况下,由于其主观上没有受贿故意,不能将该笔费用认定为贿赂。一审法院未将该笔费用认定为受贿是正确的。

案例:胡发群受贿、巨额财产来源不明案

案例来源:《刑事审判参考》总第48集[第384号]

主题词:受贿罪

一、基本案情

被告人胡发群,男,1945年9月3日出生,大学文化,原系中共江西省上饶市委副书记。因涉嫌犯受贿罪于2004年9月17日被逮捕。

江西省吉安市中级人民法院经审理查明:被告人胡发群先后于1995年5月任原上饶地区行署副专员,2000年10月任上饶市人民政府常务副市长,2002年8月至案发前任中共上饶市委副书记。

2001年下半年,上饶市信州区商业局下属企业华联商厦改制并在原址开发建设“时代广场”,需筹集资金。上饶市民营企业江西龙江实业有限公司(以下简称“龙江公司”)有意收购,公司法人代表姚贵禄考虑以外资介入有优惠政策,即邀请上海瑞文实业有限公司董事长陆百湖合伙开发。2001年10月,姚贵禄在上饶把陆百湖介绍给被告人胡发群,陆百湖向胡发群说明了意图,并请胡帮忙。嗣后,胡发群先后两次给信州区委书记蒋英明打电话,提出上海这家公司有实力,建议将华联商厦卖给他们。2001年12月,上海瑞文公司退出。同年12月12日,上饶市华联有限公司与龙江公司签订了合作协议,双方合作开发“时代广场”。后上饶市华联有限公司因职工安置费及退休职工医疗费等问题,经与龙江公司协商同意,退出该项目的合作联建,由龙江公司独家开发建设。在以后姚贵禄办理时代广场土地使用证等手续的过程中,胡发群还多次出面给有关部门打招呼,要求关照。

2002年2月,被告人胡发群得知姚贵禄准备在上海经营出租车业务,即向姚贵禄提出要参与投资,姚贵禄考虑到华联改制项目还在做。今后还有求于胡发群,便同意了胡的要求。同年3月初,胡发群来到上海其儿子胡德雄家,要胡德雄起草了一份投资协议,甲方是上海贵禄实业有限公司,乙方是胡德雄,主要内容是:乙方投资10辆车,每辆以23万元计,共计投资230万元,先期投资115万元,另一半以利润冲抵;每辆车每月利润5000元。乙方不参与经营管理,但按约定分享经营权益。到3月中旬,胡发群先后付给姚贵禄现金115万元。2002年底。胡发群到上海,打电话要姚贵禄到其住处来结算一次。胡发群提出:按10个月结算,每个月每辆车收益5000元,10辆车共计50万元,用以冲抵投资欠款。并要姚贵禄写了一张收条给胡德雄。2003年10月,胡发群打电话要胡德雄回到上饶,告诉胡德雄说姚贵禄的车要卖掉,要胡德雄和姚贵禄结算一下。姚贵禄到胡发群家中后,说没有收购到出租车,生意没做成。胡发群说没做成不要紧,把账结清楚。胡发群提出:本金115万元,每辆车每月收益5000元,10辆车20个月收益100万元,卖车升值45万元(每辆车升值4.5万元),总金额为260万元。胡发群要姚贵禄写了一张260万元的欠条给胡德雄,让姚贵禄到上海后把钱付给胡德雄。姚贵禄于2003年11月至2004年2月,先后共付给胡发群260万元,扣除胡发群自己原有的115万元,胡发群实际从姚贵禄处获得145万元。此外,胡发群还利用职务便利,在1997年8月至2003年下半年间,先后非法收受毛永生、张少敏、徐梅英、胡旺钱、姚贵禄、吕美庆、邱亨龙等人21万元钱款,为他人谋取利益。

被告人胡发群家庭总财产为7063424.9元。能说明来源的财产共计5110830.4元,包括家庭合法收入900032.4元;非法收受礼金2550798元。已认定为受贿的犯罪金额除外,尚有1952594.5元不能说明合法来源。

吉安市中级人民法院认为:被告人胡发群身为国家工作人员,利用职务上的便利,索取他人钱财145万元,非法收受他人钱财21万元,为他人谋取利益,其行为已构成受贿罪,因具有索贿情节,依法应从重处罚。此外,被告人胡发群的家庭财产和支出明显超过其合法收入,尚有1952594.5元不能说明合法来源,其行为还构成巨额财产来源不明罪。公诉机关指控被告人胡发群犯受贿罪和巨额财产来源不明罪罪名成立。被告人胡发群提出的辩解及其辩护人提出的辩护意见,经查,除收受谢冠森的16798元及收受段天式、张新华送给的劳力士手表不构成受贿罪的意见成立,予以采纳外,其余辩解和辩护意见均与查明的事实、证据和法律不符,不予采纳。另提出被告人胡发群具有自首情节的意见,经查,被告人胡发群是在有关部门已掌握其部分受贿事实,并对其进行讯问以后才交代了所有犯罪事实,并非主动投案,因其不具备法定的自首构成要件,自首不能成立。鉴于被告人胡发群到案后能坦白交代自己的犯罪事实,退清赃款,具有一定的悔罪表现,可酌情从轻处罚。依照《中华人民共和国刑法》第三百八十五条第一款、第三百八十六条、第三百八十三条第一款第(一)项、第三百九十五条第一款、第五十七条第一款、第六十九条、第六十四条的规定,于2005年5月30日判决如下:

1. 被告人胡发群犯受贿罪,判处无期徒刑,剥夺政治权利终身,并处没收个人全部财产;犯巨额财产来源不明罪,判处有期徒刑四年。决定执行无期徒刑,剥夺政治权利终身,并处没收个人全部财产。

2. 追缴被告人胡发群的犯罪所得,予以没收,上缴国库。

宣判后,胡发群不服,上诉于江西省高级人民法院。

胡发群上诉称,一审将其违纪经商的投资行为认定为索贿,无事实依据,也不符合法律。在查证其巨额财产来源不明时,一是少算了合法收入,二是不合法收入计算有误,利息漏算。有关部门找其谈话时,除收受徐梅英的 2 万元外,其余问题都是主动交代的,符合刑法关于"被采取强制措施的嫌疑人,如实供述司法机关尚未掌握的犯罪事实,以自首论"的规定。

胡发群的辩护人提出,认定索贿 145 万元定性错误。投资协议是在平等、自愿基础上所签,符合"等价有偿"的特征,没有经营出租车的过错不在胡发群。姚贵禄在收到投资款后将其用于公司业务开支,事实上属于融资,将 145 万元全部认定为索贿,有失公平。胡发群不存在索贿情节,也没有利用职权为姚谋取私利。一审未能充分考虑胡发群具有自首、案发后全部退赃等从轻、减轻情节,量刑畸重。

江西省高级人民法院审理后认为,姚贵禄介绍陆百湖给上诉人胡发群,胡发群为其收购华联商厦给有关领导打招呼,尔后又为姚办理土地证、广告牌等向有关领导打招呼的事实,有证人姚贵禄、陆百湖、蒋英明、孙建明、徐二毛等证言证实,胡发群在侦查阶段也作过供述,足以认定。关于投资协议,证人胡德雄证实,其按照父亲胡发群的要求起草了一份投资协议,经父亲修改后定了下来,并按照父亲嘱咐约了姚贵禄签字,姚未作修改就签了字。姚贵禄证实胡发群在得知其准备在上海经营出租车业务后,即要求参与投资,并单方面起草了投资协议。其内心是不愿与胡合作的,但因华联改制项目还在做,考虑胡在当地的身份和影响,今后还有求于他,只好同意。证人史以正证言也证实曾对姚贵禄说过这个协议回报率太高,姚当时说这是给领导的,你不要管。从以上三证人证言可以看出,该协议不是姚贵禄真实意思表示。胡德雄还证实协议签订一两个月后,其父让其找姚把车牌号抄过来,当时即告知其父姚没有收购到出租车的情况;姚贵禄证言证实其在胡德雄要车牌号、第一次结算、第二次结算等情况下多次告知没收购到出租车、生意没做成的事实。胡发群明知姚贵禄没有收购到出租车,没有经营出租车业务,仍提出按协议结算,要求姚付给其 100 万元的投资收益、45 万元的汽车升值款。如果胡发群与姚贵禄签订的是投资合作经营协议,合作双方应当共同经营、共享利润、共担风险。没有经营,就没有利润,也就无所谓分红,胡发群就无权占有 145 万元的收益。胡发群及其辩护人辩解认为此协议属投资协议,具有融资性质。作为投资协议,就该实实在在投入资金,而胡发群以利润冲抵投资款的行为,与投资的性质相悖;再则,若认定系投资款,则投资方不能享受增值的权益,胡发群既要认定其先期付款为投资款,又享有了卖车升值款 45 万元,二者是相互对立,不能互存的。综上,胡发群的行为应当认定为索贿。一审判决对胡发群家庭财产的计算,是根据有关部门出具的证明材料、胡发群本人及其亲属的陈述,本着有利于被告人的原则确定的,并未少算。胡发群在有关部门已掌握了其部分犯罪事实后,如实交代全部受贿事实,依法只能认定其认罪态度好。胡发群上诉理由及辩护人辩护意见不能成立。上诉人胡发群利用其国家工作人员职务便利,索取他人人民币 145 万元,非法收受他人钱物 21 万元,为他人谋取利益,其行为已构成受贿罪,且具有索贿情节;上诉人胡发群的家庭财产和支出明显超过其合法收入,尚有 1952594.5 元不能说明合法来源,其行为还构成巨额财产来源不明罪。原审法院认定事实清楚,证据确实、充分,定罪准确,量刑适当,审判程序合法。

2005 年 8 月 5 日,江西省高级人民法院依照《中华人民共和国刑事诉讼法》第一百八十九条第(一)项的规定,裁定如下:驳回上诉,维持原判。

二、裁判要旨

No.8-385-14 国家工作人员假借投资合伙经营,实际上并未参与经营,利用职务便利要求他人支付高额投资回报的,应以受贿罪论处。

1. 被告人胡发群利用职务上的便利,为姚贵禄谋取利益,具备了受贿犯罪的前提条件。姚贵禄是上饶本地商人,为了收购当地的华联商厦能享受域外投资的优惠,即找了一家上海企业合伙,目的达到后,该企业很快就退出,由姚贵禄的龙江公司独家收购,并享受了域外投资商的优惠待遇。在龙江公司收购华联商厦过程中,胡发群向华联商厦所在地区委书记两次电话打招呼,并提出明确意见。收购后办理有关手续过程中,还向有关部门打招呼。胡发群的这些行为,均利用了其任上饶市政府常务副市长的职务便利,并使得龙江公司在收购华联商厦当中谋取到了利益,即使是被动收受姚贵禄的财物,也已经具备了受贿罪的前提条件。

2. 被告人胡发群以合伙经营为名,利用职务便利强要姚贵禄支付高额投资回报,属于索贿行为。贿赂的本质,即国家工作人员利用职权索取或非法收受他人财物,为他人谋取利益的性质没有变。只要符合这一本质特征,就是贿赂犯罪。

在本案中,胡发群利用其国家工作人员的职务便利,强要姚贵禄支付 145 万元投资收益及汽车升值款,不是其投资产生的合理利润或孳息,而是变相向姚贵禄索贿。理由是:(1)姚贵禄没有与胡发群合伙经营出租车业务的意向,是胡发群单方面要求与之合伙,并起草合伙协议,确定协议内容。姚贵禄是鉴于胡发群的身份地位以及其还要在上饶做业务的实际情况而违心地签订该协议的。(2)所谓的合伙协议未规定胡发群参与共同经营,胡发群也不承担合伙经营的风险,合伙经营业务最终未开展起来,合伙经营既无事实依据,也无法律依据。(3)胡发群与姚贵禄从未进行真正的结算,两次所谓的结算都是胡发群单方要钱,不仅要 100 万元的"投资收益",而且还要协议未规定、实际未产生的 45 万元汽车"升值款";投资 115 万元、年获利 60 万元的合伙条件完全背离了经营出租车业务盈利的实际。(4)姚贵禄没有主动向胡发群借钱,没有证据显示其经营遇到资金困难,缺乏借钱的前提;60%左右的年利率不符合资金借贷的现实,所以辩护人称该协议系融资协议的意见同样是站不住脚的。(5)胡发群在整个过程中恃权借机要钱的真实面目暴露无遗,姚贵禄自始至终认为胡发群要求与他合伙就是制造投资回报的借口向他要钱,他签订这个协议就准备让胡发群来拿钱。二者索贿与被索贿的关系非常明确。辩护人辩护提出姚贵禄占用了胡发群 115 万元资金达 20 个月,应当计算收益,抵扣胡发群受贿金额。对此意见,审判本案的一、二审法院未予采纳,但均未陈述具体理由。对于假借投资经营,以收受投资回报为名收受他人贿赂的案件,是否应当对受贿人付出、被他人占用的资金计算收益,其受贿金额以其收受投资回报款额减去收益额来认定?如果应当计算受贿人付出、被他人占用的资金收益,又该以什么标准计算?这些问题需要在实践中进一步研究解决。

案例:张帆受贿案

案例来源:《刑事审判参考》总第 113 集[第 1250 号]

主题词:受贿罪　权钱交易

一、基本案情

2004 年 4 月,时任安徽省太和县建设委员会副主任的被告人张帆与太和籍开发商张培亮、合肥商人孙诚发、刘长忠、胡正传、许道权等人商议在太和共同投资房地产开发项目。同年 6 月,几人以安徽诚发置业有限公司(以下简称"诚发公司")名义竞得政府挂牌出让的太和县环城东路旧城改造的一宗土地。在竞买过程中,张帆先后通过打招呼,顺利拍下土地,并办理规划许可证。

竞得土地后,张帆以其胞弟张珠峰名义入股诚发公司太和分公司,应出资 20%,但其实际投资仅占总投资比例的 15.51%。张培亮与刘长忠商议,开发过程中有很多事情需张帆关照解决,就不再让张帆继续投入资金,将来仍按 20%分红。刘长忠和孙诚发等人表示同意。2008 年年底,张帆等人分别收回各自的投资本金后,将"太和世家"剩余的 75 间门面房作为利润分成 5 份予以分配。张帆分到利润总额的 20%,在找补差价后,实际价值为 650. 92112 万元。而按其实际投资占总投资比例的 15. 51%计算,其应得利润为 504. 789329 万元,即张帆获得超额利润 146. 131791 万元。

另查明,张帆在担任太和县经济适用房公司经理期间,利用职务便利收受工程承包人礼金人民币 8 万元,为上述人员谋取利益。

二、裁判要旨

No. 8-385-15　利用职务便利为自己与他人的合作项目谋利,从中获取超出其出资比例的分红的,应认定为受贿罪。

受贿罪的基本构成要件有三个方面:一是利用职务上的便利,这一要件以主体要件适格为前提;二是为他人谋取利益,以他人请托或知情并因此给予财物为条件;三是权钱交易,即索取或非法收受他人财物。同时要注意把握受贿罪中公权力的不可私用性和不可收买性。

第一,被告人张帆"利用职务便利"为项目谋利,不属于股东正常参与项目的经营管理行为。

行为人利用了职务便利为他人谋取私利,不论该"私人"是否包含自己,由于其侵犯了公权力的不可私用性,均不属于普通的经营管理行为。本案中,被告人张帆时任太和县建设局副局长,对建设项目用地和审批等有直接的职务便利,张培亮、刘长忠等人会选择与张帆合作该项目正是基于对张帆该职务便利的期待,双方对这一点均明知。合作后,张帆积极利用其担任建设局副局长这一领导职务的便利,使与其有制约或者隶属关系的他人按照其要求为涉案项目谋取利益,而非利用地缘、人缘等职务外便利或普通工作上的便利,其侵犯了公权的不可私用性,具备受贿犯罪的第一个要件。

第二,被告人张帆为自己谋利的同时亦为他人谋利。

太和世家项目不论发起、出资、分配利润,自始至终不是张帆一人,张帆仅在其中占有少量比例(约定20%,实际只出资15%余),项目所获利润并非张帆一人所有,其完全明知自己是在为整个项目的土地获得和顺利进行而向他人打招呼,是为项目所涉每个股东谋取利益;此后的分红情况和证人证言进一步证明,张帆拥有并利用了能为项目协调解决问题、为股东谋取利益的职权,这是其他股东同意张帆出资15%余却按20%分红的原因所在。因此具备了受贿犯罪的第二个要件。

第三,被告人张帆获取的超额分红中应含有他人的份额,亦即收受了他人财物。

受贿犯罪侵犯的核心法益是公权的廉洁性,即不可收买性。如果张帆没有收受他人财物的故意和行为,即使其利用了职务便利为项目谋取利益,同时符合上述两个构成要件,亦不能构成受贿罪。本案中,张帆未足额投资,但其他股东考虑到需要其职务帮助,同意其仍按约定比例分红,后其按约定比例而非实际投资比例获得分红,而其多获得的分红款正是本属于其他股东而由其他股东让渡的利润。张帆显然明知利益的获取与其职务行为有关,而其他股东也显然不是基于平等自愿的意思自治同意多给张帆股份,而正是看中张帆职务所能带来的便利和利益,把自己应得的利润让渡给了张帆。故权钱交易特征明显,具备受贿犯罪的第三个要件。

案例:方俊受贿案

案例来源:《刑事审判参考》总第51集[第407号]

主题词:国家工作人员　受贿罪

一、基本案情

被告人方俊,男,1962年7月14日生,大专文化,原系慈溪市园林管理处副主任。因涉嫌犯受贿罪,于2003年1月16日被逮捕。

浙江省慈溪市人民法院经审理查明:慈溪市园林管理处系国有事业单位。2000年12月,被告人方俊被聘任为慈溪市园林管理处副主任,分管绿化建设及绿化养护等工作,对绿化建设、养护等工程的方案、招投标、竣工验收等方面具有一定的决定权。

2000年12月到2002年11月间,慈溪市海逸园林有限公司多次与慈溪市园林管理处签订了绿化养护工程合同,承接了慈溪市园林管理处发包的绿化养护增绿工程。为了方便工程竣工验收,以及在"养护工程邀请招标时予以考虑",慈溪市海逸园林有限公司经理施建耀与被告人方俊达成口头协议,约定方俊利用休息日及业余时间为施建耀所在公司承建的慈溪市西大门景观绿地建设工程提供技术支持和进行质量监督管理,慈溪市海逸园林有限公司付给方俊12万元报酬。此后,方俊并未实际参与慈溪市海逸园林有限公司的任何工作。2002年12月5日,慈溪市海逸园林有限公司经理施建耀送给方俊面额为人民币 12 万元的现金支票一张。嗣后,方俊通过委托他人将该支票兑现并将之藏匿于家中。案发后,此款已被侦查机关收缴。

慈溪市人民法院认为,被告人方俊身为国家工作人员,利用职务之便,非法收受他人贿赂,为他人谋取利益,其行为已构成受贿罪。公诉机关指控罪名成立。被告人方俊受全民事业单位慈溪市园林管理处聘任担任职务,应认定为在国有事业单位中从事公务的人员。国家对事业单位实行聘用合同制改革,并不改变受聘于国有事业单位并担任管理职务的人员属从事公务的性质,且《刑法》第九十三条第二款对国有事业单位中从事公务的人员,以国家工作人员论,也未有任何其他限制性条件。故辩护人有关被告人方俊的身份不符合受贿罪主体的辩护意见与法相悖,不予采纳。本案没有证据能够证实被告人方俊参加了慈溪市西大门景观绿地建设工程的施工指挥和指导,故被告人方俊与施建耀之间即使曾形成口头聘用合同,也因未实质履行而不产生权利、义务关系,有关劳务报酬的辩解不能成立。

慈溪市园林管理处具有参与本案所涉及的绿化建设工程验收、养护工程考核、后续绿化养护工程招投标的组织管理等权力,被告人方俊系该单位分管绿化建设、养护工程的副主任,因此,其职权与前述工程具有关联性。被告人方俊正是利用其职务便利,承诺为行贿人谋取利益,至于其是否着手为他人谋取利益,有否为他人谋取了利益,并不影响受贿罪的构成,贿赂双方就行送与收受的意图或认识,彼此是否明示,也不改变行为的贿赂性质。

本案被告人方俊与施建耀之间借支取劳务报酬之名,行贿赂之实,足以认定。被告人方俊及其辩护人的相关辩护意见无事实和法律依据,均不予采纳。为维护国家机关正常的管理活动和国家工作人员职务行为的廉洁性,打击犯罪活动,依照《中华人民共和国刑法》第三百八十五条第一款、第三百八十六条、第三百八十三条第一款第(一)项、第六十四条、第五十五条第一款、第五十六条第一款之规定,于 2003 年 5 月 28 日判决如下:

1. 被告人方俊犯受贿罪,判处有期徒刑十年,剥夺政治权利一年;
2. 被告人方俊犯罪所得的赃款十二万元,予以追缴。

宣判后,方俊不服,上诉于浙江省宁波市中级人民法院。

方俊上诉提出:2001 年 11 月,慈溪市海逸园林有限公司承接西大门绿化工程时,该公司经理施建耀曾邀请其帮助工作并支付其人民币 12 万元劳务费,在工程施工过程中其为该公司提供了 40 余天的技术、管理服务,因此,其于 2002 年 12 月收取施建耀的人民币 12 万元系其提供劳务应得报酬,与其在 2002 年 10 月应允施建耀在"养护工程邀请招标时予以考虑"无必然联系,要求二审查明事实,改判其无罪。

方俊的二审辩护人提出,上诉人方俊曾接受西大门绿化工程承建单位慈溪市海逸园林有限公司的邀请任该工程的总指挥,与海逸园林有限公司订立口头聘用合同,且在施工过程中,方俊实质性地履行了口头聘用合同,海逸园林有限公司支付人民币 12 万元是履约行为;方俊在西大门绿化工程中履约为海逸园林有限公司提供技术、管理服务的行为与其担任园林管理处副主任的职务无关,其以普通技术人员的身份参与工程施工并收取报酬,并无受贿故意;方俊参与施工给海逸园林有限公司增加了约 70 万元收入,并保证了工程按期保质完成,其收取 12 万元报酬并无不合理因素。即使认定方俊有受贿嫌疑,也必须认定涉案人民币 12 万元当中包含劳动报酬的成分,在没有依据区分二者比例的情况下,不能认定上诉人有罪。

宁波市中级人民法院经审理认为,在慈溪市西大门景观绿地建设工程中,慈溪市园林管理处具有绿化建设、养护工程验收、养护工程考核等参与权,后续绿化养护工程的组织管理权,上诉人方俊恰系慈溪市园林管理处分管绿化建设、养护工程的副主任;行贿人施建耀供述称,在慈溪市西大门景观绿地建设工程中,其公司外聘一位资深的项目经理,月薪也不会超过 1 万元,且辩方提供的证据不能说明方俊具体提供了哪方面的技术和管理服务。因此,即使上诉人方俊在慈溪市西大门景观绿地建设工程中为慈溪市海逸园林有限公司提供了技术、管理服务,根据上诉人方俊的职权,结合上诉人方俊收受的"劳务报酬"的数额,也应当认定上诉人方俊与施建耀之间的"劳务聘用关系"基于上诉人方俊的职务之便所形成,属于以劳务聘用为名,行贿赂之实,应全额认定。故上诉人方俊及其辩护人关于涉案人民币 12 万元属于方俊付出劳务而应得劳务报酬的上诉理由和辩护意见,均不能成立,不予采纳。

上诉人方俊身为国家工作人员,利用职务上的便利,非法收受他人钱财,为他人谋取利益,其行为已构成受贿罪。原判认定事实清楚,证据确实,适用法律正确,量刑适当,审判程序合法。据此,根据《中华人民共和国刑事诉讼法》第一百八十九条第(一)项之规定,于 2003 年 7 月 1 日裁定如下:驳回上诉,维持原判。

二、裁判要旨

No. 8-385-16 国有事业单位聘用的合同制管理人员,从事公务的,应当认定为国家工作人员。

《刑法》第九十三条第二款规定,国有事业单位中从事公务的人员,以国家工作人员论。本案中的慈溪市园林管理处系国有事业单位,被告人方俊担任慈溪市园林管理处副主任,分管绿化建设及绿化养护等,从所任职务、工作内容性质考察,其不同于一般工作人员,而是属于从事公务,故应当认定为在国有事业单位中从事公务的人员,符合《刑法》第九十三条第二款的规定,以国家工作人员论。需要指出的是,国家对事业单位实行聘用合同制改革,并不改变受聘于国有事业单位并在其中担任一定管理职务的人员属于从事公务的性质,只要是在国有事业单位中实际处于从事公务的职位、行使和承担具有公务性质的权力和责任,无论其职务是依据何种人事政策或以何种程序确定,均应当以国家工作人员论。

No. 8-385-17 区分国家工作人员受贿与收取合理报酬的界限主要在于以下三点:(1)国家工作人员是利用职务便利为他人谋利收受财物还是利用个人技术换取报酬;(2)是否确实提供了有关服务;(3)接受的财物是否与提供的服务等值。

国家工作人员没有利用职务便利,仅仅是利用个人的技术、管理专长为他人提供服务,收取相应报酬的,因为没有职权与金钱交易性质,故该报酬属于合理收入,不应认定为受贿。可见,受贿与收取合理劳务报酬的区分关键就在于国家工作人员是利用职务便利为他人谋取利益而收受的财物,还是利用个人技术为他人提供服务取得相应报酬。

在贿赂犯罪的实行过程中,为了达到掩人耳目逃避法律追究的目的,行贿人与受贿人之间往往以某些合法形式掩盖权钱交易的非法实质,本案就属于一种典型的以所谓劳务报酬的形式掩盖行贿受贿的情形,对这些情况在司法实践中需要予以特别注意。例如,双方在行送财物过程中均无提出有关服务的意思表示,案发后被告人无中生有地以所谓劳务报酬名义进行辩解,自当认定为受贿;双方在行送财物过程中有过提供服务的意思表示并达成一致,但客观上国家工作人员并未按约提供有关服务,而是利用职务便利为他人谋利益,收取所谓的劳务报酬,这是借劳务之名收取贿赂,当然应认定为受贿。

在本案中,被告人方俊身为慈溪市园林管理处分管绿化建设、养护工程的副主任,在慈溪市西大门景观绿地建设工程中,具有绿地建设工程验收、考核参与权、后续绿化养护工程的组织管理权,行贿人正是看重其上述职权才以所谓劳务报酬名义给予其财物的,具有行贿受贿的动机,所谓的工程谈判、指导服务系属于被告人职责范围内的事项。从本案证据上看,辩方并未提供说明被告人方俊具体提供了哪方面的技术、管理服务的证据,相反,本案却有证据能够证实被告人方俊没有参加相关土建工程的分包谈判和施工的指挥和指导,故被告人方俊与施建耀之间即使形成口头聘用合同,也不等于方俊向对方提供了与职务无关的技术服务,故有关劳务报酬的辩解不能成立。而且,行贿人施建耀交代,即使公司外聘一位资深的项目经理,月薪也不会超过 1 万元,可见,从方俊在本案中收取的远远超出正常标准的所谓报酬数额本身,也充分反映出其性质不是劳务报酬。综上,被告人方俊与行贿人施建耀之间是借劳务聘用名义,行贿赂之实,方俊的行为构成受贿罪。

国家工作人员如果利用职务上的便利为他人谋取利益,收受他人财物,本质上符合权钱交易的特征,应当属于受贿,在此过程中,行为人出于某种考虑也会有向行贿方提供个人技术服务的活动,这在原则上不能对定罪产生影响,如果是为掩饰受贿提供了少量的技术服务,对量刑不应当产生影响。只有在利用职务便利为他人所谋利益较小,而收受财物同时掺杂了较大量的提供个人技术服务因素的情形下,才可能成为影响量刑的酌定情节。这样处理既有法律依据,也符合社会生活实际。否则,对于这种具有技术服务内容的受贿,被告人均会以其提供了技术服务为名逃避法律追究,这显然不利于惩治腐败,也不符合刑法的立法原意。对于单纯利用个人技术、管理专长为他人提供服务而收取合理数额报酬的,不宜认定为受贿。这里所说的合理数额报酬,是说收受的劳务报酬在数额上应与其提供服务的正常市场价值相当,如果明显超出市场同类服务报酬数额的,这种行为的性质就发生了转化,超出了正常劳务报酬的范畴,因为如果没有国家工作人员的身份职权影响,这种情况是不可能发生的,这明显属于利用合法报酬之名掩盖非法权钱交易之实,应当全额认定为受贿。

案例:马平等受贿案

案例来源:《刑事审判参考》总第 59 集[第 470 号]

主题词:受贿罪 犯罪数额认定

一、基本案情

被告人马平,男,1957 年 5 月 26 日出生,研究生文化,原系中共重庆市铜梁县委书记。因涉嫌犯受贿罪,于 2006 年 9 月 13 日被逮捕。

被告人沈建萍,女,1962 年 10 月 24 日出生,大学文化,原系重庆市南岸区人民检察院检察员。因涉嫌犯受贿罪,于 2006 年 9 月 11 日被逮捕。

重庆市第一中级人民法院经审理查明:

1. 被告人马平在担任铜梁县委书记期间,利用其职务之便,多次分别收受熊泽亮贿赂现金共计 12.36 万元、刘久伦贿赂现金共计 5.7 万元人民币,在该县干部人事调整中为二人谋取了利益。(1)2003 年年初,原铜梁县委组织部副部长熊泽亮通过他人与马平联系,向马表示希望到较好的部门任职,事成后予以感谢。后马平主持县委书记办公会和县委常委会,讨论通过熊泽亮任财政局党组书记、局长的方案。同年 6 月,熊泽亮被任命为铜梁县财政局局长。为感谢马平的关照,熊泽亮以铜梁县财政局获得各种奖励为借口,多次送给马平现金共计 12.36 万元。(2)原任铜梁县安溪镇镇长的刘久伦想调动到县城工作,为得到马平的支持,于 2002 年春节至 2006 年 1 月间多次送给马平现金共计 5.7 万元。此后,马平主持县委书记办公会和县委常委会,讨论通过刘久伦任铜梁县畜牧业发展服务中心党组书记、主任的方案。2006 年 3 月,刘久伦调任铜梁县畜牧业发展服务中心党组书记、主任。

2. 1996 年前后,时任黔江县副县长的马平及其妻沈建萍与叶显军相识。2000 年年初,叶显军被重庆市天龙房地产开发有限公司(以下简称"天龙公司")聘为公司副总经理,后经叶显军引见,该公司总经理刘栋华认识了二被告人。马平、沈建萍在与天龙公司的多次房产交易中,共同收受天龙公司财物共计折合人民币 2055763 元;在此期间,天龙公司总经理刘栋华等人于 2003 年年初向马平提出到铜梁县投资水泥项目工作,马平多次利用其职务之便为天龙公司在铜梁县投资的金江水泥项目的引进、文件审批、用地审批、办理采矿许可证、贷款、道路建设等方面谋取利益。具体收受贿赂的事实如下:

(1)2000 年 9 月 23 日,马平、沈建萍与天龙公司签订合同,购买其开发的金紫大厦 5 单元 16-1、17-1 号住宅,房价 294273 元,沈建萍当日支付现金 154273 元,并约定欠款 14 万元由银行按揭支付。2001 年 2 月,天龙公司向沈建萍出具购房全款发票。2002 年 3 月 28 日,中国建设银行南坪支行将沈建萍申请的按揭贷款 15 万元划至天龙公司账上。2002 年 10 月,马平、刘栋华等人约定并将金紫大厦住宅 15 万元按揭款作为马平、沈建萍另欲购买的天龙公司开发的天龙广场门面款,并约定原欠房款免交。2004 年,天龙公司清理财务账时发现账上还挂着沈建萍购买金紫大厦的住宅欠款,刘栋华考虑到天龙公司正在铜梁县进行的金江水泥项目,为取得马平对金江水泥项目的支持,安排财务人员按照约定将该笔欠款从公司账上冲销平账。2005 年 11 月,沈建萍取得金紫大厦住宅房地产权证。至案发,两被告人一直未支付应交的 14 万元欠款。

综上,马平、沈建萍非法收受天龙公司财物 14 万元。

(2)2001 年 2 月,马平、沈建萍以其女儿马某某的名义签订合同,以每平方米 1 万元的低价购买天龙公司开发的南坪商业大楼负一楼 181、180 号商铺,面积为 27.5 平方米,总价 27.5 万元。2002 年年底,因商铺出现经营困难等原因,天龙公司有意按原价返购已售出商铺,后由于公司资金困难,取消了返购计划。2003 年 6 月左右,刘栋华、叶显军为了争取马平对天龙公司在铜梁县投资的金江水泥项目的支持,决定单独返购二被告人所购商铺,并与其约定返购价为每平方米 2 万元。同年 7 月 7 日,天龙公司支付沈建萍返购款 54.68 万元。二被告人以此方式非法收受天龙公司财物 27.18 万元。

3. 2001 年下半年,马平、沈建萍得知天龙公司准备开发重庆市南岸区南坪正街的天龙广场项目,便对刘栋华、叶显军提出优惠购买门面,并初步选定现中国银行所处的位置,价格约定为每平方米 5000 元。2001 年 12 月沈建萍向天龙公司付款 25 万元。2002 年 10 月 7 日,马平、沈建萍按照此前与刘栋华、叶显军的约定,将金紫大厦住宅 15 万元银行按揭贷款作为交纳天龙广场门面的购房款。2002 年 8 月,天龙广场开盘预售后,二被告人发现其原先选定的门面已出售给中国银行,遂对刘栋华、叶显军表示不满。刘栋华、叶显军当即陪同二人另选了 99 号门面。2003 年年初,沈建萍与天龙公司签订天龙广场 99 号门面购房合同,约定每平方米 5000 元,总价 49.275 万元。在此期间,刘栋华和叶显军为了争取马平对金江水泥项目的支持,以补偿 99 号门面为由,提出将天龙广场 101 号门面送给马平,二被告人认为送门面不妥,叶显军便提出按每平方米 2000 元计算,后沈建萍与天龙公司签订天龙广场 101 号门面购房合同,每平方米 2000 元,总价 12.672 万元。沈建萍于 2004 年 7 月 29 日、2005 年 7 月 23 日分别取得 99 号、101 号门面房产证。重庆康华会计师事务所《房价比较报告》载明:天龙广场 99 号门面区域平均销售价为每平方米 20296.46 元、天龙广场 101 号门面区域平均销售价为每平方米 5000 元。扣除已付现金,二被告人以低价购房形式非法收受天龙公司财物 1643963 元。

重庆市第一中级人民法院认为,被告人马平身为国家机关工作人员,在担任铜梁县县委书记期间,利用职务之便,收受熊泽亮、刘久伦、天龙公司贿赂共计折合人民币 2236363 元,并为其谋取利益。被告人沈建萍身为国家机关工作人员,伙同马平收受天龙公司贿赂共计折合人民币 2055763 元,其行为均已构成受贿罪。鉴于在共同犯罪中,被告人沈建萍起帮助作用,系从犯,综合其在案件中的地位和作用,对沈建萍可予减轻处罚。根据《中华人民共和国刑法》第三百八十五条第一款、第三百八十六条、第三百八十三条第一款第(一)项、第二十五条第一款、第二十七条、第九十三条第一款、第六十四条之规定,判决如下:

1. 被告人马平犯受贿罪,判处有期徒刑十三年;

2. 被告人沈建萍犯受贿罪,判处有期徒刑五年;

3. 对被告人马平受贿所得赃款人民币 18.06 万元继续予以追缴,对被告人马平、沈建萍共同受贿赃物折合人民币 205.5763 万元继续予以追缴。

一审宣判后,被告人马平、沈建萍不服,向重庆市高级人民法院提起上诉。

被告人马平、沈建萍的上诉理由及其辩护人的辩护意见均认为二人的行为不构成受贿罪,其具体意见是:(1)马平、沈建萍均提出原判所采用的二人的有罪供述系受刑讯逼供所作,内容不实,不应采信。(2)马平及其辩护人均提出熊泽亮送给马平的奖金金额应为 2.9 万元,且马平主观上没有收受熊泽亮贿赂的故意,不应认定为受贿。(3)马平提出其从未收受过刘久伦的贿赂,其辩护人认为认定马平收受刘久伦贿赂的证据不足。(4)马平、沈建萍及其辩护人均提出,马、沈二人与天龙公司的涉案房产交易均系民事行为,且与天龙公司投资金江水泥项目之间没有内在联系,马平、沈建萍亦未利用职权为天龙公司谋利,二人行为均不构成受贿罪。(5)马平有检举他人犯罪的立功表现。

重庆市高级人民法院经审理认为,上诉人马平身为国家工作人员,在担任铜梁县县委书记期间,利用职务之便,在干部人事调整和私人购买商品房过程中,收受熊泽亮、刘久伦、天龙公司贿赂折合人民币共计 2236363 元,并为其谋取利益;上诉人沈建萍身为国家工作人员,伙同马平收受天龙公司贿赂折合人民币2055763元,并利用马平的职务之便为天龙公司谋取利益。二上诉人的行为均已构成受贿罪。马平、沈建萍及其辩护人上诉提出的相关无罪的意见均不能成立,不予采纳。马平及其辩护人提出马平有检举他人犯罪的立功表现的意见,与所查证的事实不符,不予采纳。在共同犯罪中,马平起主要作用,系主犯;沈建萍起辅助作用,系从犯,对其可予以减轻处罚。原判决认定事实清楚,证据确实、充分,定罪准确,审判程序合法。原判决对马平的量刑适当。鉴于在共同受贿犯罪中沈建萍并未利用其本身国家工作人员的身份,而是其丈夫马平利用县委书记的身份受贿,沈建萍只是作为家庭成员在共同受贿中办理具体事项等情节,可对沈建萍在原判刑罚的基础上酌情从轻处罚。依照《中华人民共和国刑事诉讼法》第一百八十九条第(二)项和《中华人民共和国刑法》第三百八十五条第一款、第九十三条第一款、第三百八十六条、第三百八十三条第一款第(一)项、第二十五条第一款、第二十六条第一款和第四款、第二十七条、第六十四条之规定,判决如下:

1. 维持重庆市第一中级人民法院(2006)渝一中刑初字第327号刑事判决第一项、第三项以及第二项中对被告人沈建萍的定罪部分,即被告人马平犯受贿罪,判处有期徒刑十三年;对被告人马平受贿所得赃款人民币18.06万元继续予以追缴,对被告人马平、沈建萍共同受贿赃物折合人民币205.5763万元继续予以追缴;被告人沈建萍犯受贿罪。

2. 撤销重庆市第一中级人民法院(2006)渝一中刑初字第327号刑事判决第二项中对被告人沈建萍的量刑部分,即被告人沈建萍因犯受贿罪判处有期徒刑五年。

3. 上诉人沈建萍犯受贿罪,判处有期徒刑三年。

二、裁判要旨

No.8-385-18 多次收受他人财物,最后接受具体请托为请托人谋利的,以受贿罪论处,受贿金额为多次收受的财物的累计数额。

《刑法》第三百八十五条第一款规定,国家工作人员利用职务上的便利,索取他人财物的,或者非法收受他人财物,为他人谋取利益的,是受贿罪。据此,受贿罪的本质在于"权钱交易",即国家工作人员利用手中职权换取行贿方给予的财物。对于单纯收受型受贿罪(相对于索贿)而言,成立受贿罪要求行为人收受贿赂时主观上应当具有为他人谋利的意思。这里的"为他人谋利"不能仅仅理解为客观上实施了为他人谋利的行为,应当包括承诺、实施、实现三个阶段,只要具有其中一个阶段的行为,如国家工作人员收受他人财物时,根据他人提出的具体请托事项,承诺为他人谋取利益的,就具备了为他人谋取利益的要件。对于明知他人有具体请托事项而收受其财物的,亦应当视为承诺为他人谋取利益。因此,"为他人谋取利益"的时间是在非法收受他人财物的同时还是之前或者之后,均不影响受贿罪的成立,只要受贿人明知所收受的财物具有与之相对的具体请托事项,也即受贿人明知收受的财物与具体的请托事项具有因果关系的,就成立受贿罪。

在本案中,金江水泥项目开始之前,天龙公司总经理刘栋华对被告人马平虽无具体请托事项,但正是看中了马平作为县委书记所拥有的权力地位有可能为其公司谋取利益,才多次以房产交易形式送给马平数额巨大的财物以联络感情,为日后谋取利益进行先期投资。对此,天龙公司的总经理刘栋华、副总经理叶显军的证言证实了其这种感情投资的主观动机;在金江水泥项目开始之前多次接受天龙公司的感情投资过程中,马平明确作出过承诺"以后有什么事找我,能帮的一定帮",沈建萍对此亦曾多次供认,因此马平、沈建萍主观上对对方为何多次给予其购买房产的大幅优惠的原因是明知的。在金江水泥项目工程开始后,天龙公司总经理刘栋华等人就向马平提出到铜梁县投资水泥项目希望其给予帮助,马平多次利用其职务之便为天龙公司在铜梁县投资的金江水泥项目的引进、文件审批、用地审批、办理采矿许可证、贷款、道路建设等方面谋取了利益。也就是说,从一开始,本案的行、受贿双方就清楚地知道这种财物的给予是建立在权钱交易基础之上的,行贿人正是看重这样的投资具有可期待的利益,受贿人亦通过明示或暗示承诺以日后利用职务之便为行贿人谋利作为回报,一旦行贿人提出具体请托,收受人接受具体请托为投资人谋利,这种投资就实现了回报,行贿、受贿双方的权钱交易就告完成。这种接受先期感情投资的受贿方式是当前贿赂犯罪不断演化的一个新形式,具有更大的隐蔽性和危害性,完全符合受贿罪的构成要件,应当依照刑法以受贿论处。对于受贿数额,应当将历次收受的财物予以累计计算。

综上,被告人马平、沈建萍在与天龙公司的多次所谓房产交易中,利用行贿人免除部分房款、低价出售高价返购、明显低价出售门面的手段获取不正当利益共计人民币2055763元,在此期间,马平多次利用其职务之便为天龙公司在铜梁县投资的金江水泥项目的引进、文件审批、用地审批、办理采矿许可证、贷款、道路建设等方面谋取了利益,已构成受贿罪。被告人沈建萍在主观方面有与马平共同受贿的故意,客观上实施了与行贿人商谈购房事宜、具体签订合同、交款、办理结算、产权手续等行为,其与马平构成受贿的共犯,但考虑到沈建萍在受贿犯罪中所起的实际作用,在共同受贿犯罪中沈建萍并未利用其本身的国家工作人员身份受贿,只是作为家庭成员在共同受贿中进行了协助,二审法院对沈建萍在原判刑罚的基础上酌情从轻处罚是恰当的。

案例:王海峰受贿、伪造证据案

案例来源:《刑事审判参考》总第18辑[第113号]

主题词:受贿罪 数罪并罚

一、基本案情

被告人王海峰,男,1966年3月29日出生,大学文化,原系武汉钢铁(集团)公司法律顾问处干部暨武钢律师事务所律师。因涉嫌犯受贿罪、伪造证据罪,于1999年9月18日被逮捕。

湖北省武汉市中级人民法院经审理查明:1997年11月至1998年7月间,湖北中钢物贸有限责任公司(以下简称"中钢公司")与湖北鑫鹰物贸公司(以下简称"鑫鹰公司")口头约定购销钢材8258.605吨,总金额 2415.7669万元,鑫鹰公司按约定交货后,中钢公司支付货款1945.1699万元,尚差贷款470余万元。1997年11月20日,中钢公司通过武汉钢铁(集团)公司(以下简称"武钢集团")委托辽阳铁合金厂、南通港务局、镇江港务局利用武钢集团内部转账支票将651万元货款汇至鑫鹰公司在武钢集团的账户上。由于是通过中间环节转入鑫鹰公司账户,鑫鹰公司的账上未反映是中钢公司付的货款。1998年6月,中钢公司法人代表赵锅生因车祸身亡。由于中钢公司拖欠武钢集团货款8700余万元,武钢集团对中钢公司提起诉讼,并通过青山区人民法院查封了中钢公司的全部财产及账务。同时要求与中钢公司有业务往来的公司与中钢公司对账,否则,冻结与其业务往来。鑫鹰公司于1998年9月以中钢公司拖欠货款470万余元为由向武汉市中级人民法院提起民事诉讼,武汉中院受理后,于1998年9月作出(1998)武刑初字第357号民事判决,判处中钢公司支付鑫鹰公司钢材款475万余元,并付违约金9.4万余元。中钢公司不服,向湖北省高级人民法院提出上诉。武钢集团经中钢公司认可,指派被告人王海峰担任中钢公司二审诉讼代理人。

在二审期间,被告人王海峰在调查过程中,发现中钢公司于1998年1月20日通过南通港务局、镇江港务局、辽阳铁合金厂服务部3个单位,共支付给鑫鹰公司人民币651万元。该证据证实中钢公司不仅不欠鑫鹰公司的货款,而且还多支付了人民币180.4万余元。王海峰将此情况告诉了鑫鹰公司法定代表人蒋某和总经理樊某,并说明此证据在二审时将对鑫鹰公司不利。樊某提出以中钢公司的名义出个证明,让王海峰帮忙盖中钢公司的章,王海峰表示同意。樊某等人合谋伪造了一份中钢公司函件,内容为:"湖北鑫鹰物资有限公司:我公司通过镇江港务局、南通港务局以及辽阳铁合金厂服务部三家付给湖北锦鹰贸易有限公司订购武钢钢坯货款共计651万元,现根据锦鹰公司的要求汇入你公司在武钢的账户上。特此证明,落款,湖北中钢物贸有限公司。1997年12月26日"。王海峰以中钢公司诉讼代理人的身份,在该函件上偷盖了中钢公司的印章从而改变了原有的法律关系。然后由鑫鹰公司律师提交给湖北省高级人民法院。湖北省高级人民法院据此认定651万元系另一法律关系,裁定驳回上诉,维持原判。事后,王海峰收受樊某给的人民币8万元。

1998年10月,被告人王海峰作为中钢公司诉讼代理人会同青山区人民法院对江苏省常州市常州经济发展公司的债权进行清理,青山区法院将该公司165.872吨钢材查封后,委托中钢公司全权委托人樊某变卖。事后,王海峰陪同法院的两名工作人员到上海等地办事。回武汉后,王海峰找到樊某以有些费用不能报销为由,收受樊某给的人民币1万元。

武汉市中级人民法院认为:被告人王海峰受国有公司委派,作为非国有公司诉讼代理人,利用职务便利帮助对方当事人伪造证据,严重妨害国家司法机关的正常诉讼活动,并在代理活动中收受贿赂人民币9万元,其行为构成受贿罪、帮助伪造证据罪。依照《中华人民共和国刑法》第三百八十五条、第三百八十六条、第三百八十三条第一款第(二)项、第三百零七条第二款、第六十九条第一款的规定,于2000年8月9日判决如下:

被告人王海峰犯受贿罪,判处有期徒刑六年;犯帮助伪造证据罪,判处有期徒刑二年。决定执行有期徒刑七年。

一审宣判后,王海峰不服,以不具备受贿罪的主体资格,不构成受贿罪为由,向湖北省高级人民法院提出上诉。

湖北省高级人民法院经审理认为:上诉人王海峰作为武钢集团法律顾问处工作人员,受国有公司委派担任非国有公司诉讼代理人,所代表的是武钢集团的利益,其诉讼活动的行为是执行公务的行为。在代理活动中,利用职务便利帮助对方当事人伪造证据并收受人民币9万元的行为,已构成受贿罪、帮助伪造证据罪。上诉人王海峰及辩护人提出不是执行公务,不具备受贿罪的主体资格,不构成受贿罪的理由不能成立。原审判决定罪准确,量刑适当,审判程序合法。依照《中华人民共和国刑事诉讼法》第一百八十九条第(一)项的规定,于2001年3月22日判决(因有其他被告人被依法改判,故用判决——编者注):驳回上诉,维持原判。

二、裁判要旨

No. 8-385-19 受国有公司委派担任非国有公司诉讼代理人期间收受他人财物的,应以受贿罪论处。

被告人王海峰在担任中钢公司诉讼代理人期间,利用职务上的便利,帮助对方当事人伪造证据,非法收受人民币8万元的行为,能否以受贿罪追究刑事责任,关键在于:(1)王海峰在担任中钢公司诉讼代理人时是否属于国家工作人员;(2)王海峰伪造证据的行为是否利用了国家工作人员的职务便利。

1. 根据《刑法》第三百八十五条的规定,受贿罪只能由国家工作人员构成,非国家工作人员,只能成为受贿罪的共犯,不能单独构成受贿罪。本案中,被告人王海峰所在的法律顾问处是武钢集团的内设组织,王海峰作为国有公司武钢集团法律顾问处工作人员,系国有公司中从事公务的人员,属于国家工作人员。虽然王海峰担任中钢公司诉讼代理人与一般的律师代理并无不同,但当武钢集团指定法律顾问处代理与公司有关的诉讼业务活动,维护本公司利益,武钢集团法律顾问处指派本处工作人员王海峰为完成武钢集团委派的任务而进行诉讼代理活动时,王海峰的此次代理活动实际上是为了完成武钢集团分配的工作任务,其受单位委派到非国有的中钢公司从事代理诉讼活动,根据《刑法》第九十三条第二款的规定,属于国有公司委派到非国有公司从事公务的人员,应以国家工作人员论,符合受贿罪的主体特征。

2. 受贿罪的成立还必须以行为人利用国家工作人员的职务便利,为他人谋取利益为条件。行为人没有国家工作人员的职务,或者虽有国家工作人员的职务,但在为他人谋取利益时没有利用自己的职务或职务上的便利的,均不构成受贿罪。本案中,虽然在中钢公司和鑫鹰公司的民事诉讼中,王海峰是中钢公司的诉讼代理人,其任务是依法维护中钢公司的合法权益,但其之所以受武钢集团委派担任中钢公司的二审诉讼代理人,是因为武钢集团是中钢公司的债权人,中钢公司的诉讼结果直接关系到武钢集团债权的实现。因此,王海峰在诉讼过程中实际上具有双重身份、负有双重职责:一方面作为中钢公司的诉讼代理人,要维护中钢公司的合法权益;另一方面作为受武钢集团委派从事公务的人员,其职务活动同时是在维护武钢集团自身的利益。也就是说,王海峰的诉讼代理活动,不仅是一种诉讼代理行为,也是一种执行武钢集团的职务活动,即公务活动。王海峰利用职务上的便利,伪造证据,收受鑫鹰公司8万元钱款的行为,符合受贿罪客观方面的特征,应当以受贿罪追究刑事责任。

No. 8-385-20 非法收受他人财物,为他人谋取非法利益行为又构成其他犯罪的,应以受贿罪和其他犯罪实行并罚。

非法收受他人财物,构成受贿罪,以为他人谋取利益为条件。没有为他人谋取利益的,不构成受贿罪。至于所谋取的是合法利益还是非法利益,不影响受贿罪的成立。但由于1997年《刑法》删除了全国人大常委会《关于惩治贪污罪贿赂罪的补充规定》第五条第二款关于因受贿而进行违法活动构成其他罪的,依照数罪并罚的规定处罚的规定,并且在第四百五十二条附件一中明令宣布废止《关于惩治贪污罪贿赂罪的补充规定》,不再适用。1997年《刑法》施行以后,对于为他人谋取非法利益的行为已依法构成犯罪的,是否需要按照《刑法》第六十九条第一款的规定实行数罪并罚,实践中有争议。

我们认为,《刑法》第三百八十六条删除了《关于惩治贪污罪贿赂罪的补充规定》第五条第二款"因受贿而进行违法活动构成其他罪的,依照数罪并罚的规定处罚"的规定,是从立法技术角度考虑的,并不是说对这种情况不再适用数罪并罚的规定,而是由于刑法总则中对数罪并罚问题已有明确规定,没有必要在刑法分则具体条文中再作规定。在没有新的法律规定或者司法解释规定之前,只要行为人的行为构成了数罪,符合刑法关于数罪并罚的规定,就应当按照刑法第六十九条第一款的规定实行数罪并罚。除非法律有特别规定,如《刑法》第三百九十九条第三款规定,司法工作人员贪赃枉法,有徇私枉法或者枉法裁判犯罪行为,同时又构成受贿罪的,依照处罚较重的规定定罪处罚,不按照数罪并罚的规定处罚。在本案中,被告人王海峰收受8万元人民币的行为已构成受贿罪。同时,王海峰在受委派担任中钢公司诉讼代理人过程中,利用职务上的便利,在对方当事人伪造的函件上偷盖了中钢公司的印章,帮助对方当事人伪造证据,从而改变了原有的法律关系,致使人民法院作出了错误的认定,其行为已严重干扰了诉讼活动的正常进行,已构成帮助伪造证据罪。对被告人王海峰应以受贿罪和帮助伪造证据罪并罚。

案例:钱政德受贿案

案例来源:《刑事审判参考》总第50辑[第399号]

主题词:国家工作人员　受贿罪

一、基本案情

被告人钱政德,男,1956年5月1日生,初中文化,原系上海市北外滩地区动迁工作指挥部项目管理部副部长。因涉嫌犯受贿罪,于2004年7月30日被逮捕。

上海市虹口区人民法院经审理查明:上海市轨道交通三号线工程虹口区指挥部、上海市轨道交通明珠线工程虹口区指挥部、上海市轨道交通杨浦线工程虹口区指挥部及上海市北外滩地区动迁工作指挥部,均是上海市虹口区人民政府为上述重大市政工程建设而成立的非常设性机构,主要负责协调、管理相关工程中的具体事项,并受国有建设单位的委托签订部分合同。

被告人钱政德以工人身份,受上海市虹口区人民政府聘用,先后担任上海市轨道交通三号线工程虹口区指挥部、上海市轨道交通明珠线工程虹口区指挥部、上海市轨道交通杨浦线工程虹口区指挥部工作人员及上海市北外滩地区动迁工作指挥部项目管理部副部长,主要负责房屋建筑拆除、垃圾清运等工程项目的处理、管理等工作。

2000年11月至2004年1月,上海市虹口区市容建设公司总经理王红根为了获得各工程中的垃圾清运等业务,先后3次送给被告人钱政德共计人民币33万元。钱政德利用职务上的便利,通过协调操作,帮助上海市虹口区市容建设公司的总经理承揽了一些工程中的垃圾清运业务。

案发后,被告人钱政德已退出全部赃款。

上海市虹口区人民法院认为,被告人钱政德身为国家工作人员,利用职务上的便利,非法收受他人财物,为他人谋取利益,其行为已构成受贿罪。公诉机关指控的罪名成立。被告人钱政德在指挥部领导找其谈话时,能主动如实地供述自己的受贿事实,属于自首,依法可减轻处罚。依照《中华人民共和国刑法》第三百八十五条第一款、第三百八十六条、第三百八十三条第一款第(一)项、第六十七条第一款及第六十四条之规定,2004 年 12 月 20 日判决如下:

1. 被告人钱政德犯受贿罪,判处有期徒刑六年,并处没收财产人民币三万元。
2. 退出的赃款予以没收,上缴国库。

宣告后,钱政德没有上诉,检察机关亦未抗诉,判决发生法律效力。

二、裁判要旨

No. 8-385-21 国家机关设立的非常设性工作机构,应当认定为刑法意义上的国家机关。

《中华人民共和国地方各级人民代表大会和地方各级人民政府组织法》第六十四条规定:"地方各级人民政府根据工作需要和精干的原则,设立必要的工作部门"。地方人民政府作为地方各级国家行政机关,在依法行使行政管理职权过程中,根据工作需要,既可以设立局、处等常设性工作部门,也可以设立其他非常设性工作部门,都是地方人民政府的组成部分。本案中的上海市轨道交通三号线工程虹口区指挥部、上海市轨道交通明珠线工程虹口区指挥部、上海市轨道交通杨浦线工程虹口区指挥部及上海市北外滩地区动迁工作指挥部,均是上海市虹口区人民政府为相关重大市政工程的建设而成立的非常设性机构,其职能主要是负责协调、管理相关工程中的具体事项,并受国有建设单位的委托签订部分合同。虽然这些指挥部均是在一定期限内行使特定专属职权的非常设性机构,但其性质仍然属于国家行政机关。

No. 8-385-22 在国家机关中从事公务的非正式在编人员,应当认定为国家工作人员。

从事公务是国家工作人员的本质特征。2002 年 6 月 4 日召开的全国法院审理经济犯罪座谈会形成的《全国法院审理经济犯罪座谈会纪要》(以下简称《纪要》)明确:"从事公务,是指国家机关、国有公司、企业事业单位、人民团体等履行组织、领导、监督、管理等职责。公务主要表现为与职权相联系的公共事务以及监督、管理国有财产的职务活动。如国家机关工作人员依法履行职责,国有公司的董事、经理、监事、会计、出纳人员等管理、监督国有财产等活动,属于从事公务。"被告人钱政德作为上海市轨道交通三号线工程虹口区指挥部、上海市轨道交通明珠线工程虹口区指挥部、上海市轨道交通杨浦线工程虹口区指挥部及上海市北外滩地区动迁工作指挥部工作人员,代表指挥部负责各重大市政工程中的房屋建筑拆除、垃圾清运等工程项目的管理工作,并被授权代表指挥部签订相关的合同。从其工作内容和性质可以看出,显属在国家机关中从事公务,而不是其辩护人所说的从事的是一种民商事行为。

被告人钱政德虽是以工人身份借调、聘用至指挥部工作,不是国家机关的正式在编人员,但根据《全国人民代表大会常务委员会关于〈中华人民共和国刑法〉第九章渎职罪主体适用问题的解释》关于虽未列入国家机关人员编制但在国家机关中从事公务的人员,在代表国家机关行使职权时,有渎职行为,构成犯罪的,依照刑法关于渎职罪的规定追究刑事责任的规定,认定是否属于在国家机关中从事公务的人员,并不要求行为人具有国家机关在编人员的身份,而是重点强调是否在国家机关中从事公务。只要在国家机关中从事公务,即使是工人、农民身份,亦应认定为《刑法》第九十三条第一款规定的国家工作人员。

案例:王小石受贿案

案例来源:《人民法院案例选》2007 年第 1 辑

主题词:受贿罪 利用职务便利的认定 许诺行为

一、基本案情

被告人王小石。

北京市第一中级人民法院经审理查明:2002 年 3 月至 9 月间,被告人王小石利用担任中国证券监督管理委员会(以下简称"证监会")发行监管部发审委工作处助理调研员的便利条件,通过东北证券有限责任公司(以下简称"东北证券公司")工作人员林碧介绍,接受福建凤竹纺织科技股份有限公司(以下简称"凤竹公司")的请托,通过证监会发行监管部其他工作人员职务上的行为,为凤竹公司在申请首次发行股票的过程中谋取不正当利益,为此王小石收受请托人通过林碧给予的贿赂款人民币 72.6 万元。

北京市第一中级人民法院审理认为:被告人王小石身为国家工作人员,利用本人职权或地位形成的便利条件,通过其他国家工作人员职务上的行为,为请托人谋取不正当利益,收受请托人通过他人给予的贿赂款人民币 72.6 万元,其行为已构成受贿罪,且受贿数额巨大,依法应予惩处,依照《中华人民共和国刑法》第三百八十八条、第三百八十六条、第三百八十三条第一款第(一)项、第一百六十三条第一款、第三百九十二条第一款、第六十九条、第六十一条、第六十四条作出如下判决:被告人王小石犯受贿罪,判处有期徒刑十三年,并处没收个人财产人民币十二万元。

一审宣判后,被告人王小石不服,提出上诉称:没有利用职权或地位形成的便利条件,通过其他国家工作人员职务上的行为,为请托人谋取不正当利益;其辩护人的辩护意见为,王小石不构成斡旋受贿罪。

北京高级人民法院经审理认为:王小石身为国家证券监督管理机构的工作人员,对凤竹公司申请上市发行股票的正当程序已经知悉,但其接受发行股票申请单位的请托后,不遵循正当申报程序,而是利用本人的职权及地位形成的便利条件,采用"吃请送礼"的手段,介绍参与审核和核准股票发行申请的人员与申请单位私下接触,为请托人谋取不正当利益,其从中收受请托人巨额钱财的行为已构成受贿罪,故王小石的上诉理由及其辩护人的辩护意见,缺乏事实和法律依据,不予采纳。上诉人王小石身为国家工作人员,利用本人职权或地位形成的便利条件,通过其他国家工作人员职务上的行为,为请托人谋取不正当利益,收受请托人通过他人给予的巨额贿赂,其行为已构成受贿罪,依法应予惩处。原审法院根据王小石犯罪的事实、犯罪的性质、情节和对于社会的危害程度所作的判决,事实清楚,证据确实、充分,定性及适用法律正确,量刑适当,审判程序合法,应予维持。据此,依照《中华人民共和国刑事诉讼法》第一百八十九条第(一)项的规定,裁定如下:

驳回上诉,维持原判。

二、裁判要旨

No.8-385-23 为请托人谋取不正当利益是一种许诺,该许诺既可以采取明示方式,也可以采取暗示方式。

为请托人谋取不正当利益应理能为一种许诺行为,即只要国家工作人员许诺了为他人谋取利益,就可成立受贿罪。这样避免了将受贿罪的既遂理解为谋取利益行为的实施,也没有缩小受贿罪的处罚范围。许诺的行为可以是明示的,也可以是暗示的。在本案中,王小石及其辩护人都辩称王小石并没有为请托人谋取什么利益。但是如上所述,首先,不管王小石是否实际为谋取利益有所作为,也不管是否成功谋取了利益,都不是本案的关键,关键之处在于王小石是否给予了请托人以谋取利益的许诺。从证据上看,并不能直接得出这样的结论。但是,林碧和凤竹公司的人请王小石帮助凤竹上市一事时,王小石虽没有明确许诺帮忙,但是从其接受钱财并联系审核员出来吃饭的行为上可以得出王小石是同意帮忙的,这就是一种暗示的许诺。

No.8-385-24 国家工作人员索取或者收受的财物与其职务行为相关,即可认定为具备利用职务上便利的要件。

辩护人提出王小石没有利用职权或地位形成的便利条件为他人谋利,因此,不符合受贿罪利用职务便利的客观要求。对此,应该认识到,受贿罪所要求的利用职务便利有不同的情形:一是单纯的行贿人有求于国家工作人员的职务行为;二是国家工作人员已经或者正在为行贿人谋取利益。无论是哪一种情形,都表现了贿赂是职务行为的一种不当报酬,都侵害了本罪所保护的公职行为的不可收买性。只要国家工作人员收受的财物与其职务行为有关,就应当认为是利用了职务上的便利。所以,即使没有实际为他人利用职务行为谋取利益,也成立受贿罪。本案中,王小石及其辩护人都认为王小石的工作职位与凤竹公司上市是没有直接关联的,所以王小石不具备凤竹公司请托事项的职务便利。但是,王小石是证监会的工作人员,凤竹公司也正是看到了王小石的这一工作特殊性,才给予其钱财的。王小石所收受的钱财和职务具有直接的关联,因此,认定其利用了职务便利是没有疑问的。

案例:黄立军受贿案

案例来源:《人民法院案例选》2006 年第 3 辑

主题词:受贿罪 重大立功的认定

一、基本案情

被告人黄立军,男,1963 年 3 月出生。因涉嫌犯受贿罪,于 2005 年 3 月 5 日被刑事拘留,同月 18 日被逮捕,同年 5 月 16 日被取保候审。

浙江省慈溪市人民法院经审理查明:2002 年初到 2004 年某日,被告人黄立军利用先后担任慈溪市经济开发区管理委员会财政所所长、财政局副局长兼财政管理科科长的职务便利,为在开发区承建工程或工程审计的徐沛钿、胡培能、董永康、章国耀、倪红辉、岑锡范等人谋取利益,而先后分别收受前述人员行送的人民币共计 63800 余元、美金计 400 元(折合人民币计 3310.80 元)、银行借记卡计人民币 8000 元、移动电话价值人民币 2400 元。钱物合计人民币 77510.80 元。

另查明,被告人黄立军检举他人于 1995 年底或 1996 年初共同贪污 20 万元人民币,检举他人盗窃工程车(价值人民币 11 万余元)等事实,已经查证属实。

慈溪市人民法院认为,被告人黄立军身为国家工作人员,利用职务上的便利,多次非法收受他人财物,为他人谋取利益,其行为已构成受贿罪。公诉机关指控的罪名成立。徐沛钿之所以行送财物给被告人,是因为被告人利用职权为其谋取利益。至于所谋取的利益大小,与行贿的财物多少,法律并不要求有对应性;行贿的时间是否节假日,以及以什么名目行贿,在有来无往条件下,也不影响其行为属贿赂性质。另经查,被告人未曾馈赠行贿人,双方之间曾有 50000 元借款以及帮助借款等事实发生,但借贷关系的设立,是在权钱交易之后,并且有证据表明与借款无任何关系,也就不存在礼尚往来。虽然被告人于收受财物后,因某种动机而退还部分贿赂款,但这是犯罪既遂以后的行为,不影响该部分犯罪的构成。借记卡是银行卡的一种,虽因不具有透支功能而不属信用卡,但具有消费信用、转账结算、存取现金等功能,是金融凭证之一,即凭有存款余额的借记卡既可在各银行的自动取款机上提取现金,又可在各商场、超市购物,故行送银行借记卡,无异于等额的货币。被告人黄立军是在纪检部门掌握其部分受贿犯罪证据后被双规的,在此期间,对未被掌握的犯罪事实的交代,属坦白范畴和认罪态度问题不符合主动投案并如实供述犯罪事实的自首条件。构成重大立功的前提,在本案情况下是依据从旧兼从轻的刑法原则,被检举人的犯罪依应适用的刑法可能判处无期徒刑以上刑罚的,才符合重大立功的条件。所以衡量被告人所检举的他人的犯罪行为,应处以何种刑罚,只能适用现行刑法。而根据现行刑法,被告人的立功情节属一般,更何况对被检举人的犯罪行为已作出有期徒刑判决。故辩护人的相关辩护意见,本院不予采纳。被告人黄立军有立功情节,依法可减轻处罚。被告人黄立军在纪委"双规"期间主动交代尚未掌握的同种较重的受贿犯罪,依法一般应当从轻处罚。鉴于被告人黄立军自愿认罪,酌情从轻处罚。辩护人要求对被告人黄立军从轻、减轻处罚的相关意见,本院予以采纳。根据被告人黄立军的犯罪情节和悔罪表现,不宜适用缓刑。辩护人要求对被告人黄立军适用缓刑的辩护意见,本院不予采纳。据此,依照《中华人民共和国刑法》第三百八十五条第一款、第三百八十六条、第三百八十三条第一款第(二)项和第二款、第六十八条第一款、第六十四条及最高人民法院《关于处理自首和立功具体应用法律若干问题的解释》第四条之规定,判决如下:

1. 被告人黄立军犯受贿罪,判处有期徒刑二年六个月,并处没收财产一万元。

2. 被告人黄立军犯罪所得的人民币 71800 元、美金 400 元及南方高科 H170 移动电话机一部,均予以没收,上缴国库。

二、裁判要旨

No. 8-385-25　收受具有金融支付凭证功能的银行借记卡,达到受贿罪数额标准的,应以受贿罪论处。

银行借记卡同样可成为受贿罪的犯罪对象。《刑法》第三百八十五条规定的财物,就是能够实现物质利益的一般等价物,以及能够进行交换的有形的、具有使用价值的物或者可以行使物质利益请求权的凭证。而银行借记卡是银行卡的一种,虽因不具有透支功能而不属于信用卡,但具有消费信用、转账、结算、存取现金等功能,是金融凭证之一,既可凭有存款余额的借记卡,在各银行的自动取款机上支取现金,也可凭此在特约的商场、超市等商业零售单位购物,因此,银行借记卡属于能行使并实现物质利益请求权的凭证,当然可以成为受贿罪的犯罪对象。辩护人将借记卡(也称购物卡)视为一种不特定的物品,只将其限定在购物品种的不确定性上,而忽视了借记卡作为金融凭证的一种,不仅在购物时具有支付功能而可交换等价之物品,还可以请求银行机构支付等额之货币。

No. 8-385-26　区分一般立功与重大立功,应以被检举、揭发人的犯罪行为是否能被判处无期徒刑以上刑罚为标准。

根据现行《刑法》第六十八条之规定,我国刑法中的立功可分为一般立功和重大立功两种。属于一般立功的,可以从轻或减轻处罚,有重大立功表现的,却可以减轻或免除处罚。而区分一般立功和重大立功的重要标准,则是被检举揭发的重大犯罪行为,提供侦破其他重大案件的重要线索,经查证属实或者协助司法机关抓捕其他重大犯罪嫌疑人等依该犯罪嫌疑人、被告人所犯之罪行,可能被判处无期徒刑以上刑罚等,是重大立功。在被检举、揭发的犯罪事实发生于刑法修改之前,依原刑法被检举人可能判处无期徒刑以上刑罚;依现行刑法只能处以有期徒刑时,对检举、揭发他人犯罪行为的被告人是一般立功还是重大立功,应适用被检举、揭发的犯罪嫌疑人、被告人所适用的刑法。因为,立功的大小,主要取决于被检举、揭发的犯罪嫌疑人、被告人依应适用的刑法可能受到刑罚惩罚的轻重程度。据此,在本案情况下,被告人黄立军检举他人贪污犯罪,依从旧兼从轻的刑法适用原则,应适用现行刑法,而根据现行刑法,被检举的贪污犯罪被告人只能判处有期徒刑,故被告人黄立军仅构成一般立功。

案例:许成华受贿、挪用资金案

案例来源:《人民法院案例选》2006 年第 3 辑

主题词:受贿罪　挪用资金罪

一、基本案情

被告人许成华,男,1949 年出生,原系宜良县狗街镇里营村委会党委书记。因本案,于 2004 年 2 月 20 日被宜良县人民检察院取保候审。

云南省宜良县人民法院经审理查明:2001 年 4 月,许成华作为宜良县狗街镇里营村委会党委书记,在由宜良县计划经济贸易委员会、教育局等部门批准拨款的宜良县狗街镇里营村委会建盖的里营小学教学楼和教师宿舍过程中,收受狗街建筑公司第十五工程处队长黄兴伟所送人民币 10000 元,使黄兴伟在工程招标中顺利中标;2001 年 8 月,许成华让正在建盖里营小学的黄兴伟代其赔还其私人借款 10000 元。

被告人许成华在任宜良县狗街镇里营村委员会党委书记期间,利用职务便利,擅自写借条从里营村委会借出公款 28300 元归个人使用;2001 年 3 月 19 日,许成华将村委会的公款 20000 元借给其友高正松使用;2001 年 12 月 25 日,许成华、王孝永、李华共同商量挪用小里营村的集体资金 10800 元购买 9 只鸵鸟归许成华饲养。

云南省宜良县人民法院认为,被告人许成华在协助人民政府从事行政管理工作中,利用职务上的便利,非法收受、索取他人贿赂人民币 20000 元,为他人牟取利益的行为构成受贿罪,依法应予惩处。同时,被告人许成华还利用职务上的便利,挪用集体资金数额较大,供个人使用和借给他人使用,超过3个月未还的行为,构成挪用公款罪,依法应予惩处。被告人许成华犯受贿罪和挪用公款罪,依法应对其实行数罪并罚,被告人许成华挪用公款的犯罪事实系未被司法机关发觉前主动交代的,属自首,且案发后,被告人许成华已积极退还全部受贿及挪用资金款,具有法定从轻、减轻情节。

依照《中华人民共和国刑法》第三百八十五条、第三百八十六条。第三百八十四条、第六十七条、第六十九条、第六十四条、第七十二条之规定,判决如下:

1. 被告人许成华犯受贿罪,判处有期徒刑一年零六个月,犯挪用公款罪,判处有期徒刑二年,总和刑期有期徒刑三年零六个月,决定执行有期徒刑三年,缓刑五年。

2. 被告人许成华受贿赃款人民币20000元依法没收,上缴国库;挪用公款人民币59100元,依法追缴,退还受害单位。

一审判决后,云南省宜良县人民检察院提出抗诉,认为一审判决认定许成华构成挪用公款罪错误,其挪用集体资金的行为构成挪用资金罪。

被告人许成华认为其挪用资金的行为构成挪用资金罪。

昆明市中级人民法院认为,综合本案争议观点,本案的焦点在于许成华在实施挪用款项行为时主体身份是否视为国家工作人员。本院认为,根据全国人民代表大会常务委员会《关于〈中华人民共和国刑法〉第九十三条第二款的解释》,村民委员会等村基层组织人员协助人民政府从事七类行政管理工作时,视为国家工作人员。本案中,许成华作为宜良县狗街镇里营村党委书记,其主体身份是否视为国家工作人员,主要看其行为时是否是协助人民政府从事行政管理工作,是否具备相应的职权。本案中许成华是作为村党委书记,在从事本职工作过程中,利用其所具有的对本村村民在自治范围内的经营、管理活动的职务便利,将集体资金挪归个人使用,因此,此时许成华其主体身份应界定为村民委员会等村基层组织人员,不应视为国家工作人员,其挪用集体资金的行为也相应构成挪用资金罪。抗诉机关对该项事实所提抗诉意见具有法律依据,本院依法予以支持。

对于一审认定许成华构成受贿罪该项事实,昆明市中级人民法院认为,许成华是在建盖里营小学过程中,利用修建里营小学工作的职务便利,收受他人财物,由于里营小学是宜良县计划经济贸易委员会、教育局等部门批准拨款建盖,许成华从事该工作时就属于村民委员会等村基层组织人员协助人民政府从事行政管理工作的情形,根据全国人民代表大会常务委员会《关于〈中华人民共和国刑法〉第九十三条第二款的解释》,此时许成华的身份视为国家工作人员,其收受贿赂的行为相应构成受贿罪。一审对于该项事实定罪准确,本院依法予以维持。

昆明市中级人民法院认为,原审被告人许成华作为村党委书记,在协助人民政府从事行政管理工作过程中,利用该职务便利,非法收受、索取他人贿赂人民币20000元,为他人牟取利益,其行为已构成受贿罪,原审被告人许成华利用其担任村党委书记职务上的便利,挪用集体资金归个人使用,数额较大,其行为已构成挪用资金罪。原审被告人许成华主动挪用资金的犯事实,具有自首情节。一审认定事实清楚,但适用法律不当,本院依法予以改判。

据此,依照《中华人民共和国刑事诉讼法》第一百八十九条第(一)、(二)项,《中华人民共和国刑法》第二百七十二条,第三百八十五条,第三百八十六条,第六十七条,第六十九条,第六十四条,第七十二条之规定,判决如下:

1. 维持云南省宜良县人民法院[2004]宜刑初字第83号刑事判决第二项。即"被告人许成华受贿赃款人民币20000元依法没收,上缴国库;挪用公款人民币59100元,依法追缴,退还受害单位。"

2. 撤销云南省宜良县人民法院[2004]在刑初字第83号刑事判决第一项,即"被告人许成华犯受贿罪,判处有期徒刑一年零六个月,犯挪用公款罪,判处有期徒刑二年,总和刑期有期徒刑三年零六个月,决定执行有期徒刑三年,缓刑五年。"

3. 被告人许成华犯受贿罪,判处有期徒刑一年零六个月,犯挪用资金罪,判处有期徒刑二年,总和刑期有期徒刑三年零六个月,决定执行有期徒刑三年,缓刑五年。

二、裁判要旨

No. 8-385-27 村民委员会等基层自治组织人员在协助人民政府从事行政管理工作时,属于国家工作人员,利用职务便利索取他人财物的,或者非法收受他人财物,为他人谋取利益的,应以受贿罪论处;在从事村民自治范围内的其他管理工作时,属于非国家工作人员,挪用集体资金归个人使用符合挪用资金罪标准的,应以挪用资金罪论处。

在本案中,许成华作为宜良县狗街镇里营村党委书记,因其从事的不同工作,具备不同的职权,就恰好在本案中同时具有了国家工作人员和非国家工作人员两种身份。

1. 对于许成华在建盖里营小学工作过程中,利用职务便利收受他人贿赂的行为,合议庭认为,因里营小学是宜良县计划经济贸易委员会、教育局等部门批准拨款建盖,建盖里营小学的工作就符合《解释》第七项所指,即协助人民政府从事的其他行政管理工作的情形。因此,许成华的身份应视为国家工作人员,利用职务便利收受贿赂的行为也就构成受贿罪。

2. 对于许成华挪用资金的行为,昆明市中级人民法院认为,此时许成华身份是否属于国家工作人员,主要看其行为时是否协助人民政府从事行政管理工作,是否具备相应的职权。本案中,许成华将集体资金挪归个人使用时,利用的是其作为宜良县狗街镇里营村党委书记的身份所具有的对本村村民在自治范围内的经营、管理活动的职务便利,因此,此时许成华的身份仅仅属于村民委员会等村基层组织人员,不应视为国家工作人员,其挪用集体资金的行为也相应构成挪用资金罪。

案例:周小华受贿案

案例来源:《刑事审判参考》总第70集[第584号]

主题词:受贿罪　特定关系人

一、基本案情

被告人周小华,男,1962年6月6日出生,原系浙江省湖州市工商局南浔区分局经检科副科长兼经检大队副大队长(主持工作)。因涉嫌犯受贿罪,于2008年4月15日被逮捕。

浙江省湖州市南浔区人民法院经审理查明:2006年初至2007年底,被告人周小华在担任湖州市工商局南浔区分局经检科副科长兼经检大队副大队长(主持工作)期间,利用其对辖区内市场进行监管和对违法经营的企业、个人进行查处等职务便利,为他人谋取利益,分别收受冯荣兴等人现金和礼卡,合计价值人民币25400元。其中2006年9月,董连富在被告人周小华单位门口,将浙北大厦价值人民币1800元的购物券放在月饼盒中,送给被告人周小华,周予以收受。

另查明,2006年上半年,湖州市东迁建筑工程有限公司直港巷分公司(以下简称"东迁分公司")经理周文荣因无照经营而被南浔工商分局经检大队查处。事后,被告人周小华通过东迁建筑有限公司总经理董连富,安排其妻子张金仙的妹妹张金莲到东迁分公司担任会计。从2006年4月起至2007年年底,无会计从业资格的张金莲出面担任东迁分公司的会计,期间,张金莲在其有会计证的姐姐张金仙的帮助和指导下,完成了东迁分公司2006年度及2007年度的会计工作。周文荣分别在2006年及2007年的年底,先后两次以工资名义交付给被告人周小华现金人民币3万元(其中2006年度为2万元,2007年底,周文荣以2007年度工作量较少,给付1万元)。被告人周小华拿到钱后将钱交给其妻张金仙,张金仙将其中的一部分给予张金莲。

2007年初,被告人周小华妻子的表弟沈子良准备购买湖州巨赢置业有限公司(以下简称"巨赢公司",系私营企业)开发的巨赢花园小区的住房,为此,被告人周小华多次向巨赢公司董事长冯荣兴要求给沈子良购房予以优惠。后沈子良购买标价为人民币335088元的住房1套,享受销售单位的优惠后,房价为人民币327423元,并以此价由沈子良与巨赢公司、湖州远大房地产代理经营有限公司签订了购房合同,购房的首付款收据开票额为人民币147098元,但沈子良实付人民币117098元。对该套房屋,沈子良实付总房款为人民币297423元(比签订合同的价格少人民币30000元)。

2008年4月2日,被告人周小华因涉嫌索取巨赢公司董事长冯荣兴3万元,被湖州市南浔区人民检察院传唤,被告人周小华到案后主动交代了上述犯罪事实。案发后,被告人周小华向湖州市南浔区人民检察院退缴全部赃款。

南浔区人民法院认为,被告人周小华身为国家工作人员,利用职务上的便利,收受他人钱财共计人民币25400元,为他人谋取利益,其行为已触犯刑律,构成受贿罪,公诉机关指控的罪名成立,应依法惩处。关于被告人的辩解和辩护人的辩护意见,经审理认为:(1)冯荣兴应被告人周小华的要求,而给予沈子良买房3万元优惠,沈子良因被告人周小华的身份而获利,鉴于沈子良既非被告人周小华的近亲属,且本案亦无证据证明被告人周小华与沈子良之间具有共同利益关系,故公诉机关指控被告人周小华对沈子良所获得的3万元购房优惠构成受贿罪,不能成立。(2)张金仙、张金莲为东迁分公司做账,是基于被告人周小华的原因,但张金莲和张金仙共同完成了公司两年的会计工作,并非属于"仅是挂名,不实际工作却获取薪酬"之情形,故公诉机关指控被告人周小华收受周文荣3万元构成受贿罪,不能成立。(3)2006年9月周小华收受董连富价值人民币1800元的购物券,并无相应人情事由,并非正当的人情往来,而是董连富为得到被告人周小华职权上的照顾,借中秋节之机送给周小华的,被告人周小华明知对方的用意,仍予以收受,符合受贿罪的犯罪特征,应认定为受贿。被告人周小华因其他事实而到案,到案后主动交代了本案犯罪事实,可视为自首,依法可以从轻或减轻处罚。案发后,被告人周小华退清全部赃款,酌情从轻处罚。根据被告人周小华犯罪的事实、犯罪性质、情节和对社会的危害程度,依照《中华人民共和国刑法》第三百八十五条第一款、第三百八十六条、第三百八十三条第一款第(三)项、第二款、第六十七条第一款、第六十四条及最高人民法院《关于处理自首和立功具体应用法律若干问题的解释》第一条的规定,判决如下:

1. 被告人周小华犯受贿罪,判处有期徒刑二年。
2. 被告人周小华退缴的受贿款人民币二万五千四百元,由扣押单位上交国库。

一审宣判后,被告人没有提出上诉,公诉机关亦未抗诉,判决发生法律效力。

二、裁判要旨

No. 8-385-28 国家工作人员利用职务便利,为特定关系人以外的人谋取利益,双方没有事前通谋,行为人也未获得利益的,不构成受贿罪。

国家工作人员收受他人财物成立受贿,主要有三种情形:一是本人直接收取并归本人所有;二是本人直接收取后直接交给其指定的第三人;三是本人不直接收取,而是授意他人将有关财物直接交给其指定的第三人。对前两种情形,根据法律规定应认定为国家工作人员收受财物。对于第三种情形,较为复杂,2007年最高人民法院和最高人民检察院《关于办理受贿刑事案件适用法律若干问题的意见》(以下简称《意见》)第七条规定:"国家工作人员利用职务上的便利为请托人谋取利益,授意请托人以本意见所列形式,将有关财物给予特定关系人的,以受贿论处。特定关系人与国家工作人员通谋,共同实施前款行为的,对特定关系人以受贿罪的共犯论处。特定关系人以外的其他人与国家工作人员通谋,由国家工作人员利用职务上的便利为请托人谋取利益,收受请托人财物后双方共同占有的,以受贿罪的共犯论处。"

据此可见,对于上述第三种情形是否认定受贿,在判断时应当首先区分实际收受财物的人是否属于特定关系人。根据《意见》规定,特定关系人是指"与国家工作人员有近亲属、情妇(夫)以及其他共同利益关系的人"。近亲属是指"夫、妻、父、母、子、女、同胞兄弟姐妹"。其他共同利益关系的人,关键在于该人是否与国家工作人员有共同利益关系。对于共同利益关系的理解,应注意把握两点:一是共同利益关系主要是指经济利益关系,纯粹的同学、同事、朋友关系不属于共同利益关系,因为受贿罪的本质是权钱交易,没有经济利益往来的不符合受贿本质特征;二是共同利益关系不限于共同财产关系,除共同财产关系外,情夫情妇等关系亦属于特定关系。

在本案中,被告人周小华妻子的表弟沈子良购买商品房,周小华利用自己的身份和职务便利,向房产销售老板提出购房优惠的要求。老板明知购房人为沈子良,但为了与周小华搞好关系,在周小华提出优惠的要求下被迫答应,主动提出并落实了3万元优惠。沈子良因周小华的身份而获利,周小华实际并未获得利益,周小华的行为应属于上述第三种情形。沈子良因为周小华的出面说情而得到了 3 万元的购房优惠,其系周小华妻子的表弟,显然与周小华并非近亲属关系,沈子良购买房屋,并实际付款和居住,在事前事后周小华均未和沈子良商量其要从这优惠的 3 万元中得到什么利益,事实上也确实没有得到任何经济利益。因此,沈子良不属于周小华的特定关系人,也不属于双方通谋后,对收受财物共同占有的情形,根据《意见》的有关规定,被告人周小华的行为不构成受贿罪。

需要指出的是,2009 年 2 月 28 日全国人大常委会通过的《刑法修正案(七)》第十三条增加了一条新罪——利用影响力受贿罪,根据该条规定,国家工作人员的近亲属或者其他与该国家工作人员关系密切的人,通过该国家工作人员职务上的行为,或者利用该国家工作人员职权或者地位形成的便利条件,通过其他国家工作人员职务上的行为,为请托人谋取不正当利益,索取请托人财物或者收受请托人财物的,应当成立利用影响力受贿罪。据此,如果本案发生在《刑法修正案(七)》实施之后,则被告人周小华妻子的表弟沈子良作为与周小华关系密切的人,通过周小华利用其职务便利条件向房产销售老板索要购房优惠的行为,在一定条件下可以构成利用影响力受贿罪。同时,司法实践中应当注意的是,在《刑法修正案(七)》实施之后,由于增加了新的罪名,在认定国家工作人员与其近亲属及关系密切的人是否构成受贿罪共犯的问题上有所不同。

No. 8-385-29 国家工作人员利用职务便利要求给特定关系人安排工作,但特定关系人实际付出相应劳动的,不属于挂名薪酬的情形,不构成受贿罪。

根据《意见》第六条规定,国家工作人员利用职务上的便利为请托人谋取利益,要求或者接受请托人以给特定关系人安排工作为名,使特定关系人不实际工作却获取所谓薪酬的,才以受贿论处。反之,如果特定关系人系从事了正常工作并领取相应正常薪酬的,所领取薪酬为合法劳动所得,不存在非法收受财物问题,不能以受贿处理,当然,虽从事了一定实际工作,如果薪酬明显不成比例的则另当别论。在本案中,东迁分公司原有会计做账,但因工作不能令人满意而遭到辞退。被告人周小华通过董连富安排其妻子的妹妹张金莲担任会计,虽然张金莲没有会计从业资格,但张金莲在其有会计证的姐姐张金仙的帮助和指导下,完成了东迁分公司 2006 年度及 2007 年度的会计工作,应当视为实际进行了工作。董连富给原来的会计每年几千元,但是给周小华妻妹的工资分别是 2 万元和 1 万元,工资交给周小华,由周小华转交。虽然领取的薪酬高于该单位相应职位的过去薪酬水平,但在本案中,不能认为是变相受贿。因为当前一些企业,特别是私营企业,薪酬发放标准仍不规范,完全由老板说了算,认定该职位正常应发放多少薪酬才属合理没有统一标准,较难把握,原来的会计薪酬发放标准可以参考,但又不能完全按照原来的发放标准,因为两者在工作能力上有所区别,原来的会计并不能胜任该工作,因而被辞退。综上,在不能认定本案所领取薪酬明显不成比例,而特定关系人从事了实际相应工作的情况下,不能认定该 3 万元系被告人周小华受贿所得。

案例:蒋勇等受贿案

案例来源:《刑事审判参考》总第 70 集[第 585 号]

主题词:受贿罪 特定关系人 共同犯罪

一、基本案情

被告人蒋勇,男,1962 年 11 月 6 日出生,原系重庆市规划局局长。因涉嫌犯受贿罪,于 2008 年 9 月 13 日被逮捕。

被告人唐薇,女,1969 年 6 月 5 日出生,原系重庆久源商品信息咨询有限公司、重庆嘉汇置业顾问有限公司及重庆瑜然房地产开发有限公司法定代表人。因涉嫌犯受贿罪,于 2008 年 6 月 27 日被逮捕。

重庆市第一中级人民法院经审理查明:2002 年上半年,被告人蒋勇、唐薇确立情人关系后,共谋由唐薇出面为开发商办理规划手续和规划调整业务并收受钱财,利用蒋勇担任重庆市规划局领导的职务之便协调关系,解决调规问题。2004 年 11 月,唐薇在蒋勇的帮助下成立重庆嘉汇置业顾问有限公司,取得丙级城市规划资质等级。为了让该公司顺利开展代办规划业务,蒋勇要求下属市规划局用地处原处长陈明关照唐薇的业务,陈明表示同意。

1. 被告人蒋勇、唐薇共同收受 1615.0367 万元的事实。(1)2004—2007 年,重庆长安房地产开发有限公司薛松、重庆市锦天集团卢志红、重庆金鹏物业(集团)有限公司戴相超、重庆市沙坪坝区覃家岗塑料制品有限公司徐光荣、重庆三木实业有限公司范奉琴、重庆佰富实业有限公司李云旗、重庆天龙房地产开发有限公司叶炳均、中国四联仪器仪表集团有限公司卿玉玲、四川省成都市华瑞实业有限公司刘聚臻、重庆市沙坪坝联芳园区管委会徐生明,为相关项目规划事宜,请托唐薇到市规划局协调关系,唐薇接受请托后告知蒋勇,蒋勇利用自己的职务行为或安排下属予以关照,以及蒋勇接受重庆鲁能开发(集团)有限公司孙瑜有关项目规划事宜的请托,通过唐薇共收受 687.3016 万元。(2)2004—2005 年,重庆艺洲生态农业发展有限公司张华荣、重庆金鹏物业(集团)有限公司戴相超、重庆才宇房地产开发有限公司通过李坚、重庆都市房屋开发有限公司周祖刚、重庆华辰物业发展有限公司林锋、重庆市卢山房地产开发有限公司王大贤,为相关项目规划事宜,请托唐薇到市规划局协调关系,陈明利用职务上的便利予以关照,唐薇共收受 273.84 万元。(3)2005 年 7 月,蒋勇、唐薇商议后成立重庆瑜然房地产开发有限公司,并在蒋勇的帮助下取得房地产开发资质。后蒋勇向唐薇提出将位于重庆市江北区花果小区一地块性质由绿化用地调整为居住用地后,供该公司进行房地产开发。唐薇找到重庆市利丰达房地产开发公司柏昌福,提议合作开发。2006 年 5 月,唐薇与柏昌福签订合同,约定唐薇出资 100 万元,柏昌福出资 1900 万元;唐薇负责该地块的取得、地块性质调整等,柏昌福负责项目资金的筹措、项目建设和销售策划;项目利润分配由唐薇占 49%,柏昌福占 51%。后唐薇为调整该项目规划事宜找到蒋勇,蒋勇利用职务之便协调相关单位和职能部门,办理了相关规划手续。至 2008 年 12 月,该项目完成一期工程,净利润为人民币 1486.1253 万元,扣除实际投入的本金折合股份,唐薇应当分得利润人民币 653.8951 万元。

2. 被告人蒋勇个人受贿的事实。2001—2008 年,重庆麦迪绅投资有限公司、重庆市明瑜实业有限公司委托的王培庆,重庆庆业置业有限公司王晓燕,重庆富洲房地产开发有限公司林金清,重庆协信城市建设发展有限公司吴旭,重庆市国际高尔夫俱乐部有限公司杨传全,重庆美心房地产开发有限公司夏明宪,重庆浦辉房地产开发有限公司曾礼浦,重庆中研房地产开发有限公司陆魁等人,因有关项目规划事宜,请蒋勇关照,蒋勇予以支持,共收受财物折合人民币 181.2517 万元。

被告人蒋勇、唐薇共同受贿赃款由唐薇保管,并主要用于购买房产、汽车,投资股票、房地产等。蒋勇将个人受贿赃款用于个人或家庭消费。案发后,蒋勇亲属为其退出赃款 70 万元,检察机关从唐薇处追回赃款 979.378909 万元,二者共计 1049.378909 万元。检察机关还从唐薇处查扣其用赃款购置的部分房产。

重庆市第一中级人民法院认为,被告人蒋勇身为国家工作人员,利用职务上的便利,为他人谋取利益,单独或伙同被告人唐薇非法收受他人财物共计折合人民币 1796.2884 万元;唐薇伙同蒋勇共同收受贿赂 1615.0367 万元,二人的行为均已构成受贿罪,且情节特别严重。鉴于二人归案后能如实供述自己的全部罪行,且能积极退出大部分赃款,具有悔罪表现,可依法予以从轻处罚。公诉机关指控的基本事实和罪名成立。蒋勇、唐薇的其他辩解及其辩护人提出的其他辩护意见均不能成立,不予采纳。依照《中华人民共和国刑法》第三百八十五条第一款、第三百八十六条、第三百八十三条第一款第(一)项和第二款、第二十五条第一款、第四十八条第一款、第五十七条第一款、第六十四条的规定,判决如下:

1. 被告人蒋勇犯受贿罪,判处死刑,缓期两年执行,剥夺政治权利终身,并处没收个人全部财产;

2. 被告人唐薇犯受贿罪,判处有期徒刑十五年;

3. 对被告人蒋勇、唐薇共同受贿所得赃款人民币 1615.0367 万元继续予以追缴,对被告人蒋勇个人受贿所得除案发前已退出的赃款赃物外,其余赃款共计人民币 167.7803 万元继续予以追缴。

一审宣判后,本案在法定期限内没有上诉、抗诉,重庆市第一中级人民法院依法报送重庆市高级人民法院核准。

重庆市高级人民法院经复核认为,原判认定事实和适用法律正确,量刑适当,审判程序合法。依法裁定核准重庆市第一中级人民法院以受贿罪判处被告人蒋勇死刑,缓期两年执行,剥夺政治权利终身,并处没收个人全部财产的刑事判决。

二、裁判要旨

No. 8-385-30 国家工作人员与特定关系人共谋,国家工作人员利用自己或下属的职务行为,为请托人谋取利益,特定关系人直接接受请托事项并收受财物的,国家工作人员与特定关系人应以受贿罪的共犯论处。

1. 被告人蒋勇和唐薇共谋后,由唐薇接受请托人的请托事项并收受财物,蒋勇利用自己的职务行为,为请托人谋取利益,应当认定为共同受贿。

最高人民法院、最高人民检察院 2007 年印发的《关于办理受贿刑事案件适用法律若干问题的意见》(以下简称《意见》)明确规定,特定关系人与国家工作人员通谋共同实施有关收受财物行为的,应认定为受贿罪的共犯。

在本案中,唐薇直接收受请托人的请托事项,并以收取费用为名收取请托人支付的款项,是否可认定为国家工作人员收受财物?我们认为,国家工作人员收受财物的方式还可表现为间接收受,主要有两种:一是特定关系人或其他第三人收受财物后告知国家工作人员,由国家工作人员为请托人谋取利益;二是国家工作人员与特定关系人或其他第三人共谋后,由特定关系人或其他第三人直接收受财物。这两种间接收受财物方式,前一种的特定关系人或其他第三人收受财物得到了国家工作人员的事后认可,后一种是出于国家工作人员的事前安排或认可。这两种方式表面上虽然不是国家工作人员直接出面收受财物,但本质上也是国家工作人员收受财物,国家工作人员和特定关系人及其他第三人也应构成共同受贿。

本案被告人唐薇系被告人蒋勇的情妇,根据《意见》规定的特定关系人范围,唐薇属于蒋勇的特定关系人。蒋勇、唐薇确立情人关系后,经过共谋,由唐薇出面接受请托人有关规划方面的请托事项,并告知蒋勇,由蒋勇利用职务之便为他人谋取利益,最后由唐薇收受财物。这种由特定关系人直接出面接受请托事项,并由特定关系人直接收受财物的方式,虽然形式上不属于国家工作人员直接收受财物,但蒋勇与唐薇有共同的受贿故意,客观上相互配合实施了为他人谋取利益和收受贿赂的行为,二人的行为应当认定为共同受贿。虽然请托人并不明知利用职务之便为其谋取利益的国家工作人员是蒋勇,但并不影响唐薇作为蒋勇特定关系人的认定,也不影响蒋勇与唐薇二人实施共同受贿行为的认定。

2. 被告人蒋勇和唐薇共谋后,由唐薇接受请托人的请托事项并收受财物,蒋勇利用下属的职务行为,为请托人谋取利益,应当认定为共同受贿。国家工作人员利用职务之便,主要包括两种形式,一是直接利用自己的职务之便,二是利用本人职权或者地位形成的便利条件,由其他国家工作人员实施职务上的行为,即《刑法》第三百八十八条规定的斡旋受贿情形。根据 2003 年印发的《全国法院审理经济犯罪案件工作座谈会纪要》的规定,利用职务上有隶属、制约关系的其他国家工作人员的职权,属于利用职务上的便利,而不是利用职务或地位形成的便利条件,即不属于斡旋受贿。本案中,唐薇在蒋勇的帮助下成立重庆嘉汇置业顾问有限公司,为让该公司顺利开展代办规划业务,蒋勇要求下属陈明关照唐薇的业务,陈明表示同意。之后,唐薇多次直接通过陈明的职务行为为他人谋取利益并收受财物。就利用陈明的职务行为而言,陈明系蒋勇的下属,蒋勇指使陈明实施职务行为,为请托人谋取利益,属于直接利用自己的职务之便,故此点不影响对蒋勇、唐薇二人构成共同受贿的认定。

问题的特殊性在于,被告人蒋勇要求下属陈明关照唐薇的行为发生在唐薇接受请托事项之前,而蒋勇对唐薇通过陈明的职务行为为他人谋取利益并收受财物的 6 起事实的具体经过并不知情,在这种情况下,能否认定蒋勇与唐薇构成共同受贿?我们认为,受贿罪的本质是权钱交易,只要国家工作人员的行为符合权钱交易的本质,并不要求利用职务之便为他人谋取利益的行为必须在接受请托人请托事项之后。虽然蒋勇对唐薇通过陈明职务行为收受贿赂的具体过程不知情,但蒋勇与唐薇事前有通谋,二人主观上形成了利用蒋勇的职务之便为他人谋取利益、由唐薇收受财物的共同故意,并且,蒋勇在利用下属的职务行为为请托人谋取利益的主观目的支配下,客观上也实施了让下属陈明为唐薇的业务提供便利的行为。唐薇之后接受请托事项,并通过陈明的职务行为收受他人财物的行为均不超出蒋勇、唐薇二人共谋的故意范围,也不超出蒋勇利用职务之便的范围。因此,此种情形下的蒋勇、唐薇二人的行为符合受贿罪权钱交易的本质,构成受贿共犯。

No. 8-385-31 国家工作人员和特定关系人共谋,特定关系人和请托人合作投资,国家工作人员利用职务便利为该投资项目谋取利益,以较少投资获取高额利润的,国家工作人员与特定关系人应以受贿罪的共犯论处。

《意见》规定的以开办公司等合作投资名义收受贿赂的方式中明确了两种行为:一是国家工作人员利用职务上的便利为请托人谋取利益,由请托人出资,合作开办公司或者进行其他合作投资的,以受贿论处。受贿数额为请托人给国家工作人员的出资额。二是国家工作人员利用职务上的便利为请托人谋取利益,以合作开办公司或者其他合作投资的名义获取"利润",没有实际出资和参与管理、经营的,以受贿论处。也就是说,国家工作人员没有实际出资或参与管理、经营的,应当将接受出资额或利润认定为受贿中国家工作人员收受财物的方式。本案被告人蒋勇、唐薇在共谋后,由唐薇与他人合作开发项目,蒋勇为该项目提供便利,唐薇以较小出资获得高额利润,被告人唐薇与他人合作开发经济适用房瑜然星座项目,签订了《房地产开发项目联合投资建设合同书》,约定唐薇除出资100万元,享有49%的利润分配比例。唐薇以实际占该项目5%的出资比例却获取49%的利润,明显不合常理,而之所以柏昌福同意并与唐薇签订该合同,就是其明知唐薇是蒋勇情人,希望借助其特殊身份取得蒋勇的支持,在联系项目、土地及办理项目有关手续等方面得到蒋勇的职务帮助,此行为方式与《意见》规定的以开办公司等合作投资名义收受贿赂也不完全相同。此时能否认定蒋勇、唐薇是共同受贿,仍然要根据其行为是否符合受贿罪权钱交易的本质来判断。

案例:李万等受贿案

案例来源:《刑事审判参考》总第72集[第608号]

主题词:国有媒体记者 受贿罪 主体

一、基本案情

被告人李万,男,1965年10月6日出生,原系《经济日报(农村版)》报社广西记者站副站长。因涉嫌犯受贿罪,于2005年12月28日被逮捕。

被告人唐自成,男,1966年2月22日出生,原系《经济日报(农村版)》报社广西记者站工作人员。因涉嫌犯受贿罪,于2005年12月28日被逮捕。

广西壮族自治区贵港市港南区人民法院经审理查明:《经济日报(农村版)》报社是国有事业单位,《经济日报(农村版)》报社广西记者站是该报社的派出机构。2005年9月至10月间,被告人李万、唐自成在分别担任《经济日报(农村版)》报社广西记者站副站长、工作人员期间,利用职务之便,在采访全区"对农民直接补贴与储备粮订单挂钩试点工作"(以下简称"粮食直补工作")过程中,利用各粮食系统因粮食直补工作中存在一些问题害怕上报、曝光的心理,共同索取来宾市的象州县、兴宾区粮食局各1万元、贵港市覃塘区粮食局6万元、桂平市粮食局6万元和河池市环江县粮食局8万元,以上共计现金22万元,得款后两人均分,各分得11万元。

港南区人民法院认为,被告人李万和唐自成是受聘于国有事业单位《经济日报(农村版)》报社的记者和工作人员,其对广西粮食系统直补工作的采访、报道、进行舆论监督属于履行公务行为,依法应以国家工作人员论。李万、唐自成在采访过程中,利用相关单位工作中存在问题,向相关单位索取钱款,得款后二人平分,其行为构成受贿罪。在共同犯罪中,李万、唐自成共同采访、共同索取钱款并平均分赃,均起主要作用,应按其参与的全部犯罪处罚。李万、唐自成在司法机关未采取强制措施和讯问前,如实供述收到各粮食局人民币 22 万元的事实,成立自首,依法可以减轻处罚。依照《中华人民共和国刑法》第九十三条、第三百八十五条第一款、第三百八十六条、第三百八十三条第一款第(一)项、第二十五条第一款、第二十六条第一、四款,第六十七条第一款、第四十五条、第四十七条、第五十九条第一款、第六十四条的规定,判决如下:

1. 被告人李万犯受贿罪,判处有期徒刑三年,并处没收个人财产人民币五万元;
2. 被告人唐自成犯受贿罪,判处有期徒刑三年,并处没收个人财产人民币五万元;
3. 追缴被告人李万、唐自成违法所得人民币二十二万元,上缴国库。

一审宣判后,被告人李万、唐自成提出上诉。

被告人李万上诉称,一审判决认定其构成受贿罪的事实不清、证据不足,其所收取的 22 万元是 4 个粮食局的订报赞助款,其亦就此事向报社领导汇报过,没有将钱据为己有的主观故意,请求二审对其宣告无罪。其辩护人提出,法院采信证据有严重瑕疵,认定事实错误,错误将“赞助费”认定为“索取款”;将媒体记者以国家工作人员论缺乏法律依据。

被告人唐自成上诉称,其不是国家工作人员,不符合受贿罪的主体资格,且 22 万元是 4 个单位主动赞助的订报款,请求改判无罪。其辩护人提出,一审法院错误认定唐自成是国家工作人员,且认定唐自成索贿并将收取的 22 万元分赃占为己有的证据不足,所认定的事实缺乏证据支持。

贵港市中级人民法院经审理认为,上诉人李万、唐自成作为国有事业单位《经济日报(农村版)》报社聘用的记者和工作人员,代表报社对广西粮食系统直补工作进行调查采访,履行社会舆论监督职能,行使对国家公共事务的管理监督权力,属于国有事业单位中从事公务的人员,符合《中华人民共和国刑法》第九十三条第二款的规定,应以国家工作人员论。原判认定上诉人李万、唐自成受贿 22 万元的事实,有证人证言、相关会议记录、现金支出单据、有关聘用文件、被告人供述等证据证实,证据间能相互印证,形成证据链,足以证明本案事实。李万、唐自成的上诉理由及其辩护人的辩护意见不能成立,不予采纳。原判认定事实清楚,证据确实、充分,定罪准确,审判程序合法。但原判认定李万、唐自成有自首情节,与法律规定不符,不予确认。依照《中华人民共和国刑事诉讼法》第一百九十条第一款及最高人民法院《关于执行〈中华人民共和国刑事诉讼法〉若干问题的解释》第二百五十七条第一款第(五)项的规定,对原审判决应予维持。依照《中华人民共和国刑事诉讼法》第一百八十九条第(一)项的规定,裁定如下:

驳回上诉,维持原判。

二、裁判要旨

No. 8-385-32 国有媒体的记者利用采访报道等舆论监督的时机索要财物的,属于利用职务上的便利获取非法利益,应以受贿罪论处。

国有媒体的记者从事的新闻报道等工作,是履行职务的行为。记者对国家和社会公共事务进行新闻报道和舆论监督,是国家赋予的权力,是从事公务的一种表现形态,符合 2003 年《全国法院审理经济犯罪案件工作座谈会纪要》对公务的界定。因此,国有媒体的记者利用采访报道等实现舆论监督的手段,索取他人财物,符合受贿罪的构成特征。

在我国,记者并不是独立人士或者自由职业者,而是以所属新闻媒体等单位的名义从事业务活动。记者从事的采访报道等活动属于职务行为,在相关法律法规中有明确的规定。根据《中华人民共和国著作权法》第十六条的规定,公民为完成法人或者非法人单位工作任务所创作的作品是职务作品。据此,记者经过采访撰写的新闻报道理应属于职务作品。最高人民法院《关于审理名誉权案件若干问题的解答》第六条规定,作者(当然主要是指新闻记者)与新闻出版单位为隶属关系,涉案作品系履行职务所形成的,只列新闻出版单位为被告。新闻出版总署 2005 年《新闻记者证管理办法》第十四条规定,不得用记者证从事非职务行为。新闻出版总署 2008 年《关于进一步做好新闻采访活动保障工作的通知》第五条更是明文指出:“新闻采访活动是新闻记者的职务行为。”这表明,记者持记者证进行的正常采访活动就是职务行为。由上可见,记者从事的新闻报道等业务活动,绝不是单纯的个体性的劳务,而是以所属新闻媒体单位名义进行的职务活动,属于一种职务行为。

被告人李万、唐自成身为《经济日报(农村版)》报社广西记者站的副站长和工作人员,利用作为国有媒体工作人员的采访、组稿及通联的职务便利,在受邀检查、监督广西壮族自治区粮食直补工作的过程中,以曝光被采访单位所存在的问题进行要挟,索取被采访单位人民币 22 万元的行为,依法构成受贿罪,一、二审法院据此以受贿罪对李万、唐自成定罪量刑是正确的。

案例:黄长斌受贿案

案例来源:《刑事审判参考》总第 79 集[第 693 号]

主题词:受贿罪 国家工作人员的认定

一、基本案情

被告人黄长斌,男,1957 年 3 月 13 日出生,原任武汉市无线电电表厂(以下简称“电表厂”)厂长。因涉嫌犯受贿罪,于 2009 年 7 月 30 日被逮捕。

湖北省天门市人民检察院以被告人黄长斌犯受贿罪,向天门市人民法院提起公诉。

被告人黄长斌辩称,起诉书指控其受贿人民币(以下币种均为人民币)11 万元,由 3 笔款项组成。第一笔 2 万元是其向新纪元公司的借款,于案发前已经归还;第二笔 1 万元是新纪元公司给的拆迁奖金,其已付给被奖励人张万平;另外的 8 万元是其收的,表示认罪。黄长斌的辩护人提出如下辩护意见:(1)关于公诉机关指控黄长斌收受新纪元公司 2 万元现金支票的事实,证据不足,被告人以提供的证据证实,该 2 万元已归还新纪元公司;(2)关于公诉机关指控黄长斌收受新纪元公司 1 万元现金支票的事实,已有证据证实该 1 万元是作为新纪元公司给付的拆迁奖金,黄长斌已将此款如数付给被奖励人张万平;(3)黄长斌不属于国家工作人员,既不属于国有企业工作人员,也不属于受国有单位委派人员,黄长斌没有为新纪元公司谋取任何利益。综上,黄长斌的行为不构成受贿罪。

天门市人民法院经审理查明:1998 年 3 月 31 日,被告人黄长斌被中共武汉市洪山区委计经工作委员会任命为电表厂厂长。2000 年 12 月 22 日,经武汉市洪山区经济体制改革委员会同意,电表厂实行企业改制,黄长斌为该厂企业改制领导小组组长。2001 年 7 月 5 日,电表厂经上级主管部门批准,将其位于武汉市洪山区卓刀泉南路 12 号土地(面积为 51.06 亩)以 1697.5 万元转让给湖北省住宅发展有限公司(以下简称“住宅公司”),并签订了《土地使用权转让协议书》。此后,住宅公司又将该《土地使用权转让协议书》确定的权利义务转让给了新纪元公司。因电表厂在买断职工工龄时资金存在缺口,上级主管部门与该厂改制领导小组协商后,遂向新纪元公司要求追加缺口资金 80 万元。2003 年年初,新纪元公司在给付电表厂追缴的 80 万元后,该公司执行董事程发明感到心里很烦,但考虑到马上开始的拆迁工作还得靠黄长斌出力,便对黄长斌说:“算了,只要你把拆迁工作搞好、速度快,以后我还是会好好照顾你的。”2003 年 11 月,拆迁工作完成后,黄长斌通过新纪元公司副经理肖智军向程发明要求兑现其先前的承诺,程发明为感谢黄长斌在拆迁时所做的工作,遂给了黄长斌现金 8 万元。

2003 年 2 月 25 日,黄长斌在新纪元公司以差旅费名义领取 2 万元的银行现金支票一张。同年 3 月 20 日,电表厂向洪山区经贸委写出报告,要求给付拆迁小组组长张万平奖励金 1 万元。3 月 25 日,黄长斌在新纪元公司以土地征用款的名义领取 1 万元银行现金支票一张,后将此款支付给了张万平。7 月 1 日,黄长斌交给该公司会计李洋现金两万元。

2009 年 7 月 22 日,黄长斌在检察机关只掌握其受贿 3 万元线索的情况下,主动交代了其于 2003 年 11 月向程发明索取现金 8 万元的事实。2009 年 8 月 10 日。黄长斌向天门市人民检察院退款 11 万元。

另查明,电表厂属于国有企业,于 1990 年 4 月 2 日成立,最后年检年度为 2000 年,2001 年破产进行企业改制,2005 年 8 月 8 日被吊销执照。被告人黄长斌从 1999 年开始担任电表厂厂长,其厂长身份一直未行文免除。2003 年被洪山区政府任命为东方水泥公司党委书记,负责处理东方水泥公司的改制工作。电表厂通过整体出让土地实现改制。其间,黄长斌系企业改制领导小组组长,同时系拆迁组成员。2002 年 1 月 28 日,黄长斌与电表厂签订解除领导关系协议。电表厂至今仍未行文免去黄长斌电表厂厂长的职务。

天门市人民法院认为,被告人黄长斌身为国家工作人员,利用其担任电表厂厂长和该厂改制领导小组组长的职务之便,在电表厂土地转让和在动员该厂职工搬迁以便新纪元公司顺利完成拆迁的过程中,为该公司提供职务上的帮助并从中索取财物,其行为构成受贿罪。公诉机关指控的罪名成立,依法应对黄长斌从重惩罚。公诉机关指控黄长斌向新纪元公司索取 2 万元现金支票和 1 万元现金支票的事实,证据不足,不能成立。黄长斌在检察机关所掌握的线索针对犯罪事实不成立的情况下,主动交代其于 2003 年 11 月向程发明索取现金 8 万元的犯罪事实,根据最高人民法院、最高人民检察院《关于办理职务犯罪案件认定自首、立功等量刑情节若干问题的意见》的规定,应以自首论,依法可对其减轻处罚。被告人黄长斌的犯罪情节及悔罪表现,决定对其减轻处罚并适用缓刑。据此,依照《中华人民共和国刑法》第三百八十五条第一款,第三百八十六条,第三百八十三条第一款第二项,第九十三条第二款,第六十七条第二款,第七十二条,第七十三条第二款、第三款,第六十四条之规定,判决如下:

被告人黄长斌犯受贿罪,判处有期徒刑三年,缓刑四年,并处没收财产八万元,上缴国库。

一审宣判后,黄长斌没有上诉,天门市人民检察院没有抗诉,判决已经发生法律效力。

二、裁判要旨

No. 8-385-33 国有企业中的国家工作人员,无论其是否与企业解除劳动关系,只要仍然继续从事监督管理国有资产等公务,则仍然属于从事公务的国家工作人员,其利用职务便利收受财物的,应以受贿罪定罪论处。

国家工作人员的本质特征是从事公务,认定国家工作人员应以是否从事公务为依据。国有企业在改制期间仍然是国有企业,其资产仍然是国有资产,其中从事监督管理国有资产等公务的人员依然应当认定为国家工作人员。

20 世纪 90 年代后期,关于国家工作人员的认定,曾经存在身份论与职责论的激烈争论。1997 年《刑法》修订后,理论界和实务界的主流观点均认为,国家工作人员的认定,应采纳职责论,不是单纯通过被告人的身份认定,而应结合被告人是否从事公务判断其是否属于国家工作人员。因此,黄长斌是否为国家工作人员,不取决于其形式上是否与电表厂解除劳动关系,而是取决于其实质上是否仍然在电表厂从事监督、管理国有资产等公务。

电表厂改制期间,黄长斌作为厂长和改制领导小组组长,对电表厂国有资产的监督和管理负有第一位的责任,应属在国有企业中从事公务的人员。在案证据证实,黄长斌虽于 2002 年 1 月与电表厂签订了解除劳动关系的协议,但其厂长职务并未免除,仍然是厂长和改制领导小组组长,应认定为国家工作人员。其利用职务便利,在电表厂的土地转让和土地拆迁过程中为新纪元公司谋取利益,并索取新纪元公司 8 万元的行为,依法构成受贿罪。

案例:沈同贵受贿案

案例来源:《刑事审判参考》总第 80 集[第 707 号]

主题词:受贿罪 阻止他人犯罪与立功表现

一、基本案情

被告人沈同贵,男,1953 年 11 月 6 日出生,南京市园林工程管理处处长兼南京市园林工程安全质量监督站站长。因涉嫌犯受贿罪,于 2008 年 12 月 8 日被逮捕,2009 年 3 月 25 日、6 月 2 日,2010 年 6 月 7 日分别被取保候审。

南京市玄武区人民检察院以被告人沈同贵犯受贿罪,向南京市玄武区人民法院提起公诉。

南京市玄武区人民法院经公开审理查明:2003 年 5 月至 2008 年春节前,被告人沈同贵利用其负责南京市园林工程管理的职务之便,先后多次收受南京春燕园林实业有限公司万成兴、南京大源园林建设有限公司钟培金、南京锦江园林景观有限公司袁循绳等南京市多家园林工程公司负责人给予的好处费,共计折合人民币(以下币种均为人民币)260077.2元。案发后,被告人沈同贵退出赃款21万元。上述事实,除收受万成兴给予的钱款系纪检监察机关已掌握的事实外,其余事实均系纪检监察机关尚未掌握而由被告人沈同贵主动交代的。

南京市玄武区人民法院认为,被告人沈同贵身为国家工作人员,利用职务上的便利,收受他人贿赂,为他人谋取利益,其行为已构成受贿罪。被告人沈同贵归案后,能主动交代纪检监察机关及司法机关尚未掌握的其他同种较重罪行,依法应当从轻处罚。故依法判决:

1. 被告人沈同贵犯受贿罪,判处有期徒刑十年,没收财产人民币十万元;

2. 退缴的赃款人民币二十一万元,予以没收,尚未退缴的赃款,予以追缴。

一审宣判后,被告人沈同贵提出上诉,其上诉理由是:(1)与万成兴是顾问关系,收取的只是顾问费;(2)没有收受钟培金的钱;(3)与行贿人有人情往来,也曾给他们钱。

其辩护人提出:(1)二审期间上诉人沈同贵阻止他人犯罪,构成立功;(2)一审庭审中,辩护人向法庭提交了其向王立平等证人所作的调查笔录,一审法院仅以证人没有作出合理解释为由采纳了对上诉人不利的证言,过于牵强;(3)认定的受贿款数额应扣除沈同贵合法的劳务报酬;(4)认定部分受贿款的证据不足;(5)一审期间上诉人沈同贵检举揭发的事实未能查实,在二审期间应继续查证。

南京市人民检察院的审查意见是:建议维持对沈同贵的定罪,同时应认定沈同贵阻止他人犯罪,具有立功情节。

南京市中级人民法院经审理查明:在二审审理期间,被取保候审的上诉人沈同贵于2007年7月3日10时许,在南京市和燕路红山动物园地铁站路口,将正在盗窃被害人陈燕舞钱包(内有现金9800元)的犯罪嫌疑人阿某(2000年出生)当场抓获,被盗钱包已返还被害人。后因阿某未到达刑事责任年龄,公安机关未予刑事立案。

南京市中级人民法院审理认为,上诉人沈同贵作为国家工作人员,利用职务上的便利,收受他人贿赂,为他人谋取利益,其行为已构成受贿罪。鉴于沈同贵阻止他人犯罪,具有立功表现,依法对其减轻处罚。依照《中华人民共和国刑法》第九十三条第二款、第三百八十五条第一款、第三百八十六条、第三百八十三条第一款第一项、第五十九条、第六十四条,最高人民法院《关于处理自首和立功具体应用法律若干问题的解释》第四条、第五条及《中华人民共和国刑事诉讼法》第一百八十九条第三项的规定,判决如下:

一、维持南京市玄武区人民法院(2009)玄刑初字第301号刑事判决的第二项,即退缴的赃款人民币二十一万元予以没收,尚未退缴的赃款予以追缴;

二、撤销南京市玄武区人民法院(2009)玄刑初字第301号刑事判决的第一项,即被告人沈同贵犯受贿罪判处有期徒刑十年,没收财产人民币十万元。

三、上诉人(原审被告人)沈同贵犯受贿罪判处有期徒刑九年,没收财产人民币十万元。

二、裁判要旨

No.8-385-34 阻止他人犯罪,虽然他人因未达到刑事责任年龄而未被追究刑事责任,仍应认定为具有立功表现。

《刑法》第六十八条第一款规定了立功制度,1998年最高人民法院《关于处理自首和立功具体应用法律若干问题的解释》(以下简称《解释》)第五条规定,阻止他人犯罪活动的,应当认定为有立功表现。

对于阻止他人犯罪活动的理解,《解释》表述为他人犯罪活动而非他人犯罪,表明此处的犯罪活动不等于实际的犯罪。根据2010年最高人民法院《关于处理自首和立功若干具体问题的意见》(以下简称《意见》)第六条第五款规定:“被告人检举、揭发或者协助抓获的人的行为构成犯罪,但因法定事由不追究刑事责任、不起诉、终止审理的,不影响对被告人立功表现的认定”。这里的构成犯罪,应从形式上理解,是指行为具有社会危害性,具备了某种犯罪构成的客观要件,至于该行为因主体不具备刑事责任能力而不追究刑事责任或因情节显著轻微、已过追诉时效、被赦免、被告人死亡等原因而不立案、撤销案件、不起诉、终止审理或宣告无罪的,不影响立功的认定。《意见》深入贯彻了宽严相济刑事政策的精神,认定立功的条件更为宽泛,对犯罪分子将功折罪,回归社会的努力进一步予以了肯定。

《意见》第六条虽只规定了检举揭发或协助抓获立功,但司法实践中可以参照该规定,对阻止他人犯罪活动立功进行认定。阻止他人犯罪活动与检举揭发他人犯罪行为、协助司法机关抓捕其他犯罪嫌疑人是解释并列的应认定为立功的情形,且《意见》本身对他人犯罪活动的表述即体现了与《解释》一致的立法取向。从功利主义的角度考虑,比起事后检举揭发犯罪的行为,当场组织他人犯罪可以更及时有效地阻止法益受到侵害,具有更大的价值。既然事后检举揭发犯罪成立立功的条件已更宽泛,阻止他人犯罪活动也应予以进一步鼓励和保护。从刑罚目的上考虑,当场阻止犯罪在很多情形下要承担较大的风险,体现了行为人较积极的悔罪态度。参照《意见》对检举、揭发及协助抓获立功的规定,在符合立法意图的前提下,更加积极地肯定此行为,有助于行为人改造思想、消除犯罪意愿、更好地实现刑罚的特殊预防。

因此,阻止他人犯罪活动中的犯罪活动,应当理解为具有社会危害性具有某种犯罪构成客观要件的外在表现形式的行为。行为人的阻止行为应达到"止"的效果,使他人的犯罪活动停止,或在特定时空内不再继续,法益受侵犯的状态或结果及时得到控制或消除。在司法实践中,行为人虽积极阻拦他人犯罪,但因势单力薄或意外事件而未产生犯罪活动客观上停止的实际效果,则不能认定为立功。但此情形反映了其悔罪态度,表明其人身危险性、再犯可能性降低,在实际量刑中可将其作为从轻处罚的酌定情节,以体现国家和社会对这种积极行为的肯定及鼓励,从而更好地观察宽严相济刑事政策。就本案而言,被告人沈同贵发现阿某正在盗窃他人钱包予以制止,虽然司法机关未追究阿某的刑事责任,但阿某行为侵害了被害人的财产利益,具有社会危害性,且客观上符合盗窃罪客观要件的外在表现形式,应认定沈同贵为阻止他人犯罪活动立功中的犯罪活动。

案例:陆某受贿案

案例来源:《刑事审判参考》总第 84 辑[第 754 号]

主题词:斡旋受贿　利用影响力受贿罪　利用本人职权或地位形成的便利条件受贿

一、基本案情

被告人陆某,女,1970 年 10 月 18 日出生,捕前系某市某区信访局局长,之前历任该区新城管委会办公室主任、发展和改革局副局长。因涉嫌犯受贿罪于 2010 年 12 月 25 日被逮捕。

某市某区人民检察院以被告人陆某犯受贿罪向某区人民法院提起公诉。

被告人陆某对公诉机关指控其受贿人民币(以下币种均为人民币)86 万元不持异议,但辩称其与刘某(男)有特殊关系,在中共某市纪律检查委员会对其调查时即主动交代了受贿事实,并在归案后检举张某和陈某之间有不正当的经济往来。陆某的辩护人提出:(1)陆某构成利用影响力受贿罪,而非受贿罪;(2)陆某有自首情节;(3)陆某具有自愿认罪、退赔赃款、初犯等酌定从轻处罚情节。

某区人民法院经公开审理查明:2009 年年底至 2010 年 5 月期间,被告人陆某利用其担任某市某区新城管委会办公室主任及某市某区发展和改革局副局长这一职权、地位形成的便利条件,通过刘某担任某市某区人民政府副区长、中共某区新城工委书记并全面负责某区新城建设的职务上的行为,使不具备投标资格的某区森林地面工程有限公司,通过挂靠有资质的企业参与某区新城 4 个建设工程的投标并中标,为该公司谋取不正当利益,先后 4 次收受该公司法定代表人薛某所送的现金合计 70 万元。

2009 年年底至 2010 年 5 月期间,陆某又利用自己职权形成的便利条件,通过刘某职务上的行为,使某市建设管理咨询有限公司违规承接了某区新城建设项目编标业务,为该公司谋取不正当利益,先后两次收受该公司董事长陈某所送的现金合计 15 万元。

2010 年春节前,陆某以同样的手段,使不具备投标资格的某市市政工程有限公司,通过挂靠有资质的企业参与某区道路及排水工程的投标并中标,为该公司谋取不正当利益,收受该公司董事长薛某所送的现金1万元。

2011年1月10日,证人陈某在接受调查时交代向陆某行贿的事实,陆某在同月10日、11日分别接受某市人民检察院和某市某区人民检察院调查时均否认有收受他人贿赂的行为,某市某区人民检察院于同月12日将陆某抓获归案。案发后,陆某退出赃款86万元。

某区人民法院审理认为,《刑法》第三百八十八条规定的利用本人职权或者地位形成的便利条件,是指行为人对被其利用的国家工作人员之间在职务上没有制约关系,但是行为人利用了本人职权或者地位产生的影响。本案被告人陆某先后担任某区城管委会办公室主任、发展和改革局副局长,与时任某区人民政府副区长、某区新城工委书记的刘某在职务上没有制约关系,但有工作联系,且陆某的职权和地位对刘某职务上的行为能够产生一定的影响,因此,陆某通过刘某职务上的行为,为请托人谋取不正当利益,并收受请托人财物的,应以受贿论处。陆某及其辩护人提出的相关辩护意见不能成立。陆某利用其担任某区新城管委会办公室主任、发展和改革局副局长的便利条件,通过其他国家工作人员职务上的行为,为请托人谋取不正当利益,收受请托人的财物合计86万元,其行为构成受贿罪,依法应判处十年以上有期徒刑或者无期徒刑,可以并处没收财产。公诉机关的指控成立。陆某及其辩护人分别提出的自首、立功情节的意见,无事实依据,不能成立。陆某归案后退出全部赃款,当庭自愿认罪,有悔罪表现,可酌情从轻处罚,辩护人提出的酌情从轻处罚的意见可予采纳。依照《中华人民共和国刑法》第三百八十八条,第三百八十六条,第三百八十三条第一款第(一)项、第二款,第九十三条第一款,第五十九条,第六十四条之规定,以受贿罪判处陆某有期徒刑十年六个月,并处没收财产十万元;暂扣于某区人民检察院的赃款86万元予以追缴,上缴国库。

一审宣判后,被告人陆某提出上诉,某市中级人民法院经公开审理,裁定驳回上诉,维持原判。

二、裁判要旨

No.8-385-35 国家工作人员通过其他国家工作人员的职务行为,为请托人谋取不正当利益,索取或收受财物的,属于利用本人职权或地位形成的便利条件受贿,尽管其与被利用的国家工作人员存在不正当的男女关系,不构成利用影响力受贿罪,应以受贿罪论处。

在主观要件上,第三百八十五条一般受贿以为他人谋取利益为要件,而第三百八十八条斡旋受贿则必须以谋取不正当利益为要件。对于索取型受贿而言,第三百八十五条只要索取他人财物即可构成犯罪,不必为他人谋取利益;而第三百八十八条斡旋受贿无论是索取型还是收受型,都必须具备为请托人谋取不正当利益的要件,才能构成犯罪。从立法意图分析,立法者是为严密法网,加大对受贿犯罪的打击力度,将斡旋受贿列入刑法惩治的范围。同时,修订后的刑法为防止不适当地扩大打击面,又把斡旋受贿的惩处对象限制在谋取不正当利益的范围之内。利用本人职权或者地位形成的便利条件应理解为行为人对被其利用的国家工作人员在职务上没有制约关系,但是行为人利用了本人职权或者地位产生的影响。

行为人既具有国家工作人员身份,又具有情人身份的行为人利用第三人的职务行为受贿的定性,往往会面临《刑法》第三百八十五条与第三百八十八条,第三百八十八条与第三百八十八条之一的适用争议。只要国家工作人员同时具备本人的职权或者地位形成的便利条件和其与其他国家工作人员的密切关系,原则上应当依照《刑法》第三百八十八条的规定,以受贿罪论处;但确有证据证实国家工作人员仅利用了其与被其利用的其他国家工作人员的密切关系的,应当依照《刑法》第三百八十八条之一的规定,以利用影响力受贿罪论处。

在本案中,陆某除了是刘某的下属,有工作上的联系外,其还与刘某有不正当的男女关系。一方面,其与刘某有工作联系,可以利用本人职权形成的便利条件,通过刘某职务上的行为为请托人谋取不正当利益;另一方面,其与刘某有情人关系,不能排除其可通过枕边风影响刘某,进而通过刘某职务上的行为为请托人谋取不正当利益。刘某是陆某的上级领导,陆某的职务对刘某的职务不具有制约关系,但陆与刘之间存在工作联系,陆的职权和地位可以对刘的职务行为产生一定的影响，陆通过刘职务上的行为，为请托人谋取不正当利益，应当属于利用本人职权或者地位形成的便利条件受贿的情形。

案例：杨光亮受贿案

案例来源：《人民法院案例选》2012年第4辑

主题词：受贿罪　以借为名的受贿行为

一、基本案情

被告人：杨光亮，曾用名谭贵金，原系中共广东省茂名市委常委、茂名市人民政府常务副市长。

广东省广州市中级人民法院经公开审理查明：

1. 受贿事实部分。1992年至2009年，杨光亮在担任广东省茂名市电白县人民政府副县长、县长、县委书记、茂名市人民政府副市长、常务副市长期间，利用职务上的便利，为他人谋取利益，非法收受他人财物共折合人民币1048.5658万元、港币200万元：(1)2007年年初，杨光亮提出向柯某某和黄某某借款。为与杨光亮搞好关系以便得到生意上的关照，柯某某和黄某某以支持杨光亮竞争茂名市市长的名义，分别送给杨光亮港币100万元，共计港币200万元。(2)2008年年底至2009年年初，杨光亮接受茂名市博汇投资有限公司总经理黄某某的请托，利用担任茂名市常务副市长的职务便利，为解决茂名市博汇投资有限公司受让的土地使用权的权属等问题提供支持和帮助。为此，黄某某向杨光亮承诺待该项目完工后给予杨光亮人民币500万元，并于2009年5月出具了向杨光亮借款500万元的借据一张交给杨光亮。直至案发，黄某某仍未向杨光亮给付500万元现金。

(其余受贿事实略)

2. 巨额财产来源不明部分(略)。

广东省广州市人民检察院以被告人杨光亮犯受贿罪、巨额财产来源不明罪向广东省广州市中级人民法院提起公诉。

广东省广州市中级人民法院经一审审理认为，杨光亮身为国家工作人员，利用职务上的便利，非法收受他人财物，为他人谋取利益，其行为已构成受贿罪。杨光亮的财产明显超过合法收入，差额特别巨大，杨光亮不能说明来源，其行为已构成巨额财产来源不明罪。杨光亮犯受贿罪、巨额财产来源不明罪两罪，依法应予数罪并罚。杨光亮收受500万元借据的受贿行为属于犯罪未遂，依法可比照既遂犯从轻处罚。杨光亮归案后，检举揭发他人涉嫌重大职务犯罪的线索，经查证属实，有重大立功表现，依法可从轻处罚。依照《中华人民共和国刑法》第三百八十五条第一款、第三百八十六条、第三百八十三条第一款第(一)项、第三百九十五条第一款、第六十八条、第六十九条第一款、第五十九条第一款、第六十四条和最高人民法院《关于处理自首和立功具体应用法律若干问题的解释》第七条之规定，判决如下：

1. 被告人杨光亮犯受贿罪，判处有期徒刑十五年，并处没收财产人民币八百万元；犯巨额财产来源不明罪，判处有期徒刑七年，决定执行有期徒刑十九年，并处没收财产人民币八百万元。

2. 没收被告人杨光亮的赃款，上缴国库(略)。

宣判后，被告人杨光亮表示服判，不上诉。公诉机关表示接受该判决结果。该案判决已发生法律效力。

二、裁判要旨

No. 8-385-36　受贿人收取行贿人的借据后，并未实现对贿赂款项的实际控制，后因案发未实际获得贿赂款项的，应认定为受贿罪未遂。

从法律条文上看，受贿罪是以行为人利用职务便利收受他人财物为前提的，其既遂与未遂的区分应以是否得到了贿赂作为标准。因为收受贿赂是受贿罪的根本内容，离开了收受行为，就无所谓受贿罪。从获得财产上看，受贿罪与贪污罪均属于财产性职务犯罪，应以行为人是否实际控制财物作为区分既遂与未遂的标准。这一点在《全国法院审理经济犯罪案件工作座谈会纪要》中也得到印证。同时,受贿罪是财产型的结果犯,而不是刑法意义上的行为犯,既遂的实现必然要求存在实际结果的发生。因此,在实际结果没有发生、财产所有权没有发生实质转移、行为人没有实际控制财物的情况下,应当依照刑法理论认定为未遂。本案中被告人杨光亮所收取的行贿人的借据所确定的500万债权是否兑现存在不确定性,不能认为杨光亮收受500万元的借据后,就实现了对此款项的实际控制,因此,应认定为犯罪未遂。

案例:杨海受贿案

案例来源:《人民法院案例选》2013年第1辑

主题词:受贿罪　数额计算

一、基本案情

天津市人民检察院第一分院指控:被告人杨海自1990年到天津市人民政府人民防空办公室(以下简称"市人防办")工作,1996年4月担任市人防办财务处处长,2001年4月担任市人防办副主任。1998年至2010年间,被告人杨海利用职务上的便利,索取他人财物共计891.73928万元;利用职务上的便利,为他人谋取利益,非法收受他人财物共计76.45万元;利用本人职权或者地位形成的便利条件,通过其他国家工作人员职务上的行为,为请托人谋取不正当利益,收受请托人财物共计14万元,受贿数额共计982.18928万元。其中,分别以明显低于市场的价格购买"世纪梧桐"10号楼1门102号商品房,索贿68.745万元;以明显低于市场的价格购买"时代奥城"1号楼1门1501号商品房,索贿80.39718万元;以明显低于市场的价格购买"欣水园"5-1-1901商品房,索贿58.6115万元;以明显低于市场的价格购买"林语居"2-3、2-4号别墅,索贿140万元;以明显低于市场的价格购买"玛歌庄园·悦水园"26号别墅,索贿378.92万元。

被告人杨海承认起诉书指控其犯有受贿罪,但对指控的部分犯罪事实是否构成索贿,以及其低价购买房屋的价值存有异议,并辩解其主动坦白了部分犯罪事实。

被告人杨海的辩护人对起诉书指控被告人杨海犯有受贿罪不持异议,提出的辩护意见主要有:起诉书所指控的杨海以明显低于市场的价格购买"世纪梧桐"商品房、"时代奥城"商品房、"玛歌庄园·悦水园"26号别墅等犯罪事实,不应认定构成索贿,指控的犯罪数额无事实及法律依据。

法院经审理查明:被告人杨海自1996年4月起先后担任天津市人防办财务处处长、计划财务处处长。自2001年4月,担任市人防办副主任,分管指挥和通信(信息化)工作,负责天津市人防系统通信工作的总体规划及通讯队伍的训练和演练、通信设备采购标准的制定等。1998年至2010年间,被告人杨海利用职务之便,或利用职权、地位形成的便利条件,通过其他国家工作人员职务上的行为,为请托人谋取利益,先后收受长业建设集团有限公司、天津市亿隆工程建设咨询服务有限公司等5家企业贿赂计90.45万元,索取天津市中环系统工程有限责任公司、天津佰都房地产开发有限公司等15家企业或个人贿赂计593.077万元,受贿金额共计人民币683.527万元。案发后,被告人杨海主动坦白了办案机关尚不掌握的三起受贿犯罪事实,受贿金额共计39万元。被告人杨海及其家属退缴或由办案机关扣押、冻结了赃款510.336万元、证券资金账户资产价值44.442836万元,办案机关查封或冻结了涉案房产5套。其中,2004年被告人杨海以明显低于市场的价格购得"时代奥城"1号楼1门1501号商品房,扣除其实际支付的购房款,折合索贿金额为63.4142万元;2004年,被告人杨海以明显低于市场的价格购得"欣水园"5-1-1901号商品房,扣除其实际支付的购房款,折合索贿金额为58.6115万元;2002年,被告人杨海以明显低于市场的价格购得"帝旺温泉花园"住宅小区内的"林语居"2-3、2-4号别墅两套,扣除其实际支付的购房款,折合索贿金额为140万元;2006年至2009年间,被告人杨海以明显低于市场的价格购得"玛歌庄园·悦水园"26号别墅,扣除其实际支付的购房款,折合索贿金额为106.92万元。

天津市第一中级人民法院于2012年7月30日作出(2012)一中刑初字第1号刑事判决:

1. 被告人杨海犯受贿罪,判处无期徒刑,剥夺政治权利终身,并处没收个人全部财产。

2. 扣押在案的赃款、赃物依法上缴国库。

宣判后,被告人杨海提出上诉。

天津市高级人民法院于 2012 年 10 月 12 日作出(2012)津高刑二终字第 35 号刑事判决:

1. 维持天津市第一中级人民法院(2012)一中刑初字第 1 号刑事判决第一项对上诉人杨海的定罪量刑;

2. 撤销天津市第一中级人民法院(2012)一中刑初字第 1 号刑事判决第二项对涉案款物的处理;

3. 扣押在案的款物中,价值六百八十三万五千二百七十元的赃款、赃物依法上缴国库。

二、裁判要旨

No. 8-385-37 房产交易型受贿行为中,受贿的数额应当以商品房买卖合同成立时间为交易时间进行计算。真正反映市场交易价格的是开发商针对不特定人优惠折扣后的实际成交价格。判断是否"明显低于市场价格",应从受贿罪权钱交易的本质出发,通过查证房产开发商内部的优惠销售记录,结合特定地区、特定时期的经济发展水平、房产市场的交易规则及差额所占涉案房屋价值总额的比例等多方面进行综合判断。

交易型受贿案件中,涉案房屋市场价格具有较大的波动性,以不同的时间基准计算交易时间犯罪数额相差悬殊。原则上应以商品房买卖合同成立时间为交易时间。交易型贿赂案件中的腐败交易,集中表现为行贿人与受贿人之间的犯罪意思表示。房屋买卖合同成立时,受贿人与行贿人已经完全具备贿赂犯罪的意思表示,双方均明知签订合同为形式,贿赂为实质,受贿行为已经完成,危害结果也实际发生,因而应当认定为"交易时间"。当然,在某些交易型受贿案件中还存在预先订立预售合同后又发生变更的情况,此时因预售合同中行为人得以反悔,受贿犯罪的实质性危害尚处于待定状态,故一般不作为认定交易时间的标准。

真正反映市场交易价格的是开发商针对不特定人优惠折扣后的实际成交价格,其中需要查清优惠价格是否针对不特定人。针对特定人的最低优惠价格不能认定为市场价格。同时,还应当查清最低优惠价格是否附有条件。

"明显低于市场价格"标准需要法官运用自由裁量权加以认定。判断是否"明显低于市场价格",应从受贿罪权钱交易的本质出发,通过查证房产开发商内部的优惠销售记录,结合特定地区、特定时期的经济发展水平、房产市场的交易规则及差额所占涉案房屋价值总额的比例等多方面进行综合判断。本案中,被告人杨海以 178.737 万元购房款购买总价值为 237.8027 万元的"世纪梧桐"10 号楼 1 门 102 号商品房,低于市场价格比例达到 24.8%;其以 80 万元购房款购买总价值为 143.4142 万元的"时代奥城"1-1-1501 号商品房,低于市场价格比例达到 44.2%,均符合"明显低于市场价格"的特征,因而构成受贿罪。

案例:陈建飞受贿案

案例来源:《人民法院案例选》2013 年第 3 辑

主题词:受贿罪 利用职务便利放高利贷的行为定性

一、基本案情

浙江省金华市人民检察院以被告人陈建飞犯受贿罪,向金华市中级人民法院提起公诉。

被告人陈建飞及其辩护人提出,陈建飞借款给杨伯伟、吴文红并收取利息属于正常的民事行为,与陈建飞本人的职权无关,不构成受贿;在案发前退还、主动上交的钱物不应认定为受贿数额;陈建飞归案后认罪态度好,要求从轻处罚。

金华市人民法院经审理查明:2002 年春节至 2010 年 3 月,被告人陈建飞在担任浙江省金华市公安局消防支队永康大队大队长、消防支队防火监督处处长、消防支队副支队长期间,利用职务上的便利,在消防工程项目设计、审核、验收、日常管理及消防产品推荐、人员提拔等事项上,先后为陈文兵、朱中英等 31 人谋取利益,并收受前述人员所送的现金、烟票、购物卡、消费卡等财物共计价值人民币 52.36 万元。后在单位相关人员被查处及被检察机关调查时,陈建飞先后退回行贿人贿赂款计人民币13.2万元,上缴单位赃款计人民币6.56万元。

法院还认定,2008年1月至4月,被告人陈建飞在担任金华市公安局消防支队副支队长期间,先后向金华世贸中心项目负责人杨伯伟提出以其妻方某某、外甥女陈某某名义放贷,按5%、8%月利率收取利息,杨伯伟为了在金华世贸中心消防设计、审核、验收等方面得到陈建飞的关照,予以同意。之后,被告人陈建飞以方某某、陈某某名义陆续放贷给杨伯伟共计人民币900万元,至2010年5月,陈建飞共收取利息计人民币1503.1万元,超出银行同类贷款利率4倍以上,计人民币819.25万元。2010年10月,在单位有关人员被查处后,陈建飞退还给杨伯伟人民币600万元。

2007年5月至2009年9月,被告人陈建飞在担任金华市公安局消防支队副支队长期间,负责浙江省义乌市九州建设开发有限公司(以下简称"九州公司")开发的义乌金福源珠宝广场消防项目的验收,即向该公司负责人吴文红提出放贷及高利率回报要求。之后,陈建飞先后放贷给九州公司计人民币800万元,按月利率3%～3.2%收受利息计人民币116.93万元,超出银行同类贷款利率4倍以上,计人民币53.75万元。2010年5月,被告人陈建飞在单位有关人员被查处后退还吴文红人民币41万元。

浙江省金华市中级人民法院于2011年11月17日作出(2011)浙金刑二初字第28号刑事判决,认定被告人陈建飞犯受贿罪,判处无期徒刑,剥夺政治权利终身,并处没收个人全部财产。宣判后,陈建飞提出上诉。浙江省高级人民法院于2012年4月18日作出(2011)浙刑二终字第147号刑事裁定,驳回上诉,维持原判。

二、裁判要旨

No.8-385-38 国家工作人员利用该职务便利,向职权管理对象放贷收受巨额利息,其行为构成受贿,同期银行存贷款利息是否从受贿数额中扣除取决于借款人同期是否有真实的借款需求。

本案中,陈建飞系以民间借贷为名行索贿之实,其利用职务之便,索取他人巨额钱财,并为他人谋取利益的行为,符合受贿罪权钱交易的本质特征。理由:一是陈建飞与放贷对象杨伯伟、吴文红在消防工程项目上有职务管理关系。二是借贷之事系由陈建飞提出,高额利率由其确定,且借款人若未满足陈建飞要求时,所开发的项目就迟迟得不到消防验收。三是陈建飞利用其职权为杨伯伟、吴文红谋取了利益。从法理上分析,借贷是一种市场交易行为,高利放贷可以理解为一种特殊的市场交易形式。根据最高人民法院、最高人民检察院《关于办理受贿刑事案件适用法律若干问题的意见》第一条规定,国家工作人员利用职务上的便利为请托人谋取利益,以交易形式收受请托人财物的,以受贿论处。对陈建飞的行为可以适用其中"以其他交易形式非法收受请托人财物的"相关规定。因此,对被告人陈建飞以受贿罪处理,符合《刑法》和司法解释的精神。在计算受贿罪数额时,是否扣除借款资金的同期银行存贷款利息取决于借款人同期是否有其他民间借贷及借贷利率情况。如果虽然借款人实际占用了被告人的资金,但借款人向被告人借款时并没有借款需求,或者以借款形式掩盖行贿受贿事实,被告人以出借资金作为收受贿赂的手段,对借款资金的同期银行存贷款利息不应扣除。

案例:吕辉受贿案

案例来源:《刑事审判参考》总第87集[第806号]

主题词:受贿罪 国家工作人员的认定

一、基本案情

被告人吕辉,男,1976年12月14日出生,原系上海市虹口区新港路街道社区卫生服务中心(以下简称"新港卫服中心")、上海市虹口区嘉兴路街道社区卫生服务中心(以下简称"嘉兴卫服中心")网络管理员。因涉嫌犯受贿罪于2011年5月3日被逮捕。

上海市虹口区人民检察院以被告人吕辉犯受贿罪,向上海市虹口区人民法院提起公诉。

被告人吕辉对公诉机关指控的犯罪事实及罪名均无异议。其辩护人提出,涉案的新港卫服中心和嘉兴卫服中心两家单位在对外公开的信息中,其所有制形式是集体所有制事业单位,吕辉的身份不符合国家工作人员的认定条件,不构成受贿罪,应以非国家工作人员受贿罪论处。

上海市虹口区人民法院经审理查明:2004年5月被告人吕辉进入新港卫服中心担任网络管理员,系临时工,2008年8月成为新港卫服中心的正式职工。2009年12月,新港卫服中心并入嘉兴卫服中心,吕辉继续担任新合并成立的嘉兴卫服中心的网络管理员。上述两家社区卫生服务中心的性质均系上海市虹口区卫生局差额拨款的国有事业单位。2006年至2010年,吕辉利用担任上述两家单位网络管理员的职务便利,在负责为本单位采购计算机及相关配件的业务过程中,多次收受供货单位上海广创科技有限公司销售员吴丽、上海切尔顿企业管理咨询有限公司总经理卢中秋、上海紫越网络科技有限公司销售员郁凯以及UPS供应商王健宏的贿赂,共计人民币(以下币种同)14.47万元。在负责管理本单位医药信息的过程中,多次擅自对外提供医生药品用量等信息,并收受医药销售代表邓施方、刘文军的贿赂,共计2.35万元。2011年4月19日,吕辉主动向所在单位投案,并如实供述了上述受贿犯罪事实。到案后,吕辉又主动向有关部门检举揭发了他人犯罪行为,且经查证属实。吕辉在其家属的帮助下主动向法院退赃10万元。

上海市虹口区人民法院认为,被告人吕辉身为在国有事业单位中从事公务的国家工作人员,利用职务上的便利,非法收受他人财物,为他人谋取利益,其行为构成受贿罪。吕辉具有自首情节和立功表现,可以减轻处罚。吕辉在其家属的帮助下主动退出部分赃款,可酌情从轻处罚。依照《中华人民共和国刑法》第三百八十五条第一款,第三百八十六条,第三百八十三条第一款第一项、第二款,第六十七条第一款,第六十八条,第六十四条之规定,上海市虹口区人民法院以受贿罪判处被告人吕辉有期徒刑六年,并处没收财产二万元,尚未退出的赃款连同已退出的赃款一并予以追缴。

一审宣判后,吕辉提出上诉,其对原判认定其利用职务便利收受贿赂的事实不持异议,但辩称其大部分收受贿赂的情况发生于2008年8月之前,然而其2004年5月进入新港卫服中心工作时仅是临时工,不具有国家工作人员身份,直到2008年8月才成为正式职工,故不构成受贿罪,而仅构成非国家工作人员受贿罪。吕辉的辩护人提出,原判认定吕辉构成受贿罪属定性错误,且量刑过重。具体理由如下:(1)辩护人通过政府信息公开渠道得到的上海市卫生局出具的《"嘉兴卫服中心"医疗机构执业登记信息》显示嘉兴卫服中心的所有制形式系集体所有制,一审法院判决认定嘉兴卫服中心和新港卫服中心系国有事业单位的证据不足;(2)吕辉作为单位的网络管理员,从事的是劳务活动,而非公务活动,故吕辉不属于国家工作人员,不构成受贿罪;(3)吕辉具有自首情节和立功表现,并退出部分赃款,一审法院对其判处有期徒刑六年,并处没收财产二万元的刑罚过重。

上海市第二中级人民法院经审理认为,综合上海市虹口区卫生局出具的情况说明和相关证人证言以及《事业单位登记管理暂行条例》的规定,2006年至2010年吕辉收受贿赂期间,新港卫服中心和嘉兴卫服中心系事业单位,资产性质为国有资产。吕辉自2004年5月进入新港卫服中心担任网络管理员,2010年1月起担任嘉兴卫服中心网络管理员,负责采购计算机及其设备以及管理医药信息。吕辉在事业单位中履行了对国有资产的管理及对公共事务的监督职责,从事的活动具有公务性质,应当认定吕辉为国家工作人员。原判认定吕辉犯受贿罪的事实清楚,鉴于吕辉具有自首情节、立功表现以及其家属帮助退赔部分赃款,对其分别予以减轻处罚、酌情从轻处罚,量刑适当,程序合法。依照《中华人民共和国刑事诉讼法》第一百八十九条第(一)项之裁定,裁定驳回上诉,维持原判。

二、裁判要旨

No.8-385-39 社区医疗服务中心网管员在事业单位从事公务应认定为国家工作人员,其收受财物的行为成立受贿罪。

最高人民法院、最高人民检察院2008年11月20日联合发布了《关于办理商业贿赂刑事案件适用法律若干问题的意见》。根据《关于办理商业贿赂刑事案件适用法律若干问题的意见》第四条的规定,医疗机构中的国家工作人员,在药品、医疗器械、医用卫生材料等医药产品采购活动中,利用职务上的便利,索取销售方财物,或者非法收受销售方财物,为销售方谋取利益,构成犯罪的,以受贿罪定罪处罚。医疗机构中的非国家工作人员,有前款行为,数额较大的,以非国家工作人员受贿罪定罪处罚。医疗机构中的医务人员,利用开处方的职务便利,以各种名义非法收受药品、医疗器械、医用卫生材料等医药产品销售方财物,为医药产品销售方谋取利益,数额较大的,以非国家工作人员受贿罪定罪处罚。

国家工作人员的本质特征是从事公务,认定是否是国家工作人员也应当以是否从事公务为依据。本案中,对被告人吕辉能否认定为国家工作人员并不取决于其“身份”(是临时工还是正式工),而取决于其职责,应当结合吕辉是否从事公务来判断其是否属于国家工作人员。本案在审理过程中,对吕辉负责采购计算机及其设备系从事公务没有争议,但对于吕辉对社区卫生服务中心的信息进行维护是否属于从事公务争议较大。经查,吕辉对社区卫生服务中心的网络信息予以维护的范围包括对医生的工作量、业务总金额、看病人次、人均费用、药品所占业务总金额的比例等进行统计、汇总,监控医生超量或者异常用药情况,及时向院办公室汇报,并确保统计数据的真实性、安全性和保密性。可见,吕辉在事业单位中履行了对国有资产的管理及对公共事务的监督职责,从事的活动具有公务性质,应当将其认定为国家工作人员。

值得注意的是,应当将吕辉利用网络管理员的职务便利,收受供货单位相关人员以及医药销售代表给予的财物,并在采购计算机及配件和提供医生药品用量信息等方面为他们谋取利益的行为,与医生利用开处方的职务便利,收受药品、医疗器械、医用卫生材料等医药产品销售方财物的行为,以及医生收受红包的行为相区分。医生开处方的行为属于不具备职权内容的劳务活动、技术服务工作,应当以非国家工作人员论;当其利用处方权收受医药产品销售方给予的回扣时,由于其处方权具有对医药购销的实质性影响,能够被贿赂所左右,可以构成非国家工作人员受贿罪;而当其利用自身的专业技能为患者进行诊疗时,此时的医生与患者是一种平等的医疗服务关系,医生需要遵循专业知识和工作规则为患者服务,不存在受到贿赂影响的职务行为,故医生收受患者红包的行为属于行业不正之风,不能以犯罪论处,可对其进行批评教育或者纪律处分。本案中,吕辉基于其具有公务性质的职务行为获取了不正当的报酬,依法构成受贿罪。

案例:周龙苗等受贿案

案例来源:《刑事审判参考》总第 93 集[第 884 号]

主题词:受贿罪 非特定关系人的挂名取酬行为

一、基本案情

被告人周龙苗,男,1957 年 3 月 7 日出生,原系浙江省舟山市临城新区开发建设有限公司办公室主任,曾任舟山市临城新区开发建设有限公司综合开发处副处长、处长。

被告人虞平安,男,1959 年 3 月 25 日出生,汉族,初中文化,系舟山市都彭服饰有限公司法定代表人。

舟山市人民检察院以被告人周龙苗、虞平安犯受贿罪,向舟山市中级人法院提起公诉。

被告人周龙苗及其辩护人提出,周龙苗只是帮助虞平安推荐介绍工程,并无共同收受贿赂的故意,周龙苗收受张信利人民币(以下币种同)1.5 万元证据不足,周龙苗具有自首情节。被告人虞平安及其辩护人提出,舟山市建新建筑工程有限公司(以下简称“建新公司”)给虞平安 50 万元是合作承包工程的利润款,并非受贿款,虞平安没有共同受贿的故意和行为,要求宣告无罪。

舟山市中级人民法院经审理查明:

舟山市临城新区开发建设有限公司(以下简称“临城新区公司”)系 2001 年 3 月 28 日由舟山市城市建设综合开发总公司、舟山市交通国有资产经营有限公司、舟山市国有资产投资经营有限公司、舟山港务集团有限公司、舟山市地产开发公司、舟山市定海区国有资产经营有限公司共同出资成立的国有公司。2006 年 1 月 20 日,被告人周龙苗被舟山市新城管理委员会任命为主任科员,经临城新区公司经理办公会议研究决定,周龙苗于 2006 年 4 月至 2009 年 3 月期间任该公司综合开发处处长。

2007 年 3 月 19 日,舟山绿城公司与临城新区公司签订了宕渣、种植类土方工程协议,约定由临城新区公司负责将开山过程中的宕渣和种植类土方运至长峙岛内指定的地点。经招投标,临城新区公司将该项作业连同整体爆破炮台山的工程转承包给舟山市大昌爆破有限公司(以下简称“大昌公司”)。2008 年 7 月,大昌公司开始对炮台山实施整体爆破。按照合同约定,由临城新区公司指定将宕渣运送至长峙岛绿城地块进行填平工作的分包单位。根据新城管委会的相关政策,宕渣运输填平工程属于四项基础工程(石渣填埋、土方挖运、临时围墙砌筑、机械租赁)之一,应当优先考虑临城当地人承接,具体协调工作由临城新区公司综合开发处负责,故一些临城当地人都向时任综合开发处处长的周龙苗要求承接宕渣运输工程。周龙苗妻子的舅舅被告人虞平安听到消息后也向周龙苗提出要求承包工程。周龙苗告知虞平安不是临城当地人且无资质很难承接到工程,但表示会尽力帮忙争取与他人合作。随后,建新公司朱登伟也向周龙苗提出要求承接该填渣工程,周龙苗要求朱登伟与虞平安合作,朱登伟表示如让虞平安参与该工程其利润就会损失,周龙苗明确表示其会向大昌公司提出,让大昌公司减少管理费。朱登伟因考虑到周龙苗系临城新区公司综合开发处处长,具体负责该项工程,如不同意跟虞平安合作,其很难承接到该工程,遂答应了周龙苗的要求。周龙苗、虞平安与朱登伟及其下属车队的两位负责人一起商量合作承接工程事宜。周龙苗提出建新公司有资质且车队是现成的,承接工程具体由建新公司出面,虞平安无须参与该工程的具体管理及付出劳务、费用等,工程结束后分一部分利润给虞平安,虞平安、朱登伟均表示同意。之后,虞平安与朱登伟也谈妥了利润如何分配。后经周龙苗的协调帮助,建新公司顺利承接到了该宕渣运输工程,大昌公司也收取了低于当时当地管理费行业标准的管理费。2008 年 8 月该工程结束,建新公司分三次将工程利润的一半共计 50 万元给了虞平安。虞平安为感谢周龙苗在承接工程上的帮忙,送给周龙苗妻子 5 万元,周妻收受后告知了周龙苗。

2005 年至 2010 年期间,周龙苗还利用担任临城新区公司综合开发处副处长、处长的职务便利,为张信利等 8 人在工程前期协调、基础工程承接等方面予以关照和支持,收受上述人员所送的财物,价值共计 2.98 万元。周龙苗在当地纪委因其他事项找其谈话时,交代了本案事实。

舟山市中级人民法院认为,被告人周龙苗身为国有公司中从事公务的人员,利用职务便利,为他人谋取利益,伙同被告人虞平安共同收受他人 50 万元,其中周龙苗分得 5 万元,虞平安分得 45 万元,周龙苗还单独收受他人财物共计价值 2.98 万元,二被告人的行为均构成受贿罪。周龙苗明知虞平安不是临城当地人且无资质不能承接该工程,仍根据虞平安的请求,利用职务之便,向要求承接该工程的建新公司总经理朱登伟提出让虞平安参与合作承接工程,让不具资质的虞平安既不实际出资,也不用实际参与经营、管理,仍以合作承接工程的名义获取利润 50 万元,还默认妻子收下虞平安分得的 5 万元赃款。以上事实足以认定周龙苗、虞平安主观上具有收受贿赂的共同故意和行为。故二被告人及辩护人提出不构成共同受贿的理由不能成立,不予采纳。周龙苗在当地纪委因其他事项找其调查谈话期间,交代纪委尚未掌握的犯罪事实,应当以自首论,并可以减轻处罚。周龙苗及其辩护人提出的相关辩护意见予以采纳。据此,依照《中华人民共和国刑法》第三百八十五条、第三百八十六条、第三百八十三条第一款第(一)项、第二款,第六十七条第一款,第二十七条,第二十五条第一款,第六十四条之规定,舟山市中级人民法院以受贿罪判处被告人周龙苗有期徒刑六年,并处没收财产计人民币十万元;判处被告人虞平安有期徒刑五年,并处没收财产计人民币十万元;判令没收赃款五十二万九千八百元,上缴国库。

一审宣判后,二被告人均未提出上诉,公诉机关未提出抗诉,该判决已发生法律效力。

二、裁判要旨

No. 8-385-40 国家工作人员为他人谋取利益,指定他人将财物交给非特定关系人的情形中,国家工作人员与非特定关系人成立共同受贿。

2007 年 7 月 8 日最高人民法院、最高人民检察院联合印发的《关于办理受贿刑事案件适用法律若干问题的意见》第七条规定了三种受贿情形,其中第三种情形是指特定关系人以外的其他人与国家工作人员通谋,由国家工作人员利用职务上的便利为请托人谋取利益,收受请托人财物后双方共同占有的,以受贿罪的共犯论处。根据该规定,结合上述事实,判断周龙苗和虞平安是否构成共同受贿,必须明确以下两点:第一,二被告人是否具有通谋;第二,二被告人是否共同占有请托人所送的财物。

关于第一点,如果虞平安与建新公司朱登伟的合作是正常合作,即双方都参与投资、管理,且经营利润按照投资比例分配,即使周龙苗为虞平安参与合作打过招呼,朱登伟是基于周龙苗的职权和地位影响才让虞平安参与合作,也不应将虞平安基于周龙苗的行为获取的所得认定为受贿。然而,本案中,虞平安与朱登伟的合作显然是非正常的。朱登伟首先提出如让虞平安参与合作,工程利润就会遭受损失,周龙苗当即明确表示其会向大昌公司提出让大昌公司减少管理费,尽可能保证工程利润。在此情况下,朱登伟遂答应了周龙苗的要求。再者,由建新公司出面承接工程,虞平安不参与实际投资、管理,仅分取利润,也是周龙苗提出的,只是具体利润分多少是由虞平安和朱登伟两人商谈的。可见,周龙苗、虞平安、朱登伟三人均明知本案的这种合作模式是基于周龙苗系临城新区公司综合开发处处长这一职务的影响,三人均对权钱交易主观上明知,二被告人事前具有通谋这一点也是明确的。

关于第二点,虽然表面上看周龙苗本人没有直接获得财物,但朱登伟送给虞平安"利润"完全是基于周龙苗的授意,而虞平安之所以获利,完全是源于周龙苗与朱登伟之间的权钱交易和周龙苗对交易对象的处分。虞平安在未实际参与投资、管理的情况下分取利润是周龙苗提出的,虽然其对虞平安具体分取多少利润未必明知,但周龙苗向朱登伟提出虞平安分配利润时,并未提出数额限制,即不管虞平安具体分多少,都不违背周龙苗的意志。事后,虞平安在收取 50 万元利润款后将其中的 5 万元交给周龙苗的妻子,周龙苗在获知后,既未对虞平安的分配数额提出限制,也未向虞平安要求将分配利润返还朱登伟。因此,周龙苗应当对虞平安收受的 50 万元承担刑事责任。虞平安将 5 万元交给周龙苗的妻子,只是赃物处理的一个具体环节。换言之,即便周龙苗不收取虞平安的 5 万元,周龙苗利用职务便利为朱登伟谋取利益,朱登伟则将利润交给由周龙苗指定的虞平安,也完全符合权钱交易的本质特征。

综上,周龙苗利用职务便利为朱登伟谋取利益,而由周龙苗指定虞平安在既不出资,也不参与管理经营的情况下,收取 50 万元,事后其又收取虞平安给的 5 万元,其行为构成受贿罪,虞平安成立受贿罪的共犯,共同受贿数额应当认定为 50 万元。

案例:刚然、吴静竹受贿、伪造国家机关证件案

案例来源:《刑事审判参考》总第 129 辑[第 1446 号]

主题词:受贿罪 介绍贿赂罪

一、基本案情

(一)受贿部分

被告人刚然、吴静竹均系宜兴市交通警察大队和桥中队辅警。2017 年 7 月月初,刚然调至宜兴市交通警察大队综合中队工作,负责材料、信息工作。2017 年 10 月,吴静竹在宜兴市交通警察大队和桥中队交通违章处理窗口工作,负责处理非现场交通违法行为。吴静竹在刚然的怂恿和劝说下同意帮助张祝波(另案处理)违法处理他人交通违法行为,并接受刚然提出的给予好处的方案。自 2017 年 10 月至 2018 年 6 月期间,刚然伙同吴静竹利用吴静竹负责非现场交通违法处理的职务之便,帮助张祝波违法处理他人交通违法行为,从而收受张祝波给予的钱款共计 472500 元。刚然分给吴静竹 135609 元,分给涉案期间提供帮助的张俊达、张亚琴(均另案处理)93980 元,刚然自己分得 242911 元。

案发后,被告人刚然退出 242911 元,被告人吴静竹退出 135609 元,张俊达退出 3 万元,张亚琴退出 5 万元。

(二)伪造国家机关证件部分

2018 年 3 月至 6 月,被告人刚然在伙同被告人吴静竹共同帮助张祝波处理他人交通违法行为过程中,为便于处理违章事宜,受张祝波指使,伙同张俊达、张亚琴等人,伪造机动车行驶证共计100余份,用于上传交通违章处理系统,后均被销毁。

2018年6月19日上午,徐娟、徐云霄受张亚琴指使携带伪造的违章车辆行驶证至宜兴市公安局交警大队和桥中队被告人吴静竹处处理违章时被民警查获,后移交宜兴市公安局和桥派出所处理;宜兴市公安局从徐娟、徐云霄处扣押伪造的机动车行驶证14本。

2018年6月22日,宜兴市公安局先后传唤张亚琴与被告人吴静竹、刚然等人接受调查,刚然、吴静竹均如实供述了各自为张祝波处理违章过程中伪造机动车行驶证的事实,并均主动供述监察机关尚未掌握的收受他人好处的事实;2018年7月6日,宜兴市公安局将刚然、吴静竹涉嫌职务犯罪线索移送宜兴市监察委员会。

二、裁判要旨

No. 8-385-41　基于共同的意思联络,以各自的行为共同促成为行贿人谋取利益收受财物的,应成立受贿罪的共同犯罪,而非介绍贿赂罪。

就主观目的而言,介绍贿赂行为的目的本身不是行贿也不是受贿,而是旨在帮助行受贿双方建立贿赂联系,即起到牵线搭桥、沟通联络、撮合作用,主观上必须有向国家工作人员介绍贿赂的故意,认识到自己处于"中间人"的地位。由此可见,介绍贿赂人既不同于行贿人主观上具有行贿故意,以图受贿人利用职务便利为己谋取利益,也不同于受贿人主观上具有受贿故意,企图收受他人贿赂。即介绍贿赂人主观上具有独立的故意即介绍贿赂的故意。而行受贿共犯是行为人与行贿人或受贿人形成了共同故意,认识到自己是在帮助行贿人行贿或受贿人受贿。行为人与行贿人或受贿人的共同故意包括两个内容:一是各行为人均有相同的犯罪故意;二是行为人与行贿人或受贿人之间具有意思联络。

本案中,张祝波专门从事车辆中介代理业务,包括帮人处理非现场查处交通违章事务,与被告人刚然曾经认识。2017年6月,刚然调到宜兴市交通警察大队后,从事内勤工作,不接触处理违章业务。张祝波遂要求刚然介绍同事帮其处理交通违章。刚然同意并介绍在业务窗口处理违章事务的被告人吴静竹与张祝波认识,张祝波答应给刚然、吴静竹相应好处费。刚然虽在张祝波、吴静竹之间牵线搭桥,但其所起的作用远非中间人的角色,其与吴静竹之间存在受贿通谋的行为。通谋的内容包括:(1)谋利事项;(2)受贿标准;(3)收受贿赂形式;(4)规避监管的方式。

就客观行为而言,介绍贿赂行为是在行受贿双方之间起到提供信息、引荐、沟通、撮合的作用;行贿共同犯罪是为谋取不正当利益共同向国家工作人员行贿;受贿共同犯罪是以各自的行为共同促成为行贿人谋取利益,并收受财物。

本案中,被告人刚然、吴静竹的行为更符合受贿共同犯罪的特征。(1)被告人刚然、吴静竹通过各自的行为,共同帮助张祝波开展代办业务。(2)被告人刚然、吴静竹共同收受财物。(3)从行贿人的认知上看,张祝波也是将被告人刚然、吴静竹视为一个整体,共同帮其促成办理违章代办业务。

案例:雷政富受贿案

案例来源:《刑事审判参考》总第93集[第885号]

主题词:受贿罪　利用职务便利授意行贿人向第三人借款

一、基本案情

被告人雷政富,男,1958年7月24日出生,汉族,原系中共重庆市北碚区区委书记。2013年2月6日因涉嫌犯受贿罪被逮捕。

重庆市人民检察院第一分院以被告人雷政富犯受贿罪,向重庆市第一中级人民法院提起公诉。

重庆市第一中级人民法院经审理查明:

2007年7月至2008年12月,被告人雷政富利用职务之便,为重庆勇智实业开发有限公司

(以下简称“勇智公司”)承接工程项目等提供帮助。2008 年 1 月,重庆华伦达服饰有限公司(以下简称“华伦达公司”)法定代表人肖烨(另案处理)等人为谋取非法利益,安排赵某(另案处理)偷拍赵某与雷政富的性爱视频。同年 2 月 14 日,雷政富与赵某在金源大饭店再次开房时被肖烨安排的人当场“捉奸”,假扮赵某男友的张进、扮私家侦探的严鹏(另案处理)对雷政富播放了雷与赵某的性爱视频,双方为此发生纠纷。肖烨接赵某的电话通知来到饭店后假意协调解决,让雷政富离开。2008 年 2 月 16 日,肖烨以张进要闹事为由,以借为名向雷政富提出“借款”人民币(以下未标明币种的均为人民币)300 万元,雷政富担心不雅视频曝光,在明知其被肖烨设局敲诈的情况下,要求勇智公司法定代表人明勇智“借款”300 万元给肖烨的公司。同年 2 月 18 日,肖烨向勇智公司出具借条。次日,勇智公司向华伦达公司转账 300 万元。同年 8 月 18 日,该“借款”期满后,肖烨个人及其重庆永煌实业(集团)有限公司(以下简称“永煌公司”)的账上均有足额资金,但未归还。雷政富得知肖烨未归还后向明勇智表示由其本人归还,明勇智提出不用雷归还,雷予以认可。2010 年 11 月,雷政富害怕事情败露,经与肖烨共谋后,为掩饰该事实,于 2010 年 11 月 16 日,以“还款”的名义,由永煌公司转账 100 万元到勇智公司账上。

另查明,2011 年,雷政富利用职务之便,为重庆市北碚大学科技园发展有限公司(以下简称“北碚公司”)争取扶持资金等提供帮助,于 2011 年 6 月在美国纽约考察学习期间,收受该公司法定代表人印小明 1 万美元(折合人民币 6.5053 万元)和“BVLGARI”牌手表一只,回国后将该手表上交。2012 年年初,雷政富利用职务之便,为时任重庆市第九人民医院骨科主任的范大礼职务升迁提供帮助。之后,范大礼通过雷政富妻子聂玉荣转送感谢费 10 万元。

重庆市第一中级人民法院认为,被告人雷政富身为国家工作人员,利用职务之便,为他人谋取利益,非法收受他人财物共计三百一十六万余元,其行为构成受贿罪,且受贿数额巨大。依照《中华人民共和国刑法》第三百八十五条第一款,第三百八十六条,第三百八十三条第一款第(一)项、第二款,第五十五条,第五十六条第一款,第五十九条,第六十一条,第六十四条之规定,重庆市第一中级人民法院以被告人雷政富犯受贿罪,判处有期徒刑十三年,剥夺政治权利三年,并处没收个人财产三十万元。对雷政富受贿赃款三百一十六万五千五十三元予以追缴,上缴国库。

一审宣判后,被告人雷政富不服,向重庆市高级人民法院提起上诉。

上诉人雷政富及辩护人的意见是明勇智支付给肖烨的 300 万元系勇智公司与华伦达公司之间的借款,不能认定为雷政富受贿。一审认定雷政富收受印小明、范大礼财物的证据不足。

重庆市高级人民法院认为,上诉人雷政富身为国家工作人员,利用职务之便,为他人谋取利益,非法收受他人财物折合人民币共计三百一十六万余元,其行为构成受贿罪,依法应予惩处。原判认定的犯罪事实和适用法律正确、量刑适当,审判程序合法。据此,依照《中华人民共和国刑事诉讼法》第二百二十五条第一款第(一)项之规定,重庆市高级人民法院裁定驳回上诉,维持原判。

二、裁判要旨

No. 8-385-42 以不雅视频相要挟,向他人提出借款要求且到期不还的行为,成立敲诈勒索。

1. 涉案 300 万元看似华伦达公司与勇智公司之间的民间借贷款,实质是肖烨假借华伦达公司名义使自己占有该款。本案中,明勇智应雷政富的要求向肖烨提供资金时,肖烨以华伦达公司的名义向勇智公司出具借条,约定还款期限、利息等。从表面上看与肖烨无关,但认真分析该 300 万元的获得过程,综合偷拍不雅视频、设计“捉奸”、提出“借款”要求、还款期满后有钱不还等情况,实质上所谓的“借款”均系在肖烨的直接安排下进行,并非单位经营所需及其意志的体现,资金进入华伦达公司后,即转入了肖烨个人账户,由肖烨直接支配使用。

2. 肖烨为取得财物,采用胁迫手段,使被告人陷入恐惧心理。雷政富之所以答应帮助肖烨“借款”300 万元,并非出于与肖烨个人间的感情或者对肖烨及其公司经营状况的信任,而是出于对其被拍摄性爱视频事情败露的担心,而被迫答应。

3. 肖烨表面上采用“借款”形式,实质上是掩盖敲诈本质。肖烨、赵某等人色诱领导干部,拍摄不雅视频,目的就是对有关人员进行威胁,获取非法利益。在通过胁迫方式获得巨额资金后,肖烨既未按照事前的说法交给张进,亦未投入所谓的工程,而是很快转入私人账户。在“借款”到期后,其将巨额资金借给他人获取高息、进行高档消费,拒不归还涉案款项。后因利用不雅视频进行敲诈勒索被司法机关调查,雷政富、肖烨感受到自身危险,为了逃避打击,掩盖犯罪行为,二人商议后,肖被迫退还勇智公司100万元。可见,涉案300余万元名为公司之间的借贷,实为敲诈财物。华伦达公司是否向勇智公司出具借条、有关款项是否在华伦达公司和勇智公司账上有所体现,不影响相关款项性质的认定。

4. 肖烨敲诈是以被拍摄不雅视频的雷政富为对象。肖烨等人在赵某拍摄雷政富的不雅视频后,通过设局“捉奸”,让雷意识到被人抓住了把柄,使雷陷入担心不雅视频曝光、张进闹事的恐惧心理。至于真正支付该款的明勇智是否基于雷政富利用职务便利为其谋利的考虑才将300万元出借给肖烨,不影响肖烨行为敲诈勒索性质的认定。

No. 8-385-43 利用职务便利为他人谋取利益,授意他人向第三人借款,还款义务被免除的,成立受贿罪。

1. 雷政富利用职务之便为明勇智谋取了利益。

2. 明勇智“出借”给肖烨的钱款是基于雷政富的要求及其所需实际等同于“出借”给雷政富,免除肖烨的债务实际等同于免除雷政富的债务,更何况明勇智是在雷政富自揽还款责任后免除,即实质上免除的是雷政富本人的还款义务。本案中,肖烨与雷政富具有敲诈与被敲诈的经济利益关系,肖烨敲诈的是雷政富,明勇智实际上是代雷政富支付敲诈款。肖烨不愿归还明勇智300万元债务,是因为其敲诈的本是雷政富,在其看来,雷政富出面出借的300万元,无须由其归还,如要归还,也应当由雷政富归还;在雷政富看来,明勇智出借给肖烨300万元,显然是基于其职务的影响,肖烨是将自己作为敲诈对象,且名义上是借款,实质上是非法占有;而在明勇智看来,其最初是基于雷政富的职务影响才将300万元出借给肖烨,还款期满肖烨搪塞不还时,雷政富提出该笔还款由雷本人来还,其经权衡便当即免除雷还款的义务。因此,明勇智免除肖烨的债务,实质上是免除雷政富的债务。

3. 明勇智出借300万元以及后来免除该债务都是基于雷政富的职务影响。明勇智与肖烨事前并不认识,对肖烨个人信用、公司经营状况、资产情况毫不知情,之所以出借巨额资金给肖烨是基于雷政富的要求以及雷以前和今后对勇智公司的帮助。在肖烨明确不归还涉案300万元,雷政富主动表示承担该债务时,明勇智表示免除该债务亦是基于雷政富此前对勇智公司的帮助以及想继续得到雷的关照。

4. 明勇智表示免除债务时双方即达成行受贿合意。双方就肖烨300万元“借款”不用归还的合意,实质上是雷政富与明勇智达成了行受贿合意。明勇智免除肖烨的债务,放弃通过诉讼等正当程序向肖烨及其公司主张权利,是基于雷政富职务的影响,明勇智放弃对该款的追索,获益的是雷政富本人,其实质是雷政富与明勇智的权钱交易。

本案300万元“借款”实际上是明勇智通过出借资金的方式,为肖烨敲诈雷政富的款项买单,无论是明勇智答应借款给肖烨,还是放弃对该“借款”的追索,目的是出于对雷之前对其公司关照的感谢,并希望继续得到雷的关照,都是基于雷政富的职权。表面上看雷政富本人没有获得财物,但请托人的行贿指向是明确的,最后免除第三人肖烨的债务,完全是基于国家工作人员雷政富的意思,而第三人之所以获利,完全源于雷政富与明勇智之间的权钱交易和雷政富最终对该财产的处分意思。该笔款项名为肖烨公司与明勇智公司的民间借贷款,实为明勇智与雷政富之间的权钱交易款,属于贿赂款的性质。

案例:章国钧受贿案

案例来源:《刑事审判参考》总第97集[第974号]

主题词:受贿罪　国家出资企业中的国家工作人员认定

一、基本案情

被告人章国钧,男,1977 年 1 月 3 日出生,大学文化,原系交通银行股份有限公司湖州新天地支行行长助理。2012 年 9 月 17 日因涉嫌犯受贿罪被逮捕。

浙江省湖州市吴兴区人民检察院以被告人章国钧犯受贿罪,向吴兴区人民法院提起公诉。

被告人章国钧基于以下理由请求对其从轻处罚,并适用缓刑:其是在公安机关仅掌握其收受礼金问题的情况下,主动交代受贿事实,系自首;其案发前已退还赃款。其辩护人辩称:被告人章国钧不属于国家工作人员,不构成受贿罪;章国钧有自首情节。

湖州市吴兴区人民法院经公开审理查明:

交通银行股份有限公司(以下简称"交通银行")是国有参股的股份制银行。2003 年 7 月至 2012 年 2 月 26 日,被告人章国钧系交通银行湖州分行的合同制职工。经交通银行湖州分行党委研究决定,2008 年 8 月至 2011 年 3 月,章国钧担任交通银行湖州新天地支行公司(以下简称"新天地支行")的业务管理经理。2011 年 3 月至 2012 年 2 月,章国钧担任新天地支行行长助理,主要负责公司类客户的营销和日常管理工作,及公司客户经理队伍的日常管理。2011 年 2 月至 9 月,章国钧利用担任新天地支行业务管理经理、行长助理职务上的便利,为李金星谋取利益,先后多次非法收受李金星贿送的现金,共计约人民币(以下未特别注明的均为人民币)49200 元。具体分述如下:

1. 2011 年 2 月至 3 月,章国钧利用职务之便,收受李金星为求得并感谢章国钧在交通银行办理贷款业务中的关照而贿送的 20000 元。

2. 2011 年 5 月,章国钧利用职务之便,收受李金星出于上述同一事由而贿送的 10000 元。

3. 2011 年 9 月中秋节前后,章国钧利用职务之便,收受李金星出于上述同一事由而贿送的美金 3000 元。后于同年 9 月 17 日将美金兑换成人民币。

2011 年 9 月 28 日,新天地支行出现因客户企业资金链断裂而无法返还贷款的情况,该行随即安排贷款负责人员和信贷员至各放贷企业跟踪了解情况。章国钧在掌握了李金星所在的浙江金贸竹木家具有限公司出现资金周转困难后,害怕无法及时收回该企业贷款被追责,以及害怕自己收受贿赂的事实败露,于 2011 年 11 月 20 日从银行取款后,由其妻子向浙江金贸竹木家具有限公司账户汇款 50000 元。案发后,章国钧向湖州市吴兴区人民检察院退出全部赃款。

湖州市吴兴区人民法院认为,被告人章国钧身为国家工作人员,利用职务上的便利,非法收受他人财物,为他人谋取利益,其行为构成受贿罪。公诉机关指控的罪名成立,依法应予惩处。章国钧到案后,能如实供述犯罪事实,且当庭认罪,依法可以从轻处罚。章国钧已退缴全部赃款,酌情可以从轻处罚。据此,依照《中华人民共和国刑法》第三百八十五条第一款、第三百八十六条、第三百八十三条第一款第(三)项、第九十三条第二款、第六十七条第三款、第六十四条之规定,吴兴区人民法院以被告人章国钧犯受贿罪,判处有期徒刑二年六个月。扣押在案的赃款,予以追缴,上缴国库。

一审宣判后,被告人章国钧未提出上诉,公诉机关亦未抗诉,该判决已发生法律效力。

二、裁判要旨

No. 8-385-44 国家出资企业中,受党委委派对国有资产进行管理监督,属于从事公务,应认定为国家工作人员。

2010 年最高人民法院、最高人民检察院《关于办理国家出资企业中职务犯罪案件具体应用法律若干问题的意见》规定:"经国家出资企业中负有管理、监督国有资产职责的组织批准或者研究决定,代表其在国有控股、参股公司及其分支机构中从事组织、领导、监督、经营、管理工作的人员,应当认定为国家工作人员。"

《关于办理国家出资企业中职务犯罪案件具体应用法律若干问题的意见》规定:"本意见所称'国家出资企业',包括国家出资的国有独资公司、国有独资企业,以及国有资本控股公司、国有资本参股公司。是否属于国家出资企业不清楚的,应遵循'谁投资、谁拥有产权'的原则进行界定。企业注册登记中的资金来源与实际出资不符的,应根据实际出资情况确定企业的性质。企业实际出资情况不清楚的,可以综合工商注册、分配形式、经营管理等因素确定企业的性质。”根据上述规定,无论是国家直接投资还是间接投资,只要企业中含有国有资本的成分,不论国有资本所占份额的大小,均应认定为国家出资企业,不能仅将国家直接投资的企业认定为国家出资企业。

《关于办理国家出资企业中职务犯罪案件具体应用法律若干问题的意见》将国家出资企业中的国家工作人员分为两种类型:一种是“经国家机关、国有公司、企业、事业单位提名、推荐、任命、批准等,在国有控股、参股公司及其分支机构中从事公务的人员。具体的任命机构和程序,不影响国家工作人员的认定”。此种类型与《刑法》第九十三条第二款的规定是一致的,司法实践中出现的频率较高,易于认定。另一种是“经国家出资企业中负有管理、监督国有资产职责的组织批准或者研究决定,代表其在国有控股、参股公司及其分支机构中从事组织、领导、监督、经营、管理工作的人员”。此种类型对委派主体作了适度的扩张解释,又称为“间接委派”,在认定时需要从严把握两个方面的问题:一是对于“负有管理、监督国有资产职责的组织”的界定;二是对于“组织、领导、监督、经营、管理工作”的理解,不能肆意扩大国家工作人员的范围。

首先,“负有管理、监督国有资产职责的组织”如何界定。根据《关于办理国家出资企业中职务犯罪案件具体应用法律若干问题的意见》的精神,这里所谓的“组织”,除国家资产监督管理机构、国有公司、企业、事业单位外,主要是指上级或者本级国家出资企业内部的党委、党政联席会。因为,根据党管干部的组织原则,国家出资企业中一般设有党委,以国家出资企业中负有管理、监督国有资产职责的组织作为委派主体,既反映了当前国家出资企业的经营管理实际,又体现了从事公务活动这一认定国家工作人员的实质要求,可以保证认定范围的正当性、确定性和内敛性。

其次,“代表其从事组织、领导、监督、经营、管理工作”如何理解。在认定国家工作人员身份时,不仅要审查“党委任命”这一形式要件,还要审查行为人是否具有“代表性”,以及所从事工作的性质是否属于“从事公务”这两个实质要件。一方面,行为人必须对任命其的组织具有一定的“代表性”,行为人虽经有关组织研究决定任命,但是如果该任职与委派组织没有必然的联系,行为人对委派组织亦无职责义务关系的,则不应认定为国家工作人员;另一方面,行为人必须要在国家出资企业中“从事公务”。关于“从事公务”如何理解,2003 年《全国法院审理经济犯罪案件工作座谈会纪要》明确规定:“从事公务,是指代表国家机关、国有公司、企业事业单位、人民团体等履行组织、领导、监督、管理等职责。公务主要表现为与职权相联系的公共事务以及监督、管理国有财产的职务活动。如国家机关工作人员依法履行职责,国有公司的董事、经理、监事、会计、出纳人员等管理、监督国有财产等活动,属于从事公务。那些不具备职权内容的劳务活动、技术服务工作,如售货员、售票员等所从事的工作,一般不认为是公务。”《全国法院审理经济犯罪案件工作座谈会纪要》的规定将公务与劳务区别开来,更加有针对性地强调公务与职权的关联性,突出公务的管理性特征。一般认为,在国家出资企业中,中层以上的管理人员可以被视为代表管理、监督国有资产职责的组织从事公务,中层以下的管理人员如果主要从事事务性、技术性、业务性等方面的工作,则一般不宜认定为从事公务。

本案中,被告人章国钧属于国家工作人员,其利用职务之便,非法收受他人财物,为他人谋取利益的行为构成受贿罪。

首先,交通银行属于“国家出资企业”。交通银行章程显示,交通银行的股本结构中,中华人民共和国财政部作为发起人持有 26.5%的股份,因财政部所持有的股份来源为国有资产,故交通银行属于国有资本参股公司。根据《关于办理国家出资企业中职务犯罪案件具体应用法律若干问题的意见》的规定,国有资本参股公司属于国家出资企业的一种,故交通银行属于国家出资企业。

其次,章国钧属于“国家出资企业中的国家工作人员”。第一,章国钧受交通银行湖州分行党委任命。根据《交通银行浙江省分行辖属分行党委工作规则》的规定,交通银行湖州分行党委负责“研究决定干部管理权限内及其后备干部的选拔、培养、任免、考核、调配、各类奖惩等事项”,以及“研究决定本单位授权职能部门以上的重大资产、服务和业务合作项目等方面的资金和财务支出安排”等有关人事、财物方面的工作,从该行党委的职能来看,该行党委系该行“负有管理、监督国有资产职责的组织”,而且,根据该行党委组织部出具的情况说明,该行干部的任免均由该行党委研究决定后下文公布。章国钧自 2008 年 8 月至 2011 年 3 月担任新天地支行业务管理经理(副科级),自 2011 年 3 月至 2012 年 2 月担任新天地支行行长助理,其职务任免均由交通银行湖州分行党委研究决定,委派主体符合《关于办理国家出资企业中职务犯罪案件具体应用法律若干问题的意见》的规定,章国钧系代表交通银行湖州分行党委从事对国有资产的监督、经营、管理,对于委派主体来说,其具有“代表性”。第二,章国钧代表交通银行湖州分行党委从事公务。实践中,受委派人员在国家出资企业中不仅要从事最本质的公务性工作,也要从事一般的事务性工作。本案中,章国钧作为新天地支行的业务管理经理和行长助理,其工作职责可以分为两部分:一部分是对客户经理的日常考核和管理,以及协助行长从事一般的管理工作,该部分工作可以理解为是一般的事务性工作;而另一部分则是其工作的重点,即对贷款的审查和监管,通过对贷款客户进行评估和初审等贷前审查,确定贷款客户的经济状况和信誉度,再将贷款申报到授信部和审贷会进行最终的贷款审批。章国钧对贷款审查和监管的工作职责属于对国有资产的管理、监督,属于“从事公务”,系代表委派组织从事监督、经营、管理工作,符合国家工作人员的本质要求。

综上,被告人章国钧身为国家工作人员,利用职务上的便利,非法收受他人财物,为他人谋取利益,其行为构成受贿罪。

案例:胡伟富受贿案

案例来源:《刑事审判参考》总第 97 集[第 975 号]

主题词:受贿罪 以优惠价格购买商品房

一、基本案情

被告人胡伟富,男,1967 年 12 月 25 日出生,原系浙江省常山县城市规划管理所所长。2010 年 6 月 23 日因涉嫌犯受贿罪被逮捕。

浙江省常山县人民检察院以被告人胡伟富犯受贿罪,向常山县人民法院提起公诉。

浙江省常山县人民法院经公开审理查明:

常山县城市规划管理所为全额拨款事业单位,对常山县天马镇(即县城所在地)范围内建设项目的选址、建设用地和建设工程规划许可证的核发、建筑设计方案的审查以及工程验收、批后管理、组织综合验收、配合依法查处各类违章违法建设等方面具有职权。被告人胡伟富于 1988 年 1 月至 2003 年 4 月在常山县规划建设局规划办(后改为城市规划管理所)工作,2003 年 4 月 30 日任常山县城市规划管理所副所长,2007 年 1 月任所长。

2002 年,江山市民建房地产有限公司(以下简称“民建公司”)在常山县天马镇东苑小区 A-2 地块开发商住楼。同年 11 月 1 日,胡伟富的妻子徐敏向民建公司常山县开发项目部负责人周小明预定了东苑小区 26 幢东单元 401 号商品房一套,购房联系单上载明,优惠 1%后房价计人民币(以下币种同)157155 元,同日胡伟富交纳首付 57155 元。2003 年,胡伟富及其弟弟胡伟贵到该公司购买东苑小区 26 幢东单元 401 号、402 号商品房时,胡伟富要求周小明给予优惠,周小明经与民建公司总经理姜建益商量后同意给予优惠,但考虑到查账等原因,周小明让胡伟富仍旧按市场基准价签订购房合同并付款,事后由胡伟富向公司提供一张他人名义的购货发票,再将优惠的钱以报销的形式返还给胡伟富,胡伟富表示同意。2003 年 3 月 25 日、9 月 4 日,胡伟贵和胡伟富分别以优惠 1%的价款与公司签订了买卖合同,并付清房款,后胡伟富凭购货发票从民建公司获取现金 5 万元。民建公司针对不特定对象售楼的最高优惠幅度为 3%,胡伟富和胡伟贵实际支付给该公司房款比该公司售房的最优惠价格少 4 万余元。

2004 年,浙江晨源置业有限公司(以下简称“晨源公司”)在常山县天马镇开发柚香城综合大楼。2006 年 10 月,晨源公司因市场需要调高房价,并实际以 8.8 左右的折扣向社会销售。2007 年 10 月左右,晨源公司进入尾房销售,时任该公司销售主管的汪素芳以 7.3 折的优惠价购房一套,后又经公司老总的同意以 7.5 折的优惠为其父亲的朋友郑某购房一套,并从中赚取差价 3 万元。为此,公司不再支付汪素芳 2007 年的年终奖。2007 年 11 月,胡伟富的妻子徐敏(曾在该公司工作过)得知公司已经进入尾房销售,且汪素芳已经以 7.5 折的优惠购得一套房屋后,便与胡伟富商量后到晨源公司以 7.5 折的优惠价购买一套商品房。晨源公司经理缪建勋、茅建如陈述,如果不考虑胡伟富的职务因素,仅考虑徐敏本身在公司做过销售,最多只能优惠到 7.9 折,与 7.5 折之间差价为 19000 余元。

此外,胡伟富在常山县规划建设局工作及任常山县城市规划管理所副所长、所长期间,利用其职务便利收受刘国林、费小志、严东炎共计 10 万元,案发前胡伟富将该 10 万元分别退还刘国林、费小志、严东炎。胡伟富归案后,又退出赃款 10 万元。

常山县人民法院认为,被告人胡伟富身为国家工作人员,利用职务上的便利,非法收受他人财物 14 万余元,并为他人谋利,其行为构成受贿罪。胡伟富在案发前主动退赃,案发后积极退赃,依法可以从轻处罚,相关辩护意见予以采纳。据此,依照《中华人民共和国刑法》第三百八十五条第一款、第三百八十六条、第三百八十三条第一款第(一)项、第六十七条第三款、第六十四条之规定,常山县人民法院以受贿罪判处被告人胡伟富有期徒刑十年,并处没收财产人民币十五万元。

一审宣判后,被告人胡伟富以其在事先即与民建公司谈好优惠条件,判决书认定其从民建购房中得到的 5 万元优惠超出 3%优惠幅度的 4 万余元为受贿款依据不足等为由提出上诉。

衢州市中级人民法院经公开审理认为,胡伟富 2003 年 4 月任常山县城市规划管理所副所长,对在常山县开发房地产的民建公司存在职务上的监管,民建公司在售房时针对不特定对象的最高优惠幅度为 3%,胡伟富及其弟弟胡伟贵各以 1%的优惠幅度与民建公司签订购房合同,付清房款后,胡伟富于 2003 年 10 月用其他购货发票从民建公司获取五万元,使其兄弟二人购房比民建公司售房的最高优惠幅度还少付房款四万余元,优惠幅度达总房款的 13%以上,显然超出正常优惠幅度,民建公司负责人的证言也证实,是基于胡伟富的职权考虑才给予该幅度的优惠,故对该四万余元应当认定为采用交易的形式收受贿赂,相关上诉理由依据不足,据此裁定,驳回上诉,维持原判。

二、裁判要旨

No. 8-385-45 国家工作人员以优惠价格购买商品房的行为中,经营者预先设定的不针对特定人的优惠价格属于商品房的正常市场价格,不应计入受贿罪数额。

交易型受贿仍然具有受贿罪权钱交易的本质特征。在交易型受贿中,从形式上看,行贿人和受贿人双方存在一般市场交易行为,以金钱和物品的对价进行支付,通常包含打折、让利等优惠,但是上述优惠并不是一般商品买卖活动中为了促销而进行的正常销售手段,而是为了通过这种优惠换取国家工作人员手中的公权力。所谓市场交易只不过是权钱交易的幌子,权钱交易才是交易型受贿的本质特征。

具体到本案中,民建公司在常山县天马镇东苑小区 A-2 地块开发商住楼,2002 年 11 月 1 日胡伟富的妻子徐敏向民建公司预定的购房联系单上载明的优惠幅度仅为 1%,胡伟富后来在其本人和弟弟购房时向民建公司提出再给予一定优惠本属正常,也符合普通购房人普遍心理。但在民建公司提出给予 5 万元优惠时,因其本人购房的总房款也仅为 157155 元,即便加上其弟弟胡伟贵的房屋,总房款也仅为 31 万余元,该 5 万的优惠相对于房款幅度太大。对于长期与房地产企业具有业务联系,时任城市规划管理所副所长的胡伟富来说,其熟知本地的房地产市场的行情,正常购房是不可能达到如此之高的优惠幅度的,民建公司给予其这样的优惠,且提出采用在购房合同外让胡伟富用其他发票向民建公司报销的方式给予优惠,唯一的解释就是因为胡担任城市规划管理所副所长职务,对工程建设项目具有审批、验收等权力,对民建公司具有职务上的监管权力。胡伟富对此是心知肚明的,故主观上具有利用职权,采用超过正常的最大优惠幅度购房,以交易方式占有4万余元购房差价款的故意。胡伟富与民建公司商定采用先按市场基准价签订购房合同并付清房款,再向民建公司提供购货发票予以报销,最终得到了所谓的5万元“优惠”,整个购房及报销发票的过程本质上具有权钱交易的特征。

相形之下,胡伟富在向晨源公司购房的过程中,是听妻子徐敏说以前工作过的晨源公司有便宜的尾房销售,且销售主管汪素芳以7.5折的价格购买了房产,同意妻子以同样折扣从晨源公司购房,其并无明显的利用职务便利在购房时寻求额外优惠的主观故意。在该起购房中胡伟富也没有实施积极的行为,以追求获得额外优惠。虽然晨源公司的缪建勋、茅建如陈述,如果不考虑胡伟富的职务因素,仅考虑徐敏本身在公司做过销售,最多只能给7.9折的优惠,但这只是侦查机关事后取证,且是证人主观上如此认为。购房当时相关人员并未将此情况告诉徐敏,胡伟富更不知情,故该起购房中没有体现出明显的权钱交易特征。

根据《关于办理受贿刑事案件适用法律若干问题的意见》的规定,交易型受贿中的“市场价格”包括“事先设定的不针对特定人的优惠价格”。我们认为,应当从是否“事先设定”和“不针对特定人”两个基本方面,结合案件实际来判断国家工作人员所享受的“优惠价格”是正常市场优惠还是交易型受贿。“事先设定”是指在正常的市场优惠购房中,交易价格通常是由经营者预先设定的,事先确定折扣幅度,按照事先制定的程序进行销售和结算,而交易型受贿犯罪中的房产优惠价格往往具有较大的随机性和任意性,经营者会根据交易对象(国家工作人员)的具体情况,临时确定房产价格优惠幅度、结算方式等,因而难以事先确定优惠幅度。“不针对特定人”是指在正常的市场优惠购房中,能够以优惠条件购买房产的人是不特定的多数人,所有愿意支付相关对价的(符合相关法律政策规定的)人均可参与优惠购买房产。而在交易型受贿犯罪中,优惠房价仅针对特定的国家工作人员等个别对象,社会上的不特定多数人是不可能享受到同等优惠的。

本案中,被告人胡伟富和其弟弟胡伟贵从民建公司购买的两套房共计优惠达5.3万余元(包括购房合同中按1%优惠的部分),而从公诉机关提供的证据——其他多份购房合同来看,民建公司售房的最大优惠幅度仅为3%,也就是说,按该公司出售给不特定对象的最低优惠价格,仅能优惠不足1万元。显而易见,3%的优惠幅度是民建公司事先确定的购房最低折扣,面向不特定的人,而胡伟富所享受的优惠幅度达总房款的13%以上,是民建公司根据胡伟富个人身份临时确定的优惠幅度,仅针对胡伟富个人,故胡伟富在该起购房中所享受的优惠不是正常的市场优惠,而是变相收受贿赂。胡伟富、徐敏夫妇向晨源公司以7.5折的优惠价购买一套商品房,在胡伟富、徐敏夫妇购房前,晨源公司已向汪素芳、郑某按同等或更优惠的价格出售过房产,7.5折的优惠属于晨源公司事先设定的优惠幅度,且不仅仅针对胡伟富个人,将胡伟富在该起购房中享受的优惠认定为正常的市场优惠购房更为准确。

综上,本案一、二审法院认定被告人胡伟富与民建公司在房产交易中得到额外优惠的4万余元为受贿款,不认定其在购买晨源公司房产过程中收受贿赂是正确的。采用贵重物品交易的方式收受贿赂是一种新型的受贿手段,具有隐蔽性高、不易查处等特征,但是其本质特征仍是权钱交易。实践中,对此类行为的认定,要严格按照《关于办理受贿刑事案件适用法律若干问题的意见》规定的精神,准确厘清罪与非罪的界限,做到不枉不纵。

案例:卫建峰受贿案

案例来源:《刑事审判参考》总第99集[第1018号]

主题词:受贿罪　国家工作人员的认定

一、基本案情

广西壮族自治区检察院南宁铁路运输分院以被告人卫建峰犯受贿罪,向南宁铁路运输中级法院提起公诉。

被告人及其辩护人对起诉书指控的受贿事实无异议,同时卫建峰辩解:(1)陈月忠在其离任时给的10万元属于馈赠,收受赵龙成的3万元用于公务支出,性质上不应认定为受贿金额;

(2)其检举他人犯罪线索,具有立功表现。其辩护人提出:(1)卫建峰仅仅是受国有公司中国铁道建筑总公司(全民所有)提名,而不是委派到股份有限公司中铁二十五局集团(非国有公司)担任副总经理,卫建峰不属于中国铁道建筑总公司的管理人员,而属于中国铁建股份有限公司的管理人员,因此卫建峰身份不符合《刑法》第九十三条的规定,不应以国家工作人员论。(2)卫建峰兼任的湘桂Ⅶ标指挥长的职务不具有公务性质,因为指挥部是临时机构,指挥长的工作属于劳务、服务性质,是为各实际施工的项目部服务的,不宜认定为从事公务。(3)卫建峰收受张顺安、孙伟杰送给其的110.7万元,性质上不属于受贿,因为卫建峰没有为张顺安、孙伟杰谋取不正当的利益,不属于《刑法》第三百八十五条所规定的为他人谋取利益。陈月忠在其离任时给的10万元属于馈赠,收受赵龙成的3万元用于公务支出,性质上不应认定为受贿金额。(4)卫建峰在办案机关采取强制措施前,就如实供述了大部分犯罪事实,应当认定具有自首情节。卫建峰还检举他人犯罪线索,具有立功表现。

南宁铁路运输中级法院经公开审理查明:

2009年9月至2010年8月,被告人担任中铁二十五局集团有限公司副总经理兼任湘桂Ⅶ标指挥部指挥长期间,利用职务之便,为他人谋取利益,多次收受他人贿赂款共计188.775万元。具体事实如下:

1. 2009年9月间,卫建峰得知原柳州市博浩贸易有限公司通过投标成为湘桂Ⅶ标指挥部的水泥供应商后,便通过湘桂Ⅶ标指挥部物资设备部部长韦唯(另案处理)向该公司法定代表人、总经理张顺安(另案处理)提出,要张按照该公司向湘桂Ⅶ标指挥部销售的水泥数量给予回扣款,张顺安为了能够及时结清水泥款表示同意。2009年10月至2010年8月,张先后按照销售每吨水泥给予10元或者7元的标准,通过韦唯先后6次送给卫建峰共计88.7万元。

2. 2009年6月,卫建峰应天津隆鑫达建筑基础工程有限公司法定代表人李子玉(另案处理)的请求,将李子玉安排到湘桂Ⅶ标指挥部下属的第三项目部,分包水泥搅拌桩和高压旋喷桩工程。2010年8月,卫建峰再次应李子玉的请求,将其安排到中铁二十五局集团广州铁路工程有限公司南宁枢纽工程Ⅲ标工程指挥部第二项目部分包水泥搅拌桩工程。李为了感谢卫建峰帮助其获得工程,先后三次送给卫建峰好处费共计37.075万元。

3. 2010年春节前至8月间,中铁二十五局集团有限公司恒元建筑工程有限公司副总经理兼湘桂Ⅶ标指挥部第三项目部经理陈月忠(另案处理)先后5次送给卫建峰好处费共计38万元。其中,因卫建峰提出过节需要慰问费,为能及时拨付工程款,陈分别于2010年春节前和中秋节前先后送给卫建峰30万元,卫建峰留了15万元自用。2010年8月底,卫建峰让陈月忠报销购买世博会纪念品发票,陈月忠给了卫建峰11万元。为了感谢卫建峰推荐自己担任项目部经理以及在卫建峰调任广东珠三角城际轨道交通有限公司后,其公司能打开广州市场,陈月忠送给卫建峰12万元。

4. 2010年春节前至2011年春节前,原湘桂Ⅶ标指挥部第二项目部经理(后任南宁枢纽Ⅲ标指挥部第二项目部经理)孙伟杰(另案处理)因卫建峰提出搞经营开发及接待需要经费,其给了卫建峰20万元;同时,为感谢卫建峰及时拨付工程款保证施工顺利,又送给卫建峰好处费2万元。

5. 2010年6月,卫建峰和有关单位的人员对中铁二十五局集团柳州工程有限公司柳州制梁场进行检查验收,该场场长兼湘桂Ⅶ标指挥部制架梁项目部项目经理赵龙成为顺利通过验收从而获得《全国工业产品生产许可证》,送给卫建峰3万元。

卫建峰将收受的部分资金用于储蓄、炒股、消费和购买商品房,卫建峰在被司法机关调查期间,主动向司法机关交代了大部分受贿犯罪事实。案发后,卫建峰通过其家属已向广西壮族自治区检察院南宁铁路运输分院退出赃款140万元。

南宁铁路运输中级法院认为,被告人经国有公司决定任命在国有控股公司的分支机构从事组织、领导、经营、管理工作,应当认定为国家工作人员。卫建峰在从事组织、领导、经营、管理工作中,利用职务上的便利,为他人谋取利益,收受财物,其行为侵犯了国家工作人员职务行为的廉洁性,已构成受贿罪。公诉机关指控的罪名成立。经查,中国铁道建筑总公司属于国有公司,中铁二十五局集团是国有控股公司中国铁建股份有限公司的全资子公司,属于国家出资企业。卫建峰担任中铁二十五局集团副总经理的职务是由中国铁道建筑总公司决定任命的。2004年中国铁道建筑总公司给中铁二十五局集团并党委下发了关于决定卫建峰等人为二十五局集团副总经理的通知。中铁二十五局2009年度、2010年度卫建峰的干部任免审批表证实,其一直担任中铁二十五局集团副总经理,并由中国共产党中铁二十五局集团组织干部部、中国共产党铁道部党组考核。2010年8月19日,卫建峰调任珠三角城际轨道交通有限公司任筹备组副组长,是由铁道部党组下发给广州铁路(集团)公司并党委的通知。由此可知,卫建峰从2004年起,一直是由铁道部管理的副局级干部。因此,卫建峰的主体身份符合最高人民法院、最高人民检察院《关于办理国家出资企业中职务犯罪案件具体应用法律若干问题的意见》(法发〔2010〕49号)第六条的规定,属于国家工作人员。中铁二十五局湘桂Ⅶ标指挥部指挥长职责第二条明确规定:“指挥长是工程项目管理的第一责任人,根据合同对项目实施过程行使全面管理职权。”指挥长管理公务的重要职权之一就是购料款、工程款的拨付决定权。本案中的行贿人送钱给卫建峰的主要原因就是为了能让卫建峰及时拨付购料款和工程款。因此,指挥长职务具有管理公务性质,符合受贿罪的主体特征。故辩护人关于卫建峰主体身份不属于国家工作人员及指挥长职务不具备从事公务性质的辩护意见,不予采纳。根据被告人犯罪的事实、性质、情节和对于社会的危害程度,依照《中华人民共和国刑法》第三百八十五条第一款、第三百八十六条、第三百八十三条第一款第(一)项、第九十三条第二款、第六十四条以及《关于办理国家出资企业中职务犯罪案件具体应用法律若干问题的意见》第六条和最高人民法院、最高人民检察院《关于办理职务犯罪案件认定自首、立功等量刑情节若干问题的意见》第一条、第三条、第四条之规定,南宁铁路运输中级法院以被告人卫建峰犯受贿罪,判处有期徒刑十一年,并处没收财产人民币三十万元。

一审宣判后,被告人卫建峰提出上诉。

被告人及其辩护人上诉提出:

1. 一审适用法律错误。其犯罪行为发生在2009年9月至2010年8月,按当时的《刑法》和司法解释,其不属于国家工作人员,而一审却适用2010年12月2日颁布实施的《关于办理国家出资企业中职务犯罪案件具体应用法律若干问题的意见》认定其为国家工作人员是错误的,在卫建峰犯罪时已有相关的司法解释,应当依照“从旧兼从轻”的原则,适用行为时的司法解释。

2. 一审认定事实错误。(1)一审有关卫建峰“担任中铁二十五局副总经理的职务是由中国铁道建筑总公司决定任命的”“从2004年起一直是铁道部管理的副局级干部”的认定是错误的。中铁二十五局集团公司、中国铁建与铁道部没有隶属关系,中国铁建上市之前,卫建峰仅是被国有公司提名作为副总经理人选,委派与提名是两种不同的概念,卫建峰不是国有股代表,不属受委托管理国有资产的人选,不能认定为代表国有投资主体行使监督、管理职权;中国铁建上市以后,卫建峰担任中铁二十五局副总经理兼湘桂Ⅶ标指挥部指挥长一职,是由中国铁建任命的,而且指挥长的职责是组织合同施工,不具备监督、管理国有资产的职务活动性质,不属于法律规定的经国有机关、国有公司提名、推荐、任命、批准等,在国有控股公司、参股公司及其分支机构中从事公务。(2)卫建峰收受李子玉的一笔20万元,是李子玉交给其代为炒黄金的资金,不是受贿;陈月忠在其离任时送给其的10万元,是馈赠不是受贿;赵龙成送的3万元是给其用于接待检查制梁厂的检查组使用的,已开支完毕,不是受贿。(3)原判量刑畸重。自首情节在量刑时没有得到体现。

广西壮族自治区高级人民法院经审理认为,上诉人属于国有公司委派到非国有公司从事公务的人员,应当认定为国家工作人员。其在担任中铁二十五局集团有限公司副总经理兼任湘桂铁路Ⅶ标指挥部指挥长期间,多次利用职务便利,主动索取或者收受他人贿赂共计人民币一百八十八万七千七百五十元,为他人谋取利益,其行为亦构成受贿罪。一审判决认定的事实清楚,证据确实、充分,适用法律正确,量刑适当,审判程序合法,应予维持。据此,广西壮族自治区高级人民法院依法裁定驳回上诉,维持原判。

二、裁判要旨

No.8-385-46 受国有公司委派在国有控股公司代表国有股东行使管理职权的,属于国家工作人员。

2010年“两高”出台的《关于办理国家出资企业中职务犯罪案件具体应用法律若干问题的意见》(法发〔2010〕49号)系专门对国家出资企业中有关人员职务犯罪问题作出的解释,其内容并没有改变之前“两高”有关司法解释中认定国家工作人员身份标准的规定,只是对于近年来司法机关办理此类案件中经常遇到的一些新情况、新问题,规定了更为明确的认定标准,其与之前相关司法解释的内容没有冲突,对国家工作人员的认定范围没有改变,亦与《刑法》第93条的规定相一致,不存在所谓从旧兼从轻的适用问题。因此,在“两高”有明确规范性文件规定的情况下,本案当然应当适用该《关于办理国家出资企业中职务犯罪案件具体应用法律若干问题的意见》。

中国铁建股份有限公司于2007年11月成立,由中国铁道建筑总公司(国有公司)独家发起设立。中国铁建股份有限公司于2008年3月上市扩股,吸纳社会公众资金,上市后国家持股61.33%,国有法人全国社会保障基金理事会持股1.98%,社会公众持股36.69%,属于国家控股企业(国家出资企业)。中铁二十五局集团有限公司是中国铁建股份有限公司的全资子公司(二级公司),属于国家出资企业。

卫建峰担任中铁二十五局集团有限公司副总经理之前,其长期在中铁十二局集团公司工作,并于2003年起担任工程管理部部长,成为公司中层管理人员,后通过铁路系统内部招聘,调到中铁二十五局集团有限公司。从卫建峰担任中铁二十五局集团有限公司副总经理的任命来看,其系由国有公司中国铁道建筑总公司决定并向中铁二十五局集团有限公司及其党委下达通知任命的,然后才由中铁二十五局集团有限公司履行聘任手续;2009年中铁二十五局集团有限公司又任命卫建峰兼任湘桂铁路扩能改造工程Ⅶ标工程指挥部指挥长。从2004年12月任命后直至2010年8月调任珠三角城际轨道有限公司,卫建峰的职务没有发生变动。卫建峰担任中铁二十五局集团有限公司副总经理,受国有投资主体委派代表国有股东一方行使管理职权的性质在中国铁建股份有限公司上市后并未发生改变。从以上卫建峰的任职、考核情况看,可以得出卫建峰从2004年起,一直是由国家机关负责管理的副局级干部,属于党管干部,其任职源起要么来自于国有公司,要么来自于国家机关,其在有关公司中的任职应当属于受国有主体委派,符合《关于办理国家出资企业中职务犯罪案件具体应用法律若干问题的意见》第六条规定的经国家机关、国有公司提名、推荐、任命在国有控股企业中从事管理工作的人员,具有国家工作人员身份。

卫建峰兼任的中铁二十五局集团有限公司湘桂铁路扩能改造工程Ⅶ标工程指挥部指挥长,虽然是临时性职务,但并不影响其是否属于从事公务的认定,其该职务是否属于从事公务,应当从其具体工作职责进行分析。《中铁二十五局湘桂铁路扩改工程Ⅶ标指挥部指挥长职责》第二条明确规定:“指挥长是工程项目管理的第一责任人,根据合同对项目实施过程行使全面管理职权。”据此,指挥长作为工程指挥部的“一把手”,对工程项目的施工生产进度、工程质量监管、工程成本控制及价款结算等所有工作均具有领导职责,这其中必然包括对与中铁二十五局所持国有股份对应的国有资产的经营、监管责任,而购料款、工程款的拨付决定权作为其职权之一。卫建峰作为湘桂铁路扩改工程Ⅶ标指挥部指挥长,系国有控股公司临时机构的“一把手”,同时其还兼任指挥部的党工委书记,主持党工委的全面工作,其从事的工作具有公务性质,符合《关于办理国家出资企业中职务犯罪案件具体应用法律若干问题的意见》第六条经国家出资企业中负有管理、监督国有资产职责的组织研究决定,代表其在国有控股公司及其分支机构中从事组织、领导、监督、经营、管理工作的人员,应当认定为国家工作人员的规定。

案例:凌吉敏受贿案

案例来源:《刑事审判参考》总第99集[第1019号]

主题词:受贿罪 数额认定

一、基本案情

被告人凌吉敏,男,1958 年 7 月 25 日出生,原系人力资源和社会保障部养老保险司待遇处副处长。2012 年 7 月 24 日因涉嫌犯受贿罪被逮捕。

北京市东城区人民检察院以被告人凌吉敏犯受贿罪,向东城区人民法院提起公诉。

被告人凌吉敏对指控的事实不持异议,但辩称其没有利用职务之便为吉林省扶余华侨农场(以下简称"扶余华侨农场")谋取利益,房租高于平均的市场价是因为承租对象和房屋用途与一般住宅不同。

被告人凌吉敏的辩护人基于以下理由提出凌吉敏的行为不构成受贿罪:(1)凌吉敏没有为扶余华侨农场直接分配专项补贴的职权,且事后的租房行为与之前制定专项补助政策并没有必然的因果关系;(2)扶余华侨农场通过较高的租金租赁房屋并不排除有事后答谢的意思,但凌吉敏没有与其事先约定、承诺或者达成默契;(3)凌吉敏不知道扶余华侨农场改变专项资金的用途,亦没有监督职责。

北京市东城区人民法院经公开审理查明:2003 年至 2011 年,被告人凌吉敏担任人力资源和社会保障部养老保险司待遇处副处长,负责对农垦企业基本养老保险专项转移支付资金进行分配、监督。在此期间,凌吉敏利用职务便利,将其房产以明显高于市场的价格租赁给吉林省扶余华侨农场,以此方式收受该农场贿赂款人民币(以下币种同)633864 元。案发后赃款已全部退缴。

北京市东城区人民法院认为,被告人凌吉敏的供述、亲笔供词、证人证言、相关书证均证实,凌吉敏有负责制定养老保险专项补助政策、分配养老保险专项补助资金以及监督该项政策实施的职务便利。凌吉敏明知扶余华侨农场有与其职务相关的请托事项,仍然以明显高于市场的价格向请托方出租房屋收取贿赂,应当以受贿罪论处,依法应予惩处。鉴于被告人家属代为退缴全部赃款,可以对凌吉敏从轻处罚。据此,依照《中华人民共和国刑法》第三百八十五条第一款、第三百八十六条、第三百八十三条、第六十四条之规定,东城区人民法院以被告人凌吉敏犯受贿罪,判处有期徒刑十年。在案扣押的人民币六十三万三千八百六十四元,予以没收。

一审宣判后,被告人凌吉敏不服,向北京市第二中级人民法院提出上诉。凌吉敏的上诉理由及其辩护人的辩护意见是:凌吉敏没有利用职务上的便利为扶余华侨农场谋取利益,将房屋租赁给扶余华侨农场是双方自愿的市场行为,房屋租金公平、合理,其行为不构成犯罪。

北京市第二中级人民法院经审理认为,人力资源和社会保障部养老保险司出具的证明、说明等书证证实,上诉人凌吉敏作为人力资源和社会保障部养老保险司待遇处副处长,具有制定养老保险专项补助政策、分配养老保险专项补助资金以及监督该项政策实施的职务便利。凌吉敏在明知扶余华侨农场有与其职务行为相关的请托事项的情况下,仍然以明显高于市场的价格向请托方出租自有房屋,其房屋租金高于市场价格的部分,应当认定为凌吉敏变相收取的贿赂款,构成受贿罪,依法应予惩处。一审法院根据凌吉敏犯罪的事实、犯罪的性质、情节及对于社会的危害程度所作出的定罪正确,量刑适当,审判程序合法。据此,依照《中华人民共和国刑事诉讼法》第二百二十五条第一款第(一)项之规定,北京市第二中级人民法院裁定驳回上诉,维持原判。

二、裁判要旨

No. 8-385-47 以明显高于市场的价格将房屋出租给请托人的,属于采取交易形式变相收受贿赂,实际收取的租金与市场租金的差额计入受贿数额。

最高人民法院、最高人民检察院于 2007 年联合下发的《关于办理受贿刑事案件适用法律若干问题的意见》明确了实践中出现的几种收受财物的新方式及其数额认定标准。其中在"关于以交易形式收受贿赂问题"中,明确了三种交易方式:以明显低于市场的价格向请托人购买房屋、汽车等物品的;以明显高于市场的价格向请托人出售房屋、汽车等物品的;以其他交易形式非法收受请托人财物的。明显低于市场价格购买和明显高于市场价格出售这两种行为,形式上是一种市场买卖行为,系双方自愿处置财产,看似合法合理,但从内容看,这两种行为明显违背市场交易规律,对买卖的相对方都是不利的,在正常的市场交易中都不会出现。因此,这两种行为表面上是平等的交易,实质上包含了一种权钱交易。请托人之所以接受这样的交易价格,不是因为物有所值,而是因为其中包含了国家工作人员利用职务便利为请托人谋取利益的对价,超出市场价格的差额就是"权钱交易"的价格。对于"以其他交易形式非法收受请托人财物",《关于办理受贿刑事案件适用法律若干问题的意见》虽然没有如前两种行为方式限制"明显低于""明显高于"的条件,但在具体认定时,仍然需要比较具体交易行为与正常市场交易行为的差距。对于明显违背市场交易规律,国家工作人员由此获取了非法利益的,可以认定为"以其他交易形式非法收受请托人财物"。而收受财物的具体数额,应当为实际支付的价格与交易时当地市场价格的差额。本案中,凌吉敏实际收取的租金是市场同期租金的 3 倍多,明显高于市场价格,故这种"租赁"表面是一种市场交易行为,实际属于"以其他交易形式非法收受请托人财物",非法收受的财物数额为实际支付价格与交易时当地市场价格的差额,即 633864 元。

案例:刘凯受贿案

案例来源:《刑事审判参考》总第 99 集[第 1020 号]

主题词:受贿罪 立功

一、基本案情

被告人刘凯,男,1971 年 9 月 15 日出生,原系江苏省徐州市恒达路桥工程有限公司(以下简称"恒达公司")经理。2012 年 12 月 28 日因涉嫌犯受贿罪被逮捕。

徐州市贾汪区人民检察院以被告人刘凯犯受贿罪,向贾汪区人民法院提起公诉。

徐州市贾汪区人民法院经公开审理查明:2004 年至 2008 年间,被告人刘凯利用担任恒达公司经理的职务之便,收受乔文焕、庞宏等人财物,共计价值人民币(以下币种同)18.5 万元,在支付货款、租赁费等方面为乔文焕、庞宏等人谋取利益。刘凯到案后退回赃款 15 万元,如实供述司法机关没有掌握的其他受贿事实,并主动交代了其向张海行贿的事实。

徐州市贾汪区人民法院认为,被告人刘凯身为国家工作人员,利用职务之便,非法收受他人财物共计价值 18.5 万元,并为他人谋取利益,其行为构成受贿罪。刘凯具有坦白、退赃等情节,依法可以从轻处罚。刘凯被采取强制措施后主动交代行贿事实,由此破获他人受贿案件,不符合立功的法律规定,不构成立功。据此,依照《中华人民共和国刑法》第三百八十五条第一款、第三百八十六条、第三百八十三条、第九十三条第二款、第六十四条、第六十七条第三款之规定,贾汪区人民法院以被告人刘凯犯受贿罪,判处有期徒刑十年。

一审宣判后,被告人刘凯提出上诉。刘凯及其辩护人基于以下理由提请法庭对刘凯减轻处罚:刘凯为司法机关查获其他贿赂犯罪提供线索,具有立功表现;刘凯到案后如实供述其犯罪行为并主动退赃。

徐州市中级人民法院经审理认为,被告人刘凯供述其使用部分受贿款向他人行贿,必然要供述对方收受其贿赂的犯罪事实,不属于检举揭发他人犯罪,不能认定为立功。原判决认定事实清楚,证据确实、充分,定罪准确,量刑适当,审判程序合法。据此,依照《中华人民共和国刑事诉讼法》第二百二十五条第(一)项之规定,徐州市中级人民法院于 2013 年 7 月 19 日裁定驳回上诉,维持原判。

二、裁判要旨

No. 8-385-48 受贿后主动供述所收受财物的使用情况的,不属于对受贿事实的如实供述范围,可构成自首、立功。主动供述使用受贿款向他人行贿的,构成行贿罪自首,不再认定为立功。

以齐备犯罪构成要件包含的全部构成要件要素为标准,来界定行为人对某一犯罪的供述是否完整、充分。行为人实施犯罪的某些情节又涉及本人或者他人的其他犯罪的,如这些情节没有超出该罪的犯罪构成,则仍然属于对该罪的如实供述,因行为人的供述又破获本人或者他人的其他犯罪的,不构成自首或者立功。贿赂犯罪中行为人供述受贿事实,必须交代行贿人的情况;供述行贿事实,同样必须交代受贿人的情况。除对贿赂的提供人、收受人必须交代外,如有利用职权牟利情节,行为人对牟利情节的供述亦属于对贿赂犯罪基本事实的供述。行为人在供述犯罪事实时,可能会对案发起因、赃物处理等不属于犯罪构成要件的情节一并供述,此时其供述如涉及本人其他犯罪或者他人犯罪情况,可能构成自首或者立功。本案中,被告人刘凯因涉嫌受贿罪被捕后,交代自己使用部分受贿款向其上级领导张海行贿,刘凯对行贿事实的供述,已超出其对受贿犯罪承担的如实供述范围。考虑到司法机关根据该线索已侦破张海受贿一案,刘凯确已具备构成自首或者立功的可能条件。

贿赂犯罪属于对合犯,实施贿赂行为的双方互为实现特定犯罪的必要条件。无论是行贿罪还是受贿罪,其客观方面的要件都必然包含财物转移的全过程,均涉及双方当事人。根据前面的分析,行为人供述行贿事实的,必然供述对方的受贿事实,否则其供述的行贿事实就不完整,达不到如实供述的要求。故其对他人受贿犯罪的揭发,并未超出其对行贿犯罪承担的如实供述范围,不能另外构成立功。本案中,刘凯主动供述行贿事实同时产生了两方面的积极作用:一方面,其主动交代了司法机关尚未掌握的行贿事实,司法机关据此查明该事实,节约了司法资源;另一方面,司法机关根据其供述侦破了他人受贿的案件,其供述具有揭发他人犯罪的效果。刘凯主动供述行贿事实,可以认定其构成行贿罪的自首。虽然其自首行为客观上具有揭发他人犯罪的作用,但不能再认定其构成立功,否则就是对同一行为的重复评价。

案例:杨德林滥用职权、受贿案

案例来源:《刑事审判参考》总第 103 集[第 1089 号]

主题词:受贿罪　用于犯罪的本人财物

一、基本案情

被告人杨德林,男,1964 年 12 月 9 日出生,原系贵州百里杜鹃风景名胜区管理委员会(以下简称“百管委”)副主任。2014 年 4 月 28 日因涉嫌犯滥用职权罪、受贿罪被逮捕。

贵州省毕节市人民检察院以被告人杨德林犯滥用职权罪、受贿罪,向毕节市中级人民法院提起公诉。

被告人杨德林对公诉机关指控的滥用职权和受贿的事实均无异议,但认为其行为不构成滥用职权罪。对其支付到贵州湾田煤业公司的 60 万元,认为属于其合法财产,请求法院判决予以返还。其辩护人提出了公诉机关指控的金隆煤矿事故瞒报造成恶劣社会影响属多因一果,杨德林不应承担滥用职权罪的刑事责任的辩护意见。

毕节市中级人民法院经公开审理查明:

(一)关于滥用职权的事实

2010 年 11 月起,被告人杨德林担任百管委副主任,分管安全生产等工作,2012 年 2 月起兼任百里杜鹃安全委员会(以下简称“百安委”)主任,负有按照国家、省、市的要求,在煤矿发生安全事故后到现场组织开展抢险救援、及时上报事故情况、做好事故善后工作、开展事故调查等职责。

2013 年 10 月 4 日,贵州湾田煤业集团有限公司(以下简称“湾田煤业公司”)所属的百管委金坡乡金隆煤矿发生 3 死 3 伤的重大劳动安全事故。杨德林未按规定将事故情况及时上报,未组织安监、煤矿安全部门相关人员去现场救援,并且授意金隆煤矿负责人隐瞒不报。同月 11 日,贵州煤矿安全监察局毕节监察分局(以下简称“毕节监察分局”)要求百管委组织对金隆煤矿事故进行调查。为隐瞒事故真相,杨德林指使安监、煤矿安全部门以及矿方与事故死伤者家属相互串通,在百管委组织调查时提供虚假材料,并将事前与彭洪亮等人商定的金隆煤矿未发生事故的虚假调查结论上报,致使事故真相被隐瞒。2014 年 3 月,毕节监察分局准备组织对金隆煤矿事故重新调查。杨德林得知后,安排他人伪造举报信,以“举报”金隆煤矿发生造成 2 人受伤的虚假事故为由组织第二次调查。后杨德林指使调查组作出煤矿发生事故,造成 2 人受伤的虚假调查结论上报,致使事故真相再次被隐瞒。

事故真相被隐瞒期间,数家新闻媒体记者以调查金隆煤矿安全事故为由,向金隆煤矿敲诈勒索财物,金隆煤矿被迫以赞助费等名义给予记者赵某等人现金数十万元;金隆煤矿得以继续违规生产;相关责任人员也未受到处理。

(二)关于受贿的事实

1. 被告人杨德林隐瞒金隆煤矿 2013 年 10 月 4 日发生的重大劳动安全事故后,向湾田煤业公司副总经理陈国虹提出需要人民币(以下币种同)400 万元用于协调有关事宜。经陈国虹等人商量,同意杨德林的要求。为规避法律责任,双方商定采用由杨德林出资 60 万元虚假入股的方式,给予杨德林 400 万元。2013 年 11 月,杨德林安排其侄子杨磊出面与湾田煤业公司签订虚假入股协议。同年 12 月 9 日,按照杨德林的安排,杨磊从杨德林的账户转款 60 万元给湾田煤业公司。应杨德林的要求,湾田煤业公司将该 60 万元以"入股"分红的形式退还给杨德林,并承诺于 2014 年 4 月底用 200 万元以"退股"形式收购杨德林 50010 的"股份",剩余 200 万元在同年 6 月兑现。2014 年 4 月,杨德林因涉嫌犯滥用职权罪被调查,该 400 万元未实际取得。

2. 2013 年,根据贵州省和毕节市有关文件规定及会议精神,百管委将对辖区内煤矿企业进行兼并重组。同年 1 月起,杨德林兼任百管委煤矿企业兼并重组工作领导小组副组长。在煤矿企业兼并重组过程中,鹏程煤矿总经理朱月宝为实现兼并相邻煤矿的目的,请托杨德林以鹏程煤矿与相邻煤矿整合的方案上报,并愿提供协调费用。同年 5 月 30 日,杨德林通过杨磊收到朱月宝贿赂 200 万元。其间,中心煤矿负责人苏尔省为规避产业政策,防止煤矿被关闭淘汰,请托杨德林以中心煤矿作为单列技改保留现状的煤矿上报。杨德林提出苏尔省需提供 300 万元作为协调费用,苏尔省答应。同年 6 月 2 日,杨德林通过杨磊收到苏尔省贿赂 300 万元。在百管委开会讨论编制煤矿兼并重组方案时,杨德林在会上提出将鹏程煤矿与相邻煤矿整合、将中心煤矿进行单列保留上报的兼并重组方案。后经杨德林签字同意并将方案上报毕节市工能委。

案发后,湾田煤业公司将涉案款 400 万元上缴毕节市人民检察院,杨德林亦退缴全部受贿所得赃款。

毕节市中级人民法院认为,被告人杨德林身为国家机关工作人员,滥用职权,致使国家和人民利益遭受重大损失的行为构成滥用职权罪。杨德林身为国家工作人员,利用职务便利,索取请托人苏尔省贿赂 300 万元,向湾田煤业公司索要贿赂 400 万元,但该 400 万元因其涉嫌犯滥用职权罪被调查而未实际取得,非法收受请托人朱月宝贿赂 200 万元并为其谋取利益,其行为还构成受贿罪。对杨德林应依法惩处并数罪并罚。杨德林利用职务便利向湾田煤业公司索要贿赂 400 万元,系受贿犯罪未遂,可以比照既遂犯从轻或者减轻处罚;杨德林归案后如实供述了司法机关尚未掌握的其受贿 500 万元的事实,依法可以从轻处罚;杨德林退缴全部赃款,确有悔罪表现,可酌情从轻处罚。据此,依照《中华人民共和国刑法》第三百八十五条第一款,第三百八十六条,第三百八十三条第一款第一项、第二款,第三百九十七条第一款,第六十九条,第六十七条第三款,第五十九条,第二十三条,第六十四条之规定,毕节市中级人民法院作出如下判决:

1. 被告人杨德林犯受贿罪,判处有期徒刑十五年,并处没收个人财产人民币五十万元;犯滥用职权罪,判处有期徒刑三年,决定执行有期徒刑十七年,并处没收个人财产人民币五十万元。

2. 被告人杨德林受贿所得赃款予以没收,上缴国库。

一审宣判后,杨德林向贵州省高级人民法院提起上诉。具体理由如下:(1)一审判决认定其索要金隆煤矿 400 万元错误,该 400 万元不应认定为受贿;(2)一审判决认定其利用职务便利,以隐瞒重大安全事故为条件索要金隆煤矿 400 万元,分别定受贿罪和滥用职权罪错误;(3)一审判决将其入股分红的利润 60 万元予以没收,并判决没收个人财产 50 万元无法律依据;(4)其具有自首情节,原判量刑过重。

贵州省高级人民法院经审理后认为,原判认定上诉人杨德林犯滥用职权罪、受贿罪的事实清楚,证据确实、充分,适用法律正确,量刑适当,审判程序合法。杨德林所提上诉理由均不能成立。据此,依照《中华人民共和国刑事诉讼法》第二百二十五条第一款第一项之规定,裁定驳回上诉,维持原判。

二、裁判要旨

No.8-385-49　交易型、投资型、委托理财型受贿行为中,行为人为索取贿赂所支付的对价应从受贿罪数额中扣除,但应作为“用于犯罪的本人财物”适用《刑法》第六十四条的规定予以没收。

《刑法》第六十四条规定:“违禁品和供犯罪所用的本人财物,应当予以没收。”供犯罪所用的本人财物是指供犯罪分子进行犯罪活动而使用的属于其本人所有的钱款和物品,如用于走私的犯罪工具、赌博用的赌具等。一般认为,供犯罪所用的本人财物包括犯罪工具以及组成犯罪行为之物。近年来,出现了一些新型贿赂犯罪,如有个人投入的“交易型”受贿、“投资型受贿”“委托理财型”受贿等,如何认定此类犯罪中的“供犯罪所用的本人财物”,对行为人个人投入部分能否予以没收,是当前司法实践中的难题。要准确认定上述问题,首先必须厘清“交易”“投资”及“委托理财”的性质并准确认定个人投入数额和受贿犯罪数额。2007年7月,最高人民法院、最高人民检察院《关于办理受贿刑事案件适用法律若干问题的意见》对此类犯罪的认定作了规定,据此应当明确:

1. 在“交易型”受贿、“投资型”受贿、“委托理财型”受贿犯罪中,“交易”“投资”“委托理财”只是贿赂双方规避法律制裁的手段,受贿人虽然有个人财产支出,但目的是掩盖权钱交易。即使受贿人收受的贿赂包含一部分合法成本,但对价成本主要是权钱交易的结果,其行为符合受贿犯罪的本质特征。

2. 受贿人象征性支付对价的,即使产生了增值利益,也不是受贿人的善意取得,不符合“善意取得不予追缴原则”。

3. 整体剥夺受贿犯罪全部经济收益,符合当前从严惩治腐败的现实需要。

所以,在“交易型”受贿、“投资型”受贿、“委托理财型”受贿犯罪中,对受贿数额的认定应将受贿人支付的对价扣除,认定的受贿数额应依照《刑法》第六十四条的规定予以没收;但受贿人支付的对价,应按照上述“供犯罪所用的本人财物”的认定标准,结合具体的个案实际审慎判断,属于“供犯罪所用的本人财物”的,亦应依法没收。本案中,杨德林将自己的60万元转账至湾田煤业公司,目的是得到其向他人索要的400万元,后因杨德林担心其索要的400万元不能得到,且连投入的60万元也无法收回,湾田煤业公司遂将该60万元以“入股”分红的形式退还给杨德林,并出具承诺书。据此可以认定,杨德林对该60万元系为索取400万元贿赂有着明确认识,其将该60万元付诸实施“入股”行为后又积极追求实现索取400万元的犯罪目的;杨德林象征性“入股”的该60万元与其索要400万元的犯罪行为密切相关,并直接为该犯罪行为服务,该60万元系杨德林用于索取贿赂的犯罪工具。故杨德林支付给湾田煤业公司的60万元属于供其犯罪所用的本人财物,依照《刑法》第六十四条的规定,应当予以没收,上缴国库。

案例:吴仕宝受贿案

案例来源:《刑事审判参考》总第128辑[第1431号]

主题词:受贿罪　交易型受贿

一、基本案情

2001年4月至2007年7月,被告人吴仕宝任义乌市运输管理稽征所所长。2007年7月至2014年3月,吴仕宝任义乌市交通局副局长、党委委员,协助局长分管或联系义乌市运输管理稽征所(后改名为义乌市运输管理处)。2014年3月至案发,吴仕宝任恒风集团董事长。

1. 2001年4月,被告人吴仕宝任义乌市运输管理稽征所所长后结识了义乌市客货运输有限公司(以下简称“客货运公司”)法定代表人、董事长金某。金某因公司业务有求于吴仕宝,逢年过节都给吴仕宝送若干香烟票。吴仕宝则利用其所长的职权,对客货运公司在出租车招投标、日常监管、企业考核及客运线路审批等方面给予便利及帮助。在吴仕宝的帮助下,客货运公司于2004年9月在义乌市交通局组织的义乌市客运出租汽车经营权招标活动中被确定为中标单位,取得70辆出租车的经营权。中标后,吴仕宝伙同缪某、傅某、吴某(均另案处理)等人,以只支付车辆成本及相关费用的方式,向金某、客货运公司索取其中15辆出租车的经营权,攫取该15辆出租车的巨额承包款差价(承包款差价按应收承包款减去车辆成本再减去相关费用计算,下同)。金某、客货运公司虽不情愿,但慑于吴仕宝手中的权力并考虑到今后还需要倚靠吴仕宝进一步拓展业务,遂答允了吴仕宝的要求。

此后至2014年3月期间,被告人吴仕宝继续利用其担任义乌市运输管理稽征所所长和义乌市交通局副局长、党委委员的职务便利,继续对客货运公司在出租车招投标、日常监管、企业考核及客运线路审批等方面给予便利及帮助。与此同时,吴仕宝采用相同手段,甚至不顾客货运公司已经完成发包的事实,以仅支付车辆成本及相关费用的条件,在无任何经营行为的情况下,向金某、客货运公司索取该公司中标的部分出租车经营权,从中攫取巨额承包款差价。2014年3月,吴仕宝任恒风集团董事长后,吴仕宝等人采用相同手段,还向金某、客货运公司索取了4辆出租车的经营权,从中攫取该4辆出租车的承包款差价。

综上,被告人吴仕宝共先后向客货运公司、金某索取8批56辆出租车经营权。经会计师事务所审计,其从客货运公司攫取承包款差价共计人民币10583084.44元。

2. 自2014年3月以来,被告人吴仕宝利用担任恒风集团董事长的职务便利,接受下属郑某、杨某、冯某、刘某等人的请托,承诺为郑某等人谋取利益,共收受郑某等人价值人民币210500元的财物。

二、裁判要旨

No. 8-385-50 以明显低于市场的价格获取承包经营权,属于国家工作人员利用职权,以交易的方式受贿,应认定为受贿犯罪,受贿数额为市场承包价与实际支付价格的差额。

与传统受贿犯罪相比,交易型受贿具有双重交易性质,一方面,市场交易客观存在,双方以货币及服务为媒介进行价值交换;另一方面,交易不对等,请托人所承担的对价不仅包括物品的价值,还包括受贿人手中的公权力,受贿人正是以其手中的权力来换取交易中的差价,实现权钱交易。从这一点看,交易型受贿与传统意义上直接收受财物的受贿,虽然手法不同,本质并无区别,应当纳入刑事规制的范围。2007年最高人民法院、最高人民检察院《关于办理受贿刑事案件适用法律若干问题的意见》(以下简称《受贿刑案意见》)规定,国家工作人员利用职务上的便利为请托人谋取利益,以下列交易形式收受请托人财物的,以受贿论处:(1)以明显低于市场的价格向请托人购买房屋、汽车等物品的;(2)以明显高于市场的价格向请托人出售房屋、汽车等物品的;(3)以其他交易形式非法收受请托人财物的。

本案中,虽然被告人吴仕宝安排缪某、傅某等人与客货运公司也签订了投资协议,并有实际出资行为,但是吴仕宝等人仅支付了“成本价”,价格远低于市场承包价;金某也证称,吴仕宝任义乌市运输管理稽征所所长,之后又担任义乌市交通局副局长,协助局长分管或联系义乌市运输管理稽征所,而客货运公司有求于吴仕宝,因而其同意以“成本价”让吴仕宝的人拿走部分出租车的经营权。双方对权钱交易的本质均具有明确认识,吴仕宝获得巨额差价完全基于其国家工作人员的身份和手中的权力,符合投资型交易的特征。

交易本身是一种市场行为,尤其本案中被告人获取的是出租车的经营权,而经营行为又以追求利益为指向,可能带来一定的利润,也存在一定程度的风险。因而在计算交易型受贿犯罪的数额时,应当从交易行为中剥离出权钱交易的部分,区分经营行为的利润与行为人的受贿数额。因此,《受贿刑案意见》规定,交易型受贿数额按照交易时当地市场价格与实际支付价格的差额计算。市场价格则包括商品经营者事先设定的不针对特定人的最低优惠价格。

本案中,被告人吴仕宝等人与客货运公司以签订投资协议的形式收受贿赂,获取出租车经营权。尽管从目前市场环境分析,出租车经营是一项收益较高、风险较低的市场行为,但不能认定经营权带来的利润都是被告人受贿的犯罪所得。故本案受贿数额的计算应以客货运公司出租车的市场承包价为基准,再减去吴仕宝的承包价。而市场价格是随着市场交易行情不断变换的,应当把握市场价的时间节点是“交易时”。吴仕宝等人与客货运公司交易历经订立协议、支付投资款、交付车辆、转包获利等环节,而“差额”作为财产性利益,是在交易合同生效时被确认的。因为合同生效时,交易双方的贿赂犯罪意思表示已明确,“差额”即被吴仕宝等人实际享有并控制,受贿行为已经既遂。故应以合同生效时作为交易型受贿的时间基点。具体到本案,侦查机关首先调取吴仕宝等人支付客货运公司出租车运营权承包价格的客观证据;其次通过查证客货运公司内部的优惠销售记录确定同批次最低市场承包价;再次邀请具有资质的第三方会计师事务所,对承包差价进行核算,出具会计核定报告。法院最终以评估价格为基准,综合在案的其他证据,对受贿数额作出认定。

No. 8-385-51 索贿型受贿不限于勒索财物的行为,但是应当能够反映出行贿人是出于压力、无奈、不情愿才交付财物。

首先,实践中有的行为人故意拖延甚至拒绝办理应当办理的事项,或者利用职务便利进行打击报复以要挟对方行贿,这种情形当然构成索贿。但索贿中“索”是指索取、主动索要,将其理解为“勒索”则是不当地限制了索贿的范围,亦会导致轻纵犯罪。

其次,由于权力的稀缺资源性,实践中有的行贿人主动围猎国家工作人员,积极寻找机会实现权钱交易,但很多时候“苦于无门”,因而当被告人主动提出时,行贿人是“心甘情愿”甚至“求之不得”,此种情形与行贿人主动提出、受贿人欣然接受的情形无论从本质还是从危害性程度而言都没有太大区别。而刑法之所以对索贿行为规定了较重的刑罚,是因为相比一般受贿行为而言,索贿行为对国家工作人员职务廉洁性的危害更甚,社会影响更恶劣,如果仅因为被告人主动开口而认定索贿,并予以从重处罚,与立法精神未免有出入。

我们认为,受贿犯罪中应当根据被告人的职务、地位及其影响,是否为行贿人谋取利益,是否主动提起犯意,行贿人的利益是否违法等多个情节来综合判断行贿是否违背了行贿人的意愿,进而确定是否构成索贿。具体办案中可以从以下几点进行把握:(1)并非国家工作人员先提出的均构成索贿,但是索贿应当是国家工作人员率先通过明示或者暗示的方式向请托人表达了收取财物的意图。(2)索贿的本质是违背了行贿人的意愿,虽然不要求达到被胁迫、勒索的程度,但是应当能够反映出行贿人是出于压力、无奈、不情愿才交付财物。(3)实践中可以根据受贿人给请托人谋取利益的大小,受贿人提出的财物要求是否在请托人心理预期之内,请托人请托的事项是否违法等进行综合判断。比如说请托人本来就是谋取违法的利益,对于让渡部分“利润”早有心理预期,双方对于行受贿事实属于“心知肚明”,此时即使是受贿人率先提出受贿的具体数额,一般也不宜认定为索贿。

本案中,被告人吴仕宝以所掌握的职权为条件,向管理服务对象施加精神压力,迫使对方同意其低价承包出租车,是权钱交易的主动方、造意者、提起人。金某的证言证实,因为其公司的所有业务都是运管所主管的,吴仕宝提出来,其不敢不答应,因而在第一次给了傅某15辆出租车的经营权,后来几次傅某向其要经营权,其都没有答应,都是吴仕宝又给其打招呼,其没有办法才给了傅某。上述情节也得到傅某证言的印证,充分反映出金某行贿的被动性。故法院综合本案证据,最终依法认定了吴仕宝具有索贿情节。

案例:寿永年受贿案

案例来源:《刑事审判参考》总第128辑[第1432号]

主题词:受贿罪 交易型受贿

一、基本案情

1999年以来,被告人寿永年利用其担任浙江省鄞县人民政府县长、宁波市鄞州区人民政府区长、中共宁波市鄞州区委书记、中共宁波市委常委、宁波市人民政府常务副市长等职务上的便利,为宁波金盛置业有限公司(以下简称“金盛公司”)、宁波盛光包装印刷有限公司、宁波广利来实业有限公司(以下简称“广利来公司”)、原北京东西南北中文化艺术有限公司、宁波联合动力传媒广告有限公司、宁波侨商会、海能调和油有限公司、利时集团、宁波纳米新材料科技有限公司、浙江开开集团、原宁波方圆化纤有限公司等企业,在企业用地、企业经营、资产处置、项目审批、项目开发、政策扶持等事项上提供帮助,单独或者与特定关系人共同非法收受上述企业实际控制人或董事长钱某某、张某等人给予的财物,共计价值人民币1144.959686万元。2016年8月26日,寿永年委托其家属向金华市人民检察院退缴赃款352.5294万元人民币。

被告人寿永年受贿犯罪中涉及以明显低于市场价购买房屋受贿的事实如下:

1. 2005年至2013年,被告人寿永年利用其担任中共宁波市鄞州区委书记、中共宁波市委常委、宁波市人民政府常务副市长等职务上的便利,为金盛公司、宁波盛光包装印刷有限公司等企业在宁波高教园区土地性质变更、宁波烟厂仓库用地置换、工业用地取得等事宜上提供帮助。2010年下半年,寿永年与其特定关系人吴某共同商议后,向上述企业的实际控制人钱某某提出吴某要在金盛公司开发的金域华府小区购买房屋,要求钱某某给予价格优惠,钱某某同意。2010年12月28日,吴某与金盛公司签订了购房合同,后来以总价235.5406万元人民币的价格购买金域华府商品房1套(面积为175.85平方米)。经鉴定,该房屋市场总价为328.1893万元人民币,吴某购房价低于市场价92.6478万元人民币。

2. 2005年至2010年,被告人寿永年利用担任中共宁波市鄞州区委书记、中共宁波市委常委等职务上的便利,为广利来公司创新128园区的土地置换、项目开发、用地性质变更等事项提供帮助。2008年年底,寿永年特定关系人吴某想在创新128园区购买房产用于公司经营,与寿永年商议后,寿永年向广利来公司的董事张某提出给予吴某购房价优惠的要求。2008年12月,吴某以宁波鄞州奇宏贸易有限公司名义,以总价313万元人民币的价格向广利来公司订购了创新128园区一期某处房产,支付定金50万元人民币。2009年10月,吴某以自己经营的宁波市金石文化传播有限公司的名义与广利来公司正式签订购房合同,并付清余款263万元人民币。经鉴定,该房产在订购时的总价为364.342万元人民币,吴某购房价低于市场价51.342万元人民币。

3. 2009年,被告人寿永年及其儿子寿某某向广利来公司的董事张某以寿某某的名义在创新128园区订购了一套房产。由于没有交付定金、没有签订合同,该订购的房屋被售楼部对外售出。张某得知后,让寿某某重新选房,寿某某选中创新128园区三期的一套房产。因三期当时尚未开盘,张某决定按二期每平方米500元的价格将该房屋出售给寿某某。寿永年得知后,考虑到房价的上涨趋势,提出按600元每平方米的价格购买,张某表示同意。2009年12月,寿某某以宁波欧澳国际贸易有限公司的名义、以总价391.2万元人民币向广利来公司订购该套房产,并交付定金30万元人民币。在付清余款361.2万元人民币后,寿永年与寿某某经商议于2011年12月以寿某某实际控制的宁波鄞州金益贸易有限公司的名义与广利来公司签订正式合同并购得该套房产。经鉴定,该房产在2010年6月三期开盘时的总价为553.424万元人民币,寿某某购房价低于市场价162.224万元人民币。

二、裁判要旨

No. 8-385-52 在以明显低于市场价购买房屋的方式成立受贿犯罪时,应区分新房和二手房,分别确定房屋交易的市场价,在判断购房价是否明显低于市场价时,应兼顾差价绝对值与折扣率的高低。

(1)新房买卖中房屋市场价的认定方法

房屋是贵重商品,房产开发商或经销商为了促销,会充分运用营销手段,针对所谓不同的购房对象、不同的付款方式等,给予各种名义的"优惠",推出不同的价格,比如"优惠价"、VIP价、成本价、内部价等。这么多的价格中哪个是真正的优惠价,哪些是为特定的关系户量身定做的,判断起来有较大的难度。2007年,最高人民法院、最高人民检察院发布的《关于办理受贿刑事案件适用法律若干问题的意见》指出,针对不特定人的最低优惠价也属于市场价。在以低价购房实施行贿、受贿的案件中,售房者、购房者都会以购房价是市场价,享受的价格优惠是给予所有人的优惠作为否定行贿、受贿的理由。因此,判断何为真正的优惠价对于认定房屋的市场价具有重要的现实意义。

判断以"优惠价"、VIP价、成本价、内部价等各种名义出现的销售价是不是给予购房者正常的优惠价,是不是市场价,应当按照以下规则认定:①判断所谓的购房优惠是否事先真实存在。②审查这些优惠价是否针对不特定人制定。③判断国家工作人员是否具备享受优惠的条件。

需要注意的是,在所谓的优惠价难以判断,需要通过评估认定某一套房屋的市场价时,特别要注意市场价不是指整个小区所有房屋平均的售价,而是同类别(商品房标准套房、排屋、独栋别墅)、同时期、同地段、同结构、同楼层等最近似品质的房屋市场销售价。如果评估机构依据的样本没有按照上述最近似品质的原则收集的,则评估结论很可能因为不具有科学性而不具有可采性。

(2)二手房买卖中房屋市场价的认定

在低价购房类受贿案件中,有的请托人在得知国家工作人员的购房意向后,或者将自己已经购买的房屋低价卖给国家工作人员,或专门购买房屋再低价转售给国家工作人员。在购买"二手房"收受差价贿赂过程中,"二手房"有三个价格:一个是行贿人的买入价;第二个是转让价,即行贿人和受贿的国家工作人员之间转让房屋的价格;第三个是受贿人从行贿人处转让房屋时该房屋在当地市场上的交易价格。这三个价格中,第一个和第二个价格均已客观存在,第三个价格往往是在案发后由办案机关取样再由评估机构评估,从这个意义上来说也可以称为评估价。在"二手房"买卖收受差价贿赂的犯罪中,房屋市场价的认定首先应当参考房屋的买入价,如果买入时的市场行情与行贿人和国家工作人员发生转让时的市场行情变化较大的,则应按照转让行为发生时的市场价认定。

以差价绝对值多少或者以折扣率的高低为判断的唯一标准,均失之偏颇。比如,一套市场总价为1000万元的新房(已经扣除了开发商或者经销商事先设定的针对不特定人的最大优惠),作为请托人的开发商或者经销商在市场价的基础上再给予国家工作人员20万元的优惠,虽然差价绝对值已经超过受贿罪数额巨大的标准,但购房折扣率为2%,对于市场价1000万元的房屋来说,980万元的购房价虽然低了,但是对于1000万元的市场价来说,偏离公平交易的程度没有达到明显的程度,认定国家工作人员以明显低于市场的价格购房并构成受贿,有违社会常理,容易造成打击面过宽、处罚过于严苛的现象。相反,一套市场总价为100万元的房屋,请托人在市场价的基础上再给予国家工作人员10万元的"优惠",即购房价为90万元,虽然差价绝对值不大,没有达到受贿数额巨大的标准,但购房折扣率已经达到了不常见的10%,偏离市场价的程度明显,可以认定为以明显低于市场的价格购房,可能构成受贿罪。因而应当以差价绝对值为基础,同时兼顾折扣率的高低,综合判断购房价是否明显低于市场价,避免造成打击面过宽和放纵犯罪两个方面的弊端。本案中,被告人寿永年从请托人处购买的三处房产,其购房价与市场价(评估价)的差价在51万元至162万元之间,绝对数额达到了数额巨大,同时差价与市场价相比,达到了14.09%~29.31%,即购房价只有市场价的85.91%~70.69%,明显偏离市场价,应当认定为以明显低于市场价格购买房屋。

案例:潘玉梅、陈宁受贿案

案例来源:《人民法院案例选》2016年第1辑;最高人民法院2011年12月20日第一批指导性案例第3号

主题词:受贿罪 为他人谋取利益变相受贿

一、基本案情

2003年八、九月间,被告人潘玉梅、陈宁分别利用担任江苏省南京市栖霞区迈皋桥街道工委书记、迈皋桥办事处主任的职务便利,为南京某房地产开发有限公司总经理陈某在迈皋桥创业园区低价获取100亩土地等提供帮助,并于9月3日分别以其亲属名义与陈某共同注册成立南京多贺工贸有限责任公司(简称多贺公司),以"开发"上述土地。潘玉梅、陈宁既未实际出资,也未参与该公司经营管理。2004年6月,陈某以多贺公司的名义将该公司及其土地转让给南京某体育用品有限公司,潘玉梅、陈宁以参与利润分配名义,分别收受陈某给予的480万元。2007年3月,陈宁因潘玉梅被调查,在美国出差期间安排其驾驶员退给陈某80万元。案发后,潘玉梅、陈宁所得赃款及赃款收益均被依法追缴。

2004年2月至10月,被告人潘玉梅、陈宁分别利用担任迈皋桥街道工委书记、迈皋桥办事处主任的职务之便,为南京某置业发展有限公司在迈皋桥创业园购买土地提供帮助,并先后4次各收受该公司总经理吴某某给予的50万元。

2004年上半年,被告人潘玉梅利用担任迈皋桥街道工委书记的职务便利,为南京某发展有限公司受让金桥大厦项目减免100万元费用提供帮助,并在购买对方开发的一处房产时接受该公司总经理许某某为其支付的房屋差价款和相关税费61万余元(房价含税费121.0817万元,潘支付60万元)。2006年4月,潘玉梅因检察机关从许某某的公司账上已掌握其购房仅支付部分款项的情况而补还给许某某55万元。

此外,2000年春节前至2006年12月,被告人潘玉梅利用职务便利,先后收受迈皋桥办事处一党支部书记兼南京某商贸有限责任公司总经理高某某人民币201万元和美元49万元、浙江某房地产集团南京置业有限公司范某某美元1万元。2002年至2005年间,被告人陈宁利用职务便利,先后收受迈皋桥办事处一党支部书记高某某21万元、迈皋桥办事处副主任刘某8万元。

综上,被告人潘玉梅收受贿赂人民币792万余元、美元50万元(折合人民币398.1234万元),共计收受贿赂人民币1190.2万余元;被告人陈宁收受贿赂人民币559万元。

江苏省南京市中级人民法院于2009年2月25日以(2008)宁刑初字第49号刑事判决,认定被告人潘玉梅犯受贿罪,判处死刑,缓期二年执行,剥夺政治权利终身,并处没收个人全部财产;被告人陈宁犯受贿罪,判处无期徒刑,剥夺政治权利终身,并处没收个人全部财产。宣判后,潘玉梅、陈宁提出上诉。江苏省高级人民法院于2009年11月30日以同样的事实和理由作出(2009)苏刑二终字第0028号刑事裁定,驳回上诉,维持原判,并核准一审以受贿罪判处被告人潘玉梅死刑,缓期二年执行,剥夺政治权利终身,并处没收个人全部财产的刑事判决。

二、裁判要旨

No. 8-385-53　国家工作人员明知他人有请托事项而收受其财物,视为承诺"为他人谋取利益"。是否已实际为他人谋取利益或谋取到利益,不影响受贿的认定。

请托人许某某向潘玉梅行贿时,要求在受让金桥大厦项目中减免100万元的费用,潘玉梅明知许某某有请托事项而收受贿赂;虽然该请托事项没有实现,但"为他人谋取利益"包括承诺、实施和实现不同阶段的行为,只要具有其中一项,就属于为他人谋取利益。承诺"为他人谋取利益",可以从为他人谋取利益的明示或默示的意思表示予以认定。潘玉梅明知他人有请托事项而收受其财物,应视为承诺为他人谋取利益,至于是否已实际为他人谋取利益或谋取到利益,只是受贿的情节问题,不影响受贿的认定。

No. 8-385-54　国家工作人员利用职务上便利为他人谋取利益,与请托人以合办公司的名义获取利润而没有实际出资或参与经营管理;或以明显低于市场价格向请托人购买房屋等物品的,以受贿论处。

潘玉梅时任迈皋桥街道工委书记,陈宁时任迈皋桥街道办事处主任,对迈皋桥创业园区的招商工作、土地转让负有领导或协调职责,二人分别利用各自职务便利,为陈某低价取得创业园区的土地等提供了帮助,属于利用职务上的便利为他人谋取利益;在此期间,潘玉梅、陈宁与陈某商议合作成立多贺公司用于开发上述土地,公司注册资金全部来源于陈某,潘玉梅、陈宁既未实际出资,也未参与公司的经营管理。因此,潘玉梅、陈宁利用职务便利为陈某谋取利益,以与陈某合办公司开发该土地的名义而分别获取的480万元,并非所谓的公司利润,而是利用职务便利使陈某低价获取土地并转卖后获利的一部分,体现了受贿罪权钱交易的本质,属于以合办公司为名的变相受贿,应以受贿论处。

潘玉梅购买的房产,市场价格含税费共计应为121万余元,潘玉梅仅支付60万元,明显低于该房产交易时当地市场价格。潘玉梅利用职务之便为请托人谋取利益,以明显低于市场的价格向请托人购买房产的行为,是以形式上支付一定数额的价款来掩盖其受贿权钱交易本质的一种手段,应以受贿论处,受贿数额按照涉案房产交易时当地市场价格与实际支付价格的差额计算。

No. 8-385-55　国家工作人员收受财物后,因与其受贿有关联的人、事被查处,为掩饰犯罪而退还的,不影响认定受贿罪。

潘玉梅在案发前将购买许某某开发房产的差价款中的55万元补给许某某,相距2004年上半年其低价购房有近两年时间,没有及时补还巨额差价;潘玉梅的补还行为,是由于许某某因其他案件被检察机关找去谈话,检察机关从许某某的公司账上已掌握潘玉梅购房仅支付部分款项的情况后,出于掩盖罪行目的而采取的退赃行为。因此,潘玉梅为掩饰犯罪而补还房屋差价款,不影响对其受贿罪的认定。

案例:罗菲受贿案

案例来源:《刑事审判参考》第106集[第1143号]

主题词:受贿罪　受贿罪共犯

一、基本案情

被告人罗菲,女,1981年8月12日出生,原系中国铁路文工团歌舞团歌唱演员。因涉嫌犯受贿罪于2011年7月8日被逮捕。

北京市人民检察院第二分院以被告人罗菲犯掩饰、隐瞒犯罪所得罪向北京市第二中级人民法院提起公诉;后北京市人民检察院第二分院变更起诉指控事实和适用法律,以被告人罗菲犯受贿罪向北京市第二中级人民法院提起公诉。

被告人罗菲辩称其没有帮助杨建宇从张曙光(已判刑)处获得利益,其行为不构成受贿罪。其辩护人提出以下辩护意见:罗菲对杨建宇直接向张曙光请托的事项及张曙光实际为杨建宇提供帮助的事项不知情,主观上没有与张曙光就利用张曙光的职务便利为杨建宇谋利的问题形成通谋,客观上没有向张曙光转达请托,没有与张曙光相互配合实施利用张曙光的职务便利为杨建宇谋取利益的行为,罗菲的行为不构成受贿罪。

北京市第二中级人民法院经公开审理查明:

2007年上半年至2011年1月间,被告人罗菲明知广州中车铁路机车车辆销售租赁有限公司等公司法定代表人杨建宇给予其财物,是为讨好其情夫张曙光,以获得张曙光利用担任原铁道部运输局局长的职务便利提供帮助,仍在北京、香港等地,多次收受杨建宇给予的折合人民币157.686万元的财物,并征得张曙光同意或者于事后告知张曙光。为此,张曙光于同一期间,为杨建宇的公司解决蓝箭动车组租赁到期后继续使用及列车空调设备销售等问题提供了帮助。其中,罗菲收受财物的事实具体如下:

1. 2007年上半年,经张曙光同意,罗菲接受杨建宇在北京香格里拉饭店停车场给予的人民币30万元,用于购买宝马X3轿车一辆,并于购车后告诉了张曙光。

2. 2007年12月,罗菲在香港旅游期间,接受杨建宇出资港币30万元帮助其在香港购买迪威特手表一块,并在回北京后告诉了张曙光。

3. 2008年5月至2011年1月间,经张曙光同意,罗菲接受杨建宇的安排,到华车(北京)交通装备有限公司担任宣传总监,在实际未为该公司工作的情况下,在该公司领取31个月工资,共计人民币49.6万元。

4. 2010年10月,经张曙光同意,罗菲接受杨建宇出资人民币50万元在北京励骏酒店一层商场帮助其购买瑞驰迈迪手表一块。

北京市第二中级人民法院认为,被告人罗菲明知杨建宇给予其财物是为讨好其情夫张曙光,以获得张曙光利用担任铁道部运输局局长的职务便利提供帮助,仍收受杨建宇给予的财物并于事前征得张曙光同意或者事后告知了张曙光,张曙光亦接受杨建宇的请托利用职务便利为杨建宇提供了帮助,据此应认定罗菲具有与张曙光共同受贿的故意,参与实施了共同受贿行为,其行为符合最高人民法院、最高人民检察院《关于办理受贿刑事案件适用法律若干问题的意见》第七条、第十一条的规定,应认定为与张曙光构成共同受贿,对其应当按受贿罪的共犯定罪处罚。在共同受贿犯罪中,罗菲仅参与收受财物,系起次要作用的从犯。鉴于罗菲系从犯,且有如实供述自己罪行、赃款赃物已全部追缴等情节,对其依法减轻处罚。根据罗菲的犯罪事实、犯罪的性质、情节和对于社会的危害程度,依照《中华人民共和国刑法修正案(九)》修改前的《中华人民共和国刑法》第三百八十五条第一款,第三百八十六条,第三百八十三条第一款第(一)项、第二款,第二十五条,第二十七条,第六十七条第三款,第六十一条之规定,以受贿罪判处被告人罗菲有期徒刑五年。

一审宣判后,被告人罗菲不服,向北京市高级人民法院提出上诉。

被告人罗菲上诉提出:其与张曙光之间不存在利用张曙光的职务便利为杨建宇谋利的通谋。其辩护人提出:杨建宇向张曙光请托事项以及张曙光利用职务便利为杨建宇提供帮助的事项均与罗菲没有任何关联,罗菲既不知晓亦未参与其中,罗菲并未与张曙光形成共谋,未与张曙光互相配合实施为请托人谋取利益的行为,也没有利用张曙光的关系为请托人办理请托事项,从而谋取财物的具体行为,罗菲的行为不符合《刑法》关于特定关系人犯受贿罪的犯罪构成。

北京市高级人民法院经审理认为,在案有关证人证言及相关书证证实,上诉人罗菲在明知杨建宇系为感谢和讨好张曙光而给予其财物,明知张曙光利用职务便利为杨建宇谋取了利益的情况下,仍收受杨建宇给予的财物并于事先征得张曙光的同意或事后告知了张曙光,足以认定其具有与张曙光共同受贿的故意,并参与实施了共同受贿的行为,符合共同犯罪的构成要件,应当作为受贿罪的共犯论处。一审法院所作判决,事实清楚,证据确实、充分,定罪及适用法律正确,量刑适当,审判程序合法,据此,依法裁定驳回上诉,维持原判。

二、裁判要旨

No. 8-385-56 特定关系人明知国家工作人员为请托人谋取利益的情况下,事先征得国家工作人员同意或事后告知国家工作人员收受请托人提供的财物的,构成受贿罪的共犯。

根据现行《刑法》规定及共同犯罪理论,二人以上基于共同的故意实施共同的犯罪行为即成立共同犯罪。这里的共同故意既包括事前通谋的情况,也包括事中通谋的情况。同时,同一犯罪可以由不同行为环节构成,各行为人在共同犯罪故意的支配下分别实施了构成共同犯罪整体行为的某一部分行为,即可认定为共同参与了犯罪实施。就受贿罪而言,受贿行为由两部分组成:一是为他人谋利,二是收受他人财物。据此,特定关系人只要主观上与国家工作人员形成受贿的通谋,客观上实施了部分受贿行为,对其以受贿罪共犯论处,是符合《刑法》规定和共同犯罪理论的。

对于特定关系人成立受贿罪共犯的认定,虽然根据2003年《全国法院审理经济犯罪案件工作座谈会纪要》的有关规定,国家工作人员的近亲属收受请托人财物构成受贿罪共犯的前提条件是其向国家工作人员代为转达请托事项,但司法实践中不能将此规定作为认定特定关系人成立受贿罪共犯的排他性标准。因为这一规定主要针对的是当时司法实践中较为突出的一类情形,为了统一认识,才予以例示性写入《全国法院审理经济犯罪案件工作座谈会纪要》,属于注意规定而非创设新的共犯认定标准。而关于非国家工作人员成立受贿罪共犯的条件,《全国法院审理经济犯罪案件工作座谈会纪要》同时也有总则性规定,即"根据刑法关于共同犯罪的规定,非国家工作人员与国家工作人员勾结伙同受贿的,应当以受贿罪的共犯追究刑事责任。非国家工作人员是否构成受贿罪共犯,取决于双方有无共同受贿的故意和行为"。据此,虽不具有代为转达请托事项行为,但特定关系人与国家工作人员具有受贿通谋和行为的,仍构成受贿罪共犯。《全国法院审理经济犯罪案件工作座谈会纪要》并未改变《刑法》关于受贿罪共同犯罪认定的基本标准,那种将向国家工作人员代为转达请托事项认定为国家工作人员的近亲属构成受贿罪共犯的必要条件的认识是对《全国法院审理经济犯罪案件工作座谈会纪要》有关规定的片面理解,实际是对受贿罪限定了较一般共同犯罪更为严格的条件,与刑法共同犯罪理论不符,不能适应当前打击腐败犯罪形势的需要,在实践中更会造成放纵部分特定关系人的负面效果。2007年最高人民法院、最高人民检察院《关于办理受贿刑事案件适用法律若干问题的意见》中就专门予以强调,"特定关系人与国家工作人员通谋,共同实施前款行为(国家工作人员利用职务上的便利为请托人谋取利益,授意请托人将有关财物给予特定关系人——编者注)的,对特定关系人以受贿罪的共犯论处”。该规定就未再提及代为转达请托事项这一条件,符合刑法共同犯罪理论的一般要求,进一步明确了受贿罪共犯“通谋+行为”的认定标准。

“通谋”指的是双方对于受贿故意的意思联络、沟通。从“通谋”发生的时段上看,既包括事先通谋,也包括事中通谋,即虽然特定关系人与国家工作人员事先未就为请托人谋利并收受财物形成共同的犯意联络,但其在对国家工作人员利用职务便利为他人谋利的事实明知的情况下仍代国家工作人员收受财物,应认定与国家工作人员具有通谋。从“通谋”的形式上看,既有特定关系人与国家工作人员之间明示性的谋议,也有心照不宣的默契配合,当然,后一种情况要求相互对对方行为和意思具有确定性明知。从“通谋”的内容上看,特定关系人与国家工作人员不仅对收受请托人财物具有共同意思沟通,而且对由国家工作人员利用职务便利为请托人谋利具有共同意思联络。2016 年 4 月 18 日公布实施的最高人民法院、最高人民检察院《关于办理贪污贿赂刑事案件适用法律若干问题的解释》第十六条第二款规定:“特定关系人索取、收受他人财物,国家工作人员知道后未退还或者上交的,应当认定国家工作人员具有受贿的故意。”此规定实际上将认定“通谋”成立的时段进一步予以延伸,因为该规定针对的情况,往往是国家工作人员已经利用职务便利为请托人谋取了利益,其特定关系人收受请托人财物的行为已经完成,只不过国家工作人员在为请托人谋利时对其特定关系人收受财物并不知情(此时如果案发,则特定关系人可能构成利用影响力受贿罪,国家工作人员可能构成渎职犯罪,但因为彼此缺乏受贿犯意的沟通而并不构成受贿罪共犯),如果事后特定关系人将其收受请托人财物的情况告知了国家工作人员,则国家工作人员具有退还或上交财物的法定义务,否则就视为其与特定关系人之间具有了受贿的共同故意,双方就应均以受贿罪共犯论处。

本案中,被告人罗菲系国家工作人员张曙光的特定关系人。在案证据证实,罗菲对于请托人杨建宇与张曙光之间具有请托谋利关系知情,即罗菲明知杨建宇系为感谢和讨好张曙光并得到张的职务上的帮助、关照而给予其财物,明知张曙光利用职务便利为杨建宇谋取了利益的情况下,仍收受杨建宇给予的财物并于事先征得张曙光的同意或事后告知了张曙光,张曙光对之予以认可,足以认定其与张曙光形成了受贿“通谋”,二人具有共同受贿的故意,罗菲收受杨建宇财物的行为系张曙光受贿行为的组成部分,因此,法院对罗菲以受贿罪共犯定罪处罚是正确的。

案例:孙昆明受贿案

案例来源:《刑事审判参考》第 106 集[第 1144 号]

主题词:受贿罪 以债权债务形式掩盖的受贿行为认定

一、基本案情

被告人孙昆明,男,1966 年 9 月 17 日出生,系长丰房地产开发公司原董事长。2014 年 4 月 4 日被逮捕。

北京市海淀区人民检察院以孙昆明犯受贿罪,向北京市海淀区人民法院提起公诉。

被告人孙昆明及其辩护人辩称:孙昆明不具有国家工作人员身份,没有利用职务便利;孙昆明与刘某某之间的房屋买卖是真实交易,欠款 30 万元属于民事行为,不应认定为索贿,故孙昆明不构成受贿罪。

北京市海淀区人民法院经公开审理查明:

北京科技园建设(集团)股份有限公司(以下简称“北科建集团”)成立于 1999 年 11 月,2008 年 5 月重组后股东变更为北京国有资产经营公司等三家公司,其中北京国有资产经营公司持股 70.77%。北科置地公司成立于 2000 年 9 月,股东有北科建集团等六家公司,其中北科建集团持股 80%。2007 年 12 月至 2011 年 12 月,长丰房地产开发公司的股东为北科置地公司和昆明星耀体育运动城有限公司(以下简称“昆明星耀公司”),其中北科置地公司持股 51%;2012 年 2 月,长丰房地产开发公司的股东变更为北科置地公司、北科建集团和昆明星耀公司,北科置地公司和北科建集团分别持股 51%和 34.52%。2009 年 8 月,经北科建集团党委、北科建集团和北科置地公司推荐,被告人孙昆明任长丰房地产开发公司董事长。2011 年 5 月、12 月,孙昆明利用负责云南长丰星宇园房地产工程的职务便利,接受工程分包方恒安消防工程公司法定代表人刘某某的请托,为恒安消防工程公司解决工程款拖欠问题,并在北京市海淀区中国人民大学和云南省昆明世纪金源大酒店等地,先后两次收受刘某某给予的好处费人民币各 10 万元。

2012 年 2 月至 2013 年 3 月,孙昆明假称与刘某某买卖房屋,签订购房协议,陆续收取刘某某给予的“房款”130 万元,其间还以租金的名义向刘某某返还 43000 元。后因孙昆明调动工作到北京,刘某某向孙昆明索要 100 万元,并称将剩余 30 万元作为孙昆明之前帮忙的好处费,孙昆明同意并返还刘某某 100 万元。后孙昆明因得知有人因类似问题被查处,于 2014 年 2 月 25 日找到刘某某补写了一张 30 万元的欠条以应付检查。通过上述手段,孙昆明共收取刘某某给予的好处费人民币 257000 元。综上,孙昆明共计受贿人民币 457000 元,均未退缴。

北京市海淀区人民法院认为,被告人孙昆明身为国家工作人员,利用职务上的便利为他人谋取利益,非法收受他人财物,数额巨大,其行为已构成受贿罪。关于孙昆明及其辩护人认为北科建集团不是国有公司、孙昆明不具有国家工作人员主体身份的辩护意见,经查,北京国有资产经营公司是经北京市人民政府授权、对北京市重要的国有资产进行经营和管理的国有独资公司,北科建集团是由北京国有资产经营公司绝对控股的股份制公司。北科建集团和北科置地公司的相关文件及会议纪要证实,孙昆明出任长丰房地产开发公司董事长一职系由北科建集团确定人选后向其下属的北科置地公司推荐,再由北科置地公司以控股股东的身份向长丰房地产开发公司推荐。孙昆明系受国有控股公司北科建集团委派到长丰房地产开发公司从事公务的人员,属于《刑法》意义上的国家工作人员。故对孙昆明及其辩护人的该项辩护意见不予采纳。关于孙昆明及其辩护人认为孙昆明与刘某某买卖房屋系真实交易,欠款 30 万元系民事行为的辩护意见,经查,孙昆明与刘某某签订的购房协议存在明显不对等的权利义务关系,且不具备实际履行的条件。孙昆明事后向刘某某补写欠条,但并无还款的意思表示和实际行为,这与刘某某证言中有关孙昆明并非真心卖房,而是以此为掩饰收受好处费的内容吻合,能够证明孙昆明名为卖房、实为受贿的行为本质,故对被告人孙昆明及其辩护人的该项辩护意见不予采纳。孙昆明假借买卖房屋,分多次收受刘某某支付的购房款 130 万元,又以租金的名义向刘某某还款 43000 元,在购买协议解除后,又分三次向刘某某返还首付款共计 100 万元。故本着有利于被告人的原则,以孙昆明实际获得的钱款数额认定其该起受贿数额为 257000 元。依照《中华人民共和国刑法》第三百八十五第一款,第三百八十六条,第三百八十三条第一款第(二)项、第二款,第十二条,第九十三条,第五十三条第一款,第六十四条之规定,认定孙昆明犯受贿罪,判处有期徒刑八年,罚金人民币五万元;继续向孙昆明追缴赃款人民币 457000 元,予以没收。

一审宣判后,孙昆明不服,提出上诉。

上诉人孙昆明及其辩护人上诉认为,孙昆明不符合国家工作人员的主体资格;涉案的 30 万元是孙昆明的民事债务,不应认定为受贿;在案件审理期间,《刑法修正案(九)》公布实施,请求二审法院依法予以改判。

北京市第一中级人民法院经审理后认为,孙昆明身为国家工作人员,利用职务上的便利,非法收受他人财物,为他人谋取利益,其行为已构成受贿罪,且数额巨大。孙昆明的辩护人提出鉴于本案审理期间,《刑法修正案(九)》公布实施,根据从旧兼从轻原则,原判对孙昆明量刑畸重,请求二审法院依法予以改判的辩护意见,酌予采纳。一审法院根据孙昆明犯罪的事实、性质、情节和对社会的危害程度所作出的判决,定罪及适用法律正确,审判程序合法,唯二审审理期间最高人民法院、最高人民检察院发布施行《关于办理贪污贿赂刑事案件适用法律若干问题的解释》,致量刑标准发生变化,依法予以改判。据此,依照《中华人民共和国刑法》第十二条第一款,第三百八十五条第一款,第三百八十六条,第三百八十三条第一款第(二)项、第二款,第九十三条第二款,第五十三条第一款,第六十四条,第六十一条及最高人民法院、最高人民检察院《关于办理贪污贿赂刑事案件适用法律若干问题的解释》第二条第一款、第十九条第一款及《中华人民共和国刑事诉讼法》第二百二十五条第一款第(二)项之规定,判决如下:

1. 维持原审判决主文第二项,即“继续向被告人孙昆明追缴赃款人民币四十五万七千元,予以没收”。

2. 撤销原审判决主文第一项,即“被告人孙昆明犯受贿罪,判处有期徒刑八年,罚金人民币五万元”。

3. 孙昆明犯受贿罪,判处有期徒刑五年,并处罚金人民币四十万元。

二、裁判要旨

No. 8-385-57 对于以欠条、收受干股、合作投资、委托理财等形式将受贿行为伪装成合法债权债务关系的,应当根据受贿罪的权钱交易本质进行审查。只要符合受贿罪的权钱交易本质,形式上存在的债权债务关系不影响受贿的认定。

行为人为了逃避侦查,常常将行贿、受贿行为伪装成合法的债权债务关系,常见的有欠条形式、交易形式、收受干股、合作投资、委托理财等。对此,应当结合具体案情,对涉案行为进行实质审查,符合权钱交易本质的,应当认定为受贿。所谓“权”指的就是国家工作人员的“职权”。这种职权既包括本人职务上主管、负责、承办某项公共事务的职权,也包括利用职务上有隶属、制约关系的其他国家工作人员的职权,还包括担任单位领导职务的国家工作人员通过不属自己主管的下级部门的国家工作人员的职务而获得的“间接职权”。因而,当国家工作人员收受的财物与其职权密切相关时,即可认定是“非法收受”。

本案中,孙昆明提议刘某某用房屋买卖合同加高倍违约金的方式支付贿赂款。孙昆明起草了房屋买卖协议,协议约定刘某某同意自协议签订之日起 7 个工作日内支付孙昆明首付款 100 万元,每延迟 1 天付款,刘某某需支付房屋出售价的 1%的违约金。孙昆明办理好有关房屋产权手续后 7 个工作日内通知刘某某支付尾款并协助刘某某办理过户手续。刘某某接到孙昆明支付尾款通知之日起 7 个工作日内支付尾款,每延迟 1 天付款,刘某某需支付房屋出售价的 1%的违约金,若刘某某在 1 个月内未足额付清尾款,则孙昆明不再将本房屋出售给刘某某,且已经收取的房屋首付款 100 万元不退还。如果孙昆明未能在 2013 年 6 月底前办理好本房屋产权手续,孙昆明须将所收刘某某 100 万首付扣掉刘某某首付违约金后退还。从购房协议的内容看,双方存在不对等的权利义务关系,即刘某某违约时需支付高额的违约金,而孙昆明违约时不但无须承担任何责任,在退还首付款时还要扣除刘某某需支付的违约金,这些约定有悖于正常的市场交易。事实上,孙昆明所售房屋不能过户,协议不具备实际履行的条件。从借条可以看出,孙昆明在返还刘某某首付款时,未就差额部分出具欠条,而是在半年后为了逃避审查才补写欠条,且未就还款情况作出约定,孙昆明在客观上也没有偿还刘某某款项的具体行为。案中证据反映,长丰房地产开发公司在向总包方和分包人支付工程款方面处于主导地位,孙昆明作为长丰房地产开发公司的董事长,在支付工程款方面具有决定权。长丰房地产开发公司支付工程款的进度直接决定了恒安消防工程公司获得工程款的时间。刘某某的证言也证明正基于此,其才会与孙昆明签订一份不可能履行的房屋买卖合同。根据上述因素综合判断,孙昆明与刘某某并不存在真实的债权债务关系,而是以借款为名,非法收受他人财物。准确界定贿赂犯罪的界限,认定行为是受贿还是正常的债权债务关系,关键还是要把握“权钱交易”这个本质特征。首先要判断行为人是否利用了职务上的便利为对方谋取了利益,其次要判断债权债务关系是否符合正常的市场交易规则。对于明显有违公平原则、加重一方义务的合同要注意审查双方订立合同的本意,依法打击以“合同”之名行贿赂之实的行为。

案例:李群受贿案

案例来源:《刑事审判参考》总第 122 集[第 1352 号]

主题词:受贿罪 民事欠款与受贿的界限

一、基本案情

被告人李群于 2007 年至 2015 年任石泉县残疾人联合会(以下简称“石泉县残联”)理事长。2012 年陕西省残疾人联合会下文,各市可按要求上报符合享受省级残疾人就业保障金支持集中安置残疾人就业企业补助资金项目条件的企业,石泉县残联负责审核上报本县符合该项目条件的企业。2013 年 5 月,安康美沃窗业有限责任公司(以下简称"美沃公司")法定代表人韩某某得知李群自建房屋已建设完成,便提出给李群的自建房安装窗户、幕墙,口头议定价格按成本价,经李群同意后,韩某某安排李群军全面负责该项工程并拆除了原已安装好的窗户。施工过程中,韩某某找到李群要求申报县残联残疾人企业补助项目。2013 年 10 月该工程完工后,李群军向李群出示工程结算单,工程价款共计人民币 51429.54 元,但并未明确表示要求李群立即结算。2013 年 9、10 月,李群在明知美沃公司不符合申报条件的情况下向美沃公司提供制造虚假申报材料的方法,并利用职权帮助美沃公司顺利申报 2013 年补助项目,次年美沃公司获得补助款 30 万元,2014 年、2015 年继续申报补助项目,三年共获取国家项目补助资金共计 90 万元。李群因帮助美沃公司顺利申报补助项目一事产生私心,工程结束后一直未予结算该笔工程款,美沃公司后也因项目申报一事受到李群的帮助未再向李群索要该工程款,且以此工程作为申报项目的好处送给李群,并于 2014 年年底核销了该笔工程款。在残疾人企业项目申报期间,李群于 2013 年、2015 年分三次收受韩某某礼金共计 1 万元。经石泉县价格认证中心认定,李群自建房窗户、幕墙工程价值人民币 51320 元。2018 年 4 月 20 日,李群向石泉县纪律检查委员会退交赃款 6.1 万元,庭审中退交赔款 320 元。

二、裁判要旨

No. 8-385-58 接受请托单位房屋装修未付款,请托单位虽未明确免除其装修款,但从行为人的偿还能力、拖欠时间、请托单位将该笔装修款予以核销以及行为人为请托单位谋取利益等事实,可以认定行为人与请托单位之间存在权钱交易,构成受贿罪。

《最高人民法院、最高人民检察院关于办理贪污贿赂刑事案件适用法律若干问题的解释》第十二条规定:"贿赂犯罪中的财物,包括货币、物品和财产性利益。财产性利益包括可以折算为货币的物质利益如房屋装修、债务免除等,以及需要支付货币的其他利益如会员服务、旅游等。后者的犯罪数额,以实际支付或者应当支付的数额计算。"

李群于案发时任石泉县残联理事长对于县内残疾人就业补助项目的申请具有管理审核职权,而美沃公司是申报残疾人就业补助项目的企业,在这种关系之下,李群作为国家工作人员,在接受美沃公司装修后,本应及时结清价款,根据其在 2012 年至 2018 年的银行存取款情况证明,其具有该笔费用的还款能力,但李群在长达四年多的时间内,既未结清装修价款,也未有任何还款的意思表示,而且在明知美沃公司不符合条件的情况下,连续三年为美沃公司争取残疾人就业补助资金,美沃公司在争取到该补助资金后,将该笔账务予以核销。也就是说,虽然李群没有直接向美沃公司索取贿赂,也没有直接收取美沃公司的财物,美沃公司也没有明确告知其免除李群的装修款,但是,从李群的偿还能力、拖欠装修款的时间,美沃公司财务上予以核销该笔装修款以及美沃公司委托李群办理残疾人补助金,李群利用职务之便违规为美沃公司办理残疾人补助金等事实,可以推定出美沃公司已经将装修款作为李群为美沃公司办理残疾人补助金项目的回报这一事实。被告人李群接受了美沃公司的财产性利益,并利用其职务之便,为美沃公司谋取了非法利益,即为美沃公司违法办理残疾人补助金等,李群与美沃公司之间实际上存在权钱交易的关系,李群的行为构成受贿罪。

案例:沈财根受贿案

案例来源:《刑事审判参考》总第 129 辑[第 1447 号]

主题词:受贿罪 高息借贷

一、基本案情

2007 年至 2017 年,被告人沈财根在担任湖州市供销合作社联合社(以下简称"湖州市供销社")党委书记、主任期间,利用对社有资产监督、管理的便利,为他人谋取利益,单独或伙同他人多次非法收受财物共计人民币 206.140323 万元(以下币种未标明的均为人民币)。具体事实如下:

2009年8月12日,被告人沈财根个人出借50万元给湖州市供销石油有限公司、湖州荣恒石油化工有限公司法定代表人杨荣强,双方未约定借款利息、还款期限等事项,杨荣强出具了收款凭证。2010年年初,杨荣强为感谢沈财根通过湖州市供销社对其公司提供借款、担保等业务上的关照,以支付个人借款"利息"的名义给沈财根50万元现金,沈财根仍保留其所借本金50万的收款凭证。2016年1月,沈财根又出借90万元给杨荣强,杨荣强出具借条。2011年至2018年,杨荣强分别以支付"利息"的名义送给沈财根232万元,其中2011年、2012年每年送50万元,2013年、2014年每年送30万元,2017年、2018年每年送36万元。沈财根共计收受杨荣强"利息"款282万元,扣除杨荣强同期从他人处借款的最高年利率18%,实际受贿数额为174万余元。

(其余部分事实略)

二、裁判要旨

No. 8-385-59 以借贷为名实施受贿行为,若存在实际的借款关系但收取了高额利息的,受贿数额应以超过同期从他人处借款的最高年利率18%的部分来认定受贿数额。

现行法律下,认定受贿罪的关键在于物质利益与行为人职权因素之间的关联性,而不是拘泥于何种物质形式。国家工作人员利用职务上的便利给予请托人照顾,又以个人名义向请托人出借钱款,收取高额利息完成利益输送,属于以借贷为名的受贿行为。同时,国家工作人员作为社会的一员,也享有正常出借资金并收取利息的权利,国家工作人员与其他平等民事主体之间发生的借款及收取利息行为受到法律的保护。根据2020年12月第二次修正的最高人民法院《关于审理民间借贷案件适用法律若干问题的规定》(以下简称《民间借贷规定》),以借贷合同成立时一年期贷款市场报价利率的四倍为法律保护的上限。国家工作人员参与正常合法的民间借贷关系,当然也应适用《民间借贷规定》予以保护。

国家工作人员与请托人之间以借贷为名的贿赂关系与正常民间借贷的区别在于,在正常民间借贷中,借款人给出借人的利息一般是与正常经济活动所产生的收益相匹配;在请托人和受托人之间的借贷中,借款人给予出借人高额的利息,获取的利息与资金正常产生的收益严重不成比例。本案中被告人沈财根与杨荣强之间的关系,表面上是民间借贷,实际上是权钱交易。沈财根收受高额利息的行为与正常民间借贷不同。沈财根与杨荣强本无经济往来;借贷发生在沈财根为杨荣强谋取了利益之后;沈财根主动提出将资金借给杨荣强;杨荣强因企业发展过程中需要沈财根的帮助,也为了表示感谢,给予沈财根的利息远超同期向其他人的借款;出借资金时,双方并未约定借款用途、借款利息、归还日期等。

在认定受贿数额时,以超过同期从他人处借款的最高年利率18%的部分来认定受贿数额。理由是:(1)将利息全额认定为受贿数额不妥。被告人沈财根确实将50万元和90万元借给杨荣强,而且长达十年,杨荣强除向沈财根借款外,还向他人借款,并将所借款项用于公司经营,对沈财根放款的140万元本金完全不予认可有失公平。(2)以超过借贷合同成立时民间借贷的保护上限的差额认定受贿数额不妥。基于正常的民间借贷建立在双方平等协商、意思自治的基础上,法律对民间借贷设定利率保护上限,以维护金融秩序的稳定、有序。本案不是正常民间借贷,在认定受贿数额时套用民事法律规定并不合适。(3)宜以借款人同期从他人处借款的最高利率的差额来认定受贿数额。本案杨荣强除了从被告人沈财根处借得款项,还从亲戚、朋友处借款,一般为年利率12%,最高为年利率18%,扣除杨荣强同期从他人处借款的最高年利率18%部分来认定受贿数额,既考虑到被告人与借款人之间权钱交易的受贿行为应予打击,又注意适当保护被告人的合法权益。

需要说明的是,在本案中采取扣除杨荣强同期从他人处借款的最高年利率18%部分来认定受贿数额的方法,主要还是考虑被告人沈财根给杨荣强的借款确实用于杨荣强的公司经营,有实际的借款关系为基础,只是在此之上附加了利益输送,如果能查明整个借款关系都是虚假的,换言之,如果根据证据可以认定借款人本身无借款需要,国家工作人员也明知借款人无借款需要,仍将款项"借"给借款人,款项放在借款人处完全是幌子,以此来收取高额利息,而且借款人实际也并未使用该款项,那么根据主客观相一致原则,在认定受贿数额时,国家工作人员获得的所有利息均应认定为受贿数额。

案例:朱渭平受贿案

案例来源:《刑事审判参考》第106集[第1145号]

主题词:受贿罪 受贿故意的认定

一、基本案情

被告人朱渭平,男,1961年9月29日出生,原系中共无锡市滨湖区委书记。2012年12月24日因涉嫌犯受贿罪被逮捕。

江苏省南京市人民检察院以被告人朱渭平犯受贿罪向南京市中级人民法院提起公诉。

南京市中级人民法院经审理查明:

1998年至2012年间,被告人朱渭平利用担任中共无锡市滨湖区委书记等职务的便利,在企业经营、工程承揽、职务晋升、工作安排等方面为他人谋取利益,单独或者通过其妻子金某等人先后非法收受吴某某、刘某等人和单位给予的财物,共计折合人民币(以下币种同)2000余万元。其中:

1. 被告人朱渭平利用担任中共无锡市滨湖区委书记的职务便利,接受上海某房地产有限公司总经理吴某某的请托,为吴某某收购上海某酒店式公寓项目提供帮助,收受吴某某所送的价值1400余万元的住房一套及其他财物。

2. 被告人朱渭平利用担任中共无锡市滨湖区委书记的职务便利,接受无锡某建设有限公司法定代表人刘某的请托,为该公司承接建设工程提供帮助,后通过其妻金某收受刘某所送价值12.5万余元的500克金条一根。

(其他受贿犯罪事实略)

南京市中级人民法院认为,被告人朱渭平身为国家工作人员,利用职务便利,为他人谋取利益,非法收受他人财物,折合人民币共计2000余万元,其行为已构成受贿罪。依照《中华人民共和国刑法》第三百八十五第一款,第三百八十六条,第三百八十三条第一款第(一)项、第二款,第六十七条第三款,第五十九条,第六十四条及最高人民法院《关于处理自首和立功具体应用法律若干问题的解释》第四条之规定,以受贿罪判处朱渭平有期徒刑十五年,并处没收财产人民币二百万元。

一审宣判后,被告人朱渭平未上诉,检察机关也未抗诉,判决已发生法律效力。

二、裁判要旨

No. 8-385-60 国家工作人员在知道特定关系人收受请托人财物后虽有退还的意思,但发现特定关系人未退还而予以默认的,应认为具有受贿故意。

被告人朱渭平应妻子金某的要求为请托人刘某承接工程提供帮助,事后得知妻子收受刘某所送金条。从主观上看,朱渭平对所收受财物的性质有明确的认识,知道该金条是其先前利用职权为刘某谋利行为的回报。被告人朱渭平得知妻子收受金条后,的确有要求妻子退还的意思表示,但不能简单地根据这种言语表达来否定朱渭平主观上具有受贿的意思。朱渭平要求妻子退还金条的动机,是朱渭平和刘某不熟悉,担心刘某不可靠,害怕随便收"生人"的钱容易出事。要求妻子退还金条,反映了朱渭平对收受财物一开始是持担忧、疑虑和否定态度的。但最终,朱渭平发现妻子并未按其要求退还金条后,未再坚持让妻子退还,亦未将金条上交,说明朱渭平经一番权衡考虑之后,还是心存侥幸,对收受请托人财物持默许、认可和接受的态度。对受贿故意的考察判断,不能孤立地看国家工作人员得知特定关系人收受他人财物这一时间节点的个别言语和行为,而要综合考察国家工作人员知情后,是否积极敦促、要求特定关系人退还财物,最终对收受他人财物是否持认可、默许的态度。国家工作人员和特定关系人处于同一利益共同体,共同体中的任何一方收受他人财物的行为,客观上应视为"利益共同体"的整体行为。当国家工作人员发现特定关系人未按要求退还财物仍然默许的,表明其对共同体另一方收受财物的行为总体上持认可态度,当然应对这种客观上未退还的不法后果担责。本案中,检察机关对该笔事实以受贿罪追究朱渭平的刑事责任(对其妻子金某另案处理),也得到了法院裁判的认可。2016年最高人民法院、最高人民检察院《关于办理贪污贿赂刑事案件适用法律若干问题的解释》第十六条第二款明确规定:"特定关系人索取、收受他人财物,国家工作人员知道后未退还或者上交的,应当认定国家工作人员具有受贿故意。"可见,《关于办理贪污贿赂刑事案件适用法律若干问题的解释》亦明确了此种情形下应当认定国家工作人员具有受贿的故意。

No. 8-385-61 国家工作人员收受请托人所赠房产,而后请托人又将房产用于抵押贷款的,应认定为受贿既遂。

首先,被告人朱渭平利用职务上的便利为吴某某收购房地产项目提供融资帮助,后其为掩人耳目,与吴某某商定,将欲收受的房产过户至其实际控制的上海某公司名下,其行为已构成受贿罪。

其次,在该房产完成交易过户至被告人朱渭平实际控制的公司名下之日起,受贿已经既遂,即便朱渭平并不实际居住该房产,甚至钥匙亦在吴某某手中,亦不影响对其受贿行为既遂的认定。因为朱渭平与吴某某商定的上述方式正是为了掩人耳目、逃避打击,当房产过户至其实际控制的公司之日起,其权钱交易行为的实质危害性已经实现。

最后,吴某某因资金周转困难,利用代办被告人朱渭平实际控制的上海某公司年检等事项的便利,将该房产用于抵押,获取贷款以解决自己资金周转困难的行为并不影响朱渭平受贿犯罪的形态。表面上看,吴某某用该房产抵押贷款的行为似乎表明房产尚未实际交付给朱渭平,因为行贿人尚能行使该房产的抵押权,但上述行为是受贿事实完成后吴某某利用其代管公司公章等便利条件行使部分物权的行为,其本质上属于受贿完成后的事后行为,不能据此否定朱渭平的受贿故意、吴某某的行贿心态和客观上已经完成的变更产权所有人的行为。

2007年最高人民法院、最高人民检察院《关于办理受贿刑事案件适用法律若干问题的意见》第八条明确规定:"国家工作人员利用职务上的便利为请托人谋取利益,收受请托人房屋、汽车等物品,未变更权属登记或者借用他人名义办理权属变更登记的,不影响受贿的认定。"司法实务中,针对行贿、受贿双方为逃避打击而采取不断变化的方式、手段、方法所进行的特殊形式的权钱交易行为,要根据上述意见中的精神,结合行贿、受贿双方主观心态和客观行为的隐蔽性、实质性进行综合判定。本案中,朱渭平收受吴某某所送房产的事实应当认定为犯罪既遂。

案例:李明辉受贿案

案例来源:《刑事审判参考》第106集[第1146号]

主题词:受贿罪 新旧法定刑的适用

一、基本案情

被告人李明辉,男,1955年10月9日出生,原系湖北省武汉市经济技术开发区城市建设服务中心主任。2014年3月28日被逮捕。

武汉市人民检察院以李明辉犯受贿罪,向武汉市中级人民法院提起公诉。

被告人李明辉及其辩护人对起诉书指控的犯罪事实无异议,但提出李明辉系主动到武汉市纪律检查委员会交代罪行,有自首情节,且到案后积极配合调查,全部退赃,认罪悔罪,请求法院对其减轻处罚。

武汉市中级人民法院经公开审理查明:

2004年至2006年间,被告人李明辉利用其担任武汉经济技术开发区城市建设服务中心主任的职务便利,先后接受武汉经开建设工程发展有限公司(以下简称"武汉经开公司")总经理喻中奕、武汉阳光房地产估价有限责任公司(以下简称"武汉阳光估价公司")评估师陈少华的请托,在征地拆迁补偿、审核征地拆迁评估报告的事宜上为对方提供帮助,非法收受上述二人给予的钱款共计人民币(以下币种同)13万元。具体事实如下:

1. 2004 年,武汉经济技术开发区管理委员会委托武汉经开公司负责 318 国道南段绿化带征地拆迁工作。武汉中雄商贸发展有限公司(以下简称“武汉中雄公司”)的 25 亩土地及房屋在拆迁范围内。被告人李明辉利用职务上的便利,接受武汉经开公司总经理喻中奕的请托,使武汉中雄公司虚高的征地拆迁预评估报告通过审核,并报送武汉经济技术开发区管理委员会主任办公会讨论通过。武汉中雄公司获得 894.164 万元征地拆迁补偿款。喻中奕为感谢李明辉的帮助,安排其公司职员王航和其胞弟喻中海将 10 万元送给了李明辉。

2. 2004 年,武汉经济技术开发区管理委员会 318 国道南段绿化带征地拆迁范围内的土地及房屋需要委托评估机构进行评估并形成报告。武汉阳光估价公司评估师陈少华承接了武汉中雄公司、江汉油田加油站、薛峰南街等征地拆迁评估工作。被告人李明辉利用自己审核评估报告的职务便利,使上述评估报告顺利通过了审核。陈少华为感谢李明辉的帮助及今后继续获得李明辉的支持和关照,两次向李明辉行贿共计 3 万元。其中,2005 年春节前,李明辉收受了 2 万元。2006 年春节前,李明辉收受了 1 万元。

2014 年 3 月 12 日,武汉市东西湖区人民检察院工作人员将被告人李明辉从其单位带至该院接受询问,李明辉如实供述了检察机关已掌握的上述事实。李明辉到案后退出全部赃款。

武汉市中级人民法院认为,被告人李明辉身为国家工作人员,利用职务上的便利,为他人谋取利益,多次收受他人财物共计 13 万元,其行为已构成受贿罪。对于李明辉及其辩护人提出李明辉系自首的意见,经查,李明辉是在办案机关已经掌握其涉嫌受贿犯罪有关线索的情况下,被办案人员从其单位带至办案机关接受调查谈话而归案的,该归案过程不具有主动性。且李明辉到案后交代的受贿事实系办案机关已经掌握的事实,依照最高人民法院、最高人民检察院《关于办理职务犯罪案件认定自首、立功等量刑情节若干问题的意见》的规定,李明辉的行为不构成自首,该辩解、辩护意见不能成立,不予采纳。李明辉归案后虽对其到案情况有所辩解,但其对涉嫌受贿事实供认不讳,且全部退赃,依法可对其从轻处罚,被告人及辩护人所提该项辩解、辩护意见成立,予以采纳。依照《中华人民共和国刑法修正案(九)》修正之前的《中华人民共和国刑法》第三百八十五条第一款,第三百八十六条,第三百八十三条第一款第一项、第二款,第六十七条第三款,第六十四条之规定,以受贿罪判处被告人李明辉有期徒刑十年,并处没收个人财产人民币一万元。

一审宣判后,李明辉不服,向湖北省高级人民法院提出上诉。其主要上诉理由为:应认定其为自首,请求二审法院对其从轻处罚。

湖北省高级人民法院经审理后认为,上诉人李明辉在担任武汉经济技术开发区城市建设服务中心主任期间,利用职务上的便利,为他人谋取利益,非法收受他人财物,其行为已构成受贿罪。对于李明辉及其辩护人的上诉理由及辩护意见,一审已查明其到案经过,李明辉依法不构成自首。李明辉归案后能如实供述犯罪事实,且全部退赃,依法可对其从轻处罚。一审法院根据李明辉犯罪的事实、性质、情节和对社会的危害程度所作出的判决正确,审判程序合法。但鉴于本案在二审期间,《中华人民共和国刑法修正案(九)》生效,致量刑幅度发生变化,故根据从旧兼从轻的刑法原则,依法予以改判。依照《中华人民共和国刑法》第十二条第一款、第三百八十五条第一款、第三百八十六条、第三百八十三条第一款第(一)项及第二款、第六十四条、第六十七条第三款、第九十三条第一款,《中华人民共和国刑事诉讼法》第二百二十五条第一款第(二)项,最高人民法院、最高人民检察院《关于办理贪污贿赂刑事案件适用法律若干问题的解释》第一条第一款、第十九条第一款之规定,以受贿罪改判上诉人李明辉有期徒刑二年六个月,并处罚金人民币十万元。

二、裁判要旨

No. 8-385-62 《刑法修正案(九)》及最高人民法院、最高人民检察院《关于办理贪污贿赂刑事案件适用法律若干问题的解释》施行后,根据从旧兼从轻原则减轻主刑的同时,可以根据该解释的规定加重罚金刑。

法条作为刑法条文最基础的单位,相对独立并完整,作为条文内部的罪状、法定刑的概念、文字、数字并没有独立的意义。在评价修正后刑法及最高人民法院、最高人民检察院《关于办理贪污贿赂刑事案件适用法律若干问题的解释》是轻法的同时,已经包含了并处罚金刑这一情形。因而,并处罚金是贪污贿赂犯罪的法定刑构成中不可拆分的一部分,不具有独立的溯及力。主刑、附加刑分别适用新、旧法是对刑法条文完整性的侵害,同时也违背了罪刑法定原则。刑法条文的整体适用也是罪责刑相适应原则的要求。贪污贿赂犯罪属于贪利型犯罪,基于"刑罚应当尽量与犯罪的性质相似"的原则,为了加大对腐败犯罪的经济处罚力度,提高腐败犯罪的经济成本,《刑法修正案(九)》增加了贪污贿赂犯罪的罚金刑规定。自由刑和财产刑的组合共同构成了贪污贿赂犯罪的刑罚体系,共同承担刑罚的惩罚与预防功能。如果仅选择主刑而不附加并处罚金,则会破坏犯罪与刑罚之间、主刑与附加刑之间的内在平衡关系,也会造成对被告人不当的双重从轻处罚,影响刑罚效果。在确定整体适用修正后刑法、对被告人并处罚金的基础上,应当同时适用最高人民法院、最高人民检察院《关于办理贪污贿赂刑事案件适用法律若干问题的解释》第十九条关于罚金幅度的规定。首先,最高人民法院《关于适用财产刑若干问题的规定》第二条与最高人民法院、最高人民检察院《关于办理贪污贿赂刑事案件适用法律若干问题的解释》第十九条并不是新、旧解释的关系,而是一般性规定与特殊规定的关系。对贪污贿赂犯罪并处罚金是《刑法修正案(九)》在量刑上作出的调整,之前并无相关司法解释,因而根据最高人民法院《关于适用财产刑若干问题的规定》第二条和最高人民法院、最高人民检察院《关于办理贪污贿赂刑事案件适用法律若干问题的解释》第十九条具有溯及力;其次,司法解释是对司法工作中具体应用法律问题的解释,具有依附于法律的溯及力。就本案而言,最高人民法院、最高人民检察院《关于办理贪污贿赂刑事案件适用法律若干问题的解释》第一条、第十九条共同构成对《刑法》第三百八十三条第一款第(一)项罪刑关系的解释,既然刑法条文不可以割裂适用,最高人民法院、最高人民检察院《关于办理贪污贿赂刑事案件适用法律若干问题的解释》这两条也不可以分开适用。因而,对本案被告人应当在"十万元以上五十万元以下"的幅度内并处罚金。

案例:吴六徕受贿案

案例来源:《刑事审判参考》第106集[第1147号]

主题词:受贿罪 索贿

一、基本案情

被告人吴六徕,男,1962年6月28日出生。因涉嫌犯受贿罪于2013年6月24日被逮捕。

湖南省岳阳市人民检察院以被告人吴六徕犯受贿罪向岳阳市中级人民法院提起公诉。

湖南省岳阳市中级人民法院经公开审理查明:2006年至2013年3月,被告人吴六徕在担任湖南省高速公路管理局养护工程公司副经理、湖南省郴州至宁远高速公路筹备组组长、湖南省郴宁高速公路建设开发有限公司总监、湖南省洞口至新宁高速公路筹备组组长和湖南省洞新高速公路建设开发有限公司(以下简称"洞新公司")经理期间,利用职务之便,在耒宜高速维护业务,郴宁高速公路、洞新高速公路的土建工程、监理、路面工程、材料供应及驻地建设等业务的招投标,以及工程质量监督、工程管理、工程款支付等方面为他人谋取利益,单独或伙同其情妇赵某某(另案处理)、其妻成某某共同收受其他单位和个人财物。吴六徕收受财物共计折合人民币(以下币种同)1223.0789万元。其中,2010年下半年,吴六徕担任洞新公司经理期间,某公司股东徐某某多次找到吴六徕,要求承接某高速所需钢绞线全部供应业务。吴六徕原计划安排赵某某承接该业务,便以"让领导的朋友退出"为由,要徐某某给予"领导的朋友"好处费100万元,徐某某表示同意。之后,吴六徕利用职权,决定由徐某某以三家公司的名义承接总额7000余万元的钢绞线供应业务。2010年9月底,徐某某按约定联系吴六徕交付100万元好处费。吴六徕带徐某某与赵某某的弟弟见面,谎称赵某某的弟弟系领导的朋友。赵某某的弟弟收到徐某某所送的100万元后将该笔钱款转交给赵某某。

(其他犯罪事实略)

湖南省岳阳市中级人民法院认为,被告人吴六徕身为国家工作人员,利用职务之便,单独或伙同他人非法收受、索取他人财物共计折合人民币 1223.0789 万元,为他人谋取利益,其行为已构成受贿罪,且数额特别巨大。依照《中华人民共和国刑法》第三百八十五条第一款,第三百八十六条,第三百八十三条第一款第(一)项、第二款,第六十七条第三款,第二十五条第一款,第二十六条第一款,第六十一条,第五十七条第一款,第五十九条之规定,于 2014 年 6 月 15 日以被告人吴六徕犯受贿罪,判处无期徒刑,剥夺政治权利终身,并处没收个人全部财产。

一审宣判后,被告人吴六徕以其未向徐某某索贿等为由提出上诉。其辩护人亦提出吴六徕不具有索贿情节的意见。

湖南省高级人民法院经二审审理认为,被告人吴六徕作为国家工作人员,在收受徐某某 100 万元贿赂过程中,虽然徐某某首先提出愿意出钱让"竞争对手"退出竞争,但实际上吴六徕所说的竞争对手系其情妇赵某某联系的单位。为获取非法利益,吴六徕假称领导朋友要介入钢绞线业务,并以此为由收受徐某某 100 万元作为"领导朋友"退出竞争的对价,还安排赵某某的弟弟冒充领导朋友,最终使赵某某实际收受贿款。吴六徕并非单纯利用职务便利为他人谋取利益,而是通过虚构事实、隐瞒真相向行贿人索取财物,其情节比单纯的受贿更加严重。一审法院就该笔犯罪事实认定吴六徕构成索贿并无不妥。吴六徕及其辩护人所提相关意见不成立。原审判决认定的事实清楚,证据确实、充分,定罪准确,量刑适当,审判程序合法。据此,依照《中华人民共和国刑事诉讼法》第二百二十五条第一款第(一)项之规定,于 2015 年 7 月 13 日裁定驳回上诉,维持原判。

二、裁判要旨

No. 8-385-63 以欺骗方式令行贿人主动交付财物的,构成索贿。

根据《刑法》第三百八十五条第一款的规定,受贿罪的行为方式分为"索取他人财物"和"非法收受他人财物"两种,《刑法》第三百八十六条又规定"索贿的从重处罚"。"索贿"即是指"索取他人财物"。《刑法》及相关司法解释未对"索贿"或"索取他人财物"的含义作出规定,在司法实践中可以按照上述用语的通常含义来认定索贿。依据《现代汉语词典》(第 5 版)的解释,索取即"向人要(钱或东西)",索贿即"索取贿赂"。可见,只要行为人主动向他人索要财物,即属于"索取他人财物","索贿"只是《刑法》对"索取他人财物"的简便表述,二者含义相同。因此,认定行为人是否构成索贿关键看其是否主动要求对方交付财物作为对价。本案中,被告人吴六徕表面上似乎并未直接向行贿人徐某某索要财物,而是以要给"领导的朋友"好处费为由主动要求徐某某交付财物给第三人。吴六徕虽然采取欺骗手段使徐某某相信确有"领导的朋友"介入,并"自愿"向"领导的朋友"支付好处费,但吴六徕在徐某某"自愿"交付之前已向其传递出明确的信号,即徐某某不付出一定代价不可能顺利承揽业务,徐某某面对这种情况并无多少选择余地。在徐某某表示愿意给对方好处费后,吴六徕立即提出 100 万元的数额要求。该起受贿事实中,吴六徕与徐某某的沟通过程符合索贿犯罪中受贿人积极地主导权钱交易进程,而行贿人比较被动地按照受贿人的要求给付财物的特点,犯罪情节较一般的被动接受贿赂的受贿犯罪更为恶劣,理应认定为索贿并酌情从重处罚。至于吴六徕使用的欺骗手段,并不改变其主动向徐某某索要巨额贿赂的实质。

案例:王银成受贿案

案例来源:《刑事审判参考》总第 118 集

主题词:受贿罪　索贿

一、基本案情

被告人王银成,中国人民保险集团股份有限公司原党委副书记、总裁,曾任中国人民财产保险股份有限公司党委委员、副总裁、党委书记、总裁。2017 年 7 月 18 日被逮捕。

2006 年至 2016 年,被告人王银成利用担任中国人民财产保险股份有限公司(以下简称"人保财险")党委委员、副总裁、党委书记、总裁及中国人民保险集团股份有限公司(以下简称"人保集团")党委副书记、总裁的职务便利,为相关单位和个人在工程承揽、职务晋升、子女就业等事项上提供帮助,直接或通过特定关系人非法收受上述单位和个人给予的财物共计折合人民币870.2966万元。其中,2008年至2011年间,被告人王银成利用担任人保财险党委书记、总裁职务上的便利,为时任人保财险某分公司党委委员、副总经理的李某某提拔为总经理提供帮助。2012年上半年,王银成出于封建迷信将单位配置的办公室装饰画更换为一幅“风吹麦浪”油画,为此要求李某某代为支付相关费用88.88万元,李某某以虚列开支方式从分公司出账,为王银成支付了上述费用。

鉴于王银成到案后,能够如实供述自己的罪行,主动交代办案机关尚未掌握的部分受贿犯罪事实,认罪悔罪,积极退赃,涉案赃款赃物已全部退缴,依法可以从轻处罚。

2018年5月24日,福州市中级人民法院以(2018)闽01刑初43号刑事判决,认定被告人王银成犯受贿罪,判处有期徒刑十一年,并处罚金人民币一百万元。

二、裁判要旨

No. 8-385-64 并未进行犯意沟通,欠缺意思联络的,不能认定构成贪污罪的共犯。

贪污是利用影响本单位财物的职务便利占有该财物,受贿是利用影响他人利益的职务便利占有他人给予的财物;二者不论从利用的职务便利,还是占有的财物属性看,均有明显区别。被告人王银成虽然是人保财险总公司的一把手,对分公司的财务有支配、控制的职务便利,但在本案中,其并没有直接利用自己的职务便利骗取或者侵吞分公司的财物。那么,王银成是否通过李某某实施了侵吞公款的行为,与李某某是否构成贪污罪的共犯?根据王银成的供述,其知道李某某作为分公司总经理,便于处理一些费用,证明其对李某某最终用分公司公款为其支付油画款有一定的预见性,而这也是产生分歧意见的重要证据因素。但这一供述不当然等于其与李某某共谋或者指使李某某使用公款。在案证据表明,王银成只是交代李某某处理油画款,并未交代也不会关心李某某如何处理,李某某处理完相关费用后也只是告诉王银成已经处理而并未告知如何处理,王银成自始至终不清楚李某某如何处理该笔费用。因此,在虚假出账、贪污公款层面,二人并未进行犯意沟通,欠缺共同犯罪之基本要素——意思联络,故不能认定王银成与李某某构成贪污罪的共犯。综上所述,王银成的上述行为不构成贪污罪。

本案中,李某某作为被告人王银成的下属,是经王银成两次动议提拔起来的分公司经理,正如其证言所证,因为王银成时任人保财险的党委书记、总裁,其在人保财险分公司任一把手离不开王银成的支持和帮助。为了感谢王银成一直以来的支持和帮助,同时也为了继续得到王银成的关照,才会帮王银成支付画款。李某某道出了该起事实过程权钱交易的本质,完全符合国家工作人员利用职务上的便利为他人谋取利益,非法收受他人财物的典型受贿构成要件。故人民法院依法认定本起事实王银成构成受贿罪。至于李某某用于行贿的钱款是以何种手段取得、源于何处,不属于王银成受贿事实的评价范畴。

No. 8-385-65 认定索贿不应仅从形式上判断是否由受贿方主动提出,而应当从实质上判断提出索取要求是否违背对方的意愿,使对方产生被迫感。

根据《刑法》第三百八十五条的规定,索取他人财物的,不需要具备为他人谋取利益的构成要件,即已侵犯了国家工作人员职务的廉洁性,构成受贿罪。同时,《刑法》第三百八十六条规定,索贿的从重处罚。索贿是受贿犯罪在《刑法》中唯一的法定从重情节,考虑到索贿行为对国家工作人员职务的廉洁性的危害比一般受贿行为更大,社会影响也更恶劣,因而刑法对索贿行为规定了较重的刑罚。但是,赋予人权利应从宽掌握,科以人重负应从严把关,这对于剥夺他人自由的刑罚而言,意义尤为重大。因此,实践中应当正确理解和慎重把握受贿行为中的“索取”。

“索取”,顾名思义,索要并收取。一般而言,向没有意思表示的对方索要,违背对方意愿的可能性大。“索”的本质不是看谁先提出,而是看提出是否违背对方的意愿,使对方产生被迫感。如果提出给对方的感受是“正合我意”“心甘情愿”甚至“求之不得”,就不能称为被“索”。当然,并非所有的人都愿意或者有必要参与这一权钱交易,当如果权力拥有者对无意者提出,并产生一定的现实强制时,仍然构成索贿。

本案中,被告人王银成主动开口让李某某为其处理油画款,如果以谁先提出为标准,应该认定索贿。但在案证据显示,李某某的证言称,“王银成时任人保财险公司总裁,会让我处理这笔画款,说明我是王银成信得过的人”;证人谢某证明,“李某某和王银成的关系很好,他的任职以及日常工作都离不开王银成的帮忙,王银成很信任李某某,李某某也愿意帮助王银成出账这笔钱”;王银成也供述,“在李某某个人发展过程中,我为其提供多次帮助。他对我心存感激,我交代的事情,他会处理好,也愿意帮忙处理。我对李某某比较信任,关系一直不错,我让其帮忙解决画款,他会把这件事当作一种信任”。上述供证吻合,证明王银成和李某某即行受贿双方都认为王银成的“开口”是一种信任,行贿人是愿意的,如果将其理解为受制、被迫、被索要,就违背了客观事实。故人民法院依法认定本起事实属于一般收受而不属于“索贿”。

No. 8-385-66　刑法意义上的“占有”不仅包含占为自己直接所有或者使用,也包含经自己支配、处分后指向他人的物权改变。受贿犯罪中,只要受贿人接受行贿人给予的财物,不论是自己直接接受还是通过特定的他人接受,接受后是用于为公还是为私,只要是经其支配、处分,即已构成“占有”,至于受贿人将财物放在何处都只是犯罪后财物的去向问题,不影响对受贿犯罪的认定。

经查,在案证据证明被告人王银成收受他人为其支付的油画款,并完全占有该油画。首先,购买该油画不是单位意思、不是为办公室装饰之必要,而是王银成听信了所谓风水大师的建议,出于封建迷信而更换掉单位原已配置的办公室装饰画,证明该油画系王银成个人所需;其次,因该油画不是为公务之必要,且金额较大,单位财务无法报账,故王银成通过自筹的方式,即让其提拔过的李某某来支付该费用完成对油画的购买,证明该油画系王银成个人购买;最后,王银成购买该油画后,从未将该油画在人保财险登记入库,其调离人保财险时,亦未将油画向单位移交,只是因该油画太大,无法悬挂在新办公室,故王银成交代自己的司机将油画收起,司机就将油画暂存于人保财险一个王银成专用的、只有其司机持有钥匙的库房。由上可见,涉案油画完全是王银成因个人需要而自行筹资购买的、自始占有的私有物品,不应因其将该油画放在办公室使用而改变该物品的私有属性。辩护人的辩护观点不能成立。

本案中,即使被告人王银成将油画送给公司,也不影响对其受贿事实的认定,更何况其是放在自己办公室使用。

案例:丁利康受贿案

案例来源:《刑事审判参考》第 106 集[第 1148 号];《人民法院案例选》2016 年第 2 辑
主题词:受贿罪　国家工作人员

一、基本案情

被告人丁利康,男,1977 年 7 月 6 日出生,原系上海市嘉定区马陆镇社区卫生服务中心办公室信息管理员。2011 年 5 月 24 日因涉嫌犯受贿罪被取保候审。

上海市嘉定区人民检察院以被告人丁利康犯受贿罪,向嘉定区人民法院提起公诉。

被告人丁利康对公诉机关指控的事实和罪名无异议。

上海市嘉定区人民法院经审理查明:

被告人丁利康在担任上海市嘉定区马陆镇社区卫生服务中心办公室信息管理员期间,利用负责构建、维护计算机网络及日常信息统计工作等职务便利,于 2006 年至 2011 年间,分别收受医药销售代表许荣、张汉球,以及电脑设备供应商吴银兵等人给予的好处费共计 4.7 万余元,并向上述人员提供医院相关药品使用情况及其他便利。具体如下:

1. 2006 年至 2011 年间,收受非洛地平片、伤湿止痛膏等医药销售代表许荣给予的好处费 27600 元;

2. 2007 年下半年至 2011 年 3 至 4 月间,收受浙江海力生制药公司医药销售代表张汉球给予的好处费 18000 余元;

3. 2008 年至 2010 年间,收受电脑设备供应商上海银兵贸易有限公司负责人吴银兵给予的价值 2000 元的礼券、消费卡。

2011 年 5 月 23 日,丁利康在单位领导找其谈话时主动交代了其收受有关医药代表贿赂的犯罪事实。当日,丁利康经通知在接受检察机关调查谈话时,亦如实供述了上述犯罪事实。一审审理过程中,丁利康退出赃款5万元。

上海市嘉定区人民法院认为,被告人丁利康原系社区卫生服务中心办公室信息管理员,具有构建、维护计算机网络及日常信息统计工作职责,其向医药销售代表提供医院相关药品使用情况,系利用了不具有职权内容的工作便利,不具有从事公务的性质,对其不应以国家工作人员论,其行为构成非国家工作人员受贿罪,应依法惩处。丁利康具有自首情节,退出了赃款,可以从轻处罚。据此,依照《中华人民共和国刑法》第一百六十三条第一款,第六十七条第一款,第七十二条第一款,第七十三条第二款、第三款,第六十四条之规定,以被告人丁利康犯非国家工作人员受贿罪,判处有期徒刑一年九个月,缓刑一年九个月;违法所得予以没收。

一审宣判后,上海市嘉定区人民检察院以原判定性错误,从而导致适用法律错误,量刑明显不当为由,向上海市第二中级人民法院提出抗诉。

上海市嘉定区人民检察院认为,上海市嘉定区马陆镇社区卫生服务中心系国有事业单位,被告人丁利康系该单位事业编制人员。丁利康作为办公室信息管理员,其工作职责具备技术和管理相结合的双重特征,其中,丁利康对医院内用药数据等信息管理、监控、保密的职责实质上是履行对公共事务的管理、监督职责。故丁利康的职责具有从事公务的性质,一审判决仅注意到信息管理工作技术属性的一面,忽略了其公共事务管理属性的另一面。医药销售代表之所以给予丁利康钱财,系在于丁提供的相关用药数据,可使医药销售代表在市场竞争中获得优势地位,本质上属于通过非正当手段获取经济利益。丁利康利用职权提供相关用药数据,收受钱款,为医药销售代表谋取利益,符合受贿罪的本质。

上海市人民检察院第二分院认为,嘉定区人民检察院抗诉正确,应予支持。现有证据证实丁利康作为国有事业单位办公室信息管理员,其工作职责除了计算机和网络管理等技术服务外,还具有协助中心相关部门进行医疗信息管理、统计以及保证上述数据信息安全等工作职责,其所从事的工作是医院、医保部门监管工作的基础,具备公务性质,其收受医药销售代表钱款的行为符合受贿罪的构成要件。一审法院认为,丁利康利用了不具职权内容的工作便利,不具有从事公务的性质,从而认定其行为构成非国家工作人员受贿罪,属于定性错误,导致适用法律及量刑不当。建议法院依法纠正。

被告人丁利康对原判不持异议。其指定辩护人认为,丁利康系利用工作便利,将与其工作间接有关的信息提供给医药销售代表,原判定性为非国家工作人员受贿罪正确。丁利康没有主动索贿,因法制观念淡薄而接受好处费,且有自首、退赃情节,悔罪表现好,请求对丁利康从轻处罚并宣告缓刑。

上海市第二中级人民法院经公开审理查明:原判认定被告人丁利康在担任上海市嘉定区马陆镇社区卫生服务中心办公室信息管理员期间,利用其维护计算机网络及医疗信息管理的职务便利,于2006年至2011年间,分别收受许荣、张汉球、吴银兵给予的好处费共计4.7万余元,并为上述人员谋取利益等事实清楚,证据确实、充分。

上海市第二中级人民法院认为,原审被告人丁利康是国有事业单位上海市某社区卫生服务中心的事业编制人员。丁利康作为办公室信息管理员,工作职责包括监控信息数据库使用情况、管理用户权限、协助相关部门进行医保数据的统计、传输等信息管理工作,并对数据的真实性、准确性和安全性负责。这些信息是国有事业单位医院对医疗业务进行管理、监督、决策的重要依据。丁利康管理、监控医院用药数据等医保信息,是履行公共事务管理、监督等职责,从事的活动具有公务性质,故其应以国家工作人员论。丁利康身为事业单位中从事公务的国家工作人员,利用信息管理的职权,私自向药商提供数据,收受钱款,符合受贿罪钱权交易的特征。其还利用具有单位电脑采购建议权的职务便利,在计算机网络日常维护管理工作中,收取电脑设备供应商的礼券、消费卡,相关金额应与前述收取医药销售代表的贿赂款累计,一并以受贿罪论处。原判认定丁利康收受贿赂的行为及数额正确,但定性错误,导致适用法律及量刑不当,依法应予纠正。抗诉机关及上海市人民检察院第二分院的意见正确。丁利康自动投案,并如实供述自己的罪行,系自首,案发后又退出赃款,具有悔罪表现,采纳指定辩护人提出对丁从轻处罚并宣告缓刑的意见。据此,裁定撤销原判,改判丁利康犯受贿罪,判处有期徒刑三年,缓刑三年。

二、裁判要旨

No. 8-385-67 社会卫生服务中心的信息管理员负责管理、监控用药数据等医保信息,属于依法从事公务的国家工作人员。其利用职务便利私自为医药销售代表提供相关用药数据收受钱款,为医药代表谋取利益的行为,成立受贿罪。

受贿罪的犯罪主体是特殊主体,只有国家工作人员才能构成该罪。但是,无论是刑法学界还是司法实务界,对国家工作人员的认定标准都经历了从“身份论”到“公务论”的演变过程。《刑法》第九十三条规定:“本法所称国家工作人员,是指国家机关中从事公务的人员。国有公司、企业、事业单位、人民团体中从事公务的人员和国家机关、国有公司、企业、事业单位委派到非国有公司、企业、事业单位、社会团体从事公务的人员,以及其他依照法律从事公务的人员,以国家工作人员论。”该规定体现了从事公务是判断行为人是否属于国家工作人员和能否以国家工作人员论,即是否具备受贿犯罪主体条件的基本标准。认定行为人是否系国家工作人员,并非以其所在单位的性质或者人事编制性质作为唯一标准,而应考虑行为人是否具有“从事公务”这一本质特征。换言之,无论行为人是否在国有单位工作,无论其工作是被任命还是受委派或委托的,也无论其是否系编制内员工或者具有其他身份,当且仅当行为人系依法从事公务时,方能被认定为国家工作人员。

根据国务院 1998 年发布的《事业单位登记管理暂行条例》(2004 年修正)的规定,事业单位是指国家为了社会公益目的,由国家机关举办或者其他组织利用国有资产举办的,从事教育、科技、文化、卫生等活动的社会服务组织。事业单位主要从事公共服务活动,尤其是从某一具体的专业领域、利用其工作人员的特定专长为社会提供公共服务,其存在和发展的根本目的是社会公益,从事的事业多是政府职能的延伸和具体化。本案中,社区卫生服务中心属于国有医疗机构,和其他国有事业单位一样,基本上是依靠国家投资建设起来的,接受国家财政拨款,是国家的公共福利机构,承担的就是代表国家为社会公众提供公共医疗服务、保障公民生命健康的职能。丁利康系该单位的事业编制人员,其所在的办公室是该中心对业务科室开展日常管理、监督的重要综合部门。根据《事业单位岗位说明书》《信息科系统管理员岗位职责》等规章制度,作为办公室信息管理员,丁利康代表本单位行使对公共医疗服务信息的管理、监督职责和对计算机等国有资产的维护管理职责,因而具有公务所体现的国家代表性。丁利康在卫生服务中心担任计算机与网络管理工作,负责业务数据传输及医保接口的操作,完善计算机相关数据管理及保密制度等,对国有资产负有管理职责。其职务职责除了计算机和网络系统维护等技术性工作外,还包括监控信息数据库使用情况、管理用户权限、协助相关部门进行医保数据的统计、传输等信息管理工作,并对数据的真实性、准确性和安全性负责。这些信息是卫生服务中心对医疗业务进行管理、监督、决策的重要依据,关系到多数人或不特定人的利益,且具有非公开性,只有享有管理权限的相关人员才能获取。因此,丁利康的工作职责具备技术性和管理性相结合的双重属性,其管理、监控用药数据等医保信息,实质上是履行公共事务管理、监督的职责,体现了裁量、判断、决定等性质。所以,应当认定丁利康从事的工作具有公务性,其属于事业单位中从事公务的人员,应以国家工作人员论。丁利康利用医院赋予的信息管理的职务便利,私自向医药销售代表提供相关用药数据,收受钱款,为医药销售代表谋取利益。这些用药数据正是基于丁利康日常负责、承办的信息管理事务的职权所获取的,系利用了其本人职务上的便利。医药销售代表之所以给丁利康钱财,系在于其提供的相关用药数据,可使医药销售代表在市场竞争中获得优势地位,本质上属于通过非正当手段获取经济利益,符合受贿罪的本质。此外,丁利康利用其对单位电脑采购方面具有建议权的职务便利,在计算机网络日常维护管理工作中,即履行国有资产管理职责的过程中,收取电脑设备供应商的礼券、消费卡,也符合受贿罪的构成要件。

案例:毋保良受贿案

案例来源:《刑事审判参考》第106集[第1149号]

主题词:受贿罪 受贿数额计算

一、基本案情

被告人毋保良,男,1960年11月15日出生,系中共萧县县委原书记。2012年9月17日被逮捕。

安徽省合肥市人民检察院以被告人毋保良犯受贿罪,向合肥市中级人民法院提起公诉。

被告人毋保良对公诉机关指控的犯罪事实供认不讳。其辩护人的辩护意见主要有:毋保良具有自首情节;上交到萧县招商局、县委办的1790余万元应从受贿数额中扣除;部分金额系节日收受的礼金或人情往来,无具体请托事项,不应以受贿论处。

合肥市中级人民法院经审理查明:

2003年至2012年间,被告人毋保良利用担任萧县人民政府副县长、县长,中共萧县县委副书记、书记等职务便利,在工程项目、征地拆迁、干部调整等方面为他人谋取利益,非法收受他人财物,共计人民币1869.2万元、美元4.2万元、购物卡6.4万元以及价值3.5万元的手表一块。

2006年12月至2012年2月间,毋保良累计23次将现金人民币1790余万元及美元、购物卡、手表等物品交存到萧县招商局、县委办,知晓人员范围极其有限,款物的使用、支配由毋保良决定、控制。后1100余万元用于公务支出,400余万元用于退还他人、为退休领导违规配车及招待费用等,尚有余款280余万元及购物卡、物品等。2012年年初,毋保良在与其有关联的他人遭查处,办案机关已初步掌握其涉嫌受贿犯罪线索后,始退还部分款项,并向县委班子通报、向上级领导报告收受他人1600余万元及交存情况。

合肥市中级人民法院认为,被告人毋保良身为国家工作人员,在担任萧县人民政府原副县长、县长,中共萧县县委原副书记、书记期间,利用职务之便,为他人在企业经营、工作调动及职务、职级调整等方面谋取利益,共收受他人现金人民币1869.2万元、美元4.2万元、购物卡6.4万元以及价值3.5万元的手表一块,其行为严重侵害了国家工作人员职务的廉洁性,构成受贿罪。公诉机关指控的罪名成立。毋保良为掩饰受贿犯罪,采取边退边收的方式混淆视听、逃避打击,将部分款物交存于招商局、县委办,是犯罪既遂后对赃款的处置;非法礼金166万余元,不以犯罪论处,从受贿数额中予以扣除。鉴于毋保良具有自首情节,案发后积极退赃,犯罪所得主要用于公务活动等具体情况,可对其从轻处罚。依照《中华人民共和国刑法》第三百八十五条第一款,第三百八十六,第三百八十三条第一款第(一)项、第二款,第六十七条第一款,第五十七条第一款,第六十四条之规定,以受贿罪判处被告人毋保良无期徒刑,剥夺政治权利终身,并处没收个人财产六十万元;受贿所得赃款、赃物依法予以追缴,上缴国库。

一审宣判后,被告人毋保良提出上诉,理由是:(1)其没有占有上交至招商局、县委办以及其他单位的款物的意图,相应款项应认定为依法上交,从受贿数额中扣除,一审判决认定其交存款物系犯罪既遂后对赃款的处理不当;(2)除一审判决依法扣除的礼金外,仍有部分被认定为受贿的款项亦属礼金,应予扣除;(3)其具有自首情节,受贿款项基本都依法上交且主要用于公务活动,判处无期徒刑明显过重。请求二审法院依法改判。

安徽省高级人民法院对一审判决查明的事实予以确认,并对毋保良收受他人现金及具体年份,与交存于萧县招商局、县委办的现金及具体年份统计、列表(仅统计现金人民币,不含美元、购物卡、手表;2011年度收款数额含他人转毋保良代交的300万元)。

安徽省高级人民法院经审理认为,毋保良虽将部分款物交存国有单位,后大部分用于公务支出,但其受贿故意明显,综合其交存款物的来源、比例以及知晓人员范围等因素,应认定为受贿犯罪既遂后的处分行为,旨在逃避查处;接受请托前后,数次收受存在职务隶属关系的下级或任职区域内企业经营者数额较大甚至巨大的财物,利用职务便利给予或承诺给予帮助,应以受贿论处。毋保良受贿数额达1900万余元,一审判决已充分考虑自首等情节及悔罪表现,量刑适当。毋保良的上诉理由均不能成立。一审判决认定事实清楚,证据确实、充分,定罪准确,审判程序合法,应当予以维持。依照《中华人民共和国刑事诉讼法》第二百二十五条第一款第(一)项之规定,裁定驳回上诉,维持原判。

二、裁判要旨

No. 8-385-68　国家工作人员基于受贿故意收受他人财物后,赃款用于公务性支出的,不影响受贿的认定。

根据罪刑法定原则,行为人的行为是否构成犯罪,应以《刑法》规定的犯罪构成要件为标准,对司法解释的理解和适用亦应遵循该原则,与立法本意一致而不能随意脱离、相悖。受贿罪作为故意犯罪,只要国家工作人员具有受贿故意,利用职务上的便利,为他人谋取利益,或者利用本人职权或者地位形成的便利条件,通过其他国家工作人员职务上的行为,为请托人谋取不正当利益,并实际索取、收受他人财物的,即应认定为受贿既遂。最高人民法院、最高人民检察院《关于办理受贿刑事案件适用法律若干问题的意见》第九条第一款"国家工作人员收受请托人财物后及时退还或者上交的,不是受贿"的规定,是针对实践中国家工作人员主观上没有受贿故意,但客观上收受了他人财物,并及时退还或者上交,并非针对受贿既遂后退还或者上交的情形。毋保良交存款物后主要用于公共支出,系其受贿犯罪既遂后对赃款、赃物的处置,属自由行使处分权的范畴,不影响受贿犯罪的性质及故意犯罪完成形态的认定,仅作为量刑情节酌情考虑。因为贪污、受贿犯罪既已实施完毕,赃款赃物的事后处分不影响刑事定罪。对赃款赃物去向与贪污、受贿故意的认定关系问题,2016 年 4 月 18 日起施行的最高人民法院、最高人民检察院《关于办理贪污贿赂刑事案件适用法律若干问题的解释》第十六条第一款进一步明确:"国家工作人员出于贪污、受贿的故意,非法占有公共财物、收受他人财物之后,将赃款赃物用于单位公务支出或者社会捐赠的,不影响贪污罪、受贿罪的认定,但量刑时可以酌情考虑。"

No. 8-385-69　请托人此前无具体请托事项而多次给予少量财物的,随后又因具体请托事项而给予数额较大财物的,此前收受的财物应计入数额。

行贿人长期连续给予受贿人财物,且超出正常人情往来,其间只要发生过具体请托事项,则可以把这些连续收受的财物视为一个整体,全额认定为受贿数额。在认定时应当注意以下两点:一是收受的连续性,这是得以在法律上将之作为整体行为对待的事实基础;二是排除人情往来因素。本案中,被告人收受财物在时间上较为连贯,权钱交易性质明显,故不能将前期无请托事项时给予财物的行为与之后的关照、提拔割裂开来,而应作为同一整体对待,将多次收受的财物累计计算,以受贿论处。

No. 8-385-70　索取、收受具有上下级关系的下属或具有行政管理关系的被管理人员价值较大的财物,可能影响其职权行使的,应认定为承诺为他人谋取利益。

对于日常意义上的"感情投资",通常分为两种情形:一种是与行为人当前职务无关的感情投资;另一种是与当前行为人职务行为有着具体关联的所谓的"感情投资"。对于后者,由于双方行为人在日常职务活动中的紧密关系,谋利事项要么已经通过具体的职务行为得以体现,要么可以直接推断出给付金钱有对对方职务行为施加影响的图谋,在这种情况下只要能够排除正常人情往来的,即可认定为受贿。

综观本案,给予毋保良数额较大甚至巨大财物者,或为已在或欲在萧县境内从事经营活动的商人,或为与毋保良存在职务隶属关系的萧县乡镇、科局干部,这些人员除了商业经营、工作需要可能与毋发生联系外,并无证据证明他们与毋存在长期的、深厚的亲情、友情等特殊关系;毋保良既没有给予他们大体相当的款物,也不能作出合理解释。上述人员无一不是谋求与毋处好关系,由毋对现行或将来请托事项给予帮助,而实际上毋亦实际给予或承诺给予帮助,实质仍为权钱交易,并非正常的人情往来,故相应款物依法应计入受贿数额。

《关于办理贪污贿赂刑事案件适用法律若干问题的解释》为适应惩治受贿犯罪的实践需要,进一步统一了在"礼金型"受贿犯罪类型中"为他人谋取利益"要件的理解,第十三条第二款规定:"国家工作人员索取、收受具有上下级关系的下属或者具有行政管理关系的被管理人员的财物价值三万元以上,可能影响职权行使的,视为承诺为他人谋取利益。”其中,“价值三万元以上”是为了便于实践掌握而对非正常人情往来作出的量化规定。

案例:耿三有受贿案

案例来源:《刑事审判参考》第106集[第1150号]

主题词:受贿罪 量刑标准

一、基本案情

被告人耿三有,男,1959年11月15日出生。2011年7月23日因涉嫌犯受贿罪被逮捕。

河南省郑州市人民检察院以被告人耿三有犯贪污罪、受贿罪,向郑州市中级人民法院提起公诉。

被告人耿三有及其辩护人辩称,耿三有没有侵吞土地所83.5万元公款,其行为不构成贪污罪;指控耿三有所犯3起受贿犯罪,事实不清、证据不足,不能成立。

郑州市中级人民法院经公开审理查明:

1. 被告人耿三有在担任河南省登封市城关镇副镇长兼城关镇土地所所长期间,接受毛建国的请托,利用职务便利,帮助登封市嵩山少林精武院申办人王占洋办理土地审批手续,于1996年10月29日、1997年1月1日通过毛建国收受王占洋人民币(以下币种同)50万元。在得知检察机关调查其经济问题后,耿三有于2011年7月11日将该款退还给王占洋。

2. 2004年,被告人耿三有在担任中共登封市国土资源局党委书记期间,利用职务便利,帮助河南嵩山建筑安装有限公司法定代表人孙建文、股东孙建山等人协调征地事宜,并提出以10万元低价向孙建山购买该公司开发的位于登封市少林大道东段北侧的登封市中医院家属院商品房一套。经鉴定,该房产价值为35.7815万元。耿三有至案发前一直未支付剩余房款。

起诉书指控的贪污犯罪及第3起受贿犯罪的事实不清,证据不足,不予认定。

郑州市中级人民法院认为,被告人耿三有作为国家工作人员,利用职务上的便利,非法收受他人财物,为他人谋取利益,其行为已构成受贿罪。根据其所具有的索贿等情节认定被告人耿三有犯受贿罪,于2015年10月19日判处其有期徒刑十二年,并处没收个人财产人民币二十万元。

被告人耿三有上诉及其辩护人辩称:王占洋请托耿三有的事项不属于耿三有的职权范围,且耿三有当时已将收受的钱款退还,其行为不构成受贿罪;耿三有购买孙建山开发房产未付剩余房款属民事纠纷。辩护人另辩称,耿三有检举揭发他人犯罪,其行为符合一般立功表现,请求对其从轻处罚。

河南省高级人民法院认为,被告人耿三有身为国家工作人员,利用职务上的便利,非法收受他人财物,为他人谋取利益,其行为已构成受贿罪,依法应予惩处。耿三有具有索贿情节,依法应对其从重处罚;其具有立功表现,依法可对其从轻处罚。原判定罪准确,审判程序合法。耿三有共计受贿人民币75.7815万元,根据修正后的《刑法》及司法解释的规定,原判量刑不当,综合耿三有的犯罪数额、手段及一般立功表现等情节,于2016年6月17日改判有期徒刑五年,并处没收个人财产人民币二十万元。

二、裁判要旨

No.8-385-71 《刑法修正案(九)》以及最高人民法院、最高人民检察院《关于办理贪污贿赂刑事案件适用法律若干问题的解释》出台后,行为人的行为根据新的定罪量刑标准处罚较轻的,应当适用从旧兼从轻原则,适用新法。

一审判决日期为2015年10月19日,宣判后被告人提出上诉,《刑法修正案(九)》于2015年8月29日公布、同年11月1日起施行,此时本案正在二审审理之中。因此,本案能否适用《刑法修正案(九)》关键在于比较1997年《刑法》和《刑法修正案(九)》对于贪污受贿犯罪的刑罚哪个更轻,如果《刑法修正案(九)》更轻,则应适用修正案。但是《刑法修正案(九)》只是将贪污贿赂犯罪的定罪量刑标准由以前规定的单纯的数额标准,修改为数额加情节的标准,并将数额划分为“数额较大”“数额巨大”及“数额特别巨大”三个层次,而没有规定“数额较大”“数额巨大”

及"数额特别巨大"的具体标准,据此无法确定被告人耿三有受贿犯罪的具体情节和应适用的刑罚,也就无从比较新旧刑法规定的刑罚孰轻孰重。2016 年 4 月 18 日,《关于办理贪污贿赂刑事案件适用法律若干问题的解释》公布并自该日起施行,进一步将《刑法修正案(九)》规定的"数额较大""数额巨大"及"数额特别巨大"的标准明确化、具体化。从刑法司法解释本身的性质来看,按照最高人民法院 2007 年 3 月 2 日颁布的《关于司法解释工作的规定》第六条的规定,司法解释只能对刑事司法实践活动中具体适用刑事法律问题进行解释,是立法原意内就如何具体应用刑事法律中所产生的问题加以明确化、具体化。所以,司法解释具有依附性特征,即必须严格地依附于所解释的刑法条文之规定,不能创制新的法律,不得对刑法修改、补充。因此,它的效力与其所解释的刑法效力同步,也即它的生效时间应与其所解释的刑法生效时间相同。从这个角度理解,《关于办理贪污贿赂刑事案件适用法律若干问题的解释》应与《刑法修正案(九)》的效力同步,即《关于办理贪污贿赂刑事案件适用法律若干问题的解释》虽于 2016 年 4 月 18 日公布,但其效力可以溯及至 2015 年 11 月 1 日《刑法修正案(九)》施行之日。某一司法解释的适用应先看该解释出台前是否对同一问题有其他解释,如果没有其他解释,该解释是唯一司法解释,则适用该解释。如果在同一问题上先后出台两个解释且内容出现矛盾时,应选择有利于犯罪嫌疑人、被告人的司法解释作为定罪量刑之依据。本案中,被告人耿三有共计受贿人民币 75.7815 万元,根据 1997 年《刑法》的规定,应处以"十年以上有期徒刑或者无期徒刑",故一审法院判处其有期徒刑十二年并无不当;在二审审理期间,根据修正后的《刑法》及司法解释的规定,受贿数额 20 万元以上不满 300 万元的属于"数额巨大",应处"三年以上十年以下有期徒刑"。耿三有受贿 75.7815 万元,属于"数额巨大",应处"三年以上十年以下有期徒刑"。与旧法相比,修改后的刑法及相关司法解释的处罚明显较轻,这种情况下应遵循从旧兼从轻的刑法适用原则,适用处罚较轻的新标准对被告人定罪量刑,即《刑法修正案(九)》和《关于办理贪污贿赂刑事案件适用法律若干问题的解释》对本案均有溯及力。因此,二审法院按照从旧兼从轻的原则将耿三有的刑期改判为有期徒刑五年是符合法律规定的。

No.8-385-72 行为人兼有从轻与从重情节的,应在分别评判的基础上综合考虑量刑幅度。

量刑情节是影响量刑的各种主客观事实情况,这些情况虽被归纳为几大类别,如自首、立功、犯罪预备、中止、未遂等,但具体分析,各种情节的价值或者说影响力并不是等量齐观的,即便是同一种量刑情节,其意义也不尽相同。兼有从重情节和从轻情节量刑时,不能采取简单的抵销处理,而应根据不同情节的作用(包括正面和负面)大小和影响程度分别考量,然后再进行综合评价。就本案来说,确定被告人耿三有的最终刑罚大致可分为几个步骤:首先,根据受贿的数额和基本情节确定基准刑,如耿三有受贿 70 多万元,结合其认罪态度、悔罪表现及实际退赃等情况,可确定其基准刑为四年半至五年;其次,针对耿三有所具有的索贿情节,依法应予从重处罚,从重处罚的幅度,结合索贿的数额等情况,参照量刑规范化的一般要求,可掌握在基准刑的 20%～30%上下;最后,考虑耿三有检举、揭发他人贿赂犯罪的立功表现,依法予以从轻处罚,从轻处罚的幅度,根据最高人民法院《关于常见犯罪的量刑指导意见》(2014 年 1 月 1 日起实施)的规定,"一般立功的,可以减少基准刑的 20%以下",综合全案的量刑情节,二审法院判处耿三有有期徒刑五年是适当的。

案例:王甲受贿案

案例来源:《刑事审判参考》总第 130 辑[第 1464 号]

主题词:受贿罪　权钱交易

一、基本案情

北京市第二中级人民法院经审理查明:

(一)被告人王甲收受王乙给予钱款的事实

2007 年,被告人王甲与时任中国光大银行(以下简称"光大银行")太原分行行长助理的王乙相识。2009年7、8月,王甲与王乙确定情人关系,双方约定各自办理离婚手续后结婚。王乙还把其银行卡交给王甲,将工资、奖金等收入转入该银行卡中供王甲使用。

2009年年底至2010年年初,被告人王甲应王乙的请托,利用其担任中央汇金投资有限责任公司(以下简称"汇金公司")综合部光大股权管理处主任、光大银行董事一职所形成的便利条件,分别向中共光大银行委员会书记、光大银行董事长唐某,中共光大银行委员会副书记、纪委书记林某请托,为王乙在职务晋升中谋取不正当利益。期间,王甲收受王乙给予的钱款共计人民币189.5万元(以下币种均为人民币)。

2010年9月,王乙向朋友李某借款120万元,汇入由被告人王甲掌握的其名下的银行卡中。王甲应王乙的要求,将该款汇入王甲母亲的账户后提取了现金。

2009年2月至2010年11月,光大银行济南分行下属支行在办理两笔业务过程中违规操作,造成16.7亿元资金损失风险和案件风险(以下简称"齐鲁事件")。2010年12月,公安机关调查相关案件时,"齐鲁事件"爆发,光大银行随即开展调查工作。时任中共光大银行济南分行委员会副书记(主持工作)的王乙面临被追究相关责任的风险。王乙遂向被告人王甲请托向唐某、林某及中国银行监督管理委员会股份制银行部处长孙某说情,在"齐鲁事件"的处理中对其免予或从轻追责。王甲应王乙的请托,帮助王乙向上述人员说情,并将其参加相关会议得知的"齐鲁事件"的调查处理信息实时告知王乙。2012年1月,王乙因"齐鲁事件"受到通报批评,扣减绩效工资3万元的问责处理。

2011年8月,王乙向被告人王甲转账汇款30万元;同年10月,王乙向王甲转账汇款40万元。

2011年和2012年,王乙先后两次起诉离婚,但均以撤诉告终。2012年9月,王乙向他人借款230万元,通过转账方式给予被告人王甲。2012年10月,王甲与王乙结束情人关系。

(二)被告人王甲经王乙介绍,收受马某给予钱款的事实

2005年7月,光大银行聘请毕马威会计师事务所从事年度审计工作。此后,光大银行每年都对毕马威会计师事务所年度工作进行评价,并根据评价结果,经管理层、董事会审议后决定是否续聘。2007年,被告人王甲作为汇金公司派驻的董事进驻光大银行,毕马威会计师事务所合伙人宋某定期向董事汇报审计工作时与王甲相识。

2011年,被告人王甲经王乙介绍,接受马某的请托,向宋某打招呼,安排请托人马某的亲属进入毕马威会计师事务所工作,为此,收受马某给予的钱款20万元。

2016年3月22日,被告人王甲被抓获归案。

在法院审理期间,被告人王甲的家属代为退缴案款209.5万元。

二、裁判要旨

No. 8-385-73 国家工作人员收受情人提供的款项,应当根据综合全案证据进行判断,双方有共同生活基础无法证明收受财物与谋利之间存在对应关系的,不应认定为受贿罪。

在普通行贿、受贿案件中,谋利与收钱之间的对应关系是不言自明的,一般不需要特别证明。但当行贿、受贿双方存在特定关系时,则需要进一步证明。本案中王甲为王乙谋利和王甲收取王乙钱财一事之间的对应关系尚未达到证据确实、充分的标准,存在合理怀疑。

首先,王甲与王乙存在情人关系,且已到谈婚论嫁的地步,存在财产混同的情形。

其次,王甲为王乙谋取利益以及王乙送钱给王甲,都不排除情感因素驱使下的自愿付出。

本案中,应当考虑二人具有重组家庭的计划和感情基础,现有证据无法证明王甲收受钱款的行为与为王乙谋利之间存在对应性,不宜将王甲收受王乙钱款的行为认定为受贿行为。

案例:林少钦受贿案

案例来源:《刑事审判参考》总第117集[第1296号]

主题词:受贿罪 追诉时效 法律修改

一、基本案情

2000年,福建省三明市农业局将红岩新村37、38幢住宅办公楼旧房改造项目对外公开招投

标,招标条件是由开发商出资,农业局出土地,后按照建筑面积的一定比例分取建成房屋。陈荣强(另案处理)为承接该工程,多次宴请时任三明市农业局局长的林少钦,并希望其在该投标项目上给予关照,林少钦在一次宴请中告知陈荣强招标要求,即返还给农业局建筑面积的比例至少要42%,及办公楼一楼大堂面积要达到100平方米以上。尔后,陈荣强根据上述要求制作标书并中标,于2000年5月31日以挂靠的三明市建筑工程公司的名义与三明市农业局签订开发协议。为感谢林少钦在招投标方面的贡献以及在项目建设方面继续得到其支持,2000年年底,陈荣强决定兑换1万美元送给结束美国公派考察的林少钦,林少钦后将1万美元私人兑换成人民币8万元,用于家庭及个人日常开销。林少钦到案后,向三明市监察局退缴了人民币8.3万元。2015年4月1日,福建省三明市中级人民法院判决,林少钦身为国家工作人员,利用职务便利,非法收受他人财物,构成受贿罪,判处其有期徒刑五年,并处没收个人财产二万元,退还的违法所得依法没收。林少钦提起上诉,其辩护人指出本案已过诉讼时效,程序上应宣告无罪。2017年3月15日,福建省高级人民法院判决认为,追诉期限应依照司法机关立案侦查时的法律予以认定,对于在立案侦查时未过追诉时效且已经进入诉讼程序的案件,在新的法律规定生效后应继续审理,由于《刑法修正案(九)》施行,受贿罪的定罪量刑标准发生变化,故改判其有期徒刑一年十一个月,并处罚金十万元。

二、裁判要旨

No. 8-385-74 尽管因修法后罪名法定刑降低而导致追诉时效缩短的,但已经立案侦查并进入诉讼程序的追诉行为不受追诉期限的限制。

第一,追诉时效制度具有独立的程序价值,追诉行为开始后不再受追诉时效的限制。追诉犯罪,意味着国家已经动用司法资源来打击犯罪,虽然追诉行为直接针对的是被告人,但社会公众及受害人等利益相关主体会对追诉行为产生信赖,这种信赖利益包括:一是国家准备作出或已经作出的追诉行为体现了国家打击犯罪的决心,享有独立的信赖利益;二是被害方依法提出追诉要求,享有程序法上的信赖利益;三是案发地群众、基层组织等社会公众,对追诉行为具有期待性,享有信赖利益;四是犯罪行为人亦享有信赖利益。追诉行为一旦开始就具有独立的程序价值。无论从保护社会公众的信赖利益,还是从节约有限的司法资源的角度分析,追诉行为一旦已经开始,通常整个刑事诉讼程序发生法律效力,便不再受追诉时效期限的限制,也无须根据新生效的法律重新计算追诉期限,这符合追诉时效制度设计的本意。

第二,以刑事立案作为追诉行为的起点符合我国法律规定。我国《刑法》第八十九条只规定了追诉期限开始计算的日期,却没有规定追诉期限停止计算的日期,但事实上,已经立案侦查并进入诉讼程序的追诉行为不再受追诉期限的限制,符合司法解释的规定,也是司法实践中一以贯之的做法。最高人民法院印发的《关于执行刑法中若干问题的初步经验总结》(1981年11月)中提到:"根据刑法第七十八条的规定,追诉期限应当从犯罪构成之日起计算;如果犯罪行为有连续或者继续状态的,从犯罪行为终了之日起计算。在法定追诉期限内,自诉案件从自诉之日,公诉案件从采取强制措施之日都视为已被追诉,此后的侦查、起诉、审判时间不再受追诉期限的限制。"虽然该文件是立足于1979年《刑法》的规定,以采取强制措施之日作为公诉案件不受追诉期限限制的起点,但是明确了追诉行为的效力及于侦查、起诉、审判整个刑事诉讼程序。1982年8月19日,最高人民检察院印发的《关于贪污罪追诉时效问题的复函》(已失效)指出:"检察机关决定立案时未过追诉期限的贪污犯罪,在立案以后的侦查、起诉或者判处时超过追诉期限的,不得认为是超过追诉时效的犯罪,应当继续依法追究。"这不仅明确规定了立案中止计算追诉期限的法律效力及于整个刑事诉讼程序,还明确规定及于"判处时"。2012年12月26日最高人民法院、最高人民检察院发布的《关于办理行贿刑事案件具体应用法律若干问题的解释》明确规定《刑法》第三百九十条第二款规定的"被追诉前",是指检察机关对行贿人的行贿行为刑事立案前,再次明确指出立案是判定刑事追诉行为开始的标志性诉讼活动。

第三,已经立案侦查并进入诉讼程序的追诉行为不再受追诉期限的限制,不违反有利于被告人的原则。有利于被告人的原则在定罪量刑规则和追诉时效规则中保护的法益并不相同:同样的具体行为,新的刑事实体法降低了旧法对应罪名的入罪条件、法定刑,在不认为是犯罪时,实质是立法者对具体行为侵害法益的可能性及其行为的刑事可罚性有了新的减轻评价,行为人应根据新法享有评价利益。而刑事程序法则不同,追诉行为发动或者不发动,涉及国家、被害人、社会公众和犯罪行为人四类主体的信赖利益,不可能通过牺牲国家追诉行为的信赖利益、社会公众的信赖利益和被害人要求依法追诉的信赖利益来保障犯罪行为人这一项信赖利益;否则,有利于被告人原则变成了"仅利于被告人的原则",这样的解释结论显然与平衡惩治犯罪和保障人权的刑事程序法功能定位是不相符的。

案例:李志刚滥用职权、受贿案——天津港"8·12"爆炸事故案

案例来源:《刑事审判参考》总第118集

主题词:受贿罪 罪数

一、基本案情

被告人李志刚,原系天津市交通运输和港口管理局(以下简称"交港局")副局长。2015年9月10日被逮捕。

天津市滨海新区人民法院经公开审理查明:

1. 滥用职权事实

2009年5月至2014年5月,被告人李志刚担任原天津市交港局副局长,负责港口行政管理和行政审批等工作,其在担任原天津市交港局副局长期间,违反我国《港口法》《危险化学品安全管理条例》《港口经营管理规定》《港口危险货物安全管理规定》等法律、法规、规章,滥用职权,违法违规对瑞海公司实施行政许可和项目审批,先后签批同意瑞海公司危险化学品集装箱堆场的拟筹建申请、同意瑞海公司申请从事危险货物经营以及批准瑞海公司跃进路堆场改造工程初步设计等8份批复,致使瑞海公司在不符合法定经营条件的情况下长期违规经营,并以前述批复作为向其他单位及部门申报的依据。具体事实如下:

(1)被告人李志刚违法违规签批同意瑞海公司拟筹建危险化学品集装箱堆场的批复;(2)被告人李志刚违法违规签批拟筹建批复后,又多次违法违规签批批复,同意瑞海公司从事港口危险货物经营活动;(3)被告人李志刚代管规划处期间,违法违规做出批准瑞海公司跃进路堆场改造工程初步设计的批复,致使瑞海公司危险货物堆场改造项目得以验收通过。

2015年8月12日22时许,瑞海公司位于天津市滨海新区吉运二道95号的危险品仓库运抵区南侧集装箱内的硝化棉积热自燃,引起相邻集装箱内的硝化棉和其他危险化学品长时间大面积燃烧,导致堆放于运抵区的硝酸铵等危险化学品发生爆炸,事故造成165人遇难、8人失踪、798人受伤住院治疗。截至2015年12月10日,造成直接经济损失人民币68.66亿元。

2. 受贿事实

被告人李志刚自2009年担任原天津市交港局副局长以来,利用职务上的便利,接受瑞海公司董事长于学伟的请托,为瑞海公司谋取利益,先后7次收受于学伟给予的高尔夫球具、茅台酒、购物卡、电视机、现金等财物合计人民币98250元,且多次收受具有行政管理关系的管理对象孙琦、张进宝、柴信众、赵培生给予的财物合计人民币106500元。李志刚非法收受的财物共计折合人民币204750元。

天津市滨海新区人民法院认为,被告人李志刚身为原天津市交港局副局长,明知瑞海公司不具备从事港口危险货物经营的法定条件,滥用职权,违法违规实施行政许可和项目审批,致使公共财产、国家和人民利益遭受重大损失,其行为已构成滥用职权罪,且系情节特别严重。李志刚身为国家机关工作人员,利用职务便利,为他人谋取利益,多次收受瑞海公司董事长于学伟给予的财物,及具有行政管理关系的被管理人孙琦、张进宝、柴信众、赵培生给予的财物,共计价值人民币204750元,数额巨大,其行为已构成受贿罪。对李志刚数罪并罚。

2016年11月9日,天津市滨海新区人民法院以(2016)津0116刑初57号刑事判决,认定被告人李志刚犯滥用职权罪,判处有期徒刑七年;犯受贿罪,判处有期徒刑六年,并处罚金人民币二十万元;决定执行有期徒刑十二年,并处罚金人民币二十万元。

二、裁判要旨

No. 8-385-75 对于被告人收受财物,为请托人谋取利益时存在渎职行为,受贿行为与渎职行为均构成犯罪的情况下,除刑法另有规定外,应当数罪并罚。

2012年12月发布的《最高人民法院、最高人民检察院关于办理渎职刑事案件适用法律若干问题的解释(一)》(法释〔2012〕18号,以下简称《渎职解释》)第三条规定,国家机关工作人员实施渎职犯罪并收受贿赂,同时构成受贿罪的,除刑法另有规定外,以渎职犯罪和受贿罪数罪并罚。司法解释持并罚立场的依据在于:一是牵连犯择一重罪处罚的观点并不具有普遍实用性,《刑法》及司法解释中不乏数罪并罚的规定;二是成立受贿犯罪不以实际为他人谋利、更不以渎职为他人谋取非法利益为条件,受贿与渎职相对独立,实行并罚不存在明显的重复评价问题;三是数罪并罚更有利于从严惩处此类犯罪。2016年发布的《最高人民法院、最高人民检察院关于办理贪污贿赂刑事案件适用法律若干问题的解释》(以下简称《贪贿解释》)第十七条进一步肯定了并罚制,规定国家工作人员利用职务上的便利,收受他人财物,为他人谋取利益,同时构成受贿罪和渎职犯罪的,除刑法另有规定外,以受贿罪和渎职罪数罪并罚。

本案中,被告人李志刚除构成滥用职权罪外,还存在大量受贿财物行为,其受贿行为既有与滥用职权犯罪密切关联部分(收受瑞海公司董事长于学伟贿赂),又有与滥用职权犯罪无关部分(收受孙琦等人财物)。根据司法解释的规定,应当就其不同受贿部分以受贿一罪进行评判,并与滥用职权罪数罪并罚。

案例:白恩培受贿、巨额财产来源不明案

案例来源:《刑事审判参考》总第118集

主题词:受贿罪 终身监禁

一、基本案情

被告人白恩培,原系全国人大环境与资源保护委员会副主任委员,曾任青海省人民政府省长、中共青海省委书记、中共云南省委书记。

2000年至2013年,被告人白恩培利用担任中共青海省委书记、中共云南省委书记、全国人大环境与资源保护委员会副主任委员等职务上的便利以及职权和地位形成的便利条件,为世纪金源投资集团有限公司、腾冲汇恒基房地产开发有限公司、邵维兴、高劲松等17个单位和个人,在房地产开发、拓展公司业务、获取矿权、职务晋升等事项上提供帮助,直接或通过其妻张慧清(另案处理)非法收受上述单位和个人给予的财物共计折合人民币2.46764511亿元。白恩培还有巨额财产明显超过合法收入,不能说明来源。

安阳市中级人民法院认为,白恩培受贿数额特别巨大,犯罪情节特别严重,社会影响特别恶劣,给国家和人民利益造成特别重大损失,论罪应当判处死刑。鉴于其到案后,如实供述自己的罪行,主动交代办案机关尚未掌握的大部分受贿犯罪事实;认罪悔罪,赃款赃物已全部追缴,具有法定、酌定从轻处罚情节,对其判处死刑,可不立即执行。同时,根据白恩培的犯罪事实和情节,决定在其死刑缓期执行二年期满依法减为无期徒刑后,终身监禁,不得减刑、假释。

2016年9月30日,河南省安阳市中级人民法院作出(2016)豫05刑初18号刑事判决,认定被告人白恩培犯受贿罪,判处死刑,缓期二年执行,在其死刑缓期执行二年期满依法减为无期徒刑后,终身监禁,不得减刑、假释;犯巨额财产来源不明罪,判处有期徒刑十年,决定执行死刑,缓期二年执行,在其死刑缓期执行二年期满依法减为无期徒刑后,终身监禁,不得减刑、假释。

二、裁判要旨

No. 8-385-76 对《刑法修正案(九)》之前实施的犯罪适用终身监禁不违反从旧兼从轻原则。

2015年11月1日开始实施的《刑法修正案(九)》规定,对于犯贪污、受贿罪被判处死刑缓期执行的,人民法院根据犯罪情节等情况可以同时决定在其死刑缓期执行二年期满依法减为无期徒刑后,终身监禁,不得减刑、假释。本案被告人白恩培受贿数额达人民币 2.46 亿元,数额特别巨大,并给国家和人民利益造成特别重大损失,但其犯罪行为均发生在《刑法修正案(九)》实施之前,对其受贿罪裁量刑罚时,能否适用终身监禁,是法院在审理过程中重点考虑的一个问题。2015 年 11 月 1 日起施行的《最高人民法院关于〈中华人民共和国刑法修正案(九)〉时间效力问题的解释》(法释〔2015〕19 号)第八条明确规定,对于 2015 年 10 月 31 日以前实施贪污、受贿行为,罪行极其严重,根据修正前刑法判处死刑缓期执行不能体现罪刑相适应原则,而根据修正后刑法判处死刑缓期执行同时决定在其死刑缓期执行二年期满依法减为无期徒刑后,终身监禁,不得减刑、假释可以罚当其罪的,适用修正后《刑法》第三百八十三条第四款的规定。对于该条,具体分析如下:

对于《刑法修正案(九)》实施之前的犯罪适用终身监禁不违反"从旧兼从轻"原则

(1)从立法原意看,立法机关是将终身监禁作为死刑立即执行的部分替代措施和刑罚执行方法来规定的。《全国人民代表大会法律委员会关于〈中华人民共和国刑法修正案(九)(草案)〉审议结果的报告》(以下简称《报告》)提出,"法律委员会经同中央政法委等有关部门研究认为,对贪污受贿数额特别巨大、情节特别严重的犯罪分子,特别是其中本应当判处死刑的,根据慎用死刑的刑事政策,结合案件的具体情况,对其判处死刑缓期二年执行依法减为无期徒刑后,采取终身监禁的措施,有利于体现罪刑相适应的刑法原则……据此,建议在《刑法》第三百八十三条中增加一款规定"。从中可以看出,立法机关在提出设立终身监禁制度的立法建议时,其设想的适用对象是贪污受贿数额特别巨大、情节特别严重,"本应当判处死刑的"犯罪分子。因而从这一层面理解,可以认为终身监禁是死刑立即执行的部分替代措施。

(2)从终身监禁的适用方式看,终身监禁是死刑立即执行而非死缓的法律后果。死缓的法律后果通常确定于死刑缓期二年执行的考验期满以后,而且后果的内容取决于死缓罪犯在缓期执行期间的表现,即有无故意犯罪及是否情节恶劣、有无立功表现等,与犯罪分子实施的犯罪性质及情节无关;而终身监禁是在对犯罪分子判处死刑缓期二年执行的判决中同时决定,不是在死缓执行期满后再作决定,而且决定是否终身监禁的依据是其被判处死缓的犯罪的性质及具体情节。正是上述区别,说明终身监禁并不是死刑缓期执行的法律后果,而是立法机关针对严惩贪污受贿犯罪和贯彻慎用死刑政策两方面的现实需要,新设的一种严厉程度介于死刑立即执行和一般死缓之间的死刑执行方法。

(3)从新、旧刑法的比较看,终身监禁是对原本应当判处死刑立即执行的犯罪分子的从宽处理。立法机关并不是直接对贪污受贿犯罪增设了终身监禁制度,而是在对贪污受贿犯罪的定罪量刑标准及法定情节体系进行修改的同时,增设了终身监禁制度。对于刑法修订之前实施的犯罪,在处罚时选择适用新法还是旧法,不能单从某一法定刑的严厉性来比较,而应当针对同一严重程度的罪行分别适用新、旧法所可能面临的刑罚后果进行比较。根据 1997 年《刑法》第三百八十六条和第三百八十三条第一款第一项之规定,贪污或受贿"数额在十万元以上的,处十年以上有期徒刑或者无期徒刑,可以并处没收财产;情节特别严重的,处死刑,并处没收财产"。而《刑法修正案(九)》将第三百八十三条的相关规定内容修改为贪污或受贿"数额特别巨大或者有其他特别严重情节的,处十年以上有期徒刑或者无期徒刑,并处罚金或者没收财产;数额特别巨大,并使国家和人民利益遭受特别重大损失的,处无期徒刑或者死刑,并处没收财产"。《最高人民法院、最高人民检察院关于办理贪污贿赂刑事案件适用法律若干问题的解释》(以下简称《贪污贿赂案件解释》)又进一步规定贪污或受贿数额 300 万元以上的属于"数额特别巨大"。以上两文件相比较可以看出,《刑法修正案(九)》提高了贪污、受贿犯罪的量刑数额标准,相当一部分依照旧法规定可能判处死刑立即执行的犯罪,依照新法达不到判处死刑的程度,甚至达不到判处无期徒刑的程度。与此同时,《刑法修正案(九)》针对贪污、受贿犯罪又专门规定具有"在提起公诉前如实供述自己罪行、真诚悔罪、积极退赃,避免、减少损害结果的发生"等情节的可以从轻处罚,上述情节在刑法修改之前都属于酌定情节,而《刑法修正案(九)》将这些情节规定为法定情节,这也使一部分原来可以判处死刑立即执行的犯罪,由于上述情节的适用,而不再需要判处死刑。因此新法在实质上进一步压缩了死刑立即执行的适用范围,在此层面上,可以说新法对死刑立即执行的罪量要求更高,更有利于被告人。对于犯罪分子而言,适用旧法被判处死刑立即执行,适用新法被判处死缓并同时决定终身监禁,当然后者属于"处罚更轻的情形",是一种从轻处理。

本案中,被告人白恩培受贿数额达到 2.46 亿元,并给国家和人民利益造成特别重大损失,依照旧法判处,属于"情节特别严重"的情形,虽然其归案后能如实供述并能退赃,但这些依据旧法都属于酌定情节,考虑其犯罪情节之严重,不足以对其从轻处罚,应当判处死刑(立即执行)。一审判决选择适用对白恩培有利的修正后《刑法》,对其判处死刑缓期二年执行并终身监禁,正是对"从旧兼从轻原则"的正确理解和运用。

No. 8-385-77　终身监禁制度的立法原意一是为了限制死刑立即执行的适用,二是为了限制贪污受贿犯罪分子逃避刑期而对刑罚执行阶段可能出现的不公正现象作出预先应对,以保障罪责刑相适应原则的实现。(1)决定适用终身监禁的对象,应当是依照新、旧刑法均可能判处死刑立即执行的犯罪分子;(2)对被告人决定终身监禁,应当综合考虑案件的量刑因素。

《刑法》第三百八十三条第四款规定,对犯贪污、受贿罪的,根据法律规定被判处死刑缓期执行的,人民法院根据犯罪情节等情况可以同时决定在其死刑缓期执行二年期满依法减为无期徒刑后,终身监禁,不得减刑、假释。《报告》提出,对于(贪污贿赂犯罪)其中本应当判处死刑的,根据慎用死刑的刑事政策,结合案件的具体情况,对其判处死刑缓期二年执行依法减为无期徒刑后,采取终身监禁的措施,有利于体现罪刑相适应的刑法原则,维护司法公正,防止在司法实践中出现这类罪犯通过减刑等途径服刑期过短的情形,符合宽严相济的刑事政策。从上述立法报告可以看出,终身监禁制度的立法原意一是为了限制死刑立即执行的适用,二是为了限制贪污受贿犯罪分子逃避刑期而对刑罚执行阶段可能出现的不公正现象作出预先应对,以保障罪责刑相适应原则的实现。根据这一立法精神,对于终身监禁的适用,应当从以下两个方面进行把握:

(1)决定适用终身监禁的对象,应当是依照新、旧刑法均可能判处死刑立即执行的犯罪分子

《贪污贿赂案件解释》第四条第一款规定,贪污、受贿数额特别巨大,犯罪情节特别严重、社会影响特别恶劣、给国家和人民利益造成特别重大损失的,可以判处死刑。同时,该条第三款规定,符合第一款规定情形的,根据犯罪情节等情况可以判处死刑缓期二年执行,同时裁判决定在其死刑缓期执行二年期满依法减为无期徒刑后,终身监禁,不得减刑、假释。

《贪污贿赂案件解释》是在《刑法修正案(九)》对贪污、受贿罪进行修正后对具体条款作出的司法解释,其与《刑法》条文应保持内在一致,以实现刑法规范整体的内部和谐。作为一项刑法修正后新确立的刑罚制度,终身监禁的适用应当结合《刑法》第十二条关于刑法溯及力原则的规定来确定。根据"从旧兼从轻"原则,对于《刑法修正案(九)》之前实施的贪污受贿犯罪,在裁判时确定要判处的刑罚,应首先将具体犯罪分别放在新、旧刑法中进行评价,确定可能适用的法定刑幅度,然后再进行比较。由于《刑法修正案(九)》大幅度提高了贪污受贿定罪量刑的数额标准,通常适用新法更有利于被告人,符合"从轻"原则。对于适用旧法被判处死刑,但适用新法判处死缓足以罚当其罪的,应当直接判处死缓,不能再决定对其适用终身监禁。只有在判处死刑立即执行偏重、判处一般死缓又偏轻、不能体现罪刑相适应原则的情形下,才可以考虑适用终身监禁。

(2)对被告人决定终身监禁,应当综合考虑案件的量刑因素

《刑法》第三百八十三条第四款和《贪污贿赂案件解释》第四条第三款均规定,人民法院"根据犯罪情节等情况"可以同时决定在被告人死刑缓期执行二年期满依法减为无期徒刑后,终身监禁,不得减刑、假释。此处"犯罪情节等情况"是指由刑法规定的,体现行为的社会危害性程度和行为人的人身危险性程度,从而影响定罪和量刑的各种事实情况。

对犯罪分子决定终身监禁,不得减刑、假释,是一种确定不变的刑罚适用,意味着犯罪人要承担相当严厉的刑罚后果。因而,法院决定终身监禁的裁判应当格外慎重。首先,对反映被告

人犯罪行为的社会危害性的情节进行判断,是否属于“贪污、受贿数额特别巨大,犯罪情节特别严重、社会影响特别恶劣、给国家和人民利益造成特别重大损失的”的情形,确定是否达到判处死刑立即执行的条件;其次,在此基础上对反映被告人主观恶性和人身危险性的情节进行判断,确定是否满足“不是必须立即执行”所要求的从宽条件;最后,综合行为人全部犯罪情节,将从严情节与从宽情节的价值相比较,进行准确的评价。实践中的案例存在从“刚达到判处死刑标准”到“远超过判处死刑标准”的不同层次,从宽情节也存在不同层次,因而这个比较的过程是动态的,取决于具体贪污受贿犯罪之罪责的质、量与相关宽宥情节价值的比较。具体影响量刑的因素除了犯罪数额,还包括犯罪的手段、对当地或所在单位造成的恶劣影响、给国家和人民利益造成的损失情况等。

本案中,之所以对被告人白恩培适用终身监禁,除其受贿数额特别巨大外,其还具有以下情节:一是白恩培作为党的高级领导干部,利用职权插手项目建设、工程发包、矿权转让等经济领域事项,破坏公平自由的市场竞争秩序,影响了当地的经济发展;其还在干部职务提拔、调整等事项上为他人谋取利益,所提拔的干部如玉溪市原市长高劲松、普洱市原市长李小平、云南省统计局原局长姚堂文、云南省人民医院原院长王天朝等,均因为受贿犯罪被查处,严重损害了党和政府在人民群众中的形象,在云南当地造成特别恶劣的社会影响。二是白恩培为请托人的企业向地方党政领导打招呼,要求全力支持企业发展,地方党政领导为落实其指示,违反、规避相关法律规定为请托人的企业提供土地或调整用地规划,并提供返还土地出让金等优惠政策,客观上确实给国家利益造成特别重大损失。三是白恩培先后数十次收受他人贿赂,反映出其犯罪具有一定的惯性;每次受贿数额均极大,为行贿人谋取的利益多数都属于在市场竞争、政府管理、职务升迁上的不正当利益,反映出其贪财动机强烈,且不惜破坏法律和公平原则。同时,白恩培如实供述自己罪行,主动交代办案机关尚未掌握的大部分受贿犯罪事实;认罪悔罪,赃款赃物已全部追缴,具有法定、酌定从轻处罚情节。综合考虑案件全部情况,法院决定判处其死刑,缓期二年执行,同时决定对其终身监禁,以达到罪刑相适应的效果。

案例:王建受贿案

案例来源:《刑事审判参考》总第 127 辑[第 1414 号]

主题词:受贿罪　认罪认罚从宽

一、基本案情

被告人王建利用担任泰州市姜堰区教育局职社科科长的职务便利,在统筹协调管理职业教育工作、成人教育工作、社会力量办学许可、年检、评估、考核、监督管理等方面为他人谋取利益,索取或者非法收受他人财物,价值计人民币 448000 元(具体事实略)。

法院认为:辩护人提出“被告人认罪认罚”的辩护意见,经查,被告人王建在审查起诉阶段签署了认罪认罚具结书,提起公诉时,量刑建议书中认定其具有认罪认罚情节,但在审理过程中查明,王建职务犯罪既遂,在案发前对外享有债权,归案后其银行卡账户余额 30 余万元也未用于退赃、缴纳财产刑,直至一审宣判前其未有退赃表现,其亲属亦未能代其积极退赃,故不宜认定其具有认罚情节,对被告人具有认罚情节的辩护意见不予采纳。辩护人提出“被告人王建归案后如实供述犯罪事实,自愿认罪,建议法庭从轻处罚”的辩护意见,予以采纳。判决被告人王建犯受贿罪,判处有期徒刑四年,并处罚金人民币三十八万元。

一审宣判后,被告人王建未提出上诉,公诉机关也未提出抗诉。判决已发生法律效力。

二、裁判要旨

No. 8-385-78　判断认罪认罚的关键在于被告人、犯罪嫌疑人真诚悔罪,应重点考察其悔罪态度和悔罪表现,确无能力退赃退赔的,仍可认定具有“认罚情节”。

根据《刑事诉讼法》第十五条的规定,“认罚”是指愿意接受处罚。愿意接受处罚是犯罪嫌疑人、被告人悔罪的表现,“认罚”的核心在于犯罪嫌疑人、被告人真诚悔罪。“认罚”在不同的诉讼阶段有不同的表现形式:在侦查阶段表现为犯罪嫌疑人真诚悔罪愿意接受处罚;在审查起诉阶段表现为犯罪嫌疑人自愿签署认罪认罚具结书,认可检察机关的量刑建议;在审判阶段表现为被告人当庭确认签署具结书系出于自愿,或者当庭表示认罪,愿意接受处罚。实践中,“认罚”考察的重点,是犯罪嫌疑人、被告人的悔罪态度和悔罪表现。犯罪嫌疑人、被告人主动退赃退赔、积极赔偿损失、取得谅解,等等,也是悔罪认罚的表现。需要注意的是,犯罪嫌疑人、被告人认罪认罚,但确无能力退赃退赔、赔偿损失的,不能以此否定“认罚”情节的认定。当然,对于犯罪嫌疑人、被告人表面上接受量刑建议,背后隐匿、转移财产,拒不退赃退赔、赔偿损失、履行财产刑,明显无真诚悔罪表现的,不应当认定为“认罚”。

在犯罪嫌疑人、被告人自愿认罪认罚的情况下,办案机关应当告知犯罪嫌疑人、被告人“退赃退赔、赔偿损失、履行财产刑”是考察“认罚”情节的重要因素。在监察机关调查、公安机关侦查期间,应当对被调查人、犯罪嫌疑人的经济情况进行调查,及时收集固定相关证据;人民检察院应当对“被告人是否有能力退赃退赔、赔偿损失等”承担举证责任;被告人辩解自己“确无能力退赃退赔”的,可以举证证明;人民法院应当根据相关证据审查判断。在被告人未退赃退赔、赔偿损失、履行财产刑的情况下,人民检察院认定被告人有“认罚”情节但未提交被告人是否“确无能力退赃退赔”相关证据的,人民法院根据案件情况可以认定被告人具有“认罚”情节,可以依法适用认罪认罚案件的审理程序。但在实体从宽上应当考虑未退赃退赔、未赔偿损失、未履行财产刑的情节,严格把握从宽幅度。人民法院对于“认罚”情节的否定,应当进行必要的法庭调查、法庭辩论,充分听取控辩双方的意见,并向被告人释明相应的法律后果。

本案中,被告人系国家工作人员,被指控犯有受贿罪,对外享有债权,却拒不退赃,且有证据表明其亲属在案发后隐匿、转移财产。因此,虽然被告人在审查起诉阶段签署具结书同意量刑建议,检察机关按认罪认罚案件提起公诉,但至一审宣判前被告人仍不退出受贿赃款,且经庭审查明被告人家属有隐匿转移财产行为,故姜堰区人民法院依法不认定被告人有“认罚”情节,案件不能适用认罪认罚从宽制度处理。

案例:巴连孝受贿案

案例来源:《刑事审判参考》总第 131 辑[第 1467 号]

主题词:受贿罪　追赃追逃

一、基本案情

重庆市沙坪坝区人民法院经审理查明:被告人巴连孝与成都铁路局原局长齐文超(已判决)系同乡、朋友关系。2004 年至 2005 年下半年,齐文超接受甲公司副总经理王某某的请托,为该公司在部分工程事项上提供帮助。为了表示感谢,该公司准备按照中标价格的 1.5%～2%中的比例给予齐文超好处费,齐文超因其身份问题不方便直接收取对方给予的好处费,遂安排巴连孝负责与王某某商谈好处费当付的具体事项。公司相关人员按照与巴连孝商谈的意见,将好处费共计人民币 990 万元(以下未标注币种均为人民币)分多次交给巴连孝。巴连孝将其中的 300 万元转交给齐文超,剩余的 690 万元据为己有。

2005 年,甲公司的郝某某调到乙公司担任董事长,郝某某想通过齐文超承接部分工程,王某某向郝某某提议,通过被告人巴连孝出面请托齐文超来帮助乙公司中标。2005 年上半年,郝某某找到巴连孝,希望道过巴连孝的帮助,让齐文超为乙公司在承接项目上提供帮助,并表示议成之后会按照中标价格的 1.5%～2%中的比例给予好处费,巴连孝表示同意并要求给予齐文超的好处费通过他给齐文超。此后,巴连孝向齐文超转达了乙公司想投标项目的意向,并转达乙公司也会表示感谢。齐文超接受请托,利用职务之便,为乙公司在相关事项上提供帮助。事后,乙公司相关人员在北京等地分多次交给巴连孝共计 1200 万元好处费,巴连孝将其中 250 万元送给齐文超,剩余 950 万元据为己有。

2014 年 3 月 20 日,被告人巴连孝得知齐文超被调查后,潜逃至加拿大。2016 年 4 月 6 日,经多方劝返,巴连孝主动从加拿大回国投案,到案后如实供述犯罪事实,并退出了违法所得共计 1640 万元。

二、裁判要旨

No. 8-385-79 将违法所得用于个人生产经营后所形成的收益应当认定为违法所得,虽退出收受的贿赂款,但没有退出相应的孳息,不能认定其主动、积极、彻底退赃。

对于外逃腐败分子,既要积极通过引渡、遣返、劝渡途径促其回国受审,又要善用以追逃促追赃,实现追回赃款赃物的目标。《最高人民法院、最高人民检察院关于适用犯罪嫌疑人、被告人逃匿、死亡案件违法所得没收程序若干问题的规定》明确规定认定“违法所得”的三种情形:一是通过实施犯罪直接或者间接产生、获得的任何财产应当认定为“违法所得”;二是违法所得已经部分或者全部转变、转化为其他财产的,转变、转化后的财产应当视为“违法所得”;三是来自违法所得转变、转化后的财产收益,或者来自与违法所得相混合财产中违法所得相应部分的收益,应当视为“违法所得”。故添附个人生产经营后形成的收益部分也应当认定为违法所得,这符合“不让犯罪分子通过实施犯罪获得任何收益”的基本法理。本案中,巴连孝到案后供述将收受的贿赂款投入个人生产经营之中,由此产生的收益即孳息应当认定为违法所得予以没收。由于巴连孝仅供述了将收受的贿赂款投入个人生产经营之中,但未清楚供述收益情况,最终孳息数额等情况未能查证,巴连孝亦未退缴。故法院仅认定巴连孝回国受审期间退出了其所得的贿赂款 1640 万元。

不能完全、主动退赃,往往说明被告人的主观恶性依然较深、认罪悔罪的态度依然不够彻底,则自觉将自己交给国家和法律审判的自首意愿不够彻底,因此,人民法院根据本案的事实、性质、情节和对社会的危害程度,对被告人巴连孝虽充分考虑其从犯地位、经劝返回国受审的自首情节,但没有采纳辩护人判处缓刑的意见,最终对其以受贿罪判处三年有期徒刑,并处罚金人民币 150 万元,坚决贯彻宽严相济刑事政策,实现对回国受审案件审判的政治效果、法律效果和社会效果的统一。本案的处理,为今后办案尤其是对追赃工作提供了有益的参考,在有线索表明赃款、赃物可能产生孳息的情况下,应当正确认识违法所得的范围、全面查实违法所得,以便通过审判全面追缴违法所得,坚持追逃追赃并重,实现在我国国际追逃追赃案件中既使外逃分子回国受审,又追回违法所得的目标,不让任何人从犯罪中获利。

案例:吴为兵受贿违法所得没收案

案例来源:《刑事审判参考》总第 131 辑[第 1473 号]

主题词:受贿罪 追赃追逃

一、基本案情

无锡市人民检察院没收违法所得申请书载明:被告人吴为兵于 2010 年 12 月至 2015 年春节前,先后利用其担任无锡市新区经济发展局局长兼新区经济发展集团总公司党委书记、总经理,锡通科技产业园管委会副主任的职务便利,为他人谋取利益,先后 23 次收受他人贿赂的财物,款物共计人民币 133.33234 万元(以下未标注币种均为人民币)。

案发后,检察机关依法查封了吴为兵名下小区别墅 1 套;冻结吴为兵名下银行卡及账户资金 41.8 万余元、扣押购物卡 9 张、黄金制品 3 件、手表 3 块、公文包 2 只、商品房买卖合同 1 份。为证明上述事实,检察机关提交了相关证据。

无锡市中级人民法院经审理认为:本案有证据证明被告人吴为兵实施了受贿犯罪、检察机关申请没收的财产中,有黄金制品 2 件、手表 1 块、公文包 2 只等物品,以及用于购买别墅的 10 万元购房款属于吴为兵受贿所得,依法应当没收。10 万元购房款的相应增值部分,属于来自已经与违法所得相混合财产中违法所得相应部分的收益,系吴为兵的违法所得,依法应予没收。

二、裁判要旨

No. 8-385-80 违法所得与合法财产发生混同时,混同、添附不能否定违法所得的性质,由违法所得转化、转变的部分仍应认定为违法所得。

根据《最高人民法院、最高人民检察院关于适用犯罪嫌疑人、被告人逃匿、死亡案件违法所得得没收程序若干问题的规定》第六条的规定,违法所得分为三种类型:一是原始形态的违法所得,即通过实施犯罪直接或者间接产生、获得的任何财产;二是违法所得形态发生转变或转化,即违法所得已经部分或者全部转变、转化为其他财产的,转变、转化后的财产;三是违法所得所产生的收益或孳息,即违法所得转变、转化后的财产收益,或者来自已经与违法所得相混合财产中违法所得相应部分的收益。

在具体审查时、应当注意对申请没收的财物分为三步进行审查:

第一步,审查违法所得与合法财产发生混同时,申请没收的财物形态有无发生变化。例如,被告人受贿所得与个人工资混同后,用于购买银行理财产品后被依法扣押,该财物形态仍为种类物而没有发生变化;选择购买房产、黄金珠宝等,则财物形态即从种类物转化为特定物而发生变化。

第二步,审查申请没收财物发生混同后,该财物有无产生收益或孳息。要特别注意不同种类财物产生的收益或孳息不尽相同,如银行理财产品产生利息收入、房产出租获取的租金,购买房产、黄金珠宝价格上涨产生增值,该财产收益或孳息均应视为违法所得一并予以没收。

第三步,根据比例原则确定没收的数额。当混同的财物并非全部系违法所得时,应当确定违法所得和添附的比例,混同财物发生增值时,一般的计算公式为:违法所得没收数额=(犯罪所得数额/混同物犯罪时价值)×混同物当前市场价值。本案中,被告人吴为兵将其收受的10万元贿赂作为部分购房款,购买价值139万余元的别墅1套。该笔10万元有吴为兵的供述及行贿人的证言相互印证,双方就送钱的请托事项、数额、包装等细节相互印证,吴为兵还就10万元系用于购房作了特别说明,再结合检察机关调取的吴为兵买房的合同、付款明细等书证,其受贿时间为2010年12月,随后其分别于2011年2月1日、2月10日、3月14日支付三笔购房款25万元、20万元、22万元,受贿与购房间隔时间短,可以认为该10万元具有高度可能用于购房。故该笔10万元及相应增值部分,可以认定为吴为兵的违法所得予以没收,没收违法所得数额=(10万元/139万元)×259万元,最终得出18.6万余元的结论。

172 利用影响力受贿罪(《刑法》第三百八十八条之一)

案例:王岩利用影响力受贿案

案例来源:《人民法院案例选》2012年第4辑

主题词:利用影响力受贿罪　利用影响力的认定

一、基本案情

被告人王岩。2011年6月3日因涉嫌利用影响力受贿犯罪被监视居住,同年6月28日被刑事拘留,同年7月12日被逮捕。

南京市浦口区人民法院经审理查明,被告人王岩与高翔有密切关系。2009年至2010年8月期间,被告人王岩利用高翔担任南京农业大学工学院(以下简称"工学院")副院长、分管基建工作的便利条件,在明知刘炳连是借用江苏省建筑材料研究设计院(以下简称"省建材设计院")的资质和挂靠省建材设计院参加工学院科技综合楼设计投标的情况下,采取请客送礼的方法,通过工学院基建总务处处长李骅、副处长刘胜前的职务行为,使刘炳连顺利进入招、投标范围并获取了相关的设计信息,帮助刘炳连中标成功。2009年3月至2010年7月,被告人王岩先后四次收受刘炳连贿赂款人民币15万元。本案因他人举报而案发。2011年6月2日被告人王岩被抓获归案。案发后,被告人王岩已退出人民币23.3万元,并已由南京市浦口区人民检察院扣押在案。

上述事实,被告人王岩在开庭审理过程中无异议,有被告人王岩的身份证明,高翔、李骅、刘胜前等人的任职文件,被告人王岩与高翔、高洁、熊士霞的户籍资料,工学院支付设计费的记账凭证、建筑设计合同、付款凭证,刘炳连给付王岩的付款记录以及情况说明、扣押文件物品清单等书证,有证人高翔、李骅、刘胜前、刘炳连、丁为民、蹇兴东、张维强、孙小伍、邢学松、徐晓文、沈海华等人的证言。上述证据来源合法有效,内容客观真实。

南京市浦口区人民检察院指控称:被告人王岩作为与国家工作人员关系密切的人,利用该国家工作人员职权和地位形成的便利条件,通过其他国家工作人员职务上的行为,为请托人谋取不正当利益,收受请托人财物,数额特别巨大,其行为触犯了《中华人民共和国刑法》第三百八十八条之一的规定,犯罪事实清楚,证据确实充分,应当以利用影响力受贿罪追究其刑事责任。

被告人王岩辩称:其与刘炳连是合作关系,有分工,15万元是基于合作关系所得的。

王岩的辩护人提出:指控被告人王岩利用影响力受贿罪缺乏事实根据,主体上不符合关系密切。从婚姻本身看,高翔不同意其女儿与王岩的婚事,且王岩长期在外,与高翔没有什么交流,王岩经济独立。2008年10月,王岩与高洁是离婚状态,直到2009年3月才复婚。本案中的招、投标事务与中标是发生在2月26日之前,这个时间王岩与高洁是处于离婚状态,与高翔的关系当然也不密切。

南京市浦口区人民法院经审理认为,被告人王岩作为与国家工作人员关系密切的人,其利用该国家工作人员的职位形成的便利条件,通过由该国家工作人员直接领导的其他国家工作人员职务上的行为,为请托人谋取不正当利益,收受请托人财物人民币15万元,其行为符合利用影响力受贿罪的构成要件,构成利用影响力受贿罪,应依法惩处。被告人王岩在案发后积极退缴违法所得,且犯罪情节较轻,对被告人酌情可以从轻处罚。南京市浦口区人民检察院指控被告人王岩犯利用影响力受贿罪的基本事实清楚,基本证据充分,定性正确,予以支持。辩护人提出的"被告人王岩与高翔女儿于2008年10月离婚直至2009年3月复婚。工学院确定由刘炳连中标是在2009年2月,因此,不能认定被告人王岩与高翔不存在密切关系"的辩护意见。经审理查明,被告人王岩与高翔女儿于2008年10月离婚至2009年3月复婚,工学院确定采用刘炳连的设计方案是在2009年2月一节属实,但在此期间,被告人王岩与高翔家庭保持着来往,在由沈海华宴请高翔等人的活动中,被告人王岩陪同刘炳连参加了活动;刘胜前、李骅证言中均证实"因为知道王岩是高翔的女婿才提供的帮助"。综上,可以认定被告人王岩与高翔存在密切关系,对上述辩护意见不予支持。辩护人提出的"被告人王岩犯罪的主观恶性小、归案后如实陈述并已退出全部违法所得,请求对被告人从轻处罚"的辩护意见成立,对上述辩护意见予以采纳。为维护社会管理秩序,惩罚利用影响力受贿犯罪,依照《中华人民共和国刑法》第三百八十八条之一第一款,第七十二条第一款、第三款,第七十三条第二款、第三款,第六十四条之规定,判决如下:

1. 被告人王岩犯利用影响力受贿罪,判处有期徒刑二年,缓刑二年,罚金人民币一万元。
2. 没收被告人王岩违法所得人民币十五万元。

被告人王岩在法定期间内未上诉。一审判决已经发生法律效力。

二、裁判要旨

No.8-388之一-1 具有职务隶属关系的上下级国家工作人员之间,如果下级认为行为人与其上级有某种密切关系,行为人所托之事能否办妥直接影响到上级对自己的评价,则可以认为,行为人与该上级国家工作人员之间关系密切,且行为人利用了与上级国家工作人员具有特定关系的影响力。

认定关系是否密切,不应仅从形式上来看,关键要看"特定关系人"与"生发影响力的公权力人"平时的关系是否亲密,这种亲密关系是否为他人,特别是"执行影响力的公权力人"知晓,是否足以对他人,特别是对"执行影响力的公权力人"的职务行为产生影响。本案中,王岩与高洁的离婚状况并不影响"执行公权力影响力的公权力人"刘胜前和李骅对王岩和高翔之间密切关系的认定。王岩在本案中依然是利用了高翔的影响力达到自己的目的。

"影响力"指在请托事项的办理上,特定关系人与"生发影响力的公权力人"之间的"密切关系",对"执行影响力的公权力人"在通过职务行为处理请托事项时产生作用,足以使"执行影响力的公权力人"考虑到特定关系人的请托事项能否办妥将影响到"生发影响力的公权力人"对自身的评价,在请托事项的办理上不能忽视这一密切关系的存在,从而使得请托事项的办理获得某种优势。具有职务上的隶属关系的上下级国家工作人员之间,若下级认为与其上级有某种关系的行为人所托事项能否办妥,将直接影响着上级对自己的评价,可以认定该行为人与该上级国家工作人员有密切关系,且该行为人利用了与国家工作人员具有特定关系的影响力。如果案件中潜在的"生发影响力的公权力人"对这种亲密关系明确表示反对,明确不支持特定关系人的请托事项,这一信息为"执行影响力的公权力人"所知晓,那么,就不能认定"特定关系人"利用了"生发影响力的公权力人"的影响力。

案例:郑伟雄利用影响力受贿案

案例来源:《人民法院案例选》2014 年第 3 辑

主题词:利用影响力受贿罪　与介绍贿赂罪的区分

一、基本案情

被告人郑伟雄是从事茶叶生意的个体户,酷爱收藏茶叶。清远市地方税务局稽查局办公室工作人员吴某也喜欢收藏茶叶。两人经常在一起品茶和买卖茶叶,因共同的爱好而结成了交往密切的朋友关系。

2009 年 3 月,被告人郑伟雄通过吴某(另案处理)得知清远市地方税务局稽查局准备对清远市伟华实业有限公司(以下简称"伟华实业")进行税务立案稽查的情况后,将消息转告伟华实业法定代表人刘某某(另案处理)。刘某某为使伟华实业避免被税务稽查局立案稽查和罚款,要求郑伟雄帮忙想办法解决。郑伟雄表示只要花 180 万元,就能使刘某某的公司不被税务机关查处和罚款。刘某某先后分两次将 180 万元交予郑伟雄。被告人郑伟雄将其中 135 万元送给吴某,余下 45 万元占为己有。

连南瑶族自治县人民检察院以被告人郑伟雄犯介绍贿赂罪向连南瑶族自治县人民法院提起公诉。

连南瑶族自治县人民法院于 2012 年 8 月 29 日作出(2012)清南法刑初字第 38 号刑事判决:被告人郑伟雄犯利用影响力受贿罪,判处有期徒刑三年,并处罚金人民币三十五万元;没收被告人郑伟雄的犯罪所得人民币四十五万元,上缴国库。判决后,被告人郑伟雄未上诉,判决已发生法律效力。

二、裁判要旨

No. 8-388 之一-2　与国家工作人员关系密切的人,收受钱财后通过国家工作人员为请托人谋取不正当利益的,成立利用影响力受贿罪。

介绍贿赂罪与利用影响力受贿罪的相同之处在于,都存在一个请托人、一个中间人和一个受托人,最终都是通过受托人的国家工作人员身份及职务便利,为请托人谋取不正当利益。但两罪之间也有许多明显的区别。

一是两罪的犯罪主体不尽相同。介绍贿赂罪的犯罪主体是一般主体,只要中间人与请托人及受托的国家工作人员认识就可以成立该罪的犯罪主体身份。而利用影响力受贿罪的犯罪主体是特殊主体,即:国家工作人员的近亲属或者其他与该国家工作人员关系密切的人,以及离职的国家工作人员或者其近亲属以及其他与其关系密切的人。

二是两罪的犯罪客观方面不同。介绍贿赂罪的主要表现形式是:中间人接受请托人的请托,从中牵线搭桥,促成请托人直接向特定的国家工作人员行贿或代表请托人向特定的国家工作人员行贿。对于请托人而言,其非常清楚自己要向谁行贿。对于受托的国家工作人员而言,其也很清楚是谁在向其行贿。中间人本身是否收受请托人的好处,不影响其对象的明确性和其中间人的身份和作用。而利用影响力受贿罪的表现形式则有所不同,在利用影响力受贿罪的语境下,中间人的作用并不是牵线搭桥促成国家工作人员受贿,而是直接收受请托人的财物,然后利用其对国家工作人员的影响力,影响该国家工作人员的职务行为或职务便利,为请托人谋取不正当利益。被影响的国家工作人员本身是否收受好处,是否存在违法违纪行为,不影响该罪的成立。

三是两罪的犯罪主观方面不完全相同。虽然两罪的犯罪主观方面都是直接故意,但具体的主观目的和心理状态有细微的差别。就介绍贿赂罪而言,只要犯罪主体具有牵线搭桥、促成行贿的主观目的,就构成了直接故意,至于其是否有收受财物好处的主观目的和行为,不影响该罪的成立;而利用影响力受贿罪的主观目的就是自己收受财物,然后运用自己对行政权的影响力去为请托人办事,如果中间人主观上没有收受请托人财物的意思,客观上也没有收受财物的行为,就很难认定为利用影响力受贿罪。

四是两罪的犯罪客体不完全相同。虽然两罪最终都损害了国家的权威和形象,但在介绍贿赂罪中,最终是国家工作人员收取了贿赂,其侵犯的客体直指国家工作人员的职务廉洁性。而利用影响力受贿罪中,关系密切人是运用其影响力,间接地利用了国家工作人员的职务便利,其直接侵犯的客体主要是国家机关的正常管理活动和公众对国家工作人员廉洁依法办事的信赖,使公众对公权力产生不信任。

本案中,从主体看,被告人郑伟雄与国家工作人员吴某因共同的茶叶爱好而结成了较密切的朋友关系并常有来往,可以认定郑伟雄是与国家工作人员吴某关系密切的人之一。从主观方面看,郑伟雄在从国家工作人员吴某处获悉地税局将要对刘某某公司的偷税、漏税行为进行立案查处时,即将该信息透露给刘某某,当刘某某找到郑伟雄要求帮忙时,又表示要花 180 万元才能解决,并最终从刘某某处获取了 45 万元的财物,证明郑伟雄在主观上确实具有收受请托人刘某某财物的故意。并且,其明知道刘某某请托的事项不合法,仍然表示愿意帮忙,在主观上也具有要运用其对国家工作人员吴某的影响力,为请托人刘某某谋取不正当利益的目的。从客观方面看,请托人刘某某分两次送给郑伟雄 180 万元时,只是要求郑伟雄用这些钱帮其办成事,而至于郑伟雄如何用这些钱,请托人刘某某并没有明确的意见,更没有明确表示或要求郑伟雄要将这些钱送交或转交给国家工作人员吴某或其他任何一名国家工作人员。可见,即使请托人刘某某有希望郑伟雄通过非法手段包括行贿来帮其办成事的目的,也因受贿人为不特定人(请托人刘某某并不清楚郑伟雄要找谁来行贿,要把钱送给谁),而不能构成介绍贿赂罪。被告人郑伟雄在收到刘某某送的 180 万后,利用其与国家工作人员吴某较密切的朋友关系及通过将其中的 135 万送给国家工作人员吴某,让吴某利用职权上的便利使请托人刘某某的公司免于被查处和罚款,为请托人谋取了不正当的利益,同时又将剩余的 45 万占为己有,该行为构成了利用影响力受贿罪。

173 行贿罪(《刑法》第三百八十九条)

案例:袁珏行贿案

案例来源:《刑事审判参考》总第 86 集[第 787 号]

主题词:行贿罪 被追诉前主动交代

一、基本案情

被告人袁珏,女,1976 年 4 月 7 日出生于江苏省姜堰市,硕士研究生,国家注册建筑师,系上海同济华润建筑设计有限公司项目经理,住姜堰市府两新村 8 号楼 401 室。因涉嫌犯行贿罪于 2011 年 4 月 12 日被监视居住,同月 13 日被取保候审。

江苏省兴化市人民检察院以被告人袁珏犯行贿罪,向兴化市人民法院提起公诉。

被告人袁珏对公诉机关的指控无异议。其辩护人的辩护意见为:(1)被告人送钱给刘耀东是出于感谢,没有以"为谋取不正当利益"为目的,不构成行贿罪;(2)即使构成犯罪,合同系同济大学建筑设计研究院(集团)有限公司签订,该公司亦有"谋取不正当利益"的故意;(3)如果被告人构成犯罪,因其在配合泰州市人民检察院调查刘耀东案件时,就已主动交代送钱给刘耀东的事实,不仅符合《刑法》第六十七条第三款的规定,更符合《刑法》第三百九十条第二款的规定,故建议对其免除处罚。

兴化市人民法院根据江苏省泰州市中级人民法院指定管辖立案,经公开审理查明:

2010 年 5 月,被告人袁珏通过同学沈巧龙(泰州市路灯管理处主任,另案处理)的介绍,与负责拆迁安置房开发建设的泰州市海陵房产开发公司经理刘耀东(国家工作人员,另案处理)相识,并委托沈巧龙向刘耀东索要其使用的银行卡号,于2010年6月14日向该卡存入人民币(以下币种同)4000元,2010年9月18日向该卡存入20000元,又于2011年3月12日向该卡存入100000元,总计124000元。在刘耀东的帮助下,未经招标程序,被告人袁珏以挂靠单位同济大学建筑设计研究院(集团)有限公司的名义承揽了泰州市迎春东路安置小区海曙颐园的规划设计项目。

2011年4月11日,被告人袁珏在配合检察机关调查刘耀东问题时,交代了向刘耀东行贿的事实。

兴化市人民法院认为,被告人袁珏在经济往来中,给予国家工作人员以财物,数额较大,其行为构成行贿罪。公诉机关起诉指控袁珏犯罪的事实清楚,证据确实、充分,罪名成立,予以支持。关于袁珏的辩护人提出袁珏没有以为谋取不正当利益为目的送钱给刘耀东的意见,经查,根据《中华人民共和国招标投标法》的规定,袁珏是从业多年的国家注册建筑师,应当知道投资泰州市迎春东路安置小区海曙颐园项目必须进行招标,然而通过承诺送钱的方式非法获得其规划设计项目,其行为违反了国家规定,故不论被告人是否具有谋取不正当利益或者出于感谢的目的,均应以行贿论处。关于袁珏的辩护人提出同济大学建筑设计研究院(集团)有限公司有谋取不正当利益的故意的意见,经查,袁珏挂靠于该公司,是承揽泰州市迎春东路安置小区海曙颐园的规划设计项目的主要受益者,同济大学建筑设计研究院(集团)有限公司是否具有谋取不正当利益的故意不影响本案的认定。关于袁珏的辩护人提出袁珏在配合泰州市人民检察院调查刘耀东案件的时候,就已主动交代送钱给刘耀东的事实,不仅符合《刑法》第六十七条第一款的规定,更符合《刑法》第三百九十条第二款的规定,建议对其免除处罚的辩护意见,经查,袁珏在检察机关立案前即已交代其行贿行为,其行为符合《刑法》第三百九十条第二款规定的情形,故对此辩护意见予以采信,结合本案的具体情况,决定对袁珏免予刑事处罚。据此,依照《中华人民共和国刑法》第三百八十九条、第三百九十条第二款及最高人民法院、最高人民检察院、司法部《关于适用普通程序审理“被告人认罪案件”的若干意见(试行)》第九条之规定,兴化市人民法院以被告人袁珏犯行贿罪,判处免予刑事处罚。

一审宣判后,被告人未提出上诉,检察机关亦未抗诉,判决已发生法律效力。

二、裁判要旨

No.8-389-1 以不正当手段谋取合法利益,属于行贿罪中的“谋取不正当利益”。

行贿罪中的谋取不正当利益,既包括谋取各种形式的不正当利益,也包括以不正当的手段谋取合法利益,既包括实体违规,也包括程序违规。

实体违规是指行贿人企图谋取的利益本身违反有关规定,即利益本身不正当,通常表现为国家禁止性的利益和特定义务的不当免除两种情形:前者如通过行贿使公路管理人员对超载货车放行,后者如通过行贿使本应依法履行的纳税、缴纳罚款等义务得以减免。程序违规是指国家工作人员或有关单位为行贿人提供违法、违规或违反国家政策的帮助或者便利条件,即利益取得方式不正当,其可罚性基础并不在于利益本身的违法,而是基于为谋取利益所提供的“帮助或者方便条件”是违规的。即便行为人获取的利益本身可能是合法的,但其通过行贿手段要求国家工作人员或者有关单位为获取该利益所提供的“帮助或者方便条件”是违反相关法律法规等规定的,就属于在程序上不符合规定,仍然应当被认定为程序违法所导致的“谋取不正当利益”。具体而言,其主要包括两种情况:一是本不具备获取某种利益的条件,通过行贿而取得该利益,如贷款、提干、招干等;二是需要经过竞争才可能取得的利益,如行贿人虽然符合晋级、晋升的条件,但为了使自己优于他人晋级、晋升而给予国家工作人员财物以获得帮助。

根据《中华人民共和国招标投标法》第三条的规定,全部或者部分使用国有资金投资或者国家融资的工程建设项目包括项目的勘察、设计、施工、监理以及与工程建设有关的重要设备、材料等的采购,必须进行招标。本案就是属于原本需要通过招标投标程序的竞争才可能获得利益,袁珏却通过行贿手段规避招投标程序而直接获得工程项目的情形。对此,最高人民法院、最高人民检察院《关于办理商业贿赂刑事案件适用法律若干问题的意见》第九条第二款专门规定:

"在招标投标、政府采购等商业活动中,违背公平原则,给予相关人员财物以谋取竞争优势的,属于'谋取不正当利益'。"本案被告人袁珏是从业多年的国家注册建筑师,应当知道由国有资金投资的拆迁安置房项目依据《招标投标法》的上述规定必须进行招标,却通过行贿手段,非法获得本应当通过招投标竞争方可能取得的规划设计项目。袁珏虽然以挂靠单位同济大学建筑设计研究院(集团)有限公司的名义承揽规划设计项目,但其是承揽泰州市迎春东路安置小区海曙颐园规划设计项目的直接负责人和主要受益者,其行贿行为不但严重违反国家规定,而且明显具有谋取不正当利益的目的,故法院认定其构成行贿罪是正确的。

No. 8-389-2 《刑法》第三百九十条第二款规定的"被追诉前"是指司法机关立案侦查之前。

《刑法》第三百九十条第二款规定:"行贿人在被追诉前主动交代行贿行为的,可以减轻处罚或者免除处罚。"通过给行贿人以减轻或免除处罚的机会,换取行贿人主动交代行贿行为,揭发受贿犯罪,本质上符合维护国家公权力的廉洁性这一打击贿赂犯罪的根本目的,有利于司法机关获取贿赂犯罪证据,重点打击受贿行为,同时还能够贯彻和体现我国刑事司法中宽严相济的刑事政策精神。

对是否属于被追诉前主动交代行贿行为情形的认定,关键在于对"被追诉"的理解。追诉是指司法机关依照法定程序进行的追究犯罪分子刑事责任的一系列司法活动,包括立案侦查、审查起诉、开庭审判等诉讼过程。1996年《刑事诉讼法》第八十三条规定:"公安机关或者人民检察院发现犯罪事实或者犯罪嫌疑人,应当按照管辖范围,立案侦查。"从该规定分析,立案侦查是司法机关进行刑事追诉活动的开始。此外,1996年《刑事诉讼法》第六十一条规定:"公安机关对于一些特定情形的现行犯和重大嫌疑分子,可以先行拘留。"因而,司法机关在立案前的某些紧急情况下依法采取的强制措施和讯问犯罪嫌疑人等活动也属于追诉活动的一部分,但这只能视为一种例外情形。因此,"被追诉前"通常是指司法机关立案侦查之前,行贿罪是否"被追诉"应当以检察机关是否立案为准。

行贿人向纪检监察部门、司法机关举报受贿人的受贿行为,显然属于被追诉前主动交代行贿行为的情形。行贿人在纪检监察部门查处他人受贿案件时,交代(承认)向他人行贿的事实,亦应属于被追诉前主动交代行贿行为的情形。即使检察机关已经对受贿人立案查处,行贿人作为证人接受检察机关调查,只要检察机关对行贿人尚未立案查处,行贿人承认其向受贿人行贿的事实,也应当认定为被追诉前主动交代行贿行为的情形。本案公诉机关未认定被告人具有被追诉前主动交代行贿行为的情形,但法院根据被告人在检察机关对其行贿行为立案查处前已经交代了向刘耀东行贿的事实证据,认定被告人具有被追诉前主动交代行贿行为的情形,并结合本案的具体情况,决定对被告人免予刑事处罚,是妥当的。

174 对单位行贿罪(《刑法》第三百九十一条)

案例:昆明展煜科技有限公司等对单位行贿案

案例来源:《人民法院案例选》2008年第2辑

主题词:单位犯罪 自首

一、基本案情

被告单位昆明展煜科贸有限公司、昆明示好科技有限公司。

被告人许伟。

云南省昆明市盘龙区人民法院经审理查明:2002年至2006年期间,昆明展煜科贸有限公司、昆明裕群同科技有限公司(该公司已于2006年9月5日注销)、昆明示好科技有限公司在销售百利多、威克创心脏起搏器和强生冠脉支架、导管过程中,为增加公司销量,以支付射线补助费的形式,向昆明医学院第一附属医院心内科、昆明四十三医院心内科、丽江市人民医院心内科、曲靖市第一人民医院心内科、大理州人民医院心内科、昆钢职工医院心内科、曲靖市第二人民医院心内科、红河州第一人民医院心内科、思茅市人民医院心内科共计返还回扣款人民币2241960元。

昆明市盘龙区人民法院认为,被告单位昆明展煜科贸有限公司、昆明示好科技有限公司在经济往来中,违反国家规定,给予国有事业单位各种名义的回扣,其行为已触犯《中华人民共和国刑法》第三百九十一条,构成对单位行贿罪。被告人许伟作为昆明展煜科贸有限公司、昆明示好科技有限公司直接负责的主管人员,其行为亦构成对单位行贿罪。被告人许伟在未被采取强制措施时,如实供述自己的罪行,属自首,依法可以从轻处罚。依照《中华人民共和国刑法》第三百九十一条、第六十七条第一款、第七十二条、第七十三条及最高人民法院《关于处理自首和立功具体应用法律问题的解释》第一条之规定,判决如下:

1. 昆明展煜科贸有限公司犯对单位行贿罪,判处罚金人民币20万元。
2. 昆明示好科技有限公司犯对单位行贿罪,判处罚金人民币20万元。
3. 被告人许伟犯对单位行贿罪,判处有期徒刑一年零六个月,缓刑二年。

宣判后,被告单位昆明展煜科贸有限公司、昆明示好科技有限公司及被告人许伟均没有提出上诉,检察院未提出抗诉。判决已发生法律效力。

二、裁判要旨

No.8-391-1 在单位犯罪中,单位直接负责的主管人员和其他直接责任人员的自首行为既应视为个人自首,也应视为单位自首。

根据我国《刑法》第六十七条第一款的规定:"犯罪以后自动投案,如实供述自己罪行的,是自首。"成立一般自首必须具备两个条件,即自动投案和如实供述自己的罪行。对于自动投案有一点要求是基于犯罪分子本人的意志。对于单位犯罪来讲,单位作为一个系统整体而存在,它具有自己的意志能力和行为能力,从而具有自己的犯罪能力和刑事责任能力。但同时,单位是一个由自然人组成的有机整体,单位的运动和活动,是通过作为单位构成要素的自然人的自觉活动实现的。单位主管人员和直接责任人员的意志具有双重性,作为单位整体意志的一部分决定实施犯罪的个人意志,既影响着自身的行为性质,也影响着单位的行为性质。所以在规定有双罚制的单位犯罪中,单位主管人员和直接责任人员的自首行为既应当视为是个人的自首,也应当视为是单位的自首,在量刑时予以考虑。

175 单位行贿罪(《刑法》第三百九十三条)

案例:被告单位成都主导科技有限责任公司、被告人王黎单位行贿案

案例来源:《刑事审判参考》总第115集[第1282号]

主题词:单位行贿罪　立功

一、基本案情

2005年年初,被告人王黎与时任铁道部运输指挥中心装备部车辆管理验收处副处长刘瑞扬(另案处理)相识后,为确保成都主导公司轮对故障动态检测系统设备在铁路第六次大提速中得到推广使用,和感谢刘瑞扬帮助其公司成为该产品的唯一供应商,自2005年年初至2009年年底,多次以劳务费等名义从公司提款,陆续给予刘瑞扬人民币(以下如无特别注明币种同)120万元、欧元10万元(折合人民币97.059万元),共计价值217.059万元。2006年,刘瑞扬利用其负责全国铁路车辆设备招投标的职务之便,使成都主导公司的轮对故障动态检测系统设备以800万元的单价进入高铁市场。2008年2月,时任北京铁路局动车段工程建设指挥部指挥长的刘瑞扬代表北京动车段与成都主导公司签订了2套轮对故障动态检测系统的设备采购合同。

另查明,郑州铁路运输检察院在收到上级检察机关指定管辖决定书后,于2012年9月14日对被告人王黎依法询问,王黎如实供述其行贿犯罪事实,郑州铁路运输检察院当日立案。同年9月20日,王黎主动揭发北京铁路局原动车段建设指挥部副指挥长戴伟跃收受其15万元现金和报销2万元机票等费用。根据该线索,河南省人民检察院郑州铁路运输分院反贪污贿赂局于2013年3

月3日对戴伟跃涉嫌受贿犯罪立案侦查。经侦查查明,戴伟跃涉嫌受贿金额150余万元。

二、裁判要旨

No. 8-393-1 检察机关已经掌握行贿线索,被告人在接受调查时主动交代的,虽发生在立案之前也不属于《刑法》第三百九十条第二款中的"在被追诉前主动交待行贿行为"。

王黎接受调查时供述上述事实不属于"在被追诉前主动交待行贿行为"的情形。主要理由是:(1)据被告人王黎的供述,当时其知道有关部门在调查刘瑞扬,完全有条件主动向司法机关说明情况,却基于种种考虑没有主动投案,而是等到检察机关在接到上级指定管辖决定书后找其谈话时,才供述其向刘瑞扬行贿的事实,是被动接受调查而交代,不具有主动性。(2)尽管从检察机关出具的侦破经过来看,检察机关系在询问王黎后立案,但是本案系经最高人民检察院、河南省人民检察院、河南省人民检察院郑州铁路运输分院逐级指定管辖后,由郑州铁路运输检察院立案。根据2012年《人民检察院刑事诉讼规则(试行)》(已失效)第十八条的规定,郑州铁路运输检察院在接到上级检察机关指定管辖决定书后,就已具备立案条件,也应当依法立案,而不以犯罪嫌疑人是否到案作为立案的条件。(3)从《最高人民法院、最高人民检察院关于办理行贿刑事案件具体应用法律若干问题的解释》第七条第一款规定的立法原意分析,《刑法》规定被告人在被追诉前主动交代行贿事实可以减轻或者免除处罚,旨在通过行贿人的交代,获取更多证据,帮助破获相关受贿犯罪案件并推进案件进入司法审判。本案是先破获受贿案件,再根据线索侦破行贿案件。在王黎交代之前,刘瑞扬已供述了收受王黎贿赂的事实,检察机关已经掌握了刘瑞扬受贿和王黎代表单位实施行贿的犯罪事实。此种情况下若将其认定为"在被追诉前主动交待行贿行为",对行贿人从宽处罚,有违立法本意。

176 私分国有资产罪(《刑法》第三百九十六条第一款)

案例:张经良等人私分国有资产案

案例来源:《人民法院案例选》2008年第3辑

主题词:国有事业单位内设部门 单位私分国有资产罪

一、基本案情

被告人张经良,原系厦门经理学院企业管理培训处处长。

被告人林西蓉,原系厦门经理学院企业管理培训处教务员。

被告人郑文生,原系厦门经理学院企业管理培训处教务员。

福建省厦门市思明区人民法院经审理查明:2002年5月以来,厦门经理学院(系国有事业单位)实施内部分配制度改革,在下设机构企业管理培训处施行"经济目标责任制",规定企业管理培训处开发办班必须向学院上缴一定比例的管理费,以及在完成学院下达的上缴管理费指标后结余资金归部门自主支配等分配制度改革措施。其间,企业管理培训处在编人员三人,张经良时任处长,负责处室全面工作,林西蓉时任教务员,负责财务等后勤工作,郑文生时任教务员,负责文案等教务工作;同时以林西蓉个人名义设立的银行账户作为部门的专用账户,用于存放、分配该处办培训班收入中可自主支配的结余资金,并由林西蓉将款项收支、分配和结余情况记录在部门账本上。

2004年6月,张经良代表厦门经理学院与香港工商管理学院代表人黎作新商定合作开办"MBA学位对接班"办班事宜并签订了《代理招生合同书》,合同约定:厦门经理学院每招收一名学员,可获取代理招生佣金6000元(人民币,下同)。后张经良又私下与黎作新协商将代理招生佣金提高到每人8800元,并与林西蓉、郑文生商议向经理学院隐瞒该部分佣金收入。从2004年7月至2006年3月,厦门经理学院与香港工商管理学院合作开办"MBA学位对接班"三期,实际交费人数86人,三被告人所隐瞒的代理招生佣金收入240800元悉数进入企业管理培训处账户。嗣后,张经良、林西蓉、郑文生将该款连同部门可支配的其他资金按照1.2∶1∶1的比例进行分配,其中张经良分得90300元,林西蓉、郑文生各分得75250元。该款项的收入、分配情况同时记载在部门账本上。

2006年4月,被告人张经良、林西蓉、郑文生在协助有关部门调查期间,主动交代了有关部门尚未掌握的私分国有资产的事实。案发后,三被告人已全部退缴所分得的违法所得。在法院审理期间,张经良、郑文生的家属分别代为预缴罚金2万元和1.5万元,林西蓉亦预缴罚金1.5万元。

厦门市思明区人民法院认为,厦门经理学院企业管理培训处施行"经济目标责任制"以来,被告人张经良、林西蓉、郑文生仍属于处室的正式工作人员并照常领取财政拨发的工资、奖金等款项,同时按财务制度规定,其办班的收支情况应纳入学院的统一管理、核算,即便是部门可自主支配资金的支取也需经学院财务审核和院长批准;由此可见,该责任制只是一种事业单位内部分配制度的改革措施,并不具有"独立核算、自负盈亏"的基本特征,故涉案的《中层领导任期工作责任书》不是承包性质的经济合同,三被告人亦非承包关系的一方当事人。相反,被告人张经良、林西蓉、郑文生作为厦门经理学院企业管理培训处工作人员,对外开发、实施相关培训项目是其部门及个人的职责所在,本案中的"MBA学位对接班"项目亦属于该工作范围,其职务行为基于厦门经理学院所具有的办学资格、培训资质等公共资源,具有一定的公共事务管理权能,系属公务运动的体现;因此,三被告人作为事业单位中从事公务的人员,依法应当以国家工作人员论。同样的,"MBA学位对接班"项目既为被告人张经良、林西蓉、郑文生代表厦门经理学院的履职行为,相应的佣金收入均归属于厦门经理学院,且系国有资产;而三被告人通过隐瞒不报、自行截留的方式排除厦门经理学院对新增佣金收入人民币240800元的控制、支配,足见其主观故意和客观行为直接指向该全额款项,已无按规定比例获取部门可自主支配资金的前提和基础,故涉案金额依法应当认定为人民币240800元。厦门经理学院企业管理培训处作为国有事业单位的内设部门,违反国家财政收支政策的规定,将国有资产集体私分给个人,涉案金额共计人民币 240800元,属数额较大,应以私分国有资产罪论处;被告人张经良系对该行为直接负责的主管人员,被告人林西蓉、郑文生系直接责任人员,其行为均已构成私分国有资产罪。公诉机关指控三被告人所犯的贪污罪名法律适用有误,依法不能成立;辩护人李小海有关涉案行为不构成犯罪的相关辩护意见亦缺乏事实基础和法律依据,依法不予采纳;辩护人蔡明阳、洪育鹏有关本案应以私分国有资产罪定罪的相关辩护意见可予采纳。被告人张经良、林西蓉、郑文生在协助纪检部门调查时,能如实供述纪检部门尚未掌握的私分国有资产罪行,依法可视为自首。另被告人张经良、林西蓉、郑文生到案后虽主动检举了厦门经理学院院长邵建福收受贿赂的情况,且经查证属实,但因三被告人本身就是贿赂关系的当事人,其对行贿行为所作的交代只是履行法定义务的具体表现,该情形不符合法律规定立功制度的主旨和基本要义,依法不宜认定为立功表现。各辩护人有关三被告人具有立功情节的相关辩护意见于法无据,依法不予采纳。根据本案犯罪的事实、性质、情节和对于社会的危害程度,同时考虑到三被告人具有自首、积极退赃和预缴罚金等确实的悔罪表现,决定依法对被告人张经良、林西蓉、郑文生予以从轻处罚并宣告缓刑。辩护人李小海、高燧涛有关适用缓刑的量刑建议可予采纳;但辩护人蔡明阳、洪育鹏要求对被告人郑文生免予刑事处罚的辩护意见理由不足,依法不予采纳。依照《中华人民共和国刑法》第三百九十六条、第九十三条第二款、第六十七条第一款、第七十二条、第七十三条第二款和第三款、第六十四条及最高人民法院《关于处理自首和立功具体应用法律若干问题的解释》第一条的规定,判决如下:

1. 被告人张经良犯私分国有资产罪,判处有期徒刑两年,缓刑两年,并处罚金人民币2万元;

2. 被告人林西蓉犯私分国有资产罪,判处有期徒刑一年六个月,缓刑一年六个月,并处罚金人民币15000元;被告人郑文生犯私分国有资产罪,判处有期徒刑一年六个月,缓刑一年六个月,并处罚金人民币15000元;扣押于公诉机关的款项人民币240800元予以没收。

厦门市思明区人民检察院抗诉称:被告人张经良、林西蓉、郑文生代表厦门经理学院履行职务过程中,共同将新增佣金收入隐瞒不报并予侵吞,三被告人的均已构成贪污罪。原判定性错误,量刑畸轻。厦门市人民检察院出庭检察员支持该抗诉意见。

三原审被告人未提出上诉。

二审法院厦门市中级人民法院查明的事实同一审法院无异。

厦门市中级人民法院认为,原审被告人张经良身为国有事业单位内设机构的负责人,违反国家财政收支政策的规定,决定截留国有资产240800元并集体私分给个人,数额较大,其行为已构成私分国有资产罪;原审被告人林西蓉、郑文生身为国有事业单位中从事公务的人员,共同参与商议私分,数额较大,其行为亦已构成私分国有资产罪。抗诉机关提出本案应以贪污罪定罪的抗诉意见理由不足,不予支持。原判定罪准确,审判程序合法,量刑适当。依照《中华人民共和国刑事诉讼法》第一百八十九条第(一)项之规定,裁定:驳回抗诉,维持原判。

二、裁判要旨

No.8-396(1)-1 国有事业单位的内设部门,应当认定为刑法规定的单位。

企业管理培训处作为国有事业单位的内设部门,可以成为刑法意义上的单位。根据1997修订《刑法》和最高人民法院《关于审理单位犯罪案件具体应用法律有关问题的解释》的规定,以单位名义实施犯罪,违法所得归单位所有的,是单位犯罪。最高人民法院发布的《全国法院审理金融犯罪案件工作座谈会纪要》进一步规定,以单位的分支机构或者内设机构、部门的名义实施犯罪,违法所得亦归分支机构或者内设机构、部门所有的,应认定为单位犯罪。涉案企业管理培训处作为厦门经理学院的内设机构,对外开展培训业务并收取、支付培训费用,可以成立刑法意义上的单位。

No.8-396(1)-2 国有单位内设机构在对外开展业务中,截留公款并按照一定比例将公款私分给全体人员或者绝大多数成员的,以私分国有资产罪论处。

从犯罪概念和犯罪构成方面进行分析,私分国有资产罪与贪污罪之间存在着明显的区别。私分国有资产罪是指国家机关、国有公司、企业、事业单位、人民团体,违反国家规定,以单位名义将国有资产集体私分给个人,数额较大的行为。贪污罪是指国家工作人员利用职务上的便利,侵吞、窃取、骗取或者以其他手段,非法占有公共财物的行为。两罪的区别主要表现在:(1)犯罪客体不同。前者侵犯的是国有资产所有权,后者侵犯的是公共财物的所有权;既包含国有资产的所有权,也包含集体财产或社会公益性的专用资金的所有权。(2)客观行为不同。前者由于是集体私分,分配的范围一般是集体的全部或大部分人,故而犯罪行为在一定程度上和一定范围之内是公开的;同时,集体私分又是一种欺瞒上级国有资产管理、监督部门的行为,因此,该犯罪行为对上级管理部门又具有一定程度的隐蔽性;后者则采用侵吞、窃取、骗取或者其他手段秘密进行的,不管是对于本单位人员还是上级管理部门,均具有较强的隐蔽性。(3)犯罪主体和主观故意不同。前者犯罪主体是国有单位,但追究对象是国有单位的主管人员或直接责任人员;因是集体私分,故而在分配程序上一般由单位集体研究或主要负责人决定,其中既有单位意志的因素,又有个人谋取利益的因素。后者系纯正自然人犯罪,犯罪主体是国家工作人员,包括国有单位中从事公务的人员,受国家机关、国有公司、企业、事业单位和人民团体委托经营、管理国有资产的人员;因而行为人主观上具有明确为个人谋取利益的意图,即便是共同贪污犯罪也仅仅是体现少数人的意图。

结合本案,被告人张经良等三人系国有事业单位——厦门经理学院企业管理培训处的工作人员。张经良代表企业管理培训处与厦门经理学院签订岗位工作目标责任书,取得了代表厦门经理学院对外开展、实施培训项目的权利和责任。企业管理培训处及张经良等三人以厦门经理学院名义与香港工商管理学院合作开办MBA学位对接班,是其职责所系,取得的代理招生佣金收入亦应归厦门经理学院所有。三被告人共同商议决定将该新增佣金收入隐瞒不报并悉数截留进入企业管理培训处的账户,而后再将该款项连同部门可支配的其他资金按一贯的分配比例进行分配,即通过企业管理培训处先截留新增佣金,而后予以私分的行为,符合私分国有资产罪的主客观构成要件,应以私分国有资产罪定罪。理由是:首先,从行为动机看,三被告人截留新增佣金收入一方面是为增加企业管理培训处可自由支配的资金,另一方面也是为自己获取私利找借口。三被告人主观上不单纯为了个人私利,而是部门全体成员共同商议下实施的,体现了部门的整体意志和利益归属的团体性。其次,从客观行为看,三被告人将该新增佣金截留进入部门账户,相关的收入、分配情况均据实记录在部门账册,该行为在企业管理培训处内部是公开的,是有账可查的,这与贪污罪中采用秘密侵吞公款并想方设法将账户抹平,以掩盖非法占有国有资产的行为具有明显的区别。

案例:李祖清等被控贪污案

案例来源:《刑事审判参考》总第 47 集[第 377 号]

主题词:私分国有资产罪　犯罪对象

一、基本案情

被告人李祖清,男,1955 年 11 月 14 日出生,汉族,湖北省大悟县人,大学文化程度,原系大悟县教育局人事科科长,因涉嫌犯贪污罪,于 2004 年 4 月 7 日被刑事拘留,同年 4 月 16 日被逮捕。

被告人张杰军,男,1969 年 10 月 16 日出生,汉族,湖北省大悟县人,大学文化程度,原系大悟县教育局人事科副科长。因涉嫌犯贪污罪,于 2004 年 4 月 7 日被刑事拘留,同年 4 月 16 日被逮捕。

被告人刘玉梅,女,1965 年 10 月 5 日出生,汉族,湖北省广水市人,大专文化程度,原系大悟县教育局人事科副科长。因涉嫌犯贪污罪,于 2004 年 4 月 7 日被大悟县人民检察院取保候审。

大悟县人民法院经审理查明:(1)1998 年 12 月 30 日,人事科 1998 年中、高级职称评审材料费余款 9000 元,被告人李祖清、张杰军、刘玉梅以下乡补助、节假日加班补助的名义,每人分得 3000 元。(2)1999 年 2 月 11 日,人事科 1997 年度公务员考核工本费余款 6000 元,被告人李祖清、张杰军、刘玉梅以春节补助的名义,每人分得 2000 元。(3)2000 年 10 月 27 日,被告人李祖清在人事科购置档案柜报账时,从教育局计财科虚报 4340 元,其中 3300 元被李祖清、张杰军、刘玉梅以年终福利的名义每人分得 1100 元。(4)2001 年 1 月 10 日,人事科 1999—2000 年教师年度考核、教师资格证书、聘书、教师资格换证、教师考核收费余款 51000 元,被告人李祖清、张杰军、刘玉梅以春节补助名义,每人分得 17000 元。(5)2002 年 2 月 1 日,人事科 2000 年教师考核、2001 年教师考核、聘书等收费余款 42000 元,被告人李祖清、张杰军、刘玉梅以 2001 年年终福利名义,每人分得 14000 元。(6)2003 年 5 月 8 日,人事科教师资格认定收费余款 12000 元,被告人李祖清、张杰军、刘玉梅各分得 3000 元,雷喆分得 3000 元。

大悟县人民法院认为,被告人李祖清、张杰军、刘玉梅身为国家工作人员,利用教育局、人事科的职权和职务上的便利,在代收费过程中,每人贪污公款 40100 元,其行为已构成贪污罪。被告人李祖清作为人事科主要负责人在共同犯罪中居主犯地位,被告人张杰军、刘玉梅居从犯地位。公诉机关在起诉书中第 1、2、3、4、7、8、12、13 笔的指控,因证据不足,不予认定。依照《中华人民共和国刑法》第三百八十二条、第三百八十三条、第二十五条、第二十六条、第二十七条、第七十二条、第七十三条的规定,判决如下:

1. 被告人李祖清犯贪污罪,判处有期徒刑三年;
2. 被告人张杰军犯贪污罪,判处有期徒刑三年,缓刑五年;
3. 被告人刘玉梅犯贪污罪,判处有期徒刑三年,缓刑五年。

宣判后,被告人李祖清、刘玉梅不服,向孝感市中级人民法院提出上诉,公诉机关亦提起抗诉。

大悟县人民检察院抗诉提出:(一)起诉书指控的 14 笔犯罪事实,除第 9 笔和第 12 笔外,其余 12 笔相互关联,在时间上具有连续性,在构成上上一笔的结余款又进入下一笔,承上启下,环环相扣。(二)本案被告人张杰军、刘玉梅在庭审中,拒不认罪,二被告人的辩护人亦作无罪辩护,不符合适用缓刑的条件,故法院对二人适用缓刑不当。孝感市人民检察院出庭检察员提出:(一)本案事实清楚,证据确实充分,被告人李祖清、张杰军、刘玉梅的行为构成贪污罪。(二)一审判决片面采信证据,认定事实错误,导致量刑明显不当。

被告人李祖清提出:

1. 一审判决认定的事实不清,证据不足。

2. 上诉人没有采取贪污的手段,也没有贪污的故意。(1)人事科在收费过程中确实有超标准收费和搭车收费的情况,但这都是为了完成教育局下达的任务和上级主管部门(如市教育局)和职能部门(如县人事局)的要求,上诉人收费的目的不是为了贪污,虽然采取了超标准收费和搭车收费的方式,但不是为了贪污而采取的手段。(2)人事科因为人手少、任务重、工作忙、费用大,经常加班加点,科里的部分结余作为加班费、奖金、电话费、下乡补助分发给了个人是事实,但每次分配都是经张、刘提议后充分讨论分发的,在此以前和以后,只要是人事科的人都是平均发放,在人事科是公开讨论,公开发放,人人有份,上诉人也认为心安理得。虽然违反了财经纪律,但上诉人在主观上没有贪污的直接故意,在客观上也没有采取任何手段贪污公款。

3. 侦查机关程序违法。

4. 一审判决认定上诉人属主犯不符合事实,三被告人不存在主、从之分。

其辩护人提出:

1. 上诉人李祖清的行为不符合贪污罪的构成要件,一审判决定性错误。(1)一审判决将涉案财产定性为公共财物没有法律依据。根据《刑法》第九十一条的规定,本案大悟县教育局人事科在代收费过程中留存的款项显然不是劳动群众集体所有的财产,不是用于扶贫和其他公益事业的社会捐助或者专项基金的财产,也不是在国家机关、国有公司、企业、集体企业和人民团体管理、使用或者运输中的私人财产,根据现有法律规定,该款项不应属于国有财产。(2)上诉人主观方面没有贪污的故意,客观方面没有实施贪污行为。

2. 一审判决上诉人李祖清构成贪污罪事实不清,证据不足。

被告人刘玉梅提出:原审判决认定事实不清,证据不足,案件定性错误。其辩护人提出:本案事实不清,证据不足,被告人刘玉梅没有贪污的主观故意和客观行为,请求二审法院改判刘玉梅无罪。

被告人张杰军在二审庭审中提出,这些钱有几笔是领的,但属于什么性质,自己不清楚,请合议庭公正判处。

孝感市中级人民法院审理查明,1998 年 12 月至 2003 年 5 月期间,大悟县教育局人事科利用办理全县教师职称评审、教师年度考核、公务员年度考评、职称聘书、教师资格换证等业务代收费之机,采取抬高收费标准、搭车收费、截留应缴资金的手段,筹集资金,设立小金库。小金库资金除用于科里公务开支外,每年春节前后,由科长李祖清组织科里人员将小金库账目进行对账后,以科室补助、年终福利等名义 6 次私分给人事科工作人员,并记录入账,私分款总额为 120300 元,原审被告人李祖清、张杰军、刘玉梅各分得 40100 元。

以上事实有被告人李祖清保留的现金账,被告人李祖清、刘玉梅笔记本记录,各被告人领款签名条,三被告人的供述材料及李少恒、朱江平、谈怀国等证人证言和有关文件证明。上述证据经过一、二审开庭质证,原审被告人未提出异议,予以确认。上诉人李祖清、刘玉梅及其辩护人提出原判认定的事实不清,证据不足的上诉理由和辩护意见不能成立,不予采纳。

对于原判没有认定的 7 笔指控事实,抗诉机关认为证据充分,应当认定,并当庭出示了证据。对此,经审理查明,原起诉指控的第 1、2、3 笔事实的主要证据是原审被告人李祖清的笔记本记载,第 4、7、8、13 笔事实的主要证据是原审被告人李祖清的笔记本记载和原审被告人刘玉梅的笔记本记载,以及原审被告人在侦查机关的供述。从上述证据看,存在记录内容比较模糊,笔记本之间不能相互吻合,口供不稳定、证明力低等问题;没有达到刑事诉讼法规定的案件事实清楚,证据确实、充分的定案标准。抗诉机关的第(一)项抗诉意见不能成立,不予支持。

孝感市中级人民法院认为,原审被告人李祖清、张杰军、刘玉梅主观上不具有贪污的共同故意,客观方面不符合共同贪污的行为特征,不构成贪污罪。原审被告人李祖清作为大悟县教育局人事科的负责人,违反国家规定,擅自决定将单位违规收费的部分资金以单位补助、年终福利等名义私分给个人,数额较大,其行为构成私分国有资产罪。原审被告人张杰军、刘玉梅积极参与私分,起较大作用,属于单位犯罪的直接责任人,其行为亦构成私分国有资产罪,原判对原审三被告人定罪不当,应予纠正。上诉人李祖清、刘玉梅的辩护人提出被告人李祖清、刘玉梅不构成贪污罪的意见成立,但其要求改判被告人李祖清、刘玉梅无罪的意见,不能成立,不予采纳。对于上诉人李祖清及其辩护人提出侦查机关程序违法、起诉书指控1—5笔事实超过追诉期限的意见,经查,均不能成立,不予采纳。鉴于原审三被告人在二审开庭审理时能如实供述自己的犯罪事实,积极配合检察机关查清案件,且退出全部赃款,依法可对其适用缓刑。抗诉机关的第(二)项抗诉意见,与法律规定不符,不能成立。据此,依照《中华人民共和国刑法》第三百九十六条第一款、第二十五条、第七十二条和《中华人民共和国刑事诉讼法》第一百八十九条第(三)项的规定,判决如下:

1. 撤销大悟县人民法院(2004)悟刑初字第21号刑事判决;

2. 原审被告人李祖清犯私分国有资产罪,判处有期徒刑二年,缓刑二年,并处罚金20000元;

3. 原审被告人张杰军犯私分国有资产罪,判处有期徒刑一年,缓刑一年,并处罚金10000元;

4. 原审被告人刘玉梅犯私分国有资产罪,判处有期徒刑一年,缓刑一年,并处罚金10000元。

二、裁判要旨

No. 8-396(1)-3 国家工作人员采用抬高收费标准、搭车收费、截留应缴奖金等手段设立小金库,并以年终福利名义进行私分的,应以私分国有资产罪论处。

私分国有资产罪是指国家机关、国有公司、企业、事业单位、人民团体,违反国家规定,以单位名义将国有资产集体私分给个人,数额较大的行为。其在犯罪构成上有如下特征:(1)犯罪对象仅限于国有资产。(2)客观上表现为违反国家规定,以单位名义将国有资产集体私分给个人的行为。以单位名义是指经单位领导、负责人或者集体研究,或者是单位全体成员共同商议后,由单位统一组织进行私分。集体私分给个人是指参与私分的是单位所有人或者大部分人,或者是一个部门的所有人或大多数人。(3)只有国家机关、国有公司、企业、事业单位、人民团体才能成为本罪的主体,但只追究单位直接负责的主管人员和其他直接责任人的刑事责任,实行单罚制原则。在司法实践中,集体私分国有资产行为一般都以单位的名义进行,因此往往是打着合法的幌子,通过发奖金、补助、岗位津贴等各种形式公开进行。

如何正确区分以发放奖金等福利补助方式私分国有资产犯罪行为与一般财经违纪行为的界限,在理论和实务上都容易产生分歧。鉴于我国国有单位尤其是国有企业在改革、改制过程中出现的一些财务管理不够规范和不够完善的现实状况,在对私分国有资产犯罪中的违反国家规定的具体理解和掌握上,一定要具体情况具体分析,实事求是、合情合理地予以认定。在具体判断上,要从资产的来源和私分的依据两个方面进行评价。(1)私分对象的来源。国有公司、企业在依法上缴利税后,国家行政事业单位利用非经营性资产转经营性资金获取的收入按规定上缴后,将其所获利润部分用于发放奖金、福利的,是正当合法的行为。如果发放奖金、福利超过标准和范围的,则应认定为违反财经纪律行为,不构成犯罪。如果在单位没有经营赢利甚至亏损的情况下,变卖国有财产进行私分或者将应当上缴国家的国有资产予以隐匿并留存分配的,则可以认定为私分国有资产。(2)私分的法律、政策依据,即单位对所分财产是否具有自主支配权也是一个重要的评价要素。如果单位把能够自主支配的钱款违规分配给了单位职工,其社会危害性相对较小,可以作为财经违规行为处理。相反,单位将无权自主支配、分配的钱款通过巧立名目、违规做账等手段从财务上套出,或者将应依法上缴财务入账的收入予以截留,以奖金、福利等形式分配给单位个人,则严重背离了国有资产的经营、管理、使用权限,应认定为私分国有资产行为。

No. 8-396(1)-4 行政事业单位违反行政法规,滥用职权而乱收费、乱摊派、乱罚款所得的款项,应当认定为国有资产,对此予以私分的,构成私分国有资产罪。

国有资产的范围,一般认为,广义的国有资产分为经营性资产、行政事业性资产和资源性资产。狭义的国有资产就是指经营性的国有资产,即国家作为出资者在企业依法拥有的资本及其收益。1999年8月最高人民检察院《关于人民检察院直接受理立案侦查案件立案标准的规定(试行)》附则部分对国有资产界定为:"国家依法取得和认定的,或者国家以各种形式对企业投资和投资收益、国家向行政事业单位拨款等形成的资产。"可见,私分国有资产罪中的国有资产,是指广义的国有资产。根据上述规定,国有资产主要有三大类:一是国家依法取得和认定的国有资产;二是国家以各种形式对国有公司、企业投资形成的财产和投资收益;三是国家向行政事业单位拨款等形成的财产。其中第一类主要指:国家依法赋予各行政管理机关强制收取的各种税费;国家通过刑事处罚、行政处罚等取得的财产;国家通过强制征收取得的其他财产。

根据上述规定,行政事业单位违反行政法规,滥用职权而乱收费、乱摊派、乱罚款所得的款项,应认定为国有资产,构成私分国有资产罪的犯罪对象。其理由是:(1)从所有权的取得方式看。国家从社会的公共利益出发,凭借其依法享有的公共权力,采用征税、国有化,没收、征收等强制手段取得的财产所有权,这是国家财产取得的主要来源。三乱收入从表现形式上符合国有资产取得的法定形式,其法律效力在有关部门查处之前是毋庸置疑的。因此,行政机关各种违法收取的费用符合国有资产取得的规定,属于国有资产。(2)根据我国法律规定,一切违法所得都应没收上缴国库,收款单位根本没有支配、处分权。同时,这些款项都是收款单位以国家名义强制收取的,被收款方也认为是国有单位收取的,如要举报控告也是控告国有单位,最终由国家负责清退和赔偿。同时,根据《刑法》第九十一条第二款规定的精神,对于国家实际上占有、使用、处分的资产,应视为国有资产。(3)财产犯罪的对象范围不以合法所有或者持有的财物为限。刑法上的财产,更多强调的是财产的经济价值性,而非合法性。即便是不受民法保护或者为相关行政法规所明文禁止的财物,如赌资、赃物、违禁品等,只要具有一定的经济价值,并且与刑法的基本保护精神不相违背,则同样可以成为财产犯罪的对象,并应当受到刑法的保护。

案例:张金康等私分国有资产案

案例来源:《刑事审判参考》总第37集[第293号]

主题词:私分国有资产罪

一、基本案情

被告人张金康,男,1953年1月15日出生于上海市,汉族,大专文化程度,原系上海市医疗保险事务管理中心主任。因涉嫌犯私分国有资产罪,于2003年7月17日被依法取保候审。

被告人夏琴,女,1959年10月23日出生于上海市,汉族,大专文化程度,原系上海市医疗保险事务管理中心办公室主任。因涉嫌犯单位受贿罪,于2003年7月17日被刑事拘留,同年7月29日因涉嫌犯私分国有资产罪被逮捕。

上海市静安区人民法院经审理查明:上海市医疗保险事务管理中心(以下简称"医保管理中心")系上海市医疗保险局所属的国有事业单位,经费来源为国家财政全额拨款。被告人张金康系医保管理中心主任;被告人夏琴系医保管理中心办公室主任。

2001年12月至2003年4月,医保管理中心领导班子经讨论,由张金康决定,夏琴具体操办,将国家财政专项拨款的邮电通讯费和资料速递费结余部分以快递费、速递费、邮寄费等名义,从上海市邮政局静安电信服务处、上海宝山泗塘邮电支局先后套购邮政电子消费卡价值人民币(以下均同)213000元,套取现金97560元并用于购买超市代币券,相应发票予以入账。随后,二被告人将其中价值243800元的邮政电子消费卡和超市代币券以单位福利名义,定期分发给医保管理中心的全体员工,张金康及夏琴各分得面值14100元和10500元的消费卡及代币券。另外,张金康在已经享受单位每月给予180元通讯费的前提下,让夏琴用邮政电子消费卡为其支付移动电话通讯费5800余元。

2002年2月,由张金康决定,夏琴具体操办,将国家财政专项拨款的业务招待费以会务费名义从本市申康宾馆套现1.5万元,以"2001年度特别奖励"的名义发放给医保管理中心部分人员,其中张金康分得1000元,夏琴分得5000元。

2003年7月,被告人张金康、夏琴向中共上海市卫生局纪委如实交代了上述犯罪事实,并归还全部赃款。

上海市静安区人民法院认为,医保管理中心作为国有事业单位,违反国家财政经费必须专项使用的规定,以虚假名义套取专项经费后以单位名义变相私分,数额达20余万元,其行为已构成犯罪;被告人张金康、夏琴作为该中心实施上述犯罪直接负责的主管人员和直接责任人员,应当承担私分国有资产罪的刑事责任。张金康在已经领取单位通讯费且没有向上级领导申请并获得批准的情况下,决定由夏琴具体操作,用已经套购并准备分发的邮政电子消费卡报销移动电话通讯费,该行为亦属整体的私分国有资产行为的组成部分。张金康、夏琴以"2001年度特别奖励"的名义把从专项经费中套取的现金分发给部分员工,因系在单位内部的一定范围内分发,同样可以认定私分国有资产的性质,而不仅仅是违反财经纪律,故被告人夏琴的辩护人的辩护意见不予采纳。鉴于张金康、夏琴均有自首情节,且退赔了全部赃款,犯罪情节较轻,均可依法从轻处罚。依照《中华人民共和国刑法》第三百九十六条第一款、第六十七条第一款、第六十四条之规定,依法判决如下:

1. 被告人张金康犯私分国有资产罪,判处罚金人民币两万元;
2. 被告人夏琴犯私分国有资产罪,判处罚金人民币一万五千元。

一审宣判后,二被告人未提出上诉,公诉机关亦未抗诉,判决发生法律效力。

二、裁判要旨

No. 8-396(1)-5 区分私分国有资产行为与超标准、越范围发放奖金、福利等一般财经违纪行为的标准是:依照刑法关于私分国有资产罪的规定,结合是否违反国家规定和数额是否较大两个方面的要件来加以把握。

私分国有资产犯罪行为首先是一种违反财经纪律的行为,但并不意味着此类财经违纪行为都应该作为犯罪处理。在司法实践中,集体私分国有资产行为一般都以单位名义进行,因此往往是打着合法的幌子,通过发奖金、发补助、岗位津贴、分红或者发放福利商品等各种形式公开进行。如何正确区分私分国有资产行为特别是方式方法上表现为发放奖金、津贴、福利补贴等变相私分行为与一般财经违纪行为的界限,在理论和实务上都容易产生分歧。对此,我们认为,正确区分两者的界限,应当依照《刑法》第三百九十六条第一款关于私分国有资产罪的规定,结合是否违反国家规定和数额是否较大两个方面的构成要件理解和把握。在本案中,涉案金额达20余万元,参照相关规定,认定数额较大不成问题,但能否认为张金康、夏琴二被告人虚构用途套取专项经费后以福利、奖金等名义分配单位资产的行为违反了国家相关规定,进而认定为私分国有资产行为呢?答案是肯定的。

私分国有资产行为首先是一种违反国家规定的行为。根据《刑法》第九十六条的规定,违反国家规定,是指违反全国人民代表大会及其常务委员会制定的法律和决定,国务院制定的行政法规、规定的行政措施、发布的决定和命令。据此,国家机关、国有公司、企业、事业单位、人民团体依照相关国家规定发放奖金、津贴、福利等行为,如国家机关、事业单位、社会团体等依照预算法和有关预算外资金管理法规规定用预算外资金发放奖金、津贴、补贴以及国有公司依照公司法相关规定将所提取的法定公益金用于本公司职工集体福利等,因属合法行为,当然不能认为是变相私分国有资产。具体判断方面,可参照单位经营利润情况、单位对所分资产是否具有自主支配、分配权等情况综合分析。对于在单位财力状况允许的范围内以及将单位具有一定自主支配权的钱款违反规定分配给单位成员,未造成严重社会危害后果的行为,一般不宜认定为私分行为。相反,下列情形一般可以认定为私分国有资产行为:(1)在单位没有经营效益甚至经营亏损的情况下,变卖分配国有财产等严重违背国有财产的经营管理职责,妨害国有公司、企业的正常生产、经营活动的;(2)单位将无权自主支配、分配的钱款通过巧立名目、违规做账等手段从财务账上支出,或者将应依法上缴财务入账的正常或者非正常收入予以截留,变造各种栏目进行私分发放等,严重破坏国家财政收支政策的贯彻落实的。

本案张金康、夏琴二被告人违反了国家财政经费必须专项使用的规定,虚构用途套取专项经费后以福利、奖金等名义予以集体私分的行为,即属上述第二种情形。根据国家有关保险及医疗保险的相关规定,财政专户内的资金应严格开支范围和开支标准,确保专款专用;确需调整经费用途的,应在不突破预算总额的前提下,报相关部门审核批准。张金康、夏琴二被告人所套用的邮电通讯费、资料速递费和业务招待费不仅系国家财政专项经费,而且二被告人明知如需调整用途必须上报审核,医保管理中心对此钱款不具有自主支配、分配权。二被告人故意使用虚假发票违规做账,并假借福利、奖励等名义将专项使用资金在公司内部成员之间进行集体私分,数额较大,其主观恶性和危害后果均已达到应受刑罚处罚的程度,故将之认定为变相私分国有资产的犯罪行为是正确的。

案例:徐国桢等私分国有资产案

案例来源:《刑事审判参考》总第 95 集[第 939 号]

主题词:私分国有资产罪 共犯身份

一、基本案情

被告人徐国桢,男,1952 年 6 月 10 日生,原系上海市无线电管理局副局长兼上海市无线电监测站站长。2011 年 4 月 7 日因涉嫌犯私分国有资产罪被逮捕。

被告人陈晓晖,男,原系上海唯远信息开发有限公司法定代表人、上海咸元通信技术有限公司负责人。2011 年 4 月 2 日因涉嫌犯私分国有资产罪被逮捕。

上海市徐汇区人民检察院以被告人徐国桢、陈晓晖犯私分国有资产罪等罪,向上海市徐汇区人民法院提起公诉。

上海市徐汇区人民法院经公开审理查明:

2002 年 7 月至 2011 年 5 月,被告人徐国桢担任上海市信息化办公室无线电管理处(以下简称"无管处")处长、上海市无线电管理委员会办公室(以下简称"无委办")副主任兼上海市无线电监测站(以下简称"监测站")站长、后兼任中共上海市无线电管理局(以下简称"无管局")党组成员,主要工作职责为负责监测站党政工作,分管精神文明建设,协管无管局日常行政、财务、干部调配等相关工作。

2002 年年底至 2003 年年初,被告人徐国桢为解决监测站职工集体福利问题,决定启用无资质、无场地、无设备、正处于歇业状态的上海唯远信息开发有限公司(以下简称"唯远公司")承接定检工作。后其与该公司负责人、被告人陈晓晖商定,唯远公司所得收入除列支必要成本外,剩余钱款均应当以现金形式账外返还监测站用于职工福利发放。2003 年 4、5 月间,徐国桢隐瞒唯远公司的真实情况,利用职权以无委办的名义批准授予唯远公司无线电设备检测资质,同时授意倪伟杰并通过相关人员讨论决定,委托唯远公司承接定检工作,后又将监测站办公场地、政府采购的技术设备、有关技术服务及启动资金提供给唯远公司使用。

2003 年 5 月起,唯远公司受委托以监测站名义开展定检工作,直接向非国家拨款的单位或者个人收取检测费;监测站也以国家财政拨款和转移支付项目专款向唯远公司支付检测费用。监测站向陈晓晖提出明确要求,2010 年唯远公司的全年业务开支为人民币(以下币种同)12 万元。2004 年起,上海市定检工作每年财政预算达数百万元。徐国桢代表监测站与陈晓晖变更约定,唯远公司须将监测站拨款及公司自行收取的检测费,按 50%的比例以现金形式返还监测站。2007 年 10 月,陈晓晖另设上海咸元通信技术有限公司(以下简称"咸元公司")取代唯远公司承接定检工作,有关约定保持不变。

2003 年至 2009 年年底,唯远公司、咸元公司自行直接收取检测费以及以检测劳务费等名义通过监测站获取财政拨款合计 30 余万元。陈晓晖按照事先约定,通过其专门成立的上海银闪通信技术有限公司(以下简称"银闪公司")、常帮唯博电脑软件编制服务社(以下简称"常帮唯博服务社")以及其他单位将上述款项予以套现或者转账,监测站则违反国家规定,由徐国桢决定,监测站副站长丁一咏等人具体执行,将上述返还款隐匿于监测站账外,分别多次将其中13283000 元以职工津贴、工资补差、奖金、过节费等名义陆续发放给无管局及监测站全体员工。

徐国桢归案后供述了私分国有资产的涉案事实。陈晓晖归案后供述了其帮助监测站私分国有资产的犯罪事实。

上海市徐汇区人民法院认为,国有事业单位监测站与被告人陈晓晖相勾结,违反国家规定,套取、截留国有资产,并以单位名义将其中1300余万元集体私分给本单位职工,数额巨大,被告人徐国桢作为该单位实施上述犯罪直接负责的主管人员,其行为构成私分国有资产罪,且系共同犯罪,应予处罚。陈晓晖为监测站私分国有资产提供帮助,其行为构成私分国有资产罪,且系共同犯罪,在共同犯罪中陈晓晖起辅助作用,系从犯,依法予以减轻处罚。徐国桢、陈晓晖到案后,均能如实供述主要罪行,依法可以从轻处罚。据此,依照《中华人民共和国刑法》第三百九十六条第一款、第二十五条第一款、第二十七条之规定,上海市徐汇区人民法院判决如下:

1. 被告人徐国桢犯私分国有资产罪,判处有期徒刑三年六个月,并处罚金人民币三万元。

2. 被告人陈晓晖犯私分国有资产罪,判处有期徒刑六个月,并处罚金人民币一万元。

3. 被告人的违法所得予以追缴。

一审宣判后,被告人徐国桢以量刑过重为由,向上海市第一中级人民法院提起上诉。

上海市第一中级人民法院经公开审理认为,上诉人徐国桢作为国有事业单位监测站直接负责的主管人员,违反国家规定,套取、截留国有资产,并以单位名义将其中1300余万元集体私分给本单位职工,其行为构成私分国有资产罪,且数额巨大;原审被告人陈晓晖为监测站私分国有资产提供帮助,其行为亦构成私分国有资产罪,依法均应予以处罚。原判鉴于上诉人、原审被告人所具有的量刑情节,已分别对其依法量刑。一审判决认定徐国桢犯私分国有资产罪、陈晓晖犯私分国有资产罪的事实清楚,证据确实、充分,定性准确,量刑适当,且诉讼程序合法。上海市第一中级人民法院裁定驳回上诉,维持原判。

二、裁判要旨

No.8-396(1)-6 私分国有资产罪仅能由国家机关、国有公司、企业、事业单位、人民团体等单位构成,自然人可以构成私分国有资产罪的共犯,但应当从轻或减轻处罚。

从定罪角度分析,非适格主体可以成为由适格主体实施犯罪的共犯。《刑法》所规定的特定犯罪必须具备特定的主体要素,其仅是针对单独犯而言的。对于教唆犯、帮助犯则不需要具备特定的主体要素。根据共同犯罪成立理论中的行为共同说(事实共同说),共同犯罪应当是指数人共同实施了构成要件的行为,而不是共同实施特定的犯罪。质言之,不要求行为人共同实施特定的犯罪,只要行为具有共同性就可以成立共同犯罪。至于共犯人的责任问题,则需要个别认定。因而,对于非适格主体参与实施私分国有资产行为,只要非适格主体与适格单位共同实施了私分国有资产的行为,就可以成立共同犯罪。由于私分国有资产罪仅能由国家机关、国有公司、企业、事业单位、人民团体等单位主体构成,监测站系适格单位主体,应当认定监测站为实行犯,且系主犯,并据此判处被告人徐国桢的刑罚;自然人陈晓晖系非适格自然人主体,其为监测站顺利私分国有资产提供了重要帮助,起到了次要作用,故与监测站构成私分国有资产罪的共同犯罪,但系从犯,应当从轻或者减轻处罚。

案例:工商银行神木支行、童某等国有公司人员滥用职权案

案例来源:《刑事审判参考》总第112集[第1234号]

主题词:私分国有资产罪　国有公司、企业范围

一、基本案情

2010年11月,被告人童某担任被告单位中国工商银行股份有限公司神木支行(以下简称“神木支行”)行长后,为解决经费不足和职工福利问题,授意该支行办公室主任、被告人张某采取虚构项目的方式,向其上级银行榆林分行套取经营性费用。2010年,张某以虚构的维修费、燃料费、绿化费等名目套取资金22笔,合计65.0261万元。后经行长办公会决定,将其中22万元以春节过节费的名义发放给该支行全体职工。2011年2月,被告人温某出任神木支行副行长,

分管财务和市场营销。童某、温某继续指使张某套取资金,2011年间,张某以上述方式向榆林分行套取费用73笔,合计303.9538万元。经行长办公会决定,将其中38.6万元(其中现金21.7万元,另含价值16.9万元的购物卡)以春节福利费的名义发放给全体职工;以第三、四季度奖励和专项奖励的名义发放给职工62.69万元。

二、裁判要旨

No.8-396(1)-7 私分国有资产罪的"国有公司、企业"仅限于国有独资公司、企业,国有控股、参股公司、企业不属于私分国有资产罪中的"国有公司、企业"。

(1)从资产性质分析,将私分国有资产罪中的"国有公司、企业"限制解释为"国有独资公司、企业"更符合立法原意。私分国有资产罪的犯罪主体是国家机关、国有公司、企业、事业单位、人民团体,犯罪对象是国有资产,从同一罪名罪质分析,私分国有资产罪中单位主体的资产性质应当保持大致同一。本罪中"国家机关、国有公司、企业、事业单位、人民团体"是并列主体,国家机关的资产是纯国有资产,国有公司、企业、事业单位、人民团体的资产也应当是纯国有资产,而上述单位主体中符合该条件要求的,只有国有独资公司、企业。

(2)从罪名设置分析,将私分国有资产罪中的"国有公司、企业"作限制解释更符合立法原意。《刑法》将私分国有资产罪设置在第八章"贪污贿赂罪"中,且与同章中单位受贿罪的犯罪主体、对单位行贿罪的犯罪对象一样,都是国家机关、国有公司、企业、事业单位、人民团体,故对私分国有资产罪中的"国有公司、企业"参照单位受贿罪中的犯罪主体、对单位行贿罪的犯罪对象来解释具有一定立法依据。作为单位受贿罪的犯罪主体、对单位行贿罪的犯罪对象,国有公司、企业仅指国有独资公司、企业,这一点基本无异议。因此,参照单位受贿罪犯罪主体、对单位行贿罪犯罪对象的范围,对私分国有资产罪中的"国有公司、企业"应当限制解释为"国有独资公司、企业"。

(3)从法益保护角度分析,将私分国有资产罪中的"国有公司、企业"作限制解释不会影响国有资产的保护。实践中有观点提出,如果将私分国有资产罪中的"国有公司、企业"解释为"国有独资公司、企业",那么国有控股、参股公司、企业集体私分国有资产的行为如何适用罪名便将成为问题,如此实际意味着国有控股、参股公司、企业的国有资产将失去刑法的保护。我们认为,虽然国有控股、参股公司、企业集体私分国有资产的行为不能认定构成私分国有资产罪,但是并不意味着不构成其他犯罪。如果国有控股、参股公司、企业的工作人员违反国家规定,以单位名义将国有资产集体私分给个人,造成公司严重损失,致使国家利益遭受重大损失的,依然可以构成国有公司、企业人员滥用职权罪。

案例:佟茂华、牛玉杰私分国有资产,佟茂华挪用公款、受贿案

案例来源:《刑事审判参考》总第120集[第1313号]

主题词:私分国有资产罪 企业改制

一、基本案情

(一)佟茂华、牛玉杰在国有企业改制期间隐匿国有资产,转入改制后的国家参股、众多经营管理人员和职工持股企业的事实

阜阳市汽车运输总公司(以下简称"阜汽总公司")系1949年成立的国有企业,被告人佟茂华自1997年10月起即担任该公司法定代表人。在经营期间,阜汽总公司因从事客运跨区业务,与省内外其他运输企业对开客运班线,创设公司内部银行,利用所管理的内部银行资金向下属单位、承包车主等发放有偿贷款。自1991年2月起,代交通行政部门收取交建基金(后更名为客运附加费),并由此形成客运跨区、内部银行利息和交建基金三个资金账户。截至2000年3月31日,客运跨区科目贷方账户余额为472.983836万元,内部银行利息差异账户余额为303.2251万元,交建基金科目账户贷方余额为2339.419176万元。

2000年年初,阜汽总公司响应阜阳市政府号召并报经阜阳市政府批准,决定改制为国家参股,内部职工以工会为代表集体持股,经营管理层控股的阜阳市汽车运输集团有限公司(以下简

称“阜汽集团”)。在与阜汽总公司副总经理秦少华、仝敏,财务科长被告人牛玉杰,总经理助理张跃等人商议改制事宜时,被告人佟茂华数次强调公司管理层要多持股、持大股,但鉴于企业职工经济状况普遍不佳,评估时尽量把国有资产评低些,让国有资产在改制后企业所占股份的比例小些,既便于实现管理层控股,也给改制后企业留点后劲。在与中亚评估公司商谈阜汽总公司的经营性国有净资产评估事项时,佟茂华也提出了类似要求,中亚评估公司表示尽量予以满足。中亚评估公司承接评估业务后,成立由张明华(另案处理)、潘志超负责,注册评估师吴建超、助理会计师高敏等为组员的资产评估小组,进驻阜汽总公司开展评估。牛玉杰应佟茂华安排,负责将相关的财务报表及资料报佟茂华审核、签字后,提供给资产评估小组。在此期间,牛玉杰向佟茂华汇报称内部银行账户共有 300 余万元的贷款利息在公司总账目中没有反映,贷款所形成的呆坏账、税金等尚未处理,提出不向资产评估小组提供相应财务资料的建议,佟茂华听后决定不予提供,牛玉杰便没有向评估小组提供与内部银行有关的财务资料,由此内部银行利息差异账户余额 303.2251 万元没有被纳入阜汽总公司资产评估。

2000 年 5 月,中亚评估公司初步评估阜汽总公司的经营性国有净资产数额为 1000 多万元,潘志超、张明华、吴建超就此向阜汽总公司作了通报。被告人佟茂华在与被告人牛玉杰、张跃等人听取通报后,当即表示初评的国有净资产数额太大,而阜汽总公司职工工资都不高,如果国有股份比例过大,将无法实现市政府关于改制公司由公司管理层控股的目标,要求在场人员共同想办法降低国有净资产数额。潘志超称此时只有增加负债,把能用的政策用上、用足。牛玉杰提出阜汽总公司原是把客运跨区科目贷方余额作为欠兄弟单位的负债申报的,而中亚评估公司将之评估为收入,可以将其评估为负债,对外解释为与兄弟单位对开班线形成,结算后还需对外支付。众人都认可了牛玉杰的说法,佟茂华便提出将其按照企业负债评估。接着,佟茂华提出能否再计提部分交建基金。牛玉杰称阜汽总公司的交建基金已经计提并按月定额上缴至阜阳市交通局,不便再计提。佟茂华决定按照省交通厅文件规定的每月每座 60 元的标准,再次计提 2000 年 1 月至 3 月的交建基金,并安排牛玉杰配合张明华落实重复计提事宜。潘志超向中亚评估公司负责人司颖泉汇报上述情况后,司颖泉表示同意,后资产评估小组将客运跨区科目贷方余额 472.983836 万元调整为负债,依据安徽省交通厅相关文件再次计提 2000 年 1 月至 3 月的交建基金 382.296 万元作为负债,并于 2000 年 6 月 12 日出具了阜汽总公司经营性国有净资产为 267.55 万元的资产评估报告。同月 15 日,阜阳市国有资产管理局对阜汽总公司呈报的该份资产评估报告予以确认,同月 28 日决定将阜汽总公司管理的经营性国有净资产 267.55 万元折为国有股,投入新组建的股份制企业,股权由阜阳市国有资产投资管理公司持有,委托改制后企业的法定代表人为产权代表,签订责任书,负责国有资产的保值增值。

2000 年 6 月 20 日,阜汽集团改制委员会相继颁布了公司募股章程、股份制改制方案,被告人佟茂华担任改制委员会主任,仝敏、于业平等 9 名公司高管担任副主任或成员,被告人牛玉杰、张跃等人担任办公室成员;注册资金除国有资产外,只允许本公司干部职工持股,国有股由市政府委托集团公司持有,职工股以工会为单位持股,职工入股坚持自愿认购原则,不下任务,不附加条件,最高额不超过 3000 元,也可以不出资;阜汽总公司领导、基层领导、管理人员必须入股,按市政府批示精神,鼓励经营管理人员多持股,集体控股,法人代表持大股,出资不足部分,以个人资产作抵押贷款入股。募股期间,阜汽总公司在管理层、普通职工中进行了广泛宣传,但管理层、普通职工普遍反映家庭经济收入水平较低,认购股份积极性不高,相当数量的普通职工自愿放弃入股,高中级管理层反映无力承担数万元甚至数十万元的入股资金。为此,阜汽总公司班子例会研究决定,要求认购股份的普通职工按 100%的现金到位,对认购股份的管理人员公司领导按 10%、助理按 20%、正科级按 30%、副科级按 50%的现金到位,其余部分实行贷转股,后研究实施了企业内部专项贷款方案。

同年 6 月 30 日,阜阳市政府批复同意阜汽总公司改制为阜汽集团,由阜汽总公司资产评估折股后,联合 45 个股东(普通职工以工会名义集体持股)出资共同设立,股本总额为 3000 万元,其中国有经营性净资产折股 267.55 万元,占股本总额的 8.92%;个人股 2732.45 万元,占股本总额的91.08%。同日,阜汽集团成立并召开第一届股东代表大会,通过公司章程并选举被告人佟茂华和仝敏等18人为阜汽集团董事、监事,佟茂华担任董事长。2002年8月月底,阜汽集团财务部长牛玉杰安排财务人员李欣荣将内部银行利息差异余额448.7万元调入阜汽集团新设立的股金账户。2006年1月月底,阜汽集团财务部长杨永振安排李欣荣将内部银行利息差异303.2251万元作收入处理,转入阜汽集团的财务账户。

(二)被告人佟茂华安排他人用阜汽集团定期存单质押为包括其本人在内的10名集团高管贷款的事实

2000年上半年,阜汽总公司改制时,按照阜阳市政府关于改制后的企业经营管理层控股、法人代表持大股的要求,规定副科级以上的经营管理层必须认缴数额不等的股份。其中,时任公司总经理的被告人佟茂华需入股200万元,副总经理尚丙启、于业平等其他9名高管需分别入股80万元,基层、中层管理人员需分别入股2万至25万元不等。在募股期间,企业经营管理层普遍反映家庭经济收入水平较低,认购股份积极性不高,纷纷表示无力支付数万元甚至数十万元的入股资金。为此,阜汽总公司于同年6月30日召开领导班子例会,研究决定对认购改制公司股份的管理人员,总公司领导按10%、助理按20%、正科级按30%、副科级按50%的现金到位,其余部分实行贷转股。同日,阜汽集团第一次股东大会召开,决议通过企业内部贷款方案,明确规定"按政府批示精神鼓励经营管理人多持股、控股,法人代表持大股,出资不足部分,以个人资产作抵押入股"的精神,在集团募股阶段,副科级以上经营管理人员入股资金不能一次性到位的,集团决定对其在按一定比例出资后与规定股本间的差额给予贷款入股;阜汽总公司将在账的银行借款与其他借款的一部分按缴纳现金的一定比例转借股东作为股本,由股东承担还本付息义务,股东以其所持股份对集团承担责任;申请参与贷转股的人员,必须具备5年内还本付息能力,5年内还清借款有困难的,可申请不超过2年的延期。同年7月1日,佟茂华、于业平、仝敏等10名公司高管分别与阜汽集团签订内部专项贷款合同,佟茂华贷款180万元,其他9人分别贷款72万元,共计828万元。专项贷款合同对借款的期限、利息支付担保等内容,作了同"企业内部贷款方案"精神相同的约定。

2000年7月4日,被告人佟茂华被选举和聘任为阜汽集团董事长、总经理,同时接受阜阳市国有资产管理局委托,担任阜汽集团国有资产的产权代表。2001年12月10日,佟茂华被阜阳市交通局党组任命为阜汽集团党委书记。2004年,阜阳市纪委在调查阜汽总公司改制问题时,发现阜汽集团对企业管理层实行内部专项借款,入股资金并没有完全到位,便要求相关人员限期缴纳未到位的股本金。阜汽集团随即据此向企业经营管理层的相关人员提出了相应要求,但大家仍普遍反映经济依旧困难,在补缴部分缺额股金后,纷纷表示即便卸任职务,也无力补缴全部的缺额股金,个别高管甚至为此与佟茂华发生争吵,催缴股金改制陷入困境。在此情形下,佟茂华提议由10位高管自行筹资缴纳50%的股金,剩下50%由阜汽集团提供贷款担保,各高管私人从银行贷款缴纳并支付本息,大家都表示同意或默许。之后,佟茂华在与中国农业银行阜阳分行腾达支行行长李春玲联系好贷款缴纳股金的事宜后,安排阜汽集团总经理助理张跃、财务部长杨永振、会计李欣荣等人,用阜汽集团460万元资金定期存入腾达支行并以此存单作为质押,共为包括佟茂华在内的10名集团高管担保贷款429万元,同时阜阳同济房地产开发有限公司还为佟茂华的99万元贷款提供了担保。2005年年初,在阜阳市纪委发现前述行为后要求予以纠正时,佟茂华又安排集团财务人员为前述10名集团高管从阜阳市银河信用社贷款,清偿尚未归还的农行腾达支行贷款本息。经计算,腾达支行的贷款本息共计450.189545万元,后均由贷款的高管予以偿还。

(三)被告人佟茂华利用职务便利为他人谋取利益,收受他人给予的财物,或以多种理由向他人借款,长期不还的事实

2002年至2012年,被告人佟茂华利用其担任阜汽集团党委书记董事长、总经理的职务便利,为他人谋取利益,以借款为名,通过现金或转账的方式,向他人索要145.8万元,以现金或接受他人赠与高档礼品、豁免债务等方式,收受他人44.0148万元和两幅书法作品。

二、裁判要旨

No. 8-396(1)-8　在企业改制期间隐匿国有资产,转为国家参股、众多经营管理和职工持股的改制后企业的行为,应当以私分国有资产罪论处。

《最高人民法院、最高人民检察院关于办理国家出资企业中职务犯罪案件具体应用法律若干问题的意见》(以下简称《意见》)第二条第二款规定的以贪污罪定罪处罚的情形,主要针对由少数人共同实施,企业其他人员不知情或不知实情,分取利益范围以参与决策、具体实施贪污行为以及为贪污行为提供帮助等少数某一层面的人(如企业管理层)为限的情形,而对由单位决定并统一组织实施,在企业内部一定程度公开,企业不同层面的多数人员获得利益的情形,一般应当认定为私分国有资产罪。

No. 8-396(1)-9　经单位集体研究决定,使用单位定期银行存单质押,贷款供他人使用的行为,不构成挪用公款罪。

国有企业改制政策性较强,一些地方出台的政策与中央政策存在一些出入,鼓励、支持甚至要求管理层持大股,并为此提供相关配套措施,原管理人员为加快企业改制进程,或直接用企业资金入股,或用企业资金、财产担保入股,违规违法现象较为普遍,有的还得到了地方政策的认可或者有关部门批准。为此,《意见》规定,“对于特定历史条件下、为了顺利完成企业改制而实施的违反国家政策法律规定的行为,行为人无主观恶意或者主观恶意不明显,情节较轻,危害不大的,可以不作为犯罪处理”。

无论是企业内部贷款方案,还是用存单质押贷款,实质均为以集团财产提供担保,贷款股东以其所持股份向集团提供反担保或股东间互为保证、其他公司担保,两者并无本质不同。前者经阜汽集团集体研究决定,体现为单位集体意志;后者由佟茂华提出的由阜汽集团担保的贷款方案,在分别征求各集团高管意见并获得同意或默许后组织实施,虽然与召开集团管理层会议专门研究并作出决定存在形式上的差异,但本质并无不同,此种情形在公司经营管理中并不少见,应认定为经单位领导集体研究决定。《全国法院审理经济犯罪案件工作座谈会纪要》(以下简称《经济犯罪纪要》)指出,“经单位领导集体研究决定将公款给个人使用,或者单位负责人为了单位利益,决定将公款给个人使用的,不以挪用公款罪定罪处罚”。

No. 8-396(1)-10　对认定以借款为名受贿行为时,不能仅看是否具有书面借款手续,还应根据借款事由、款项去向、双方关系以及是否有经济往来、出借方是否要求借方利用职务便利为自己谋私、借款后有无归还意思表示及行为、有无归还能力、未归还的原因等综合判断。

在受贿罪的认定中,准确把握受贿和借款的界限,对区分罪与非罪具有重要意义。为此,《经济犯罪纪要》中规定“国家工作人员利用职务上的便利,以借为名向他人索取财物,或者非法收受财物为他人谋取利益的,应当认定为受贿”并提出具体认定时,不能仅看是否具有书面借款手续,还应根据借款事由、款项去向、双方关系以及是否有经济往来、出借方是否要求借方利用职务便利为己谋利、借款后有无归还的意思表示及行为、有无归还能力、未归还的原因等综合判定。因此,对涉案行为必须进行实质审查,对符合权钱交易本质的,应当认定为受贿。

案例:林财私分国有资产案

案例来源:《刑事审判参考》总第125辑[第1401号]

主题词:私分国有资产罪　国企改制

一、基本案情

2005年12月16日,深圳市投资控股有限公司批复同意深圳市特发保税实业有限公司(以下简称“保税公司”)开始进行国有企业改制。林财作为保税公司及其全资下属的深圳市深发汽车实业有限公司(以下简称“深发公司”)的董事长、总经理及法定代表人,在保税公司及深发公司改制过程中,利用职务上的便利,通过故意隐瞒原国有公司拥有的股权及其他无形资产的方式隐匿公司财产,转为职工集体(包括其本人)持有股份的改制后公司所有。具体事实如下:

深圳市中级人民法院认为,被告人林财身为国有公司董事长、总经理及法定代表人,违反国家规定,在国有企业改制过程中,隐匿深发公司拥有的新信洲公司20%股权和分红,以及3块出租小汽车运营牌照,将其转为职工集体持股的改制后公司所有,林财作为直接负责的主管人员,其行为已构成私分国有资产罪。关于公诉机关指控的隐匿7块大巴客运标志牌的事实,根据深圳市交通局的批复,上述7块客运标志牌的经营权及使用权已为中南公司所有,深发公司与中南公司的《合作协议书》违反相关行政法规的要求,深发公司并不能据此获得经营权和使用权。因此,上述道路客运班线标志牌不能作为深发公司拥有的财产而纳入改制资产范围,对公诉机关该项指控不予支持。判决被告人林财犯私分国有资产罪,判处有期徒刑五年,并处罚金人民币一百万元,上缴国库;追缴涉案出租小汽车营运牌十三个、出租小汽车十辆、赃款人民币1771588.18元,退回特发集团。

宣判后,深圳市人民检察院以原判定性错误、量刑畸轻为由提出抗诉,被告人林财以深发公司从小梅沙旅游中心受让的3块出租小汽车牌照不应认定为犯罪对象等为由提出上诉。

广东省高级人民法院经审理认为,原判认定的主要事实清楚,证据确实、充分。原判认定深发公司不具备道路班车客运经营资质,深发公司已失去拥有7块客运线路标志牌的资格,故未将7块大巴客运标志牌列入本案犯罪对象正确,但深发公司与中南公司签署《合作协议书》并从中获取收益是客观事实,原判对上诉人林财隐匿深发公司7块大巴客运线路标志牌的收益人民币1629868元未计入犯罪数额不当,应予纠正并追缴。判决维持广东省深圳市中级人民法院(2013)深中法刑二初字第319号刑事判决第一项,即被告人林财犯私分国有资产罪,判处有期徒刑五年,并处罚金人民币一百万元,上缴国库;撤销广东省深圳市中级人民法院(2013)深中法刑二初字第319号刑事判决第二项,即追缴涉案出租小汽车营运牌十三个、出租小汽车十辆、赃款人民币1771588.18元,退回特发集团;追缴涉案出租小汽车营运牌十三个、出租小汽车十辆、赃款人民币1771588.18元及隐匿7块大巴客运线路标志牌收益人民币1629868元,退回特发集团。

二、裁判要旨

No. 8-396(1)-11 国有企业改制过程中隐匿公司财产,转为其个人和部分职工持股的改制后公司所有的行为,应当综合考虑国企改制的特殊背景及个别企业的特殊性,不能以经营层控股、经营者持大股就简单地否定企业为职工集体持股。

最高人民法院、最高人民检察院《关于办理国家出资企业中职务犯罪案件具体应用法律若干问题的意见》(以下简称《国企职务犯罪意见》)第二条第一款规定,国有公司、企业违反国家规定,在改制过程中隐匿公司、企业财产,转为职工集体持股的改制后公司、企业所有的,对其直接负责的主管人员和其他直接责任人员,以私分国有资产罪定罪处罚;该条第二款规定,改制后的公司、企业中只有改制前公司、企业的管理人员或者少数职工持股,改制前公司、企业的多数职工未持股的,以贪污罪定罪处罚。第一款和第二款的区分关键就在于改制后公司的股权情况,即改制后公司是属于职工集体持股还是高管或少数职工持股。

被告人林财及改制后公司职工持股的问题,应当综合考虑国企改制的特殊背景及个别企业的特殊性,不能以经营层控股、经营者持大股就简单地否定企业为职工集体持股。从外部股权及职工内部股权关系看,林财并非处于控股地位,鉴于管理人员持大股、职工集体持小股的做法是特定时期内国有企业改制的通行做法,对林财按照直接负责的主管人员应以私分国有资产罪定罪处罚。理由如下:

《国企职务犯罪意见》规定了区分的基本原则,但对于何为"职工集体持股",如何确定高层管理人员与普通职工的持股比例问题并没有明确规定。在持股比例问题上,还存在一个具体情况具体分析的问题。考虑到管理人员持大股,职工集体持小股是过去一段时期内企业改制的通行做法,故不能简单据此认定为贪污。但是,对于数额比例明显极端的个案,究竟属于私分国有资产还是贪污,则有必要根据案件具体情况进行实质认定。应当综合考虑国企改制的特殊背景及个别企业的特殊性,对职工集体持股的认定不宜把握太严——要求企业职工必须人人持股、均衡持股,不能以经营层控股、经营者持大股就简单将企业排除在职工集体持股的情形之外。本案中,改制后的保税公司采取自然人与工会共同持股的方式。最高院认为,不宜根据林财持有较大比例的股份进而认定本案属于《国企职务犯罪意见》第二条第二款规定的“改制后的公司、企业中只有改制前公司、企业管理人员或者少数职工持股,改制前公司、企业的多数职工未持股的”情形。

No. 8-396(1)-12 行政划拨的出租车营运牌照等无形资产亦属于国有资产范围。

根据2009年施行的《企业国有资产法》第二条、2011年修订的《企业国有资产监督管理暂行条例》第三条、中国资产评估协会1996年5月7日颁布的《资产评估操作规范意见(试行)》(该意见虽于2011年2月21日废止,但在保税公司改制期间有效)第九十二条、第九十四条、《国企职务犯罪意见》《最高人民法院、最高人民检察院关于办理贪污贿赂刑事案件适用法律若干问题的解释》第十二条等法律法规及司法解释的规定,相关犯罪的犯罪对象既包括有体物,也包括无形资产、财产性利益等。本案中,根据深圳市交通局复函、深发公司的情况说明等证据证实,涉案3块出租车牌照经历了三个阶段:一是行政审批无偿使用阶段。该3块牌照属于特发集团下属国有企业小梅沙旅游中心所有,因其无出租小汽车经营权,故挂靠深发公司名下营运,深发公司收取管理费。二是有偿使用阶段。深圳市运输局下发通知,要求无偿分配的出租小汽车营运指标均采取议标方式转为有偿使用性质,经营单位具有永久使用权,但不得转让。三是取得营运牌照阶段(改制后)。由此可见,在2007年之前深发公司所拥有的上述出租车营运牌照,按照当时行政管理规定虽不允许转让,但深发公司具有永久使用权,而作为一项特许经营权,其可行使占有、使用和收益的权利,也能够以金钱计算其经济价值,具有经济利益,是一项能为经营者带来效益或者收益的资产。因此,该部分资产应属于《刑法》及其相关司法解释所规定的“财产性利益”,或者说,属于无形资产,其应当属于国有资产的范畴,在企业改制时应当纳入改制时的国有资产。被告人林财在公司改制过程中要求财务人员隐匿不报上述3块出租车运营牌照并将对应的出租车报为行政用车的做法,属于隐匿资产行为。

第九章 渎职罪

177 滥用职权罪(《刑法》第三百九十七条)

案例:邹兴儿滥用职权案

案例来源:《人民法院案例选》2010 年第 2 辑

主题词:玩忽职守罪 滥用职权罪

一、基本案情

被告人邹兴儿。

浙江省慈溪市人民法院经审理查明:2005 年 7 月中旬,浙江永滏进出口有限公司法定代表人赵某欲将土地使用面积 7645 平方米的工业用房改变为商业用房,并办理房产证。为此,赵某委托慈溪市宁兴房产经纪有限公司何某代为办理,并约定事成后给付 30 万元报酬。何某通过冯某,由时任慈溪市坎墩街道房管所副所长的高某(另案处理)帮忙办理相关手续,并约定事成后给付 20 万元报酬,预付 8 万元。尔后,高某找到时任慈溪市人民政府联合审批服务中心规划局办证窗口办事员的被告人邹兴儿,要求其在建设工程规划许可证上加盖"慈溪市规划局审批专用章",以便篡改建设工程规划许可证。被告人邹兴儿明知该行为违法,非经合法程序不能擅自盖章,故拒绝加盖。高某遂提出由其至被告人邹兴儿工作的窗口偷盖印章,对此提议,被告人邹兴儿予以默认,并接受了高某的两次吃请。事隔数日,高某持建设工程规划许可证至被告人邹兴儿工作的办证窗口。被告人邹兴儿对高某来此的目的心知肚明,违反规定放任高某进入内部工作区逗留,将"慈溪市规划局审批专用章"放置于高某伸手可及之处,高某随即在建设工程规划许可证上盖具了"慈溪市规划局审批专用章"。后高某便将规划许可证上盖章处的建设项目名称由"厂房"涂改为"商业",并叫冯某持总平面图至被告人邹兴儿处加盖了"慈溪市规划局审批专用章"。高某又通过私刻印章、伪造函件的办法,将办证所需资料由冯某交给了何某,顺利办理了土地证,逃避了应缴纳的 20 余万元配套费。后在办理房产证时被发现有异而案发,造成了恶劣的社会影响。

被告人邹兴儿辩称,高某来偷盖印章,其只是疏忽大意,并非心知肚明,其行为只能认定为玩忽职守,而不能认定为滥用职权。

浙江省慈溪市人民法院认为,被告人邹兴儿身为在依照法律、法规规定行使国家行政管理职权的组织中从事公务的人员,伙同他人,违反法律规定的权限和程序,滥用职权,致使国家利益遭受重大损失,造成恶劣社会影响,其行为已构成滥用职权罪。公诉机关指控的罪名成立。被告人邹兴儿不构成滥用职权罪的相关辩护意见,与事实及法律不符,法院不予采纳。被告人邹兴儿犯罪情节轻微,可以免予刑事处罚。法院依照我国刑法规定,判处被告人邹兴儿犯滥用职权罪,免予刑事处罚。

宣判后,被告人邹兴儿未提出上诉,检察机关亦未提出抗诉,一审判决已经发生法律效力。

二、裁判要旨

No. 9-397-1-1 国家机关工作人员为他人违法偷盖印章提供便利条件的,应以滥用职权罪论处。

从客观方面分析,玩忽职守罪在客观方面的本质属性是对职守的"玩忽"。这种"玩忽"行为,主要表现为两种情形:(1)不履行职责,即行为人严重不负责任,对法定职责义务该为而不为,放弃职守、擅离岗位;(2)不认真履行职责,即行为人严重不负责任,对法定职责义务马虎草率、敷衍塞责。

而滥用职权罪在客观方面的本质属性是对职权的"滥用"。这种"滥用"主要表现为两种情形:(1)超越职权的滥用,即行为人超越法定权力范围,违法决定无权决定的事项、擅自处理无权处理的事务;(2)违法行使职权的滥用,即行为人违反法定办事程序,随心所欲地违法处理公务。

此外,两罪都既可以由作为构成,也可以由不作为构成,但玩忽职守主要表现为不作为,滥用职权则主要表现为作为。本案被告人邹兴儿明知高某要求其做的事情是违反其工作权限、程序和超越职责的,因此不愿亲手实施盖章事务。其本人并没有亲手实施盖章事务,看似是一种消极不作为行为,但是,被告人邹兴儿通过采取间接隐蔽的手段,为高某偷盖印章提供方便,在知道高某要来偷盖印章时,不但不加以阻止,反而通过一系列的作为,如违反规定放任高某进入内部工作区逗留,违规将慈溪市规划局审批专用章放置于高某伸手可及之处,使得高某偷盖印章的目的顺利达成。被告人邹兴儿的提供便利行为与高某偷盖印章的结果之间存在直接因果关系。其行为实质上造成的结果与其本人亲手盖章无异,二人系共同犯意下不同分工的共同犯罪行为。因此,在对被告人邹兴儿的行为表现方式进行评定时,通过去伪存真的方法,可以看出被告人邹兴儿的行为表面上是消极的不作为,而实系违法超限履行职责作为,符合滥用职权的行为特征。

从主观方面分析,玩忽职守罪主要由过失构成,它指国家机关工作人员本应恪尽职守,时刻保持必要注意,但行为人却持一种疏忽大意或过于自信的心理,对自己的玩忽职守行为可能导致的危害后果应当预见而没有预见,或者已经预见而轻信可以避免,以致造成重大损害结果。滥用职权罪主要由故意构成,该故意既可以是直接故意,也可以是间接故意。在本案中,高某为盖章一事曾多次找邹兴儿帮忙,并且明确告诉可以从中获取好处,期间又两次请客吃饭、桑拿,足见高某对此事务志在必得的心态。而邹兴儿虽然害怕承担责任,觉得危险而没有直接答应帮助盖章,但对高某提出的由高某至窗口自己偷盖,邹兴儿装作没看见的方案,却不置可否,后又欣然接受高某的吃请。其在经过高某连续的吃请后表现出来的不置可否态度与先前的断然拒绝形成鲜明对比。数日后,高某持建设工程规划许可证至被告人邹兴儿工作的办证窗口,被告人此时对高某希望偷盖印章应当是心知肚明,但他却仍违反规定放任高某进入内部工作区逗留,又将印章放置于高某随手可及的地方,为高某偷盖印章提供便利,如此连续明显的违规行为无法用被告人邹兴儿辩解的疏忽大意过失来解释,其明知自己行为可能造成危害结果的发生,仍对犯罪结果的发生持一种放任的态度,主观心态属于典型的间接故意,符合滥用职权罪主观方面的构成要件。

案例:余振宝滥用职权案

案例来源:《人民法院案例选》2008 年第 4 辑

主题词:滥用职权罪

一、基本案情

被告人余振宝。

上海市第一中级人民法院经审理查明:1996 年 4 月至 2000 年 12 月,被告人余振宝在担任上海市徐汇区商业网点管理办公室主任(以下简称“网点办”)期间,故意违反上海市人民政府财贸办公室《关于做好公建商业网点接收工作并安排好新居住区商业网点的意见》、上海市商业网点管理办公室《关于上海市市、区商业网点管理办公室财务管理工作办法》等关于网点资金专款专用的规定,擅自将网点资金人民币 660 万元(以下币种均为人民币)出借给上海捷苑实业有限公司(以下简称“捷苑公司”)。期间,捷苑公司先后归还徐汇区商业网点管理办公室人民币 274 万元,尚余 386 万元未归还。

被告人余振宝为了填补借给捷苑公司造成的 386 万元的漏洞,以其兼任总经理的天南公司的名义与上海天任投资公司签订了 2000 万元的资产委托管理协议,并且约定了一个补充协议,在保证 10%收益的同时,填补 386 万元的漏洞。最终,通过一系列操作,通过天南公司将 286 万元归还了徐汇网点办。捷苑公司也以位于田林东路的网点使用权折价 100 万元抵冲余下的欠款。

上海市第一中级人民法院认为,被告人余振宝作为在行使国家行政管理职权的组织中从事公务的人员,滥用职权违反规定擅自出借资金,给国家造成经济损失共计 286 万元,其行为已构成滥用职权罪,且属情节特别严重。被告人余振宝能自动投案,并如实交代犯罪事实,依法应认定其具有自首情节,且能当庭认罪,决定对其减轻处罚;以滥用职权罪判处被告人有期徒刑两年六个月。

在审理过程中,针对本案的定性,合议庭存在两种意见:第一种意见认为,被告人余振宝构成挪用公款罪。被告人余振宝身为国家工作人员利用职务上的便利,擅自将网点资金人民币660万元挪用给上海捷苑公司使用,造成286万元的损失,符合挪用公款罪中挪用公款进行营利活动的规定。第二种意见认为,被告人余振宝构成滥用职权罪。被告人余振宝作为在行使国家行政管理职权中从事公务的人员,故意违反网点资金专款专用的规定,擅自出借网点资金,致使公共财产、国家和人民利益遭受重大损失,符合滥用职权罪的构成要件。合议庭最终采纳第二种意见,认定被告人余振宝构成滥用职权罪。

针对286万元的损失是否已填补,合议庭内有两种意见:第一种意见认为,这286万元是协议约定之外的收益,不属于单位所有,可以用来填补单位欠款。第二种意见认为,不管是在协议约定的收益之内还是之外,只要是单位公款所产生的收益都应当归单位所有。合议庭最终采纳第二种意见,认定被告人滥用职权行为给国家造成经济损失286万元。

二、裁判要旨

No.9-397-1-2 国家机关工作人员以单位名义擅自将本单位资金提供给其他单位使用,不论行为人是否从中谋取个人利益,只要给公共财产、国家和人民利益造成重大损失的,应以滥用职权罪论处。

1. 徐汇区网点办系事业单位,但同时承担一定的行政管理职能,余振宝受徐汇财贸办公室任命担任该办公室主任,系在其中从事公务的人员,符合滥用职权罪主体身份要求。

2. 滥用职权罪在客观方面表现为违反法律规定的权限和程序,滥用职权,致使公共财产、国家和人民利益遭受重大损失的行为。余振宝明知市政府财贸办公室和市商业网点管理办公室对网点办的各项资金有明文限制性规定,明文规定"专款专用,用于公建商业网点建设和维修,不得移作他用",余振宝仍违反上述规定,将专项资金出借给捷苑公司,造成网点办286万元资金无法收回,根据《全国法院审理经济犯罪案件工作座谈会纪要》(法释〔2003〕167号)中关于渎职犯罪造成公共损失的认定,在司法实践中,虽然公共财产作为债权存在,但已无法实现债权的,可以认定为渎职行为造成了经济损失,包括债务人已经按照法定程序宣告破产、债务人潜逃、去向不明。故本案符合该罪客观方面的要件。

所以一审法院判定,被告人余振宝滥用职权,个人擅自决定以单位名义将网点办专项资金供上海捷苑使用,自己又没有从中谋取个人利益,致使公共财产、国家和人民利益遭受重大损失,构成滥用职权罪。

No.9-397-1-3 滥用职权行为造成的财产损失,不得以单位公款产生的收益填补。

针对286万元的损失是否已填补,合议庭的第一种意见对单位公款产生的收益作了约定之内还是之外的划分,如果是10%以内的收益,由于该收益按照协议属于单位所有,不能用单位公款来填补漏洞,协议约定之外的收益则不属于单位所有,可以用来填补单位欠款。试想,如果承认这种划分,每个人都可以通过约定较少的回报率,而取得这部分公款收益。同时,也找不到这种划分的相关依据。所以,应该坚持这样一个原则:不管是在协议约定的收益之内还是之外,只要是单位公款所产生的收益都应当归单位所有。所以,以单位公款产生的收益是不能填补先前欠款漏洞的,这相当于把一个口袋的钱拿到另一个口袋,单位所遭受的损失并未得到补偿。

被告人余振宝企图通过将单位资金炒股所得收益填补欠款漏洞是徒劳的。同时被告人假借上海天南公司的名义替上海捷苑公司"归还"网点办的欠款,但由于本案中上海天南公司与网点办有密切的资产业务关系,形成了两个单位资金通用、责任共担的机制归还欠款之说实则是掩人耳目。虽然单看徐汇网点办的账面是平的,但单位的损失依然存在。同时,有证据证实,用于炒股的单位资金2000万元,在案发时已经亏了近1000万元,也即先期归还的286万元是2000万元单位公款的一部分。在这种情形下,根本不存在归还的可能。

案例:翁余生滥用职权案

案例来源:《人民法院案例选》2005 年第 4 辑

主题词:滥用职权罪　必然因果关系　损失

一、基本案情

被告人翁余生,男,1964 年 7 月 14 日出生于龙岩市新罗区,汉族,大专文化,原系龙岩市公安局雁石派出所指导员,住龙岩市新罗区西安商业城 5 号楼 504 室。因涉嫌滥用职权犯罪,于 2004 年 5 月 3 日被刑事拘留,同年 5 月 17 日被逮捕。

福建省龙岩市新罗区人民法院经审理查明:被告人翁余生于 2002 年 9 月开始,担任龙岩市公安局雁石派出所指导员,分管民用爆炸物品管理工作。2003 年 4 月至 2004 年 4 月间,龙岩市新罗区雁石东南村三角塘煤矿业主袁庆鸿(另案处理)、雁石北山当心仑石灰石矿业主张日滨(另案处理)以生产所需火工材料不足为由,多次向雁石派出所提交增补火工的申请报告。被告人翁余生在没有进行调查核实的情况下,违反规定,超越其审批民用爆物品的权限,多次擅自将雁石火工仓库内其他许可使用民用爆物品企业结余的火工材料,违规审批给袁庆鸿、张日滨使用,其中批给袁庆鸿 4 次共计 100 套火工材料(每套配 50 发电雷管)、批给张日滨 3 次共计 90 套火工材料,之后又没有对袁庆鸿、张日滨是否合法使用火工材料进行跟踪监督管理,以致袁庆鸿转卖 6 次计 36 套火工材料给雁石大吉村林坑三矿雁吉井业主林凯燕,张日滨转借两次计 6 套火工材料给雁吉井业主王昌荣。林凯燕、王昌荣将非法获得的火工材料用于其无证煤窑雁吉井的生产。2004 年 4 月初,雁吉井因没有火工材料而停止生产,至 4 月 8 日,雁吉井获得袁庆鸿转卖的 8 套火工材料,又有了必备的生产资料,得以继续非法进行生产。2004 年 4 月 14 日,雁吉井在非法生产过程中发生火灾,导致在井下生产的许弟元等 11 个民工中毒死亡。

被告人翁余生辩称,对火工材料的调查是煤管站的职责,其是业主因生产需要提出申请才将库内火工材料调剂给有证的业主使用,在调剂过程中,所里领导、专管员、企管站、火工库管理者从未表示异议,而且其前任的分管民用爆炸物品的所领导都是这样操作的,自己也就认为合理,不知是超越其职权,没有犯罪的故意;在日常使用过程中没有发现有转借行为,因工作繁忙,人少,未对袁庆鸿等跟踪管理。其辩护人提出的辩护意见:(1)4 月 14 日雁吉井所用的火工材料是汤鸿斌计划内指标的火工材料转卖的。(2)绝大多数火工材料不是来源于合法矿井库内调剂火工材料,而是转卖转借的,库内调剂火工材料绝大部分确需矿井自身需要,库内调剂火工材料与转卖转借火工材料给他人没有必然的因果关系。(3)对库内调剂火工材料的审批权限无明确规定的情况下,被告人沿用雁石派出所前任领导的做法——审批库内调剂火工材料,且审批时间长达一年多,派出所所长、火工材料专管员、企管站、火工库等均未提出反对意见,反而执行,故认为被告人对所内无权库内调剂火工材料当时确实不知道,当时主观上不具有故意。(4)当时被告人与袁庆鸿、张日滨签订责任书,明确要求不得转卖、转借。对袁庆鸿、张日滨非法转卖转借火工材料不具有主观故意。4·14 事故不是被告人库内调剂火工材料审批时主观追求的目的和期望的后果。(5)关闭非法矿井不是派出所的职责,被告人的库内调剂火工材料与 4·14 事故没有任何必然的因果关系。(6)监管是一种职责、义务,不是权利,不存在滥用职权之说,被告人是所领导,不可能事事亲力亲为,亲自跟踪涉爆单位的火工使用情况,负有管理的职责是经办人即专管员,但火工材料应由企管站负责管理。实际上,雁石派出所已对火工材料尽了其应尽的监管责任,如日常巡查、上缴检查、签订责任书、审核日供应量、采用保安上缴配送与管理措施。(7)被告人认罪态度较好。

龙岩市新罗区人民法院认为,被告人翁余生在任龙岩市公安局雁石派出所指导员期间,徇私越权审批火工材料给合法煤洞使用,合法煤洞的业主将火工材料转卖或转借给非法煤洞使用,但造成 4·14 特大事故的原因不是雁吉井在生产使用火工材料引发的,而是雁吉井业主及管理人员严重不负责任,造成空压机过热引起火灾,被困井下矿工无法及时逃离,且雁吉井得以维持非法生产采矿的火工材料的来源是多渠道的,仅有一部分来源于被告人翁余生滥用职权所批出的,况且被告人翁余生并非直接批给雁吉井,而是批给有权使用火工材料的矿井即有证矿,尔后被倒卖、转借至当事矿井,因此被告人翁余生滥用职权的行为与雁吉井事故、特别是造成11名民工的死亡没有必然的因果关系,故认为被告人翁余生的行为不符合滥用职权罪的构成要件。被告人翁余生提出的辩解与所查事实不符,不予采纳。辩护人提出的第5点辩护意见,理由充分,予以采纳,其他意见,理由不充分,不予采纳。依照《中华人民共和国刑事诉讼法》第一百六十二条第(二)项的规定,宣告被告人翁余生无罪。

宣判后,龙岩市新罗区人民检察院提出抗诉,在龙岩市中级人民法院审理过程中,龙岩市人民检察院认为抗诉不当,向龙岩市中级人民法院撤回抗诉。

二、裁判要旨

No.9-397-1-4 滥用职权的行为与公共财产、国家和人民利益遭到重大损失之间不存在因果关系的,不构成滥用职权罪。

滥用职权行为与造成的重大损失结果之间必须具有因果关系。滥用职权行为与造成的严重危害结果之间的因果关系错综复杂,有直接原因,也有间接原因;有主要原因,也有次要原因;有领导者的责任,也有直接责任人员的过失行为。构成本罪,应当追究刑事责任的,则是指滥用职权行为与造成的严重危害结果之间有必然因果联系的行为。否则,一般不构成滥用职权罪,而是属于一般工作上的错误问题,应由行政主管部门处理。

被告人翁余生在任龙岩市公安局雁石派出所指导员期间,徇私越权审批火工材料给合法煤洞使用,合法煤洞的业主将火工材料转卖或转借给雁吉井业主林凯燕、张日滨等人所开采非法煤洞使用,但造成4·14特大事故的原因不是由于雁吉井使用火工材料引发的,而是雁吉井业主及管理人员严重不负责任,造成空压机过热引起火灾,被困井下矿工无法及时逃离,且雁吉井得以维持非法生产采矿的火工材料的来源是多渠道的,仅有一部分来源于被告人翁余生滥用职权所批出的,况且被告人翁余生并非直接批给雁吉井,而是批给有权使用火工材料的矿井即有证矿,尔后被倒卖、转借至出事矿井,因此被告人翁余生滥用职权的行为与雁吉井事故,特别是造成11名民工的死亡没有必然的因果关系,被告人翁余生的行为不符合滥用职权罪的构成要件。

案例:黄德林滥用职权、受贿罪

案例来源:《刑事审判参考》总第76集[第652号]

主题词:滥用职权罪 滥用职权罪与受贿罪的并罚

一、基本案情

被告人黄德林,男,1954年11月28日出生,原系洞头县民政局福利中心主任。

浙江省洞头县人民检察院以被告人黄德林犯受贿罪、滥用职权罪,向洞头县人民法院提起公诉。

被告人黄德林及其辩护人提出:黄德林作为福利企业年检年审领导小组下设的办公室主任,虽然参与年检年审工作,但在整个年检年审工作中没有决定性的作用,因此与国家的税收损失没有必然的因果关系;即使被告人的行为构成滥用职权罪,由于滥用职权行为与受贿行为有牵连关系,应当择一重罪处罚,而不是数罪并罚。

浙江省洞头县人民法院经审理查明:2000年至2005年,被告人黄德林在担任洞头县民政局福利中心主任期间,每年率县福利企业年检年审小组到浙江恒博电气制造有限公司(2003年前称洞头电器开关厂)检查,该企业的董事长郑西平明确告诉黄德林,自己在正常员工数上弄虚作假,瞒报企业员工人数,使残疾员工数占全部员工数的比例符合福利企业全额退税的标准,并伪造虚假的福利企业材料应付检查。黄德林发现该问题后,不履行自身职责,不对企业正常员工人数进行检查,不将该问题在年审表中如实反映,仍以企业虚报的材料为准进行检查,致使浙江恒博电气制造有限公司顺利通过福利企业年检年审,在1999年至2004年期间,享受了本不应享受的退税优惠政策,造成国家税收损失共计人民币(以下币种均为人民币)7513284.9元。1999年底至2006年,黄德林利用其担任洞头县民政局福利中心主任的职务便利,为郑西平福利企业的设立和骗取退税优惠提供帮助,先后6次,收受郑西平的贿赂共计10万元。黄德林因涉嫌犯滥用职权罪接受检察机关讯问后,主动交代了检察机关尚未掌握的受贿事实。案发后,黄德林已退赃款10万元。

洞头县人民法院认为,被告人黄德林利用职务之便非法收受他人10万元,为他人谋取利益,同时,黄德林身为国家机关工作人员,在履行职责过程中,滥用职权,造成国家税收损失7513284.9元,情节特别严重,其行为分别构成受贿罪、滥用职权罪,应予数罪并罚。监狱其受贿部分系自首,可对其所犯受贿罪减轻处罚。依照《刑法》第三百九十七条、第三百八十五条第一款、第三百八十六条、第三百八十三条第一款第一项之规定,判决如下:

被告人黄德林犯受贿罪,判处有期徒刑六年;犯滥用职权罪,判处有期徒刑三年,决定执行有期徒刑七年。

宣判后,黄德林没有上诉,检察机关也未提出抗诉,判决已发生法律效力。

二、裁判要旨

No.9-397-1-5　故意不履行其法定监督管理职责,导致国家财产损失的,应以滥用职权罪处罚。

在本案中,黄德林身为洞头县民政局福利中心主任,负责福利企业的年检年审工作,表明黄德林对浙江省恒博电器制造公司负有监督管理职责。其主观上明知该企业存在虚报的情况,但未履行监督管理职责,客观上实施了滥用职权的行为。其滥用职权的行为与国家的税收损失之间具有因果关系。只有年检年审合格才能符合退税标准,进而享受福利企业的退税优惠。如果被告人能正确履行职责,制止该企业的瞒报、虚报,该企业享受退税优惠的资格就会被取消。可见,被告人的滥用职权的行为使得该企业能顺利退税,导致了国家的税收流失。

No.9-397-1-6　实施滥用职权等渎职行为同时又收受贿赂的,除刑法有特别规定外,应当认定为分别成立滥用职权罪与受贿罪实行并罚。

罪数的判断应当以犯罪构成为标准,行为具备一个犯罪构成要件,认定为一罪,行为之间相互独立,具备数个犯罪构成要件的,原则上应当认定为数罪。这一法则是在司法实践中贯彻罪刑法定原则的基本要求,又是实现罪刑相适应原则的必然要求。《刑法》第三百九十九条第四款规定:"司法工作人员收受贿赂,有前三款行为的,同时又构成本法第三百八十五条规定之罪的,依照处罚较重的规定定罪处罚。"我们认为,该款是对司法工作人员所作的特殊规定,不具有普遍适用的意义。

在本案中,被告人黄德林主观上具有滥用职权和受贿两个故意,客观上既实施了受贿行为又实施了滥用职权行为,是两个独立行为。从客体上讲,被告人不正确履行职责,滥用职权使国家税收等利益遭受重大损失,侵犯的客体是国家机关的正常活动,而被告人的受贿行为侵犯的是国家工作人员职务行为的廉洁性,被告人的行为符合两个独立的犯罪构成特征。

牵连犯为实质数罪,但行为之间具有牵连关系,具体表现为手段行为与目的行为或原因行为与结果行为的牵连关系。对于牵连犯的处断,通说认为并非一律适用从一重处断原则。适用从一重处断原则还是实行数罪并罚,应当进一步考量罪刑是否均衡。但在受贿行为与滥用职权行为之间并不必然存在牵连关系。受贿罪可分为索取型受贿与收受型受贿,索贿型犯罪中并不要求有为他人谋取利益,只要行为人利用职权索贿,即构成受贿既遂,滥用职权罪也不以为他人谋取利益为要件。在受贿型滥用职权案件中,为他人谋取利益并非滥用职权的主观构成要件,因此不涉及重复评价的问题。通过审查的事实,可以看出被告人黄德林与浙江恒博电气制造有限公司董事长郑西平本来私交密切,被告人黄德林滥用职权的行为不以收受贿赂为条件或目的,两罪并不必然存在牵连关系,应当实行数罪并罚。

案例:卢高春滥用职权案

案例来源:《刑事审判参考》总第128辑[第1433号]

主题词:滥用职权罪　放弃履行职责

一、基本案情

2013年1月至5月,时任山西省芮城县风陵渡煤焦管理站站长的被告人卢高春为给单位谋取不当利益,违反《山西省煤炭可持续发展基金征收管理办法》《煤炭可持续发展基金公路运输出省煤炭查验补征管理办法(试行)》《山西省煤炭销售票使用管理办法》及《关于山西省煤炭销售票使用管理的补充通知》的规定,决定将出省的8692.5吨煤炭改为焦炭收取焦炭运销服务费和中介服务费,给国家造成应收而未收煤炭可持续发展基金521550元和对无煤炭销售票罚款434625元的经济损失。

二、裁判要旨

No. 9-397-1-7 放弃履行行政机关委托的行政管理职权,导致行政机关无法行使行政处罚权,与行政处罚款流失之间存在因果关系,成立滥用职权罪。

《山西省煤炭销售票使用管理办法》(山西省人民政府令第212号,已失效)规定受煤炭行政主管部门委托,省煤炭运销总公司所属的煤炭出省口管理站(含出省口营业站,以下简称"煤炭出省口管理站")负责核查回收《山西省煤炭销售票(公路出省)》。核查回收《山西省煤炭销售票(公路出省)》的行为属于风陵渡煤焦管理站受煤炭行政主管部门委托而行使的行政职权。风陵渡煤焦管理站营业执照和组织机构代码显示其属于国有企业,被告人卢高春作为该煤焦管理站的负责人,符合《最高人民法院、最高人民检察院关于办理渎职刑事案件适用法律若干问题的解释(一)》第七条关于滥用职权罪主体的规定。

依照《山西省煤炭销售票使用管理办法》的规定,受煤炭行政主管部门的委托,省煤炭运销总公司所属的煤炭出省口管理站负责核查《山西省煤炭销售票(公路出省)》,该核查回收行为只是一般的行政行为,不属于行使行政处罚权的行为。2013年1月至4月,被告人卢高春通过单位例会的形式决定将经过该站运输出省的煤炭按照焦炭收取相关费用并在该站职工大会上予以宣布,该站工作人员按照上述要求,在实际工作中对经过该站出省运煤车辆没有核查回收《山西省煤炭销售票(公路出省)》,而是对出省煤炭按照焦炭收取相关费用,该行为违反地方性政府规章的规定,放弃履行"受相关行政机关委托的行政管理职权"的行为性质,属于滥用职权。

对经过风陵渡煤焦管理站出省的运煤车辆核查回收煤炭运输票是对无煤炭销售票进行处罚的前提,而被告人安排其所在风陵渡煤焦管理站工作人员不履行核查回收煤炭销售票的行为,使得未获得煤炭销售票运煤车辆逃避了本应受到的处罚,导致行政机关无法行使行政处罚权,进而导致行政处罚款的流失。换而言之,被告人所在单位虽无行政处罚权,但被告人安排工作人员放弃履行职责,使本应受到行政处罚的行为不能被发现,导致相关行政机关无法行使行政处罚权,其行为与行政处罚款流失之间有直接因果关系。

综上,被告人作为受委托行使行政管理职权的国有企业负责人,安排工作人员放弃履行行政管理职责,导致其他行政机关无法行使行政管理职权,进而造成行政违法行为人逃避行政处罚及行政处罚款流失的损害后果,其行为符合滥用职权罪的构成要件。

案例:沈某某滥用职权案

案例来源:《刑事审判参考》总第105集[第1134号]

主题词:滥用职权罪 追诉时效

一、基本案情

被告人沈某某,男,1952年9月21日出生。因涉嫌犯滥用职权罪于2012年12月26日被取保候审。

某县人民检察院以被告人沈某某犯滥用职权罪,向某县人民法院提起公诉。

被告人沈某某对指控的犯罪事实无异议,请求法庭对其从轻并免予刑事处罚。

某县人民法院经审理认为,被告人沈某某的行为属于犯罪已过追诉时效期限且不是必须追诉的情形,依照《中华人民共和国刑法》第三百九十七条第一款、第八十七条第一项,《中华人民共和国刑事诉讼法》第十五条第(二)项及最高人民法院《关于适用〈中华人民共和国刑事诉讼法〉若干问题的解释》第二百四十一条第一款第(八)项的规定,裁定本案终止审理。

一审宣判后,某县人民检察院提出抗诉。

某县人民检察院抗诉认为,一审认定事实确有错误。滥用职权罪系以危害结果为构成要件的渎职犯罪,其行为追诉时效期限应当从危害结果发生或者呈现后符合本罪构成要件之日起计算,并非以行为实施之日计算追诉时效期限。本案中,被告人沈某某滥用职权的行为虽然发生在 2007 年,但直至 2011 年 9 月在逃犯张某青在部队落网之日,其为被网上追逃的抢劫犯罪嫌疑人张某青“漂白”身份,致使张某青长期潜逃并以“合法”身份混入部队,所造成的恶劣社会影响的结果才得以发生并呈现,且随着该事件的曝光,在较大范围内弱化和降低了国家机关及其工作人员在人民群众中的执法威信,对党和国家形象造成不可避免的负面影响。上述危害结果属于最高人民检察院《关于渎职侵权犯罪案件立案标准的规定》中“严重损害国家声誉,或者造成恶劣社会影响”的具体体现,即沈某某滥用职权的行为是在 2011 年 9 月造成上述危害后果时才符合本罪构成要件的,依法应当从 2011 年 9 月起计算追诉时效期限。依法应追究沈某某的刑事责任。

某市人民检察院支持上述抗诉意见。

被告人沈某某及其辩护人对公诉机关的抗诉提出异议,认为本案在 2007 年 10 月 24 日沈某某签署同意更改户籍登记时危害结果已发生,同年 11 月 18 日,张某青通过征兵政审是最后一个危害后果,被告人的犯罪行为已超过追诉时效期限。本案的后果造成,有多方面责任,不应由被告人一人承担。

某市中级人民法院经审理查明,罪犯张某青因涉嫌犯抢劫罪,于 2007 年 9 月 20 日被某县公安局网上追逃。同年 10 月,张某青的父亲张某某打算送其去当兵,因其未达到法定服兵役年龄,便以张某青户口簿在录入填报时有错为由,到村委会出具张某青出生日期录错的相关证明材料,后到公安机关办理申请更正张某青出生日期的有关事宜。同年 10 月 24 日,时任某县公安局城东派出所教导员的被告人沈某某在办理张某青的户口项目变更申请时,违反公安机关户政管理的有关规定,在张某青的《户口项目变更更正申请审批表》中“申请人签名”“监护人情况”“受理单位派出所承办人意见和签名”等项目欠缺填写,更改出生日期所必需的原始材料严重欠缺,审批程序手续不齐全的情况下,不按规定要求当事人提供张某青的《出生证》或其他有效的原始凭证,不调取张某青前入户的户籍信息档案对比核实,不派员或自行对申请人的情况进行调查核实,就直接办理审批同意张某青的变更户籍信息申请。

2007 年 10 月 29 日,某县公安局户政股股长刘某某(另案处理)在审批张某青更改出生日期时,在审批手续不齐全的情况下,轻信所在派出所审核把关,同意张某青更改出生日期。同年 11 月 2 日,张某青的出生日期由 1991 年 12 月 7 日更改为 1989 年 12 月 7 日,身份证号码也相应变更,变更后的出生日期和身份证号码被重新录入户政管理系统,致使张某青原网上追逃的身份证号码在全国人口信息系统中无法找到,致使张某青抢劫的犯罪事实得不到及时的追究。

被告人沈某某在任某县公安局城东派出所教导员期间,负责所在辖区征兵政审工作。2007 年 11 月 18 日,沈某某在办理张某青的征兵政审工作期间,没有认真执行公安部、总参谋部、总政治部颁发的《关于征兵政治审查组织实施工作的规定》的有关规定,在没有对张某青的情况进行调查核实的情况下,就在张某青的《应征公民政治审查表》上签署“张某青符合征兵政审条件”的审查意见,后又在张某青的《接兵干部走访调查表》上签署“该青年无违法违纪及不良行为”的意见,致使张某青于 2007 年 12 月 1 日政审合格并应征入伍,参加中国人民解放军部队,服役至 2011 年 9 月。2011 年 9 月,某县公安机关在“清网”行动中,经进一步核查张某青的真实身份,将其从服役的部队抓获归案。2012 年 8 月 10 日,某县人民法院以抢劫罪判处张某青有期徒刑一年十个月,并处罚金人民币二千元。

潮州市中级人民认为,被告人沈某某的行为已构成滥用职权罪,依照《中华人民共和国刑法》第三百九十七条第一款的规定,被告人应“处三年以下有期徒刑或者拘役”。依照《中华人民共和国刑法》第八十七条第(一)项的规定:"犯罪经过下列期限不再追诉:(一)法定最高刑为不满五年有期徒刑的,经过五年……"沈某某于2007年10月24日违法行使审批权,致张某青的出生时间和身份信息于2007年11月2日被重新录入户政管理系统,使其抢劫的犯罪事实得不到及时的追究。后又于11月18日在张某青的征兵政审工作中不负责任地出具张某青符合征兵政审条件和无违法违纪及不良行为的意见,致张某青于2007年12月1日应征入伍服兵役,至此犯罪结果发生,沈某某的行为符合滥用职权罪的构成要件,应认定为《中华人民共和国刑法》第八十九条第一款规定的"犯罪之日",并由此时起算追诉时效,至2012年11月30日追诉期限届满。2012年12月26日检察机关对沈某某立案侦查时,已超过追诉时效。一审裁定认定事实清楚,适用法律正确,处理恰当,审判程序合法。抗诉机关的抗诉理由不能成立,不予支持。依照《中华人民共和国刑事诉讼法》第二百二十五条第一款第(一)项之规定,裁定驳回抗诉,维持原审裁定。

二、裁判要旨

No.9-397-1-8 滥用职权罪的追诉时效,应当从滥用职权全部犯罪后果产生之日起计算。

滥用职权罪属于状态犯,而非继续犯。滥用职权罪的犯罪行为实行终了后产生不法状态,即侵害结果,此后,侵害结果虽然一直存在,但滥用职权行为本身已经实行终了,没有持续,因此,追诉期限仍应从滥用职权行为造成的侵害结果发生之日起算,而不能以侵害结果终了之日起算。本案中,被告人沈某某违法行使审批权,致张某青的出生日期和身份信息被重新录入户政管理系统,使其抢劫的犯罪事实得不到及时的追究。后又在张某青的征兵政审工作中不负责任地出具张某青符合征兵政审条件和无违法违纪及不良行为的意见,致张某青于2007年12月1日应征入伍服兵役等危害后果发生。后在危害后果持续期间,沈某某再没有实施其他滥用职权的行为,追诉期限应从2007年12月1日起算,之后张某青继续服兵役至2011年9月才被抓获归案,这期间是不法状态的持续,而不是犯罪行为的持续。本案属于超过追诉时效期限,应裁定中止审理。

178 玩忽职守罪(《刑法》第三百九十七条)

案例:林世元等受贿、玩忽职守案

案例来源:《刑事审判参考》总第6辑[第46号]

主题词:数罪并罚 受贿罪 玩忽职守罪

一、基本案情

被告人林世元,男,38岁,中共綦江县委副书记。因涉嫌犯玩忽职守罪,于1999年1月23日被逮捕。

被告人张基碧,男,50岁,重庆市綦江县城乡建设管理委员会主任。因涉嫌犯玩忽职守罪,于1999年1月27日被逮捕。

被告人孙立,男,34岁,重庆市綦江县城乡建设管理委员会副主任。因涉嫌犯玩忽职守罪,于1999年1月27日被逮捕。

被告人贺际慎,女,56岁,重庆市綦江县人大常委会副主任。因涉嫌犯玩忽职守罪,于1999年3月12日被逮捕。

重庆市第一中级人民法院经审理查明:1994年8月,綦江县人民政府决定在綦河上架设一座人行桥,由綦江县城乡建设管理委员会(以下简称"城建委")负责组织实施。时任城建委主任的被告人林世元邀约重庆市市政勘察设计研究院的段浩(另案处理)设计方案。段找到本单位的退休工程师赵国勋(另案处理)等人设计出两套方案,经城建委研究,选定中承式钢管混凝土提篮式人行拱桥(以下简称"虹桥")方案。同年9月,綦江县人民政府决定成立县城重点工程指挥部,下设重点建设工程办公室(以下简称"重点办"),由时任副县长、分管城建委工作的被告人贺际慎任指挥长,林世元任常务副指挥长兼重点办主任。虹桥工程被列为县重点工程,由指挥部和重点办直接管理。

林世元作为该工程的具体负责人,在虹桥建设初期,违反国家有关建设法规,对虹桥工程建设项目没有办理立项、报建手续,不审查设计、施工单位的资质,在未进行招投标的情况下,先后与不具备承包虹桥资质的重庆华庆设计工程公司(以下简称“华庆公司”)和华庆公司富华分公司签订了设计、施工总承包合同书。随后,段浩找到本单位的刘某等人进行勘察测量,并以华庆公司的名义与挂靠重庆市桥梁总公司川东南经理部的李孟泽、费上利(均另案处理)签订了虹桥工程施工分包合同书。时任城建委副主任的被告人张基碧明知虹桥工程未进行立项,未办理报建手续,未审查和选择设计、施工单位的资质,未进行招投标,未发放施工许可证等,而不予监督。

1994 年 11 月,李孟泽、费上利组织不具备施工员资质和技工资质的施工队伍进场施工后,林世元安排重点办工作人员赵晓国到施工现场监督。1995 年 3 月,林世元将赵晓国调离虹桥工地后,未再安排其他人负责质量监督工作,致使虹桥工程施工中存在的质量问题得不到及时发现和纠正。1996 年 2 月 15 日,已升任綦江县副县长、分管城建委工作和负责县城重点工程的林世元,在虹桥工程尚未竣工验收的情况下,指派时任城建委副主任的张基碧和时任城建委主任助理的孙立与费上利等人办理虹桥接收手续并随即将虹桥交付使用。尔后,林世元又授意孙立代表城建委与费上利进行工程结算。贺际慎对虹桥工程未办理立项、报建手续,未审查设计、施工单位资质,未进行招投标等违规建设问题,严重失察;明知虹桥系违规接收、使用及结算,而不管不问。

1996 年 6 月 19 日上午 11 时许,虹桥突然发生异响。中共綦江县委、綦江县政府主要领导召集林世元、贺际慎等人到虹桥现场查看,研究虹桥能否继续使用。林世元、贺际慎明知虹桥尚未进行质量等级评定和验收,系违规接收并交付使用,在未经有关技术人员对虹桥作出技术检查、分析的情况下,均草率表态虹桥可以继续使用。同月 25 日,林世元召集张基碧和虹桥工程设计方的赵国勋、施工方的李孟泽等人分析虹桥发生异响原因。赵、李二人认为响声系虹桥应力重新调整引起,属正常现象,但建议尽快对虹桥进行荷载试验和全面检查、验收。事后,林世元虽安排孙立负责联系对虹桥进行荷载试验,但在孙立联系未果后,未采取有效措施。1996 年 8 月 15 日,綦江县开展建筑市场整顿活动并成立整顿领导小组。林世元担任整顿领导小组组长、张基碧担任整顿领导小组办公室主任,负责对全县所有在建工程和 1995 年 1 月以来竣工的工程是否符合建设项目审批程序进行查处。虹桥本属重点查处的工程,但林、张却未提出任何整顿查处的意见,终未能排除虹桥工程的安全隐患。

1994 年底,被告人林世元应虹桥施工承包人费上利的要求,未通过总承包方华庆公司富华分公司,安排重点办工作人员李华荣将虹桥工程款直接划给费上利,直接与费上利进行工程结算。费上利为感谢林世元在虹桥建设过程中划款、结算等方面给予的关照,并希望在虹桥工程中继续得到关照及在綦江县继续承接其他工程,于 1995 年 8 月至 1997 年 8 月,先后 4 次为林世元女儿支付入学、赴美夏令营、转学等费用共计人民币 111675.09 元。

1999 年 1 月 4 日 18 时 50 分,虹桥突然发生整体垮塌,造成 40 人死亡、14 人受伤,直接经济损失 628 万余元的恶果。

重庆市第一中级人民法院认为:被告人林世元身为国家机关工作人员,在担任城建委主任、县城重点工程指挥部常务副指挥长兼重点办主任、副县长等职务期间,不履行或者不正确履行职责,对虹桥工程违规发包、接收、结算;在虹桥工程施工中长期不派员进行质量监督;虹桥发生异响后又草率表态可以继续使用,不督促落实荷载试验工作;在建筑市场整顿中,对虹桥工程不提出整顿查处意见,放弃对虹桥工程的质量监督管理;其间,又徇私舞弊,在虹桥工程中放任费上利等人降低工程质量,对虹桥垮塌的严重后果负有重要的直接责任和主要的领导责任,其行为已构成玩忽职守罪;情节特别严重,应依法从重处罚。其利用职务上的便利,在负责虹桥工程建设期间,收受虹桥工程承包人费上利 11 万余元的贿赂,为费谋取利益,直接影响了工程质量,为虹桥垮塌留下巨大隐患,其行为已构成受贿罪。情节特别严重,应依法从重处罚。被告人张基碧在担任城建委副主任、主任期间,违反国家建设法规,在虹桥工程的建设、接收、结算和投入使用过程中,未履行应尽的监督管理职责,对虹桥的垮塌负有重要的直接责任和一定的管理责任,其行为已构成玩忽职守罪,犯罪情节特别严重,本应依法从重处罚,鉴于其确有认罪、悔罪表现,可酌情从轻处罚。被告人孙立在担任城建委主任助理和副主任期间,违反国家建设法规,在虹桥工程施工、接收、结算过程中和发生异响后,不履行和不正确履行监督管理职责,对虹桥垮塌负有重要的直接责任和一定的管理责任,其行为已构成玩忽职守罪,犯罪情节特别严重,本应依法从重处罚,鉴于其尚能认罪,可酌情从轻处罚。被告人贺际慎在担任分管城建委工作的副县长并兼任县城重点建设工程指挥部指挥长期间,对虹桥工程的违规建设问题,严重失察;虹桥发生异响后,轻率表态可以继续使用,对虹桥的垮塌负有一定的直接责任和管理责任,其行为已构成玩忽职守罪,犯罪情节特别严重,本应依法从重处罚,鉴于其犯罪情节相对较轻,可酌情从轻处罚。依照《中华人民共和国刑法》第十二条第一款、第三百八十五条第一款、第三百八十六条、第三百八十三条第一款第(一)项和第二款、第五十七条第一款、第六十四条、第三百九十七条第一款和第二款、第六十九条第一款和第二款、第五十二条、第五十三条的规定,于 1999 年 4 月 3 日判决如下:

1. 被告人林世元犯受贿罪,判处死刑,剥夺政治权利终身,并处没收财产 5 万元,追缴犯罪所得赃款 111675.09 元及违法所得 23490 元;犯玩忽职守罪,判处有期徒刑十年,决定执行死刑,剥夺政治权利终身,并处没收财产 5 万元,追缴犯罪所得赃款 111675.09 元及违法所得 23490 元;

2. 被告人张基碧犯玩忽职守罪,判处有期徒刑六年;

3. 被告人孙立犯玩忽职守罪,判处有期徒刑五年;

4. 被告人贺际慎犯玩忽职守罪,判处有期徒刑三年。

一审宣判后,被告人孙立服判;被告人林世元、张基碧、贺际慎不服,向重庆市高级人民法院提出上诉。

林世元及其辩护人提出:原审判决认定林犯玩忽职守罪成立,但认定其有“徇私舞弊”情节不当,不应适用《刑法》第三百九十七条第二款;费上利为林的女儿支付的入学、赴美夏令营、转学费用系垫付款,绝大部分已经归还,未归还的 32000 元亦属垫付款,其行为不构成受贿罪。

张基碧及其辩护人提出,原审判决认定张犯玩忽职守罪成立,但量刑过重。

贺际慎上诉称,原审判决对其判处实刑,量刑过重,请求从轻处罚。其辩护人提出,一审认定贺犯玩忽职守罪不当。

重庆市高级人民法院经审理认为:原审判决认定的事实清楚,证据确实、充分,定罪准确,量刑适当,审判程序合法。上诉人林世元、张基碧、贺际慎的上诉理由及他们的辩护人的辩护意见均不能成立。但一审判决认定林世元违法所得 23490 元证据不足,应予撤销;林世元受贿 11 万余元,犯罪情节特别严重,论罪应当判处死刑,但鉴于其在二审期间,检举揭发原中共綦江县县委书记张开科受贿 31 万余元的犯罪线索,经查证属实,构成重大立功,依法可予以从轻处罚,对其判处死刑,可不立即执行。依照《中华人民共和国刑事诉讼法》第一百八十九条第(一)、(二)项、《中华人民共和国刑法》第三百八十五条第一款、第三百八十六条、第三百八十三条第一款第(一)项、第三百九十七条、第一百三十七条、第六十八条、第四十八条第一款、第五十七条第一款、第六十九条、第五十三条、第六十四条的规定,于 1999 年 12 月 12 日判决如下:

1. 维持重庆市第一中级人民法院刑事判决第二项、第三项、第四项,即被告人张基碧、孙立、贺际慎犯玩忽职守罪,分别判处有期徒刑六年、五年、三年;

2. 上诉人林世元犯受贿罪,判处死刑,缓期两年执行,剥夺政治权利终身,没收财产 5 万元,追缴犯罪所得赃款 111675.09 元;犯玩忽职守罪,判处有期徒刑十年,决定执行死刑,缓期两年执行,剥夺政治权利终身,没收财产 5 万元,追缴犯罪所得赃款 111675.09 元。

二、裁判要旨

No. 9-397-2-1 犯有数罪,在具有法定从轻或者减轻处罚的情节时,应当先考虑这些情节,对各罪依法从轻或者减轻处罚,然后再按照数罪并罚的原则,决定执行的刑罚。

对于像被告人林世元这样犯有数罪,但具有法定从轻或者减轻处罚情节的,如何从轻或者减轻处罚？法律对此没有明确规定，在司法实践中一般有两种做法：一是对数罪中各罪分别定罪量刑，按照数罪并罚原则首先确定决定执行的刑罚，再考虑立功情节，对决定执行的刑罚予以从轻或者减轻处罚；另一种方法是对数罪分别量刑时，先考虑立功情节，对个罪依法从轻或者减轻处罚，然后再按照数罪并罚的原则，决定执行的刑罚。从立法原则看，第二种做法更符合《刑法》第六十二条、第六十三条的规定，实践中亦便于操作。因为从轻处罚，是指在法定刑幅度内选择判处比没有该情节时相对较轻的刑种或较短的刑期；减轻处罚，是指在法定刑以下处以刑罚。如果按第一种做法，人民法院对数罪决定执行刑罚后，再考虑从轻或者减轻处罚，是根据被告人所犯哪一罪名的法定刑幅度无法确定，也无法审查对每一各罪的量刑是否适当。因此，第一种做法是不可取的，实际上也无法操作。适用第二种做法，我们认为，可参考数罪并罚原则，如数罪中有判处无期徒刑、死刑的，可只对无期徒刑、死刑依法予以从轻或者减轻处罚，这样也就达到了对被告人予以从轻或者减轻处罚的目的；如数罪均为有期徒刑以下刑罚的，可只对主要的一两个罪予以从轻或者减轻处罚，这同样可以明显缩短总和刑期。在决定执行的刑罚时，达到从轻或者减轻处罚的目的就可以了，不必一定对所有数罪均分别予以从轻或者减轻处罚。另外，一般情况下，如果决定对被告人予以减轻处罚，在对数罪中的个罪分别量刑时，应只能减轻，而不能对有的罪减轻，有的则从轻。据此，本案被告人林世元犯有受贿罪和玩忽职守罪，一审法院对林世元以受贿罪，判处死刑，剥夺政治权利终身，并处没收财产 5 万元；以玩忽职守罪，判处有期徒刑十年。二审期间，被告人林世元检举揭发原中共綦江县委书记张开科受贿 31 万余元的犯罪线索，经查证属实，依照《刑法》第六十八条第一款的规定，其行为构成重大立功，可以减轻或者免除处罚。但由于其所犯罪行极其严重，故二审法院对其所犯受贿罪只予以从轻处罚，改判死刑缓期两年执行；对其所犯玩忽职守罪则既未予减轻处罚，也未予从轻处罚。

No. 9-397-2-2　玩忽职守行为发生在《刑法》修订之前，危害结果发生在《刑法》修订实施以后的，应适用结果发生时的法律。

无行为即无犯罪，适用犯罪行为时法追究行为人的刑事责任，是刑法适用的基本原则。要求行为人不实施将来法律禁止的行为是不可能的，适用行为人行为时还不存在的法律追究行为人的刑事责任是不合理的。因此，当代各国的立法机关普遍采用“从旧兼从轻”的刑法适用原则，我国刑法也不例外。对于《刑法》修订前实施，危害结果发生在修订后的《刑法》实施以后的玩忽职守行为，应当适用修订前的《刑法》，还是适用修订后的刑法，理论界的认识不一致。有人认为，应当适用行为时的法律，即修订前的《刑法》；也有人认为，应当适用结果发生时的法律，即修订后的刑法。我们认为，适用犯罪行为时法的观点是正确的，但如果据此认为本案因此就应适用修订前的刑法，则是错误的。

1. 玩忽职守罪是不作为犯罪，适用结果发生时的法律追究行为人的刑事责任，符合适用行为时法的法律适用原则。玩忽职守罪是不作为犯，在客观上表现为国家机关工作人员不履行或者不正确履行其应尽的职责，在犯罪成立之前即危害结果发生之前，行为人的这种不作为的玩忽职守行为一直处于持续状态。因此，适用结果发生时的法律追究行为人的刑事责任与适用行为时法是一致的。

2. 玩忽职守罪是过失犯罪，应当适用结果发生时即犯罪成立时的法律。过失犯罪是以危害结果的发生与否作为犯罪是否成立的标志，没有法定危害结果的，不构成犯罪。因此，在适用法律问题上，对待结果犯，应注意区分故意犯罪与过失犯罪。对于故意犯罪中的结果犯，适用行为时法是没有疑义的，而对于过失犯罪，则并非完全如此。因为在有些情况下，行为人在实施行为时，犯罪还没有成立，也就不涉及法律适用问题。玩忽职守罪是过失犯罪，以发生刑法所规定的危害结果，即致使公共财产、国家和人民利益遭受重大损失作为犯罪构成的必要条件。在客观上，构成该罪不仅要求行为人在开始履行法定职责时就实施了玩忽职守行为，即不履行或者不正确履行职责，还要求最终发生了给公共财产、国家和人民利益造成重大损失的危害后果，并且玩忽职守行为与危害后果之间具有直接的、必然的因果关系。因此，并非所有的玩忽职守行为都构成犯罪,例如,在危害结果发生之前,行为人发现了工作失误,及时纠正,采取必要的补救措施,或者其他人采取了有效措施,防止了危害结果的发生,或者没有发生危害结果,都不构成犯罪。本案被告人林世元等人不仅在虹桥的施工过程中不履行、不正确履行应尽的监督管理职责,致使虹桥工程质量低劣,而且此后一直对已形成严重隐患的虹桥工程,不采取任何有效补救措施,继续玩忽职守,终至在修订后的《刑法》实施以后,发生了严重危害结果。因此,对于本案的玩忽职守罪,应当适用犯罪成立时即结果发生时的法律,亦即应当适用修订后的《刑法》追究被告人林世元、张基碧、孙立、贺际慎的刑事责任。

179 徇私枉法罪(《刑法》第三百九十九条第一款)

案例:安军文等徇私枉法案

案例来源:《人民法院案例选》2005 年第 3 辑

主题词:徇私枉法罪 盗窃罪

一、基本案情

被告人安军文、程根成、李向东、黄旭生、崔建辉,均为北京铁路局太原铁路公安处乘警支队民警。

北京市铁路运输法院经审理查明:1997 年 12 月至 1998 年 8 月,安军文、程根成在担任北京南至太原的 659 次、太原至北京南的 660 次旅客列车乘警期间,在明知列车发生旅客财物被盗案件的情况下,3 次收受盗窃分子丁玉良送给的赃款,不履行公安人员的侦查职责,对丁玉良等人予以包庇。

1999 年 2 月的一天,安军文、李向东执乘太原至青岛的 578 次旅客列车,途中安军文将丁玉良带到乘务室介绍给李向东,当天 3 人共同预谋由丁玉良等人在李、安执乘的列车上盗窃,事后由丁分给李、安赃款。1999 年 2 月至 2000 年 9 月间,李向东、安军文及同车值乘的程根成、黄旭生明知丁玉良等人在列车上盗窃了旅客财物却不履行公安人员的侦查职责,多次收受丁玉良等人给予的赃款,对丁玉良等人予以包庇。

2000 年 2 月的一天,盗窃分子李有贵纠集李俊平、"小个子"(均在逃)窜上被告人安军文、黄旭生执乘的太原至青岛的 578 次列车,盗窃旅客人民币 1500 元。之后李有贵在列车连接处告诉安军文在车上偷了钱,并当场交给安军文赃款 1000 元人民币。事后安军文将其中 500 元人民币分给了黄旭生,并将来源告知黄旭生。

2000 年 11 月 13 日,犯罪嫌疑人"刀儿""猴儿"(均在逃)窜上安军文、崔建辉执乘的青岛至太原的 2576 次列车,盗窃旅客黄某人民币 198000 元。在"猴儿"明确告知安军文、崔建辉在列车上实施了盗窃行为的情况下,安军文、崔建辉却在收受"刀儿""猴儿"给予的 11000 元赃款之后,将二犯罪嫌疑人放走,瞒案未上报。事后,安、崔各分得 5000 元人民币,剩余部分给了同车执乘的赵晋喜。

北京市铁路运输法院认为,安军文、程根成、李向东、黄旭生、崔建辉身为司法工作人员,在担任旅客列车乘警期间,收受盗窃分子的赃款,对明知是有罪的人而故意包庇,不予立案、侦查,其行为侵犯了国家司法机关的正常活动,均已构成徇私枉法罪。其中程根成、黄旭生、崔建辉情节严重,安军文情节特别严重,均应依法予以惩处。安军文参与犯罪预谋,先后 10 次直接收受盗窃分子的赃款,主持分赃,在共同犯罪中起主要作用。李向东在其参与的两次共同犯罪中起主要作用。二人均系主犯。程根成、黄旭生、崔建辉在共同犯罪中起次要或辅助作用,系从犯。黄旭生归案后为公安机关提供线索抓获了犯罪嫌疑人李有贵,有立功表现。安军文、李向东归案后认罪态度较好。李向东、程根成、黄旭生、崔建辉归案后退赔了全部或部分违法所得。故对程根成、黄旭生、崔建辉依法减轻处罚。对安军文、李向东可酌情从轻处罚。对被告人安军文依照《中华人民共和国刑法》第三百九十九条第一、三款,第二十五条第一款,第二十六条第一、四款,第六十四条;对被告人程根成依照《中华人民共和国刑法》第三百九十九条第一、二款,第二十五条第一款,第二十七条,第六十四条;对被告人李向东依照《中华人民共和国刑法》第三百九十九条第一、三款,第二十五条第一款,第二十六条第一、四款,第六十四条;对被告人黄旭生依照《中华人民共和国刑法》第三百九十九条第一、三款,第二十五条第一款,第二十七条,第六十八条第一款,第六十四条;对被告人崔建辉依照《中华人民共和国刑法》第三百九十九条第一、三款,第二十五条第一款,第二十七条,第六十四条的规定,判决如下:

1. 安军文犯徇私枉法罪,判处有期徒刑十三年。
2. 程根成犯徇私枉法罪,判处有期徒刑两年六个月。
3. 李向东犯徇私枉法罪,判处有期徒刑两年。
4. 黄旭生犯徇私枉法罪,判处有期徒刑一年。
5. 崔建辉犯徇私枉法罪,判处有期徒刑一年。
6. 追缴安军文违法所得人民币 38100 元,其中 16900 元发还失主,其余部分予以没收;追缴程根成违法所得人民币 7700 元,其中 2000 元发还失主,其余部分予以没收;追缴黄旭生违法所得人民币 10300 元,予以没收;李向东退赔的违法所得人民币 2700 元予以没收;崔建辉退赔的违法所得人民币 5000 元发还失主。

一审宣判后,安军文以量刑过重为由提出上诉,二审法院驳回上诉,维持原判。

二、裁判要旨

No. 9-399(1)-1　司法工作人员包庇盗窃并收受赃款的,不构成包庇罪,而是同时构成受贿罪和徇私枉法罪,应依照处罚较重的规定定罪量刑;与他人共谋,由他人在其所执勤的区域盗窃并分赃的,不构成徇私枉法罪,应以盗窃罪的共犯论处。

在本案中,安文军等人在丁玉良等人实施了盗窃行为后,身为公安人员非但没有实施必要的强制措施,反而多次收受赃款并包庇数名盗窃分子,符合徇私枉法罪的主体要件;主观上具有徇私枉法的故意;其所实施的行为属于对明知是有罪的人故意包庇不使其受追诉,符合徇私枉法罪的客观特征。

另外,安军文等人在实施徇私枉法行为过程中,同时还收受了他人的赃款,符合受贿罪的构成特征。根据我国《刑法》第三百九十六条第三款的规定,司法工作人员贪赃枉法,同时又构成受贿罪的,依照处罚较重的规定定罪处罚。在本案中,确定哪一罪处罚较重,应当综合衡量各被告人徇私枉法情节及受贿数额而定。我们认为,对安军文、李向东等五被告人如以徇私枉法罪定罪,并认定程根成、黄旭生、崔建辉犯罪情节严重,安军文犯罪情节特别严重,较之以受贿罪的定罪并按照受贿数额量刑处罚要重,故对其均以徇私枉法罪定罪量刑。

应当注意的是,在 1999 年 2 月份发生的案件中,对安军文、李向东与丁玉良 3 人共同预谋由丁玉良在二人所执勤的列车上盗窃并分得赃款的行为,不能也认定为徇私枉法罪。这是因为,该起案件实际上属于三人共同实施的盗窃行为。其中,丁玉良是盗窃罪的实行犯,而安军文和李向东则利用职务上的便利为丁玉良实施盗窃提供保障,使其不必担心会因失手而被抓,三人在共同盗窃的犯意支配下,共同实施了盗窃犯罪,只是具体分工不同。这与上面几起事先并不知晓盗窃行为的发生、事后收受赃款予以包庇的案件明显不同,因此,在该起案件中,对安军文、李向东的行为不应认定为徇私枉法罪,应当以盗窃罪论处。

180 枉法仲裁罪(《刑法》第三百九十九条之一)

案例:曾德明枉法仲裁案

案例来源:《刑事审判参考》总第 125 辑[第 1402 号]

主题词:枉法仲裁罪　枉法调解

一、基本案情

王桂兴得知其民间借贷债务人王启贵担任原法定代表人的福建省武平县梁野山茶业有限公司(以下简称"梁野山茶业公司")的土地及厂房被司法拍卖后,担心难以要回借款,不能参与法院执行案件的财产分配并优先足额受偿其债权(借款本息合计 4147000 元),便找到堂妹夫曾德明,希望能假借梁野山茶业公司拖欠工人工资形式申请劳动仲裁,进而能够凭借仲裁文书参与法院执行分配,以期能尽快足额拿回借款本息。曾德明碍于亲戚情面,答应为其作劳动仲裁调解处理,并要求其与对方沟通及准备好相关仲裁申请材料。后王桂兴虚构了该公司拖欠工资的劳动仲裁申请材料,并送给曾德明审查,曾德明明知申请人中有多人不可能是梁野山茶业公司工人的情形下,仍指导王桂兴对虚假仲裁申请材料进行了补充和修改,且未经合议就制作了仲裁调解书。后王桂兴持上述仲裁调解书等材料到法院申请执行,因履行期限未到以及送达程序等问题未果。随即,曾德明应王桂兴要求重新修改了调解笔录及仲裁调解书。同日,王桂兴持该仲裁调解书和送达证明等相关材料再次向武平县人民法院申请执行。几天后,曾德明觉得虚假的仲裁调解不妥,要求王桂兴向法院撤回执行申请,但遭对方拒绝。

武平县人民法院认为,被告人曾德明作为依法承担仲裁职责的劳动人事争议仲裁委员会仲裁员,故意违背事实和法律规定,明知是虚假诉讼事实和伪造的证据,仍徇私情协助他人补强伪证并予采信,使不在受案范围的民间借贷纠纷变通形式后得以仲裁立案受理,对实际不存在劳动关系的虚假劳动争议擅自启动仲裁程序,刻意规避证据审查与事实认定程序,未经合议即以仲裁庭名义违法制作劳动仲裁调解书且送达,导致该仲裁调解书通过法院立案审查进入民事诉讼执行程序,其利用职权积极帮助他人实施虚假诉讼的行为,妨害司法和仲裁秩序,掼害了司法权威和仲裁公正性,并严重威胁民事诉讼执行案件当事人的财产安全,涉案标的达 4147000 元,情节严重,其行为构成枉法仲裁案。被告人有自首情节,依法可以从轻处罚。结合其犯罪情节和悔罪表现,依法可适用缓刑。判决被告人曾德明犯枉法仲裁罪,判处有期徒刑六个月,缓刑一年。

一审宣判后,被告人曾德明提出上诉。理由是原判认定事实和适用法律错误,其辩称枉法仲裁罪适用的主体是《仲裁法》意义上的仲裁员,而不包括《劳动争议调解仲裁法》意义上的仲裁员,枉法仲裁罪针对的是仲裁员枉法作出仲裁裁决的行为,其从未作出仲裁裁决,仅仅是作出调解书,其行为未造成也不可能造成债权人的任何实际损失,情节显著轻微,尚未达到枉法仲裁罪的“情节严重”这一法定构成要件,应改判其无罪。

福建省龙岩市中级人民法院经审理查明的事实及证据与一审相同。且认为,枉法仲裁罪的主体是“依法承担仲裁职责的人员”,除了《仲裁法》规定的仲裁员,还包括根据《劳动法》《公务员法》《企业劳动争议处理条例》等法律、行政法规的规定,在由政府行政主管部门代表参加组成的仲裁机构中对法律、行政法规规定的特殊争议承担仲裁职责的人员,同理,枉法仲裁中的仲裁活动亦包括劳动争议仲裁;《劳动争议调解仲裁法》中的“调解”系调解组织进行的调解活动,与进入仲裁后仲裁员在作出裁决前应当先行组织的仲裁调解不同,劳动争议仲裁调解系在仲裁庭主持下进行的前置必经仲裁程序,亦是劳动争议仲裁活动的一部分,虽需双方当事人自愿,但与仲裁裁决一样,应当遵循合法的原则和查明事实、分清是非的原则,发生法律效力后,仲裁调解书亦具有与裁决书同等的法律约束力和执行力,同样,枉法作出的仲裁调解亦具有与枉法作出的仲裁裁决同等的危害性,故枉法仲裁应当涵盖枉法调解;“情节严重”是区分枉法仲裁行为罪与非罪的标准,判断枉法仲裁行为是否属于“情节严重”,应当以枉法仲裁罪构成要件为基础,参照民事、行政枉法裁判罪的立案标准,综合考虑枉法仲裁行为的后果、枉法仲裁行为实施的方式和手段、行为人的动机和目的等要素。在本案中,虽然上诉人曾德明制作的虚假仲裁调解书最终未造成债权人等其他方的损失,但其主观故意明显,手段恶劣。综上,原判定性准确,量刑适当,应予维持。故依法裁定:驳回上诉,维持原判。

二、裁判要旨

No. 9-399 之一-1 劳动争议仲裁员是枉法仲裁罪的适格主体,在劳动争议仲裁过程中,仲裁员枉法调解的行为构成枉法仲裁罪。

第一,劳动仲裁中的调解属于仲裁活动。劳动争议仲裁调解是指在仲裁庭主持下,仲裁当事人在自愿协商、互谅互让基础上达成协议,从而解决纠纷的一种制度。根据《劳动争议调解仲裁法》第四十二条的规定,仲裁庭在作出裁决前,应当先行调解。调解达成协议的,仲裁庭应当制作调解书。《劳动人事争议仲裁办案规则》第四章“调解程序”,专门对仲裁调解作了详细的规定。显然,劳动争议仲裁调解系在仲裁庭主持下进行的前置必经仲裁程序,是劳动仲裁程序的有机组成部分。

第二,仲裁调解书与裁决书具有同等法律效力。根据《劳动争议调解仲裁法》的规定,经仲裁庭调解,双方当事人达成协议的,仲裁庭应当制作调解书。调解书要写明仲裁请求和当事人协议的结果,并由仲裁员签名,加盖仲裁委员会印章,仲裁调解书经双方当事人签收后即发生法律效力,对于争议双方都具有法律约束力和执行力。当事人对发生法律效力的调解书、裁决书,应当依照规定的期限履行,一方当事人逾期不履行的,另一方当事人可以依照《民事诉讼法》的有关规定向人民法院申请执行,受理申请的人民法院应当依法执行。可见,仲裁调解书与仲裁裁决书均为仲裁庭在仲裁活动中对仲裁事项作出的实体或程序处置结果,在法律约束力、执行力上都是具有同等效力的。

第三,枉法调解的社会危害性与枉法裁决并无本质差别。劳动仲裁中的调解与裁决一样,同样要查明事实、分清是非,遵循合法原则。而枉法调解的本质与枉法裁决的本质相同,都是承担仲裁职责的人员超越当事人和法律的授权,故意违背事实和法律作出的有损当事人正当合法权益的枉法行为。两者均违背了仲裁员公平中立进行仲裁程序、勤勉审慎履行职责的基本职责要求,是对法律直接、严重的破坏。枉法调解与枉法裁决一样,一方面侵犯了当事人的合法权益,使权益人的合法权益得不到应有的保障;另一方面又扰乱了正常的仲裁活动,使人们丧失对仲裁公正性的信赖。

181 私放在押人员罪(《刑法》第四百条第一款)

案例:吴鹏辉等私放在押人员案

案例来源:《人民法院案例选》2007 年第 3 辑

主题词:私放在押人员罪

一、基本案情

被告人:吴鹏辉、叶火兴、罗文其。

福建省龙岩市青草盂地区人民法院经审理查明:

1. 2005 年 1 月,被告人罗文其在执行罪犯张祖潮外诊治疗监管任务时,违反规定,擅自非法同意张祖潮离开监控范围自行回家,致使后者脱管失控。

2. 在罪犯张祖潮于 2005 年 4 月 18 日至 30 日在龙岩市第二医院住院治疗期间,被告人吴鹏辉多次擅自将张祖潮带离指定的监控范围,其本人两次留宿在张祖潮为其开的宾馆房间内,且擅自非法同意张祖潮自行回家,造成张祖潮长时间脱管失控。

3. 经查,罪犯张祖潮于 2005 年 5 月 13 日至 16 日在龙岩市第二医院住院治疗期间,罗文其等的行为如下:(1)被告人罗文其在负责执行 5 月 13 日至 5 月 14 日 8 时对张祖潮的监管任务时,违反规定,擅自将张祖潮带出监控范围,与张祖潮一起外出吃饭、娱乐,并于 5 月 14 日凌晨擅自非法同意张祖潮自行回家睡觉,致使张祖潮脱管失控。(2)被告人叶火兴在负责执行 5 月 14 日 8 时至 5 月 15 日 8 时对张祖潮执行外诊住院治疗监管任务时,于 5 月 14 日上午发现张祖潮不在监管地点,并未与上一班民警罗文其交接班,亦未将此情况向有关领导报告,而是离开监管地点,外出办私事,放任张祖潮脱管,直至当天下午 6 时许张祖潮才返回监管地点。随后,被告人叶火兴违反规定,擅自非法将张祖潮带出监控范围,与张祖潮一起外出吃饭、修车、访亲会友,出入酒店。当晚由张祖潮及其朋友开车送被告人叶火兴回家,被告人叶火兴擅自非法同意张祖潮自行回家睡觉,致使张祖潮脱管失控。5 月 15 日凌晨,张祖潮在娱乐场所结伙将他人打成轻伤。(3)在被告人吴鹏辉负责执行 5 月 15 日 8 时至 5 月 16 日 8 时对张祖潮的监管任务期间,被告人吴鹏辉未按规定交接班,也未到龙岩市第二医院对张祖潮执行监管任务,24 小时脱岗,并擅自非法同意张祖潮自行回家睡觉,造成张祖潮长时间脱管失控。

另被告人吴鹏辉在任龙岩监狱医院副教导员主管罪犯改造工作期间,于 2005 年 2 月、4 月两次对该医院罪犯张祖潮报请减刑,并在龙岩监狱通过对张祖潮呈报减刑的会议后,在没有核实的情况下,在张祖潮家庭经济困难的证明上签署“情况属实”的意见并加盖龙岩监狱医院公章后上报。

龙岩市新罗区人民法院认为:被告人吴鹏辉、叶火兴、罗文其身为监狱司法工作人员,在执行罪犯外诊、住院治疗监管任务时违反规定,擅自非法同意所监管的罪犯离开监控范围自行回家,其行为均已构成私放在押人员罪。公诉机关指控的该罪名成立,予以采纳。由于被告人吴鹏辉在罪犯张祖潮减刑呈报的过程中没有隐瞒事实真相、捏造事实、伪造材料,其行为不构成徇私舞弊减刑罪,故公诉机关指控的此项罪名不成立,不予采纳。被告人吴鹏辉及其辩护人提出的被告人吴鹏辉的行为不构成徇私舞弊减刑罪的辩解和辩护意见,理由成立,予以采纳;其余辩解及辩护意见以及其他被告人及其辩护人提出的辩解和辩护意见或与所查事实不符,或理由不成立,不予采纳。三被告人归案后尚能如实供述案件事实,酌情予以从轻处罚。依照《中华人民共和国刑法》第四百条第一款,第六十一条,第四十二条,第四十五条,第四十七条,第七十二条第一款,第七十三条第一、三款的规定,判决被告人叶火兴犯私放在押人员罪,判处有期徒刑两年六个月;判决被告人吴鹏辉犯私放在押人员罪,判处有期徒刑一年六个月;判决被告人罗文其犯私放在押人员罪,判处拘役六个月,缓刑六个月。

一审宣判后,福建省龙岩市青草盂地区人民检察院对原审被告人吴鹏辉徇私舞弊减刑罪部分提出抗诉,认为被告人吴鹏辉具有徇私行为并有隐瞒事实真相,捏造事实,伪造材料违法为不符合减刑条件的罪犯呈报减刑的舞弊行为,其行为应构成徇私舞弊减刑罪。龙岩市人民检察院支持抗诉。三被告人均对私放在押人员罪部分向龙岩市中级人民法院提出上诉,认为他们的行为不构成犯罪。

二审认定的事实和证据与一审的相同。龙岩市中级人民法院经审理认为:

1. 对于检察机关提出吴鹏辉构成徇私舞弊减刑罪的抗诉意见。经查,从龙岩监狱医院会议记录本及建议减刑罪犯审查意见表中反映,2005 年 2 月 28 日和 4 月 14 日,龙岩监狱医院二次研究对罪犯张祖潮呈报减刑及认定有关嘉奖数均系按程序集体决定的,且在研究讨论和呈报时未隐瞒罪犯张祖潮 2004 年 10 月 23 日因擅自脱离规定的活动区域被扣 3 分的事实。对罪犯减刑、假释的细化规定,具体由监狱部门根据罪犯的改造表现情况和法律的规定及对“老、残”罪犯的特殊从宽政策依法呈报,能否最终得到减刑、假释,由人民法院根据所呈报的材料及法律的规定作出的裁定结果决定。关于上诉人吴鹏辉同意罪犯张祖潮在外住院治疗期间使用手机问题和同意罪犯张祖潮出入娱乐场所的行为,在追究私放在押人员罪时已考虑该情节,根据“一事不二罚”的原则,不应对该行为重复处罚;关于上诉人吴鹏辉在罪犯张祖潮家庭经济情况证明上未作调查就签署“情况属实”意见的行为,因该证明对罪犯呈报减刑并不起重要作用,该行为未达到犯罪程度。

2. 对于上诉人吴鹏辉、叶火兴、罗文其及其辩护人提出三上诉人主观上没有私放的故意,客观上没有造成后果,只是一般的违规、违纪行为,不应按犯罪追究刑事责任的辩解和辩护意见,不予采纳。经查,罪犯张祖潮于 2005 年 5 月 13 日至 16 日在龙岩市第二医院住院治疗期间,三上诉人在负责执行对罪犯张祖潮的监管任务时,违反规定,擅自将罪犯张祖潮带出监控范围,与罪犯张祖潮一起外出吃饭、娱乐,并擅自非法同意罪犯张祖潮自行回家睡觉,致使罪犯张祖潮脱管失控。叶火兴在负责执行对罪犯张祖潮的监管任务时擅自同意罪犯张祖潮回家,致 5 月 15 日凌晨,罪犯张祖潮在娱乐场所结伙将他人打成轻伤。该事实有被害人的陈述、证人证言证实,三上诉人也供认不讳。三上诉人主观上明知是未经批准而擅自将本应接受监管的罪犯张祖潮放回社会,客观上造成罪犯张祖潮脱管失控,在娱乐场所结伙将他人打成轻伤。其行为并非一般的违规、违纪行为,系构成私放在押人员的犯罪行为。三上诉人及其辩护人提出的辩解和辩护意见的理由均不成立,不予采纳。

3. 对于上诉人叶火兴及其辩护人提出的叶火兴是狱医(见习警察),不符合私放在押人员罪的主体资格,不予采纳。经查,上诉人叶火兴经过国家的正式公务员考试后被龙岩监狱依法录用,已成为国家公务人员,虽尚在见习期,但其受单位领导的指派执行对罪犯张祖潮在监狱外医院治疗期间的监管任务。根据2000年9月14日最高人民法院《关于未被公安机关录用的人员、狱医能否构成失职致使在押人员脱逃罪主体的批复》和2001年1月2日最高人民检察院《关于工人等非监管机关在编监管人员私放在押人员行为和失职致使在押人员脱逃行为使用法律问题解释》的规定,未被司法机关正式录用,而是受委托履行监管职责的人员,以及受委派承担监管职责的狱医、工人等非监管机关在编监管人员在被监管机关聘用受委托履行监管职责的,也可以成为本罪的主体。上诉人叶火兴系在龙岩监狱见习期的狱医,其受单位指派履行监管罪犯张祖潮,负有监管职责,符合私放在押人员罪的主体资格。故上诉人叶火兴及其辩护人提出不具有本罪的主体资格的理由均不能成立,不予采纳。

综上,上诉人吴鹏辉、叶火兴、罗文其身为监狱司法工作人员,在执行监管任务时违反规定,擅自非法同意所监管的罪犯离开监控范围自行回家,导致罪犯失去监控又实施犯罪,其行为均已构成私放在押人员罪。原判根据三上诉人的犯罪事实、性质、情节和社会的危害程度所作出的判决,定罪和适用法律正确,量刑适当,审判程序合法,应予维持。检察机关提出吴鹏辉构成徇私舞弊减刑罪的抗诉意见不能成立,不予支持。三上诉人及其辩护人提出三上诉人的行为不构成私放在押人员罪的辩解和辩护意见均不能成立,不予采纳。上诉人吴鹏辉及其辩护人提出,抗诉机关指控吴鹏辉构成徇私舞弊减刑罪是错误的,应维持一审法院的该项判决的辩解理由和辩护意见成立,予以采纳。据此,龙岩市中级人民法院依照《中华人民共和国刑事诉讼法》第一百八十九条第(一)项之规定,裁定驳回抗诉、上诉,维持原判。

二、裁判要旨

No.9-400(1)-1 被私放的在押人员脱管时间长短,是否按时返回监管场所,均不影响私放在押人员罪的成立。

私放在押人员犯罪的客观方面,表现为利用监管职责的便利,私放在押的犯罪嫌疑人、被告人或者罪犯的行为。起诉书所指控的三被告人让罪犯张祖潮自行回家的行为均属于其擅自决定的行为,既无法律上的授权,亦无有权机关的批准、同意,即属私放。私放两字的含义清楚地表明了行为人主观上是故意的,即明知是未经合法批准而擅自将本应接受司法机关监管的刑事罪犯放回社会。不论是永久还是暂时的释放,都是将罪犯释放的一种表现形式。本罪作为行为犯,只要私放罪犯的行为一经发生,就已构成犯罪,而罪犯在被放出去后是否再回来,只是量刑上考虑的情节,而不是定罪情节。正如被告人叶火兴将罪犯张祖潮放出去后会将他人打伤的事实发生一样,罪犯本应在监管场所服刑,接受刑罚的处罚,进行劳动改造,如若均像本案三被告人的所作所为,人民法院对犯罪分子的刑事判决书就必然会成为一纸空文,法律的尊严也必将遭到践踏,人民群众既降低了对司法权威的信任感,同时也就会没有安全感,和谐社会的构建就失去应有的司法保障,这样的社会危害性是显而易见的。批准服刑罪犯回家需要一整套的程序,违反其中的一部分合法程序,导致罪犯被批准请假回家才属违规,而本案的三被告人不具有批准服刑罪犯请假回家的权利,在没有任何的手续、报告的情况下擅自决定罪犯自行回家,就是变相地变更了刑罚的正确执行,其不是一般的违规、违纪行为,而是犯罪行为。

在司法实践中,有少数司法工作人员出于徇私情、徇私利等动机目的,利用职务之便,将在押人员临时放出监管场所,并无让其长期脱逃在外的故意,对能及时返回监管场所未造成影响的案件往往不了了之。事实上,无论这种私放行为是长期还是临时,也无论被私放的在押人员是否及时返回监管场所,这种私放行为都侵害了正常的监管制度和秩序。根据现行《刑法》第四百条第一款的规定,并没有将私放的时间长短、被私放的在押人员是否及时返回作为犯罪构成要件。也就是说,只要负有监管职责的司法工作人员违法实施了私放在押的犯罪嫌疑人、被告人或者罪犯,以使其脱离监管的范围,就构成私放在押人员罪,应当追究刑事责任。至于私放的时间长短、被私放的在押人员是否按时返回监管场所等情形,只能作为量刑的一个考虑因素。

182 徇私舞弊不征、少征税款罪(《刑法》第四百零四条)

案例:杜战军徇私舞弊不征税款、受贿案

案例来源:《刑事审判参考》总第 89 集[第 809 号]

主题词:徇私舞弊不征税款罪 数额计算

一、基本案情

被告人杜战军,男,1969 年 10 月 1 日出生,原系江苏省宜兴市地方税务局第二税务分局管理一股股长。因涉嫌犯徇私舞弊不征税款罪、受贿罪于 2011 年 3 月 24 日被逮捕。

江苏省宜兴市人民检察院以被告人杜战军犯徇私舞弊不征税款罪、受贿罪,向宜兴市人民法院提起公诉。

被告人杜战军对公诉机关指控的犯罪事实及罪名未提出异议。其辩护人基于以下理由请求对杜战军减轻处罚:(1)杜战军不构成徇私舞弊不征、少征税款罪;(2)对杜战军犯受贿罪没有异议,但对受贿数额有异议;(3)杜战军有自首和立功情节,依法可以从轻或者减轻处罚;(4)案发后杜战军主动退赃。

宜兴市人民法院经公开审理查明:

(一)关于徇私舞弊不征税款事实

2006 年 12 月,杜战军时任江苏省宜兴市地方税务局第二税务分局管理一股股长,负责对辖区范围内的企业和个人进行纳税评估。1997 年 4 月,江苏全能机电仪表设备有限公司成立,公司性质为有限责任公司,注册资本人民币(以下币种同)1000 万元,钱盘华任法定代表人。1999 年 4 月,周听华出资 20 万元受让 200 万元股权,占 20%股份。2002 年 1 月,江苏全能机电仪表设备有限公司变更为江苏全能机械设备有限公司(以下简称"全能机械公司")。2008 年 6 月、12 月,全能机械公司先后三次增资,注册资本增加到 7000 万元,周听华的注册资本从 200 万元增加到 1400 万元,仍占 20%股份,但均未实际出资。2009 年 4 月,周听华与钱盘华等达成股权转让协议,协议约定:周听华将公司 20%的股份以 1200 万元分别转让给葛渚中、钱盘华、张建平,葛渚中、钱盘华、张建平转让款于 2009 年 5 月 8 日、2010 年 5 月 8 日和 2011 年 5 月 8 日之前分三次付清(每年支付 400 万元,至案发已支付 800 万元)。2009 年 6 月,周听华在得知其转让股权的溢价部分要缴纳个人所得税后,至杜战军家中送给杜 5 万元,并将其存在股权转让溢价的情况告诉了杜战军,要求杜战军为其在缴纳个人所得税上提供帮助。杜战军明知周听华转让股权存在溢价,不认真履行职责,仅在事后安排相关人员对全能机械公司财务账面情况进行例行检查,既未对此作深入调查,也未将此情况向领导报告,至案发时致使国家税收遭受损失 156 万元。

案发后,周听华向宜兴市人民检察院退出应缴税款 156 万元。

(二)关于受贿事实

2008 年 9 月至 2010 年年底,杜战军利用其担任江苏省宜兴市地方税务局第二税务分局管理一股股长的职务便利,在负责宜兴市丁蜀镇相关单位和个人纳税评估、税收征管等工作中,为他人谋取利益,先后 13 次收受他人财物,合计 39.512 万元。

2011 年 3 月 8 日,宜兴市人民检察院根据群众举报,在未确定犯罪嫌疑人的情况下对宜兴市地方税务局有关人员以涉嫌徇私舞弊不征、少征税款罪立案侦查。被告人杜战军在接受调查过程中,主动交代了司法机关尚未掌握的上述徇私舞弊不征税款、受贿事实。

案发后,杜战军检举揭发他人犯罪,经查证属实;其亲属代其向宜兴市人民检察院退出非法所得 40 万元。

宜兴市人民法院经审理认为,被告人杜战军身为国家税务机关工作人员,非法收受他人钱款后,不认真履行职责,不征应征税款 156 万元,致使国家税收遭受特别重大损失;同时利用职务之便,为他人谋取利益,非法收受他人给予的钱款 39 万余元,其行为分别构成徇私舞弊不征税款罪和受贿罪,依法应当数罪并罚。杜战军在司法机关对其调查过程中,如实供述了司法机关尚未掌握的徇私舞弊不征税款和受贿的犯罪事实,系自首,依法可以从轻或者减轻处罚;杜战

军归案后,检举他人犯罪,且经查证属实,具有立功表现,依法可以从轻或者减轻处罚。案发后,杜战军的亲属为其退出全部赃款,且庭审中杜战军亦能自愿认罪,依法可对其从轻处罚。据此,依照《中华人民共和国刑法》第四百零四条,第三百八十五条第一款,第三百八十六条,第三百八十三条第一款第一项、第二款,第六十九条,第六十七条第一款,第六十八条第一款,第六十四条之规定,宜兴市人民法院以被告人杜战军犯徇私舞弊不征税款罪,判处有期徒刑三年;犯受贿罪,判处有期徒刑六年,并处没收财产人民币二十万元;决定执行有期徒刑七年,并处没收财产人民币二十万元;杜战军受贿所得赃款予以没收,上缴国库。

一审宣判后,被告人杜战军不服,以具有新的检举揭发情况、请求判处缓刑为由向无锡市中级人民法院提出上诉。

无锡市中级人民法院经公开审理认为,上诉人杜战军身为国家税务机关工作人员,收受他人钱款后,不认真履行职责,不征应征税款 156 万元,致使国家税收遭受特别重大损失;同时,杜战军利用职务之便,为他人谋取利益,非法收受他人钱款 39 万余元,其行为分别构成徇私舞弊不征税款罪和受贿罪,应当数罪并罚。杜战军在司法机关对其一般性调查过程中,如实供述司法机关尚未掌握的徇私舞弊不征税款和受贿的犯罪事实,系自首,依法可以从轻或者减轻处罚;杜战军在一审期间具有立功表现,依法可以从轻或者减轻处罚。案发后,杜战军的亲属为其退出全部赃款,可视为杜战军有悔罪表现,可以酌情从轻处罚。杜战军在二审审理期间检举他人犯罪,尚未得到查实,故不能认定为有立功表现;原审法院综合考虑杜战军的犯罪数额,以及自首、立功、认罪态度等情节,所作量刑适当;根据杜战军的犯罪事实及情节,不具备适用缓刑的条件。故杜战军及其辩护人提出的上诉理由、辩护意见均不能成立,不予采纳。综上,原审判决认定的事实清楚,证据确实、充分,定罪正确,量刑适当,审判程序合法,应当予以维持。据此,依照《中华人民共和国刑事诉讼法》第一百八十九条第(一)项之规定,裁定驳回上诉,维持原判。

二、裁判要旨

No. 9-404-1 股权转让过程中,转让股权后的实际收益,即股权转让所得与实际投资的差额,属于税法中的应征税款。行为人利用职务便利,滥用征管职权以不作为的方式擅自减少应纳税额的,构成徇私舞弊不征税款罪。税收损失数额以实际取得数额为计算基础。

个人转让股权所得属于税法规定的应征税款的范围。《中华人民共和国个人所得税法实施条例》第八条对各项个人所得的范围作了明确规定,第九项规定:"财产转让所得,是指个人转让有价证券、股权、建筑物、土地使用权、机器设备、车船以及其他财产取得的所得。"国家税务总局《关于加强股权转让所得征收个人所得税管理的通知》(已失效,国税函〔2009〕285 号)第一条规定:"股权交易各方在签订股权转让协议并完成股权转让交易以后至企业变更股权登记之前,负有纳税义务或代扣代缴义务的转让方或受让方,应到主管税务机关办理纳税(扣缴)申报……"可见,相关税法已经明确个人转让股权所得属于征税范围。但这里的征税对象应当理解为转让股权后获得的实际收益,即股权转让所得与实际投资的差额。

个人终止投资并将股权转让给他人,其股权转让所得与实际出资的差额部分,属于个人应纳税所得。周听华转让所得为 1200 万元,实际出资额为 20 万元(周听华在公司三次增资中均未实际出资),在未补充出资及缴纳相关税费的情况下,两者之间的差额即为应纳税所得。至于周听华对其他股东是否负有补充缴纳出资义务,并不影响其个人所得税的缴纳。

税务工作人员的徇私舞弊行为必须利用职务之便进行,即税务工作人员必须利用职权或者与职务有关的便利条件。徇私舞弊不征应征税款的行为可能出现在税收征管的各个环节,如税务登记、账簿凭证管理、纳税申报、税款征收以及税务检查等环节,税务工作人员只要在上述环节中违背事实法律,滥用征管职权,擅自减少应纳税额等,都是徇私舞弊行为。值得注意的是,徇私舞弊不征税款罪的行为方式属于不作为。

本案中,杜战军作为江苏省宜兴市地税局第二税务分局管理一股的股长,其工作职责包括对辖区内的企业及个人进行纳税评估,即检查纳税人有无未进行纳税申报的情况。如果在评估企业税务情况过程中,发现纳税人在企业账面上反映的情况与实际情况不符,税务评估人员应当约谈纳税当事人,要求他们作出解释,如果不能排除疑点,应当移送当地地税稽查局处理。杜战军事先已经知悉周听华在股权转让过程中有实际收益的情况,但为徇私情、私利,其下属工作人员到公司例行检查账面时,未将该情况告知下属,且在下属未发现疑点时,并未告知下属作进一步核查,最终导致国家税收遭受重大损失。可见,杜战军利用职务之便以不作为形式实现其不征税款目的的行为,符合徇私舞弊不征税款罪的特征。

根据相关规定,股权转让合同履行完毕、股权已作变更登记,且所得已经实现的,转让人取得的股权转让收入应当依法缴纳个人所得税。在计算徇私舞弊不征税款罪造成的税款损失时,要以纳税人已经实现的实际所得额作为基础。本案中,周听华转让股权时双方约定的转让款为1200万元,但至本案案发时周听华实际取得转让款为800万元,尚有400万元未实际取得。

一审法院认为,应当以周听华已经实现的转让所得数额800万元扣减20万元出资额的差额来计算其应纳税额更为科学合理,故周听华实际造成国家损失的税款应当扣除其未取得的400万元应纳税额部分,由此计算的实际损失为156万元,即(800-20)万元×20% = 156万元。笔者认为,一审法院所认定的损失数额是正确的。

183 国家机关工作人员签订、履行合同失职被骗罪(《刑法》第四百零六条)

案例:王琦筠等国家机关工作人员签订、履行合同失职被骗案

案例来源:《刑事审判参考》总第122集[第1353号]

主题词:国家机关工作人员签订、履行合同失职被骗罪　玩忽职守罪

一、基本案情

(一)国家机关工作人员签订、履行合同失职被骗、合同诈骗、伪造国家机关印章部分

2010年5月,宜兴市新庄街道办事处成立景湖人家安置小区筹建小组,并在会议上口头任命时任新庄街道城市建设管理办公室副主任的被告人王琦筠为筹建小组负责人,聘用被告人闵卫庚等技术人员为筹建小组成员,全面负责安置小区的现场管理、矛盾协调等工作。2010年9月,新庄街道准备采购景湖人家等安置小区高层住宅楼房电梯,王琦筠安排闵卫庚统计电梯停靠层数等数据。闵卫庚在统计过程中,没有核对建筑施工图,将景湖人家高层实际为二层地下室统计成一层地下室并据此草拟了采购电梯的申请交给王琦筠审核。王琦筠亦没有核对建筑施工图,就按照闵卫庚拟定的采购电梯申请上报宜兴市财政局,后据此进行了电梯采购招标。2011年4月,景湖人家等安置小区的上述电梯采购经公开招标,由金刚公司和无锡市崇芝电梯有限公司联合体中标。同年6月,新庄街道办事处和金刚公司签订了电梯供需合同。同年年底,金刚公司与东芝电梯(中国)有限公司(以下简称"东芝公司")签订电梯销售合同。

2012年10月,金刚公司派员至现场进行电梯安装准备工作时发现景湖人家小区高层住宅有二层地下室,合同上电梯少算一层。金刚公司法定代表人、被告人薛洪刚立即通知新庄街道。经重新统计,共有59台电梯需要变更层数。后金刚公司对新庄街道隐瞒东芝公司仅有一台电梯安排生产、其余均未投产的事实,谎称电梯均已生产,需要对电梯进行改装,改装费用共需要人民币500余万元。新庄街道委派被告人王琦筠、闵卫庚参与和金刚公司就电梯改装费补偿问题的前期商谈工作。后薛洪刚提供了伪造的东芝公司电梯改造报价清单和金刚公司支付改装费300万元的银行电子交易回执,并安排所谓的东芝公司工作人员至工地现场与王琦筠见面证实改装费用等情况。王琦筠在未认真审核的情况下,将上述情况向新庄街道作了汇报,新庄街道遂安排其测算电梯改装费用,王琦筠又安排闵卫庚根据招投标文件以及江苏省人工工资调整的相关规定测算改装费用。王琦筠、闵卫庚在未实际至电梯生产商东芝公司处实地核实的情况下,测算出改装费用约为271万余元,此外增加道路照明费24万元。王琦筠将上述数据向新庄街道汇报后,新庄街道于2013年6月与金刚公司签订了补充合同,约定新庄街道再支付金刚公司59台电梯增层费、人工工资和井道照明费合计人民币295.5681万元。后薛洪刚安排徐井新持补充合同分别至宜兴市招投标中心宜兴市政府采购管理办公室盖章确认,在上述两部门不同意加盖公章的情况下,薛洪刚、徐井新指使他人,采用电脑扫描、复制技术将伪造的上述两部门

印章加盖在补充合同上。2013 年 12 月月初,薛洪刚借用其他公司资质进行电梯安装,为了向宜兴市质量技术监督局申请报备,安排被告人徐井新指使他人采用上述相同手段,伪造宜兴市新庄街道办事处印章加盖在电梯安装合同上。

2013 年年底,金刚公司实际共安装电梯 36 台(均涉及变更层数),后双方同意解除电梯供需合同。2014 年 6 月,以上述补充合同为依据,新庄街道与金刚公司就已安装的 36 台电梯签订了新的补充合同,约定新庄街道支付金刚公司 36 台电梯的增层费、安装费和井道照明费等共计人民币 1520964 元(以下币种均为人民币,其中井道照明费为 11200 元)。至案发,新庄街道应支付金刚公司共计 7674824 元,已支付 7290836 元,尚有 383988 元未支付。另查明,东芝公司已安排生产的一台 19 层电梯所产生的已排产损费为 17000 元。经鉴定,已安装的 36 台电梯增加一层的市场价格为 269784 元。据此,金刚公司实际骗得新庄街道总计 734992 元。

(二)受贿部分

被告人王琦筠于 2011 年春节前至 2015 年 5 月,先后利用担任宜兴市新庄街道城市建设管理办公室副主任、规划办主任、景湖人家安置小区筹建小组负责人的职务便利,收受他人贿赂,钱物折合人民币 104000 元。

二、裁判要旨

No. 9-406-1 国家机关工作人员签订、履行合同失职被骗罪是玩忽职守类犯罪中的特别规定。玩忽职守类犯罪罪名竞合时,应遵循特别法优于普通法的原则。

玩忽职守罪,是指国家机关工作人员玩忽职守,致使公共财产、国家和人民利益遭受重大损失的行为。该罪客观上要求行为人不履行或者不正确履行工作职责,导致公共利益遭受重大损失。我国《刑法》第三百九十七条第一款对此罪名作了概括性规定。同时,该条表述"本法另有规定的,依照规定",即玩忽职守罪为一般性的普通罪名,对具有玩忽职守情形另有特别规定构成其他罪的,应当按照特别罪名处理。最高人民法院、最高人民检察院 2012 年公布的《关于办理职刑事案件适用法律若干问题的解释(一)》第二条中对此进一步明确:"国家机关工作人员实施滥用职权或者玩忽职守犯罪行为,触犯刑法分则第九章第三百九十八条至第四百一十九条规定的,依照该规定定罪处罚。"

国家机关工作人员签订、履行合同失职被骗罪属于玩忽职守类犯罪的特别规定,客观方面需同时具备行为人在签订、履行合同中严重不负责任的失职行为、合同对方的诈骗行为以及由于失职和诈骗双重行为导致的严重损害后果。区分国家机关工作人员签订、履行合同失职被骗罪与玩忽职守罪的关键点在于:(1)前者的失职行为必须发生在合同的签订、履行过程中;后者的失职行为可以发生在国家机关工作人员履行工作职责的任何过程中,并无具体行为时空范围的限制。(2)前者损害后果的发生系行为人的失职行为和合同对方的诈骗行为共同导致的。失职行为与诈骗行为的关系既可能是因行为人的失职行为使合同对方有机可乘、起意诈骗;也可能是行为人审查不严,未恪尽职守,轻信对方谎言而被骗;或者在被骗后未积极采取补救措施导致利益受损。且该罪名所要求的诈骗行为必须以构成犯罪为充足条件,而非一般的民事欺诈行为。而玩忽职守罪仅要求行为人的失职行为与损害后果存在刑法上的因果关系,即行为人的失职行为直接导致危害后果,不需要结合第三人的行为加以认定。

综上,本案被告人的行为既符合玩忽职守罪的犯罪构成要件,又符合《刑法》第四百零六条的特别规定,应当遵循特别法优于普通法的基本原则,依照法律及司法解释的规定,以国家机关工作人员签订、履行合同失职被骗罪定罪处罚。

No. 9-406-2 国家机关工作人员虽未在合同上签字署名,但接受委派,在负责签订、履行合同的调查、核实、商谈等工作过程中,严重不负责任被骗的,依法构成国家机关工作人员签订、履行合同失职被骗罪。

合同的签订一般包括三个阶段:一是前期酝酿阶段,双方就合同约定的主要内容、权利义务等细节进行协商、谈判,进行必要的调查,达成意向性的协议;二是起草文本阶段,双方就洽谈内容形成书面文本并就文本内容进行修改、完善;三是签字盖章阶段,即双方在达成一致的文本上签字确认。合同的履行即合同双方对合同规定义务执行的过程,通常包括执行合同义务的准备、具体合同义务的执行以及义务执行的善后等。故合同的签订、履行系由多个环节共同组成的动态运行过程,在合同文本上签字署名仅是其中完成形式要件的阶段,而为签订合同所做的准备工作包括调查、协商、谈判等相关工作均属于合同签订、履行的重要环节。因此,判定是否属于签订、履行合同的行为不以是否在合同文本上签字署名为标准,而应当判断具体行为是否属于合同形成的必要阶段。

如上所述,国家机关工作人员签订、履行合同失职被骗罪的时空条件要求行为人的失职行为必须发生在签订、履行合同的过程中。当国家机关作为合同相对方时,一般安排具体的责任人员负责合同签订、履行中的相关工作。作为国家机关利益的代表,相关责任人员在此过程中应当尽到足够谨慎的注意义务,严格审查合同签订之真伪,如认真调查了解对方的资信、经营状况,认真审查对方提供的有关证件、证明,认真检查对方的实际履约能力、供货的质量、来源,等等。这些工作都属于为签订、履行合同所作必要之准备,对合同签订、履约内容起到决定性作用。

本案中,王琦筠等人在为签订第一份电梯供需合同做基础测算、统计数据过程中未尽到应尽职责,在履行合同过程中并为签订第二份电梯增层改造的补充合同做协商、洽谈、审核工作时严重不负责任,其虽未代表新庄街道在最终合同文本上签字署名,但不能否认其工作内容对最终订立的合同起决定性作用,失职行为发生在合同的签订、履行过程中,应当构成国家机关工作人员签订、履行合同失职被骗罪。

184 违法发放林木采伐许可证罪(《刑法》第四百零七条)

案例:李明违法发放林木采伐许可证案

案例来源:《刑事审判参考》总第79集[第694号]

主题词:违法发放林木采伐许可证罪

一、基本案情

被告人李明,男,1949年10月27日出生,原任安徽省肥东县林业局副书记,分管林政工作。因涉嫌犯违法发放林木采伐许可证罪,于2009年5月12日被取保候审。

安徽省肥东县人民检察院以被告人李明犯违法发放林木采伐许可证罪,向肥东县人民法院提起公诉。

被告人李明辩称,其审批林木采伐许可证时林场权属清楚,要求申请方提供林权证,是沿袭当地的一贯做法,且审批同意间伐(是指在一定的森林面积上分次砍伐林木)与他人滥伐之间没有因果关系。李明的辩护人提出:(1)李明审批采伐许可证的行为未违反《森林法》的规定,因为《森林法》并未有核发采伐许可证必须要求申请方提供林权证的强制性规定;(2)李明属依法履行职权,主观上无犯罪故意;(3)李明核发林木采伐许可证的行为与滥伐后果之间无直接的因果关系,故李明的行为不构成违法发放林木采伐许可证罪。

肥东县人民法院经公开审理查明:2006年2月26日,安徽省肥东县桥头集镇人民政府以需在龙泉山林场修建防火道和清理林区内坟场周边病死树及过密林木为由,向安徽省肥东县林业局申请发放林木采伐许可证。在提交的木竹采伐申请表和林木采伐作业设计表中,均注明申请采伐面积1800亩,采伐方式为间伐,采伐数量6400株,采伐蓄积192方。上述申请材料交给时任林业局分管林政工作的副书记被告人李明,李明于2006年2月27日在申请方未提交采伐林木的所有权证书或使用权证书(以下简称"林权证"),且申请理由和采伐方式不符,在同一份申请报告上审批不妥的情况下,批示"同意间伐192方,请林业站派员监督实施"。2月28日,李明打电话给时任林政科科长王兴政,安排其发放林木采伐许可证,王兴政在№甲0000589号林木采伐许可证上注明"采伐类型为抚育,采伐方式为间伐,请镇林业站监督实施"等内容。

桥头集镇政府拿到采伐许可证后,交由桥头集镇林业站站长任贵明负责实施,在将采伐任务布置给昂正江和合肥宽越公司实施时,改变了采伐方式,由间伐变为皆伐,安排昂正江修建防火道3公里,采伐树木5000株(折合材积150方),合肥宽越公司修建防火道0.8公里,采伐树木1400株(折合材积42方)。由于任贵明在组织采伐林木过程中未履行监管职责,合肥宽越公司修建防火道0.8公里后,又超越采伐期限、超强度、超范围实施采伐,累计采伐林木216.53吨,折合材积186.22方,扣减其修防火道0.8公里所采伐林木材积42方后,实际滥伐林木材积144.22方,且有部分树木被掩埋无法测算。昂正江实际修建防火道3128米,超出授权范围128米,滥伐林木122棵。

肥东县人民法院认为,被告人李明在分管林政工作期间,违反《森林法》的规定,在申请未提交林权证的情况下滥发林木采伐许可证,致使森林遭到严重破坏,情节严重,其行为构成违法发放林木采伐许可证罪。依照《中华人民共和国刑法》第四百零七条、第七十二条第一款之规定,判决如下:

被告人李明犯违法发放林木采伐许可证罪,判处有期徒刑一年,缓刑一年。

一审宣判后,被告人李明提出上诉。李明及其辩护人提出,李明主观上无犯罪故意,客观上也没有超过年采伐限额林木采伐许可证或违反规定滥发林木采伐许可证,其行为不具有违法性。森林遭受严重破坏的后果是因为桥头集镇政府在组织实施采伐过程中擅自改变采伐方式,超时间、超强度、超数量滥伐造成的,与李明的发证行为无因果关系,故李明的行为不构成违法发放林木采伐许可证罪。

合肥市中级人民法院经审理认为,李明作为林业局分管林政工作的副书记,在申请方未提交林权证,申请理由和采伐方式不符,且在同一份申请报告上审批不妥的情况下,核发林木采伐许可证,确有不合法律规范之处,其行为具有一定的违法性。但李明核发林木采伐许可证属在法定职责范围内履行职权,没有违反有关发放对象范围或发放限额的规定。林木被滥伐致森林遭受严重破坏的后果是桥头集镇政府改变作业方式,桥头集镇林业站站长任贵明在组织采伐林木过程中未履行监管职责,他人超越采伐期限、超强度、超范围滥伐等多个因素造成的。李明违反规定发放林木采伐许可证的行为与林木被滥伐致森林遭受严重破坏的后果之间没有刑法上的因果关系,故李明的行为不构成犯罪。原判以违法发放林木采伐许可证罪论处,显属错误。李明的辩护人提出其行为不具有违法性的意见也不能成立,不予采信。据此,依据《中华人民共和国刑事诉讼法》第一百八十九条第三项、第一百六十二条第二项之规定,判决如下:

撤销安徽省肥东县人民法院(2009)肥东刑初第284号刑事判决,上诉人李明无罪。

二、裁判要旨

No.9-407-1 在核发林木采伐许可证的过程中,虽存在不符合法律规定的行为,但仍在法定权限范围内履行职权,没有违反关于发放对象的范围和发放限额的规定,且与森林遭受严重破坏后果之间不具有刑法上的因果关系的,不构成违法发放林木采伐许可证罪。

构成违法发放林木采伐许可证罪在客观上必须同时具备两个条件,(1)行为人实施了违反《森林法》,超过批准的年采伐限额发放林木采伐许可证,或者违反规定滥发林木采伐许可证的危害行为;(2)情节严重,致使森林遭受严重破坏,包括造成一定数量的林木被采伐或滥伐,或珍贵树木被滥伐,或批准采伐国家禁止采伐的林木等。

根据《森林法》第三十二条和《森林法实施条例》第三十条的规定,申请发放林木采伐许可证,申请方应提交林权证、林木采伐申请表和林木采伐作业设计表等相关书面材料。本案中,肥东县桥头集镇政府在申办林木采伐许可证时,李明在申请方未提交林权证、申请理由与采伐方式不符且在同一份申请报告上审批不妥的情况下,核发了林木采伐许可证,在此过程中确有不合规范、不合法律手续的违法行为。

但从安徽省目前的状况看,全省林权证的确权发证从2007年4月才启动,时至今日也未完成,目前肥东县境内集体山林均无林权证。本案中,申请方虽然未提交林权证,但根据安徽省林业厅《关于进一步加强和改进森林采伐管理的通知》第三条的规定,李明是可以核发林木采伐许可证的。鉴于此,被告人李明核发林木采伐许可证的行为,虽有不符合法律规范之处,但仍属在其法定职责范围内履行职权,没有违反关于发放对象的范围和发放限额的规定,其行为不属于违反规定滥发林木采伐许可证的情形。

刑法中的因果关系体现了我国刑法的基本原则——罪责自负,它的基本含义是:行为人只能对其危害行为及其造成的危害结果承担刑事责任。认定因果关系应当以行为时客观存在的一切事实为基础,依据一般人的经验进行判断,特别是在“一果多因”的情况下,危害后果的发生,是在行为人实施行为后多个因素的介入下产生的,应当通过考察行为人的行为导致结果发生的可能性大小、介入因素对结果发生的作用大小、介入因素的异常程度等,判断行为人的行为与结果之间是否存在因果关系。

本案被告人李明核发林木采伐许可证的行为虽具有一定的违法性,但导致龙泉山林场林木被滥伐致森林遭受严重破坏的主要因素是许可证核发后的其他情况:(1)桥头集镇政府在组织实施过程中改变采伐方式;(2)林业站相关人员在组织实施采伐过程中缺乏监管,存在渎职行为,以及超越采伐期限、超强度、超出范围滥伐。故李明的行为与森林遭受严重破坏的后果之间不具有刑法意义上的因果关系。故李明的行为不构成违法发放林木采伐许可证罪。

185 食品、药品监管渎职罪(《刑法》第四百零八条之一)

案例:任尚太等三人食品监管渎职案

案例来源:《刑事审判参考》总第 105 集[第 1135 号]

主题词:食品监管渎职罪成立要件

一、基本案情

被告人任尚太,男,1962 年 3 月 15 日出生,原系河南省罗山县卫生监督执法所城市科科长。2012 年 5 月 25 日被取保候审。

被告人杨柏,男,1963 年 12 月 26 日出生,原系罗山县卫生监督执法所城市科副科长。2012 年 5 月 25 日被取保候审。

被告人黄磊,男,1961 年 5 月 19 日出生,原系罗山县卫生监督执法所城市科职工。2012 年 5 月 25 日被取保候审。

河南省罗山县人民检察院以被告人任尚太、杨柏、黄磊犯食品监管渎职罪向罗山县人民法院提起公诉。三被告人对检察院指控的罪名和犯罪事实均无异议,请求从轻处罚。被告人任尚太的辩护人提出任尚太的职务行为与 79 人食物中毒的后果不存在刑法意义上的必然的、直接的因果关系,建议宣告其无罪。

罗山县人民法院经审理查明:被告人任尚太、杨柏、黄磊分别为罗山县卫生监督执法所城市科科长、副科长、职工,负责本县卫生监督执法。按照内部分工,罗山县新都国际大酒店食品安全属任尚太、杨柏、黄磊三人监管辖区内。因三被告人对该酒店食品安全监管不到位,没有完全正确履行监管职责,造成 2012 年 5 月 8 日中午在该酒店参加婚宴的客人中有 79 人陆续发生食物中毒。经罗山县疾病预防控制中心鉴定,该起食物中毒事件为沙门氏菌感染所致。

罗山县人民法院认为,被告人任尚太、杨柏、黄磊身为卫生监督执法人员,未认真履行食品安全监管职责,导致 79 人食物中毒的严重后果,其行为均已构成食品监管渎职罪,检察机关指控罪名成立。被告人任尚太的辩护人提出任尚太不构成食品监管渎职罪的辩护意见,经查,《中华人民共和国食品安全法》第八十七条明确规定,食品监管部门应当对食品进行定期或不定期抽样检验,但三被告人在工作中从未对新都国际大酒店进行过食品抽检,属玩忽职守行为。虽然本案的发生有多种原因,但与三被告人的渎职有着必然的因果关系,故辩护人的辩护理由不能成立,不予采纳。案发后三被告人积极配合办案机关办案,认罪态度好,依法可以从轻处罚。且该案的发生系多因一果,综合本案案情,三被告人犯罪情节轻微,依法可免予刑事处罚。据此,依据《中华人民共和国刑法》第四百零八条之一、第六十七条第三款、第三十七条之规定,以食品监管渎职罪判处被告人任尚太、杨柏、黄磊免予刑事处罚。

一审宣判后,三被告人均未提出上诉,检察机关亦未抗诉,判决已发生法律效力。

二、裁判要旨

No. 9-408 之一-1　负有食品安全监督管理职责的国家工作人员，没有认真履行安全监督管理职责，未对食品进行抽检造成重大食品安全事故，构成食品安全监管渎职罪。

食品监管渎职罪的犯罪主体主要是县级以上的食品药品监督管理、卫生行政部门和其他有关部门中负有食品安全监督管理职责的国家机关工作人员。本案中，根据罗山县机构编制委员会提供的文件，罗山县卫生监督执法所系财政全供事业编制；根据该执法所提供的文件，三被告人的职责是罗山县城关西城区餐饮环保卫生监督工作。笔者认为，三被告人的身份虽然是事业编制，但所履行的职责为国家行政执法机关的职责。三被告人应当以负有食品安全监督管理职责的国家机关工作人员论，均能够成为食品监管渎职罪的犯罪主体。

食品监管渎职罪要求行为人必须有"滥用职权或者玩忽职守"的行为，"滥用职权"是指负有食品安全监督管理职责的人员超越职权，违法决定、处理其无权决定、处理的事项，或者违反规定处理公务的行为。"玩忽职守"，是指负有食品安全监督管理职责的人员严重不负责任，不履行或者不认真履行其职责的行为。《中华人民共和国食品安全法》第八十七条规定："县级以上人民政府食品药品监督管理部门应当对食品进行定期或者不定期的抽样检验，并依据有关规定公布检验结果，不得免检。"本案证据充分表明被告人任尚太等没有认真履行其食品安全监督管理的职责，在工作中从未依法对新都国际大酒店进行过食品抽检，可以认定三被告人的行为属于玩忽职守行为。

根据《刑法》第四百零八条之一的规定，"发生重大食品安全事故或者造成其他严重后果"，是食品监管渎职罪成立的必备要件。关于"重大食品安全事故"的具体认定标准，现有司法解释确实没有明确规定。笔者认为，从食品监管渎职罪与一般滥用职权罪和玩忽职守罪的关系来看，前者是从后者分离出来而单设的新罪名，两者是特殊罪名与一般罪名的关系。从两者的法定刑配置来看，食品监管渎职罪与《刑法》第三百九十七条第二款规定的徇私舞弊情节下的滥用职权罪和玩忽职守罪的量刑幅度相同。因此，2006 年 7 月 26 日施行的最高人民检察院《关于渎职侵权犯罪案件立案标准的规定》中玩忽职守"导致 20 人以上严重中毒"的立案标准是具有参考价值的。食品监管渎职导致 79 人中毒这一结果远远超过《关于渎职侵权犯罪案件立案标准的规定》的 20 人以上的标准，当然就可以认定为"重大食品安全事故"。

三被告人的玩忽职守行为与重大食品安全事故的发生具有刑法上的因果关系。重大食品安全事故或者其他严重后果固然是由食品生产者或者经营者的不法行为直接造成的，但是负有食品监管职责的国家机关工作人员的渎职行为"纵容"了食品生产者或者经营者的不法行为，基于这种"共同作用力"，才导致发生重大食品安全事故或者造成其他严重后果。相对于食品生产者或者经营者而言，国家机关工作人员的渎职行为对于食品安全事故的发生具有某种"间接性"的特点，但仍然属于刑法上的因果关系。如果负有食品监管职责的国家机关工作人员尽职尽责，正确、合法地履行了监督管理职责，食品安全事故就能最大限度地避免，使人民群众免受其害。因此，只要重大食品安全事故或者其他严重后果是由行为人的渎职行为引起的，无论是直接造成的还是间接造成的，其对该结果的发生是起决定作用还是起非决定作用，行为人的行为与结果之间就具有刑法上的因果关系。本案中，上级部门没有在被告人所在工作单位配备专职的检验人员和相应的检验设备，这在一定程度上确实限制了三被告人开展食品监管的有效性，但这一因素并不足以对刑法上的因果关系产生本质影响，三名被告人从未对涉案酒店的食品进行过抽检，因而导致发生重大食品安全事故，其玩忽职守行为与重大食品安全事故的发生仍然具有刑法上的因果关系。

186 传染病防治失职罪(《刑法》第四百零九条)

案例：黎善文传染病防治失职案

案例来源：《刑事审判参考》总第 121 集[第 1332 号]

主题词：传染病防治失职罪　隐瞒疫情

一、基本案情

2013年2月14日,巴马县人民医院通过中国疾病预防控制信息系统网络直报1例麻疹疑似病例,后订正为风疹。同月16日,巴马县疾病预防控制中心通过中国疾病预防控制信息系统网络直报1例麻疹疑似病例,后订正为其他。同月21日,巴马县人民医院通过中国疾病预防控制信息系统网络直报1例麻疹疑似病例,后经实验室检验确诊为麻疹。

2013年3月5日,巴马县人民医院又收治1例麻疹疑似病例,但没有通过中国疾病预防控制信息系统进行网络直报,而是依据“惯例”先口头向巴马县疾病预防控制中心免疫规划科科长周宝东报告。周宝东向该中心主任李树江汇报,李树江让免疫规划科去进行流行病学个案调查、采样,但调查、采样后并没有依照规定要求中心工作人员进行网络直报,而是将采样标本存放该中心冻库保存。

2013年3月7日,广西壮族自治区疾病预防控制中心副主任卓家同通过中国疾病预防控制信息系统发现巴马县网络直报且经实验室检验确诊1例麻疹病例,便打电话给李树江讲巴马县已出现1例麻疹病例,要求其做好防控,加强疫苗接种工作,不能出现第2例麻疹病例。

2013年3月15日,周宝东又接到巴马县人民医院报告收治1例麻疹疑似病例,当日其在外出差,就向李树江汇报,李树江发一条短信给中心免疫规划科副科长韦桂阳,短信内容为:“桂阳,我在县里参加计划生育会议,县医院儿科有一例疑似麻疹,你现在上去调查核实相关信息及技术处理,不得再上报了。”韦桂阳接到短信后,便带免疫规划科的其他同事到巴马县人民医院进行流行病学个案调查及采样,并依其理解的“技术处理”让医院的医生在病历上将“麻疹”更改为“肺炎”“支气管炎”等,并根据李树江“不得再上报”的指示,要求医院不能进行网络直报。调查、采样回来后,李树江没有依照规定要求中心工作人员进行网络直报,而是将采样标本存放该中心冻库保存。

2013年3月26日,周宝东再接到巴马县人民医院报告1例麻疹疑似病例。该患者为巴马县甲篆乡甲篆村金边屯人,入院时间为2013年3月23日。周宝东接到报告后向李树江汇报,李树江让周宝东带人去进行流行病学个案调查及采样,并让周宝东告知医院不能进行网络直报,病历诊断上不能出现“麻疹”字样。周宝东依李树江的指示传达给县人民医院的医生。后周宝东等人进行个案调查及采样后并没有依规定进行网络直报,而是将采样标本存放该中心冻库保存。同月29日,百色市右江民族医学院附属医院通过中国疾病预防控制信息系统网络直报在该医院确诊的巴马县1例麻疹病例,患者为巴马县甲篆乡甲篆村金边屯人。依据麻疹暴发定义,巴马县甲篆乡甲篆村金边屯在10日内发生2例,已达到麻疹暴发的标准。

2013年3月19日、3月29日,巴马县卫生局分管疾病预防控制工作的被告人黎善文两次接到李树江关于巴马县麻疹疫情的汇报,但没有按要求及时督促疾病预防控制中心及医疗机构按规定及时上报相关部门。此后,巴马县又出现新的麻疹疫情。同年4月1日上午,巴马县卫生局召开了对麻疹疫情防控的紧急碰头会,由局长杨军主持,参会人员有黎善文、罗璇及李树江,会上李树江反映巴马县麻疹疫情的网络直报已有2例,继续网络直报巴马县卫生系统绩效考评会被“黄牌警告”。基于这种情况,此次会议形成了暂不进行麻疹疫情网络直报的一致意见。会议结束后,黎善文于当日11时召集人民医院、民族医院、妇幼保健院分管传染病防控的副院长开会,要求各医院在发现新的麻疹疫情后不能进行网络直报,同时要求对麻疹患者病历上的“麻疹”字样进行技术处理,但各医院分管副院长没有将会议内容传达给医院相关人员。截至4月1日,巴马县共出现8例麻疹疑似病例。

2013年4月8日,巴马县人民医院院长岑丹洁发现当日在该院就诊的麻疹病例多达10例,就打电话汇报给杨军。同日,巴马县疾病预防控制中心写了《2013年2-4月麻疹疫情调查处理》书面汇报给巴马县卫生局。次日,杨军局长打电话向河池市卫生局副局长文彪汇报巴马县已出现麻疹病例10余例,文彪副局长指示巴马县按要求进行防控工作。同日,巴马县卫生局写了《巴马瑶族自治县2013年2-4月麻疹疫情调查处理》书面汇报县人民政府副县长韦瑞芬。截至4月8日,巴马县共出现16例麻疹疑似病例。

2013年4月10日上午,巴马县卫生局召开疫情防控协调会,参会人员有卫生局领导班子、县人民医院、县妇幼保健院正副院长及李树江,会上被告人黎善文再次强调各单位要服从大局,服从领导,在对收治的疑似麻疹病患者的病历上不能出现"麻疹"字样,已经诊断的麻疹病历,必须改为"肺炎""上呼吸道感染"等字样,不能进行网络直报,但仍以麻疹病情救治。县人民医院分管儿科副院长会后交代儿科按卫生局要求在病历上不出现"麻疹"字样,可改为"肺炎""支气管炎"等。

2013年4月11日下午至12日,根据河池市卫生局副局长文彪要求,河池市疾病预防控制中心副主任黄绍毅和工作人员黄丽到巴马县进行督导检查,发现巴马县麻疹疫情严重,于同月12日下午召开麻疹防控工作汇报、推进会,部署麻疹疫情防控工作,并向巴马县疾病预防控制中心下督导意见。督导意见指出自2013年以来,巴马县陆续发现8例麻疹疑似病例,甲篆乡、巴马镇已达疑似麻疹暴发标准,要求加强疫情监测,实行零报告制度,对麻疹疑似病例按规定报告并采集血清、咽拭子和尿液告示标本及时送检。李树江签收后并未按要求网络直报,也未及时将采集标本送检。2013年3月15日至4月14日,医疗机构发现的每一例麻疹病例均按巴马县疾控中心等单位的要求,不进行网络直报,而是报告给周宝东,后周宝东汇报给李树江,并进行流行病学个案调查和采样,先后共采样27份,采样标本均存放中心冻库,没有及时送检。

2013年4月14日晚,自治区、市卫生(厅)局及疾病预防控制中心领导、专家组到巴马县调查核实麻疹疫情,发现巴马县有瞒报行为,要求巴马县按规定网络直报,及时将采集标本送检。当晚,县疾病预防控制中心将采集的27例瞒报麻疹标本送市疾病预防控制中心专家,专家直接在该县疾病预防控制中心进行实验室检测。

2013年4月15日,全市麻疹疫情防控工作会议在巴马县人民政府召开,区、市及全市各县卫生系统领导参加,会上通报巴马县麻疹疫情,部署防控救治工作。4月15日以后,各医院按规定如实网络直报并补报之前瞒报的病例,各项防控救治工作按工作方案进行。

广西壮族自治区疾病预防控制中心于2013年月3日发布的《广西巴马县麻疹暴发疫情处理情况(续报)》、河池市人民政府于2013年5月22日下发的河政发〔2013〕25号文件《河池市人民政府关于巴马瑶族自治县瞒报假报麻疹疫情的通报》、广西壮族自治区卫生厅于2013年7月9日下发的桂卫疾控〔2013〕33号文件《自治区卫生厅关于巴马县麻疹暴发疫情的情况通报》,都指出巴马县疫情暴发原因之一是瞒报迟报疫情,错过最佳处置时机,导致疫情蔓延扩散。

2013年8月5日,河池市疾病预防控制中心出具《2013年巴马县麻疹疫情结案报告》表明,截至6月28日,全县10个乡镇均有病例报告、累计报告麻疹病例540例,排除12例,确诊528例,除死亡1例外,其余527例经治疗痊愈。疫情出现两个流行峰,4月1-8日出现第一个小流行峰,发病22例外;4月14日-5月13日出现第二个大流行峰,发病432例。疫情发生蔓延的原因之一是"瞒报迟报疫情错过最佳处置时间"。

被告人黎善文在检察机关立案前询问时如实供述了其全部犯罪事实。

二、裁判要旨

No. 9-409-1 传染病防治失职罪与一般工作失误的区别在于:一是主观动机和客观行为表现不同;二是追责的前提条件不同;三是政策界限不同。

控辩双方争议焦点之一亦是被告人黎善文的行为是否属于工作失误。我们认为,这二者的区别在于:一是主观动机和客观行为表现不同,即行为人是否认真履职,在恪尽职守中是否能预见或者已经预见到其行为可能导致传染病传播或者流行的严重后果。工作失误的主观动机往往是行为人为了做好工作,认真履行工作职责,但主观上仍未预见到危害后果的发生,或者在尽责履职中已经预见,但因为经验能力有限、政策界限模糊、管理机制缺失等情况出现失误,以致发生传染范围扩大或者疫情、灾情加重的危害后果。反之,传染病防治失职罪在主观上表现为行为人对自身职责的认识偏差,不认真履行职责,违反《传染病防治法》及相关法律和工作制度,疏忽大意、过于自信、不尽职责、擅离职守等,导致发生严重危害后果。二是追责的前提条件不同,即行为人违反职责的行为与传染病传播、流行的后果是否有刑法上因果关系以及因果作用力大小。如果行为人没有违反所承担职责的规定,或者违反职责的行为与危害后果之间不具有刑法上因果关系或者作用力较小,即便发生了严重危害后果,也属于工作失误或者意外事件;反之,则构成本罪的失职行为。三是政策界限不同,即在国家对突发传染病疫情等灾害尚未采取预防、控制措施时,行为人履职中行为有差错,通常属于工作失误;反之,在采取预防、控制措施之后,具有上述司法解释所规定"情节严重"的情形之一,才以本罪论处。

No. 9-409-2 认定"隐瞒疫情"可以从行为人在疫情发生后履职行为表现、履职行为对疫情发展所起的作用、上级疾控部门对疫情的调查分析等方面综合考虑。集体研究不能成为行为人失职行为的免责理由。

在案证据证实,案涉疫情发生前,巴马县疾病预防控制中心主任李树江曾两次向黎善文汇报麻疹疫情,报告了该县麻疹疫情已达到暴发标准。但是,黎善文考虑到继续网络直报疫情会给县卫生系统绩效考评造成不利影响,便授意、指使巴马县疾病预防控制中心和医疗机构隐瞒麻疹疫情,并且在疫情发生后的 2013 年 4 月 10 日全县麻疹疫情防控协调会上,黎善文要求相关医院在收治患者的病历上不能出现"麻疹"字样,而可改为"肺炎"等字样,且不能通过网络直报疫情。值得注意的是,集体研究不能成为行为人失职行为的免责理由。案涉疫情发生后,巴马县卫生局相关领导于 2013 年 4 月 1 日召开了麻疹疫情防控紧急碰头会,形成"不进行网络直报疫情"的意见。黎善文作为该局有关疾病预防控制的主管人员,既参与了上述意见的讨论和决定,之后又多次授意、指使他人隐瞒疫情,应当对其失职行为承担责任。

187 放行偷越国(边)境人员罪(《刑法》第四百一十五条)

案例:张东升放行偷越国(边)境人员案

案例来源:《刑事审判参考》总第 16 辑[第 100 号]

主题词:边检人员 伪造入境记录 放行偷越国(边)境人员罪

一、基本案情

被告人张东升,男,28 岁,北京出入境检查总站入境检查一队检查员。因涉嫌犯办理偷越国(边)境人员出入境证件罪,于 2000 年 1 月 5 日被逮捕。

北京市朝阳区人民法院经审理查明:被告人张东升在北京国际机场出入境边防检查总站入境检查一队任检查员期间,为使他人顺利偷越国(边)境,利用职务上的便利,分别于 1999 年 12 月 13 日、14 日在无人入境的情况下,在他人提供的 8 本中华人民共和国护照及入境登记卡上,加盖了入境验讫章,伪造入境记录,并录入电脑存档。12 月 14 日,被告人张东升正在录入第五本护照的入境资料时,被查获归案。缴获护照 8 本。

北京市朝阳区人民法院认为:被告人张东升身为国家出境入境边防检查机关的工作人员,本应严格遵守国(边)境管理法规,但其为谋私利,在明知他人企图偷越国(边)境的情况下,为使偷越国(边)境人员顺利出境,在无人入境的情况下,在他人提供的护照上加盖入境验讫章,并伪造入境记录存档,其行为违反了国(边)境管理法规,破坏了国家边防检查机关的正常的管理活动和管理制度,触犯了刑律,已构成放行偷越国(边)境人员罪,应予惩处。被告人张东升在实施犯罪行为中被发现,应系犯罪未遂,故依法对被告人张东升所犯罪行从轻处罚。依照《中华人民共和国刑法》第四百一十五条、第二十三条、第六十四条的规定,于 2000 年 6 月 19 日判决如下:

1. 被告人张东升犯放行偷越国(边)境人员罪,判处有期徒刑一年六个月;
2. 在案护照八本,予以没收。

宣判后,张东升没有上诉,检察机关亦未抗诉,判决发生法律效力。

二、裁判要旨

No. 9-415-2-1 负责入境检查的工作人员利用职务上的便利,为他人假造入境记录而使其得以顺利出境的,应以放行偷越国(边)境人员罪论处。

本案被告人张东升作为北京出入境检查总站入境检查一队的检查员,负有对出入境人员的证件进行查验核准的职责,却利用职务上的便利,在无人入境的情况下,在他人提供的护照上加盖入境验讫章、伪造入境记录,致使持该护照的偷越国(边)境人员可不受相关规定的限制,较为顺利地出境,实质上是一种滥用职权的放行行为,完全符合《刑法》第四百一十五条规定的放行偷越国(边)境人员罪的构成特征,应以放行偷越国(边)境人员罪定罪处罚。

需要说明的是,被告人张东升的放行行为不是直接针对企图偷越国(边)境的人员本身,而是为提供护照的人[既可能是组织他人偷越国(边)境的人,也可能是运送他人偷越国(边)境的人等]提供的方便,是一种间接放行的行为。此种间接放行的行为只有在没有证据证实行为人与提供护照的人存在共同犯组织他人偷越国(边)境罪或运送他人偷越国(边)境罪的前提下,才能按放行偷越国(边)境人员罪处理,否则,只能按组织他人偷越国(边)境罪或运送他人偷越国(边)境罪的共犯处理。

No. 9-415-2-2 负责入境检查的工作人员利用职务上的便利,实施了为他人假造入境记录的行为,但他人未实际出境的,应以放行偷越国(边)境人员罪的未遂论处。

放行偷越国(边)境人员罪的犯罪既遂应以被放行的偷越者实际偷越国(边)境为标志。就本案而言,张东升的行为为企图偷越国(边)境者提供了必要的条件,即张东升利用职务上的便利,在他人提供的护照上加盖入境验讫章、伪造入境记录,已经完成了他可能完成的对将来使用护照人的放行行为。本案的特殊性在于,护照的使用者必须持护照入境,才算放行偷越国(边)境行为实施终了。而在此前,即张东升在录入第五本护照的入境资料时被查获,实际偷越国(边)境的行为人未能完成偷越国(边)境行为,因此,张东升放行他人偷越国(边)境的行为没有完成。对于这种已经着手实行犯罪,由于犯罪分子意志以外的原因而未发生犯罪分子所预期的危害后果的情形,根据《刑法》第二十三条第一款的规定,属于犯罪未遂。北京市朝阳区人民法院根据被告人张东升实施犯罪的具体情形和对于社会的危害程度,以放行偷越国(边)境人员罪,判处其有期徒刑一年零六个月,是适当的。

188 帮助犯罪分子逃避处罚罪(《刑法》第四百一十七条)

案例:孔凡志帮助犯罪分子逃避处罚案

案例来源:《人民法院案例选》2006 年第 1 辑
主题词:帮助犯罪分子逃避处罚罪　犯罪分子

一、基本案情

被告人孔凡志,捕前系东台市公安局看守所民警。

江苏省东台市人民法院经审理查明:2005 年 6 月 21 日,犯罪嫌疑人张启宗涉嫌犯罪被刑拘后不久,张启宗的叔叔张兴林找到孔凡志请其帮忙取保候审,孔答应帮忙,后孔打电话将张启宗妻子陈德英叫来家中,询问张启宗的基本案情。7 月 27 日下午,孔凡志在押解张回监室的途中,张就其贪污 11000 元一节请孔帮助串供,同时张启宗担心孔记不清串供内容提出再写张字条请孔带给陈德英,孔让其届时以寄存衣服的名义将字条交给自己。7 月 28 日,孔凡志打电话将陈德英叫至家中,告知串供信息,同时提醒陈要"注意细节""不能有漏洞",陈请其再问"细节",并留下 100 元。次日上午,孔凡志到张启宗所在的 14 监室门口问张启宗细节如何说,张讲:"6000 元一次,5000 元一次,都是晚上在万爱俊家给他的。"孔凡志当日中午再次将相关信息告知陈德英。8 月 1 日,孔凡志经过张启宗被羁押的监室时,张启宗将一张写有串供内容的字条放于衣服口袋内,以寄存衣服为名递给孔,孔下班回家后即打电话让陈德英到其家中取走字条。数日后,孔凡志再次帮助张启宗传递字条一张,转交给陈德英。陈德英收到孔凡志传递的口信和字条后,多次与张启宗案的关系人王桂生和证人万爱俊联系,要求万承认收到了这笔钱,以达到司法机关不能认定张启宗贪污该笔款项的目的。万爱俊在已经向检察机关如实作证的情况下,应陈德英的要求翻证,谎称收到了张启宗给的 11000 元。

东台市人民法院审理认为,被告人孔凡志身为负有查禁犯罪活动职责的国家机关工作人员,多次为在押人员传递口信和字条进行串供,帮助其逃避处罚,已触犯我国刑法,构成帮助犯罪分子逃避处罚罪。公诉机关指控被告人孔凡志犯帮助犯罪分子逃避处罚罪的事实清楚,证据确实、充分,指控的罪名成立,予以采纳。关于辩护人提出被告人有自首情节的辩护意见,因陈德英是于 8 月 19 日承认系孔凡志帮助带口信串供,侦查机关已掌握了孔凡志犯帮助犯罪分子逃避处罚罪的犯罪事实,孔凡志于 8 月 22 日在被采取强制措施后如实供述同类犯罪事实,不符合自首的法律规定,不予采信;关于被告人未造成一定后果的辩护意见,因孔凡志的行为,已造成证人万爱俊书面翻证的后果,不予采信。其余辩护意见合法有据,予以采信。根据被告人孔凡志的犯罪事实,犯罪的性质、情节、认罪态度、悔罪表现,依照《中华人民共和国刑法》第四百一十七条、第六十四条、第七十二条第一款之规定,判决如下:被告人孔凡志犯帮助犯罪分子逃避处罚罪,判处有期徒刑一年,宣告缓刑一年六个月;暂存于东台市人民检察院的被告人孔凡志违法所得人民币 100 元,予以追缴,上缴国库。

宣判后,被告人孔凡志不服,以其有自首情节、有检举揭发他人犯罪的立功表现为由,向盐城市中级人民法院提出上诉。

盐城市中级人民法院经审查认为,上诉人孔凡志身为负有查禁犯罪活动职责的国家机关工作人员,多次为在押人员传递口信和字条,进行串供,帮助在押人员逃避处罚,其行为已构成帮助犯罪分子逃避处罚罪。原审法院认定的事实清楚、证据充分、定性准确,审判程序合法。上诉人孔凡志提出的有自首情节的上诉理由,经查,孔凡志在被采取强制措施后,在侦查机关已掌握其帮助犯罪分子逃避处罚犯罪事实的情况下才供述自己犯罪事实的,不符合自首的法律规定,故孔凡志的此点上诉理由不能成立,不予采纳。上诉人孔凡志提出的有检举揭发他人犯罪立功表现的上诉理由,经查不属实。故此点上诉理由不能成立,亦不予采纳。但本案中,孔凡志帮助串供的仅是 11000 元的贪污数额,虽然证人万爱俊曾经翻证,但在检察机关找万谈话时,万又恢复了以前的证词,并未对张启宗贪污案的最终结果产生影响,故孔凡志的犯罪情节尚属轻微。据此,依照《中华人民共和国刑事诉讼法》第一百八十九条第(二)项、《中华人民共和国刑法》第四百一十七条、第三十七条、第六十四条之规定,判决如下:撤销东台市人民法院〔2005〕东刑初字第 299 号刑事判决;上诉人(原审被告人)孔凡志犯帮助犯罪分子逃避处罚罪,免予刑事处罚;上诉人孔凡志违法所得人民币 100 元(暂存于东台市人民检察院)予以追缴,上缴国库。

二、裁判要旨

No.9-417-1 看守所民警为所看管的犯罪嫌疑人串供提供便利,传递信息,帮助犯罪嫌疑人逃避法律处罚的,应以帮助犯罪分子逃避处罚罪论处。

帮助犯罪分子逃避处罚罪的主体为有查禁犯罪活动职责的国家机关工作人员,看守所民警可以成为该罪的犯罪主体,构成帮助犯罪分子逃避处罚罪,理由如下:

1. 看守所民警属于国家机关工作人员范畴。依照我国法律、法规的有关规定,国家机关包括司法机关在内,看守所民警属于刑法所包括的司法工作人员之一。

2. 看守所民警具有查禁犯罪活动职责,所谓查禁犯罪职责,是指担负有查处、禁止犯罪的职责,按法律法规规定,看守所民警具有查禁犯罪的职责:

(1)《中华人民共和国警察法》第二条明确规定:人民警察的任务是维护国家安全、维护社会治安,保护公民人身安全、人身自由、合法财产、保护公共财产、预防制止和惩治违法犯罪活动。第六条规定,人民警察应依法履行预防、制止和侦查违法犯罪活动、维护社会治安秩序、制止危害社会治安秩序的行为、警卫特定人员、守卫重要场所和设施等十四项职责。从以上有关规定我们可以看出,人民警察是法定的执法主体,查禁违法犯罪活动是他们的法定职责。看守所民警作为人民警察的一个警种,查禁犯罪既是其应享有的权利,也是其应当履行的义务。

(2)《中华人民共和国看守所条例》第三十条规定:人犯近亲属给人犯的物品须经看守所检查。该条例第三十一条规定:看守所对人犯的来往信件可以检查,发现有碍侦查、起诉、审判的,可以扣押并移送有关机关处理。该条例第四十七条规定:人犯羁押期间重新犯罪的,看守所应配合有关单位查处。《中华人民共和国看守所条例实施办法》第十七条规定:看守干警应当熟知所分管人犯的基本情况,通过与在押人员谈话、向办案人员了解情况等,随时掌握人犯的思想动态。从以上有关规定我们看出,看守所民警查禁犯罪活动的职责限定在特定场所和特定人群之内,对超出其监管在押人员职务之便的其他犯罪分子,除了法律授权查禁之外,并不具有查禁犯罪活动的职责。

3. 赋予看守所民警查禁违法犯罪职责是与他们特定的工作性质和工作环境分不开的,对此,国家公安部也作出过多项规定。由于看守所民警特定的工作性质和工作环境决定了他们接触犯罪分子及其家属的机会较多,通过多种渠道了解和掌握犯罪线索也相应较多,如:一些犯罪分子为争取立功和其他目的检举揭发的案件线索、共同犯罪中犯罪分子相互揭发的材料、一些在押犯同外面通信时涉及的案件线索等。这些均为看守所民警查获违法犯罪和协助其他机关查获犯罪分子提供了可能。赋予看守所民警查禁犯罪的职责,其目的就在于利用自身所处工作性质和工作环境的便利,把看守所建设成为严密羁押在押人员的安全场所,确保刑罚活动和刑事诉讼活动的正常进行。

从一系列有关法律规定可以看出,查禁犯罪职责是法律赋予看守所民警的权力,同时也是看守所民警必须履行的法定义务,看守所民警可以成为帮助犯罪分子逃避处罚罪的主体。

No. 9-417-2 帮助犯罪分子逃避处罚罪所指的犯罪分子,是指触犯刑法而应当受到刑罚处罚的人,包括犯罪嫌疑人、被告人和正在服刑的罪犯。

1.《刑法》第六十七条规定:“对于自首的犯罪分子,可以从轻或者减轻处罚。”这里的犯罪分子是指犯罪嫌疑人。《刑法》第六十一条规定:“对于犯罪分子决定刑罚的时候,应当……”这里的犯罪分子是指刑事被告人。《刑法》第七十一条规定:“判决宣告以后,刑罚执行完毕以前,被判刑的犯罪分子又犯罪的,应当对新犯的罪作出判决……”这里的犯罪分子则是指罪犯。因此从《刑法》条文中的犯罪分子来看,其泛指触犯刑法而应当受到刑罚处罚的人,范围包括被指控犯罪的犯罪嫌疑人、刑事被告人和罪犯。

2. 刑事诉讼本身有个过程,如果将犯罪分子机械理解为已经法院判决的人或已被逮捕的人,将会导致检察机关虽发现行为人有帮助犯罪分子逃避处罚的犯罪事实存在,却因该犯罪分子尚未被逮捕或判决而不能对该行为人立案侦查,极易放纵犯罪,贻误打击犯罪时机,这与《刑事诉讼法》第八十三条关于公安机关或者人民检察院发现犯罪事实或者犯罪嫌疑人,应当按照管辖范围,立案侦查的规定不相符。况且本罪属于行为犯,行为人实施了帮助犯罪分子逃避处罚的行为即构成犯罪既遂,并不要实际发生犯罪分子逃避处罚的后果。如果持逮捕说和判决说,一旦犯罪分子在行为人的帮助下,通过串供、伪造、毁灭证据等行为使犯罪事实无法查清,犯罪分子得以不被追诉、不被逮捕或被宣告无罪,其逃避处罚目的得逞,反而不能追究帮助者的刑事责任,这岂不荒谬。因此,我们认为,犯罪分子应包括犯罪嫌疑人、刑事被告人和罪犯。只要行为人对上述人员实施了通风报信、提供便利的渎职行为,即构成本罪。

案例:潘楠博帮助犯罪分子逃避处罚案

案例来源:《人民法院案例选》2005 年第 1 辑

主题词:帮助犯罪分子逃避处罚罪

一、基本案情

被告人(上诉人)潘楠博,男,1952 年 9 月 23 日出生于上海市,汉族,原系上海市公安局黄埔分局治安支队民警。住上海市张扬路 1338 号 704 室。因本案,于 2002 年 9 月 4 日被逮捕。

上海市黄浦区人民法院经审理查明:被告人潘楠博从 2001 年 3 月至 2002 年 8 月间,在上海市公安局黄浦分局治安支队治安管理中队任民警,负责辖区内三星级以上宾馆及其附属娱乐场所的治安管理工作。本市南新雅大酒店马球会俱乐部亦属其管辖。

2001 年 9 月,南新雅大酒店马球会俱乐部承租经营人李敏华(已另案处理)得知潘楠博系负责该俱乐部治安管理工作的民警,即设法经人介绍而与潘结识,同时给潘楠博一张价值人民币 2000 元的华联商厦电子消费卡。此后,潘楠博明知南新雅大酒店马球会俱乐部内有“三陪”等色情活动,不仅不依据职责予以查处,还在执行治安检查任务前,数次将检查的信息泄露给李敏华,便于李敏华应对检查。期间,潘楠博在马球会俱乐部等处,先后收受李敏华给予的现金人民币共计1万元,收受李敏华通过该俱乐部大堂经理陶文龙给予的人民币500元。潘楠博收受贿赂共计人民币1.25万元。

2002年5月21日,上海市公安局黄浦分局掌握了马球会俱乐部内有涉嫌卖淫嫖娼等违法活动,并决定当晚对该俱乐部予以查禁并取缔。当晚8时许,分局治安支队领导召集有关民警开会,向包括潘楠博在内的与会人员简要通报案情,告知:发现马球会俱乐部有小姐出台卖淫现象,今晚会同董家渡警署对该俱乐部查禁取缔。同时布置了进行查禁取缔行动的分工等工作安排。潘楠博在会议结束后(约晚上8:25分),即在其办公室内通过分局总机电话将公安机关将对马球会俱乐部进行检查的信息泄露给了李敏华。当晚9时许,上海市公安局黄浦分局的民警采取取缔行动,将李敏华以及马球会俱乐部的其他涉案人员一并带至公安机关查处。

被告人潘楠博于2002年8月21日到案后,其家属帮助退缴了全部非法所得。

上海市黄浦区人民法院经审理认为,被告人潘楠博作为国家机关工作人员,利用职务便利,非法收受他人钱财,为他人谋取利益,其行为已构成受贿罪。公诉机关指控被告人犯受贿罪的犯罪事实清楚,证据确实充分,指控的罪名成立,应予确认,依法应对被告人予以刑事处罚。关于被告人所作自己没有为李谋取利益的辩解,与相关证人证明的有关潘在治安检查中对马球会俱乐部给予"关照"等事实不符。况且,受贿者是否实际为行贿人谋取了利益,并不影响受贿罪的认定。被告人的此辩解法院不予采信。关于被告人及其辩护人称其有自首情节的意见。经查,被告人虽然在2002年8月20日检察机关尚未立案前,对自己收受李敏华2000元电子消费卡和陶文龙500元人民币的事实(未达受贿犯罪立案的数额标准)有过交代,但其并未主动、如实地交代自己受贿的主要犯罪事实。而其在被采取强制措施后所交代的受贿犯罪事实亦非"司法机关尚未掌握的罪行"。故被告人到案后坦白交代已被检察机关掌握的受贿犯罪事实,不具备认定自首的条件。公诉机关对被告人潘楠博构成帮助犯罪分子逃避处罚罪的指控,经查,公安机关针对马球会俱乐部有卖淫嫖娼活动而对其采取查禁行动,行动前的部署未将李敏华或俱乐部的有关人员列为犯罪嫌疑人进行抓捕。公诉机关提供的证据亦未证明潘楠博明知李或俱乐部内有犯罪活动,故不能认定潘楠博系为帮助犯罪分子逃避处罚而打电话向李敏华通风报信。由于潘楠博的行为不符合刑法所规定的帮助犯罪分子逃避处罚罪的犯罪构成要件,公诉机关指控潘楠博犯有帮助犯罪分子逃避处罚罪的罪名不能成立。潘楠博在收受李敏华的贿赂后,不依法履行治安管理职责,使受其庇护的李敏华等人长期进行违法活动,社会危害性较大,故辩护人提出对被告人减轻处罚并适用缓刑的辩护意见,法院不予采纳。据此,依照《中华人民共和国刑法》第三百八十五条第一款、第三百八十六条、第三百八十三条第一款第(三)项和第二款、第六十四条之规定,以受贿罪,判处被告人潘楠博有期徒刑二年。违法所得予以没收。

一审判决后,检察院未提起抗诉。潘楠博不服,提出上诉。

潘楠博上诉否认5月21日事先将公安机关查禁马球会俱乐部的消息告诉李敏华,原判量刑过重;其与辩护人还称其有自首情节,认罪态度好,退出赃款,请求从轻处罚并适用缓刑。

二审法院经审理认为,检察机关根据李敏华的检举向被告人调查时,潘仅交代了受贿2000元电子消费卡、500元现金的事实。被采取强制措施后潘楠博才供述了全部受贿事实。被告人既未自动投案,也没有在刑事拘留前主动交代主要犯罪事实,刑事拘留后供述的内容系检察机关已掌握的犯罪事实,故不符合认定自首的条件。被告人受贿人民币1.25万元,依法应处1年以上7年以下有期徒刑,一审法院根据被告人犯罪的事实、交代态度及社会危害性等情节,在法定量刑幅度内判处潘楠博有期徒刑两年并无不当,且审判程序合法。故裁定驳回上诉,维持原判。

二、裁判要旨

No.9-417-3 国家司法工作人员向违反《治安管理处罚法》的违法人员通风报信、提供便利,帮助违法人员逃避处罚的,不构成帮助犯罪分子逃避处罚罪。

帮助犯罪分子逃避处罚罪,行为人必须明知帮助的对象是涉嫌犯罪的人,帮助一般的违法人员逃避处罚不构成此罪。当帮助方式是通风报信时,行为人必须明知向涉嫌犯罪的人通风报信,如果明知通风报信的对象未涉嫌犯罪,而只有一般违法行为的,则不应认定行为人为犯罪分子通风报信。如果行为人已知被通风报信对象有犯罪嫌疑,而行为人为了使其逃避处罚,即使被通风报信的对象经查不构成犯罪,行为人的通风报信行为也可以构成帮助犯罪分子逃避处罚罪。

在本案中,潘楠博身为负有查禁犯罪活动职责的公安人员,具备本罪的主体资格;在公安机关对马球会俱乐部进行查禁前打电话给李敏华,行为属于通风报信。但是,本罪帮助对象毕竟是犯罪分子,并没有包括违法分子。这与《关于严惩卖淫嫖娼的决定》第九条规定包括违法分子是有区别的。《刑法》在修订时取消了违法两字,绝非是一时疏忽。本罪又系故意犯罪,即行为人必须具有帮助犯罪分子逃避处罚(主要指逃避刑事追诉活动进而逃避刑事处罚)的主观目的。从本案情况看,5 月 21 日的行动是公安机关针对俱乐部有卖淫嫖娼活动而进行的查禁活动,且潘对当天行动是否是针对李敏华,马球会俱乐部是否涉嫌犯罪均不知情。也就是说,潘楠博是在不明知李敏华系犯罪分子或马球会俱乐部存在犯罪活动的前提下,只知俱乐部存在卖淫嫖娼活动而实施了通风报信的行为,该行为的帮助对象以及实施该行为的主观方面,均与本罪的犯罪构成不符。因此,潘楠博利用职务便利,帮助他人逃避处罚的行为不能以帮助犯罪分子逃避处罚罪定罪处罚。

189 招收公务员、学生徇私舞弊罪(《刑法》第四百一十八条)

案例:徐建利、张建军招收学生徇私舞弊案

案例来源:《人民法院案例选》2015 年第 3 辑

主题词:招收学生徇私舞弊罪　违规为高考移民办理户口

一、基本案情

抗诉机关:内蒙古自治区人民检察院。

原审被告人:徐建利,男,1962 年 2 月 29 日生于内蒙古自治区额济纳旗,汉族,大专文化,现住额济纳旗达镇景霖家园 1 号楼 2 单元 102 室,原系内蒙古自治区额济纳旗公安局副局长。因涉嫌招收学生徇私舞弊罪于 2009 年 4 月 3 日被刑事拘留,同年 4 月 16 日被逮捕,同年 5 月 12 日被内蒙古自治区阿拉善盟检察分院决定取保候审,同年 5 月 18 日被阿拉善左旗人民检察院决定取保候审,同年 6 月 29 日阿拉善左旗人民法院决定取保候审。

原审被告人:张建军,男,1974 年 2 月 10 日生于内蒙古自治区额济纳旗,汉族,大学文化,现住额济纳旗达镇政法小区 3 号楼 2 单元 402 室,系内蒙古自治区额济纳旗公安局治安管理大队副大队长。因涉嫌招收学生徇私舞弊罪于 2009 年 4 月 3 日被刑事拘留,同年 4 月 16 日被逮捕,同年 4 月 24 日被阿拉善盟检察分院决定取保候审,同年 5 月 18 日被阿拉善左旗人民检察院决定取保候审。同年 6 月 29 日阿拉善左旗人民法院决定取保候审。

2008 年高考报名期间,刘新桥委托原审被告人徐建利想办法帮助山东几个亲戚、朋友的孩子到内蒙古阿拉善盟额济纳旗考学,徐建利表示没有办过此事先给联系着看,过了几天刘新桥打电话询问此事,徐称事情不太好办,之后二人商议由刘新桥找关系从中国人民解放军 63600 部队(即东风基地)社会服务部出具一份证明以军工子女的名义在额济纳旗报名,徐表示同意。刘新桥遂给部队社会服务部的王兆卿主任打电话请其帮忙出个证明,让山东的几个亲戚、朋友的孩子以军工子女的名义到额济纳旗报名参加高考,王兆卿答复可以出具证明,刘新桥便以手机短信的方式向王兆卿提供了刘涛、朱雪然、闫哲、孙雁冰四名山东籍学生的相关信息,请王兆卿将证明开好后交给徐建利。徐建利收到该证明后又让刘新桥将以上四名学生的照片从电脑上发过来。高考开始报名时徐建利指使该局治安大队负责户籍管理工作的原审被告人张建军为四名学生打印户口,张建军遂用淘汰的人口信息系统为四名学生打印了户口内页,徐建利同时又指令该局下辖的巴彦宝格德派出所所长嘎尔迪在户口内页上加盖户口专用章和个人名章,违规为四名学生办理了虚假的额济纳旗居民户籍簿,从而使四名山东籍考生获得了 2008 年内蒙古普通高校招生资格,并顺利参加了2008年的高校招生考试。高考结束后,四名考生因被查出系“高考移民”被取消了成绩。

内蒙古自治区阿拉善左旗人民法院于2009年10月10日作出(2009)阿左刑二初字第50号刑事判决:以滥用职权罪判决被告人徐建利免予刑事处罚,被告人张建军无罪。

宣判后,被告人徐建利不服,提出上诉,阿拉善左旗人民检察院提出抗诉。

内蒙古自治区阿拉善盟中级人民法院于2010年3月25日作出(2009)阿刑二终字第34号刑事裁定:驳回抗诉、上诉,维持原判。

该裁定发生法律效力后,阿拉善盟人民检察院提请内蒙古自治区人民检察院以审判监督程序向内蒙古自治区高级人民法院提起抗诉。

内蒙古自治区高级人民法院于2014年12月9日作出(2013)内刑抗字第2号刑事判决:以招收学生徇私舞弊罪判处原审被告人徐建利、张建军免予刑事处罚。

二、裁判要旨

No. 9-418-1 户籍管理工作是招生工作的一部分,公安人员属于特指的国家机关中负责招收学生工作的工作人员,符合招收学生徇私舞弊罪的主体要件。

对招收学生徇私舞弊罪主体的认定不应仅局限于直接负责招收学生工作的国家机关工作人员,最高人民检察院《关于渎职侵权犯罪案件立案标准的规定》(高检发释字〔2006〕2号)立案标准关于招收公务员、学生徇私舞弊罪犯罪案件第(一)项的规定,即徇私舞弊,利用职务便利,伪造、变造人事、户口档案、考试成绩或者其他影响招收工作的有关资料,或者明知是伪造、变造的上述材料而予以认可的,应按招收公务员、学生徇私舞弊罪立案。而户籍管理工作是招生工作的一部分,原审被告人徐建利、张建军既是国家机关工作人员,又属于特指的国家机关中负责招收学生工作的工作人员,符合招收学生徇私舞弊罪的主体要件。根据审理查明的事实,徐建利身为国家机关工作人员,因为老乡请托而徇私情随意行使手中的职权,违反了户籍管理规定,为四名山东高考移民考生办理虚假户籍、取得内蒙古高考资格创造了首要条件,致使四人违法取得在内蒙古的高考资格并参加考试,造成严重社会影响,从犯罪客体及具体行为特征来看,属于徇私舞弊类犯罪,按照“特殊优于一般”的原则,其行为构成招收学生徇私舞弊罪。

案例索引

D

F

G

H

J

K

L

M

N

O

P

Q

R

S

T

W

X

Y

Z

主题词索引

D

E

F

G

M

N

P

Q

R

S

T

W

X

Y

Z